世界地名大事典
1

アジア・オセアニア・極 I〈ア−テ〉

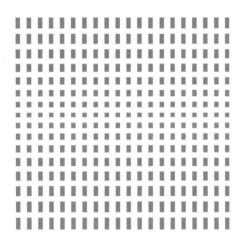

総編集
竹内啓一
編集幹事
熊谷圭知・山本健兒
編集
秋山元秀・小野有五・熊谷圭知・
中村泰三・中山修一

朝倉書店

装幀　菊地信義

刊 行 の 序

　グローバル化が進む中，わたしたちにとって地理的知識はますます重要なものになっている．逆説的に響くかもしれないが，グローバル化とはローカルな事象をますます際立たせる過程でもあるからである．地名とは地域・場所への名づけであり，そこには地域・場所の自然や歴史とそこに生きる人々の営みや思考が凝縮されている．言いかえれば，地名とは，ローカルな事象を表象する固有名詞である．グローバル化する世界に生きるわたしたちにとって，日本以外の異なる地域・場所への正しい知識とそれにもとづく地理的想像力をもつことは，世界の人々に思いを馳せ，他者とつながっていくための第一歩である．そのための手引きとして繰り返し参照されるような書を作りたい．この『世界地名大事典』（全9巻）は，このような意図から企画・編集された．

　朝倉書店は1973年から74年にかけて全8巻，1万6000項目の『世界地名大事典』を刊行した．その後現在にいたるまで多くの百科事典や各種の地名事典が刊行・改訂されてきたが，上記の『世界地名大事典』は，日本でつくられたこの種の事典としては依然としてもっとも大部なものであり，広く利用されている．しかし刊行後40年を経て，そこに書かれている情報はかなり古いものになってしまったし，グローバル化・情報化の中で，個々の地名に関して必要とされる情報も質，量ともに大きく変化している．それが今回新たに，より大部の世界地名事典を刊行する理由の一つである．

　グローバル化を進める条件の一つに情報技術の進歩がある．いまや，世界各国の細かな地域や場所に関する地名も，インターネットで容易に調べることができる時代になっている．それにもかかわらず，なぜ『世界地名大事典』を新たに刊行しようとするのか．この問いにも答えておく必要があるだろう．インターネット情報は有用ではあるが，その正確さと執筆責任の所在については必ずしも定かではない．ある特定の外国地名について調べようとすると，多岐にわたる情報の中で，何がより的確で重要な知識なのか，判断に苦しむことがある．つまりいくら情報技術が進歩しても，わたしたちが偏りのない正確な地理的知識を得ることはむずかしいのである．外国の地域や場所に関する適切な知識を得るためには，地域の研究者や専門家の力を借りて様々な情報を吟味した上で，執筆責任が明確な記述に依拠することが不可欠である．

　今回の『世界地名大事典』は，上にのべた2つの必要に応えるものとなっている．400名以上の執筆者を擁し，本項目（見よ項目を併せて）5万強という，旧版にくらべ飛躍的に多くの地名を収録した，文字通り日本最大の世界地名事典である．日本最大というのは，ただ収録されている地名数が多い，あるいは説明が詳細であるというだけではなく，日本人にとって必要な最新の情報を精選し，同時に個人あるいは機関が長く使うことができる地名事典をめざしたものである．構成については，世界の大地域ごとに巻を分け，その中の地名を50音順に配列した．地名の選定にあたっては，『世界全地図・ライブアトラス』（講談社）に掲載されている地名を基本としてデータベースを作り，各地域の専門家である編集委員（一部は執筆者）がその取捨選択と，字数を含むランク付けを行った．各項目の執筆担当者の選定も，編集委員が中心となって行った．人口をはじめ地名に関する情報は時々刻々変化する．数値情報などは必要に応じて統計書などで補っていただくことにして，本事典では，それぞれの場所あるいは地

域がどこにあり，どのような特色をもっているのか，そのような特色がどのようにして形成されたのか，またそれぞれの場所・地域が域内，国内，世界においてどのような地位を占めているかということについての本質的な記述をするように心がけた．

この種の事典の常ではあるが，企画から執筆依頼，執筆作業，編集までは膨大な労力と時間を要することになった．刊行開始までの間に，総編集を担当した竹内啓一氏（一橋大学名誉教授）をはじめ，編集委員であった久武哲也氏（甲南大学名誉教授），山田睦男氏（国立民族学博物館名誉教授）の3名が他界された．編集体制の組み直しも検討されたが，新たに総編集者をおくことはせず，各地域を担当する編集委員全員の合議の形で編集作業を進めることにした．そして当初からの編集幹事である熊谷に山本が加わり，各巻の間の調整や，全体の進行の世話役にあたった．これが，この新たな『世界地名大事典』の各巻を通じた「序」を両名が執筆することになった所以である．

本事典の全巻構成ならびに担当編集委員（主な担当地域）は，以下の通りである．

第1巻　アジア・オセアニア・極Ⅰ　秋山元秀（東アジア）・小野有五（北極・南極）・熊谷圭知（編集幹事：東南アジア・オセアニア）・中村泰三（中央アジア）・中山修一（南アジア）

第2巻　アジア・オセアニア・極Ⅱ（同上）

第3巻　中東・アフリカ　加藤　博（中東・北アフリカ）・島田周平（中南アフリカ）

第4巻　ヨーロッパ・ロシアⅠ　竹内啓一（総編集：事典全般）・手塚　章（西欧・南欧）・中村泰三（ロシア・東欧）・山本健兒（編集幹事：西欧・北欧・東欧）

第5巻　ヨーロッパ・ロシアⅡ（同上）

第6巻　ヨーロッパ・ロシアⅢ（同上）

第7巻　北アメリカⅠ　菅野峰明（北アメリカ全般）・久武哲也（アメリカ合衆国南部）・正井泰夫（アメリカ合衆国北部・カナダ・グリーンランド）

第8巻　北アメリカⅡ（同上）

第9巻　中南アメリカ　中川文雄（スペイン語圏・人文）・松本栄次（ポルトガル語圏・自然）・山田睦男（中南アメリカ全般）

さまざまな困難の中で，刊行にこぎつけることができたのは，ひとえに各巻を担当する編集委員・執筆者の方々の尽力と，編集担当者をはじめとする朝倉書店編集部の全社挙げての協力体制の賜物である．ここに記して感謝を申し上げたい．

編集幹事　熊谷圭知
山本健兒

『アジア・オセアニア・極Ⅰ・Ⅱ』序文

　この第1・2巻『アジア・オセアニア・極Ⅰ・Ⅱ』2巻の刊行をもって，朝倉書店〈世界地名大事典〉全9巻が完結した．最初に本事典の企画が立てられたのは1996年であったから，21年の歳月が流れたことになる．総項目数は約4万8000項目，執筆者の総数は426名に上る．この間，編集委員に名を連ねた16名のうち，総編集代表者であった竹内啓一をはじめ，久武哲也，山田睦男，正井泰夫，中村泰三が物故した．編集の都合により最終巻となった本巻の執筆者には，最初に原稿を執筆してからたいへん長い時間が経った後に，校正と最新情報の補筆をお願いすることになってしまった．編集者の無理な注文に適切に対応していただいた多くの著者の方々にお礼を申し上げたい．またこのような事情から，情報更新がままならなかった項目もある．読者が情報の内容にいささかの違和感を持ったとしたら，それは作業の遅れをもたらした編集者の責任である．

　最終巻となった『アジア・オセアニア・極Ⅰ・Ⅱ』の編集委員は，秋山元秀（担当地域：東アジア），小野有五（同：北極・南極，自然地名），熊谷圭知（同：東南アジア，オセアニア），中村泰三（同：中央アジア），中山修一（同：南アジア）の5名である．中村氏は，完成を見届けることなく，2016年12月に逝去された．また東南アジア・オセアニア地域の執筆者選定と取りまとめにあたっては，野間晴雄（関西大：東南アジア全域），菊地俊夫（首都大：オーストラリア，ニュージーランド），瀬川真平（大阪学院大：インドネシア），浦野崇央（摂南大：インドネシア），梅原弘光（前立教大：フィリピン），田畑久夫（昭和女子大：フィリピン），生田真人（立命館大：マレーシア）の各氏をはじめ多くの方々の協力を得た．

　本巻の執筆者総数は162名に上る．これは第4・5・6巻『ヨーロッパ・ロシアⅠ・Ⅱ・Ⅲ』3巻より多く，最多である．ここにはそれだけ多様な執筆者の，多彩な記述が存在する．編集にあたっては，最低限の公準を設けたほかは，記述内容・文体などは基本的に著者に委ねた．自然環境を重視する記述，歴史や文化に重きを置いた記述，産業などの現状に詳しい記述，観光案内としても有用な記述，さまざまであるが，それぞれが著者の個性を表すものと受け止めていただければ幸いである．収録項目数は約1万1600項目に及ぶ．国ごとの項目数にはかなりの差異があり，オーストラリア，ニュージーランドについては，人口千人程度の小さな町まで収録する一方，南アジアや東南アジア諸国の収録地名数は，人口比にすれば少ない．このような差異が生じた理由の一つに，地名の立項にあたってタイムズ社の地図を基にした『世界全地図・ライブアトラス』（講談社）を主な底本に用いたことがある．地図帳の編集も普遍的・客観的な基準だけで行なわれるものではなく，西欧中心主義的な関心のありようが反映されているわけだが，それを十分に是正できなかったのは，やはり編集側の責任である．

　本巻の対象地域は，アジアとオセアニアと極である．オセアニアは，人類がもっとも新しい時代になってからアジアから拡散した地域であり，そのような意味で，アジアの連続ともいえる．旧宗主国である欧米とのつながりは否定できないが，現在のオセアニアは，明らかにアジアを向いている．したがって，この両地域を同じ巻に収める意義は十分にある．しかし，オセアニアの南につらなる南極大陸を本巻に含めるのは合理的であっても，北極地域を，極だからという理由で，本巻に収めることには実は問題もある．北極圏の地名については，ノルウェー

やロシアについては第4・5・6巻『ヨーロッパ・ロシアⅠ・Ⅱ・Ⅲ』，極地カナダやアラスカ，デンマーク領であるがグリーンランドについては，第7・8巻『北アメリカⅠ・Ⅱ』にかなりの地名が収録されているという事情もあり，重複する地名は基本的に収録せず，本巻では南極大陸とその周辺地名に重点をおいた．このため，本巻のタイトルにある「極」は，南極中心に偏ってしまう結果となったが，北極地域の地名を削った分，「第三の極地」と言われるヒマラヤ周辺の山岳名をかなり細かく収めたことをもって，ご海容いただければ幸いである．

写真は編集部に選択を委ねたが，自然や地域の生活を示す写真が少なかったため，最終段階で可能な限り増やすよう努めた．時間の制約もあり不十分な点はお詫び申し上げたい．

アジア・オセアニアを扱う日本の地名事典の特色として，本巻には第二次世界大戦をめぐる記述が多く登場する．大戦が終結して70年以上が経っても，この地域に住む人たちは，戦争の体験や歴史を記憶し，語り継いでいる．それを忘れないようにしたい．

本事典で東アジアの国家としては中国，韓国，北朝鮮，モンゴルをとりあげた．台湾は国家ではないが独自の歴史文化をもつ地域として，その地名にかかわる特性を尊重した．

現代中国は経済発展が著しいと同時に，地名においても劇的な変化が起こっている．これまであまり知られることのなかった地域が突然に脚光を浴びたり，逆によく知られていた地名が忽然と地図からなくなったりすることが少なくない．これらの変化をできるだけ精緻に追跡するために，本事典では見出しとしての地名採択に際して，県（地域によっては旗ともいう）レベルの行政域の地名を原則としてすべて採択した．県は中国の最小の自立した政治地理的単位であり，基礎地域とでもいう空間単位である．現在はこれが市（県級市）になったり区（市轄区）になったりし，その過程で周囲の行政域と統廃合が行われることも少なくない．地名の変化はもちろん県レベルだけではなく，その上のレベル（地級）でも，また国の直轄市である北京や上海の内部の区レベルでも頻繁に生じている．

このような変化に対応するために，まず現在の状態を適正に把握すると同時に，その記述の中にそれまでの統合や変化を含めるようにした．中国のように長い歴史を持つ国では，歴史時代においても同様に地名の変化が頻繁で，それに関する資料も豊富である．主要な地名においてはその面での記述も適宜加えた．地名事典としては現在が基本であるが，現在を作り出した過去にも必要に応じて言及した．本巻において中国の地名の見出しが全体でかなりの比率をしめているように見えるのはそのためである．

中国はいうまでもなく漢字文化をもつ国であり，地名も当然漢字で表現される．周辺の諸国も過去から現在に至るまで，この影響を強く受け，韓国，北朝鮮，また東アジアではないがベトナムなどのように，地名も漢字で表現していたところもあれば，モンゴル系民族やチュルク系民族，チベット系民族のように，独自の文字をもち漢字を導入しなかった民族もある．また漢字を利用しても中国人の読む漢字の音を用いるのではなく，独自の音で漢字を読んできた．したがってもともと漢字地名であっても，現在はそれぞれの国の言語の読み方で読まれ，韓国，北朝鮮では文字も独自のハングルで書かれるようになっている．そういう意味では一口に漢字文化圏といわれるが，その漢字の用法は多様であり，漢字の地名もその扱いは複雑にならざるを得なかった．

特に中国の周辺に広がる，漢字を導入せず，独自の地理認識のもとに地名をつくってきた民族の地域では，当然のことながらその民族言語による地名がある．それは民族固有の文字で表記され音で読まれる．しかし漢族の進出により漢化された地域では漢字地名が使われるようになり現在に至っている．また現在は新疆ウイグル自治区に属する観光都市として有名なトルファン（吐魯番）は漢王朝の支配下にあった時代には高昌という漢字地名をもち，カラホジョという現地民族の地名もあった．トルファンという地名はその後，この地がウイグル王国，モン

ゴル帝国などの支配を経て明代あたりから用いられるようになり現在に至るが，高昌という地名も現在のトルファン地級市の下の区として復活している．このような事態を本事典ではできるだけ忠実に記述した．

　新疆ウイグル自治区以外にも，西蔵（チベット）自治区，内モンゴル自治区，青海省，四川省，甘粛省，黒竜江省，また西南地区の一部にも同じ問題がある．本書ではできるだけ現地音での地名を見出しに立てているが，漢字地名も含め通用している地名からもひけるようにした．また漢字地名であるが北京，南京，広東のように，ペキン，ナンキン，カントンと中国語の普通話（標準語）とは違う方言が定着している地名や，香港のように英語と広東語が主要な言語で，中国の標準語で呼ばれる地名はほとんど見られない地域もある．これらも現在もっとも一般に用いられる音と表記を尊重した．また台湾では漢語拼音（ピンイン）による表記は行なわれないし，読み方やローマ字表記も台湾固有のものがあり，それに従っている．

　さらに本事典が日本語で書かれ，主として日本の読者のために作られているという条件に従い，日本の漢字音による表記もとり入れた．日本人が漢字を見たときには当然日本語の音によって読もうとする．しかし戦後の地理教育で地名は現地音で読むべきとする方向が出て，読みがカタカナで表記されるようになった．本事典でも見出しの表記はこれに従っている．しかし多くの日本人はまだ現地音表記になじんでいないし，日常では日本語音で読んでいるのが現状である．実際これまで出版されている地名事典，百科事典の類も日本音を主見出しにしているものが多い．本事典では日本語読みや俗称と呼ばれる読み方もできるだけ取り入れ，それでも本項目にたどり着けるように「見よ」項目や索引を充実させた．一部の漢字について音読みを示す漢字表を付けたのもそのためである．

　南アジアでは，編集上，主に次の3つの課題があった．第1は，地名への長音符号（音引き）の入れ方である．例えばインドの地名は，現地語発音からすると長音符号が多く入るという特色を持つ．ところが日本語のカタカナ表記の地名に複数の長音符号が入ると読みづらくなる．そこで長音符号は，できるだけ整理することに努めた．一例をあげると，神名や人名の後にプールやプル（原義は村）が来る多くの地名は，現地発音でも両者の区別はつかないことも多い．この場合は長音符号を省いてプルに統一した．第2は，インドで1990年代後半から急に進んだ地名復古運動による新地名への対応である．地名項目の底本とされた『世界全地図・ライブアトラス』などでの南アジアの地名は，1600年以降のイギリスを初めとするヨーロッパ植民地化の過程で，現地の発音をそれぞれの国の言語に改訳や改変した地名表記が多い．本巻の編集作業の時期が，地名復古運動の進行期に重なったため，底本に依拠した地名を，編集・校正作業の時期に復古地名に変更しなければならないケースが出てきた．現在呼称を優先する本事典の原則から，この確認作業は大変だった．編集部の尽力により，多くの地名で現在呼称への修正が可能になったが，すべてを再確認する作業は編集者の力不足で達成できなかった．第3は，国境係争地域の地図表現である．係争地の存在は，たびたび地域紛争や戦争に発展してきた歴史がある．そのため今に残る係争地でどこの国同士が係争しているのかを，地図でもわかりやすく表示することを試みた．その背景には，地図は解説文の参考という考え方ではなく，地図そのものが解説文と同等の情報発信ツールであるとの位置づけがある．そこで，従来の地名事典の挿入地図にはない新しい表記法として，実効支配と領有権主張の国名を注で具体的に入れ，地図を見るだけで係争関係国が一目で分かるように努めた．

　最終巻を刊行するにあたって，あらためて考えるのは，「地名」とは何かという根源的な問題である．地名とは地域への名づけである．そこには「地域」とは何か，そして地域を「名づける」というのはどういう実践なのかという問いが含まれる．

　地域とは，人々が文化的・歴史的に作りだしてきた空間単位である．しかしそれは自然に生

まれたものではなく，必ず何らかの制度（行政であれ，文化であれ）が介在し，領域性をもつ．地域のスケールは様々である．国家を超える範域（アジア，アフリカ，アメリカ，ヨーロッパのように）もあれば，一つの集落や隣近所もまた地域にほかならない．国家は地域の一つだが，その成員と領域に単一の帰属を要求する力を持つという意味で，いわば特殊な地域ということができる．地名事典の編纂にあたって苦労した点の一つが，上述のような国家間の境界に位置する係争地域の扱いであった．

　地域を「名づける」のは，その地域を支配する主体である．たとえば，今回の『アジア・オセアニア・極Ⅰ・Ⅱ』には「ヴィクトリア」という地名が12項目，7つの国・地域にわたって存在する．それは大英帝国の植民地支配の歴史を示すものであり，ヴィクトリア女王という個人の名前を地名に付すという欧米的な名づけの慣習の産物である．しかし，そのようにして植民者によって名づけられた地域のすべてが，それまで名前をもたなかったわけではない．たとえば，オーストラリアではアボリジニによって，ニュージーランドではマオリによって，ハワイではネイティヴ・ハワイアンによって地名復権運動が行われている．先住民族の地名の復権は，単にその歴史の長さや，マイノリティの権利復興のためだけではなく，その場所の特質に無関心な植民者による名づけに比べて，先住民の場所への名づけが土地と人びとの深いかかわりを反映し，より優れた地名であるという価値判断も含まれている．それはこれらの地域における先住民族の，長年にわたる権利回復運動の成果ともいえるが，また，政府や社会のマジョリティが，ようやく先住民族文化への理解と承認を行いつつあることの結果でもある．

　私たちは，ある地名が絶対的に「正しい」地名であるかどうかをいうことはできない．しかし地名の変遷や，地名をめぐるせめぎ合いの中に，その地域の歴史観や世界観が反映されていることに気づくことは，私たちに必要な地理的想像力だろう．同様の問題はさまざまな民族からなる中国の地名，とりわけ，ヒマラヤ山脈や中国の周辺など漢民族以外の民族が居住し独自の歴史文化をもってきた地域にも言えることである．そこには前述したような領土問題も絡んでいる．ある地形や場所をどう呼ぶかという行為そのものが，そこに住む人々の思想や感情を超えて，国家による支配−被支配という関係づくりに加担してしまうのである．したがって，とくに広域にわたる地形の呼称については，むしろ第三者的な英語地名で表記することのほうが中立的である場合もある．英語を使うことで，この地域を早くから探検し，ときには植民地化しようとした大英帝国以来の歴史的な優位性を逆に認めてしまっていると批判されることを承知のうえで，本巻では広域的な自然地名については英語名を採用した．いっぽう個々の山や河川については，できる限り現地名を項目名とし，その他の言語による呼称を併記するようにしたが，完全には統一できなかった．事典を使う側から考えると，一般によく使われる呼称を項目名にしておいたほうが親切と思われる場合もあり，適宜判断して決めざるを得なかった．

　最後に，20年を超える長い道程を何とか完遂できたのは，膨大な原稿の収集から整理にいたるまで献身してくださった朝倉書店編集部のおかげである．あらためて深く感謝申し上げたい．

　　2017年10月

　　　　　　　　『アジア・オセアニア・極Ⅰ・Ⅱ』編集委員　熊 谷 圭 知
　　　　　　　　　　　　　　　　　　　　　　　　　　　　　秋 山 元 秀
　　　　　　　　　　　　　　　　　　　　　　　　　　　　　小 野 有 五
　　　　　　　　　　　　　　　　　　　　　　　　　　　　　中 山 修 一

総編集

竹内啓一　一橋大学名誉教授

編集幹事
（五十音順）

*熊谷圭知　お茶の水女子大学教授
山本健兒　九州大学名誉教授／帝京大学教授

編集委員
（五十音順）

*秋山元秀　滋賀大学名誉教授
*小野有五　北海道大学名誉教授／北星学園大学教授
加藤博　一橋大学名誉教授
菅野峰明　埼玉大学名誉教授
島田周平　京都大学名誉教授／名古屋外国語大学教授
手塚章　筑波大学名誉教授
中川文雄　筑波大学名誉教授
*中村泰三　大阪市立大学名誉教授
*中山修一　広島大学名誉教授／広島経済大学名誉教授
久武哲也　甲南大学名誉教授
正井泰夫　立正大学名誉教授
松本栄次　前 筑波大学教授
山田睦男　国立民族学博物館名誉教授

（*は本巻の担当編集委員）

執　筆　者

（五十音順）

青山　亨　東京外国語大学
秋本弘章　獨協大学
秋山元秀　滋賀大学名誉教授
東　賢太朗　名古屋大学
荒木一視　山口大学
有馬貴之　帝京大学
飯田耕二郎　前 大阪商業大学
生田真人　立命館大学
池口明子　横浜国立大学
石田　曜　京都大学（院）
石筒　覚　高知大学
泉　貴久　専修大学松戸高等学校
井田仁康　筑波大学
出田和久　京都産業大学
伊藤太一　筑波大学
稲垣和也　京都大学
岩間信之　茨城キリスト教大学
植村善博　佛教大学名誉教授
牛垣雄矢　東京学芸大学
梅田克樹　千葉大学
梅原弘光　立教大学名誉教授
浦野崇央　摂南大学
遠藤　元　大東文化大学
遠藤　央　京都文教大学
大石太郎　関西学院大学
太田陽子　横浜国立大学名誉教授
大竹義則　徳山大学名誉教授
太谷亜由美　関西大学（非）

大谷裕文　西南学院大学
岡橋秀典　広島大学
奥野志偉　前 流通科学大学
落合康浩　日本大学
小野有五　北星学園大学
小野林太郎　東海大学
オーノス・サラントナラ　早稲田大学（院）
小野寺　淳　横浜市立大学
小俣利男　前 東洋大学
柿崎一郎　横浜市立大学
柏村彰夫　京都外国語専門学校
梶山貴弘　日本大学（非）
片倉佳史　作家・ジャーナリスト
片平博文　立命館大学名誉教授
加藤　博　一橋大学名誉教授
加本　実　国土交通省国土交通大学校
柄木田康之　宇都宮大学
菅　浩伸　九州大学
菊地俊夫　首都大学東京
北川建次　広島大学名誉教授
北川博史　岡山大学
木村英亮　横浜国立大学名誉教授
木本浩一　関西学院大学
許　衛東　大阪大学
熊谷圭知　お茶の水女子大学
倉光ミナ子　お茶の水女子大学
鍬塚賢太郎　龍谷大学
谷　人旭　華東師範大学

石代吉史　龍谷大学付属平安高等学校
小島泰雄　京都大学
小林　誠　お茶の水女子大学
小張順弘　亜細亜大学
柴　彦威　北京大学
齋藤大輔　一般社団法人 ロシア NIS 貿易会
酒川　茂　県立広島大学
司空　俊　元 朝鮮大学校
司空　晨　東海商事株式会社
笹本裕大　静岡県立浜北西高等学校
貞方　昇　山口大学名誉教授
佐竹眞明　名古屋学院大学
佐藤秀信　外務省
澤　滋久　広島経済大学
澤　宗則　神戸大学
塩原朝子　東京外国語大学
柴田陽一　摂南大学
島津　弘　立正大学
島村一平　滋賀県立大学
清水和明　日本大学
白川千尋　大阪大学
新本万里子　広島大学（非）
鈴木　均　アジア経済研究所
瀬川真平　大阪学院大学
畝川憲之　近畿大学
関　恒樹　広島大学
関根智子　日本大学
関根久雄　筑波大学
ソリエン・マーク　前 メコン河委員会
髙田将志　奈良女子大学
鷹取泰子　一般財団法人 農政調査委員会
高野邦夫　東京外国語大学（非）

高橋健太郎　駒澤大学
髙山正樹　大阪大学名誉教授
武井優子　tas21.COM
竹村一男　立正大学（非）
辰己眞知子　京都外国語専門学校（非）
田畑久夫　昭和女子大学
田和正孝　関西学院大学
張　貴民　愛媛大学
塚田秀雄　大阪府立大学名誉教授
辻本歩美　金光大阪中学校・高等学校（非）
土谷遥子　前 上智大学
筒井一伸　鳥取大学
筒井由起乃　追手門学院大学
堤　　純　筑波大学
手塚　章　筑波大学名誉教授
杜　国慶　立教大学
土居晴洋　大分大学
徳永昌弘　関西大学
冨尾武弘　前 摂南大学
冨岡三智　前 大阪大学（非）
友澤和夫　広島大学
豊田由貴夫　立教大学
中川秀一　明治大学
中里亜夫　福岡教育大学名誉教授
中條曉仁　静岡大学
中村泰三　大阪市立大学名誉教授
中山修一　広島大学名誉教授
中山晴美　前 広島県立五日市高等学校
成瀬敏郎　兵庫教育大学名誉教授
ニザム・ビラルディン　前 埼玉大学（非）
西岡尚也　大阪商業大学
根田克彦　奈良教育大学

野間晴雄　関西大学	森田良成　大阪大学（非）
橋本征治　関西大学名誉教授	森脇喜一　前 国立極地研究所
長谷川孝治　神戸大学名誉教授	八木浩司　山形大学
羽田麻美　琉球大学	安井康二　utasmania.com
畠山輝雄　鳴門教育大学	柳澤雅之　京都大学
服部倫卓　一般社団法人 ロシア NIS 貿易会	山口昭彦　聖心女子大学
林　和生　國學院大学	山口真佐夫　摂南大学
林　琢也　岐阜大学	山口玲子　京都産業大学（非）
バヨート・モンゴルフー　内モンゴル大学	山下清海　立正大学
原　暉之　北海道大学名誉教授	山下丈夫　天理大学（非）
比企祐介　水城高等学校	山田正浩　愛知県立大学名誉教授
福井栄二郎　島根大学	山野正彦　大阪市立大学名誉教授
舟橋恵美　前 神戸大学（院）	山本博史　神奈川大学
ボルジギン・ブレンサイン　滋賀県立大学	由井義通　広島大学
前田俊二　広島大学名誉教授	葉　倩瑋　茨城大学
前田拓志　日本大学（院）	横山　智　名古屋大学
前杢英明　法政大学	吉田栄夫　公益財団法人 日本極地研究振興会
正井泰夫　立正大学名誉教授	藁谷哲也　日本大学
松村嘉久　阪南大学	
松本　弘　大東文化大学	＊
松本穂高　茨城県立土浦第一高等学校	執筆協力：楊　海英（静岡大学）［中国・内モンゴル自治
水嶋一雄　日本大学	区，オーノス・サラントナラ担当分］
南埜　猛　兵庫教育大学	地図製作：株式会社 平凡社地図出版
村瀬幸代　立命館大学	

（兼）：兼任講師，（非）：非常勤講師，（院）：大学院生.
（兼），（非）以外にも専任でない場合がある.

凡　例

Ⅰ．編集方針

1．地名は，世界の地域的認識の基幹をなすものである．この『世界地名大事典』は，世界の地名をできるだけ多く収載し，それらの総合的な情報をとりまとめることを目的として編集した．とりわけ次のような点をねらいとしている．

(1) 地名の意味ならびに地誌的実態（地域性，地域の特色）を示すこと

(2) 地域研究や地理教育で必要とする資料・教材を提供すること

(3) 海外での経済活動，外交政策，開発計画，調査，旅行などに役立つ情報を提供すること

2．以上の諸点を中心として，実用の便に供し，21世紀初頭における世界の諸地域の現実の断面を後世にとどめることを意図している．

Ⅱ．全巻構成

1．日本を除く世界の地名約48,000を「アジア・オセアニア・極」（約11,600），「中東・アフリカ」（約4,800），「ヨーロッパ・ロシア」（約16,900），「北アメリカ」（約9,600），「中南アメリカ」（約4,500）の5地域に分け，以下の全9巻で構成した．

　　　第1巻　『アジア・オセアニア・極Ⅰ』
　　　第2巻　『アジア・オセアニア・極Ⅱ』（付：漢字・欧文索引）
　　　第3巻　『中東・アフリカ』（付：欧文索引）
　　　第4巻　『ヨーロッパ・ロシアⅠ』
　　　第5巻　『ヨーロッパ・ロシアⅡ』
　　　第6巻　『ヨーロッパ・ロシアⅢ』（付：欧文索引）
　　　第7巻　『北アメリカⅠ』
　　　第8巻　『北アメリカⅡ』（付：欧文索引）
　　　第9巻　『中南アメリカ』（付：欧文索引）

2．上記の5地域が示す範囲は，以下のように定めた．

　　　「アジア・オセアニア・極」：中央アジア諸国（ウズベキスタン，カザフスタン，クルグズ［キルギス］，タジキスタン，トルクメニスタン）を含むパキスタン以東および両極地方．

　　　「中東・アフリカ」：アフガニスタン以西およびトルコ以南．

　　　「ヨーロッパ・ロシア」：アゼルバイジャン，アルメニア，ジョージア（グルジア）を含む．

　　　「北アメリカ」：アメリカ，カナダ，グリーンランド．

　　　「中南アメリカ」：カリブ海地域を含むメキシコ以南．

3．複数の地域にまたがる広域地名，境界領域にある地名は，該当する複数の巻に重複して掲載した．

4．海外領土は，原則としてその所在地が含まれる地域に掲載したが，一部は所属国の含まれる巻にも掲載した．

Ⅲ．収載項目

以下の種類の地名を収録した．

(1) 人文地名：国，地方・地域，州・省・自治区・県・郡・市・町など

の行政区分，都市，村落，オアシスなど

(2) 自然地名：山脈・山地・山，高原・高地，渓谷，平野，盆地，湖沼，河川，湿原，砂漠，半島，岬，諸島・島，湾，海峡，海洋など

(3) 交通経済地名：峠，運河・水路，ダム，鉱山など

(4) 観光地名：国立公園，生物保護区，観光名所など

(5) 歴史地名：遺跡，旧地名など

(6) 世界遺産地名：ユネスコ選定の自然遺産，文化遺産，複合遺産

Ⅳ．見出し語

1．見出し語には太字を用い，和文（カタカナあるいはひらがな）を筆頭に欧文（ラテン文字）および漢字で表した．

〈和文見出し〉

(1) カタカナ表記は，現地での標準的な発音（必ずしも国語による発音ではない）に近いものを原則とした．ただし，日本で慣用表記が一般的に用いられている場合はこれに従った．

　　例：ウィーン　Wien

(2) ｂとｖの音を区別する場合は，ヴァ，ヴィ，ヴ，ヴェ，ヴォを用いた．

　　例：ヴィクトリア湖　Victoria, Lake

(3) 2語以上のラテン文字をカタカナ表記する場合の繋ぎには，原則として符号を用いなかった．ただし，国名は『世界の国一覧表』（外務省）などの表記を参考に，またその他の地名は文字数が非常に多いものにかぎり，必要に応じて中黒（・）を用いた．

　　例：パキスタン・イスラム共和国　Pakistan, Islamic Republic of

(4) 自然地名の普通名詞・形容詞部分はいずれも名詞として日本語に訳した．ただし，普通名詞部分を含むカタカナ表記が固有名詞として慣用されている場合は，これに従った．

　　例：リオグランデ川　Rio Grande

(5) 中国・韓国・北朝鮮の地名は，原則として当該国・地域での標準的な発音に近いカタカナ表記を行った．

　　例：シャンハイ市　上海市　Shanghai

(6) 日本語による漢字地名は，ひらがなの読みを筆頭に置いた．

　　例：たいへいよう　太平洋　Pacific Ocean

〈欧文見出し〉

(1) ラテン文字以外の字母をもつ言語の地名については，ラテン文字への置き換えを行った．

　　例：モスクワ　Moskva

(2) アクセント，長音記号などの補助記号（ダイアクリティカルマーク）は適宜使用した．

　　例：ケベックシティ　Québec City
　　　　イスタンキョイ湾　İstanköy Körfezi

(3) 地名の普通名詞部分は，国名，最大行政区分名についてはなるべく明示した．自然地名については慣用に従った．

　　例：ニューヨーク州　New York, State of

アルボルズ山脈　Alborz, Kūhhā-ye

セーヌ川　Seine

(4) アラビア語圏の地名は，慣用表記のあるものはこれに従い，その他の地名は基本的に正則アラビア語にできるだけ近づけた英語で表記した．また，冠詞（Al など）は，アラブ地域では原則として省略するか，あるいは語尾に移した．

例：ギーザ　Giza

〈漢字見出し〉

中国・韓国・北朝鮮の地名は，もともと漢字表記のなかったものも含めてなるべく日本で通用する漢字による表記を付した．

例：ウルムチ市　烏魯木斉市　Ürümqi

ダーリエン市　大連市　Dalian

2．見出し語の右下には，ひと目でおおよその所在地がわかるよう所属国名の略称や所在地域を示した．

3．見出し下に〈別名欄〉と〈数値データ欄〉を設け，主な別名，数値情報を一覧できるように努めた．

〈別名欄〉

見出し語の別名として，別称，旧称，古称，正称，通称，略称，各言語名，別表記，音読み表記（難読漢字など）などを収録した．

(1) 旧称は現在名より直近の旧地名，古称はそれ以前の名称とした．

(2) 別表記は，主に同一言語において，読み方が同じで別の綴り方がある，または同じ綴り方で別の読み方があるなどの場合に示した．

〈数値データ欄〉

数値データは，原則として以下の種類を中心に収録した．

(1) 緯度・経度（度・分）：60 進法．国・地方・地域は首都および中心都市，行政区分・島は中心都市，都市・村落は庁舎所在地，山脈・山地は最高峰あるいは範囲，河川は河口または本流との合流地点の数値．

(2) 人口（万人）：小数第1位（小数第2位を四捨五入）まで表示．500 人未満は実数，無人は「0」と表示．数値の後ろにカッコ付きで統計年を表示．「推」は推計値．

(3) 面積（km²）：10 km² 未満は小数第1位（小数第2位を四捨五入）まで表示．河川は流域面積．

(4) 標高（m）：山脈・山地は最高値，都市は平均値．

(5) 長さ（km）：小数第1位（小数第2位を四捨五入）まで表示．湖などの長さ・幅は，数値が大きい方を長さとする．

(6) 幅（km）：小数第1位（小数第2位を四捨五入）まで表示．

(7) 深さ（m）：最深値または平均値．

(8) 気温（℃）：年平均気温．小数第1位（小数第2位を四捨五入）まで表示．

(9) 降水量（mm）：原則として年平均降水量．一部で年最少値−年最多値を表示．

4．本項目の別名欄にあるもののうち，使用頻度が高いと思われるものを見よ項目に立て，本項目を検索しやすくした．矢印が指示する本項目が複数立項されている場合，当該の見よ項目が別名欄にあるものが目的の本項目である．

例：ハラブ　Halab　→　アレッポ　Aleppo

Ⅴ．見出し語の配列

1．見出し語は，原則として固有名詞部分の五十音順に配列した（一部では普通名詞を固有名詞的に扱った）．そのうえで，同音の国名・地方名・行政区分名・都市名・集落名を普通名詞部分の五十音順に配列し，これに続けて，その他の地名を普通名詞部分の五十音順に配列した．

2．清音，濁音，半濁音の順に配列し，促音・拗音を含む小字は直音の後に置いた．

3．長音（ー），中黒（・）の符号は無視して配列した．ただし，同音の場合は，符号がないものを優先した．

4．見出し語が同音の場合は，以下の規則で配列した．

(1) 本項目，見よ項目の順に配列した．

(2) 本項目どうしは，① 欧文見出しのアルファベット順，② 所属国名の五十音順，③ 所属最大行政区分名の五十音順，に従って配列した．

(3) 見よ項目どうしは，① 欧文見出しのアルファベット順，② 参照先の本項目見出しの五十音順，に従って配列した．ただし，欧文見出しのない見よ項目については，② に従って配列した．

Ⅵ．本　文

1．地名の所在地・範囲・交通・由来，地形・地質・気候・動植物などの自然，産物，産業，歴史，政治，経済，文化，観光，世界遺産などについて記述した．

2．国名の表記は慣例に従い略記したが，類似の名称がある場合は正式名を明記した．

3．末尾に執筆者名を明示した．ただし，執筆者名がなく＊表示のある項目は編集部が作成した．

4．特に関連の深い別の本項目がある場合は，参照できるよう末尾に矢印（→）を付けて明示した．

Ⅶ．地図・写真

1．本文の理解を助けるよう，立項したすべての国，一部の大地域，最大行政区分，大都市，自然地形について，概観を示す略地図を本項目の直近に掲載した．また，視覚的なイメージを補うため，写真を同様に挿入した．

2．地図には見出し語にない地名も適宜補った．

3．写真にはタイトルを付し，必要に応じて提供者名を明示した．

Ⅷ．索　引

1．『アジア・オセアニア・極Ⅱ』（第2巻）の巻末には欧文索引と漢字索引を，『中東・アフリカ』（第3巻），『ヨーロッパ・ロシアⅢ』（第6巻），『北アメリカⅡ』（第8巻），『中南アメリカ』（第9巻）の各巻末には，それぞれの地域について欧文索引を設けた．

2．索引語にはすべての本項目名，見よ項目名，別名欄の別名を取り上げた．

3．欧文索引はアルファベット順に配列し，配列に際しては，アクセント，長音記号などの補助記号（ダイアクリティカルマーク）がないものを優先した．

4．漢字索引は2種類設け，それぞれ五十音順，画数順に配列した．

5．索引に収録した見よ項目に付した頁番号は，参照先の本項目の掲載頁を表示した．

アイアンノブ　Iron Knob
オーストラリア

人口：166（2011）　面積：7.7 km²
降水量：250-300 mm/年
[32°44′S　137°09′E]

　オーストラリア南部，サウスオーストラリア州南東部の町．エア半島北東部にある鉄鉱石の旧鉱山および鉱山集落．ポートオーガスタからエアハイウェイで南西約70 kmに位置する．また，海岸部のワイアラから52 kmの内陸にあたる．この付近はエア半島の中では最も乾燥した地域である．

　この地で鉄鉱石が発見されたのは，1894年のことである．1899年にはBHPスチール社（現ワン・スチール社）が，アイアンノブとその南2 kmにあるアイアンモナーク Iron Monarch一帯の採掘権を獲得し，翌1900年にこれら2鉱山の採掘が始められた．それに伴い，1903年にはハモックヒル（現ワイアラ）の港が開かれ，鉄鉱石が対岸のポートピリーやニューサウスウェールズ州のニューカッスルなどに運ばれた．さらに1930年代には，アイアンノブの南27 kmにあるミドルバック Middleback山脈北部において，アイアンバロン，アイアンプリンス Iron Princeの鉱山が相次いで開発された．これら両地域における鉄鉱石の産出は1970年代初期に最大となり，年間産出量は760万tにも及び，港を経由して，外国に向けても盛んに輸出された．各鉱山と港とは鉄道によって結ばれている．

　1980〜90年代に入ると，この地域の鉄鉱石産地はさらに南側へと広がり，ミドルバック山脈南部のアイアンデューク Iron Duke（1989）やアイアンダッチス Iron Duchess（1998），アイアンナイト Iron Knight（1999）へと移っていくことになる．それに伴い，アイアンノブの鉱山は1998年に閉山となった．現在，町には以前に使用されていた採掘機具，鉱石見本，採掘風景の写真などを展示した鉱山博物館がある．　　　［片平博文］

アイアンバロン　Iron Baron
オーストラリア

[32°44′S　137°10′E]

　オーストラリア南部，サウスオーストラリア州南東部にある鉄鉱石の旧鉱山．エア半島北東部にあり，アイアンノブの南27 kmに位置する．採掘が開始されたのは1933年のことである．開発主体のBHPスチール社（現ワン・スチール社）によって，集落も建設された．この地域の主要鉱山がミドルバック Middleback山脈南部のアイアンデューク Iron Dukeやアイアンダッチス Iron Duchess，アイアンナイト Iron Knightへと移るに従い，アイアンバロンの鉱山は1989年をもって閉山した．　　　［片平博文］

アイアンボトム海峡　Iron Bottom Sound
ソロモン

鉄底海峡（日本語）

長さ：50 km　幅：50 km
[9°17′S　160°04′E]

　南太平洋西部，メラネシア，ソロモン諸島中部，ガダルカナル島とフロリダ諸島の間に広がる海域．太平洋戦争中，旧日本海軍がガダルカナル島北岸に建設した空港の争奪戦がくり広げられ，その結果100隻以上の日米およびオーストラリア，ニュージーランドの艦船が沈められたことから，鉄底海峡とよばれるようになった．　　　［関根久雄］

アイヴァンホー　Ivanhoe
オーストラリア

人口：200（2011）　面積：11 km²
[32°53′S　144°20′E]

　オーストラリア南東部，ニューサウスウェールズ州中央西部，セントラルダーリング行政区の町．コップハイウェイ沿いに位置しており，周辺地域に対する商業，サービスの拠点となっている．1869年にこの地一帯を所有したスコットランド出身のジョージ・ブラウン・ウィリアムソンが，バルラナルド，ブーリガル，ウィルキャニアの3つの河港に通じる道路の結節点に店を開業したのがきっかけとなり，70年代初期に集落が形成された．公式には1890年に町として記録されている．町の中心部から南約3 kmの地点に，インディアンパシフィック（大陸横断）鉄道の一部であるブロークンヒルズ鉄道のアイヴァンホー駅（1925開業）がある．地名は，スコットランド人作家ウォルター・スコットの代表作『アイヴァンホー』にちなんだものである．　　　［落合康浩］

アイエア　Aiea
アメリカ合衆国

人口：0.9万（2010）　面積：4.6 km²
[21°23′N　157°56′W]

　北太平洋東部，ポリネシア，アメリカ合衆国ハワイ州，オアフ島南部の国勢調査指定地区（CDP）．パールハーバーの北東海岸，州都ホノルルの北西11 kmにある郊外住宅地である．ケアイワ・ヘイアウ州立公園があり，古代の治療用の祭祀場，キャンプ場，ピクニック設備，景色のよいハイキングコースがある．また製糖所があったが，1995年に閉鎖された．コンサートやスポーツの試合が行われるアロハスタジアムもあり，パールシティとの間にあるパールリッジショッピングセンターは，アラモアナセンターに次ぎ，オアフ島第2の屋内ショッピング施設である．　　　［飯田耕二郎］

アイシスフォード　Isisford
オーストラリア

ウィットタウン　Whittown（旧称）

人口：214（2011）　面積：10506 km²
[24°15′S　144°26′E]

　オーストラリア北東部，クイーンズランド州中央部，ロングリーチ地域郡区の町．州都ブリズベンの北西約1100 kmに位置する．

この地域は，1800年代後半になって開発されるようになった．おもな産業は牧畜で，主として羊毛用の羊が飼育されている．町はバークー Barcoo 川の渡河点に建設された内陸部のサービス拠点の1つである．地名は当初，ウィットタウンとよばれたが，1878年頃に現名称に改称された．今日でも1世紀前と変わらぬたたずまいをみせている．

[秋本弘章]

アイズヴォールド　Eidsvold

オーストラリア

人口：0.1万 (2011)　面積：1015 km²
[25°22′S　151°07′E]

オーストラリア北東部，クイーンズランド州南東部，ノースバーネット地域の町．州都ブリズベンの北北西約425 kmに位置する．周囲の牧牛地域の中心地である．1848年に白人によって入植された．地名は，入植者のエーカー兄弟が以前に居住していたノルウェーの小さな町の名前にちなんでいる．1850年代の終わりに金が発見され，80年代の終わりにはゴールドラッシュにわいたこともあったが，現在ではその面影をみつけるのはむずかしい．オーストラリアで初めて肉用牛のサンタ・ガートルーディス種を導入した場所といわれている．また，オーストラリアでのゴルフの発祥の地ともいわれている．

[秋本弘章]

アイゾール　Aizawl

インド

人口：29.2万 (2011)　標高：1100 m
[23°45′N　92°45′E]

インド北東部，ミゾラム州アイゾール県の都市で州都および県都．ミゾラム（高地民族の土地の意味）の名のとおり，山頂部に位置し，標高は1100 mを超える．州の文化的な中心都市でもあり，現地語であるミゾ語のほかに英語も広く話される．現地のミゾ人の舞踊や民族衣装などが観光の対象となっているほか，自然景観も注目されている．コルカタ（カルカッタ）との間に定期航空路があるほか，国道44号でシロンやゴウハーティと道路で結ばれ，近年理想的な高地リゾートとして急成長している．主要な観光地としてはショッピングセンターであるバラバザール，歴史的遺物や古代衣装，伝統的な道具などを展示したミゾラム州立博物館がある．

[荒木一視]

アイダ山　Ida, Mount

ニュージーランド

[44°56′S　170°05′E]

ニュージーランド南島，オタゴ地方の山．ダニーディンの北西約120 km，クロムウェルの東80 km，アイダ山地に位置する．地名は，ギリシャ，クレタ島のアイダ山に大変似ているという理由で，初期の探索者によって名づけられたらしいといわれる一方で，イングランド，ノーサンバーランドの伝説の王アイダの城にちなんで，ジョン・ターンブル・トムソンによって名づけられたとする説がある．付近の金鉱を探索するためのルート上にあり，現在でもアイダ谷を歩くトレッキングルートがある．

[井田仁康]

アイタペ　Aitape

パプアニューギニア

人口：0.6万 (2011)　[3°09′S　142°22′E]

南太平洋西部，メラネシア，パプアニューギニア北西部，サンダウン州の町．ニューギニア島北海岸に位置し，州都ヴァニモとイーストセピック州の州都ウェワクとの間のほぼ中間地点にあって2つの町とは陸路で結ばれている．町の歴史は1905年にドイツが植民地の駐在所を置いたことに始まる．1998年7月17日の地震に伴う大津波では，複数の村が消失して，数千名の犠牲者を出し，国際的な支援を受けた．第2次世界大戦中，この地は一時日本軍の占領下に置かれた．1944年7～8月にかけてのアイタペの戦いでは，ドリュニュモール川（日本名，坂東川）をはさんで，日本軍とオーストラリア・アメリカ連合軍の間で激しい戦闘が行われた．日本が建てた戦争記念碑もある．

[熊谷圭知]

アイトゥタキ島　Aitutaki Island

クック諸島

人口：0.2万 (2011)　面積：18 km²
[18°52′S　159°48′W]

南太平洋東部，ポリネシア，クック諸島の島．ラロトンガ島の北約500 km，航空機の定期便で1時間の位置にある．ラロトンガ島に次いで観光客に人気がある．手つかずの自然の美しさは，近隣の大きな島々には及ばないが，多くのモツ（小さな島々）が点在する三角形の巨大なラグーンの一角に位置するこの島には大きな魅力がある．島には，ヨーロッパの植民地となる前から宗教的な集会所であったマレエがいくつか存在し，島への訪問者

にも公開されている．島の中心的な村はアルタンガで，クック諸島の中でも最も古い教会がある．海岸にはきれいな石がみられる．ラグーンではシュノーケリング，ヨットなどのマリンスポーツが人気である．　[井田仁康]

アイホイ区　愛輝区　Aihui

中国

アイフン　瑷琿　Aihun (旧称)

人口：19万 (2012)　面積：14446 km²
[50°15′N　127°26′E]

中国北東部，ヘイロンチャン（黒竜江）省北部，ヘイホー（黒河）地級市東部の区．黒竜江（アムール川）西岸に位置する．旧称の瑷琿は満洲語で畏敬すべきという意味で，アイフン（瑷琿）河にちなむ．1684年に黒竜江東岸にあった瑷琿城が当地に移され，清朝の北方の重鎮となった．中国とロシアの境界地帯にあたり，1689年にネルチンスク条約が，1858年にはアイグン条約がここで締結された．1956年に愛輝に改称された．　[小島泰雄]

アイホーレ　Aihole

インド

[16°01′N　75°53′E]

インド南部，カルナータカ州北部，バガルコット県の村．歴史的ヒンドゥー教寺院遺跡群がある．クリシュナ川の支流マルプラバ川の右岸，州都ベンガルール（バンガロール）の北510 km，県都バガルコットの南東39 kmに位置する．1987年にユネスコの世界遺産（文化遺産）に登録された「パッタダカルの建造物群」の一部をなす．6～8世紀にインド中部に広大なヒンドゥー教王国を築いた前期（西）チャールキヤ王朝発祥の地である．5～12世紀に建立された125の石造寺院群が，村の内外に19の単独またはグループで分布する．うち3グループはジャイナ教寺院である．インドにおける古代ヒンドゥー教寺院の建築様式の中でも，チャールキヤ様式の発祥の地として知られる．なお，寺院群の建設時期は，第1期（5～6世紀）の石造・石窟寺院群，第2期（6～12世紀）の石造寺院群の2つに分かれる．代表的な寺院は，7～8世紀に建立されたドゥルガ寺院群である．

[中山修一]

アイヤル湖　Aiyar Reservoir

インド

[23°44′N　85°48′E]

アイゾール(インド),山の斜面が建物で埋めつくされた市街〔Shutterstock〕

インド中部,ジャルカンド州ボカロ Bokaro 県の湖.ダモダル川にかかるダムによってできた人造湖.製鉄都市として知られるボカロスティールシティの南側に位置し,ラームガル Ramgarh や州都ラーンチからはほぼ 100 km 圏にある.ボカロにはダモダル川総合開発の一翼を担う炭田があり,かつて旧ソ連の援助を受けて製鉄所が建設された.このボカロ製鉄は 1972 年に生産を開始し,現在は 380 万 t の粗鋼生産量を誇るインドでも有数の製鉄所である.また,火力発電所もある.これらの工業用水の取水源となるのがテヌガートダムで,生活用水の取水を行うのが南に 27 km のガルガダムである.
〔荒木一視〕

アイランズ湾　Islands, Bay of

ニュージーランド

降水量:2000 mm/年　　　〔35°11′S 174°10′E〕

ニュージーランド北島,ノースランド地方の湾.ファーノース地区,東岸に位置し,太平洋に面する.ファンガレイから湾に面するパイヒアまでは北北西へ約 70 km の距離がある.パイヒアから北北西 1.7 km,ワイタンギも湾に面している.湾は長さ 800 km 以上のリアス式海岸を形成し,川のつくる谷が沈降してできた,水深が深く長い入江や,144 の島が点在する.太平洋からの入水口は,ブレット半島北端のブレット岬と,対岸のプレルア Prerua 半島の東端との間で,幅は約 16 km と狭く,太平洋の荒波を防ぎおだやかな内海をつくり出す.

湾内の最大の島はブレット半島西のウルプカプカ Urupukapuka 島であり,そのやや南西にモツルア Moturua 島,モツアロヒア Motuarohia 島と続く.数多い入江のうち最大のものは南のワイカレ Waikare 入江(奥行 10 km),湾中央部の町,ケリケリに面するケリケリ入江(7 km),そのすぐ北部のテプナ Te Puna 入江(8 km)で,観光に適した地形となっている.このあたりは亜熱帯気候に属し,冬は暖かく,夏の気温は 30°C ほどまで上昇する.また赤道付近から暖流が流れ込んでくるため海水温が冬でも平均 15〜16°C ある.夏には 20〜22°C となる.

温かい海は海洋動物の重要な生息地でもあり,イルカや回遊性のクジラなどがみられ,アシカ類のニュージーランドファーシールも生息する.鳥類も多数生息し,世界最小のペンギン,ブルーペンギンも生息する.おだやかな湾,砂浜,多様な海洋生物にも恵まれ,さまざまなマリンレジャーが楽しめる.現在のノースランド地方で最大の都市であるケリケリは,マオリが海に出航する際の拠点であった.湾内にはマオリの文化が色濃く残っており,現在でもそれらを経験することができる.1769 年にジェームズ・クックがヨーロッパ人では初めてこの地を訪れた.ケリケリには植民地時代の歴史的建造物が残る.ワイタンギは,1840 年にマオリの族長の代表とイギリス王権の代表との間でワイタンギ条約が結ばれたことから,ニュージーランド建国の地とされる.
〔植村善博・太谷亜由美〕

アイランドピーク　Island Peak

ネパール

イムジャツェ山　Imja Tse(ネパール語)

標高:6169 m　　　〔27°55′N 86°56′E〕

ネパール北東部,ネパールヒマラヤ,クーンブ山群中北部の高峰.ネパール語ではイムジャツェ山とよばれる.標高は北東峰 6169(6160)m,南東峰 6100 m の 2 つのピークからなる.ナムチェバザールの北東約 45 km に位置し,ローツェシャールから南に延びる尾根の末端をなす.イムジャ氷河に向かって島状に突出していることから,1952 年

のイギリス隊によって島（アイランド）ピークと命名された．南西峰は1953年イギリス隊に，北東峰は56年スイス隊によって初登頂された．1978年以降，ネパール政府によってトレッキング登山に開放されたため，よく登られている． [小野有五]

アイリババ山　Ayribaba, Gora

トルクメニスタン

Beyik Saparmyrat Türkmenbaşy Belentligi（トルクメン語・正称）

標高：3139 m　　　　　[37°47′N　66°33′E]

トルクメニスタン東端の山．ウズベキスタンとの国境にそびえ，アフガニスタンに延びる．トルクメニスタンは，面積は日本より広いが，北の国境付近を流れるアムダリア川の水を灌漑に利用する地域を除き大部分をカラクム砂漠が占め，この山が最高峰で，山岳はほかには南のイラン，アフガニスタンに沿って細長くあるのみである． [木村英亮]

アイルドン　Eildon

オーストラリア

人口：0.1万（2011）　面積：758 km²
[37°15′S　145°54′E]

オーストラリア南東部，ヴィクトリア州中央部の都市．オーストラリアアルプス山脈の南部，州都メルボルンの北東約100 kmに位置する．1950年代前半は，州北部への灌漑と水力発電を目的としたアイルドンダム計画に伴う作業基地であった．ダムの完成後は，州最大の人造湖アイルドン湖と周辺部のアイルドン国立公園として各種のレクリエーション設備が整備されている． [堤　純]

アイルヒタム湾　Air Hitam, Teluk

インドネシア

アイエルヒタム湾　Ayer Hitam, Teluk（別称）

深さ：17 m　　　　　[2°55′S　110°30′E]

インドネシア西部，カリマンタン（ボルネオ）島南部，西カリマンタン州クタパン県クンダワンガンの湾．カリマタ海峡に注ぐ．島で伐採された木材をジャワ島へ輸送する拠点の1つとなっている．地名は，アイルとは水を，ヒタムとは黒いを意味する． [浦野崇央]

アウアウ海峡　Auau Channel

アメリカ合衆国

幅：14 km　深さ：33 m
[20°51′N　156°45′W]

北太平洋東部，ポリネシア，アメリカ合衆国ハワイ州，マウイ島北西部とラナイ島東部の間の海峡．海峡名はハワイ語で「洗う」を意味する．ハワイ諸島におけるホエールウォッチングの中心地であり，アラスカ沖から毎年秋にザトウクジラがこの海峡付近にきて，冬にこの海域で過ごす．東にマウイ島，西にラナイ島，北にモロカイ島があって海は静かである． [飯田耕二郎]

アヴァディ　Avadi

インド

人口：34.5万（2011）　面積：26 km²　標高：17 m
[13°07′N　80°06′E]

インド南部，タミルナドゥ州ティルヴァルール県の都市．州都チェンナイ（マドラス）の中心部から西方約23 kmに位置する．地名は，タミル語で牛であふれた町を意味する．南インドを代表する防衛施設と軍事関連産業が集中する都市で，おもな施設は，陸軍，空軍の地域拠点基地，戦車など重量軍用車両工場，戦闘車両研究開発施設，武器弾薬庫などである．1951年の人口はわずかに6000の小さな町にすぎなかったが，47年の独立後から軍関係施設の集中が始まった．1960年代に入り，人口も瞬く間に増加し始めた．軍事関連施設が集中したのは，独立後の紛争相手国の中国やパキスタン国境から遠く離れているうえに，戦略的に国内で最も安全なチェンナイ港を活用できる軍事拠点としての立地上のメリットがあった．また，近代史に残る出来事として，1955年，この地で開催されたインド国民会議派大会が，ジャワハル・ラル・ネルー党総裁・首相（当時）の下，党是を社会主義型社会の建設にあると決議した町としても特筆される． [中山修一]

アヴァルア　Avarua

クック諸島

人口：0.5万（2011）　[21°12′S　159°47′W]

南太平洋東部，ポリネシア，クック諸島の町で首都．クック諸島の主島ラロトンガ島北部中央の沿岸に位置する国内最大の集落で，国民の約30%が居住する．公用語の英語とマオリ語がおもに話され，住民の約半数がクック諸島キリスト教会派に属する．地名は2つの港を意味し，町の北側にはアヴァティウAvatiu港とアヴァルア港がある．西方約2.5 kmには諸島の玄関口となるラロトンガ国際空港が立地し，ニュージーランドとの国際線や諸島の主要な島々への国内便が運航されている．産業の大半は観光業に依存しており，ほかに漁業などが行われる，町内にはス

ーパーやカフェ，宿泊施設，銀行，郵便局，警察署などが揃い，クック諸島観光局のビジターセンターや南太平洋大学の分校もある．毎日開催されている青空市場のプナンガヌイマーケットでは食品や衣類，工芸品などが売られ，とくに土曜日には大勢の地元民と観光客で賑わう．その他，クック諸島国立博物館やアヴァルア教会などの見どころがある．また，島南部のムリビーチやアロアビーチでのシュノーケリングやダイビング，内陸部のジャングルや渓谷へのハイキングの拠点ともなっている． [井田仁康]

アヴィッサウェッラ　Avissawella

スリランカ

シータワカプラ　Seethawakapura（古称）

人口：11.5万（2014）　面積：150 km²　標高：30 m
[6°57′N　80°12′E]

スリランカ，西部州コロンボ県南東端の都市（UC）．県都コロンボの東59 km，ハットンHatton方面への国道A7号とラトナプラ方面への国道A4号の分岐点に位置する．スリランカ国鉄のケラニ谷線の終点駅だが，コロンボ・マラダナ駅からの列車は一日4往復にすぎない．『ラーマーヤナ』物語のシータ姫にちなんだ伝説の存在から，古来，シータワカプラとも称され，現在の町行政評議会（UC）の名前のSeethawakapuraもこれによる．16世紀にポルトガルの侵入に抵抗したシータワカ王国時代の1521～93年の間，首都であった．現在は付近の商業・交通中心で，市街地の西部に鉄道駅や2つの病院，中心部にバスターミナル，裁判所，東寄りにセントメアリーズカレッジがある．周辺地域にはレンガ製造場や茶園が分布する． [山野正彦]

アヴォーカ　Avoca

オーストラリア

人口：0.1万（2011）　面積：150 km²
[37°04′S　143°29′E]

オーストラリア南東部，ヴィクトリア州中央西部の町．バララットから北に延びるサンレイシアハイウェイと東西に延びるピレニーズハイウェイの交差地点に位置する．この町の起源は1852年の金鉱発見である．近隣はピレニー山脈ふもとの丘陵地が取り囲んでおり，ハイキングや野生動物の観察などで有名である．周辺は州内で最も急成長を遂げるワイン生産地の1つとなっている． [堤　純]

アヴァルア（クック諸島），サンゴと石灰岩で建てられたアヴァルア教会（クック諸島キリスト教会，CICC）〔ChameleonsEye/Shutterstock.com〕

アヴォーカ　Avoca

ニュージーランド

オネティ　Onetea（マオリ語）

[43°10′S　171°50′E]

　ニュージーランド南島，カンタベリー地方の村．東海岸のクライストチャーチと西海岸のウェストコースト地方グレーマスとをつなぎ，サザンアルプスを横切る内陸幹線鉄道であるトランスアルペン鉄道沿線に位置する．マオリ語ではオネティとよばれ，白い砂を意味する．地名はこの地域の羊牧場に由来する．1920年代は石炭産地として知られていた．　　　　　　　　　　　　　［井田仁康］

アヴォンデール　Avondale

ニュージーランド

テフアウ　Te Whau（マオリ語）

人口：1.0万（2006）　[36°54′S　174°41′E]

　ニュージーランド北島，オークランド地方の町．オークランドの西郊に位置する．地名の由来は，イギリス国王エドワード7世の長男クラレンス・アヴォンデール公にちなんだものである．マオリ語名はテフアウであり，自生の低木もしくは木を意味する．現在，その名はアヴォンデール郊外を流れるファウ川に残されている．毎週日曜の午前には国内最大の朝市といわれるアヴォンデールファーマーズマーケットが開催される．　［林　琢也］

アウカナ遺跡　Aukana Ruins

スリランカ

[8°00′N　80°30′E]

　スリランカ，北中部州アヌラーダプラ県の仏教遺跡．スリランカ国鉄バッティカロア線のアウカナ駅下車でコロンボから約4〜5時間，ダンブッラから県都アヌラーダプラに向かう国道A9号沿いの町ケキラワ Kekirawa の西約10 kmに位置する．5世紀に建立されたアウカナ・ブッダ像があることで知られる．この像は高さ約11.36 mの巨大な立像で，背後の花崗岩から切り出して彫刻されている．この地の東部にあるカラウェワ貯水池を建設したダートゥセナ王（在位459〜477）が同じ頃に建てたと伝えられるが，別の史料では8世紀後半頃の制作ともいわれる．なお，アウカナの西11 kmに位置するセッセルワ Sasseruwa にも別の古いブッダ像がある．　　　　　　　　　　　　　［山野正彦］

アウキ　Auki

ソロモン

アオケ　Aoke（古称）

人口：0.5万（2009）　[8°46′S　160°42′E]

　南太平洋西部，メラネシア，ソロモン諸島中部，マライタ州の町で州都．植民地化以降，西洋人の表記によってアウキとなったが，本来の名称はアオケである．元々，アウキはランガランガラグーン内にある島の名前である．ガダルカナル島北岸にある首都ホニアラの北東約115 kmに位置する．クワイバラ川の西側，アウキ湾に面したララス一帯の沿岸地域をさし，山の民クワラアエと海の民ランガランガの土地の境界にある．年平均降水日数は236日で，1カ月に200〜350 mmの雨が降る．1909年にイギリス植民地政府の出先機関が設置されて以来，マライタ州（島）における行政，交通，レストラン・宿泊

施設・各種商店・銀行など近代的経済活動の中心地として機能している．また，比較的規模の大きな市場があるため，とくに土曜日（キリスト教の安息日前日）になると，アウキ近隣だけでなく遠方の集落からも換金作物などの売買を目的に多くの人びとが集まる．

［関根久雄］

アウトライアー山　Outlier

ネパール/中国

ジャナクチュリ　Janak Chuli（ネパール語・別称）

標高：7090 m　　　　　［27°52′N　88°05′E］

ネパールと中国にまたがる山．ネパール東部メチ県と中国のシーツァン（チベット，西蔵）自治区の国境にあり，ヒマラヤ山脈東部，カンチェンジュンガ山群の高峰である．ネパール語ではジャナクチュリとよぶ．主峰カンチェンジュンガの北北西約20 kmに位置する．1911年，イギリスの化学者アレクサンダー・ミッチェル・ケラスがジョンサンピークの一周を試みた際，この山の南麓を通れずに終わったため，局外者，離れ島の意味で命名した．ブロークン氷河に面する南西壁は巨大な絶壁をなし，登山者を寄せつけなかったが，2006年，スロヴェニアのアンドレイ・シュトレムフェリらが南西壁を経て主峰である西峰（標高7090 m）に初登頂した．東峰（7035 m）も，同じく南西壁から2014年，日本の青山学院大学山岳部によって初登頂された．

［小野有五］

アウバレデ岬　Aubarede Point

フィリピン

オーバレデ岬（別表記）

［17°15′N　122°26′E］

フィリピン北部，ルソン島北東部，イサベラ州の岬．州東岸に位置するパラナン湾の北に位置し，岬部分は海に碇状に突き出した半島の南部にあたる．岬の西にはビコビアンBicobian港があり，東側はフィリピン海に面している．一方，半島の北端にはディビラカンDivilacan湾に突き出したエスタグノEstagno岬がある．

［石代吉史］

アウラガ遺跡　Avraga Ordny Buur'

モンゴル

［47°05′N　109°09′E］

モンゴル中東部，ヘンティ県の集落遺跡．デルゲルハーン郡のフドーアラルに位置し，

ヘルレン川上流域にある．チンギス・ハーンの宮殿跡であると考えられている．アウラガ遺跡は，1967年モンゴルの考古学者ペルレーによって発見された．その後，1992年，加藤晋平，白石典之らを中心とする日本・モンゴルの共同発掘隊によって，南北500 m，東西1200 mにわたって建物の土台跡が発見されたが，チンギス・ハーンのヘルレンの大オルド（宮殿）だと考えられている．また新潟大学の白石典之を中心としたグループによる近年の調査では，儀礼用に殺害されたと考えられる家畜の骨が多く出土しており，2代目の皇帝オゴデイ・ハーンがカラコルムに都を築いた後，アウラガ遺跡は，チンギス・ハーンの霊廟として機能していたと考えられている．

［島村一平］

アウロラ州　Aurora, Province of

フィリピン

オーロラ州（別表記）

人口：21.4万（2015）　面積：3147 km²

［15°46′N　121°34′E］

フィリピン北部，ルソン島北東部，中部ルソン地方に位置する州．州都はバレール．州の西部にはシエラマドレ山脈が南北に走る．平野部は東部の海岸部に限定され，州面積の30%を占める．東岸は広大な太平洋に面している．気候は一般的に高温多湿の熱帯雨林気候に属する．州北部はイサベラ州，キリノ州と，西部はヌエバビスカヤ州およびヌエバエシハ州と，南西部はブラカン州と，南部はケソン州とそれぞれ接する．1979年8月に当時の大統領ファーディナンド・E・マルコスによって創設された73番目の州で，ケソン州から分離・新設された比較的新しい州である．

州に属する地方自治体は，バレール，カシグラン，ディラサグDilasag，ディナルンガンDinalungan，ディンガランDingalan，ディパクラオDipaculao，マリアアウロラMaria Aurora，サンルイスSan Luisの8町，村（バランガイ）数は151である．人口4.0万（2015）のバレールはマニュエル・L・ケソン大統領の生誕の地でもある．マニラ首都圏からバレールまでは230 kmほど離れている．州を走る主要な2つの道路はシエラマドレ山脈を横切り，その他のルソン島の州へとつながっている．

バレールにはアグアンAguang川，カシグランのカラブガンCalabgan川，ディパクラオのディタレDitale川とディブトゥナンDibutunan川，ディンガランにはイブナ

Ibuna川とシングアンSinguan川が流れ，いずれも太平洋へと注いでいる．

面積は中部ルソン地方の14.5%を占めるにすぎない．言語はタガログ語，イロカノ語，パンパンガ語が話される．

中部ルソン地方はフィリピンにおいては最大の穀倉地帯をなし，同州においても農業は最も重要な経済活動となっている．山岳地帯は森林に覆われるが，沿岸の平野部では米，ココナッツ，コーヒー，ピーナッツ，柑橘類，黒コショウ，根菜類，野菜類の栽培が行われる．2003年統計によると，農地面積に占める稲作地は31%であり，灌漑稲作における収量は3.8 tに達し，天水稲作でも3.2 tの収量がある．米の生産量はマリアアウロラで最も多い．生産された米の多くはカバナトゥアンからくる米業者へと売買される．ココナッツ栽培ではサンルイスが栽培面積が最も広い．

州内にはおおよそ2368 km²の公有林があり，そのうち2287 km²が森林地となっている．サンルイスが最も広い森林地を有している．同州のオーロラ国立公園では，マリアアウロラおよびサンルイスにまたがる43.1 km²の地域を野生生物保護区に指定している．多種の野生動物や鳥類がこの地に生息しているが，違法伐採や森林開発が減らないことから多くの野生動物が危機に瀕している．漁業も行われており2002年には2379 tの水揚げがあった．州内における漁船数は1730隻で，バレール，ディンガランがともに200隻を超える漁船を保有している．カジキ，ボラ，キハダマグロをはじめ多種の魚類の水揚げがある．

州の歴史をみてみると，1572年に，北部ルソン沿岸探検をしたスペイン人探検家のサルセドがこの地を最初に訪れたヨーロッパ人とされる．サルセドはカシグラン，バレール，インファンタの地に足を踏み入れたとされる．アウロラ州は国内でサーフィンが最も盛んな州である．国際的にも認知されている海岸があり，たとえばバレールのサバングビーチ，コブラリーフ，チャーリーポイントなどをあげることができる．また，バレールは映画「地獄の黙示録」（1979）の有名なサーフィン場面の撮影場所でもある．毎年2月にはフィリピンサーフィンサーキットの第1レグとしてアウロラサーフィンカップを主催している．州内にはバレール教会，ケソンメモリアル公園，バレール博物館など文化的な観光ポイントや，エルミタヒルErmita Hill，ディブツDibut湾など自然の見どころも数多く有している．

［石代吉史］

アウンド　Aundh　インド

人口：0.6万 (2011)　[17°33′N　74°19′E]

インド西部，マハーラーシュトラ州東部，サタラ県の小都市．プネの南に位置する．県都サタラとの間に定期バスが通じている．地名は，この地に栄えたかつての王国の名によっている．アウンド国は1699年にパルシャラム・トリムバクによって開かれた国である．小高い丘の上にデヴィヤマイ寺院があり，そこからの眺望や納められた彫像が観光資源となっているほか，シュリバワニ博物館があり，多くの絵画が展示されている．

〔荒木一視〕

アオテア　Aotea ☞ グレートバリア島 Great Barrier Island

アオテアロア　Aotearoa ☞ ニュージーランド New Zealand

アオラキ　Aoraki　ニュージーランド

アオランギ　Aorangi（別称）／クック山　Cook, Mount（別称）

標高：3724 m　[43°35′S　170°09′E]

ニュージーランド南島，カンタベリー地方の山．サザンアルプス中央部に位置する．オーストラリア，ニュージーランドを通しての最高峰であり，富士山より少し低い．中生代の硬砂岩からなり，氷食を受けたため急峻である．山頂は西側からよくみえる．地名は，1851年にイギリスのジョン・ロート・ストークスが土地調査船HMSアケロン号による調査航海の際に，ジェームズ・クックにちなんでクック山と名づけた．しかしクック自身は山頂をみたことがない．マオリ語ではアオランギとよばれる．アオaoは雲，ランギrangiは空で，空にたなびく雲を意味する．「空を貫くもの」と訳されることも多いが，この訳は正しいとはいえない．南島のマオリはアオラキとよび，ラキはランギの南島マオリの訛りである．1998年に公式に認められ，マオリ語のアオラキとクック山の両者が公式名称となっている．

アオランギと名づけられたいわれについては，いくつかの説がある．1つはクックにちなんだもので，南島のマオリが，ニュージーランドに対する言葉としてクック山を文字どおりマオリ語に訳したとするものである．他方ではマオリの伝説と結びついたものとする説がある．14世紀，太平洋の諸島からカヌーに乗った一族がニュージーランドにたどり着いた．ここでカヌーは破損し，一族は陸路で北上した．彼らが山をみたとき，ほかの山々よりも高いことに気づいた．そこで，移動していた彼らの一族の1人にちなんで，最も高い山に名をつけたとされる．彼らは互いに顔を見合わせ，一族の中で最も背の高い者の名前をその山に与えたかもしれないし，祖父におぶわれたアオランギという幼児の名前だったかもしれない．

ほかにも，より壮大な伝説にもとづいているという説もある．神が地球を発見したときまでさかのぼる伝説である．空の神の子どもたちの何人かが，アオランギというカヌーで地球へきた．カヌーは岩へと変わり，それが南島となった．カヌーの船長だったアオランギは，南島で最も高い山に姿を変えたのである．つまりこの山がアオランギである．彼には3人の兄弟がいたが，いずれも山に姿を変えた．アオランギという地名はニュージーランドの多くの場所につけられているが，その由来は必ずしも同じではない．北島マナワツワンガヌイ地方のフィールディング近くにあるアオランギは，トカゲに由来している．

一帯は1953年にマウントクック国立公園に指定され，707 km² という広大な範囲に3000 m以上の山が19座含まれている．1990年には「テ・ワヒポウナム―南西ニュージーランド」の一部として，ユネスコの世界遺産(自然遺産)に登録された．1998年にマオリ語による地名も公式名称とされ，公園名はアオラキ／マウントクック国立公園に変更された．1991年には山頂付近で大崩壊が起こり，山の東壁が大規模な地滑りによって崩壊したのである．クック山を含むサザンアルプスは，プレートのぶつかり合いで隆起してできた新期造山帯の山脈である．そのため切り立った山並みが特徴的であるが，風化も激しく，地滑りも風化が原因と考えられている．山頂から崩れ落ちた土石は周辺の氷河に到達し，氷河の上を覆った．サザンアルプスの東側の氷河は，風化によって周辺から落ちてくる土石を取り込んでしまうため，白い氷河は下流に行くと土石の交じった薄汚れた氷河となる．この大崩壊によって，標高は3764 mから現在の3724 mまで低下した．

山をみながらのトレッキングコースは，国立公園内にいくつか整備されており，いずれも人気がある．トレッキングコースの拠点となるのが，ローワーフッカー Lower Hooker ヴァレーとタスマンヴァレーの合流点付近に位置するマウントクック村である．村には有名なハーミテージホテルがある．このホテルは1884年に営業が始まり，翌85年には30人を収容できるホテルが完成した．1889年に村を訪れた観光客は1200人だったが，そのうち外国人が800人で，そのほとんどがオーストラリアからの観光客であった．当時，クライストチャーチからは馬車などを利用して数日かかった．ハーミテージホテルは1913年に雪解け水があふれ出し崩壊，再建されたが57年に火事で全焼し，現在は3代目である．そのほか山小屋も多い．

周辺には氷河が多く，万年雪に覆われる．東側にはニュージーランドで最も長いタスマン氷河，ミューラー氷河，フッカー氷河があり，タスマン氷河はここから東に流下する．

アオラキ(ニュージーランド)，クック山の名でも知られる国内最高峰《世界遺産》〔小野有五提供〕

西側にはフランツジョゼフ氷河，フォックス氷河などがある．マウントクック村からこれらの氷河へのトレッキングコースがあり，空からは飛行機やヘリコプターで壮大な景色を楽しむことができる．とくに，氷河に着陸するスキー板をつけた遊覧飛行機は，1955年に初めて着陸してから，この国を代表する観光アトラクションとなっている．タスマン氷河に着陸した飛行機を降りると，氷河に立って山を眺めることができる．おもなスキー場はボール氷河である．

クック山は登山者にとって魅力的な山である．1882年にはスイス人の登山家2人が山頂を目ざしたが途中であきらめている．1894年12月25日にニュージーランドの登山家ジョージ・グラハム，トーマス・C・ファイフおよびジョン・マイケル・クラークにより初登攀された．1910年にはオーストラリアの登山家フリーダ・ドゥ・フォーが女性として初めて登頂に成功した．初の単独登攀者はサミュエル・ターナーで1919年3月6日のことである．エヴェレスト山の初登頂に成功したエドモンド・ヒラリーも，1948年に登頂に成功している．

[井田仁康・太田陽子]

アオラル　Aoral
カンボジア

人口：3.0万（2008）　面積：2380 km²
[11°41′N　104°07′E]

カンボジア南部，コンポンスプー州の郡．州都コンポンスプーの西約60 kmに位置する．北はプノムクロヴァン郡，西はトゥックプオー郡およびトゥポン郡，南はプノムスルオイッ郡，東はコッコン州トマバーン郡プライコミューンと接する．地勢は北部の国内最高峰アオラル山（標高1813 m）およびアオラル野生生物保護区（2536 km²）の一部が大半を占め，南部にわずかばかりの低地水田地域が存在する．非常に辺鄙で貧しい地域であり，社会的・物理的な基本サービスから経済開発にいたるまで，ありとあらゆるインフラが不足している．郡内の村へのアクセスは，村へ向かう泥道や橋の状態が悪いために困難で，住民たちの住居もおおむね小さな小屋である．地域の保健センターや学校の施設も整っておらず，そこに住む少数の人びとのニーズに応えるものではない．村人の多くは農業で生活しているが，生活のレベルは雨頼みの農業と自然資源に大きく左右される．また住民の識字率も国内で最低レベルである．

[ソリエン・マーク，加本　実]

アオラル山　Aoral, Phnom
カンボジア

標高：1813 m　　[12°02′N　104°10′E]

カンボジア南西部，コンポンスプー州アオラル郡の山．首都プノンペンの北西約95 km，カルダモン山脈南東部に位置する，山脈および国内の最高峰である．コンポンスプー，ポーサット，コンポンチュナン各州にまたがる山域一帯は，東南アジア有数の原生林地帯としてアオラル野生生物保護区（面積2536 km²）に指定されている．カンボジアでは登山の習慣が一般化しておらず，アオラル山でも登山道が整備されていない．山麓のスラエコンバイ村から1泊2日かけて登頂を試みる海外のツアー客が時折訪れる．

[ソリエン・マーク，加本　実]

アオランギ山地　Aorangi Range
ニュージーランド

標高：983 m　　[41°25′S　175°24′E]

ニュージーランド北島南部，ウェリントン地方の山地．パリサー湾の東部にある．最高地点はロス山である．山地の大部分は，アオランギ森林公園内に位置する．公園は北のマーティンバラ Martinborough と南のパリサー岬の間に広がる．公園および周辺には降雨や洪水に伴う侵食作用によって形成された尖峰がみられる．

[林　琢也]

アオレレ　Aorere
ニュージーランド

[40°43′S　172°36′E]

ニュージーランド南島，タスマン地方の村．マオリ語でアオは雲，レレは飛ぶことを意味し，地名は空を流れる雲と訳される．かつて1857年から開発された国内初の大規模な金鉱があり，3年間ゴールドラッシュが続いた．現在はトレッキングコースとなっており，当時掘られた穴や坑道の跡をみることができる．町中を流れるアオレレ川は，タスマン山地に源を発しコリングウッドでゴールデン湾に注ぐ．

[井田仁康]

アーガイル湖　Argyle, Lake
オーストラリア

[16°18′S　128°47′E]

オーストラリア西部，ウェスタンオースト

ラリア州北東部の湖．1972年にオード川をせき止めて建設された国内最大級の人造湖で，58億m³の貯水能力を誇る．アーガイル湖は，1945年にさかのぼる公共事業であるオード川灌漑計画の中心となる貯水池であり，周辺の平原を灌漑するために計画されたが，この事業は多くの議論をよんだ．アーガイル湖周辺は，1979年のダイヤモンド鉱床の発見に伴う労働者の流入がみられるとはいえ，人口が非常に少ない地域である．

[大石太郎]

アガシー岬　Agassiz, Cape
南極

[68°29′S　62°57′W]

南極，西南極の岬．南極半島の中部，東海岸に突出したホーリックケニョン半島の先端部に位置する．半島はモビロイル入江とレビル入江の間にあり，ラルセン棚氷の南端部付近に位置している．岬はグレアムランドとパーマーランドの境界部にあたる．1940年にアメリカの地理学者ウォルフガング・ルイス・ゴットフリート・ジョージによって発見され，その後，氷河時代の発見者の1人であるスイスの地質学者ルイ・アガシーにちなんで命名された．

[前杢英明]

アガッティ島　Agatti Island
インド

人口：0.8万（2011）　[10°51′N　72°12′E]

インドの南西，ラクシャドウィープ連邦直轄地の島．サンゴ礁やラグーン，白いビーチなどを生かした観光開発が進んでいる．インドではまだ普及していないシーカヤック，シュノーケリング，スキューバダイビング，グラスボート，水上スキーなどのマリンスポーツを楽しむことのできる島である．459 km離れたインドの南西海岸のコチからは定期航空路があるほか，航路も開かれている．

[荒木一視]

アカデミヤナウク山脈
Akademiya Nauk, Khrebet
タジキスタン

アカデミーオブサイエンス山脈　Academy of Science Range（英語）

面積：1500 km²　標高：7495 m　長さ：110 km
[38°55′N　72°02′E]

タジキスタン中央部の山脈．ゴルノバダフシャン自治州と共和国直轄地の境界に位置す

る．中央パミールアライ山系最高の山脈である．旧ソ連の最高峰であったイスマイリサマニ峰がピョートル1世山脈に連なる．堆積岩，変成岩，花崗岩からなり，南29 kmにモロトフ，カガノヴィチの各峰，北にヴォロシーロフ，カリーニンの各峰がある．東方のフェドチェンコ氷河をはじめ多数の氷河がある．

[木村英亮]

アガナ Agana ☞ ハガッニャ Hagatña

アガニャ Agaña ☞ ハガッニャ Hagatña

アガルタラ　Agartala　　　　インド

人口：40.0万（2011）　標高：1280 m
[23°49′N　91°15′E]

インド北東部，トリプラ州西トリプラ県の都市で州都および県都．州の西端にあり，バングラデシュに隣接する．1850年当時のマハラジャ（藩王），ラダ・クリシュナ・キショール・マニキャ・バハドゥールがこの地に都を置いた．また，1930年には当時のマハラジャであったビル・ビクラムが，領国の出入を向上させるために空港を開設し，またその名をとった大学を市の東部にある湖の近くの小高い丘に創設した．町にはよく手入れされた庭園があり，籐を複雑に織り上げた囲いがなされている．また，役所の建物は王家から下賜されたという赤いレンガでつくられている．1901年に建てられた王宮などにはイギリス趣味をみることができる．

空港にはコルカタ（カルカッタ）とゴウハーティを結ぶ定期便が就航している．また，アッサム州のシルチャルや州内各地を結ぶバスの便が通じているほか，隣国バングラデシュの国境まではわずかに2 kmしかなく，ダッカまでは自動車で4時間の距離である．しかし，インド国内を陸路で移動する場合，シルチャルまでは北東288 km，ゴウハーティまでは北599 km，シロンまでは北北東499 kmとなる．なお，最寄りの鉄道駅は北東に160 km離れた州北部のクマールガート Kumarghatか200 km離れたダラマナガール Dharama Nagarとなり，そこからインド北東フロンティア鉄道によってゴウハーティ，さらにコルカタへと通じる．往時のマハラジャであるラダ・キショル・マニキャによって建てられた2階建てのムガル様式のウッジャヤント宮殿は現在，州の議事堂となっている．1 km²にもなるというその建物は州内で最も大きな建築物と称されている．この建物の向かいには人工的に掘られた池をはさんでジャガンナート寺院があり，八角形の基壇に4層の塔がそびえている．旧市街から8 kmのところにあるチャトゥールダーサ・デワータ寺院はベンガル様式の寺院建築ではあるが，その屋根には仏教式のストゥーパ（仏塔）が備えられている．毎年7月には州内から多くの参詣者が訪れ，先住民の祭典から発展したといわれるカールチ・プージャが執り行われる．また，市内のトリプラ博物館には珍しい石像や，古銭，刺繍，さらには州内やその周辺で発見された考古学的な遺物が展示されている．大きな博物館ではないが，とくに8～10世紀の仏教彫刻にみるべきものがある．ほかに，1917年に建てられたクンジャワーン宮殿などが観光地になっている．

産業面では近代的な工業はみられず，手工業が中心である．中でも竹製品や籐製品，さらにはシュロ製品などの工芸品の品質はインドで最も高いとされ，日常的な利用のほかに土産物として店頭に置かれる．また，特産品として出荷されている．そのほかに，米や茶葉，ジュート，オイルシードなどを扱う市場があり，近在の商業的中心地ともなっている．

市内から南に33 km離れたシパヒジャラ Sipahijalaには小規模な動物園を併設した植物園があり，象乗りや湖での船遊びも楽しむことができる．また，南に53 km離れたルドラサガール Rudrasagar湖畔にはマハラジャの宮殿の1つニールマハルがあり，尖塔や別館，濠や橋を備えたこの建物はおとぎ話の城のようだといわれている．

[荒木一視]

アーカルーラ　Arkaroola
オーストラリア

人口：7（1996）　[30°20′S　139°22′E]

オーストラリア南部，サウスオーストラリア州北東部の村．州都アデレードの北約520 km，フリンダーズ山脈最北端に位置する観光地である．大自然に直接触れることのできるリゾート地として，近年急速に注目されるようになった．アデレードからは，ポートピリー付近，クオーンを経てパラチルナから北東にフリンダーズ山脈を横断するルートと，パラチルナの北71 kmに位置するコプリーから東に山脈を横断するルートとが一般的である．パラチルナ，コプリーからは，いずれも4 WDの車が必要となる．道路距離では，アデレードから約660 kmにも及ぶ．アーカ

ルーラ付近の開発は，1856年に銅山が発見されたことに始まる．1860年には本格的な採掘が開始されたが，63年から64年にかけてこの地域一帯を襲った大干ばつの影響で，鉱山は放棄された．その後1903年には，アーカルーラ北西部のピット Pitt 山（標高855 m）でルビーとサファイアが，また10年には北部のペインター Painter 山（790 m）でウラン鉱が相次いで発見され，ふたたび鉱山の周辺に人が住みつくようになった．1944年にはウラン鉱などの鉱産資源を運ぶために，州の鉱山省の手によって，最初の本格的な自動車用道路も建設された．

現在の町の基礎ができたのは，1968年にレグ・スプリグとその家族が居住してからである．彼は付近の610 km²にも及ぶ土地を個人で購入し，野生生物のサンクチュアリをつくることに力を注いだ．この付近にはデザートピーなどの植物や，オーストラリア固有の鳥類が160種以上生息するほか，イエローフッティド・ロックワラビーとよばれる珍しい種類のワラビーもみることができる．また北北東17 kmには，パララナ Paralana 温泉や先住民アボリジニの遺跡も散在する．一年を通じて，非常に雨が少なく乾燥しているため，良好な天体観測の場所としても知られている．南側一帯には，ガモン山地国立公園が広がる．宿泊施設としては，モーテル1軒，コテージ1軒，キャラバンパーク1カ所がある．宿泊施設の付近には，フリンダーズ山脈に源を発するアーカルーラ川が流れており，南東に広がる塩湖のフローム湖へと注ぐ．

[片平博文]

アカロア　Akaroa　　　ニュージーランド

人口：0.1万（2013）　[43°48′S　172°58′E]

ニュージーランド南島，カンタベリー地方の町．バンクス半島のアカロア湾の奥にあり，こじんまりとしている．クライストチャーチの南東約80 kmに位置し，風光明媚な町として，クライストチャーチをはじめ国内外から観光客が訪れる．地名はアカロア湾に由来する．

アカロアには，ワイタンギ条約が結ばれ，ニュージーランドがイギリスの植民地となった1840年に，63人のフランス人が初めてのヨーロッパ人として入植した．フランスは入植するにあたり，1838年に捕鯨船の船長ジーン・ラングロアがすでにバンクス半島の買収交渉をマオリと行い，フランス政府の支援を受けてアカロアに入ってきたのである．し

10　アカロ　〈世界地名大事典：アジア・オセアニア・極I〉

アカロア（ニュージーランド），アカロア湾のヨットハーバーと町並み

かし，フランス人が入植する5日前に，イギリス軍の船がアカロア湾に入り，バンクス半島にイギリスの旗を立てていた．フランスはアカロア周辺の領有を主張し，入植者たちはイギリス軍に対して強く抗議した．しかし，イギリスはフランス以上にニュージーランドの植民地化に積極的で，マオリとの交渉にも長けていた．フランスは，1846年にはイギリス軍がニュージーランド全土を支配していることを認識し，49年にニュージーランドの植民地化をあきらめた．

しかしながら，現在も町にはフランス人入植者の末裔が住んでおり，街路にはフランス国旗がはためき，フランス風の名前がついた通りや家屋がある．これらのフランス風の町という演出が観光地としての魅力ともなっている．1800年代後半に建てられた家が集まる街路もあり，歴史的な雰囲気も醸し出している．また，湾が奥まっていることから波が静かで，ニュージーランド人が趣味として好むヨットも多く係留されており，クライストチャーチからヨットを楽しみにやってくる人びとも多い．また，アカロア湾やその湾口には，ニュージーランド近海にのみ生息するヘクターズドルフィン（セッパリイルカ）や，小型のブルーペンギンがみられ，アカロア湾の観光クルーズではそうした動物たちにも遭遇できる．さらに，イルカと一緒に泳ぐツアーもある．船でイルカの群れを探し，群れにゆっくり近づき，近づいたところで船の乗客が海に入りイルカと一緒に泳ぐツアーは，国内では1990年代半ばまで北島のベイオブアイランズで観光アトラクションとして催され，90年代後半から2000年以降，各地で行われるようになった．さらに，歴史的，フランス的な町並みとバンクス半島を巡る散策道も整備されており，クライストチャーチ周辺の人気の観光地となっている．　　　　　［井田仁康］

アカロア湾　Akaroa Harbour
ニュージーランド
[43°49′S　172°59′E]

ニュージーランド南島，カンタベリー地方の湾．バンクス半島の南岸，ティムティム岬からバンクス半島中央部までの奥行約20kmに及ぶ細長い湾で，バンクス半島では最大の湾である．湾の奥にはアカロアの町がある．もともと北島，ノースランド地方のファンガロアと同じ意味のマオリ語の地名で，ファンガwhangaが湾，ロアroaが長いを意味するので，長い湾ということになる．しかし，南島ではngがkとなり，さらにwhが省略されることによって，現名称となった．バンクス半島は2つの火山が爆発することによってできた半島であるが，その1つであるアカロア火山が900～800万年前に形成され，その後爆発や侵食などにより，100万年前にはすでに山頂のクレーターから南に開いた谷が形成されていた．氷河期などを経て，2万年前にクレーターから南に開いた谷に海水が入り込み，アカロア湾となった．
［井田仁康］

アキティオ　Akitio
ニュージーランド
[40°36′S　176°25′E]

ニュージーランド北島，マナワツワンガヌイ地方の町．ダネヴァーク Dannevirke の南東85 kmの沿岸部に位置する．Akiは粉砕や打ち砕くという意味であり，tioは身を切るような寒さを意味する．有名な緑色岩の湖の名前であるといわれる．おもに農業地域であり，羊肉と牛肉生産を専門に扱う．おもな産業は，クレイフィッシュなどの漁業やボート修理，造船業などである．　　　　［林　琢也］

アキャブ　Akyab ☞ シットウェ Sittwe

アギール山脈　Aghil Range
中国
標高：6952 m

中国北西部，シンチャン（新疆）ウイグル（維吾爾）自治区南部の山脈．カラコルム山脈とクンルン（崑崙）山脈の間に位置し，ヤルカンド川支流のスルクワト川，シャクスガム川などの上流域に広がる．アギール山塊，アギール高原とよばれることもあり，標高6952 mの最高峰（無名）をはじめとして，6000 m級の高峰がそびえる山域をさす．中央部のミンタカ峠（4709 m）は，タクラマカン砂漠南西端のオアシス都市タシュクルガンから，フンザ，ギルギットを経てカシミールにいたる交易路にあり，5世紀には法顕が，1902年には第1回大谷探検隊がここを通過した．しかし，1978年，カラコルムハイウェイが，これより東方のクンジェラブ峠（4693 m）を通ってからは，その重要性は大きく低下した．スルクワト川とシャクスガム川支流を結ぶアギール峠（4780 m）は，ゴッドウィンオースティン山（K2，チョゴリ）の北北東33 kmにあり，中国側からK2に向かうルートとして重要である．　　　　　　［小野有五］

アクサイ　Aksay
カザフスタン
人口：3.3万（2009）　[51°10′N　52°59′E]

カザフスタン北西部，西カザフスタン州の都市．州都オラル（ウラリスク）の東106 kmに位置する．近くのカラチャガナク地区の重要な石油，天然ガスの操業基地である．
［木村英亮］

アクサイ自治県　阿克塞自治県
Aksay
中国

Akesai, Aksai（別表記）/アクサイカザフ族自治県
阿克塞哈薩克族自治県（正称）

人口：0.8万（2002）　面積：8652 km²
[39°24′N　94°15′E]

中国北西部，ガンスー（甘粛）省北西部，チ
ウチュワン（酒泉）地級市の自治県．ホーシー
（河西）回廊の西部にある．1954年にアクサ
イカザフ族自治区が成立し，55年に自治県
となった．カザフ（哈薩克）族を中心に，ウイ
グル（維吾爾）族，回族，モンゴル族，漢族な
どの民族が居住する．県名はカザフ族が集中
するアクサイに由来し，ウイグル語およびカ
ザフ語で白い谷の意である．牧畜業が主で，
羊，牛，馬，ラクダを飼育する．石炭，石綿
などの鉱物資源に富む．国道215，313号が
県内を通る．　　　　　　[ニザム・ビラルディン]

アクサイチン　Aksai Chin
中国

インド北部と中国西部の国境係争地域．
1959年9月から62年11月の間に断続的に
続いた中印国境紛争の争点ともなった．紛争
の際，東部ではアルナーチャル地方，西部で
はアクサイチン地方が舞台となった．現在は
中国の実効支配下にある．チベット高原の
西，カラコルム山脈の東にあり，インド側か
らはカラコルム山脈を越えた地にあたる．中
国側にとってはシーツァン（チベット，西蔵）
自治区とシンチャン（新疆）ウイグル（維吾爾）
自治区を結ぶ要衝に位置している．いわゆる
ラダク地方の一部であり，インド側ではレー
がここに接する．アクサイチン湖は同地方の
東部にある．　　　　　　　　　　[荒木一視]

アグサン川　Agusan River
フィリピン

面積：10921 km²　長さ：350 km　幅：2.1 km
[8°57′N　125°32′E]

フィリピン南東部，ミンダナオ島東部を流
れる同島最長の河川．ミンダナオ島南東端の
東ダバオ州のディワタ山脈に源をもつ．途
中，南北幅177 km，東西幅32～48 kmをも
つ広大なアグサン河谷を蛇行しながら北流す
る．この河谷には湿地帯が形成されており，
アグサン湿地野生生物保護区に指定されてい
る．コンポステラヴァレー州，ダバオ州，南
アグサン州，北アグサン州を貫流した川は河
口付近に位置する北アグサン州ブトゥアン

を経てブトゥアン湾に流入する．国内では第
3位の長さを誇る河川である．
河口部付近は沼地となっており，マングロ
ーブ林が形成される．河口部は幅も広く水深
もあるため重要な交通路となっている．河口
部から257 km上流まで小型船舶での航行が
可能である．ブトゥアンと南部のダバオとを
結ぶ道路が完成する1960年代初頭までは，
アグサン川が内陸部への唯一のアクセス方法
であった．長さおよび流域面積は信濃川とほ
ぼ同等である．河川名は「絶え間なく水が流
れるところ」という意味をもつ．日本にみら
れるような堤防は築かれていないため，水位
の上昇に伴い河川の氾濫が起こる．
アグサン河谷は地形上，アグサン川上流域
（コンポステラヴァレー州の源流から南アグ
サン州サンタジョセファ Santa Josefa 間），
アグサン川中流域（サンタジョセファからア
ンパロ Amparo 間），アグサン川下流域（ア
ンパロから北アグサン州ブトゥアン間の河口
部）の3流域に分けられる．流域の平野の東
部には山脈が連なり，太平洋側より襲来する
嵐から平野部を守っている．沖積低地は肥沃
な土壌地帯となっており，フィリピン国内で
も重要な稲作地帯を形成している．河川はま
た材木搬出にも利用されてきた．スペイン人
による入植は17世紀に下流部の低地から始
まった．湿地や季節的な河川の氾濫によって
入植が妨げられたため入植活動は長年に及ん
だ．流域の湿地面積は約200 km²にも及ぶ．
産業面では，林業が重要であった．アグサ
ン川中流域の湿地帯に沿った地域に林業が集
中していた．木こり，商人，貿易業者がラワ
ンなどの有用材を伐採して丸太にし，いかだ
を組んで運んでは生計を立てていた．河口部
に位置するブトゥアンは木材の積出港として
発展してきた．下流域はココヤシ，米，竹，
その他さまざまな果物の広大なプランテーシ
ョンが広がっている．とくに米は食料作物と
して，ココヤシは換金作物として重要であ
る．それ以外の経済活動として，農業と自給
的な漁業によって生計を成り立たせている．
ブトゥアンを流れるアグサン川には築50年
になるマグサイサイ橋がかけられていた．橋
の老朽化と渋滞緩和などの目的で，円借款に
よる事業として第2マグサイサイ橋（長さ
360 m）建設が行われ2007年に完成した．こ
の地域では，灌漑用水の供給および水力発電
による電力供給のために，コタバト・アグサ
ン川流域開発計画が実行された．　　[石代吉史]

アグサンデルスル州 ☞ 南アグサン州
Agusan del Sur, Province of

アグサンデルノルテ州 ☞ 北アグサン州
Agusan del Norte, Province of

アクス　Aksu
カザフスタン

Aqsu（別表記）

人口：4.2万（1999）　　[52°27′N　71°58′E]

カザフスタン中央部，アクモラ州の町．首
都アスタナの北北東145 kmに位置する．ア
スタナ・パウロダル鉄道が分岐して通じる．
おもな産業は，軽工業，農業である．Aqsu
とも表記される．　　　　　　　　[木村英亮]

アクス市　阿克蘇市　Aksu
中国

アコス一市（別表記）

人口：56.1万（2002）　面積：18000 km²
標高：1000 m　降水量：57 mm/年
[41°09′N　80°17′E]

中国北西部，シンチャン（新疆）ウイグル
（維吾爾）自治区西部，アクス地区の県級市．
タリム（塔里木）盆地の北西部，アクス河（サ
ルイジャズ川）下流とタリム河の上流に位置
する．地区政府所在地である．アクス地区は
アクス市とアクスコナシャル（温宿），クチャ
（庫車），シャヤル（沙雅），トクス（新和），
バイ（拝城），ウチトルファン（烏什），アーバ
ード（阿瓦提），ケルピン（柯坪）の8県を管轄
する．アクス市は6街道，2鎮，4郷を管轄
し，市政府は西大街にある．
地名はウイグル語で白い水を意味する．古
くからタクラマカン北縁の中継地であって，
これよりホータン（和田）河に沿ってホータン
にいたる古道や，またティエンシャン（天山）
山脈を越えてクルグズ（キルギス）のイシクク
ルよりチュイ川渓谷にいたる交易路の基地と
しても重要な場所であった．紀元前にクム
（姑墨）国があった地である．クムはウイグル
語で砂の意である．9世紀半ば頃カラハンウ
イグル王朝に属した．モンゴル帝国時代，大
ハンの直属地となったが，その後チャガタ
イ・ハン国領に入り，さらにその分裂に伴い
東チャガタイ・ハン国領となった．のちにカ
シュガル・ハン国に属したが，カシュガルな
どと並ぶ政治的にも重要な地であった．18
世紀半ば頃清朝の支配下に入り，1759年に
アクス弁事大臣が設けられた．のちにカシュ

12　アクス

〈世界地名大事典：アジア・オセアニア・極Ⅰ〉

ガリアに属した．1878 年，清朝はふたたびこの地を支配し，84 年にアクスの南約 13 km に新たな漢人居住地（漢城）を設け，そこにウェンスー（温宿）州を置いた．したがって，アクスの旧所在地はウイグル語でアクスの古い町という意味のアクスコナシャルとよばれるようになった．1902 年に州が府と改められ，13 年にアクス県となった．1949 年以降，中国に組み入れられ，83 年に市となった．1949 年にウイグル族はアクス市の総人口の約 98% を占めていた．1950 年代以降，中国政府による漢族の大量移住が政策的に進められた結果，2002 年にウイグル族の人口は 38% に下がり，漢族は 60% を占めるにいたった．

市内には高い山がなく，北部は沖積平野，南部はゴビ（礫石帯）からなる．1 月の平均気温は −9.5℃，7 月は 25℃．古くから灌漑農業が発達しており，水稲，小麦，綿花，テンサイ，油糧などが栽培される．米の産地として有名である．綿紡織，製糸，製糖，絨毯，製革，建材などの工業が発達している．鉱物資源にはリン鉱石，玄武岩，石灰岩，白雲石，石膏，石英，石炭などがある．中でも白雲石の埋蔵量が最も多く，約 26 億 t に達する．ウルムチ（烏魯木斉）とカシュガル（喀什）を結ぶ南疆鉄道および国道 314 号が市内を通る．市内には空港があり，ウルムチ，カシュガル，ホータンなどの都市と空路で結ばれている．名所にはウイグル人の詩人ルトプラ・ムタリプの墓などがある．

［ニザム・ビラルディン］

アクス川　Aksu River　　カザフスタン

Aqsu River（別表記）

長さ：257 km　　　　　　[46°18′N　78°13′E]

カザフスタン南東部，アルマトゥ州を流れる川．ジュンガルアラタウ山脈を水源とし，北西に小麦地帯と砂漠を流れ，アクスを通り，バルハシ湖に注ぐ．灌漑に利用され，上流では木材が浮送される．

［木村英亮］

アクスコナシャル県　温宿県　Aksu Konashahr　　中国

ウェンスー県　温宿県　Wensu（漢語）

人口：21.4 万（2002）　面積：15000 km²
[41°15′N　80°16′E]

中国北西部，シンチャン（新疆）ウイグル（維吾爾）自治区西部，アクス（阿克蘇）地区の県．ティエンシャン（天山）山脈の南麓に位置

し，北西はクルグズ（キルギス）に隣接する．地名はウイグル語でアクスの古い町を意味する．1913 年に県が設置された．米の産地として有名である．北部には天山山脈最高峰のチュムル Tomur（托木爾）山（標高 7435 m）と第 2 高峰のハンテングリ（汗騰格里）山（6995 m）がある．ウルムチ（烏魯木斉）とカシュガル（喀什）を結ぶ南疆鉄道と国道 314 号が南部を通る．古跡にはボズドンチュルク（博孜墩突厥）古墳群などがある．

［ニザム・ビラルディン］

アクタウ　Aktau　　カザフスタン

シェフチェンコ　Shevchenko（旧称）

人口：16.8 万（2007）　　[43°37′N　51°11′E]

カザフスタン南西部，マンギスタウ州の都市で州都．カスピ海に面するマンギシュラク半島にある．この地域の石油・天然ガス採掘の中心地である．食品加工，包装などの部門もある．1972 年から 99 年まで原子力プラントによって発電と海水の淡水化を行っていた．西部にアクタウ国際空港，近くに港がある．1963 年から石油・ガス開発とともに発展し，59 年から 89 年の間に人口は倍増した．1964 年にウクライナの詩人，画家であったタラス・シェフチェンコにちなんで改称されたが，独立後 91 年に旧称に戻った．

［木村英亮］

アクタシ　Aktash　　ウズベキスタン

Oqtosh（別表記）

人口：3.0 万（1991）　　[39°55′N　65°55′E]

ウズベキスタン中央部，サマルカンド州西部の都市．州都サマルカンドの西北西 96 km，カッタクルガンの西 32 km に位置する．近くにザカスピ鉄道線のジラブラク駅がある．綿繰りが中心産業である．［木村英亮］

アグタヤ島　Agutaya Island　　フィリピン

人口：1.1 万（2007）　　[11°09′N　120°57′E]

フィリピン中部，パラワン州の島．パラワン島北東部とパナイ島にはさまれた海域のクーヨ諸島に位置する．中心地のアグタヤは人口 1 万を数え，戸数は 2000 を数えるが，行政のランクでは第 5 クラスである．登録有権者数は 5051 人（2009）となっている．10 の村（バランガイ）からなり，農村地域がほとん

どである．島には火山が分布する．

［石代吉史］

アクチェ県　阿合奇県　Akqi　　中国

人口：3.5 万（2002）　面積：12000 km²
[40°57′N　78°28′E]

中国北西部，シンチャン（新疆）ウイグル（維吾爾）自治区西部，キズルス（克孜勒蘇）自治州の県．ティエンシャン（天山）山脈の南麓，トシカン河の上流域に位置し，北はクルグズ（キルギス）に隣接する．1944 年にウチトルファン（烏什）県から分離して県が置かれ，アクス（阿克蘇）地区に属したが，54 年にキズルス自治州に編入された．草地が広大で，牧畜業が盛んである．羊，ヤク，牛，馬などを飼養する．鉱物資源に富む．自動車道路がアクス市とアルトゥシ（阿図什）市に通じる．

［ニザム・ビラルディン］

アクチュス　Ak-Tyuz　　クルグズ

人口：0.3 万（1993）　　[42°53′N　76°07′E]

クルグズ（キルギス），チュイ州の町．カザフスタンと国境を接し，レセルケミン河畔，イレニンアラトー山脈の南麓，首都ビシケクの東 121 km に位置する．カザフスタンのシムケントの工場に供給する鉛の鉱山，スズ，半導体の原料となるインジウムの鉱山がある．

［木村英亮］

アクチュビンスク　Aktyubinsk　☞ アクトベ　Aktobe

アクト県　阿克陶県　Akto　　中国

人口：17.0 万（2002）　面積：23500 km²
[39°09′N　75°57′E]

中国北西部，シンチャン（新疆）ウイグル（維吾爾）自治区南西部，キズルス（克孜勒蘇）自治州の県．タリム（塔里木）盆地の西部に位置し，西部はクルグズ（キルギス）とタジキスタンに隣接する．1955 年にウルグチャト（烏恰），イエギサル（英吉沙），カシュガルコナシャル（疏附），タシュクルガン（塔什庫爾干）の 4 県から一部を分離して県が設置された．牧畜業が盛んである．1990 年にバレン郷の農民が武装蜂起し，東トルキスタン共和国の成立を宣言した．しかし，中国当局は派遣した武装警察部隊との間で激しい戦闘となり，さらに増援部隊によって挟撃され鎮圧された

（バレン事件）．県内にはコングール（公格爾）山（標高 7719 m），ムスターグアタ（慕士塔格）山（7546 m）がある．

［ニザム・ビラルディン］

アクトガイ　Aktogay　カザフスタン

人口：0.6 万（1989）　[46°57′N　79°40′E]

カザフスタン東部，東カザフスタン州の町．州都オスケメンの南西 398 km，バルハシ湖の北東 64 km に位置する．おもな産業は農業である．トルキスタン・シベリア（トルクシブ）鉄道駅がある．1960 年にここから中国国境上の都市ドルジバまでの鉄道 204 km が開通した．近郊の銅鉱床の埋増量は世界第 4 位である．　［木村英亮］

アクトベ　Aktobe　カザフスタン

アクチュビンスク　Aktyubinsk（露語）

人口：25.3 万（1999）　[50°17′N　57°10′E]

カザフスタン中央西部，アクトベ州北部の都市で州都．イレク河畔，ロシアとの国境まで約 100 km に位置し，カザリンスク鉄道の駅がある．地名は，白い丘の意味で，ロシア語でアクチュビンスクとよばれた．国内第 5 位の都市である．ロシア人の入植地であった．州の人口の 41％以上が住む．カザフスタンの工業中心地の 1 つで，鉱床による重要な鉄合金プラントとクロムコンプレックスがある．南東部にアクトベ国際空港がある．1869 年にロシア軍の駐屯地アクチュベとして建設され，1918 年にソヴィエト政権が成立，第 2 次世界大戦中に金属工業の拡大とともに成長した．戦後，軽工業，食品加工業，農業機械工業が発展した．中等専門学校，教育大学，医科大学のほか，郷土博物館，キビ栽培者チャガナカ・ベルシエヴァ博物館がある．1991 年の独立とともにロシア語名から改称された．　［木村英亮］

アクトベ州　Aktobe Region　カザフスタン

Aktyubinskaya Oblast'（露語）/ Aqtöbe Oblısı（カザフ語）

人口：80.9 万（2014）　面積：300629 km²

降水量：125-350 mm/年

[50°17′N　57°10′E]

カザフスタン中央西部の州．州都はアクトベ．東西は国内 3 つずつの州および，北はロ

シア，南はウズベキスタンと国境を接する．都市人口が 55％を占める．乾燥した大陸性気候で，1 月の平均気温は−16 〜−15℃，7 月は 22〜25℃．カザフスタン唯一のクロム産地で，その埋蔵量は 4 億 t 以上で世界一といわれる．チタン，ニッケルの埋蔵も豊富である．これまで金，銀，コバルト，銅，亜鉛など 79 の鉱石層が探査された．現在ジャナジョルとケンキャクなど 19 の炭化水素層が開発中である．そのほか，リン灰石，石炭，石綿，石膏，瀝青岩，ガラス石，硬質粘土など非金属の鉱物資源を含む採掘場も 122 ある．91 の地下水泉のうち，3 つは温泉療法に利用されている．

ロシア南部国境からアラル海まで広がる．中央部にムゴジャル山地があり，イルギス川および上エムバ川が流れる．大半はゆるやかな起伏の平原で，北部だけがウラル山脈の山脚に囲まれている．乾燥するとアルカリ性の土地となる小塩水湖が 150 以上ある．北西部はイネ科の草や丈の短い草に覆われたステップで砂漠に近い．北東部はステップに似た植生，南部はアルカリ性の砂漠である．2006 年の州の農業総生産はカザフスタンの 3.9％で，畜産が 63.9％を占めた．耕作地は農地の 3.1％で穀類が 89％である．おもな穀類は小麦と大麦である．農業地帯がある北部に対し，南部および東部は羊，山羊，ラクダを養う乾燥したステップと砂漠である．

主産業は，鉱業 73.4％，加工業 21.4％（2006）である．州最大の石油・ガス会社は州の工業生産高の 58.9％を，クロム鉱石採掘会社は 6.6％を占める．そのほか，鉄鋼，クロム化合物，石油機器，X 線間接撮影機器などに大企業がある．ザカスピ鉄道が中北部から南東部へと横断する．天然ガス・石油パイプラインもロシアに接しているため有利である．州の労働人口は 36.6 万で，23％が高等教育を受けている．被雇用者の半数 48.7％はサービス業に従事している．住民は，カザフ人，ウクライナ人，ロシア人からなる．1932 年にソ連カザフ自治共和国のアクチュビンスク州として形成され，91 年の独立後改称された．　［木村英亮］

アクトン　Acton　オーストラリア

人口：0.2 万（2014）　面積：62 km²

[35°16′S　149°07′E]

オーストラリア南東部，首都特別地域，首都キャンベラ市の住宅区（サバーブ）．キャンベラの中心市街地に隣接し，北はブラック山，南はバーリーグリフィン湖に囲まれてい

る．面積の大部分をオーストラリア国立大学が占め，人口の多くは学生で外国人が約 6 割を占める．大学のほか，オーストラリア国立博物館，オーストラリア国立映像音声アーカイブ，オーストラリア連邦産業科学研究機構（CSIRO），ブラックマウンテン植物園が立地している．　［葉　倩瑋］

アグノ川　Agno River　フィリピン

面積：13800 km²　長さ：206 km

[16°03′N　120°12′E]

フィリピン北部，ルソン島北西部の川．コルディリェラ山脈中部，ダタ山（標高 2090 m）付近に発しベンゲット州，パンガシナン州を横切ってリンガエン湾に排水する．ルソン島ではカガヤン川，パンパンガ川に次いで 3 番目に大きい．全長のうち最初の約 90 km は峡谷を刻んで南流し，中部ルソン平野に出ていったん流路を南西方向に変え，途中，ピナトゥボ山麓から北流してきたタルラク川との合流地点で急に北西に転じる．合流地点のバヤンボン Bayambang 南東部一帯には，雨季後半に水没して湖に，乾季後半に陸地化して畑となるマンガボル湿地帯が広がる．1950 年代からコルディリェラ山脈中のアンブクラオ Ambuklao など 3 カ所で水力発電用ダム建設による電源開発計画が進められた．　［梅原弘光］

アクバルプル　Akbarpur　インド

人口：11.2 万（2011）　標高：133 m

[26°26′N　82°33′E]

インド北部，ウッタルプラデシュ州東部，アンベートカルナガル県の都市で県都．タマサ川をはさんで，シャザドプールと対峙して自然堤防上に立地する渡津集落（双子都市）である．人口は 10 万強の小都市であるが，交通の要衝でこの地域の商業の中心地となっている．インド独立運動時の活動家ラム・マノハール・ロヒアの生誕地である．また，聖地アヨーディヤはアクバルプルの北西 50 km にある．インドの古典『ラーマーヤナ』によると，アクバルプルはダシャラタ王がシュラバン・クマールを撃った場所といわれ，シブ・ババの聖地もある．産業は農業と力織機を使った繊維工業が盛んで，このほかにサトウキビ栽培や稲作を背景とした製糖業や精米業も盛んである．　［由井義通］

アクブラク　Ak-Bulak　　クルグズ

クルメントゥ（旧称）

人口：0.1万（1993）　　[42°47′N　78°15′E]

クルグズ（キルギス），イシククル州北東部の町．イシククル湖北東岸のチュプの西北西11.3 km，州都カラコルの北西35 kmに位置する．旧名はクルメントゥ．1940年代後半に建設されたセメント工場があり，石灰岩切り出しも行われる．　　［木村英亮］

アクメチェト　Ak-Mechet　☞ クズロルダ　Kyzylorda

アクモラ　Akmola　☞ アスタナ　Astana

アクモラ州　Akmola Region　カザフスタン

Akmolinskaya Oblast'（露語）／Aqmola Oblısı（カザフ語）／ツェリノグラード州 Tselinogradskaya Oblast'（旧称）

人口：73.6万（2014）　面積：146200 km²

降水量：250-400 mm/年

　　　　　　　　　　　　[53°18′N　69°25′E]

カザフスタン中央部の州．ロシア語ではアクモリンスク州とよばれ，白い墓を意味する．州都はコクシェタウ．北は北カザフスタン州，東はパヴロダル州，南はカラガンダ州，西はコスタナイ州に接している．大部分が丘陵の台地で，乾燥した厳しい大陸性気候で，1月の平均気温は−18〜−16℃，7月は19〜21℃である．イシム川が州を東西に分ける．州南西のテンギス湖は，ヌラ川が流入する広く浅い塩湖である．ステップ地帯では乾地農業が続けられており，1950〜60年代の処女地開拓計画によって開発された．主要な農産物は，小麦，エン麦，キビなどの穀物で，東部では牛，羊が飼養され，乳製品，食肉，羊毛を生産している．ほかに農業機械，消費財，建築資材，自動車部品などの工業製品，それに世界有数のヴァシリコフスコエ金鉱をはじめ，ウラン，チタン，アンチモンなど多くの鉱床がある．鉄道，道路が付近の諸地方と通じる．住民はロシア人をはじめとして，カザフ人，ドイツ人，ウクライナ人などである．

1939年にソ連カザフ自治共和国のアクモリンスク州として創立され，60年に他の4州とともに，処女地開発領域を形成したとき廃止されたが，61年にツェリノグラード州として再建された．現名称は，1991年カザフスタンの独立後，宣言された．　　［木村英亮］

アクモリンスク　Akmolinsk　☞ アスタナ Astana

アグラ　Agra　インド

人口：157.5万（2011）　面積：188 km²

降水量：725 mm/年　　[27°11′N　78°01′E]

インド北部，ウッタルプラデシュ州アグラ県の都市で県都．ヤムナ川右岸，首都デリーから南に，鉄道あるいは国道で約200 km，鉄道交通，航空路の要衝であり，インドでも第1級の観光都市である．周辺地域の農産物の集散地として発達してきたが，製造業も盛んで，靴，ガラス手工芸品，木工品，カーペット，電気製品の製造でも知られる．しかし，何よりも歴史的建築物で世界的に有名なタージマハルのある町として知られる．町の起源は，1504年，デリーの領主であったシカンデル・ロディが都を移し，城下町を築造したことに始まる．1527年，デリーの北80 kmのパニパットでイブラハム軍を破ったムガル帝国の初代アクバル帝は，アグラの西方40 kmのファテプルシクリに城を築き支配の拠点を設けた．アクバル帝が，この地に住む聖人シェイク・サリム・チシティから息子の誕生を予言され，それが実現したために城塞を築造したものといわれる．しかし，水源が不足し，城下町の発展が困難とわかり，1566年にアグラに城下町を移し，アグラ城を築造した．

その後，長きにわたり，ここアグラは，ムガル帝国の都として発展し，1658年にムガル帝国が首都をデリーに遷都するまで続いた．しかし，ムガル帝国の弱体化とともに町の支配者は，次々と入れ替わり，1803年には，イギリス東インド会社の支配地となった．1936〜58年は，北西州の州都として栄えた．市内およびその周辺には，イスラーム支配時代の歴史的な建築物が多くみられ，インドを代表する国際観光地として，訪れる内外からの観光客を楽しませてくれる．中でも世界遺産のタージマハル，アグラ城，モティ（パール）モスク，大モスク（アグラ城内）などが必見の建造物である．壮麗なタージマハルは，ムガル帝国第3代シャー・ジャハーン帝（在1628〜58）が，妻ムムターズ・マハルの死を悼み，21年（1631〜53）の歳月をかけて高さ5 mを超える赤色砂岩の正方形の台座の上に築造された．全体が白い大理石造りの巨大な廟墓で白く輝いてみえ，インドで最も美しい建造物といわれる．とりわけ月夜に浮き上がる姿は，現世を忘れさせるほどに輝いて美しい．中央のイスラーム建築特有のドームは，頂部まで58 mもある．ドームの真下には，ムムターズ・マハルとシャー・ジャハーン帝の眠る棺が2つ並んで安置されている．1983年に「タージ・マハル」としてユネスコの世界遺産（文化遺産）に登録された．

アグラ（インド），アグラ城塞の大理石でできたムサンマン・ブルジュ（囚われの塔）内部《世界遺産》
〔Rybalka/Shutterstock.com〕

アグラ城は，ムガル帝国初代のアクバル帝が，1565年に完成させたもので，第3代のシャー・ジャハーン帝により現存のとおり改修されたといわれる．ヤムナ川が北から東へと流れを変える地点に立てられ，上流と下流が一望できる戦略的に好立地が選ばれている．王の居室の川べりの窓からは，妻の眠るタージマハルが2km先に望まれる．防御のため周囲2.4kmに及ぶ外壁は，幅9m，深さ10mの堀で囲まれる．城内のモティモスクは大理石造りのため，その美しさからパール(真珠)モスクともよばれる．タージマハルと同じく1983年に「アーグラ城塞」として世界遺産(文化遺産)に登録された．

1648年，シャー・ジャハーン帝の息子アウラングゼーブ帝は，支配の本拠をデリーに移した．1761年には，ヒンドゥー教徒のジャート人に支配されることになったが，1770年には，やや南部のマラーター人に支配権が移った．そして1830年には，イギリス東インド会社の支配下に入った．また，アグラ郊外のシカンダラは，アクバル帝の廟墓として建立された．アクバル帝は，1605年に没したが，生前からこの廟墓の建設を始め，没後に息子のジャハーンギール王が完成させた．ヒンドゥー教とイスラーム教の建築様式を取り入れた貴重な廟墓で，イスラーム教寺院(モスク)に特有の中央のドームをもたない．また，イトマド・ウデュ・ダウラは，アクバル帝に仕えた高官ミルジャ・ギヤス・ベグの大理石でつくられた廟である．ベグの娘で，2代目皇帝ジャハーンギール帝の妻であったノールジャハンが，父の死を悼んで建立した．内壁の色鮮やかな貴石を使った見事な装飾が，後にタージマハルのモデルになったとされる．その他，州立アグラ大学，高層気象観測所，インド気象庁，インド空軍訓練所などがある．　　　　　　　　　　［中山修一］

アクラン州　Aklan, Province of
フィリピン

人口：57.5万(2015)　面積：1821km²
[11°40′N　122°23′E]

フィリピン中部，パナイ島北部，西部ビサヤ地方に位置する州．州都はカリボ．北西部はタブラス海峡，東部および北東部はシブヤン海，西部はアンティケ州，南部はカピス州と接する．州内には7つの町があり村(バランガイ)の数も327を数える．1956年4月に創設された．言語はタガログ語のほか，アクラノ語，アティ語などが話される．カリボでは毎年1月にアティアティハン祭りが開催さ

れる．町の人たちは自分の顔を黒く塗りつぶしたり，奇抜な衣装を身にまとって町を練り歩く．また，パナイ島の北西に浮かぶボラカイ島は，美しい白砂のビーチを有するリゾートアイランドとして名高い．　　［石代吉史］

アクラン岬　Aklan Point
フィリピン

[11°44′N　122°23′E]

フィリピン中部，パナイ島，アクラン州の岬．州中央部を流れるアクラン川が北流し，州都カリボ近くでシブヤン海に流れ込む河口部付近に位置する．南にはカリボ市街と国際空港がある．北部にはシブヤン海を抱く．
　　　　　　　　　　［石代吉史］

アグリア岬　Agria Point
フィリピン

ソアテ岬　Soate Point (英語)

[15°21′N　121°26′E]

フィリピン北部，ルソン島中東部，アウロラ州の岬．太平洋に面し，ディンガラン Dingalan 町パルティク Paltic 村(バランガイ)南部にありディンガラン湾と太平洋とを隔てている．シエラマドレ山脈から延びる尾根がそのままアグリア半島へと続き，海岸部は比較的急崖をなしている．また，岬周辺はサンゴ礁が発達し，ダイビングやシュノーケリングスポットとしても注目を集める．
　　　　　　　　　　［石代吉史］

アグリハン島　Agrihan Island
アメリカ合衆国

面積：50km²　長さ：10km　幅：5.5km
[18°46′N　145°40′E]

北太平洋西部，ミクロネシア，アメリカ合衆国領北マリアナ諸島の島．マリアナ列島に属する火山性の島で，山がちである．サイパン島の北370kmにある．最高点965m．リン鉱がとれる．　　　　　　　［正井泰夫］

アグン山　Agung, Gunung
インドネシア

グヌンアグン (別称)

標高：3142m　　　[8°20′S　115°30′E]

インドネシア中部，バリ島北東部，バリ州の火山．シンガラジャの南東48kmに位置する．バリ島の最高峰であり，頂上は，直径およそ700mの楕円形の火口となっている．

バリ人の方位観では山側(カジャ kaja)や東側は神聖な方角とされるため，全方位の基準であるアグン山はきわめて古くからヒンドゥーの神々が棲む地として神聖視され，聖なる山と称される．山の中腹1000mのところにあるブサキ寺院は，8世紀に建立されたバリ・ヒンドゥー教の総本山であり，ヒンドゥー3大神であるブラフマ，ヴィシュヌ，シヴァの三位一体を崇める3つの寺院が合体した複合寺院で，バリの母，世界のへそなる寺院として民衆に崇められている．堂々たる石門，サトウヤシの繊維で屋根を葺いたという何百という塔がそびえ，大小30余の寺院群からなり，バリ暦の1年(210日)に合計55回の祭礼が催されるほか，10年に一度パンチャ・ワリ・クマラの祭礼が，100年に一度エカ・ダサ・ルドラ(十一方位祭)という大祭が行われる．

アグン山の火山活動は，島に肥沃な火山灰，安山岩，玄武岩をもたらしてきた．1963年3月，大噴火が起き，周辺の村落では泥流や土石流によって家々が3mもの岩屑で埋まり，農地の1/3が壊滅，多くの人命が奪われ，残った多くの農民もほかの島へ移住するにいたるほどの大惨事を引き起こした．噴火の際に噴出した溶岩や砂は，現在のホテルや主要道路をつくる建築材として利用されている．また，その後の1974年1月の大噴火では1200人の被災者が出た．地名は，偉大なるを意味する．現地では山を意味するグヌン(gunung)が使われ，グヌンアグンとよばれている．　　　　　［浦野崇央］

アケシネス川　Acesines ☞ チェナブ川 Chenab River

アケラモ　Akelamo
インドネシア

[1°28′N　128°41′E]

インドネシア東部，ハルマヘラ島，北マルク州ハルマヘラトゥンガ県の町．ルライ Lelai 岬とペタク岬との間に位置する．なお，ハルマヘラ島にはアケラモという地名が2つ存在する．もう1つのアケラモは，マルクウタラ県に属し，カオ Kao 湾に面するところにあり，アケラモカオとよばれている．また，アケラモ岬がハルマヘラ島南方のオビ島に存在する．　　　　　　　［浦野崇央］

16　アコス

〈世界地名大事典：アジア・オセアニア・極Ⅰ〉

アコスー市 ☞ **アクス市　Aksu**

アコーラ　Akola

インド

人口：42.7万（2011）　　[20°42′N　77°01′E]

インド西部，マハーラーシュトラ州の県および県都．デカン高原上に位置する．プルナ川の支流のモルナ川が市内を流れる．旧市街はその西岸で，東岸は植民地政府の関係機関が置かれた．ナーシクからは東北東約100 km，プネとナーシクを結ぶ幹線国道50号からは東に40 kmほどはずれたところに位置する．前期旧石器時代の遺跡がある．綿花と穀物の集散地である．　　［荒木一視］

アーサー川　Arthur River

オーストラリア

長さ：172 km　　[41°03′S　144°40′E]

オーストラリア南東部，タスマニア州北西部の川．複数の支流からなり，河口は州の西海岸に位置する．河口には同名の町アーサーリヴァー（人口121，2006）がある．地名は，ヴァンディーメンズランド副総督であったジョージ・アーサーにちなむ．過去には林業や漁業が盛んであったが，今日では観光業がおもな産業となっている．　　［有馬貴之］

アーサー山　Arthur, Mount

ニュージーランド

ファレパパ　Wharepapa（マオリ語）

標高：1795 m　　[41°13′S　172°41′E]

ニュージーランド南島，タスマン地方の山．カウランギ国立公園内のアーサー山脈にあり，ネルソンの西約50 kmに位置する．地名は，アーサー・ウェークフィールド船長にちなむ．マオリ名はファレパパであり，平たい家という意味をもつ．山脈の形容が広く，平らな家のようにみえることから名づけられた．山の周辺にはさまざまなトレッキングコースが整備されている．アーサー山のふもとにはネトルベッド洞窟群があり，その亀裂は深さ700 m以上になり，南半球で最も深い洞窟の1つといわれる．その南にはオーエン山のブルーマー洞窟群があり，その長さはネトルベッド洞窟群の24 kmをしのぐ27 kmに及び，ニュージーランドで最も長い洞窟だといわれている．しかし，国内で最も有

名なこれらの洞窟群は，調査がまだ十分に進んでおらず，公開もされていない．この一帯は石灰岩質で，地中に雨が染み込むことによって，長い年月をかけ石灰岩が水に溶けた結果，洞窟群を形成している．鍾乳洞となっている洞窟もある．

ニュージーランドでは，鍾乳洞を観光化したり，鍾乳洞のような湿気の多い，暗い場所を好むキノコバエの幼虫である土ボタルを鑑賞したりする観光が行われている．土ボタルは洞窟の天井などに糸を張り，発光体をもつことから，暗い洞窟を見上げると満点の星空のようにみえる．さらに，洞窟の中の水流をチューブで下るアトラクションも人気がある．アーサー山のふもとの洞窟群でも調査が進み，一般に公開されれば，自然を楽しむ，あるいは自然の中で楽しむアトラクションが考案され，観光地として発展していく可能性が大いにあるといえる．　　［井田仁康］

アサカ　Asaka

ウズベキスタン

ゼレンスク　Zelensk（旧称）／レニンスク
Leninsk（旧称）

人口：6.3万（2012）　　[40°38′N　72°15′E]

ウズベキスタン東部，フェルガナ盆地東部，アンジジャン州南西部の都市．州都アンジジャンの南15 kmに位置し，鉄道駅がある．地名は1938年ゼレンスクからレニンスクに改称し，ソ連崩壊後に現名称となった．1996年に韓国の大宇自動車との合弁会社が，中央アジア初の自動車会社として設立された．2008年に親会社がゼネラルモーターズに代わり，10年には16万台を製造し，自動車製造がおもな産業となった．アサカ紡績もあり，その他天然ガス，石油採掘も行われている．　　［木村英亮］

アーサーズ湖　Arthurs Lake

オーストラリア

[42°00′S　146°54′E]

オーストラリア南東部，タスマニア州中央部の湖．セントラルプラトー台地に位置する．隣接するダム湖，グレート湖の貯水量を補うために，ブルー湖とサンド湖の2つの湖を氾濫させることでつくられた人工湖である．湖水はグレート湖へ向かってポンプで吸い上げられ，グレート湖湖畔のトッズコーナー水力発電所において，グレート湖へ放水されるとともに発電が行われる．グレート湖の湖水は東部，ポアティナ水力発電所での発電

に利用される．マス釣りの名所としても知られており，釣り客数は州随一である．湖畔には釣り人の所有する別荘が多く立ち並ぶ．

［安井康二］

アーサーズ峠　Arthur's Pass

ニュージーランド

標高：922 m　　[42°57′S　171°34′E]

ニュージーランド南島，ウェストコースト地方とカンタベリー地方の境界にある峠．東海岸のクライストチャーチと西海岸のグレーマス，ホキティカを結ぶ国道73号上にある．地名は，マオリの首長からこの峠の存在を聞き，峠を発見した測量士，技術者のアーサー・D・ドーソンに由来する．南島では，東海岸と西海岸を結んでサザンアルプスを越える峠道はきわめて限られている．アーサーズ峠はそのうちの1つであり，南島を南北に分ける道でもある．古くからマオリは，ヒスイを求めて東海岸から西海岸へ行くために，サザンアルプスを越える通路をいくつかもっていた．1800年代半ばに，西海岸では金が発見され潤った．一方，クライストチャーチをはじめとする東海岸の都市および住民は，裕福になった西海岸とのルートを開きたいと考えていた．

こうした中でカンタベリー地方政府は，カンタベリー地方の東海岸と西海岸を結ぶ道路の調査に着手し，アーサーは兄ジョージと父エドワードが経営する会社の社員として，1864年に「アーサーの」峠を発見する．ほかの峠と比較しても快適な道路が敷設できる箇所として，ジョージが政府に報告した．峠道の工事は，ジョージとエドワードの最終的なルート選定を待って1865年から始められた．およそ1000人が工事に携わり，1866年には馬車が通れる道が完成した．これにより，西海岸で産出された金を，陸路で直接カンタベリー地方の中心都市であるクライストチャーチに輸送することができ，カンタベリー地方の東海岸も金の経済的な恩恵が得られるようになった．当時，クライストチャーチから西海岸の金鉱まで，馬車で36時間を費やした．

峠には南島で東海岸と西海岸を結ぶ唯一の鉄道トランスアルペン鉄道が通っている．ニュージーランドでの鉄道旅客数が最も多かったのは1961～62年にかけてで，その後は減少する．2016年現在，南島で旅客輸送する列車は，クライストチャーチ～ピクトン間（夏期）およびアーサーズ峠を通るクライスト

チャーチ～グレーマス間の，それぞれ上下各1本のみとなっている．アーサーズ峠を通り西海岸と東海岸を結ぶ鉄道は，1890年から部分的に開通していった．しかし，アーサーズ峠の工事はトンネルの掘削が難航を極め，全通したのは1923年であった．完成した当時アーサーズ峠のオティラトンネル(長さ8.55 km)は，世界でも第7位の長さを誇るトンネルであった．また，ニュージーランドでは当時，蒸気機関車の全盛期であったが，トンネル区間は勾配が急で長さもあったことから，この区間のみ電化され，ここを走る電気機関車が日本から輸入された．これにより，西海岸で産出された石炭や材木が東海岸へ運ばれ，東海岸の港からも移出および輸出されるようになった．現在でも，貨物列車が峠を越えている．

地名の綴りは，20世紀を通して正式にはArthurs Passと，アポストロフィが省略されていたが，地元住民をはじめとする多くの人びとの強い要望から，もともとの地名である現在の表記Arthur's Passが復活した．峠一帯がアーサーズパス国立公園に指定されたのは1929年であり，国内では3番目となる国立公園となった．その後，1938年および50年に指定地域が拡大され現在にいたっている．公園内には2000 m級の山々が連なり，クライストチャーチの西北西160 km，自動車で2時間ほどと利便性がよいことから山岳観光地として人気が高く，多くのトレッキングコースがある． ［井田仁康］

アーザードカシミール　Azad Kashmir
カシミール地方

アーザードジャムカシミールイスラーム共和国
Islamic Republic of Azad Jammu and Kashmir
(正称)

人口：327.0万 (2002)　面積：13300 km²
長さ：400 km　幅：16-64 km
降水量：1300 mm/年　　[34°24′N　73°29′E]

パキスタン北東部の山岳地域．北から北東はギルギットバルティスタン州のディアミール県，アストル県，スカールドゥー県，東から東南はインドのジャンムカシミール州，西はカイバルパクトゥンクワ州のマンシェラ県，アボッタバード県，パンジャブ州のラワルピンディ県，南はジェルム県とグジュラート県に接する．アーザードカシミールとはウルドゥー語で「自由カシミール」を意味し，正式名称はアーザードジャムカシミールイスラーム共和国．独自の憲法を有し，大統領も置かれている自治国であるが，実質的には

パキスタン政府の保護下にある．旧イギリス領の藩王国であったカシミールにおいては，1947年8月のインド・パキスタン分離独立に際し，その帰属をめぐり両国間に軍事衝突が発生し，49年1月に国連軍が介入した結果停戦となり，暫定国境線が引かれた．その後，1965年の第2次インド・パキスタン戦争，71～72年の第3次インド・パキスタン戦争を経て両国間の「実効支配線」が画定された．その結果，カシミール全体の22万2400 km²のうち約4割がパキスタン領となり，当初はアーザードカシミールとよばれていた．1974年に大部分が北部地域 Northern Areas(面積約7万2500 km²)と改められ，現在ではアーザードカシミールはこの北部地域(現在はギルギットバルティスタン州)を除いた帯状の地域をさす．

ヒマラヤスギやトウヒなどの森林が広がり，気候はおおむね亜熱帯の高地気候で，年平均降水量はおよそ1300 mm．おもな産業は農業で，耕地率は約13%，おもな作物はトウモロコシ，小麦，米で，リンゴや西洋ナシ，アンズ，クルミなどで果樹栽培も比較的盛んである．ほかにカーペットや絹織物，木工業などの手工業がみられる．本地域の住民の99%がムスリムである．

中心都市は本地域北部のインダス川支流のジェルム川とニーラム川との合流点に位置するムザッファラバードである．神秘主義的なイスラームの求道者スーフィの聖者廟が多くある．南部のニューミールプルは1960年代後半以降のタルベラダムの建設に伴って急速に織物や製材，化粧品，植物油，モーターバイクなどの工業が発達した． ［出田和久］

アサートン　Atherton
オーストラリア

人口：0.7万 (2011)　面積：105 km²
[17°15′S　145°31′E]

オーストラリア北東部，クイーンズランド州北東部，テーブルランド地域の町で行政中心地．ケアンズの南東約50 km，グレートディヴァイディング山脈北部，アサートン高原に位置する．アサートン高原は，熱帯雨林に覆われ，野生のカモノハシなど貴重な動植物が生存する．国内有数の観光地でもある．地名は，先駆的な牧畜業者であるジョン・アサートンの名前にちなむ．初期の経済基盤は林業にあった．その後，内陸のスズ鉱山と港湾を結ぶ交通路沿いの町として栄えた．1900年代初めには中国系移民によって農業が行われており，町のはずれには中国寺院が残っている．現在，これを中心にチャイナタ

ウンの復興が図られている．ラッカセイやトウモロコシの栽培，肉牛肥育，酪農のほか，その気候を生かして，ライチやマンゴー，アボカド，マカデミアナッツなどの栽培が盛んである． ［秋本弘章］

アサハン川　Asahan, Sungai
インドネシア

長さ：150 km　　[3°01′N　99°51′E]

インドネシア西部，スマトラ島北東部，北スマトラ州を流れる川．トバ湖の南東端ポルセア Porsea に源を発し，タンジュンバライでマラッカ海峡に注ぐ．流域では，天然ゴム，ココヤシ，アブラヤシのプランテーション農業が行われている．水源のトバ湖は，約7万4000年前に大噴火を起こし形成された大きなカルデラ湖である．約10 mにすぎない川幅のV字型渓谷で毎秒100 t以上にも達する豊富な水量があり安定していることと，水源と河口との900 m以上に及ぶ標高差は，効率のよい水力発電の活用が植民地時代から注目されていた．

1975年，日本・インドネシア政府の共同事業による最重要経済プロジェクトとして，アサハン川開発プロジェクトが始動した．アサハン川の水力を利用し，シグラグラ Siguragura とタンガ Tangga の2カ所にダムおよび水力発電所を建設，年間最大22万5000 tのアルミニウムを生産し，精錬を行うことを目的としたこの巨大プロジェクトは，1984年に完成し，操業を開始した．近代土木の結晶としてのアサハン発電所は，インドネシアの1000ルピア紙幣にもデザインされているほどで，インドネシアの近代化のシンボルとされる．しかし，現地社会にほとんど開発効果をもたらさない巨大プロジェクトであったため，日本の援助政策の内実が問われる契機とされた． ［浦野崇央］

アザムガル　Azamgarh
インド

人口：11.1万 (2011)　[26°03′N　83°10′E]

インド北部，ウッタルプラデシュ州東部の県および県都．地名は，1665年にこの地に都市を築いたアザム・カーンに由来する．ヴァラナシ(ベナレス)北方のヒンドスタン平原の中央部に位置し，アラハバードからジャウンプルを経てゴラクプルへと通じる幹線道路が市街地を通っている．県域の北方はネパールから流れ下るガーガラ川をもって境とな

し，その支流であるトン Tons 川沿いに市街が広がっている．市街地の三方を川に囲まれることもあり，たびたび洪水の被害がもたらされる．この地方のおもな産業は農業で，豆類，オイルシード，サトウキビ，ジャガイモなどの栽培が盛んである．製造業としては製糖工場や綿織業がみられる．また古くからの陶器の産地でもあり，県内のニザマバードの黒色の陶器は世界的にも有名である．ほかに小規模な食品加工や，ロウソクや石けんを製造する小規模な化学工場がある．　[荒木一視]

アサロ　Asaro　パプアニューギニア

[6°30′S　145°03′E]

　南太平洋西部，メラネシア，パプアニューギニア中部，イースタンハイランド州の渓谷．ニューギニア島東部を流れるアサロ川流域に形成されている．マッドマンとよばれるこの地域の人びとの泥の仮面をかぶった踊りは独特であり，もともと弱小だった部族が，敵の部族を驚かすためにつくったとされる．マッドマン見学の観光ツアーも行われている．　[熊谷圭知]

アサン　牙山　Asan　韓国

人口：32 万 (2015)　面積：542 km²

[36°47′N　127°00′E]

　韓国西部，チュンチョンナム(忠清南)道北部の都市．牙山湾の湾奥に位置する．北はキョンギ(京畿)道ピョンテク(平沢)市に接する．1995 年，オニャン(温陽)市と牙山郡が合併して牙山市となった．ソウル首都圏の拡大が及びつつあり，人口は増加気味である．中心の温陽は，東の道高とともに古くから温泉地として知られている．文禄・慶長の役のとき，水軍を率いて戦った李舜臣将軍の出身地であり，生家の近くに彼を祀った顕忠祠がある．　[山田正浩]

アサン湾　牙山湾　Asanman　韓国

長さ：40 km　幅：2 km

[36°53′N　126°51′E]

　韓国西部の湾．チュンチョンナム(忠清南)道牙山市，タンジン(唐津)市の北に位置する．キョンギ(京畿)湾からさらに深く入り込んでいる．潮位差がきわめて大きく，最大9.6 m に達する．現在は，湾に流入するアンソン(安城)川，サプキョ(挿橋)川の河口部が防潮堤で締め切られ，内水面化し，牙山湖，

挿橋湖となっている．ここを利用するレジャー客も多い．　[山田正浩]

アサンソル　Asansol　インド

人口：56.4 万 (2011)　面積：127 km²

降水量：1430 mm/年　[23°41′N　86°59′E]

　インド東部，ウェストベンガル州バルダマン県アサンソル郡の都市で郡都．東インド最大都市のコルカタ(カルカッタ)の北西 225 km，ダモダル川の左岸に位置する．製鉄業の町ドゥルガプルとインド最大の機関車工場のあるチッタランジャンとの中間にあり，近くのインド有数のラーニーガンジ炭田の石炭の集散基地であり，鉄道の結節点である．市内には，インドでも古いイギリス資本のインド製鋼所(1917 創業)，鉄道車両製造工場(1917 創業)をはじめ，綿紡績，機械工業，化学工業，アルミニウム，製紙，セメント，ガラス工業などが集積する．東部インドの代表的な工業都市である．なお，アサンソル郡内のチッタランジャンの機関車工場(1950 創業)とドゥルガプルの国有製鉄所(1955 創業)は有名である．

　町の起源は，1774 年にさかのぼる．同年，イギリス東インド会社の 2 人の社員が，市街地から 20 km 東に位置するラーニーガンジで石炭の鉱脈を発見した．翌年から炭坑の開発が始まり，1800 年代に入ると石炭の採掘は本格化した．すべての炭田は，開発から200 年後の 1973 年に国有化された．1870 年以来，キリスト教会が進出し，布教活動が始まった．1847 年，コルカタに設立された東インド鉄道会社が，1855 年には，ラーニーガンジ炭田まで路線(194 km)を延ばした．ラーニーガンジの東 10 km のアンダルには，アジアで最大規模といわれる大操車場が建設されている．近年では，1 日 1300 両の貨車が石炭の積出しを行うほど発展している．1905 年には，東インド鉄道会社の支局が置かれ，鉄道輸送の拠点となった．市街の南を東流するダモダル川のマイトンダムとパンチェヤットダムは，近郊の観光スポットとして有名である．　[中山修一]

アシア諸島　Asia, Kepulauan　インドネシア

インドネシアン諸島　Indonesian Islands　(別称)

[1°00′N　131°20′E]

　インドネシア東部，西パプア州ラジャアンパット県最北部，アヤウ郡の諸島．ニューギニア島の北西に位置する．ファニ Fani 島，

イギ Igi 島といった島々をいう．パラオ諸島との境界にあたる．フィリピンの漁師たちが台風の到来から避難する場として利用している．　[浦野崇央]

アジア　Asia

　アジアという呼称は，非常に古くから使われているが，それはあくまで西方世界からのよび方で，現在アジアとよばれる地域で生まれたよび方ではない．アジア Asia の語源は中東の古代国家であったアッシリアやアッカドの言語の Asu (日の昇る方角へ向かう)，あるいはフェニキア語の Asa (東の方角)などであろうといわれている．これに対して，やはりアッカド語の Erebu は，西，太陽の沈む方角を意味する語で，Europe の語源とされている．すなわちアジアとは，当時の文明圏からみて東の方角にある土地を意味したもので，西に位置する土地に対して相対的にとらえられた概念であった．これはのちにラテン語世界で使われる Oriens と Occidens が，太陽の昇る方角と沈む方角をいうとして東方と西方を意味するようになったのと同様に，ヨーロッパ文明からみる世界を二分する地理認識を示すものであった．これにアフリカを意味するリビア Libya を加えて世界は 3 大陸塊からなるとする TO マップにみられるような世界観がヨーロッパでは定着していた．

　ちなみにオリエントとオクシデントの区分が，日本では東洋と西洋という呼称で使われることが多いが，東洋もアジアとほぼ同様な範囲を意味する場合もあれば，インドや東南アジアを含まない東アジアを中心にした地域をさして使われることもある．しかし中国では東洋とは中国より東，とくに日本のことをいい，小東洋(日本)・大東洋(太平洋)と区別した．西洋は中国より西の地域のことで，やはり遠近に応じ小西洋，大西洋と区別していた．その中間に南洋があった．

　ギリシャの人びとにとってアジアは，アナトリア(小アジアともよばれていた．アナトリアという語も東方を意味する)から東に広がる漠然とした広い土地のことで，たとえばヘロドトスは，「ペルシャから西のアジア」であるとか，「インドにいたるまでのアジアには人が住むが，それより東は無人である」などと述べている．そしてローマ時代になり，世界についての知見が増えるとともに，アジアの範囲もさらに東の土地を含むようになっていったと考えられる．当時の世界の地理的情報の集大成であるプトレマイオスの地

図では，アジアは今日の東アジアまでを含んでいる．

現在の一般的な認識では，アジアとアフリカの境界はスエズ地峡から紅海につながる線で，これには古くからほとんど異論はない．これに対してヨーロッパとアジアの境界は複雑であり，時代によって移動があった．現在の境界は地中海の東部，アナトリアとバルカン半島の間のダーダネルス海峡，マルマラ海，ボスフォラス海峡を通り，黒海を横断してカフカス（コーカサス）山脈に沿って東へ，カスピ海に入ってからは北上し，ウラル川の河口から川をさかのぼり，ウラル山脈に突き当たるとその東麓を北上し，カラ海にいたって北極海に抜ける．

ウラル山脈ないしその東麓をアジアとヨーロッパの境界にするというのは，16世紀からのロシアの東方への進出に伴い，勢力圏はウラル山脈を越えたが，ウラルまではロシアの本体であり，そこはヨーロッパであるという意識が強くあったためと考えられる．18世紀頃の地図では，黒海北岸のアゾフ海からヴォルガ川の支流に沿って境界が引かれており，現在の一般的な認識よりまだ西にある．現代でもロシアでは，ウラル山脈から東をアジアロシアとよんでいる．地理的・歴史的にみれば以上のようにロシアの東部はアジアに属するという見解が一般的であるが，国家単位で地誌的な記述をする場合は，アジアロシアも含めて1つの単位とするか，ヨーロッパの一員としてロシアを扱うこともある．アジアの東端はベーリング海峡にあるが，アリューシャン列島はコマンドル諸島を除いてアメリカ合衆国のアラスカ州に属し，アジアには含めないのが通例の区分である．

アジアと南方のオセアニアとの境界は一般的にはスンダ列島にあるとされるが，ニューギニアの西に位置する島嶼群は，国家としてはインドネシアがニューギニア島西部とともに領有しており，国境と地理的な境界は必ずしも一致しないため，どの島までがアジアに属するかは厳密には決めにくい．またインド洋に浮かぶ島はセーシェル諸島とモーリシャスはアフリカに属するとされるが，それ以外はアジアに属するとされている．ただオセアニアとの境界と同じく，島嶼の場合は自然地理的にどちらに近いかというだけではなく，前近代にみられた周辺の民族の移民や，近代の植民地として歴史が，どの世界に属するのかを決める重要な要素になる．

アジアは広大な陸地ばかりでなく，海洋世界も含めて非常に多様な世界である．したがってその自然的な要素や歴史文化的な要素を考慮して，いくつかの大地域に区分することが行われる．先に述べたように，アジアという呼称は当初はメソポタミア世界から，次いでギリシャ世界からみて東方を意味していた．そこから近い東方（近東 Near East）と遠い東方（Far East）が生まれ，その中間にある東方という意味で中東（Middle East）という区分が生まれた．これらの呼称は，当初漠然とした広がりをさすだけで，特定の国家をさすものではなかったようであるが，現実には近東はトルコ（オスマントルコ）を，中東はオスマントルコ以外の西アジアの地域をさすことが一般的な用法であった．あわせて中近東という呼称も日本ではよく用いられたが，地理的に厳密な範囲を示すよりも，西アジアから北アフリカにかけてのアラブ圏，イスラーム圏をさしていることが多かった．Far Eastは，当初はインドのことをさしていたが，イギリスがインドを植民地化し，インドを1つのまとまった領域として認知すると，インドからさらに東の土地をFar Eastと位置づけるようになった．Far Eastの訳語としては，ベトナムや中国のように遠東とするところと，日本や韓国のように極東とするところがある（極東にはロシア極東地域という使い方もある）．

この近東，中東，遠東という区分は，あくまでもヨーロッパからみた区分であり，オリエンタリズム（Orientalism，ヨーロッパ中心の観念からする東方意識）であるとして批判されている．また大航海時代に始まるヨーロッパからの植民地の展開に応じて遠近を測っているため，海岸に沿った土地を中心にして区分をすることになる．それでは広くて多様なアジア全体を区分するには問題があるといわざるをえない．とくに広大な内陸のアジアが視野に入ってこない．したがって現在一般的に用いられるのは，ヨーロッパ中心の視点からの区分ではなく，方角を基礎にした大区分である．

東西南北をそのまま当てはめれば，東アジア，西アジア，南アジア，北アジアが区分されるが，それだけでは実際の地域性を十分に反映した区分にならないため，東アジアと南アジアの間に東南アジアを，広大なアジアの内陸部に，中央アジアないし内陸アジアを設定するのが妥当であると考えられている．この区分では，東アジアはおおむね中国文化圏，南アジアはインド文化圏，西アジアはイスラーム文化圏と，いずれも悠久の歴史や世界宗教を基盤にもつ大文化圏に対応する関係にあり，さまざまな事象を理解するために有効な区分であると考えられる．このような視点でみると，東南アジアは中国文化圏とインド文化圏の両者の影響を受けて成立した独特の文化圏であり，中央アジアは内陸に生まれた民族文化の展開した場であるとともに，東西南北の異なった文化が相互に交流した回廊を提供していたといえる．

東西南北の間という意味では西南アジアや東北アジアという呼称も使われることがあるが，いずれも西アジアや東アジアと重なる呼称で，それほど一般的ではない．北アジアは東アジアでは周縁に位置づけられるモンゴルやマンチュリア（満洲）を中心に，北方アジアの特性を浮かび上がらせようとする意識から生まれた呼称であるが，極東ロシアを含む広大なシベリアないしアジアロシアという枠組みがあり，それとアジアの区分とを結びつける必要がある．

ある中心からの位置関係や東西南北といった方角から区分するのではなく，熱帯アジア・湿潤アジア・乾燥アジアというような気候帯の共通性を指標にした区分もよくみられる．とくによく使われるのはモンスーンアジアという呼称で，年間の一定期間，海洋から吹きつける温風とそれがもたらす降雨により，共通の農業や生活様式が展開するため，南アジアから東アジアにかけての広い範囲を示す．逆に高峻な山脈により海洋からの影響を遮断された内陸部の気候はきわめて乾燥し，植生がまったくみられない砂漠から，わずかな植生に恵まれる草原まで，乾燥気候という共通性をもった土地がアジアの内陸から西部にかけて広がる．そこは遊牧民の生活圏であり，砂漠においてはオアシスが生活の拠点となる．またヒマラヤ山脈の北部に広がるチベット高原やクンルン（崑崙）山脈，ティエンシャン（天山）山脈，アルタイ山脈，モンゴル高原など，著しく高度の高い山地や高原が連なる地域をまとめて高地アジア High Asiaとよぶこともある．すなわち，モンスーンアジアや乾燥アジアというような区分は，国家，民族，宗教などを越えて共通する自然条件と，それに対する人びとの生活様式を理解するために考えられた枠組みであるといえよう．

［秋山元秀］

アシガバト　Ashgabat

トルクメニスタン

アシガバット（別表記）／アシハバド　Ashkhabad（旧称）／ポルトラツク　Poltoratsk（古称）

人口：90.9万（2009）　面積：260 km²

［37°56′N　58°22′E］

トルクメニスタンの首都．ロシア語ではア

20　アシツ

〈世界地名大事典：アジア・オセアニア・極Ⅰ〉

シハバド．北 40 km でイランとの国境に接し，コペトダク山脈北麓の小丘に立地する．ザカスピ鉄道の駅があり，北西 10 km にアシガバト空港がある．綿紡績，履物，絨毯など綿花・絹・皮革の加工，ワイン醸造など食品加工業，化学・薬品，ガラス，機械製作，金属加工などの工業がある．主要断層帯の上にあるため，1893，95，1929，48 年と，くり返し大地震に見舞われている．地震と乾いた砂塵，灼熱の太陽という 3 つの自然の脅威との闘いの中で，経済的・社会的発展を遂げてきた．石油，天然ガスをはじめとする鉱物資源の採掘，灌漑による綿花生産の発展，放牧地の拡大は，すべて国の大部分を占めるカラクム砂漠の開発と結びついている．ヤナギ，ニセアカシア，ツゲ，ネズなどが市内の公園，街路に植えられており，熱砂から市民の生活を守っている．1989 年には，ロシア人，ベロルシア（ベラルーシ）人，ウクライナ人のスラヴ 3 民族が住民の 36% を占めたが，独立後その多くは国外へ移住した．

この地方は中央アジアで最も古くから農耕が行われ，南東にアナウの集落跡の遺跡がある．西 15 km にはパルティア時代の都市ニサの遺跡もあり，2007 年に「ニッサのパルティア要塞群」としてユネスコの世界遺産（文化遺産）に登録された．出土品が国立博物館に展示されている東 10 km には 15〜16 世紀の町バガバドがあった．1881 年，スコベレフ指揮下のロシア軍に占領され，堡塁としてアシハバドが建設され，ロシア帝国のザカスピ州の行政中心地となった．1885 年にカスピ海沿岸トルクメンバシからの鉄道が通じ，99 年にはタシケント（現ウズベキスタン首都）まで延長された．これがザカスピ線である．1915 年には鉄道労働者以外には，68 の半家内工業に 200〜300 人が働いていた．ロシア人，イラン人，アゼルバイジャン人，アルメニア人が多く居住し，イラン，ヒヴァとの交易拠点となった．1906 年にはロシア軍守備隊が蜂起し，鉄道労働者もそれに加わった．ロシア革命期，1917 年 12 月にソヴィエト政権が成立したが，18 年 7 月にイギリス軍の支持する反革命暴動で倒され，バクー・コミサールらを銃殺した．1919 年 7 月にソ連軍によって解放されると，反革命軍に殺されたトルキスタン自治共和国労働人民委員であったポルトラッキー（1888-1918）を記念して 19 年に市名はポルトラックと改称され，24 年 10 月トルクメン共和国創設とともにその首都となった．1927 年にアシハバドと改称される．1991 年にトルクメニスタンがソ連から独立し，その首都となり，地名は

アシガバトとなった．

1882 年 0.2 万，97 年 1.9 万，1911 年 4.5 万であった住民は，26 年 5.2 万，39 年 12.7 万，59 年 17 万と増加した．1962 年，カラクム運河がこの町に達した．市内には 1950 年創設のトルクメン大学のほか，工科・農業・医科の大学，科学アカデミーや，美術館，博物館などの学術・研究機関がある．また，歴史・文化財保護区ニサ遺跡，トゥラン広場のカラクム管理部建築アンサンブル（1967 建築），アザディ名称図書館（1969〜74 建築）はよく知られている．独立後の 1990 年代，テュルクメンバシュ大統領（サパルムラト・ニヤゾフ）の下，天然ガス開発で得られた資金で大規模な都市改造が行われている．　　　　　　　　　　　　　　［木村英亮］

アシッド湾　Asid Gulf　　フィリピン

長さ：64 km　幅：32 km

[12°11′N　123°29′E]

フィリピン中部，マスバテ島南部，マスバテ州の湾．マスバテ島は矢じり状の形を呈しており，北端のブギ岬を頂点に南西および南東に島が延びる．その東西の半島にはさまれているのがアシッド湾である．東西幅 64 km，南北幅 32 km の広さで，湾奥にはミラグロスが位置する．湾内には 10 数個の島が浮かび，南はビサヤ海につながる．また，湾内はフィリピンのホタテ貝養殖の中心としての性格をもち，湾域の 1/10 以上，283 km² を占める．　　　　　　　　　　　　　　［石代吉史］

アシハバド Ashkhabad ☞ アシガバト Ashgabat

アジメール　Ajmer　　インド

アジャヤメール　Ajayameru（別称）

人口：54.3 万（2011）　面積：219 km²

[26°29′N　74°40′E]

インド西部，ラージャスターン州アジメール県の都市で県都．アラビア海沿岸部のムンバイ（ボンベイ）などの主要都市からアラヴァリ山脈の西麓を走り首都デリーにいたる交通の大動脈の中間地点に位置し，しかもデカン高原への交通分岐点でもある．また，北西方向 11 km にある有名なラクダ市の開かれるヒンドゥー教の聖地プシュカールへ出かける拠点にもなっている．州都ジャイプルは北東 130 km にある．歴史的に重要な戦略的要衝であり，都市はチョーハンにより 10 世紀に

建設された．その後 1193 年のデリー・スルタンの創立者ゴーリー・ムハマッドにより支配されるが，高い貢税を支払いながら 1365 年までは，このチョーハン王朝により都市形成が進展した．

その後メーワール（ラージプート族）が支配するも，1509 年以降はラージプート族間の争奪地となったが，32 年にムガル帝国の支配下に下り，1770 年にはマラーターに，次いで 1818 年にはイギリスに割譲されるなど，不幸な歴史を有している．1616 年のイギリスのトーマス・ロー卿とジャハーンギール（ムガル帝国第 4 代皇帝）との交渉会談はこの地で行われた．ラージャスターン州ではめずらしいイギリスの統治領となる．1870 年にはイギリスのパブリックスクールを模したマヨーカレッジが開校した．当時はラージプートの貴族の子弟のみを教育したが，今日ではすべての男子に門戸が開かれている．

騒がしく交通量の多い町であるが，旧市街の西にある荒涼とした丘のふもとに位置するダルガーは，インドで最も重要なイスラーム教徒の巡礼地の 1 つで，1192 年ペルシアからこの地にきて，1233 年まで暮らしたスーフィーの聖人クワージャー・ムイニヌッディーン・チシュティーの廟である．そのほか，アクバル大帝の離宮（現博物館），イスラーム聖者の廟などの旧跡がある．また，このダルガーのふもとに 1153 年にジャイナ教寺院が建設されたが，それも 93 年にはモスクに変えられた．市内には，アクバル大帝の離宮シャージャハーン・モスクのほかに，赤の寺院とよばれるジャイナ教寺院，歴史的に重要な 6 つの門のあるダルガー・フォートなどがある．旧市街地は，現在では，綿・羊毛工業，靴下や靴製造販売の盛んな商工業の中心地である．ヒンドゥーとイスラーム両教徒にとって人気のある巡礼地である．　　　　［中里亜夫］

アジャイガル　Ajaigarh　　インド

Adjygurh（別表記）

人口：1.7 万（2011）　　[24°52′N　80°16′E]

インド中部，マッディヤプラデシュ州北部，パンナ県アジャイガル郡の小都市で郡都．Adjygurh とも綴る．ウッタルプラデシュ州に近接するとともにデカン高原とヒンドスタン平原の境に位置し，古くはブンデルカンド地方の藩王国の 1 つであった．地名は，この地の急峻な山につくられた砦の名に由来する．城跡および同所にある寺院跡は，この都市の観光資源ともなっている．石像や彫刻

の施された柱などが有名である．イギリスのインド進出に伴い，1809年にその支配下に入った． ［荒木一視］

アジャヤメール Ajayameru ☞ アジメール Ajmer

アジャンター石窟群　Ajanta Caves
インド
[23°32′N　75°45′E]

インド西部，マハーラーシュトラ州中北部にある遺跡．インド西岸の大都市で州都のムンバイ（ボンベイ）の北東約420 km，オーランガバードの北100 kmに位置する．これらの石窟群は1983年に「アジャンター石窟群」としてユネスコの世界遺産（文化遺産）に登録された．1819年，イギリス東インド会社軍のイギリス人将校たちが，トラの狩猟中にたまたま石窟を発見した．その後の調査で，ワグホラ（ワゴーラー）川が刻む険しい峡谷の側壁の硬い岩を彫り抜いてつくった，合わせて30の石窟が次々と発見された．調査の結果，紀元前200年からグプタ朝の西暦650年頃までに築造された仏教の塔院（礼拝堂），僧院であることがわかり，一躍世界の文化財として注目されることとなった．1000年以上も人目に触れなかったことが幸いし，保存のよい状態で石窟寺院，その内部にほどこされた彫刻，壁画が残された．インドにおける初期仏教美術のすぐれた作品の数々が見事なかたちで残された遺跡である．石窟寺院群は時代を異にし，紀元前1世紀前後の上座部仏教を中心とする時代の前期のものと，5世紀前後の大乗仏教を中心とする後期のものとに分けられる．明確に違ったかたちで保存されているので，仏教史を知る上でも貴重である．

仏教は克己自制の宗教である．ブッダ自身は偶像崇拝に反対し，派手な衣類，装飾を避け，簡素を好んだ．ブッダの死後，後継者たちが伝道の必要性から具象的な形を提示する必要性を説くようになったこと，豊かで熱心な信徒たちが宗教的建築物の造営に参加するようになったことなどの影響で，時代とともに仏教建築も簡素さの強調される姿から華やかなものへと徐々に変化している．前期の石窟寺院は，礼拝対象のストゥーパ（仏舎利塔）のほかは壁画，彫刻などきわめて少なく簡素である．それに対し，後期はインド史の中でも華やかな時代で，仏教も発展した時代である．それを反映して信仰熱心な有力者が多額の資金をつぎ込んで，豪華ですばらしい寺院建築を行った．また後期にあたるこの頃までにブッダの像の崇拝が許されるようになったため，ブッダにかかわる多くの見事な壁画，彫像をもつ石窟寺院が誕生した．石窟は大きいもので200 m²の広さ，10 mの高さをもつ．

北に向かって馬蹄形に湾曲するワグホラ川北岸の断崖に沿って並ぶ30の洞窟は，東から西の方向に順に番号がつけられているが，一連の発見から遅れて後に発見された第29，30窟は，この順序に割り込んだかたちで例外的な位置にある．したがって数字の順序も時代順ではなく，中央付近の第9，10，12，13，30が古く，前期の石窟と推定される．石窟寺院のほぼ半分は未完成で放棄されており，石窟番号の20番代がそれに該当する．第10，9，12，19，24，26，2，1窟の順序

アジャンター石窟群（インド），ワグホラ（ワゴーラー）川の断崖にくりぬかれた30の石窟群《世界遺産》〔Shutterstock〕

で鑑賞するのが，わかりやすさ，すばらしさ，重要性などの点から推奨される．第16,17窟も数々の壁画，彫刻がふんだんに残されておりすばらしく必見である．

第1窟は石窟寺院群の中でも貴重な存在で，後期の僧院である．念入りに描かれた壁画が数多く，アジャンターの石窟寺院群の中でも保存状態のよいものに入る．窟院の中央に本堂があり，壁画の多くはその壁や天井に描かれている．本殿の入口に描かれている2つの菩薩は，アジャンターの全壁画の中でもすぐれた作品である．左側の妻を従え，青い蓮花をもつ菩薩は法隆寺の菩薩と深い関係があるとされ，両者は類似している．ベランダ上部には，病める人，死せる人，老いたる人，聖なる人などいろいろな人を前に，存在のあわれさを感じた表情のブッダの姿が描かれている．ブッダの前世物語であるジャータカ物語から題材をとった，数々の詳細な情景をふんだんにみることができる．第2窟はやや規模が小さくなるが，画面いっぱいに描かれた壁画のすばらしさは第1窟のそれに劣ることはない．

天井に描かれた見事な壁画は，下から見上げる人びとに，自分たちが美しく装飾された天蓋に覆われているような感じをもたせる．両側の壁面にもいっぱいに描かれた壁画がある．マーヤーの懐妊，ブッダ誕生の情景，子どもを食べる鬼子母神，仏のさまざまな姿を描いた千仏など歴史的・芸術的に貴重な作品があふれている．第3～8窟は後期でも第1,2窟に先がけてつくられたもので，壁画は少なく，第3～5窟は未完成でもある．第4窟は28もの石柱をもつ窟院で，未完成にもかかわらず規模は大きい．第9～13窟は第11窟を除いて簡素さが共通の特色である前期のものである．第10窟はすべての窟院の中で最も古く，紀元前200年頃のものとされ，発見も最も早い塔院（礼拝堂）である．規模が大きく，ブッダの彫像と大きなストゥーパが目につく．第16,17窟は後期の僧院で，これも大きな構えである．壁画の保存状態もよいので第1,2窟に劣らず魅力的である．

第16窟は，第17窟に比べると豪華さにおいてやや劣るが，出家し僧となろうとしているブッダの弟ナンダ，それを聞いて嘆き，悲しみ，失神する妻スンダリ，ともに悲しみに沈む家臣たちを描いた壁画が印象的である．ブッダの前世物語ジャータカ物語に関する壁画が多い．ワグホラ川渓谷を見渡すには最良の地点とされる．第17窟は規模も大きく豪華である．ここでの壁画もブッダの前世物語を中心に描かれている．ブッダが帰宅

し，すべてを捨てて出家することの許しを妻や子に請うている情景，化粧をする王女の魅力的な姿，王女の身につけた美しい真珠飾りの図などがよく知られる．シンハラ王朝の王子がスリランカを征服する過程で起きるさまざまな出来事を描いた一連の図も有名である．

第19窟は後期の塔院であるが，同じ塔院でも前期の第9,10窟の簡素なものに比べると壁画，彫像による装飾はかなり手の込んだものである．入口の両脇に並ぶブッダ，外側に彫られた蛇族の王ナーガとその妻の彫像もすばらしい．天井に届くほどにそびえ立つストゥーパも目をひく．第20～30窟は第30窟を除いてすべて後期の建造であり，未完成である．しかし，第26窟はかなり完成度が高く，すばらしい彫刻にも富んでいるため貴重な存在である．死の床に横たわるいわゆるブッダ涅槃像は9mもの大きさの力作である．物欲や歓楽でブッダを誘惑しようとする魔王マラ，誘惑が不成功に終わり悲しみにくれるマラの彫り物なども興味深い．中央奥には規模が大きく圧倒されるようなストゥーパがある．アジャンターと並び有名なエローラの石窟寺院群遺跡は，70km南西に位置する．同遺跡も1983年にユネスコの世界遺産（文化遺産）に「エローラ石窟群」として登録されている．　　　　　　　　　　　　［中山晴美］

アシュハースト　Ashhurst

ニュージーランド
Ashurst（旧表記）/ラウカワ　Raukawa（マオリ語）
人口：0.3万（2013）　　　［40°18′S　175°45′E］

ニュージーランド北島，マナワツワンガヌイ地方の町．パーマストンノースの北東約15kmに位置する．近隣のフィールディングやハルコンベ同様，移住入植者援助協会によって開発された土地である．地名の由来は，近隣の土地を所有していたアシュハースト侯の栄誉にちなんだものである．もとは，Ashurstとして知られていたが，のちに町の教会のために資金を寄付したアシュハースト侯の姉妹の要望で，現在の綴りになった．マオリ語名はラウカワで，自生の芳香性植物をさす．　　　　　　　　　　　　　　　［林 琢也］

アシュバートン　Ashburton

ニュージーランド
タートン　Turtons（旧称）
人口：1.8万（2013）　　　［43°54′S　171°45′E］

ニュージーランド南島，カンタベリー地方の都市．クライストチャーチの南南西約85km，国道1号沿いに位置する．地名は，付近を流れるアシュバートン川からとられ，さらにカンタベリー協会の一員であり，イギリス，デヴォンの第3代アシュバートン男爵，フランシス・バリング卿に由来する．ニュージーランド土地協会の調査員の長であるジョゼフ・トーマスによって命名された．市内にあるバリング広場の名前は彼に由来する．居住地名としては，かつては，1858年にこの地に入植し初めての家を建て，宿泊所を営んだタートンにちなんで，タートンとよばれていた．タートンは宿泊業を営むとともに，舟による川の渡しもやっていた．

1860年代になると鉄道が敷かれ，川には鉄道や道路のための橋がかけられた．こうして鉄道，道路，舟運の結節点となったアシュバートンは，ニュージーランドの穀倉といわれるカンタベリー平野の農作物の集荷地となり，カンタベリー平野の中心的な都市として発展していく．もともと周辺の平原は木々がなく，草原が生えているにすぎなかったが，人びとが集まり町が形成されるのと同時に，多くの木々を町中に植え，現在では立派な木々に成長し，人びとを和ませ，街路の美しさを演出している．町近辺では，穀物の生産量をあげるために早くから灌漑が行われた．1878年にはアシュバートン川の水を利用した灌漑が試みられ，1930年代後半には，アシュバートン郡政府が大規模な灌漑に着手した．こうして，穀倉地帯としての基盤が進められたのである．　　　　　　　　　　　　　　［井田仁康］

アシュバートン川　Ashburton River

オーストラリア
長さ：640km　　　　　　　［21°41′S　114°55′E］

オーストラリア西部，ウェスタンオーストラリア州北西部を流れる川．オプサルマイア山地の南麓を西流し，さらに北西に向きを転じてエクスマウス湾近くでインド洋に注ぐ．牧畜が盛んな流域は一般に高温であり，年平均降水量の差が国内で最も大きい地域を流れている．河口から5km付近までは涸れ川であり，水が流れるのはウィリーウィリーとよばれる熱帯低気圧が襲来した後のみである．

地名は，1861 年にフランシス・グレゴリーにより発見され，当時王立地理学協会の会長であった第 2 代アシュバートン男爵ウィリアム・ビンガム・ベアリングにちなんで命名された． ［大石太郎］

アシュバートン川　Ashburton River
ニュージーランド

ハカテレ　Hakatere （マオリ語）

[44°03′S　171°48′E]

　ニュージーランド南島，カンタベリー地方の川．サザンアルプスからアシュバートンを経てカンタベリー平野を流れ，太平洋に注ぐ．地名は，カンタベリー協会の一員であったアシュバートン男爵，のちのフランシス・バリング卿に由来し，ニュージーランド土地協会の調査員の長であるジョゼフ・トーマスによって命名された．川沿いに位置し，カンタベリー平野の商業中心地であるアシュバートンは川から名づけられた．マオリ名はハカテレであり，ハカは行動，テレは早いを意味するので，早くさせること，すなわち迅速に流れることを意味する． ［井田仁康］

アシュフィールド　Ashfield
オーストラリア

人口：2.2 万 (2011)　面積：3.5 km²

[33°53′S　151°08′E]

　オーストラリア南東部，ニューサウスウェールズ州中央東部，アシュフィールド行政区の都市で行政中心地．ジャクソン湾の南部，州都シドニーの中心業務地区の南西約 9 km に位置し，シドニー都市圏を構成する．戦後建てられた低層アパートと連邦時代の戸建て住宅が混在し，人口は稠密である．中国やインド生まれの人も多く住み，多文化的な特徴をもつ．また，1877 年に建築されたアシュフィールド洋館をはじめ，19 世紀後半のヴィクトリア朝の歴史的建造物も残り，国指定文化財も多い．ヨーロッパ人の入植前は，先住民ウォンギャル(Wangal)が居住していた．しかし，1788 年，アーサー・フィリップ提督の率いたイギリス第一艦隊の到着以降持ち込まれた天然痘が，彼らに壊滅的な影響を与えた．最初の入植者は，初代測量長官オーガスタス・オルトである． ［藁谷哲也］

アシュフォード　Ashford
オーストラリア

人口：0.1 万 (2011)　面積：1735 km²
標高：450 m　　　　　[29°19′S　151°05′E]

　オーストラリア南東部，ニューサウスウェールズ州北東部，インヴェレル行政区の村．クイーンズランド州境まで約 30 km と近い．フレイザーズ Frazers 川の中流沿いに位置する農村で，かつてタバコや炭鉱で栄えたが，いまは羊毛と肉牛生産がおもな産業である．北西のクワイアンバル Kwiambal 国立公園にはアシュフォードケーヴズカルスト保護区がある． ［藁谷哲也］

アシュモアカルティエ諸島
Ashmore and Cartier Islands
オーストラリア

人口：0 (2011)　　　　[12°15′S　123°04′E]

　インド洋東部，オーストラリア領の諸島．ウェスタンオーストラリア州北端にあるロンドンデリー岬の西北西約 400 km，インドネシアのロティ島から南西約 170 km に位置する．1700 年頃にはインドネシアの漁師が訪れるようになっていた．その後イギリス領となり，1933 年にオーストラリア領となった．すべての島が無人島であり，無人の気候観測所が設置されているほか，海底油田をオーストラリア政府が管理している．1980 年代以降，島々は環境保護区に指定され，人びとの立ち入りは原則として認められていない． ［大石太郎］

アシュリー　Ashley
オーストラリア

人口：339 (2011)　面積：1 km²

[29°19′S　149°49′E]

　オーストラリア南東部，ニューサウスウェールズ州北東部，モーリープレーンズ行政区の村．カーナーヴォンハイウェイ沿いにモーリーの北 17 km に位置する．地名は，モーリー選出の州議会議員であったハッサルの故郷であるイングランドの地名にちなんだものである．主要な綿の生産地であり，原料の綿花は周辺の灌漑農地で栽培されている．また，アシュリー一帯ではほかにも小麦の生産や羊，肉牛の飼養が行われている． ［落合康浩］

アシュリー　Ashley
ニュージーランド

ラカウリ　Rakahuri （マオリ語）

人口：0.1 万 (2013)　　[43°16′S　172°35′E]

　ニュージーランド南島，カンタベリー地方の町．クライストチャーチの北 35 km に位置し，アシュリー川が形成したアシュリー渓谷がある．カンタベリー協会の創始者の 1 人であり，第 7 代シャフテスバリー伯爵となったアシュリーにちなんで命名され，アシュリー渓谷はニュージーランド土地協会の調査員ジョゼフ・トーマスによって名づけられた．マオリ名はラカウリであり，淡水魚を意味するラカオレが変化したと考えられる． ［井田仁康］

アスイスイ岬　Asuisui, Cape
サモア

標高：12 m　　　　　[13°48′S　172°31′W]

　南太平洋中部，ポリネシア，サモア西部，サヴァイイ島南部の岬．タガ Tāga 村の南側に位置する．岬への道はこの村から続いており，その海岸線には巨大な間欠泉がある．岬の名の一部であるスイスイ(suisui)は間欠泉を意味している．この間欠泉にまつわる伝説として，スイスイという名の女性の話がある．話では，海岸で間欠泉をみつけたスイスイは岩で間欠泉を塞ぐ．すると巨大な波が押し寄せ，その岩は宙へと放り出される．そして，彼女はその岩によって殺されてしまったという．現在では岬そのものの地名より，この間欠泉が，アロファアガの潮吹き穴 Alofa‘aga Blowholes として有名な観光地になっている． ［倉光ミナ子］

アスタナ　Astana
カザフスタン

アクモラ　Akmola （旧称）／アクモリンスク Akmolinsk （旧称）／ツェリノグラード Tselinograd （旧称）

人口：81.4 万 (2014)　面積：710 km²
降水量：250-400 mm/年

[51°10′N　71°28′E]

　カザフスタンの首都．イシム河畔，アクモラ州の州都コクシェタウの南東約 280 km，カラガンダの北西 193 km に位置し，カザフスタンの中央部にある．厳しい大陸性気候で 1 月の平均気温は−16℃，7 月は 21℃である．農業，牧畜業の中心地で，農業機械，食品加工，製粉，衣類，金属加工，建築材料などの工業企業がある．アスタナ国際空港のほ

アスタナ(カザフスタン),新首都中心部の展望台バイテレク(正面)と大統領宮殿(奥)
〔freedarst/Shutterstock.com〕

か,南シベリア鉄道の駅がある.被雇用者は22.7万人,うちサービス業に79.2%,工業に19.4%が従事している.大学が10校,短期大学が18校ある.

1830年,シベリア~中央アジア・キャラバンルートの重要地点カラウトクルに近い要塞として創設され,ここにアンドロン文化やその後の時代の多くの遺跡が発見された.カザフスタン中央部(サルヤルカ)は,古代ギリシャ,中国,アラブ,イラン,中央アジアの歴史家により,さらに13世紀の旅行家ルブルクによって言及されている.1832年にアクモラ外郭軍事地区が創設され,その中心地として若干移動して現在の場所に建設された.やがて通商中心地として発展し家畜も売買された.ロシア政府は,土地のない農民の入植のためにカザフ牧民を抑圧した.1838年,ケネサリ・カスモフの率いるカザフの蜂起によって要塞が落とされた.1845年以降はアクモリンスクコサック村とよばれるようになり,ここを中心として1869年,アクモリンスク州が設置された.1961年までアクモリンスクとよばれた.

革命前は小規模の手工業企業しかなく,1913年には製粉工場2,鍛冶工場21,レンガ工場9,革なめし工場2,焼き物工場4などであった.人口は1912年1.5万,23年2.1万であった.政治犯流刑地で1882~1906年にはグラークに50人が収容された.1917~19年にはボリシェヴィキと反革命の内戦,39年アクモラ州創設とともにその中心となった.1941年工業化が始まり,重要な運輸中心地として発展したが,独ソ戦中はウクライナ,ベロルシア(白ロシア),ロシアから機械・設備が疎開され,工業は軍需のために再編成された.戦後は,破壊されたソ連西部諸地区経済の再建基地となった.1954年アルマトゥ(旧アルマアタ)から最初の開拓民が移住し,続いてモスクワ,レニングラード,ウクライナをはじめ全国から61年までに11.5万人が移住し,その住宅が建設された.

1961年にアクモリンスクからツェリノグラードと改称された.その後30の研究所が開設され,大学も4つとなった.カザフスタン独立後,1992年にアクモラ(アクモリンスク)と改称された.処女地開拓の中心地として人口が急増,1997年10月大統領令によってカザフスタンの首都となった.1998年5月アスタナと改称した.首都の建設は日本の建築家,黒川紀章の設計に従って2030年の完成に向けて建設が続けられている.かつて1割であったカザフ人は7割以上となっている.カザフスタン,さらに独立国家共同体(CIS),ユーラシア大陸の中央という地理的中心にあるばかりでなく,歴史的にも政治的にも周辺地域を結ぶ重要な都市として,将来が展望される. [木村英亮]

アストル Astore

パキスタン

降水量:400 mm/年 [35°22′N 74°51′E]

パキスタン北東部,ギルギットバルティスタン州の町.ナンガパルバット山塊のトレッキングの基地.世界第9位の高峰ナンガパルバット山(標高8125 m)がモンスーンによる降水を遮るため,年平均降水量は少ない.年平均気温は8.4°Cとやや冷涼であるが国内北部地域では植生が豊かである.アストル川の河谷では小麦,トウモロコシ,豆類が栽培される.住民はシナー語を話す.首都イスラマバードや州都ギルギットとは空路で,ラワルピンディや州内のスカールドゥーやチトラルとは陸路で結ばれる. [出田和久]

アストル県 Astore District

パキスタン

人口:7.2万 (1998) 面積:5092 km²
降水量:400 mm/年 [35°17′N 74°51′E]

パキスタン北東部,ギルギットバルティスタン州南部の県.北はギルギット県,東はスカルドゥ県,西はディアメール県,南はアーザードカシミールのニーラム県に接する.県都はゴリコット Gorikot (Gurikot).ディアメール県との境にナンガパルバット山塊があり,モンスーンによる降水を遮るため,年平均降水量はアストルで400 mmあまりと少ないが,国内北部にあっては植生が豊かで,比較的ヨーロッパの森に似ているといわれる.アストル川はバージル Burzil 峠に源を発し,北西に流れ,バンジ Bunji 川の少し下流でインダス川に合流する.ナンガパルバット山塊の東部を流れるこの地域の排水河川である.アストル河谷では小麦,トウモロコシ,豆類が栽培される. [出田和久]

アスパイアリング山 Aspiring, Mount

ニュージーランド

ティティテア Tititea (マオリ語)
標高:3027 m [44°22′S 168°43′E]

ニュージーランド南島,ウェストコースト地方の山.ワナカ湖の西40 km,マウントアスパイアリング国立公園内の南に位置する.氷河をかぶり,斜面は低木に覆われ,おだやかな河川が流れる.1964年に指定された国立公園の中核をなし,南西側からみると,氷河の痕跡であるカール(圏谷)によって,古代ピラミッドに似た山容を示す.地名は,オタゴ地方を調査していたニュージーランド土地協会の測量士ジョン・ターンブル・トムソンによって命名された.彼の1857年12月のフィールドノートには,「ハウィア湖のほとりから40マイル遠方には,私がアスパイアリングと名づけた,天高くそびえる円錐形の山頂がみえた」と記されている.初登頂は,1908年バーナード・ヘッドを隊長とする3人の登山家によってなされた.かつて

登頂に苦しんだ登山家によって，汗がにじみ出る(perspiring)山とよばれていたといわれている．マオリ名はティティテアで，ティティは頂，テアは清らか，輝くを意味し，澄みきった頂，もしくは輝く頂と訳すことができる．

ハースト川を北の境界とし，南はフィヨルドランド国立公園までの 3555 km² の面積をもつマウントアスパイアリング国立公園は，1990 年にユネスコの世界遺産(自然遺産)に登録された「テ・ワヒポウナム—南西ニュージーランド」に含まれている．100 を超える氷河，渓谷や山間部の平原，急峻な山からなる景観，多くの野生動物，高山植物，ブナの森林などから構成される．　　　[井田仁康]

アスラルトハイルハン山　Asralt Khairkhan Uul
モンゴル

標高：2800 m 　　　　　　[48°40′N　109°10′E]

モンゴル北東部，ヘンティ山脈の主峰．スグヌグル川，テレルジ川，ネメヘ川といった川の源流に位置する．ヘンティ山脈の支脈の小ヘンティ山脈の主峰でもある．トゥヴ県北部に位置する．　　　　　　　　[島村一平]

アソーク　Asok
タイ

　　　　　　　　　　[13°44′N　100°33′E]

タイ中部，首都バンコクの地区．バンコクの幹線道路の 1 つ，スクムウィット通りの 21 番小路(ソーイ)の名称であるとともに，その近辺を総称する地名である．アソークは小路とはいっても，幹線道路のラッチャダーピセーク通りの一部でもあり，交通量が多い．スクムウィット通りとの交差点付近にバンコク高架鉄道(通称スカイトレイン)スクムウィット線のアソーク駅および地下鉄(バンコクメトロ)のスクムウィット駅がある．駅と直結した百貨店や複合商業施設が開発され，バンコクの主要な商業地区の 1 つとして人気を博している．また，日本大使館はかつてアソーク小路とニューペッブリー通りの交差点にあったが，2006 年にウィッタユ通りのルムピニー公園向かいに移転した．
　　　　　　　　　　　　　　[遠藤　元]

アソル　Athol
ニュージーランド

　　　　　　　　　　[45°30′S　168°35′E]

ニュージーランド南島，サウスランド地方の町．オタゴ地方のクイーンズタウンとインヴァーカーギルとを結ぶ国道 6 号沿い，クイーンズタウンの南約 55 km に位置する．地名は，最初のホテルの支配人ハーリー・アソルに由来するといわれる．しかし，よりいっそう現実味がある説は，牧場を所有していた W・B・ロジャースが，生まれ故郷であるイギリスのスコットランド，パースシャーにあるアソルにちなんでよんでいたというものである．一方で，1860 年頃にこの土地の所有者が名づけたとする説もある．　[井田仁康]

アタ島　'Ata Island
トンガ

人口：4 (2011)　面積：1.8 km²　標高：355 m
　　　　　　　　　　[22°18′S　175°18′W]

南太平洋中部，ポリネシア，トンガ南部の島．トンガタプ島の南南西 140 km に位置する小さな火山島で，島に 2 つある火口は現在活動を休止している．海岸部はほとんど急峻な溶岩の崖になっているが，北東部にはサンゴ礁がみられ，北西部には小さな砂浜もある．同島へのヨーロッパ人来訪は 1643 年，オランダの探検家アベル・タスマンが，水や食料の補給のためエウア島，トンガタプ島とともに寄港したのが最初である．1860 年代に，ペルー人奴隷商による略奪を防ぐ目的で，当時の国王トウポウ 1 世が島民をエウア島へ移住させたため人口が激減し，現在も無人島に近い状態にある．　　　[大谷裕文]

アタウロ島　Ataúru, Illa
東ティモール

Ataúro, Ilha de (ポルトガル語) / Atauro, Island (英語) / プラウカンビン島　Pulau Kambing (別称)
面積：150 km²　長さ：20 km　幅：10 km
気温：26〜30℃　　　[8°16′S　125°33′E]

東ティモール，ディリ県の島．ティモール島の属島で，ティモール島の北岸，首都ディリの沖合約 30 km に位置し，フェリーで約 2 時間半のところにある．別名をプラウカンビン島(山羊の島の意)という．地形はほぼ平坦だが，中央部に丘陵がある．ディリ県の郡の 1 つを構成し，北岸のキルウ Kileu，東岸のマウムタ Mau Meta，南岸のマカダドゥ Makadadu などがおもな集落である．最近は，エコツーリズムの人気スポットにもなっており，ダイビングやパラセーリング，釣りなどのマリンスポーツも楽しむことができる．1884 年，ポルトガルが出兵，1905 年に

は征服した．また，第 2 次世界大戦後には収容所が存在し，監獄島ともよばれた．1975 年のティモール(UDT)と東ティモール独立革命線(フレテリン)との銃撃戦においては，ポルトガル・ティモール政庁総督がこの島へ避難した．　　　　　　[浦野崇央]

アタフ島　Atafu Island
ニュージーランド

人口：0.1 万 (推)　　　[8°33′S　172°30′E]

南太平洋西部，ポリネシア，ニュージーランドのトケラウ諸島の島．ヌクノノ島の北西 80 km に位置する．42 の島からなる環礁で，南北約 5 km，東西約 4 km にわたっている．地名は，古代からの名であり，はじめに居住した人びとによって命名された．しかし，島嶼間の戦争により，多くの人びとが殺され，初期の居住者たちは島から離れることを余儀なくされた．1765 年に島が再発見され，住人がいないことが確認された．その後，トヌイアとラギマニアの夫婦と彼らの 7 人の子どもたちが移り住んだ．子どもたちの 7 つの家は，島での生活の基盤となったので，アタフにとっては重要な意味をもつ．島には，ほかの環礁にはみられない独特の制度であるアウマガがみられる．アウマガは男性で組織され，島のコミュニティの発展に肉体労働で寄与する．具体的には，集会所の建設や人工島の工事などがあげられる．他方，女性も毎週集まりをもち，コミュニティの各家庭を回り，環境美化や健康維持のための活動を行っている．　　　　　　　　　　[井田仁康]

アタプー県　Attapeu Province
ラオス

Attapu, Khoueng (別表記)
人口：14.0 万 (2015)　面積：10320 km²
　　　　　　　　　　[14°49′N　106°49′E]

ラオス南部の県．県都はサマッキーサイ．なお，一般にサマッキーサイはアタプーともよばれている．県東部はベトナム，そして南部はカンボジアと国境を接している．ベトナムと国境を接する東側はドンアムパム国立生物多様性保全地域(NBCA)に指定され，南北に標高 1000〜1500 m 級のアンナン(チュオンソン)山脈の山々が連なっている．また県西部はボロヴェン高原の南端をなしている．県の大部分は急峻な山岳地形であるが，セコン川，セカメーン川，セソウ川が合流する県央部に小面積の盆地が形成されている．

ラオ人が人口最大のエスニックグループとなっているが，その構成比率は約35%にすぎず，ほかはモンクメール系語族のラヴィ人やオーイ人などで占められている．ラオ人は，主として県央部の盆地に居住し天水田での水稲作を営み，一方のモンクメール語族の人たちは，主として山岳部において焼畑陸稲作を営んでいる．どちらの稲作も自給目的が多くを占めている．

サマッキーサイを東西に貫く国道18号は，ホーチミントレイルとよばれるベトナム戦争時に北ベトナム軍が南ベトナムに潜入するルートの1つであった．そのため，県東部は，国内でもアメリカ軍の爆撃被害が最も大きかった地域の1つであった．　　［横山　智］

アダミナビー　Adaminaby

オーストラリア

人口：226 (2011)　面積：2 km²　標高：1017 m
[35°59′S　148°46′E]

オーストラリア南東部，ニューサウスウェールズ州南東部，スノーウィーモナロリージョナル行政区の町．クーマの北西約40 kmに位置する国内有数の高所の町である．冬季は降雪が多く，ウィンタースポーツと大型のマス釣りで知られる観光地となっている．周辺のスノーウィー山脈一帯は，太古の昔から夏に先住民が集まってきた土地で，地名は，彼らの言葉で宿営地を意味している．ヨーロッパ系移民がこの地に入植したのは1820年代後期からである．古いアダミナビーの町は現在よりも南西にあったが，スノーウィーマウンテンズ水力発電計画によるユーカンビーン湖の造成に伴い，1957年，スノーウィーマウンテンズハイウェイ沿いの現在地に移転した．　　　　　　　　　　　［落合康浩］

アダムズ岬　Adams, Cape

南極

[75°04′S　62°20′W]

南極，西南極の岬．南極半島の付け根付近，パーマーランドの東海岸に突出するボーマン半島の先端部に位置する．ガードナー入江の入口付近にあたる．ロンネ棚氷の北端部に近い．1947〜48年に行われたアメリカのロンネ南極観測隊によって発見され，同隊のパイロットであったチャールズ・アダムスにちなんでフィン・ロンネ隊長みずからが命名した．　　　　　　　　　　　　［前杢英明］

アダムスピーク　Adam's Peak ☞ スリパーダ Sri Pada

アダムスブリッジ　Adam's Bridge

インド/スリランカ

ラーマズブリッジ　Rama's Bridge（別称）
[9°19′N　79°10′E]

インド南東部とスリランカ北西部を隔てる砂州と浅瀬の総称．マンナール湾とポーク海峡の境界にあり，サンゴ礁や石灰岩の砂礫で形成されている．地名は，旧約聖書において人類の祖とされるアダムが懺悔のためにスリランカにある山アダムスピーク（スリパーダ）に向かう途中，この海峡を渡ったという伝説にもとづいて，1804年にイギリスの地図製作家が命名したとされる．現地ではラーマの橋ともよばれており，これは，古代インドの叙事詩『ラーマーヤナ』に登場するラーマ王子が，誘拐された自分の妻シータ姫を救うため，サルの兵士に命じて橋をかけさせたとする伝説にもとづく．インドのタミルナドゥ州南東部のパーンバン（ラメシュワーラム）島と，スリランカのマンナール島の間に約30 kmにわたって7つの小島と103のサンゴ礁が橋脚のように点在する．付近の海は水深1〜10 m程度と浅く，船舶の通行はむずかしい．インドのラメシュワーラムとスリランカのタライマンナールの間には，1984年まで両国の鉄道駅を結ぶ連絡船が運航していたが，スリランカの内戦激化以降，休止されたままとなっている．　　［前杢英明・山野正彦］

アダン湾　Adang, Teluk

インドネシア

面積：620 km²　　　　　[1°42′S　116°38′E]

インドネシア中部，カリマンタン（ボルネオ）島東岸，東カリマンタン州パセールPaser県の湾．マカッサル海峡に面する湾の約半分がマングローブ林で覆われている．1993年，アパール湾とともに国の自然保護区に指定された．昨今，移住に伴って住居やエビの養殖池，アブラヤシ農園などがつくられるため，多くのマングローブ林が伐採されており，アパール湾と同様に社会問題化している．　　　　　　　　　　　　［浦野崇央］

アチェ州　Aceh, Provinsi

インドネシア

アチェ特別州　Aceh Daerah Istimewa（旧称）/ ナングロアチェダルサラーム州　Nanggro Aceh Darussalam, Provinsi（正称）

人口：449.4万 (2010)　面積：57365 km²
[5°31′N　95°25′E]

インドネシア西部，スマトラ島北端の州．2001年まではアチェ特別州，2002年から09年まではナングロアチェダルサラーム州とよばれており，現在はアチェ州とよばれる．21の県と市からなっている．州都はバンダアチェ．西はインド洋，北はアンダマン海，東はマラッカ海峡に面し，南は北スマトラ州（州都メダン）と接する．地名は，この地域の原産だがいまでは絶滅してしまったバシ・アチェ・アチェという樹木の名に由来するといわれている．また，ナングロは現地の言葉であるアチェ語の国，ダルサラムはアラビア語の平穏を意味する．

人口の約90%を占めるアチェ人はアチン人ともよばれ，この地域の北端と海岸部に住む．彼らの話すアチェ語はオーストロネシア諸語に属する．アチェは，東西交通の要衝に位置したため，アラブ，ペルシア，トルコ，インド，マレー系の諸民族との混血が広くみられ，また奴隷として送り込まれた北スマトラ州西海岸沖のニアス島に住む民族との混血も多い．アチェ人のほかに代表的な民族集団として，中央部の内陸の高地に住むガヨ人，南東部の山岳地帯に住むアラス人がいる．またアチェは，インドネシアでも有数の敬虔なイスラーム教徒の住む地として知られ，結束力が高い．

アチェは，辺境の位置と山がちな地形のために開発が遅れたが，石油，天然ガスなどの豊かな天然資源に恵まれている．おもな産業は，水稲稲作で，輸出用に東部でゴム，中部でコーヒーを産する．住居をみると，マレーの住居の影響を受けている．たいてい，東西に走る道の南北に，北面もしくは南面するように建てられている．屋内には4つの部分があり，床の高い中央部分には寝室があり，その前後にやや低いベランダがついている．道路側のベランダは男性が利用し，女性は裏のベランダを利用するが，そこはさらに床の低い厨房へと続いている．建物の床下部分を中心に，彫刻を施した板が飾られ，また破風には換気口の役割も果たすように透彫が施されている．

アチェは，地理的な環境ゆえに，国内で最も早くイスラーム教が定着した地域である．

16世紀以後,アチェ王国としてスマトラ産のコショウの貿易を軸に勢力を拡大し,富み栄えた.アチェの勢力拡大はスマトラのみに収まらず,マレー半島にも及んだ.16世紀後半にはマレー半島南西部のペラを手中におさめ,重要な産物であるスズの交易を独占支配していた.19世紀後半のオランダによるスマトラ島東岸への干渉拡大に脅威を感じたアチェ王国は,秘密裏にトルコ,アメリカ,イタリアに接触,オランダを牽制した.これら列強の介入を恐れたオランダは,1873年3月宣戦布告を行い,侵略を開始した.この侵略に対する抵抗戦争であるアチェ戦争は,1912年まで続けられた.ほかの地域が次々とオランダに占領されていく中で,オランダ軍の上陸を阻止し,抵抗を続けた.

1945年8月,インドネシアは独立宣言を行ったが,再植民地化をもくろむオランダに対し,アチェは独立運動の拠点となり,植民地支配に抵抗した.1949年,インドネシア連邦共和国が誕生すると,アチェも連邦内の1自治州として独立を果たした.ところが,1950年,インドネシア政府は北スマトラ州に併合する決定を下し,これに対しアチェは,独立戦争の際の貢献に見合う地位と権限を要求し,反乱を起こした.そこで,初代大統領のスカルノは,1959年,将来の独立に含みをもたせ,大幅な自治権,宗教,慣習法,教育における特権をもつ特別州に指定した.この「特別」州の名称に込められた精神に則り,地域開発政策が実施され,またイスラーム教の保護を目的とした地方令が公布され,反乱は終息を迎えた.

しかし,その後,インドネシア第2代大統領スハルトは,石油や天然ガスおよび森林資源を収奪,また移民政策により多数のジャワ人をアチェに送り込んだ.このような中央政府による主導権の行使に不満を感じた実業家のハサン・ディ・ティロらが1976年12月,アチェ・スマトラ王国の独立を宣言,反政府独立派武装組織である自由アチェ運動(GAM)を結成した.そこで政府は,アチェを軍事作戦地域に指定,インドネシア国軍による掃討作戦を展開し,武力衝突が本格化した.2000年5月,インドネシア政府とGAMは停戦合意文書に調印したが,紛争は泥沼化した.2002年1月にはアチェ特別自治法を施行,特別な地位を与え,州名をナングロアチェダルサラーム州と改称した.2002年12月,インドネシア第5代大統領メガワティによる政権において,再度の和平協定の調印が締結されたが,GAMの武装解除が進まず,03年5月,政府は軍事非常事態

宣言の布告を行った.これにより,政府のアチェに対する取組みは,2000年以後進めてきた「対話による問題解決」という方針から「実力行使によるGAMの排除でのアチェの復興・建設」という方針へと大きく方向転換がなされた.そして,アチェの停戦を監視する目的で駐留する国際監視団も撤退を余儀なくされた.こういったやり方に対し,人権活動家などから人権侵害に対する監視力の低下を危惧する声があがった.インドネシア政府は2004年6月,GAMの最高指導者であるハサン・ディ・ティロら首脳数名を亡命先のスウェーデンで逮捕し,GAM実働部隊の組織力を弱体化させた.

2004年12月,スマトラ島沖を震源とする地震およびインド洋大津波により壊滅的な被害を受け,日本の自衛隊が救援に派遣されるなど,世界各国から援助の手が差し伸べられた.　　　　　　　　　　　　［浦野崇央］

アチェタミアン　Aceh Tamiang

インドネシア

タミアン　Tamiang（通称）

人口：25.2万（2010）　面積：1940 km²
標高：26 m　　　　　　［4°17′N　98°03′E］

インドネシア西部,スマトラ島北岸,アチェ州北東端の県.東側で北スマトラ州と接する.県都はカランバル Karang Baru,中心的な都市はクアラシンパンである.古くからマレー系民族の王朝が存在したことが知られており,アチェ州内にありながら,現在でもマレー系のタミアン人が人口の中心である.ただし,県内にはアチェ人や近隣のガヨ人,カロ・バタク人なども居住する.また,油田,ガス田,アブラヤシ,ゴム畑などがあるため,ジャワ人など外部からの人口の流入も多い.

土着の産業としては,農業(稲作,トウモロコシ,タピオカ,野菜などの畑作,柑橘類,マンゴスチン,ドリアンなどの果樹栽培),漁業,マングローブ材による木炭製造などがある.タミアン川沿岸や河口付近に中石器時代の遺跡が点在している.1927年にはH・M・E・シュルマンによる調査が行われ,貝塚,斧などの刃物,砥石,杵と臼,染料などが発見された.　　　　　［塩原朝子］

アチャウバ川　Achauba River ☞ マニプル川　Manipur River

アチャールプル　Achalpur

インド

人口：11.2万（2011）　標高：500 m
　　　　　　　　　　［21°19′N　77°30′E］

インド西部,マハーラーシュトラ州北部,アムラバティ県の都市.マッディヤプラデシュ州との州境の近くに位置する.農業は果樹,とくに柑橘類の栽培が盛んである.ほかに養蚕業や水牛の飼育も広く行われている.しかし,土壌の塩害が問題になっている.目立った工業はないが,インド紡績公社の肥料工場がある.州都ムンバイ(ボンベイ)とコルカタ(カルカッタ)を結ぶ幹線鉄道がこの地方を通り,同市も狭軌鉄道によってこの幹線と結ばれている.1853年以降は,1484年にイマドシャーによって興されたベラール藩王国の首都であった.　　　　　　　［荒木一視］

アーチョン区　阿城区　Acheng

中国

人口：58万（2012）　面積：2739 km²
　　　　　　　　　　［45°32′N　126°58′E］

中国北東部,ヘイロンチャン(黒竜江)省南西部,ハルビン(哈爾浜)副省級市南東部の区.区政府は和平街道に置かれる.東部は山地で,西部は丘陵と平野,北はソンホワ(松花)江に面する.区名は市東部を流れる阿勒楚喀城河にちなむ.アルチュカ(阿勒楚喀)は女真語で黄金を意味する.2006年に市から区へ改編された.市街の南方には金朝の太祖完顔阿骨打が定都した上京会寧府の遺跡が残る.特産のニンニクをはじめ,小麦やトウモロコシ,テンサイなどの農業とともに,リレー(継電器)生産などの工業も盛んである.　　　　　　　　　　　　［小島泰雄］

アッカライパットゥ　Akkaraipattu

スリランカ

カルンコディティヴ　Karunkoditivu（旧称）

人口：3.1万（2012）　面積：7.0 km²
　　　　　　　　　　［7°13′N　81°51′E］

スリランカ,東部州アンパラ県の都市(MC).東海岸のバッティカロア市街から国道A4号を南約27 kmのベンガル湾岸に位置する.2011年に市制が施行された.市街地の南部にはペリヤカラプワラグーン(潟湖)が広がる.イギリス植民地時代には,カルンコディティヴとよばれていた.住民の99%はイスラーム教徒である.1986年スリランカ軍によるタミル人殺害やその後のタミル人とイスラーム教徒の衝突など,内戦時

(1983～2009)には治安が悪化していた．付近は乾燥地域であるが，貯水池からの灌漑により，米やサトウキビの栽培が行われている．　　　　　　　　　　　　［山野正彦］

アッカルコート　Akkalkot　インド

人口：4.0万 (2011)　　[17°31′N　76°14′E]

インド西部，マハーラーシュトラ州南部，ソラープル県の都市．カルナータカ州との州境の近くに位置する．デカン高原上にあったアッカルコート国に由来する．アッカルコート国は1725年に興ったマラーター国の1つで，創始者はサタラ国の王の養子であったラノジ・ローケーンデである．1848年以降はその他のサタラ国の属国とともに時のボンベイ政府の管轄下に置かれ，1947年にインドに合する．イギリスの統治下でも藩王の家系はプネで存続した．最後の国王が1965年に第1夫人の2人娘と第2夫人の息子を残して死去し，その後財産をめぐる長い法廷闘争があった．　　　　　　　　　　　　　［荒木一視］

アッサム州　Assam, State of

インド

アサム州（別表記）

人口：3120.6万 (2011)　面積：78438 km²
降水量：2687 mm/年　　[26°08′N　91°47′E]

インド北東部の州．全長724 kmのブラマプトラ川によって形成された河谷平野により主として構成される．この平野は東西約700 km，南北50～100 kmであり，東部で約130 m，西部で30 mと内陸部に位置するわりには標高が低く，勾配も12 cm/km程度の平均勾配である．ブラマプトラ川の北側は急峻な東部ヒマラヤ山脈からもたらされた多数の小河川によって形成された扇状地の発達が著しく，ブラマプトラ川の流路を南側に押しやっている．その一方で，南側から流入する河川は少なく，州の南部はカシー Khasi 山地やナガ山地などのゆるやかな丘陵地帯を形成している．2～4月にかけて，この地域は南西モンスーンにより大量の雨がもたらされ，2000年には年降水量2687 mmを記録している．この年の月別降水量をみると，6月が最多であり591 mmとなっている．一方，最小降水量を記録する月は12月であり1.2 mmにすぎない．気温は10～2月の冬の時期には最高気温が25°C前後，最低気温は6～8°C程度まで低下する．モンスーン雨季の始まる6月頃からの夏の時期には35～38°Cまで気温が上昇し，かなり蒸し暑くなる．

州面積のうち都市的土地利用は全体の1.1%にあたる828 km²にすぎず，ほとんどが森林あるいは農業的土地利用となっている．人口の2001～11年の10年間の増加率は17.1%である．州人口のうち，全体の14.1%にあたる439.9万が都市部に居住している．州都はディスプルであるが，アッサム州の最大都市は人口96.3万 (2001) のゴウハーティである．これに続く都市は，17.3万のシルチャル，13.9万のディブルガル，11.7万のナガオンなど人口10～20万規模に

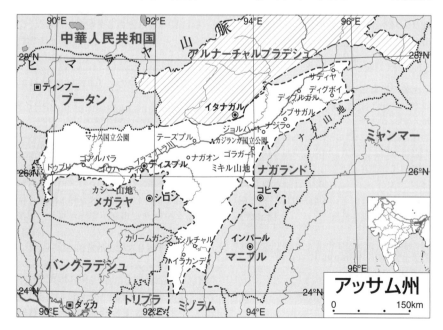

すぎない．おもな言語はアッサム語ならびにベンガル語，ヒンディー語である．アッサム州の識字率は72.2% (2011) であり，インド全体の識字率である74.0% (2011) を若干下回る．

この地域が歴史上に登場するのは紀元前2世紀頃にまでさかのぼることができる．この時期のアッサム地方の交易についての記録を張騫が残しているのをはじめ，『エリュトゥラー海案内記』にもエジプトやローマへアッサム地方からの絹がどのようにして到達したのかについて描写されている．また，プトレマイオスの地理書においてもアッサム地方の存在が記されている．アッサム地方には，古来，オーストラロイド系の先住民の後，前ドラヴィダ系諸民族が居住していた．その後，チベット・ビルマ語族やタイ語族の言語を話すモンゴロイド系諸民族がインド亜大陸へ流入した際に当地はその通路にあたり，彼らとの融合によって現在のアッサム文化の基礎がつくられた．5世紀以降，諸王朝の興亡がみられ，現在のゴウハーティに首都を置いたカーマルーパ王国が興隆した7世紀には，この地を玄奘が訪れており，『大唐西域記』(646) にも当時のアッサム地方についての記述がみられる．また，この時期にはヒンドゥー文化と土着文化の融合が促進された．その後，13世紀初めにスカーパー王の率いるタイ系民族がこの地に入りアホム王国を開いた．現在のアッサム Assam の語源はこのアホム Ahom からもたらされたという説もある．これ以降，600年にわたって続いたアホム王国は，ベンガル地方との接触が増大するとともにインド文化が流入し，とくに，15世紀以降，当該地域は急速にヒンドゥー化していった．19世紀にいたるまでイスラーム勢力などとの間に闘争をくり返したが，1826年2月にはヤンダポ条約が締結され，イギリスに割譲された．その後，領土はいったんアホム王のもとに戻ったが，1838年にふたたびイギリスの支配下に入り，アホム王国は滅亡した．独立後は種々の変遷の後，1972年に現在の州域となった．

産業は農業と鉱業が主であり，農業に関しては，394.1万 ha (2000) の作付面積のうち，2/3以上を米が占める．しかしながら，州の特色は茶のプランテーションの発達にある．この地域における茶の生産の歴史はアッサム種が発見された19世紀にまでさかのぼる．2000年現在，アッサム州の茶の作付面積は23.2万 ha にのぼり，これはインド全体の約53%にあたる．その生産量は41.4万 t (2000) であり，インド全体の約51%であ

る．ジュートは西部のブラマプトラ川沿いを産地とするが，現在ではその生産量は特筆すべき規模ではなく，面積にして7万ha，生産量は66.8万t（2000）であり，いずれもインド全体の7～8％のシェアを有するにすぎない．

一方，インド最古の油田を有するなど鉱産資源が豊富であり，東部の石油・天然ガスや石灰石の産出量が比較的多い．原油の産出量は，アラビア海のムンバイハイ Mumbai High 油田が全産出量3242.6万t（2000）の約2/3にあたる2063.5万tを占めるものの，アッサム州も520万tを産出し，グジャラート州に次いで第3位の産出量を誇る．1901年にはインド初の石油精製所が同州のディグボイに建設され，現在も操業を続け，世界的にみても最も古い精油所の部類に入る．天然ガスに関しても，ムンバイハイガス田に遠く及ばないものの，20.2億m³（2000）を産出し，これは国全体では第3位の規模であり，全体の7.3％を占める．工業は盛んであるとはいえず，前述した製油精製のほかは農産物加工や雑貨など小規模な製造業が主である．

アッサム州には1985年にユネスコの世界遺産（自然遺産）に登録されたカジランガ国立公園があり，絶滅が危惧されている一角のインドサイが生息している．そのほかにも野生のトラやゾウ，水牛など貴重な動物がみられる．歴史的建造物としては，ブラマプトラ川の川中島であるピーコック Peacock 島に位置し，16世紀に建立されたシヴァ神を祀るウマナンダ寺院やインドの最も重要な巡礼の地の1つであるカマッキャ寺院がある．

[北川博史]

アッサムヒマラヤ　Assam Himalaya

ブータン～中国

アルナーチャルプラデシュヒマラヤ　Arunachal Pradesh Himalaya（別称）/ NEFA ヒマラヤ NEFA Himaiaya（旧称）

ヒマラヤ山脈の最東部をなし，インドと中国シーツァン（チベット，西蔵）自治区の国境周辺に連なる山域の慣習的な総称．かつては，インドの東北辺境管区の略称からNEFA ヒマラヤともよばれたが，この地域がアルナーチャルプラデシュ州となったことから，アルナーチャルプラデシュヒマラヤともよばれる．ヒマラヤ山脈の東端をなすヤルンツァンポ（雅魯蔵布）江の大屈曲部から，ブータン東端までの山々を含む．このうち，標高7000m級の高峰があるのは，ヤルンツァンポ江の大屈曲部をはさみ，わずか21kmの距離でそびえるナムチャバルワ（南迦巴瓦）山（7782m）とギャラペリ（加拉白塁）山（7294m）を含むナムチャバルワ山群と，ブータン東端近くにそびえるカント（康格多）山（7060m）を主峰とするカント山群である．ベンガル湾からのモンスーンの影響を受けてヒマラヤ山脈の中でも降雨量が多く，山麓から標高1000mほどまでは熱帯性の森林が広がっている．チベット・ビルマ系の言語を話す多様な少数民族が住む．ヒマラヤ山脈はここで終わるが，山々は，この山域を経て北は中国のニェンチェンタンラ（念青唐古拉）山脈，南はミャンマー北部のパートカイ丘陵へと続いていく．

[小野有五]

アッパーハット　Upper Hutt

ニュージーランド

オロンゴマイ　Orongomai（マオリ語）

人口：4.0万（2013）　　[41°08′S　175°03′E]

ニュージーランド北島，ウェリントン地方の都市．首都ウェリントンの北東30km，ウェリントンの通勤圏に位置し，ローワーハット，ポリルアとともにウェリントン大都市圏（グレーターウェリントン）を構成する．1966年に市制が施行された．人口規模では国内において最小の市であるが，1973年のハット郡のリムタカライディング Rimutaka Riding との統合により，第2位の面積を有する市となった．ハット川に沿った丘陵地にあり，国道2号が川に沿うように延びている．地名は，この川に由来する．マオリ語名はオロンゴマイで，これはナティタラ族とランギタネ族のアトゥア（atua 神）であるロンゴマイ（Rongomai）の土地をさしている．

市内には多くの公園やレクリエーション施設が立地する．アメリカのアリゾナ州中央部のフェニックス東郊に位置するメサと姉妹都市提携を結んでいる．また，1992年に設立された農業研究所（現アグリサーチ社）の主要研究所の1つでもあるウオレスヴィル農業研究所が置かれている．

[林　琢也]

アッパーモーテル　Upper Moutere

ニュージーランド

[41°15′S　173°00′E]

ニュージーランド南島，タスマン地方の村．ロワーモーテルの西14km，ネルソンの西35kmに位置し，タスマン湾が北東約8kmにある．1843年にこの地に上陸したド

イツからの移民が，彼らを搬送したスキャット船長にちなみ，周辺の谷をスキャッタルとよんだ．モーテルは内陸を意味し，ブラフスとモトゥエカの間の内陸部をさしてよんでいたが，谷を含めた周囲の地域一帯がモーテルといわれるようになった．

[井田仁康]

アデア岬　Adare, Cape

南極

[71°17′S　170°14′E]

南極，東南極の岬．ヴィクトリアランド北東端，ボルヒグレビンク海岸の一端をなす．ロス海と南極海の境界に当たる．岬の陸側にはアドミラリティ山地が分布する．2007年に日本の調査捕鯨船日新丸が，アデア岬付近のロス海内で火災を起こし，数日間漂流した事件があった．1841年イギリスのジェームズ・クラーク・ロスにより発見され，のちに彼の友人であるアデア子爵にちなんで命名された．1895年ノルウェーのラルス・クリステンセン南極探検隊のヘンリク・ブルとカルステン・ボルヒグレビンクらは南極大陸に初めてここから上陸し，岩石のサンプルを採取した場所としても有名である．ボルヒグレビンクらは1899年にふたたびこの地を探検し，南極大陸初の建物を設置した．そのときの観測隊は初めて南極大陸で越冬を成功させたが，動物学者のニコライ・ハンソンが越冬中に死亡し，アデア岬に埋葬された．

南極歴史遺産トラストがイニシアティブをとり，旧観測基地を含むアデア岬一帯は南極特別保護区域（ASPA 159）に登録された．また，ボルヒグレビンクらが最初に建設した2つの観測小屋は，テラノヴァ観測小屋とともに，ニュージーランドとイギリスの提案により，南極史跡記念物（HSM 22）に指定された．また，ニコライ・ハンソンの墓は別途，南極史跡記念物（HSM 23）に指定された．アデア岬のアデリーペンギンのルッカリー（営巣地）は世界一規模が大きいことで有名である．ここのルッカリーの研究は，唯一1910～13年にスコット南極観測隊に参加したジョージ・マレー・レビックによって行われたものがあるが，このときのペンギンの習性に関する内容があまりに衝撃的であったため，公表されたもののあまり一般に普及することはなかった．最近になってこの報告書が発見され，2012年に『ポーラー・レコード』という雑誌に掲載された．

[前杢英明]

アディ島　Adi, Pulau　　インドネシア

[4°18′S　133°26′E]

　インドネシア東部，西パプア州カイマナ県の島．ニューギニア島南西岸のカムラウ Kamrau 湾沖合に位置する，東西に細長い小島．島の東には，ナウティルス Nautilus 海峡を望む．土地は比較的平坦だが，南部に山地がある．島の南沖合の海は深度 3000 m 内外で急に深まっている．中心都市は北岸のマンガウィトゥ Manggawitu である．

[浦野崇央]

アティアムリ　Atiamuri

ニュージーランド

[38°23′S　176°01′E]

　ニュージーランド北島中央部，ワイカト地方の村．水力発電で栄えた．トコロアとタウポの中間にあり，タウポから約 45 km 北上した国道 1 号沿いに位置する．ワイカト川に接し，マツ造林地に囲まれている．周辺にはマイティ・リヴァー・パワー社経営のアティアムリダム（1958 完成）がある．ワイカト川北部のアッパーアティアムリは，ライフスタイルブロック（専業的な農業経営ではなく，農村での生活様式や景観を楽しむ世帯）および酪農や農場付帯サービスを営む小さなコミュニティである．アティアムリ水力発電所の後方のアティアムリ湖を見渡すポハトゥロア Pohaturoa 山（標高 520 m）には，当該地域の景観を特徴づける岩石露頭がみられる．マス釣りの名所としても知られる．　[林 琢也]

アティウ島　Atiu Island　　クック諸島

エナマヌ Enuamanu（古称）

人口：480（2011）　面積：27 km²

[19°57′S　158°09′W]

　南太平洋東部，ポリネシア，クック諸島の島．ラロトンガ島，アイトゥタキ島に次いで 3 番目に面積の大きい島である．火山によりできた島が海中に沈み，数百年前に海上に隆起した．島の周囲にはサンゴ礁が発達している．古名は，昆虫と動物の島という意味のエナマヌであった．島の住民は，自分たちのことをエナマヌの虫とよび，島で生まれ，そして死んでいくことを理想としている．かつて島の慣習には，ニュージーランドマオリの慣習と似た，新生児の胎盤を新しく植えた木の下に埋めるというものがあった．この慣習は，島のいい伝えである「われわれは土から生まれ，土に帰っていく」にもとづいているといわれている．島の低地にはタロイモ畑や湖があり，肥沃な地域ではバナナやココナッツをはじめとする果樹が栽培されている．低地が多いために水害などに見舞われやすい．

[井田仁康]

アティモナン　Atimonan　　フィリピン

人口：6.3 万（2015）　面積：240 km²

[13°58′N　121°53′E]

　フィリピン北部，ルソン島中南部，ケソン州の町．首都マニラから南東 173 km に位置する．マニラから南部へと向かうバスに乗るとこの町を通過することになる．ルソン島の幅がちょうど狭まる場所に位置し，町の北側はラモン湾に面する．少し沖合には，アラバット島が浮かぶ．隣接するパグビラオ，パデレブルゴスとの間にはケソン国立森林公園が広がる．町全体では村（バランガイ）は 42 を数え，有権者人口は 3.1 万（2009）となっている．町の経済は水産業と農業によって支えられている．　[石代吉史]

アティラウ　Atyrau　　カザフスタン

グリエフ Gur'yev（旧称）

人口：15.4 万（2007）　[47°06′N　51°55′E]

　カザフスタン西部，アティラウ州の都市で州都．ウラル河畔，カスピ海北端，湖岸の数 km 北に位置する．1991 年にグリエフから改称された．南のマンギスタウ州のアクタウとともにカザフスタンの主要な港湾都市である．市内を流れるウラル川がアジアとヨーロッパを分ける．人口の 9 割はカザフ人．港湾と鉄道の結節点．南西部にアティラウ国際空港がある．エンバ石油地帯の工業基地で，石油精製，石油化学プラントのほか，さまざまな工業・企業があり，漁業もまた盛んである．885 km の石油パイプラインがロシアのオルスクとの間を結んでいる．1645 年にロシア人貿易商人グリエフ家によって形成され，47 年に軍の前哨が置かれた．1930 年代に始まった石油産業の開発までは，漁業基地であった．　[木村英亮]

アティラウ州　Atyrau Region

カザフスタン

Atıraw Oblısı（カザフ語）/ Atyrauskaya Oblast'（露語）

人口：56.8 万（2014）　面積：118631 km²

降水量：100–200 mm/年

[47°06′N　51°55′E]

　カザフスタン西部，カスピ海北岸の州．州都はアティラウ．北は西カザフスタン州，東はアクトベ州，南はマンギスタウ州，西はロシアとの国境に接する．都市部の人口は州人口の 57% を占める．国内最大の石油と天然ガス産地で，採掘可能な石油は国全体の 4 割にのぼり，テンギス油田などは最大級である．2009 年に建設されたパイプラインによって石油が中国に輸出されるようになった．カスピ低地を占めアルカリ性の土砂に半砂漠地植物が生育する．ウラル川，エムバ川，インデル湖がある．乾燥した大陸性気候で，1 月の平均気温は −11℃，7 月は 25℃ である．

　農業生産高の 82.6% は畜産物である．耕作地はわずかで，野菜，穀物，ジャガイモ，メロン，ウリが生産される．家畜はラクダが 2.6 万頭，ほかに羊，山羊，馬，牛が飼育される．工業は石油関連のほか，発酵乳，食肉，魚肉製品も生産される．第 2 次世界大戦中に開発が進み，1991 年以後外国資本の投下が急増している．鉄道で他の州やロシアと結ばれ，合計 431 km，舗装道路は 5887 km，水路も 623 km に達する．被雇用者 39 万人のうち，サービス業に 45%，農林漁業 41%，工業 14% である．大学が 6，短期大学が 10 ある．住民の多数はカザフ人で，ロシア人，ウクライナ人，タタール人も住む．1938 年にソ連カザフ自治共和国のグリエフ州として形成された．1973 年，その領域の半分以上が，現在のマンギスタウ州であるマングシラク州形成のために引き渡された．1991 年のカザフスタン独立後，現名称が採用された．　[木村英亮]

アディラバード　Adilabad　　インド

人口：11.7 万（2011）　面積：17 km²

[19°40′N　78°32′E]

　インド南部，テランガーナ州北部，アディラバード県の都市で県都．アディラバード県はマハーラーシュトラ州と接する．南 290 km に位置する州都のハイデラバードとは，インドを縦貫する国道 44 号で結ばれる．1956 年に市が設立された．さまざまな王朝

が当該地域一帯を支配してきたものの，その地名はビジャープル王国のアリ・アディル・シャーの名前に由来するとされる．おもにテルグ語とマラーティー語が話される．県では石炭，鉄鉱石，石灰岩などの鉱産物を産出し，市内には国営のインド・セメント公社の工場が立地する．また，南西モンスーン季を除き一年を通して降雨が少なく乾燥した気候であることから，一部で灌漑による農業が行われている．綿花の栽培面積が大きいこともあって，同市には摘みとった綿花を加工する工場も複数所在する．このほか，後進地域の医療水準の向上などを念頭に，当時のアンドラプラデシュ州政府が2000年代に医科大学を同市に設立している．芸術や学問などのヒンドゥー教の女神サラスヴァティーが祀られている有名な寺院は，同市から南南西約100km，ゴダヴァリ川の河畔に立地する．

[鍬塚賢太郎]

アデリー海岸 Adélie Coast ☞ **テールアデリー Terre Adélie**

アデレード　Adelaide　オーストラリア

人口：130.5万 (2014)　面積：3258 km²
気温：16.4℃　降水量：442 mm/年
[34°55′S　138°36′E]

オーストラリア南部，サウスオーストラリア州東部の都市で州都．州の政治，経済，文化の中心地である．セントヴィンセント湾東岸の内陸約10 kmに位置する．市街地の東は，アデレードヒルとよばれる丘陵が南北に連なる．アデレードヒルは，マウントロフティ山脈の西麓の一部をなす．気温は温暖で，最寒月(7月)10.9℃，最暖月(2月)21.9℃と差は小さく過ごしやすい．一方，年間降水量の約2/3は冬季にもたらされ，典型的な地中海性気候といえる．

サウスオーストラリア植民地の計画がイギリス議会で承認されたのは1834年のことであった．当時の政治理論家として知られたエドワード・ギボン・ウェークフィールド(1796-1862)の意見が反映されて，この植民地には囚人の労働力がまったく投入されず，また自治的な行政による運営が目ざされた．1836年，サウスオーストラリアに向けて最初の船が，これまで捕鯨やアザラシ猟の拠点となっていたカンガルー島に到着したが，測量長官のウィリアム・ライト(1786-1839)は，対岸に位置していた現在のアデレード平野の地を植民地開発の拠点として選定した．

ライトは当初，セントヴィンセント湾に直結する現在のポートアデレード付近を候補地と考えたが，そこは湿地帯で地盤が軟らかく，小湾も船の出入りを考えると浅すぎる場所であった．また地下水に塩分が含まれていたために生活用水の確保も困難と判断された．そこで，この場所から南東15 km離れた，トレンズ川をはさむ現在の場所が最後に選択された．当時，アデレード平野にはアボリジニのカウルナ(Kaurna)が居住していたが，市街地の形成やヨーロッパからの人びとの流入に伴い，やがてこの地を追われることになった．

1837年，ライトの都市計画に沿ってアデレードの市街区画がつくられた．市街区画は，中央にトレンズ川をはさんで大きく北と南のブロックに分けられた．また南北両ブロックの周囲やブロック間は，幅400〜700 mのグリーンベルトで囲まれた．市街地を馬蹄形に包囲するグリーンベルトの面積は約9.3 km²にも及ぶ．現在ノースアデレードとよばれる北側の市街地区画は，さらにそれぞれ方位の異なる3つの小区画に分けられ，いちばん大きな区画はその中央にキングウィリアム広場を有している．またトレンズ川南部の南側の市街地区画(本来のアデレード)は，ほぼ正東西-南北方向に道路が敷かれ，市街地内部にはちょうどサイコロの5の目のような位置関係で，5つの広場が配置されている．その中央がヴィクトリア広場で，その南北にはメインストリートであるキングウィリアム通りが走り，トレンズ川を越えてそのままノースアデレードにまで続く．残る4つの広場は，市街地北東部のハインドマーシュ広場，南東部のハートル広場，南西部のウィットモア広場，そして北西部のライト広場である．

南側の市街地区画，すなわちアデレードの区画の北端には，キングウィリアム通りに直交して東西方向のノーステラスがもう1本のメインストリートとして走っている．この通り沿いには，かつて植民地政府の建物が多く立地した．現在も，総督官邸，州議会庁舎，会議場，サウスオーストラリア最古のホーリートリニティ教会，展示場，アデレード駅，アデレード大学，サウスオーストラリア大学，美術館，博物館，植物園などが，この通りに沿って集中している．またノーステラスの1本南側のランドル通りにはモールがあり，デパートや商業施設が集中する地区となっている．この周辺には，オフィスやアーケードが多く集まっている．また中心部のヴィクトリア広場のすぐ西側にはセントラルマーケットがあり，食料品や日用品などを求める

人びとで賑わう．

アデレードはその成立以来，植民地開発の拠点として順調に発展していった．グリーンベルトの中に市街地がおさまっていたのはせいぜい1850年代までで，60年頃にはグリーンベルトの北西，北東，東側などに居住地域が拡大した．1850年代半ばの人口は，すでに約2.8万に達していた．その後1880年代半ば頃までに，市街地はグリーンベルトの周囲をほぼ覆うようになり，1900年代の初めまでにアンリー，ハイドパーク，ハインドマーシュ，プロスペクト Prospect，ウォーカーヴィル Walkerville，ケンジントン Kensington，パークサイド Parkside，ミッチャム Mitcham など，多くの新しい町が郊外に形成された．アデレード中心部と郊外の町は，馬車鉄道などによって結ばれた．この時期に形成された町には，イギリスの地名をそのまま採用したものが多くみられる．

第2次世界大戦をはさんで1950年代半ば頃になると，セントヴィンセント湾から，東のアデレードヒルのふもとにいたるまで，市街地が面的に拡大した．この頃の都市圏人口は48.4万に達した．1960〜90年代にかけては，主としてアデレード北東郊外のソールズベリ Salisbury，ティートゥリーガリー Tea Tree Gully 付近や，南西郊外のモフェットヴェイル Morphett Vale，ノーランガセンター Noarlunga Centre 付近に拡大した．この時期にあたる1981年現在のアデレード都市圏人口は，88.3万までふくれあがった．

現在，アデレード都市圏にも，多文化主義政策の下でさまざまな国の人びとが移り住んできている．ヨーロッパ系では，イギリス，アイルランドのほか，ドイツ，イタリア，ギリシャなどからやってきた人びとが目立つ．1970〜80年代以降は，アジア系の人びとも増加しており，ベトナム，中国，フィリピン，インド出身の人びとなどが多く住んでいる．現在，アデレードの都市圏人口は100万を超えるが，グリーンベルト内部に相当するアデレード市の人口は，わずか1.4万あまり(2004)にすぎない．

アデレードはまた，自動車や文化に関するイベントが多い都市としても知られている．中でも1960年以来，2年に一度(偶数年)開催されるアデレード芸術祭には，州内ばかりでなく周辺の州からも多くの人びとが訪れる．この芸術祭は，芸術作品の展示やコンサート，リサイタルなどの催しが，約3週間にわたって続けられる大がかりなものである．なお地名は，アデレード建設時のイギリス国王ウィリアム4世(在位1830〜37)の王妃の

32　アテレ

アデレード（オーストラリア），メインストリートの1つ，ノーステラス通り〔TonyNg/Shutterstock.com〕

名クイーン・アデレードに由来する．1982年に兵庫県の姫路市と姉妹都市の提携を結んだ．　　　　　　　　　　　〔片平博文〕

アデレード島　Adelaide Island

南極

ベルグラーノ島　Belgrano, Isla（西語）

面積：4463 km²　標高：2317 m　長さ：120 km
幅：32 km　　　　　　[67°15′S　68°30′W]

　南極，西南極の島．南極半島西岸，マルゲリート湾の北側に位置し，ほぼ氷河に覆われている．アルゼンチン，イギリス，チリの3国が領有権を主張している係争地でもある．アルゼンチンはベルグラーノ島とよんでいる．1832年にイギリスの航海士・探検家ジョン・ビスコーによって発見された．最初の調査は1908～10年にフランスの探検家ジャン・バティスト・シャルコーによって行われた．島名の決定に関してはさまざまな経緯があるが，最終的にはイギリスのアデレード王女にちなんでつけられた．現在，島にはイギリスのロテラ基地と，古いイギリスの基地を譲り受けたチリのテニエンテルイス・カルバハル・ビジャロエル基地の2つの観測基地がある．　　　　　　　　　　　〔前杢英明〕

アデロン　Adelong

オーストラリア

人口：0.1万（2011）　面積：2.7 km²　標高：303 m
　　　　　　　　　　　　　[35°18′S　148°03′E]

　オーストラリア南東部，ニューサウスウェールズ州南東部，スノーウィーヴァレーズ行政区の町．首都キャンベラの西約160 kmに位置しており，チューマットからはスノーウィーマウンテンズハイウェイ沿いにおよそ西20 kmの道のりにある．地名は，先住民の言葉で道に沿ったところを意味するといわれているが，一説には川の流れる平原を意味するともいわれている．この地に集落ができたのは1840年から50年頃で，その後の金鉱の発見により発展した．最初の金鉱は1857年，ウィリアムズによってヴィクトリアヒル頂上付近とオールドヒルリーフ頂上付近などで発見された．アデロンクリークとゴールデンガリにおいて砂金を含有する堆積層が発見されたのも同時期だといわれており，それまでの原野がまたたく間に金の産出地へと変貌していった．1859年1月1日にはアデロン郵便局も開設されている．
　1859年までにはいくつもの金鉱を採掘，精錬する施設が盛んに開発され，中でも代表的なオールドリーフとヴィクトリアの2つの鉱区からは，57年の採掘以来76年までの間に3798 kgもの金が採掘された．このゴールドラッシュの期間中，町の人口は3万にもふくれあがり，1857年から1914年の閉山までに25 t以上の金が採掘された．国内における初期の鉱山開発史の中でも，アデロンが特筆されるべきものであることは，国のナショナルトラストによって，アデロンの鉱山時代の貴重な建物群はもとより，そのメインストリートなど町の区画まで保存されていることからも理解できる．その最盛期には鉱山一帯にいくつもの索道が敷かれ，蒸気機関車が運行していたことも知られている．
　そうした豊かな金鉱も19世紀の終わり頃には枯渇し始め，この地域のおもな産業は牧畜へと移行しつつあった．メリノ種の羊と肉牛の飼養は，現在もこの地域のおもな産業として受け継がれている．一方，近年は，この地の豊かな美しい景観と鉱山の歴史的遺構などを資源として観光業が発展してきている．金採掘が盛んないわゆるゴールドラッシュの期間中は，鉱山で多くの中国人労働者が働いており，この地で亡くなった多くの中国人がアデロン墓地の特定の区画の中に埋葬されていた．この中国人墓地の区画は，残念ながら1900年代初期にはなくなってしまったが，

金鉱が稼働していた時代にこの地に移り住んだ中国人やインド人の年配者が，50 年代頃までは町に生存していた．また，コーニッシュタウンとよばれたコミュニティも，1940 年代までは町の西 1.6 km ほどのところに存続していた．有名なアデロンの滝などの自然景観や，かつての輝かしい金鉱の歴史をいまに伝える遺構など，この地の周辺には観光スポットが数多くあり，それらを探訪する散策やピクニックを楽しむことができる．

［落合康浩］

アドゥ環礁　Addu Atoll
モルディヴ
セーヌ　Seenu（ディベヒ語）

人口：2.1 万（2014）　面積：157 km²　長さ：35 km
幅：21 km　　　　　　　　　　［0°36′S　73°05′E］

インド洋中央部，モルディヴ最南端の環礁．公用語のディベヒ語名はセーヌ．行政的にはアドゥ環礁区を構成する．有人島数 6，リゾート島 2（2014），首島はヒタドゥ Hithadhoo で，東西約 21 km，南北約 35 km のハート形をしている．最南端のガン島には 1976 年までイギリス軍基地が置かれていた．旧兵舎は現在リゾートとして利用されており，ほかには縫製工場がある．ヒタドゥ島は鍛冶・宝石加工の技術で知られる．ガンから北西部のヒタドゥまで 4 島が土手道でつながれている．　　　　　　　　　［菅　浩伸］

アドゥカンドゥ Addoo Kandu ☞ せきどうかいきょう Equatorial Channel

アトゥール　Attur
インド
人口：6.2 万（2011）　　［11°36′N　78°36′E］

インド南部，タミルナドゥ州サレム県アトゥール郡の都市で郡都．州中央部の大都市サレムの東に位置する．地名は，川の近くの村の意で，ワシスタ Vashista 川が流れる．サレムまでは鉄道が通じているほか，国道 68 号が市内を通り，ベンガルール（バンガロール）や州都チェンナイ（マドラス）とはバスで結ばれている．町の近くには 16 世紀に地元の有力者であるガッティ・ムタリアルによって築かれたアトゥール城跡がある．教育機関としては女子単科大学を含めて 2 つの単科大学が置かれている．　　　　　［荒木一視］

アードキーン　Ardkeen
ニュージーランド
［38°56′S　177°17′E］

ニュージーランド北島，ホークスベイ地方の町．ワイロアの北西 19 km に位置する．地名は，初期の入植者オニールが，自身の出身地であるアイルランドのウォーターフォード東郊のアードキーンから名づけたことによる．　　　　　　　　　　　　　　［林　琢也］

アトック　Attock
パキスタン
カンベルプル　Campbellpore（英語・旧称）／キャンベルプール　Campbellpur（英語・旧称）

人口：5.2 万（1998）　　　［33°46′N　72°21′E］

パキスタン東部，パンジャブ州北西部アトック県の町で県都．ラワルピンディの西北西約 68 km に位置する．市場町で，おもに小麦，油料作物，サトウキビ，雑穀，綿布が取引され，綿繰りや羊毛の工場がある．パキスタンは，自己のアイデンティティを確立すべくイスラームとのかかわりを重視して，イギリスの植民地時代の遺制を整理するという視点から，1978 年にイギリス支配の名残をとどめるこの町の名をカンベルプルからアトックに変更した．北東約 50 km にタルベラ Tarbela ダムがある．　　　　　［出田和久］

アトック県　Attock District
パキスタン
カンベルプル　Campbellpore（英語・旧称）／キャンベルプール　Campbellpur（英語・旧称）

人口：127.5 万（1998）　面積：6857 km²
　　　　　　　　　　　　［33°46′N　72°21′E］

パキスタン東部，パンジャブ州北西部の県．県都はアトック．1904 年にジェルム県からタラガング郡，ラワルピンディ県からピンディゲーブ，ファテジャン，アトックの 3 郡を割いて設置された．アトック県は，1908 年に，アトッククールドの南東数 km にあるカンベルプルの町の基礎をつくったイギリスのコリン・カンベル卿にちなんで，カンベルプル県に名称変更された．1978 年に町の名称変更と同じ視点から，アトック県の旧称に復した．現在 6 郡からなる．県の西をインダス川が流れ，県界となっている．アトック県域は，イギリスにより町が建設される以前にも，ムガルのアクバル大帝がアフガンやシクと数多の戦闘や小競り合いをくり返す中で，1581 年に砦を建設しており，要所の 1 つであったことが推察される．丘陵と台地

とインダス川によって画される平野とからなる．夏の最高気温は 40℃ に達するが，北部は南部に比べて温和である．　　［出田和久］

アドナラ島　Adonara, Pulau
インドネシア
人口：5.8 万（2010）　面積：580 km²
　　　　　　　　　　　　　［8°20′S　123°26′E］

インドネシア中部，小スンダ列島，ソロール諸島，東ヌサトゥンガラ州フロレスティムール県の小島．ヌサトゥンガラ諸島，フロレス島の東に位置する．サバナ気候により乾燥している．土地が肥沃でサゴヤシ，米を産し，漁業も営む．島民は，フロレス島東部やソロール島に暮らすソロール人である．港町ワイウェラン Waiwerang がある．かつてラマ・ハマ王国が栄えた．木綿の経緯の中に絹のつむぎ糸を縞に織り込む腰衣レクトロンがつくられ，ソロール諸島で支配階級の結納品となっている．　　　　　　　［浦野崇央］

アドニ　Adoni
インド
人口：16.7 万（2011）　　［15°38′N　77°16′E］

インド南部，アンドラプラデシュ州西部の都市．カルナータカ州に近接する．大きな綿花市場のある商業都市である．カルヌールからベラリを結ぶ幹線道路からは 20 km ほど離れた地にあるものの，南インドからグンタカルを経てプネやムンバイ（ボンベイ）にいたる幹線鉄道沿いに位置する．シャトランジスとして知られるダーリ（インド産の厚織り綿布）がつくられている．熟練した織子によってつくられる製品は品質が高く，かつデザインもよい．ほかに絹製品も産する．

1565 年のタリコタの戦いの後，スルタンによってマリク・ラーマン・カーンが統治者に任ぜられ，その後 39 年にわたりこの地にとどまった．その墓はいまも市内にある．彼の養子によって砦やイスラーム寺院が築かれたが，激しい戦闘の末，1690 年にオーラングゼーブ軍の一将軍によって陥落させられた．その後 1740 年にはハイデラバードの藩王であるアサフ・ジャーの手に移るが，この地は当時戦火を交えた勢力の国境に位置することもあって激動の歴史にもまれる．1786 年のティプースルタンによる占領と破壊を経て 1800 年にはイギリスの手に落ちる．その後，200 m 以上の標高差をもつ丘の上に，市街を見下ろす堅固な要塞が築かれた．インド独立後はマイソール州のベラリ県の 1 つの郡

であったが，1953年のアンドラプラデシュ州の設置に伴い，同州に編入された．

［荒木一視］

アトバサル　Atbasar　カザフスタン

人口：3.9万（1989）　［51°49′N　68°22′E］

カザフスタン中央部，アクモラ州北西部の都市．南シベリア鉄道の沿線，イシム川沿い，首都アスタナの西北西217km，州都コクシェタウの南南西178kmに位置する．牛の飼養，穀作が行われ，家畜市場があり，革なめしの中心である．1846年ロシアのカザフスタン征服の際に建設された．　［木村英亮］

アドミラルティ諸島　Admiralty Islands　パプアニューギニア

［2°01′S　147°14′E］

南太平洋西部，メラネシア，パプアニューギニア北部，マヌス州の諸島．ニューギニア島の北300kmに位置する．最大の島であるマヌス島をはじめとする40の火山島からなり，マヌス島には州都ローレンガウがある．主産物はコプラ，真珠貝などである．この地を最初に訪れた西洋人は，オランダの航海者ウィリアム・ショーテンで，1616年のことであった．地名は，イギリス人船長フィリップ・カートレットの命名による．1884年にドイツ領，1920年に国連の委任統治領となる．第2次世界大戦中の日本の支配を経て，戦後は国連の信託統治領となり，75年にパプアニューギニアの一部として独立した．1944年1～5月にかけて，この地を支配していた日本軍と連合軍との間に激しい戦闘が行われ，日本軍は3000人以上の死者を出し，玉砕した．その後，この地に連合軍の航空基地が建設され，重要な戦略拠点となった．

［熊谷圭知］

アトラク川　Atrak, Rūd-e　イラン/トルクメニスタン

エトレク川　Etrek Deryásy（トルクメン語）

面積：22300km²　長さ：535km

［37°57′N　55°09′E］

イラン北東部，ホラーサーネラザヴィー州北部，グーチャーン市東方35kmの地点を水源とし，下流の190kmはゴレスターン州北部とトルクメニスタン共和国との国境になる国際河川．1882年に帝政ロシアとの国境にされた．流水の一部は最終的にゴルガーン湿原に吸収され，その一部はトルクメニスタン側を通り，カスピ海南西部へ注ぐ．グーチャーン，スィールヴァーン，ボジュヌールドなどのホラーサーネラザヴィー州と北ホラーサーン州北部の主要都市を経由し，アルボルズ山脈東部にて美しい回廊を形成する．

［佐藤秀信］

アードリーサン　Ardlethan　オーストラリア

人口：364（2011）　面積：1.7km²

［34°21′S　146°54′E］

オーストラリア南東部，ニューサウスウェールズ州南東部，クーラモン行政区の小さな中心地．バーリーグリフィン通りとニューウェルハイウェイの交差する地点に位置する．19世紀に金鉱が発見され，1908年には鉄道が開通したが，83年貨物専用となり，現在旅客の輸送はない．スズ鉱山として1961年から86年まで操業し，2001年にふたたび開業したが，スズの価格が低迷し，期待された埋蔵量も残されていなかったため04年には閉山となった．

［落合康浩］

アードロサン　Ardrossan　オーストラリア

クレーガリー　Clay Gully（旧称）/パララ Parara（旧称）

人口：0.1万（2011）　面積：24km²

［34°25′S　137°55′E］

オーストラリア南部，サウスオーストラリア州東部の町．ヨーク半島東側に位置し，セントヴィンセント湾に面する港町である．かつては，パララまたはクレーガリーとよばれていた．港には1877年に建設された桟橋があり，海釣りの拠点としても知られている．付近の海岸に沿って美しいビーチが続き，夏場は観光客で賑わう．州都アデレードからはセントヴィンセント湾を大きく迂回しなければならないが，車で約1時間～1時間半で到達でき，日帰り圏である．地名は，スコットランドの北エアシャーにある美しい港町にちなんで，1873年ジェームズ・ファーガソン総督によって名づけられた．地名は，スコットランド・ゲール語で高さ（ard）や突き出た岩，岬（ros）を意味している．　［片平博文］

アナイマライ丘陵　Anaimalai Hills　インド

標高：2695m　降水量：2000-5000mm/年

［10°10′N　77°03′E］

インド南部，西ガーツ山脈の南部山塊中の最北部にある丘陵．タミルナドゥ州とケーララ州の州境に広がる．北はパルガートギャップ Palghat Gap によって，中部以北の西ガーツ山脈と明瞭に分離している．南はカルダモン丘陵に続き，東方はパラニ丘陵に連なるため，アナイマライ・パラニ Anaimalai-Palani 山塊ともよばれる．深い谷に刻まれた高原の連なりになっており，インド半島部の最高峰アナイムディ山（標高2695m）が丘陵南部にある．多雨で，豊かな森林資源を育んでいる．チークや黒檀，紫檀などの木材を産する．丘陵の下部斜面には，コーヒーや茶のプランテーションが広がっている．ゴム，キナ皮（キニーネの原料），ラック（ワニスや染料の原料）なども産する．また，豊富な野生生物が生息することでも知られ，アナイマライ自然保護区がある．　［大竹義則］

アナイムディ山　Anai Mudi　インド

標高：2695m　［10°10′N　77°04′E］

インド南部，ケーララ州の山．西ガーツ山脈の最南端に位置し，インド半島部の最高峰である．ペリヤル川の上流域にあたる．インド半島の西岸に沿ってそびえる西ガーツ山脈と，東岸に沿ってそびえる東ガーツ山脈がインド半島の最南部であわさる山域にあり，半島南端のコモリン Comorin 岬までは約200kmの距離に位置する．　［小野有五］

アナウ　Annau　トルクメニスタン

Anau（別表記）

人口：0.9万（2009）　［37°53′N　58°32′E］

トルクメニスタン中央南部，アハル州の町で州都．首都アシガバトの南東8km，コペトダク山脈ふもとに位置し，イランとの国境に近い．1903年にラファエル・パムペリーが紀元前3000年にさかのぼる住居跡を発見した．発掘によって穀物耕作を示す人工遺物が発見された．　［木村英亮］

アナキー　Anakie
オーストラリア

人口：103（推）　　　　　[23°34′S　147°48′E]

　オーストラリア北東部，クイーンズランド州中央東部，セントラルハイランド地域の町．ロックハンプトンの西約310 km，ロックハンプトンと内陸部を結ぶA4ハイウェイ沿いに位置する．地名はアボリジニの言語で2つの丘を意味する．宝石採鉱の中心地の1つ．1870年代半ばに発見されたサファイア鉱床は世界最大のものといわれている．1938年に世界最大1165カラットのサファイア原石が12歳の少年によって発見された．　　　　　　　　　　　　　　　[秋本弘章]

アナク　安岳　Anak
北朝鮮

面積：386 km²　標高：22 m　気温：10.5℃
降水量：900 mm/年　　　　[38°31′N　125°30′E]

　北朝鮮，ファンヘナム（黄海南）道北部の都市で郡庁所在地．チェリョン（載寧）江沿岸に位置する．1952年に郡制，郡庁所在地となった．北西部にクオル（九月）山脈，東部と西部には平野が広がる．平野が市域の70%を占める．載寧江とその支流が流れる．古くからの穀倉地帯で，耕地の70%が田で中心地は五局里，ほか果樹園が6%を占める．野菜と果実加工工業の質が高いことで知られる．4世紀の高句麗時代のアナク（安岳）色彩壁画古墳1〜3号は，「高句麗古墳群」として2004年にユネスコの世界遺産（文化遺産）に登録された．朝鮮独立運動家金九の出身地．幹線道路8本が通っている．　　　　[司空 俊]

アナヒッラパータカ　Anahillapataka ☞
パタン　Patan

アナベイ　Anna Bay
オーストラリア

人口：0.4万（2011）　面積：18 km²
　　　　　　　　　　　　　[32°47′S　152°08′E]

　オーストラリア南東部，ニューサウスウェールズ州中央東部，ポートスティーヴンズ行政区の海岸（湾）および町．ニューカッスルの北東約40 km，ポートスティーヴンズの中心レイモンドテラスの東約35 kmに位置する．タスマン海に面して32 kmにわたって続くストックトンビーチの北東端にある．ストックトンビーチには，古くから先住民が居住しており，およそ1万2000年前の貝塚がみつかっている．またここは，200年以上前から船の難所として知られており，とりわけ19世紀後期頃から船の難破が相次いだ海岸でもある．第2次世界大戦中は，この海岸に日本軍の襲撃に備えた防衛施設がつくられており，戦車除けに設置されたピラミッド型のコンクリートブロックが現在も町にある駐車場付近に残されている．

　町はストックトンビーチにおける観光の拠点となっており，海岸ではキャンプや釣り，サーフィンなどが盛んで，毎年多くの観光客が訪れている．ストックトンビーチには砂丘が発達しており，中には高さ30 mに達するものもある．そのため，砂丘の斜面でサンドボーディングを楽しむことができるほか，四輪駆動車に乗って，海岸近くに打ち上げられた難破船を見学したり，「マッドマックス」などの映画のワンシーンにも登場する砂丘の中にある廃墟「ブリキのまち」を訪れたりするツアーも企画されている．また付近では，船上からクジラやイルカを見学するツアーも行われている．　　　　　　　　　[落合康浩]

アーナベラ　Ernabella
オーストラリア

プカジャ　Pukaja（別称）

人口：0.1万（2011）　面積：8.5 km²
　　　　　　　　　　　　　[26°16′S　132°06′E]

　オーストラリア南部，サウスオーストラリア州北西部の町．マスグレーヴ山脈東部に位置する．別称はプカジャ．この場所は，かつて先住民であるアボリジニのヤンクニジャジャラの居住地で，生活用水として用いられていた重要な池があった．長い間アボリジニの居住地であったが，放牧地を開発する目的でこの付近に入植が進展したのは1933年のことである．アーナベラはその中心集落として建設された．しかし，高温で乾燥した厳しい気候のために，この付近における羊の飼育は1972年をもって終了した．これに先立つ1948年には，先住民独特の繊維を紡ぐ方法がウールに適用されて，新しい手工芸品がつくられるようになり，やがてアーナベラ・アートとして広く知られるようになった．現在では，先住民にまつわる文様をモチーフとしたろうけつ染め工芸品の制作，販売が重要な産業となっている．　　　　　[片平博文]

アナライティヴ島　Analaitivu
スリランカ

ロッテルダム　Rotterdam（古称）

面積：4.8 km²　標高：5 m
　　　　　　　　　　　　　[9°40′N　79°46′E]

　スリランカ，北部州ジャフナ県の島．オランダ植民地時代にはロッテルダムとよばれた．県都ジャフナ市街地の西部および南西部からポーク海峡にかけての浅い海に点在する大小33の低平な島の1つで，南北に細長い形状である．県行政の上ではカライティヴ島などとともに島北（カイツ）郡に属する．ジャフナ半島とはフェリーで結ばれる．7つある集落の住民の多数はタミル人で，ヒンドゥー寺院が建つ．住民の多くはカキ採取など漁業に従事している．　　　　　　　[山野正彦]

アナンタプル　Anantapur
インド

人口：26.2万（2011）　　　[14°41′N　77°36′E]

　インド南部，アンドラプラデシュ州西部の県および県都．地名は，果てしない大洋という意味をもつ大きなアナータサガラム池によっているといわれる．アナンタプル県は州内最大の広さを有し，1万9130 km²を超える．アナンタプルチットール盆地とクダッパ丘陵の境の東端にあたる．1800年にハイデラバードの藩王が近在の3県を割譲したときには，東インド会社の重要な拠点となった．アナンタプル県は絹の集散地として広く知られた地であり，それは近代工業の礎ともなった．ベンガルール（バンガロール）と州都ハイデラバードを結ぶ基幹鉄道路線上に位置し，また国道7号をはじめとした主要道が通じており交通の便はよい．空港は1990年に開港したプッタパルティ空港があり，チェンナイ（マドラス），ムンバイ（ボンベイ），ベンガルールと結ばれている．

　現在は観光地となっている城跡も多く残っており，アショーカ王の時代にさかのぼるといわれ，アンドラプラデシュ州では最古の砦の1つであるグーティ城は市街から北に45 kmのところにある．西に90 km離れたカルナータカ州との州境にあるラヤドルグ城はヴィジャヤナガル朝の重要な拠点となった山城である．近在の小村レパクシには古代遺跡があり，現在はシヴァ神やヴィシュヌ神を祀る3つの寺院が置かれ，ほど近いクマサイラにあるヴェーラバードラ寺院はヴィジャヤナガル様式をよく残した建築物である．また，ダサブージャ・ガナパティ寺院も高さ4 mの一本石に彫られた彫刻で有名である．ほかに市街から南南東97 km離れたプッタパルティにはサイババ（Shri Satya Sai Baba）の宗教施設があり，毎年11月23日の誕生日には数百万人の信者が訪れる．また，サイババによって設立された医療機関や教育機関も

置かれている.　　　　　　　[荒木一視]

アーナンド　Anand　インド

人口：19.7万（2011）　面積：23 km²　標高：39 m
[22°34′N　72°55′E]

インド西部，グジャラート州アーナンド県の都市で県都．カンバート湾の最奥，首都デリーから州の最大都市アーメダバードを経由して南のムンバイ（ボンベイ）に向かう国道8号沿いにあり，ムンバイの北77 kmに位置する．1947年の独立後，インドの近代的乳業の発祥地として有名で，ミルクシティとの俗称をもつ．市内に総合乳業の世界的メーカーであるアムール社の本社工場があるほか，多くの電気機械関連企業も立地する工業都市である．また，農業では，葉タバコとバナナの生産で知られる．アムール社は，インド独立の前年1946年に設立された地域酪農協同組合を起源とする．1970年代に入り，政府が積極的に進めた白い革命（ホワイトリボリューション）の波に乗り，デンマーク政府の開発援助を受け，世界的な総合乳業メーカーに成長した．アムールは商標で，企業名はグジャラート酪農協同組合連合会社である．今日，傘下に，360万人の酪農家組合員を抱えている．アムールの字義は，サンスクリット語のアムーリヤ（素敵な）に由来する．
[中山修一]

アナントナーグ　Anantnag　インド

人口：10.9万（2011）　[33°44′N　75°11′E]

インド北部，ジャンムカシミール州の県および県都．地名は，町の南はずれにあるアナンタナグ泉が由来といわれている．近在の大都市スリナガルの南東54 kmに位置し，主要国道である国道1A号が県内を横切り，道路ネットワークには恵まれている．カシミール渓谷への入口といわれるゆえんである．
[荒木一視]

アナンバス諸島　Anambas, Kepulauan　インドネシア

人口：3.7万（2010）　面積：673 km²
[3°07′N　105°10′E]

インドネシア西部，リアウ諸島州の諸島．南シナ海南部，マレー半島とカリマンタン（ボルネオ）島北東岸との間にある．シンガポールの北東257 kmあたりに位置し，ジュマジャ島，マタック Matak 島，シアンタン

Siantan 島などの島々からなる．土地は比較的平坦でおおむね密林に覆われるが，良質の木材が豊富である．諸島の最高点はシアンタン島で566 m．海岸付近にはマレー系漁民の居住がみられ，小船の建造やヤシ栽培，コプラ採取が行われる．ダイビングスポットしても有名である．港をもつ町として，シアンタン島にタレンパ Tarempa がある．マラッカ海峡からアナンバス諸島沖にかけては，日本と中東，ヨーロッパ，アフリカなどを結ぶ常用航路となっており，数多くの船舶が航行している．最近，船舶に対する窃盗・強盗事件など，いわゆる海賊行為がこの海域で起きており，国際的に対策が講じられている．
[浦野崇央]

アニェール　Anyar　インドネシア

Anyer（別表記）
人口：5.1万（2010）　面積：96 km²
[6°06′S　105°54′E]

インドネシア西部，ジャワ島西部，バンテン州セラン県の町．首都ジャカルタの西に位置する．スンダ海峡海岸の低地に位置し，チコネン Cikoneng 岬が近い．島西部で最も古くからあるチャリタ Carita ビーチも近く，美しい海岸をもち，多くのバンガローが建てられ，とくにジャカルタからの観光客で賑わっている．なお，チャリタビーチからは火山島クラカタウを望むことができる．
[浦野崇央]

アニタギパン岬　Anitaguipan Point　フィリピン

[11°40′N　125°29′E]

フィリピン中東部，サマール島，東サマール州北東部の岬．岬の南部はナプラ湾に面し，その沖合にはアンディス Andis 島が浮かぶ．一方，岬の東部は太平洋に面する．海岸部は急崖となっている．付近にはボロンガン空港が位置する．
[石代吉史]

アニャン　安養　Anyang　韓国

人口：58.5万（2015）　面積：58 km²
[37°24′N　126°54′E]

韓国北西部，キョンギ（京畿）道中部の都市．首都ソウル市域に南接する位置にあり，冠岳山が両者の境界となっている．1970年代初めからソウル郊外の都市化が進み，その初期に住宅地として発展した都市である．

1973年に市制施行．市制施行時の人口は11.1万であったが，現在は60.2万（2010）に達している．しかし2000年代に入って，人口はわずかに減少傾向にある．インチョン（仁川）の工業地帯に隣接し，繊維，金属，化学などの各種工業が集積している．肥沃な土壌に恵まれて近郊農業も発達している．
[山田正浩]

アニラオ　Anilao　フィリピン

人口：2.9万（2015）　面積：100 km²
[10°45′N　122°32′E]

フィリピン中部，パナイ島，イロイロ州の町．州都イロイロの北約40 kmに位置する．主要な産業は農業である．町内の村（バランガイ）は21ある．地名は，周辺に豊富に自生していたアニラオの木（ナンバンコマツナギ）に由来する．また，一説には，当地にやってきた海賊やモロ族を警戒し，海賊が接近するときに「イラウ」と叫び，村人たちはたいまつをもって戸外へと出た．海賊たちが聞いた叫び声から，以来アニラオとよばれた．
[石代吉史]

アヌラーダプラ　Anuradhapura　スリランカ

人口：5.1万（2012）　面積：36 km²　標高：104 m
気温：27.7℃　降水量：1285 mm/年
[8°21′N　80°23′E]

スリランカ，北中部州アヌラーダプラ県の都市（MC）で，州都および県都．コロンボから国道で130 km，車で約4時間，スリランカ国鉄で約5時間かかる．紀元前4世紀頃にシンハラ人最初の王朝の都が置かれたところで，遺跡地区は1982年に「聖地アヌラーダプラ」としてユネスコの世界遺産（文化遺産）に登録されている．この地方は乾燥地帯に属し，年間降水量が少ないため，古代から貯水池灌漑施設を整備し，農業が行われた．スリランカの正史『大王統史（マハワンサ）』には，紀元前3世紀にマウリア朝のアショーカ王が，王子マヒンダ一行を遣わし，仏教を伝え，さらにサンガミッターにより，ブッダガヤの菩提樹の分け木が送られたとある．現在，遺跡地区にある聖なる菩提樹（Sri Maha Bodhi）はこの苗木の子孫と伝えられ，長く崇拝の対象とされてきた．また，4世紀初頭にインドからもたらされた釈迦の左の犬歯が仏教王権の象徴として崇拝された．インドのチョーラ朝の侵入により，10世紀に都が南東62 kmのポロンナルワに移された後も，

アヌラーダプラ(スリランカ)，天然の岩を利用して造営したイスルムニヤ精舎《世界遺産》
〔Dmitry Chulov/Shutterstock.com〕

仏教徒の巡礼地として栄えた．南北約5kmにわたる遺跡地区には，イスルムニヤ精舎や，ルワンウェリサーヤ，トゥーパーラーマヤ，アバヤギリ，ジェータワナラーマヤなどのダガバ(仏塔)が散在するほか，ティッサウェワ貯水池ほか3つの人造湖がある．

遺跡地区の東部に現在の市街地があり，北部の旧市街には鉄道駅，バスターミナル，市場があり，南部の新市街には，新鉄道駅，新バスターミナル，警察署，図書館，映画館などがある．市街地の東側にはヌワラウェワ湖があり，その西岸には観光客向けホテルが立地している．　　　　　　　　　〔山野正彦〕

アネイチュム島　Aneityum Island

ヴァヌアツ

アナトム島　Anatom Island （別称）

人口：0.1万（2009）　面積：159 km²　標高：852 m
長さ：18 km　幅：15 km
[20°12′S　169°48′E]

南太平洋西部，メラネシア，ヴァヌアツ南部タフェア州の島．アナトム島ともよばれる．国内最南端に位置する山がちの島で，東西約18 km，南北約15 kmの楕円形をしている．住民は沿岸部に居住し，主要言語としてアネイチュム語が話されている．1848年からキリスト教の宣教が本格的に始まり，同時期には捕鯨船や白檀運搬船のための基地も建設されていた．当時約4000の人口は，その後白人のもち込んだ疫病で激減する．南西部のサンゴ礁の小島イニェグ Inyeugには飛行場が建設され，観光地にもなっている．
〔福井栄二郎〕

アーネムランド　Arnhem Land

オーストラリア

面積：95900 km²　[13°23′S　132°58′E]

オーストラリア北部，ノーザンテリトリーの最北端を形成している半島．現在は行政的に東半分のアボリジニ保護区の部分をさし，カカドゥ国立公園と西側で接している．地名は，1623年に海岸を探検したオランダ船アーネムにちなみ，1803年，マシュー・フリンダーズによって命名された．ヨーロッパ人の探検より少なくとも4万年前，あるいはそれ以前からアボリジニがこの地に住んできたとされる．彼らの芸術，とりわけ樹皮の絵は世界的に有名になっており，アボリジニ文化に対する興味が高まった結果，訪れる人が増えている．また岩壁に絵画が描かれた洞窟の遺跡も約1500に及ぶ．ただし観光業が盛んになってきたとはいえ，アーネムランド北東先端にある町ニューランバイ Nhulunbuy 以外は，一般の人が特別な許可なく訪問することはできない．またイアカラ Yirrkala，オウエンペリー Oenpelli，マニングリーダ Maningrida などのオーストラリア内陸伝道会本部の置かれた町を除けば，白人の居住は長く禁止されていた．

1970年代以降，鉱山の採掘権と引き替えに採掘活動が開始され，ボーキサイトやウランの鉱業が大きな商売になった．国内第3位のボーキサイト鉱山がニューランバイの立地するゴーヴ半島にある．一方，人間の手が及ばないその壮観な自然の風景は，アーネムランドの存在意義を最大に高めている．雨季には雨で川の水かさが増し，何千年にもわたり切り立った峡谷や崖を切り裂くように壮大な滝が生じることがある．膨大な種類の野生生物が生息し，新しい種もいまなお発見されているアーネムランドは，オーストラリア最後のフロンティアの1つである．　〔鷹取泰子〕

アーノベイ　Arno Bay

オーストラリア

ブライ　Bligh （別称）

人口：227（2011）　面積：1.7 km²
[33°54′S　136°34′E]

オーストラリア南部，サウスオーストラリア州東部の町．エア半島の東海岸に位置する．集落前方には同名の小湾アーノ湾がある．小麦をはじめとする穀物の集散地で，湾に面して1880年代に建設された桟橋がある．この区域は，航海者で，かつのちのニューサウスウェールズ植民地の総督となったウィリアム・ブライ(1754-1817)にちなんでブライともよばれていたが，1940年，正式に現名称となった．町が最も活気づいたのは，1910～40年代にかけてである．その頃には，年間1万1000 t 以上の穀物がこの港から運ばれていった．しかし，エア半島最南端に位置するポートリンカーンに穀物輸送の機能が集中するに伴い，しだいに集散地としてのはたらきを失っていった．現在，町の付近で収穫された穀物は，いったん巨大なサイロに収納された後，トラック輸送でポートリンカーンに運ばれている．　〔片平博文〕

アーバー県　阿壩県　Aba

中国

あはけん（音読み表記）

人口：7.5万（2015）　面積：10435 km²
標高：3029 m　[32°54′N　101°42′E]

中国中西部，スーチュワン(四川)省中北部，アーバー自治州北部の県．ツァン(チベット)族を中心に漢族，回族，チャン(羌)族などの民族が集住する．県政府は阿壩鎮に置かれる．古くから吐蕃国の開拓地となり，唐代には松州，宋代に吐蕃地，明代に松潘衛，清乾隆時には松潘直隷庁にそれぞれ所属した．1953年に阿壩県が成立し現在にいたる．四川西部高原に位置し，最高地点は標高5039 mに達する．牧畜業を中心として純牧，半農牧，林農牧混合といった経済地区が

ある. おもな農産物はハダカ麦, 小麦, ソラ豆など, 工業は牧畜関連機器, 絨毯などがある. また, ゴオウ(牛黄), ダイオウ(大黄)など漢方薬の原料が産出されている.

[奥野志偉]

アーバー自治州　阿壩自治州
Aba
中国

あばじちしゅう(音読み表記)/アーバーツァン族チャン族自治州　阿壩蔵族羌族自治州(正称)

人口: 93.0万 (2015)　面積: 85131 km²
[31°54′N　102°14′E]

中国中西部, スーチュワン(四川)省中北部の自治州. マーアルカン(馬爾康)県級市と, ウェンチュワン(汶川), リーシェン(理県), マオシェン(茂県), ソンパン(松潘), チウチャイゴウ(九寨溝), チンチュワン(金川), シャオチン(小金), ヘイシュイ(黒水), ツァムタン(壤塘), アーバー, ツォイゲ(若爾蓋), ホンユワン(紅原)の12県を管轄する. 州政府は馬爾康に置かれる. 州人口のうち, ツァン(チベット)族が45%, チャン(羌)族が15%, 漢族が38%を占め, ほかに回族, 満族などがいる. チベット高原南東端と四川盆地とが交錯する山地峡谷の連接地帯で, 標高が高く複雑な地形である. 北西部はチュワンシーペイ(川西北)高原, 南東部は高山峡谷であり, それぞれ半分を占める. 高原地形は, 丘状高原(標高3500～4000 m)と低所の沼沢を含む山地帯からなる. 南東部の山地峡谷は, 4000 mを超える山が多く, 中でもスーグーニャン(四姑娘)山は6250 mである.

主要な河川は, ホワン(黄)河, ミン(岷)江, 白水江などである. 黄河が阿壩, 若爾蓋の両県と, ガンスー(甘粛)省の一部境界として126 km流れる. 岷江は九寨溝と松潘の山嶺から, 南向きに松潘, 茂県, 汶川の341 kmを流れる. その支流の黒水河, 雑谷脳河は, 中部山地を水源とする. チャリン(嘉陵)江支流の白水江は九寨溝西部を水源とし, 州内の170 kmを西から東へ流れる. ダートゥー(大渡)河上流の大金川はチンハイ(青海)省から州西部の阿壩, 馬爾康, 金川を流れ, 長さは310 km. 梭麻河は紅原から, 南に向かい馬爾康を経て, 熱足橋で大金川と合流する. 州内の長さは236 kmに達する. それぞれの河川は流量が豊かで, 河床の落差が大きいので流れは激しく, 水力資源がきわめて豊富である.

豊富な鉱産物に恵まれ, 泥炭, 金, アスベスト, 雲母, 金剛砂, 鉄, アルミ, 銅, 銀などを産出する. おもな鉱工業産品は, 石炭,

鉄, セメント, 化学肥料, 金剛砂などであり, 機械, 冶金, 化学, 電子, 建材, 紡績, 乳製品, 肉製品, 皮革などの工業がある. おもな農産物にはトウモロコシ, 小麦, グリーンピース, 大豆, ハダカ麦などがある. 工芸作物はアブラスギ, 麻類, テンサイがある. 全州の草原面積は総面積の35%を占める. 牧畜業は高原地区でおもに綿羊, 毛編牛, 馬が飼育される. 南東部の河谷では, おもに山羊, 黄牛, 豚が飼養される. 汶川では銅羊が飼養される. その他の特産は, バイモ(貝母), キョウカツ(羌活), ジャコウ(麝香), トウジン(党参), トウキ(当帰), ダイオウ(大黄)などの漢方薬があり, サンショウ, モモ, 金川雪梨, バナナ, リンゴ, 茶などがある. 州の優美な自然風景は重要な観光資源となっている. 九寨溝, 黄竜の風景名勝区は, 1992年に「九寨溝の渓谷の景観と歴史地域」,「黄竜の景観と歴史地域」としてそれぞれユネスコの世界遺産(自然遺産)に登録された. 四姑娘山区は国の風景名勝区, 臥竜, 若爾蓋の高原湿地は国の自然保護区, 卓克基土司官寨は国の人文景勝地として指定を受けている.

[奥野志偉]

アバイ　Abay
カザフスタン

チュルバイヌラ　Churubay-Nura (旧称)

人口: 4.7万 (1989)　[49°38′N　72°53′E]

カザフスタン中央部, カラガンダ州の都市. 州都カラガンダの南南西29 kmに位置する. 鉄道のカラバス駅に近い. おもな産業は, 石炭と石灰岩の採掘, 木材加工で, 建築材料工場がある. チュルバイヌラとよばれていたが, 1961年にカザフスタンの詩人アバイ・クナンバエフ(1845-1904)を記念して改称された.

[木村英亮]

アバガ旗　阿巴嘎旗　Abaga
中国

Abag (別表記)

人口: 4.4万 (2007)　面積: 27490 km²
気温: 0.7°C　降水量: 245 mm/年
[44°02′N　114°57′E]

中国北部, 内モンゴル自治区中部, シリンゴル(錫林郭勒)盟北部の旗. 旗政府所在地はベルグテイ(別力古台, 旧称: 新浩特)鎮. 北はモンゴル国, 東はシリンホト(錫林浩特), 南はショローンフフ(正藍)旗と接する. 大陸性半乾燥気候地域に属し, 旗の北部は丘陵や溶岩台地から構成され, 他の大部分は草原に覆われている. 現在は3鎮と4ソムを管轄す

る. 2007年の人口構成は, モンゴル族54%, 漢族43%, 他の民族3%である. アバガとは, モンゴル語で叔父という意味である. 元代には, チンギス・ハーンの兄弟である東道諸王がアバガと尊称され, 後には, 東道諸王の末裔を総称してアバガとよぶようになった. 1641年と51年にベルグテイ(チンギス・ハーンの弟)の末裔であるドルジ・エチグ・ノヤンとトスガル・バートル・ジョノンはそれぞれ清朝に帰順した. 清朝は彼らの部族を再編し, アバガ右翼旗, アバガ左翼旗を設置した. 1948年にアバガ右翼旗とアバガナル右翼旗が合併して西部連合旗を, アバガ左翼旗とアバガナル左翼旗, ホーチト右翼旗が合併して中部連合旗を形成した. 1952年に西部連合旗と中部連合旗は合併し, 1956年にアバガ旗と改称した.

2012年の第1, 2, 3次産業生産額の割合は12%, 74%, 14%. 石炭や石灰石, 鉄鉱石などの地下資源は豊富であり, 炭鉱, 金属採掘が行われるほか, 乳製品, 肉加工がおもな産業である. 同旗の南西部にあるフルチャガン湖(面積110 km²)は内モンゴルの4大淡水湖の1つであり, シリンゴル盟の重要な漁場でもある. ミネラルウォーターの生産が盛んである. 突厥の石人像や1864年に建立された施善寺(楊都廟)などの有名な遺跡が残っており, 同旗の北東部から恐竜の化石が出土した.

[バヨート・モンゴルフー]

アバークロンビー川　Abercrombie River
オーストラリア

長さ: 130 km　[33°56′S　149°01′E]

オーストラリア南東部, ニューサウスウェールズ州中央西部, マレーダーリング盆地のアッパーラクラン行政区とオベロン行政区の境界を流れる川. ブルーマウンテンズ国立公園のウェロング Werong 山(標高1214 m)付近の標高1130 m地点を源としてほぼ西に向かって流れ, カウラの東部, 標高375 mでラクラン川に合流する. 合流点付近にはワイアンガラダムとそのダム湖がある. 川の流域にはアバークロンビー川国立公園があり, カモノハシやオオミズネズミなどが生息することで知られている.

流域にはかつて, 先住民であるウィラージュリー(Wiradjuri)およびグンダングラ(Gundungara)の一支族が暮らしており, この川を交易のルートとして利用していた. ヨーロッパ人として初めてこの地にいたったのは探検家のチャールズ・スロスビーで,

1819年5月5日, シドニーからニューサウスウェールズ州中西部地方への探検の途中, この川を発見した. 地名は, 裁判所長官のジョン・トーマス・ビッゲにより1820年10月22日につけられた. 1851年には流域で砂金が発見されている. 川の地形が複雑で, 流路内には多くの淵がみられるため, 砂金の採取には難があったが, それでも初期には流域で1日あたり85gほどの金が採取されており, 1862年までには40〜50の団体が, 支流のミルバーン Milburne 川で採取を行っていた. 流域のほぼ中間付近にあるアバークロンビー渓谷にグールバン街道の橋がある.

[落合康浩]

アバディーン　Aberdeen

オーストラリア

人口:0.2万 (2011)　面積:130 km²
[32°10′S　150°54′E]

オーストラリア南東部, ニューサウスウェールズ州中央東部, アッパーハンター行政区の町. ハンター川沿い, 州都シドニーの北約242 km, ニューカッスルの北西約139 kmに位置し, マスウェルブルックからは, ニューイングランドハイウェイもしくはメインノース線で, 北約12 kmにある. この町の歴史は, イギリスからオーストラリアに移住したトーマス・マックィーンが, 1838年にこの地に郡区の建設を提唱したことに始まり, 地名は, マックィーンの友人であるアバディーン伯爵ジョージ・ゴードンにちなんでつけられた. 1840年までにはハンター川沿いに宿屋と製粉工場が建ち, 66年までに2つの教会, 郵便局, 留置場, 学校, 店舗などが立ち並んだ. 現在もそのいくつかが当時のまま歴史的な建造物として残っている. 1870年にはこの町を通って鉄道が開通しており, 現在もシドニーからカントリーリンクのエクスプローラーが, ニューカッスルからはシティレールがそれぞれ毎日運行している.

町周辺は, 牧畜に適した田園地帯となっており, 町中には100年以上操業を続けてきた有名な食肉加工工場があったが, 1999年に閉鎖された. 町の北東約10 kmには, 1950年代にハンター川に建設されたグレンバウンダムがあって, ダム湖とその周辺は釣りやアウトドアレジャーを楽しむ人びとが集まる地域となっており, 宿泊施設やキャンプ場, レクリエーション施設も整備されている.

[落合康浩]

アバディーン　Aberdeen
シャンガンツァイ　香港仔　Xianggangzai

中国

[22°15′N　114°09′E]

中国南部, ホンコン(香港)特別行政区の南区にあり, 香港島の南西岸に位置する市街地. イギリスの首相や外務大臣を務めた政治家にちなんだ命名であり, 広東語ではヒョンゴンジャイ(香港仔)とよばれる. かつて香木を積み下ろしする港があったことからこの中国名がつき, のちにそれが香港全体をさす名称になったともいわれる. 第2次世界大戦時に日本が香港を占領した期間は元香港と称された. 避難用堤防の内側に漁業を生業とする水上生活者の船が数多く集まっていたことでも知られる. 近年では高層住宅の開発が進み, 橋で結ばれた対岸のアプレイザウ(鴨脷洲)という島にまで市街地が広がっている. 大型テーマパークの海洋公園が近い. 北西方の鋼線湾にはIT産業の集積を図る香港サイバーポートがある.

[小野寺淳]

アーバード県　阿瓦提県　Awat

中国

人口:20.5万 (2002)　面積:13000 km²
[40°38′N　80°22′E]

中国北西部, シンチャン(新疆)ウイグル(維吾爾)自治区西部, アクス(阿克蘇)地区の県. タリム(塔里木)盆地の北西部, アクス河(サルイジャズ川), ヤルカンド(葉爾羌)河およびホータン(和田)河の合流地点に位置する. 1930年にアクス県から分離して県が設置された. 地名はウイグル語で繁栄を意味する. 農牧業が中心で, 自動車道路はアクス市に通じている. 名所にはアーホタムマザール(聖廟), イマムパシャモスク, アーバードモスクなどがある. [ニザム・ビラルディン]

アパヤオ州　Apayao, Province of

フィリピン

人口:11.9万 (2015)　面積:4413 km²
[18°01′N　121°11′E]

フィリピン北部, ルソン島北部, コルディリェラ自治区に位置する州. 州都はカブガオ. 北と東はカガヤン州, 西は北イロコス州とアブラ州, 南はカリンガ州と接している. 州面積の6割以上を森林が占め, 木工品や籐製品, 竹製品の製造が盛んである. 自然豊かなアパヤオ州は, コルディリェラ地方最後の秘境とよばれている. もともとはアパヤオ族

(イスネッグ族)が住んでいたが, 現在では人口の半分以上をイロカノ族が占める. もともとはカリンガ州と1つの州を構成していたが, 1995年に分離し, それぞれ独立した州となった.

[高野邦夫]

アパリ　Aparri

フィリピン

人口:6.6万 (2015)　面積:287 km²
[18°18′N　121°43′E]

フィリピン北部, ルソン島北部, カガヤン州の町. 州都トゥゲガラオの北約90 km, 国内最長のカガヤン川の河口部に位置する. 収入クラスはファーストクラスになる. バブヤン諸島のフーガ島も市域に含まれる. 人口は, 州内ではトゥゲガラオ, バッガオ Baggao, ソラナ Solana に次いで第4位である. 42の村(バランガイ)から構成される. ルソン島北部という地理的条件から, 古くは日本との貿易の拠点となり, その後, ガレー船貿易の主要な港として発展していった. 先住民はイバナグ人であったが, のちに, スペイン人が入植したり戦略上重要な場所として位置づけ, イロカノ人や中国人が定着していった. 現在, カガヤン川流域は, フィリピン最大のタバコ製造拠点の1つとなって栄えている. また, 製材業や米などの農産物取引の中心ともなっている. 2006年に建設が始まった気象観測所もある. 第2次世界大戦中は, 日本軍が1941年12月10日に, この地からルソン島に上陸した. [石代吉史]

アパリマ　Aparima ☞ リヴァトン　Riverton

アパリマ川　Aparima River

ニュージーランド

[46°20′S　168°02′E]

ニュージーランド南島, サウスランド地方の川. インヴァーカーギルの北西約20 kmを流れる. タイキティム Takitimu 山脈に源を発し, 南へ流れてリヴァートンでフォーヴォー海峡に注ぐ. アパは奴隷や労働者を, リマは5を意味する. 地名の由来については諸説あるが, 有名なワイタハの首長の名前からつけられたことは確かであろう. ワイハタは, 早くから南島に居住する狩猟採集生活をしていた部族で, 14世紀頃にマオリがニュージーランドに移住する以前から住んでいた. また, マオリがニュージーランドへ移動する前にいた太平洋の島, アポリマ島におけ

るマオリの儀式から名づけられたともいわれる. さらに, 5つの支流からなる川であることから, 5つの流れを意味しているともいわれている.　　　　　　　　　　　　　［井田仁康］

アハル州　Ahal Velayat
トルクメニスタン

Akhal'skaya Oblast'（露語）

人口：89.2万（2006）　面積：97160 km²
　　　　　　　　　　　　［37°53′N　58°32′E］

トルクメニスタン中央南部の州. 州都はアナウ. 南はコペトダク山脈によってイランと国境を接する. カラクム砂漠の大きい部分を含む. テジェン川流域で小麦が栽培される. 1939年に創設され, 47年にクラスノヴォツク州を合わせて広くなったが, 独立後5州に再編成された際, 現在の州が形成された.
　　　　　　　　　　　　　［木村英亮］

アパール湾　Apar, Teluk
インドネシア

面積：470 km²　　　［2°06′S　116°25′E］

インドネシア中部, カリマンタン(ボルネオ)島東岸, 東カリマンタン州パセールPaser県の小湾. マカッサル海峡に面する. アパール川とカンディロ Kandilo 川が注ぐ. 約半分に及ぶ広範囲がマングローブ林に覆われた干潟である. 1993年にアダン湾とともに国の自然保護区に指定されたが, 最近, 開発に伴う環境破壊が激しく, 110 km² ほどのマングローブ林が破壊, 動植物の生息環境が変わるなど, 社会問題となっている. 特産物としてカニやクルマエビがあげられる.
　　　　　　　　　　　　　［浦野崇央］

アハンガマ　Ahangama
スリランカ

標高：13 m　　　　　［6°00′N　80°22′E］

スリランカ, 南部州ゴール県の町. 県都ゴールとマータラの間の海岸沿いに位置する. コロンボの南約135 km, ゴールから鉄道やバスで約30分かかる. 砂浜海岸が散在し, 隣村ミディガマとともにサーフィンの好適地として知られ, ホテルやレストハウスが立地する. 付近の海岸ではストルトフィッシングといわれる, 海岸近くの水面に立てられた1本の杭につかまり, 魚をひっかけて釣る伝統漁法がみられる.　　　　　［山野正彦］

アハンガラン　Akhan-Garan
ウズベキスタン

人口：4.0万（2012）　標高：300 m
　　　　　　　　　　　　［40°55′N　69°38′E］

ウズベキスタン東部, タシケント州南部の都市. アハンガラン河畔, 鉄道の沿線, 首都タシケントの南東48 km に位置する. セメント工場の建設によって1966年に市として誕生した. 綿花, 米の生産の中心地である.
　　　　　　　　　　　　　［木村英亮］

アハンガラン川　Akhangaran, Reka
ウズベキスタン

アングレン川　Angren（別称）

面積：5260 km²　長さ：223 km
　　　　　　　　　　　　［40°48′N　68°50′E］

ウズベキスタン東部, タシケント州の川. チャトカル山脈に水源をもち, 西に流れ, アングレン, アクルガンを経て, チナズの南南東16 km でシルダリア川に合流する. 別名アングレン川. 流量は毎秒23 m³. 首都タシケントの南30 km の地点に建設されたダムによってタシケント海が形成され, 州内を灌漑している.　　　　　　［木村英亮］

アピ山　Api, Gunung
インドネシア

アピバンダ山　Api Banda, Gunung（別称）

標高：656 m　　　　　［4°31′S　129°53′E］

インドネシア東部, バンダ諸島ナイラ島, マルク州の火山. 地名は, インドネシア語で火を意味する. 1778年に大噴火が起き, バンダ諸島のプランテーションに深刻な被害をもたらした. 1901年と88年にも噴火が起きており, 農園が壊滅状態になるなど, 甚大な被害を受けた.　　　　　　　［浦野崇央］

アピ山　Appi
ネパール

標高：7132 m　　　　　［30°00′N　80°56′E］

ネパール極西部, ダルチュラ郡(マハカリ県)の山. 主峰から西南西1 km に標高7076 m のピークがあり, 双子峰的である. 南面は約3000 m 大きく切れ落ちているが, 北面はややゆるやかで氷河に覆われている. アピ山は, 周辺山塊が5000〜6000 m 級であることや, 山麓部の谷底高度が3000〜3500 m 程度であることから, ネパール西部で頭一つ抜きん出て高いピークである. 15 km 西側に,

ネパールとインド, ウッタラカンド州との国境となっているマハカリ川が流れ, その間の比高は約4000 m である. 1960年, 同志社大学隊によって初登頂された.　［八木浩司］

アピ岬　Api, Tanjung
インドネシア

　　　　　　　　　　　　［0°49′S　121°39′E］

インドネシア中部, スラウェシ島中央部, 中スラウェシ州ポソ県の岬. 州都パルの東約360 km に位置する. 東, 西および北はトミニ湾に面し, 南はラブアン Labuan 村, アンパナコタ Ampana Kota 県ドンド Dondo 郡, プスンギ Pusungi 村, アンパナテテ Ampana Tete 県の境界となっている. 1977年, 国の自然保護区に指定された. 自然保護区域の面積は42.46 km² に及ぶ.
　　　　　　　　　　　　　［浦野崇央］

アピア　Apia
サモア

人口：3.7万（2010）　面積：61 km²
降水量：2906 mm/年　　［13°51′S　171°45′W］

南太平洋中部, ポリネシア, サモア東部, ウポル島北部の都市で首都. ファレオロ国際空港から東に40 km の距離にある. 市街地はムリヌウ Mulinu‘u 半島からヴァイシガノ Vaisigano 川まで続く U 字型のアピア湾に沿った平野に広がっている. その背後には緩やかな山地が続いており, ウポル島の南側に通じる横断道路が走っている.

アピア湾沿岸部はもともとマングローブ林の生い茂った沼地が多く, サモア人からは精霊の地として立ち入りが禁じられていた. 現在のアピア市街地に相当する地域はもともとヴァイマウガ Vaimauga (山々の間の意)とよばれ, 7つの小村により成り立っていた. アピアという地名は Apitia (完全に破壊された, という意味のサモア語)の簡略語で, かつてツアマサガの軍によりマノノ島の艦隊がここで破壊され, 乗組員がすべて殺された伝承に由来する. 内陸部における小さな集落の塊にすぎなかったアピアが, サモア独立国の政治・経済的な中心地として発展を遂げていくのは19世紀半ばの西洋人の来航以降である. その恵まれたリーフの存在によりアピア湾が捕鯨船の寄港地となったことを契機に, 19世紀末にはイギリス, ドイツ, アメリカの出身者を中心としたヨーロッパ人コミュニティが形成された. その後, 1879年には, アピア湾に面する11小村にわたる地区がヨーロッパ人居住地として, アピア市区とよば

アピア(サモア)，ビーチロード沿いのムリバイ教会(左)〔Shutterstock〕

れるようになった．その名残は，海沿いに走っている目抜き通りのビーチロード沿いの時計塔に代表されるようなドイツ統治時代の白塗りの木造建築にかすかにみることができる．アピアの村はもともとこの市区に含まれた11小村の1つにすぎなかったが，現代ではこの市区に相当する地域がアピアとして総称されている．

現在では，アピアはサモア独立国唯一の都市として政治的・経済的に中心的な役割を果たしている．国政を担う国会，土地・称号裁判所，歴代の大首長の墓陵など政治関連の建物はムリヌウ半島に集まっている．時計塔周辺には政府諸機関をはじめとして，国立図書館，各種銀行，郵便局，スーパーマーケットや商店が集まっており，商業的な中心地区を形成している．時計塔から内陸部へ続く道の両側にはドイツ統治時代に労働者として連れられてきた中国人の末裔たちがさまざまな商売を営んでいる．アピアとウポル島各地はバスによって結ばれており，そのターミナルは市街地周辺に位置する2つの市場に隣接している．近年，市街地は建設ラッシュであり，次々に新しい建物が増えている．郊外にあたるヴァイテレVaitele地区は工業地区として栄え，日本の矢崎総業などの工場が立ち並んでいる．

アピアはサモア観光の中心地でもある．ヴァイシガノ川に隣接するアギーグレイスホテルはアメリカのミュージカル映画「南太平洋」(1958)の作者であるアメリカの作家ジェームズ・ミッチェナーが滞在し，そのモデルとして使用されたことで有名である．また，アピアは『宝島』や『ジキル博士とハイド氏』で知られるイギリスの作家ロバート・ルイス・スティーブンソン(1850–94)が晩年を過ごした地でもある．彼の暮らした邸宅は博物館として保存され，その亡骸は市街地の背後にあるヴァエア山の頂上で眠っている．

[倉光ミナ子]

アピティ　Apiti　　ニュージーランド
[39°58′S　175°52′E]

ニュージーランド北島，マナワツワンガヌイ地方の村．フィールディングの北東50kmに位置する．当地方の重要な自然資源であるルアヒニRuahine山脈の大半が属するルアヒニ森林公園への玄関口になっている．最初のヨーロッパ移民は，フィールディング小規模農場協会のメンバーで，1886年7月のことであった．地名は，マオリ語で狭くて深い岩場の峡谷，狭い山道を意味する．

[林　琢也]

アピン　Appin　　オーストラリア
人口:0.2万(2011)　面積:102km²　標高:250m
[34°12′S　150°47′E]

オーストラリア南東部，ニューサウスウェールズ州中央東部，ウランディリー行政区の町．シドニー都市圏の外縁，州都シドニー中心部の南西約45km，ジョージスGeorges川左岸に位置する．町の南部と西部にはネピアン川の支流，カタラクトCataract川が流れる．町は先住民ダラワル(Dharawal)の居住地に，1811年からイギリス人の入植が始まってつくられた．当初，小麦栽培と酪農を主としていたが，小麦の病害や町の西方に鉄道が敷設されたことで衰えた．しかし，ニピアン川上流の水資源開発に伴い，1869年からシドニーへの水の供給地となった．カタラクト川上流に1906年に建設されたダムはシドニーへ水を供給するダムの中で最も古い．

[藁谷哲也]

アブ　Abu　　インド
標高:1219m　[24°32′N　72°44′E]

インド西部，ラージャスターン州とグジャラート州の州境に位置する村．アブ山の景観を背景にした小規模な保養地で，大理石に穿たれた見事な寺院で有名である．州内では唯一の高地リゾートで，避暑客が多く訪れる．近在の大都市であるウダイプルの西182kmに位置し，自動車での移動には半日程度は必要である．また鉄道を利用する場合の最寄り駅は南東に27km離れたアブロード駅である．アダーデヴィ寺院やディルワーラー・ジャイナ寺院などが観光地であり，美術館も整備されている．

[荒木一視]

アプサラサス山　Apsarasas　　パキスタン/中国
標高:7245m　[35°32′N　77°09′E]

パキスタンと中国にまたがる山．東部カラコルム，シアチェン山脈の高峰である．パキスタン北部のギルギットバルティスタン州と中国北西部のシンチャン(新疆)ウイグル(維吾爾)自治区の国境付近に位置する．標高は，主峰の第1峰が7245mで，テラムカンリ山(標高7462m)の南東に続く稜線上にあり，7000mを超える高峰が7座そびえている．長大なシアチェン氷河の北・北東側に位置する．1976年，日本の大阪大学隊(三沢日出雄隊長)が初登頂した．山名は，水の精，あるいは乙女の意味といわれる．

[小野有五]

アフマドナガル ☞ アーマドナガル
Ahmadnagar

アフマドプルイースト　Ahmadpur East

パキスタン

人口：9.6万（1998）　　［29°09′N　71°16′E］

パキスタン北部，パンジャブ州バハーワルプル県の都市．県都バハーワルプルの南南西約50kmに位置し，カラチからバハーワルプル，さらにラホールとを結ぶ鉄道と幹線道路が通る交通上の要衝である．地名はインドやパキスタンに多数みられるが，ここが最もよく知られている．　　　　　　［出田和久］

アブヨグ　Abuyog

フィリピン

人口：6.0万（2015）　面積：688km²
　　　　　　　　　　　　［10°44′N　125°00′E］

フィリピン中部，レイテ島，レイテ州の町．レイテ島の東海岸中部に位置する東海岸では最大の町である．レイテ湾に面し，その沖合には太平洋が続く．境界は一方が川によって区切られ，内陸部には密林に覆われる山が並ぶ．州都タクロバンまでは約80kmの距離にある．有権者は3.1万人（2009）で63の村（バランガイ）からなる．地名は，スペインの船乗りが必需品を補給するための初期の入植でアブヨグ河口部に上陸したときにつけられた．スペイン人が海岸にいたハチの群れをみて，原住民に何かと尋ねたところ“Buyog”という答えが返ってきた．原住民は後に続けて“Ah! Buyog”とささやいた．ついにはレイテ島全体を紹介する際に，スペイン人年代記編者によってその町がアブヨグとして知られるようになった．第2次世界大戦中に日本軍の占領下になった町でもある．　　　　　　　　　　　　　　［石代吉史］

アブラ州　Abra, Province of

フィリピン

人口：24.1万（2015）　面積：4165km²
　　　　　　　　　　　　［17°36′N　120°37′E］

フィリピン北部，ルソン島北部，コルディリェラ自治区に位置する州．州都はバンゲッド．北は北イロコス州，北東はアパヤオ州，東はカリンガ州，南東はマウンテン州，西は南イロコス州と接している．山岳地帯で，コルディリェラ山脈が連なる大変険しい地形を呈する．山間部の谷底平野にはマウンテン州にあるダタ山を水源とするアブラ川が北流する．州内には27の町があり，村（バランガイ）の数は304となっている．有権者数は14.8万人（2009）である．バンゲッドでも人口は4.8万（2015）にすぎない．最初に住み着いたのはボントック族やイフガオ族の祖先であった．イロカノ語が住民の約3/4を占める最大の言語で，イトネグ語がそれに続く．タガログ語もわずかではあるが話されている．経済は農業が基本で，主要作物は米，トウモロコシ，根菜類，商品作物としてコーヒー，タバコ，ココナッツの生産もみられる．　　　　　　　　　　　　　　　　［石代吉史］

アフラシアブ　Afrasiyab

ウズベキスタン

Afrasiab（別表記）
面積：2.2km²　　　　　［39°40′N　66°59′E］

ウズベキスタン中部，サマルカンド州北部の都市遺跡．1220年にモンゴル軍に破壊されるまでの旧サマルカンドに相当する．アフラシアブの名は現地でよばれていたもので，イラン神話の王に由来する．ほぼ三角形の平面をなし，4つの城壁によって，北からアルク，シャフリスタン，ラバトに分かれる．最古の遺跡は，アレクサンドロス大王侵入前の，北部の紀元前7～6世紀のマラカンダにあたる．8世紀初めのアラブ侵入以前はアムダリアとシルダリア両川間のソグド最大の都市であり，その遺構は少ないが，7世紀半ばの大広間の4壁の壁画には，突厥人，中国人，高麗人と思われる人びとが登場する．西壁には，658年に唐から都督と認められた人物や中央アジアで確認される最古の鎧もみることができる．　　　　　　　　　　　　［木村英亮］

アフンババエフ　Akhunbabaev

ウズベキスタン

スフィキシュラク　Sufikishlak（旧称）
人口：1.6万（2012）　［40°43′N　72°38′E］

ウズベキスタン東部，アンジジャン州の都市．州都アンジジャンの東南東24kmに位置する．1975年に現名称の都市となった．旧称はスフィキシュラク．鉄道駅があり，金属加工工場，セメント，コンクリートなどの建設資材産業がある．　　　　　　［木村英亮］

アベママ環礁　Abemama Atoll

キリバス

人口：0.3万（2010）　面積：27km²
　　　　　　　　　　　　［0°24′N　173°52′E］

中部太平洋西部，ミクロネシア，キリバスの環礁．キリバス西部，ギルバート諸島中央部赤道付近，首都のあるタラワ島の南東153kmに位置する環礁である．スワンプタロ，ココヤシ，パンノキの栽培と漁業による自給自足経済が営まれる．19世紀末，小説『宝島』の著者ロバート・ルイス・スティーヴンソンが島の首長テム・ピノカをその旅行記で紹介した．西洋との接触以前，アベママ島は南部のアラヌカ島とクリア島を支配していた．　　　　　　　　　　　　　［柄木田康之］

アベルタスマン国立公園　Abel Tasman National Park

ニュージーランド

エーベルタズマン国立公園（別表記）
面積：192km²　標高：1128m
　　　　　　　　　　　　［40°55′S　172°57′E］

ニュージーランド南島，タスマン地方の国立公園．国内で最も面積が小さい国立公園である．その範囲は，北側のゴールデン湾の海岸線からタスマン湾の海岸線との間に広がっているのみならず，ゴールデン湾に浮かぶタタ島をはじめタスマン湾に浮かぶ多くの島々や岩礁をも含んでいる．高く岩の切り立った海岸には無数の入江や窪地が存在し，アザラシやクジラ，イルカ，その他多種多様な魚類の生息地となっている．国立公園の一帯は標高450m以上の台地となっており，その台地上には5本の河川が流れ，滝のように海に流れ落ちている．公園区域内にはエヴァンズ山がそびえている．公園区域の大部分は鬱蒼とした原生林で覆われており，シダやブナなどの樹木が生い茂っている．400種以上にもなる植物がパークボードといわれる植物標本室で栽培されているのも特徴的である．西側の公園外部との境界線上には，大理石や石灰岩などの鉱脈が地下から露出している．

この公園の名称は，1642年にこの地をヨーロッパ人として初めて発見したオランダの探検家アベル・タスマン（1603-59）にちなんだもので，公園は彼の発見から300年を記念して開設されたものである．なお，この地の海岸線の大部分は，フランス人の総司令官ジュール・デュモン・デュルヴィルが1827年に調査を行っている．彼にまつわるさまざまな地名は，いまもこの国に多く残されている．この公園に内陸部から入る場合は，西側からの進入が唯一のアクセス手段といえる．海岸部から入る場合でも，トタラヌイTotaranui海岸では車でのアクセスも制限されている．東側からでも進入できるルートはあるが，砂利道が続きマラハウ Marahau 川で行き止まりとなってしまう．なお，公園内

の一部には歩行者用の通路があり，ハイキング客のための便宜が図られている．管理事務所はトタラヌイに置かれており，スタッフが常駐している．緊急事態があった場合はレンジャー部隊が迅速に行動できるようになっている．　　　　　　　　　　　　　　［泉　貴久］

アポ山　Apo, Mount　フィリピン

標高：2954 m	[7°00′N　125°15′E]

　フィリピン南部，ミンダナオ島中央高地南部に位置するフィリピンの最高峰．ダバオ市と南ダバオ州，コタバト州の境界，ダバオ市の西南西40 km，コタバト州キダパワンの東20 kmに位置する．活火山で最後の爆発は1640年といわれる．地名は現地語の祖先神からきたとも，また火山噴火のアポイ，つまり「火」からともいわれ，古くから付近に住むバゴボ，マノボなど原住民から神聖視されてきた．周辺部には手つかずの自然が広く残されてきたために現在国立公園に指定されているが，20世紀に入ってアバカ(マニラ麻)栽培のための開発が進み，最近では山麓に地熱発電所も建設され，環境保護をめぐって住民との争いが続いている．山頂を目ざす登山ルートにはいくつかあるが，西側からのキダパワンルートが最もポピュラーである．
　　　　　　　　　　　　　　［梅原弘光］

アポイースト水路　Apo East Pass　フィリピン

長さ：39 km	[12°40′N　120°35′E]

　フィリピン中部，ミンドロ島とその南西に位置するブスアンガ島との間にある水道．南シナ海からスールー海へと続き，ミンドロ海峡中の東側半分を占める南北水路である．ミンドロ海峡にあるアポ岩礁の東側半分がアポイースト水路である．これに対し，西側にはアポウェスト水路がある．　　　［石代吉史］

アポウェスト水路　Apo West Pass　フィリピン

長さ：33 km	[12°35′N　120°15′E]

　フィリピン中部，ミンドロ島の南西に位置するアポ岩礁とパラワン州のブスアンガ島との間にある水道．ミンドロ海峡中の西側半分を占める．これに対し，アポ岩礁の東側にはアポイースト水路がある．　　　　［石代吉史］

アボッタバード　Abbottabad　パキスタン

人口：10.6万 (1998)	標高：1200 m
	[34°09′N　73°13′E]

　パキスタン北西部，カイバルパクトゥンクワ州南東部アボッタバード県の都市で県都．首都イスラマバードの直線距離で北約50 km，道路距離で約122 kmに位置し，ギルギットバルティスタン州への入口にあたる．標高1200 mあまりのヒマラヤ山脈前面の山あいの避暑地で，緑が多く，周辺の景観美もすばらしく，国内でも美しい町として知られる．世界的にも有名な高級ホテルもある．一方で，交通の要衝で農林業が中心の市場町でもある．地名は，イギリス領インドのハザラ管区初代副弁務官であったジェームズ・アボット卿が，軍事上の重要拠点としてイギリス軍の基地を置き，町を建設したことにちなむ．現在，町の北東の丘陵部に士官学校がある．　　　　　　　　　　　　　　［出田和久］

アポリマ海峡　Apolima Strait　サモア

幅：18 km	[13°49′S　172°23′W]

　南太平洋中部，ポリネシア，サモア中部の海峡．サモア独立国を構成する西のサヴァイイ島と東のウポル島の間を南北に隔てている．海峡内には有人島のアポリマ島，マノノ島があり，マノノ島はウポル島の西約3 km，アポリマ島は海峡のほぼ中間に位置する．また，マノノ島の西隣には小さなヌウロパNu'ulopa島がある．サヴァイイ島とウポル島間のおもな交通手段はフェリーで，サヴァイイ島東部のサレロロガとウポル島西部のムリファヌアを1日往復3便，所要時間1時間～1時間半で結ぶ．　　　［倉光ミナ子］

アポリマ島　Apolima Island　サモア

人口：94 (2011)	面積：1.0 km²
	[13°49′S　172°09′W]

　南太平洋中部，ポリネシア，サモア中部の島．サモアの有人島の中で最小の火山島である．ウポル島とサヴァイイ島の間にあるアポリマ海峡に位置するが，ウポル島とマノノ島のリーフ外にあるため，島外から舟でたどり着くのもむずかしい．急峻なクレーターからなる地形のため，島への道はクレーターの一部が海に水没した狭く，小さい1つの入口だけである．島には村は1つだけであり，100

人足らずの島民が自給自足的な生活を送っている．島名は伝説に由来し，島自体が伝説の宝庫となっている．　　　［倉光ミナ子］

アポロベイ　Apollo Bay　オーストラリア

人口：0.1万 (2011)	面積：2.8 km²
	[38°47′S　143°38′E]

　オーストラリア南東部，ヴィクトリア州中央部の都市．州都メルボルンの南西約160 km，ジーロングからウォーナンブールまで延びるグレートオーシャンロードの中間地点に位置する海岸沿いの小都市である．酪農や漁業が盛んである．海釣りや川釣りの中心地としても人気が高い．緑豊かで複雑に入り組み，高低差のある海岸線は美しい景勝地となっているが，船舶の座礁事故も多い．周辺には多くの景勝地があり，町はそれら各地への拠点となっている．多くの画家やミュージシャンが居住することでも有名である．

　　　　　　　　　　　　　　［堤　純］

アボンアボン山　Abongabong, Gunung　インドネシア

標高：2985 m	[4°25′N　96°08′E]

　インドネシア西部，スマトラ島北部，アチェ州の火山．アチェトゥンガ(中部アチェ)県とナガンラヤ県の2つの県をまたぐ成層火山である．アチェトゥンガ県の県都タケンゴンTakengonの南約20 kmに位置する．

　　　　　　　　　　　　　　［浦野崇央］

アマースト　Amherst ☞ チャイカミ Kyaikkami

アマダブラム山　Ama Dablam　ネパール

標高：6814 m	[27°52′N　86°52′E]

　ネパール東部，ソルクーンブ郡(サガルマータ県)の山．エヴェレスト(サガルマータ)山の南西15 kmに位置し，イムジャコーラ川河谷左岸側にそびえる独立峰である．頭状に突出した主峰をもち，その両翼に肩状に延びる稜線からなる山容と，主峰南西面直下から垂れ下がるミンボー Minbo 氷河が，首飾りをつけたチベット系女性を連想させることから，チベット語でアマ(母)のダブラム(首

飾り）の山名がつけられたという．標高は7000 m に及ばないが，イムジャコーラ川右岸に沿ったエヴェレスト街道とよばれるトレッキングルートで，ナムチェバザールを過ぎたあたりからつねに視界に現れ，クーンブヒマールのランドマークとなっている．初登頂は，1961 年，エドモンド・ヒラリー卿に率いられたニュージーランド隊のイギリス人，アメリカ人を含むメンバーによってなされた．　　　　　　　　　　　　［八木浩司］

アマディウス湖　Amadeus, Lake

オーストラリア

アマディアス湖（別表記）

面積：850 km²　深さ：15 m

[24°49′S　131°03′E]

オーストラリア北部，ノーザンテリトリー南西端の湖．州最大の面積をもつ塩湖である．アリススプリングズの西南西約135 km に位置する．マクドネル山脈やマスグレイヴ山脈から流れ出た堆積物によって水深はごく浅く，水がある場合は東西の長さ145 km，南北の幅20 km 程度の浅瀬が広がることもあるが，乾燥している季節は水がなくなり，天然の塩田となる．その他，さまざまな資源の採掘が進められている．1872 年，イギリス生まれの探検家アーネスト・ガイルがこの地を訪問し，スペインの王にちなんだ地名が命名された．　　　　　　　　　　［鷹取泰子］

アーマドナガル　Ahmadnagar

インド

アフマドナガル（別表記）

人口：35.1 万 (2011)　面積：39 km²

[19°08′N　74°48′E]

インド西部，マハーラーシュトラ州西部，アーマドナガル県の都市で県都．古い都で，州都ムンバイ（ボンベイ）の東200 km，西ガーツ山脈東部のデカン高原上に位置する砂糖やミルクなど農畜産物の集散地である．19の工場が立地する一大製糖業中心地で，インドにおける協同組合運動の誕生地でもある．幾度となく大干ばつに悩まされてきた．アーマド・ニザーム・シャーにより1494 年にアーマドナガル王国の首都として建設され，その後ニザーム王朝は1636 年にシャー・ジャーハーンの支配に始まりムガル帝国最後の帝王アウラングゼーブ（1681～1707）にいたるまで，デカン高原のスルタン王国の1つの都として栄えた．18 世紀中期以後は，マラーター同盟の重要な根拠地となった．1803 年にイギリスの支配下に置かれ，要塞はイギリス占領下で政治犯の監獄として利用された．独立後にインドの初代首相となるジャワハルラール・ネルーも1942～45 年の間投獄されていた．マラーター勢力の指導者シバ・ジーは，この町の生まれである．綿工業と皮革工業の盛んな町である．　　　　［中里亜夫］

アーマドプル　Ahmadpur

インド

人口：4.4 万 (2011)　　[18°40′N　76°57′E]

インド西部，マハーラーシュトラ州南東部，ラトゥール県北端の都市．県都ラトゥールからマレガオンを経てナーンデッドにいたる幹線道路沿いにあり，ほぼその中間地点に位置する．ラトゥールまでは南西30 km で，鉄道は通じていない．最寄り駅は市の南西部のチャクール Chakur．小規模な工業団地が建設されているほかに，近在の農産物を集荷する卸売市場が置かれている．おもな取扱い農産物は，綿花，ソルガム，ピジョンピーやブラックグラムなどの豆類，小麦である．　　　　　　　　　　　　［荒木一視］

アマラプーラ　Amarapura

ミャンマー

[21°54′N　96°03′E]

ミャンマー中央部，マンダレー地方（旧管区）マンダレー県の都市．ミャンマー第2の都市マンダレーの南約11 km に位置する．絹織物と綿織物，ブロンズ（青銅）の鋳造が行われ，それらを使用した手工芸品が生産されている．マンダレー周辺では，18～19 世紀に何度も遷都がくり返され王宮が移転した．アマラプーラには1783～1823 年と1837～60 年の2回の期間，ビルマ王国の首都が置かれた．マンダレーへの遷都の際に主要な建物もマンダレーに移転したため，古都の面影は少ない．そんな中で王宮と要塞の遺跡，マハーガンダーヨン僧院などの歴史的な建造物が残っている．また1849 年に建設が始まったウーペイン橋は世界一長い木材橋（チーク材，全長1.2 km）として知られている．

［西岡尚也］

アマルネール　Amalner

インド

人口：9.6 万 (2011)　　[21°03′N　75°03′E]

インド西部，マハーラーシュトラ州北部，ジャルガオン県の小都市．デカン高原上を流れるボリ川が，スーラトに流れ下るタプティ川と合流する地に開けている．また，スーラトからジャルガオン，ブサーワルを経てインド北部や東部に接続する鉄道路線の経路上にあるとともに，南西に36 km 離れたデューレで州都ムンバイ（ボンベイ）とインドールを結ぶ幹線道路と通じている．近在の農産物を集荷する卸売市場があり，おもな取引品目はソルガム，綿花，トウジンビエ，グリーングラムやブラックグラムの豆類などである．インド有数のIT 企業であるウィプロ社の発祥の地といわれる．　　　　　［荒木一視］

アーミデール　Armidale

オーストラリア

人口：2.2 万 (2011)　面積：275 km²　標高：980 m

[30°31′S　151°40′E]

オーストラリア南東部，ニューサウスウェールズ州北東部，アーミデールデュマレスク行政区の都市で行政中心地．シドニーの北約380 km と離れているが，シドニーやブリズベンから毎日，飛行機と列車が運行されている．地名は，イギリス・スコットランドの小集落に由来する．北部高原に位置するため，中心市街地はデュマレスク川両岸の高地にある．このため町の気候は，国内のほかの場所とは異なって比較的四季が明瞭である．冬季にあたる7 月の平均最低気温は1.2℃ と低く，−7℃ を記録したこともある．このため地表には霜が降り，降雪もある．一方，夏季の1 月には最高気温は35.7℃ に達し，11～2 月における月別降水量は90～110 mm と比較的多い．気象災害として，町はしばしば雹の被害を受けてきた．とくに1996 年9 月の雹は直径80 mm まで達し，2 億ドル（豪ドル）を超える被害をもたらした．また2006年12 月の雹は，強風と洪水を伴い，1000 戸以上に被害が発生した．

この地域は，もともと先住民アナイワン（Anaiwan）の居住地であったが，1830 年代後半にヨーロッパ人の入植が始まり，放牧地として開発されていった．1850 年代には近くのロッキー Rocky 川やガーラ Gara 峡谷で金が発見された．このため町はゴールドラッシュでわき，この時期急速に拡大した．現在では，町は文教都市として有名であり，北西にあるニューイングランド大学は，もともとシドニー大学の分校として1954 年に創設された．大学は，地域コミュニティとの強い連携をもつことでも知られている．

［藁谷哲也］

アミンディヴィー諸島　Amindivi Islands

インド

面積：9.3 km²　　　[10°33′N　72°39′E]

　インドの南西，ラクシャドウィープ連邦直轄地の小島群．ラクシャドウィープ諸島の北半部を占める．北緯 11 度から 12 度，東経 72 度から 73 度の範囲に分布し，アミニ Amini 島，カドマト島，チェトラト島，ケルタン島，ビトラ Bitra 島などの有人島がある．地質的には，南のモルディヴ諸島から北へ延びるホットスポット起源のチャゴス，モルディヴ，ラッカディヴ海山列の北部にあたる．この海山上には，多数のサンゴ礁の島々が配列している．アミンディヴィー諸島のほとんどは，環状の礁原の一部が島になった島礁で，一方は大洋に面し，もう一方は波静かな礁湖に面している．礁湖側は，桟橋が設けられ交通や漁業など生活の起点となっている．島々は石灰岩からなり，標高は低く平坦である．農地はおもにココヤシ林として利用されている．おもな産物はココナッツ，魚などである．官立の工場によるコイア（ココヤシの皮の繊維）やコプラ（ココヤシの実からつくる油脂原料）の生産もある．コイア糸は中央政府によって米と交換される．住民の多くはイスラーム教徒で，言語はドラヴィダ系言語のマラヤーラム語が使われている．

［大竹義則］

アムステルダム島　Amsterdam, Île

フランス

人口：0（推）　面積：54 km²

[37°50′S　77°30′E]

　南インド洋，フランス領の島．南約 100 km に，ともにフランスの海外領土（TOM）であるサンポール（セントポール）島がある．北岸のラロッシュゴドン La Roche Godon には気象観測など，科学観測のための基地が設けられ，約 20 人の隊員がいる．ほかに定住人口はみられない．火山性の島で，最高地点は標高 841 m である．マゼラン世界一周航海での報告（1522）が最初の記録で，その後，オランダの航海者アントニー・ファン・ディーメンが訪れ（1633），彼の船ニウ・アムステルダム号にちなんで現在の名がつけられた．フランスによる領有は 1843 年以降で，1949 年には科学観測基地が建設された．

［手塚　章］

アムダリア川　Amu Darya

アフガニスタン～ウズベキスタン

嬀水（漢字表記）／アム川（別表記）／オクソス川 Oxus（古称）／ジェイフン川 Jayhun（アラビア語）

面積：466200 km²　長さ：2580 km

[44°07′N　59°41′E]

　アフガニスタン，タジキスタン，ウズベキスタン，トルクメニスタンを流れる中央アジア最大の川．アムは沿岸にあった古代の都市名，ダリアはチュルク語で川を意味する．アラビア語でジェイフン川，古くはオクソス川，中国史料では嬀水などとよばれた．中央アジア，パミールの氷河に水源をもち，ヴァフシ川とパンジ川の合流によって形成される．タジキスタン・アフガニスタン国境のニジニピャンジの南西 29 km を通り，北西に流れ，ウズベキスタン・アフガニスタン国境を形成し，トルクメニスタンのカラクム砂漠を流れ，大デルタ地帯を経てアラル海に注ぐ．コクチャ川，クンドゥーズ川，バルフ川などがおもな支流である．

　急流で，本流，支流にペレパンドナヤ，ツェントラリナヤ，ゴロヴノエ，ヌレクなどいくつかの水力発電所がある．下流はクズイルクムとカラクムの両砂漠を分け，網目状にいくつかの河道に分かれる．テルメズ（ウズベキスタン）からは航行が可能である．ただしヌクスより下流は冬季の 2～2.5 カ月間は完全に凍結する．上流山間部と低地部にはっきり分かれている．とくにヒヴァオアシスなどで 1960 年以降，灌漑水路の建設が進んだ．カラクム運河はケリフ付近でアムダリア川から分かれ，トルクメニスタン南部をアシガバトに向かって流れ，テジェン，ムルガーブ両川に水を補給する．このように，大量の河水が灌漑に利用され，蒸発も大きいために流量が減少し，シルダリア川の水量の減少とともに，アラル海を縮小させ，環境の悪化，漁業の壊滅を引き起こしている．

　1888 年より，アムダリア艦隊はロシア軍とともにチャルジュイ（現トルクメナバド）とサマルカンド間の鉄道建設のために輸送を行い，20 世紀初めには 9 隻の蒸気船を擁した．また艦隊はロシア革命期の 1918～21 年には，イギリス干渉軍，白軍との戦いを助けた．しかし，現在は平行して走る鉄道線が，運輸手段としてのアムダリア川の重要性を減じている．古くから東西交通路が各地でこの川を横切り，流域にはトハラ，ホラズムなどの先進文化が発展した．一例をあげると，1877 年サマルカンドとクンドゥーズ（アフガニスタン）を結ぶ道の，アムダリア浅瀬のそばで，ギリシャ・バクトリア時代（紀元前 4～2 世紀）の秘宝が発見された．177 個の金銀の製品，1300 個の貨幣からなるが，古代の中央アジア遊牧民サカの文化の特徴を示しており，サカと黒海付近のスキタイの親近性についてのヘロドトスの記述を裏付けている．

［木村英亮］

アムド県　安多県　Amdo

中国

人口：4 万（2012）　面積：22000 km²　気温：−3℃

[32°10′N　91°45′E]

　中国西部，シーツァン（チベット，西蔵）自治区，ナッチュ（那曲）地区の県．タンラ（唐古拉）山麓に位置し，高低差の激しい山々が連綿と連なる．地名はチベット語で下部を意味し，チベット域内の下部（南部）に位置することに由来する．1959 年に 4 つの集落を合併して安多県となった．翌 1960 年に那曲専区，70 年に那曲地区に属した．牧畜が盛んであり，自治区内でも畜産品の主産地の 1 つである．430 万 ha の牧草地では，おもに羊やヤクが飼育されている．

［石田　曜］

アムナートチャルーン　Amnat Charoen

タイ

人口：4.1 万（2010）　面積：599 km²

[15°51′N　104°38′E]

　タイ東北部，アムナートチャルーン県の都市で県都．首都バンコクの東北東約 590 km に位置する．かつては南隣のウボンラーチャターニー県に属する郡であったが，1993 年に同県の北部を分割した際に県都となった．19 世紀半ばにラオスから移住した人びとがムアン（町）を築いたのが最初であるが，当初は現在地の南約 20 km に位置する現ルーアムナート郡に立地していた．その後ウボンラーチャターニーと北隣のムックダーハーンを結ぶ道路と，西隣のヤソートーンと東隣のメコン川河畔に位置するケーマラート（ウボンラーチャターニー県内の郡）を結ぶ道路が交差する交通の要衝である現在地に移動した．現在でもこの交差点を中心に市街地が形成されており，新たに設置された県庁は旧市街地の北側に位置する．周辺はタイ東北部の典型的な農村地帯であり，県都としての歴史が浅いことから，都市規模は依然として小さい．

［柿崎一郎］

アムナートチャルーン県　Amnat Charoen, Changwat

タイ

人口：28.4万 (2010)　面積：3163 km²
[15°51′N　104°38′E]

　タイ東北部の県．県都はアムナートチャルーン．北東部でメコン川に接し，ラオスとの国境をなす．かつては南隣のウボンラーチャターニー県の一部であったが，1993年に独立した県となった．おもな産業は稲作となっており，2013年度の米の生産量（雨季作）は33万tであった．県内にはプーサードークブア国立公園やメコン川の早瀬ケンヒンカンなどの名勝地が存在するが，新しい県のため知名度は高くない．
[柿崎一郎]

アムネマチン山　阿尼瑪卿山　A'nyêmaqên Shan

中国

チーシー山　積石山　Jishi Shan（漢語・別称）／マーチー山　瑪積山　Maji Shan（漢語・別称）

標高：6282 m　長さ：360 km
[34°30′N　99°30′E]

　中国西部，チンハイ（青海）省南東部とガンスー（甘粛）省南部の間にある褶曲山脈．クンルン（崑崙）山脈の東部の支脈で，北西から南東方向に標高5000〜6000 m級の山々が連なる．主峰はマチンガンリ（標高6282 m）．山脈の南西にホワン（黄）河源流部があり，そこから流れ出た黄河は山脈の南側を流れ，東側でU字に大きく湾曲して北流する．山名はチベット語で活仏の最高の侍者を意味し，チベット人の神聖な山の1つで巡礼者を集める．別名はチーシー（積石）山．1930年代より欧米の探検隊が登頂を試みるが成功せず，正確な標高も不明で，世界最高峰と考えられたこともあった．しかし，1960年に中国の登山隊が第2峰に初登頂し，実際の標高が把握された．1981年に日本の新潟上越登山隊が主峰の初登頂に成功した．山脈上部の氷河はとくに北東部で発達しU字谷を形成する．中腹には草原が広がり，黄河が流れる標高3200 m以下にはマツやスギ，コノテガシワの原生林があり，ユキヒョウやクチジロジカ，チベットセッケイ，アオミミキジなどが生息する．
[高橋健太郎]

アムラヴァティ　Amravati

インド

アムラオティ　Amraoti（旧称）

人口：64.7万 (2011)　[20°56′N　77°47′E]

　インド西部，マハーラーシュトラ州北部の県および県都．県はマッディヤプラデシュ州と接する．オレンジシティとして知られるナーグプルの西南西150 kmに位置し，バスの路線が通じている．周辺地域の交易の拠点でもあり，重要な綿花地帯や穀物産地を後背地にもつ．綿繰りとオイルシードの製粉がおもな産業である．都市の旧称はアムラオティである．市の中心にはアンバー神を祀る古いアムラヴァティ寺院があり，多くの参詣者が訪れる．このほかに，市から北北西65 kmほどのところにあるジャイナ教のムクタギリ寺院や，北西に90 km離れたチッカルダラ丘陵の森林や滝などの自然景観が近在の観光スポットである．また，北西に90 km離れたメルガート地方ではトラの生態保護のプロジェクトが行われている．1983年に設立されたアムラヴァティ大学があり，現在10の学部を擁している．
[荒木一視]

アムラオティ　Amraoti ☞ アムラヴァティ Amravati

アムラプラ　Amlapura

インドネシア

カランアセム　Karangasem（旧称，別称）

人口：8.3万 (2010)　標高：100 m
[8°26′S　115°37′E]

　インドネシア中部，バリ島東部，バリ州カランアセム県の町で県都．ロンボク海峡に面し，アグン山火口の南東16 km，州都デンパサールの北東80 kmに位置する．島で最も小さな県都であるが，バリ東部の交通の要衝．古都であり，19世紀末から20世紀初頭にかけて栄えた王国がつくったアグン・カランアセム宮殿がある．王国が栄えた頃，オランダの植民地支配下に入り，西洋文化を取り入れたため，西洋とバリ島の混交文化が町のいたるところでみられる．1963年にアグン山が噴火したとき，町はカランアセムとよばれていた．地名は，噴火により大きな被害を受け，二度とこのような災いが起きないようにと，現名称に改名したが，民衆の間ではいまでもカランアセムの名が通っている．
[浦野崇央]

アムラン湾　Amurang, Teluk

インドネシア

ウウラン湾　Uwuran, Teluk（旧称）

面積：50 km²　深さ：25 m
[1°15′N　124°30′E]

　インドネシア中部，スラウェシ島，北スラウェシ州ミナハサ県の湾．ミナハサ半島北端に位置する．伝統的な形をした漁船が航行する光景の美しさで有名である．また，夕日が絶景なことでも知られる．旧称はウウラン湾．1956〜58年にスマトラ島やスラウェシ島で展開されたインドネシアの反政府運動，プルメスタ反乱の拠点の1つとしても知られる．
[浦野崇央]

アムリットサル　Amritsar

インド

アムリツァル（別表記）

人口：113.3万 (2011)　面積：50 km²
降水量：760 mm/年　[31°35′N　74°53′E]

　インド北部，パンジャブ州アムリットサル県の都市で県都．州都チャンディガルの北西217 kmに位置する．インドを代表する穀倉地帯で有名なパンジャブ州のパキスタンとの国境に近く，商業とシク教の中心地である．また，羊毛絨後，手工業品，金属製品の生産地として有名である．歴史的には，シク教の最大の聖地として有名な宗教都市である．1577年，第4代シク教宗教指導者のラーム・ダスが，ムガル帝国のアクバル帝により与えられた土地に開いたといわれる．シク教の聖地のシンボルで，1802年に大改修が行われたハリマンディル・サヒーブ（黄金寺院）は，城壁で囲まれた境内の大きな池の中央に浮かぶ形で神殿を配置しており，信者にとっては特別に神聖な場所と見なされる．神殿に祀られる神体は光り輝く刀である．それは15世紀半ばに，新しいシク教が生まれた際，イスラーム教徒の武力による弾圧に，武装して抵抗し新しい宗教を守り抜いたシンボルである．19世紀初頭のシク帝国信徒の信仰と現代シク教・ナショナリズムの中心となっている．

　町には，悲劇の公園ジャリアンワラ公園がいまに残る．高い壁で囲まれた同公園では，1919年4月にイギリス植民地軍によるシク教徒の大虐殺があった．数百人のイギリス植民地軍が，公園で開かれたイギリスからの自治権要求の大集会に集まった群集に一斉に発砲し，400人ものシク教徒の参加者が殺害された．これを機にマハトマ・ガンディーを中心とするイギリスへの非暴力，不服従の思想が高まり，激しい独立運動へと発展していった．悲劇は後に黄金寺院でも起きている．1984年，インド政府に対するシク教徒自治権要求運動の過激派が，黄金寺院に立てこもった際，インディラ・ガンディー首相の命令で，インド軍がブルー・スター（青い星）作戦と名づけた総攻撃を仕掛け，数百人の過激派

アムリットサル(インド),シク教の寺院,ハリマンディル・サヒーブ(黄金寺院)〔Shutterstock〕

グループを,寺院内外で殺害した.彼らは,パンジャブ州を自治権の強いカリスタン州として認めるよう当時の政府に強く要求していた.インド軍が,シク教の最大聖地の黄金寺院に軍隊を踏み入れたことで,シク教徒の過激派を刺激し,同年10月には,首都デリーの首相府で,朝食後に執務室に向かって公邸を出たインディラ・ガンディー首相(当時)が,10mの至近距離から2人のシク教徒の護衛兵によりライフル銃で暗殺された.黄金寺院へ軍隊を突入させた首相に恨みを抱いての犯行であったいわれる. 〔中山修一〕

アムール川 Amur River ☞ ヘイロン江 Heilong Jiang

アムレクガンジ Amlekhganj

ネパール

人口:0.7万(2011) 標高:300 m
[27°17′N 84°59′E]

ネパール中部,バラ郡(ナラヤニ県)の村.ヒマラヤ外縁帯,シワリク丘陵南麓から始まる平原,いわゆるタライの北縁に位置する戸数1000あまりの村である.かつてこの村には,インドのラクソール Raxaul を起点としネパール国境の町ビルガンジを経由してここにいたったネパール国鉄の終着駅が置かれていた.標高300mあまりの村はずれからすぐにシワリク丘陵,すなわちヒマラヤ前縁帯が始まり,首都カトマンドゥへはさらにマハーバーラト山脈の山並みを何度か越えてやっとたどり着ける.まさにアムレクガンジは谷口集落として栄えた.1960年代半ばに鉄道は廃止され,現在ではその脇をビルガンジからカトマンドゥを結ぶトリブヴァンハイウェイ(H2)が走っている.かつてのバザールとしての賑わいはないが,国内では大規模な石油集積所が置かれ,コルカタ(カルカッタ)港から大型タンクトレーラーで送られてきた石油類が,ここで山越えのタンクローリーに積み替えられカトマンドゥに送られている.
〔八木浩司〕

アムレリ Amreli

インド

人口:10.6万(2011) [21°36′N 71°13′E]

インド西部,グジャラート州南西部の県および県都.カチャワール半島の中央部に位置し,おもな農産物は,ラッカセイとサトウキビである.現在,オイルシードや綿花を中心とした開発計画が進められている.家畜ではとくにジャフラバード水牛が有名である.おもな産業は農業で,工業開発は遅れている.しかし,ダイヤモンド加工などが近年成長しているとともに,県南部海岸沿いのジャフラバード Jafrabad にはセメント工場がある.
〔荒木一視〕

アムロク江 Amrok-Gang ☞ ヤールー江 Yalu Jiang

アムローハ　Amroha
インド

人口：19.7万 (2011)　面積：9.0 km²
[28°55′N　78°28′E]

インド北部，ウッタルプラデシュ州北西部，アムローハ県の都市で県都．首都デリーの東約150 kmに位置する綿織物工業都市であり，砂糖，陶器製造も盛んである．周辺はガンジス(ガンガ)川の潤す農業地域で，小麦，米，トウジンビエ，サトウキビなどの栽培が盛んである．交通に恵まれるため古くから農工産物の集散地となり，交易中心地として発達した．イスラーム教の色彩の濃い地域としても知られ，市内には見事なモスクがある．イスラーム教の聖人セイク・サドウの墓があることから，イスラーム教徒の聖地とされ，何世紀にもわたって多くのイスラーム教徒が訪れた．1947年のインド・パキスタン分離独立の際，多くのイスラーム教徒住民がインドの各地からパキスタンに移住したが，この町には残ったイスラーム教徒も多く，いまなおその勢力が強い．　　　　[中山晴美]

アムンセン海　Amundsen Sea
南極

[73°00′S　112°00′W]

南極，西南極のマリーバードランド沖，1000 m以浅の縁海．地名は，1929年2月にこの地域を探検していたニルス・ラルセン率いるノルウェーの探検隊によって，同国の著名な探検家ロアール・アムンセンを記念して命名された．1911年に最初に南極点に到達したアムンセンは，1928年に北極でイタリアの探検家ウンベルト・ノビレの捜索に飛び立って消息を絶った．1939～41年と1946～47年に実施されたアメリカの南極探検の成果にもとづき，アムンセン湾の東端はサーストン島の西端フライイングフィッシュ岬(西経102度29分)，西端はサイプル島の北端ダート岬(西経126度09分)と定義された．
　　　　[森脇喜一]

アムンセン氷河　Amundsen Glacier
南極

長さ：128 km　幅：10 km
[85°35′S　159°00′W]

南極，東南極の氷河．南極横断山地を横断して東南極氷床からロス棚氷に流下する溢流氷河の1つである．標高2000 mから200 mまで下る．1929年，アメリカの飛行家で探検家のリチャード・バードの南極点飛行で発見され，同年12月この付近の地質を調査したバード探検隊のグールドによって，ロアール・アムンセンを記念して命名された．ちなみに，アムンセンが南極点に向けて通過したアクセルハイベルク Axel Heiberg 氷河(南緯85度25分，西経163度00分)は，この北西約50 kmに位置する．　　[森脇喜一]

アムンセン湾　Amundsen Bay
南極

[66°55′S　50°00′E]

南極，東南極の湾．エンダビーランド西部にある2つの顕著な湾入の1つである．南東方向に湾入する湾口の幅44 km，奥行88 kmで，湾岸は出入が多く複雑な形状をなす．1930年1月14日，ダグラス・モーソン率いる英・豪・ニュージーランド南極探検隊(BANZARE)によって望見され，翌15日，ヤルマル・リーセル・ラルセン率いるノルウェー探検隊の水上機によって確認された．両隊は14日にこの付近で会合し，東経45度以東をイギリスの，以西をノルウェーの活動域とすることに合意した．湾名は，最初の南極点到達者であるロアール・アムンセンを記念してモーソンによって命名された．1956年，オーストラリアは航空写真撮影を実施し地図を作製した．日本の南極観測隊は，1961年2月に観測船「宗谷」で湾内に進入して測深を実施したほか，1982年以降もしばしば訪れて海洋調査を行い，周辺露岩地域の地質調査などを実施している．　[森脇喜一]

アムンセンスコット基地
Amundsen-Scott Station
南極

標高：2835 m　気温：−49℃
[90°00′S　0°00′]

南極，南極点付近の基地．1956年11月，アメリカが57年の国際地球観測年を記念するために南極点付近の高地に建設した観測基地である．基地はその後7回も改築されたり，増築されたり，移動をくり返しながら拡張されてきた．基地名は，1911～12年にかけて南極点初到達を争ったノルウェーのロアール・アムンセンとイギリスのロバート・スコットの2人に敬意を表して名づけられた．現在の基地の主要な建物は，厚さ約2700 mの氷床上に乗っており，毎年10 m程度の速度で南極点方向に移動している．現在南極点まで約100 mの地点まで迫っている．

基地が南極点付近に建設されて以来，太陽が半年間昇り，半年間沈む，地球上唯一の科学研究の拠点として機能してきた．太陽は北半球の秋分の日に昇り，北半球の冬至の日に一番高く昇り，北半球の春分の日に地(氷)平線下に沈む．冬の極夜の間は気温が−73℃付近まで下がり，ブリザードも吹き荒れる．積雪量は水換算で年間60～80 mm，記録された気温の幅は−82.8 ～−12.3℃，年平均気温は−49℃で，月平均気温は−60 ～−28℃の間で変化する．平均風速は毎秒5.5 m，最大風速は毎秒25 mである．

基地で研究されているのは氷河学，地球物理学，気象学，上層大気学，天文学，天体物理学，生物医学的研究などである．大半は低周波天文学の研究で，標高2743 m以上の高度と極地に位置することによる湿気の低さによって生まれた観測のしやすさ，また，数カ月間暗闇に包まれることから精密観測機器が継続的に動作しやすいことなどが，南極における観測のメリットである．1957年に建設された最初の基地建物は年1.2 m程度の速度で雪に埋もれてしまったため，75年には放棄され，2010年に取り壊された．現在は，地上から持ち上げられたモジュール形式の新たな基地の建設が1999年から始まり，2008年に完成した．新しい基地は建物が雪に埋もれないよう，さまざまな工夫が施されている．夏季には200人を超す研究者が基地で過ごすが，2月中旬までには大半の研究者は去り，冬季には冬季観測と基地を維持するスタッフ50人程度が滞在する．基地には小さな温室があり，冬季に新鮮な野菜を供給する．そこではさまざまな野菜やハーブが栽培されている．

基地に併設されている空港はジャック・F・ポーラス空港であり，全長3658 mの滑走路がある．10～2月の間，約1300 km離れたアメリカのマクマード基地から1日数便のフライトがあり，LC-130ヘラクレス機が基地に物資を供給している．この輸送ミッションはオペレーションディープフリーズとよばれる．極点行きのすべてのフライトはニュージーランドのクライストチャーチにあるアメリカ空軍基地を出発し，マクマード基地を経由する．マクマード基地から極点基地までは氷床上に陸上輸送できるルートがあり，マクマード極点ハイウェイとよばれている．極点の時間帯はニュージーランド時間(UTC+12)を使っており，サマータイムは+1時間となる．　　　　　　[前杢英明]

アムンタイ　Amuntai　インドネシア

人口：9.4万 (2010)　　　　[2°26′S　115°15′E]

インドネシア中部，カリマンタン(ボルネオ)島，南カリマンタン州フルスンガイウタラ県の都市で県都．州都バンジャルマシンの北東193kmに位置する．森林や川などの豊かな自然に囲まれている．　　　[浦野崇央]

アーメダーバード　Ahmadabad
インド

人口：557.1万 (2011)　面積：281km²
降水量：751mm/年　　　[23°02′N　72°37′E]

インド西部，グジャラート州アーメダーバード県の都市で県都．グジャラート州で人口が最も多い都市である．ムンバイ(ボンベイ)の北440kmに位置する．市街地は，サバルマティ川の両岸に広がり，カンバート湾に注ぐ河口の北80kmに位置する．インド西部でムンバイに次ぐ工業都市である．また，ムンバイと並ぶ近代的綿織物工業の発祥の地であり，その発展により植民地時代には，東洋のマンチェスターとよばれた．1966～67年に近郊で石油採掘に成功し，それ以来，石油産地としてもその名が知られるようになった．石油の精製は，南96kmにあるコヤリKoyaliの製油所で行われる．また，中世に起源をもつ古くからの商業中心地であり，インド西部の輸送網の結節地としても発達し，いまでは国際空港をもつ．1960～70年の10年間は，グジャラート州の州都でもあったが，1970年以降，州都の機能を北東32kmに位置するガンディナガルに全面的に移転させた．市内には，ヒンドゥーとイスラーム両文化の融合によるインド・サラセン調の歴史的建造物を多く残している．

歴史的には，アーマド・シャーが1411年にサバルマティ川の東岸の地に城下町を開き，17世紀には，インドを代表する重要な商業都市に発展した．都市名は，城下町を開いた豪族アーマドの町(バード)を意味する．1412年にムガル帝国の初代皇帝アクバルに攻略され，帝国の勢力下で繁栄を誇った．イギリス東インド会社が1619年から交易を始めるようになり，19世紀の前半まで，東インド会社の支配が強かった．近代的な綿織物工業が始まった19世紀の半ば以降は，インドの綿織物工業の中心都市として成長した．1915年，南アフリカから帰国したマハトマ・ガンディーが，修道院サバルマティー・アシュラム(通称ガンディー・アシュラム)をこの地に建設し，当時，ハリジャンとよばれた貧しく恵まれない人びとの自立を目ざした職業訓練を始めた．ガンディーは，この修道院を1917～30年の間，生活の本拠地としてインド人による自治権獲得運動に奔走した．1930年になると，イギリスのインド支配に対するインド人による不服従運動が本格的に始まり，ガンディーの指導する反英不服従運動の拠点都市となった．

また，グジャラート州の文化の中心として多くのすばらしいモスクやイスラーム地方領主の廟墓などがある．起源を仏教と同じ時代にもつジャイナ教の重要な聖地として，市内とその周辺には，100を超えるジャイナ教寺院がある．アーメダーバード駅から中心市街地に向かって西に延びるマハトマ・ガンディー道路沿いの町の中心に位置するジャマ・マスジッド(イスラーム大聖堂：大モスク)は，古代に建立されたヒンドゥー教寺院が，1424年にモスクに建て替えられたものである．モスクの中庭は大理石が敷き詰められ，その中央にいくつかの小さな池を配しており，インドで最も美しい寺院の1つとなっている．モスクは，256本の円柱が15のドームを支える構造となっている．多くの円柱の彫刻は，古代に起源をもつヒンドゥー様式であり，モスクに改築されてからも，古き良き彫刻を残している．モスクの東門の前には，アーマド・シャーとその子孫が祀られている．

そのほかには，シディ・サイヤード・モスクとアーマド・シャー・モスクが有名である．前者は，アーマド・シャー王の家臣の1人が1573年に建立したもので，モスクのドームの装飾の美しさで，後者は，1414年にアーマド・シャー王一族の私的なモスクとして建設され，ヒンドゥー文化様式を多く残していることで有名である．市街地の北部にあるスワミ・ナラヤナ寺院は，1850年に建立されたヴィシュヌ神とラクシュミ神を祀るヒンドゥー教寺院として有名である．デリー門の北にあるハティ・シン寺院は，1848年の建立といわれるジャイナ教の代表的な寺院である．その他の主要な施設では，キャラコ紡績博物館，部族研究・研修博物館，シレヤス民俗博物館，インド学研究所博物館，メータ博物館，グジャラート大学(1950)，インド宇宙研究機構，紡績業研究所などがある．また，200を超える定期刊行物が出版される文化の中心都市でもある．「古都アーメダーバード」として2017年にユネスコの世界遺産(文化遺産)に登録された．　　[中山修一]

アメッド　Amed　インドネシア

[8°19′S　115°39′E]

インドネシア中部，バリ島東部，バリ州カランアセム県の村．ロンボク海峡に面している．塩田が広がり，天日干しによる製塩が盛んである．黒砂の広がるビーチには，色とりどりのジュクンとよばれる小さな船が並び，漁に使われる．また，バリ有数のサンゴ礁が広がり，人気のダイビングスポットとして多くのダイバーが訪れる．内陸部は険しい丘の斜面となっており，また乾燥しているため，米が栽培できず，トウモロコシやラッカセイ，野菜などがおもな作物となっている．

[浦野崇央]

アメデ島　Amédée, Îlot　フランス

面積：0.4km²　　　　[22°29′S　166°28′E]

南太平洋西部，メラネシア，フランス領ニューカレドニアの島．行政中心地ヌメアの南約20kmの沖合にある小島で，55mの高さをもつアメデ灯台で知られる．ヌメアの沖合はサンゴ礁(堡礁)が発達しており，その一部が途切れて船舶の進入ルートになっている．アメデ灯台は，航路の安全を確保するために建設されたもので，1865年に完成した．金属製で白色の灯台は，ヌメアの観光名所になっており，多くの日本人観光客をひきつけている．　　　[手塚　章]

アメリー棚氷　Amery Ice Shelf
南極

面積：62620km²　　　[69°45′S　71°00′E]

南極，東南極の棚氷．イングリッドクリステンセン海岸とラルスクリステンセン海岸の間の深く湾入したプリッツ湾奥に位置する．大規模な棚氷で，マックロバートソンランドの一部である．ランバート氷河が，プリッツ湾の南西側に注ぎ，棚氷を涵養している．1931年2月11日にオーストラリアのダグラス・モーソンに率いられたイギリス・オーストラリア・ニュージーランド合同南極探検隊によって，海岸線の飛び出した部分がアメリー岬と命名されたのが最初である．地名は当時のオーストラリアにおける連合王国の代表であったバンクス・アメリーに由来する．その後の調査で岬とつけられた海岸線は，棚氷の一部であるとわかったため，棚氷全体の名前として，1947年に南極地名委員会によっ

てつけ直された. 近くに中国の中山基地, オーストラリアのローベース基地, ロシアのプログレス基地がある. 　　　　　[前杢英明]

アメリカ高地　American Highland
南極

標高: 2800 m 　　　　　[72°30′S　78°00′E]

南極, 東南極の地域. ランバート氷河の東, イングリッドクリステンセン海岸の後背地である. 1939年1月の飛行でアメリカの探検家リンカーン・エルスワースによって視認されて命名された. 1931年2月にオーストラリアの探検家ダグラス・モーソンによって発見され, 彼によって命名されたプリンセスエリザベスランドの西部と重複する. なお, アメリカ合衆国はプリンセスエリザベスランドを認めておらず, オーストラリアはアメリカンハイランドを認めていない.
　　　　　[森脇喜一]

アメリカ領サモア　American Samoa
アメリカ合衆国

東サモア　Eastern Samoa (別称)

人口: 5.6万 (2010)　面積: 198 km²
　　　　　[14°16′S　170°42′W]

南太平洋東部, ポリネシア, アメリカ合衆国領の諸島. 未編入の非自治領(ただし1967年の憲法制定により実質的には自治的領域と同等の扱い)で, サモア諸島の東半部を占める. サモア独立国が西サモアとよばれるのに対して東サモアとよばれることもある. 通貨はUSドルである.

7つの環礁・島からなる. 主島はトゥトゥイラ島で, 島の中央部には良港を擁するパンゴパンゴ(パゴパゴ)の町があり, 行政機関や商業施設が集まっている. なお, 同島の付属島として東にアウヌウ Aunu‘u 島があり, さらに東方にはタウ島, オフ島, オロセンガ島からなるマヌア諸島, および無人のローズ Rose 環礁がある. マヌア諸島の中心はタウ島で, 伝統的村落の姿をよくとどめ, 領内最高峰のラタ Lata 山(標高931 m)を擁する. オフ島とオロセンガ島は橋でつながっており, 一体的に扱われることもある. 領内の北部にはスウェーンズ島がある. この島は位置的にニュージーランド領のトケラウ諸島に近く, 文化的にもそれらの島々との関係が深い. 全般に熱帯海洋性気候下にあって, 周年にわたって高温多湿で, 年平均降水量は5000 mmを超えることもある. とくに,

12〜3月の降水量が多い.

オフ島のトアンガ Toaga 遺跡からは約3000年前のラピタ Lapita 土器が発見されており, 古くから人が住みついていたことがわかる. アメリカ領サモアは西サモアとともにフィジーやトンガの歴史と深くかかわり, マヌア王がこれらの地域に対する覇権を握った時代もある. いまも, アメリカ領サモアと独立国サモアを含むサモア諸島全体はファーアマタイという伝統的な統治システムや血縁関係によって固く結びついている. そして, サモアの伝統的な村落社会は, ファーアサモア, すなわちサモア流とよばれる大家族制(アイガ aiga)にもとづいた氏族制と首長制(マタイ matai)を軸に営まれている. 住民のほとんどはサモア人で, 白人は2%強である. オーストロネシア語族ポリネシア語に属するサモア語(たとえば, ‘g’は ‘ng’と発音される. したがって, Pago Pago は Pango Pango と発音)が話され, 英語も共用されている. 宗教はキリスト教である. なお, 1830年代からロンドン伝道協会(LMS)によるキリスト教の布教活動が行われた結果, 大多数がプロテスタントに属する.

太平洋諸島の帝国主義的支配, 分割が進む中で, 1899年にアメリカ, ドイツ, イギリスによる3国協定でサモア諸島の西側はドイツ領となり, 東側はアメリカ領として分割された. それを受けて, 1900年にトゥトゥイラ島が, 04年にマヌア諸島が, そして25年にはスウェーンズ島が正式にアメリカに委譲された. とくに, 1904年のマヌア諸島の委譲について, アメリカ海軍の砲艦上で行われた裁判によってマヌア王が強制的に譲渡証書にサインさせられた事件はイプ裁判として知られる.

当初はアメリカ海軍省の統治下に置かれ, 半世紀にわたってアメリカの太平洋における軍事的拠点としての役割を担わされることになり, また第2次世界大戦中はサモアの若者も兵員として訓練されるなど, 大きな影響を蒙った. しかし, 第2次世界大戦後はその戦略的な意義が薄れたため, 1951年にはアメリカ海軍は撤退した. その後は内務省の管轄下に入って文民知事が選ばれ, 漸次自治が認められるようになり, 1967年には憲法が発効し, 自治政府が成立した. しかし, アメリカ議会による自治法制定がなされなかったため, 正式にはアメリカ合衆国市民権を与えられておらず, 上記のように非自治領にとどまっている.

現実には, 自治州の市民権保持者と同等の権利が与えられており, アメリカ議会(下院)

にも代表を1人送っている. ただし, 議会での投票権は与えられていない. 行政は知事が管掌し, 立法府は選挙で選ばれた21人の議員によって構成される下院と, 各地域を代表する18人の伝統的チーフによって構成される上院からなる. この2権から独立した裁判権がアメリカ内務省の管轄の下で行使される. 行政府はパンゴパンゴに隣接するファンガトンゴに置かれている. なお, アメリカ領内での移動の自由が認められているので, アメリカ本土やハワイ州への移住者が多い. 一方, 周辺諸国に比べて賃金水準が高いことから, 西サモアやトンガからの出稼ぎ労働者の流入も多い. そうした中で, アメリカ化が進んでおり, サモアの伝統文化の衰退ないし喪失が懸念されている.

域内の産業としては漁業が盛んで, パンゴパンゴに魚缶詰工場があり, 主たる輸出品目となっている. ほかにコプラの生産がある. そのほかには目立った産業はなく, タロイモ, ヤムイモ, バナナ, ココヤシなどを基幹作物とする自給的農業が営まれている. 2009年9月29日にトゥトゥイラ島沖合約200 kmの海域を震源とするM8級の大地震が起こり, 4〜6 mの津波に襲われ, 西サモアも含めて少なくとも150人が亡くなり, 数百人が負傷したと報告されている. スウェーンズ島については, ニュージーランド領のトケラウ諸島の人たちの間に, 文化的にも言語的にも関係の深い同島の帰属を求める動きがある. この統治権請求の動きは外交的な懸案となっているが, いまのところニュージーランド・アメリカ両政府とも領有権のなんらかの変更には与していない. 　　　　　[橋本征治]

アメリカンリヴァー　American River
オーストラリア

人口: 216 (2011)　面積: 1.8 km²
　　　　　[35°47′S　137°46′E]

オーストラリア南部, サウスオーストラリア州南東部の町. カンガルー島東部のペリカンラグーン Pelican Lagoon 湾頭に位置する. 州の中でも古くから知られた保養・観光地である. ワラビーやペリカンなどオーストラリア固有の動物が豊富で, それらを観察するためにやってくる人も多い. また, バードウォッチングや野生の動物, 花などを求めてのトレッキングも盛んである. 町の付近には, プロスペクトヒル Prospect Hill, ペリカンラグーン, イースタンコーヴ Eastern Cove, カンガルーヘッド Kangaroo Head などの地名がみられる. これは, 1802年に

この付近を探検した航海者のマシュー・フリンダーズ (1774–1814) によって命名されたものである. 地名は, 1810 年頃にアザラシ猟や捕鯨を目的としてこの付近に接近したアメリカの船が難破し, 新たな帆船をつくるために数カ月間ここに滞在したことに由来する. 北東 15 km にあるベネショーから, フェリー (所要 25 分) によって対岸の町ケープジャーヴィスと結ばれている.　　　［片平博文］

アモイ市　廈門市　Amoy　中国

シャメン市　廈門市　Xiamen (漢語) /ルーダオ
鷺島　Ludao (別称)

人口: 386.0 万 (2015)　面積: 1699 km²
気温: 20.9℃　降水量: 1200 mm/年
　　　　　　　　　　　[24°26′N　118°07′E]

中国南東部, フーチェン (福建) 省南東部の副省級市. チウロン (九竜) 江の河口に位置する港湾都市で, タイワン (台湾) 海峡に面し, チンメン (金門) 諸島と向きあう. 後背地にはチュワンチョウ (泉州) とチャンチョウ (漳州) 平野が広がる. 別名はルーダオ (鷺島). 英語表記はミンナン (閩南) 語系漳州方言に由来する Amoy. ハイナン (海南) 島, シェンチェン (深圳), チューハイ (珠海), シャントウ (汕頭) と並ぶ中国の経済特区として知られ, 省最大の貿易港で事実上の経済首都である. とくに工業化に伴う労働市場の急速な拡大が著しく, 一部では都市のスプロール化現象も進行中である. そのため, 常住人口の 386 万は戸籍人口の 211 万より 175 万人も多い (2015). 中心部のアモイ島 (135.2 km²) とグーランユィー (鼓浪嶼) (1.87 km²), 両環・九竜江北岸の湾岸部とトンアン (同安) 湾の沿海部からなり, 思明, 集美, 海滄, 湖里, 同安, 翔安の 6 区部を管轄する. 市政府所在地は思明区. そのほかに 300 km² の海域を有する.

明の洪武 20 年 (1387), 島上に城堡が築かれ, 廈門城と名づけられ, 初めて廈門の名が使われた. 明末, 鄭成功による反清活動の本拠地となったが, ここを攻略した清朝が康熙 23 年 (1684) に海禁を廃止したことにより, 東南アジア貿易と台湾交易の拠点として栄えた. アヘン戦争 (1840～42) 後, シャンハイ (上海) やコワンチョウ (広州) やフーチョウ (福州) と並ぶ開港場となり, 1860 年代からは茶葉の積出港として海外にも知られるようになった. 同治元年 (1862) にイギリス租界が, 光緒 28 年 (1902) には鼓浪嶼に共同租界が開設され, 領事館と外国商館も多数進出した. その後, アモイの茶葉は日本茶・台湾茶との競争に敗れ衰退した. 一方でアモイ出身の海外移民が増え始め, 東南アジア方面への出稼ぎ者からの送金でアモイの経済は維持された. また 20 世紀になると東南アジア華人からの投資も始まった. 1935 年に市制が施行され, 38～45 年の日本海軍占領期を経て, 49 年 10 月に新中国の管理下に移された. 以後, 1958 年 8 月 23 日に勃発した金門島砲撃事件 (823 砲戦) に象徴される台湾海峡の情勢をはさんで, 国民党支配下の台湾との軍事対立の最前線として位置づけられ, 経済は停滞した.

毎年 4～5 回ほど台風の影響を受けるが, 1980 年 10 月以降にアモイ経済特区, 象嶼保税区, ハイテク産業開発区が相次いで設置され, おもに対岸の台湾製造業の資本を誘致して経済成長を遂げた. 2015 年における中堅以上の工業企業数は 1647 社, うち電子と機械の合計は 790 社で, 工業総生産の 67.0% を占めている. 年間の貿易額は 832 億 US ドル, うち台湾との貿易額は 66 億 US ドルで, 省全体のそれぞれ 49.1% と 59.2% を占めている. アモイ港に 159 のバース (接岸施設) があり, うち万 t 級のバースが 71 を数える. 年間の積卸量は 2 億 1000 万 t, うちコンテナは 918 万 TEU (標準箱) に達し, 全国では第 6 位の天津港と第 7 位の大連港に次いで第 8 位の規模である.

省南部の交通結節点である. 鉄道の鷹廈 (ようか) 線 (インタン (鷹潭) ～アモイ) と福廈高速線 (福州～アモイ), 高速道路の瀋海線 (シェンヤン (瀋陽) ～ハイコウ (海口)) や福廈線 (福州～アモイ) や泉廈線 (泉州～アモイ) や廈安線 (アモイ～アンシー (安渓)) など, 国道 319 号と 324 号があるほか, アモイ高崎国際空港も 1983 年開港し, 現在の年間利用者は 2181 万人にのぼり, 国際線 28 航路, 国内線 201 航路が開通されている. また台湾管轄下の金門島やマーツー (馬祖) 島, ポンフー (澎湖) 群島などとの間に 2000 年 12 月に 3 通 (通郵, 通商, 通航) が認められたフェリーが毎日 46 往復し, 年間約 180 万人 (2016) の利用者を数える.

古くから華僑を送り出した町として知られ, 現在も国外にアモイ出身の華僑が約 80 万 (2014) 居住している. 1921 年に南洋華僑の陳嘉庚が創設した国立廈門大学と集美大学をはじめ, 市内にアモイ理工学院など分校を含む計 17 の大学があり, 学生数は 16 万にのぼる. 鼓浪嶼 (閩南語ではコロンス島), 南普陀寺, 万石植物園, 華僑博物館などの名所旧跡も多く, 年間約 6000 万人の観光客がアモイを訪れる. 2015 年の常住人口 1 人あたり GDP は約 1 万 4514 US ドルで省内最高水準である. 1983 年に長崎県佐世保市, 95 年に沖縄県宜野湾市と友好都市提携を締結した. なお, 2000 年には悪質商人と高級官僚の結託による大規模な密輸と汚職が摘発され (遠華事件), 300 人以上の逮捕者が出た.

　　　　　　　　　　　　　　　［許　衛東］

アヤグス　Ayagoz　カザフスタン

人口: 4.1 万 (1991)　　[47°59′N　80°27′E]

カザフスタン東部, 東カザフスタン州南部の都市. トルキスタン・シベリア (トルクシブ) 鉄道の沿線, アヤグス河畔にあり, 州都オスケメンの南西 273 km, セメイ (セミパラチンスク) の南 266 km に位置する. 人口が 1956 年の 2.9 万から 91 年には 4.1 万に増加している. 中国との鉄道運輸の拠点である. 金属製品・建設材料生産, 車両・自動車修理, 食肉その他の食料品加工, 紡毛などが行われる. 南東方向, 中国シンチャン (新疆) ウイグル (維吾爾) 自治区への幹線道路が通る. 1847 年, ロシアのカザフスタン征服の砦として建設され, 1930 年, トルクシブ鉄道建設の拠点として, 南に隣接する古い通商センター, セルギオポルと合併した.

　　　　　　　　　　　　　　　［木村英亮］

アヤチャワン島　Ayer Chawan, Pulau　シンガポール

チャワン　Chawan (現名称)

面積: 1.7 km²　　　　[1°16′N　103°42′E]

シンガポール, シンガポール島南西沖に位置する旧島. 面積は 1.7 km² であったが, この島を含めて周辺の 10 島あまりの島間が埋め立てられ, 現在はジュロン島 (面積 32 km²) の一部になっている. ジュロン島のほぼ中央に位置しており, チャワンの地名がある. エクソン・モービル社の石油精製関連施設が数多く立地している. さらにこの島の南には廃棄物最終処分地としても利用されているセマカウ島などの島々がある.　［高山正樹］

アヤメルバウ島　Ayer Merbau, Pulau　シンガポール

メルバウ　Merbau (現名称)

面積: 1.4 km²　　　　[1°16′N　103°43′E]

シンガポール, シンガポール島南西沖に位

置する旧島．面積は1.4 km²であったが，この島を含めて周辺の10島あまりの島間が埋め立てられ，現在はジュロン島（面積32 km²）の一部になっている．ジュロン島の南部に位置しており，メルバウの地名がある．石油関連施設が数多く立地している．さらにこの島の南には廃棄物最終処分地としても利用されているセマカウ島などの島々がある．

[髙山正樹]

アユタヤー　Ayutthaya　タイ
プラナコーンシーアユタヤー　Phra Nakhon Si Ayutthaya（正称）

人口：8.3万（2010）　面積：131 km²

[14°20′N　100°35′E]

タイ中部，アユタヤー県の都市で県都．正式名称はプラナコーンシーアユタヤー．首都バンコクの北約70 kmの，チャオプラヤー川とその支流のパーサック川とロップリー川が合流する地点に位置する．これらの川に囲まれるように横長の川中島が形成されており，この島中に旧市街が形成されており，かつてのアユタヤー王朝の王宮や寺院跡が存在する．

アユタヤーの歴史は古く，1351年にタイ族のウートーン王が都を置く前からすでに町が形成されていたと考えられている．その後1767年にビルマのコンバウン朝によって滅ぼされるまで，アユタヤーは約400年あまりの間，インドシナ半島中央部に存在したタイ族の国アユタヤー朝の都として繁栄していた．その間，1569年に同じくビルマのタウングー朝によっていったんアユタヤーの都は占領され，15年間ビルマの属国となっていた．この16世紀末のアユタヤーの一時滅亡を境に，前半と後半でアユタヤーの様相は異なっており，国名も前半がアヨータヤー，後半がアユタヤーと若干変化していたという説が有力である．アヨータヤーは川中島の東側のパーサック川東岸に開けた町であり，現在もワット・アヨータヤー（アヨータヤー寺院）やアヨータヤー自治区（市）の名前が残っている．

アユタヤーは海から直線距離で約100 km上流に位置しているが，アユタヤー朝の時代には海の玄関口として繁栄していた．とくに16世紀末のビルマの一時占領から独立を回復したナレースワン王の時代から17世紀末のナーラーイ王の時代にかけてアユタヤーが交易都市として最も繁栄した時期であり，ヨーロッパやアジア各地から多くの貿易船がアユタヤーに入港した．当時は川中島に王宮や寺院などアユタヤー王朝の中枢が集中していたことから，各地から入ってきた外国人商人はチャオプラヤー川沿いにそれぞれ集住し，外国人町を形成していた．江戸幕府によって朱印状の発行が始まると，朱印船に乗って多くの日本人もまたアユタヤーにやってくることとなり，日本人町も形成された．日本人町は川中島の南のチャオプラヤー川東岸に位置し，現在も日本人町跡としてその場所が保存されている．

この日本人町で活躍したのが山田長政である．彼は沼津藩の駕籠かきであり，1612年頃朱印船に乗ってアユタヤーに向かったものと考えられている．アユタヤーに到着した彼は日本向けの商品であったシカ皮や蘇木の買い付けに従事するとともに，日本人義勇兵の隊長としてもその名声を高めていった．彼は当時のソンタム王に重用され，オークヤーという当時の官吏としては最高の官位を得るにいたった．しかし，ソンタム王の死後彼は王位継承争いに巻き込まれ，争いを制して王位を獲得したプラーサートトーン王に疎まれて1629年に南部の要衝ナコーンシータマラートの領主に任ぜられ，翌年かの地で毒殺されてしまった．まもなく日本の鎖国政策によって朱印船貿易も終焉し，日本人町も消えていくことになった．

1767年にビルマ軍がアユタヤーを攻撃してアユタヤー王朝も滅亡し，アユタヤーの都は廃墟となった．ビルマ勢を駆逐してふたたびタイを統一したタークシンは都を南のトンブリーに移したことから，都が再興されることはなかった．その後，1782年にラーマ1世がトンブリーからチャオプラヤー川対岸の現在のバンコクへとふたたび都を移し，新たな都を建造することになったが，そのためにアユタヤーに放置されていたレンガ片が用いられた．さらに，アユタヤーのレンガ片は19世紀末から建設が始まったバンコク～ナコーンラーチャシーマー間の鉄道建設の際にも砕石のかわりに用いられ，アユタヤーの都の後の瓦礫は各地で再利用されていった．鉄道はパーサック川の東岸に駅を置き，旧市街の川中島との間は渡し船が連絡することになった．その後，バンコクから道路が延びてきて1943年にパーサック川をまたぐ橋がかけられたことで，川中島に自動車が到達できるようになった．

第2次世界大戦後，この町は観光都市としての様相を強めることとなった．1960年代に入るとタイを訪れる外国人観光客が増え始め，バンコクから日帰りも可能な町は国内で最も手軽に訪問できる歴史的観光地として脚光を浴び始めたのである．川中島の各地に点在している王宮跡や寺院などの遺構の整備も始まり，1967年にはアユタヤー歴史公園の区域が指定され，芸術局が歴史公園として一帯を管理することになった．この結果，旧王宮跡などの主要な遺構への自由な立ち入りは規制され，入場料を支払った観光客のみが入れるようになった．そして，1991年には北部のスコータイとともにアユタヤーは「古都アユタヤ」としてタイで最初のユネスコの世界遺産（文化遺産）にも登録され，タイを代表する歴史的観光地としての地位を不動のものとした．

アユタヤー（タイ），アユタヤーの王の遺骨を納めたワット・プラシーサンペット《世界遺産》
〔Natalia Sidorova/Shutterstock.com〕

他方で，バンコクの近郊都市として，アユタヤーは川中島へその市街地を拡大させていった．川中島の中は多くが歴史公園に組み込まれて開発が規制されたため，市街地はバンコクから延びてきた道路沿いに東へ向かって拡大していった．とくに，1970年代に入ってバンコクから北部へのバイパスとなる国道32号が鉄道よりさらに東を南北に縦貫するようになると，新市街地はパーサック川の橋とこの新道の間で形成されるようになり，さらに90年代にはこの国道も拡幅され，両側に新たな市街地が形成されていった．また，国道32号よりさらに東のバンコクからの旧道（ローチャナ通り）沿いには日系合弁企業による民間のローチャナ工業団地が整備され，アユタヤーは工業都市としての側面も高めることとなった．

このように，観光都市のみならず工業都市としての様相も高めたが，経済発展と歴史遺産の保護の両立が問題となっている．とくに，パーサック川東岸の旧アヨータヤー一帯が近年の急激な都市化の波にさらされており，開発によって多くの遺構が消滅したり破損したりしている．最近も旧アヨータヤーの域内にアヨータヤー水上マーケットやゾウセンターなど観光客向けの施設がつくられ，観光開発が進められている．開発と歴史景観の保存をどのように両立させるのかが，アユタヤーに課された大きな課題である．

[柿崎一郎]

アユタヤー県　Ayutthaya, Changwat

タイ

プラナコーンシーアユタヤー県　Phra Nakhon Si Ayutthaya, Changwat（正称）

人口：87.1万（2010）　面積：3577 km²

[14°20′N　100°35′E]

タイ中部の県．正式名称はプラナコーンシーアユタヤー県，県都はアユタヤー．県の中央をチャオプラヤー川が南北に流れ，全域がチャオプラヤーデルタ内に位置することから地形は平坦である．県面積の約3/4が農地であり，その大半が水田である．長らく国内最大の米の産地であったチャオプラヤーデルタのおもな米生産県の1つであり，2013年度の米生産量は雨季作が62万t，乾季作が57万tであり，二期作が盛んである．首都バンコクに近いことから近年は県東部を中心に工業団地も増加し，ローチャナ，バーンパインなどの工業団地には日系企業の工場も多い．また，県都アユタヤーは世界遺産（文化遺産）に登録された旧アユタヤー王朝の都の

遺跡が残るほか，県南部のバーンパインにラーマ4，5世が整備したバーンパイン離宮など，観光資源も豊富である．

[柿崎一郎]

アヨーディヤ　Ayodhiya

インド

アワド　Awadh（旧称）

人口：5.6万（2011）　面積：10 km²

[26°47′N　82°12′E]

インド北部，ウッタルプラデシュ州，ファイザーバード県の都市．県都ファイザーバードの東に接し，ヒマラヤ山脈からガンジス川に流入するガーガラ川の右岸に位置する．ファイザーバードは，州都ラクナウから国道28号を東に約125 kmの位置にある．アヨーディヤは，ムガル帝国時代（1526〜1858）のアワド藩王国の首都であった．また，古代コーサラ国（紀元前7〜前6世紀）の首都でもあった．インドで最も古いヒンドゥー教の聖地の1つ．インドの古代叙事詩ラーマーヤナ物語にも都市の発展ぶりが記されている．ヒンドゥー教徒にとって，アヨーディヤの地名は，心のよりどころとされる．しかし，ムガル帝国時代に，ヒンドゥー教の歴史的寺院が破壊され，その上にイスラーム教のモスクが建てられたことから，この宗教施設をめぐりインド独立以前から宗教紛争が絶えない．1992年12月6日に，ヒンドゥー教原理主義者の集団が，モスクを破壊する事件があった．それ以降，このモスクをめぐり宗教対立が激化し，幾度となく両者の衝突がくり返された．なお，この宗教施設は，現在，国が宗教遺跡として管理している．

[中山修一]

アラー　Arrah

インド

アラ　Ara（現名称）／ベエヤ　Beheya（旧称）

人口：26.1万（2011）　面積：31 km²

降水量：1186 mm/年　[25°34′N　84°40′E]

インド北部，ビハール州，ボージプル県の都市で県都．ガンジス川とソン川の合流点に位置し，州都のパトナの西約60 kmにある．アラーは，イギリス領時代の表記であり，現在は，アラとよばれる．歴史的には，ジャイナ教の古い中心地として知られる．また，ムガル帝国のベンガル藩王国の太守軍が，イギリス東インド会社軍との戦争に敗れ，植民地支配の基盤づくりにつながったブクサルの戦い（1764）のおもな古戦場としても知られている．市内や周辺地域で産する穀物類，サトウキビ，アブラナなど農産物の集散地として栄える．また，市内周辺に石灰石を産し，関連の加工業も立地する．

[中山修一]

アライ山脈　Alayskiy Khrebet

タジキスタン/クルグズ

標高：5538 m　長さ：320 km

[39°27′N　71°05′E]

タジキスタンからクルグズ（キルギス）にまたがる山脈．ティエンシャン（天山）山脈の南支脈である．パミール山地北部，フェルガナ盆地の南側にある．タジキスタン国境から西へ延びる．砂，泥土と変成頁岩を含む結晶性の岩石で形成されている．北側斜面はなだらかであるが，南側は急峻で，西側は雪と氷河に覆われる．最高峰は西部のタルドゥコル峰．サリタシの真北に位置するタルドゥク峠は標高3614 mである．南側に並行して走るザアライ山脈との間の広大なアライ盆地には，スルホブ川の支流キジルス川が流れて肥沃な草地を形成し，放牧が行われる．東西トルキスタンを結ぶ交通路となってきた．西部では農耕も行われる．

[木村英亮]

アラヴァリ山脈　Aravalli Range

インド

標高：1722 m　長さ：560 km　幅：10-100 km

[24°36′N　74°42′E]

インド西部，ラージャスターン州を北東-南西方向に分断する一連の丘陵性山地．標高は大部分が300〜900 m．最高峰は主脈から南西に分離したアブ丘陵のグルシカール Guru Sikhar峰（標高1722 m）で，全体としてグジャラート州境の南西部で幅広く，高くなっており，北東部ではしだいに狭く，低くなっている．山体の中心は先カンブリア紀の片麻岩や片岩からなり，地層の褶曲構造が，長期間の侵食によって削り残された多数の並行する山列となって，規則的に南西-北東方向に延びている．アジメールの近くで，それらは何本もの石英岩からなる鋸の歯のような丘に分かれる．また，ジャイプルの北では半分沖積層に埋もれ，しだいに孤立した山列となり，首都デリーの南まで続いている．アラヴァリ山脈の西方は，乾燥地域で，暑さも厳しく風も強い．人びとは半定住で，広く遊牧地帯となっている．一方，東方は半乾燥から半湿潤気候で，気温は厳しいが相対的に多湿で風も弱い．ここでは，ビール族が移動農業を生業としている．

[大竹義則]

アラカン　Arakan　☞ ラカイン州 Rakhine State

54 アラカ 〈世界地名大事典：アジア・オセアニア・極Ⅰ〉

ア

アラカン山脈 Arakan Yoma ☞ ラカイン
山脈 Rakhine Yoma

アラグシャー盟 ☞ アラシャー盟 Alashan

アラシャー右旗　阿拉善右旗
Alshan Baruun
中国

Alasha Baruun, Alxa You（別表記）

人口：2.5万（2010）　面積：75226 km²

標高：1200-1400 m　気温：8.4℃

降水量：89 mm/年　　　［39°13′N 101°40′E］

　中国北部，内モンゴル自治区アラシャー
（阿拉善）盟の旗．1961年に旗が設置され，3
鎮4ソムを管轄する．北はモンゴル国と接
し，国境線は45 kmに及ぶ．地形は南高北
低で，南西部に山脈，北西部に砂漠が多く，
砂漠と山脈の間にゴビ（礫質の砂漠）と丘陵が
横断している．人口希薄な地域で，無人の砂
漠地帯が広がり，砂漠は全土の46.6％を占
める．温帯乾燥地区である．
　モンゴル人の遊牧による牧畜産業が主要な
産業であったが，近年は積極的に外資を導入
し，鉄鉱業への投資を増加している．牧畜業
では，ラクダと白山羊がおもな品種である．
マンドラ（曼德拉）山とアラガラン（阿日格楞）
山などでは古代岩画が数多く発見され，烽火
台とテケシ（特布希）廟，アグイ（阿貴）廟，バ
タンジャラン（巴丹吉林）廟，ホライ（呼熱延）
廟など古代建造物もある．ボルトラガイ（宝
日陶勒蓋）鳴砂山，バンダン湖，ソミンジャ
ランなどの観光地がある．バタンジャラン砂
漠の砂丘の王とよばれる砂峰は，相対比高が
500 mを超え，世界一である．セテゲルジン
（策徳格爾鏡）湖では，毎年旧暦7月25日に
オボー祭典の儀式が行われる．

　　　　　　　　　［オーノス・サラントナラ，杜　国慶］

アラシャー左旗　阿拉善左旗
Alsha Juun
中国

Alashan Juun, Alxa Zuo（別表記）

人口：14.0万（2010）　面積：80412 km²

標高：800-1500 m　気温：7.2℃

降水量：80-220 mm/年

　　　　　　　　　　［38°50′N 105°40′E］

　中国北部，内モンゴル自治区アラシャー
（阿拉善）盟の旗．4街道9鎮6ソムを管轄す
る．南西はガンスー（甘粛）省ウーウェイ（武
威）市およびバイイン（白銀）市と，北東はバ
ヤンノール（巴彦淖爾）市，オルドス（鄂爾多

斯）市およびウーハイ（烏海）市と，北はモン
ゴル国と接し，国境線は188 kmに及ぶ．地
形は南東の標高が高く，北西が低く，最高地
点は3556 mである．利用可能な草地面積は
4万6000 km²，砂漠は3万4000 km²であ
り，テングリ（騰格里）とウラーンブヘ（烏蘭
布和）の2大砂漠がある．風砂が激しく，降
水は少ない．
　新石器時代から人類が活動していた遺跡が
ある．紀元前から匈奴，鮮卑，吐蕃，モンゴ
ルなど遊牧民族が居住しており，1686年，
新疆と青海から初めての開拓者が移り住ん
だ．1961年，アラシャー旗が左旗と右旗に
分けて設立された．1969年にニンシャ（寧
夏）回族自治区に編入され，77年にふたたび
内モンゴル自治区となった．モンゴル族，漢
族，回族，満族，朝鮮族，ダウール（達斡爾）
族など14の民族の住む多民族地域であり，
漢族人口が最も多い．
　主要産業は牧畜業であり，ラクダと羊が主
要家畜となっている．とくにフタコブラクダ
は中国全土の60％を産し，ラクダの郷の異
名をもつ．また，アラシャー型白山羊も品質
がよく，国際博覧会でも受賞している．白山
羊のカシミヤは繊維宝石とよばれ，世界で評
価が高く，年間生産量は160 tに達する．小
麦，トウモロコシ，コーリャンなどの農産物
も生産される．鉱業も盛んであり，とくに内
モンゴル自治区最大14億tの埋蔵量をもつ
炭鉱が珠珞本煤鉱公司などの企業により操業
されている．小規模炭鉱に関しては違法操業
を行うケースもあり，地方政府による取締り
が強化されている．また，ジャルタイ（吉蘭
泰）塩池付近での塩，ソーダ塩の製造業があ
る．ホーラン（賀蘭）山（アラクウーラ山）は国
立自然保護区に指定されている．また，モン
ゴル族の舞踊，服飾，婚礼儀式なども文化財
として保護されている．近年は砂漠化が進行
し砂嵐対策が大きな課題となっている．

　　　　　　　　　［オーノス・サラントナラ，杜　国慶］

アラシャー盟　阿拉善盟　Alsha
中国

Alashan, Alxa（別表記）/アラグシャー盟，アラ
シャン盟，アルシャー盟，アルシャン盟（別表記）

人口：18.0万（2010）　面積：267574 km²

標高：900-1400 m　気温：6-8.5℃

降水量：208 mm/年　　　［38°50′N 105°40′E］

　中国北部，内モンゴル自治区最西部の盟．
南西はガンスー（甘粛）省，南東はニンシャ
（寧夏）回族自治区，北はモンゴル国と隣接
し，国境線は733 kmに達する．ホワン（黄）

河が盟内を約85 km流れ，年間の水流入量
は300億m³に達する．内モンゴル自治区で
は最も人口の少ない地域である．地形は南高
北低で，砂漠8.4 km²，ゴビ（礫質の砂漠）
9.1 km²，荒漠草原9.5 km²の構成であり，
森林面積は3.3％を占める．バタンジャラン
（巴丹吉林）とテングリ（騰格里），ウラーンブ
ヘ（烏蘭布和）の3大砂漠がアラシャーを横切
り，その総面積が7万8000 km²，盟全体の
29％を占め，世界第4位，中国第2位であ
る．中でも，バタンジャラン砂漠は比高5〜
400 mの砂丘があり，500カ所以上の塩湖と
淡水湖が分布している．北部に9万km²の
大規模なゴビが広がり，盟全土の1/3にも
及ぶ．また，平均標高2700 mのホーラン
（賀蘭）山が南北に走り，これがテングリ砂漠
の拡大を防ぎ，北西からの寒風も防いでい
る．
　アラシャーのアラはアラグというモンゴル
語に由来し，シャーは中国語の山（shan）に
由来している．または賀蘭（アラクウーラ）山
が訛ったものに由来するという説もある．賀
蘭は匈奴の一部落であり，姓としても使われ
た．アラグシャー盟，アラシャン盟，アルシ
ャー盟，アルシャン盟とも称される．旧石器
時代から人類が居住しており，細石器文化が
発見され，東西石器文化の交わるところでも
ある．また，歴代北方遊牧民族が賀蘭山，マ
ンドラ（曼德拉）山などで数多くの岩画を残し
ており，古代遊牧民族の宗教信仰や生活習慣
を研究する貴重な資料となっている．清代康
熙年間に服属したアラクシャー・ホショー
ト，雍正年間に服属したエジナ旧トルグート
など，オイラト系の部族を起源とする．清朝
期の法制上は，外藩蒙古の外扎薩克四部落等
處一百五十旗を構成する，「陝甘総督所属額
済納舊土爾扈特扎薩克多羅貝勒一旗」および
「駐箚寧夏理事司員所属阿拉善霍碩特扎薩克
和碩親王一旗」に区分されていた．中華民国
期に北洋政府蒙蔵院や中央行政院蒙蔵院の管
轄ともなった．
　1954年，寧夏省モンゴル自治区が成立し
て，トンコウ（磴口）県，アラシャー旗を管轄
し，同年さらに甘粛省モンゴル自治区となっ
た．後にアラシャー旗自治区が旗制施行し，
アラシャー旗となった．1955年，モンゴル
自治区がバヤンホト（巴音浩特）モンゴル族自
治州に改称された．1956年，甘粛省の分割
により，内モンゴル自治区バヤンノール盟の
所属となり，80年にアラシャー盟となった．
現在，アラシャー左旗，アラシャー右旗，エ
ジナ（額済納）旗の3旗の下に39のソム（鎮），
203のガチャ（村）を管轄する．

エジナ旗の草原には中国国防研究試験基地の東風航天城と空一，空二基地があり，酒泉衛星発射センターが設置されている．ラクダと山羊の毛織物産業が発達し，ウールやカシミヤ製品はアメリカやイタリアで受賞している．また，鉱物資源が豊富で，無煙炭は黒い宝石ともよばれ国外に輸出される．塩湖より産する湖塩，花崗岩，方解石の埋蔵量は内モンゴル自治区第1位で，漢方薬や，モンゴル薬，チベット薬などの民族医薬の重要な原料となる沈香（ジンコウ）は，現在，中国で唯一の生産地でもある．国立自然保護区の賀蘭山，世界で最も高い砂峰のあるバタンジャラン砂漠，マンドラ山岩画，ジャルタイ（吉蘭泰）塩池，コトカケヤナギ（胡楊）の林，カラホト（黒城）遺跡では観光開発が進んでいる．

[オーノス・サラントナラ，杜 国慶]

アラシャー山脈 Alsha ☞ ホーラン山
Helan Shan

アラス海峡 Alas, Selat インドネシア

幅：47 km　　　　　　　[8°31′S 116°42′E]

インドネシア中部，小スンダ列島，西ヌサトゥンガラ州，ロンボク島とスンバワ島の間にある海峡．ロンボク島東岸のラブハンロンボク Labuhan Lombok とスンバワ島西岸のポトタノ Poto Tano を結ぶフェリーが運航している．周辺の海域ではイカ漁が盛んである．

[浦野崇央]

アラタウ山脈 Ala Tau Range

ウズベキスタン～中国

アラタウ山脈 Alatau（カザフ語）/アラトー山脈
Ala-Too（クルグズ語）

中央アジアの山脈．ウズベキスタン，カザフスタン，クルグズ（キルギス），中国にまたがる．ティエンシャン（天山）山系のいくつかの山脈，ジュンガルアラタウ，キュンゲイアラトー，タラスアラタウ，テルスケイアラトー，ザイリースキアラタウからなり，タラスアラタウ以外は標高4880 m以上の高さがある．クルグズではアラトー山脈とよばれる．全体は森林に覆われ，主としてトルコ語を話す遊牧民が居住する．ここではさまざまな穀物が栽培される．天山山脈の最北で最も高い支脈であるジュンガルアラタウは，カザフスタンと中国の国境を形成する．ここには銀と鉛の鉱山と温泉がある．クルグズとカザフス

タンの国境をなすザイリースキアラタウは，集約的な灌漑農業を育む．北斜面にあるカザフスタンのアルマトゥは，この地域最大の都市である．

[木村英亮]

アラタプ Aratapu ニュージーランド

テアラタプオマナイア Te Aratapu-o-Manaia
（正称）

[36°01′S 173°54′E]

ニュージーランド北島，ノースランド地方の村．ワイロア川西岸に位置する．ダーガヴィルの南9 kmにある．正式名称はテアラタプオマナイアで，マナイアの神聖な道を意味する．マナイアは，13～14世紀にカヌーでニュージーランドに到達し，ファンガレイ港から北島を横切り，島の裏側の当地にやってきた人びととされる．1888年に最初のヨーロッパ人の入植が始まり，その後，木材加工によって発展した．

[林 琢也]

アラダラ Ulladulla オーストラリア

Ngulla-dulla（旧称）/ Wolladoorh（旧称）

人口：0.6万（2011）　面積：14 km²

[35°21′S 150°28′E]

オーストラリア南東部，ニューサウスウェールズ州南東部，ショールヘヴン行政区の町．州都シドニーの南西約180 km，プリンセスハイウェイで227 kmに位置する．ナウラまでは北68 km，ベートマンズベイまでは南48 kmである．町には，南のアラダラ地区からモリームック Mollymook 地区を経て，北はナラワリー Narrawallee の入江まで7 kmほどにわたって海岸沿いに造成された街区が続いている．また，プリンセスハイウェイ沿いの北側にあるミルトンから南側にあるブリルレイク Burrill Lake までを含む範囲が，ミルトン～アラダラ地域とされている．シドニーからの鉄道シティレール南海岸線は，町の北約60 kmにあるボマデリーの駅が終点となっているが，アラダラとミルトンからは2系統のバス路線がシドニーまで毎日運行している．

地名は，安全な港を意味する先住民の言葉に由来しており，現在の Ulladulla という表記のほかに，かつては Woolladoorh もしくは Ngulla-dulla とも綴られていた．すなわち，天然の良港であり，アラダラ港はこの地域における漁業の拠点となっている．アラダラ港には，1859年に木の桟橋がつくられたことでイラワラ汽船会社が寄港するようになり，7年後には政府により石製の埠頭がつく

られた．付近には，汽船会社によってシドニーとの間を往来する貨物のための倉庫が建設され，1950年代半ばまで，定期便が毎週運行されていた．1873年には港の防波堤に灯台が設置され，当時はアラダラ灯台として知られていた．1889年には港南側のワーデンヘッド Warden Head に移され，いまも灯台として使われている．かつて，埠頭の先端まで線路が敷設され，1890年代半ばには人力や馬の力で動かす小型の貨車が使用されており，1910年から翌年までは複線になっていた．この施設は少なくとも1947～48年頃までは保守，運用されていたが，91年までにほぼすべての設備が撤去されている．アラダラ港では，1956年からイースターの時期にブレッシング・オブ・ザ・フリート祭りが行われている．この祭は，シチリアが発祥地でイタリアの漁師町などでは数百年もの間伝えられてきたもので，イタリア系住民の多いこの町でも地元の人びとによって継承されている．毎年，イースターの日曜日に，宗教的なパレードや花火の打ち上げ，ハーバーマーケットなどが開催されている．

町とその周辺は海岸のリゾート地域として知られている．モリームックの白い砂浜など数多くの海水浴場があり，サーフィンなどのマリンスポーツが盛んに行われている．海岸付近をはじめ，各所にはゲストハウス，コテージ，アパートメントなどさまざまな宿泊施設が立地し，町の中心部はホテルなどに加え，店舗や飲食店などの商業施設が集まるエリアとなっている．また，ゴルフ場などのレクリエーション施設が整備されているほか，ピジョンハウス山やザキャッスルとその周辺では，山歩きやハイキングを楽しむことができる．

[落合康浩]

アラッコナム Arakkonam インド

人口：7.8万（2011）　[13°06′N 79°40′E]

インド南部，タミルナドゥ州北部の都市．北にアンドラプラデシュ州と接する．州都チェンナイ（マドラス）からベロールを経てベンガルール（バンガロール）にいたる鉄道路線と，同じくチェンナイからアンドラプラデシュ州のカダパを経て北部とを結ぶ鉄道の結節点にあり，交通の要衝である．また，南部のカーンチープラム方面へも鉄道が接続している．

[荒木一視]

アラト　Alat
ウズベキスタン

人口：1.3万（2012）　標高：192 m
[39°26′N　63°48′E]

ウズベキスタン中央南部，ブハラ州南西部，アラト地区の村で行政中心地．州都ブハラの南西66 kmにあり，トルクメニスタンとの国境に近い．ザカスピ線の鉄道駅がある．1982年に設立された．おもに綿花の栽培と加工，年間10万tの製塩が行われている．
[木村英亮]

アラトー山脈　Ala-Too ☞ アラタウ山脈　Ala Tau Range

アラトルク県　伊吾県　Aratürük
中国

イーウー県　伊吾県　Yiwu（漢語）
人口：2.0万（2002）　[43°15′N　94°41′E]

中国北西部，シンチャン（新疆）ウイグル（維吾爾）自治区東部，クムル（哈密）地級市の県．南東はガンスー（甘粛）省，北東はモンゴルに隣接する．一帯は紀元前には匈奴の地で，漢代には伊吾慮とよばれた．1937年にクムル県から分離してアラトルク設治局が置かれ，43年に県になった．漢字表記の伊吾は伊吾慮の略称である．鉱物資源に富み，石炭，塩，金，めのうを産する．草原が広大で，牧畜業が盛んであり，アラトルク馬，羊の産地として知られる．
[ニザム・ビラルディン]

アラヌイ　Aranui
ニュージーランド

人口：0.4万（2013）　[43°31′S　172°42′E]

ニュージーランド南島，カンタベリー地方の町．クライストチャーチ東部の郊外にある．1912年には郵便局が開設されたが，現在は所得の低い人たちが多く住む地区となっている．アラは道，ヌイは大きいことを意味する．1900年頃から現名称でよばれていたので，文字どおり大きい道ということになるが，アラヌイの由来は場所により異なっている．北島，ワイカト地方のワイトモにあるアラヌイ洞窟は，野生の豚の狩猟をしていて洞窟を発見したマオリの名であり，ウェストコースト地方のアラヌイ川は，多くの淡水魚の意味で使われている．
[井田仁康]

アラヌカ環礁　Aranuka Atoll
キリバス

人口：0.1万（2010）　面積：12 km²
[0°11′N　173°36′E]

中部太平洋西部，ミクロネシア，キリバスの環礁．キリバス西部，ギルバート諸島中央部赤道付近，首都のあるタラワ島の南南東約140 kmに位置する環礁である．スワンプタロ，ココヤシ，パンノキの栽培と漁業による自給自足経済が営まれる．キリバスでは島々の間の上下関係はまれだが，アラヌカ島は西洋との接触以前，西隣のクリア島とともに，北部のアベママ島の首長の支配下にあった．
[柄木田康之]

アラバット島　Alabat Island
フィリピン

人口：4.3万（2015）　面積：267 km²
[14°06′N　122°03′E]

フィリピン北部，ケソン州の島．ルソン島中部の東岸のラモン湾に浮かぶ．島の南西側には対岸のルソン島との間にロペス湾が，東側にはカラウアグ湾が広がる．島内の最高地点は標高422 mである．フィッシングリゾートとして名高い．アラバット，ペレーズ，ケソンの3地区からなり，計57の村（バランガイ）から構成されている．島の中心地および港は西海岸のアラバットである．ここには島で唯一の公立学校であるアラバット国立高等学校が建つ．島の南西岸には広範囲にわたってマングローブが生育するが，それらの原生林の多くは魚やエビの養殖池造成のために破壊されてしまっている．
[石代吉史]

アラハバード　Allahabad
インド

プラヤーグ　Prayag（古称）
人口：111.7万（2011）　面積：113 km²
標高：97 m　気温：26℃　降水量：979 mm/年
[25°27′N　81°51′E]

インド北部，ウッタルプラデシュ州アラハバード県の都市で県都．州都ラクナウの南東181 kmに位置する．ウッタルプラデシュ州を東流する巨大河川のヤムナ川とガンジス（ガンガ）川の合流点に広がり，製粉・繊維工業，商業，行政の中心地である．また，砂糖の取引地としても有名である．2つの巨大河川の合流点には，ヒマラヤ山脈から地下を流れるもう1つの巨大河川サラスワティ川が合流していると考えられている．そうした神話から，古くからの代表的な巡礼地として，多くのヒンドゥー教徒が訪れる．町は古代神話でプラヤーグとよばれる．また，地名は，アッラー神の町の意味で，ムガル帝国初代のアクバル帝が名づけたという．インドを代表する神話『ラーマーヤナ』の主人公ラーマが，デカン高原に向けて追放された際に，この地に立ち寄ったとされる．

バンラウリに空港をもつ．州立アラハバード大学，私立アラハバード農科大学がある．独立後初代首相を長年勤めたジャワハルラル・ネルーの実家がある．町に残る歴史的に最も古い記念碑は，アショーカ王の碑文をもつアショーカ柱で，側壁には紀元前242年と刻まれている．アショーカ柱は，アショーカ王が支配地のおもな都市に建立して威勢を誇ったといわれるもので，この町が当時かなりの都市として発達していたことがわかる．中世の北インドを治めていたアワド地方のイスラーム教徒の大守は，1801年，この地を東インド会社に委譲した．北部インド一帯で，東インド会社の永代ザミンダリー（地主）制の制度改革の実施を前に勃発した1857～58年の第1次インド独立戦争（セポイの乱）の戦跡が多く残っている．インド側の連合軍は，最後の決戦地であったラクナウで，イギリス東インド会社軍とイギリス本国からの精鋭部隊との連合軍に破れた．その結果，インドの支配権は，東インド会社から直接イギリス政府に委譲され，直轄植民地となった．このときの調印式は，ここアラハバードで行われた．

1901～59年の間，連合州の首都であり，インド独立運動の中心地の1つでもあった．宗主国のイギリス支配に対し，自治権要求を迫ったインド国民会議派は，1885年にこの町で設立された．ヤムナ川とガンジス川の合流点はサンガムとよばれ，有名な巡礼地として知られる．12年に1回，この合流点で開かれる大きな祭りクンバ・メラには全国から100万人を超えるヒンドゥー教徒の巡礼者が合流点サンガムで沐浴するためにやってくる．ヤムナ川河岸に残るアラハバード城も旅行者にとっては魅力的な建造物である．
[中山修一]

アラハンパンジャン　Alahan Panjang
インドネシア

タスワランシン　Taswalangsing（別称）
[1°05′S　100°46′E]

インドネシア西部，スマトラ島，西スマトラ州ソロック県の町．州都パダンの東約70 kmに位置する．タスワランシンともよばれ

アラハバード(インド)，ガンジス川とヤムナ川の合流地点サンガムで開催されるヒンドゥー教の祭典クンバ・メラ〔Vladimir Melnik/Shutterstock.com〕

る．シンカラック，タラン Talang といった湖があり，海水浴や魚釣りを楽しむ観光地として名高い．また，茶や野菜，パッションフルーツの栽培が盛んである． 〔浦野崇央〕

アラビア海　Arabian Sea

面積：2590000 km²　深さ：4500 m
[13°20′N　63°59′E]

インド洋の 6.9% を占める付属海．インド半島の南端からソマリア半島(アフリカの角)東端までの約 3000 km を南辺とし，東をインド半島西岸，北をパキスタン，イラン，ホルムズ海峡(ペルシア湾)，西をアラビア半島のオマーン，イエメン，バーブアルマンデブ海峡(紅海)，ソマリア半島北岸に接する三角形の海域．海域内で，ホルムズ海峡以南のイランとオマーンの間をオマーン湾，バーブ・アルマンデブ海峡以南のイエメンとソマリア半島の間をアデン湾とよぶ．アデン東方約 900 km の沖合いには，アラビア海最大の島であるソコトラ島(面積約 750 km²，イエメン領)がある．

塩分濃度は 36.5‰ と高く，最大深度は中央部で 4500 m を超える．4〜10 月に南西季節風，11〜3 月に北東季節風が吹くことから，これを利用した「香料の道」とよばれるアラビア半島・インド間の海上交易が古代から行われ，中世期までアジアの物品が地中海方面に輸送される主要なルートであった．16 世紀以降は，ヨーロッパ諸国のアジア進出ルートにも位置し，イギリスの海軍基地や保護領も沿岸に設けられた．沿岸のおもな港はインドのムンバイ(ボンベイ)，パキスタンのカラチ，オマーンのマスカット，イエメンのアデンやムカッラなどがある．現在でも，ペルシア湾や紅海・スエズ運河とマラッカ海峡・太平洋を結ぶ海域として，多くのタンカーや貨物船が航行している． 〔松本 弘〕

アラプニ　Arapuni　ニュージーランド

人口：0.2 万 (2013)　[38°04′S　175°39′E]

ニュージーランド北島，ワイカト地方の町．ワイカト川の沿岸，ハミルトンの南東約 50 km 上流にある．アラプニ湖の水力発電ダム(アラプニダム)に隣接する．アラプニ湖では釣りと水上スポーツが盛んに行われる．アラプニダムは 1929 年に操業を開始し，アラプニ水力発電所は，ワイカト川にあるダムの中で現在最も古く，最大規模の単独発電機となっている． 〔林 琢也〕

アラフラ海　Arafura Sea

インドネシア〜オーストラリア付近
面積：650000 km²　長さ：1300 km　幅：600 km
[10°31′S　136°57′E]

南太平洋西部，ニューギニア島南西岸部やオーストラリア大陸北岸部，小スンダ列島・タニンバル諸島などで囲まれる東西約 1300 km，南北 600 km の海．大部分がサフル陸棚とよばれるニューギニアとオーストラリアにまたがる大陸棚の部分にあたるが，小スンダ列島南側に沿っては水深 1000 m を超える海溝が連なる．西にティモール海，東にはオーストラリア・ニューギニア間のトレス海峡を隔ててコーラル(珊瑚)海，南にはカーペンタリア湾がある．サンゴ礁からなる浅瀬が多く，航行の障害となる箇所も多数あるが，真珠貝を多く産出し，沿岸住民の重要な生業となっている． 〔前杢英明〕

アラベル　Alabel　フィリピン

人口：7.5 万 (2015)　面積：511 km²
[6°11′N　125°21′E]

フィリピン南東部，ミンダナオ島南部，サランガニ州の都市で州都．主要な産業は農業で，ココナッツをはじめとするドライフルーツを製造する工場が存在する．牧畜業も盛んに実施され，牛の放牧が中心である．その他の産業としては，目立ったものが存在しない．しかし，近年道路が整備された結果，ミンダナオ島南西の良港ジェネラルサントスが近いので，水産加工業などが期待される．市政府もこれらの産業や観光客の誘致に力を入れている．宗教は，カトリック教徒中心であるが，イスラーム教徒も多い． 〔田畑久夫〕

アラミノス　Alaminos　フィリピン

人口：9.0 万 (2015)　面積：164 km²
[16°09′N　119°58′E]

フィリピン北部，ルソン島北西部，パンガシナン州の都市．世帯数は 1 万 5527 を数え，人口密度は 485.7 人/km² である．市内には 39 の村(バランガイ)を抱える．2001 年 3 月 28 日に州内 4 番目の市となった．現在では西パンガシナンにおける，商業，金融，教育，産業やサービス業の中心をなす．北部のリンガエン湾には，フィリピン国内における国立公園として初期に指定された世界的に有名なハンドレッドアイランズ国立公園が位置する．美しいビーチリゾートがあり，多くの観光客が訪れる成長著しい都市である． 〔石代吉史〕

アララケイキ海峡　Alalakeiki Channel　アメリカ合衆国

幅：11 km　深さ：250 m
[20°35′N　156°29′W]

北太平洋東部，ポリネシア，アメリカ合衆国ハワイ州，マウイ島とカホーラウェ島の間の海峡．海峡名はハワイ語で「子供の泣き叫

ぶ声」を意味する．カホーラウェ島はマウイ島の南西11.2kmに位置し，面積ではハワイ諸島で8番目に大きい． ［飯田耕二郎］

アララト　Ararat　　オーストラリア

人口：0.8万（2011）　面積：161 km²
［37°19′S　142°56′E］

オーストラリア南東部，ヴィクトリア州南西部の町．州都メルボルンの西北西約180 kmに位置する．1857年にゴールドラッシュが到来した．しかし，金鉱山集落としての歴史は短く，1860年代の前半には早くも鉱脈は枯渇した．その後，この町の主力産業は牧羊となった．今日では，ファインメリノウールの生産と豊かな農産物の交易の場となっている．また，町北西の郊外は，1863年にフランス人入植者がブドウ栽培とワイン生産を開始したことを契機に，現在でもワイン生産地となっている．町の中心部のバークリー通りにはブルーストーン製の歴史的建造物が多く存在する． ［堤　純］

アラル　Aral　　カザフスタン

アラリスク　Aral'sk（露語）

人口：3.1万（1989）　［46°48′N　61°40′E］

カザフスタン中央南部，クズロルダ州北西部の都市．ザアラル鉄道駅があり，州都クズロルダの北西370kmに位置する．おもな産業は，グラウバー塩，金属加工である．以前は，アラル海北東岸のムイナク（ウズベキスタン）行きの船着き場で，魚類冷凍コンビナート，造船所，船舶修理工場などがあった．しかし，1960年代以降の綿花生産拡大のための灌漑用水としてアムダリア川，シルダリア川の水を大量に使用したため，両川の水によってアラル海の蒸発を補うことができなくなり，面積が急激に縮小して塩分濃度が高まり，魚類の多くが死滅した．そのため，町は湖岸から離れ，漁業をはじめ既存産業は壊滅した．1905年に鉄道建設の拠点として創設された．ロシア語ではアラリスクという． ［木村英亮］

アラル海　Aral Sea

カザフスタン／ウズベキスタン

Aral'skoye More（別表記）／オクセアナスラークス Oxianus-Lacus（古称）／ホレズム海（古称）

面積：13900 km²　標高：53 m　深さ：68 m
［45°31′N　59°53′E］

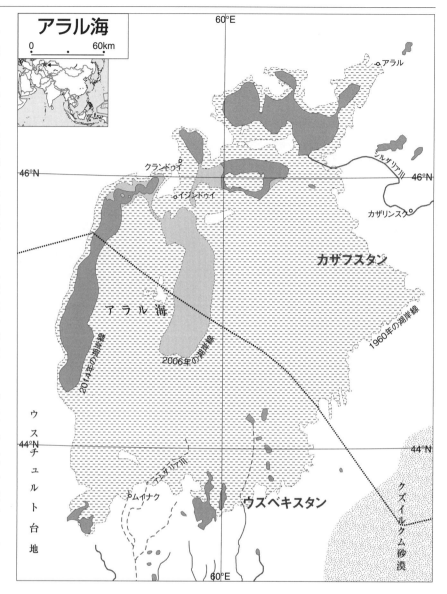

カザフスタンとウズベキスタンにまたがる塩湖．カスピ海東部，カザフスタン南西部とウズベキスタン北西部の境界に位置する．全体として浅く，地質学的にはカスピ海から分離したものであるため，塩分を含んでいた．西岸と北岸は，不毛のウスチュルト台地の端にあり，クズイルクム砂漠が南東部に延びている．10世紀にはアラブ人によって言及され，のちのアラブ人地理学者によってホレズム海と称されていた．17世紀ロシア人がここに到達し，青い海とよんだ．シルダリア，アムダリア両川河が流入し，漁業が行われ，かつてはウズベキスタンのムイナクからカザフスタンのアラルまで船舶の航行が可能であった．

ソヴィエト期の1930年代，フェルガナ盆地など上中流域における綿花栽培の拡大，第2次世界大戦後におけるゴロドナヤステップの開拓，カラクム運河建設によるアムダリア川からの分水など，とくに1960年代初めから2河川の水がより大量に灌漑に利用されるようになったため，湖水面からの蒸発を補うことができず，縮小し始めた．漁港や缶詰工場は，後退する岸から離れた．かつて琵琶湖の100倍，世界第4位であった面積は，1960年の6万6900 km²から90年3万6500 km²，2000年2万4155 km²と1/3となり，平均流水量はそれぞれ1090 km³，330 km³，183 km³と1/6に減った．1997年に北部を小アラル海としてダムで締め切った．面積については2010年1万3900 km²という数字もある．この地域の気候は海の影

響がなくなったためより厳しくなり，塩分，埃，化学肥料が広い地域に飛散し，周辺の環境を悪化させた．2014年10月現在では小アラルでは漁業などが続けられているが，南側の大アラルは干上がってしまった．

[木村英亮]

アラワ　Arawa　パプアニューギニア

人口：0.3万（2011）　[6°13′S　155°34′E]

　南太平洋西部，メラネシア，パプアニューギニア東部，ブーゲンヴィル自治州の町．州都ブカの南東約135 km，ブーゲンヴィル島南東岸に位置する．東に隣接するキエタとともに，パングナにあるブーゲンヴィル銅山の操業によって形成・発展した．アラワ，キエタ，パングナを連接する都市として一括する場合もある．かつては州都だったが，1980年代末からの分離独立をめぐる紛争により，現在州都はブカに移っている．もともと外国人経営のプランテーションがあるだけの地だったが，1970年代，銅山の開発に伴い急成長した．1988年，ブーゲンヴィル銅山をめぐる鉱山会社と地権者の紛争が，ブーゲンヴィル革命軍による分離独立運動に拡大し，この地は紛争の中心地となり，荒廃した．2001年にパプアニューギニア政府との間の平和協定が，このアラワで締結された．

[熊谷圭知]

アラワタ川　Arawata River
ニュージーランド

[44°00′S　168°40′E]

　ニュージーランド南島，ウェストコースト地方の川．マウントアスパイアリング国立公園に源を発し，北流してハーストの西約30 kmでタスマン海に流れ出る．1863年にジェームス・ヘクターがジャクソン川と名づけた．現在ジャクソンという名は，河口から8 km上流で合流する支流ジャクソン川とその水源であるジャクソン山，さらにアラワタ川が流れ出るジャクソン湾に継承されている．アラワタ川の名は，ニュージーランドの詩人デニス・グローバーの一連の詩で，広く知られるようになった．アラワタは，とりつけられた道を意味する．ワタはネズミから食糧などを守る高床式倉庫であり，倉庫へのぼるためにかけられた段差をつけた柱，つまり地上から倉庫までの道に由来する．　[井田仁康]

アランガ　Aranga　ニュージーランド

[35°44′S　173°36′E]

　ニュージーランド北島，ノースランド地方の村．ダーガヴィルより国道12号を34 km北上した地点にある．北にはワイポウアWaipoua森林保護区，西にはタスマン海が広がる．南数kmのところには4.5 km²の森林を有し，貴重な動植物の宝庫となっているトラウンソンカウリパーク Trounson Kauri公園がある．1887年から1940年代後半までは国内におけるカウリガム（樹脂）抽出地域の中心であった．　[林　琢也]

アランヤプラテート
Aranyaprathet　タイ

人口：3.8万（2010）　面積：821 km²

[13°43′N　102°22′E]

　タイ中部，サケーオ県アランヤプラテート郡の町で郡都．県都サケーオの東約50 kmに位置し，カンボジア国境に接する．町自体は国境から若干離れており，市街地の東約5 kmにあるクローンルックが国境となり，対岸はカンボジアのポイペトとなる．首都バンコクからは鉄道と道路が到達しており，タイ〜カンボジア間国境では最も重要な国境ゲートである．県都のサケーオよりも人口規模は大きく，国境交易で繁栄する典型的な国境都市となっている．1970年代末から始まったカンボジア内乱によって多数のカンボジア人がタイに逃れ，町にも多数の難民キャンプが設置された．1990年代に入り難民もすべて帰還し，現在はクローンルックの国境を越えて多数のカンボジア人の担ぎ屋が往来し，国境のすぐ脇にあるローンクルア市場ではカンボジアから入ってきた商品が取引されている．　[柿崎一郎]

アリ環礁　Ari Atoll　モルディヴ

アリフ　Alifu（ディベヒ語）

人口：1.6万（2014）　面積：2272 km²
長さ：90 km　幅：30 km

[4°27′-3°28′N　72°42′-73°01′E]

　インド洋中央部，モルディヴ中部の環礁．多数のファロ（小環礁）地形よりなり，南北約90 km，東西約30 kmの南北に細長い形をしている．アリ環礁とその北東部に位置する直径約9 kmの円形を呈するラスドゥ環礁，直径約2 kmのプラットフォームリーフ上に載る洲島トードゥ Thoddoo より構成される．行政区は北アリ環礁区（公用語のディベ

ヒ語名はアリフアリフ Alifu Alifu，人口6475（2014），有人島数8，リゾート島13（2014），首島はラスドゥ Rasdhoo）と南アリ環礁区（ディベヒ語名 アリフダール Alifu Dhaalu，人口9086（2014），有人島数10，リゾート島16（2014），首島はマヒバドゥ Mahibadhoo）に区分される．環礁全体が近年急速にリゾート開発が進んだ環礁区である．最北部のトードゥからは仏教遺跡が発掘されている．南アリ環礁区の首島マヒバドゥには魚加工場が建設されている．　[菅　浩伸]

アーリー山　阿里山　Ali Shan
台湾｜中国

標高：2663 m　長さ：250 km

[23°31′N　120°48′E]

　台湾中南部に位置する山岳の総称．台湾屈指の観光名所である．台湾最高峰のユィーシャン（玉山）の西側一帯を示し，阿里山という名の独立した山峰はない．玉山連峰に沿った標高2000 m級の山々で，3000 mを超える山峰はない．阿里山山脈の最高峰となっているのは大塔山（標高2663 m）であり，対高山（2405 m）や白石牙山（1172 m），鳳凰山（1698 m）が続く．

　一般的に阿里山とは，阿里山鉄道の終着駅である阿里山駅を中心とした一帯を示し，標高2200 m前後の地域と規定される．そして，阿里山山脈といった場合は，玉山山脈との間を流れる楠梓渓を西辺とし，ナントウ（南投）県を流れるジュオシュイ（濁水）渓を北辺とする．そして，カオシオン（高雄）市燕巣区の鶏冠山を南辺とする．南北では約250 kmの範囲となっている．この一帯の開発は，日本統治時代に入ってから始まった．阿里山はそのほぼ全域が深い山林となっており，ヒノキの原生林が山並みを覆っていることで知られていた．しかも，密度の高い純林であったため，伐採の効率も良好で，日本統治時代初期に本格的な開発計画が立てられた．しかし，現在は乱伐のために森林資源は枯渇し，伐採は禁止されている．

　阿里山は地図上では亜熱帯性の気候帯に属し，温暖多湿な地域とされる．しかし，標高が高いため，高山性気候の特色をもつ．霧が多く，天候の変化が早い．そして，朝晩はかなりの冷え込みをみせる．阿里山地区では積雪はみられないが，付近の高山では毎年のように積雪が記録される．気温は高度によって変わるが，阿里山地区の夏の平均気温は14℃程度，冬は5℃程度となっている．

　植生についても多種多様な生態を誇ってい

る．ふもとのジャーイー（嘉義）では亜熱帯性の植物が繁茂しているが，徐々に温帯性植物が目立ってくる．そして，標高2000mを超えるあたりからは高山性の植物が増えてくる．また，タケ林と植林されたスギ林も多くみられる．また，毎年3月頃にはソメイヨシノや八重桜が満開となり，多くの観光客が訪れる．さらに，11～12月にかけては紅葉を楽しむこともできる．台湾の山岳地帯には数多くの動植物が生息しているが，阿里山の場合，気候帯が複雑なため，種類が多く，特有種もみられる．保護動物としては，キョン（羌）やタイワンザル，タイワンジカなどがいるほか，山深い場所にはウンピョウやタイワンクロクマなども生息している．また，毒性のヘビ類も少なくない．さらに，昆虫については春先から秋にかけてのホタルが知られており，秋口にはトンボも数多くみられる．とくにホタルは種類が多く，40種に及ぶホタルを観察できる．豊かな樹海の散策は行楽客に人気があり，台湾を代表する景勝地となっている．現在は政府林務局の管轄下にあり，森林遊楽区管理処が行楽地としての整備を進めている．四季を通じて多様な花々が咲き乱れ，酷寒の冬には御来光観賞が人気を集める．歩道なども整えられ，年間を通じて行楽客が訪れている．

周辺を含む一帯は，古くからツォウ族の人びとが住む土地である．ツォウ族の人びとは，もともとは嘉義一帯の平野部に住んでいたといういい伝えをもっている．しかし，17世紀に中国大陸から漢人の大量移住が始まり，圧迫を受け，山地へ移り住んだ．現在ツォウ族の人口は0.7万あまり（2016）．言語はツォウ語を話す．周囲に暮らすブヌン族やセデック族などはまったく異なる言語を話すため，中年以下の世代では異部族間のコミュニケーションに「国語（北京語・普通語）」，老年世代では日本語が使用されることもある．なお，阿里山森林遊楽区ではツォウ族の人びとをみかけることはなく，圧倒的に漢人系住民が多い．ツォウ族の人びとは周辺地域の阿里山郷や竹崎郷，高雄市三民区に住んでいる．

阿里山へは現在，阿里山公路とよばれる道路が開通しており，嘉義駅からバスが運行されている．しかし，日本統治時代に木材の運搬を目的に敷設された阿里山鉄道も魅力的だ．この鉄道は嘉義から阿里山までを結んでおり，全長71.4kmで，世界三大山岳鉄道に数えられている．嘉義から二萬平までの開通は1912年で，阿里山までの全通は14年．始発駅である嘉義駅は標高30mで，阿里山

駅は2216m，終着駅となる沼平駅は2274mである．最高勾配は66.7‰と世界屈指の険しさで，車窓を彩る植生も熱帯性，亜熱帯性，温帯性，そして高山性と変化し，雄大な自然を存分に楽しめる．全区間軌道幅762mmのナローゲージで，小さな列車が3時間半をかけて上っていく．当初，この鉄道は木材の運搬だけに利用されていたが，のちに便乗という形で旅客輸送も始め，第2次世界大戦後，木材運搬の需要がなくなると，観光鉄道として経営をなり立たせることになった．阿里山鉄道は，かつては蒸気機関車，ディーゼル機関車，ディーゼルカー，客車，貨車とバリエーションに富んだ車両が走っていた．とくに第1世代の蒸気機関車はシェイ式とよばれる特殊な構造をもった機関車で，1910～17年にかけてアメリカのライマ社から輸入された．現在はいずれも現役を退いているが，台湾各地でいまも16両あまりが保存されている．現在，阿里山鉄道は自然災害のため，竹崎～神木間が運休となっている（2017年4月現在）．列車はディーゼル機関車が牽引する客車列車で，車両は日本製である．内外の観光客輸送を請け負っているため，冷房も完備されたデラックス車両となっている．際立った個性を誇る山岳鉄道として，世界中から鉄道ファンが集まってくる．

阿里山地区の産業としては，枯渇した森林資源にかわって，茶葉や漢方薬材などの商品作物の栽培が盛んとなっている．従来は，自給自足的な零細農業が中心となっていたが，第2次世界大戦後，その構造は大きな変化をみせている．とくに1970年代にビンロウ（檳榔）とよばれる嗜好品の栽培が盛んになると，これをきっかけに，換金性の高い商品作物の栽培が多くなり，これに依存する経済へと移行した．現在は茶葉や果樹，漢方薬材などの栽培が盛んになっている．2001年には阿里山地区が国指定の風景名勝区として，政府による観光開発地域に指定された．これに前後して，レジャー産業を中心とするサービス事業が成長するようになった．観光業は台湾では近年になって興った歴史の浅い産業だが，とりたてて大きな産業をもたない地方県においては，農業と家内制手工業にかわる重要な業種として注目されている．とくに阿里山地区では，観光がすでに地域経済を支えている柱となっており，将来を担う重要な産業として期待されている． ［片倉佳史］

アリーガル　Aligarh　　インド

コイル　Koil（古称）／ラムプラ　Rampura（古称）

人口：87.3万（2011）　面積：40km²
降水量：752mm/年　　[27°53′N　78°05′E]

インド北部，ウッタルプラデシュ州西部，アリーガル県の都市で県都．首都デリーの南約130kmに位置する．周辺農村では小麦，サトウキビ，綿花などが栽培されてきたが，これら農産物の交易中心地として発達した．デリー～コルカタ（カルカッタ）間の鉄道，道路交通の幹線ルートに位置し，酪製品の製造，車，スーツケース，建築物などに欠かせない鍵の生産など家内工業的な伝統ある工業が古くから行われてきた．このほか畜産物加工，絨毯製造，家具製造，綿紡績業などの工業もみられる．近年金属加工，建築資材，電気製品部品の製造などの近代工業化も進み，海外へ輸出されるものも増加した．

インドではイスラーム支配の影響の強く残る都市として知られ，アリーガル・モスリム大学はイスラーム文化研究の中心機関である．その前身は，1875年に開学したアングロ・オリエンタル・カレッジであるがイスラーム（モスレム）社会から評価され，その名のとおりインドにおけるイスラーム文化の教育，研究の中心となった．1920年国立大学となり，2001年現在，学生総数2.8万人，教員1400人，事務職員など6000人，留学生500人，13学部88講座，敷地面積4.7km²の総合大学に発展した．かつて多くのイスラーム教の国々からイスラーム教徒の学生を集めた教育機関であったが，いまでは多くの非イスラーム学生も学んでおり，イスラーム文化のほか一般の学問研究にも重点が置かれるインド有数の高等教育機関となっている．この町は，もともとコイル，ラムプラとして知られたが，仏教遺跡をもつとともに多くのイスラーム建築も有している歴史的宗教都市でもある． ［中山晴美］

アリゲーター川　Alligator River

オーストラリア

面積：250000km²　長さ：160km
　　　　　　　　　　[12°07′S　132°27′E]

オーストラリア北部，ノーザンテリトリーの川．イーストアリゲーター川，サウスアリゲーター川（ともに約160km），ウェストアリゲーター川（80km）からなる流域は25万km²に及び，ティモール海の入江であるヴァンディーメン Van Diemen 湾に流れ込んでいる．地名は，1818～20年にこの地を測

量していたフィリップ・キング船長により命名された．オーストラリアにアリゲーターは存在しないにもかかわらずその名がつけられた理由は，彼が湿地帯にひそむ塩水性のクロコダイルをみてアリゲーターと見間違えたためであった．サウスアリゲーター川とイーストアリゲーター川はアーネムランドの台地に源を発し，北西に向かって流れ出している．サウスアリゲーター川は珍重されるバラマンディを狙う釣り人に有名な川として名高い．

[鷹取泰子]

アリススプリングズ　Alice Springs

オーストラリア

スチュアート　Stuart（古称）

人口：2.5万（2011）　面積：328 km²

[23°42′S　133°52′E]

オーストラリア北部，ノーザンテリトリー中央南部の町．ノーザンテリトリーで第2位の大きな町で，オーストラリア大陸のほぼ中心に位置し，町の中をトッド川およびスチュアートハイウェイが通っている．アデレードの北北西約1600 km，州都ダーウィンの南南東約1500 kmに位置する．町の南はマクドネル山脈の切れ目であるヘヴィツリー Heavitree ギャップ（峡谷）に接している．

この地はもともとアデレードからダーウィンを結んで引かれた大陸縦断電信ラインの中継電信局を建設するための場所として，1871年，ウィリアム・ホイットフィールド・ミルズによって見出された．トッド川沿いの泉のそばに建設された電信局は，当時の中央オーストラリア準州の郵政大臣で大陸縦断電信ラインの建設責任者でもあったチャールズ・ヘビトリー・トッドの妻アリスにちなみ，アリスの泉すなわちアリススプリングズとよばれるようになった．その後1888年に調査が入り，60年代に付近の地域を探検した探検家ジョン・マクダウアル・スチュアートの名前をとってスチュアートという町名が宣言されたのが町としての始まりである．地名は，1932年にアリススプリングズと改名され，その名は電信局としての存在から町へと姿を変えることになった．また電信局の建物は同年，アボリジニの子どもたちの学校になるまで，60年以上にわたり機能していた．そうした電信局開設当初の石造建築の多くが修復され，保存されている．

現在の町は，観光業が重要な産業となっている．ウルル（エアーズロック）をはじめとする著名な観光地へ向かうための中継点となるばかりではなく，5月のリオン・キャメル・カップ・カーニバルとよばれるラクダレース，8月のアリススプリングズ・ロデオ大会，10月のヘンリー・オン・トッド・レガッタは，温暖な冬から春の時期に行われるイベントとして多くの観光客を集めている．レガッタはいわゆるボートレースだが，乾燥するこの地域において，通常では間欠し水のない状態のトッド川の川底の上を，底の抜けたボートをもって走るという一風変わったレースである．年によっては豪雨により川の水があふれることもあり，その場合レースは中止される．

町を通り抜けるザガン（大陸縦断）鉄道とスチュアートハイウェイは，それぞれ大陸中央を縦断する主要な鉄道と幹線道路であり，それらのおかげで，この町は石油・ガス・鉱物資源（金・銅・タングステンなど）の採掘業，牧畜業にとって重要な出荷地としての機能を果たしてきた．鉄道がサウスオーストラリア州のウーナダッタから延長され開通したのは1929年のことであり，北の終着駅として長くその存在を誇っていたが，2004年1月，さらにダーウィンまで拡張され，ここに大陸の中央を南北に貫く鉄道が完成した．鉄道開通前の輸送はアフガニスタン人のラクダ隊が担っており，いまもその路線を走る特急ザ・ガン（Ghan）号の名前の由来ともなっている．また現在も中近東の国々へのラクダの輸出が地域の産業として特徴的である．

1928年に開始された航空医療サービス（現ロイヤル・フライング・ドクター・サービス）はこの町に地域本部をもっており，さらに1951年，その通信網を使ってキャサリン・スクール・オブ・ザ・エアが提供されるようになった．スクール・オブ・ザ・エアとは，いまも辺境地区に住む児童のために，サウスオーストラリア州教育局によって管理・提供されているラジオや通信講座による公共教育である．おもな産業は，灌漑による果物栽培や酪農で，そのほかプラスター（塗料材料），清涼飲料，板金，家具，レンガなどの小規模な工業も行われる．イギリスの作家ネビル・シュートがこの町を舞台に1950年に書いた小説"A Town Like Alice"は，56年に映画化され，その後81年に連続テレビ番組化された．こうして認知される一方で原作当時の荒涼とした町の生活というイメージが，いまなお人びとの印象に根強く残ることになった．しかし1926〜31年に中央オーストラリア準州の首都だったこともあるアリススプリングズは，レッドセンターという言葉に象徴される砂漠や岩だらけのオーストラリア内陸部において，いまなお交通や通信の要衝，あるいは観光の拠点として，名実ともに中心的役割を果たしており，現在は近代的な町として整備されている．

[鷹取泰子]

アリチュル川　Alichur River

タジキスタン

長さ：105 km　[37°45′N　72°57′E]

タジキスタン南東部の川．パミールのアリチュル山脈，ゾルクル湖北部に水源をもち，北流し西に流れ，ヤシリクリ湖に流入する．湖から先は名前がグント川に変わりパンジ川に流入する．

[木村英亮]

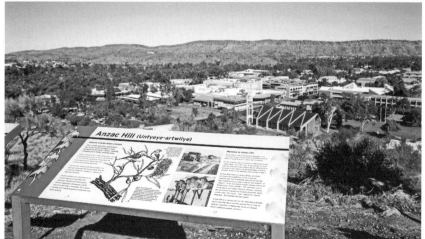

アリススプリングズ（オーストラリア），アンザックヒルからみた市街〔FiledIMAGE/Shutterstock.com〕

アリューシャン海溝　Aleutian Trench

北太平洋北部

長さ：約3400 km　幅：50 km　深さ：7679 m

[52°08′N　167°26′W]

　北太平洋北部，アリューシャン列島の南側に沿い，北緯50度から56度，東経162度から西経155度付近にかけて約3400 kmにわたり続く海溝．西はクリル・カムチャツカ海溝に連なり，東はアラスカ湾につながる．最深部は7679 mである．太平洋プレートが北アメリカプレートに沈み込むプレート境界に形成されており，1946，57，65年のアリューシャン地震(Mw 8.1，8.6，8.7)や，64年のアラスカ地震(Mw 9.2)などの大地震や，それに伴う巨大津波を何度も起こしている活発な変動帯である．　　　　　[小野有五]

アリンカンリ山　阿陵岡里　Aling Kangri

中国

Nganglong Kangri (別表記) / アーリン山　阿陵山　Aling Shan (漢語・別称)

標高：6708 m　　　　[32°51′N　81°03′E]

　中国西部，シーツァン(チベット，西蔵)自治区西部の山脈．ガンディセ(岡底斯)山系に属する．ルト(日土)県の南東部とゲギェイ(革吉)県の県境をまたぐ．最高峰の標高は6708 mであり，6300 mを超える山峰が16座存在する．雪の不溶線である雪線の高度は5800〜6000 mであり，それ以上の標高では氷河がみられる．山脈には65の氷河が存在し，総面積は111 km²に達する．氷河はザムガ(扎木嘎)河とバゴンロンアン(巴貢竜昂)河の水源であり，それぞれチャンタン(羌塘)高原へ内陸河川として流れ込む．　[石田　曜]

アリンダウ　Alindau

インドネシア

面積：178 km²　　　　[0°21′S　119°45′E]

　インドネシア中部，スラウェシ島，中スラウェシ州ドンガラ県シンドゥエ郡の村．州都パルの北80 kmに位置し，西にマカッサル海峡を望む．郡に存在する15の村のうちの1つである．　　　　　　　　[浦野崇央]

アル海　洱海　Er Hai

中国

じかい (音読み表記)

面積：250 km²　標高：1970 m　長さ：42 km
幅：9 km　深さ：20 m

[25°45′N　100°15′E]

　中国南西部，ユンナン(雲南)省北西部，ダーリー(大理)自治州にある淡水湖．ランツァン(瀾滄)江水系に属し，湖面面積は雲南省ではディエン(滇)池に次ぐ第2の湖である．湖の形は南北に長く東西が狭い．平均水深は最大水深の半分の10 mくらい．透明度は4 mほどであるが，年々水質汚染が深刻化しつつあり，湖畔に立地する郷鎮企業を閉鎖するなどの対策もとられている．西岸に著名な観光地で歴史文化都市の大理があり，そこから洱海に流れ込む生活排水の処理が水質改善の鍵となる．風光明媚な洱海自体も観光対象となっていて，船で遊覧するだけでなく，南詔風情島といった観光島や湖畔をめぐる観光周遊ルートも開発されている．大理の名物料理である砂鍋魚は，洱海で水揚げされた淡水魚でつくられる．漁撈だけでなく養殖業も盛んである．　　　　　　　　　　　[松村嘉久]

アル諸島　Aru, Kepulauan

インドネシア

人口：8.4万 (2010)　面積：8418 km²
標高：5-6 m　　　　[6°00′S　134°50′E]

　インドネシア東部，マルク州マルクトゥンガラ県クプラウアンアル郡の小島群．アラフラ海上のアル海西方，バンダ海東方，ニューギニア島西部の南西沖約140 kmに位置する．東西約90 km，南北約180 kmの範囲に，ウォカム Wokam，コブロール Kobroor，トランガン Trangan，マイコール Maikoor，コバ Koba など，標高5〜6 mの平坦な187の島々が，10 m〜1 kmの間隔で点在している．郡役場は北西部のワマール Wamar 島のドボにある．動物地理学上の分布境界線であるウェーバー線がカイ諸島との間を通る．

　住民は，言語学的にはオーストロネシア語族系であるが，人種的にはパプア系である．古くからナマコ，真珠貝，ゴクラクチョウ，ツバメの巣，べっ甲など海と森の幸の採取が行われ，対外交易品になっていた．また，主食であるサゴデンプンの採集，タバコやココナッツの栽培も行われてきた．現在では，真珠の養殖やエビの漁獲が行われており，多くが日本に輸出されている．真珠の養殖会社は現在，4社が操業しており，最も大きい会社の場合，一年で2000粒ほどの養殖を行っている．ワマール島ドボ港には戦前，おもに和歌山県出身の1000人を超える日本人ダイバーが出稼ぎにきており，サメ漁と真珠(ハクチョウ)貝の採取に従事していたが，開戦と同時に抑留された．現在は現地の漁民が素潜りで真珠貝やナマコ，海草，カメの採取を行っている．1606年，オランダ人が到達し，第2次世界大戦中は日本軍が占領した．

　この地域の特徴として，サシの慣行があげられる．休ませる，休漁するといった意味をもつサシは，ナマコや真珠貝，ヤシなどの採取や収穫にあたって，住民の権利が不平等にならないよう村の中で分配させるといった習慣である．これはまさに資源を守るための知恵ともいえるものであり，たとえば酸素ボンベを用いて漁をする区域が定められていたり，浜をいくつかの区画に分け，さらに区画内を2つに分け，二分された区画の一方を一年おきに休ませるといったような慣行をいう．　　　　　　　　　　　　[浦野崇央]

アルイシ　Arys

カザフスタン

人口：6.2万 (2009)　　[42°26′N　68°49′E]

　カザフスタン中央南部，南カザフスタン州南部の都市．州都シムケントの西北西64 kmに位置する．アルイシ川が付近を流れている．ザアラル鉄道(オレンブルク〜アルイシ〜タシケント)とトルキスタン・シベリア(トルクシブ)鉄道(アルイシ〜アルマトゥ〜バルナウル)の結合部にあり，貨物積替・操車場，電気機関車修理など鉄道関係の工場がある．そのほかのおもな産業は，小麦，綿，牛・馬の飼育である．　　　　[木村英亮]

アルヴァイヘール　Arvaikheer

モンゴル

アルヴァイヘールオール旗　Arvaikheer Uul Khoshuu (古称)

人口：3.0万 (2015)　面積：173 km²
標高：1913 m　気温：0.8°C

[46°16′N　102°47′E]

　モンゴル中部，ウヴルハンガイ県の町で県都．地名は，モンゴル語で大麦の草原という意味．町は，ハンガイ山脈の標高3000 m級の山々の南に広がる平原に流れるオンギ川流域に位置する．7月と1月の平均気温は，それぞれ16°Cと−20°Cである．

　都市としての起源は，1726年にサインノヨンハン部ウイゼンワン旗のデルゲレフ湧水の地にウイゼングン寺院が，建立されたことに発する．1924年，モンゴル人民共和国が成立すると，清朝時代からの行政区画であったサインノヨンハン部は，ツェツェルレグマンダルオール県に再編され，ウイゼンワン旗はアルヴァイヘールオール旗へと名を改め

た．1931年，国家小会議の決定により，ウヴルハンガイ県が設立されると，旗という行政区画は市や郡へと変更され，当地もアルヴァイヘール郡となった．1931年7月以降，アルヴァイヘール郡は現在のバヤンホンゴル県のエルデネツォグト郡のトゥイ川のツァガーンエレグという場所に位置していたが，34年6月に第18回国家小会議の決定により，現在の地へ移動した．

おもな産業は，牧畜，建築資材加工，食品加工など．旧ソ連の援助により，1970年代以降，コンクリートや石灰の精製工場，製粉工場などがつくられた．現在，アルヴァイヘールには，大学1，12年制学校4，幼稚園7があるが，ちなみに幼稚園の1つは，社会主義時代の北朝鮮との友好関係から金日成記念幼稚園という名称がつけられている．

[島村一平]

アルヴァーストーン　Ulverstone
オーストラリア

人口：0.6万（2011）　面積：17km²
[41°09′S　146°13′E]

オーストラリア南東部，タスマニア州北西部の都市．州都ホバートの北北西約230kmに位置する．レヴェン川の河口にあたり，バス海峡に面する．1848年にヨーロッパ人の入植が始まり，原生林に農場を開拓した．1850年代には林業に携わる人びとが多く居住し，多くの木材がメルボルンへと運搬された．また，雨量も土壌も農業に適していたことから，農業も盛んとなった．1861年には集落から町へと発展した．地名はイギリス，イングランド北部のアルヴァストンに由来する．20世紀に入ると木材運搬のための鉄道が敷かれた．林業と農業がおもな産業であるが，海に面した町であることから，退職者の移住先ともなっている．さらに，今日では観光業も盛んとなっている．　[有馬貴之]

アルガオ　Argao
フィリピン

人口：7.2万（2015）　面積：192km²
[9°53′N　123°32′E]

フィリピン中部，セブ島南部，セブ州の町．セブ島は日本からの観光客も多く，その玄関口となるセブ市の南西67kmに位置する．東側はボホール海峡に面し，その沖合にはボホール島が浮かぶ．世帯数は1万2631戸（2007）で人口密度は295.7人/km²，有権者数は4.3万人．45の村（バランガイ）からなる．小学校は28校，高校は4校，ほか公立図書館は1館，5つの公設市場を有する．この町はスペイン人によって発見され，1608年に先住民集落として認められた，セブ州でも最も古い町の1つである．町名の由来は，現地で"アリアルガウ"として知られていた豊富に生育していた植物に由来する．アルガオの教会は，フィリピンに残存する14のスペインのパイプオルガンの1つを有する．それは，スペインのパイプオルガンメーカーによって17～19世紀に製造され州全体で残っているたった3つのうちの1つである．アルガオは1703年に教会区となり，88年には美しいロココバロック様式の教会が完成している．町内には多くのビーチがあり，水泳，ダイビング，シュノーケリング，スキムボードなどさまざまなアクティビティも楽しむことができる．　[石代吉史]

アルガオン　Argaon
インド

アドガオン　Adgaon （現名称）
[21°06′N　76°58′E]

インド西部，マハーラーシュトラ州北部，アコーラ県の村．アルガオンは，イギリス領植民地時代の地名で，現在はアドガオンとよばれる．州都ムンバイ（ボンベイ）の南南東約270km，サトプーラ山地からプルナ川に流下するヴィドラ川の河岸に位置する．歴史的なアルガオンの戦いの地として有名である．1803年11月，ベラール＝ナグプル藩王国軍とイギリス東インド会社軍とで熾烈な戦いが行われた．当初，不利であった東インド会社軍は，巻き返しに成功し藩王軍を破った．古戦場は，現アドガオン村とその南4.5kmのシルソリ Sirsoli との中間に位置する．この戦いは，東インド会社がインド全域の支配をほぼ確立することになったマラーター戦争（1775～1818）の中でも，インド側勢力の敗退が決定的となった歴史に残る重要な戦いであった．なお，アドガオン村には，州道194号が通り交通の便はよい．また，ヒンドゥー教のドワルケシュワル寺院があり，祭りには州内から多数の参拝客が訪れる．　[中山修一]

アルガム湾　Arugam Bay
スリランカ

[6°51′N　81°50′E]

スリランカ，東部州アンパラ県の湾．新しい観光地として脚光を浴びている．コロンボの東約320km，東海岸の主要都市バッティカロアの南約110kmに位置し，国道A4号で達する海岸の町ポットゥヴィル Pottuvil がこの湾の入口である．ここから南に向かって3kmほどの間の海岸道路沿いに，多くの宿泊施設が立地する．1976年に4人のオーストラリア人がこの海岸がサーフィンに最適であることを発見し，それ以後，世界的に有名なサーフポイントとして開発が進んだ．さらに海岸沿いの道路を進んだパナマ，オカンダ付近には，あまり知られていない仏教遺跡群があり，その先は道路が途絶え，クマナ国立公園，ヤーラ国立公園域の自然保護地帯となる．

[山野正彦]

アルコト　Arcot
インド

人口：5.6万（2011）　[12°54′N　79°20′E]

インド南部，タミルナドゥ州北東部の都市．パラール Palar 川沿いに位置する．州都チェンナイ（マドラス）と，カルナータカ州の州都ベンガルール（バンガロール）を結ぶ国道沿いにあり，交通の便はよい．こうした立地条件のため，古くからムスリム，マラーター，イギリス，フランスの軍隊がせめぎあう場ともなった．現在は農産物市場があるとともに，産業としては織物業がある．かつては商工業の中心であったが，現在は地方市場と行政の中心といった色彩が強い．もとはムガル帝国の太守として，アルコトの地方長官がその都を置いた．しかし，1801年にイギリスの植民地政府により併合される．南インドをめぐる英仏の戦いの中ではクライヴ・ロバートによって攻め落とされ，最初に要塞化された重要な都市でもある．植民地政府の統治下以後もアルコトの君主は存続し，インド政治史上のユニークな存在となっている．

[荒木一視]

アルゴプロ山　Argopuro, Gunung
インドネシア

標高：3088m　[7°57′S　113°33′E]

インドネシア西部，ジャワ島，東ジャワ州プロボリンゴ県の火山．州都スラバヤの南東150kmに位置する．島内で第10位の標高である．イヤン Iyang 火山群をなし，多くの峰を有し，山頂はデウィレンガニス Dewi Rengganis 峰とよばれる．山麓はコーヒーのプランテーションが連なっているが，以前はゴム樹が栽培されていた．また，野生の動植物が数多く育つ．計り知れない幽玄さと霊

魂を感じさせる山として知られる. 登山には, バデランブスキ Baderan Busuki 村かブレミ Bremi 村から入る. 　　　[浦野崇央]

アルシャー盟 ☞ **アラシャー盟 Alsha**

アルジャサ　Arjasa　　インドネシア

人口:6.0万 (2010)　　[6°51′S 115°15′E]

インドネシア西部, カンゲアン島, 東ジャワ州スムヌップ県の町. バリ島の北方, バリ海上に位置し, ありのままの自然が残されており, マリンスポーツが楽しめるばかりでなく, 海洋生物の生態研究にも適した島である. 　　　[浦野崇央]

アルシャン県　温泉県　Arixang
中国

Arshang (別表記) /ウェンチュワン県　温泉県 Wenquan (漢語)

人口:7.2万 (2002)　面積:5664 km²
[44°58′N 81°03′E]

中国北西部, シンチャン(新疆)ウイグル(維吾爾)自治区北西部, ボルタラ(博爾塔拉)自治州西部の県. ボルタラ河の上流に位置し, 西はカザフスタンに隣接する. 1942年にボルタラ県から分離して県が設置された. 地名はウイグル語で温泉を意味し, 温泉が多い. 草原が広大で, 牧畜業が盛んである. 農作物には小麦, トウモロコシ, 油糧などがある. 名所にはボグダル温泉療養所などがある. 　　　[ニザム・ビラルディン]

アルシャン市　阿爾山市　Arxan
中国

Arshan (別表記)

人口:4.9万 (2012)　面積:7409 km²
標高:1712 m　気温:−3.1℃
降水量:460 mm/年　[46°39′N 119°28′E]

中国北部, 内モンゴル自治区北東部, ヒンガン(興安)盟北西部の県級市. 人口のうち約0.8万はモンゴル族で, モンゴル国との国境線は約93 km延びる. 地名はモンゴル語で温泉を意味し, 自治区内で最も有名な温泉があることで定着した地名である. モンゴル人は俗にハルン・アルシャン(熱温泉)とよぶ. 大興安嶺山脈の山奥の火山性の地形に位置する温泉は, 20世紀初頭からフルンボイル(呼倫貝爾)のダウール(達斡爾)人やロシア人が療養地として開発した. そのことが満洲国時代に日本の関心を引く理由の1つともなった. 有名なノモンハン事件の戦場からはわずか40 km程度しか離れていない. 満洲国時代, 日ソ衝突に備えて急遽, 1939年に関東軍は王爺廟(現ウランホト)からアルシャンまで懐温鉄道を敷いたが, 駅舎など鉄道施設は現在までそのまま使われている. また鉄道沿いには, 関東軍の飛行場(五岔溝)や対ソ軍事要衝の施設がそのまま残されており, 市周辺は日本の内モンゴル進出を理解する重要な地域ともいえる. モンゴル国との国境貿易の拠点があるうえ, 大陸では貴重な温泉資源や豊かな自然, 清涼な気候と交通の便に恵まれており, 近年は避暑地として中国国内から観光客をひきつけている.
[ボルジギン・ブレンサイン]

アルジュナ山　Arjuna, Gunung
インドネシア

標高:3339 m　　[7°45′S 112°24′E]

インドネシア西部, ジャワ島, 東ジャワ州マラン県とパスルアン県の県境に位置する火山. 州都スラバヤの南約30 kmに位置する. 島内で第4位の高さを誇る山である. 地名は, インドの古代叙事詩『マハーバーラタ』に登場する英雄の名にちなむ. 山の周囲は, 東ジャワ王朝時代のヒンドゥー教遺跡や碑文など考古学的遺物が数多く存在する. 登山には, 北側のトレテス Tretes からウェリラン Welirang 山(標高3156 m)経由, または, 東側のラワン, 西側のバトゥセレクタ Batu-Selecta などから入ることができる. 頂上は, オガルアギル Ogal-Agil 峰, リンギット Ringgit 峰などとよばれる. 　　[浦野崇央]

アルゼンティナ山脈　Argentina Range
南極

標高:925 m　長さ:68 km
[82°20′S 42°00′W]

南極, 西南極の山脈. 南極横断山脈の一部であるペンサコラ山地(西経30度線付近)北東部の一部で, その中にあるフォレスタル山脈北部の東56 kmに位置する. 1956年にアメリカ海軍の南極大陸横断飛行実施中に発見, 撮影された. 山脈名は長期にわたってフィルヒナーロンネ棚氷を観測し続けたアルゼンチンの基地が近くにあったことから命名された. 　　　[前杢英明]

アルタイ　Altai　　モンゴル

人口:1.8万 (2015)　面積:2161 km²
標高:2181 m　　[46°09′N 96°06′E]

モンゴル西部, ゴビアルタイ県の町で県都. 行政上はユスンボラグ Yusönbulag 郡に属し, この郡内の都市化した集住地区を通称アルタイ市とよんでいる. また同県内には, アルタイ市とは別にアルタイ郡も存在する. モンゴルの県都の中で最も標高の高い場所に立地する. 首都ウランバートルの西南西約1000 kmに位置する. 町は, ゴビアルタイ県が設置された1940年に同県の中心として新設された. 盛時は人口2万を超えたが, 近年, 首都に人口が流出している.
[島村一平]

アルタイ市　阿勒泰市　Altai
中国

阿泰 (旧表記) / Altay (別表記)

人口:21.9万 (2002)　面積:12000 km²
[47°51′N 88°08′E]

中国北西部, シンチャン(新疆)ウイグル(維吾爾)自治区北西部, イリ(伊犂)自治州アルタイ地区の県級市. アルタイ山脈の南西麓に位置し, 北はモンゴルに隣接する. 1921年に承化県が設置された. 1944年頃東トルキスタン共和国のアルタイ地区に属した. 1949年以降, 中国の統治下に入り, 53年にアルタイ(阿泰)県となった. のちに漢字表記は阿勒泰と改められた. 1984年市になった. アルタイ地区政府所在地である. アルタイ地区はアルタイ市とカバ(哈巴河), コクトカイ(富蘊), ジェミナイ(吉木乃), チンギル(青河), ブルチン(布爾津), ブルルトカイ(福海)の6県を管轄する. 市名は北部のアルタイ山脈に由来し, モンゴル語ないし突厥語で金山を意味し, 古くから金の産地として有名である. 北部はアルタイ山脈, 南部はエルチシ(イルトゥイシ)川流域の平野にあたる. 牧畜業が主体で, アルタイ羊, 牛, 馬, ラクダなどを飼養する. おもな農作物は春小麦とトウモロコシである. 市内には空港があり, ウルムチ(烏魯木斉)と空路で結ばれている. 古跡にはアルタイ岩画などがある.
[ニザム・ビラルディン]

アルタイ山脈　Altai Mountains

カザフスタン〜モンゴル

阿爾泰山脈（漢字表記）/ Altay Mountains（別表記）
標高：4506 m　長さ：2000 km
降水量：400-800 mm/年
[49°48′N　86°40′E]

アジア中部の山脈．東はモンゴルに入り，モンゴルアルタイとよばれる．西はカザフスタンとロシアに延びている．中部は中国のシンチャン（新疆）ウイグル（維吾爾）自治区とロシア，モンゴルとの国境にそびえている．クイトゥン（奎屯）山（標高4356 m）がモンゴル，ロシア，中国の3国の国境をなす．北斜面は険しく，南側は比較的平坦でゆるやかな地塁山地をなしている．地名はモンゴル語ないし突厥語で金山を意味する．新疆ウイグル自治区内の部分は南斜面にあたり，長さは約500 kmである．北西-南東に走っており，南はジュンガル（準噶爾）盆地である．山形はゆるやかで，標高2000〜3000 mのあたりに準平原があり，高原状をなしているが，これより高所は，現在ならびに氷河期の氷河作用を受け，とくに山頂周辺は険しい地形を呈する．北西に向かうほど標高が高くなり，河川も増加する．南東に向かうほど標高が低くなって河川も少なくなる．標高3000 m以上では積雪がみられ，氷河が発達している．

モンゴルアルタイの主稜線は，中国（新疆ウイグル自治区）との国境をなして，北西-南東方向に連なる．最高峰のフイテン峰（4374 m；ナイラムダル峰，ユーイフォン友誼峰ともいう）は，新疆ウイグル自治区，ロシアおよびモンゴルの国境に近く，4000 m級の峰が5つ連なり，5つの聖なる山を意味するタワンボグド山塊の最高峰をなす．標高1200〜2300 mの間にはカラマツを主とする針葉樹林帯がある．森林帯の上方と下方には牧草地が広がっており，夏の放牧場になっている．河川はおもに北から南に流れているが，2つの異なった水系に属する．中国の新疆ウイグル自治区のカバ（哈巴河）県からコクトカイ（富蘊）県の間の諸河川は北極海水系に属する．これらの河川はエルチシ（イルトゥイシ）川に流れ込み，下流のオビ川を通して北極海に注ぎ込む．もう1つは，チンギル（青河）県内に源を発する諸河川で，これらの河川はウルングル Ulun' gur（烏倫古）河に流れ込み，最後にブルルトカイ湖に注ぎ込む．この川は内陸水系に属し，ジュンガル盆地内陸水系とよばれる．

西部には著名な景勝地であるハナス Hanas（喀納斯）湖があり，その周辺は自然保護区に指定されている．アルタイ山脈は野生の動植物資源に富む．クロテン，ヒグマ，シカ，エゾヤマドリ，ライチョウなどの野生動物が保護動物に指定されている．また，シベリアアカマツ，シベリアモミおよび河谷や低山に分布するポプラ，カバなどは保護植物に指定されている．薬材資源も豊富で，カルライラー（スノーロスト，雪蓮），バイモ（貝母），トウジン（党参）などがある．鉱物資源に富み，金，非鉄金属，宝石などを産する．東部のコクトカイ県はニッケル，銅，金，宝石などの産地として知られる．

[ニザム・ビラルディン，小野有五]

アルタンボラグ　Altanbulag

モンゴル

ナイマーホト　Naimaa Khot（旧称）
人口：0.5万（2015）　面積：2213 km²
[50°20′N　106°26′E]

モンゴル中央北部，セレンゲ県北端の町．モンゴル最北端，北部はロシアの国境の町キャフタと接する．1727年，露清間の国境を定めたキャフタ条約の締結後，国境における貿易の町として生まれた．かつてモンゴル語で商売の町を意味するナイマーホト，中国語で買売城（マイマーチェン）とよばれた．また，清朝が瓦解する1911年まで，町は外モンゴルのハルハ王侯でセツェンハン部のエルデネワン旗に所属し，ここにハロールとよばれる国境警備隊が置かれた．1911年，ボグド・ハーン政権が成立すると，トゥシェートハン部のエルデニチンワン旗と帰属が変更された．1921年には，スフバータル将軍を中心としたモンゴル人民革命政府がこの町に置かれたことから，アルタンボラグは人民革命揺籃の地とよばれる．また，町には首都ウランバートルとロシアのブリヤート（ブリャート）共和国の首都ウランウデを約11時間で結ぶ国際バスの駅があり，このバスを利用して毛皮や中国製の日用品などを輸入するロシア人商人は少なくない．商業特区に指定されている．

[島村一平]

アルチン山　阿爾金山　Altun Shan

中国

A'erjin Shan, Altyn Tagh（別表記）/アルトゥン山（別表記）
標高：6295 m　長さ：750 km　幅：60-100 km
[37°55′N　87°23′E]

中国西部，シンチャン（新疆）ウイグル（維吾爾）自治区とチンハイ（青海）省，ガンスー（甘粛）省の間におおよそ東西方向に連なる山脈．アルトゥン山脈とも表記され，チュルク語とモンゴル語でともに金の山を意味する．北側のタリム（塔里木）盆地と南側のツァイダム（柴達木）盆地を分ける障壁となっている．西はクンルン（崑崙）山脈，東はチーリエン（祁連）山脈に続く．標高は東西で高く，中部は相対的に低い．また，南北におおよそ3列に山々が連なり，中列と南列が高く険しく，北列は相対的に低くなだらかである．最高峰は西部にあるスラムターグ山（標高6295 m，未踏峰）．中部はおもに4000 m級の山々よりなり，東部の主峰はアルチン山（5828 m）である．この山脈は，おおよそ第三紀（約5000万年前）に，インドプレートとユーラシアプレートの衝突に伴うヒマラヤ山脈やチベット高原の隆起とともに大きく隆起したと考えられる．また，この山脈は，崑崙山脈から祁連山脈へ続くアルチン断層帯に位置し，その断層運動は急峻な峰や谷を形成した要因の1つである．

平均標高は3000 m以上のため，気候は寒冷で積雪期が7カ月以上続く．山脈上部には氷河や万年雪があり，それを水源として，西部にルージャン河やミーラン河，中部にガスクレイ湖，東部にスーガン湖などがある．しかし，乾燥気候のため，年降水量は100 mm以下の地点が多く，乾期に流水が途絶えてしまう水無川も多い．山脈北側にはクムタガ砂漠が広がる．山脈南西側にあるクムクル盆地には自然保護区が設けられており，その面積は4.5万km²と広大で，標高約4000〜6000 mの地帯に野生のヤクやチベットロバ，チベットカモシカ（チルー），チベットガゼル，オグロヅルなどが生息している．

この山脈と周辺地域は石油や鉱物資源の埋蔵量が多く，各地で油田や鉱山が開発される．山脈北西側の新疆ウイグル自治区バインゴリン自治州チャルキルク（若羌）県では石綿や金，カリウムなどを，北東側の甘粛省アクサイ（阿克塞）自治県では石綿や銅などを，南側の青海省ハイシー（海西）自治州では石油や天然ガス，石綿，カリウム，芒硝石などを産する．なお，カリウムと芒硝石はおもに塩湖に堆積しているものを採掘する．山脈東端にある峠，当金山口（3648 m）は，ツァイダム盆地とホーシー（河西）回廊を結ぶ交通の要路で，現在は国道が通る．　[高橋健太郎]

アルット川　Arut, Sungai

インドネシア

長さ：250 km　幅：0.1 km　深さ：4 m
[2°43′S　111°35′E]

インドネシア西部，カリマンタン(ボルネオ)島南部，中カリマンタン州コタワリンギンバラット県，パンカランブンの町を中心に流れる川．ジャワ海のコタワリンギン Kotawaringin 湾へ注ぐ．交通の要衝であり，スピードボートやモーターボートが行き交う．19 世紀末から 1930 年代に西欧型スクーナーをモデルにしてつくられたといわれ，南スラウェシの主要民族であるブギス・マカッサル人の文化的特徴とされる帆船ピニシ(2 本の帆柱に合計 7 枚の帆を張る帆船)が行き交う．川の左右には住居や帆船製材所が点在する．重さ 80 t，高さ 5.75 m，幅 12.25 m，長さ 45 m ほどのピニシの生産地としても有名で，船大工の集落をみる観光ツアーが設けられている．コタワリンギンバラット県には，アルット川以外に，ジュライ Jelai 川(長さ 200 km，水深 5 m，幅 100 m)，ラマンダウ Lamandau 川(長さ 300 km，水深 6 m，幅 300 m)，クマイ Kumai 川(長さ 175 km，水深 6 m，幅 300 m)が流れている．

[浦野崇央]

アルディンガビーチ　Aldinga Beach

オーストラリア

人口：1.0 万 (2011)　面積：14 km²
[35°18′S　138°27′E]

オーストラリア南部，サウスオーストラリア州南東部の町．州都アデレードの南約 40 km にある保養地である．フリューリュー Fleurieu 半島付け根の西側に位置し，セントヴィンセント湾に面する．美しい砂浜が広がり，夏には海水浴客で賑わう．いまでは，アデレードの通勤圏となっている．この地域は，1802 年，航海者のマシュー・フリンダーズ(1774-1814)によって初めて探検された．町が発展したのは，周辺の小麦の積出港として機能していた 1860 年代のことである．北東約 4 km の内陸には，親集落のアルディンガがある．ここには，第 2 次世界大戦や朝鮮戦争時に活躍した戦争画家のアイヴァー・ヘレが住んでいた．ヘレは 1950 年代に，国内で最も権威ある肖像画賞であるアーチボルド賞を 5 回も受賞している．現在多くの人びとが訪れるのはアルディンガビーチのほうで，集落のすぐ南側には原生林を保存した公園があり，ブッシュウォーキングなどが楽しめる．

[片平博文]

アルトゥシ市　阿図什市　Artux

中国

Artush (別表記)

人口：20.3 万 (2002)　面積：14800 km²
[39°43′N　76°09′E]

中国北西部，シンチャン(新疆)ウイグル(維吾爾)自治区南西部，キズルス(克孜勒蘇)自治州の県級市で州政府所在地．ティエンシャン(天山)山脈の南麓，タリム(塔里木)盆地の西部に位置し，北はクルグズ(キルギス)に接する．1938 年にアルトゥシ設治局が設置され，42 年に県になり，カシュガル(喀什)地区に属した．1954 年にキズルス自治州に編入され，86 年市になった．人口の 80% はウイグル族である．農業が主体で，小麦，トウモロコシ，水稲，綿花，油糧などが栽培される．また，イチジクも特産でイチジクの里として知られる．東トルキスタン南部の重要な商品集散地である．ウルムチ(烏魯木斉)とカシュガルを結ぶ南疆鉄道および国道 314 号が南部を通る．市内にはカシュガルを中心にイスラーム教を国教とする史上初のトルコ・イスラーム国家を樹立したスルタン・サトウク・ブグラハン陵墓，カラハンウイグル王朝遺跡などがある．

[ニザム・ビラルディン]

アルトゥン山 ☞ アルチン山 Altun Shan

アルナーチャルプラデシュ州　Arunachal Pradesh, State of

インド

人口：138.4 万 (2011)　面積：83743 km²
[27°05′N　93°36′E]

インド北東部の州．1987 年 2 月に州に昇格した．州都はイタナガル．1959 年 9 月から 62 年 11 月の間に断続的に続いた中印国境紛争の争点ともなった係争地で，長く外国人の入域が制限されており，現在も許可が必要である．中国は，1914 年のシムラ条約で決まった国境(マクマホンライン)を認めておらず，今日でも州域を南チベット(南蔵)とよび，自国領であると主張している．旅行者は団体客に限られ総数にも上限が設けられている．州域は東ヒマラヤの南側の山腹に沿うかたちで広がり，ブラマプトラ川が州の東部で中国側から流れ込み，深い谷を穿ちながら南流する．雪をいただくヒマラヤの峰から湿潤なブラマプトラ川の谷底にいたる多様な環境は，高山帯から亜熱帯林にいたる植生が垂直分布する．ランの宝庫といわれ 550 種以上が確認されている．また，ゾウやヒョウ，クマ，トラ，ターキン(大型の山羊)，レッサーパンダ，ジャコウジカをはじめとして多くの野生動物が生息しており，ミアオ Miao の近くにはナムダッパ国立公園がある．ほかにシアン県にもモウリン国立公園が整備されている．

インド北東諸州の中では最大の面積を擁する．人口のほとんどは農村住民で都市人口率は約 13% である．識字率は 55%，農村部の出生率は 36‰，都市部では 29‰，死亡率は農村部で 15‰，都市部で 5‰ となっている．住民の宗教別構成比では民族信仰やアニミズムが最も多く 52%，次いでヒンドゥー教の 29%，仏教 14%，キリスト教 4%，イスラーム教 1% となっている．構成する主要民族はアディ，ニシ，アパタニ，ブグンなど約 20 で，大きく 3 つのグループに分けられる．モンパとシェルドゥクペンに代表されるグループはチベット仏教の伝統をもち，集落にはゴンパとよばれる仏教寺院が建てられている．多くは棚田での農耕と，ヤクや山羊の放牧などを行っている．また，いい伝えでは彼らの先祖はタイやミャンマーからやってきたとされている．第 2 のグループはアディ，アカ，アパタニなどで，祖先神としてドニポロやアボタニとよばれる太陽や月の神を信仰する．一部に水田耕作もみられるが伝統的には焼き畑農耕を行っていた．最後はワンチョやノッテで，重要事項は世襲の村長が取り仕切るという強固な村落社会を維持している．おもな農作物は，米であり，谷底平野や斜面に築かれた棚田で栽培されている．大規模な製造業はないが，ある程度の石炭や褐炭は産する．また，森林資源を利用した製品，とくに竹製品が重要な産品となっている．加えて，ほかの北東諸州と同じく織物も重要な手工芸品で，その多くは女性によって紡がれている．

イタナガルは州の南西部にあり，標高 350 m．南はアッサム州と近接する．11 世紀にジトリ朝の首都として登場するマヤプル Mayapur がイタナガルであるとされている．また，ラムチャンドラ王によって築城されたといわれる 14〜15 世紀の砦も残っている．イタナガルと 10 km 離れたナハルラグン Naharlagun にも政府の庁舎が置かれ，双方で首都機能を担っている．ナハルラグンの標高は 200 m．イタナガルとナハルラグンの間には定期バスが通っている．イタナガル

アルハ 67

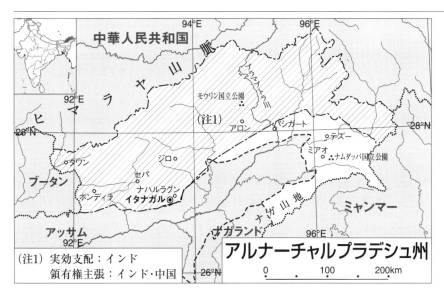

の丘の上にはよく手入れされた庭園を備えた仏教寺院がある．本殿はストゥーパ（仏塔）の裏にあり，その脇にはダライ・ラマによって植樹されたという木が植えられている．近年開設されたジャワハルラルネルー州立博物館では先住民の芸術や木彫，楽器，宗教用具，織物，装飾品，武器，ほかに考古学的遺物なども展示されている．また，市街から6kmほど離れたところにはギャクールシニイ Gyakur Sinyi という深い森に囲まれた湖があり，そこに通じる道路は竹やシダの生い茂る密林を抜けるため，途中で樹上に宿るランなどの植物をみることができる．

最も近いところにある空港はアッサム州のリラバリ空港で，ナハルラグンからは北東57km，イタナガルからは67kmである．同空港からはディブルガル経由のゴウハーティ便が就航している．このほかに，ナハルラグンにはヘリポートが設置され，ゴウハーティのほか州内各地と結ばれている．鉄道とのアクセスにおいては，イタナガルから東15kmのところにハルモティ駅（アッサム州内）があるものの，最至便はアルナーチャルエクスプレスが停車するアッサム州の北ラキームプル駅である．ナハルラグンからは東北東50km，イタナガルからは60kmである．

州は19の県から構成され，主要中心集落および県都としては西から，ボンディラ Bomdila，セパ Seppa，ジロ Ziro，アロン Along，パシガート，テズー Tezu などがある．ブータン国境にも近い西部のボンディラは標高2530mにあり，雪をいただくヒマラヤの景観が楽しめる．イタナガルとの間の陸路は整備されておらず，いったん南のアッサム州に入り，テーズプルの空港かランガパラ Rangapara の駅を利用することになる．町は近在の手工芸の中心であり，また，リンゴの果樹園も多い．

ボンディラからさらに北西に進み，北にチベット，西部と南部にブータンと国境を接する地がタワンであり，標高2600mを超える．この地にあるタワン寺はインド最大の仏教寺院の1つである．本堂の周囲に75の建物の配された大伽藍を誇り，伽藍をめぐる壁の総延長は610mにもなる．また，第6代ダライ・ラマの生誕地ともされている．8世紀にパドマサンババによりこの地に仏教が伝えられたとされている．高さ5.5mの大仏をはじめとし多くの彫刻やタンカといわれる仏画が納められている．また，州の中央部の西シヤン Siang 県のマリニタンの寺院跡からは12世紀のものとされる花崗岩に刻まれたヒンドゥー神の像が発見されている．一方，州東部のテズーから東南東約20kmのところにあるパラスラムクンド Parashuram Kund では毎年1月の祭典の際に，インド中から信者が訪れる． ［荒木一視］

アルバイ州　Albay, Province of
フィリピン

人口：131.5万（2015）　面積：2576 km²

[13°08′N　123°44′E]

フィリピン北部，ルソン島南東部，ビコール半島のビコール地方に位置する州．州都はレガスピ．北は南カマリネス州と，南はソルソゴン州と，西はブリアス水路を隔てマスバテ州のブリアス島と，北東部はラゴノイ湾を隔ててカタンドゥアネス州と接する．3市（レガスピ，リガオ，タバコ）15町720の村（バランガイ）で構成される．レガスピは州内最大の人口（19.7万，2015）を有し，空港，バスターミナル，フェリーターミナルを備える．レガスピの北西約15kmの州中部には，国内を代表する活火山であるマヨン火山（標高2462m）がある．富士山と同じ成層火山で，その美しい山容から州のシンボルともなっており，マヨン山国立公園（1938指定）にも指定されている．マヨン火山は過去にたびたび大規模な噴火を起こし，周辺の村に甚大な被害を与えている． ［石代吉史］

アルバイ湾　Albay Gulf
フィリピン

長さ：48km　幅：8-21km

[13°09′N　125°52′E]

フィリピン北部，ルソン島南東部，アルバイ州の東岸沖に位置する大きな湾．フィリピン海の内海に位置する．サンミゲル島，カグラライ島，バタン島，ラプラプ Rapu-Rapu 島によって北のラゴノイ湾と隔てられる．東西幅は48km，南北幅は8～21kmである．湾西部の湾奥に位置するレガスピ港は古くから開け，貿易港として重要である．海岸部ではジンベイザメがたびたび目撃されることから，アルバイ州の観光スポットとなっている．だが，湾の北に位置するラプラプ島では鉱山開発が進んでおり，降雨によって流出した重金属が海洋部を汚染している．アルバイ湾だけでなくラゴノイ湾でも漁業に悪影響を及ぼしている． ［石代吉史］

アルバート　Albert
オーストラリア

人口：96（2006）　[32°21′S　147°30′E]

オーストラリア南東部，ニューサウスウェールズ州中央部，ラクラン行政区の町．州都シドニーの西北西約481km，トッテナムの南東20kmにあり，タラモー・ニンガンロードとメルローズ・トランギーロードが交差する付近に位置する．町の近くには，ボーガンゲートからトッテナムに延びる鉄道が通る．1916年開業のアルバート駅があったが，現在は閉鎖されている． ［落合康浩］

アルバートタウン　Albert Town
ニュージーランド

ニューキャッスル　Newcastle（古称）

[44°41′S　169°11′E]

ニュージーランド南島，オタゴ地方の町．ワナカの東6kmに位置し，ワナカ地方初期

の中心地である．地名は，イギリスのヴィクトリア女王の夫で 1861 年に亡くなったアルバート皇太子(1819-61)を偲んで名づけられた．当初はクルーサ川を渡る渡船場として知られていた．正式名称は当時ニューキャッスルであったが，一般には受け入れられず，現名称が使われるようになった．　［井田仁康］

アルバニー　Albany　オーストラリア

人口：3.4 万 (2011)　面積：4310 km²
[35°02′S　117°53′E]

　オーストラリア西部，ウェスタンオーストラリア州南部の都市．州都パースの南東約 400 km，州のほぼ南端，キングジョージ湾のさらに奥に広がるプリンセスロイヤル湾の北岸に位置する．天然の良港であり，ヨーロッパ人の到来以前には先住民が夏に漁をしながら暮らす場所であった．1791 年にイギリスの探検家ジョージ・ヴァンクーヴァーが寄港すると，1826 年にはイギリスの流刑地として開発され，州最初のヨーロッパ人の入植地となった．1832 年までにアルバニーとして知られるようになり，40 年代を通じて捕鯨基地として，また 52 年以降にはインド洋を航海する船舶への石炭の補給基地として繁栄した．1900 年にフリマントルに新しい港が完成すると港湾都市としては一時的に衰退するが，後背地の発展に伴って南海岸の主要港としての地位を取り戻した．

　グレートサザン鉄道の沿線にあり，また道路交通の要衝でもある．ワイン，乳製品，牛肉，羊肉，果樹やジャガイモなど地域の農産物の集散地であり，毛織物や缶詰などの工業も集積している．また，過ごしやすい夏の気候は，パースからの保養客や小麦地帯から定年退職者などをひきつけている．　［大石太郎］

アルハンガイ県　Arkhangai Aimag　モンゴル

人口：9.2 万 (2015)　面積：55000 km²
[47°28′N　101°27′E]

　モンゴル中部の県．県都はツェツェルレグ(エルデネボルガン郡)．19 の郡より構成される．北はフブスグル県，南はバヤンホンゴル県，ウヴルハンガイ県，東はボルガン県，西はザヴハン県と接する．ハンガイ山脈の北部の標高 3000 m 級の山々が県南部を東西に走る．地名は，北のハンガイの地を意味し，ハンガイとはモンゴル語で牧畜にも狩猟にも適した豊かな森林ステップを意味する．県土の 15.7% が森林である．牧畜が盛んで，全家畜頭数は全国第 1 位の 377 万(2013)．伝統的に馬の飼育が盛んであったが，現在は全国第 2 位の 26.8 万頭(2013)．牛の 42.7 万頭，羊の 194.4 万頭はともに全国第 1 位．馬乳酒で有名である．アルハンガイ県とウヴルハンガイ県にまたがるハンガイとよばれる地域は古くからモンゴル高原の中で最も豊かな牧草地・狩猟地であり，多くの遊牧王朝の中心地となった．現在も 6～15 世紀にいたる遊牧諸王朝の石碑や城郭跡が多く残っており，文化人類学者の小長谷有紀は遊牧世界の中原とよんだ．2004 年にハンガイの遺跡群地帯は，ユネスコの世界遺産(文化遺産)に「オルホン渓谷文化的景観」として登録された．
　　　　　　　　　　　　　　［島村一平］

アルファ海嶺　Alpha Ridge　北極

幅：200-450 km　[84°00′N　97°00′W]

　北極，北極海の海底にある海嶺．カナダ海盆とマカロフ海盆の間に位置している．アメラシアン海盆形成時には活動的であったが，現在火山活動はない．1963 年に発見され，海盆からの比高は 2700 m に及ぶ．幅は 200～450 km 程度である．互いに並走するロモノフ海嶺，ガッケル海嶺はアルファ海嶺とともに北極海の海底を区分する 3 大海嶺として知られている．　［前杢英明］

アルブルン　Aru Burung　インドネシア

アル　Aru (通称)
人口：0.1 万 (推)　面積：0.1 km²
[2°22′N　128°10′E]

　インドネシア東部，マルク(モルッカ)諸島北部，モロタイ島西方に浮かぶラオ(バウ)島，北マルク州モロタイスラタンバラット県の町．ダイビングスポットとして有名．141 世帯(2015)が暮らし，住民は全員がキリスト(プロテスタント)教徒である．　［浦野崇央］

アルフレッドトン　☞ アルフレトン Alfredton

アルフレトン　Alfredton　ニュージーランド

アルフレッドトン (別表記)／マロア　Maroa (マオリ語)
[40°41′S　175°52′E]

　ニュージーランド北島南部，マナワツワンガヌイ地方の村．国道 2 号沿いのエケタフナの東 18 km に位置する農村である．地名は，1869 年にイギリス海軍艦船ガラティアの次期艦長としてニュージーランドを訪れ，翌 70 年にふたたび訪れたイギリス・ヴィクトリア女王の次男エディンバラ公，アルフレット・アーネスト・アルバート王子(Alfred Ernest Albert)にちなんだものである．マオリ語名はマロアである．アルフレッドトンと表記される場合もある．　［林　琢也］

アルベリー　Albury　オーストラリア

Bungambrewatah (古称)／オールバリー (別称)
人口：4.6 万 (2011)　面積：5.3 km²　標高：165 m
降水量：701 mm/年　[36°04′S　146°54′E]

　オーストラリア南東部，ニューサウスウェールズ州南東部，アルベリー行政区の都市で行政中心地．マレー川右岸に位置し，対岸のヴィクトリア州ウォドンガとは双子都市の関係にある．地名は，イギリス・イングランドにある小村オールドベリーにちなんで名づけられたが，のちに d が省略されて現在の綴りになったとされる．町はスノーウィー山脈西縁に広がる．内陸に位置するため，年平均降水量は少ない．とくに 2～3 月の夏季の月降水量は 40 mm 前後となる．月別平均の最高気温は 22.1°C，最低気温は 8.7°C であるが，記録によると 5～9 月の冬季にかけて最低気温は−4°C まで下がる．

　町は，もとは先住民ウィラージュリー(Wiradjuri)の居住地で，Bungambrewatah とよばれていた．その後 1824 年 11 月に，探検家のハミルトン・ヒュームとウィリアム・ホヴェルが，現在マレー川とよばれる河川を横断して到達した．彼らはその川をヒューム Hume 川と命名した．しかし，1829 年にチャールズ・スタートがマランビジー川に合流するそのヒューム川をマレー川と名づけたため，最終的にはマレー川の名称に変更された．地名は，1830 年代にタウンゼントが先住民の呼称から Bungambrewatah としていたが，39 年 4 月の官報で現在の地名が掲載され正式名称となった．町としての発展は，1834～35 年に最初の牧場が開かれて始まった．その後，1855 年に川船が町まで到達し，81 年には町と北東約 640 km 離れたシドニーとを結ぶ鉄道が開通するなどして発展した．一方，メルボルンからウォドンガまでの鉄道も 1873 年には完成し，83 年には両都市をつなぐ橋もかけられた．しかし，両州の鉄道軌間(ゲージ)が異なっていたため，乗

客らは乗換えを余儀なくされた. ゲージの統一は 1962 年までなされなかったため, それまで町はシドニー～メルボルン間の鉄道乗換駅として機能した.

町には 1907 年に役所が建てられ, 46 年に市制が施行された. その後 1974 年から 89 年にかけては, ウォドンガとともにアルベリー・ウォドンガ開発公社による周辺開発が進んだ. しかし, 公社は顕著な実績を上げられず, 2015 年に解消された. 町は農業を中心としながらも, 企業や工場の立地もみられる. たとえば, ノルウェーを拠点とするパルプ, 製紙会社のノルスケ・スコグ Norske Skog 社や車のオートマチックトランスミッションの製造工場などである. 町の長い歴史から, 歴史的建造物は多く, しかもそのほとんどが 1800 年代後半に建築されている. シドニー天文観測所を設計したアレクサンダー・ダウソンによって 1860 年に建築された石造の裁判所や, 81 年建築のイタリア風の駅舎などは歴史を感じさせる. また, 町から東に 10 km 離れたマレー川上流には, 1936 年に完成した重力式ダムのヒュームダムがある. ダムはおもに灌漑と洪水調節を目的として建設されたもので, ダム建設によって面積 201.9 km² のヒューム湖がつくられた.

[藁谷哲也]

アルベリー Albury　ニュージーランド
[44°14′S　170°52′E]

ニュージーランド南島, カンタベリー地方の村. フェアリーの約 15 km に位置する. 地名はイギリス, イングランド南部出身のヴォルター, ローレンス, ジョンのケンナウェイ 3 兄弟が, イングランドのアルベリー村にちなんで命名した. 周辺にはほかにもアルフォード, エクセ川など, 兄弟が命名したと推測されるイングランド由来の地名がある. アルベリーのもともとの意味は, 古い要塞である. なお, ティマルとフェアリーを結ぶ鉄道が 1954 年に開通し, 町にも鉄道が通っていたが, 68 年に廃止された. [井田仁康]

アルベルガ川 Alberga River
オーストラリア
長さ：400 km　[27°09′S　134°35′E]

オーストラリア南部, サウスオーストラリア州北部を西から東に流れる川. 州北西部に位置するマスグレーヴ山脈東部のアーナベラ付近に源を発し, 乾燥地域を約 400 km にわ

たって流れる. このうち上流部は, とくにマリヤット Marryat 川とよばれる. その後いくつかの河川と合流し, 下流ではマカンバ川と名を変え, さらに 300 km 以上も流れてエア湖に注ぐ. 途中, ウーナダッタ北西 70 km のシャイラウェル Sheila Well の付近でオアシスを形成するが, それ以外の部分では普段, 水はまったく流れておらず, 乾いた河道のみが延々と続く. [片平博文]

アルホルチン旗　阿魯科爾沁旗
Ar Khorchin
中国
Ar Horqin (別表記)
人口 30 万 (2012)　面積：14277 km²
[43°21′N　119°02′E]

中国北部, 内モンゴル自治区東部, ウランハダ(チーフォン, 赤峰)地級市北東部の旗. 大興安嶺山脈を越えたところでシリンゴル(錫林郭勒)盟の西ウジムチン(西烏珠穆沁)旗と境界を接し, 南部はシラムレン(西拉木倫)河に面する南北に 232 km と長い旗である. その地理的条件によって, 南部から北部にわたって農業～半農半牧～牧畜という自治区が持ち合わせる生業の特徴が凝縮された空間である. アルホルチン部とはもともとチンギス・ハーンの弟にあたるハサルが率いるホルチン部の一部で, 清朝初期にフルンボイル(呼倫貝爾)地域から現在の地域に集団移住させられて, ホルチン部から構成されたジリム盟ではなく, ジョーオド盟に属するようになった. 満洲国時代には興安西省に属し, 当時の日本人の足跡も多く確認できる. 約 12 万のモンゴル族は人口の 1/3 を占める程度だが, とくにモンゴル人が集住する北部地域にはモンゴル人コミュニティが形成され, 伝統文化もある程度残されている. 北部のハーンスムにはモンゴル帝国最後の大ハーンであるリグテン・ハーンが建築したチャガーン・ホト(白城)の跡が残されている.

[ボルジギン・ブレンサイン]

アルマアタ Alma-Ata ☞ アルマトゥ Almaty

アルマティ ☞ アルマトゥ Almaty

アルマトゥ Almaty　カザフスタン
アルマアタ Alma-Ata (露語)／アルマティ (別表記)／ヴェルヌイ Vernyy (旧称)／ヴェルノエ Vernoe (古称)
人口 150.8 万 (2014)　面積：332 km²
標高：700-900 m　[43°15′N　76°57′E]

カザフスタン南東部, アルマトゥ州の都市. 国内最大の都市で, 1929～97 年はカザフスタンの首都, 2003 年までアルマトゥ州の州都であった. 8 地区 1 村からなる. 現在の首都アスタナの南南東 1480 km, 州都タルドゥコルガンの南西 226 km に位置する. 旧名, ロシア語名はアルマアタ. 1993 年に現名称に統一した. 気候は温暖で, 平均気温は 1 月には -8℃ まで下がり 7 月には 25℃ に上がる. 年平均降水量は山麓, 山間部で 1000 mm.

ザイリースキアラタウ山脈の北の山麓にある. 三方を高い山脈に囲まれた広い谷間にあり, 森林地帯によって強風からも守られている. 公園と碁盤の目のように整った広い道路には, ポプラ, シラカバ, カシ, アカシアなどの街路樹が茂る. 1930 年トルキスタン・シベリア(トルクシブ)鉄道の開通は, この町の発展の画期となり, 人口は 1926 年の 4.5 万から 93 年には 117.6 万となった. 2010 年はカザフ人 51.7%, ロシア人 33.0% で, 首都アスタナに比べロシア人の比率が高い. モスクワからアルマトゥ国際空港まで空路で 4 時間の距離にある. 農業は大麦, 野菜, 果物, ジャガイモなどが 83.5%, 畜産物が 16.5% である. 主要な工業部門は, 果物缶詰, 食肉包装, タバコ生産, 機械, 金属加工, 鉄道設備修理などである.

多くの大学, カザフスタン科学アカデミー, 劇場がある. 市民自慢の 100 m の高層ビル, ホテルカザフスタンには朝鮮料理レストランが付設されているが, 韓国系レストランはほかにも多い. タルキスタンホテルの近くには, 地下売場をもつ大バザールがあるが, ここには野外の売場とともに 2 階建ての建物も併設されている. 住民はカザフ人, ロシア人が主であるが, 朝鮮人も多い. これは, 日本の中国侵略が本格化した 1937 年に, 極東地方の朝鮮人約 17 万人が根こそぎカザフスタンに強制移住させられたことが関係している. さまざまな建築様式は, くり返された地震を反映している. 1887 年, 1910 年にも大地震に見舞われ, 土石流の被害もしばしば受けた. 市の周辺にはダーチャ(別荘)が広がっており, 最近は高級別荘住宅の分譲が行われている. 南部郊外のスケートリン

アルマトゥ（カザフスタン），パンフィロフ戦士公園のゼンコフ正教会〔Shutterstock〕

ク・メディオは，国際的に知られた施設で，氷面の整備などに日本の無償援助が行われている．

古くからこの地にあった小都市は13世紀にモンゴル軍に破壊されたが，1854年カザフ人の村アルマトゥ（リンゴの地）にロシアの堡塁・通商の中心ザイリースコエが建設され，まもなくヴェルノエと改称された．1867年新たに設けられたトルキスタン総督管区セミレチエ州の行政中心地となり，ヴェルヌイと改められた．1914年当時は59の小企業に364人の労働者を数える僻地の町にすぎなかった．19世紀にはロシアの流刑地であったが，流刑囚は革命に大きな役割を果たすことになる．1918年3月，武装蜂起によってソヴィエト政権が成立し，以後この地域の政治・経済の中心として発展する．風光明媚な都市として知られ，中央アジア最高水準を誇り，カザフ国立大学など多くの高等機関，政府機関の存在から国内の商工業，文化の中心となっている．　　　　　　〔木村英亮〕

アルマトゥ州　Almaty Region

カザフスタン

Almatinskaya Oblast'（露語）／ Almatı Oblısı
（カザフ）／アルマティ州（別表記）

人口：198.6万（2014）　面積：223924 km²
〔44°50′N　79°00′E〕

カザフスタン南東部の州．州都はタルドゥコルガン．10の都市，16の地方自治区がある．北を東カザフスタン州，西をジャンブル州，北西をカラガンダ州バルハシ湖，南をイリ川およびクルグズ（キルギス），東を中国国境が囲む．気候は大陸性で厳しいが，東部および南部の山岳部は穏やかである．1月の平均気温は北西部の平野部で−15℃，山岳部では−8℃，7月はそれぞれ25℃，16℃，年平均降水量は平野部で300 mm，山岳部で最大1000 mm．金，鉛，亜鉛，銅，銀など27の金属鉱床がある．タングステン鉱床も探査されており，モリブデン，スズ，水銀も埋蔵されている．花崗岩，大理石などもある．州内にジュンガルアラタウ山脈の東地区に源流をもつレプスイ川，カラタル川，アクス川，イリ川など多くの河川が流れる．貯水池も数多いが，バルハシ湖，アラコリ湖，サスイコリ湖などの天然の湖もある．東部にはジュンガルアラタウ山脈，南部にはザイリースキアラタウ山脈，キュンギョイアラトゥ山脈，ケトペン山脈の諸山脈がある．北西のバルハシ湖に沿ってサルイエシクアトゥイラウの砂漠もある．古墳，遺跡などの名所があり，登山基地，スキーリゾートなどもある．また，北西約180 kmにあるタムガリの峡谷には紀元前14世紀以後に描かれた5000点にのぼる岩絵が残されており，2004年に「タムガリの考古的景観にある岩絵群」としてユネスコの世界遺産（文化遺産）に登録された．

国内最大の農業地域で，労働人口の半数は農林部門であり，耕種生産高は農業全体の半分を超える．トウモロコシ，ジャガイモ，テンサイ，大豆，タバコの生産で国内第1位である．リンゴの栽培にも力を注いでいるほか，小麦，稲，ケシ，綿花が栽培されている．畜産では養鶏が盛んで，馬は国内第1位，牛は第2位で，羊，山羊も飼育されている．工業では農産物の加工を主とし，とくにタバコが中心である．砂糖，ワインさらに建設資材，電気機器，紙も生産される．食品加工業や，バルハシ湖で漁業も営まれる．南北にトルキスタン・シベリア（トルクシブ）鉄道が横切り，ロシア，中国，中央アジアを結ぶ交通の拠点として，高速道路，鉄道，水路が発達している．住民は，カザフ人を主として，ロシア人，ウクライナ人．1944年にソ連カザフ自治共和国アルマトゥ州から形成された．1967年にタルドゥコルガン州として復活した．北東部は数回タルドゥコルガン州として分離されていたが，1997年にアルマトゥ州に統合され，2001年に州都はアルマトゥからタルドゥコルガンに移された．シルクロードの構成資産が2014年に「シルクロード：長安−天山回廊の交易路網」としてユネスコの世界遺産（文化遺産）に登録されたが，カザフスタンでは計8件が登録され，そのうち3件が州内にある．すなわち，ジェティ・ス地区のカヤリク，タルガル，カラメルゲンである．　　　　　　〔木村英亮〕

アルマーラ　Ulmarra

オーストラリア

人口：0.1万（2011）　面積：84 km²
〔29°38′S　153°02′E〕

オーストラリア南東部，ニューサウスウェールズ州北東部，クラーレンスヴァレー行政区の町．グラフトンの北東12 kmのクラーレンス川右岸にあり，パシフィックハイウェイが通っている．地名は，先住民の言葉で川の湾曲部を意味する．1850年代にヨーロッパ系の人びとがこの地に入植したことで，町は20世紀初頭にはその拠点の河港として発展した．いまも町の北側に，対岸に渡るフェリーの船着き場がある．　　　　〔落合康浩〕

アルマルイク　Almalyk

ウズベキスタン

Olmaliq（別表記）

人口：13.8万（2004）　〔40°51′N　69°36′E〕

ウズベキスタン東部，タシケント州南部の都市．クラマ山脈の北麓にある．首都タシケントの南東65 km，鉄道駅アハンガランの南8 kmに位置する．1940年代末から発展し，人口は56年の0.3万から，89年には11.4万に増加している．非鉄金属冶金の中心地となり，1958年に銅，モリブデン，鉛，

亜鉛コンビナートが建設された. 自動車修理, 建設資材, 食肉, パンなどの工場もある.　　　　　　　　　　　　　[木村英亮]

アルモラ　Almora　　　　インド

人口：3.4万（2011）　標高：1600 m
[29°36′N　79°40′E]

インド北部, ウッタラカンド州南東部の県および県都. 東はネパール, 北はチベットに接するインドの山岳地帯であるクマオン地方に位置する避暑地. 都市は山腹に沿って5 kmにわたって細長く延び, 文化, 政治の中心地である. シムラやナイニタルがイギリス人によって開発されてきたのに対し, アルモラはインド人によって開発が進められた山岳保養都市である. 雄大なヒマラヤ山脈の景観を誇り, インド各地はもとより世界中から観光客が訪れる. 自然景観に加えて, 当地の民族衣装などの文化遺産, 独特の手工芸品なども観光資源となっている. 首都デリーから北東へ車で1日の距離にあり, ヒマラヤトレッキングの拠点になっている. また, ナンダデヴィを祀る寺院が町の中心にあるように, 宗教的な観光資源も豊富である. この地方の農業では, リンゴやモモ, スモモなどの果樹栽培が特徴で, 重要な商品作物ともなっている.　　　　　　　　　　　　　[荒木一視]

アルユワン県　洱源県　Eryuan
中国

じげんけん（音読み表記）

人口：27.6万（2006）　面積：2875 km²
[26°06′N　99°56′E]

中国南西部, ユンナン（雲南）省西部, ダーリー（大理）自治州の県. 県政府所在地は玉湖鎮に置かれている. 人口の7割弱がパイ（白）族である. 著名な観光地である大理とリーチャン（麗江）の中間に位置する. 域内に多数の温泉が湧き, 風光明媚なシー（洱）湖や茈碧湖もあることから, 近年観光地として急成長しつつある. 現状では農業と牧畜業が主産業であり, 梅や牛乳・乳製品の生産地としても知られている.　　　　　　　　　　　[松村嘉久]

アルール　Alur　　　　インド

人口：0.1万（2011）　　[15°24′N　77°15′E]

インド南部, アンドラプラデシュ州西部, アナンタプル県の小都市. 県都アナンタプルの北西70 kmに位置し, カルナータカ州に近接する. カルヌールからベラリを結ぶ道路沿いに位置するが鉄道駅はない. もとはマイソール州のベラリ県を構成していた. ランガナート・スワミィ寺院があり, そこからの眺望が観光客を集めている. また同寺院で毎年3〜4月にかけての満月の日に行われる祭りも有名である.　　　　　　　　[荒木一視]

アルワール　Alwar　　　　インド

人口：31.5万（2011）　標高：286 m
[27°32′N　76°35′E]

インド西部, ラージャスターン州北東部の都市で県都. 首都デリーと州都ジャイプルのほぼ中間に位置する. デリーの南西164 km, ジャイプルの北東143 kmに位置する.

歴史は古く, 紀元前1500年にさかのぼるマツヤ Matsya 国の領地であったとされている. 最初の都市はラージプートの一派によって建設されたといわれ, 現在の都市の起源は11世紀にマハラジャ（藩王）のアルグラジによって築かれたものである. その後ムガル帝国の手に移るが, ムガルの勢力が衰えたのに乗じて, ラオ・プラターブ・シンが1771年に本拠地をこの地に置いた. 周囲を見下ろす丘の上に砦が築かれ, その後, 稜線上に3 kmにわたって堡塁が築かれた. また, 都市に水を供給するために14 kmにわたって導水管が引かれた. 市内の湖は, 現在は市民のピクニックスポットとなっており, ボート遊びを楽しむことができる. また, かつて湖畔に築かれた宮殿はホテルとなっている. 市街地は城壁に囲まれ, 5つの門が配されている. 現在の城壁は都市開発計画のために1939〜40年にかけて改修されたものであり, それ以前はより強固な城壁と水濠によって市街地が囲まれていた. かつての王宮であるビナイ・ビラス・マハルは政府の役所として使われるほか, 美術館も置かれている. 建築物自体はムガル様式とラージプート風の装飾がうまく組み合わされている. 貯水池の南には, 赤い砂岩に大理石を配した19世紀初頭の当地のマハラジャであるバクタワール・シンの碑がある. このほかに, マハラジャであったジャイ・シンによって建てられたイタリア風の建築であるエシュワントニワスも観光スポットとなっている. また, 市街地から10 kmほど離れた地には彼が建てたビジャイ寺院があり, いまもその地には王家の末裔が暮らしている. 居館は制限付きながら一般公開されている. 市街地から南西に35 km離れたサリスカ国立公園はトラの保護地である. もとはマハラジャの狩猟用に使われていた地で, 現在480 km²に及ぶ落葉樹の森林が保護地となっている. この保護地はトラに限らずアカゲザルやラングール, またクジャクなどの鳥獣類が数多く生息しており, ラージャスターン州では最も充実した野生生物の観察地となっている.　　　　　　[荒木一視]

アルン川　Arun River　☞ コシ川　Kosi River

アレクサンダー島　Alexander Island
南極

アレクサンドル1世島　Aleksandra I, Zemlja（露語）/アレハンドロ1世島　Alejandro I, Isla（西語）

人口：0（2014）　面積：43250 km²　標高：2987 m
長さ：390 km　幅：80-150 km
[71°00′S　70°00′W]

南極, 西南極の島. 南極半島, パーマーランド西側に広がるベリングスハウゼン海にある. 長さは390 km, 幅は北部で80 km, 南部で150 kmと細長い. 南極圏最大の島であるとともに, 北極海にあるカナダのデヴォン島に次ぐ世界第2位の面積をもった無人島である. マルゲリート湾およびジョージ6世海峡を隔てて南極半島と向かい合っているが, 海峡はジョージ6世氷が埋め尽くしていることから, 実質的に南極大陸と続いている. ロシア語名のアレクサンドル1世島としても知られている. 1821年1月28日にファビアン・ゴットリーブ・ベリングスハウゼン率いるロシア遠征隊が発見した. 島名は, ロシア皇帝アレクサンドル1世にちなんでつけられた. 1940年までは大陸の一部だと思われていたが, アメリカのフィン・ロンネとカール・エクルンドの2人の探検家によって島であることが確認された. 1950年代にはイギリスが領土の一部であることを主張するため, フォッシル・ブラフ基地を建設し, 現在気象観測センターと給油の基地がある. 1908年にイギリスが, 40年にチリが, 42年にアルゼンチンが領有を主張し, 係争地であったが, 現在は南極条約の下で棚上げになっている.

島全体はほとんど氷河に覆われており, 島中央部に南北方向の露岩地帯（ヌナタク）が一部氷から頭を出している. 島の氷河は東西に流れており, 西側へはバック棚氷とウィルキンス棚氷となってベリングスハウゼン湾へ流出している. 東側はジョージ6世棚氷としてジョージ6世海峡に流出している. ジョージ

6世棚氷はパーマーランド側の氷帽からも涵養されている. 島内の最高地点はステファンソン Stephenson 山(標高 2987 m)である. また, 島を覆う氷河の下には, 氷底下湖に起源をもつホジソン Hodgson 湖があり, 面積は2 km×1.5 km 程度で, 深さは93.4 m もある. 現在の湖面は4 m 程度の厚い氷に覆われている. 最終氷期最盛期には厚さ 470 m の氷河に覆われていたとされ, 1万 3500 年前以降, しだいに上部の氷河が薄くなっていき, 1万 1000 年前以降から現在のような形になったのではないかと推定されている.

[前杢英明]

アレグザンドラ　Alexandra

オーストラリア

人口:0.3万 (2011)　面積:218 km²
[37°13′S　145°46′E]

オーストラリア南東部, ヴィクトリア州中央西部の都市. アイルドンの西 26 km に位置する保養地である. この都市もかつては金鉱山集落としてスタートしたが, その後は周辺部の林業産地の中心として栄えた. 狭軌の蒸気機関車による林間鉄道が, 地区内の製材所を網羅している. 近くを流れるゴールバーン川はマス漁で有名である.　[堤　純]

アレグザンドラ　Alexandra

ニュージーランド

アレグザンドラサウス　Alexandra South (旧称)
人口:0.5万 (2013)　降水量:300 mm/年
[45°15′S　169°24′E]

ニュージーランド南島南東部, オタゴ地方の都市. セントラルオタゴ地区, ダンスタン山地東麓のクルーサ川, マヌヘリキア Manuherikia 川の合流点付近の平地上に位置し, 南はロクスバラダム背後のロクスバラ湖の上端に延びる. ダニーディンの北西 195 km, クロムウェルの南東 30 km にある. オタゴ地方の中心地である. この地域は偏西風の陰になるため降水量は少ないが, 大規模な灌漑のために換金用の果樹園が発展した. おもな産業は牧羊, 果樹の栽培で, 果樹のもぎとりは重要な季節の行事である.

この町は 1862 年における南島での金発見と結びついて発展し, 沖積層からの金の採取の中心地であった. 現在もエンタープライズ Enterprise, ユリーカ Eureka など金の採取と関連する地名が残されている. 1862 年8月に, 現在のクライドの付近に豊富な金の産出域が見出され, これはローワーダンスタン

Lower Dunstan またはマヌヘリキアとよばれていた. 地名は, 1863 年に, 当時英国の皇太子エドワードがデンマークの王女アレグザンドラと結婚したのを記念してアレグザンドラサウスと命名され, のちに北島のアレグザンドラノースがもとのマオリ語のピロンギアに変わったときに, 現名称となった. 町には裁判所, 警察署, 郵便局, さらに病院, ホテル, 小・中学校, 体育館ほかさまざまなレクリエーション施設がある. 新聞も発行している. またすばらしい歴史博物館があり, パイオニアパーク, 上記の河川など屋外スポーツに適したところが多い. クルーサ峡谷そのほかのダムでは魚釣りも盛んである. 町の南にはノッピー山地 Knobby Range (または The Knobbies)とよばれる山地がテヴィオット Teviot 川の北に延びている. 山地の南側の町を見下ろす地点に直径 10 m の電気大時計があり, この種の時計として世界第2位の大きさといわれる.　[太田陽子]

アレグザンドリーナ湖
Alexandrina, Lake

オーストラリア

面積:360 km²　長さ:38 km　幅:25 km
深さ:3-4 m　[35°25′S　139°10′E]

オーストラリア南部, サウスオーストラリア州東部の湖. マレー川河口部に位置する. 東西最大幅約 38 km, 南北最大幅約 25 km で, 全体的に非常に浅い. マレーマウス Murray Mouth で外洋のエンカウンター Encounter 湾に注ぐ. 湖南東部のナラング付近でアルバート湖とつながっており, これら両湖をあわせて, 一般にマレー湖とよばれる. アレグザンドリーナ湖は, 以前には汽水湖のクーロン湖とつながっていたが, 堤防を築いて分離することにより, 淡水化された. 湖水は, 現在州都アデレードの都市圏にも供給されている. 地名は, のちにヴィクトリア女王(在位 1837〜1901)となったアレグザンドリーナ王女にちなんで 1830 年, 探検家のチャールズ・スタート(1795–1869)によって名づけられた.　[片平博文]

アレナ岬　Arena Point

フィリピン

[13°15′N　122°40′E]

フィリピン北部, ルソン島中部, ケソン州南部の岬. 州都ルセナの南東約 140 km, ボンドック Bondoc 半島の南東部に位置し, 南はシブヤン海に面し, 東部はラガイ Ragay 湾の入口にあたる. 岬の南東約 30 km 沖

合にはブリアス島が浮かぶ.　[石代吉史]

アレヌイハハ海峡　Alenuihaha Channel

アメリカ合衆国

幅:50 km　深さ:1900 m
[20°28′N　155°58′W]

北太平洋東部, ポリネシア, アメリカ合衆国ハワイ州, ハワイ島とマウイ島の間の海峡. 海峡名はハワイ語で「大波が粉砕する」を意味する. カウアイ(カイエイエワホ)海峡に次いで州内で水深が2番目に深い. 傾斜のきつい海底地形や風の影響などにより, 年間を通じて不規則な波のうねりがあり, 小型漁船などでは横断がむずかしい.　[飯田耕二郎]

アレハンドロ1世島 Alejandro I, Isla ☞ アレクサンダー島 Alexander Island

アレピー　Aleppey

インド

アラプーザ　Alappuzha (別称)
人口:17.4万 (2011)　[9°29′N　76°19′E]

インド南部, ケーララ州アラプーザ県の都市で県都. 州有数の観光都市. 別名はアラプーザ. 州西部の海岸沿いにあり, ラグーンやビーチ, その背後にある清流や湖などの自然景観の美しさ, ボート競走や屋形船などの水辺の娯楽, 海産物やココナッツ繊維製品などで知られている. 市街地を縦横に運河が延びるほかに, 遠浅の海に長く延びる桟橋も観光スポットの1つで, 近在にはリゾートホテルも多い. 農業では米作が盛んである. 最寄りの空港は北に 95 km 離れたコーチン国際空港で, 鉄道や道路網も整備されている. ほかにコーチンやクイロンなどを結ぶボートも運航されている.　[荒木一視]

アレン山　Allen, Mount

ニュージーランド

標高:749 m　[47°05′S　167°47′E]

ニュージーランド南島南沖, サウスランド地方の山. スチュアート島南部, 花崗岩からなるティン Tin 山地の最高峰である. ティン山地は南海岸のポートペガサスから, パターソン入江の南西部に流入するラケアフア川に向かって北東方向に走る. 地名は 1800 年代初期, ゴールドラッシュの頃にヨーロッパ人として初めてペガサス港からパターソン入

アレピー(インド),オナム祭で行われるスネークボートレース〔CRS PHOTO/Shutterstock.com〕

江を横切った金の採掘者ハリー・アレンにちなむ. 〔太田陽子〕

アレン岬　Allen, Cape
イギリス
[58°25′S　26°23′W]

南大西洋,南極に近いイギリス領のサウスサンドウィッチ諸島のモンタギュー島にある岬.活火山である同島の南東端に位置し,1775年にジェームズ・クックが初めて望見した. 〔長谷川孝治〕

アロースミス山地　Arrowsmith Range
ニュージーランド
標高:2795 m　長さ:10 km
[43°21′S　170°59′E]

ニュージーランド南島,カンタベリー地方の山地.サザンアルプスの山中にある.ランギタータ川とラカイア川の間の上流域にあり,北北東方向に延びる.最高峰は北部のアロースミス山(標高2795 m),次いで南部のポッツ Potts 山(2200 m)がそびえる.中生代の硬砂岩からなる.地名は,カンタベリー地方の地質を調査したイギリスのユリウス・フォン・ハーストが,王立地理学協会の創立者の1人であったジョン・アロースミスにちなんで命名したとされる. 〔太田陽子〕

アロタウ　Alotau
パプアニューギニア
人口:1.2万 (2011)　[10°18′S　150°23′E]

南太平洋西部,メラネシア,パプアニューギニア南東部,ミルンベイ州の町で州都.ニューギニア島東南端,美しい港をもつ静かな町である.1968年に,サマライから州都がこの地に移った.港を取り巻く市街には,州庁舎のほか,市場,銀行,スーパーマーケットなどがある.港からは周辺の離島に渡る船が出ている.ココナッツ,パーム油,魚が主産物である.第2次世界大戦でパプアニューギニアに侵攻した日本軍が,初めて陸上で敗戦を喫したのがこの地だった. 〔熊谷圭知〕

アロータウン　Arrowtown
ニュージーランド
カムリワイ　Kamuriwai(マオリ語)/フォクシズ Fox's(古称)
人口:0.2万 (2013)　[44°56′S　168°50′E]

ニュージーランド南島,オタゴ地方の町.クイーンズタウンレークス地区,変成岩からなるコロネット Coronet 山地の南西端とクロムウェル山地との間のアロー川西岸に位置する.郵便局,警察署,ホテル,キャンプ施設,図書館などがある.周辺の丘陵地では牧羊,町に近いところでは穀物の栽培が行われている.町の起源は1862年にウィリアム・フォックスが豊富な金脈を発見し,たくさんの人びとを連れてきたことに始まり,はじめはフォクシズとよばれていた.ゴールドラッシュの頃には最初の数週間で90 kgの金を採取したという.現在は登山,ハイキング,スキーなどの基地として,また,マス釣り場として知られる.湖地区100年記念博物館ではゴールドラッシュの頃の多くの遺物を展示して町の歴史を物語る.晴天の多い秋には美しいポプラの木々が町をいろどり,すばらしい風景を訪ねる観光客が多い.地名は,付近のアロー川に由来する.これはウィリアム・ギルバート・リーズ,ニコラス・フォン・タンゼルマンが1859年にワナカ湖を越えてこの地域にきたときに名づけた.マオリ語ではカムリワイとよばれる. 〔太田陽子〕

アロノン岬　Alonon Point
フィリピン
[11°59′N　120°20′E]

フィリピン南西部,パラワン州の岬.カラミアン諸島のブスアンガ島東部に位置し,東側はアポウエスト水路に面する.付近にはマルシラ Marcilla 村があり,ここは白砂の海岸線が形成されている.ブスアンガ島最大の町コロンは西約20 kmの距離にある. 〔石代吉史〕

アロファナ山　Arowhana, Mount
ニュージーランド
標高:1440 m　[38°07′S　177°52′E]

ニュージーランド北島東部,ギズボーン地方の山.ラウクマラ山脈を構成する.ラウクマラ山脈の中では,北島の非火山性の山で最高峰のヒクランギ Hikurangi 山(1754 m)に次いで高い.マタ Mata 川とワイパオア Waipaoa 川,モトゥ川の支流の水源となっており,主要な分水界の中心部に位置する.マオリ語で aro は正面(最前部),whana は罠・トラップを意味する.山の名前の由来となったアロファナとは,伝説によると,巨人のための罠が仕掛けられていた場所である.しかし,巨人がホーク湾からイーストケープまで大股で歩いたため,罠を飛び越えてしまったといわれている. 〔林　琢也〕

アロフィ　Alofi
ニウエ
人口:0.1万 (2011)　面積:46 km²
[19°03′S　169°55′E]

南太平洋東部,ポリネシア,ニウエの村で首都.トンガ諸島の北東約600 km,ニウエ島西部,アロフィ湾沿いに位置する.ニウエの人口1613 (2011)のうちアロフィは639を

占め，国内最大の集落にして政治および経済の中心地である．湾に沿った島の周回道路の両側が村の中心部で，政府庁舎や議事堂，警察署，銀行，郵便局，観光局，病院，教会などの主要な公共施設がそろい，宿泊施設，飲食店などが建ち並ぶ．おもな産業は観光業で，アバイキやパラハなどの洞窟や熱帯雨林，泉（キャズム）やビーチなど島内の観光スポットの拠点となっている．南にはニウエ国際空港が立地し，ニュージーランドのオークランドへの定期便が運航している．

[井田仁康]

アロフィ島　Alofi
フランス

人口：1（2013）　面積：19 km²

[14°20′S　178°02′W]

南太平洋西部，ポリネシア，フランス領ワリーエフトゥナ海外準県の火山島．フィジーの北東約550 kmに位置する．西に隣接するフトゥナ島とともにホーン諸島を形成している．最高地点はコロフォー Kolofau 山（標高417 m）である．島には固定的な集落や定住人口がみられない．ただし，隣接するフトゥナ島は，46 km²の面積と約4000人の住民をもち，その一部住民によってアロフィ島でも出作りが行われている．

[手塚　章]

アロラ　Allora
オーストラリア

人口：0.1万（2011）　面積：97 km²

[28°01′S　152°00′E]

オーストラリア北東部，クイーンズランド州南東部のサザンダウンズ地域の町．州都ブリズベンの南西約160 kmに位置する．高原地帯に立地し，牧羊および酪農地帯が広がっている．1840年代初頭にヨーロッパ系住民によって開発され，今日でもヴィクトリア時代の面影を残す．地名は，アボリジニの言語で沼のような場所を意味する gnallorah からとられたといわれている．

[秋本弘章]

アロラエ環礁　Arorae Atoll
キリバス

人口：0.1万（2010）　面積：9.5 km²

[3°38′N　176°49′E]

中部太平洋西部，ミクロネシア，キリバスの環礁．キリバス西部，ギルバート諸島最南端で，首都のあるタラワ島から南東約624 kmに位置するサンゴ礁島である．アロライ島は通常は環礁の特徴である中央のラグーン（礁湖）を欠いている．スワンプタロ，ココヤシ，パンノキの栽培と漁業による自給自足経済が営まれる．伝統的航海術に関係する遺跡で知られる．

[柄木田康之]

アロール諸島　Alor, Kepulauan
インドネシア

面積：2098 km²　　　[8°13′S　124°31′E]

インドネシア中部，小スンダ列島東部，東ヌサトゥンガラ州の諸島．ティモール島北方に位置し，アロール島，パンタル島，テルナテ島を中心とした有人，無人の小島群からなる．16世紀頃，インドネシアのジャワ島，スマトラ島，中国の商人らが白檀を仕入れるためにこの地へやってきていた．現在では，ダイビングスポットとして知られる．この海域は，暖流と寒流が交わり，潮の流れが速く，無数の渦巻きが発生する地点である．

[浦野崇央]

アロール島　Alor, Pulau
インドネシア

カナリー島　Canary Island（別称）

人口：19.0万（2010）　面積：2865 km²

長さ：112 km　幅：25 km

[8°13′S　124°31′E]

インドネシア中部，小スンダ列島ヌサトゥンガラ諸島東端，アロール諸島，東ヌサトゥンガラ州の島．ティモール島の北65 km，ウェタール島の西に位置する．東西に長く，火山活動が盛んな山々が連なっており，最高地点はトンラプ Tonglapu 山（標高1765 m）．東ヌサトゥンガラ州に属する9県のうちの1県（アロール県）であり，県都はカラバヒ．別名として，カナリー島ともよばれるが，その由来はカンランの実であるクナリ（kenari）が豊富に実っていることによる．地名は，谷がたくさんある島という意味である．住民のほとんどは農漁村部に暮らし，都市部に住む人びとは約16%である．住民の75%がプロテスタントであり，ほかにイスラーム教，カトリック，ヒンドゥー教，仏教を信仰しているが，精霊信仰も根強い．古くからマルク（モルッカ）諸島からの移民が多い．1905年に島で最初のキリスト教会ができ，日曜学校が開かれた．1911年には，オランダ植民地政府の政庁ができ，カラバヒ湾に面するカラバヒが主要港となった．おもな特産品は，クナリのほかに，化粧品用として檳榔（ビンロウ）樹の実，トウモロコシ，コーヒー，カカオ，白檀，ウコン，イカット（絣織り）などである．また，儀礼用としては陸稲が重要な役割を担っている．

オーストロネシア（南島）語系と非南島語系の約14の言語集団が存在するといわれるが，海岸沿いの漁村で使われるラマホロット系のアロール語を除き，ほとんどがパプア系の言語である．非南島語系言語集団であるアブイ人の間では，父系親族であるヒエタ（男の家の意）が社会の基本的な構成単位となっている．

紀元前3世紀頃から北ベトナムで栄えた青銅器文明であるドンソン文化に起源をもつ，モコとよばれる銅製の太鼓が数多く出土したことでも知られる．モコは，婿から嫁への結納品，儀式の際の楽器，さらには財貨として使用されてきた．また，女性を中心に，木製の機織りで織り上げるイカットの伝統技術が語り継がれてきた．イカットは，工芸品として名高く，コンテストが開かれたり，外島からやってきた客人に対する歓迎の証として使用されたり，民族アイデンティティを示す重要なものとなっていると同時に，女性たちの重要な現金収入源となっている．島は高温多湿のため，防寒用の衣服は必要としない．内陸民はもともと，男性のみならず女性もサルン（腰巻）用のイカットのみを着用し，裸同然の姿で生活していた．

島の住居は，米倉と融合されている．昼間の活動のための炉をもつ屋台，その上の寝室や台所，さらに上の穀物およびモコをしまう2つの屋根裏部屋を結合して単一の建造物としている．2004年11月，この島の沖合でM7.4規模の地震が発生し，死傷者が数百人にのぼった．日本政府は緊急援助物資を供与した．

[浦野崇央]

アロールスター　Alor Setar
マレーシア

アロースター（別表記）

人口：18.6万（2010）　面積：666 km²

[6°07′N　100°22′E]

マレーシア，マレー半島マレーシア領北西部，ケダ州コタセター郡の都市で州都．ケダ州はマレー半島北西部に位置するが，アロールスターは，アンダマン海からケダ川に沿って約10 km内陸に入った地点にある．今日では，行政上の一般市コタスター Kota Setar（36.7万，2010）の人口中心地区となっている．その居住人口に占めるマレー人の比率は73%（2010）に達しており，中国人の開発による都市が多く，その比率も高いマレー半島西海岸の都市の中では，マレー人が多

アロールスター（マレーシア），市内の時計塔（手前）とアロールスタータワー（奥）
〔Lmspencer/Shutterstock.com〕

いことが特徴である．米，ゴムなどの集散拠点として成長したが，この都市はタイとマレーシアの国境に近く，両国間の国境紛争の影響を受けてきた．この都市は，1909年まではタイの支配下にあった．このために，市内には多数のタイ式仏教寺院がみられるなど，タイ文化の影響が色濃く残っている．

市街は，ケダ川とアナクブキ川の合流点を中心に広がっている．2つの河川の合流点近くに立地する州立ザイールモスクは1912年に完成したが，国内でも最大規模でかつ最も美しいモスクであるといわれている．この都市は，ケダ州のスルタンの居住地ともなっており，市街地北部には宮殿がある．中心部に位置する広場（パダン）の周辺には歴史的な建造物が多くあり，多くの観光客を集める地区ともなっている．かつての王宮で，現在の王宮博物館となっている建物は，1763年に建設された．その隣接地には大ホール（バライブサール）が立地する．この建物は，1904年に建設されたタイ様式の建物で，州の公式行事などに使用される．また，隣接地にはかつての植民地時代期の裁判所（1912建設）があり，現在では州立美術館となっている．ザイールモスクもこれらに隣接して立地する．

都市の中心地区は，これらの歴史的施設の立地する地区と，その南東部のアロールスター駅の中間に広がる一帯である．そこには，市場や商業施設，それからバスターミナルやホテルなどが集積する．駅の周辺には官庁や裁判所が立地する．中心部からやや北方には地上165mの高さのアロールスタータワー

があり，市街を一望することができる．この都市は，マレーシアがイギリスから独立するに際して初代首相に就任したアブドゥル・ラーマン（1903-90），そして第4代首相として長くマレーシアを主導したモハマド・マハティール（1925-）の2人の首相経験者の出生地でもある．　　　　　　　　　　〔生田真人〕

アロロイ　Aroroy　　　　　　　フィリピン

人口：8.6万（2015）　面積：440 km²
〔12°28′N　123°22′E〕

フィリピン中部，マスバテ島北端，マスバテ州の町．マスバテ島はシブヤン海とビサヤ海にはさまれ，マスバテ海峡を隔てた約20km北側にはブリアス島が位置する．東部はバレノ Baleno に，南東部はミラグロス Milagros に，南部はマンダオン Mandaon にそれぞれ接する．町は41の村（バランガイ）で構成されている．アロロイから西へは狭小な入江が入り込む．州都マスバテまでは国道で結ばれている．おもな産業は漁業および農業であり，米やココナッツの生産が多い．また，金鉱山があり採掘が行われている．地名は金を意味するoroというスペイン語に由来し，町の設立は中国人探検家がやってきた1822年にさかのぼる．　　〔石代吉史〕

アロン旗　阿栄旗　Arun　　　　　　中国

人口：32万（2016）　面積：13600 km²
〔47°56′N　123°20′E〕

中国北部，内モンゴル自治区北東部，フルンボイル（呼倫貝爾）地級市の旗．清朝時代，ここはフルンボイル副都統衙門所属の東ブトハ地域であり，現在中国で認定されている55の少数民族を構成するダウール（達斡爾）族とエヴェンキ（鄂温克）族（当時はソロン人）が暮らす地域であった．旗は1934年の満洲国期に設立され，興安東省に属した．大興安嶺山脈の東麓を流れるノンムレン（嫩江）の上流地域に位置する旗は農業が中心で，全人口の9割が漢族を占め，モンゴル族やダウール族，エヴェンキ族以外に満洲国時代に移住してきた朝鮮族の人びとも0.2万近く居住している．また旗と黒竜江省が隣接する地帯は金王朝時代にモンゴルの侵入を防ぐために建設した金の長城（チンギス・ハーン墻または金界壕）をもって境界線としている．

〔ボルジギン・ブレンサイン〕

アワカイランギ　Awakairangi　☞　ロワーハット　Lower Hutt

アワカイランギ　Awa-kairangi　☞　ハット川　Hutt River

アワキノ　Awakino　　　　　ニュージーランド

〔38°39′S　174°38′E〕

ニュージーランド北島，ワイカト地方の村．ニュープリマスの北東98km，テクイティの南西79kmにある．同名のアワキノ川がノースタラナキ湾へと注ぐ河口部に位置しており，南5kmのモカウより国道3号が通過している．国道3号はアワキノで東部（内陸部）へと折れ，アワキノ川に沿って北東のマホエヌイ Mahoenui へと延びている．地名のアワ awa は，マオリ語で川，キノ kino は悪い，不快な，もしくはひどい外観の意である．川の濁った様子からその名がつけられたといわれている．　　　　〔林　琢也〕

アワテレ川　Awatere River　ニュージーランド

〔41°37′S　174°09′E〕

ニュージーランド北島，ギズボーン地方の川．コプアポウナミュ Kopuapounamu 川とタウランガカウトゥク Taurangakautuku 川の合流点に形成され，テアラロア東部にお

いて太平洋に注ぐ. 河口から数 km 付近では, 国道 35 号が河川に沿って通過している. マオリ語で awa は川, tere はすばやく, 即座にという意味をもっており, ここでの戦いで戦士が胃を裂かれ, その内容物が川の急流の中を勢いよく流れ落ちていったことに由来するといわれる.　　　　　　　[林　琢也]

アワド Awadh ☞ **アヨーディヤ Ayodhiya**

アワルア　Awarua　　　ニュージーランド
[46°31′S　168°22′E]

ニュージーランド南島南部, サウスランド地方の村. インヴァーカーギルの南, ブラフ港の北にある低地上の農耕集落である. ブラフ港東にある浅いアワルア湾(ビッグベイともいわれる)は野生動物保護区となっている. 地名は, マオリ語で 2 つの谷または 2 つの川を意味する.　　　　　　　[太田陽子]

アワルアワル岬　Awarawar, Tanjung　　　インドネシア
[6°45′S　111°55′E]

インドネシア西部, ジャワ島東部, 東ジャワ州トゥバン県パラン Palang 郡の岬. 州北部の海岸に面し, トゥバンの西 6 km に位置する. 岬にはジャワ島とバリ島へ電力を供給するための火力発電所がある.　　[浦野崇央]

アワルワ Awarua ☞ **ハースト Haast**

アワン　Awang　　　インドネシア
人口 : 5.2 万 (2004)　[8°54′S　116°24′E]

インドネシア中部, 小スンダ列島ロンボク島南端, 西ヌサトゥンガラ州ロンボクトゥンガ県の村. アワン(エカス Ekas)湾に面する. バリ島の東隣にあるロンボク島南岸の, 有名なビーチであるクタの東 4 km に位置する. 漁村だが, 副業として海草の採取を行っている. ここから船でアワン湾を横切り, 東部の村であるエカスに渡ることができる. エカスとともにサーフスポットとして有名で, 欧米人のサーファーが数多く集まっている. なお, 国内ではカリマンタン(ボルネオ)島の中カリマンタン州バリトスラタン県にも同名の

地名がある.　　　　　　　[浦野崇央]

アンイー　安邑　Anyi　　　中国
[35°04′N　111°03′E]

中国中北部, シャンシー(山西)省南西部, ユンチョン(運城)地級市中央部, 塩湖区の街道. トンプー(同蒲)鉄道に沿う城郭都市である. 安邑故城(禹王城ともいう)は夏王朝, そして舜, 禹の都と伝えられ, 春秋時代には一時的に魏の都となったことがある. 紀元前 221 年, 秦が中国を統一し, 全国を 36 郡に区分したが, そのうちのホートン(河東)郡の中心都市は安邑城であった. 以来, 安邑城は 650 年にわたって, 河東地域の中心地であった. 安邑城遺跡は, 1988 年に国の重要文化財として保護施設に指定された.　[張　貴民]

アンイー県　安義県　Anyi　　　中国
人口 : 30.1 万 (2015)　面積 : 666 km²
[28°50′N　115°32′E]

中国南東部, チャンシー(江西)省中部, ナンチャン(南昌)地級市の県. シウ(修)水の支流潦河の流域に位置する. 県政府は竜津鎮に置かれる. 県域は秦代はチウチャン(九江)郡の, 前漢代はユーチャン(豫章)郡ハイフン(海昏)県の地であった. 後, ヨンシウ(永修)県の, さらに唐代はチェンチャン(建昌)県の地となった. 宋代はナンカン(南康)軍に, 元代は南康路に属した. 明の正徳 13 年(1518)に建昌県の 5 郷を割いて安義県が新設された. ミャオ(苗)族, 回族, リー(黎)族, 満族の少数民族が居住する. 地形は平原と丘陵が相半ばし, 北西部と南東部が高い. 南, 北の 2 本の潦河が県中部で合流し, さらに北東流して修水に流入する. 潦河は年間を通して船の通航が可能である.

農業県で稲, 綿花, ナタネの生産が多く, 特産品に珠琊枇杷と漢方薬の原料となる西桔梗がある. 全国有数のアルミ製品の生産拠点で, ほかに電子, 機械, 紡績, 農副産品加工などの工業も発達する. 伝統工芸品には香木扇や竹編品がある. 名勝古跡として明代の文峰塔や銅羅山西周文化遺跡, 安義千年古村などがある. 戸籍人口は 30.1 万, 常住人口は 18.8 万(2015).　　　　　[林　和生]

アンヴェール島　Anvers, Ile　　　南極
面積 : 2432 km²　標高 : 2821 m　長さ : 61 km
[64°33′S　63°35′W]

南極, 西南極の島. 南極半島北部, 西海岸沖のパーマー諸島の中で最も大きく高い山地からなる. 1832 年にイギリスの航海士・探検家ジョン・ビスコーによって発見された. その後, 1898 年にこの地域を調査したベルギーの調査隊がベルギーの地方名であるこの名前をつけた. 島の最高地点はフランセ Français 山(標高 2821 m)で, 山名はフランスのジャン・バティスト・シャルコーが 1903～05 年に行った探検の船名に由来する. また, 島内にはアメリカのパーマー基地(1968 建設)があり, 南西部海岸は南極特別管理区域(ASMA 7)に指定されている.
[前杢英明]

アンカー島　Anchor Island　　　ニュージーランド
人口 : 0　面積 : 14 km²
[45°46′S　166°31′E]

ニュージーランド南島, サウスランド地方の島. フィヨルドランドのダスキーサウンド入口に位置し, 花崗岩からなる大きな島である. 地名は, イギリスのジェームズ・クックが 2 回目の太平洋航海の際, 島の沖合で停泊したことに由来する.　　　　[太田陽子]

アンガウル島　Angaur Island　　　パラオ
ゲアウル島　Ngeaur Island (パラオ語)
人口 : 130 (2012)　面積 : 8.4 km²　長さ : 4 km
幅 : 3 km　[6°54′N　134°08′E]

北太平洋西部, ミクロネシア, パラオ南部の島. コロール島にある首都マルキヨクの南西約 85 km, ペリリュー島の南西約 11 km に位置する. 南北約 4 km, 東西約 3 km の低平な隆起サンゴ礁の小島で, 1 島でアンガウル州を構成する. 中心地の州都ゲルマス Ngeremasch が南西部にある. かつては太平洋諸国でも有数のリン鉱石の産地として知られた. 20 世紀初頭, 米西戦争(1898)の敗北を機にスペインからミクロネシア地域の植民地を買収したドイツが島南部でリン鉱石を発見し, 採掘を開始した. 第 1 次世界大戦中の 1914 年以降は, 委任統治領とした日本が南洋庁, さらに南洋拓殖株式会社によって事業を行った. 第 2 次世界大戦の日本の敗北後もアメリカの指示の下で日本に採掘会社が設立され, 食糧難に悩む日本のために肥料の原料として採掘を続けたが, 1950 年代半ばに資源枯渇を招いた. 第 2 次世界大戦中はペリリュー島とともに激戦の地となり, 1944 年 9

月に守備隊の日本兵の大半が死亡した．島の北西部には神社と日本人墓地がある．東部に飛行場があるが現在は定期便がなく，コロール島から週1回程度の割合で船が運航している． [遠藤 央]

アンガストン　Angaston

オーストラリア

人口：0.2万（2011）　面積：71 km²
[34°30′S　139°02′E]

オーストラリア南部，サウスオーストラリア州南東部の町．バロッサヴァレーの中心であり，州都アデレードの北東77 kmに位置する．町中の道路には並木が植えられていて，緑がひときわ美しい．ヨーロッパ人がやってくるまで，この付近にはアボリジニのNgayawungが居住していた．サウスオーストラリア植民地の入植は1836年に開始されたが，早くも翌37年には，アンガストンの南西20 kmにあるリンドック付近までの探検が行われていた．また探検の範囲は，1838年にはバロッサヴァレーを越えて，アデレードの北東約110 kmにあたるマレー川の沿岸付近にまで達していた．バロッサという渓谷の名は，半島戦争において1811年，フランスのナポレオン軍を撃破したスペインのバローサ Barrosa（バラの丘の意）にちなんで，ウィリアム・ライト（1786-1839）によって名づけられた．本来の綴りは Barrosaであるが，渓谷の地名は Barossa とつづられることとなり，この間違いはその後も訂正されることはなかった．1839年までにバロッサヴァレーのかなりの区域が売りに出され，アンガストン付近の土地はジョージ・ファイフ・アンガスという人物に買い取られ，彼の名前がそのまま地名となった．

アンガスは，自分の土地やサウスオーストラリア植民地に入植者を募ろうと，イギリスのロンドンまで赴くことになったが，そこでカーフェルというドイツ人に出会った．彼はそのとき，プロイセン王のフリードリヒ・ヴィルヘルム3世（在位1797~1840）に迫害されたルター派の人びとをまとめようとしていた人物であった．アンガスはルター派の人びととの苦境に心を打たれ，彼らをサウスオーストラリア植民地に迎えることにした．バロッサヴァレーにいまでもドイツ出身の人びとが多いのは，こうした理由による．そして最初のドイツ人は，1838年11月にやってきた．彼らはまず，アデレード南東郊外のグレンオズモンド Glen Osmond や，アデレードの東部に広がる丘陵中のロバソル，そして有名な

ハーンドルフ Hahndorf などの地に入植した．町にドイツ人が入植したのは，その後1841年までの間であった．町では1844年までにブドウが栽培され，やがてドイツ人の技術によってワイナリーも現れた．そして1880年代にはワインが輸出されるまでになった．1911年には鉄道でアデレードと結ばれ，ワインの出荷がさらに促進された．現在，バロッサヴァレーは国内で最も有名なワイン生産地の1つとして知られている．中でもアンガストンは，タナンダやヌリウートゥパと並んでその中心の1つとなっている．
[片平博文]

アンガット　Angat

フィリピン

人口：5.9万（2015）　面積：74 km²
[14°56′N　121°02′E]

フィリピン北部，ルソン島中部，ブラカン州の町．北にはサンラファエル San Rafael とブストス Bustos が隣り合う．東部にはシエラマドレ山脈が連なる．アンガット川中流部の左岸に市街地が広がる．アンガットから直線で東15 kmの距離にはアンガットダムがあり，水力発電による電気と飲料水をマニラ首都圏に供給している．また，灌漑調整ダムとして穀倉地帯の州を潤す重要な役割を果たしている．町内には古い歴史をもつバロック様式のサンタモニカ教会がある．町民の多くはカトリックを信仰しており，日曜日や休日ともなると人びとが集まって教会を訪れるほど信仰心に厚い． [石代吉史]

アンガリー　Ungarie

オーストラリア

人口：322（2011）　面積：1 km²
[33°38′S　146°58′E]

オーストラリア南東部，ニューサウスウェールズ州中央南部，ブランド行政区の町．地名は，先住民の言葉で腿を意味する．1817年に，探検家のジョン・オクスリーがヨーロッパ人として初めてこの地を訪れたとされている．その後の調査によって周辺では農地や牧場の開発が進み，1900年頃に町が発展した．1917年に鉄道駅が開業すると，町の中心も駅付近の現在地に移った． [落合康浩]

アンカン市　安康市　Ankang

中国

人口：263.0万（2010）　面積：23535 km²
気温：12.0-15.7℃　降水量：750-1200 mm/年
[32°41′N　109°02′E]

中国中部，シャンシー（陝西）省南部の地級市．北はチン（秦）嶺，南はダーバー（大巴）山脈の余脈である．地名は，晋代の太康元年（280），流民を安住させるため，安寧康泰の意にちなんで名づけられた．1988年，地級市に改編された．漢浜区と，ツーヤン（紫陽），ランガオ（嵐皋），シュンヤン（旬陽），チェンピン（鎮坪），ピンリー（平利），シーチュワン（石泉），ニンシャン（寧陝），バイホー（白河），漢陰の9県を管轄する．市政府所在地は漢浜区．亜熱帯湿潤季節風気候に属し，年日照量は1440~1840時間．主要な作物は水稲と小麦，トウモロコシで，二期作または三期作が可能である．工業は建築材，紡績，醸造，製薬，食品を主とする．安康空港があり，陽安，襄渝，西康の3本の鉄道が交差する．チャン（長）江最大の支流であるハン（漢）水が水路として利用されている．香渓仙踪などの安康八景がある． [杜 国慶]

あんきしょう　安徽省 ☞ アンホイ省 Anhui Sheng

アングルシー　Anglesea

オーストラリア

人口：0.2万（2011）　面積：6.9 km²
[38°24′S　144°09′E]

オーストラリア南東部，ヴィクトリア州中央南部の町．州都メルボルンの南西約100 kmに位置し，アングルシー川沿いに発達した海辺のリゾート地で，サーフィンや海水浴，ゴルフなどレジャーの中心地である．グレートオーシャンロード沿いに位置し，多くの観光客が訪れている．市内および周辺部には多数のギャラリーも点在している．
[堤 純]

アングレム山　Anglem, Mount

ニュージーランド

標高：980 m　[46°44′S　167°54′E]

ニュージーランド南島南沖，サウスランド地方の山．スチュアート島北部にある島の最高峰である．海岸線と平行に南東方向に走る山地の北端にある．地名は，1829年にプリザヴェーション Preservation 湾に初めて捕鯨の基地を設け，42年にはグリーンストーンを中国やフィリピンに輸出し，パターソン入江東端のザネック The Neck とよばれる場所に居住したウィリアム・A・アングレ

ムを記念して命名された．本島で最初にヨーロッパ人が永住した場所である．　［太田陽子］

アングレン　Angren
ウズベキスタン
人口：12.7万（2012）　　　［41°01′N　70°08′E］

ウズベキスタン東部，タシケント州の都市．首都タシケントの南東 77 km，道路距離で 115 km に位置し，鉄道が通じる．中央アジア最大の褐炭鉱山があり，第 2 次世界大戦中から戦後にかけて開発された．化学，金属，窒素肥料，ゴム製品などの工場がある．2 つの国営地区発電所，教育大学，工科大学，地誌博物館がある．東のチャトカル山脈からシルダリア川にいたるアハンガラン川が市内を流れる．アングレン駅北東の丘の収容所には戦後 1945 年に約 7000 人の日本軍捕虜が収容され，土レンガ瓦製造，住宅建設，運河掘削，架橋，鉄道敷設，褐炭掘削などに従事し，炭鉱で働き，46 年に創設されたアングレンの町の基礎づくりをした．ソ連解体前はロシア人が多く働いていたが，1990 年から減少し，92 年の 13.3 万から 2005 年には 12.7 万となった．　［木村英亮］

アンゴラム　Angoram
パプアニューギニア
人口：0.2万（2011）　　　［4°03′S　144°04′E］

南太平洋西部，メラネシア，パプアニューギニア北部，イーストセピック州の町．ニューギニア島北東部，セピック川中下流域に位置する．アンゴラム郡（人口 6.9 万，2011）の中心地で，州都ウェワクとは舗装道路で結ばれており，PMV（public motor vehicle）とよばれる乗合トラックで 4 時間ほどの道のりである．セピック川流域では最も早く開けた地域の 1 つで，ドイツ植民地時代に，駐在所が置かれた．現在，町には郡役所，高等学校，公営の露天市場，船着き場があり，地元の住民の船外機つきボートやカヌーが発着する．ホテルが 1 軒，ゲストハウスが何軒かあるが，町の賑わいは少ない．かつては立派な精霊堂があったが解体され，空港も利用されていない．　［熊谷圭知］

アンゴリチナ　Angorichina
オーストラリア
　　　　　　　　　　　［31°07′S　138°33′E］

オーストラリア南部，サウスオーストラリア州中央東部の村．フリンダーズ Flinders 山脈北部の西麓，パラチルナ川がつくった壮大な峡谷の中に位置する．州都アデレードの北 420 km，B 83 号沿いのパラチルナからは東 15 km にある．現在では，4 輪駆動車（4WD）によるドライブを楽しむ人が多く訪れる．また，554 km² に及ぶ羊の牧場があり，観光客の宿泊施設も整っている．　［片平博文］

アンコールトム　Angkor Thom
カンボジア
降水量：1180-1850 mm/年
　　　　　　　　　　　［13°45′N　103°54′E］

カンボジア北西部，シェムリアップ州にあるクメールの城砦都市遺跡．首都プノンペンの北西約 240 km に位置する．1992 年にユネスコの世界遺産（文化遺産）に「アンコール」として登録された．スーリアヴァルマン 2 世の死から約 30 年後，新たな王ジャヤヴァルマン 7 世（在位 1181〜1218）が帝国を復興させて，アンコールワットの北数 km に新たな首都（アンコールトム）および国家寺院（バイヨン）を建設した．遺跡名は偉大なる都という意味で，王の大規模な建設計画の中心であった．この町から発見されたある碑文は，ジャヤヴァルマン 7 世を新郎に，都を新婦にたとえている．クメール帝国最後の，そして最も長く続いた首都でもある．2007 年に衛星写真その他の現代技術を用いて行われた国際調査の結果，アンコールは少なくとも 1000 km² の範囲に広がった都市部と，中核部の有名寺院をつなぐ複雑なインフラシステムをもった，産業革命以前では世界最大の都市であると結論づけられた．

旧都をどこに定めるかという場所の選定については，2 つの異なる説がある．従来からの説は，戦略的な軍事上の位置と農業生産の潜在能力を重視する．これに対して，コンピューターグラフィックス（CG）を用い，古代からの占星地理学が，アンコール都市施設および寺院の配置の基礎になったという見方をする学者もいる．アンコールトム寺院は 12 世紀後半に建造され，アンコールワットよりも広い面積（9 km²）を有する．敷地内には，より古い時代に建てられた遺跡や，ジャヤヴァルマン 7 世およびその後継者による遺跡も存在する．都の中心には，54 の塔と 216 の観音菩薩の顔の像で有名な国家寺院バイヨンが建てられている．バイヨンは 3 層構造で，第 1 層，第 2 層が方形であるのに対し，第 3 層は円形となっている．1.3 km を超える浅浮彫りのレリーフがあり，1 万 1000 体を超える彫刻により，神話や歴史上の出来事，ありふれた日常生活の様子がくり広げられている．多くは 12 世紀当時のカンボジアの日常生活の様子を描写したものであり，逃げまどうチャム軍，リンガ崇拝，水軍の戦い，チャム軍の敗北，軍隊の行進，内戦，全能の王，勝利の行進，街にやってきたサーカス，豊穣の地，チャム軍の退却，チャムのアンコール占拠，チャムのアンコール入城などが描かれている．

水こそが，クメール文化およびクメール帝国建設の唯一の，かつ決定的に重要な資源であった．アンコールは，自然の湖であるトンレサップ湖と人造の大規模な貯水池（バライ）を水路網でつなぐ，1200 km² を超える広大な水管理システムでも有名である．水路網を通じてつねに供給される水の水源は，川，湖，雨水および地下水であった．アメリカ航空宇宙局（NASA）の航空写真からは，深く覆われた熱帯雨林に隠れた地面に古来の給水場の跡が発見されている．水が安定して供給されていたこと，稲作に適した生態系であることから，水を多量に必要とすることで知られる米も，年に三度あるいは四度収穫しても，宗教的な祭礼に必要な水は十分に残った．この水管理システムがあったおかげで，乾燥とモンスーンがくり返される地域であるにもかかわらず，アンコールは国家レベルの社会として 6 世紀にわたって栄えた．

東南アジアのモンスーン湿潤（5〜10 月）および乾燥（11〜4 月）気候は，アンコール期も現在もこの地域の気候であり，年平均降水量は 1180〜1850 mm の間で上下し，降雨のほとんどは雨季に集中する．最近の考古学の成果によれば，13 世紀初期にアンコールの首都で洪水が発生し，西バライの土堤が破壊されたという．長寿のイトスギの年輪を調べたところ，それから 1 世紀ののち 1362〜92 年と，1415〜40 年の二度にわたって数十年に及び干ばつのサイクルが続いたことがわかったが，この二度の干ばつサイクルが一度は繁栄をきわめたクメール帝国の壊滅をもたらすこととなった．アンコールトム寺院について留意すべき課題としては，全体的な水管理システムおよび古来の給水場の変遷，アンコール遺跡群生態系への圧力，寺院の風化による侵食のインパクトおよび将来に向けての保存があげられる．

　　　　　　　　　　　［ソリエン・マーク，加本　実］

アンコールボレイ　Angkor Borei

カンボジア

人口：4.6万 (2008)　面積：300 km²
[11°00′N　104°58′E]

カンボジア南部，タケオ州の町．首都プノンペンの南約60 kmに位置する．河川の作用で形成されたデルタという環境の中，いくつかの遺跡および遺跡の発掘作業現場が存在している．この地域は少なくとも2500年前から人が居住し続けており，新石器時代，扶南時代（紀元後4～5世紀），真臘時代（8世紀）およびその後のアンコール時代（9～15世紀）につくられた遺物が発見されている．町の中心部にはこれといった寺院遺跡は存在しないが，この地域で発見された出土品を展示し，現在の遺跡発掘現場についての情報などを知ることができる小さな博物館がある．この町から20 kmあまり離れたところにあるプノムダーの丘には，頂上に11世紀アンコール期のレンガおよび砂岩でできた寺院（塔）が建っており，そこでは保存状態のよい彫刻の展示をみることができる．この寺院は，おそらく7, 8世紀にルドラヴァルマン王がシヴァ神を祀って建立した建造物を改修したものであろうと思われる．

1996年以来行われているメコン下流域考古学プロジェクトの調査では，アンコールボレイの設営が始まったのは紀元前4世紀で，紀元後7世紀に権力の座が北部に移るまで少なくとも1000年は続いたことが示唆されている．ポール・ビショップらによる『アンコールボレイにおける古環境および人の居住の記録』(2003)によれば，町は紀元前4世紀に南に向かって広がるマングローブ林の内陸に設営されたが，その後，5～6世紀にかけて相当な植生と水文の変化があったことが明らかになっており，このことはこの時期における土地利用の変化や所有形態の変化，さらには地域の中心部が湿地林に侵食され，1735年までには大部分が乾燥してしまったことを示している．メコンデルタにおける歴史時代初期の人びとの居住および土地利用に役立ち，または関連した地理的・環境的要因をさらに明らかにするために，上記の考古学的な調査に加え，体系的な考古堆積学，花粉学の見地からの調査が必要とされる．

[ソリエン・マーク，加本　実]

アンコールワット　Angkor Wat

カンボジア

面積：約2.0 km²　　　[13°25′N　103°52′E]

カンボジア北西部，シェムリアップ州にあるクメールの寺院遺跡．首都プノンペンの北北西約235 km，ロリュオス川とプオック川（源流は標高約482 mのクレーンおよびクバールスピエン山脈）の間，現在のシェムリアップ市の5.5 km北に位置し，トンレサップ湖にも近い．アンコール遺跡群の1つであり，紀元後9～13世紀にかけては，現在のカンボジア全土およびラオス，タイの一部を支配したアンコール文明の首都であった．同寺院は，スーリアヴァルマン2世（在位1113～50）により，1130～50年にかけて王の国家寺院兼首都としてヴィシュヌ神を祀って建立された．アンコールワットのデザインは「神々は海に囲まれ5つの頂をもつメール山（須弥山）に住まう」というヒンドゥー教の神話にもとづくもので，当初12世紀前半に設計，建築が行われたが，浅浮彫り様式のレリーフ装飾は，王の死後，未完のまま残された．

この山岳寺院の面積は約2 km²(1.5 km×1.3 km．最大のアジア版ピラミッドとされる)，3層65 mの高さがあり，回廊のある外壁と，ところによっては200 mもの幅がある堀に囲まれている．中心部の四隅にはハスの花をかたどった4つの尖塔がそびえている．漆喰を用いない空積み工法で建てられ，中心部にはラテライト，表面は中生代の砂岩が石材として用いられている．アンコールワットの建築の一部として4 mの長さの水路が掘削されているが，これこそが王都アンコールにはりめぐらされることになる水管理システムの端緒となった．寺院に接して，シェムリアップ川沿いに6000万m³の容量をもつ東バライ貯水池がある．

アンコールワットには，アプサラ（天女）とデヴァター（女神）の浮き彫りが施されている．デヴァターの大きさは約95～110 cmで，入口から塔の最上階までのすべての階に彫られており，その総数は1800にのぼる．多彩な髪型，衣装，装飾品やポーズなどはアンコール朝時代に実際にあったものと考えられている．300体を超えるアプサラの彫刻は，大きさは30～40 cm，それぞれが異なる表情を浮かべ，30種類のスタイルに分類することができる．中央の寺院部分には800 mの長さをもつ浅浮彫り様式のレリーフが施されており，クルクシェトラの戦い，スーリアヴァルマン2世の行軍，天国と地獄の審判，乳海攪拌，ゾウの門，ヴィシュヌ神の阿修羅への勝利，クリシュナと阿修羅，神々と阿修羅の戦い，ランカ島の戦いといった神話が描かれている．カンボジア内戦などにより多くが破壊されたものの，ほかの寺院とは異なり，アンコールワットは放棄されることはなかったため，保存状態が最良の遺跡である．1992年には「アンコール」としてユネスコの世界遺産（文化遺産）に登録された．

アンコールワット寺院は，カンボジアの強力な象徴，歴史的建造物かつクメール建築の縮図であり，フランス，アメリカおよび隣国タイとの外交関係を形成する上で重要な要素となる国の威信の源でもある．アンコールワットの遺構は，1863年頃に制定されたというカンボジア最初の国旗から現在にいたるまですべての時代の国旗に描かれている．寺院が水の上に浮いているようにみえるよう保ち，寺院全体の水管理システムを支えていた水資源の変遷，寺院の風化による侵食のインパクト，将来に向けての保存が課題としてあげられる．　　[ソリエン・マーク，加本　実]

アンサイ区　安塞区　Ansai

中国

人口：17.2万 (2010)　面積：2951 km²
標高：1200 m　気温：8.8°C　降水量：505 mm/年
[36°51′N　109°20′E]

中国中部，シャンシー（陝西）省北部，イエンアン（延安）地級市北部の市轄区．延河の上流に位置する．3街道，8鎮を管轄する．古代は白狄の遊牧地であった．地名は宋代に安定辺塞の意で名づけられた．地形は黄土高原の丘陵と渓谷である．温暖な半乾燥気候に属する．石油などの地下資源が発見されている．腰鼓，切り紙（剪紙），民謡，絵画などの民間芸能が有名で，重要な文化財となっている．　　　　　　　　　　　　[杜　国慶]

アンサン　安山　Ansan

韓国

人口：74.7万 (2015)　面積：149 km²
[37°19′N　126°50′E]

韓国北西部，キョンギ（京畿）道西部の都市．インチョン（仁川）南方の海岸に沿って位置する．1980年代後半からソウル首都圏内のニュータウンの1つとして開発された．1986年に市制を施行して行政上独立した．以前，海岸部に広がっていた塩田を干拓して工場用地を造成し，当初は半月新工業都市とよばれていた．その背後の陸地部に高層アパートを建設し，計画規模は30万人であった．ソウル地下鉄4号線を延長した安山線が

アンコールワット（カンボジア），第3回廊《世界遺産》[Dorason/Shutterstock.com]

2000年に開通し，ソウル市内への交通アクセスもよい． ［山田正浩］

アンザン省　An Giang, Tinh
ベトナム

An Giang, Tinh（ベトナム語）／アンヤーン省（別表記）

人口：214.3万（2009）　面積：3406 km²
[10°23′N　105°26′E]

ベトナム南部，メコンデルタの省．省都ロンスエンとチャウドック（いずれも省直属市），および9県からなる．カンボジアと国境を接する．11〜4月に北東モンスーン，5〜10月に南西モンスーンの影響を受ける．国内ではメコン川流域の最上流部に位置する．メコン川はカンボジアのトンレサップ湖の水位変動の影響も受けつつ，ティン川とホウ川の2つの河川として流入し，それぞれアンザン省内を87 km，100 kmにわたって流れる．これらの川は肥沃な沖積層を形成する一方，雨季には広域を冠水させる．とくに氾濫原に位置する西部では雨季の増水は4 m以上に達するところもある．より高位に位置する地域では，キエンザン省を通ってタイ湾に抜ける運河により排水し増水を緩和している．稲作が盛んで，米の生産量はメコンデルタで最大である．水産養殖も行われ，ティン川，ホウ川沿いの地域ではナマズの養殖が盛ん．省内でフィレに加工されたナマズは主としてEUに輸出され，この省の主要な産業となっている．

現在同省に多く住むのはキンの人びとであるが，古くからの住民はクメールやチャムの人びとである．カンボジアとの国境に位置するチャウドックやその近郊にはチャムが信仰するモスクがみられる． ［池口明子］

アンシー県　安渓県　Anxi
中国

清渓県（古称）

人口：100.5万（2015）　面積：3057 km²
気温：19.5℃　降水量：1800 mm/年
[25°02′N　118°11′E]

中国南東部，フーチェン（福建）省南東部，チュワンチョウ（泉州）地級市の県．タイユン（戴雲）山脈南東側のチン（晋）江水系の西渓上流域に位置する．県政府所在地は鳳城鎮．ミンナン（閩南）語圏に属する．亜熱帯モンスーン気候が特徴で，日較差の大きい傾斜地を利用した茶栽培は古くから行われ，ウーロン茶の最高級品とされる鉄観音の発祥地として知られ，茶都の別称をもつ．現在も年間5万t以上のウーロン茶を生産し，全国市場の約5割に相当する．県内では約80万人が茶産業にかかわり，茶収入は農家の所得の2/3を占める．南唐時代にチンシー（清渓）県として設置され，宋になって安渓に改名した．省の代表的な華僑送り出し地域の1つで，国外に約80万人にのぼる安渓出身の華僑が居住し，タイワン（台湾）にも約230万人の親縁者がいる．交通では漳泉肖鉄道（チャンピン（漳平）〜泉州）が通じる． ［許　衛東］

アンジジャン　Andijan
ウズベキスタン

Andijon, Andizhan（別表記）

人口：32.4万（1993）　[40°47′N　72°20′E]

ウズベキスタン東部，アンジジャン州の都市で州都．フェルガナ盆地のアンジジャンサ

イ河畔に位置する．国内で首都タシケント，ナマンガンに次ぐ都市で，果物，綿花，絹を産する．9世紀に起源をもつ古い都市で，中国との交易路にあり，綿花精製，綿糸，履物，メリヤス製品，縫製など手工業の中心地として栄えた．数多くの灌漑溝が横切る．ペルシアと中国間のキャラバンルートの宿営地であり，1876年にロシアに占領された．1902年12月16日，大地震が起き4500人の犠牲者を出した．1990年代には，貧困とイスラーム原理主義の影響で暴動が発生した．また2005年5月13日には，カリモフ政権に対するデモで多くの死傷者が出た．

［木村英亮］

アンジジャン州　Andijan Region

ウズベキスタン

Andijon Viloyati（別表記）

人口：247.8万（2008）　面積：4200 km²
降水量：200–250 mm/年

[40°47′N　72°20′E]

ウズベキスタン東部の州．州都はアンジジャン．1941年に形成された．国内の州で最も人口密度が高い．フェルガナ盆地東部に位置し，北，東，南をクルグズ（キルギス）に囲まれ，南西はフェルガナ州，北西はナマンガン州と接する．西部は標高400〜500 mの平原，アンジジャンより東部はフェルガナ山脈の山麓で，寒暖の差が大きい．山脈が寒気を防ぐため，冬季は中央アジアのほかの地域より天候が安定し暖かい．冬季の気温は−23〜−18℃から9〜14℃，夏は暑く7月には30℃からしばしば40℃に達する．

シルダリア川の支流カラダリア川による灌漑農業地帯であり，綿花が生産される．小麦，牧牛，馬飼育，養蚕も盛んである．非灌漑地では牧羊，綿花と養蚕を基礎とする工業，綿花精製，製絹がある．パルヴァンタシ，ユズヌ，アラムシク，アンジジャンに石油，ガス床があり，鉄道が通る．住民はおもにウズベク人，ほかにクルグズ人が住む．

［木村英亮］

アンジャール　Anjar

インド

人口：8.7万（2011）　　[23°07′N　70°02′E]

インド西部，グジャラート州東部の小都市．2001年1月のグジャラート州を襲った地震では大きな被害を受けたほか，1956年7月の地震の際にも大きな被害があった．古い町でこの地に最初に入植したヨーロッパ人

であるマクマードック将軍の館（1818建設）がある．現在は政府の役所となっている．

［荒木一視］

アンシャン県　安郷県　Anxiang

中国

人口：53.1万（2015）　面積：1086 km²

[29°25′N　112°10′E]

中国中南部，フーナン（湖南）省，チャンドゥ（常徳）地級市の県．県政府はシェンリウ（深柳）鎮に所在する．トンティン（洞庭）湖平原の北部，リー（澧）水の下流に位置する．地勢は低平で河川と湖沼による水路が全体にはりめぐらされている．農・漁業が主であり，鮮魚，米，綿花，ナタネなどの産地になっている．1990年代後半よりフートゥー（虎渡）河，ソンツー（松滋）河，澧水に橋が架かり，常徳やチャンシャー（長沙）へフェリーに乗らなくてよくなった．杭瑞線（ハンチョウ（杭州）〜ルイリー（瑞麗））が通る．新石器時代や春秋戦国時代などの文物が多く出土している．黄山頭国立森林公園がある．

［小野寺淳］

アンシャン市　鞍山市　Anshan

中国

人口：351.0万（2013）　面積：9249 km²
気温：8.5℃　降水量：713 mm/年

[41°07′N　122°58′E]

中国北東部，リャオニン（遼寧）省中南部の地級市．中国鉄鋼業を代表する製鉄都市の1つ．鉄東，鉄西，立山，チェンシャン（千山）（旧称は旧堡）の4区と，ハイチョン（海城）市（県級市），タイアン（台安）県，シウイエン（岫巌）満族自治県を管轄する．市政府所在地は鉄東区．地名は明代初期に駅堡が置かれた際に，その地勢が馬の鞍に似ていたことから命名された．市域は南東部の千山山脈から北西部のリャオ（遼）河の沖積平野に向かって傾斜しており，低山と丘陵が多い．地下資源が豊富であり，鉄鉱石やマグネサイト，滑石（タルク），玉石（ヒスイ）を産出する．とくに鉄鉱石の埋蔵量は中国の1/4を占めるとされ，原料産地に立地する製鉄業を支えている．

もともと1918年に南満州鉄道（満鉄）附属地内に設立された鞍山製鉄所は，満洲国時代の33年に昭和製鋼所へ改称され，日本製鉄八幡製鉄所に迫る生産力を誇っていた．しかし，アメリカの爆撃，ソ連による設備の持ち去り，国共内戦による混乱でその能力は低下

した．その後，1948年に成立した鞍山鋼鉄公司（現在の鞍山鋼鉄集団公司）により復興され，70年代まで国内第1位の生産量を維持していた．同公司は現在も，河北鋼鉄集団，宝鋼集団有限公司などに次ぐ，中国の主要な鉄鋼企業である．農業についてみると，西部の平野部ではトウモロコシ，水稲，大豆，落花生などが生産されている．一方，東部の山間部ではリンゴやクリなどが栽培されているが，とくに南果梨とよばれるナシは有名である．

鉄道交通には，市中心部を南北に貫く長大線や，市西部を通る秦瀋旅客専用線（高速鉄道），海城市を起点として東の岫巌満族自治県までを結ぶ海岫線，および西のチンチョウ（錦州）市までを結ぶ溝海線がある．また，市西部に京瀋高速，市中央部に瀋大高速が通り，後者と交差する丹錫高速は北西‐南東方向へ市域を貫いている．2010年に開業した鞍山騰鰲空港は軍民共用空港であり，首都ペキン（北京）との間に国内線空路がある．

市中心部の南東にある千山風景区は，国指定の風景名勝区に指定されている．奇岩がおりなす景観が有名であり，東北3大名山の1つである．主峰の仙人台は標高708 m．名勝古跡は200カ所以上あり，中国の仏教五大聖地の1つとされる．千山弥勒大仏が有名である．また，市中心部の南に位置する湯崗子鎮には，ラジウム泉で有名な湯崗子温泉がある．熊岳城温泉，五竜背温泉とともに満洲三温泉地の1つに数えられた名湯で，現在は中国四大温泉治療保養地の1つとなっている．泉温は72℃であり，ラドンをはじめ，カリウム，ナトリウム，マグネシムなど20種の成分を含む．1931年ティエンチン（天津）から脱出した清朝の愛新覚羅溥儀が満洲国建国までの間，逗留していた場所として有名である．

［柴田陽一］

アンジュ　安州　Anju

北朝鮮

面積：433 km²　標高：7 m　気温：8.8℃
降水量：1166 mm/年　[39°37′N　125°40′E]

北朝鮮，ピョンアンナム（平安南）道北西部，チョンチョン（清川）江南岸の都市．1987年市制．安州平野の中心地で農産物の集散地として発達した．平安南道の農業，工業の中心地．高麗末期に安州郡になった．1912年西方の新安州に京義線が開通して以来，中心的役割に変化をもたらした．以前は水利が不便で畑作が多かったが，1956年水路総延長1200 kmに及ぶ平南灌漑体系が完成すると，平安南道の稲作中心地になり，ふ

たたび活気を取り戻した. 1978年頃から化学工業・鉱業都市として開発が進み, 近代的な選炭場が建設された. 東部の安州地区炭田は北朝鮮最大の褐炭産地(埋蔵量31億t)で, 年間7000万〜1億tを産する. ポンプ, 測定器械, アニロン(アクリル合成繊維)紡織, 絹織物などの工場が立地する. ケチョン(价川)鉄道が分岐して平義線, マンポ(満浦)線と結ばれる. 高句麗時代の安州城址が残り, 清川江に臨んで名勝地の安州百祥楼がある.
[司空 俊]

アンジュ平野 安州平野 Anju-pyongya
北朝鮮

十二・三千里が原 (別称)

面積:750 km²　　[39°37′N　125°40′E]

北朝鮮, ピョンアンナム(平安南)道北西海岸に位置する平野. 別称は広いという意味の十二・三千里が原. 安州, 文徳, 粛川, 平原などの郡にまたがる. 地層は第三紀層. 北部一帯には良質褐炭を埋蔵する(31億t). 1945年8月以後, 最初に揚水場が450あまり建設され, 平南灌漑体系が完成して代表的な米, 大豆, トウモロコシの穀倉地帯になった. 海岸地帯は灌漑工事が行われている.
[司空 俊]

アンシュン市 安順市 Anshun
中国

人口:229.7万 (2010)　面積:9267 km²
[26°15′N　105°55′E]

中国中南部, グイチョウ(貴州)省中部の地級市. 市轄区の西秀区, ピンバー(平壩)区のほか, プーディン(普定)県, チェンニン(鎮寧), クワンリン(関嶺), ツーユン(紫雲)の3自治県を管轄する. 2000年6月に安順地区と県級の安順市が撤廃されて地級市の安順市となり, 市政府は西秀区に置かれた. 西秀区の少数民族比率は20%弱で, いくつかの民族自治郷が設けられている. 地級市である安順の人口の40%弱は少数民族であり, プイ(布依)族, ミャオ(苗)族, コーラオ(仡佬)族などが市街地郊外の農村地帯に住む. 省会グイヤン(貴陽)に近く, 風光明媚で気候もよいため, 貴陽の衛星都市化が進む.
1960年代, 三線建設の頃に沿海地帯から移転してきた数多くの軍需工業は, 現在, 民用転換されている. たとえば, 安順市に立地する中国貴州航空工業集団は, 軍用機やロケットエンジンを生産するほか, 富士重工業

(スバル)の生産技術を導入して乗用車(中国名「雲雀」)やバスなども生産していた. 域内には黄果樹瀑布や竜宮といった著名な観光地があり, プイ族やミャオ族の集落をめぐる観光も1990年代半ばから始まった. 特産品であったプイ族, ミャオ族のロウケツ染めの布や衣服は, 観光商品としてデザインなどが工夫され, 中国各地の観光地で販売されている. 市街地には工場労働者が多いため, 市街地郊外ではその需要を見込んだ商品経済農作物の栽培が盛んである.
[松村嘉久]

アンシン県 安新県 Anxin
中国

人口:39.3万 (2010)　面積:672 km²　標高:6 m
気温:12.1℃　降水量:551 mm/年
[38°55′N　115°55′E]

中国北部, ホーペイ(河北)省中西部, パオディン(保定)地級市の県. 県政府は安新鎮に置かれている. 東方にある沼沢地バイヤンディエン(白洋淀)は県域の42.5%を占める. 農作物は小麦, トウモロコシ, 米を主としている. 製紙, 造船, 印刷, 食品加工などの工場がある. アシでつくった筵の生産量は全国の40%を占める. 首都ペキン(北京), ティエンチン(天津)に道路が通じる. 白洋淀雁翎隊記念館, 仰韶文化の留村遺跡がある.
[柴 彦威]

アーンスロー山 Earnslaw, Mount
ニュージーランド

ピキラカタヒ Pikirakatahi (マオリ語)
標高:2819 m　　[44°37′S　168°25′E]

ニュージーランド南島, オタゴ地方の山. マウントアスパイアリング国立公園にある. ワカティプ湖の北に位置する. マオリ語ではピキラカタヒとよばれる. 現在はアーンスローおよびピキラカタヒの両者とも正式名称となっている. 地名はジェームズ・マッケローによって名づけられた. このあたりの山々は, ジョン・ターンブル・トムソンによって絵に描かれているが, アーンスローという名が付けられたのは, 1863年のマッケローの地図が初めてである. 地名は, 1912年に就航し, 現在ではワカティプ湖を観光する, 石炭を燃料とする蒸気船アーンスロー号にも使われている.
[井田仁康]

アンソン 安城 Anseong
韓国

人口:19.5万 (2015)　面積:553 km²
[37°00′N　127°17′E]

韓国北西部, キョンギ(京畿)道最南部の都市. 内陸部に位置し, 南はチュンチョンナム(忠清南)道チョナン(天安)市に接する. チャリョン(車嶺)山脈の北麓にあたり, 侵食の進んだ準平原が広がっている. 長らく安城郡安城邑であったが, 1990年代後半からソウル首都圏の都市化の影響が及び始め, 人口が増加し始めた. 1998年市制施行.
[山田正浩]

アンダー市 安達市 Anda
中国

人口:49万 (2012)　面積:4059 km²
[46°50′N　124°55′E]

中国北東部, ヘイロンチャン(黒竜江)省中南部, スイホワ(綏化)地級市南西部の県級市. ダーチン(大慶)に接する. 市政府は安達鎮に置かれる. 市名はモンゴル語で朋友の意である. ソンネン(松嫩)平原の中部にあり, 地勢は平坦で草原が過半を占める. 牧畜, とくに乳牛飼育が盛んで, 大規模な乳製品工場が立地する. 農業は, 穀物栽培としてはトウモロコシ, 商品作物としてはテンサイの栽培が重視されている.
[小島泰雄]

アンダー市 Anda ☞ ダーチン市 Daqing

アンダーソン島 Anderson Island
インド

長さ:12 km　幅:2 km
[12°46′N　92°43′E]

インドの東方, アンダマンニコバル諸島連邦直轄地北部, アンダマン諸島の島. 南北に細長い小島で, 中アンダマン島の西にごく狭い海峡を隔て, 寄り添うように位置する. 島の西海岸に沿ってサンゴ礁や波食棚が続く. 北西約1 kmの沖合にはインタヴュー島がある.
[大竹義則]

アンダマン海 Andaman Sea
インド〜タイ付近

面積:600000 km²　長さ:1200 km　幅:645 km
深さ:4198 m　　[11°12′N　95°40′E]

南アジア, ベンガル湾の南東に位置する海域. ミャンマーの南岸, タイの西岸, アンダマン諸島とニコバル諸島の東側に囲まれた, インド洋の縁海. 平均水深1096 m, ミャン

マーから流れ込むエーヤワディ川による埋積によって北部と東部は水深180 m以下で比較的浅く，南部と西部は1000〜3000 mと深くなっている．アンダマン・ニコバル諸島のすぐ東側には水深4000 mを超える海底谷が発達し，海底は砂礫によって覆われている．この海底谷の東側はビルマプレートとスンダプレートのプレート境界になっており，約300〜400万年前にインドプレートとユーラシアプレートの衝突が強まったため，ユーラシアプレートの一部がマイクロプレートとして分離し，縁海が開き始めたと考えられている．

[前杢英明]

アンダマン海峡　Andaman Strait

インド

中央海峡　Middle Strait（別称）

幅：200-500 km　　　　　　［12°10′N 92°45′E］

インドの東方，アンダマンニコバル諸島連邦直轄地北部，アンダマン諸島のバラタン島と南アンダマン島を隔てる海峡．中央海峡ともよばれる．両岸にマングローブ林の生い茂る幅200〜500 mの南北に細長く延びる海峡で，北端は中アンダマン島，バラタン島，南アンダマン島の取り囲む多島海へつながっている．

[大竹義則]

アンダマン諸島　Andaman Islands

インド

人口：31.4万（2001）　面積：6408 km²
長さ：352 km　幅：51 km　気温：23-30℃
降水量：3000 mm/年　　　　［11°41′N 92°42′E］

インドの東方，アンダマンニコバル諸島連邦直轄地北部の諸島．南北の長さは352 kmにも及ぶ．東西幅は最も広いところで51 km．アンダマン県（行政区）を構成する．南アンダマン島の東海岸に位置するポートブレアは，島々のコミュニティの中心で，インド中央政府のアンダマンニコバル連邦直轄地の行政中心地である．北端はミャンマーのネグレイス岬から南193 km，南端はインドネシアのスマトラ島から北西547 kmの位置にある．北のネグレイス岬との間には多数の小島が浮かぶが，そのほとんどはミャンマーに属する．南のスマトラ島との間には，ニコバル諸島の島々が連なっており，アンダマン諸島とは幅約150 kmのテンディグリー海峡で隔てられている．西海岸はベンガル湾，東海岸はアンダマン海に面する．

北アンダマン島，中アンダマン島，南アンダマン島，小アンダマン島，バラタン島，ラトランド島，インタヴュー島，リッチーズ諸島など大小300以上の島々からなる．このうち，中核をなす主要5島（北・中・南アンダマン島とバラタン島，ルトランド島）は，4つの狭い海峡（北アンダマン島・中アンダマン島間がオースチン Austen 海峡，中アンダマン島・バラタン島間がハムフリーズ海峡，バラタン島・南アンダマン島間がアンダマン海峡，南アンダマン島・ルトランド島間がマクファーソン海峡）によって分かたれているものの，長さ251 kmにわたって南北にほぼ連続しており，総称してグレートアンダマン Great Andaman とよばれている．グレートアンダマンは，密度の高い雨林に覆われ，狭い谷に刻まれた丘陵地となっている．最高峰はサドル Saddle 山（標高732 m）で，300 mから700 mの山頂が連なる．一方，ダンカン海峡を隔てて南に位置する小アンダマン島は，ほとんど平坦な島で，恒常的な河川はない．

アンダマン諸島は熱帯気候であるが，北東モンスーン時は一般に乾燥し，南西モンスーン時は多湿となる．ベンガル湾で発生するサイクロンが災害を引き起こすこともある．海岸線は深く刻まれているので良港となるが，しばしばマングローブの湿地になっている．また，サンゴ礁が沿岸の各所にみられ，西岸には320 kmにもわたって裾礁や堡礁が続いている．鳥類をはじめとする野生動物も多くの固有種が生息している．地質的には，アンダマン・ニコバル諸島は，ミャンマーのアラカン山脈からインドネシアのスマトラ島に続く島弧の一部である．東約100 kmにはアンダマン諸島とほぼ並行して火山島（バレン島など）や海山列があり，二重島弧をなしている．このため，地震や火山活動がみられる．2004年12月26日に発生したスマトラ島沖地震の余震域にも含まれ，場所により高さ10 mに達する津波によって，島々は大きな被害を受けた．

アンダマン諸島は，7世紀以来，インドや東南アジアの旅行者に知られていたが，1789年，当時のベンガル政府の受刑地兼避難港として現在のポートブレアが開かれた．その後，イギリス政府はインドおよび周辺国の政治犯の受刑地として開拓を進め，集落が形成されていった．第2次世界大戦中，一時日本軍によって占領された．日本の敗戦後は，イギリス領に復帰したが，1947年のインド独立に伴ってインド領となった．先住の人々は，ネグリート系のアンダマン諸島人で多くの小民族に分かれているが，現在は絶滅の危機に瀕している．南のニコバル諸島の先住民は，多くがモンゴロイド系で人種・文化がかなり異なる．主産物は，豊富な森林資源やプランテーションで生産される農産物（ココヤシ，コプラ，ゴムなど）で，アンダマン紅木はヨーロッパに輸出されるが，生活必需品はインド本土からの輸送に頼っている．

[大竹義則]

アンダマンニコバル諸島連邦直轄地　Andaman and Nicobar Islands, Union Territory of

インド

人口：38.1万（2011）　面積：8249 km²
　　　　　　　　　　　　　［11°40′N 92°45′E］

インドの東方，ベンガル湾東部に位置する連邦直轄地．行政中心地はポートブレア．ミャンマーの南，ベンガル湾とアンダマン海を分けるかのように，南北約1000 kmに大小の島々が連なる弧状列島から構成される．北緯10度線の北側がアンダマン諸島，南側がニコバル諸島である．全527の大小の島々からなり，うち34島が常住人口をもつ．ポートブレアから本土のウェストベンガル州の州都コルカタ（カルカッタ）の南1255 km，南部タミルナドゥ州の州都チェンナイ（マドラス）の東1190 kmに位置する．また，北端の島からミャンマーまでは190 kmであり，南端の大ニコバル島とインドネシアのスマトラ島の北端の町バンダアチェとは150 kmしか離れていない．行政単位は，北および中央アンダマン県，南アンダマン県，ニコバル県の3県からなり，それぞれの県都は，マヤブンダー Mayabunder，ポートブレア，カールニコバルである．北および中央アンダマン県の面積は3536 km²，人口10.6万（2011），南アンダマン県の面積は2604 km²，人口23.8万（2011），ニコバル県の面積は1765 km²，人口3.7万（2011）であり，連邦直轄地の行政中心地ポートブレアのある南アンダマン県に人口が集中する．

産業は，アンダマン諸島では，米作中心の農業が，また，ニコバル諸島では，ココナッツ，アレカナッツ，マンゴー，バナナ，パイナップルなど果樹栽培が盛んである．工業では，やや規模の大きい海産物加工業と手工芸品製造業の2社をはじめ1300社を超える中小企業が立地する．最近では，観光業も海浜リゾート，イギリス領時代の独房式刑務所遺跡や博物館を中心に観光客を増やしている．なお，2001年からマラッカ海峡警備のため，インド陸海空軍アンダマンニコバル三軍統合本部がポートブレアに置かれ，警備機能が強化された．

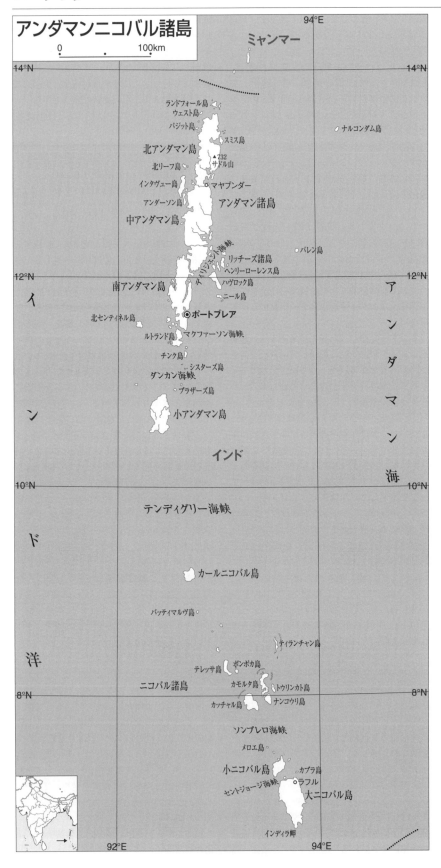

インド本土との関係は，11世紀にインド南部で栄えたチョーラ朝が，インドネシアへ進出するための海軍の前線基地を設けたことが始まりとされる．17世紀には，インド中西部を支配した強大なマラーター同盟が，東南アジアとの交易中継基地を置いた．18世紀半ばになると，オランダ東インド会社が進出し，およそ100年にわたって断続的に，大ニコバル島に拠点を築いた．他方，イギリス東インド会社は，1789年には，ポートブレアに海軍基地を設けた．その後，第1次インド独立戦争(セポイの乱)の最中の1858年に，ポートブレアに大規模な流刑地を建設し，インドのみならずアフリカのイギリス植民地での反政府活動家たちを収容した．当時の流刑者の子孫たちは，その後の地域の発展に貢献した．また，1942年3月ラングーン(現ヤンゴン)を占領した日本帝国陸軍は，同月中にアンダマン諸島ポートブレアに上陸し，45年まで占領統治した．当時のイギリス軍守備隊のうち，イギリス人将校23人は，捕虜としてシンガポールに移送された．残りの約300人のインド人シク教徒の守備隊は，現地で捕虜になったが，やがて日本軍と組んだスバスチャンドラ・ボース率いるインド国民軍に編入され，日本がビルマ(現ミャンマー)からインド，アッサム州を攻撃したインパール作戦(1944年3〜7月)に参加し，多大の戦死者を出した． ［中山修一］

アンダムーカ　Andamooka

オーストラリア

人口：0.1万 (2011)　面積：2.4 km²
降水量：200 mm/年　　[30°27′S　137°09′E]

　オーストラリア南部，サウスオーストラリア州北東部の町．トレンズ湖北部西側の砂漠の中に位置するオパールの鉱山集落である．スチュアートハイウェイ沿いのピンバから，ロックスビーダウンズを経て北北東102 kmにある．夏は乾燥して非常に暑い．この地でオパールが発見されたのは1930年のことで，その後70年代の初めまで発展を続けた．殺風景な集落の付近には，オパール採掘のためのたて穴がいたるところに掘られている．また住居の多くは，暑さを避けるため，地下に設けられている．地名は，先住民の言語で大きな水たまりを意味する． ［片平博文］

アンチー県　安吉県　Anji

中国

人口：44.9万 (2002)　面積：1886 km²
　　　　　　　　　　　[30°38′N　119°41′E]

中国南東部，チョーチャン(浙江)省，フーチョウ(湖州)地級市の県．前漢代に安吉県が設けられ，明代に州となったが，清代にまた県に戻った．4街道，8鎮，3郷を管轄し，県政府は昌碩街道にある．標高は南西山地から北東丘陵平原にかけて低くなっていく．工業はおもにセメント，電力，炭鉱，化学肥料，機械，製紙，製糸，製茶，製薬などがある．また，生漆，孟宗竹の全国的に重要な生産地である．農産物には稲，麦，孟宗竹，タケノコ，オオアブラギリ，ナンキンハゼ，茶，クリなどがある．名産品には，茶，干しタケノコ，クリ，山クルミ，蛍石，竹製品などがある．観光スポットには呉昌碩旧居，独松関などがある．　　　　　　　[谷 人旭]

アンチウ市　安丘市　Anqiu
中国

人口：95.5万(2015)　面積：1712 km²
降水量：675 mm/年　　　[36°25′N　119°11′E]

中国東部，シャントン(山東)省中部，ウェイファン(濰坊)地級市の県級市．地名は，漢代の高祖8年(紀元前199)に張説が安丘懿侯に封ぜられたことに由来する．漢代の景帝中元2年(紀元前148)に初めて安丘県が設置された．1994年に市になった．地形は南西部の太平山(標高523 m)から北東部に傾斜している．濰河水系に属する大小52本の河川が市内を流れている．食糧生産のほかに，野菜や果物などの園芸農業も盛んである．石家荘村などの観光地が多数ある．　　[張 貴民]

アンチョウ区　安州区　Anzhou
中国

アンシェン　安県　An Xian (旧称)

人口：38.7万(2015)　面積：1182 km²
[31°38′N　104°25′E]

中国中西部，スーチュワン(四川)省北東部，ミエンヤン(綿陽)地級市の区．区政府は花荄鎮に置かれる．元代に安州となり，明代に安県に降格した．2016年に安州区となった．地名は区内の竜安山に由来する．石炭，鉄鉱石，リン鉱，ボーキサイト，砂金，石油，天然ガス，鉱泉などの地下資源に恵まれる．またパンダやキンシコウなどの珍獣が生息する．おもな産業は小麦，ナタネ，サトウキビ，茶，果物の栽培や，養蚕などの農業であり，セメント，製紙，石炭などの工業がこれに次ぐ．羅浮山，白水湖は名勝として知られ，磨崖石刻は文化的な観光資源である．　　　　　　　　　　　　　[奥野志偉]

アンチン市　安慶市　Anqing
中国

人口：約524万(2015)　面積：15590 km²
[30°30′N　117°04′E]

中国東部，アンホイ(安徽)省南西部の地級市．チャン(長)江の北岸，ダービエ(大別)山の南麓に位置する．市政府は迎江区(面積207 km²，人口25.1万，2010)に置かれる．迎江，大観，宜秀の3区と，ホワイニン(懐寧)，タイフー(太湖)，チェンシャン(潜山)，スーソン(宿松)，ワンチャン(望江)，ユエシー(岳西)の6県，トンチョン(桐城)県級市を管轄する．北西部の山地は長江とホワイ(淮)河の分水嶺である大別山地で，南に向かって階段状に低くなり，桐城，太湖，宿松周辺では低山丘陵となり，長江沿いの平原に続く．西部に竜感，大官，黄湖など，中部に菜子湖，破崗湖，白蕩湖などの大小の湖沼があり，漁業や養殖業が盛んである．

秦代は九江郡の地で，西漢代には蘆江郡と同安郡が，隋代に熙州が置かれ，唐代に舒州に改められた．宋代に徳慶軍が置かれ，同安，徳慶から1字ずつとって安慶軍に改名され，さらに安慶府が置かれた．元代は安慶路，明，清代は安慶府になった．1876年のイギリスと結んだ芝罘条約により開港された．1949年に安慶専区が設置され，51年に懐寧県の市街部とその近郊を分離して安慶市が設置された．1988年に周囲の8県を管轄下に置いた．1996年に桐城県が市に昇格し，2005年に宜秀区が置かれた．

全国的に重要な穀物，茶，綿花，食用油の産地で，水産業，畜産業も発達している．石油化学，紡績，食品加工，建材，機械電子が工業の柱である．省南西部における物資集散の中心地であり，安慶港は長江水運における十大河港の1つで多数の埠頭があり，5000 t級の船が接岸できる．合安城際(都市間)高速鉄道と合九鉄道，滬渝，済広，合安，岳武などの高速道路が市域を通過する．景勝地に天柱山，大竜山，小孤山，浮山，名勝古跡に迎光寺の振風塔，陳独秀墓などがある．
[林 和生]

アンツォ県　安沢県　Anze
中国

人口：8.3万(2013)　面積：1965 km²　気温：9.4℃
降水量：622 mm/年　　　[36°11′N　112°15′E]

中国中北部，シャンシー(山西)省南西部，リンフェン(臨汾)地級市の県．タイユエ(太岳)山の南東麓に位置している．4鎮，3郷を管轄し，県政府は府城鎮にある．山地の多い地域で，アンタイ(安太)山は最も高く標高

1592 m．地形は北高南低で，最大の河川であるチン(沁)河が北から南へ流れている．農業はトウモロコシ，小麦，アワ，コーリャンなどを栽培する畑作である．木材や高品質な漢方薬がとれる一方，石炭，白雲石，雲母などの地下資源も豊富である．　　[張 貴民]

アンティケ州　Antique, Province of
フィリピン

人口：58.2万(2015)　面積：2729 km²
[10°45′N　121°57′E]

フィリピン中部，パナイ島西部，西部ビサヤ地方に位置する南北に細長い州．州都はサンホセデブエナビスタ．州の東にはコルディリェラ山脈が南北に走り，アクラン，カピス，イロイロの3州と境界をなす．一方，西側はスールー海に面し，ミンドロ島との間にあるセミララ諸島も本州に属する．また，クーヨイースト Cuyo East 水路をはさんでクーヨ諸島が浮かぶ．地勢は州の大部分を山地が占めており，いくつもの小河川が流出している．気候は，北部は年中降雨がみられ湿潤であるが，南部は山脈によりモンスーンが妨げられ乾燥する．18町からなり，村(バランガイ)数は590を数える．サンホセデブエナビスタは州最大の人口6.3万(2015)を有する．都市人口率は低く30%に満たない．フィリピン国内でも村落地域の割合が最も高い州の1つでもある．代表的な農業は稲作で，23万 t(2006)の生産がある．その他にはトウモロコシ，キャッサバなどの根菜類，バナナ，野菜などの生産も多い．水産業では6万6214 t(2006)の水揚げがある．鉱物資源も豊富で，石炭，大理石，銅，金，石灰石などが産出される．　　　[石代吉史]

アンティポディーズ諸島　Antipodes Islands
ニュージーランド

面積：62 km²　　　　[49°41′S　178°47′E]

ニュージーランド南島沖の諸島．スチュアート島の南東800 km，チャタム諸島の南西600 kmに位置する．島々はほぼ南北に配列し，中央の島は長さ8 km，幅4.5 kmである．最高地点はギャロウェイ Galloway 山の標高402 mである．これらの島は1800年にリライアンス号のウォーターハウス船長により発見され，リアンティポディーズとよばれた．地球上イギリス，ロンドンの対蹠点にあたるのでこの名がつけられた．島々は岩石が露出し，住むのに適していない．泥炭に覆わ

86　アンテ

〈世界地名大事典：アジア・オセアニア・極I〉

れている場所も広く，植生は少なく，谷にシダ類が生えている．かつておもな島で牛を育てようとしたが，気候が悪く成功しなかった．おもな産業は毛皮のためのアザラシ猟である．1893年9月4日にイギリス，リヴァプールの船スピリットオブドーン号が主島の南で座礁し，17人の乗組員のうち11人が生き残った．彼らは食料の乏しい悲惨な日々を送ったが，生存者の1人が北東海岸でややましなところを見出し，ニュージーランド政府関係者によって救助された．

アンティポディーズアホウドリなどの動物相，メガハーブといわれる巨大植物群などの固有種が生息することから，1998年には「ニュージーランドの亜南極諸島」の一部としてユネスコの世界遺産（自然遺産）に登録された．自然保護の観点から一般の立入りは認められていない．　　　　　　　　[太田陽子]

アンティポロ　Antipolo　　フィリピン

人口：77.6万（2015）　面積：306 km²
標高：200 m　　　　　[14°37′N　121°07′E]

フィリピン北部，ルソン島南部，リサール州の都市で州都．1998年にリサール州の構成市となった．当時の人口は34.6万（1995）であるから，ここ20年間で人口が2.2倍に増加したことになる．マニラ首都圏拡大の影響が著しいことの反映である．市域の大半はシエラマドレ山脈西斜面の丘陵地で，市街地は標高200 m前後の高台に立地，北部，東部，南部にはいまだ広範囲にわたり森林が残る．市内のヒヌルガンタクタク滝が1952年に国定公園に指定されたこと，全般的に眺望にすぐれ，とくにマニラの夜景が素晴らしいことなどから，大勢の観光客がここを訪れる．マンゴーとカシューナッツ，それにスーマン（もち米に砂糖を加えてバナナの葉で巻き蒸したもの，日本でいう「ちまき」）が特産品として観光客に人気がある．

市名は，スペイン語のantipolin（パンの木）に由来するという説もある．古来フィリピンの巡礼名所として有名であった．巡礼の対象は市内の大聖堂に安置されているアンティポロ聖女像（聖母マリア像）で，1626年，新任のフィリピン総督タボラが赴任に際してヌエバエスパーニャ（スペイン領メキシコ）から持参してこの町の大聖堂に寄贈・安置したのが始まりという．アンティポロ村は1591年にジェスイット宣教師により建設され，1650年に村から町（プエブロ）となった．アメリカ統治下の1906〜36年の30年間はマニラからアンティポロまでフィリピン国有鉄道（PNR）が運行していたといわれる．事実，地形図にも撤去された鉄道の跡が記入されている．それによると，マニラのサンパロックSampalocで本線から枝分かれしたマリキナ線は，マリキナ川東岸をまっすぐ北上する．途中，パシッグ町マイブガ Maybunga あたりでふたたび枝分かれしてアンティポロ線となり町の入口まで延びていた．なぜここに鉄道が敷かれたか，なぜ運行廃止となったかは不明である．

町の中心街は，マニラの東約26 kmの地点にあった．これは適度に遠くて近い距離のため，第2次世界大戦中マニラ市民の避難場所となると同時に，山林が近くまで迫っているため抗日ゲリラの恰好の隠れ場所となった．そのため日本軍のゲリラ掃討作戦は，町の一般住民を巻き込んで残虐を極めた．終戦間近の1945年2月には日本軍とアメリカ・フィリピン連合軍の間で壮絶な戦いがくり広げられ，3月に全町が解放された．

[梅原弘光]

アントゥー県　安図県　Antu　　中国

人口：21万（2012）　面積：7510 km²
　　　　　　　　　　[42°40′N　128°30′E]

中国北東部，チーリン（吉林）省東部，イエンビエン（延辺）自治州の県．南は北朝鮮と接している．チャンパイ（長白）山脈の北麓にあたり，長白山第一県と称して，豊かな自然を生かした観光開発が行われている．県政府所在地は明月鎮．満洲族と清朝の発祥の地とされてきた．県名は北部がトゥーメン（図們）江の源流にあたることから，その安寧を願って命名されたものである．　　　　　　[小島泰雄]

アンドラプラデシュ州　Andhra Pradesh, State of　　インド

人口：約5000万（2011）　面積：約160000 km²
　　　　　　　　　　[14°58′N　78°50′E]

インド南部の州．ベンガル湾沿いに位置する．地名は，先住民という意味のアンドラに由来する．2014年6月に西部のデカン高原上の地域を，新しくテランガーナ州として分割した．ベンガル湾に面して南北に細長く延びる州域の海岸線は972 kmあり，国内ではグジャラート州に次いで第2位の長さをもつ．面積は日本の本州の7割強ほどである．人口は国内の州で第10位であり，13県で構成される．北東はオディシャ（オリッサ）州，北西をチャッティスガル州，西をテランガーナ州，カルナータカ州，南をタミルナドゥ州と接し，東はベンガル湾に面する．州都は，アンドラプラデシュ州再編法（2014成立）にもとづき，2024年まで旧州時代のハイデラバードを，テランガーナ州と両州で共用することとなった．再編後10年以内に新しい州都を，ベンガル湾の沿岸部のグントゥールとヴィジャヤワダから等距離の地点に建設し，アマラーワティ Amaravathi とよぶことになった．住民は，州の公用語であるテルグー語話者が最も多いが，ほかには，周辺州のオディシャ語，カンナダ語，タミル語話者も多い．

州は大きく東西2つの地域に分かれる．西部は，デカン高原の東端部，東ガーツ山脈を中心とし，ラヤラシーマ Rayalaseema 地域とよばれ，4県で構成される．また，東部は，ペンナ川，クリシュナ川，ゴダヴァリ川によってつくられたデルタと海岸平野が広がり，アンドラ海岸地域とよばれ，9県で構成される．前者では畑作が，後者では稲作を中心とする農業が発達する．季節をみると，3〜6月が夏季で，沿岸部が熱帯の気温で40°Cを超える日もある．7〜9月が雨季で，年間の1/3の降水量が北東季節風によりもたらされる．10〜11月は，ベンガル湾に発達する低気圧がサイクロンに発達し，沿岸部に大きな災害をもたらすことも多い．11月後半から3月前半にかけては冬季となり乾燥するが，気温は30°C前後と夏季に比べればしのぎやすくなる．

農業就業人口は，全就業者の約60%を占める．穀類生産は米作が中心で，穀類生産の約80%を占める．その他の穀類では，モロコシ類の生産が多い．ほかには，サトウキビ，ラッカセイ，タバコ，綿花の栽培が盛んである．州域の約20%を占める林野では，チーク，ユーカリ，カシューナッツなどを産する．天然資源として，石炭，クロム鉱，マンガン鉱などを産出する．分割したテランガーナ州と州都を共有するハイデラバードは，機械工業が発達するが，今世紀に入り，IT産業の集積も進み，関連企業数は，全国のトップクラスにある．州政府は，インド情報工学研究所をハイデラバードに設立し，4年の学部教育と1年半の大学院プログラムも開設した．IBM，オラクル，モトローラといった世界に知られたIT企業が，技術者養成学校をハイデラバードに置いている．沿岸部で最大都市のヴィシャーカパトナムは，国内最大規模の造船所を中心に，同州で最も多く製造業が集積する一大工業地域となっている．

この地域は，古代，北部インドで支配地を拡大したアショーカ王が没した紀元前232

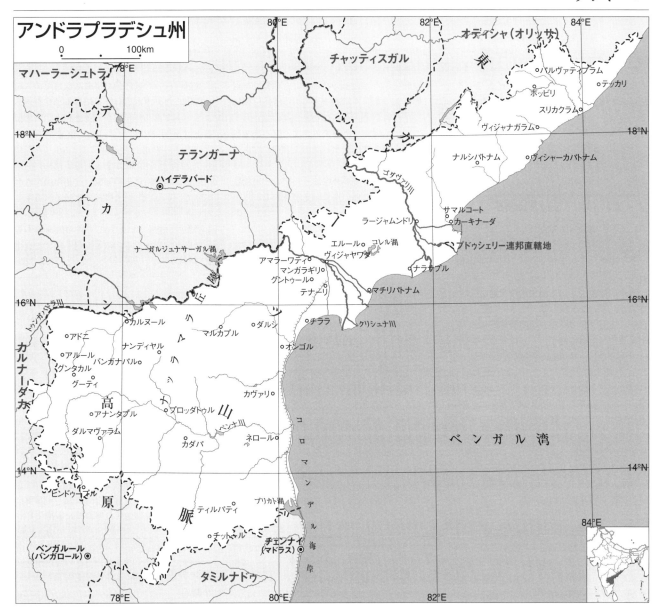

年頃，初めて王国が成立したとされる．7世紀にはチャールキヤ王朝の，また，10世紀にはチョーラ王朝の支配地となる．14世紀頃からイスラーム勢力の支配地となるが，1687年にムガル帝国のアウラングゼーブ帝の地方藩領となる．1723年，アウラングゼーブ帝が没すると，藩王はニザム(Nizam)の称号を名のり，ムガル帝国から一定の距離を置く独立性の強い国家を立てて，イギリス東インド会社との結びつきを強めていった．1947年にイギリスから独立した後も1年間にわたり，新生インド共和国への併合に抵抗し続けた．しかし，1948年に新生インド共和国軍の武力弾圧を受け，自治権体制を放棄した．当時の藩王であったニザム・オスマン・アリ・カーンは，多数の私兵をもつとともに世界一の資産家といわれた．1953年の第1次州編成法で，マドラス州(現タミルナドゥ州)のテルグー語地域を分離し，アンドラプラデシュ州となった．1956年の第2次州編成法で，ハイデラバード州を併合し，沿岸部からデカン高原上の広い州域をもつ大規模州となった．その際，州都も南西部のカルヌールからハイデラバードに移転した．

この州の政治は，インド共和国成立後の1956〜82年の間は，インド国民会議派が主導した．1983年の総選挙で，地域政党のテルグー・ダシャン党(テルグー語話者の地域の党)が，初めて州の政権を担うことになった．しかし，10年後の1993年の総選挙で，政権はインド国民会議派に戻った．その後，1999年の総選挙でふたたびテルグー・ダシャン党が政権に復帰すると，2014年の総選挙でも圧勝し，安定的な政権運営期に入った．

[中山修一]

アンドロース島　Androth Island

インド

アンドロート島　Andrott Island (別称)

人口：1.0万 (2001)　面積：4.9 km²

[10°50′N　73°41′E]

インドの南西，ラクシャドウィープ連邦直轄地の島．ラクシャドウィープ諸島にある小島で，アンドロート島ともよばれる．ラクシ

ャドウィープ諸島の行政上の中心となるカヴァラッティ島の東北東約120 kmにあるサンゴ礁の島．主としてココヤシを栽培し，コイア(ココヤシの皮の繊維)やコプラ(ココヤシの実からつくる油脂原料)を生産している．住民の大部分は伝統的なイスラーム教徒である．

[大竹義則]

アントン Andong ☞ タントン市 Dandong

アーントーン Ang Thong
タイ

人口：2.2万 (2010)　面積：104 km²
[14°32′N　100°28′E]

タイ中部，アーントーン県の都市で県都．首都バンコクの北110 km，チャオプラヤー川河畔に位置し，川の両側に市街地が広がっている．アーントーンの歴史はそれほど古くはなくラッタナコーシン朝初期に町(ムアン)が設置されたようだが，もとはチャオプラヤー川支流のノーイ川河畔流域にアユタヤー朝の16世紀末のナレースアン王時代につくられたウィセートチャイチャーンというムアンが，ノーイ川の堆積で舟運が不便となりチャオプラヤー川流域に移転してきたものと考えられている．その後，ラーマ1世の時代にチャオプラヤー川の支流のバーンケーオ川に水を引き込もうと堰をつくろうとしたがうまくいかず，町はバーンケーオ川がチャオプラヤー川に注ぐ現在地に移転した．

町はチャオプラヤー川の水運に長い間依存してきた．19世紀後半にチャオプラヤー川にも蒸気船が就航するようになったが，チャオプラヤー川の水位は雨季と乾季で変動し，雨季にはバンコクから北400〜500 km上流のタークやウッタラディットまで到達できたが，乾季には水位が下がることからアーントーン付近までしか航行できなかった．このため，町は乾季に蒸気船から漕船への積替地点となり，チャオプラヤー川水運の重要な中継点となった．また，この周辺は国内でも有数の稲作地帯であり，周辺の水田でつくられた米は漕船でアーントーンにもたらされ，ここでより大型の船に積み替えられたり，あるいは精米されてからバンコク方面に運ばれていった．鉄道は東のロップリーを経由したためにアーントーンは20世紀に入っても水運以外に到達手段がなく，南のアユタヤーからの道路が延びてくるのも第2次世界大戦後の1960年代となった．このため，町はチャオプラヤーデルタの中では最も自動車の到達が遅かった場所であった．

しかし，1972年にバンコクと北部を結ぶバイパスとなる国道32号が開通して町の東側を通過するようになると，町への自動車の便は飛躍的に向上した．チャオプラヤー川の定期船も消え，残るのは土砂などの貨物輸送の艀となった．米の搬出も1970年代以降はトラック輸送が主流となり，水運に依存していた町は全面的に陸運に依存する町へと変貌した．南隣のアユタヤー県の工業化が進んでいることから，国道32号沿いにアーントーンにも工業化の波が今後波及してくる可能性は高く，都市規模の拡大が予想される．

[柿崎一郎]

アーントーン県 Ang Thong, Changwat
タイ

人口：25.4万 (2010)　面積：2470 km²
[14°32′N　100°28′E]

タイ中部の県．県都はアーントーン．チャオプラヤーデルタ内の平坦な県で，県東部をチャオプラヤー川が，中部をチャオプラヤー川の支流ノーイ川が流れる．首都バンコクの北北東約100 km，アユタヤー県の北に位置する小さな県であり，全体の92%が農地で，その大半が水田である．県内には古い寺院が点在し，パーモーク郡のパーモーク寺院の涅槃仏など有名な仏像もあるが，県東部を南北に縦貫するバンコクとタイ北部を結ぶ幹線道路である国道32号を通過する観光客は多いものの，県内に立ち寄る人は少ない．

[柿崎一郎]

アンドン 安東 Andong
韓国

人口：16.9万 (2015)　面積：1521 km²
[36°34′N　128°44′E]

韓国東部，キョンサンブク(慶尚北)道北部，道庁所在地の都市．慶尚北道道庁は長らくテグ(大邱)に置かれていたが，2016年，安東市域の西端，豊川面に移転した．市域はテベク(太白)山脈，ソベク(小白)山脈の支脈に囲まれた盆地に位置し，ナクトン(洛東)江が市内を貫流する．洛東江の市街地からやや上流部には，安東ダム，イマ(臨河)ダムの2つの大規模なダムが建設されている．

近代前の歴史において，長らくこの地方の政治・行政，文化の中心地であった．この性格は近代以降，現在まで引き継がれている．この地域には，朝鮮時代の伝統的な社会，文化がいまも保存されている．安東市街地は朝鮮戦争時に破壊されて，古い歴史を伝えるものがほとんど残っていないが，周辺地域には，

同族村落，両班社会，書院などの儒教景観，古い歴史をもつ寺院など，有形，無形の文化財が数多く残っている．1963年に市制が施行された．

高麗時代，朝鮮時代には高名な多くの人材を輩出した．李滉(退渓)は朝鮮朱子学を代表する1人であるが，彼が子弟を教育した陶山書院は市街地の北方25 km，安東ダムの湖畔にある．安東から西に20 kmのところにハフェ(河回)民俗村がある．豊山柳氏の同族村落で，朝鮮時代の建築物，文化が保存されていて，2010年，「大韓民国の歴史的集落：河回と良洞」としてユネスコの世界遺産(文化遺産)に登録された．この村の仮面劇も有名である．鳳停寺など仏教文化を伝える文化財もある．

[山田正浩]

アンドン湖 安東湖 Andongho
韓国

[36°35′N　128°46′E]

韓国東部，キョンサンブク(慶尚北)道の湖．安東市のナクトン(洛東)江本流につくられた安東ダムによって形成された人造湖．ダムはロックフィルダムで，韓国では最初の揚水兼用の発電所をもつ．1971年に工事開始，77年に完成した．洛東江下流のプサン(釜山)，テグ(大邱)をはじめ，ウルサン(蔚山)，マサン(馬山)，チャンウォン(昌原)，クミ(亀尾)などの工業都市へ生活用水と工業用水を提供し，農業地域へは農業用水を提供している．

[山田正浩]

アンナプルナ山 Annapurna Massif
ネパール

標高：8091 m　長さ：90 km
[28°34′N　83°49′E]

ネパール西部，カスキ郡およびラムジュン郡(ガンダキ県)にまたがる山塊．1950年，人類が初めて登頂した8000 m峰である．その登頂記は，初登頂者の1人で後にフランスのシャモニーモンブラン市長になるモーリス・エルゾーグによって『処女峰アンナプルナ』として残されている．山名は，サンスクリット語の「豊穣の女神」あるいは「恵みをもたらす人」を語源とする．ネパール中部に位置する複数の峰の連なり，すなわちアンナプルナヒマールの総称である．その主稜は東西にわたって標高7000 m以上のピークが10座以上連なり，西をカリガンダキ川，東と北をマルシャンディ Marsyandi 川の谷に

アンナプルナ山（ネパール），ポカラからみた I 峰（中央奥）と南峰（左端）〔小野有五提供〕

よって限られる．アンナプルナヒマール南山麓は，イギリスやインドの傭兵として勇猛をはせたグルン族グルカの主たる居住地域である．グルン族の家屋・集落は，低ヒマラヤ帯と高ヒマラヤ帯を境する主中央衝上断層（MCT：Main Central Thrust）に沿って産出する，変成岩・千枚岩を屋根葺き材として利用しているため，入母屋式の屋根と相まって日本人にとっては懐かしさを感じさせるものがある．

アンナプルナヒマールはネパール・ヒマラヤ最大の観光都市であるポカラの背後にそびえ立つ．ポカラ最大の観光資源であるヒマラヤ景観の代名詞として知られる尖峰マチャプチャレ山（標高 6993 m）は，アンナプルナヒマールの南縁に位置するピークである．アンナプルナの名称がついたピークは 5 峰あり，最高峰が世界 10 位のアンナプルナ I 峰（8091 m）で，7500 m 以上のピーク 3 座に対して高い順にアンナプルナ II～IV 峰の名称が与えられている．アンナプルナ南峰は，標高 7200 m あまりと他のアンナプルナ峰群に比べ低いが，その急な南崖面がマチャプチャレとともに低ヒマラヤ帯から高ヒマラヤ帯への大きな地形変換線を構成することから，アンナプルナの称号を与えられたのであろう．事実，南山麓側からはファン Fang 峰（7647 m）の肩に見え隠れするアンナプルナ I 峰よりもアンナプルナ南峰が目立つので，初見者にはすぐに主峰をみつけることはむずかしい．アンナプルナ I 峰は他の 7000 m 峰 6 座とともにカリガンダキ川の支流モディコーラ Modi Khola 川最上流域を環状に取り囲んで，通称アンナプルナ内院 Sanctuary とよばれる U 字谷に穿たれた深いながらも広がりのある荘厳な氷河谷をつくっている．アンナプルナヒマール山麓を巡るアンナプルナサーキットやアンナプルナ内院訪問などはトレッキングの対象としても最もポピュラーなルートである．この山域を訪れるトレッカー数の増加は，他のトレッキングルート沿いの地域と同様，薪の消費拡大を促し森林破壊などの環境破壊をもたらした．このため，環境に配慮した開発と保全のため，アンナプルナ自然保護地域プロジェクト（ACAP）が 1986 年に設立された．ACAP は，トレッカーから徴収する入域料をもとに住民が参加する環境教育から始まってトレッカーへのゴミ不排出の指導，トレッカー用ロッジに対する調理・暖房用燃料としての灯油利用促進，さらには，安定した現金収入のための宿泊施設・食事およびそれら料金の標準化にいたる活動を進めている．　　　　　　　　　〔八木浩司〕

アンナン　Annam　　　　ベトナム
安南（漢字表記）

ベトナムの旧地名．漢字では安南と表記する．中国・隋朝がベトナムに設立した交州総管府を，679 年に唐朝が安南都護府に改称したのが起源とされる．中国語で「平定された南方」を意味するこの言葉はベトナム人にとって侮蔑的であり，939 年に独立後は廃止され，ベトナムは自らを大越などと名のるようになった．一方で，権力争いを続けるベトナムの諸勢力にとって，中国との冊封関係は自らの正統性を裏づける手段でもあり，10 世紀以降「南」の語は「北」の中国との関係を強調し，なおかつ対等な国であることを主張するために用いられるようになる．南宋朝は，ベトナムに李朝が成立した 11 世紀頃にはベトナムを正式に朝貢国として認め，国号として「安南国」を採用した．さらに，15 世紀にベトナムにレ（黎）朝が成立した際の独立宣言である『平呉大誥』では，「北」である中国に対して自らが対等な「南」であることを主張している．

16 世紀にベトナムは南北に分裂し，北部には安南国王に封ぜられたレ朝皇帝が存続する一方，中部にはグエン（阮）氏が新たに王国を築き，やがてこの王国は「クアンナム」「交趾」などとよばれ，北部政権は「トンキン（東京）」などとよばれて区別されるようになった．中国はこれらレ朝，グエン朝とも安南とよび，ヨーロッパ人や日本人もこれにならったが，1884 年に中部を保護領としたフランスによって，グエン朝があった中部の正式名称として「安南」が用いられるようになった．このとき安南はホン川（紅河）デルタの南から南部の中央山岳地帯までのすべての中央沿岸部をさした．1949 年に安南は北部のトンキン，南部のコーチシナとともに，ベトナムの国号に統一された．　〔池口明子〕

アンナン山脈　Annamite Range　☞ チュオンソン山脈　Truong Son Range

アンニョン　An Nhon　　　　ベトナム
人口：17.8 万（2009）　　　［13°53′N　109°07′E］

ベトナム南中部，ビンディン省中南部の県．県都ビンディン，ダップダー市および 13 村からなる．南部は丘陵でバンカン県との県境にはバナ族の集落がある．北部にはクイニョン湾に注ぐハーザオ川の支流が多く流れて沖積平野を形成する．ベトナム南北を走る国道 1 号と，東西を結ぶ 19 号が交差する交通の要衝である．平野部では小規模な木製家具生産や，製麺，酒造などの家内工業が盛んで，ニョンタン村のゴーガン市場はすげ笠の卸売市場として有名である．16 世紀タイソン（西山）朝の主要な都市で，グエンバンニャック（阮文岳）の城跡など遺跡がある．

〔池口明子〕

アンニン市　安寧市　Anning　中国

人口：35.7万（2013）　面積：1313 km²
標高：1700-2600 m　　　[24°56′N　102°29′E]

中国南西部，ユンナン（雲南）省，クンミン（昆明）地級市の県級市．1995年に市制が施行された．市政府は連然街道に置かれている．亜熱帯気候に属する．地下資源が豊富で古くから塩の生産地として有名であり，リンや鉄鉱石も産出する．温暖な気候の下，商品経済作物の栽培が盛んであるが，近年では冶金・化学工業や鉄鋼業なども発達して工業都市となりつつある．域内には豊富な湯量を誇る安寧温泉がある．温泉の周辺にはホテルなどの観光施設や療養所が多数立地しており，昆明からの交通の便も良好なため，雲南省で有数の保養地となっている．　　[松村嘉久]

アンバエ島　Ambae Island
ヴァヌアツ

アオバ島　Aoba（別称）/オバ島　Oba（別称）/オンバ島　Omba（別称）

人口：1.0万（2009）　面積：402 km²
標高：1496 m　　　　[15°22′S　167°49′E]

南太平洋西部，メラネシア，ヴァヌアツ北東部ペナマ州の島．アオバ島あるいはオバ島，オンバ島ともよばれる．島は北東を頂点とする三角形をしており，南西部を除いて山がちであり，中央部には標高1400 m級の山が連なり，火口湖もある．言語は南西部ではンドゥーイドゥイ語，北東部では北アンバエ語が話されている．1768年にフランスの探検家ルイ・アントワーヌ・ド・ブーガンヴィルがこの島に立ち寄った．キリスト教（アングリカン）の宣教は1861年より始まる．第2次世界大戦中，近隣のエスピリトゥサント島にアメリカ軍の基地が建設されたが，その際，この島の男性も多数，労働に従事した．現在，島には南部のレッドクリフ Redcliff，北東部のロンガナ Longana，西部のワラハ Walaha の3カ所に飛行場がある．おもな産物はコプラなどである．　　[福井栄二郎]

アンバットゥール　Ambattur　インド

人口：47.8万（2011）　面積：39 km²
　　　　　　　　　　　[13°06′N　80°10′E]

インド南部，タミルナドゥ州の州都チェンナイ（マドラス）市内の街区．工業団地と住宅団地の開発により，1960年代以降に人口集中が進んだ．1951年，チェンナイの西郊外の農村地域にイギリス資本が，現地資本と合弁で自転車工場を建設したのが発展の始まりである．有名なヘラクルスブランド自転車の発祥の地である．1956年には，第2工場を南に接するアヴァディに建設，インド製自転車のイギリス，マレーシアへの輸出も始まった．街区の南部には，1964年から州政府が開発を始めたアンバットゥール工業団地があり，自動車関連，食料品，繊維製品製造，最近ではIT企業などが進出し，人口がさらに増え始めた．同工業団地は，今日，面積4.9 km²，立地企業数1800社で南アジア最大規模の工業団地に成長した．団地の5 km先には，国営の戦車製造工場もある．1971年の人口は4.6万であったが，40年後の2011年には10倍に増加した．1975年に一般行政市となり，2011年にチェンナイ特別市に編入された．町の中心からチェンナイ中心部までの距離は13 kmと近い．周辺地域への鉄道と道路交通の便はよく整備されている．
　　　　　　　　　　　　　　　　[中山修一]

アンバラ　Ambala　インド

アンバラカント　Ambala Cantt.（別称）

人口：19.6万（2011）　　[30°23′N　76°47′E]

インド北部，ハリヤーナ州の県および県都．一般に，アンバラは県名として用いられ，県都はアンバラカントとよばれる．2011年の国勢調査による県の人口は州の約5%に相当する．なお，農村人口はそのうちの56%を占める．ヒマーチャルプラデシュ州とパンジャブ州，ハリヤーナ州の3州の州境に位置し，州都チャンディガルにも近い．首都デリーからパンジャブ州にいたる国道1号とヒマーチャルプラデシュ州方面に延びる国道22号の交わる地であり，また鉄道の結節点，交通の要衝となっている．さらにインド陸軍の駐屯地のほかに空軍基地もあり，この地方の軍事拠点の1つでもある．

都市の起源は14世紀にさかのぼり，地名は，バワニ・アンバー神の名に由来するといわれる．マラリアの流行によって，1841年にイギリス軍が当地の南約100 kmにあるカルナールの駐屯地を放棄し，かわって43年にこの地に軍の駐屯地を設置した．これが軍事拠点としての起源であり，アンバラ県は1848年にイギリスによって設置されたのが始まりである．県内の主要な都市は，北部のヒマーチャルプラデシュ州との境に位置するカルカ，東部のナラヤンガル Narayangarh，南東部のバララ Barara がある．また，チャンディガルにほど近い国道および鉄道に沿うかたちで新たな都市パンチクラが建設され，工業団地の整備も進んでいる．目下，インド有数の企業であるヒンドスタン・マシン・ツールズ社のトラクター用のスペアパーツ工場が稼働している．産業としては鋳物，台所用のミックスグラインダー（粉砕器）などの生産が盛んである．農作物では米とトウモロコシの栽培が盛んで，小麦は少ない．バワニ・アンバー寺院をはじめとし市内やその周辺には多くの寺院があるほか，ムスリム寺院やイギリス時代のキリスト教墓地などもある．パテルパークとシティパークがこの都市の2大公園となっている．なお，県の主要なジャーティグループはラージプート，ジャート，サイニ，グジャー，ブラーミン，カトリ，アガルワル，チャマール，バルミキなどである．
　　　　　　　　　　　　　　　　[荒木一視]

アンパラ　Ampara　スリランカ

人口：2.3万（2012）　面積：32 km²　標高：40 m
　　　　　　　　　　　[7°18′N　81°40′E]

スリランカ，東部州アンパラ県の都市（MC）で県都．コロンボの東約188 km，バスで約10〜11時間を要し，バッティカロアの南43 kmに位置する．乾燥地帯に属するが，灌漑用貯水池が随所にあり，アンパラ県は国内有数の稲作地帯である．イギリス植民地時代は狩猟者の基地であったが，1949年以降，セナナヤカ政権の時代に開始されたガル川開発計画とともに，ダム建設のための労働者などが多数来住し，町が発展した．町民の多数はシンハラ人であるが，アンパラ県全体ではイスラーム教徒のスリランカ・ムーア人が44%と多数を占める．また東部州地域は，古来，タミル人の居住者が多く，アンパラ周辺では，これまでタミル分離主義者とムスリム，シンハラ仏教徒の間で闘争がしばしば発生するなど，政治的に不安定であったが，近年は紛争が収拾に向かい，人口も増加している．

市街地は時計塔とバスターミナルの広場から東西に走るセナナヤカ通りを中心に北方にかけて広がる．西方にはアンパラ貯水池があり，近くに日本寺のダガバ（仏塔）が建つ．この付近では野生ゾウの行進が日常的にみられ，また野鳥観察地としても知られる．市街の東17 kmには，ブッダの来訪伝承をもつスリランカの16の聖地の1つ，ディーガワピがあり，古いダガバの残存する遺跡がある．　　　　　　　　　　　　　[山野正彦]

アンバラワ　Ambarawa　インドネシア

人口：5.8万（2010）　面積：56 km²　標高：500 m
[7°15′S　110°24′E]

インドネシア西部，ジャワ島中央部，中ジャワ州スマラン県の町．州都スマランの南約40 kmに位置する．中心部以外は農村部となっている．スマラン，ソロ（スラカルタ），ジョクジャカルタといった歴史的にも重要な3つの都市を結ぶ要衝であり，街道の分岐点をなす．高地で景勝の地とされ，スマランの避暑地として昔から開発されており，リゾート地としての機能がそろっている．客を運ぶ目的で営業していた登山鉄道はいまでも現役である．蒸気機関車の博物館があり，19世紀末から20世紀初頭にかけて製造された蒸気機関車が展示されている．オランダ領東インド時代，この地には軍兵舎があった．日本軍政時代にはこの兵舎を改装し，1942～45年は強制収容所として使用，全部で4カ所に計約6000人の女性や子どもをはじめとした民間人が抑留されていた．また，1945年には，朝鮮人軍属の秘密結社であった高麗独立青年党メンバーによる抗日反乱事件があり，アンバラワの反乱として知られている．
[浦野崇央]

アンバランゴダ　Ambalangoda
スリランカ

人口：2.0万（2012）　面積：20 km²　標高：28 m
[6°14′N　80°04′E]

スリランカ，南部州ゴール県の都市（MC）．コロンボから国道を南東134 km，スリランカ国鉄海岸線の急行で約1時間半～2時間の海沿いに位置し，漁業が盛んである．シンハラ人の民間信仰として伝えられる病気治療のための悪魔祓いの儀礼や仮面劇コーラムで使用される，悪霊などの仮面製作で知られる．鉄道駅付近にはバスターミナル，時計塔，銀行，病院，仏教寺院などが立地し，市街地をなしている．北方には仮面博物館があり，仮面を製作，販売する工房もある．観光地ベントタと県都ゴールの間に位置することから，観光客の立ち寄り地となっている．
[山野正彦]

アンバリー　Amberley
ニュージーランド

人口：0.2万（2013）　面積：3.0 km²
[43°09′S　172°44′E]

ニュージーランド南島，カンタベリー地方の町．ワイマカリリ地区，クライストチャーチの北西48 kmに位置する．海岸沿い，河成堆積物からなる平野上にある．製材，土木工業などが行われている．警察署，小学校があり，レクリエーション施設が整っている．地名は，イギリスのアンバリーにもとづいて1862年に命名されたといわれるが，カンタベリー地方の最初の土地の所有者であり，分割者であったミセス・カーターの生地にちなんでいるという説もある．
[太田陽子]

アンビエン　An Bien
ベトナム

人口：12.2万（2009）　[9°49′N　105°03′E]

ベトナム南部，メコンデルタ，キエンザン省沿岸部の県．漢字では安辺と表記する．県都トゥバ，および9村からなる．カイロン川の河口に位置し，広大な河口干潟が形成されている．内陸部はマングローブに覆われた汽水域であったが，1975年以降，灌漑水路掘削が進み，おもに二期作により稲作が行われている．沿岸では漁船漁業のほかエビやハイガイの養殖がみられる．
[池口明子]

アンビカプル　Ambikapur
インド

人口：11.5万（2011）　面積：40 km²
標高：約600 m　[23°08′N　83°11′E]

インド中部，チャッティスガル州北部，サラグージャ県の都市で県都．州都ライプルの北東約260 kmに位置し，国道43号でジャルカンド州の州都ランチと結ばれる．2011年に同県の北部地域一帯がスラージプール県として分離しており，その県都スラージプールとは40 km程度しか離れていない．地名はヒンドゥー教神に由来するとされ，それを祀る寺院が同市東部に所在する．イギリス統治時代はサーグジャ藩王国の首都でもあった．市には複数の高等教育機関があり，2008年には州立大学が設立されている．市街地とその周辺には貯水池が点在する．市の位置するサラグージャ県北部は盆地であり水田が広がる．一方で，県南西部は標高1000 mを超える高地で，チョタナグプル高原に連なる．県は石炭やボーキサイトなどの鉱山物資源があることで知られる．また面積の半分は森林に覆われており，人口に占める指定部族（ST）の割合が高い．
[鍬塚賢太郎]

アンビョン　安辺　Anbyon　北朝鮮

あんぺん（音読み表記）

面積：572 km²　標高：9 m　気温：10.5℃
降水量：1200 mm/年　[39°03′N　127°31′E]

北朝鮮，カンウォン（江原）道北東部の町で郡庁所在地．ウォンサン（元山）南方の鉄道沿線に位置する．高麗時代から安辺と称された．地名は住みやすく安定した土地に由来する．1946年ハムギョンナム（咸鏡南）道から分離，江原道に編入された．郡面積の60%が山地で，北部に安辺平野がある．町の中を南大川が流れる．鉛，亜鉛，石炭を産する．カキ栽培が6 km²にわたり，北朝鮮第1のカキ産地である．メンタイ，カタクチイワシ，マイワシ，カレイ，イカ，コンブを産し，タバコは有名で輸出される．特産はクルミ，松の実．クムガン（金剛）山に向かう江原線が通る．
[司空俊]

アンヒルプール　Anhilpur　☞ パタン
Patan

アンヒルワーダ　Anhilvada　☞ パタン
Patan

アンピン区　安平区　Anping
台湾｜中国

あんぴん，あんぺい（日本語）

人口：6.5万（2017）　面積：11 km²
[23°00′N　120°10′E]

台湾南部，タイナン（台南）市郊外の区．もともとはオランダ人によって築かれた城塞跡があり，当時はゼーランジャ城とよばれた．その後，鄭成功もここを拠点とした．また，日本統治時代はあんぴんとよばれていた．現在は台南を代表する観光地となっており，古い路地を訪ねたり，伝統的な屋台料理などを食べ歩いたりすることができる．また，沿岸部はかつて製塩業が盛んだったが，現在はカキの養殖が盛んに行われている．
[片倉佳史]

アンピン県　安平県　Anping
中国

人口：32.8万（2010）　面積：493 km²
標高：19-25 m　気温：12.4℃
降水量：517 mm/年　[38°14′N　115°30′E]

中国北部，ホーペイ（河北）省南部，ホンシュイ（衡水）地級市の県．県政府は安平鎮に置かれている．河北平原ヘイロンカン（黒竜港）

河流域にあり，地勢は平坦だが西から東へ少し傾く．農作物は小麦，トウモロコシ，アワ，綿花，落花生を主とし，省内の主要な穀物生産地となっている．機械，建材，化学肥料などの工場がある．馬尾羅は伝統的な手芸品である．パオディン(保定)〜衡水，ラオヤン(饒陽)〜シーチャチョワン(石家荘)を結ぶ道路がここで交差する．南東部にある色彩壁画墓は省の重要文化財に指定されている．城内には孝感聖姑という祠がある． ［柴 彦威］

アンフー県　安福県　Anfu　　中国

人口：41.3万 (2014)　面積：2793 km²
[27°23′N 114°37′E]

中国南東部，チャンシー(江西)省西部，チーアン(吉安)地級市の県．ウーゴン(武功)山の南東，ガン(贛)江の支流瀘水の上流域に位置する．県政府は平都鎮に置かれる．前漢代にチウチャン(九江)郡に属するアンピン(安平)県と長沙国(のちに郡)に属するアンチョン(安成)県が置かれ，後漢代に安平県は平都県に改められた．三国時代に呉は安成郡を置き平都，安成両県が属した．後，安成県は安復県に改められ，隋代に平都，安復両県を合併して安復県を置いた．唐代に安復県は安福県に改められた．元代に安福州に改められたが，明代に県に復した．

地形は北西より南東に傾斜し，山地が卓越する．最高峰は金鼎(標高 1918 m)．降水量が比較的多く温暖なため，クスノキ，マツ，スギ，孟宗竹など森林資源が豊富で，省の重点林業県に指定され，山尖杉，南方紅豆杉，羅漢松，竹柏など希少材を産する．農業は米，豆類，落花生，ゴマ，綿花などを産し，養蚕業が盛んである．工業には農業機械，化学肥料，農副産品加工など農業関連が多い．浙贛鉄道の支線が県内を通過する．安福ハム，楓田唐辛子が特産品として著名である．
［林 和生］

アンフィトリテ群島　Amphitrite Group　　南シナ海

アンヴィン群島　An Vinh, nhom dao; An Vinh, nhóm đảo (ベトナム語) /シュワンドゥ群島　宣徳群島　Xuande Qundao (漢語) /トゥエンドック群島　Tuyen Duc quan dao; Tuyên Đức quần đảo (ベトナム語・別称) /トンツォ群島　東側群島　Dongce Qundao (漢語・別称)

人口：0.1万 (2012)　面積：10 km²
[15°43′-17°00′N　112°10′-112°54′E]

北太平洋西部，南シナ海北西部に位置する

群島．熱帯モンスーン気候に属する．ハイナン(海南)島から南東約 330 km 離れたサンゴ礁と岩礁からなる．パラセル(西沙)諸島の一部．東側群島ともよばれる．ウッディ(永興)島(2.10 km²)，ツリー Tree 島(0.22 km²)，ロッキー Rocky 島(0.08 km²)，リンカーン Lincoln 島(1.60 km²)，ノース North 島(0.04 km²)，サウス South 島(0.17 km²)からなる．群島の中国語名はシュワンドゥ(宣徳)群島で，明のチョンホー(鄭和)航海を称えて当時の朝廷が元号で表記したことに由来するといわれる．第 2 次世界大戦前はフランスのインドシナ総督府が，大戦中は日本がそれぞれ実効支配を行ったが，大戦後日本側の撤退を受けて国民党政権が 1946 年 11 月に接収し，さらに共産党政権の誕生で現在の中国が領有権を主張するようになった．総面積は 10 km² 程度にすぎないが，200 海里の排他的経済水域と海底石油の利権絡みでベトナムとの間に主権争いが生じた．1974 年に当時の南ベトナム海軍と中国海軍との間に海戦が勃発し，勝利した中国側が全域の実効支配を宣言した．最大規模のウッディ島は 3000 m 級の滑走路をもち，要塞化されている．
［許 衛東］

アンフォック　An Phuoc　　ベトナム

[11°29′N 108°55′E]

ベトナム南中部，ニントゥアン省ニンフック県の村．漢字では安福と表記する．省都ファンランタップチャムの南西約 10 km，東のファンラン湾から内陸約 10 km に位置する．1969 年 12 月 16 日，ベトナム戦争で解放軍が村のアメリカ軍事訓練所に奇襲攻撃をかけたことで知られる． ［池口明子］

アンブリム島　Ambrym Island　　ヴァヌアツ

人口：0.7万 (2009)　面積：678 km²
標高：1270 m　長さ：55 km　幅：48 km
[16°15′S 168°09′E]

南太平洋西部，メラネシア，ヴァヌアツ中部マランパ州の島．東西 55 km，南北 48 km の大きさで，地面が火山灰で覆われていることから「黒い島」ともよばれている．中央部にはベンボウ山(標高 1159 m)，マルム山(1270 m)という活火山があり，島民たちは沿岸部の村落に居住している．島内には 4 つの言語集団が存在するが，どの言語集団も位階階梯制の社会で，男性は豚を儀礼的に殺

していくことによって，序列化された階梯を上がり，それに伴い社会的地位も向上することになる．西部のクレイグコーヴ Craig Cove 周辺が島の中心地で，飛行場はクレイグコーヴと南東部のウレイ Ulei に置かれている．1774 年にイギリスのジェームズ・クックが立ち寄ったが，西洋人が本格的に入植してくるのは，1880 年代以降のことである．おもな産物はコプラである． ［福井栄二郎］

アンブル　Ambulu　　インドネシア

人口：10.5万 (2010)　面積：105 km²　標高：18 m
[8°20′S 113°35′E]

インドネシア西部，ジャワ島東部，東ジャワ州ジュンブル県の郡．州都スラバヤの南東 225 km に位置し，7 つの村を擁する．郡都はアンブル．インド洋に面しており，ワトゥウロ Watu Ulo 海岸がある．芸能の町として知られ，ジャワの舞踊であるレオポノロゴ Reog Ponorogo やジャラナン Jaranan などが盛んである．郡内にはワトゥプチャ山 Watu Pecah, Gunung がある． ［浦野崇央］

アンブール　Ambur　　インド

人口：11.4万 (2011)　[12°48′N 78°44′E]

インド南部，タミルナドゥ州北部，ベロール県の都市．県都ベロールの西 50 km，パラール Palar 川沿いにあり，北はアンドラプラデシュ州と接する．ベンガルール(バンガロール)と州都チェンナイ(マドラス)を結ぶ幹線道路上にあり，ほぼ両者の中間点に位置する．おもな産業は，皮なめし業があげられるほか，大きな砂糖加工場がある．なお，周辺ではサトウキビ栽培が盛んで，その集散地の 1 つでもある．ジャワディ丘陵を越えたところにあるワニヤムバディ Vaniyambadi も同様に有数の皮革業の拠点となる地である．また，近在のエラギリ Yelagiri には小規模な高原リゾートがあるほか，その北麓のジョラルペット Jolarpet には鉄道の結節点があり，県の商業中心でもあるティルパットゥールにも近い．インドのシリア正教会の本拠地が置かれているものの，ムスリムの人口も多い． ［荒木一視］

アンベプッサ　Ambepussa　　スリランカ

人口：0.3万 (2012)　標高：72 m
[7°15′N 80°13′E]

スリランカ南西部，サバラガムワ州キャーガッラ県の町．コロンボからキャンディに向かうＡ１国道の 57 km 付近，クルネガラ，トリンコマリー方面に通じるＡ６国道との分岐点に位置する．一方，ここから西へ約８km 入ったところにスリランカ国鉄のアンベプッサ駅があるが，駅と周辺の市街地は西部州ガンパハ県域となる．コロンボからアンベプッサへの鉄路は，イギリスが建設したスリランカ最初の路線として 1864 年に開通した．また同じ頃Ａ１国道に面したガンパハ県側に，文化遺産となっているイギリス風建築の公営レストハウスが建設されたが，ここは今日もなおコロンボからの道路交通路上の重宝な休息地点として知られ，利用されている．また近くにはスリランカ陸軍の連隊駐屯地がある． [山野正彦]

アンヘレス　Angeles　フィリピン

人口：41.2 万 (2015)　面積：60 km²
[15°09′N　120°35′E]

フィリピン北部，ルソン島中部，パンパンガ州北部の都市．州最大の人口を有する．州都サンフェルナンドの北西 16 km に位置する．首都マニラ中心部から車で２〜３時間の距離にあり，約 20 km 西方にはピナトゥボ火山（標高 1486 m）がそびえる．1991 年の火山の噴火による被害が最も多かった町である．ここにはかつて，極東最大のアメリカ軍基地であるクラーク空軍基地があった．太平洋戦争中はフィリピンを占領した日本軍が神風特攻隊の出撃地として利用した．

戦後，クラーク空軍基地としてアメリカ軍が使用したが，1991 年での基地協定の期限切れ問題とピナトゥボ火山噴火による被害の拡大により基地を撤退した．アメリカ軍撤退後，空洞化が進んだが，1993 年にクラーク特別経済地域への指定以後，商工業用地として甦っている．3000 m 級滑走路２本を擁するディオスダド・マカパガル国際空港をはじめ，ホテル，ゴルフ場，カジノ，免税店などが跡地に建設されている．また，ビリヤードが盛んな都市として知られる．家内工業では籐家具，ココナッツ産業，木炭製造，繊維，家電，革製品など労働集約的な製造業が中心である．40 万強の人口を有することから商業活動も盛んで，シューマートシティをはじめとして多数のショッピングモールが出店している．国内外から多くのビジネス客，観光客が訪れる成長著しい都市といえよう．

[石代吉史]

アンホイ省　安徽省　Anhui Sheng　中国

あんきしょう（音読み表記）

人口：6195.5 万 (2016)　面積：139400 km²
降水量：1200 mm/年　[31°50′N　117°13′E]

中国東部の省．内陸部に位置し，北東はチャンスー（江蘇）省，南東はチョーチャン（浙江）省，南西はチャンシー（江西）省，西はホーナン（河南）省とフーペイ（湖北）省に接する．南部をチャン（長）江が，北部をホワイ（淮）河が貫流する平原に位置する．53 の民族が居住するが，漢族が人口の 99.4％を占める．省名は省を構成するアンチン（安慶），ホイチョウ（徽州）両府の頭文字をとって名づけられた．略称はワン（皖）で，別名はチャンホワイ（江淮），呉頭楚尾，八皖，江淮之濱．省会はホーフェイ（合肥）市に置かれ，ホワイペイ（淮北），フーヤン（阜陽），ウーフー（蕪湖），マーアンシャン（馬鞍山）など 16 の省轄地級市とティエンチャン（天長），ミンコワン（明光）など６県級市，フォンヤン（鳳陽），タイホー（太和），シウニン（休寧）など 55 県を管轄する．

省域は長江と淮河の中・下流域に広がり，次の５つの地形区に分けられる．ホワペイ（華北）平原の一部である標高 15〜46 m の淮北平原区，湖北省との境に横たわるダービエ

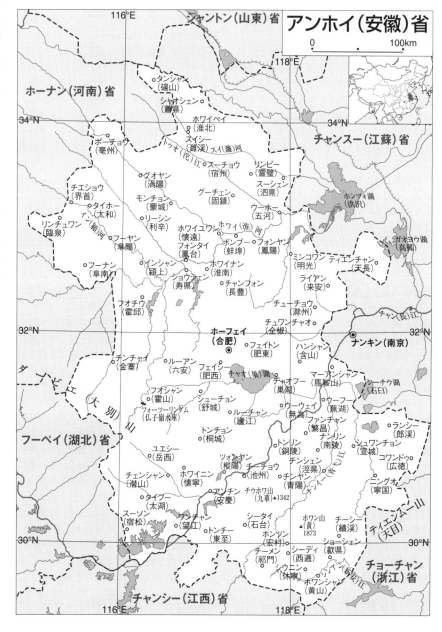

（大別）山脈を主体とする標高1000 m前後の皖西大別山脈区，大別山脈の東部の霍山の延伸部分で長江と淮河の分水嶺がある標高100 m前後の江淮丘陵区，長江中・下流平原の一部である標高10 m前後の沿江平原区，ティエンムー（天目）山，ホワン（黄）山，チウホワ（九華）山の北東から南西に走る3本の山地が主体で標高400〜1000 mの皖南低山丘陵区である．チャオ（巣）湖周辺が沿江平原の中心で，省会の合肥も立地する．皖南低山丘陵区では河谷沿いに小さな盆地がいくつも分布するが，チェンタン（銭塘）江上流のシンアン（新安）江に沿うトゥンシー（屯渓）盆地は交通の要衝である．全省の約31%を平原（うち約6%は低湿な輪中地帯）が占め，丘陵は約30%，山地は約31%，水面と低湿地が8%を占める．

暖温帯から亜熱帯への移行地帯に位置し，淮河の北側は暖温帯の半湿潤モンスーン気候に，南側は亜熱帯の湿潤モンスーン気候に属する．全体として温暖な気候で降水に恵まれ，春夏秋冬の季節が明瞭である．年平均気温は14〜17℃で，南から北に向かって徐々に低下する．7月の月平均気温は28〜29℃に達するが，1月は1〜4℃に低下する．全省の年平均降水量は約1200 mmだが，地域により800〜1700 mmと差が大きく，北部より南部に多い．沿江平原区では6月中旬から7月中旬が梅雨の時期で稲作など農業に有利な条件である．淮河以北では年降水量の40〜60%が夏に集中し，春は干ばつが起こりやすく，夏には洪水に見舞われる．チン（秦）嶺と淮河を結ぶ線は年間降水量800〜1000 mmの等雨量線，1月の平均気温0℃の等温線とほぼ重なるなど中国東部の自然環境を区分する重要な境界線であり，また歴史上，中国が南北に分裂したときの境界とも重なり，歴史的，文化的にも大きな意味を有する．

河川は北から淮河，長江，新安江のいずれかの水系に属する．淮河水系には洪河，イン（穎）河，渦河，トゥオ（沱）江，史河など10あまりの支流があり，流域面積は省の48%を占める．長江水系には黄溢河，秋浦河，九華河，チンイー（青弋）江，皖河など40あまりの支流と巣湖，菜子湖，シーチウ（石臼）湖など大小40あまりの湖沼があり，流域面積は省の47.4%を占める．南部の古牛降と黄山，天目山を結ぶ線が長江水系と新安江水系の分水嶺である．新安江水系には横江，練江，綿渓，昌渓，小源，上渓河など50あまりの支流があり，流域面積は省の4.6%を占める．1949年の中華人民共和国の建国後，

淮河で大規模な治水工事が行われ，フォーツーリン（仏子嶺），梅山，響洪甸，摩子潭などの大型ダム建設や淠史杭，駟馬山，新河などで大規模な灌漑・水運工事が実施された．

殷，周時代，江淮地区には多くの諸侯国が分立していたが，春秋戦国時代には淮河流域は楚の，長江流域は呉の勢力下にあり，楚と呉は衝突をくり返した．秦は安徽の大部分を会稽郡と九江郡に属させ，北部を泗水郡と碭郡の所属とした．後漢は長江以南を揚州に，以北を徐州と豫州に属させた．三国時代，魏と呉は江淮間で対峙したが，合肥以北が魏の版図で，皖城以南が呉の版図であった．東晋から南北朝期には安徽の地は戦場となって廃墟と化した．秦末の陳勝・呉広の乱以来，数々の蜂起がこの地から起こり「天下は安徽から乱れる」といわれる．

隋は州県制を実施し，淮北に泗，徐，亳，穎の州が，江淮間に濠，寿，廬，和，熙の州が，江南に宣，歙などの州が置かれた．唐は全国を10道に区分し，安徽の地に河南道，淮南道，江南東道を置いた．宋は道を路に改め，安徽の地は京西北路，京東西路，淮南東路，淮南西路，江南東路に属した．元は淮南路と淮北路を河南江北行省に，江南路は江浙行省に属させた．明はナンキン（南京）に都を置き，周囲を直轄地（直隷）として特別扱いし，ペキン（北京）に遷都後も南直隷とされ，その境域は江蘇，安徽両省の原型となった．清は南直隷を江南省に改め，さらに康熙6年（1667）に江蘇省と安徽省に分割した．清末の湘軍と太平天国軍の激戦で省南部は荒廃し，人口が激減した．そのため河南と湖北から省南部に多数の人びとが移住した．

鉱物資源は種類と埋蔵量が豊富で，石炭，鉄，銅，硫黄，リン，ミョウバン，石灰石など20数種の資源を有し，埋蔵量は全国で第10位前後に位置する．中国の重要な農業生産基地の1つで，農業生産額は全国で第10位前後にある．淮河以北では小麦，大豆，芋類，コーリャンなど畑作物が主だが，稲作も盛んである．工芸作物では綿花とタバコが多い．淮河以南は湿潤で沖積平野が発達し稲作が盛んだが，小麦，ナタネ，綿花，麻の栽培も多い．2014年で，米の生産量は全国第7位，小麦は第5位，茶葉は第7位，綿花は第5位，豆類は第3位である．皖南，皖西の山地では茶が産出され，屯渓緑茶，祁門紅茶，黄山毛峰，太平猴魁，六安瓜片，霍山黄芽，敬亭緑雪など全国的に有名な銘茶が多い．林産物も豊富でシイタケ，キクラゲ，キウイ，干しタケノコなどがあり，多種の漢方薬材も採取される．

中華人民共和国の建国後，馬鞍山の製鉄業とトンリン（銅陵）の銅精錬業を中心に重工業が発達したが，なお軽工業が主体である．改革開放政策により長江中・下流経済圏に組み入れられた蕪湖，銅陵，安慶などで重化学工業が発達した．現在は家電製品の生産が盛んで，冷蔵庫，洗濯機，カラーテレビ，エアコンの生産シェアが高く，合肥は中国最大級の家電生産基地に発展している．伝統工芸品にはチェンシャン（潜山）の竹蓆，ショーシェン（歙県）の硯，歙県，黄山屯渓，チーシー（績渓）などの墨，シュワンチョン（宣城）の宣紙，チンヤン（青陽）の扇子などが有名である．内陸部に位置し，江蘇省や浙江省より経済が遅れているため，農村から多くの農民工（出稼ぎ労働者）を沿海部の諸都市へ送り出している．阜陽，銅陵が農民工の出身地として有名である．

水陸の交通が比較的発達している．鉄道は京滬鉄道（北京〜シャンハイ（上海）），滬漢蓉鉄道（上海〜ウーハン（武漢）〜シェンチェン（深圳））など12路線の高速鉄道のほか，京九線（北京〜香港カオルーン（九竜）），隴海線，青阜線，淮南線など15の鉄道路線がある．京九鉄道と2本の高速鉄道の開通で，阜陽と合肥は内陸部屈指の鉄道交通の要衝になった．道路の総延長は2011年末で約15万kmに達し，長距離バス網も充実している．高速道路も合肥〜上海間など35本，約4300 kmが整備され，省の東西を約3時間，南北を約6時間で結ぶ．水運は淮河と長江を幹線として古来より発達し，現在河口から約5600 kmまでの通航が可能である．主要な港は淮河の阜陽，ホワイナン（淮南），ボンブー（蚌埠）と長江の蕪湖，馬鞍山，安慶である．空港は合肥，安慶，黄山，阜陽など9空港がある．

省内には景勝地が多く，また名所旧跡も数多く分布する．うち国指定の風景名勝区が5カ所，森林公園は23カ所，自然保護区が3カ所，歴史文化都市が3都市ある．おもな景勝地には，天下第一奇山と讃えられ奇松，奇岩，雲海，温泉の四絶で有名な黄山，中国四大仏教名山に数えられ蓮花仏国と称される九華山，古南岳とよばれる天柱山，中国四大道教名山に数えられる斉雲山，江南の翡翠とよばれるタイピン（太平）湖，省東部にある琅邪山，明，清時代の集落景観を残すイーシェン（黟県）のシーディ（西逓）村とホンツン（宏村），黄山市唐模，徽州古城，花山迷窟，杏花村，亳州花戯楼，合肥市包公園，馬鞍山市採石磯などがある．省南部の黄山市一帯は新安，徽州とよばれる．山間部で平地に乏し

く，人びとは商業活動を生業とした．その活動範囲は全国に及び，新安商人，徽商とよばれる強固な商人集団を形成した．彼らは「賈にして儒を好む」と商人でありながらも学問や文化にも力を注ぎ，徽州文化とよばれる独特で多彩な地方文化を育てた．　　　［林　和生］

アンホワ県　安化県　Anhua

中国

人口：91.2万 (2015)　面積：4945 km²
[28°22′N　111°13′E]

中国中南部，フーナン(湖南)省，イーヤン(益陽)地級市の県．県政府はトンピン(東坪)鎮に所在する．ツー(資)水の中流に位置する．唐代末から北宋中期にかけてこの一帯にヤオ(瑶)族が独自の梅山文化を築いたが，その後漢族に追われた．山地と丘陵が広がり，資水をせき止めた柘渓ダムには大型水力発電所がある．豊かな森林に恵まれ，孟宗竹から特産の工芸品がつくられ，安化松針茶も知られる．アンチモンの埋蔵量は世界でも有数．世界チャンピオンを多く輩出してバドミントンの郷とも呼ばれる．南西部を滬昆線(シャンハイ(上海)〜クンミン(昆明))が通り，二広高速道路(エレンホト(二連浩特)〜コワンチョウ(広州))も通じている．　［小野寺　淳］

アンボン　Ambon

インドネシア

アンボイナ　Amboina, Amboyna (旧称)

人口：33.1万 (2010)　面積：377 km²
[3°39′S　128°11′E]

インドネシア東部，アンボン島，マルク州の市(コタ)で州都．バンダ海北端，セラム島の南西にある長さ50 km，幅16 km，面積816 km²のアンボン島の中心都市で，港湾都市．ナツメグやクローブといった香料貿易の中心地の役割を果たし，植民地時代には，ポルトガル人が与えた呼称であるアンボイナという名称が使われていた．地名は，島の特産であるバナナの名に由来する．人種的にはメラネシア系のアンボン人が暮らす．言語は，オーストロネシア語系のアンボン語に属する言語とその諸言語が使用される．住民の半数以上がキリスト教徒である．

1512年，マラッカを発したポルトガル船が初来航した．その後，ポルトガル人の根拠地となったが，それ以前からマレー半島やジャワ島などとマルク(モルッカ)諸島(香料諸島)とをつなぐ中継港の役割を果たしていた．14世紀中頃にはジャワ人がクローブを手に入れるためにこの地を訪れたといわれている．17世紀初め，オランダおよびイギリス

の東インド会社がこの地域に進出し，中心都市アンボイナに商館を構え，香料貿易の拠点とした．1623年，香料貿易抗争であるアンボイナ事件が発生した．これは，香辛料の独占取引を確立するため，オランダが対抗勢力のイギリス商館員を，オランダへの反乱容疑の理由から虐殺したという事件である．これにより，インドネシアでのオランダの地位を優位にさせ，東南アジアからのイギリスの撤退に帰結した．

1949年にインドネシアが連邦共和国として独立すると，アンボンでは南マルク共和国を樹立する運動が高まった．1950年には南マルク共和国の独立が宣言された．これによる混乱は1963年まで続いたが，政府によって鎮圧された．多くのアンボン人はオランダに移住，同地で臨時共和国政府を樹立し，独立運動を展開している．1975年の首都アムステルダムのインドネシア領事館占拠事件，77年のオランダ北部での列車乗っ取り事件などは運動が継続していることの証となった．1999年1月，イスラーム教徒とキリスト教徒が衝突し，暴動に発展した．7月には暴動が激化し，イスラーム教徒とキリスト教徒の棲み分けが始まり，多くの者が避難し，非常事態宣言が発令された．　［浦野崇央］

アンマ群島　鞍馬群島　Anmagundo

韓国

人口：0.1万 (2015)　[35°21′N　126°02′E]

韓国南西部，ファンへ(黄海)上の群島．行政上は霊光郡落月面．チョルラナム(全羅南)道ヨングァン(霊光)郡の西方海上に位置する．鞍馬島，上落月島，下落月島，松耳島や，多くの無人島からなる．上落月島と下落月島は橋で結ばれている．本土とはポプソンポ(法聖浦)と鞍馬島を結ぶ定期船で連絡されている．鞍馬島が最も大きい．1970年頃には鞍馬島に約1500人の住民が生活していたが，現在は260人程度に減少した．イシモチ，エビ，イワシなどの漁業や養殖がみられる．近海はとくにイシモチの好漁場である．　［山田正浩］

アンミョン島　安眠島　Anmyeondo

韓国

面積：88 km²　長さ：25 km　幅：5.5 km
[36°31′N　126°21′E]

韓国西部，チュンチョンナム(忠清南)道西部に位置する島．本来はテアン(泰安)から南

に延びる半島であったが，1638年(仁祖16)，半島の中間に人工的に水路を開削し，島になった．行政上は泰安郡安眠邑と古南面に分かれている．1970年に安眠橋を架橋して本土と連絡された．西の海岸線一帯は泰安海上国立公園に含まれている．　［山田正浩］

アンモーキオ　Ang Mo Kio

シンガポール

人口：17.9万 (2010)　面積：13 km²
[1°22′N　103°50′E]

シンガポール，シンガポール島中央部の地区．ピアス貯水池の東，この貯水池から流れるカラン川の北からヨーチューカン Yio Chu Kangにかけての一帯に位置する．地名は，ニュータウンや付近の通りなどの名称にも使われ，すでに1868年の植民地政府の出した地図に見出される．地名は赤毛の橋の意味で，橋を建設したJ・ターンブル・トムソンの赤い頭髪，また，トマトやランブータン(果物)の赤に由来するなど諸説がある．橋はトムソン通りとアンモーキオアベニュー交差点にあるカラン川にかかるものであったという．アンモーキオニュータウンは1970年代から住宅開発庁(HDB)により建設された比較的古い団地である．南はカラン川，東はセントラルエクスプレスウェイ，北はヨーチューーカンにいたる．ニュータウン人口は約15.2万(2010)である．シンガポール都心から地下鉄(MRT)南北線アンモーキオ駅まで10 kmほどの距離にある．　［高山正樹］

アンヤン市　安陽市　Anyang

中国

人口：約579万 (2014)　面積：7413 km²
[36°07′N　114°23′E]

中国中央東部，ホーナン(河南)省北部の地級市．ホワン(黄)河の中流域に位置する．殷都区，北関区，竜安区，文峰区の4区のほかリンチョウ(林州)県級市，安陽，タンイン(湯陰)，ネイホワン(内黄)の3県からなる．市政府所在地は文峰区．南北を京広鉄道線，京珠高速道路が縦貫しており，それぞれ首都ペキン(北京)，シャンハイ(上海)などの大都市への交通路上にある．西はタイハン(太行)山脈を境にシャンシー(山西)省と接し，北はチャン(漳)河を境にホーペイ(河北)省と接する．西部は山地から連なる階段状の地形がみられる丘陵地帯であり，市内中央を東西方向に安陽河が貫流するほか，全域をウェイ(衛)河の25支流が流れており，東部にはその沖

アンヤン(安陽)市(中国)，中国古代王朝の遺跡を展示する殷墟博物苑《世界遺産》
〔beibaoke/Shutterstock.com〕

積平野が広がっている．

　漳河上流部の紅旗渠は，1960年に林県(現在の林州市)の人びとによって建設された．山西省石城鎮付近より太行山脈を越え，長さ約70 kmに及ぶ幅8 m，高さ4.3 mの用水路である．山地部では崖を切り崩し，谷を切り開き，トンネルを掘り，橋がかけられるといった大工事であったことから，現代の万里の長城あるいは人工天河ともよばれ，国家指定の旅游区に指定された景勝地ともなっている．紅旗渠を通じて貯水湖にためられた水は，灌漑や飲料用水として利用されている．安陽市中央部北西の小屯村には，約3300年前の殷王朝後期の遺跡がある．約24 km²の敷地は，宮殿区，王陵区，一般墓葬区，手工業作業区，平民居住区，奴隷居住区に分かれていたとされ，その規模などから往時の勢力が広範囲に及んでいたと考えられている．また，多数の甲骨文や青銅器などが出土していることでも知られており，1987年にはそれらを展示した殷墟博物苑が宮殿区跡に建設され，殷代の様式を模した柱や梁の構造の建築物が建てられている．2006年に「殷墟」としてユネスコの世界遺産(文化遺産)に登録された．付近には仰韶期彩陶文化以後の遺跡が多くみられるなど，歴史的史跡に恵まれた地域である．このように中国文明早期の中心地であり，中国八大古都の1つに数えられている．殷朝以後の7つの王朝が都を置いていたことから，七朝古都とも称される．

　春秋戦国期には晋国や魏国に属していたが，秦代に安陽県が置かれた．その後，華北の中心であった鄴に属したりしていたが，隋代に県として復活した．明清時代には彰徳府が置かれるなど，河南省北部の中心的地位にあった．現在は，電子，鋼鉄，巻きタバコ，軽紡績などを中心とする工業がみられるが，北部の工業中心は，現在では南接する新郷に移っている．市街地中心部は，約1000年前，五代後周の頃に建てられた文筆塔(天寧寺塔)周辺に歴史的町並みを再現するなど，都市景観の整備が進められている．

［中川秀一］

アンヤーン省 ⇒ アンザン省 An Giang, Tinh

アンユエ県　安岳県　Anyue　中国

人口：112.4万 (2015)　面積：2700 km²
[30°07′N　105°20′E]

　中国中西部，スーチュワン(四川)省東部，ツーヤン(資陽)地級市の県．県政府はユエヤン(岳陽)鎮に置かれる．秦代には蜀の地であった．安岳地域はトゥオ(沱)江とフー(涪)江の流域にまたがる丘陵地帯に位置する．おもな農産物は，食糧，油料，綿花のほか，レモン，ミカン，クワ，オリーブ，オオアブラギリである．また，コイ，スッポンなどが養殖される．鉱産資源は天然ガス，石油，石炭，銅，銀などがある．工業は機械製造，シルク紡績，医薬，化学，食品，飲料，建材がある．安岳石刻は有名であり，臥仏院や円覚洞の摩崖造像がある．

［奥野志偉］

アンユワン区　安源区　Anyuan　中国

チョンクワン区　城関区　Chengguan (旧称)

人口：43.0万 (2010)　面積：212 km²
[27°36′N　113°55′E]

　中国南東部，チャンシー(江西)省西部，ピンシャン(萍郷)地級市中央の市轄区．東と南東はルーシー(蘆渓)県に，西と南西はシャントン(湘東)区に接する．1962年に萍郷市にチョンクワン(城関)区が設置されたが，93年に安源区に改称された．萍郷市の政治，経済，文化の中心である．丘陵地帯に属し，東部が高く西に向かって傾斜している．19世紀末，外国の資金と技術を導入して炭坑が開発され，あわせて石炭化学工業も発達した．20世紀に入ると，毛沢東，劉少奇，李立三などの指導で炭坑を中心に革命運動が行われた．石炭化学工業を主体に機械，鉄鋼，建材関連工業などが発達し，石炭の生産量は省の4割を占めている．

［林　和生］

アンユワン県　安遠県　Anyuan　中国

人口：38.3万 (2012)　面積：2375 km²
[25°08′N　115°23′E]

　中国南東部，チャンシー(江西)省南部，ガンチョウ(贛州)地級市の県．県政府は欣山鎮に置かれる．南朝梁大同10年(544)に雩都県を割いて県が置かれ，県内を流れる安遠水から安遠県と名づけられた．東部と西部が高く中部と北東部が低い地形で，山地が全県の83％を占める．貢水の支流である濂江が南東から北東に県内を貫流し，南部を流れる鎮江は東江水系に属する．県の東西，南北を2本の高速道路が通過し交通の便に恵まれる．

　農業県で主要農産品には米，大豆，芋類，柑橘類，タバコ，キノコ，茶葉などがあり，タバコ葉，シイタケの生産が多く，また茶も九竜茶の名で知られる．森林面積が県域の85％を占め，マツ，スギ，クスノキ，クヌギ，オオアブラギリ，アブラツバキなどが多く，木材加工業も盛んである．漢族のほかにシェ(畬)族，回族，満族，チワン(壮)族など少数民族も居住する．

［林　和生］

アンリー　Unley　オーストラリア

カータウィータ　Kertaweeta (旧称)

人口：3.7万 (2011)　面積：14 km²
[34°57′S　138°36′E]

　オーストラリア南部，サウスオーストラリ

ア州南部の都市. 州都アデレードのすぐ南側に接しており, アデレード都市圏に含まれる. 市域の北側は, アデレードのグリーンベルトに隣接する. また西側は, ウェイヴィル Wayville, グッドウッド Goodwood, 南側はハイドパーク, そして東側はパークサイド Parkside, ファラートン Fullarton に接している. 住宅のほか商業施設も豊富で, 軽工業も発達する.

ヨーロッパ人の入植以前, この付近はのちにブラックフォレストとよばれるユーカリやモクマオウが優占する森林に覆われていた. ここに居住していたアボリジニはカウルナ Kaurna で, この地はアシの生えたやぶを意味するカータウィータとよばれていた. 1850 年頃になって初めてヨーロッパ人がやってきたが, その頃はイギリス人とドイツ人が多く, ほかにアジアからの中国人もいた. 彼らは羊, 牛の放牧地やブドウ畑などの果樹園を開き, さらに野菜や小麦, 大麦をはじめとする穀物栽培農業を行った. 1800 年代後半には, オリーブとジャムが周辺地域の代表的な生産品であった. この頃までアンリーは, パークサイド, グッドウッド, ファラートンとともにミッチャム Mitcham 地区評議会に含まれていたが, 4 つの地区の人口が合計 2000 に達したことによって, 同評議会から分離してそれぞれ独立した. アンリー地区の第 1 回評議会は, 1871 年 6 月に開かれた. サウスオーストラリア植民地への人びとの流入が増加するにつれて, アデレードに近い当地の人口も急激に増えていった. そして 1891 年には人口が 1.1 万に達し, 翌 92 年には, この地域ではいち早くアンリー競技場がつくられ, クリケットやテニス, フットボールのほか, コンサートなども催され, 近郷から多くの人びとを集めた. 20 世紀に入ってまもなくの 1906 年 11 月, 市に昇格し, 23 年の人口は 3.5 万に達した. しかし, 1930 年代から第 2 次世界大戦中の 40 年代前半にかけては, 移民の数が激減し, 人口も一時減少した. ふたたび活気が戻ってくるのは大戦後になってからで, その頃にはギリシャやイタリアからの人びとが多く移り住んだ. 現在, 市内には 5 つのコミュニティセンターと 3 つの図書館, 10 を超える学校がある. また企業の数も 1500 を超える. 市の中心部にいまも残るタウンホールは 1882 年の建造であり, 付近にも伝統的な建造物が多く残る.

[片平博文]

アンルー市　安陸市　Anlu　　中国

人口: 57.9 万 (2015)　面積: 1355 km²
[31°30′N 113°34′E]

中国中部, フーペイ(湖北)省, シャオガン(孝感)地級市の県級市. 市政府はフーチョン(府城)街道に所在する. ユン(鄖)水(別名フー(府)河)が中部を, チャン(漳)河(鄖水支流)が南西部を流れる. トンバイ(桐柏), ターホン(大洪)山脈より延びる丘陵から江漢平原へ移る地帯にあたる. 主要な鉱産資源はバナジウム, 銅, 重晶石, ミネラルウォーター. 農産物には水稲, 小麦, 綿花, ナタネがあり, 畜産が盛ん. 工業は医薬, 食品, 紡織, 機械など. イチョウから製造される茶などが特産品として知られる. 鉄道の漢丹線(ウーハン(武漢)～タンチャンコウ(丹江口))が南北に, 安衛線(安陸～ウェイチャティエン(衛家店))が東西に走り, 福銀(フーチョウ(福州)～インチュワン(銀川))高速道路が通じる. 白兆山観光風景地区や唐代の詩人李白が住んでいたことにちなんだ記念館などがある.

[小野寺 淳]

アンレン県　安仁県　Anren　　中国

人口: 39.1 万 (2015)　面積: 1462 km²
[26°43′N 113°16′E]

中国中南部, フーナン(湖南)省, チェンチョウ(郴州)地級市の県. 県政府はヨンローチャン(永楽江)鎮に所在する. 山地に囲まれた 2 つの盆地を永楽江が南東から北西へ貫流し, 永楽江用水が広い農地を灌漑している.

最高点のチンツーシェン(金紫仙)坳上(山間の平地)は標高 1433 m である. マツやスギといった用材林の産地になっており, 経済林としてはアブラツバキ, オオアブラギリ, ナンキンハゼ, 柑橘, 茶葉, 漢方薬材などを産する. 水稲, サツマイモ, ナタネ, 大豆, 落花生, イグサ, タバコ, キノコ類などの農産物を産する. 鉄道の衡茶吉線(ホンヤン(衡陽)～チャーリン(茶陵)～チーアン(吉安))が通る. 熊峰山国立森林公園がある.

[小野寺 淳]

アンロック　An Loc　　ベトナム

人口: 1.6 万 (1999)　[11°40′N 106°35′E]

ベトナム東南部, ビンフォック省ビンロン県の町で県都. ホーチミンとカンボジアのクラチエを結ぶ国道 13 号上に位置する. ベトナム戦争中の 1972 年 4 月, 解放戦線が国道をサイゴンに向けて進み, これに応戦した南ベトナム政府軍およびアメリカ軍との間に大規模な戦闘があった.

[池口明子]

アンロン県　安竜県　Anlong　　中国

人口: 35.9 万 (2012)　面積: 2238 km²
[25°07′N 105°28′E]

中国中南部, グイチョウ(貴州)省南西部, チェンシーナン(黔西南)自治州の県. 県政府所在地は棲鳳街道である. シンイー(興義)地区に編入された 1965 年に自治県となったが, 82 年の行政再編により黔西南自治州に再編されたため安竜県に戻った. 人口の 40% 強が少数民族で, プイ(布依)族, ミャオ(苗)族のほかにイ(彝)族, 回族も住む. 南部の県境は南盤江であり, その南側はコワンシー(広西)チワン(壮)族自治区である. 南盤江流域にはカルスト地形が発達しており, 観光資源としても有望である.

[松村嘉久]

イ

イー Yea　　オーストラリア
人口：0.2万（2011）　面積：220 km²
[37°11′S　145°26′E]

オーストラリア南東部，ヴィクトリア州中央東部の都市．州都メルボルンの北東約70 kmに位置する．ゴールバーン川の支流のイー河畔にある．田園風景の中にあり，周辺のマンスフィールド，アイルドン，その他オーストラリアアルプスの山並みや渓谷美を楽しめる観光の中継地点となっている．

[堤　純]

イーアン区 Yian ☞ トンリン Tongling

イーアン県　依安県　Yi'an　　中国
人口：49万（2012）　面積：3677 km²
[47°53′N　125°17′E]

中国北東部，ヘイロンチャン（黒竜江）省西部，チチハル（斉斉哈爾）地級市北東部の県．1929年に設置された県である．県政府は依安鎮に置かれる．シャオシンアンリン（小興安嶺）山脈の南西麓，ソンネン（松嫩）平原の北縁にあたる農業地域が広がる．大豆，小麦，トウモロコシなどの穀物栽培が盛んで，商品作物としてはテンサイ，ジャガイモ，ヒマワリを多く産する．市域をチチハルと北安を結ぶ鉄道が貫く．

[小島泰雄]

イアンドラ　Iandra　　オーストラリア
[34°04′S　148°22′E]

オーストラリア南東部，ニューサウスウェールズ州南東部，ウィーデン行政区の田園地区．グリーンエソープ（人口110，2006）の南約10 kmにあるイアンドラキャッスル周辺の地区．ジョージ・ヘンリー・グリーンが，1878年に1万3000 haを購入して農場経営を行った土地で，往時には数百人もの労働者によって1万9000頭以上の羊が飼養され，1万t以上の小麦が収穫されていたという．彼の死後，家族はイギリスに移住し，土地は他家を経て，メソジスト教会の所有となった．イアンドラキャッスルはグリーンの邸宅として建てられたもので，エドワード・ジャイルズ・ストーンの設計による国内初期鉄筋コンクリート造りの代表的建築物として，2005年に州指定文化遺産に登録されている．

[落合康浩]

イーウー市　義烏市　Yiwu　　中国
烏傷（古称）／ぎうし（音読み表記）
人口：77.2万（2015）　面積：1103 km²
[29°18′N　120°04′E]

中国南東部，チョーチャン（浙江）省中部，チンホワ（金華）地級市の県級市．秦代に初めて烏傷県が置かれ，唐代には義烏県，1988年に義烏市が設立された．ほとんどが丘陵地帯で，北，南，東の3方面が山に囲まれている．世界最大の雑貨商品流通センターとして有名である．化学，機械，計器，電力，建材，紡織，採掘，皮革，印刷，食品などの工業がある．電解ニッケル，列車の食堂車用冷蔵庫，化繊下着，子犬の電動の玩具は国や省の賞を受けたことがある．精巧な手作りのカーペットやタペストリーも知られる．農作物には稲，麦，トウモロコシ，サツマイモ，サトウキビ，茶，ナタネ，綿花，蚕桑，ゴマ，瓜類などがあり，名物として紅糖，南ナツメ，金華ハムなどがある．観光スポットには駱賓王墓，黄山八面庁，双林寺などがある．浙贛鉄道（浙江〜チャンシー（江西）），高速道路の滬昆線（シャンハイ（上海）〜クンミン（昆明））や甬金高速道路（ニンポー（寧波）〜金華）が通る．

[谷　人旭・小野寺　淳]

イウィカテア Iwikatea ☞ バルクルーサ Balclutha

イェー　Ye　　ミャンマー
人口：15.2万（2014）
[15°15′N　97°52′E]

ミャンマー南東部，モン州南部，モーラミャイン県の都市．州都モーラミャインの南約140 kmに位置し，タイ国境の山地からアンダマン海に流入するイェー川の河口に位置する港町として発展した．モーラミャインから南下する鉄道の終着点となっている．沿岸漁業とその関連産業として，干し魚，魚醤，寒天などの生産が盛んである．インド洋のアンダマン海に面したモン州は熱帯モンスーン気候に属し，イェー近郊の山間部では天然ゴムやビンロウのプランテーションが行われている．また，近くにはタングステンを産出する鉱山がある．

[西岡尚也]

イェギサル県　英吉沙県　Yengisar　　中国
人口：22.5万（2002）　面積：4307 km²
[38°55′N　76°10′E]

中国北西部，シンチャン（新疆）ウイグル（維吾爾）自治区南西部，カシュガル（喀什）地区の県．タリム（塔里木）盆地の西部に位置する．人口の98％がウイグル族である．紀元前にスルク（疏勒）国の地であった．1883年にイェギサル庁が置かれ，1913年に県となった．地名はウイグル語で新しい町を意味する．農業が主体で，綿花，アンズ，ナシを生産する．特産物には干しアンズなどがある．ウイグルナイフなど民族工芸品の産地として知られる．国道315号が県内を通る．

[ニザム・ビラルディン]

イェクル湾　Jøkelbugten　　デンマーク
[78°40′N　20°00′W]

デンマーク領，グリーンランド北東岸のコングフレデレク8世ランドの東側の湾入．北を氷床に覆われたラムパートランドの半島，

南をゲルマーニアランドの半島によってはさまれた大陸棚に生じた浅い海域で，前面はノルウェー諸島，フランス諸島などの南北に連なる諸島で，外洋からは隔てられている．全面に氷河が浮いている．20世紀末以来，気候変動と海洋，氷河，地形の研究フィールドとなっている．イェクルはデンマーク語で氷河を意味する．

［塚田秀雄］

イェサン　礼山　Yesan 韓国

鳥山（古称）

人口：8.2万（2015）　面積：542 km²

[36°40′N　126°51′E]

韓国西部，チュンチョンナム（忠清南）道北部の郡および郡の中心地．行政上は礼山郡礼山邑．2010年の礼山郡の人口は7.7万である．1975年の人口は約16万であったので，この間に約1/2に減少した．郡の中央部は，チャリョン（車嶺）山脈とカヤ（伽倻）山地にはさまれた礼唐平野の沃野で，農業地帯である．チャンハン（長項）線が通過している．

［山田正浩］

イエシェン　葉県　Ye Xian 中国

人口：約88万（2011）　面積：1387 km²

[33°36′N　113°20′E]

中国中央東部，ホーナン（河南）省中部，ピンディンシャン（平頂山）地級市の県．平頂山市街地の南東に位置する．2街道，16郷鎮を擁する．県政府所在地は昆陽鎮．本県の馬庄回族郷は，省最大のイスラームの牛・羊肉卸売市場があり，皮革の集散地である．

［中川秀一］

イェチョン　醴泉　Yecheon 韓国

れいせん（音読み表記）

人口：4.3万（2015）　面積：661 km²

[36°39′N　128°27′E]

韓国東部，キョンサンブク（慶尚北）道北西部の郡および郡の中心地．行政上は醴泉郡醴泉邑．ナクトン（洛東）江中流に位置する．2010年の醴泉郡の人口は4.3万である．1975年の人口は約14.4万であったので，この間に約3割に減少した．空港があり，国内便の発着があったが，高速道路の整備によって利用客が減少し，いまは就航していない．支流の乃城川が大きく，ほとんど一周するほど蛇行する地点に，川に囲まれて回竜浦の集落があり，観光地になっている．集落ではかつて20戸ほどが生活していたが，いまは9戸が残るのみである．

［山田正浩］

イエチョン県　Yecheng ☞ カルギリク県 Kargilik

イェーツ岬　Yates Point ニュージーランド

[44°30′S　167°49′E]

ニュージーランド南島，サウスランド地方の岬．フィヨルドランド地域の西岸，ミルフォードサウンド入口の北方に位置する．岬はティル（氷成堆積物）から構成される．

［太田陽子］

イェットマン　Yetman オーストラリア

人口：348（2011）　[28°54′S　150°46′E]

オーストラリア南東部，ニューサウスウェールズ州北東部，インヴェレル行政区の町．マッキンタイア川沿いにあり，クイーンズランド州との州境の南約30 km，州都シドニーの北約700 kmに位置する．付近は，マッキンタイア川で漁をした先住民ビガンブル（Bigambul）が暮らしていた地域である．1837年，この地に道路の中継地が置かれると60年代半ばに宿や商店，学校，郵便局などが立地し，70年代には警察署，教会も建てられた．周辺は，サボテンなどが生い茂りノウサギも多かったため，長い間牧地の開発が進まず，町の経済は肉牛や馬，羊などの牧畜と羊毛，材木業に頼ってきたが，肥沃な土壌に恵まれており，1950年代以降は小麦や他の作物栽培が拡大した．

［落合康浩］

イェーナンジャウン　Yenangyaung ミャンマー

人口：13.4万（2014）　[20°28′N　94°54′E]

ミャンマー中西部，マグウェ地方（旧管区）マグウェ県の都市．地方の中心都市マグウェの北約35 km，エーヤワディ川の左岸に位置し，ミャンマー最大の油田地帯がある．植民地時代にはイギリスが支配し，1942～45年には日本軍が占領した．現在は産出された原油は首都ヤンゴン近郊のシリアムまでパイプラインで運ばれる．2014年には，シンガポール資本の石油会社がこの油田の新たな採掘に着手しており，今後の開発が注目されている．

［西岡尚也］

イェラプル　Yellapur インド

人口：2.0万（2011）　面積：4.3 km²

[14°59′N　74°46′E]

インド南部，カルナータカ州西部，ウッタルカンナド Uttar Kannad 県の町．アラビア海に面する県都カールワールの東90 kmに位置する．植林され，米，サトウキビ，ビンロウジュ，ココナッツの産地である．町の西約25 kmにはサトディ Satoddi 滝があり，その水はカリ Kali 川に流れ込み，カダサリ Kodasalli ダムの水源となる．しかし，同ダム建設による景観への影響が懸念されている．

［酒川　茂］

イェランドゥ　Yellandu インド

イェランダパド　Yelandapahad（別称）／イェランドゥラパド　Yellandlapadu（別称）

人口：3.4万（2011）　面積：11 km²

[17°39′N　80°23′E]

インド南部，テランガーナ州東部，カンマム県の町．ワランガルの南東90 kmに位置する．1886年に炭坑が開かれ，1920年以降は国有化の時期（1956～77）を経ながらも，同地域で創業したシンゴレニコリエリ社 SCCL によって開発が進められた．炭田はゴダヴァリ川渓谷一帯に広がっている．

［酒川　茂］

イエン山　燕山　Yan Shan 中国

標高：2116 m　長さ：300 km　気温：6–10℃

[40°36′N　117°29′E]

中国北部，ホーペイ（河北）省北部の山脈．首都ペキン（北京）の北東部，ホワペイ（華北）平原の北側にある．西のパイ（白）河河谷から東のシャンハイクワン（山海関）西方まで連なっている．火成岩，変質岩を主としており，標高は500～1500 mで，北部は標高が高く1300～1500 m．南部は500 m以下と低く丘陵山地になる．最高峰は霧霊山（標高2116 m）で，ほかに五竜山（2050 m），人頭山（1649 m）などがある．華北平原に近いので，山の姿はとくに雄大にみえる．河川の侵食によって，渓谷や孤峰が多く形成されている．チョンドゥ（承徳）以南では標高800～1000 m，盆地や渓谷が多い．承徳，ピンチュワン（平泉），ルワンピン（灤平），シンロン（興隆），クワンチョン（寛城）などの河谷や，ツンホワ（遵化）などの山間盆地は主要な農業地

100　イエン

〈世界地名大事典：アジア・オセアニア・極 I〉

帯となっている．南温帯大陸性季風気候区に属し，1月の平均気温は−12〜−6℃，7月は20〜25℃．南麓は多雨で年平均降水量は700 mm である．山地にはルワン(灤)河，チャオパイ(潮白)河，チー(薊)運河が流れている．

　南北に流れて山地を縦断する河川は，交通要塞となり，重要な関所の役目を果たしている．万里の長城の東端は燕山の南側に築かれ，古北口，喜峰口，冷口がある．東端の山海関は東北と華北との間の交通要衝である．植生は落葉広葉樹林が中心で，常緑針葉樹が混ざっている．標高700 m 以下は落葉広葉樹林，700〜1500 m は針広混交林で，1500〜2000 m は針葉樹林である．山麓の沖積平野は果樹の栽培に適しており，クリ，クルミ，ナシ，サンザシ，ブドウ，リンゴ，アンズなどの果樹園となっている．中南部の山を背に東西に走る万里の長城は世界的に有名である．遵化の清東陵は重要な皇室の陵墓で，承徳の避暑山庄は雄大な皇家園林である．

[柴　彦威]

イエンアン市　延安市　Yan'an

中国

人口：218.7万 (2010)	面積：37031 km²
標高：1200 m	気温：7.7−11.6℃
降水量：500 mm/年	[36°35′N 109°29′E]

　中国中部，シャンシー(陝西)省北部の地級市．陝北地方の南部に位置する．地名は省内の延水と安寧に由来する．中国共産党の革命聖地といわれる．1996年，地区から地級市に改められた．パオター(宝塔)，アンサイ(安塞)の2区，ルオチュワン(洛川)，ツーチャン(子長)，ホワンリン(黄陵)，イエンチュワン(延川)，フーシェン(富県)，イエンチャン(延長)，ガンチュワン(甘泉)，イーチュワン(宜川)，チータン(志丹)，ホワンロン(黄竜)，ウーチー(呉起)の11県を管轄する．市政府所在地は宝塔区．黄陵県に漢族の始祖軒轅黄帝の霊園があり，漢族の発祥地と称される．1935〜47年の間，中国共産党中央政府所在地であった．黄土高原の丘陵地帯であり，地勢は北西が高く南東が低い．北部に渓谷が多く，南東部は石質低山丘陵地帯である．高原大陸性季節風気候に属し，冬季が長く約半年間続く．干害，雹，霜がおもな自然災害である．主要な河川はルオ(洛)河と延河，チンチェン(清澗)河，仕望河，フェン(汾)河の5本があり，黄河上中流で洪水と土壌の流失が最も深刻な地域である．

　農業と牧畜が主要な産業であり，南部は国内で有名なリンゴの産地として知られ，北部は芋類と白絨山羊の産地である．薬用植物の生産も盛んで，ナツメが名産である．工業は鉱物採掘を主とし，ほかにタバコ，電力などがある．陝西省の主要なエネルギー基地でもある．

　延安二十里堡空港よりシーアン(西安)，タイユワン(太原)，首都ペキン(北京)への航空便があり，西延鉄道と神延鉄道も開通した．両聖両黄(中国革命聖地，中華民族聖地，黄河壺口瀑布，黄土民俗文化)を主とする歴史遺跡5808カ所のうち，古代遺跡が2956カ所，新石器時代以前の遺跡が1259カ所あり，国指定の歴史文化都市となっている．南部の洛川県に，国立黄土地質公園が設置された．1907年に設立された中国初の陸上油井が延長県にある．社火，灯会，転九曲，安塞県の腰鼓，宜川県の胸鼓，黄竜県の猟鼓などの民間芸能が有名である．黄帝陵，清涼山，宝塔山，鐘山石窟，万花山，壺口瀑布などの観光名勝がある．

[杜　国慶]

イエンシー市　偃師市　Yanshi

中国

えんしし (音読み表記)

人口：約61万 (2013)	面積：669 km²
	[34°43′N 112°47′E]

　中国中央東部，ホーナン(河南)省北西部，ルオヤン(洛陽)地級市東部の県級市．チョンチョウ(鄭州)市のゴンイー(鞏義)市に接する．4街道，9鎮を管轄する．県政府所在地は商城街道．1993年に偃師県から市となった．地名は，周の武王が殷の紂王を討ち，城を築いて息偃戎師(異民族の軍隊を止める)としたことが由来とされる．殷王朝初期の遺跡，偃師商城によって知られており，また，夏王朝の中心地であったとも推測されている．洛河の北岸にある二里頭遺跡の発掘調査によって，2004年7月に中国社会科学院考古学研究所は，夏王朝の古代都市の存在が裏づけられたとしている．伝説とされてきた古代中国における夏から殷への時代変化の舞台が明らかにされつつあり，注目されている．また，『西遊記』で知られる玄奘(三蔵法師)はこの地の人であり，唐の詩人杜甫の墓地もある．

[中川秀一]

イエンシャン県　鉛山県　Yanshan

中国

人口：46.0万 (2011)	面積：2178 km²
	[28°29′N 117°43′E]

　中国南東部，チャンシー(江西)省北東部，シャンラオ(上饒)地級市の県．ポーヤン(鄱陽)湖に流入する信江の上流域に位置し，フーチェン(福建)省に隣接する．県政府は河口鎮に置かれる．低山と丘陵が県域の81%を占め，北部の信江の本支流に沿って平原が広がる．五代の南唐のときに，永平県の西にそびえる鉛山にちなんで鉛山県が設けられた．農業は稲作が中心でナタネ，大豆の生産も多い．県域の71%を森林が占め，林産資源が豊富で孟宗竹や各種木材を産する．特産品として連史紙と竹器，絹扇などが知られる．地下資源も豊富で全国有数の永平銅山がある．葛仙山，オーフー(鵝湖)山森林公園，鵝湖書院，陳家寨弋鼓楼，河口古鎮などの名勝古跡がある．

[林　和生]

イエンシャン県　塩山県　Yanshan

中国

人口：43.7万 (2011)	面積：796 km²
標高：5−13 m	気温：12.1℃	降水量：626 mm/年
	[38°03′N 117°13′E]

　中国北部，ホーペイ(河北)省中部，ツアンチョウ(滄州)地級市の県．県政府は塩山鎮に置かれている．河北平原東部の海岸平野にある．地勢は南西から北東へ傾き，最高地点の標高は12.5 m，最低は4.7 m である．宣恵河が中部を貫通し，チャンウェイ(漳衛)新河が南部を流れる．農作物は小麦，トウモロコシ，コーリャン，綿花を主としている．特産品は金糸棗と鴨梨である．機械加工，建材，食品，醸造，服飾などの工場がある．国道205号や滄州・ローリン(楽陵)路などが通る．古跡は慶雲文祠と泰山行宮がある．

[柴　彦威]

イエンシャン県　硯山県　Yanshan

中国

人口：47.3万 (2011)	面積：3888 km²
	[23°36′N 104°21′E]

　中国南西部，ユンナン(雲南)省南東部，ウェンシャン(文山)自治州の県．県南部を北回帰線が通過する．県政府は江那鎮に置かれている．人口の3割をチワン(壮)族，2割弱をイ(彝)族，1割をミャオ(苗)族が占める．同州唯一の文山普者黒空港がある．トウガラシ

と漢方生薬のサンシチ(三七)人参の産地として有名で, マンガンも採掘され沸石の埋蔵も確認されている. 華僑農場が2カ所現存する. カルスト地形が発達し, 鍾乳洞も多い.

[松村嘉久]

イエンショウ県　延寿県　Yanshou

中国

人口：27万 (2012)　面積：3149 km²

[45°27′N　128°19′E]

中国北東部, ヘイロンチャン(黒竜江)省南部, ハルピン(哈爾浜)副省級市南東部の県. 県政府は延寿鎮に置かれる. 県名は, 1929年に県内を縦貫するマーイエン(蟎蟟)河とチャンショウ(長寿)山にちなんで命名された. 蟎蟟河に沿った河谷平野の南北には山地が広がっている. 主産業である農業は, 水稲をはじめとした穀物生産が盛んで, 商品作物として亜麻が多くつくられる.　[小島泰雄]

イェンダ　Yenda

オーストラリア

人口：0.2万 (2011)　面積：67 km²

[34°15′S　146°12′E]

オーストラリア南東部, ニューサウスウェールズ州中央南部, グリフィス行政区の町. グリフィス市街地の東約16 kmに位置し, グリフィスの商圏の中にある. 周辺は州におけるワイン生産の70%近くを占める産地であり, ブドウ農園が広がっている. また, マランビジーの灌漑地域の中にあって, 米の栽培が行われており, 柑橘類やモモなどの果樹園も多く, 野菜などの園芸農業, 養鶏なども盛んである.　[落合康浩]

イエンタイ市　煙台市　Yantai

中国

人口：653.3万 (2015)　面積：13879 km²

気温：11.8℃　降水量：717 mm/年

[37°32′N　121°22′E]

中国東部, シャントン(山東)省東部の地級市. 山東半島中北部に位置する. ボーハイ(渤海)湾とホワンハイ(黄海)湾に面し, 海をはさんでリャオトン(遼東)半島と対峙している. 市の面積のうち市街地面積は2644 km²に及ぶ. 地名は, 明の洪武31年(1398)に倭寇に備えるため設置された狼煙の台にちなむ. 煙台港は清代咸豊8年(1858), 中仏天津条約によって開港されたもので, 現在, 100以上の国や地域に直航し, 対外貿易の重要拠点になっている. 芝罘, 福山, 牟平, 莱山の4区, チャンタオ(長島)県とロンコウ(竜口), ライヤン(莱陽), ライチョウ(莱州), ポンライ(蓬莱), チャオユワン(招遠), チーシャ(棲霞), ハイヤン(海陽)の7県級市を管轄している. 総人口のうち中心部4区の総人口は169万である.

市域の山脈は, チャンバイ(長白)山系の延長部である. 標高500 m以上の山は, 西から東へ大沢山, 羅山, 艾山, 牙山と昆嵛山であるが, 昆嵛山の主峰である泰礴頂の標高は923 mで最も高い. 土地面積に占める割合は, 山地37%, 丘陵40%, 平野21%, 低地3%であり, 平野は川沿いや沿海地域に集中している. 地下資源は豊富で, 金と滑石の貯蔵量は全国の20%を占めている.

暖温帯大陸性季節風気候に属し, 降水量は6～8月に集中している. 最高気温は38℃, 最低気温は−17.6℃で, 年較差は大きい. 河川は中央部の山脈を分水嶺として, 南へ流れるものと北へ流れるものに分かれる. おもな河川は王河, 界河, 黄水河, 大沽夾河, 辛安河, 五竜河, 大沽河である. また, 長さ909 kmの海岸線と開発可能な浅海6000 km²を有している. 黄海や渤海に浮かぶ島は63もある. そのうち, 南長山島や芝罘島は有名である. また, 煙台沖は全国有数の漁場でもあり, クルマエビ, アワビ, ナマコ, イタヤガイなど70種類の魚介類がとれる.

中国で最初に開放された14の沿海都市の1つで, 有名な海浜観光都市である. 日本の大分県別府市および岩手県宮古市, アメリカのカリフォルニア州サンディエゴ, ニュージーランドのベイオブプレンティ地方タウランガなどと姉妹都市提携を結んでおり, 経済交流や文化交流が盛んである. 省内ではチンタオ(青島)に次ぐ産業都市であり, 煙台経済技術開発区などの開発区が置かれ, 多くの外資系企業が投資している. 輸出額は域内総生産額の30%以上を占めるようになった. 中国最大のワイン製造会社である張裕醸造公司も有名である. 一方, 避暑地や海水浴場などでの観光業も成長した. 蓬莱閣, 文峰山魏碑石刻, 秦の始皇帝東巡遺跡の養馬島, 牟氏庄園などの観光地は大勢の観光客で賑う. 煙台莱山国際空港はソウルと香港への国際航路のほかに, 首都ペキン(北京), シャンハイ(上海), コワンチョウ(広州)など26の国内航路をもっている. 海運では韓国のピョンテク(平沢)とフェリー航路があり経済交流が進んでいる. また, 鉄道は北京, 上海, チーナン(済南), 青島などの都市と直通列車で結ばれている.　[張　貴民]

イェンタイン　Yen Thanh

ベトナム

イェンタン (別表記)

人口：25.8万 (2009)　[19°00′N　105°28′E]

ベトナム北中部, ゲアン省東部の県. 漢字では安成と表記する. 県都イェンタン, および36村からなる. ラム川とコン川にはさまれた扇状地に位置し, 稲作のほか, サツマイモやサトウキビの栽培が行われている. 県内を通る国道7号沿いには, 石造りのバオニャム教会がみられる. レ・ダイ・ハン王の息子レ・グエン・ルンとその妻が住んだ城址がある.　[池口明子]

イエンチー県　塩池県　Yanchi

中国

塩州 (古称)

人口：14.7万 (2010)　面積：8377 km²

[37°47′N　107°25′E]

中国中北部, ニンシャ(寧夏)回族自治区中部, ウーチョン(呉忠)地級市東部の県. 北は内モンゴル自治区, 東はシャンシー(陝西)省, 南はガンスー(甘粛)省と境を接する. 北部はオルドス(鄂爾多斯)高原とムウス(毛烏素)砂漠の南縁にあたり, 南部はホワントゥー(黄土)高原の一部をなす. 地名は県内に多くの塩湖があることが由来で, 製塩も行われている. 柔らかく上質の毛皮がとれる灘羊の産地である. 草原では漢方薬材のカンゾウ(甘草)を産するが, 農地開発や過放牧により砂漠化が進んでいる.　[高橋健太郎]

イエンチー市　延吉市　Yanji

中国

人口：52万 (2012)　面積：1350 km²

[42°52′N　129°29′E]

中国北東部, チーリン(吉林)省東部, イエンビエン(延辺)自治州の県級市で, 州政府所在地. 市政府は新興街道に置かれる. ブルハトン(布爾哈通)河が流れる延吉盆地は清朝末期に開発が進み, 延々と続く吉祥の意をもつ延吉庁が置かれた. 朝鮮族が人口の6割を占めており, 朝鮮文化と結びついた観光が発達し, 消費都市として発展している. 韓国や日本の企業が進出して工業も盛んである. 韓国との間に航空路線が開かれており, 観光客や労働力の往来が活発である. 民族的な特色を有する総合大学である延辺大学がある. 市南部の帽爾山は森林公園として市民に親しまれている.　[小島泰雄]

イエンチャン県　延長県 Yanchang

中国

人口：12.5万 (2010)　面積：2362 km²
標高：470-1391 m　気温：10.4℃
降水量：564 mm/年　　[36°35′N　110°01′E]

　中国中部，シャンシー(陝西)省北部，イエンアン(延安)地級市東部の県．延河の下流に位置する．1街道，7鎮を管轄する．黄土高原の渓谷地帯で，地勢は北西から南東へ傾斜している．半乾燥大陸性季節風気候に属する．ナシ，リンゴ，ナツメ，サンショウが主要な農産物である．1907年に中国初の陸上油井が掘られた．石油埋蔵量は1.5億tで，石油採掘がおもな産業である．　　[杜　国慶]

イエンチュワン県　延川県 Yanchuan

中国

人口：16.8万 (2010)　面積：1987 km²
標高：850 m　気温：10.6℃　降水量：500 mm/年
　　[36°53′N　110°12′E]

　中国中部，シャンシー(陝西)省北部，イエンアン(延安)地級市北東部の県．地名は吐延水と河川に由来する．7鎮，1街道を管轄する．黄土高原の渓谷地帯であり，温帯大陸性季節風気候に属する．ナツメ，ナシ，芋類が主要な農産物である．石油と石炭の埋蔵が確認されている．国道210号が通り，渭清鉄道が2000年に開通した．布堆画と切り紙(剪紙)が有名な民間芸術である．　[杜　国慶]

イェンチョウ　Yen Chau

ベトナム

チョウヴェト　Chau Viet (古称)

人口：6.9万 (2009)　　[21°03′N　104°18′E]

　ベトナム西北部，ソンラー省中南部の県．県都イェンチョウ，および14村からなる．旧地名はチョウヴェトであり，1822年に現在の地名となった．1962年までタイ・モン自治区，62〜75年まで南西自治区に属した．南側の県境はラオスに接し，県内には国道6号が通る．標高1000 m以上の丘陵地には稜線沿いに集落が分布し，おもにトウモロコシが栽培されている．レンガやタイルの生産が盛んである．　　[池口明子]

イエンチョウ区　兗州区　Yanzhou

中国

えんしゅうく (音読み表記)

人口：64.9万 (2015)　面積：650 km²　標高：49 m
　　[35°32′N　116°49′E]

　中国東部，シャントン(山東)省南西部，チーニン(済寧)地級市の区．紀元前21世紀に夏禹が中国を9つの州に区分し，兗州はその1つであった．歴史上，兗州の範囲は負夏，負瑕，瑕丘，瑕県，嵫陽県，滋陽県などと称された．県から市になったのは1992年であり，2013年に市から区になった．現在6鎮と4街道を管轄している．鉄道交通の要衝で，首都ペキン(北京)〜シャンハイ(上海)間を結ぶ京滬鉄道とシンシャン(新郷)〜石臼所間を結ぶ新石鉄道がここで交差し，省南西部のさまざまな物資の集散地になっている．区域は平野で構成され，最高峰は嵫陽山で，標高はわずか75 mである．スー(泗)河，白馬河，南泉河が主要河川である．石炭の貯蔵量は12億tで，全国八大炭田の1つとして知られる．石炭の年間産出量は500万tで，重要な産業となっている．また遺跡が多く，竜山文化から周代文化への継続を示す西呉寺遺跡，省の重要文化財である漢代故城遺跡や興隆塔，詩人李白を記念する青蓮閣などが有名である．　　[張　貴民]

イエンチョン　Yancheng ☞ ホンヤン市 Hengyang

イエンチョン市　塩城市 Yancheng

中国

人口：828.5万 (2014)　面積：17983 km²
　　[33°21′N　120°09′E]

　中国東部，チャンスー(江蘇)省中部の地級市．東はホワン(黄)海に面し，南はナントン(南通)市，タイチョウ(泰州)市，西はヤンチョウ(揚州)市，ホワイアン(淮安)市，北はリエンユンガン(連雲港)市と境を接する．地勢は平坦な低湿地帯で，黄淮，内下河とピンハイ(浜海)の3地区に分けられる．市域は河川や運河が網状に走り水郷景観がみられる．干潟面積は680 km²あまりで，江蘇省全体の干潟面積の75%を占める．鉄道は隴海線のシンイー(新沂)とチョーチャン(浙江)省のチャンシン(長興)を結ぶ新長線が2002年に建設され，鉄道のなかった江蘇北部の交通条件を向上させた．高速鉄道も建設中である．国道は南北を貫通し，塩靖高速道路は滬寧高速

道路と寧通一級道路に連接する．
　この地では古くから海水を利用して製塩が行われ，それを運搬する運河が張りめぐらされていたので前漢代に塩瀆県が設けられた．その後南北朝期に塩城県と改められた．上位の行政域としてはホーナン(河南)省や江南省に属したが，清代には江蘇省に属した．1949年の新中国成立後，塩城専区が設けられたこともあったが，1983年塩城地区・塩城県を撤廃して地級市としての塩城市が成立した．2017年現在，塩城市のもとにトンタイ(東台)県級市，亭湖，イエントゥー(塩都)，ターフォン(大豊)の3区，チェンフー(建湖)，ショーヤン(射陽)，フーニン(阜寧)，浜海，シャンシュイ(響水)の5県を管轄する．市政府は亭湖区にある．
　塩城の東部沿海部は低湿な干潟で良港もなく，農業主体の経済であった．農産物としては綿花や麦・雑穀の生産量が多く綿花は省で第1位である．ビール大麦の栽培も盛んで高品質で知られている．また淡水魚やカニの養殖場も多く，東台のカニ養殖は中国最大である．またナイルティラピアの育種場もコワントン(広東)省に次いで規模が大きい．最近は第2次，第3次産業も成長し，とくに自動車工業の発達が著しい．
　観光資源としては，水郷景観の自然を生かした大豊市のヘラジカ保護区，東部の市県にまたがる湿地珍禽(タンチョウ)保護区がある．また亭湖区便倉鎮には枯枝牡丹園という庭園がある．歴史遺跡としては，唐代創建の永寧禅寺，南宋丞相陸秀夫の祠堂，明書家宋曹や水滸伝の作者施耐庵の故居などがある．塩城の特色を生かした塩鎮水街も整備されている．　　[谷　人旭・秋山元秀]

イエンチン区　延慶区 Yanqing

中国

人口：28.2万 (2014)　面積：1993 km²
気温：8.5℃　降水量：492 mm/年
　　[40°28′N　115°58′E]

　中国北部，ペキン(北京)市北西部の区．区政府所在地は延慶鎮である．漢族のほかに，満族，回族がいる．イエン(燕)山山地の西部にあり，北，東，南の3面が山に囲まれている．山地面積は75%である．最高峰の大海坨山は標高2234 m．北西部の山地には樹木が茂り，国指定の保護動物が生息する．経済は農業と観光産業を主としている．京包鉄道や国道110号，京蔵高速，京新高速などが通る．バーダー(八達)嶺を拠点とした万里の長城観光は最も人気がある．竜慶峡が名勝で

あるほか，康西草原，蓮花山，玉渡山，滴水壺，珍珠泉なども観光名所である．2013年に世界ジオパークに指定され，15年に県から市轄区に昇格した．　　　　　[柴 彦威]

イエンチン県　延津県　Yanjin

中国

人口：46.9万（2010）　面積：886 km²
[35°08′N　114°10′E]

中国中央東部，ホーナン（河南）省北東部，シンシャン（新郷）地級市の県．4鎮，9郷を管轄する．県政府所在地は城関鎮．三国時代直前の延津の戦いの地としても知られるように，かつてはホワン（黄）河の重要な渡し場であったことに由来する地名であるが，河道が変わったために現在は黄河に面してはいない．良質な小麦の産地として知られ，中国唯一の良質小麦産業化モデル県に指定されている．　　　　　[中川秀一]

イエンチン県　塩津県　Yanjin

中国

人口：37.6万（2013）　面積：2096 km²
[28°04′N　104°14′E]

中国南西部，ユンナン（雲南）省北東部，チャオトン（昭通）地級市の県．スーチュワン（四川）省に隣接している．県政府はイエンチン（塩井）鎮に置かれている．方言や民俗文化は雲南よりも四川に近い．地名は塩が産出されることに由来する．森林資源と水資源が豊富である．産業はあまり発展しておらず，貧困地帯の1つに数えられている．イ（彝）族土司が支配していた領域であるが，清代の雍正5年（1727）に改土帰流が実施された．現在でも県内にはイ語に由来する地名が多数残るが，イ族はほとんど住んでいない．

[松村嘉久]

イエンチン県　塩井県　Yanjing

中国

寧静県（古称）/ツァカロー　擦卡洛（チベット語・別称）

人口：2.8万（2000）　面積：13000 km²
[29°00′N　98°10′E]

中国西部，シーツァン（チベット，西蔵）自治区，チャムド（昌都）地級市の旧県．塩井は漢語で，塩の産出が多いことに由来する．チベット語ではツァカロー（擦卡洛）である．自治区内の南東部に位置する．清代光緒34年（1908）に塩井県が置かれた．1950年に塩井

宗となり，シーカン（西康）省に属し，60年にニンチン（寧静）宗と合併して寧静県となった．1965年に芒康県と改名し，83年にふたたび塩井県が置かれたが実態は存在せず，99年に撤廃され，郷として芒康県に編入された．　　　　　[石田 曜]

イエンティン県　塩亭県　Yanting

中国

人口：45.1万（2015）　面積：1646 km²
[31°13′N　105°23′E]

中国中西部，スーチュワン（四川）省北東部，ミエンヤン（綿陽）地級市南東部の県．県政府は雲渓鎮に置かれる．周代には古蜀国の地であり，その時代に亭が設けられ，中原から蜀へ入る要衝となる．南朝梁の大同元年（535）に塩亭県が設置される．県内をツー（梓）江，彌江，湍江などが流れる．石油，天然ガスなどの鉱産資源に恵まれる．小麦，綿花，ナタネ，落花生，クワ，柑橘などの農業が主体であり，セメント，石炭，天然ガス，石油，製紙，印刷，醸造などの工業がこれに次ぐ．また，中国の絹の紡績の発祥地といわれる．　　　　　[奥野志偉]

イエントゥー区　塩都区　Yandu

中国

人口：71.5万（2015）　[33°20′N　120°09′E]

中国東部，チャンスー（江蘇）省，イエンチョン（塩城）地級市の区．漢代に塩瀆県が設けられた．1996年から塩都県，2004年から塩都区となっている．農産物は水稲，麦類，大豆，綿花などがあり，豚肉や蜂蜜の生産が多い．大縦湖ではシナモズガニなどが養殖されている．工業は紡績，服装，機械，化学，建材，食品などがある．観光地に大縦湖風景地区がある．ボタンの花が有名．高速道路の塩靖線（塩城～チンチャン（靖江））と淮塩線（ホワイアン（淮安）～塩城）が交わる．

[谷 人旭・小野寺 淳]

イェンバイ　Yen Bai

ベトナム

Yên Bái（ベトナム語）

人口：9.0万（2009）　面積：689 km²
気温：22-23℃　降水量：1500-2200 mm/年
[21°42′N　104°52′E]

ベトナム東北部，イェンバイ省の都市で省都．ホン川（紅河）が形成する谷底平野に位置する．後背地で生産された茶をはじめとする

農産品の加工場が立地する．首都ハノイから延びる鉄道の駅があるほか，2014年にはノイバイ・ラオカイ高速道路が開通し，中国南部からハイフォン港までの物流ルートの中継地となったことから，工業団地の造成や企業誘致が進んでいる．1930年2月に，国民党の指導で約600人の兵士が蜂起しフランス軍士官を攻撃したが，失敗に終わり流刑や終身懲役に処された．これをイェンバイ蜂起という．1954年には国民党の指導者であったグエン・タイ・ホックと兵士らの像と記念碑がイェンホア公園に建造された．ホンハHong Ha区にはフランス軍が祭典やスポーツのために建設したスタジアムがある．のちに新設された演台では1958年9月にホー・チ・ミンが演説を行った．毎年3月にはナムクン寺院で祭りがあり，ナムクン湖ではボートレースが行われる．　　　　　[池口明子]

イェンバイ省　Yen Bai, Tinh

ベトナム

Yên Bái, Tỉnh（ベトナム語）

人口：74.0万（2009）　面積：6808 km²
気温：22-23℃　降水量：1500-2200 mm/年
[21°42′N　104°52′E]

ベトナム東北部の省．省都イェンバイとギアロ（いずれも省直属市）ほか7県からなる．1991年にホアンリエンソン省がイェンバイ省とラオカイ省に分割されてできた．省の面積のうち70％以上を山地・平原が占め，ホン川（紅河）の右岸に位置するホアンリエンソン山系，ホン川とチャイ川にはさまれたコンヴィ山系と，北東–東部に分布する石灰岩山系がある．最高峰はチャムタウ県のフンルン山（標高2985 m）．イェンバイの平均気温は低く，降水量は多い．中国ユンナン（雲南）省から流れるホン川のイェンバイ省における長さは115 kmであり，これに約50の小河川が合流して2700 km²の集水域を形成している．クンルン（崑崙）山脈を水源とするチャイ川が流入するタックバーダムは1971年に建設され水力発電所が設置されている．

首都ハノイとラオカイを結ぶ国道70号と国道32号が省内を平行して通る．茶畑と果樹を含めた林業が発展している．とくにニッケイ（肉桂）は特産物である．東北部のルックイェン県ではルビーなどの希少鉱物の採掘もされている．フランス領時代からのコーヒーのプランテーション（古富農園）が多くある．1930年に国民党が蜂起し，フランス植民地政府に対して独立運動を起こして兵営を占領したことで有名．ベトナムの平野部で多数派

イェンバイ省(ベトナム)，青いもち米からつくるコムの加工風景 [thi/Shutterstock.com]

民族であるキンはここでは人口の約半数にとどまり，残りをターイ，マンをはじめ7つの民族が占める．省都には大きな市場があり，モンの人びとが交易にくることで知られる．

[池口明子]

イエンビエン Yanbian ☞ チェンタオ
Jiandao

イエンビエン県　塩辺県
Yanbian　中国

えんぺんけん (音読み表記)

人口：20.0万 (2015)　面積：3269 km²

[26°39′N　101°49′E]

　中国中西部，スーチュワン(四川)省南西部，パンチーホワ(攀枝花)地級市の県．県政府は桐子林鎮に置かれる．標高はほぼ1000 mを超えている．おもな工業はセメント，石炭，農業機械，木材，醸造，食品加工，竹製品，製紙などである．農業は水稲，トウモロコシのほか，クルミ，サンショウ，バナナ，サトウキビ，パパイヤ，オリーブ，桐油が生産される．観光資源には二灘国立森林公園，紅格温泉，観音洞，青山滝仙人洞などがある．

[奥野志偉]

イエンビエン自治州　延辺自治州
Yanbian　中国

イエンビエン朝鮮族自治州　延辺朝鮮族自治州 (正称) ／えんぺんじちしゅう (音読み表記)

人口：211万 (2012)　面積：42700 km²
降水量：500-700 mm/年

[42°54′N　129°31′E]

　中国北東部，チーリン(吉林)省東部の自治州．イエンチー(延吉)，トゥーメン(図們)，トゥンホワ(敦化)，フンチュン(琿春)，ロンチン(竜井)，ホーロン(和竜)の6市とワンチン(汪清)，アントゥー(安図)の2県を含み，州政府は延吉に置かれている．東はロシア，南は北朝鮮と国境を，西は吉林市，北はヘイロンチャン(黒竜江)省に接している．人口の過半は漢族であるが，4割を朝鮮族が占めており，自治区域となっている．延辺の名は清朝末期に置かれた延吉辺務公署に由来するとされる．古代には渤海国の中心地域であり，現在の琿春に東京竜徳府，和竜に中京顕徳府が置かれていた．清朝後期になると朝鮮族の流入が進み，朝鮮はこの地域をカンド(間島)とよんで，領有を主張していた．

　南西のチャンバイ(長白)山脈をはじめ，地域の大部分が山地で，森林が8割近くを占めており，東北三宝とよばれる朝鮮人参，ロクジョウ(鹿茸)，テンの毛皮(貂皮)の主要な産地となっている．北部はムータン(牡丹)江，西部はソンホワ(松花)江，東部は図們江の流域がそれぞれ広がっている．気候は年平均気温が2～6°Cであり，冬はきわめて寒く，月平均気温は-10°Cを切るが，夏は暖かく，月平均気温は20°Cを超える．年平均降水量は500～700 mmと比較的湿潤である．農業では稲作が広く行われ，延辺大米は優良米として知られる．特産物にリンゴ，ナシがある．中心都市の延吉では，朝鮮文化を背景とする観光開発が進められ，労働力の移出と相まって，消費都市としての発展が顕著である．延辺大学をはじめとして各種の教育機関が整備され，少数民族地区の中では教育水準が高いとされる．1990年代から東北アジアの新たな開発計画として，図們江地域開発が国境を接する中国，ロシア，北朝鮮を中心に進められることとなったが，複雑な国際関係の下，停滞している．延辺は中国唯一の日本海への窓口として，開発区や交通基盤の整備に国家投資が積極的に行われている．

[小島泰雄]

イエンホー自治県　沿河自治県
Yanhe　中国

イエンホートゥチャ族自治県　沿河土家族自治県 (正称)

人口：57.8万 (2014)　面積：2469 km²

[28°34′N　108°29′E]

　中国中南部，グイチョウ(貴州)省北東部，トンレン(銅仁)地級市の自治県．チョンチン(重慶)市に隣接する．県政府所在地は和平街道である．人口の80%強が少数民族で，トゥチャ(土家)族，ミャオ(苗)族などが住む．1986年10月に自治県となった．ウー(烏)江流域およびその支流一帯は石灰岩が広範囲に露出しており，カルスト地形が発達している．農業は河川盆地における水稲耕作が中心であるが，山羊，桐油，蜂蜜などが特産品となっている．

[松村嘉久]

イェンミン　Yen Minh
ベトナム

人口：7.8万 (2009)　[23°03′N　105°12′E]

　ベトナム東北部，ハーザン省北部の県．漢字では安銘と表記する．県都イェンミン，および17村からなる．1962年にベトナム政府により形成され，82年にドンヴァン県の4村が編入して現在のイェンミンとなった．主要河川はミェン川とガム川である．北側の県境は中国に接する．標高1000 m以上の山地はカルスト地形が顕著であり，一部にアンチモン鉱床をもつ．採石をおもな産業とするほか，縫製業が立地する．

[池口明子]

イエンユワン県　塩源県
Yanyuan
中国

人口：36.1万 (2015)　面積：8388 km²
標高：2300 m　　　　　　[27°25′N　101°30′E]

　中国中西部，スーチュワン(四川)省南西部，リエンシャン(涼山)自治州の県．イ(彝)族，ツァン(チベット)族，モンゴル族，ナシ(納西)族，プイ(布依)族が住む．県政府はエンチン(塩井)鎮に置かれる．ホントゥワン(横断)山脈南部の山間盆地に位置し，周辺の山は標高3000 mを超える．気候は地形の影響により大きく異なる．石炭，鉄，岩塩，銅，金，水銀などの鉱産資源に富む．工業はセメント，レンガ，食品，醸造がある．おもな農産物は水稲，トウモロコシ，豆類，ライ麦，小麦，ハダカ麦で，特産物はリンゴ，花椒，きのこなどである．瀘沽湖，公母山は著名な名勝である．　　　　　　　　[奥野志偉]

イェンラップ　Yen Lap
ベトナム

人口：8.2万 (2009)　　　　[21°20′N　105°01′E]

　ベトナム東北部，フート省中西部の県．漢字では安立と表記する．県都イェンラップ，および16村からなる．1977年にカムケー県と合併し，ソンタオ県となったが，1980年にふたたびイェンラップ県とソンタオ県とに分割された．ホン川(紅河)の支流であるゴイク川，ゴイザン川，ゴイラオ川が流れ，川沿いではおもに二期作による稲作がみられる．丘陵地が卓越し，その斜面では茶が生産されている．　　　　　　　　　　　[池口明子]

イエンリン県　炎陵県　Yanling
中国

リンシェン　酃県　Ling Xian (旧称)

人口：20.4万 (2015)　面積：2030 km²
　　　　　　　　　　　　[26°29′N　113°46′E]

　中国中南部，フーナン(湖南)省，チューチョウ(株洲)地級市の県．県政府はシャヤン(霞陽)鎮に所在する．かつては酃県とよばれたが，中華民族の始祖とされる炎帝神農氏の墓があることにちなんで，1994年に名称が変更された．チンガン(井岡)山西麓，シャン(湘)江支流ミー(洣)水の上流に位置し，湖南省最高峰の酃峰(標高2115 m)など山地が全体のおよそ9割を占め，古来より要害の地であった．林業が盛んでシイタケやトチュウ(杜仲)などの漢方薬材も産する．鉄道の衡茶吉線(ホンヤン(衡陽)～チャーリン(茶陵)～

チーアン(吉安))や，高速道路の衡炎線(衡陽～炎陵)，岳汝線(ユエヤン(岳陽)～ルーチョン(汝城))が通る．朱徳と毛沢東が1928年にここで初めて面会するなど革命根拠地としても知られる．神農谷国立森林公園などの名勝がある．　　　　　　　　　　　[小野寺淳]

イエンリン県　鄢陵県　Yanling
中国

えんりょうけん (音読み表記)

人口：約62万 (2013)　面積：872 km²
　　　　　　　　　　　　[34°06′N　114°13′E]

　中国中央東部，ホーナン(河南)省中部，シューチャン(許昌)地級市東部の県．ホワン(黄)河の南岸に位置し，チョウコウ(周口)市に接する．8鎮，4郷を管轄する．県政府は安陵鎮にある．周代には鄢国と称し，春秋時代に鄢陵に改めた．土陵上に城を築いたことに由来するとされる．古くから花卉栽培が盛んで，花都，花県とも称される．　[中川秀一]

いが　渭河 ☞ ウェイ河 Wei He

イーガットプリ　Igatpuri
インド

人口：3.2万 (2001)　　　　[19°41′N　73°38′E]

　インド西部，マハーラーシュトラ州ナーシク県の町．丘陵地上のリゾート地である．州都ムンバイ(ボンベイ)の140 km，ナーシクの48 kmに位置する．鉄道駅がある．　　　　　　　　　　　　　[澤宗則]

イガン　Igan
マレーシア

人口：0.4万 (2010)　　　　[2°49′N　111°43′E]

　マレーシア，カリマンタン(ボルネオ)島北西部，サラワク州中部マトゥ行政区の港町．イガン川の右岸河口部に広がり，河口のブダイ岬の東南東約7 kmの地点に立地する．州の中心都市シブの北67 kmに位置する．おもな産業は漁業である．町の行政上の名称であるイガンバザールの人口は1524 (2010)で，マレー系のメラナウ人が多い．このイガンバザールに加えて周辺農村を含む行政区画(サブディストリクト)としての町の人口は0.4万 (2010)となる．州政府はイガン周辺地区でも農業開発を進め，サゴのプランテーションを行っている．　　　　　[生田真人]

イガン川　Igan, Kuala
マレーシア

長さ：106 km　　　　　　[2°50′N　111°40′E]

　マレーシア，カリマンタン(ボルネオ)島北西部，サラワク州中部の川．ラジャン川の主要な支流の1つであり，2つの河川の合流する地点に州第2位の都市であるシブが立地している．ラジャン川と同じように，船の航行が可能で，地域の主要な交通手段となっている．イガン川は流域住民の主要な生活の場でもあり，河岸にはマレー系住民の集落が点在する．彼らは，漁撈活動を行い，木造船の建造も行われている．　　　　　　[生田真人]

イクサン　益山　Iksan
韓国

人口：30.2万 (2015)　面積：507 km²
　　　　　　　　　　　　[35°57′N　126°57′E]

　韓国南西部，チョルラプク(全羅北)道北西端の都市．益山は，本来この地域の郡名であった．1914年，益山面裡里に郡庁が置かれて以来，裡里がこの地域を代表する地名になった．1949年に市制施行．1995年，周辺地域を編入するにあたって，旧名を採用し裡里市から益山市に改称した．ホナム(湖南)線，チョルラ(全羅)線，チャンハン(長項)線が交差する鉄道の要衝の地に発達した都市である．1970年代に初めての工業団地造成と，輸出自由地域指定を受けて，それまでの商業中心から工業集積地へと性格が大きく変わった．繊維製品，皮革，食器，貴金属などを扱う工業が集積している．　　　　[山田正浩]

イーグルホークネック
Eaglehawk Neck
オーストラリア

人口：338 (2011)　面積：141 km²
　　　　　　　　　　　　[43°01′S　147°55′E]

　オーストラリア南東部，タスマニア州南東部の地域．タスマニア島本土とタスマン半島を結ぶ地峡がある．地峡の幅は30 m，長さは400 mである．タスマン半島に位置するポートアーサーの監獄からの脱出者を捕らえる場所としても機能していた．当時は番犬や兵隊が多く滞在する地域であった．岩石が海水の侵食により碁盤の目状になったタッセレイテッドペイヴメントや，デヴィルズキッチンなど，独特な容姿の地学的資源が存在する．タスマニア島民の休暇先でもあり，ビーチでの滞在やサーフィンなどができる場所として人気がある．　　　　　[有馬貴之]

イサベラ　Isabela　フィリピン

人口：6.2万（2015）　面積：179 km²
[10°12′N　122°42′E]

フィリピン中部，ネグロス島中央部，西ネグロス州の町．州都バコロドの南約72 kmに位置する．30の村（バランガイ）で構成される．サトウキビがおもな農産物であり，町の約54%の土地でサトウキビが育てられている．そのほかに，米やトウモロコシも生産されている．ビナルバガン・イサベラ砂糖会社（BISCOM）の製糖工場がある．

[東 賢太朗]

イサベラ　Isabela　フィリピン

人口：11.3万（2015）　面積：213 km²
[6°42′N　121°58′E]

フィリピン南西部，スールー諸島北端，ミンダナオ島沖合のバシラン島，バシラン州の都市で州都．バシラン水道をはさんだ北側には，ミンダナオ島のサンボアンガがある．バシラン州はムスリム・ミンダナオ自治区の一部ではあるが，イサベラはサンボアンガ半島地方に含まれている．45の村で構成され，18の都市部と27の農村部からなる．東部はラミタン Lamitan，西部はランタワン Lantawan，南部はスミシプ Sumisip とマルソ Maluso と境界をなす．地形的には全体的にゆるやかな起伏のある地形を呈する．一部地域では勾配が60%以上を示すところもある．気候は，年間を通して高温で降水量も多いが，数カ月程度の短い乾季もみられる．バシラン島はムスリムが多数を占める地域であるが，イサベラは例外的にキリスト教徒が最大で73%を占め，ムスリムは27%にすぎない．イサベラは2001年に市へと昇格した．地名はスペインのイサベル2世女王の名にちなんでいる．第1次産業が主体であり，コプラ，天然ゴム，キャッサバ，トウモロコシなどの農産物や海産物，果物生産が多い．

[石代吉史]

イサベラ州　Isabela, Province of　フィリピン

人口：159.4万（2015）　面積：12415 km²
[17°09′N　121°53′E]

フィリピン北部，ルソン島北東部，カガヤンヴァレー地方に位置する州．州都はイラガン．州名はスペイン女王イサベル2世にちなんでいる．州面積は全国で第2位である．西部にはコルディリェラ山脈ふもとの丘陵地帯

が広がり，東部は太平洋に面し，シエラマドレ山脈の一部がある．北はカガヤン州，南はヌエバビスカヤ州，キリノ州，アウロラ州，西はカリンガ州，マウンテン州，イフガオ州に接している．住民の多くはイロカノ族だが，イバナグ，ヨガッド，ガダン族などの少数民族も暮らしている．主要産業は農業で，トウモロコシの生産量は全国一である．イフガオ州との境にはマガットダムがあり，電力を供給するとともに，カガヤンヴァレー地方に灌漑用水を提供している．ダムの貯水池では，ティラピアの養殖が行われている．また州内には，国内で最大の保護区である北シエラマドレ自然公園がある．

[高野邦夫]

イーシェン　黟県　Yi Xian　中国

黟県（古称）/えいけん（音読み表記）

人口：8.1万（2015）　面積：857 km²
[29°55′N　117°56′E]

中国東部，アンホイ（安徽）省南部，ホワンシャン（黄山）地級市の県．歴史の古い県で，ホイチョウ（徽州）文化と徽州商人の発祥の地の1つ．県政府は碧陽鎮に置かれる．常住人口は8.1万（2015）．北部に枕頭山，南部に白岳があり，全域が山がちの地形で，南部に盆地が点在する．山地で外界と隔てられているため，古く小桃源とよばれた．北のチャン（長）江へ向かってチンイー（青弋）江が流れる．秦代（紀元前221）に黝（ゆう）県が置かれ，漢代に広徳王国が置かれ，隋代には歙州の治所が置かれた．宋代に徽州に，元代に徽州路に，明，清代は徽州府に属した．1912年に黟県が置かれた．南部を皖贛鉄道と祁黄高速道路が東西に通る．県域の約8割が森林で，茶，クワなど商品作物の栽培が盛んで，特産品にシイタケ，キクラゲなどがある．おもな工業は製糸，農産物加工，文房四宝，玩具，木工品，機械部品などである．県内には皖南様式の明，清の伝統的民居や建造物が4000棟近く保存され，2000年にユネスコの世界遺産（文化遺産）に「安徽省南部の古村落―西逓・宏村」として登録された．シーディ（西逓）は桃花源里人家，ホンツン（宏村）は中国画里郷村とよばれる．

[林 和生]

イーシェン　易県　Yi Xian　中国

えきけん（音読み表記）

人口：53.8万（2010）　面積：2534 km²
気温：12°C　降水量：527 mm/年
[39°20′N　115°29′E]

中国北部，ホーペイ（河北）省中西部，パオ

ディン（保定）地級市の県．戦国時代，易水の別れで有名な易水は県域を源流とする．県政府はイーチョウ（易州）鎮に置かれている．タイハン（太行）山脈北部の山地，丘陵にあり，北西部の山地は標高約1000 m，最高峰の摩天嶺は1813 m．中部丘陵は100～300 m，東部は平原で40～100 m．拒馬河は北西部から北，中，南部にかけて流れる．安格庄，竜門，旺隆などのさまざまな規模のダムが20基以上，易水，孟津嶺，勝利などの用水路が140本以上あり，灌漑，養魚が盛んである．農作物は小麦，トウモロコシ，サツマイモ，アワ，綿花を主とし，省のタバコの主産地でもある．森林面積が県域の25.9%を占める．カキ，サンザシ，アンズ，リンゴ，クルミ，サンショウが栽培され，薬材植物資源も豊富である．セメント，陶磁器，化学肥料，機械，服飾，工芸美術などの工場がある．易水硯，端硯，歙硯が有名である．首都ペキン（北京）～タイユワン（太原）間を結ぶ鉄道が北西部を貫通し，国道112号と京獲道路が交差する．遺跡には清西陵，燕下都があるほか，荊軻塔，紫荆関長城，狼牙山五勇士の記念塔もある．清西陵は2000年に「明・清朝の皇帝陵墓群」の一部としてユネスコの世界遺産（文化遺産）に登録されている．

[柴 彦威]

イーシェン　義県　Yi Xian　中国

人口：40万（2012）　面積：2432 km²
[41°32′N　121°14′E]

中国北東部，リャオニン（遼寧）省チンチョウ（錦州）地級市の県．東部と西部をそれぞれイーウーリュイ（医巫閭）山とソン（松）嶺の低山や丘陵が占め，中部の平野をダーリン（大凌）河が貫流する．医巫閭山には自然保護区が設定されている．県政府の置かれる義州鎮は錦州の北50 kmにあり，遼代に建てられた奉国寺や北魏代につくられた万仏堂石窟がある．コーリャン，トウモロコシ，大豆の生産が盛んで，特産物としてナシやサンザシがある．

[小島泰雄]

イシククル州　Issyk-Kulskaya Oblast'　クルグズ

人口：43.8万（2009）　面積：43100 km²
[42°30′N　78°23′E]

クルグズ（キルギス）東部の州．イシククル湖周辺11万2714 km²に，1970年にカラコルを州都として形成された．北はカザフスタン，南は中国と国境を接する．現在の州は設

イーシェン(易県，中国)．清西陵にある清朝皇室の陵墓群の1つ，光緒帝の崇陵《世界遺産》〔Shutterstock〕

立当初より小さく，湖の北側にキュンギョイアラトゥ山脈，南側にテルスケイアラトー山脈，東側に夏の放牧地ジャイルーが点在し，東端にハンテングリ山がある．5行政区からなり，2009年の民族構成は，クルグズ人86.2%，ロシア人8.0%，カザフ人1.5%である．首都ビシケクから湖西バルクチュまで鉄道が通じ，ビシケクからバルクチュを経て湖を一周する道路，湖東端からカザフスタンにいたる道路，南へ中国を横断する道路がある． 〔木村英亮〕

イシククル湖　Issyk-Kul

クルグズ

ウシクキョル湖　Yssk-Kol（別称）

面積：6236 km²　標高：1607 m　深さ：668 m
[42°25′N　77°15′E]

クルグズ(キルギス)，イシククル州，ティエンシャン(天山)山脈北山系の中にある湖．中央アジアの真珠といわれる．高山に囲まれた盆地にある．平均深度は279 m，沿岸流域面積は2万2080 km²．北にキュンゲイアラトー山脈があり，標高4770 mのチョクタル山がそびえる．南側にはテルスケイアラトー山脈がある．北岸と西岸は低く，南岸は高く険しい．出口がないため水はやや塩分を帯びる．7月の水面温度は18〜20℃を超えず，冬は4.2〜5.0℃を下らないので結氷せず，熱い(ウシク)湖(キョル)の名をつけられた．7世紀に訪れた玄奘三蔵も熱海と漢訳している．東や南の湖岸には3000年前からイラン系の住民が住み，のちにトルコ系遊牧民が移住してクルグズ人が形成された．周辺の気候

は標高のわりにおだやかである．湖ではコイやマス漁ができるが，マスはアルメニアのセヴァン湖から放流されたものである．国内には1923の湖があり，総面積は6836 km²，国の面積の3.4%を占めるが，その91.2%はイシククル湖である．

湖を中心とするイシククル盆地は，長さ240 km，幅90 km，西部は砂漠・半砂漠で，東部はステップの植生がある．クルグズの主要な穀作・畜産地帯である．この地域の3万4800 km²は，1948年に自然保護区に指定された．岩砂漠とニガヨモギ，ウシノケグサのステップ，ムレスズメ属の花木，湖底のシャジクモ科の藻類などがある．国内最大の水鳥越冬地の1つであり，山岳地帯にはアカシカ，山岳山羊，ユキヒョウなどが生息する．
〔木村英亮〕

イシティハン　Ishtykhan

ウズベキスタン

Ishtixon（別表記）

人口：1.0万（1989）　[39°58′N　66°29′E]

ウズベキスタン中央部，サマルカンド州中央部の都市．州都サマルカンドの北西56 km，カッタクルガンの北東32 km，カラダリア川とアクダリア川の間に位置する．綿花生産の中心地である． 〔木村英亮〕

イシム川　Ishim, Reka

カザフスタン/ロシア

面積：177000 km²　長さ：2450 km
[57°43′N　71°13′E]

上・中流部はカザフスタンの北部，中・下流部はロシアのチュメニ，オムスク両州を流れている国際河川．イルトゥイシ川の支流の1つで，その左岸で合流している．源流はカザフスタンのカザフ台地北部のニヤズ山地であり，ここから両岸が岩の狭い谷を流れ，首都アスタナからは川幅は広がる．西シベリア平原に入るとイシムステップの平地を多数の旧河床を残した氾濫原を伴って流れ，下流では湿地中を流れる．雪によって涵養されている．流況は春季の増水は短期間であるが，5〜6月に最高水位となる．このとき下流では川幅が15 kmにまで広がる．その他の時期は安定した流量である．平均流量は河口から215 kmさかのぼったヴィクロヴォ村で毎秒59.4 m³である．水は給水や灌漑用に広く利用され，そのために人工貯水池もつくられている．結氷は11月上旬で，解氷は4〜5月である．舟運に利用されているのは，ロシアでは河口からヴィクロヴォ村までであり，カザフスタンではペトロパヴル(ペトロパヴロフスク)から上流へ270 kmである．
〔小俣利男〕

イーシュイ県　沂水県　Yishui

中国

ぎすいけん（音読み表記）

人口：115.1万（2015）　面積：2414 km²
[35°47′N　118°37′E]

中国東部，シャントン(山東)省南東部，リンイー(臨沂)地級市の県．沂山南麓に位置する．歴史は古く，県名は県内を流れる沂河に由来する．西部と北部は低山，東部と北東部は丘陵，中部と南部は平野からなる．泰薄頂（標高916 m）が最高峰である．沂河中流にある跋山ダムは，山東省では大型ダムの1つである．鉄鉱石や黄金など地下資源が豊富であり，沂山国立森林公園や戦国時代の長城遺跡などがある． 〔張　貴民〕

イシュコーシム　Ishkoshim

タジキスタン

イシュカーシム　Ishkashim（別称）

人口：0.7万（2009）　[36°44′N　71°36′E]

タジキスタン東部，ゴルノバダフシャン自

治州南西部の村. 州都ホログの南 89 km, パミール, ワハン渓谷の入口に位置し, アフガニスタンとの国境を流れるパンジ川河畔にある. 馬の飼養が行われる. アフガニスタンにも同名の町がある.　　　　　［木村英亮］

イシュン　Yishun　　　シンガポール

ニースーン　Nee Soon（別称）

人口：18.5 万（2010）　面積：22 km²
　　　　　　　　　　　　［1°25′N　103°50′E］

　シンガポール, シンガポール島中央北部の地区. マレーシアとの国境をなすジョホール水道橋の南東 8 km ほどのところに位置する. 1828 年の地図に Sempang 川と書かれた流域である. かつては, アッパーセレター貯水池とロワーセレター貯水池の間あたりをさす地名として, ニースーンとよばれた. ニースーンという地名はパイナップル王として知られる華僑のリム・ニー・スーン（林義順, 1879–1936）にちなみ, イシュンはニースーンの北京語表記である. リム・ニー・スーンは潮州人で銀行家, 開発業者であるとともに学校教育にも尽力した. この地に広大な土地を所有するゴム生産者で, 彼のゴム取引会社は 1911 年に設立された. また, 華人高校の設立やラッフルズカレッジ（現マラヤ大学・シンガポール国立大学）の委員会の委員も務めた. イシュン地域の開発には多くの潮州人がかかわってきた. 方言を北京語にかえるキャンペーンの中でイシュンに改名された. のちにシンガポール政府はこの方針を撤回したが, イシュンは現在はコミュニティセンターや軍キャンプ地, 通り, 公園, ニュータウンなどの名前として残っている. イシュンニュータウンの建設は 1980 年代に始められ, その人口は約 17.3 万（2010）である.
　　　　　　　　　　　　　　　　［髙山正樹］

イーシン市　宜興市　Yixing　　中国

義興, 荊邑, 陽羨（古称）

人口：125.3 万（2015）　面積：2177 km²
　　　　　　　　　　　　［31°20′N　119°49′E］

　中国東部, チャンスー（江蘇）省南東部, ウーシー（無錫）地級市の県級市. 古代には荊邑と称され, 春秋時代は呉に属した. 秦代には会稽州を管轄し, 陽羨県という名に変わる. 西晋には義興州になった. 隋代に義興県として常州に属し, 宋代に宜興県になった. 1983 年に無錫市に属し, 88 年に県から宜興市になった.
　地勢は南が高く北が低い. 竹, 松, 杉があ

り, 江蘇省の孟宗竹の主産地である. 動物資源にはキジ, オウジャク, コウライウグイス, ガビチョウなどの鳥類, シラウオ, ケツギョ, タウナギなどの魚類, それにオオカミ, イノシシ, キツネ, ハリネズミ, リス, センザンコウ, ノウサギなどの哺乳類が生息する. 甲泥, 紫砂, 白泥, 若泥などの陶土の採掘が盛んであり, 石炭や泥炭があり, 地下水が豊富である.
　農業は穀物, 搾油作物, 野菜などを生産し, 太湖での水産業も行われている. 機械, 金属, 化学などの工業があり, 陶磁器の歴史が長い. 観光都市であり, 名所に善巻洞, 竹海, 竜背山森林公園などがある. 新長鉄道（シンイー（新沂）～チャンシン（長興）), 高速道路の長深線（チャンチュン（長春）～シェンチェン（深圳）)や錫宜線（ウーシー（無錫）～宜興）が通る.
　　　　　　　　　　　［谷　人旭・小野寺　淳］

いず・おがさわらかいこう　伊豆・小笠原海溝　Izu-Ogasawara Trench
　　　　　　　　　　　　　　北太平洋西部

長さ：850 km　幅：11 km　深さ：9780 m
　　　　　　　　　　　　［29°12′S　142°50′E］

　北太平洋西部の海溝. 日本の房総半島沖から南東方向に連なる. フィリピン海プレートに太平洋プレートが沈み込むことによって形成され, 最も深いところでは海面下 9780 m に達し, その位置は小笠原諸島北東にある. 長さ約 850 km で海溝の底は幅 11 km ほどの平らな面になっている. 海溝軸に沿って重力フリーエア異常の負（−300 mGal）の帯があり, 地殻熱流量も低い. 母島の南東にはやや浅い部分（母島海山）があるが, ここが伊豆・小笠原海溝とマリアナ海溝との境界点とされることが多い. 北に日本海溝および相模トラフ, 南にマリアナ海溝が連なる.
　伊豆・小笠原海溝から沈み込んだプレート（リソスフェア）は, 伊豆諸島, 小笠原諸島付近でマグマとなって上昇し, 伊豆・小笠原島弧とよばれる火山列島の島弧をつくっている. この海溝付近では八丈島東方沖地震（1972 年, M 7.2）, 父島近海地震（2010 年, M 7.8）などが発生しており, 津波や強い揺れによって被害を受けたことがあるが, 伊豆・小笠原海溝付近では M 8 程度の巨大地震の発生は知られていない. 伊豆諸島の周辺では, 火山活動に関連して, 噴火の前後に大規模な群発地震が発生し, 大きな被害が生じることがある. 最近では, 伊豆大島では「1986 年伊豆大島噴火」に伴って最大 M 6.0 の地震が発生した. また, 2000 年 6 月に始

まった三宅島の火山活動に伴って最大 M 6.5 の地震が発生し, 多数の死傷者が出た.
　　　　　　　　　　　　　　　　［前杢英明］

イースター島　Easter Island　　チリ

イスラデパスクア　Isla de Pascua（西語）/ラパヌイ　Rapa Nui（別称）

人口：0.6 万（2012）　面積：164 km²　気温：20.5℃
降水量：1220 mm/年　　［27°09′S　109°26′W］

　南アメリカ, チリの大陸部から約 3700 km の太平洋上に位置する島. 現地ではスペイン語でイスラデパスクア（パスクア島）, また先住民言語でラパヌイとよばれる. 行政上はバルパライソ州（V 州）に属する県（プロビンシア）で, 県庁所在地はハンガロア Hanga Roa. チリ領にありながら地理的にはポリネシア文化圏に属し, モアイ像をはじめとする特有の文化遺産や自然環境で知られる孤島である.
　島では 3～10 世紀頃にポリネシアの人びとによって定住が進んだとされており, その後 16 世紀初頭まで周囲とは隔絶された空間の中で独自の文化が開花した. 祖先の姿をかたどったとされる巨大な石像モアイや祭壇アフなどの建造物がとくによく知られているほか, 島内には農耕や埋葬, 住居に関連するさまざまな遺構が残されている. 2 m から大きいもので 20 m にも達するモアイの建造・運搬方法についてはさまざまな学説があり, 「ラノララクの採石場」には彫り出し途中のモアイが多く残り貴重な歴史的資料となっている. モアイの背中には精巧なレリーフが施されており, 彫刻に使用された石斧はトキとよばれる. 島内には石盤彫刻も残されており, いまだ解読されていないロンゴロンゴとよばれる独特の絵文字も含め高度な文化が発達していたことがうかがえる.
　沿岸部での集落形成が進み, 最盛期には 1 万を超える人口を有したとされるイースター島であるが, 16 世紀までにはすでに森林破壊が進み, 舟の材料の不足による漁業の衰退並びに農業の衰退が起きるなど, 生態系破壊による文明崩壊の危機を迎えていた. 以後, 更なる資源の枯渇, 島内紛争の勃発, さらにヨーロッパ諸国をはじめとする外部世界との接触に端を発する環境変化などにより, 急激に衰退していくこととなる. 生産力減退に伴う食糧難の下で部族間の紛争が発生する中, 建造・運搬に多くの木材や人力を要するモアイ崇拝は勢いを失い, 古くからの伝説にもとづくいわゆる「鳥人信仰」が支配的となったとされており, この過程で多くのモアイが破

壊されたり引き倒されたりしたといわれている．沖合の小島から海鳥の卵を最初に持ち帰った者をその年の王とする「鳥人儀礼」の場となった南西のオロンゴ Orongo 岬には，現在も多くの鳥人を描いた壁画や石造建築が残されている．鳥人信仰はヨーロッパ人によってキリスト教信仰がもたらされる 19 世紀半ばまで続いた．

ヨーロッパ人として初めて島へ到達したのはオランダ東インド会社のヤコブ・ロッゲフェーン(1654-1729)とされており，1722 年のことであった．その到達日がキリスト教復活祭の日曜日であったことからイースター島の呼称が生まれた．以降，1770 年にスペインが島の領有を主張したほか，74 年にはイギリスのジェームズ・クック(1728-79)，86 年にはフランスのラ・ペルーズ伯ジャン＝フランソワ・ド・ガロー(1741-88)といった探検家が島に到達するなど，島と外部世界との接触が拡大していく．19 世紀後半には島民が奴隷として連行され，中でも 1862 年のペルーの奴隷船による強制連行では島民約 2000 人が連行され，うち島への生還を果たしたのは数十名のみであった．さらに外部から持ち込まれた天然痘をはじめとする伝染病によって島民には大きな被害がもたらされ，19 世紀末には島の先住民人口は 100 程度にまで激減したとされている．

1888 年にイースター島はチリ領となり，現在の人口は約 4000 で，チリ大陸部からの移入民と先住民によって構成されている．島の主産業は観光．島の大部分がラパヌイ国立公園に指定されており，うち 7000 ha あまりが「ラパ・ヌイ国立公園」として 1995 年にユネスコの世界遺産(文化遺産)に登録されている．隔絶された環境下で発達した文化の芸術性・固有性，ならびに乱開発による生態系の危機と外部世界との接触によって衰退をたどったその歴史的経緯が有する現代社会への意義などが高く評価された．公園内には約 900 体のモアイと 300 台のアフが残されており，15 体のモアイが乗るアフがあるトンガリキ Tongariki の風景はとくに有名である．これらの遺跡観光のほかに，アナケナ Anakena のビーチ，火山や高原での乗馬・トレッキング，スキューバダイビングといった自然観光も盛んであり，毎年 2 月には 2 週間にわたりタパティとよばれるラパヌイ文化の祭事が行われ活況を呈する． ［村瀬幸代］

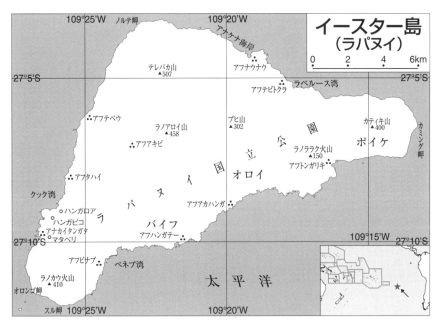

イスタラフシャン　Istaravshan

タジキスタン

ウラチュベ　Ura-Tyube (旧称) ／ウロテパ　Uroteppa (古称)

人口：4.8 万 (1991)　　　　　　　　　［39°58′N　69°00′E］

イースター島(チリ)，アフトンガリキのモアイ像《世界遺産》〔Shutterstock〕

110　イスタ

〈世界地名大事典：アジア・オセアニア・極 I〉

タジキスタン北西部，ソグド州の都市．2000 年にウラチュベから改称された．トルキスタン山脈の北麓にある．首都ドゥシャンベ～州都ホジェント間の道路沿い，ホジェントの南西 64 km，鉄道分岐点ハヴァストの南 45 km に位置する．小麦，ブドウ栽培地帯でワイン醸造の中心地である．また缶詰などの食品工業のほか，レンガ，メリヤスなどの軽工業がある．ラクダ毛加工も行われている．付近にカッタサイ，ダガナサイ貯水池がある．古くから木彫り，彫金，刺繍などの工芸の中心であった．15 世紀の建築跡，16 世紀前半に建立され 17 世紀に建て替えられたコク・グンベス・イスラーム寺院，16～19 世紀の宗教建築群サリマザルなどがある．1866 年にロシアの支配下に入り，1945～46 年にはウラチュベ州の中心地であった．かつてウロテパとよばれた．アケメネス朝期，ペルシアのキュロス王が中央アジアにつくったキュロポリスであるといわれる．地方史博物館がある．

[木村英亮]

イースタンサマール州 ☞ 東サマール州
Eastern Samar, Province of

イースタンハイランズ Eastern Highlands ☞ グレートディヴァイディング山脈 Great Dividing Range

イースタンハイランド州　Eastern Highlands Province

パプアニューギニア

東部高地州 (日本語)

人口：58.0 万 (2011)　面積：11000 km²
標高：2230 m　　　　　[6°01′S　145°20′E]

南太平洋西部，メラネシア，パプアニューギニア中央部の州．高地地方にあり，東部高地州とも表記される．州都はゴロカ．ダウロDaulo，ゴロカ，ヘンガノフィ Henganofi，カイナントゥ Kainantu，ルファ Lufa，オブラ/ワニナラ Obura/Wonenara，オカパOkapa，ウンガイ/ベナ Unggai/Benna の8 郡がある．州域には，マイケル山（標高3750 m），オト山（3546 m）をはじめとする3000 m 級の険しい山が連なり，北海岸に注ぐラム川の上流部，南海岸に注ぐプラリ川の支流であるアサロ川，ラマリ川などが刻む谷が広がる．この地の伝統的な生業はサツマイモを中心とした焼畑農耕である．北部には農業に適した肥沃な土地が多いが，アサロ川，ラム川上流では，焼畑などの火入れのくり返しにより草地に変わっている場所もみられる．州北部には高地縦貫道が走り，沿線にはゴロカ，カイナントゥなどの町が発展して，パプアニューギニアの主要な輸出品であるコーヒーなどの物資の移出入や人の往来が盛んである．これに対し，山がちな南部は開発が遅れ，現金収入機会も限られている．

この地域を最初に訪れた西洋人は，ルーテル派教会の宣教師であり，1927 年のことである．それに続いて 1930 年代には，金鉱探しのオーストラリア人や，植民地政府の巡視官が訪れるようになる．第 2 次世界大戦後の1946 年には，ゴロカは高地地方の行政中心となり，50 年代初めには海岸部のモロベ州の州都レイとの間が道路で結ばれた．住民には，ルーテル派のほか，戒律の厳しいセブンスデイ・アドベンチスト教会の信者が多い．言語は 20 を数え，文化も多様であり，シンシンとよばれる伝統的な祭りの踊りやその装束も多彩である．中でもアサロ渓谷の人びとの泥の仮面をかぶったマッドマンの踊りは有名である．

[熊谷圭知]

イースト岬　East Cape

ニュージーランド

標高：154 m　　　　　[37°42′S　178°23′E]

ニュージーランド北島最東端，ギズボーン地方の岬．テアラロアの東 24 km，この地方の中心であるギズボーンの北東約 120 kmに位置する．岬の名は，1769 年にジェームズ・クックによって名づけられた．日付変更線に近く，世界最東の岬として世界で最初に日の出をみられるところの 1 つといわれる．沖にはイースト島があり，1900 年に灯台が建設された．しかし灯台は，交通の便の悪さや地滑りの危険性から 1922 年に本島に移された．その後，1985 年に完全自動化され，現在は首都ウェリントンにある制御室が管理している．標高 154 m 地点に建っており，灯台まで 700 段の階段が敷設されている．海岸は新第三紀層からなる急峻な海食崖をなし，付近には最終間氷期最盛期の海成段丘の遺物がある．岬の西側は段丘がおよそ標高300 m に達しており，隆起が顕著にみえる．

地名は，マヒア半島北部からウレウェラ国立公園に渡るギズボーン地方一帯をさす場合にも用いられる．ウレウェラ国立公園は，北島で最も広い 2130 km² の広大な原生林があり，森林中には静寂なワイカレモアナ湖とワイカレイティ Waikareiti 湖がある．湖水周辺にはトレッキングルートが整備されているが，自動車道路は舗装されていない．森林に覆われ，交通の便が悪い遠隔地であるため，先住民であるマオリのガティポル種族が長らく支配的であった．1860 年代には，ヨーロッパ人入植者に対するマオリの抵抗運動である土地戦争が勃発した地域である．現在でも白人に比べてマオリの人口が圧倒的に多く，彼らの伝統文化の維持が重要視されている．1991 年には，政府がマオリによるヒクランギ山（標高 1754 m）の返還要求に応じた．

[林 琢也]

イーストウッド　Eastwood

オーストラリア

人口：1.6 万 (2011)　面積：5.2 km²
　　　　　　　　　[33°47′S　151°05′E]

オーストラリア南東部，ニューサウスウェールズ州中央東部，ノースシドニー行政区の地区．シドニー都市圏中心部の北西 17 kmに位置し，ライド市とパラマッタ市にまたがっている．もとは先住民のイヨラ（Eora）が居住していた地域であった．地名は，ここに土地を購入したウィリアム・ラトレッジが1840 年に建てたイーストウッドハウスに由来する．シドニー都市圏北部の一大商業中心地で，シティレールノーザン線のイーストウッド駅があり，セントラル駅までの所要時間は約 30 分である．海外からの移民や外国人が多く居住する地区となっている．

[落合康浩]

イーストグレースフォード　East Gresford

オーストラリア

人口：315 (2011)　面積：1 km²
　　　　　　　　　[32°26′S　151°33′E]

オーストラリア南東部，ニューサウスウェールズ州中央東部，ダンゴク行政区の村．州都シドニーの北約 190 km，シングルトンの北東約 40 km に位置する．先住民のグリンガイ（Gringai）の居住した地区である．この地への初期の入植者がウェールズ人だったことから，地名は，北ウェールズの町グレースフォードにちなんでいる．西側にあるグレースフォード（ウェストグレースフォード）のほうが集落は古く，学校や教会がある．集落規模はイーストグレースフォードのほうが大きく，商店が集まっているほか，グレースフォードのサッカークラブもこちらにある．村の北方には，1986 年にユネスコの世界遺産（自然遺産）に登録された「オーストラリアのゴ

イーストセピック州　East Sepik Province

パプアニューギニア

東セピック州（別表記）

人口：45.1万（2011）　面積：43426 km²
[3°34′S　143°38′E]

南太平洋西部，メラネシア，パプアニューギニア北部の州．東セピック州とも表記される．州都はウェワクである．セピック川流域の大半を含み，国内の州の中で2番目に大きい面積をもつ．マプリク，ウェワク，アンゴラム，アンブンティ/ドゥレキキエル Ambunti/Drekikier，ウォセラ/ガウイ Wosera/Gawi，ヤンゴール/サウシア Yangoru/Saussia の6郡がある．州内には約60の言語集団が存在する．州の領域は北から，ウェワクを含む海岸部とショーテン Schouten 諸島などの島々，アレクサンダー山脈（北部丘陵地域），セピック川流域（チャンブリ湖を含む），その南部支流域（セピック丘陵）からなる．セピック川北部の平原には草地が広がり，セピック川とその支流域には湿地やサゴヤシ林が広がる．自給用作物は，タロイモ，ヤムイモ（とりわけ北部丘陵地域），サゴヤシ（とりわけセピック川とその支流域）である．

セピック川河口のムリック湖は，マングローブの湿地であり，初代首相マイケル・ソマレの出身地としても知られる．州第2の都市マプリクは，バニラなどの換金作物の集産地として近年繁栄している．セピック川流域は，ピジン語でハウスタンバランとよばれる大きな精霊堂や，動物と人，精霊が混淆した造形・木彫などの伝統文化で世界的に知られる．セピック川流域にあるアンゴラム，アンブンティの町はセピック観光の拠点ともなっている．中央高地からセピック川に流れ込む支流としては，西からメイ川，レオナルドシュルツ（ワリオ）川，ウォゴムシュ川，エイプリル川，サルメイ（コロサメリ）川，カラワリ川，ユアット川，ケラム川などがある．高地とセピック川の間に位置するこれらの支流域は，多数の小規模な民族集団が散在し，人口は希薄であり，モーターカヌーや小型飛行機しか移動手段がない．州域が広大なため，交通などのインフラ整備が十分ではなく，教育や保健医療などのサービスも奥地までは行き届かず，開発は遅れている．

ドイツによる植民地化の開始は1884年のことであるが，この地域にはほとんど開発がなされず，住民の一部が島嶼部のプランテーション労働者として徴用された程度であった．1912年には，カトリックの教会がウェワクに設立される．第2次世界大戦中は，日本軍の部隊がこの地域に大規模に侵攻し，激しい戦場となった．爆撃や日本兵による食物の掠奪，病気の蔓延などで地元の住民も多大な被害を受けた．この地には日本兵との出会いを記憶する村人も多く，日本から訪れる遺族団や戦跡巡礼の人びとも絶えない．
[熊谷圭知]

イーストタマキ　East Tamaki

ニュージーランド

ファーンズワース　Farnsworth（旧称）

人口：0.5万（2006）　[36°57′S　174°54′E]

ニュージーランド北島，オークランド地方の町．オークランド郊外のマヌカウ東部に位置する．現在は，急速に成長を遂げる居住地域と軽工業・商業地域の混合した地域であるが，1960年代以前はおもに酪農地帯として著名であった．かつてはファーンズワースの名称で知られていた．　[林　琢也]

イーストニューブリテン州　East New Britain Province

パプアニューギニア

東ニューブリテン州（別表記）

人口：32.8万（2011）　面積：15274 km²
[4°21′S　152°16′E]

南太平洋西部，メラネシア，パプアニューギニア東部の州．ニューブリテン島の東半分を占める．州都はかつてはラバウルだったが，1994年の噴火で市街が破壊され，隣接するココポに移転した．ガゼル Gazelle，ココポ，ポミオ Pomio，ラバウルの4郡がある．火山性の肥沃な土壌を生かし，ドイツ植民地時代から，コプラやカカオなどのプランテーションが発展した．州域は，ラバウル，ココポなど沿岸部の町とバイニン山地を含むガゼル半島，ナカナイ山地，南部海岸，およびニューブリテン島周囲の40の小島からなる．ニューブリテン島全体を通じて火山活動が活発であり，ウラウン山（標高2334 m），バムス山（2234 m）などの山がある．ドイツの植民地化が始まるのは1870年代の半ばであり，ナカナイ山地，バイニン山地では，83年には初めてのココヤシのプランテーションが開かれた．ドイツ領ニューギニアの中心地は，当初ココポに置かれたが，1910年に新たに市街が建設されたラバウルに移った．1942年1月，日本軍はラバウルを占拠し，南太平洋の中心的な軍事拠点とし，防衛用の洞窟を張り巡らし，一時は10万人以上の将兵が駐留した．

州内の13の言語集団のうち最大がトーライであり，2/3の人口がこのトーライの言葉を母語とする．トーライの人びとは国内では早くから近代化が進み，教育程度が高いが，一方で現在でも貝貨を贈与交換や婚資に用いたり，ドックドックとよばれる男性秘密結社の儀礼など，伝統的な文化を守っていることでも知られる．パプアニューギニアの共通語であるピジン語は，プランテーションでのコミュニケーションのために発展した言語であり，トーライ語の語彙（木，ワニ，飛行機など）が多く取り入れられている．　[熊谷圭知]

イーストボーン　Eastbourne

ニュージーランド

人口：0.5万（2013）　[41°18′S　174°54′E]

ニュージーランド北島南部，ウェリントン地方の町．ローワーハット郊外に位置する．ローワーハットの南5 kmにあるウェリントン港の東岸にあり，対岸にはウェリントン国際空港のあるミラマー半島がある．沿岸には，ハワード岬，ローリー湾，ヨーク湾，マヒナ湾，デイズ湾，ロナ湾，ロビンソン湾といった主要な湾と，それよりも小規模なソレント湾とサンシャイン湾が広がる．南部にはイーストボーンドメインレクリエーション保護区がある．西岸の首都ウェリントンとの間には定期フェリーが運航しており，所要時間は片道約25分となっている．デイズ湾の波止場にて乗降する．海岸沿いには多くの散策路があり，週末には地元の住民や観光客が散歩を楽しむ．　[林　琢也]

イーストランド　Eastland

ニュージーランド

[38°39′S　178°00′E]

ニュージーランド北島，ギズボーン地方とベイオブプレンティ地方の一部にかかる地域．北東部に突き出た半島の一帯をさす．半島全体は森林に覆われた山地で，イーストランドの突端がイースト岬であり，これはニュージーランド本土の最東端にあたる．半島の南にあるギズボーンはこの地域で最大の都市で，三方を丘陵地に囲まれたポヴァティ湾に

流入するワイマタ川の三角州に発展した港町である. 1990年に石川県野々市町(現在は市)と姉妹都市の提携を結んでいる. また, ジェームズ・クックがニュージーランドに初めて上陸した場所でもあるため, 記念碑や銅像が建てられている.　　　　　[林 琢也]

イストルオナール山　Istor-o-Nal

パキスタン

標高:7403 m　　　　　[36°23′N 71°54′E]

パキスタン最北端, カイバルパクトゥンクワ州の山. チトラルの北約60 kmに位置するヒンドゥークシュ山脈第3位の高峰である. 山名は現地の言葉コワール語で馬 Istor, の o, 蹄 Nal の意で, 1928年に測量したインド測量局のD・バーンがその山容から命名した. チトラルの高山には妖精が住んでいて, 近づく者に災いを及ぼすという俗信があり, バーンは測量翌年に登頂を試みたが失敗し, 数年後不慮の死を遂げたという. その後も多くの登山隊が登頂に挑戦したが, 初登頂は1969年スペインのアングラーダ隊を待たねばならなかった. 7000 m峰が11座ある大山塊のティリチミール山群に属し, 上部ティリチ氷河を隔てて南南西約16 kmにヒンドゥークシュ山脈の最高峰ティリチミール山(標高7706 m. 7708 m説もあり)がある.
　　　　　[出田和久]

イスファナ　Isfana

クルグズ

人口:1.3万(1989)　　　　　[39°50′N 69°32′E]

クルグズ(キルギス), バトケン州の村. トルキスタン山脈およびカラスー山脈の北面にあり, タジキスタンのホジェントの南48 km, 州都バトケンの西南西160 kmに位置する. 小麦の生産が盛ん. 2015年, 日本政府はオーシとイスファナを結ぶ国際幹線道路の一部改修などの円借款貸付契約を行った.
　　　　　[木村英亮]

イスファラ　Isfara

タジキスタン

人口:4.1万(2008)　面積:832 km²　標高:863 m
　　　　　[40°07′N 70°38′E]

タジキスタン北西部, ソグド州東部の都市. トルキスタン山脈の山麓, イスファラ河畔, 州都ホジェントの東106 km, カニバダムの南東24 kmに位置する. 人口は1956年の1.2万から, 91年には3.6万, 2000年に

3.7万と増加している. おもな産業は, 照明器具, 鉱物性染料, 建設資材, アプリコット缶詰などの製造, タバコ, 綿花, 石油などである. 付近にオゾセリト採石場がある. 町は16世紀から知られており, 中央アジア最古の都市の1つで, 16世紀のアブドラ・ハンのメチェチ(モスク), 中世の要塞カライ・ボロ跡がある. 近隣のチョルク村にはハズラチ・ババ廟(10〜12世紀)がある.
　　　　　[木村英亮]

イスマイリサマニ峰　Ismaila Samani, Pik

タジキスタン

Ismoili Somoni, Qullai (タジク語・別称)／コムニズム峰 Kommunizm (旧称)／スターリン峰(古称)

標高:7495 m　　　　　[38°55′N 72°02′E]

タジキスタン東部, ゴルノバダフシャン自治州の山. アカデミヤナウク山脈にあり, タジキスタンおよび旧ソ連の最高峰である. 1933年にスターリン峰と名づけられたが, 62年にコムニズム峰と改称され, 98年に10世紀のサーマン朝の王にちなんで, 現名称に改称された. 周辺には東北東のクルグズ(キルギス)国境にレーニン峰(標高7134 m), 南南東にレヴォリューツィア山(6974 m)がある.
　　　　　[木村英亮]

イスラデパスクア　Isla de Pascua ☞ イースター島 Easter Island

イスラマバード　Islamabad

パキスタン

人口:80.5万(1998)　面積:906 km²
標高:450-600 m　降水量:1150 mm/年
　　　　　[33°42′N 73°10′E]

パキスタンの首都. パンジャブ州北西部, 標高450〜600 mほどのポトワル高原の北東端, マールガラ丘陵南麓に位置する. 地名は, ウルドゥー語でイスラームの町を意味する. 独立当初から, パキスタンという国を構成する多様な言語集団・地域集団の文化, 伝統, 民族的アイデンティティを反映した, 新たな恒久的首都の建設が論じられていた. 当初の首都カラチでは南にかたよりすぎ, 過度に外国文化にさらされるということで, 新首都の位置は, イスラーム教の観念を考慮して, ビジネスや商業的利害には関係せず, かつ国内各地からの交通の便がよく, 中央アジアのイスラーム教国にも近接するところ, さ

らに防衛上の必要条件や物資の供給, 気候, 自然景観などの観点から検討された. その結果, パキスタンの軍事上の最重要地であるラワルピンディの北東約10 kmに決定し, 1959年, 新首都イスラマバードの建設が開始された. 1970年にほぼ完成. 新首都建設中の1960〜66年まではラワルピンディが暫定的に首都であった.

ギリシャの建築家コンスタンティン・ドキシャデスの設計による計画都市で, おおむね1マイル間隔の方格状の街路パターンを有し, 行政, 大使館, 住宅, 教育, 工業, 商業, 田園, 緑地の8つの地区に区分される. 並木のある幅の広い街路で画され, 各区域にはそれぞれ商業地と公園が設けられている. 都市計画全体としては, 将来, 統一的な区画, つまり先述の方格街路網でラワルピンディをも包含した大都市にする構想がある. その一端として, 町の南西部の工業地区がラワルピンディに隣接して置かれている. 一方, 町の東北端部に広大な敷地を有するカーイデ・アーザム大学があり, その西に国会議事堂や行政府地区, 南西に大使館地区が配置されている.

町の南東部のクーラング Kurang 川に, 給水源としてラーワルダム(湖)が建設され, ピクニックスポットとして市民に親しまれている. その西の丘にシャカルパリアーン公園があり, 園内には国立民俗伝統遺産研究所博物館がある. 展望台からは整然とした緑の多い美しい町並みが一望でき, 正面のマールガラ丘陵南麓にはサウジアラビアの援助でつくられたシャー・ファイサル・モスクの壮大な建物が威容を誇る. このモスクは世界第2位の規模といわれ, 屋根は大理石で, 高さ90 mの4つの塔をもち, 1.5万人を収容でき, 庭も含めると10万人が同時に礼拝できるという. この公園の北西角に, 東西方向のスフラワルディ通りと, 南方向のベナジールブット(イスラマバード)国際空港から通じるイスラマバードエクスプレスウェイとの交点があり, ここがゼロポイントとなっている. いずれもGTロード(大幹線道路)につながり, ラホールやペシャーワルなどの大都市に通じる.

気候は, 北に標高1500 mに達するマールガラ丘陵があるため, 7〜8月はモンスーンによる降水量は月平均300 mm前後で, その他でも50 mmを超える月が6カ月あり, 年平均降水量に恵まれている. 年平均湿度は約55%である. また月間の最低気温と最高気温の平均をみると, 最も寒い1月の平均がそれぞれ2.6℃, 17.7℃, 最も暑い6月が

イスラマバード(パキスタン), サウジアラビア国王シャー・ファイサルの寄進による南アジア最大級のファイサル・モスク〔khlongwangchao/Shutterstock.com〕

23.7°C, 38.7°Cと, 寒暖の差が比較的小さく, 国の平地部にあっては比較的過ごしやすい気候である. 直線距離で西約25 kmに, 1980年にユネスコの世界遺産(文化遺産)に「タキシラ」として登録されたタキシラの都市遺跡群がある. 〔出田和久〕

イスラマバード Islamabad ☞ チッタゴン Chittagong

イスラン Isulan

フィリピン

人口:9.1万 (2015)　面積:541 km²
[6°38′N　124°36′E]

フィリピン南東部, ミンダナオ島南東部, スルタンクダラット州の都市で州都. かつては, コロナダルおよびデュラワン Dulawanの自治体下にあった. イスランは所属しているスルタンクダラット州だけではなく, 南コタバトおよび南ダバオの各州の自治体に近いという交通上の要衝でもある. 稲作中心の農業が実施されているが, 2007年より行政主導によるバナナ栽培が奨励されている. その他アブラヤシ, ココナッツのプランテーションもあるが, 収穫量が少ないので市場に出ることはない. 住民の大半はビサヤ諸島やルソン島からの移住者であり, カトリック教徒である. 少数であるが, イスラーム教徒もいる. 主要言語は大多数の住民が話すイロンコア語であり, キナラア語, セブアノ語が話されている. 〔田畑久夫〕

イズリントン Islington

ニュージーランド

人口:0.3万 (2013)　　[43°33′S　172°30′E]

ニュージーランド南島, カンタベリー地方の町. クライストチャーチ市域の郊外にあり, クライストチャーチの西11 km, 後氷期の堆積物からなる平野に位置する. おもな産業は農業や食肉の冷凍加工である. 警察署, ホテルなどがある. 地名は, 1903年頃にクライストチャーチ食肉会社の冷凍部門の中心地に使われ, のちに周辺の集落全体に使われるようになった. イギリス, 首都ロンドン北部のイズリントンに由来している.

〔太田陽子〕

イタナガル Itanagar

インド

人口:5.9万 (2011)　標高:350 m　気温:22.2°C
降水量:2289 mm/年　　[27°05′N　93°36′E]

インド北東部, アルナーチャルプラデシュ州パプムパレ県の都市で, 州都および県都. 市域は, ヒマラヤ山脈東部のふもとのゆるやかな斜面に広がり, 南に接するアッサム州との境界に近い位置にある. 標高は平均で350 mほどで, 州都であることから, 交通網は発達している. 空路は, 南15 kmに位置するナハルラグン Naharlagun郊外のヘリポートから南接するアッサム州の最大都市ゴウハーティとの間で, ヘリコプターの定期路線がある. 道路は, 国道52 A号が市内中央を北東から南西方向に抜け, 州境を越えてアッサム州のゴウハーティと380 kmの距離で結ばれ, バスの定期便が両市を結ぶ. 最寄りの鉄道駅は, 2014年に開業したナハルラグン市駅で, 町とは国道52 A号で結ばれる.

町は, この地域を支配した王族が, 14～15世紀にイタ城を建設したことに起源をもつ. 地名は, イタの町を意味する. 気温は, 高温期は7～8月で平均30°C, 平均最高気温は40°Cに達する. 降水量は, 温暖冬季少雨気候(CWb)区に属すため, 雨季の7～10月には月平均400～500 mmの雨が集中的に降る. 住民は, インド北東部の部族民が多い. 衣食住などは, チベット文化の影響を強く受けている. 市域には, 州都, 県都として行政機関や大学などの高等教育機関が集まるが, 観光地としてもその名を知られる. 見どころは, 15世紀に築造されたイタ城址, ガンガー湖, ダライ・ラマ14世が奉献した荘厳な仏教寺院, ジャワハルラル・ネルー記念博物館, インディラ・ガンディー記念公園などである. なお, 中国との国境が未確定のため入域制限がある州で, 国外からの訪問にはインド政府の入域許可証が必要となる.

〔中山修一〕

イタハリ Itahali

ネパール

人口:7.5万 (2011)　標高:115 m
[26°40′N　87°16′E]

ネパール南東部, スンサリ郡(コシ県)の都市で郡都. タライ地方, サプタコシ Sapta Kosi川東岸に位置する郡の中心都市で, 特別市に指定されている. マヘンドラ(東西)ハイウェイ(H1)とビラトナガル～ダンクータ間を結ぶコシハイウェイ(H8)が交差する東部の交通の要衝として発展した. 〔八木浩司〕

イタルシ Itarsi

インド

人口:9.4万 (2001)　　[22°39′N　77°48′E]

インド中部, マッディヤプラデシュ州中部ホシャンガーバード県の都市. 州都ボパール, グワリオル, インドールを結ぶ鉄道の分岐点で, 鉄道の操車場がある. サトプーラ山脈からの木材などの市場であり, 家畜の定期市も開かれる. ハリシン・グル大学傘下の大学がある. 〔澤 宗則〕

イチャルカランジ Ichalkaranji

インド

人口:28.8万 (2011)　　[16°40′N　74°33′E]

インド西部，マハーラーシュトラ州コール ハープル県の都市．コールハープルの約30 kmに位置する．綿織業で有名な都市で，マ ハーラーシュトラ州のマンチェスターとよば れる．現在も工業化が進行している.
[澤　宗則]

イーチャン県　宜章県　Yizhang

中国

人口：58.9万 (2015)　面積：2118 km²
[25°24′N　112°57′E]

中国中南部，フーナン(湖南)省，チェンチ ョウ(郴州)地級市の県．市政府はユィーシー (玉渓)鎮に所在する．山間に盆地や狭小な河 谷平野が分布する．河川はチュー(珠)江水系 のペイ(北)江に注ぐウー(武)水が比較的大き い．鉱産物はスズや石炭が豊富であり，花崗 岩や大理石が中・高級石材になる．林産資源 はマツ，スギ，クスノキなどがあり，農作物 は水稲，サツマイモ，トウモロコシ，柑橘 類，タバコなどがある．名勝として三仙洞や 莽山国立森林公園がある．京広鉄道(ペキン (北京)～コワンチョウ(広州))や京港澳高速 道路(北京～ホンコン(香港)・マカオ(澳門)) が縦貫するほか，南嶺鉄道(ピンシー(坪石) ～ムーチョン(木冲))が通る.　[小野寺　淳]

イーチャン市　宜昌市　Yichang

中国

人口：411.5万 (2015)　面積：21081 km²
[30°42′N　111°17′E]

中国中部，フーペイ(湖北)省西部の地級 市．チャン(長)江の北岸と南岸にまたがる． シーリン(西陵)，ウーチャガン(伍家崗)，テ ィエンチュン(点軍)，シャオティン(猇亭)， イーリン(夷陵)の5区，チーチャン(枝江)， イートゥー(宜都)，タンヤン(当陽)の3県級 市，ユワンアン(遠安)，シンシャン(興山)， ツーグイ(秭帰)の3県およびチャンヤン(長 陽)，ウーフォン(五峰)の2自治県からなり， 市政府はシーリン(西陵)区に所在する．西部 には北からダーバー(大巴)，ウー(巫)山，ウ ーリン(武陵)の山脈が並び，北東部や南東部 は丘陵部であり，山地と丘陵が総面積の9割 を占める．東部はチャンハン(江漢)平原の西 縁にあたる．長江は北西から南東へ中央を横 切り，有名な西陵峡，葛洲壩ダム，サンシャ (三峡)ダムがここにある．北部にはシャンシ ー(香渓)河，ホワンパイ(黄柏)河，チュイチ ャン(沮漳)河，南部にはチン(清)江が流れ る.

おもな鉱物資源はリン，石墨，マンガンな どである．森林はおもにマツ，スギ，クヌギ で，珍しい樹種や薬材も多い．農作物は水 稲，綿花，搾油作物などがあり，柑橘や茶葉 が特産である．牧畜業や水産業も盛ん．水力 発電工業都市であり，華中の電力網における 最大のエネルギー基地である．工業は，機 械，化学，建材，紡織，医薬，食品が主要部 門になっている.

歴史的に長江中・上流の重要な物資積替港 であり，湖北省西部の水運交通の要衝であっ た．三峡ダムが完成してから航行の条件が改 善され，宜昌港の重要性がさらに高まった.鉄 道は焦柳線(チャオツオ(焦作)～リウチョウ (柳州))，宜万線(宜昌～ワンチョウ(万州))， 漢宜線(ウーハン(武漢)～宜昌)が通り，滬 漢蓉(シャンハイ(上海)～武漢～チョントゥ ー(成都))高速鉄道が通じる．高速道路の滬 渝線(上海～チョンチン(重慶))，滬蓉線(上 海～成都)，岳宜線(ユエヤン(岳陽)～宜昌) が通じて，チンチョウ(荊州)，チンメン(荊 門)，エンシー(恩施)，岳陽などと結ばれて いる．宜昌三峡空港は，ペキン(北京)，コワ ンチョウ(広州)，チャンシャー(長沙)などと 結ばれている．長江三峡風景名勝地区，屈原 の郷里，昭君の郷里，玉泉寺，古戦場の長坂 坡，長陽人遺跡などの名所旧跡がある.
[小野寺　淳]

イチャンカラ　Itchan Kala

ウズベキスタン

[41°23′N　60°22′E]

ウズベキスタン西部，ホラズム州ヒヴァの 旧市街．遊牧民のウズベクが16世紀に建国 したヒヴァ・ハン国の都である．町は高さ8 m，長さ2.2 kmの城壁に囲まれ，東西南北 の城門から大通りが貫き，ハンの宮殿，モス クなどホラズム文化の遺跡が多数残る．内城 はイチャンカラとよばれ，1990年にユネス コの世界遺産(文化遺産)に「イチャン・カ ラ」として登録された．おもな建造物として は，奴隷の売買所パルヴァンの門，アテクリ ンテの居城タシハウリ宮殿，イスラームホジ ャのメデレセ(学校)と45 mの青，緑のタイ ルで飾られたミナレット(尖塔)，パクテヴァ ン・マフムト廟など，20のモスク，20のメ デレセ，6つのミナレットがある．ヒヴァ・ ハンの公邸はクニャアルク(古き要塞)とよば れるイチャンカラ西区にあり，武器庫，兵舎 が設けられている．城壁の外側はデシャンカ ラ(外城)とよばれる.　[木村英亮]

イーチュワン県　宜川県　Yichuan

中国

人口：11.7万 (2010)　面積：2937 km²
[36°03′N　110°10′E]

中国中部，シャンシー(陝西)省北部，イエ ンアン(延安)地級市南部の県．1つの街道， 4つの鎮，2つの郷を管轄する．胸に小さな 太鼓をつけてたたく伝統芸能の胸鼓が名高 く，1996年に胸鼓の郷と命名された．おも な農産物は小麦，トウモロコシ，アワ，大 豆，タバコ，ナタネがある．リンゴ，ナシ， サンショウが名産物で，サンショウの郷とも 称される．国指定のタバコ栽培地である．著 名な黄河壺口瀑布は国内第2位の瀑布であ り，1988年に国指定の風景名勝区，2001年 には国立地質公園となった.　[杜　国慶]

イーチュワン県　伊川県　Yichuan

中国

人口：約80万 (2013)　面積：1234 km²
[34°32′N　112°10′E]

中国中央東部，ホーナン(河南)省西部，ル オヤン(洛陽)地級市の県．2街道，13郷鎮 を擁する．北宋の時代に宋学を発展，完成に 導いた二程(程顥，程頤)の出身地で，地名 は，弟の号が伊川であったことに由来する． 白酒の産地としても知られ，2500年以上前 に「酒神」杜康により，当地において中国の 酒造業が始められたと伝えられる．2000年 にユネスコの世界遺産(文化遺産)に登録され た「龍門石窟」は北約15 kmにある.

[中川秀一]

イーチュン県　宜君県　Yijun

中国

人口：9.1万 (2010)　面積：1508 km²　気温：8.9℃
降水量：709 mm/年　[35°24′N　109°07′E]

中国中部，シャンシー(陝西)省中部，トン チュワン(銅川)地級市北部の県．北魏代に県 が設置された．1街道，6鎮，1郷を管轄す る．県政府は宜陽街道にある．県域には典型 的な黄土高原の丘陵地形が広がる．温帯大陸 性湿潤半湿潤気候に属する．おもな農産物は 小麦，トウモロコシ，大豆，ナタネがある． リンゴ，クルミ，タバコが名産物であり，近 年，シイタケの栽培が発展している．民俗絵 画が個性豊かであるため，1988年に中国現 代農民画画郷に指定された.　[杜　国慶]

イチャンカラ(ウズベキスタン),カルタ・ミナルのミナレット(奥)があるイチャンカラ(内城)中心部《世界遺産》〔eFesenko/Shutterstock.com〕

イーチュン市　宜春市　Yichun

中国

宜陽県 (古称)

人口：561万 (2015)　面積：18669 km²
降水量：1500-1700 mm/年

[27°53′N　114°17′E]

　中国南東部,チャンシー(江西)省西部の地級市.浙贛鉄道の沿線に位置し,フーナン(湖南)省に隣接する.市政府はユワンチョウ(袁州)区(人口105万,面積2532 km²,2015)に置かれ,袁州区とフォンチョン(豊城),チャンシュー(樟樹),カオアン(高安)の3市,フォンシン(奉新),ワンツァイ(万載),シャンカオ(上高),イーフォン(宜豊),チンアン(靖安),トンクー(銅鼓)の6県を管轄する.武功山脈が南部に,チウリン(九嶺)山脈が北部に連なり,北部,西部,南部の3面が山に囲まれる.錦江,袁水が中部から東部を流れ,東部の沿岸一帯には比較的広い平野がある.気候は温暖で,年平均降水量は1500～1700 mmである.

　漢代に宜春県が置かれ,晋代に宜陽県に改められたが,隋代にふたたび宜春県に復した.元代は袁州路の,明,清代は袁州府の治所であった.1950年に袁州専区が置かれ,78年に宜春地区に改められ,79年に宜春県の宜春鎮を中心とする地域に市制が敷かれた.山間部ではタケ,木材,アブラツバキなどを産し,とくに茶油生産量は全国有数である.農業では米,小麦,ショウガ,トウガラシの生産が盛んである.さまざまな種類の地下資源に恵まれ,化学,機械,電子機器,建材,食品,医薬品,麻紡績などの工業が発達している.宜春,万載などはラミー布地,花火の産地として知られる.滬昆高速鉄道と滬昆鉄道が東西を通過し,また贛粤,滬昆,武吉など数本の高速道路が通る.仏教の聖地の1つで,宝峰寺,百丈寺などの名刹や数多くの仏塔がある.明月山風景区は国指定の風景名勝区で,宜豊の天宝古村は「江西第一古村」と称され歴史的景観がほぼ保存される.

〔林　和生〕

イーチュン市　伊春市　Yichun

中国

人口：122万 (2012)　面積：32836 km²
標高：600 m　気温：1.0℃

[47°44′N　128°50′E]

　中国北東部,ヘイロンチャン(黒竜江)省中北部の地級市.ハルピン(哈爾浜)副省級市の北東に位置する.北東は黒竜江(アムール川)をはさんでロシアと国境を接する.伊春,ナンチャー(南岔),ヨウハオ(友好),シーリン(西林),チールワン(翠巒),シンチン(新青),メイシー(美溪),チンシャントゥン(金山屯),ウーイン(五営),ウーマーホー(烏馬河),タンワンホー(湯旺河),タイリン(帯嶺),ウーイーリン(烏伊嶺),ホンシン(紅星),シャンガンリン(上甘嶺)の15区と,ティエリー(鉄力)県級市,チャイン(嘉蔭)県を管轄する.市政府は中部の伊春区に置かれている.シャオシンアンリン(小興安嶺)山脈の低山と丘陵が大部分を占める.ソンホワ(松花)江支流の湯旺河が北から南に縦貫する.気候は冷涼で,冬季1月の平均気温は−25℃前後ときわめて低い.市域の85%を

占める森林には原生林が広がり，全国重点林区に指定されている．ベニマツの故郷とよばれるチョウセンマツのほか，トウヒ，モミなど樹種は多彩．トラやシカ，朝鮮人参やレイシ（霊芝）など野生の動植物も豊富である．1950年代に国による小興安嶺山脈の開発が始まって以降，林業や木材加工業が発展した．　　　　　　　　　　　　　［小島泰雄］

イーチョウ Yizhou ☞ スーチュワン省 Sichuan Sheng

イーチョウ区　宜州区　Yizhou

中国

竜水（古称）／イーシャン　宜山　Yishan（旧称）

人口：57.8万（2015）　面積：3896 km²
気温：21.2℃　降水量：1499 mm/年
[24°29′N　108°38′E]

　中国南部，コワンシー（広西）チワン（壮）族自治区北西部，ホーチー（河池）地級市の区．唐の貞観4年（630）に竜水県として設置され，宋の宣和元年（1119）に宜山と改称，さらに1993年の市制導入と同時に，宜州に名称を変更した．さらに2016年12月に区となり，区政府所在地は慶遠鎮．人口の8割はチワン族主体の少数民族が占める．低丘陵地と平野部が面積の73%以上で，穀倉地帯，養蚕地のほかにサトウキビの主産地として開発されている．とくに養蚕業は盛んで戸数では全農家の9割に相当する1.9万戸に達し，桑畑も2万haを超えて自治区内では随一である（2013）．市内に270か所の繭の買いつけ所があり，シルクの加工メーカーも18社を数える．養蚕農家の現金収入の3割ほどがこの繭原料の販売に頼っている．また，サトウキビ栽培も行っている農家が多く，規模では7万戸，面積では3万haに達している（2013）．河池市内まで北西57 km，リウチョウ（柳州）まで南東89 kmという近さの便に加えて国道323号，黔桂（けんけい）鉄道が縦貫するため，中部の交通結節点としても賑わう．チワン族の伝説的な歌姫として広く知られる劉三姉の故郷としても有名で，民俗ブームを背景に観光地化も進んでいる．
　　　　　　　　　　　　　［許　衛東］

イーチョン　利川　Icheon

韓国

人口：20.9万（2015）　面積：461 km²
[37°16′N　127°26′E]

　韓国北西部，キョンギ（京畿）道東南端の内

陸部に位置する都市．1996年に市制施行．青磁をはじめとする陶磁器生産に特徴をもつ都市であり，市内の各所で陶磁器生産の窯が集中する風景をみることができる．見学とショッピングを目的に訪れる観光客も多い．利川陶芸村，海剛高麗青磁研究所などがある．また，この地域の土壌は稲作に適し，良質な米を生産することでも定評がある．市域を東西にヨンドン（嶺東）高速道路が，また南北にチュンブ（中部）高速道路が貫通している．
　　　　　　　　　　　　　［山田正浩］

イーチョン県　翼城県　Yicheng

中国

北絳県（古称）

人口：31.6万（2013）　面積：1170 km²
[35°44′N　111°43′E]

　中国中北部，シャンシー（山西）省南西部，リンフェン（臨汾）地級市の県．臨汾盆地の南東部に位置する．晋の古都・翼があった．前漢には絳県，後漢には絳邑県に属した．北魏に北絳県が設置され，隋代に翼城県と改称された．北，東，南の3面を山に囲まれ，大陸性気候で夏は暑く冬は寒い．小麦やリンゴの産地である．石炭，鉄鉱石，石灰岩の埋蔵量が豊富．竜山文化，二里頭文など多くの遺跡がある．
　　　　　　　　　　　　　［張　貴民］

イーチョン市　宜城市　Yicheng

中国

人口：52.2万（2015）　面積：2115 km²
[31°43′N　112°15′E]

　中国中部，フーペイ（湖北）省，シャンヤン（襄陽）地級市の県級市．市政府はイエンチョン（鄢城）街道に所在する．東部は大洪山地に，西部はチンシャン（荊山）山脈の縁辺にあたり，中部は南流するハン（漢）水の沖積平野である．漢水には東から鶯河，西から蛮河が流入し，樹枝状の水系を構成している．銅，鉛，アルミニウム，リン，大理石，耐火粘土などの地下資源がある．農作物は水稲，小麦，落花生などがあり，養豚も盛ん．工業は食品，化学，紡織，建材などがある．鉄道の焦柳線（チャオツオ（焦作）〜リウチョウ（柳州））が西部を縦貫し，二広（エレンホト（二連浩特）〜コワンチョウ（広州））高速道路が襄陽やチンメン（荊門）と結ぶ．漢水が水運に利用される．　　　　　　　　　　　［小野寺淳］

イーチョン市　儀徴市　Yizheng

中国

儀真，迎鑾，揚子（古称）

人口：56.5万（2015）　面積：901 km²
[32°16′N　119°11′E]

　中国東部，チャンスー（江蘇）省中部，ヤンチョウ（揚州）地級市の県級市．チャン（長）江三角州の先端に位置する．長江の北岸にあり，南部は平野，北部は丘陵，西部に低い山地がある．五代十国時代には迎鑾という名であった．北宋代に皇帝によって儀真と命名され，のちに真州になった．明代には儀眞県に変わって，清代初に儀徴と改称され，さらに清末には揚子県と改称された．1986年に市になって名は儀徴市に変わった．農業は穀物，搾油作物，野菜，茶葉，果実などを生産する．自動車，機械，電力設備，精密，化学，紡績などの工業が盛んである．観光資源は唐代の天寧塔や明代の鐘鼓楼などがある．寧啓鉄道（ナンキン（南京）〜チートン（啓東））や滬陝高速道路（シャンハイ（上海）〜シーアン（西安））が通る．　　［谷　人旭・小野寺淳］

イツアバ島　Itu Aba Island

南シナ海

タイピン島　太平島　Taiping Dao（漢語）／ながしま　長島（日本語・旧称）／ホワンシャンマー礁　黄山馬礁　Huangshanmajiao（漢語・別称）

人口：200（2016）　面積：0.5 km²　長さ：1.4 km
幅：0.4 km　気温：27.5℃　降水量：1862 mm/年
[10°22′N　114°21′E]

　北太平洋西部，南シナ海南部にある島．スプラトリー（南沙）諸島の中で，サンゴ礁からなる最大の島である．中国語名はタイピン（太平）島，黄山馬礁．歴史的に周辺地域の漁民が使用していた．1939年4月に日本軍が占領し長島と名づけたが，敗戦により46年に中華民国政府が駆逐艦太平号を派遣して，島を接収，艦名と同じ太平島と命名した．現在もタイワン（台湾）が実効支配しており，行政区分はカオシオン（高雄）市旗津区の管轄で，高雄港まで約1600 km．スプラトリー諸島北部中央のティザード（鄭和）群礁の北西にある．東西約1360 m，南北350 m．スプラトリー諸島の中では唯一淡水の水源を有する．滑走路が設置され，C130型運輸機が着陸可能である．　　　　　　　　　［許　衛東］

イーデン　Eden

オーストラリア

人口：0.3万（2011）　面積：8.2 km²
[37°04′S　149°54′E]

オーストラリア南東部，ニューサウスウェールズ州南東部，ビーガヴァレー行政区の町．州都シドニーの南南西約370 kmに位置する港町で，ヴィクトリア州との州境まで南約35 kmと近い．ツーフォールド Twofold 湾に面し，パシフィックハイウェイが町を南北に縦断する．町の沿岸では1791年から捕鯨船が操業し，1828年には町の南にあるスナッグ Snug 湾に最初の捕鯨所がつくられた．ここでは，先住民の Thaua が捕鯨業に従事していた．その後，内陸の家畜をタスマニア島のホバートへ輸送するための港とされ，1843年に本格的な入植が始まった．現在，スナグ湾の港には長さ約200 mの埠頭がつくられ，州の地方港の1つに位置づけられる．港では漁船，商業船や海軍の船などが寄港し，年間100万 t 以上の木材やウッドチップが日本，韓国，および東南アジアへ輸出されている．一方，6〜7月に南氷洋から移動するクジラをみるホエールウォッチングを楽しめる．
[藁谷哲也]

イーデン山　Eden, Mount

ニュージーランド

マウンガファウ　Maungawhau（マオリ語）
標高：196 m　　　[36°53′S　174°46′E]

ニュージーランド北島，オークランド地方の山．オークランド周辺に多数分布する玄武岩質噴石丘の1つで，噴火口跡にできた小高い丘陵地である．オークランド中心市街地から4 km 南の郊外に位置する．標高約196 mで，オークランドにある噴石丘の中では1番高い．徒歩約15分程度で頂上まで到達でき，頂上からはオークランドの市街地と海が一望できる．頂上には，3つの噴火口が一列に連なった楕円形のクレーターがあり，その深さは50 mにも達する．現在，牛が放牧されている．東側斜面の地形を生かしたイーデン公園は1000本を超える木々が植えられ，花に囲まれたイギリス式庭園となっている．オークランドを代表する観光名所として多くの観光客が訪れる．以前は，車両の乗り入れは自由であったが，史跡を保護するため，2011年11月より12人乗り以上の車両の乗り入れが禁止された．
地名は，初代オークランド伯爵ジョージ・イーデンに敬意を表してつけられたものである．マオリ地名はマウンガファウで，ニュージーランド特有のアオイ科のファウ（Whau）の木の山（Maunga）を意味する．ヨーロッパ人の入植以前1700年頃までは，マオリがパ（砦）を築いて生活していたといわれている．現在，この名前は地区内の学校名として使われている．噴火口の外側の斜面では，水はけのよい肥沃な土壌を利用してクマラ（サツマイモ）耕作が行われ，火口内部には半地下式のクマラ貯蔵庫が階段状に形成されていた．当時の状態は今日でも確認することができる．
[林　琢也]

イーデンデール　Edendale

ニュージーランド

人口：0.1万（2013）　　[46°19′S　168°47′E]

ニュージーランド南島，サウスランド地方の町．長さ210 kmのマタウラ川下流部の西岸にある低起伏の丘陵にある．インヴァーカーギルの北東37 kmに位置する．郵便局，各種学校，宿泊施設がある．おもな産業は，農業，バター・チーズ，乳糖などの製造である．かつてオーストラリアとニュージーランドとの共同による牧羊の大きな中心地で，国内初の酪農工場が1882年に稼働した．
[太田陽子]

イーデンホープ　Edenhope

オーストラリア

人口：0.1万（2011）　面積：499 km²
[37°02′S　141°19′E]

オーストラリア南東部，ヴィクトリア州南西部の都市．サウスオーストラリア州との州境から東約30 km，ウィメラハイウェイ沿いに位置する．ウォーレス Wallace 湖畔にあり，湖水の多い時季は各種ウォータースポーツや釣り，野鳥観察などで賑わう．
[堤　純]

イートゥー市　宜都市　Yidu

中国

チーチョン　枝城 Zhicheng（旧称）
人口：39.0万（2015）　面積：1357 km²
[30°23′N　111°27′E]

中国中部，フーペイ（湖北）省，イーチャン（宜昌）地級市の県級市．市政府はルーチョン（陸城）街道に所在する．宜都県をいったんチーチョン（枝城）市に改めたが，ふたたび宜都の名を冠することになった．南西部はウーリン（武陵）山脈の一部をなし，中部は丘陵地，北東部はチャン（長）江沿いの平野である．清江がここで長江と交わり，漁洋河は清江の支流である．鉱産物には石炭，石灰石，重晶石などがある．農産物には水稲やトウモロコシのほか，柑橘や茶葉があり，畜産業や水産業も盛んである．工業は紡織，機械，化学，建材，食品など．市街地は陸城と枝城からなる．陸城は政治，文化，商業の中心であり，枝城は長江の重要な石炭積出港であるとともに水陸連絡輸送港である．焦柳鉄道（チャオツオ（焦作）〜リウチョウ（柳州））が枝城長江大橋を渡って市の南東部を通過する．岳宜高速道路（ユエヤン（岳陽）〜イーチャン（宜昌））も通る．
[小野寺淳]

イートン自治県　伊通自治県　Yitong

中国

イートン満族自治県　伊通満族自治県（正称）
人口：47万（2012）　面積：2523 km²
[43°20′N　125°17′E]

中国北東部，チーリン（吉林）省南西部，スーピン（四平）地級市の自治県．県政府は伊通鎮に置かれる．人口の4割を満族が占め，吉林省唯一の満族自治県となっている．南東部の吉林哈達嶺と北西部の大黒山の山脈の間に丘陵が広がる．伊通火山群は自然保護区に指定されている．漢方薬のロクジョウ（鹿茸）をとるためにシカの飼育が盛んである．米の生産地としても知られる．
[小島泰雄]

イナミンカ　Innamincka

オーストラリア

人口：131（2006）　降水量：172 mm/年
[27°43′S　140°45′E]

オーストラリア南部，サウスオーストラリア州北東端の村．1891年に建設された．州都アデレードの北825 kmの内陸に位置し，クイーンズランド州との州境まではわずか東44 kmにすぎない．砂漠の中に位置するイナミンカ付近は，国内で最も乾燥した地域の1つである．年間降水量はわずかであるのに対して，年間の蒸発散量は3600 mmを超える．集落は，クイーンズランド州からエア湖にいたるクーパー川のほとりに位置しているが，この付近にまで水が流れてくるのはむしろまれである．イナミンカ西側の地域一帯では，クーパー川の流路さえ明確ではない．一方，最上流部に大量の降雨があったときには，この付近は洪水となる．
また，周辺一帯は1988年，イナミンカ地域保護区に指定された．その範囲は1万

3820 km² にも及ぶ．保護区内には，塩湖も含めて数多くの湖があり，200 種を超える野鳥のほか，オーストラリア固有の植物がみられる．集落の東 18 km には，先住民のアボリジニによって描かれた岩絵が残されている．　　　　　　　　　　　　　［片平博文］

イーナン県　沂南県　Yinan　中国

南沂蒙県 (旧称) ／ぎなんけん (音読み表記)

人口：93.8 万 (2015)　面積：1719 km²
　　　　　　　　　　[35°32′N　118°27′E]

　中国東部，シャントン (山東) 省南東部，リンイー (臨沂) 地級市の県．1939 年に南沂蒙県が設置され，40 年に沂南県に改称した．山地丘陵地域であり，地形は北西から南東に傾いている．五彩山 (標高 763 m) が最高峰である．金，銀，銅，鉄などの地下資源がある．おもに穀類，野菜，果物を栽培している．山東省の 3 大野菜産地の 1 つである．国道 205，206 号が県内を縦貫している．諸葛孔明の故郷である．　　　　　　　［張　貴民］

いなんし　渭南市 ☞ ウェイナン市 Weinan

イニスフェイル　Innisfail　オーストラリア

ジェラルトン　Geraldton (旧称) ／ニンズキャンプ　Nind's Camp (古称)

人口：0.1 万 (2011)　面積：1.6 km²
　　　　　　　　　　[17°31′S　146°02′E]

　オーストラリア北東部，クイーンズランド州北東部，カセウェアリーコースト地域の町で行政中心地．世界遺産であるグレートバリアリーフや湿潤熱帯林地域を含む．南北ジョンストン川の合流点にできた町で，ケアンズの南約 90 km に位置する．近年観光の拠点として発展しつつあるが，観光ブーム以前の町並みを比較的よく残している．ジョンストン川流域は 1873 年，ジョージ・ダリンプルによって探検された．地名は，当初，ニンズ・キャンプとよばれたが，のちにジェラルトンと改称，さらに 1911 年アイルランドの詩にちなむ現名称になった．1879 年，アイルランド系企業家 T・H・フィッツジェラルドによって砂糖プランテーションが開かれた．以来，おもな産業は砂糖産業であるが，茶やバナナなど熱帯果実の栽培，牧牛も行われている．　　　　　　　　　［秋本弘章］

イーニン市　Yining ☞ グルジャ市 Gulja

イバ　Iba　フィリピン

パイナウェン　Paynauen (古称)

人口：5.1 万 (2015)　面積：153 km²
　　　　　　　　　　[15°19′N　119°58′E]

　フィリピン北部，ルソン島中部，サンバレス州の町で州都．町の基礎は，1611 年にバンカル川の岸に海賊からの防衛目的で建設されたパイナウェン村である．その後，周辺に植生する酸味の強い果物の名をとって，現在の町名となったとされている．おもな産業は農業，漁業，養鶏，養豚である．ラモン・マグサイサイ元大統領 (在任 1953～57) の生誕地としても知られている．　　　［高野邦夫］

イヒトゥルゲン山　Ikhtürgen Uul　モンゴル

トゥルゲン山　Türgen Uul (別称)

標高：4029 m　　　　[49°41′N　91°19′E]

　モンゴル西部，モンゴルアルタイ山脈の支脈のスィールヘム山脈にある高山．オヴス県に位置する．アルタイ山脈の 13 の万年雪山の 1 つ．イヒとはモンゴル語で偉大なを意味し，それをとって単にトゥルゲン山とも称する．8 km² 以上の氷河があることで知られている．　　　　　　　　　　　　　［島村一平］

イヒボグドオチルワン山　Ikh Bogd Ochirvan' Uul ☞ オトゴンテンゲル山 Otgontenger Uul

イピル　Ipil　フィリピン

人口：7.5 万 (2015)　面積：242 km²
　　　　　　　　　　[7°47′N　122°35′E]

　フィリピン南東部，ミンダナオ北西端，サンボアンガシブガイ州の都市で州都．サンボアンガ半島に位置し，空港はないが，市中心から南に 4 km の地点にイピル港がある．交通網も発達しており，サンボアンガとパガディアンとを結ぶ交通の要衝である．そのため，サンボアンガ半島地方の中心都市であるダピタン，ディポログ，パガディアンへはそれぞれ 3 時間で到達できる．イピルは沼地でティタイの奥地に居住していた先住民イロカノス族が開いた船の修理所が町の起源で，サンボアンガに航海する小型船 (ランチ) の発着

所でもあった．イロカノス族は，もともと徒歩で周辺を目ざしていたが，ティタイとサンボアンガを結ぶ最短ルートの拠点としてイピルを利用することになった．産業に関しては目立ったものはないが，州立病院などの病院，ラジオ放送局，地方新聞の発行などの設備が整ったので，都市化が進展すると思われる．住民の大半はカトリック教徒であるが，イスラーム教徒も多い．　　　［田畑久夫］

イーピン県　宜賓県　Yibin　中国

僰道 (古称)

人口：77.2 万 (2015)　面積：2940 km²
　　　　　　　　　　[28°41′N　104°31′E]

　中国中西部，スーチュワン (四川) 省南部，イーピン (宜賓) 地級市の県．ミン (岷) 江とチャン (長) 江の沿岸にあり，ユンナン (雲南) 省に隣接する．県政府は柏渓鎮に置かれる．四川盆地南縁の低山丘陵地帯に位置する．地勢は南西部が高く北東部に向かって低くなり，チンシャー (金沙) 江沿岸の標高は 300 m 前後にすぎない．気候は温暖であるが，降水量は比較的少ない．古代は僰侯国の地で，秦のときに僰道県が置かれ，前漢時に犍為郡が設けられた．南朝の梁は戎州を置いた．北周は僰道県を外江県に改めたが，五代の前蜀と後蜀のときに僰道県が置かれた．北宋代に僰道県は宜賓県に改称された．1951 年に宜賓市が分離した後，県政府は喜捷鎮に移動したが，65 年に柏渓鎮に復帰した．

　おもな農産物は米，小麦，茶，落花生，ナタネ，サトウキビ，桐油，ミカン，タバコなどである．食品，機械，建材，化学，金属材料などの工業が発達している．ショウノウの生産量は全国首位である．内昆鉄道と内宜・成渝環線の 2 本の高速道路が通る．名勝古跡に石城山，青山，雲豊古廟などがある．
　　　　　　　　　　　　　　［林　和生］

イーピン市　宜賓市　Yibin　中国

義賓県，戎州，叙府，僰道県 (古称)

人口：449.0 万 (2015)　面積：13271 km²
　　　　　　　　　　[28°46′N　104°37′E]

　中国中西部，スーチュワン (四川) 省南部の地級市．市政府は翠屏区 (面積 1131 km²，人口 84.9 万，2014) にあり，翠屏，ナンシー (南渓) の 2 区と，宜賓，ゴンシェン (珙県)，ガオシェン (高県)，シンウェン (興文)，チャンアン (江安)，チャンニン (長寧)，チュンリエン (筠連)，ピンシャン (屏山) の 8 県を管轄する．漢族のほか，イ (彝)，回，ミャオ (苗)

など 24 の民族が居住する．チュワンナン(川南)地方の中心都市で，四川盆地の南西の縁に位置する．地勢は，ユングイ(雲貴)高原に連続する南部と，ダーリエン(大涼)山地，シャオリエン(小涼)山地がある西部が高いが，北東部は標高 500 m 以下の丘陵地で，なだらかに低くなる．全体としては標高は500～2000 m にある．市域の 38% が森林であるが，ほとんどが人工林で原生林に乏しい．東西をチンシャー(金沙)江が貫き，南側はユンナン(雲南)省やグイチョウ(貴州)省に隣接する．北から流れるミン(岷)江とチャン(長)江との合流点に宜賓の市街地があり，ここより下流を長江とよぶ．長江沿岸に位置する最初の都市で万里長江第一城とよばれる．金沙江南岸は地形が急峻で水流も速く，沿岸の平地は狭長である．

もとは農耕を営む少数民族の居住地だったが，秦が遠征軍を派遣して僰道県を置き，治所を僰道城に定めた．前漢に僰道城は犍為郡の治所になり，四川盆地南西部の政治，経済，軍事，文化，交通の中心として繁栄した．6 世紀半ばに梁の武帝が軍を派遣して僰道城に戎州を置いた．北周は僰道県を外江県に改めた．五代の前蜀と後蜀のときに僰道県が置かれ，北宋代に宜賓県に改めた．1911年清朝に対する反乱が起こり，大漢川南軍政府が建設された．1966 年，宜賓県の市街地をもとに宜賓市が設置された．2011 年に南渓県を廃して南渓区とした．

地下資源が豊富で 44 種類を数え，石炭，硫鉄鉱，岩塩，天然ガスの生産量，埋蔵量が非常に多く，石灰石，方解石，大理石，珪石，リン，銅，鉄なども豊富である．珙県の芙蓉炭坑は四川省の重要な炭田である．2010 年から省最大の筠連炭鉱の開発が進められている．山間部ではさまざまな種類の香料生産が盛んで，とくに中国全体の 3/4 を占める最大のショウノウの生産地域である．おもな農産物は米，小麦，トウモロコシ，コーリャン，落花生，茶などであり，省で最も重要な柑橘類と茶の生産地である．工業では醸造業が古くから発達し，酒都の異名をもつ．とりわけ五粮液が全国的に有名である．製紙，絹織物，製革，機械，化学，肥料，建材などの工業も発達している．

長江上流部の重要な河港で，水陸の交通がここで交差する．渝昆高速道路と成渝環線高速道路が通る．宜珙・金筠・進港のローカル鉄道に加え，ネイチャン(内江)とクンミン(昆明)を結ぶ内昆鉄道も完成し，宜賓空港から空路で全国各地と結ばれる．景勝地には蜀南竹海，石海洞郷，博望山，八仙山，七仙湖，金秋湖などがあり，また名勝古跡に李庄古鎮，竜華古鎮，流杯池，夕佳山民居，趙一曼記念館，真武山古建築群，僰人懸棺，華蔵寺，大観楼などがある．　　　　　　[林 和生]

イーフォン県　宜豊県　Yifeng

中国

新昌県(旧称)

人口：29.1 万 (2012)　面積：1935 km²
[28°23′N　114°16′E]

中国南東部，チャンシー(江西)省西部，イーチュン(宜春)地級市の県．ガン(贛)江の支流であるチン(錦)江の上流域にある．県政府は新昌鎮に置かれる．チウリン(九嶺)山脈の南麓にあり，南東部に錦江に沿って平原が広がる．三国時代呉のときに上蔡県と建成県の一部を割いて宜豊県が設けられ，宋代に新昌県に改められたが，1913 年にチョーチャン(浙江)省に同名の県があることからふたたび宜豊県に復した．良質な米を産する農業県で，ナタネ，落花生，サトウキビの生産も多い．山間部は木材，竹材などの林産資源に富む．仏教の聖地である洞山，黄檗山，五峰山がある．　　　　　　　　　　　　　[林 和生]

イフガオ州　Ifugao, Province of

フィリピン

人口：20.3 万 (2015)　面積：2628 km²
[16°49′N　121°09′E]

フィリピン北部，ルソン島北部，コルディリェラ山脈の東部，コルディリェラ自治区に位置する州．東にイサベラ州，西にベンゲット州，南にヌエバビスカヤ州，北側にはマウンテン州がある．州都はラガウェで，住民の約 7 割をプロト・マレー系のイフガオ族が占めている．イフガオ族は水稲耕作を生業とし，急斜面の山肌に泥壁あるいは石垣を築いて階段耕作を行う．バナウエの棚田は「天国への階段」とたとえられるほど美しく，周辺の棚田とともに 1995 年「フィリピン・コルディリェーラの棚田群」としてユネスコの世界遺産(文化遺産)に登録されている．また，フンドゥアン Hungduan にあるナプラワン Napulawan 山(標高 2642 m)は，第 2 次世界大戦末期に山下奉文大将率いる日本軍の部隊が立てこもり最後の抵抗を試みた地として知られている．　　　　　　　　　　[高野邦夫]

イプスウィッチ　Ipswich

オーストラリア

ライムストーン　Limestone (旧称)

人口：16.7 万 (2011)　面積：1089 km²
[27°36′S　152°46′E]

オーストラリア北東部，クイーンズランド州南東部の都市．州都ブリズベンの西に隣接し，州で最も古い都市の 1 つで，植民地時代の歴史的建造物も多く残されている．ブリズベンに隣接する住宅都市ではあるが，商工業も盛んである．石灰石などの鉱物が発見され採掘されたため，当初の地名はライムストーンとよばれたが，1943 年にイギリス，サフォークの町にちなむ現名称に改名した．その後炭鉱が開発されるとともに，工業都市としても成長した．1994 年，東京都練馬区と友好都市協定を結んだ．　　　　　[秋本弘章]

イヘジョー盟 ☞ オルドス市 Ordos

イポー　Ipoh

マレーシア

人口：65.8 万 (2010)　面積：643 km²
[4°36′N　101°05′E]

マレーシア，マレー半島マレーシア領北西部，ペラ州中部キンタ郡の都市で州都．ジョホールバールなどと並ぶ特別市の 1 つである．都市人口の住民構成は今日でも，中国人(人口 29.0 万)のほうがマレー人(人口 25.0 万)よりもかなり多いが，それはこの都市の開発の歴史的経緯に由来する．キンタヴァレーの中心に位置する都市であり，この渓谷はかつて良質のスズ鉱石を産出するマレー半島でも最大の鉱山地帯であった．鉱山開発は，おもに契約労働移民としてこの地に導入された中国人の手によってなされた．

キンタヴァレーは，この地区がペナンなどから遠隔の内陸地であったため，スズ開発はマラッカ周辺などマレー半島の他の地区に比べて遅れた．イポーの北東約 50 km に位置するタイピンでスズ鉱山が発見されたのは 19 世紀中期であった．そして，中国人鉱山師と労働者は，出身地を異にする 2 つの会党(秘密結社)を構成し，鉱山の支配権をめぐって激しい抗争を展開した．イポーのスズ開発はタイピンにやや遅れて始まった．1870 年代中期には今日のペラ州内陸部には相当数の中国人鉱山師がおり，労働者数は約 3000 人以上いたと推定されている．キンタヴァレーの各地区で採掘されたスズ鉱石は，キンタ川を経て船で下流へと運ばれたが，キンタ川ま

では手押し車，ゾウないしマレー人ポーター
などによって運ばれた．イポーはスズ鉱山集
落として成長したが，その居住人口は1889
年には2000，91年には3200と推定されて
いる．しかし，その後の10年間で人口は急
増し，1901年には約1.3万となった．スズ
鉱山の開発に伴って，中国人労働者が多数流
入したが，その多くは男性であった．イポー
は鉱山集落から都市へと急速に変貌した．

鉱山地帯の集落の居住人口数は鉱山の開発
動向により激変した．鉱山開発が何らかの事
情で中止されると，集落人口はたちまち減少
した．しかし，イポーはキンタヴァレーの中
心都市として成長し続けた．スズ開発の時期
はマレーシアの都市形成の初期に当たるのだ
が，それは人口変動の激しい擬制的な都市化
の時代でもあった．

1870年代までは西欧人がマレー半島のスズ
開発に資本を投入することはなかった．とい
うのは，労働力である中国人を適切に管理
し，採掘用機械を導入して使用するなどの点
で，経営上の困難を容易には解決できなかっ
たからである．そこでイギリス植民地政府
は，西欧人企業家の投資を促進するために，
4年あまりの工事期間を経て1885年にタイ
ピン～ポートウェルド（クアラスプタン）間に
鉄道を完成させた．植民地政府は物資や人の
移動を容易にするための先行投資を行った．
タイピンは今日のイポーに次ぐペラ州の主要
都市であり，ポートウェルドとの間の鉄道は
マレーシアで最初のものである．

1884年に世界のスズ価格が急落したこと
を契機として，豊かなスズ鉱床のあるキンタ
ヴァレーが注目されることになった．そして
後のスズ価格の回復とともに，1889年から
95年までのいわゆるキンタスズラッシュが
続いた．この間，道路建設が急速に進んだ
が，依然としてキンタ川が重要な輸送経路で
あった．しかし，河幅が狭いうえにスズ採掘
によって河床が浅くなってきたため，植民地
政府はイポー～タイピン間の鉄道建設に着手
した．

20世紀に入ってスズ生産が本格化してく
ると，マレー半島からの輸出量は急増した．
西欧人投資家が機械浚渫によって大量のスズ
鉱石を採掘するようになった．さらにスズ生
産にとって，第1次世界大戦の影響は大きか
った．兵器生産などに使用するスズ需要が拡
大しただけでなく，資本家は質のよいスズを
求めた．そのために北のペナンにスズの精錬
工場がつくられた．キンタヴァレーはそれら
のスズ生産の拠点となった．しかし，キンタ
ヴァレーのスズ生産は第2次世界大戦後，

徐々に減少する．

この間，イポーはペラ州中部の経済的中心
となり，マレー半島西岸の交通拠点ともなっ
て，都市人口は徐々に増加していった．そし
て，マレーシア独立翌年の1958年にはペナ
ン，ジョホールバールと並んで連邦都市計画
局の支部が設置されて都市のレイアウト計画
がつくられた．マレーシアでは比較的早期か
ら都市計画の試みが行われてきたが，それは
イギリス植民時代からの都市整備政策の影響
である．

今日の市街地は，中心部を流れるキンタ川
を中心として西側の旧市街と東側の新市街に
分かれる．旧市街にはマレー鉄道駅をはじ
め，ペラ州庁舎，連邦政府庁舎，州立モス
ク，国立銀行支店などの公共施設が立地す
る．川を隔てた新市街には商業施設やオフィ
スビルが並び，都市の産業経済活動は新市街
を中心に展開する．イポーには広東地方出身
の中国人が多いが，彼らの各種ビジネスもこ
の新市街でおもに展開する．古くから中国人
がこの都市を開発してきたために，イポー郊
外には中国人にまつわる歴史的施設やいくつ
もの洞窟寺院が点在する．また，北約60
kmに位置するレンゴン Lenggong 渓谷はマ
レーシア国内でも重要な遺跡の1つで，
2012年に「レンゴン渓谷の考古遺跡」とし
てユネスコの世界遺産（文化遺産）に登録され
た．　　　　　　　　　　　　　　　［生田真人］

いぼうし　濰坊市 ☞ ウェイファン市　Weifang

イーホーユワン　頤和園　Yiheyuan

中国

いわえん（音読み表記）

面積：2.9 km²　　　　　　　　[40°00′N　116°16′E]

中国北部，ペキン（北京）市北西部，ハイディ
エン（海淀）区の歴史的庭園．1998年に
「頤和園，北京の皇帝の廟壇」としてユネス
コの世界遺産（文化遺産）に登録された．清朝
になって山水の美しい環境にある北京の西郊
に静宜園，静明園，清漪園，円明園，暢春
園，熙春園など，皇族のための庭園がいくつ
もつくられた．乾隆帝の時代，水源地に人工
的な湖沼を造成して庭園の用水を確保すると
ともに，周辺の田地の灌漑用水とした．その
1つが乾隆29年（1764）に完成した清漪園で，
西湖とよんでいた湖を昆明池，それに面する
甕山を万寿山と改名した．園内は江南の名園

をモデルにし，中央に延寿寺を置き，抗州の
西湖になぞらえた湖中に神話に登場する蓬
莱，方丈，瀛州に見立てた島を設けたり，岳
陽楼になぞらえた景明楼を建てたり，スーチ
ョウ（蘇州）の水辺市場を模した後渓湖市場な
どを置いたりした．清漪園は咸豊10年
（1860）の第2次アヘン戦争の際，イギリ
ス・フランス連合軍によって破壊されたが，
光緒帝の治世になって母の慈禧太后（西太后）
のため避暑離宮の地として再興され，頤和園
と名づけられた．一部の施設は改変され，慈
禧太后の好みで装飾は変えられたが，清漪園
の基本的な姿は維持された．光緒26年
（1900），義和団の乱でふたたび外国の軍隊
に蹂躙されたが，修復されて民国時代には一
般にも開放する公園となり，現在も北京北西
郊外の主要な観光地となっている．

［秋山元秀］

イーホワン県　宜黄県　Yihuang

中国

人口：30.0万（2006）　面積：1944 km²
[27°33′N　116°13′E]

中国南東部，チャンシー（江西）省中東部，
フーチョウ（撫州）地級市の県．フー（撫）河の
支流である曹水と黄水が県内を貫流する．県
政府は鳳岡鎮に置かれる．地勢は周囲が高
く，山地が6割を占め，河谷沿いに狭小な平
原が延びる．三国時代呉のときに宜黄県が設
けられ，隋代にチョンレン（崇仁）県に編入さ
れたが，唐代に復し，現在にいたる．農業は
米が主で，ほかにナタネ，落花生，大豆，ゴ
マなどが生産される．工業は金属加工，農業
機械，食品，木材加工などが比較的盛んであ
る．北西部の曹山は禅宗曹洞宗発祥の地とさ
れ，曹山寺のほか，大司馬石牌坊，石門寺寺
三元塔，桃華山などの名勝古跡がある．

［林　和生］

イマ湖　臨河湖　Imhaho

韓国

イムハ湖（別表記）

堤長：515 m　堤高：73 m
[36°32′N　128°53′E]

韓国東部，キョンサンブク（慶尚北）道の
湖．アンドン（安東）市臨河面に建設された臨
河ダムによって形成された人造湖である．ダ
ムはナクトン（洛東）江の支流半辺川に建設さ
れたロックフィルダムである．1984年に工
事開始，93年に完成した．下流地域の洪水
防止と，用水供給を目的としている．体育施
設，観光施設，ダムに関する資料館などを備

えている. ［山田正浩］

イーマー市　義馬市　Yima　中国

人口：15.3万 (2011)　面積：112 km²
[34°44′N　111°52′E]

中国中央東部，ホーナン(河南)省北西部，サンメンシャ(三門峡)地級市北東部の県級市．4街道，2鎮を擁する．駅が存在したこの地域は，駅馬とよばれていたことから音が転じて現在の地名でよばれるようになったとされる． ［中川秀一］

イムジャツェ山　Imja Tse　☞アイランドピーク Island Peak

イムシル　任実　Imsil　韓国

人口：2.6万 (2015)　面積：597 km²
[35°37′N　127°17′E]

韓国南西部，チョルラブク(全羅北)道南部の郡および郡の中心地．行政上は任実郡任実邑．2010年の任実郡の人口は2.4万である．1975年の人口は約10万であったので，この間に約1/4に減少した．郡域はソムジン(蟾津)江上流域を占め，蟾津江ダムが建設された．つくられた貯水池を玉井湖とよんでいる．郡域をチョルラ(全羅)線とスンチョン(順天)・ワンジュ(完州)高速道路が通過している． ［山田正浩］

イムジン江　臨津江　Imjingang　北朝鮮/韓国

リムジン江　臨津江　Rimjin-gang (別表記)
面積：8000 km²　長さ：254 km
[37°47′N　126°40′E]

北朝鮮南部から韓国北西部を流れる川．北朝鮮のカンウォン(江原)道とピョンアンナム(平安南)道の境界に位置するトゥリュ(頭流)山に発し，馬息嶺山脈の東麓に沿って南下する．江原道イチョン(伊川)，ファンヘブク(黄海北)道トサン(兎山)などを経て，韓国のキョンギ(京畿)道に入る．京畿道北部，ヨンチョン(漣川)付近で漢灘江を合して南西流し，ハン(漢)江に合流してホワン(黄)海に入る．漢江との合流部付近は韓国と北朝鮮の軍事境界線になっている．ソウルからピョンヤン(平壌)に向かう鉄道，キョンギ(京義)線は，朝鮮戦争の後，臨津江の手前ムンサン(汶山)で分断されたままであったが，2002年，軍事境界線近くの都羅山駅まで延長され

イムジン(臨津)江(北朝鮮／韓国)，南北を結ぶ自由の橋 [meunierd/Shutterstock.com]

た．臨津江を渡る手前に臨津江駅があり，そこで必要な手続きをして都羅山駅に達する．第3トンネルや，北朝鮮が間近にみえる都羅展望台を見学することが可能である．臨津江に新しくつくられた鉄道橋のすぐ横に，戦争時に破壊されたもとの鉄橋の橋脚の残骸がみえる．下流の，漢江との合流点付近には，烏頭山統一展望台もある． ［山田正浩］

イムス　Imus　フィリピン

人口：40.4万 (2015)　面積：65 km²
[14°24′N　120°56′E]

フィリピン，ルソン島南西部，カビテ州北東部の都市で州都．目下州内では最も成長著しい都市の1つである．市域は，タアル火山外輪山タガイタイ尾根の北斜面すそ野で，タガイタイ方面から北流してマニラ(バコオール)湾に注ぐイムス川が市東部を流れる．地名はタガログ語で岬を意味するが，市域はどこも海には面しておらず，由来は不詳である．

市域は南北方向に長いほぼ方形で，その大半が標高10 m未満，そこには古くから水田が広がっていて，住民の生活を支えてきた．1970年に4.4万にすぎなかった人口が，45年後(2015)には40.4万と急増した．これは，1990年代から始まったカラバルソン工業化計画の影響である．市内は国道17号と338号が南北に走っていて，もともと物流に有利な条件を備えていた．1990年代以後，市内各地で道路沿いの水田が次々と非農業用地に転換され，イムスインフォーマル工業団地，アナブ丘陵工業団地，多数の住宅団地，商業・金融施設敷地へと変わった．その結果，食品加工，衣類，自動車部品関連などの工場進出が進むと同時に，金融機関，大型商業施設の出店もめざましく，市中心部のヌネニョ大通りはまたたく間に文字どおりの商業・ビジネスセンターとなった．

もともと北隣のカウィット Kawit の一部であったが，1795年に独立の町になった．このあたりはフィリピン革命時の中心舞台で，1898年5月28日，アギナルド将軍率いるフィリピン革命軍がイムス南西部のアラパンでスペイン軍を撃破，これにより全国に先駆けてスペイン支配から解放され，フィリピン国旗が初めてこの町で高々と掲げられた．アラパンの戦いがくり広げられた場所にはその記念碑が，最近オープンしたイムス国家遺産公園の中に建っている．カビテ州の州都は長い間カビテ市であったが，1954年に州中央部のトレセマルティレス市に，77年からはここイムスに移された．2012年には州議会に従属する構成市に昇格した． ［梅原弘光］

イムハ湖　☞イマ湖 Imhaho

イーメン県　易門県　Yimen　中国

えきもんけん (音読み表記)
人口：17.3万 (2010)　面積：1571 km²
[24°40′N　102°09′E]

中国南西部，ユンナン(雲南)省中部，ユィーシー(玉渓)地級市の県．県政府は竜泉鎮に

置かれている．人口の約3割弱をイ(彝)族，ハニ(哈尼)族などの少数民族が占める．恵まれた日照量と気候の下，野菜，花卉，タバコ，菌類など商品経済作物の生産基地となりつつある．食品加工業が盛んであるほか，銅の産地なので銅精錬業も発展している．

[松村嘉久]

イーヤン県　弋陽県　Yiyang
中国

葛陽県 (古称) ／よくようけん (音読み表記)

人口：35.3万 (2010)　面積：1593 km²

[28°24′N　117°25′E]

中国南東部，チャンシー(江西)省北東部，シャンラオ(上饒)地級市の県．信江の中流域に位置する．滬昆高速鉄道と浙贛鉄道が県内の東西を横断する．県政府は南岩鎮に置かれる．県の北と南は低山丘陵で，中部は盆地である．前漢のときは余汗県，次いで葛陽県に属したが，後漢の210年に葛陽県が分置され，隋代に弋陽県に改められた．養蚕，竹材，果物が農業の柱で，鉱産資源も豊富である．名勝古跡に亀峰，畳山書院，南岩寺がある．

[林 和生]

イーヤン県　宜陽県　Yiyang
中国

人口：約69万 (2013)　面積：1651 km²

[34°32′N　112°10′E]

中国中央東部，ホーナン(河南)省北西部，ルオヤン(洛陽)地級市中部の県．19郷鎮を擁する．県政府所在地は城関鎮．紀元前4世紀後半頃の韓の重要拠点であり，秦が攻めた宜陽の戦いは有名である．『西遊記』で孫悟空が生まれたとされる花果山には巨大な岩がみられ，古代より七十二福地と称されてきた．

[中川秀一]

イーヤン市　益陽市　Yiyang
中国

人口：441.0万 (2015)　面積：12320 km²

[28°33′N　112°21′E]

中国中南部，フーナン(湖南)省北部の地級市．ツー(資)水の中流から下流に位置する．ホーシャン(赫山)，ツーヤン(資陽)の2区，ユワンチャン(沅江)県級市，ナンシェン(南県)，タオチャン(桃江)，アンホワ(安化)の3県からなり，市政府は赫山区に所在する．北部に5つあった国営農場が2000年に廃止され，うち4つが合併してダートンフー(大通湖)区になったが，民政部の行政区画としては南県に含まれる．もう1つの農場は沅江市に編入された．地勢は南から北へ向かって

階段状に傾斜している．南西部はシュエフォン(雪峰)山脈に続く山地で標高500 m以上あり，最高点は安化県九竜池の1622 mである．中部は丘陵が多く，標高は200～500 m程度，資水の河道が湾曲し，支流が比較的多い．北東部のトンティン(洞庭)湖平原は平坦で標高が50 m以下であり，湖内に中州が多く，湖岸には砂州が広がりアシが群生している．

山地・丘陵部には林産資源が豊かであり，孟宗竹の生産は全国的に有名．アンチモン，タングステン，バナジウムなどの非鉄金属資源も豊富である．肥沃な沖積平原は水稲，綿花，搾油作物の重要な産地になっており，カラムシの生産量は全国一．大通湖などの内水面では養殖漁業が盛んに行われている．市の中央部を石長鉄道(シーメン(石門)～チャンシャー(長沙))や長張高速道路(長沙～チャンチャチエ(張家界))が通り，西部を二広高速道路(エレンホト(二連浩特)～コワンチョウ(広州))が通る．洞庭湖や資水を利用した水運がある．歴史的に湖南省中部における物資の集散地だった．また，およそ5000年前の新石器時代晩期には早くも村落が形成されていたことを示す文物が多く出土している．大熊山国立森林公園がある．

[小野寺 淳]

イーユワン県　沂源県　Yiyuan
中国

ぎげんけん (音読み表記)

人口：56.8万 (2015)　面積：1636 km²

[36°10′N　118°09′E]

中国東部，シャントン(山東)省中部，ツーポー(淄博)地級市の県．1944年に設置された．県名は沂河の源流であることに由来する．北西部のルー(魯)山(標高1108 m)が最高峰で，そこから地形は南東に傾いている．地形は起伏が大きく複雑である．農業は地形の影響で地域性が強い．鉄鉱石や石炭の埋蔵量が多く，鉱工業，冶金業，石炭業が盛んである．沂源猿人遺跡をはじめ，旧石器時代の遺跡が多い．

[張 貴民]

イラヴァティ川　Iravati　☞ ラーヴィ川
Ravi River

イラガン　Ilagan
フィリピン

ボロ　Bolo (古称)

人口：14.6万 (2015)　面積：1166 km²

[17°09′N　121°53′E]

フィリピン北部，ルソン島北東部，イサベラ州の都市で州都．州の中央部を占め，州最大の人口を有する．ルソン島北部の大河川であるカザン川中流の東岸に位置している．スペイン植民地時代以前は，当地域に居住していた先住民によりボロとよばれていた．市内は新旧の市街地に二分されるが，活気がみられるのは新市街である．産業としては農業および漁業が中心である．近年では農業のほうが活発である．農業の中心は市および市周辺地域にかけて展開するタバコプランテーションである．タバコの集散地としても有名で，多くの関連する倉庫が建てられている．その他，米，トウモロコシ，野菜なども栽培されている．近年これらの農作物の生産が著しく増加している．バナナなど果物栽培も行われ，気候の関係から果実は年中収穫が可能である．市域をルソン島北部を縦貫する幹線道路が通じていることなどから商業の発達もみられ，商業に従事する人びとが増加している．住民の多くはローマ・カトリック教徒であるが，プロテスタント教徒も少なからずいる．

[田畑久夫]

イラム　Ilam
ネパール

人口：1.9万 (2011)　面積：27 km²　標高：1200 m

[26°55′N　87°53′E]

ネパール最東部，イラム郡(メチ県)の町で郡都．同じくイラム郡では，ソクトゥム，カンニャム，フィッカルなどでも茶栽培が盛んで，標高1300～1800 mのマハバーラト山脈主稜付近の緩斜面には整備の行き届いた茶園景観が広がっている．とくにイラムティーは，ネパール産高級茶(オーソドックスティー：リーフティー)の代名詞として知られている．イラム郡とインド・ダージリンとはマハバーラト山脈の峰続きの位置関係にあり，ここで生産される茶の品質は，ダージリンのそれより優れているといわれる．自然環境的にはダージリンと同じであることや，ダージリンの茶園技術者はネパール出身者で占められ，イラムの茶園は帰国した彼らによって1920年代以降開かれ，茶樹の年齢が若いことが理由にあげられている．イラムには，ジャパ郡ドゥラバリで東西ハイウェイ(H1)から分岐するメチハイウェイ(H7)で結ばれている．

[八木浩司]

イラララオ湖　Ira Lalao

東ティモール

イラララロ湖　Ira Lalaro, Lake (英語) ; Ira Lalaro, Lagoa (ポルトガル語) ／スルベク湖 Surubec, Lagoa (ポルトガル語) ／スロベク湖 Suro Bec, Lagoa (ポルトガル語)

面積：2.2 km²　長さ：6.5 km　幅：3 km
[8°45′S　127°13′E]

　東ティモール，ティモール島東部，ラウテン県の湖．東ティモール最大の湖である．湖では 27 MW の水力発電プロジェクトが実施されている．周囲の集落では水牛や牛，馬などが飼育されている．　　　　［浦野崇央］

イラワジ川　Irawadi, Myit ☞ エーヤワディ川　Ayeyarwady, Myit

イラワディ川　Irrawaddy, Myit ☞ エーヤワディ川　Ayeyarwady, Myit

イラン高原　Iranian Plateau

イラン～パキスタン

ペルシア高原　Persia, Plateau of (別称)

　現在のイランを中心とする高原地帯で，北はカスピ海，南はペルシア湾，西はアナトリア，東はインダス川やヒンドゥークシュ山脈で縁取られる．イランのほか，アフガニスタン，パキスタンの大部分，さらにアゼルバイジャンやトルクメニスタンの一部も含む．アラビアプレートがユーラシアプレートに沈み込むように衝突した際の褶曲作用により，ザグロス山脈やアルボルズ山脈などいくつもの高い山脈が形成された．

　一般にこの地域の気候は乾燥しているが，冬季には山岳地帯を中心に一定の降雨があり，雪解け水となって河川を形成する．大きな河川としては，ザグロス山脈を水源とするカールーン川やザーヤンデルード川，アルボルズ山脈から流れ出るサフィードルード川などがある．古来，河川による灌漑や天水によってイラン高原の北部や西部を中心に農業が営まれ，集落が形成されてきた．とりわけ降雨豊かなカスピ海沿岸では，森林地帯が帯状に広がり，米作も行われている．他方，高原の中央部分にはキャヴィール砂漠とルート砂漠という 2 つの大きな砂漠が広がり，極度の乾燥のため居住には適さない．　［山口昭彦］

イラン山脈　Iran, Pegunungan

マレーシア/インドネシア

標高：2000 m　長さ：274 km

　マレーシアとインドネシアにまたがる山脈．カリマンタン(ボルネオ)島中北部，マレーシアのサラワク州東部からインドネシアの北カリマンタン州にかけて連なり，両国の国境をなし，サラワク州の脊梁を形成する．東西方向に標高 2000 m 級の山々が連なる．山脈の北側は高原地帯となっている．この山脈の南西側はカプアスフル山脈へと続き，山脈から東にかけては，ペナボ山脈を経てさらに，クロッカー山脈にいたる．　［生田真人］

イーラン県　依蘭県　Yilan

中国

人口：41 万 (2012)　面積：4658 km²
[46°19′N　129°33′E]

　中国北東部，ヘイロンチャン(黒竜江)省西部，ハルピン(哈爾浜)副省級市東部の県．北のシャオシンアンリン(小興安嶺)山脈と南のチャンコワンツァイ(張広才)嶺山地の両山地の間を貫くソンホワ(松花)河に，ムータン(牡丹)江とウォークン(倭肯)河が注ぐ地点にある．県名は満州語で 3 の意味で，黒竜江流域から移ってきた 3 つの有力同族にちなむ．満州族と清朝の故地である．3 河川の合流点にある依蘭は河港として発展し，県政府所在地となっている．　　　　　　［小島泰雄］

イーラン市　宜蘭市　Yilan

台湾｜中国

人口：9.6 万 (2016)　面積：29 km²
降水量：2700 mm/年　　[24°46′N　121°45′E]

　台湾北東部，宜蘭県の都市で県政府所在地．ランヤン(蘭陽)平野の中央に位置する．周辺一帯は日本統治時代に灌漑の整備が進められ，現在，台湾でも屈指の穀倉地帯となっている．夏季は晴天が続くが，冬季には季節風の影響を強く受け，10 月から 3 月にかけては連日天候が崩れる．年平均降水量は 2700 mm にも達し，古くから雨の多い土地として知られてきた．歴史的には台湾で最も遅く開発が始まった土地で，漢人住民の入植が始まったのは 1796 年からとされている．日本統治時代に入ってからは各種産業開発が進み，工業都市として発展した．第 2 次世界大戦後もその基盤は受け継がれ，現在にいたっている．とくにセメント製造，パルプ，製紙などが盛んに行われている．また，他地域に比べ，郷土意識が高い地域としても知られ

ている．　　　　　　　　　［片倉佳史］

イリ自治州　伊犂自治州　Ili

中国

イリカザフ自治州　伊犂哈薩克自治州 (正称)

人口：401.8 万 (2002)　面積：27000 km²
[43°55′N　81°19′E]

　中国北西部，シンチャン(新疆)ウイグル(維吾爾)自治区北西部の副省級自治州．北東はモンゴル，北はロシア，北西はカザフスタンに隣接する．州政府所在地はグルジャ(伊寧)市である．グルジャ，クイトゥン(奎屯)，コルガス(霍爾果斯)の 3 県級市と，グルジャ，トクズタラ(鞏留)，モンゴルクラ(昭蘇)，キュネス(新源)，テケス(特克斯)，ニルカ(尼勒克)，コルガス(霍城)の 7 県とチャプチャル(察布査爾)自治県，およびアルタイ(阿勒泰)，タルバガタイ(塔城)の 2 地区を管轄する．地名はチュルク(突厥)語で故郷，国を意味するエル El またはイル Il に由来する．

　紀元前後，匈奴の支配下にあったが，のちにチュルク帝国，そしてウイグル(回鶻)帝国の領土となった．9 世紀半ば以降，東部はカラホジャウイグル王国，西部はカラハンウイグル王朝に属した．13 世紀以降，チャガタイ・ハン国やジュンガル・ハン国が支配を続けた．18 世紀半ば頃清朝に占領され，その版図に組み入れられた．1864 年にサディル・パルワンらによる農民蜂起が起こり，グルジャを中心にイリ・ウイグル(タランチ)・スルタン王国が建国されたが，71 年にロシア軍の侵攻によって滅ぼされた．1881 年，清朝とロシアの間でイリ条約が結ばれ，この地はふたたび清朝の支配下に入った．1884 年に新疆省の創設に伴い伊塔道が置かれた．1944 年，ウイグル人を中心とするトルコ系諸民族はグルジャで東トルキスタン共和国を建国し，イリ，チョチェク，アルタイなどの地区を漢人の支配から解放した．しかしこの国は，1949 年に中国に統合され，54 年にイリカザフ自治州が設立され，翌年新疆ウイグル自治区の一部となった．

　南はティエンシャン(天山)山脈に接し，北はアルタイ(阿勒泰)山脈にいたり，ジュンガル(準噶爾)盆地の大部分を占める．アルタイ山脈と天山山麓では牧畜業が盛んで，イリ馬の産地として有名である．イリ川，エルチシ(イルトゥイシ)川，ウルングル(烏倫古)河などの流域はおもな穀倉地帯である．国道 312 号と 217 号がクイトゥンで交差する．グルジャ，アルタイ，チョチェクなどの都市には空港があり，ウルムチ(烏魯木斉)と空路で結

124　イリ　　　　　　　　　　　　　　　　　　　　　　　　　　　　　　　　　〈世界地名大事典：アジア・オセアニア・極Ⅰ〉

ばれている.　　　　　[ニザム・ビラルディン]

イリ川　Ili River　　中国/カザフスタン

面積：154000 km²　長さ：949 km
[45°21′N　74°06′E]

　中国とカザフスタンを流れる川. 中国北西のティエンシャン(天山)山脈の東部から流れる 225 km のクン川と, カザフスタンの天山中央部を水源とするテケ川が, 中国北西のシンチャン(新疆)ウイグル(維吾爾)自治区西部, グルジャ(イーニン(伊寧))の東 105 km で合流して形成される. ジュンガルアラタウとザイリアラタウの間のイーニンを過ぎ, カプチャガイを通り, 砂漠で北西に転じ, バルハシ湖の南西端のデルタに流入する. 灌漑に重要な役割を果たし, バカナスまでの中流は航行できる. チリク川が合流する.

[木村英亮]

イリアン島　Irian　☞ ニューギニア島　New Guinea Island

イリアン湾　Irian, Teluk　☞ チュンドラワシ湾　Cenderawasih, Teluk

イリアンジャヤ州　Irian Jaya, Provinsi　☞ パプア州　Papua, Provinsi

イリガン　Iligan　　フィリピン

人口：34.0 万 (2015)　面積：810 km²
気温：27.4℃　降水量：1680 mm/年
[8°13′N　124°13′E]

　フィリピン南部, ミンダナオ島北岸, 北ラナオ州の都市. イリガン湾奥に立地する工業都市で, アメリカ統治以降ずっと州都であったが, その地理的位置が州の北東部に偏っていることから, 最近, イリガン市内から南西に約 50 km 離れた, パンギル湾出口のトゥボッド町に移された. ラナオブキドノン台地は島の北岸各地で急崖をなしてミンダナオ海に没するが, スペインはこの崖下沿岸にあったボホラノの集落に, 1642 年, 聖フランシスコ・ザビエル要塞(石造)を建設した. その後イスラーム教徒マラナオの襲撃や自然災害のため要塞の改修・新設がくり返されたが, 1850 年の洪水被害を契機にプガアン川河口右岸の現在位置に移転した. このあたり一帯はもともとマラナオの支配地域で, 17～18 世紀当時, 彼らはスペイン支配に強く抵抗, パンギル湾ないしイリガン湾沿岸からビサヤ諸島目がけて略奪・奴隷狩り出撃をくり返していた. イリガン要塞は, ミサミス(現オサミス)要塞やディポログ要塞とともに, このマラナオあるいはマギンダナオによる奴隷狩り出撃を食い止めるためのスペイン軍前哨基地であった.

　イリガンは, アメリカ統治下で比較的平穏な 40 年間を過ごしたが, 1942 年の第 2 次世界大戦開始直後に日本軍によって占領された. しかし, 1944 年の後半には早々とアメリカ・フィリピン連合軍により解放され, 50 年には州から独立した特別市に指定された. 間もなく, ラナオ湖から流れ出すアグス川下流のマリアクリスティーナ滝を利用した電源開発が国家電力公社(NAPOCOR)によって進められ, やがてミンダナオ島全域に電力が配電されるようになる. この豊富な電力を動力源として鉄鋼, 化学肥料, セメント, 造船など重化学工業を誘致, イリガンを独立してまもない共和国工業化のための一大近代工業センターにする計画が持ち上がった. 1960 年代に市の工業化は大いに進んだが, その波及効果は期待されたほどではなかった. 1997 年, アジア経済危機の直撃を受けていくつかの企業が倒産, 市は深刻な不況に見舞われた.

　しかし, 2004 年に国家製鋼公社(NSC)が GSII 社と名称変更して再興され, それを機に他の業種も復活, ふたたび工業都市の活況を取り戻した. イリガン港からは内航船の定期便が出ていてマニラやビサヤ諸島の主要港とつながっている. 空の玄関口としては市中心部から南に約 10 km のバロイにマリアクリスティーナ空港があるし, 2013 年にオープンしたカガヤンデオロの新空港, ラギンディガン空港も利用できるとあって, 近年人の往来が一段と増してきた. こうして最近人口が急増, 2015 年には人口 34 万, ミンダナオ島で第 4 位, 全国 11 番目の大都市となった. その結果, 市内の住民構成は大きく変わった. かつて優勢であったイスラーム教徒のマラナオが全体の 1/4 を占めるにすぎない相対的少数民族となり, かわってビサヤ諸島などからの移住民, ボホラノ, セブアノらキリスト教徒フィリピン人が全体の 75% を占めて圧倒的優勢となった.　[梅原弘光]

イーリャン県　彝良県　Yiliang　　中国

いりょうけん (音読み表記)
人口：52.2 万 (2010)　面積：2804 km²
[27°37′N　104°02′E]

　中国南西部, ユンナン(雲南)省北東部, チャオトン(昭通)地級市の県. グイチョウ(貴州)省に隣接する. 県政府は角奎鎮に置かれている. ミャオ(苗)族, イ(彝)族などの少数民族人口が 1 割強を占め, 山間地に住んでいる. 漢方生薬のテンマ(天麻), トチュウ(杜仲), トウキ(当帰), キヌガサダケなどのキノコ類, タケノコなどの山の幸, 漆, 桐油が特産品である. 小規模の水力発電所が県域内に 200 カ所以上も建設されている.

[松村嘉久]

イーリャン県　宜良県　Yiliang　　中国

人口：43.1 万 (2014)　面積：1914 km²
[24°52′N　103°06′E]

　中国南西部, ユンナン(雲南)省中央部, クンミン(昆明)地級市の県. 昆明に隣接する衛星都市として成長しつつある. 県政府は匡遠街道に置かれている. 昆明と著名な観光地のシーリン(石林)を結ぶ昆石高速道路のほか, 南昆鉄道や昆河鉄道が県内を通り, 交通網が発達している. 陽宗海やそこに注ぎ込む河川流域に水力発電所があり, 炭鉱も多い. 化学肥料や食料品を生産する工場も立地している. 基本的には農業県で, 最近では, 花卉栽培や種苗生産が盛んである. 名産品である宜良ダックはとてもおいしい.　[松村嘉久]

イリン島　Ilin Island　　フィリピン

人口：1.0 万 (2012)　面積：77 km²
[12°15′N　121°02′E]

　フィリピン中部, 西ミンドロ州の島. ミンドロ島南部に位置し, サンホセに属する島々の中で最大であり, サンホセとアンブロン Ambulong 島との間に位置する. 島の周囲には貝やサンゴ礁が豊富に存在し, 村人はおもに貝を採取して生計を立てている. 島には砂浜の海岸が 5 つあり, 島内からは考古学的に重要な貝を利用した釿(ちょうな), 手斧が出土している.　[小張順弘]

イーリング　Ealing

ニュージーランド

コールドストリーム　Coldstream（旧称）/ランギ
タータ　Rangitata（古称）

[44°03′S　171°25′E]

ニュージーランド南島，カンタベリー地方の村．ティマル地区，カンタベリー平野のランギタータ川東岸にある農耕集落である．アウトウォッシュ（融氷河流堆積物）や河成堆積物からなる平野上に位置する．地名は，はじめはランギタータ，次いでコールドストリームとよばれていたが，最も初期の居住者の1人，イギリスの政治家であるアダム・ジャクソンがロンドン郊外の地名にもとづいて現名称を命名し，1877年には公の地名として認められた．　　　　　　　　　　　［太田陽子］

イルカ　Iluka

オーストラリア

人口：0.2万（2011）　面積：5.6 km²

[29°24′S　153°21′E]

オーストラリア南東部，ニューサウスウェールズ州北東部，クラレンスヴァレー行政区の町．クラレンス川の河口部北側にあり，南太平洋に面して砂浜海岸が延びる．地名は，海の近くを意味する先住民の言葉に由来する．南半球では数少ない海浜性の多雨林が残る地域の1つで，多様な植物相を構成し貴重な動物も生息するイルカ自然保護区は，1986年に「オーストラリアのゴンドワナ雨林」の一部としてユネスコの世界遺産（自然遺産）に登録されている．また，2種類のオオコウモリの繁殖地としても知られる．イルカの港はトロール漁などの漁業基地であり，観光漁業も盛んである．有名な観光地として来訪客も多く，川の対岸にあるリゾート地のヤンバとは直接フェリーで結ばれている．

［落合康浩］

イルサン　一山　Ilsan

韓国

人口：53万（2010）　　[37°40′N　126°47′E]

韓国北西部，キョンギ（京畿）道コヤン（高陽）市のニュータウン．行政上は高陽市一山東区および一山西区．ソウル市街地から北西18 kmの位置にある．ハン（漢）江の下流右岸に位置する．ソウル市街地を挟んで対蹠点にあるソンナム（城南）市プンダン（盆唐）ニュータウンと並んで，ソウル首都圏内の最大規模のニュータウンで，計画規模は50万人．1980年代後半，首都圏へ流入を続ける人口への対策としていくつかのニュータウン建設が計画され，90年代前半までに，それが実施されたが，その代表格である．公園・緑地を多く置くこと，アパート，住宅間の間隔に余裕をもたせること，駐車場を多く設置することなど，質の高い居住空間とすることを目指して建設された．インチョン（仁川）空港からソウル市内に向かうバスの中から，一山の高層アパート群が遠望できる．京畿線が通過し，それとクロスしてソウル地下鉄3号線がニュータウン内まで延伸されている．

［山田正浩］

イルシャドウイン峠　Irshad Uwin Pass

アフガニスタン/パキスタン

標高：4925 m　　[36°52′N　74°08′E]

アフガニスタン，ワハン谷の源流部と，パキスタン，フンザの北東部を結んでいる峠．ヒンドゥークシュ山脈東端に位置し，標高は4977 mとする説もある．峠から約5 km下ったところに，イルシャドの集落がある．難所として知られ，ワハン谷の少数民族クルギズ族が，季節的に家畜をフンザ地域との間で移動させるために利用している．　［小野有五］

イルチ　Ilchi　☞　ホータン県　Hotan

イルデパン島　Île des Pins　☞　パン島 Pins, Île des

イルトゥイシ川　Irtysh River

中国～ロシア

面積：1643000 km²　長さ：4248 km

[61°07′N　68°50′E]

中国からカザフスタン，ロシアにかけて流れる川．中国領内のモンゴルアルタイ山脈に発して，カザフスタン東部，ロシアのオムスクとチュメニ両州を流れ，オビ川に左岸から合流する．カザフスタンのセメイ（セミパランチンスク）まではおもに山地を流れ，その途中では，ウスチカメノゴルスク水力発電所やブフタルマ発電所の建設によって生まれた貯水池がザイサン湖と連続している．アスケメン（ウスチカメノゴルスク）からオビ川との合流点までは西シベリア平原を流れ，河谷をしだいに広げ，河口近くでは幅35 kmになる．イルトゥイシという河川名の起源としてはトルコ語，イラン語の両説があるが，「急流」という意味をもつとされており，中・上流，とくに上流の特徴をとらえた命名であろう．

上流部では融雪水，融氷水，若干の雨水が，下流部では融雪水，雨水，地下水によって涵養されている．増水期は上流部では4～6月，下流部では5～8月である．凍結期間は11月～翌年4月である．生息する魚類が豊富である．この川の水は上水道や灌漑用に利用され，イルトゥイシカラガンダ運河への水もまかなっている．河口から遡上して3784 km地点まで船舶が航行可能である．主要な河港は，ロシア領内ではオムスク，トボリスク，ハンティマンシースク，カザフスタン領内ではセメイ（セミパラチンスク），ウスチカメノゴルスク，パヴロダルである．水質をみると石油製品，銅，鉛などの含有量も増加しつつある．　　［小俣利男・木村英亮］

イルフラコム　Ilfracombe

オーストラリア

人口：348（2011）　面積：6572 km²

[23°30′S　144°30′E]

オーストラリア北東部，クイーンズランド州中央部，ロングリーチ地域の町．ロックハンプトンの西約650 kmに位置する．地名は，イングランド，デヴォン県にある町にちなんでつけられた．広大な牧場地域の小さなサービス拠点である．この町のウェルショットステーションは，世界で最も多くの羊を飼育する牧場として知られている．　［秋本弘章］

イロイロ　Iloilo

フィリピン

人口：44.8万（2015）　面積：78 km²

[10°47′N　122°37′E]

フィリピン中部，パナイ島南東部，イロイロ州の都市で州都．首都マニラから飛行機で45分，船では18時間45分の距離にある．アレバロ，ハロ，ラパス，モロ，マンドゥリアオ，市街地の6つの地区に分かれており，全部で180の村（バランガイ）がある．西部ビサヤ地方の商業経済の中心地で，国内の都市では人口が第9位である．言語はフィリピン4大言語集団の1つであるヒリガイノン（イロンゴ）が話されている．

歴史的には国内農業の中心地であり，スペインとアメリカの統治期を通じて農産物の生産・輸出地域となってきた．パナイ島南東部のイロイロ平野は国内有数の穀倉地帯であり，19世紀以降，米の商品生産が盛んであった．また砂糖，コプラ，バナナ，マンゴーなどの生産地としても知られている．漁業も盛んで，近海はラプラプやニシクロカジキ，

イロイロ(フィリピン),サント・ニーニョ(聖なる幼きイエス)を祀る謝肉祭,ディナギャン祭り
〔Frolova_Elena/Shutterstock.com〕

クルマエビ,小エビなどが多くとれる豊かな漁場となっている.近年では,西部ビサヤ地方の産業経済の中心地域として,銀行,保険,不動産などさまざまな商業が発達している.国の中央部に位置し,港やインフラ設備,テレコミュニケーション網が整備されているため,物流や情報ネットワークの結節点にもなっている.

有名なマラグタス伝説の中には,イロイロについての記述がある.11～12世紀頃にカリマンタン(ボルネオ)島からパナイを訪れた10人のダトゥ(首長)が先住民のリーダーから黄金と引換えに平野と谷を譲り受けた.そのうち1人のダトゥが与えられたイロンイロンという土地が,現在のイロイロ市だといわれている.1569年,ミゲール・ロペス・デ・レガスピに率いられたスペイン軍がパナイ島に到着し,オトンに本拠地をつくった.レガスピはマニラに北上するに際して,ゴンザロ・ロンキリョを任命しパナイを任せた.モロの海賊とオランダやイギリスの私掠船の襲撃のため,ロンキリョは本拠地を次第に西へと移し,最終的に1700年には,防御のための地形と自然環境に恵まれた現在のイロイロ市に本拠地を定めた.

米西戦争での敗北後,1898年にスペインはイロイロから撤退し,アメリカ統治期が続いた.アメリカ統治期はイロイロにとって,政治と産業,そして農業の発展の時期であった.道路や空港,灌漑設備が整備され,農業生産地としての地位を確立した.また,漁業と砂糖産業の発展は経済的な成長を後押しした.第2次世界大戦中には日本軍の統治下にあったが,1945年の日本の敗戦に伴い支配から解放された.

識字率は国内で最も高く,西部ビサヤ地方の教育の拠点となっている.市内には,国立のフィリピン大学ビサヤ校と西ビサヤ国立大学のほかに,4つの私立大学がある.これらの大学は地域の高等教育に重要な役割を果たしているだけでなく,外国人留学生を積極的に受け入れている.中国,韓国,タイ,インド,パキスタンなどアジアの各地からの留学生は,おもに農学や工学,看護学,薬学などを学びにきている.また,近年ではとくに韓国を中心に,英語を学びにくる外国人留学生の数も増えている.

観光資源には,歴史的建造物や祝祭などがある.市内には,ハロ地区にあるハロ教会(1864年建設)やモロ地区のモロ教会(1831年建設)など,スペイン統治期の建造物が残されている.また毎年1月の第4週末に行われるディナギャンは全国的に有名な祭りであり,その時期には多くの観光客が市を訪れる.ディナギャンは,幼きイエス(サント・ニーニョ)の像を祝って行われる.祭りでは,顔を黒く塗り派手な衣装に着飾ったダンスチームが,踊りながら町を練り歩くパレードやダンスコンテストなどが行われる.3月の第2日曜日には,対岸のギマラス島との間の海峡でパラウ・レガッタ競争が開催される.これは,さまざまな趣向を凝らしたアウトリガー式のレガッタ艇で競争する祭りである.

［東 賢太朗］

イロイロ州　Iloilo, Province of

フィリピン

人口:238.4万(2015)　面積:5079 km²
［10°47′N　122°37′E］

フィリピン中部,パナイ島,西部ビサヤ地方に位置する州.州都はイロイロ.パナイ島にある4州(アクラン,アンティケ,イロイロ,カピス)の1つである.イロイロ市以下,43の市町で構成される.言語はフィリピン4大言語集団の1つであるヒリガイノン(イロンゴ)が話されている.パナイ島南東部のイロイロ平野は国内有数の穀倉地帯であり,19世紀以降は米の商品生産が盛んとなった.そのほかに,砂糖やマンゴーなどの農作物も多く生産されている.また近年では,西部ビサヤ地方の産業経済の中心地域として,銀行,保険,不動産などさまざまな商業が発達している.

［東 賢太朗］

イロコススル州 ☞ 南イロコス州 Ilocos Sur, Province of

イロコスノルテ州 ☞ 北イロコス州 Ilocos Norte, Province of

イーロン県　儀隴県　Yilong

中国

ぎろうけん(音読み表記)

人口:93.0万(2015)　面積:1791 km²
［31°16′N　106°18′E］

中国中西部,スーチュワン(四川)省,ナンチョン(南充)地級市の県.県政府は新政鎮に所在する.地勢は北東から南西へ傾斜し,丘陵が広がって起伏が多く,チャリン(嘉陵)江が南西部を流れている.農産物は水稲,小麦,トウモロコシ,綿花,ナタネ,落花生などがあり,豚やウサギなどの畜産が盛ん.繊維や食品などの工業がある.出稼ぎ労働者(農民工)を他地域へ多く送り出している.朱徳元帥(1886-1976)の生誕地であるマーアン(馬鞍)鎮には記念館があり,一帯は琳琅山風景区に指定されている.高速道路の銀昆線(インチュワン(銀川)～クンミン(昆明))や成巴線(チョントゥー(成都)～バーチョン(巴中))が通る.

［小野寺 淳］

いわえん　頤和園 ☞ イーホーユワン Yiheyuan

イン河　潁河　Ying He

中国

イン水　潁水　Ying Shui（別称）／えいが（音読み表記）／シャーイン河　沙潁河　Shaying He（別称）

長さ：557 km　　　　　　　[32°29′N　116°32′E]

中国東部，ホーナン（河南）省の川．トンフォン（登封）市ソン（嵩）山を水源とし，同省チョウコウ（周口）市などを経てアンホイ（安徽）省フーヤン（阜陽）市インシャン（潁上）県正陽関鎮でホワイ（淮）河に注ぐ．淮河最大の支流であり，水運，灌漑などで，流域に重要な役割を果たしてきた．バイシャー（白沙）ダム，昭平台ダム，白亀山ダム，孤石灘ダムなど多くの水利施設が建設されている．おもな支流に沙河があり，沙潁河とも称され，安徽省の重要な水路網の1つに数えられる．春秋時代の鄭国の地方官吏，潁考叔にちなんだ名前だと伝えられている．　　　　　　　[中川秀一]

イン山　陰山　Yin Shan

中国

Moni Uul（別称）

標高：2364 m　長さ：1200 km　幅：50 km
　　　　　　　　　　　　　　[41°11′N　106°50′E]

中国北部，内モンゴル自治区中央部を東西に走り，北側の（内）モンゴル高原と，南側のホワン（黄）河流域を分ける，自然地理的にも歴史的にも重要な意義をもつ山脈．南側は急峻な断層崖からなり，北斜面はモンゴル高原へ向かってゆるやかに標高が低くなっていく傾動地塊である．西はウラト（烏拉特）後旗から始まり，バヤンノール（巴彦淖爾）市，ボグト（パオトウ，包頭）市，フフホト（呼和浩特）市，ウランチャブ（烏蘭察布）市，ホーペイ（河北）省北西部を貫き，東はドロンノール（多倫）県以西の灤河上流地域まで続く．最高峰はフフバシグ山（呼和巴什格山，狼山の主峰）である．支脈には狼山，烏拉山，蛮汗山などがある．陰山中部の山脈はダーチン（大青）山といい，モンゴル語ではダランハラ（70の黒い山）とよぶ．2003年に烏拉山は内モンゴル自治区の自然保護区に，08年に大青山は国立自然保護区に指定された．
　　　　　　　　　　[バヨート・モンゴルフー]

インヴァーカーギル　Invercargill

ニュージーランド

人口：5.2万（2013）　　　[46°25′S　168°21′E]

ニュージーランド南島南西端，サウスランド地方の都市で行政中心地．オレティー川河口東岸，ブラフの北28 kmにあり，第四紀層からなる台地，低地に位置する．サウスランド地方の主要都市で，郵便局，裁判所，警察署，各種病院，20以上の学校（ポリテクニク，オタゴ大学の分校を含む），ホテル，モーテルほかさまざまな宿泊施設があり，日刊紙も刊行されている．南島の鉄道の終点で，交通の要衝である．

周囲の平野は肥沃で，おもな産業は農業，牧羊，牧牛，林業，酪農などの第1次産業と，それと関連した食肉の冷凍，酪製品の生産，羊毛の加工，肥料の製造，製材などである．マナポウリ湖での水力発電，ブラフでのアルミニウム精錬などは市の成長に大きく影響した．町は広く，市の中心付近にあるクイーンズパークをはじめ，たくさんの公園，美術館，風景保存地域，植物園，野生動物の保存地域などがあり，スポーツやレクリエーションの施設が整っている．1855年にこの地域は先住民のマオリから購入された．同年にアザラシの捕獲者ジェームス・ケリーがここに上陸し，生活するのに好適な場所であると考え，ケリー夫妻はヨーロッパ人として初めてのインヴァーカーギルの居住者となった．地名は，1857年にトーマス・ゴア・ブラウンがウィリアム・カーギルの名にもとづいてインヴァーカーギルと名づけることを提案し，現名称となった．　　　　[太田陽子]

インヴェレル　Inverell

オーストラリア

人口：1.1万（2011）　面積：208 km²　気温：22.7℃
降水量：800 mm/年　　　　[29°47′S　151°07′E]

オーストラリア南東部，ニューサウスウェールズ州北東部，インヴェレル行政区の中心の町．州都シドニーの北約600 kmにあり，マッキンタイア川沿いに開けた町にはグワイダーハイウェイが通る．ノーザンテーブルランドの西側斜面に位置している．この地の気候は総じて温暖であり，最暖月（1月）平均気温が29.5℃，最寒月（7月）平均気温は15.1℃である．ただし，夏季の日中は高温になることも多く，最高気温では43.7℃（1903年1月4日）を観測したことがある．一方，冬季には最低気温が氷点下になることもあり，1892年9月には積雪10 cm程度の記録もある．

地名は，1837年頃，アレキサンダー・キャンベルがマッキンタイア川沿いのバイロン平原に200 km²に及ぶ土地を開拓し，彼と彼の雇い主だったピーター・マッキンタイアの出身地スコットランドにちなんで名づけた．インヴェレルはゲール語で白鳥の集まるところを意味しており，当時この地に多数の白鳥が生息していたことによるものである．現在，市街地の北側付近ではスワンブルック川（白鳥の川）がマッキンタイア川に合流している．この一帯は，1850年代には，牧畜で生活する人びとに緑の豊かな水辺として知られていた．1840年頃にこの地に移住してきたコリンとロザンナのロス一家が，53年8月，開拓者たちのために店を開業したのが，町のつくられるきっかけとなった．1856年には町建設のための調査が行われ，その後計画が承認されると，59年から町の土地区画が分譲された．同年には郵便局が開業し，現在の業務地区に店舗が立地した．以後，警察署などおもだった施設がつくられるようになって，町は地区の中心地として発展し，1872年には自治体として成立した．1871年における人口は509であったが，81年には1212にまで増加している．オーストラリアが連邦として成立して以降の人口は，1911年が1230，47年が6530，61年が8209となっている（いずれもセンサスデータ）．鉄道インヴェレル線の最後の未開通区間であったデルングラから町までは，1901年11月に開業しているが，87年12月に廃線となっている．なお，市街地の南約15 kmにインヴェレル空港がある．

町とその周辺地域は肥沃な土壌に恵まれた農業地帯となっており，小麦，大麦，エン麦，モロコシ，トウモロコシ，ワイン用ブドウなどさまざまな作物が栽培されている．この地区における灌漑用水は主として，市街地の南西約35 kmにあるコープトンダムの湖から取水されている．グワイダー川をダムでせき止めて1976年に完成したこのダム湖は，面積約46 km²，満水時の貯水量は13億6000万 m³で，3万 haの農地を灌漑することが可能である．また，町の周辺はスズやサファイア，ジルコン，ダイヤモンド（主として工業用）など鉱産資源にも恵まれている．1871年にはスズ鉱が発見され，ティンラッシュが起こっている．1875年にコープス川で発見されたダイヤモンドは，コープトンで83年から1922年まで採掘が行われている．サファイアはインヴェレルの北方を流れるフレイザー Frazers川沿いで，1919年から採掘が始まっている．ここは河床堆積物の量が多く，また初期の採掘が手作業で行われていたため，当初はあまり多くの量は採掘されていなかったが，1960年頃以降は算出量も増加している．鉱産資源の中でも，とりわけサファイアはこの地方の随所で産出される特産品であることから，今日，町はサファイアの

町として知られるようになり，国内における
サファイア生産の中心地となっている．ピク
ニックをしながらフレイザー川でサファイア
の採掘体験ができるツアーも企画されてい
る．また，町中には，サファイアの原石を宝
石に加工する施設もあり，その工程の見学や
宝石の購入ができる．

町の歴史と産業は観光資源にもなってい
る．人びとは町の開拓の歴史を誇りにしてお
り，町の中心部には，古い時代のままに復原
された数々の建物が立ち並んでいる．開拓者
村とよばれるこの一角は，開拓当時の町の雰
囲気を味わうことができる地区として観光地
にもなっている．町周辺にあるコープトンダ
ムやピンダリダムのダムサイトは，釣りや水
上スキー，ヨットなどが楽しめるレクリエー
ションエリアになっており，とくにコープト
ン湖で毎年開催される魚釣り祭りは有名であ
る． [落合康浩]

インヴァーロック Inverloch
オーストラリア

人口：0.5万 (2011)　面積：122 km²
[38°37′S　145°46′E]

オーストラリア南東部，ヴィクトリア州南
東部の町．フィリップ Phillip 島から延びる
バスハイウェイ沿いの小さな海浜リゾート
地．州都メルボルンの南東約110 km，ウォ
ンサギーの東に位置する．ヴィーナス湾(ア
ンダーソン入江)に面しており，サーフィン
や釣りを目的とする観光客で賑わう．退職者
の移住先としても有名な都市となっている．
[堤 純]

インガム Ingham
オーストラリア

人口：0.5万 (2011)　面積：42 km²
[18°39′S　146°10′E]

オーストラリア北東部，クイーンズランド
州北東部，ヒンチンブルック郡区の町で行政
中心地．ケアンズの南南東約235 km に位置
する．1880年代に最初の砂糖農場が設立さ
れて以来，この町の中心産業は砂糖生産であ
る．地名は，最初の砂糖農場植民者の1人で
あるウィリアム・インガムにちなんでつけら
れた．20世紀初頭，移民政策の変化によっ
て，サトウキビ農場ではイタリア系の労働者
を多く雇用したため，今日でもその影響を強
く残している．サトウキビの栽培のほか，熱
帯果実，トウモロコシの栽培や牧牛も盛んで
ある．ヒンチンブルックアイランド国立公園
などに近接するため，観光業も重要な産業と

なっている． [秋本弘章]

イングラージバザール Ingraj Bazar ☞
イングリッシュバザール English Bazar

イングリッシュ海岸 English Coast
南極

ロバートイングリッシュ海岸 Robert English Coast (旧称)
[73°30′S　73°00′W]

南極，西南極の海岸．南極半島基部の西側
にあって，バットレスヌナタクス Buttres
Nunataks (南緯72度22分，西経66度47
分)からリュードベリ Rydberg 半島(南緯73
度10分，西経79度45分)北端まで直線距
離で400 km の間の海岸地域で，海岸線のほ
とんどをジョージ6世海峡を覆うジョージ6
世棚氷(南緯71度45分，西経68度00分)
などの棚氷で塞がれている．リチャード・バー
ド指揮下のアメリカの南極探検隊によって
1940年に発見，調査され，地名は同隊の事
務総長にちなんでロバートイングリッシュ海
岸と命名された．後に簡潔のため現名称に改
められた． [森脇喜一]

イングリッシュバザール English Bazar
インド

イングラージバザール Ingraj Bazar (別称)／マ
ルダ Malda (別称)

人口：21.6万 (2011)　標高：17 m
[25°00′N　88°08′E]

インド東部，ウェストベンガル州北部，マ
ルダ県の都市で県都．ガンジス川の支流マハ
ナンダ川の西岸に広がり，ウェストベンガル
州の北部地域への入口に位置する．インド国
営鉄道東部管理局の地域統括局があり，州都
コルカタ(カルカッタ)や北東部アッサム州な
どを結ぶ鉄道交通の要衝である．また，国道
34号が南北に通り，コルカタから北347
km，さらに北のヒマラヤ山脈入口の町シリ
グリまで256 km で結んでいる．空港は，
1972年に勃発したバングラデシュ独立戦争
の影響で閉鎖されたが，2014年から州政府
が，コルカタと結ぶヘリコプター便を就航さ
せた．

地名は，1771年に東インド会社が開設し
た特産の綿花と生糸の物産交易所に由来す
る．また，紀元前5世紀の仏教徒支配時代か
ら12世紀以降のイスラーム教徒支配時代ま
で，2000年を超えてベンガル地方の政治拠

点を担った一大歴史的都市でもある．町の
12 km 南のゴール地区に，イスラーム教徒
支配時代の城塞遺跡がある．また，2013年
には女性専用裁判所が設立され，一躍，注目
を浴びた．俗称のマンゴーシティは，この地
方の特産品として有名なマンゴーにちなんだ
よび名である．1566年建立のジャミモスク
をはじめ，イスラーム教徒支配時代の遺跡の
数は，州で第3位と多く歴史的観光地でもあ
る．人口は，州第6位の規模で，最近は，イ
ングリッシュバザールとマハナンダ川の対岸
に位置するオールドマルダを合併し，マルダ
特別市への昇格を目ざしている．[中山修一]

イングリッドクリステンセン海岸
Ingrid Christensen Coast
南極

イングリッドクリステンセンキスト Ingrid
Christensen Kyst (ノルウェー語・別称)／イングリッ
ドクリステンセンランド Ingrid Christensen
Land (ノルウェー語・旧称)

長さ：約500 km [69°30′S　77°00′E]

南極，東南極の海岸．プリンセスエリザベ
スランド西部，東経72度33分から81度24
分間に位置し，大小多数の露岩や島がある．
1935年2月，ノルウェーの捕鯨業者ラル
ス・クリステンセンの油槽船トアスハウンに
よって発見され，ラルスの妻にちなんでイン
グリッドクリステンセンランドと命名され
た．トアスハウンの船長クラリウス・ミケル
センは，まず2月20日に海岸東部で大きな
露岩を発見し上陸，捕鯨会社の本拠地がある
ノルウェーの地方名をとってヴェストフォー
ルと命名した．その後，海岸に沿って南西に
進み，発見したいくつかの地形にノルウェー
語の地名をつけた．ちなみに，プリッツ湾を
はさむ西方の対岸もミケルセンによって
1931年1月に発見されており，ラルスクリ
ステンセンランド Lars Christensen Land
(後にラルスクリステンセン海岸に改名)と命
名されていた．イングリッドクリステンセン
ランドも後にイングリッドクリステンセン海
岸に改められた．イングリッドは発見の2年
後にこの地におもむいて，水上機による飛行
を行った．

この海岸の沿岸露岩，ヴェストフォール丘
陵にはオーストラリアのデーヴィス基地があ
り，ラルセマン Larsemann 丘陵(南緯69度
24分，東経76度15分)には中国の中山(ゾン
シャン)，オーストラリアとルーマニア共
同のロウ・ラコヴィタ，ロシアのプログレ
ス，インドのバーラティなどの観測基地があ
る． [森脇喜一]

イングルウッド　Inglewood

オーストラリア

人口：0.1万（2011）　面積：474 km²
[36°35′S　143°52′E]

オーストラリア南東部，ヴィクトリア州中部の都市．ベンディゴからカルダーハイウェイで北西約40 kmに位置する．ここは州の金鉱地帯の中でも最も重要な都市の1つである．19世紀中盤のゴールドラッシュ時，1859年に有望な大鉱脈が発見され，現在でも採掘は続いている．また，周辺で産出されるユーカリ油の抽出・蒸留も100年以上の歴史をもつ主産業である．国内最大の航空会社に成長したが，2002年に経営破綻したアンセット・オーストラリア航空の創始者レジナルド・アンセットの生誕地としても知られる．　　　　　　　　　　　　　　[堤　純]

イングルウッド　Inglewood

オーストラリア

人口：0.1万（2011）　面積：978 km²　標高：284 m
[28°25′S　151°04′E]

オーストラリア北東部，クイーンズランド州南西部，ガンティウィンディ地域の町．州都ブリズベンの西南西約270 kmに位置する．グレートディバイディング山脈西側の高原に立地する．豊かな土壌に恵まれた農業地帯にあり，混合農業やタバコ栽培が盛んである．今日，オリーブの栽培などに転換が進められている．　　　　　　　　　　　[秋本弘章]

イングルウッド　Inglewood

ニュージーランド

人口：0.3万（2013）　[39°09′S　174°12′E]

ニュージーランド北島，タラナキ地方の町．国道3号でニュープリマスから南東22 km，タラナキ（エグモント山）の北東麓に位置する．地名は，イギリスのカンバーランド（現カンブリア）にあるイングルウッドフォレストにちなんで名づけられた．製材の町として1873年に入植が始まり，以後，農業と製材業で栄えてきた．ファンホー！Fun Ho! 国立おもちゃ博物館があり，町でつくられた3000点以上のおもちゃが展示されている．
[林　琢也]

インコウ市　営口市　Yingkou

中国

人口：244万（2012）　面積：5401 km²
[40°40′N　122°14′E]

中国北東部，リャオニン（遼寧）省の地級市．ポーハイ（渤海）湾に臨む港湾都市で，ジャンチェン（站前），シーシー（西市），ラオビエン（老辺），バーユィーチュワン（鮁魚圏）の4区とガイチョウ（蓋州），ダーシーチャオ（大石橋）の2県級市を管轄する．市政府は站前区に置かれる．市名は旧名の没溝営から町場の形成により営子となり，さらにリャオ（遼）河の河口に立地することから19世紀前半に営口となった．天津条約に規定された通商港湾は営口から遼河をさかのぼった牛荘であったが，1861年にイギリスが下流の営口に港湾を開いたことで，東北初の対外開放港湾となった．都市としての発展もここに始まる．現在も営口からはダーリエン（大連），チンタオ（青島），シャンハイ（上海）などへの航路が開設されている．また1980年代から市南部の鮁魚圏に，コンテナヤードや石炭，石油の専用埠頭を有する新しい大規模港湾が建設され，東北第2の港湾となっている．市域は東部のチェン（千）山山脈から西部のリャオホー（遼河）平野へ向かって傾斜しており，農業については良質米とリンゴの生産が有名である．　　　　　　　　　　　　　[小島泰雄]

インゴダ川　Ingoda, Reka

モンゴル/ロシア

面積：37200 km²　長さ：708 km
[51°34′N　115°50′E]

ロシア東部，モンゴル領内のヘンテイ山脈を源流とし，ザバイカリエ地方（シベリア連邦管区）南部を東西に流れる川．地名はエヴェンキ語の「がれきと砂の岸辺の川」（インガクタ）に由来する．シベリア鉄道幹線が河川沿いに走り，複数の市町村が点在する．旧アガブリャート自治管区とブリヤート共和国の境界沿いに流れるオノン川と合流して，シルカ川（アムール川支流）となる．上流域は狭隘な峡谷で，中流域はヤブロノヴィ山脈とチェルスキー山脈にはさまれた広大な盆地が広がる．チタ川との合流点に位置するチタを過ぎるとふたたび険しい地形になり，チェルスキー山脈の中を通る．河口の平均流量は毎秒72.6 m³．11月初旬に結氷し，4月末に融氷する．主な支流は，ドジラ川，ウルトゥイ川，チタ川，ニキシハ川，クルチナ川，オレングイ川，トゥラ川，ウルリガ川，タラチャ川である．

周辺には薬草として用いられるシソ科植物コガネバナの生育地が広がり，周皮を除いた根の部分が止血剤，消化剤，駆虫剤の原料となる（漢方の生薬名はオウゴンで，健胃，消炎，解熱，緩下の薬効があるとされる）．大量のソーダ（炭酸ナトリウム）を人為的に加えたことで知られるドロニンスコエ湖が下流域左岸にある．輸送中の事故により大量の原油が流入する事件（2001）が起きるなど，近年は環境汚染の進行が懸念されている．
[徳永昌弘]

インゴルフフィヨルド　Ingolfs Fjorden

デンマーク

[81°50′N　15°00′W]

デンマーク領，グリーンランド北東部，グリーンランド海から約100 km東に延びるクロンプリンスクリスチャンラン半島とホルムラン半島の間の湾入．沿岸には氷河のない地域も広がる．1974年に設定され，現在は97万km²に及ぶ北東グリーンランド国立公園に含まれ，ホッキョクグマの繁殖地域として重要である．　　　　　　　　[塚田秀雄]

インジェ　麟蹄　Inje

韓国

りんてい（音読み表記）

人口：3.1万（2015）　面積：1620 km²
[38°04′N　128°11′E]

韓国北東部，カンウォン（江原）道北部の郡および郡の中心地．行政上は麟蹄郡麟蹄邑．テベク（太白）山脈の西斜面に位置する．ソヤン（昭陽）ダムでつくられた昭陽湖の最上流部に当たる．湖水を利用して船が運航されている．2010年の麟蹄郡の人口は2.9万である．1975年の人口は約6万であったので，この間に約1/2に減少した．郡域の東端はソラク（雪岳）山国立公園に含まれ，そのうちの内雪岳にあたっている．　　　　　[山田正浩]

インシェン　応県　Ying Xian

中国

人口：33.4万（2013）　面積：1708 km²　気温：7℃
降水量：360 mm/年　[39°32′N　113°01′E]

中国中北部，シャンシー（山西）省北部，シュオチョウ（朔州）地級市の県．サンガン（桑乾）河中流，ダートン（大同）盆地南端に位置している．南部は標高1000～2300 mのホンシャン（恒山）山脈で，臥羊場（標高2333 m）が最高峰である．北西部と北東部はホワンツ

130　インシ

〈世界地名大事典：アジア・オセアニア・極Ⅰ〉

ー(黄土)丘陵地域で，残りの地域は平地で，主要な農業地域である．気候は寒冷で，1月には0℃まで下がるときもある．無霜期間は100～140日．農産物はアワ，トウモロコシ，コーリャンなどの雑穀，ジャガイモである．歴史的文化遺産が多い．遼の清寧2年(1056)に建てられた応県釈迦木塔は高さが67.3 mで，中国で最も古い木造の塔式建築物である．　　　　　　　　　　　[張　貴民]

インシャン県　営山県　Yingshan

中国

人口：74.3万 (2015)　面積：1633 km²
[31°05′N　106°34′E]

　中国中西部，スーチュワン(四川)省東部，ナンチョン(南充)地級市の県．県政府はランチー(朗池)鎮に所在する．古代には巴国の一部であった．四川盆地の北東部に位置し，丘陵が多い．達成鉄道(ダーチョウ(達州)～チョントゥー(成都))が通り，高速道路の銀昆線(インチュワン(銀川)～クンミン(昆明))と南大梁線(南充～ダーチュー(大竹)～リャンピン(梁平))が交わる．灌漑が整備され，水稲，ナタネ，野菜などが生産される．養豚が盛んである．鉱産物には石油や天然ガスがあり，工業は機械，繊維，食品などがある．他地域への出稼ぎ労働者が多い．太蓬山や望竜湖などの名勝がある．　[奥野志偉・小野寺淳]

インシャン県　英山県　Yingshan

中国

人口：36.1万 (2015)　面積：1449 km²
[30°25′N　115°47′E]

　中国中部，フーペイ(湖北)省，ホワンガン(黄岡)地級市の県．県政府はウェンチュワン(温泉)鎮に所在する．ダービエ(大別)山脈の南側に位置し，北部は山地，中部と南部は丘陵地になっている．東河と西河が南部で合流して浠水になり，それに沿って狭い平野が延びる．地熱資源が豊富で温泉が多い．花崗岩や大理石を産する．標高200 m以下では水稲，小麦，ナタネ，200～300 mでは茶葉などの工芸作物，300～500 mでは薬材が生産される．森林はマツやスギが主で，ほかにクリを産する．養蚕が盛ん．　　　[小野寺淳]

インシャン県　潁上県　Yingshang

中国

慎県 (古称) /えいじょうけん (音読み表記)

人口：180.0万 (2016)　面積：1859 km²
[32°36′N　116°12′E]

　中国東部，アンホイ(安徽)省北西部，フーヤン(阜陽)地級市の県．ホワペイ(華北)平原の最南端に位置する．県政府は慎城鎮に置かれる．春秋時代に慎邑が，秦代には慎県が置かれ，隋の大業2年(606)に潁上県に改められた．県名はイン(潁)河の上流に位置することから名づけられた．霍邱県との県境を淮河が，県中部を潁河が貫流し，南部の県境あたりでホワイ(淮)河に合流する．地形は南部が低平で，八里湖，丘家湖など数多くの湖沼が分布し五河三湾七十二湖とよばれ，県面積の43％を水面が占める．そのため淡水養殖業が盛んである．また石炭が豊富で，毎年2000万t以上を生産する．県内を阜淮鉄道と合淮阜高速道路が東西に，済広高速道路が南北に通る．古跡として管仲，甘羅の墓がある．　　　　　　　　　　　[林　和生]

インスティテュート氷流　Institute Ice Stream

南極

面積：141700 km²　[82°00′S　75°00′W]

　南極，西南極の氷流．ロンネ棚氷にヘラクレス湾の南東側を通って注ぎ込む．1958～59年のアメリカ観測隊によって最初に調査が行われた．イギリスのスコット極地研究所(インスティテュート)にちなんで命名された．　　　　　　　　　　　[前杢英明]

いん石氷原　Inseki Hyogen

南極

面積：4000 km²　長さ：180 km　幅：50 km
[72°00′S　35°30′E]

　南極，東南極の裸氷原．やまと山脈周辺とその南方に広がる．日本の南極観測隊によって，やまと山脈周辺で最初に隕石が発見されたのは1969年12月で，9個であった．1973年12月にも12個の隕石が見つかり，74年11～12月にかけて組織的な探査がなされた．その結果，663個もの隕石が発見されたことにより地名が命名された．ここで採取された隕石はやまと隕石とよばれ，2001年1月までの探査でその数は1万3710個に達する．南極氷床の表面は通常は雪原であるが，山地周辺の裸氷原は，氷床の流動が基盤の高まりでせき止められ，盛り上がる部分が

風などで消耗するためにできると考えられている．　　　　　　　　　　　[森脇喜一]

インタヴュー島　Interview Island

インド

人口：15 (2011)　面積：99 km²
[12°54′N　92°41′E]

　インドの東方，アンダマンニコバル諸島連邦直轄地北部，アンダマン諸島の島．北アンダマン島と中アンダマン島の境界部に位置し，中アンダマン島の西に隣接するアンダーソン島から，さらに幅1 kmほどのインタヴュー海峡を隔てたところにある．島は平坦で南北に細長く，ほぼ全島が森林に覆われる．島の西海岸には幅の広いサンゴ礁(堡礁)が広がる．インタヴュー島には，かつて密猟者やミャンマー人労働者がいたが，現在は自然保護区に指定され，外来者の入島が制限されており，島の管理人以外島民はほとんどいない．豊かな自然が残された島として知られる．　　　　　　　　　　　[大竹義則]

インダス川　Indus River

中国～パキスタン

インドス川　Indos (ギリシャ語・古称) /ヒンドゥス川　Hindus (ペルシア語・古称)

面積：1165000 km²　長さ：3180 km
[24°00′N　67°26′E]

　中国からインド，パキスタンにかけて流れる川．チベット高原に発し，ヒマラヤ山脈西部，カラコルム山脈の氷河の融水を集め，インド亜大陸西部を流れてアラビア海に注ぐ．本流の93％はパキスタン領内にあり，5％がインド，2％が中国のシーツァン(チベット，西蔵)自治区にある．チベット高原南西部のガンディセ山脈と，ヒマラヤ山脈西部との間に，北西–南東方向に続く重要な地質構造線(インダス・ツァンポ縫合帯とよばれる)に沿って，幅の狭い直線的な縦谷をつくり，地質的構造に従って北西に流れる．チベット高原上にそびえるカイラス(カンリンボチェ)山(標高6656 m)の西方，ガル川の水源がインダス川の水源の1つとされている．一方，最大の支流サトレジ川の上流部も北西に流下しており，その水源で同じくカイラス山麓にあるマナサロワール Manasarovar 湖(標高4590 m)も，インダス川水系の水源の1つである．マナサロワール湖の東方に続く縦谷にはヤルンツァンポ江が南東方向に流下してブラマプトラ川となり，インダス川・ブラマプトラ川水系の重要な分水嶺となっている．

インダス川本流は，カラコルム山脈の南部に，地質構造を反映して同じく北西-南東方向に連なるラダク山脈とザンスカール山地の間を，狭い縦谷をつくって北西に流下し，ラダク地方の中心地レーを過ぎ，フンザ地方の中心地ギルギットで，西からヒンドゥークシュ山脈東部の水を集めて流下するギルギット川を合わせると，ほぼ直角に大きく流路を変えて，カラコルム山脈を横断する深い横谷をつくり，南西方向に流下する．東岸には，ナンガパルバット山（標高8126 m）の高峰がそびえ，峡谷の深さは4000～5000 m以上に達する．この峡谷部には，パキスタン最大のタルベラ（ターベラ）Tarbela ダムが1976年に建設された．ダムはパンジャブ州ラワルピンディの北西約50 kmに位置し，高さ140 m，幅2740 mの世界最大級のアース（ロックフィル）ダムであるが，建設時にはダムの一部の落盤によってダムが決壊する恐れも生じた．一方，このダムをさらに大きくする計画も検討されている．

ペシャーワルとラワルピンディのほぼ中間を流れるインダス川は，パンジャブ州アトック付近でヒンドゥークシュ山脈南面の水を集めてきたカーブル川を合わせ，さらに南西に流下する．東側はパンジャブ平原となるが，西側はパキスタン西部のスライマーン山脈や，アフガニスタンとの国境をなすトーパカーカル Toba and Karkar 山脈などが連なり，それらを集水域とするグマル川がさらに西から合流する．パンジャブ平原は，インダス川支流のジェルム川，チェナブ川，ラーヴィ川，サトレジ川によって涵養される広大な沖積平野であり，ガンジス川のつくる沖積平野に連なり，広大なヒンドスタン平原を形成している．インダス川水系とガンジス川水系の分水界は，インドの首都デリーの西方にあるが，地形の顕著な高まりはみられない．

パンジャブ平原を潤す支流群が最終的にサトレジ川となってインダス川に合流すると，インダス川は下流域に入り，スックルやハイデラバードなどの大都市を流下，ハイデラバードの下流で大きなデルタをつくり，首都カラチの東方でアラビア海に流入する．しかし，現在のデルタの流路は1816年の大地震後のもので，それ以前のインダス川河口はさらに東側にあり，かつてのデルタは，カッチ大湿地となっている．

インダス川流域は，上流部ほど降水量が多く，南西モンスーンの影響を受け，雨季（7～9月上旬）には水量が増す．また上流域の氷河の融水の増加もこれに加わる．一方，乾季には水量が著しく減少する．気候的に

も，インダス川の平原部はステップ気候であり，とくに南部は砂漠気候となり，タール砂漠が広がっている．このため，パンジャブ平原では多くの灌漑用水路がつくられ，インダス川水系から取水した水が農業に使われているが，灌漑による地下水位の上昇に伴って地中の塩分が地表にもたらされる塩害も生じている．逆に，雨季には，大雨による洪水被害も多く，ときに2010年以降，大洪水が大きな被害を与えている．

河川名はサンスクリット語のスインドゥ（7つの河川の意）に由来するが，これはインダス本流と，カーブル川にパンジャブの5河川を合わせた名称であった．古代ペルシア語ではヒンドゥスとよばれ，それがギリシャ語化されてインドス，さらにラテン語化されてインダスになった．漢訳仏典では辛頭河（信度河）と書かれた．パンジャブの語源も，ジェルム川，チェナブ川，ラーヴィ川，サトレジ川，ビアース川の5つ（パンジ）の水（アーブ）の地（ペルシア語）に由来する．

インダス川下流域は，世界四大文明の発祥地として知られ，紀元前2600年頃から各地で小都市がつくられ，青銅器文化や文字，農耕を伴うインダス文明を花開かせた．当時栄えた都市としては，パンジャブ州にあるハラッパーと，下流のシンド州にあるモヘンジョダロが有名である．インダス文明の衰退後，紀元前13世紀頃からはイラン高原からアーリア人の大移動があり，インダス川からガンジス川にかけて，ガンダーラ王国，カンボージャ王国などの国家群を建設した．これらの王国は紀元前6世紀にはアケメネス朝ペルシアの属領となったが，紀元326年にはマケドニアのアレクサンドロス大王がパンジャブ地方までに及ぶ大遠征を行い，ギリシャ，ヘレニズム文化が，インダス川流域まで及んだ．インダス川の名称が，ギリシャ語の影響を受けているのはこのためである．

インダス川は古来，チベット高原とインドの低地帯であるヒンドスタン平原を結ぶ重要な交通路であり，チベット仏教を主体とする上流部のチベット文化圏，イスラーム教を主体とする中・下流域のパキスタンの文化圏と，ヒンドゥー教を主体とするインド（パンジャブ）文化圏を結んでいる．現在でも，かつてのシルクロードをたどる自動車道路アジア・ハイウェイの4号線は，カシュガルからクンジェラブ峠を越えて，インダス川流域に入り，ラワルピンディ，カラチにいたるルートをとっている．ユーラシア大陸とインド亜大陸を結ぶインダス川の重要性は，現代においても衰えていないのである．　　　［小野有五］

インダス平原　Indus Plain

パキスタン／インド

面積：520000 km²

パキスタン南西部からインド北西部にかけて，インダス川の中流部から下流部に広がる平原．パキスタンの乾燥した平野部を構成する．面積は広大で，インダス川の全流域面積の過半（54%）を占める．インダス平原はインダス川の中流部のパンジャブ平原と，下流部の狭義のインダス平原に大きく二分される．中流部はジェルム川，チェナブ川，ラーヴィ川，ビアズ（ベアース）川，サトレジ川の5大支流が流れ，川沿いには氾濫原が広がる．それらの間に旧沖積層の段丘である大きな河間地（ドアーブ doabs）が地形上の顕著な特徴となっている．また，インダス川とジェルム川の間には波状の砂土平原が広がっている．

下流部は，おもにインダス川本流が形成した氾濫原である．平坦で勾配は約1/10000と小さく，10 kmにつき標高がわずか1 mほど上がる程度である．勾配がいかに緩やかであるかは，上記の各支流が合流したパンジナット川が，インダス本流に合流する地点（ミタンコット Mithankot）は，河口から800 kmを超えるにもかかわらず，標高は100 mに満たないことからも容易に想像できよう．平原部における年平均降水量は数百mm以下であるのに対して，年間の蒸発散量は2000 mmを超え，大変乾燥している．河水は上流部のヒマラヤ山脈，カラコルム山脈，ヒンドゥークシュ山脈などの山地での降水や融雪のために涸れることはないが，流量の季節的変動が大きい．肥沃なシルトと粗粒砂の堆積地が広がっており，現在ではインダス川の水を灌漑に利用し，国内では農業が最も盛んな地域となっている．

かつてインダス平原では，降水量が不足し，河川流量の季節変動が大きいため，灌漑なくしては安定的に農業を営むことは困難であった．しかし，伝統的な灌漑方式は，高水位期に溢流用水路に導水するものであったため，灌漑可能地域は河川に近接する活性氾濫原に限定された．それでも活性氾濫原・被覆氾濫原と河川面との比高が減少する下流部では溢流灌漑の発達をみたが，中流部では活性氾濫原よりもかなり高位にあるスカラップ河間地などの凸地が広がるため溢流灌漑はあまり発達しなかった．とくにジェルム川とチェナブ川間，チェナブ川とラーヴィ川間の河間地は，氾濫原に比べると高度差が大きい．そこで，イギリスの植民地当局の技術者らは平

原への出口にあたるパンジャブ北部ラーヴィ川上流のマドゥープール（現，インド領）に堰堤を建設し，1859〜61 年のアッパーバーリードアーブ用水路（UBDC）を建設して，通年灌漑によって，とくに水が不足するラーヴィ期（10〜3 月）における作物の安定性を確保するとともに，河間地への導水を可能にし，インダス平原北部の農業開発を推進した．

このような堰堤の建設や用水路の開削と灌漑技術の改善によって，インダス平原は広大で豊かな農地へと変わっていった．たとえば上流部では，ジェルム川の西，インダス川との河間地のタール地方は砂漠が広がっていたが，1948 年にはタール計画によってジンナー堰堤（1942 年建設）からの取水で灌漑されるようになり，入植・開発が進められ，数千 ha の不毛の砂漠が，国内でも活気に満ち経済的に繁栄した地域となった．このタール計画は，世界的にも重要な開発計画の 1 つに数えられた．下流部では，1932 年にスックルに巨大な堰堤が建設され，これにより大灌漑水路網が整備され，下流部の耕地化が進んだ．こうしてパキスタンは現在では世界有数の灌漑農業国となったが，一方でこの人工灌漑の普及によって困難な問題に直面することになった．すなわち，湛水と土壌の塩性化による農地の荒廃である．永年にわたる過剰灌漑によって地下水位が上昇したことが主原因である．その対策には，余剰灌漑水の浸透を防ぐために排水路を整備したり，管井戸によって揚水したりして地下水位を下げることがあげられる．これにもとづき，パキスタン政府は，1959 年からチェナブ川とラーヴィ川の間のレチナードアーブにおいて SCRAP（塩分化防止・土地改良事業）I を着工し，その後各地で SCRAP 事業を展開している．

1947 年のインド・パキスタン分離独立に際して，両国の国境はおもに宗教人口構成と聖地の位置を考慮して決められ，既存の水利体系がないがしろにされた結果，インダス川の水利権をめぐって両国の間に紛争を惹起した．とくにパンジャブの平原を潤す 5 本のインダス川支流のうち，ラーヴィ川，ビアズ川，サトレジ川は上流がインド領になり，主要な堰堤と頭首工がインドに属することとなったため，パキスタンにとって大きな脅威となったのである．結局この問題は，1960 年のインダス水利協定によって，パキスタンはインダス川，ジェルム川，チェナブ川の，インドはラーヴィ川，ビアズ川，サトレジ川の水利権を得ることになり，解決された．こうして，パキスタンは東部 3 河川に水を補給するために西部 3 河川からの連結用水路を開削

し，インダス川にタルベラダム，ジェルム川にマングラダムを建設し，減水期の不足を補っている．

タルベラダムは，アトックの上流 50 km あまりに，世界銀行と中国の援助によって建設され，1976 年に完成した世界最大級（当時）のアースダムである．有効貯水量は 115 億 m³ に達し，水力発電にも使用され，現在では 14 基 347.8 万 kW の発電能力を有するが，流入する土砂の堆積量が大きく，完成後 50〜55 年間に 90% の貯水能力の低下が予想され，発電能力の低下などの問題を抱えている．マングラダムもアースダムで，1967 年に完成し，有効貯水量は 65 億 m³ と世界有数の規模で，100 万 kW の発電能力を備えている．このインダス平原には，紀元前 2000 年前後を中心として古代文明が栄え，その都市計画は綿密に計算された点において際立っていた．概して都市は城塞部と市街地に分けられ，城塞は市の西側に置かれることが多く，市街地は，全域がほぼ東西南北に走る 5, 6 本の大通りによって区画され，さらにほぼ直交する小路によって碁盤目状に画されるという整然としたプランがみられた．また，各戸からの排水は，壁中の土管などを通じて汚水槽へ，さらに暗渠となったレンガ造りの下水道へも導かれた．

当時，インダス川中流域パンジャブ地方のハラッパーと，下流域シンド地方のモヘンジョダロの 2 大都市のほかに，同チャヌフダーロ，カッチグジャラート地方のスールコーターダーおよびロータル，北部ラージャスターン地方のカーリーバンガンなど，いくつかの中小地方都市を擁していた．しかし，インダス文明における権力を象徴するような王宮や王墓，あるいは大神殿が，いまだ発見されていない．したがって，これらの諸都市が文明の構造にそれぞれどのような役割を果たしたかは不明であるが，ロータルのように国内の物資流通のみならず，バーレーン島などを中継基地として，遠くメソポタミアと交易を行った港湾都市もみられた．インダス文明は紀元前 1750 年頃に急激に衰えるが，その原因については，メソポタミアとの交易の途絶，自然破壊による乾燥化や塩害，河川の流路変更や洪水など諸説ある．謎を多く残しており，今後も調査・研究が期待される古代文明である．　　　　　　　　　　　　　［出田和久］

インダスガンジス平野 Indo-Gangetic Plain ☞ ヒンドスタン平原 Hindustan Plains

インダスデルタ　Indus Delta

パキスタン

[24°00′N　67°26′E]

パキスタン南東部，インダス川の河口部分．インダス川は，ガンジス川，ブラマプトラ川とともにインド亜大陸の 3 大河川の 1 つに数えられる大河川で，チベット高原南西部，中国のカイラス山付近に源を発し，ヒマラヤ山脈の北側を，渓谷を形成しながら北西に流れ，ラダクを経てギルギット付近で急に南西に流路を転じ，ヒマラヤ山脈の北西端を画し，アトック（カンベルプル）付近でパンジャブ平原に出る．アフガニスタンから東流するカーブル川がアトック付近で合流する．総流域面積約 96 万 km² に及び，上流部の一部がジャンムカシミール地域を流れるが，大部分はパキスタンの国土を北東から南西に縦断して流れ，アラビア海に注ぐ．

インダス川河口部では多数の分流があり，世界有数の規模のデルタ（三角州）が広がる．それは，シンド州のタッタの北東部を頂点とし，そこから河口までの距離はおよそ 90 km，面積およそ 6000 km² で，潮汐三角州（tidal delta）が発達している．河口部では土砂の堆積が激しく，河口が紀元前 3 世紀頃に比べると約 30 km も前進したといわれる．また，河床の上昇により河道がしばしば変遷した．デルタの西部と南東部には満潮時に水没する塩水性湿地が広がり，南東部の湿地はインドのカッチ大湿地へと続き，世界最大規模のマングローブ林がみられる．また，これらの湿地は，渡り鳥の主要ルートの 1 つであるシベリア〜カザフスタン〜インドを結ぶルート上にあたり，シンド州で越冬する水鳥の半数以上がみられる．

デルタの北東部にはハイデラバード，北西端に国内最大の都市カラチがある．インダス川下流はかつてアーリア人によってシンドゥー Sindhu（大洋の意）とよばれ，これが今日のパキスタンのシンド州，ヒンドゥー教，インドなどの語源となった．インダス川は下流部のモヘンジョダロ遺跡，中流部のハラッパー遺跡にみられるようにインダス文明の母体となり，その後もアーリア人の進入，アレクサンドロス大王の遠征，イスラーム教徒による征服など，たびたび侵略や係争の舞台となった．　　　　　　　　　　　　　［出田和久］

インタノン山　Inthanon, Doi　　タイ

標高：2565 m　　　　　[18°35′N　98°30′E]

タイ北部，チエンマイ県の山．国内最高峰で，チエンマイからは国道108号をチョームトーン郡まで約60km南下し，そこから国道1009号を48km上ると山頂に到達する．熱帯常緑樹の原生林や落葉樹の雑木林が生い茂り，野鳥をはじめとする多種類の野生動物が生息する．1972年にタイで6番目のドーイインタノン国立公園（約482km²）として指定され，毎年多くの観光客が豊かな自然と冷涼な気候を求めて訪れる．　［遠藤　元］

インタン市　鷹潭市　Yingtan

中国

ようたんし（音読み表記）

人口：113.4万（2011）　面積：3557km²
[28°14′N　117°04′E]

中国南東部，チャンシー（江西）省北東部の地級市．信江の流域に位置する．東部はフーチェン（福建）省に隣接する．月湖区とグイシー（貴渓）市とユィーチャン（余江）県を管轄する．市政府は月湖区（人口17.5万，面積137km²，2013）にある．秦の時代はチウチャン（九江）郡余汗県に属したが，唐代末に貴渓県が置かれ鷹潭坊とよばれた．清代の乾隆年間に鷹潭巡検司が置かれ，同治年間には鷹潭鎮に設けられ貴渓県に属した．1979年に鎮を改め市が設けられた．地勢は低山と丘陵が主体で，北部と南部が高く信江が流れる中部は低い．東西を滬昆高速鉄道が通り，濾昆鉄道と鷹廈鉄道，皖贛鉄道がここで交わり，また滬昆と済黄の2本の高速道路も通り，江西省東部地区の物資集散の中心地である．

市政府がある月湖区は機械，化学，建材，食品加工などの工業が発達している．市の南部に位置し，道教文化の発祥地の1つである竜虎山は，赤い砂礫岩の独特な丹霞地形が発達し，2010年に「中国丹霞」としてユネスコの世界遺産（自然遺産）に登録された6つの地域の1つに含まれる．ほかに仙水岩崖墓群，嗣漢天師府などの古跡がある．

［林　和生］

インチャン県　盈江県　Yingjiang

中国

えいこうけん（音読み表記）

人口：30.7万（2011）　面積：4429km²
[24°43′N　97°56′E]

中国南西部，ユンナン（雲南）省西部，ドゥホン（徳宏）自治州の県．東側のミャンマーと215kmにわたり国境を接する．ミャンマーに抜ける国際高速道路が県内を通り，国家レベルの辺境貿易地点に指定されているため，ミャンマーとの交易が盛んである．県政府所在地はピンユワン（平原）鎮．人口の6割弱が少数民族で占められ，タイ（傣）族，チンポー（景頗）族，リス（傈僳）族などが居住する．おもな産業は熱帯性の作物の栽培と加工であるが，エスニックツーリズムの目的地としても注目される．県北部，西部には熱帯雨林植生の原生林が残る．　　　　　　［松村嘉久］

インチャン自治県　印江自治県

Yinjiang
中国

インチャントゥチャ族ミャオ族自治県　印江土家族苗族自治県（正称）

人口：43.8万（2012）　面積：1969km²
[26°51′N　104°17′E]

中国中南部，グイチョウ（貴州）省北東部，トンレン（銅仁）地級市の自治県．人口の80%強が少数民族で，トゥチャ（土家）族，ミャオ（苗）族の順に多い．県政府所在地は峨嶺鎮．1986年12月に自治県となった．地名の由来となった印江が中部を流れ，域内には温泉も多い．明清期の仏教寺院が点在する梵浄山は自然保護区にも指定されており，貴重な観光資源となっている．　［松村嘉久］

インチュワン市　銀川市

Yinchuan
中国

興慶府（古称）／ぎんせんし（音読み表記）

人口：199.3万（2010）　面積：8875km²
[38°30′N　106°19′E]

中国中北部，ニンシャ（寧夏）回族自治区北部の地級市で，自治区の首府．政治，経済の中心であり，東は内モンゴル自治区オルドス（鄂爾多斯）市，西はアルサ（阿拉善）左旗と境界を接する．シンチン（興慶），チンフォン（金鳳），シーシャ（西夏）の3区，リンウー（霊武）市，ヨンニン（永寧），ホーラン（賀蘭）の2県を管轄する．市政府所在地は金鳳区．西部に賀蘭山脈があり，東部をホワン（黄）河が流れる．これらの間に広がる銀川平原（寧夏平原ともよぶ）に都市と農村が立地する．

霊武市の水洞溝遺跡により旧石器時代からの人類の居住が認められる．古来，黄河の水を利用した灌漑農業が営まれ，米や小麦を産する．西幹渠，唐徠渠，漢延渠，恵農渠の4つの主要用水路が銀川平原を縦貫し，農地に水を供給する．水が豊富で土地が肥沃なことから，塞上江南（チャン（長）江南部のように豊かな辺境地域）とも称される．都市建設の起源は，漢代（紀元前1世紀）の北典農城（別称，飲汗城）にさかのぼる．これは小規模な農産物集散地で，現在の興慶区東郊に位置した．五胡十六国時代（4～5世紀），夏国を興した騎馬遊牧民，匈奴の赫連勃勃（かくれんぼつぼつ）が，これを麗子園と改称し軍を駐屯させた．興慶区北部にある仏塔，海宝塔（高さ53.9m）はこの時期に修築されたと伝わる．駐屯地は唐代の儀鳳年間（676～79）に洪水にあったため，西方に新しい町を建設した．これが現在の興慶区市街地（通称，老城）の基礎で，東西に長く，鳥が翼を広げた姿にみえることから鳳凰城ともよばれる．

11世紀，タングートの李元昊が西夏国を興し，首府をこの地に定め興慶府と称した．西夏国はチベット仏教を保護し独特の西夏文字を制定して栄えたが，1227年，チンギス・ハン率いるモンゴルに滅ぼされた．市西部の賀蘭山麓に歴代の西夏王陵が残る．興慶区にある仏塔，承天寺塔（高さ64.5m）も西夏時代の創建と伝わる．元朝の統治下では，西アジア，中央アジアの技術者や兵士，商人は色目人として重用されたことから，この地にも多くの回民（ムスリム）が移住し始めた．清代の雍正年間（1723～35），満州八旗（満州人の社会組織・軍事組織）が満営（別称，満城）を建設し，駐屯した．その人数は家族も含め1万人以上といわれる．この頃，町は繁栄し，小南京とよばれることもあった．しかし，乾隆3年11月（1739年1月）に大地震が発生し，町は大きな被害を受け，満営も倒壊した．現在は興慶区に満春郷という地名が残る．乾隆5～6年，旧城の西方に新たに満営が建設され，これが現在の西夏区市街地（通称，新城）の基礎となった．1911年，辛亥革命により，清朝皇帝は退位し満州八旗は解体され，この地の満州人も特権を失った．1938年に新満営は取り壊され，満州人は離散した．現在は西夏区に満城街という地名が残る．

中華民国期（1912～49）には，国民党政府の支持を得た回民軍閥が西北地方で勢力を広げた．河州（現在のガンスー（甘粛）省リンシャ（臨夏）回族自治州）出身の武官である馬福祥とその子どもの馬鴻逵，および馬福祥の甥の馬鴻賓（いわゆる寧夏三馬）は，相次いで寧夏の統治者となり，この都市に居を構えた．1929年，寧夏省が成立し，省会となり，寧夏省城とよばれた．銀川市と改名されたのは1945年で，それまで銀川とは黄河沿岸の灌漑地区のことをさしたが，省会の名称として用いられるようになった．

中華人民共和国建国後の1958年に寧夏回族自治区が成立し，市は自治区の首府となっ

インチュワン(銀川)市(中国), 東方のピラミッドともよばれる西夏王陵〔高橋健太郎提供〕

た. 1960〜70年代, 国防のため沿海部から内陸部へ鉱工業を移す三線建設により, 銀川市へも, リャオニン(遼寧)省や北京市などから機械, 電力, 化学, 食品, 建材などの分野の企業が移転してきた. 1990年代からは外国企業が進出するようになり, 日本企業では, 須崎鋳工所(埼玉県)が長城須崎鋳造有限公司という合弁企業を設立し, 鉱山機械や工作機械などに用いる大物鋳造部品を製造している. また, ヤマザキマザック社(愛知県)は, 小巨人機床有限公司(通称, LGマザック)を設立し, 工作機械を製造している. 1992年に金鳳区に高新技術産業開発区, 2002年に西夏区に経済技術開発区が開設され, 工業集積が進んでいる. おもな製品は, 工作機械やベアリング, タイヤ, 化学肥料, 乳製品, 衣料品などである. 加えて, 2002年に賀蘭県に開設された銀川徳勝工業園では, ムスリム向けのハラール食品工業が集積し, 国内のみならず中東や東南アジアのイスラーム諸国への輸出が進められている. 交通網としては, 包蘭, 宝中, 太中銀の3本の鉄道, 京蔵(福銀と共用), 青銀の高速道路が通る. また霊武市には銀川河東国際空港があり, 陸路と空路で中国各地とつながる. 黄河の水運は1950年代まで盛んで, チンハイ(青海)省や甘粛省と内モンゴル自治区ボグト(パオトウ, 包頭)の間で人や物資を運んだが, 60年代の鉄道整備や上流のチントンシャ(青銅峡)でのダム建設に伴い, 衰退した.

市は回族自治区の首府であるが, 回族は総人口の約1/4 (2010)のみである. 回族が信仰するイスラーム関連の施設として, 多くの清真寺(モスク)があり, 興慶区の清真中寺(1931創建), 南関清真寺(1981再建), 永寧県の納家戸清真寺(1524創建)が代表的である. 金鳳区には, アホンとよばれるイスラームの宗教指導者を養成する寧夏イスラーム教経学院がある. 永寧県には, イスラームと回族文化をテーマにした大規模文化施設である中華回郷文化園があり, 回族博物館を併設する. また, 市内にはハラールレストランが多数あり, 回族のみならず漢族住民にもよく利用されている. 上記以外の歴史的建造物として, 明清代に建設された玉皇閣と鐘鼓楼(ともに興慶区)がある. また, 西夏区にある鎮北堡西部影視城は, 明清代の砦堡を利用した映画撮影用オープンセットとテーマパークの複合施設で, 「紅いコーリャン」(1987)などの映画がここで撮影された. 自治区の高等教育の中心であり, 寧夏大学や北方民族大学などが西夏区に立地する. 〔高橋健太郎〕

インチョウ区　鄞州区　Yinzhou
中国

ぎんしゅうく(音読み表記)

人口:72.5万 (2002)　面積:1380 km²

[29°52′N　119°41′E]

中国南東部, チョーチャン(浙江)省東部, ニンポー(寧波)副省級市の区. 秦代に鄞県が設置され, 以後, 浙江東部の最も有力な県として広域行政の中心が置かれてきたが, 2002年に鄞州区に改名された. 南東部と北西部は山が多いが, 中部は低く平坦な地勢である. 主として機械製造, 製錬, 電力, 造船, セメント製造, 印刷, 製薬, 絹織物, 編物などの産業を展開している. 鉱物資源ではミョウバン石, 蛍石, 黄鉄鉱の埋蔵量が多い. 稲, サツマイモ, 綿, ナタネなどの農産物を産出している. 特産物には, 小白瓜や黄古林筵がある. 観光スポットには, 小白林, 東銭湖, 阿育王寺, 四明山烈士記念碑, 梁山伯廟などがある. 〔谷　人旭〕

インチョン　仁川　Incheon
韓国

人口:289万 (2015)　面積:1029 km²

[37°22′N　126°42′E]

韓国北西部の広域市. キョンギ(京畿)湾のほぼ中央部に突出した半島部に位置する. 水道をはさんで西側に仁川国際空港のあるヨンジョン(永宗)島がある. 韓国西海岸最大の港湾をもち, さらに, ソウル首都圏内での住宅地として, また工業都市としても重要な位置を占めている.

この付近の海岸部は世界でも有数の干満の差が大きい地域の1つであり, その潮位差は8mにも達する. そのため京畿湾の海岸には, ハン(漢)江, イムジン(臨津)江, イェソン(礼成)江が供給する土砂によって広大な干潟が発達し, 仁川広域市の海岸部に限っても800 km²以上に達する. 干潟を利用して, 古くから朱安, 蘇来などの著名な塩田が発達していた. 防潮堤の外側では干潟が発達し続けるため, 内側より高くなり, その高度差が1m以上に達する場合もある. 現在でも大規模な干潟の干拓, 埋め立てが継続して進められている. 仁川国際空港の敷地の一部は干潟を埋め立てて利用し, 仁川から南東に, シフン(始興), アンサン(安山)へ続く海岸部の造成地は工業用地, 住宅地に開発された.

朝鮮時代には仁川都護府が置かれていたが, 現在の市街地は1883年に開港した半島先端部の済物浦の港湾を中心に急速に発達したものである. ちょうど, プサン(釜山)市街地におけるトンネ(東莱)都護府と富山浦の関係と同様である. ソウルの外港として, また国土の中核部を占める京畿道における経済活動を背景にもって西海岸最大の港湾に発達した. ただ, 海岸部は遠浅で, 前述のように干潟が発達しているため, 港への進入路の確保や閘門などの港湾施設の整備が必要であった. 植民地時代には仁川府と称し, 1949年に仁川市として市制を施行した. 1981年, 直轄市に昇格, 行政上, 京畿道から独立した. また, 1995年には仁川広域市と呼称が変更された. この間周辺地域の編入が繰り返し行われたが, 1995年には新たに, 北西に

位置する京畿道カンファ(江華)郡,オンジン(甕津)郡を編入し,市域を大幅に拡大させた.

植民地時代初期の1915年の人口は3万強,末期の42年の人口は19万強であった.かつては日本人や中国人も多く居住し,中国人街は今も残っている.江華郡は江華島,キョドン(喬桐)島,ソンモ(席毛)島などからなる.江華島には高麗宮址,伝灯寺,草芝鎮,広城堡など史跡,古刹が多い.また薬用ニンジン,花紋蓆などの生産が盛んである.島内に多く分布する支石墓はチョルラブク(全羅北)道コチャン(高敞)郡,チョルラナム(全羅南)道ファスン(和順)郡とともに2000年,「高敞,和順,江華の支石墓群」としてユネスコの世界遺産(文化遺産)に登録された.甕津郡は京畿湾に散在する島嶼と北方限界線に近いペンニョン(白翎)島,テチョン(大青)島,テヨンピョン(大延坪)島などを含む.郡庁は仁川市内の南区に置かれている.空港のあるヨンジョン(永宗)島は甕津郡に属していたが,いち早く1989年に中区に編入された.

第2次世界大戦後急速な人口増加が続き,1979年には100万人を超し,92年には207.1万人,2010年には266.2万人に達したが,90年代後半以降の増加は,やや鈍化の傾向にあった.最近は再び増加傾向にある.

近代の市街地は港湾に近い東区,中区に形成されたが,人口増加に伴って東に拡大した.1970年代初め以降,朱安地区を新しい中心地区とし,北の富平を副都心とする計画がつくられて推進された.現在,富平から仁川市庁を通って南に延びる地下鉄1号線のルートが新しい市街地の発展軸になった.一方で海岸部の干拓,埋め立ても継続して推進され,新しい工業用地,住宅地を供給している.これらの新しい造成地を利用して,経済自由地域として,ソンド(松島)国際都市,永宗地区,青羅地区の3地区が指定され,外資の導入とともに,国際金融,貿易,先端産業,新しい住宅地の集積を図る計画が進行中である.

ソウルの外港の位置にあたっていて,近代に入っていち早くソウルと仁川を結ぶ交通網の整備が進んだ.1899年にソウルと仁川を結ぶ韓国初の鉄道が開通した.現在のキョンイン(京仁)線である.京仁線は1974年に複線電化が完成し,電車によるフリークエントサービスが始まった.仁川はソウルの通勤圏に入り,人口は急増した.京仁高速道路は1973年に全通したが,現在は第二,第三京

仁高速道路が完成して,ソウル中心部と密接に連絡されている.ヨンドン(嶺東)高速道路も仁川まで延長され,内陸地方や東海岸地方と直結している.2002年の仁川国際空港の開通に伴って仁川国際空港高速道路が開通し,10年末には仁川国際空港とキムポ(金浦)空港,ソウル駅を結ぶ空港鉄道も全通した.2009年,空港と仁川市街地を結ぶ仁川大橋が開通した.第二京仁高速道路の一部となっている.

[山田正浩]

インチョン市　応城市
Yingcheng

中国

人口:60.0万 (2015)　面積:1103 km²

[30°56′N　113°34′E]

中国中部,フーペイ(湖北)省,シャオガン(孝感)地級市の県級市.市政府はチョンチョン(城中)街道に所在する.北部と中部がターホン(大洪)山地の支脈に属す一方,南部はチャンハン(江漢)平原に属して湖沼が多い.河川は東部にユン(鄖)水やチャン(漳)水(鄖水支流),中部に大富水,南部に漢北河があり,沿岸に沖積平野を形成する.おもに水稲,小麦,ナタネ,綿花を産し,畜産や水産が盛ん.また,石膏や岩塩などを豊富に産し,工業は豊富な鉱産資源を利用して化学工業が発達している.そのほかに建材,紡織,食品などがある.鉄道の漢丹線(ウーハン(武漢)〜タンチャンコウ(丹江口))が東部を通り,長荊線(チャンチャンブー(長江埠)〜チンメン(荊門))が東西に横断し,長江埠の港湾に接して貨客の駅がある.湯池温泉は有名な観光・療養地.門板湾遺跡は新石器時代の水稲農業集落が残されたものである.滬蓉高速道路(シャンハイ(上海)〜チョントゥー(成都))が通る.

[小野寺 淳]

インチョン国際空港　仁川国際空港　Incheon International Airport

韓国

[37°27′N　126°27′E]

韓国北西部,仁川広域市の空港.韓国を代表する国際空港である.2001年に開港した.それまでのキムポ(金浦)空港にかわるものとして建設された.ヨンジョン(永宗)島の西側から竜游島にかけて,1170 haの敷地が展開している.一部は広大な干潟を埋め立てて利用した.旅客ターミナル,貨物ターミナルのほかに,国際業務団地,空港新都市を含む.当初は滑走路2本であったが,2008年から

3本目の滑走路が使用に供された.東アジアを代表するハブ空港に成長している.ソウル市内とはリムジンバスで連絡されているが,2010年末,ソウル駅との間の電鉄線が全通した.

[山田正浩]

インチョンツー　営城子
Yingchengzi

中国

人口:3.2万 (推)　面積:103 km²

[38°59′N　121°23′E]

中国北東部,リャオニン(遼寧)省南部,ダーリエン(大連)副省級市甘井子区の町(街道).市中心部から約20 kmに位置する.後漢時代の磚室墓が有名である.墓は1931年に日本の東亜考古学会によって発掘された.同学会の報告書『営城子—前牧城駅附近の漢代壁画甎墓—』(東方考古学叢刊甲種第4冊)は,1934年に刊行されている.墓室の規模は大きく,主室の東,南,北の3方向に壁画が描かれている.その内容は,当時の豪族の生活状況を理解したり,中国初期の絵画芸術を研究する上で重要な価値をもつ.新中国成立後に覆堂が設けられ,現在では観光地として整備されている.周辺からも漢代の墓が多数みつかっていることから,営城子は早くから開発された地域であることが知られる.

[柴田陽一]

インチン県　榮経県　Yingjing

中国

けいけいけん (音読み表記)

人口:15.1万 (2015)　面積:1782 km²

[29°47′N　102°50′E]

中国中西部,スーチュワン(四川)省中部,ヤーアン(雅安)地級市中部の県.春秋時代は古蜀国に属した.地勢は南西部が高く,北東部が低く,ほぼ山地と丘陵である.食糧,油料のほか,水稲,トウモロコシ,大豆,サツマイモ,茶,ナタネ,サトウキビを生産し,養豚も行われる.山地は水資源と木材が豊富である.主要な鉱産物は石炭,鉄,銅,亜鉛,マンガン,石灰石,花崗石,大理石などである.大相嶺自然保護区,瓦屋山,開善寺,太湖寺,厳道古城跡などの観光名所がある.

[奥野志偉]

インディスペンサブル海峡
Indispensable Strait

ソロモン

長さ:170 km　幅:40-60 km

[8°56′S　160°29′E]

南太平洋西部，メラネシア，ソロモン諸島中部，ガダルカナル島，マライタ島，フロリダ諸島に囲まれた細長い海域．北西から南東方向へ約170km，北東から南西方向へ40〜60kmの範囲をさす．地名は，1794年にこの海峡を通過したイギリスのウィリアム・ウィルキンソンの船の名から命名された．19世紀後半以降，ソロモン諸島にキリスト教宣教師，植民地行政官および入植者が訪れるようになり，地理的にこの海峡はソロモン諸島と西洋世界とを結ぶ交通の要路となった．

[関根久雄]

インディペンデンス湾
Independence Fjord
デンマーク

長さ：220km　幅：30km

[82°00′N　21°00′W]

デンマーク領，グリーンランド北東端で，ピアリーランドの基部に東から湾入する延長220kmに達するフィヨルド．一帯は大陸氷床の被覆を免れている．1907年のデンマークによる探検の結果，初めて地図に記載された．グリーンランドで最古とされる約4000年前の遺跡，遺物が確認されており，インディペンデンスⅠ,Ⅱと名づけられている．細密な石器による陸上での狩猟を生業としたと考えられる．

[塚田秀雄]

インディラ岬　Indira Point
インド

ピグマリオン岬　Pygmalion Point（旧称）

[6°45′N　93°50′E]

インドの東方，アンダマンニコバル諸島連邦直轄地南部，ニコバル諸島最南端の大ニコバル島南端の岬．インド最南端にあり，この岬から南南東約200kmにスマトラ島が位置する．地名は，かつてはピグマリオン岬とよばれていたが，インド首相を務め，1984年に暗殺されたインディラ・ガンディーを祈念して現在名に改称された．

[成瀬敏郎]

インディラガンディー運河　Indira Gandhi Canal
インド

ラージャスターン運河　Rajasthan Canal（旧称）

長さ：649km　　[31°08′N　74°57′E]

インド北部，パンジャブ州からラージャスターン州のタール砂漠にかけて建設された国内最大の灌漑水路．かつてはラージャスターン運河とよばれていたが，1984年のインディラ・ガンディー首相暗殺後に同首相名への名称変更がなされた．本運河は，ヒマラヤ山脈に発してインド北部を南流するサトレジ川とベアース川の合流点下手につくられたハライク Harike 堰に起点をもつ．1940年代後半にインドの土木技術者カンワール・サインによって立案された．彼の計画によれば，幅30mを超す主水路の全長は649kmあり，そのうち167kmがパンジャブ州とハリヤーナ州に，残り482kmがラージャスターン州に属する．建設自体はインド・パキスタン双方の合意文書が交わされる1957年を待つこととなり，財政難による停滞を含め，26年あまりの建設期間を経て83年に完成した．緑の革命の進行と軌を一にするこの運河建設の特徴は，巨大な灌漑用水路網の半乾燥地域への展開にあり，2万km²の土地に展開する本・支水路網の総延長は9245kmに及ぶ．防風林を水路沿いに育成して砂丘を固定する試みもかなり成功し，以前は砂漠，半砂漠であった土地を，綿花や小麦，カラシなどを生産する豊かな農地へと変貌させた．ただし，過度の灌漑や農業圧の強化により，地下水上昇を起こして塩性地が増加している．灌漑水を多く要する小麦や米など，現金化作物にかたよる無計画な農業経営も環境悪化を招いているという．

[貞方　昇]

インド共和国　India, Republic of

Bharat Ganarajya（ヒンディー語・正称）

人口：121085.5万（2011）　面積：3287469km²

[28°40′N　77°13′E]

南アジア最大の共和国．中国に次いで世界第2位の人口を誇り，古代インダス文明発祥の地をもつインド亜大陸に4000年近い歴史を重ね，現在は世界でただ1つのヒンドゥー文化圏を形成する大国である．行政的には，29の州と7つの連邦直轄地に分かれる．首都はデリー．通貨はルピーである．インド亜大陸は，ユーラシア大陸の中央部分南から，インド洋に向かって逆三角形に張り出している．国土が広いために多くの国々と国境を接する．西はパキスタンとアフガニスタン，北は中国，ネパール，ブータン，東はミャンマーとバングラデシュ，そして，南端の東には，狭いポーク海峡をはさんで島国スリランカが位置している．

国土は4つの大地形区に区分できる．すなわち，最北部の大山脈地帯，北部のヒンドスタン平原，西部の砂漠地帯，そして，南部のデカン高原である．大山脈地帯（ヒマラヤ山脈）は，ネパールをはさんで東西に延びるが，西部には，カシミールやクルの観光的にもすばらしい景観の肥沃な谷をもつ．大山脈地帯の全長は，東西2400km，幅240〜320kmに及ぶ．大山脈は，ヒマラヤ造山帯とよばれる．そこはかつて北のユーラシア大陸と南のゴンドワナ大陸との間に6億年もの間海底にあったが，7000万年前から始まる大きな地殻変動により隆起したものである．隆起した大山脈が多量の雨で侵食され，その土壌で埋め尽くされてできあがったのがヒンドスタン平原である．

ヒンドスタン平原は，巨大河川により3つの水系に区分される．東部にブラマプトラ，中央にガンジス，そして西部にインダスの各河川を中心とする低平で肥沃な沖積地である．比較的標高の高い首都のデリー付近と東1600km離れたガンジス川の河口では，200mの標高差しかない．この大平原は，その規模で世界一であり，また，人口的にも最も集中がみられる地域である．西部の砂漠地帯は，大，小2つの地域に区分される．大砂漠地帯は，アラビア海に面するカッチ湿地帯から北のルニ川まで広がる．小砂漠地帯は，ルニ川からジョドプルとビーカーネルの北側へ広がる．

デカン高原，別名を半島高原は，ヒンドスタン平原から南に向かって逆三角形状にインド洋に突き出している．高いところで1220m，低いところで460mの山塊がみられる．高原の東部は，ベンガル湾沿いに東ガーツ山脈が平均標高610mで連なり，西部には西ガーツ山脈がアラビア海沿いに925〜1220mで連なり，最高地点は2440mに達する．東ガーツ山脈とベンガル湾の間には，比較的広い平野が，また，西ガーツ山脈とアラビア海との間には，狭い海岸平野が帯状に連なり，いずれも米作地帯となっている．両山脈は，南に延びて，高原の南端部のニルギリ丘陵で相まみえる．

熱帯モンスーン帯に属し，4つの季節，すなわち，冬季（1〜2月），夏季（3〜5月），雨季＝南西モンスーン季（6〜9月），モンスーン後季＝北東モンスーン季（10〜12月）がある．北半球の高層を西から東に吹く帯状のジェット気流が，ヒマラヤ山脈の北側を通過する時期に，インド洋から風を吸い込み，雨季を迎える．これが南西モンスーンの訪れである．9月以降，偏西風気流がヒマラヤ山脈の南側を西から東へ吹き抜けると，陸側からインド洋に向かって大気が噴出し，北東モンスーン季，つまり乾季を迎える．前者が強い年は，雨季が長く各地に大雨をもたらし洪水災

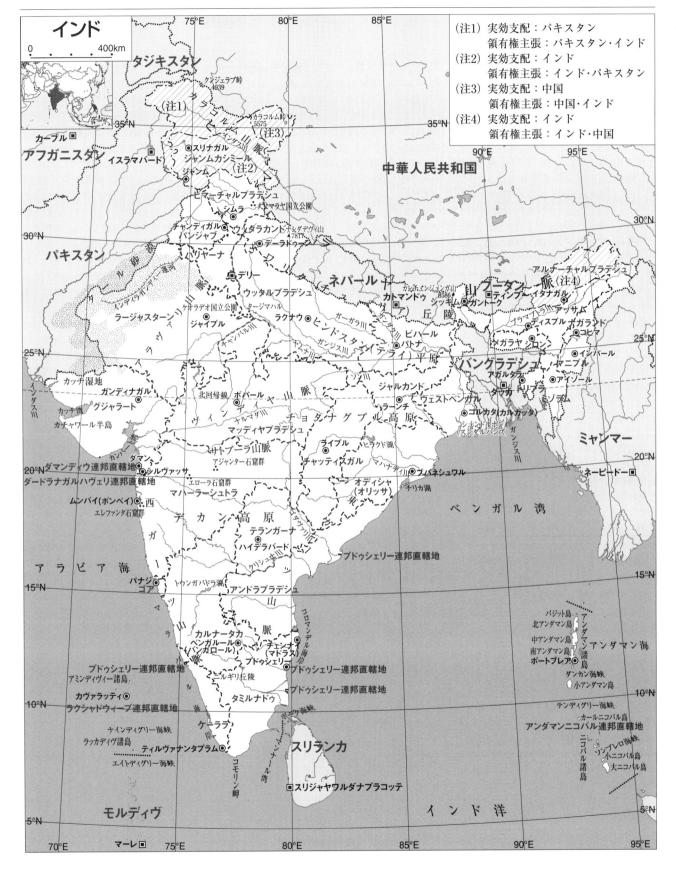

138 インド

〈世界地名大事典：アジア・オセアニア・極Ⅰ〉

害が頻発し，後者が強い年は，半島は乾燥し，全国各地で干ばつが発生する．干ばつは6〜10年の周期で訪れるため，農業の発展に大きな障害となる．

インドでは，3回の大きな文明の衝突をくり返し，現在のインド文明を形成したといえる．第1回の文明の大衝突は，先住民のドラヴィダ人が豊かな生活を営んでいたインド半島に，紀元前2500年頃から古代アーリア人が中央アジア方面からカイバル峠を越えて南下し始め，紀元前1000年頃までに，ガンガ（ガンジス）川の中央部，現在のビハール州付近まで進出し，先住民と接触を深めながらインド文化の源流を形成し始めた時代である．この時代，アーリア人のもつ太陽，月，雷，嵐など天界の神を中心とするバラモン教（原ヒンドゥー教）が，コブラに代表される地界の神を信仰する先住民文化と接触した．この中から，天界と地界の神の哲学の中庸を選んだ仏教（開祖ブッダ，紀元前463〜前383）とジャイナ教（開祖マハビーラ，紀元前444〜前372）が生まれた．古代インドの最大広域を支配したアショーカ王（紀元前268〜前232）は，仏教を統治の原理とした．これに反発したアーリア人は，天界と地界の両方の神々を取り込んで3000以上の神々をもつヒンドゥー教を編み出した．その際，アーリア人の信仰していた天界の神々は，ブラーフマ（創造神），ヴィシュヌ（繁栄豊穣神），シヴァ（破壊神）の3大男神にまとめ，先住民がそれぞれの土地で信仰していた地界の神々は多数の女神とし，多くの夫婦関係を神々の世界に創造した．男神のシヴァ神と女神のパールヴァティ神が，夫婦神として仲良く肩を抱き合う彫像は，アーリア人と先住民の融合のシンボルとなった．ヒンドゥー教の成立は，紀元前2世紀〜紀元後2世紀といわれる．

第2回の文明の大衝突は，8世紀から始まるイスラーム教徒のインド亜大陸進出である．当初から平和的に進出したイスラーム商人と，武力的な略奪をくり返したアフガニスタン地方のイスラーム諸王朝の略奪軍のたび重なる侵入は，ついに13世紀初めにデリー付近に，イスラーム教徒略奪団によるインド奴隷王朝を打ち立てた．こうしてインド半島に，イスラーム政権が初めて成立した．その後，多くのヒンドゥー教徒は，イスラーム政権の圧政に苦しみながらも共存の道を選んだ．もともと地界の神の信仰を根幹にもつヒンドゥー教を信仰する人びとは，生まれた土地の神を置いて逃げ出すことができなかったといわれる．また，この第2回の文明の衝突の中から，最も略奪にあったと考えられるパ

ンジャブ地方のヒンドゥー教徒が，ヒンドゥー教とイスラーム教の2つの宗教原理から，15世紀前半に2つの宗教にはみられない働く農民の哲学を善とするシク教を生み出した．しかし，新興宗教の出現を嫌ったイスラーム政権は，武力弾圧に乗り出した．それに耐えかねて武装教団化したシク教徒は，イスラーム政権支配の続くインド亜大陸で，武力で抵抗しパンジャブ地方にシク王国の建国に成功した．それは武装教団が社会的に市民権を得た唯一の例の誕生でもあった．現代インド憲法は，シク教徒に宗教用具としての刀の所有を認めている．ところが，シク教誕生をさかのぼるおよそ250年前の1203年，仏像という偶像崇拝を習慣とする仏教は，イスラーム教徒の弾圧に耐えかねて仏典と仏像を抱えてネパールやチベットへと逃れた．それは仏教のインド亜大陸からの事実上の消滅であった．

第3回の文明の大衝突は，1600年頃から本格化したイギリスを中心とするヨーロッパ諸勢力のインド亜大陸進出である．インド亜大陸の支配権を勝ち取ったのは，イギリス東インド会社であった．1600年代前半には，主要な港町に商館を建設し，絹（サリー）や藍（インディゴ）と金銀の取引を行った．コルカタ（カルカッタ），チェンナイ（マドラス），ムンバイ（ボンベイ）にいまも残る城跡は，商館が砦に拡大された名残である．1794年にはベンガル，オディシャ（オリッサ），ビハール地方に永代ザミンダリー（地主）制が導入され植民地支配制度が確立した．ザミンダリーの成長に嫌気がさしたイギリスは，その権利の縮小にとりかかろうとした．これに怒りを爆発させたザミンダリーの勢力は，第1回反英独立戦争（1857〜58）を起こした．しかし，最後に油断したインド側連合軍は敗北に終わった．

やがてインド人産業資本家の自治権獲得運動に押され，1919年以降，マハトマ・ガンディーとイスラーム連盟代表のジンナーとが手を組んで，自治権要求運動を本格化させた．1935年にはインド統治法の改正に成功し，州自治権を得ることができた．やがて第2次世界大戦の終わりとともに，1947年にはイギリスから独立を果たした．イスラーム連盟の指導者ジンナーのイスラーム教徒による国家建設の強い要求が，イギリスの分割統治支配の利益にも結びつき，結局，インドとパキスタンとに分かれての独立であった．それは，現在に続くインド亜大陸の政治的不安定要因の誕生でもあった．

インドの主要な構成民族は，インド・アー

リア族，ドラヴィダ族，モンゴロイド族とされる．インド・アーリア族は，数千年前に中央アジアからインド半島に流入し，先住民族とされるドラヴィダ族と融合した．モンゴロイド族は，中国大陸南西部からインド東部に流入した．悠久の歴史の中で，民族別比率を求めることは難しい．インドの人口は，2011年の国勢調査で12億人を超えた．10年ごとの人口増加率をみると，1961〜71年に24.8%増加したのをピークにしだいに低下し始めた．2001〜2011年では17.6%に伸び率が鈍化した．識字率は，1951年に，わずかに18.3%であったが2011年には73.0%にまで伸びた．農村人口が圧倒的に多く，1951年の82.7%は，2011年においても68.8%を示し，都市化の速度は遅い．宗教別人口を2011年国勢調査でみると，ヒンドゥー教徒が79.8%で最大，次いで，イスラーム教徒14.2%，キリスト教徒2.3%，シク教徒1.7%，仏教徒0.7%，ジャイナ教徒0.4%と続く．仏教徒は，おもに独立後に日本の日蓮宗妙法寺派による布教活動で増加したといわれる．また，州の編成を言語別に行ったとされるほど，複雑な言語構成をもつ．使用人口の最大は，ヒンディー語で3億4000万人（1991）を数える．ほかに5000〜7000万人が使用する言語がベンガル語をはじめ4言語あり，さらに1000〜4000万人が使用する7言語もある．憲法では，ヒンディー語を標準語に定めているが，南部の4言語がその他の地域の言語とまったく異なる言語構造をもつこともあり，いまでも全国的に英語を共通語とし使用する．

独立後のインド共和国は，1948年に憲法を制定し，大統領を国家元首とする議会制社会民主主義制度を採用し，いわゆる社会主義型社会の国家建設に夢をかけた．大統領のほか首相が置かれ，初代首相ジャワハルラル・ネルーが中国の毛沢東主席，インドネシアのスカルノ大統領と3人で始めた非同盟諸国会議運動は，第2次世界大戦後，アメリカ中心の資本主義国家群と，ソ連を中心とする社会主義国家群の中間勢力として，国際政治を一時リードした．しかし，1962年の中国との国境戦争，1964年のネルーの死没，1965年のパキスタンとのカシミール領有権戦争を境に，その運動も頓挫した．その後も半戦争状態の国家経済は，経済発展の妨げとなった．その上，社会主義型社会の基礎として導入した混合経済体制は，大企業を中心とする国有企業の非効率が目立ち始め，加えて予想以上の人口増加に悩まされ，外国からの経済援助に頼る典型的な被援助国家となり，国民の経

済水準は一向に向上できなかった. 1980 年代に入り, 経済政策の葛藤を続けたインドは, 1991 年, ついに市場経済への移行を宣言し, 本格的に外国資本を受け入れることになった. その後, 外資の進出が急速に進み, 自動車産業や機械産業の進出が急速に高まった. とりわけ IT 産業のソフトウェア開発関連企業が急速に発展し, 2000 年以降は, 外貨獲得の第 1 位の産業に成長し, 南インドのベンガルール(バンガロール)周辺は, いまではインドのシリコンヴァレーとよばれるまでに発展した.

農業は, 国内総生産の 25%, 就業人口の 70% が依存する最大の産業部門である. しかし, 作付面積の 60% が天水に依存するため, 毎年のモンスーンの降水量により生産量は大きく変動する. インド農業発展の最大の壁は, このモンスーンの雨の不規則性にある. たとえば, 2002 年度の米生産は, 2001 年に比べて 19% も少なかった. 農耕季節は, カリフ(夏)作期(秋収穫), ラビ(冬)作期(春収穫), 夏作期(晩夏収穫)の 3 期に分かれる. カリフ(夏)作期の代表作物は, 米, ヒエなど雑穀, トウモロコシ, 綿, サトウキビ, 大豆, ラッカセイなどが, また, ラビ(冬)作期の代表作物には, 小麦, 大麦, 豆類などが, そして, 夏作期の代表作物には, 米, トウモロコシ, ラッカセイなどがある. 農家の経営規模をみると, 10 ha 以上の大農家は, 1995 年度には, 全農家の 14.8% で 1990 年度の 17.3% から低下し, 同様に 1 ha 未満の零細農家は, 同じ時期に 15% から 17.3% に増加した. つまり, 農地の細分化が着実に進んでいるといえる.

インドと日本は, 1952 年 4 月に講和条約を結び, 続いて 8 月には平和条約を結んだ. これらは敗戦国日本が外国と結んだ最初のものであった. そして 1956 年には航空協定を, さらに 58 年には文化交流協定を結び, 敗戦に打ちのめされた日本に他国に先駆けて交流関係をもった国がインドであったことを忘れることはできない. 2016 年現在, インドは, 世界で 6 番目に多い 35 のユネスコの世界遺産をもつ. 加えて世界的にも特有のヒンドゥー文化の国として, 世界から訪れる観光客は絶えない. また, 日本からは, 仏教誕生の地, 西方浄土の地として関心が高く, 一度は訪れてみたい国の 1 つとなっている.

[中山修一]

インド亜大陸　Indian Subcontinent

インド半島　Indian Peninsula (別称) /南アジア South Asia (別称)

人口：約 170000 万 (2015 推)
面積：約 4480000 km²

世界の屋根ヒマラヤ山脈から南のインド洋に向かって逆三角形の形で突き出した大きな半島部分. インド半島とよばれることもある. その範囲は, インド, パキスタン, バングラデシュ, ネパール, ブータン, スリランカ, モルディヴ諸島が含まれ, インドのヒンドゥー文化を中心にイスラーム文化の影響も強く受けた地域で, 地政学的なよび名の色彩が強い. また, アメリカのようにアフガニスタンを含めてよぶ場合もある.

1947 年のインド・パキスタン分離独立以前のイギリス植民地時代に多用された地域名である. 近年は, 同じ地域を, 南アジアとよぶことが多い. 地域の人口は, およそ 17 億人を上回り, 世界で最も人口が密集した地域であるが, 経済発展が遅れており, 最貧国グループに分類される国が多い. 日本政府は, 南西アジアとよぶ. インド亜大陸は, 世界で最大規模のインドを中心とするヒンドゥー文明とパキスタン, バングラデシュを中心とするイスラーム文明とが共存する唯一の地域である. 将来的には, 両文明の対立が先鋭化する可能性をもつ目が離せない地域でもある.

亜大陸という概念は, 1912 年にドイツの気象学者アルフレート・ヴェーゲナーが提唱した大陸移動説により, おもにヨーロッパで使われるようになった. 彼は, 1000 万年以上前までは, インド洋に位置する独立したインド大陸であったと考え, 北に移動してユーラシア大陸に合体し, その力で世界最高峰級の山体をもつヒマラヤ山脈が形成されたと考えた. 現在は, プレートテクトニクス理論により, 大陸移動が説明されている. →南アジア

[中山修一]

インド半島　Indian Peninsula ☞ インド亜大陸　Indian Subcontinent, 南アジア South Asia

インド洋　Indian Ocean

オケアヌスインディクス　Oceanus Indicus (古称)

面積：73400000 km²　深さ：3890 m
[32°43′S　79°12′E]

世界 3 大洋の 1 つ. 3 大洋では最も狭く, 面積は 7340 万 km² である. 西はアフリカ南端, 東経 20 度線で大西洋と接し, 東は, マラッカ海峡, スマトラ島, ジャワ島, オーストラリア西岸, 南岸を境として太平洋と区分される. 南緯 60 度以南は, 南極海となる. 冷たい南極周回流は南極大陸の周囲を循環し, 暖かいインド洋との間に南極前線をつくる. このため, 南極前線より北のインド洋には寒流が流れ込まず, インド洋は年間を通じて水温が高い. 平均深度は 3890 m. 最深部はディアマンティア海溝の 8047 m であり, スンダ海溝でも 7000 m 以上の海溝が続いている.

インド洋の北には, 地球上で最も高いヒマラヤ・チベット高原が広がるため, 夏には陸域上空の気温が海域より高くなり, 低圧部となって, インド洋の高圧帯から南西風が吹く. これが夏のモンスーン(季節風)である. 冬には陸域が冷やされて高気圧ができ, 暖かいインド洋上空の低圧部に向かって北東風が吹く. これが冬のモンスーンである. このモンスーンによって, 夏には南太平洋からの暖流である南赤道海流がオーストラリアとニューギニアの間から流入し, 時計まわりにアフリカ大陸の東岸を北上する. 冬には, 半時計まわりの海流が生じる. このような季節風とそれに伴う海流の規則的な変化を利用して, インド洋では, 紀元前から東アフリカとアラビア, インドを結ぶ航海が行われ, このためインド洋は「海のシルクロード」ともよばれた.

1497 年, ポルトガルのヴァスコ・ダ・ガマがアフリカ南端の喜望峰をまわりインドまでの航路を開くと, インド洋は大西洋と結ばれ, その重要性はさらに増大したが, インド洋の沿海である紅海と, 大西洋の沿海である地中海を結ぶスエズ運河の完成(1869)は, アフリカ経由のインド洋航路を一気に短縮した. インド洋の沿海であるペルシア湾沿岸での原油産出の増加は, インド洋を世界で最も重要なタンカーの航路とした. さらにカタールやアラブ首長国連邦など原油産出国があいついで国営航空会社をつくってヨーロッパ・アフリカとアジアを結ぶ南まわりの航路を開発した結果, インド洋上空は, 航空路としても利用度が高まっている.

インド洋の海底には, 大西洋中央海嶺から続く南西インド洋海嶺と, オーストラリア南極海嶺が連なり, それらが合わさって中央インド海嶺となり, インド洋の中央を南北に走っている. 2004 年, スマトラ沖で起きた M 9.3 の大地震は, インド洋をつくるオースト

ラリアプレートの沈み込みによるもので，インド洋をとりまく広い地域に大きな津波被害を与えた． [小野有五]

インド洋中央海嶺　Mid-Indian Ridge

[13°40′S　67°24′E]

インド洋の中央部，東経 68 度付近を南北に走る海嶺．中央インド洋海嶺とも表記される．北西へはカールスバーグ海嶺として，アラビア半島とソマリア半島の間のアデン湾につながり，南は南緯 25.5 度，東経 70 度付近にあるロドリゲス三重点にいたり，南西インド洋海嶺と南東インド洋海嶺に分かれて延びる．三重点にはロドリゲス断裂帯があり，このほか多くの断裂帯がインド洋中央海嶺を切り，複雑な地形を呈する．インド洋中央海嶺はオーストラリアプレートとアフリカプレートの拡大境界をなし，その拡大速度は 1〜2.2 cm/年ほどとされている．頂部の深さは 900 m 台から 2000 m 台にわたり，周辺の深海底より 3000 m から 4000 m 高まっている． [吉田栄夫]

インドゥ市　英徳市　Yingde　中国

含匡，湞陽 (古称)

人口：97.7 万 (2015)　面積：5634 km²
気温：21.4℃　降水量：1804 mm/年

[24°11′N　113°25′E]

中国南部，コワントン (広東) 省北部，チンユワン (清遠) 地級市の県級市．歴史都市であり，英徳紅茶の名で知られる中国紅茶の原産地でもある．市政府所在地は英城街道．漢武帝元鼎 6 年 (紀元前 111) に湞陽と含匡の名称で最初の県が置かれたが，南宋の慶元元年 (1195) に現在の地名である英徳に改称された．宋から造園や盆栽用の英石材を産出する産地として栄えたが，清朝末期から広東商人がイギリス輸出用の紅茶原料を求めて亜熱帯気候型山間地の英徳に大規模な茶栽培を導入し，以降山間地農業の名産地に変貌した．1990 年代以降，セメント工業を柱とする建材や木材加工などの資源加工型工業も勃興し，500 t 級の中型船が運行する英徳〜ホンコン (香港)・コワンチョウ (広州) 航路をもつペイ (北) 江，リエン (連) 江，ウェン (翁) 江などの 3 大水系の総合開発とともに内陸型新興工業都市として注目されている． [許　衛東]

インドージー湖　Indawgyi Lake　ミャンマー

面積：260 km²　標高：175 m　長さ：24 km
幅：10 km　深さ：22 m

[25°08′N　96°20′E]

ミャンマー北部，カチン州モーニイン県の湖．州都ミッチーナの西南西 105 km に位置する国内最大の湖である．湖周辺は 1991 年にインドージー野生動物保護区 (260 km²) に指定された．ハイイロガン，アジアヘビウをはじめ遠くシベリアから飛来する鳥類が豊富で，10 種の絶滅危惧種がこの湖に生息する．また希少なほ乳類も生息する．2014 年にはユネスコの世界遺産 (自然遺産) の暫定リストに登録された．シュウェミンズー・パゴダ (仏塔) は湖中にある最も象徴的で風光明媚な寺院で，乾季には歩いて渡ることができる．3 月の祭礼には 10 万人以上の人びとが訪れる．いまだ手つかずの観光スポットであり，コミュニティを基礎としたエコツーリズムが行われ，モーターカヌー，カヤックでの船遊び，バードウォッチング，遊漁などのアトラクションが楽しめる．湖畔の湿地帯は鳥類の重要な餌場となっている．北岸の仏塔があるシュウェタウン Shwe Taung 山からの眺望もすばらしい．周囲には 16 の集落があり，人口は約 3.0 万である．民族はカチン族，シャン族で農業が主たる生業で，漁業を副業としている．周辺にはヒスイや金の採掘地があり，そこからの土砂流入が問題となっている．また，外来の漁業者も増加し，資源の減少が深刻である． [野間晴雄]

インドシナ半島　Indochinese Peninsula　東南アジア

ユーラシア大陸南東端の半島．インド洋 (ベンガル湾) と南シナ海の間に位置する．ベトナム，ラオス，カンボジア，タイ，ミャンマー (ビルマ)，西マレーシア (マレー半島) が含まれ，大陸部東南アジアにほぼ重なる．地域名は，インドと中国の間にあり，両文明の影響を受けてきたことに由来する．狭義のインドシナは，フランス領植民地のインドシナ (ベトナム，カンボジア，ラオス) をさす．地形は複雑で変化に富んでおり，西からラカイン (アラカン) 山脈，シャン高原，コラート高原，チュオンソン (アンナン) 山脈などが南北に走る．その間を流れるエーヤワディ (イラワジ) 川，タンルウィン (サルウィン) 川，チャオプラヤー川，メコン川，ホン川 (ソンコ

イ川，紅河) などがつくり出す沖積平野やデルタは，米作の一大中心地になっている．こうした地形の複雑さも手伝って，この領域すべてを統合する権力は生まれなかった．

19 世紀以降は，西欧資本主義列強の介入が強まり，タイを除き，ビルマとマレー半島はイギリス，ベトナム，カンボジア，ラオスはフランスの植民地となる．第 2 次世界大戦後は，域内諸国のナショナリズムが高まり，独立を遂げていく．しかし東西冷戦の影響で，資本主義勢力と共産主義勢力がせめぎ合う空間となった旧フランス領植民地では，フランスとの間の独立戦争 (1946〜54，第 1 次インドシナ戦争)，アメリカとの間の民族革命戦争 (ベトナム戦争) (1960〜75，第 2 次インドシナ戦争)，カンボジアのポル・ポト政権成立後の内戦とそれを支援する中国とベトナムの間の戦争 (1978〜79) と，戦禍がくり返され，住民に多大な犠牲がもたらされることになった． [熊谷圭知]

インドス川　Indos ☞ インダス川　Indus River

インドネシア共和国　Indonesia, Republic of

Indonesia, Republik (インドネシア語・正称) /オランダ東インド　Dutch East Indies (旧称) /オランダ領インド　Netherlands Indies (旧称)

人口：23764.1 万 (2010)　面積：1913579 km²
[6°07′S　106°48′E]

アジア大陸南東部とオーストラリアの間に位置する世界最大の群島国家．赤道をまたいで広がる 1 万 4572 の島々 (有人島約 3000，また 4000 が無名) からなる (2016 末)．首都はジャカルタ．領土は東西 5000 km，南北 2000 km に広がる．おもな島は，ジャワ海，フロレス海，バンダ海の連続する内海を取り囲む南北 2 グループに分けられる．南グループはスマトラ島，ジャワ島，バリ島，フロレス島，ティモール島などで，スマトラ島のクリンチ山 (標高 3805 m)，ジャワ島のスメル山 (3676 m) やアルジュナ山 (3339 m)，バリ島のアグン山 (3142 m)，ロンボク島のリンジャニ山 (3726 m) など多数の火山が連なる．北グループのカリマンタン (ボルネオ) 島，スラウェシ島，マルク諸島，ニューギニア島などは脊梁山脈と平野 (低湿地帯を含む) からなる．スマトラ島，ジャワ島，カリマンタン島，スラウェシ島を大スンダ列島，バリ以東の島々を小スンダ列島とよぶ．

国土はほぼ全域が熱帯に属し，赤道直下の雨林気候帯とその南北両側に広がるモンスーン気候帯に区分できる．後者では11〜2月が雨季，4〜10月が乾季である．年平均降水量は低地で約2000〜3500 mm，熱帯林がよく生育するが，マドゥラ島やティモール島など干ばつに苦しんできた地域もある．平均気温は23〜30℃ながら，高地では降雪をみることもある．気候的特性から豊かな常緑の景観が展開するが，国土の広さゆえ植生も変化に富む．地震多発地帯に位置し，2000年以降だけでもスマトラ島北部アチェ(2004)，スマトラ島西岸ニアス島とスマトラ島西岸沖(いずれも2005)，ジャワ島中部と南西沖で三度(いずれも2006)，スマトラ島西部の西スマトラ州州都パダン市とその沖合のムンタワイ諸島(いずれも2009)，スマトラ島北部西方沖と東部のバンダ海(2012)，東部のマルク諸島周辺(2014)，スマトラ島南西沖とスマトラ島北部のアチェ州ピディ県一帯(2016)などで発生，甚大な人的・物的損害をもたらした．

紀元前数世紀には農耕とアニミズム的な宗教をもつ生活が営まれていた．紀元前後からの歴史はヒンドゥー(古代インド)文明の影響，イスラーム教の浸透拡大，ポルトガル人の進出，オランダによる植民地支配，日本の占領など外からの影響を受けつつ形成されてきた．3〜5世紀にはヒンドゥー文明の影響を受けて最初の国がカリマンタン島やジャワ島に生まれた．8〜14世紀頃にはジャワ島やスマトラ島で豊かな農業(稲作)生産または交易およびヒンドゥー的な王権観，国家観を基盤にした王朝が盛衰した．13世紀にスマトラ島北端に到来したイスラーム教は15〜16世紀にはマラッカ海峡からジャワ海，フロレス海の沿岸に点在する港市にいたり，スルタン(イスラームの君主)国が誕生した．この新勢力がジャワ島では内陸のヒンドゥー系王朝を滅ぼし，イスラーム化が進んだ．

16世紀初期にはポルトガル人，次いでイギリスやオランダが登場，1619年にオランダ東インド会社がバタヴィア(現在のジャカルタ)に最初の商館を築き，さらに各地に商館や城塞をつくって香料貿易を独占した．19世紀にオランダの植民地政策が東インド会社の独占から私企業による自由な資源開発へと転換，サトウキビ，インディゴ(藍)，茶，コーヒーなどの栽培が導入された．住民の生活はいっそう疲弊した．1903年オランダは現在のインドネシアに相当する地域全体に支配を確立，本国の40倍もの広さの東インド植民地ができた．一方，独立運動の指導

者らは，やがて築くであろう自分たちの国をインドネシア(インドの島々)とよぶようになった．1942年に日本軍が当時のオランダ領東インド各地に侵攻し軍政を布いた．1945年8月17日インドネシアは独立を宣言したが，再上陸したオランダとの戦争をくり広げ，49年12月に国際社会が独立を承認した．

インドネシア国民は，言語，慣習，地理的アイデンティティなどを異にする300もの民族集団で構成される．主要な民族集団，文化言語集団は，ジャワ人(40.2%)，スンダ人(15.5%)，バタック人(3.6%)，マドゥラ人(3.0%)，ブタウィ人(2.9%)，ミナンカバウ人(2.7%)，ブギス人(2.7%)，バンジャル人(1.7%)，バリ人(1.7%)，ササック人(1.3%)，ダヤク人(1.3%)，華人(中国系人，1.2%)などである(2010)．日常的には地方や家庭ではそれぞれの民族の言語が話されるが，国語であるインドネシア語も共通語としてよく通用する．インドネシアは歴史上イスラーム教が達した最東端ながら総人口の87.2%，世界最大のイスラーム教徒人口を有する．ただし，イスラーム国家ではなく，キリスト教9.9%(プロテスタント7.0%，カトリック2.9%)，ヒンドゥー教1.7%，仏教0.7%，儒教0.1%，地域や民族集団独自の伝統的な信仰など，宗教は多様である．

2016年現在，行政上は34の最上位の自治体，すなわち32州と2特別区からなる．2000年から地方行政制度の改革が続き，州およびその下位の県や市(コタ)，さらにそれ以下の行政単位の再編が進む．ジャカルタにはASEAN(東南アジア諸国連合)発足(1967)以来その事務局がある．

インドネシアは世界第4位の人口大国ながら地理的分布が極端に不均衡で，国土面積の7%弱のジャワ島に総人口の56%が集中する．政府はジャワ島から人口希薄な島々への国内移住(トランスミグラシ)を奨励している．1960年以後，農村から都市への人口移動が続き，都市人口比率は，州や島によってかなりの差があるが，全国平均で53.3%(2015)である．とくに首都ジャカルタを核としてその周囲に行政界を超えて拡大する大都市圏への集中が著しく，さまざまな問題が深刻である．2016年現在，人口100万以上の都市はジャカルタ，スラバヤ，メダン，バンドゥン，ブカシ，タングラン，デポック，スマラン，パレンバン，マカッサル(旧ウジュンパンダン)，タングランスラタン，ボゴール，バタム，プカンバルの14を数える．

最大の就業部門(2016)は第1次産業

(32%)である．そのうち農業部門の就業者はおよそ5000万人であるが，近年は商業およびサービス業(23%)，製造業(14%)や建設業(7%)，交通運輸通信業(5%)，金融業(3%)などの比率が高まりつつある．水田は1379.4万ha，米の生産は7000万tを超える(2014)．ジャワ島が主要な産地であるが，19世紀末には可耕地の拡大がほぼ限界に達した．独立後35年を経て1984年にコメの自給を達成したものの，その後また輸入にも頼っている．コメ以外の主要な作物は，トウモロコシ，大豆，キャッサバ，サツマイモなどの食料用作物，蔬菜類(トウガラシを含む)である．プランテーションによる商品作物の生産も盛んで，企業的経営の大規模農場と個人ないし家族による小規模なものとがみられる．おもな作物は，アブラヤシ，ココヤシ，ゴム，サトウキビ，茶，コーヒー，カカオ，タバコ，クローブ，その他で，多岐にわたる．国土のほぼ半分が森林で，カリマンタン島，スマトラ島，スラウェシ島，ならびに西パプア州やパプア州など比較的面積が大きく人口が希薄な地域に集中する．原木での輸出は許可されず，合板などに加工する．違法伐採やプランテーションへの転換などで森林が急速に減少しつつある．沿岸や沖合の漁業，水産養殖業(エビ，ミルクフィッシュ，真珠など)も盛んである．牧畜畜産は現状ではそれほど重要な地位にはいたってはいない．

スマトラ島，ジャワ島，カリマンタン島，パプア島などで石油，天然ガス，スズ，ボーキサイト，ニッケル，銅，マンガン，鉄鉱石などを産出する．1970年代以後，工業化が経済開発の大きな目標で，石油精製，機械部品や化学薬品，セメントや建築資材，自動車，オートバイ，繊維や衣料，食品やタバコの製造などがみられる．ジャカルタ周辺とスラバヤ周辺が2大工業地帯である．1980年代後半，世界の経済(金融と生産の部門)の急激な変容の中で，外国からの投資の規制と金融の制限を緩和して経済活動を刺激した．これにより，海外からの個人投資と石油以外の輸出が増大，インドネシアは新興工業経済国と認められるようになった．通貨はルピアである．

政府は産業としての観光を奨励している．多様な民族集団の歌舞芸能や工芸，歴史遺産，変化に富む自然がつくり出す景観，そしてまた全国各地の人びとの暮らしは，国家と国民の公式的な誇りであるとともに，観光業の重要な資源でもある．2016年現在，インドネシアにはユネスコの世界遺産に登録されたサイトがスマトラ島に1，ジャワ島に4，

142　イント

〈世界地名大事典：アジア・オセアニア・極Ⅰ〉

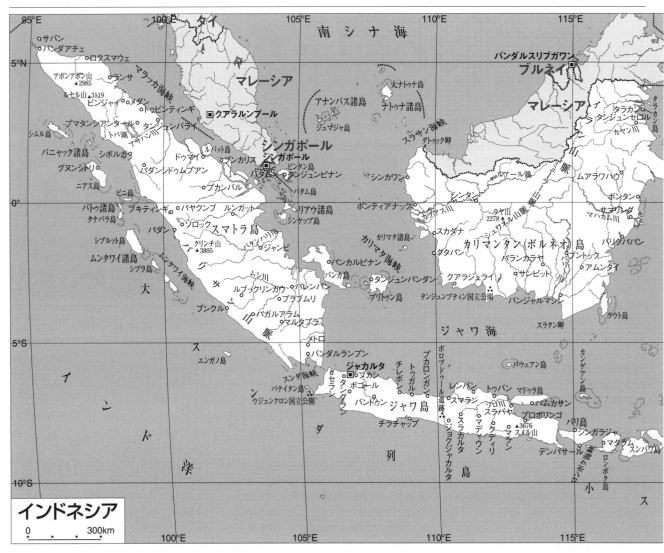

インドネシア

バリ州に1, 東ヌサトゥンガラ州に1, パプア州に1と計8カ所(文化遺産4, 自然遺産4)ある. 無形文化遺産は芸能と工芸品をあわせて5種が登録されている.

タイでの通貨暴落に始まった1997年のアジア金融危機は, インドネシアにも飛び火して政治危機に拡大し, 32年にも及ぶスハルト大統領の開発独裁体制を崩壊させた. 強権政治の制約が除かれると, 労働者や学生による民主化の要求が吹き出し, アチェ州, マルク州, パプア(旧イリアン)州などでは激しい民族・宗教対立や分離運動が発生し, 多くの犠牲者を出した. また, 2000年以来, ジャカルタやバリ島で急進的なイスラーム教徒による爆破テロも続いている. 貧富の差や, 都市と農村の間, 開発の進んだジャワ島とその他の島々との地域格差も大きな課題である. 他方では, 国民の直接選挙で大統領を選ぶなど, 民主的な制度や法などが根づきつつある.

［瀬川真平］

インドネシア海溝 Indonesia Trench ☞ スンダ海溝 Sunda Trench

インドラヴァティ川　Indravati River
インド

面積：42000 km²　長さ：530 km

[18°43′N　80°16′E]

インド東部のオディシャ(オリッサ)州南西部から, 中部のチャッティスガル州南部を流れ, ゴダヴァリ川に合流する川. オディシャ州のバワニパトナ Bhawanipatna の南南西40 km に位置する東ガーツ山脈中のサトプーラ山脈に源を発し, 南南西に流れたのち西流し, チャッティスガル州に入る. ジャグダルプルを通り, マハーラーシュトラ州境に至ったところで流れを南南西へと変え, 南のアンドラプラデシュ州との3州境界地点で, 本流のゴダヴァリ川に合流している.

最上流部には, インドラヴァティ川上流部ダム計画によって, 4つの本流ダムと8つの支流ダムによって堰き止められた巨大なダム湖が出現した. 発電と灌漑の多目的ダムで, 灌漑水はマハナディ川流域への流域変更が計画されている. チャッティスガル州のチトラコット Chitrakot の北西約5 km には, 30 m の落差をもつ滝が形成されており, 滝壺の幅は約400 m に達する. この滝から下流は, しばらく台地を開析する峡谷となる. インドラヴァティ川は, チャッティスガル州南部の生命線といわれ, インドでも最大規模の緑地帯をもつ. マハーラーシュトラ州境の左岸側には, 自然保護区に指定されているインドラヴァティタイガーパーク国立公園(長さ約70 km, 幅約20 km)がある.

［大竹義則］

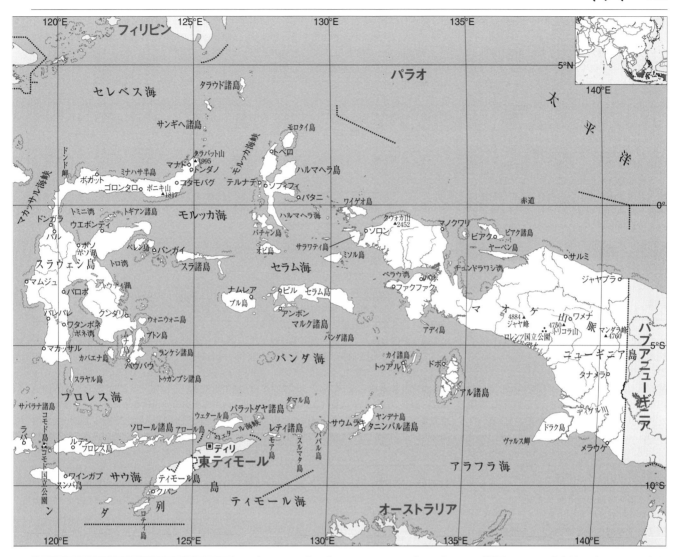

インドラギリ川　Indragiri, Sungai

インドネシア

クアンタン川　Kuantan (別称)

面積：174 km² 長さ：366 km

[0°22′S　103°26′E]

　インドネシア西部，スマトラ島中部，リアウ州南部を流れる川．スマトラ島の脊梁山脈であるバリサン山脈東斜面から発して東に流れ，南シナ海のブルハラ海峡北端，インドラギリヒリール県のトゥンビラハンに河口をもつ．河口付近は広大な湿地帯が形成されている．シアック川，ロカン川，カンパル川とともに，リアウ州を流れる4大河川の1つであり，最長である．水深は6～8 m．漁業はほとんど行われておらず，交通路として重要な役割を担う．中下流に位置するインドラギリヒリール県は，リアウ州最大の農業地帯であり，米やトウモロコシが栽培されている．アブラヤシなどのプランテーションも盛んである．また近年，工業化も徐々に進んでおり，エノックにある工業団地はリアウ州の4大工業地帯の1つである．上中流に位置するインドラギリフル県では，ゴムやコーヒーのプランテーション栽培が行われており，また林業が盛んである．

　2004年に総工費920億ルピア，約4年の歳月をかけ，トゥンビラハンにインドラギリ橋がかけられた．橋の長さはリアウ州最長の710 m，幅は7 mである．　　　　[畝川憲之]

インドラサン山　Indrasan

インド

標高：6001 m　　　　　　　[32°13′N　77°24′E]

　インド北部，ヒマーチャルプラデシュ州の山．ヒマラヤ山脈西部の高峰である．標高は6221 mとする説もある．標高2050 mにある避暑地マナリの南東約21 kmにある岩峰で，南3 kmにはデオティバ山(6001 m)がそびえる．1962年，日本の京都大学山岳部隊(小野寺幸之進隊長)が初登頂した．山名は，インドラ(ヒンドゥー教の雷の神)，サン(座)に由来する．　　　　　　　　[小野有五]

インドラプラ峰　Indrapura, Puncak ☞

クリンチ山　Kerinci, Gunung

インドラマユ　Indramayu

インドネシア

人口：166.4万 (2010)　面積：2040 km²

[6°20′S　108°21′E]

　インドネシア西部，ジャワ島西部，西ジャワ州北部の県および県都．県は19の郡と300の村からなる．県都(人口10.6万，

2010)は北側がジャワ海に面する海岸線沿いの町で，首都ジャカルタの東約195 km，西ジャワ州の州都バンドゥンの北東約180 kmに位置する．インドラマユから南約15 kmの町ジャティバランには鉄道が通っており，ジャカルタをはじめジャワ島内の主要都市などへアクセスできる．インドラマユ県は古くから西ジャワ州の米倉として知られている．2002年には100万t以上生産しており，これは州全体の生産量の約12%にのぼる．マンゴーの栽培も行われており，その豊富な種類と甘さによりマンゴーの町ともよばれている．

[畝川憲之]

インドラマユ岬　Indramayu, Tanjung
インドネシア

降水量：1061 mm/年　　　〔6°14′S　108°12′E〕

インドネシア西部，ジャワ島西部，西ジャワ州北部の岬．インドラマユからジャワ海に突き出た半島の先端，ジャワ島内陸部の山地から流れ出るチマヌック川の河口近くに位置する．周辺には沼地が広がっているため，人が生活するには適さない．年最高気温は28℃前後，最低気温は18℃前後である．

[畝川憲之]

インドール　Indore
インド

人口：196.4万 (2011)　面積：172 km²
標高：553 m　　　　　　〔22°25′N　75°32′E〕

インド中部，マッディヤプラデシュ州西部，インドール県の都市で県都．州都ボパールの南西約170 kmに位置する．マルワ高原に位置し，南方にヴィンディヤ山地を望む．首都デリーとムンバイ(ボンベイ)を結ぶ幹線国道が通るほか，鉄道駅や空港を擁する交通の要衝である．同州内で最大の人口を有しているだけでなく，近年インド中央部で最も急速に発展している商工業都市の1つである．地名は，1741年建立のインドレシュワール寺院に由来するといわれる．ムガル帝国衰退期の1733年，マルハール・ラオ・ホールカルがマラータ人の宰相からこの地域の支配権を得，都をここに定めた．1818年にはイギリス東インド会社保護下のホールカル藩王国の首都となった．その後，イギリス軍駐屯部隊が置かれるなど，この地域一帯のイギリス支配権力の拠点として栄えた．

付近一帯は黒色土壌地域であるため，19世紀後半より綿花栽培が普及し，同時に綿紡績業も発達して，内陸部の重要な商工業都市

として発展した．現在では，かつての綿紡績工場の多くは閉鎖され，みる影もないが，かわって郊外に位置するダール県のピータンプル地区に大工業団地が建設され，多様な業種からなる工業化が進行している．とくに自動車工業の集積が目立つことからインドのデトロイトとも称される．市内にはガラスの寺院で有名なジャイナ教のカーンチ寺がある．

[岡橋秀典]

インパール　Imphal
インド

人口：26.5万 (2011)　　〔24°47′N　93°55′E〕

インド北東部，マニプル州の都市で州都，およびインパール県の県都．かつてはカバ Khaba 王朝の王都であった．真鍮および青銅製品，手織り物製品，木製の手工芸品などの伝統的な工業を有する商業中心地である．市内には，マニプル大学，ジャワハルラル・ネルー大学の分校，中央農業大学の分校が立地している．第2次世界大戦時の1944年3月から，日本陸軍によるインパール攻略戦が行われた．日本軍にとって，ビルマ(現ミャンマー)からインドへ侵攻するにあたりイギリス軍の勢力圏であったインパールは障害となっていた．作戦はきわめてずさんであり，とりわけ補給面がまったく軽視された．ジャングル地帯での作戦は困難を極め，飢える兵が続出して死者，餓死者が大量に発生する事態となった．結果として日本軍がビルマから敗退する原因となった．

インパール県は州の中心部にあり，アッサム州 Cachar 県との境界に小規模の飛び地がある．県の面積は1228 km²．2001年に2つの県，すなわちインパール東県とインパール西県に分割された．年平均降水量は1296 mmであり，植生は熱帯湿潤落葉樹林である．稲，アブラナ，野菜類が栽培されている．絹が生産されている．ラムライナペット工業団地では，織物業，金属細工，石彫りなどが零細工業として営まれている．

[澤宗則]

インパール川　Imphal River ☞ マニプル川 Manipur River

インマンヴァレー　Inman Valley
オーストラリア

人口：0.1万 (2011)　　　〔35°30′S　138°27′E〕

オーストラリア南部，サウスオーストラリア州南部の村．フリュリュー Fleurieu 半島中央部，東のエンカウンター Encounter 湾に流れ下るインマン川の流域に位置する農村集落で，酪農のほか，肉牛や馬の飼育も盛んである．周囲にはなだらかな起伏をもつ丘陵が広がる．東6 kmには，氷河によって削られたグレーシャーロックとよばれる岩がある．1859年，地質学者のアルフレッド・R・C・セルウィン(1824-1902)は，この岩によって，オーストラリアがかつて氷河に覆われた時期があったことを初めて証明した．また東20 kmの海岸部には，フリュリュー半島最大の都市，ヴィクターハーバーがある．

[片平博文]

インランドカイコウラ山地　Inland Kaikoura Range
ニュージーランド

標高：2885 m　　　〔42°00′S　173°40′E〕

ニュージーランド南島北東部，マールバラ地方の山地．カイコウラの西内陸部，サザンアルプスから分岐した国内でも最も高い山地の1つである．シーウォード・インランドカイコウラ Seaward and Inland Kaikoura 山地と併記されることもあるが，クラレンス川によってシーウォード山地と分断されている．最高峰はタプアエヌク Tapuaenuku 山(標高2885 m)で南島北部の最高峰．マオリ語では Tapuae-o-Uenuku で虹の足跡を意味する．北島の南部からもみることができる．

山地は海岸部にまで及んでいるため，山岳地帯と海岸部に近い部分では植生がかなり異なり，そのため多様な植物が自生する．山岳部は大小の岩が堆積している広大なガレ場となっており，航空写真からもその姿を確認できる．山岳部の下部は石灰石で形成されており，マールバラ岩菊など，この土地固有の多くの植物の自生地となっている．夏，冬ともに乾燥した気候であり，土地は痩せ，年間降水量は少ない．そのため，自生植物は非常に限られたものとなっている．ただし山岳部は雪で覆われる時期が長く，また東の海岸部に近づくと湿潤となり，森林群落を形成する．

[植村善博・太谷亜由美]

インレー湖　Inle Lake
ミャンマー

面積：116 km²　標高：884 m　長さ：18 km
幅：5 km　深さ：3.7 m　〔20°35′N　96°54′E〕

ミャンマー東部，シャン州タウンジー県の

インワ 145

インレー湖（ミャンマー），パウンドーウー・パヤーの祭り〔Boyloso/Shutterstock.com〕

淡水湖．シャン高原の盆地にあり，周辺の山並みは標高が約1500mである．もとは4つの小さな湖であったものが，湖の近くに棲む鬼が4つの湖を水路でつなげて大きな湖が誕生したという伝説が残る．石灰岩質の地層が水の侵食によって溶解したことで形成されたと考えられており，水面の面積と水深は，減水期と増水期で大きく異なる．最深部は約3.7mだが雨季には約1.5m増加する．湖水は隣のカヤー州に流れ，水力発電の水源として利用されている．湖の西岸はカロー川とアッパーパルー川からの土砂の流入で埋積され，湖上三角州が発達している．

湖畔の陸地化した部分は水田で，その前面に湿地が広がる．湖中の浮島（チュン・ミョー）は畑となり，湖泥を長い竹竿の先につけた鉄製の歯で採取し，これを土肥としている．湖の周辺や湖上に住み，湖の民といわれるインダー族は広義のタイ系のシャン族ではなく，言語的にはチベット・ビルマ語派に属する．フレーとよばれる細長い丸木船を手と片足で器用に漕いでいく．湖ではコイ科のンガペインのほか，フナ，ナマズ，ドジョウ，ライギョなど約20種の魚が獲れる．漁法としては伏せ籠漁が有名である．水揚げされた淡水魚はマンダレーなど平野の大都市に出荷される．このほか湖周辺には，シャン族，パオ族，ダヌー族，タウンヨー族などが居住している．住民は南方上座部仏教を信仰し，湖岸の浅瀬に木と竹を組み合わせた高床式の家を建てる．とりわけインダー族は藻や水草と湖底の粘土やシルト・泥，藻を積み上げた浮島に杭を立てて家屋を建てる．この浮島ではトマト，ナス，キュウリ，トウガラシ，サトイモ，豆類，花卉などがきわめて集約的に1年中水耕栽培され，周辺の都市に販売される．

定期市は湖周辺に5カ所あり，5日ごとに開かれる．湖上にも水上マーケットが1つある．ミャンマーではインレー湖の水郷風景はバガンと並ぶ国際的観光地であり，湖上村落では葉巻やハスの繊維でつくった織物の工房があり，家内工業で生産される肩掛けかばんは，シャンバックとして観光みやげになっている．また湖に生息する固有種インレキプリウスアウロプレウスは動物商の間で希少な高額商品として取引されている．湖はまた11〜1月には多くの渡り鳥の飛来地となっている．しかし，商業的農業の発達にともなう浮き畑の増加は，環境問題を引き起こし，外来種のホテイアオイの繁茂による排水不良も問題となっている．周辺山地での材木伐採や焼畑によって周囲の山地から湖に注ぐ河川は栄養分を含んだシルトの流入が増加し続け，湖中の水草や藻類の成長がいっそう促進され，人口の増加とあいまって，湖の富栄養化が進行している．流域にはヤンゴンに電力を供給するラウピタ水力発電所があるが，近年は水量低下で操業に支障をきたしている．

湖上にはパウンドーウー寺院がある．ここのパヤー（仏塔）はこの地域では最大で，毎年10月にイカダ祭（パウンドーウー（ファウンドーウー）・パヤーの祭り）が開催され，神話の鳥を模した黄金の大筏カラウェイの舟渡御が著名である．

［野間晴雄］

インワ Inwa

ミャンマー

[21°49′N 95°57′E]

ミャンマー中央部，マンダレー地方（旧管区）チャウセー県の村．地方の中心都市マンダレー中心部の南西約15km，エーヤワディ川左岸に位置する．古くはアヴァ王朝（1364〜1555）の都として繁栄した．アヴァ王朝はシャン族がミャンマー北部の建てた王朝では最大であった．しかし，実質的に王朝を支えたのはビルマ族であり，首都インワを

中心としてビルマ文化が繁栄していく．パーリ語にかわってビルマ語で多くの文学作品が書かれるようになるのもこの時代であった．アヴァ王朝後もインワは，ビルマ族の都となった．1752年にモン族の侵入で一時破壊されたが，コンバウン王朝のアラウンパヤー王がモン族を撃退した後，インワはビルマ人の都として再興した．その後，1838年に震災で市街は壊滅的な被害を受けて衰退したため，段階的にアマラプーラに遷都した．何度かの中断があったが，約500年間インワは王朝の中心都市として栄えた．歴史的にアヴァ Ava という呼称は，ビルマ全体をさす意味で使用されてきた．

廃都となったインワには，かつての市街地は農村地帯となっていて，現在は小集落がみられるのみである．かつて王宮のあった場所も畑になっている．しかし周囲には城壁の遺跡がみられ，ところどころに大地震で崩壊から残ったパヤー(仏塔)が散在し，過去の王都の面影がみられる．中でもバガヤー僧院，ハマーアウンミェ僧院は王朝時代の荘厳な建物であり，サガイン(インワ)鉄橋やサガインの丘などとの美しい景観が知られている．マンダレーからは陸路と水路(エーヤワディ川の渡し船)を利用した日帰りが容易であり，観光客が多い．

［西岡尚也］

ウー川 Ou, Nam ☞ ナムウー川 Nam Ou

ウー江　烏江　Wu Jiang
中国

うこう（音読み表記）/チェン江　黔江　Qian Jiang（別称）/フーリン江　涪陵江　Fuling Jiang（別称）

面積：87900 km²　長さ：1037 km

[29°41′N　107°23′E]

　中国中部，グイチョウ（貴州）省中部からチョンチン（重慶）市までを流れる川．チャン（長）江の支流で，別名はチェン（黔）江またはフーリン（涪陵）江と称される．峡谷が非常に切り立っており，また暗礁や早瀬が多いことから，烏江天険とも呼称される．貴州省北西部，ウェイニン（威寧）自治県烏蒙山東麓の香炉山を水源とし，北東に流路を向ける．重慶市との境界で北西へ向きを変え，涪陵区において長江に合流する．

　部分的にみてみると，ホワウーチー（化屋基）以上の三岔河部を上流と見なす．三岔河は大部分が切り立った峡谷地帯を流れ，カルスト地形がみられる．六衝河は上流部最大の支流であり，水量は三岔河に匹敵する．つぎに，化屋基からスーナン（思南）県までが中流である．大小合わせて148カ所の早瀬があり，難所である．中流域の支流として猫跳河や湘江，清水江などがあげられる．最後に思南県思塘からが下流である．峡谷地帯と広くなだらかな寛谷地帯が交互し，水面はおよそ70～100 mの幅をもつ．下流域の支流は，濯河や洪渡河，郁河，芙蓉江などである．流域は貴州省において，主要な農工業地域である．人びとは穀物や油，茶などを生産し，さらにアルミニウムやリン，マンガンなどの鉱産資源も豊富である．また，水力資源にも富んでおり，洪家渡をはじめとした水力発電所が貴州省で9基，重慶市で1基立地している．
[石田　曜]

ウー山　巫山　Wu Shan
中国

ふさん（音読み表記）

標高：2441 m　[30°55′N　110°01′E]

　中国南西部，チョンチン（重慶）市とフーペイ（湖北）省にまたがる山脈．スーチュワン（四川）盆地とチャン（長）江中流のチャンハン（江漢）平野との境界をなす．最高峰は重慶市ウーシャン（巫山）県と湖北省バートン（巴東）県との境界上にある烏雲頂（標高2441 m）である．山脈に沿って長江の南北に神女峰，聖泉峰，集仙峰，翠屏峰，飛鳳峰など巫山12峰が名勝として知られている．重慶側には巫山県とウーシー（巫渓）県があり，長江が山脈を横断する部分が長江三峡の1つ，巫峡である．山地の地質は石灰岩を主体として部分的に砂岩頁岩からなり，褶曲作用によって随所に断裂帯があり，流水の侵食作用も加わり，奇抜な峰や急峻な谷がいたるところにある．巫とは神に仕える神女，巫祝のことで，巫山とはその巫祝が棲む山として，中国古代の神話を述べた『山海経』や『楚辞』の古典にみえる．したがって本来はある特定の山地をさすものではなく，各地に神話伝承にもとづいた地名がある．チョーチャン（浙江）省クワイチー（会稽）山，湖北省ユンモン（雲夢）県，シャンシー（山西）省シャシェン（夏県）などに巫山の名が残り，中でも山西省の巫山が古典にある巫咸山だといわれている．
[秋山元秀]

ヴァイジャプル　Vaijapur
インド

Vijapur（別表記）

人口：4.1万（2011）　[19°55′N　74°44′E]

　インド西部，マハーラーシュトラ州北部の都市でヴァイジャプル郡の郡都．州都ムンバイ（ボンベイ）から北東へ300 km弱の距離にあり，マハーラーシュトラ州工業開発公社によって中心街から5 km郊外のオーランガバードナシーク道路沿いに，4.36 km²の工業地域が開発されている．綿花，大麦，小麦，ナタネ，マッチ製品が特産である．Vijapurとも表記される．
[由井義通]

ヴァイシャリ　Vaishali
インド

毘舎離（漢字表記）

[26°00′N　85°04′E]

　インド北部，ビハール州中西部，ヴァイシャリ県の都市．州都パトナの北55 kmのガンジス（ガンガ）川対岸にあり，国道74号で結ばれている．周辺に多くの仏教遺跡が点在していることでも有名である．ブッダ在世期においてヴァッジ国の首都であり，ブッダも何度かこの土地を訪れて説法をしている．ブッダは80歳のとき，弟子のアーナンダと少数の従者たちとともに故郷のカピラヴァストゥに向けた最後の旅に出発し，その途上にヴァイシャリに立ち寄っている．その折にブッダは，地元に住む遊女アムラーパリの供養を受け，彼女が所有するマンゴー林の寄進を受けたという故事がある．また，仏滅後に八分割された仏舎利（ブッダの遺骨）の1つが，ヴァイシャリに建立されたストゥーパ（仏塔）に納められたことでも知られている．なお，アーナンダはこの地で入滅している．北郊では仏滅後2回目の仏典結集が行われており，それを記念したアショーカ王の石柱が現存している．近隣にはこれにちなんで日本山妙法寺によって平和の塔（ストゥーパ）が建立され，多くの日本人観光客が参拝に訪れている．
[中條曉仁]

ヴァイツプ環礁　Vaitupu Atoll
ツヴァル

人口：0.2万（2012）　面積：5.6 km²

[7°28′S　178°41′E]

　南太平洋西部，ポリネシア，ツヴァルの環礁．ツヴァルを構成する9つの島嶼の中で最大の環礁で，首都を擁するフナフチ島に次いで第2の人口を擁する．ポリネシア系住民の

3つの氏族と3人の首長の社会を構成する. ツヴァル共和国唯一の中等学校があるため, 国内全域から約600人の生徒の移住がある. 島は病院, 教会, 小学校, 郵便局などを擁する村から成り立っている. [柄木田康之]

ヴァヴァウ諸島　Vava'u Islands

トンガ

人口:1.5万 (2011)　面積:121 km²
[18°39′S　173°59′W]

　南太平洋中部, ポリネシア, トンガ北部の諸島. ヴァヴァウ島, パンガイモトゥ Pangaimotu 島, フンガ Hunga 島, オヴァカ Ovaka 島, カパ Kapa 島等々, 約40の島からなる島嶼群である. 国の3つの主要な島嶼群(トンガタプ, ハーパイ, ヴァヴァウ)の中では, 最も北に位置している. 諸島の中で最も中心的な島は, 面積90 km², 人口1.2万 (2011) のヴァヴァウ島である. 同島は, トンガタプ島と同様に隆起サンゴ礁の島であるが, トンガタプ島よりもはるかに起伏に富んでおり, 南西部の最高地点の標高は213 m に達する. 海岸線も複雑に入り組んでおり, 山と入江のコントラストの美しさは, 古くから多くの旅行者によって称賛されてきた. ヴァヴァウ島の中心都市ネイアフは, 諸島全体の主都の役割を果たしており, ネイアフの繁栄によって島全体の人口も1970年代から約1000人増加している. 人口の国内移住, 国際移住の波の中で, 首都ヌクアロファから離れた周縁の離島の大多数が人口の急速な減少に苦しんでいる. この点を考慮するならば, ヴァヴァウ島の人口増加はかなり例外的な現象である. [大谷裕文]

ヴァヴニヤ　Vavuniya

スリランカ

人口:3.5万 (2012)　面積:24 km²　標高:99 m
気温:28.2℃　降水量:1369 mm/年
[8°44′N　80°29′E]

　スリランカ, 北部州ヴァヴニヤ県の都市 (MC) で県都. コロンボから国道で北北東254 km, 州都ジャフナの南南東88 km に位置する. 乾燥地帯の内陸部にある道路および鉄道交通の要衝である. 内戦時には北部を実効支配した LTTE (タミル・イーラム解放のトラ) 勢力に対峙する, スリランカ政府軍の北方最前線の軍事拠点となり, 2009年1月の政府軍の制圧まで爆弾テロが頻発し, 多数の犠牲者が出るなど治安状況がきわめて悪かった. 難民キャンプが設置されたが, 劣悪な環境であったとされる. 町の中心は鉄道駅

の東部, 北東部にあり, 市街地の東端にヴァヴニヤ貯水池がある. 1997年, 市街地の西9 km にジャフナ大学の分校が開設された.
[山野正彦]

ヴァサイ　Vasai

インド

人口:4.9万 (2007)　降水量:2000-2500 mm/年
[19°21′N　72°48′E]

　インド西部, マハーラーシュトラ州西端, パルガル県の都市. アラビア海に流出するウルハス川の河口に位置する港町で, 南約40 km には, インドの西の玄関口である州都のムンバイ (ボンベイ) がある. 水産業が盛んで, カツオ, ジューフィッシュ (ハタ科の魚), ハダカイワシなどの加工が行われるほか, 製塩, 陶器製造などもみられる. 付近では香辛料, サトウキビなどプランテーション作物のほか, 米なども栽培されている. 港としての地形に恵まれることから, 16世紀ポルトガルに支配されるところとなり, 貿易港として成長した. 1739年以降一時マラーター王国の支配下に入ったが, 80年ふたたびイギリスに侵略され, 1947年の独立まで長期にわたりイギリスの支配を受けた.
[中山晴美]

ヴァドダラ　Vadodara

インド

人口:160.2万 (2011)　面積:149 km²
[22°19′N　73°14′E]

　インド西部, グジャラート州東部の都市. グジャラート州で3番目に人口が多い都市で, かつてはヴァドダラ藩王国の首都だった. 大部分が乾燥したグジャラート平原上にあり, 北西の端にはマヒ川, 南にはナルマダ川が流れている. 都市の起源は812年で, 18世紀中頃からは有力なマラータ・ガーイクワール一族の中心地として重要な都市となった. 伝統産業の繊維, 漆家具, 銀の宝石のほかに, ジャワハルナガル精油所があり, 工業化により経済発展している. 市内南部のマカルプラパレスには空軍の中心的基地がある. またデリー〜ムンバイ (ボンベイ) 間を結ぶ国道8号が通っている. [由井義通]

ヴァニコロ島　Vanikoro Island

ソロモン

Vanikolo Island (別表記)
人口:0.1万 (2009)　面積:173 km²　標高:924 m
[11°39′S　166°54′E]

　南太平洋西部, メラネシア, ソロモン諸島

東部, テモツ州北東部の島. サンタクルーズ諸島に属する火山島で, 主島バニエ Banie とその東に隣接するテアヌ Teanu (テヴァイ Tevai) 島をあわせてヴァニコロとよぶ. 全身を覆う仮面を用いた伝統舞踊タマテが, 全国的にもよく知られる. 口頭伝承によると, 紀元200年頃にメラネシア人が住み始めたといわれる. 1826年にアイルランド出身の探検家ピーター・ディロンがヴァニコロの人口を約1000と報告しているが, その後, 西洋人との接触に伴う伝染病の流行によって, 1932年には32人にまで減少した.
[関根久雄]

ヴァニモ　Vanimo

パプアニューギニア

人口:1.4万 (2011)　[2°42′S　141°20′E]

　南太平洋西部, メラネシア, パプアニューギニア北部, サンダウン州の町で州都. ニューギニア島北海岸に位置する. インドネシア国境から約30 km に位置し, インドネシア領西パプアの中心地ジャヤプラからは車で1時間の近さにある. 半島状に突き出した丘を囲んで港と静かな市街が広がり, 付け根の部分に空港が位置する. 町には, 銀行, 商店のほか, インドネシアの領事館があり, 商人やビジネスマン, 移民や難民など, さまざまな形でインドネシアとの間に往来がある. マレーシア資本の製材会社が操業し, 最大の雇用先となっている. 北西モンスーンが吹く10〜4月はサーフィンの季節で, 国外からもサーファーが集まる. [熊谷圭知]

ヴァヌアツ共和国　Vanuatu, Republic of

Vanuatu, Ripablik blong (ビスラマ語・正称) /ニューヘブリディーズ諸島　New Hebrides (古称)
人口:23.4万 (2009)　面積:12281 km²
降水量:2300 mm/年　[17°44′S　168°20′E]

　南太平洋西部, メラネシアの共和国. 首都はポートヴィラ. 通貨はヴァツ (2016現在, 1ヴァツは約1円). 北西にはソロモン諸島, 東部にはフィジー共和国があり, 南端はフランス領ニューカレドニアと接している. Y字型に並んだ80の島々から構成され(そのうち有人の島は63), 海岸線の総延長は2528 km である. 南北に長く, 北端のトレス諸島から, 南端のアネイチュム島までは約800 km ある. 主要な島として北から, トレス諸島, バンクス諸島, アンバエ島, エスピリトゥサント島, マエウォ島, ペンテコスト

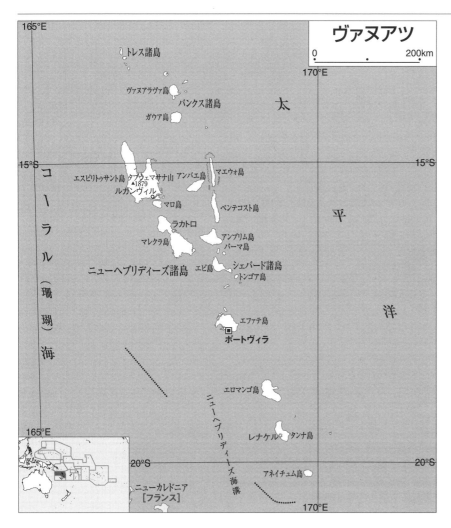

この群島を訪れる．1774年，イギリスのジェームズ・クックは二度目の航海の途中，この海域を周航するが，山がちの島々をみてスコットランドのヘブリディーズを想起し，この群島一帯をニューヘブリディーズ諸島と名づけた．19世紀になると白檀を扱う商人や福音熱の影響を受けた宣教師たちも入植を始める．また奴隷狩り，いわゆるブラックバーディングもこの時期に行われる．詐欺まがいの契約で連れていかれた人びとは，オーストラリアやフィジーにある白人経営のサトウキビ・プランテーションや，あるいはフランス領ニューカレドニアの鉱山で契約労働に従事するのであるが，劣悪な環境の中で死亡する者も少なくなかった．イギリスとフランスの植民地競争が激化する中，その解決策として，1878年には英仏合同海軍による管理が決められ，1906年からは，英仏共同統治領ニューヘブリディーズとなる．しかし，2つの政府の足並みは必ずしもそろっていたわけではなく，警察，法律，病院，教育システム，通貨，刑務所などが，イギリス系とフランス系に分かれて2種類存在していた．

1980年7月30日，ヴァヌアツ共和国として独立を果たし，イギリス連邦加盟国となるが，その前後は，独立推進派のイギリス系政党（ヴァヌアアク党，VP）と，穏健派のフランス系政党（穏健派統一党，UMP）の対立があり，またエスピリトゥサント島では，ナグリアメル運動という分離独立運動も起こり，政治的に不安定な時期でもあった．国会は一院制で，4年ごとに総選挙が行われ，52名の国会議員がいる．また現在では上述の2大政党制ではなく，小政党が多数あり，与党は連立になることが多い．国政のリーダーである総理大臣を中心として12名の大臣がおり，各省庁を統括している．

国の経済は外国からの援助に大きく依存しているが，国内ではコプラ，コーヒー，カカオの輸出と観光が外貨獲得のおもな産業となっている．輸出入の相手国は，オーストラリア，ニュージーランド，日本，フランス，フランス領ニューカレドニアなどである．

［福井栄二郎］

島，マレクラ島，アンブリム島，パーマPaama島，エピ島，トンゴアTongoa島，ポートヴィラのあるエファテ島，エロマンゴ島，タンナ島，アネイチュム島などがある．気候は熱帯雨林気候で，環太平洋火山帯に属し，南部のタンナ島や中部のアンブリム島には火山も存在する．行政区分として，現在，北からトルバTORBA，サンマSANMA，ペナマPENAMA，マランパMALAMPA，シェファSHEFA，タフェアTAFEAの6州に分かれている．一般に，ポートヴィラとエスピリトゥサント島のルガンヴィルが都市部とされ，残りは村落部と称されることが多い．ただし現在では，タンナ島のレナケルLenakelやマレクラ島のラカトロLakatoroなど小規模の都市もできつつある．村落部でも現金は流通しているが，基本的には自給自足的農業が営まれており，タロイモ，ヤムイモ，マニオクなどが栽培されている．

住民のほとんどがメラネシア人であり，ほかにはフランス系，イギリス系，中国系，ベトナム系の住民も少数いる．国内では100以上の異なった言語が話されているので，ピジンイングリッシュの一種であるビスラマ語が国語に，英語とフランス語が公用語に制定されている．現在ではほぼすべての住民がビスラマ語を話すことができ，他島民との会話に用いられる．またほとんどの者がキリスト教信者であるが，アングリカン（聖公会），長老派，カトリック，セヴンス・デイ・アドヴェンティスト（SDA）教会など，宗派は多様である．空の玄関口は，ポートヴィラのバウアーフィールド国際空港で，オーストラリアのシドニーやブリズベン，フィジーのナンディ，フランス領ニューカレドニアのヌメアなどに定期便が出ている．

初めてこの諸島に足を踏み入れたヨーロッパ人は，ポルトガル人探検家フェルナンデス・デ・キロスで，1606年のことである．その後も1768年にはフランス人探検家ルイ・アントワーヌ・ド・ブーガンヴィルが，88年には同じくフランスのラ・ペルーズが

ヴァヌアラヴァ島　Vanua Lava Island

ヴァヌアツ

人口：0.3万（2009）　面積：331 km²　標高：946 m
長さ：30 km　幅：20 km

[13°51′S　167°27′E]

南太平洋西部，メラネシア，ヴァヌアツ北部トルバ州の島．ガウア島とともにバンクス

諸島の主要島の1つである．東西20km，南北30km，山がちで，最高峰のトラ山（標高946m）がそびえる．住民の多くは南部の沿岸部に居住している．言語は，西部ではヴェララ語，南東部ではヴレス語が話されているが，北部には近隣のモタラヴァ Mota Lava 島と同じ，モタラヴァ語を話す集団がいる．主要村落はソラ Sola で，飛行場や港があり，近隣の島々への中継地となっている．

［福井栄二郎］

ヴァヌアレヴ島　Vanua Levu Island
フィジー

バヌアレブ島（別表記）

人口：13.6万（2007）　面積：5500 km²
[16°22′S　179°16′E]

南太平洋西部，メラネシア，フィジー北部の島．ヴァトゥイラ Vatu-i-Ra 海峡をはさんでヴィティレヴ島の北東約60kmに位置する国内第2位の大島で，地名のレヴは，フィジー語で大いなる土地を意味する．中心都市は北東部のランバサ（人口2.8万，2011）である．行政的には，南東部のザカウンドロヴ Cakaudrove，南西部のブア Bua（現地発音表記ムブア Mbua．「ム」は軽く発音），北西部のマズアタ Macuata（付属島を含む）の3州からなる．

火山性の島で，山岳地帯が西南西から東北東へと細長く（約180km）脊梁部をなしながら連なる．最高峰は中央部に位置する標高1032mのナソロレヴ Nasorolevu 山である．主脈が南に偏しているため，南側が急峻であるのに対して，北側はゆるやかに傾斜し，海岸部へと開けている．気候は，山岳地帯とその南側が年平均降水量2000〜5000mmと湿潤で，深い熱帯雨林に覆われている．それに対して，北側は年平均降水量1400〜2000mmで，乾季が5カ月に及ぶ．北岸沖合には，長大なグレートシーリーフが東西に連なる．島の南東部では，深い湾入をもつナテワ Natewa（ツヌロア Tunuloa）半島が大きく北東に向けて突き出ており，付け根付近の地峡部は狭くなっている．なお，島の最東端のウンドゥ Udu 岬付近には，東経180度線が通っていて，まさに東西両半球にわたっている．

1643年にはオランダの探検家アベル・タスマンが東部沿岸にいたり，1789年にはイギリスのウィリアム・ブライ船長が南西岸を航行した．なお，ブライ船長はフィジーの地図を作製し，ヨーロッパに紹介した．19世紀に入ると，サンダルウッド（ビャクダン）を求めて貿易商人が西部のブア湾に集まってきたが，10年もすると同地域の資源は枯渇してしまったという．そして，サンダルウッドの取引で賑わったナボウワルは，今ではフェリーの発着港にすぎない．

島の北側ではサトウキビ産業が発達しており，ランバサがその中心地で，郊外には1894年創設の大きな製糖工場がある．この町とその周辺ではインド系住民が多く住み，サトウキビ産業や商業に従事してきた．山脈の南東側ではココヤシ栽培が盛んで，先住フィジー人が多く住む．島の中央南部のサヴサヴ Savusavu では，かつてコプラ生産が盛んであったが，その地位は低下している．再興を目ざしてコプラ加工場を稼働させるなどの努力が払われている．島では多くの温泉が湧出している．とくにサヴサヴでは高温の温泉や噴気がみられ，近年は観光に力が入れられるようになった．ランバサの温泉もよく知られている．なお，ランバサとサヴサヴの郊外には空港があり，またランバサ〜サヴサヴ道路，サヴサヴから東のナテワ半島にいたるハイビスカスハイウェイ沿いには美しい景観が広がる．サヴサヴは良港を擁する．しかし，ヴィティレヴ島に比べると，ヴァヌアレヴ島の観光化はまだまだ遅れている．

［橋本征治］

ヴァブケント　Vabkent
ウズベキスタン

人口：1.7万（2004）　[40°02′N　64°31′E]

ウズベキスタン中央南部，ブハラ州南部の都市．州都ブハラの北28kmに位置する．1196〜98年に建設された高さおよそ40mのミナレット（尖塔）で有名である．綿花栽培，金属加工が盛んである．

［木村英亮］

ヴァフシ川　Vakhsh River
クルグズ/タジキスタン

面積：39100 km²　長さ：786 km
[37°06′N　68°22′E]

タジキスタンの川．アムダリア川の支流である．クルグズ（キルギス）のザアライ山脈北斜面に源をもち，クズイルスー，ムクスー両河川によってスルホプ（タジク語で赤い水）川が形成され，さらにオビヒンゴウ川が合流してヴァフシ川となる．ヴァフシ盆地では灌漑に利用され，下流は航行できる．ヌレク，ゴロフノエの2つの水力発電所がある．アフガニスタンとの国境でパンジ川の右岸に合流してアムダリア川となる．河谷では，綿花や果樹の栽培が盛んである．この河谷は，東トルキスタンから古代のバクトリア（アムダリア川の中流地方）にいたる重要な交通路であった．アムダリア川の古称オクソスは，ヴァフシに由来するもので，中国史料には縛蒭と記されている．

［木村英亮］

ヴァラナシ　Varanasi
インド

カシ Kasi（古称）/バナラス Banaras（古称）/ベナレス Benares（旧称）

人口：120.2万（2011）　面積：85 km²
降水量：1058 mm/年　[25°20′N　83°00′E]

インド北部，ウッタルプラデシュ州東部，ヴァラナシ県の都市で県都．州都ラクナウの東南265kmに位置する．ガンジス（ガンガ）川が，南から北に半円状に流れる左岸に市街地が広がる．インド亜大陸で最も古い都市の1つであり，ヒンドゥー教の7大聖地の中の最大の聖地として有名である．古くはカシとよばれたが，中世のイスラーム教徒の支配時代は，バナラスとよばれた．18世紀の後半にイギリス東インド会社領になると英語の発音でベナレスとよんだ．独立後1956年になって，ヴァラナシと改称した．その起源は，市街地の北を東に流れてガンジス川に流入するヴァルナ川と，南部を同じく東に流れてガンジス川に流入するアシー川にはさまれた町であることから，2つの川の名前をつないでヴァラナシとよばれることになった．20世紀の初め，古代都市の一部の遺跡が，市街地の北を東西に走るインド国営鉄道がガンジス川を渡る鉄橋の付け根付近で発掘された．

古くからサリーなどの織布，真鍮装飾品，宝石，ナタネ油，ガラス製品，靴，カーペットなどの産地として知られる．地域特産品の多くは，古代からの巡礼者の土産物として発達したものである．日本の仏教説話に登場する天女の羽衣は，カシサリーといわれており，古来，インド亜大陸でも最も有名なサリーの産地であったことがわかる．なお，独立後に郊外に立地したインド国営鉄道のディーゼル機関車製造工場は規模の大きいことで知られる．国立バナラス・ヒンドゥー大学，サンスクリット大学，セントラル・ヒンドゥー・カレッジなど，有名な大学が立地するが，とりわけインド哲学や文学の学びの中心地として名高い．

聖地ヴァラナシはヒンドゥー教最大の聖地として多くの巡礼者を集め，世界にその名を知られる．その理由はここがヒンドゥー教の最高神シヴァ神が地上に現れた町であり，こ

ヴァラナシ（インド），市内で最も神聖なガンジス川の沐浴場（ガート）の1つ，ダシャサスワメート
〔Alexander Mazurkevich/Shutterstock.com〕

こで一生を終えることが天国への入口であると信じられているからである．しかしこの町もヒンドゥー教の聖地として今日まで安泰であったわけではない．1033年にアフガン人勢力の侵略を受けて以来，その後18世紀後半までの長期間イスラーム教徒の支配下にあった．そのため多くのヒンドゥー教寺院が破壊され，その跡にイスラーム教のモスクが立てられたとされる．

1775年にイギリス東インド会社領に編入され，それ以来，ヒンドゥー教の聖地として再建が進み，全国からヒンドゥー教信者の聖地参りの中心地として聖地ヴァラナシの発展が続いた．インド人がこの町を訪れるのは，聖なるガンジス川で沐浴し身を浄め，市内のヒンドゥー寺院に参拝するためである．ガンジス川の沐浴場（ガート）は，朝日ののぼる時間になると大勢の沐浴する人びとで賑わう．ガートとは，川岸に沐浴しやすいように水面に向けてつくられた階段のことである．川沿いにはこれらの巡礼者のための簡易ホテルが立ち並ぶ．また，川沿いには，全国から集まった未亡人のための館も多く，朝夕に皆が揃って歌うヒンドゥー教の賛美歌があたりに響く．

左岸には，南北6.4 kmにわたって，84もの固有のよび名をもつガートが連なる．年間数百万人が，これらのガートで沐浴し寺院に参拝するためこの町を訪れる．ガートは，それぞれに由緒がある．有名なガートは，南からアシーガート（市内5大ガートの1つ），ツルシガート（17世紀に有名な叙事詩『ラーマーヤナ』を書いた詩人ツルシ・ダスの記念地），シバラガート（ヒンドゥー教ゴサイン派のガート），スマシャンガート（市内で一番古い火葬場），ケダルガート（シヴァ寺院のガート），ダシャサスワメートガート（ヒンドゥー教のブラーフマ神が，10頭の馬を犠牲にした地で，側には当時の観覧台と伝えられる建造物がある），マニカニガート（ヒンドゥー教で最高位の露天火葬場），そして，トリロチャンガート（川の中に2つの小塔をもつ）である．

市内には，ヒンドゥー教を中心に1500を超える宗教施設がある．日没の前後ともなると，町中の大小の寺院で行われる祈りとともに打ち鳴らされる鐘の音が響きわたってくる．とくに有名な寺院やモスクをあげると，1777年の建立とされるシヴァ神を祀るヴィシュワナート寺，ドゥルガ寺（別名サル寺），17世紀に建立され，市内の最も高台に立つアウラングゼーブ・モスク，世界で最も古く紀元前6世紀初めに建立されたと伝えられるジャイナ教寺院，市街地南部のアジア有数の面積を誇るバナラス・ヒンドゥー大学構内のビルラ寺院などがある．外国人の観光客にとってのこの町の魅力は，ガンジス川での沐浴風景を，大小の遊覧船から眺めることであろう．また，中心交差点ゴドウリアから土産物店が両側に立ち並ぶ小路を北に200 m入った場所にあるヴィシュワナート寺やその近くの川岸にたつ通称ネパール寺も注目を集める．この寺の軒先の飾り柱には多くの男女の交合の木彫があるがこれも重要な作品である．

市街中心部から北西12 kmにあるサール

ナートは，釈迦が初めて説法をした地として有名である．7世紀頃まで栄えていたとされる仏教大学の遺跡が1835年に発掘され，現在は公園として整備が進み，多くの仏教徒の訪れる聖地となっている．日本では鹿野苑として知られる．公園内の博物館は，この地が栄えた5・6世紀の仏像などの発掘品が展示されている．入口には，ここで発掘されたアショーカ王の象徴，4頭のライオンの頭の彫刻が飾られている．これは現在のインドの紋章のモデルでもある．なお，作家三島由紀夫は，1969年にこの町を訪れた感動を，遺作『豊饒の海』第3巻「暁の寺」に書き残している．三島が，その印象の1つとして書いた「汚いと卑猥の際立った町」という状況は，2005年から日本の国際協力機構（JICA）の支援事業として，下水処理場の整備を中心に，ガンジス川浄化事業の着手で改善されようとしている．　　　　　　　　　　　　〔中山修一〕

ヴァルヴェッティトゥライ
Valvettithurai　　　　　スリランカ

人口：0.8万（2012）　標高：14 m

[9°49′N　80°10′E]

スリランカ，北部州ジャフナ県の都市（UC）．VVTと略称される．県都ジャフナから国道で北東約25 kmの海岸に位置する．インドに近接した地理的位置から，古くから海上交易の根拠地として知られる．タミル分離主義者の活動拠点でもあったゆえに，内戦時には壊滅的な被害を受けた．また2004年のスマトラ島沖地震によるインド洋大津波で大きな被害を受けた．現在，漁港の整備が計画されている．市街地の西部は，ジャフナ半島内部に広がるトンダマンナーラグーン（潟湖）の外洋との接続部にあたり，マングローブが分布し，野鳥の生息地である．近くにヒンドゥー教のムルガン神を祀るセルヴァサニティ寺院がある．　　　　　　〔山野正彦〕

ヴァルサド　Valsad　　　　インド
ブルサール　Bulsar（旧称）

人口：11.5万（2011）　標高：13 m

[20°36′N　72°56′E]

インド西部，グジャラート州南東端，ヴァルサド県の都市で県都．国道8号沿いで，アラビア海に面し，商都ムンバイ（ボンベイ）の北約150 kmに位置する．地名は，バニヤンの繁みに由来する．インド国営鉄道西部鉄道管理局のアーメダーバード・ムンバイ線の拠点駅がある．また，西部鉄道管理局で最大規

模の電気機関車基地があり，約100台の機関車の整備拠点でもある．市街中心部の西4kmほどのアラビア海に臨むティタル Tithal 海岸は，有名な海浜リゾート地で，訪れる観光客も多い．ほかには，海岸近くのサイババ寺院やスワミナラヤン寺院が，毎日多くの参拝客で賑わう．また，県域全体が古くからマンゴーの産地として有名で，国内各地へ出荷され，海外へも輸出されている．4～6月のマンゴーシーズンになると，市内中心部に立ち並ぶ300を超える販売店街が，多くの人びとで賑わう． ［中山修一］

ヴァルス岬　Vals, Tanjung

インドネシア

[8°26′S　137°39′E]

　インドネシア東部，ドラク島南西端，パプア州メラウケ県の岬．ドラク島はニューギニア島の南部とごく狭い海峡で隔てられた島で，コレポム Kolepom 島，ヨススダルソ Yos Sudarso 島などの別称がある．アラフラ海に面している．ヴァルス岬を含む同島の南西部は湿地が広がり，ドラク島自然保護区に指定されている． ［冨尾武弘］

ヴァルパライ　Valparai

インド

人口：7.1万 (2011)　[10°19′N　76°58′E]

　インド南部，タミルナドゥ州西端，コインバトール県の町．標高1200 mの高山地域にあるヒルステーション（高原避暑地）の1つ．コインバトール県はケーララ州との境に位置する．降水量が非常に多い地域で，元来，熱帯雨林が繁茂していた．約100年前から，熱帯雨林を削り，コーヒーや茶の大規模なプランテーションがつくられるようになった．プランテーションの労働者を中心に人口は増え続け，現在20万以上の人びとが居住する．一方で，多目的プロジェクトによって，灌漑や発電のためのダムが建設された．その結果，現在，熱帯雨林が失われつつあり，野生動物の生息地や侵水の問題がでてきている．市内にはシディ・ヴィナヤカ寺院がある． ［由井義通］

ウアワ川　Uawa River

ニュージーランド

[38°23′S　178°18′E]

ニュージーランド北島北東部，ギズボーン地方の川．ワイアウ川を水源とし，ヒクワイ Hikuwai でヒクワイ川と称され，やがてマンガトケラウ Mangatokerau 川との合流点からウアワ川となり，10 kmほど南に蛇行しながらトラガ湾に注ぎ込む．「偉大なルアマツアの上陸の地 Uawanui-a-Ruamatua」を略してウアワ Uawa とよばれる．この川の流域はテアイタンガアハウイティ族により支配されていたが，亜麻の取引の要所とされた．現在は川に寄り添うように，ワイアプロードが南北に通じている．

［植村善博・太谷亜由美］

ウアワヌイアルアマツア Uawa Nui A Ruamatua ☞ トラガベイ Tolaga Bay

ヴァン諸島　Vent, Îles du

フランス

ウィンドワード諸島　Windward Islands（英語）
人口：20.1万 (2012)　面積：1173 km²
[17°32′S　149°34′W]

　南太平洋東部，ポリネシア，フランス領ポリネシアの諸島．ソシエテ諸島の南東部にあたる．地名は風上という意味で，ソシエテ諸島のうち，貿易風（東風）に対して風上に位置するため，この名がつけられた．タヒチ島，モーレア島，メヘティア Mehetia 島，テティアロア Tetiaroa 島などからなる．行政中心地はタヒチ島のパペーテである．住民の大半はポリネシア系で，母語はタヒチ語である．その他，フランス系・中国系の住民もいる． ［手塚　章］

ヴァンイェン　Van Yen

ベトナム

人口：11.6万 (2009)　[21°53′N　104°42′E]

　ベトナム東北部，イェンバイ省中部の県．漢字では雲烟と表記する．県都モウア，および26村からなる．北西から南東方向にホン川（紅河）が貫く．南西部は石灰岩からなる山地で陸稲のほかキャッサバが多く栽培されている．森林からはニッケイ（肉桂）などを産するほか，希少金属の鉱床も開発されつつある． ［池口明子］

ヴァンヴィエン　Vangvieng

ラオス

人口：5.6万 (2015)　面積：1615 km²
[18°57′N　102°27′E]

　ラオス中部，ヴィエンチャン県の郡．市街地はナムソン川とその支流によって形成された盆地に立地する．市街地は，首都ヴィエンチャンの北153 kmに立地する小さな農村であるが，石灰岩の奇岩が幾重にも連なるカルスト地形の景観を呈していることから，国内では有数の観光地となっている．1990年代中盤までは，主として首都からの日帰り国内観光客が多かったが，ラオスが外国人観光客に査証を発給するようになった1994年以降は，ゲストハウスとよばれる簡易宿泊施設や観光客向けレストランなどが市街地に多数立地するようになった．東南アジアでも有数のバックパッカーの目的地となっている．

　ベトナム戦争中の郡都ヴァンヴィエンは，市街中心部に滑走路が建設され，軍事拠点として重要な役割を有していた．共産国樹立を目指すパテートラオ軍と戦うラオス王国軍，そしてモン人のゲリラ部隊を支援するため，アメリカが武器などを東北タイからヴァンヴィエンへ空輸していたのである．現在，滑走路跡は空き地となって残されている．おもな産業は稲作で，盆地では水田水稲作，山地部では焼畑陸稲作が営まれているが，近年焼畑は減少の傾向にある．また，市街地の南郊では，中国企業が経営する国内最大級のセメント工場が立地し，石灰岩の露天掘り採掘が行われている． ［横山　智］

ヴァンカイン　Van Canh

ベトナム

ヴァンカン（別表記）
人口：2.5万 (2009)　[13°37′N　109°00′E]

　ベトナム南中部，ビンディン省南部の県．漢字では雲耕と表記する．県都ヴァンカン，および6村からなる．山林が大半を占めるが，東部を流れるハータイン川沿いには水田が広がる．キンのほか，チャムやバーナーの人びとが住む．東部にはヌイモット湖があり，西部にはアンケー県との県境となる丘陵がみられる．ハータイン川に沿って国道と鉄道が走る．製粉などの食品加工業が立地する． ［池口明子］

ヴァングヌ島　Vanganu Island

ソロモン

人口：0.6万 (2009)　面積：509 km²
標高：1082 m　[8°39′S　158°00′E]

　南太平洋西部，メラネシア，ソロモン諸島西部，ウェスタン州東部の島．ニュージョージア諸島に属する火山島で，島の東，西，北側にマロヴォラグーンが広がる．中央にヴァ

ングヌ山(標高1123 m)，北部にレク山(520 m)がある．島内の土地は一部の国有地を除いて大部分が地元の親族集団によって所有される慣習地であり，その管理・相続は伝統的システムにもとづいて行われる．島民はおおむね生活環境内の自然を利用した焼畑耕作や漁撈活動を主体にした生業活動に依存するが，貨幣経済も確実に浸透している．マレーシア系企業による熱帯林伐採やアブラヤシ・プランテーションのほか，1990年代以降は新しい現金収入源としてエコツーリズム事業を取り入れる人びとも出てきている．

[関根久雄]

ヴァンダ湖　Vanda, Lake　南極

面積：5.2 km²　標高：143 m　長さ：8 km
幅：2 km　深さ：75 m　[77°32′S　161°35′E]

南極，西南極，ヴィクトリアランドのライト谷にある湖．湖岸にはニュージーランドがヴァンダ基地を建設し，1968～95年まで観測を続けた．塩分濃度が非常に高い湖として知られており，通常の海水の10倍以上の濃度である．その濃度は死海よりも高く，南極以外の地域で世界一塩分濃度が高い湖として知られるジブチのアサル湖よりも，塩分濃度が高いともいわれている．湖は湖水が層をもち，完全に混ざらない部分循環湖である．すなわち，下層は約23℃，真ん中は7℃程度，そして上層は4～6℃の3層の水温をもった層からなっている．南極横断山地に多数ある塩湖の中では，唯一の部分循環湖である．南極で最も長いオニックス川が西流し湖に注いでいる．湖面には厚さ4 m程度の透明な氷が年中張っているが，12月下旬には岸から50 mほどの部分が融けて，お堀のような水面が現れる．湖やオニックス川には魚類などは生息していないが，微生物は生存している．

[前杢英明]

ヴァンディーメンズランド　Van Diemen's Land　☞ タスマニア州　Tasmania

ヴァンニン　Van Ninh　ベトナム

人口：12.6万 (2009)　[12°42′N　109°14′E]

ベトナム南中部，カインホア省北部の県．漢字では萬寧と表記する．県都バンザ，および12村からなる．北側の県境はフーイェン省に接し，県境に標高1131 mのホンガン山をもつ．東は南シナ海に面する．沖合約20 kmに位置する陸繋島が波の穏やかな内湾を形成し，沿岸部では魚類のいけす養殖が行われている．

[池口明子]

ウイ川　Uy, Reka　ロシア/カザフスタン

面積：34000 km²　長さ：462 km
[54°17′N　63°54′E]

ロシア東部の川．トボル川左岸の支流．上流部はバシコルトスタン共和国にあるが，おもにチェリャビンスク州を東流し，一部はチェリャビンスク・クルガン両州とカザフスタンとの国境沿いを流れている．流域の地形は変化に富み，源流はウラル山脈南部の東斜面にあり，その後ザウラル台地，下流部は西シベリア平原を流れる．おもに融雪水によって涵養される．凍結期間は11月～4月である．流域には多数の内陸湖がある．3つの貯水池があり，河水は上水や灌漑用に利用されている．この川の沿岸にはトロイツクがある．

[小俣利男]

ウィ島　蝟島　Wido　韓国

いとう (音読み表記)

人口：0.1万 (2015)　面積：14 km²
[35°36′N　126°17′E]

韓国南西部，チョルラブク(全羅北)道西部沖の島．ピョンサン(辺山)半島の西端から約15 km．行政上はプアン(扶安)郡蝟島面．住民の多くは漁業に従事している．近海でのイシモチ漁が有名である．海水浴場や海釣りに訪れる観光客も少なくない．伝統的な踊りや正月の祭事などの民俗行事が保存されている．

[山田正浩]

ウーイー　Wuyi　☞ チャンメン市　Jiangmen

ウーイー県　武義県　Wuyi　中国

人口：34.2万 (2015)　面積：1577 km²
[28°53′N　118°48′E]

中国南東部，チョーチャン(浙江)省中部，チンホワ(金華)地級市の県．唐代に武義県が設立された．地勢は南西部が高く，北東部に向かって低くなる．化学肥料，紡績，建築材料，陶磁器，電力などの工業がある．蛍石の埋蔵量は全国トップである．農作物には稲，麦類，トウモロコシ，サツマイモ，綿花，ナタネなどがあり，茶葉やハスの実が特産．また山林資源が豊かで，杉や孟宗竹の生産地である．観光スポットには牛頭山国立森林公園，武義温泉，延福寺，熟渓橋，台山寺などがある．金温鉄道(金華～ウェンチョウ(温州))や長深高速道路(チャンチュン(長春)～シェンチェン(深圳))が通る．

[谷 人旭・小野寺 淳]

ウーイー山　武夷山　Wuyi Shan　中国

正平山 (古称)

標高：2158 m　長さ：550 km
[27°52′N　117°47′E]

中国南東部の山および山脈．フーチェン(福建)省北西部とチャンシー(江西)省北東部の約1000 km²の範囲にまたがるホワトン(華東)の山脈である．三国時代の別名は正平山．ホワン(黄)山，グイリン(桂林)と並び，中国人が人生で一度は訪れたいとされる山水の名勝地の1つとされる．中生代晩期の大規模な火山噴火と，それに続く花崗岩の広範囲な貫入により環太平洋地帯の地質構造の好例を呈する地盤がつくられ，さらに沈降と隆起をくり返して山脈の基本的な骨格ができ上がったと推定される．白亜紀晩期の赤色砂礫岩も広く分布し，長期の風食によりこれらが赤い絶壁をなす奇抜な地形(丹霞)をつくる．

西部は世界最大の亜熱帯原生林，中部は数多くの伝統的住居や前漢時代の城壁や朱子学形成期の紫陽講堂に代表される歴史遺跡，また，36の岩山を両岸にもち絶景をつくり出す九曲渓の水源保養林帯などが分布する．北部はシェンシャ(仙霞)嶺山脈に，南部はチウリエン(九連)山に接し，北東から南西方向に延びている．長さは約550 km，平均標高は1000 m前後である．チャン(長)江水系のガン(贛)江，フー(撫)河，シン(信)江と福建省に流れるミン(閩)江などの大河の分水嶺でもある．黄崗山(標高2158 m)は山脈の主峰で，江西省イエンシャン(鉛山)県と福建省ウーイーシャン(武夷山)市の境界線上にあり，中国大陸南東部の最高峰でもある．風景区内は平均350 mの標高をもち亜熱帯気候に属するため，冬でも比較的温暖である．年平均降水量2000 mmが山を削り，雲を生み，美しい峡谷をつくり出している．1979年には570 km²が武夷山国立自然保護区に指定され，99年にユネスコにより武夷山全域が「武夷山」として世界遺産(複合遺産)に登録された．山麓の武夷山市は有名な観光保養都市で，年間約976万人の観光客が訪れている(2015)．武夷山の岩の下で栽培される武夷岩茶は，岩から染み出したミネラル豊富な水を含有し，独特の味と香りを放つ高級ウーロ

ン茶として知られる. [許 衛東]

ウィーウォー　Wee Waa

オーストラリア

人口：0.2万（2011）　面積：935 km²
[30°13′S　149°26′E]

オーストラリア南東部，ニューサウスウェールズ州北東部，ナラブライ行政区の町．ナラブライの市街地からカミラロイハイウェイで北西約40 kmのナモイ川沿いに位置し，西側に点在する村々を含めた田園地帯の中心地となっている．町の人口の17%が先住民であり，地名は，先住民のカミラロイの言葉で食べ物を焼く火を意味する．ジョージ・ホブラーが開発した地区に1840年代，警察や郵便局など公共施設が立地し，この地域で最も早く町として発展した．周辺はナモイ川下流部の肥沃な農業地帯で，とくに綿の栽培が盛んであり，町は国内における綿の商取引発祥の地となったことから，綿の首都として知られている． [落合康浩]

ウィウォン　渭原　Wiwon

北朝鮮

いげん（音読み表記）
面積：1160 km²　標高：135 m　気温：6.3℃
降水量：946 mm/年　[40°54′N　126°02′E]

北朝鮮，チャガン（慈江）道西部の町で郡庁所在地．アムロク（ヤールー（鴨緑））江沿岸に位置する．古くはチョサン（楚山）郡で，1443年渭原郡となり，49年慈江道新設で編入された．低山性山地が多く，北部は激しく開析を受けた山地である．長子江と渭原川沿岸には堆積地形がみられ，主要な農業地帯である．鉛，鉄鉱石，黒鉛，水晶を産する．林業と関連した工業が発達する．また絹布，養豚が盛んで，特産は蜂蜜である．道路網が発達する． [司空 俊]

ヴィヴォンベイ　Vivonne Bay

オーストラリア

人口：407（2011）　[35°59′S　137°11′E]

オーストラリア南部，サウスオーストラリア州南東部の町．カンガルー島の南岸に位置する観光地で，同島南部の中心地でもある．町は南極海に面して立地する．町の両側には，長く湾曲した砂浜が約15 kmにもわたって続いており，かつてオーストラリアで最も美しいビーチに選ばれたこともある．とくに夏場には，海水浴客やキャンプをする人び

とで賑わいをみせる．その他，砂浜や桟橋，ボートからの釣り客も多く訪れる．南西部の海岸線とその内陸部を含む範囲には，野生動物や自然植生を守るためのヴィヴォンベイ保護公園がある．また，町の東約18 kmのシールベイ Seal Bayでは，野生のアザラシやトドが上陸し，その生態を間近に観察することができる． [片平博文]

ウィヴンホー湖　Wivenhoe, Lake

オーストラリア

[27°18′S　152°32′E]

オーストラリア北東部，クイーンズランド州南東部，ブリズベン川に建設されたウィヴンホーダムのダム湖．河口から約150 mに位置している．洪水の調整とともに州都ブリズベンおよび周辺地域の都市用水を供給する．ブリズベンの西約80 km，自動車で1時間30分の距離にあり，キャンプ，ピクニック，釣りなど各種レクリエーションの拠点にもなっている． [秋本弘章]

ヴィエンサイ　Vieng Xay

ラオス

Vieng Xai（別表記）
人口：3.2万（2015）　面積：1678 km²
[20°25′N　104°13′E]

ラオス北東部，フアパン県の郡．ベトナムと国境を接する．サムヌア郡市街地から東約30 kmに位置する．ベトナム戦争時に北ベトナムとともに共産国家樹立を目指したパテートラオ軍の司令部がヴィエンサイに置かれていた．地名はラオ語で勝利の都を意味する．ここに司令部が置かれた理由は，北ベトナムに隣接しており，またカルストの急峻な山々の中に洞窟が網の目のように張り巡らされていたからである．洞窟は，アメリカ軍の空爆から逃れる自然のシェルターとして機能しており，1964〜75年まで指揮官1人に対して1つの洞窟が使用された．ラオス人民民主共和国の初代大統領を1992年まで務めたカイソーン・ポムヴィハーン（1920-92）の洞窟（タムターン・カイソーン），赤の殿下とよばれ1986年から首相を務めた王室出身のスパヌヴォーン（1909-95）の洞窟（タムターン・スパヌヴォーン），1992〜98年まで大統領を務めたヌーハック・プームサヴォン（1910-2008）の洞窟（タムターン・ヌーハック），そして1998年から大統領となったカムタイ・シーパンドーン（1924- ）の洞窟（タムターン・カムタイ）など，革命の立役者

の洞窟がそのままの状態で保存されており，1990年代半ばから一般にも公開されている． [横山 智]

ヴィエンチャン　Vientiane

ラオス

Viang Chan（別表記）
人口：82.1万（2015）　面積：3920 km²
気温：26.9℃　降水量：1717 mm/年
[17°58′N　102°37′E]

ラオス人民民主共和国の首都．市街地はメコン川の沖積平野に位置し，対岸はタイのノンカイである．行政上は首都ヴィエンチャンと称され，ラオスでは県と同格に位置づけられている．2003年までヴィエンチャン特別市（カムペーンナコンヴィエンチャン，Vientiane Municipality）とよばれていたが，2004年から首都ヴィエンチャン（ナコーンルアンヴィエンチャン，Vientiane Capital）に改称された．東南アジア諸国の中では，ミャンマーのネーピードーに次いで人口規模の小さな首都であるが，国内では最大の都市である．地名の由来には，2つの説が存在する．1つは，ヴィエンとはラオ語で都を意味するが，チャンの由来をサンスクリット語源の月を意味するチャンダラとし，月の都とする説．もう1つは，チャンは樹木の白檀を意味し，正式名称のヴィエン・タイ・マイ・チャン（ビャクダンの柵で囲まれた都の意）が縮まりヴィエンチャン，すなわちビャクダンの都とする説である．

ヴィエンチャンが歴史上に登場するのは16世紀中盤である．1560年，ランサーン王国のセタティラート王がビルマ軍の進攻から逃れるために，王都を北部のムアンサワー（現ルアンパバーン）から南部のチャンタブリー（現ヴィエンチャン）に遷都したことが始まりである．しかし，ヴィエンチャンは，結局ビルマ（現ミャンマー）の支配下に置かれた．その後，ヴィエンチャン王国を築くが，1779年にはシャムに攻められ支配された．1828年にヴィエンチャン王国はシャム軍に攻撃を仕掛けたが，完全に制圧されてヴィエンチャンの町は徹底的に破壊された．1893年のシャム・フランス条約によって，ヴィエンチャン王国，ランサーン王国，チャムパーサック王国のラオ人からなる3つの王国は，ラオスとしてフランス領インドシナ連邦に編入された．そして，フランスはラオスの中心地をルアンパバーンからヴィエンチャンに移し，特別自治市（municipality）とする計画を立てた．この計画によってヴィエンチャンが実質的にラオスの首都として機能することに

ヴィエンチャン（ラオス），勝利の門を意味する凱旋門パトゥーサイ〔横山 智提供〕

なった．その後，1945年にラオス王国として独立を果たした．国王はルアンパバーンに居住することになったが，国民議会，行政，司法機関のすべてがヴィエンチャンに置かれ，首都としての機能はヴィエンチャンがそのまま引き継いだ．1975年の社会主義政権成立に伴って王政が廃止され，首都ヴィエンチャンは名実ともに政治行政の中心地となり，現在に至っている．

ヴィエンチャンは，行政上は9つの郡からなっている．官公庁，銀行，大使館，国際機関，ホテル，レストラン，商業施設，そして歴史的な建造物などは，チャンタブリー郡に集中している．隣り合うシーサタナック郡は住宅地区として発展し，閑静な住宅街の中には大使館なども点在している．市街地として発展しているこの2地区は，シャムの支配下に置かれた1779〜1828年の間に，敵の侵略を防ぐために建設された防御壁内の地区にほぼ相当する．現在，その囲壁のほとんどは姿を消している．北部のサイタニー郡は，市街地寄りの地区が新興住宅街となっているが，その外側は灌漑化された水田，もしくは湿地帯がまだ残っている．総合大学であるラオス国立大学のメインキャンパスもサイタニー郡に立地している．

市内で最も古い建造物は，ラオスのシンボルともなっているタートルアン（黄金の塔）である．ルアンパバーンから遷都したときに建設された．19世紀後半に中国からのホー人の侵攻で破壊され，1930年代に，高さ45mの塔に生まれ変わった．次いで，シャムの侵攻で破壊を逃れた唯一の寺院であるシーサケート寺（ワット・シーサケート）の歴史が古く，1824年にアヌ王によって建立されたとされている．他の寺院は，歴史は古いが，すべて20世紀に入ってから復元されたものである．

チャンタブリー郡の中心商店街は，メコン川沿いのファーグム通りと，それに平行するサムセンタイ通りの間に形成されている．これらの通りの東側を交差するパンカム通り周辺にはベトナム人街が形成され，西側を交差するチャオアヌ通り周辺にはチャイナタウンが形成されている．ベトナム人街は，観光客を対象としたカフェ，そしてフランスパンのサンドイッチや春巻きなどを売る食堂が軒を並べ，そのほかに洋服の仕立屋，靴屋などが多く立地する．一方，チャイナタウンは，中華料理店が中心となっている．また，同じチャンタブリー郡北部に位置するタラートレーン（夕市）にもチャイナタウンが形成され，工具，機械部品，自動車部品などを扱う店が立ち並び，中国製品を扱う2階建てのテナントビルも立地している．中心商店街の華人は，台湾系の客家（ハッカ）が多く，タイの客家と強い結び付きを有している．移住の歴史も古く，フランス領インドシナになったときには，経済面で確固たる地位を築いていた．一方，タラートレーン周辺の華人は，古くから商売を営んでいた華人と1990年以降になって大陸から南下してきた新しい中国人に大別される．

そのほか，中心から西側のサイセター郡クーヴィエン通りおよびタラートサオ（朝市）周辺には，機械部品や電気部品をおもに扱う店が立ち並んだベトナム人街が形成されている．クーヴィエン通りは，ベトナム戦争時の歓楽街であり，社会主義政権が樹立したときに歓楽街が撤去され，多くのベトナム人がここで商売を開始した．ラオ人の商売人は，主として公設の市場内で食料品販売や手工芸品の販売などを小規模に行っている．2000年代中盤以降は，特に中国からの新移民が増加し，市内の至るところで新移民が商売を行っている．また，郊外の開発も進み2010年代以降は，郊外型ショッピングセンターなども立地している．ヴィエンチャンの経済は，中国人とベトナム人によって支えられているといっても過言ではない． 〔横山 智〕

ヴィエンチャン県　Vientiane Province　ラオス

Vieng Chan, Khoueng（別表記）

人口：41.9万（2015）　面積：15927 km²
〔19°22′N　102°25′E〕

ラオス中部の県．県都はヴィエンカム．県の人口の約7割は，ラオ人もしくはプータイ人などのラオスで最も人口の多いタイ系言語のエスニックグループによって占められている．県のほぼ中央には，メコン川支流のナムグム川をせき止めてつくられた東南アジア最大級のナムグムダムがあり，人造湖ナムグム湖（370 km²）が形成されている．湖の東側は，プーカオクワイ国立生物多様性保全地域（1993指定）に指定されており，かつてはヴィエンチャン県であったが，1990年代に入り，反政府ゲリラ活動が激しくなったことから，1994〜2006年までサイソムブーン特別区に組み込まれ，現在はサイソムブーン県に所属している．湖北部のヴァンヴィエンから国道13号に沿ってヴィエンチャン県北端カーシー Kasy までの間は，石灰岩の山が連なり，ヴァンヴィエンには国内最大級のセメント工場が立地する．また，カーシーには19世紀のフランス植民地時代の事務所が置かれており，現在でも砦跡が残されている．ナムグム湖北部は沖積平野が広がるが，その平野部はナムグム川の氾濫原となっており，雨季には浸水を受ける．氾濫原以外の平野部では灌漑化された水田で水稲二期作が行われている．サイヤブリー県と接する県西部は山地で，焼畑陸稲作が主要な経済活動となっている． 〔横山 智〕

ヴィクターハーバー　Victor Harbor

オーストラリア

人口：1.4万 (2011)　面積：385 km²

[35°33′S　138°37′E]

オーストラリア南部，サウスオーストラリア州南東部の町．フリュリュー Fleurieu 半島南部に位置する観光地および半島の中心地であり，地区評議会の役所が置かれている．かつて，マレー川を往復する人びとや物資の経由地であった．州都アデレードの南84 kmにある．マレー川の河口からヴィクターハーバーを含む半島南部の海域はエンカウンター Encounter 湾とよばれている．この付近に初めてやってきたのは，探検家として知られるマシュー・フリンダーズ (1774–1814) と，これまたフランス人探検家のニコラ・ボーダンだった．彼らは1802年の4月に前後してこの地域にやってきて，先を争うように探検を行った．エンカウンター湾の地名は，まさに2人の encounter，すなわち対決の事実から名づけられたという．

サウスオーストラリア植民地の成立翌年の1837年，アデレードの建設者であるウィリアム・ライト (1786–1839) は，開発拠点を探索するためにマレー川河口地域を探検した．彼は，エンカウンター湾沿岸地域の土地は肥沃さを欠き，マレー川もさかのぼれないと結論づけた．その翌年に同地域を探検したチャールズ・スタート (1795–1869) もライトの見解を支持したために，結局，開発拠点はアデレードに建設されることとなった．しかしエンカウンター湾の沿岸地域は，マレー川流域の内陸部の開発にとって重要な地域であることに変わりはなかった．

やがてマレー川流域の開発が計画されると，まず沿岸の拠点となったのはヴィクターハーバーの東北東20 kmに位置するグールワである．ここは，川が海に注ぐ直前の港として位置づけられた．これに対して，海に面した港の候補となったのは，グールワとヴィクターハーバーとの間に位置するポートエリオットと，ヴィクターハーバーであった．協議の結果，グールワとの距離がより近いという理由で，海側の港はポートエリオットのほうに決められた．しかし大量の荷物が運べる大型の船を停泊させるには，ポートエリオットの港は浅く，また当時の桟橋も短いものであったために，しだいに主要港の役割は，岩礁もなかったヴィクターハーバーのほうに移っていくことになった．

主要港となる以前にも，すでに捕鯨やアザラシ猟などの拠点として知られており，

1838年には港が建設されていた．また沖合約1 kmのところにあるグラニット Granite 島にも，1837年には港があった．地名は，このときに港を測量した人物の名にちなむ．1850年代まで，捕鯨やアザラシ猟が中心であったが，60年代以降になるとマレー川流域の開発が進み，内陸部との間の物資交流が盛んとなっていった．1864年にはグールワ～ヴィクターハーバー間が馬車鉄道によって結ばれ，交流がよりスムーズになるとともに，町はマレー川を往復する物資の中継基地となった．19世紀末には，クイーンズランドやニューサウスウェールズ植民地の内陸部から，マレー・ダーリング川やその支流を経由して羊毛が大量にグールワに陸揚げされた後，さらに馬車鉄道によって当地に運ばれ，世界中に輸出された．馬車鉄道はいまも，町の海岸と沖合のグラニット島との間を走っており，観光客の人気を集めている．

しかし1890年代から20世紀の前半にかけて，鉄道が内陸部にも敷設されていくに従い，ヴィクターハーバーの港としての機能は急速に衰えることになった．現在，市街地には教会や水車など，1860年代に建設された建造物が多く残されている．また市街地南西部のロゼッタヘッド岬には，ザ・ブラフ The Bluff とよばれる高さ100 mにも及ぶ断崖があり，そこにはボーダンとフリンダーズとが出会った記念碑が建てられている．そこからは，エンカウンター湾が一望でき，かつてクジラがくるのをみていた場所である．さらに，中心部には，クジラやアザラシの生態を詳しく展示したサウスオーストラリア・ホエールセンターがある．　　　　[片平博文]

ヴィクトリア　Victoria

マレーシア

バンダルラブアン　Bandar Labuan （マレー語）

人口：8.7万 (2010)　[5°17′N　115°15′E]

マレーシア，カリマンタン(ボルネオ)島北部，連邦直轄領ラブアン島の都市．島はブルネイ湾の入口に位置し，中心都市ラブアンはその南東部にある．ラブアン島はブルネイのスルタンからイギリスに割譲され，1890年にイギリス植民地となり，北ボルネオ会社が管理した．1906年にはペナン，マラッカと並んで海峡植民地の1つになり，フィリピン南部の諸地域との間で交易関係が拡大した．マレーシア連邦政府は，1984年にこの島を連邦直轄領とした．直轄領としたのは，この島を連邦政府によるサバ州およびサラワク州開発の拠点とするためであった．島は1990

年代初頭以降，国際金融拠点・自由貿易地域として開発が進められてきた．　　[生田真人]

ヴィクトリア州　Victoria

オーストラリア

人口：535.4万 (2011)　面積：227496 km²

[37°49′S　144°58′E]

オーストラリア南東部の州．オーストラリアではタスマニア州に次いで2番目に小さい州であり，オーストラリア大陸のわずか3%ほどの面積を占めるにすぎないが，景観，産業，人口構成，文化などさまざまな面ではきわめて多様である．州都はメルボルン．1770年にジェームズ・クックにより発見され，1835年には放牧地を求めてタスマニア島から最初の移民が渡った．その後，ニューサウスウェールズ植民地からの分離運動が活発化し，1851年にヴィクトリア植民地が分離誕生した．ヴィクトリア植民地を大きく発展させたのは，1851年7月7日のクルーンズにおける最初の金鉱発見であった．以後ゴールドラッシュは1890年代まで続き，メルボルンはヴィクトリア植民地の中心地として大きく発展した．1901年の連邦国家成立時から35年まで，オーストラリアの首都は暫定的ながらメルボルンに置かれていた．

北から東にかけては，東端の一部を除きマレー川でニューサウスウェールズ州と接し，西は東経141度線でサウスオーストラリア州と接する．南はバス海峡を隔ててタスマニア州に面している．地形的には中央部を東西に走るグレートディヴァイディング山脈南端の高地，南岸部のギップスランドの波状地，低地および内陸部の河成平原に分類できる．内陸部では大規模な灌漑計画が実行され，果樹園をはじめとする各種農業を育んでいる．州の東半分はグレートディヴァイディング山脈の影響を受け，年間を通して適度な降水のある温暖湿潤気候である．冬季には雪も降るため，山間部にはスキーリゾートも点在する．こうした温暖な気候条件の下，州東部では広大な酪農地帯も広がっている．一方，州西部は半乾燥気候となり，西へ向かうほど牧羊と小麦栽培が盛んに行われる地域となる．

地域性は，グレートディヴァイディング山脈の北と南で大きく異なる．山脈の北側は広大な農村地帯が広がるが，全般的には降水量が少なく，貴重な水資源を利用した灌漑農業がみられる地域では果樹や野菜などの高付加価値農業が，灌漑設備のない地域では広大な小麦畑と牧羊を組み合わせた混合農業がみられる．一方，比較的降水量の多い山脈の南側

ウイク 157

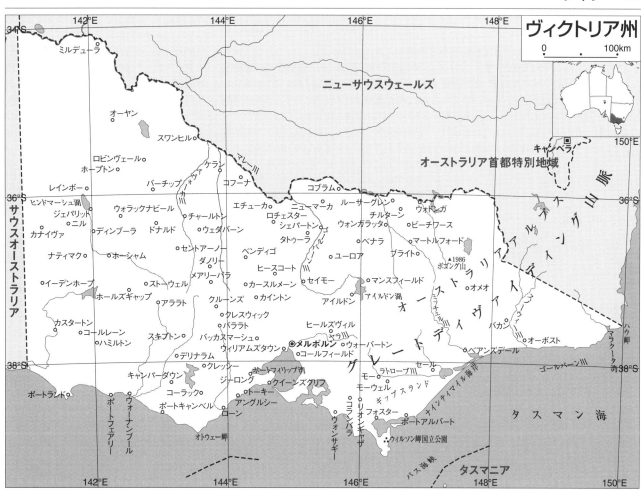

ヴィクトリア州

では，酪農や野菜生産などの近郊農業が盛んである．温暖湿潤気候に属するシドニー周辺や地中海性気候に属するアデレードやパース周辺とは異なり，全域が西岸海洋性気候に属している．これは地中海沿岸を除くヨーロッパの主要部分と同じ気候区に相当する．こうしたヨーロッパ主要部との気候的な類似性は，暮らす人びとのライフスタイルにも色濃く反映されている．小麦栽培のほかブドウ栽培とワインの生産，そして牧羊を中心とする農業の様式は，まさにヨーロッパのコピーといっても過言ではない．

年間を通じて雨が降りにくい亜熱帯高気圧に覆われる中緯度高圧帯からははずれ，基本的に雨が多い地域であるが，エルニーニョ現象やラニーニャ現象などによって気候が平年と大きく異なる年には，大雨か干ばつといった極端な気候的影響を受けやすい地域でもある．とくに，乾燥が激しい年には，グレートディヴァイディング山脈の森林を中心に，大規模な山火事（ブッシュファイア）に悩まされることも珍しくない．また，シドニーをはじめとするニューサウスウェールズ州はイギリス（イングランド）の影響を強く受けていることに対して，ヴィクトリア州ではアイルランドの影響を強く引き継ぐ傾向がある．農業移民の入植に伴って，農産物を運搬するために州内に広く張り巡らされた鉄道の軌間は1600 mm（5フィート3インチ，広軌）であり，これはアイルランドの軌間と同じである．隣接するニューサウスウェールズ州やサウスオーストラリア州では，イングランドと同じ1435 mm（4フィート8.5インチ，狭軌）の軌間を採用している．　　　[堤　純]

ヴィクトリア川　Victoria River

オーストラリア

長さ：560 km　　　　　　　[15°23′S　130°17′E]

オーストラリア北部，ノーザンテリトリー北西部を流れる川．州内最長の川である．フッカークリーク（川）あるいはタナミ砂漠の北端にある砂丘に源を発し，上流では季節的に間欠することもあるが，北～北西へ約560 kmにわたり丘陵および盆地を蛇行しながら，その後ティモール海のジョセフボナパルト湾に注ぐ．途中，ヴィクトリアリヴァーダウンズやウェーヴヒルといった国内でも最大規模の畜牛の農場を貫流する．地名は，1839年，この地に到達したビーグル号のジョン・クレメンツ・ウィッカム船長が，その2年前に戴冠したヴィクトリア女王にちなんで名づけた．河口から480 kmまでは標高150 mしかなく，うち160 kmまでは干満の影響を受ける．河口から80 kmまでは喫水3 m以下の船のみ航行可能である．

[鷹取泰子]

ヴィクトリア湖　Victoria, Lake

オーストラリア

[33°58′S　141°16′E]

オーストラリア南東部，ニューサウスウェールズ州南西部，ウェントワース行政区の貯

水池. 1920 年代後半に, マレー川とダーリング川が合流する地点の下流約 60 km につくられた. マレー川の第 9 水門で取水した水を, フレンチマンズ水路で導いて貯水している. その役割はサウスオーストラリア州の灌漑用水を確保することにあり, 貯水されている水は, マレー川の流量が不足しないよう調整しながら, ルーファス Rufus 川を通して第 7 水門からマレー川に放水されている.

[落合康浩]

ヴィクトリア山　Victoria, Mount

パプアニューギニア

標高: 4038 m　　　　　[8°55′S　147°35′E]

南太平洋西部, メラネシア, パプアニューギニア南部, セントラル州の山. ニューギニア島南東部のオーエンスタンリー山脈にあり, 首都ポートモレスビーの北北東 70 km に位置する. 標高 4038 m (4035 m, 4040 m, 4072 m, 4073 m, 4075 m などの異説あり) は山脈の最高峰である. 西洋人による初登頂は, 1889 年, イギリス領ニューギニアの行政官だったウィリアム・マグレガー卿率いる隊によるもので, 山名はヴィクトリア女王にちなんで名づけられた. 山の東の裾野に, 第 2 次世界大戦の激戦地として知られるココダトレイルがあり, 著名なトレッキングコースになっている.

[熊谷圭知]

ヴィクトリア山　Victoria, Mount

ミャンマー

ナッマタウン山　Nat Ma Taung, Mount (別称)

標高: 3053 m　　　　　[21°14′N　93°54′E]

ミャンマー西部, チン州の山. チン丘陵の最高峰で比高 2148 m である. 別名ナッマタウン山. ミンダッ Mindat がその山麓に位置する町で, 登山の基地はカンペットレッ Kanpetlet である. 山麓は熱帯林, 亜熱帯林に覆われるが, 上部はヒマラヤ北部の温帯, 山地林と類似する. 1994 年にナッマタウン国立公園に指定された. トレッキングや登山, バードウォッチングの適地である. この地域はインド北部のミゾラム州に連なるチン族の下位グループであるダイ族, ウプ族, ヤ族が居住する. いずれも高齢の女性は顔面に入れ墨をし, 独自の服装をし, タペストリーも名産である. 住民の多くはキリスト教徒で, 一部がアニミズムを信仰している.

[野間晴雄]

ヴィクトリア山地　Victoria Range

ニュージーランド

標高: 1639 m　　　　　[42°10′S　172°10′E]

ニュージーランド南島, ウェストコースト地方の山地. ブラー地区にあり, ブラー川からグレー川上流まで南北方向に延びる. おもに花崗岩からなる. 東側のマルイア川と西側のイナガフア川との分水嶺を形成する. イナガフア川とラフ Rahu 川の水源間のラフサドル Rahu Saddle の北側を北西方向に走る. 最高峰はヴィクトリア山 (標高 1639 m). 山地西斜面の標高 1200 m 地点で 1896 年に大量の金を含む石英が発見された. 石英を砕くために 1898 年に使われた装備はいまも残っている.

[太田陽子]

ヴィクトリアクリーク　Victoria Creek ☞ ウィリアムズタウン　Williamstown

ヴィクトリアピーク　Victoria Peak

チョーチー山　扯旗山　Cheqishan

中国

標高: 552 m　　　　　[22°17′N　114°09′E]

中国南部, ホンコン (香港) 特別行政区の山. 標高 552 m で, 香港島においては最も高い. 英語の別名でマウントオースティン, 中国語では扯旗山や太平山と称され, 一般にはとくに山頂部をさしてザピーク (山頂) とよばれている. 展望台から眺める夜景の美しさが 100 万ドルの夜景として世界的に有名である. 眼下には高層ビルが林立する香港島北岸の市街地が広がり, ヴィクトリアハーバー (維多利亜港) を越えてカオルーン (九竜) 半島を一望することもできる. ピークトラムとよばれる世界で最も急勾配のケーブルカーがふもとから通じている. 山頂付近や山腹には豪華な邸宅が点在し, 最高級住宅地として知られる. 自然環境がよく保全され, ハイキングコースが整備されている.

[小野寺淳]

ヴィクトリアランド　Victoria Land

南極

サウスヴィクトリアランド　South Victoria Land (別称)

幅: 100-200 km　　　　　[74°15′S　163°00′E]

南極, 東南極の地域. ロス棚氷とロス海を東側の境界とし, オーテスランドとウィルクスランドを西側の境界とする. おおよそ南緯 70 度 30 分から 78 度にいたるロス海に面した海岸地域一帯をさす. アメリカ地質調査所 (USGS) が運営する地名情報システム (GNIS) は, 「ヴィクトリアランドの一部」とするスコット海岸の南限をミナー断崖 (南緯 78 度 31 分, 東経 166 度 25 分) と定めている. ミナー断崖は, ロス島南方のロス棚氷に突出した岬である. ミナー断崖より南側はヒラリー海岸となり, ニュージーランドが領有権を主張しているロス海属領となる. この地域一帯は, 1841 年 1 月にイギリスの海軍士官ジェームス・クラーク・ロスによって発見され, のちにヴィクトリア女王の名にちなんで命名された. この地域は, 南極横断山脈の一部を含んでおり, マクマードドライヴァレーやラビリンスとして知られる平原がある. ロス以外にこの地域を南極探検初期の時代に踏査した人物に, オーストラリアの地質学者ダグラス・モーソンがいる. [前杢英明]

ヴィクトリアリヴァーダウンズ Victoria River Downs

オーストラリア

ビッグラン　The Big Run (別称)

面積: 8900 km²　　　　　[16°24′S　131°00′E]

オーストラリア北部, ノーザンテリトリー北西部の町. ヴィクトリア川流域に広がる農場を中心とした共同牧草地で, 別名ビッグランともよばれている. 州都ダーウィンの南約 440 km に位置する. 農場は現在は 8900 km² までその規模が縮小されているが, かつては 4.1 万 km² に及ぶ世界最大の畜牛農場であった. 1883 年に農場が建設された. その後 1920 年代前半にマラリアが蔓延したため農場内に病院が建設され, 42 年に閉鎖されるまでオーストラリア内陸伝道会によって運営された. 当時の農場の家屋敷は現在の場所から南へ数 km 離れたところにあったが, 入植当時の状況をうかがい知る資料的価値が期待され, 農場内の病院とともに国の遺産として登録されている. 1929 年まで鉄道が通らなかったため, 農場へは未舗装の道しかなく, 30 年代までは輸送手段の確保が問題となっていた. また労働者として農場で多数働いていたアボリジニは, 白人労働者に比して賃金, 労働環境などにおいて劣悪な条件下で働かされていたのがつねであった. しかし, 1970 年代前半, 労働条件の改善を求めてウェーヴヒルの農場から始まったストライキ, そしてひきつづき起こった先住民土地所有権運動に加わるためこの地を離れた. 最盛期には農場内に警察署や野外映画館, 郵便局, 工場, 農場で働く人びとの住宅や小さな

飛行場もつくられるなど、小さな町として機能した。 [鷹取泰子]

ヴィザガパナム Vizagapatnam ☞ ヴィシャーカパトナム Vishakhapatnam

ヴィザグ Vizag ☞ ヴィシャーカパトナム Vishakhapatnam

ヴィサヤ海 ☞ ビサヤ海 Visayan Sea

ウィーサル Weethalle オーストラリア

人口：307 (2011)　面積：1318 km²
[33°53′S　146°38′E]

オーストラリア南東部、ニューサウスウェールズ州中央南部、ブランド行政区の町。ミッドウェスタンハイウェイ沿い、州都シドニーの西526 km、ニューウェルハイウェイが交差するウェストワイアロングの西57 kmに位置する。1923年開業のウィーサル駅があったが、86年に閉鎖された。町の東約6 kmにナリア Narriah 山（標高481 m）がある。地名は、先住民の言語で飲むを意味する言葉に由来する。 [落合康浩]

ヴィジャイプル Vijaypur インド

Bijaipur, Bijaypur（別表記）
人口：1.7万 (2011)　[26°04′N　77°23′E]

インド中部、マッディヤプラデシュ州北部、シェオプル県の都市。シェオプル県は1998年にモレーナ県から分離してできた新しい県である。ビジャイプルはグワリオルの西南西81 kmに位置する。市の南側にはパルプル・クノ野生動物保護区がある。 [南埜 猛]

ヴィシャーカパトナム Vishakhapatnam インド

ヴィザガパナム　Vizagapatnam（旧称）/ヴィザグ　Vizag（通称）
人口：173.0万 (2011)　面積：319 km²
[17°42′N　83°24′E]

インド南部、アンドラプラデシュ州北部、ヴィシャーカパトナム県の都市で県都。ベンガル湾に面し、州都ハイデラバードに次いで州で第2位の人口をもつ。空港や、コルカタ（カルカッタ）～チェンナイ（マドラス）間を結ぶ鉄道の駅がある。港湾都市、工業都市としての機能が集積しており、海軍基地（東部海軍司令部）でもある。インド最大規模を誇る造船をはじめ、石油精製、石油化学、肥料、鉄鋼、繊維、衣料などの製造業や水産業が立地するほか、工芸品の生産地としても有名である。ラシコンダ Rushikonda 地区にはIT関係の工業団地や起業支援センターが建設され、輸出金額はハイデラバードに次ぐ。北西に位置するシマハチャラム Simahachalam 村はヒンドゥー教の巡礼の聖地でもある。市内にある植民地時代からの保養地ワルテア Waltair には、アンドラ大学も設置されている。かつてのカリンガ Kalinga 帝国の一部であったことや、フランスの植民地になったこともあって歴史文化的遺産に恵まれ、ヒンドゥー、イスラーム、キリスト各宗教の寺院が多数存在する。旅行者を引きつける要素として、カイラサギリヒル公園や、リシコンダ Rishikonda 海岸などもある。毎年1月に3日間開催されるイベントであるヴィシャカ・ウスタワは、多数の観光客で賑わう。 [酒川 茂]

ヴィジャナガラム Vizianagaram インド

人口：22.8万 (2011)　面積：27 km²
[18°07′N　83°30′E]

インド南部、アンドラプラデシュ州北部、ベンガル湾に近いヴィジャナガラム県の都市で県都。17世紀、ガジャパティ王国の首都であったことから、巨大な城や芸術、文化が残る。地名は王朝で傑出した国王プサパティ・ペダ・ヴィジャヤ・ラマ・ガジャパティに由来する。ジュートおよびインド麻の繊維工場が立地する。パジャジ繊維卸売市場のように、サリーその他の服飾販売も備えた商業活動も盛んである。南東鉄道の重要な結節点でもあり、ヴィジャヤワダ、カーキナーダと結ばれ、主要列車が発着する。 [酒川 茂]

ヴィジャヤプル Vijayapur インド

ビジャープル　Bijapur（旧称）
人口：32.6万 (2011)　面積：11 km²　標高：770 m
降水量：401 mm/年　[16°49′N　75°42′E]

インド南部、カルナータカ州ヴィジャヤプル県の都市で県都。同州の北端、州都ベンガルール（バンガロール）の北西約530 km、マハーラーシュトラ州の州都ムンバイ（ボンベイ）の南東約550 km、マッディヤプラデシ

ュ州の州都ハイデラバードの西約384 kmのデカン高原上に位置する。地名は勝利の町である。古代から幾多の王朝の首都が置かれた地政学上の要衝の町である。市街地の原型は、1566年にイスラーム教徒藩王が、周囲1.6 kmの円形上の城壁で囲まれた城塞都市を建設したことにある。1724年には、ムガル王朝のデカン高原地域への勢力拡大に伴って、ハイデラバード藩王により征服された。1760年には、ムガル王朝に対抗したマラータ同盟が征服し属領としたが、1818年にイギリス東インド会社軍の攻撃を受け、東インド会社の植民地に編入された。

町には、ゴル・グンバーズ（円形ドーム）とよばれる巨大なイスラーム藩王の墓所遺跡がある。町の発展の礎を築いた17世紀前半のモハメド・アディルシャー王（1657年没）の墓所で、モスクや霊廟などの遺跡がある。とりわけ、国内で最大といわれる一辺が47.5 mの四角形石造りで、頂部に巨大な円蓋（ドーム）を乗せた霊廟が有名である。ほかにも市内には、歴代イスラーム教徒藩王の霊廟がいくつも保存され、観光名所となっている。 [中山修一]

ヴィジャヤワダ Vijayawada インド

ベズワダ　Bezwada（旧称）
人口：104.8万 (2011)　面積：79 km²
[16°34′N　80°40′E]

インド南部、アンドラプラデシュ州、クリシュナ県の都市。州都ハイデラバードの南東275 kmに位置する。州で第3位の人口規模をもつ。クリシュナ川の河口デルタに近く、東ガーツ山脈の東、ベンガル湾に面する地域における行政、交通の中心地である。ガンナワラム空港や、サウスセントラル鉄道によって、ハイデラバード、センネイ、ハウラー、首都デリーと結ばれる。米、サトウキビ、タバコ、マンゴーの産地である。これら農産物の加工や、繊維、衣料、自動車部品などの製造業も多数立地する。西に位置するインドラキラ Indrakila 丘陵で、シヴァの祝福を受けたアルジュナが町をつくったという伝説が残り、ヒンドゥー教巡礼者にとって聖地の1つである。アンダヴァリ Undavalli 洞窟ほか、観光資源にも恵まれる。 [酒川 茂]

ウーイーシャン市　武夷山市
Wuyishan
中国

崇安県（古称）

人口：23.2万（2015）　面積：2813 km²
気温：18.3℃　降水量：1927 mm/年
[27°45′N　117°58′E]

　中国南東部，フーチェン（福建）省北部，ナンピン（南平）地級市の県級市．ユネスコの世界遺産（複合遺産）に登録された武夷山麓のチョンヤン（崇陽）渓流域に位置する観光保養都市である．前身は宋の淳化5年（994）に設置された崇安県で，1989年8月に県級市になると同時に武夷山市に改名した．県政府所在地は崇安街道．華東の屋根とよばれる武夷山脈最高峰の黄崗山（標高2158 m）をはじめ，武夷山景勝地と国立自然保護区の大部分は市域の中に含まれる．景勝地内は砂礫岩でできた比較的低い丘陵や山が主体だが，赤く切り立った崖や天柱のような峰からなる絶景が多く，その間をめぐる渓谷とあわせて武夷の仙境，奇秀甲東南と称えられてきた．とくに年平均降水量2000 mmの降雨が山を削り，雲を生み，美しい九曲渓の峡谷トンネルをつくり出している．自然保護区には3728種の植物と5110種の動物が分布し，世界最大級の亜熱帯原生林として知られる．

　1999年に武夷山がユネスコの世界遺産に登録されてから一躍脚光を浴び，年間約976万人の観光客が訪れ（2015），280軒のホテル・旅館と1000軒以上のレストランを有する一大観光都市に変貌した．観光収入も150億元を超え，市のGDP総額に相当する．竹，蘭の栽培，武夷山岩茶（上質ウーロン茶）などの産出量も多く，工芸品や加工食品などの地場産業の発展につながっている．交通では横南鉄道（ホンフォン（横峰）～南平）と浦南高速（プチョン（浦城）～南平）が通じ，南郊の武夷山空港も1994年から運用が開始された．首都ペキン（北京），シャンハイ（上海），ホンコン（香港）などの主要都市との間に27の航路が開設され，年間の利用者数は約46万人にのぼっている（2016）．　[許　衛東]

ウィジュ　義州　Wuiju
北朝鮮

面積：449 km²　標高：18 m　気温：8.4℃
降水量：1000 mm/年　[40°12′N　124°32′E]

　北朝鮮，ピョンアンブク（平安北）道北西部の都市で郡庁所在地．アムロク（ヤールー（鴨緑））江河口から25 km，シンイジュ（新義州）市の上流19 kmに位置する城郭都市である．北と西は鴨緑江に臨み，南と東は丘陵地である．鴨緑江には中州が10ある．古くから中国東北地方との交易が盛んで，湾商とよばれた商人が活躍，周辺の中心地になった．また，国内北西地方の交通要衝として重要である．李氏朝鮮の末期には道庁所在地で，1904年常設市場になった．古くは中国に対する国境防備要衝だったが1906年に下流の新義州に京義鉄道が開通してから活気を失い始め，24年には道庁も新義州に移転した．義州平野（120 km²）では農作が行われ，伝統的な絹布を産し，穀物工場がある．付近には金鉱山などがあり金の産出は多く，また鉄鉱山がある．各種の針は全国に知られる．外港は九竜浦．義州南門（1613），城壁が残っている．統軍亭の古跡は関西8景の1つ．徳峴線が通り，河川運輸が盛んである．　[司空　俊]

ウィジョンブ　議政府　Uijeongbu
韓国

人口：42.2万（2015）　面積：82 km²
[37°44′N　127°02′E]

　韓国北西部，キョンギ（京畿）道北部の都市．首都ソウル市域の北に接する位置にある．北朝鮮に対するソウル防衛のため，韓国軍，国連軍の基地が置かれている．北方のトンドゥチョン（東豆川）とともに，軍の町である．近年はソウル首都圏内の住宅地としても重要性が増し，人口増加も著しい．1963年に市制施行．また，ソウル首都圏内での北部の行政中心としての性格も強くなっていて，京畿道庁第二庁舎，京畿道教育庁第二庁舎が所在している．ソウル市内とは首都圏電鉄線に組み込まれているキョンウォン（京元）線によって連絡されており，約1時間かかる．市域の南にはトボン（道峰）山（標高740 m）があり，レクリエーション，ハイキングで訪れる人が多い．　[山田正浩]

ウィソン　義城　Uiseong
韓国

人口：5.1万（2015）　面積：1176 km²
[36°12′N　128°42′E]

　韓国東部，キョンサンブク（慶尚北）道中部の郡および郡の中心地．行政上は義城郡義城邑．アンドン（安東）から南に約20 km．郡域の東部はテベク（太白）山脈の末端に続く山地部で，西に向かってナクトン（洛東）江の支流である南大川，双渓川に沿った平野が開けている．2010年の義城郡の人口は5.1万である．1975年の人口は約18万であったので，この間に約3割弱にまで減少した．郡域

をチュガン（中央）線と中央高速道路が通過している．郡域の北部では，タンジン（唐津）・ヨンドク（盈徳）高速道路が建設中である．郡域の北端に新羅時代に創建された古刹，孤雲寺がある．　[山田正浩]

ヴィタイン　Vi Thanh
ベトナム

Vị Thanh（ベトナム語）

人口：7.1万（2009）　[9°46′N　105°27′E]

　ベトナム南部，メコンデルタ，ハウザン省の町で省都．ハウ川からカントー中央直轄市を通り西に流れるサノー Xa No 運河沿いに位置する．1901年にフランス植民地政府によって掘削されたサノー運河の両岸では，フランス人レミー・グレシエによる大規模な農園が経営され，農園労働者や商人が集まる市場町として発展した．ゴ・ディン・ジエム政権下のメコンデルタでは農民蜂起を防ぐ目的で，南ベトナム解放民族戦線（ベトコン）に関係する農民を各地から移住させ，集住させて監視の下に農地を経営させるアグロビル（アプチューマット）事業が1959年から進められたが，ヴィタインにはその最初の集住地区が建設され，アメリカ軍関係者の視察地ともなった．市内のワット・ササナック・ラインサイは，抗仏・抗米戦争時にクメール人の避難所として1969年に建立されたクメール寺院である．2004年のハウザン省設置時に省都となり，カントーへのアクセスのよさから水産物加工業や製造業が発展している．

[池口明子]

ヴィーチャジ海溝 Vitiaz Trench ☞ 東メラネシア海溝 East Melanesia Trench

ウィッジラ国立公園　Witjira National Park
オーストラリア

面積：7770 km²　[26°30′S　135°28′E]

　オーストラリア南部，サウスオーストラリア州北部の国立公園．シンプソン砂漠西部に位置し，州都アデレードの北北西約950 kmの内陸部にある．1985年に国立公園となった．公園内には砂丘やテーブルランドなどの乾燥地形が広がる．公園内のダラウジーマウンドスプリングズは，地下から自噴する熱水泉で，その温度は70℃にも及び，泉の近くではつねに湯気が立っている．熱水泉によって周囲には池が形成され，その周囲だけが緑

の多いオアシスとなっている．そのため，カンガルーや野鳥などが多く集まってくる．しかし，公園内のほとんどは厳しい乾燥地帯である． ［片平博文］

ウィットヌーム　Wittenoom

オーストラリア

人口：0 (2011)　面積：27017 km²
[22°19′S　118°22′E]

オーストラリア西部，ウェスタンオーストラリア州北西部の町．州都パースの北北東約1400 kmに位置する．地名はかつての地主フレデリック・ウィットヌームにちなんで命名された．町はアスベスト鉱山の居住・サービス拠点として1947年に建設されたが，68年に廃鉱となり，現在ではゴーストタウンと化している． ［大石太郎］

ウィットン　Whitton

オーストラリア

人口：379 (2011)　面積：1.2 km²
[34°31′S　146°11′E]

オーストラリア南東部，ニューサウスウェールズ州中央南部，リートン行政区の小さな町．リートンの西22 km，グリフィスの南東29 kmに位置する．1850年に建設された町で，地名は，州政府の鉄道技師ジョン・ウィットンにちなんだものである．鉄道は1881年に開通したが現在は廃線となっていて，駅舎が博物館として利用されている．町には鉄道と同じく1881年開業の郵便局（1883年にウィットン郵便局に改称）とカトリックおよびイギリス国教会の2つの教会，消防署，ホテルなどがある．周辺のリートン行政区は，マランビジーの灌漑地域にあって州内有数の農業地帯となっており，米，小麦，柑橘類，ブドウなどの栽培が盛んである． ［落合康浩］

ヴィッルプラム　Villupuram

インド

ヴィッツプラム　Vizhupuram（別称）／ヴィルップラム　Viluppuram（別称）

人口：9.6万 (2011)　面積：8.4 km²
[11°58′N　79°28′E]

インド南部，タミルナドゥ州北東部，ヴィッルプラム県の都市で県都．カッダロールの北西にある．チェンナイ（マドラス），マドゥライ，ティルチラパッリ，セーラム，ブドゥシェリー（ポンディシェリー），ベンガルール（バンガロール）などを結ぶ鉄道の駅がある．これらの都市へはバスも高頻度で運行されて

おり，交通網の重要な結節点である．サトウキビ栽培などの農業が盛んであるが，ギンジー城，各種の宮殿，寺院，モスク，教会のほか，マラカナム Marakanam 海岸といった観光資源も多い． ［酒川　茂］

ウィティ山脈　Witti, Banjaran

マレーシア

標高：1129 m　長さ：50-60 km
[5°11′N　116°29′E]

マレーシア，カリマンタン（ボルネオ）島北部，サバ州中央部の山脈．州西岸沿いのクロッカー山脈やあるいはウォーカー山脈の南東側に位置し，それらと平行に連なる．山岳の標高は概してクロッカー山脈よりも低いが，州中央部は山岳地帯が複雑に交錯した地形となっている．山脈山麓からは，州東部の主要河川の1つであるキナバタンガン川が発している． ［生田真人］

ウィディ諸島　Widi, Kepulauan

インドネシア

[0°35′S　128°27′E]

インドネシア東部，ウェダ湾南部，北マルク州の諸島．ハルマヘラ海にあるマルク（モルッカ）諸島，ハルマヘラ島の南東に開けたウェダ湾南端のリボボ Libobo 岬沖に位置する． ［冨尾武弘］

ヴィディシャ　Vidisha

インド

人口：15.6万 (2011)　[23°31′N　77°49′E]

インド中部，マッディヤプラデシュ州ヴィディシャ県の都市で県都．州都ボパールの北東54 kmに位置する．グプタ王朝時代に彫られたヴィシュヌ神を表現する大規模な岩石の彫像があることで有名である．また，アショーカ王の父の時代の領地であり，アショーカ王の最初の妻であったヴィディシャ・デヴィ皇后の育った土地としても名高い．ベートゥワー川とベス川の分岐点に位置しており，古来より交易中心地として発展していた．デリー～チェンナイ（マドラス）間，およびデリー～ムンバイ（ボンベイ）間の鉄道線上の駅があり，交通の便がよい． ［前田俊二］

ヴィティレヴ島　Viti Levu Island

フィジー

ビチレブ島（別表記）

人口：66.2万 (2007)　面積：10400 km²
[18°07′S　178°28′E]

南太平洋西部，メラネシア，フィジー西部の島．東西146 km，南北106 kmと，共和国最大の島である．行政的には，セルアSerua，タイレヴ Tailevu，ナイタシリNaitasiri，ナンドロンガナヴォサ NadrogaNavosa，ナモシ Namosi，バ Ba（現地発音表記はムバ Mba，「ム」は軽く発音），レワRewa，ラ Ra の8州からなる．全体が山がちで，中央部には標高1000 m級の山々を擁する山岳地帯が広がる．最高峰は北部の1323 mのトマニヴィ Tomanivi（ヴィクトリア）山である．南東貿易風の強い影響下にあるため，風上側にあたる島の東側は年平均降水量2500～3800 mmと多雨である．とくに，山岳地帯は有数の多雨地帯となっており，年平均降水量は5000 mmを超える．一方，風下側にあたる島の西側は降水量が少なく1500～2000 mmである．月平均気温は，西部のナンディで22.8℃（7月）～ 26.6℃（2月）である．全体に，乾季は6～10月で冷涼である．雨季は12～4月で蒸し暑く，しばしばハリケーンに襲われ大きな災害がもたらされることがある．なお，西へ行くほど乾季と雨季の違いが明確になる．

東部では，この島最長のレワ川が北端のナカウヴァンドラ Nakauvadra 山地に発し，南東流して島の南東端にいたる．下流部には広い三角州が形成され，空港の町ナウソリがある．そこから南西に15 kmほど行くと首都スヴァにいたる．スヴァは人口約8.6万（郊外を含めると19.5万）とフィジー随一の都市で，良港を擁し，コロニアル様式の建物が残る緑の多い美しい町である．また，フィジーの行政・商業の中心地でもあり，南太平洋12カ国の連合大学である南太平洋大学や，南太平洋フォーラムの事務局が置かれる国際都市でもある．主要道路は，スヴァ～ラウトカ間を南回りで結ぶクイーンズロード（221 km）と北回りで結ぶキングスロード（265 km）である．スヴァからクイーンズロードに沿って西進するとナヴア Navua，シンガトカ，ナンディ，ラウトカの町々にいたる．その間，海岸に沿ってサンゴ礁が発達していてコーラルコーストとよばれ，多くのリゾートホテルが立地する風光明媚なリゾートエリアである．シンガトカは，園芸農業が発達していてフィジーのサラダボールとよばれ

ヴィティレヴ島(フィジー),ナヴァラ村に多く残る伝統家屋ブレ〔Don Mammoser/Shutterstock.com〕

るシンガトカ川流域の玄関口にあたる．河口部の砂丘からは紀元前の古人骨やラピタ土器がみつかっている．ナンディは多くの国際便が発着するフィジーの空の玄関口である．ラウトカはスヴァに次ぐ第2位の港湾都市で，ヤサワ群島や近隣の島々を結ぶ多くの航路が開かれ，観光基地となっている．ラウトカからキングスロードを東にたどるとバBa, タヴアTavua, ラキラキRakirakiといったインド系民の多い町を経てスヴァにいたる．

この島の主産業であるサトウキビ栽培は，西部から北部にかけての沿岸地域で，もっぱら移民の子孫であるインド系民によって営まれている．ラウトカ，バ，ラキラキには製糖工場があり，とくにラウトカのものが有名である．東部のレワ川三角州や南東岸域では米栽培がみられる．また，シンガトカ川流域ではキャベツ，スイカ，パッションフルーツ，タバコなどの商品作物栽培が盛んである．

〔橋本征治〕

ウィーデンマウンテンズ国立公園 Weddin Mountains National Park

オーストラリア

面積：83 km² 標高：750 m 長さ：19 km
幅：6 km 降水量：605 mm/年
[34°00′S　148°00′E]

オーストラリア南東部，ニューサウスウェールズ州南東部の国立公園．グレンフェルの南西約15 kmに位置する．山脈は周囲の平原から孤立しておよそ400 m程度立ち上がり，三日月形をなす．山脈の北と東に急崖が連続するが，南と西は小谷によって刻まれた山地斜面からなる．グレンフェル気象観測所における最高，最低気温は22.8°C，10.0°C (1981～2010)である．適度な降水があり温暖なため，公園内にはユーカリ，ゴウシュウアオギリ，セイヨウヒノキなどが優占する．北端付近のベンホールズ Ben Halls 洞窟では，1862年におよそ2719オンス(約77 kg)もの金塊が強奪された．国内史上最大級の強盗で，この洞窟にこもっていたベン・ホールが名前の由来である．

〔藁谷哲也〕

ウィトサンデー諸島 Whitsunday Group

オーストラリア

人口：0.2万 (2011)　[20°16′S　148°59′E]

オーストラリア北東部，クイーンズランド州中央部，ウィトサンデー地域の諸島．グレートバリアリーフの一部で74の島々からなる．最も大きな島はウィトサンデー島で，州都ブリズベンの北約890 kmに位置する．北はボーエン，南はマッケーまで広がっている．そのほかデイドリーム島，ホック島，ヘイマン島，ハミルトン島などからなる．グレートディヴァイディング山脈が沈降して形成され，島の周囲にはサンゴ礁が広がり，熱帯の楽園ともいわれている．諸島のほぼ全域がウィトサンデー国立公園に指定されており，高級なリゾート地域としても知られている．

〔秋本弘章〕

ウィドビー諸島 Whidbey Islands

オーストラリア

[34°30′S　135°28′E]

オーストラリア南部，サウスオーストラリア州中央南部の諸島．エア半島最南端西側にある．半島南部の中心都市ポートリンカーンの西約65 kmに位置する．フォーハンモック諸島 Four Hummocksやパーフォレイティド Perforated 島などからなる．フォーハンモック諸島には，1867年に指定された面積0.18 km²のウィドビー諸島保護公園があり，野生動植物の宝庫となっている．

〔片平博文〕

ヴィーナスベイ Venus Bay

オーストラリア

人口：322 (2011)　[33°15′S　134°41′E]

オーストラリア南部，サウスオーストラリア州中央南部の町．エア半島西部沿岸にあり，ヴィーナス湾に面している．州都アデレードからプリンセスハイウェイ，エアハイウェイを経て西北西655 kmに位置する．ヴィーナスベイを含むエア半島西海岸一帯は，1802年マシュー・フリンダーズ(1774-1814)によって探検された．地名は，美と愛の神の名にちなんでつけられたとされるが，19世紀の半ばに半島沿岸を行き交っていた大型帆船ヴィーナス号からつけられたとする説もある．

ヴィーナスベイの場所は，1820年代に捕鯨基地として成立したことに始まり，40年代までに商店やホテル，警察署などができていた．しかし1840年代以降になると，背後の陸地には羊の放牧地が開かれ，さらに70年代には穀物栽培の農地が開発されるに及んで，周辺の人びとはしだいに内陸部へと移っていった．1900年頃までには，集落はいったん放棄されるにいたったが，20年代に入ると，アジ，マス漁を中心とする商業的な漁業の基地としてよみがえった．現在では，休暇で釣りを楽しみにやってくる人びとも多い．ヴィーナス湾奥に位置するポートケニー Port Kennyは1922年に成立したが，いまではヴィーナスベイと同様に漁業基地となっている．また，ヴィーナス湾は長さが16 km，幅が7 kmの楕円形をした湾で，集落付近の湾の入口には高い崖が続く．その外洋は，アンクシャス Anxious 湾である．

〔片平博文〕

ウィパーワディーランシット通り Wiphawadi-rangsit, Thanon
タイ

[13°52′N 100°34′E]

タイ中部, 首都バンコクの幹線道路. ドーンムアン空港とバンコク都心部とをつなぐ. 沿道には空港関連施設をはじめタイ国際航空本社ビルなどが立ち並ぶ. また, バンコクとタイ中部, 北部, 東北部とを結ぶ幹線道路の一部であり, 長距離バスの往来も多い. このやや長い名称は, 王妃の御名代として活動中に共産ゲリラに狙撃されて死亡した, 女流作家のウィパーワディー・ランシット内親王 (筆名はウォー・ナ・プラムワンマーク)の功績をたたえて命名された. [遠藤 元]

ウィファ島 威化島 Wihwa-do
北朝鮮

[40°09′N 124°26′E]

北朝鮮, ピョンアンブク(平安北)道西部, アムロク(ヤールー(鴨緑)江下流部の川中島. シンウィジュ(新義州)特別行政区, 上端里・下端里が位置する. 対岸は中国リャオニン(遼寧)省タントン(丹東)市である. 2011年6月6日に政令でファングムピョン(黄金坪)と威化島は経済地帯に指定された. 8日, この地帯で共同開発する工業団地の着工式を行った. 古来国防上重要な地であった. 1388年5月, 当時右軍の都統使であった李成桂が, 5万人の軍隊を引き連れてこの島まで進んだが, ついに撤退を決意して開京(現ケソン(開城))に回軍した. [司空 俊]

ヴィラ Vila ☞ ポートヴィラ Port Vila

ウィラビー Willoughby
オーストラリア

人口:0.6万 (2011) 面積:1.6 km²

[33°48′S 151°12′E]

オーストラリア南東部, ニューサウスウェールズ州中央東部, ウィロビー市行政区の地区. 州都シドニー中心部の北8 kmに位置する. ウィロビー市の行政, 商業の中心はここから北西1 kmほどのチャッツウッド地区にある. 地名は, 最初に艦隊を率いてボタニー湾へ入ったイギリス人将校ジェームズ・ウィロビー・ゴードン卿にちなんだものといわれている. 200年記念公園とその周辺には, 球技場などのスポーツ施設や児童公園が立地

し, 海岸沿いには散策路が整備されている. [落合康浩]

ウィラビー岬 Willoughby, Cape
オーストラリア

シータ岬 Theta, Cape (古称)

[35°51′S 138°08′E]

オーストラリア南部, サウスオーストラリア州南東部の岬. カンガルー島最東端にあり, モンクリーフ Moncrief 湾の南端に位置する. 1852年に建てられた, 州内で最も古い灯台がある. 1802年に探検家のマシュー・フリンダーズ(1774-1814)がカンガルー島を発見した当初, この場所はシータ岬(ギリシア文字のθの意)とよばれていたが, 1810年代前半に現名称に改められた. [片平博文]

ウィララ Wirrulla
オーストラリア

人口:241 (2006) [32°24′S 134°32′E]

オーストラリア南部, サウスオーストラリア州中央部の村. エア半島北西部に位置する農村集落で, 半島東部の中心地ポートオーガスタの西約360 kmにある. 付近は小麦栽培と羊飼育を中心とした農業地帯である. 穀物輸送用の鉄道で, 半島北西端のセデューナや南端のポートリンカーンと結ばれている. 地名は, 先住民アボリジニの言語で早いという意味である. [片平博文]

ヴィラール Virar
インド

人口:122.1万 (2011) [19°28′N 72°48′E]

インド西部, マハーラーシュトラ州パルガール Palghar 県の都市. ムンバイ大都市圏内の郊外地域に建設されたヴァサイヴィラール Vasai-Virars 行政都市の一部である. ムンバイ大都市圏の中でも主要な衛星都市となっており, 国内各地からの転入者が多い. 郊外線鉄道によってムンバイ(ボンベイ)と結ばれ, 不動産資本による都市開発が活発で, 人口は100万を超えた. 市内には, ジブダニ寺院やヴァジレシュワリ寺院, ホーリースピリット教会, 1558年に建てられたセントジェームズ教会などの宗教施設のほか, アルナラ港の沖合の小さい島には, ポルトガルが建設したアルナラ砦がある. [由井義通]

ウィランガ Willunga
オーストラリア

人口:0.2万 (2011) 面積:34 km²

[35°17′S 138°33′E]

オーストラリア南部, サウスオーストラリア州南部の町. 州都アデレードの南約50 kmにあり, マウントロフティ山脈の西麓に位置する. 歴史的な町並みが残ることで知られる. この周辺の農地は1839年に測量され, 町は翌年の40年に成立した. 1800年代の半ばから後半にかけては, 良質なスレートの採石場として知られ, ここから国中にスレートが運ばれていたが, 90年代には衰退した. その後は小麦を中心とした農業地帯となって発展した. いまでも町には1800年代半ばの建築物が多く残る. 現在, 付近の農地ではブドウや, 国内では珍しいアーモンドの栽培がみられる. 地名は, 先住民アボリジニの言語で緑の木のあるところを意味する. [片平博文]

ウィランドラ湖群地域 Willandra Lakes Region
オーストラリア

面積:2400 km² 標高:61 m 長さ:104 km
幅:29 km [33°40′S 143°00′E]

オーストラリア南東部, ニューサウスウェールズ州中央南西部の干上がった湖(乾湖)が集まった地域. 州都シドニーの西約750 kmの半乾燥地域に位置する. ムンゴ国立公園に指定(1979)されていたが, 1981年には範囲を拡大して「ウィランドラ湖群地域」としてユネスコの世界遺産(複合遺産)にも登録された. 地域には北から南にマルルル湖, ムンゴ湖, プラングル湖など大小さまざまの乾湖が分布し, 古い湖のネットワークや湖岸砂丘などをみることができる.

これらの湖は, 約200万年前に東部の高地からマレー川へ向かう河川に沿って形成されたものである. しかし, その後の気候変化によって湖は干上がり, 乾湖となった. また, 乾燥化によって湖岸には砂丘が発達するようになった. とくにムンゴ湖の北東岸を三日月形に縁取る砂丘は, 万里の長城にたとえてザ・ウォール・オブ・チャイナ the walls of china とよばれる見どころとなっている. また, ここでは雨水で侵食された断面で堆積物の一部も確認できる. 現在からおよそ10万年前までのこのような堆積物の自然地理学的分析を通じ, この地域における地形や気候などの環境変化, 巨大有袋類の存在, 人類の拡散過程と環境適応などが明らかにされた. とくに人骨, 足跡, 石器, 貝塚などの発見

ウィランドラ湖群地域(オーストラリア)，ザ・ウォール・オブ・チャイナとよばれる干上がった湖底の地形
《世界遺産》〔Shutterstock〕

は，およそ15～10万年前にアフリカを出発した人類(ホモ・サピエンス)の祖先が，いまからおよそ4万2000年前にはオーストラリア大陸に達したことを示す．また，これらは気候環境が劇的に変化する中で人類がいかに適応していたかを示す貴重な証拠となった．
［藁谷哲也］

ウィランドラビラボン川
Willandra Billabong Creek

オーストラリア
［33°19′S　143°06′E］

オーストラリア南東部，ニューサウスウェールズ州南西部，マレー盆地を流れていた川．1981年にユネスコの世界遺産(複合遺産)に登録されたウィランドラ湖群地域のムンゴ Mungo 湖，ガーンパング Garnpung 湖，マウルル Mulurulu 湖などいくつかの湖盆は，更新世にこの川の流れによって結ばれ水をたたえ，その流れはマレー川へと流下していた．この湖群地域には先住民の遺跡があり，少なくとも5万年前には人類が居住していたことが確認されている．のちに，湖沼群に水を供給するこの流路は消滅し，湖沼群は塩性化して干上がっている．現在，ウィランドラ川がアイヴァンホーの南方からウィランドラ国立公園を経て東流し，ヒルストンの北東でラクラン川に合流している．［落合康浩］

ウィリアムクリーク　William Creek

オーストラリア
人口：16 (2001)　［28°54′S　136°20′E］

オーストラリア南部，サウスオーストラリア州中央北部の町．エア湖の西約60kmにある．ノーザンテリトリーのアリススプリングズと州都アデレードとを結ぶ旧道であるウーナダッタトラックの沿線に位置し，アデレードの北北西871kmにある．州で最も人口が少ない町の1つであるが，面積3.0万km²を有する広大な放牧場であるアンナクリーク牧場の中心に位置する農業集落である．この付近で初めて牧畜が行われたのは1863年のことである．町の当初の機能は，ラクダに乗って内陸部に電話を敷設する人びとを支えるための中継基地としてであった．現在でも，最も近くの町であるクーバーピディー Coober Pedy までは170km近くも離れている．当地には，太陽光発電による電話が設置されている．
［片平博文］

ウィリアムズタウン　Williamstown

オーストラリア
人口：1.3万 (2011)　面積：5.2km²
［37°51′S　144°53′E］

オーストラリア南東部，ヴィクトリア州中央南部の都市．州都メルボルンの南西9kmに位置する．1837年からメルボルンとともにタウンシップとして入植が進み，メルボルンの港湾機能を担うことで成長した．その後，1880年代にメルボルン港の整備が進むと，ウィリアムズタウンは補助的な港となった．中心部には往時の古い建物が数多く残っており，1990年代になって価値が再評価され，注目を浴びるようになった．都心部からはフェリーが出ており，カフェなどが立ち並ぶ賑やかな町並みもみられるようになった．
［堤　純］

ウィリアムズタウン　Williamstown

オーストラリア
ヴィクトリアクリーク　Victoria Creek (旧称)
人口：0.3万 (2011)　面積：72km²
［34°40′S　138°52′E］

オーストラリア南部，サウスオーストラリア州南東部の町．バロッサヴァレーの南縁，州都アデレードの北東約50kmに位置する中心集落である．この付近は，1839年までに入植が進められたが，町への最初の入植者はトーマス・アダムスという人物であった．彼は当初，この地をヴィクトリアクリークとよんだ．地名は，彼の長男の名ウィリアムズにちなむ．町の中心にあるウィリアムズタウンホテルは1848年の建造で，いまなおパブとして地元の人びとで賑わいをみせている．町の西5kmには，14.1km²の規模を誇るパラウィラ・レクリエーションパークがあり，観光客に人気がある．またここでは，1860年代に起こったゴールドラッシュの面影もみることができる．町の周囲にはブドウ園が広がっており，ドイツ人の入植者によって始められたワイン醸造が盛んである．周囲に点在しているワイナリーを訪れる観光客も多い．
［片平博文］

ウィリョン　宜寧　Uiryeong　韓国

人口：2.7万 (2015)　面積：483km²
［35°19′N　128°16′E］

韓国南東部，キョンサンナム(慶尚南)道中部の郡および郡の中心地．行政上は宜寧郡宜寧邑．ナム(南)江とナクトン(洛東)江の合流点付近に位置する．2010年の宜寧郡の人口は2.6万である．1975年の人口は約8万であったので，この間に約1/3に減少した．南江に臨んで平野が展開し，穀倉地帯である．
［山田正浩］

ウィーリワ Weereewa ☞ ジョージ湖
George, Lake

ウィルカニア　Wilcannia

オーストラリア

マウントマーチソンステーション　Mount Murchison Station（古称）

人口：0.1万（2011）　降水量：264 mm/年
[31°34′S　143°22′E]

　オーストラリア南東部，ニューサウスウェールズ州北西部，セントラルダーリング行政区の町で行政中心地．州都シドニーの西北西約950 kmに位置する．行政区の面積5万3511 km²は州で最大を誇る．しかし行政区の人口は1991（2011），人口密度はわずか0.04人/km²と希薄である．地名は，先住民の言葉に由来するとされるが，洪水から逃れる岸の隙間，もしくは野生の犬の意味とされ，語源は明確ではない．町は長さ約1 kmと小さく，幅12 km程度のダーリング川氾濫原の右岸の微高地に立地する．降水量は少なく，最多雨月の2月でも26.5 mmの降水しかない．一方，月別平均の最高気温は1月の35.5℃，最低気温は7月の4.2℃であり，年較差は大きい．

　このような乾燥地に，ヨーロッパ人として最初に訪れたのはトーマス・ミッチェルで，1835年のことであった．1850年代に入ると，ヴィクトリアの牧畜家がこの地へ入植し，羊の放牧を行った．1859年には，マウントマーチソンステーションとよばれた現在の町まで川船が就航し，港として繁栄した．この結果，町として宣言された1866年頃，町はダーリング川沿いで3番目に大きい河港として発展し，200以上もの汽船が遡上しては羊毛を運んだ．そして1880年代に人口は3000まで増えてピークに達した．1890年代に入ると，市街地から北に約60 km離れたホワイトクリフスで，オパールの採掘が盛んになり，一時的な活況を呈した．しかし，鉄道と道路交通の発達が汽船による河川交通を駆逐し，町は衰退した．現在，町の周囲には羊の広大な放牧地が広がり，粗放的な農業地域となっている．　　　　　　　　[藁谷哲也]

ウィルキンズ棚氷　Wilkins Ice Shelf

南極

面積：13680 km²　　　[70°15′S　73°00′W]

　南極，西南極の棚氷．南極半島西のアレクサンダー島，シャルコー Charcot 島とラタディ Latady 島に囲まれた海域は，1929年にこの地域を飛行したオーストラリアの極地探検家を記念してウィルキンズ入江と命名された．その後，海域の大部分を占めてアレクサンダー島西岸からシャルコー島の東南端とラタディ島東端に及ぶ棚氷にウィルキンズ棚氷の名が与えられた．1990年代からこの棚氷の崩壊が観察され，2008年には400 km²もの崩壊があった．　　　　　[森脇喜一]

ウィルクスランド　Wilkes Land

南極

面積：2600000 km²　　　[69°00′S　120°00′E]

　南極，東南極の地域．南インド洋に面するクイーンメリーランドから，テールアデリー（アデリーランド）にかけての広大な地域をさす．オーストラリアが正式に領有権を主張しているが，現在南極条約が有効であり，加盟国でもあるオーストラリアはその領有権を棚上げしている．正式には，東経100度31分のホーダーン岬から東経136度11分のプルクァパ Pourquoi Pas 岬までの海岸から2600 km内陸の南極点を結ぶ扇型の範囲をさし，ほとんどが氷床に覆われている．ウィルクスランドはさらに，ノックスランド，バッドランド，サブリナランド，バンザリーランド，クラリーランドに区分される．広義には，東経142度02分のアルデン岬まで延長されるという見方もあり，結果として，フランスが領有権を主張するテールアデリーを含むことになる．

　1838〜42年，海軍士官チャールズ・ウィルクスを隊長とするアメリカ南極探検隊は5隻の船で太平洋と南極の探査を行い，一隊は沿岸近くに接近し，2400 kmも続く広大な海岸線を確認し，南極は大陸であることを発見した．後年大陸発見の功績をたたえ，隊長名を地名に冠した．ウィルクスによって調査された，アルデン岬より東側はジョージ5世ランドとして，ウィルクスランドからは除外された．2006年に NASA の研究者であるフリーズとポットは，グレース人工衛星の重力データを使って，ウィルクスランドに幅480 kmほどの広がりをもった巨大クレーターが存在し，それは約2億5000万年前に形成されたことを発表した．　　　　　[前杢英明]

ウィルソン丘陵　Wilson Hills

南極

[69°40′S　158°30′E]

　南極，東南極の丘陵．オーツランド沿岸部に位置し，標高2000 m未満の多数の露岩や峰が北西-南東方向におよそ100 kmにわたって散在し，山地を切って大小無数の溢流氷河や山岳氷河が流下している．1911年2月にスコット探検隊の船テラノヴァから発見された．地名は，後に，ロバート・スコットとともに南極点からの帰途，帰らぬ人となったイギリスの動物学者エドワード・A・ウィルソンを記念して命名された．　[森脇喜一]

ウィルソン岬国立公園　Wilson's Promontory National Park

オーストラリア

長さ：35 km　幅：13 km

[38°56′S　146°27′E]

　オーストラリア南東部，ヴィクトリア州南東部の岬．州都メルボルンの南東約180 kmに位置する．バス海峡に突出した岬はオーストラリア大陸最南端となっている．花崗岩よりなる沿岸島嶼が砂州により順次陸続きとなり，本土と陸続きになったトンボロ（陸繋砂州）である．岬の最高地点はラトローブ La Trobe 山（標高721 m）である．　　[堤　純]

ヴィルドゥナガル　Virudhunagar

インド

ヴィルドゥパティ　Virudupatti（旧称）

人口：7.3万（2001）　面積：6.6 km²

[9°35′N　77°57′E]

　インド南部，タミルナドゥ州南部，ヴィルドゥナガル県の都市で県都．マドゥライの南53 kmに位置する．かつてのインド独立運動の闘士で，州知事にもなり，バーラト・ラトナ賞を授与された K・カマラジの故郷として知られている．就業人口のほとんど（93%，2001）がサービス業に従事しており，市中心部には多くの銀行が立地する．また，さまざまな雑穀や綿実油の取引が展開されている．マドゥライ空港に近く，鉄道および道路による交通網も整っている．市内にはカマラジ記念館や，400年の歴史をもつマリンマン寺院がある．　　　　　　[酒川　茂]

ウィルパットゥ国立公園　Wilpattu National Park

スリランカ

面積：1317 km²　標高：50-100 m　気温：27.2℃
降水量：1000 mm/年　　　　[8°26′N　80°00′E]

　スリランカ，北中部州アヌラーダプラ県と北西部州プッタラム県にまたがる同国最大の国立公園．北中部州アヌラーダプラの西30 km，北西部州プッタラムの北26 kmに位置し，両都市を結ぶ国道A12号上のティンビ

リュェウァ Timbiriwewa から北に枝道を入る. 乾燥地帯に位置するが, 植生が豊かで, 9〜12月にかけては北東モンスーンの影響を受けて雨季となる. 北はカル川やモダラガム川の流域, 西はポルトガル湾, 南はカラ川で限られ, 河川の氾濫原と湖沼が広がる. 地名のウィルとは自然にできた雨水で満たされた湖の意で60ほどある. 観光シーズンは2〜8月で, さまざまな種類の野鳥のほか, 野生のシカ, イノシシ, ゾウ, ワニ, レオパードなどが観察できる. 南部のヤーラ国立公園とともに, 1938年にスリランカ最初の国立公園に指定された.　　　　　　　　　　[山野正彦]

ウィルバーフォース川 Wilberforce River ニュージーランド

| 長さ：約40km | [43°20′S 171°25′E] |

　ニュージーランド南島, カンタベリー地方の川. ラカイア川の支流で, サザンアルプスのブライス Bryce 山(標高2202m)に源を発し, 北西からラカイア川に合流する. 地名は, カンタベリー協会のメンバーであったオックスフォードのサミュエル・ウィルバーフォースの名に由来する.　　　　　[太田陽子]

ウィルピナ盆地 Wilpena Pound オーストラリア

| 長さ：17km 幅：8km | [31°35′S 138°35′E] |

　オーストラリア南部, サウスオーストラリア州北東部の盆地. フリンダーズ山脈北部にある楕円形をした盆地状の地形をさす. 地形は北西−南東方向に長い. 1802年, 探検家のマシュー・フリンダーズ(1774–1814)によって発見された. 周囲がノコギリ状の山地によって囲まれており, その中には約80km²の面積をもつ平坦地が広がる. 1972年にはフリンダーズ山脈国立公園の一部に指定され, 年間を通じて大自然を求める観光客に人気が高い. なお, かつてのウィルピナ集落はこの地形の北東側にあった.　　　　[片平博文]

ウィルヘルム山 Wilhelm, Mount パプアニューギニア

エンドワコンブグル Endowa Kombugl (クマン語)

| 標高：4509m | [5°47′S 145°01′E] |

　南太平洋西部, メラネシア, パプアニューギニア中央部, マダン州, シンブー州, ジワ

カ州の州境に位置する山. ビズマーク山脈に属する国内最高峰で, 赤道直下にありながら, しばしば冠雪をみる. ニューギニア島の最高峰は, 西部ニューギニアのプンチャックジャヤ山(標高4884m)だが, この山はインドネシア領であるため, しばしばウィルヘルム山がオセアニア地域の最高峰として紹介される. 山名は, 近隣の山系に登ったドイツの新聞特派員フーゴー・ツェラーが, 遠望した同山に自らの子どもの名をつけたもので, 現地のクマン語ではエンドワコンブグルとよぶ. 一般的な登山ルートは, シンブー州の州都クンディアワから陸路, またはチャーター便で登山口の村ケグスグル村までいき, そこを起点にする. ケグスグルから山小屋のあるビュンデ湖まで約5時間, 小屋で一泊して頂上までは往復約13時間の道のりになる. 村のガイドを同伴すれば, 極端に困難な登山ではない.　　　　　　　　　　[熊谷圭知]

ウィルヘルム2世ランド Wilhelm II Land 南極

ヴィルヘルム2世海岸 Wilhelm II Coast (別称)

| | [66°50′S 89°30′E] |

　南極, 東南極地域. ペンク岬(東経87度43分)からフィルヒナー岬(東経91度54分)の間の海岸と南極点を結んだ扇型の範囲をさす. オーストラリアが領有権を主張しているが, 南極条約の下, 棚上げされている. 1902年2月22日にドイツの探検船ガウスで南極を探検した隊長のエーリッヒ・フォン・ドリガルスキーによって発見された. この探検隊に出資したドイツ皇帝のウィルヘルム2世にちなんで命名された. 海岸には370mの円錐型をした火山があり, ドイツの有名な数学者・物理学者であり, 探検船の名前でもあったカール・フリードリヒ・ガウスにちなんで, ガウスベルク Gaussberg (ガウス山)と名づけられた.　　　　　　[前杢英明]

ウィルミントン Wilmington オーストラリア

| 人口：0.1万(2011) | [32°39′S 138°06′E] |

　オーストラリア南部, サウスオーストラリア州北東部の町. フリンダーズ山脈南部の西麓, エア半島北東部の中心ポートオーガスタの南東44kmにある農業集落である. 町は1860〜61年に成立したが, 地名は76年, アメリカのノースカロライナ州またはデラウ

ェア州のウィルミントンにちなんで正式に名づけられた. 町のシンボルとなっているウィルミントンホテルは, 1876年に建造されたものである. 小麦や羊毛の集散地で, 近年ではワイン醸造やオリーブの栽培も盛んである. ビューティフルヴァレーというニックネームをもつ.　　　　　　　　　[片平博文]

ウィルモット Wilmot オーストラリア

| 人口：395(2011) 面積：110km² |
| [41°23′S 146°10′E] |

　オーストラリア南東部, タスマニア州北西部の村. デヴォンポートの南西約40km, バリントン湖の西部に位置する. ジャガイモの産地であり, オーストラリア南部で作付けされていたジャガイモの種芋は, すべて村から供給されていたこともある. 集落にある唯一の雑貨屋は, 国内最大のスーパーマーケットチェーンの1つ, コールズは創業者一族が経営していたことで有名であったが, 2014年1月に焼失してしまった. さまざまなデザインの手づくりの郵便箱が, クレイドル山へ向かう観光客の目を楽しませている.

　　　　　　　　　　　　　　[安井康二]

ウィワン 義王 Uiwang 韓国

儀旺 (旧称)

| 人口：15.5万(2015) 面積：54km² |
| [37°21′N 126°58′E] |

　韓国北西部, キョンギ(京畿)道中部の都市. 東はソンナム(城南)市, 西はアニャン(安養)市に接する. 安養市の都市化が進んだ影響が及んで, ここでも都市化が進んだ. ソウル首都圏のベッドタウンの1つである. 1989年に市制施行. 2007年に漢字表記をそれまでの儀旺から義王に改めた. キョンブ(京釜)線と首都圏電鉄線が通り, 交通の便はよい. 鉄道博物館がある.　　　　[山田正浩]

ヴィン Vinh ベトナム

Vinh (ベトナム語)

| 人口：30.4万(2009) | [18°40′N 105°40′E] |

　ベトナム北中部, ゲアン省の都市で省都. 首都ハノイの南295kmに位置する. カー川を上流にもつラム川左岸の浜堤上にあり, その内陸側には後背湿地が広がる. 南北には国道1号と鉄道が通じ, ここから西に向かう国道はラオスのルアンパバーンやタケークにいたる. ハノイ, ダナン, ホーチミンからの航

ウイン 167

ヴィン（ベトナム），近郊のクアロー海岸の漁師たち〔Tony Duy/Shutterstock.com〕

空路がある．ラム川河岸のベントゥイ港は中部地方の主要な貿易港であり，この港によりヴィンは古くから中北部地方の商業の中心地となっている．ラオスから運ばれた木材や市郊外で生産された工業製品をここから積み出している．市域南端には標高101mの丘陵クエト山があり，そのふもとには古い城跡がある．ホンソン寺院は観光名所である．その北側には省内最大のヴィン市場がある商業区であり，ここを中心として放射状に道路網が広がっている．北西部には工業団地が立地し，水産加工工場，製材所，発電所などがある．市域東側には1980年代から新たに住宅地が開発されている．ラム川河岸は観光用の公園として整備されている．

18世紀後半にタイソン（西山）朝のグエン（阮）・バン・フエが鳳凰城を築城，タイソン朝を滅ぼして王座についたグエン・フック・アンは1803年に寺院や学校を建設した．1885年にフランス軍がヴィンを占拠し，ベントゥイ港に材木倉庫やマッチ工場，木材加工場などを建設し，中北部の中心的工業都市となった．一方，フランス植民地政府に反抗し，ベトナムで初めての革命組織ホイ・フック・ベトが結成されたことでも有名で，共産党のふるさとという意味をこめて「赤の町」ともよばれる．1946年には革命軍の焦土作戦により市域の建築物の多くが焼失，さらにベトナム戦争中の64年，アメリカ軍による爆弾投下により市はほぼ全壊した．戦後に復興が進み，現在では工業都市として発展している．　　　　　　　　　　　〔池口明子〕

ヴィンイェン　Vinh Yen　ベトナム
Vĩnh Yên（ベトナム語）
人口：9.4万（2009）　　〔21°18′N　105°36′E〕

ベトナム北部，ホン川（紅河）デルタ，ヴィンフック省の町で省都．漢字では永安と表記する．6区1町3村からなる．旧ヴィンイェン省の省都で，ヴィンイェン省はフックイェン省と合併してヴィンフック省になった．1996年11月にはフート省とヴィンフック省に分割された．ヴァック湖の北岸に旧市街地が形成され，この北側を鉄道と国道2号が通っている．ホン川が形成するデルタの頂上部にあたり，周辺では稲のほかトウモロコシが栽培されてきた．木製家具，靴・衣服の生産が盛んで，ほかに製麺や菓子製造などの食品加工業も立地する．首都ハノイの北西約30kmに位置し，住宅地や工業用地開発が進んでいる．

ヴァンラン地区では，フランス植民地政権が崩壊し，日本軍の支配下にある中で，ベトナム独立同盟会（ベトミン）による日本の穀物倉庫襲撃があったことが知られている．1944～45年はベトナム北部で大飢饉が起きた年であり，その被害者は数十万人から100万人にのぼるといわれる．ヴィンイェンの共産党組織は，日本軍の要求により米を供出した地主の籾蔵を襲撃し，破られた倉庫の籾米は村の農民に分配された．こうした事件は当時各地で頻発し，日本軍による食糧収奪への抵抗がベトミン運動を強化していった．
　　　　　　　　　　　〔池口明子〕

ウィンガム　Wingham　オーストラリア
人口：0.5万（2011）　面積：62km²
〔31°52′S　152°22′E〕

オーストラリア南東部，ニューサウスウェールズ州中央東部，ミッドコースト行政区の町．州都シドニーの北東約300km，ターリーの北西13kmに位置する．地名は，イギリス南東部ケント県にある村にちなんで命名された．マニング川沿いの港であり，レイモンドテラスとポートマクウォーリーを結ぶ街道沿いに位置していたことから集落が形成された．1889年に自治体となったが，行政機能は1909年に下流側のターリーに移転している．町のセントラルパーク付近には，19世紀後期から20世紀前半に建てられた歴史的建造物が残されており，1884年建築の郵便局は州の文化遺産に登録されている．川沿いのウィンガムブラッシュの灌木林は，オオコウモリの群生地として知られている．
　　　　　　　　　　　〔落合康浩〕

ウィンザー　Windsor　オーストラリア
グリーンヒルズ　Green Hills（古称）
人口：0.2万（2011）　面積：4km²
〔33°37′S　150°49′E〕

オーストラリア南東部，ニューサウスウェールズ州南東部，ホークスベリー行政区の町．州都シドニー中心部の北西約60kmに位置する．オーストラリア大陸に建設されたイギリス人の開拓集落としては3番目に古い．ホークスベリー川における可航の上限だった地点で，周辺には川によって形成された肥沃な平野が広がっていたことから，1791年，この地に最初の集落が形成された．1810年12月15日，シドニーのニューサウスウェールズ総督府が公式に自治体として認可した際，総督のラクラン・マクウォーリーの提唱により，それまでグリーンヒルズとよばれていたこの町は，イギリスのテムズ川沿いにあるウィンザーにちなんで改称された．マクウォーリーの指示により，教会や学校，刑務所などの建物群が計画的に建設されることとなり，とくにフランシス・グリーンウェイ・聖マシュー教会は，マクウォーリー自身が建設地を選定している．1813年，マクウォーリーの下に報告されたフランスによるホークスベリー川への侵攻計画は，シドニーの穀倉となっているウィンザーからの糧道を絶とうとするものであり，実現こそしなかったものの，ウィンザーの重要性が世界的に認識された出来事であった．町はシドニーからも

ほど近く，海岸から川沿いに船舶の航行が可能であったことから，その肥沃な土地は一大農業地帯へと発展し，穀物の生産地，すなわち「パンかご」の土地として知られるようになった．しかしながら，大規模な農地開発が進行したことで，ホークスベリー川の河床にはしだいに大量の土砂が堆積し，1890年代までに，船舶はウィンザーまで航行することができなくなった．一方で，1814年には道路が，64年には鉄道が開通している．また，町はホークスベリー川が屈曲する部分に位置しているため，たびたび洪水に見舞われており，幾度も甚大な被害を被っている．

現在の町は，大きく拡大したシドニー都市圏の外縁部にあたる地域となっているが，いまでも田園地帯の中にある地方の町の雰囲気を残している．19世紀前半に建てられた教会や裁判所，テラスハウス，ホテルなど，国内では最古ともいえるヨーロッパ風の歴史的な建造物が残されており，その多くが国の文化遺産として登録されている．町の一角には，シティレールウェスタン線のブラックタウン駅から分岐するリッチモンド支線のウィンザー駅があり，シドニーのセントラル駅までの所要時間はおよそ70分となっている．
［落合康浩］

ウィンジェン山　Wingen, Mount

オーストラリア

標高：520 m　　　　［31°51′S　150°55′E］

オーストラリア南東部，ニューサウスウェールズ州北東部，アッパーハンター行政区のウィンジェンにある丘．州都シドニーの北224 kmのニューイングランドハイウェイ沿いに位置する．砂岩からなる山体の中を走る石炭層が，約6000年前から徐々に燃え続けていると推定されており，いまでも地中から煙が発生していることからバーニングマウンテン（燃える山）といわれている．一帯はバーニングマウンテン自然公園に指定されている．
［落合康浩］

ヴィンセンズ湾　Vincennes Bay

南極

　　　　　　　　　［66°30′S　109°30′E］

南極，東南極の湾．ウィルクスランドのバッド海岸，ノックス海岸，シャクルトン棚氷に囲まれる．幅105 km，奥行120 km．1946～47年のアメリカの南極探検（ハイジャンプ作戦）で航空写真が撮影されて輪郭が明らかになり，1839～40年に実施されたアメリカの探検でこの沖を航行してウィルクスランドを望見したチャールズ・ウィルクスの乗船ヴィンセンズにちなんで命名された．この地域が実際に調査されたのは翌シーズンの1948年1月で，アメリカのその探検はヘリコプターを活用したことからウィンドミル（風車）作戦とよばれた．それを記念して東岸のバッド海岸に散在する大小の島々や露岩の総称としてウィンドミル Windmill 諸島が命名された．

1957年，露岩の1つにアメリカが設置したウィルクス基地は59年にオーストラリアに譲渡され，62～63年にはここからソ連のボストーク基地までの往復調査旅行が実施された．オーストラリアは1969年に新しくケーシー基地を開設し，ウィルクス基地を閉鎖した．湾全体は大陸棚上にあるが，いくつもの氷流（氷河）が流入しているためか起伏に富む．1958年1月にアメリカの砕氷船が湾の東部を測深して，バッド海岸のヴァンダーフォード Vanderford 氷河沖に水深2287 mにも及ぶ沈水氷食谷が存在することを明らかにした．バッド海岸の内陸は南極氷床から独立しているかのような標高1395 mの特異な氷幅ロウドームがある．
［森脇喜一］

ヴィンソンマシフ　Vinson Massif

南極

標高：4892 m　長さ：21 km　幅：13 km
　　　　　　　　　［78°35′S　85°25′W］

南極，西南極の山塊．南北に広がるエルスワース山地の北半部をなすセンティネル山脈の南端部に位置し，北北西-南南東に延びる．最高峰は山塊の北端（南緯78度31.5分，西経85度37分）にある．1958年1月に南極観測に参加したアメリカ海軍機によって視認され，アメリカ政府が南極探検を支援することに尽力した政治家カール・ヴィンソンを記念して命名された．初登頂は全米科学財団などの支援を受けたアメリカの登山隊によって1966年12月になされた．1980年以降は日本人を含む多くの登山隊が登頂しており，現在では旅行業者による登山ツアーさえある．

アメリカ地質調査所は，1959年撮影の航空写真と1957～60年の地上測量から25万分の1地形図を作成し，最高峰の標高を5140 m±と記した．アメリカ地名委員会が1981年に刊行した南極地名集にもヴィンソンマシフは標高5140 mで南極大陸の最高点と記載されていたが，1981年の測量で4897

mに改められた．さらに2004年にGPS測量が行われて4892 mに改訂され，2006年にこの最高峰はアメリカ南極地名委員会によりヴィンソン山と命名された（南緯78度32分，西経85度37分）．ちなみに，南極大陸第2位の高峰はヴィンソン山の北北西15 kmに位置するタイリー Tyree 山で，標高は4965 mとされていたが，オーストラリア南極局が公開している2004年のホームページ記事によると4852 mとなっており，おそらくこの方が正しい．
［森脇喜一］

ウィンダム　Wyndham

オーストラリア

人口：0.1万（2011）　面積：8063 km²
　　　　　　　　　［15°28′S　128°06′E］

オーストラリア西部，ウェスタンオーストラリア州北部の町．州のほぼ北端，ティモール海につながるジョセフボナパルト湾からさらに切り込んだケンブリッジ湾の西岸，キング川の河口，州都パースの北東約3200 kmに位置する．1885年にキンバリー金鉱地帯で産出される金の積出港として建設され，地名は当時の総督ナピア・ブルーム卿の子息の名にちなんで命名された．1919年に州政府により建設された食肉処理場が85年に閉鎖されるまで，ウィンダム・東キンバリー地方の肉牛の集散地として機能した．パースから延びるグレートノーザンハイウェイの終点であり，乾季には大陸横断道路であるスチュアートハイウェイにより，ノーザンテリトリーのキャサリンと結ばれている．
［大石太郎］

ウィンダム　Wyndham

ニュージーランド

モコレタ　Mokoreta（マオリ語）

人口：0.1万（2013）　　［46°20′S　168°51′E］

ニュージーランド南島，サウスランド地方の町．インヴァーカーギルの東北東42 km，ゴアの南32 km，ミミハウ Mimihau 川とマタウラ川との合流点の平地に位置する．おもな産業は，農業，製材，亜麻の精製で，マス釣りでも知られる．郵便局，警察署がある．テニス，ゴルフなどのレクリエーション施設も整っている．マオリ語ではモコレタとよばれ，きれいな水を意味する．地名は，クリミア戦争でその名が知られたチャールズ・アッシュ・ウィンダムにもとづく．
［太田陽子］

ウィンチェスター　Winchester

ニュージーランド

人口：264 (2013)　　　[44°11′S　171°17′E]

　ニュージーランド南島，カンタベリー地方の町．ティマル地区，ワイヒ河岸，アウトウォッシュ(融氷河流堆積物)や河成堆積物からなる平野に位置する．クライストチャーチの南南西 137 km にある．おもな産業は製粉，亜麻の精製，石灰の加工，羊毛の加工などである．小学校，郵便局，警察署，ホテルなどがあり，レクリエーション施設が整っている．地名はメジャー・ヤングが創設したウィンチェスターホテルに由来する．付近には湿地があり，その排水工事の際に大きなマオリのカヌーが発掘された．　　　　［太田陽子］

ウィンチェルシー　Winchelsea

オーストラリア

人口：0.2 万 (2011)　面積：227 km²
　　　　　　　　　　[38°15′S　143°58′E]

　オーストラリア南東部，ヴィクトリア州南部の都市．ジーロングの西 37 km，プリンセスハイウェイ沿いに位置する．この町は，コーラックへの中継基地としての起源をもつ．　　　　　　　　　　　　　　［堤　純］

ヴィンディヤ山脈　Vindhya Range

インド

標高：1048 m　長さ：1000 km
　　　　　　　　　　[22°40′N　81°45′E]

　インド中央部を東西に横断する山脈．グジャラート州東部からマッディヤプラデシュ州を横断し，ガンジス川近くにまで及ぶ．白亜紀のデカン玄武岩噴出後，インド地塊がユーラシア大陸に潜り込む中で生じた，ナルマダソン地溝帯北側の高まりとみることができる．分水嶺より北側はゆるやかなマルワ高原に移行し，ガンジス・ヤムナ河系に属する．南側は地溝帯に面して急斜面をなし，ナルマダ川，ソン川の河系となる．平均標高は500〜600 m 程度である．山脈中央部のアマルカンタク Amarkantak 付近が最高所で，標高 1048 m である．歴史的には長くおもにアーリア人の領域であるインド北部と，ドラヴィダ人の居住するインド南部を分ける自然障壁となってきた．山脈の西半分は厚い玄武岩からなり，東半分は硬い砂岩，頁岩の互層からなる．マッディヤプラデシュ州内サーンチの仏塔群やカジュラホの石造寺院にはこの地の石材が用いられた．一部で集塊岩中から得られるダイヤモンドの採掘も行われている．山脈中央部の高原にマッディヤプラデシュ州の州都ボパールが，西部の同じく高原に工業都市インドールがあり，いずれも山脈を横断する鉄道，道路の重要拠点となっている．　　　　　　　　　　　　　［貞方　昇］

ウィンドーラ　Windorah

オーストラリア

人口：350 (2011)　面積：978 km²
　　　　　　　　　　[25°25′S　142°39′E]

　オーストラリア北東部，クイーンズランド州南東部，バークー郡区の町．州都ブリズベンの西約 1200 km，チャネルセンドリーの中心に位置している．地名はアボリジニの言葉で大きな魚を意味する．クーパークリークの河岸に位置する．おもな産業は牧畜業である．　　　　　　　　　　　　　［秋本弘章］

ウィンドワード諸島　Windward Islands
☞　ヴァン諸島　Vent, Îles du

ウィントン　Winton

オーストラリア

ペリカンウォーターホール　Pelican Waterhole
(旧称)

人口：0.1 万 (2011)　面積：4.1 km²
　　　　　　　　　　[22°23′S　143°02′E]

　オーストラリア北東部，クイーンズランド州中央部，ウィントン郡区の町で行政中心地．牧羊，牧牛地域の中心地．1875 年に建設され，ペリカンウォーターホールとよばれていたが，80 年に最初の駐在官であったロバート・アレンの出身地にちなんで改名された．この町の周囲は，約 1200 m の深さから噴出する鑽井によって水が供給されていることでも有名である．カンタス航空が 1920 年にこの地で設立総会を開いた．また，1890年代に羊毛狩り職人の大規模なストライキが組織されたが，これが労働党の始まりともいわれている．ジャーナリストで弁護士だったアンドリュー・バートン・パターソンは，奥地の低木地帯での生活をうたった大衆詩であるブッシュ・バラッドの発展に寄与した人びとの間で大人気を博した「ウォルシング・マチルダ」は，彼がこの地に滞在した 1917 年に書かれたものといわれている．これを記念した博物館ウォルシング・マチルダ・センターがある．　　　　　　　　　［秋本弘章］

ウィントン　Winton

ニュージーランド

人口：0.2 万 (2013)　　　[46°09′S　168°20′E]

　ニュージーランド南島南部，サウスランド地方の都市．インヴァーカーギルの北 31 km に位置する．オレティー川河口から約 35 km 内陸に広がる河成堆積平野，豊かな農業地域の中心にある．警察署，病院，小・中学校，郵便局，ホテルなどがあり，さまざまなスポーツ施設，レクリエーション施設が整っている．おもな産業は，農業，石灰の加工，コンクリートの製造，製材などである．地名は，1850 年代の牧畜業者であり，62 年に町の位置を決めるための調査を行ったトマス・ウィントンにもとづいている．
　　　　　　　　　　　　　［太田陽子］

ヴィンフック省　Vinh Phuc, Tinh

ベトナム

Vĩnh Phúc, Tinh (ベトナム語)

人口：100.0 万 (2009)　面積：1238 km²
　　　　　　　　　　[21°18′N　105°36′E]

　ベトナム北部の省．省都はヴィンイェン．ホン川(紅河)の左岸に位置し，首都ハノイの北西に隣接する．北部のタムダオ山脈には標高 1000 m 以上の山頂が 20 以上連なり，最高峰のタムダオ北峰は 1592 m である．標高 930 m に位置するタムダオ村は，1907 年にフランス植民地政府が避暑地として開発した町で，洋館や石材を使った教会がみられる．タムダオ山脈は 1997 年に国立公園に指定され，ベトナム仏教聖地であるタイティエン村やタムダオ村は観光地となっている．中南部では丘陵地から沖積平野へと移行し，ホン川河岸の平野はデルタの一部を構成する．平野部では稲作のほか落花生やサトウキビ，タバコ，都市向けの生鮮野菜が栽培される．ハノイへのアクセスのよさなどから日本を含む海外企業が多く進出し，工場を建設している．イェンラク県のドンダウ丘からは，1961 年に大規模な考古遺跡が発掘された．ここから紀元前 2000 年紀頃の生活技術を示す青銅製の農具，狩猟・漁具が発見されている．省は 1950 年にヴィンイェン省とフックイェン省が合併して設立された．1968 年にフート省とヴィンフック省が合併してヴィンフ省となったが，96 年に再度分割し，フート省とヴィンフック省になった．　　　　　［池口明子］

ウィンヤード　Wynyard

オーストラリア

人口：0.6万（2011）　面積：59 km²
[40°59′S　145°53′E]

オーストラリア南東部，タスマニア州北西部の村．バス海峡に面し，イングリス川の河口にあたる．19世紀にヨーロッパ人が入植する以前は，アボリジニの人びとが居住していた．ヨーロッパ人の入植は1840年代から始まった．おもな産業は農業であるが，チーズ工場などもある．その他，観光業も目立つようになっており，テーブル岬へのツアーなどが催行されている．また，ゴルフ場などもあり，退職者の居住も増加している．

[有馬貴之]

ヴィンロイ　Vinh Loi

ベトナム

人口：9.8万（2009）　[9°16′N　105°35′E]

ベトナム南部，メコンデルタ，バックリュウ省沿岸部の県．県都ホアビン，および12村からなる．省都バックリュウに接し，バックリュウとカーマウを結ぶ国道1号が通る．この国道に沿って流れるカーマウ・バックリュウ水路と，そこから内陸に向かう水路沿いには水田が形成されているが，国道から海側には一面にエビ養殖池が広がっている．

[池口明子]

ヴィンロン　Vinh Long

ベトナム

Vinh Long（ベトナム語）

人口：13.6万（2009）　面積：152 km²
[10°15′N　105°58′E]

ベトナム南部，メコンデルタ，ヴィンロン省の都市で省都．コーチェン Co Chien 川の自然堤防上に位置する．ホーチミン中央直属市やカントー中央直属市と並ぶメコンデルタの主要な商業都市で，農産物の集散地として発達してきた．さまざまな果樹の種苗が育成され，メコンデルタの果樹農園に供給されている．メコンデルタのカトリック教会の中心であり，古くからの大聖堂やカトリック系の学校が残る．コーチェン川対岸のアンビン An Binh 島の果樹園や盆栽庭園では昼食や宿を提供しており，多くの観光客が訪れる．同島にはベトナム南部には数少ない文廟であるヴァン・タイン・ミュウ廟がある．この施設の入口部分に奉られているファン・タイン・ジャンは，グエン（阮）朝期に和平を目ざしてフランスとの交渉を担った大臣である．

フランス軍がコーチシナ全域を占領するためヴィンロンに軍艦を進めたときにも交渉を試みたが拒否され，責任を感じて自死した．広東系の中国人が多く居住し，中国系住民が信奉するティエンハウ廟にはホーチミンからも参拝客が訪れる．

[池口明子]

ヴィンロン（ベトナム），籾殻を燃料にして焼くレンガ工場〔Rolf_52/Shutterstock.com〕

ヴィンロン省　Vinh Long, Tinh

ベトナム

Vinh Long, Tỉnh（ベトナム語）

人口：102.5万（2009）　面積：1475 km²
[10°15′N　105°58′E]

ベトナム南部，メコンデルタの省．漢字では永隆省と表記する．省都ヴィンロン（省直属市）と7県よりなる．メコン川の分流であるティエン川とハウ川にはさまれた中州に位置し，水はけのよい微高地は肥沃な農地としてデルタの中では早くから開発された地域である．稲作のほか，オレンジ，パイナップル，ランブータンなどの果樹栽培と品種改良が盛んである．盆栽を生産する農家も多く，とくにヴィンロン市近郊のロンホ県では庭園がみられる．マンティット川沿いには古くから製糖工場が建設され，工業地域となってきた．

1732年にグエン（阮）氏が龍湖営を置き，現在のヴィンロン，ベンチェー，チャーヴィンおよびカントーの一部を統括した．18世紀後半にはタイソン（西山）氏とグエン氏との激戦地となり，このとき活躍した宋福協と藩清溝は現在でも市内に祀られている．1802年に嘉隆帝が南部を5省に分割した際には現在のアンザンとともにヴィンタン省を構成した．その後，明命帝によって南部6省が設定された際には再度分割され，独立した省とされた．1862年3月にフランス軍が侵攻してコーチェン川沿いの要塞を爆撃し，67年6月にヴィンロン市を占領した．独立後は1951年にベトナム民主共和国（北ベトナム）が統治を宣言し，ヴィンロン省とチャーヴィン省は合併してヴィンチャ省となったが，57年には南ベトナム政府がヴィンロン省を6県からなる省として独立させた．サイゴン陥落後，南ベトナムが解体されると，1976年にヴィンロン省とチャーヴィン省はふたたび合併し，クーロン省とされたが，91年に再度ヴィンロン省とチャーヴィン省とに分割され，現在にいたる．

[池口明子]

ウヴァ州　Uva Province

スリランカ

人口：126.6万（2012）　面積：8488 km²
[7°00′N　81°03′E]

スリランカ南東部の州．1896年成立，1987年に正式に法制化され，選挙による州議会をもつことになった．バドゥッラ県（人口81.5万，2012）とモナラガラ県（45.1万）の2県からなる．州都はバドゥッラ．中部山地の南東部の高原上に位置し，冷涼な気候である．標高2036 mのナムヌクラ山，スリランカ第2位の落差を有するディヤルマ滝や，バンダラウェラ，ハプタレ，エッラなどの保養地がある．バドゥッラ県一帯の標高1200 m以上の高地で産する，香りの強い高級品種の紅茶はウヴァ種（一般にウバと表記され

る)と称され，世界三大茶葉の1つといわれて世界的に人気がある．モナラガラ県の南部境界にはウダワラウェとヤーラの2つの国立公園が南部州と接して広がっている．

[山野正彦]

ウヴェア島　Ouvéa　フランス

Uvéa（別表記）

人口：0.3万（2014）　面積：132 km²　標高：46 m

[20°38′S　166°34′E]

　南太平洋西部，メラネシア，フランス領ニューカレドニアの島．ロワイヨーテ諸島で最も北側に位置する．人口と面積は，主要な3島のうちで，ともに最小である．低平な土地が南北に細長く延び，その西側に点在する小さな島々とともに内湾を取り巻いている．島の最高地点の標高はわずか46 mである．土地は肥沃で，コプラやココナッツを輸出している．内湾での漁業も住民の生活を支える重要な要素である．

[手塚　章]

ウーウェイ県　無為県　Wuwei　中国

人口：121.4万（2016）　面積：2022 km²

[31°18′N　117°54′E]

　中国東部，アンホイ（安徽）省南東部，ウーフー（蕪湖）地級市の県．チャン（長）江の北岸に位置する．県政府は無城鎮に置かれる．北西部に低い丘陵があるほかは平原が大部分を占める．水域面積が県域の約4割を占める．隋代に無為鎮が，宋代に無為軍，さらに無為県が置かれ，元代に無為路，明代に無為州に改められ，1912年に無為県と改められた．北東端を淮南鉄道と合蕪鉄道が通る．米，小麦を主とする農業県で，稚魚の生産も盛んで，手工芸品の紗灯が有名である．名勝には股周代の遺跡や漢代の墓群，黄金塔，天井山，米公祠，濡須劉氏宗祠，西九華寺，泊山洞などがある．

[林　和生]

ウーウェイ市　武威市　Wuwei　中国

涼州（古称）／インウーウェイ　銀武威　Yin Wuwei（別称）

人口：193.2万（2002）　面積：33000 km²

[37°55′N　102°38′E]

　中国北西部，ガンスー（甘粛）省中部の地級市．ホーシー（河西）回廊の東部にあり，北は内モンゴル自治区，北東はニンシャ（寧夏）回族自治区，南はチンハイ（青海）省に接する．紀元前121年，漢の武帝が河西（ホワン（黄）河の西）から匈奴を駆逐し，この地を占領し，

河西4郡の1つとして武威郡を設けた．8世紀の安史の乱以降，チベット（吐蕃）に属していた．9～11世紀はカンチョウウイグル（甘州回鶻）王国の地であった．明代に涼州衛が置かれた地である．1949年に武威専区が設置され，70年に武威地区と改められた．2001年に武威地区が廃止され，地級市の武威市となり，旧地区公署の所在地であった県級市の武威市は涼州区と改称された．涼州区とグーラン（古浪），ミンチン（民勤）の両県およびティエンチュー（天祝）自治県を管轄する．市政府所在地は涼州区である．

　南部はチーリエン（祁連）山脈にあたり，標高3000 m以上で，牧畜業が盛んである．中部は河西回廊にあたり，古くから灌漑農業が発達しており，春小麦，トウモロコシ，コーリャン，ナタネなどを栽培する．河西のおもな穀倉地帯であるためインウーウェイ（銀武威）とよばれる．北部はテングリ（騰格里）およびバタンジャラン（巴丹吉林）砂漠である．採炭，発電，化学，機械，製糖などの工業が発展している．シンチャン（新疆）ウイグル（維吾爾）自治区の首府ウルムチ（烏魯木斉）とランチョウ（蘭州）を結ぶ蘭新鉄道および国道312号が市内を貫通する．観光地には甘粛省の重要文化財に指定された羅什寺塔，文廟，海蔵寺などがある．

[ニザム・ビラルディン]

ウヴルハンガイ県　Övörkhangai Aimag　モンゴル

人口：11.2万（2011）　面積：62895 km²

[46°16′N　102°47′E]

　モンゴル中南部の県．県都はアルヴァイヘール．ウヴルハンガイとは南ハンガイという意味で，ハンガイとはモンゴル語で牧畜にも狩猟にも適した豊かな森林ステップのことをさす．本県は，西はバヤンホンゴル県，北はアルハンガイ県およびボルガン県と接しており，東はトゥブ県およびドンドゴビ県，南はウムヌゴビ県と接する．19の郡から構成され，人口2.2万のアルヴァイヘールを含めて人口1万以上の郡が，オヤンガ（人口1万），ハラホリン（カラコルム，人口1.2万）と3郡ある．

　アルハンガイ県とウヴルハンガイ県にまたがるハンガイとよばれる地域は古くからモンゴル高原の中で最も豊かな牧草地，狩猟地であり，とりわけオルホン川流域は多くの遊牧王朝の中心地となった．本県にあるハラホリンも13世紀の大モンゴル帝国時代，オゴディ・ハーンが築いた都カラコルムがあったことで知られる．オルホン渓谷には現在も6～

15世紀にいたる遊牧諸王朝の石碑や城郭跡が多く残っており，文化人類学者の小長谷有紀は遊牧世界の中原とよんだ．2004年ハンガイの遺跡群地帯は，「オルホン渓谷文化的景観」としてユネスコの世界遺産（文化遺産）に登録された．ハラホリンの北135 kmには，オルホン川の支流オラーン川にモンゴル最大の落差（24 m）のオラーンツォトガラン滝があることで知られる．

　また同県北西部のオヤンガ郡は，豊かな森の木を使ってゲル（遊牧民の移動式テント）の木の木組みの骨格をつくる職人が多くいることで知られていた．しかし2000年以降，金鉱床が発見され採掘が始まると，ニンジャとよばれる不法採掘者が多く現れたことから，ニンジャの都として一躍有名になった．

[島村一平]

ウェ島　We, Pulau　インドネシア

[5°53′N　95°19′E]

　インドネシア西部，スマトラ島最北端沖，アチェ州アチェブサール県の小島．バンダアチェ沖に浮かぶいくつかの小島のうち，最も東側にある．州都バンダアチェからフェリーで約2時間かかる．島北部のバウ Bau 岬に灯台がある．インドネシア全土を表す表現「サバンからメラウケまで」のサバンは島にある港町で，インドネシアの最西端に位置する．島はアチェ王国時代には流刑地であった．しかしマラッカ海峡の入口として戦略的に重要な地点であり，オランダは1893年に占領するとサバン港を汽船の石炭の補給基地として整備した．1960年インドネシア政府の貿易振興策によりサバンは自由港とされたが，政府がバタム島優先措置をとったため，自由貿易港は85年に撤回された．

[冨尾武弘]

ウェイ河　渭河　Wei He　中国

いが（音読み表記）／ウェイシュイ　渭水　Weishui（別称）

面積：134766 km²　長さ：818 km

[34°37′N　110°17′E]

　中国東部の川．ホワン（黄）河最大の支流．西はガンスー（甘粛）省の鳥鼠山に源を発し，シャンシー（陝西）省の中部を東流し，トンクワン（潼関）付近で黄河に合流する．渭水ともよばれる．流域は北の白於山から南のチン（秦）嶺山脈までである．年間流量は100.5億m³，年輸砂量は5.3億tで，それぞれ黄河全

体の 19.7% と 33.4% を占める. 陝西省と甘粛省, ニンシャ (寧夏) 回族自治区の 390 万 ha, 87 の県と市, 流域の人口は計 2406 万, 耕地面積は 3.9 万 km² に及び, それぞれ黄河流域全体の 28.5% と 30.4% を占める.

パオチー (宝鶏) 渓以東は, 著名な関中平原であり, 大中都市が数多く分布し, 経済上重要な地位をもつ. 流域は, 歴史的に関中とよばれた地域で, 秦代のシェンヤン (咸陽), 漢・唐代の長安 (現シーアン (西安)) など歴代の国都が置かれ, 政治・軍事上重要な位置を占める. 歴史的遺跡も多く, リントン (臨潼) の秦始皇帝陵と兵馬俑坑, 西安の漢の高祖・劉邦の長陵, シンピン (興平) にある漢の武帝の陵墓茂陵と武帝の忠臣であった霍去病の墓, 西安郊外の秦の宮殿, 阿房宮遺跡などが有名である. 古くから渭河を利用した灌漑も進み, 渭河平原一帯は穀倉地帯として中国文明を支えた.

水系の発達は秦嶺山脈の構造に影響され, 地質構造はかなり複雑である. 主流は流域の南部に偏り, 秦嶺山脈の北麓に沿って 818 km ほど東流する. 源流から宝鶏渓までは, 渓谷地形を呈する. 宝鶏渓以下は関中平原に入り, 地形は平坦で水路の湾曲が多い. 大きな支流はほぼ北岸に分布する. 流域面積が 1 万 km² を超える支流は, 葫芦河とチン (涇) 河, 北洛河の 3 本である. 葫芦河は寧夏回族自治区シーチー (西吉) 県月亮山に源を発し, 甘粛省チンニン (静寧) 県, チョワンラン (庄浪) 県, チンアン (秦安) 県を流れ, ティエンシュイ (天水) の三陽川で渭河に注ぐ. 全長 300 km, 流域面積 1.1 万 km², 年間流量 5 億 m³ である.

涇河は寧夏回族自治区チンユワン (涇源) 県のリウパン (六盤) 山東麓に源を発し, 陝西省カオリン (高陵) 県で渭河と合流する. 全長 455 km, 流域面積 4.5 万 km², 年平均流量 21.4 億 m³, 年平均輸砂量 3.09 億 t で, 渭河のおもな砂源である. 北洛川は陝西省ディンビエン (定辺) 県白於山南麓に源を発し, ダーリー (大荔) 県で渭河に流れる. 全長 680 km, 流域面積 2.7 万 km², 年平均流量 9.2 億 m³, 年平均輸砂量 1 億 t. 1960 年に黄河の中流部でサンメンシャ (三門峡) ダムが建設されてから, 黄河の河床が上昇し, 渭河もその影響を受け, 洪水などの水害が重大な問題となった. 近年, 工場などの排水汚染が深刻な状況に陥っている.　　　　　　　〔杜　国慶〕

ウェイ河　衛河　Wei He

中国

面積:14970 km²　長さ:347 km

[36°43′N　115°28′E]

中国北部を流れる川. ハイ (海) 河水系の支流の 1 つである. シャンシー (山西) 省のタイハン (太行) 山脈南端に発し, 東へ流れ, ホーナン (河南) 省のチャオツオ (焦作), シンシャン (新郷), ホーピー (鶴壁), アンヤン (安陽) に入り, 淇河, 安陽河などの支流を合わせる. シャントン (山東) 省リンチン (臨清) 市で大きな支流であるチャン (漳) 河と合流した後, ホワン (黄) 河から北進してきたダー (大) 運河と合流して南運河となり, 北へ向きを変える. 南運河はティエンチン (天津) 市でツーヤー (子牙) 河, 大清河, ヨンディン (永定) 河, 北運河と合流して海河となり, ポー (渤) 海へ注ぐ. 衛河はホーペイ (河北) 省と山東省の境界線をなしている. 水不足を解消するため衛河の水を引く人民勝利渠と紅旗渠という用水路が建設されている.　　　〔張　貴民〕

ウェイシー県　尉氏県　Weishi

中国

人口:約 81 万 (2000)　面積:1256 km²

[34°43′N　114°10′E]

中国中央東部, ホーナン (河南) 省中北部, カイフォン (開封) 地級市の県. 8 鎮, 9 郷を管轄し, 県政府は域関鎮にある. 地名は, 春秋時代の鄭国の監獄官, 尉氏の領国であったことから名づけられた. 香水の生産地として知られ, 香料之郷ともよばれる.　〔中川秀一〕

ウェイシー自治県　維西自治県　Weixi

中国

ウェイシーリス族自治県　維西傈僳族自治県 (正称)

人口:15.4 万 (2012)　面積:4661 km²

[27°11′N　99°17′E]

中国南西部, ユンナン (雲南) 省北西部, デチェン (迪慶) 自治州の自治県. 1985 年に自治県となり, 県政府は保和鎮に置かれている. 人口の 5 割強はリス (傈僳) 族で占められ, ツァン (チベット) 族も住む. 域内をランツァン (瀾滄) 江とチンシャー (金沙) 江が南北に流れ, 2003 年にユネスコの世界遺産 (自然遺産) に登録された「雲南三江併流の保護地域群」の核心地帯の 1 つである. 農業が可能な土地も少なく, 産業も未発達である. 漢方薬材のトウキ (当帰) の生産地である.

〔松村嘉久〕

ウェイシェン　魏県　Wei Xian

中国

人口:80.9 万 (2010)　面積:851 km²

気温:26.5℃　降水量:551 mm/年

[36°22′N　114°55′E]

中国北部, ホーペイ (河北) 省南部, ハンタン (邯鄲) 地級市の県. 県政府はウェイチョン (魏城) 鎮に置かれている. 河北平野の南部にあり, 地勢は南西から北東へ傾く. 南部を衛河, 中部をチャン (漳) 河が流れる. おもな農作物は小麦, トウモロコシ, アワ, 大豆, 綿花, 鴨梨である. ナシが豊富でナシの故郷といわれている. 工業は紡績, 化学工業, 食品, 建材, 製薬, 農業機械などの工場がある. 鉄道など交通が便利である. 清代学者の崔東壁の墓がある.　　　　　〔柴　彦威〕

ウェイシェン　威県　Wei Xian

中国

人口:53.8 万 (2010)　面積:994 km²

標高:30～35 m　気温:13℃　降水量:598 mm/年

[36°58′N　115°15′E]

中国北部, ホーペイ (河北) 省南部, シンタイ (邢台) 地級市の県. 県政府は洺州鎮に置かれている. チーナン (冀南) 平原にあり, 地勢は南西から北東へ傾く. 農作物は小麦, アワ, トウモロコシ, サツマイモ, 綿花を主としている. 国内の上質綿の主要生産地であり, 省内の綿花輸出基地となっている. 三白西瓜が特産品として有名である. 化学肥料, 機械修理, 醸造, 食品などの工場がある. 国道 106 号と邢臨道路が通じる. 鯀堤, 漢広宗王陵がある.　　　　　　　　〔柴　彦威〕

ウェイシャン県　微山県　Weishan

中国

湖陵県 (古称)

人口:72.6 万 (2015)　面積:1738 km²

標高:37 m　降水量:797 mm/年

[34°48′N　117°07′E]

中国東部, シャントン (山東) 省南西部, チーニン (済寧) 地級市の県. 中国第 5 の淡水湖である微山湖に面する. 県の歴史は紀元前 286 年に設置された湖陵県までさかのぼる. 3 街道, 10 鎮, 2 郷を管轄し, 県政府は夏鎮街道にある. 南北約 120 km, 東西 8～30 km という細長い形をしており, 県域の約 7 割を微山湖が占める. 地形は北が高く南が低い. 小麦, 米, トウモロコシなどを栽培する. 微山湖と数多くの河川があり, ソウギ

ョ，コイ，カワガニなどの淡水養殖が発達している．石炭とレアアースも産出する．

[張　貴民]

ウェイシャン自治県　巍山自治県 Weishan

中国

ウェイシャンイ族回族自治県　巍山彝族回族自治県（正称）/ぎさんじちけん（音読み表記）

人口：31.5万（2010）　面積：2200 km²

[25°13′N　100°17′E]

中国南西部，ユンナン（雲南）省北西部，ダーリー（大理）自治州の自治県．1956年に巍山イ（彝）族自治県とヨンチエン（永建）回族自治県が設立され，その両者が58年に合併して巍山イ族回族自治県となった．イ族が総人口の3割を占め，回族は1割に満たない．道教の名山である巍宝山のふもとに開けたナンチャオ（南詔）鎮は南詔国の発祥地とされ，伝統的な都市構造が残るため，1994年に国の歴史文化都市に指定された．この南詔鎮が県政府所在地である．県北部の永建鎮には，高い壁に囲まれ防御にすぐれた回族民家が並ぶ集落があるが，この一帯は清代に起こった杜文秀による回族の反乱の拠点である．

[松村嘉久]

ウェイシャン湖　微山湖 Weishan Hu

中国

ナンスー湖　南四湖 Nansi（別称）

面積：1266 km²　長さ：126 km　幅：5-25 km

深さ：約3m　降水量：700 mm/年

[34°36′N　117°14′E]

中国東部，シャントン（山東）省南西部の湖．省最大，国内第5位の淡水湖．琵琶湖のおよそ1.9倍の面積である．別称はナンスー（南四）湖．北から南へナンヤン（南陽）湖，独山湖，昭陽湖，微山湖の4つの湖で構成される．ダー（大）運河が湖の西端を通っている．湖底の標高は31mと低く，そのため水害が多かった．水深はほとんどの地域で1mに満たない．年平均水温は14.9～16.0℃．湖の中に小さな島々があり，そのうち南陽島が最も大きい．南陽島は大運河の水運の要衝で，交易により栄えてきた島であり小済寧とも称される．周辺地域の都市化や工業化に伴い水質汚染が問題化している．　[張　貴民]

ウェイシン県　威信県 Weixin

中国

人口：42.3万（2010）　面積：1393 km²

[27°50′N　105°03′E]

中国南西部，ユンナン（雲南）省北東部，チャオトン（昭通）地級市の県．スーチュワン（四川）省に隣接しており四川文化の影響が強い．県政府所在地はツァシー（扎西）鎮で省の歴史文化都市に指定されている．長征途上の中国共産党軍が1935年2月に扎西鎮を通過し，政治局の拡大会議が開催された建物は革命遺跡になっている．林業が盛んであったが，1998年に天然林の伐採が禁止されたため，新たな産業の育成を模索している．

[松村嘉久]

ウェイタガン山地　Watagan Mountains

オーストラリア

標高：641 m　[33°02′S　151°15′E]

オーストラリア南東部，ニューサウスウェールズ州中央東部，セスノック行政区とレークマクウォーリー行政区の境界付近に広がる山地．ニューカッスルの南西約40～50 kmに位置する．最高地点はワラウォロンWarrawolong山．この山地は北側のハンター川流域と，南東にあるタゲラ湖方面に流れるワイオン川などの流域との分水界をなしている．ユーカリの高木林や多雨林に覆われる森林地帯となっていて，岩場や岩壁などにもコケ類が繁茂するその豊かな自然環境から，一帯はウェイタガン国立公園に指定されている．また地域内には，先住民による絵画や彫刻が残る遺跡が40カ所以上みられる．キャンプ場が数カ所あり，四輪駆動車の走れるルートも整備されたレクリエーション地域となっている．　[落合康浩]

ウェイチャン自治県　囲場自治県 Weichang

中国

ウェイチャン満族モンゴル族自治県　囲場満族蒙古族自治県（正称）

人口：53.2万（2010）　面積：9220 km²

標高：700-1900 m　[41°56′N　117°45′E]

中国北部，ホーペイ（河北）省北部，チョンドゥ（承徳）地級市の自治県．県政府は囲場鎮に置かれている．人口の半分を満族，約1割をモンゴル族が占める．かつてはモンゴル族部落の遊牧地であった．内モンゴル高原とチーペイ（冀北）山地，イン（陰）山，ダーシンア

ンリン（大興安嶺），イエン（燕）山山脈の結合部に位置する．北西部と南東部の気温差が激しく，年平均気温はそれぞれ−14℃，−21.9℃，年平均降水量は380 mm，560 mmである．農作物はトウモロコシ，アワ，燕麦，ジャガイモを主とする．造林地，牧場が多く，森林面積は県域の37.9％に及ぶ．アンズ，ワラビ，キノコ，キクラゲ，鉄線草および薬材などを産する．ノロジカ，黄羊，イノシシ，ウサギ，ウズラ，鶏などを飼育する．牛，馬，ロバ，ラマなど商品牛馬の全国的な生産地である．鉱物産業では石炭，蛍石，金，マンガンなどを産出する．皮革，機械，食品，建材，ガラス，木材加工などの工場がある．鉄道の京通線，国道111号などが通る．木蘭囲場，半截塔，岱伊古城などの遺跡が著名である．　[柴　彦威]

ウェイナン市　渭南市 Weinan

中国

いなんし（音読み表記）

人口：528.6万（2010）　面積：13033 km²

標高：330-2645 m　気温：11.3-13.6℃

降水量：529-638 mm/年

[34°30′N　109°30′E]

中国中部，シャンシー（陝西）省東部の地級市．関中平原の東部に位置する．臨渭，華州の2区，ハンチョン（韓城），ホワイン（華陰）の2市，プーチョン（蒲城），トンクワン（潼関），白水，チョンチョン（澄城），ホーヤン（合陽），フーピン（富平），ダーリー（大荔）の7県を管轄する．市政府所在地は臨渭区．戦略的に重要な地域に所在するため，古来「三秦要道，八省通衢」とよばれる．南北に山が走り，ウェイ（渭）河沿岸を中心に平野が分布する．中部の渭河の堆積平野をさす八百里秦川で最も広い地域である．チン（秦）嶺山脈を境に，水系は南のチャン（長）江と北のホワン（黄）河の2つの水系に分かれる．温帯半湿潤半乾燥季節風気候に属し，年日照量は2144～2505時間．黄河とルオ（洛）河，渭河が流れ，省内最良の農業地域をなす．おもな農作物は小麦，トウモロコシ，大豆，綿花，リンゴ，スイカ，タバコである．産業は電力，石炭，建築材，紡績，機械，化学工業を主とする．

湿地面積が160 km²で，タンチョウ，ナベコウ，ゴーラル，オオハクチョウなど23種の動物が国の保護対象に指定されている．石炭の埋蔵量も多く，渭北の黒帯と称される．モリブデンの埋蔵量は国内第2位であり，モリブデン粉末の生産量は国全体の半分

174　ウエイ

〈世界地名大事典：アジア・オセアニア・極Ⅰ〉

を占め，アジア最大のモリブデン粉末の生産地でもある．金の埋蔵量は国内第3位である．地熱と鉱泉も多く分布する．約80万年前の藍田原人と20万年前の大茘人の発掘があり，五岳第一廟とよばれる西岳廟などの国指定の保護対象となっている史跡が58カ所ある．秦腔などの伝統芸能も名高い．ホワ(華)山は中国五岳の中の西岳とよばれ，険しさが名高く，著名な観光地である．

[杜　国慶]

ウェイニン自治県　威寧自治県　Weining

中国

ウェイニンイ族回族ミャオ族自治県　威寧彝族回族苗族自治県 (正称)

人口：140.2万 (2010)　面積：6296 km²
[26°51′N　104°17′E]

　中国中南部，グイチョウ(貴州)省西北部，ピーチエ(畢節)地級市の自治県．ユンナン(雲南)省に隣接する．県政府所在地は草海鎮．人口の30%弱がイ(彝)族，回族，ミャオ(苗)族などの少数民族で占められる．1954年の威寧イ族回族ミャオ族自治区を経て，55年に自治県となった．省で最も面積が大きく標高の高い県であり，ウー(烏)江の源流域でもある．主産業は牧畜業，果樹栽培．水稲よりトウモロコシ，ジャガイモの栽培が盛んである．高原湖の草海は渡り鳥の休息地となっており観光客で賑わう．

[松村嘉久]

ウェイパ　Weipa

オーストラリア

人口：0.3万 (2011)　面積：11 km²
[12°33′S　141°55′E]

　オーストラリア北東部，クイーンズランド州最北部の町．カーペンタリア湾岸に位置する．埋蔵量は25億tともいわれている世界最大のボーキサイト鉱山がある．1890年代にはボーキサイトの存在が確認されていたが，当時はほとんど関心が示されなかった．1960年代にコマルコ社によるボーキサイト鉱山の開発に伴って，町が建設された．住民のほとんどがボーキサイト鉱山にかかわりをもっている．鉱山会社によってつくられた町であるため，町自体が鉱山会社の管理下にある．カーペンタリア湾岸地域の行政サービスの拠点でもあり，州立病院のほか，この地域にあるいくつかのアボリジニ郡区では町が存在しないため，ここに行政事務所なども存在している．

[秋本弘章]

ウェイハイ市　威海市　Weihai

中国

ウェイハイウェイ　威海衛　Weihaiwei (別称)

人口：254.8万 (2015)　面積：5797 km²
気温：11.4℃　降水量：793 mm/年
[37°29′N　122°06′E]

　中国東部，シャントン(山東)省東部の地級市．山東半島東端，ポーハイ(渤海)湾とホワンハイ(黄海)湾に面する．歴史上，威海市の行政区とその所属は頻繁に変化してきた．1983年に現在の環翠区の範囲が県級市になり，イエンタイ(煙台)市の管轄となった．1987年に地級市になり，もとの県級市の範囲を環翠区にし，さらにウェントン(文登)，ロンチョン(栄成)とルーシャン(乳山)の3県を管轄下に置いた．文登と栄成の2県は1988年に，乳山県は93年に市になった．現在は，環翠区，文登区，栄成市，乳山市に区分されている．市政府所在地は環翠区．黄海に囲まれ，長さ986 kmの海岸線を有する．地形の起伏は小さく，標高200〜300 mの低山丘陵が多い．海岸平野と山地周辺の平原は河川密度が高く，排水条件もよく，重要な農業地域となっている．大陸性季節風気候に属し，年間日照時間は2570時間．現在は対外開放政策の下，外資の導入や貿易の促進で著しい発展を遂げている．

[張　貴民]

ウェイファン市　濰坊市　Weifang

中国

昌濰 (旧称)／いぼうし (音読み表記)

人口：893.7万 (2015)　面積：16142 km²
気温：12.3℃　降水量：653 mm/年
[36°42′N　119°05′E]

　中国東部，シャントン(山東)省中部の地級市．山東半島西部，ポーハイ(渤海)湾に面している．地名は，中華人民共和国建国後，昌濰専区，昌濰地区，濰坊地区と変更し，1988年に現名称となった．現在，奎文，濰城，寒亭，坊子の4区，ショウコワン(寿光)，ガオミー(高密)，アンチウ(安丘)，チンチョウ(青州)，チューチョン(諸城)，チャンイー(昌邑)の6市，リンチュー(臨朐)，チャンロー(昌楽)の2県を管轄している．市政府所在地は奎文区．

　西部にルー(魯)山と沂山があり，その最高峰は玉皇頂(標高1032 m)である．東部は崂山の延長部に相当する．地形は北から南へ向けて高くなる．北から渤海沿岸低地，中部沖積平野と南部低山丘陵となる．河川は市内を南から北へ流れて渤海に注ぐ．おもな河川は濰河，弥河，白波河，膠莱河などである．北温帯季節風半湿潤気候に属し，無霜期間は198日．温帯野菜と果物の重要産地である．また，1933年から始まった凧揚げ大会は，いまでは世界一の規模を誇るまで大きくなり，凧陽げの町として世界的に知られている．1985年から毎年4月1日に行われる凧揚げ大会は観光のみならず，各国や各地域との経済交流の重要な場になっている．

[張　貴民]

ウェイホイ市　衛輝市　Weihui

中国

汲県 (古称)

人口：約84万 (2012)　面積：2007 km²
[35°28′N　113°47′E]

　中国中央東部，ホーナン(河南)省北部，シンシャン(新郷)地級市の県級市．7鎮，6郷を管轄し，県政府は唐庄鎮に置かれている．前漢高帝2年(紀元前205)に県が置かれた．当時の名は汲県であり，一説には古くから水が汲まれたところから名づけられたとされる．唐の太宗によって忠烈公とたたえられた殷(商)の宰相，比干を祀る比干廟が494年に建てられ，また，姜太公(太公望)の故郷でもある．鉱産資源が豊かであることから，セメント工業を中心とする工業，製紙業，電気機械工業の発展がみられる．

[中川秀一]

ウェイユワン県　渭源県　Weiyuan

中国

首陽 (古称)／いげんけん (音読み表記)

人口：34.8万 (2002)　面積：2065 km²
[35°08′N　104°13′E]

　中国北西部，ガンスー(甘粛)省中部，ディンシー(定西)地級市の県．ホワン(黄)河の支流であるウェイ(渭)河上流に位置する．漢代に首陽県が設置された．551年に渭河の源流が県内にあることから渭源と改称された．8鎮，8郷を管轄し，県政府は清源鎮にある．農業が中心で，小麦，ジャガイモ，ソラ豆，トウモロコシなどを産する．トウキ(当帰)，トウジン(党参)など各種薬材の生産が盛んで，千年薬郷という美称がある．国道212，316号が県内を通る．観光地には首陽山，渭水源頭品字泉などがある．

[ニザム・ビラルディン]

ウェイユワン県　威遠県　Weiyuan

中国

人口：59.6万（2015）　面積：1289 km²
[29°31′N　104°39′E]

中国中西部，スーチュワン（四川）省南部，ネイチャン（内江）地級市の県．省中南部の山地に位置する．県政府は厳陵鎮に置かれる．県内の河川はトゥオ（沱）江とミン（岷）江の2大水系に属する．石炭，天然ガス，鉄，塩，カリウム，白雲石などの地下資源に富む．農業は水稲，小麦，トウモロコシ，豆類などのほか，ナタネ，落花生，サトウキビ，黄麻を生産する．白牛寨森林公園，威遠白塔などの観光名所がある．　　　　　　　[奥野志偉]

ウェーヴァリー　Waverley

オーストラリア

人口：0.4万（2011）　面積：0.6 km²
[33°54′S　151°15′E]

オーストラリア南東部，ニューサウスウェールズ州南東部，ウェーヴァリー行政区の地区．州都シドニーの東7 kmにある．地名は，イギリス出身の実業家バーネット・レヴィーが1827年にこの地に建てた家を，彼の好んだ本のタイトルにちなんでウェーヴァリーハウスとよんだことに由来する．地区の東側には，海岸に面して著名人の眠るウェーヴァリー墓地がある．この行政区における行政，商業の中心地は北側のボンディジャンクションにある．　　　　　　　[落合康浩]

ウェーヴァリー　Waverley

ニュージーランド

人口：0.1万（2013）　[39°46′S　174°37′E]

ニュージーランド北島，タラナキ地方の町．国道3号が横切り，ワンガヌイの北西44 kmに位置する．人口はタラナキ地方の全人口の0.8％程度となっている．この周辺で最も大きな製材所を有する．中心部は碁盤の目状に形成されており，緑地帯で囲まれている．町の中心から南に鉄道駅ウェーヴァリー駅が敷設され，さらに南に下ると鉄分を含んだ黒い砂の海岸が広がり，夏季にはキャンプ地としてよく利用される．
　　　　　　　[植村善博・太谷亜由美]

ウェーヴァリーグレンガリー　Waverley-Glengarry

ニュージーランド

人口：0.2万（2013）　[46°25′S　168°21′E]

ニュージーランド南島，サウスランド地方の町．インヴァーカーギル市域の郊外地域である．ワイホパイ川南岸に位置する．小・中学校がある．同名の集落がオタゴ地方，オタゴ湾頭のダニーディン郊外の住宅街にもある．　　　　　　　[太田陽子]

ウェーヴヒル　Wave Hill

オーストラリア

面積：3200 km²　[17°23′S　131°06′E]

オーストラリア北部，ノーザンテリトリー北東部の集落．ヴィクトリア川流域に広がる農場を中心とした共同牧草地が広がっている．農場は，1883年，有名な畜産業者で探検家でもあったナット・ブキャナンによりつくられ，その後イギリスの食肉会社ヴェツィ社の管理下にあった．1966年，この農場で働いていたグリンジ族のアボリジニによるストライキが先住民土地所有権運動のきっかけとなり，長い運動の結果，1975年，当時のホイットラム政権下で3200 km²を超える土地が買い戻され，ここにアボリジニによる土地所有権が初めて公式に認められた．地名は，この土地の波状にうねった地形から名づけられた．　　　　　　　[鷹取泰子]

ウェーク島　Wake Island

アメリカ合衆国

ウェイク島（別表記）/エネンキオ島　Enen-Kio Island（別称）

人口：0（2009）　面積：6.5 km²
[19°17′N　166°39′E]

北太平洋西部，ミクロネシア，アメリカ合衆国領の島．ハワイ州の州都ホノルルの西約3700 km，マーシャル諸島の北に位置する未編入の非自治領である．正確には狭い水路で隔てられたウェーク本島およびウィルクス島とピール島を加えた3島からなる．なお，3島が取り囲む水域は旧火口部にあたる．島名は，1796年にこの島を訪れたイギリス人のウィリアム・ウェーク船長の名にちなむ．この島は無人島であったが，マーシャルの人たちはエネンキオとよんで，鳥やカメの捕獲地として利用していた．
　1899年にアメリカに併合され，海底ケー

ブルの中継地とされ，1939〜41年にかけては海空軍基地が設けられていた．第2次世界大戦中は日本軍が占領し，大鳥島とよんでいたが，1945年の戦争終結とともにアメリカ軍が奪還した．戦後は，1964年にウェーク島を中継地としてホノルルとグアムを結ぶ海底ケーブルが敷設された．また，標高3000 m級の滑走路が設けられ，軍用あるいは民間用の航空機燃料補給空港として1974年まで利用された．しかし，いまでは航空拠点として利用されることは少なくなり，アメリカ軍機や民間貨物機の中継地，あるいは旅客機の緊急着陸地として利用される程度である．保守点検のための若干の人員が配置されているが，定住者はいない．2009年には国立野生生物保護区に指定された．なお，隣国のマーシャル諸島共和国が領有権を主張している．　　　　　　　[橋本征治]

ウェグァン　倭館　Waegwan

韓国

[35°59′N　128°24′E]

韓国南東部，キョンサンブク（慶尚北）道南部，漆谷郡の中心地．行政上は漆谷郡倭館邑．ナクトン（洛東）江中流の左岸に位置する．2010年の漆谷郡の人口は11.4万である．1975年の人口は約12万であったので，この間にわずかな減少をみるにとどまっている．郡部にあって大きな人口減少を示さないのは，北に隣接するクミ（亀尾）工業団地の成長が影響している．朝鮮戦争時，本来，洛東江右岸にあった町が完全に破壊され，現在の町は，対岸に新たに建設したものである．
　　　　　　　[山田正浩]

ウェークネッカー海山群　Wake-Necker Seamounts

北太平洋西部〜東部

長さ：3000 km　幅：500 km

北太平洋西部から東部にかけて，ウェーク島からネッカー島にいたる海山列．ウェーク島は北太平洋西部にあるアメリカ合衆国領の孤島で，南鳥島の東南東約1400 kmに位置する．第2次世界大戦中，日本の占領下で大鳥島とよんだ．ウェーキ島ともよばれる．ネッカー島は北西ハワイ諸島の島で，海岸線は急な崖が多く，無人島である．島は北西ハワイ諸島の国立自然保護区の一部である．
　　　　　　　[前杢英明]

ウエク

ウェークフィールド Wakefield

ニュージーランド

人口：0.2万 (2013)　　[41°24′S　173°03′E]

　ニュージーランド南島北部，タスマン地方の町．ワイメア Waimea 川のおもな支流の1つである．タスマン湾に注ぐワイイティ Wai-iti 河谷の東側の平野，ネルソンの南西16 km に位置する．警察署，小学校，ホテルなどがある．農耕，果樹やタバコの栽培，製材などを行う．地名の由来は確かではなく，アーサー・ウェークフィールドにもとづいているという説と，イギリスの西ヨークシャーにある同名の町ウェークフィールドに由来しているという2つの説がある．

[太田陽子]

ウェザーコースト Weathercoast

ソロモン

人口：2.0万 (2009)　降水量：5000 mm/年
[9°48′S　160°08′E]

　南太平洋西部，メラネシア，ソロモン諸島中部，ガダルカナル州の地域．ガダルカナル島南部沿岸地域一帯の総称で，年平均降水量が多く，天候に特徴があるためこうよばれる．人びとは 50～100 人規模の小規模村落に住み，焼畑耕作を中心とする生業活動を行うが，職を求めて首都ホニアラなどに向かう者も多い．しかし，一般に同地域に対して隔絶感を抱く国民は多い．ウェザーコースト地域内のアヴアヴ Avuavu およびマラウ Marau とホニアラとの間に定期航空便が，首都と各地域との間に船便があるものの，北側に連なる標高 2000 m 級の中央高地が，陸路による首都との頻繁な往来を遮っている．

　また，1956 年に始められた伝統回帰を目的とするモロ運動が同地域の広い範囲に影響を与え，現在でもヨーロッパ人接触以前の生活様式を堅持する人びとが住む．この運動は，ガダルカナル島の歴史や伝統的慣習に対する理解を通じてみずからの文化的アイデンティティを確立し，それを基盤にして現在の生活状態を改善することを目的としていた．1998 年末にソロモン諸島で表面化した民族紛争の一方の当事者であったガダルカナル側武装集団はこの地域の出身者であり，紛争勃発当初はモロ運動の思想を強く受けていた．

[関根久雄]

ウェスタン州 Western Province

パプアニューギニア

西部州 (日本語) /フライ州 Fly Province (別称)
人口：20.1万 (2011)　面積：98200 km²
[9°05′S　143°12′E]

　南太平洋西部，メラネシア，パプアニューギニア西部の州．別称フライ州．国内の州で最大の面積をもち，人口は最も希薄である．州都はダル．ノースフライ North Fly，ミドルフライ Middle Fly，サウスフライ South Fly の 3 郡がある．西の州境は南北 480 km にわたりインドネシアとの国境をなす．南はトレス海峡に面しオーストラリアとの国境をなす．国内の州の中で最も雨量が多く，北部では年平均降水量が 5000～7000 mm に達する場所もある．国内で最大の河川（フライ川）と最大の湖（マレー湖）を有する．

　領域の北部にはヒンデンブルク山脈，ヴィクトルエマニュエル山脈が連なり，その東にはカルスト地形の山地が広がる．これらの山地に端を発するストリックランド川とフライ川はマレー湖の南の低地で合流し，フライ川の右岸にはオリオモ台地が海岸まで広がっている．フライ川の中流域にはサゴヤシなどの湿地林が，フライ川とバム川の河口にはマングローブ林が広がる．野生動物も豊富で，オリオモ平原にはシカが多数生息し，マレー湖やフライ川下流のバラマンティとよばれる大きな淡水魚も有名である．州北部に位置するオクテディは，金，銅を産出する国内最大の鉱山であり，近接するタブビル Tabubil（人口 1.0 万），キウンガ（1.1 万）の町が栄え，周辺の村の野菜栽培などの需要を生み出している．しかし屑鉱の垂れ流しによるオクテディ川，フライ川の水質汚染，周辺の生態系への重大な被害などが深刻化している．

[熊谷圭知]

ウェスタン砂漠 Western Desert ☞ グレートサンディ砂漠 Great Sandy Desert

ウェスタンオーストラリア州 Western Australia

オーストラリア

人口：223.9万 (2011)　面積：2526574 km²
[31°56′S　115°58′E]

　オーストラリア西部の州．オーストラリア大陸の1/3を占め，その領域は東経 113 度から 129 度，南緯 14 度から 35 度にまたがり，国内最大の面積をもつとともに，海岸線も国内最長の約 1 万 2000 km に及ぶ．北西

から南はインド洋（ルーイン岬より東は南極海といわれる），北はティモール海に面しており，東は北部をノーザンテリトリーと，南部をサウスオーストラリア州と接している．州都は南西部に位置するパースであり，おもにアジア各地の大都市と空路で結ばれている．

　内陸部にはグレートサンディ砂漠など広大な砂漠地帯が広がっており，人口のほとんどは沿岸部に居住する．とくに州都パースとその郊外に人口の 3/4 が集中し，ほかには小規模の都市が各地に点在するにすぎない．コーラルコーストとよばれるインド洋沿岸は美しいビーチにめぐまれ，イルカの生息地でもあることから，主要な観光地となっている．気候は広大な領域を反映して多様であり，とくに南回帰線を境に南北で大きく異なっている．南部は温帯性の気候であり，明確な四季をもつ．中でもパース周辺は地中海性気候であり，他州の都市に比べて晴天に恵まれる日が多く，周辺地域においてワイン醸造業が発展する自然的基盤となっている．一方，北部は熱帯性の気候であり，季節は 4 月から 9 月までの乾季と 10 月から 3 月までの雨季に大別される．内陸部は乾燥気候であり，寒暖の差が非常に激しい．

　国内でも鉱物資源に恵まれた地域であり，とくに内陸部はゴールデンアウトバックとよばれ，金鉱が多く立地している．中でも，内陸部南部の中心地カルグーリーボールダー周辺はゴールドフィールズといわれ，金の採掘が大規模に行われている．また，北部のハマズリー山地周辺は鉄鉱石が豊富であり，ほかにもニッケルやボーキサイトなど，重要な鉱物資源が多く産出されている．農業は，温暖な気候のパース周辺で盛んであり，とくにスワン川流域とマーガレットリバー周辺は，国際的に知られるワイン産地となっている．スワン川流域のワイン生産地帯はパース都心からも近く，気軽にリゾート気分を味わうことができる．インド洋沿岸部を中心に観光地も多く，世界遺産となったシャーク湾，イルカの餌つけのできるモンキーマイアなどが代表的である．

　1829 年にフリマントルから入植が始められたウェスタンオーストラリア州は，オーストラリアの政治経済の中心である東部沿岸諸州から非常に遠く，しかも孤立している．具体的には，東部の諸都市から州都パースまで飛行機で 4～5 時間程度を要し，豪華列車インディアンパシフィック（大陸横断）鉄道にいたっては，シドニーからパースまで 3 泊 4 日の旅になる．このように，東部からの孤立と

ウェスタンオーストラリア州

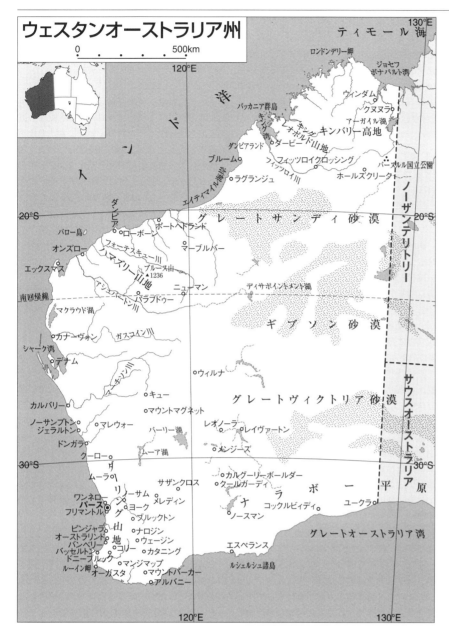

多様な自然環境がウェスタンオーストラリア州を特徴づけており，国内でも異彩を放つ地域となっている． ［大石太郎］

ウェスタンハイランド州　Western Highlands Province

パプアニューギニア

西部高地州（日本語）

人口：36.3万（2011）　面積：4299 km²
[5°50′S　144°15′E]

南太平洋西部，メラネシア，パプアニューギニア中央部の州．ニューギニア島中央部に位置し，西部高地州とも表記される．州都はマウントハーゲン．デイ Dei，マウントハーゲン，ムル/バイヤー Mul/Baiyer，タンブル/ネビルヤー Tambul/Nebilyer の4郡がある．州域の大部分は標高1500 m 以上で，3000 m 級の山々が連なり，ワギ渓谷，ジミ渓谷などの谷間の平地に稠密な人口が存在する．人口の多くが居住する谷間では，気温は15～25℃で過ごしやすく，肥沃な火山性の土壌の上に，サツマイモを主作物として，熱帯地方としては集約的な焼畑農耕が行われてきた．高地地方の中では，プランテーションや小農民によるコーヒー栽培，野菜栽培などが盛んに行われ，最も豊かな州である．言語は10に分かれ，文化的には多様である．民族集団間は，競争や土地をめぐる争いが激しい一方で，婚姻や交換も活発に行われ，モカとよばれる多数の豚を用いた交換儀礼は有名である．政治や選挙をめぐる争いも激しい．ハイランドハイウェイ沿いにある州都のマウントハーゲンは，高地地方の中心都市として発展している．ワギ渓谷には，9000年前の農業遺跡として知られるクック遺跡があり，2008年に「クックの初期農耕遺跡」としてユネスコの世界遺産（文化遺産）に登録されている． ［熊谷圭知］

ウェスト棚氷　West Ice Shelf

南極

長さ：288 km　　[66°40′S　85°00′E]

南極，東南極の棚氷．キングレオポルドクイーンアストリッド海岸のバリア湾と，ポサドウスキー湾の間に広がる（東経81～89度付近）．ドイツの探検家・地球物理学者エーリッヒ・フォン・ドリガルスキーによって率いられたドイツ南極観測隊（1901～03）によって発見された．探検隊はこの近くで，パックアイス（海水が凍結してできた氷）によって1902年2月21日から03年2月8日まで閉じ込められた． ［前杢英明］

ウェスト島　West Island

インド

人口：0（推）　面積：3.3 km²
[13°35′N　92°51′E]

インドの東方，アンダマンニコバル諸島連邦直轄地北部，アンダマン諸島の島．北アンダマン島北端の小島の1つで，東隣のランドフォール島をはさんでイースト East 島がある．南北3.3 km，東西1.0 kmと細長く，熱帯雨林に覆われる丘陵性の島で，周辺のほかの島々とともに，1982年にインド政府によって野生生物保護区に指定された．2004年12月26日のインドネシア・スマトラ島沖地震による隆起運動で，島周辺の波食棚が陸化したことが衛星画像により確認されている． ［貞方　昇］

ウェスト岬　West Cape

ニュージーランド
[45°55′S　166°26′E]

ニュージーランド南島西端，サウスランド地方の岬．海成段丘上に位置し，フィヨルドランド国立公園の一部をなす．地名は，イギリスのジェームズ・クックにより1770年3

月 14 日に命名された．　　　［太田陽子］

ウェストコースト地方　West Coast Region
ニュージーランド

人口：3.2万 (2013)　　［42°27′S　171°12′E］

　ニュージーランド南島西部の地方．サザンアルプス西斜面から南西に向かい，カラメア湾からアスパイアリング山にいたるまでの地域に対する一般的な呼称であったが，現在は行政単位となっている．グレー，ウェストランド，およびブラー地区から構成される．行政中心地はグレーマス．北はウェストポート，リーフトン，グレーマスから南はフランツジョゼフ氷河およびフォックス氷河付近にいたる細長い地域である．サザンアルプスの山麓は直線的に走るアルパイン断層が通り，海岸沿いには海成層や，氷河性または融水流堆積物からなる段丘地形が発達する．これらの段丘は処々においてアルパイン断層により切断され，この断層の第四紀における累積的な活動を記録している．地域一帯の卓越風は偏西風であり，タスマン海を渡り湿気を帯びてサザンアルプスにぶつかるため，年間 1 万mm に達する大量の降雨をもたらす．そのため山地域は密な森林に覆われている．

　最大の都市は北端部に位置するグレーマスで，かつては金の採掘で栄えた．南端付近のフランツジョゼフ，フォックスの 2 つの氷河は，温帯の低位置まで延びる氷河として知られ，1960 年に指定されたウェストランド国立公園の観光の中心をなす．前者はドイツの地質学者ユリウス・フォン・ハーストによってオーストリア皇帝の名にもとづき，後者はニュージーランド首相の姓にもとづき命名された．　　　　　　　　　　　［太田陽子］

ウェストニューブリテン州　West New Britain Province
パプアニューギニア

西ニューブリテン州 (別表記)

人口：26.4万 (2011)　面積：20387 km²
　　　　　　　　　　　　　［5°35′S　150°15′E］

　南太平洋西部，メラネシア，パプアニューギニア東部の州．ニューブリテン島の西半分を占める．1966 年にニューブリテン行政区が東西に分離して生まれた．州都はキンベ．カンドリアン/グロウセスター Kandrian/Gloucester，タラセア Talasea の 2 郡がある．北東部の平野には，火山性の肥沃な土壌が広がり，アブラヤシ，木材，コプラ，カカ

オなどが栽培されている．1942 年から大戦終了時までは，日本軍の支配下に置かれた．植民地時代からパプアニューギニア全土からプランテーション労働者がやってきているが，近年では高地地方など他州からの移住者によるアブラヤシ農園の再定住計画が盛んに行われ，州人口に占める他州出身者の割合が高いのが特徴である．　　　　［熊谷圭知］

ヴェストフォール丘陵　Vestfold Hills
南極

面積：411 km²　標高：160 m
　　　　　　　　　　　［68°33′S　78°15′E］

　南極，東南極の丘陵．プリンセスエリザベスランド，イングリッドクリステンセン海岸東端付近にあるソースダル氷河北側に分布する，ゆるやかな露岩地域が形成する丘陵地帯である．丘陵地帯の標高は 30～90 m であるが，最高地点は 160 m に達する．丘陵は，西向きに発達する幅狭いフィヨルドによって 3 つの半島に分割されている．広域にわたって夏は積雪がなく，氷河にも覆われておらず，南極オアシスの 1 つに分類されている．丘陵中には 300 を超える湖や池が分布し，6 つの海水起源の湖と 7 つの季節的に海水から分離される湖を含む 37 の永続的な層化した湖水をもつ湖が分布している．この中には湖水の層化が進んだ世界で最も大きな湖も含まれている．それぞれ特徴的な湖水構造をもっており，塩分濃度のばらつきは 4～235 g/l，水温は −24～−14°C，水深は 5～110 m，面積は 3.6～146 ha，水面高度は海面下 30 ～海抜 29 m までさまざまである．

　1935 年 2 月 20 日に，ノルウェーの捕鯨船トルシャウンの船長クラリウス・ミケルセンと彼の妻，および 7 人の船員によって初めて上陸された．ミケルセンの妻は，南極大陸に上陸した最初の女性となった．地名は，ノルウェーの捕鯨会社であるサンデフィヨルド社が所在していたノルウェーの地名に由来してつけられた．丘陵地や近くの島々はラルス・クリステンセン探検隊(1936～37)によって地図化され写真も撮られた．丘陵地に上陸して詳しく調査したのは，1954～55 年にフィリップ・ローに率いられたオーストラリア南極探検隊(ANARE)であり，1957 年 1 月にはデーヴィス基地が建設された．
　　　　　　　　　　　　　［前杢英明］

ウェストベリー　Westbury
オーストラリア

人口：0.2万 (2011)　面積：125 km²
　　　　　　　　　　［41°31′S　146°53′E］

　オーストラリア南東部，タスマニア州中央北部の町．町の起源は 1830 年代に軍隊の駐屯地となったことである．軍隊は共有草地を造成し，現在でも住民に利用されている．軍隊以外の入植者としてはアイルランド人が多かったため，現在も町はイギリスの農村に似た景観となっている．1800 年代半ばにはタスマニアで最大の軍人コミュニティとして人口は約 3000 まで増加した．現在は農業がおもな産業となっている．　　　［有馬貴之］

ウェストベンガル州　West Bengal, State of
インド

西ベンガル州 (別表記)

人口：9127.6万 (2011)　面積：88752 km²
降水量：1700 mm/年　　［22°30′N　88°20′E］

　インド東部に位置する州．東インドの中心的な州で，州都はコルカタ(カルカッタ)である．ガンジス川の下流にあり，州の西部はデカン高原の東端でチョタナグプル高原となっているが，大半はガンジス川下流のデルタ地帯であり，低湿地である．州全体の形が，北はヒマラヤ山麓から南はベンガル湾まで南北に細長い形状となっている．これはベンガル東部の大半がイスラーム教徒の居住地域として，イーストベンガル，バングラデシュとなったからである．ヒマラヤ山麓を除いて本州の大半は熱帯モンスーン気候で，10～3 月まで乾季で冬にあたり，気温 20°C 前後で快適である．4, 5 月は酷暑期で 40°C となるが，海岸に近いため内陸のように 50°C 前後となることはない．6～10 月まで南のモンスーンが吹き，雨季となる．気温はやや下って 30°C 前後となる．雨は 1 日に 2～3 回スコールのかたちで降る．年平均降水量は 1700 mm 前後であるが，その大半はこの雨季に降る．ヒマラヤ山麓は世界有数の多雨地帯となり，5000 mm 以上となる．

　州の南西部ダモダル川流域には炭田があり，インドの全出炭量のうち多くを産出し，アサンソル，ドゥルガプルの工業地域を形成している．主要産業をみると，農業はインドでは先進地域で，稲作を主体としている．しかし零細農が多く，コルカタなど大都市があるので，食糧は他州から移入している．米作のほかにはジュートなどの繊維作物もつくっている．近代工業では先述のダモダル川流域

ウエス

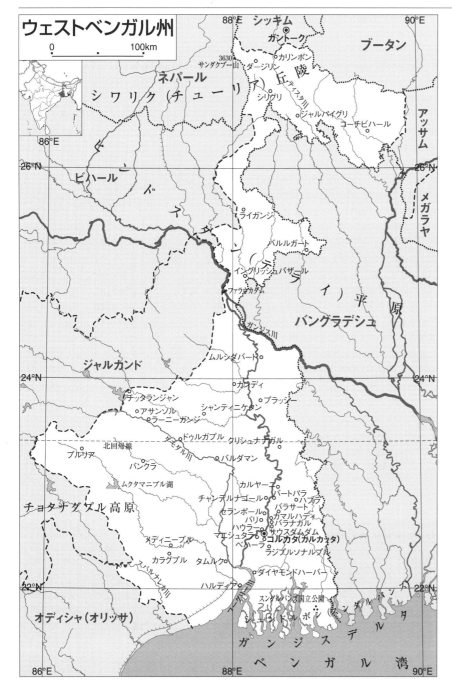

交通面では，コルカタを中心としてウェストベンガル州は東部インドの交通の中心であり，また東南アジアやオセアニア，中近東，アフリカなどの国際交通の中心でもある．鉄道はハウラー駅を中心としてデリーやムンバイ，チェンナイなどへ通じている．東部はバングラデシュが分離独立したため，シアルダー駅は少しさびれている．道路は西部デリーへ向けて，古来からグランドトランクロードが走り，近年では高速道が整備されつつある．東部や北部，南部へ向けても同様に，高速道が整備されつつある．空路はコルカタ市北部のネータージー・スバース・チャンドラ・ボース国際空港（旧ダムダム空港）から国内線，国際線が発着し，国際線はアジア，ヨーロッパ，南北アメリカに通じている．海運はガンジス川の分流フーグリー川の河口を中心に港湾が形成され，これまた国内各地や，世界各地へ通じている．近年，港が浅く狭いため，さらに河口のハルディアに掘込み式の新港が建設され港湾設備が飛躍的に改良された．

観光地は州都コルカタに数多いが，州の中部には，古いイスラーム時代の都市ムルシダバード，さらにガンジス川下流の大きなダムであるファラウカダム，ヒマラヤ山麓では避暑地で茶の有名なダージリンなどがある．コルカタ市内ではマイダン広場，フォートウィリアム，イギリス植民地時代のヴィクトリア記念館，チョーリンギー通りの有名なインド博物館，ジャイナ教寺院，フーグリー川対岸ハウラーの植物園には巨大な菩提樹（バニヤン）がある．このほか詩聖でノーベル賞受賞詩人タゴールの家，マザー・テレサの働いた教会病院などがある．

歴史をみると，古くからこのウェストベンガルの地は東部インドの拠点であり，コルカタの西郊タムルクでは古代ローマ時代の金貨が出土し，古くから東西交流の拠点であったことがわかる．中世ムガル時代は，フーグリー川のさらにさかのぼった地点のムルシダバード，マルダ Malda などが拠点であった．やがてヨーロッパ列強の侵入するところとなって，1690年イギリス人ジョブ・チャーノックが，現在のコルカタの地に商館を開いた．やがてオランダ，フランスと覇権をめぐる争いが生じ，イギリスが勝利を得た第1次インド独立戦争（セポイの乱，1957～58）後，インドはイギリスの直轄地となり，コルカタがインド支配の拠点，首都となった．のち1912年，首都はデリーへ移転し，コルカタ，ウェストベンガルは衰退することとなった．1905年カンニング総督のとき，分割して統

の石炭化学，製鉄，鉄鋼，ガラス，セメント工業などがある．ダモダル川流域は総合開発地域として知られ，ダム建設による発電，灌漑によって農業，工業両面にわたる開発が行われた．コルカタはイギリス植民地時代から綿工業，ジュート工業，絹織物工業などが興り，ほかに食料品，機械，造船，化学，タバコ，紅茶加工工業など都市型産業が発達した．しかし首都移転後，デリーが中心となり，独立後は東ベンガルの独立によって，後背地の多くを失い，政情不安などもあって，インドの他の大都市ムンバイ（ボンベイ），デリー，チェンナイ（マドラス）などに比較して発展が遅れ，相対的地位は低下している．商業は現在も東部インドの一大中心地で，コルカタの中心街は卸・小売業が集中している．小売業はマイダン近くのチョーリンギー通りから南のパークストリートが中心で，チョーリンギーの北は，在来の伝統的商業地区である．

治せよとの原則で，ベンガルを東と西に分割しようとした．イーストベンガルはイスラーム教徒が多く，その宗教的対立を利用することもあった．この分割案はなかなか実行されなかったが，第2次世界大戦後の1947年，印パ分離独立の際，ふたたび登場し，イーストベンガル，のちのバングラデシュ成立となった．このため，かつて東パキスタンより難民が多く流入し，イーストベンガルの市場喪失のこともあって，ウェストベンガル州，コルカタの停滞は今日も続いている．こうした問題の解決が，ウェストベンガル，コルカタの大きな課題である． ［北川建次］

ウェストポート　Westport

ニュージーランド

ブラー　Buller（古称）

人口：0.4万（2013）　　　[41°45′S　171°36′E]

ニュージーランド南島，ウェストコースト地方の都市．ブラー地区にあり，ブラー川河口の東の海成段丘に位置する．ここは最初ブラーとよばれていた．ブラー地区の商業，行政の中心であり，国内における最大の石炭産出地として重要な港である．ほかの産業として，酪農品の製造，製材，コンクリートの製造，混合農業，園芸農業などが行われている．病院，小・中学校，裁判所，郵便局，さまざまな宿泊施設，スポーツ施設が整っている．町には港湾があり，海岸沿いの道路やブラー峡谷などへの道の交点であり，河口の西には空港もあって，交通の要衝である．港はイギリスのジョン・クードにより設計され，その後しだいに改良された．たくさんの石炭が船または鉄道により各地に運搬されている．町の南西27kmのチャールストンでは亜炭の露天掘りも行われている．最初の集落は1861年に始まる．石炭産業は1870年代後半に確立した．有名なのはデニストンインクラインで，1880年代につくられたデニストン炭坑から鉄道まで斜面を下って石炭を運んでいる．地名は位置からみて適当と思われるが，アイルランドのウェストポートと関係して1863年にJ・C・リッチモンドにより名づけられた． ［太田陽子］

ウェストワイアロング　West Wyalong

オーストラリア

人口：0.3万（2011）　面積：801km²　標高：262m

[33°56′S　147°12′E]

オーストラリア南東部，ニューサウスウェ

ールズ州中央南部，ブランド行政区の町で行政中心地．州都シドニーの西467kmにあり，シドニーからアデレードを結ぶミッドウェスタンハイウェイと，メルボルンからブリズベーンに続くニューウェルハイウェイの交差する地点に位置している．この地域の周辺は州の中で最も穀物栽培の盛んな地域として知られている．また，1907年に始まったユーカリ油の生産では，世界的な生産地の1つとなっている．

この地域一帯は，もとは先住民のウィラージュリー（Wiradjuri）の人びとが居住する土地であった．1893年，ジョセフ・ニールドがワイアロングに金鉱を発見すると，95年にはワイアロングの西5kmにあるこの地には，計画的な区画設計もないまま町ができ上がってきていた．たとえば，現在マッキンパークとして整備されている場所には，当時，町の給水所のホワイトタンクがあった．その後鉱山は縮小したが，町は，州内最大の農業地域でもあったこの地域一帯の中心地へと成長している．1903年には，鉄道の南部幹線のクタマンドラ駅から分岐したレークカージェリゴ支線がこの地まで開通し，ワイアロングの町との中間付近にワイアロング駅（1908年からしばらくはワイアロングセントラル駅）が開業したが，現在，駅舎は閉鎖されている．1994年には，ワイアロングとの間を結ぶ自転車・歩行者道が整備された．

［落合康浩］

ウェストン　Weston

マレーシア

人口：334（2010）　　　[5°14′N　115°35′E]

マレーシア，カリマンタン（ボルネオ）島北部，サバ州西部ボーフォート行政区の村．ブルネイ湾に臨む小集落で，イギリス植民地時代にイギリス人により交易拠点として設置された．郡都ボーフォートの南西約18kmに位置する．現在の住民はマレー人が大半で，そのほかにバジャウ人などのマレー系ブミプトラが居住する．村からボーフォートにかけての沿海には低湿地が広がる． ［生田真人］

ウェストンクリーク　Weston Creek

オーストラリア

人口：2.3万（2014）　面積：16km²

[35°23′S　149°03′E]

オーストラリア南東部，首都特別地域，首都キャンベラ市郊外の地区．キャンベラ中心部の南西約13kmに位置する住宅地区であ

る．キャンベラの衛星都市の1つであるウォーデンヴァレーの隣接地区として1960年代から70年代にかけて開発が進み，8つの住宅区（サバーブ）を有する．キャンベラの西端に位置し広大な農地に隣接しており，しばしば山火事に見舞われている．2003年1月に発生したキャンベラ山火事では死者4人を出す甚大な被害を受けた． ［葉　信瑋］

ウェダ湾　Weda, Teluk

インドネシア

[0°20′N　127°52′E]

インドネシア東部，マルク（モルッカ）諸島ハルマヘラ島南東，北マルク州ハルマヘラトゥンガの湾．ハルマヘラ島はニューギニア島とスラウェシ島にはさまれた，マルク諸島最大の島である．この島はかつて2つの島が衝突してできたが，現在は北部の山だけが火山性である．全島が熱帯雨林に覆われて交通が困難なため，住民の多くは海岸部に住む．島は4本指のような形をしており，3つの湾によって区切られている．同島最大の湾で，湾の両端をなすゴロポポ Ngolopopo 岬とリボボ Libobo 岬との距離は約130kmである．リボボ岬沖にウィディ諸島が浮かぶ．

［冨尾武弘］

ウェダバーン　Wedderburn

オーストラリア

人口：0.1万（2011）　面積：207km²

[36°26′S　143°35′E]

オーストラリア南東部，ヴィクトリア州中央部の都市．ベンディゴからカルダーハイウェイで北西約70kmに位置する．ここは州の中でも金鉱地帯の重要都市であった．市内には錆びついた採掘道具や古い建物が残されており，往時の面影が残っている．現在は静かな町である． ［堤　純］

ウェタール海峡　Wetar, Selat

インドネシア/東ティモール

幅：50km　　　[8°08′S　126°10′E]

インドネシアと東ティモールにはさまれた海峡．東ティモールのティモール島東部と，その北にあるインドネシア東部，マルク州のウェタール島との間に位置し，国境をなしている．オンバイ海峡からウェタール海峡はオーストラリアとジャワ海を結ぶルートである． ［冨尾武弘］

ウェタール島　Wetar, Pulau

インドネシア

面積：3624 km²　標高：1407 m　長さ：129 km
幅：37 km　　　　　　　　　[7°48′S　126°18′E]

インドネシア東部，バラットダヤ諸島，マルク州の島．東ティモール，ティモール島北東部沖に位置する．ティモール島との間にウェタール海峡をはさみ，北にバンダ海を望む．ウェタール島の西にはアロール諸島(東ヌサトゥンガラ州)がある．ウェタール島は火山島で山が多い．ウェタール島と，ティモール島，そしてティモール島南西の島々(サウ Sawu 島，ロテ島，セマウ島)で構成される地域には23種の固有の鳥類が生息することで知られている．この地域はオーストラリア大陸の雨の陰に入っているため国内では最も乾燥しており，乾季が4月から11月まで続く．自然植生はおもに落葉性モンスーン林とサバナで，海風が運ぶ雨を受ける山地で半常緑熱帯多雨林，標高約900 mで山地林となる．同地域の固有鳥類の生息条件や分布，個体数については不明なことが多く，とくにウェタール島では調査がほとんどされておらず，島固有の3種については，絶滅のおそれがあるが情報不足だとされている．なお島南部のイルワキでは近年鉱山が稼働し始め，人口が急増している．　　　　　　[冨尾武弘]

ヴェッチー　Viet Tri

ベトナム

Việt Trì (ベトナム語)
人口：18.5 万 (2009)　[21°21′N　105°22′E]

ベトナム東北部，フート省の都市で省都．8区8村からなる．首都ハノイの北西72 kmに位置する．ロ川がホン川に合流する地点にあり，国道2号が通る．水運，陸運に恵まれ，古くから工業が盛ん．農産加工では茶の加工工場が多い．精肉や化学調味料，精糖工場などがある．フランス領インドシナ時代に竹を原料とした製紙工場が建設され，独立後には国営のコンビナートの1つとしてパルプを中心とした工場群がつくられた．リン肥の生産も古くから行われている．近年，市域の北側に3.23 km²の工業地帯が新たに開発された．伝説でベトナム建国の祖といわれるフンブン(雄王)を祀る寺があり，毎年旧暦3月には盛大な祭りが行われる．　　[池口明子]

ウェッデル海　Weddell Sea

南極

キングジョージ4世海　King George IV Sea (旧称)

面積：280000 km²　幅：2000 km
　　　　　　　　　　[72°00′S　45°00′W]

南極，西南極の海．南極海の一部を構成する縁海で，西を南極半島，東をコーツランドにはさまれる．東端はクイーンモードランドのプリンセスマーサ海岸にあるノルヴェジア岬である．それより東側はキングハーコン7世海である．南部はフィルヒナーロンネ棚氷に覆われている．海域には南極沿岸にある2つの大きな環流の1つであるウェッデル環流があり，大陸棚からの栄養塩の湧昇により，豊富な漁業資源の場となっている．世界的にみても透明度が最も高い海域であることが知られており，1986年10月13日に海面下79.86 mのセッキ円盤を視認可能であったと報告されている．これは蒸留水に匹敵する透明度である．また，南極沿岸で深層海流の原動力となる，塩分濃度の濃い，冷たくて密度の高い南極深層水が生産される場であり，地球規模の気候変動に影響を与えている．

この海域の領有権を主張しているのはイギリス(イギリス領南極地域)，アルゼンチン(アルゼンチン領南極地域)，チリ(チリ領南極地域)の3カ国である．海域名は，もともとキングジョージ4世海とつけられていたが，1823年に当時としても最も南である南緯74度まで航海したスコットランドのジェームズ・ウェッデルの名にちなんで1900年に改称された．さらに最初の広範な探検は，同じスコットランド人のウィリアム・スピアーズ・ブルースにより1902〜04年になされた．　　　　　　　　　　[前杢英明]

ウェッラワヤ　Wellawaya

スリランカ

人口：6.0 万 (2012)　面積：577 km²　標高：190 m
　　　　　　　　　　[6°44′N　81°06′E]

スリランカ南東部，ウヴァ州モナラガラ県の郡．国道A2号と国道A4号が南北に交差する県西部の交通の要衝で，東に行くとモナラガラを経て観光地アルガム湾に達する．南部の乾燥気候地帯と中部山岳地帯の接点に位置する．村の西13 kmにあるスリランカ第2位の落差220 mをもつディヤルマ滝や，市街地の西にある9世紀前後の制作といわれるブドゥルワガラ石仏群探訪の観光拠点となっている．　　　　　　　　　　[山野正彦]

ウェナロ島　外羅老島　Oenarodo

韓国

外国島 (別称)

人口：0.2 万 (2014)　面積：27 km²
　　　　　　　　　　[34°26′N　127°31′E]

韓国南西部，チョルラナム(全羅南)道南部の島．コフン(高興)半島の南に位置する．北約2 kmのネナロ(内羅老)島と向き合っている．タドヘ(多島海)海上国立公園(羅老島地区)に含まれている．行政上は高興郡蓬莱面に属する．島の西部には湾入部があり，干潟が広がっている．住民の大部分は農業と漁業の兼業であり，ノリ，ワカメ，貝類の養殖が行われている．内羅老島とともに，橋で高興半島と連絡している．島の東海岸に羅老宇宙センターがあり，ロケットの発射実験を行っている．　　　　　　　　　　[山田正浩]

ウェノ島　Weno Island

ミクロネシア連邦

モエン島　Moen (旧称)

人口：1.4 万 (2010)　面積：19 km²
　　　　　　　　　　[7°26′N　151°51′E]

北太平洋西部，ミクロネシア，ミクロネシア連邦，チューク州チューク(トラック)諸島の主島で州都．首都パリキールのあるポーンペイ島の西約700 kmに位置する．旧称はモエン．伝統的にはソプヌピとよばれるチューク諸島内の島々のネットワークの中心であった．日本統治の南洋群島時代(1914〜45)には春島とよばれ，日本人移民が数多く居住した．第2次世界大戦中，1944年2月の連合軍の空爆により壊滅的被害を受けるまでは，西部太平洋における連合艦隊の中心的基地であった．島の西側に市街地，政府機関，商店が広がる．郡部は男性の農耕，女性の漁撈による自給自足経済と，世襲制首長によって指導される母系制社会を特徴とする．近年はアメリカとの自由連合協定にもとづく援助による貨幣経済化が著しいが，産業は政府による公共サービスとと小売業にほとんど限られる．　　　　　　　　　　[柄木田康之]

ウェーバー　Weber

ニュージーランド

[40°24′S　176°18′E]

ニュージーランド北島，マナワツワンガヌイ地方の村．ダネヴァークの南東28 km，パーマストンノースの東90 kmに位置する．この集落は馬車の停車場として19世紀に築

かれた. 地名は, ドイツ人チャールズ・ウェバーにちなみ命名された. 第2次世界大戦ではこの地の男性が多く犠牲となり, 記念碑が建てられている. 1990年には地震の震源となった.　　　　　　　　　　［植村善博・太谷亜由美］

ウエボンティ　Uebonti　インドネシア

Oeebonti（別表記）／ウエエボンティ　Uebonti（別称）／ウエボニ　Ueboni（別称）／ウエボネ Uebone（別称）

[0°54′S　121°39′E]

インドネシア中部, スラウェシ島, 中スラウェシ州ポソ県の町. スラウェシ島北部, トミニ湾の東, ウエボンティ湾に面する. 州都パルの東375 kmに位置する. 町から北に延びるアピ岬にはアピ岬自然保護区がある.
　　　　　　　　　　　　　　［冨尾武弘］

ヴェムバナード湖　Vembanad Kayal　インド

面積：2033 km²　標高：0 m　長さ：96 km
幅：14 km　深さ：12 m　[9°36′N　76°22′E]

インド南西部, ケーララ州沿岸にある潟湖. 南北に細長く96 km, 最大幅は14 km. 数列の沿岸洲によってほぼ陸封された湖であるが, コチ（コーチン）付近に海水の出入口がある. 乾季における周辺地域の塩水被害を防ぐため, 狭窄部をなすチェサラ Cherthala 東方の湖面（北緯9度40分）に1974年, 防潮土堤が設けられ, 湖の南側の塩分濃度を下げている. 20世紀初頭以来, 沿岸の農地化が進み, いまではそれ以前の湖水面積の7割以下に縮小している. 伝統的なエビ漁や石灰肥料として湖底の貝殻採集などが行われていたが, 周辺地域の生活・工場排水の増加に伴い, 水質悪化が進んでいる. アラビア海から隔てられた静かな内陸水面には, ヤシ林によって囲まれる島々が点在し, 熱帯沿岸低地独特の景観が広がり, バックウォーターツーリズムの一大中心地となっている. 2002年にはラムサール条約にもとづく指定地となった.　　　　　　　　　　　　　［貞方　昇］

ウェヨン島　外煙島　Oeyeondo　韓国

[36°37′N　126°05′E]

韓国西部, チュンチョンナム（忠清南）道南西部沖の島. ポリョン（保寧）市に属する. テチョン（大川）港から西に, 船で2時間半の距離にある. 煙のようにみえる霧がかかって, 視界が利かない日が多いというので, この名でよばれるようになった. 気候は比較的温暖で, エノキ, ツバキなどの常緑広葉樹が生育する. 海には魚, 海藻が豊富である. 良質の地下水も出る.　　　　　　　　［山田正浩］

ヴェラヴァル　Veraval　インド

人口：15.4万（2011）　面積：41 km²
[20°53′N　70°28′E]

インド西部, グジャラート州南西部, アラビア海に面したギールソムナート Gir Somnath 県の町で県都. カチャワール半島, ジューナーガドの南70 kmに位置する. 王族ジューナーガドの港町で, ムスリムがメッカ巡礼に向かう港でもあった. 全国トップクラスの漁港があり, 漁業および水産加工業が発達し, 輸出も盛んである. 漁船, セメント, レーヨン, 紡績, マッチ, 骨粉肥料などの製造業が多く立地する. シヴァの力で自然発生的に出現したというジョティ・リンガを祠る国内12寺院の1つであるソムナート寺院や, ヴェラヴァル海岸は海水浴その他の観光地でもある. ギル丘陵にあるギル国立公園は, 1965年にライオンの保護区として指定され, 75年に国立公園化されたものである. 面積1400 km²の丘陵に約500頭のライオンが生息し, ヒョウほかの動物を含めて観光客で賑わう.　　　　　　　　　　　［酒川　茂］

ヴェララヴェラ島　Vella Lavella Island　ソロモン

人口：1.3万（2009）　面積：629 km²　長さ：42 km
幅：32 km　[7°45′S　156°40′E]

南太平洋西部, メラネシア, ソロモン諸島西部, ウェスタン州の島. ニュージョージア諸島に属し, ベラ湾をはさんでコロンバンガラ島の北西約26 kmに位置する. 熱帯雨林に覆われた火山島で, 中央部を南北に山地が連なり, 北部に最高地点のタンビサラ Tambisala 山（標高808 m）がそびえる. 水はけがよく比較的平坦な南部には中心集落のバラコマ Barakoma がある. 第2次世界大戦中の1943年8月と10月に周辺海域で日米が交戦し, 日本軍が島からの撤退を余儀なくされた.　　　　　　　　　　　［関根久雄］

ウェリガマ　Weligama　スリランカ

人口：2.2万（2012）　標高：12 m
[5°59′N　80°26′E]

スリランカ, 南部州マータラ県の都市（UC）. コロンボから国道で南南東144 km, 州都ゴールの約30 kmに位置する. コロンボからはスリランカ国鉄海岸線急行で約3時間半～4時間を要する. 地名はシンハラ語で砂の村を意味し, ウェリガマ湾に面した砂浜海岸を有するリゾート地で, 高級ホテルも立地する. オランダ植民地時代起源のレース編み工芸が伝えられている. ホテルやゲストハウスのある浜辺のすぐ西の沖にタプロベーン Taprobane とよばれる小島があり, 植民地時代にフランス人の伯爵の建てた邸宅が残る. 海岸ではスティルトフィッシングとよばれる, 杭に座って釣竿を垂れる独特の伝統漁法の風景がみられる. 付近の海域はホエールウォッチングにも適している. 市街地の裏山には1500年前につくられたといわれる弥勒菩薩のレリーフ石像がある.　　［山野正彦］

ウェリスクリーク　Werris Creek　オーストラリア

人口：0.2万（2011）　面積：408 km²
[31°21′S　150°39′E]

オーストラリア南東部, ニューサウスウェールズ州北東部, リヴァプールプレーンズ行政区の町. 鉄道で州都シドニーの北約400 km, モーリーの南東約250 kmに位置する. ウェリスと発音が近い先住民のウェライという言葉が, 眺めるを意味していて, 付近には眺望のきく丘もあることから, 地名の起源ではないかと考えられている. この地にヨーロッパ人が入植し始めたのは1830年代であった. 1878年に開業し, 80年に現在地に移動したウェリスクリーク駅は, 北部幹線上の主要駅で, モーリー方面への支線の分岐点にもなっており, シドニー発着で毎日運行される特急の連結・分割駅である. ジョン・ウィットンの設計により1880年代に建てられた現駅舎は州の文化遺産に登録されており, その一部は鉄道博物館になっている. ［落合康浩］

ウェリントン　Wellington　オーストラリア

人口：169（2011）　面積：2.7 km²
[35°20′S　139°22′E]

オーストラリア南部, サウスオーストラリア州南東部の町. アレグザンドリーナ湖北岸に位置するかつての重要な渡河点. マレー川はここでアレグザンドリーナ湖に注いでいる. ヨーロッパ人がやってくるまで, この付近はアボリジニの Ngarrindjeri の居住域で

ウェリガマ(スリランカ), スティルト(竹馬)フィッシングとよばれる伝統漁法
〔Lukasz Pawel Szczepanski/Shutterstock.com〕

あった. 当地にやってきた最初のヨーロッパ人は, オーストラリア内陸部の探検家として有名なチャールズ・スタート(1795-1869)で, 彼はグレートディヴァイディング山脈を西に越え, マランビジー川をボートで下り, マレー川の河口であるウェリントンの地に達した. その後マレー川の流域は, 羊や牛を内陸部に移動させた人びとによって開かれたが, 1839年までに町は, マレー川の沿岸地域における最も重要な集落として発展した. また同年にはフェリーが設けられ, マレー川を渡る唯一の渡河点となった. 1850年代にヴィクトリア植民地でゴールドラッシュが起きたあとは, アデレードを経由してヴィクトリアに向かう重要な中継地となった. しかし1879年, 近くのマレーブリッジに橋がかけられると, ウェリントンの地位は相対的に低下し, やがて自動車交通の発達とともに衰退していった. 現在でも, 1800年代の半ばに建造された裁判所やホテルなどが残っている.　　　　　　　　　　　　　〔片平博文〕

ウェリントン　Wellington

オーストラリア
ウェリントンヴァレー　Wellington Valley (古称)
人口:0.4万 (2011)　面積:8.3 km²
降水量:618 mm/年　〔32°33′S　148°56′E〕

オーストラリア南東部, ニューサウスウェールズ州中央東部, ダボリージョナル行政区の町で行政中心地. マクウォーリー川に支流のベル川が合流する地点に位置する. 町中にはミッチェルハイウェイが通っており, 州都シドニーからはグレートディヴァイディング山脈を越え西北西の方角へ362 kmの道のりである. 最暖月(1月)の平均最高気温は32.9°C, 平均最低気温は16.9°Cであり, また最寒月(7月)の平均最高気温は15.2°C, 平均最低気温は2.2°Cとなっていて, 比較的温暖な気候に恵まれているが, 最高気温では43.7°C(1月), 最低気温では-5.7°Cを記録したことがある.

この付近はもともと先住民のウィラージュリー(Wiradjuri)の人びとが居住する地域であった. 1817年, イギリス人探検家のジョン・オクスリーがヨーロッパ人として初めてこの地を訪れ, 当時ナポレオン戦争で活躍したイギリスの将軍アーサー・ウェルズリーを顕彰し, 彼が初代ウェリントン公爵であったのにちなんでウェリントンヴァレーと名づけた. 1823年, この地に農業開発の拠点が建設されると, マクウォーリー川流域に入植が進み, 85年にはウェリントンが正式な町として公示された.

町は1850年代からこの地区における鉱山開発の拠点として発展してきた. 周辺において砂金が採掘されたことに始まり, のちには水晶の採掘が盛んとなった. 現在, 町北東のボダンゴラ付近のミッチェルズクリークなどに採掘地がある. シドニーからの鉄道がウェリントンまで通じたのは1880年のことである. 現在もシドニーとダボを結んで一日2本運行されているカントリーリンク・エクスプレスがウェリントン駅に停車する.

周辺は農業生産の盛んな地域で, 牧草や蔬菜類, 小麦の栽培地帯となっており, 羊や肉牛の放牧地も広くみられる. 町はそうした一帯の商業, サービスの中心地として機能してきたが, 近年は, 北西約50 kmにあるダボや南約100 kmにあるオレンジなどにその役割が移りつつある. 2008年9月に町中に開設された保護観察者のための施設は, 地域の新たな雇用の創出につながり, 来訪者の増加によって地元の経済活性化が期待されている. 町の観光資源としては, 3～4月頃に開催されるレース大会のウェリントン・ブーツや, ベル川ワインエステートにあって先住民の生活用品の数々が収蔵されているナンガラギャラリー, カテドラルケープなどで知られるウェリントン洞などがある. 町の南30 kmには, マクウォーリー川をせき止めてつくられたバレンドン湖がある. 貯水量はシドニー港の3.5倍にも及び, その水は下流域に広がる農地の灌漑用水として利用されている. また, 釣りやヨット, 水上スキーなどのレジャースポットとしても知られる. 湖岸一帯の1.6 km²に及ぶバレンドン森林公園には, 絶滅も危惧されるオーストラリア固有の植物相がみられ, その保護区となっている.

〔落合康浩〕

ウェリントン　Wellington

ニュージーランド
人口:19.1万 (2013)　面積:290 km²
〔41°18′S　174°46′E〕

ニュージーランドの首都. 北島南端, ウェリントン地方の行政中心地で, 1865年に首都として定められた. 市としての人口規模はオークランド, クライストチャーチに次いで第3位である. 南部はクック海峡に面し, 北部はリンデンにまで及び, マカラ, オハリウといった農村部を含む. 1886年に市として格付けされ, 首都に定められてからは国会とニュージーランド政府の諸機関や施設がこの地に置かれている. ウェリントン市行政区から市長が選出され, イースタン区, ラムトン区, ノーザン区, オンスローウェスタン区, サザン区の5区から選出された議員によって市議会が構成される. 議員はサザン区のみ2人の選出, 他区は3人が選出される.

国の重要な構造物が集中するが, 商業施設の並ぶラムトンキーの先にある国会議事堂の建物は, そのハチの巣のような形状からビーハイブとよばれ, 人びとの目を引く耐震性の構造物となっている. また, それに連なる国

ウェリントン(ニュージーランド),ケーブルカーから望むラムトン湾と市街〔Shutterstock〕

会議事堂はエドワード王朝期のネオクラシカル建築で,現在の建物は1907年に焼失後,再建されたものである.国会図書館はヴィクトリア朝様式の美麗な建築物で,1883年から99年にかけて建設された.この斜面となる西側から南に抜ける通り,テラスは官庁街となっている.

ウェリントンは教育施設が充実しており,非常に多くの初等教育機関,中等教育機関がある.最高学府として,国内最古の大学ヴィクトリア大学が置かれている.キャンパスは市を見下ろすケルバーンの丘陵地に建てられ,ラムトンキーから大学までケーブルカーでも登ることができる.ケーブルカーの終点には広大な植物園とカーター天文台があり,南半球の天文に触れるサービスを提供している.また博物館,画廊が点在し,とくに1992年に設立された国立博物館テ・パパは著名である.中心部から南東に位置するヴィクトリア山の展望台も360度の景観を楽しむことができるため,人気の観光名所となっている.市内交通はバスの便が非常によく,市内を多くのバスが通っている.北島の各都市を結ぶ長距離バスも運行している.ウェリントン鉄道駅からは,郊外へ延びる路線とオークランドまでの長距離路線が営業している.ウェリントン国際空港は,オーストラリアへの直通便と国内線が運航しており,市の南東,車で約20分に位置する.また船便は,ウェリントンの中心部から東に広がるラムトン港より,南島のピクトンとを結ぶフェリーが行き来する.南島との間の非常に狭いクック海峡に面するウェリントンは強い偏西風がたびたび吹き,風のウェリントン(windy Wellington)と称される.また,ウェリントン断層が市街地を通過するため坂の多い町でもある. 〔植村善博・太谷亜由美〕

ウェリントン地方 Wellington Region ニュージーランド

人口:47.1万(2013) 面積:8124 km²
〔41°18′S 174°46′E〕

ニュージーランド北島南端の地方.首都ウェリントンを有する.南はクック海峡,東は太平洋,西はタスマン海と三方を海に囲まれた地形となっている.とくに北島と南島の間にあるクック海峡は,最も狭いところで28 km,フェリーが行き来する.交通の要衝であることにより,年間3500万人の旅行者がこの地域の公共交通を利用している.この地方の内陸部は,断層に沿って形成された地塁山地が発達する.人口は内陸部では少なく,比較的狭い沿岸の谷と平野部分に集中する.

ウェリントン地方はウェリントン地方議会によって行政が行われ,ウェリントン市,ロワーハット市,ポリルア市,アッパーハット市,カピティコースト地区,サウスワイララパ地区,カータートン地区,マスタートン地区とタラルア地区の一部で形成されており,これらを総称してグレーターウェリントンと称している.グレーターウェリントン議会は13議席で形成され,ウェリントン市が5議席,カピティ地区が1議席,ポリルア市が2議席,ロワーハット市が3議席,アッパーハット市が1議席,ワイララパ地区が1議席で構成される.497 kmの海岸線を有する.オークランド地方,カンタベリー地方に次ぐ人口を抱え,国の人口のおよそ11%を占める.この地方の人口は40%程度がウェリントンに集中し,次いでロワーハットに20%程度,ポリルアに11%が居住する.人口のうちマオリの人口は全国の16地区で第4位となっており,2013年の国勢調査では47.1万が居住する.国内でも最も裕福な地域といわれ,2006年の国勢調査によると,上位4所得層にこの地区の所得稼得者がおり,40001〜50000 NZドルに8.9%,50001〜70000 NZドルに10.5%,70001〜100000 NZドルに5.9%,そして100001 NZドル以上の所得者が5.2%分布する.一方,最下位所得層は0.35%しか存在しない.また,週あたり平均賃金も最も高く,812 NZドルとなっており,第2位のオークランド地方の687 NZド

ルと比較しても高水準であることがわかる. 職種の 25.8％は専門職, 事務職は 4.3％となっている. 事務職の割合は全地方で最も高くなっている. また緑も豊かで公立公園が 5 つ存在し, およそ 500 km² の公立公園と森林を管理している.　　　［植村善博・太谷亜由美］

ウェリントン山　Wellington, Mount
オーストラリア

ウングバニャヘルタ Unghbanyahletta, Ungyhaletta（古称）／クナンイ Kunanyi（古称）／ポーラウェッター Pooranetere, Pooranetteri, Poorawetter（古称）

標高：1271 m　降水量：917 mm/年
　　　　　　　　　　［42°54′S　147°14′E］

　オーストラリア南東部, タスマニア州南部の山. 州都ホバートの西に位置する. 頂上付近が展望台になっており, 東側にホバートが見渡せる. 道路や散策路も整備されており, ホバート住民の憩いの場となっている. 一年を通して降雪がある. 平均最高気温は 7.6℃, 平均最低気温は 1.3℃ である. 中腹までの斜面はゆるやかであるが, 山頂付近では急な斜面となっている. 火山と誤解されることがあるが, 火成岩による溶岩の押し出しによって山体が構成されており, 火山ではない. 先住民の言語でウングバニャヘルタ, ポーラウェッター, クナンイとよばれていた. 現名称は 1832 年頃から使われている. 山名はナポレオン戦争を戦い, イギリスの首相を務めたウェリントン公爵の名からつけられた. 19 世紀からは観光およびレクリエーションの地として利用されている. ピクニックエリアも造成された. その他, 電波塔や気象観測施設なども建設されている.　［有馬貴之］

ウェルズフォード　Wellsford
ニュージーランド

人口：0.2 万（2013）　　　［36°18′S　174°31′E］

　ニュージーランド北島, オークランド地方の町. ロドニー地区にある. 国道 1 号が南北に通り, 国道 16 号が南西から合流する. 西にあるカイパラ湾から東に延びたハーグリーブス入江のため, ノースオークランド半島が狭くなる部分の近くに位置する. この地点から東の太平洋岸まではわずか 16 km の幅となっている. 地名は, 最初にこの町に定住した家族の姓の頭文字を使用して名づけられている. 1860 年代初期に, ポートアルバートに入植が開始されたが, 人びとはより肥沃な

土地を求めて内陸部に移動した. この土地が現在のウェルズフォードで, 酪農と果樹栽培が盛んである.　　　　　［植村善博・太谷亜由美］

ウェルズリー　Wellesley　☞ プライ Perai

ウェルズリー諸島　Wellesley Islands
オーストラリア

人口：0.1 万（2011）　面積：1244 km²
　　　　　　　　　　［16°31′S　139°24′E］

　オーストラリア北東部, クイーンズランド州北西部の諸島. カーペンタリア湾南東部にあり, 最大の島はモーニントン島で, そのほかベンティング島やフォーサイス島などがある. 地名は, ウェリントン公爵の弟のウェルズリー侯にちなんで, マシュー・フリンダーズにより名づけられた.　　　［秋本弘章］

ヴェルヌイ　Vernyy　☞ アルマトゥ Almaty

ウェルラ　Werula
インドネシア

ウェル Weru（別称）
　　　　　　　　　　［8°20′S　124°37′E］

　インドネシア中部, 小スンダ列島, アロール諸島アロール島南岸, 東ヌサトゥンガラ州の町. ティモール島北部沖に位置する. アロール島は人口 16.9 万（2004）, 面積 2865 km² の島で, オーストロネシア語族, パプア語族, ラマホロット系の言語を話す人びとからなる. 生業はトウモロコシ栽培で, 儀礼用に陸稲を栽培する. 父系社会で, 年に一度父系親族集団が集まり儀礼を行う. 75％の人びとがプロテスタント信者であるが, 精霊信仰やアダット（伝統風習）の遵守は依然強い. モコとよばれる器, 金属製の銅鑼, 豚などを財産とする. アロール島の商業および行政の中心はカラバヒで, 約 6 万の人が住む（2004）. 島では 2004 年 11 月 11 日に M 7.4 の地震が起きた. 余震は 683 回にも及び, とくに東岸の道路が寸断された.　［冨尾武弘］

ヴェロール　Vellore
インド

人口：18.6 万（2011）　面積：12 km²
降水量：1000 mm/年　　　［12°56′N　79°08′E］

　インド南部, タミルナドゥ州北部, ヴェロール県の都市で県都. 州都チェンナイ（マドラス）の西 145 km, パラール Palar 川流域

に位置する. 農産物の集散地（市場町）, 地方支配の拠点として発展した. 18 世紀の南インドの指導者ハイダル・アリ・カーンとその息子ティプー・スルタンの拠点都市であった. 古い城跡やシヴァ神を祀るヒンドゥー教寺院（ジャラカンテスヴァラ寺院）は重要な史跡である. 堀に囲まれた城跡は 16 世紀ヴィジャヤナガル王国の時代につくられたものであるが, 保存状態がよく堀はいまも水で満たされ, 一時は多くのワニが生息していた. 18 世紀後半イギリスがこの地域の支配にあたってティプー・スルタンを倒し, その子どもたちを投獄した場所でもある. 現在城跡には市の主要な行政機関をはじめ博物館, 教会, イスラーム教寺院がある. 博物館には多くの彫刻, 絵画, 工芸品が展示されている. ジャラカンテスヴァラ寺院は城内の北部に位置し, 1566 年建立のすばらしい彫刻の数々をもつインド有数の寺院の 1 つである. 城跡の近くにあるキリスト教医科大学はすぐれた教育・研究施設, 付属病院をもつことで知られ, インドでも評価の高い医科大学, 病院である. とくに熱帯病の研究, 治療には定評がある.
　　　　　　　　　　　　　　　［中山晴美］

ウェワク　Wewak
パプアニューギニア

人口：3.8 万（2011）　　　［3°34′S　143°38′E］

　南太平洋西部, メラネシア, パプアニューギニア北西部, イーストセピック州の町で州都. 海沿いの町で, 地名はこの地に住んでいた民族集団がヴィアク（Viaq. パンダナスの種の意）とよばれていたことに由来する. 市街地の東, モエム半島とボラム岬の間には, ウェワク国際（ボラム）空港があり, インドネシア領イリアンジャヤ（パプア特別州）のジャヤプラとの間の国際便, 主要都市を結ぶ国内線のほか, 奥地の村とを結ぶ小型飛行機なども発着する. ボラム岬には, 州立病院がある. 岬からウェワク丘までの道沿いには, 州の催事などが行われるグラウンドがあり, 海岸沿いには砂浜が続く. 市街地中心部（タウン）には銀行, 華人経営のスーパーマーケットなどが立ち並ぶ. その端には最近日本の援助で整備された公営市場があり, 農作物や魚などを売り買いする人で賑わっている. 丘の頂上には日本人経営のホテルもある. マプリクやセピック川流域のアンゴラム, アンブンティなどへの乗合バスの発着地ともなっており, セピック観光の入口となる町である.
　市南部のクリア地区には政府職員などのフォーマルな住宅地があるが, 市内の空閑地や

湿地帯などには周辺の村からの移住者集落も形成されている．第2次世界大戦中は，日本軍の拠点が置かれ，周辺は激戦地の1つとなった．現在の空港は当時日本軍が建設したものであり，市西郊のウォム岬は，1945年9月に第18軍の安達中将が降伏調印を行った場所である．捕虜となった1万人以上の日本兵は対岸のムッシュ島に集められた．静かで美しい砂浜があるウォムには，連合軍の戦争記念公園があり，市内のグラウンド近くには日本政府が建てた平和公園もある．周辺には戦跡が多く，日本からの慰霊団なども多く訪れる．　　　　　　　　　　　　　［熊谷圭知］

ウェン山　Wen Shan ☞ ミン山 Min Shan

ウェンアン県　甕安県　Weng'an

中国

おうあんけん（音読み表記）

人口：48.0万（2012）　面積：1974 km²

[27°04′N　107°28′E]

中国中南部，グイチョウ（貴州）省南部，チェンナン（黔南）自治州の県．少数民族人口比率は5%程度と少ない．県政府所在地は河西新区．1956年から58年まではアンシュン（安順）地区に編入された．ウー（烏）江中流域にあたり，その支流も含めて水力資源が豊富である．水稲，トウモロコシの栽培のほか，タバコ，ナタネなど商品経済作物の生産も盛んである．生産量は少ないが，石炭やリン鉱石も採掘されている．　　　　　　［松村嘉久］

ヴェンカタプラム　Venkatapuram

インド

ヴェンカタプール　Venkatapur（別称）

人口：0.1万（推）　面積：8.0 km²

[18°19′N　80°34′E]

インド南部，テランガーナ州北部，カンマム県の県都カンマムの南12 kmに位置する村．村へのアクセスは鉄道でカンマム駅あるいはパンディラパリ Pandillapalli 駅が利用できる．　　　　　　　　　　　　　　［酒川 茂］

ヴェングルラ　Vengurla

インド

人口：1.2万（2001）　面積：13 km²

[15°53′N　73°41′E]

インド西部，マハーラーシュトラ州南部，ゴアの北110 kmに位置するシンデュデュルグ Sindhudurg 県の町．アラビア海に面して

いる．1638年にオランダによって開かれ，海賊の拠点としての時期を経て，1812年イギリスに割譲された．カシューナッツ，ココナッツ，マンゴー，ベリー類を栽培する農業が盛んである．また，カシューナッツ菓子の製造・販売業が立地しているように，商業中心としての発展もみられる．文化遺産に恵まれ，サトリ・デビ寺院や，かつては航路標識の役割を果たした燃える島として知られるヴェングルラロックなど見どころが多い．

［酒川 茂］

ウェンシー県　聞喜県　Wenxi

中国

人口：41.1万（2013）　面積：1164 km²

気温：12.5℃　降水量：506 mm/年

[35°21′N　111°13′E]

中国中北部，シャンシー（山西）省南西部，ユンチョン（運城）地級市の県．運城盆地北部に位置する．春秋時代は晋の国に属し，漢代からいまの地名となった．7鎮，6郷を管轄し，県政府は桐城鎮にある．地形は北西部と南東部が高く，中部は涑水河の谷底低地である．南東部はチョンティヤオ（中条）山が横たわり，標高1571 mの唐王山は最高峰．気候は暖温帯大陸性気候である．おもな農作物は小麦，綿花，トウモロコシなど．銅，長石などの地下資源があり，陶磁器，ガラスなどを生産している．同蒲鉄道や大運高速道路が縦貫している．唐玄宗の御碑がある．政治家や学者を数多く輩出した．　　　　［張　貴民］

ウェンシェン　文県　Wen Xian

中国

人口：24.9万（2002）　面積：4994 km²

[32°58′N　104°41′E]

中国北西部，ガンスー（甘粛）省南東部，ロンナン（隴南）地級市の県．バイロン（白竜）江の下流にあり，西部と南部はスーチュワン（四川）省に接する．明代に県が置かれた．14鎮，5郷，1民族郷を管轄し，県政府は城関鎮にある．南部の森林地帯ではキンシコウ，パンダなどが生息しており，自然保護区に指定されている．農業が主で，茶，薬材を産する．とくにトウジン（党参）の質がよく，紋党として有名である．白竜江下流には隴南最大の水力発電所であるビコウ（碧口）水力発電所がある．国道212号が県内を通る．

［ニザム・ビラルディン］

ウェンシェン　温県　Wen Xian

中国

人口：42.3万（2010）　面積：481 km²

[34°55′N　113°04′E]

中国中央東部，ホーナン（河南）省北部，チャオツオ（焦作）地級市の県．南はホワン（黄）河を経て，チョンチョウ（鄭州）市に接する．4街道，5鎮を管轄し，県政府は温泉鎮にある．地名は温泉があることによるとされる．太極拳（陳氏太極拳）の発祥地は本県の陳家溝と伝えられ，国際太極拳年会が開催されるなど広く知られている．また，『三国志』で知られる司馬懿の郷里でもある．　　［中川秀一］

ウェンシャン県　汶上県　Wenshang

中国

平陸県（古称）/ぶんじょうけん（音読み表記）

人口：80.4万（2015）　面積：889 km²

降水量：628 mm/年　　[35°44′N　116°29′E]

中国東部，シャントン（山東）省，チーニン（済寧）地級市北西部の県．歴史は前漢の平陸県にさかのぼる．2街道，12鎮を管轄し，県政府は汶上鎮にある．地形は北東から南西へゆるやかに傾き，中部はホワン（黄）河の沖積平野が広がる．面積の65%は農地である．大陸性季節風気候に属し，綿花，小麦，トウモロコシを栽培しているほか，石炭，金鉱石などの地下資源が豊富である．細石器文化などの遺跡がある．　　　　　　［張　貴民］

ウェンシャン市　文山市　Wenshan

中国

人口：49.3万（2013）　面積：3064 km²

標高：1280 m　　　[23°25′N　104°15′E]

中国南西部，ユンナン（雲南）省南東部，文山族自治州の県級市で州政府所在地．市政府は開化街道に置かれている．2010年に文山県から市制へ移行した．少数民族人口が5割強を占めるが，多数民族は漢族であり，チワン（壮）族が全体の2割，イ（彝）族が2割弱，ミャオ（苗）族が1割である．県内を北回帰線が通過し亜熱帯湿潤気候に属するが，居住地は標高が約1000～2000 mと高く，四季の違いが明確でなく温暖な気候に恵まれる．農業が盛んで米，トウモロコシ，小麦以外にも，サトウキビ，タバコ，ソバ，麻，ヒマワリなどを生産する．特産品である漢方生薬のサンシチ（三七）の生産は，中国で最も多く品質もよい．カルスト地形が発達し鍾乳洞が多く，風景名勝の老君山や少数民族の存在をアピー

ルして観光客の誘致を試みている.

[松村嘉久]

ウェンシャン自治州　文山自治州
Wenshan
中国

ウェンシャンチワン族ミャオ族自治州　文山壮族苗族自治州 (正称)

人口：351.8万 (2010)　面積：32239 km²
[23°23′N　104°17′E]

　中国南西部，ユンナン(雲南)省南東部の自治州.地区クラスの民族自治地方で，東はコワンシー(広西)チワン(壮)族自治区，南はベトナムと隣接する.ベトナムとの国境は438 kmに及ぶ.1958年に文山チワン族ミャオ(苗)族自治州となった.少数民族人口が6割弱を占め，チワン族が3割弱，ミャオ族が1割強，そのほかにイ(彝)族，ヤオ(瑶)族なども住む.チワン族は東部に多く，ミャオ族は西部に多い.現在，州政府の置かれている文山市のほか，イエンシャン(硯山)，シーチョウ(西疇)，マリポ(麻栗坡)，マークワン(馬関)，チウペイ(丘北)，コワンナン(広南)，フーニン(富寧)の7県を管轄する.国の第8次5カ年計画では，文山市も含めてこのすべてが貧困地帯に指定された.

　カルスト地形が発達している地域で，カルスト奇観や鍾乳洞も多い.亜熱帯湿潤気候に属し，標高の低い盆地部の農村では二期作から三期作が可能である.米，トウモロコシなど主食類のほか，タバコ，サトウキビ，バナナ，パイナップルなども生産する.山間地では漢方生薬のサンシチ(三七)の生産が盛んである.工業は水力発電と地下資源採掘が中心であるが，製薬業の育成を試みている.大メコン圏(GMS)構想の下，ベトナム国境沿いの天保での陸路貿易ほか，ベトナムとの交易拠点が整備された.ホンホー(紅河)自治州のカイユワン(開遠)市から東に延びる高速道路が，南へ延長されてベトナムへと抜け，経済発展の契機をつかんだ.

[松村嘉久]

ウェンシュイ県　文水県　Wenshui
中国

受陽県，大陵県，武興県，平陵県 (古称)

人口：42.8万 (2013)　面積：1376 km²
降水量：450 mm/年　[37°26′N　112°01′E]

　中国中北部，シャンシー(山西)省中西部，リュイリャン(呂梁)地級市の県.タイユワン(太原)盆地の西部に位置する.春秋時代以来，県名は平陵，大陵，受陽，文水，武興などに改称されてきた.7鎮，5郷を管轄し，

県政府は鳳城鎮にある.地形は西高東低で，東部は標高が800 m以下の平野で，都市と人口が密集し，豊かな穀倉地帯である.西部は標高1700 m以上の山地で，主峰のウーロン(五竜)廟は2106 m.フェン(汾)河，ウェンユー(文峪)河などがある.大陸性半乾燥気候に属する.小麦，コーリャン，アワなどが栽培され，石炭，鉄鉱石などを産する.文水は女帝武則天の出身地として有名である.

[張　貴民]

ウェンチャン区　温江区
Wenjiang
中国

万春 (古称)

人口：49.6万 (2015)　面積：277 km²
[30°42′N　103°50′E]

　中国中西部，スーチュワン(四川)省中部，チョントゥー(成都)副省級市の区.青羊区の西に隣接する.区政府はリウチョン(柳城)鎮に置かれる.かつて古蜀の魚鳧王朝の王都であった.西魏の恭帝2年(555)に温江県が設立され，隋代に万春県に改名，のちに郫県に編入される.唐代初頭に万春県と改名，貞観年間にふたたび温江となった.2002年に温江区となった.県内の河川はミン(岷)江水系に属する.食品，機械，電子，紡績，化繊，建材などの工業が主体で，稲，小麦，ナタネ，ニンニク，野菜，苗木の栽培や家禽の飼養がこれに次ぐ.

[奥野志偉]

ウェンチャン市　文昌市
Wenchang
中国

紫貝県 (古称)

人口：55.5万 (2015)　面積：2403 km²
気温：24.3℃　降水量：1843 mm/年
[19°33′N　110°48′E]

　中国南部，ハイナン(海南)省北東部の県級市.前漢の武帝元封元年(紀元前110)に紫貝県として設置され，唐の貞観元年(627)に文昌に改称，1995年に市になった.17鎮を管轄し，市政府は清瀾開発区に置かれる.陸地の8割以上が標高50 m以下の台地平野である.湿潤熱帯平野の好条件にもかかわらず，台風の常襲による植生の破壊とアルカリ性の砂質土壌のため，耕作農業の生産性が低い.海南島の産出量の4割を占めるココヤシ栽培，200 km以上の海岸線で営む近海漁業と養殖，隣接するハイコウ(海口)に出荷する冬季野菜栽培が経済の支柱である.20世紀の民国革命と共産革命にかかわった活動家が多く，中央政権の中枢を支える幹部を多数輩出

したことで有名.現代史の著名人である宋氏3姉妹(孫文夫人の宋慶齢，孔祥熙夫人の宋藹齢，蒋介石夫人の宋美齢)の故郷でもある.また，海外に120万以上の華僑を送り出しているとされている.ちなみに東南アジアで有名なハイナンチキンライスの発祥地である.将軍の故郷，華僑の故郷，文化の故郷の別名がある.

[許　衛東]

ウェンチュワン県　汶川県
Wenchuan
中国

ぶんせんけん (音読み表記)

人口：9.8万 (2015)　面積：4084 km²
[31°30′N　103°35′E]

　中国中西部，スーチュワン(四川)省中北部，アーバー(阿壩)自治州の県.人口のうちチャン(羌)族が28.3％を占める.県名はウェン(汶)水(現在のミン(岷)江)に由来する.前漢の時代に綿虒県が置かれ，西晋において名称を現在の汶川と改名した.北宋熙寧9年(1076)に威戎軍が配置された.南宋には茂州に属し，以降元，明，清代を経た.1955年以降は現在の自治州に属している.川西北高原に位置し，西に標高6250 mの幺妹山を擁する.文化面ではチャン族独自の舞踊である羊角花がみられる.2008年に起こった四川大地震の震源地であり，甚大な被害を受けた.

[石田　曜]

ウェンチョウ市　温州市　Wenzhou
中国

東甌 (古称) /うんしゅうし (音読み表記)

人口：911.7万 (2015)　面積：11784 km²
[28°00′N　120°42′E]

　中国南東部，チョーチャン(浙江)省南東部の地級市.浙南地区における経済，文化，交通の中心であり，中国における14の沿海開放都市の1つ，18の港湾都市の1つである.東は東シナ海に面し，北はタイチョウ(台州)市，西はリーシュイ(麗水)市，南はフーチェン(福建)省ニンドゥ(寧徳)市と接する.古くはこの地は甌とよばれており，越族によって東甌国が建てられていた.ここに後漢代，永寧県が置かれ立県の始まりとなった.その後，南北朝期に南方の開発が進むとともに，郡県の設置も進んだ.唐上元2年(675)広域行政区として温州が置かれ，それ以後清末まで州名も境域も変化がなかった.1949年温州市と温州専区(地区)を設けたが，81年に温州地区が廃止され，温州市に統合されて地級市となった.現在，鹿城，竜湾，甌海，ト

ントウ(洞頭)の４区，ルイアン(瑞安)，ユエチン(楽清)の２県級市，およびヨンチャ(永嘉)，ピンヤン(平陽)，ツアンナン(蒼南)，ウェンチョン(文成)，タイシュン(泰順)の５県を管轄する．市政府所在地は鹿城区である．

温州市は東南沿海の中心に位置し，河川港と海湾港両方をそろえた天然の良港で，北はチャン(長)江三角州経済圏，南は福建省フーチョウ(福州)や台湾のカオシオン(高雄)，キールン(基隆)を視野に入れた海運の中心で，コンテナ取扱港として全国有数の規模をもつ．温州竜湾国際空港は国内各地への航空路を設けているほか，ホンコン(香港)やマカオ(澳門)への航空路もある．温州とチンホワ(金華)を結ぶ金温鉄道は，中国最初の第３セクター方式で運営される鉄道である．このほか首都ペキン(北京)，シャンハイ(上海)，ナンキン(南京)，ハンチョウ(杭州)など全国へ直通列車が走っている．

温州は個人企業と株式会社が一体となって市場経済を発展させるという温州モデル発祥の地である．その結果，独特な展開を遂げ，未曾有の成功を収めた．とくに小規模な家内工業によって安価な製品を大量につくり，これを全国ネットワークを通じて販売するという方式で，ボタン，ライター，眼鏡などの世界的な大生産地となった．経済作物には茶，ミカン，ヤマモモ，サトウキビなど160種類以上がある．西部の山地は大量の林木や動植物の資源に恵まれている．温州は広い海域をもち，洞頭，南麂，楽清湾などの漁場がある．水産物には，タチウオ，フウセイやキグチ，ナマズなど370種類以上がとれる．浅い渓谷や砂浜では，おもにエビ，カニ，アゲマキガイ，ハマグリなどを養殖している．

温州は風景がすぐれ，雁蕩山と楠渓江などの国指定の重点名勝区，烏岩嶺，南麂島の２つの国立自然保護区を有している．また，仙岩，瑶渓，賽寮渓，玉蒼山などの名勝区があり，明代に倭冠防衛のために設けられた蒲壮所城，永昌堡，孫詒讓の書庫である玉海楼，その他豪族の屋敷などの歴史的建造物がある．　　　　　[谷 人旭・秋山元秀]

ウェンチョン県　文成県
Wencheng
中国

人口：36.8万 (2002)　面積：1293 km²
[27°47′N　120°05′E]

中国南東部，チョーチャン(浙江)省南東部，ウェンチョウ(温州)地級市の県．民国代に文成県が置かれ，1958年にルイアン(瑞

安)県に合併，61年にもとに戻った．9鎮(うち1は民族鎮)，1民族郷を管轄し，県政府は大峺鎮にある．北西部が高く中南部が低い地勢である．電力，化学工業，計器，機械製造，紡織，電機，印刷，建築材料，醸造，製薬，食品，陶磁器，竹加工などの工業が展開されている．埋蔵鉱産物はマンガン，ウラン，ロウ石，蛍石，花崗岩などがある．とくに花崗岩は品質がよく，日本に輸出されている．農作物には稲，サツマイモ，麦，豆類，落花生，ナタネ，オオアブラギリ，孟宗竹，ナンキンハゼなどがある．名産品として茶，桑，竜須むしろ，南田梨，樟台桃，ブンタンなどがあげられる．有名な観光スポットには南田，雲居寺などがある．　　[谷 人旭]

ウェントワース　Wentworth
オーストラリア

人口：0.1万 (2011)　面積：74 km²　標高：35 m
降水量：287 mm/年　　　[34°06′S　141°54′E]

オーストラリア南東部，ニューサウスウェールズ州南西部，ウェントワース行政区の都市で行政中心地．行政区の面積は2万6269 km²と比較的広大で，人口6609 (2011)を擁する．地名は，州の政治家，探検家のウィリアム・チャールズ・ウェントワースの名に由来して1859年につけられた．気候は乾燥し，最暖月の最高気温は約33℃，最寒月の最低気温は約5℃を示す．このような気候を反映して，町の周辺には牧羊地帯が広がり，灌漑による柑橘類やブドウの栽培，ワイン醸造が盛んに行われている．町は，南流するダーリング川と東流するマレー川との合流点に立地する．マレー川はヴィクトリア州との州境をなし，ヴィクトリア州側のミルデューラは南約25 km，また，サウスオーストラリア州との州境は西約100 kmと近い．

もともと先住民 Kureinji の居住地であったが，探険家チャールズ・スタートによって，ダーリング川とマレー川の合流点が1830年に発見された．その後ヨセフ・ホードンとチャールズ・ボニーが，ニューサウスウェールズからサウスオーストラリアのアデレードへ向かう途中，牛を引き連れて1838年に両河川の合流点に到達した．そのルートはのちの人びとにも利用され，1840年代にはホードンの浅瀬とよばれ，ニューサウスウェールズからアデレードへ向かう者の宿営地として一般的になった．また，合流点付近には土地の不法占拠が拡大したが，1840年代の中頃までにその合流点はマクロード McLeod の渡河地点として居住地となった．

1853年になると汽船が到着し，町は広大なアウトバック(オーストラリアの人口希薄な内陸部)への入口として注目を浴びるようになった．1859年6月に町となり，79年1月に自治体を宣言した．この間，町は州南西部からの羊毛を扱う国内最大の河港の1つとなった．1890年代には植民地間貿易のセンターもあったが，河川交通の衰退とともにその重要性は失われた．しかし現在も，町は外輪船やハウスボートなどによる川船のクルージング，マンゴ国立公園，ユネスコの世界遺産(複合遺産)にも登録されているウィランドラ湖群地域など，アウトバックへ向かう玄関口として人気を保っている．　　[藁谷哲也]

ウェントン区　文登区　Wendeng
中国

人口：58.1万 (2115)　面積：1615 km²
気温：11.1℃　降水量：814 mm/年
[37°11′N　122°03′E]

中国東部，シャントン(山東)省東部，ウェイハイ(威海)地級市の区．山東半島に位置する．北斉の時代に県が設置され，1988年に市，2014年に区となった．3街道，12鎮，2開発区を管轄し，区政府は天福街道にある．地名は文登山に由来する．丘陵地が約60％を占める．北西部の泰礴頂(標高923 m)が区内の最高峰である．おもな作物は小麦，トウモロコシなどであり，花崗岩が豊富で，地熱資源もある．ホワン(黄)海に面しているため水産業が盛んなほか，リンゴと落花生の名産地でもある．　　[張 貴民]

ウェンユワン県　翁源県
Wengyuan
中国

人口：40.0万 (2015)　面積：2175 km²
気温：20.4℃　降水量：1778 mm/年
[24°21′N　114°08′E]

中国南部，コワントン(広東)省北部，シャオクワン(韶関)地級市の県．チュー(珠)江の支流，ウェン(翁)江の水源地が域内にあることから名づけられた．県政府所在地は仙竜鎮．梁の時代(554)に県制が敷かれ，省では最も古い県の1つである．古くから移住してきた客家(ハッカ)が多く，外敵を防御するために考案した伝統的密集型高層住居群，湖心壩客家群楼蒸茅嶺八卦大囲は観光名所の1つになっている．県内の鉱物資源と林産物は豊富である．　　[許 衛東]

ウェンリン Wenling ☞ チュワンチョウ市 Quanzhou

ウェンリン市　温嶺市　Wenling

中国

太平県 (古称)

人口：121.5万 (2015)　面積：836 km²

[28°22′N　121°21′E]

　中国南東部，チョーチャン(浙江)省の南東部，タイチョウ(台州)地級市の県級市．西側は東シナ海に臨んでいる．1914年に太平県から温嶺県となり，94年に市となった．5街道，11鎮を管轄し，市政府は太平街道にある．地勢は西南から東へ標高が低くなっていく．機械，電力，化学，製薬，食品，醸造，建材，綿織物，製茶，印刷などの工業がある．江厦潮汐発電所は世界で最大の潮汐発電実験所の1つである．手工業品の草編み，刺繍レース，刺繍クロスが海外に輸出されている．青石が豊富である．水産業が盛んであり，タチウオ，イカ，ナメクジウオなどがとれ，カキ，クルマエビ，昆布，ムラサキノリが養殖されている．農作物には稲，サツマイモ，麦，綿花，サトウキビ，ナタネなどがあり，柑橘類が特産である．畜産も盛んで温嶺高峰牛などが知られる．観光スポットには長嶼硐天，方山，文筆塔などがある．甬台温鉄道(ニンポー(寧波)〜台州〜ウェンチョウ(温州))や瀋海高速道路(シェンヤン(瀋陽)〜ハイコウ(海口))が通る．

[谷　人旭・小野寺　淳]

ウォウォニ海峡　Wowoni, Selat

インドネシア

幅：5 km　　　　　　　　　[4°17′S　122°59′E]

　インドネシア中部，スラウェシ島南東沖，南スラウェシ州の海峡．ウォウォニ島とスラウェシ島南東端，およびブトン島の間に位置する．スラウェシ島との距離はいちばん狭いところで5 kmである．　[冨尾武弘]

ウォウォニ島　Wowoni, Pulau

インドネシア

人口：2.2万 (2004)　長さ：34 km　幅：32 km

[4°07′S　123°06′E]

　インドネシア中部，スラウェシ島南東端沖，南スラウェシ州の小島．ブトン島の北に位置する．人びとはオーストロネシア語族に含まれるウォウォニ語を話し，宗教はイスラーム教スンニ派が95%を占めているが，土着の精霊信仰もなお盛んである．生業は焼畑によるトウモロコシ栽培のほか，イモや各種野菜，タバコやコーヒーも栽培している．住居は高床式で草葺きの高い屋根をもち，焼畑の間に点在するように住む．スラウェシ島の他民族同様，社会は貴族，平民，奴隷の階層に分かれている．結婚の風習として，男性は婚約の際と結婚の際に女性の家族に婚資を払う．この金額は男性の社会的地位による．結婚に先立ち男性は一定期間女性の両親に仕えることが求められるが，それを避けようと高い確率で駆け落ち結婚にいたる．[冨尾武弘]

ウォーカー山脈　Walker Pegunungan

マレーシア

標高：1943 m　長さ：54 km

[4°50′N　115°46′E]

　マレーシア，カリマンタン(ボルネオ)島北部，サバ州の山脈．サラワク州東部のイラン山脈に続く山脈で，州内では最も西方に位置する山脈の1つである．州北西部の主要山脈であるクロッカー山脈の南側に位置し，クロッカー山脈とその南側のウィティ山脈との間をそれらに平行して連なる．小規模な山脈で，山脈の平均標高はクロッカー山脈に比べればやや低い．ルマック Lamaku 山(標高1943 m)が山脈を代表する主要山岳である．クロッカー山脈との間には南シナ海に注ぐ河川が流れる．山脈の北東側には，地域の中心都市のテノムが立地する．　[生田真人]

ウォガ Wagga, Wahga, Wahgam ☞ ウォガウォガ Wagga Wagga

ウォガウォガ　Wagga Wagga

オーストラリア

ウォガ Wagga, Wahga, Wahgam (別称)

人口：5.2万 (2011)　面積：192 km²　標高：147 m

降水量：563 mm/年　　　　[35°07′S　147°22′E]

　オーストラリア南東部，ニューサウスウェールズ州南東部，ウォガウォガ行政区の都市で行政中心地．現在の行政区は，1981年にカイアンバ Kyeamba とミッチェル Mitchell 行政区が合併したものである．内陸にある都市では州最大の人口規模をもつ．州都シドニーからも，ヴィクトリア州の州都メルボルンからも約450 kmの等距離にあり，オーストラリア内陸部における農業，軍事，運輸のハブとして重要視される．地名の Wagga，または Wahga, Wahgam は，先住民ウィラージュリー(Wiradhuri)の言葉でカラスを意味する．言葉のくり返しは，複数または多いことを意味するため，Wagga Wagga はたくさんのカラスを意味すると考えられている．彼らの文化遺産の1つが，町の北3 kmにあるボメン Bomen 石斧採石場である．この場所でかつて玄武岩から石斧がつくられたことから，この採石場はウォガウォガ地域における先住民の文化，精神，歴史的な重要性をもつ場所となる．

　ヨーロッパ人の最初の訪問者は，1829年にこの地を探検したチャールズ・スタートである．その後，1832年にロバート・ベストが牧場を始めてから入植が加速し，49年に町として公示された．1858年になると，アルベリーから初めて蒸気船が遡上し，79年には鉄道も開通した．このように交通の要衝となったことから，町では家畜や小麦の生産などが行われるようになり，人口は1860年代に約700，81年までに3975へと増加した．一方，第2次世界大戦中は，フォレストヒル Forest Hill とウランクインティー Uranquinty に空軍基地と陸軍基地が置かれ，守備隊駐屯都市になった．戦後の1946年には市となり，市街地は南に拡大した．現在町の北に位置するボメンには，国内最大規模の家畜マーケットセンターがあり，年間50万頭の羊と13万頭の牛が売買されている．また，ここではシドニー，メルボルン，および首都キャンベラへのアクセスを生かしたビジネスパークの整備が進む．将来ウォガウォガは，立地条件を生かして道路と鉄道インフラの整備が加速し，その地位を向上させることが期待されている．

　1942〜2013年の気候統計によると，町の最暖月の平均最高気温は1月に31.7℃，最寒月の平均最低気温は7月に2.7℃となり年較差が大きい．年平均降水量は少ないが，マランビジー川上流での降雨により，しばしば洪水が生じていた．そこでマランビジー川の左岸側では，1960年代初頭以降に堤防の建設や氾濫原の埋め立てなどの洪水対策をとった．この結果，洪水のリスクはおもにマランビジー川の右岸側に限定されるようになった．町へは飛行機，列車，バスなどさまざまな交通手段で訪れることができる．列車の場合，シドニーとメルボルンを結ぶカントリーリンク鉄道によりそれぞれ約7時間を要する．中心部にあるウォガウォガ・アートギャラリーでは，リヴェリナ地方の作家を中心とするコレクションや，ガラスを使ったコレク

ションなどが豊富で，海外からの来場者も多い．　　　　　　　　　　　　　［藁谷哲也］

ウォークール川　Wakool River

オーストラリア

長さ：345 km　　　　　　［34°52′S　143°21′E］

オーストラリア南東部，ニューサウスウェールズ州南西部の川．マレーダーリング盆地のリヴェリナ地方西部を流れる．その流路はデニリクイン市街地の北西6 km付近で，マレー川の分流であるエドワード川からその左岸側へと分岐して西方に向かい，途中，ニームア Niemur 川など11ほどの小さな支流を合わせながら流れ下る．カイアライト付近でふたたびエドワード川と合流したのち，マレー川に合流する．　　　　　　　［落合康浩］

ヴォストーク基地　Vostok Station

南極

標高：3488 m　　　　　［78°28′S　106°49′E］

南極，東南極の基地．プリンセスエリザベスランドの内陸部にあるロシアの越冬観測基地で，旧ソ連時代の1957年に開設された．基地名は，ロシアの南極探険家ファビアン・ゴットリーブ・フォン・ベリングスハウゼンが最初に南極海を探検したときの旗艦の名称にちなんで命名された．基地は南半球の寒極に位置し，1983年7月21日に−89.2℃を観測した．これは地表における信頼できる世界最低気温である．また気温が0℃を超えたことは一度もない．南極大陸の到達不能極および南磁軸極の近くに位置し，地球の磁気圏の観測に最適の場所となっている．また，その他に気象観測，および氷床コアの掘削調査なども行われている．基地は他の南極観測基地から最も離れた場所に位置し，海岸部にある同国のミールヌイ基地から補給を受けている．基地には夏季に約25人，冬季には13人の隊員が観測を行っている．　［前杢英明］

ヴォゼ　Vose　　　　　　タジキスタン

カガノヴィチャバド　Kaganovichabad（旧称）/
コルホザバード　Kolkhozabad（旧称）/パイチュク　Paytok（古名）

人口：1.3万（1991）　　　［37°48′N　69°38′E］

タジキスタン南西部，ハトロン州の町．ヴァフシ渓谷にあり，州都クルゴンテパの東29 km，クリャブの南西20 km，アフガニス

タン国境の北25 kmに位置する．綿花，果物，野菜，岩塩を産し，金属加工などが盛んで，1930年代に発展した．1935年まではパイチュク，57年までカガノヴィチャバド，91年までコルホザバードとよばれ，現名称となった．　　　　　　　　　　［木村英亮］

ウォッジ環礁　Wotje Atoll

マーシャル諸島

人口：0.1万（2011）　面積：8.2 km²
　　　　　　　　　　　　　［9°26′N　170°00′E］

北太平洋西部，ミクロネシア，マーシャル諸島の環礁．首都マジュロのあるマジュロ環礁の北北西約290 km，ラタック列島中部に位置する．マーシャル諸島共和国北東地区の主島である．第2次世界大戦中は日本軍の基地があり，その後，連合国側からの激しい空爆を経験した．負傷，病気，自殺，飢餓などにより，3300人の日本兵のうち約1700人しか生還しなかった．　　　［柄木田康之］

ウォッシュダイク　Washdyke

ニュージーランド

人口：0.1万（2013）　　　［44°21′S　171°14′E］

ニュージーランド南島，カンタベリー地方の町．ティマル地区，ティマルの北5 kmに位置する．河成堆積平野の東縁部にあたり，一帯は野生動物保護区となっている．ウォッシュダイクラグーンに注ぐウォッシュ Wash クリーク河岸にある．郵便局，小学校，ホテルがある．おもな産業は農業である．地名は，付近で毛刈りの前に羊を洗うために川をせき止めたジョージ・ローズにより命名された．　　　　　　　　　　　　　［太田陽子］

ウォーデンヴァレー　Woden Valley

オーストラリア

人口：3.5万（2014）　面積：29 km²
　　　　　　　　　　　　　［35°20′S　149°05′E］

オーストラリア南東部，首都特別地域，首都キャンベラ市南東部郊外の地区．キャンベラの中心市街地であるシティセンターだけに依存しない独自の商業中心，雇用，住宅地区を備えたキャンベラ最初の衛星都市として1964年に建設された．12の住宅区（サバーブ）を擁し，中心にあるウォーデンタウンセンターにはショッピングモールやオフィスのほか，キャンベラ病院，特許庁などが立地している．ウェストンクリークに接する北西地

区は，しばしば山火事の被害を受けている．
　　　　　　　　　　　　　［葉　倩瑋］

ウォト環礁　Wotho Atoll

マーシャル諸島

人口：97（2011）　面積：4.3 km²
　　　　　　　　　　　　　［10°05′N　165°50′E］

北太平洋西部，ミクロネシア，マーシャル諸島の環礁．首都マジュロのあるマジュロ環礁の北西約680 km，ラリック列島北部に位置する．アメリカ海軍統治時代の1946年，ビキニ環礁で行われた核実験クロスローズ作戦のため，当時の島民は強制移住を余儀なくされた．また，1954年の水爆ブラボーの爆破実験では，被爆は公式には認められていなかったが，78年，アメリカ合衆国エネルギー庁の調査で中程度の被爆が報告されている．　　　　　　　　　　［柄木田康之］

ウォード　Ward　　　ニュージーランド

人口：0.1万（2013）　　　［41°50′S　174°08′E］

ニュージーランド南島，マールバラ地方の町．マールバラ地方の太平洋側の内陸部，ピクトンの南東72 kmに位置する．国道1号が町を通っている．集落北部にエルタウォーター湖があり，フラクボーン川の支流が集落の北を流れ，南東の太平洋に流れ込んでいる．1847年にフラクボーン駅が開かれ，そこからの支線が1905年に敷かれ，集落が形成された．　　　　　［植村善博・太谷亜由美］

ウォード山　Ward, Mount

ニュージーランド

標高：1719 m　　　　　　［45°37′S　167°11′E］

ニュージーランド南島南西部，サウスランド地方の山．タウンレイ Townley 山地中，マナポウリ湖の南西に位置する．古生代の地層からなる．地名はユリウス・フォン・ハーストにより命名された．　　　　［太田陽子］

ウォドンガ　Wodonga　オーストラリア

人口：3.6万（2011）　面積：433 km²
　　　　　　　　　　　　　［36°07′S　146°53′E］

オーストラリア南東部，ヴィクトリア州北東部の都市．シドニーと州都メルボルンを結ぶヒュームハイウェイと，州北部をマレー川に沿って東西に横断するマレーヴァレーハイ

ウェイの交差地点に位置する，州北東部の中心都市である．ニューサウスウェールズ州との州境にあり，ここからマレーヴァレーハイウェイを東方に向かえば，オーストラリアアルプスを越えて首都キャンベラへも通じている．近くにはヒューム湖があり，市民の憩いの場となっている．マレー川対岸のニューサウスウェールズ州アルベリーとは双子都市を形成する．1974年に当時のゴフ・ウィットラム政権により，大陸内部のアルベリー・ウォドンガ開発が計画され，2000年までに30万の定住人口を見込んだ．しかし，実際には両都市合計の人口は7万程度であり，企業の集積はあまりみられない．町は小規模な商業中心にとどまっている．　　　　［堤　純］

ウォーナンブール　Warrnambool

オーストラリア

人口：3.2万 (2011)　面積：121 km²
[38°23′S　142°30′E]

オーストラリア南東部，ヴィクトリア州南西部の町．州都メルボルンの南西約250 kmに位置する港町である．ジーロングから西方に延びるプリンセスハイウェイは町で海岸沿いに出る．この町の起源は捕鯨基地として開かれた港である．周囲の海域は波が荒く，多くの難破船が沈む中，レディー湾内の良港として発展した．現在では商業，工業ともに盛んであるが，海辺の閑静な雰囲気をあわせもつ．夏には海のレジャー拠点として多くの観光客が集まるほか，ディーキン大学のキャンパスがあり賑やかである．　　［堤　純］

ウォノギリ　Wonogiri

インドネシア

人口：92.9万 (2010)　面積：1822 km²
[7°48′S　110°56′E]

インドネシア西部，ジャワ島中部，中ジャワ州の県および県都．州都スマランの南南東155 kmに位置する．県都の人口は7.7万(2010)である．県域は北はスコハルジョトゥンガ県とカランアニャル県，東はカランアニャル県と東ジャワ州ポノロゴ県，南は東ジャワ州パチタン県とインド洋，西はジョクジャカルタ特別州に囲まれている．生業は農業で，県全体の水田面積は312 km²，畑は600 km²である．農作物の輸出は16億1800万ルピアで，そのうち12億6300万ルピアをメテ豆が占め，ブルネイ，シンガポール，マレーシアに輸出している．しかしジャワ島南海岸に延びる石灰岩質のグヌンキドゥル山地に連なるため乾燥した岩石地も多く，都市へ

の出稼ぎが多い．その数は毎月平均8.4万人(うち53.4％は男性)にものぼる(2001)．

ウォノギリといえば人造湖ガジャムンクルが有名である．市街の西6 kmにあり，1981年に建設された．灌漑用としてはむしろスコハルジョトゥンガ県やカランアニャル県に利用され，ウォノギリ県では漁業用に利用されている．同時に国内観光客向けのスポットにもなっている．ウォノギリ県は，オランダ領時代はスラカルタ王侯領の1つで，いわゆるスラカルタ地方に含まれた．とくに1757年にスラカルタ王家＝ススフナン家から分立したマンクヌゴロ家の所領であり，現在でも県の行事でマンクヌゴロ家のプソコ(宝物)巡回などが行われることがある．　　［冨岡三智］

ウォノサリ　Wonosari

インドネシア

人口：7.9万 (2010)　[7°57′S　110°36′E]

インドネシア西部，ジャワ島中部南海岸，ジョクジャカルタ特別州グヌンキドゥル県の町で県都．州都ジョクジャカルタの南東35 kmに位置する．地名は，美しい森の意だが，名前とは裏腹に自然条件は厳しい．ジョクジャカルタ以南の海岸線沿いには東西にグヌンキドゥル山地が通り，150～700 mの無数の岩山と石灰台地が広がっている．石灰質の地質のため，乾季には土地がカラカラに乾燥してひび割れる．雨季の11月から2月にかけて陸稲が一度つくられるのみで，ジャワの代表的な光景である豊かな水をたたえた水田やその間に広がるヤシ林といったものはまったくみられない．ジャワでも有数の貧困地帯で，都会への人口流出が激しい．また町は芸能ワヤン・ベベルが残っていることで有名である．これは絵巻物をくり延べながら1人の語り手が各場面を語ってゆくもので，単なる上演だけでなく魔除けや病除けなどの儀礼としても上演される．スクリーンを使った影絵(ワヤン)になる以前の古い形態だとされ，とくにワヤン・ベベル・ウォノサリとよばれることもある．　　［冨岡三智］

ウォノジョヨ　Wonojoyo

インドネシア

[7°50′S　112°04′E]

インドネシア西部，ジャワ島中部南岸，東ジャワ州クディリ県の町．州都スラバヤの南西119 kmに位置する．2008年にはマジャパヒト時代の遺物とみられる石製のリンガヨニ像や水差しなどが出土した．　　［冨尾武弘］

ウォーバートン　Warburton

オーストラリア

人口：0.2万 (2011)　面積：54 km²
[37°49′S　145°44′E]

オーストラリア南東部，ヴィクトリア州中央部の都市．州都メルボルンの東約60 km，ヤラ丘陵国立公園内に位置する．ヤラ川上流にあたり，1880年代にはゴールドラッシュにわいたが，その後は観光都市化した．町より上流のヤラ川は美しい渓谷美をなす．町は，かつては一大林業山地の中心都市でもあった．　　　　［堤　純］

ウォーバートン川　Warburton Creek

オーストラリア

長さ：260 km　[27°54′S　137°11′E]

オーストラリア南部，サウスオーストラリア州北東部の川．シンプソン砂漠南部を北東から南東に流れる．しばしば干上がるゴイダーラグーンとよばれる湿地からエア湖の北湖 Lake Eyre North までを流れる．通常，水は流れていない．しかし，涸れた川の川床には無数の水たまりがみられる．また流域には，いたるところに塩湖が散在する．なお，ゴイダーラグーンの上流は，クイーンズランド州から流れ下るダイアマンティーナ川である．　　　　［片平博文］

ウォーホープ　Wauchope

オーストラリア

人口：0.6万 (2011)　面積：18 km²
[31°28′S　152°44′E]

オーストラリア南東部，ニューサウスウェールズ州北東部，ポートマクウォーリーヘースティングズ行政区の町．その市街地は，海岸部のポートマクウォーリーから西の内陸へ，オクスリーハイウェイ沿いに20 kmほど入ったところにあり，ヘースティングズ川の南岸に位置している．州都シドニーの北北東約400 kmにあって，鉄道のノースコースト線が通じている．地名は，1836年にこの地に土地を購入して家を建てたロバート・ウォーにちなんだものである．古くからの木材産地で，その用材はシドニーのオペラハウス建設にも使用されている．現在はチーズやワイン，有機栽培の果物，野菜などの生産でも有名で，毎月第4土曜日にはヘースティングズ・ファーマーズマーケットが開かれ地元住民や観光客で賑わう．　　［落合康浩］

ウォラウォラ　Walla Walla

オーストラリア

人口：0.1万 (2011)　面積：316 km²
[35°46′S　146°54′E]

オーストラリア南東部，ニューサウスウェールズ州南東部，グレーターヒューム行政区の町．アルベリーの北約40kmに位置する．古くは先住民ウィラドゥリ (Wiradjuri) の居住地域であり，地名もその言語に由来するが意味は定かでない．1845年には入植地がみられ，68年にバロッサヴァレーから56世帯のルター派のドイツ人が入植して，69年に町が成立した．州最大のルター派教会の所在地であり，州唯一のルター派の中等学校であるセントポールカレッジがある．　[落合康浩]

ウォラガル　Warragul

オーストラリア

ワラグル（別表記）

人口：1.4万 (2011)　面積：66 km²
[38°11′S　145°56′E]

オーストラリア南東部，ヴィクトリア州南東部の都市．州都メルボルンの南東約100kmに位置し，プリンセスハイウェイ上の要衝である．一帯は，メルボルンへの牛乳供給拠点として広大な酪農地帯が広がっており，関連する乳加工工場なども多数立地している．プリンセスハイウェイや幹線鉄道が市内を横断しており，商業中心地としての機能もあわせもつ．　[堤　純]

ウォラク山　月岳山　Woraksan

韓国

標高：1094 m　[36°53′N　128°06′E]

韓国中部，チュンチョンブク（忠清北）道の山．チェチョン（堤川）市域の南端，キョンサンブク（慶尚北）道ムンギョン（聞慶）市との境界近くに位置する．ソベク（小白）山脈の北斜面にあたる．頂上付近は花崗岩の裸岩が連続して露出する厳しい山貌である．多くの渓谷，瀑布など名勝に恵まれ，1984年に国立公園に指定された．東麓に神勒寺がある．
[山田正浩]

ウォラター　Waratah

オーストラリア

人口：298 (2011)　面積：2387 km²
降水量：2182 mm/年　[41°28′S　145°34′E]

オーストラリア南東部，タスマニア州北西部の町．ビショップ Bischoff 山のスズ採掘によって栄えた地域である．スズは1871年に発見され，93年まで放水路により抽出されていたが，その後は1947年まで採掘による抽出が断続的に行われた．国内でも最も年平均降水量の多い地域の1つである．スズ採掘に使用する水は河川から放水路を引くことで得ている．　[有馬貴之]

ウォラックナビール
Warracknabeal

オーストラリア

人口：0.3万 (2011)　面積：1190 km²
[36°17′S　142°25′E]

オーストラリア南東部，ヴィクトリア州西部の都市．ワイパーフェルド Wyperfeld 国立公園の近く，ヘンティハイウェイとボルングハイウェイの交差地点付近，州都メルボルンの北西約380 kmに位置する．広大な小麦栽培地域の中心都市である．地名は，アボリジニの言語で水辺を隠す広大なユーカリの森を意味する．　[堤　純]

ウォラルー　Wallaroo

オーストラリア

人口：0.3万 (2011)　面積：44 km²
[33°56′S　137°36′E]

オーストラリア南部，サウスオーストラリア州南東部の町．ヨーク半島北西部のスペンサー湾に臨み，州都アデレードの北西158kmに位置する．かつては銅の採掘，精錬とその積出しで賑わった鉱山町であった．いまはむしろ農業の中心地で，半島屈指の港町としても知られる．また，肥料用のリン酸塩の加工，製造も盛んである．この付近に初めてやってきたヨーロッパ人は探検家として知られているマシュー・フリンダーズ (1774-1814) で，探検されたのは1802年3月のことであった．アボリジニはこの地を Wadlawaru（ワラビーのおしっこの意）とよんでいた．地名はそこから変化して Walla Waroo となったが，ウールを運ぶ貨物箱にその地名を刷り込むのはあまりにも長いと見なされたため，現名称に改められたという．
ウォラルー付近に入植が進んだのは1851年のことで，羊の放牧地として周囲約270 km²の土地が開かれたことに始まる．この地が大きく脚光を浴びるのは，1851年と61年に銅鉱が発見されてからである．1861年には町がつくられ，翌62年に公布された．1861年に早くも精錬所が建設されると，イギリスのコーンウォール Cornwall 地方から数千人ものコーニッシュとよばれる鉱山労働者が相次いでやってきた．人口は1865年までに約3000に達し，1900年までに4000まで増加した．彼らを運んできた船が到着する桟橋は，1861年に建設されたが，同時に桟橋からは建築用の木材や石炭，機械類，食料品なども運び込まれた．かわりに，そこからは銅鉱や銅のインゴットなどが運び出されていった．銅鉱は，近くのカディナやムーンタでも発見され，ウォラルーを合わせた3つの町は，小コーンウォールのトリオとよばれた．1870年までには，精錬所内やその周囲と鉱山，カディナなどとを結ぶ馬車鉄道が網羅的に敷かれ，鉱石や製品を運んでいた．1891年から1902年までは，ウェスタンオーストラリアから金鉱，ニューサウスウェールズのブロークンヒルやタスマニアから銀鉱を運び入れての精錬も行っていた．1870年代から90年代にかけて，ウォラルーの精錬所の四角い煙突の数は14～15本にも達していた．その頃には，精錬に従事する大量のウェールズ人が移り住んでくるようになり，町ではウェールズ語が用いられ，さながらウェールズの町のような雰囲気となった．
ウォラルーの活気にかげりの兆しが現れてくるのは，1890年代，町の北90 kmのスペンサー湾奥にあるポートピリーに大きな精錬所が建設されてからである．1920年代初期には銅の国際価格が大きく下落し，23年になって精錬所は閉鎖された．閉鎖される直前にあたる1920年代初期の人口は5000にも達していた．かつて銅をはじめとする鉱産資源を積み出していた港は，いまでは小麦や大麦をはじめとする穀物の積出港となって存続している．現在の桟橋は，1861年から数えて3代目となるが，その長さは863 mもあり，ばら積みで貨物船に積み込める機能ももっている．また桟橋は，1971年から釣り人の立ち入りが許された．町中には，1860年代に建設された旧郵便局，裁判所，教会，ホテルなどが数多く残存する．かつて鉱業で栄えた町の歴史を振り返ることのできる博物館もある．　[片平博文]

ウォランバングル山脈
Warrumbungle Range

オーストラリア

標高：1206 m　長さ：50 km　幅：50 km
[31°20′S　149°00′E]

オーストラリア南東部，ニューサウスウェールズ州北東部の山地．古い火山の残骸がつくり出した山地で，最も近い町クーナバラブランの西約35 kmに位置する．山脈の一部はウォランバングル国立公園となっている．

山地のもとになった火山は，約1700万年前に噴火が始まった巨大な楯状火山である．その後，長年の差別的な侵食過程を経て火山体の複雑な内部構造が露呈した．エックスマス山（標高1206 m）ではかつての溶岩流，ブラフ Bluff 山では溶岩ドーム，高さ約90 mの岩壁をなすブレッドナイフ Breadknife は岩脈の名残である．

[藁谷哲也]

ウォリアルダ　Warialda

オーストラリア

人口：0.1万（2011）　　[29°32′S　150°34′E]

オーストラリア南東部，ニューサウスウェールズ州北東部，グワイダー行政区の町．州都シドニーの北約600 km，タムワースの北約190 kmに位置し，町中を走るグワイダーハイウェイでインヴァレルまでは東南東62 km，モーリーまでは西80 kmの道のりである．市街地は，グワイダー川支流のウォリアルダ川沿いに位置しており，中心部は川の左岸（南岸）側にある．地名は，天然の蜂蜜がとれる土地を意味する先住民の言葉に由来するといわれている．実際にこの地域にはデアルバータ（ユーカリの一種）の木が自生しており，その花からは良質の蜂蜜が採れる．

州北部地方の中では歴史の古い町の1つであり，1827年ハンターヴァレーからダーリング川へと向かう途中にこの地を通ったアラン・カニンガムは，逃げ出した受刑者たちが建てたとおぼしき小屋がこの地に建てられていたと書き記している．1840年頃には警察署が，48年には郵便局が開設されており，49年には町として官報に記載され，その2年後，町の人口は45と記録されている．当初はニューサウスウェールズ北西部の行政の中心地として発展し，1901年には鉄道が通じ，11年には町の人口が1762にまで増加している．以降もヤラロリ行政区の中心地として機能してきたが，2004年にヤラロリ行政区が隣接するビンガラ行政区と合併しグワイダー行政区が成立した際，行政機能の中心はビンガラへと移った．

周辺は小麦，モロコシ，大麦などの栽培と羊，肉牛の飼養が行われる混合農業地域となっており，町はそうした農村地域に対する商業，サービスの中心地になっている．また，イングランド教会，カトリック教会，長老派教会がそれぞれ立地している．

ポリオ治療法の開発者として名高い修道女エリザベス・ケニー（1880-1952）はこの町の出身であり，スチュワート通りにあるイングランド教会には，彼女に洗礼を施す際に使用された洗礼盤がいまも残されている．また，バラの代表的な品種ワラウィをつくり出したことで知られる園芸家オリーブ・フィッツハーディング（1881-1956）もこの町の出身である．町では毎年11月に，地名の由来にもなっている蜂蜜にちなんで，ウォリアルダ・ハニーフェスティバルが開催される．会場では地元の学生やダンスグループによる音楽・パフォーマンスがくり広げられるほか，地場産の農産物や加工食品，蜜蝋製品，宝飾品，手工芸品などを販売する店が並ぶ．フェスティバルのよび物は，地元の諸団体がそれぞれに制作した山車を引き回すパレードである．鉄道のウォリアルダ駅は1985年に閉鎖されたが，町からの定期的な公共交通として長距離バスが運行されており，インヴァレル，タムワースへは火曜日を除く毎日，また，グラフトンやモーリーへ通じる路線もある．長距離バスは，メインノース線のタムワースからシドニー行きの，ノースコースト線のグラフトンからブリズベン行きの鉄道に接続している．

[落合康浩]

ウォリス湖　Wallis Lake

オーストラリア

面積：99 km²　標高：0 m　長さ：25 km　幅：9 km

[32°18′S　152°30′E]

オーストラリア南東部，ニューサウスウェールズ州中央東部，ミッドコースト行政区の湖．クーロンゴロック Coolongolook 川，ウォーリンガット Wallingat 川，およびワランバ Wallamba 川などが合流してタスマン海に注ぐ河口部の海域が，沿岸州によって閉塞されて形成された潟湖である．平均水深は2.3 m．州都シドニーの北北東約300 kmに位置し，沿岸にはタンカリー，フォースター，グリーンポイント，クーンバなどの町がある．一帯はマリンスポーツの盛んな地域であり，また，海産物が豊かで，とりわけカキ養殖が有名である．湖の名称は，イギリスの第46連隊の栄誉ある兵士ジェームス・ウォリスにちなんだものである．

[落合康浩]

ウォリス諸島 Wallis Islands ☞ ワリー諸島 Wallis, Îles

ウォリック　Warwick

オーストラリア

人口：1.2万（2011）　面積：32 km²　標高：480 m

[28°13′S　152°02′E]

オーストラリア北東部，クイーンズランド州南東部，サザンダウンズ地域の都市．州都ブリズベンの南西約160 kmに位置する．高原にあり，コンダマイン川沿いに立地する．ダーリングダウンの商業中心地．製材業，乳製品製造業が主たる工業である．周囲は農牧業地帯で，酪農業，牧羊業，小麦，果樹および野菜，タバコの栽培が盛んである．州内陸部では，最も早く建設された町の1つである．1846年に初期の開拓者であるレズリー兄弟によって町の建設が始まり，47年にパトリック・レズリーによって，イギリスのコベントリー近郊の町にちなんで命名された．1871年には鉄道が敷設されるなど急速に発展した．1936年には市に昇格した．エリザベス2世記念バラ園があり，バラとロデオの街として観光振興をはかっている．

[秋本弘章]

ウォリントン　Warrington

ニュージーランド

オカフ　Okahu（マオリ語）

人口：450（2013）　　[45°43′S　170°36′E]

ニュージーランド南島南東部，オタゴ地方の町．ダニーディン地区の海岸沿い，ダニーディンの北東27 kmに位置する．おもな産業は農業である．ヨット，魚釣り，海水浴などのレクリエーション施設が整っており，小学校がある．地名は，トマス・ウォレンという英語の名前のマオリ人がここに住んでいて，その名前に由来するといわれるが確かではない．マオリ語ではオカフとよばれる．

[太田陽子]

ウォル島　Wor, Pulau

インドネシア

[0°38′N　128°32′E]

インドネシア東部，マルク（モルッカ）諸島，北マルク州の小島．ハルマヘラ島の東に開けたブリ湾南部に位置する．ハルマヘラ島は4本指のような形をしており，3つの湾によって区切られている．ブリ湾にはウォル島のほかにも小島が点在する．

[冨尾武弘]

ウォルカ　Walcha

オーストラリア

人口：0.2万（2011）　面積：3218 km²

標高：1070 m　降水量：750 mm/年

[30°59′S　151°35′E]

オーストラリア南東部，ニューサウスウェ

ールズ州北東部，ウォルカ行政区の町．オーストラリア最大の高原であるノーザンテーブルランドの南東端，州都シドニーの北北東425 km に位置する．町の標高が高いため，冬季7月の平均最低気温が−2.3℃まで下がり，夏季1月には平均最高気温が25.5℃まで上昇する．大規模な牧畜や林業が盛んで，牧草のおとぎの国として知られ，約94万頭の羊(メリノ種)と約9万頭の肉牛が飼育されている．とくに羊毛は品質が高く，国内だけでなく世界的にも良質な羊毛の1つである．また，南部では大規模な酪農が盛んで，年間500万 l (推定)の牛乳を生産している．東方にはアプスリー滝，南方にはオクスリーワイルドリヴァーズ国立公園などの観光資源がある．また，歴史的な建造物としては，1862年に建てられたセントアンドルーズ教会がある．　　　　　　　　　　　　[比企祐介]

ウォルグリーン海岸　Walgreen Coast
南極

[75°30′S　107°00′W]

南極，西南極の海岸．マリーバードランドにあり，アムンセン海の東半分(西経103〜114度)で大きく南に湾入した海岸地域である．1940年2月，アメリカの調査飛行で発見され，リチャード・バードおよびアメリカの極地探検の支援者を記念して命名された．この地域の地形図は，1959〜66年にアメリカ海軍によって撮影された空中写真と地上測量とからアメリカ地質調査所によって作成された．　　　　　　　　　　　[森脇喜一]

ウォルゲット　Walgett
オーストラリア

人口：0.2万 (2011)　面積：6566 km²
降水量：480 mm/年　　[30°02′S　148°06′E]

オーストラリア南東部，ニューサウスウェールズ州中央北部，ウォルゲット行政区の町で行政中心地．ニューカッスルの北西約500 km に位置する．バーウォン川とナモイ川の合流点近くのナモイ川沿いにあり，カミラロイハイウェイとカースルレイハイウェイがこの町で交差している．気候は，夏季が非常に暑いのが特徴であり，冬季は温暖で霜の降りることはまれである．夏季の最高気温が40℃を超えることも多く，1903年1月3日の49.2℃は，州内で観測された最高気温の記録である．年間を通じて，ほぼ平均して降水をみるが，夏の雨は強く降ることが多く，ときに激しい雷雨となることもあるのに対し

て，冬は一日降り続くようなことがあっても，概して降り方は弱い．

町に居住する人びとの4割以上は地元で生まれ育った先住民アボリジニであり，アボリジニの居住者が多数を占める地域である．地名は，2つの川が合流する地点を意味するアボリジニの言葉に由来するといわれる．郵便局の存在は1851年の記録にみられ，59年には町の区画のための測量調査が行われているが，それ以前からこの地域には不法占拠者が入り込み，牧畜を行っていた．この土地の区画割を実施した測量士のアーサー・デューハストは，町の地図を作成し，3つの主要道路をイギリスの首相の名にちなんで，それぞれピット通り，フォックス通り，ピール通りと名づけた．町の中には彼の名を冠したアーサー通りも存在するが，これはのちに別の測量士によって命名されたものである．1865年には町に裁判所が設立され，町が正式に成立したのは85年3月20日のことであった．

この町は19世紀の後半，マレー・ダーリング川を運航する外輪船の寄港地であった．外輪船が初めて寄港したのは1861年のことで，それ以降，70年頃までは定期的に就航していた．1876年，フレッド・ウォールスレーがこの地にユーロカ Euroka 農場を購入し，この農場で羊の毛を刈り取る機械を開発した．この機械は1888年，バークにおいて18万4000頭にのぼる羊の毛を刈り取った記録を残すなど，羊毛刈取りの作業効率を飛躍的に改善した．この地域のおもな作物は小麦であるが，もともと干ばつが起こりやすい地域でもあり，小麦が不作となるリスクを避けてアルファルファなど牧草栽培に転換する例が増加している．ウォルゲットよりカースルレイハイウェイで北約70 km にあるライトニングリッジの周辺は，オパールフィールドとよばれる世界的なオパール埋蔵地域であり，高品位のブラックオパールを産出することで知られている．　　　　　[落合康浩]

ウォールズオブジェルサレム国立公園　Walls of Jerusalem National Park
オーストラリア

面積：518 km²　　　[41°51′S　146°18′E]

オーストラリア南東部，タスマニア州中央部の国立公園．西部はクレイドルマウンテンレークセントクレア国立公園，東部はセントラルプラトー(タスマニア中央高地)保護地域に隣接し，ユネスコの世界遺産(複合遺産)に登録されている「タスマニア原生地域」の北

部に位置する．当公園の北側入口までは直線距離にしてデヴォンポートから南70 km，ロンセストンからは南西約80 km である．エルサレム山をはじめとする粗粒玄武岩の山々，タスマニア固有の高山植物や無数の氷河湖を有し，ハイカーやトレッカーに人気の国立公園である．　　　　　　　[安井康二]

ウォールセンド　Wallsend
オーストラリア

人口：1.2万 (2011)　面積：17 km²
[32°54′S　151°40′E]

オーストラリア南東部，ニューサウスウェールズ州中央東部，ニューカッスル行政区の町．州都シドニーの北北東約240 km に位置する．地名は，イングランド北部の炭鉱町に由来する．この地域は，ウォールセンドとプラッツバーグ Plattsburg の2つの鉱山町があったが，1915年にウォールセンドに統合された．採掘される石炭は非常に品質がよく，そのため町は商業の中心として栄えた．

[比企祐介]

ヴォールタート山地　Wohlthatmassivet
南極

ウォールタート山地　Wohlthat Mountains (英語)／ヴォールタート山地　Wohlthatmassiv (独語)

標高：2970 m　　　[71°35′S　12°20′E]

南極，東南極の山地．ドロンニングモードランドの海岸からおよそ200 km 内陸を，西経15度〜東経30度まで約1500 km にわたって東西に断続的に連なる山群のうち，東経11〜14度の山群の総称である．南緯71度10分〜72度10分にかけて標高1000 mから2500 mと高くなる氷床表面から多くのヌナタク(氷床から頂部が突き出た山)が屹立する．1939年1月，アルフレート・リッチャー率いるドイツ南極探検隊の水上機によって発見され，探検隊を組織するのに貢献した経済学者で国会議員のヘルムート・ヴォールタートを記念して命名された．これ以西のドロンニングモードランドの長大な山地(ミューリヒホフマン山地など)も同じ一連の水上機飛行で発見・写真撮影された．ちなみに，東約300 km のセールロンダネ山地は1937年にノルウェーの探検隊によって発見されている．ノルウェーが1958〜59年撮影の空中写真から25万分の1地形図を1968年に，旧ソ連が1961年撮影の空中写真から10万分の1地形図を1967年にそれぞれ刊行した．

最高峰は標高 2970 m のツヴィーセル山 Zwieselberg（南緯 71 度 44 分，東経 12 度 08 分）と思われる． [森脇喜一]

ウォルチュル山　月出山
Wolchulsan
韓国

標高：809 m　　　　[34°45′N　126°40′E]

韓国南西部，チョルラナム（全羅南）道南西部の山．ヨンアム（霊岩）郡とカンジン（康津）郡の境界部に位置する．主峰の天皇峰を始め，九井峰，獅子峰，道岬峰などが並ぶ．裸岩，奇岩の山貌と急傾斜の渓谷など，優れた景観を示し，古くから信仰の対象，修行の場であった．1973 年に道立公園に指定され，次いで，88 年に国立公園に指定された．

[山田正浩]

ウォールトン　Walton
ニュージーランド

[37°44′S　175°42′E]

ニュージーランド北島，ワイカト地方中央部の町．マタマタピアコ地区，ハミルトンの東 54 km に位置する．国道 27 号が町のすぐ東を南北に通っている．この周辺では，トウモロコシの栽培や養鶏業を伴った酪農業が主として行われている．町の南西に小規模のマタマタ空港があり，東には南北にワイトラ川が流れている． [植村善博・太谷亜由美]

ウォールヘイラ　Walhalla
オーストラリア

人口：15（推）　　　[37°56′S　146°27′E]

オーストラリア南東部，ヴィクトリア州東部の町．州都メルボルンの東約 120 km に位置する．かつての金鉱山集落であるが，山深い土地ゆえに閉山後は廃村となっていた．しかし，今日では国内で最も歴史的で魅力的な町の 1 つとしても有名となり，近隣のモーイやトララルゴンから観光用の道路が通じている．この町に電気が通じたのは 20 世紀も終盤の 1998 年のことである． [堤　純]

ウォルポール島　Walpole, Île
フランス

人口：0（2014）　面積：2.0 km²

[22°36′S　168°57′E]

南太平洋西部，メラネシア，フランス領ニ

ューカレドニアの島．グランドテール島の東約 200 km にある無人の小島で，ロワイヨーテ諸島の南東端に位置する．1794 年にイギリス船ウォルポール号によって発見され，船名にちなんでウォルポール島と名づけられた．海岸に沿って断崖絶壁が続き，船舶による接岸がむずかしい．1910〜36 年には，グアノ（鳥糞石）を採掘するために作業場が設けられた． [手塚　章]

ウォレアイ環礁　Woleai Atoll
ミクロネシア連邦

Weleya（別称）／オレアイ島　Oleai Island（別称）／メレヨン島（旧称）

人口：0.1 万（2010）　面積：4.5 km²

[7°22′N　143°54′E]

北太平洋西部，ミクロネシア，ミクロネシア連邦，ヤップ州の環礁．離島群の中央部に位置する環礁で，州都コロニアのあるヤップ本島の東南東約 680 km に位置する．州議会の選挙区の 1 つを構成し，ウォレアイ島以東のヤップ州の島々のための高校を擁する．男性の漁撈と女性の農耕による自給自足経済と，世襲制首長によって指導される母系制社会を特徴とする．ヤップ州の離島はヤップ本島のガギル地区と伝統的な交易関係にあり，今日でもこの関係は継続している．第 2 次世界大戦中，ウォレアイ島はメレヨン島とよばれ，日本軍の基地が建設された．このため連合軍の空爆を受け，住民は近隣の島嶼に移住させられた．日本兵は，戦闘よりむしろ病気，飢餓のために戦死し，6.5 万人のうち生還したのはわずか 1600 人といわれる．

[柄木田康之]

ウォレスタウン　Wallacetown
ニュージーランド

人口：0.1 万（2013）　　[46°20′S　168°17′E]

ニュージーランド南島，サウスランド地方の町．インヴァーカーギルの北西 15 km に位置する．オレティー川のおもな支流，マカレワ川沿い，後氷期の堆積物からなる平野上にある．農業，食肉の冷凍がおもな産業であり，小学校，郵便局，宿泊施設などがある．地名はイギリス，スコットランドの郊外にあるウォレスタウンにちなむ．野生動物保護区がある． [太田陽子]

ウォーレン　Warren
オーストラリア

人口：0.2 万（2011）　面積：4571 km²

[31°42′S　147°50′E]

オーストラリア南東部，ニューサウスウェールズ州中央部，ウォーレン行政区の町で行政中心地．市街地はダーリング川上流部の一支流であるマクウォーリー川沿いにあり，オクスリーハイウェイが通る．州都シドニーの北西約 550 km，ダボの北西約 120 km に位置する．地名は，一説に地元の先住民であるヌギヤンバー（Ngiyambaa）の強いあるいはしっかりとしたという意味の言葉に由来するという．また別の説では，このあたりは自然景観が美しく，野生生物の宝庫でもあったことから，動物の繁殖地，あるいは自然保護区をさす英語の Warren の名でよばれるようになったのだともいう．

この地には 19 世紀の前期にヨーロッパ人が探検で訪れるようになり，1830 年代には牛の放牧がみられるようになっている．1845 年にトーマス・レッドフォードとウィリアム・ローソンによって入植地が開設されると，60 年代には郵便局や店舗，学校などが，70 年代にはイギリス聖公会の教会や裁判所が立地するようになり，街区が形成されていった．この頃，周辺では初期にみられた牛にかわって羊の飼養が盛んに行われるようになった．1895 年に町は正式に行政区となっている．1898 年には，鉄道の西部幹線（現在のメインウェスタン線）ネヴァータイア駅から分岐する，延長約 20 km のウォーレン支線が市街地付近まで通じていた．現在，ウォーレンの駅舎は使われていない．市街地の南西約 5 km にはウォーレン空港がある．一帯は州の中でも羊の飼養および綿花栽培の盛んな地域であり，ウォーレンは「羊と綿の首都」ともよばれている．また，穀物類の生産も多い地域である．この付近はもともと農業用水が不足する土地柄ではあったが，マクウォーリー川の上流に建設されたバレンドンダムのダム湖から灌漑用水が供給されるようになった 1967 年以降，農地の拡大が進んだ．町では羊と綿にちなんで，5 月にはゴールデンフリースデーが，11 月にはコットンカップカーニバルが開催される．市街地に接するマクウォーリー川沿いは緑地帯となっており，19 世紀初期にマクウォーリー川をたどってこの地を訪れた探検家ジョン・オクスリーらの事績を顕彰する記念碑や，イギリス式の庭園が整備されたマクウォーリー公園となっている． [落合康浩]

ウォレンドビーン　Wallendbeen

オーストラリア

人口：305 (2011)　面積：218 km²

[34°32′S　148°10′E]

オーストラリア南東部，ニューサウスウェールズ州南東部，ガンダガイ行政区の町．地名は，石の丘を意味する先住民の言葉に由来する．クタマンドラの北東約20 kmに位置する．オリンピックハイウェイとバーリーグリフィン街道が交差する地点に位置し，州都シドニーからはヒュームハイウェイ経由で西南西約370 kmにある．一帯ではおもに小麦が栽培されている．シドニー～メルボルン間を結ぶ鉄道，メインサウス線が町の中を通っているが，1877年開業のウォレンドビーン駅は現在使われていない．ウォレンドビーン郵便局は1885年7月1日に開業した．近年はクタマンドラのベッドタウンとなっている．　　　　　　　　　　　　　　　　[落合康浩]

ウォンガラッタ　Wangaratta

オーストラリア

人口：1.7万 (2011)　面積：49 km²

[36°23′S　146°21′E]

オーストラリア南東部，ヴィクトリア州東部の町．州都メルボルンの北東約200 km，グレートディヴァイディング山脈の内陸斜面が平地と接するところに立地する．周辺は小麦を中心として穀類，タバコ，キウイ，ウォールナッツ，栗，ホップ，ワイン用ブドウなどの生産地である．メルボルンとシドニーを結ぶ幹線鉄道や，ヒュームハイウェイが町を通っている．　　　　　　　　　　　　　[堤　純]

ウォンサギー　Wonthaggi

オーストラリア

人口：0.4万 (2011)　面積：9.8 km²

[38°37′S　145°37′E]

オーストラリア南東部，ヴィクトリア州中央南部の都市．州都メルボルンの南東約100 kmに位置する．ギップスランド地方の南部を東西に走るサウスギップスランド高地の南西縁にあたり，石炭の産出で知られる．ニューサウスウェールズ州における石炭採掘に将来的な不安が生じたことから，1909年にヴィクトリア州政府によって鉱山開発が推進されたが，68年に閉山した．周辺は酪農が盛んで，肉牛の肥育も行われている．メルボルンとの間は道路の便がよい．　[堤　純]

ウォンサン　元山　Wonsan

北朝鮮

人口：32.0万 (推)　面積：240 km²　標高：5 m

気温：10.4℃　降水量：1339 mm/年

[39°10′N　127°26′E]

北朝鮮，カンウォン(江原)道北部の都市で道庁所在地．港湾・工業都市である．1949年にハムギョンナム(咸鏡南)道から編入された．それまでは咸鏡南道の道都であった．首都ピョンヤン(平壌)から145 km．北朝鮮中央の大工業都市の1つ．元山湾の湾奥の南側に位置する．元山港への朝鮮東海(日本海)北部の風波は葛麻半島や20あまりの島々で防がれ，朝鮮半島東海岸の屈指の良港である．

1880年に開港されるまでは漁村であった．1914年京元鉄道，28年咸鏡鉄道の開通により交通の要衝になり，車両工場，操車場などが建設された．また，精油，鉛と亜鉛の精錬，造船などの工業が発展，農産物，水産物の集散地としても賑わった．1941年には平元鉄道によって平壌とも結ばれた．朝鮮戦争によって市街地などでは残すものがないほど完全に破壊されたが，港湾施設，造船所，6.4車両工場などが再建，新たにトラクター修理工場，化学工場，原動機工場，劇場なども建設された．造船所も整備拡充された．良港であるため水産物の集積が多く，缶詰など加工業が活発で，ほかに醸造業なども盛ん．タンクローリー，冷凍車，農機具，顔料なども生産される．近くのムンチョン(文川)には工作機械工場，チョンネ(川内)にはセメント工場がある．

北東部に位置するソンドウォン(松涛園)海水浴場は白砂青松の美観で有名，葛麻半島の外側も海水浴場として開発されている．この付近の国際青少年キャンプ場の付属施設は大規模で，東方式公園，植物園，ホテル群がある保養地．また，海岸はカイドウの自生地として知られる．クムグン(金剛)山登山観光の玄関口であり，今後，金剛山観光特別地区に指定され，国際文化港として開発される．鉄道は平羅線，東海北部線，青年伊川線が接続する．葛麻半島に元山飛行場がある．

[司空　俊]

ウォンサン湾　元山湾　Wonsan-man

北朝鮮

ヨンフン湾　永興湾　Yeongheung (別称)

長さ：197 km　幅：24 km　深さ：31 m

[39°09′N　127°27′E]

北朝鮮，カンウォン(江原)道，ホド(虎島)半島と鴨竜端の間の湾．海岸線197 km，湾口24 km．湾内にソンジョン(松田)湾，松田半島，葛麻半島がある．虎島半島と葛麻半島は自然防波堤の役割を果たしている．この2つの半島の間にはカキの養殖場がある．湾の南には国際港の元山港，リンドウォン(松涛園)がある．葛麻半島には明沙十里と歌にもうたわれる景勝地があり，また飛行場として利用されている．

[司空　俊]

ウォンサン(元山，北朝鮮)，元山港に停泊中の万景峰92号〔Matej Hudovernik/Shutterstock.com〕

ウォンジュ　原州　Wonju

韓国

人口：33.1万 (2015)　面積：873 km²
[37°21′N　127°55′E]

　韓国北東部，カンウォン(江原)道南西部の都市．西はキョンギ(京畿)道に，南はチュンチョンブク(忠清北)道に接している．原州川に沿ってチェチョン(堤川)方面に向かう交通路と，テベク(太白)山脈を横断する交通路の交差する位置にあり，古くから交通の要衝として発達してきた．現在もヨンドン(嶺東)高速道路と，チュガン(中央)高速道路が交差している．中央線も市域を通過している．朝鮮時代には行政上，江原道の中心地であった．1955年市制施行．江原道の道都はチュンチョン(春川)であるが，江原道内では，春川，カンヌン(江陵)を上回る人口を擁している．東のチアク(雉岳)山(標高1228 m)一帯は国立公園に指定されていて，訪れる人も多い．朝鮮戦争時には激戦地であった．現在まで市街地の北方に，韓国軍，国連軍の基地が置かれている．生産構造は，商業，サービス業に重点がおかれ，消費都市の性格が強かった．それを是正するために1970年，軽工業団地が造成され，繊維，化学，食品，パルプ，農機具，医療機械などの各種製造業の工場が稼働し始めた．
[山田正浩]

ウォンダイ　Wondai

オーストラリア

人口：0.2万 (2011)　面積：123 km²
[26°19′S　151°52′E]

　オーストラリア北東部，クイーンズランド州南東部，サウスバーネット地域の町．州都ブリズベンの北西約260 kmに位置する．小麦栽培や酪農，牧牛を中心とする農業地域にある．地名は，アボリジニの言語でほえるディンゴという意味だと考えられている．
[秋本弘章]

ウォンデュポダン　Wangdue Phodorang

ブータン

人口：3.1万 (2005)　面積：4308 km²
標高：1300 m　[27°28′N　89°54′E]

　ブータン中西部の県およびその中心的な町(人口約0.7万，2005)．ウォンデュと短く表現する場合も多い．町は首都ティンプーの東約26 kmに位置する．近年，旧市街から北に2 kmほど離れたバジョ Bajo に新市街が形成されつつある．西のティンプーや北のプナカ，あるいは，東のタシガンや南のインドからの国道が集まっており，首都が近いこともあって，交通の要衝となっている．県庁とチベット仏教の寺院を兼ねたゾンとよばれる城がプナツァン川 Punatsuang chhu とダン川 Dang chhu の合流点北側の高い河岸段丘上に立地していたが，2012年の火災で損傷を受けた．その後復旧工事が進められ，2016年に修復が完了した．県東部のホブジカ Phobjikha 湿原では，毎年10～11月頃にチベットからオグロヅルが飛来，越冬し，春に飛び立つ．
[高田将志]

ウォンドーアン　Wandoan

オーストラリア

ジャンダー　Juandah（旧称）

人口：0.1万 (2011)　面積：1704 km²
[26°07′S　149°58′E]

　オーストラリア北東部，クイーンズランド州南東部，ウェスタンダウンズ地域の町．州都ブリズベンの北西約410 kmに位置する．牧牛および小麦の栽培が盛んである．1927年まではジャンダーとよばれていた．第2次世界大戦後，100人を超える復員兵がこの町に入植した．
[秋本弘章]

ウーガン市　武岡市　Wugang

中国

人口：76.3万 (2015)　面積：1539 km²
[26°44′N　110°38′E]

　中国中南部，フーナン(湖南)省，シャオヤン(邵陽)地級市の県級市．市政府はインチュンティン(迎春亭)街道に所在する．ツー(資)水の流域にある．地勢は南から北へ傾斜し，東・南・西部の3方を山に囲まれ，中部と北部は盆地が多い．鉱産物は石炭，鉄，マンガンなどがある．林産物はマツ，スギ，孟宗竹，漢方薬材などがあり，農産物は水稲，柑橘類，茶葉，トウガラシ，タバコなどがある．優良品種である武岡銅ガチョウが有名であり，養豚もよく行われている．工業は機械，建材，冶金，化学などの工場がある．名勝にカルスト地形の法相岩や雲山国立森林公園がある．高速道路の洞新線(トンコウ(洞口)～シンニン(新寧))が通る．
[小野寺淳]

ウーガン市　舞鋼市　Wugang

中国

人口：31.9万 (2013)　面積：646 km²
[33°19′N　113°32′E]

　中国中央東部，ホーナン(河南)省中部，ピンディンシャン(平頂山)地級市の県級市．平頂山市街地の南東に位置する．5街道，4鎮，4郷を管轄し，市政府は垭口街道にある．国内有数の鉄鉱埋蔵量があり，古くから製鉄業が盛んであった．地名は舞陽鋼鉄工場に由来しており，国内唯一の企業名を冠する都市である．現在は河北の邯鄲集団の鋼鉄グループに併合されている．石漫灘ダム周辺は国立森林公園となっている．
[中川秀一]

ウグモック　Ugmok　☞　オルモック　Ormoc

ウクルル　Ukhrul

インド

人口：2.7万 (2011)　[24°56′N　94°29′E]

　インド北東部，マニプル州北東部，ウクルル県の都市で県都．インパールの北東55 km，ミャンマーとの国境に接するパートカイ丘陵部にあり，市街地はほとんどない．同名のウクルル県は人口18.4万(2011)，面積4544 km²，年平均降水量1600～2100 mmで5～10月は雨季を迎える．稲，カラシ，サトウキビの栽培が盛んである．第2次世界大戦当時，イギリス軍基地があったが，インパール作戦により，烈師団が占領した．戦士として名高いタンクルナガ族の中心地であった．1919年，イギリスの統治下で区分されはじめ，相次ぐ分割の後，1983年マニプル州の一部が，ウクルルと称されるようになった．住民の大部分が指定部族(ST)で，キリスト教徒である．おもな産業は，農業，森林業，畜産などである．
[由井義通]

ウーゴン県　武功県　Wugong

中国

人口：41.1万 (2010)　面積：392 km²
気温：12.9℃　降水量：552～663 mm/年
[34°15′N　108°10′E]

　中国中部，シャンシー(陝西)省中部，シェンヤン(咸陽)地級市の県．関中平原の西部に位置する．紀元前350年に県が設置された．1983年にパオチー(宝鶏)市から咸陽市へ帰属が改められた．8鎮，4郷を管轄し，県政府は普集鎮にある．地名は県内の武功山と武功水に由来する．階段状の地形を呈し，大陸性季節風半湿潤気候に属し，無霜期間は221日．中国農業の発祥地といわれ，小麦がおもな農産物である．歴史が長く，遺跡が多く存在する．
[杜国慶]

ウーサー 霧社 Wushe 台湾 | 中国

人口: 1.6万 (2017) 面積: 1273 km²
標高: 1148 m [24°02′N 121°57′E]

台湾中部, ナントウ (南投) 県の村. 山岳部にある. 霧社という地名は通称で, 行政上の呼称はレンアイ (仁愛) 郷 (郷は台湾の行政単位で村に相当) となっている. 市街地は尾根の上に発達しており, 道路をはさむように商店が並び, これが目抜き通りとなっている. 山の南麓は住宅地で, おもにセデック族の人びとが暮らしている. 高地にあるため, 夏でもそれほど暑さは感じない. 最近はこの冷涼な気候を生かし, 茶葉や高原野菜などの栽培が行われている. リンゴやナシ, スモモなどの果樹栽培も盛んで, 花卉も栽培されている. また, ニジマスの養殖も盛んで, そのほか, 地鶏なども名産にあげられる.

仁愛郷はシンイー (信義) 郷に次ぎ, 県内で2番目に大きな面積を誇っている. 東側には高峻なジョンヤン (中央) 山脈が走っているが, 一帯は大部分が無人地帯となっている. 住民構成はきわめて複雑で, さまざまな族群 (エスニックグループ) が入り混じっている. 台湾の先住民族であるタイヤル (アタヤル) 族やセデック (サジェック, セイダッカとも) 族, ブヌン族を中心に, 少数の客家 (ハッカ) 人やホーロー (河洛) 人, 外省人, さらに, 郷内の清境農場一帯には第2次世界大戦後, 国民党政府によって連れてこられた中国ユンナン (雲南) 省の少数民族も暮らしている.

1930年に起きた霧社事件は為政者であった日本人の振る舞いに対し, 人びとが蜂起した事件である. その背景には植民地統治のひずみだけでなく, 地域に根ざした民族問題も大きく関係している. 事件はモーナ・ルダオをリーダーとするグループが霧社公学校を襲い, 134人の日本人が殺害されたことに始まる. 日本側の報復は凄惨を極め, 悲劇を招いた. 日本統治時代の半世紀, 最も悲惨な抗日事件ともいわれている. 現在, 霧社にはこの事件を記念した公園があり, 事件にまつわるモニュメントやモーナ・ルダオの像がある. 霧社の集落から7kmほど進んだ先にはルーシャン (廬山) 温泉がある. ここは日本統治時代, 富士温泉とよばれ, 台湾最高所の出湯とされていた. また, 奥萬大国家森林遊楽区では秋口に紅葉の美も楽しめる. →レンアイ
[片倉佳史]

ウーサントウダム Wusantou Reservoir
☞ シャンフー潭 Shanhu Tan

ウーシー県 巫渓県 Wuxi 中国

ふけいけん (音読み表記)

人口: 54.4万 (2015) 面積: 4030 km²
[31°24′N 109°34′E]

中国中部, チョンチン (重慶) 市北東部の県. 2街道, 18鎮, 12郷を管轄し, 県政府は柏楊街道にある. 県北部をダーバー (大巴) 山脈中段の標高2000 m級の山々が連なり, シャンシー (陝西) 省, フーペイ (湖北) 省との境界になっている. 山地, 丘陵地が広い面積を占め, チャン (長) 江水系の大寧河ほか多数の河川が流れ, 峡谷が形成される. カルスト地形が発達し, 鍾乳洞が多い. 杉や松, カバノキなどの森林が広がり, 原生林もあり, 自然保護区が設定されている. [髙橋健太郎]

ウーシー市 無錫市 Wuxi 中国

むしゃくし (音読み表記)

人口: 651.1万 (2015) 面積: 4628 km²
[31°29′N 120°18′E]

中国東部, チャンスー (江蘇) 省南東部の地級市. チャン (長) 江三角州の一角にある. 東はスーチョウ (蘇州) 市, 西はチャンチョウ (常州) 市と境を接し, 南はタイ (太) 湖, 北は長江に臨んでいる. 先秦時代からチャンナン (江南) の呉・越・楚の強国が争う地であった. 前漢に無錫県が置かれ, それ以来江南における重要な都市であり続けた. 太湖周囲の低湿地の干拓造成によって農業開発, 水利整備の中心的役割を担ってきた. ダー (大) 運河が開通して, 無錫を経由することによって南北交通の要衝ともなった. 明清時代には江南の米生産, 木綿工業の中心であり, 米や綿布の集積港であった. 1949年の新中国成立後は市区を管轄する無錫市と郊外の無錫県に分けた. 1981年には無錫市は全国15経済中心都市の1つに選ばれている. 1983年無錫県などを加えて無錫市の管轄範囲も拡大し, 85年には長江三角州沿海開放区の開放都市となった. それに伴い行政区の調整が行われ, 2015年に梁渓, 浜湖, 恵山, シーシャン (錫山), 新呉の5区とチャンイン (江陰), イーシン (宜興) の2県級市を管轄することになった. 市政府は浜湖区にある.

地形は, 市域の55%が平地, 16.9%が山地や丘陵, 28%が水域である. 平地は長江三角州の一部を占め, 中央に太湖盆地の低地がある. 北部の長江に近い部分は自然堤防の砂丘を含む微高地で, 南部および太湖の西岸の市域は太湖に向かって地勢は下ってゆく. 市域全体に低平な丘陵や残丘が分布している. 南西部の宜興市は山地が多く, 一部は国立森林公園になっている. 気候は湿潤で, モンスーンの影響で, 降雨量も日照量も多く無霜期間も長い. しかし台風, 洪水, 干ばつ, 寒波などの自然災害も多い.

山地では工業用粘土, 石灰岩, 大理石などの非金属鉱物資源の採掘が行われている. 無錫にはスズをはじめとする金属鉱物はない (無錫の地名は錫がなくなったからついたというのは俗説である). 太湖には100種以上の魚類が生息し, 中でもシラウオ, カワヒラ, コイ, ウナギなどが珍重される. とくにシラウオ, 白エビ, カワヒラは太湖の三白とよばれている. また太湖のカニ (チュウゴクモクズガニ) やスッポンの養殖も盛んである. 農産物ではアブラナや茶の生産量が多い.

無錫は近代になってから民族工業が発達し, 民国時代から軽工業の基盤は整っていたが, 新中国になって改革開放以後は, 長江三角州経済圏の中心都市の1つとして国家級省級の開発区が続々と建設され, 中でも無錫新区, 錫山経済技術開発など6工業区の規模は大きい. また太湖の自然環境保護をめざした新しい産業も盛んである. 美しい自然や豊かな歴史を生かした観光産業も発展し, 大型リゾートや文化設備も充実している. 無錫の国際友好都市は6カ所ある.

河川や湖水に加えて風趣に富んだ山岳を有し, 文化財が多いことで知られている. 太湖の真珠といわれ, 観光資源は豊かである. 太湖沿岸には, 黿頭渚, 蠡園, 梅園, 錦園のほか, 自然景観で名高い梅梁勝跡がある. 恵山のふもとには, 錫恵公園, 寄暢園, 吟苑, 東大池などからなる江南特有の風景がある. 旧城中には古運河, 城中公園, 東林書院, 薛福成欽使屋敷, 銭鍾書旧居などがある.

[谷 人旭・秋山元秀]

ウシクキョル湖 Yssk-Kol ☞ イシククル湖 Issyk-Kul

ウシトベ Ushtobe カザフスタン

ウシュチュベ Ush-Tyube (旧称)

人口: 2.6万 (1989) [45°15′N 77°59′E]

カザフスタン南東部, アルマトゥ州の都市. トルキスタン・シベリア (トルクシブ) 鉄

道の駅があり，カラタル河畔，州都タルドゥコルガンの北西40kmに位置する．おもな産業は，稲作，食肉包装である．1930年代に発展した．1937年にスターリンは沿海州に住む朝鮮人を日本に利用される可能性があるとして，根こそぎこの地方に強制移住した．旧称はウシュチュベである．　［木村英亮］

ウジャイン　Ujjain
インド

人口：51.5万（2011）　面積：152 km²
標高：491 m　　　　[23°11′N　75°46′E]

インド中部，マッディヤプラデシュ州西部，ウジャイン県の都市で県都．州都ボパールの西約170 km，インドールの北約45 kmに位置する．ヴィンディヤ山脈の北麓，マルワ高原にある．ヒンドゥー教7大聖地の1つとして知られる．チャンバル川の支流シプラ川の流域にあり，周辺で産する小麦，大豆などの農産物の集散地であり，大豆を原料とする食用油などの食品工業も発達している．綿紡績，綿織物などの繊維工業が栄えたが，今日では多くの工場が閉鎖され，かつての面影はない．かわって観光業が経済的に重要になりつつある．ガンジス川中流域と西海岸を結ぶ交通の要衝であったため，紀元前6世紀にアヴァンティ王国の首都となった後も諸王朝の都として栄えた．多くの修行者（サドゥー）や巡礼者が集まるヒンドゥー教の祭りクンブメーラが12年に一度催されることでも知られる．　［岡橋秀典］

ウーシャン県　武山県　Wushan
中国

新興，寧遠（古称）

人口：42.9万（2002）　面積：2011 km²
[34°42′N　104°52′E]

中国北西部，ガンスー（甘粛）省南東部，ティエンシュイ（天水）地級市の県．ウェイ（渭）河上流に位置する．前漢に新興県が置かれ，宋代に寧遠県となり，1914年に武山県と改められた．13鎮，2郷を管轄し，県政府は城関鎮にある．県名はウーチョン（武城）山に由来する．ランチョウ（蘭州）とリエンユンガン（連雲港）を結ぶ隴海鉄道および国道316号が県中部を横切る．観光地には水簾洞石窟，拉梢寺石窟，木梯寺石窟，鉱泉療養所などがある．　［ニザム・ビラルディン］

ウーシャン県　巫山県　Wushan
中国

ふさんけん（音読み表記）

人口：63.8万（2015）　面積：2958 km²
[31°04′N　109°52′E]

中国中部，チョンチン（重慶）市東部の県．フーペイ（湖北）省と隣接する．スーチュワン（四川）盆地東端に位置し，ウー（巫）山脈が連なる．2街道，11鎮を管轄し，県政府は巫山鎮にある．県中央部を東流するチャン（長）江沿いに，サンシャ（三峡）下りの第2峡である巫峡が続く．支流の大寧河の峡谷も険しく，小三峡とよばれ，観光客が訪れる．明末清初（17世紀）の建築群を有した大昌古鎮は，三峡ダム建設に伴う長江の水位上昇により水没した．そのため，2000年代に町全体が約6 km移築され，現在は観光で利用されている．　［高橋健太郎］

ウーシャン県　武郷県　Wuxiang
中国

皋狼県，涅県，涅氏県（古称）

人口：18.3万（2013）　面積：1627 km²　気温：9℃
降水量：519 mm/年　　[36°50′N　112°51′E]

中国中北部，シャンシー（山西）省南東部，チャンチー（長治）地級市の県．タイハン（太行）山脈とタイユエ（太岳）山の間に位置する．西周に皋狼県，前漢に涅氏県，後漢に涅県，西晋に武郷県をそれぞれ設置した．中心部はホワントゥー（黄土）丘陵で，周辺は山地が占める．標高2012 mの樺樹凹は最高峰．気候は寒冷で，アワ，トウモロコシ，コーリャンがおもな農作物である．石炭，鉄鉱石，石油などの地下資源が豊富にあり，鉄道で省会タイユワン（太原）と結ばれている．トウジン（党参）をはじめ200種類の漢方薬が特産品となっている．　［張　貴民］

ウーシュエ市　武穴市　Wuxue
中国

人口：65.4万（2015）　面積：1246 km²
[30°18′N　115°36′E]

中国中部，フーペイ（湖北）省東部，ホワンガン（黄岡）地級市の県級市．市政府はウーシュエ（武穴）街道に所在する．チャン（長）江の北岸に位置する．北部と中部はダービエ（大別）山脈の低山丘陵に属し，標高は100～600 m程度，南部は長江の沖積平原で，太白湖や武山湖などがあり，標高15～30 m程度である．鉱産資源には鉛，亜鉛，銅，白雲岩，

石灰岩などがある．農作物には水稲，ナタネ，綿花，山芋，生姜などがあり，豚肉や水産物の生産も多い．工業としては医薬製造があり，工芸品の竹器は内外に知られている．鉄道の京九線（ペキン（北京）～カオルーン（九竜））や滬渝（シャンハイ（上海）～チョンチン（重慶））高速道路が通り，武穴港には大型貨物船が停泊できる．鄭公塔や横崗山などの名勝がある．　［小野寺淳］

ウーシュワン県　武宣県　Wuxuan
中国

武仙（旧称）／シェンチョン　仙城　Xiancheng
（別称）

人口：36.6万（2015）　面積：1739 km²
気温：21.2℃　降水量：1292 mm/年
[23°36′N　109°39′E]

中国南部，コワンシー（広西）チワン（壮）族自治区中部，ライピン（来賓）地級市の県．地名は，唐が621年に設置した武仙県を，明が宣徳6年（1431）に武宣県に改名したことに由来する．県政府所在地は武宣鎮．北回帰線上に位置する水陸交通の要衝にある．仙城の別称もある．チワン，ミャオ（苗），トン（侗）などの少数民族が総人口の6割以上を占める．四面が山に囲まれる中心部の平野を国道209号が通じ，県内を縦断するチェン（黔）江水路はシー（西）江水系の黄金航路といわれ，満水時と渇水期にそれぞれ1000 tと500 t程度の貨物船が航行可能．国道沿いに上質米，サトウキビ，キノコ，茶，キャッサバ，果実，家畜などの主産地が分布する農業先進県の1つである．製糖業，製茶業，果物の缶詰などの食品加工業も盛ん．　［許　衛東］

ウジュンクロン国立公園　Ujung Kulon, Taman Nasional
インドネシア

面積：1366 km²　気温：20–30℃
降水量：3140 mm/年　　[6°45′S　105°20′E]

インドネシア西部，ジャワ島西端バンテン州からスマトラ島ランプン州の間に広がる国立公園．ウジュンクロン半島，クラカタウ諸島，パナイタン島，プーチャン島などの自然保護区域から構成される．1991年「ウジュン・クロン国立公園」としてユネスコの世界遺産（自然遺産）に登録された．総面積のうち，陸部が670 km²，海部が696 km²である．湿度は80～90％で，9～4月の雨季には西からの，5～8月の乾季には東からの海風が吹く．生態系は海岸沿いの林，マングロー

200　ウシユ

ブ林，真水の沼地，熱帯雨林，低地熱帯雨林からなり，絶滅の危機に瀕しているイッカクサイ（ジャワサイ），バンテン（野生の牛）など貴重な生物が数多く生息している．

スンダ海峡のクラカタウでは火山の生成活動が観察されている．知られている最も古い噴火は 1681 年 5 月．1883 年 5〜8 月の大噴火では上昇気流にのった火山灰が地球を 3 回転したといわれるほどで，海底に巨大なカルデラができた．その後 1927 年からふたたび噴火をくり返して隆起し，新しい島アナッククラカタウ（クラカタウの子の意）島が出現した．クラカタウ山の高さは変化し続けており，1968 年には 169.7 m に達していたが，ふたたび陥没し始め，1981 年には 151.7 m となっている．　　　　　　　　［冨岡三智］

ウジュンパンダン Ujung Pandang ☞ マカッサル Makassar

ウーション県　武勝県　Wusheng

中国

人口：59.0 万（2015）　面積：966 km²
[30°21′N　106°18′E]

中国中西部，スーチュワン（四川）省，コワンアン（広安）地級市の県．県政府は沿口鎮に所在する．丘陵が広く起伏し，平地はチャリン（嘉陵）江の両岸に多く分布する．高速道路の蘭海線（ランチョウ（蘭州）〜ハイコウ（海口））と滬蓉線（シャンハイ（上海）〜チョントゥー（成都））が交わり，嘉陵江の通航でチョンチン（重慶）と結ばれ，蘭渝鉄道（ランチョウ（蘭州）〜重慶）も通じている．農業が活発に行われており，穀物生産のほか，養豚，養蚕，果物野菜栽培および水産業が盛んである．工業はエネルギー，食品，機械，化学，繊維，建材などがあり，石油，天然ガス，にがりなどの地下資源がある．名所旧跡に沿口古鎮や大型の民居で知られる宝箴寨などがある．　　　　　　　　［小野寺 淳］

ウーションクワン　武勝関　Wusheng Guan

中国

大隧，武陽関，澧山関（古称）
[31°47′N　114°01′E]

中国中部，フーペイ（湖北）省コワンシュイ（広水）市とホーナン（河南）省シンヤン（信陽）市の境にある峠．鶏公山の南西に位置する．ダービエ（大別）山脈西部を越える峠として重

要な役割を果たしてきた．春秋時代には大隧，秦・漢代には澧山関・武陽関とよばれ，南宋時代に武勝関とよばれるようになった．歴史的に軍事上の要害であり，いまなお交通上の要衝である．国道 107 号や京広鉄道（ペキン（北京）〜コワンチョウ（広州））のトンネルがここを通過している．古い要塞の基礎が現在も残されている．　　　　　　［小野寺 淳］

ウーシン旗　烏審旗　Uushin

中国

Uxin（別表記）

人口：11.0 万（2010）　面積：11645 km²
気温：6.8℃　降水量：350-400 mm/年
[38°35′N　108°49′E]

中国北部，内モンゴル自治区オルドス（鄂爾多斯）地級市南西部の旗．5 鎮 1 ソムを管轄する．ムウス砂漠（毛烏素沙地）の中心にあり，オルドスの南の入口ともいわれる．地名は 13 世紀からのウグシン氏族から由来する言葉である．湖沼，とくに塩湖が多く分布し，ホワン（黄）河の支流シャルオス（無定）河が旗内を 80 km 流れる．草地面積が 6000 km² あり，牧畜業が主要産業だが，近年地下資源が開発され，化学工業も盛んになった．鉱物資源が豊富で，石炭だけではなく，中国最大の天然ガス田で，世界でも有数の規模をもつ蘇里格ガス田がある．オボー祭祀，チャガン・スゥルデの遊牧観光地など，オルドス・モンゴル文化の発祥地である．

［オーノス・サラントナラ，杜 国慶］

ウーシン区　呉興区　Wuxing

中国

Wuhsing（別表記）

人口：60.2 万（2013）　面積：872 km²
[30°51′N　120°11′E]

中国南東部，チョーチャン（浙江）省，フーチョウ（湖州）地級市の区．杭嘉湖平原の北部，タイ（太）湖の南岸に位置し，チャンスー（江蘇）省，アンホイ（安徽）省と境を接している．呉興の歴史は春秋戦国時代にさかのぼる．戦国四君の 1 人である楚の春申君（黄歇）が菰城県を置いたといわれる．その後，秦代に烏程県となり，三国時代に烏程を治所として呉興郡を置いた．その後，県としても呉興県が設けられた．民国に入っても呉興県として浙江省に属したが，新中国になって 1981 年，県を撤廃して湖州市に属し，2003 年に呉興区となった．東はシャンハイ（上海）に臨み，南はハンチョウ（杭州）と境を接し，西はナンキン（南京）に近い．2013 年時点で 12 街道，5 鎮，1 郷を管轄し，区政府は呉興大道

に位置する．太湖平原の肥沃な土地に産業が発達し，チャンナン（江南）の典型的な魚米の郷，絹の郷とよばれ，伝統工芸としても絹織物が盛んで，毛筆の製作でも全国第 1 位である．茶文化の発祥地といわれる．区内には，弁山清涼世界，昆嶺古文化遺跡，府廟，飛英塔，潮音橋などの珍しい景色，銭山漾養蚕遺跡，万寿寺，白雲観，仏通古刹などの観光スポットがある．　　　　［谷 人旭・秋山元秀］

ウス市　烏蘇市　Usu

中国

ウースー市　烏蘇市　Wusu（漢語）

人口：20.2 万（2002）　面積：14000 km²
[44°26′N　84°41′E]

中国北西部，シンチャン（新疆）ウイグル（維吾爾）自治区北西部，イリ（伊犂）自治州タルバガタイ地区の県級市．ジュンガル（準噶爾）盆地の南西部に位置する．紀元前後，匈奴の勢力下にあったが，のちにチュルク（突厥），そして遊牧ウイグル（回鶻）帝国の領土であった．9 世紀半ば以降カラホジャウイグル王国に属した．19 世紀後半頃に清朝の版図に組み入れられ，1886 年にクールハラウース（庫爾喀喇烏蘇）庁が置かれた．1913 年に県と改められ，96 年に市となった．漢字表記の烏蘇は庫爾喀喇烏蘇の略称である．ウイグル語ではシーホ Xiho とも称する．5 街道，10 鎮，5 郷を管轄し，市政府は新市区街道にある．農業が主体で，小麦，トウモロコシ，綿花などが栽培される．草原が広く，羊，牛，馬，ラクダが放牧される．石炭採掘，建材，ビール生産が顕著である．ウルムチ（烏魯木斉）とガンスー（甘粛）省の省会ランチョウ（蘭州）を結ぶ蘭新鉄道の西端および国道 312 号が市内を横切る．

［ニザム・ビラルディン］

ウズゲン　Uzgen

クルグズ

ウズゲンド（古称）

人口：4.1 万（1999）　[40°46′N　73°18′E]

クルグズ（キルギス），オーシ州東部の都市．州都オーシの北東 48 km に位置する．カラダリア河畔にあり，鉄道駅がある．人口はウズベク人が多数を占める．綿花栽培，金属加工が盛んで，石炭鉱床の中心である．かつては家畜取引が活発であった．経済的に衰退していたが，1940 年代後半の鉄道建設後，炭鉱が発展した．9〜10 世紀のアラビア，ペルシアの文献でウズゲンドとよばれている古代の町と同じ場所にある．それは，11 世紀

半ば，カラハン王国第4位の都市で，フェルガナ地方の中心であった．12〜13世紀には，シルクロードの中国への重要な貿易中継地となった．1927年に町制が敷かれた．再建された霊廟と11世紀に建てられた高さ27.4 mのモスクの尖塔がある．　　　　　[木村英亮]

ウスチュルト台地　Ustyurt Plateau
カザフスタン〜トルクメニスタン

面積：161200 km²

カザフスタン南西部のマンギスタウ州，ウズベキスタン西部のカラカルパクスタン共和国北西部，トルクメニスタン北部にまたがる台地．西はカスピ海マンギシュラク半島，東はアラル海，アムダリア川の間のテーブル状台地である．ニガヨモギ，塩生植物が生える砂漠で，チンクとよばれる断崖で区切られ，周辺の平原より183〜244 m高い．台地では半遊牧民が羊，山羊，ラクダを飼養する．石油，天然ガスが埋蔵されている．　[木村英亮]

ウズベキスタン共和国
Uzbekistan, Republic of

O'zbekiston Respublikasi（ウズベク語・正称）

人口：2955.9万（2012）　面積：447400 km²
[41°18′N　69°16′E]

中央アジア南部の共和国．独立国家共同体（CIS）の加盟国の1つ．中央アジア全体の約半分の人口をもち，経済的にも中央アジアで最も発展した国である．ユーラシア大陸の中心部にあり，南でアフガニスタン，南西でトルクメニスタン，北西でカザフスタン，東でクルグズ（キルギス），南東でタジキスタンと国境を接する．首都はタシケント．12の州とタシケント特別市およびカラカルパクスタン共和国から構成される．

ウズベク人が住民の80％を占め，ロシア人は5.5％，タジク人5％，カザフ人3％，カラカルパク人2〜5％，タタール人1.5％（1996）である．ウズベク人は，大部分がタジキスタンなどほかの中央アジア内に居住し，中央アジアで最も影響力の大きい民族であるばかりでなく，CISにおいてもロシア人，ウクライナ人に次ぎ第3位の人口をもつトルコ系の民族である．ウズベク人の名称は，14世紀にはキプチャク・ハン国内草原の遊牧民全体をさしたが，15世紀キプチャク草原に建てられた遊牧国家の指導集団をその名でよぶようになった．彼らは中央アジアに侵攻し，16世紀にティムール朝を滅ぼしてブハラ・エミール国を建て，16世紀にヒヴァ・ハン国を，18世紀初頭コカンド・ハン国をつくり定住化した．

アラル海に注ぐアムダリア，シルダリア両河の間を占め，ゼラフシャン川，カシカダリア川が流れる．8割はトゥラン低地で，ウスチュルト台地，アムダリア川の沖積デルタ地帯，クズイルクム砂漠に分けられる．ウスチュルト台地は起伏のある台地である．東部，南部には，ティエンシャン（天山），ギッサル，アライの山脈があり，東部にフェルガナ盆地，タシケント盆地，ゴロドナヤステップ（飢餓の草原の意）低地，中央部にゼラフシャン盆地，カシカダリア盆地，スルハンダリア盆地がある．これらの灌漑農業地帯は，中央アジアで最も豊かな，人口密度の高い地域である．

石油，天然ガス，石炭，非鉄金属および貴金属，建設材料など天然資源に富む．気候は厳しい大陸性で，一年を通じて晴天が多く乾燥している．フェルガナ盆地では6月の平均気温は35℃に達し，冬季の12〜1月には−20℃にまで下がる．農業は，河川の水と日照という条件に合った綿作に重点が置かれ，その栽培面積は1924年の26万7700 haから87年には210万8800 haへ増大した．そのほか養蚕，カラクル羊の飼育，果樹栽培も盛んである．工業は，これらの天然資源や農業原料を基礎としている．第2次世界大戦前には綿花の精製や綿実油搾油など綿花の第1次加工部門が発展したが，農業機械などの機械製作，金属加工，繊維，食品などの部門もしだいに発展した．戦後は，戦時中にソ連西部，中央部から疎開された機械製作，鉄鋼業などの大工業を基礎として全面的な工業化が進められ，1960年代以降は，天然ガス，非鉄金属などソ連全体に意義をもつような資源加工の面でも飛躍的な発展を遂げた．工業労働者はロシア人の比率が高かったが，ソ連解体後の工業の後退の中でロシア人のロシアへの移住が起こり，ウズベク人化が起こっている．また，紡績，製糸，織物など，綿花を原料とする完成品の生産をいっそう発展させており，自転車製造も行っている．

この地域は，紀元前6世紀に現イランに樹立されたアケメネス朝ペルシアが版図としたが，この王朝を滅ぼしたアレクサンドロス大王は，紀元前392年に現在のサマルカンドにあったマラカンダに侵入した．6世紀トルコ系の突厥の大帝国がアムダリアから中国東北部にいたる地域を支配し，それまでイラン系言語を話していた住民はトルコ系言語となり，この地域はトルキスタンとなる．751年にはタラス河畔でアラブ・ムスリム軍と唐の軍隊が戦った．その後イラン系のサーマン朝，トルコ系カラハン朝と続き，11世紀にはセルジュークトルコ，12世紀にはホラズムが支配，13世紀にモンゴルが侵攻する．チンギス・ハンの後継者をもって任じたティムールはサマルカンドに都を置く大帝国を樹立したが，1405年に首都をヘラトに移し，この地はその孫のウルグベクの下で文化的に栄える．16世紀初めにウズベク朝が興り，ブハラ，ヒヴァを占領，その後アストラ・ハン，マンギット両王朝がブハラを首都として支配した．16世紀にはまた，ホラズムにヒヴァ・ハン国，18世紀にはフェルガナにコカンド・ハン国が興り，3ハン国抗争の時代となった．

19世紀後半，南下してきたロシアは，1867年にタシケントに総督府を置いて中央アジア経営の拠点とした，それからちょうど50年後の1917年には，ペトログラード（現サンクトペテルブルク）よりわずか1週間遅れで，この地域で働くロシア人鉄道労働者・兵士を中心としたソヴィエト政権が成立し，18年4月末にはボリシェヴィキ（ロシア共産党）の指導するトルキスタン自治共和国が発足した．ブハラ，ヒヴァでは，1920年にイスラーム社会改革運動を進めてきたムスリムのインテリゲンツィアグループであるジャディドが，ボリシェヴィキと協力して人民ソヴィエト革命を遂行，両地域はそれぞれ1922，24年に社会主義共和国となり，24年に民族的境界区分によっておもな民族別に再編成され，ウズベク，トルクメンの2共和国が発足した．ただし，ウズベキスタンはフェルガナ，タシケントなどウズベク人の地域と，タジク人の多いサマルカンド地域など地域主義がみられる．ウズベク農村では，1925〜29年の土地・水利改革と引き続く集団化によって，古い地主（バイ）の支配は完全に崩され，教育もメドレセなどソヴィエト学校に移され，女性解放運動も行われ，工業化が進められた．

ウズベク共和国は，1990年6月に主権宣言，91年9月にウズベキスタン共和国として独立，12月に憲法を採択した．公用語をウズベク語としたが，ウズベク人以外はウズベク語の習得，使用に熱心ではなく，ウズベク人自身もウズベク人以外とはロシア語を使用する傾向がある．1994年7月通貨としてスムを導入し，民族化を進めている．ただ，ウズベキスタンという国家はソヴィエト政権下で形成されたものであり，国家的ナショナリズムと社会および文化との関係はきわ

202 ウスリ　〈世界地名大事典：アジア・オセアニア・極Ⅰ〉

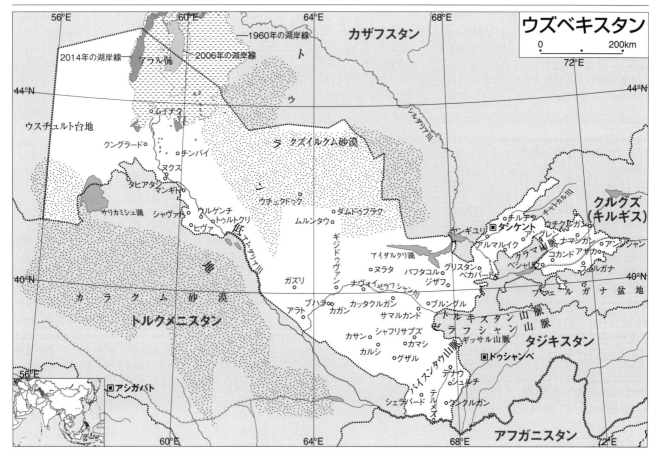

めて希薄であるという見解もある．元ウズベク共産党第一書記であったイスラム・アブドゥガニエヴィチ・カリモフ大統領は人民党を通じて強権を振るっており，1998年の宗教法改正によってイスラームに対する規制と反政府勢力の弾圧を強めたが，これらの政策は，99年2月タシケントでヌエワ人が死傷する爆弾テロを引き起こし，8月にはウズベク人らの武装勢力が，クルグズ南部で4人の日本人鉱山技師の拉致事件を起こした．カリモフ大統領は，イスラーム運動取締り政策でアメリカの支持を得ている．ソ連崩壊による生産の落ち込みは比較的小さかったが，カリモフ政治への不満から，生活の安定，教育の平等などソ連時代へのノスタルジーもあるようである．2001年には上海協力機構（SCO）に加わった．

また，カリモフは2002年7月には日本を訪問した．貿易相手国はロシア26.7％，EU 15.2％，中国12.2％，韓国7.7％に対し，日本は2.7％である（2008）．旧ソ連構成国の中で，旧ソ連解体後の経済的崩壊を避けえた唯一の国であるが，年齢構成も非常に若く，さらなる工業発展が展望される．　［木村英亮］

ウスリー川　Ussuri　中国/ロシア
烏蘇里江（漢字表記）/ Wusuli Jiang（別表記）
面積：193000 km²　長さ：897 km
[48°16′N　134°43′E]

ロシア東部，沿海地方，ハバロフスク地方（ともに極東連邦管区）と中国ヘイロンチャン（黒竜江）省の国境地域を流れる川．アムール川の支流の1つ．沿海地方にあるシホテアリニ山脈のスネジナヤ山（標高1682 m）のタイガに水源を発し，左岸の側でアルセニエフ川，スンガチャ（松阿察）川，ムーリン（穆稜）川，ナオリー（撓力）川など，右岸の側ではビキン川，ホル川などの支流を集めて，ハバロフスク付近でアムール川の本流に合流する．スンガチャ川との合流点から下流は中ロ国境をなす．河畔の集落に地方のチュグエフカ，キロフスキー，レソザヴォック，黒竜江省のフートウ（虎頭），ラオホー（饒河）などがある．水量は豊富で，周辺地域に洪水被害をもたらすことも少なくない．11月から4月まで凍結する．多様な水産資源に恵まれ漁業が盛んである．

ウスリー川の流域は古来ツングース系などの諸民族が活動する広大な大地で，歴史的に形成された東北アジアの政治・経済の中央部と周縁部を結ぶ朝貢貿易がこの流域でも発達した．ウスリー川は現在の中国東北地方からアムール川の本流と河口を経て対岸のサハリン島にいたる交易ルートの一部をなしていた．19世紀半ば，アムール川流域に進出したロシアは1860年清国との間に北京条約を締結し，ウスリー川とその左岸支流スンガチャ川を露清間の国境と定めた．国境から東の地域一帯は1856年にニコラエフスクを州都として発足していた沿海州に編入された．

ウスリー川とハンカ（シンカイ）湖を通る河川路がロシアのプリモリエ地域開発の初期に，アムール河畔のハバロフスクと日本海岸のウラジオストクの2拠点を結ぶルートの1つとして一定の役割を果たしていた時期もあったが，この河川路はスンガチャ川が船舶の航行に適さないことなどから未発達に終わった．現在も周辺の集落に人口が少なく，ウラジオストクとハバロフスクを結ぶ鉄道と自動車道路が比較的近い地帯を並行して走っているため河川交通は発達していない．

ウスリー川をはさむ国際関係は，1929年の中ソ国境紛争，とくに31年の満州事変を境に緊張をはらむ時代に入った．満州国・関

東軍側はウスリー河畔の虎頭をはじめ沿岸各地に対ソ防衛拠点を構築し，ソ連側は虎頭の対岸に近いイマン（現ダリネチェンスク）周辺でシベリア横断鉄道の迂回路線を増設するなど対抗措置をとった．1945年8月，満州国に総攻撃をかけたソ連軍の一部はウスリー川を渡河して満州国に侵入した．

1949年に成立した中華人民共和国は当初の20年間ソ連と蜜月関係にあったが，69年，ほぼ虎頭と饒河の中間地点にあるウスリー川の中州のダマンスキー（チェンパオ，珍宝）島の帰属をめぐって中ソ武力衝突事件（珍宝島事件）が発生し，長年対立を続けたが，91年に中ソ間の合意がなり，領土問題は解決した（現在は黒竜江省フーリン（虎林）市に属している）．　　　　　　　　　［原　暉之］

ウスンアパウ高原　Usun Apau, Dataran Tinggi

マレーシア

面積：498 km²　標高：1300–1500 m

[2°55′N　114°40′E]

マレーシア，カリマンタン（ボルネオ）島北部，サラワク州東部の高原．標高1300〜1500 m級の山々からなる高原地帯で，イラン山脈の北部に続く．多くの野鳥が生息することで知られ，下流域に流出する水量調節の役割を果たす湿原が存在する．高原地帯では焼畑耕作も行われているが，森林資源はかなり伐採された．一帯は2005年にウスンアパウ国立公園（面積494 km²）に指定されている．　　　　　　　　　　　　　［生田真人］

ウーソン　呉淞　Wusong

中国

ごしょう（音読み表記）

[31°22′N　121°29′E]

中国南東部，シャンハイ（上海）市，パオシャン（宝山）区の街区．北はチャン（長）江に臨み，支流のホワンプー（黄浦）江が長江に注ぐ地点に位置しており，北部の呉淞口は上海から長江を経て海へ出るための門戸である．鉄鋼業が集中している．呉淞区が置かれていたが1956年に北郊区に吸収されて呉淞鎮となった．1958年から宝山県，88年以後は宝山区に属する．建物が密集して，淞浜路と淞興路に商業が集まり，周囲には海浜，長征，桃園，上綿8工場などの団地がある．北西には1980年代に生産を始めた上海宝山スチール総工場がある．チョンミン（崇明），長興，横沙諸島との間に客船が運航され，バス線路も充実している．歴史的には蘊（薀）藻浜という

河川が黄浦江と付近の河川網をつないで水上運輸が盛んであったし，淞滬鉄道によって上海市区へと連接していたが，現在では軌道交通3号線によって市中心部との往来が便利である．明・清代から防衛上の要地とされ，1842年のアヘン戦争時に清の水師提督である陳化成が軍を率い，侵入しようとしたイギリス軍を迎撃したときの砲台の遺跡がある．

［谷　人旭・小野寺　淳］

ウーソン江　呉淞江　Wusong Jiang

中国

松江，松陵江，笠沢江 (古称) ／ごしょうこう（音読み表記）／スーチョウ河　蘇州河　Suzhou He（通称）

長さ：60 km　　　　　[31°15′N　121°29′E]

中国東部の川．チャンスー（江蘇）省南東部から，シャンハイ（上海）市の北西部に流れる．ホワンプー（黄浦）江の最大の支流で，上海市内の主要な航路の1つである．古くは松江，松陵江，笠沢江などと称され，1278年に華亭府を松江府と改名してからは，呉淞江とよばれるようになった．上海が開港した後，上流は蘇州を通ることから，上海市内では蘇州河ともよばれるようになった．江蘇省のタイ（太）湖を水源とし，明代まで下流部は現在の虬蛟江に沿い，復興島東側にあたる古南蹌口から呉淞口へと流れて長江へ注いでいた．その後，黄浦江の流路が変更されて呉淞江と合流するようになった．現在では北新涇より下流において新しい流路を浚渫した結果，江蘇省のウーチャン（呉江），クンシャン（崑山）を通過してから，上海市チンプー（青浦）区趙屯の北西で上海市に入り，チャディン（嘉定），プートゥオ（普陀），黄浦などを経て黄浦江に合わさり，上海市内を125 kmにわたって流れるようになった．川沿いの両岸は水路網が密で，東大盈港，西大盈港，新通坂塔，新涇港などの支流とともに重要な航路となっている．地勢が平坦なので，河口の平均の流量は毎秒約10 m³であり，毎日2回の潮汐の影響を受けて潮が上流の黄渡付近にいたることがある．中流の河道は最も幅の広いところで400 mに達する．60〜100 t級の船舶の航行が可能で，上・中流で灌漑される耕地が約670 km²に及ぶ．

［谷　人旭・小野寺　淳］

ウタ島　Uta, Pulau

インドネシア

[0°01′N　129°38′E]

インドネシア東部，マルク（モルッカ）諸島，北マルク州ハルマヘラトゥンガ県の極小島．ハルマヘラ島東部沖，ワイゲオ島との間に位置する．ゲベ Gebe 島，ユ島の北方に浮かぶ．　　　　　　　　　　　　［冨尾武弘］

ウーダー区　烏達区　Wuda

中国

うたつく（音読み表記）

人口：13.0万 (2010)　面積：219 km²　気温：9.3℃
降水量：169 mm/年　　　[39°30′N　106°44′E]

中国北部，内モンゴル自治区，ウーハイ（烏海）地級市西部の区．北東部はホワン（黄）河とハイポーワン（海勃湾）区と接し，北西はアラシャー（阿拉善）盟，南はニンシャ（寧夏）回族自治区のシーツイシャン（石嘴山，ハラウーラ）市と隣接する．地勢は西高東低，山脈が多く，洪水災害が起こりやすく，砂嵐も多い地区である．黄河が最大の水源で，農業を主要産業としており，フルーツの生産で高い知名度を誇る．鉱物資源が豊富で，石炭の開発とそれにともなう化学工業が盛んである．とくに自治区内の重要な石炭産地である．高度工業開発政策の対象地となっている．包蘭鉄道と110国道が通る．

［オーノス・サラントナラ，杜　国慶］

ウータイ県　五台県　Wutai

中国

台州，慮，驢夷 (古称)

人口：30.2万 (2013)　面積：2856 km²
[38°42′N　113°14′E]

中国中北部，シャンシー（山西）省北部，シンチョウ（忻州）地級市の県．ホーペイ（河北）省に接する．五台山にちなんだ地名である．県名は前漢に慮県，北魏に驢夷県，隋に五台県となり，金にタイチョウ（台州）になり，明に五台県と改められ今日にいたる．6鎮，13郷と五台山風景名勝区，駝梁景区を管轄し，県政府は台城鎮にある．地形が複雑で，山地が多く平地が少ない．気候は寒冷で，トウモロコシ，アワなどの雑穀，ジャガイモを栽培している．五台山（標高3058 m）は中国四大仏教名山の1つであり，有名な観光地である．　　　　　　　　　　　　　　　　［張　貴民］

ウータイ山　五台山　Wutai Shan

中国

標高：3058 m　　　　　　[39°03′N　113°35′E]

中国中北部，シャンシー（山西）省北東部の山．中国四大仏教名山の1つである．五台と

ウータイ(五台)山(中国),白い仏舎利塔のある塔院寺《世界遺産》[Meiqianbao/Shutterstock.com]

は,トンタイ(東台)望海峰,ナンタイ(南台)錦綉峰,シータイ(西台)桂月峰,ペイタイ(北台)葉斗峰,チョンタイ(中台)翠岩峰からなる広大な地域で,静寂と詩情をあわせもった清涼な地である.北台(標高3058 m)は最も高く,南台(2485 m)は最も低い.文殊示現の地といわれ,明帝がこの地に霊鷲寺を建立したのが最初と伝えられている.その後,各地から修行僧が集まり,数多くの寺院が建てられた.現在,58の寺院と5000を超える殿堂や楼閣,伽藍がある.そのうち,南禅寺は中国に現存する最も古い唐代木造建築であり,霊鷲寺(顕通寺)はルオヤン(洛陽)の白馬寺と並び,中国最古の寺院建築物である.世界各地から数多くの観光客が来山している.2009年にユネスコの世界遺産(文化遺産)に登録された. 〔張 貴民〕

ウタイターニー Uthai Thani タイ

人口:2.0万(2010) 面積:250 km²
[15°22′N 100°03′E]

タイ北部下部,ウタイターニー県の都市で県都.首都バンコクの北219 kmに位置する.現在につながる町の歴史はアユタヤ王朝時代に始まる.チャオプラヤー川の支流の1つで,市の東を流れるサケークラン川の名をとって,かつてはバーン(家)サケークランとよばれた.豊穣な土地と水運に恵まれて町が発達し,1910年にラーマ5世によってウタイターニーに名称変更された.
〔遠藤 元〕

ウタイターニー県 Uthai Thani, Changwat タイ

人口:29.7万(2010) 面積:6730 km²
[15°22′N 100°03′E]

タイ北部下部の県.県都はウタイターニー.北はナコーンサワン,東は中部のチャイナート,南はスパンブリー,西はターク,南西はカーンチャナブリーの各県と隣接する.県の東部はチャオプラヤー川流域の沖積平野で農業に適し,稲作をはじめ,トウモロコシ,サトウキビ,キャッサバなどの畑作も行われている.西部は山がちで森林被覆率が比較的高い.ターク県との県境付近に広がるフアイ・カーケーン野生物保護区は,隣接するトゥンヤイ・ナレースワン野生物保護区とともに,1991年に「トゥンヤイーファイ・カ・ケン野生物保護区群」としてユネスコの世界遺産(自然遺産)に登録された.
〔遠藤 元〕

ウダイプル Udaipur インド

人口:45.2万(2011) 面積:37 km² 標高:600 m
降水量:670 mm/年 [24°36′N 73°47′E]

インド西部,ラージャスターン州南部,ウダイプル県の都市で県都.インド有数の歴史的観光都市である.湖上都市,東洋のヴェニス,もう1つのカシミールなどと称され,インドで最も国際的評価の高い観光都市である.年平均降水量は670 mm前後と少ないが,標高約600 mに位置することから,夏の平均気温が28.8°Cで最高でも40°Cを超えることもなく,避暑地にも利用される.また冬の平均気温も8°Cと暖かく一年を通して過ごしやすい.観光のベストシーズンは,9月から翌年の3月までの乾季である.アラビア海に臨むグジャラート州から北東へ内陸の首都デリーに向かって走るアラヴァリ山脈の南麓を通る交通路線の要地であり,デリーとムンバイ(ボンベイ)の中間,デリーから空路2時間,州都ジャイプルから1時間の距離に位置する.

1553年,ラージプート族の中でも最も高貴なシソーディヤ氏族によりメーワール王国の首都となった.古い首都はウダイプルの北東,バナスBanas川の支流ベラチBerach河岸のチットールガルにあったが,マハーラーナー・ウダイ・シン2世(1522-72)が獲物狩りの際に出会った隠遁者の勧めで,この地に居住地を移し,1568年のムガル帝国のアクバル大帝により,チットールガルが占領されたのを機に首都をもウダイプルに移転した.このとき,川をせき止めていくつかの湖をつくったことから湖の町とよばれるようになった.都市名はウダイ・シン2世の名前にちなむ.その後,チットールガルはムガル帝国の勢いが弱まり,ふたたびラージプート族が支配することとなるが,イギリス植民地下の1818年ウダイプル藩王国が形成され,その首都として存続した.1947年の独立の際には,ウダイプル藩王国はインド政府に従い,メーワールはラージャスターン州に併合された.

干ばつ常習地域の周辺地域では,近郊地での灌漑による野菜栽培のほかに,夏作としておもにバジェラ(キビ),ジョワール(モロコシ),トウモロコシ,豆類など,冬作には小麦や大麦のほかに油料作物のマスタード(カラシナ)やナタネの栽培などの換金作物の栽培がみられる.ほかには小規模の亜鉛や化学や金銀細工などの産業がみられるものの,主産業としての観光産業からの収益がウダイプル経済の大半を占める.この観光産業を担うホテルには,インド最大手のタージやオベロイロ・グループなどのほかに多くの中小ホテルがあり,年間を通し国内外の観光客の宿泊がみられる.

近年ではインドの主要な都市との航空便が毎日就航し,国際観光のベスト7位にあげられるほどの人気ぶりでもある.現在,市内中心から東方24 km離れた場所にあるマハーラーナープラターパ Maharana Pratap 空港またはウダイプル空港と称される空港が国内外の観光客を運び,観光地としての人気がますます高まり,ピチョーラ湖周辺でのホテル

の建設ブームなどが続いていることから，ピチョーラ湖から200 m以内はあらゆる建築物の建設禁止など，州政府の建設規制が発令されるなど環境への一定の配慮がなされている．城壁で囲まれた旧市街地は，ピチョーラ湖を臨む位置にあり，前面の湖上に浮かぶ小島などとともに主要な観光資源やホテルが立地する．

観光の目玉には，メーワール祭(3〜4月)，シティパレスやピチョーラ湖，そして彫刻が素晴らしいジャグディーシュ寺院などがあげられる．メーワール祭は観光のベストシーズンに開催される人気のある祭りで，花火や踊りなど盛大なイベントが組み入れられている．ピチョーラ湖の小島ジャグニワースにはラージャスターン州最大の豪華な巨大宮殿群があり，その中でも大理石でつくられたシティパレスは有名で，現在は5つ星の贅沢なホテルとして利用されている．映画「007オクトパシー」の撮影場所としても有名である．建設はウダイ・シン2世により，宮殿内には現在，博物館もある．同じく宮殿群内に州立博物館や豪華きわまるクリスタル・ギャラリーなどがある．同島の白亜の宮殿は，1743〜46年に夏の離宮として建てられた大理石の宮殿である．17世紀初めの建造後すぐに，のちのムガル皇帝シャー・ジャハーン王が皇太子時代に父王との抗争に際して避難地として利用した．ジャグディーシュ寺院はインド・アーリアのすばらしい彫刻のみられる様式の寺院で1651年に建立された．ジャグディーシュ寺院は町の中央部にある大きなヒンドゥー寺院で，1651年にジャガット・シン1世により建てられた．また，日帰り観光地としての旧都チットールガルへの観光客は多い． ［中里亜夫］

ウーダムプル　Udhampur　　　インド

人口：3.6万 (2011)　面積：39 km²
[32°55′N　75°07′E]

インド北部，ジャンムカシミール州ウーダムプル県の都市．スリナガルの西約80 km，ヒマラヤのシワリク丘陵にあり，山がちで，モンスーン季には季節的降雨が多く，冬には雪が多い．チェナーブ川では水量を利用した水力発電計画が進行中である．主言語はドグリ語だが，地域によって方言が強い．19世紀に宮殿がつくられた．インドの北部司令部と空軍基地があり重要な軍事拠点で，軍人が多い．基地はテロリストによる襲撃も多く，兵士が多数犠牲になっている． ［由井義通］

ウダヤギリ　Udayagiri　　　インド

クマリ　Kumari (古称)

人口：1.1万 (2011)　　　[20°16′N　85°47′E]

インド東部，オディシャ(オリッサ)州にあるジャイナ教の聖地の1つ．州都ブバネシュワル市内の中心から西6 kmに位置する．近くにあるカンダギリとともに重要なジャイナ教の石窟寺院がある．日の出の丘を意味するウダヤギリは隣のカンダギリ(壊れた丘の意)とともに比高約40 mの低平な丘で，そこには複雑な彫刻の施された，興味深い18の石窟がある．石窟の多くはジャイナ教の行者のために砂岩を彫ったもので，紀元前2世紀にはすでにこの地域のジャイナ教徒や仏教徒の活動があったことを物語っている．ジャイナ教の活動はその後も持続し，カンダギリの頂上には19世紀のジャイナ教寺院が建立されている．ウダヤギリは，カンダギリとともに，寺院都市とも称される州都ブバネシュワル近郊に位置することもあり，多くの観光客を集める． ［中里亜夫］

ウタラ島　Utara, Pulau ☞ オビ島 Obi, Pulau

ウーダーリエンチー市　五大蓮池市　Wudalianchi　　　中国

ドゥトゥー県　徳都県　Dedu (旧称)

人口：36万 (2012)　面積：9800 km²
[48°50′N　126°20′E]

中国北東部，ヘイロンチャン(黒竜江)省北部，ヘイホー(黒河)地級市の県級市．市政府は青山街道に置かれる．シャオシンアンリン(小興安嶺)山脈の西麓に広がる．旧名は徳都県．現在の市名は，市域の中西部に広がる火山群にちなむ．18世紀に噴火した，中国では最も新しい火山であり，その楯状火山と噴石丘，堰止め湖などからなる多様な火山景観は，世界ジオパークに指定されている．農業生産も盛んで，ミネラルウォーターも有名である． ［小島泰雄］

ウダワラウェ国立公園　Uda Walawe National Park　　　スリランカ

面積：308 km²　標高：100-400 m
気温：27-28°C　降水量：1500 mm/年
[6°26′N　80°53′E]

スリランカ南部，サバラガムワ州とウヴァ州にまたがる国立公園．サバラガムワ州の州都ラトナプラの南東約60 km，南部州ハンバントタの北西約65 kmに位置する．国道A18号上のティンボルケティヤが公園の入口である．湿潤地帯と乾燥地帯の境界領域に位置する．ウェリ Weli 川の堰止め湖ウダワラウェ貯水池とその周囲の湿地からなる．観光シーズンは7〜10月．さまざまな種類の野鳥のほか，野生のゾウの群がみられることで知られる．その他，野生のオオシカ，水牛，レオパードなどが観察できる．ヘビの種類も多い．1972年に国立公園に指定された． ［山野正彦］

ウータン山　武当山　Wudang Shan　　　中国

玄岳，太岳，大岳 (古称) ／シエルオ山　謝羅山 Xieluo Shan (別称) ／シェンシー山　仙室山 Xianshi Shan (別称) ／タイホー山　太和山 Taihe Shan (別称) ／ツァンシャン山　参上山 Canshang Shan (別称)

標高：1612 m　長さ：260 km
[32°24′N　111°00′E]

中国中部，フーペイ(湖北)省北西部の山脈．太和山などの別名があり，太岳などの古名がある．ハン(漢)水の南岸に位置する．ダーバー(大巴)山系に属し，湖北省とシャンシー(陝西)省の境界付近からシャンヤン(襄陽)市南部まで，北西から南東へ約260 kmにわたる．標高は一般に1000 m前後で，主峰の天柱峰は1612 m．山脈の両側は陥没盆地が多く，ファンシェン(房県)盆地やユンシェン(郧県)盆地などがある．西部は険しい岩壁が，東部は丸みを帯びた峰が多い．スー(泗)河，神定河，官山河，馬攔河などはみなここを水源としている．標高800 m以下は温暖湿潤で年平均降水量が900 mm程度，800 m以上は冷涼湿潤で年平均降水量が1200 mmに達し，暴雨常襲地の1つである．森林はおもにマツ，スギ，クヌギ，カバノキからなり，特産物にはキクラゲ，シイタケ，桐油，生漆があり，薬用植物も多い．黄鉄鉱を産出する．

天柱峰を中心に武当山風景名勝地区があり，道教の名山の1つである．道教の教主である真武曽がこの地に居留したと伝えられ，道教の活動は後漢晩期に始まり，唐・宋代以降は道教の聖地となった．壮大な規模の道教に関連した古建築群や多くの文物・古跡がここに保存されている．古建築群の総面積は160万 m²あまりあり，2万以上の道教の社がおもに天柱峰の北側に70 kmにわたって分布する．現存する建築物は大部分が明代の

ものであり，1994年に「武当山の古代建築物群」としてユネスコの世界遺産（文化遺産）に登録された．また，武当武術の発祥地であり，音楽，法事，薬膳，経典，伝説などの豊かな道教文化が育まれてきた．　　[小野寺 淳]

ウーチー区　梧棲区　Wuqi

台湾｜中国

Wuci（別表記）

人口：5.7万（2017）　面積：17 km²

[24°17′N　120°29′E]

台湾中央西部，タイジョン（台中）市の区．台湾海峡に面し，台中港を擁している．清国統治時代から漢人住民の移住が盛んだった土地で，長らく零細的漁業を糧とする寒村だったが，日本統治時代に入り，大型港湾施設の建設が計画されたことが転機となった．この港は新高（にいたか）港と名づけられたが，竣工前に終戦を迎えた．その後も建設は進められたが，港湾が使用されるようになったのは1976年からで，台湾で最も新しい国際港となっている．　　[片倉佳史]

ウーチー県　呉起県　Wuqi

中国

人口：14.5万（2010）　面積：3789 km²
標高：1233-1809 m　気温：7.8℃
降水量：483 mm/年　[36°56′N　108°11′E]

中国中部，シャンシー（陝西）省北部，イエンアン（延安）地級市北西部の県．地名は戦国時代に名将呉起が駐屯したことを記念したものである．4鎮，8郷を管轄し，県政府は呉旗鎮にある．1935年10月19日，長征の中国共産党がここに辿り着いた終点として有名である．黄土高原の丘陵地帯にある．無定河と北洛河がおもな河川であり，白於山と子午嶺などの山脈がある．白於山を境に，その北東部がムウス（毛烏素）砂漠地帯の南端で，総面積の15%を占める．半乾燥温帯大陸性季節風気候に属し，無霜期間は146日である．農作物は年一作である．飼育が盛んな小尾寒羊は，発育が早く，繁殖力と適応性が強いことから国宝とよばれる．古長城などの遺跡がある．　　[杜 国慶]

ウーチー県　武陟県　Wuzhi

中国

ぶちょくけん（音読み表記）

人口：約74万（2013）　面積：805 km²

[35°05′N　113°23′E]

中国中央東部，ホーナン（河南）省北部，チャオツオ（焦作）地級市の県．焦作市街地の南

東に位置する．4街道，4鎮，7郷を管轄し，県政府所在地は木城街道．四大懐薬とよばれる漢方の薬効があるとされる食品，牛膝（イノコズチ），地黄，菊花，山薬（ヤマイモ）の産地で，油茶が有名である．竹林七賢の向秀，山濤の出身地としても知られる．

[中川秀一]

ウーチー山　五指山　Wuzhi

中国

標高：1867 m　[18°55′N　109°43′E]

中国南部，ハイナン（海南）省中南部の山脈．海南島の主要河川の源流地として中央部にそびえ立つ省内で最も高い山脈である．5つの嶺からなる山脈の形が人の指に似ていることから五指山の通称でよばれてきた．最高峰は標高1867 mの第2番目の嶺．先住民であるリー（黎）族の発祥地であり，海南島の象徴でもある．冬季のシベリア寒波の南下を遮り，海南島南部の常夏気候を維持する効用も大きい．原生林に海南島特有種の植物，昆虫類，鳥類が分布し，2003年に国立自然保護区に指定された．　　[許 衛東]

ウチクルガン　Uchkurgan

ウズベキスタン

人口：3.6万（2012）　[41°07′N　72°04′E]

ウズベキスタン東部，ナマンガン州東部の都市．ナルイン河畔，州都ナマンガンの東北東32 kmに位置する．クルグズ（キルギス）との国境に近く，タシクムイルへの鉄道分岐点であり，大フェルガナ運河の始点でもある．綿花栽培と綿繰りが盛んである．

[木村英亮]

ウーチーシャン市　五指山市　Wuzhishan

中国

トンザー市　通什市　Tongza（旧称）

人口：10.6万（2015）　面積：1169 km²
標高：329 m　気温：22.4℃　降水量：1690 mm/年

[18°47′N　109°31′E]

中国南部，ハイナン（海南）省中南部の県級市．五指山麓，チャンホワ（昌化）江支流の南聖河流域に位置する．山間盆地からなる市域の中心部の通什鎮の平均標高は328.5 mで海南島では最高地の都市．少数民族であるリー（黎）族の伝統的居住地である．旧称はトンザー（通什）市で，1955年以後，海南リー族ミャオ（苗）族自治州の州都として発展した．

通什はリー族の言葉の当て字で，元来は山間地の中の穀倉をさす．標高500 mを超える傾斜地が多く，雨季に焼畑農業，乾季に狩猟と薬草採取がリー族農家の伝統的な生業として営まれてきた．1986年6月に県級市になり，87年12月の自治州廃止を経て，2001年7月五指山市に改称した．4鎮，3郷を管轄し，市政府は通什鎮にある．熱帯雨林を有する五指山の観光業が経済の柱である．2015年の観光客は145万人．竹踊りや闘牛など東南アジアと同じルーツを有するリー族の民俗公演や，ミャオ族の3月3日（正月）行事は最大のイベントである．市内の海南民族博物館は海南島唯一の民族系施設．1人あたりGDPは3390 USドル（2015）で，全国平均の4割程度である．　　[許 衛東]

ウチトルファン県　烏什県　Uqturpan

中国

ウーシー県　烏什県　Wushi（漢語）/ Uchturpan（別表記）

人口：18.5万（2002）　面積：8561 km²

[41°12′N　79°13′E]

中国北西部，シンチャン（新疆）ウイグル（維吾爾）自治区西部，アクス（阿克蘇）地区の県．アクス河（サルイジャズ川）の支流トシカン河の中流域に位置し，北はティエンシャン（天山）山脈を境にクルグズ（キルギス）に隣接する．1882年にウチトルファン庁が置かれ，1913年県になった．1鎮，8郷を管轄し，県政府は烏什鎮にある．漢字表記の烏什はウイグル語名の略称である．北部山地は牧畜業が盛んで，中部のトシカン河流域では灌漑農業が営まれる．アクスとアクチェ（阿合奇）を結ぶ道路が県内を通る．名所にはイエッテキズマザール（七女墓），イエギアイマック古城などがある．　　[ニザム・ビラルディン]

内モンゴル自治区　内蒙古自治区　Nei Mongol Zizhiqu

中国

Obur Mongol（モンゴル語）

人口：2511万（2015）　[40°51′N　111°39′E]

中国北部の自治区．首府はフフホト（呼和浩特）市．モンゴル国およびロシアとの国境線は4000 kmに及び，東西の長さは2400 km，南北は広いところで1700 kmある．面積は国土の13.3%を占める．北東は黒竜江省，吉林省，遼寧省の3省と隣接し，自治区東北部はこの東北3省と経済的，地域的一体化が進み東北地域として分類されることもあ

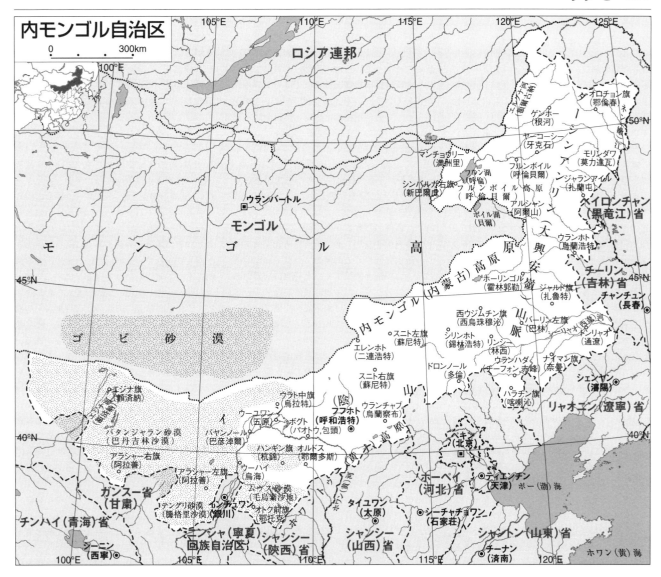

る．このほかに東から西は河北省，山西省，陝西省，寧夏回族自治区や甘粛省の順に各省と隣接する．首都北京市から近く，「北京の裏庭」ともいわれる．

中国国内の5つの少数民族自治区のうちの1つであり，中華人民共和国建国の2年前，1947年5月に内モンゴル自治政府として設立されたが，49年12月に内モンゴル自治区と改称された．現在の自治区は，清朝時代の外藩モンゴル内ジャサク6盟(ジリム盟，ジョーオド盟，ジョスト盟，シリンゴル(錫林郭勒)盟，ウランチャブ(烏蘭察布)盟，イケジョー盟)に属する49ジャサク旗に，八旗に編成されていたフルンボイル(呼倫貝爾)地方，チャハール(察哈爾)地方や，帰化城トメド特別旗，アラシャー(阿拉善)旗，エジナ・トルグド旗の諸地方を合わせて構成されたものである．現在の行政区としては，2直轄市，7地級市と3盟を管轄する．総人口のうち，自治民族であるモンゴル族人口は約422万人で17％を占める．その他の少数民族は10万人弱(4％)を占め，残りの79％は漢族である．部族的にはホルチン，ハラチン，トメド，チャハール，オルドス，バーリン，ジャルド，バルガなど，きわめて複雑な部族的地域的構成をもつ地域である．

清朝時代にモンゴルで敷かれたのは，このようなモンゴル固有の部族制度と満洲人の八旗制度を併用した盟旗制度とよばれるものである．清朝時代でいう盟とは，モンゴル語のチグルガンをさし，中華人民共和国以後になると地区(市)レベルの行政を示すアイマクというモンゴル語をさすようになった．また，旗はホショーというモンゴル語をさし，都市化が進む現在でもこの盟旗制度が一部残っている．

1911年12月に清朝外藩モンゴルの一部であったハルハ・モンゴル(いわゆる外モンゴル)が独立を宣言すると内モンゴルの大多数の旗もそれに応じたが，中華民国政府の働きかけと当時内モンゴル各地を割拠していた軍閥の支配などさまざまな原因によって中華民国の統治下にとどまることとなった．そして内・外モンゴルが分断される決定的な出来事は，1915年に結ばれたキャクタ条約(中露蒙三国条約)であり，この条約を締結するための会談には日本もオブザーバーとして参加している．その根底には1906年から3回にわたって結ばれた日露密約があり，日露戦争の結果として，日本とロシアはそれぞれ内モンゴルと外モンゴルを自らの勢力範囲とする

る.

ハルハ・モンゴルでは，1921 年に社会主義革命が勝利し，ソヴィエト・ロシアの強い影響下に入っていくが，内モンゴルではフルンボイルの自治独立，そして徳王による自治運動が高まりを見せたものの，1931 年の満洲事変を受けてフルンボイル八旗と東部のジリム盟，ジョーオド盟やジョスト盟は満洲国に編入され，中部のチャハール八旗，シリンゴル盟やウランチャブ盟は日本の勢力を背景とする「蒙疆政権」の領域となった．1945 年 8 月の終戦後，内モンゴルは国民党と共産党の激しい争奪の結果，共産党の勝利により，47 年 5 月に現在のヒンガン（興安）盟ウランホト（烏蘭浩特）市で内モンゴル自治政府の樹立を迎えた．盟旗制度が敷かれた 300 年間，モンゴル人は「旗」という固定された狭い空間に閉じ込められ，遊牧民固有の機動性を失うと同時に，とくに内モンゴル各旗は中国本土から移住してくる漢人農民の受け皿となった．万里の長城や柳条辺墻沿いの内モンゴル各旗では，漢人移民の入植地に州，府，県など中国本土の行政が敷かれ，20 世紀の中頃までにジリム（哲里木）盟で設置された 31 県，ジョスト（卓斯図）盟やジョーオド（昭烏達）盟で設置された 8 県が近隣の東北 3 省に編入された．中西部のチャハールやオルドス（鄂爾多斯）地域でも同様の現象がみられ，1947 年の内モンゴル自治政府設立までもともと内モンゴル地域に属していたモンゴル旗の土地は中国本土と境界をなしていた万里の長城や柳条辺墻からおおむね 100〜200 km 後退したことになる．そして，中華人民共和国の建国直後の 1949 年 12 月に内モンゴル自治区へと降格され現在にいたっている．その後も隣接する熱河省や綏遠省が撤廃されて内モンゴル自治区に併合されたり，1969 年にはフルンボイル，ジリム，ジョーオドの各盟が東北 3 省に編入，アラシャン左旗，右旗などが寧夏や甘粛に編入されたものの，79 年にふたたび戻されるなど自治区の境域には変動が大きかった．新中国より 2 年も先に設立された内モンゴル自治区は中国共産党の少数民族政策の実験場となり，長い間「模範自治区」とされてきた．しかし，内モンゴル自治区が歩んだこの 70 年間は決して模範たる平坦な道ではなく，1966〜76 年まで続く文化大革命の期間中に新内モンゴル人民革命党などとされる冤罪によって多くのモンゴル人のエリートが命を落とし，中国に対する内モンゴル人の忠誠心が試された．1980 年代から始まる改革開放以降，内モン

ゴルは中国の経済発展を支えるエネルギーと原材料の供給地となり，「主体民族」であるはずのモンゴル人の言語と文化の発展が見込まれなくなっていった．当然，それまで以上に増え続けた漢族移民によって，モンゴル人が占めていた経済や社会の空間がますます狭くなっていき，現在自治区総人口におけるモンゴル族の割合は 17％程度しかない．

自治区首府フフホト市の西隣には 1950 年代から建設した工業都市ボグト（パオトウ，包頭）市がある．黄河をはさんで包頭市と面するのはここ 10 数年間における急激な経済発展で一躍有名になったオルドス市である．なお，西部のバヤンノール（巴彦淖爾）市は有名な食料生産基地である黄河の河套平原を有し，陰山北部やその西部のアラシャー盟地域はモンゴル国と隣接するゴビ（礫石）地帯である．中部のシリンゴル盟は代表的なステップ地帯であるが，近年は地下資源開発ブームに巻き込まれている．フルンボイル市は大興安嶺山脈の森林地帯とその西部のステップ地帯を有するが，近年はやはり資源開発が中心となっている．大興安嶺南東麓の興安盟，トンリャオ（通遼）市やウランハダ（チーフォン，赤峰）市はモンゴル人による農耕村落地帯が広がり，自治区東部の食糧生産基地となっている．

内モンゴル自治区は，中国本土の影響を強く受けて形成された内モンゴル独自のモンゴル文化と，内モンゴル地域に長く居住する中で形成された漢民族独自の文化を持ち合わせる特殊な地域であり，東アジア地域でも最大のハイブリッド文化と錯綜した多文化の共存する地域といえる．

[ボルジギン・ブレンサイン]

内モンゴル高原　内蒙古高原　Nei Mongol Gaoyuan
中国

Obur Mongolin Undurlig（モンゴル語）

中国北部に位置する高原．通常，東は大興安嶺山脈から西はアルタイ山脈まで，北はバイカル湖から南は陰山山脈までの高原地域を「モンゴル高原」というが，この地域の中から中国領内に含まれている部分を中国では内モンゴル高原という場合もある．モンゴル高原の東と南の境界となっている大興安嶺山脈と陰山山脈はちょうど内モンゴル自治区を東−西，南−北に分けるように横たわっており，この 2 つの山脈によってその自然環境が規定される．

中国の歴史書には「漠北」，「漠南」や

「塞北」などという言葉がよく登場するが，これらは現在のモンゴル国と中国の国境にまたがるゴビ砂漠を境に，その北側にある部分を「漠北」，その南側にある部分を「漠南」とさしたことに由来する．東西に細長く延びる内モンゴルの東部を南北に走るのは大興安嶺山脈であり，アムール川（黒竜江）南岸に臨む北端から中部ダリン湖を囲むヘシクテン旗を経て北緯 43 度の位置するシラムレン（西拉木倫）河の水源まで長さ約 1200 km に及ぶ．大興安嶺山脈の南にはホランシャルダーグ砂漠（渾善達克沙地）が広がり，砂漠の中心に位置するチャハール（察哈爾）地域の西からアラシャー（阿拉善）地域まで続くのは陰山山脈となる．ほぼその延長線上には賀蘭山山脈が南北に連なり，黄河はこの賀蘭山山脈の東側に沿って北に向かって内モンゴルの奥地へ流れ込み，陰山山脈にぶつかって東へ曲がる．このように 3 つ山脈の北（西）側が平均標高 1000 m 以上の高原地帯を形成し，降水量は 200 mm 以下で乾燥，寒冷な気候である．

内モンゴルにおける主要な水系もこれら 3 つの山脈と関連している．大興安嶺山脈の東端からはノンムレン（嫩江）が流れ，ソンネン（松嫩）平原を南下して，ソンホワ（松花）江に合流し，アムール川（松花）江に注ぐ．この沿岸地域として興安盟やすでに黒龍江省や吉林省に編入されてモンゴル族居住地域がこの嫩江水系に含まれ，その豊かな水源により多くの農耕民の入植の受け皿となった．

大興安嶺の北西側は，フルンボイル高原を横断するハイラル（海拉爾）河があり，アムール川に流入する．一方，大興安嶺山脈の南東部はシラムレン河流域になる．

シラムレン河は大興安嶺の中腹に源を発し，東方に流れてトンリャオ（通遼）市付近にいたると，そこからボーハイ（渤海）湾に注ぐまではリャオ（遼）河となる．遼河は 7〜8 世紀頃に遊牧民の契丹人が建てた遼王朝に由来するといわれており，遼の上都である臨潢府はシラムレン上流に位置し，シラムレン河流域は遼王朝の中心地であった．

内モンゴルの西部地域は乾燥して砂漠が広がるが，黄河の流れがその内モンゴル西部地域に延びて水の恵みをもたらしている．黄河は陝西省から内モンゴルの奥地へ流れ，その流域は内モンゴル西部の重要な食糧基地やボグト（パオトウ，包頭）市，フフホト（呼和浩特）市，オルドス（鄂爾多斯）市といった工業都市を形成している．

[ボルジギン・ブレンサイン]

ウーチャイ県　五寨県　Wuzhai

中国

寧遠（古称）／ごさいけん（音読み表記）

人口：10.9 万（2013）　面積：1396 km²
降水量：500 mm/年　　　［38°54′N　111°49′E］

中国中北部，シャンシー（山西）省北部，シンチョウ（忻州）地級市の県．乾燥したホワントゥー（黄土）高原に位置し，自然条件は厳しい．漢代には雁門郡武州に属し，金代には寧遠県，清朝から現在まで五寨県という地名が使われてきた．北部と北西部は黄土丘陵で，土壌流失が激しい．南東部は岩山で，主峰の廬芽山（標高 2736 m）は県内の最高峰．中部は盆地でおもな農業地域である．無霜期間は 120 日．農業はカラス麦，ジャガイモの栽培と肉牛の飼育が行われている．　［張　貴民］

ウーチャオ県　呉橋県　Wuqiao

中国

人口：28.2 万（2010）　面積：579 km²
標高：14-22.6 m　気温：12.6℃
降水量：562 mm/年　　　［37°37′N　116°23′E］

中国北部，ホーペイ（河北）省中部，ツアンチョウ（滄州）地級市の県．県政府は桑園鎮に置かれている．河北平野の南にあり，地勢は平坦で低く，南西から北東へ傾く．農作物は小麦，トウモロコシ，アワ，綿花，大豆を主としている．国内でも有数の良質の綿の生産地である．機械，化学工業，食品，印刷，建材などの工場がある．竹編みの工芸品が有名である．首都ペキン（北京）〜シャンハイ（上海）間を結ぶ鉄道の京滬線，国道 104 号が通る．雑技芸術の歴史が長く，雑技の故郷といわれており，呉橋雑技の芸人が世界中にいる．　　　　　　　　　　　［柴　彦威］

ウーチャン区　武昌区　Wuchang

中国

人口：126.8 万（2015）　面積：81 km²
　　　　　　　　　　　　［30°33′N　114°19′E］

中国中部，フーペイ（湖北）省，ウーハン（武漢）副省級市の区．歴史的に武漢三鎮の 1 つに数えられた武昌は，この武昌区とホンシャン（洪山）区に相当する．チャン（長）江の南岸に位置する．14 街道を管轄し，区政府は中山路に沿って位置する．ハンヤン（漢陽）およびハンコウ（漢口）と長江を隔てて相望み，長江大橋によって漢陽と，長江二橋によって漢口と結ばれている．域内は湖沼が多い．

三国時代に呉の郡が置かれた．宋代には商船が雲集するようになり，明代以降も発展した．1920 年代には紡織工業が，49 年以降は機械，造船，電力設備，化学，鉄道車両などの工業が集積した．長江の沿岸に多くの工場や連絡船の埠頭が並ぶ．武昌駅や武漢大学がある．東湖風景名勝地区，黄鶴楼，長春観，宝通禅寺などの名所旧跡がある．1911 年に辛亥革命の最初の武装蜂起がここで起こり，武昌武装蜂起軍政府旧跡などの記念地がある．中央農民運動講習所旧跡や毛沢東武昌旧居などの記念地もある．　　［小野寺 淳］

ウーチャン区　呉江区　Wujiang

中国

人口：128.7 万（2012）　面積：1093 km²
　　　　　　　　　　　　［31°08′N　120°39′E］

中国東部，チャンスー（江蘇）省南東部，スーチョウ（蘇州）地級市の区．タイ（太）湖の南東岸に位置する．後梁の時代に呉江県がつくられ，蘇州に属した．元代に州になった．清代に呉江県の西側を震沢県，東側を呉江県とした．1912 年に呉江，震沢両県を合併，呉江県として江蘇都督府に属した．1992 年に県から市になり，2012 年に蘇州市の区となった．1 街道，8 鎮および 1 開発区を管轄し，区政府は浜湖街道にある．地勢は低平で，河道が縦横し，湖沼が多い．主要な農作物には水稲，麦，ナタネ，桑などがある．水棲作物に席草，レンコン，マコモダケなどがあり，水産資源には上海ガニ，シラウオ，手長エビなどがある．工業には絹糸紡績，農業機械，化学，鋳物，服装，皮革，医薬，プラスチック，酒造などがある．観光スポットとして同里古鎮，盛沢先蚕祠，震沢慈雲寺塔，黎里の柳亜子の旧居，松陵垂虹橋遺跡などがあげられる．高速道路の滬渝線（シャンハイ（上海）〜チョンチン（重慶））と常台線（チャンシュー（常熟）〜タイチョウ（台州））が交わる．
　　　　　　　　［谷　人旭・小野寺 淳］

ウーチャン市　五常市　Wuchang

中国

人口：101 万（2012）　面積：7512 km²
　　　　　　　　　　　　［44°55′N　127°09′E］

中国北東部，ヘイロンチャン（黒竜江）省南部，ハルピン（哈爾浜）副省級市の県級市．市政府は五常鎮に置かれる．チャンコワンツァイ（張広才）嶺山地のふもとに広がる，水稲生産の盛んな県級市である．市名は儒教の 5 つの徳目にちなんで，清朝末期に命名された．西と南はチーリン（吉林）省に接する．冬季は寒冷であるが，夏季は温暖湿潤であることから，農地の過半は水田となっており，良質の米がとれることで知られる．トウモロコシと大豆も生産される．　　　　　　［小島泰雄］

ウーチャンユワン　五丈原　Wuzhang Yuan

中国

　　　　　　　　　　　　［34°17′N　107°37′E］

中国中部，シャンシー（陝西）省西部，パオチー（宝鶏）市東部，チーシャン（岐山）県の古戦場．三国時代，魏と蜀が争った戦場である．現在の渭水盆地の西部，チン（秦）嶺山脈の北麓，河岸段丘状の黄土台地で，現在は畑地となっている．五丈原鎮，五丈塬などの地名が残る．一帯は五丈原風景区とされ，諸葛亮（孔明）にちなむ遺跡，廟宇がある．三国時代，スーチュワン（四川）盆地に建国した蜀漢は，劉備亡きあと諸葛亮が政権の中枢におり，魏が占拠する北方の回復を図っていた．チャン（長）江中流域から北上するルートは，蜀から大軍を派遣することは困難で，四川盆地の北からハン（漢）水の上流，ハンチョン（漢中）盆地を経て秦嶺山脈を越えて渭水盆地の西部にいたり，関中から洛陽を攻略するという戦略をとった．建興 5 年（227）から北方攻略（北伐）をくり返したが成功せず，建興 12 年（234）第 5 次の北伐にいたった．漢中から褒斜道を通って五丈原にいたり，司馬懿に率いられた魏軍と戦いながら，渭水平野で屯田を行い長期戦に備えたが，諸葛亮が陣中に病没し退却を余儀なくされた．　　［秋山元秀］

ウチュクドゥク　Uchquduq

ウズベキスタン

Uch Kuduk（別表記）／ウチクドゥク（別表記）

人口：3.6 万（2012）　標高：193 m
　　　　　　　　　　　　［42°09′N　63°34′E］

ウズベキスタン中央北部，ナヴォイ州北西部の都市．クズイルクム砂漠の中央に位置し，ウズベキスタン鉄道の駅がある．1978 年に都市として設立された．1958 年にナヴォイ鉱山精錬コンビナートがこの地区に設立され，最も近い都市であるゼラフシャンから北西 100 km の閉鎖都市として付近のウランの採鉱が進められた．2010 年のウズベキスタンのウラン資源量は世界第 12 位の 11 万 1000 t，ウラン生産量は世界第 7 位の 2429 t である．日本は 2011 年に石油天然ガス・金属鉱物資源機構とウラン・レアメタルの共同探査に関する基本合意書に調印している．ま

たウチュクドゥク空港よりの空路の便が整備
されている.　　　　　　　　　　［木村英亮］

ウーチュワン県　武川県
Wuchuan　　　　　　　　　　　　　　中国

人口：18.0万 (2010)　面積：4885 km²　気温：3℃
　　　　　　　　　　　　　　［41°06′N　111°27′E］

　中国北部, 内モンゴル自治区, フフホト
(呼和浩特)地級市の県. 1996年にフフホト
市に編入された. 県政府所在地はフフエリゲ
(可可以力更)鎮. イン(陰)山(ムナン)山脈中
段のダーチン(大青)山が県内にそびえ, 山地
が総面積の約47%を占める. 新石器時代か
ら集落が形成されていた形跡があり, 匈奴が
占領していた時期が長かった. 金, 鉄, 銀,
鉛, 石炭, 大理石などの地下資源が豊富で,
採掘が行われている. 森林資源も豊かで, 漢
方薬草の産地としても有名で黄芪の郷とよば
れる. 産業に占める農業の割合が大きく, ジャ
ガイモ, ソバ, 羊肉が3大特産品とされ
る.　　　　　［杜　国慶, オーノス・サラントナラ］

ウーチュワン市　呉川市
Wuchuan　　　　　　　　　　　　　　中国

平定県 (古称)

人口：96.1万 (2015)　面積：848 km²
気温：22.5℃　降水量：1598 mm/年
　　　　　　　　　　　　　　［21°27′N　110°47′E］

　中国南部, コワントン(広東)省西部, チャ
ンチャン(湛江)地級市の県級市. 南シナ海に
面しチェン(鑑)江下流域に位置する沿海の市
である. 宋の元嘉元年(424)に平定県として
設置され, 隋の開皇9年(589)に呉川県と改
称した. 1994年に県級市になった. 5街道,
10鎮を管轄し, 市政府所在地は梅菉街道.
市域のほとんどを標高50 m以下の台地と平
野が占める. 鑑江流域は野菜, 果物, 水産養
殖の主産地として開発された. 工業は郷鎮企
業を中心に発展し, 月餅, 羽毛布団, 樹脂製
履物などの全国主産地である. 1000年以上
の歴史を誇る伝統工芸の泥人形も人気が高
い. 交通では広湛高速(コワンチョウ(広州)
～湛江), 茂海鉄道(マオミン(茂名)～ハイア
ン(海安)), 国道325号が通じる. 鑑江は15
tの船が通行でき, 河川運輸の要衝となって
いる. 海岸には漁港が多数分布し, そのうち
博茂港は万t級貨物船のバースを有する漁業
用と商用の併用港である. ホワンポー(黄坡)
港はホンコン(香港)とマカオ(澳門)までの定
期航路を開設している.　　　　　［許　衛東］

ウーチュワン自治県　務川自治県
Wuchuan　　　　　　　　　　　　　　中国

ウーチュワンコーラオ族ミャオ族自治県　務川仡
佬族苗族自治県 (正称)

人口：43.5万 (2013)　面積：2778 km²
　　　　　　　　　　　　　　［28°31′N　107°53′E］

　中国中南部, グイチョウ(貴州)省北部, ツ
ンイー(遵義)地級市の自治県. 県政府所在地
は都濡鎮である. チョンチン(重慶)市に隣接
する. 総人口の4割強をコーラオ(仡佬)族,
4割をミャオ(苗)族, 1割強をトゥチャ(土
家)族が占める少数民族地帯である. 1986年
に務川コーラオ族ミャオ族自治県となった.
水銀の大きな鉱床を有するなど鉱物資源が豊
富で, 開発が進みつつある. おもな産業は農
業である. 森林資源も豊富で, ギンナンや桐
油の産地として知られる.　　　　　［松村嘉久］

ウーチョウ市　梧州市　Wuzhou
　　　　　　　　　　　　　　　　　　　　中国

人口：299.9万 (2015)　面積：12588 km²
　　　　　　　　　　　　　　［23°29′N　111°20′E］

　中国南部, コワンシー(広西)チワン(壮)族
自治区中東部の地級市. 河港交通都市で, シュ
ン(潯)江とグイ(桂)江が合流してシー(西)
江となる地点に位置し, 西江を下ればコワン
チョウ(広州), ホンコン(香港)などホワナン
(華南)地域の主要港に通じ, 「広西・水上の
門戸」と称されてきた. 65万(2013)規模の
万秀, 竜墟, 長洲の3区のほか, ツェンシー
(岑渓)県級市, ツァンウー(蒼梧), トンシェ
ン(藤県), モンシャン(蒙山)の3県を管轄
し, 市政府は長洲区にある. 人口の98%は
漢族. 海外にも35万人の梧州出身の華僑が
いる. 歴史上, コワントン(広東)文化の勢力
圏にあり, 地域の生活言語は広東語を使用す
る. 小広州の別称もある. 地名の由来は, 唐
の武徳4年(621)の梧州郡開設にさかのぼ
る. 明の成化6年(1470)に華南ヤオ(瑶)族
の反乱を鎮圧するため, 梧州に中国史上初の
総督府が設置され, 両広(広東と広西)を統轄
する政治と軍事と物流の中心として栄えた
が, 乾隆11年(1746)に総督府が広州に移転
した後, 衰退をたどった. 1879年に開港場
となり, 広州のホワンプー(黄埔)港に次いで
チュー(珠)江水系で第2位の大きな河港とし
て復活した.
　1955年に広東省のチャンチャン(湛江)港
に連結する湘桂(ホンヤン(衡陽)～ピンシャ
ン(憑祥)), 黎湛(リータン(黎塘)～湛江)両
鉄道が開通するまでは, 自治区の輸出入物資

の8割以上が梧州港を経由した. 1988年に
沿海経済開放区に入り, 河川交通を利用した
加工貿易と軽工業が活発となり, 紡績, 造
船, 機械, 化学, 木材, 食品などの産業分野
を擁する工業都市に発展している. 市区から
北12 kmの潯江下流に発電(63万kW)と水
運の機能を兼備する長洲ダムが建設され, 重
化学工業の基盤づくりも開始されている. 港
のほかに, 鉄道6線路, 高速道路6線路, 国
道3線路が通じ, 1994年運用開始の梧州空
港も加わって集散地としての役割が拡大を続
けている. 市全体の1人あたりGDPは約
5800 USドル(2015)で, 全国平均の7割程
度である.　　　　　［許　衛東］

ウーチョン区　呉中区　Wuzhong
　　　　　　　　　　　　　　　　　　　　中国

人口：115.7万 (2010)　面積：1374 km²
　　　　　　　　　　　　　　［31°16′N　120°37′E］

　中国東部, チャンスー(江蘇)省南東部, スー
チョウ(蘇州)地級市の区. 2001年に県か
ら区になった. 8街道, 7鎮および複数の観
光リゾート区, 技術開発区などを管轄し, 区
政府は蘇州市の太湖東路にある. チャン(長)
江三角州の中央, タイ(太)湖の沿岸に位置す
る. 地勢は西が高く東が低い. 川が縦横に走
り湖が多い. 鉱産物には銅, 鉄, 鉛, 亜鉛,
カオリン, 石炭, ミネラルウォーターなどが
ある. 特産物には茶葉, ギンナン, サンショ
ウ, 蜜柑, ビワ, 上海ガニ, 真珠, シラウ
オ, テナガエビなどがある. 工業は服装, 機
械, 電子, 絹織物, 建材, 化学, 医薬, 食品
などがあり, 蘇繍(刺繍)や硯の工芸が有名で
ある. 滬寧鉄道(シャンハイ(上海)～ナンキ
ン(南京))が通り, 高速道路の京滬・滬蓉線
(ペキン(北京)～上海・上海～チョントゥー
(成都))や常台線(チャンシュー(常熟)～タイ
チョウ(台州))が交わる.

　　　　　　　　　　　　［谷　人旭・小野寺 淳］

ウーチョン県　武城県　Wucheng
　　　　　　　　　　　　　　　　　　　　中国

東武城県 (古称)

人口：39.5万 (2015)　面積：751 km²
気温：12.7℃　降水量：528 mm/年
　　　　　　　　　　　　　　［37°12′N　116°04′E］

　中国東部, シャントン(山東)省北西部, ドゥ
チョウ(徳州)地級市の県. ダー(大)運河を
はさんでホーペイ(河北)省と隣接する. 前漢
代に東武城県が設置され, 西晋代に現名称に
改称した. 2街道, 7鎮, 1郷を管轄し, 県

政府は広遠街道にある．標高は低く，最高でも飲馬庄村の30.5mにすぎない．古黄河の氾濫によって自然堤防などの堆積地形が発達している．暖温帯大陸性季節風気候に属し，無霜期間は203日．おもに小麦，トウモロコシ，綿花，落花生を栽培する．武城西瓜は500年前から栽培されている特産品である．

[張 貴民]

ウーチョン市　呉忠市　Wuzhong

中国

人口：127.4万（2010）　面積：21420 km²

[37°54′N　106°10′E]

中国中北部，ニンシャ（寧夏）回族自治区中部の地級市．北は内モンゴル自治区，東はシャンシー（陝西）省，南はガンスー（甘粛）省と境を接する．1998年に銀南地区を改組して成立し，それまでの県級市の呉忠市はリートン（利通）区となった．利通，ホンスーパオ（紅寺堡）の2区，チントンシャ（青銅峡）市，イエンチー（塩池），トンシン（同心）の2県を管轄する．市政府所在地は利通区．市北部はインチュワン（銀川）平原で，南部はホワントゥー（黄土）高原，東部はオルドス（鄂爾多斯）高原とムウス（毛烏素）砂漠の一部をなす．市西部を黄河が流れる．寧夏中部の経済の中心で，京蔵（福銀と共用）と定武の高速道路が通る．

黄河の水運と陸上交通の要衝で，古来交易が盛んであり，秦代（紀元前3世紀）に富平県，唐代（7〜9世紀）に霊州，西夏時代（11世紀）に西平府が設置された．清代同治年間（1862〜74）に，陝西や甘粛での回民（ムスリム）蜂起と連動して，この地でも回民による大規模な武装蜂起が起きた．イスラームのスーフィー教団ジャフリーヤ派がその主勢力で，指導者の馬化竜は利通区の金積堡を拠点とした．回民軍と左宗棠率いる清朝軍の間で激しい戦闘がくり広げられたが，金積堡は16カ月にわたり包囲され，1870年に馬化竜は降伏し処刑された．利通区に彼の墓廟（ゴンベイ）があり，命日に多くの信徒が集まる．2010年現在，回族は市総人口の約半数を占める．紅寺堡区では，1998年頃より寧夏回族自治区南部の貧困地域からの農業移民の受け入れが始まり，それまでの荒地が黄河からの揚水灌漑で農地として開墾され，施設園芸による野菜栽培が行われている．2009年までの約10年間で，移民は20万人にのぼる．

[高橋健太郎]

ウーチン区　武進区　Wujin

中国

人口：160万（2014）　面積：1242 km²

[31°47′N　119°58′E]

中国東部，チャンスー（江蘇）省南西部，チャンチョウ（常州）地級市の区．春秋時代の常武地区には延陵邑が設立され，秦代に延陵県，晋代に晋陵郡・県が設けられ，丹徒・曲阿を分けて武進県となった．清代には武進，陽湖の両県が置かれ，1993年に武進の新しい市街地が建設された．2002年に常州市の区になった．2街道，14鎮を管轄し，区政府は湖塘鎮にある．

地勢は平らで低く，水面は総面積の27.4％を占めていて，典型的な江南水郷である．農業では茶葉，リンゴ，モモ，ナシ，ブドウを生産し，植木の栽培でも知られている．漁業では魚・カニ・エビ・カラス貝を豊富に産する．地下資源には石膏，白泥，紫砂，陶土，ミネラルウォーターがある．機械，紡績，化学，新材料，電子，精密，バイオなどの工業がみられる．名所旧跡として春秋時代の古城であった淹城遺跡がある．鉄道の滬寧線（シャンハイ（上海）〜ナンキン（南京））や新長線（シンイー（新沂）〜チャンシン（長興）），高速道路の滬蓉線（上海〜チョントゥー（成都）），沿江線（南京〜上海），錫宜線（ウーシー（無錫）〜イーシン（宜興））が交わっている．

[谷 人旭・小野寺 淳]

ウーチン区　武清区　Wuqing

中国

人口：86万（2012）　面積：1574 km²

[39°23′N　117°02′E]

中国，ティエンチン（天津）直轄市の区．市域の北西辺にあり，西はホーペイ（河北）省のランファン（廊坊）市からペキン（北京）市のトンチョウ（通州）区，北は河北省のシャンホー（香河）県，東はパオディ（宝坻）区，南は河北区と接する．区内には天津から北京に向かう複数の鉄道，道路，運河が通る．そのため地区全体が京津走廊であるとか，河北省も加えて京津冀の交差点などといわれる．もともとは京杭大運河の通る要衝として武清県の名は古くから知られていた．1958年，武清県も含めて天津専区として河北省に属していた県を天津市に属させ，その後の変遷を経て1967年，天津直轄市の一部としての武清県が成立した．その後，2000年に武清区と改称した．6街道，24鎮を管轄する．区政府が置かれている運河西街道をはじめ6街道で武清新城として中心市街地をつくろうとしている．人口は86万（2012），そのうち農業人口は79％を占め，農業人口が圧倒的に多い．しかし天津北京双方からのアクセスがよいため，遠郊の住宅としての不動産開発も進んでいる．

[秋山元秀]

ウッズ湖　Woods, Lake

オーストラリア

面積：420 km²　[17°50′S　133°31′E]

オーストラリア北部，ノーザンテリトリー中央部の湖．北に向かってニューカッスル川が流れ出している．州内にある淡水湖のうち内陸のものとしては最大であるが，2万3000年前にはいまの10倍の広さがあったとされる．洪水時には特定の種の水鳥，とくにカササギガンの広大な繁殖地となっている．何万羽という鳥が観測されており，ゴマフガモやタマシギなどの重要な種を含め50近い種が生息している．エリオットの南西約40 kmに位置するが，私有地にあるため公道によるアクセスはない．

[鷹取泰子]

ウッタラカンド州　Uttarakhand, State of

インド

ウッタランチャル州　Uttaranchal, State of（旧称）

人口：1008.6万（2011）　面積：53483 km²

[30°19′N　78°03′E]

インド北部の州．隣接するウッタルプラデシュ州から2000年11月9日に分離し，インドの27番目の州となった．設立当初は，ウッタランチャルとよばれていたが，2007年に現在の名称に変わった．風光明媚なヒマラヤ山脈に接し，北は中国のシーツァン（チベット，西蔵）自治区，東はネパール，南はウッタルプラデシュ州，西はハリヤーナ州，北西をヒマーチャルプラデシュ州に接する．州都は当該地域の最大都市であるデーラドゥーンである．織物業と手工芸品，観光業およびダムの建設，ハイテク工業の導入などにより発展している．

[前田俊二]

ウッタラディット　Uttaradit

タイ

ターイット　程逸　Tha It（別称）

人口：10.1万（2010）　面積：765 km²

[17°31′N　100°04′E]

タイ北部上部，ウッタラディット県の都市で県都．首都バンコクの北491 km，チャオプラヤー川の4大支流の1つナーン川の西岸に位置する．ラーマ4世時代にナーン，プレ

ーなどとの河川交易の中継地として建設され，その後，鉄道や道路の開発に伴って発展した．交通の要衝であることから商業が盛ん．ターイット(中国語で程逸)ともよばれる． 　　　　　　　　　　　　［遠藤 元］

ウッタラディット県　Uttaradit, Changwat

タイ

人口：43.9万 (2010)　面積：7838 km²
[17°31′N　100°04′E]

タイ北部上部の県．県都はウッタラディット．タイ北部の上部と下部の境目に位置する．北はナーンとプレー，西はスコータイ，南はピッサヌロークの各県と隣接するほか，東はラオスと国境を接する．おもな産業は，水田稲作をはじめ，サトウキビ，トウモロコシ，マメ類などの畑作である．また，県北部に国内最大級のシリキットダムがある．歴史的には，トンブリー王朝時代にビルマ軍がこの地を攻撃した際(1772～73)，プラヤー・ピチャイ・ダープハックが活躍して撃退したことで知られる． 　　　　　　［遠藤 元］

ウッタルプラデシュ州　Uttar Pradesh, State of

インド

ユナイテッドプロヴィンス　United Provinces (旧称)

人口：19928.1万 (2011)　面積：240928 km²
[26°51′N　80°55′E]

インド北部の州．国内最大の人口を抱える州で全国の 16.5 (2011)％を占める．面積は全国の9％を占め，75 の県をもつ．州都はラクナウ．インド北部のヒンドスタン平原に位置し，北西はウッタラカンド，ヒマーチャルプラデシュの各州，西はハリヤーナ州，南はマッディヤプラデシュ州，東はビハール州と接し，北はネパールと国境を接する．国内最長のガンジス(ガンガ)川が北西から下って州域を西から東へ背骨状に貫く．その水量を利用して古代からインド亜大陸の文化の中心地として栄えた．インドの2大神話，『ラーマーヤナ』物語と『マハーバーラタ』物語はこの地から生まれた．紀元前 2500～2000 年に中央アジアの乾燥化に伴って南下を始めた古代アーリア人は，まず，現在のパンジャブ(5河)地方に定着を始めた．やがてガンジス川に沿って東に移動し，現在のビハール州あたりに一大文化の花を咲かせた．したがって，パンジャブ地方からビハール州までの土地が，古代アーリア人の居住地となったと推定される．それが現在のウッタルプラデシュ州である．つまり，この州域は，古代インドの文化中心であったといえる．

以来，ヒンドゥー文化の中心地として多くの王朝が権力を交代させた．1206 年，アフガニスタンのガズナ(ガズニー)朝から，インドへ略奪団として派遣されたクトゥブ・ウッディーン・アイバク率いるイスラーム教徒略奪団が，デリー付近で定着を始めた．それからイスラーム王朝が盛衰をくり返しながら支配地域を拡大した．1526 年，アグラに本拠地を構えたムガル帝国が成立し，この州を中心に北インドは，イスラーム勢力の完全な支配地域となった．その後，ムガル帝国の弱体化の中，イスラーム藩王国の分立が始まる．1857～59 年に勃発した第1次インド独立戦争(セポイの乱)は，州内西部のメーラトのイギリス東インド会社軍駐屯地から始まり，州内の各地に拡大した．1年数カ月後，反英軍は，現在の州都ラクナウでの決戦でイギリス本国からの派遣軍に敗れ，イギリス政府の直轄植民地への道へと歴史は移った．

州都のラクナウのほか，歴史的な主要都市には，アグラ，アラハバード，バレーリ，カーンプル，ヴァラナシ(ベナレス)などがある．宗教的にも重要な都市が多く，アヨーディア，プラヤーグ(アラハバード)，ヴァラナシ，マトゥラなどは，ヒンドゥー教の聖地としていまも訪れる人が多い．ヴァラナシ郊外のサールナートは，釈迦が初めて説法した土地として有名であり，ゴラクプル郊外のクシナガルは，釈迦入滅の地として参拝者や観光客をひきつけている．1950 年の州編成期に，連合州とベナレス(ヴァラナシ)，ラームプル，テリ(現ウッタラカンド)などの小規模な地方王国が合併してウッタルプラデシュ州が成立した．

南部は，デカン高原の北の端を含む丘陵地である．州内の大半は，ヤムナ，ガンジス，ガーグラ川により潤わされた低平な沖積地である．州のほとんどが，地形的には，ヒンドスタン平原とよばれる．適量の降雨は，ダム施設や水路灌漑を発達させ，地下水をくみ上げる井戸も，牛引き式揚水から電気ポンプ式に多くがかわった．温和な気候が，年2回の穀物の収穫を可能とし，小麦，米，キビ類，サトウキビ，タバコ，綿花，ジュートなどの栽培が盛んである．経済の中心は就業人口の8割弱を占める農業である．かつて重要な地位を占めた装飾用の真鍮でつくる工芸品やブ

ウッタルプラデシュ州

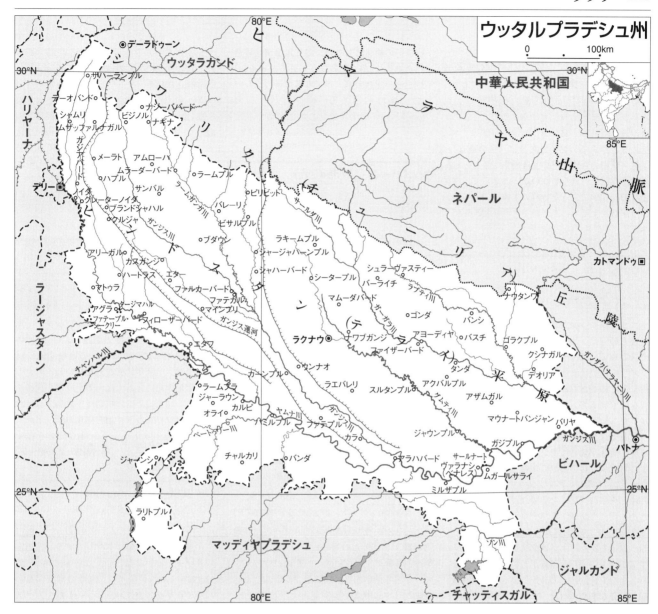

ローチなどの生産は斜陽化した．建築用石材，ガラス用の砂は豊かである．州内の鉄道輸送，自動車輸送はすぐれた流通を支えている．19の大学が州政府の支援を受けている．ただ，大学を卒業しても就職できない学生の数は，一向に改善されていない．

州の経済は，基本的に農業（就業者比率73％）に依存するため，1人あたり国民総生産では，全国でも最低水準にある．また，女子の識字水準も大変に低く，1991年では，7歳以上人口のうち，識字者は4人中1人という状況にあった．12～14歳の農村女子人口の1/3は就学していない．教育水準の向上は，州政府の大きな政策課題となっている．

[中山修一]

ウッディ島　Woody Island　南シナ海

フーラム島　Phu Lam, dao; Phú Lâm, đảo（ベトナム語）／ヨンシン島　永興島　Yongxing Dao（漢語）

人口：0.2万（2016）　面積：2.1 km²　長さ：2.0 km
幅：1.4 km　気温：26.5℃　降水量：1510 mm/年
[16°50′N　112°20′E]

北太平洋西部，南シナ海北西部の島．パラセル（西沙）諸島最大かつ南シナ海諸島の中で最大の島である．中国ハイナン（海南）省サンシャー（三沙）市（チョンシャー（中沙），シーシャー（西沙），トンシャー（東沙））政府が置かれており，中国語名はヨンシン（永興）島である．東西約1950 m，南北約1350 m．1946年9月に中華民国政府が海軍の駆逐艦永興号を派遣，島に上陸し領有を宣言し，艦名と同じ永興島と命名した．1974年のパラセル諸島付近における中国海軍と南ベトナム海軍との衝突を契機に，中国では管理を強化している．3000 mの滑走路と2つの5000 t級バースが建設され，B737も着陸可能である．戦闘機部隊とミサイル防衛システムを配備する軍事要塞であるが，現在は海南島からの定期観光航路が開設されている．

[許　衛東]

ウッディヤーナ　Uddyana　☞ スワート県
Swat District

ウッデンド　Woodend

ニュージーランド

人口：0.3万 (2013)　　[43°19′S　172°40′E]

　ニュージーランド南島，カンタベリー地方の町．ワイマカリリ地区，河成堆積物からなる平野に位置し，ランギオラの東6.5kmの海岸近くにある．郵便局，小学校，病院，ホテルなどがある．おもな産業は，混合農業，果樹・球根の栽培などの園芸農業である．地名の由来ははっきりしないが，おそらく，マオリの居住地であった森林の末端部にあるという記載によるものとされる．　[太田陽子]

ウッドヴィル　Woodville

ニュージーランド

人口：0.1万 (2013)　　[40°20′S　175°51′E]

　ニュージーランド北島，マナワツワンガヌイ地方の町．タラルア地区，パーマストンノースの東27kmに位置し，内陸盆地にある．マオリの歴史によると，この町は旅の休憩地点にあたるとされる．また猟師がマナワツ渓谷を往来する際，東側の休息地ともされた．ルアヒニ山地の南端にあるファリテ山は，マオリ語でズグロミズナギドリの家を示すファレティティが崩れたものと考えられている．この町はタラルア山地の北端とルアヒニ山地の南端，つまりマナワツ渓谷の東端にあり，西岸と東岸の往来には重要な役割を果たしてきた．現在も西側からマナワツ渓谷を通り国道3号が東に抜け，国道2号に合流している．鉄道も同じく，パーマストンノースからギズボーンに通じる路線がこの町を通っている．かつて北欧からの移民によって，森林伐採と開発が進められた．マナワツ渓谷をつくるマナワツ川の支流がこの町を流れており，土地は肥沃であるため，農業が行われてきた．酪農は現在でも引き続き主要産業である．また競馬の開催，競走馬の育成，調教の地としても成功を収めてきた土地である．
[植村善博・太谷亜由美]

ウッドサイド　Woodside

オーストラリア

人口：0.2万 (2011)　面積：57km²
[34°58′S　138°52′E]

　オーストラリア南部，サウスオーストラリア州南部の町．州都アデレードの東25km，マウントロフティ山脈中に位置する．地名は，1850年代に当地で初めて醸造業を興し

たスコットランド出身のジェームズ・ジョンストンによって名づけられた．地名はスコットランドの村名にちなむ．町には当時に建造されたホテル（かつてのウッドサイド・イン）や歴史遺産記念公園，州で有名なチョコレートの工場などがある．オンカパリンガOnkaparinga地区評議会の本部が置かれている．　[片平博文]

ウッドバーン　Woodburn

オーストラリア

人口：0.1万 (2011)　面積：26km²
[29°05′S　153°20′E]

　オーストラリア南東部，ニューサウスウェールズ州北東部，リッチモンドヴァレー行政区の町．主要幹線であるパシフィックハイウェイのルート上にある交通の要衝で，州都シドニーの北北東712km，リッチモンド川の川岸に位置する．この地域はもともと，先住民バンジャラン (Bundjalung) の居住地域で，ヨーロッパ人がこの地に入植し始めたのは1840年代のことである．周辺はサトウキビの栽培が盛んな地域である．南東10kmに観光リゾート地のエヴァンズヘッドがある．
[落合康浩]

ウッドボーン　Woodbourne

ニュージーランド

人口：402 (2013)　　[41°31′S　173°52′E]

　ニュージーランド南島北部，マールバラ地方の町．ブレナムの西6km，ワイラウ川南岸の河成低地上に位置する．町にはウッドボーン空軍基地があり，以前はブレナム空軍基地またはウッドボーン空港とよばれていた．1928年10月13日にオーストラリアのチャールズ・キングスフォード・スミスらがシドニーとウッドボーンとの間のタスマン海を22時間かけて飛行したことで知られる．
[太田陽子]

ウッドランズ　Woodlands

シンガポール

人口：24.5万 (2010)　面積：14km²
[1°26′N　103°47′E]

　シンガポール，シンガポール島北部の地区．ジョホール水道を経てマレーシアとつながるコーズウェイ（土手道）をもつ地区である．ジョホール水道付近にみられたケランジとよばれる木々の森があったことからウッド

ランズと名づけられた．かつてはここからフェリーでこの水道を渡り，マレー半島へ向かうシンガポールクランジ鉄道の終点であった．この水道に上記の道ができて以後フェリーは廃止された．マレーシアのジョホールバルへの出口である．1970年代までは北部の農村地域であったが，大規模住宅団地の建設によって地域は大きく変貌した．今日では多くの商業施設，教育施設が立地する北部の中心地である．この地名は地域の通り名やニュータウンの名前としても使われている．
[高山正樹]

ウッドランズ　Woodlands

ニュージーランド

[38°03′S　177°26′E]

　ニュージーランド北島，ベイオブプレンティ地方の町．オポティキ地区，プレンティ湾の内陸部，オポティキの南西5.3kmに位置する．ワイオイーカ川が町の東を南北に流れ，プレンティ湾に流れ込んでいる．カヒカテア山地の北にあり，海岸の平野部の北端にあたる．同名の小さい集落は，北島ではほかにマナワツワンガヌイ地方に4カ所，ホークスベイ地方，ウェリントン地方にも存在する．　[植村善博・太谷亜由美]

ウップヴェリ　Uppuveli

スリランカ

人口：0.2万 (2012)　標高：10m
[8°36′N　81°13′E]

　スリランカ，東部州トリンコマリー県の海浜リゾート地．県都トリンコマリー中心市街の北約6kmに位置する．遠浅の砂浜海岸にパルミラヤシの並ぶ海浜リゾート地で，ゲストハウスやホテルが立地し，ドイツ人などヨーロッパ人に人気があった．2009年の内戦終了後，宿泊施設の復興とともにしだいにかつての賑わいが戻ってきている．[山野正彦]

うつりょうとう　鬱陵島 ☞ ウルルン島 Ulleungdo

ウーディ県　無棣県　Wudi

中国

海豊県（古称）/むていけん（音読み表記）

人口：47.6万 (2015)　面積：2090km²
標高：5-6m　気温：12.5℃　降水量：572mm/年
[37°46′N　117°37′E]

　中国東部，シャントン（山東）省北東部，ピ

ンチョウ(浜州)地級市の県. ボーハイ(渤海)湾に面する. 隋代の開皇6年(586)に無棣県が設置され, 明代に海豊県に改称, 1914年にふたたび無棣県になる. 2街道, 9鎮, 1郷を管轄し, 県政府は棣豊街道にある. ホワン(黄)河の氾濫原と海岸平野で構成される. 大陸性季節風気候に属し, 無霜期間は229日間. 小麦, トウモロコシ, 大豆と綿花を栽培する. 干潟の利用と近海漁業が盛んで, 石油, 天然ガス, 石炭, 地熱が豊富である. 唐代の海豊塔, 大覚寺などがある. 　[張 貴民]

ウーディア　Ooldea　　オーストラリア

[30°27′S　131°50′E]

　オーストラリア南部, サウスオーストラリア州西部の旧村. ウェスタンオーストラリア州との州境とポートオーガスタとの間に位置し, 鉄道待避線がある. パース～シドニー間の4352kmを64時間で結ぶインディアンパシフィック(大陸横断)鉄道が往復する. 町の付近は地下水位が非常に浅く, 一年を通じて容易に水が確保できた. 大陸横断鉄道の建設中にも, ここは重要なキャンプ地となった. 地名は, 先住民アボリジニの言語で, 水のほとりの集合場所を意味する. 現在, 人は住んでいない. 　[片平博文]

ウティク　Utiku　　ニュージーランド

[39°44′S　175°51′E]

　ニュージーランド北島, マナワツワンガヌイ地方の町. ランギティキ地区, 国道1号のやや東にあるタイハペの南8kmに位置し, 牧草地に囲まれている. 町では羊毛製品, 毛糸を扱う企業の販売所が店舗として唯一営業している. 　[植村善博・太谷亜由美]

ウディナ　Wudinna　　オーストラリア

人口:0.1万(2011)　面積:3.2km²
[33°03′S　135°28′E]

　オーストラリア南部, サウスオーストラリア州中央南部の村. エア半島北部, エアハイウェイ沿いにある農業集落で, 州都アデレードの西北西約570kmに位置する. 穀物を輸送するための鉄道が通っており, 半島北西部のセデューナ, 南部のポートリンカーンなどの積出港と結んでいる. 駅には穀物貯蔵用の大きなサイロがある. 町の成立は1916年で, 州の中でも最も新しいグループに属す

る. 小麦, 大麦などの穀物のほか, 羊の数も多い. 町の北東10kmには, 標高261mのウディナ山がある. 山は花崗岩が露出したものであり, 国内で2番目に大きい花崗岩の一枚岩として知られている. 町の周辺部には, 北西-南東方向に無数の砂丘が走っており, ところどころ露出している. 　[片平博文]

ウティリック環礁　Utirik Atoll

マーシャル諸島

人口:435(2011)　面積:2.4km²
[11°12′N　169°47′E]

　北太平洋西部, ミクロネシア, マーシャル諸島の環礁. 首都マジュロのあるマジュロ環礁の北北西約490km, ラタック列島北部に位置する. アメリカの核実験で知られるビキニ環礁(ラリック列島)の東約430kmにある. アメリカ信託統治領太平洋諸島時代の1954年に, ビキニ環礁で行われた水爆ブラボーの爆破実験の影響で, 157人の島民が死の灰を浴びた. 日本の第五福竜丸も被爆した水爆実験である. 放射性物質の影響で, 一時島民はクワジェリン環礁に避難したが, その後帰還することができた. しかし, 人びとは長期にわたる放射能障害の治療と, 米国政府に対する損害賠償請求に依拠した生活を強いられている. 　[柄木田康之]

ウーディン県　武定県　Wuding

中国

人口:27.2万(2011)　面積:3322km²
気温:15℃　　　　[25°32′N　102°24′E]

　中国南西部, ユンナン(雲南)省中央部, チューシオン(楚雄)自治州の県. 北部で県境のチンシャー(金沙)江をはさみスーチュワン(四川)省に隣接する. 県政府は獅山鎮に置かれている. イ(彝)族人口が3割ほどを占め, リス(傈僳)族, ミャオ(苗)族なども住む. 冬の寒さも夏の暑さも厳しくない. 鉄鉱石が豊富に埋蔵されているが, まだ開発されていない. 農業県であり, 茶葉, リンゴ, サトウキビの栽培が盛んであり, 松茸もとれる. 　[松村嘉久]

ウートゥー　Wudu　☞　チョンチン市　Chongqing

ウートゥー区　武都区　Wudu　　中国

階州(旧称)

人口:52.8万(2002)　面積:4683km²
[33°24′N　104°55′E]

　中国北西部, ガンスー(甘粛)省南東部, ロンナン(隴南)地級市の区. バイロン(白竜)江の上流にあり, 南東部はシャンシー(陝西)省とスーチュワン(四川)省に接する. 元代に階州が置かれ, 1913年に武都県と改められた. 2004年に武都区となった. 4街道, 21鎮, 13郷, 2民族郷を管轄し, 区政府は江北街道にある. 農業が主で, 小麦, トウモロコシ, 米, キビ, ナタネ, 綿花などを産する. 山椒, 大麻(オオアサ), キクラゲ, 柑橘類およびダイオウ(大黄), トウジン(党参), オウレン(黄連)などの薬材がとれる. キンシコウ, パンダなどの珍しい動物が生息する. 国道212号が県内を通る.

[ニザム・ビラルディン]

ウドゥピ　Udupi　　インド

Odipu(別称)／ウディピ　Udipi(別称)

人口:16.5万(2011)　面積:68km²
[13°23′N　74°45′E]

　インド南部, カルナータカ州西部, ウドゥピ県の都市で県都. アラビア海に面するマラバル海岸沿いに位置する. UdipiやOdipuとも表記される. マンガロールの北55kmに隣接し, 北西沖の聖メアリー島は, ヴァスコ・ダ・ガマがインドに初めて到着した地といわれる. 市内には, インド料理であるマサラドーサが初めてつくられたヴィシナヴァ寺院がある. また, 市内の北60kmには, 700年前に聖マハワシャラが住み, 説教をしたクリシュナ寺院がある. 米, 砂糖, 白檀油などが特産である. 　[由井義通]

ウトマーンザイ　Utmanzai

パキスタン

人口:2.5万(1998)　[34°13′N　71°27′E]

　パキスタン北西部, カイバルパクトゥンクワ州中央部チャールサッダ県の町. 県都チャールサッダの西北西約28kmに位置する. 灌漑農業中心の町である. パシュトゥーン人に対する外国支配と搾取に抵抗した軍人であり, パシュトゥーン人の英雄であるバッチャ・ハーン(本名はアブドゥル・ガファール・ハーン, 1890-1988)や彼の長男で, 政治家であり, パシュトゥー語の詩人でもあっ

たガニ・ハーン(1914-96)らが生まれた.

[出田和久]

ウドーミエンチェイ州 Oddar Meanchey Province

カンボジア

オッドーミエンチェイ州 Otdor Meanchey, Province (別称)

人口：18.5万 (2008) 面積：6158 km²
気温：24-32℃ 降水量：1519 mm/年
[14°13′N 103°35′E]

カンボジア北西部の州．州都はサムラオン Samraong．北は東西を走るダンレック山脈がタイとの国境をなし，南はシェムリアップ州，西はバンテアイミエンチェイ州と接する．カンボジア北西部は，タイとの紛争の中，1946年まではピブーソンクラーム Phibunsongkram 県に組み込まれていたが，カンボジアの一部となり，66年にシェムリアップ州から独立した．パーリ語とクメール語を組み合わせた「北西の勝利」を意味している．州中部にあるサムラオンは首都プノンペンの北北西約330 kmに位置する．近隣州とは国道5号および6号で結ばれているが，鉄道は通っていない．北部の山地を除いてゆるやかな高原が広がり，サムラオンが深い森を意味するように，州域の1割強が森林に覆われる．近年違法伐採が横行していることから取締りが強化されつつある．

おもな産業は米や穀類を中心とした農業で，ほかに淡水漁業と交易が営まれている．主要な国境地帯である北部のオースマイ Ousmach とチョアム Choam では，ニューオースマイ市場やチョアムスロガム市場でタイからの商品が盛んに取引きされており，交易の比重が高まりつつある．近年ではタイの工場で勤務する住民も多い．金・銀鉱床の存在が知られているものの，統計上に現れるほどの量は採掘されていない．内戦終了後もクメール・ルージュが潜伏していた地域で，いまだに多数の地雷が埋まっている．州東部のアンロンヴェン Anlong Veaeng (Veng)はポル・ポト派が最後の拠点とした町で，ポル・ポトの墓やクメール・ルージュの幹部タ・モクの邸宅が観光資源として整備され，今日では自国の負の歴史を学ぼうとするカンボジア人が多く訪れる．

[辻本歩美]

ウドムサイ県 Oudomxay Province

ラオス

Oudomxai, Khoueng (別表記)

人口：30.8万 (2015) 面積：15370 km²
[20°41′N 101°59′E]

ラオス北西部の県．県都はサイ．1960年代に中国の援助によって北部の主要道が整備され，サイ郡から放射状に延びる国道はボーケオ，ルアンナムター，サイヤブリー，ルアンパパーンの4県を結ぶ北部の動脈となっている．南の県境はメコン川と接し，北の県境の一部は，中国ユンナン(雲南)省シーショワンバンナー(西双版納)自治州と国境を接する．中国国境はナモー郡に位置し，中国とラオスの両国住民に開かれたメオ・チャイ出入国事務所が置かれ，そこから農林産物が中国に輸出され，また中国からは日用品や農業機械が輸入されている．メコン川からは，ボーケオ県より輸入されるタイ製品が河川沿いのパークベン郡を経由してウドムサイに運ばれ北部各県に供給される．

おもな産業は農業である．県都サイが位置する盆地および河谷では，水田水稲作が営まれ，それ以外の山岳部では焼畑陸稲作が営まれている．ただし，1990年代後半から焼畑陸稲作にかわる作物として，飼料用ハイブリッド種トウモロコシの栽培が県中南部のフン郡を中心に急速に拡大している．また，ナモー郡では，ゴム，サトウキビの栽培も導入されている．トウモロコシ，ゴム，サトウキビのいずれの作物も，県内および近隣県に加工工場が立地しないため，ほぼ全量が原料の状態で雲南省に輸出されている．その他，ハト麦も1990年代後半から導入され，タイと中国に輸出している．雲南省との関係は農産物取引だけにとどまらない．サイ市街地には大規模なショッピングセンターが中国資本で建築され，多くの中国人商人が商売を営んでいる．

[横山智]

ウドン Oudong

カンボジア

人口：11.9万 (2008) 面積：521 km² 気温：28℃
降水量：800-1400 mm/年
[11°48′N 104°45′E]

カンボジア南部，コンポンスプー州の郡．首都プノンペンの北東約40 kmにあるウドン山のふもと，トンレサップ川の西に位置する．北はサマキミエンチェイ郡(コンポンチュナン州)，南はサムラオントン郡，東はポニアルー郡およびアンスヌオル郡(カンダール州)，西はトゥポン郡と接する．地勢は，

大半が農業生態系の平らな湿地で，年平均降水量が少なく，乾季は4カ月未満である．ウドンは，地元民と外国人観光客にとって，社会文化面および観光面での魅力的な場所であり続けている．

ウドンは，17～19世紀にかけて首都であった．地名は，サンスクリット語で至高を意味するウトゥンガ(uttunga)に由来する．ロンヴェックの町が放棄された後，1601年にバロムリアチア4世としても知られるスレイソリヨボー王によって建設され，アンドゥオン王の治世(在位1841～50)には，この地域に運河，テラス，橋梁が整備され，数百の寺院が建立された．しかし，1866年にノロドム王がウドンを放棄し，プノンペンに遷都した．1977年にクメール・ルージュにより大規模に破壊されたが，90年代から徐々に修復されつつある．ウドン寺院は，ウドン山頂に南東から北東にかけて，その間にある小さな谷を通る形で建立されている．同寺院は，カンボジアの歴代国王の壮大な墓所である．

[ソリエン・マーク，加本実]

ウドーンターニー Udon Thani

タイ

ウドーン Udon (通称)

人口：20.1万 (2010) 面積：1095 km²
[17°22′N 102°50′E]

タイ東北部，ウドーンターニー県の都市で県都．首都バンコクの北北東約560 kmに位置する．通称はウドーン．この町の歴史は浅く，当初はマークケン村とよばれる小村であった．1893年のパークナーム事件後にメコン川の右岸25 km地帯からタイの官憲が退却せざるを得なくなったことから，メコン川河畔のノーンカーイに置かれていたラーオプアン州庁が河畔から50 km程度離れたこの村に本拠地を移した．その後1907年に周辺のムアン(町)を統合する形で，ウドーンターニーというムアンが成立した．

町はラーオプアン州を改称したウドーン州の州都として成長し，1941年にはバンコクからの鉄道も到達した．さらに，1960年代にはバンコクとラオス国境のノーンカーイを結ぶフレンドシップハイウェイが開通し，ベトナム戦争期には米軍基地が置かれたこともあり町は活況を呈して，東北部上部の拠点となった．人口規模も東北部ではコーンケン，ナコーンラーチャシーマーに次いで多くなっている．ウドーンターニー国際空港も立地しており，ラオスの首都ヴィエンチャンに最も近いタイ領内の空港であることから，便

数面，運賃面ともに有利なウドーンターニー経由でバンコクとヴィエンチャンを往復する人が多い．

ウドーンターニーの南西30kmに位置するクムパーワピー郡には，1942年に北部のラムパーンに次いで国内で2番目の国営製糖工場が立地したことから，町周辺ではサトウキビの栽培が盛んである．現在では県内に大規模な製糖工場が3軒立地しており，ほかにも大規模工場としてはキャッサバ粉加工工場，ケナフ麻袋工場が1軒ずつあり，農産物加工業が盛んである．

近年では町の都市規模も拡大しており，市街地を迂回するバイパスが環状に整備されている．おもに外資系の大規模ショッピングセンターが郊外に5軒も立地しており，ヴィエンチャンからも買い物客が日常的に訪問してくる．2004年4月からヴィエンチャンとの間に1日4往復の直通バスの運行も開始されたが，ウドーンターニーに繁栄を奪われるとしてノーンカーイの住民が反対運動を起こすという一幕もあった．このように町は東北部上部の拠点としてのハブ機能を着実に高めているが，低地に立地していることから毎年雨季になると洪水に見舞われており，現在この町が抱える最大の問題ともいえる．

[柿崎一郎]

ウドーンターニー県　Udon Thani, Changwat
タイ

人口：128.8万（2010）　面積：11730km²
[17°22′N　102°50′E]

タイ東北部の県．県都はウドーンターニー．1993年までは西隣のノーンブアラムプー県もウドーンターニー県に含まれていた．稲作が盛んであるが，東北部で初めての製糖工場が県内に建設されたこともあり，サトウキビ栽培も広く行われている．近年その生産量は減少傾向にあるが，2014年度のサトウキビ生産量は539万tと全国第7位を占める．もちろん，東北部の最重要作物である米の栽培も盛んであり，2013年度の米生産量（雨季作）は73万tであった．県東部にある，1992年にユネスコの世界遺産（文化遺産）に「バン・チアンの古代遺跡」として登録された先史時代の遺跡バーンチエンが有名である．

[柿崎一郎]

ウーナ山　Una, Mount
ニュージーランド

標高：2301m　[42°13′S　172°35′E]

ニュージーランド南島，カンタベリー地方北部の山．フルヌイ地区のスペンサー山脈中央部，ネルソンレーク国立公園内にある．中生代の硬砂岩からなる．地名は，16世紀イングランドの詩人エドムンド・スペンサーによる有名な長編叙事詩『妖精の女王』の中の最も美しい誠実な女性ウーナ(Una)に由来する．

[太田陽子]

ウーナダッタ　Oodnadatta
オーストラリア

人口：166（2011）　面積：9km²
降水量：100mm/年　[27°33′S　135°27′E]

オーストラリア南部，サウスオーストラリア州中央北部の町．シンプソン砂漠南西端，州都アデレードの北1011kmの内陸部に位置する．かつては，アデレードとアリススプリングズとを結ぶ鉄道の重要な中継基地として賑わった．年間を通じて乾燥が激しく，町の周囲には丈の短い草や，ソルトブッシュとよばれる乾燥と塩分に強い灌木が地平線の彼方までまばらに広がっている．

この地の開発は，1859年，ジョン・マクドーネル・スチュアート(1815–66)が探検したことに始まる．1857年から62年にかけて実施された彼の探検コースは，のちに大陸規模の通信ラインとなるオーヴァーランド・テレグラフライン（大陸横断通信線）の一部として取り入れられることになった．この通信線は，1870年の9月に着工され，翌々年の72年1月に完成した．1872年5月22日，最初のメッセージが大陸中央北端のダーウィンから南東部のアデレードに向けて送られた．町は1890年10月に正式に発足し，翌91年1月には，南のワリナWarrinaからウーナダッタまでの鉄道が開通し，ついにアデレードと結ばれることになった．一方，1893年までにアフガニスタンから400頭のラクダが輸入され，ウーナダッタ～アリススプリングズ間を往復して郵便物を運んでいた．町は，鉄道の末端駅として繁栄していくことになる．

町は1870年代から80年代にかけて本格的な開発が行われ，周辺には広大な放牧地が広がっていった．1893年には深さが432m，日供給量が1182m³の最初の井戸が掘られ，十分な量の生活用水が確保された．1891年の人口は約250に達していたという．しか

し，1928年になって鉄道がさらに北側に向けて延長されたことが契機となり，町の地位はそれ以降，徐々に低下していくことになる．この衰退傾向に決定的な拍車をかけたのが，アデレードからタクーラを経由してアリススプリングズにいたる新線の建設である．タクーラは，アデレードと大陸西端のパースとを結ぶ鉄道の沿線に位置している．町を通る鉄道は1980年をもって終了し，翌81年，この線は廃止された．現在では，おもに先住民アボリジニが多く居住する静かな町となっている．かつての駅やメインストリートには，往時をしのばせる鉄道博物館やホテルがある．

[片平博文]

ウナワトゥナ　Unawatuna
スリランカ

人口：0.3万（2012）　標高：11m
[6°01′N　80°15′E]

スリランカ，南部州ゴール県の町．ゴール旧市街のある半島と湾を隔てて東に対峙する半島の東側にある入江に位置する．県都ゴールからバスもしくは鉄道で約5km，10～15分で到達する．ビーチリゾートとして知られ，サンゴ礁もあり，ダイビングが盛んである．半島の突端には日本山妙法寺が建立したルーマッサラ寺院がある．2004年のインド洋大津波の際には多数のゲストハウスが流され，多くの犠牲者を出した．砂浜も破壊されたが，急速に復興が進められている．

[山野正彦]

ウーニン県　武寧県　Wuning
中国

豫寧県（古称）
人口：約40万（2013）　面積：3507km²
[29°15′N　115°03′E]

中国南東部，チャンシー（江西）省北西部，チウチャン（九江）地級市の県．シウ（修）水の中流域に位置し，北部はフーペイ（湖北）省に隣接する．県政府は新寧鎮に置かれる．後漢時代にシーアン（西安）県が置かれ，晋代に豫寧県，唐代に武寧県に改められた．県域は山地，丘陵からなり，修水には1972年に柘林ダム（面積308km²）が建設された．武吉・永武2本の高速道路が通る．手工業として製紙業が盛んである．名勝古跡には南皋村の双塔がある．

[林　和生]

ウヌロア　Unuroa　☞ ロクスバラ　Roxburgh

ウーハイ市　烏海市　Wuhai　中国

うかいし（音読み表記）

人口：53.3万（2010）　面積：1754 km²
気温：9.6℃　　　　　　［39°41′N　106°49′E］

中国北部，内モンゴル自治区西部の地級市．東と北はガンディル（甘徳爾）山とオルドス（鄂爾多斯）市，南はニンシャ（寧夏）回族自治区，西はアラシャー（阿拉善）盟と隣接し，ホワン（黄）河が市内を105 km流れる．内モンゴル，寧夏回族自治区，シャンシー（陝西）省，ガンスー（甘粛）省の経済中心地であり，国家スマートシティのモデル都市でもある．包蘭鉄道の要衝で，非農業人口が85.4%を占める．ハイポーワン（海勃湾，ハイブルントハイ），ウーダー（烏達），ハイナン（海南）の3区を管轄し，市政府所在地は海勃湾区である．1958年の包蘭鉄道の開通と石炭開発とともに成長した．1961年，海勃湾市と烏達市が設立され，それぞれイヘジョー（伊克昭）盟とバヤンノール（巴彦淖爾）盟に所属した．1976年，両市が合併して烏海市と改められた．華北と東北から西北への重要な交通の要衝である．

石炭埋蔵量が自治区の6割，カオリン（高陵土）が国内の2割を占める．主要な産業は石炭，化学工学，建築材料，冶金，機械製造などである．また，シンチャン（新疆）ウイグル（維吾爾）自治区のトルファン（吐魯番）市に匹敵する良質なブドウ産地として知られる．新石器から青銅器時代までの卓子山岩画群，中国国家保護植物四合木，アジア最長の石炭紀珪化木がある．

［杜　国慶，オーノス・サラントナラ］

ウーハン市　武漢市　Wuhan　中国

ぶかんし（音読み表記）

人口：1060.8万（2015）　面積：8483 km²
　　　　　　　　　　　［30°36′N　114°18′E］

中国中部，フーペイ（湖北）省の副省級市で省会．中部（華中）で最大の都市である．省の政治，経済，文化の中心地．チャン（長）江の中流に位置する．チャンアン（江岸），チャンハン（江漢），チャオコウ（礄口），ハンヤン（漢陽），ウーチャン（武昌），チンシャン（青山），ホンシャン（洪山），トンシーフー（東西湖），ハンナン（漢南），ツァイティエン（蔡甸），チャンシャ（江夏），ホワンピー（黄陂），シンチョウ（新洲）の13区を管轄する．市政府は江岸区に所在する．そもそもは3つの独立した鎮（町），すなわちウーチャン（武昌），ハンコウ（漢口），ハンヤン（漢陽）から構成さ

れる都市（武漢三鎮）であり，武漢という名も3つの鎮の名称を組み合わせて名づけられた．

武漢は悠久の歴史を誇る都市である．旧石器および新石器時代の遺跡が発見されており，早くも5000年以上前にこの地に人間が集住していたことが明らかになっている．3500年前の殷代になるとここに盤竜城が建設された．後漢晩期には却月城が建設され，三国時代には呉の孫権が夏口城を築いた．これらの城，すなわち要塞としての都市が基礎となり，武漢はその後中国南方の中心都市として発展する．明清代になると水陸交通の要衝としての重要性が増し，商業港としていっそうの発展をみる．清代末期の洋務運動に刺激されて，武漢の近代工業と商品経済が発展を遂げた．19世紀後半から20世紀前半にかけては，上海に次ぐ貿易額を誇り，東方のシカゴと称されたこともあった．1911年の辛亥革命は武昌から起こり，27年には国民政府が武漢に遷都した．共産党によって解放された1949年の時点では，市街地の面積が30 km²，人口は102万だった．

北部はダービエ（大別）山脈から続く低山丘陵の南西縁に属し，中部と南部はチャンハン（江漢）平原に属する．北部のシャオガン（孝感）市との境にある双峰尖は標高873 mで市内の最高点．平原地区の標高はほぼ50 m以下である．それらの間には波状侵食平原と河川湖沼沖積平原が交錯し，東西方向に残丘がところどころに列をなす．市内は河川と湖沼が密に分布し，長江は市街地中部を横断し，ハン（漢）水，ユン（郹）水，ショー（㴲）水，倒水，挙水，トンチン（東荊）河，金水などが南北両岸から注ぎ，稠密な水路網を構成している．梁子湖，斧頭湖，張渡湖，武湖，后官湖，魯湖，タンシュン（湯遜）湖などは，いずれも湖北では名だたる大湖である．夏季の最高気温が著しく高く，7～8月は気温が40℃以上に達することもあり，長江流域の3大かまど（暑さの厳しい都市）の1つに数えられる．

鉱産物資源が豊富にある．石灰岩，ドロマイト，石英砂岩の埋蔵量が多く，冶金の補助的な材料や建築材料として用いられる．ベントナイトの埋蔵量は全国で第1位である．そのほか，リン，金，銅，マンガン，黄鉄鉱，蛍石，石膏，ミネラルウォーター，石炭，石油，天然ガスがある．自然の植生は，常緑広葉樹と落葉広葉樹の混交林であり，馬尾松，スギ，クヌギが広く分布する．水稲，小麦，綿花，ナタネなどが栽培され近郊農業が活発に行われている．水産業も盛んである．

中国における近代工業の発祥地の1つであり，現在においては，冶金，機械，紡織，自動車，造船，電力，電子，化学，軽工業，建材，医薬，食品など，さまざまな部門がそろった重要な総合工業基地に発展している．中でも鉄鋼，非鉄金属，紡織，化学原料，石油製品，製紙などの原材料工業は，周辺地域からの豊富な原材料やエネルギーの供給に支えられて優位性があり，工業全体を主導する役割を担っている．また，冶金，機械，紡織は3大支柱工業とされ，全国の工業の中でも重要な地位を占めている．武鋼は全国で重要な鉄鋼コンビナートであり，銑鉄，鋼鉄，鋼材の生産量は全国で上位にある．機械工業を主導する部門は大型工作機械，造船，鉄道車両，発電設備，自動車製造などである．紡織工業は100年近くの歴史を有し，綿，毛，麻，絹，化繊のあらゆる製品を生産している．漢繍という伝統的な刺繍工芸も知られている．市内には3つの国家級の経済開発区がある．

武漢は華中で最大の商業流通センターでもある．大型の商業施設が集中し，全国規模の展示即売会などもよく開催される．銀行などの金融機関ネットワークの拠点ともなっている．全国でも重要な科学研究や高等教育の基地の1つになっている．

武漢は中国中部の交通の要衝であり，中部地区最大の物資集散地である．鉄道は従来の幹線鉄道に加えて，高速鉄道のネットワークにおいてもペキン（北京），シャンハイ（上海），コワンチョウ（広州）などと結ばれており，乗降客数は全国でも有数である．幹線鉄道の京広線（北京～広州），京九線（北京～カオルーン（九竜）），漢丹線（武漢～タンチャンコウ（丹江口））や，高速鉄道の京広線（北京～広州），滬漢蓉線（上海～武漢～チョントゥー（成都）），さらに都市間鉄道の武咸線（武漢～シェンニン（咸寧）），武九線（武漢～ホワンシー（黄石）），漢孝線（武漢～孝感）が乗り入れている．高速道路の建設も進んでいる．主な路線として京港澳線（北京～ホンコン（香港）・マカオ（澳門）），滬蓉線（上海～成都），滬渝線（上海～チョンチン（重慶）），福銀線（フーチョウ（福州）～インチュワン（銀川））があり，空港線や環状線などとも連結している．武漢天河国際空港が市の中心部から26 kmのところにあり，全国の主要都市との国内路線はもちろんのこと，世界の主要な大都市との間で国際路線を数多く有している．水上運輸についても，大規模な港湾施設が整備され，長江によって下流の上海や上流の重慶などと結ばれて，鉄道とも連結して重要な役

ウーハン(武漢)市(中国), 黄鶴楼からみた市街〔Shutterstock〕

割を担っている．長江や漢水などが流れる市内においては，武漢長江大橋をはじめとする数多くの橋梁やトンネルが市街地の各地区を結んでいる．市内の地下鉄網も2004年以来拡張されている．

武漢市は1986年に歴史文化都市として国から指定を受けた．三国志にまつわる観光や，三峡下り観光の起点・終点になっている．国指定のトンフー(東湖)風景地区や唐代の崔顥や李白の漢詩でも知られる黄鶴楼のほか，九峰山，竜泉山，木蘭山，道観河などの風景名勝地区がある．武昌武装蜂起軍政府旧跡，八七会議旧跡，盤竜城遺跡，五百羅漢や玉仏の帰元禅寺，古琴台などの名所旧跡・文化遺産も多い． 〔小野寺 淳〕

ウビン島　Ubin, Pulau　シンガポール

面積：10 km²　　〔1°24′N　103°57′E〕

シンガポール，シンガポール島北東部の島．ジョホール水道内に位置し，マレーシア，ジョホール州の海岸まで数百mのところにある．すでに1828年の地図にはこの地名がみられる．伝説によれば，3匹の動物(カエル，豚，ゾウ)がジョホールの海岸まで渡る競争をしたが，動物たちは到達することができなかった．そのため，豚とゾウはウビン島に，そしてカエルはセクド島になったという．ウビンとはマレー語で花崗岩を意味しており，1960年代まで岩石の採掘が行われ，地元の建築資材やジョホール水道橋建設資材としても用いられた．採石地の跡は湖やエビの養殖地などとなっている．現在，島民は少なく，シンガポールでは農村風景を残す数少ない場所である．国立公園局によって国民のレクリエーション，リゾートの場として各所にキャンプ地や海浜施設が整備されている．
〔高山正樹〕

ウーピン県　武平県　Wuping　中国

人口：27.6万(2015)　面積：2635 km²
気温：20.3℃　降水量：1700 mm/年
〔25°06′N　116°06′E〕

中国南東部，フーチェン(福建)省南西部，ロンイエン(竜岩)地級市の県．県政府所在地は平川鎮．ウーイー(武夷)山脈西麓の最南端に位置し，コワントン(広東)省とチャンシー(江西)省に接する山間地の県である．県域の77.5％は森林に覆われ，石炭，金，銀，レアアース，白雲石などの鉱脈も広く分布し，省内における重要な林業生産地と鉱山地帯となっている．地名は宋の淳化5年(994)の武平県設置に由来する．住民の大半は南宋以降にチョンユワン(中原)から移住してきた客家(ハッカ)系で，独特な軍家話という方言を使用する．標高1538 mの梁野山のある国立自然保護区と塔下の土楼集落は観光名所である． 〔許　衛東〕

ウーフー県　蕪湖県　Wuhu　中国

チウチャン県　鳩江県　Jiujiang (別称) /ぶこけん (音読み表記)

人口：35.0万(2015)　面積：667 km²
標高：7-13 m　〔31°21′N　118°25′E〕

中国東部，アンホイ(安徽)省南東部，ウーフー(蕪湖)地級市の県．チャン(長)江の南岸に位置する．県政府は湾沚鎮に置かれる．春秋時代の鳩茲邑にあたり，別名を鳩江ともよぶ．長江に沿う平原地域に位置し，地勢は標高7～13 mと低平であるが，南部に一部丘陵地帯がある．県境を南から北へチンイー(青弋)江が貫流するなど，縦横に河道や運河が走る水郷地帯である．前漢の武帝のときに蕪湖県が置かれ，丹陽郡に属したが，隋代に当塗県に編入され，五代南唐のときに分離復活した．宋代，宣州に属したが，のちに太平州に属し，元代は太平路に，明，清代は太平府に属した．1949年に県城と周辺の3郷と合併して蕪湖市が置かれ，県政府は馬塘に移った．1959年に蕪湖市に編入されたが，61年に再度県が置かれた．1971年にシュワン

チョン(宣城)県を分置し，80年よりまた蕪湖市の管轄下に入った．

主要作物には米，ナタネ，小麦，綿花，大豆，タバコなどがあり，淡水漁業が盛んで，水生植物も豊富である．工業には豊富な石灰石を原料とするセメントや化学，機械，建材，紡績，食品加工などの工業が発達している．県境を皖贛鉄道が通り，火竜崗で蕪銅鉄道と交わる．蕪宣，蕪馬，銅南宣，蕪雁の4本の高速道路が県内を通る．青弋江と水陽江，漳河では小型船の周年通航が可能である．名勝古跡には楚王城遺跡，桁梛塔，西河古鎮，東門渡官窯址などがある．　[林　和生]

ウーフー市　蕪湖市　Wuhu　中国

ぶこし(音読み表記)

人口:365.4万 (2015)　面積:6026 km²
降水量:1200-1400 mm/年
[31°23′N　118°25′E]

中国東部，アンホイ(安徽)省南東部の地級市．チンイー(青弋)江とチャン(長)江の合流点に位置する．市政府は鳩江区の政通路に置かれる．鏡湖，三山，鳩江，弋江の4区とファンチャン(繁昌)，ナンリン(南陵)，蕪湖，ウーウェイ(無為)の4県を管轄する．地勢は南部が高く，北部に向かって低くなる．地形は平原や丘陵が複雑に交錯し，河川や湖水などが網の目のように密に分布している．市域を流れる主要河川に青弋江，水陽江，漳河などがある．それらの河川の間に黒沙湖，竜窩湖，奎湖などが分布する．亜熱帯性湿潤季節風気候に属し，四季の別は明瞭である．年平均気温は15〜16℃である．

この地の湖畔の草むらの中にハトが多く，そのため春秋時代に呉は現在の蕪湖市南東部の水陽江南岸あたりを鳩茲邑と名づけた．別名を鳩江，祝茲，勾茲，皋茲ともいった．鳩茲邑周辺の浅い湖沼には雑草(蕪草)が多く生え，そのためのちに蕪湖とよばれるようになった．戦国時代に呉は越に滅ぼされ，鳩茲は越の領地となった．秦代に鳩茲は鄣郡に属したが，漢の武帝は丹陽郡に改め，鳩茲に県を設け蕪湖県とし，蕪湖城が築城された．三国時代，呉の孫権は軍事的理由から蕪湖城を鳩茲から鶏毛山周辺の高地に移転した．東晋のときに蕪湖県は宣城郡に属し，のちに襄垣県に編入された．隋唐代では，蕪湖は当塗県に属する鎮の1つであった．

五代十国時代，南唐の昇元年間に蕪湖県は復活し，江寧府に属した．北宋代に蕪湖県は宣州に属し，のちに太平州に属した．元代には太平路に，さらに太平府に属し，明，清代

には太平府に属した．明，清代には青弋江流域とチャオ(巣)湖地区の物資の集散地として商業や運輸業が発達した．宋代に築かれた城壁はのちに兵火で破壊されたが，明代に修復された．商工業の急速な発展により，市街地は城壁の外側に拡大し，青弋江の両岸に沿って西へ延び，長江の沿岸にまで達した．これを十里長街と称し，全国規模の遠距離交易で活躍した徽商(安徽商人)は蕪湖を全国の16大都市の1つに数えた．十里長街は太平天国の乱の際に戦禍により灰燼に帰した．

1876年，清とイギリスとの間で結ばれた芝罘(煙台)条約により，蕪湖は開港された．1877年，李鴻章は鎮江の米市場を蕪湖に移転し，数年後には中国四大米市の筆頭となった．米市場は県城から西の長江沿岸までの間，青弋江の北岸に集中した．戦火で破壊された十里長街はこれにより復興した．その北部に，さらに二街，大馬路，二馬路が開発され，新たな商業中心が発達した．李鴻章の一族は蕪湖に多額の資金を投資して数多くの建物を建築した．1912年に安徽省の直属となったが，49年に蕪湖県から分離して蕪湖市が設けられた．1952年に蕪湖専区が設置され，71年に蕪湖地区に改められ，80年には宣城地区に改称したが，のちに廃止され蕪湖市の管轄となった．2011年に無為県が蕪湖市の管轄になった．

古くから繊維産業が発達していたが，自動車産業が急速に発達して市の産業の柱となっている．市内に中国を代表するメーカーである奇瑞汽車の本社がある．またさまざまな建材を生産する海螺集団の本拠地でもある．おもな産品に羽毛製品，ミシン，ブラウン管などがあり，伝統産品に保温瓶，羽毛服，絹製品，革靴，ベッドシーツなどがある．周辺部では，米や小麦などの農業，河川や湖での魚やカニ類の漁業，鉄や銅，鉛，陶土などの鉱業も盛んである．三刀(包丁，鋏，剃刀)と三画(鉄画，堆漆画，通草画)が有名である．長江水運上の重要な河港で55の埠頭を有し，また京福高速鉄道をはじめ寧蕪，蕪銅，淮南，皖贛，宣杭の5本の鉄道が市内を通り，省南部の水陸交通上の中心地である．さらに蕪合，蕪宣，滬渝，寧蕪，銅南宣の5本の高速道路が通っている．

名勝古跡に中江塔，天主教堂，城隍廟，人字洞，夫子廟，西河古鎮，黄金塔，広澄寺などがあり，風景区に赭山公園，馬仁奇峰国立森林公園，天井山国立自然公園，烏霞風景区などがある．　[林　和生]

ウーブー県　呉堡県　Wubu　中国

ごほけん(音読み表記)

人口:7.6万 (2010)　面積:421 km²　標高:642 m
気温:11.3℃　降水量:475 mm/年
[37°27′N　110°44′E]

中国中部，シャンシー(陝西)省北部，ユィーリン(榆林)地級市南東部の県．431年に県として設置された．古来の戦略要衝であったことが地名の由来である．1街道，5鎮を管轄し，県政府は宋家川街道にある．地形は黄土丘陵で，地勢は北西から南東へ傾斜している．県内を流れる27本の河川はいずれも南東のホワン(黄)河に注ぎ，地形が傾斜しているため水が溜まらず，水不足が問題になっている．温帯半乾燥大陸性気候に属し，無霜期間は170日である．年較差も日較差も激しい．農業はナツメの栽培と養蚕を主とする．呉堡古城は五代の北漢政権代に築かれ，9 km²の面積をもつ．　[杜　国慶]

ウーフォン自治県　五峰自治県 Wufeng　中国

ウーフォントゥチャ族自治県　五峰土家族自治県(正称)

人口:18.8万 (2015)　面積:2072 km²
[30°12′N　110°40′E]

中国中部，フーペイ(湖北)省，イーチャン(宜昌)地級市の自治県．県政府はユィーヤンクワン(漁洋関)鎮に所在する．人口の約6割がトゥチャ(土家)族．ウーリン(武陵)山脈にあって山地が9割を占め，石灰岩が広く分布して鍾乳洞や伏流が多い．河川は清江の水系に属する．鉱産資源は石炭，鉄，銅，重晶石などが多く，森林資源はマツ，スギ，クヌギなどが多い．農業は水稲，小麦，トウモロコシの栽培を主とし，茶葉，タバコ，コンニャクイモの生産でも知られる．牧畜業は豚や山羊が中心である．柴埠渓国立森林公園，国指定の五峰后河自然保護区，興文塔，長生洞などの名所旧跡がある．　[小野寺 淳]

ウブド　Ubud　インドネシア

人口:6.9万 (2010)　[8°31′S　115°15′E]

インドネシア中部，バリ島，バリ州ギャニアール県の村．バリ島内陸部にあり，州都デンパサールの北20 kmに位置する．ウブドでは絵画芸術が盛んである．それは1920年代以降，芸能ケチャを考案したドイツ人ウォルター・シュピースやオランダ人ルドルフ・

ウブド（インドネシア），王政時代の政治・経済の中心地，ウブド王宮（プリサレン）〔Shutterstock〕

ボネなど西ヨーロッパの芸術家が，貴族チョコルダ・グデ・アグン・スカワティの庇護の下，ウブドに住み着いてアトリエを設けたことが契機となっている．これら西ヨーロッパの芸術家は，それ以前のバリの伝統的な宗教絵画の世界に，西洋の遠近法や日常風景を画題として取り込むよう指導した．バリの観光業の発展に伴って芸術市場が花咲き，1936年には芸術家のギルドであるピタ・マハ・アソシエーション（ピタ・マハは偉大な精神の意）が創立された．またウブドやその東のプリアタン村など周辺には音楽，舞踊のグループが多く，観光用にウブド王宮などで頻繁に公演が行われている．芸能を学ぶ多くの外国人が長期滞在している．

　　　　　　　　　　　　［冨尾武弘・冨岡三智］

ウーホー県　五河県　Wuhe　中国

人口：73.7万（2010）　面積：1580 km²
　　　　　　　　　　　　［33°09′N　117°53′E］

中国東部，アンホイ（安徽）省北東部，ボンブー（蚌埠）地級市の県．ホワイ（淮）河の沿岸に位置し，東はチャンスー（江蘇）省に隣接する．県政府は城南新区に置かれる．春秋時代の魯国の地で後に楚国に属し，後漢には虹県に属し，南宋代に五河県が置かれた．県名は淮，澮，漴，潼，沱の5つの河がここで合流することにちなみ名づけられた．県域の大部分が平原で，ホワイペイ（淮北）の魚米の郷とよばれ，さまざまな水産資源が豊富で，中でもシラウオとカニが有名である．おもな農産物は米，小麦，大豆，大麦，豆類，麻，タバコ，ゴマなどがある．名勝旧跡に韓庄，台李庄，台子山，泗河，覇王城などの遺跡がある．　　　　　　　　　　　　　［林　和生］

ウポル島　Upolu Island　サモア

人口：14.3万（2011）　面積：1115 km²
長さ：24 km　　　　　［13°51′S　171°45′W］

南太平洋中部，ポリネシア，サモア東部の島．面積はサヴァイイ島に次いで同国で2番目に大きな火山島であるが，人口は最も多い．北部沿岸に首都アピアがある．島の約40%は比較的なだらかな火山性の傾斜地で特徴づけられる．最高地点は，国内唯一の国立公園であるオレプププエ 'O Le Pupu-Pu'e 国立公園（1978指定）にあるフィト山（標高1158 m）である．島の約20%の面積に相当する内陸部は熱帯原生林に覆われている．中央高地部にあるいくつかの村を除いた，ほとんどの居住地は海岸部の平野に広がっている．

ウポルという名の起源は明らかではないが，それにまつわるいくつかの伝説がイギリス人宣教師の手によって記録されている．19世紀にイギリス人宣教師が来訪した際，ウポル島はサモア諸島の政治的な中心地となっていた．島自体は3つのイツ itu（地域）に分かれており，それぞれのイツがサモア諸島の統一を目指して争っていた．しかし，ヨーロッパ人の来航が増加するにつれ，その主たる寄港地であった現在の首都アピアへと政治的な中心は移行していった．

ウポル島では19世紀末以降，植民地化の過程において，ドイツによる大規模なココナッツ・プランテーション化が進んだ．しかし，外国人への土地の売買が厳しく制限されたため，現在でも島の30%は依然として拡大家族によって所有される，売買できない慣習法的共有地である．そして，その大部分は自給自足的な農業に利用されている．水源が豊かであり，土壌が肥沃であるウポル島では，カカオ，ゴム，バナナ，そしてココナッツなどが産出され，その一部はアピアから輸出されている．近年では，アピアからムリファヌア港へ向かう北西部海岸域に，リゾートホテルや工場地区の建設がみられる．また，アピア周辺では中国資本による建物の建設やサービス業の進出が著しくなっている．

　　　　　　　　　　　　［倉光ミナ子］

ウポル岬　Upolu Point　アメリカ合衆国

　　　　　　　　　　　　［20°16′N　155°51′W］

北太平洋東部，ポリネシア，アメリカ合衆国ハワイ州，ハワイ島北端の岬．岬のすぐ南にウポル空港があり，その西にコハラ史跡州立記念物がある．ここが伝説的なカメハメハ大王の生誕地である．また近くにモオキニ・ルアキニ・ヘイアウがあり，ハワイ諸島で最も古い時代に属する歴史的にきわめて重要な神殿である．

　　　　　　　　　　　　［飯田耕二郎］

ウーホワ区　五華区　Wuhua　中国

人口：85.6万（2010）　面積：382 km²
　　　　　　　　　　　　［25°03′N　102°42′E］

中国南西部，ユンナン（雲南）省，クンミン（昆明）地級市の区．区政府は華山街道に置かれている．地名は区内にある五華山にちなむ．市街地中心部に近い翠湖公園，昆明動物園，大規模ショッピングモールの大観商業城などは，地元民や観光客で賑わう．雲南大学，雲南民族大学，雲南師範大学，昆明理工大学，雲南財経大学などの大学組織や，研究機関も集積する文教地区である．　　［松村嘉久］

ウーホワ県　五華県　Wuhua　中国

長楽県（旧称）

人口：108.1万（2015）　面積：3226 km²
気温：21.2℃　降水量：1520 mm／年
　　　　　　　　　　　　［23°55′N　115°46′E］

中国南部，コワントン（広東）省北東部，メイチョウ（梅州）地級市の県．県政府所在地は

水寨鎮．ハン（韓）江上流域の丘陵地帯に位置する．北宋の熙寧4年（1071）に長楽県として設置されたが，湖北省と福建省に同名県があるため，1914年に五華県と改称された．代表的な客家（ハッカ）居住地で，海外には50万人の五華出身の華僑がいる．林業，水稲や果物の栽培，畜産が盛ん．食品加工業と鉱物採掘も1970年代以降操業開始した．交通では，河梅高速（ホーユワン（河源）～梅州）が通じる．　　　　　　　　　　［許　衛東］

ウボンラーチャターニー　Ubon Ratchathani　　　　　　　　　タイ

ウボン　Ubon（通称）

人口：15.4万（2010）　面積：406 km²
[15°14′N　104°53′E]

タイ東北部，ウボンラーチャターニー県の都市で県都．首都バンコクの東北東約630 kmに位置する．通称はウボン．この町は，ノーンブアラムプーに本拠を構えていたプラター・プラウォー兄弟がヴィエンチャンのシリブンサーン王の軍に追われて戦死し，その息子がトンブリーのタークシン王に庇護を求めて1779年にムーン川北岸の現在地に設立したものである．その後配下にヤソートーン，アムナートチャルーンなど多くのムアン（町）を擁する大規模なムアンに成長し，1891年には新設されたイサーン州の州都となった．

　鉄道の開通が遅れたため，1921年には飛行場が設けられ，当時の鉄道の終点ナコーンラーチャシーマーから郵便輸送用の飛行機が運航した．その後1930年にようやくムーン川南岸のワーリンチャムラープ郡に鉄道が到達し，バンコクから延びてきた路線の終着点となった．このため，ワーリンチャムラープも都市規模を拡大させてムーン川をはさんで双子都市の様相を示しており，戦後はベトナム戦争時に飛行場を利用して米軍基地が置かれ，他の米軍基地が置かれた町と同様に活況を呈した．その後このウボンラーチャターニー空港はインドシナ諸国との国際航空路の開設を想定して1992年に国際空港化され，バンコクとベトナムのダナンを結ぶ路線が寄港した時期もあったが，現在は国内線のみ運航されている．東北部東部の中心地であり，1990年には高等教育の地方への浸透を目ざして国立ウボンラーチャターニー大学も設立された．人口規模は東北部の都市で第4位である．

　町はムーン川下流域に位置しており，稲作が盛んである．鉄道開通前は自家消費分の米

しかつくられていなかったが，鉄道開通後はバンコク方面への輸送が可能となり，商品作物としての稲作も拡大した．しかしながら，東北部全体にいえることであるが，天水田が多いことから生産量の変動が依然として大きい．ほかにはキャッサバ，ケナフなどの栽培もみられる．工業は精米所などの小規模の農産物加工業がみられるが，大規模な工場はほとんど存在しない．　　　　　　［柿崎一郎］

ウボンラーチャターニー県　Ubon Ratchathani, Changwat　　　　タイ

人口：174.7万（2010）　面積：11745 km²
[15°14′N　104°53′E]

タイ東北部の県．県都はウボンラーチャターニー．タイ最東端に位置し，東でラオス，南でカンボジアと国境を接する．かつては北西のヤソートーン県，北のアムナートチャルーン県を含む大きな県であったが，1972年に前者が，93年に後者が分離したことで現在の規模となった．それでも面積は広く，2010年現在で人口規模は全国第4位である．ムーン川下流域に位置しており，水田面積が広く，2013年度の米生産量（雨季作）も142万tに達しており，全国第1位となっている．県内には3000～4000年前のものといわれるパーテム絶壁の壁画やメコン川とムーン川の合流地点など風光明媚な観光名所も多い．さらに，ラオス，カンボジア両国と接するという地の利を生かして，3国の国境が交わる県南部のチョンボック峠付近を，タイ，ラオス，ミャンマーの国境が交わる北部のゴールデントライアングルに対比させてエメラルドトライアングルと命名して観光開発する案も浮上している．　　　　　［柿崎一郎］

ウマルコート　Umerkot　　　パキスタン

アマルコート　Amarkot（旧称）

人口：3.6万（1998）　[25°21′N　69°44′E]

パキスタン南東部，シンド州南東部ミールプルハース県の都市．州都カラチの東北東約280 kmのタール砂漠の西縁に位置する．ムガル帝国時およびイギリスの支配期において相対的に繁栄した．ムガルの第3代皇帝アクバル大帝は，彼の父フマユーンがアフガン族を率いたスール朝のシェール・シャー・スーリとの戦いに負けたときに，当地のウマルコート城で生まれ育った．アクバルはのちにスール朝を追い払い北部インド全域に版図を拡大した，ヒンドゥー教徒とイスラム教徒と

もに人気のある人物である．アクバルの生地やウマルコート砦など歴史的に重要な史跡が多くある．カラチやハイデラバードなどの大都市との結びつきが強い．　　［出田和久］

ウマレセ　Umarese　　　インドネシア

[9°02′S　124°53′E]

インドネシア中部，小スンダ列島，ティモール島中部北岸，東ヌサトゥンガラ州の町．州都クパンの北東289 kmに位置する．アクセスは，クパンから飛行機で45分のアタンブア Atambua 空港から，車で75分である．　　　　　　　　　　［冨尾武弘］

ウーミン区　武鳴区　Wuming　中国

武縁県（旧称）

人口：70.0万（2015）　面積：3378 km²
気温：21.7℃　降水量：1300 mm/年
[23°10′N　108°16′E]

中国南部，コワンシー（広西）チワン（壮）族自治区南西部，ナンニン（南寧）地級市の区．大明山（標高1760 m）西麓，ヨウ（右）江支流の武鳴河流域にある．人口の86％はチワン族（2015）．この地域で使われる武鳴方言はチワン族の標準語として知られる．宋の開宝5年（972）に武縁県として設置されたが，1912年に広西都督の陸栄廷の動議で武鳴に改称され，さらに2016年5月に南寧地級市の区となった．県域の8割は標高500 m以下の低丘陵地と小盆地で，稲，サトウキビ，キャッサバ，果物，タバコなどの耕作に利用されている．陸栄廷の私邸だった秀明園は区政府所在地の城廂鎮の近くにあり，広西三大庭園の1つである．　　　　［許　衛東］

ウムソン　陰城　Eumseong　韓国

人口：10.2万（2015）　面積：520 km²
[36°56′N　127°41′E]

韓国中部，チュンチョンブク（忠清北）道北西部の郡および郡の中心地．行政上は陰城郡陰城邑．2010年の陰城郡の人口は8.4万である．1975年の人口は約11万であったので，この間に約25％の減少をみた．郡域の北端から南西にチャリョン（車嶺）山脈が走り，標高500～600 mの山地が続く．

　　　　　　　　　　　　［山田正浩］

ウムヌゴビ県　Ömnö Gov' Aimag

モンゴル

人口：6.1万（2015）　面積：165300 km²
長さ：710 km　幅：403 km

[43°34′N　104°26′E]

モンゴル最南端の県．モンゴル語でウムヌとは南を意味し，ゴビとはそもそもは固有名詞ではなく，半砂漠の砂礫地帯を意味する語である．南は，800 kmにわたって中国と国境を接している．西および北西はバヤンホンゴル県，北はウヴルハンガイ県，ドンドゴビ県，東はドルノゴビ県と接する．15の郡で構成され，県都はダランザドガド．面積はモンゴルの21県中最大で，チュニジアの面積を凌駕する．県の中央部をゴビアルタイ山脈が東西に走っており，その両側は，広大な砂礫の大平原（いわゆるゴビ砂漠）が広がっている．

一方で，人口は最も少ない．すなわち世界一人口密度の低い国における最も人口密度の低い県（0.29人/km²）である．このあたりの遊牧民は広大な平原に分散居住しており，隣家まで50 kmということも珍しくない．ウムヌゴビは馬頭琴（モンゴル語ではモリンホール）で有名な県であり，当地の遊牧民たちのほとんどは，一家に1本，馬頭琴をもっている．また，同県は地下資源が豊かなことや恐竜の化石が多く出土することでも有名である．1990年代初頭の民主化以降，金や銅の大鉱床オユートルゴイや，世界最大級の埋蔵量があるとされる炭鉱タワントルゴイが発見された．　　　　　　　　　　　　［島村一平］

ウーメラ　Woomera

オーストラリア

人口：216（2011）　面積：47 km²
降水量：190 mm/年　　[31°12′S　136°49′E]

オーストラリア南部，サウスオーストラリア州中央北部の町．ロケットで有名である．州都アデレードから北にプリンセス～スチュワートハイウェイ経由で486 km，また途中のポートオーガスタから183 kmに位置する．イギリスの長距離ミサイル・ロケットの発射実験場として，第2次世界大戦後まもない1947年につくられた．イギリスは当初，カナダを候補地としていたが，ミサイル能力の射程距離1600 km，射程幅300 kmに及ぶ広大な土地がみつからなかったため，最終的にサウスオーストラリア州の内陸部が選ばれ，砂漠の中にあり周囲に町がなかったウーメラが実験場となった．当地が選ばれたのには，その立地がよかったことも大きい．すなわち，ウーメラの南西6 kmには，パース～アデレード～シドニー間を結ぶ鉄道が走っているうえに，近くにはピンバの駅があったため，発射実験に必要な大型資材を容易に運ぶことができた．1946年には飛行場も建設され，翌47年4月に土地が国防省に正式にリースされ町が誕生した．その後，1950年代から60年代にかけて，数多くのミサイル・ロケット打ち上げ実験が行われ，69年には人工衛星も打ち上げられた．

1947年以来，一般人のウーメラへの立ち入りは禁止されていたが，82年に解除された．現在は衰微した印象が強いが，1960年代には5000を超える人びとが住んでいた．現在の居住者の約半数は，アメリカ軍関係の人びとである．町には，観光目的の施設もいくつかつくられている．たとえば，ウーメラ航空機・ミサイルパークはその代表的なもので，かつて使用された実物の飛行機やロケットなどが野外に展示されている．また歴史遺産館には，この付近に居住していたアボリジニの工芸品などが展示されている．

［片平博文］

ウーヤン県　舞陽県　Wuyang

中国

人口：約60万（2013）　面積：777 km²

[33°26′N　113°36′E]

中国中央東部，ホーナン（河南）省中部，ルオホー（漯河）地級市の県．漯河市街地の西に位置する．14郷鎮を管轄し，県政府所在地は舞泉鎮．北舞渡鎮にある賈湖遺跡は裴李崗文化に関する最古の遺跡の1つであり，笛や賈湖契刻文字が発見されている．［中川秀一］

ウーユワン県　五原県　Wuyuan

中国

人口：30.0万（2010）　面積：2354 km²
標高：1019-1035 m　気温：6.1℃

[41°06′N　108°17′E]

中国北部，内モンゴル自治区西部，バヤンノール（巴彦淖爾）地級市の県．ホータオ（河套）平原中部に位置する．県政府所在地は城関鎮である．2000年以上の歴史をもつ町で，交通の要衝であった．地名は大禹治水の後，5つの丘陵状の高原が現れたという伝承に由来する．地形はホワン（黄）河の沖積平原で，北東方向へやや傾斜し，標高1000 m程度である．県南部の平野沿いは黄河の旧流路や氾濫の痕跡で大小多数の湖沼が存在する．おもな農産物は小麦，トウモロコシ，テンサイなどがある．ヒマワリやメロン，クコの実が名産である．漢代の古墳が発掘されている．

［杜　国慶］

ウーユワン県　婺源県　Wuyuan

中国

ぶげんけん（音読み表記）

人口：36.2万（2011）　面積：2948 km²

[29°15′N　117°51′E]

中国南東部，チャンシー（江西）省北東部，シャンラオ（上饒）地級市の県．ローアン（楽安）江の上流域に位置し，チョーチャン（浙江），アンホイ（安徽）両省に隣接する．県政府は蚌埠街道に置かれる．地勢は北東から南東に向かって傾斜し，山地と丘陵が8割以上を占める．唐代にシウニン（休寧）県とローピン（楽平）県の一部を割いて婺源県が設けられた．北宋代より安徽省ホイチョウ（徽州）府に属し，中華民国になって江西省に属したが，文化的には徽州の色彩が強い．合福高速鉄道が南北を通過し，杭瑞・徳婺の2本の高速道路が県内を通る．さまざまな鉱産資源を産し，また茶の生産でも知られる．周囲にはルー（廬）山，ホワン（黄）山，ウーイー（武夷）山脈など数多くの風光明媚な旅游景区（景勝地）があり，また慶源古村，汪口村，延村などには清代の民家群など歴史的建築物が数多く残り，中国で最も美しい山村として有名である．菜の花が咲き乱れる春には多くの観光客が訪れる．　　　　　　　　　　　　［林　和生］

ウーラウィラ　Oodla Wirra

オーストラリア

[32°53′S　139°04′E]

オーストラリア南部，サウスオーストラリア州中央東部の村．フリンダーズ山脈南部に位置し，バリアーハイウェイの沿線にある．ニューサウスウェールズ州からきた車は，ミバエなどの害虫が持ち込まれて果物に被害が出るのを避けるため，ここでチェックすることが義務づけられている．地名は，先住民アボリジニの2つの言葉からなる．oodlaはカンガルー，またwirraはユーカリの木のことで，地名はカンガルーの住むユーカリの木のあるところを意味する．　　　　［片平博文］

ウラチュベ　Ura-Tyube ☞ イスタラフシャン Istaravshan

ウラト後旗　烏拉特後旗　Uradyn Khoit

中国

Urad Hou, Uradyn Hoit （別表記）／オラド後旗 （別表記）

人口：7.0万 (2010)　面積：25000 km²
気温：5.3°C　降水量：102 mm/年
[41°06′N　107°05′E]

中国北部，内モンゴル自治区バヤンノール（巴彦淖爾）地級市北西部の旗．3鎮，3ソムで構成される．北はモンゴル国と隣接し，国境線は195 kmに及ぶ．地形は山地と丘陵，ゴビ（礫質の砂漠）が広がる．イン（陰）山山脈（ムナン山脈）が東西を横断し，ホータオ（河套）平原と北部高原からなる．フフバシグ（呼和巴什格）峰（標高2365 m）が陰山山脈の最高峰である．山脈以外に，モリン（莫林）河とボイント（宝音図）河，東烏蓋溝，西烏蓋溝，達拉蓋溝，大壩溝など水源もある．

もともとはチンギス・ハーンの弟ハサルについていた部落であり，地名はモンゴル語で職人を意味する．新石器時代に人類の祖先が活動していた遺跡があり，紀元前から匈奴の遊牧地となっていた．農業と牧畜の混合生産地区で，鉱物資源も豊富である．牧畜はおもに羊や山羊の食用肉が生産されるほか，近年はラクダの乳製品も生産されている．また，非鉄金属とエネルギー関連の天然資源や鉛，亜鉛，ケイ素，ニッケル，オイルシェール，石油が採掘され，風力発電，太陽光発電，石炭化学や鉱工業に力を入れている．バヤンゴビに位置するタタルチャラ（塔塔阿査拉）はめのうの産地である．また，陰山岩画，恐竜化石，古長城，ラクダの文化などの観光文化資源がある．

[オーノス・サラントナラ，杜　国慶]

ウラト前旗　烏拉特前旗　Uradyn Umunet

中国

Urad Qian （別表記）／オラド前旗 （別表記）

人口：34.0万 (2010)　面積：7476 km²
気温：3.5-7.2°C　降水量：200-250 mm/年
[40°44′N　108°39′E]

中国北部，内モンゴル自治区西部，バヤンノール（巴彦淖爾）地級市東部の旗．9鎮2ソムで構成される．東はボグト（パオトウ，包頭）市，南はホワン（黄）河，北西には広大なホータオ（河套）平原がある．もともとはチンギス・ハーンの弟ハサルについていた部落であり，地名はモンゴル語で職人を意味する．農業と牧畜業が主要な産業であり，製鉄やエネルギー産業が発展している．また鉱物資源

が豊富で，石炭，鉄，金，銅，硫黄，雲母，パーライト，ベントナイト，花崗岩などを産する．旗内には面積45万haに及ぶ自治区最大の淡水湖，ウリヤス（烏梁素）海があり，ウラーン（烏拉）山の小天池，アルシャン温泉などの観光地がある．

[オーノス・サラントナラ，杜　国慶]

ウラト中旗　烏拉特中旗　Uradyn Domdat

中国

Urad Zhong （別表記）／オラド中旗 （別表記）

人口：14.0万 (2010)　面積：23096 km²
気温：3.0-6.8°C　降水量：115-250 mm/年
[41°34′N　108°31′E]

中国北部，内モンゴル自治区バヤンノール（巴彦淖爾）地級市東部の旗．6鎮，4ソムで構成される．北はモンゴル国と接し，国境は184 kmに及ぶ．東はボグト（パオトウ，包頭）市，南は110国道，京蘭鉄道が通りホワン（黄）河が流れ，西はリンホー（臨河）区と隣接する．東西にホヨルボグド（二狼）山，ウリヤスタイ（烏梁素太）山，チャスト（査斯太）山が走り，南側の山脈に広がる平原と中部山地，北部丘陵高原と，南北で異なる自然景観をもつ．水源は豊富で，黄河をはじめ，57本の河川と6つの湖沼がある．

もともとはチンギス・ハーンの弟ハサルについていた部落であり，地名はモンゴル語で職人を意味する．新石器時代に人類の祖先が活動していた遺跡があり，紀元前から匈奴の遊牧地となっていた．清代にウラト前旗，中旗，後旗に分けられたが，中旗と後旗が1952年に合併してウラト中後連合旗となり，58年に前旗に安北県が編入され，バヤンノール盟に属した．牧畜業，とくに山羊の飼育が主要な産業である．二狼山（ホヨルボグド）白山羊のカシミヤはイタリアで銀賞を受けた．砂漠が多いが，近年は科学技術農業が発展し，小麦，トウモロコシ，ソバ，ハダカ麦，シャガイモなどの農産物がある．また，石炭，クロム，鉛，亜鉛，金，天然ガスなどの鉱物資源も豊富である．イン（陰）山（ムナン山）の岩画，趙の長城，秦の長城，漢受降城などの遺跡がある．2016年に国家新型都市化総合モデル地区となった．

[杜　国慶，オーノス・サラントナラ]

ウラーラ　Woollahra

オーストラリア

人口：0.7万 (2011)　面積：1.3 km²
[33°53′S　151°14′E]

オーストラリア南東部，ニューサウスウェ

ールズ州南東部，ユララ行政区の都市で行政中心地．ジャクソン湾の南，州都シドニーの都心部からわずか5 kmに位置する．このため行政区の人口は5.2万 (2011) と多い．地名はアボリジニの言葉に由来し，キャンプまたは集会場を意味する．1880年代にダブル湾やローズ湾の湾岸に土地をリースした中国人や，19世紀にワトソンズ湾岸に居住したポルトガル人捕鯨者などの影響を受け，文化的多様性を有する．また，ドイツ，ロシア，ポーランド，トルコなどの領事館があり高級住宅地を形成する．一方，都心から近いためトレンディな飲食店，ブティック，アートギャラリーなどが集まり人気がある．オーシャンストリートに立つ1881年建築のオールセインツ教会は，シドニー砂岩と呼称される赤色砂岩でつくられた歴史的建造物で見どころの1つである．

[藁谷哲也]

ウラリスク　Ural'sk ☞ オラル Oral

ウラリスク州 ☞ 西カザフスタン州 West Kazakhstan Region

ウラル川　Ural River

ロシア／カザフスタン

ヤイク川　Yaik River （古称）

面積：220000 km²　長さ：2543 km
[46°55′N　51°46′E]

カザフスタンとロシアを流れる川．ヨーロッパとアジアの伝統的境界の一部をなす．ヨーロッパロシアの南東の辺境バシコルトスタン共和国北東部，ウラル山脈南部のイレメル山の北東40 kmを水源とし，バシコルトスタン共和国との境界近くのチェリャビンスク州西部を南に流れ，ヴェルフネウラリスク，マグニトゴルスクを通ってオレンブルク州オルスクにいたり，そこで西に曲がり，ノヴォトロイツク，オレンブルク，イレクを過ぎる．その間2カ所でロシアとカザフスタンの国境をなし，カザフスタン北西部に入る．オラルで南に転じ，乾燥ステップを横切り，インデルボルスキーとクラギノを通り，小デルタをなすアティラウでカスピ海に流入する．オレンブルクまでの1464 kmは航行できる．マグニトゴルスクには貯水池があり，その地域の冶金工場に水を供給する．

ウラル川は石油，魚類，木材を北に，穀物や牛を南に輸送するルートであり，西カザフスタン州のステップの町や農地に水を供給す

る．漁業も盛んである．右岸にサクマラ，チャガン，クシュム川が，左岸にクマク，オル，イレク，ウトヴァなどの川が合流する．1775年までヤイク川とよばれた．

[木村英亮]

ウラル山脈　Uralskie Gory

ロシア/カザフスタン

標高：1895 m　長さ：2500 km　幅：40～150 km
[65°02′N　60°07′E]

東ヨーロッパ平原と西シベリア平原の間にあり，ほぼ東経60度の経線に沿って延びる長大な山脈．この山脈はウラル川の湾曲部からコンスタンチノフカメニ山（標高483 m）まで南北2000 km以上あり，緯度では北緯51～68度にわたる．さらに，南ではムゴッジャルイ山脈（カザフスタン），北ではパイホイ山脈もウラル山脈の続きと考えられ，両者を含めると2500 km以上になる．さらに同一造山帯という見方では，南はアラル海近くから北はノヴァヤゼムリャにまで延長される．主要分水嶺と広い谷で分けられた，並行するいくつかの山脈から構成されている．そのため厳密には山脈群ないしは山系であり，ロシアでは単にウラルと固有名詞のみでよばれることが多いが，固有名詞に山地あるいは山脈を付した表記では複数形になっている．山脈中の最高峰はナーロドナヤ山（1895 m）である．この山脈がヨーロッパとアジアの境界の北部をなすとされているが，多くの場合，境界線はウラル山脈の東麓に沿って引かれる．なお，この境界線の南部はカスピ海に注ぐウラル川，カザフ語ではジャイク川になる．

ウラル山脈の形成は，ウラル地向斜帯において古い基盤がバリスカン（ヘルシニア）造山運動によって再隆起したものとされてきたが，プレート理論ではその形成を東のシベリア，西のバルト，南のカザフの各大陸が衝突することによる造山運動として説明している．山脈は堆積岩，変成岩，火山岩からできている．ウラル山脈の隆起によって，高度が中程度の山地が卓越した，広大で，なだらかな山頂をもつ山脈（高さ1000～1200 m）が形成された．西では前山地帯によって示されている周辺部の褶曲がみられ，東ヨーロッパ平原に向かってしだいに高度が低下している．東では急な台地がみられ，それは西シベリア平原で終わっている．山脈の西斜面およびその西に続く地域では，カルスト地形が発達している．そのためクングル，ディヴィヤ，カポヴァをはじめとする多数の鍾乳洞がある．

東斜面で特徴的なのは，セミブラティエフ，チョルトヴォゴロディシェ，カメンヌイパラトカなど岩の多い残丘である．ウラル山脈中部および南部に，東側から広い準平原性前山が接している．鉱物資源としては，銅，鉄，クロム，ニッケル，ボーキサイトの各鉱石，石炭，石油，天然ガス，塩化カリウム，アスベストなど多数に及ぶ．またウラル産の宝石類は世界的に有名である．

ウラル山脈は大陸性気候である．1月の平均気温は，西斜面では極圏部の−20℃から南部の−15℃までであり，東斜面では気温はそれより1～2℃下回る．7月には同じく9℃から20℃である．亜極圏部および北部では，年平均降水量は約1000 mmであり，南部の東側前山地域では年に約300 mmである．極圏部および亜極圏部には，氷河（総面積約25 km²）がある．河川は，ペチョラ川，イセチ川，トボル川などの北極海水系と，カマ川，ウラル川などのカスピ海水系に分けられる．東側斜面にはタヴァトゥイ湖，アルガジ湖，ウヴィリドゥイ湖，トゥルゴヤク湖など多くの湖がある．ウラル山脈で最も広い面積を占めているのは，森林地帯である．森林限界は北部で300 m，南部で1200 mである．西側の森林はトウヒやモミからなる葉の黒っぽい常緑針葉樹林，山岳性タイガであり，東側の森林はマツ，カラマツ，シラカバからなる樹冠が光を通す明るい森林である．ウラル山脈南部には森林ステップやステップがみられる．山脈の頂上付近には蘚苔類・地衣類ツンドラや岩礫地がある．

ウラル山脈では，さまざまな自然地域の動物がみられる．ツンドラで最も特徴的なのはホッキョクギツネやレミング，家畜のトナカイ，ツンドラライチョウである．夏にはカモ，ガンなど多くの渡り鳥がやってくる．森林地帯ではヘラジカ，ヒグマ，クズリ，オオヤマネコなどが生息している．森林ステップやステップでは，ヤブノウサギ，ハタリス，トビネズミなどげっ歯類が圧倒的に多い．ウラル山脈には，多数の自然保護区や国立公園がある．その中で，ユグイトヴァ国立公園，ペチョラ・イルイチ自然保護区を含む「コミの原生林」は1995年にユネスコの世界遺産（自然遺産）に登録されている．そのほかにもヴィシェラ自然保護区，デネシキンカメニ自然保護区，バセギ自然保護区，ヴィシム自然保護区，イリメニ自然保護区，タガナイ国立公園，ジュラトクリ国立公園，南ウラル自然保護区，バシキール自然保護区，シュリガンタシュ自然保護区などがある．

山脈の東西をみると，山脈西斜面に隣接す

る東ヨーロッパ平原東端部を占め，カマ川，ペチョラ川の流域であるプレドウラリエ，山脈東斜面に隣接する，トボル川，オビ川の流域であるザウラリエ，さらに前二者を同時にとらえて山脈の東西に隣接した地域であるプリウラリエは，いずれもウラル山脈と密接に関連した地域である．地形やその他の自然的特性にもとづいて，ウラル山脈は極圏部，亜極圏部，北部，中部，南部の5つの部分に分けられる．ウラル山脈極圏部は山脈の最北部で南はフルガ川上流から北はコンスタンチノフカメニ山まで，全長380 km，その最高地点はパイエル山（1499 m）である．先のとがった尖峰も多く氷河に著しく侵食された連峰である．ここには氷河や多数の湖がある．斜面では針葉樹の疎林，地衣類・蘚苔類ツンドラ，岩礫地がみられる．

ウラル山脈亜極圏部は山脈北部で最も高い部分であり，南は緯線方向に流れるシュゲル川から北はフルガ川上流までである．全長230 km，ウラル山脈の主要な峰々があり，特徴はぎざぎざの山頂をもつ深く侵食された連峰である．小規模の氷河，多数の雪渓がある．斜面には針葉樹林がみられ，標高500 m以上では山岳ツンドラや岩礫地となる．ウラル山脈北部は，北はシュゲル川が緯線方向に流れを変えるところから南はオスリャンカ山（1119 m）までである．全長約550 m，最高地点はテリポシス山（1617 m）である．特徴的なのは平らな峰，侵食された地形である．斜面には針葉樹林がみられ，高度がより高くなると山岳ツンドラや岩礫地となる．ウラル山脈中央部は山脈中の最低部であり，北緯56～59度にある．高度は250～500 mで，最高地点はスレドニーバセク山（994 m）である．ウラル山脈南部はウファ川が緯線方向に流れを変えるところ，すなわち北緯56度から南へウラル川までで，全長約550 km，最高地点はヤマンタウ山（1640 m）である．斜面の大部分は針葉樹林で覆われているが，混合林や広葉樹林もみられる．ステップは大部分，耕地化されている．

ウラル山脈は古くはラテン語やギリシャ語で「地の果ての」山脈，「極北の」山脈という意味の地名でよばれ，後者は1459年のフラ・マウロの地図まで1000年以上にわたって使用された．ロシア人は遅くとも11世紀にこの山脈を知り，15世紀末にカメニ（古ロシア語で岩，崖，山の意）とよび始めた．16～17世紀に山脈名としてカメニあるいはポヤス（帯という意）がますます使用されるようになり，ときどきその変形であるボリショイカメニ，ボリショイポヤス，カメンヌイポ

ヤスなどもみられた. 17世紀後半から, 元来ウラル山脈南部の1つの山脈であったウラルタウ山脈を表すトルコ語起源のアラルトヴァが, ブルガール語化してウラルタウ山脈やウラル山脈の形で使用されるようになった. これはブルガール語ではトルコ諸語の「ア」が一般的に「ウ」になるからである. そして2つの表現のうちの1つであるウラル山脈は18世紀半ばまでには実際のウラルタウ山脈を越え北方に拡張されて山系全体をさすことになり, カメニやポヤスは使用されなくなった. このようにトルコ語説が最も説得的である. ほかにウラルはマンシ語のウル(山の意), ウルアラ(山頂の意)などのように山や山脈そのものを表す用語であるとされる説などもあるが, これには反論も出されている.

ウラル山脈は線として見なされ境界の目安になってきたが, 同時に山脈の両側に続く地域を結び合わせて1つの地域としてとらえられ, 製鉄業が立地する18世紀, とくにソ連時代から重要な工業地域や経済地域の1つとして注目されてきた. ウラル地域は自然地域区分として, ウラル山脈とその東西両斜面にノヴァヤゼムリャを加えて細長い, しかし一定の面積を有して長大な範囲を占めている. 地理的地域ないしは経済地域としてはウラル山脈北部南半, 中部, 南部とそれぞれの両側に続く地域から構成され, 連邦構成主体別にはスヴェルドロフスク州, チェリャビンスク州, クルガン州, ペルミ地方, ウドムルト共和国, バシコルトスタン共和国, オレンブルク州を含んでいる. また2000年の連邦管区制導入によってウラル連邦管区が成立し, さらにウラル山脈をめぐる新たな地域が登場することになった. このようにみても, ウラル山脈は規模の大きさとともにその位置や山地環境のユニークさ, 多様な資源の提供などを通じて, 人びとの経済社会活動に大きな役割を果たしてきたことが明らかになる.

[小俣利男]

ウラン県　烏蘭県　Ulan
中国

人口: 10.0万 (2015)　面積: 12900 km²
[36°55′N　98°28′E]

中国西部, チンハイ(青海)省ハイシー(海西)自治州の県. ツァイダム(柴達木)盆地東部に位置し, チーリエン(祁連)山脈支脈の青海南山脈の標高4000 m級の山々が県北部に連なる. 内陸性乾燥気候で, ゴビとよばれる礫質の砂漠や荒地が広い面積を占める. チャカ湖やカカ湖などの塩湖には大量の塩が堆積しており, 塩や芒硝石を産する. 青海省とシ

ーツァン(チベット, 西蔵)自治区を結ぶ青蔵公路と青蔵鉄道, シンチャン(新疆)ウイグル(維吾爾)自治区とを結ぶ青新公路が通る.

[高橋健太郎]

ウランゴング　Wollongong
オーストラリア

ウロンゴン (別表記)

人口: 19.2万 (2011)　面積: 715 km²　標高: 5 m
降水量: 1320 mm/年　　[34°25′S　150°54′E]

オーストラリア南東部, ニューサウスウェールズ州南東部の行政区. 都市圏の人口規模は州都シドニー, ニューカッスル, セントラルコーストに次ぎ, 州内で4番目を誇る. 行政区の中心部はシドニーの南西約80 kmに位置するが, 行政区としては, 北はロイヤル国立公園, 南はイラワラ Illawarra 湖まで, タスマン海に面して約80 kmにわたり細長く続く. また行政区の沿岸域と山地域とは, 標高150～750 mのイラワラ崖線で限られる. 1970～2008年の気候値によると, 町は温暖湿潤気候にある. すなわち, 降水量は3月に約160 mmの最多となり, 7月に約63 mmの最少となる. 一方, 最暖月の平均最高気温は1, 2月の25.6℃, 最寒月の平均最低気温は7月の8.3℃である.

地名は, 先住民ダラワル(Dharawal)の言葉で5つの島を意味する Woolyungah, または海の音を意味する Wol-Lon-Yuh に由来するといわれるが, 定説はない. 彼ら先住民は, 考古学的調査から少なくとも3万年前からこの地に居住していたとされる. 一方, ヨーロッパ人としては, マシュー・フリンダーズとジョージ・バスが, 1796年にこの地域を探検し, 行政区南部のイラワラ湖をトムサムラグーン Tom Thumb's Lagoon と名づけた. その後, 1815年にチャールズ・スロズビーが, 家畜を引き連れて南部高地からイラワラ南部の砂浜海岸に近いこのラグーンへやってきて牧童小屋を築いた. これがヨーロッパ人による居住の始まりとされる. 1820年代に入ると, スギの木材や石炭の積出港として栄えた. また1839年には, 蒸気船でシドニーと結ばれたことから, 酪農や農業の中心地としても発展を遂げた.

とくに, 行政区の発展の基礎を築いたのは炭鉱と製鉄業である. 炭鉱は1849年にマウントケイラ Mount Keira で始まり, 石炭が積み出された. また製鉄は, 1882年に始まったとされるが, 本格的には1927年にチャールズ・ホスキンスが, ポートケンブラに製鉄所を建設したことが大きい. この製鉄所で

は, 1930年に溶鉱炉1基で800 tの生産を行ったという. さらにブロークンヒル・プロプライエタリ社(のちの世界最大の鉱業会社BHPビリトン)は, ポートケンブラにおいて, 1936年にオーストラリア製鉄株式会社を吸収して急成長した. 中心市街地にあるウランゴング大学は, 1951年に工業大学から出発したものである. このような背景から, 1942年に市となり, さらに47年には周辺の行政区を合併して大ウランゴング市へと拡大を遂げた.

1980年代以降, 炭鉱の閉鎖や重工業の低迷などから町の衰退が進行しているが, 中心市街地でショッピングを楽しんだり, 歴史的な見どころを見学できる. ウランゴング駅東部には, オフィスのほかデパートや専門店などが集中し, 中心業務地区や商業地区を形成している. とくにシティギャラリーでは, 先住民による絵画のほか, 植民地時代から現代にいたるオーストラリアコレクションを鑑賞できる. そしてこの地区のさらに東にあるフラッグスタッフヒル Flagstaff Hill 岬には, かつて囚人労働者によって掘削されたベルモア(Belmore)の船溜りや, 1871年に点火された高さ12.8 mのブレークウォーター Breakwater 灯台などの歴史遺産がある.

[藁谷哲也]

ウランチャブ市　烏蘭察布市 Ulanqab
中国

Ulaanchab (別表記)

人口: 289万 (2011)　面積: 5.5 km²　気温: 4.6℃
降水量: 318 mm/年　　[41°02′N　113°07′E]

中国北部, 内モンゴル自治区中部の地級市. 市政府所在地はチーニン(集寧)区. 東はシリンゴル(錫林郭勒)盟とホーペイ(河北)省, 西は自治区の首府フフホト(呼和浩特)市, 南はシャンシー(山西)省, 北はモンゴル国と接する. ウランチャブとは, モンゴル語で赤い山峡という意味である. 集寧区, フォンチェン(豊鎮)市, シンホー(興和)県, リャンチョン(涼城)県, チュオツー(卓資)県, ホワドゥ(化徳)県, シャントゥー(商都)県, チャハール(察哈爾)右翼前旗, チャハール右翼中旗, チャハール右翼後旗, ドルベト(四子王)旗から構成される. 人口構造からみると, 漢族は総人口の95.5%を占め, モンゴル族は2.3%を占める.

行政区画としてウランチャブ市はかつて盟であった. 清朝はドルベト旗, ハルハ右翼旗, モーミャンガン旗, ウラト前, 中, 後3旗を設け, これらの旗がウランチャブ盟を形

成した．中華民国時代にウランチャブ盟は，綏遠特別行政区，綏遠省，蒙疆政権などの管轄下に入った．1954年にウランチャブ盟は内モンゴル自治区に入り，58年にウラト前，中，後3旗を別にしてバヤンノール(巴彦淖爾)盟を設置した．一方，現在ウランチャブ市に属する集寧区，豊鎮市，興和，涼城，卓資，化徳，商都5県およびチャハール右翼前，中，後3旗は，主として清代のチャハール八旗の右翼4旗(鑲藍，正紅，鑲紅，正黄)に由来するものである．中華民国時代にチャハール特別行政区，チャハール省または綏遠省，蒙疆政権などの管轄下に入り，1958年にチャハール盟が撤廃された後，上記の諸県，旗は次々とウランチャブ盟に編入された．2003年には地級市となった．

農業と牧畜業はウランチャブ市の経済の中で重要な地位を占めている．作物の中で生産量が最も多いのはジャガイモと野菜で，つぎに多いのはトウモロコシと小麦である．一方，牧畜業については，酪農地帯として乳牛の頭数，生乳生産量が増加傾向にあるが，多くの地域では草地利用による牧畜業ではなく，畜舎飼育による畜産業として展開した．それによって過放牧の状態となり，土壌の劣化を引き起こしてきた．第2次産業は市の総生産額の5割以上になっている．そのうち，電力工業，冶金，化学工業，建築資材，農・畜産品加工，機械製造が中心となっている．市内には京包(ペキン(北京)〜ボグト(包頭))などの国内を走る鉄道があり，ドイツのフランクフルト市とカザフスタンのアルマトゥ市へ向かう国際列車も開通した．また，2016年に開港したウランチャブ空港は集寧区の北11.3 kmに位置し，国内便限定である．

［バヨート・モンゴルフー，杜　国慶］

ウランディリー川　Wollondilly River
オーストラリア

長さ：約156 km　　　　［33°57′S　150°26′E］

オーストラリア南東部，ニューサウスウェールズ州南東部の川．川の名称は，岩にしたたる水を意味する先住民の言葉に由来する．クルックウェルの東方約7 kmのグレートディヴァイディング山脈中を源に南東方向へと流れ，ゴールバーンあたりから北東方向に向きを変えて，北，のちに北東に向かって流下し，シドニー都市圏の主要な水がめでもあるダム貯水池のバラゴラン湖に流れ込む．

［落合康浩］

ウランハダ市　赤峰市　Ulanhad
中国

チーフォン市　赤峰市　Chifeng (漢語)

人口：434.1万 (2010)　面積：90275 km²

　　　　　　　　　　　［42°16′N　118°56′E］

中国北部，内モンゴル自治区東部の地級市．地名はモンゴル語で赤い岩を意味し，赤峰はそれを漢語に訳した名称である．1983年に旧ジョーオド盟から改称され，自治区内で最も早く都市化を実践したモンゴル人居住地域としてよく知られる．ヘシクテン(克什克騰)旗，バーリン(巴林)右旗，バーリン左旗，オーハン(敖漢)旗，オンニュード(翁牛特)旗，アルホルチン(阿魯科爾沁)旗，リンシー(林西)県などの旧ジョーオド盟の各旗県以外に，ハラチン(喀喇沁)旗やニンチョン(寧城)県など，現在その大部分がリャオニン(遼寧)省に編入されている旧ジョスト盟の各旗も一部含まれている．市政府所在地は松山区．

南部のジョスト盟を介して万里の長城に近く，早くから中国本土からの入植にさらされてきた．現在の人口は自治区内の12の盟および市の中で最も多い．大興安嶺山脈南東麓におけるモンゴル人農耕村落地帯を抱えながらもモンゴル族の占める割合は19%程度にすぎず，19世紀頃から続いた内モンゴルに対する急速で大量の開墾と入植の結果としてでき上がった象徴的な地域といえる．シラムレン(西拉木倫)河中上流地域に位置する市街は，歴史的に北方遊牧民族の契丹人が建国した遼王朝の政治の中心であり，遼王朝の上京臨潢府はバーリン左旗の旗都である林東鎮に位置し，中京大定府も寧城県内に位置する．しかし，赤峰市の名を全国に知らしめたのは遥か6000年以上もさかのぼる北方新石器文化を代表する紅山文化遺跡である．この遺跡で発掘されたのは当時の農耕や定住関連の道具であり，遊牧民の活動舞台であるはずの万里の長城の外側でも農耕民族の活動の場があった証拠となり，中華民族多元一体論の1つの根拠となった．現在，漢族が人口の大多数を占める赤峰市はこの紅山文化を地域おこしの重要な旗印に立て，モンゴル人の牧草地であったとする歴史的事実すら影を潜めるほどの勢いである．　［ボルジギン・ブレンサイン］

ウランバートル　Ulaanbaatar
モンゴル

庫倫 (漢字表記)／イヒフレー　Ikh Khüree (古称)／ウルガ　Urga (露語・旧称)／ニースレルフレー　Niislel Khüree (古称)

人口：134.6万 (2015)　面積：4704 km²

標高：1300 m　気温：−3.0℃

降水量：238 mm／年　　　［47°55′N　106°55′E］

モンゴルの特別市で首都．モンゴルの政治，経済，文化の中心地．モンゴルの全人口の1/3強が集中する．中国(北京)からロシア(イルクーツク)へ向かうシベリア鉄道の支線の中継地である．ウランバートルを現地語で発音すると，オラーンバータルに近く，その意味は赤い英雄である．国の北部中央，4つの聖山に囲まれた盆地に位置する．南はヘンティ山脈の南西端に位置するボグドハン山(標高2268 m)，北はチンゲルテイ山(1947 m)，東はバヤンズルフ山(2032 m)，西はソンギノハイルハン山(1652 m)であり，これら4つの山は区名ともなっている．市の南部を東西にトーラ川とその支流のセルベ川が流れる．人口が急増中で，1995年(64.2万)からの20年で2倍以上となった．

1月の平均気温は−26℃(世界の首都の中で最低)であり，気温が−30℃以下となる日が約40日続く．また最低気温は−49℃にも達する世界で最も寒い首都である．一方，7月の平均気温は17℃で，最高気温は39℃に達することもあるが，大陸性のステップ気候なので比較的過ごしやすい．年間降水量は少なく，降雨は夏に集中している．年間を通して約250日が快晴である．

政府宮殿のあるスフバータル広場を中心に政府，党，公共機関，銀行とソ連式のアパート群が中心部に位置する．市街は東西に走るメインストリートのエンフタイワン(平和)大通りを囲んで東西に広がっている．中心部を歩くと，ソヴィエト・ロシア式の建築にキリル文字や英語の看板が多いので，アジアの都市というよりロシアの地方都市のようにみえる．また中国や韓国のレストランが多く営業しているが，近年，極右団体が漢字表記やハングル表記の看板をもつ店を襲撃したことから，キリル文字を使ったモンゴル語と英語以外の看板はほとんどみられなくなった．その一方で本来のモンゴル文字は一向に普及する気配がない．北部には，定住化した牧民たちの住むゲル地区が広がっている．近年，寒害などで家畜を失った遊牧民が首都へ流入してきており，スプロール化している．また，ゲル地区には上下水道が整備されておらず，下

ウランバートル(モンゴル),市内中心部の風景(遠くにスプロール化した縁辺部がみえる)〔島村一平提供〕

水やゴミが不法投棄されるなど感染症の温床となっている.さらにゲル地区住民が燃料として石炭を大量に消費する結果,深刻な大気汚染を引き起こしている.

行政区画に関しては,市は県と同格の特別市であり,9つの区(ドゥーレグ)と132の小区(ホロー)から構成される.中心部はスフバタル区とよばれる.ここには,政府庁舎や大統領官邸,銀行・オフィス,ホテル,モンゴル国立大学,国立医科大学,国立科学技術大学などの大学が集まる.中でも政府宮殿(大統領府と国会がある),国立大学1号館,ドラマ劇場などは,第2次世界大戦後,シベリアから強制連行されモンゴルに抑留された日本兵が建てたものである.スフバタル区の東のチンゲルテイ Chingeltei 区には,ノミンデパート(旧国営デパート)や国立民族歴史博物館などがある.さらに東のバヤンゴル Bayangol 区には,テレビ局やモンゴル仏教の総本山であるガンダン寺や第3地区 Gurav dugaar khoroorol とよばれる繁華街などがあることで知られている.その東のソンギノハイルハン Songino Khairkhan 区には,物流センターや製粉工場,食肉工場などの工業団地がある.スフバタル区の西隣のバヤンズルフ Bayanzürkh 区には,住宅街のほか国防省やモンゴル科学アカデミー,有名私立大学のオトゴンテンゲル大学なども位置する.市南部のハンオール Khan-Uul 区には,セントラルスタジアムや国立農牧業大学や市街を一望できるザイサン丘がある.また,同区は発電所やカシミヤ工場などがあり,工業団地のイメージが強かったが,近年高級マンションが林立し,高級住宅街の様相を備えてきた.バヤンズルフ区のさらに西の郊外はナライハ Nalaikh 区とよばれ,ナライハ炭鉱がある.同区にはカザフ人住民が多いことで知られている.残りのバガノール Baganuur 区とバガハンガイ Baga khangai 区は,飛び地となっている.前者は,市中心部の西約 120 km にあるバガノール鉱山とその人口約2.6万を有する炭鉱の町である.後者は,市の南東に位置し,かつてソヴィエト空軍の基地があった.市と飛び地の2区の間には草原が広がっており,一見すると別個の都市のようにみえる.

公共交通機関は,社会主義時代は路線バスとトロリーバスが中心であったが,民主化以降,タクシーのほか,ミクロとよばれるワゴン車による乗合バスやタクシーも主要な役割を担うようになっている.ミクロは,ドライバーの意思や客の希望によって行先が変更する融通性の高い交通機関である.都市鉄道や地下鉄は整備されていない.自家用車に関して,モンゴルではジープ型の大型車が多く,軽自動車はほとんどみかけない.モンゴルの人びとは,少々燃費が悪くても大型の車を好む.その理由は市を出ると舗装道路がほとんどないことにもよるが,古来より大きな体躯の見栄えのよい馬をもつことが遊牧民たちにとってのステータスであったことも関係している.その一方で,市内の道路はこうした大型のジープなどで慢性的に渋滞しており,排気ガスによる大気汚染も深刻化している.市民は,ウランバートルを赤い英雄ならぬ煙の英雄(オターンバータル)と皮肉る.

起源は,活仏ジェプツンダンバ・ホトクトの移動式寺院ウルグーであり,最初は現在のウランバートル市のあるセルベ河畔にはなかった.ウルグーとは宮殿を意味する語で,のちに当市をロシア人たちはウルガとよんだのは,このウルグーが音便化して伝わったためである.ウルグーは,1639年,現在のウブルハンガイ県ブルド郡のあたりに建てられたと伝わる.1654年には,ウルグーはヘンティ山南麓にあったが,1688(康熙27)年ジューンガル帝国のガルダン・ハーンがハルハモンゴルに侵入すると,活仏ジェプツンダンバはハルハ王侯らと内モンゴルへ難を逃れた.その後,ウルグーは,牧草地や水質の悪化,薪用に伐採する樹木の減少などを理由に,オサンセール(1720),タミル川(1722),ホジルト(1729),ウリヤスタイ(1735)などの場所に移動をくり返した.

現在の市がセルベ河畔に定着したのは1778(乾隆43)年のことであった.その後寺院が固定化され,門前町や漢人の商売人たちの町,買売城が形成されていった.こうしてできた町がイヒフレーである.フレーとはそもそもモンゴル語で囲いを意味したが,しだいに寺院や寺院を中心に築かれた宗教都市を意味するようになっていった.外モンゴル地域を支配した清朝は,イヒフレーを庫倫(クーロン)とよび,この地に庫倫弁事大臣を置き,外モンゴルを統治した.18~19世紀を通して,イヒフレーは外モンゴルにおける政治,経済,宗教,交通の中心であった.

1911年に辛亥革命が起こると,外モンゴルのハルハ王侯たちは,ジェプツンダンバ8世をハーンに推戴して独立を宣言し(ボグド・ハーン政権),首都がイヒフレーに置かれ,ニースレルフレー(首都フレー)とよばれるようになった.その後,中国による自治の撤廃やウンゲルン男爵の白軍によるフレーの占領などを経て,1924年,旧ソ連の影響下で成立したモンゴル人民共和国において,フレーは,その都市名は社会主義色の強い赤い英雄(ウランバートル)に改められた.

[島村一平]

ウランビー　Wollombi　オーストラリア

人口:352(2011)　面積:166 km²

[32°56′S　151°08′E]

オーストラリア南東部,ニューサウスウェールズ州中央東部,セスノック行政区の小集落.州都シドニーの北128 km にあり,セスノック中心部の南西29 km に位置する.西はユネスコの世界遺産(自然遺産)「グレーター・ブルー・マウンテンズ地域」の一部を構成するイェンゴ国立公園に,東はワタガン国立公園に続く森林地帯の谷間にある.地名は,(水の)集まる場所を意味する先住民の言葉に由来しており,ウランビーブルック,コンジェワイ,イェンゴなどの川が村の近くで合流する.集落の開拓は,19世紀の初期,この谷にグレートノーザンロードが建設され

たことで始まった．周辺にはワイン蔵が多く，点在する砂岩の建物や木造のコテージなどに開拓当時の風情が残る． ［落合康浩］

ウランホト市　烏蘭浩特市
Ulankhot
中国

Ulanhot (別表記)／ワンギンスム　王爺廟 (旧称)

人口：32.7万 (2010)　面積：865 km²
[46°04′N　122°05′E]

中国北部，内モンゴル自治区東部，ヒンガン(興安)盟の県級市．古くからワンギンスム(王爺廟)とよばれていたが，1947年5月1日に内モンゴル自治政府がここで誕生したことにより，ウランホト(赤い街)と名づけられた盟政府所在地である．ここはもともと旧ジリム盟ホルチン右翼前旗の土地であったが，20世紀初頭には近くにある大興安嶺山脈の森林伐採や東北軍閥，張学良による屯墾事業によって町として発展した．満洲国時代には領内のモンゴル人地域を統括する興安総省(後の興安四省)の中心地(王爺廟)として政治的に重要な場所となり，1939年にはチンギス・ハーン廟が日本の主導によって建設され，現在もここの最大の観光名所となっている．

1949年12月に，内モンゴル自治政府がウランホトから張家口市を経てフフホト(呼和浩特)市に移った後，1954年にウランホトはフルンボイル盟に属し，1980年にヒンガン盟が設置されるとその盟都となって現在にいたる．吉林省各地から国境付近のアルシャン(阿爾山)市へいたる中継地点に置かれ，内モンゴル自治区東部地域や吉林省がモンゴル国とアクセスする都市としてもその重要性が増している．またウランホトからアルシャンにいたる幹線道路沿いには，ソヴィエトとの戦争に備えた関東軍の軍事要塞も多く残されており，チンギス・ハーン廟と合わせて重要な歴史的遺跡となっている．

［ボルジギン・ブレンサイン］

ウーリエン県　五蓮県　Wulian
中国

人口：51.1万 (2015)　面積：1497 km²
降水量：804 mm/年　[35°44′N　119°11′E]

中国東部，シャントン(山東)省南東部，リーチャオ(日照)地級市の県．1947年に設置された新しい県である．地名は県内の五蓮山に由来する．1街道，9鎮，2郷を管轄し，県政府は洪凝街道にある．山地と丘陵が総面積の86%を占めている．金，銀，銅など22

種類の地下資源を産出する．小麦，トウモロコシ，落花生，綿花などを栽培し，林業も発達している．国道206号が北部を通っている．五蓮山風景区，斉長城遺跡，牌孤城遺跡などがある． ［張　貴民］

ウリシー環礁　Ulithi Atoll
ミクロネシア連邦

ウルシー環礁　Urushi Atoll (別表記)／ユーリティ環礁　Yoolithee Atoll (別称)

人口：0.1万 (2010)　面積：1.7 km²　長さ：35 km
幅：5〜22 km　[9°58′N　139°40′E]

北太平洋西部，ミクロネシア，ミクロネシア連邦，ヤップ州の環礁．ウルシー環礁あるいはユーリティ環礁ともよばれる．カロリン諸島の西部，ヤップ島の東北東約170 kmに位置する．周辺のラグーン(礁湖)を含む面積は約550 km²(470 km²とも)と州最大のもので，世界的にも最大級のものといえ，約40の島々が連なっている．有人島はファラロップ Falalop，モグモグ Mogmog，アソール Asor，フェダライ Fedarai (ファッサライ Fassarai)の4島である．中でもファラロップが中心的な島で，全人口の過半が住み，滑走路があってヤップ本島との間で不定期便が運行している．モグモグ島は高位首長の所在地でもある．

歴史的にはヤップ本島の住民と主従関係にあるといわれる．また，モグモグ島は18世紀にイエズス会の神父が島民に襲撃されたのを契機として，ファラロップの本拠地も襲われるという，いわゆるモグモグ事件があった島として知られる．ウリシー語はヤップ本島よりも南のチューク(Chuuk)語に近いといわれる．なお，第2次世界大戦中は，フィリピン，台湾，沖縄からほぼ等距離にあるということで，アメリカ軍機動部隊の作戦前線基地としてファラロップを中心に巨大な補給基地が建設され，重要な役割を果たした．

［橋本征治］

ウリヤスタイ　Uliastai
モンゴル

人口：1.6万 (2015)　面積：28 km²　標高：1760 m
気温：−2.8℃　降水量：219 mm/年
[47°44′N　96°50′E]

モンゴル西部，ザヴハン県の都市で県都．清朝時20世紀以前，ほとんど定住都市のなかったモンゴルではイヒフレー(現ウランバートル)と並ぶ古都であると認識されている．ハンガイ山脈の南西端に位置し，ボグド川，チンゲステイ川の河岸に町は築かれている．

首都ウランバートルの西984 kmに位置する．7月と1月の平均気温は，それぞれ15.4℃と−23.1℃である．

地名は，ヤマナラシの林のあるところという意味である．この町の起源は，1733年，清朝の兵営が築かれたことに発する．1696年，清の康熙帝は，ジューンガル帝国のガルダン・ハーンを破ったが，その後もたびたび漠北に侵入をくり返すジューンガル帝国に対して，清朝は1733(雍正16)年，西部外モンゴルの要衝であるウリヤスタイに常駐の兵営，定辺左副将軍府を置いた．定辺左副将軍は烏里雅蘇台(ウリヤスタイ)将軍ともよばれた．初代の定辺左副将軍は，ハルハ部のエフ・ツェリン．ウリヤスタイは対ジューンガルの前線基地であったが，しだいに外蒙古の4部のうちの西の2部，すなわちサインノヤン部とジャサクトハン部を管轄する部署へと変わっていった．20世紀となり人民革命を経て，モンゴル人民共和国が成立すると，町は1931年に設置されたザヴハン県の県都となった．盛時の人口は2.5万を数えたが，近年，人口が首都に流出している． ［島村一平］

ウーリン山　武陵山　Wuling Shan
中国

面積：100000 km²　標高：2572 m　長さ：420 km
[27°56′N　108°37′E]

中国中南部，フーナン(湖南)省北西部にある山脈．湖南，グイチョウ(貴州)，チョンチン(重慶)，フーペイ(湖北)の4省市にまたがっている．貴州省中部からは北東へ延び，仏頂山や主峰の梵浄山を経て，ウー(烏)江とユワン(沅)江の間にいたる．最高峰は鳳凰山(標高2572 m)である．湖南省に入ってからは北西側と南東側の二手に分かれる．北西側の八面山褶曲帯は八大公山などが連なり，南東側の江南地軸は天門山などが連なり，北西側へ突き出した弓形の構造をもっている．カルスト地形が発達している．気候は亜熱帯から南温帯への過渡的な類型に属し，夏は涼しく冬は寒く，年平均気温は約10℃で，年平均降水量は1700 mm程度である．植生は華中区系に属し，クヌギ，クスノキ，スギなどがみられ，経済林としてはオオアブラギリ，トウハゼ，クルミ，ウルシや，トチュウ(杜仲)などの漢方薬材がある．クマ，サル，ヒョウをはじめとした多様な動物が生息する．武陵源風景名勝地区があり，張家界国立森林公園，索渓峪自然風景地区，天子山自然風景地区から構成される． ［小野寺淳］

ウーリンユワン 武陵源
Wulingyuan
中国

[29°21′N 110°33′E]

中国中南部, フーナン(湖南)省, チャンチャチエ(張家界)地級市の中央部, 武陵源区を中心とする景勝地. 「武陵源の自然景観と歴史地域」としてユネスコの世界遺産(自然遺産)に1992年に登録され, 2004年には世界地質公園に認証された. 張家界国立森林公園, ティエンツーシャン(天子山)自然保護地区およびスオシーィー(索渓峪)自然保護地区の3つの地区からなり, さらに1990年代に人びとに知られるようになったヤンチャチエ(楊家界)風景地区も加えて, 総面積は250 km²を超え, 周辺の観光名所も含めると約500 km²になる. 古生代以降に堆積した砂岩などの地層が地殻変動によって台地となり, 豊富な降水によって侵食を受け, 垂直に節理が発達してその雄大な景観が形成された. 峰林とよばれる数多くある岩の柱の中には, 350 mの高さに及ぶものもある. また, 一部にはカルスト地形による景観もみられる. 森林の被覆率は67%に達し, 野生動物が400種以上生息し, 保護すべき希少な動植物が多い.
[小野寺 淳]

ウルガ Urga ☞ ウランバートル
Ulaanbaatar

ウルギー Ölgii
モンゴル

人口:3.3万(2015) 標高:1710 m
気温:−0.2℃ 降水量:114 mm/年

[49°58′N 89°59′E]

モンゴル最西端, バヤンウルギー県の都市で県都. ホブド河岸に立地する. 首都ウランバートルの西1636 kmに位置する. 7月と1月の平均気温は, それぞれ15℃と−18℃であるが, 冬は−40℃に達する一方, 夏の最高気温は32℃を超える. 年間降水量は, モンゴルの21の県の中で最も少ない. おもな産業は, 食品工業など. 市は, 1940年にバヤンウルギー県が設置されたことに伴って, 新しくつくられた町である. 市民の多くは, 非モンゴル系のカザフ人であり, 町にはカザフ語が飛び交う. また, カザフ人はイスラーム教徒であり, 社会主義崩壊以降, イスラーム復興が叫ばれる中, モスクやマドラサ(イスラーム神学校)が建設されている.
[島村一平]

ウルキンマン山 Urkinmang
ネパール

標高:6151 m

[28°10′N 85°43′E]

ネパール東部, バグマティ県の山. ヒマラヤ山脈中部, ランタンヒマール南東部の高峰で, ランシサ氷河左岸にピラミッド型の山容でそびえる. 1964年, 日本の大阪市立大学隊(鈴木武夫隊長)が初登頂した. 山名は, 東方の星を意味する.
[小野有五]

ウルグチャト県 烏恰県 Ulugqat
中国

Ulugchat (別表記) / ウーチャ県 烏恰県 Wuqia (漢語)

人口:4.5万(2002) 面積:18000 km²

[39°44′N 75°15′E]

中国北西部, シンチャン(新疆)ウイグル(維吾爾)自治区南西部, キズルス(克孜勒蘇)自治州西部の県. ティエンシャン(天山)山脈とクンルン(崑崙)山脈の接触地帯に位置する. キズルス河の上流にあり, 北西部はクルグズ(キルギス)に隣接する. 1929年にカシュガルコナシャル(疏附)県から分離してウルグチャト(烏魯克恰提)設治局が置かれ, 38年に県となった. 漢字表記の烏恰はウイグル語名の略称である. 牧畜業が盛んで, 羊, 山羊, 馬, ヤクなどを飼養する. 石炭採掘, 電力などの工業が発達している.
[ニザム・ビラルディン]

ウルグト Urgut
ウズベキスタン

人口:5.3万(2012) [39°24′N 67°15′E]

ウズベキスタン中央部, サマルカンド州東部の都市. 州都サマルカンドの南東35 kmに位置する. ウルグト出身者を先祖とする約50万人のウズベク人の民族集団をウルグトリク人といい, タジク語も話し, 商人として活動してきた. タバコの生産地で, マリファナも栽培している. 綿紡績が産業の中心となっている. プラタナスの老木が茂ることで知られている.
[木村英亮]

ウルグムスターク山 Ullug Mustagh
中国

Ulugh Muztagh (別表記) / ムスターグ峰 木孔塔格峰 Muztag Feng (別称)

標高:6973 m [36°25′N 87°23′E]

中国, シンチャン(新疆)ウイグル(維吾爾)自治区とシーツァン(チベット, 西蔵)自治区の境にそびえる山. クンルン(崑崙)山脈東部の高峰. かつては標高7723 mとされていたが, 1985年の中国・アメリカ合同隊の高度測定により大きく修正された. しかし, 東クンルン山脈での最高峰であることに変わりはない. 山名は, 大きな氷の山を意味する.
[小野有五]

ウルグールガ Woolgoolga
オーストラリア

人口:0.5万(2011) 面積:54 km²

[30°07′S 153°12′E]

オーストラリア南東部, ニューサウスウェールズ州北東部, コフスハーバー行政区の町. パシフィックハイウェイのルート上にあり, 州都シドニーの北北東約550 km, コフスハーバー中心部の北26 kmに位置する. 付近は古くからのバナナの産地であり, 第2次世界大戦当時, 多くのインド人シク教徒(パンジャブ人)がこの地にバナナ農園の労働者として入植した. 現在では国内で最もシク教徒の多い地域であり, バナナ農園の90%は彼らが所有しているといわれる. 近年この地域のバナナ生産は, クイーンズランド州や外国産に押され縮小傾向にあり, バナナ農園はブルーベリー農園に転換されてきている. 温暖な気候に恵まれ, 太平洋に面して2つの砂浜があるため, 多くの旅行者の訪れる観光地となっている.
[落合康浩]

ウルゲンチ Urgench
ウズベキスタン

Urganch (別表記) / ノヴォウルゲンチ Novourgench (旧称)

人口:14.0万(2012) 標高:91 m

[41°33′N 60°38′E]

ウズベキスタン北部, ホラズム州の都市で州都. アムダリア河畔, シャヴァット運河沿いのヒヴァオアシスにあり, ヒヴァの北東30 kmに位置し, 玄関口となっている. 市街地の北部にウルゲンチ国際空港がある. 1929年までノヴォウルゲンチ(新ウルゲンチ)とよばれていた. なお, 古いウルゲンチはトルクメニスタンの世界遺産で知られるクンヤウルゲンチをさす. トルクメニスタンのトルクメナバトからの鉄道線の駅があり, 人口は1959年の4.3万から93年には13.5万に増えている. 地名は, ウズベク語で強固な要塞という意味である. 住民はウズベク人のほか, ロシア人, タタール人, カラカルパク人. 綿花精製, 搾油, 糸繰り, 縫製, 飼料・収穫機製

造，掘削機修理，タイヤ修理，建設資材などの工場がある．シルクロードとこの地方の通商路要路の交差地でヒヴァ・ハン国の商業中心地であった．ホラズムの数学者・天文学者アル・ホレズミ(787–850 頃)の記念像がある．教育大学や劇場もある．　　　［木村英亮］

ウルゲント山　Urgent

アフガニスタン/パキスタン

標高：7038 m　　　　　　［36°40′N　72°09′E］

アフガニスタン，ワハン地方と，パキスタン，チトラル地方にまたがる山．ヒンドゥークシュ山脈東部，ウルゲント山群の高峰である．1963 年，スイス隊が初登頂した．南にはウシュコ氷河，北には上・下ウルゲント氷河が流下する．　　　　　　　　　［小野有五］

ウルサン　蔚山　Ulsan

韓国

人口：116.7 万 (2015)　面積：1059 km²

　　　　　　　　　　［35°32′N　129°19′E］

韓国南東部の広域市．現在は行政上，蔚山広域市として独立しているが旧キョンサンナム(慶尚南)道域の北東端に位置し，北はキョンサンブク(慶尚北)道キョンジュ(慶州)市に，南はプサン(釜山)広域市に接している．東は日本海．テファ(太和)江が市街を東に貫流して蔚山湾に入る．1997 年に広域市に昇格した．6 つある広域市のうち，最も遅れて昇格したものである．

朝鮮時代には左兵営が置かれこの地方の防御の拠点であった．また日本人の恒常的居住が認められた三浦のうち，塩浦がここにあった．蔚山湾の東岸に塩浦の地名が今も残っている．かつて漁業の中心であった長生浦，方魚津が湾口部に向かい合って位置している．

現在の蔚山の都市発展は 1960 年代に始まる韓国工業化とともに進んだ．慶尚道地方の東海岸，南海岸にはとくに工業化の初期に集中的な投資が行われ，新しい工業都市が成立した．蔚山はその代表例である．1962 年に策定された第 1 次経済開発 5 カ年計画の中で，いち早く特定工業地域の指定を受けて工業化が始まり，同時に市制を施行した．市制施行時の人口は 8.5 万であった．蔚山湾と南の温山港の周辺に工業用地を造成する典型的な臨海型の工業開発を行った．各種機械，自動車，造船，石油化学など重化学工業が集積した韓国を代表する工業地帯の 1 つに成長し，韓国最大の企業グループである現代の生産拠点になっている．

北区の太和江河口部左岸一帯，明村洞，孝門洞に自動車工場と関連工場が，またその南，東区塩浦洞や蔚山湾の日本海への出口付近に造船所が集中している．また東区の直接日本海に面する地区，尾浦洞から南に，海岸線に沿っても造船所などが集中する工場地帯が開発された．南区上開洞，夫谷洞には石油化学工団があり，精油およびその関連工場が密集している．市域の南端，温山港を中心に温山産業団地があり，石油化学工場や非鉄金属製品工場が立地する．

1973 年に開通した京釜高速道路からは蔚山市内への分岐線がある．鉄道は東海南部線が市域を南北に縦断している．2010 年には新幹線(KTX)の東大邱〜プサン(釜山)間が開通し，市街地の西方に蔚山駅が設置された．工業化が進むとともに，著しい人口増加が続いた．市制施行時は 8.5 万であったが，1980 年には 41.8 万に増加し，70 年代の増加率が最も大きい．1983 年には 50.7 万に達して，人口で，慶尚南道最大の都市となった(釜山広域市を除く)．1995 年には周辺地域の編入分を合わせて 96.9 万を数え，97 年には人口が 100 万に達し，広域市に昇格したのである．　　　　　　　　　　［山田正浩］

ウルサン湾　蔚山湾　Ulsanman

韓国

幅：3.3 km　深さ：3.6–9.1 m

　　　　　　　　　　［35°29′N　129°24′E］

韓国南東部，蔚山広域市の湾．蔚山の旧市街地の東に位置する．テファ(太和)江が東に流れてここに注ぎ込む．韓国工業化の初期，湾周辺を埋め立てて工場用地を造成した．太和江の右岸には石油化学工業団地があり，左岸には自動車工業の敷地が連続している．　　　　　　　　　　　　　　　　［山田正浩］

ウルジン　蔚珍　Uljin

韓国

人口：4.9 万 (2015)　面積：989 km²

　　　　　　　　　　［37°00′N　129°24′E］

韓国東部，キョンサンブク(慶尚北)道北東端の郡および郡の中心地．日本海に面した位置にある．行政上は蔚珍郡蔚珍邑．蔚珍郡は歴史上，カンウォン(江原)道に属していたが，1963 年，慶尚北道に編入された．2010 年の蔚珍郡の人口は 4.7 万である．1970 年の人口は約 11 万であったので，この間に 4 割強に減少した．海岸に沿う望洋亭，月松亭などの名勝地や白岩山麓の白岩温泉がある．　　　　　　　　　　　　　　　　［山田正浩］

ウルズリー　Wolseley

オーストラリア

人口：277 (2011)　　　　［36°22′S　140°54′E］

オーストラリア南部，サウスオーストラリア州南東部の町．州都アデレードの南東 270 km，ヴィクトリア州との州境からわずか西5 km に位置する．サウスオーストラリア州とヴィクトリア州とを結ぶサウスイースタン鉄道が通る．また，ナラクートやマウントガンビア方面への鉄道がここで分岐する．サウスイースタン鉄道は，州境の町である当地でゲージ(軌間)が変わった．地名は，当時の英国陸軍最高司令官，ガーネット・ジョセフ・ウルズリー卿にちなむ．　　　　　［片平博文］

ウルタールサール山　Ultar Sar

パキスタン

標高：7388 m　　　　　　［36°24′N　74°43′E］

パキスタン北部，ギルギットバルティスタン州の山．フンザに近いカラコルム山脈バトゥーラ山群に属する山塊の総称で，I 峰(標高 7329 m)，II 峰(ウルタール II 峰，7388 m)からなる．I 峰は 1984 年に広島山岳会隊が初登頂に成功したが，II 峰は雪崩と落石の頻発や悪天候，ルートの設定がむずかしかったことから，日本隊をはじめスペイン隊，日本・パキスタン・アメリカ合同隊，イギリス・アメリカ合同隊など多くの登山隊が登頂を試みたが果たせず，長らく「最後の未踏峰」として残された．しかし，1996 年に山崎彰人と松岡清司がアルパインスタイルで初登頂に成功し，続いて同年に日本のカトマンズ・クラブ隊が第 2 登を果たしたものの，その後登頂者は途絶えている．南南西約 35km にラカポシ山(7788 m)がある．I 峰はボイオハグールドゥアナシール峰(天駆ける馬の意)とも称される．　　　　　［出田和久］

ウルドック山　Urdok

パキスタン/中国

標高：7300 m　　　　　　［35°42′N　76°44′E］

パキスタンと中国にまたがる山．パキスタン北部のギルギットバルティスタン州と中国北西部のシンチャン(新疆)ウイグル(維吾爾)自治区の国境付近に位置する．カラコルム，バルトロ山脈の源流域にそびえるガッシャブルム山群の高峰である．南西のパキスタン側は長大なバルトロ氷河の支流ズブワ氷河，北東の中国側はシャクスガム川上流のウルドック氷河で，両者を分ける主稜線上にあり，北

西約4kmには，ガッシャブルムⅠ峰（標高8068m）がそびえる．1975年，オーストリア隊により初登頂された．　　　　［小野有五］

ウルハスナガル　Ulhasnagar

インド

人口：50.7万（2011）　　［19°15′N　73°08′E］

インド西部，マハーラーシュトラ州ターネ県の都市．州都ムンバイ（ボンベイ）近郊に位置する．1947年インド・パキスタン分離の際，パキスタンのシンド族難民を10万人以上受け入れた．1949年，県になり，当時のインド総督ラジャゴパラチャリによってウルハスナガルと名づけられた．市内の22km²の地域には，35万人のシンド族の社会が繁栄し，インドにおけるエスニックグループの最大の飛び地である．都市の住宅の多くは，もともとシンド族難民に分配された古い兵舎だったものであり，現在は共同住宅として使われている．化学薬品のほか，絹，織物などの伝統工業も盛んである．　　［由井義通］

ウールベイ　Wool Bay

オーストラリア

人口：0.1万（2011）　　［34°59′S　137°45′E］

オーストラリア南部，サウスオーストラリア州南東部の町．ヨーク半島南東部のセントヴィンセント湾に面したかつての工業町である．20世紀の前半には，石灰の生産地として知られていた．町の石灰炉は，1900年から10年頃にかけて多く建造された．ヨーク半島の南部では，20世紀の初めから半ばにかけて石灰の生産が重要な産業の1つであり，とくに町とその北10kmにあるスタンズバリー周辺がその中心であった．石灰はおもに州都アデレードに運ばれ，建材のモルタルとして用いられた．幅の広いビーチが続くウールベイの海岸には，現在も石灰を運び出していた長い桟橋が残る．現在では，観光・保養地として人気が高まり，多くの別荘や宿泊施設がある．　　［片平博文］

ウルムチ市　烏魯木斉市　Ürümqi

中国

Urumchi, Wulumuqi（別表記）／ウルシチUrushchi（古称）／ディホワ　迪化　Dihua（旧称）

人口：175.7万（2002）　　面積：12000km²

降水量：284mm／年　　［43°48′N　87°30′E］

ウルムチ（烏魯木斉）市（中国），シルクロードの交易の歴史を伝える新疆国際バザール

中国北西部，シンチャン（新疆）ウイグル（維吾爾）自治区の地級市で，自治区の首府．ティエンシャン（天山）山脈中部の北麓，ジュンガル（準噶爾）盆地南部，ウルムチ河流域に位置する．自治区の政治，経済，文化，交通の中心である．市政府所在地はティエンシャン（天山）区．天山，サイバグ（沙依巴克），イエギシャハル（新市），シュイモーゴー（水磨溝），トウトゥンホー（頭屯河），ダワンチン（達坂城），ミートン（米東）の7区とウルムチ県を管轄する．天山山脈北麓の要地にあり，また，比較的低い谷間が天山山脈を北西から南東に横切り，ジュンガル盆地とトルファン（吐魯番）盆地を結ぶ要路でもあるため，古くからこの地をめぐり抗争がくり返されてきた．したがって，この地はウイグル語で格闘士という意味のウルシチ Urushchi とよばれるようになり，それが訛ってのちにウルムチ Urumchi となったと考えられている．また，ウイグル語のオルムチ Örümchi の訛りで，編み物をする人の意であるともいわれる．

紀元前後，トルコ系のコシュ（車師）国の地であった．4世紀頃は同じくトルコ系のチュルク（鉄勒）に属した．6世紀以降，チュルク（突厥）帝国の支配下にあった．744年にモンゴル高原のオルホン川流域に建国されたトルコ系の強大な遊牧国家ウイグル（回鶻）帝国の領域にあった．9世紀半ば以降，ビシュバリク Beshbalik を中心に栄えたカラホジャウイグル（高昌回鶻，西州回鶻，西ウイグル，天山ウイグルともいう）王国領となった．モンゴル帝国時代，チャガタイ・ハン国領に入り，のちにその分裂に伴い東チャガタイ・ハン国領内のウイグリスタン・ハン国に属した．16世紀後半以降，カシュガル・ハン国（ヤルカンド・ハン国，サイード・ハン国ともいう）の勢力下にあった．1680年頃イリ（伊犂）を拠点とするジュンガル・ハン国の統治下に入った．

1759年，清朝（中国）はジュンガル・ハン国を滅ぼし，東トルキスタンを占領し，この地を新しく獲得した領土という意味で新疆とよんだ．そして1760年にウルムチ庁が設置された．1763年，清は満州人の官吏，軍隊や漢人が専用に居住する満城（要塞都市）を建設し，この地のトルコ系先住民を啓蒙，教化するという意味のディーホワ（迪化）と名づけた．1773年に迪化州と改められた．1868年頃，カシュガル（喀什）を中心とするイエッテシャル（7都市の意）国の領域にあった．この国は，創設者の名前からヤークーブ・ベク政権，またはカシュガリアともよばれる．1878年，清朝は左宗棠を派遣してカシュガリアを破り，東トルキスタンをふたたび占領し，84年に新疆省を設け，迪化を省都とした．満城は戦争で破壊されたため，1880年に新たな満城が築かれた．また，新しい漢城が建設され，それまでに満州人中心であった官吏，軍隊が基本的には漢人に置き換えられた．そして1886年には迪化城が拡張され，満城と漢城が一緒となった．ここから漢人の東トルキスタンへの流入が本格的に始まったのである．1913年に迪化県と改称され，35

年に迪化県から分離して迪化市が設置された．1949年，中国の統治下に入り，54年にウルムチの名が復活した．そして，1955年に新疆ウイグル自治区が設立され，ウルムチは首府となった．

ウルムチ市域は，南東部が高く北西部は低い．東部のボゴダ(博格達)峰は標高5445mである．北部の頭屯河南側の標高は最も低く480mである．山地は総面積の約5割を占める．ウルムチ河，頭屯河，バイヤン(白楊)河，水磨溝などの河川が市内を流れる．南東部には天然塩湖がある．1月の平均気温は−14.1℃，7月は23.6℃．平原河谷や低山丘陵はゴビ(礫石帯)の景観を形成している．南部山地は降水量が500mm以上で，森林が分布している．3600m以上の高山には氷河が発達している．近郊では灌漑農業が発達しており，小麦，トウモロコシ，水稲，野菜などが栽培される．

鉱物資源に富み，石炭の埋蔵量は90億tに達する．鉄鋼，石炭，石油化学，機械，紡績，皮革，建材などの工業が発達している．自治区の交通の中心であり，ガンスー(甘粛)省の省会ランチョウ(蘭州)とを結ぶ蘭新鉄道およびカシュガル(喀什)とを結ぶ南疆鉄道がここで交差する．また，国道216，312号が市内を通る．北部のウルムチ空港は自治区最大の航空輸送中心で，航空路が地域内および中国国内の30以上の都市，またモスクワ(ロシア)，アルマトゥ(カザフスタン)，タシケント(ウズベキスタン)，イスタンブール(トルコ)などの海外都市に通じている．文教都市でもあり，市内には新疆大学，新疆師範大学，新疆医科大学，新疆農業大学など11の高等教育機関がある．名所には南山白楊溝，菊花台，燕児窩，水磨溝などの避暑地がある． 　　　　　　　　　　〔ニザム・ビラルディン〕

ウルル　Uluru　　　　　　　オーストラリア
エアーズロック　Ayers Rock（旧称）

標高：863m　長さ：3.6km　幅：1.9km
高さ：348m　降水量：220mm/年
　　　　　　　　　　〔25°20′S　131°05′E〕

オーストラリア北部，ノーザンテリトリー南西部にある世界最大級の巨大な一枚岩．アマディアス盆地にある．アリススプリングズの南西約335kmに位置する．ウルルカタジュタ国立公園内にあり，公園一帯がユネスコの世界遺産（複合遺産）に登録されている．周囲の平原から348mの高さがあり，ふもとの部分で周囲約9km，楕円形をしている．カタジュタ(オルガ山)，コナー山とともにオ

ウルル(オーストラリア)，隆起によって急傾斜した砂岩の一枚岩《世界遺産》〔Shutterstock〕

ーストラリアの3大岩山の1つである．ウルルは花崗砂岩とよばれる目の粗い砂岩からなる岩山の頂上部分が地表に現れたものであり，その下には岩全体の2/3以上が埋まっていると推定されている．

1873年イギリスの探検家ウィリアム・ゴスによって発見され，当時のサウスオーストラリア首相ヘンリー・エアーズ卿にちなんでエアーズロックと名づけられた．1985年，エアーズロックを含むウルルカタジュタ国立公園全体がこの地に住むアボリジニに返還され，引き続き共同管理する取り決めがかわされた際，地名などにヨーロッパ風の名前ではなく，現地のアボリジニの言葉による名前を使用することが決まった．そのためエアーズロックも現在はウルルという名でよばれており，これはアボリジニの言葉で，偉大な石という意味をもつ．旅行者のための宿泊施設などは，1983〜84年，ウルルから約20km離れたユララへ移転した．

ウルルを含む地域一帯は，約6〜5億年前，大規模な隆起と急速な侵食を受け，山脈と扇状地が形成された．これはウルルからサウスオーストラリア，ウェスタンオーストラリア一帯にかけて生じたペーターマン造山運動によるもので，ウルルを構成する岩層は，この間何千万年にもわたり花崗岩の山が削られ，それが堆積して形成されたものである．その後いったん浅い海に覆われることになるが，その海も約4億3000万年前には後退し，風の作用によりふたたび砂が堆積し始めた．この砂は多孔性のミレーニー砂岩であり，アリススプリングズの地下水源となっている．約4〜3億年前にこの地域で起こったアリススプリングズ造山運動はさらに広い地域で確認され，激しい断層運動と褶曲運動により，数千mの厚さでほぼ水平に堆積していたウルルの花崗砂岩層は垂直方向に90度近く回転，隆起することになった．その後，約

7000万〜6500万年前にウルルとカタジュタの間に広くて浅い谷ができたが，川や低湿地に沈殿する堆積物で埋められた結果，沖積層が形成された．その後長きにわたる侵食作用が表面の地層を削りとり，3万年前までには，現在みられるような残丘が形づくられたとされる．

国立公園全体が乾燥地域に位置しているが，熱帯性低気圧の端が通過すると，それに伴い豪雨がもたらされることもある．一方，年較差が大きく，1〜2年くらいまったく雨が降らないことも珍しいことではない．1960年代には6年以上にわたり降雨がまったく記録されなかった時期もある．このように乾燥地域ではあるが，絶えず続く風と水の侵食を長年にわたり受けてきたことで，斜面には深い溝が刻まれており，また，たくさんの洞窟や突き出した岩があちこちに存在する．まれに降る豪雨の後には，このような溝の刻まれた斜面を水が流れ落ち，巨大な滝を生み出すことになり，ふもとにある野生の庭園が一時息を吹き返す．また，1万年以上前からこの砂漠地域に居住してきたとされるアボリジニの2つの部族，すなわちヤンクニャチャチャーラとピチャンチャチャーラにとっても貴重な食料と水をもたらす場所であり，生活の場を供給している．しかし何よりウルル自体が彼らにとって神聖な存在であり，伝説にまつわる神聖な場所は非公開とされ，観光客がむやみに立ち入ることはできない．ふもとにある洞窟もまた神聖なもので，その岩肌には彫刻および絵画がみられる．ウルルは日の出から日の入りまで，太陽との位置関係によってその色を美しく変化させることで知られている．日没時には太陽光線によって燃え立つような橙色から赤色に色づく．

　　　　　　　　　　〔鷹取泰子〕

ウルール　Wulur
インドネシア
[7°06′S　128°39′E]

インドネシア東部，ダマル諸島ダマル島南部，マルク州の町．ダマル諸島は，ティモール島から北東に弧を描いて延びるバラットダヤ諸島の中にあり，ダマル島を中心とする諸島である．ウェタール島とヤンデナ島のほぼ真中に位置する．
[冨尾武弘]

ウルルカタジュタ国立公園
Uluru-Kata Tjuta National Park
オーストラリア
面積：1326 km²　　[25°18′S　130°43′E]

オーストラリア北部，ノーザンテリトリー中央南部の国立公園．州都ダーウィンの南約1400 km，アリススプリングズの南西約440 kmに位置する．公園一帯は1987年にユネスコの世界遺産(自然遺産)に「ウルル-カタ・ジュタ国立公園」として登録された．また，内包するウルル(エアーズロック)，カタジュタ(オルガ山)など，公園全域が先住民ピチャンチャチャーラ(アナヌー)にとっての聖地，あるいは文化的に深い意味合いをもつ場所であり，1994年には文化遺産としても拡大登録され，複合遺産となった．現在は1985年より正式な所有者である先住民たちとオーストラリア国立公園・野生生物局とが共同で管理をしている．
[鷹取泰子]

ウルルン　鬱陵　Ulleung
韓国
うつりょう(音読み表記)
人口：0.9万(2015)　面積：73 km²
[37°29′N　130°54′E]

韓国東部，キョンサンブク(慶尚北)道の郡および郡の中心地．日本海上の鬱陵島に置かれた郡である．行政上は，鬱陵郡鬱陵邑．1974年，南面が昇格して改称した．2010年の人口は8000弱である．1975年の人口は約3万であったので，この間に1/4強にまで減少した．中心地の鬱陵は道洞ともいう．道洞港は島内で唯一の外洋港であり，ポハン(浦項)との間に定期航路がある．漁船に対して補給港，避難港の役割も持っている．
[山田正浩]

ウルルン島　鬱陵島　Ulleungdo
韓国
うつりょうとう(音読み表記)
人口：0.8万(2010)　面積：72 km²
[37°30′N　130°52′E]

韓国東部，キョンサンブク(慶尚北)道に属する日本海上の島．ウルジン(蔚珍)郡竹辺から約130 km，定期航路のあるポハン(浦項)からは約270 km離れている．2010年の人口は約0.8万である．1975年の人口は2.9万であったので，この間に，約3割弱にまで減少した．住民は漁業に大きく依存する生活を送っている．

島全体が，新生代第三紀から第四紀にかけての火山活動でできた火山島であり，玄武岩などのアルカリ性火山岩が全島を覆っている．最高峰はソンインボン(聖人峰)(標高984 m)で，頂上付近北側に，羅里盆地とよばれるカルデラがあり，小さい集落と耕地があった．ここが，島内で唯一の平坦地といってよいほどである．気候は海洋性気候であるが，最も大きな特徴は，ここが韓国における最大の多雪地域であることである．年間の降雪日は60日近くに達する．このことから，二重の外壁(ウデギ)をもつ，特殊な民家形態が成立していた．

高麗時代には女真，倭寇の被害を受け，それを避けるために高麗末期から17世紀末頃まで，住民を本土に引き揚げさせる空島政策をとった．19世紀後半に開拓令が出され，移住，開拓が改めて奨励されたのである．
[山田正浩]

ウレヌイ　Urenui
ニュージーランド
人口：426(2013)　　[38°59′S　174°23′E]

ニュージーランド北島，タラナキ地方の町．ニュープリマス地区にありノースタラナキ湾に面する．ニュープリマスの西北西30 kmに位置する．ウレヌイ川が町のすぐそばを流れ，ノースタラナキ湾に流れ込む．国道3号が湾のすぐそばを通っている．町の東3 kmに，現存する唯一のマオリの部族ナイ・ムツンガの礼拝所であるマラエがある．
[植村善博・太谷亜由美]

ウレミ国立公園　Wollemi National Park
オーストラリア
ウォレマイ国立公園(別表記)
面積：5017 km²　長さ：100 km　幅：60 km
[33°00′S　150°20′E]

オーストラリア南東部，ニューサウスウェールズ州中央東部の公園．州都シドニーの北西129 km，グレートディヴァイディング山脈西斜面に位置する．2000年に登録されたユネスコの世界遺産(自然遺産)「グレーター・ブルー・マウンテンズ地域」の一部をなし，州で第2位の大きさである．公園は，標高800 m程度の山地に深さ400 m程度の峡谷が発達する起伏ある地形からなるが，河間地は比較的広い．ホークスベリー川やゴールバーン川流域が含まれる．植生は70種以上のユーカリ属が全体の約9割を占め，残る1割が熱帯雨林，ヒース，草地で構成される．さらに58種類のは虫類，38種類のカエル，235種類の鳥類，46種類のほ乳類が生息し，多種多様な生物の生息環境である．とくに，約3000万年前に絶滅したと考えられていたウォレミマツやシソ科のウォレマイミントブッシュ，バンクシア，ユーカリなどの貴重種，新種がみられる．加えて，約4000年前に描かれた洞窟絵画や彫刻など，アボリジニの文化遺産も多い．
[藁谷哲也]

ウレレ　Uleelheue
インドネシア
Oeleëlheuë, Olehleh, Uleelhue (別表記)
[5°34′N　95°17′E]

インドネシア西部，スマトラ島最北西端，アチェ州の町．州都バンダアチェの西に隣接する港町である．現地ではウレルとよばれる．1874年アチェ戦争においてオランダは，アチェ王国の王都であり貿易港であるバンダアチェを占領した．以後バンダアチェはクタラジャと改称され，軍事政治支配の拠点となった．港の機能は新たに建設されたウレレに移され，バンダアチェの外港として今日まで発展することとなった．
[冨尾武弘]

ウーロン県　武隆県　Wulong
中国
人口：41.4万(2015)　面積：2901 km²
[29°19′N　107°45′E]

中国中部，チョンチン(重慶)市南東部の県．グイチョウ(貴州)省と境を接する．13鎮，9郷，4民族郷を管轄し，県政府は港口鎮にある．スーチュワン(四川)盆地の南東縁

辺部に位置し，ダーレイ（大婁）山脈とウーリン（武陵）山脈が連なり，チャン（長）江水系ウー（烏）江が流れる．カルスト地形が発達し，大規模な鍾乳洞・芙蓉洞や，凹地形と断崖絶壁が続く天生三橋があり，ともに2007年にユネスコの世界遺産（自然遺産）「中国南方カルスト」として登録された．包茂高速道路（内モンゴル自治区〜コワントン（広東）省）や国道319号（四川省〜フーチェン（福建）省）が通り，烏江の水運も盛んである．

[高橋健太郎]

ウロンゴン ☞ ウランゴング Wollongong

ウンギ ☞ ソンボン Sonbong

ウングス盆地　Unguz, Solonchakovyye Vpadiny

トルクメニスタン

長さ：470 km　　　　　　[39°16′N　60°30′E]

トルクメニスタン中部東寄り，カラクム砂漠中北部の低地．ザウングスカラクム砂漠の南・南西斜面に沿って鎖状に連なる低地．中央（低地）カラクム砂漠の北辺に延びる．乾燥あるいは亜湿潤気候の下に分布する塩類土であるソロンチャク土，あるいは中央アジアの砂漠・半砂漠中の粘土質平地が，流水や風化により形成された．　　　　　　[木村英亮]

ウンサン　殷山　Eunsan

北朝鮮

面積：863 km²　　　　　　[39°24′N　126°07′E]

北朝鮮，ピョンアンナム（平安南）道中部の郡．1952年12月に新設，74年5月に廃止されスンチョン（順川）郡に編入された．1983年10月順川郡が順川市になったとき，殷山労働者区は長仙洞に改編された．1992年1月に順川市から分離されふたたび殷山郡が設置された．一大石炭産地で，5労働者区がある．石炭は殷山郡新倉駅から天聖駅に運ばれる．郡内に炭鉱鉄道4支線が通る．

[司空　俊]

ウンサン　雲山　Unsan

北朝鮮

面積：929 km²　標高：110 m　気温：8.2℃
降水量：1400 mm/年　　　[40°07′N　125°54′E]

北朝鮮，ピョンアンブク（平安北）道東部の

鉱山郡および郡庁所在地．現在の郡域は1985年に確定した．北部に避難徳山脈が走り，チョグリョン（狄踰嶺）山脈の南斜面，チョンチョン（清川）江支流の九竜江上流部の盆地に位置する．山間地帯からチャンリン（昌城），チョサン（楚山）などアムロク（ヤールー（鴨緑））江流域に出る出口にあたり，高麗時代に北方防御のため，白碧山城が築かれた．北朝鮮最多雨地域の1つ．北方の山地は，北朝鮮最大の産金地帯である．金鉱山は1895年に開発，以後1935年までにアメリカは純金塊80 tをもち去った．リン灰石，黒鉛，また黄銅鉱，方鉛鉱などを伴う多金属鉱山が多い．一方，南部の雲山邑ではドリル，タップ，ダイス，カッターなどの切削工具を専門に生産する機械工場が発達する．婦人専用の療養所でも知られる．　　　　　　[司空　俊]

うんしゅうし　温州市 ☞ ウェンチョウ市　Wenzhou

ヴンタウ　Vung Tau

ベトナム

人口：32.3万（2011）　面積：140 km²
　　　　　　　　　　[10°29′N　107°10′E]

ベトナム東南部，バーリアヴンタウ省の省直属市．漢字では頭頓と表記する．2012年にバーリアへ遷都するまでは省都であった．ホーチミン中央直属市の南東約120 km，全長約17 km，幅約4 kmの南西に延びる半島に位置する．1991年に市制が敷かれ，99年に二級都市に昇格した．ベトナム東南部地方の物資の集散地および積出港であり，半島の西側に面するガンライ湾は，北西〜南東方向の断層が形成した深い湾で，1〜4万t級の大型貨物船が着岸する天然の良港となっている．

南シナ海の東南東の沖合約100 kmには，1986年からソ連の援助を受けて開発されたバクホー油田やガス田があり，鉱工業は同市の基幹産業である．国内初の製油所があるほか，石油化学工業団地が形成されている．半島の西岸に面するガンライ湾の沿岸にはホーチミンのマングローブ保護区であるカンゾー区が面するほか，複数の河川が流れ込み古くからの漁場を形成している．南シナ海に面した海岸には10 km以上続く砂浜が広がり，かつては地曳網の漁場であったが，現在では観光開発が進みホテルやマンション，公園が立ち並ぶ．ホーチミンをはじめ国内外から多くの観光客が訪れ，その数は年間約数十万人に及ぶ．

半島内には，沿岸の良好な漁場を目当てに国内北部から移住した漁民により形成された漁村も多い．フランス植民地時代，半島はカプサンジャックとよばれ，将校らの行楽地となった．1897〜1902年までインドシナ連邦の総督を務めたポール・ドゥメールが建てた別荘があり，観光名所となっている．半島の突端には2つの丘陵があり，これらはいくつかの信仰の聖地になっている．とくにカトリック教会が建てたキリスト像は巨大なことで有名である．コーマイ橋で結ばれている対岸のバーリアは1994年に町制が敷かれている．　　　　　　　[池口明子・筒井由起乃]

ウンドゥ岬　Undu, Tanjung

インドネシア

Oendoe, Tandjoeng（旧表記）/ Puru, Point（別称）

標高：5 m　　　　　　[10°05′S　120°50′E]

インドネシア中部，小スンダ列島，東ヌサトゥンガラ諸島スンバ島東岸，東ヌサトゥンガラ州スンバティムール県の岬．東ヌサトゥンガラ諸島はジャワ島の東方に連なる小スンダ列島の中央に位置する．乾燥半湿潤気候に属する．　　　　　　[冨尾武弘]

ウンドゥルハーン Öndörkhaan ☞ チンギス Chingis

ウンドク　恩徳　Eundok

北朝鮮

慶興　Gyeongheung（旧称）

面積：929 km²　標高：45 m　気温：6.2℃
降水量：650 mm/年　　　[42°31′N　130°20′E]

北朝鮮，ハムギョンブク（咸鏡北）道北東部の都市で郡庁所在地．トマン（豆満）江下流沿岸にあり，ロシアとの国境地帯に位置する鉱業都市．旧称の慶興から1977年に改称したが，現在も旧称が使用されることも多い．旧阿吾地炭鉱があった．大部分が標高1000 mの山地に囲まれ，豆満江沿岸の一部は開ける．南部は松真山脈（全長60 km）が羅津，ソンボン（先鋒）と境界をなしている．地勢は東に向かって低くなり恩徳平野にいたる．豆満江下流に分布する咸北炭田の1つ，6月13日炭鉱は北朝鮮屈指の炭鉱（埋蔵量1.9億t）で，褐炭は液化による人造石油に利用，1961年に7月7日工場で石炭ガス化によるアンモニア合成工程が稼働した．メタノール，パラフィン，ピッチ，コークス，化学肥料，アンモニウム，重炭酸アンモニウムが全

国に輸送される．薬品，肥料などの工場もある．咸北炭田に属する豆満江下流の古乾原炭田(埋蔵量7000万t)，鶴浦炭田(5000万t)，南部の古站炭田(ミョンチョン(明川)郡，3500万t)とともに開発が進んでいる．ほかに製紙，陶磁器，家具工場がある．牛と羊の放牧が盛んで，特産は蜂蜜である．1945年8月以前は日本軍の放牧地，訓練場で，石炭は軍用であった．先鋒に近い竜州湖畔で石器，土器，旧石器時代の屈浦遺跡が発見された．植民地解放闘争の史跡が多い．工業大学がある．咸北線と，鶴松～五峰間に鉄道が接続する．　　　　　　　　　　　［司空　俊］

ウンナオ　Unnao　インド

人口：17.9万 (2011)　面積：70 km²
[26°32′N　80°30′E]

インド北部，ウッタルプラデシュ州中部，ウンナオ県の都市で県都．インド北東部を流れるガンジス川とサイ川の間，ガンジス川流域の平原にあり，カーンプルの北北東18 kmに位置する．8世紀に成立した歴史のあ

る都市である．ウンナオ工業地帯はおもに皮革産業が発達しており，ほとんどが輸出されている．工業地帯の周辺には居住区域がまったくなく，車道・鉄道や空港が集中し，鉄道，道路の結節点である．穀物，ナタネ，サトウキビ，綿花が取引されている．また，南西6.4 kmのマガルワラ村で骨粉を加工している．皮革工場の工業排水が川を汚染していることが問題化しており，工業組合や州が改善に取り組んでいる．　　　　　　［由井義通］

うんなんしょう　雲南省 ☞ ユンナン省
Yunnan Sheng

ウンボン　雲峰　Unbong　北朝鮮

気温：4.8°C　降水量：972 mm/年
[41°28′N　126°38′E]

北朝鮮，チャガン(慈江)道チャリン(慈城)郡北西部の町．雲峰湖沿岸，アムロク(ヤールー(鴨緑))江の左岸に位置する．一帯は林業，木材加工業が盛ん．雲峰発電所(40万

kW)が位置する．付近の特産は蜂蜜と自生高麗山人参である．　　　　　　　［司空　俊］

ウンリュル　殷栗　Eunryul　北朝鮮

いんりゅう (音読み表記)

標高：22 m　気温：10.2°C　降水量：800 mm/年
[38°31′N　125°11′E]

北朝鮮，ファンヘナム(黄海南)道北西の町．朝鮮西海(ホワン(黄)海)北部沿岸に位置する鉄鉱山の町であり，稲作とトウモロコシの主産地である．鉄鉱石は鉄含有率が高く，露天掘りされてソンリム(松林)市の黄海製鉄連合企業所に送られる．海岸線は77.6 kmで干潟地が発達している．鉄鉱石の廃石は長さ42 kmのベルトコンベアーで西海岸に送られ，海面干拓地の造成に利用される．またソヘ(西海)閘門は殷栗からナムポ(南浦)まで8 kmをせき止めて1986年に完成した．近海はイカナゴ，コノシロ，ボラ，サワラの漁場．付近は青銅器時代の遺跡が多い．

[司空　俊]

エ

エア　Ayr　　オーストラリア

人口：0.9万（2011）　面積：46 km²
[19°34′S　147°36′E]

　オーストラリア北東部，クイーンズランド州東部，バーディキン郡区の町で行政中心地．タウンズヴィルの南南東約90 kmに位置している．バーディキン川のデルタに立地している．湿地帯であったため，1870年代までは開発が進まなかった．その後，サトウキビ栽培が導入され，国内の砂糖産業の中心地に成長した．また，州で初めて商業用の米の生産が行われた場所でもあり，おもな生産地ともなっている．地名は，クイーンズランドの首相であったトーマス・マキルレイス卿の出身地であるスコットランドの町に由来する．

[秋本弘章]

エア湖　Eyre, Lake　　オーストラリア

面積：9690 km²　標高：-12 m　長さ：145 km
降水量：110-120 mm/年
[28°11′S　137°18′E]

　オーストラリア南部，サウスオーストラリア州北東部の塩湖．海面よりも低いところに位置し，オーストラリア最大の湖である．ただし，年によって水位の変動が非常に激しく，9300～9500 km²と記録されている統計もある．年間を通じて乾燥が激しい．湖は北湖と南湖とに分かれている．北湖の面積は8430 km²で，湖面水位が海抜-9.5 mのときは27.7 km³の水を蓄積し，そのときの平均深度は3.3 mである．最深部は，湖南西部のベルト Belt 湾と南東部のマディガン Madigan 湾で，いずれも湖底は海抜-15.2 mである．北湖には，東からクーパー川，北東からウォーバートン川，北西からマカンバ川，西からニールズ川などの大河川が注ぎ込む．また南湖の面積は1260 km²で，湖面水位が海抜-9.5 mのときには2.4 km³の水を蓄積し，そのときの平均深度はわずか1.9 mで非常に浅い．最深部は湖の南部にあって，湖底は海抜-13.2 mである．

　北湖と南湖とは，ゴイダー川によって結ばれている．ゴイダー川は長さが15 km，幅が200～1500 mの水路であるが，水が流れることはむしろまれである．最近では，1974年や84年に流れたことが記録されている．興味深いのは，北湖，南湖のどちらの湖に多く水が流れ込んだかによって，流れる方向が変わることである．1974年には北湖の水が溢れてゴイダー川に注ぎ，南湖に流れ込んだ．しかし1984年には，南湖が溢れたことによって，その水が北湖に流れ込んだ．このうち1974年，主として北湖に流入した水量は39 km³に達し，観測記録が残る1885年以来，最大の量となっている．反対に，1886～92年の7年間は水がまったく流れ込まず，湖の形は大きく変化したという．ちなみに南湖，北湖とも，湖から流れ出る河川はない．

　南北約130 km，東西約100 kmにわたって広がる北湖には，ヘクター Hector 島，エリック Eric 島などの島が多数点在する．また，北湖の南部には約45 kmの長さをもつハント Hunte 半島が突き出ており，最深部のあるマディガン湾はその東側に位置している．大量の水が流れ込んでいない平常時や水位低下時には，湖の周囲は塩の結晶で覆われ，一面に白い平原が広がる．とくに水深の浅い南湖では，湖面の大半が塩に覆われる．

　湖は1840年，イギリスの探検家エドワード・ジョン・エア（1815-1901）によって発見され，彼の名をとってエア湖と名づけられた．当時は，先住民アボリジニのアラバナ（Arabana）の居住区であり，いまも湖の周辺には多くの遺跡が残る．現在，北湖と南湖，そして北湖の東側に広がるクーパー川下流域は，面積が1.35万 km²にも及ぶカティサンダレークエア国立公園に指定されており，そこに立ち入るには許可が必要である．また，北湖南部のハント半島付近は，エリオットプライス Elliot Price 保護公園となっている．湖には，大型のオーストラリア（コングロ）ペリカンやシギ，アジサシの仲間といった水鳥が多く生息する．

[片平博文]

エア山地　Eyre Mountains　　ニュージーランド

標高：2035 m
[45°26′S　168°23′E]

　ニュージーランド南島，サウスランド地方からオタゴ地方にまたがる山地．東西に広がり，侵食が著しい．この地方の湖は多くの川の源流となっており，たとえば，ヴォン Von 川，ロッシー Lochy 川，マッキンレー McKinlay 川はワカティプ山地北側のワカティプ湖へ注がれ，オレティー川とマタウラ川は山地南側のフォーヴォー海峡へと注がれる．山地の南側は248.9 km²にも及ぶ森林地帯が広がっており，その中の低木地帯は1975年7月にレクリエーションエリアに指定された．今日，多くの人たちがピクニックやキャンプに訪れているものの，メインはシカ狩りに訪れる人たちである．最高峰のジェーン山（標高2035 m），エア山（1918 m）などの山がある．

　地名は，この地の探検を19世紀半ばに行ったジョン・ロート・ストークスが，オーストラリアの著名な探検家で，のちにニュージーランド植民地政府の役人となったエドワード・ジョン・エア（1815-1901）にちなんで名づけたことによる．ちなみにエアは，1847年にニュージーランドにやってきたが，植民地政府の自分への待遇に不満をもち，53年に本国であるイギリスへ帰還してしまった．

[泉　貴久]

エア半島　Eyre Peninsula　　オーストラリア

長さ：395 km　幅：280 km
[33°02′S　133°35′E]

　オーストラリア南部，サウスオーストラリア州南部の半島．東のスペンサー湾と，西の

グレートオーストラリア湾とに囲まれる．北のゴーラー山脈から半島最南端のウェストポイント West Point まで南北 280 km，西のデニアル Denial 湾から東のポートオーガスタまで東西 395 km に及ぶ．半島北西部のセデューナ，北東部のポートオーガスタ，南部のポートリンカーンは，いずれも穀物を積み出す重要な港で，半島の中心地となっており，3 つの町で三角形をなしている．半島最大の都市は，製鉄を核とした東部の工業都市であるワイアラ．セデューナ～ポートオーガスタ間はエアハイウェイ，またポートオーガスタ～ワイアラ～ポートリンカーン間はリンカーンハイウェイによってそれぞれ結ばれている．セデューナは，ウェスタンオーストラリアへの玄関口でもある．

地形は，北部のゴーラー山脈と東部の丘陵を除けば全般に低平で，ほとんどが標高 200 m 以下の平野が続く．気候は冬に降雨がある地中海性気候に属するが，内陸部はかなり乾燥している．年平均降水量は南部で 400～500 mm 前後，内陸部では 300 mm 前後まで減少する．その影響で，ゴーラー山脈の南側では，北西-南東方向の砂丘列がむき出しで幾重にも重なっている．

この半島には，早くも 1627 年にオランダ人がやってきて，海岸線の概況を海図にしていた．イギリス人によって入植が進められた後の 1802 年，マシュー・フリンダーズ (1774-1814) は，このオランダ人によって作成された海図を参考にして半島付近を探検した．次いでこの地が探検されたのは，1839 年，エドワード・ジョン・エア (1815-1901) によってであった．このとき，彼の探検は半島部のほとんどの地域に及んだ．この功績によって，当時のサウスオーストラリア植民地 2 代目総督のジョージ・ゴーラー (1795-1869) は，この地をエア半島と名づけた．現在，半島では農業が盛んに行われ，羊の放牧のほか，小麦，大麦など穀物の大生産地となっており，国内の穀倉地帯の 1 つを形成している．また東部のアイアンノブ，アイアンバロン付近は，古くからの大鉄鉱石産地で，鉄鉱石は日本をはじめとする海外に輸出されてきた．　　　　　　　　　　　　［片平博文］

エアスップ　Ea Sup　　ベトナム

人口：5.9 万 (2009)　面積：1766 km²
[13°04′N　107°53′E]

ベトナム中部高原，ダックラック省の県．西部でカンボジアと国境を接する．1987 年に県制が敷かれた．県都エアスップ町と 9 村からなる．ムノン族，ザーライ族などの少数民族が住民の約 1/3 を占める．西部を国道 14 C 号，通称ホーチミンルートが南北に通る．主要な産物としては，綿花，カシューナッツ，木材，石材などがある．　［筒井由起乃］

エアーズロック　Ayers Rock ☞ ウルル Uluru

エアリアパーク　Ariah Park

オーストラリア

人口：268 (2011)　　　　[34°20′S　147°13′E]

オーストラリア南東部，ニューサウスウェールズ州中央南部，テモーラ行政区の町．テモーラの西 35 km に位置する．地名は，サム・ハリソンがこの地に購入した屋敷地をそう名づけたことによる．1850 年に最初の入植地がつくられ，メインサウス線のテモーラから分岐したルートに，1906 年，エアリアパーク駅が開業した．町が成立するのはそれ以降である．周辺は牧羊および小麦栽培地域であり，州の鉄道は 1916 年から小麦の積出しを行っている．　　　　　　［落合康浩］

エイツ海岸　Eights Coast　　南極

[73°30′S　96°00′W]

南極，西南極の海岸．ウェイト岬とフログナーポイントとの間にあり，西側はマリーバードランドのウォルグリーン海岸，東側はブライアン海岸に接続する．エルスワースランドの一部で，西経 103 度 24 分と 89 度 35 分の間に位置する．沖合には，サーストン島やその他の小島をはさんで，幅 100 km を超えるアボット棚氷があり，接岸は容易でない．この地域のほとんどは，マリーバードランドと同様に，どの国からも領有権を主張されていない．東端部の一部がチリの領有権主張地域と重なっている．沖合 450 km にあるピョートル 1 世島は単独でノルウェーが領有権を主張している．この地域は 1940 年のアメリカの飛行機からの調査で初めて視認され，61 年から 66 年にかけてアメリカ海軍の南極探検隊が航空写真を撮り，地図を作成した．地名は，アメリカの地質学者ジェームス・エイツの名をとってつけられた．彼はアナワン号に乗船し，サウスシェトランド諸島で地質調査を行い，南極で最初の木の断面化石を発見した人物でもある．アメリカのミネソタ仮基地が設けられ，内陸調査の起点として利用された．　　　　　　　　　　　　　［前杢英明］

エイティマイル海岸　Eighty Mile Beach　　オーストラリア

ナインティマイル海岸　Ninety Mile Beach (旧称)

長さ：137 km　　　　[19°43′S　120°44′E]

オーストラリア西部，ウェスタンオーストラリア州北西部のインド洋に面した海岸．グレートサンディ砂漠の西端に位置し，デグレー川河口の東に位置するケロードレン岬からボサット岬にかけて約 140 km にわたって広がり，周辺では最大 9 m に及ぶ干満の差がみられる．かつてはナインティマイル海岸とよばれていたが，ヴィクトリア州の同名の地域との混乱を避けるため，1946 年に改名された．なお，実際の長さは約 85 マイル(137 km)である．海岸線と並行してグレートノーザンハイウェイが走っている．　［大石太郎］

エイトディグリー海峡　Eight Degree Channel　　インド/モルディブ

マリクカンドゥ　Maliku Kandu (古称)

幅：130 km　　　　　　[7°37′N　73°01′E]

インドの西方海上，モルディブ諸島とその北のラッカディヴ，ミニコイ，アミンディヴィー諸島を分ける海峡．北側のインド領ミニコイ島と南側のモルディブ共和国領サーアークヌ Thuraakunu 島との間は約 130 km である．東約 500 km のほぼ同緯度にインド半島南端のコモリン岬がある．サンゴ礁からなる島影が途絶え，十分な水深をもつこの海峡は，インド洋を渡ってインド南部の港に向かう船舶が通り抜け，舳先を変えることのできる数少ない航路の 1 つとなっている．ただし，この海峡の北に位置するミニコイ島に住む人びととは，南のモルディブ諸島と民族的なつながりが深いとされる．　　［貞方　昇］

エイムズ山脈　Ames Range　　南極

標高：2978 m　長さ：35 km　幅：25 km
[75°42′S　132°20′W]

南極，西南極の山脈．マリーバードランド北西部の山体で，フラッド山脈東端からほぼ直角に折れ曲がり北方に延びる．山脈というよりむしろ山塊で，標高 1600 m の氷床からそびえる雪に覆われた平頂山塊である．1940 年のアメリカの調査飛行で発見され，

リチャード・バードによって彼の義父にちなんで命名された. 1964～65年にアメリカ海軍が撮影した空中写真から25万分の1地形図が作成されている.　　　　　[森脇喜一]

エインズリー山　Ainslie, Mount

オーストラリア

標高：842 m　　　　　[35°16′S　149°09′E]

オーストラリア南東部, 首都特別地域, 首都キャンベラ市内の山. ブリンダベラ山脈の一部をなし, キャンベラ自然公園に属している. キャンベラ市内の最高峰である. キャンベラの都市計画を立案したウォルター・バーリー・グリフィンは, ブラック山, レッドヒルとともにエインズリー山にスピリチュアルな意味を込めてキャンベラの都市計画を行い, この3つの山に囲まれた地域をキャンベラの中心にすえた. グリフィンの計画では, バーリーグリフィン湖をはさんで対岸にある戦争記念館を結ぶ陸の軸の北端となっており, この軸上には新旧国会議事堂と戦争記念館が位置している. 頂上には展望台があり, 頂上からキャピタルヒルとシティヒルが一望できる.　　　　　[葉　倩瑋]

エウア島　'Eua Island

トンガ

人口：0.5万（2011）　面積：87 km²　標高：330 m
[21°23′S　174°56′W]

南太平洋中部, ポリネシア, トンガ南部, トンガタプ諸島の島. 火山体の上に集積・固結したサンゴ礁が海面上に隆起することによって形成された南北に長い三角形型をしている. トンガタプ島の南東約40 kmに位置し, 飛行機で約8分, 船で約4時間で到着する. 島の東部には, 森林に覆われた山稜が南北方向に走っており, 東側の海岸は火山体が露出した急峻な崖になっている. 対照的に島の西側には, なだらかな平地がテラス状に開けており, 14の村落とエウア空港, 港はすべて西側に集中している. 雨季には, トンガタプ島にはみられない水流が, 島中央部の山稜に発する急峻なラカタハ谷を通って港のあるナファヌア湾に注いでいるが, 乾季には伏流する. 島は, 国内では未開発の島と位置づけられ, 古くから国で最も重要な木材の供給地の役割を果たしてきた. しかし近年, 近代化政策にもとづいて観光業, 農業を中心とする「エウアの開発」が唱えられ, 森林資源は急速に減少してきている.　　　　　[大谷裕文]

エヴァンズ氷河　Evans Glacier

南極

長さ：28 km　幅：7 km
[65°05′S　61°40′W]

南極, 西南極の氷河. 南極半島先端付近, グレアムランドにある傾斜がゆるい小規模な氷河で, トランビックバットレスの南東斜面から流れ出し, ヴォーガン湾に注ぎ込む. 1928年にオーストラリアの探検家ヒューバート・ウィルキンスによって飛行機から視認された.　　　　　[前杢英明]

エヴァンズ湾　Evans Bay

ニュージーランド

[41°19′S　174°48′E]

ニュージーランド北島, ウェリントン地方の入江. ウェリントン湾の中にある. 首都ウェリントンのフェリーが発着するランプトン湾の南東, ミラマー半島の西に位置する. 飛行艇の港として1938年から56年まで使用された. この湾のちょうど南部にウェリントン国際空港があり, この湾の上空を航空機が行き来する. また現在ではヨットハーバーとしても使用されている.
[植村善博・太谷亜由美]

エヴァンズデール　Evansdale

ニュージーランド

人口：0.1万（2013）　　　[45°43′S　170°34′E]

ニュージーランド南島, オタゴ地方の村. ダニーディン近郊シルヴァーピークス地区, ブルースキンBlueskin湾岸北西部に位置する農村集落である. クライストチャーチ～ダニーディン間を結ぶ幹線鉄道を背景に集落が発達しており, パーマストンの南34 km, ダニーディンの北32 kmと両都市の中間地点になっている. それゆえ, エヴァンズデール峡谷をはじめとする風光明媚な自然景観を背景に, ピクニックやハイキングなどを楽しむことができ, いわば都市住民にとってのレジャースポットともなっている. 地名は, 19世紀半ばの入植者で金鉱の採掘者であるウィリアム・エヴァンズにちなんでいる.
[泉　貴久]

エヴァンズヘッド　Evans Head

オーストラリア

人口：0.3万（2011）　面積：15 km²
[29°07′S　153°26′E]

オーストラリア南東部, ニューサウスウェールズ州北東部, リッチモンドヴァレー行政区の町. 州都シドニーの北北東約550 kmに位置する. 町の南にはリッチモンド川の支流であるエヴァンズ川が流れており, 町はその河口部に立地している. 町の東部海岸線は, リッチモンド川河口のバリナから30 km続く海水浴が盛んなビーチと, 中生代の玄武岩, 安山岩からなる海食崖で構成されている. 地名は, 海洋測量士で, この地域の海岸の調査を初めて実施したエヴァンズ中尉に由来する. ヨーロッパ人が入植する以前には, 先住民バンジャラング(Banjalang)族が居住していた. おもな産業は, 観光業, 漁業, サトウキビ栽培である. とくに観光業に関しては, 国立公園が充実しており, 町の北にブロードウォーター国立公園, 南にバンジャラング国立公園がある. これらの国立公園では, ブッシュウォーキングやサーフィン, 釣りなどが楽しめる.　　　[比企祐介・藁谷哲也]

エヴァンデール　Evandale

オーストラリア

人口：0.1万（2011）　面積：166 km²
[41°34′S　147°15′E]

オーストラリア南東部, タスマニア州北東部の町. サウスエスク川沿い, ロンセストンの南東約15 kmに位置する. 州の中でも歴史のある町であり, 歴史的建造物が現在でも残っている. 町の成立は1811年である. 地名は, 1829年に土地調査者のジョージ・ウィリアムス・エヴァンズにちなんでつけられた. 1876年にはホバート～エヴァンデール間で鉄道が開通した.　　　[有馬貴之]

エヴェレスト山　Everest, Mount

中国/ネパール

サガルマータ山　Sagarmatha（ネパール語）／チョモランマ山　Chomolungma（チベット語）

標高：8848 m　　　　　[27°59′N　86°51′E]

ネパールのソルクーンブ郡(サガルマータ県)と中国のシーツァン(チベット, 西蔵)自治区との国境に位置する世界最高峰の山. 標高についてはさまざまな値が出されているが, ネパール政府および中国政府が公表する標高はともに8848 mである. ただし, その

エヴェレスト山(中国／ネパール), クーンブ谷からみたエヴェレスト山頂《世界遺産》〔Shutterstock〕

値は頂上付近の雪氷の厚さを含む. エヴェレスト, すなわち英語の山名は, インドにおける子午線沿い大三角測量プロジェクトを進めたインド測量局長官ジョージ・エヴェレスト卿(1790-1866)にちなんで王立地理学協会が1865年に命名した. チベット語名はチョモランマ(聖なる母の峰), ネパール語名はサガルマータ(天空の頂)とそれぞれ固有の名称があるが, いずれも20世紀半ば以降使われ始めたもので, エヴェレストがより一般化している. エヴェレスト山を含む北東部山岳地帯は, 1979年「サガルマータ国立公園」としてユネスコの世界遺産(自然遺産)に登録されている.

エヴェレスト山の山体は, 南西面, 東面および北面からなる三角錐状をなし, それぞれが接する3つの稜線は北稜, 南東稜, 西稜とよばれる. そのうち南西面がネパール領である. 南西面下部の氷河がクーンブ氷河, 東面下部のものがカンシュン Kangshung 氷河, 北面下部のものがロンブク Rongbuk 氷河とよばれる. ネパール側からの登山では, 山頂南側のクーンブ氷河に置かれたベースキャンプから東にアイスフォール帯を抜けてサウスコル(標高 7986 m)にいたり, 南東稜に沿って上っていく. 初登頂も南東稜を経て, 1953年にニュージーランド人のエドモンド・ヒラリー卿とネパール人のテンジン・ノルゲイによってなされた. その後の登頂者の多くもこのルートを辿った. チベット側からは北稜からのルートが選ばれる.

エヴェレスト上部を構成する地層は, かつてユーラシア大陸とインド亜大陸の間に存在したテーチス海の海底に堆積したものである. それらは頂部より標高 8600 m 付近までオルドビス紀の石灰岩を主体とするチョモランマ層, その基底から 7000 m 付近までをノースコル層が構成する. ノースコル層上部の 8200 m 付近まではイエローバンドとよばれる石灰質千枚岩やウミユリ化石を含む大理石がみられる. イエローバンド下位には黒雲母片岩が現れる. チョモランマ層はノースコル層上面のチョモランマデタッチメントとよばれる低角の正断層に沿って北側に滑り落ちている. ノースコル層の下位にはロンブク層とよばれる中央結晶質岩が存在する. ノースコル層もロンブク層上面のデタッチメントに沿っていったん北側に滑り落ちている. すなわち二重のデタッチメントによって, テーチスは北側に滑り落ちるように移動し激しく折り畳まれている. しかし, 二千数百万年前頃からロンブク層は, 中央衝上断層によって南側のインド亜大陸を構成するゴンドワナの堆積物に衝上し, 現在のヒマラヤの起伏をつくっている.

〔八木浩司〕

エヴェンキ族自治旗　鄂温克族自治旗　Ewenki

中国

Ewenkizu (別表記)

人口: 14.3万 (2013)　面積: 19111 km²

[47°32′N　118°48′E]

中国北部, 内モンゴル自治区北東部, フルンボイル(呼倫貝爾)地級市の自治旗. モンゴル族を主体とする自治区における3少数民族自治旗の1つとして, 1958年に設立された. エヴェンキ族はトナカイの遊牧と狩猟を生業とするツングース系の民族で, 中国の内モンゴル自治区や黒竜江省以外にロシア領内のクラスノヤルスク地方やサハ共和国にもその一部が居住している. 清朝時代にはソロン(索倫)とよばれ, 八旗に編成されて「新満洲」ともいわれていた. 同じツングース系の民族であるオロチョン(鄂倫春)人とともに, 清朝時代, その後のフルンボイル自治時代, そして満洲国時代にはバルガ, ブリヤート, ダウール(達斡爾)などモンゴル系の民族と混住してきたが, 中国による1950年代の民族識別でエヴェンキ族として識別された. なお, 自治旗は現在フルンボイル市の4つの牧畜旗の1つとして位置づけられており, 中心都市バヤントホイ(南屯)市はハイラル(海拉爾)区の衛星都市として急速に発展している. 自治旗は大興安嶺山脈の森林地帯と有名なフルンボイル大草原の両方を持ち合わせた快適な観光地としても脚光を浴びている.

〔ボルジギン・ブレンサイン〕

エキバストゥス　Ekibastuz

カザフスタン

人口: 13.0万 (2012)　標高: 347 m

[51°44′N　75°19′E]

カザフスタン北東部, パヴロダル州の都市. 州都パヴロダルの西南西 129 km に位置し, 工業地帯を形成する. 世界最大の瀝青炭の露天掘り採掘地で, 石炭の埋蔵量は73億 t と見積もられている. 採炭は19世紀末には始まっていたが, 工業化は1954年に鉄道が開通した後に進んだ. 1920年代から50年代まで強制収容所があり, 作家のアレクサンドル・ソルジェニーツィンも収容されていた. 1957年に市となる. 人口は, 1979～89年に2倍となった. おもな産業は, 火力発電, 建築材料, 食品加工である. 〔木村英亮〕

エグゼクティヴコミティー山脈　Executive Committee Range

南極

面積: 3 km²　標高: 4285 m　長さ: 80 km

[77°02′S　126°03′W]

南極, 西南極の山脈. マリーバードランドにある西経126度に沿って分布するおもに5つの火山からなる. アメリカ南極局が1940年に行った探検により, 12月15日に飛行機から視認された. 地名は, アメリカ南極局管理委員会の名前をそのままとって命名された. 山脈にある主要な山の名前には, 当時の管理委員会のメンバーの名前がつけられたが,

山脈の中で最も印象的なシドリー山(標高4285 m)だけは，1934 年にアメリカのリチャード・バード提督が発見し，命名したものである．山脈全体の詳細な地図は，1958〜60 年にかけてアメリカ地質調査所とアメリカ海軍が三角点俯瞰撮影法を使って作成した．山脈にはシドリー山をはじめとして，ウェイシャ Waesche 山(3292 m)，ハンプトン Hampton 山(3323 m)，カミン Cumming 山(2612 m)，ハーティガン Hartigan 山(2811 m)がある．噴火の歴史は確認されていないが，2013 年に，シドリー山の南約55 km の地点で，深さ 30〜40 km の比較的深い火山性地震が観測された．これらの事実から現在も活動が継続している可能性が指摘されている．さらに，氷河表面から約 1400 m 下には，おそらくウェイシャ山起源と思われる約 8000 年前に噴火したとされる火山灰が存在していることが報告されている.

[前杢英明]

エグモント国立公園　Egmont National Park

ニュージーランド

面積：335 km²　　[39°18′S 174°04′E]

　ニュージーランド北島，タラナキ地方の国立公園．ニュープリマスの南にあるタラナキ(エグモント山)の山頂から半径およそ 9.6 km が定められている．国内では 2 番目となる 1900 年に登録された．タスマン海から吹きつける湿った西風が，タラナキ山やポウアカイ山地，カイタケ山地にぶつかり，この地に大量の年平均降水量をもたらしている．この降水量と温暖な気候によって，山麓には豊かな亜熱帯雨林が形成され，ブナ類がまったくないことから，全国的にも重要となっている．山の雨林，ゴブリンフォレストでは節くれだち，曲がりくねった木々や，厚く繁ったコケを楽しむことができる．高度が上がるにつれ急速に植生が変化し，亜高山性植物帯が形成される.

　地形的な特徴としては，放射状の水系が形成されており，衛星画像でも確認できる．国立公園内には 13 の入口があり，ハイキング，トレッキングが楽しめる．アウカワカワ沼は標高 920 m に位置する珍しい沼で，タラナキ山とポウアカイ山地の間に位置し，ホーリーハットからは徒歩 20 分．酸性土と低温の環境で生き残ってきた特殊な植物の群落がある．　　[植村善博・太谷亜由美]

エグモント山　Egmont, Mount ☞ タラナキ Taranaki

エグモント岬　Egmont, Cape

ニュージーランド

タラナキ岬　Taranaki, Cape（マオリ語）

[39°16′S 173°46′E]

　ニュージーランド北島，タラナキ地方最西端の岬．別名タラナキ岬．岬からタラナキ(エグモント山)のふもとまでは，直線でおよそ 17 km である．タスマン海に面する南タラナキ海岸の南約 50 km にあり，国道 45 号がすぐそばを走る．岬へは，国道 45 号から分岐するケープロードを西に進む．地名は，イギリス人探検家のジェームズ・クックによって 1769 年に命名された．先端にはエグモント岬灯台が設置されている．この灯台は，もともとウェリントン近郊のマナ島にあったものを 1877 年に移転したものである．1881 年より操業開始し，1986 年には全自動化が行われた．高さ 20 m，50 W のタングステン・ハロゲン球回転式灯火の鋳鉄製灯台で，35 km 先まで光を届ける.

[植村善博・太谷亜由美]

エグモントヴィレッジ　Egmont Village

ニュージーランド

人口：0.1 万（2013）　　[39°09′S 174°08′E]

　ニュージーランド北島，タラナキ地方の町．ニュープリマス地区にある．ニュープリマスの南東 12 km にあり，国道 3 号が走っている．タラナキ(エグモント山)のすぐ北に位置する．人口はタラナキ地方全体の 0.5% ほどと少ない．土地は平地となっており，比較的敷地の広い住宅が並んでいる.

[植村善博・太谷亜由美]

エグリントン島　Eglinton Island

カナダ

人口：0（2011）　面積：1541 km²　長さ：70 km
幅：22 km　　　　　　[75°46′N 118°27′W]

　カナダ，ノースウェスト準州北西部，クイーンエリザベス諸島の南，パリー諸島西側の島．マクルーア海峡の北側，プリンスパトリック島とメルヴィル島にはさまれ立地する．島全体は南北に長く平坦であるが，河谷は多く，南部に海抜約 150 m の丘がある．ツン

ドラが卓越する無人島であり，1853 年にフランシス・レオポルド・マクリントックらによって発見された．　　　　　　[竹村一男]

エケタフナ　Eketahuna

ニュージーランド

人口：441（2013）　　[40°40′S 175°42′E]

　ニュージーランド北島，マナワツワンガヌイ地方の町．タラルア地区にある．パーマストンノースの南南東 35 km に位置する．タラルア山地の東のふもとにあり，非常に典型的なニュージーランドの田舎町と評される．すぐ南にマウントブルース国立野生動物センターがあり，毎年 3 月には自転車競技が行われている．南アフリカ共和国やナミビアで話されるアフリカーンス語では，この町の名前は「わたしはニワトリを 1 羽飼っている」と聞こえる．これはニュージーランドに移住した南アフリカ出身の人びとの楽しみとなっている．　　　　[植村善博・太谷亜由美]

エジナ旗　額済納旗　Ejina

中国

エジネ旗，エジン旗（別表記）/ Ejin（別表記）

人口：2.0 万（2010）　面積：114606 km²
気温：8.3℃　降水量：7〜103 mm/年
[41°58′N 101°04′E]

　中国北部，内モンゴル自治区アラシャー(阿拉善)盟の旗．3 鎮 5 ソムを管轄する．内モンゴル自治区最西端に位置し，北はモンゴル国と隣接し，国境線は 507 km に及ぶ．人口は希薄で，無人の砂漠地帯(ゴビ，礫質の砂漠)が広がる．暴風などの災害が多い．エジナはマルコ・ポーロの『東方見聞録』に現れる「エチナ」に比定されている．先祖の地をさし，匈奴の最初の首都ともいわれている．また，漢代の屯田が行われた居延地域でもあり，地名はエジナ河に由来し，西夏タングート語で，黒い水の意訳である．産業は，モンゴル人による牧畜産業以外に，農業と牧畜業のモデル地区もある．最近ではカラホト遺跡，国立森林公園として指定された胡楊林など観光産業が発展している．隣接するガンスー(甘粛)省チウチュワン(酒泉)市の近くに，中国の宇宙開発の一翼を担う酒泉衛星発射センターがある.

[オーノス・サラントナラ]

エジナ河　額済納河　Ejina Gol

中国

エジン川, エチナ川 (別表記) /ヘイ河　黒河　Hei He, ルオ水　弱水　Ruo Shui (漢語・別称)

面積: 142900 km²　長さ: 821 km

[42°19′N　101°04′E]

中国北部, 内モンゴル自治区の季節性河川. チーリエン(祁連)山脈に源を発し, ガンスー(甘粛)省内の部分はヘイ(黒)河とよばれ, 内モンゴル自治区内の部分はエジナ(額済納)河と称される. エジナ(エジン)は西夏タングート語で黒水の音訳である. 甘粛省から流れてくる水量は毎年減りつつあり, 1992年はわずか1.83億m³であった. 中国語で弱水ともよばれる. ──→ルオ水

[杜　国慶]

エジンホロー旗　伊金霍洛旗 Ejin Khoroo

中国

Ejin Horo (別表記)

人口: 16.0万 (2010)　面積: 5600 km²

標高: 1070-1556 m　気温: 6.2℃

降水量: 340-402 mm/年

[39°35′N　109°45′E]

中国北部, 内モンゴル自治区オルドス(鄂爾多斯)地級市の旗. 7鎮で構成される. オルドス高原の南東, ムウス砂漠(毛烏素沙地)北東部にあり, 石炭の埋蔵地でもある. 地下資源の開発に伴い, 国際空港や税関も設立され, 交通が便利になった. チンギス・ハーンの第15世孫ダヤン・ハーン(バトムンケ)がモンゴルを再統一した際に6つの万戸を設立し, オルドス部落のうちの1万戸となり, さらに1635年にオルドス部が7つの旗に分けられた. 1958年に札薩克旗と郡王旗が合併しエジンホロー旗となった. 1964年に旗政府所在地を新街鎮からアルタンシルゲー(阿勒騰席熱)鎮に移した.

チンギス・ハーンの祭殿(陵)があり, 地名はモンゴル語で君主(チンギス・ハーン)の聖地を意味する. 中国人がいうところのチンギス・ハーン陵は陵墓ではなく, 祭殿であり, エジンホロー旗内のガンデルオボーに位置する. チンギス・ハーンは1219年と26年に2回の西征を行い, ここを通過する際に, 美しい景色を詩で賛美し, 自分の身を葬る場所として選んだといわれる. 1227年にチンギス・ハーンが亡くなった後, 生前に使用していた衣服, 宮帳(ゲル), 刀などが祀られたが, 実際の遺体は葬られていない.

チンギス・ハーン陵は8つの宮帳から成り立っているため, チンギス・ハーンの八白室(ナイマン・チャガン・ゲル)ともよばれる. 『蒙古源流』にも「オルドスは主(チンギス・ハーン)の八白室を守った大恩人たちである」と記録されており, オルドス部族はモンゴル帝国の始祖チンギス・ハーン生前の宮廷(チンギス・ハーンの八白室)を霊廟として奉祀し, イヘジョー(大きい宮廷, ジョーは神を意味するチベット語であり, 一般的に宮廷や寺として使われている)盟として名づけられたという由来がある.

チンギス・ハーン陵ではチンギス・ハーンの八白室と軍神黒いスゥルデの2大祭祀を行う. 軍神黒いスゥルデはチンギス・ハーンが生前みずから崇敬していた儀礼であり, かつては男性のみの参加儀礼であった. スゥルデはモンゴルの軍隊の旗にあたり, 軍事と政治のシンボルでもある. ウーシン(烏審)旗のチャガンスゥルドとオトク(鄂托克)旗のアラグスゥルドも同様に祀られている. チンギス・ハーン陵の祭祀集団はダルハト人である. チンギス・ハーンに忠実な部族であり, 免税などの特権をもつ集団である. ダルハトはチンギス・ハーンの八白室を祀る西ダルハトと, 軍神黒いスゥルデを祀る東ダルハトに分けられる. 聖なる主を祀る灯りは, 800年以上消されることなく灯し続けられている. そして, チンギス・ハーン陵は現在にいたっても全モンゴル人の精神と政治のよりどころとなっている.

チンギス・ハーンの八白室はもともと1264年に建設が始められたが, 1614年にオルドス地方に移転し, その地はエジンホローと命名された. 1939年に甘粛省に移転され, 49年に青海省の塔爾寺に移転された. 1954年にオルドスに戻して再建されたが, 文化大革命期に大きな被害を受けた. その後1982年に中国の重要文化財になり, 85年から対外的に開放された.

チンギス・ハーンの八白室を霊廟として奉祀してきた歴史の中で, 元朝, 清朝, 中華民国などいくつかの時代を経てきた. 数多くの戦いで勝利をおさめるたびに, モンゴルのハーンたちは最大の即位式をチンギス・ハーンの廟の前であげることが定められており, オルドスは内モンゴルにおける文化活動の中心地の1つともなった.

現在はモンゴル人の住居ゲル(天幕)の形をした3つの大殿からなり, 中央が記念堂で後方にはチンギス・ハーン夫妻の柩が安置されている. 中は2kmにわたって, 当時の野営の様子を表すブロンズ像が並ぶ場所や, モンゴル帝国の版図を描いた広場, モンゴルの歴史をたどる博物館などがある. 毎年季節ごとの4大祭祀をはじめ, 年間60回以上の祭祀が開催されている.

[オーノス・サラントナラ]

エスカランテ　Escalante

フィリピン

人口: 9.4万 (2015)　面積: 193 km²

[10°47′N　123°31′E]

フィリピン中部, ネグロス島, 西ネグロス州北東端の都市. 2001年に町から市へと昇格した. 21の村(バランガイ)で構成されている. 島では19世紀後半から砂糖産業が栄えたが, 1985年の国際砂糖価格の大暴落によってサトウキビ農園労働者の大量解雇が行われ, それに続き大規模な飢餓が発生した. 同年9月には, エスカランテ公立公園で行われたストライキに参加中の砂糖労働者とその家族が, 農園主が雇った民兵と警察の発砲によって殺傷される事件が発生した. 20人の死者と, 50人以上の負傷者を出したその事件はエスカランテ虐殺事件として知られ, いまだ住民の記憶に深い爪痕を残している.

[東　賢太朗]

エスク　Esk

オーストラリア

人口: 0.2万 (2011)　面積: 160 km²

[27°14′S　152°25′E]

オーストラリア北東部, クイーンズランド州南東部, サマセット地域の町. 州都ブリズベンの北西約100 kmに位置する. 1872年, 付近で銅の採鉱が始まってから発達した. 現在のおもな産業は農業である. ブリズベン川をせき止めてつくったウィブンホー湖があり, ブリズベンの近郊の行楽地になっている. 地名は, イギリス, スコットランドにあるエスク川にちなむ.

[秋本弘章]

エスピリトゥサント島　Espiritu Santo Island

ヴァヌアツ

サント島　Santo Island (略称)

人口: 4.0万 (2009)　面積: 3677 km²

標高: 1879 m　長さ: 115 km　幅: 60 km

[15°30′S　167°12′E]

南太平洋西部, メラネシア, ヴァヌアツ北西部サンマ州の島. 国内最大の島で, 東西60 km, 南北115 kmの規模である. 一般的には単にサント島と称されることが多い. 島は山がちで, 北西部のロロホエ山(標高1547 m), 中西部のコタムタム山(1747 m), 国内最高峰のタブウェマサナ山(1879 m), タワ

ロアラ山(1742 m)，サントピーク(1704 m)など，島の西側には1700 mを超える山々が連なる．島内では15を超える言語が話されており，島全体として文化的な単位を形成することはない．おもな言語集団はサカオ語(約4000人)，ケープカンバーランド語(約2400人)，南部中央サント語(約2200人)などである．島の中心地は，島の南東部ルガンヴィルで，首都ポートヴィラに次ぐ国内第2位の都市でもある．1年を通して，気温が20℃を下回ることがなく，降水量は乾季(6～9月)には月に150 mm程度，雨季(1～3月)には月300 mmを超える．飛行場はルガンヴィル郊外のペコア飛行場と，北西部のラジモリ Lajmori の2カ所である．

地名は，1606年にポルトガル人探検家フェルナンデス・デ・キロスが来島した際，彼が「南の精霊の土地」(Espiritu Santo Australis)と名づけたことに由来する．その後，1768年にフランス人ルイ・アントワーヌ・ド・ブーガンヴィルが，74年にはイギリスのジェームズ・クックが，島の北部，ビッグ・ベイとよばれる港に立ち寄っている．また白檀を扱う商人たちも1850年代以降から島を往来していた．第2次世界大戦中，南下してくる日本軍に対し，1942年アメリカ軍がエスピリトゥサント島とポートヴィラのあるエファテ島に基地を建設する．近隣の島からも，労働者が集められ，数カ月でルガンヴィルには5万人が労働に従事するようになった．

1980年のヴァヌアツ共和国独立の直前，ジミー・スティーヴンスという指導者によって，分離独立を目ざしたナグリアメル運動が起こる．彼は白人に奪われた土地の返還を要求し，人びとが伝統的な生活へと回帰することを主張したが，それにエスピリトゥサント島とタンナ島の一部の住民が同調し，運動は過激に膨張していった．1980年5月には，エスピリトゥサント島で暴動が起き，主要建物が占拠され，ジミーはヴァヌアツとは違う独自の独立国「ヴェマラナ」の樹立を宣言する事態にまで発展する．7月にはヴァヌアツが独立するが，その際，新政府はパプアニューギニア政府に対し軍隊の発動を要請した．その結果，ジミーをはじめナグリアメル運動に携わった指導者たちは逮捕され，ヴァヌアツ独立に反対し，後方からナグリアメルを支援していたフランス人たちは国外退去となった．現在ではダイビングをはじめとする観光業のほか，コプラや牛肉の生産が盛んであり，牛肉の缶詰は日本にも輸出されている．

[福井栄二郎]

エスペランサ基地　Esperanza Station

南極

標高：24 m　　　　　　　　[63°24′S　56°59′W]

南極，西南極の基地．南極半島の小半島であるトリニティ半島が囲むホープ湾に面するアルゼンチンの南極観測基地で，1975年に設営された．毎年，10組の家族と2人の教師を合わせた計55人が越冬する．1978年には学校が，79年にはラジオ局が，それぞれ開設された．南極大陸の一部の領有を主張するアルゼンチンにとってはアルゼンチン領南極の重要な拠点となっている．　[前杢英明]

エスペランス　Esperance

オーストラリア

人口：0.2万 (2011)　面積：2.5 km²

[33°49′S　121°53′E]

オーストラリア西部，ウェスタンオーストラリア州南部の都市．州都パースの南東約720 kmに位置する．1893年に自治体となり，カルグーリーで産出される金の輸出港として発展した．現在では過リン酸肥料の製造や水産業などが主要な産業となっている．地名は，1792年に風よけのために立ち寄ったフランス船エスペランス号にちなんで命名された．　[大石太郎]

エター　Etah

インド

人口：11.9万 (2011)　　　　　[27°38′N　78°40′E]

インド北部，ウッタルプラデシュ州エター県の都市で県都．州都ラクナウの北西約240 kmに位置する．ヤダブとこれに関連するラージプートの人びとが多く居住し，ヤダブの都市という愛称をもつ．カーンプル～デリー間の幹線道路の中間点に位置し，歴史的に，1857年の第1次インド独立戦争(セポイの乱)の中心地としてもよく知られている．周辺一帯は，ガンジス川とヤムナ川に囲まれた非常に肥沃な土壌地帯で，米，小麦，大麦，ジョワール(モロコシ)，バジェラ(キビ)，トウモロコシ，タバコなどが豊富に産出されている．2016年現在，ニューデリー，アグラ，アリーガルへの直通列車計画や400万kWの大発電所建設計画が進行中である．

[前田俊二]

エタニティ山脈　Eternity Range

南極

標高：2860 m　長さ：45 km

[69°48′S　64°30′W]

南極，西南極の山脈．南極半島中部，パーマーランドにあり，南北方向に約45 kmの長さをもつ．3つの山塊に分けることができ，それぞれの主要な山は北側から，フェイス Faith 山(標高2650 m)，ホープ Hope 山(2860 m)，チャリティ Charity 山(2680 m)である．これらの名前は1935年にこの付近を飛行して山脈を発見したアメリカの探検家リンカーン・エルスワースによってつけられた．　[前杢英明]

エタワ　Etawah

インド

人口：25.7万 (2011)　標高：197 m

降水量：700 mm/年　　　　　[26°46′N　79°02′E]

インド北部，ウッタルプラデシュ州エタワ県の都市で県都．ヤムナ川左岸の平原に位置する．首都デリーの南東約250 km，アグラの南東110 kmにある．エタワ県の人口は158.2万(2011)で，2001～11年の人口増加率は18.1%である．年間降水量の85%は6～9月の南西モンスーン季に集中する．穀物，アブラナ，手織り布，ギー(精製バター)の生産が多い．ムガル王朝時代に発展し，12～16世紀にかけてイスラーム政権の首都が置かれた．1857年の第1次インド独立戦争(セポイの乱)時には，イギリスに対抗した反乱軍兵士によって占拠された．ヤムナ川やそこから延びる灌漑用水路によって良好な農業条件をもち，小麦やサトウキビが生産されている．しかし，工業の基盤は比較的弱く，県の低所得につながっている．大規模工場は県に1つあるが，それは1958年創業の綿織物工場である．小規模工場は製粉，ダル，米，化学，機械製品，プラスチック製品，ガラス製品，電気機械，皮革製品，織物などである．1989～90年の小規模工場の数は2653，雇用者数は9850人である．

[土居晴洋]

エチャゲ　Echague

フィリピン

カマラグ　Camarag (古称)

人口：7.9万 (2015)　面積：681 km²

[16°43′N　121°40′E]

フィリピン北部，ルソン島，イサベラ州南西部の町．州都イラガンの南60 km，およびサンチャゴの北に位置する．1752年カガ

ヤン州の町として，カマラグの名で創設された．1785年，町の役場と教会はカガヤン川の西岸に移され，現在にいたる．1839年，カガヤン州が2州に分割された際，ヌエバビスカヤ州の州都になった．そして，1856年に創設されたイサベラ州に組み込まれ，州都をイラガンに譲った．1863年，町名はエチャゲに変更された．平野部に位置し，タバコ，トウモロコシ，米を中心に農業が盛んである．住民はイロカノ語をおもに話し，ヨガッド語も使われる．地場産業として，周辺の山地から産出するラタン（籐）を使った家具生産が盛んである． ［佐竹眞明］

エチューカ　Echuca　オーストラリア

人口：1.4万（2011）　面積：144 km²
[36°10′S　144°49′E]

オーストラリア南東部，ヴィクトリア州南部の都市．州都メルボルンの北約170 kmに位置する．マレー川，ゴールバーン川，キャンパスピ Campaspe 川の3河川の合流地点にあり，対岸のニューサウスウェールズ州のモアーマと双子都市を形成する．地名は，アボリジニの言語で水の合流地点を由来とする．かつては国の内陸最大の河港として繁栄した． ［堤　純］

エチュンガ　Echunga　オーストラリア

人口：0.1万（2011）　面積：29 km²
[35°06′S　138°48′E]

オーストラリア南部，サウスオーストラリア州南東部の町．マウントロフティ山脈にあり，州都アデレードの南東34 kmに位置する．この町をつくったのは敬虔なクエーカー教徒であったイギリス人のジョン・ハーゲンで，彼は1839年，ここに理想郷をつくろうとしたが，早くも43年に破綻した．1850年代のゴールドラッシュ期には多くの人びとが近くのジュピタークリークにやってきた．人口は一時1200を超えたが，現在ではメインストリートにも多くの空き家が目立つ．良質のブドウが収穫されることでも知られており，1845年にはエチュンガの白ワインがヴィクトリア女王にも献上された．地名は，先住民アボリジニの言語で近距離，すぐ近くを意味する． ［片平博文］

エックスマス　Exmouth　オーストラリア

人口：0.2万（2011）　面積：25 km²
[21°59′S　114°08′E]

オーストラリア西部，ウェスタンオーストラリア州北西部の町．州都パースの北約1250 km，ノースウェストケープ半島の先端に位置し，エックスマス湾に面している．1963年に，アメリカ海軍とオーストラリア海軍の合同通信基地の居住施設として整備された．エックスマス湾は1818年にフィリップ・パーカー・キング大尉に発見され，イギリスの提督エックスマス子爵にちなんで命名された．漁業が盛んであり，またケープレンジ国立公園を控えた観光拠点でもある． ［大石太郎］

エッジカム　Edgecumbe　ニュージーランド

人口：0.2万（2013）　[37°59′S　176°49′E]

ニュージーランド北島，ベイオブプレンティ地方の町．ファカタネの西15 kmに位置する．町をランギタイキ川が流れ，一帯は平野で農業地帯となっている．国道2号とタネアトゥア鉄道が町を通る．地名は，イングランドのコーンウォールにあるエッジカムにちなんで命名された．1987年，エッジカムを震源とする大地震が起こり，大きな被害をもたらした．また2004, 05年には大規模な洪水があり，家屋が多大な損害を受けている．この町には，乳製品の協同組合企業であるフォンテラ社の工場がある．
［植村善博・太谷亜由美］

エッシュショルツ島　Eschscholtz Island
☞ ビキニ環礁　Bikini Atoll

エッラ　Ella　スリランカ

人口：4.6万（2014）　面積：111 km²　標高：967 m
[6°52′N　81°03′E]

スリランカ南東部，ウヴァ州バドゥッラ県の郡．中央高地と南部の海岸地域を結ぶ国道A 23号の峠の上に位置する．スリランカ国鉄のコロンボ～バドゥッラ本線の駅の所在地で，コロンボから直通列車で約8時間半～10時間を要する．標高が高く冷涼な気候のため，宿泊施設の整った保養地となっている．付近にはスリランカ最大落差のバンバラ

カンダ滝（263 m）やディヤルマ滝などをはじめ，リトルアダムスピークやエッラロックなどの雄大な眺望を楽しむことができる景勝地が点在する．周辺は名産のウヴァ茶の茶園と森林が広がる． ［山野正彦］

エディスバー　Edithburgh　オーストラリア

トラウブリッジショール　Troubridge Shoal（旧称）

人口：466（2011）　面積：3.8 km²
[35°05′S　137°44′E]

オーストラリア南部，サウスオーストラリア州南東部の町．ヨーク半島南東端に位置する保養地，観光地である．州都アデレードからポートウェークフィールド経由で233 kmの距離にある．かつてマシュー・フリンダーズ（1774–1814）がヨーク半島の沿岸部を探検し，この地をトラウブリッジショールと名づけた．町は1869年に測量された．地名は，当時のサウスオーストラリア植民地総督の妻エディス・ファーガソンにちなむ．19世紀末から20世紀前半にかけては，塩の産地として賑わいをみせ，1920年代末にはそのピークに達し，現在も残る桟橋から年間2.4万 t もの塩が国中に送られた．当時の人口は約1000に達した．現在でも町中には警察署やトラウブリッジホテルなど，歴史的な建築物が残る．いまではとくに夏場を中心に，釣りや海水浴，スキューバダイビングなどを目的に訪れる人が多い． ［片平博文］

エトリック　Ettrick　ニュージーランド

[45°38′S　169°21′E]

ニュージーランド南島，オタゴ地方南部の村．トゥアペカ地区のクルーサ川沿いの内陸部に位置する山村集落である．山の傾斜を利用した果樹栽培が盛んであるが，中でもローガンベリーはこの町の特産品となっている．地名は，この地を測量した技師スコッツマン・アダムスがスコットランド南西部ボーダーズ地方，エトリック出身であることにちなんでいる． ［泉　貴久］

エドワーデサバード　Edwardesabad　☞ バンヌー　Bannu

エドワード川　Edward River

オーストラリア

カイアライト川　Kyalite River（別称）

| 長さ：383 km | [34°58′S　143°29′E] |

　オーストラリア南東部，ニューサウスウェールズ州南西部の川．マレーダーリング盆地のリヴェリナ地方西部を流れる．カイアライト川ともいう．マサウラの東のピクニックポイント付近でマレー川から分岐して，北に向かって流れ出し，デニリクイン付近でウォークール川を分岐してからは西北西へと向きを変え，6つの支流を合わせながら流れ下る．モーラメーンを経て，カイアライト付近でふたたびウォークール川と合流したのち，マレー川に合流する．　　　　　　　　　　　[落合康浩]

エドワード7世半島　Edward VII Peninsula ☞ キングエドワード7世ランド King Edward VII Land

エニウェトク環礁　Enewetak Atoll

マーシャル諸島

Eniwetok Atoll（旧表記）／ブラウン環礁　Brown Atoll（旧称）

| 人口：0.1 万（2011）　面積：5.9 km² |
| [11°30′N　162°20′E] |

　北太平洋西部，ミクロネシア，マーシャル諸島の環礁．首都マジュロのあるマジュロ環礁の北西約 1200 km，ラリック列島の北西端に位置する．全周は約 80 km，約 40 のサンゴ島からなる．1794 年にイギリス商船ウォルポール号が訪れてからヨーロッパに知られるようになり，1885 年からドイツが領有，1914 年に第 1 次世界大戦が始まると日本が占領し，20 年には国際連盟の委任統治領とされた．しかし，第 2 次世界大戦中の 1944 年にアメリカ軍が激戦の末に奪取し，戦後は隣接するビキニ環礁とともにアメリカの太平洋核実験場の一部となった．1947 年，島民は南西部のウジェラン Ujelang 島へ強制移住させられた．そして 1948～58 年の間に，52 年の世界初の水爆実験（いわゆるアイビー作戦）を含め 43 回もの核実験が実施された．
　1977 年からアメリカ政府により放射性物質を処理する作業が行われ，80 年にアメリカ合衆国エネルギー庁は環礁の南部は人が安全に居住できることを宣言した．それを受けて 512 人の住民がウジェラン島から帰還したが，その多くは長期にわたる放射能障害の不安に苛まれ，アメリカ政府に対する損害賠償請求に依拠した生活を強いられている．
　　　　　　　　　　　[柄木田康之・橋本征治]

エニス山　Enys, Mount

ニュージーランド

| 標高：2195 m | [43°14′S　171°38′E] |

　ニュージーランド南島，カンタベリー地方の山．マルヴァー地区に位置し，クライジバーン山系に属する．東側の山麓にはコールリッジ湖を控え，この山を源流とするワイマカリリ川が北東方向へ流路をとりながら湖に注いでいる．　　　　　　　　　　　[泉　貴久]

エニセイ川　Yenisey, Reka

モンゴル／ロシア

| 面積：2580000 km²　長さ：3487 km |
| [70°22′N　82°59′E] |

　ロシア東部，アルタイ山系を源流として，中央シベリア高原と西シベリア平原の間を南北に流れ，北極海に注ぐ世界屈指の大河川．エヴェンキ語のエネ（大河の意）に「川」を意味するセスもしくはシエシがついて，エネセスやイエネシエシとよばれていたものをロシア人がエニセイと読みかえたとされる．全長は本流 3487 km，上流域のボリショイエニセイ川（ビイヘム川）とマールイエニセイ川（カヘム川）を含めると，それぞれ 4092 km と 4102 km．源流にセレンガ川を含めると，セレンガ川～アンガラ川～エニセイ川の全水系で 5000 km を超える（5075 km，5550 km，5940 km と諸説あり）．流域面積のうち 32.8 万 km² はモンゴル領内にあり，103.9 万 km² はアンガラ川流域に属する．
　ボリショイエニセイ川はトイヴァ共和国の東サヤン山脈を，マールイエニセイ川はモンゴル北西部のダルハツカヤ盆地を源流として，クイズイル（トイヴァ共和国）付近で合流する．これより下流がエニセイ川本流で，自然条件，河岸域・河床の地形，水文学的特性により上中下流域の 3 区間に大別される．上流域はヴェルフニーエニセイ川（ウルクヘム川）ともよばれ，クイズイルからアバカン川との合流点までの全長 600 km をさす（トゥバ川との合流点までの全長 633 km をさす場合など諸説あり）．多くの山地・山脈に囲まれ，トゥヴァ盆地北側を通りサヤノシュシェンスコエ湖（貯水池）までは，自然の地形が比較的保たれている（川幅 100～650 m，深度 4～12 m，浅瀬では 1 m 以下）．ヘムチク川との合流点で北方に転じ，西サヤン山脈の中を通る．峡谷の地形が続き，浅瀬，早瀬がところどころにみられる（川幅 100 m 程度）．ミヌシンスク盆地に入ると河岸が広がり，川中に多くの島々が現れる．チェレムシキのサヤノシュシェンスコエ水力発電所（1978 完成）の建設により数百 km に及ぶダム湖となり，水位が上昇した．上流域のおもな支流は，ヘムチク川，アバカン川，ウス川，オヤ川．
　中流域はアンガラ川との合流点までの全長 750 km をさす（手前のシュミハ付近までをさす場合もある）．東サヤン山脈の支脈と交わるジヴノゴルスクにクラスノヤルスク水力発電所（1972 完成）が建設され，全長 360 km のダム湖（クラスノヤルスク湖）が出現した（川幅 500 m 以上，深度約 100 m，平均流速毎秒 2 m 以下）．クラスノヤルスク付近で右岸に山が迫り，岩場に巨大な岩柱がみられる．風光明媚な観光名所として知られ，周辺は自然保護区（ザポヴェドニク）に指定されている．クラスノヤルスクを過ぎると，右岸は山地（エニセイ山脈），左岸は平地という非対称な景観が続く（川幅 800～1300 m）．浅瀬・早瀬が一部にみられ，カザチンスキー早瀬（全長約 4 km，深度 3.8 m，川幅 550～600 m）は船舶航行が困難である．中流域のおもな支流は，スイダ川，シシム川，マナ川，カン川，カチャ川．
　下流域は河口までの全長 2137 km をさす．左右非対称な景観が続くが，川幅は 2 km 以上，河岸は数十 km に広がる（深度 10～17 m，平均流速毎秒 0.8～1.1 m）．河港のあるドゥジンカ，ウスチポルトでは，それぞれ 2.5～5.0 km，約 150 km にまで達する．ポドカメンナヤトゥングスカ川との合流点近くにオシノフスキー早瀬（深度 2.5 m 以下，平均流速毎秒 2～3 m）があり，険しい峡谷が現れる．同所を過ぎると北シベリア低地南西端を通り，川幅・深度とも大きくなる．
　クレイカ川との合流点（ウスチポルト付近）から河口部に入り，多くの流れに分かれる（おもな分流は，カメンヌイエニセイ川，ボリショイエニセイ川，マールイエニセイ川，オホツキーエニセイ川など）．河口部の幅は 50 km 程度で，ミニンスキエ群島とブレホフスキエ群島がある．これらの島嶼部を抜けるとエニセイ湾となる．下流域のおもな支流は，アンガラ川，ボリショイピト川，ポドカメンナヤトゥングスカ川，ニジニャヤトゥングスカ川，クレイカ川，ハンタイカ川，カス川，スイム川，エログイ川，トゥルハン川，ボリシャヘタ川である．
　年間流量 624 km³ はロシアの河川で最大

だが，地域差と季節差が激しい．クイズイル，エニセイスク，イガルカ付近の平均流量は，それぞれ毎秒 1010 m³，7750 m³，1 万7800 m³．夏季の流量は冬季の 10 数倍になる．結氷・融氷時期は，上流域 11 月末〜4月末，中流域 11 月中旬〜5 月前半，下流域10 月末〜6 月初め．春季から夏季にかけて，しばしば増水する．

河岸域の市町村を結ぶ重要な交通路として利用され，河口から 3013 km のサヤノゴルスクまでは定期航行，河口から 673 km のイガルカまでは外洋船舶の航行が可能である．トイヴァ共和国内の上流域は地方航路のみ．夏季は，クラスノヤルスクからドゥジンカおよびエニセイ湾のジクソンまで遊覧船が就航する．おもな河港の所在地は，クイズイル，アバカン，クラスノヤルスク，ストレルカ，エニセイスク，トゥルハンスク，イガルカ，ドゥジンカ，ウスチポルト．ドゥジンカの港はシベリア最大の海港でもある．下流域は漁業資源が豊富で，マス，サケ類のほかに，ニシン，チョウザメなどもとれる．

エニセイ川河岸域の開発計画は，アンガラ川河岸域とともにロシア革命後に着手された．独ソ戦の勃発と戦時経済への切り替えで中断した後，開発計画の中心を占める水力発電所の建設（エニセイ・カスケード計画）が1960 年代初頭から始まり，流域の工業化も急ピッチで進んだ．エニセイ川流域は，石炭（カンスクアチンスク炭田），非鉄金属，鉄鉱石などの鉱物資源に恵まれ，水力資源を用いた電力生産と結びついた重工業の育成が課題とされた．その結果，河岸域に複数の産業都市が誕生し，クラスノヤルスク，アバカン，ノリリスクなどに大企業が設立された．しかし，開発の裏側で深刻な公害・環境問題が発生し，巨大な貯水湖の出現による河岸の水没や侵食，生態系の変化，流域の水質汚染などが進行した．とくに，世界最大の冶金企業ノリリスクニッケル社が立地するノリリスクの大気汚染は世界最悪といわれる．また，クラスノヤルスク郊外の旧秘密都市クラスノヤルスク 26（現在のジェレズノゴルスク）には，兵器用プルトニウム生産に従事した核関連施設（現在は「鉱業化学コンビナート」とよばれる）が地下に建設され，放射性廃液の投棄による住民の健康被害が問題視されている．

エニセイ川は 16 世紀末のコサック隊長チモフェーヴィチ・エルマークによるシベリア遠征以降，ロシア人の東方進出の主要ルートとして利用された．18〜19 世紀には，「プガチョフの乱」（1773〜75），「デカブリストの乱」（1825），革命運動などに関与した政治犯が周辺の流刑地に多数送られた．ソ連時代には複数の強制労働収容所があり，建設作業などに囚人が動員された．ロシアの文豪アントン・パーヴロヴィチ・チェーホフは，「エニセイほど豪奢な川はみたことがない」と形容し，遊覧船の船名にはチェーホフの名がつけられている．バイカル湖をめぐる民話「アンガラの首飾り」の中でエニセイ川は誇り高いサヤンの後継者として登場し，勇士バイカルの一人娘で許婚のイルクト川のもとを去ったアンガラ川と結婚する．　　　　［徳永昌弘］

エネンキオ島　Enen-Kio Island ☞ ウェーク島　Wake Island

エノック　Enok　　　インドネシア

人口：3.3 万（2010）　　　[0°31′S 103°25′E]

インドネシア西部，スマトラ島中東部，リアウ州インドラギリヒリール県南部の町．海岸沿いに位置し，ニアス島に面している．トゥンビラハンの南西約 50 km に位置する．リアウ州 4 大工業地域の 1 つであるクアラエノック工業地区（約 5 km²）があり，おもに繊維産業，電気機器および自動車の組立が行われている．　　　　［畝川憲之］

エピ島　Epi Island　　　ヴァヌアツ

人口：0.5 万（2009）　面積：445 km²　標高：833 m
[16°44′S 168°16′E]

南太平洋西部，メラネシア，ヴァヌアツ中南部シェファ州の島．国内で第 7 位の大きな島である．西部から南部にかけての沿岸部には平地が開け，大規模なココヤシ農園などが広がっているが，内陸部から東部と北部にかけては標高 833 m のポマレ山を筆頭に山々が連なり，平地は少ない．人びとは根栽類の焼畑耕作を中心とした生活を営み，キリスト教を奉じている．西洋人がもち込んだ感染症の流行などにより，1890 年代に約 8000 だった人口は，1940 年代には約 1400 にまで減少した．　　　　［白川千尋］

エファテ島　Efate Island　　　ヴァヌアツ

人口：6.6 万（2009）　面積：915 km²　標高：647 m
[17°44′S 168°20′E]

南太平洋西部，メラネシア，ヴァヌアツ中南部シェファ州の島．国内で第 3 位の大きな島である．南西にはメレ湾が大きく口を開けており，その東奥部には小島イフィラ Ifira に隔てられた天然の良港ヴィラ・ハーバーがある．このヴィラ・ハーバーの後背地が首都ポートヴィラの市街地となっている．エファテ島の沿岸部，とりわけメレ湾周辺やポートヴィラから島の東部にかけての一帯，北西部のハバナ・ハーバー周辺などには肥沃な平地が開け，大規模なココヤシ農園や肉牛の放牧地などが広がっている．これに対して，内陸部，とりわけその北部は標高 647 m のマクドナルド山などの山々で占められ，集落はほとんどない．

島にはポートヴィラのほかに都市はなく，エファテ島全体の人口からポートヴィラの人口を差し引いた残りの 2.2 万（2009）は，主として沿岸部に点在する集落に居住している．これらの人びとは伝統的に従事してきた根栽類を中心とする農作物の焼畑耕作のほか，ポートヴィラの市場で販売するための野菜の栽培などにも携わっている．また，ポートヴィラ近郊のイフィラ，エラコール Erakor，パンゴ Pango，メレ Mele などの集落には，ポートヴィラに通勤している人びとも多い．これらの集落をはじめとして，エファテ島の集落部に暮らす人びととの間では伝統的に 3 つの言語が使われてきた．このうち，北部の諸集落で使われている言語と，エラコールやパンゴなど南部の諸集落の言語は言語学的にきわめて近い関係にあり，エファテ語として一括して扱われる場合もある．一方，イフィラとメレ両集落の言語はポリネシア語系で，他の 2 つの言語とは著しく異なる．

エファテ島を最初に訪れた西洋人はイギリスのジェームズ・クックである．1774 年にこの島を訪れたクックは，航海のパトロンであったサンドウィッチ卿にちなんでサンドウィッチ島と名づけた．しかし，この名称が定着することはなく，島の人びとによる名称エファテのほうがもっぱら使われてきた．西洋人がエファテ島に定住するようになるのは，クックの来訪から約 100 年を経た 1864 年である．この年，キリスト教の宣教師がエラコール集落に移り住んだ．その後の宣教師たちの積極的な布教活動により，エファテの人びとはすべてキリスト教徒となる．一方，1870 年にはイギリス人たちがハバナ・ハーバー周辺で綿花の栽培を始めた．しかし 1870 年代末に綿花の国際価格が下落し，暮らし向きが悪くなると，イギリス人たちは新たにやってきたフランス人たちに農園を売り渡していった．フランス人たちは，購入した

農園とメレ湾周辺などに新たに取得した土地を大規模なココヤシ農園につくり替えていったが、その過程でハバナ・ハーバー周辺にあった西洋人の拠点はメレ湾周辺に移り、そこからポートヴィラが形づくられることになった.

なお、エファテ島の北西部沿岸の一部とその沖合に浮かぶレレパ島の一部、およびその西隣にあるエレトカ島の3つの地域は、「首長ロイ・マタの地」として2008年にユネスコの世界遺産（文化遺産）に登録されている. ロイ・マタは1600年頃に活躍した大首長で、エファテ島からシェパード諸島にかけての広い範囲を勢力下に置き、集団間の戦いが続いていたこの地域に平和と安定をもたらしたという. ちなみに、先述の3つの地域は順に彼の住居があった地、死去した地、埋葬地とされている.　　　　　　　　［白川千尋］

エベイェ　Ebeye　マーシャル諸島

人口：1.2万（1999推）　面積：0.3 km²
[9°00′N　166°05′E]

北太平洋西部、ミクロネシア、マーシャル諸島の町. ラリック列島中部クワジェリン環礁の小島、エベイェ島に位置する. 1000人以上の住民が南隣のクワジェリン島にあるアメリカ軍基地に通勤する. エベイェは首都マジュロに次ぎ国内で2番目の人口を擁し、人口密度が非常に高い. 1951年にアメリカ軍基地として収用されたクワジェリン島から移り住んだマーシャル人450人を元にエベイェは出発するが、67年に人口は4500まで急成長している. エベイェは31013人/km²と極度に人口が密集した町ではあるが、基地での雇用や、基地で働く住民への支援を当てにした移住者が少なくない.　　［柄木田康之］

エーベルタズマン国立公園 ☞ アベルタズマン国立公園 Abel Tasman National Park

エボン環礁　Ebon Atoll　マーシャル諸島

人口：0.1万（2011）　面積：5.8 km²
[4°38′N　168°40′E]

北太平洋西部、ミクロネシア、マーシャル諸島の環礁. 首都マジュロのあるマジュロ環礁の南西約400 km、ラリック列島最南端に位置する. マーシャル諸島の中で早くからキリスト教の布教や交易基地の設置がなされた地域である. 1857年にアメリカ海外伝道団

のエドワード・ドアンにより、プロテスタントの布教所が設置された. また1861年にはドイツの交易基地が設置された. しかし1878年には、首長カブアが首長への支持と引き換えに、ドイツにジャルート環礁の使用と交易の保護を認める協定を結び、ジャルート環礁が外部との交流の中心となった.　　　　　　　　　　　　　［柄木田康之］

エマヴィル　Emmaville　オーストラリア

マラン　Marran（別称）
人口：0.1万（2011）　面積：1064 km²
[29°27′S　151°36′E]

オーストラリア南東部、ニューサウスウェールズ州北東部、グレンイネスサヴァーン行政区の集落. 州都シドニーの北約660 kmにあり、グレンイネスの北北西約40 kmに位置する. 先住民ヌガラバル（Ngarabal）の人びとが暮らしてきた地域であり、現在も多くのンガラバルが居住している. 集落があるあたりの地名は、彼らの言葉ではマランであり、無数のヒルを意味する. 近郊のストラスボギーにスズ鉱が発見されたのが1872年で、鉱山労働者向けに市場が開かれると、当初、入植地はベジタブルクリークとよばれた. 地名は、1882年、公式に集落が成立した際、当時州知事だったロード・アウグストゥスの妻の名エマにちなんでつけられた. 1900年代初期、地区の人口は約7000を数えるほどで、うち2000人は中国人であった. 近くのオッテリーマインとテントヒルに、アレクサンダー・オッテリーが大規模な鉱脈を発見した1882年以降、スズの採掘が行われた. 今日、町のおもな産業は農業、鉱業、観光業である. かつての鉱山遺構は現在、州政府の鉱物資源局によって修復がなされ、観光客に開放されている. 鉱山博物館には、鉱物の標本や町の歴史を語る写真が展示されており、観光客向けに鉱物探しのツアーも企画されている.　　　　　　［落合康浩］

エミューベイ　Emu Bay　オーストラリア

人口：389（2006）　[35°36′S　137°31′E]

オーストラリア南部、サウスオーストラリア州南東部の町. カンガルー島北岸、カンガルー島最大の町キングスコートの北西10 kmに位置する保養地、観光地である. デステイン D'Estaing 岬から東5 kmにわたって

白いビーチが続く. とくに夏場を中心に州都アデレードなど都市部からの観光客で賑わう.　　　　　　　　　　　　　　［片平博文］

エムデン海淵　Emden Deep　フィリピン東方沖

深さ：10400 m　[9°41′N　126°51′E]

北太平洋西部の海淵. フィリピン諸島の東側に南北に連なるフィリピン海溝にあり、ミンダナオ島の東約80 kmに位置する. 1927年ドイツの巡洋艦エムデンが音響測深の結果発見し、命名した. 長く世界最深の海として知られた.　　　　　　　　　　　［前杢英明］

エムバ川　Emba River　カザフスタン

長さ：640 km

カザフスタン西部を流れる川. アクトベ州のムゴジャル山地に水源をもち、南西に流れてアティラウ州を通ってカスピ海に注ぐ. その下流は塩のドームと石油に富むエムバ盆地を通る. 1911年以降石油が採掘されたが、79〜91年にはカラトン周辺を中心にテンギス油田が発見され開発された. 石油はアティラウで精製される.　　　　　［木村英亮］

エムバ盆地　Emba Basin　カザフスタン

北カスピ盆地（別称）
[46°40′N　53°40′E]

カザフスタン中央中西部、アクトベ州とアティラウ州にまたがる盆地. カスピ海北岸、エムバ川下流の塩ドームと浅い油田・天然ガスの地域. 石油は1911年から採掘されていたが、独ソ戦期、北カフカスの石油精製工業が破壊されたため、この地域の役割が大きくなった. 1979〜91年のとくにカラトン付近のテンギス油田の発見と開発によって生産を伸ばした. 1960年代以降、マンギシュラク半島の油田開発が進んでいる. 北カスピ盆地ともよばれる.　　　　　　　　［木村英亮］

エメラルド　Emerald　オーストラリア

人口：1.4万（2011）　面積：610 km²
[23°30′S　148°09′E]

オーストラリア北東部、クイーンズランド州の中央東部、セントラルハイランド地域の

町．グレートディヴァイディング山脈の中にあり，ロックハンプトンの西約270 km，ノゴア川沿いに位置する．1972年にフェアブリンダムが建設され，それによって灌漑された農業地域が広がっている．牧牛業とともに，綿花，ヒマワリ，大豆などの作物の栽培が盛んである．鉱産資源では石炭の産出がある．また，南半球最大のサファイア鉱山があり，宝石採掘の町としても知られている．セントラルクイーンズランド大学のエメラルドキャンパスがある．　　　　　　　　〔秋本弘章〕

エメラルド島　Emerald Isle　カナダ
人口：0 (2011)　面積：549 km²　長さ：35 km
幅：20 km　　　　　　　[76°48′N　114°07′W]

カナダ，ノースウェスト準州北西部，クイーンエリザベス諸島の南，パリー諸島西側の島．メルヴィル島の北西沖に立地する．東西に長く平坦であるが，河谷は多く，ツンドラが卓越する無人島である．1853年に島を発見したフランシス・レオポルド・マクリントックによって島のツンドラの色などから命名された．　　　　　　　　〔竹村一男〕

エーヤワディ地方　Ayeyarwady Region　ミャンマー
人口：618.5万 (2014)　面積：35167 km²
　　　　　　　　　　　[16°47′N　94°44′E]

ミャンマー南部の地方(旧管区)．エーヤワディ(イラワジ)川のデルタ地域に位置する．2008年5月に，新憲法によって管区から名称が変更された．中心都市はパテイン．北はバゴー地方，東はヤンゴン地方，北西はラカイン州に接し，南はベンガル湾に面する．その範囲はおよそ北緯15度40分〜18度30分，東経94度15分〜96度15分である．パテイン県，ヒンタダ県，ミャウンミャ県，マウビン県，ピャポン県，ラブッタ県の6県からなる．ラカイン(アラカン)山脈が西にあるが，地方域の多くはエーヤワディデルタが占めており，稲作が中心である．ンガワン Ngawun，パテイン，トー Toe などの湖がある．パテインから西40 kmのベンガル湾にチャウンタービーチ，西48 kmにはングサウンビーチがあり，ヤンゴンや欧米から観光客が訪れるリゾート地になっている．
〔野間晴雄〕

エーヤワディ川　Ayeyarwady, Myit　ミャンマー
イラワジ川　Irawadi, Myit (別称)／イラワディ川　Irrawaddy, Myit (別称)
面積：411000 km²　長さ：2170 km
　　　　　　　　　　　[15°48′N　95°05′E]

ミャンマー中央部を流れる川．旧称はイラワジ川．ミャンマーで最も重要な川であり，デルタ地帯にはパテインなど多くの河港をもつ．ヒマラヤ山脈に源流をもち，北部のカチン州の州都ミッチーナ北部でマリ川，ナッマイ N'Mai 川が合流して，エーヤワディ川となる．語源は，サンスクリット語でゾウの川を意味する．北から，タピン Taping 川，シュウェリ川，ミッゲ Myitnge 川，ムー川，チンドウィン川の5つの支流がある．

バモーがサガイン地方(旧管区)，マンダレー地方の南の境界となる．川はさらに11〜13世紀の古文化地帯であるドライゾーン(乾燥地帯)のバガン，さらにマグウェ地方を南下し，エーヤワディ地方の支流で最大の川がナガ山地から流下するチンドウィン川と合流する．ヒマラヤ山脈の南端を源流として，ミャンマーを北から南に縦断し，9本に分かれて広大なエーヤワディ(イラワジ)デルタ地帯(200×300 km)を形成してアンダマン海に注ぐ．途中に3ヵ所の狭隘区間(ミッチーナの上流65 km，バモー(標高90 m)の石灰岩台地，マンダレーの北100 km)がある．モンスーンの影響で水量の最大は8月，最低はマンダレー〜ピー(プローム)間では低水位が9.66 m，高水位が11.37 mで2 m近い水位差がある．下流の分流の1つであるヤンゴン川にはミャンマー最大の都市，旧首都のヤンゴンがある．

イギリス植民地時代には水運が重要で，「マンダレーへの道」とよばれていた．雨季ならば，1050 km上流のバモーまでは汽船で，通常の船舶ならばミッチーナまで遡航できる．とりわけチンドウィン川河谷は鉄道や道路が未発達なため河川水路の重要性が高いエーヤワディ川には長く水力ダムは建設されず，電力開発も未開発であった．2007年に政府と中国の間で，上流カチン州に国内最大の水力電源開発が企画され，7つのダムが建設中である．そのうち最大のダムはミッソンダムで高さ152 m，堤長152 m，3600 MWの発電量を誇るが，多くの水没地ができ，周辺の自然環境への影響も懸念されている．この電力のうち一部は送電線によって中国やタイ，バングラデシュへ輸出される計画である．

エーヤワディデルタの氾濫は，タイのチャオプラヤーデルタやベトナム南部のメコンデルタなどよりずっと激しい．空からみるデルタはおびただしい河川の乱流状況を呈する．タニンダリー地方一帯に中心をもつ先住民族のモン族(モン・クメール語族)がデルタの一部に局地的に漁業やローカルな交易拠点を設けてはいたが，19世紀前半までエーヤワディデルタの大部分は無住の大湿地帯であった．イギリスによる1852年の下ビルマの併合，69年のスエズ運河開通によってデルタの米がアジア(インド)やヨーロッパへの輸出の道が開け，エーヤワディデルタの開発が一気に進む．ビルマ米は品質の悪さからヨーロッパ諸国では家畜の飼料のほか，ヨーロッパで精米され，西インド諸島への黒人奴隷の食糧として再輸出された．

ミャンマーではいまだ高速道路の発達が十分でないため，エーヤワディ川は上流の物資

エーヤワディ川(ミャンマー)，マンダレー付近の河港〔Steve Photography/Shutterstock.com〕

を運ぶ大流通路となっている. 石油, 綿花, 米をはじめとする食料品, チーク材などが水運を利用してヤンゴンに集結する. とりわけ上流山地で産するチーク材は材質が堅く強靭で耐久性があり, 加工も容易で, よく乾燥させた場合は伸縮率が小さいため家具や船舶材に用いられた. 伐採したままでは重たくて浮かないため, 乾燥させて, 樹皮と樹液を除いて心材のみを筏に組んで航走され, 海外に輸出される. デルタ地域では支流や縦横に結ばれる運河も含めて 3200 km 以上の水路河川で航行が可能である. 歴史的には中国のユンナン (雲南) 省への交易ルートとしても重要であった.

デルタの南部はマングローブに移行し, 河跡湖や川中島, 蛇行する水路が特徴的な湿地が続く. カワウ, カモ, オオバン, 渡り鳥のシギチドリ類, クロハラアジサシ, カモメ, セキショクヤケイなど鳥類の宝庫となっている. ほ乳類ではマレーサンバー, 豚, 鹿, イノシシ, アジアゾウ, ヒョウ, ベンガルトラ, カニクイザル, カワウソなどが生息している. 両生類ではイリエワニが生息し, その養殖も行われているが, 密漁によってその数は急激に減少している. 　　　　[野間晴雄]

エラズリー　Ellerslie　ニュージーランド

人口：0.9 万 (2013)　[36°53′S　174°48′E]

ニュージーランド北島, オークランド地方の都市. オークランドの郊外にある. 国道 1 号がすぐそばを通る. 1908 年に設置された. 地名は, 地元政治家で企業家であったロバート・グラハムによって名づけられた. 1873 年にオークランドからの鉄道が敷設された. 現在では, オークランドの郊外として交通の便もよく, バス, 鉄道の通勤にも適する. 住宅も計画的に建てられ, 多くの魅力的な公園や隣接する保護区といった自然に恵まれている. 　　　　[植村善博・太谷亜由美]

エラヘラ　Elahera　スリランカ

人口：0.2 万 (2012)　面積：0.2 km²　標高：140 m
[7°44′N　80°48′E]

スリランカ, 北中部州ポロンナルワ県の村. コロンボの北東約 135 km, マハウェリ川の支流アンバン川沿いに位置し, 灌漑用のエラヘラ・ミンネリヤ水路が通る. 12 世紀頃より, ポロンナルワ県南西部から中部州マータレ県域にかけて面積 0.15 km² にわたる沖積鉱床の存在が知られており, 1960 年代

頃から本格的な採掘が始まった. サファイア, ガーネット, 金緑石などを産し, 現在では国内の宝石輸出の約 35％を占めるまでになり, エラヘラの名は宝石産地の代名詞となっている. 東方にはワスゴムワ国立公園がある. 　　　　[山野正彦]

エリオット　Elliott　オーストラリア
クールーミンディニ　Kulumindini (別称)

人口：348 (2011)　面積：3 km²
[17°54′S　133°54′E]

オーストラリア北部, ノーザンテリトリー中央部の町. ダーウィンとアリススプリングズの中間に位置し, スチュアートハイウェイ経由でテナントクリークの北約 250 km にある. バークリー地域ではテナントクリークに次いで第 2 位の大きな町である. かつては馬による郵便配達や大陸縦断電信ラインの整備班が通る道しかなかったが, 第 2 次世界大戦中に幹線道路 (スチュアートハイウェイ) が開通すると, 陸軍中継基地として北方部隊のための重要な供給ラインとなった. 地名は, 1940 年にこの地を開いたスノウ・エリオット陸軍中佐の名前にちなんで命名された. 町内の幹線道路沿いにバウヒニアの木が植えられ, 野生のオウムたちの憩いの場となっている. 現在は幹線道路にある町の 1 つとして, 燃料供給地あるいはトレーラーハウスを停められる宿泊施設としての役割を果たしている. 町の南西約 40 km にウッズ湖がある. 　　　　[鷹取泰子]

エリス諸島　Ellice Islands　ツヴァル
ラグーン諸島　Lagoon (別称)

人口：1.1 万 (2012)　面積：26 km²
[8°25′S　179°11′E]

南太平洋西部, ポリネシア, ツヴァルの諸島. ツヴァルを構成する南緯 5～10 度, 東経 176～179 度, 南北 720 km の海域に分布する 9 つの環礁からなる島嶼群をさす. またツヴァルのイギリス植民地時代の旧称でもある. ハワイ諸島とオーストラリア大陸の中間点に位置する. エリス諸島を構成する島嶼は, 北から順にナヌメア環礁, ニウタオ環礁, ナヌマンガ環礁, ヌイ環礁, ヴァイツプ環礁, ヌクフェタウ環礁, フナフチ環礁, ヌクライライ環礁, ニウラキタ環礁となる. ツヴァルの首都であるフナフチ島は面積 2.8 km² であるが, 最大の面積をもつ島嶼は面積 5.6 km² のヴァイツプ環礁である. 熱帯気候であり, 3～11 月は東からの貿易風の吹く

乾季で, 11～3 月は西からの強風の吹く雨季である. エリス諸島の 9 つの島嶼はいずれも海抜 5 m 以下のサンゴ環礁であり, 地球温暖化のための海面上昇が生じた場合, すべての国土が水没する恐れがあり, ニュージーランドへの移民が検討されている.

言語はツヴァル語, 英語が公用語であるが, そのほかにサモア語, キリバス語を用いる住民がいる. エリス諸島は考古学的には紀元前 1000 年紀の初頭からポリネシア系住民の居住が始まったとみられる. ツヴァル (エリス) 語は, サモア語やポリネシア外辺離島語が含まれる中核ポリネシア諸語に属し, エリス諸島は, フツナ島東部とともに, ポリネシア外辺離島へ移民が行われた起源地とみられている.

諸島を訪れた最初のヨーロッパ人は, 1568 年のスペイン人探検家アルバロ・デ・メンダーニャとみられる. その後, 19 世紀初頭に捕鯨船が補給基地として利用し, 島に留まるヨーロッパ人ビーチコマーやみずから船に乗り込む島人の交流や奴隷誘拐事件が散見された. 1819 年, イギリス人船長アレン・デ・ペイスターがフナフチ環礁を訪問し, 後援者であるイギリス人商人・政治家エドワード・エリスにちなみエリス諸島と命名した. イギリスは 1874 年フィジー諸島を直轄植民地化し, 77 年に西太平洋担当高等弁務官を設置し, フィジー諸島からエリス諸島を統治した. 1892 年にエリス諸島をミクロネシア系のギルバート諸島とともに保護領ギルバート・エリス諸島とし, 1915 年にギルバート・エリス諸島直轄植民地とした.

第 2 次世界大戦後, エリス諸島人の多くが, ギルバート・エリス諸島直轄植民地の首都であるギルバート諸島のタラワ島タラワに教育と雇用を求めて移住するが, ミクロネシア系とポリネシア系という民族の違いのため, さまざまな差別を経験した. 1974 年, エリス諸島のポリネシア人は国民投票を行い, ギルバート・エリス諸島直轄植民地からの分離を選択し, 78 年イギリス女王を国家元首とする立憲君主国ツヴァルとして独立した. 　　　　[柄木田康之]

エリストン　Elliston　オーストラリア
エリスタウン　Ellie's Town (旧称)

人口：292 (2011)　面積：5.3 km²
[33°39′S　134°54′E]

オーストラリア南部, サウスオーストラリア州中央南部の町. エア半島西部のウォータールー Waterloo 湾に面し, 半島南部のポー

トリンカーンの北西 169 km, 州都アデレードからプリンセスハイウェイ, エアハイウェイ経由で西北西 641 km に位置する. 農業, 漁業の町であり, 観光地としても知られる. 以前はエリスタウンとよばれていた. 地名は, 作家で教師だったエレン・リストンにちなむ. 彼女は 1838 年にイギリスで生まれ, 50 年, サウスオーストラリアに移り住んだ. この付近にはすでに 1840 年代にはヨーロッパ人が住み始めていたが, 78 年エリスタウンとして正式に成立した. しかし初期には, 一部のヨーロッパ人によって多くのアボリジニが, ウォータールー湾に臨む断崖から突き落とされたり撃ち殺されたりした暗い歴史ももっている. この出来事がきっかけで, 湾はナポレオンのワーテルローでの大敗の歴史と重ね合わせてウォータールー湾と名づけられた. 町は 1960 年代半ば, アワビ漁が始められたことがきっかけで急激に賑わいをみせた. いまでは一時ほどの活気はないが, かわりにムール貝の漁が盛んに行われている. また夏場には, 釣りや海水浴, サーフィンなどの観光客が多く訪れる.　　　　　[片平博文]

エリナ　Erina　　　　オーストラリア

人口：0.5万 (2011)　面積：4.8 km²
[33°26′S　151°23′E]

オーストラリア南東部, ニューサウスウェールズ州中央東部, セントラルコースト行政区の商業中心地. 州都シドニーの北約 80 km に位置する. ゴスフォードの中心部からはザエントランスロードで東約 7 km にあり, 道路沿いに多数の商業施設が立地する. 中でもその核となる巨大施設がエリナフェアで, 330 軒を超える店舗の入る国内最大級のショッピングセンターとなっている.

[落合康浩]

エルア　Erua　　　　ニュージーランド

[39°14′S　175°24′E]

ニュージーランド北島, マナワツワンガヌイ地方の町. ルアペフ地区に位置する. すぐ東にトンガリロ国立公園が広がり, 国道 4 号が町を南北に通る. 町近くのマカトテ鉄橋は, ノースアイランド・メイントランク鉄道により敷設されたもので, 多くの移住者を運んだ. エルアフォレストはエルア保護区の一部であるが, 狩猟が許可され, 多くの猟犬が使用されている. 地形は川とその谷を除いては, たいていは平坦で, ゆるやかな起伏とな

っている.　　　　[植村善博・太谷亜由美]

エルグナ市　額爾古納市　Erguna

中国

エルグン市 (別表記)

人口：7.7万 (2010)　面積：28400 km²
[50°01′N　119°07′E]

中国北部, 内モンゴル自治区北東部, フルンボイル (呼倫貝爾) 地級市北東部の県級市. エルグナ河をはさんでロシアと 667 km の国境を持ち, モンゴル国と国境のほとんどを接する内モンゴル自治区の中では, ロシアと隣接する数少ない地域の 1 つである. 有名なエルグナ・ホンの伝説で語られるモンゴル人の発祥の地としても広く知られるが, やはり漢族住民が中心を占め, モンゴル族やオロス (俄羅斯) 族, 回族などの住民が居住する. 森林に恵まれ, 農業や牧畜業がおもに営まれる.　　　[ボルジギン・ブレンサイン]

エルグナ河　額爾古納河　Erguna Gol

中国/ロシア

Ergun He (別表記)

面積：157700 km²　長さ：1606 km
[50°01′N　119°53′E]

ロシア東部および中国北部の国境を流れる川. 黒竜江 (アムール川) の上流をさす. そのさらに上流は大興安嶺山脈に源を発し, 北西に向かって流れるハイラル (海拉爾) 河であり, さらにモンゴル国に源を発し, ロシア領を流れてくるオネン (鄂嫩) 河とも合流してアムール川を形成している. 河川名は 13 世紀のイランで, ペルシア語で書かれたモンゴル帝国の歴史書『集史』にモンゴル人の始祖伝説として書かれているエルグナ・ホンの伝説に由来する. したがって, 現在ここを「モンゴル民族の発祥の地」として地域の知名度をアピールしている. モンゴル帝国時代にこの一帯はチンギス・ハーンの弟であるハフト・ハサルの領地であり, 黒山頭遺跡など 13 世紀頃の遺跡も多くある. 現在中国とロシアの国境貿易の拠点の 1 つとなっている. 内モンゴル自治区の北側のほとんどはモンゴル国との国境をなしており, エルグナ河を境にロシアと隣接しているフルンボイル (呼倫貝爾) 市直轄のエルグナ (額爾古納) 市は 667 km の国境線を形成している.

[ボルジギン・ブレンサイン]

エルサム　Eltham　　　　ニュージーランド

人口：0.2万 (2013)　[39°26′S　174°18′E]

ニュージーランド北島, タラナキ地方の町. サウスタラナキ地区の若干内陸部にある平野にある. ニュープリマスの南南東 50 km, ストラトフォードの南 10 km, タラナキ (エグモント山) の南東側すぐに位置する. 国道 3 号が町を貫いている. 町はサウスタラナキ地区では 2 番目に人口が多い. タラナキ地方の酪農業の発祥の地として知られ, チーズの製造の際に用いられる凝乳剤リネットを製造する地としても有名である. また, 1884 年に中国人事業家チュー・チョンが, 最初にイングランドにバターを送った地とされる. ブリッジストリートは, 1906 年に国内では初めてタールで舗装された道として有名である. この町への定住は 1870 年代に始まった. 密生した森林であったが, 酪農に理想地であると知られ, 製材所がこの地の木々を伐採した. おもな産業は, チーズの製造と屠殺冷蔵業である.

町はタラナキ山にも近く, またロトカレ Rotokare 湖や水力発電ダムとしてつくられたロトランギ Rotorangi 湖に接する. マンガファラファラ Mangawharawhara 川や, サウスタラナキ湾に流れ込むワイゴンゴロ Waingongoro 川が町を流れている. ロトカレ湖や, タラナキ山の観光に便利なエルサム長老教会派キャンプ場や, ロトカレ湖にあるロトカレ公共保護地などがあり, 自然豊かな土地となっている. この湖では, ニュージーランドスズガモやコクチョウなどの希少な野鳥が観察でき, ウルシ科の植物カラカの群落でカラカ (モリバト) が繁殖を行う場もみられる.　　　　[植村善博・太谷亜由美]

エルサルバドル　El Salvador

フィリピン

人口：5.0万 (2015)　面積：106 km²
[8°33′N　124°31′E]

フィリピン南東部, ミンダナオ島南西部, 東ミサミス州の町. 州都カガヤンデオロの西 18 km に位置する. ビサヤ地域からの移民が多く, 言語はセブアノ語を使用する. 面積の 6 割程度が丘陵地であり, 石灰石が採取される. また, 林業や農業も行われ, おもな農作物はバナナ, ヤシ, トウモロコシ, ピーナッツ, カシューナッツがあり, 土地は限られているが稲作も行われている. サンゴの多いマカハラ湾に接し, 漁業に従事する者もいる.　　　　[小張順弘]

エルズミア湖　Ellesmere, Lake

ニュージーランド

テワイホラ　Teu Waihora（マオリ語）

面積：278 km²　長さ：23 km　深さ：3 m

[43°40′S　172°06′E]

　ニュージーランド南島，カンタベリー地方中部の湖．エルズミア地区に属し，バンクス半島西部の入江に近い場所に位置する．この地方では有数の大きさを誇るが，水深はきわめて浅い．湖は長い海岸線に沿ってできた砂礫堆積物による堤防によって海と遮断されており，この堤防のおかげで湖周辺の集落であるタウムトゥにおいては洪水，高潮を防ぐことができている．湖は複数の河川から水の供給を受けているが，最大の河川はセルウィン川である．水辺にはカモやアヒル，ハクチョウ，プケコなどの水鳥が生息している．毎年1〜4月には，数百万匹ものウナギが海からさかのぼり，大漁期となる．またこの時期はフエダイやタラも大量に獲れる．地名は，イギリス国教会カンタベリー協会のメンバーの1人であるロード・エルズミアからきている．ちなみに，マオリ語ではテワイホラという地名で，広い範囲の水という意味である．

［泉　貴久］

エルズミア島　Ellesmere Island

カナダ

面積：212688 km²　長さ：800 km

[76°25′N　82°53′W]

　カナダ，ヌナヴト準州にある大島．大きさは日本列島の本州より少し狭い程度で，長さは約800 km．島の北端はカナダ最北部のコロンビア岬で，北緯83度07分．北極海諸島の北部を構成するクイーンエリザベス諸島の北端部にあたる．北極海とバフィン湾の間の，北からロブソン海峡，ケネディ海峡，ケーン海盆，ナレス海峡，スミス海峡などを隔てて東側にグリーンランドがある．西側には細長いナンセン海峡を隔ててアクセルハイバーグ島がある．

　この広大な島の1/3程度は，更新世の大陸氷河の名残の氷河，氷原で，グリーンランドと似ている．とくに北部には山地が多く，ブリティッシュエンパイア山脈やユナイテッドステーツ山脈は氷河が多く，このあたりから北極海沿岸にかけて約4万 km²に及ぶ広大なエルズミアアイランド国立公園が1986年に指定され，氷河，フィヨルド，野生動物，ツンドラがみられる．夏季には島の2/3で雪が解け，ツンドラが広がり，渡り鳥や極

地性動物（カリブーやジャコウウシ）が集まる．海岸部にはいたるところに大小のフィヨルドが発達している．先住民は遊牧民イヌイットで，主として北岸のアラート，西岸のユーリカ（ユーレカ），南岸のグリーズフィヨルド，東岸のアレクサンドラフィヨルドにも小集落がある．カナダやアメリカの通信基地もあるが，軍事的には海を隔てててデンマーク領グリーンランドのアメリカ軍基地トゥーレに大きく依存している．石炭，石膏の埋蔵もあるが，開発は行われていない．

［正井泰夫］

エルスワース山地　Ellsworth Mountains

南極

標高：4897 m　長さ：360 km　幅：48 km

気温：−30℃

[78°35′S　85°25′W]

　南極，西南極の山地．南極大陸で最も標高の高い山地で，南極半島の付け根を南北に延び，ロンネ棚氷の西端に位置し，背後のエルスワースランドとの境界をなしている．山地はミネソタ氷河によって，北側のセンティネル山脈と南側のヘリティッジ山脈に二分されている．北側のセンティネル山脈には南極大陸最高峰のヴィンソンマシフ（標高4897 m）がある．山地は，1935年11月23日に，ダンディ島からロス棚氷に向けて大陸横断飛行中だったアメリカの探検家リンカーン・エルスワースによって発見された．山地の詳細な地図は，1958〜66年に行われたアメリカ地質調査所の陸上からの調査と，アメリカ海軍の航空機による調査により作成された．山地が明瞭な2つの山塊からなっていることが明らかになると，アメリカ南極地名委員会は，センティネル山脈はより高い北側の山塊，ヘリティッジ山脈は南側の山塊の呼称として限定し，山地全体の呼称として発見者にちなんでエルスワース山地とすることを推奨した．山地の年平均気温はおおよそ−30℃である．山地探査のベストシーズンは南半球の真夏にあたる11〜1月とされる．一番近くにある南極観測基地は，アメリカのサイプル基地である．

［前杢英明］

エルスワースランド　Ellsworth Land

南極

[75°30′S　80°00′W]

　南極，西南極の地域．西側はマリーバードランドに接し，北側にはベリングスハウゼン海を望み，北東側は南極半島の付け根のパーマーランドと接し，東側はロンネ棚氷の西端

部に接する．西経103度24分から79度45分の間に広がり，西経90度より西側はどこの国も領有権を主張していないが，西経84〜90度の間はチリによって，またそれ以外の範囲はチリとイギリス双方によって領有権の主張が重なる部分がある．ベリングスハウゼン海に面する海岸部は，東側はブライアン海岸，西側はエイツ海岸とよばれる．地形は全般に氷で覆われた広大な高地であるが，大陸最高峰のヴィンソンマシフ（標高4897 m）を擁するエルスワース山地のほか，ハドソン山地，ジョーンズ山地，ベーレント山地，メリック山地，スウィーニー山地，スカイフェ山地など，多くの長大な山地が散在している．地名は，アメリカの探検家リンカーン・エルスワースが初めて横断飛行したことにちなんで，1962年にアメリカ南極地名委員会によって命名された．

［前杢英明］

エルソープ　Elsthorpe

ニュージーランド

[39°55′S　176°49′E]

　ニュージーランド北島，ホークスベイ地方の町．牧草地が多く，ネーピアからミドルロードで南70 kmに位置する．町の西の境界には，ホーク湾に流れ込むトゥキトゥキ川が流れている．国内で最も美しいとされるトゥキトゥキ川では，マス釣りが楽しめる．ホースシュー湖などの小さな湖や池が点在する．

［植村善博・太谷亜由美］

エルデネット　Erdenet

モンゴル

人口：9.5万（2015）　面積：8440 km²

標高：1300 m　気温：0℃　降水量：397 mm/年

[49°02′N　104°05′E]

　モンゴル北部，オルホン県の都市で県都．行政上はバヤンウンドゥル Bayan-Öndör 郡に属し首都ウランバートルの北西370 kmに位置する．地名は，宝石のあるところという意味である．人口規模で国内第3位，銅鉱山の町である．世界有数の銅鉱，モリブデン鉱山があり，社会主義時代のモンゴル経済を支えてきた．エルデネット鉱山は1960年代から旧ソ連による探鉱が始まり，76年都市の建設が開始された．1978年，ソ連政府とモンゴル政府が共同で採掘を開始した．コメコン体制下では，エルデネットの銅との物々交換でソ連から石油製品を輸入していた．社会主義崩壊後，銅山は民営化されたが，株式の51%をモンゴル政府が，49%をロシア政府

が保有することになった. ロシア政府は所有権の75%を民間に払い下げたが, 銅山の所有権や権益に関して, モンゴル・ロシアの両者による交渉が続いている. 7月の平均気温は16℃, 1月は−24℃である. 人口は上昇傾向にある.

[島村一平]

エルナクラム Ernakulam インド

標高：4 m [9°59′N 76°17′E]

インド南部, ケーララ州中央部, エルナクラム県の都市. アラビア海, マラバル海岸に面するケーララ州の商業の中心地であり, 重要な港湾都市である. 州都ティルヴァナンタプラムの北方約180 kmに位置する. コチ(コーチン)湾に面して, コチの対岸に位置し, コチと一体的な都市圏を形成している. 1958年にエルナクラム郡が設置された. エルナクラム県はコチなど7つの郡から構成され, 県都はカクカナードに置かれている. 県の人口は328.2万(2011)で, 2001〜11年の人口増加率は5.9%である. 年平均降水量は地形的条件を反映して3000 mmを上回る. 沿岸部にあるために気温の年較差は小さく, 最高気温は一年を通して32〜35℃程度で, 最低気温は25℃程度である. ラグーンや内陸水路が発達し, 多くの島嶼部が存在する. チャイニーズフィッシングと称する大きな定置網がコチ湾の入口や内陸水路に設置されている. これは1350年に中国商人によって紹介されたものとされ, 今では当地域における観光の目玉の1つとなっている. 水産加工業が発達する.

この地域はヨーロッパやアラブから中国をつなぐ東西交流の歴史の中で大きな役割を果たした. このような歴史に根ざして, 多様な文化が融合した都市である. 宗教的にはヒンドゥー教徒が最多であるが, キリスト教徒とイスラーム教徒も多く, 数は少ないがジャイナ教徒, ユダヤ教徒, シク教徒もいる. かつてのコーチン国の首都であり, 2〜3世紀に創設されたユダヤ人コミュニティがある. その歴史を反映して, 1586年に建設されたユダヤ教のシナゴーグやポルトガル, イギリスの建築物などがある. コーチン城には, 1510年に建設された聖フランシスコ教会があり, 24年にヴァスコ・ダ・ガマが埋葬されている. オランダ宮殿ともよばれる, マッタンチェリー宮殿はポルトガル人によって1555年に建設され, エルナクラムの藩王に贈られたが, のちにオランダに奪われたものである. オランダは1774年に交易所を設置した. サンタクルス大聖堂はポルトガル人によって建設されたものである. このような歴史的な観光スポットが数多く存在している.

[土居晴洋]

エルニド El Nido フィリピン

人口：4.2万 (2015) 面積：923 km² [11°12′N 119°28′E]

フィリピン南西部, パラワン島北東部, パラワン州北部西岸の町. 町だけでなく, 沖に浮かぶ大小約50の島々も海岸やサンゴが美しく, リゾート施設がある. 国内外の観光客, ダイバーに人気を博し, シュノーケリング, ダイビング, カヤックなどの水上スポーツに格好の場所である. 近年はエコツアーも盛んになってきた. 州都プエルトプリンセサからはバスで10時間はかかるが, 首都マニラからチャーター便も利用できる.

[佐竹眞明]

エルマク Yermak カザフスタン

人口：4.7万 (1989) [52°03′N 76°55′E]

カザフスタン北東部, パヴロダル州の都市. イルトゥイシ川の左岸, 州都パヴロダルの南20 kmにある. 鉄合金建設資材生産などの工場, 水力発電所がある. 酪農も行われている.

[木村英亮]

エルールー Eluru インド

エローラ (古称)

人口：21.4万 (2011) [16°42′N 81°06′E]

インド南部, アンドラプラデシュ州東部, 西ゴダヴァリ県の都市で県都. かつてエローラとよばれていた. 西ゴダヴァリ県の人口は393.7万(2011)で, 2001〜11年の人口増加率は3.6%である. ベンガル湾から北西約50 km, ゴダヴァリ川, クリシュナ川のほぼ中間に位置する. 両河川を結ぶ運河に沿い, 道路, 鉄道の要衝である. また, 周辺地域は水田農村となっている. 絨毯製造, 皮なめし, 織物製造がおもな工業である. 北10数kmにある広範な遺跡は600〜1000年に存在した仏教王国の首都であったと考えられている.

[土居晴洋]

エレエレ Eleele アメリカ合衆国

人口：0.2万 (2010) 面積：2.8 km² [21°54′N 159°35′W]

北太平洋東部, ポリネシア, アメリカ合衆国ハワイ州, カウアイ島南部コロア地区の国勢調査指定地区(CDP). 住宅地でショッピングセンターがある. かつてはマックブライド砂糖会社があった. すぐ南のハナペペ湾に面したポートアレンは, カウアイ島で最も賑わうレクリエーションボート港の1つである. これは1909年までにエレエレ波止場につけられた名前で, ホノルルの商人であったサムエル・クレッソン・アレンを記念して命名された.

[飯田耕二郎]

エレバス山 Erebus, Mount 南極

標高：3794 m [77°32′S 167°09′E]

南極, 東南極の火山. 南極大陸の火山としては, 西南極のマリーバードランドにあるシドリー山(標高4285 m)に次いで2番目に高く, また最も南に位置する. ロス棚氷がロス海に接する地点にあるロス島西部にそびえる. ロス島には, 活動中の火山ではないが, ほかにテラー Terror 山, バード Bird 山, テラノヴァ Terra Nova 山の3つの火山がある. エレバス山は少なくとも1972年以降ずっと火山活動を継続しており, アメリカのニューメキシコ鉱山技術研究所による観測施設が設置されている. 南極で最も活動的な火山として知られ, エレバス・ホットスポットの噴火帯に位置している. 山頂には地球上で5本の指に入るほど永続期間が長い溶岩湖があり, 溶岩湖や側火口から噴出するストロンボリ型噴火をする.

エレバス山は130万年前に誕生した. 多重式成層火山に分類され, 下部は楯状を呈し, その上に成層状の山体が乗っている. 最古の噴出物は, 比較的未分化で非粘性の玄武岩質ベイサナイト溶岩で, 基部の楯状構造を形成している. わずかに年代の下るベイサナイトとフォノテフライトからなる溶岩が, ファング尾根に分布している. これは初期エレバス山の侵食された残存物であり, 山腹の地質構造において特異な存在となっている. 標高3200 m付近で顕著に現れる山頂台地は, 過去10万年以内に形成されたカルデラであり, この山頂カルデラ内に溶岩湖をもつ小さく急峻な円錐丘がそびえる. エレバス山は現在世界で唯一のフォノライトを噴出する火山としても知られている.

エレバス山(南極).山頂部に溶岩湖をたたえる,現在の南極で最も活動的な火山〔吉田栄夫提供〕

　エレバス山は1841年1月27日に,イギリスの軍人・探検家ジェームズ・クラーク・ロスによって発見された.エレバスとは,古代ギリシャの神の名前で,天地ができたときの最初の神であるカオスの息子で,暗黒の神とされている.初登頂は1908年のイギリスのシャクルトン調査隊のメンバーによってなされたとされている.1977年11月28日,ニュージーランド航空の(DC-10) 901便が,オークランドを離陸して南極上空を遊覧したあと,クライストチャーチに戻る予定であったが,エレバス山付近を飛行中,ホワイトアウトのため山頂付近に衝突し,257人の死者を出す惨事となった.　　　　　　〔前杢英明〕

エレファンタ島　Elephanta Island

インド

ガラプリ　Gharapuri（ヒンディー語）

面積：5.0 km²　　　[18°57′N　72°55′E]

　インド西部,マハーラーシュトラ州,州都ムンバイ(ボンベイ)南端にあるインド門の東約10 kmの海上に浮かぶ小島.固い岩石を掘り抜いた5～8世紀頃につくられたとされる複数のヒンドゥー教石窟寺院がある.最大の石窟寺院の奥行きは40 mにも及び,天井を支える多くの石柱や壁面いっぱいの彫刻がある.それらはシヴァ神にまつわるものが多く,とくに3つの頭をもつシヴァ神の約6 mにも及ぶ巨大な彫像は見事である.これらの石窟寺院群は,1987年に「エレファンタ島石窟群」としてユネスコの世界遺産(文化遺産)に登録されている.ヒンドゥー教の巡礼者が多数を占めるが,ヒンドゥー教徒以外にも世界各地から観光客を集める.インドの重要な観光地となっている.昔,ゾウの彫像が石窟寺院の中庭に立っていたことからポルトガル人がこの島をエレファンタ(ゾウ)島とよんだ.その彫像は現在はムンバイ市動物園にある.　　　　　　　　〔中山晴美〕

エレファント山脈　Elephant Mountains
☞ドムレイ山脈 Dâmrei, Chuŏr Phnum

エレファント島　Elephant Island

南極

面積：558 km²　標高：853 m

　　　　　　　　[61°10′S　55°14′W]

　南極,西南極の島.南極海,サウスシェトランド諸島にあり,氷河に覆われている.諸島中心部の北約200 kmの孤立した場所にあり,フォークランド諸島の南940 km,チリのホーン岬の南東890 kmに位置する.アルゼンチン,チリ,イギリスがそれぞれ領有権を主張している.島の最高地点は標高853 mのパルドリッジ Pard Ridgeである.
　　　　　　　　〔前杢英明〕

エレファントパス　Elephant Pass

スリランカ

[9°31′N　80°24′E]

　スリランカ,北部州キリノッチ県にある狭隘な交通・軍事上の要衝.本島からジャフナ半島への通過点で,両側にラグーン(潟湖)が広がる小水路に国道と鉄道の築堤が南北に走る.ポルトガルが植民地時代の1760年に砦を築き,オランダが76年に改築し,イギリスが継承した.1952年スリランカ陸軍の基地が置かれ,内戦以前から検問所があった.1983年以降の内戦時には3度の大きな戦闘があり,2000～09年にかけては,LTTE(タミル・イーラム解放のトラ)によって軍事支配されていた.内戦に題材をとったスリランカのアクション映画「エレファントパスからの道」(2008)の舞台として知られるようになった.付近では地上に塩が露出している風景がみられ,国内最大の塩田地帯となっている.　　　　　　　〔山野正彦〕

エレフリングネス島　Ellef Ringnes Island

カナダ

人口：0 (2011)　面積：13310 km²　標高：260 m

　　　　　　　　[78°37′N　100°56′W]

　カナダ,ヌナヴト準州北部,クイーンエリザベス諸島を構成する島.ハッセル海峡をはさんで東にアームンリングネス Amund Ringnes島,西にボーデン島,南にキングクリスチャン島がある.1901年にノルウェーのオットー・スヴェルドルプの探検隊が存在を確認し,後援者であった代表的ビールメーカー「リングネス」のエレフ・リングネス,アームン・リングネス兄弟に敬意を表して,この島にはエレフリングネス島と,この島の東にある島にはアームンリングネス島と名をつけた.そのため,アームンリングネス島と一括してリングネス諸島とよばれることがある.両島の東にはアクセルハイバーグ島がある.1902～30年の間,ノルウェーが領有権を主張したものの結局放棄した.島の北部と南部は低地,中央部は丘陵地帯となっており,定住集落はない.西部のアイザクセンには気象観測所があり1948～78年に有人観測が行われたが,その後は自動観測に切り替わっている.　　　　　　〔正井泰夫〕

エレンデール　Ellendale

オーストラリア

人口：392 (2011)　面積：225 km²

　　　　　　　　[42°37′S　146°43′E]

　オーストラリア南東部,タスマニア州中央部の町.州都ホバートの北西75 kmに位置する.マウントフィールド国立公園に近く,

その拠点として便利な場所にあり，国立公園へ向かう客用の宿泊施設も複数存在する．1820年に林業従事者が住み着いたことが始まりである．現在では農業などが行われており，観光にも活用されている．初めてこの場所を発見したロバート・ジョーンズの名前を付したジョーンズ川が村内を流れる．

[有馬貴之]

エレンホト市　二連浩特市
Erenkhot
中国

Erenhot （別表記）

人口：7.4万（2010）　面積：4015 km²
標高：932 m　　　　　　[43°40′N　111°59′E]

中国北部，内モンゴル自治区シリンゴル（錫林郭勒）盟西部の県級市．地名はモンゴル語で彩り豊かな都市を意味する．モンゴル国との国境にある都市で，モンゴル国の首都ウランバートルを経由する中露国際列車の走る鉄道が通り，二連浩特入国管理局が設けられている．1956年に，中露国際列車の開通に伴ってエレン鎮が形成され，66年にエレンホト市となった．2014年，開発開放試験区に指定された．2010年の統計によれば，総人口に占めるモンゴル族の割合は19.3%，漢族の割合は79.8%．町より北東へ9 km離れたエレンノール一帯に二連浩特恐竜遺跡公園があり，世界でも有名な恐竜の化石の産地である．またエレンホトでは中国，モンゴル国，ロシア3国間の国際貿易が盛んに行われている．油田や国際空港もある．

[バヨート・モンゴルフー]

エロード　Erode
インド

人口：15.7万（2011）　降水量：1000 mm/年
[11°21′N　77°44′E]

インド南部，タミルナドゥ州西部，エロード県の都市で県都．カーヴェリ川上流域にあり，コインバトールの東約100 kmに位置する．州都チェンナイ（マドラス）に次ぐタミルナドゥ州第2の都市である．エロード県の人口は225.2万（2011）で，2001〜11年の人口増加率は−18.1%である．1901年の人口はわずか1.5万であった．綿花栽培地域であるとともに硝石の生産地でもある．また，繊維産業ではタオル，ベッドシーツ，ルンギー（インド男性の腰布）が有名で，ターメリックの生産も多い．自動車部品・自動織機製造があり，IT産業の強化にも取り組んでいる．地名の起源は，2つの運河が存在することとも，神話に登場する湿った頭蓋骨（Eera

Odu）に由来するともいわれている．イギリス植民地期にはマラーター人と多くの戦闘がくり広げられた地域である．

[土居晴洋]

エロマンガ　Eromanga
オーストラリア

人口：400（2011）　面積：67413 km²
[26°40′S　143°16′E]

オーストラリア北東部，クイーンズランド州南西部，クイルピー郡区の町．州都ブリスベンの西約1000 kmに位置する．地名は，アボリジニの言語で暑く風の強い平原を意味する．1880年代にはオパール採掘の拠点となったが，現在では年150万バレルを産出する油田の中心地となっている．[秋本弘章]

エロマンゴ島　Erromango Island
ヴァヌアツ

エロマンガ島　Eromanga Island （別称）

人口：0.2万（2009）　面積：888 km²　標高：886 m
[18°49′S　169°09′E]

南太平洋西部，メラネシア，ヴァヌアツ南部タフェア州の島．島は山がちで，中央部は標高800 m級の山々が連なっている．現在，多くの人びとは沿岸部に暮らし，言語はエロマンゴ語が話される．飛行場は西部のディロンズベイ Dillons Bay と東部のイポタ Ipotaに据えられている．1840年代に白檀の自生林が発見され，白人が大挙して押しかけた．近隣の島々と同様，白人のもち込んだ疫病により，1940年代頃まで人口が激減した．

[福井栄二郎]

エローラ石窟群　Ellora Caves
インド

[20°04′N　75°15′E]

インド西部，マハーラーシュトラ州中央部，オーランガバード県にある石窟寺院群．古都オーランガバードの北西約30 kmに位置する．これらの石窟寺院群は1983年に「エローラ石窟群」としてユネスコの世界遺産（文化遺産）に登録された．デカン高原の玄武岩を掘り抜いてつくられた石窟は34にも及び，建築学的技術はもちろんふんだんに刻まれた見事な彫刻芸術，壁面に描かれた壁画は世界遺産にふさわしく，世界中から多くの観光客を集めている．石窟は丘陵地の西の斜面を掘ったもので2 kmあまりにわたって南北に分布し，南から北上するに従って1から

34までの番号がつけられている．第1〜12窟が仏教の，第13〜29窟がヒンドゥー教の，第30〜34窟がジャイナ教の石窟寺院である．5〜13世紀にかけて形成されたものとされるが，仏教窟が5〜7世紀，次いでヒンドゥー教窟が8〜9世紀，ジャイナ教窟が10世紀以降と推定される．数字の順序は形成された年代の順序とは必ずしも一致しない．仏教窟がすべて完成する前にすでにヒンドゥー教窟の掘削が始まっていたといわれる．傑作と誉れ高いのは5，10，12の仏教窟，14，15，16のヒンドゥー教窟，32のジャイナ教窟などである．とくに第16窟のヒンドゥー教のカイラーサ寺院は傑作中の傑作である．

仏教窟は12を数えるがいわゆる礼拝堂は第10窟のみで，厳密にいうと残りの11は僧院である．第5窟は仏教窟の中では最も大きな寺院で，奥行き35 mもあり，集会室，食堂とされる．左手最初の柱に刻まれた彫刻が見事であるが，窟院いちばん奥の椅子に座った姿のブッダが見事である．第10窟は仏教窟唯一の礼拝堂で2階建てである．奥に大きなストゥーパ（仏塔）があり，その前に4.5 mのブッダが座している．馬蹄形に掘り抜かれた窓からさす光に照らされた天井の装飾も見事である．第12窟は8世紀頃の建造で，3階建ての広々したホールをもつ僧院である．シンプルな石柱，彫刻の施された壁面，複数のブッダの座像などが見物であるが，40人もの僧が過ごす細かいくぼみがあちこちに彫り込まれているのも印象深い．3階部分に最も多くの彫刻が施されているが，ここではヒンドゥー教窟の第16窟にみられるような傾向があり，ヒンドゥー教の影響が感じられる．十字形の間取りの方法も第29窟やエレファンタ島のヒンドゥー教窟の影響である．

第13窟からはヒンドゥー教窟で第29窟まで続く．石窟寺院の半分の17窟を占めることになる．仏教窟の彫刻が静的なイメージをもつのに対し，ヒンドゥー教窟のそれは動的で躍動感にあふれている．第14窟は7世紀につくられたといわれるが，シヴァをはじめラクシュミなどヒンドゥー教の神々の彫刻をふんだんにみることができる．入口を入るとすぐヤムナ川，ガンジス（ガンガ）川の神々の彫刻がある．左側の壁面には水牛の頭をもつ悪魔に向かうドゥルガ，幸運の女神ラクシュミ，そしてヴィシュヌの変身ヴァラーハ（イノシシ），ヴィシュヌと2人の妻などが彫られている．右の壁面にはシヴァの気晴らしの情景がさまざまに表現されている．妻のパルヴァティーとチェスをしているシヴァ，

エローラ石窟群(インド), 34の石窟で構成される宗教美術の宝庫《世界遺産》[Shutterstock]

踊っているシヴァ,カイラーサ山を揺り動かそうとしている魔神ラーヴァナをみているシヴァなどである.

第15窟は8世紀半ばにつくられた2階建てのヒンドゥー教窟である.ここもシヴァの彫刻が主であるが,2階の部分にはエローラの中でも突出した傑作といわれる半ライオンの姿のヴィシュヌ,ゾウを助けている姿のヴィシュヌの彫刻がある.この寺院に隣接する第16窟が,エローラ観光のハイライトであることはいうに及ばず,インドのハイライトの1つともいわれるカイラーサ寺院である.石窟寺院としては世界最大で,クリシュナ1世王(在位756～777)の命を受けて建造されたものといわれる.建築家の推測では,20万tの岩塊が何千人もの労働者によって運び出され,何千人もの熟練工が7～8世代にわたって過酷な労働に従事し,150年以上もの年月を要して完成したとされている.彫り抜かれたまわりの壁は,84×47 m,高さ33 mに達する.寺院そのものは,50×33 mであるが,ギリシャのパルテノン神殿の約2倍の広さ,高さ1.5倍で,ピラミッドにも匹敵する巨大さである.1枚の岩から彫り抜かれためずらしい築造方式である.中央ホールの屋根部分は,16の角柱によって支えられている.寺院はシヴァ神に捧げられたとされ,崖を深くくり抜いて彫られている.シヴァ神は最も奥の聖域に,巨大リンガ(男根神)として安置されている.柱のほぼ全面に,架空の動物が豊富に彫り込まれている.回廊には『ラーマーヤナ』,『マハーバーラタ』の物語がふんだんに彫り込まれている.

第30窟からはジャイナ教窟で,これらはヒンドゥー教窟の第29窟からは500 mほど北に位置している.ジャイナ教窟の彫刻はヒンドゥー教窟のものほどダイナミックではないが,特有の細やかさがある上に時代の進歩に伴った技術力の高さをみることができる.

256　エワ　　　　　　　　　　　　　　　　　　　　　　　　　〈世界地名大事典：アジア・オセアニア・極Ⅰ〉

第32窟がジャイナ教窟の中では最も印象的とされる．ジャイナ教の24番目の救世主マハヴィーラに捧げられたもので，2階部分の複雑な彫刻が見事である．　　　［中山晴美］

エワ　Ewa
アメリカ合衆国

人口：0.6万 (2010)　面積：2.9 km²
[21°21′N　158°02′W]

北太平洋東部，ポリネシア，アメリカ合衆国ハワイ州，オアフ島南部の国勢調査指定地区(CDP)．パールハーバーを囲む西の地域にある．19世紀の終わりから20世紀の初めにかけてサトウキビの生産が盛んで，オアフ島の人口集中地区の1つであった．地名はハワイ語で「湾曲した」を意味する．現在，ゴルフコースやオアフ島で唯一，列車を走らせている鉄道の始発駅がある．　　［飯田耕二郎］

エワビーチ　Ewa Beach
アメリカ合衆国

人口：1.5万 (2010)　面積：4.3 km²
[21°20′N　157°59′W]

北太平洋東部，ポリネシア，アメリカ合衆国ハワイ州，オアフ島南部の国勢調査指定地区(CDP)．ママラ湾に面し，パールハーバーの西の入口にあたり，州都ホノルルの西16 kmにある．1932年にエワの町と区別するためにつけられた新しい名前で，町の南側にビーチが広がる．エワビーチとオネウラビーチの2カ所が公園として整備されている．またハワイプリンスゴルフクラブなどのゴルフコースが多い．　　　　　［飯田耕二郎］

エワブ諸島　Ewab, Kepulauan ☞ カイ諸島 Kai, Kepulauan

エンガ州　Enga Province
パプアニューギニア

人口：43.2万 (2011)　面積：11704 km²
[5°27′S　143°42′E]

南太平洋西部，メラネシア，パプアニューギニア中央部高地地方の州．植民地時代には，ウェスタンハイランド州に含まれていたが，1975年の独立と同時に分離した．国内の州の中で唯一，この地域を占める民族言語集団の名を冠して命名されている．州都はワベック．その他の主要な町としては，ワペナマンダ Wapenamanda (人口0.1万)，ライアガン Laiagam (0.1万)，ポゲラ(0.1万)が

ある．東から順に，コンピアム Kompiam，ワペナマンダ，ワベック，カンデップ Kandep，ラガイプ/ポゲラ Lagaip/Pogera の5郡がある．ニューギニア島高地の中で最も標高の高い位置を占める．険しい山と高原，盆地からなり，州内最高峰はポゲラ山(標高3852 m)である．領域の半分以上が標高2000 m以上にあり，人口の多くは1500〜2300 mの位置に分布する．気温は冷涼で，標高1600 m以上では，5〜8月には最低気温は零度近くまで下がる．

州内の言語はエンガ語で，州のほとんどの住民が同一の言語を話す．住民の生業は，サツマイモを主作物とした集約的な焼畑農耕と家畜の豚の飼養である．霜が農作物に被害をもたらすこともある．この地では，テ(Te)とよばれる豚の儀式的交換が行われ，多くの集団を結びつける機会となっている．西欧世界との初めての接触は1938年のことであり，41年にワベックに植民地政府の駐在所が設けられた．1990年代から始まったポゲラの鉱山開発は，この地域に大きな経済的・社会的影響をもたらしている．　　［熊谷圭知］

エンガディン　Engadine
オーストラリア

人口：1.7万 (2011)　面積：9.1 km²
[34°04′S　151°01′E]

オーストラリア南東部，ニューサウスウェールズ州南東部，サザーランド行政区の地区．州都シドニー都心部の南33 kmに位置する．地名は，1890年にチャールズ・マカリスターがこの土地を購入，景色が似ているスイスのエンガディーンにちなんで名づけた．1920年には鉄道のエンガディーン駅が開業，徐々に都市化が進行し，60年代以降は住宅地として開発が進んだ．地区の東側にはロイヤル国立公園が，西側にはヒースコート国立公園が広がっている．　　［落合康浩］

エンガノ島　Enggano, Pulau
インドネシア

人口：0.3万 (2010)　面積：680 km²
[5°24′S　102°14′E]

インドネシア西部，ブンクル州の島．スマトラ島の南，州都ブンクルの南約170 kmの沖合，インド洋上にある．住民は，マレー人がスマトラ島へ移住してきた際に，スマトラから逃れてきた人びとであるといわれている．エンガノとはポルトガル語で失望を意味し，ポルトガル人がかつてここにやってきた

ことを示している．地勢は全体に平地であるが，島中央にブアブアという丘陵(標高250 m)がある．交通は北部の村マラコニからブンクルへ向けてボートが月に2回ほど出ている．漁業，米やコプラなどの栽培が島民のおもな生業である．また，野生の水牛やイノシシを多くみることができる．近年はジャワ島からの非行少年の更生センターともなっている．　　　　　　　　　　　［畝川憲之］

エンゴーニア　Enngonia
オーストラリア

人口：210 (2011)　[29°19′S　145°51′E]

オーストラリア南東部，ニューサウスウェールズ州北西部，バーク行政区の集落．ミッチェルハイウェイ沿いにあり，バークの北約100 kmに位置する．集落の北約40 kmにクイーンズランド州との州境がある．地名は，最初にここに住んだエリンという男がつくった小屋(先住民の言語で gunyah)，つまり Erin's Gunyah が転じたものだといわれる．交通手段や農牧業における労力の主役が牛や馬の力にあった19世紀後期から20世紀初頭には，この集落も近隣の一帯から人びとの集まる中心地として栄えていたが，モータリゼーションが進展し農牧業も機械化が進んだ現代では，この集落の中心地としての役割は縮小した．　　　　　　　　　　　［落合康浩］

エンシー市　恩施市　Enshi　中国

人口：76.9万 (2015)　面積：3972 km²
[30°18′N　109°29′E]

中国中部，フーペイ(湖北)省，エンシー(恩施)自治州の県級市で州都．市政府はシャオトゥーチュワン(小渡船)街道に所在する．トゥチャ(土家)族やミャオ(苗)族の少数民族が人口の約4割を占める．州の政治や文化の中心であると同時に，ウーリン(武陵)山脈に囲まれたこの地区の交通の要であり物資集散地である．鉄道の宜万線(イーチャン(宜昌)〜ワンチョウ(万州))が通り，滬漢蓉(シャンハイ(上海)〜ウーハン(武漢)〜チョントゥー(成都))高速鉄道の一部分になっている．道路は滬渝(上海〜チョンチン(重慶))高速道路が通っている．シュイチャピン(許家坪)空港は武漢などへの路線を有している．チャン(長)江支流の清江が東流し，カルスト地形が発達する．鉱産資源には鉄，石炭，石灰石，セレンなどがある．トウモロコシ，水稲，サツマイモ，小麦が栽培され，養豚が盛ん．茶

葉やタバコに加え，トウジン（党参），トウキ（当帰），テンマ（天麻）など多くの薬材を産する．工業は，化学，機械，建材，製薬，食品などがあり，織物，漆器，水晶の彫刻などの伝統工芸品が知られている．名所旧跡には土司城，竜鱗宮，梭布埡石林などがある．

［小野寺　淳］

エンシー自治州　恩施自治州
Enshi
中国

エンシートゥチャ族ミャオ族自治州　恩施土家族苗族自治州（正称）

人口：332.7万（2015）　面積：24111 km²
[30°18′N　109°29′E]

　中国中部，フーペイ（湖北）省南西部の自治州．全人口のうちトゥチャ（土家）族とミャオ（苗）族がそれぞれ約4割と1割を占める．エンシー（恩施），リーチュワン（利川）の2つの県級市と，チェンシー（建始），バートン（巴東），シュワンエン（宣恩），シェンフォン（咸豊），ライフォン（来鳳），ホーフォン（鶴峰）の6県を管轄する．州政府は恩施市に所在する．ユンクイ（雲貴）高原の東に位置し，ウーシャン（巫山），ウーリン（武陵），斉躍山脈が鼎立して，標高1200 m以上の高山地区が総面積の約3割を占める．北西部と南東部が高く中部に向かって傾斜し，恩施，建始，来鳳，利川，鶴峰などの盆地がある．気候の垂直方向の差異が明瞭である．石灰岩が広く分布し，深く刻まれた峡谷，溶食した窪地，鍾乳洞，伏流，盲谷などが多くみられる．河川は，北部にチャン（長）江，中部に清江とその支流，南部に酉水，郁江，ロー（澧）水などが流れ，水力資源が豊富．
　おもな鉱物資源は，鉄，石炭，天然ガス，リン，セレンなど．木材の出荷は全省の約1/3を占める．希少樹種も多く，利川市の水杉がよく知られている．農作物はトウモロコシ，水稲，芋類，小麦，ナタネがある．タバコ，茶葉，薬材が重要な外貨獲得源になっている．工業は紡織，機械，化学，木材，製茶，タバコ，製薬，皮革などがある．
　鉄道は宜万線（イーチャン（宜昌）～ワンチョウ（万州））が通り，滬漢蓉（シャンハイ（上海）～ウーハン（武漢）～チョントゥー（成都））高速鉄道の一部分になっている．高速道路は滬渝線（上海～チョンチン（重慶））が横断しており，滬蓉線（上海～成都）も通じている．航空は恩施シュイチャピン（許家坪）空港があり，武漢を経由してペキン（北京）や上海への路線がある．水運は長江のバートン（巴東）港が重要である．長江三峡の他，国指定の星斗

山自然保護区や七姉妹山自然保護区があり，土司城，利川の騰竜洞や魚木寨，来鳳の仙仏寺，巴東の格子河石林，咸豊の黄金洞などの名所旧跡がある．

［小野寺　淳］

えんしゅうく　兗州区 ☞ イエンチョウ区
Yanzhou

エンダウ　Endau
マレーシア

人口：0.3万（2010）　[2°39′N　103°37′E]

　マレーシア，マレー半島マレーシア領南部，ジョホール州ムルシン郡の町．ムルシンの北西約30 km，州の東海岸最北部にあり，エンダウ川をはさんでパハン州に接する．周辺域ではアブラヤシの栽培が盛ん．蛇行するエンダウ川下流のマングローブ林の一部は伐開され，エビ養殖池が経営されている．河口にはエンダウ漁港があり，南シナ海沿岸での小型トロール漁業および刺し網漁業の基地となっている．

［田和正孝］

エンダウ川　Endau, Sungai
マレーシア

長さ：130 km　[2°40′N　103°38′E]

　マレーシア，マレー半島マレーシア領南部，ジョホール州とパハン州との州境近くを流れる川．ジョホール州北部のブサール山（標高1036 m）麓に源を発し，支流を合わせながら東流する．その後，北流に転じ蛇行をくり返しながら南シナ海に注ぐ．中上流域は1993年にエンダウ・ロンピン国立公園（面積489 km²）に指定された．フタバガキ林や各種のヤシ林がみられる．マレー半島内で最大のスマトラサイの生息地でもある．下流域のエンダウデルタには低湿な森林地帯が形成されている．河口にある流域内の中心都市エンダウは，ジョホール州東海岸側ではムルシンに次ぐ漁業基地である．

［田和正孝］

エンダビーランド　Enderby Land
南極

[67°30′S　53°00′E]

　南極，東南極の地域．東経45～55度に位置し，西はドロンニングモードランド，東はケンプランドに隣接する．毛皮用アザラシの猟場を発見・開拓するためにイギリスのエン

ダビーブラザーズ会社から派遣されたジョン・ビスコーによって，1831年2月28日に陸地が発見，命名された．ビスコーは2日間，上陸を試みたが果たせず，3月初めに嵐に遭い乗船トゥーラ号ともども北に逃れた．ふたたび南下して3月中旬に切り立った露岩を視認し，岬とみなして母（妻とする説もある）にちなんでアン Ann 岬と命名した．
　ほぼ1世紀の後，ダグラス・モーソン率いる英・豪・ニュージーランド南極探検隊（BANZARE）と，ヤルマル・リーセル・ラルセン率いるノルウェー南極探検隊がこの地域を訪れ，1929年12月から30年1月にかけて，それぞれ水上機により空中写真を撮影した．ビスコーが視認した露岩は岬ではないことが確認され，モーソンによってビスコー Biscoe 山（南緯66度13分，東経51度22分，標高700 m）と改名され，アン岬はその近くの氷の岬に適用された．モーソンとラルセンは洋上で遭遇し，東経45度を両者の活動域の境界とすることで合意した．すなわちエンダビーランドとドロンニングモードランドの境界である．おもな地形として西から，タンジ半島，ケーシー湾，ホワイト島，スコット山地，アムンセン湾，ネーピア山地がある．日本の南極観測隊も昭和基地への往路復路に寄って，沿岸露岩でしばしば地質調査などを実施しているほか，内陸のサンダーコックヌナタクスなどへも昭和基地から雪上車によって長躯調査旅行を行っている．西端部の沿岸にロシアのマラジョージナヤ基地（南緯67度40分，東経45度51分）があったが，1999年に閉鎖され，その後は必要に応じて夏季活動の拠点として利用されている．

［森脇喜一］

エンデ　Ende
インドネシア

Endeh（別表記）

人口：26.1万（2010）　面積：2010 km²
[8°51′S　121°39′E]

　インドネシア中部，小スンダ列島（ヌサトゥンガラ諸島）東部，フロレス島中部，東ヌサトゥンガラ州の県および県都．県は11の郡と103の村からなる．県都（人口1.5万，2010）はサウ海に向け南へ延びる半島の西側の付け根，エンデ島を望むエンデ湾沿いに位置する港町で，中東部に位置するマウメレに次いでフロレス島第2の都市である．県都の面積は約25 km²．背後はイヤ山（標高637 m）をはじめ，イビ，メジャ，ウォンゲなどの山々によって囲まれている．スンバ島をはじめとするヌサトゥンガラ諸島の諸地域へ向

けての海上および航空便が発達しており，ま
たフロレス島内交通の要衝でもある．古くから
教育，貿易，政治活動の拠点としても知ら
れている．エンデ県には，エンデとリオの2
つの自治領があり，同県の人びとはリオエン
デ人とよばれている．

18世紀末頃には同地域に王国が存在して
いた．エンデの貴族家系はジャワのマジャパ
ヒト王国が祖先であると考えられている．
1916～17年に，ワトアピとマリロンガの戦
争とよばれるオランダ植民地政府への反乱が
発生した．また，のちにインドネシア初代大
統領となるスカルノが，1934年にオランダ
植民地政府によって追放された場所としても
知られる．当時のスカルノの住居は現在ブン
カルノ博物館となり，国立聖堂に指定されて
いる．また，インドネシアの国家哲学である
パンチャシラ（5つの指針）の基礎は，スカル
ノがエンデへ追放されていた間に生み出した
とされており，パンチャシラ誕生碑が置かれ
ている．

フロレス島の人口140万のうち約85%が
カトリックであり，島内に3つある教区のう
ち1つがエンデにあり，また学生約400人
を抱える神学校が所在する．しかし，エンデ
においてはジャワ島やスラウェシ島からの移
民が多いため，例外的にイスラーム教徒も多
く住んでおり，カトリック教徒とイスラーム
教徒が人口をほぼ二分している．1992年12
月に地震で大規模な被害を受けたが，現在は
完全に復興を遂げている． ［畝川憲之］

エントランス The Entrance

オーストラリア

人口：0.4万 (2011)　面積：1.7 km²
[33°21′S　151°30′E]

オーストラリア南東部，ニューサウスウェ
ールズ州中央東部，セントラルコースト行政

区の町．三方を水面に囲まれた陸地の先端部
に位置する．地名は，町の西に広がるタゲラ
湖が町の北側にある狭い水路で太平洋とつな
がっていて，いわばこの町が太平洋からタゲ
ラ湖への入口になっていることによる．
1885年に最初のゲストハウスが立地して以
来，人気の保養地として発展しており，別荘
が立ち並び，付近の海岸や湖，町中は多くの
人びとが訪れる観光地となっている．

［落合康浩］

エンピン市 恩平市 Enping

中国

恩平県 (古称)

人口：50.0万 (2015)　面積：1698 km²
気温：23.0℃　降水量：2263 mm/年
[22°11′N　112°18′E]

中国南部，コワントン（広東）省南西部，チ
ャンメン（江門）地級市の県級市．沿海に位置
し，省会コワンチョウ（広州）の南西約200
km離れたチュー（珠）江デルタの一部で，三
国時代に呉が思平県を置き唐代に恩平県とな
った．その後，県として続いてきたが1994
年，県級市となった．3街道10鎮を管轄し，
市政府は恩城街道にある．省内の代表的な華
僑の故郷の1つで，国外に50万人以上の恩
平出身の華僑がいるほどである．1994年，
県から市になってから，華僑からの投資で，
現地の石灰原料を加工する建材工業と，温泉
地を含む観光業が発展している． ［許 衛東］

エンフィールド Enfield

オーストラリア

人口：0.3万 (2011)　面積：0.7 km²
[33°53′S　151°06′E]

オーストラリア南東部，ニューサウスウェ
ールズ州南東部，バーウッド行政区の地区．
州都シドニーの都心の南西13 kmにあり，

地区内をリヴァプールロード（ヒュームハイ
ウェイ）が通る．地名は，ロンドン郊外にあ
る同じ町名に由来する．近隣の地区同様，人
口に占める移民の割合が高く，住民の半数以
上が北京語や韓国語，イタリア語，アラビア
語，広東語など，英語以外を母語とする人び
とである． ［落合康浩］

エンフタイワン Enkh-Taivan ☞ オトゴ
ンテンゲル山 Otgontenger Uul

エンマ港 Emmahaven ☞ トゥルックバユ
ール Teluk Bayur

エンレカン Enrekang

インドネシア

人口：19.0万 (2010)　面積：1786 km²
[3°33′S　119°47′E]

インドネシア中部，スラウェシ島南部，南
スラウェシ州中部の県および県都．サダン川
中流に位置する．北部のルク県との境界には
ランテマリオ山（標高3470 m）とラティモジ
ョン山（3305 m）がそびえる．県の総人口は
南スラウェシ州全体の約2.1%（男性8.9万，
女性8.6万，2003），3万5720世帯からな
り，面積は南スラウェシ州全体の2.8%を占
める．同県は9つの郡と108の村からなる．
県都の人口は3.1万 (2010)．エンレカン県
では，アラビカコーヒー，ココア，香辛料な
どのプランテーションがおもな産業である．
稲作や養鶏なども行われているが，生産高は
南スラウェシ州全体の1%前後を占めるにと
どまる．きわめて小規模ではあるが，ココナ
ッツや綿花のプランテーション，トウモロコ
シ，キャッサバなどの栽培もみられる．ま
た，食料品加工を中心とした製造業も行われ
ている． ［畝川憲之］

オアス　Oas　　フィリピン

人口：6.8万（2015）　面積：264 km²
[13°16′N　123°30′E]

　フィリピン北部，ルソン島南東部，アルバイ州の町．山容の秀麗なことで有名なマヨン山の西20 km，州都レガスピの西北西30 kmに位置し，中心街は国道1号とフィリピン国有鉄道南線で州都と結ばれている．町の中心部はこの地方最大のビコール平野南部米作地帯の一角にあるが，西部はラガイ丘陵地帯に入り，ココヤシ栽培が広がる．

［梅原弘光］

オアフ島　Oahu　　アメリカ合衆国

人口：95.3万（2010）　面積：1545 km²
[21°30′N　158°00′W]

　北太平洋東部，ポリネシア，アメリカ合衆国ハワイ州の島．ハワイ諸島中で3番目に大きく，行政上はホノルル市郡に属する．2000年の人口は，ハワイ州全体の72.3％にあたる87.6万で，その後も増加している．カウアイ島の南東およびモロカイ島の北西で両島の間にある．古い楯状火山の侵食によって形成され，北西から南東方向に並行する2つの山脈が背骨をなす．すなわち北東海岸に沿うコーラウ山脈（最高峰コナフアヌイ山，標高947 m），南西海岸に沿うワイアナエ山脈（最高峰カアラ山，1227 m）である．その間に山の斜面からの水が供給されて，肥沃な平地が広がる．オアフ島にはダイヤモンドヘッド，ココヘッド，パンチボウルの有名なクレーター（噴火口）がある．

　ハワイで商業上最も重要な島であり，人口が最も集中し，ハワイ州の文化，教育の中心である．また観光の中心でもあり，州都ホノルルには最もよく知られるリゾート地であるワイキキがある．太平洋における合衆国防衛の中枢として，オアフ島にはパールハーバーに軍事施設，南海岸にヒッカム空軍基地，中央高原にスコフィールドバラックスがある．ホノルル以外のおもな町は，アイエア，エワビーチ，カイルア，カネオヘ，パールシティ，ワヒアワ，ワイパフである．観光，軍事，サトウキビ，パイナップルや他の作物生産，軽工業が重要産業である．［飯田耕二郎］

オウ江　甌江　Ou Jiang　　中国

おうこう（音読み表記）
面積：17958 km²　長さ：376 km
[27°58′N　120°50′E]

　中国南東部，チョーチャン（浙江）省南部の川．省で3番目に重要な河川である．ウェンチョウ（温州）地級市を通っている．源流は浙江省とアンホイ（安徽）省の境にある洞宮山の北西部である．流長は376 kmで，その間の土地の高低差が1250 mある．上流と中流は山岳地帯，水量が豊富で流れが速いので，水利資源が豊富である．下流は幅が広く，流速も遅くなり，潮汐による氾濫がある．年間の土砂運搬量は273万tあり，鉱物の含量が低く，砂泥の含量が多い．沿岸に砂礫の河原や砂州が多くある．浙江省南部における輸送の動脈のような存在で，川沿いに多くの名所旧跡がある．

［谷　人旭］

オヴァラウ島　Ovalau Island　　フィジー

人口：0.9万（2014）　面積：104 km²　長さ：14 km
幅：10 km　[17°40′S　178°48′E]

　南太平洋西部，メラネシア，フィジー中部の主島．共和国の主島ヴィティレヴ島の東に隣接する幅約10 km，長さ約14 kmの火山島である．島の地形は全体に山がちで，中央部は旧火口部にあたり，そこからロヴォニ河谷が広がっている．弱い乾季（4～11月）がある熱帯気候を呈する．島の東部に位置する港町レヴカは行政，商業，サービス業などの諸機能を擁する島の中心地である．この町は，

オアフ島（アメリカ合衆国），侵食された火山〔小野有五提供〕

19世紀以来ヨーロッパ人の入植, 交易などにより港町として発展し, かつては首都(1874～82)でもあったことから, 往年の面影をよく留めている. そのため, 2013年に「レブカの歴史的港町」としてユネスコの世界遺産(文化遺産)に正式登録された.

[橋本征治]

オーヴァーランドコーナー
Overland Corner
オーストラリア

[34°09′S 140°20′E]

オーストラリア南部, サウスオーストラリア州南東部の村. マレー川右岸(北岸)に位置する. かつて, 内陸の開拓地へ家畜を移動するための, 重要な拠点の1つだった. 現在も酒場として営業を続けるオーバーランドホテルは1859年に建造されたもので, いまなお近くに暮らす人びとの集う場所となっている. 村の南東6 kmには, マレー川の流量を調整するための水門, ロック3(マレー川下流から3番目にある水門)がある. 水門の建設後, その下流では塩類集積や水鳥, 水生植物の減少が顕著になったため, 流域0.42 km²がナショナルトラスト運動によって保護されている. また村の北側には多くのセンターピボット方式の農地があり, 灌漑農業が行われている.

[片平博文]

オーウェン山 ☞ オーエン山 Owen, Mount

オヴス県　Uvs Aimag
モンゴル

ドゥルベド県　Dörvöd Aimag (旧称)

人口:8.0万 (2015)　面積:69585 km²

標高:1300 m　[49°59′N 92°04′E]

モンゴル北西部の県. 県都はオラーンゴム. 北部にモンゴル最大の湖オヴス塩湖を擁する. オヴス湖盆地は1994年に国立公園に指定されていたが, 2003年にはユネスコの世界遺産(自然遺産)に「オヴス・ヌール盆地」として登録された. 北はロシア, 東はザヴハン県, 西はバヤンウルギー県と接する. 県には旧ジューンガル帝国の子孫であるオイラト系のドゥルベド人やバヤド人, 18世紀後半にウズベキスタンから移住してきたといわれるイスラーム教徒農耕民のホトン人などが住む.

2005年には人口10万を超えたが, 近年首都ウランバートルへの人口流出が続いている. 高山植物の果物チャツァルガンの60%は, オヴス県で生産されている. チャツァルガンは, モンゴル伝統医学で喘息や肺炎などの呼吸器系の病気の薬として名高い. また, オヴス県は, 岩塩の生産地としても名高い. 県は1924年チャンドマンオール県の一部であったが, 31年にホブド県と分離して, 県内最大のエスニック集団の名前からドゥルベド県と名づけられた. 1933年にオヴス湖の名をとってオヴス県に名称を変更した.

[島村一平]

オヴス湖　Uvs Nuur
モンゴル

面積:3350 km²　標高:759 m　長さ:79 km

幅:84 km　深さ:29 m

[50°20′N 92°45′E]

モンゴル北西部の湖. モンゴル最大の面積で, 琵琶湖の5倍である. 水深は12～15 m程度で, 最大水深も浅い. 湖の形状は, 円形に近い. オヴス湖には, テス川, ナリーン川, ハルヒラー川などの大小38の河川が注ぎ込む. その一方で, 流出する河川はない. オヴス湖の水は1 lにつき18.7 gの塩分を含有する. 湖の周辺は, ミネラル分を多く含んだ岩塩の産地としても有名である. また春になると, 360種以上の渡り鳥が飛来することでも知られている. オヴス湖周辺の盆地(オヴス湖盆地)の標高がモンゴル高原にしては低地である一方で, ハルヒラー山の山頂のように4126 mに達する地点もある.

また, オヴス湖盆地は, 南北160 km, 東西600 kmに広がり, タイガとよばれる針葉樹林帯やゴビとよばれる砂漠・礫漠地帯, 草原ステップといった多様な自然環境を保っている. 砂漠地帯にはアレネズミ, トビネズミ, マダライタチ, 西端の山々には絶滅危惧種のユキヒョウやオオツノヒツジ(アルガリ)といった珍しい動物が生息している. こうしたことから, オヴスの豊かな自然環境は, 1994年オヴス湖域国立公園に指定されていたが, さらに2003年にはユネスコの世界遺産(自然遺産)に「オヴス・ヌール盆地」として登録された.

[島村一平]

オウセ　Ouse
オーストラリア

オウセブリッジ　Ousebridge (旧称)

人口:368 (2011)　面積:825 km²

[42°29′S 146°43′E]

オーストラリア南東部, タスマニア州中央部の町. 州都ホバートの北西88 kmに位置する. 1850年代まではオウセブリッジとよばれていたが, 60年代から現名称に変更された. 居住が始まったのは1920年代からで, 30年には教会や郵便局が建てられた. オーストラリア初の脚本家であるデイヴィッド・バーンが近隣に住んでいたことでも知られる.

[有馬貴之]

おうりょくこう　鴨緑江 ☞ ヤールー江 Yalu Jiang

オエクシ県　Oecusse, Munisípiu
東ティモール

Oecusse,Municipality (英語) / Oecusse, Município (ポルトガル語) / Oekusi (別表記) /アンベノ　Ambeno (通称) /オエクシアンベノ　Oecussi-Ambeno (別称) /オクシ　Okusi (通称)

人口:5.9万 (推)　面積:815 km²

[9°12′S 124°21′E]

東ティモール, ティモール島西部の県. インドネシア領西ティモールに囲まれた飛び地である. サウ海に面している. オエクシアンベノともよばれ, かつてこの地にあった2つの王国に由来する. 県都パンテマカッサルPantemacassar, ニティベ, オエシロOesilo, パッサベ Passabeの4つの地区に分かれている. ポルトガル人がティモール島に最初に上陸した地であり, ポルトガル領ティモールの発祥地と位置づけられていたため, この島の領有権をめぐるオランダとの争いの末, ティモール島西部がオランダ領, 東部がポルトガル領と分割された後も, ポルトガル領の飛び地として残された.

1975年インドネシアがポルトガル領ティモールに侵攻した際は, この地が占領の端緒となったが, その後のインドネシア支配下においても, 行政的には東ティモール州に属していたため, 2002年に東ティモール民主共和国が独立する際には, オエクシも東ティモールの飛び地としての県になった. 東ティモールからのアクセスは首都ディリから12時間を要する海路(フェリー)が一般的である. そのため物流は限定的で, 物価は高い. 住民の多くはオーストロネシア系のバイケノ語を母語とする.

[塩原朝子]

オーエン山　Owen, Mount
ニュージーランド

オーウェン山 (別表記)

標高:1875 m　[41°33′S 172°32′E]

ニュージーランド南島, タスマン地方の

山．ブラー地域，ワイメア地区にそびえる．山の西側はバルドノブ Bald Knob 山地，東側はルックアウト山地へと連なっている．オーウェンリヴァーの集落を流れるブラー川へと注ぐ小さな河川の源流となっている．地名はイギリスの自然科学者リチャード・オーエン(1804-92)にちなんで，地質学者のユリウス・フォン・ハーストによって名づけられた．ハーストがこの地で発見した鳥類の大腿骨の破片の鑑定をイギリスにいるオーエンに依頼した結果，モア(古代のニュージーランドに生息していた大きな鳥類)のものであると判明したことによる．　　　[泉　貴久]

オーエンスタンリー山脈　Owen Stanley Range

パプアニューギニア

オーウェンスタンレー山脈 (別表記)

標高：4038 m　長さ：300 km　幅：40-115 km

[8°55′S　147°35′E]

　南太平洋西部，メラネシア，パプアニューギニア南部，ニューギニア島南東部に連なる脊梁山脈．山脈の幅は 40〜115 km，全長はおよそ 300 km に及ぶ．最高峰は，標高 4038 m のヴィクトリア山(4035 m，4040 m，4072 m，4073 m，4075 m，諸説あり)である．山脈名は，ニューギニア島南岸を踏査したイギリス海軍の提督オーエン・スタンリー(1811-50)にちなむ．第 2 次世界大戦中の 1942 年 7 月，日本軍は，ニューギニア島東海岸から，この山脈を越えて，ポートモレスビーを攻略する作戦を計画した．熱帯の山系の苛酷さを知らない参謀本部辻正信の無謀な作戦により，苦闘して山越えした日本軍は，アメリカ・オーストラリア連合軍が待ち構えるポートモレスビーを前に，ふたたび山越えの退却を余儀なくされ，多数の病死者，餓死者を出すことになった．山脈を越えるコダトレイルは，現在もオーストラリア，日本の戦跡巡礼の場所となっている．

[熊谷圭知]

オーエンリヴァー　Owen River

ニュージーランド

[41°41′S　172°27′E]

　ニュージーランド南島，タスマン地方の村．ブラー地域，ワイメア地区に属し，オーエン川とブラー川の分岐点の近くに位置する，ブラー川北岸の農村集落である．ネルソンの南西 119 km に位置し，中心部には観光用のホテルが立地している．石炭採掘，漁

業，野生のシカや豚の狩猟などがおもな産業である．　　　[泉　貴久]

オカイアワ　Okaiawa

ニュージーランド

人口：0.1万 (2013)　　　[39°32′S　174°12′E]

　ニュージーランド北島，タラナキ地方の村．サウスタラナキ地区に属し，役場所在地ハウェラの北西 10 km に位置する．成層火山として知られるタラナキ(エグモント山)の南東麓に広がる酪農地帯の小中心地になっており，積極的に多頭育化を進めている酪農経営がとくに多く存在する．また，周辺には天然ガスの採掘井も点在する．タラナキ地方のマオリの指導者であり，第 3 次タラナキ戦争(1868〜69)のリーダーだったティトコワル(1823-88)の出身地として知られる．

[梅田克樹]

オカイハウ　Okaihau

ニュージーランド

人口：0.1万 (2013)　　　[35°19′S　173°46′E]

　ニュージーランド北島，ノースランド地方の町．ファーノース地区のオマペレ湖の北西岸にある．人口の半数近くをマオリ系が占める．1862 年にカナダから集団入植した移住者が，農地の開墾とヨーロッパ式の街区整備を実施し，現在にいたる集落の基礎をつくった．ニュージーランド国鉄オカイハウ支線の終着駅があった(1987 廃線)ほか，国道 1 号も通っている．そのため，ベイオブプレンティやダウトレス湾といった観光地への玄関口となってきた．　　　[梅田克樹]

オーガセラ　Augathella

オーストラリア

人口：0.1万 (2011)　面積：13261 km²

[25°49′S　146°33′E]

　オーストラリア北東部，クイーンズランド州南西部，マーウィ郡区の町．州都ブリズベンの西北西約 750 km，ワレゴー川沿いに位置する．牧羊，牧牛がおもな産業である．

[秋本弘章]

オカタイナ湖　Okataina, Lake

ニュージーランド

テモアナイカタイアナエテランギタカロロ湖
Te Moanai-i-Kataina-e-te Rangitakaroro (正称)

面積：11 km²　標高：311 m　長さ：6.2 km
幅：5.0 km　深さ：79 m

[38°08′S　176°25′E]

　ニュージーランド北島，ベイオブプレンティ地方の湖．オカタイナカルデラにある 4 つの湖の中で，最も大きい．正式名称をテモアナイカタイアナエテランギタカロロという．約 14 万年前の噴火によって形成された．かつてはタラウェラ湖の一部だったが，約 7000 年前のオカタイナ火山噴火によって流出した溶岩が，湖を 2 つに分離した．現在，湖の周辺はマオリ所有地であり，景観保護区に指定されている．湖の食物連鎖の頂点にたつのはニジマスであり，豊富に生息するザリガニやキュウリウオを捕食して，短期間のうちに体長 30 cm 超に成長する．とくに大物が釣れる 4〜6 月には，国内外から多数のルアーフィッシャーが湖を訪れる．ただし，自然保護の観点から，ライセンス制による厳格な入漁規制が敷かれている．　[梅田克樹]

オカト　Okato

ニュージーランド

人口：0.1万 (2013)　標高：100 m

[39°12′S　173°53′E]

　ニュージーランド北島，タラナキ地方の村．ニュープリマス地区に属し，役場所在地ニュープリマスからは，南西およそ 23 km にある．成層火山として知られるタラナキ(エグモント山)の北西麓に広がる酪農地帯の小中心地になっている．集落内を通る国道 45 号は，サーフハイウェイと通称されている．集落は標高 100 m 付近にあり，海岸からは約 5 km 離れている．黒砂が堆積した遠浅の海岸では，適度な波が立つ上に気候が温暖なことから，サーフィンやヨットなどのマリンスポーツが盛んに行われている．一帯にはタラナキ油田が広がっており，集落周辺にも天然ガスの採掘井が点在する．　[梅田克樹]

オカフ　Okahu

ニュージーランド

[36°00′S　174°03′E]

　ニュージーランド北島，ノースランド地方の村．カイパラ地区に属し，役場所在地ダーガヴィルの南東 17 km に位置し，国内最北

端のワイナリーが立地することで知られる. 地名の由来は, マオリ語で霧が深い谷の意であるとの説が有力. その温暖湿潤な気候を活かして, シラーズ種とセミロン種を中心に, 約2.5 ha のブドウ畑が広がっている. ただし, その他の品種を栽培するのはむずかしく, ギズボーン地方などから移入されている.　　　　　　　　　　　　　［梅田克樹］

オカフクラ　Okahukura

ニュージーランド

[38°48′S　175°14′E]

ニュージーランド北島, マナワツワンガヌイ地方の町. ルアペフ地区のオンガルー川左岸, タウマルヌイの北西 10 km に位置する. 鉄道の北島縦貫本線(1908 開通)とトーコ支線(1932 開通)の分岐駅がある. ファンガモナを経てストラトフォードにいたるトーコ支線は, かつてはタラナキ地方への大動脈だった. しかし, 輸送量の減少に伴って 1983 年に定期旅客列車は廃止され 2012 年から 30 年間の契約で観光用のガソリンカーを運行する旅行ベンチャー企業に賃貸されている.　　　　　　　　　　　　　　［梅田克樹］

オガン川　Ogan, Sungai

インドネシア

面積: 8233 km²　長さ: 110 km
[3°01′S　104°45′E]

インドネシア西部, スマトラ島, 南スマトラ州を流れる川. コムリン Komering 川(流域面積9908 km², 長さ165 km, 平均幅236 m)とともに南スマトラ州を東西に横切るムシ川の支流. 両河川は州都パレンバンでムシ川に合流する. 川沿いにはマレー系のオガン人が暮らす. 川では住民たちが水浴びする光景がよくみられる.　　　　　　［浦野崇央］

オーキー　Oakey

オーストラリア

人口: 0.5 万 (2011)　面積: 214 km²
[27°27′S　151°43′E]

オーストラリア北東部, クイーンズランド州南東部, トゥーンバ郡区の町. 州都ブリズベンの西約 160 km, 肥沃なダーリングダウンズに位置している. 牧牛や酪農, 小麦やラッカセイの栽培が盛ん. 付近にオーストラリア空軍の基地がある.　　　　　［秋本弘章］

オクスフォード　Oxford

ニュージーランド

人口: 0.2 万 (2013)　[43°18′S　172°12′E]

ニュージーランド南島, カンタベリー地方中部の村. オクスフォード地区に属し, プケレラキ山地の南山麓, カンタベリー平野の北端, エア川沿いに位置する. クライストチャーチの西北西 55 km にあり, 学校, 総合病院などが中心部に立地している. 農牧業が盛んで, 農場や羊の飼育場が周辺に広がっており, また郊外にはキャンプ場やピクニックスポットも存在する. この集落は豊富な森林を背景に, 1850 年代に製材所がつくられたことが開拓の始まりとなっている. しかし, 1900 年までには集落の近くの丘陵地の森林は伐採し尽くされてしまった. 地名は, 世界的に有名なイングランドの大学都市にちなんで名づけられたものといわれている. 当時イギリス国教会の一派であったカンタベリー協会の創始者の一人サミュエル・ウィルバーフォース司教(1805–63)が命名者であるという記録も残っている.　　　　　［泉　貴久］

オクスリーズ山　Oxleys Peak

オーストラリア

標高: 約 1130 m　[31°52′S　150°21′E]

オーストラリア南東部, ニューサウスウェールズ州中央東部の山. 州都シドニーの北約 240 km に位置する. 南方約 30 km には, 人口 1790 (2011)のメリーワがあり, 多くの登山客が滞在する. また, 山麓には, ゴールバーン川の支流であるクリ Kuri 川やメリーワ川が流れており, 多様な動植物をみることができる.　　　　　　［笹本裕大・落合康浩］

オクチャブリスク　Oktyabr'sk ☞ カンダガチ　Kandagach

オクチョン　沃川　Okcheon

韓国

人口: 5.1 万 (2015)　面積: 537 km²
[36°18′N　127°34′E]

韓国中部, チュンチョンブク(忠清北)道南部の郡および郡の中心地. 行政上は沃川郡沃川邑. 2010 年の沃川郡の人口は 5.0 万である. 1975 年の人口は約 10 万であったので, この間に約 5 割に減少した. 郡域をキョンブ(京釜)線, 新幹線, 京釜高速道路が通過する. クム(錦)江のテチョン(大清)ダムによっ

てつくられた大清湖の上流部を占めている.　　　　　　　　　　　　　　［山田正浩］

オクテディ川　Ok Tedi River

パプアニューギニア

[6°11′S　141°04′E]

南太平洋西部, メラネシア, パプアニューギニア西部, ウェスタン州の川. 州北部のスター山地を源流とするフライ川の支流である. 国内最大の銅山の 1 つが位置する. オクは地元の言葉で川を意味する. 1986 年に操業を始めたオクテディ銅山は, パプアニューギニアの中でも最も辺境の 1 つである周辺地域に, 大きな社会的・経済的影響をもたらしている. 鉱山に近接するタブヴィルの町は, 周辺からの移住者も加わって, 人口が急増している. 銅山から廃棄された屑鉱がフライ川を汚染して, 河床の上昇による洪水を引き起こし, 森林や魚類など生態系に深刻な影響をもたらしている.　　　　　　　［熊谷圭知］

オークラ　Oakura

ニュージーランド

人口: 0.1 万 (2013)　[39°07′S　173°57′E]

ニュージーランド北島, タラナキ地方の町. ニュープリマス地区, ノースタラナキ湾に面している. ニュープリマスの南西 15 km に位置し, 国道 45 号が通る. 町を流れるオークラ川は, ノースタラナキ湾に流れ込む. タラナキ(エグモント山)へは, ふもとのプリマスロードまで 13 km 程度と非常に近い. オークラビーチは, タラナキ地方の西海岸の 3 つのみある浜辺のうちの 1 つとなっている.　　　　　［植村善博・太谷亜由美］

オークランド　Auckland

ニュージーランド

人口: 138.2 万 (2013)　降水量: 1240 mm/年
[36°53′S　174°45′E]

ニュージーランド北島, オークランド地方の都市で行政中心地. 国内で最も人口の多い大都市で, 1841～65 年は首都であった. 市の人口のみで, 国全体の 10% が集中する. 郊外のマヌカウにオークランド国際空港があり, 空の玄関口となっている. 市は 50 ほどの単成火山群からなるオークランド火山帯の上にあり, 円錐状の火山, 湖, 沼, 窪地, 小島が数多くある. 市は地峡の上, またそれを取り囲むようにして形成されているが, マン

オクラ 263

ゲレ海峡とタマキ川にはさまれた最も狭い場所で幅2km未満にすぎない．海に囲まれた土地で，北にハウラキ湾に続くワイテマタ港，南にタスマン海へと続くマヌカウ湾が入り組む．このような地形を利用して，昔から海上交通が栄え，帆の町とよばれてきた．また南東は比較的低いフヌア山地，西から北西にかけてはワイタケレ山地と小さな山地に囲まれており，緑豊かな郊外に恵まれる．

気候は温暖な海洋性気候で，非常に過ごしやすい．年間の平均日照時間は2060時間で，夏季の2月の平均最高気温は23.7℃，冬季7月の平均最高気温は14.5℃と年較差も小さい．降水量は比較的多く，年間を通じて降雨があり，降水日数は137日を超える．降雪は非常にまれである．

歴史的には，1350年頃からこの肥沃な地峡にマオリが定住し始めたといわれる．やがて，ヨーロッパからの入植が1839年から始まり，40年にはワイタンギ条約により正式にイギリスの植民地となった．地名は，オークランド伯爵ジョージ・イーデンの名前にちなんで命名された．1841年にニュージーランドの首都として公式に定められたが，南島に近いという理由で首都は65年にウェリントンに移された．

オークランドの居住者の民族構成は，パケハとよばれるヨーロッパ系白人が59.3%（2013国勢調査）と最も多いが，アジア系の人びとが23.1%，太平洋諸島の人びとが14.6%，マオリ系の人びとは10.7%，その他，中東，ラテンアメリカ，アフリカ系の人びとが1.9%となっている．近年，アジア系民族やその他の非ヨーロッパ系民族の移住により，これらの人びとの人口が急速に増加し，人口集中をもたらしたため，この地域へ

オークランド(ニュージーランド), イーデン山噴火口跡からの市街の眺め〔小野有五提供〕

の移住(永住権取得)には移住に必要とされるポイントが他地域よりも高く設定されている.

経済もこの都市に集中し, 海外の大手の企業もオークランドに支社を置き, クイーンズストリートの下部, ヴァイアダクトベースン Viaduct Basin 付近は最も事務所賃料が高くなっている. また, このヴァイアダクトベースンは, 二度のアメリカズカップの出場者を歓待した地でもあり, 数多くのレストラン, カフェなどが立ち並ぶ. クイーンズストリートは商業地の中心となっている. バス交通が盛んで, 中心地から郊外へのバスが発着する. また中心部には無料の循環バスも運行している. 鉄道はブリトマート・トランスポートセンターから4路線, ウェスタン線, サザン線, イースタン線, ワンフンガ線が郊外へ延びている. また北島唯一の長距離線ノーザンエクスプローラーが, ウェリントンとを結んでいる. しかしながら, 最も多く利用されるのは個人の自動車で, 大動脈として国道1号が南北を貫き, 郊外とを16, 20号が結んでいる. また, 海に面していることからフェリーの利用も盛んで, 近郊の島々とを結んでいる. 福岡県福岡市, 福島県富岡町, 栃木県宇都宮市, 東京都品川区, 大阪府大阪市, 兵庫県加古川市と姉妹都市提携を結んでいる.

[植村善博・太谷亜由美]

オークランド地方　Auckland Region
ニュージーランド

人口: 141.6万 (2013)　面積: 4894 km²
[36°53′S　174°45′E]

ニュージーランド北島北西部の地方. 国内最大の都市地区で, 2013年の国勢調査によれば国内の総人口の約1/3にあたる141.6万がこの地区に居住している. 16地区の中でも土地面積は第2位と小さいながら, 最大の人口を抱える経済地域となっている. 2010年11月にはオークランド市とマヌカウ市, ノースショア市, ワイタケレ市, パパクラ地区, ロドニー地区, フランクリン地区の7つの市, 地区を統合した.

北はカイパラ湾の河口から, 南北はオークランド半島部を占め, ワイタケレ山地を越えてマヌカウ湾に面する低地を含み, ワイカト川の河口が南端である. 西はタスマン海, 東は太平洋に面する. 東部のハウラキ湾は太平洋からの玄関口で, 大小の島々が浮かび, 有名なグレートバリア島はこの北東に位置する. このハウラキ湾の西の入江となっているのがワイテマタ港で, オークランド市の主たる港であり, 国内でも最大の港を形成している. 西はタスマン海に面する自然港であるカイパラ湾とマヌカウ湾があるが, これらは水流が不安定であるため, 海運にはほとんど使用されない. マヌカウ湾にオークランド国際空港が位置する. オークランド地方の都市部はほとんどがオークランド火山帯の上にあり, ランギトト島が形成された600年前の噴火以来, 活動が休止している.

この地方の行政はオークランド行政区によって治められているが, 環境保護, 都市交通財政, 地区公園や海岸の保全など, 活動はごく限られており, ほかの行政は市などの地方自治体が請け負う.

[植村善博・太谷亜由美]

オークランド諸島　Auckland Islands
ニュージーランド

人口: 0 (2002)　面積: 600 km²
[50°45′S　166°05′E]

ニュージーランド, 南島沖の諸島. 南島最南端の町ブラフの南南東465 kmに位置する. かつては開拓者によって牧羊や農業, 捕鯨が試みられたりするなど定住化を進める動きがあったものの, 現在は自然環境や生態系保護の観点から完全な無人島となっている. 本島と隔絶された空間であるゆえに固有の動植物が生息しており, その結果, 1998年に「ニュージーランドの亜南極諸島」の一部としてユネスコの世界遺産(自然遺産)に登録されている. 島々への上陸は厳しく制限されており, 一般の観光客が入島する場合, 政府の指定した観光業者の企画するツアーに申し込みをしなければならない.

最大の面積を誇るのはオークランド島で, 面積は510 km²である. 切り立った崖と, 山がちで起伏が激しく, 風雨によって侵食された地形が特徴的で, 断崖の高さは600 mを超えている. この島には数多くの入江が存在するが, とりわけ島の北端には最大の入江であるポートロス Port Rossが存在しており, 船舶が入島するときのメインゲートとなっている. オークランド島の南にはアダムズ島が位置しており, 両島は細い海峡によって隔てられている. この海峡は死火山の火口の残骸であり, かつてオークランド島の南部とアダムズ島は1つの火山の外輪山を形成していた. オークランド諸島には, ほかに多数の小さな島々の密集している領域が存在する. 注目すべき領域としては, オークランド島の北西10 kmに位置するディサポイントメント島と, オークランド島北端の北1 kmに位置するエンダービー島であり, それぞれ5 km²以内に小さな島々が密集している.

オークランド諸島は, 1806年にイギリスの捕鯨船船長アブラハム・ブリストーによって発見された. ブリストーは, 父親の友人である初代オークランド男爵のウィリアム・エデンに敬意を表し, 1806年8月18日にこの地を「オークランド卿のもの」と命名した. 翌1807年, イギリスはオークランド諸島がイギリス領であると主張し, 39年には探検

家のジュール・デュモン・デュルヴィルがこの地を訪れた．また，1840 年には探検家のジェームズ・クラーク・ロスがここを訪れている．1846 年，イギリスの社会改良家であるチャールズ・エンダービーは，この地に農業と捕鯨を基盤とする組織を設立するため，マオリ族の一団を移住させる計画を立てた．エンダービー率いる一行は 1850 年にポートロスへの定住を試みたが，わずか 2 年で失敗に終わった．1863 年，イギリス帝国議会は，ニュージーランドの境界線をオークランド諸島まで拡大した．

オークランド諸島の沿岸は起伏の激しい地形であるため，数多くの船が損害を被った．1864 年 1 月 3 日には，オークランド諸島沿岸でスクーナー船グラフトン号が難破，66 年 5 月 14 日にはオークランド諸島西方沖でジェネラルグラント号が難破した．ジェネラルグラント号には金塊が積まれていたと伝えられており，これまでに幾度となく積荷の引き揚げが試みられてきたものの，失敗に終わっている．20 世紀に入ってからも海難事故は絶えず，1907 年にはディサポイントメント島近海でダンドナルド号と 12 人の乗組員が行方不明になった．1940 年代に入り，オークランド諸島はニュージーランド測候所に管理されるようになったが，わずか数年で閉鎖されている．偏西風が強く吹いており，天候が不順となることが多く，人間が生活するにはかなり厳しい環境となるためである．

[泉 貴久]

オクル　Okuru　ニュージーランド

[43°55′S　168°56′E]

ニュージーランド南島，ウェストコースト地方の村．オクル川エスチュアリーの南側，ターンブル川河口付近に位置する農村集落である．ウェストランド地区南部に属し，ジャクソン湾の北東 35 km，フォックス氷河の南西 130 km に立地している．周辺は羊や牛の牧草地帯となっている．集落が開拓されたのは 1872 年で，イタリア人をはじめとする南ヨーロッパ系の移民が入植した．

[泉 貴久]

オケオ遺跡　Oc Eo　ベトナム

オクエオ遺跡 (別称)

[10°14′N　105°09′E]

ベトナム南部，メコンデルタ，アンザン省

の都市遺跡．ハウ川沿いの省都ロンスエンの南西約 30 km，タイ湾へは西 20 km の距離にある．付近一帯はメコンデルタの低湿地帯に属し，洪水の常襲地帯であるが，遺跡そのものはバテ Ba The 山 (標高 200 m 弱) の小丘の麓にある．1944 年にフランス人のルイ・マルレによって，発掘や地形図の解析から長方形の都市区画が認められたほか，多数の水路跡も発見された．その後，ベトナム人研究者により発掘が続けられた結果，多数の出土品が確認された．中でもオケオの名前を有名にした出土品は，ローマ皇帝アントニヌス・ピウス (在位 138〜161) とマルクス・アウレリウス (在位 161〜180) の銘が刻まれた金のコインや，サンスクリット語の刻文のあるスズ製の小板や装身具，ヒンドゥー教の神像といったインド系の出土品，さらには中国製の鏡などで，オケオが 2 世紀当時すでにローマからインドを経て中国を結ぶ東西交易ネットワークの中に組み込まれていたことを示すものであった．そのためオケオは，中国史書に現れる扶南の勢力範囲内にある港市の 1 つであると考えられた．

扶南は 1〜7 世紀にこの地に勢力をもつ国として栄え，とくに 5〜6 世紀前半にはその中心はメコンデルタにあったと考えられる．オケオは扶南の外港として栄えていたと同時に，隣接するバテ山からヒンドゥー教の神像などが出土していることから，聖地として位置づけられていたと考えられる．オケオから伸びる水路は，北方約 90 km に位置するカンボジア領アンコールボレイにもつながり，オケオと同様，聖地の周辺に集落があったことがわかっている．オケオは東西交易の拠点であっただけでなく，その出土品を指標とする当時の文化レベルが，メコンデルタ一帯に広がっていたことが現在ではわかっている．そのため，紀元前 2 世紀から紀元後 12 世紀頃までをオケオ文化とよび，外来文化の土着化の過程が検討されている．

オケオは低湿地帯に立地するにもかかわらず，現在では稲作が行われ人びとが居住する．おもに 19 世紀のフランス植民地時代以降，多数の水路が掘削されたが，その掘削土を水路の両側に盛り上げて堤防および道路とし，この高みを人びとは居住空間として利用した．また，水路網の整備により，洪水でも生育する浮稲から高収量性の短稈種に転換され，生産性が増加した．

[柳澤雅之]

オゴアマス山　Ogoamas, Gunung　インドネシア

標高：2526 m　[0°39′N　120°11′E]

インドネシア中部，スラウェシ島，中スラウェシ州ドンガラ県の山．州都パルからスラウェシ島北東端にいたる半島状の地域が北東から東に向きを変えるあたりにあるドンガラ県北部から，トリトリ Tolitoli 県南部，モウトンパリギ Moutong Parigi 県北部にかけて延びるオゴアマス山脈の山である．

[山口真佐夫]

オーサ　Ootha　オーストラリア

人口：92 (2011)　面積：414 km²

[33°07′S　147°27′E]

オーストラリア南東部，ニューサウスウェールズ州中央部，フォーブズ行政区の小さな集落．州都シドニーの西北西約 430 km にあり，コンドーボリンの東約 30 km に位置する．地名は，耳を意味する先住民の言葉に由来する．地理的に州全域のほぼ真ん中近くにあり，州における三角測量の原点とされるデリオン Derriwong は，集落の西およそ 10 km の地点にある．鉄道のブロークンヒル線が集落付近を通るが，かつて存在したオーサ駅は閉鎖された．また，オーサとコンドーボリンとを結ぶコンドーボリンロードが舗装・整備されたのちは，コンドーボリンに出ることも容易になったため，集落内のサービス業はなくなった．

[落合康浩]

オサミス　Ozamiz　フィリピン

ミサミス　Misamis (旧称)

人口：14.2 万 (2015)　面積：170 km²

[8°09′N　123°51′E]

フィリピン南部，ミンダナオ島北岸，西ミサミス州最大の都市．イリガン湾奥，パガディアン-パンギル地峡 (13 km 弱) に通じるパンギル湾の出口に位置するその地理的特性から，スペイン植民地権力がこの地をミンダナオ島征服のための戦略的拠点とみて早い時期に要塞を建設した．それが核となってミサミス町がより大きな集落へと発展，やがて北部ミンダナオのカトリック布教中心地となった．オサミス市となったのは 1948 年のことである．市内の大聖堂にはいまでも国内最大で最も美しい音色をもつといわれるオルガンが残っている．市域内はカカオ，果樹，野菜栽培が行われ，織物など特産物もあるが，製造業など経済発展の起爆材に乏しく，たんに

266　オサン

〈世界地名大事典：アジア・オセアニア・極Ⅰ〉

地方交易中心地としての機能を有するにすぎない．そのため人口増加は 1948 年の 3.5 万から 2000 年の 11 万へと約 3 倍増にとどまり，半世紀間の増加率は年平均 2.22% にすぎず，全国平均（2.69%）を大きく下回っている．

［梅原弘光］

オサン　烏山　Osan　　　韓国

うさん（音読み表記）

人口：21.4 万（2015）　面積：43 km²
[37°09′N　127°05′E]

　韓国北西部，キョンギ（京畿）道南部の都市．1989 年市制施行．朝鮮戦争時の激戦地の 1 つである．在韓アメリカ軍の空軍基地がある．ソウル首都圏の拡大によって，1990 年代後半から人口増加が著しくなった．また，ソウル，インチョン（仁川）の大都市に近いため，製造業が多く流入している．

［山田正浩］

オーシ　Osh　　　クルグズ

人口：26.5 万（2014）　降水量：500 mm/年
[40°32′N　72°48′E]

　クルグズ（キルギス），オーシ州の特別市で州都．国内第 2 の都市で，首都ビシケクの南西 320 km，フェルガナ盆地南部のアクブ河畔に位置する．オーシとタジキスタンのホログを結ぶ道路の起点である．鉄道駅がある．人口構成はウズベク人，クルグズ人，ロシア人，ウクライナ人，タタール人である．絹織物，養蚕，綿，縫製，履物製造などの工業のほか，バター，食肉などの食品工業が盛んで，中央アジア最大の絹市場である．目下，タジキスタンのホログを主とする周辺諸国のケシ栽培を基礎とするアヘン取引の中心地となっている．教育大学，綿作博物館などがある．

　中央アジア最古 3000 年前の居住地の 1 つである．2009 年に「スライマン-トー聖山」としてユネスコの世界遺産（文化遺産）に登録された，かつてのイスラーム教徒の巡礼地であった奇山を控える古都で，9 世紀から知られ，インドへの通商路にあり，数百年間，絹生産の中心地であった．旧市街がより大きい新市街と結合していった．大学が 2 つあるが，1 つは国内で最も古い．詩人・思想家でムガル帝国の創始者バーブル（1483-1513）の隠れ家もここにある．古い灌漑システムとアレクサンドロス大王時代の要塞がある．19 世紀にロシアに征服された後，約 80 のロシア人やウクライナ人の集落がつくられた．石

炭鉱床の発見とともにタタール人炭鉱労働者も移ってきた．クルグズ人も山間部から都市に移ってきた．1990 年には数度のウズベク人とクルグズ人の衝突があり，600 人を超える死者・行方不明者，4000 人以上の負傷者を出した．

［木村英亮］

オーシ州　Oshskaya Oblast'　　　クルグズ

人口：100 万（2009）　面積：28930 km²
[40°32′N　72°48′E]

　クルグズ（キルギス）南西部の州．州都はオーシ．アライ山脈が連なる南部で標高が高くなり，南はタジキスタンと国境を接する．東のナルイン州との境界はおおよそフェルガナ山脈の尾根にあたる．カラダリア流域に位置し，カラダリア川はフェルガナ盆地でナルイン川と合流しシルダリア川となる．オーシからタジキスタンにかけて南部を高速道路が走り，サリタシから中国国境のイルケシュタムに向かって支線が通じる．オーシからウズベキスタンのホジャアバドにいたる道路を 4 km ほど行ったところにクルグズでただ 1 つの飛び地バラク村がある．州内にはオーシのほかにウズゲン，カラスー，ノーカトの 3 町と 2 つの都市型集落，474 の村がある．2009 年の国勢調査によると総人口は 99 万 9576 で，うち 8 万 2841 人が都市部に，91 万 6735 人が地方に住む．国内のウズベク人の過半数はこの州に集中しており，州人口の 3 割を占める．

［木村英亮］

オーシギーンウヴル遺跡
Uushgiin Övöriin Bugan Khöshöö　　　モンゴル

[49°39′N　99°56′E]

　モンゴル北部の遺跡群．青銅器時代（紀元前 11～9 世紀頃）の遺跡群で，フヴスグル県の県都ムルンの西 25 km 離れたオーシグ山の山麓にある．鹿石とよばれるシカの姿が彫られた高さ 1.5～4.8 m の石柱群が 17 基ある．そのうち 3 基は日本・モンゴル合同調査隊の発掘によって発見されたものである．鹿石は，モンゴル国を中心としてユーラシア北部の草原地帯から中国のシンチャン（新疆）ウイグル（維吾爾）自治区やカザフスタン，ジョージア（グルジア），ブルガリア，ドイツまで広く分布する．モンゴルにはおよそ 500 基の鹿石が確認されているが，オーシギーンウヴル遺跡は最大級の鹿石遺跡である．鹿石の

表面に刻まれたシカは，嘴のように長い鼻面が太陽に向かって飛んでいるかのような意匠が凝らされている．そしてシカの角は背中の上をまるで翼のごとくたなびいている．遺跡の鹿石の周辺には，考古学者たちがヘレクスールとよぶ，石囲いがついた積石塚が築かれている．ヘレクスールは現地の人びとがクルグズ（キルギス）人の墓という意味でよんでいたヒルギスフールというモンゴル語が語源である．それをロシア人考古学者が誤って聞き取ったヘレクスールが学術用語として定着した．鹿石の用途は不明であるが，呪術宗教的な祭祀とかかわっていると考えられる．オーシギーンウヴル遺跡は，2014 年アルハンガイ県ホイドタミル谷遺跡などとともに，「青銅器文化の精髄，鹿石遺跡群」としてユネスコの世界遺産（文化遺産）の暫定リストに記載された．

［島村一平］

オーシャン自治県　峨山自治県
Eshan　　　中国

オーシャンイ族自治県　峨山彝族自治県（正称）/
がさんじちけん（音読み表記）

人口：16.4 万（2012）　面積：1972 km²
[24°09′N　102°21′E]

　中国南西部，ユンナン（雲南）省中央部，ユィーシー（玉溪）地級市の自治県．1951 年 5 月に雲南省で最初の民族自治地方として設置され，民族区域自治制度を実践するモデルケースとして雲南各地で宣伝された．県政府は双江街道に置かれている．現在でもイ（彝）族人口が 5 割強を占める．石炭や鉄鉱石などの鉱物資源があるが，まだあまり産業化されていない．農業がおもな産業であり，米，トウモロコシなどの主食類のほか，タバコ，サトウキビ，茶葉なども生産されている．

［松村嘉久］

オスケメン　Oskemen　　　カザフスタン

ウスチカメノゴルスク　Ust-Kamenogorsk（露語）

人口：32.1 万（2010）　面積：540 km²
[49°58′N　82°36′E]

　カザフスタン東部，東カザフスタン州の都市で州都．セメイの東南東 180 km，西アルタイ山脈の山麓に位置する．1868 年にセミパラチンスク州の州都となった．イルトゥイシ川とウルバ川の合流点の河港．ソヴィエト期に採鉱・冶金センターとして発展し，非鉄金属，とくにウラン，ベリリウム，タンタル，銅，鉛，銀，亜鉛が重要である．組立住

オーシギーンウヴル遺跡（モンゴル），遺跡にそそり立つ鹿石〔島村一平提供〕

宅と鉄筋コンクリート製造が盛んであった．付近に大水力発電所・水門がある．1720年にピョートル大帝の命により，イルトゥイシ川とウルバ川の合流点に交易場・軍事的前哨要塞ウスチーカメナヤとして建設された．第2次世界大戦後は核兵器計画に組み込まれ，ウルバ金属会社は数千人の労働者がウラン製品の生産に従事しており，閉鎖都市となった．1990年にベリリウム生産ラインの爆発事故があったが，住民の健康被害は明らかにされていない．モスク，ロシア正教教会がある．ウスチカメノゴルスク空港が所在する．ロシア語名のウスチカメノゴルスクも残されている．　　　　　　　　　　　　〔木村英亮〕

オーストラリア首都特別地域
Australian Capital Territory

オーストラリア

人口：38.6万（2014）　面積：2358 km²
[35°18′S　149°07′E]

　オーストラリア南東部の特別地域．周囲をニューサウスウェールズ州に囲まれた地域で，首都キャンベラを擁する．キャンベラ市のほかにウィリアムスデール Williamsdale，ナース Naas，ウリアラ Uriarra，サーワ，ホール Hall の5つの村があるが，村に居住する人口は900程度にすぎない．面積の46％をナマジ国立公園が占め，コジアスコ国立公園の一部も含み，南北に細長い形をしている．ライムストーン平原とよばれるこの地域には，少なくとも2万1000年前からアボリジニが居住していたとみられ，各地に岩壁画や採石場跡，石器類など数々の遺跡・出土品が発見されている．イギリス植民地時代には，1820年代からヨーロッパ人による探検調査が行われ，23年に初めて土地所有権が認められた．1824年，現在のアクトンに農場が開かれたのを端緒としてこの地域の開拓が始まり，現在のキャンベラ，リード Reid，さらに南の現在のタガラノンでも農場が建設された．タガラノンの南に位置するサーワは，1862年にオーストラリア首都特別地域で初めて正式に登録された村落である．

　現在サーワにあるランヨンホームステッドは，当時の農園邸宅の様子をいまに残している．開拓はさらに南部にある現在のナマジ国立公園周辺でも行われた．農園では多くの囚人が労働者として従事していたが，ブッシュレンジャーとよばれる盗賊は，これらの農園から脱走した囚人たちから誕生したものが多い．1850年から60年代にゴールドラッシュが始まると，人口が急増し経済活動が活発化した結果，シドニーとの交通網の確立が進んだ．このように植民地時代には，現在のベルコネン，シティおよびタガラノン周辺にヨーロッパ人の開拓集落が形成され，牧畜業や穀物栽培が行われていた．

　1901年にイギリス植民地から独立しオーストラリア連邦が成立すると，首都の場所選定が急務となった．その結果，1908年に，シドニーとメルボルンの中間にあり，シドニーから100マイル（約160 km）離れた場所という条件に見合い，ニューサウスウェールズ州のマレー Murray とカウリー Cowley にまたがる地域が，首都建設予定地として選定された．1909年，この地域はオーストラリア連邦に移管され，11年に正式に連邦首都特別地域 Federal Capital Territory として連邦政府の管理下に置かれた．同時にオーストラリア南東部のジャーヴィス湾も首都用の港湾建設予定地として連邦政府に割譲された．1913年に首都は正式にキャンベラと命名され，27年に国会議事堂がメルボルンから移転した後，国際的な応募作品の中から選ばれたアメリカ人ウォルター・バーリー・グリフィンの都市計画案にもとづいて首都の建設が始まった．1938年，正式にオーストラリア首都特別地域（ACT）となった．グリフィンの都市計画案は，中心に湖を置き幾何学的な形状を多用したデザインで，新しい国家建設にふさわしく，建物には国家的な象徴性をもたせるとともに地形を生かしたものであった．しかし当局との対立や財政難からグリフィンは1920年に解雇され，建設は中断し，さらに世界恐慌や第1次・2次世界大戦の勃発によって第2次世界大戦後までほとんど進まなかった．

　戦後，首都における住宅やオフィス不足，インフラの未整備が問題となり，首都建設があらためて緊急課題として進められることになった．まずモロングロ川をせき止めてバーリーグリフィン湖を建設し，さらにグリフィン計画の中核となっていた政治中枢機能を集中的に立地させるパーラメンタリートライアングル（国会議事堂トライアングル）の建設が進められた．1988年，キャピタルヒルに建設された新国会議事堂の完成によってようやく首都の建設は完成したといえる．1989年からACT内での自治が認められるようになったが，他州のように立法上の独立性はない．また知事は任命されず，ACT立法議会および立法議会メンバー17人による選挙によって選ばれるACT首長がその役割を実行している．首都用の港湾として建設されたジャービス湾はACTの法律が適用されているが，オーストラリア連邦の管轄となっている．

　2003年1月に発生した火災旋風を伴ったキャンベラ山火事では，ACT内の約70％，準州内にあるティドビンビラ Tidbinbilla 国立自然保護区の99％が被害を受けたほか，ナマジ国立公園内にある歴史的建造物や，オーストラリア連邦成立後最初の建築物となるストロムロ天文台など貴重な建築物が多く焼失した．　　　　　　　　　　　　〔葉　倩瑋〕

オスト

オーストラリア連邦　Australia, Commonwealth of

人口：2391.0万（2015）　面積：7692000 km²
[35°17′S　149°08′E]

　南半球のオセアニアにある立憲君主国．イギリス国王が元首を務めるが，政治体制は連邦制をとり，連邦総督が王権を代行している．漢字で濠太剌利などと表記され，現在は「濠」に常用漢字の「豪」をあて，豪州と略されることもある．世界で唯一，1つの大陸を1つの国が統治しており，国土は太平洋とインド洋に面するオーストラリア大陸の本土と南氷洋に面するタスマニア島に加え，多くの小島から構成される．世界第6位の広い国土を有する一方，世界でも有数の人口密度の低い国の1つである（2015年時点で1 km²あたり約3.1人）．首都はキャンベラ（オーストラリア首都特別地域）であり，6つの州とその他の特別地域（海外領土含む）に区分される．オーストラリアでは宗教の自由が認められており，おもな宗教はキリスト教（カトリック25.1%，聖公会17.1%など），ほか仏教2.5%，イスラーム教2.2%，ヒンドゥー教1.3%だが，無宗教も22.3%となっている．キリスト教徒の割合は漸減し，それ以外の宗教を信仰する人の割合は総じて漸増傾向にある．通貨は豪ドルで，1豪ドル（A$，AUドル，AUD）は100セントに相当する．

　オーストラリアではさまざまな気候がみられるが，内陸部の多くは乾燥気候であり，年平均降水量は530 mmと世界平均に比べて非常に少ない．大陸の年平均降水量は全体の3/4で600 mm未満，大陸の半分の地域で300 mmにも満たず，荒涼とした土地が広がっている．一方，大陸北部では，12～2月の夏季に季節風による降雨があり，巨大な熱帯性サイクロンにたびたび襲われる．大陸南部は総じておだやかな気候であるが変化に富んでおり，6～8月にかけての冬は雨が多いが，12～2月の夏には雨が少なく，山火事が発生するなど乾燥している．

　地形的には3つの地域，すなわち，西部台地，中央低地，東部高地に区分できる．西部台地は先カンブリア層の古い岩石から構成され，大陸の2/3近くを占める広大な土地である．その多くは砂漠であるが，西部台地の西方に位置する都市パースは地中海性気候で冬季に雨が多く，夏季は晴天に恵まれる．東部高地には国を南北に貫く長い山脈のグレートディヴァイディング山脈が連なり，太平洋から吹きつける湿った東風が東海岸に豊かな降水をもたらす．東海岸地域は温暖で降水量

に恵まれているため，シドニーやブリズベンなどの大都市やおもな人口集中地区が点在する．また，豊かな降水量を背景に，河川が形成され，森林や農業地域も広がっている．中央低地はおおむね平坦であるが，マクドネル山脈（山地）などもみられ，ウルル（エアーズロック）などの特殊な地形（残丘）が観光名所となっている．東海岸に降水をもたらした東風は，グレートディヴァイディング山脈を越えると乾燥した空気となって流れ込み，中央低地の降水量は非常に少なく，乾燥地域が広がる．ただし，平原に広がるグレートアーテジアン（大鑽井）盆地には地下水が自噴しており，自然草地が発見された19世紀初頭以降，牧羊業が発展している．

　オーストラリアの名は，ラテン語のaustralis（南）に由来し，1606年，ポルトガルの探検家ペドロ・フェルナンデス・デ・キロスがニューヘブリディーズ諸島（現在のヴァヌアツ）に到達，南極にいたる南の地域をオーストラリア・デル・エスピリトゥサント（聖霊の南国）と名づけた．1642年にタスマニアの海岸を観測したオランダの探検家アベル・ヤンスゾーン・タスマンは，タスマニアが南方大陸の一部であると考えた．オーストラリア大陸は1644年からノヴァホランディア（英語名ニューホランド）の名で知られるようになり，その後180年にわたりその名前が使用された．1770年にイギリスの探検家ジェームズ・クックがシドニーのボタニー湾に上陸し，イギリスの領有を宣言し，入植地はニューサウスウェールズと命名した．

　オーストラリア大陸には，5万年以上前からアボリジニが，約1万年前からはトレス海峡諸島民といった先住民が暮らしており，さまざまな先住民が1780年代には大陸各地に居住していたが，1788年，イギリスからの囚人（約700人）を含む約1000人の移民がボタニー湾に上陸し，入植地としての歴史がシドニーを中心とする地域から始まった．開拓と農耕の適地は，比較的降水量の多い大陸の南東部および南西部に広がり，南東部では移民による小麦栽培と，囚人を利用した土地開発が進められた．乾燥した地域での農耕は苦難の連続であったが，ゴールドラッシュが1851年に始まり，オーストラリアは大きな転機を迎えた．多くの人びとが金を求めて集まり，国全体の人口が急増した．

　先住民アボリジニは所有する土地の多くをヨーロッパ人の入植により奪われ，1920年から先住民の権利を確立するための運動が始まったが，土地の所有権をめぐる論争は今日まで続いている．1962年には先住民の投票

権が認められ，67年には市民権が，92年にはマボ判決によって先住民の先住権限が認められ，関係修復は着実に進められている．

　流刑地として始まった開拓の歴史は，1868年を最後にイギリスから囚人が送られなくなり，自由移民による農牧業の歴史が本格的に始まった．しかし，ゴールドラッシュを契機に鉱山で働く労働力として中国人が多く流入するようになり，雇用が奪われ，白人の失業率が高まった．そして非白人系移民の制限が行われるようになり，1901年の連邦成立後には移民制限法が制定された．こうした白人優先の移民政策や国づくりは白豪主義とよばれた．しかし第2次世界大戦後の経済発展によって，オーストラリアは段階的に移民を受け入れるようになり，アジア地域との経済的な結びつきを強める中で，1966年に移民制限法は廃止された．1975年には連邦人種差別禁止法も制定され，難民や移民は積極的に受け入れられている．こうして，オーストラリアは多様な民族で構成されている多文化主義国家へと変化し，「サラダボール型」の移民社会が形成されている．

　オーストラリアの農業はイギリス連邦の一員としての地位あるいは世界市場の影響をつねに受けながら変化してきた．牧羊業は1821年のイギリスの市場において，オーストラリア産の高品質な羊毛が高い評価を受けたことがその後の発達に大きく寄与し，大規模で粗放的放牧による経営が行われたが，ゴールドラッシュによる人口急増の結果，穀物生産も拡大するようになった．19世紀末には羊毛主体の大規模牧畜経営は下火になったが，1880年代に始まった商業的な冷凍輸送船の就航など，冷凍施設の発達により，乳製品や食肉の生産が盛んになった．また，20世紀に入ると灌漑施設や河川ダムが整備され，穀物の生産量が飛躍的に拡大し，麦類も重要な輸出品となった．長く密接な経済関係を築いてきたイギリスがEC（欧州共同体，現在のEU）に加盟したことにより，オーストラリアの貿易相手国も変化し，現在ではアジア各国やアメリカ，中東諸国が重要なパートナーとなっている．

　オーストラリアではゴールドラッシュや内陸の土地開発を契機にして多様で豊富な鉱産資源の開発が進んだ．現在，ボーキサイト，鉄鉱石，ニッケル，ウラン，金，マンガンなどが世界有数の鉱産資源として知られている．このような鉱産資源の開発が本格化したのは，掘削技術が改良され交通網が整備された第2次世界大戦後である．外国資本の導入もあり，広大な大平原に鉱山集落が生まれ，

オスト 269

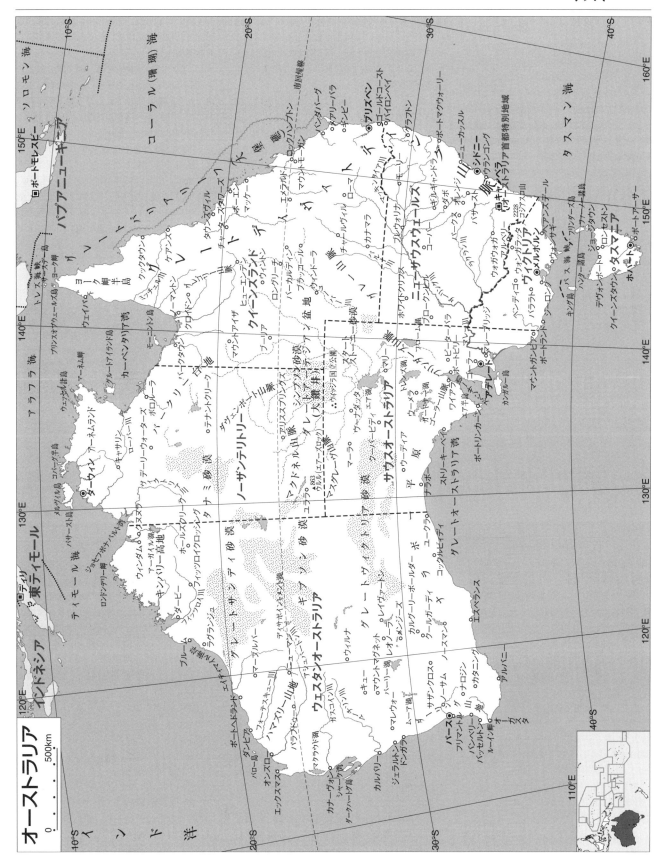

鉄鉱石や石炭の多くは露天掘りされている.採掘された鉱石は大型トラックや専用鉄道で積出港に運ばれ,海外に輸出される.このような鉱業もオーストラリア経済を支える重要な産業の1つである. 　　　　　[菊地俊夫]

オーストラリア大陸　Australian Continent

オーストラリア

面積：7692000 km²

　南半球に位置する陸塊で,世界の6つの大陸の中で最も面積の小さい大陸.世界の陸塊の5%,その全域がオーストラリア連邦の領土である.オセアニア州域において86%の陸地面積をオーストラリア大陸が占め,北をアラフラ海,東を太平洋,西・南をインド洋に接し,周囲を完全に水域で囲まれた唯一の大陸でもある.

　オーストラリア大陸はゴンドワナ大陸の一部として,約3億年前の古生代末期に成立した.この大陸にはゴンドワナ層(もともとはインドのゴンドワナ地方の石炭層で,大陸名の由来にもなっている)とよばれる陸成層が発達し,そこでは舌状のシダ類などの特殊な植物化石や特徴的なは虫類の化石が発見されている.約1億8000万年前には現在のアフリカ大陸と南アメリカ大陸などを含む西ゴンドワナ大陸と,南極大陸,インド亜大陸,オーストラリア大陸などを含む東ゴンドワナ大陸に分裂した.白亜紀になると,東ゴンドワナ大陸はインド亜大陸・マダガスカル島と南極大陸・オーストラリア大陸に分かれ,新生代にはオーストラリア大陸は南極大陸から分離して現在の位置に移動し,古くて安定した陸塊が形成された.

　オーストラリア大陸は南極大陸と離れて以降,他の大陸と陸続きになったことがなく,その孤立性により独特の動植物相が維持された.動物地理学的には,オーストラリア大陸の動物相はアジア大陸のそれとウォーレスラインで区分され,特有の生物が数多く存在する.たとえば,カモノハシやハリモグラのような単孔類(卵を生み,卵から生まれた子を乳で育てる)や,コアラやカンガルーの有胎ほ乳類(腹に子育て用の袋をもち,その袋の中で大きくなるまで子育てする)はオーストラリア特有の動物である.同様に,アボリジニも大陸の孤立性から他の大陸の人種との交流がなかったため,濃褐色の皮膚,黒色のゆるい波状毛,濃いひげと体毛,高い眼窩,平たく広がった鼻翼など,モンゴロイド(黄色人種),コーカソイド(白人),ニグロイド(黒

人)と異なる形質が残され,人種的にはオーストラロイドに分類されることもある.さらに,農耕文化も大陸の孤立性から伝播しなかったため,狩猟採集がアボリジニの重要な生業として続けられた.

　オーストラリア大陸は古く安定した陸塊であるため,新期造山活動はほとんどなく,多くの地形は侵食作用(水の作用,風の作用,寒暖の差による風化)によってつくられた.たとえば,オーストラリア大陸の中央にあるウルル(エアーズロック)の1枚岩も侵食作用によって硬い岩が残された残丘地形である.ウルル周辺は日中には気温が40°Cに達し,夜間には氷点下になり,この日較差が風や水の侵食作用を助けてきた.全体的には,大陸の地形は平均標高330 m(オーストラリアの最高峰はコジアスコ山の2228 m)と低平で,標高500 m以下の土地が大陸全体の87%を占める.大陸東海岸を北から南に走るグレートディヴァイディング山脈も比較的低く,その西側には緩斜面に連続して低平な平原が広がっている.しかし,山脈の東側は急斜面で,海岸平野からみると衝立のように立ちはだかっており,初期の入植者らが内陸へ進出することを阻んでいた.したがって,初期の入植者らは海岸から幅約100 kmの海岸平野での土地開発を強いられていた.

　オーストラリア大陸は赤く乾いた大地で象徴されるように,大陸の約53%は年平均降水量400 mm(作物栽培の限界降水量,牧畜を含めた農耕の限界降水量は250 mm)以下の乾燥地域である.多くの地域でみられる赤い土は水分の補給がなく,鉄分が酸化する現象(ラテライト化)で生じ,大陸中央部に広がる砂漠とともに,乾燥地域や半乾燥地域の景観を特徴づけている.実際,オーストラリアでは,植生の生育可能期間も降水の制約を受けており,大部分の土地が4カ月以下である(作物栽培は困難).そのため,乾燥地域や半乾燥地域の植生はまばらな自然草地と低木,灌木(降水の制約によって)が分布するにすぎない.他方,農耕を無理なく行うためには5カ月以上の植生の生育期間が必要であり(年降水量400 mm以上),人間が居住し快適な生活を送るためには800 mm以上の年降水量が必要となる.比較的降水に恵まれた地域では雨林や硬葉樹(ユーカリ)の森林が発達しているが,そのような地域は大陸の東海岸や西海岸の一部に限定されている.また,降水の地域差を反映して,オーストラリア大陸では河川の分布は乾燥地域にはほとんどなく,年平均降水量800 mm以上の地域で目立っている.

　大陸の水不足は,初期の作物栽培の大きな障害となり,降水に適応した農業形態が発達する契機になった.たとえば,グレートアーテジアン(大鑽井)盆地では,牛や羊の放牧が少ない降水に適応して発達し,少ない降水を補うため,掘り抜き井戸による地下水が利用されている.掘り抜き井戸は水を通さない2つの岩盤にはさまれた地下水を利用するもので,掘るだけで地上に噴出するものもあれば,風車を動力にして汲み上げるものもある.風車を要しない井戸は2万弱にすぎず,20万以上の掘り抜き井戸は風車の動力に依存している.井戸の深さは最も深いもので2000 mに達するが,普通は1000 m以下である.掘り抜き井戸の水は弱アルカリ性で人間の飲用や灌漑用に適さず,その利用はもっぱら家畜の飲用である.

　オーストラリア大陸の植民の歴史は,ポートジャクソン湾のシドニーコーヴに流刑囚780人を含む約1200人のイギリス人が1788年1月26日(現在はオーストラリアデイとして祝日)に上陸したことで始まった.オーストラリアが流刑植民地としての役割を担ったのは,イギリスが従来の流刑地であったアメリカ植民地を失ったことと,イギリスの対蹠点(地球の反対側の地点で,そこから最も遠い場所)としての地理的位置が関係していた.実際,ヨーロッパ～オーストラリア間は1800年当時で片道約240日の航海を要した.オーストラリア大陸は,最後の囚人輸送船が1868年にウェスタンオーストラリア植民地に到着するまで流刑植民地として機能し,70年間に約15.8万人の囚人が送り込まれた.しかし,植民地の人口に占める囚人の割合が植民の進展とともに減少し,大陸の流刑植民地としての性格は1800年以降しだいに弱まった.また,オーストラリア大陸に送られた囚人の男女比に大きな差があり,女性の囚人数は囚人全体の約15%と少なかった.このことは,同性どうしの衝突や風紀の乱れなどの多くの社会問題を引き起こしもしたが,メイトシップ(仲間意識)の定着と高揚にもつながった.

　大陸の植民地では囚人の労働力により土地開墾や道路,鉄道の敷設が行われたが,作物栽培ではほとんど収穫のない状況が1803年まで続いた.これは,痩せた土地や少ない降水が作物栽培の障害となったことと,農業の熟練者が少なかったことに原因があった.そのため,初期の植民地は食料や日用品を輸入に依存しなければならず,塩漬けの豚肉などがジャワ島から輸入された.一方,大陸の植民地からの輸出商品はアザラシの皮と油,ク

ジラの骨と油，ナマコなどの海産物であり，農産物は輸出できる状況でなかった．小麦や羊毛，および食肉の商品生産が可能になったのは1810年頃からであり，それは大陸内部への探検が進んだことや，自由移民が増加したことと関連していた．　　　　　［菊地俊夫］

オーストラリアアルプス
Australian Alps
オーストラリア

標高：2228 m　長さ：320 km
[36°27′S　148°16′E]

オーストラリア大陸南東部の山脈．グレートディヴァイディング山脈の南東端にあたる．最高峰はコジアスコ山（標高2228 m）．ヴィクトリア州内ではオーストラリアアルプス国立公園，ニューサウスウェールズ州内ではコジアスコ国立公園，首都キャンベラ郊外のオーストラリア首都特別地域ではナマジ国立公園に指定されており，連なって1つの大きな公園を形成している．春先から初夏にかけては多くの高山植物に覆われ，見事な景観をなす．約1100のオーストラリア固有種植物が繁茂し，うち12種はここでしかみられない種である．夏にはハイキング，冬にはスキーを楽しむ観光客で賑わう．　［堤　　純］

オーストラリンド　Australind
オーストラリア

人口：1.2万（2011）　面積：18 km²
[33°17′S　115°40′E]

オーストラリア西部，ウェスタンオーストラリア州南西部の町．バンベリーの北東約5 kmに位置し，その衛星都市として機能している．町は，1839年にウェスタンオーストラリア会社によって計画入植地として建設されたが失敗に終わり，発展が遅れた．ウェスタンオーストラリア会社がオーストラリンドをインドとの交易拠点としようともくろんでいたとされ，町名もオーストラリアとインドとを合成したものである．　　［大石太郎］

オーストラル諸島　Australes, Îles
フランス

トゥブアイ諸島　Tubuai, Îles（別称）
人口：0.7万（2012）　面積：152 km²
[23°22′S　149°29′W]

南太平洋東部，ポリネシア，フランス領ポリネシアの諸島．フランス領ポリネシアのうち，最も南に位置する島々で，南回帰線付近に主要な4島（トゥブアイ Tubuai 島，ルル

トゥ Rurutu 島，ライヴァヴァエ Raivavae 島，リマタラ Raimatara 島）が分布し，南約500 kmにラパ島が存在する．定住人口をもつのは5島であるが，ほかに無人の環礁がある．1777年に，イギリス人航海者のジェームズ・クックが訪れた．フランス領への編入は他の諸島よりも遅れ，直轄植民地になったのは20世紀初頭のことである．観光化は進んでおらず，農業と漁業をおもな生業にしている．トゥブアイ諸島とよばれることもある．　　　　　　　　　　　　［手塚　章］

オスマナーバード　Osmanabad
インド

ウスマナーバード　Usmanabad（別称）/ダーラシブ　Dharasiv（旧称）
人口：11.2万（2011）　[18°09′N　76°06′E]

インド西部，マハーラーシュトラ州南部，オスマナーバード県の都市で県都．ウスマナーバードとも綴られる．現在は，旧名のダーラシブともよばれる．プネの東約250 kmに位置する．市街地はボガヴァティ川の河岸段丘上に広がる．古くはヤーダヴァ朝に属したこともあるが，19世紀中葉以降，ハイデラバード藩王国の下で県の統廃合が相次いだ．小麦，綿花などの集散地であるが，幹線からはずれているため，近年では観光業に力を入れている．近郊にあるダーラシブ洞窟は，紀元前5世紀頃にジャイナ教徒もしくは仏教徒によって造営されたとされる．　［木本浩一］

オセアニア　Oceania
オセアニカ　Oceanica（別称）/大洋州（日本語）

世界の6大州の1つ．大洋州ともよばれる．オーストラリア大陸と，ニュージーランド・ニューギニア島を含む太平洋諸島という，地理的にはまったく異なる性格をもつ地域からなる．海域を含む面積は地球表面積の1/3にも及ぶが，陸地面積は900万 km²に満たない．地域人口は4000万足らずであり，世界人口の0.5%を占めるにすぎない．オーストラリア大陸は乾燥した大陸であり，年平均降水量500 mm以下の草原・砂漠が2/3を占める．太平洋諸島は，温帯に位置するニュージーランドを除き，湿潤熱帯性気候である．これらが1つの地域として構成されているのは，西洋にとって最も新しく接触した世界であることによる．名称は，古代ギリシャ神話に登場するオケアノス（Oceanus）に由来する．世界の周辺を取り巻いて水界が広

がっているという世界観である．その名のとおり，西洋世界からみて，最も周辺に位置し，最後に到達した空間がオセアニアだった．また，未知の南方大陸（Terra Australis Incognita）の探索も，西洋人をこの空間に引き寄せる誘因となった．

太平洋島嶼地域は，メラネシア，ミクロネシア，ポリネシアの3つの地域に分けられる．メラネシアは「黒い島々」を意味し，ニューギニア島，ビズマーク諸島，ソロモン諸島，ニューヘブリディーズ諸島，ニューカレドニア，フィジー諸島などの島々が含まれる．「黒い」島々とよばれるのは，この地域の住民の肌の色からきているという説と，これらの島々の多くが環太平洋造山帯の活動によってできた陸島であり，遠くから眺めると黒々とみえるからという説がある．ミクロネシアには，その名のとおり「小さい島々」が散在する．ここにはおおむね赤道の北，日付変更線の西側に位置する島々が含まれる．ポリネシアは，「多数の島々」の意味であり，北のハワイ諸島を頂点とし，南西のニュージーランド，南東のイースター島を結ぶ線を底辺とする三角形の中に，多数の島々が点在する．首長制が支配的で，生まれながらの権威（マナ）をもつ人びとと平民という階層分化が存在するポリネシア・ミクロネシアに対し，メラネシアでは男性であれば，力と才知のある者がリーダー（ビッグマン）になることができ，社会構造にも差異が存在する．

オセアニアの空間に人間が進出するのは，およそ6万～5万年前のことである．当時，現在のオーストラリア大陸とニューギニア島は地続き（サフル大陸）であり，そこに現在のインドネシアにあたる地域（スンダ陸棚）から，人間が渡ってきた．この最初のオセアニアの住人は，現在のオーストラリアのアボリジニの人びと，ニューギニアの人びととの祖先にあたる．当時の航海技術では隣の島が目でみえる距離が限界であり，人びとの移住はソロモン諸島が南限となった．そこまでの範囲をニアオセアニアとよび，それより先をリモートオセアニアとよぶこともある．第2の移住の波は，いまから3500年ほど前，東南アジア方面からやってきた人びとによってもたらされた．土器製作の技術をもち，その土器の名称からラピタ人ともよばれる人びとは，当時としては短い時間のうちに，先住者のいるメラネシアをかすめて，現在のポリネシア全域に広がっていった．このためポリネシアは，その空間の広大さにもかかわらず，多くがオーストロネシア系の言語を話し，文化的共通性が高い．ハワイ諸島への移住は紀元後

オセア

〈世界地名大事典：アジア・オセアニア・極Ⅰ〉

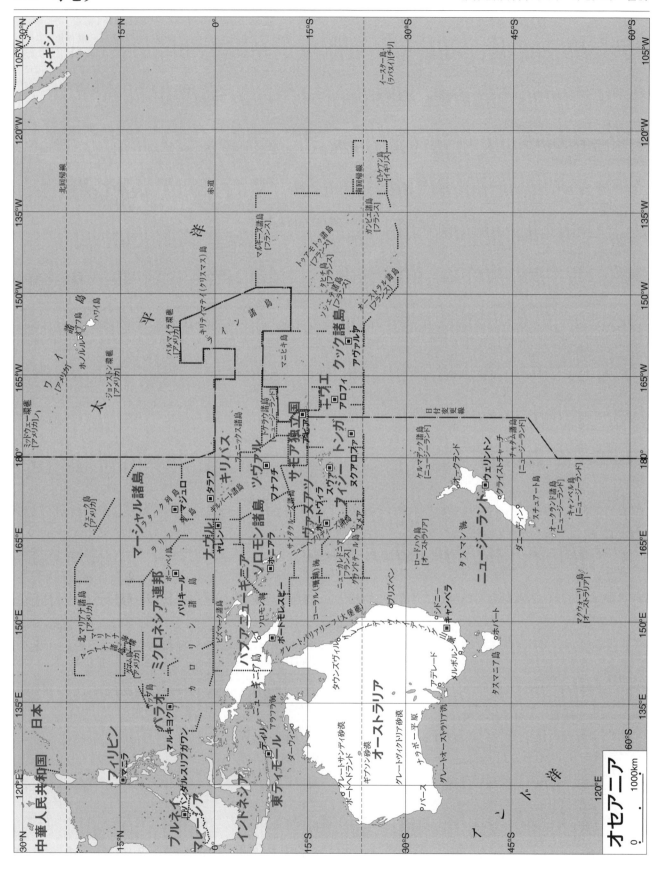

700 年頃, ニュージーランドへの移住は 1200 年頃と推定され, ポリネシアの人びとはこの広大な空間を渡航できる航海技術をもっていた.

16 世紀に入り, この空間にヨーロッパ人が現れる. 1520 年に太平洋を横断したポルトガルのフェルディナンド・マゼランに始まり, ポルトガルのジョルジュ・デ・メネゼス, スペインのルイス・バエス・デ・トレス, オランダのアベル・タスマン, フランスのルイ・アントワーヌ・ドゥ・ブーガンヴィルらが訪れる. 18 世紀の終わりに 3 回にわたる航海をなしたイギリスのジェームズ・クックの航海は, 天体観測や海図や地図の作成も行う科学的航海であり, 大英帝国の領土獲得という使命を帯びていた. クックの『世界周航記』はベストセラーとなり, 当時のヨーロッパのユートピア思想の影響を受け「高貴な野蛮人」の住む楽園としての太平洋諸島のイメージを, ヨーロッパに伝えることになった.

18 世紀以降は, 西洋列強諸国によるオセアニアの植民地化が進行する. クックによるオーストラリアの領有宣言(1770)の 18 年後には, アーサー・フィリップがイギリスからの流刑囚を連れてボタニー湾に到着して, オーストラリアへの入植が始まり, 1840 年にはワイタンギ条約の締結によってニュージーランドがイギリスの植民地となる. 18 世紀後半には, 中国貿易の資源として白檀やナマコが発見され, アメリカなどの捕鯨船が太平洋で操業を始めハワイなどに寄港するようになる. 西洋世界との接触によって, オセアニアの人びとが被ったのは, 西洋人のもち込んだ疫病による人口の減少だった. また 18 世紀末のロンドン伝道協会を嚆矢とするキリスト教の布教は, オセアニアの人びとの世界観に大きな影響を与えたが, そこには西洋文明のもたらす物質的な富の魅力も作用していた. 20 世紀に入り, メラネシアではカーゴ・カルトとよばれる民衆運動が広がるが, これは西洋文明がもたらす物質的な富への希求とそれが満たされない葛藤が反映されていた. カメハメハ大王は, ビーチコーマーとよばれる太平洋に住みついた西洋人とその技術を利用して 1795 年にハワイ統一をなし遂げた. しかし 1893 年にハワイ王国は転覆させられ, 19 世紀の終わりまでには, トンガを除くほとんどのオセアニア地域は西洋諸国の植民地支配下に置かれることになる. このオセアニアをめぐる列強の領土獲得競争に最後に参入したのが日本である. 第 1 次世界大戦後に, ドイツが領有していたミクロネシアの

島々を占領し, パリ講和会議において, 日本委任統治領南洋群島が誕生した.

日本にとって, ハワイの真珠湾攻撃を端緒とする第 2 次世界大戦の勃発は, 大東亜共栄圏のオセアニアへの拡大を目ざすものだった. ミクロネシア, ポリネシアの一部は直接の戦場となり, 多数の住民が甚大な被害を受け, また故郷を追われた. 委任統治領の南洋群島では, 多くの日本の民間人が犠牲になり, ニューギニア島やソロモン諸島では, 多くの日本兵が絶望的な戦いを強いられた. 戦争中日本の侵略の脅威にさらされたオーストラリアは, それまでの白豪主義政策を転換し, 非英語圏のヨーロッパや中東, アジア地域から多くの移民を受け入れた.

太平洋の島々が独立を遂げるのは, 1970 年代に入ってからのことである. 1970 年トンガはイギリスに預けていた外交権を回復し, 独立を遂げる. 同年にフィジー, 1975 年にパプアニューギニア, 79 年にキリバス, 80 年にヴァヌアツと独立の動きが続く. 一方, 連合国の一員であったアメリカは, ミクロネシアを支配下に置き, 1980 年代半ばまで信託統治を続ける. フランス領ポリネシア, ニューカレドニアなど, フランス領の太平洋諸島の多くは海外領土のままであり, クック諸島, ニウエはニュージーランドの自由連合国, マーシャル諸島, ミクロネシア連邦, パラオはアメリカの自由連合国であり, 完全な外交権や軍事権をもたない. その背景には, 太平洋の地政学的な重要性とともに, 太平洋諸島の人口規模が小さく, パプアニューギニアなどを除いては資源にも乏しいため, 経済自立がむずかしく, 移民の送金や援助などに依存せざるをえない事情がかかわっている.

現代オセアニア社会が共通に抱える課題が, 先住民たちの権利回復運動である. オセアニア地域では, 西洋の植民地化と西洋文明を積極的に受容する性向の中で, 先住民の伝統文化が失われ, そのアイデンティティも希薄になっている. これに対しハワイでは, 1970 年代以降, 王朝の転覆以来周縁化されてきたハワイ文化の復興運動が盛んに行われている. オーストラリアでは先住民であるアボリジニの土地権が部分的に認められ, ニュージーランドでも, マオリの人びととの土地権の回復運動やマオリ語教育が行われている. 移民を積極的に受け入れる多文化主義的な社会の中で, 多数派社会と先住民と他の太平洋諸島やアジアなどからの移民との間の交渉・調整をどのように図っていくのかという課題が存在する.

オーストラリア, ニュージーランドを含むオセアニア諸国は, 太平洋諸島フォーラム(SPF : South Pacific Forum)を結成している. 地域内協力とともに, 域外の大国との交渉を目ざし, フランスの核実験反対や, 1980 年の日本の放射能廃棄物海洋投棄問題への抗議なども行ってきた. 日本とオセアニア諸国の間では, 漁業資源を含む海域の利用問題が大きな課題である. 日本にとってオーストラリアやパプアニューギニアは重要な資源の輸出国であり, オセアニアは観光地としての魅力も大きい. オセアニアの国々や人びとには, 西洋がつくり出した楽園イメージに合わせるのではなく, 西洋とは異なる自らの太平洋流(パシフィックウェイ)の文化や社会を主張していきたいという思いがある. 第 2 次世界大戦という負の歴史をもつ海続きの隣人として, 西洋がつくり出した楽園イメージをこえる関係性をどのように日本が構築していくかが問われている.　　　　　　[熊谷圭知]

オタウタウ　Otautau　　ニュージーランド

人口 : 0.1 万 (2013)　　　[46°09′S　168°00′E]

ニュージーランド南島, サウスランド地方の村. ワレス地区に属し, ロングウッド Longwood 山地北東部の山麓を流れるアパリマ川の西岸近くに位置する. インヴァーカーギルの北西 50 km に位置し, ワイリオ支線という鉄道によって結ばれている. 小学校, 警察署, 裁判所が中心部に立地しており, 農業, 製材業, 建具の製造業, コンクリート加工業, 酪農業が盛んである. 郊外にはライムストーン洞窟があり, 多くの見物客で賑わっている. 地名は, グリーンストーンのペンダントの場を意味する.　　[泉　貴久]

オタウタヒ Otautahi ☞ クライストチャーチ Christchurch

オータカムンド　Ootacamund

インド

ウダガマンダラム　Udhagamandalam (別称) / オーティ　Ooty (通称)

人口 : 8.8 万 (2011)　面積 : 31 km²
降水量 : 1238 mm/年　　　[11°24′N　76°42′E]

インド南部, タミルナドゥ州西部, ニルギリ県の都市. 州都チェンナイ(マドラス)の南西 432 km に位置する保養地として知られる. オーティともよばれる. かつてはウダガ

マンダラムともよばれた．西ガーツ山脈南部に連なるニルギリ丘陵上の標高2200mの高地にあるため，北緯11度の低緯度にもかかわらず快適である．4〜6月が最もよいシーズンとされ，日中でも気温は25℃前後である．19世紀前半，イギリス人により避暑地として利用されるようになり，その後発展を遂げて現在国内はもとより国外からの旅行客も集めるようになった．美しい湖，ニルギリ産の紅茶，コーヒーなどを扱うバザールなども魅力である．　　　　　　　　　［中山晴美］

オタキ　Otaki　ニュージーランド

人口：0.6万 (2013)　［40°46′S　175°09′E］

ニュージーランド北島，ウェリントン地方最北端の町．カピティコースト地区に属し，首都ウェリントンの北東およそ65kmに位置する．オークランドとウェリントンを結ぶ国道1号が通過するほか，鉄道（北島縦貫本線）の主要駅がある．交通の結節点であるオタキは，農産物をはじめとする物資の集散地として，また周辺農村へのサービス供給拠点として発展してきた．オタキ周辺は，肥沃なマナワツ平原の最南端にあたる．ウェリントン大都市圏の近郊農業地域として，酪農，牧羊，蔬菜園芸，花卉園芸などが盛んに行われている．また，豊富な森林資源に支えられた製材・家具工業のほか，繊維をはじめとする各種軽工業が立地している．

ニュージーランドで最も歴史ある町の1つであるオタキは，マオリの聖地でもある．1840年代初頭には，ンガティトア部族のテ・ラウパラハ族長（ハカの創始者として有名）が，ランギアテアマオリ教会を建設した（1995焼失）．マオリ最大の教育機関であるテ・ワナンガ・オ・アオテアロア大学もある．また，1850年代には組織的な競馬が始められ，86年にはオタキマオリ競馬場が開設された．現在では，ニュージーランドで最も伝統ある競馬場の1つとして，毎年2回の国際G1レース（11月のバイヤーズクラシックと2月のオタキ4歳牝曳）が開催されている．　　　　　　　　　　　　　［梅田克樹］

オタケホ　Otakeho　ニュージーランド

［39°33′S　174°02′E］

ニュージーランド北島，タラナキ地方の村．サウスタラナキ地区に属し，役場所在地ハウエラの西21km，マナイア西郊の海岸近くに位置する．海岸段丘が発達しており，人家は標高50m前後に点在する．広大な段丘面上ではおもに酪農が営まれており，積極的に多頭育化を進める経営もある．集落内を通る国道45号は，サーフハイウェイと通称されている．　　　　　　　　　［梅田克樹］

オタゴ地方　Otago Region　ニュージーランド

オタコウ　Otakou（マオリ語）

人口：20.2万 (2013)　面積：31241 km²

［45°50′S　170°37′E］

ニュージーランド南島南東部の地方．オタゴ地方はカンタベリー地方とサウスランド地方の間に位置しており，南島を二分するサザンアルプス山脈南東部から東海岸までの広い範囲の地域をさす．オタゴ地方はクイーンズタウンレークス Queenstown Lakes，セントラルオタゴ Central Otago，ワイタキ Waitaki，クルーサ Clutha，ダニーディンの5つの地区から成り立っている．

オタゴには市制を施行しているダニーディン，町制を施行しているオーマルをはじめとして大小さまざまな集落が立地している．オタゴの本来の音声学的なスペルはマオリ語でOtakou（オタコウ）とされ，この地名はかつてオタゴ港の南岸に存在していたマオリの村の地名と同様のものである．南島に住むマオリはkをgの音で発音していたこともあり，この地に初期に入植したクジラ漁の漁師たちがOtagoと綴ったのである．地名は，イギリスによるニュージーランドの植民地支配に大きな役割を果たしたニュージーランド会社の役人たちによって採用され，1848年6月22日に正式にダニーディン入植地の名称として用いられることとなったのである．そして，オタゴの名称は後に半島，港，さらには行政区の名称としても用いられることになった．　　　　　　　　　　　　　［泉 貴久］

オタゴ半島　Otago Peninsula　ニュージーランド

長さ：18 km　幅：9 km

［45°51′S　170°38′E］

ニュージーランド南島，オタゴ地方の半島．ダニーディン中心部の北東25kmに位置する．この半島はもともと火山性の島だったが，潮流によって南島の突端（ダニーディン市内）と地続きになり，現在では典型的な陸繋島の地形となっている．丘陵性で，複数の狭い入江が存在しており，それを利用してオタゴ港が築かれた．半島の北端には高さ12mの灯台が存在し，18秒に1回の割合で海上を航行する船に明かりを灯している．半島の東端には，第2の半島ともいわれるサウンダー岬がある．そこの入江はさまざまな鳥類の避難所でもあり，営巣の場でもある．なお，このようなオタゴ半島の生態系を保全するために，オタゴ半島公社という公営の機関が管理を行っている．　　　［泉 貴久］

オタタラ　Otatara　ニュージーランド

人口：0.3万 (2013)　［46°26′S　168°18′E］

ニュージーランド南島，サウスランド地方の町．インヴァーカーギルの南西5kmに位置する郊外集落である．オレティー川河口部を背景に肥沃な土壌の平野が広がっており，農業が盛んである．ニューリヴァーエスチュ

オタゴ地方（ニュージーランド），国内最古のオタゴ大学〔Kwang Chun Gan/Shutterstock.com〕

アリーが集落の南に位置することから，海水浴，ヨットをはじめとするマリンスポーツが盛んである． 　　　　　　　　　　　［泉 貴久］

オタニ　Otane　　ニュージーランド

人口：0.1万 (2013)　　[39°24′S　176°38′E]

　ニュージーランド北島，ホークスベイ地方の村．セントラルホークスベイ地区に属し，人口の半数近くをマオリ系が占める．役場所在地ワイプクラウの北13kmに位置し，国道2号と鉄道が集落内を通る．キルティングやパッチワークの創作で知られるオタニ芸術工芸センターがあり，ホークスベイ全域からメンバーを集めている．集落の東5kmに本社を構えるウッドマレー社は，最高級のポロ用マレットやクリケット用バットを生産しており，世界各国に製品を輸出している．
　　　　　　　　　　　［梅田克樹］

オタフフ　Otahuhu　　ニュージーランド

人口：1.0万 (2013)　　[36°57′S　174°51′E]

　ニュージーランド北島，オークランド市マヌカウ区の最北端にある地区．マヌカウ区の西半分にあたる Mangere-Otahuhu Local Board の北東部を占める．オークランドCBDの南東14kmに位置する郊外住宅地である．タスマン海側のマンゲレ湾と太平洋側のタマキ川にはさまれた，幅わずか1200mの地峡上にある．イギリスに植民地化される以前，マオリはこの地峡を越えてカヌーを運んでいた．そのルートが，運搬道路として現在も残っている．オークランド半島の付け根にあるため，古くから地理的要衝とされてきた．1847年には，マオリの攻撃からオークランド市街地を守るための軍事的拠点として，イギリス軍の駐屯地が置かれた．その周辺に形成された集落が，現在のオタフフ市街地の始まりである．1860年に開通したグレートサウス道路(国道1号)や，75年に開通した鉄道の北島縦貫本線が，いずれも当地を通過することになった．国道1号は，1950年代に改良されてオークランド・ハミルトン高速道路となり，現在もニュージーランドの大動脈として機能している．また，オークランド市営鉄道の南線と東線が，CBDにあるブリトマート駅との間に近郊電車を運行している．2016年10月にはオタフフ駅バスターミナルが開設され，鉄道とバスの乗り継ぎ利便性が飛躍的に向上した．このように，交通

の要衝としての地位に揺るぎはない．
　1950年代以降，膨張するオークランド市街地に飲み込まれたオタフフは，ベッドタウンとして夜間人口が急増した．ニュージーランド最初のスーパーマーケットが開業した地としても知られる．その一方，国内有数の工業地帯としての顔ももっており，火力発電所や化学工場が西岸地域に立地している．ただし，近年は軽工業への転換が進んでいる．また，首相を含む多数の著名人を輩出した名門・オタフフ高校もある．
　オークランド市の中でもマルチエスニック化が最も進んでいる地区の1つである．太平洋諸国からの移住者であるパシフィックアイランダー系住民が多数派を形成するほか，アジア系住民も急増しており，彼らの多くがエスニックタウンを形成している．その一方，ヨーロッパ系住民の比率は低い．こうした事情を反映して，失業率や犯罪発生率が高い傾向にあるなど，多くの社会問題を抱える地区であることも事実である． 　　　［梅田克樹］

オタラ　Otara　　ニュージーランド

人口：3.6万 (2011)　　[36°58′S　174°52′E]

　ニュージーランド北島，オークランド市マヌカウ区最東端の地区．マヌカウ区の東半分にあたる Otara-Papatoetoe Local Board のうち，サザンモーターウェイ(SHI)の東側を占める．オークランドCBDの南東18kmに位置する郊外住宅地である．地名の由来は，伝説上の魚を意味するマオリ語(異説あり)で，古来よりマオリが居住していた．1840年代後半からヨーロッパ人が入植し，小麦や大麦を生産してオークランドに出荷していた．のちに農作物に病害が発生してからは酪農に切り替えられ，オークランドの生乳供給基地として栄えた．
　1950年代になると，オークランド市南部に新興工業地帯が形成され始めた．そこでの労働力確保を目的として，マオリやパシフィックアイランダー(太平洋諸国からの移住者)の定着と就業を促進する政策が採られた．その一環として，1957年からの10カ年計画により，4500戸の低所得者向け公営住宅がオタラに建設され，およそ2万人が居住するようになった．それゆえ，現在でもオタラでは，パシフィックアイランダー系住民が多数を占め，アジア系住民がこれに次ぐ．さらに，それぞれの出身地ごとにエスニックコミュニティが形成されている．彼らは多産傾向が強いため，若年層の比率が顕著に高い．失

業や低所得の問題は深刻であり，不法滞在者も少なくないと言われる．殺人など凶悪事件の発生頻度も高いなど，貧困に起因する社会問題が多発している．かつてはマヌカウ市オタラ区を構成していたが，2010年11月にオークランド市に合併された． 　　　［梅田克樹］

オーチョウ市　鄂州市　Ezhou　　中国

がくしゅうし（音読み表記）

人口：106.0万 (2015)　　面積：1505 km²
　　　　　　　　　[30°32′N　114°31′E]

　中国中部，フーペイ(湖北)省東部の地級市．チャン(長)江南岸に位置する．オーチョン(鄂城)，ホワロン(華容)，リャンツーフー(梁子湖)の3区を管轄する．市政府は鄂城区に所在する．東部は丘陵で，西部は沖積平野であり，長江が北部の市境を流れている．梁子湖，ヤーアル(鴨児)湖，サンシャン(三山)湖，ホワマー(花馬)湖など大小80あまりの湖沼があり，水面が総面積のおよそ2割を占める．
　農業は水稲，小麦，綿花，ナタネ，ゴマをおもに産する．水産物に富み，武昌魚の主産地である．白蓮が名産．鉄，銅，蛍石，石膏，石炭などの地下資源が豊富であり，工業は冶金と建材を筆頭にして，機械，紡織，化学，食品，造船がある．鉄道は武九線(ウーハン(武漢)〜チウチャン(九江))，武石都市間線(武漢〜ホワンシー(黄石))が通じ，道路は滬渝(シャンハイ(上海)〜チョンチン(重慶))高速道路が通じている．鄂州港は万トン級の船舶が停泊できる．呉王城遺跡などの文化財があり，西山は風致地区である．
　　　　　　　　　　　［小野寺 淳］

オッサ山　Ossa, Mount

　　　　　　　　　　　　　オーストラリア

標高：1617 m　　[41°56′S　146°12′E]

　オーストラリア南東部，タスマニア州中央部の山．タスマニアの最高峰である．クレイドルマウンテンレークセントクレア国立公園に位置する．ジュラ紀の粗粒玄武岩によって構成されている．地名は，ギリシャに実在し，ギリシャ神話にも登場するオサ山から名づけられた．付近の山の山頂もギリシャ神話の中から名前がつけられている． 　［有馬貴之］

オッドーミエンチェイ州 Otdor Meanchey, Province ☞ ウドーミエンチェイ州 Oddar Meanchey Province

オーツランド Oates Land　南極
[72°00′S　159°30′E]

南極，東南極東端付近の地域．ウィルソン丘陵やユサップ山地，レニック氷河などがある．オーストラリアとアメリカおよびロシアとでは，名称と範囲がやや異なる．オーストラリアは南緯72度，東経159度30分を中心とする東経155度と164度にはさまれる地域をオーツランドとし，アメリカは南緯69度30分，東経159度を中心とするハドソン岬（東経153度45分）からウィリアムズWilliams岬（東経164度09分）までの地域をオーツ海岸としている．ロシアは明確な範囲を示していないが南緯70度，東経158度を中心とする地域をオーツ海岸としている．南極点旅行を行うスコット隊をロス島に送り届けたイギリスの探検船テラノヴァ（ハリー・ペネル船長）によって1911年2月に発見され，スコット隊の隊員ローレンス・オーツを記念して命名された．　　　　［森脇喜一］

オデ山　五台山 Odaesan　韓国
標高：1563 m　　　　[37°46′N　128°33′E]

韓国北東部，カンウォン（江原）道の山．テベク（太白）山脈に属する．カンヌン（江陵）の西約30 kmに位置する．太白山脈中の名山の1つで，1975年，周辺一帯，江陵市，ホンチョン（洪川）郡，ピョンチャン（平昌）郡に及ぶ304 km²が，国立公園に指定された．年間100万人の観光客をよんでいる．新羅時代の創建になる月精寺，上院寺があり，仏像，石塔など，多くの文化財が保存されている．ナマン（南漢）江の源流の1つがここから流下する．　　　　［山田正浩］

オティ Oti　インドネシア
[0°31′S　119°19′E]

インドネシア中部，スラウェシ島，中スラウェシ州ドンガラ県シンドゥエトバタ郡の村．州都パルからマカッサル海峡に沿って北上する州道沿いに位置する．　　［山口真佐夫］

オディシャ州 Odisha, State of　インド
オリッサ州 Orissa, State of (旧称)
人口：4197.4万(2011)　面積：155707 km²
降水量：1500 mm/年　　[20°13′N　85°50′E]

インド東部に位置する州．面積は約15.6万km²で，インドの州のうちでは狭いほうである．州都はブバネシュワルである．州の北はウェストベンガル州，ジャルカンド州，西はチャッティスガル州，南はアンドラプラデシュ州に接している．東はベンガル湾に面している．州の中央を東ガーツ山脈より流れ出るマハナディ川が流れ，下流に広大なデルタを形成している．このデルタの北部はガンジスデルタの南西部をなし，南の沿岸は，東ガーツ山脈の沿岸平野となっている．州の西方は大半が東ガーツ山脈の山地部となっている．気候は熱帯モンスーン気候で，6～10月が雨季，11～5月が乾季となる．4，5月は酷暑期といわれ，気温は40℃近くとなる．その他の乾季は20℃前後で，雨季は32～33℃である．年平均降水量は1500 mm前後で，雨季に集中している．

オディシャ（オリッサ）州はインドの諸州の中では後進州といわれ，工業化があまり進んでいない．したがって農村人口が80％以上を占め，稲作を中心としている．マハナディ川の上流にヒラクドダムが建設され，その下流のジャグダルプル，バランギール県が灌漑可能となり，乾季も稲作が可能となった．稲作のほかにはジャワール，バジェラなどのキビ類やナタネ，サトウキビなどが栽培される．牧畜は牛や山羊が多く，牛は役牛や牛乳を得るためである．鉱産資源は近くのビハール州とともにかなり豊富で鉄鉱石，マンガン，クロム鉱，石炭などが産出される．工業化もこうした資源をもとにラーウルケーラの鉄鋼業などがつくられ，ブバネシュワルにはIT産業も立地している．交通ではベンガル湾沿いに，コルカタ（カルカッタ）から南のチェンナイ（マドラス）を結ぶ重要なルートがあり，鉄道，道路が通じている．北部の高原上は，同じくコルカタからムンバイ（ボンベイ）を結ぶ鉄道や道路が走る．このほかには，海岸の重要宗教都市プリや，内陸の高原に通じるルートなどがあるが，数が少ない．

オディシャ州の中心は，マハナディ川デルタの頂点にあるカタックであったが，インドがイギリスから独立した翌年の1948年に，南西約30 kmのブバネシュワルに新しい州都がつくられた．ブバネシュワルには古いヒンドゥー教のラージャラーニ寺院もあるが，新興の州都としての発展も著しい．さらに南のベンガル湾沿いには前述のプリやコナールカがあり，プリはクリシュナ神をまつるジャガナート寺院があり，盛夏の大祭には巨大な山車が出され，インド各地から多数の参詣客

が集まり，コレラなどの伝染病が発生することがある．その近くのコナールカには，スーリヤテンプル（太陽の寺院）といわれる寺院があり，寺院全体が巨大な車輪で東方へ動くことを暗示し，またこの車輪は日時計の役割も果たしている．かつてはこの巨大な寺院の背後にさらに大きな寺院があったが，崩解してしまった．数多くの美しい彫刻でも知られ，1984 年に「コナーラクの太陽神寺院」としてユネスコの世界遺産（文化遺産）に登録されている．このほかブバネシュワルの北西方にあるウダヤギリ，カンダギリとよばれるジャイナ教の石窟寺院群は，多くの彫刻像があり，建築学的にも有名である．

言語はオリヤ語を話しているが，内陸の高原や山岳地帯には，先住の指定部族（ST）が数多く住み，独特の衣裳や生活様式を保っている．インドの各州のうちでは前述したように後進州であり，住民の所得も低く，今後の開発が待たれるところである．　［北川建次］

オデジン　漁大津　Odaejin

北朝鮮

面積：608 km²　　　　　[41°22′N　129°48′E]

北朝鮮，ハムギョンブク（咸鏡北）道漁浪郡の労働者区．1952 年新設，旧キョンソン（鏡城）郡に属した．咸鏡北道のチョンジン（清津）（遠洋漁業），キムチェク（金策）（遠洋漁業），ソンボン（先鋒），化成，花台とともに 7 大水産基地の 1 つ．メンタイ，イワシ，ニシン，タラ，イカの漁獲が多い．とくにイカ漁と加工製品は有名である．　［司空　俊］

オテマタタ　Otematata

ニュージーランド

人口：186 (2013)　　　　[44°37′S　170°11′E]

ニュージーランド南島，カンタベリー地方の村．オタゴ北部のワイタキ地区，アビエモア Aviemore 湖およびベンモア Benmore 湖の南に位置し，オーマルの北西 95 km，オテマタタ川とワイタキ川の分岐点上に立地する．小学校やホテルが中心部にみられる．町の開拓は 1958 年で，2 つの湖の水力発電所の建設計画に伴って建設された．今日，ニュージーランド電気公社の発電所のメンテナンススタッフのための社宅がこの地にあるが，この社宅は休暇中になると，ベンモア湖へのレジャーにやってくる人たちのための宿となる．地名は，深い沼地という意味のマオリ語が語源となっている．　［泉　貴久］

オード川　Ord River

オーストラリア

長さ：500 km　　　　[15°03′S　128°49′E]

オーストラリア西部，ウェスタンオーストラリア州北東部を流れる川．アルバートエドワード山地に端を発し，東流ののち北へ向きを転じ，ケンブリッジ湾に注ぐ．アレクサンダー・フォレストによって 1879 年に発見され，地名はウェスタンオーストラリア総督を務めたハリー・オード卿（在任 1877～80）にちなんで命名された．1945 年に決定されたオード川開発計画によって 67 年にクヌヌラ取水ダムが完成し，灌漑農業が始められるとともに，地域のサービス拠点としてクヌヌラが建設された．その後，より大型のダムとしてアーガイル湖も完成した．しかし，中心的な作物として期待された綿花の栽培は虫害によって頓挫し，その他の作物の栽培も成功しなかった．結果として，1980 年代までは農業開発が進まず，川流域の開発は国内で最もコストが高く議論の残るプロジェクトとなった．最終的にはサトウキビの栽培が軌道に乗り，製糖工場が建設されたことに加え，輸出の可能性を秘めた産業の発展の余地があることから，流域の開発に対する期待がふたたび高まっている．　［大石太郎］

オトウェー岬　Otway, Cape

オーストラリア

[38°51′S　143°31′E]

オーストラリア南東部，ヴィクトリア州南西部の岬．州都メルボルンの南西ジーロングからウォーナンブールまで延びるグレートオーシャンロードの中間地点に位置し，バス海峡に突き出す．周囲の地形は起伏に富み，グレートオーシャンロードをジーロングから西方に走ると，オトウェー岬の手前のアポロベイでいったん内陸に入り，肥沃なホーデンヴェイル Horden Vale 平原を貫いてグレンエアー Glenaire で海岸部に復帰する．周囲は豊かな酪農地帯である．付近は降水量の多い一帯であり，広く雨林が発達している．比較的手つかずの自然がオトウェー国立公園として残されており，野生生物の宝庫にもなっている．　［堤　純］

オトク旗　鄂托克旗　Otog

中国

人口：10.0 万 (2010)　面積：21000 km²
標高：1070-1556 m　気温：6.4℃
降水量：150-350 mm/年

[39°06′N　107°59′E]

中国北部，内モンゴル自治区オルドス（鄂爾多斯）地級市の旗．オルドス高原の西部に位置する．4 鎮と 2 ソムで構成される．フランスの考古学者らによって発見された新石器時代のオルドス人の遺跡がある地域で，1650 年にオトク旗として設置された．地名はモンゴル語で牧畜民のキャンプを意味する．かつては牧畜業が主要産業であったが，現在は工業が盛んな地域に変貌し，2000 年以降の農業と鉱業の発達により環境破壊が進みメディアの注目を浴びている．石炭，石膏，天然塩などの鉱物と地下資源が豊富である．また，オルドス・カシミヤの原産地であり，アルバス・白山羊のカシミヤはやわらかい黄金または繊維宝石とよばれる．

オルドス高原の最も高いテーブルマウンテン（オランドシ山）とディヤン洞窟がチンギス・ハーンの戦馬の飲水の主要地であったと伝承されている．そしてボロホショー温泉，アルジャイ（阿爾寨）石窟などの観光地がある．2004 年 5 月，当時アジア最大の恐竜骨格化石が発見された．瓦窯新石器農業遺跡が発掘された．包蘭鉄道と国道 109 号，110 号が通る．　［オーノス・サラントナラ，杜　国慶］

オトク前旗　鄂托克前旗　Otogin Umunet

中国

Otog Qian （別表記）

人口：8.0 万 (2010)　面積：12180 km²
気温：6.7-8.0℃　降水量：150-350 mm/年

[38°11′N　107°29′E]

中国北部，内モンゴル自治区オルドス（鄂爾多斯）地級市南西部の旗．4 鎮で構成される．ムウス砂漠（毛烏素沙地）の中央部，シャンシー（陝西）省，ニンシャ（寧夏）回族自治区と内モンゴル自治区の境界に位置し，南は万里の長城と隣接する．1980 年にオトク旗から分離してオトク前旗として設立された．全人口のうち，モンゴル族が 31.4%，農・牧畜業人口が 68% を占めていたが，13% が工鉱業へ転換した．この地域はムウス砂漠とオルドス台地から構成される．標高は最高地点 1564 m，最低地点 1160 m で，南東部のシャルオス（無定）河と西部の水洞溝がある．気候は乾燥と風砂が特徴である．塩湖，石炭，天然ガスなど資源が豊富．旧石器時代中晩期

278　オトコ

の遺跡が発掘され，古代オルドス(河套)人遺跡と明代長城などの遺跡がある．

[杜 国慶，オーノス・サラントナラ]

オトゴンテンゲル山
Otgontenger Uul
モンゴル

イヒボグドオチルワン山　Ikh Bogd Ochirvan' Uul (別称)／エンフタイワン　Enkh-Taivan (旧称)

標高：4021 m　　　　　　[47°36′N　97°33′E]

　モンゴル中西部，ハンガイ山脈の最高峰．モンゴルで最も美しいといわれる聖山．別名イヒボグドオチルワン山．ザヴハン県の南東部に位置する．ハンガイ山脈の中で唯一，万年雪に覆われている．山頂から氷河が流下．山の中腹には，バダルホンダガ湖(托鉢の杯の意)のように氷堆石によって囲まれた湖が点在する．オトゴンテンゲル山は，眺める角度によって褐色のツル植物に覆われているようにみえたり，斑模様の岩壁にみえたりと，その表情は多彩である．初登頂は1955年，モンゴル・ソ連合同登山隊(R・ゾリクト隊長，A・N・ピスカーレフ監督ら13人)による．

　古来より聖なる山として遊牧民たちの信仰を集めてきた．オトゴンテンゲルのオトゴンとは，中世チュルク語で火の継承者を意味する．あるいは，オトゴンは，突厥帝国(552～744)の本拠地ウテュケン山の音便化したものであり，ウテュケンとは大地の主という意味であるという説もある．テンゲルとはモンゴル語で天空や神を意味する語である．

　周辺域は，18世紀中葉に制定された法典「ハルハジロム」によって，禁域となり，そこでの狩猟が禁じられた．また1779年，清朝皇帝の勅令によって，当山はイヒボグドオチルワン山すなわちチベット仏教の金剛手(オチルワン)菩薩の住まう山として，毎年夏季にチベット仏教による祭祀を行うことが定められた．このような国家によるオトゴンテンゲル祭祀は清朝崩壊後に成立したボグド・ハーン政権においても継承され，政府要人やモンゴル仏教総本山の多くのラマたちの参加の下で行われた．しかし1924年，社会主義政権が成立すると，政教一体のオトゴンテンゲル祭祀は廃止され，山の名称も一時期，宗教性を排したエンフタイワン山(平和の山)に改められた．その後，社会主義体制の崩壊と民主化を経て，2004年4月23日の大統領令57号によって，国家が山の祭祀を司る国家祭祀聖山が制度化されると，最初にオトゴン

テンゲルを含む4つの聖山が選ばれた(4聖山は，オトゴンテンゲル山，ボルハンハルドゥン山，ボグドハン山，ダリオヴォー山)．それぞれの聖山では4年に一度，大統領主催による祭祀行事が行われなることとなり，2004年のオトゴンテンゲル祭祀では，1000人を超す参加者が集まった．しかし近年，参拝者たちが投棄する瓶，ペットボトル，ビニール袋などのゴミ問題が深刻化している．1992年に，オトゴンテンゲル山周辺地域は国立公園(厳正自然保護区)に指定された．

[島村一平]

オートランズ　Oatlands
オーストラリア

人口：0.1万 (2011)　面積：435 km²
[42°18′S　147°22′E]

　オーストラリア南東部，タスマニア州東部の村．ダルバートン湖の湖畔に位置する．州都ホバートの北84 kmにある．タスマニアで最も古くから住民がいる歴史のある地域である．建造物も古く，砂岩でできた建築物群は国内で最古のものである．主要道路沿いには87の砂岩建築物がある．そのほかにも独特な建築物が多い．そのため，観光での地域活性化を目ざしている．　　[有馬貴之]

オトロハンガ　Otorohanga
ニュージーランド

人口：1.0万 (2016)　面積：1976 km²
[38°11′S　175°13′E]

　ニュージーランド北島，ワイカト地方の地区で役場所在地．ハミルトンの南45 km，ワイパ川とマンガプ川の合流点右岸のカルスト台地上に位置する．国道3号と31号の分岐点があり，鉄道の北島縦貫本線の駅も置かれている．交通の結節点であるオトロハンガは，農産物をはじめとする物資の集散地として，また周辺農村へのサービス供給拠点として発展してきた．オトロハンガ地区の主要産業は農業である．とりわけ集約的酪農が卓越するほか，肉牛生産や牧羊も盛んに行われている．また，近年は園芸農業も伸長している．

　国鳥キーウィを飼育するキーウィハウスがあることから，キーウィの町と通称され，多くの観光客が訪れる．また，ツチボタルの生息地として知られるワイトモ鍾乳洞が南西16 kmにあり，そのアクセス基地となっている．なお，行政上の呼称ではないが，ワイカト地方オトロハンガ地区・ワイトモ地区と

マヌアツワンガヌイ地方ルアペフ地区北部を合わせて，キング郡 King Country と通称されることがある．これは，1860年代のニュージーランド土地戦争において，マオリ王擁立運動が展開された領域と一致しており，現在も一定の地域的紐帯を保っている．

[梅田克樹]

オノケ湖　Onoke, Lake
ニュージーランド

面積：7.0 km²　標高：0 m　長さ：3.0 km
幅：2.5 km　　　　　　　[41°23′S　175°08′E]

　ニュージーランド北島，ウェリントン地方の汽水湖．サウスワイララパ地区にあるルアマハンガ川の河口部に形成されたラグーンであり，パリサー湾とは長さ3 kmの砂州によって隔てられる．砂州の東端にある開口部には，洪水防止を目的とした人工水路が建設されている．ルアマハンガ川の堆積作用によって湖は年々縮小しており，近い将来に消滅するものと予測されている．また，湖周辺の氾濫原は，貴重な生態系を有するワイララパ湿地帯(面積210 km²)となっている．オノケ湖の周辺には12世紀頃からマオリが居住し，植物の採集や漁撈，狩猟によって生活していた．1844年にヨーロッパ人の入植が始まると，酪農や牧羊が主産業となった．現在は，湖の東岸にあるレークフェリーが，ウェリントン郊外の主要な保養地となっている．ホテルやキャンプ場のほか，多くの別荘や退職者向け住宅がある．　　　　[梅田克樹]

オノトア環礁　Onotoa Atoll
キリバス

人口：0.2万 (2010)　面積：16 km²
[0°52′S　175°34′E]

　中部太平洋西部，ミクロネシア，キリバスの環礁．キリバス西部，ギルバート諸島南部に位置する環礁である．スワンプタロ，ココヤシ，パンノキの栽培と漁業による自給自足経済が営まれる．島名は，海に石を投げ入れ，島を創造した神話的巨人に由来する．村の集会場であるマネアバとよばれる共同家屋の座席の権利をもつ，カインガとよばれる親族集団を中心とする社会が構成される．

[柄木田康之]

オノン川　Onon Gol
モンゴル／ロシア

長さ：808 km　　　　　[51°33′N　115°52′E]

モンゴル中東部からロシアの東シベリアへと流れる川. ヘイロン(黒竜)江上流のシルカ川の支流で, 水源はヘンティ山脈にある. 全長のうち, モンゴル国内では 298 km (流域面積 2 万 9070 km²)が流れる. この水源地帯は 1206 年チンギス・ハーンが大ハーンの位についたことで知られる. オノン川流域はモンゴル帝国揺籃の地であり, モンゴル秘史(元朝秘史)にも 32 回にわたって登場する. オノン川は, ヘルレン川, トーラ川と並んで, モンゴル秘史に登場する伝説の 3 つの川(ゴルバンゴル)の 1 つである. 現在, オノンの名はモンゴル国で男性の名前として使われることも少なくない.　　　　　[島村一平]

オーハイ　Ohai　　ニュージーランド

人口: 303 (2013)　　　[45°56′S 167°57′E]

ニュージーランド南島, サウスランド地方の村. ワレス地区に属し, アパリマ川とワイアウ川の間にあるオーハイ川の堤防近くの丘陵地に位置する. ウィントンの北西 43 km に位置し, 小学校, ホテル, 警察署が中心部に立地している. おもな産業は, 石炭採掘業と農業である. とりわけ石炭採掘については集落の開拓期より盛んで, ここで採掘される石炭は地下 22 km の層となっており, 無煙炭で, 硫黄分が低く, 高カロリーで大変利用価値の高い良質のものである. 石炭はオーハイ鉄道公社という私鉄の貨物列車によって都市部へ運搬され, 家庭用, 産業用に利用される. 地震で発生した断層が採掘のための穴となっており, そこから露天掘りや地下に坑道をつくる方法で採掘が行われている. なお, 地名はマオリ語で石のある場所という意味があるそうだが, はっきりしたことはわかっていない.　　　　　[泉　貴久]

オーハウ　Ohau　　ニュージーランド

[40°40′S 175°15′E]

ニュージーランド北島, マナワツワンガヌイ地方の村. ホロフェヌア地区に属し, 役場所在地レビンの南西 5 km に位置する. タラルア山地の西側山麓, オーハウ川の北岸にある. 農村集落で, 酪農業がおもな産業である. ニュージーランド最大の都市オークランドと首都ウェリントンとを結ぶ国道 1 号と鉄道(北島縦貫本線)が, 集落内を貫通している. 市街地は東西 800 m, 南北 500 m の範囲に広がり, 小学校, 公民館, 鉄道駅を有す

る. パパイトンガ湖やキンバリー自然保護区へのアクセス基地となる. 地名は, この地にかつて住んでいたランギタネという部族の首長の名前ハウ hau が由来となっている.
　　　　　[泉　貴久・梅田克樹]

オパキ　Opaki　　ニュージーランド

人口: 0.1 万 (2001)　　　[40°53′S 175°40′E]

ニュージーランド北島, ウェリントン地方の村. マスタートン地区に属し, 鉄道のワイララパ線と国道 2 号が通っている. 酪農と牧羊が盛んであるほか, マスタートンの市街地から北方約 6 km に位置しており, 通勤者も多く居住している. 1873 年創立のオパキ競馬場があり, おもに競走馬の調教施設として使われるほか, レースも年 2 回開催されている. また, 白ワイン(ピノノワール)をつくるワイナリーがある.　　　　　[梅田克樹]

オハクネ　Ohakune　　ニュージーランド

人口: 0.1 万 (2013)　標高: 600 m
[39°25′S 175°25′E]

ニュージーランド北島, マナワツワンガヌイ地方の町. ルアペフ地区に属し, 役場所在地ワイオウルの西 24 km, トンガリロ国立公園の南端に位置する. 鉄道の北島縦貫本線(1908 開通)の駅が置かれ, 周辺農村へのサービス供給拠点となっている. 地名の由来は, 注意すべき場所を意味するマオリ語である. もともとマオリの居住地だったが, 1950 年代からヨーロッパ人の入植が始まった. 現在のオハクネ周辺は, ニュージーランド有数のニンジン産地となっている. 町の東側の入口には, 世界最大のニンジンの像がある.

北島の最高峰ルアペフ山(標高 2797 m)の南斜面に広がるトゥロアスキー場は, オハクネから一本道を北東に 15 km 進んだところにある. 4 km² のゲレンデに 11 基のリフトを擁する同スキー場は, 冬には世界各地から大勢のスキーヤー, スノーボーダーを, 夏にはルアペフ山への登山口として多くのハイカーを集める. そのトゥロアスキー場へのアクセス基地となるオハクネには多数のホテルが立地しており, 宿泊施設の総収容人数は 2 万人を超える. また, 書店, 映画館や土産物店, スキーのレンタルショップなど, 観光客を当て込んだ店も数多くある.　　　[梅田克樹]

オーハン旗　敖漢旗　Aokhan

中国

アオハン旗 (別表記) / ごうかんき (音読み表記)

人口: 60 万 (2009)　面積: 8316 km²
[42°18′N 119°54′E]

中国北部, 内モンゴル自治区東部, ウランハダ(チーフォン, 赤峰)地級市南部の旗. 人口のうちモンゴル族は約 3.3 万に限られ, 自治区内のモンゴル旗の中でも人口に占めるモンゴル族の割合が最も低い旗の 1 つである. 清朝時代にはジョーオド盟に属し, 18 世紀頃から南部のハラチン(喀喇沁)地域を通して漢人農民や農耕化したモンゴル人の入植を受けた. こうした多種多様な農耕民の入植が社会対立を激化させ, 1891 年に漢人移民による金丹道暴動が本旗で発生し, 虐殺の対象とされた旗内のモンゴル人は大挙して北部各旗へ避難移住した. モンゴル族人口が少ないのもこれが原因である. 満洲国時代には新恵県を新設してともに熱河省に属したが, 1949 年に県を廃止し, オーハン旗に統合された. 温暖で湿潤な土地柄で太古から農耕と牧畜の兼業に適し, 6000 年前の紅山文化関連の遺跡も多く発見されている.

[ボルジギン・ブレンサイン]

オーバン Oban ☞ ハーフムーンベイ
Halfmoon Bay

オーバーン　Auburn　　オーストラリア

人口: 0.1 万 (2011)　　　[33°59′S 138°42′E]

オーストラリア南部, サウスオーストラリア州南東部の町. 州都アデレードの北 110 km に位置する. 豊かなブドウ畑が広がるクレア渓谷への南の玄関口である. 港町のポートウェークフィールドから銅鉱山のあるバラへのルート沿いに位置し, かつては鉱山業者が移動し, 銅が運ばれていく重要な町であった. この付近では, エドワード・ジョン・エア(1815–1901)によって探検されてまもなくの 1830 年代後半には, 放牧地が開発された. 町の成立は 1849 年で, この後 60 年代から 70 年代半ばにかけて発展のピークを迎えた. しかし 1877 年にバラの銅鉱山が閉鎖されるとともに, 町も衰退していった. 町には 1850 年代から 70 年代半ばにかけて建てられた多くの石造建築物が残っている. 現在は周囲をブドウ畑に囲まれたのどかな町である. ワイナリーも 2 軒存在する. [片平博文]

オーバーン　Auburn　オーストラリア

人口：3.3万 (2011)　面積：8.3 km²
[33°51′S　151°02′E]

　オーストラリア南東部，ニューサウスウェールズ州南東部，カンバーランド行政区の地区．州都シドニー中心業務地区の西 19 km に位置する．地名は，オリヴァー・ゴールドスミスの詩『さびれた村』の中で最も素敵な村として語られるイングランドのオーバーンにちなんで名づけられた．住宅地と商業地，工業地が混在する地域で，鉄道のオーバーン駅の南側，1 km にわたって続く商業地区には中東やアジア系の店舗，レストラン，スーパーマーケットなどが立ち並んでいる．オーバーンは中国系やトルコ系，インド系，アラビア系など世界各地からの移民集団が集まっている地区として知られている．そのため国際的なイベント開催時や，中東にかかわる出来事などが発生した際にはこの地区が注目されることになる．地区内には国内で最も古いヒンドゥー教の寺院や，トルコ系移民により建てられたモスクがある．駅北側のパラマッタ通り沿い，および周辺には，大型店や事業所が多数立地している．オーバーン駅にはシティレールのノースショアおよびノーザン線，ウェスタン線，インナーウェストおよびサウス線，カーリングフォード線が乗り入れており，シドニー中心部に位置するセントラル駅までの所要時間は 25〜30 分程度である．　　　　　　　　　　　　　　［落合康浩］

オビ諸島　Obi, Kepulauan　インドネシア

オンビラ諸島　Ombirah, Kepulauan (別称)
[1°30′S　127°45′E]

　インドネシア東部，マルク(モルッカ)諸島，北マルク州ハルマヘラスラタン県の諸島．ハルマヘラ島の南，モルッカ海とセラム海にはさまれた位置にある．主島はオビ島で，ほかにオビ島の北西に位置するオビラトゥ島，タパト島，ビサ島，ベランベラン島，南に位置するゴムム島，東に位置するトバライ島がある．造山帯に位置するため山がちな地形となっている．　　　　　　　　［塩原朝子］

オビ島　Obi, Pulau　インドネシア

ウタラ島　Utara, Pulau (別称) ／オビブサール島 Obi Besar, Pulau (別称) ／オビラ島　Obira, Pulau (別称)

面積：2542 km²　　　[1°30′S　127°45′E]

　インドネシア東部，マルク(モルッカ)諸島，オビ諸島，北マルク州ハルマヘラスラタン県の島．ハルマヘラ島の南に位置する小島で，オビ諸島の主島．テルナテ島からバチャン島を経由して海路で約 12 時間程度の距離にある．内陸部は山がちで，沿岸部に集落が点在している．北部は島の北に位置するビサ Bisa 島南部とともにオビ郡に，南部は南に位置するゴムム Gomumu 島とともにオビスラタン郡に，東部は東に位置するトバライ Tobalai 島，オビラトゥ島とともにオビティムール郡にそれぞれ属する．住民の大半はハルマヘラ島またはスラウェシ島からの移民である．クローブの栽培が行われている．
　　　　　　　　　　　　　　　［塩原朝子］

オービエン自治県　峨辺自治県 E'bian　中国

オービエンイ族自治県　峨辺彝族自治県 (正称) ／がへんじちけん (音読み表記)

人口：13.6万 (2015)　面積：2395 km²
[29°13′N　103°15′E]

　中国中西部，スーチュワン(四川)省南部，ローシャン(楽山)地級市の自治県．ダートゥー(大渡)河沿岸にある．大渡河に沿って成昆鉄道が県北部を東西に横断する．県政府は沙坪鎮に置かれている．チュワンシーナン(川西南)山地のダーリャン(大涼)山地の北麓に位置し，北部はオーメイ(峨眉)山に，西は大相嶺山地に接し，標高 3000 m を超える山嶺が多い山間地域である．平野は大渡河に沿って細長く延びる．秦代の蜀郡の地で，漢代は犍為郡南安県に属し，唐代に羅目県が置かれた．宋代は峨眉県に属し，元代は大理国虚恨部に属した．明代に漢族の入殖を進め，清代に峨眉県を分割して峨辺撫夷庁が置かれ，1914 年峨辺県に改められた．1955 年に峨辺イ(彝)族自治州が置かれ，84 年に現名称となった．おもな農作物はトウモロコシ，芋類，豆類，米などであり，特産品にクルミ，カショウ(花椒)，生漆などがある．山間部ではさまざまな貴重な薬材や木材を産する．パンダをはじめ希少動物が生息する．
　　　　　　　　　　　　　　　［林　和生］

オピヒ川　Opihi River　ニュージーランド

長さ：75 km　　　　[44°02′S　170°45′E]

　ニュージーランド南島，カンタベリー地方の川．ロールスビー山地のバルーケ峠を源流に，マッケンジーからストラサランへかけて流れる．河川の流域はマス釣りが盛んである．最終的にはティマルの北東 15 km のカンタベリー湾へと注いでいる．　［泉　貴久］

オビブサール島 Obi Besar, Pulau ☞ オビ島 Obi, Pulau

オビラ島 Obira, Pulau ☞ オビ島 Obi, Pulau

オビラトゥ島　Obilatu, Pulau　インドネシア

[1°25′S　127°20′E]

　インドネシア東部，マルク(モルッカ)諸島，オビ諸島，北マルク州ハルマヘラスラタン県の島．主島オビ島の北西約 11 km に位置する．オビ島から海路で 1 時間程度の距離にある．岩がちで起伏の多い地形だが，北部および北東部の入り組んだ海岸線にみられる 4 つの湾にわずかな平地があり，南東スラウェシからの移民であるブトン人が集落を形成している．島の北部で小規模なニッケルの採掘が行われている．　　　　［塩原朝子］

オフ島　Ofu Island　アメリカ合衆国

人口：176 (2010)　面積：7.4 km²
[14°10′S　169°40′W]

　南太平洋東部，ポリネシア，アメリカ領サモアの島．中心都市パンゴパンゴのあるトゥトゥイラ島の東約 100 km，マヌア諸島の西端に位置する火山島である．住民はポリネシア系サモア人で，サモア語と英語が用いられている．アサンガ Asaga 海峡をはさんですぐ東側にあるオロセンガ島とは橋でつながっている．この両島は複式火山の名残である．島の中央部には標高 494 m のツムツム Tumutumu 山がそびえている．西部にオフとアラウファウの 2 つの集落が連なり，南部には小さな滑走路が設けられていて，パンゴパンゴ国際空港とつながっている．島のまわりは美しい裾礁に囲まれ，空港からオロセン

ガ島につながる橋にかけての地区はアメリカ領サモア国立公園の一部となっている. なお, 島の北部へのアクセスは困難である.

[橋本征治]

オーフー山　鵞湖山　Ehu Shan

中国

がこさん（音読み表記）／フォンディン山　峰頂山　Fengding Shan（別称）／ホーフー山　荷湖山　Hehu Shan（別称）

[28°24′N　117°48′E]

中国南東部, チャンシー（江西）省北東部にある山. 江西省とフーチェン（福建）省の省界であるウーイー（武夷）山脈に属する山で, イエンシャン（鉛山）県北東部に位置している. 荷湖山, 峰頂山ともよばれる. 古来より風光明媚の地で, 2000 年に国立森林公園に指定された. 南宋代に儒学者の朱熹（朱子）と陸九淵らが論戦を交した鵞湖の会が催された鵞湖寺と, 明代に建てられた鵞湖書院が有名である.

[林　和生]

オプア　Opua

ニュージーランド

人口：0.1 万（2013）　[35°19′S　174°07′E]

ニュージーランド北島, ノースランド地方の港町. ファーノース地区に属し, ワイカレ入江とカワカワ川の交点であるベロニア海峡に面し, リアス式海岸の形状をした天然の良港である. 1884 年に開通した鉄道のオプア支線（廃線）の終着駅があり, ベイオブアイランズの海の玄関口となっていた. かつては, カワカワ炭山の石炭や肉製品, 乳製品の積出港として栄えた. 現在はマリーナが整備され, 年間 300〜400 隻もの外洋ヨットやクルーザーが寄港する.

[梅田克樹]

オファンゴ　Owhango

ニュージーランド

人口：177（2013）　[39°00′S　175°22′E]

ニュージーランド北島, マナワツワンガヌイ地方の町. ルアペフ地区に属し, ファカパパ川左岸の河岸段丘上にある. 鉄道の北島縦貫本線（1908 開通）の駅があるほか, 国道 4 号が通る. 国道沿いには南緯 39 度線の碑が建っている. 地名の由来は, ゼーゼーいう騒がしい場所を意味するマオリ語である. 周辺には豊かな森林が広がっており, かつては木材の集散地として栄えた. しかし, 1970 年

代までにほとんどの製材所が廃業に追い込まれ, 人口は激減した. 現在は, キーウィ生息地として知られるオヒネトンガ景観保護区へのアクセス基地となっている. かつて製材所だった建物の多くは, 都市住民の別荘として再利用されている.

[梅田克樹]

オフィール山　Ophir, Mount ☞ レダン山　Ledang, Gunung

オーフォード　Orford

オーストラリア

人口：0.1 万（2011）　面積：2.9 km²

[42°34′S　147°52′E]

オーストラリア南東部, タスマニア州東部の村. 東海岸沿い, 州都ホバートの北東 73 km に位置する. プロッサー川の河口にあたる. 地名は, この土地を与えられたエドワード・ウォルポールが命名したもので, 彼の親戚がオーフォード伯爵 2 世の称号を与えられたことに由来している. 港町として開設されたが, 目立った港湾施設はない. 現在は, ゴルフコースや砂浜, 自然保護区などがあり, 別荘地や観光地として位置づけられる.

[有馬貴之]

オプシチー台地　Obshchiy Syrt, Vozvyshennost'

ロシア／カザフスタン

オプシチースイルト台地（別表記）

標高：405 m　長さ：500 km

[52°30′N　53°00′E]

ロシア西部の南東部およびカザフスタン西部にある台地. 東部は南ウラルの山々に接している. 台地に沿って, ヴォルガ川とウラル川の分水嶺が走る. ペルム紀や中生代の砂岩, 粘土, 石灰石からできている. 階段状の斜面はこの台地の特徴である. また, 円蓋状の残丘がみられ, カルストが発達している. 台地のほとんどはイネ科植物の草原である.

[山下丈夫]

オプナケ　Opunake

ニュージーランド

人口：0.1 万（2013）　面積：3.7 km²

[39°27′S　173°51′E]

ニュージーランド北島, タラナキ地方の町. サウスタラナキ地区に属し, 役場所在地ハウェラから国道 45 号（通称サーフハイウェイ）を西 45 km 走った地点にあり, 周辺には畜産地帯が広がる. 地名の由来は, カヌーの船首にあたる場所を意味するマオリ語であ

る. 1865 年にヨーロッパ人の入植が始まり, 80 年代には主要港湾をつくるべく都市建設が始められた. しかし, 十分な輸送量を確保できなかったため, 計画はほとんど実現しなかった.

20 世紀のオプナケ経済を支えたのは, 乳製品工場や食肉加工場だった. しかし, 輸送技術の発達やオートメーション化の進展に伴って, それらの工場は次々と廃止され, ニュープリマスやハウェラの大規模工場に統合されていった. 現在では, 観光業がオプナケ最大の基幹産業となっている. 気候が温暖な上, 遠浅で波がおだやかな黒砂海岸が広がっていることから, タラナキ地方で最も人気のあるビーチとして多くの観光客を集めている. 夏季休暇期間中は滞在者数が急増し, カフェやホリデーパークも賑わいをみせる. 村の農業発展史やマオリ文化, 現在の姿などを描いた巨大壁画も有名である. また, 周辺農村へのサービス供給拠点としても機能している. しかし, 基幹産業の消滅を補うにはほど遠いのが実情であり, 就業機会の欠乏はきわめて深刻である.

[梅田克樹]

オプヒール山　Ophir, Gunung

インドネシア

タラマウ山　Talakmau, Gunung; Talamau, Gunung（別称）

標高：2913 m　[0°05′N　99°59′E]

インドネシア西部, スマトラ島, 西スマトラ州パサマンバラット県の火山. 州都パダンの北北西約 120 km に位置する. 現在は活動していない. タラマウ山とよばれることが多い. 東〜北部に標高 2000 m 前後の山地, 北〜北西部に 1000 m 前後の山地, 北西〜西部にインド洋に面する平野が広がる. 南南東約 50 km にはカルデラにできたマニンジャウ湖がみられる.

[稲垣和也]

オフラ川　Ohura River

ニュージーランド

[39°02′S　175°04′E]

ニュージーランド北島, マナワツワンガヌイ地方の川. ファンガヌイ川の支流で, ルアペフ地区の最北端, ランギプアノアノ山付近を源流とする. オフラ地区の山岳地帯（標高 400〜500 m）に深い谷を刻み込み, 穿入蛇行をくり返しながら南流する. ファンガヌイ川と合流する直前にあるオフラ滝は, ファンガヌイジャーニー（タウマルヌイ〜ピピリキ間

282　オヘロ

〈世界地名大事典：アジア・オセアニア・極Ⅰ〉

を5日間かけて川下りするグレートウォークのコース）の主要な観光ポイントとなっている.

オフラ川流域には，およそ900年前からマオリが居住し，農耕を行ってきた．1840年代から入植を始めたヨーロッパ人は，ブナなどの森林を次々伐採して，一帯を酪農地域につくり替えた．しかし，当地の地形は急峻であり，降水量は年間2000 mmにも達する上，地質も海成の脆い砂岩や泥岩からなっている．こうした自然環境は，農地として利用するにはあまりにも厳しい．それゆえ，過度の農業開発が，激しい土壌流出を生じさせてきた．さらに，酪農場から排出される大量の畜産排水が細菌数の増加を招くなど，オフラ川の水質汚濁は深刻である．そこで，1997年にマナワツワンガヌイ地方政府が策定したファンガヌイ川流域戦略において，オフラ川の水質改善が最重点課題の1つにあげられた．これにもとづいて，さまざまな土壌保全対策が講じられつつある．2012年8月には，マオリ住民と政府の間でファンガヌイ川協定が締結され，（会社に付与される法人格と同様の）人格がファンガヌイ川に付与された．水質改善に向けた取り組みも続けられている.

［梅田克樹］

オベロン　Oberon　オーストラリア

ブラックフラット　Bullock Flat（古称）

人口：0.3万（2011）　面積：203 km²
標高：1113 m　　　　　　［33°42′S　149°52′E］

オーストラリア南東部，ニューサウスウェールズ州南東部，オベロン行政区の町で行政中心地．州都シドニーの西約120 kmに位置しており，冬季の数カ月間は降雪をみる．おもな産業は農林業であり，羊肉，牛肉などの畜産物や，各種野菜が生産されている．また，南にあるオベロンダムのダム湖やフィッシュ川では，マス釣りやブッシュウォーキングなどのレジャーを楽しむことができる．ジェノラン洞窟など，近くに観光資源も多く観光関連の産業が盛んである．この地域は，かつて先住民のウィラドゥリ（Wiradjuri）やダルク（Dharug）が暮らしていた土地であったが，1823年にフィッシュ川流域で金が発見されると入植が進んだ．地名は，その後，ウィリアム・シェイクスピアが著した喜劇「真夏の夜の夢」に登場する妖精王の名にちなんでつけられた．ただし，かつての一時期には，ブラックフラットという地名で知られていた．

［笹本裕大・落合康浩］

オーボスト　Orbost　オーストラリア

人口：0.2万（2011）　面積：273 km²
　　　　　　　　　　　　　［37°42′S　148°30′E］

オーストラリア南東部，ヴィクトリア州東部の都市．オーストラリアアルプスから流れるスノーウィー川沿い，州都メルボルンの東約310 kmに位置し，プリンセスハイウェイが市内を東西に横断する．山地と海岸の双方とも絶景をなし，観光の拠点でもある．

［堤　純］

オホーツク海　Okhotskoe More

北太平洋北西部

面積：1603000 km²　深さ：3916 m
　　　　　　　　　　　　　［55°00′N　150°00′E］

ロシア東部と日本北部が面する太平洋の縁海．ユーラシア大陸の北東部をなし，極東連邦管区に属する沿海地方，ハバロフスク地方，マガダン州，カムチャツカ地方，サハリン州のサハリン島とクリル列島，日本の北海道によって取り囲まれ，ラペルーズ（宗谷）海峡とタタール（間宮）海峡を経て日本海に通じている．鎖状に連なるクリル列島にもクルーゼンシュテルン海峡（幅70 km），ブッソリ海峡（幅69 km），第4クリル海峡（幅54 km）をはじめとして数多くの海峡があり，それらの海峡を経て北太平洋に通じている．南北に長い海域をなし，北海道の知床岬に近い北緯44度に南端，カムチャツカ半島の西海岸線に沿ったシェリホフ湾の北緯60度に北端がある.

この海域の海流には，反時計まわりに循環するオホーツク環流，サハリン島の東部を北から南に流れる東樺太海流がある．そのほか，クリル列島に沿った海峡を経由するカムチャツカ海流とオホーツク海の海流との循環が日本列島近海の千島海流（親潮）の形成に作用を与える要素となることも知られている．水深は平均で1780 mあるが，一般に北部の海域は水深が浅く，とくにサハリン島の沖合に広がる遠浅の大陸棚は石油・天然ガス開発によって知られている．南部の海域ではより深く，クリル列島に近いクリル海盆に水深3916 mの最深部がある．植物プランクトンが豊富で，そのためサケ，マス，タラ，ニシン，サンマ，カニ，ホタテ貝など水産資源の宝庫をなしている.

一方でサハリン大陸棚の開発プロジェクトとの関連では，そこから原油が流出する場合海水の汚染が東樺太海流によって拡散され，北海道沿岸海域の環境に悪影響を及ぼす可能

性も懸念されている．この海域の冬季における卓越風向は北西にあり，その風上には北半球の寒極と知られる地域が隣接する関係で，オホーツク海は北半球における季節海氷域の南限として特異な存在をなす．海氷は北西部のシャンタル諸島，アムール潟，サハリン湾の周辺海域で11月に形成され，翌年3月にかけて発達，3月から5月にかけて後退する．この現象は一般に流氷として知られ，北海道のオホーツク海岸で毎年観察されるものである．北海道の知床周辺はこの海域の海洋生態系などをもって2005年世界遺産（自然遺産）に認定された.

沿岸のおもな都市に北海道の網走，紋別，ロシア極東マガダン州のマガダン，サハリン州のオハ，ノグリキ，ポロナイスク，コルサコフ，クリリスクなどがある．都市には数えられないが，1647年に開基されて以来ロシアの北太平洋方面への進出拠点として歴史上かつて重要な意義をもったハバロフスク地方の沿岸集落オホーツクは，オホタ川のほとりに築かれたところからそのように命名され，その地名が現在のオホーツク海の語源となっている.

［原　暉之］

オポティキ　Opotiki　ニュージーランド

オポティキマイタフィチ（正称）

人口：0.4万（2013）　　　［38°01′S　177°17′E］

ニュージーランド北島，ベイオブプレンティ地方の地区で役場所在地．ファカタネの東27 km，ワイオエカ川とオタラ川の氾濫原に位置している．地区内を南緯38度線が通っている．国道2号と35号（パシフィックコーストハイウェイ）の分岐点であり，イーストランド地方への玄関口となる．地名の由来は，約1000年前にハワイイキ Hawaiiki から移住してきたマオリのタラワ族長が飼っていたと伝えられる2匹の魚の名前で，正しくはオポティキマイタフィチという．古来よりオポティキには，マオリのファカトペア部族が住む主要村落があった．1840年代にヨーロッパ人の入植が始まると，オポティキ周辺は一大農業地帯となった．温暖で湿潤な気候に恵まれるものの土壌は火山性で貧弱なので，酪農，牧羊が広く普及した．また，キウイフルーツやアボカドも盛んに栽培された．生産された農産物の多くは，オポティキ港からオークランド都市圏に移出された．物流の結節点となったオポティキは，周辺農村へのサービス供給拠点としても機能するようになった．1850年代に碁盤目状の街区が整備さ

れ，1901年には郵便サービスも開始された．1919年に市街地の南東2kmに設置されたヒクタイア空軍基地は，商業，サービス業の活性化に寄与した．また，乳製品工場，食肉加工場などの食品加工業や，縫製工場，製靴工場などの軽工業も立地し，地域経済を支える基幹産業となった．

しかし，1984年7月に労働党政権が着手した経済改革は，当地の経済活動に深刻な打撃を与えた．市場メカニズムを重視した新古典派モデルにもとづく経済運営によって，もともと競争力が弱かったオポティキの地場工業は衰退を余儀なくされた．また，輸送技術の発達やオートメーション化の進展に伴って，多くの小規模な食品工場がタウランガやファカタネなどの大規模工場に統合されていった．林業や漁業の衰微も著しい．小売吸引力も低下し，オポティキ地区住民による消費支出額の半分近くが域外に流出したとされる．これは，モータリゼーションの進行に伴って，ファカタネやタウランガ，ロトルアなどの大規模スーパーマーケットへと買い物に出かけることが一般化したためである．その結果，オポティキにおける就業機会は著しく制限されてしまい，失業率も上昇した．1人あたり所得も，全国平均を下まわっている．こうした経済的苦境を反映して，1990年代半ば以降，人口も減少傾向に転じている．多産傾向が強いマオリ系住民が多数を占めるため自然増は続いているものの，それを上まわるペースで社会減が進行している．

［梅田克樹］

オホペビーチ　Ohope Beach

ニュージーランド
人口：0.3万 (2013)　　　［37°58′S　177°03′E］

ニュージーランド北島，ベイオブプレンティ地方の町．ファカタネ地区に属し，役場所在地であるファカタネの東6kmにあり，人気ビーチリゾートとなっている．白砂からなる長さ6kmの砂州と，それに続く5kmの砂浜に面して，細長く集落が発達している．背後のラグーンにあるオヒワ港は，商港としての機能を失った現在では，ヨットハーバーとして活用されている．ラグーンに浮かぶオハカナ島は，77種もの野鳥の生息が確認されており，バードウォッチャーを魅了してやまない．砂州の先端はゴルフ場となっているほか，サーフィン，ダイビング，海水浴，魚釣りなど多様なシーアクティビティも楽しめる．沖合50kmには，噴煙を上げ続ける活

火山，ホワイト島を望め，景観もすこぶるよい．長期滞在の保養客が数多く訪れることから，モーテルやコンドミニアム，別荘などが立ち並ぶほか，大型のオートキャンプ場もある．土産物店や飲食店も立地する．

［梅田克樹］

オボン山　Obong, Gunung

マレーシア
標高：1676 m　　　［4°10′N　115°09′E］

マレーシア，カリマンタン（ボルネオ）島北部，サラワク州北東部の山．州を代表する山岳の1つであるムル山（標高2371 m）の北東約25 kmの地点にあり，ブルネイに近接している．東西に分離しているブルネイ王国領土の間にあり，ムル国立公園の外縁部に位置する．オボン山とムル山の間にはメダラム川が北流し，谷筋が存在している．このメダラム川は，オボン山の北麓でサラワク州東部の主要河川であるリンバン川に合流して南シナ海に注ぐ．リンバン川はタマボ山脈に源を発し，北流する全長196 kmであるが，その中流域ではオボン山の東麓を流れる．

［生田真人］

オマカウ　Omakau

ニュージーランド
［45°06′S　169°36′E］

ニュージーランド南島，オタゴ地方の村．ヴィンセント地区に属し，ダンスタン山地の東麓，マヌヘリキア川の西岸に位置する農村集落である．ダニーディンの北西193 kmにあり，オタゴ中央支線鉄道の停車駅ともなっている．学校や警察署が立地している．

［泉　貴久］

オマテナ　Omatena

インドネシア
［9°53′S　119°47′E］

インドネシア中部，小スンダ列島，スンバ島南部，東ヌサトゥンガラ州スンバティムール県の町．レワティダフ郡のモンドゥラビ村に属する．住民はスンバティムール県で広く話されているカンベラ語を話す．

［塩原朝子］

オマペレ湖　Omapere, Lake

ニュージーランド
面積：14 km²　　　［35°21′S　173°48′E］

ニュージーランド北島，ノースランド地方の湖．カイコへ地区に属し，役場所在地カイコへの北5 kmにある．湖から流れ出るウタクラ川は，ホキアンガ湾に注ぎ込む．8万年前に形成された原オマペレ湖は，5万年前に消滅したものと考えられる．現在のオマペレ湖ができたのは600年前，マオリが定住し農耕が開始された結果とされる．1922年に，洪水防止のために水位を低下させる工事が行われ，それまで2～3 mあった水深が約1 m浅くなった．このことが深刻な富栄養化を招いており，夏季には透明度が15 cmを切ることも多く，悪臭も発生する．現在，水質改善を目的として，ノースランド地方政府によるオマペレ湖修復制御事業が行われている．

［梅田克樹］

オマラマ　Omarama

ニュージーランド
人口：267 (2013)　　　［44°29′S　169°58′E］

ニュージーランド南島，カンタベリー地方の村．アウリリ Ahuriri 川下流部の支流オマラマ川の東岸に位置する農村集落である．ワイタキ地区に属し，オーマルの北西119 kmに位置する．学校やホテル，羊の放牧場が立地しているほか，郊外にはタラ・ヒルズ研究所という農水省の研究機関があり，羊や牛を中心とした畜産にかかわる総合的研究が行われている．なお，この地の地理的条件は観光業の発展に大きく貢献している．たとえば，オマラマ川の流れはマス釣りに最適であること，また，広大なマッケンジー盆地の存在は飛行機の滑走にうってつけであることがあげられる．しかもこの地の上空1～1.5万mではクロスカントリー飛行に最適な気流が吹いており，それを目当てにオマラマへ足を運ぶ人は多い．地名は，マオリ語の満月の地が由来となっている．

［泉　貴久］

オーマル　Oamaru

ニュージーランド
人口：0.9万 (2013)　　　［45°06′S　170°58′E］

ニュージーランド南島，オタゴ地方の町．ワイタキ地区のフレンドリー湾海岸線に位置する．クライストチャーチの南西245 km，ダニーディンの北東126 kmにあり，両都市を結ぶ鉄道路線もこの地を通り，町内には駅

も存在している．町にはまた北オタゴ最大の港と飛行場も存在しており，海と空で国内主要都市と結びついている．オーマルはオタゴ北部の中心地ともいえ，小・中学校，総合病院，警察署，地方裁判所などが中心部に立地しており，それらの諸機関は周辺の集落へ財やサービスを供給する役目を担っている．この地は広い平野やなだらかな丘陵地の地形を生かした農牧業が盛んで，穀物・牧草・果樹栽培，羊の放牧がメインとなっている．農牧業に関連した産業も盛んで，食肉加工，乳製品製造にかかわる工場も多く立地している．また，近くに海を控えている関係から水産業も盛んであり，そのほかにも，山の傾斜を利用した水力発電，良質の石灰岩を生かしたセメント加工，石造建材，プラスチック加工などの工場も立地している．

この地の見どころは，オーマル川沿いの町の中心部より西側に立地するオーマルガーデンという庭園である．色とりどりの花やさまざまな種類の樹木が植えられ，ここにやってくる人たちは，さながらロンドンのケンジントン庭園であるかのような錯覚を起こすという．東洋風の庭園，スポーツ，レクリエーション，ピクニックのためのエリアも配置されており，フレンドリー湾やワンブロー Wanbrow 岬を一望できる展望台も設置されている．名産はオーマルストーンといわれる石灰岩である．この石灰岩を利用して国内ではさまざまな建築物がつくられている．とくに有名なものとして，オークランドの市役所と中央郵便局，首都ウェリントンの迎賓館，ダニーディンの市役所をあげることができる．なお，この地には約 2000 万年前に形成された国内で最も古い地層が通っており，地質学的に大きな注目を浴びている．

この地には 18 世紀の終わり頃から 1840 年代にかけて，クジラやイルカの捕獲のために多くのヨーロッパ人が到来しているが，最初の入植者は 1850 年前後にスコットランド人の貿易業者ジェームズ・サンダースで，ワンブロー岬周辺に居住地を構えた．それ以降，海に面した地の利のよさも相まって，次々とワンブロー岬やフレンドリー湾沿いに人びとが入植するようになり，今日のオタゴ北部の中心地としての地位を形成するにいたった．地名は，マオリ語で適切な(maru)場所(o)の意味だといわれている．［泉　貴久］

オミヒ　Omihi　ニュージーランド

[43°02′S　172°51′E]

ニュージーランド南島，カンタベリー地方の村．ワイパラ川の支流オミヒ川の谷筋に位置する山村集落である．フルヌイ地区に属する．南島最大の都市クライストチャーチの北東 76 km にあり，鉄道と道路で結ばれている．地名はマオリ語で，直訳すると，嘆かわしい挨拶をする場所の意味であるが，そもそもは小川の流れる場所という意味のオミミ Omimi が転化したものと考えられている．

［泉　貴久］

オーメイ山　峨眉山　Emei Shan　中国

勝峰山，蒙山，門牙山（古称）／がびさん（音読み表記）

標高：3099 m　　　　　　[29°40′N　103°30′E]

中国中西部，スーチュワン（四川）省中部の山．峨眉山市の南西約 7 km に位置し，南北に貫いている．大峨，二峨（主峰の標高は 1909 m），三峨（主峰 2027 m），四峨（主峰 1285 m）の 4 座の山を包括した名称であり，一般的に景勝地としての峨眉山は，大峨山のことをさす．シャンシー（山西）省のウータイ（五台）山，チョーチャン（浙江）省のプートゥオ（普陀）山，アンホイ（安徽）省のチウホワ（九華）山と並んで中国四大仏教名山の 1 つで，普賢菩薩を奉っている．山中には 26 の寺がある．後漢時代に道教が現れ，唐，宋代以降に多くの寺が建立された．1982 年に国指定の風景名勝区に指定され，96 年には「峨眉山と楽山大仏」としてユネスコの世界遺産（複合遺産）に登録されている．古くは蒙山や門牙山，勝峰山と呼称された．峨眉は文字どおり美しい眉に由来する．地名はすでに春秋戦国時代には全国に轟いていた．『犍為群志』には，「真如蟳首峨眉，細而長，美而絶也」（蝉のような広い額と，蛾の触角のように曲がった眉のようで，細く長く大変美しい）と記載されている．

四川盆地の南西部，チャン（長）江上流に位置する．ダートゥー（大渡）河とチンイー（青衣）江にはさまれ，とくに青衣江には峨眉山を源泉とする峨眉河が流れ込む．山の東部は険山が幾重にも連なり，山が高く谷が深い断崖絶壁を形成している．一方，西部は標高が高く，岩石層はゆるやかに傾斜している．一般的な尾根の高さは 1500～2000 m で，主峰の金頂は 3060 m，千仏頂 3045 m，最高峰の万仏頂は 3099 m である．気候は亜熱帯湿潤気候であり，一年を通して雲霧の日が多く，日照時間が比較的少ない．山の気候とその植生は多様であり，標高 1800 m 以下は亜熱帯気候であり，常緑広葉樹林がみられる．1800～2200 m は温帯気候であり，常緑広葉樹林と落葉広葉樹林，2200～2600 m では常緑針葉樹林と落葉広葉樹林の混交林がみられ，2600 m 以上では亜寒帯気候となり，針葉樹林となる．

植物の種類が豊富で，アカマツやクスノキ，モミなど 3000 種類が自生している．とくに希少種としてダビディアやスイセイジュ，木瓜紅（ツツジ目）などが 100 種あまり，オウレン（黄連）や血藤（モクレン科）などの漢方薬も 700 種近く確認されている．野生動物もレッサーパンダやスマトラカモシカな

オーメイ（峨眉）山（中国），金頂からの眺望《世界遺産》[Shutterstock]

ど希少種が多い．鉱産資源では，リンや石炭，鉄，石灰石などが採掘される．特産物として，峨蕊や竜井，竹葉青などの銘茶や蜜蝋，雪コンニャクなどがある．有名な名勝古跡として舎身崖，洗象池，九老洞，一線天，神水閣があげられる．近年では登山道が整備され，訪れる観光客が増加している．とくに金頂からは日出，雲海，仏光，聖灯の４大絶景をみることができる．　　　　　［石田　曜］

オメオ　Omeo　オーストラリア

人口：487（2011）　面積：694 km²　標高：643 m
[37°07′S　147°37′E]

オーストラリア南東部，ヴィクトリア州東部の町．州都メルボルンの東北東約250 km，アルパイン国立公園東麓の高原上に位置する．地名は，山々を意味するアボリジニの言語に由来する．1835年に冬季の家畜放牧のために開かれた．1850年代にはゴールドラッシュも訪れた．冬季には海岸部のベアンズデールからホッサム山やディナープレーン Dinner Plain への中継地としてグレートアルパインロード上の要衝となっている．1885年と92年の地震で大きくダメージを受け，また1939年の山火事でも大きな被害を受けた．　　　　　　　　　　　［堤　　純］

オーモンド　Ormond　ニュージーランド

[38°34′S　177°55′E]

ニュージーランド北島，ギズボーン地方の村．パトゥタヒタルヘル地区に属し，ギズボーンの北西15 kmに位置する．105.2 ha ものブドウ畑に囲まれ，ニュージーランドのシャルドネ首都との異名をもつ．厚いクレイ土壌と，冷たい海風の影響を受けにくい地形が，シャルドネ種の栽培に最適な環境をつくり出す．生産されたブドウは，モンタナ社のギズボーン工場（世界最東端のワイナリー）でワインに醸造された上，日本を含む世界30カ国以上に輸出されている．　［梅田克樹］

オーモンドヴィル　Ormondville

ニュージーランド
[40°07′S　176°16′E]

ニュージーランド北島，マナワツワンガヌイ地方の村．タラルア地区に属し，スカンディナヴィア系住民が多数を占める．首都ウェリントンと東海岸（ネイピア～ギズボーン）を結ぶ鉄道（1880開通）の駅が開設されると，裁判所，警察署，電報電話局が立地するなど繁栄をみせた．しかし，モータリゼーションの進行によって鉄道はその存在価値を失い，2001年に廃線となった．国道2号は約6 km離れたノースウッド集落を通っており，オーモンドヴィルはかつての賑わいを失った．なお，駅舎は貴重な鉄道遺産として保存されている．　　　　　　　　　　　［梅田克樹］

オーヤン　Ouyen　オーストラリア

人口：0.1万（2011）　面積：5.6 km²
[35°06′S　142°22′E]

オーストラリア南東部，ヴィクトリア州北西部の都市．20世紀初頭に，州都メルボルンからミルデューラに通じる鉄道沿線上の町としてスタートした．また，サウスオーストラリア州方面に向かう鉄道も町で分岐している．周辺の豊かな農村地帯で収穫される小麦やエン麦，羊毛や羊肉などの交易の場となっている．　　　　　　　　　　　　［堤　　純］

オユートルゴイ鉱山　Oyu Tolgoi Uurkhai　モンゴル

標高：1140-1215 m　[43°02′N　106°55′E]

モンゴル南部，ウムヌゴビ県ハンボグド郡の鉱山．国内最大級の金の鉱床，銅鉱山でもある．推定埋蔵量は金800 t，銅2600万 t．地名は，トルコ石の丘という意味．モンゴル政府は，カナダのアイバンホー・マインズ社に採掘権を売り渡したことで物議をかもした．後に鉱山の採掘権はイギリス・オーストラリア系の資源メジャー，リオ・ティント社が手に入れたが，その傘下のターコイズ・ヒル・リソース社とモンゴル国営企業エルデネス・モンゴル社による合弁企業オユートルゴイ社によって2013年7月に操業が開始した．すでに鉱山集落ができ上がっているが，モンゴル政府は人口3～4万の都市を建設する計画をもっている．ニンジャとよばれる金の盗掘者が横行しており，政府は取締りに手を焼いている．ウムヌゴビ県で発見された世界最大級の銅床タワントルゴイから，オユートルゴイ経由で中国国境へつながる鉄道の敷設工事も始まっている．この鉱山開発によって，地下水汚染や粉塵による健康被害を受けた近隣の遊牧民は移住を余儀なくされるなど環境問題も発生している．　　　［島村一平］

オライ　Orai　インド

人口：18.7万（2011）　[26°00′N　79°26′E]

インド北部，ウッタルプラデシュ州南西部，ジャーラウン県の都市で県都．カーンプルとジャーンシの中間に位置し，市内を鉄道と国道25号が貫通する．気温の年較差が大きく，夏は非常に暑く，冬は寒い．年平均湿度は40%前後である．元来，近郊農村からの農産物，とくにヒヨコ豆，小麦，ジョワール（タカキビ）などの集散地であり，人口の集中が進んだ．多くの官公庁，学校が立地し，識字率は7割を超える．近年では，工業化の著しいカーンプルに近く交通の便がよいため，多くの工場が立地し，有力な工業地帯として注目されている．　　　［木本浩一］

オラス　Oras　フィリピン

人口：3.7万（2015）　面積：189 km²
降水量：4000 mm/年　[12°09′N　125°27′E]

フィリピン中部，サマール島，東サマール州北部の町．台風の影響もあって年中雨が多く，年平均降水量は4000 mmを超える．住民は圧倒的にワライ人からなり，セブアノもタガログもここでは少数でしかない．北西部山地から流れ出すオラス川下流域に水田地帯が，海岸部と山麓部にココヤシ栽培が広がる．かつて木材伐採が盛んであった頃には木材の積出しと製材の町として栄えたが，森林資源の枯渇と丸太輸出禁止とともに不況に喘ぐことになった．　　　　［梅原弘光］

オラス湾　Oras Bay　フィリピン

幅：3.5 km　[12°07′N　125°27′E]

フィリピン中部，サマール島東部，東サマール州の湾．オラス町中心街に面してルド岬とウキス島の間を太平洋に向かって開ける，湾口3.5 km，奥行き4 kmの小さな湾である．北西部山地から流れ出したオラス川が湾奥で排水し，河口左岸にオラスの中心街が立地する．湾内の大半で水深が9 m未満と浅く，大型船舶は沖合で停泊するほかない．
　　　　　　　　　　　　［梅原弘光］

オラド後旗 ☞ ウラト後旗 Uradyn Khoit

オラド中旗 ☞ ウラト中旗 Uradyn Domdat

オユートルゴイ鉱山(モンゴル),操業開始時(2013)の鉱山〔島村一平提供〕

オラリ　Orari　ニュージーランド

人口：0.5万(2013)　　〔44°09′S　171°17′E〕

　ニュージーランド南島,カンタベリー地方中部の村.ストラサラン地区オラリ川南岸に位置する.また,クライストチャーチの南西130 kmにあり,インヴァーカーギルとを結ぶ鉄道路線沿いに面し,駅も存在する.小学校や農産物の集散市場が立地するとともに,川をさかのぼってくるサケ・マス漁も盛んである.オ(場所)ラリとは,マオリ語でバターフィッシュのいる場所の意味である.

〔泉　貴久〕

オーラリー　Olary　オーストラリア

〔32°17′S　140°20′E〕

　オーストラリア南部,サウスオーストラリア州北東部の村.ニューサウスウェールズ州とを結ぶバリアーハイウェイ沿いに位置する.1800年代後半に,村の北西5 kmのオーラリー河畔で金鉱が発見され,一時的に賑わいをみせた.村の東を北西から南東に流れるオーラリー川は,すでに1870年の地図に載っていた.ニューサウスウェールズ州のブロークンヒルを経てシドニーに向かう鉄道が走る.

〔片平博文〕

オラル　Oral　カザフスタン

ウラリスク　Ural'sk (旧称)／ヤイツキーゴロドク　Yaitskiy Gorodok (古称)

人口：19.5万(1999)　　〔51°14′N　51°23′E〕

　カザフスタン北西部,西カザフスタン州の都市で州都.ウラル川右岸に支流チャガン川が合流する地点に船着場がある.ロシアのサラトフとソリイレツクを結ぶ鉄道の駅がある.ロシアとの国境までは北約50 kmである.人口は1897年の3.6万から,1939年6.7万,59年9.9万,70年13.4万,95年21.9万と増加している.おもな産業は,皮革,食肉,魚類,穀物などの加工,醸造,農業機械の部品製造,造船,船舶修理などである.教育大学,地誌博物館などがある.

　16世紀末,ヤイツキー・コサックは,ロレシノエにヤイツキーゴロドクの基礎を置いたが,1613年に,これがノガイ・タタールによって破壊されると,50 km下流の現在の地に移動した.彼らは,1667～69年,70～71年ステンカ・ラージンの農民蜂起に加わり,1773～75年のエメリヤン・イヴァノヴィチ・プガチョフの農民戦争にも参加した.エカチェリーナ2世は,1775年プガチョフの処刑後,ヤイツキーゴロドクをウラリスクに改称し,アストラハン県に入れた.1868年には新たに形成されたウラリスク州の中心となったが,住民の職業は,手工業,家内工業,商業,農業,漁業であった.その後,沿カスピ海ステップ地域の商業中心地として繁栄し,1894年にはリャザン～ウラリスク間に鉄道が敷設された.1912年には,100以上の小企業で850人以上が働き,300以上の手工業,家内工業があった.

　1917年の十月革命後,この地にもソヴィエト政権が成立したが,同時にウラル・コサック軍団による軍事政府も生まれ,18年3月ウラリスクを占領したが,19年1月に赤軍が解放した.1991年の独立後,現在の名称となった.

〔木村英亮〕

オーランガバード　Aurangabad　インド

人口：117.5万(2011)　面積：139 km²
標高：568 m　降水量：739 mm/年
〔24°45′N　84°22′E〕

　インド北部,ビハール州南部,オーランガバード県の都市で県都.インド大平原を東西に結ぶ大幹線道路の国道2号沿いにあり,州都パトナの南西約140 km,ブッダガヤの西約70 kmに位置する.1865年にガヤ県がパトナ県から分離した際,オーランガバードは,ガヤ県の中のオーランガバード地方であったが,1973年に独立県に移行した.町は,古代インド仏教やジャイナ教誕生期,インド東部に栄えたマガダ国(紀元前1200頃～前322)の西部辺境地域の拠点都市であった.マガダ国以降も,この地はモーリア朝(前4～前2世紀),グプタ朝(4～6世紀)と勢力圏を拡大しながら発展し,古代インド文化発展

の黄金期を支えた．現地名は，中世のイスラーム勢力の支配地拡大で，ムガル帝国の第6代皇帝オーラングゼーブ（在位1658～1707）にちなんで命名された．

古くから県内の農産物の集散地であり，近年では，火力発電所や電気機器製造会社も立地したが，県域全体は経済的に貧しい．2006年には，全国250の低開発県の1つとして指定を受け，連邦政府より特別開発資金の助成を受けている． 　　　[中山修一]

オーランガバード　Aurangabad

インド

オーランガゼーブ　Aurangzeb（古称）

人口：117.1万（2011）　面積：219km²

標高：568m　　　　[19°54′N　75°19′E]

インド西部，マハーラーシュトラ州中央部，オーランガバード県の都市で県都．丘陵地に囲まれ，6～9月にかけては南東モンスーンによる降雨がある．カーム Kham 川が市内を南北に横切る．市名はムガル帝国第6代皇帝のオーラングゼーブの名をとったものである．デカン高原上にあり，古くはマウリヤ朝に始まり，多くの王朝の栄えた地でもある．現在のオーランガバードは1610年にマリク・アンバールによってキルキという名の村に築かれたとされている．半世紀後にオーラングゼーブ公がデカンの太守になってからは日の出の勢いで，短期間ながらムガル皇帝の居地となり，オーラングゼーブの都と称された．現在はインドの主要都市を結ぶ幹線鉄道ルートからは離れているものの，州都ムンバイ（ボンベイ）やハイデラバードとの間には直通列車が運行されている．また，市街地の東方10kmのところに空港があり，首都デリーやムンバイ，ウダイプル，ジャイプルとの間に定期便が就航している．行政の中心であるとともに，綿花やウールなどの交易拠点となっている．1970年以降は工業開発が進められ，二輪車やその部品工場，ウイスキー醸造所，製薬工場，皮革，ゴム，プラスチック製品の工場，光ファイバーケーブルの工場などがつくられた．

ムガル時代の史跡は観光スポットともなっており，オーラングゼーブの息子が1679年に母のために建設したビビカマクバラ廟はその代表である．タージマハルを模してつくられたこの廟は現在市の主要観光地であり，このほかに，パンチャッキとよばれる水車や，オーランガバード洞窟を訪れる観光客も多い．市内にはカーリーマスジッド，チョウクマスジッド，シャーガンジモスクなどのイスラーム寺院も多い．また，この地方の綿と絹をあわせた伝統的織物であるヒムロー製品が有名である．加えて，50kmほど南にあるパイターン Paithan は伝統的なシルクサリーの産地として有名である．近在にはドーターバードの城跡が市街から13kmのところにあるほか，その先にはヒンドゥー教徒の巡礼地として知られるグリシュネシュワル寺院もある．なお，石窟寺院として名高いエローラやアジャンターへの観光拠点ともなっている．エローラまでは北西30km，アジャンターまでは北東160kmあまりである． 　　　[荒木一視]

オラーンゴム　Ulaangom

モンゴル

人口：3.0万（2015）　面積：2604km²

標高：939m　気温：－3.7℃

[49°59′N　92°04′E]

モンゴル北西部，オヴス県の都市で県都．オヴス湖の都市で西南の盆地に位置する．周辺地域は，国内でも屈指の寒冷な地域である．年平均気温は氷点下であり，7月の平均気温は16℃であるが，1月の平均気温は，－37℃に達する．ちなみに年間の最低気温は－50℃に達する．

地名は，赤い低地という意味であるが，この赤は社会主義のシンボルカラーからとられた名前ではなく，土の色が赤いことに由来する．オラーンゴムに定住集落ができたのは，17世紀後半，モンゴル高原における最後の遊牧帝国として知られるジューンガル帝国のガルダン・ハーンが，軍団を養うため農場をこの地につくったことに始まるといわれている．

ジューンガル帝国が清朝に敗れると，18世紀中頃より，ジューンガル帝国の旧領民であったバヤド部やドゥルベド部の人びとの一部が寺院を築き，この地に定住し始めた．オラーンゴムフレー寺院である．1871年には，オラーンゴムフレーの中心的な寺であるデチンラブジャーリン寺が築かれ，さらにドゥルベド旗の領主ウネン・ゾリクト・ハンの宮殿もこの地に築かれた．オラーンゴムフレーには，ラマ僧1500人の僧坊となった天幕群や定住家屋群のほか，ウネンゾリクトハン旗の官吏たちの住居のほか，ロシア人や中国人たちの商店も軒を並べた．1924年，モンゴル人民共和国が成立し，翌年に町は，チャンドマンオール県の県都となった．1931年に，行政組織が再編され，チャンドマンオール県は，ホヴド県とオヴス県に分離すると，オラーンゴムはオヴス県の県都となった．1959年，市制が採用された結果，4つの区より構成されたオラーンゴム市となった．2005年頃には3万を超えた人口も首都へ流出し，一時減少したが，2015年には回復している．

[島村一平]

オーリ川　Or', Reka

カザフスタン/ロシア

面積：18600km²　長さ：332km

[51°08′N　58°27′E]

カザフスタンとロシアを流れる川．カザフスタンのアクトベ州を源流とし（おもに冬季の降雪によって水がもたらされる），ロシア，オレンブルク州（沿ヴォルガ連邦管区）に流入，オルスク市においてウラル川に合流し，最終的にはカスピ海に注ぐ．なお，オルスクという都市名もオーリ川に由来する．「オーリ」はカザフ語で堀を意味する単語ないしはバシキール語で谷を意味する単語からきたと考えられる．ウラル川への合流地点から上流61km地点での流量は毎秒21.3m³．流域の灌漑および水道の用水として利用されている．10月後半から11月くらいに氷結が始まり，3月末～4月頃まで続く． 　　　[服部倫卓]

オリヴィン山地　Olivine Range

ニュージーランド

標高：2320m　　　[44°18′S　168°29′E]

ニュージーランド南島，ウェストコースト地方の山地．フィヨルドランドのレーク地区に位置し，キャスケード川とアラワタ川を水源としている．トムソン山地と連続した山地帯で，キャスケード，アラワタ両地区をまたがる森林に覆われている．地名は，1800年代遅くにウェストランドを探検し，そこで鉱物を探し求めていたゲルハルト・ミュラーによって命名されている．地名の由来は，隕石などに含まれる鉄分，マグネシウムを含んだケイ酸塩である黄緑色の鉱物である．

[泉　貴久]

オリエント　Orient

東洋（日本語）

オリエントの語源はラテン語の Oriens（昇る）であり，「日の昇る方角，ところ」を意味する．日本では「東方」や「東洋」という訳語があてられてきた．その対語が「西方」や「西洋」と訳されてきた，オクシデント Occident

288　オリツ

〈世界地名大事典：アジア・オセアニア・極Ⅰ〉

（日の沈む方角，ところ）である．その地理的な範囲は，時代や地域によって異なる．それは，この言葉が近代西欧において，地理的な空間を意味するというよりは，オクシデント，つまり西洋を中心に，「オクシデント（西洋）とオリエント（東洋）」という二分法による世界観を表す言葉として使われてきたからである．同様な対語法として，「ヨーロッパとアジア」がある．そこでは，オリエント的とアジア的はほぼ同義であった．

エドワード・サイードは，西洋にとってオリエントのイメージは，異質な文明という先入観にもとづいた西洋人の幻想，偏見を示すものと批判し，これを「オリエンタリズム」とよんだ．おもにヨーロッパの目を通じて自己認識をしてきた日本人のオリエント観にも，サイードの批判が妥当する側面がある．日本の学界では，7世紀におけるイスラーム成立以前の東地中海周辺地域をオリエントとよぶ用法が一般化している．それは，考古学を中心に，そこを古代以来，1つの歴史的世界と見なしてきたからである．　　［加藤 博］

オリッサ州　Orissa, State of ☞ オディシャ州 Odisha, State of

オリンダ　Olinda

オーストラリア

人口：0.2万（2011）　面積：37 km²
[37°56′S　145°35′E]

オーストラリア南東部，ヴィクトリア州中央部の都市．州都メルボルンの東約35 km，ダンデノン丘陵国立公園内に位置する．美しい庭園やギャラリー，カフェなどが点在する美しい町並みで知られる．　　［堤 純］

オルーア川　Oroua River

ニュージーランド

面積：900 km²　[40°26′S　175°26′E]

ニュージーランド北島，マナワツワンガヌイ地方の川．マナワツ川の支流で，ルアヒン山脈のテヘケンガ山（標高1695 m）を水源とし，ランギティケイ地区を南流する．マナワツ平原を蛇行しながら流れ下った後，パーマストンノースの南西17 kmでマナワツ川に合流する．合流点付近には河岸段丘がみられる．流域は南北に細長い．流域面積の10%にすぎない源流地域に，流域内降水量の80%が集中する．おもな支流に，キウィティア川やマキノ川がある．オルーア川の水は，流域最大の都市であるフィールド（人口1.4万）の水道用水や，マナワツ平原における農業用水，灌漑用水として使われるほか，食肉処理施設において大量に消費されている．　　［梅田克樹］

オルタンガ島　Olutanga Island

フィリピン

人口：2.3万（2000）　面積：201 km²
[7°17′N　122°49′E]

フィリピン南部，ミンダナオ島南西部，サンボアンガシブガイ州の島．シブゲイ半島突端のタンタナン小湾沖に浮かぶ，沖積世に隆起したばかりの堆積岩の平坦な島である．島の北西部は半島部と500 m足らずの狭い水道で隔てられているにすぎない．島全体が1957年にアリシア町から分離独立してオルタンガ町となった．中心街は南西部のモロ湾に面して立地する．　　［梅原弘光］

オルチャ　Orchha

インド

人口：1.2万（2011）　標高：552 m
[23°21′N　78°38′E]

インド中部，マッディヤプラデシュ州北部，ティカムガル県の都市．ウッタルプラデシュ州最南端の歴史的都市ジャーンシの南15 km，デカン高原からインド大平原に流れ下るベートゥワー川沿いに位置する歴史的都市である．16世紀初頭，ヒンドゥー教徒の藩王ルドラ・プラタプ・シン（在位1501～31）により，オルチャ藩王国の首都として建設された．初代藩王や後継者たちにより，ラージャマハルやジャハンギールマハルなどの宮殿をはじめ，チャトゥルブージ寺院，ラムラージャ寺院，ラクシュミ寺院といったヒンドゥー教寺院が建設された．これら16世紀に建設された遺跡群が，今日，貴重な観光資源となっている．なお，2008年には，ラジオ・ブンデルカンドというFM放送局（90.4 MHz）が開局し，地元文化の広報を始めた．遺跡群の観光には，オルチャ駅，またはジャーンシ駅からリキシャやオートリキシャを利用するのが便利である．　　［中山修一］

オルドス市　鄂爾多斯市　Ordos

中国

イヘジョー盟　伊克昭盟（旧称）

人口：194.1万（2010）　面積：87890 km²
標高：2150 m　気温：6.8℃　降水量：380 mm/年
[39°49′N　109°57′E]

中国北部，内モンゴル自治区南西部の地級市．地理的には東，西，北はホワン（黄）河の大湾曲に囲まれ，南は万里の長城に接する．地域全体が波状の複雑な地形をなし，平原が4.3%，丘や山が18.9%，高原が28.8%，ムウス砂漠（毛烏素沙地）とクジュークチ砂漠（庫布斉（其）沙漠）が48.0%を占める．トンション（東勝），ヒヤンバグシ（康巴什）の2区，ジュンガル（準格爾），ウーシン（烏審），エジンホロー（伊金霍洛），オトク（鄂托克），オトク前旗，ハンギン（杭錦），ダラト（達拉特）の7旗を管轄し，市政府所在地はヒヤンバグシ区．

オルドスのシャル・オソ・ゴルには，新石器時代から人類が居住し，文明発祥地の1つでもある．地名はトルコ・モンゴル語で宮廷を意味するオルドを語源としている．オルドは宮殿，スは複数形を表し，オルドスは多数の宮殿を意味する．15世紀頃にモンゴルのオルドス部が移住してきたため，地名にその名がついた．周朝以前より遊牧民族が暮らしていたが，とくに紀元前6世紀から2世紀にかけて遊牧騎馬民族によるオルドス青銅器文化が栄えた．後に匈奴と秦，漢が争奪する地帯となり，南部には万里の長城が築かれた．それ以降遼，西夏，唐，元などさまざまな王朝が栄えてきた．17世紀にオルドス部が清に服属すると，清は盟旗制によりオルドス部に7つの旗を置いてオルドス王家の後裔を各旗の旗長とし，オルドス7旗を1盟（イヘジョー盟）とした．

辛亥革命後の1928年，国民政府は綏遠省を置き，イヘジョー盟もそれに吸収された．満州事変後，日本の関東軍の支援を受けて徳王（デムチュクドンロブ）の自治独立運動が起こるとイヘジョー盟もこれに加わり，1939年成立の蒙古連合自治政府傘下に入った．国共内戦後，中華人民共和国の下で綏遠省が廃止されて行政区として復活し，1956年に内モンゴル自治区に加わった．2002年2月26日，イヘジョー（伊克昭）盟から市となった．

オルドスは牧畜と農業を主要産業としていたが，地下資源も豊富な地域であり，2000年の西部大開発プロジェクトを受け「羊・煤・土・気」の代表地域になった．羊（カシミヤ，中国全土の産出量の1/3，全世界の1/4），煤（石炭，埋蔵量約中国全土の1/3），土（カオリン＝陶土，レアメタルは中国全土の1/2），気（天然ガス），風（風力発電），光（太陽光発電）の資源が豊富で，埋蔵されている鉱物資源は50種類を超える．2013年から石炭価格暴落の影響で，不動産バブルがはじけゴーストタウンの代表地域になった．その

後，主要産業はチンギス・ハーン祭殿(陵)を
はじめ，モンゴル民族の伝統文化とモダンな
草原の文化をテーマにした観光産業へと変化
した．オルドス・エジンホロー国際空港や
G 109 国道と G 210 国道があり，毎年国際
ナーダム祭典やマラソン大会，レース大会な
どを開催して地域経済の振興を図っている．

17 世紀後半に著名な年代記『蒙古源流』
(エルデニーン・トブチ)がオルドスにおいて
書かれたということも，モンゴル研究にとっ
て，この地を由緒ある土地にしている．現在
では中国のモデル都市，国家衛星都市とな
り，チンギス・ハーン祭殿，オルドスの結婚
式，オルドス民謡などモンゴルの伝統文化は
国指定の無形文化遺産となっている．

[オーノス・サラントナラ]

オルドス高原　鄂爾多斯高原
Ordos Gaoyuan
中国

面積：120000 km²　標高：1500 m　気温：6-8℃
降水量：150-500 mm/年
[39°00′N　109°00′E]

中国北部，内モンゴル自治区南部の高原．
東，西，北はホワン(黄)河の大湾曲に囲ま
れ，南は万里の長城に区切られている．波状
の複雑な地形をなし，大部分が標高 1500 m
前後の高原で，オルドス地方の大半を占め
る．北東部から南西部にかけてステップが広
がっているが砂漠も多く，とくに北西部には
クジュークチ砂漠(庫布斉(其)沙漠)，南部に
はムウス砂漠(毛烏素沙地)が広がる．地形に
より 5 つのエリアに分けられ，中西部の乾燥
高地，南東部の湖沼やムウス砂漠地帯，北部
の黄河隣接地とクジュークチ砂漠地帯，西部
のテーブルマウンテン，東部の黄土丘陵侵食
区である．

冬はおもに北西の風が吹き，夏は南風が多
い．南東部の年平均降水量は 450〜520 mm
であるが，北西部は 150 mm，年間晴天日数
が 130〜170 日で，乾燥地帯である．1940
年代以前は牧畜が産業の中心であったが，漢
民族の流入により今日では農耕化が進み，砂
漠化や土壌流失が激しい．日本の植林ボラン
ティアによる緑化活動が行われた．2000 年
以降，中国政府が中国全土に緑地回復政策を
実施し，家畜の数量制限と禁牧政策を行っ
た．[オーノス・サラントナラ]

オールドデリー　Old Delhi
インド

面積：6.1 km²　　[28°37′N　77°12′E]

インド北部，デリー首都連邦直轄地の古都
地区．ニューデリーの中心街コンノートプレイス
と並ぶ商業中心地である．行政的には，
インド連邦直轄地の 1 つで，特別法で指定さ
れたインド首都圏地域にあり，最大人口を有
するデリー市の中心市街地の通称である．
1639 年，ムガル帝国のシャー・ジャハーン
皇帝が，南 200 km に位置するアグラから遷
都し，帝国の首都として威信をかけて築いた
城郭都市である．1858 年にインド独立戦争
(セポイの乱)に敗北したムガル帝国が，イギ
リスにより消滅させられるまで，200 年以上
の長きにわたり帝国の首都として栄えた．現
在も皇帝の居城であったレッド・フォート
(赤い砦，現地語でラール・キラとよばれる)
とともに首都デリーのシンボルとなってい
る．

かつては，ほぼ正方形の城壁で囲まれ，そ
の面積は 6.1 km² あり 14 の城門を構えてい
た．城壁は，幅 3.7 m，高さ 7.9 m もある頑
丈なつくりであった．築造当時は土塁であっ
たが，1657 年には，現在もその一部が残る
ように赤色砂岩で改修された．それぞれの城
門には，その道がムガル帝国の主要な支配地
にいたることを示す地名がつけられていた．
たとえば，カシミール門，カーブル門，ラホ
ール門などである．当時からいまに変わらぬ
賑わいをみせる中央大通りは，1650 年に完
成したとされるチャンドニチョーク(月明か
りに映える広場)とよばれ，レッド・フォー
トからまっすぐ西にファテプリモスクまで延
びる．また，レッド・フォートと向き合う位
置で，チャンドニチョークの南側に位置する
ジャマー・マスジッド(大モスク)は，国内で
最大のモスクといわれ，礼拝日や祭礼日には
多くのイスラーム教徒で賑わう．[中山修一]

オールバリー ☞ アルベリー Albury

オルホン県　Orkhon Aimag
モンゴル

人口：9.9 万 (2015)　面積：844 km²
[49°02′N　104°05′E]

モンゴル北部の県．県都はエルデネット．
1976 年に建設された鉱山都市エルデネット
が昇格し，94 年にオルホン県となった．2
郡より構成される．面積はモンゴル 21 県中
最小である．なおユネスコの世界遺産の「オ
ルホン渓谷文化的景観」は，本県ではなく，
ウヴルハンガイ県とアルハンガイ県に位置す
る．[島村一平]

オルホン川　Orkhon Gol
モンゴル

面積：133000 km²　長さ：1124 km
[50°15′N　106°08′E]

モンゴルで最長の河川．ハンガイ山脈のソ
ヴァルガハイルハン山を水源とし，モンゴル
中北部を流れてセレンゲ県の県都スフバータ
ルでセレンゲ川に合流する．セレンゲに合流
する前にトーラ川，ヨロー川などの川がオル
ホン川に流入する．オルホン川の源流域はハ
ンガイ山脈国立公園(自然複合保護区)の域内
である．ウヴルハンガイ県とアルハンガイ県
にまたがるオルホン川流域は，豊かな牧草地
であり，ここを中心に突厥，ウイグル，モン
ゴル帝国など多くの遊牧王朝が勃興した．こ
のようなオルホン川流域を文化人類学者の小
長谷有紀は遊牧の中原であり，そこで栄えた
文明をオルホン文明と名づけた．実際，多く
の史跡がオルホン川の流域に点在している．
その代表的なものとしては，ルーン文字と漢
文で記されたキョル・テギン碑文を中心とし
た突厥時代のホショーツァイダム遺跡，ウイ
グル帝国時代の都城遺跡ハルバルガス，モン
ゴル帝国 2 代目大ハーンのオゴデイが築いた
都，カラコルム遺跡と，16 世紀後半にその
跡地に築かれたエルデニゾー寺院などがあ
る．2004 年，この史跡群のある地域(1220
km²)は，「オルホン渓谷文化的景観」として
ユネスコの世界遺産(文化遺産)に登録され
た．[島村一平]

オルマラ　Ormara
パキスタン

人口：1.2 万 (1998)　　[25°12′N　64°38′E]

パキスタン南西部，バローチスタン州南部
グワダール県の町．カラチの西北西約 240
km，アラビア海に突き出た岬に立地する戦
略上の要衝で，2000 年にジンナー海軍基地
が完成した．この基地は，インドのミサイル
開発に対抗して開発中の弾道ミサイル(シャ
ヒーン)の飛行試験を行うという重要な役割
を担っている．北西約 12 km にオルマラ空
港があるが，道路アクセスが悪いため，カラ
チの北北西約 100 km のシェイクラージを起
点に，オルマラを経由して県都グワダールま
でのマクラーン海岸高速道路が着工され，
2004 年 12 月完成し，カラチ〜グワダール間
650 km あまりが結ばれた．[出田和久]

オルホン川(モンゴル),オラーン・ツォトガラン滝《世界遺産》〔島村一平提供〕

オルモック　Ormoc　フィリピン

ウグモック　Ugmok (旧称) / オロモック (別表記)

人口: 21.5万 (2015)　面積: 614 km²

[11°00′N　124°36′E]

　フィリピン中部,レイテ島北西部,レイテ州,オルモック湾湾奥の重要港湾都市.地名は,かつて低平地,平野を意味するウグモックとよばれていたことに由来する.事実,島の中央山脈と西部山脈の間のオルモック湾からレイテ湾に抜けるオルモック平野の南端で,中央山脈西斜面から流れ出したアンティラオ川とビテン川が市街地を取り巻いてオルモック湾に注ぐ.民族的にはセブアノが優勢で,ワライがこれに続く.平野部では稲,コヨシ,サトウキビが栽培され,湾岸西部のメリダにはオルモック製糖工場が立地,同社の専用埠頭から砂糖が直接海外に輸出される.

　1944年12月7日にアメリカ軍第77師団が市南部のデポジットに上陸,2日後には町を占領した.オルモック港はレイテ島西部の重要港,1947年に市に昇格,商業中心地として繁栄を維持しているが,60年から2000年までの40年間の年平均人口増加率は2.27%,全国平均2.64%を下回り,わずかながら人口流出が続いているとみられる.1990年には,中央山脈の森林伐採が原因とみられる大規模な鉄砲水が中央山脈西斜面で発生,市民6000人が犠牲となる大惨事となった.

〔梅原弘光〕

オールワンピー　鵞鑾鼻　Eluanbi　台湾│中国

ガランピー (別称)

標高: 55 m　[21°54′N　120°51′E]

　台湾最南端の岬.ジョンヤン(中央)山脈の末端部でもある.ピントン(屏東)県ホンチュン(恒春)鎮に属しており,カオシオン(高雄)の南東132 kmに位置する.一帯は懇丁国立公園となっている.ここは1982年に台湾で最初の国立公園に指定された場所で,観光開発の歴史は長い.なお,鵞鑾とはパイワン族の言葉で帆を意味している.

　二股に分かれた恒春半島の東側の岬で,西側にはマオピートウ(猫鼻頭)が対峙している.付近一帯は熱帯雨林気候に属しており,亜熱帯地域とは異なった独自の植生がみられる.日本統治時代には林業試験場や家畜の飼育場などが設けられ,南方の生態について研究が進められていた.当時の植物園は観光用に開放され,園内には1200あまりの植物が植えられている.植物だけでなく,昆虫類や鳥類,チョウなども他地域ではみられないものが多い.鵞鑾鼻の先端部は鵞鑾鼻公園として整備されており,ここには1882年イギリス人によって設計された白亜の灯台がある.この灯台は水面から55 mの地点にあり,台湾で最大出力を誇る.日本統治時代はここからの眺めが台湾八景に数えられ,昭和天皇も皇太子時代にここを訪れている.灯台脇には神社が設けられ,捕鯨会社が奉納したクジラの顎骨を用いた鳥居の存在で知られていた.

〔片倉佳史〕

オレティー川　Oreti River　ニュージーランド

長さ: 169 km　[46°28′S　168°16′E]

　ニュージーランド南島,サウスランド地方の川.ワカティプ湖の西に位置するトムソンThomson山地の南側を水源とする.ワレス地区を流れ,インヴァーカーギルの南に位置するフォーヴォー海峡へと注ぐ.ちなみに,河口部はエスチュアリー(三角江)となっている.

〔泉　貴久〕

オレワ　Orewa　ニュージーランド

人口: 0.9万 (2013)　[36°35′S　174°42′E]

　ニュージーランド北島,オークランド地方の町.ロドニー地区に属し,北オークランド半島の東岸,ファンガパレオ湾に面したハイビスカスビーチの中心となるリゾート地である.オークランドCBDの北30 km,北方面への高速道路(国道1号)で容易にアクセスでき,自動車による所要時間はわずか25分である.ゴルフ場や天然温泉プール,屋内スキー場などのレジャー施設も整っており,週末には大勢のオークランド市民で賑わう.

〔梅田克樹〕

オレンジ　Orange　オーストラリア

ブラックマンズスワンプ　Blackmans Swamp Village Reserve (古称)

人口: 3.6万 (2011)　面積: 151 km²　標高: 863 m

降水量: 895 mm/年　[33°17′S　149°06′E]

　オーストラリア南東部,ニューサウスウェールズ州中央東部,オレンジ行政区の都市で行政中心地.グレートディヴァイディング山脈中西部,州都シドニーの北西約250 kmに位置する.地名は,トマス・ミッチェルがオランダのオレンジ公ウィリアム(のちのイギリス国王ウィリアム3世)を記念して1833年に命名した.もともと先住民ウィラージュリー(Wiradjuri)の居住地であったが,1829年にヨーロッパ人の牧畜業者による入植が行われた.村としての開発調査は1844年以降に行われ,46年からブラックマンズスワンプで村の建設が進められることになった.その直後1851年には,町の北東約20 kmに位置するオウファ Ophirで金が発見され,ゴ

ールドラッシュが村を発展させる契機となった. また, 1877 年にはシドニーから鉄道が延伸され, 60 年に自治体, 85 年に町, 1946 年に市を宣言した.

町の成長の契機となった金鉱は, 現在では町の南 20 km に位置するカディア Cadia 金鉱に移った. 現在ここでは, 金と銅の露天採掘が行われている. 直径 1.5 km にも達する巨大な露天掘りの穴は, ウェスタンオーストラリア州のカルグーリーに次いで国内第 2 位の規模を誇る. また, 町には大手の電機メーカー, エレクトロラックス社が進出して電気製品の生産を行うとともに, 繊維, プラスチック, レンガなどの生産も行われる. 鉱工業だけでなく, 町の発展にはこの地域が農業に適した条件をもつことも背景にある. 最寒月の平均最低気温は 0.7℃ と低いため, 柑橘類のオレンジは育たないが, リンゴやナシの栽培が成り立っている. また, この地域は火山性の土壌で養分に富んでいる. このため, サクランボ, モモ, アプリコット, プラムなどの果樹栽培も盛んである. 最近では, 数多くのブドウ園が進出し, 冷涼な気候を生かしたワイン醸造が急速に拡大している. 加えて, 野菜の栽培や牛, 羊, 豚などの肉生産も盛んである.

なお町は, 1895 年にワルチングマチルダを作詞した詩人バンジョー・パターソンの生地として知られている. この詩は 1903 年にシートミュージック（1 枚刷りの楽譜）として出版され, 国内において最も広く知られたフォークソングで, 非公式の国歌とさえよばれるほどである. 町の南西約 8 km には, このあたりのランドマークであるキャノボラ Canobolas 山を望むことができる. この山はかつての火山で, ブルーマウンテンズからウェスタンオーストラリア州のパースとの間では最も高い標高 1395 m を誇る. 山は, 周辺山地とともに州立レクリエーション地域に指定され, ウォーキングや山頂からのパノラマを楽しめる. 町へはシドニーからカントリーリンク鉄道やグレートサザン鉄道などを利用すれば, 比較的近い. カントリーリンクのウェスタン XPT 列車で 5 時間弱である.

［藁谷哲也］

オロ州　Oro Province

パプアニューギニア

ノーザン州　Northern Province（別称）

人口：18.6 万（2011）　面積：22735 km²

［8°46′S　148°14′E］

南太平洋西部, メラネシア, パプアニュー

ギニア南東部の州. ノーザン州ともよばれる. 州都はポポンデッタ. イジヴィタリ Ijivitari, ソヘ Sohe の 2 郡がある. 州域は, 北西から南東にかけてソロモン海に面する長い海岸線が続き, 南部にはヴィクトリア山（4038 m）を最高峰とするオーエンスタンリー山脈が位置する. その間にマンバレ川, ムサ川などがつくり出す平地が広がる. 州内には 33 の言語集団がある. 低地の人びとの主作物はタロイモで, 木材やゴムなどのプランテーションが産業の中心である. 近年アブラヤシの生産も行われている. 第 2 次世界大戦中, 日本軍はブナに上陸し, オーエンスタンリー山脈を越えポートモレスビー攻略を企図したが, 熱帯の地理に通じない無謀な作戦は悲惨な結末に終わった. ココダトレイルでの連合軍の戦いと, それを助けたパプアニューギニア人兵補（「縮れ毛の天使」とよばれる）の行為は, オーストラリアの戦史に刻まれている.

［熊谷圭知］

オロキエタ　Oroquieta

フィリピン

ラヤワン　Layawan（旧称）

人口：7.1 万（2015）　面積：238 km²

［8°29′N　123°48′E］

フィリピン南東部, ミンダナオ島北西部, 西ミサミス州の都市で州都. サンボアンガ半島北東部に位置する州の中心都市で, 1930 年から州都となり, 広域行政上は北部ミンダナオ地方に属する. 市街地のまわりには広大な農地が広がる. 市の南西部にそびえるアンピロ山山頂近くに発し北東方向に流れてイリガン湾に注ぐオロキエタ川河口左岸に立地, 前面にミンダナオ海が開ける. 最初ボホール島からの移住民が開発, 彼らは川岸に多くの小動物が走りまわっていたことから集落名を「自由」を意味するラヤワンとした. 1880 年, 周辺の集落と一緒になって教区（町）ができた. 町名は, 当時の教区司祭の生まれ故郷（スペインのナバラ州の地名）にちなんでオロキエタとなった.

市内最大の生産物はココヤシで, その果肉を乾燥させたコプラ, コプラからのココヤシ油搾油, 外皮からの繊維コイア採り出しなど, ココヤシ加工工業が盛んである. 1942 年, 日本軍の猛攻撃をかわしてコレヒドール島から脱出したコモンウェルス大統領マニュエル・ルイス・ケソンと副大統領セルヒオ・オスメニャがオーストラリアに撤退する途中, このオロキエタに立ち寄った. 当時この町は日本軍に抵抗する勢力, 自由市民連合の「自由フィリピン」によりフィリピン・コモ

ンウェルス首都とされていたからである. オロキエタが西ミサミス州議会から独立した特別市となったのは 1970 年である. 同市はミンダナオ島北岸をダピタン, サンボアンガ方面に向かう陸上交通の要衝ではあるが, 内航船定期便をもつ海港も空港もないため, マニラからここに向かうには市の南方 38 km にある州内最大の商業都市オサミスを経由するほかない.

［梅原弘光］

オロセンガ島　Olosega Island

アメリカ合衆国

Olosenga（別表記）/オロセガ島（別表記）

人口：177（2010）　面積：5.3 km²

［14°10′S　169°37′W］

南太平洋東部, ポリネシア, アメリカ領サモアの島. 中心都市パンゴパンゴのあるトゥトゥイラ島の東方約 100 km, マヌア諸島の西端に位置する火山島である. オロセンガ島（サモア語表記. オロセガとも表記）の住民はポリネシア系のサモア人で, 公用語はサモア語と英語が用いられている. アサンガ Asaga 海峡をはさんですぐ西側にあるオフ島とは橋でつながっている. ちなみに, 両島は複式火山の名残である. 島内にはオロセンガとシリの 2 集落があるが, シリは台風で破壊されたため, 現在はオロセンガに集住している. 島の東部は, 地形が険しく, アクセスが困難である. 最高峰は標高 639 m のピウマフア山である.

［橋本征治］

オロセンガ島 Olosenga Island ☞ スウェーンズ島 Swains Island

オロチョン自治旗　鄂倫春自治旗
Oruchon

中国

Orchun, Oroqen（別表記）

人口：26.4 万（2013）　面積：59800 km²

［50°35′N　123°43′E］

中国北部, 内モンゴル自治区フルンボイル（呼倫貝爾）地級市北東部の自治旗. 自治区内の 3 つの少数民族自治旗の 1 つであり, 1951 年に中国初の少数民族自治旗として設立された. オロチョン族は狩猟やトナカイの遊牧を生業とするツングース系の民族である. 1950 年代初期に中国によって人口最少規模の少数民族として識別され,「原始社会から一気に社会主義社会に飛躍した民族」として一躍有名になった. それまではダウール（達斡爾）族やエヴェンキ（鄂温克）族とともに

八旗に編成され，「新満洲」を構成していたが，満洲国時代には興安東省に属していた．現在の全人口のうち自治民族であるオロチョン族の人口は 2675 (2013)にすぎず，9 割は漢族である．鮮卑人の発祥地として広く知られるガシェントン(嘎仙洞)がある．

[ボルジギン・ブレンサイン]

オロヘナ山　Orohena, Mont

フランス

標高：2241 m　　　　　[17°37′S　149°29′W]

南太平洋東部，ポリネシア，フランス領ポリネシア，タヒチ島の山で最高峰．タヒチ島は，2 つの火山島(大タヒチと小タヒチ)が地峡で接合したもので，いずれの内陸部も険しい山岳地形をなしている．とくに大タヒチ(タヒチヌイ)の中央部には標高 2000 m を超える高峰がそびえ，その上位 3 峰(オロヘナ山，ピトイティ Pito Iti 山 2110 m，アオライ Aorai 山 2066 m)は，同時にフランス領ポリネシアの上位 3 峰でもある．　[手塚　章]

オロモック ☞ オルモック Ormoc

オーロラ州 ☞ アウロラ州 Aurora, Province of

オロルー　Orroroo

オーストラリア

人口：0.1 万 (2011)　面積：2.8 km²

[32°44′S　138°37′E]

オーストラリア南部，サウスオーストラリア州中央東部の町．フリンダーズ山脈南端，州都アデレードの北 262 km に位置する．農業の中心地であり，地区評議会も置かれている．町の成立は 1875 年で，当時のサウスオーストラリア植民地の測量長官だったジョージ・W・ゴイダーによって命名された．この付近は，ヨーロッパ人がやってくるまでアボリジニのンガジリ(Ngadjiri)が居住する地域だった．1844 年，最初にやってきたヨーロッパ人のチェンバーズ兄弟らは，この地に約 830 km² にも及ぶ広大なピキナ Pekina 放牧場を開いた．彼らはその後，17 カ月間にわたって牧場を経営したが，1 mm の雨にも恵まれず，ついにその牧場をわずか 30 ポンドで売却してしまった．町には，干ばつに見舞われた際に大きな被害を受けるか受けないかの境目のラインとされるゴイダーズライン

が走っている．

町の成立は 1875 年であるが，実際にはその約 10 年も前の 64 年から人が住んでおり，レストランなどの商業施設もできていた．やがて家畜商人などが立ち寄るようになり，町の体裁が整えられていった．現在でも，町中には 1800 年代後半に建築された建物が多く残る．地名は，アボリジニの言語でマグパイの集まるところを意味する．マグパイとは，白と黒のまだらになったカラスに似た鳥で，オーストラリアのいたるところで頻繁にみられる．また地名はアボリジニの少女の名前とする説や，出発地の意であるとする説などもある．　[片平博文]

オロンガポ　Olongapo

フィリピン

人口：23.3 万 (2015)　面積：185 km²

[14°50′N　120°17′E]

フィリピン北部，ルソン島西岸部，サンバレス州最南端の都市．バターン半島西岸のスービック湾東岸に位置する．かつてはスービック町はずれの寒村であったが，アメリカ統治下になってからスービックにアメリカ海軍基地ができて基地の町となって繁栄，1959 年に村から一気に市に昇格した．ピナトゥボ山の南 35 km と近接しているため，1991 年 6 月の大爆発時には降灰による大きな被害を出した．1992 年のアメリカ軍基地返還に伴って深刻な雇用問題が発生，政府はただちに基地転用開発庁を設立，台湾資本を招いてスービック湾自由港建設計画を推進している．

[梅原弘光]

オロンゴマイ Orongomai ☞ アッパーハット Upper Hutt

オワカ　Owaka

ニュージーランド

人口：303 (2013)　　[46°27′S　169°39′E]

ニュージーランド南島，オタゴ地方の村．クルーサ地区に属し，キャトリン Catlins 湖の北に位置するゆるやかな丘の上に立地する．学校，病院，警察署が町の中心部にある．農業を中心とした集落であるが，オワカ川沿いにはピクニックのできる場所があり，釣りや射撃などが楽しめる．地名は，マオリ語でカヌーのできる場所の意味である．

[泉　貴久]

オワハンガ　Owahanga

ニュージーランド

人口：498 (2013)　　[40°41′S　176°20′E]

ニュージーランド北島，マナワツワンガヌイ地方の村．地名の由来は河口を意味するマオリ語である．その名のとおり，タラウア地区のオワハンガ川河口の右岸に位置する．就業者の大半が第 1 次産業に従事しており，とくに漁業への依存度が高い．交通は非常に不便であり，国道 52 号のポンガロアから未舗装路を約 30 km 走らなければならない．その隔絶性ゆえに過疎が深刻化している．有史以来，マオリが土地を所有し続けている数少ない集落の 1 つである．　[梅田克樹]

オンガオンガ　Ongaonga

ニュージーランド

[39°55′S　176°25′E]

ニュージーランド北島，ホークスベイ地方の村．セントラルホークスベイ地区に属し，役場所在地ワイプクラウの北西 15 km に位置する．1855 年建設の住宅をはじめ，多くの歴史的建造物が残る歴史的集落として知られる．地名の由来は，川岸に郡生する巨大なイラクサを意味するマオリ語である．古来よりマオリが居住していたが，1842 年にヨーロッパ人の入植が始まった．酪農や牧羊のほか小麦栽培が行われ，1872 年には製粉所も建設された(1914 閉鎖)．ルアヒネ山脈の森林資源を活用した林業も盛んであり，製材所も操業していた．現在では数十基の風車が建てられ，風力発電が行われている．

[梅田克樹]

オンガルエ　Ongarue

ニュージーランド

[38°43′S　175°17′E]

ニュージーランド北島，マナワツワンガヌイ地方の町．ルアペフ地区に属し，オンガルエ川が形成した谷底平野の右岸にある．タウマルヌイの北 22 km に位置する．鉄道の北島縦貫本線が集落内を，国道 4 号が西方 2 km を通っている．豊富な森林資源に恵まれ，かつては製材所が立地するなど木材の集散地として栄えた．現在は，オンガルエ川におけるカヌーの出発点となっているほか，ニジマス釣りの拠点としても知られる．2013 年には，プレオラとを結んでいた森林軌道の

オント　293

跡地が，全長83kmのティンバートレイル（自転車道，遊歩道）として整備された．

［梅田克樹］

オングル諸島　Ongul Islands　南極

標高：43m　　　　　　　［69°01′S　39°32′E］

南極，東南極の諸島．東南極北東部にあり，全長数kmの平坦な島々からなる．インド洋に面したプリンスハラル海岸とクロンプリンスオラフ海岸にはさまれた，東経35～40度にあるリュツォホルム湾内に位置する．東オングル島には日本の昭和基地がある．南極大陸から4km離れている海上にあるため，南極の中では比較的温暖な場所で，夏には雪が解け，広い地面も現れる．オングルとはノルウェー語で釣り針を意味し，1937年リュツォホルム湾を水上機で望見したノルウェー隊が，島の形が釣り針に似ていることから命名した．

基地周辺にはかつてこの島が氷床下にあったことを示す氷食地形がみられるが，また，浅海底に棲む貝殻を含む海成の地層が島のところどころに分布し，かつては海底にあったことや，貝殻の年代から，オングル諸島は少なくとも最終氷期最盛期（約1万8000年前）には氷床から解放されていたと指摘されている．諸島内の最大の島は西オングル島で面積は10km²，つぎに大きい島が東オングル島で面積は3km²である．その他，オングルカルヴェン，クルミ島，まめ島，西テオイヤ，東テオイヤ，北テオイヤ，オングルガルテン，初島，アンテナ島，岩島，ネスオイヤ，オンドリ島，メンドリ島，ヒヨコ島，ワカドリ島など名前がつけられた小島が多数ある．

［前杢英明］

オンゴル　Ongole　インド

人口：20.5万（2011）　　　［15°33′N　80°03′E］

インド南部，アンドラプラデシュ州中部，プラカッサム県の都市で県都．都市の歴史は古く，早くは4世紀後半のパッラヴァ朝の碑文に記載がある．チェンナイ（マドラス）とコルカタ（カルカッタ）を結ぶ鉄道が通り，市内を国道5号が貫通しており，ネロールの北約130kmに位置する．タバコの集散地であり，乾燥場や加工場もある．1970年代から各種軽工業が集積し，近年では黒色花崗岩の加工も盛んである．

［木本浩一］

オンジョンリ　温井里　Onjyong-ri　北朝鮮

気温：11.3℃　降水量：1580mm/年
　　　　　　　　　　　［38°44′N　129°59′E］

北朝鮮，カンウォン（江原）道コソン（高城）郡中部の村．外金剛に位置する．南西と北方には奇岩が連なる．多雨地帯．ラジウム温泉があり，文化休養地である．クムガン（金剛）山の登山口で，ここから水晶峰，九竜瀑布，万物相，三日浦をはじめ外金剛，海金剛探勝に出かける．

［司空俊］

オンジン　甕津　Ongjin　北朝鮮

おうしん（音読み表記）

標高：14m　気温：10.8℃　降水量：1000mm/年
　　　　　　　　　　　［37°56′N　125°22′E］

北朝鮮，ファンヘナム（黄海南）道西部の郡．朝鮮西海（ホワン（黄）海）を望む位置にあり，古くは甕川と称された．1895年甕津郡となり，1952年改編で領域が拡大した．ほとんどが丘陵性の平地で，甕津半島があり，海岸は出入りが大きく，港湾が多い．30あまりの島々が浮かぶ．甕津温泉は泉温が104℃で有名である．この温泉水を利用したハウスでは野菜，ミカンを栽培している．特産の干し柿は全国に知られる．クルミ，竹細工，団扇，苧麻加工などの生産が盛ん．近海では海苔，ワカメ，コンブを養殖しアワビを産する．甕津～ヘジュ（海州）間に鉄道が通る．

［司空俊］

オンジン半島　甕津半島　Ongjin-bando　北朝鮮

おうしんはんとう（音読み表記）

　　　　　　　　　　　［37°56′N　125°22′E］

北朝鮮中西部から南方のカンファ（江華）湾につき出た半島．全体が丘陵地であり，基本部（頸部）の東西はヘジュ（海州）湾と大東湾にはさまれ，湾が入り込み，周辺には30あまりの島々が散在する．潮差は7m．中央部の甕津集落付近には金，銀，亜鉛の多金属鉱山がある．半島には泉温104℃の塩素ナトリウム温泉がある．この温泉水を利用してミカンが栽培される．南方の小延坪島ではチタンを産する．周辺の大延坪島の海域は朝鮮西海（ホワン（黄）海）北部の代表的なイシモチ，毛ガニの漁場である．

［司空俊］

オンズロー　Onslow　オーストラリア

人口：0.1万（2011）　面積：14km²
　　　　　　　　　　　［21°39′S　115°11′E］

オーストラリア西部，ウェスタンオーストラリア州北西部の町．州都パースの北約1400kmに位置し，バロー島の石油産業を支える機能を果たしている．地名は，ウェスタンオーストラリアの首席裁判官を務めたアレクサンダー・オンズロー卿にちなんで命名された．

［大石太郎］

オンソン　穏城　Onsong　北朝鮮

多温平（古称）

面積：727km²　標高：85m　気温：5.5℃
降水量：560mm/年　　　　［42°57′N　129°59′E］

北朝鮮，ハムギョンブク（咸鏡北）道，北朝鮮最北端の都市で郡庁所在地．トマン（豆満）江をはさんで中国東北地方を望む．古くは多温平と称された．穏城の地名は平穏な地に由来する．東部と南部は標高1000m前後の山地，北部は豆満江が流れ，穏城平野（60km²）がある．品種改良により稲作が行われる．品質の高い褐炭の産地でもある．1945年8月以後，石炭工業が発展した．苛性ソーダ，日用品などの工場がある．中でもこうもり傘は全国的に知られる．タバコ，果実栽培，羊の放牧が盛ん．1930年代初期の抗日革命根拠地，王在山など朝鮮革命史跡が5カ所ある．咸線線と4支線が通る．北朝鮮最北端の豊西里は北緯43度00分36秒である．

［司空俊］

オントンジャヴァ環礁　Ontong Java Atoll　ソロモン

ロードハウ環礁　Lord Howe Atoll（別称）

人口：0.2万（1999）　面積：12km²　長さ：57km
幅：50km　　　　　　　［5°16′S　159°21′E］

南太平洋西部，メラネシア，ソロモン諸島中部，マライタ州北部の環礁．首都ホニアラの北約450kmの太平洋上に位置する．一般に国内ではロードハウとよばれる．ブーツ形をした海域に122のサンゴ礁島がある．オントンジャヴァ環礁が載っているオントンジャヴァ海台は世界最大の海台である．住民はポリネシア系であり，比較的面積の広いルアニウア Luangiua 島とペラウ Pelau 島に居住する．これらの島では漁撈活動が盛んで，古くから多くの技術が伝承されている．言語的にはサモア，トンガ系である．出土土器の年代から少なくとも2000年前には人の居住

があり，1893 年にドイツ領，99 年にイギリス領に編入された． [関根久雄]

してきた人びとである． [ボルジギン・ブレンサイン]

は朱乙温泉．海岸から 10 km ほど山地に入った温堡川渓谷に位置する．年間霧発生日は 45 日ほど．果樹園の 70%はナシで，全国に知られる．温泉は鏡城温泉(下温堡里)と温堡温泉(上温堡里)に二分される．泉温 58°C の無臭透明のラジウム含有単純泉．温堡川の北岸は風光絶景で勤労者の保養施設がある．温堡駅は木材，石炭の集散地．一帯は紡織，電器工業が発達している． [司空 俊]

オンニュード旗　翁牛特旗
Ongniud 中国

人口：48.6 万 (2010)　面積：11889 km²
[42°56′N　119°01′E]

中国北部，内モンゴル自治区東部，ウランハダ(チーフォン，赤峰)地級市の旗．シラムレン(西拉木倫)河南岸に位置し，シラムレン河とその支流ローハ(老哈)河が合流するデルタ地帯にあることから，水資源の豊かな地域である．清朝時代は左右両旗に分かれていたが，右翼旗は開墾と入植にさらされて現在は赤峰市となっており，現在の旗はおおむね清朝時代の左翼旗にあたる．満洲国時代には熱河省に属し，1930 年代頃から水田開発を目的とした朝鮮人の進出もあり，現在もコミュニティを形成している．また南部に隣接するオーハン(敖漢)旗で金丹道暴動が発生した際に多くのモンゴル人が当旗に避難移住してきた．現在は人口の 15%ほどのモンゴル族の大多数も，19 世紀末から南部各旗から移住

オンバイ海峡　Ombai, Selat
インドネシア/東ティモール

幅：30 km　[8°30′S　125°05′E]

インドネシアと東ティモールを隔てる国際海峡．インドネシア中部，サウ海東，バンダ海南に位置する．インドネシア側のソロール諸島，パンタル島，小スンダ列島東端のアロール島と，その南西に位置する，ティモール島(東部は東ティモール領)を隔てている．最も狭いところは幅約 30 km である．

[塩原朝子]

オンポ　温堡　Onpo
北朝鮮

朱乙温泉　Jueol (旧称)

気温：6.6°C　降水量：650 mm/年
[41°44′N　129°23′E]

北朝鮮，ハムギョンブク(咸鏡北)道中部，キョンソン(鏡城)郡の町．温泉の町で，旧称

オンボラタ　Ombolata
インドネシア

人口：0.3 万 (2010)　気温：26.5°C
降水量：274 mm/年　[1°14′N　97°27′E]

インドネシア西部，ニアス島，北スマトラ州ニアスウタラ県アラサ郡の村で郡都．郡に 14 ある村の 1 つ．県都でニアス島の中心都市グヌンシトリの西 36 km に位置する．住民の約 8 割はキリスト教を信仰し，農業を生業としている．2004 年 12 月および 05 年 3 月のスマトラ島沖地震では甚大な被害を受けた．同名のオンボラタ村が，サウォ Sawo 郡とラヘワ郡，ニアスバラット Nias Barat 県シロンブ Sirombu 郡にもある． [浦野崇央]

カー川　Ca, Song
ラオス/ベトナム

ラム川　Lam, Song (別称)

長さ:612 km　　[18°46′N　105°46′E]

　ラオス北部からベトナム北中部にかけて流れる川. ラオスのロイ山地を源流とし, チュオンソン(アンナン)山脈を集水域として, ベトナム北中部のゲアン省を通り南シナ海に注ぐ. 別名はラム川. 北西〜南東方向の構造線に沿って流れ, 省都ヴィンがその自然堤防上にある. 全長612 kmで, 省内での長さは390 kmである.
[池口明子]

カアラ山　Kaala
アメリカ合衆国

標高:1227 m　　[21°30′N　158°09′W]

　北太平洋東部, ポリネシア, アメリカ合衆国ハワイ州, オアフ島西部の山. ワイアナエ山脈にあり島の最高峰である. 山頂にはアメリカ連邦航空局の追跡局があり, 一般の立ち入りは禁止されている. また山の斜面はカアラ山自然保護区に指定されている.
[飯田耕二郎]

カイ川　Cai, Song
ベトナム

カーチ川 (別称)

長さ:60 km　　[12°16′N　109°11′E]

　ベトナム南中部, カインホア省の川. 省西部を占めるチュオンソン(アンナン)山脈を集水域とし, 省都ニャチャンを通って南シナ海に注ぐ. 別名カーチ川. チャンパ王国時代には交易品となる沈香などの林産物が河川ルートで河口の港から積み出され, カイ川もそうした川の1つであったと考えられる. 河口に位置するタップバー丘陵上には, チャンパ遺跡であるポー・ナガル遺跡が立地し, 旧暦3月20〜23日には祭りが行われる.
[池口明子]

カイ諸島　Kai, Kepulauan
インドネシア

エワブ諸島　Ewab, Kepulauan (別称) /ケイ諸島　Kei, Kepulauan (別称)

人口:約12万 (推)　面積:1438 km²
[5°38′S　132°45′E]

　インドネシア東部, マルク州マルクトゥンガ県の諸島. セラム島の南東, アル諸島の北西, 州都アンボンの南東約500 kmに位置する. 3つの大きな島, すなわち東からカイブサール(大カイ)島, ドゥラー島, カイクチル(小カイ)島と, バンダ海東端にまで散在する284の小島からなる. すべてが火山島である. カイクチル島の北東部にあるラングーアーが県都. 人口のうち約7.4万がカイクチル島住民である. 住民の言語はオーストロネシア(南島)語族に属し, 中でもカイ語が最も優勢で, カイクチル, カイブサール両島を中心に207の村で話されている. カイクチル島住民の先祖は, ジャワのマジャパヒト王国の一部であったバリ島からやってきたとされており, カイクチル島中部のラトブアンは王族と軍勢が最初に上陸した場所と伝えられている.

　アジアとオーストラリアの大陸棚から深い海溝によって切り離されているという地理的状況により, これまで諸島内には人の手があまり入っておらず自然のままであるため, 世界で最も美しい砂浜をもつと称される. また, こうした自然環境のため産業の開発はみられないが, 豊富な木材を利用し船づくりに従事するすぐれた職人が多く, インドネシア東部では船大工の島として広く知られている. コプラ, サゴヤシも産出する.

　交通は, ラングーアーからアンボンへ向けて一日に5〜6回の往復航空便がある. また, カイ諸島南西のタニンバル島サウムラキからアンボン行きの往復航空便もある. カイブサール島へは, ドゥラー島南西部にあるトゥアルからフェリーが航行しており, 西岸のエラットとタムンギルに到着する. カイブサール島東岸にもバンダエリ, ホラット, ヤムテル, キルワットなどの港があるが, 船はほかの島へ向けてのものではなく, それぞれの港を結ぶだけである. また, ラングーアーからトゥアルへ橋がかかっており, 両島の間は自動車などで通行できる.

　1999年3月, トゥアルで宗教間の紛争が生じた. 多くの民家, 学校, 政府機関, 宗教施設が破壊され, およそ3万人が移住を余儀なくされた. 紛争直後, イスラーム教, キリスト教の指導者, 地方政府, 軍が紛争停止に合意し, 同紛争は同年6月には終息し, ふたたび安定を取り戻した. その後, 2001年6月, オランダ政府からの220万USドルの出資により, 集団間の関係の創造と改善, インフラの整備, 経済発展などを目的とするカイ諸島平和構築プログラムが, 国連開発計画(UNDP)とインドネシア政府によって実施された. カイ諸島の98の村落に援助し, 約10万人に利益をもたらしたとされている. 同プログラムは2003年に終結した.
[畝川憲之]

カイアポイ　Kaiapoi
ニュージーランド

カイアポヒア　Kaiapohia (正称)

人口:0.7万 (2013)　[43°23′S　172°39′E]

　ニュージーランド南島, カンタベリー地方の町. クライストチャーチ市街地から北20 kmの郊外にある. 正式名称はカイアポヒアといわれる. カイは食べ物, アポヒアはいっしょに集められた, もしくは積み重ねられたという意味で, カイアポヒアは食糧倉庫を意味する. しかし, 南島のマオリはカイアポヒアとはいわず, つねにカイアポイといってきた. カイは食べもの, アは「の」, ポイは四方八方にわたるという意味で, カイアポヒアにしろカイアポイにしろ, ほぼ同じ意味となっている.

　17世紀に, 北島からマオリの一族が移住し集落をつくった. しかし, この地は湿地帯

296　カイア

〈世界地名大事典：アジア・オセアニア・極Ⅰ〉

で，それまで住んでいた北島とは大きく異なっていた．いい伝えによれば，この地を選んだ一族の長は，沼のウナギを除いて周辺に食料が乏しかったため一族から批判を浴びた．しかし彼は，北のカイコウラの森には多くの鳥がすみ，南の海岸では魚や海鳥がとれ，平野や山そして西の海岸では食用のネズミ，イセエビ，ウェカ（クイナ）などの鳥といった豊富な食料があることを説いたのである．さらに，グリーンストーン（翡翠の一種）の交易地として地の利を得ていたことから，一族の居住地となり，この部族の集落としては最大かつ最も重要な集落となった．

1840 年代後半には，クライストチャーチやリトルトンへ搬出するための木材を加工することで町が発展した．ワイマカリリ川に河港ができ，カンタベリー地方北部の船が集積する中心的な港となった．しかし，1872 年にクライストチャーチと結ばれた鉄道が開通し，沿岸貿易の河港としての地位は低下した．一方で，すぐれた毛織物工場が立地していることで知られるようになった．さらに，クライストチャーチの人口増加により，クライストチャーチの衛星都市，ベッドタウンとして発展していく．近年，レジャー用のヨットなどの河港として再興している．また，以前は首都ウェリントン，ネーピア，ギズボーンとを結んで沿岸貿易のために航行した船が，観光用としてカイアポイの河港からワイマカリリ川河口まで運航されており，かつて河港で繁栄した名残をとどめている．

［井田仁康］

カイアマ　Kiama　オーストラリア

人口：0.6 万（2011）　面積：7 km²

[34°40′S　150°51′E]

オーストラリア南東部，ニューサウスウェールズ州南東部，カイアマ行政区の都市で行政中心地．行政区は面積 258 km² を有し，人口 2.0 万（2011）を抱える．州都シドニーの南約 120 km，ウランゴングの南 20 km に位置する．1839 年に町として公告され，59 年に自治体となった．1954 年には，南に位置するジェリンゴン行政区を取り込み拡大した．町はタスマン海に面し，標高約 200～600 のサドルバック山地の東麓に立地する．町の北部にミナムラ Minnamurra 川がタスマン海に注ぎ，東岸は岬とポケットビーチが連続する．ここはジェリンゴン火山活動による噴出物に覆われており，沿岸部で柱状節理の発達する玄武岩やラタイトがみられる．中心市街地の東の岬では，カイアマ・ブローホ

ールとよばれる潮吹き穴が見どころの 1 つとなっているが，これは火山岩が侵食されて形成されたものである．またこの潮吹き穴が，先住民ダラワルの言葉で kiarama（海が音を立てる場所）というこの町の名前の由来であるとされる．

ヨーロッパ人としての最初の訪問者はジョージ・バスで，1797 年にこの地域を探検し，潮吹き穴をみつけている．その後 1810 年前後から，この地域にはスギの伐採を目的とした入植が進み，38 年の製材所の設立に結びついた．一方，1840 年頃からは酪農業が始まり，80 年にはイギリスへ初めてバターを輸出している．1884 年には町の西に位置するジャンベルーで国内最初のバター工場がつくられたという．

市内では，石切り場の跡を目にすることができる．石切り場で生産される玄武岩は，鉄道や道路建設の砂利として利用され，かつて町の人口増加を引き起こした．なお，ボンボ Bombo 岬ではカイアマン逆磁極期とよばれる地磁気逆転期の名称となっている玄武岩が採取された．この逆磁極期は，古生代末のおよそ 3 億 1200 万～2 億 6200 万年前の約 5000 万年間の長期にわたる逆転期として知られる．町は鉱工業都市のウロンゴングから近いため，労働者や大都市からの退職者の居住地として発展している．また近年では，沿岸部の遊歩道が整備されたことから，潮吹き岩やカテドラルロックの見物のほか，サーフィンなどでビーチを訪れる人も多い．1881 年に建築され，現在は博物館になっているパイロットコテージ，87 年建築の灯台などはカイアマ駅から徒歩圏内にある．州都シドニーからはサウスコースト線を利用して約 2 時間 30 分でカイアマ駅まで行けることから，タスマン海を望みながらの日帰り観光を楽しめる．

［藁谷哲也］

カイアライト　Kyalite　オーストラリア

ウォークールクロッシング　Wakool Crossing（旧称）

人口：108（2006）　面積：686 km²

[34°57′S　143°28′E]

オーストラリア南東部，ニューサウスウェールズ州南西部，バルラナルド行政区の集落．州都シドニーの西約 720 km，メルボルンの北北西約 350 km に位置している．この地における入植は，1848 年頃にアイルランド人により始まった．集落は，ウォークール川のほとりに位置してウォークール川を小舟で渡る渡し場だったことから，かつてウォー

クールクロッシングとよばれていた．その後，1927 年に現名称に改称された．

［笹本裕大・落合康浩］

カイイウィ　Kai Iwi　ニュージーランド

[39°51′S　174°56′E]

ニュージーランド北島，マナワツワンガヌイ地方の村．中心都市ワンガヌイの西北西 19 km に位置する．1864 年にウッダール Woodall の砦が建設された地であり，集落の発達は 69 年半ばにマオリ戦争が終結した後のことである．町内を国道 3 号が通過しており，南部のカイイウィビーチはサウスタラナキ湾に面している．

［林　琢也］

カイウィ海峡　Kaiwi Channel

アメリカ合衆国

モロカイ海峡　Molokai Channel（別称）

幅：40.2 km　深さ：701 m

[21°14′N　157°30′W]

北太平洋東部，ポリネシア，アメリカ合衆国ハワイ州，オアフ島とモロカイ島を隔てる海峡．海峡名はハワイ語で骨を意味し，一般にはモロカイ海峡ともよばれる．強い海流と風などの影響でうねりが強く，横断がむずかしい海峡として知られる．毎年 10 月に，モロカイ島からオアフ島のワイキキビーチを目指して速さを競うアウトリガーカヌーの国際レース，モロカエホエが開催され，世界中から参加者が集まる．また，世界オープンウォータースイミング協会により横断のむずかしい世界七大海峡（オーシャンズセブン）の 1 つにも選定されている．

［飯田耕二郎］

カイオーグル　Kyogle

オーストラリア

人口：0.3 万（2011）　面積：111 km²

[28°38′S　153°00′E]

オーストラリア南東部，ニューサウスウェールズ州北東部，カイオーグル行政区の町．州都シドニーの北北東約 600 km の広大な森林地帯の中に位置する．付近には，リッチモンド川が流れ，多様な動植物を観察することができる．町の歴史は，1870 年頃に牧場が開かれたことに始まり，1900 年代には本格的な土地開発が実施された．その後，1920 年代には，現在の主要産業である酪農が成長したほか，周辺の森林資源を生かしたベニヤ板工場が開設されるなど，経済的な発展を遂

げた．近隣には，複数の国立公園が存在しており，観光拠点として知られている．

［笹本裕大・落合康浩］

かいこうし　海口市 ☞ **ハイコウ市 Haikou**

カイコウラ　Kaikoura

ニュージーランド

テアヒカイコウラアタマキテランギ　Te Ahi-kai-koura-a-Tama-ki-te-rangi（正称）

［42°22′S　173°36′E］

　ニュージーランド南島，カンタベリー地方の町．クライストチャーチから国道1号を北上して180km，列車やバスで約2時間半の距離にある．太平洋に面しており，景色のよさやホエールウォッチングなどで人気のある観光地で，クライストチャーチから日帰りで訪れる観光客も多い．地名のカイは食べる，コウラはクレイフィッシュ（イセエビ）を意味する．すなわち，クレイフィッシュを食べるという地名である．地名のとおり，クレイフィッシュの漁場があり，かつては小さな漁業の町であった．現在でも，年間を通してクレイフィッシュが水揚げされ，カイコウラの名物料理となっている．夏場には，レストランだけでなく国道などの通り沿いに自動車の屋台が出店し，クレイフィッシュの料理を食べることができる．調理方法としては，茹でてマヨネーズなどをつけて食べることが多い．クライストチャーチなどの市街地のレストランでは，クレイフィッシュの刺身や焼き物を提供するところもある．カイコウラは省略形であり，正式名称はテアヒカイコウラアタマキテランギという．意味はクレイフィッシュを調理するための火であり，この地がクレイフィッシュとかかわりが深いことが示されている．

　町およびその周辺は，古くからのマオリの居住地であり，800年ほど前まで巨大な飛べない鳥モアの狩猟地であったと考えられている．周辺海域では1830年代からヨーロッパ人によって捕鯨が始められ，42年にはカイコウラに捕鯨漁港がつくられ，ヨーロッパ人が住むようになった．1860年頃に建てられた，初期の捕鯨者の家とされるファイア・ハウスには捕鯨のための備品や生活品などが展示され，当時の面影を残している．1920年頃まで町は捕鯨の中心地となっていた．当時の捕鯨は，鯨油をとることが目的でヨーロッパからの船が多く集まり，捕鯨漁港では燃料や食料の補給を行っていた．捕鯨とともに町の経済を支えたのは，牧羊業と農業であった．捕鯨が衰退した後は，クレイフィッシュをはじめとする漁業，牧羊業，農業がおもな産業であった．

　静かな町が観光地として脚光を浴びるのは，1987年にホエールウォッチングツアーが始められたことによる．カイコウラ沖は大陸棚となっており，陸から水深90m程度まではゆるやかな傾斜になっており，それより先は急激に水深800m以上にまで落ち込む．そのため，海流が大陸棚に当たって上昇し，豊富な有機物を運び上げる．さらに暖流と寒流がぶつかることもあって，オキアミなどクジラが好物とする生物が多い．このような条件によって，マッコウクジラの生息地となっているため，船で間近に観察することができる．ホエールウォッチングだけでなく，カイコウラ沖にはニュージーランド固有のヘクターズドルフィン（セッパリイルカ），南半球のみに生息するハラジロカマイルカ，そしてバンドウイルカなどのイルカ類も多いことから，船で沖まで出てイルカの群れをみつけ，一緒に泳ぐツアーもある．カイコウラのホエールウォッチングツアーは，国のマオリ政策とも深いかかわりをもっている．ニュージーランドでは，ヨーロッパ系白人とマオリとの職業的格差が大きく，両者を比較すると，マオリの経営者が少なく，失業率が高い．そこで，国の政策としてマオリが雇用者となる場合には，会社を興す際に援助金を出している．その成功例が，カイコウラのホエールウォッチングツアーなのである．

　ニュージーランドの観光地には景色を楽しむための遊歩道が整備されているが，カイコウラ半島の海辺には干潮時にしか歩けない遊歩道があり，満潮時には海中に沈んでしまう．この遊歩道沿いにはオットセイの群生地やカモメの営巣地があり，観光客は遊歩道を歩きながらオットセイの観察やバードウォッチングを楽しむことができる．　［井田仁康］

カイコウラ山地　Kaikoura Ranges

ニュージーランド

標高：2885m　　　　［42°00′S　173°40′E］

　ニュージーランド南島，マールバラ地方とカンタベリー地方にまたがる山地．南島の南西から北東に走るサザンアルプスの東端，クラレンス川をはさんで平行して走る2つの山地からなる．北のマールバラ地方側はインランドカイコウラ山地，南のカンタベリー地方側はシーウォードカイコウラ山地とよばれる．南西から連なるサザンアルプスは，カイコウラの北で標高が低くなり，海へと入っていく．上空からみるとケスタ状の山並みとなっていることが特徴である．最高峰はインランドカイコウラ山地のテプアエオウエヌク Tapuae-O-Uenuku 山（標高2885m）である．カイコウラの町からみられる，雪をかぶった美しい山容に定評がある．地名は，マオリ語で雪をかぶった山地を意味する言葉に由来する．

［井田仁康］

カイコウラ（ニュージーランド），中心部の通り〔alarico/Shutterstock.com〕

カイコウラ半島　Kaikoura Peninsula

ニュージーランド
[42°25′S　173°42′E]

　ニュージーランド南島，カンタベリー地方北東部の半島．イギリスのジェームズ・クックは，1770年に「島のようにみえる土地」と評した．マオリの伝説によると，半島はマオリが乗っているカヌーのハリ（腰掛け）であったという．半島の周囲には，漁師の家屋をはじめ，観光客のためのモーテルなども多く立地している．海岸部は急崖になっており，崖の上は台地が広がり羊の牧場がある．半島には，海岸部を通る遊歩道と，台地の上を行く遊歩道があり，急崖をはさんで2本の遊歩道が並行している．海岸部の遊歩道は干潮時にのみ歩ける道で，オットセイやカモメの群生地を間近にみることができる．また，台地の遊歩道は牧場の中を通り，間近に羊をみながら散策できる．半島の付け根あたりにカイコウラの町があり，観光案内所，銀行，土産物屋などが軒を連ねる．また，漁港もあり，クレイフィッシュ（イセエビ）などの漁が盛んである．半島の魚屋では，水揚げされたばかりの生きたクレイフィッシュを購入することができる．　　　　　　　　　　［井田仁康］

カイコヘ　Kaikohe

ニュージーランド
人口：0.4万（2013）　[35°24′S　173°48′E]

　ニュージーランド北島，ノースランド地方の町．パイヒアの南西内陸部にあり，国道12号沿いに位置する．国道1号沿いにあるオカイハウの南15kmにあり，北東のオハエアワイ Ohaeawai において国道1号と国道12号が合流する．ヘケ蜂起の地でもある．第1次世界大戦終了後は退役軍人が入植し，第2次世界大戦時にはアメリカ軍の施設が建設された．現在は，広範な農業地域へ商業やサービス供給を行うファーノースの中心地である．町は火山丘陵の傾斜地に位置し，かつてのマオリのパ（砦）に囲まれている．2013年センサスによれば，マオリの人口に占める割合は77.9%で，これは，同年のニュージーランド全体のマオリ比率が14.9%，ノースランド地方全体でも44.5%であることからも，非常に高いことが伺える．

　田園地帯はおもに火山性土壌を伴う起伏のある平野となっている．西端のカイコヘ丘陵は玄武岩質のスコリア丘である．北部にはオマペレ湖があり，東5kmのナファスプリングズ Ngawha Springs はニュージーランド最北の地熱地帯（ナファ地熱地帯）からの温泉水が湧いている．観光名所としては，国内最古の裁判所や1875年に建てられたコテージ，刑務所といった歴史的建造物があげられる．　　　　　　　　　　　　　　［林　琢也］

カイソンポムウィハン　Kaysone Phomvihane

ラオス
サワンナケート　Savannakhet（通称）
人口：12.6万（2015）　面積：1148 km²
[16°34′N　104°46′E]

　ラオス中南部，サワンナケート県の郡で県都．市街地は，首都ヴィエンチャンの南464km，メコン川右岸沿いに位置し，対岸はタイのムックダーハーンである．公式の郡名は，カイソンポムウィハンであるが，通称はサワンナケートとよばれている．

　国道9号がカイソンポムウィハンを基点とし，ベトナムのドンハーまで延びており，タイ～ベトナム間貿易の中継地点として機能している．メコン川を隔て，対岸がタイという位置にあるにもかかわらず，かつてはタイよりベトナムとの関係がより強かった．その理由は，フランス領インドシナ時代に，フランス当局によって教師もしくは事務員として雇われたベトナム人が市街地に多く居住していたからである．ベトナム戦争の影響で，その数は減少したが，現在でもベトナム人学校，大乗仏教寺院，カトリック教会などベトナム人用の諸施設が市街地に立地している．

　タイとの関係は，1980年代後半以降，急速に改善され，民間レベルで自由な貿易がされるようになっている．2006年12月にラオスとタイを隔てるメコン川にかかる国内2カ所目，全長2050mの国際橋梁が，第2タイ・ラオス友好橋としてカイソンポムウィハン市街地とムックダーハーンの間で開通し，07年より運用されている．この国際橋梁の建設は日本の円借款によるものであるが，アジア開発銀行などが中心となって進めているベトナム中部，ラオス南部，タイ東北部およびミャンマー南部の物流をはじめとする経済活動を活性化する「東西回廊」構想の一貫として位置づけられている．したがって，カイソンポムウィハンは，単なるタイ～ラオス間の中継地点ではなく，ラオスの国際物流拠点としてもますます機能すると期待されている．　　　　　　　　　　　　　　［横山　智］

カイタイア　Kaitaia

ニュージーランド
人口：0.5万（2013）　[35°06′S　173°15′E]

　ニュージーランド北島，ノースランド地方の町．ニュージーランド最北端の地域ファーノース Far North 地区の玄関口として知られる．ナインティマイル海岸の最南端部分であるアヒパラ湾 Ahipara Bay は，町の西5kmにある．マンガムカ Mangamuka からは国道1号を34km北上したところに位置する．亜熱帯性の気候のため，国内で最も暖かい地域に位置づけられる．地名の由来は，マオリ語の「たくさんの食料」で，kaiは食料を意味する．

　当地のマオリ首長がキリスト教宣教団を受け入れ，1933年にはアングリカン教会（イギリス国教会）の伝道師たちが定住した．1834年にはジョセフ・マシューズとウィリアム・ギルバート・パッキーによってカイタイア伝道所が建設された．1850年代にヨーロッパ人の入植が始まり，1870〜1900年にはカウリガム（樹脂）採掘に従事するダルマティア人労働者の定住が急速に広がる．1898年にはダルマティア人の流入を制限するカウリ樹脂産業法が制定され，地元の労働者とダルマティア人労働者の衝突がみられた．ガム掘りのブームは1925年には終焉を迎える．

　現在は，町の北部の工場においてカウリガムの採掘と，加工・販売が行われている．また，ダルマティア人移民とマオリの子孫が共存する地域としても知られるようになった．かつて当地の経済は，カウリ樹脂をランガウヌ港へ運搬するアワヌイ Awanui 川河口に長らく依存し，他地域から孤立状態にあった．しかし農林業の成長によって，1947年には幹線道路の整備や航空機の就航が進み，他地方とのつながりが向上した．現在では，他地域へ商業・行政サービスを提供する中心地であり，牧羊を伴う酪農地域でもある．近傍には日本企業によるラディアタ・パイン植林地（3000 ha）があり，植林から製材まで行っている．果樹農業については，ブドウやアボカドの栽培が盛んである．

　ファーノース地域博物館では，フランス人探検家ジャン・フランソワ・マリー・ド・シュルヴィルの巨大な錨が展示してあるほか，樹脂採取の体験やマオリの歴史を学ぶことができる．またマオリ文化センターでは織物や彫刻を体験することができる．観光業では，ファーノースのレインガ岬やナインティマイル海岸へのバスツアーが企画されている．　　　　　　　　　　　　　　［林　琢也］

カイタル　Kaithal
インド

人口：14.5万 (2011)　　　　[29°48′N　76°23′E]

インド北部，ハリヤーナ州カイタル県の都市で県都．首都デリーの北北西190kmに位置し，国道152号が通過するほか，デリーや州都チャンディガルに向かう列車が停車する．1989年11月にカイタル県が設立された際に県都となった．『マハーバーラタ』に登場するユディシュティラ王によりつくられた町との伝承があり，都市の起源は古いと考えられる．ムガル帝国時代には文化の中心として栄えたが，18世紀後半にはシク王国の版図に入り，さらに19世紀中頃にはイギリスの支配下に置かれた．周囲には灌漑の行き届いた豊かな農地が広がり，小麦や米，大豆，綿花などが栽培されている．ミシンやゴム製品のほか，地元でとれる農産物を加工する工業が立地する．　　　　　　　[友澤和夫]

カイタンガタ　Kaitangata
ニュージーランド

人口：0.1万 (2013)　　　　[46°17′S　169°51′E]

ニュージーランド南島，オタゴ地方の町．ダニーディンの南西80kmに位置する．地名は，1847年に石炭の産地として地図上に記された．このことは，カイタンガタがオタゴ地方で初めての炭鉱であったことを意味している．なお，1844年の地図では湖名として記されていた．マオリ語でカイは食べること，タンガタは人を意味し，地名は人を食べるという意味になる．これはかつてマオリの2つの部族が湖のウナギ漁の権利をめぐって抗争となり，負けた部族の首長が勝った部族によって食されたことに由来する．他方で，これとは異なる説もある．カヌーでやってきた乗組員の1人が，近くの丘で絵の具の原料をみつけ，それを使い絵を描いた．その乗組員にちなんで名づけられたという．また，ニュージーランド南島と何もかかわりがないが，カイタンガタという人物が，強力な光によって身体を引き裂かれ，その血が夕焼けの空の赤となったというポリネシアの伝説に由来するという説もある．　　　　[井田仁康]

カイチャン県　開江県　Kaijiang
中国

人口：45.0万 (2015)　面積：1033km²
　　　　　　　　　　　　[31°05′N　107°52′E]

中国中西部，スーチュワン(四川)省，ダー
チョウ(達州)地級市の県．県政府は新寧鎮に所在する．ダーバー(大巴)山脈の南麓に位置し，地形はおもに丘陵で，その間に平地が分布する．広万高速道路(コワンユワン(広元)～ワンチョウ(万州))が東西に横断し，南部を達万鉄道(達州～万州)が通る．農産物は水稲，トウモロコシ，小麦，落花生，ナタネなどがあり，畜産が盛んである．天然ガス，石炭，石灰石の埋蔵量が多い．金山寺や任市清陶牌坊などの名所旧跡がある．　　[小野寺淳]

カイチョウ区　開州区　Kaizhou
中国

カイシェン　開県　Kai Xian (旧称)

人口：168.4万 (2015)　面積：3959km²
　　　　　　　　　　　　[31°09′N　108°23′E]

中国中部，チョンチン(重慶)市北東部の区．スーチュワン(四川)省と隣接する．四川盆地東部の山地，丘陵地との接合部，およびダーバー(大巴)山脈南麓に位置し，起伏に富む地形である．丘陵地では，霧が多く発生し直射日光を防ぎ，また気温の日較差が大きいことから，茶の栽培に適し，竜珠茶という緑茶を産する．チャン(長)江支流の澎渓河沿いに立地する市街地は，2000年代，サンシャ(三峡)ダム建設に伴う水位上昇により一部が水没し，漢豊湖という人造湖となった．
　　　　　　　　　　　　[高橋健太郎]

ガイチョウ市　蓋州市　Gaizhou
中国

ガイシェン　蓋県　Gai Xian (旧称)／がいしゅうし (音読み表記)

人口：72万 (2012)　面積：3133km²
　　　　　　　　　　　　[40°24′N　122°20′E]

中国北東部，リャオニン(遼寧)省インコウ(営口)地級市南部の県級市．ポーハイ(渤海)湾に面し，リャオトン(遼東)半島の付け根に位置する．清代に蓋平県となり，1965年に蓋県と改称，92年に蓋州市となる．市政府の置かれる蓋州には国指定の重要文化財の玄貞観がある．南東部はチェン(千)山山脈で，森林が市域の過半を占める．農業はコーリャン，トウモロコシ，水稲などの穀物栽培とリンゴの生産が盛んである．南部の熊岳には規模の大きな果実酒工場がある．　　[小島泰雄]

カイツ島　Kayts Island
スリランカ

ヴェラナイ島　Velanai (タミル語)／ライデン島 Leiden (蘭語・旧称)

面積：64km²　　　　　　[9°40′N　79°54′E]

スリランカ，北部州ジャフナ県の島．タミル語名はヴェラナイ島．オランダ植民地時代はライデン島とよばれた．県都ジャフナ市街地の西部および南西部からポーク海峡にかけての浅い海に点在する大小33の低平な島のうち，最大の面積を擁する．県行政の上で，島の北西部はカライティヴ島などとともに島北郡に属し，南西部は島南(ヴェラナイ)郡に属する．ジャフナから海上を横断する約6kmの築堤道路で結ばれ，北のカライティヴ島へは北西端の集落カイツからフェリーが通う．カランパン，サラヴァナイ，ヴァラナイなど8つある集落の住民の多数はタミル人で，ヒンドゥー寺院が建つ．ほかに少数のイスラーム教徒とキリスト教徒が住む．島内にはパルミラヤシが生育していて，加工業が盛んである．1629年ポルトガル人が建造し，オランダ人が改築したウルンダイ要塞が残存する．内戦時の2006年，島内の3つの村で13人のタミル人が殺害される事件が起こるなど，大きな被害を受けた．　　[山野正彦]

カイト岬　Kait, Tanjung
インドネシア

標高：2m　　　　　　　　[6°01′S　106°54′E]

インドネシア西部，ジャワ島最西部，バンテン州タングラン県マウック郡北海岸の岬．ジャワ海に面する．首都ジャカルタの北西約50km，州都タングランの北約20kmに位置する．近隣の住民はおもに沿岸で漁業を営む．オランダ植民地時代の建築物や18世紀以前の華人の廟が残る．ビーチと漁村の生活は，ジャカルタやタングランなどの都市住民の日帰り観光地となっている．なお，同名の岬がスマトラ島の南スマトラ州の東部にもある．　　　　　　　　　　　[瀬川真平]

かいなんしょう　海南省 ☞ ハイナン省
Hainan Sheng

カイヌオック　Cai Nuoc
ベトナム

人口：13.7万 (2009)　　　　[8°56′N　105°01′E]

ベトナム南部，メコンデルタ，カーマウ省

南西部の県. 県都カイヌオック, および 11 村からなる. 主要な水路は南北に通るカーマウ運河, 県都カイヌオックを通るカイヌオック川, ダムドイ県との県境に流れるドイクオン運河であり, 県の東にはチャーラー野鳥園がある. 稲作は雨季作のみが行われ, 県全域にわたってエビ養殖池が広がる. 県の南北を貫く国道 1 号沿いにカイヌオック市場をはじめとした商店が並ぶ. 　　　　　　[池口明子]

カイパラ湾　Kaipara Harbour

ニュージーランド

面積：947 km²　長さ：60 km　幅：6 km
[36°25′S　174°13′E]

　ニュージーランド北島, ノースランド地方とオークランド地方にまたがる湾. オークランドの北西に位置する. 溺れ谷地形で, その広さは南北約 60 km にのぼる. タスマン海に注ぐ湾口は浅く, 砂嘴で狭くなっており, その幅はわずか 6 km にすぎない. 大小さまざまな河川が湾に注いでいるため, 広大な集水域を有する. 世界最大の港湾の 1 つであり, その面積は, 満潮時に 947 km² に達する. このうちの 409 km² は干潮時に干潟や砂地となる.
　カイパラ湾北端のダーガヴィルはかつてはカウリが繁茂していた地域で, カウリ材とカウリ樹脂の積出港として栄えたが, カウリ林の消滅とともに衰退した. 現在は周辺農業地域の商業中心地である. 道路・鉄道が完成するまでは, オークランドその他へ出荷するカウリ材・カウリガム（樹脂）などはここから船積みされて運ばれた. 多様な生息地や生態移行帯の海洋生態系を有しており, 渡り鳥の生息地としても重要である. 　　　[林 琢也]

カイバル峠　Khyber Pass

アフガニスタン/パキスタン

カイバー峠, ハイバル峠（別表記）
標高：1070 m　　　　[34°06′N　71°05′E]

　パキスタンとアフガニスタンの国境, ヒンドゥークシュ山脈南部のサフェードコー山脈中にある峠. パキスタンの北西端, カイバルパクトゥンクワ州の州都ペシャーワルの西約 45 km に位置しており, 東約 70 km のアフガニスタン東部の要衝ジェララーバードを経てカーブルを結ぶ. 標高は約 1070 m で, 両国の国境沿いはカイバル峠以外の大部分が 3000〜5000 m 級の山岳地帯となっており, 行き来が困難であるため, カイバル峠は南ア

ジアと中央アジアを結ぶ交通の要衝として, 古来より文明の交差点として重要な役割を果たしてきた.
　シルクロードから南下してインドに入る際の交易路として重要であり, 絹をはじめ金細工, 宝石, 絨毯, 果実, 砂糖, 茶などがこの峠を越えて運ばれた. 一方では, アレクサンドロス大王をはじめとして, かのチンギス・ハーンなど多くの侵入者の通路ともなるとともに, 玄奘三蔵やマルコ・ポーロなどもこの峠を通過した. 16 世紀以降, ムガール朝の時代にはインドからアフガニスタン・カーブルへの幹線道路（グランド・トランクロード, GT ロードと称される）として発達し, 現在はアジアハイウェイ 1 号線の一部となっている. 近代では第 1 次アフガン戦争からパキスタンの独立まで戦場となった場所でもある.
　現在, カイバル峠付近はパキスタン政府直轄の部族地域（自治区域）となり, 国の法律が適用されるのは国道上に限られ, それ以外では部族の掟によるパシュトゥーン族の自治に任されている. また, 最近はアフガニスタンの国際治安支援部隊（ISAF）への物資輸送の主要ルート上にあり, アフガン駐留外国軍への補給物資供給の要地となっている.
　　　　　　　　　　　　　　　[出田和久]

カイバルパクトゥンクワ州
Khybar Pakhtunkhwa Province

パキスタン

北西辺境州　North West Frontier Province（旧称）

人口：1774.4 万（1998）　面積：74521 km²
[34°01′N　71°33′E]

　パキスタン北西部の州. 旧称は北西辺境州（NWFP）で, 2010 年に改称された. 最大の都市は州都ペシャーワルで, ほかにノウシェラ, マルダーン, マンシェラ, チャールサッダ, アボッタバードなどの都市がある. 西は有名なカイバル（カイバー）峠によりアフガニスタンと結ばれ, 北東はギルギットバルティスタン州, 東はアーザードカシミール地域, 南西は連邦政府直轄部族地域, 南東はパンジャブ州とイスラマバード首都圏と境する. 部族地域はカイバルパクトゥンクワ州とバローチスタン州との緩衝地帯となっている. ヒンドゥークシュ山脈とその支脈に属する山地が大部分を占め, わずかに中部にカーブル川に潤されるペシャーワル盆地や山間地に谷底平野がみられる. 主要河川としてカーブル川, スワート川, チトラル川, パンジコーラ川, ゾーブ川などがある.

気候は, 北部のヒンドゥークシュ山脈からペシャーワル盆地の境までの地域は, 概して冬は寒くて降雪があり降水量が多く, 夏は比較的快適であるのに対して, 南部の山岳地域は, 冬は相対的に寒くて降水が少なく, 夏は暑くて乾燥しているというように変化に富む. 北のほうから気候をみると, 北端部のチトラル県はステップ気候で, 年平均降水量は北部の 100 mm から南部のドゥロシュの 600 mm 弱まで変化があり, その大部分が冬季の前線と春の激しい雷雨によってもたらされる. チトラルの年平均降水量約 420 mm のうち 350 mm ほどは 12〜5 月にかけての降水で, その谷の気温は 7 月の平均 30℃ から 1 月の 0℃ まで変化する. ヒンドゥークシュの高地では降雪がはるかに多く, その結果大きな氷河が景観上の卓越した特徴となっている.
　ディール県, スワート県および旧ハザラ管区の諸県のさらに南（つまり中南部）では, 年平均降水量のかなりの割合が冬季の前線によるものが一般的で, 気候はインド亜大陸のより典型的なものとなる. 短いが強力な夏季のモンスーンは, 頻繁にやってくる冬の雲帯とともに, ピークが 2 つある降水体系を形成している. ディールおよび旧ハザラ管区地域は, 国内でも最も湿潤な地域であり, ディールの年平均降水量 1185 mm のうち 350 mm は 7〜9 月の夏のモンスーンによるものであり, その 2 倍近くが 12〜4 月の冬の雨季にみられる. 東南端にあたるアボッタバードでも年平均降水量は 1200 mm に達し, そのうちの半分ほどが南西モンスーンによりもたらされる. 谷あいに位置し, あまり風のあたらないスワートでは年平均降水量は 840 mm ほどであるが, やはり半分近くが 6〜9 月のモンスーンの間にみられる. 概して 10〜11 月が最も乾燥しており, 月平均降水量はおおむね 30 mm 以下である.
　また, この地域（スワート, ハザラ）の気温は, 北方のチトラルに比べると暑く, 標高 1200 m のアボッタバードでさえモンスーンの季節には熱気と湿度が耐えがたいほどになる. 冬はスワートの大部分にはかなりの降雪があるが, 気温はハザラでは 4℃ くらいである. 中南部のヒンドゥークシュ山脈の山裾にあたる地域は, 国内の多くの地域と同様に暑くて乾燥した気候で, 夏は気温が耐えがたいほどに高く, ペシャーワル盆地のマルダーンのあたりでは 45℃ に達することも珍しくはなく, ペシャーワルでは 40℃ となるのはよくあることである. しかし, 冬はこの地域は州の他の地域よりも暖かく, 乾燥してお

り，ペシャーワルでは平均日最高気温は17℃を超え，州の南端部では20℃以上になる．ただし冬の間は，夜間はかなり寒くなる．また，ペシャーワルやデライスマイルハンではともに7〜8月の2カ月間の降水量が100 mmほどで，6月，9月は数〜10数mmと少ない．冬は3月に降水のピークがあるが，ペシャーワルでは12〜3月までの降水は大体200 mm以下で，デライスマイルハンでは100 mm以下である．南部はモンスーンによる降水は少なく，一定せず，コーハートあたりの山腹では，冬季の降水が多くなる．

北部の山間地域のスワートやアッパーディールなどは風光明媚なことで知られ，隣接地域や世界中から多くの観光客を引きつけていたが，テロ事件などにより減少している．また，その南に位置するかつてガンダーラ文化の揺籃の地であったペシャーワル盆地の地域は，紀元前6世紀以来ガンダーラの名で知られ，インド亜大陸と中央アジアとを結ぶ回廊として歴史上重要な役割を果たしてきた．仏像もヘレニズムや古代ローマ帝国などの影響の下に紀元後1世紀末頃にこの地方で成立したとされ，タフティバヒーをはじめ仏教関連の遺跡が多数あり，仏教関係の遺品が豊富なペシャーワル博物館とともに重要な観光資源となっている．

ペシャーワル盆地の住民は，多くが勇猛果敢をもって知られるイラン系のパシュトゥーン人で，信心深いイスラーム教徒で知られ，主要言語はパシュトゥー語である．ほかにヒンドコー語が都市部に，サライキ語が南東部に少数であるがみられ，ともにパンジャービー語の方言とみなされている．また，ヒンドコー語は東北部の旧ハザラ管区で卓越し，デライスマイルハンではサライキ語が多く話される．さらに北端部の山岳地域は，コワール，コーヒスタニ，シナ，トーワーリ，カラシャやカラーミなどのさまざまな民族・言語集団の本拠地でもある．ほとんどの住民が多数派であるスンニ派のイスラーム教徒で，シーア派やイスマイル派は少数派である．また，チトラル南部のカラシャ族は依然として古来のアニミズム，シャーマニズムを信仰している．この地域にはインダス文明末期頃にアーリア人（イラン系，インド系）が侵入したのに始まり，その後ペルシア人，ギリシャ人，スキタイ人，クシャン人，フン族，アラブ人，トルコ人，モンゴル人，ムガル，シク，それからイギリスが侵入してきた．

ペシャーワルの谷は紀元前6世紀頃からガンダーラ王国の本拠地で，その後古代のペシ

ャーワルはクシャン帝国の首都ともなり，仏教の大中心地となった．この地域は，歴史的にも著名なダリウス2世，アレクサンドロス大王，法顕，玄奘，マルコ・ポーロ，マウントスチュアート・エルフィンストン（イギリスのインド行政官），ウィンストン・チャーチルなどの人物が訪れてもいる．11世紀以降，ガズナ朝やゴール朝を含むより大きなイスラーム帝国の一部となり，イスラーム化した．その後デリーのスルタン諸王朝（デリー・スルタナット）やモンゴルのイル・ハン国の名目的支配を受けた．アフガン戦争でパシュトゥーン人の抵抗に苦しんだイギリスは，1893年にアフガニスタンとイギリス領インドを分割するデューランドラインを押し付けたが，その国境は意図的にパシュトゥーン人の居住域を横切るように引かれたものであった．その後，イギリスは1901年11月にパンジャブ州から北西辺境州（現カイバルパクトゥンクワ州）を分離し，32年1月には立法議会が開かれ，37年に初めて州の議会選挙が実施された．インド・パキスタン分離独立後，1947年に住民投票によって北西辺境州はパキスタンに加わることとなった．

主要な観光名所として，前記の仏教関係のほか，ペシャーワルの17世紀後半の建設になるモハーバット・ハーンモスクやムガール朝の創始者バーブルが16世紀前半に築造したバーラー・ヒッサール砦，旧市街のバザール，マルダーン郊外のシャバーズガリのアショカ王碑文などがある．　　［出田和久］

カイピン市　開平市　Kaiping

中国

人口：70.2万（2015）　面積：1659 km²
気温：21.5℃　降水量：2046 mm/年
[22°23′N 112°42′E]

中国南部，コワントン（広東）省南西部，チャンメン（江門）地級市の県級市．省会コワンチョウ（広州）の南西100 km，チュー（珠）江デルタの南西部に位置し，海外に75万人の開平出自の華僑が居住している．1649年に県となり，新中国成立後，1993年に市となった．もともと交通の要衝としての利便性により商品の集散地として栄え，リトル武漢の別称があるほどである．現在もホンコン（香港），広州，マカオ（澳門）をはじめホワナン（華南）沿海部の港湾と頻繁な水運を維持しており，1980年代以降の食品・繊維産業の発展とともに，地方中核都市として成長中心の役割を担っている．また，明代以降，水害と山賊の来襲を防御するために市内に建てられ

た高層楼閣（ディアオロウ，碉楼）は現存するものだけでも1833軒あり，2007年6月に「開平の望楼群と村落」としてユネスコの世界遺産（文化遺産）に登録され，貴重な観光資源となっている．　　　　　　［許　衛東］

カイフ　Kaihu

ニュージーランド
[35°46′S 173°42′E]

ニュージーランド北島，ノースランド地方の村．アランガの東約10 kmに位置する．北にマールバラ森林，東にカイフ森林が広がる．国道12号が集落を抜け，カイフヴァレーに沿って通過している．国道とほぼ並行するように流れるカイフ川は，およそ南東32 kmのダーガヴィルにおいてワイロア川に合流する．　　　　　　　　　　［林　琢也］

カイフォン県 Kaifeng ☞ シャンフー区 Xiangfu

カイフォン市　開封市　Kaifeng

中国

汴京（古称）

人口：約454万（2015）　面積：6266 km²
[34°48′N 114°21′E]

中国中央東部，ホーナン（河南）省北東部の地級市．ホワン（黄）河の南岸に位置する．鼓楼，祥符，竜亭，順河回族，禹王台の5区と，ウェイシー（尉氏），トンシュー（通許），チーシェン（杞県），ランカオ（蘭考）の4県を管轄する．市政府所在地は鼓楼区．地名は，春秋時代に鄭国の荘公が現在の開封県（城関鎮）に城を築いた際の啓拓封彊（ここから勢力を拡大する）の意に由来し，前漢の景帝が啓を開に改めたとされる．

その後，周文王の子，畢公高が現在の開封（直轄）市に大梁城を築いた．七朝古都とよばれるように，戦国の魏，五代時代の後梁，後晋，後漢，後周そして北宋，金の7つの王朝が開封に都を置いてきた．2つの城はともに南北交通の要衝であったかつての済水の南岸に位置し，水運の利を得ていたと考えられる．とくに北宋時代には東京開封府ともよばれ，いくたびかの河川工事によって城内を4つの河川が貫くようになり，物財豊かな商業都市として栄えた．人口は最大時で140万を数えるなど，11〜12世紀当時，世界で最も繁栄した都市の1つであったとされる．「東京夢華録」やよく知られる「清明上河図」

カイピン(開平)市(中国),中国と西洋の建築意匠が融合した開平望楼《世界遺産》〔Shutterstock〕

に描かれた市街地の様子からもその当時の繁栄をうかがい知ることができる.

しかし,北宋の末年の女真族の侵攻,1126年の金による開封攻略などの戦争や,政治腐敗による河川管理の粗放化と黄河の氾濫によって水運上の利点が損なわれたことなどにより,かつての繁栄は失われ,一時は人口30万足らずにまで減少した.明・清の時代までは河南省の省会であったが,現在はチョンチョウ(鄭州)市にその座を譲っている.

宋代以来,文化を伝える都市でもあり,戯曲の郷,書画の郷ともよばれ,学問・芸術が盛んである.チューシェン(朱仙)鎮は最も古い伝統をもつ木版画,年画の産地であり,800年の伝統をもつといわれる開封の刺繍は,汴繡または宋繡ともよばれ,古い柄が好んで描かれる.「清明上河図」もその代表的なものである.蘭考県は青桐の産地であり,桐で琴,琵琶,胡弓などの民族楽器がつくられ,世界に輸出されている.日本へは家具およびその用材としても輸出されている.北宋の頃に新法を説いた政治家にして詩人でもあった王安石はこの地の人である.こうした歴史・文化的資産を生かし,観光都市としても発展を遂げつつある.宋城,鉄塔,竜亭,相国寺などの史跡が知られている.宋都御街は開封市中山路北段にあり,宋代の街の姿を再現した商店街であり,1988年に整備された.史書によると,北宋東京街は皇宮宣徳門の北にあり,州橋と朱雀門を通って城南の薰門から城外に抜け,長さは約100里,幅200歩で,皇帝の来駕が出入りする尊厳に満ちた街道であった.再現された町並みは,400mほどであるが,かつての場所の趣を再現しつつ,新たな賑わいを創出している.

〔中川秀一〕

カイベー　Cai Be　ベトナム

人口：28.7万 (2009)　〔10°20′N　106°02′E〕

ベトナム南部,メコンデルタ,ティエンザン省西部の県.県都カイベー,および23村からなる.県の南側はティエン川に接し,米の二期作・三期作や果樹栽培が行われる.北側は排水が悪く,強酸性土壌からなるタップムオイ平原の縁辺にあたる.国道1号が東のミートー,西のカオランなどの都市につながる.マンゴーとロンガン(竜眼)の栽培が有名で,ティエン川の水上マーケットではさまざまな果樹や野菜が販売される.　〔池口明子〕

カイホワ県　開化県　Kaihua　中国

人口：34.3万 (2002)　面積：2223 km²
〔28°54′N　118°01′E〕

中国南東部,チョーチャン(浙江)省南西部,チューチョウ(衢州)地級市の県.北宋代に開化場として設置され,太平天国期に開化県になった.県は山地帯と丘陵からなり,北西から東南へと標高が低くなる.工業は化学肥料,セメント,石炭,電子,ゴム,冶金,シルク紡織,皮革,服飾,印刷,醸造,製紙,木材加工などがある.農作物には稲,麦,豆,繭,ナタネ,茶,綿花,孟宗竹,クリなどがある.とくに竜頂茶,遂抄青は銘茶として有名である.茶以外の名産に,オオアブラギリや,シイタケ,黒キクラゲなどがある.双渓口に新石器時代の遺跡がある.

〔谷 人旭〕

カイマイ山地　**Kaimai Range**

ニュージーランド

標高：952 m　　　　　　　　[37°41′S　175°53′E]

　ニュージーランド北島，ワイカト地方とベイオブプレンティ地方の境界にある山地．北部のコロマンデル山脈と南部のママク高原へと連なる山脈の一部をなす．最高地点は，テアロハ山である．カイマイ山地は，長らく活動を停止していた火山の隆起によってできたものである．1975 年にはカイマイママク森林公園が設定された．カイマイ山地は，ベイオブプレンティ～ワイカト間の障壁となっており，両地方は 8879 m のカイマイトンネルで結ばれている．トンネルの建設は，1969 年に山地の両側から始まり，78 年 9 月 12 日に開通した．トンネルはオークランド～タウランガ間を 1991 年から 2001 年までシルヴァーファーン鉄道のカイマイエクスプレスでつないでいた．トンネルの真上(カイマイ山頂)には，とくに名称はなかったが，2010 年に地理学者エヴリン・ストークスに敬意を表し，ストークスピークという名称がつけられた．　　　　　　　　　　　　　　　　[林　琢也]

カイマナ　**Kaimana**

インドネシア

人口：4.6 万 (2010)　面積：377 km²

[3°40′S　133°46′E]

　インドネシア東部，ニューギニア島南西部，西パプア州中西部の県および県都．県はかつての植民地支配者オランダ人の言葉でフォーヘルコップ(鳥の頭)とよばれるチュンドラワシ半島の南部，そしてボンベライ半島の東部に位置する．県都(人口 3.0 万，2010)はトロミ山(標高 1250 m)のふもとで，カムラウ湾東岸に位置する美しい浜辺をもつ町である．カイマナ県は 2002 年に成立した新しい県であり，それ以前にはボンベライ半島に広がるファクファク県に属していた．交通は，カイマナ県北西の町ウタロムから，南にあるマルク州カイ諸島や北のパプア州ビアク島行きの航空便がある．また，カイ諸島やアル諸島の島々，西パプア州各地へ向けて船が出ており，沿岸航路の中継地点となっている．県のほとんどは山岳地帯であるため，際立った産業はないが，おもに木材業が行われている．2003 年には 2765 億ルピアがベニヤ材，合板などの製造に投資された．

[畝川憲之]

カイマナヒラ　Kaimana Hila　☞ ダイヤモンドヘッド　Diamond Head

カイマナワ山地　**Kaimanawa Range**

ニュージーランド

長さ：50 km　　　　　　　　[39°13′S　175°55′E]

　ニュージーランド北島，ワイカト地方とマナワツワンガヌイ地方にまたがる山地．タウポ湖の南方に北東から南西方向に広がる．ランギティキ川とその支川の主分水界をなしている．北島の火山性平原の一部をなし，西部はランギポ Rangipo 砂漠に向かって不毛地帯が広がる．東部は肥沃な土地が広がるが，非常に起伏がある．野生馬のカイマナワ馬の生息地域である．国内の多くの山地と異なり私有地が多い．　　　　　　　　　　　　　　[林　琢也]

カイヤン県　開陽県　**Kaiyang**

中国

人口：43.0 万 (2013)　面積：2026 km²

[27°03′N　106°58′E]

　中国中南部，グイチョウ(貴州)省中央部，グイヤン(貴陽)地級市の県．県政府所在地は城関鎮である．総人口の 1 割を少数民族が占め，プイ(布依)族，ミャオ(苗)族が多い．1995 年まではアンシュン(安順)地区に属した．川黔鉄道や主要幹線道路から少し離れているが，貴陽から車で 1 時間ほどの距離にあり，道路交通網は発達している．カルスト地形が発達し鍾乳洞も多く，それらを生かした観光開発が期待されている．リン鉱石が産出されるため，リン酸肥料の生産が行われている．　　　　　　　　　　　　　　　　[松村嘉久]

カイユワン市　開遠市　**Kaiyuan**

中国

人口：29.7 万 (2010)　面積：1950 km²

[23°42′N　103°08′E]

　中国南西部，ユンナン(雲南)省南東部，ホンホー(紅河)自治州の県級市．クンミン(昆明)からベトナムの首都ハノイへ向かう中越鉄道が市内を通り，近代からの交通の要衝である．大メコン圏(GMS)開発の一環で建設された広幅員の高速道路は，昆明から開遠まで南下し，ここから中国コワンシー(広西)チワン(壮)族自治区とベトナムへと分岐する．1981 年 11 月に市制へ移行した．石炭の埋蔵量が多く，雲南省最大の露天掘りの炭鉱がある．亜熱帯気候を生かした花卉や果樹の栽培も盛んである．総人口の過半をイ(彝)族，ミャオ(苗)族，回族，チワン族などの少数民族が占め，市街地周辺の山間部に居住している．　　　　　　　　　　　　　　　　　[松村嘉久]

カイユワン市　開原市　**Kaiyuan**

中国

人口：58 万 (2012)　面積：3615 km²

[42°31′N　124°02′E]

　中国北東部，リャオニン(遼寧)省ティエリン(鉄嶺)地級市の県級市．市政府は開原鎮に置かれているが，20 世紀前半までは老城鎮が県政府所在地であった．市名は元代の開元路に由来する．市域の東部はチーリンハーダー(吉林哈達)嶺に続く山地で，西部はリャオ(遼)河の沖積平野となっている．トウモロコシ，水稲，大豆，コーリャンなどの穀物生産が盛んである．民族構成は満族が 6 割を占める．京哈鉄道が市域を南北に貫く．

[小島泰雄]

ガイラ　**Guyra**

オーストラリア

Hillgo'el, Illgoel (古称)

人口：0.2 万 (2011)　面積：298 km²

標高：1330 m　　　　　　　[30°13′S　151°40′E]

　オーストラリア南東部，ニューサウスウェールズ州北東部，アーミデールリージョナル行政区の町．州都シドニーの北約 400 km，アーミデールとグレンイネスの中間に位置する．ノーザンテーブルランドの最上部に位置する国内有数の高地の町である．町とその周辺部は，先住民のアナイワン(Anaiwan)が居住していた地域であり，かつての地名である Hillgo'el もしくは Illgoel，現名称のガイラはともに，アナイワンの言葉に由来している．地域のおもな産業は農牧業で，牧羊，肉牛の飼育，ジャガイモとトマトの生産である．地区内には 20 ha の温室があり，240 人ほどの従業員によって年間 1 万 t を超えるトマトが生産されており，国内最大のトマト生産地として地域経済を支えている．毎年 1 月に開催される羊・ポテト祭には，多くの露店が出店し，特産品の羊肉とポテトを使用したさまざまな料理が販売される．

[笹本裕大・落合康浩]

カイラクム　Kayrakkum

タジキスタン

Kairakkum（別表記）

人口：1.3万（1991）　　［40°16′N　69°49′E］

　タジキスタン北西部，ソグド州の都市．州都ホジェントの東15 km，カイラクム貯水池の西に隣接し，フェルガナ渓谷の西端に位置する．貯水池の水はカザフスタン，ウズベキスタンに流れ，またここに流入するイスファラ川などの河川上流はクルグズ（キルギス）にもかかり，利害関係が複雑である．フェルガナオアシスおよびタシケントオアシスとゼラフシャン渓谷の一部には，紀元前15～8世紀の後期青銅器文化が存在したが，ホジェント付近のカイラクム地域にその村落跡が発見され，カイラクム文化とよばれている．

［木村英亮］

カイラス山　Kailas, Mount

中国

開拉斯峰（漢字表記）／カンリンボチェ峰　岡仁波斉峰　Kangrinboqê Feng（別称）

標高：6656 m　　［31°05′N　81°20′E］

　中国西部，シーツァン（チベット，西蔵）自治区南西部の山．ガンディセ（岡底斯）山脈西部の主峰であり，ピラミッド形をしている．ガリ（阿里）地区プラン（普蘭）県内，マパンヨンツォ（瑪旁雍錯）とラマオツォ（拉昂錯）の北部にそびえる．典型的な断層山脈で，四方は断崖絶壁である．峰の頂は年中，雪に覆われており，標高6000 mの雪線を超えると氷河地形がみられる．

　もともとは開拉斯峰と呼称され，サンスクリット語でヒンドゥー教の三大主神の一角であるシヴァ（湿婆）の殿堂を意味する．チベット語では，神霊の山を意味するカンリンボチェとよばれる．古くは仏教の著名な聖山であり，神山の王と崇められていた．このように，カイラス山はボン教，ヒンドゥー教，ジャイナ教，チベット仏教のそれぞれ聖地と見なされる．山麓には仏教の聖地であるスアション（色爾雄）があり，毎年，インドやネパールの仏教徒が寺院に参詣している姿がみられる．とくに，チベット暦馬年の釈迦牟尼が降誕した日付には，南部の神湖であるマパンヨンツォ（マナサロワール）において，盛大な参詣活動が行われる．

［石田曜］

カイリー市　凱里市　Kaili

中国

がいりし（音読み表記）

人口：65.6万（2014）　面積：1556 km²

［26°34′N　107°58′E］

　中国中南部，グイチョウ（貴州）省南東部，チェントンナン（黔東南）自治州の県級市で州政府所在地．1983年に市制移行した．総人口の6割強をミャオ（苗）族が占め，トン（侗）族，プイ（布依）族のほかゴーチャー（革家）人など未識別民族も住む．共産党政権下で建設が始まった新興都市で，同自治州の政治，経済，文化の中心地として発展してきた．省会グイヤン（貴陽）とは高速道路と湘黔鉄道で結ばれている．1992年に凱里経済開発区が設けられ，電子産業部門の企業誘致に成功し，90年代半ばから凱里市街地も高層化が進む．黔東南ではミャオ族やトン族の集落や祭りを訪ねるエスニックツーリズムが行われていて，凱里はその拠点となっている．凱里の郊外にも香炉山などの観光名所がある．

［松村嘉久］

カイルー県　開魯県　Kailu

中国

人口：39.8万（2012）　面積：4488 km²

［43°36′N　120°25′E］

　中国北部，内モンゴル自治区，トンリャオ（通遼）地級市の県．市域で唯一の県で，清朝の光緒34年（1908）にシラムレン（西拉木倫）河流域に面したアルホルチン（阿魯科爾沁）旗，ジャルド（札魯特）左翼旗，ジャルド右翼旗の3旗の土地から湿潤で農業に適した部分を開墾してつくられた．地名は，3旗の漢字標記のうち共通する魯の字をとったとされる．通遼市の政府所在地が置かれているホルチン（科爾沁）区（旧通遼県）と同じくジリム盟とジョーオド盟モンゴル旗の中心部に開かれた開墾地で，漢人コミュニティが形成されている．満洲国時代には興安西省の省都として位置づけられていた．第2次世界大戦後はいち早く中国共産党の活動基地となり，通遼市やウランハダ（チーフォン，赤峰）市一帯の中国革命を主導した重要人物たちの活動舞台であったことから，中華人民共和国建国以後も県として存続することができた．したがって，現在の開魯県のおもな観光地も中国革命に関連するものが多く，ほかに元の時代の仏塔などが知られる．

［ボルジギン・ブレンサイン］

カイルア　Kailua

アメリカ合衆国

人口：3.9万（2010）　面積：27 km²

［21°24′N　157°44′W］

　北太平洋東部，ポリネシア，アメリカ合衆国ハワイ州，オアフ島南東部，カイルア湾に面する国勢調査指定地区（CDP）．州都ホノルルの北東16 kmにある住宅地域で，カイルアロードに沿って商業地区がある．地名の語源は，太平洋沖合の海流に関係する「海の中の2つの海流」である．オアフ島の首長が，カワイヌイの湿地を養魚池にして，風上の白い海岸のこの町に住んでいた．付近に無数の神殿の旧跡がある．カイルア湾の石灰質の美しいビーチと公園，そしてハワイ大学の農業研究所が立地する．また，古くからウィンドサーフィンやカヤックのメッカとして知られており，現在ではカイトサーファーの数も増えている．

［飯田耕二郎］

カイラス山（中国），4つの宗教の聖地とされる未踏峰（中央）〔Shutterstock〕

カイルプル ☞ ハイルプル Khairpur

カイルプル県 ☞ ハイルプル県 Khairpur District

カイルワン煤鉱　開滦煤鉱
Kailuan Meikuang　　　　中国

かいらんばいこう（音読み表記）

[39°37′N 118°12′E]

中国北部，ホーペイ（河北）省北東部，タンシャン（唐山）地級市の南側にある炭田．清光諸3年（1877）にカイピン（開平）鉱務局が設置され，清光諸32年（1906）にルワンチョウ（滦州）鉱務局ができた．地名は1912年に2つの局が合併し開滦鉱務総局ができたことに由来する．国内の大型炭鉱の1つである．唐山，荊各庄，馬家溝など11の炭鉱，機械修理工場，発電場，建材工場，火薬工場，井戸などから構成されている．それぞれの炭鉱は専用鉄道線をもって，直接鉄道幹線とつながっている．　　　　　　　　　　［柴 彦威］

カイワカ　Kaiwaka　ニュージーランド

人口：0.1万（2013）　[36°09′S 174°26′E]

ニュージーランド北島，ノースランド地方の村．ノースランド地方とオークランド地方の境にあたるウェルズフォードから国道1号で北25kmに位置する．カイワカ川が東に流れ，ワイラウ川と合流し，カイパラ港へと流入している．1859年にヨーロッパ人の定住が始まり，第2次世界大戦後の大規模な土地開発により牧羊と酪農が発達した．

［林 琢也］

カイン州　Kayin State　ミャンマー

カレン州　Karen State（旧称）／コートゥレイ Kawthule（旧称）

人口：150.4万（2014）　面積：30383 km²

[16°52′N 97°39′E]

ミャンマー南東部の州．州都はパアン．コーレイク県，パアン県，パプン県，ミャワディ県の4県からなる．旧名はカレン州で1989年に改称された．地勢の大半は山地または森林で，気候は熱帯モンスーン気候，年平均降水量は3000 mmを超える．主要民族のカイン（カレン）族は，国内ではミャンマー族，シャン族に次ぐ第3の人口を誇る民族で，この州では最大人口を占める．チベット・ビルマ語派に属するカレン語を話す．その下位民族はプオ，サガウとよばれる．そのほか首長族，ビルマ族，シャン族，パオ族，モン族，ラカイン族などが居住する．現在の州を形成する地域は，13〜16世紀には下ビルマのペグー王朝に属していた．北部は上ビルマのシャン族が建国したアヴァ王朝の属国であるビルマ族のタウングー王朝に属していた．その後，上ビルマと下ビルマがタウングー王朝に統一されるとその支配下に入った．

宗教は州内では南方上座仏教が多数派だが，キリスト教徒が20%とかなりの比率を占め，仏教徒のビルマ族との同化を困難にしている．イギリス植民地時代には下級官吏として宗主国に協力した者が多く，イギリスの支持の下での独立を希望した．しかし新憲法はカレン州を認めたが，カレン指導部の多数派であるカレン民族同盟（KNU）はこれに満足せずに完全独立を要求し，1949年以来，武力闘争を開始した．東部の山岳地にはアニミズムを信仰する人もいる．ハアン地域にある標高約1100 mのズエガビン Zwegabin 山には，カイン族がゴビ砂漠から南下してきたという伝説をもつ．彼らは中国西南部からエーヤワディ川，シッタン川，タンルウィン（サルウィン）川を経由してからミャンマーに最も早くに移住してきた民族といわれ，国内に約400万人いる．その半数がエーヤワディ川の森林地帯に居住する．タンルウィン川が州内を流れ，タイ側のクワイ川をつないで第2次世界大戦中は物資の輸送ルートとなった．現在は，そこに隣国タイへの天然ガスのパイプラインが通っている．産業としてはもともと焼畑での陸稲などの栽培が行われていたが，現在では定着し水稲や油脂作物，豆類，野菜などを生産する．また森林資源が重要な産物となっている．　　　［野間晴雄］

カインタ　Cainta　フィリピン

人口：32.2万（2015）　面積：43 km²

[14°35′N 121°07′E]

フィリピン北部，ルソン島南部，リサール州の町．マニラ首都圏東部に隣接する．マリキナ川の刻んだ谷筋の南東端にあって，市街地および工場敷地などは標高5〜10 mの地点に立地し，その南西には水田が広がる．町としては全国で2番目に大きな人口を有するといわれる．人口密度は7500人/km²と都市並みであるが，パシッグ，アンティポロ，タイタイなど周辺自治体との境界問題が未解決のため，市への昇格が認められていない．

町名は，昔この地域で個人的慈善事業に半生を捧げ，広く住民から慕われ，尊敬され，惜しまれながらこの世を去った女性カ・インタ Ka Inta（Ka は目上の人に親しみを込めた尊称，Inta は女性の名前，したがって「インタおばさん」の意）に由来する，といわれる．1571年8月15日に設立された古い町とあるが，その前からカインタ村は存在した．スペインがマニラを占領したとき，この村の住民は要塞に立てこもり，スペイン支配に激しく抵抗した．スペインの記録によると8月15日は要塞が攻め落とされた日である．その後いろいろな町に組み込まれるが，1760年にタイタイから分離独立して単独の町となる．1762〜64年にかけてイギリス軍がマニラを占領したときに600人のセポイ兵（インド人）が侵攻，イギリス軍撤退後もここに残留して地元女性と結婚した．その結果カインタには，いまでもこのインド人の子孫と文化が残っている．アメリカ統治下でふたたびタイタイに統合されるが，1914年に独立した．パシッグ町マイブンガ Maybunga あたりでPNRマリキナ線から分かれたアンティポロ線はカインタとタイタイとの中間を北上してアンティポロの入口まで延びていた．カインタの住民も戦前には，当然，この鉄道の恩恵を受けたと考えられる．

カインタは，現在，マニラ首都圏拡大の東側最前線である．1980年に6万だった人口は90年には12.6万に，2000年には24.4万と10年間ごとに倍増した．その後，増勢はやや落ち着いてきて2015年に32.2万となった．現在この町には，日本の三菱自動車，ホンダ，韓国のヒュンダイ自動車など自動車関連のフィリピン法人をはじめ，食品，タバコ，化学薬品など各種製造企業が進出していて町の景気は上々，かつての広大な水田地帯が住宅地や工場・事業所敷地と化し，4つのショッピングモールと3つのショッピングセンターが連日賑わっている．　　［梅原弘光］

カイントン　Kyneton　オーストラリア

人口：0.7万（2011）　面積：156 km²

[37°17′S 144°29′E]

オーストラリア南東部，ヴィクトリア州中央部の都市．州都メルボルンの北西約70 km，カルダーハイウェイ沿いに位置する．趣あるブルーストーンの建物が多く残されており，この町の魅力となっている．ゴールドラッシュの最盛期には，バララトやベンディゴなどの金鉱中心都市へのゲートウェイとし

て，また野菜の供給拠点としての役割を果たした． ［堤 純］

カインホア省　Khanh Hoa, Tinh

ベトナム

Khánh Hoà, Tinh（ベトナム語）

人口：115.8万（2009）　面積：5197 km²
［12°15′N　109°11′E］

　ベトナム南中部の省．漢字では慶和省と表記する．省都ニャチャン（省直属市），および7県（南沙群島を含む）からなる．チュオンソン（アンナン）山脈が海岸近くまで迫り，ニンホアに流れるカイ川とニャチャンに流れるカイ川がそれぞれ形成する小さな平野をもつ．海岸には4つの大きな湾，ヴァンフォン湾，ニャフー湾，ニャチャン湾，カムラン湾があり，ヴァンフォン湾沖合のホンゴム半島の突端がベトナム大陸部の東端にあたる．山地を形成する始生代の花崗岩が侵食されて海岸に堆積し，沿岸一帯に白い砂浜を形成している．この堆積物の粒度は粗く，浅海の透明度は高い．

　南シナ海の波浪を遮る内湾を中心に古くから漁業が盛んであり，沿岸・遠洋での漁船漁業のほか海藻の採集や加工，製塩も行われ，近年では汽水域の養殖地も広がっている．内陸の稲作地は小さな河川の流域に限られ，山地斜面ではキャッサバの栽培も行われている．ニャチャンの海岸はリゾート地としての開発が進み，外資系のホテルも進出している．大陸棚が狭く，外洋からの海流に接するため，クジラの回遊ルートとなっており，クジラを祀る祭りが各地で行われる．ニャチャンのカイ川流域を中心にチャンパ王国時代の遺跡や聖地が分布し，ポー・ヌガル遺跡やジェンカイン県のダイアン山が知られる．

［池口明子］

カウ　Kau　☞　カオ　Kao

カウ川　Cau, Song

ベトナム

長さ：230 km　　［21°07′N　106°18′E］

　ベトナム東北部を流れる川．バックカン省チョドン県に源流が位置し，ターイグエン省を通ってバックザン省とバックニン省の省界を流れ，トゥン川，ドゥン川と合流してホン川（紅河）デルタを形成する．　［池口明子］

ガウア島　Gaua Island

ヴァヌアツ

サンタマリア島　Santa Maria Island（別称）

人口：0.2万（2009）　面積：328 km²　標高：797 m
［14°17′S　167°31′E］

　南太平洋西部，メラネシア，ヴァヌアツ北部トルバ州の島．サンタマリア島ともよばれる．バンクス諸島に属し，諸島内ではヴァヌアラヴァ島に次ぐ大きさをもつ．島の中央には活火山があり，その東側には火山を取り囲むようにして三日月形のレタス湖がある．ヴァヌアツの他の島々と同様に，この島も19世紀から20世紀前半にかけて，種々の疫病による急激な人口減少を経験した．現在，島民の多くは島の北東部に居住し，飛行場もそこに据えられている． ［福井栄二郎］

カウアイ海峡　Kauai Channel

アメリカ合衆国

カイエイエワホ海峡　Kaieiewaho Channel（ハワイ語）

幅：115 km　深さ：3320 m
［21°46′N　158°48′W］

　北太平洋東部，ポリネシア，アメリカ合衆国ハワイ州，カウアイ島とオアフ島を隔てる海峡．カイエイエワホ海峡ともよばれる．州内の海峡では幅が最も広く，水深も最も深い． ［飯田耕二郎］

カウアイ島　Kauai

アメリカ合衆国

人口：6.7万（2010）　面積：1430 km²
降水量：11277 mm/年
［22°01′N　159°30′W］

　北太平洋東部，ポリネシア，アメリカ合衆国ハワイ州の島．ハワイ諸島で4番目に大きく，オアフ島の北西116 kmに位置する．「庭園の島」とよばれ，ハワイ諸島のうち最も北にあり，地理学的に最も古い島である．最初にポリネシア人が居住し，またイギリスのジェームズ・クックが1778年，欧米人として最初に訪れた．東海岸にあるリフエが主要な町で，おもな港はナウィリウィリ，ハナレイ，ハナペペである．島の最高地点は中央部で，カワイキニ山（標高1598 m）とワイアレアレ（1530 m）．後者はワイメア渓谷へ劇的に落下している．北西部にはナパリ海岸の崖がある．南と東の海岸はサトウキビ，米，パイナップルの耕作に適した肥沃な平地からなっている．島は激しい降雨を受け，年平均降水量は1万1277 mm，また太平洋のハリケーンの影響を受けやすい．牛の放牧と観光

も重要である． ［飯田耕二郎］

カウアナ　Kauana

ニュージーランド

［46°00′S　168°22′E］

　ニュージーランド南島，サウスランド地方の村．インヴァーカーギルの北約40 km，オレティ川の近くに位置する．地名は，近くを流れるオレティ川沿いの初期の居住者カスバート・コーウェンのマオリ式の名前にちなむ．彼は1862年に発足したサウスランド地方議会の最初のメンバーの1人であり，82年にはサウスランド冷凍肉会社の重役にもなった． ［井田仁康］

カウアヤン　☞　カワヤン　Cauayan

カヴァラッティ　Kavaratti

インド

人口：1.1万（2014）　面積：3.9 km²
降水量：1675 mm/年　　［10°33′N　72°39′E］

　インドの南西部，ラクシャドウィープ連邦直轄地の都市で行政中心地．ラッカディヴ諸島36島のほぼ中央部にあるカヴァラッティ島に位置する．ケーララ州の州都ティルヴァナンタプラムの北西524 kmに位置する．ラクシャドウィープ連邦直轄地は，国内で最も小さい連邦直轄地である．市街地は幅1 km，長さ6 kmのサンゴ礁が隆起して陸化した平坦地に広がる．インド南西部のケーララ州コチ（コーチン）とは約450 km，空路や航路で結ばれる．住民の93%はイスラーム教徒で，市内には，52もの見事な伝統装飾を施されたモスクがある．住民は，おもな産業である観光業のほか，漁業やココナッツ生産で生計を立てる．サンゴ礁の島として，多様な海洋レジャー資源に恵まれ，訪れる観光客も多い．近年，観光客の増加により，環境破壊が危ぶまれてきた．2008年に民間のラクシャドウィープ海洋研究・保全センターが設立された．2010年には，同センターの求めで，国際海洋生態系保護団体のシーコロジーが，環境保全教育センターを開設した．

［中山修一］

カヴァラッティ島　Kavaratti Island

インド

カワラッティ島（別表記）

人口：1.1万（2011）　面積：4.2 km²
［10°33′N　72°39′E］

インドの南西, ラクシャドウィープ連邦直轄地の島. ラクシャドウィープ連邦直轄地の行政中心地カヴァラッティが位置する. ラクシャドウィープ諸島のほぼ中央部に位置するサンゴ礁からなる小島で, 楕円状の環をなす礁原の東側半分が島となっている. 島の西には, 水深7mより浅い礁湖が広がる. 平坦な島で, ほぼ全域でココナッツが栽培されている. いくつかの桟橋や政府の役所, 小空港, 漁港, ラジオ局などがある. 　[大竹義則]

カヴァリ　Kavali　　　　インド

人口: 7.8万 (2001)　　　[14°55′N　79°59′E]

インド南部, アンドラプラデシュ州ネロール県の都市. チェンナイ(マドラス)の北約200km, ベンガル湾から約7km内陸に位置し, コルカタ(カルカッタ)とチェンナイを結ぶ国道5号および幹線鉄道が通過する. この交通の至便さを利用して衣類の卸売市場が発達しており, 縫製工場が多い. 1952年に設立されたヴィスボダヤ大学が所在する.
　[友澤和夫]

カーウィー　Kirwee　　　ニュージーランド

ブレッツコーナー　Bretts Corner (旧称)

人口: 0.3万 (2013)　　　[43°30′S　172°13′E]

ニュージーランド南島, カンタベリー地方の町. クライストチャーチの西40kmに位置し, クライストチャーチからアーサーズ峠に向かう国道73号沿いにある. 地名は, 戦場として有名なインドのカルウィ Karwi に由来しており, この地区の実質的な所有者であるR・J・デブレットによって名づけられた. それ以前には, ブレッツコーナーとよばれていた.
　[井田仁康]

ガウィ　Ngawi　　　　インドネシア

人口: 81.8万 (2010)　面積: 1298 km²

[7°23′S　111°27′E]

インドネシア西部, ジャワ島, 東ジャワ州の県. 中ジャワ州との境に位置する. 県都はガウィ(人口8.0万). 地名は, タケに由来し, 県の中央部分を流れるソロ川とその支流マディウン川の岸辺にタケが多くみられたことによる. 県の面積のおよそ40%は水田として利用されている. 北部には標高1000mの丘陵地帯が, 南部にはラウ山(標高3265m)がある. ラウ山北側の山腹1200mには冷涼な気候を生かし茶園が広がっている. その他にはゴム園がみられる. 県東部にあるポンドック Pondok ダムは, 周辺に広がる丘陵地帯の景色と水面のコントラストの素晴らしさで知られている. このダムを訪れるための交通手段も比較的整っていることから, 地元の釣り愛好家で賑わっている.

中ジャワ州の都市ソロと東ジャワの州都スラバヤを結ぶ幹線道路沿いにトリニル博物館がある. 1891年に人間のものと思われる頭蓋骨と, 二足歩行の特徴をもつ大腿骨をオランダ人ユージェーヌ・デュボワがこの地で発見し, ピテカントロプス・エレクトゥスと名づけた. トリニル博物館はその発見100年を記念し, 1991年に開館された.
　[山口玲子]

ガーヴィー山地　Garvie Mountains　　　ニュージーランド

標高: 1885 m　　　[45°24′S　168°58′E]

ニュージーランド南島, オタゴ地方からサウスランド地方にかけて位置する山地. 地名は, ニュージーランドの先駆的な測量士であるジョン・ターンブル・トムソンの助手であり, 測量の責任者ともなったアレキサンダー・ガーヴィーにちなんで命名された. 最高峰はロッキー Rocky 山(標高1885 m)である.
　[井田仁康]

カヴィテ ☞ カビテ Cavite

カヴィテ州 ☞ カビテ州 Cavite, Province of

カウェカ山地　Kaweka Range　　　ニュージーランド

標高: 1724 m　　　[39°15′S　176°20′E]

ニュージーランド北島東部, ホークスベイ地方内陸の山地. タラルアおよびルアヒニ山地を含む首都ウェリントンからイースト岬にいたる北島の脊梁山地の一部をなす. その範囲は南東のネーピアと北西のタウポ湖の間に広がる. ホーク湾に流入するトゥタエクリ Tutaekuri 川やモハカ川, ナルロロ川の水源でもある. カウェカチャレンジは1990年以降, 毎年開催される山岳レースである.
　[林　琢也]

カウェラウ　Kawerau　　　ニュージーランド

人口: 0.6万 (2013)　　　[38°06′S　176°42′E]

ニュージーランド北島, ベイオブプレンティ地方の町. ファカタネの南西約35kmに位置する. 東海岸幹線鉄道の終点であり, 支線のムルパラ線が走る. パルプ製紙業にかかわる工場労働者の居住地として1953年につくられたタスマンパルプ製紙社の企業城下町である. 地熱エネルギーの入手のしやすさとタラウェラ川からの豊富な水量, 近隣のカインガロア森林から大量供給されるマツ材によって当地はパルプ製紙業に適した場所であり, ノルウェーのパルプ・製紙業メーカー, スコグ社の工場がオネプ Onepu の南西を走る国道34号沿いに立地している. 人口は1981年の8718人をピークに減少しており, 2013年は6363人となっている.

カウェラウの東3kmには標高820mの火山円錐丘(プタウアキ Putauaki マウントエッジカム)があり, 許可をとれば, 山の頂上まで登ることができる. ニュージーランド全体と比較してマオリの人口比率が高く, 2013年のセンサスでは61.8%を占める. 1987年3月2日にタウポ火山帯でエッジカム地震(M6.3)が発生し, 町は甚大な被害を受けた. 毎年多くのイベントが開催されており, オートバイの耐久レースはその代表といえる. また, 急流でのカヤックやいかだを使った行事の開催場所としても注目を集めている.
　[林　琢也]

カーヴェリ川　Kaveri River　　　インド

Kavery River (別表記)／コーヴェリ川　Cauvery River (別称)

面積: 約80000 km²　長さ: 約800 km

[11°00′N　78°10′E]

南インドの西ガーツ山脈を源流とする川. インドを代表する河川の1つ. カルナータカ州南西部コダグ県のタラカヴェリ Tala Kaveri (標高約1300 m)を源の1つとして, デカン高原南部を東流した後にタミルナドゥ州に入って南流し, ふたたび平野部を東流して下流部にいたりベンガル湾に注ぐ. 下流部では多数の流路に分岐し, デルタ地帯を形成しながらコロマンデル海岸にいたる. 流路には複数のダムが建設されており, タミルナドゥ州トリチ Trichy 県のカラナイダムは, 紀元2世紀にはすでにその原型が建設されていたとされ, その後イギリスによって19世紀に改修されている. また, 灌漑などに利用されるカルナータカ州マイソール市郊外のク

リシュナラージャサガラーラダム(KRS ダ
ム)や,灌漑や発電を目的に渓谷を利用して
建設されたタミルナドゥ州サーラム県のメタ
ーダムなど,大規模なダムがインド独立以前
に建設されており,カーヴェリ川は流域の産
業発展に寄与してきた.また,宗教的にも重
要視されており,流路沿いには多くのヒンド
ゥー教の寺院も所在する. 　　　[鍬塚賢太郎]

カウナカカイ　Kaunakakai
アメリカ合衆国

カウナカハカイ　Kaunaka Hakai (古称)

人口:0.3万 (2010)　面積:43 km²
[21°06′N　157°01′W]

　北太平洋東部,ポリネシア,アメリカ合衆
国ハワイ州,モロカイ島南部の国勢調査指定
地区(CDP).島で唯一の町らしい町で,商
業は町のメインストリートのアラ・マラマ通
りにほぼ集中している.マウイ島ラハイナと
を結ぶフェリー埠頭とビーチパークがある.
古名はカウナカハカイ,地名はハワイ語で
「海岸への上陸」を意味する. 　　　[飯田耕二郎]

カウマラパウ　Kaumalapau
アメリカ合衆国

[20°47′N　156°59′W]

　北太平洋東部,ポリネシア,アメリカ合衆
国ハワイ州,ラナイ島南西部の港.ラナイシ
ティの西11.2 km,カウマラパウハイウェイ
(州道440号)の終点に位置している.港は
1926年にパイナップルを出荷するためにつ
くられたが,現在は島に供給物資を運ぶ貨客
船が使っている. 　　　[飯田耕二郎]

カウラ　Cowra
オーストラリア

人口:1.0万 (2011)　面積:1188 km²
標高:310 m　降水量:638 mm/年
[33°49′S　148°41′E]

　オーストラリア南東部,ニューサウスウェ
ールズ州中央東部,カウラ行政区の町で行政
中心地.ウッドストックや周辺の町を含める
と,行政区の人口は1.2万(2011),面積は
2810 km²である.このため,人口の大部分
がこのカウラに集中していることがわかる.
町はラクラン川のほとりにあり,州都シドニ
ーの西約300 kmに位置する.鉄道とバスを
利用すると,シドニーからおよそ6時間弱で
到着する.もともと先住民ウィラジュリー
(Wiradhuri)の居住地であり,地名は彼らの

言葉で岩または石を意味するという.ここを
訪れた最初のヨーロッパ人は,探検家ジョー
ジ・ウィルソン・エヴァンスで,1815年に
ラクラン谷へ分け入った.彼はその土地をジ
ョン・オクスリーにちなんでオクスリー
Oxley平原と名づけたものの,居住には不適
当と考えた.しかし,1844年にカウラロッ
クス Coura Rocksの土地区画制度が始まっ
た.1847年前後には,その土地区画制度が
カウラ Cowraとなり,49年には村として公
示された.さらに1886年にシドニーからの
鉄道が敷設され,88年に自治体となって発
展した.
　1966～2011年の気候値から,カウラは年
間を通じて毎月50 mm程度の降水があり,
また,最暖月の平均最高気温は32.2℃,最
寒月の平均最低気温は0.1℃である.やや
寒冷ではあるが,1970年代にブドウが移植
され,現在,シャルドネ種を主とするブドウ
栽培が行われるようになっている.中心市街
地はおもにラクラン川右岸,標高約400 m
のベルヴューヒル Bellevue Hillのふもとに
広がる.このベルヴューヒルの北側にある日
本庭園・文化センターには,カウラ日本人墓
地が建設されている.この町では,第2次世
界大戦時の1944年8月5日に,収容所で日
本兵捕虜脱走事件が起きた.約1100人の日
本兵捕虜のうち231人が死亡し,108人が負
傷した.カウラ日本人墓地は犠牲者の死を慰
霊するためのもので,1963年にはオースト
ラリア政府から日本に譲渡され,両国の平和
が祈念された. 　　　[藁谷哲也]

カウラ島　Kaula
アメリカ合衆国

標高:165 m　長さ:5 km　幅:1.6 km
[21°39′N　160°32′W]

　北太平洋東部,ポリネシア,アメリカ合衆
国ハワイ州の島.ニイハウ島の南西35 km
にある岩の小島で,最高地点は165 mであ
る.古い楯状火山の残存物の上にあって凝灰
岩で形成されており,三日月型で両側は急崖
となっている.ハワイ州海鳥保護区の1つで
ある. 　　　[飯田耕二郎]

カウラカヒ海峡　Kaulakahi Channel
アメリカ合衆国

幅:27 km　深さ:1088 m
[22°01′N　159°56′W]

　北太平洋東部,ポリネシア,アメリカ合衆
国ハワイ州,カウアイ島とニイハウ島の間の
海峡.海峡名はハワイ語で「1つの炎(色の

条)」を意味する.州内の海峡としては最も
北寄りにある.ニイハウ島はカウアイ島の西
南西に位置し,有人島としては諸島内で最も
小さい. 　　　[飯田耕二郎]

ガウリシャンカール山　Gaurishankar
中国/ネパール

標高:7135 m　　　　[27°58′N　86°19′E]

　ネパール中部のドラカ郡(ジャナクプル県)
と中国のシーツァン(チベット,西蔵)自治区
にまたがる山.クーンブヒマール西側のロー
ルワリンヒマール Rolwaring Himalの西端
に位置する.ネパールの首都カトマンドゥか
ら西にクーンブ地方ルクラ行きの飛行機に乗
ると機窓から,タマコシの河谷からせり上が
る岩壁に囲まれた岩塔(北峰)の脇に丸いアイ
スキャップのピーク(南峰)を従えた特徴的な
独立峰がみえてくる.その形態は,北峰はヒ
ンドゥー教の三大神の1つシヴァ神の顕現で
あるシャンカール Shankar,南峰はシヴァ
神の妻の顕現ガウリ Gauriに譬えられる.
1979年,アメリカ人とネパール人のパーテ
ィによって初登頂された. 　　　[八木浩司]

ガウルダク　Gaurdak
トルクメニスタン

Govurdak (別表記)／マグダンリ　Magdanly (現
名称)

人口:2.3万 (1991)　[37°49′N　66°02′E]

　トルクメニスタン東部,レバプ州南東部の
都市.アムダリア川の北東35 km,ケルキ
の東南東80 km,バイスンタウ山脈の南西
突出部,ムクルイからの鉄道支線沿いに位置
する.硫黄鉱,化学工業(硫黄,亜リン酸塩)
がある.2015年にマグダンリと改称された
ようである. 　　　[木村英亮]

カウンチ　Kaunchi　☞ ヤンギユリ Yangiyul

カウンポール　Cawnpore　☞ カーンプル Kanpur

カエオ　Kaeo
ニュージーランド

人口:453 (2013)　[35°06′S　173°47′E]

　ニュージーランド北島,ノースランド地方

の村. ファーノース最大の町ケリケリの北西約22kmにある. カエオ川は約4km北西流し, ファンガロア港に流入する. 地名は, 港の近くでみつかる特有の甲殻類にちなんでいる. 1823年にサミュエル・リーとウィリアム・ホワイトによってニュージーランドで最初のメソジスト派の伝道所が設立された地でもある. 現在は農耕と果樹栽培の盛んな地域である.　　　　　　　　　　［林 琢也］

カエナ岬　Kaena Point

アメリカ合衆国
[19°16′N　155°08′W]

北太平洋東部, ポリネシア, アメリカ合衆国ハワイ州, ハワイ島南東部プナ地区の岬. 語源は「熱」を意味する. オアフ島の北西端, ラナイ島の北西端にも同名の岬がある. オアフ島の同名の岬は, 岬を囲むように細長く延びた沿岸が, 開発の及んでいないカエナポイント州立公園となっており, 自然保護区にもなっている. 1940年代までオアフ鉄道が州都ホノルルから北上し, 岬をまわってノースショアまで延びていた.　　［飯田耕二郎］

カオ　Kao

インドネシア
カウ　Kau（別称）
[1°10′N　127°53′E]

インドネシア東部, ハルマヘラ島北東部, 北マルク州ハルマヘラウタラ県東部の町. ハルマヘラウタラ県は, ハルマヘラ島北西に突き出る半島部からなり, カオ湾岸に位置する. 戦時中は日本軍の占領下にあり, 1944年には日本軍により空港がつくられ, 現在も使用されている. 北スラウェシ州の州都マナドやハルマヘラ島西部マルク海上のテルナテ島（面積106km²）からの航空便が発着する. 北東にある県都トベロや, 南西のシダンゴリへ向けてバスが出ている. また, 港からはカオ湾上のポパレ島へ連絡船がある.

1999年8月, カオともともとカオの一部であったマリフットの住民間に紛争が生じた. マリフットはカオの南西に位置する. 元来, マリフットの住民は, 1975年に火山の噴火の危険性により移住してきたハルマヘラ島西部のマキアン島の住民であった. その後, 土地の所有権や資源の管理権をめぐって, 両民族間の対立が始まることとなった. カオの住民の多くがキリスト教徒であるのに対して, マキアン島からの移民はイスラーム教徒であり, 前者にとってこの移民政策はハルマヘラのイスラーム教化政策と映り, 宗教対立の色彩も帯びるようになっていった. さらに, 1997年のマリフットでの金脈の発見により, 資源の管理権の問題が複雑化することとなった.

そして, 1999年8月, マリフット郡の形成と同時に, 金脈を含めマリフットにおける資源の管理権や土地の所有権が全面的にマキアン人に認められたことによって, 両者の紛争が勃発した. 1999年11月までに, マキアン人の村はすべて破壊され, 人びとはマキアン島, テルナテ島へと避難した. このことが, 1999年11月から2000年2月まで続いた北マルク州全域で生じた紛争の始まりとなり, こうした紛争の結果, 数千人の死傷者を出すこととなった. 2016年現在, 両者の対立は完全に収まっている.

2003～04年には, 金の採掘をめぐり採掘企業とカオ住民の間に強い対立が生じた. 採掘会社は, 法によって定められた, 採掘地域住民との協議を行っておらず, 採掘は違法とされた. さらに, この採掘はカオ地域の自然環境に変化をもたらし, 魚やエビの漁獲量や野生の豚やシカの捕獲数を減少させ, カオ住民の生活を脅かす結果を招くとされた. また, 採掘による地形の変質により, 洪水の危険性が増したとされた. こうしてカオ住民の反発が高まる中, 2004年1月, 採掘会社の警備員によって住民の1人が殺害され, 多くの住民がケガを負うという事件が起こった.
　　　　　　　　　　　　　　　［畝川憲之］

カオ島　Kao Island

トンガ
人口：0（2011）　面積：13km²　標高：1046m
[19°40′S　175°01′W]

南太平洋中部, ポリネシア, トンガ中部, ハーパイ諸島の島. トフア島の北東4kmに位置する. 山頂部の火口から噴煙が立ちのぼる典型的な火山島である. また標高は, 国全体の最高点でもある. 海岸部は急峻な溶岩の崖となっているので, 上陸はきわめて困難であるが, 隣接するトフア島の住民が時折訪れて, ふもとの熱帯雨林を切り開いて小規模な農業を営んでいる.　　　　　［大谷裕文］

ガオアン市　高安市　Gao'an

中国
人口：約100万（2014）　面積：2439km²
[28°25′N　115°22′E]

中国南東部, チャンシー（江西）省北西部, イーチュン（宜春）地級市の県級市. ガン（贛）江の支流である錦江の中流域に位置する. 市政府は瑞州街道に置かれる. 前漢に置かれた建成県が後に多聚県に改められたが, 後漢に建成県にもどった. 唐代に皇太子李建成の諱をさけて高安県に改称された. その後次々に県域を割いて新県を分置したが, 1993年に市になった.

地勢は北部が高く, 南に向かって低くなり, 中部は比較的平坦地が多いが低山丘陵と河谷平原が交互に位置する. 中部を滬昆高速鉄道と昌上高速道路が, 南部を贛粤高速道路と浙贛鉄道の支線が通る. 石炭, 大理石, 石灰岩, 陶土を豊富に産する. 農業は稲作が主体で, 綿花栽培や養豚業も盛んである. 大観楼, 仁済橋, 凌雲塔, 瑞相院などの古建築が市内に多く, また沿江公園や華林山, 碧落山など景勝地にも富む.　　　［林 和生］

ガオイー県　高邑県　Gaoyi

中国
人口：19.0万（2010）　面積：211km²
標高：40-60m　気温：12.7℃
降水量：513mm/年　[37°36′N　114°36′E]

中国北部, ホーペイ（河北）省南西部, シーチャチョワン（石家荘）地級市の県. 県政府は高邑鎮に置かれている. タイハン（太行）山脈のふもとの平野にある. 南西部の最高点は鳳凰山の標高152m. 槐河, 泜河, 冴河が流れる. 無霜期間は194日. 農作物は小麦, トウモロコシ, 綿花を主とする. 鉱産物は石灰石, 建築用砂, 陶土, 石炭がある. 陶磁器, 機械, 化学工業, 建材, 食品加工の工場がある. 鉄道の京広線, 国道107号が通る. 古跡は趙南星祠, 千秋台, 房子故城遺跡などがある.　　　　　　　　　　［柴 彦威］

ガオシェン　高県　Gao Xian

中国
人口：41.4万（2015）　面積：1323km²
[28°23′N　104°38′E]

中国中西部, スーチュワン（四川）省南部, イーピン（宜賓）地級市の県. ナンコワン（南広）河流域にあり, ユンナン（雲南）省に隣接する. 県政府は慶符鎮に置かれている. 四川盆地南縁の低山丘陵地帯に位置し, 四川盆地とユンイ（雲貴）高原が接する地域である. 北部は盆地中部の丘陵地帯で, 南部は標高1000m前後の山地である. 漢族のほかにミャオ（苗）, 回, ツァン（チベット）, イ（彝）など少数民族が多く居住する. 唐代に羈縻高州が置かれ, 明代に高県に改められた. 1951年に沐愛県を, 60年に慶符県を編入した. おもな農産物は米, トウモロコシ, サツマ

モ，落花生，茶，サトウキビなどであり，また林産資源に，オオアブラギリ，薬材がある．工業は食品加工，紡績，建材加工，製紙などが発達する．名勝古跡に石門題刻，文峰塔，紅岩山流米寺，七仙湖遊覧区などがある． 　　　　　　　　　　　　〔林 和生〕

カオシオン市　高雄市
Kaohsiung
台湾｜中国

カオシュン市（別表記）／たかおし（日本語）

人口：277.9万（2017）　面積：2946 km²
[22°38′N　120°21′E]

　台湾南部の直轄市．カオシュンともよばれ，日本統治時代にはたかおともよばれた．タイペイ(台北)とともに台湾の2大都市圏を形成している．台湾南部最大で，同時に台湾最大の産業都市とされている．長らく鉄鋼業や造船，製鉄などで知られてきたが，最近はタイナン(台南)市郊外に開かれたハイテク産業の工業団地と連動し，発展を続けている．1979年から政府直轄市(政令指定都市)となっており，台湾南部の中枢として発展してきた歴史をもつ．旧高雄市の人口は約153万(2009)であったが，2010年12月に高雄県と合併し，現在の人口は約278万(2017)に達している．近隣の台南市やピントン(屏東)県を包含し，500万人規模の都市圏を築いている．

　旧高雄市は人口密度の高さでも知られていた．2010年11月の統計では，人口密度は1 km²あたり9958人で，中でも，中心部の新興区は2.8万と，台湾全土の中で最も高い数字となっている．合併後の高雄市の人口密度は943人となっている．合併後の高雄市が管轄する地域は広く，塩埕区をはじめとした38区を管轄する．市政府所在地は苓雅区．市の総面積は直轄市の中では最大である．東辺にはジョンヤン(中央)山脈が走り，台湾の最高峰ユィーシャン(玉山)を含んでいるほか，南西の南シナ海に位置し，領有権が問題となっているプラタス(東沙)諸島なども高雄市の管轄となっており，旗津区に帰属している．

　旧高雄市の中心部は港湾を取り囲むように発達しており，標高200 mの寿山を除くと，平地に町並みが広がっている．林立する高層ビルが整然と並び，その間を広い道路が縦横に走っている．道路幅は広く，交通渋滞はほとんどみられない．また，海に面しているため，盆地に開けた台北市とは印象が大きく異なり，開放的な雰囲気に満ちている．工業都市としても知られ，港湾を中心に巨大なコンビナートが形成されており，火力発電所や製油所，製鉄所，造船所などが集まっている．搬送口となったのは高雄港で，ここはかつて世界3大貨物港に数えられていた．一方で，鼓山や旗津といった旧市街を散策すると，昔懐かしい風情を保つ家屋群がいまも数多く残っている．港町ならではの風情も保たれており，鼓山と旗津の間には港湾を横切るフェリーが庶民の足となっている．旗津には海鮮料理を扱うレストラン街があり，行楽客で賑わっている．

　台北とのアクセスは非常に発達している．かつては両都市間を結ぶ飛行機がほぼ10分間隔で就航していた．また，鉄道(在来線)や長距離バスもあったが，前者は慢性的な混雑，後者は渋滞に悩まされてきた．そこで高速鉄道の建設が計画され，2007年1月に高雄北郊の左営と台北県(現シンペイ(新北)市)のバンチャオ(板橋)間が開通，同年3月には台北駅乗り入れも実現した．開業から3年あまりの2010年8月には利用者総数が1億人を突破した．市内交通はこれまでバスが担ってきたが，2008年3月に都市交通システム(MRT)が開業し，現在はこれが市内交通の主軸となっている．南北を結ぶ紅線と東西を結ぶ橘線があり，路線長は42.7 km．大部分が地下鉄となっている．また，ライトレールの建設も進んでいる(2017年4月現在，一部が開業済)． 　　　　〔片倉佳史〕

カオシュン市 ⇒ カオシオン市 Kaohsiung

ガオタイ県　高台県　Gaotai
中国

人口：16.0万（2002）　面積：4400 km²
[39°22′N　99°49′E]

　中国北西部，ガンスー(甘粛)省北西部，チャンイエ(張掖)地級市の県．ホーシー(河西)回廊の中部にある．9～11世紀はカンチョウウイグル(甘州回鶻)王国の地であった．明代に高台所が置かれ，清代に高台県と改められた．農業が主で，春小麦，トウモロコシ，テンサイなどを産する．蛍石と硫酸ナトリウムの採掘および食塩加工が顕著である．シンチャン(新疆)ウイグル(維吾爾)自治区の首府ウルムチ(烏魯木斉)とランチョウ(蘭州)を結ぶ蘭新鉄道および国道312号が県内を通る．名所には明代長城遺跡などがある．
　　　　　　　　　〔ニザム・ビラルディン〕

ガオタン県　高唐県　Gaotang
中国

人口：50.6万（2015）　面積：949 km²　標高：27 m
[36°51′N　116°14′E]

　中国東部，シャントン(山東)省西部，リャオチョン(聊城)地級市の県．地名は沼沢の丘に位置することに由来する．省西部のホワン(黄)河沖積平野に位置し，地形は南西から北東へ傾斜している．省内で重要な綿花産地の1つで，国内最大の農業機械メーカー時風集団の所在地である．国道105号と308号が県内で交差している．盼子墓や唐代に建てられた梁村塔などがある．　　　　〔張 貴民〕

カオシオン(高雄)市(台湾)，蓮池潭の竜虎塔〔Aaron Lim/Shutterstock.com〕

ガオチュン区　高淳区　Gaochun

中国

人口：41.9万（2012）　面積：792 km²
[31°19′N　118°51′E]

　中国東部，チャンスー（江蘇）省，ナンキン（南京）副省級市の区．チャン（長）江の南に位置する．地勢は西部が低く東部が高い．固城湖，石臼湖の2つの大きな淡水湖があり，長江支流の水陽江が流れる．おもな農産物は穀物や搾油作物で，水産物はカニ，スッポン，シバエビ，シラウオ，真珠などがある．工業は陶磁器，機械，新素材，服装，バイオ，食品などが中心である．名所旧跡に薛城古人類遺跡，春秋の古固城遺跡，世界最古の人工運河である胥河，淳渓老街，玉泉古寺，遊子山国立森林公園などがある．五猖踊り，大馬燈，水洗打ちなどの民芸がある．

[谷　人旭・小野寺　淳]

ガオチョウ市　高州市　Gaozhou

中国

人口：135.7万（2015）　面積：3276 km²
気温：22.8℃　降水量：1893 mm/年
[21°55′N　110°51′E]

　中国南部，コワントン（広東）省西部，マオミン（茂名）地級市の県級市．沿海地域のチェン（鑑）江平野に位置する．西はコワンシー（広西）チワン（壮）族自治区と接し，北は雲開大山がある．隋の開皇18年（598）に高州城として築城され，以来広東西部の経済，政治，軍事の拠点となる．宋の開宝5年（872）に県制に改正された．1993年に県級市になった．平野部を中心に農業が発達する．ライチ，リュウガン（竜眼），バナナなどの果物，食肉類の産出量は省内随一である．また鉱物資源が豊富で，中でもボーキサイトは7000万t，リン鉱石は2億t以上の埋蔵量を有し，省内ではトップクラスである．鉱物採掘のほか，軽工業が比較的有名で，皮革の手袋は輸出量の大宗をなし，全国シェアの半分を占める．交通では国道207号が通じる．国外に居住する高州出身の華僑は約40万人にのぼる．

[許　衛東]

ガオチン県　高青県　Gaoqing

中国

人口：36.8万（2015）　面積：831 km²
[37°10′N　117°46′E]

　中国東部，シャントン（山東）省中部，ツーポー（淄博）地級市の県．魯北平野，ホワン（黄）河に面している．1948年に高苑県と青城県が合併し高青県になった．標高は20 m以下で，北西から南東へ傾斜している．北東部に大蘆湖（7.3 km²）がある．小麦，トウモロコシ，綿花，落花生などを栽培しており，省内での食料産地の1つである．石油資源が豊富である．

[張　貴民]

カオバン　Cao Bang

ベトナム

Cao Bằng（ベトナム語）

人口：5.4万（2009）　標高：150 m
[22°40′N　106°15′E]

　ベトナム東北部，カオバン省の町で省都．漢字では高平と表記する．首都ハノイの北北東約185 km，北西から南東に流れるバンジャン川（滝憑江）の河岸に位置する．4区3村からなる．周辺には鍾乳洞など石灰岩地形がみられるほか，褐炭の出る炭鉱や，金，銀，スズ，銅なども産出し，フランス植民地時代には鉱山採掘が盛んになされた．タイ，ヌン，ザオなど少数民族が人口の大半を占め，トウモロコシの栽培が広く行われている．バンジャン川沿いに並ぶ市場には，山地から野菜や果物をもってやってくる少数民族が多くみられる．

　中国との国境に近いカオバンは，10世紀まで中国の漢朝，唐朝の支配下に置かれ，その後もベトナムと中国の領地争いの場となった．16世紀終わりにマク（莫）朝がレ（黎）朝にハノイを占領されると，マク氏はカオバンの12 km北西に位置するカオビン Cao Binh に拠点を移し，1667年までこの地を支配した．1884年にフランスが侵攻し，現在のカオバンに省都を築いた．ベトナム独立同盟会（ベトミン）が活動するようになると，鍾乳洞はその拠点となった．第2次世界大戦中にホー・チ・ミンが潜伏したパクボー洞窟は有名である．しかし1979年の中越戦争では中国に侵攻され，カオバンの市街地も爆撃を受けた．

[池口明子]

カオバン省　Cao Bang, Tinh

ベトナム

Cao Bằng, Tinh（ベトナム語）

人口：50.7万（2009）　面積：6703 km²
[22°40′N　106°15′E]

　ベトナム北部の省．省都はカオバン．中国と国境を接し，標高900 mを超える山地が多くを占め，最高峰は1980 mのピアダ Pia Da 山である．冬季の最低気温はしばしば5℃以下になり，まれに降雪もみられる．古い石灰岩層に流れ込む河川は，鍾乳洞や塔カルストなど特徴的な景観を形成している．北東部のチュンカイン県では中国南部から流入するクアイソン Quay Son 川が国境付近で全長約300 m，落差約50 mのバンゾック滝を形成している．ハクアン県にあるパックボー洞窟は1941年に中国からベトナムに帰国したホー・チ・ミンが滞在したことで知られる．タイー，ヌン，モン，ザオなどの少数民族が多く居住し，丘陵地斜面でトウモロコシが栽培されるほか，肉牛を中心とする畜産も重要な収入源である．旧正月には，多くの民族がその年の豊作を祈って独自の祭りや行事を行う．山間の市場はこれら民族が工芸品や農作物をもち寄るもので，バオラム県のパクミウ市場は大規模な市場の1つとして知られている．

　石灰岩地帯では採石，セメント生産が盛んであり，省都カオバンやその近郊ではレンガなど建築資材が生産されている．鉄やマンガン鉱床が分布し，クアンイェン県のフックセン村は1000年以上の歴史をもつ鍛冶職人の村として知られている．前漢の武帝は南越を倒し，交趾郡を設置して統治した．三国時代から唐代までは交州として統治を受けた．リー（李）朝期の1041年にはチワン族の首領であるヌン・チガオ（儂智高）が大規模な反乱を起こし，大暦を建国した．マク（莫）朝期の1592年にチン（鄭）軍が首都タンロンを奪還してレ（黎）朝が復活すると，マク氏はチン軍との戦いに備えて現在のカオバン省に拠点を構築した．グエン（阮）朝期にチュンカン府が設置され，1813年にホアアン府と合併してカオバン省になった．

[池口明子]

ガオピン市　高平市　Gaoping

中国

泫氏（古称）

人口：48.9万（2013）　面積：974 km²　気温：9.8℃
降水量：557 mm/年　[35°47′N　112°54′E]

　中国中北部，シャンシー（山西）省南東部，チンチョン（晋城）地級市の県級市．タイハン（太行）山脈南端に位置する．前漢に泫氏県として設置され，北魏に高平県に改称，1993年に県級市となった．東部と北東部は山地で，中部と南部はホワントゥー（黄土）丘陵である．小麦，トウモロコシ，綿花のほか，ナシなどの果物を栽培している．タイユワン（太原）～チャオツオ（焦作）間を結ぶ鉄道が縦貫している．石炭や鉄鉱石が豊富．戦国時代の長平の戦の古戦場がある．

[張　貴民]

カオプラヴィハーン　Khao Phra Viharn
☞ プレアヴィヒア州　Preah Vihear Province

ガオペイディエン市　高碑店市　Gaobeidian
中国

人口：51.6万（2010）　面積：726 km²
標高：11.4-39.4 m　気温：11.4℃
降水量：544 mm/年　　　[39°20′N　115°50′E]

中国北部，ホーペイ（河北）省中西部，パオディン（保定）地級市の県級市．市政府は高碑店鎮に置かれている．タイハン（太行）山脈のふもとの平野にあり，地勢は北西から南東へ傾く．白溝河は北から南へ流れ，排水・灌漑水道が全市に普及している．農作物は小麦，トウモロコシ，サツマイモ，落花生，綿花を主とする．アルデヒド，化学肥料，セメント，農業機械，服飾，カーバイド，リン酸肥料，絨毯，装飾品，製紙，食品などの工場がある．郷鎮企業が多く，革製品，人工皮革，金具製造，機械での刺繍，カラー印刷，セメント部材，建築業を主とする．地方料理の高碑店豆腐，伝統工芸品の白溝泥人形が有名である．鉄道の京広線，国道107，112号が通る．古跡は唐の開善寺の大殿がある．
［柴　彦威］

ガオミー市　高密市　Gaomi
中国

人口：89.0万（2015）　面積：1527 km²
　　　　　　　　　　　[36°22′N　119°45′E]

中国東部，シャントン（山東）省中部，ウェイファン（濰坊）地級市の県級市．山東半島中部に位置する．秦代に高密県が設置され，1994年に県級市となった．地形は南高北低，南部は低い丘陵地，中部はゆるやかな斜面，北部は平地である．農業は小麦，トウモロコシ，大豆などの穀物，野菜，キノコの栽培や，肉牛，養鶏が盛んである．省内の重要な綿花生産地でもある．国有企業をはじめ，地方企業も多く立地する．膠済鉄道や高速道路が市内を通り，省会チーナン（済南）市やチンタオ（青島）市までは大変便利である．漢代の高密古城，秦王塚，鄭公祠などの遺跡がある．
［張　貴民］

ガオミン区　高明区　Gaoming
中国

人口：43.0万（2015）　面積：960 km²
気温：22.5℃　降水量：1625 mm/年
　　　　　　　　　　　[22°54′N　112°55′E]

中国南部，コワントン（広東）省中南部，フォーシャン（仏山）地級市の区．チュー（珠）江デルタの西端に位置し，シー（西）江を隔ててナンハイ（南海）区やサンシュイ（三水）区を望む．省会コワンチョウ（広州）市内の西南西68 kmに位置する．明の化成11年（1475）に高明県として設置され，1994年4月に県級市となった．2003年1月，仏山市に併合され区となった．もともと沖積平野に広がる豊かな農業地帯で，省でも魚米の郷として知られる．鉱物資源も豊富で，富湾銀鉱は国内最大の独立鉱床である．工業では滄江工業パークを中心に，約2000社の中堅メーカーが集積しており，紡績，プラスチック加工，化学，建材，家電と金属加工が集中している．交通では高明高速（コワンチョウ（広州）～高明）が通じ，西江沿いの高明港も3000 t級の貨物船が入港でき，西江上流のコワンシー（広西）チワン（壮）族自治区と珠江河口のホンコン（香港）まで定期航路を開設している．
［許　衛東］

カオヤイ国立公園　Khao Yai, Uthayan Haeng Chat
タイ

面積：2168 km²　標高：400-1000 m
　　　　　　　　　　　[14°26′N　101°22′E]

タイ中部の国立公園．カオヤイは大きな山を意味する．首都バンコクの北東205 kmに位置し，サラブリー，ナコーンラーチャシーマー，プラーチーンブリー，ナコーンナーヨックの4県にまたがる．広大な土地に熱帯常緑樹林，落葉樹林，草原などが広がり，多種多様な植物と動物がみられる．国内初の国立公園として1962年に開園，2005年にはユネスコから「ドン・パヤーイェン－カオ・ヤイ森林群」として世界遺産（自然遺産）に登録された．毎年，多くの観光客が野生動物の観察，トレッキング，キャンプなどを目的に訪れている．
［遠藤　元］

ガオヤオ区　高要区　Gaoyao
中国

人口：80.1万（2015）　面積：2186 km²
気温：22.0℃　降水量：1657 mm/年
　　　　　　　　　　　[23°02′N　112°27′E]

中国南部，コワントン（広東）省北西部，チャオチン（肇慶）地級市の区．シー（西）江の中下流域に位置する．川を隔ててフォーシャン（仏山）市サンシュイ（三水）区を望む．チュー（珠）江デルタの外縁部に属する．県制は古く，前漢の元鼎6年（紀元前111）の設置にさかのぼる．1993年に県級市となり2015年に区に変更された．花卉，野菜，リュウガン（竜眼）の主産地として発展した．鉱物資源は比較的豊富で，有名なのは高要河台金鉱である．ほかに隣の仏山から誘致した19社の陶磁器メーカーが入居する工業団地がある．交通では広肇高速（コワンチョウ（広州）～肇慶），国道321，324号などが通じる．
［許　衛東］

ガオヤン県　高陽県　Gaoyang
中国

人口：34.5万（2010）　面積：487 km²
気温：11.9℃　降水量：522 mm/年
　　　　　　　　　　　[38°41′N　115°46′E]

中国北部，ホーペイ（河北）省中西部，パオディン（保定）地級市の県．県政府は高陽鎮に置かれている．チーチョン（冀中）平野の北東部にあり，地勢は南西から北東へ傾く．潴滝，孝義，小白河などの川が流れる．農作物は小麦，トウモロコシ，コーリャン，落花生，綿花を主とする．省の上質綿の主要生産地である．工業も発達し，綿織物，絹織物，染物，服飾，機械，化学肥料，建材，食品加工などの工場がある．布織業は歴史が長く著名である．古跡は布里村留仏工芸学校の旧所がある．
［柴　彦威］

ガオヨウ市　高郵市　Gaoyou
中国

盂城（古称）/チンヨウ　秦郵　Qinyou（別称）
人口：74.0万（2015）　面積：1962 km²
　　　　　　　　　　　[32°47′N　119°28′E]

中国東部，チャンスー（江蘇）省中部，ヤンチョウ（揚州）地級市の県級市．秦代に高台を築いて郵便局の出張所が設けられたために高郵と称された．別称は秦郵で，盂城とも称された．漢代に高郵県が置かれ，広陵国に属した．北宋から清代初期までに高郵郡，承州，高郵道，高郵府，高郵州などと移り変わり，清の乾隆年間には散州と改称された．1991年に県から市になった．京滬高速道路（ペキン（北京）～シャンハイ（上海））が市内を貫き，2014年にユネスコの世界遺産（文化遺産）に登録された「中国大運河」の一部である京杭大運河が近郊を通過する．西は高郵湖に接し

て，運河大橋，湖区漫水国道と運河両岸の航行用の水門は，安徽省北部と江蘇省中部とを繋ぐ．地勢は南西部に丘陵があるが，北東部に沼地が多く，ほとんどが水郷の平原である．特産物にはアヒル，アヒルの塩漬け卵，カニなどがある．石油，天然ガス，ミネラルウォーターなどの地下資源があり，工業は食品，紡績，建材，機械，化学肥料，電子，服装などがある．　　　　　［谷　人旭・小野寺　淳］

ガオヨウ湖　高郵湖　Gaoyou Hu

中国

樊良湖 (古称)／シンカイ湖　新開湖　Xinkai Hu (別称)

面積：650 km² 長さ：48 km 幅：28 km
深さ：5.7 m 貯水量：870 百万 m³
[32°52′N　119°21′E]

中国東部，アンホイ（安徽）省とチャンスー（江蘇）省にまたがる湖．古名は樊良湖，別名は新開湖である．江蘇省中部の高郵，パオイン（宝応），チンフー（金湖）と安徽省ティエンチャン（天長）県にまたがる．三河，白塔河，銅竜河，新開河などの川の水が一部は北側に位置する宝応湖などを経て高郵湖へ流入する．高郵湖の水は南部の庄台開や毛港閘などのいくつかの水門を経て邵伯湖へ流出し，ヤンチョウ（揚州）付近でチャン（長）江へ排出される．最大水深は 5.7 m，平均水深は 1.34 m．湖水は黄緑色を呈して，透明度は 0.10～0.35 m で，pH は 8.5 である．灌漑，貯水，水産および運輸の面で利用される．水産物にシラウオ，ソウギョ，コイ，フナなどがある．　　　　　　　［谷　人旭・小野寺　淳］

カオライン　Cao Lanh

ベトナム

Cao Lãnh (ベトナム語)／カオラン (別表記)
人口：16.1 万 (2009)　 [10°27′N　105°38′E]

ベトナム南部，メコンデルタ，ドンタップ省の都市で省都．ホーチミンの西南西約 115 km，ティエン川の自然堤防上に位置する．後背地であるカオラン県やタップムイ県は，それぞれ後背湿地，閉鎖的な氾濫原に位置し，とくに後者は長く稲作が困難な地域であったが，1975 年以降，運河建設によって排水が可能になり，その発展に伴って 1994 年にサーデックから省都が移転した．稲作の二期作がなされ，ティエン川の中州にはナマズの養殖池が広がる．タバコ，マンゴー栽培や養鶏も盛んである．国道 30 号沿いには食品加工業が立地し，市内には製薬工場がある．

自然堤防上の耕地は早くから開拓され，フランス植民地時代には有力地主が居住した．同時期には，ハティンやラックザーと並んで日本へのベトナム人留学生を経済的に支援する組織が結成された．また，カオダイ教徒が多いことでも知られる．　　　　　　［池口明子］

カオラック　Khao Lak

タイ

[8°42′N　98°15′E]

タイ南部，パンガー県タクアパー郡南部の海浜保養地．マレー半島西海岸に位置し，国道 4 号（ペットカセーム通り）が海岸沿いに南北に縦貫する．カオラックとは海岸まで迫り出した山の名前で，国道はこの山腹を越えて南のターイムアン郡に入る．この山の北側にナーントーン海岸という砂浜海岸があり，この海岸沿いに海浜リゾートが多数立ち並び，この界隈が通称カオラックとよばれている．観光開発が進んだのは 1990 年代以降と比較的新しいが，2004 年のスマトラ沖地震の大津波で大きな被害を受けた．　［柿崎一郎］

ガオラン県　皋蘭県　Gaolan

中国

人口：17.5 万 (2002)　面積：2400 km²
[36°20′N　103°50′E]

中国北西部，ガンスー（甘粛）省中部，ランチョウ（蘭州）地級市の県．ロンシー（隴西）ホワントゥー（黄土）高原の西部に位置する．1738 年に県が置かれた．県名は皋蘭山に由来する．ホワン（黄）河が南東部を流れる．山間盆地や川沿いの台地は高地が多く揚水灌漑が行われる．おもな農作物は小麦，ナタネ，キビなどである．蘭州と内モンゴル自治区のボグト（パオトウ，包頭）を結ぶ包蘭鉄道が南東部を通る．　　　　［ニザム・ビラルディン］

ガオリン区　高陵区　Gaoling

中国

人口：33.3 万 (2010)　面積：288 km²
標高：357-414 m　気温：13.2℃
降水量：540 mm/年　 [34°32′N　109°05′E]

中国中部，シャンシー（陝西）省中南部，シーアン（西安）副省級市北部の区．チン（涇）河とウェイ（渭）河の間に位置する．古代，大禹の治水で涇河が渭河に導かれてから町ができた．周の時代に高陵邑が築かれた．地名は南部の高い台地にちなむ．地勢は平坦で，暖温帯半湿潤大陸性季節風気候に属し，無霜期間は 212 日である．おもな農産物は大麦，小麦，トウモロコシ，コーリャン，大豆，綿

花，ナタネであるほか，ハクサイが名産物である．唐昭慧院塔，唐東渭橋などの遺跡がある．涇渭分明の自然景観も著名である．区分が明確であることを意味する涇渭分明という熟語は，区内の蒋王村で涇河が渭河へ合流する際に，水源と砂の含有量が異なるために水が混ざり合わない特殊な景観をなすことに由来する．　　　　　　　　　　　［杜　国慶］

カオルーン　九竜　Kowloon

中国

きゅうりゅう (音読み表記)／チウロン　九竜 Jiulong (漢語)
人口：224.1 万 (2016)　面積：47 km²
[22°19′N　114°14′E]

中国南部，ホンコン（香港）特別行政区の区域．ヴィクトリアハーバー（維多利亜港）をはさんで香港島と向かい合う九竜半島南端の区域をさす．広東語ではガウロンとよばれる．油尖旺 Yau Tsim Mong，ガウロンシン（九竜城）Kowloon City，サムスイポー（深水埗），ウォンタイシン（黄大仙），クントン（観塘）の 5 つの区が含まれる．面積は 46.9 km² で香港全体の 4％ (2015)，人口は 224.1 万で香港全体の 30.6％ (2016) を占める．歴史的には清とイギリス・フランスとの間のアロー戦争（1856～60）の結果，1860 年に締結された北京条約で清からイギリスへ割譲された土地であり，バウンダリーロード（界限街）で北側ののちのニューテリトリーズ（新界）と区分された．しかし，バウンダリーロードの北側に接する深水埗や九竜城などの地区から，九竜湾東岸の観塘などの地区にかけては，本来はニューテリトリーズの一部であるものの，九竜の市街地が拡大した地域として新九竜ともよばれ，現在は行政上，九竜に区分されている．

ホンハム（紅磡）駅が東鉄線（かつての KCR（九広鉄道），2007 年に MTR（香港鉄道）に吸収合併された）のターミナルであり，コワンチョウ（広州）などコワントン（広東）省の諸都市や，上海，北京などと鉄道で結ばれている．チェクラプコク（赤鱲角）国際空港（香港国際空港）にアクセスするエアポートエクスプレスをはじめ，地下鉄，バス，フェリーなどの交通ネットワークが充実しており，香港各地への交通が便利である．香港島との間には，フェリーや地下鉄のほか，道路用の海底トンネルが通じている．最南端のチムシャーツイ（尖沙咀）からモンコック（旺角）まで南北方向に延びるネイザンロード（彌敦道）が，九竜の軸線になっている．その一帯は商業活動が活発であり，香港島北岸のセントラ

ル(中環)からコーズウェイベイ(銅鑼湾)にかけてと並ぶ香港の中心的な市街地であるといえよう．尖沙咀付近は，ホテルやショッピングセンターなどがたくさんの観光客を集め，博物館などの公共文化施設も多く立地している．北よりの旺角付近は，雑居ビルが密集し人口密度が高い．商店が軒を連ねるほか，中小の工場も混在している．他方，九竜の西部では埋立てが大規模に進められ，交通施設や高層住宅が建設されている．

旺角の北に連なる深水埗区も住宅，商業，工業が高密度に混在して人口密度がきわめて高い．1953年にスラムが大火事にあったのを契機に当時の香港政庁が公共住宅建設に乗り出したシェクキプメイ(石硤尾)はここに位置する．九竜城区の北部は比較的高級な住宅地であり，多くの学校が集まる文教地区でもある．その一方で南部の九竜湾に面しては工業地区になっている．歴史的理由から香港政庁の管理が長く及ばなかった九竜城砦は1993年に取り壊されて公園に生まれ変わり，市街地に隣接していたカイタック(啓徳)空港は，その香港国際空港としての役割をランタオ島北部の赤鱲角空港に譲って1998年に閉鎖された．ウォンタイシン(黄大仙)区には，1940年代後期より中国大陸からの難民が流入して大きなスラムがみられた．黄大仙廟は香港で最も有名な道教の寺院であり，いまも多くの信者を集めている．観塘区は工業地区として発展したが，最近では工場が中国本土へ移転して，工業ビルの再開発が進んでいる．　　　　　　　　　　　　〔小野寺 淳〕

カカドゥ国立公園　Kakadu National Park　オーストラリア

面積：19307 km²　　[13°05′S　132°23′E]

オーストラリア北部，ノーザンテリトリー北部にある国内最大の国立公園．州都ダーウィンの西に位置する．地名は公園内で使われていたアボリジニの言語に由来する．北部の海岸から南の盆地や丘が広がる地域へ約150 km，東のアーネムランドの台地から樹林地が広がる西のサバナまで約120 kmに広がっており，アリゲーター川の流域全体をほぼ網羅する広大な公園である．

季節風の影響を受け，極端な雨季と乾季がみられる．年間降水量のほとんどが雨季(11～3月)に降り，台地に注がれた大量の雨は壮大な滝のようにあふれながら，公園の台地を流れ落ちる．一時的に出現する氾濫原は巨大な湿地となり，渡り鳥が羽を休める場と

カカドゥ国立公園(オーストラリア)，ノーランジーロックにあるアボリジニの壁画《世界遺産》
〔Shutterstock〕

なる．一方，乾季(5～9月)には，滝は干上がり，氾濫原の水は恒常的に水が流れる河川や水路まで後退する．このような気候条件から，ノーザンテリトリー北部に広がるトップエンド地域において確認されている動植物のほとんどが公園内に生息しているといわれ，複雑で多様な生態系を有している地域の1つであるが，面積の約8割はサバナの疎林や樹林地で占められている．また，長さ600 kmに及ぶ砂岩の断層崖をはじめ，砂岩台地などの特徴的な地形もみられ，オーストラリアの国立公園を代表する存在として，1981年「カカドゥ国立公園」としてユネスコの世界遺産(複合遺産)に登録されているとともに，公園内の湿地はラムサール条約においても国際的な重要性が認められている．

公園内には多様な生態系だけでなくアボリジニにとって重要な遺跡が多く存在している．彼らは5万年以上前からこの地に居住してきたとされ，2万年以上前に描かれたといわれる岩絵も確認されている．また，19世紀のマッカサン船の岩絵もみられるほか，伝統的な色彩を用い，創意に富んだ岩絵もアボリジニ芸術として高く評価されている．一方で公園内には多くの鉱山資源も埋蔵されているため，その土地の所有権をめぐり，また生態系の保護・保全も問題となりながら，長く対立が続いてきた．1978年以降はアボリジニと国が共同で管理し，79年に国立公園に指定された．また，所有権がアボリジニに返された後，国の国立公園局に借地として貸し出されている．なお，公園内で唯一の採掘事業はレンジャーウラン鉱山で行われている．

公園はまた，教育や余暇活動の場でもあり，乾季には多くの観光客が訪れる．観光業は今後も重要な産業の1つであるが，生物多様性の保全と自然・文化遺産の保全に関し，持続的かつ共同的な取組みが期待されている．　　　　　　　　　　　〔鷹取泰子〕

カカバン島　Kakaban, Pulau　インドネシア

[2°09′N　118°32′E]

インドネシア中部，東カリマンタン州ブラウ県の島．カリマンタン(ボルネオ)島の東，スラウェシ海上，マラトゥア島の南西に位置する．隆起によってできた環状サンゴ島である．島の大部分は環礁で，面積約5 km²，深さ約12 mの海洋湖であるジェリーフィッシュ(英語でクラゲの意味であるが，現地語で湖の名はウブルウブル ubur-ubur)湖からなり，その湖を高さ50 mの隆起部が取り囲むという形になっている．また，珍しい海洋生物が多く生息し，生物学者の注目を浴びている．　　　　　　　　　　　〔畝川憲之〕

カカヒ　Kakahi　ニュージーランド

[38°56′S　175°23′E]

ニュージーランド北島，マナワツワンガヌイ地方の村．北西16 kmにはファンガヌイ川とオンガルエ川の分岐点でもあるタウマルヌイがある．かつては，キングカントリー

King Country（北島中西部一帯）における製材の町として知られた．現在，ワイテアブランチロードやファカパパロードなどによって国道4号と接続している．地名はマオリ語でカラスガイを意味する．東約5kmにおいてファンガヌイ川にファカパパ Whakapapa 川が合流する． ［林 琢也］

カカーボラージー山　Hkakabo Razi

中国/ミャンマー

標高：5881 m　　　　　　［28°20′N　97°32′E］

ミャンマー北部のカチン州，中国南西部のシーツァン（チベット，西蔵）自治区にまたがる山．ヒマラヤ山系の外縁部に位置し，山頂はミャンマー領内にあり，国内最高峰であるとともに東南アジアにおいても最高峰とされる．ふもとには熱帯雨林が広がり，高度が上がるにつれ亜熱帯性，温帯性，高山性へと植生が移り変わり，山頂近くは万年雪と氷河に覆われて多様な生態環境が維持されていることから，一帯は1998年にカカーボラージー国立公園（3810 km²）に指定された．西南西約7kmには国内第2位とされるガムランラジ Gamlang Razi 山（標高5834 m）がそびえ，この山も同公園内にある．1993年まで外国人の立ち入りが許可されておらず長く未踏峰であったが，96年に日本の尾崎隆とミャンマー人のナンマー・ジャンセンが北面から初登頂した．尾崎らは，プータオからベースキャンプまでの約250 kmを1カ月かけて踏破したのち，26日間で登頂した．尾崎はこの功績により第1回植村直己冒険賞（1996）を受賞している． ［辰己眞知子］

カガヤン州　Cagayan, Province of

フィリピン

ヌエバセゴビア　Nueva Segovia（古称）

人口：119.9万（2015）　面積：9296 km²
　　　　　　　　　　　　　［17°36′N　121°44′E］

フィリピン北部，ルソン島最北端東側，カガヤンヴァレー地方に位置する州．州都はトゥゲガラオ．1583年，州として創設された．当時は現在のイサベラ，ヌエバビスカヤ，キリノ州をも含む広大な面積をもっていた．州の東側半分はシエラマドレ山脈，西端はコルディリェラ山脈が走る山がちな州であり，完全な平野部は全州の28%程度である．西側にカガヤン川沿いに平野が広がり，タバコ，トウモロコシ，米などが作付けされている．近年では有機野菜，スイカの栽培も盛んであ

る．森林資源も豊富で，木材，籐，ニッパヤシ，竹が産出される．また，考古学調査も盛んであり，国立博物館やカガヤン博物館が旧石器時代にさかのぼる化石の発掘に取り組んでいる．ゾウ，ステゴドン，サイの化石，石器も発見されている．おもな言語はイロカノ語である． ［佐竹眞明］

カガヤン川　Cagayan River

フィリピン

リオグランデデカガヤン川　Rio Grande de Cagayan（古称）

面積：27300 km²　長さ：520 km
　　　　　　　　　　　　　［18°20′N　121°40′E］

フィリピン北部，ルソン島の川．ヌエバビスカヤ州南部のカラバリオ山地を発して，北東へ延び，イサベラ州，カガヤン州を通り，バブヤン水道へ注ぐ．沖積平野カガヤン渓谷を形成した．おもな支流はチコ川，マガット川，トゥゲガラオ川など7つである．古称はリオグランデデカガヤン川である． ［佐竹眞明］

カガヤンスールー島　Cagayan Sulu Island

フィリピン

カガヤンデスールー島　Cagayan de Sulu（別称）/カガヤンデタウィタウィ島　Cagayan de Tawi-Tawi（別称）

人口：2.7万（2015）　面積：181 km²
　　　　　　　　　　　　　［7°00′N　118°30′E］

フィリピン南東部，タウィタウィ州の島．タウィタウィ諸島とパラワン島の中間点，ややパラワン島寄りに位置する．カガヤンデスールー，カガヤンデタウィタウィとも称される．南西約80 kmはマレーシア領サバである．南にはフィリピン最南西の1つ，タートル諸島があり，この諸島はマレーシアのサンダカンからわずか22 kmである．タウィタウィ州はムスリム・ミンダナオ自治区の1州である．そして，カガヤンスールー島の人びととはイスラーム教徒サマ族（サマル，サマアアともいう）に分類されるジャマ・マプンである．1990年現在では，ジャマ・マプンはフィリピン全国で総数は2.23万人，カガヤンスールー島に最も多く，次いで，パラワン南部（7494人）にも居住する．バシランやサンボアンガにも少数居住し，北部ボルネオに及ぶ．言語はサマ語が用いられる．

15世紀にホロを拠点にイスラーム国家・スールー王国が成立し，20世紀初頭までスールー諸島はイスラーム王国の勢力化にあっ

た．だが，1915年スルタンはアメリカ軍に降伏した．イスラーム王国の時代から，カガヤンスールーはパラワン，サバ，タウィタウィ，スールーをつないで，島で産出したコプラや米，パンダンのマットを交易して栄えていた．現在も，島の人びとは農業と海洋交易で生計を立てている．ココナッツを植え，コプラをつくる．トウモロコシ，キャッサバイモづくりも盛んである．日用必需品の多くは北部ボルネオ（カリマンタン）の町で物々交換を行って仕入れてくる．ナマコやウミツバメの巣も重要な交易商品である．

宗教はイスラーム教である．ただし，精霊崇拝も残っており，畑の真ん中には精霊の祠がある．その前から，植付けや収穫を始める習慣がある．また，結婚の儀式として，一夜を費やして，歌い踊るルンサイという儀礼がある．グソン環礁にはタラータラとよばれるカモメ，パウィカンとよばれるウミガメが卵を産みにくる．首都マニラからは，まず空路サンボアンガ経由でホロへ，さらに海路を用いることになる． ［佐竹眞明］

カガヤンデオロ　Cagayan de Oro

フィリピン

カガヤン　Cagayan（古称）/カガヤンデミサミス　Cagayan de Misamis（古称）

人口：67.6万（2015）　面積：413 km²
　　　　　　　　　　　　　［8°30′N　124°40′E］

フィリピン南東部，ミンダナオ島北岸，東ミサミス州の都市で州都．マカハラル湾に面した産業，交易の中心地として栄えてきた．1970年，市南部8kmにあるフルガ洞窟から人骨，土器，陶器破片が発掘され，新石器時代後期から鉄器時代にかけて，紀元前1600年には人びとが居住していたことがわかった．その後，1571年，スペイン王はカガヤンを含む北部ミンダナオをエンコミエンダと定め，スペイン人入植者に授けた．すでに当時，この地は流れる川にちなみ，川（カガイ）のある場所という意味で，カガヤンとよばれていたという．また，川では金（オロ）が採掘されたので，カガヤンデオロともよばれていた．さらに，1622年，アウグスティニアン・レコレクト派の宣教師はフルガ洞窟地区の人びとについてつぎのように記している．南西のラナオを通じ，イスラーム王スルタン・ククダラットに貢物をしているが，イスラーム教徒ではなく，多神教で，シャーマン（呪術師）もいる…．そして，1626年，宣教師は川の下流に人びとが住むように説得した．これがカガヤンの町の始まりであり，同

年，ダトゥ・サランサンと妻ダトゥに従う人びとがカトリックの洗礼を受けた．

以降，カガヤンを取り戻そうとするスルタン・クダラットとスペイン宣教師やキリスト教徒住民との戦闘が始まり，18世紀前半まで続いた．やがて，1818年，スペイン政庁はミンダナオを複数の政治軍事地区に分割し，カガヤンをミサミス第2地区に含めた．この地区は現在の東・西ミサミス，カミギン，ブキドノン，ラナオ，北サンボアンガ，北コタバトを含む広大な領土に及んだ．はじめ首都はミサミス（現在のオサミス）だったが，1872年，カガヤンに移された．当時の町名はカガヤンデミサミスだった．そして，1896年，対スペイン独立戦争が起こると，カティプナン軍はカガヤンでもスペイン支配を一掃した．1898年，独立政府の規定にもとづいて知事も選ばれた．だが，1900年，アメリカ軍の侵略が始まり，町はその支配下に入った．アメリカ統治期，1930年フィリピン議会法第3777号によって，東ミサミスはカガヤンを首都として，独立した州になった．その後，1942年5月，日本軍は焦土作戦によって町を占領，住民はゲリラ活動を活発に行い，カガヤン解放作戦を展開した．だが，1944年アメリカ軍は町を空爆，45年5月，町は日本軍の支配から解放された．そして，戦後の1950年，下院議案第54号により，町は市に昇格し，名称も正式にカガヤンデオロとなった．

現在も市は産業，交通の要衝として栄えている．とくにコプラ生産が盛んで石けん，洗剤の原料として加工され，輸出される．日本の大手化学メーカーの花王もマカハラル湾沿いに工場を建設した．また，川崎製鉄（現JFEスチール）も焼結工場を建設し，ブラジルから鉄鉱石，中国から石炭をもち込み，鉄を焼き固め，日本へ送っている．南隣ブキドノン州で収穫されるパイナップルを缶詰やジュースに加工するデルモンテ社の工場もある．なお，ザビエル大学民族博物館にはフルガ洞窟から発掘された出土品，マノボ族の記録，衣装が展示されている．また，郊外のマカハンブス丘陵は1900年，フィリピン軍がアメリカ軍に勝利した全土で唯一の場所である．訪れて歴史を偲ぶのもいいだろう．人びとの日常言語はセブアノ語である．米も食されるが，トウモロコシをくだいて，米のように炊く人も多い． ［佐竹眞明］

ガーガラ川　Ghaghara River

中国～インド

カルナリ川　Karnali（ネパール語）/ゴーグラ川 Gogra River（別称）

面積：128000 km²　長さ：1030 km

[25°45′N　84°39′E]

中国南西部からインド北部へ流れる川．ガンジス川の主要支流で，チベット最南端のヒマラヤ山中からネパール西部を経由して，インドのウッタルプラデシュ州に流入し，南東に流下した後，ビハール州境でガンジス川に合流する．ゴーグラ川ともよばれる．

ヒマラヤ山中の標高4000 m付近に源流があり，源流部ではカルナリ川（中国名はクングチャオ川）とよばれている．南東に流れ，ネパールに入ってしばらくして流れを南へと変える．シワリク丘陵を抜けるところでは，流路は大きく東西に振れながら，深く谷を切り込んでいる．丘陵地帯を抜けると，川は幅広い網状流となり，主として2つに分流して，ヒンドスタン平原に流入する．ネパールとインドの国境を越えた後，川はふたたび合流し，その後，ネパール西端とインドの国境を流下してきた主要右支流チャウカ Chauka 川（上流ではカーリー Kali 川）と合流し，平野地帯をゆったりと流れる．このため，広範囲に河川交通に利用され，河川用汽船も航行でき，ウッタルプラデシュ州で最も重要な商業用水路の1つとなっている．また，ガーガラ川とチャウカ川がヒンドスタン平原に出たところでは，河水は堰堤によってせき止められ，灌漑水路に導かれて利用されている．ガーガラ川は，チャプラ（ビハール州）の南に到達したところで，東流してきたガンジス川に合流する． ［大竹義則］

カカラメア　Kakaramea

ニュージーランド

[39°43′S　174°27′E]

ニュージーランド北島，タラナキ地方の町．国道3号沿いにあり，南東約6 kmにパテア Patea，北西約20 kmにハウェラが位置する．地名は，マオリ語のカカラタラメア Kakara-taramea を短縮したもので，Kakara は香り，taramea はセリ科の多年草タラメアを意味する．タラメアの葉から抽出された樹脂は，マオリにとって宝物タオンガ taonga に位置づけられる貴重品である． ［林　琢也］

カカルビッタ　Kakarbhitta

ネパール

人口：4.9万（推）　標高：145 m

[26°40′N　88°08′E]

ネパール東部，ジャパ郡（メチ県）メチナガルの地区．平原部を占めるジャパ Jhapa 郡とインドとの境界をなすメチ川の右岸に位置する．首都カトマンドゥの南東300 kmに位置し，メチナガル Mechinagar の中心地区で，インドのウェストベンガル州やアッサム州，ブータン，バングラデシュはもとより，それ以外の外国人にも開かれたネパールへの重要な出入国地点である．また，メグナ川沿いのバングラデシュのチッタゴン港から同国フルバリ Fulbari を経由したネパール向け保税物資の輸入が，インド政府によって認められた唯一の地点でもある．ネパールの貿易総額の3%がカカルビッタを経由し，ネパール第4位の貿易都市となっている．東西ハイウェイ（H1）の東の起点であるここを経由した物資は全国に送られる．ネパール東部のジャパ郡，モラン郡はタライ平原部の茶生産地であり，東西ハイウェイ沿いには茶園や紅茶工場が多い．カカルビッタ～カトマンドゥ間（東西ハイウェイ，プリティヴィハイウェイ・H4経由：500 km）は，定期バスが運行され約20時間で結ばれている．町の南約8 kmにはバドラプル空港があり，カトマンドゥとを約1時間で結んでいる． ［八木浩司］

カガン　Kagan

ウズベキスタン

ノヴァヤブハラ　Novaya Bukhara（旧称）

人口：9.2万（2012）　[39°43′N　64°33′E]

ウズベキスタン中央南部，ブハラ州南部の都市．州都ブハラの東南東12.9 kmに位置する．首都タシケント～アシガバト間のザカスピ鉄道がカガン駅でテルメズおよびタジキスタンの首都ドゥシャンベへ分岐している．19世紀，ロシアのブハラ・ハン国支配の拠点として建設され発展した．1935年までノヴァヤブハラ（新ブハラ）とよばれた．鉄道修理，綿花精製・綿実油，タバコ工場のほか，ワイン醸造も行われる．付近で雪花石膏（アラバスター），天然ガスが採取される． ［木村英亮］

カーキナーダ　Kakinada
インド

カーキナンディヴァダ　Kaki Nandivada（古称）/コーカナダ　Cocanada（旧称）

人口：31.2万（2011）　面積：32 km²

[16°58′N　82°15′E]

インド南部，アンドラプラデシュ州イーストゴダヴァリ県の都市で県都．ゴダヴァリ川河口に発達するデルタの東部にあり，チェンナイ（マドラス）の北北東約480 kmに位置する．このデルタから砂嘴状に北方向に延びたホープ島が，ベンガル湾で発達するサイクロンの波浪から市を守る防波堤の役割を果たしており，天然の良港として知られる．地名は，元来はカーキナンディヴァダであったが，時を経てカーキナーダに短縮されたといわれている．その後，当地へ入植してきたイギリス人やカナダ人のバプティスト派宣教師によってイギリス風にコーカナダとされたが，独立後にもとの名称に戻された．

港湾都市として名高いが，当初は浅海性の港という制約を受け，船舶は沖合に停泊し，はしけによって物資を運搬するという非効率性を余儀なくされていた．1990年代に入りカーキナーダ・シーポート社によって深海港が造成され，同時に各種港湾インフラが整備されて機能の大幅な上昇をみた．州内やオディシャ（オリッサ）州で産出する鉱産資源，ラッカセイ，綿花，砂糖，タバコなどが積み出されるほか，石油・ガス運搬船の寄港地となっている．ゴダヴァリ運河システムにつながっており，それを利用した物資の運搬も盛んである．港湾交通以外では鉄道も重要であり，チェンナイとハウラーを結ぶ本線から分かれた支線が市内に入っており，インド各地と結ばれている．

肥料都市ともよばれるほど肥料の生産が多く，臨海部には3つの大規模化学肥料工場が所在する．繊維や精糖のほか石油・天然ガス精製所などの工業も立地する．また，豊富にとれる魚介類や農産物を利用した食料品工業やICT産業の立地もみられる．近年は経済特区に指定され，かつ付近で天然ガス田が発見されるなど，さらなる経済成長が期待されている．中心部にはジャワハルラル・ネルー工科大学をはじめとして理工系や医学系の大学キャンパスがあり，高度な人材が供給されている．

[友澤和夫]

カーギル　Kargil
インド

人口：1.6万（2011）　面積：14086 km²

標高：2676 m

[34°16′N　76°16′E]

インド北部，ジャンムカシミール州ラダク地方にあるカーギル県の都市で県都．パキスタンの実行支配地域に近く，インダス川支流のスールー川沿いに位置する．パキスタンとの交易都市であるとともに，インドの対パキスタン防衛拠点都市となっている．夏の州都スリガナルの東204 km，ラダク地方の中心都市レーの西234 kmにある．スリナガルからレーに向かう国道1号D線が，両市を結ぶ中間点の都市カーギルを通る．住民の90%はシーア派イスラーム教徒，5%がスンニ派イスラーム教徒，5%が仏教徒である．独立直後の第1次カシミール戦争で，イギリス植民地時代のラダク地方のバルチスタン県が二分され，カーギルは，インド領に属することになった．1999年には，パキスタン軍のインド領への侵入があり，カーギル戦争が勃発した．現在でも国境のインド側防衛施設が，国境沿いの標高5000 m級の山頂に置かれている．

[中山修一]

カクス川　Kakus, Sungai
マレーシア

[2°47′N　113°01′E]

マレーシア，カリマンタン島北部，サラワク州中部の川．州中部の沿岸山脈に発する河川で，下流域は平坦地を蛇行する．地域の中心都市タタウ Tatau の上流35 km付近でアナップ Anap 川と合流し，タタウ川となる．河川は航行が可能であり，河川の沿岸には，現地住民の伝統的住居であるロングハウスが点在する．この流域に居住する住民の多くはイバン人である．彼らの多くは今日では，タタウなどの都市部で就労しており，ロングハウスに居住する人口数は少ない．流域の森林資源が大規模に伐採されたために，土壌侵食が進展し，その土壌がカクス川に流失している．このため，森林資源の保全と流域開発について検討が進められている．

[生田真人]

カクタスビーチ　Cactus Beach
オーストラリア

[32°07′S　133°03′E]

オーストラリア南部，サウスオーストラリア州南西部の海岸．エア半島北西端にあり，グレートオーストラリア湾に面する．ペノンの南20 km，半島北西部の中心地セデューナの西93 kmに位置する．ペノンとの間にはマクドネル MacDonnell 湖があり，海岸は砂州の外側にある．近年，国内でサーフィンが楽しめる最もすぐれた海岸の1つとして有名になった．しかし，ビーチへ行くには個人の所有地を通らなければならず，キャンプをするには入場料を支払う必要がある．また飲料に適した淡水も手に入らないので，自分で持ち込まなければならない．なお，近くの町ペノンの西には，ウェスタンオーストラリア州まで続くナラボー平原が広がる．

[片平博文]

カークパトリック山　Kirkpatrick, Mount
南極

キルパトリック山（別称）

標高：4528 m

[84°20′S　166°25′E]

南極，東南極の山．南極横断山地の一部をなすアレクサンドラ山地の最高峰で，南極横断山地の最高峰でもある．氷床から岩峰として突出したヌナタク（氷床から頂部が突き出た山）である．1907〜09年のイギリス南極探検隊が発見し，探検隊の援助者であったグラスゴーのビジネスマンの名前にちなんで命名された．キルパトリック山ともよばれることがある．

[前杢英明]

カグラチャリ　Khagrachhari
バングラデシュ

チェグミ　Chengmi（別称）

人口：4.0万（2011）　面積：68 km²

[23°04′N　92°00′E]

バングラデシュ南東部，チッタゴン管区，カグラチャリ県の都市で県都．首都ダッカの南東約174 km，チャンギ川の河谷に位置する．インドのトリプラ州，バングラデシュのランガマティ県と接する．別名チェグミ．この地方都市は1989年に誕生した．1760年に東インド会社の支配に入る前にはトリプラ王国の版図で，アラカンのスルタンが支配していた．その後，チッタゴン丘陵県として沿岸平野部を含んで県が成立したが，1860年に丘陵・山地部のみを狭義のチッタゴン丘陵県として分離し，その際に，この地域に卓越する民族名をとって，モン Mong，チャクマー Chakma，ボマン Bomang の3つの副県に分けた．これがバングラデシュ独立後の1979年にモン副県がカグラチャリ副県となり，83年には県に昇格した．トリプラ，チャクマー，マルマ族など少数民族が多く，ベンガル人とほぼ折半する．仏教徒が約半数を占める．その中ではモン族が主要な民族であ

る．付近には滝や池，森林保護区があり，少数民族観光の基地となっている．県の人口61.4 万(2011)，面積 2749 km² である．周辺は焼畑が卓越し，トウモロコシ，茶，ショウガ，パイナップル，ジャックフルーツ，バナナ，ウコン，油脂作物を産する．

[野間晴雄]

カグラライ島　Cagraray Island

フィリピン

| 面積：7.9 km² | [13°14′N　123°55′E] |

フィリピン北部，ルソン島南部，アルバイ州マリリポットおよびバカカイの島．マヨン山(標高 2421 m)の東にある町から東側 20 km の海上にある．北はラゴノイ湾，南はアルバイ湾に面す．16 色の大理石が産出することで知られる．白砂の海岸，5 つの洞窟がある．エコツーリズムでも注目され，2004年にはビコール地方の観光省が島とアルバイ州本土をケーブルカーでつなぐ計画を発表した．予算規模は 1000 万ペソ(約 2150 万円)である．

[佐竹眞明]

カゴ島　可居島　Gageodo

韓国

ソフクサン島　小黒山島　Soheuksando (別称)

| 面積：9 km² | [34°04′N　125°07′E] |

韓国南西端，チョルラナム(全羅南)道南西海上の島．モッポ(木浦)から南西に約 160 km 隔たった位置にある．行政上はシナン(新安)郡黒山面可居島里，面積は約 9 km² である．日本の植民地時代以来，ソフクサン(小黒山)島とよばれていたが，2008 年，本来の名称，可居島に戻した．イワシ，イシモチ，エイなどの漁業が盛んである．木浦港から黒山島，晩才島などを経由するフェリー便で約 4 時間を要する．島の南端に可居島港がある．2012 年，周辺海域(70 km²)が海洋保護区域に指定された．島の自然景観と豊富な海洋生物を保全，管理する目的による．

[山田正浩]

カーコアー　Carcoar

オーストラリア

| 人口：0.1 万 (2011)　面積：480 km² |
| [33°36′S　149°08′E] |

オーストラリア南東部，ニューサウスウェールズ州中央西部，ブレーニー行政区の集落．ミッドウェスタンハイウェイ沿いにあり，州都シドニーの西約 260 km，バサース

トの南西約 50 km に位置し，ベルブラ川上流域の低地に立地する．この土地には，かつて先住民のグンドゥングラ(Gundungurra)が居住しており，地名は，カエルもしくはワライカワセミを意味する彼らの言葉に由来するといわれている．

1815 年に測量士のジョージ・エヴァンスがこの地を測量調査し，21 年から入植が始まった．その後，1840 年代以降には，金やウランの鉱山労働者や関連産業の従事者が入植し，人口が増加したことで，ブルーマウンテンズ西側の地域では 2 番目に人口の多い集落に発展した．1849 年には，セント・ポールズ・アングリカン教会が建設され，行政機関や金融機関も集積するなど，ブルーマウンテンズ西側地域における政治，経済の中心地となっていた．しかしながら，1860 年代以降，金の採掘場が遠方へ移動すると，集落の人口は減少し，その機能は衰退し始めることとなった．ただし，かつて繁栄していた頃の町並みの一部は，現在も引き継がれており，ナショナルトラスト財団による保存活動が進められている．またここでは，歴史的な景観と文化を生かした町づくりが行われており，毎年，建国記念日には祭典が開かれている．カーコアーの伝統的な生活様式が再現され，多数の屋台も立ち並んで，多くの観光客で賑わう．

集落の東側には，カーコアーダムがある．高さ 57 m，幅 187 m，最大水深 41 m のこのダムは，1970 年に灌漑や上水道の供給，水資源の保全を目的として建設されたものである．湖畔からは，美しい景観を望むことができるため，散策のコースや，一部がキャンプ場やバーベキュー場として利用されるなど，人気のアウトドアレジャーのスポットとなっている．このほか，カーコアーは，各種慈善事業の資金調達を目的としたカーコアーカップランニングフェスティバルが開催されることで知られている．この大会では，フルマラソンやハーフマラソン，チームマラソンなど複数のマラソン競技が行われ，国内のみならず，世界各国からランナーが参加している．またこの地域は，多くの映画やテレビ番組のロケ地として使用されるようになり，国際的な知名度も向上している．

[笹本裕大・落合康浩]

カザフスタン共和国
Kazakhstan, Republic of

Qazaqstan Respwlïkası (カザフ語・正称)

| 人口：1696.7 万 (2013)　面積：2724900 km² |
| 降水量：300 mm/年　[51°10′N　71°28′E] |

中央アジア北部の共和国．首都はアスタナ．14 の州と 3 つの政令指定地区から構成されている．西はカスピ海に面し，北はロシア，東は中国，南はウズベキスタン，クルグズ(キルギス)と国境を接する．広大な領土は大きく 5 つの地域，すなわち，カスピ海沿岸低地などの西部，ロシアの西シベリアに続くステップ地帯の北部，このステップ地帯から南に延びる凹地とその両側の台地からなる中央部，中国，クルグズとの国境地帯のアルタイ山脈，ティエンシャン(天山)山脈などの高山がそびえる東部と南部に分けられ，それぞれ特徴をもっているが，全体として 2/3 以上は砂漠か半砂漠である．イルトゥイシ川，ウラル川，シルダリア川，イリ川などの河川があり，カスピ海，アラル海，バルハシ湖など多くの塩湖が内陸水域を形成している．平野部はすべて中緯度の内陸乾燥圏に入り，暑く乾燥した夏と比較的暖かい冬とが交互する．平均気温は北部では 1 月 −19℃，7 月 19℃，南部では 1 月 −4℃，7 月 26℃ である．年平均降水量は約 300 mm であるが砂漠では 100 mm，山岳部では 1000 mm である．地下には，ウラン，クロムの埋蔵量は世界有数，銅，亜鉛，鉛，ニッケルなど非鉄金属の埋蔵量は独立国家共同体(CIS)の中で 1，2 を争うほか，鉄，ボーキサイト，金，石炭，石油，天然ガスなどの膨大な資源も埋蔵している．CIS ではロシアに次ぐ面積をもち，日本の 7 倍以上であるが，人口は日本の 1/7 以下で，人口密度は小さい．

カザフ人は，中央アジアでは最も遅く，15 世紀に成立したトルコ系民族で，カザフは冒険者，反逆者を意味する．現在カザフスタン共和国のほか，中国シンチャン(新疆)ウイグル(維吾爾)自治区にも住む．紀元前 10 世紀頃から部族社会があった．600～800 年西トルコ国家に，10～12 世紀カラハン朝などに支配された．13 世紀モンゴルに征服された後，やがてトルコ化したモンゴルであるウズベクが支配したが，15 世紀このウズベクから東に分離した部分がカザフとよばれた．ウズベクが南下すると，その後に広がったのである．18 世紀，それまで 3 つのジューズ(モンゴル語でオルド，一般にオルダともいう)に分かれて遊牧していたカザフのうち，シルダリア川以北，アラル海北方の中小

2つのオルダがロシアに服属し，1860年代に大オルダが併合され，現在のカザフスタンの範囲はすべてロシア帝国の領土となった．

1917年12月オレンブルクにアラシ・オルダ（アラシュ議会）が形成されたが，20年8月ソヴィエト・ロシア共和国の一部として，オレンブルクを首都としてキルギス自治共和国が形成された．1920～21年には飢饉で100万人近くが死んだが，土地・水利改革によって4700 km²がロシア人移民からカザフ人に返還された．1924年の中央アジア民族的境界区分によって新たな領域が定められ，首都は25年にクズロルダに，29年にアルマアタ（現アルマトゥ）に移された．1925年にカザフ自治共和国に改称され，36年にソヴィエト連邦構成共和国となる．1941年8月のロシア・ヴォルガ沿岸のドイツ人自治共和国解体とカザフスタンへの強制移住によって，ドイツ人が増加した．朝鮮人も1937年に極東地方から17万人が強制移住されて，独ソ戦中には，そのほかドイツ軍に協力したとして北カフカスなどの多くの少数民族が自治共和国などを解体され，この地に強制移住された．

北部は，第2次世界大戦後1950年代のフルシチョフ期の移住ロシア人による処女地開拓によって，CISではロシアに次ぐ穀倉地帯となった．ほかに綿花，テンサイ，タバコの栽培も行われている．牧畜も盛んで，カラクリ（カラクル）羊，馬，ラクダ，豚，牛が飼育される．また，恵まれた地下資源を原料とする鉄鋼業，化学工業や機械工業などの重工業，食品工業，建築資材工業が発展した．工業労働者としてロシア人などが大量に移住してきたばかりでなく，重工業部門は連邦政府の管轄であったので，モスクワの支配が強まった．

ソ連解体期には，1991年12月に独立宣言，93年1月，95年8月に憲法を採択した．1993年，独自通貨テンゲを導入した．ヌルスルタン・ナザルバエフ大統領は，民族的，経済的につながりの深いロシアとの関係を深める政策をとっている．また，カスピ海沿岸のテンギス油田のアメリカ・シェブロン社との合弁企業による開発を進め，外国投資を積極的に受け入れるなど欧米との協力も強めており，2002年3月にはバクー・トビリシ・ジェイハン原油パイプライン経由による原油輸出の条件についてアゼルバイジャンと協議を行っている．独立後，石油開発への投資などを通じ欧米や日本の影響が強まっている．欧州安全保障協力機構（OSCE）にも加盟した．2014年10月には日本と投資の促進と保護に関する協定が調印され，両国関係のいっそうの発展が期待される．また国境を接する中国との関係も強化し，多くの協定が調印され，アジア諸国連合を提唱し，上海協力機構（SCO）に加盟，アジア信頼醸成措置会議を主導している．

カザフスタンは，ロシア革命から今日までに，その領域を大きく変動したばかりでなく，首都も数度変わったが，1997年にはナザルバエフ大統領の強い意向で南東部のアルマトゥから北部のアスタナに移された．CIS12カ国の中で，名称民族であるカザフ人の比率が少なかったが，独立直後ロシア人が100万人以上，ドイツ人が50万人以上国外に移住し，また中国やモンゴルから3万人以上のカザフ人が移住した．それでもカザフ人は，1994年44.3％と半分以下で，先に記したようなソ連時代の歴史的事情によって，ロシア人が35.6％を占め，そのほか旧ソ連に住んでいたほとんどすべての民族をもつ珍しい特色をもっている．すなわちカザフスタンは，カザフ人の国であるとともにロシア人など多くの民族の国でもある．地域によって民族構成が異なり，アスタナのある北部，中央部，東部にはロシア人のほうが多く4～5割を占めるのに対し，西部，南部ではカザフ人が5～6割でロシア人は3割以下である．ドイツ人は北部に最も多かった．憲法

320　カサル

〈世界地名大事典：アジア・オセアニア・極I〉

では国家語がカザフ語，公用語がカザフ語，ロシア語と定められているが，現在カザフ語を話すことができるのは全人口の64.4%であるのに対し，ロシア語は住民の95%が使用している．カザフ語がまったく話せないカザフ人も多い．

セメイ（セミパラチンスク）郊外には，ソ連時代核実験場があったが，日本の核廃絶運動と連帯し，廃止した．国内に配備されていた核兵器もすべて撤去し，核をもたない国となった．アルマトゥ中心街にある博物館には，原爆実験反対運動に関係した展示もある．1990～2000年に，116万人のロシア人がロシアへ移住し，ドイツ人も50万人以上がドイツなどへ移住したが，2002年には人口増がみられた．　　　　　　　　　[木村英亮]

ガザルケント　Gazalkent

ウズベキスタン

人口：2.8万（2012）　　　[41°33′N　69°45′E]

ウズベキスタン東部，タシケント州の町．首都タシケントの北東48kmにあり，町の東でチャトカル川とプスケム川が合流して，チルチク川となるが，その河畔にある．1932年に建設され，64年に市制を施行した．ガラス，レンガなどの建設資材が生産されるほか，綿花，果物の栽培が行われる．ウズベク人のほか，カザフ人，ロシア人，タジク人，ドイツ人，タタール人，朝鮮人も居住している．　　　　　　　　　　　[木村英亮]

カサン　Kasan

ウズベキスタン

人口：6.4万（2012）　　　[39°02′N　65°35′E]

ウズベキスタン中央南部，カシカダリア州西部の都市．1972年に設立された．カシカダリア川の河畔，州都カルシの北西27kmに位置し，カルシからブハラに向かう鉄道の駅がある．おもな産業は，綿花精製，搾油，絹織物，食品加工である．　　　[木村英亮]

カサンサイ　Kasansay

ウズベキスタン

Kosonsoy（別表記）/カサン Kasan（旧称）

人口：4.8万（2012）　　　[41°14′N　71°32′E]

ウズベキスタン東部，ナマンガン州北部の都市．チャトカル山脈の南斜面，州都ナマンガンの北北西29kmに位置する．古い町で，

クシャーナ朝時代にはすでに存在していた．綿花，絹の生産地であるほか，アンチモン鉱山，果樹園もある．カサンサイ川をさかのぼったカサンサイ貯水池は，北のクルグズ（キルギス）国内にある．サイはタジク語で小川を意味する．1930年代までカサンとよばれていた．　　　　　　　　　　　[木村英亮]

カーシー市 Kashi ☞ カシュガル市 Kaxgar

カーシー丘陵　Khasi Hills

インド

面積：30000km²　標高：1961m　長さ：300km

幅：100km　　　　　　　　[25°32′N　91°51′E]

インド北東部，メガラヤ州の丘陵．ヒマラヤ山脈前縁部山地の南側に，ブラマプトラ川の河谷によって隔てられて位置する．最高点は東部のシロン山（標高1961m）．全体としてゆるやかに波打つ高原状をなす．メガラヤ州域とおおよそ重なる．地質的には半島部を構成するインド地塊の一部をなし，石炭，鉄鉱石，石灰岩などの産出がある．南側斜面に沿って，南西モンスーンの湿った空気が這い上がるため，世界有数の多降水地帯となっている．中でもチェラプンジは世界で最も雨の多い場所の1つとされる．年平均降水量は1万1000mmを超える．1831年には7月の月雨量のみで約9300mmに及んだとする記録がある．住人の多くはミャンマーなどと同じモン・クメール語族に属するカーシー族で，谷底平野の水田や丘陵斜面の棚田で稲作に従事する．一部に焼畑農業も残存する．丘陵東部の標高1400～1500mに州都シロンの市街が広がる．　　　　　　[貞方 昇]

ガジアバード　Ghaziabad

インド

人口：235.9万（2011）　面積：133km²

[28°39′N　77°26′E]

インド北部，ウッタルプラデシュ州ガジアバード県の都市で県都．首都デリーの東約23kmのデリー大都市圏内に位置する．数多くの住宅団地が建設されており，成長するデリーの人口を収容するとともに，デリー・カーンプル道を通じて，多くの労働者がここから西のデリーに通勤している．ガジアバード市は歴史的に第1次インド独立戦争（1857-58）において，1つの主要な戦闘の舞台でもあった．食品，化学製品，輸送設備などの工業が盛んである．　　　[前田俊二]

カシカダリア州　Kashkadarya Region

ウズベキスタン

Qashqadaryo Viloyati（別表記）

人口：206.7万（2006）　面積：28400km²

[38°53′N　65°48′E]

ウズベキスタン南東部の州．州都はカルシ．東はバイスンタウ山脈がスルハンダリア州との州境をなし，カシカダリア川が流れる．南はトルクメニスタンと国境を，北はサマルカンド州，西はブハラ州と接する．シャフリサブズ，キタブに果樹，綿花が栽培され，カルシオアシスでは養蚕，カラクル羊の飼養が盛んである．カガンからタジキスタンの首都ドゥシャンベに北西から南東に鉄道が走り，さらに北東キタブへの支線をもつ．住民はウズベク人，タジク人である．1943年に形成された．　　　　　　　　　[木村英亮]

カシカダリア川　Kashkadarya

ウズベキスタン

Qashqadaryo（別表記）

面積：6800km²　長さ：378km

[39°45′N　65°03′E]

ウズベキスタン南部の川．ゼラフシャン山脈，ギッサル山脈に源をもち，西流してカルシステップに消える．深い渓谷に発し，ドアプ川合流後は広い谷間を流れ，多くの支流を集め，グザグダリア川を合流後，今度はいくつかに分流する．エスキアンホル運河によってゼラフシャン川からも水を引いている．キタブ，カルシ周辺の灌漑網の中核である．沿岸にカルシ，チムクルガン両貯水池がある．

[木村英亮]

カシグラン　Casiguran

フィリピン

人口：2.4万（2015）　面積：715km²

[16°17′N　122°07′E]

フィリピン北部，ルソン島中東部，アウロラ州北東部の町．州都バレールの北121km，太平洋に面したサンイルデフォンソ岬の付け根に位置する．安心という意味のカサグルハンが地名の語源といわれる．町が入江にあるため，船の停泊場所として安全だからである．ドゥマガット，アエタ族が先住民だが，各地からの移民も移り住んできた．おもな言葉はイロカノ語である．1609年にスペインの宣教師によって町はつくられた．カシグラン湾，入江における漁業が盛んである．米，トウモロコシ，香料などが生産される．

[佐竹眞明]

カシグラン　Casiguran　　　フィリピン

人口：3.3万（2015）　面積：9 km²
[12°52′N　124°00′E]

フィリピン北部，ルソン島南部，ソルソゴン州中央部の町．州都ソルソゴンの南19 km，ビコール地方を縦貫する日比友好道路沿いにあり，ソルソゴン湾に面する．言語はおもにビコラーノ語が使用される．1600年，スペイン人のフランシスカン派の神父が同地に伝道司教区を設けた．1800年正式に町となる．もとはアルバイ州に属していたが，1894年ソルソゴン州が分離創設された際，ソルソゴン州の町となった．1998年就任したエドウィン・ハモール町長は地方行政の手腕，住民福利への貢献を評価され，2003年には自治省，上院議会から最優秀町長賞を受賞した．　　　　　　　　　　　　　　　［佐竹眞明］

カシグラン湾　Casiguran Bay

フィリピン

長さ：7.7 km　幅：5.9 km　深さ：36 m
[16°14′N　122°07′E]

フィリピン北部，ルソン島中東部，アウロラ州カシグランの湾．南西にサンイルデフォンソ岬に囲まれ，外側にはカシグラン入江（全長20 km，幅11 km）が続き，波おだやかな漁場となっている．カシグラン町には226人の専業漁民がおり，222の漁船をもっている．113がモーターつき，109が手漕ぎである．漁民は協同組合を結成し，アジ，サバ各種の魚をとり，生計を立てている．
［佐竹眞明］

カシーノ　Casino　　　オーストラリア

人口：1.1万（2011）　面積：97 km²
[28°51′S　153°03′E]

オーストラリア南東部，ニューサウスウェールズ州北東部，リッチモンドヴァレー行政区の町．州都シドニーの北北東約600 kmに位置し，一帯における経済，行政の中心地となっている．19世紀半ばから入植が進み，地名は，イタリアのモンテカッシーノにちなんでつけられた．国内でも最大級の牛肉生産地域として知られるほか，恵まれた自然環境を生かし観光地としても発展してきている．鉄道幹線のノースコースト線沿いにあり，シドニーとブリズベンからは，それぞれ毎日，特急が運行されている．
［笹本裕大・落合康浩］

カシプル　Kashipur　　　インド

人口：12.2万（2011）　面積：5.4 km²
[29°13′N　78°58′E]

インド北部，ウッタラカンド州ウダムシンナガル県西部の都市．首都デリーの東北東約180 kmに位置する．県はヒマラヤ山系のシワリク丘陵山麓に広がる沼沢性低地（タライ）に位置し，かつては亜熱帯性の密林に覆われていたが，独立後パンジャブから移住してきたシク教徒により農業開発が進められた．現在は国内で最も生産性の高い農業地域となり，当地はその中心地として成長している．近年では農業だけでなく，インド政府と州政府が推進する工業化政策によって，多数の工業が立地している．　　　　　　　　［友澤和夫］

ガジプル　Gazipur　　　バングラデシュ

ジョイデブル　Joydebpur　（旧称）

人口：119.9万（2010）　面積：49 km²　標高：34 m
[24°05′N　90°25′E]

バングラデシュ中部，ダッカ管区，ガジプル県の都市で県都．首都ダッカ中心部の北約32 kmに位置するダッカ大都市圏の衛星都市である．旧名はジョイデブル．マイメンシンへ向かう国道沿いにある．この市でタンガイル方面への道路を分岐する．モドプル台地の南端にあるため，ほとんどが沖積低地のバングラデシュでは標高が高く34 mあり，ブラマプトラ川の毎年の氾濫を免れることが多い．そのため東ベンガルの地では古い歴史をもち，アショーカ王時代の砦や仏教寺院遺跡が残る．かつてはダッカモスリンという高級綿織物産地として知られていた．1991年の人口は58.9万であったのが，20年間で倍増している．ダッカへの通勤者も多いが，市内には，ダッカ工業大学，イスラーム工業大学，ムジブルラーマン農業大学，バングラデシュ放送大学，バングラデシュ国立大学（学位資格授与を目的とした国内の教育機関と提携した大学で総長は大統領）の5つの大学があるほか，国の研究機関として，バングラデシュ稲研究所，バングラデシュ農業研究所，普及開発人材院（CERDI），さらに国内の巨大NGOであるバングラデシュ農村向上委員会（BRAC）の酪農場やバングラデシュ軍需品工場などがある．さらに銀行の支店や有力企業のオフィスもあるため昼間人口比率が高く，知識人や教育・研究者，エリート官僚などの人口も多い．また市内には多くの高等学校がある．　　　　　　　　　　　［野間晴雄］

ガジプル　Ghazipur　　　インド

人口：12.1万（2011）　面積：18 km²
[25°36′N　83°36′E]

インド北部，ウッタルプラデシュ州東部，ガジプル県の都市で県都．ヴァラナシ（ベナス）の北東約70 km，ガンジス川北岸に位置する．14世紀にはすでに成立しており，イギリス統治時代には戦略的に重要な河港とされるとともに，アヘンの生産も行われていた．現在でも中央政府の管理下でアヘンなどの製造を行う工場が立地する．イギリス人でインドの総督チャールズ・コーンウォーリスが1805年に病死した地でもある．
［鍬塚賢太郎］

カシミール　Kashmir

パキスタン～中国

カスミラ　Kasmira　（別称）

人口：1240万（推）　面積：220000 km²
[34°05′N　74°50′E]

インド北部，パキスタン北東部，中国西部の国境付近に広がる山岳地域．インドとパキスタンとの2国間の係争地で，中国やアフガニスタンとも接する．人口はインド領が1014.4万（2001）で，パキスタン領が225.7万（2008）．全域が山岳地帯で，北端にカラコルム山脈（標高6100～7900 m，主峰のゴッドウィンオースティン山（K2）は8611 mで世界第2位）が，中央部には北からラダク（5000～7000 m），ザンスカール（3500～7000 m）と大ヒマラヤ（7000～8000 m）の3つの山脈が並行して走り，南縁にはピールパンジャル（小ヒマラヤ，1400～4100 m）が並走する．これら北西～南東方向に並行して走る高峻な山脈を横切りまた並走して流れる川が，西からインダス川の本流のほか，ジェルム川，チェナブ川，ラーヴィ川，ベアース川，サトレジ川のいわゆるパンジャブ五河川である．

これらの川の流れる大小の河谷，盆地こそがこの地域の生活舞台であり，最大のカシミール盆地にあるインドのスリナガルが中心都市である．山岳地を抜けて平原に流れるこれらの川は，その大半がパキスタンの肥沃なパンジャブ地方を通過する．気候は，モンスーンをさえぎる大ヒマラヤ山脈の北と南で大きく相違する．北側つまりラダクなどは年平均降水量が100 mmにも満たない乾燥気候で，南側，たとえばスリナガルでは700 mm程度，さらに南の小ヒマラヤを越えるジャンムでは降水量は1000 mmを上回るなど多くな

322　カシヤ

〈世界地名大事典：アジア・オセアニア・極I〉

る．冬季に温暖な地域は小ヒマラヤの南側だけで，ほかは厳寒で降雪をみる．カラコルム山脈や大ヒマラヤには山岳氷河をみる．

19世紀中頃までは，大ヒマラヤと小ヒマラヤ間の谷間を意味する地理上の領域をカシミールとよんでいたが，その後はジャンムカシミール藩王国（面積22万3000km²に広がる当時インド最大の藩王国）の領域をいう．カシミールの古い都シュリナガリ（現在のスリナガルの郊外）は，紀元前3世紀頃アショーカ王により建設され，仏教徒の中心的地域であった．紀元後9世紀にヒンドゥー教徒が侵入し，仏教とともに栄えた時期があり，その後14〜19世紀の間はモンゴル系のイスラーム教徒が侵入し支配した．そして，19世紀にはシク教徒の支配するところとなるが，イギリス植民地政府とのラホール条約（1846）により，藩王国となる．

1947年のインド・パキスタン分離独立の翌年，第1次インド・パキスタン戦争（1947〜49）の際に帰属が争われ，国連の調停で49年にインド領が2/3，残り1/3がパキスタン領とされた．その後中国が領有権を主張したことで，現在では，インド領のジャンムカシミール州（面積10万1000km²，なおパキスタンと係争中），パキスタン領のギルギットバルティスタン州とアーザードカシミール（面積7万9000km²，1963年確定），中国の領有地（面積4万3000km²，インドは自国領と主張）との3つに分割された．インドの行政区ではジャンムカシミール州（ジャンム，カシミールとラダク），パキスタンの行政区ではギルギットバルティスタン州とアーザードカシミール，そして中国の行政区ではアクサイチン（阿克賽欽）とトランスカラコルム地域となっている．このように，カシミールとは3国が領有する広大な山岳地帯の名称であるが，国連などは，一般にはジャンムカシミールの名称を使用している．ジャンムカシミール藩王国時代の宗教別人口構成（1901）をみると，イスラーム教徒（ムスリム）が74.2%（うちグジャールムスリムが20%），ヒンドゥー教徒が23.7%，仏教徒1.2%で，イスラーム教徒の支配的な地域であることが知られるが，たとえば，インド領のジャンムではヒンドゥー教徒が70%を占め，またカシミール谷ではイスラーム教徒が95.6%を占めるなどの大きな地域差がある．さらに，近年のイスラーム教徒の増加は，カシミール問題を一段と複雑にしている．

主要な都市には，インド領ではスリナガル，ジャンムとレーの3都市があり，パキスタン領ではギルギットとスカールドゥーの2都市がある．いずれの都市も観光産業が最大の収入源である．とくにパキスタン領で飛行場のあるギルギットとスカールドゥーは，ともにカラコルムや他のヒマラヤへの登山の起点であり，主産業は観光産業である．近年その開通が注目されている中国のシンチャン（新疆）ウイグル（維吾爾）自治区のカシュガル（喀什）からパキスタン領のギルギットバルティスタンを通過し，ハッサンアブダル（ラワルピンディの北西40kmにあるシク教徒の聖地の1つ）を結ぶカラコルムハイウェイ（1986開通，全長1300km）は，中国とパキスタンとの重要な物資の運搬道路であり，同時に外国人に開放されたギルギット・フンザを中心に多くの観光客を招く道でもある．

20年間に及ぶ中国とパキスタンとにより完成されたカラコルムハイウェイ（舗装路）は，古代のシルクロードの復活ともいえる．長距離バスや空路で訪れる観光・登山客は，フンザ地方やスカールドゥー地方に展開する8000m級の高峰やそのふもとの氷河へのトレッキングや高山植物などを楽しむなど新たな観光産業の発展がみられる．一方，インド領で唯一空港のあるスリナガルはカシミール谷の政治・経済の中心地で，そこでの主産業は，園芸・果樹農業である．夏季の気候は温帯野菜の栽培に適し，アスパラガス，高級品のチョウセンアザミ（アーティチョーク，若い蕾を食用），キャベツやカリフラワーなどの野菜栽培や，サクランボ，ナシ，リンゴやモモなどの果樹栽培が盛んである．これらの野菜などの食料品の一部は中東などに輸出されている．また，このカシミール地方を世界的に有名にしたのがカシミアウールである．近年では，カシミア山羊の輸出余力の減少と中国との競争などで，カシミアウールの輸出が途絶えているが，パシュミナストール，絹の絨毯や陶器などの生産が発展している．

中国領のアクサイチン（3万7000km²）とトランスカラコルム地域（1万km²）について，前者はインドとの係争で1996年にいわゆるLAC（実効支配線）をインド政府が尊重することで，事実上の中国領が確定した．後者についてはパキスタンが1963年に中国に割譲したものの，インド側がジャンムカシミール州の一部として今日まで領有権を主張している係争地である．前者はチベット高原の一部で，領域は塩湖を包含する広大な砂漠（標高4800〜5500m）で，いわば無居住地（アネクメーネ）であり，広大な塩水湖が広がり膨大なソーダ資源を埋蔵している．後者に関しては，本来はパキスタンのフンザの人びとが農牧用地として利用してきた土地であっ

た．北部はクンルン（崑崙）山脈，南部はカラコルム山脈にさえぎられ，世界で最も人間の侵入を拒んできた地域でもある．　［中里亜夫］

カジャビ　Kajabbi　　オーストラリア

[20°02′S　140°02′E]

オーストラリア北東部，クイーンズランド州北西部，クロンカリー郡区の町．マウントアイザの北東約120kmにあり，ライカートLeichhardt川沿いに位置する．かつては付近の銅鉱山で栄えた．　　　　　［秋本弘章］

カジャン　Kajang　　マレーシア

人口：34.3万（2010）　面積：93km²
[2°59′N　101°47′E]

マレーシア，マレー半島マレーシア領中部，スランゴール州フルランガット郡東部の都市．地方自治体としてはフルランガットHulu Langat郡のうち，アンパンジャヤMukim Ampang Jaya地区以外の6地区を統括する．首都クアラルンプール中心部からは鉄道で南東約40分の距離にあり，1970年に創立されたマレーシア国民大学が立地する．郷土料理である串焼きのサテイの町としても有名である．　　　　　［石筒　覚］

カシュガル市　喀什市　Kaxgar
中国

喀什噶爾市（別表記）/ Kashgar（別表記）/カーシー市　喀什市　Kashi（漢語）

人口：70万（2015）　面積：1057km²
標高：1291m　気温：11.9℃　降水量：64mm/年
[39°28′N　75°59′E]

中国北西部，シンチャン（新疆）ウイグル（維吾爾）自治区南西部，カシュガル地区の県級市で地区政府所在地．タリム（塔里木）盆地の西部，カシュガル（喀什噶爾）河の上流域に位置する．カシュガル地区は，カシュガル市とカシュガルコナシャル（疏附），カシュガルイエギシャル（疏勒），イエギサル（英吉沙），ポスカム（沢普），ヤルカンド（莎車），カルギリク（葉城），メルケト（麦蓋提），ヨプルガ（岳普湖），パイズアワト（伽師），マラルベシ（巴楚）の10県およびタシュクルガン（塔什庫爾干）自治県を管轄する．

紀元前にスルク（疏勒）国があった地である．スルクはウイグル語で水が豊富であることを意味する．この国は，タリム盆地の南西部を占めていたため，パミールを越えてアム

ダリア，シルダリア両川流域に赴く基地となり，重要な市場として栄えた．また一方では，ティエンシャン（天山）山脈西部を横断して北麓に通じる連絡をも保っていたため，北方民族とタリム盆地のオアシスとの交流にも大きな影響力をもっていた．漢代張騫の遠征に始まって西域が開かれた時には，西域都護府の支配下に入り，その西端にあってシルクロードの重要な交易中心であった．6世紀以降，チュルク（突厥）帝国の支配下に入ったが，のちに遊牧ウイグル（回鶻）帝国の勢力下に入った．9世紀半ば以降，カラハンウイグル王朝の首都となり，カシュガル Kashgar とよばれるようになった．地名は古代チュルク語やペルシア語で，さまざまな色をしたレンガ造りの家とか玉石の集まるところという意味ではないかといわれている．カラハンウイグル王朝時代以降，天山山脈北部と中国との関係を一段と強めつつ，トルコ・イスラーム化されていった．カラハン王朝の文化を象徴するものとして2つの作品があげられる．『クダドゥグ・ビリグ（幸福の知恵）』という教訓詩はウイグル人詩人ユースフ・ハス・ハジブによってアラブ文字，そしてウイグル文字で書かれた．この書は11世紀中央アジアのトルコ人の社会観，世界観，道徳観などを忠実に反映したきわめて興味深い文献である．また，カラハン王朝の王族の一員としてカシュガルに生まれたマハムード・カシュガリーはバグダードで学び，アラビア語を使って『トルコ語辞典』を編纂した．この書は世界で最初のトルコ語辞典である．この重要な書物は，今日においてもなおその価値を失わず，世界のトルコ語学者の間では「カシュガリーを知らずにトルコ民族について語るな」といわれているほどである．

チャガタイ・ハン国時代には近隣の諸オアシスとともにアルティシャル（6都市の意）国を形成し，同じくウイグル勢力である東部天山地区のウイグリスタン・ハン国とは別個の勢力となった．1514年以降，カシュガル・ハン国（ヤルカンド・ハン国，サイード・ハン国ともいう）に属した．18世紀半ば頃清朝に占領されたが，1864年頃にカシュガルを中心とするイエッテシャル（7都市の意）国が建国された．この国の指導者の名前からヤークーブ・ベク政権，またはカシュガリアともよばれる．しかし，19世紀末頃清朝にふたたび占領され，1884年に新疆省の創設に伴いカシュガル道が置かれ，カシュガルコナシャル県が設置された．1911年以降，中華民国の統治下に入ったが，ウイグル人の漢人支配から独立する武装抵抗が相次ぎ，33年に

カシュガルを首都とする東トルキスタン共和国（ウイグリスタン共和国ともいう）が樹立された．しかし，この国は馬仲英の回族（漢人イスラーム教徒）軍隊によって1934年に滅ぼされた．そして，1949年に中国に組み入れられ，52年にカシュガルコナシャル県から分離してカシュガル市が設置された．漢字表記の喀什はカシュガル（喀什噶爾）の略称である．

1月の平均気温は−6°C，7月は26°C．小麦，水稲，トウモロコシ，綿花，およびメロン，ザクロ，イチジク，モモ，アンズなどの果実を産する．紡織，製革，陶器，電力，化学，食品などの工業が発達している．絨毯，装飾品，民族楽器，民族衣装などの伝統工芸が盛んである．東トルキスタン南部における農畜産品のおもな集散地で，中央アジア最大の露天バザールがある．

カシュガルは2000年以上の歴史をもつ古都で，ウイグル文化の発祥の地でもある．古来中国とヨーロッパとの往来に用いられたシルクロードの要地であった．東トルキスタン南部の政治，経済，文化，交通の中心である．市内には空港があり，ウルムチ（烏魯木斉）などの都市と空路で結ばれている．ウルムチとカシュガルを結ぶ南疆鉄道の終点駅であり，国道314，315号が市内を通る．名所にはイエティガーモスク，アッパクホジャマザール（聖廟），ユースフ・ハス・ハジブ墓，イスカンダル王墓などがある．

[ニザム・ビラルディン]

カシュガルイエギシャル県　疏勒県
Kashgar Yengishahr
中国

Kaxgar Yengishahr（別表記）/シューロー県　疏勒県　Shule（漢語）

人口：28.2万（2002）　面積：2193 km²
[39°24′N　76°02′E]

中国北西部，シンチャン（新疆）ウイグル（維吾爾）自治区南西部，カシュガル（喀什）地区の県．タリム（塔里木）盆地西部，カシュガル（喀什噶爾）河流域に位置する．紀元前にスルク（疏勒）国があった地である．9世紀以降，カラハンウイグル王朝の首都となり，カシュガルとよばれるようになった．19世紀末頃，清朝はこの地を支配し，新たな漢人居住地（漢城）を築き，1884年にシューロー（疏勒）州を置いた．地名はウイグル語でカシュガルの新しい町を意味する．1913年に県になった．人口の約94％がウイグル族である．古くから灌漑農業が発達しており，綿花，小麦，果実などを産する．また，養蚕が盛んで

ある．国道315号が県内を通る．

[ニザム・ビラルディン]

カシュガルコナシャル県　疏附県
Kashgar Konashahr
中国

Kaxgar Konashahr（別表記）/シューフ県　疏附県　Shufu（漢語）

人口：36.2万（2002）　面積：4146 km²
[39°22′N　75°51′E]

中国北西部，シンチャン（新疆）ウイグル（維吾爾）自治区南西部，カシュガル（喀什）地区の県．タリム（塔里木）盆地の西部，カシュガル（喀什噶爾）河流域に位置する．人口の97％がウイグル族である．1883年にシューフ（疏附）県が設置された．地名はウイグル語でカシュガルの古い町という意味である．農業が主体で，ブドウ，イチジク，ザクロなどを産する．名所にマハムード・カシュガリー墓，ハンオイ古城，モル仏塔などがある．

[ニザム・ビラルディン]

カジュラーホ　Khajuraho
インド

人口：2.4万（2011）　面積：60 km²
[24°50′N　79°55′E]

インド中部，マッディヤプラデシュ州チャッタルプル県の小村．首都デリーの南東620 kmに位置する．デカン高原北端に位置し，宗教的・歴史的に貴重な遺跡をもつ国際的にも有名な観光地である．9世紀より数百年間にわたってこの地を治めたチャンドラ王国の最盛期950〜1050年にかけて建造された見事な石造の寺院群と，その壁面に彫られた数々の彫刻で知られる．それらは「カジュラーホの建造物群」として，1986年にユネスコの世界遺産（文化遺産）に登録された．大多数はヒンドゥー教寺院であるが，ジャイナ教寺院も含まれる．かつて寺院数85の多数に及んだといわれるが，14世紀，王国を征服したイスラーム教勢力が偶像崇拝を否定してその多くを破壊した．難を逃れて残る22寺院とその壁面を飾るユニークな彫刻は多くの観光客を集める．ことに，彫刻の約10％にあたる官能的なレリーフ群に関心が集まるが，信仰心と結びついたユニークさは神秘的な重みを抱かせる．この点がカジュラーホ寺院群を特色づけるものである．寺院群は3つのグループに分けられる．

南北に走る主要道の西側が村の中心であり，寺院も集中する．この寺院群は西部群といわれる．寺院群の中でも見どころとされるラクシュマナ寺院，カンダリヤー・マハデー

カジュラーホ(インド),西部群のラクシュマナ寺院《世界遺産》〔Fabio Imhoff/Shutterstock.com〕

ヴァ寺院もここにある．ラクシュマナ寺院は寺院群建造の初期950年頃につくられたものであるが，保存状態がよく原形を残している．寺院基部の壁面には生き生きとしたゾウ，馬，楽士，女性，踊り子など多くの動物，人物の彫刻をみることができる．カジュラーホの彫刻はヒンドゥー教のヴィシュヌ神にまつわるものが多いが，この寺院もヴィシュヌ神のさまざまな化身の彫刻が中心である．カンダリヤー・マハデーヴァ寺院は寺院群の中では末期の11世紀前半につくられたもので，シヴァ神を祀る．寺院群の中では最大規模で，寺院基部の壁面には900もの彫刻がある．本堂に奉られた大理石製のリンガ（サンスクリット語で男性の性器）の真上には31 mもの高さの高塔がそびえる．周囲にはこの高塔を模した84もの小塔がある．建築学的にも世界の注目を浴びるほどすぐれたものである．この寺院の北にあるジャグダンベー寺院の壁面も，ヴィシュヌ神をはじめとするチャンドラ王朝作品を特徴づける神々の彫像で飾られている．

西部群の約1 km東方に東部群とされる寺院群があるが，数も少なく規模も小さい．北にヒンドゥー教寺院，南に少し下ったところにジャイナ教3寺院が南北に並ぶ．ジャイナ教寺院の中では中央のパールシュヴァナータ寺院が最も大きい．目の化粧に専念している女性，足のとげを抜いている女性の姿の2彫刻がよく知られるが，壁面にあるジャイナ教の神々の彫刻も見事である．南にやや離れて南部群とされるヒンドゥー教の2寺院がある．毎年3月頃に10日間にわたるカジュラーホダンス祭りが行われる．インド各地からダンサーが集まり，インド各地方独特の民族舞踊を披露するが，このイベントに合わせて訪れる観光客も多い． 〔中山晴美〕

カジランガ国立公園　Kaziranga National Park
インド

面積：429 km²　長さ：40 km　幅：13 km
〔26°35′N　93°22′E〕

インド北東部，アッサム州中央部の国立公園．1974年に約430 km²の範囲が指定され，85年にはユネスコの世界遺産（自然遺産）に「カジランガ国立公園」として登録された．サイやゾウ，トラ，水牛など，貴重な野生生物の生息地として有名であり，渡り鳥も多く鳥類の種類も豊富である．野生動物は観光資源ともなっており，乾季には制限つきで公園内に立ち入ることが可能である．ヒマラヤの雪解け水や雨季の豪雨によって公園の北側を流れるブラマプトラ川が氾濫すると，公園は広範囲にわたって水没する．貴重な野生動物の密猟を防ぐために，公園内には密猟監視キャンプが置かれ，保護官によるパトロールが行われている．同地域一帯の自然保護への取り組みは早く，20世紀初頭より行われていた． 〔鍬塚賢太郎〕

カシルタ島　Kasiruta, Pulau
インドネシア

人口：0.8万（2010）　面積：473 km²
〔0°23′S　127°12′E〕

インドネシア東部，バチャン諸島，北マルク州の島．バチャン諸島はハルマヘラ島の南に広がり，カシルタ島のほか，バチャン島

（面積 1900 km²），マンディオリ島（230 km²）と約 80 の小島からなる．カシルタ島へは，北のテルナテ島（106 km²）南西部のバスティオンからカヨア諸島経由のボートが出ている．またバチャン島西部からも船の便がある．島内交通は整備されておらず，ボートによる海上からの移動とアクセスがおもである．産業としては材木業，サゴのプランテーションやクローブの栽培などが行われている．海岸線には美しいビーチが数多く残されているものの宿泊施設などはなく，観光関連事業は未開発である．　　　　　　［畝川憲之］

カスガンジ　Kasganj　　　　インド

人口：10.1 万（2011）　　　［27°49′N　78°39′E］

インド北部，ウッタルプラデシュ州カスガンジ県の都市で県都．州都ラクナウの北西約 250 km に位置する．当市は古代，軍事的，政治的な要衝として，まわりのビルラム，エター，アリーガルなど多くの古代起源都市への交通中心点として設立された計画都市である．いまでも州の東，西，南方向への便利な結節点に位置している．したがって，人びとの言語，衣服，料理などは非常に多様であり，イスラームやヒンドゥーの文化はもちろん，キリスト教徒やシク教徒の影響もみられる．昔，唐の玄奘もこの地を通過していることが知られている．周囲の農村地域は，ガンジス川とヤムナ川に囲まれ，肥沃な沖積層土壌に恵まれている．　　　　　　［前田俊二］

カスケレン　Kaskelen　　　カザフスタン

Qaskelen（別表記）

人口：6.1 万（2012）　　　［43°12′N　76°38′E］

カザフスタン南東部，アルマトゥ州南西部の都市．地域行政の中心地である．アルマトゥの西南西 24 km，イリ川左岸支流のカスケレン河畔に位置する．製材が行われる．Qaskelen とも綴る．　　　　　　［木村英亮］

ガスコイン川　Gascoyne River

オーストラリア

長さ：760 km　　　　　　　［24°53′S　113°37′E］

オーストラリア西部，ウェスタンオーストラリア州西部を流れる川．ギブソン砂漠の西に広がるロビンソン山地北東部に端を発し，金鉱地帯や牧羊地帯を西流してカナーヴォン

でインド洋から切れ込んだシャーク湾に注ぐ．河口から約 160 km さかのぼった地点で南流してくるライオンズ川が合流する．表流水は少ないが，カナーヴォンの主要水源であり，下流域におけるバナナや野菜の栽培は伏流水による灌漑によって行われている．のちにサウスオーストラリア総督（在任 1841〜45）となるジョージ・グレイ大佐によって 1839 年に視認され，地名は彼の友人の名にちなんで命名された．　　　　　［大石太郎］

カスタートン　Casterton

オーストラリア

人口：0.2 万（2011）　面積：227 km²

［37°35′S　141°23′E］

オーストラリア南東部，ヴィクトリア州南西部の都市．地名は，古代ローマ時代の城郭都市を由来とする．これは，町が丘陵地に囲まれていることによる．グレネルグハイウェイ沿いにあり，サウスオーストラリア州との州境から東 42 km に位置する．　　［堤　純］

ガーストン　Garston　　ニュージーランド

［45°28′S　168°41′E］

ニュージーランド南島，サウスランド地方の村．ワカティプ湖南端にあるキングストンから国道 6 号で南 20 km に位置する．地名はイギリス，イングランドのバーミンガム郊外の町ガーストンに由来する．　　［井田仁康］

ガスパル海峡　Gaspar, Selat

インドネシア

［2°52′S　107°04′E］

インドネシア西部，バンカ島とブリトゥン島との間の海峡．海峡の北には南シナ海，南にはジャワ海が広がる．海峡はシンガポールから首都ジャカルタやオーストラリア西部へ向かう際の最速海上ルートにあたっており，通過する船舶の量も多く，経済的，商業的価値が高い．しかし，近年，コンテナ船などが海賊によって襲撃される事件が頻発しており，国際海事局により警戒態勢が取られている．　　　　　　　　　　［畝川憲之］

カスピ海　Caspian Sea

東ヨーロッパ〜中央アジア

Kaspiyskoye More（露語）／ハザール　Xazarl（ペルシア語）／ヒルカンスキム　Hyrcanskim（古称）／マレカスピウム　Mare Caspium（別称）

面積：398000 km²　標高：−28 m　長さ：1200 km
幅：440 km　深さ：184 m

［41°56′N　50°40′E］

内陸にあり，流出する河川のない世界最大の閉鎖湖であるが，海と湖の両方の特性をもっている．古代ギリシャではヒルカンスキムとよんだ．ユーラシア大陸の内陸部北緯 47 度 13 分から 36 度 34 分，東経 46 度 39 分から 54 度 44 分，東西約 320 km（最大幅 440 km），南北約 1200 km，総面積は水位の変動により変わるが，海抜−26.6 m の水位で 39.8 万 km²，琵琶湖の約 550 倍，日本海の約半分という大きさである．

カスピ海はまわりを北からロシア，カザフスタン，トルクメニスタン，イラン，アゼルバイジャンに囲まれていて，カスピ海の水面の所属はまだ沿岸諸国の同意にいたっていない．海岸線の総延長は約 7000 km で，大きい湾としてカラボガスゴル，トルクメンバシ，カザフ，マンギシュラク，コムソモレツ，キズリャル湾がある．また，チュレニ，チェチェン，アルチョマ，オグチェルスキー，ジロイなどの島がある．

カスピ海に流入する河川は多く 130 以上を数えるが，最も大きい川はヴォルガ川で，カスピ海に流入する水量の 78％に達するといわれる．そのほか，ウラル，キュル（クラ），テレク，サムル，スラク川などで，イラン沿岸で流入する河水の水量は 5％にすぎない．

カスピ海の水深は平均 184 m，最深は 1026 m であるが，地域差が大きい．大別すると 3 つに分かれる．北カスピ海域は面積 8 万 km² で，マンギシュラク半島により中部カスピ海と分けられる．平均水深は浅く 4〜8 m で，おもに砂が堆積している．ヴォルガ川の三角州はいまも発達している．中部カスピ海と南カスピ海はアプシェロン半島で分けられるが，ともに西側の浅い陸棚と東側の広い陸棚が特徴的で，そこから水深は深くなり，最深部は南カスピの西岸に近い地点にある．貯水量は 7.9 万 km³ である．

カスピ海の塩分は海洋より少ない．平均 12.6〜13.2‰であるが，ヴォルガ川河口付近で 0.3‰，南西部で 14‰までである．カラボガスゴル湾は 300‰以上ときわめて高い．また，海洋と違って硫酸塩に富んでいる．

326 カスピ

変わり目で4m水位が上昇した．そのため沿岸地で浸水地が増え，内陸30〜40kmまで水が浸入してきたところもあり，各国政府が対応に苦慮している．カスピ海の水位の変動についてはまだよくわかっていない．しかし，地球の温暖化と関連があるといわれる．ソ連時代のヴォルガ川水系の階段状のダム建設による蒸発量の増大と，灌漑やそのほかの目的での引水によりカスピ海に流入する水量が減少したようにみえるが，水位は上昇している．これは温暖化現象により北部の融雪量の増大，つまりヴォルガ水系の流量増，また，1980年のカラボガスゴル湾の閉鎖や蒸発量の減少などによるといわれる．

カスピ海が近年注目されているのは第2の中東といわれる石油・天然ガス資源がカスピ海沿岸地域に埋蔵されているからである．ソ連時代は探査が不十分で正確な埋蔵量がわからなかったが，ソ連崩壊後，欧米石油資本の調査により大埋蔵地であることがわかり，その開発が始まった．もともとバクー油田が19世紀から開発され，海底油田の採掘も行われてきて，カザフスタンのマンギシュラク半島近くのテンギス油田も開発に入っていたが，生産量はシベリアの油田に比べて少なかった．それが1990年以降大埋蔵地であると認められ(当初予想ほど大きくないともいわれるが)，欧米石油資本，中国などが開発に参入し，バクー沖の海底油田の石油はパイプラインで送り出されている．またカザフスタンでは，とくに大規模な開発が進んでおり，カシャガン油田には日本を含め世界の大手石油企業が加わっている．ただ，カスピ海の水面の所属をめぐって沿岸諸国の主張が一致しないのはカスピ海を湖とみるか海とみるかで所属範囲が変わるからである．

海外輸出のための石油，天然ガスパイプラインのルートをめぐってロシアと欧米諸国との対立があり，そのルートは多様である．大きくは2つに分かれ，従来のロシアを通り，黒海，ヨーロッパへ出るルートとロシアを通らないルート(バクーからトビリシを通り，トルコのジェイハンにいたるBTCパイプライン)に分かれるが，最近は中国も参入し，現在中国からカザフスタンのカスピ海沿岸産地を結ぶパイプラインが完成(2005)している．そのほか，トルクメニスタンの天然ガスをカスピ海底を横断してヨーロッパに送るルートの建設も計画中である．

カスピ海の水産資源はチョウザメ，スズキ，ヴォーブラ(コイの一種)，キリカ(ニシン科)などがあり，水産業が発展している．しかし，違法な濫獲や工場廃水，未処理の下

海流は北と南カスピ海で反時計回りで動いている．北から南下する海流の一部は南部まで流れ，東に転じて北流する．海面の水温は8月が最も高く，中部カスピ海で24〜26℃，南カスピ海で29℃である．氷結は北部で12月に始まり，1，2月まで続く．流氷はアプシェロン半島まで到達している．

カスピ海の気温は北と南でかなり異なる．北部で1月の平均気温は−11〜−7℃，7月は25〜26℃，南部でそれぞれ5〜9℃，25〜27℃である．降水量は東部で80〜100 mm，南西部で1500〜1700 mmである．なお，カスピ海の沿岸地域の景観は砂漠，半砂漠の乾燥地域が多い．

近年沿岸諸国はカスピ海の水位の上昇に悩まされている．長期ではカスピ海の水位はかなり変動していて，1830〜1970年は水位の低下期であった．しかし，1977年以降上昇，現在にいたっている．その結果，1977年の最低水位は−29.04 mであったが，世紀の

水の流入などによる水質汚染の進行により水揚げが減り，チョウザメの保護に努めているが，密漁が絶えず効果が上がっていない．

海中，海上に関しては，生物資源・環境保全の観点から，2003年11月トルクメニスタン以外の沿岸4カ国によって「カスピ海環境保護枠組条約」が調印され，のちにトルクメニスタンも加盟，06年8月に発効した．共同管理体制が形成された．

カスピ海の水運も重要な産業で，石油，木材，綿花，硫酸塩などの運送，旅客輸送が盛んである．主要港はアストラハニ，マハチカラ，バクー，トルクメンバシ，ビフレビなどである．　　　　　　　　［中村泰三・木村英亮］

カスミラ Kasmira ☞ カシミール Kashmir

ガズリ　Gazli
ウズベキスタン

人口：1.3万（2012）　　　［40°08′N　63°27′E］

ウズベキスタン中央南部，ブハラ州の町．1958年に設立された．州都ブハラの北西110km，クズイルクム砂漠の南西部に位置する．1954年に付近で長さ40～45km，幅10～15kmにわたる天然ガスの埋蔵が発見され，埋蔵量は5000億m³と推定されている．ガスは中央アジアだけでなく，ロシアのチェリャビンスクまで1800km，エカテリンブルクまで2100kmのパイプラインで移送されている．アジアハイウェイが通る．地震が多い．　　　　　　　　　［木村英亮］

カスール　Kasur
パキスタン

人口：24.5万（1998）　面積：9.0km²
降水量：500mm/年　　　　［31°07′N　74°27′E］

パキスタン東部，パンジャブ州東部カスール県の都市で県都．州都ラホールの南南東約50kmに位置する．インドとの国境のサトレジ川へは東15kmたらずでいたる．町はドアーブ（河間地）に立地し，サトレジ川とビアズ（ベアース）川の間の平坦な低地に囲まれている．町の中をサトレジ川の支流ローヒヌーラ Rohi Nullah 川が蛇行しながら流れる．この川はサトレジ川との合流点であるパンドキ Pandoki 付近の半乾燥地域で消失するが，モンスーン季（7～8月）には，河床は水があふれ，町の中心部が洪水にあうこともある．この期間は河川水もパンドキの合流点まで達する．

パキスタンでも古い都市の1つで，古代にはビアズ川の旧流路北岸のカッチャ（日干しレンガの壁と藁葺き屋根の住宅）の小さな集落であったが，紀元1年には大きな村となっていたらしい．1526年，ムガル朝のバーブル皇帝がインドを攻略した際に，彼の勝利に貢献したしるしにこの町をアフガン人に与え，17～18世紀にはパシュトゥーン人の都市となった．その後シク教徒の勢力が強まると，カスールの支配をめぐりパシュトゥーン人との間で勢力争いが起きた．1830年にシク教徒の藩王のランジート・シンがこの町を奪い，1847年，イギリスがインド支配権を得るまでの間，シク教徒の支配下にあった．イギリス支配下ではラホール管区に属していた．

サトレジ川をはさんで対するインドのフィローズプルへの道路沿いに位置し，州都ラホールとは鉄道と道路で結ばれる．鉄道はライウィンドで分岐し，カラチへもいたる．分離独立前はアムリットサルやフィーローズプルとも鉄道でつながっていた．古代から交易・商業・文化の中心として知られる．おもな産業は，織物工業と皮なめし工業で，両者に直接間接に依存する人口の割合は大きい．大小200を超える皮なめし工場があり，国内でも最も集中している．家族経営や雇用者10人以下の零細業者が多く，仕上げ設備をもたないため多くがなめし皮生産にとどまっている．なめし皮はカラチやシアールコートに出荷され，そこで，いろいろな皮革の最終製品に加工されている．規模が大きく設備の整った輸出指向のカラチのコーランギー工業地区の皮なめし工場とは対照的に，カスールの皮革産業は地元の低価格のサンダル製造業の需要にこたえるにとどまっている．

このように，利潤が少ないため，近代化を進める資本や潜在力などに限界がある点が問題となっている．また，多くの工場から出る廃水によって，広大な地域が池のようになり，悪臭を放っている．さらに，ローヒヌーラ川の旧流路は，町の汚水と皮なめし工業の排水が流れる川となり，河床にはごみなどの廃棄物が投棄され，最近では国内で最も水質汚染が著しい都市の1つとなった．こうした環境問題解決のためにカスール環境改良プログラム（KEIP;the Kasur Environmental Improvement Programme）が実施されている．このプログラムは，皮なめし工場からの排出物による環境の悪化を抑制，削減し，なおかつ経営管理面から既存の皮なめし業者の，不適切な技能などを改善すること，住民の環境に対する認識を向上させ生活と労働全

体の状態を改善することなどを通じて，カスールにおける皮なめし産業の環境上持続可能な発展を促進しようというものである．

町周辺は農業が盛んで，夏作物（カリーフ期作物）としてサトウキビ，米，綿花，飼料作物，トウモロコシ，野菜がおもにつくられ，冬作物（ラビ期作物）は小麦が主作物である．しかし，表土の浸透性が低く，風食と湛水によって土壌の悪化がみられ，耕地に適した土地を減少させている．また，地下水と個人の管井戸（チューブウェル）による灌漑に依存しているが，集約的な灌漑による地下水位の上昇がみられ，湛水と強度の土壌の塩性化によって農業生産性が低下した．その対策として現在，SCARP（塩性化防止・土地改良事業，A Salinity Control and Reclamation Programme）により塩害対策が行われ，12の井戸と排水路が開削されている．一方，ローヒヌーラ川沿いに暮らす農民が，汚染された排水を灌漑や水牛の飲み水，洗濯用に使用していることも問題になっている．　　［出田和久］

カスール県　Kasur District
パキスタン

人口：237.6万（1998）　面積：3995km²
　　　　　　　　　　　　［31°07′N　74°27′E］

パキスタン東部，パンジャブ州東部の農業県．県都はカスール．1976年7月1日にラホール県から分かれて成立した．北はラホール県，北西はナンカナサヒーブ県，南西はオカラ県，南東はインドと国境を接し，サトレジ川が流れる．県域周辺は，イギリスのインド支配の下に灌漑により広大な農地が創出され，近年では面積のうち約72%が可耕地で，灌漑によって土地は高い生産性を示し，サトウキビ，綿花，タマネギの生産が多い．　　　　　　　　　　　　　［出田和久］

カースルメーン　Castlemaine
オーストラリア

人口：0.7万（2011）　面積：19km²
　　　　　　　　　　　［37°05′S　144°16′E］

オーストラリア南東部，ヴィクトリア州中央部の都市．州都メルボルンの北西約100km，ピレニーズハイウェイとミッドランドハイウェイの交差点に位置する．州北西部に多くある，典型的なゴールドラッシュを起源とする都市である．1850年代から60年代にかけて，大量の露天掘りの金鉱脈が発見された．町の中心部には，当時建設された重厚な

建築物が多く立地している．市内には多くの画家や陶芸家をはじめ，多くのアーティストが住むことでも有名である．　　　[堤　純]

カースルレイ川　Castlereagh River
オーストラリア

キャッスルリー川 (別表記)

面積：17000 km²　長さ：566 km
[31°17′S　149°04′E]

オーストラリア南東部，ニューサウスウェールズ州中央西部の川．マレー・ダーリング川流域の一部である．標高 850 m から北西に，標高 200 m 未満の氾濫原まで流れる．水源はクーナバラブラン付近にあり，バラブラン，ギルギャンドラ，クーンナンブルを流れ，マクウォーリー川に下流部で合流する．河川の水は，おもに乾燥地の農業 (放牧，園芸) に使用される．　　　[比企祐介]

カソンガン　Kasongan
インドネシア

[1°58′S　113°25′E]

インドネシア西部，カリマンタン (ボルネオ) 島中央部，中カリマンタン州中部，カティンガン県の都市で県都．州都パランカラヤから北西へ約 80 km に位置する．また，シュワネル山脈からジャワ海のサンピット湾に注ぐムンタヤ川中流に位置する．アブラヤシのプランテーションがあり，また近郊では小規模ながら金の採掘が行われている．カティンガン県は 2002 年につくられた新しい県であり，それ以前にはカソンガンは東コタワリンギン県に属していた．　　　[畝川憲之]

カター　Katha
ミャンマー

人口：16.8 万 (2014)　標高：124 m
[24°11′N　96°21′E]

ミャンマー，サガイン地方 (旧管区) カター県の町で県都．地方の中心都市サガインの北約 255 km，エーヤワディ川右岸に位置する．イギリス植民地時代からの重要な河港で，7 郡からなる県の中心都市となっている．サバナ気候 (Aw) で年中高温であるが，3～5 月はとりわけ暑い．市街とエーヤワディ川河床との間は 10 m 以上の断崖となっている．20 世紀のイギリスの作家ジョージ・オーウェル (1903-50) の自らが勤務したインド警察の駐在経験 (1926～27) をもとにした小説『ビルマの日々』の舞台となった．オーウェルが描いたイギリスクラブ，警察署，刑務所などの植民地時代の建築が市内の観光地となっている．マンダレー～ミッチーナ間の鉄道の支線がナバ Naba とカターを結んでいるが，利用は少ない．市内でも淡水魚が豊富に獲れ，インゲン豆の主産地でもあるが，米は不足するため移入している．　　　[野間晴雄]

カタインガン　Cataingan
フィリピン

人口：5.0 万 (2015)　面積：192 km²
[12°00′N　124°00′E]

フィリピン中部，マスバテ島，マスバテ州南東部の町．州都マスバテの南東 77 km，サマール海に面し，カタインガン湾と称する入江がある．そのため，船舶の避難場所としても絶好のロケーションである．南ヘビサヤ海を経由して，海路 223 km 下るとセブに到着する．よって，コプラなどの農産物，牛，豚，鶏といった家畜，家禽のセブへの出荷も盛んである．町の面積の 48%，農地の 60% 近くでココナッツが生産されている．米，トウモロコシ，バナナ，豆類なども植え付けられている．また，マスバテ州は美味な干し魚の産地として知られ，カタインガンの沿岸部でも干し魚，燻製魚が盛んにつくられ，セブ，ビコール，ミンダナオに出荷されている．ココナッツの樹液からはヤシ酒と酢がつくられている．大量のグアノ (糞化石) も発見されており，有機肥料として利用が注目されている．　　　[佐竹眞明]

かたくし　潟沢市 ☞ ホーツォ市 Heze

ガダグベティゲリ　Gadag-Betigeri
インド

人口：17.3 万 (2011)　[15°25′N　75°37′E]

インド南部，カルナータカ州中央部，ガダグ県の都市で県都．ガダグ県は 1997 年にダールワド県から分離した．ベティゲリとともに双子都市を形成している．フブリの東約 50 km に位置し，鉄道で結ばれている．綿織物，絹織物，キビ類，小麦の交易地として発達した町である．デカン高原南部の綿花地帯の中心地域でもある．チェンナイ (マドラス) から西海岸に抜ける鉄道と北のショラープルへの鉄道の結節点である．織物，ナタネ搾り，タンニン，化学消毒剤製造，加工していない安タバコのビリ，金属製品の製造などが行われており，フブリとともに州中部の重要な工業地域である．市内には後期チャールキヤ朝期の 11～12 世紀に建設されたジャイナ教やヒンドゥー教の有名な寺院がある．　　　[土居晴洋]

カタジュタ　Kata Tjuta
オーストラリア

オルガ山　Olga, Mount (旧称)／オルガロック Olga Rock (別称)

標高：1069 m　高さ：460 m
[25°18′S　130°44′E]

オーストラリア北部，ノーザンテリトリー南西部の岩山．別名オルガロック．およそ 36 の赤い礫岩ドームの丸い集合体から構成されている．周囲の砂漠平原から 460 m の高さがある．1987 年にユネスコの世界遺産 (複合遺産) に登録されたウルルカタジュタ国立公園内にあり，ウルル (エアーズロック) の西に位置する．長きにわたる侵食の結果このような孤立した岩山が形成された点はウルルと同様であるが，その地質は異なり，花崗岩や玄武岩の礫からなる古生代の礫岩層 (約 6 億年前) である．地名は，19～20 世紀にドイツ南部を統括したヴュルテンベルク王国のオリガ王妃の名にちなみ，1872 年に探検家アーネスト・ジャイルズによってオルガ山と命名された．現在はアボリジニの言葉でたくさんの頭を意味するカタジュタの名でよばれる．この岩を訪れた人びとは，太陽の動きや天気によって色合いがつねに変化する光景を目にすることができる．　　　[鷹取泰子]

カタック　Cuttack
インド

人口：61.0 万 (2011)　面積：135 km²
[20°26′N　85°56′E]

インド東部，オディシャ (オリッサ) 州中部，カタック県の都市で県都．カタック県の人口は 262.4 万，面積は 3932 km² (2011)．マハナディ川とカタジョディ川によって形成されたデルタの頂点部に位置し，州都ブバネシュワルの北 25 km にある．オディシャ州の都市の中で最も成立が古く，市の北西 8 km には 13 世紀の城壁 (バラバティ城跡) の遺跡がある．16 世紀以降オディシャの中心地として栄えてきた．

1948 年まではオディシャ州の州都であった．コルカタ (カルカッタ，409 km) とチェンナイ (マドラス，1254 km) を結ぶ幹線鉄道ならびに国道 5 号沿線にあり，鉄道，道路の結節地である．デルタ地域では，米，ミレット，油料種子，ジュート，マンゴー，ジャガ

カタジュタ（オーストラリア），「たくさんの頭」を意味する先住民アボリジニの聖地《世界遺産》〔Shutterstock〕

イモが生産されている．また内水ならびに沿岸漁業も盛んである．工業は，製糖業，繊維業，製紙業，セメント業，製鉄業などが発達している．またオリヤ語でタラカシとよばれるレース模様の銀線細工や，角や真鍮製品などの伝統工芸品の生産が行われている．

マハナディ川河口にはインド第9の港パラディプがあり，日本などへの鉄鉱石の積出港としても知られている．州立の工科系大学のほか，インド中央稲研究所などの教育・研究機関がある．市内には18世紀に建立されたカダム・イ・ラスール廟があるなど，イスラーム教徒とともにヒンドゥー教徒にとって神聖な場所とされている．周辺には，ヒメウミガメの産卵地としても有名なビータルカニカ野生動物保護区がある． ［南埜 猛］

カタニング　Katanning

オーストラリア

人口：0.4万（2011）　面積：1518 km²

[33°44′S　117°32′E]

オーストラリア西部，ウェスタンオーストラリア州南西部の町．オルバニーの北約150 km，州都パースの南東約250 kmに位置する．白檀の採取が行われた時期があったものの，年間を通じて人が住むようになったのは19世紀末に鉄道が開通してからである．1898年に町の建設が計画された．地名は先住民の言語で人びとが出会う場所という意味の語に由来する．その後，小麦地帯の中心地として発展し，現在は農業機械工場や精肉工場が立地する． ［大石太郎］

カダパ　Kadapa

インド

クダッパ　Cuddapah（別表記）

人口：34.2万（2011）　降水量：685 mm/年

[14°30′N　78°50′E]

インド南部，アンドラプラデシュ州カダパ県の都市で県都．カダパ県の人口は288.2万，面積は1万5359 km²（2011）．チェンナイ（マドラス）とムンバイ（ボンベイ）を結ぶ幹線鉄道沿いにある．市名は，世界でも最大の参拝者数を誇るヴェンカテーシュワラ寺院への「入口」という意味である．おもな農産物は，ミレット類，米，豆類，綿花である．アスベスト，バライト，石灰が産し，セメントや肥料工場が立地している．干ばつ常習地域であり，インド政府は2006年に貧困県の1つに指定している． ［南埜 猛］

カーダマム山脈 ☞ カルダモン山脈 Cardamomes Range

カタラガマ　Kataragama

スリランカ

人口：1.8万（2014）　面積：552 km²　標高：48 m

[6°25′N　81°20′E]

スリランカ南東部，ウヴァ州モナラガラ県南端の郡．コロンボの東南東228 kmに位置し，高速バスで約6時間を要する．乾燥地帯に属し，年平均降水量約1000 mmほどの乾燥した気候である．スリランカの正史『大王統史（マハワンサ）』に記された聖地（巡礼地）の1つで，カタラガマ神（スカンダ）の神祠があることで知られる．この神はシンハラ人が現世利益のために信仰する神の1つであるが，タミル人のヒンドゥー教徒の間ではシヴァ神の息子ムルガンとよばれ，インドからの巡礼者もみられる．先住民ウェッダの崇拝した山神サマンの棲む7つの霊峰を有する．カタラガマの地は，すでに15，16世紀頃から仏教徒とヒンドゥー教徒の巡礼地として知られていたが，今日では詳細にみると，この聖地はスリランカの先住民ウェッダ族の信仰，仏教，ヒンドゥー教，イスラーム教，シンハラ人の土着神信仰などの混淆した状況を呈している．

聖地カタラガマはマハデワレとよばれるカタラガマの神祠を中心に，キリヴィハラの仏塔，菩提樹，シヴァ神の祠，ウルキーズルモスク，ウェダヒティカンダの山頂にある神祠，セッラカタラガマの神祠群などの宗教施設を含んでいる．毎年7月もしくは8月の満月の日とそれに先立つ数日の祭礼には，多くの参拝者と観光客で賑わう．現在のスリランカ政府は，民族紛争の緩和のために，この地を仏教，ヒンドゥー教にとどまらず，超宗教的な公園都市として整備している．マハデワレのある聖域の南を流れるマニック川の対岸は，バスターミナル，警察署，郵便局，銀行，そして数多くの宿泊施設が立地する市街地となっている．また東3 kmには野生動物の保護区であるヤーラ国立公園がある．

［山野正彦］

ガダルカナル島　Guadalcanal Island

ソロモン

イサタンブ島　Isatabu Island（古称）

人口：9.4万（2009）　面積：5353 km²

標高：2447 m　長さ：160 km　幅：48 km

[9°27′S　159°58′E]

南太平洋西部，メラネシア，ソロモン諸島中部，ガダルカナル州の島．首都ホニアラがあり，国内最大の島で島全体が厚い熱帯雨林に覆われる．島の中央部に国内最高峰のポポマナスウ Popomanaseu（標高2335 m）とマカラコンブル Makarakomburu（2310 m）という2000 m級の山がそびえ，歴史的に南部と北部との間における人びとの往来を妨げてきた．また気候的にも，とくに南部沿岸地域一帯では年平均降水量が5000 mmに達することから一般にウェザーコーストとよばれ，比較的おだやかな北部地域とは明確に異なる．島の人口の約65％が北部に居住する．また南東部マラウ地域の人びとは，17世紀から19世紀の間に近隣のマライタ島南部から移住してきた人びととの子孫で，現在でもマライタ人としてのアイデンティティをもつ．

330 カタル

〈世界地名大事典：アジア・オセアニア・極I〉

生業はおもに焼畑耕作による根栽類や緑黄色野菜などの栽培，沿岸部における小規模漁業である．自給用のほかに，一部ホニアラや近隣の市場でも販売する．島には，ソロモン諸島最大のアブラヤシ油生産・輸出会社のプランテーションや金鉱，商業伐採地のほか，外国人客向けのリゾート観光地もある．第2次世界大戦における日米の激戦地として著名であり，戦跡も重要な観光スポットになっている．

島がヨーロッパ世界に知られるようになったのは，スペイン人の探検家アルバロ・デ・メンダーニャが1568年4月9日に同島に到達したことに始まる．地名は，島を最初に目撃した同船の司令官ガレゴが，後にみずからの出身地であるスペイン南部ワディアルカナルの村名から命名した．当時ペルーやチリなどでは，西方のどこかにソロモン王の失われた島々（黄金郷）があると信じられ，メンダーニャの航海もその探索を目的としていた．メンダーニャは第2回目の航海で現在のソロモン諸島テモツ州に属する島で客死した．その後，ヨーロッパ人がガダルカナル島に上陸することはなかったが，19世紀後半になると，交易船，捕鯨船，キリスト教宣教師，入植者，植民地行政官などが訪れるようになり，現在にいたるヨーロッパ世界との恒常的な接触が始まった．

1956年以降，とくに南部ウェザーコーストを中心とする広い地域で，マカルカ村出身の伝統的政治リーダー，モロによる一種の伝統回帰運動（モロ運動）が活発化した．これは，島（運動参加者はイサタンブ島とよぶ）の歴史や伝統的慣習に対する理解を通じてみずからの文化的アイデンティティを確立し，島民自身がガダルカナルの土地や資源を主体的に利用して現金収入の増加につなげ，現在の生活状態を改善することを目的としていた．その思想は，1998年末に島民と近隣のマライタ島出身者との間で勃発した民族紛争においても，ガダルカナル側武装集団の主張に盛り込まれた．第2次世界大戦後にホニアラがイギリス領ソロモン諸島の首都になって以来，ガダルカナル島はソロモン諸島の政治や経済の中心であり続けている．しかし，その近代的恩恵がマライタ島民に集中し，その結果，島内におけるマライタ出身者の増加やマライタ島民の買収地が拡大してしまった現実に危機感を抱くようになった．ガダルカナル島民の開発参加，あるいは「近代」へのより主体的な参加が，同島における主要課題の1つとなっている．　　　　　　［関根久雄］

カタルマン　Catarman　　　フィリピン

カラトマン　Calatman（古称）

人口：9.4万 (2015)　面積：464 km²
[12°30′N　124°40′E]

フィリピン中部，サマール島北部，北サマール州北部の町で州都．太平洋岸に面した町である．10〜1月に雨が多く，5月が乾燥するが，雨季，乾季ははっきり分かれていない．おもな言語はワライ語である．農産物としては米，ココナッツ，バナナ，トウモロコシ，サツマイモ，麻，砂糖などが生産される．製造業はブロック，排水渠生産，金属加工，家具，帽子生産などが行われる．16世紀にスペイン支配が始まる前，サマール島はミンダナオから広がる広大なマギンダナオ王国の一部であり，イババオ族が支配していた．スペイン統治期もサマール島はイババオ州とよばれ，カタルマンも同州の一部だった．

カタルマンには1649年，イエズス会がキリスト教を伝えた．だが，1768年，スペイン王チャールズ3世はイエズス会を海外全領土から追放，そのため，フランシスカン派がカタルマンを含め，サマールでの布教を担当するようになった．そして，1852年，町は正式に発足した．また，1898年，アメリカ軍がカタルマンに上陸した際，ビセンテ・ルクバン将軍に率いられた住民は大砲，ライフルで武装した侵略軍に対して，ナタや自家製の銃を用いて抵抗．敗退したが，住民はその後もゲリラ作戦を通じて，アメリカ軍をてこずらせた．太平洋戦争中も日本の占領に対して，住民は自発的にゲリラ軍を組織し，果敢に抵抗した．戦後，1963年サマールを3州に分けるという共和国法が議会で承認された．1965年住民投票でも承認された．こうして，東サマール州，北サマール州と並んで，サマール州が誕生し，カタルマンが州都と定められた．その後，町の人口も増加し，住宅や商業用地も増えていった．　［佐竹眞明］

ガダン山　Gadang, Gunung ☞ クリンチ山 Kerinci, Gunung

カタンギ　Katangi　　　インド

人口：1.5万 (2001)　標高：442 m
[21°46′N　79°47′E]

インド中部，マッディヤプラデシュ州バラガート県西部の都市．ムンバイ（ボンベイ）の東北東約790 km，州都ボパールの南東約300 kmに位置する．デカン高原サトプーラ山系東部の盆地状の平坦地にあり，周囲の農村の中心地となっている．周辺ではマンガンなどの鉱産資源を産する．県都バラガートから延びる狭軌鉄道の終着駅がある．
　　　　　　　　　　　　　　　　　　［友澤和夫］

カタンドゥアネス州
Catanduanes, Province of

フィリピン

コボス島　Cobos Island（古称）

人口：26.1万 (2015)　面積：1492 km²
[13°38′N　124°13′E]

フィリピン北部，カタンドゥアネス島，ビコール地方に位置する州．州都はビラック．南カマリネス州の東にあり，フィリピンで12番目に大きな島である．マケダ海峡とラゴノイ湾によって，ビコール半島から切り離されている．地名の由来はタンドゥとよばれるビンロウジュが多いという説，サンドンという木が多いので，カサンドゥガンとよばれたのが，16世紀スペイン人によって発音を変えられたという説がある．最初のカトリック教区は1601年，島北西部のカラモランCaramoran に，ビラックには1775年設けられた．19世紀にはアルバイ州の下部州として統治された．太平洋戦争後，1945年10月コモンウェルス法687号によって，アルバイ州から分離し，独立した州になった．おもな言語はビコラノ語である．12月にはキリストの父，母がベツレヘムで宿を求めた伝えにもとづくカグハロンというカトリック行事がある．ブララン Puraran やイガン Igang では白い砂浜も美しく，サーファーに人気を博す．　　　　　　［佐竹眞明］

カチェピ　Kacepi　　　インドネシア

[0°04′S　129°26′E]

インドネシア東部，ゲベ島中部，北マルク州の町．ゲベ島は，ハルマヘラ島東部の町パタニから南東約50 km，ジャイロロ海峡をはさんでハルマヘラ海上に位置する．赤道直下の町である．国内有数のニッケルの産地であり，その多くは日本やオーストラリアへ輸出されていた．しかし，2004年末に採掘を終了した．　　　　　　　　　　［畝川憲之］

カチャワール半島　Kathiawar Peninsula

インド

面積：64750 km²　　　　[21°58′N　70°30′E]

インド中部の西海岸の半島．アラビア海に面して，西のカッチ湾と東のカンバート湾にはさまれている．ほとんどがグジャラート州に含まれるが，半島南端の干潟でつながった小島ディウのみは，かつてポルトガルの支配を受けた地域で，ダマンディウ連邦直轄地に属する．沿岸部を除く半島の大部分は，デカン洪水玄武岩とよばれる中生代末から新生代初めにかけての玄武岩質溶岩流で覆われている．地形は全体に平坦であるが，半島中央部は丘陵性で，ほとんどが 300 m 以下の標高となっている．南部の丘陵地はギル Gir 丘陵とよばれ，半島で最も高い孤立峰のギルナール Girnar 峰（標高 1117 m）がある．自然植生の大部分は乾燥性の低木林で，北西部では一部が有刺低木林となっている．ギルナール峰の周囲は熱帯乾季落葉樹林に覆われている．半島北部のカッチ湾奥は，小ラン Little Rann とよばれる広い湿地が広がっている．この湿地は，西のパキスタン国境に広がるラン Rann（カッチ湿地）に続いている．一方，東のカンバート湾奥にも広い干潟と低地があり，湖や湿地が広がる．

半島の中央部にあるラージコートは，半島最大の都市である．このほか，カッチ湾側にジャムナガル，カンバート湾側にバーヴナガル，南西海岸にポルバンダル，南部中央には歴史的な都市ジューナーガドなどの都市がある．南端に近い海岸には，有名な寺院で知られるソムナートの町がある．半島では農業が主体で，綿花，小麦，キビ類が主作物である．化学工業も発達しており，ボーキサイト，セメント，塩水からとる塩の製造，採石などが行われている．半島西端のオカ Okha は主要な港である．　　　　　　[大竹義則]

カチン州　Kachin State

ミャンマー

人口：169.0 万（2014）　面積：89041 km²
[25°23′N　97°24′E]

ミャンマー最北部の州．州都はミッチーナ．州名の由来となったチベット・ビルマ語族のカチン族（人口約 120 万）が最大多数を占める州である．このほか，チン，ビルマ，シャン，ナガなどの少数民族が分布する．カチン族は中国ユンナン（雲南）省から 11 世紀以降に南下してきたが，その流れが最も大きくなったのは 15 世紀といわれる．独自言語をもつが，チベット・ビルマ語派に属し，自称はジンポー（景頗）族である．形質的には古モンゴロイドである．文字はアルファベット表記である．織物技術にも長けている．エーヤワディ川やその支流であるタンルウィン（チンドウィン）川流域の山地・丘陵に濃密に分布する．南部は温暖で年平均降水量も多い（ミッチーナで 2000 mm）だが，北部は高山地域で，冬季には氷点下になり，東南アジアでは唯一降雪がみられる．

州はミッチーナ県，バモー県，プータオ県，モーニイン県の 4 県から構成される．人口密度は 19 人/km² と，チン州に次いで少ない．国内最高峰のカカーボラージー山（標高 5881 m）や第 2 の高峰ガンランラージ山 Ganlan Razai（5834 m）が最北部のインド国境にある．しかし，北部は 1973 年センサスの 73.8 万人と比べると 2.2 倍と，国内の地方（旧管区）および州の中でも最も高い人口増加率を示す．元来は焼畑耕作による陸稲，トウモロコシ，粟，ソバ，サトウキビを栽培する山地民で，アヘン栽培が導入されて商業化した．山地ではチーク材も重要な商品となっている．より標高の低い南部の谷あいにはシャン族やビルマ族が居住する．両者は経済的・文化的に共生関係にある．飛行場はミッチーナと北のプータオにある．インド北部のアッサム州のレド Ledo からパートカイ丘陵を越えてシンブミャング Symbmiyang，モーガウンにいたるレド道路が州内を走る．

イギリスによる植民地支配以前に，この地域のカチン産のヒスイはその多くが中国向けであり，華僑がその主導権を握り，カチン族の人びとを雇って川の泥から採取した．ビルマ建国当初は北の中国との国境は画定されておらず，中国政府はカチン州の北半分（中国名，江心坡）を領土として主張していたが，1960 年の中国・ビルマ間の中緬辺界条約でビルマ領が確定した．中国産翡翠はネフライト（軟玉），ミャンマー産はジェダイト（硬玉）とよばれる．成分と硬度が異なり，硬いカチン産翡翠，とりわけ翡翠輝石は最高級とされる．その多くが華人ネットワークによって国境で取引されている．ミッチーナ県パカント Hpakant にその最大の鉱山があり，ブームタウンとなっている．

鉱山開発にともなう環境問題には配慮されず，近年，水害や地すべりが頻発し，2009 年，15 年には多くの死者が出た．鉱山からの廃棄物が積み上げられ，川に鉱山からの廃液が排出されるなど深刻な環境問題を起こしている．一方，この地はカチン独立戦線（KIA）とミャンマー国軍の宝石利権をめぐる政争の場となった．1990 年代には KIA がこの地を掌握し軍事衝突も起こったが，その後政府と休戦協定が成立した．以後は香港，中国，シンガポールの企業が採掘を行っていたが，近年はミャンマーの民族資本や少数民族軍が掌握している．

カチン族の間では末子相続が行われ，各氏族（クラン）は首長をいただき，一定の領域を支配するが，明確な境界はもたず，互いの領域が重なり合うことも多い．宗教は 2014 年の統計上は仏教が 64.0%，キリスト教が 33.8% を占め，以下，イスラーム教 1.6%，ヒンドゥー教 0.4% と続く．もともとは祖霊信仰であったが，イギリス植民地時代に宣教師によってカチン族の多くがキリスト教徒（その大部分がプロテスタント）に改宗した．仏教徒の多くはビルマ族，シャン族である．

カチン族軍隊はビルマ軍の主力を構成し，1962 年のネ・ウィン政権によるビルマ連邦憲法の一方的な廃止にともない，カチン族の軍隊は撤退してカチン独立機構（KIO）の指揮下にカチン独立軍（KIA）を組織した．主要都市のミッチーナと鉄道沿線を別とすれば，カチン州は 1960 年代中頃から 94 年まで事実上独立状態となり，経済は密輸，中国との翡翠貿易，麻薬で成り立っていた．1994 年にミャンマー軍が攻撃して制圧後に平和条約が締結されたが，KIO は州の大半の実効支配が許されている．2011 年には政府軍とターペイン Ta-pein の水力発電所をめぐってふたたび内戦が勃発して難民が発生し，その後の政治的状況は非常に不安定な状態に置かれている．現在では，経済的に中国の西南部との国境を越えた経済交流が盛んになっている．この停戦は，直ちに KIO や KIA によるミャンマー軍事政権との偽和平合意に反対する数多くの分派の形成という結果をもたらした．　　　　　　　[野間晴雄]

カチン丘陵　Kachin Hills

ミャンマー

面積：50000 km²　標高：3411 m
[26°41′N　97°14′E]

ミャンマー北部，カチン州とサガイン地方（旧管区）にまたがる丘陵．丘陵としては国内最北端に位置し，カチン州内では北東部のミッチーナ県とバモー県を含み，面積は州の約 55% を占める．エーヤワディ川上流のマリカ川，マイカ川流域にあたり，マイカ川の西にはクモン山地が南北に広がり，その南にはピータウン野生動物保護区が広がる．西のインド国境にはナガ山地とパートカイ丘陵が走り，北にはユンナン（雲南）高原がある．最高

峰はブムパブン Bumpha Bum 山 (標高 3411 m) である. 中心都市の州都ミッチーナにはヤンゴンおよびマンダレーから鉄道が通じ, 住民の多くをアッサムのシンポー族, 中国雲南省のジンボー族と同系統のカチン族が占める.　　　　　　　　　　　[野間晴雄]

ガッシャブルム山　Gasherbrum

中国/パキスタン

Gusharbrum (別表記)

| 標高：8068 m | [35°44′N　76°42′E] |

中国とパキスタンにまたがる山. 中国のシンチャン (新疆) ウイグル自治区とパキスタンのギルギットバルティスタン州との国境近くに位置するカラコルム山脈ガッシャブルム山塊の一連の山をさす. 最高峰のⅠ峰 (標高 8068 m) は世界第 11 位の高峰で, 次いでブロードピーク (K 3) の 8051 m, Ⅱ峰の 8035 m と続き, 8000 m 峰 3 座を有する山塊である. Ⅰ峰は主要なアプローチルートであるバルトロ Baltoro 氷河の奥に位置し, Ⅱ〜Ⅵ峰にさえぎられ山体がみえないことからヒドゥンピーク (Hidden Peak) ともよばれる. 山名はチベット語で輝く峰の意味であるといわれるが, バルティ語 (現地のチベット語方言) では美しい山を意味するともいう. Ⅰ峰は 1958 年にアメリカ隊, Ⅱ峰は 1956 年に, ブロードピークは 1957 年にオーストリア隊がそれぞれ初登頂を果たした.　[出田和久]

カッターダム　Cotter Dam

オーストラリア

| 堤高：50 m　貯水量：78 百万 m³ |
| [35°19′S　148°56′E] |

オーストラリア南東部, 首都特別地域, 首都キャンベラ市にあるダム. カッター川の水を貯水したもの. 1912 年, キャンベラが設立された際に, 首都への水源供給のために建設された. カッターダムからストロムロ山にいったん水が引き上げられ, そこから重力によってキャンベラ市内の貯水池に水が供給されるシステムとなっている. 2003 年のキャンベラ山火事による水質低下により, 干ばつなどの非常時にしか利用されていなかった. しかし拡張工事によって, 2013 年には 78 Gl (7800 万 m³) の容量を備えたダムが完成した. また周辺はキャンプ場や遊歩道などが整備され, キャンベラでも有数のレクリエーションスポットとなっている.　[葉 倩瑋]

カッタイ　Cattai

オーストラリア

| 人口：0.1 万 (2011)　面積：23 km² |
| [33°34′S　150°54′E] |

オーストラリア南東部, ニューサウスウェールズ州中央東部, ザヒルズ行政区およびホークスベリー行政区にまたがる地域. 州都シドニー中心部の北西約 60 km に位置している. かつては, 先住民のダルク (Dharug) が居住していた地域で, 1800 年頃からヨーロッパ人が入植した. シドニーの近郊にありながら, ホークスベリー川やミッチェルパーク, カッタイ国立公園をはじめとする豊かな自然環境が残されており, キャンプやバーベキュー, カヌー, コイ釣りなどのアウトドアを楽しむことができる. このため, シドニーからは日帰りや週末を利用した観光客が多数訪れている.　　　[笹本裕大・落合康浩]

カッタクルガン　Kattakurgan

ウズベキスタン

Kattaqo‘rg‘on (別表記)

| 人口：10.0 万 (2012) | [39°54′N　66°15′E] |

ウズベキスタン中央部, サマルカンド州西部の都市. 州都サマルカンドの西北西 64 km, サマルカンド国際空港の北西 66 km, ナヴォイ国際空港の南東 95 km に位置し, ゼラフシャン川の南支流カラダリア川に近い. 南には 1948 年に完成した, ウズベク海として有名なカッタクルガン貯水池があり, ゼラフシャン川と運河で結ばれている. 17 世紀から知られていた. ウズベク人のほかロシア人, タタール人, クリミア・タタール人が住む. ソ連崩壊後, ロシア人は減少している. 綿花地帯で綿花精製, 綿実油採油が産業の中心であり, 食品加工, 芸術陶器などもある. 油脂コンビナートがある.　[木村英亮]

カッダロール　Cuddalore

インド

Kudalur (別表記)

| 人口：17.4 万 (2011) | [11°43′N　79°46′E] |

インド南部, タミルナドゥ州東部, カッダロール県の都市で県都. プドゥシェリー (ポンディシェリー) の南に位置する. カッダロール県は, 元サウスアルコット県の南部分が分離して 1993 年につくられた新しい県で, 人口は 260.6 万, 面積は 3703 km² (2011). 県名には一時期サウスアルコットバラレールが用いられた. カッダロールは, ベンガル湾に面するタミルナドゥ州の主要港の 1 つであ

り, ラッカセイならびにその加工品や綿織物を輸出している. また漁業および造船業が盛んである. カッダロールの市街は, 海岸部にあり商業の中心地である旧市街地区, ガディラム川の南岸にある新市街地区, ガディラム川北東岸にあり官庁街であるマンジャクッパム地区, ガディラム川北岸のセントデーヴィッド城跡地区の 4 つの地区からなる.

[南埜 猛]

カッタンクディ　Kattankudi

スリランカ

| 人口：4.0 万 (2012)　面積：6.5 km²　標高：9 m |
| [7°41′N　81°44′E] |

スリランカ, 東部州バッティカロア県の都市 (UC). 県都バッティカロア市街地から国道 A 4 号で南東約 5 km に位置する, ヤシの街路樹が茂る道路の両側に商店などの立ち並ぶ商業中心地である. 町の西部のラグーン (潟湖) と東部のベンガル湾にはさまれた砂州上に立地する. 人口密度は国内最大級である. 住民のほぼ 100％がイスラーム教徒のスリランカ・ムーア人で, 南東約 35 km にあるアンパラ県カルムナイと同じく, 17 世紀にポルトガルがコロンボに侵入してイスラーム教徒を追放し, 人びとはキャンディ王の農場であったこの地に移住させられたという来歴による. 2004 年のインド洋大津波では病院が破壊されるなど大きな被害を受けた.

[山野正彦]

カッチ湿地　Katch, Rann of

パキスタン/インド

Cutch, Rann of ； Kutch, Rann of (旧表記) / Kachchh, Rann of (別表記)

| 面積：27000 km²　標高：5 m　長さ：400 km |
| 幅：190 km | [23°53′N　70°13′E] |

インド西部グジャラート州の北部およびパキスタン東部のシンド州南端部を占める広大な塩性湿地 (ラン). 北側のタール砂漠に接する半乾燥地域にあり, 季節によって水域の面積を大きく変える. 古くはヒマラヤ山脈に源をもつガガール Ghaggar 川が流入したり, インダス川も流入することがあったデルタ地帯だったが, 河道の変化に加えて, しばしば起こる地震とともにわずかに沈水し, 浅い潟湖をつくった. 湿地の広がりから, 大カッチ湿地, 小カッチ湿地に二分される. 前者は, タール砂漠との境に沿って東西に約 360 km, 南北最大幅約 80 km の範囲に広がる. 後者はバンニ Banni 草地とよばれる広い離

水地域を隔てて南東側に東西150km, 南北最大幅50kmで広がる．いずれも乾季のたびにくり返される激しい蒸発散作用によって塩が白く凝結し，塩湖特有の地形景観をつくっている．ただし，夏のモンスーン季には降水もみられるため，離水域には草地が広がる．ツル，ペリカン，フラミンゴなどの渡り鳥の大群が飛来するとともに，ニルガイ(Nilgai)，インドノロバ，インドオオカミ，サバクギツネなどの動物相も豊かとされ，いくつもの野生動物保護区が設定されている．大カッチ湿地のカディール島には，インダス文明にさかのぼるドーラビーラ遺跡がある．

［貞方　昇］

カッチ湾　Katch, Gulf of　インド
Cutch, Gulf of ; Kutch, Gulf of (旧表記) / Kachchh, Gulf of (別表記)

長さ：177 km　幅：16〜64 km
[22°36′N　69°30′E]

インド西部，アラビア海に面した湾．パキスタン国境に近く，グジャラート州西部で西に口を開け東に延びる湾で，北のカッチ県と南のカチャワール半島の間にある．両岸と湾奥部は，大部分が干潟からなる．湾奥部は，湾の面積にも匹敵する広い湿地帯（小ラン，小カッチ湿地）へと続く．湾内には，ノラ Nora島やバーイダル Bhaidar島など多くの島がある．インドで最初に指定された，42の島々からなる海上公園（ジャムナガル県，面積458 km²）がある．マンドヴィ，ナヴラキ Navlakhi，ベディ Bedi，オカ Okhaなどの港がある．

［大竹義則］

カッチャル島　Katchall Island　インド

人口：0.3万 (2011)　面積：147 km²　長さ：19 km
幅：12 km　[7°58′N　93°22′E]

インドの東方，アンダマンニコバル諸島連邦直轄地南部，ニコバル諸島の島．北西–南東方向に延びる．ニコバル諸島のほぼ中央部を占めるナンコウリ群島にある．諸島内では大ニコバル島に次いで2番目に面積が広い．東には幅7 kmのレヴェロ Revello海峡をはさんで，同じ群島に属するカモルタ島やナンコウリ島があり，南には幅約50 kmのソンブレロ海峡をはさんで大・小ニコバル島がある．2004年のスマトラ島沖地震の津波によって，南西側や北東側の入江を中心に大きな被害を受けた．

［大竹義則］

カットバー島　Cat Ba, Dao　ベトナム

面積：140 km²　[20°48′N　107°03′E]

ベトナム北部，ホン川(紅河)デルタ，ハイフォン中央直属市の島．ハロン湾に位置する最大の島で，石灰岩からなり，急峻な崖や巨石の周囲に砂浜が広がる．オナガザルの一種であるカットバーラングールやジャコウネコ，リスなど希少な動物の生息地であり，島の約半分がカットバー国立公園になっている．海岸にはホテルが並び，国内外の観光客を集める．2004年にはユネスコの生物圏保護区に指定された．

［池口明子］

カディ　Kadi　インド

人口：5.6万 (2001)　[23°18′N　72°20′E]

インド西部，グジャラート州マヘサーナ県の都市．住民構成では，敬虔なヒンドゥー教徒であるパテル（ジャーティの一種）に属する人口の割合が高い．周辺で栽培される綿花を利用した綿工業が盛んであり，インドを代表する綿工業都市の1つとなっている．ほかの産業としては，レモンや野菜の栽培が特記されるほか，窯業も知られている．また，アーメダーバードから北西に直線で約70 km，自動車で約2時間の距離にあるため，将来的な発展も期待されている．

［友澤和夫］

カティカティ　Katikati　ニュージーランド

人口：0.4万 (2013)　[37°33′S　175°55′E]

ニュージーランド北島，ベイオブプレンティ地方の町．タウランガ湾に面し，最も近い都市は南東40 kmのタウランガである．1875年にオレンジ結社を通したアイルランドからの移民によって入植が始められた．当地はニュージーランド土地戦争後に中央政府がマオリから没収し，移民に与えた土地である．ヨーロッパ人の入植後は，近隣のワイヒ金鉱の発見で活況を呈した．1990年代に地域活性化の一環として壁画アートが製作され，現在では壁画アートの町として有名である．なお，地名は，酒をちびちび飲むという表現などで使われるちびちびにあたる言葉といわれている．

［林　琢也］

カディス　Cadiz　フィリピン

人口：15.5万 (2015)　面積：525 km²
[10°55′N　123°20′E]

フィリピン中部，ネグロス島北部，西ネグロス州の都市．シライ山北斜面と山麓および北岸一帯からなり，東をサガイ，西をマナプラ，南をシライ，ビクトリアスと接する．ネグロス島の砂糖農園開発は19世紀に（パナイ島）イロイロ出身の資本家により進められ，それにつれて多くの農園労働者がパナイ島から渡ってきた．カディスの設立は1861年で，町の中心街および港は町内最北端のティナンパアン川河口に設けられた．当時，そこにやってきたスペイン人がスペイン南西部の

カットバー島（ベトナム），南東部ランハ湾沿いの町並み〔thi/Shutterstock.com〕

カディス港に景観が似ているとしてこの町名を与えた，といわれる．アメリカ植民地時代に近くで木材会社 2 社が操業していて，町は一時的繁栄を経験した．

町の人口は 1960 年に約 9 万と多く，67 年には市に昇格した．しかし，市域面積は広大なのに対して現在の人口は 15.5 万 (2015) であるから人口密度は 295 人/km² となり，都市化の程度は非常に低い．このあたりはネグロス島のサトウキビ生産の中心地であって，沿岸部からシライ山山麓まで延々とサトウキビ畑が続く．カディス市では，現在，農地面積の 2/3 がサトウキビ栽培にあてられている．西隣のマナプラにマナプラ製糖工場があって，そこから延びてきたトロッコ用レールが市域内を縦横に走るが，これは収穫後サトウキビの糖度が落ちないように敏速に工場に運び込むためである．市中心街は国道から 3 km ほど海岸に向かって進んだところに位置する．その東端のカディス港からは，セブ島北部のバンタヤン島に向けてフェリーが運航している．　　　　　　　　　　[梅原弘光]

カディナ　Kadina　　オーストラリア

人口：0.3 万 (2011)　　　　[33°58′S　137°43′E]

オーストラリア南部，サウスオーストラリア州南東部の町．ヨーク半島北西部，州都アデレードの北西 150 km に位置する．かつては銅の採鉱，精錬で賑わいをみせた鉱山町である．現在は，牛，羊の放牧と小麦などの穀物栽培を主とする農業の中心地となっている．この地で銅鉱が発見されたのは 1859 年のことで，牧羊業者のジェームス・ブーアによってである．しかし，彼が発見したのはウォルター・ワトソン・ヒューズらのリース地であったため，その採掘権はヒューズが獲得することになった．ヒューズは現在のウォラルーにあった自分の牧場の名にちなんで，この鉱山をウォラルー鉱山と名づけ，同時に鉱山会社を設立した．銅鉱の採掘が始まったのは，翌 1860 年のことであり，これとともに町も植民地政府の手によって計画され，翌 61 年，正式に成立した．付近には，その後マッタ，ビンゴ，ニューコーンウォルなど数多くの鉱山が発見されたがその多くはウォラルー鉱山会社に取得されていった．

1862 年に町は馬車鉄道によって西約 10 km に位置するウォラルーの港と結ばれ，78 年にはアデレードと鉄道によって結ばれた．銅鉱は，近くのウォラルーやムーンタでも発見され，カディナを合わせた 3 つの町は，小

コーンウォルのトリオとよばれた．それは，イギリスのコーンウォル地方からやってきたコーニッシュとよばれる鉱山労働者が非常に多かったからである．ウォラルー鉱山を中心とする銅鉱の産出は 1860 年代，70 年代と順調に増加した．この鉱山の鉱脈は，東西 1000 m，深さが最大 850 m にも及んでいた．1870 年代末から 80 年代にかけては，一時，生産コストの増加や銅価格の低迷などによって産出量は伸び悩んだが，1900 年以降は機械化，近代化を大幅に進めることによって，大規模な採掘が行われた．しかし，第 1 次世界大戦の終結までは銅鉱の需要も順調であったが，戦争後は銅価格が急激に下がり，カディナの鉱山も直接の影響を受けることになった．さらには，ニューサウスウェールズ州などの炭田におけるストライキが頻発し，燃料不足を招いたことも，致命的な出来事となった．結局，カディナの銅鉱山は 1923 年でその操業を終えることになり，1860 年以来 63 年間にわたった採掘の歴史を閉じた．

現在，町には 1860 年代に建てられた展覧会場や石造りのホールなどが残っている．地名は，この地域にかつて住んでいたアボリジニのナランガ (Narrunga) の言語で，トカゲのいる平野を意味する．　　　　　[片平博文]

カティハール　Katihar　　インド

人口：22.6 万 (2011)　標高：20 m
[25°32′N　87°35′E]

インド北部，ビハール州カティハール県の都市で県都．コルカタ（カルカッタ）の北約 330 km に位置する．市の南 25 km をガンガ（ガンジス）川が流れており，それに注ぐ支流沿いの微高地に形成された都市である．雨季には水害を被ることもある．住民に占めるムスリムの比率が約 43%（県レベル）と，インド平均の 13% を大きく上回り，市内にもマスジッドなどイスラームに関係する文化施設が多い．カティハール県は東側がウェストベンガル州，南側がジャルカンド州に接しており，また市の中心からネパール国境へは北約 100 km，バングラデシュ国境へも東約 80 km の距離である．この位置的条件により，鉄道交通の要衝となっており，ガンガ川の北岸を走る幹線鉄道からネパール方面，またバングラデシュ方面に向かう鉄道が分岐している．カティハール駅は 6 線の乗換駅であるほか，ノースイースト・フロンティア鉄道の地区本社が置かれている．道路交通面では国道 81 号が通過するが，鉄道交通ほどには恵まれていない．市内にはジュート工場や製粉工

場が所在し，周辺農村では米作を中心とした農業が営まれている．　　　　　[友澤和夫]

カトゥア　Kathua　　インド

人口：5.2 万 (2011)　降水量：1088 mm/年
[32°37′N　75°52′E]

インド北部，ジャンムカシミール州カトゥア県の都市で県都．州の南西端に位置し，パンジャブ州との州境近く，ラーヴィー川の右岸に位置する．冬の州都であるジャンムの北 88 km にあり，路線バスが 2.5 時間で結んでいる．地名の語源は，この地方のドグラ語で，サソリを意味する．パンジャブ地方からカシミールへ向かうルートの玄関口にあたる要衝の町である．住民の多くがこの地方の山岳民族であるドグラ族で，シク教徒が多いパンジャブ州に接しているにもかかわらず，ヒンドゥー教徒が 85% と圧倒的に多い．かつては，イスラーム神秘主義のスーフィー教文化の中心地で，いまもその寺院が残っている．　　　　　　　　　　　[中山修一]

カドゥウェラ　Kaduwela　　スリランカ

人口：25.2 万 (2012)　面積：87 km²
[6°57′N　79°59′E]

スリランカ，西部州コロンボ県の都市 (MC)．コロンボ市街地から東約 16 km に位置する衛星都市の 1 つである．2011 年に市制が施行された．カドゥウェラのほか，バッタラムッラ Battaramulla，アツルギリヤ Athurugiriya などの主要集落からなる．人口の 95.7% がシンハラ人である．1980 年代から都市化が著しくなったが，小農の農地も依然，残っている．市の北側をキャラニ川が流れ，南部には 3 つの池があり，市域の西部を南部地方へ向かう高速道路が縦断する．
[山野正彦]

カードウェル　Cardwell

オーストラリア

人口：0.1 万 (2011)　面積：4.9 km²
[18°15′S　146°03′E]

オーストラリア北東部，クイーンズランド州中央北部，カセウェアリーコースト地域の町．ケアンズとタウンズヴィルの間に位置する．この地域では最も古い町の 1 つで，1864 年に建設された．地名は，植民地相であったエドワード・カードウェルにちなんでつけられた．カードウェル郡区の行政中心地は 1920 年代後半にタリーに移動した．砂糖

産業とバナナなどの熱帯果樹の栽培，漁業などがおもな産業である．グレートバリアリーフと湿潤熱帯雨林という2つのユネスコ世界遺産(自然遺産)に隣接しており，観光業も盛んである．　　　　　　　　　[秋本弘章]

カドゥガンナワ　Kadugannawa

スリランカ

人口：1.3万(2014)　標高：610 m
[7°15′N　80°31′E]

スリランカ，中部州キャンディ県の都市(UC)．県都キャンディの西約20 kmに位置する．コロンボ～キャンディ間を結ぶ国道A1号が，峠のヘアピンカーブを上がってキャンディ高地上に達したところにあり，道路沿いに商店などが立ち並ぶ．この道路はイギリスがキャンディ王国を倒してスリランカ全土を植民地化した1815年直前から建設され，22年に完成した．イギリスは宗主国の技術水準の高さを誇示するために，峠の坂道に岩をくり抜いたトンネルをつくり，マハウェリ川に鉄橋をかけた．また1867年にはコロンボ～キャンディ間の鉄道を完成させ，カドゥガンナワにも駅が設置された．町の道路沿い南側に立つ塔は，道路を建設したイギリスのウィリアム・フランシス・ドーソン大佐を顕彰するためにイギリス総督によって1832年に建てられたものである．また，スリランカでは伝統的に主要道にアンバラマという旅人のための休憩所が設置されていたが，カドゥガンナワにあったものは美麗で旧態を残すので，国家遺産に指定され保存されている．　　　　　　　　　[山野正彦]

カトゥナヤカ　Katunayaka

スリランカ

カタナヤカシードゥア　Katanayake-Seeduwa
(正称)

人口：6.1万(2012)　標高：17 m　気温：27.9℃
降水量：1691 mm/年　[7°09′N　79°52′E]

スリランカ，西部州ガンパハ県の都市(UC)．正式な行政自治体の名称はカタナヤカシードゥアである．バンダーラナヤカ国際空港の所在地で，国内最大都市コロンボの北約34 kmに位置し，2013年に開通した高速道路(E 03，延長25.8 km)を経由して，車で約40分である．スリランカ国鉄線も空港に乗り入れているが，コロンボとの旅客列車の本数は少なく，長時間を要するので，空港バスが便利である．空港周辺地域には数多くのホテルが立地するほか，1970年に空港に隣

接する自由貿易特区が設けられ，多くの雇用を生み出している．コンデンサーや電子部品などを製造する日系企業7社も入居している．2012年の人口は1981年と比較して約2倍に増加した．　　　　　　　[山野正彦]

かとうへいげん　河套平原 ☞ ホータオ平原 Hetao Pingyuan

ガドゥボル　Ngadu Mbolu

インドネシア

[9°23′S　119°45′E]

インドネシア中部，小スンダ列島，スンバ島北部，東ヌサトゥンガラ州スンバトゥンガ県ウンブラトゥガイ郡の村．スンバ海に面する．郡に属する22の村の1つである．山がちな地形だが，川沿いに集落が広がっている．少数言語の1つ，マンボル語が話されている．　　　　　　　　　[塩原朝子]

カドゥリークリーク　Cudlee Creek

オーストラリア

人口：473(2011)　面積：44 km²
[34°51′S　138°48′E]

オーストラリア南部，サウスオーストラリア州南東部の町．州都アデレード東部のアデレード丘陵中，アデレードの市街地を流れるトレンズ川上流部の渓谷に位置する．現在は観光地となっている．町にはゴージ Gorge ワイルドライフパークがあり，コアラ，カンガルー，ウォンバットをはじめとするオーストラリア固有の動物と触れ合うことができる．週末には子ども連れの客で賑わいをみせる．また，開拓期の雰囲気を残したチーズ，バターなど乳製品の製造所がある．

[片平博文]

カトゥーンバ　Katoomba

オーストラリア

クラッシャーズ　Crushers (旧称)

人口：0.8万(2011)　面積：19 km²　標高：1000 m
降水量：1407 mm/年　[33°43′S　150°19′E]

オーストラリア南東部，ニューサウスウェールズ州中央東部，ブルーマウンテンズ行政区の町で行政中心地．州都シドニーの西北西約83 kmに位置し，シドニー都市圏の外縁をなす．行政区にはカトゥーンバのほか，ブラックヒース，リューラなどの町が含まれ，

人口7.6万(2011)，面積1430 km²で構成される．地名は，輝き落ちる水または丘の上をころがる水などを意味する先住民の言葉 kadumba または katta-toon-bah に由来し，ジャミソン Jamison 渓谷に落ちる滝がもとになっている．その滝の場所は，もとはウィリアムの煙突やコレットの沼として知られていた．1874年には，石切り場近くの鉄道駅の名称にちなんでクラッシャーズと名づけられた．しかし最終的に，現名称が1877年に採択された．

町の発展の契機となったのは，1841年にジョージ・クラークが石炭の存在を報告したことに始まる．また，油母頁岩(オイルシェール)も町の北西約10 kmに位置するカニンブラ Kanimbla 渓谷で1870年頃に発見された．これら石炭や油母頁岩を運び出すため1876年に鉄道が開通し，79年にカトゥーンバ炭鉱，85年にオイルシェールの採掘が始まった．油母頁岩の採掘は1891年までと長続きはしなかったが，炭鉱は1920年代まで続いたとされる．一方，カトゥーンバとメドロウバス Medlow Bath は，19世紀の終わり頃から観光地として開発された．1882年に建築されたキャリントンホテルは，ヴィクトリア様式のグランドホテルで町の成長に大きな役割を演じた．このホテルと同様に，現在，歴史的建造物として登録されている建物の多くがこの時期に建てられた．1888年建築の連合教会，98年建築のスイスコテージ，97年建築の裁判所などはその例である．

観光地としての賑わいは，1960年代や90年代に一時的に横ばいとなった．しかし現在では，シドニーから電車やバスで2時間程度と比較的近く，ブルーマウンテンズ国立公園が，2000年にユネスコの世界遺産(自然遺産)に登録されたこともあって賑わいをみせる．観光名所として，エコーポイント Echo Point からは先住民の伝説にもとづいた奇岩スリーシスターズを眺めることができる．これは岩にされた後，人間に戻れなくなった3姉妹の悲しい姿であるという．また，トロッコ列車のケーブルウェイ，スカイウェイなどのアトラクションも，町の歴史を知り，ブルーマウンテンズの眺望を楽しませる．とくにトロッコ列車(シーニックレイルウェイ)は，渓谷の底から町まで石炭を運び出すためにかつてつくられた傾斜52度のトロッコを利用したものである．

町は高地にあるため，最寒月の平均最低気温は2.6℃まで下がる．さらに標高の高いところでは冬季に年間5日程度の降雪日があるが，市街地では早朝でも霜が降りることは

多くはない．しかし，年平均降水量は比較的多く，降水日数は133日に達する．このため，観光やブッシュウォーキングでは，霧や雨に見舞われることが多い． ［藁谷哲也］

ガトカエ島　Nggatokae Island

ソロモン

人口：0.3万（2009）　面積：93 km²　標高：887 m
[8°46′S　158°10′E]

　南太平洋西部，メラネシア，ソロモン諸島西部，ウェスタン州の島．ニュージョージア諸島に属する．直径約10 kmの火山島で，マロヴォラグーンの東端に位置し，島の中央部には標高887 mのマリウ山がある．島民の生業は，焼畑によるタロイモやヤムイモ，バナナ，パイナップル，サツマイモなどの栽培が中心である．1990年代には島内で外国系企業による商業伐採が開始され，自然環境や社会に対する否定的影響も出ている．また同じ頃，島の熱帯雨林や村の生活体験をおもな観光資源とする観光業も，一部で始められた．20世紀初頭に植民地統治およびキリスト教の布教が開始される以前，ガトカエの人びとは，カヌー船団を組み，近隣の島々や遠く200 km離れた島へも首狩り襲撃をかけることがあった．それにまつわる伝説や遺跡も観光資源として利用されている． ［関根久雄］

カドク島　加徳島　Gadeokdo

韓国

面積：21 km²　[35°02′N　128°50′E]

　韓国南東部，プサン（釜山）広域市南部沖の島．江西区に属する．周囲約36 kmである．島内の最高峰は標高459 mの烟台峰である．本来はチャンウォン（昌原）郡，義昌郡に属していたが，1989年，当時の釜山直轄市に江西区を設置したとき，キメ（金海）郡の一部とともに編入された．釜山市域とは加徳大橋で，コジェ（巨済）島とは巨加大橋と加徳海底トンネルで結ばれている． ［山田正浩］

カトゴラ　Katghora

インド

人口：1.9万（2001）　標高：300 m
[22°30′N　82°33′E]

　インド中部，チャッティスガル州コルバ県の都市．コルカタ（カルカッタ）の西約600 kmに位置する．西側および北側には山岳丘陵地帯が広がり，そこから流下する河川の河岸に形成された都市である．周辺では，米，小麦などが栽培される．最寄りの鉄道駅は南

東26 kmにある県都コルバである．国道111号が通過する． ［友澤和夫］

ガードナー湖　Gairdner, Lake

オーストラリア

長さ：155 km　幅：40 km
[31°38′S　136°13′E]

　オーストラリア南部，サウスオーストラリア州中央南部の塩湖．エア半島の北側にあり，州都アデレードから直線距離で北西430 kmに位置する．1857年に発見された．北北西－南南東の方向に細長い形をしている．エアハイウェイ沿いのアイアンノブやキンバなどから道が通じている．現地へは4 WDの車が必要である．通常は，湖の南部，西部，北西部を中心に干上がっており，砂や粘土と塩類が混ざったプラヤとよばれる表面がきわめて平らでかたい地形となっている．周辺にまとまった雨が降ったときには湖が満たされるが，むしろそれはまれである．水はおもに湖の南部を東西に走るゴーラー山脈からもたらされるが，大きな流入河川はない．湖には，西部を中心に多くの島がみられる．湖名は，イギリス植民省の上級事務官だったゴードン・ガードナーにちなむ．湖全体は，すぐ北西側に位置するハリス Harris 湖，エヴェラード Everard 湖とともに，1991年ガードナーレーク国立公園（5507 km²）に指定された． ［片平博文］

カトニ　Katni

インド

ムルワラ　Murwara（別称）
人口：22.2万（2011）　[23°50′N　80°24′E]

　インド中部，マッディヤプラデシュ州北東部，カトニ県の都市で県都．カトニ川の自然堤防上に形成された都市で，ムルワラとよばれることもある．この地方の中心都市ジャバルプルの北東約90 kmに位置する．インドの東西南北を結ぶ国内で最も重要な鉄道ジャンクションの1つであり，ジャバルプルを経てムンバイ（ボンベイ）方面に向かう路線，グワリオルを経て首都デリーへ向かう路線，アラハバード経由でハウラーと結ぶ路線，ナーグプル経由でハイデラバード，ベンガルール（バンガロール）方面に向かう路線，ビラスプルを結ぶ路線の5本が通っている．毎日100を超える列車が通り，鉄道従事者も多い．カトニ駅は国内最大級の駅の1つである．道路交通では国道7号が通過するほか，78号の起点でもある．周辺の農村では米や小麦が栽

培されている．また，大理石，石灰石，ボーキサイト，ドロマイト，耐火粘土などの鉱産資源が豊富であり，これらに依拠したセメントなどの工業も立地する．軍の兵器工場も所在する． ［岡橋秀典・友澤和夫］

カトバロガン　Catbalogan

フィリピン

人口：10.4万（2015）　面積：274 km²
[11°46′N　124°53′E]

　フィリピン中部，サマール島，サマール州中部の都市で州都．サマール海に面して，西岸に位置する．古都として，サマール島の中心地として栄えてきた．サマール島はフィリピンでルソン島，ミンダナオ島に次ぐ大きな島であり，サマール州はサマール島3州の中でもいちばん大きい．首都マニラの南800 km，マニラから，マハルリカハイウェイ（通称・日比友好道路）とフェリーを用いて，ビコール地方経由でも到達できる．だが，旅行者にとっては，カルバヨグまでフィリピン航空を利用し，バスに乗り換えて来訪するほうが楽である．主要な言葉はワライ語である．

　16世紀に始まるスペイン統治時代初期，サマール島はセブ教区の下に置かれた．1735年，サマールとレイテはセブから切り離され1つの州となった．州都はレイテのカリガラであった．さらに，1738年，サマールはレイテから分離され，カトバロガンが首都となった．1900年，アメリカ軍はカトバロガンを占領した．1902年には民政に移され，その後，ココナッツ栽培に支えられ，経済も活況をみせる．太平洋戦争による日本占領を経て，1965年，サマール島は3つの州に分離され，北サマール州，東サマール州，西サマール州となった．首都カトバロガンをかかえる西サマール州は1969年，サマール州へと名称を変えた．2007年に共和国法第9391号により，カトバロガンは町から市に昇格したが，最高裁によってその決定は否決された．しかし，カトバロガンと最高裁判決によって影響を受けた15の市は最高裁に再考を求め，2009年12月22日決定は覆された．こうしてカトバロガンは市に昇格した．

　1年を通して雨が降り，とくに9〜10月にかけては台風に見舞われる．サマール島はビサヤ諸島の最も東側に位置するので，台風に襲われるというイメージがある．だが，確かに台風ベルトに含まれているが，サマール州が台風にしばしば襲われているわけではない．過去45年間のデータによると，フィリピンを通過した315の台風のうち，同州を

襲ったのは22％，70にすぎない．年間平均は1.5である．他方，ルソン地域は全体の78％，245の台風に見舞われ，年間平均は5.4に及んでいる．

カトバロガンにはサマール島唯一，マニラやセブから定期船が就航している．そのため，サマール州のみならず，北サマール州，東サマール州からもさまざまな産物が集荷し，商業活動の中心地となっている．

地形をみてみると，サマール州はおおむね山岳地域が多く，カトバロガンの東側にも標高600～800m級の山脈が広がっている．山間地ではココナッツや麻の栽培が盛んである．平野部では住民の90％は米を，10％はトウモロコシや他の根菜を生産している．農業以外をみると，鉱業，木材伐採も行われている．また，東ビサヤ地区で最大の大理石の埋蔵を誇っている．家内工業としては，木工製品，貝細工，麻工芸品などがある．また，サマール海の漁業資源は豊富である．2000年，サマール州は東ビサヤ地域の漁獲の35.6％を占めた．マケダ湾に面したカトバロガンは漁港を中心にした漁業の中心地でもある．干し魚の生産も盛んで，山間部住民やマニラ向けである．クラゲの加工もある．

観光資源も豊かである．カトバロガンの町から南へ約150km，バセイにあるソホトン国立公園は有名である．8.4km²の広大な敷地で鍾乳洞，原生林，滝を訪れることができる．国立公園に行くにはバセイから川を30km，2時間さかのぼる．洞窟は3つある．パンフルガン洞窟には奇怪な形の岩が集まる．ソホトン洞窟には天然の石橋を見下ろせるバルコニーがある．ブグサントレス洞窟には地下水が流れている．池のようになった場所で泳ぐのも一興である．また，カトバロガンからサマール州カルバヨグへ向かう道沿い，ガンダラの町にはバンガハン遺跡，ブランカ・オーロラの滝がある．滝の裏には洞窟があり，濡れることなく，滝の落下を眺めることができる． ［佐竹眞明］

カドマト島　Kadmat Island　インド
Kadamatt, Kadmatt（別表記）/カルダモン島 Cardamom Island（別称）

人口：0.5万（2011）　面積：3.2km²　長さ：9km
幅：0.5km　　　　　［11°13′N　72°46′E］

インドの南西，ラクシャドウィープ連邦直轄地の島．アミンディヴィー諸島中にある．北東から南西方向に細長く延びた環礁（長さ約12km，幅約2km）の南東側の礁原上に位置する細い棒状の島である．平坦で，ほぼ全島がココヤシ林となっており，ココナッツ，コイア（ココヤシの皮の繊維）が生産される．島の石灰岩は建築石材として知られている． ［大竹義則］

カトマンドゥ　Kathmandu　ネパール
カンティプル　Kantipur（古称）/マンジュパタン Manju Patan（古称）

人口：174.4万（2011）　面積：49km²
標高：1300m　降水量：1400mm/年
　　　　　　　　　　　［27°42′N　85°18′E］

ネパール連邦共和国の首都．ネパール中部，カトマンドゥ郡（バグマティ県），カトマンドゥ盆地の中央，バグマティ Bagmati 川北岸に位置する．行政的なカトマンドゥ特別市の市域における人口は100万であるが，バグマティ川をはさんで南に接するパタン（ラリトプル）など連接した都市域を合わせれば174万以上に達する．古くはマンジュパタンともよばれていた．10世紀頃タクリ朝のグナカマデワ王によって，カトマンドゥ盆地のバグマティ川とヴィシュヌマティ Vishunumati 川の合流点付近，標高1324mにカンティプルとして開かれた．地名は，1596年に当時の王ラチミナ・シンによって建立され，1本の木からつくられた木の寺（サンスクリット語でKath：木，mandir：寺）に由来する．先住民としてのモンゴロイド系仏教徒のネワール族に対して，侵入者としてのアーリア系ヒンドゥー教徒が支配者として君臨してきた．しかしネワール族もヒンドゥー教の1つのカーストに組み込まれ，商工業，工芸・手工業の分野で活躍するが，優秀な中級官吏としてもヒンドゥー各王朝を実質的に支えてきた．

カトマンドゥ盆地は，南北20km，東西25kmの低ヒマラヤの山地帯に唯一存在する大規模な盆地である．盆地とはいっても，外縁山地（標高1600～2800m）の外側を流れる河川の谷底高度とカトマンドゥ盆地底との比高は1000m程度あり，直感的イメージは山の上にある浅いカルデラ状の大きな凹地である．しかし地球科学的にはカルデラであるわけはなく，低ヒマラヤの山地上部に大規模な凹地が残されたものである．すなわち，バグマティ川上流域が，中流域のマハバーラト山脈の隆起によって閉塞され，更新世以降，湖沼堆積物によって埋積されたことで発達した．亜熱帯のモンスーン気候帯に属し，6～9月にかけては雨季に見舞われるが，明け方に強い降水に見舞われても日中は晴れ間が覗いていることが多く，だいたいは涼しく過ごしやすい．年平均降水量もマハバーラト山脈の背後，すなわち山影にあることから1400mm程度である．乾季末の5月下旬が最も暑くなるが，ガンジス川沿いの低地部が45℃以上の熱波に襲われても，カトマンドゥは30℃を多少超える程度で乾燥していることから日差しを避ければ苦痛になるようなものではない．重厚なレンガ造りの家屋内では暑中でも快適に過ごせる．冬も氷点下になることはほとんどない．雨季明けの10月は盆地から北にヒマラヤの峰々を望むことができる．

伝説上，カトマンドゥ盆地は，文殊菩薩

カトマンドゥ（ネパール），ネパール仏教寺院スワヤンブーの仏塔《世界遺産》〔salajean/Shutterstock.com〕

(Manjusri)が低ヒマラヤの山中の大きな湖の畔を通りがかった際，湖南西縁に刀を振り下ろして刻んだチョバールChobarの峡谷から湖水が排水され出現したとされている．いずれにせよ，平坦で有機質泥層が700 m以上厚く堆積し，亜熱帯に位置しながらその立地高度による温和な気候が，周辺の低ヒマラヤ山地斜面に比べきわめて生産性の高い地域をつくり出してきた．余剰生産による資本の蓄積に加えて，カトマンドゥがチベットにいたるヒマラヤを穿ついくつかの横谷の谷口付近に位置し，地理的にインド・中国間貿易の中継点としての好位置にあったことが，中世以来カトマンドゥに低ヒマラヤ帯における圧倒的な優位性と繁栄をもたらしてきた．その結果，カトマンドゥはネパールそのものといえる歴史を近代まで残してきた．現在では中継貿易都市としての性格は失せたが，カトマンドゥからアーニコハイウェイを経由してチベットにいたることができる．

明治時代，日本人として初めてチベットに入国した黄檗宗の僧侶，河口慧海がインド国境からアムレクガンジを経てカトマンドゥへのぼった小径は，今では村人が通うだけである．1950年代になって，マハバーラト山脈のシンバンジャン峠を越えて北上するカトマンドゥへのルートとして自動車道トリブヴァンハイウェイがインドの援助で建設された．その後，トリスリ川に沿って東に登ってカトマンドゥに達するプリティヴィハイウェイが建設され，主要な交通路として利用されている．プリティヴィハイウェイのノービセNaubiseからカトマンドゥ盆地入口のタンコット峠にいたる最後のつづら坂を，数珠繋ぎのトラックが黒煙を吐きながら喘いで登る．また，1990年代半ばから，日本の援助でカトマンドゥ盆地南東のドゥーリケルDhulikhelとマハバーラト山脈南東麓のシンズリSindhuliを経て，インド国境のビッタモドBhittamodを結ぶ3本目の自動車道（H6）の建設が続けられ2015年に完成した．

カトマンドゥ，すなわちネパールの歴史は，伝説として語り継がれてきた紀元前のものや，石碑などの碑文から古代史以降が読みとられている．紀元前8〜2世紀にモンゴロイド系のキランティ朝に支配された以降はアーリア系の王朝によって支配されてきた．すなわちリッチャビ朝（3〜7世紀），タクリ朝（7〜12世紀），マッラ朝（12〜18世紀），シャハ朝（18世紀〜現在）である．上述のとおり，地名は，タクリ朝時代にさかのぼるが，現在にまで残る多くのヒンドゥー寺院建築はマッラ朝，シャハ朝時代につくられた．15

世紀以降には，カトマンドゥのバグマティ川対岸に位置するパタン（ラリトプル）および盆地東部のバクタプルを都とした3つのマッラ朝が互いに覇権や権勢を競い合った．その際，宗教的芸術文化が発達するが，それらを担ったのは上述のネワール族である．

カトマンドゥ盆地は，仏教やヒンドゥー教の神話と伝説に溢れている．現在でもそれらにまつわるスワヤンブー，パシュパティナートなどの寺院は，インドやチベットからの巡礼の対象となっている．さらにマッラ朝末カトマンドゥ盆地に割拠した3つの王朝は，ヒンドゥー教の守護者としてそれぞれ豪壮な寺院や宮殿を建立した．さらにそれらを取り囲むネワール族独特のレンガ造りの中層集合住宅も，街路に面した庇，窓に精緻な木工彫刻が施されている．神の化身である牛があてもなく彷徨する石畳・レンガ畳の街路，辻々のバハールとよばれる祠，ネワール族の集合住宅に囲まれた中庭内の祠，それらに人びとは生活の一部として一握りの米粒を捧げたり，ごく普通に自然体で男根・女陰像にふれたりしておのおのの願いを祈っている．日常の暮らしの中に実に宗教的な雰囲気を醸し出している．

ネパールには12のユネスコ世界遺産が登録されているが，そのうちの7つの世界文化遺産はカトマンドゥ盆地にある．それらはいずれも上述の仏教やヒンドゥー教伝説，中世以降のマッラ朝の最盛期あるいは3つの王朝にまつわる寺院や中世的宗教都市の建築景観に対するものである．それらの建築群も1934年に発生したインド・ビハール地震の余波で損傷し修復されていることから，いくたびかの地震被害を受けて完全に建設当時のままのものではないと思われる．2015年5月に発生したネパール地震によってそれらは大きな被害を受けたが，ユネスコの支援の下，復元されつつある．

中世的な佇まいを漂わせるカトマンドゥやパタンの旧市街を遠巻きに取り囲むように環状道路（リングロード）が1970年代につくられている．当時リングロード周辺には田畑が広がっていたが，近年では平屋根レンガ造りの2〜3階建て家屋が目立つ新市街によって覆い尽くされてきた．海外からの援助を含めほとんどの富が市に集中し，地方・中間山地帯での社会開発が進まないというネパールの現実が，カトマンドゥの最近の都市景観に反映されている．1960年代初めの人口が10数万であったことからもわかるように，途上国の都市問題がここでも起こっている．非公式には，数百万人以上がカトマンドゥ盆地には

居住するという．1996年以降激化した王政打倒をめざす反政府武力闘争もその理由の1つである市への人口流入は，飲料水不足，沖積氾濫原でのスラム形成，すべての下水が流れ込む河川の水質悪化，ゴミ処理などの環境問題を引き起こしている．すべての物資を運び込む車両が巻き上げる粉塵による大気汚染も深刻で，現時点で抜本的な打開策は見出せていない．2008年に入り，王政は廃止され，2015年に新憲法が制定された．

市の東約6 kmには3000 mの滑走路をもつトリブヴァン国際空港があり，インド諸都市，南アジア地域協力連合（SAAC）の各首都を始めとして，中国，中東，東南アジア間の航空便も開設されている．インドとの航空便以外ではタイ・バンコク間が最も便数が多い．1989年に長野県松本市と姉妹都市提携を結んだ． 〔八木浩司〕

ガドワール　Gadwal　　　　　インド
人口：5.8万（2011）　　　　　〔16°14′N 77°48′E〕

インド南部，テランガーナ州西部の町．クリシュナ川中流域に位置し，カルナータカ州に近く，ラーイチュールの北西約25 kmにある．キビ類，サトウキビ，米，ナタネ搾り，綿織物が盛んである．なお，手織りの絹織物が有名である． 〔土居晴洋〕

カトン　Katong　　　　　シンガポール
人口：0.9万（2010）　　　　　〔1°18′N 103°53′E〕

シンガポール，シンガポール島南東部の地区．マリンパレード地区に属する．地下鉄（MRT）東西線パヤレバー駅とユーノス駅の南一帯に位置する．かつては海岸に面しており，イギリス人，ポルトガル人，フランス人や中国人などが綿やココナッツやガンビール（生薬の原料）などの作物を栽培していた．海岸には宏壮な邸宅や週末リゾート用住宅なども建設され，富裕層が住む地区として知られていたが，第2次世界大戦までにショップハウスなど庶民的建物も建設された．さらに独立後は住宅開発庁（HDB）のフラットやコンドミニアムなどが建設されている．このため多様な民族の文化をいまなお伝える地区として，観光客も訪れる場所となっている．

かつて，この地区の南西にはイギリスの植民地政府が築いたカトン岬砦が置かれていた．この場所は現在のフォートロードとイーストコーストパークウェイが交差するところ

にあるカトンパーク内にあり，国の史跡として登録されている．カトンとは絶滅したウミガメの名前であるが，海のさざなみのような蜃気楼を意味しているともいわれる．その美しい海岸は今日では埋立てによって消えてしまった． 　　　　　　　　　　　　［高山正樹］

カナイヴァ　Kaniva　　　オーストラリア

人口：0.1万 (2011)　面積：1162 km²
[36°24′S　141°16′E]

オーストラリア南東部，ヴィクトリア州西部の都市．ウェスタンハイウェイ沿いにあり，サウスオーストラリア州との州境から東約25 km，リトルデザート Little Desert 国立公園の北に位置する．春には野生の植物を観賞する観光客で賑わう． 　　［堤　純］

カナーヴォン　Carnarvon

オーストラリア
[24°51′S　113°43′E]

オーストラリア西部，ウェスタンオーストラリア州北西部の町．州都パースの北北西約900 km，ガスコイン川がインド洋に注ぐ河口に位置し，地名はイギリス植民地大臣を務めたカナーヴォン伯ヘンリー・ハーバート（在任1866～67，74～78）にちなんで命名された．良質な羊毛の産地として知られるガスコイン川流域の中心地であり，また，バナナなどの熱帯果実の生産やカキ養殖業が盛んである． 　　　　　　　　　　　　［大石太郎］

カナーヴォン　Carnarvon ☞ ポートアーサー　Port Arthur

カナーヴォン国立公園 Carnarvon National Park

オーストラリア
面積：2980 km²　　[25°04′S　148°14′E]

オーストラリア北東部，クイーンズランド州中央東部の国立公園．グレートディヴァイディング山脈中にあり，やわらかな砂岩を侵食して形成されたカナーヴォン渓谷が中心である．半湿潤地帯であるが，渓谷の周囲は亜熱帯の雨林に覆われている．渓谷の崖にはアボリジニによる岩絵が刻まれている． 　　　　　　　　　　　　［秋本弘章］

ガナダー　Gunnedah　　　オーストラリア

ウールシェッド　Woolshed（古称）

人口：0.9万 (2011)　面積：518 km²　標高：260 m
降水量：600 mm/年　　[30°59′S　150°15′E]

オーストラリア南東部，ニューサウスウェールズ州北東部，ガナダー行政区の町で行政中心地．グレートディヴァイディング山脈の西斜面，ナモイ川が形成したリヴァプール平原に位置する．州都シドニーの北北東475 kmにあり，マンギンダイ鉄道およびカミラロイハイウェイでつながっている．最も近い都市は，東約75 kmに位置するタムワースである．地名は，先住民ガナダー(Gunn-e-darr)の有名なカンボガナラー(Cumbo Gunnerah)とよばれる人物の名前に由来する．入植は，1833年にジョン・ジョンストンというヨーロッパからきた牧羊民が，家屋と羊小屋を建ててから始まった．その後多くのヨーロッパ人が入植し，現在にいたっている．当初は，羊小屋を表すウールシェッドという地名をつけたが，その後1856年に現名称へ変更された．1879年に鉄道が開通し，その後拡大してきた．

ガナダー行政区の人口は約1.3万(2011)であるが，近年の人口は増加傾向にある．おもな町は行政中心地のガナダーのほか，カールイース Curlewis，ブリーザ Breeza，キャロル Carroll，マラリー Mullaley，エメラルドヒル Emerald Hill，タンバースプリングズ Tambar Springs，ケルヴィン Kelvin などである．ガナダー行政区には現在でも先住民が居住し，2011年の国勢調査では11.3%を占めていた．気候については，日較差は大きいものの比較的温暖であり，11～3月の夏季には30℃を超える日も多く，冬季でも最低気温が氷点下になることはまれである．降水量は多くなく，乾燥している．しかし，夏季を中心に大雨が降ると，ナモイ川が氾濫し洪水が起こることもある．

おもな産業は，ナモイ川が形成した肥沃な黒土の平原が広がることから，農牧業が中心であり，小麦や綿花，ヒマワリ，大豆のほか，牛肉，豚肉，羊肉などがおもに生産されている．とくに，牛肉，豚肉，羊肉は世界中に輸出されている．このような地域であるため，南半球最大の農業機械イベントであるAgQuipの本拠地ともなっており，3000を超える企業や10万人を超える来場者が毎年訪れている．また，19世紀後半に農業用の井戸水を採掘していた際に，ブラックジャックヒル Black Jack Hill で石炭が発見されて以降，タラウォンガ Tarrawonga やロック

グレン Rocglen において石炭も多く産出され，炭鉱は重要な雇用先となっている．これらの石炭は，当初はタムワースに輸送され発電などに使用されたが，現在は鉄道によってニューカッスルに輸送され，世界中に輸出されている．

周辺には，キーピット湖を中心としたキーピット州立公園やワンドバ Wondoba 国有林などの自然環境が豊富であることから，コアラやカンガルー，ハリモグラ，ウォンバット，ワラビーなどのオーストラリア固有の野生動物が生息している．とくに，ウォーターウェイズ Waterways ワイルドライフパークは4047 m² という広大な敷地に，野生のコアラが多く生息していることで有名であり，多くの観光客が来訪している．そのほかにも美術館，ゴルフ場などの観光資源が多く，また多くのホテルやキャンプ場などが整備されていることから，観光地域としても有名である． 　　　　　　　　　　　　［畠山輝雄］

カナダ北極諸島 Canadian Arctic Archipelago ☞ ほっきょくかいしょとう Arctic Ocean Archipelago

カナマラ　Cunnamulla

オーストラリア
人口：0.2万 (2011)　面積：32412 km²
[28°04′S　145°41′E]

オーストラリア北東部，クイーンズランド州中央南部，ポロ郡区の町で行政中心地．州都ブリズベンの西約810 kmに位置し，ワレンゴ川に沿いに立地する．地名は，アボリジニの言語で長く伸びた水という意味だといわれている．この地域は，1840年代後半トーマス・ミッチェルらによって探検された．1879年に，コブ社によって大規模牧羊場が建設された．以来おもな産業は牧羊業ならびに牧牛業である． 　　　　［秋本弘章］

カナリー島 Canary Island ☞ アロール島 Alor, Pulau

かなんしょう　河南省 ☞ ホーナン省 Henan Sheng

カーニー島　Carney Island
南極

面積：8500 km²　標高：約500 m

[73°57′S　121°00′W]

南極，西南極の島．マリーバードランドの海岸を縁どるゲッツ棚氷を，サイプル島などとともにつなぎとめるように位置する．全島が東西110 km，南北40 km，標高約500 mの氷に覆われている．1947年にアメリカ海軍が撮影した空中写真からこの地域の地図が初めてつくられた．地名は，1957～58年に実施された国際地球観測年(IGY)にかかわるアメリカ南極探検の海軍作戦部長ロバート・カーニーを記念して，アメリカ南極地名委員会によって命名された．　　　　　　[森脇喜一]

カニエレ　Kaniere
ニュージーランド

人口：483 (2013)　[42°45′S　171°02′E]

ニュージーランド南島，ウェストコースト地方の村．ホキティカの南東5 km，ホキティカ川沿いにある．地名のカニは，グリーンストーン(翡翠の一種)を道具や武器，装飾品とするために加工する行為をさす．エレについては説明不可能であるが，グリーンストーンの伝説上の管理人である，カニオラと関係しているともいわれている．また，これとはまったく違う説もある．カニエレは，位の高い家に生まれたマオリの少女であったが，敵に追われ，付き人とともに川をさかのぼり，湖を渡って逃げた．その少女の名に由来した地名であり，川や湖もその名に由来するというものである．　　　　　　　　　　[井田仁康]

カニバダム　Kanibadam
タジキスタン

人口：3.9万 (1991)　[40°17′N　70°25′E]

タジキスタン北西部，ソグド州東部の都市．大フェルガナ運河畔，州都ホジェントの東64 kmに位置し，鉄道駅がある．綿実精製，綿実油搾油，タジクセリマシ工場，綿紡績，織物，縫製などの軽工業の工場，果物・野菜缶詰などの食料品工場がある．古くから手工芸の中心地である．9～10世紀以来の歴史をもち，1463年に最初の記録がある．16～17世紀の2つのメドレセ(イスラーム学校)，伝統的な彫刻と壁画をもつイスラーム寺院がある．　　　　　　　　　　[木村英亮]

カニヤクマリ Kanyakumari ☞ カンニヤクマリ Kanniyakumari

ガニング　Gunning
オーストラリア

人口：482 (2011)　面積：1.4 km²

[34°47′S　149°16′E]

オーストラリア南東部，ニューサウスウェールズ州南東部，アッパーラックラン行政区の町．州都シドニーの南西260 km，首都キャンベラの北北東75 kmに位置しており，旧ヒュームハイウェイ沿いにある．かつては，シドニーとキャンベラを往来する自動車により，騒音の激しい地域であったが，現在はバイパスが建設されたことで問題は解消された．羊や牛の放牧が行われる地域であり，狩猟も行われている．この地域はかつて，先住民のグンドゥングラ(Gundungurra)とヌグナワル(Ngunnawal)の居住していた地域であり，1820年代にヨーロッパ人が入植した．当時の建物からなる歴史的な町並みが残されている．　　　　　[笹本裕大・落合康浩]

カニング砂漠 Canning Desert ☞ グレートサンディ砂漠 Great Sandy Desert

カネオヘ　Kaneohe
アメリカ合衆国

人口：3.5万 (2010)　面積：22 km²

[21°26′N　157°50′W]

北太平洋東部，ポリネシア，アメリカ合衆国ハワイ州，オアフ島東部の国勢調査指定地区(CDP)．コーラウ山脈のふもと，カネオヘ湾に面して広がり，州都ホノルルの北北東14 kmにある．かつてはオアフの王族の居住地であったが，現在はオアフ島のウィンドワード(風上)地域の大きな分譲住宅地であり，ウィンドワードモールをはじめとするショッピングセンターや多数の店が点在する．またカネオヘ海兵隊飛行場がモカプ半島にあり，ハワイロアカレッジ(1963設立)とウィンドワードコミュニティカレッジ(1972設立)もここに所在する．コーラウ山脈のふもとにはホオマルヒア植物園があり，もとは洪水を防止するために陸軍が建設したものである．またこの地にある平等院は，宇治の平等院を模して1968年にハワイへの日本人移民100周年を記念して建てられたものである．　　　　　　　　　　[飯田耕二郎]

カネオヘ湾　Kaneohe Bay
アメリカ合衆国

[21°28′N　157°49′W]

北太平洋東部，ポリネシア，アメリカ合衆国ハワイ州，オアフ島北東海岸の湾．モカプ半島から北のクアロア岬まで広がるハワイ諸島で最大の湾．ハワイ大学マリンラボが湾の数少ないサンゴの島であるモクオロエ(ココナッツ島)にある．また，クアロア岬の沖合にはモコリイ島，別名チャイナマンズハット(中国人の帽子)とよばれる島がある．

[飯田耕二郎]

ガネッシュヒマール山地　Ganesh Himal
ネパール

標高：7406 m　[28°23′N　85°07′E]

ネパール中北部，ゴルカ郡(ガンダキ県)とダーディン郡(バグマティ県)にまたがる山地．首都カトマンドゥの北西約80 kmに位置し，東縁をトリスリ川，西縁をブリガンダキ川に挟まれた山域である．両河谷を境として東にランタンヒマール，西にマナスルヒマールがそびえる．プリティヴィハイウェイ(H4)がカトマンドゥ盆地にいたる最後の長い登り道にさしかかる頃，マナスルヒマールの東側に現れる山塊がガネッシュヒマールである．ガネッシュとは，ヒンドゥー教の神・シヴァの子で象の頭をもつ神ガネーシャに由来する．登山活動はイギリスの登山家ビル・ティルマンが1949年にこの山域に入ったのが始まりとされるが，主峰(ガネッシュヒマールⅠ峰．標高7406 m)の初登頂は，55年のフランス・スイス合同隊によるものである．　　　　　　　　　　[八木浩司]

カノウィンドラ　Canowindra
オーストラリア

人口：0.2万 (2011)　面積：863 km²　標高：300 m

[33°34′S　148°40′E]

オーストラリア南東部，ニューサウスウェールズ州南東部，キャボーン行政区の町．ベルビュラ Belubula 川沿いに立地する．州都シドニーの西約250 kmの内陸に位置し，近隣では南約70 kmにあるカウラが最も近い．地名は，先住民ウィラージュリーの言葉で家を意味する．1830年前後に牧場を設立したジェームズ・コリッツが最初のヨーロッパ人入植者であるとされる．1863年にアルファルファが栽培されて主要産業となる中，74

ガネッシュヒマール山地(ネパール),カトマンドゥ盆地からの眺め〔小野有五提供〕

年の道路橋の建設や,88年の鉄道開通などで町は発達した.現在,町は国内でも気球の都として有名であり,国内最大のバルーンフェスティバルが毎年4月に開催される.このフェスティバルでは,周辺地域で製造されるワインや郷土料理がもち寄られ,盛り上がりをみせている.また,約4億2000万〜3億6000万年前のデボン紀後期の化石が発見された場所としても重要視され,魚類時代博物館でみることができる.　　　　〔畠山輝雄〕

カノーパス　Canopus　オーストラリア

[33°30′S　140°42′E]

オーストラリア南部,サウスオーストラリア州中央東部の小集落(住宅)跡.州都アデレードの北東245km,マレー盆地中に位置する.マレー河岸の集落モーガンから155km,ニューサウスウェールズ州境まで東にわずか25kmである.羊の放牧が内陸部に拡大した19世紀の後半に成立した.現在はダンガリ Danggali 保護公園の南部に位置しているため,許可がないと入れない.ダンガリ保護公園は1976年に指定され,面積2520km²の規模をもつ.翌1977年には,ユネスコによってオーストラリアで最初の生物圏保護区に指定された.　〔片平博文〕

カバ県　哈巴河県　Kaba　中国

ハーバーホー県　哈巴河県　Habahe（漢語）

人口:7.9万(2002)　面積:8430km²

[48°03′N　86°24′E]

中国北西部,シンチャン(新疆)ウイグル(維吾爾)自治区北西部,イリ(伊犁)自治州アルタイ地区の県.アルタイ(阿爾泰)山脈の南麓,エルチシ(イルトゥイシ)川の支流であるカバ(哈巴)河流域に位置し,西と北はカザフスタンとロシアに隣接する.1930年に県が設置された.県名はカバ河に由来する.金,宝石などの鉱物資源に富む.牧畜業が主体で,肉牛の産地である.クマ,シカ,テン,野羊などの野生動物が生息する.北部山地はアルタイアカマツ保護区に指定されている.
　　　　〔ニザム・ビラルディン〕

カパア　Kapaa　アメリカ合衆国

人口:1.1万(2010)　面積:27km²

[22°07′N　159°19′W]

北太平洋東部,ポリネシア,アメリカ合衆国ハワイ州,カウアイ島東部カワイハウ地区の国勢調査指定地区(CDP).かつてサトウキビのプランテーションで栄えた.カパアビーチパークは,公営プールのあるカパアの町の北端から南に延びる長さ1.6kmの石灰質の砂浜海岸である.また,町にはハワイアン・アートミュージアムがある.
　　　　〔飯田耕二郎〕

カバエナ島　Kabaena, Pulau　インドネシア

面積:873km²　[5°15′S　121°55′E]

インドネシア中部,南東スラウェシ州の島.スラウェシ島の南東岸のカバエナ海峡沖約18km,ムナ島西岸のムナ海峡沖約25kmに位置する火山島.地形は,島中央部にそびえるサンバポルル山(標高1570m)や石灰岩の山バトゥサンギア(1000m)を中心に山岳地帯となっている.また,島内には多くの洞窟が存在する.島内の開発は手つかずで,そのため多くの原生林が残されており,自然環境は保護されている.1999年に初めて野生生物などの調査が始まり,ムナグロジツグミという新種の鳥が発見された.海岸線には美しいビーチが広がり,近年観光地として徐々に目を向けられ始めている.
　　　　〔畝川憲之〕

カバッドバラン　Cabadbaran　フィリピン

人口:7.4万(2015)　面積:327km²

[9°07′N　125°32′E]

フィリピン南西部,ミンダナオ島北部,北アグサン州の都市で事実上の州都.2000年8月16日,共和国令8811号により州政府はブトゥアンからカバッドバランへと移った.しかし,新州都への州政府移転は未解決のままである.カバットバランは1894年に発見され,北アグサン州最初の町となった.現在は31の村で構成されている.北はツバイ Tubay とサンティアゴに,西はブトゥアン湾に,南はマガラネス Magallanes と R・T・ロムアルデス Romualdez に,東はシバガト Sibagat,北アグサン州と境界をなす.ブトゥアンとは約30km離れている.地形は全体的に平坦で,ゆるやかな起伏のある丘陵地となっており,西部は湿地がみられる.カラガ地域最高峰のヒロンヒロン Hilong-Hilong 山(標高2012m)は,同市にある.産業面では,北アグサン州で最大のココナッツ栽培面積を有し,農地のうち18.5%を占める.その他,商業,貿易,工業生産が成長している.　　　　〔石代吉史〕

カハナ　Kahana　アメリカ合衆国

[21°33′N　157°50′W]

北太平洋東部,ポリネシア,アメリカ合衆国ハワイ州,マウイ島北西部ラハイナ地区の

342　カハナ

地域. 高層の大規模コンドミニアムが立ち並ぶ. カハナゲートウェイショッピングセンターがあり, そこにはマウイの地ビール会社直営のレストランなどがある. オアフ島北部のコーラウロア地区にも同名の湾がある. 湾の奥にはカハナ渓谷州立公園があり, 比較的手つかずの自然が残る. 湾の東側にはフイルア・フィッシュポンドという昔の養魚地がある.　　　　　　　　　　　　［飯田耕二郎］

カバナトゥアン　Cabanatuan

フィリピン

人口: 30.2万 (2015)　面積: 283 km²
[15°29′N　120°58′E]

フィリピン北部, ルソン島中部, ヌエバエシハ州中央部の都市. 州都はパラヤンであるが, カバナトゥアンは州最大の人口を有している. 銀行数は 50 店舗を数え, 公立・私立の医療機関も多数立地するなど実質的な州の経済・文化の中心をなす. 世帯数は4万5000を数える. 北部はタラベラ Talavera およびジェネラルマメルトナティビダード General Mamerto Natividad と, 西部はアリアガ Aliaga と, 南部はサンタロサと, 東部はパラヤンおよびラウール Laur とそれぞれ接する. 市の郊外には水田が広がり典型的な穀倉地帯をなす. 市北部から西部にかけては国内有数の河川であるパンパンガ川が南西に向かって流れる. 同市が位置する中部ルソン平野はパンパンガ川の堆積作用によって形成された沖積平野で, 肥沃な土壌を形成する. 市街地は川の左岸に位置する. 1990年7月に, ルソン島中部から北部を襲った巨大地震では, 建造物への被害や死者が多数出るなど大きな影響を受けた.

カバナトゥアンはギャパン Gapan のバリオ (今日のバランガイ) として 1750 年に発見された. 1780 年に地方行政区となり, 同時にヌエバエシハ州の州都となった. 市へと昇格したのは 1950 年6月 15 日のことである. 現在 89 の村 (バランガイ) がある. 2009 年の有権者数は 19.2 万人となっている. 首都マニラの北約 100 km に位置し, ルソン島北部への交通の拠点, さらには周辺交通の要衝である. バスやジープニーは, 同市郊外にあるカバナトゥアン・シティ・セントラル・トランスポーテーション・ターミナルを拠点として多くの路線をもつ. ターミナルは, 住民はもちろんのこと, 多くの旅行者も利用するハブとしての機能をもつ. また, 同市に登録されているトライシクルは3万台を超え, それゆえ同市は「フィリピンのトライシクル首

都」ともいわれている.

道路事情では, カガヤン渓谷を往来する車両が通行するマハルリカ Maharlika ハイウェイ, カバナトゥアンとアウロラ州とを結ぶヌエバエシハ・アウロラハイウェイ, タラベラとを結ぶフェリペベルガラ Felipe Vergara ハイウェイなど主要道路も充実してきている. 教育面では, アラウリョ大学やウェスレヤン大学をはじめとして数多くの学校を有し, ヌエバエシハ州の教育の中心をなしている. 18 の高等教育機関, 20 の高校, 1つのサイエンス高校, 3つの大学および 60 の小学校が集まる.　　　　　　［石代吉史］

カハヤン川　Kahayan, Sungai

インドネシア

ダヤックブサール川　Dayak Besar, Sungai (別称)

長さ: 600 km　　　　　[3°14′S　114°06′E]

インドネシア西部, カリマンタン (ボルネオ) 島, 中カリマンタン州の川. 中央山脈群のシュワネル山脈から発して, ジャワ海に注ぐ. カリマンタン島中央山脈からインドネシア領の中カリマンタン州の広大な低平地を縦断して南流する 11 の大河の1つである. 別名のダヤックブサール (大ダヤック) 川は, 東隣を併走するカプアス (ダヤッククチル, 小ダヤック) 川との対比をなす命名である. 河口から 200 km ほどの中流域以下は広大な低湿地をなし, 集落もほとんどみられないが, 河口からほぼ 150 km のところに州都パランカラヤがある. 上流部のクアラクルン付近では砂金を産出する. 近年では, 貧困層が砂金採取に殺到し, 土壌浸食, 河川の水質悪化, 河床の泥土堆積など流域の環境の劣化をもたらしている. また, 州内の海岸部と内陸部を結ぶ重要な交通路でもあるが, 砂金採取による泥土堆積に加えて, 森林の過剰伐採によって生じた土壌の流入, 堆積などの影響で水深が浅くなり, 大型船の航行に支障を来している.　　　　　　　　　　　［瀬川真平］

カハラ岬　Kahala Point

アメリカ合衆国

[22°09′N　159°18′W]

北太平洋東部, ポリネシア, アメリカ合衆国ハワイ州, カウアイ島東部カワイハウ地区の岬. カラレア山麓に広がるアナホラ Anahola 市街の東, アナホラ川が流入するアナホラ湾の南東端に位置し, 東にカウアイ

(カイエイエワホ) 海峡を望む. 1898 年に灯台が建設されている.　　　　　［飯田耕二郎］

カバリアン　Cabalian　☞　サンフアン San Juan

カバロギス　Cabarroguis

フィリピン

人口: 2.9万 (2015)　面積: 269 km²
[16°25′N　121°31′E]

フィリピン北部, ルソン島中部, キリノ州の町で州都. 首都マニラの北北東約 210 km の山岳地帯に位置し, 西はヌエバビスカヤ州と接する. 17 の村 (バランガイ) からなる. 当初の先住民は山岳民のアエタ族で占められていたが, その遊牧民的な性格から定着しなかった. その後イロンゴット族にとってかわられた後, イロカノ, タガログなどさまざまな民族が入り込んで定住するようになった. 1966 年にヌエバビスカヤ州からキリノ州が分離独立したのに伴い, 69 年にディフン Diffun, サグダイ Saguday, アグリパイ Aglipay の各一部が分離して町が誕生した. 町名はヌエバビスカヤ州議員のレオン・カバロギスにちなむ. 町域の約 41% を森林保護区が占める. おもな産業は農業で, 米を中心にトウモロコシ, ピーナッツ, 果実などが生産され, 家畜はおもに豚が飼育される.

［田畑久夫］

カバンジャヘ　Kabanjahe

インドネシア

人口: 6.3万 (2010)　面積: 45 km²　標高: 1000 m
[3°06′N　98°30′E]

インドネシア西部, スマトラ島北部, 北スマトラ州カロ県の郡および県庁所在地. 州都メダンの南約 60 km に位置する. スマトラ島最大の湖トバ湖の北側に連なる標高 2000 m 程度の山岳地帯中の盆地にあって, 冷涼な気候で知られる.　　　　　［瀬川真平］

カパンダ　Kapunda

オーストラリア

人口: 0.3万 (2011)　[34°20′S　138°55′E]

オーストラリア南部, サウスオーストラリア州南東部の町. マウントロフティ山脈中, 州都アデレードの北北東 79 km に位置する. かつては銅を産出する鉱山町として有名であった. 町で銅が発見されたのは 1842 年のことで, この付近で広大な放牧地を所有してい

たフランシス・スタッカー・ダットンによってであった．彼は，同じくこの付近で放牧地を所有していたチャールズ・H・バゴットとともに，1844 年鉱山会社を設立した．その結果，コーニッシュとよばれる多くの鉱山労働者がイギリスのコーンワル地方からやってきた．当初，採掘された銅鉱は，約 6 日間をかけてポートアデレードに運搬されて船に載せられ，例外的にははるばるウェールズのスウォンジーまで運ばれて精錬されていた．1850 年頃までに，銅の生産は月産 100 t を超えるまでになった．カパンダの鉱脈が有望であることが知れ渡ると，多くの人びとがこの地にやってきた．このうち，コーニッシュの多くは鉱山労働者に，またウェールズからの人びとは精錬業者となった．さらにドイツ人は森林を切り開き，炭をつくって精錬業者に売るほか，ドイツ人の女たちは，果物や野菜を栽培して鉱山業者らに売り歩いた．町には，1851 年頃にはすでに 2000 人以上の人びとが住んでいた．

しかし 1851 年，ヴィクトリアのベンディゴやバララトで金が発見され，いわゆるゴールドラッシュが起こると，鉱山業者の多くはカパンダからヴィクトリアに移っていった．カパンダで産出される銅は非常に良質なことで知られていたが，1850 年代初期をきっかけにその産出量は徐々に減産されていき，78 年，鉱山は閉鎖された．この間，約 1 万 t の銅が生産された．銅鉱が閉鎖された後，ふたたびカパンダを有名にしたのはシドニー・キッドマンである．彼は農業関係の企業家で，当時最も裕福なオーストラリア人の 1 人であった．彼は 1904 年から，町中に現在も残るノース・カパンダホテルでしばしば馬の売買を行っていた．記録に残る有名な取引は，1 週間をかけて 3000 頭の馬をオークションにかけたことである．そのときの馬のすべてはキッドマンのものであった．町は，1904 年から彼が没した 35 年頃まで，いわゆるキッドマン王国の中心であった．現在は，農村の中心地としての機能が強い．周辺では，羊を中心とする放牧と穀物栽培が行われている．なお，地名は，先住民アボリジニの言語で飛び跳ねる水を意味し，おそらく泉をさすと考えられている．　　　〔片平博文〕

カピオラニ公園　Kapiolani Park
アメリカ合衆国

ワイキキ公園　Waikiki Park (別称)	
面積：0.6 km²	[21°18′N　157°51′W]

北太平洋東部，ポリネシア，アメリカ合衆国ハワイ州，オアフ島南東部，州都ホノルル市内ワイキキの公園．カパフル通り，カラカウア通り，ダイヤモンドヘッドに囲まれ，面積は約 6000 m² にも及ぶ大公園である．1877 年にカラカウア王がカピオラニ王妃のためにつくったもので，ハワイ最初の公立公園である．公園内には，カピオラニビーチパーク，カピオラニバンドスタンド，戦争記念海水プール，ワイキキ水族館，ワイキキシェル（野外円形劇場），ホノルル動物園などがある．　　　〔飯田耕二郎〕

がびさん　峨眉山 ☞ オーメイ山 Emei Shan

カピス　Capiz ☞ ロハス Roxas

カピス州　Capiz, Province of
フィリピン

人口：76.1 万 (2015)	面積：2595 km²
	[11°35′N　122°45′E]

フィリピン中部，パナイ島北部，西部ビサヤ地方に位置する州．州都はロハス．東のイロイロ州，西のアクラン州，アンティケ州とともにパナイ島を構成する．西部を除き，パナイ川，マンブサオ川を囲んで平野部が広がる．西部マリナオ山やナントッド山（標高 2049 m）には原生林が残る．州は人口密度が高く，248 人/km² である．住民カピセーニョはヒリガイノン語を話す．おもな産物は西ビサヤ地区最大の産出を誇る米，ココナッツ．サトウキビも栽培され，ピラーとドゥマラグの町に製糖工場がある．また，沿岸部には 2 万 ha に及ぶ養殖池でミルクフィッシュ（バグス）が育てられ，マニラに出荷される．豊富に獲れるカニ，エビも海外に輸出され水産物の首都という異名もとる．産業では衣料，家具，食品加工，手工芸，貝細工が知られる．近年，ランを含む切花産業も成長してきた．州都の旧名も同名のカピスである．フィリピン独立後の初代大統領マニュエル・ロペス（在任 1946～48）にちなみ改名された．同市では 12 月シナジャ・サ・ハララン祭りが開かれる．　　　〔佐竹眞明〕

カビテ　Cavite
フィリピン

カヴィテ (別表記)／タンワイ　Tangway (古称)	
人口：10.3 万 (2015)	面積：11 km²
	[14°29′N　120°55′E]

フィリピン，ルソン島南西部，カビテ州北部の都市．カビテ半島にある古くからの港湾都市で，行政的にはマニラ湾入口のコレヒドール島ほか小島が市内に含まれる．マニラ湾の海流により南西から北東方向に突き出た半島状砂洲（全長約 9 km）の上に築かれた都市で，スペイン到来前の集落はタンワイ（タガログ語で半島の意）とよばれた．半島突端部に東にやや湾曲しながら延びるサングレイ岬と，その南に同じく東に向かって突出するカビテ岬があって，両岬の間にカニャカオ湾と，カビテ岬とバコオールの間にバコオール湾が形成される．この 2 つの湾は半島部東側にあり，南西モンスーンをさえぎって艦船の係留を容易にした．首都マニラから直線距離で 11 km のこの半島に目をつけたスペインは，マニラからカビテまでの沿岸部を王室エンコミエンダと宣言して半島部付け根のカウィット Kawit 集落にスペイン人を送り込み，カビテ半島に港湾と要塞を築造・整備した．カウィットとはタガログ語で釣り針を意味するが，それがまさにカビテ半島の形状と一致した．カビテとは，カウィットが訛って地名化したものである．

スペイン植民地時代にはマニラとヌエバエスパーニャ（スペイン領メキシコ）のアカプルコ港を結ぶ有名なガレオン船貿易が 250 年間（1566～1815）続いた．この間カビテ港は，土砂の堆積で大型外洋船の接岸がむずかしいマニラ港にかわってガレオン船の発着港であったし，造船・ドック，海軍基地でもあり，大勢のフィリピン人がここで働き町は大いに賑わった．マニラのタフト大通りがアベニーダメヒコ（タガログ語ではダアンメヒコ，メキシコ大通りの意）とよばれたのはこの頃のことと思われる．1872 年，サンフェリペ要塞で強制労働と人頭税からの免除特権廃止に反対するフィリピン兵士，労働者の暴動（通称カビテ反乱）が発生，すぐ鎮圧されたがその黒幕として 3 人の神父が当局により逮捕・処刑された．この事件が後のフィリピン革命につながる一契機となった．アメリカ植民地時代には半島部突端のサングレイ岬にアメリカ海軍基地が整備され，基地の町となる．第 2 次世界大戦中，二度にわたり猛爆撃を受けて町は壊滅状態と化した．最初が 1942 年の日本軍によるアメリカ海軍基地攻撃であり，二度目が 45 年のアメリカ・フィリピン連合軍による日本軍排除のための猛爆撃であった．

戦後，フィリピン国軍の海軍基地となり，基地関連産業，家内工業，養殖漁業振興で復興が進んだ．しかし，陸地のみで 10.1 km²

の市域内に工場進出を受け入れる余地はなく，経済はやや停滞気味である．1980年頃までは州内で最大の人口規模を維持したが，90年代以降は他の町々に追い抜かされ，2015年現在の人口10.3万は州内のダスマリニャス，バコオールの1/6にすぎない．

［梅原弘光］

カビテ州　Cavite, Province of

フィリピン

カヴィテ州（別表記）

人口：367.8万（2015）　面積：1574 km²

[14°24′N　120°56′E]

フィリピン，ルソン島南西部，カラバルソン地方に位置する州．州都はイムス．タアル湖外輪山の北西斜面と山麓，およびマニラ湾南西部沿岸からなる．コレヒドール島などマニラ湾入口に浮かぶ小さな島々もこの州に含まれる．人口密度は2337人/km²で，全国81州中2番目に高い．その理由は，首都地区に隣接していて首都圏拡大の影響を強く受けていること，1990年代から始まるカラバルソン工業化計画によりこの四半世紀の間に工業化が著しく進んだことによる．州全体の都市化が顕著なことは，90％を超える都市人口比率からも明白であろう．しかし，土地利用からみると州南部と西部にはまだ農業経済に依存した町（マラゴンドン，ナイック，シラン Silang など）が多数みられるのも事実である．

州が誕生したのは1614年，州名はそのとき州都に指定されたカビテ町に由来する．スペインによって整備・建造された港湾・要塞都市カビテ町は，当時州内で最も重要であった．サンフェリペ要塞では常時数百人の守備隊が駐屯し，大勢のフィリピン人労働者，船大工が大型貿易船の建造，ガレオン船積荷の積み下ろしに従事した．その結果，スペイン語のピジン，チャバカノがこの町で誕生したほどである．州北西部にテルナテ Ternate という名前の町があるが，これは1660年にジェスイット神父がモルッカ諸島のテルナテ島からキリスト教化したテルナテ人難民を連れ帰り，マラゴンドン町の一角に土地を与えて住まわせたことによる．マラゴンドンは当時パンパンガ州に属したが，1754年にバターンが独立州となったときにカビテ州に編入された．

17世紀にスペイン国王は，コンキスタドール（征服者）に対して各地をエンコミエンダとして給付し，またカトリック教団，修道会には州内の土地を教団領地として下賜した．これがもととなって18～19世紀にはスペイン人あるいは教会が大土地所有者（地主）となって住民の前に立ち現れ，インキリノとよばれる中間地主を通じて小作農を搾取，各地で小作争議が頻発した．1872年のカビテ反乱に続き，96年にはフィリピン革命が勃発，カビテ州は主戦場の1つになった．イムス町のアラパンの戦いでスペインを州内から追い払った革命軍は，1898年6月12日，州内のカウィットにおいて，同町出身のエミリオ・アギナルド初代大統領により，フィリピン共和国独立が高らかに宣言された．間もなく革命に介入したアメリカが，若い共和国を押しつぶして植民地支配を開始，カビテサングレイ岬にアメリカ海軍基地を建設，州都カビテは基地の町となった．そのため第2次世界大戦では二度にわたり州都が猛攻撃を受け，壊滅状態で戦後を迎えた．

［梅原弘光］

カピティ島　Kapiti Island

ニュージーランド

人口：9（2013）　面積：20 km²　長さ：10 km

幅：2 km

[40°52′S　174°54′E]

ニュージーランド北島南西岸，ウェリントン地方の島．西海岸から西に8 kmほど離れた沖合いにあるため，最高地点はトゥテレモアナ Tuteremoana の標高521 mで，これは航海者にとって格好の目印となってきた．18～19世紀にはマオリが定住しており，1822年にはマオリの首長テ・ラウハラハは自らの部族の本拠地としてパ（砦）を形成した．その後，近海にクジラが多数生息することから，捕鯨基地がつくられた．1840年代には入植者によって農牧地としても開発が進められていった．

しかしながら，1897年に鳥類保護区となっており，このことは，古くから島内の貴重な動植物に多くの関心が寄せられてきたことの証左である．以降，大きな保護対策はしばらく行われなかったが，1977年に島の大部分が国有地となり，87年に自然保護法が成立したことを受け，絶滅危惧種であるキーウィやタカへを脅かす犬，猫，ネズミ，ポッサムなどが島から駆除された．その結果，野生のほ乳類の捕食者をもたないことから，鳥類の楽園となり，バードウォッチャーにとくに人気の訪問地となった．生態系を守るため入島者数制限（1日50人）が敷かれており，立ち入りには許可が必要である．　　［林　琢也］

カピョン　加平　Gapyeong

韓国

嘉平（別称）

人口：5.9万（2015）　面積：844 km²

[37°49′N　127°31′E]

韓国北西部，キョンギ（京畿）道北東端の郡および郡の中心地．東は，カンウォン（江原）道チュンチョン（春川）市に接する．行政上は加平郡加平邑．2010年の加平郡の人口は5.1万．1975年の人口は約7万であったので，この間に約3割の人口が減少した．春川市との境界を，プッカン（北漢）江が流れている．郡域は，侵食の進んだクァンジュ（広州）山脈の山地部が多く，畑作への依存度が高い．雑穀，果樹の生産を行っているが，とく

カビテ州（フィリピン），コレヒドール島のマリンタトンネル〔waltereicsy/Shutterstock.com〕

カフイ　345

に松の実の生産で，全国的に有名である．

［山田正浩］

カピンガマランギ環礁
Kapingamarangi Atoll

ミクロネシア連邦

グリニッチ島　Greenwich（別称）

人口：350（2010）　面積：1.1 km²
[1°04′N　154°47′E]

　北太平洋西部，ミクロネシア連邦，ポーンペイ州の環礁．主島ポーンペイ島の南西約740 kmに位置し，国内最南端にある．パプアニューギニアのニューアイルランド島からは北東約570 kmに位置する．島民は，ツヴァルから移住したポリネシア人で，ミクロネシア連邦でポリネシア人が住んでいるのは他にはヌクオロ環礁だけである．来訪時期については考古学的には13世紀頃と確認されているが，実際にはそれよりも古い可能性がある．島民はポリネシア諸語に属するカピンガマランギ語を話し，比較的高身長で大きい頭をしたポリネシア人らしい身体的特徴をもつ．自給自足の農耕漁撈が営まれ，伝統的な生活が続けられている．1919年の台風で甚大な被害を受けたのを機に，多くの島民がポーンペイ島へ移住した．現在，ポーンペイ島北部のコロニア市街には，移住したカピンガマランギ人が暮らすポラキート Porakiet 地区がある．第2次世界大戦中には日本の委任統治領となり，南洋庁が管理する最南端の土地であった．1985年には人口511を数えたが，2000年には474と徐々に減少している．

［柄木田康之］

カビンブリー　Kabin Buri

タイ

人口：1.2万（2010）　面積：1309 km²
[13°54′N　101°48′E]

　タイ中部，プラーチーンブリー県カビンブリー郡の町で郡都．県都プラーチーンブリーの東約30 kmに位置し，首都バンコクとカンボジア国境の町アランヤプラテートを結ぶ道路と鉄道が通過する．バーンパコン川河畔に位置し，かつてはバーンパコン川の水運と東のカンボジア方面を結ぶ陸路の結節点の商業都市として栄えていた．このため，西のプラーチーンブリーと並ぶ重要な町（ムアン）であり，チャックリー改革によって県も設置されたが，1926年にプラーチーンブリー県内の一郡に格下げされて現在にいたる．1960年代に東北部と中部を結ぶ新たな道路がアメリカの援助によってカビンブリーからナコー

ンラーチャシーマーまで建設されたことで，町は東北部への新たな玄関口としての機能を果たすようになった．現在は郡内に工業団地も建設され，東部臨海地域の工業化の波が波及してきている．

［柿崎一郎］

カプアス川　Kapuas, Sungai

インドネシア

ダヤッククチル川　Dayak Kecil, Sungai（別称）

長さ：610 km
[2°58′S　114°20′E]

　インドネシア西部，カリマンタン（ボルネオ）島，中カリマンタン州の川．島中央部のシュワネル山脈東端部に発して，州の広大な低平地を南に流れる11の大河川の1つである．州中央低地帯の東寄りを縦断し，河口まで約70 kmのクアラカプアスあたりで，東隣の南カリマンタン州との州境を南下してきたバリト川と合流し，ジャワ海に注ぐ．カリマンタン全域の他の河川と同じく，海岸部と内陸部を結ぶ重要な交通路である．河口から500 kmあたりの上流までは就航が可能である．別名のダヤッククチル（小ダヤック）は，西側を併走するカハヤン川がダヤックブサール（大ダヤック）とよばれるのに対する名称である．また，西カリマンタン州にも同名の川がある．

［瀬川真平］

カプアス川　Kapuas, Sungai

インドネシア

カプアスバハン　Kapuas Bahang（別称）／バタンラウェ　Batang Laue, Batang Lawai（別称）

長さ：1143 km
[0°10′S　109°05′E]

　インドネシア西部，カリマンタン（ボルネオ）島，西カリマンタン州の川．島中央部の標高1000～2000 m級のカプアスフル山脈から西に流れてジャワ海に注ぐ．国内で最長の大河である．州の最奥部（最北東部）で平地に出ると内陸湖沼地帯を経て広大な低平地を横断，下流の都市シンタン付近で南東から流れてきたムラウィ川が合流し，低湿地帯をさらに西に流れ，ジャワ海（カリマタ海峡）に注ぐ．河口付近では大規模なデルタが形成される．カプアス川水系は州内の重要な交通路であり，海岸部の大都市と内陸部の小都市の間は大型船によって結ばれる．集落の立地もほぼ水系沿いに集中する．河口付近には州都ポンティアナックがある．なお，中カリマンタン州にも同名の河川がある．

［瀬川真平］

カプアスフル山脈　Kapuas Hulu, Pegunungan

マレーシア/インドネシア

カプアス山脈　Kapuas, Pegunungan（別称）

標高：1767 m　長さ：200 km
[1°26′N　112°58′E]

　マレーシアとインドネシアの国境にある山脈．カリマンタン（ボルネオ）島中部，マレーシアのサラワク州中部とインドネシアの西カリマンタン州北東端の境界をなす．サラワク州中部の中心都市シブの南東約80 km地点に位置し，東西方向に約200 kmにわたって続いている．地名はカプアス川にちなむ．カプアス山脈ともよばれる．最高峰はラウィト山（標高1767 m）で，ほかにトヘンバトゥ山（1527 m），ウルン山など1500～1600 m級の山々がある．山脈の東側にはイラン山脈が連なる．山脈の脊梁部はマレーシアとインドネシアの国境を走っているが，インドネシア側にはほかにも多くの峰があり，東部には1500 m級の山々が連なる．また，西部はインドネシアのブトゥンクリフン Betung Kerihun 国立公園の一部に指定されている．一帯は熱帯雨林が広がり，オランウータンの生息地となっている．　　［生田真人・柏村彰夫］

カフィア　Kawhia

ニュージーランド

人口：339（2013）
[38°04′S　174°49′E]

　ニュージーランド北島，ワイカト地方の村．ハミルトンの南西40 kmに位置する．国道31号が通じている．海浜リゾート地であり，テピア温泉では浜辺に温泉が湧き出す．マオリ神話によると，カフィアはマオリの一族であるタイヌイ族の聖地として知られる．タイヌイとは，移住のため海洋を渡る際に使われる大型カヌーのことで，一族の祖先がタイヌイに乗ってカフィア湾北部にたどり着いたことに由来する．大型カヌーは船長のホツロアによって浜辺に埋められたが，現在でも2本の直立した岩によって船首と船尾が示され，マオリの歴史をうかがえる．

［植村善博・太谷亜由美］

カフィア湾　Kawhia Harbour

ニュージーランド

面積：60 km²
[38°05′S　174°51′E]

　ニュージーランド北島，ワイカト地方の湾．タスマン海に面した3つの広大な自然湾の1つである．浅く干満差が激しい．干潮時

には，カキやムール貝など種々の貝類が現れる．樹木に覆われた砂丘で守られた静かな湾で，湾内には観光ボートがある．この湾のテプイア Te Puia 温泉では，海に面した砂浜にスコップなどで浅い穴を掘ると温泉が湧き出し，温泉浴が楽しめる．

[植村善博・太谷亜由美]

カフィルニガン川　Kafirnigan River
タジキスタン

面積：11600 km²　長さ：354 km
[36°56′N　68°01′E]

タジキスタン南西部の川．ギッサル山脈東部のいくつかの支流を水源とし，南西に流れ，ラミトとオルジョニキゼアバドを通り，南に流れて，シャアトゥズを過ぎアフガニスタンとの国境でアムダリア川に合流する．中・下流沿岸は豊かな綿花の栽培地帯である．右岸にドゥシャンビンカ川が合流するが，川沿いには首都ドゥシャンベがある．ギッサルでギッサル運河によってスルハンダリア川とつながる．

[木村英亮]

カブガオ　Cabugao
フィリピン

人口：3.8万 (2015)　面積：96 km²
[17°48′N　120°27′E]

フィリピン北部，ルソン島北西部，南イロコス州北部の町．州都ビガンの北，ルソン海沿いに位置する．町の創立はスペイン植民地時代の1781年である．タバコがおもな作物であるが，近年，洪水に伴う塩害により，作付けがむずかしくなり，トウモロコシ生産も盛んになってきた．4月にはインタヨン祭りが開かれる．

[佐竹眞明]

カブガオ　Kabugao
フィリピン

人口：1.6万 (2015)　面積：806 km²
[18°01′N　121°11′E]

フィリピン北部，ルソン島北部，アバヤオ州の町で州都．町域は州の21%強の面積を占める．1995年に旧カリンガアバヤオ州が2つに分離した際に独立した．住民はイロカイ族など先住民が居住しているが多くはない．農業が主体であるが，産業といえるまで発展していない．町では新しい産業を模索中である．

[田畑久夫]

カフク　Kahuku
アメリカ合衆国

人口：0.3万 (2010)　面積：6.0 km²
[21°40′N　157°59′W]

北太平洋東部，ポリネシア，アメリカ合衆国ハワイ州，オアフ島最北端の国勢調査指定地区（CDP）．カフクゴルフコースがある．町の中心に1891～1971年の間カフク・プランテーション会社があった．近くにジェームス・キャンベル国立野生動物保護区があり，珍しい淡水の湿地帯を抱えている．また最近，カフクで養殖した淡水エビを使ってガーリックシュリンプを売るワゴントラックが観光客に人気である．

[飯田耕二郎]

カフク岬　Kahuku Point
アメリカ合衆国

[21°43′N　157°59′W]

北太平洋東部，ポリネシア，アメリカ合衆国ハワイ州，オアフ島最北端の岬．ここから西4.8 kmにあるタートルベイリゾート正面の浅いクイリマ入江が，一般にノースショアとウィンドワードコーストの境界線になっている．タートルベイリゾートは1972年に建設され，広大な敷地の中にホテル，ゴルフコース，テニスコート，ハイキングトレイル，乗馬施設などがある．

[飯田耕二郎]

カプサン　甲山　Kapsan
北朝鮮

面積：1076 km²　標高：808 m　気温：3.0℃
降水量：566 mm/年　[41°05′N　128°17′E]

北朝鮮，リャンガン（両江）道中部の町で郡庁所在地．ヘサン（恵山）南寄りに位置する交通の要衝で，銅鉱山町である．北朝鮮北東部，ケマ（蓋馬）高原のホチョン（虚川）江右岸に位置する．恵山市から東海岸のキムチェク（金策）市，プクチャン（北青）に通じる道路の分岐点にあたる．蓋馬高原は東側の甲山高原，西側のチャンジン（長津）高原に二分される．古くから山間集落があった．おもに麻，亜麻が栽培されていた．日本植民地時代には土地を奪われた農民が原始林を切り開き，火田（焼畑）農業を行った．一帯に石炭，カオリン，銅鉱山，金鉱山がある．甲山銅鉱山では金，銅を産出する．畜産加工，木材加工などの工場がある．高地性農業の経験を生かした麦類，ジャガイモ，アワ，ホップ，亜麻の産地になっている．かつての朝鮮民族解放同盟の根拠地．新亭～五一間に鉄道が通る．

[司空俊]

カブトゥナン岬　Cabutunan Point
フィリピン

[18°03′N　122°11′E]

フィリピン北部，ルソン島北東端，カガヤン州東岸中央の岬．州都トゥゲガラオの北東約70 kmに位置する．フィリピン海（太平洋）に面し，シエラマドレ山脈の東端が海岸まで迫る丘陵地である．

[佐竹眞明]

カブヤオ　Cabuyao
フィリピン

人口：30.9万 (2015)　面積：43 km²
[14°16′N　121°07′E]

フィリピン中部，ルソン島中部，ラグナ州西部の都市．首都マニラ中心部の南南東約42 km，国内最大の湖，バイ湖（900 km²）の南西岸に位置する．北はサンタロサ，南はカラムバに隣接する．住民の多くはキリスト教徒で，その大半がローマ・カトリックを信仰する．米を中心とした農業と湖での漁業が伝統的な産業であるが，近年では工場の進出が著しい．市内には国内の飲料メーカーであるアジア・ブルワリーやアメリカの日用品メーカー P&G の工場，工業団地のライト・インダストリー・サイエンスパーク，ゴルフ場などが立地する．カブヤオは，アメリカ植民地時代の1930年代半ばには貧困層を中心としたサクダル党が激しく抵抗し，第2次世界大戦中はアメリカ寄りの抗日ゲリラと日本寄りのマカピリ（フィリピン愛国同志会）に分かれて戦いをくり広げるなど，困難な歴史を歩んできた町としても知られる．

[田畑久夫]

カブラ島　Cabra Island
インド

人口：0 (推)　[7°19′N　93°50′E]

インドの東方，アンダマンニコバル諸島連邦直轄地南部，ニコバル諸島の島．ニコバル県大ニコバル郡に属する．インド本土からは東へ約1600 km，スマトラ島の北約200 kmにある．大ニコバル島の北，小ニコバル島の東に位置し両島の間のセントジョージ海峡に浮かぶ．小さな無人島である．

[南埜猛]

カフランギ岬　Kahurangi Point
ニュージーランド

[40°46′S　172°14′E]

ニュージーランド南島，ウェストコースト地方北部の岬．タスマン地方との境界にあ

り，タスマン海に面する．地名のカフは青，ランギは空を意味する．したがって，文字的には青空もしくは空の青さになるが，地名とはあまり関係はない．北島や南島のネルソン，マールバラ地方から，西海岸へカヌーで航海してきた人びとは，日の落ちる前までには，岬のあるカフランギ川河口の入江に到達するように急いだ．その理由は，岬の周辺は，青い空とおだやかな海が広がり，つねに位置を確認しやすかったことによる．美しい森林を保護するために 1996 年に指定されたカフランギ国立公園の名は，カフランギ岬に由来している． 　　　　　　　　　　［井田仁康］

カブルー山　Kabru
ネパール/インド

ナムタムチュー　Nam Tam Chu（レプチャ語）

標高：7395 m　　　　　［27°38′N　88°07′E］

ネパールとインドにまたがる山．ネパール東部のメチ県とインド北部のシッキム州の国境付近に位置する．ヒマラヤ山脈東部，カンチェンジュンガ山群の高峰である．山群の主峰カンチェンジュンガ山（標高 8598 m）から南西に延びるシンガリラ尾根上に，約 6 km にわたって I 峰（南峰，7317 m），II 峰（北峰，7338 m），III 峰（7395 m），IV 峰（北西峰，7353 m）と 7000 m を超えるほぼ同じような高度のピークが連なり，南北 2 km，東西 1 km にも及ぶ広い高原状の氷河雪原をつくっている．カンチェンジュンガ山とともに東麓の保養地ダージリンからみえるため，古くから知られていた．1883 年以来，何度か登頂が試みられたが，いずれも山頂には達せず，北峰は 1953 年にイギリスのコンラッド・レジナルド・クックが初登頂に成功しただけであった．残りのすべてのピークは，ようやく 1994 年，インド陸軍隊によって登頂された．山名は，カ（白い），ブル（雪崩）に由来するというが，一方，シッキムの住民はレプチャ語で，まわりが断ち切られた平らで広々とした雪山という意味のナムタムチューという山名を与えていたようで，この山の地形的特徴をよく表した山名である．
　　　　　　　　　　［小野有五］

カフルイ　Kahului
アメリカ合衆国

人口：2.6 万（2010）　面積：42 km²
　　　　　　　　　　［20°53′N　156°27′W］

北太平洋東部，ポリネシア，アメリカ合衆国ハワイ州，マウイ島北西部の国勢調査指定地区（CDP）．カフルイ湾を囲むように広が

り，マウイ島の商業の中心地で主要道路沿いにあるマウイ島最大のクイーン・カアフマヌ・センターやマウイ・マーケットプレイスなどのショッピングセンターがある．カフルイは 1880 年代から砂糖とパイナップルの輸出で重要な港と鉄道の中心であった．現在は，町の東側にある空港とはケオラニプレイスという道路で結ばれており，空港への途中にあるカナハ池は野鳥保護区である．またマウイコミュニティカレッジや，近くのプウネネにはアレキサンダー・アンド・ボールドウィン砂糖博物館がある． 　　　［飯田耕二郎］

カプールタラ　Kapurthala
インド

人口：10.2 万（2011）　　　［31°23′N　75°23′E］

インド北部，パンジャブ州カプールタラ県の都市で県都．州都チャンディガルから北西約 150 km に位置する．市名は，11 世紀にこの町を築いたラージプートのラナ・カプールに由来する．1772 年に当地を都としてカプールタラ王国が設立され，シク教徒の藩王による統治がインドの独立時まで続いた．最後の藩王であるジャガジット・シンがフランスの建築家につくらせたルネサンス様式の宮殿は，当地を代表する貴重な観光資源となっており，多くの観光客を魅了している．工業では鉄道車両の製造が著名であり，インド国鉄で稼働中の客車のうち約 30% が当地で生産されたものである．市内には，鉄道車両に関連する工業のほか，薬品や化学製品，各種農産物加工などの工業も立地する．周辺には肥沃な沖積平野が広がり，灌漑農業によって小麦，米，サトウキビなどが栽培されている． 　　　　　　　　　　［友澤和夫］

カブールチャー　Caboolture
オーストラリア

人口：2.2 万（2011）　面積：62 km²
　　　　　　　　　　［27°04′S　152°56′E］

オーストラリア北東部，クイーンズランド州南東部，モートンベイ地域の都市．ブリズベン大都市圏の北部に位置する．州都ブリズベンの中心まで鉄道で 1 時間弱で結ばれているので住宅衛星都市になっている．地名は，アボリジニの言語でヘビの絨毯を意味するといわれている．1842 年，モートン湾囚人植民地の周囲が自由植民者に開放されて建設された．当初，サトウキビと綿花の栽培が行われていたが，今日宅地化されていない地域では，近郊農業および酪農や熱帯果樹の栽培が

行われている． 　　　　　　　　［秋本弘章］

カプーンピタ山　Capoompeta, Mount
オーストラリア

標高：1506 m　　　　　　［29°23′S　152°00′E］

オーストラリア南東部，ニューサウスウェールズ州北東部の山．グレートディヴァイディング山脈のカプーンピタ国立公園内に位置する．標高 1200 m 前後に波状地をなす隆起準平原上に突出しているため，この地方では目立つ存在となっている． 　　［畠山輝雄］

カーペンタリア湾　Carpentaria, Gulf of
オーストラリア

面積：310000 km²　長さ：650 km　幅：500 km
深さ：79 m　　　　　［13°11′S　139°08′E］

オーストラリア北部の湾．西はノーザンテリトリーのアーネムランド半島，東はクイーンズランド州のヨーク岬半島にはさまれ，北はアラフラ海につながっている．東西約 500 km，南北約 650 km にわたりミッチェル川，フリンダーズ川などが注ぐ．沿岸には干潟とマングローブの湿地が存在しており，エビが重要な資源となっている．また，湾の周辺ではボーキサイトおよびマンガン鉱が採掘されている．熱帯気候で雨季は 12～3 月．9～10 月にモーニンググローリー（巨大回転雲）がしばしば観測されることで有名である．1606 年，オランダ人ヤンスが探検した．地名は，23 年 J・カルステンスによって，時の東インド会社総督にちなんでカーペンタリア湾と名づけられた． 　　　　　　　［秋本弘章］

かほくしょう　河北省 ☞ ホーペイ省 Hebei Sheng

カホーラウェ島　Kahoolawe
アメリカ合衆国

面積：116 km²　　　　　［20°33′N　156°36′W］

北太平洋東部，ポリネシア，アメリカ合衆国ハワイ州，ハワイ諸島で 8 番目に大きな島．マウイ島の南西 11.2 km にあり，アラケイキ海峡によって隔てられる．マウイ郡の一部で，以前はハワイ先住民の土地であったが，1940 年代からアメリカ海軍によって実弾演習場として使用されてきた．この島には，先住ハワイ人の信仰を支えるヘイアウ

（神々への祈祷を捧げる場所）や遺跡が残されており，1970年代からその奪還をめざす先住民運動が行われてきた．その結果，2003年に同島は州に返還された．返還後も軍事廃棄物の除去や自然環境の回復を求める運動が続いている． [飯田耕二郎]

カボン　Kabong　マレーシア

人口：1.2万（2010）　　　［1°58′N　111°07′E］

マレーシア，カリマンタン（ボルネオ）島北部，サラワク州西部サラトク行政区の町．カボン川に面する小港で，ルパール川をはさんで州都クチンの東北東約90 kmの地点に位置し，ポー岬の対岸にあたる．カボン川は，クリアン川とセブラク川とが合流した地点よりも下流部分をさし，町はカボン川が南シナ海に注ぐ直前の河口部に位置している．カボンの周辺には集落が点在するが，ことにカボンからセベラ川に沿って多くの集落がある．
[生田真人]

カポンガ　Kaponga　ニュージーランド

人口：306（2013）　　　［39°26′S　174°08′E］

ニュージーランド北島，タラナキ地方の町．タラナキ（エグモント山）のすぐ南東にある．タラナキ山にあるドーソンズ滝の玄関口といわれている．この地の入植は1882年に開始され，最初の植民者にスイス人が含まれていたことにより，現在でもスイスとのつながりが強い．おもな産業は乳製品製造となっている． [植村善博・太谷亜由美]

ガマイ湾　Gamay Bay　フィリピン

［12°33′N　125°35′E］

フィリピン中部，サマール島，北サマール州東部に位置し，太平洋に面する湾．多種のマングローブが生息しており，台風や高波に対しての緩衝地帯となってきた．またマングローブは土壌侵食を防ぎ，海岸線を安定させ，水質汚染を最少限に止めてきた．しかし，1993年に近辺のサンゴ礁で漁船が座礁し，重油が流れ出したことにより大きなダメージを受けた．現在もその傷跡は深く残っている． [東 賢太朗]

カーマウ　Ca Mau　ベトナム

Cà Mau（ベトナム語）／クアンロン　Quang Long（旧称）／トゥッククマウ　Tuk Khmau（クメール語）

人口：21.6万（2009）　面積：530 km²
［9°10′N　105°09′E］

ベトナム南部，メコンデルタ，カーマウ省の都市で省都．海抜1 m以下の低平地に立地し，市内を流れるフンヒエップ運河とサンカーマウ運河，これに沿った国道1号が後背地と市街地をつないでいる．旧称はクアンロン，クメール語名称はトゥッククマウである．交通網は国道や運河のほか，カーマウ空港がホーチミンとの間に国内線を運航している．同空港はフランス領時代に建設され，その後おもに軍事目的に使用されてきたが，2004年から本格的に民間機の運航が始まった．キン族のほかクメール族が多く居住し，市内には1964年に建てられたクメール寺院のモニヴォンサ・ポパラム寺院がある．省内で漁獲された水産物や，養殖されたエビの加工企業が立地し同市の基幹産業となっている． [池口明子]

カーマウ省　Ca Mau, Tinh　ベトナム

Cà Mau, Tỉnh（ベトナム語）

人口：121.5万（2011）　面積：5295 km²
［9°10′N　105°09′E］

ベトナム南部，メコンデルタの省．省都カーマウ（省直属市），および5県からなる．メコンデルタの約20％を占める広大な土地のほとんどは低平な湿地で，沖積世には海底にあった．メコンデルタの他省に比べてメコン川が供給する堆積物が少なく，地表のほとんどに酸性硫酸塩土壌が露出する．またウミン市付近には酸性硫酸塩質の泥炭土壌が分布し，腐植土が厚さ数mにわたる場所もある．これらの地域の自然植生は，内陸部では酸性土壌に耐えうるメラルーカやその他のアシ類，沿岸部ではヒルギなどのマングローブ林に限られている．とくに南部沿岸には世界でも有数のマングローブ原生林があり，ここでクメール人が蜜蝋を採集したことからクメール語でデイ・クラモンすなわち「蝋の里」とよばれる．このほかマングローブ林は染物や漁具，薬の原料として伝統的に利用されてきた．

もともと稲作に不向きなこの地で米作が始まったのはメコンデルタで最も遅く，20世紀に入ってからである．フランス領インドシナ期（1887～1954）に多くの運河が掘削され，

雨水の排水が容易になったために土壌から硫酸の洗い出しが進んだ．これによって稲作が可能な土地が広がった．また，運河は重要な日常交通の手段となり，米の取引が活発になった．社会主義政権下ではベトナム北中部からの移住者が入植し，国営農場によりさらなる水田化が進められた．1980年代後半に市場経済が導入されてからは，水田化とともにメラルーカの植林も奨励されている．稲作は内陸部の多くの地域に導入されたが，河川からの塩水遡上が著しい場所は現在でも農業に不向きである．

一方，広大な汽水域はさまざまな水産資源の漁場となっており，漁業生産量はメコンデルタで最も多い．河川と沿岸では底引網漁業が，沿岸汽水域ではハイガイやノコギリガザミ，ウシエビの養殖が行われている．とくにウシエビの養殖は全国一の生産量があり，沿岸のマングローブ林を伐採してエビ養殖池がつくられている．過度の伐採がなされた地域では沿岸侵食が問題化しており，マングローブ植物の植林や，マングローブ林での小規模な養殖への転換などが試みられている．ウミンU Minh周辺のマングローブ林は，ベトナム戦争初期に解放軍が基地を設置したことで知られている．アメリカ軍が散布した枯葉剤によりこの地域のマングローブ林は大きな被害を受けた．現在では被害をまぬがれたマングローブ林が野鳥観察などに利用され，重要な観光資源となっている．1956～76年までアンスエン省とされたが，その後バックリュウ省と合併してミンハイ省となり，1997年からカーマウ省となった．
[池口明子・筒井一伸]

カーマウ岬　Ca Mau, Mui　ベトナム

［8°37′N　104°43′E］

ベトナム南部，メコンデルタ，カーマウ省の岬．省都カーマウの南西約80 km，南シナ海に面しタイ湾の入口に位置する．岬のあるダットムイ Dat Mui の漁村はカーマウと国道1号（ホーチミンロード）で結ばれているが，途中のナムカンまではガインハオ川の高速船を利用するのが一般的である．ベトナムの最南端地で，村内には国が設置した国土最南端を示すモニュメントが建つ．少し離れた場所には船の形をした石碑のある公園があり，観光客が多く訪れる．周辺はカーマウ岬国立公園（2003指定，約420 km²）に指定された湿地帯で，2013年にはラムサール条約湿地にも登録され，湿地帯の面積が年々拡大

している ことで注目されている.　　　[池口明子]

カマコウ山　Kamakou アメリカ合衆国

標高：1514 m　　　　　　[21°06′N　156°52′W]

北太平洋東部，ポリネシア，アメリカ合衆国ハワイ州，モロカイ島東部の山．島内最高峰の火山である．この山から西側にあるカマコウ保護区は約 11.1 km² に及び，ほとんど原始林に近い熱帯雨林が広がる.
　　　　　　　　　　　　　　[飯田耕二郎]

カマシ　Kamashi ウズベキスタン

Qamashi（別表記）

人口：3.5 万（2012）　　　[38°49′N　66°29′E]

ウズベキスタン中央南部，カシカダリア州中央部の町．州都カルシの東 56 km に位置する．カルシからグザルを経由してシャフリサブズにいたるウズベキスタン鉄道の駅があり，サマルカンドとテルメズを結ぶ高速道路が通る．1978 年に設立された．小麦，綿花生産の中心地である.　　　　　[木村英亮]

カーマム　Khammam インド

人口：18.4 万（2011）　面積：22 km²
　　　　　　　　　　　　[17°14′N　80°09′E]

インド南部，テランガーナ州東部，カーマム県東部の都市で県都．南はアンドラプラデシュ州，東はチャッティスガル州に接する．州都ハイデラバードの西約 200 km に位置する．周辺の村を合併するかたちで新たな市が2012 年に設立された．高等専門学校やカレッジなどの教育機関が複数所在する．市街地中心部の丘陵地には 10 世紀中頃にはその存在が知られていたというカーマム砦の跡があり，その成立は古い．市街地の西部を流れるマナルー Munneru 川は，南進しアンドラプラデシュ州との州境を越えた後に，クリシュナ川と合流する．県では，綿花や米の栽培が盛んであり，また石炭などの鉱産物も豊富に産出するとはいえ，中央政府が補助金を拠出する後進地域に指定されている．中央政府とテランガーナ州の出資するシンガレニ炭鉱公社は県に立地するものの，本社はカーマムから北東約 60 km に位置するコサガデム Kothagudem に置かれる．県一帯では，おもにテルグ語とウルドゥー語が話されている.　　　　　　　　　　　　　[鍬塚賢太郎]

カマヤ　Kamaya　☞ マリベレス　Mariveles

カマリネススル州　☞ 南カマリネス州
Camarines Sur, Province of

カマリネスノルテ州　☞ 北カマリネス州
Camarines Norte, Province of

カマルパ　Kamarupa インド

カムループ　Kamrup（別称）

　　　　　　　　　　　　[26°30′N　91°11′E]

インド北東部，アッサム州カムループメトロポリタン県に拠点を置く王国に由来する地方．県都でもある商工業都市ゴウハーティには当該王国の首都があったとされる．川幅が狭まるブラマプトラ川南岸に位置することから両岸の往来が容易であり，交通の要衝ともなっている．県は，2003 年にカムループ県を分割して新設された.　　　[鍬塚賢太郎]

カマルハティ　Kamarhati インド

人口：33.7 万（2011）　[22°40′N　88°22′E]

インド東部，ウェストベンガル州北 24 パルガナス県の都市．コルカタ（カルカッタ）大都市圏北部のフーグリー川東岸に位置し，15 の自治体とともにバラクポール郡を構成している．州都コルカタから北に 15 km 離れているにすぎず，市街地はほぼ連続している．イギリス植民地期にはカルカッタの富裕層のバンガローや庭園が置かれていた．繊維や印刷，ゴム，ジュート製品などの工業が盛んである.　　　　　　　　　[友澤和夫]

カミギン州　Camiguin, Province of フィリピン

人口：8.8 万（2015）　面積：238 km²
　　　　　　　　　　　　[9°15′N　124°42′E]

フィリピン南東部，ミンダナオ島北部，北部ミンダナオ地方に位置する州．カミギン島全域で 1 州を構成する．かつて東ミサミス州に属したが，現在は独立した．州都はマンバハオ．おもな言語はセブアノ語である.
地名は硬木のカマゴンに由来する．先住民はスリガオから移住してきたマノボ族である．1521 年にポルトガルのフェルディナンド・マゼラン，65 年スペインのミゲル・デ・レガスピも来航した．そして，1598 年，最初のスペインの定住地が建設された．マンバハオが町になったのは 1855 年である．1901 年，アメリカ軍が侵略を開始すると，バレロ・カマロ率いる住民は鉈と槍で抵抗したが，鎮圧された．カマロは独立運動を指導した愛国者として英雄視されている．そして，1942 年 6 月，日本軍はマンバハオを占領，住民によるゲリラ活動への報復として，町の中心地を破壊した．破壊された建物の一部はいまも残されている．戦後 1946〜58 年の間，カミギンは東ミサミス州の一部になった．以降，カミギン準州となり，1968 年 6月 18 日，カミギン州となった.
真珠の粒のような形をした島は，山がちで，7 つ火山がある．そのうち，ヒボクヒボク山は 1951 年に噴火した．当時人口は 6.9万だったが，噴火後島外に移住した住民が多く，一時 3.4 万まで減った．しかし，現在は8 万を超えている．火山灰で土地は肥沃であり，住民はおもに農業と漁業で生計を立てている．10 月の第 3 週にはランソネス祭りが開かれ，名物の甘い果物ランソネス（ローガン）がふんだんに展示，販売される．農具や包丁をつくる鍛冶産業も盛んである.
　　　　　　　　　　　　　[佐竹眞明]

カミリン　Camiling フィリピン

サンミゲルデカミリン　San Miguel de Camiling（古称）

人口：8.3 万（2015）　面積：141 km²
　　　　　　　　　　　　[15°41′N　120°25′E]

フィリピン北部，ルソン島中部，タルラク州の町．州都タルラクの北西 35 km，中部ルソン平野の西部にあり，サトウキビや米がおもな産物である．気候としては，11〜4 月は南西モンスーンの影響を受けて乾季，他は雨季であり，とくに 7〜9 月は降雨量が多い．先住民は狩猟採集民族のアエタである．その後に，新マレー諸族であるパンガシナン族やイロカノ族が移住してきた．地名はカミリン（Camiring）という木が多く生えていたことに由来する．R はその後，L に流音変化した.
スペイン統治下，まず東のパニキ Paniqui の一集落と定められたが，1838 年，独立した町になる．1874 年，タルラク州が形成されたとき，カミリンは州の北西 1/4 を占め，州最大の面積，人口を誇った．それを物語ったのが州最大，最古のカトリック教会，カミリン教会だった（1997，火事で消失）．また，

19世紀後半にはマニラ・ダグパン鉄道の支線がパニキ経由で通り，カミリン駅が現在のプラザミランダにあった．地場産業としては，豚の皮に塩を振って揚げたスナック，チチャロンの製造が有名である．アジア人として初めて国連総会議長（在任1949～50）を務めた，元外務大臣カルロス・ロムロ（1899–1985）の出身地でもある．　　　［佐竹眞明］

カミンズ　Cummins　オーストラリア

人口：0.1万（2011）　　　［34°16′S　135°44′E］

オーストラリア南部，サウスオーストラリア州中央南部の村．エア半島最南部にあり，州都アデレードからポートオーガスタ経由で西644 km，ポートリンカーンの北67 kmに位置する．付近は，小麦をはじめとする穀物の生産地として知られる．穀物輸送用の鉄道が通っており，半島北西部の積出港セデューナ，セヴェナードや，半島南部の港町ポートリンカーンと結ぶ．駅付近には，穀物貯蔵用の巨大なサイロがある．町には，農村部では珍しくなった製粉所があり，エア半島で現在も稼働しているのはここだけとなった．付近には，19世紀末には農民がいたが，町が測量されたのは1902年のことであり，07年にはポートリンカーンと鉄道で結ばれた．地名は，1896～1907年にかけてサウスオーストラリア立法府のメンバーであったウィリアム・パトリック・カミンズの名にちなんでつけられた．現在，周辺では小麦，大麦などの穀物栽培のほか，羊や牛の放牧も盛んである．　　　［片平博文］

カムアン県　Khammuane Province　ラオス

Khammouan, Khoueng（別表記）

人口：39.2万（2015）　面積：16315 km²
［17°24′N　104°50′E］

ラオス中南部の県．県都はターケーク．国内では，さまざまな面で多様性の高い県の1つである．その地形を東西方向にみると，東は標高2000 m級の山々が連なるベトナム国境のアンナン（チュオンソン）山脈，その西側が標高500 mほどのナカイ高原，そしてカムアン石灰岩地帯（ヒンブン山石灰岩地帯）の切り立った山々がみられる．また東はメコン川と支流のヒンブン（ナムヒンブン）川とセバンファイ川によって形成される沖積平野である．また，県にはヒンブン山（プーヒンブン），ナカイナムトゥン，ヒンナムノーの3

地域の国立生物多様性保全地域（NBCA）が含まれている．ヒンブン山NBCAとナカイナムトゥンNBCAには，貴重な野生動物の存在が多数確認されており，それら保護に向けての政策が期待されている．おもな産業は農業と林業である．ヒンブン川とセバンファイ川が形成する沖積平野は，県内で最も水田水稲作が盛んな地域である．鉱物資源も豊富で，ターケークの北西60 kmに位置するパセン河谷にスズ鉱床群が存在し，国内では数少ないまとまった生産のある金属鉱山が立地する．　　　［横山　智］

カムーウィール　Camooweal　オーストラリア

人口：187（2011）　面積：2.7 km²
［19°56′S　138°08′E］

オーストラリア北東部，クイーンズランド州北西部，マウントアイザ市の町．ノーザンテリトリーとの州境に位置する．ノーザンテリトリーと南東部の海岸を結ぶバークリーハイウェイ沿いにある．町の東には，鍾乳洞を有するカムーウィールケーヴズ国立公園がある．　　　［秋本弘章］

カムクー　Khamkeut　ラオス

人口：0.2万（2000）　　　［18°12′N　104°58′E］

ラオス中部，ボリカムサイ県の郡．首都ヴィエンチャンの北331 kmに立地し，市街地は通常ラクサオ Lak Sao と称される．ラクサオとは，かつて軍の基地が立地していたベトナム国境近くのナーペー村から20（Sao, サオ）kmの距離に位置していることからつけられた．村落は国道8号沿いに立地し，東34 kmに位置するベトナム国境のゲートタウンとして機能している．また，国防省の関連組織である高地開発公社（BPKP）がラクサオに本部を置いており，近郊の山地から木材の伐採を行い，その販売資金で地域開発を行っている．ラクサオは，このBPKPによって発展した町である．2010年代以降はラクサオからベトナム国境のカオチェオが整備されたことにより，ベトナムとタイとの中継地点としても機能している．また，かつては野生動物などの密貿易の中心地でもあった．村落近郊には，石灰岩洞窟，温泉などの観光地も存在する．　　　［横山　智］

ガムコノラ山　Gamkonora, Gunung　インドネシア

ガムクノロ山　Gamkunoro, Gunung（別称）／ガムコノロ山　Gamkonoro, Gunung（別称）

標高：1635 m　　　［1°23′N　127°32′E］

インドネシア東部，ハルマヘラ島，北マルク州ハルマヘラバラット県の火山．島最高峰の成層火山である．斜面の北から南にかけて大きな噴火口が形成されている．記録に残るだけで12回の噴火をした．歴史上最大の噴火は1673年に起こり，周辺の多数の村落を破壊し，大きな被害を与えたといわれる．近年では，1987年に噴火した．それから20年後の2007年7月9日の噴火では，轟音とともに火山灰と塵を上空2 kmにまで吹き上げ，その後数日にわたって噴煙をはき続け，周辺8村の住民3000人以上が避難を余儀なくされた．　　　［瀬川真平］

カムデン　Camden　オーストラリア

カウパスチャーズ　Cowpastures（古称）

人口：0.3万（2011）　面積：2.7 km²
［34°03′S　150°42′E］

オーストラリア南東部，ニューサウスウェールズ州南東部，カムデン行政区の町で行政中心地．州都シドニー中心部の南西65 kmに位置し，ネピアン川の南岸に広がる．カムデン行政区の人口は5.7万，面積は201 km²．この地域には，20～40人ほどの大家族の先住民が狩猟生活により暮らしていた．当初は第1船団で運ばれ，姿を消した牛がここで発見されたことからカウパスチャーズと名づけられた．その後，カムデン卿の支援によって1805年にジョン・マッカーサーが入植してきた．地名は，マッカーサーが，世界基準の牧羊地を建設するため土地を測量したことを記念して名づけた．現在，シドニー大都市圏を構成する衛星都市の1つである．　　　［畠山輝雄］

カムバ県　崗巴県　Gamba　中国

人口：1万（2012）　面積：4000 km²　気温：1.5℃
降水量：300 mm/年　　　［28°16′N　88°30′E］

中国西部，シーツァン（チベット，西蔵）自治区，シガツェ（日喀則）地級市の県．地名はチベット語で雪山付近にあることを意味する．ヒマラヤ山脈東部の高原丘陵地帯に位置し，周囲は標高4000 m級の山々に囲まれる．1951年に康巴宗として日喀則基巧に属し，65年に崗巴県となり，日喀則専区に属

した．人びとは半農半牧の生活を営んでおり，ヤクや羊の放牧，ハダカ麦や小麦，ナタネなどの栽培が行われている． 　　　〔石田 曜〕

カムバム　Kambam　　　　　インド
人口：5.9万 (2001)　　　〔9°44′N　77°19′E〕

インド南部，タミルナドゥ州テニ県の都市．州都チェンナイ（マドラス）の南西約500kmに位置する．スルリー川の谷底平野であるカムバム峡谷の中央部に立地する．カムバム峡谷は水資源が豊富であり，それを利用して市周辺では米，ココナッツ，ブドウなどが栽培されている．ココナッツとカルダモンの取引所がある．タミルナドゥ州からケーララ州の著名なペリヤル野生動物保護地区に抜ける国道220号が通過している． 　〔友澤和夫〕

カムペーンペット　Kamphaeng Phet　　　　　　　　　　　タイ
人口：9.3万 (2010)　面積：1349 km²
〔16°27′N　99°31′E〕

タイ北部下部，カムペーンペット県の都市で県都．首都バンコクの北北西358km，チャオプラヤー川の支流の1つであるピン川の左岸に位置する．地名は，タイ語でダイヤモンドの城壁を意味し，スコータイ時代に政治的，軍事的に重要な都市であったことに由来する．アユタヤー王朝期にはビルマ軍の侵入を防ぐ機能を果たしたが，1767年にビルマ軍の攻撃を受けて崩壊した．現在はその城壁の一部や遺跡がカムペーンペット歴史公園として保存されており，1991年に「古代都市スコータイと周辺の古代都市群」としてユネスコの世界遺産（文化遺産）に登録された．
〔遠藤 元〕

カムペーンペット県　Kamphaeng Phet, Changwat　　　　　　　　タイ
人口：79.7万 (2010)　面積：8607 km²
〔16°27′N　99°31′E〕

タイ北部下部の県．県都はカムペーンペット．北はピッサヌローク，スコータイ，西はターク，南はナコーンサワン，東はピチットの各県と隣接する．県西部は山岳地帯で平地の比率が低いが，農業は盛んである．特産物はモンキーバナナで，年に一度収穫祭が開かれる．そのほか，サトウキビ，トウモロコシ，大豆など畑作物の生産量が多い．1970年代から90年代にかけて，畑作の拡大とともに他県からの人口流入が大量にみられた．また，山間部でホタル石がとれるほか，1983年には県東部で石油が発見された．ターク県やナコーンサワン県との県境をまたぐ一帯は，標高1439mのクローンラーン山を中心としたクローンラーン国立公園となっている． 　〔遠藤 元〕

カムラン　Cam Ranh　　　ベトナム
人口：10.1万 (2009)　〔11°54′N　109°07′E〕

ベトナム南中部，カインホア省南部の県．県都バゴイ，および21村からなる．県の西側に連なるチュオンソン（アンナン）山脈から流れる複数の河川が平野を形成し，沿岸には北から約30kmにわたって伸びる半島がカムラン湾を形成する．平野部では米の二期作，三期作が行われるほか，サトウキビの栽培が盛んである．国道1号沿いには水産物加工やニョクマム（魚醬）製造の工場が分布する．カムラン半島の沖積層に含まれる珪砂は純度が高く，ガラス製品の原料として国外へも輸出される．　　　〔池口明子〕

カムラン湾　Cam Ranh, Vinh
　　　　　　　　　　　　　　ベトナム
長さ：32km　深さ：40m
〔11°53′N　109°10′E〕

ベトナム南中部，カインホア省南部の湾．ホーチミンの北東約300kmに位置する省直属市カムランの東側に広がる．北から約30kmにわたって延びるカムラン半島と，南から延びるカムラップ半島とに囲まれ，湾口は約1.6km，最広部は32km，水深は最深部で約40mと深く，アジアでも有数の良港とされる．複数の国が領有権を主張するスプラトリー（チュオンサ，南沙）諸島や，国際航路へも近く，地政学的に重要な港として世界的に注目されてきた．フランス植民地時代に軍港として整備され，日露戦争の日本海海戦前にはロシアのバルチック艦隊が寄港した．1942年には日本海軍がマレーシア侵攻の際に使用したが，44年にアメリカ海軍が日本軍の施設を破壊してからは使用が中止していた．

1960年代にはアメリカ海軍が補給基地と滑走路を建設した．ベトナムは国家統一後，1979年にソ連との間に25年間の無償基地使用契約を締結し，カムラン湾はソ連の前方展開基地となる．その後，ベトナム側が有償に切り替える方針を示したことから，2002年にロシアが完全撤退し，ベトナム海軍の管理下に置かれた．しかし南シナ海をめぐる領有権争いが激しくなる中，2010年10月，ベトナムは潜水艦を含めたあらゆる国の海軍船舶にサービスを提供する総合港をカムラン湾に建設する計画を発表し，16年3月に開港した．これによって，ロシア軍やアメリカ軍がふたたび駐留すると考えられている．
〔池口明子〕

カムリワイ　Kamuriwai ☞ アロータウン Arrowtown

カムペーンペット（タイ），ワット・プラケーオ寺院の涅槃仏と座仏《世界遺産》〔Shutterstock〕

ガムリン県　昂仁県　Ngamring

中国

ヌガムリン（別表記）

人口：6万（2012）　面積：27600 km²
[29°22′N　87°10′E]

　中国西部，シーツァン（チベット，西蔵）自治区，シガツェ（日喀則）地級市の県．ヤルンツァンポ（雅魯蔵布）江中流の峡谷部に位置する．ほかに，ドォシュンサブ（多雄薩布）川やドォチュサブ（多曲薩布）川などが流れる．地名はチベット語で長い谷間を意味する．過去にはアンロ（昂惹）やアオブレン（傲不仁），ザンアブリン（章阿不林）などさまざまな呼称があった．河川付近の集落はおもに農業を，北部は牧畜業を中心に生計を立てている．
[石田　曜]

カメート山　Kamet Mountain

インド

標高：7816 m
[30°55′N　79°36′E]

　インド北部，ウッタラカンド州チャモリ県の山．インド国内で第3位（パキスタンが実効支配するカシミールは除く），世界第29位，ガルワールヒマラヤ第2位の高峰である．チベット自治区との国境近くにそびえ，厳密にはヒマラヤ山脈主稜線の北側とラダク山地の間を並走するザンスカール（ザスカル）山地の一部と考えられている．山容は巨大なピラミッド型をしており，平らな山頂部には2つのピークがある．
[前杢英明]

ガメラッカ　Gumeracha

オーストラリア

人口：0.1万（2011）　面積：41 km²
[34°50′S　138°52′E]

　オーストラリア南部，サウスオーストラリア州南東部の町．州都アデレードの北東36 km，アデレード丘陵に位置し，アデレードの市街地を流れるトレンズ Torrens 川の上流部にあたる．町には玩具工場があり，宣伝用の巨大な木馬が有名である．その中は6階に分かれており，中に入って遊ぶことができる．休日には家族連れで賑わう．地名は，アボリジニの言語で Umeracha，すなわちすばらしい池のあるところを意味する．
[片平博文]

カモ　Kamo

ニュージーランド

人口：0.7万（2013）　[35°41′S　174°18′E]

　ニュージーランド北島，ノースランド地方の町．ファンガレイの中心地より車で5分ほどにある．町の北西にあるパラキオレ山は，100万年前の溶岩ドームによって形成されている．この地域はかつて石炭の採掘で栄えた．1882年にはカモとファンガレイ湾を結ぶ鉄道が敷かれ，ノースランド地方の最古の鉄道の1つとなった．現在ではノースオークランド線の一部となっている．
[植村善博・太谷亜由美]

カモテス海　Camotes Sea

フィリピン

[10°41′N　124°23′E]

　フィリピン中部，セブ島，ボホール島，レイテ島にはさまれた海域．中心にカモテス諸島がある．大都市セブとレイテや首都マニラを結ぶ船舶が通る海上交通の要衝である．南はセブ海峡，カミガオ海峡を経て，ボホール海へとつながる．海域ではセブ州ダナオ周辺や，レイテ州オルモックを望むオルモック湾などが豊富な漁場である．ボホール南岸にも環礁地帯が広がる．ただし，近年は乱獲や都市周辺の汚染の影響で漁獲が減少しているともいわれる．
[佐竹眞明]

カモテス諸島　Camotes Islands

フィリピン

人口：10.3万（2015）　面積：236 km²
[10°41′N　124°23′E]

　フィリピン中部，セブ島とレイテ島との中間に位置するセブ州の諸島．カモテス海に浮かぶ4つの島，パシハン島，ポロ島，ポンソン島，トゥラン島で構成される．そのうち，パシハン島とポロ島は舗装道路でつながっている．16世紀に訪れたスペイン人が地名を尋ねたところ，住民は掘り出しているサツマイモ（土地の言葉でカモテ）について質問されたと思い，カモテと答えた．それが地名の由来である．海や自然が美しく，南部の失われた地平線ともよばれる．セブ州ダナオ，レイテ州オルモックから，原付ボートで到着できる．セブ市とポロ島ポロポロとの間にはフェリーボートも就航している．
[佐竹眞明]

カモルタ島　Kamorta Island

インド

Camorta Island（別表記）

人口：0.4万（2011）　面積：131 km²
[8°08′N　93°30′E]

　インドの東方，アンダマンニコバル諸島連邦直轄地南部，ニコバル諸島の島．ニコバル県ナンコウリ郡に属する．ニコバル諸島のほぼ中央に位置し，大ニコバル島の北北西97 kmにある．周辺には，トリンカト島，テレッサ島，ナンコウリ島，カッチャル島があり一群をなしている．南北26 km，東西6.4 kmのニコバル諸島で4番目に大きな島である．島内でいちばん大きな村であるカモルタには513世帯1885人（2011）が住んでいる．1869年から1947年までイギリスの支配下に置かれた．
[南埜　猛]

ガモン山地国立公園　Gammon Ranges National Park

オーストラリア

Vulkathunha-Gammon Ranges National Park（別称）

面積：1280 km²　[30°27′S　139°10′E]

　オーストラリア南部，サウスオーストラリア州北東部の国立公園．ノースフリンダーズ North Flinders 山脈最北部にあり，Vulkathunha-Gammon Ranges National Park ともよばれる．公園の一部は山脈東部のフローム湖まで及ぶ．1970年に指定された．ごつごつした岩肌と峡谷とを同時にみることができ，これが最大の魅力となっている．最も貴重な景観の1つはイタローウィ Italowie 峡谷で，赤い硅岩が露出したほとんど垂直の絶壁が下の川に沿って続いている．公園に入るには立ち入り許可が必要であるが，キャンプや4 WD でのドライブも可能である．かつて内陸部の放牧の拠点であったバルカヌーナ Balcanoona が基地となっている．公園のすぐ北側には，フリンダーズ山脈北部の観光拠点となっているアーカルーラがある．
[片平博文]

カヤ　伽倻　Gaya

韓国

かや（音読み表記）

[36°16′N　128°24′E]

　韓国南東部，キョンサンナム（慶尚南）道中部，ハマン（咸安）郡の中心地．周囲にはナクトン（洛東）江の支流，ナム（南）江に沿う沖積

平野が展開している．行政上は咸安郡伽耶邑．2010年の咸安郡の人口は6.1万である．1975年の人口は約10万であったので，この間に約6割近くに減少した．慶全線とナメ（南海）高速道路が郡域を通過している．マサン（馬山），チャンウォン（昌原）の工業地帯に比較的近く，ここでの就業者もみられる．

［山田正浩］

カヤ山　伽倻山　Gayasan　韓国

かやさん（音読み表記）

標高：1433 m　　［35°50′N　128°10′E］

韓国南東部，キョンサンブク（慶尚北）道とキョンサンナム（慶尚南）道の境界に位置する山．ソベク（小白）山脈の支脈に属し，花崗岩，花崗片麻岩からなる．主峰は上王峰で標高1430 m，最高峰は七仏峰である．1000 m級の峰々が続いていて，古来，朝鮮八景の1つと称されてきた．1972年国立公園に指定された．公園の面積は約77 km²である．南斜面に海印寺（伽倻山海印寺）がある．伽倻山の連峰に取り囲まれるように位置している．法の海印寺と称され，韓国三大寺刹の1つに数えられている．法の海印寺と称されるのは，八萬大蔵経の版木を所蔵，保管しているからである．13世紀，モンゴルの侵略を受けた高麗王朝は，国難を排することを願って，大蔵経の版刻を行った．最初のものは焼失したが，二度目に版刻したものが，14世紀末，海印寺に収納されて現在にいたっている．1995年，「八萬大蔵経の納められた伽倻山海印寺」として，ユネスコの世界遺産（文化遺産）に登録された．

［山田正浩］

カヤ山　伽倻山　Gayasan　韓国

かやさん（音読み表記）

標高：678 m　　［36°42′N　126°33′E］

韓国西部，チュンチョンナム（忠清南）道の山．イェサン（礼山）郡，ホンソン（洪城）郡，ソサン（瑞山）市の境界部に位置している．主峰の伽倻峰を中心に，標高500〜600 m級の峰々が続いている．周辺には，百済時代の傑作とされる国宝の瑞山磨崖仏をはじめ，開心寺などの古刹があり，この地域の人びとが崇敬する山である．徳山道立公園に指定されている．西側の山麓をソヘアン（西海岸）高速道路が通っている．

［山田正浩］

カヤー州　Kayah State　ミャンマー

カレンニー州　Karenni State（旧称）

人口：28.7万（2014）　面積：11670 km²

［19°40′N　97°17′E］

ミャンマー東部の州．シャン高原南端部に位置し，高原や山地が卓越する．州都はロイコー平野の中心都市ロイコーで，インレー湖からの流出するバリュ Balu（プイリュ Pilu）川によって灌漑されている．広さは，地方（旧管区）および州の中で最小である．北部はシャン州，南部はカイン州，東はタイのメーホーンソーン県と接する．州内にドーナ山地，カレン高原がある．ロイコー県，ボーラケ県の2県から構成される．ロウピタダムと水力発電所が1950年に日本の戦時賠償で建設された．ここでの発電量はミャンマーの1/4に及ぶ．

気候はサバナ，熱帯モンスーン気候で，乾季が存在する．ロイコーの降水量（2005〜14年平均）は1231 mmとシャン高原と同じく，ミャンマーでは少ない．農業が中心的な産業で，米，豆類，トウモロコシ，ゴマ，ラッカセイ，ヒマワリの栽培が盛んである．全域がシャン高原から続く丘陵地帯（標高980〜2000 m）で，河川は北から南へ流れる急流が多い．東部にタンルウィン川が南流し，その支流のポーン Pwan 川が州内の主要河川である．住民の大半はカレンニー族（赤カレン）とよばれるシナ・チベット語族のカレン族の下位民族が多数を占めるが，その他，シャン族，モン族，ビルマ族などが居住する．南部のモーチーはスズを産する国内屈指の鉱山で，ボーラケ県のモーチー鉱山は1930年代には世界一のタングステン鉱山であった．南西部では大理石も産する．1988年以前の名称はカレンニー州であった．カレンニー族の強制移住や弾圧および民族浄化活動を行っている政府軍や民主カレン仏教徒軍に対して，独立を目ざしているカレンニー軍との間で銃撃戦が頻繁に起こっている．

イギリスとコンバウン朝ビルマの10代ミンドン王は1875年の協定で，カレンニー州がどちらにも帰属しないことを認めたが，その後1886年にイギリスがビルマ王国の併合を布告したが，この山岳地域は土侯（ソーブア）による間接統治をとった．　［野間晴雄］

ガヤ　Gaya　インド

人口：46.3万（2011）　面積：90 km²

降水量：1130 mm/年　　［24°47′N　85°00′E］

インド北部，ビハール州中部，ガヤ県の都市で県都．ヒンドゥー教の聖地としても有名である．州都パトナの南約90 kmに位置する．年間およそ20〜30万人のヒンドゥー教徒が訪れるが，釈迦が悟りを開いた地として有名な仏教の聖地ブッダガヤが南約13 kmにあるため，そこへの経由地として多くの仏教徒巡礼者も立ち寄る．

ヒンドゥー教の神ヴィシュヌは，この地に

カヤ（伽倻）山（韓国），高麗大蔵経板を収蔵する海印寺蔵経板殿《世界遺産》
〔Takashi Images/Shutterstock.com〕

人びとの罪を許す力をもたらしたといわれる. この地で葬儀, 祖先の供養をすればこの世での罪は許され浄められて, 祖先ともども天界に入れるという. その信仰に基づいて, 多くの熱心な信徒が巡礼出発の際に自分の村を5周し, そこここの先祖の霊に巡礼同行の呼びかけを行い, そろってこの地を訪れる. バルグー川で沐浴をし, 供物を捧げ, 参拝をする. 40あまりのヒンドゥー教寺院の中では, ヴィシュヌパド寺院が最も多くの人びとに崇拝される寺院である. 礼拝の主要対象は長さ40cm, 幅15cmの石に刻まれたヴィシュヌ神の足跡である. また境内には釈迦がその下で6年間瞑想したといういわれのある菩提樹がある. 国内にある50あまりの類似のヒンドゥー教の聖地の中でも, ガヤは重要な聖地とされている.

県都としての行政的な機能も高く, 商工業も盛んである. タバコ, 嗜好品のベテルリーフ(キンマの葉)などの取引や, 精米, 製粉業, 綿花, ジュート, サトウキビ, 石材などの加工が行われている. 　　　　[中山晴美]

かやひょうが　茅氷河　Kaya Hyoga
　　　　　　　　　　　　　　　　　南極

[69°50′S　37°11′E]

南極, 東南極の氷河. ドロンニングモードランドにあり, インド洋に面したプリンスハラル海岸とクロンプリンスオラフ海岸にはさまれた東経35〜40度にあるリュツォホルム湾西端部に流入する. インホブデで2つの氷流が合流し, フレッタ湾に流入する. 1936〜37年にノルウェーのラルス・クリステンセン探検隊が撮影した航空写真をもとにノルウェー人作図者によって地図に書かれたが, 地上からの調査は日本の南極観測隊により1957〜84年に行われた. 日本の南極観測の実現に貢献した, 当時の日本の学術会議会長で物理学者の茅誠司にちなんで命名された. 　　　　[前杢英明]

カヤン川　Kayan, Sungai
　　　　　　　　　　　　　　インドネシア

長さ: 500 km　気温: 20〜27℃
降水量: 3640 mm/年　　[2°49′N　117°23′E]

インドネシア中部, カリマンタン(ボルネオ)島, 北カリマンタン州の川. 中央部をほぼ南北に走るマレーシア・インドネシア国境に位置するイラン山脈に源を発し, インドネシア北カリマンタン州の中北部地域の山岳地帯(標高500〜1500 m)を北東に流れ, セレベス(スラウェシ)海に注ぐ川. 中流部で北から流れてきたバハウ川が合流し, 山岳地帯から平野部に出て多数の支流に分かれ, 湿地帯とデルタを形成する. 流域は高温多雨で湿度85%に達し, 豊かな熱帯林が繁茂する. 500種以上の植物, 150種のほ乳類, 330種の鳥類などの多様な生物が確認されており, 1万3500 km²もの広い範囲が東南アジア最大といわれるカヤンムンタラン国立公園に指定されている. 一方で, 流域の人口はきわめて希薄で, わずか1.7万ほどのダヤック人系先住民が約50の集落と10の伝統的な村落に散在するにすぎない. 豊かな森林は, 無許可の伐採などの違法行為が後を絶たず, また民間業者による企業的開発と, それに伴う長大なマレーシア〜インドネシア間国際道路の建設などで, 減少と破壊が問題になっている.
　　　　[瀬川真平]

かよくかんし　嘉峪関市 ☞ チャユイークワン市 Jiayuguan

カラ　Kara
　　　　　　　　　　　　　　　　　インド

Kada, Karrah, Kurrah (別称)
人口: 21.0万 (2011)　面積: 255 km²
　　　　　　　　[25°42′N　81°22′E]

インド北部, ウッタルプラデシュ州南部, カウシャムビ県の町. ガンジス川とヤムナ川とが合流するアラハバード付近の北西約50 km, ガンジス川の南岸に位置する. ヒンドゥー教の女神を祀る寺院があることで有名である. ムガル朝時代には地方中心都市であったが, その後衰退する. ガンジス川河岸に沿って往時の遺跡が点在する. 　　[鍬塚賢太郎]

カラ海　Karskoe More
　　　　　　　　　　　　　　ロシア北方沖

面積: 883000 km²　深さ: 600 m
　　　　　　　　[75°26′N　77°23′E]

ロシア, 北極海の縁海. ノヴァヤゼムリャ, ゼムリャフランツァイオシファ, セヴェルナヤゼムリャの島々に囲まれている. 西ではカラ海峡, ユゴルスキーシャール海峡でバレンツ海に通じ, 東ではヴィリキツキー海峡やセヴェルナヤゼムリャの島々間の海峡でラプテフ海と通じている. 東部にノルデンショルド群島, 中央部にイズヴェスチヤツィーク諸島, アルクティチェスキーインスティトゥート諸島, スヴェルドルプ島, セルゲイキーロフ諸島などがある. 大きな入江としてはオビ湾, エニセイ湾があるが, それぞれオビ川, エニセイ川の河口に形成されている. この海の大部分において海水温は年間を通じて0℃近くであるが, 河口付近で夏に水温はときどき6℃になる. 霧やしけが頻繁に発生する. 一年の大部分は氷に覆われ, 塩分濃度は河口付近の12‰から最高の33‰まで多様である. 半日ごとに起こる干満の差は, 1 m未満である.

主要な港はジクソンであるが, 外洋船はエニセイ川をさかのぼってドゥジンカやイガルカまで入り込める. この海域の航行は11〜12世紀末以前に始まり, 18世紀前半に南岸の最初の海洋調査が行われた. その後, 1913年, ソ連時代の30年代に多くの島々が発見された. 最北部のウシャコフ島は1935年に発見された. この海はロシアの北極海航路の一部を成している. また, タラ類, コクチマス, ヒゲドジョウ, カレイなどの魚が豊富であり, 漁業が行われる. さらに近年, 隣接する緑海とともにカラ海が石油・ガス産地として有望視されるようになってきた. カラ海の大陸棚は2000年代初めの推定で少なくともガス300億 m³を埋蔵するとされており, 05年現在も資源探査が続行される一方, 当面はオビ湾やタス湾のガス田開発が計画されている. 　　　　[小俣利男]

カラ川　Kala Oya
　　　　　　　　　　　　　　　　スリランカ

面積: 2870 km²　長さ: 148 km
　　　　　　　　[8°17′N　79°50′E]

スリランカ, 中部州マータレ県を流れる川. マータレ県の山岳地帯に源を発する支流を合わせ, ダンブッラ付近から北中部州の乾燥した平原上に数多くつくられた人工貯水池(wewa)を包含し, 北西部州プッタラム県の北の境界付近をウィルパットゥ国立公園の南限をなして西に流れ, プッタラムラグーン(潟湖)の北方のオランダ湾付近で海に注ぐ. 全長は国内第3位, 流路上にある貯水池は, 流域面積の約7%を占め, 上流部からデワフワ, カンダラマ, マハイルッパッラマ, カッテヤワ, ラジャンガナ, アンガムワ, シャンバランゴムワなどをはじめ大小850以上ある.

中でも北中部州アヌラーダプラ県南東部にあるカラ貯水池は周囲64 km, 最大集水面積18.1 km², ダムの堤頂長6880 m, 堤高14.6 mの規模を誇る. この貯水池の歴史は古く, アヌラーダプラ王朝のダートゥセーナ王が5世紀に建造し, さらにマヒンダ2世王が, 8世紀にバラル貯水池を南側に拡張, 建

設したスリランカ最大の貯水池である。この水は延長約87kmの運河によって、宮都アヌラーダプラに送られた。貯水池群と灌漑水路の存在により、カラ川流域の土地利用の約21％は水田となっている。プッタラムからアヌラーダプラへ向かう国道A12号上の町カラオヤから下流部は、未開発地で居住人口が少なく、川の北側は湖沼の散在する野生自然保護地域でウィルパットゥ国立公園となっている。
[山野正彦]

カーライカール　Karaikal
インド

人口：7.4万 (2001)　　[10°56′N　79°50′E]

インド南部、プドゥシェリー(ポンディシェリー)連邦直轄地、カーライカール県の都市で県都。チェンナイ(マドラス)の南南西約250kmに位置する。行政中心地プドゥシェリー、ヤーナム、マヘの旧フランス植民地とともにプドゥシェリー連邦直轄地を構成する。カーライカール県自体は周囲をタミルナドゥ州に囲まれ、飛び地となっている。カーヴェリ川が形成した沖積平野の東端、河口部に発達した三角州の先端に位置し、ベンガル湾に面する。1739年にフランス領とされ貿易の根拠地となった。1954年にフランスからインドへと行政権の移管が行われ、62年にはインド領への正式編入を受けて連邦直轄地となった。三角州はカーヴェリ川の水系を利用した耕地が広がっており、米や豆、綿、トウガラシなどの農作物が栽培されている。そのほか、大型船の接岸が可能で石炭なども取り扱うことのできる港が整備されている。石油天然ガス公社の事業所があり、当該地域の経済は同公社と密接な関係がある。また、ヒンドゥー教をはじめとする歴史的な宗教遺産が多い。2004年12月のスマトラ島沖地震の大津波によって500人以上の人命が失われるという被害を受けた。
[鍬塚賢太郎・友澤和夫]

カライティヴ島　Karaitivu
スリランカ

アムステルダム島　Amsterdam (古称)

面積：23km²　　[9°44′N　79°52′E]

スリランカ、北部州ジャフナ県の島。オランダ植民地時代にはアムステルダム島とよばれた。県都ジャフナ市街地西部および南西部からポーク海峡にかけての浅い海に点在する大小33の低平な島の1つである。県行政の

上ではカイツ島の北西部などとともに島北郡に属する。ジャフナ半島とは、海を埋め立てて築造した約3.4kmの堤防道路で結ばれる。カライナガル Karainagar が最大の集落で、島の南端から南隣のカイツ島へフェリーが通う。住民は漁業、農業に従事している。島の南西端のハンメンヘイル Hammenheil は、インド洋から内陸のジャフナ潟湖に通じる水道に面した軍事上の要衝で、沖の小島に17世紀中頃ポルトガルが建造し、1680年オランダが改築した要塞が残存する。近年観光地として脚光をあび、ホテルやレストランも立ち並んでいる。
[山野正彦]

カラウパパ国立歴史公園
Kalaupapa National Historical Park
アメリカ合衆国

面積：44km²　　[21°10′N　156°56′W]

北太平洋東部、ポリネシア、アメリカ合衆国ハワイ州、モロカイ島北部の国立歴史公園。山で隔離されたカラウパパ半島に位置する。1886年から1969年まで隔離されたハンセン病患者の居住地区であった。これに海域も含めた43.6km²を1980年に国立歴史公園とした。初期のハワイ入植の歴史に加えて、地学的価値および絶滅危惧種の生息地としての価値も高い。存在自体さえ否定的にとらえられることが多い空間を歴史公園にしたという点で、世界的にみても注目される。住民のプライバシー保持のため州法によって16歳以上かつ1日100名に入域が規制され、訪問に際しては、地域住民が営んでいるダミエン・ツアーあるいはそれを含むホノルルからのパッケージツアーを予約する必要がある。
[伊藤太一]

カラウパパ半島　Kalaupapa Peninsula
アメリカ合衆国

[21°11′N　156°59′W]

北太平洋東部、ポリネシア、アメリカ合衆国ハワイ州、モロカイ島中央北部の半島。海岸の土地は約500mの崖によって他の地域から隔てられている。南西部にある非自治体の村は1866年にカメハメハ5世が設立したハンセン病患者収容所がかつてあったところである。殉教者であるベルギー人のダミヤン神父(1840-89)は1873年からここで働き、亡くなった。収容所は1969年に廃止され、古くからの居住者はとどまることを許され

た。1980年にカラウパパ国立歴史公園に指定された。
[飯田耕二郎]

カラウンドラ　Caloundra
オーストラリア

人口：0.4万 (2011)　　面積：3.3km²
[26°49′S　153°06′E]

オーストラリア北東部、クイーンズランド州南東部の都市。州都ブリズベンの北約90kmに位置する。サンシャインコースト地域最南部のリゾート都市である。多くのレクリエーション施設が整っており、家族連れで休暇を過ごす場所として人気が高い。観光業のほか軽工業も盛んである。地名は、アボリジニの言語ですばらしいところを意味するといわれる。なお、2008年ヌーサ郡区、マルーキー郡区と合併し、サンシャインコースト地域となった。
[秋本弘章]

カラエ岬　Ka Lae
アメリカ合衆国

サウスポイント　South Point (別称)

[18°57′N　155°38′W]

北太平洋東部、ポリネシア、アメリカ合衆国ハワイ州、ハワイ島南端の岬。サウスポイント(岬)としても知られている。北緯18度57分に位置し、合衆国の最南端でもある。地名はハワイ語で岬を意味する。すぐ沖合で潮が合流するので、ここは豊饒な釣り場となっている。また風が強いため、近くにカマオア風力発電所がある。
[飯田耕二郎]

カラオトア島　Kalaotoa, Pulau
インドネシア

面積：79km²　　[7°22′S　121°46′E]

インドネシア中部、スラウェシ島南部沖、南スラウェシ州ケプラウアンスラヤル県の最南東端、パシラムベナ郡の島。県の主島スラヤル島にある県庁所在地ベンテン(別称サラヤル)の南東約200kmのフロレス海上に位置する。カラオトア島はパシラムベナ郡9島中の有人3島の中で最大で、郡内5村のうちカラオトア村(人口1275, 2010)、レンバンマテキ村、ガラウパ村の3村がカラオトア島にある。東南海岸に位置するラトクドクはカラオトア村の中心的集落であるとともに、パシラムベナ郡の郡庁所在地でもある。
[瀬川真平]

カラカシ県　墨玉県　Karakax

中国

Karakash (別表記) ／モーユィー県　墨玉県
Moyu (漢語)

人口：42.3万 (2002)　面積：23000 km²
[37°16′N　79°44′E]

中国北西部，シンチャン(新疆)ウイグル(維吾爾)自治区南部，ホータン(和田)地区の県．タリム(塔里木)盆地の南西部，クンルン(崑崙)山脈北麓に位置する．人口の99%がウイグル族である．1919年にホータン県から分離して県が設置された．県名はカラカシ(喀拉喀什)河に由来し，ウイグル語で黒い玉石を意味する．漢字表記の墨玉はウイグル語名の意訳である．大部分は砂漠で，カラカシ河沿いのオアシスでは小麦，水稲，油糧，綿花，クワなどが栽培される．特産物にはブドウ，クルミ，黒翡翠がある．絨毯，製糸，製革などの工業がある．国道315号が県内を通る．　　　　　　　　　[ニザム・ビラルディン]

カラカルパクスタン共和国
Karakalpakstan, Republic

ウズベキスタン

Qoraqalpogʻiston Respublikasi,
Qoraqalpoqstan Respublikasi (別表記)

人口：171.2万 (2013)　面積：164900 km²
降水量：100 mm／年　　[42°28′N　59°36′E]

ウズベキスタン北西部の共和国．北と西はカザフスタンに，南はトルクメニスタンとの国境に接する．また，北部はアラル海に面している．人口は1933年の37.4万から，68年65.5万，93年134.3万と増加している．ウスチュルト台地の南東部，クズイルクム砂漠の西部を形成し，アラル海の沿岸，アムダリアデルタにある．首都はヌクス．住民はアムダリア河畔に集中する．夏は暑く乾燥し，冬は比較的寒い．7月の平均気温は27℃，1月は5℃である．

1917年のロシア革命以前は，わずかに綿繰りが行われるにすぎなかったが，ソヴィエト期に綿花精製をはじめとする繊維工業，食品加工業，魚の缶詰工業などが立地した．農業は綿花栽培を中心とし，牧草，稲，小麦，ジュート栽培，牛とカラクル羊の飼育，養蚕も行われる．第2次世界大戦後チャルジョウ(現トルクメニスタンのトルクメナバト)・クングラード鉄道が建設された．アムダリア川とアラル海では船の航行も行われていた．カラカルパク人のほか，ウズベク人，カザフ人，トルクメン人，ロシア人，タタール人など多様な民族から構成される．

カラカルパク人は，16世紀にシルダリア川の下流・中流沿岸に居住を知られるようになり，一部はカザフ人に従属した．18世紀に現在の居住地に移住し，19世紀にヒヴァ・ハン国の支配下に入った．右岸は1873年にロシアに併合され，1917年ソヴィエト政権が成立，18年4月，ロシア共和国トルキスタン自治共和国の一部となった．1811年以来ヒヴァ・ハン国に属していた左岸地区は1920年4月ホラズム人民ソヴィエト共和国の一部となり，中央アジア民族的境界区分後の25年2月カザフ自治共和国内にカラカルパク自治州が形成され，30年7月よりロシア共和国に直属，32年3月に自治共和国に昇格，36年12月ウズベク共和国に帰属替えされ，92年1月に現名称となった．綿作面積の増加によってアムダリア川，シルダリア川からの水の流入が減ったためアラル海は干上がり，また農薬，化学肥料の大量投下によって環境は悪化し，漁業も壊滅した．

[木村英亮]

カラガンダ　Karaganda

カザフスタン

Qaraghandy (別表記)

人口：47.2万 (2010)　　[49°48′N　73°07′E]

カザフスタン中央部，カラガンダ州の都市で州都．首都アスタナの南東約160 kmに位置する．2007年現在州の人口の31.8%が住む．トランスカザフスタン鉄道の沿線にあり，アルマトゥ，アスタナ，シムケントに次ぐカザフスタン第4の都市で指導的工業都市．近郊にはカラガンダ国際空港がある．製鉄所，製粉所，食品・飲料工場，採鉱機械・建築材料・機械・製靴の工場がある．カザフスタンの文化中心地で，劇場，大学，専門学校がある．1857年に採銅・石炭採掘地として建設された．カラガンダ炭田は，1920年代後半に発展した瀝青炭の産地である．1940年代には住民の7割がドイツ人であったが，これはナチス・ドイツがポーランドに侵攻したとき，スターリンがヴォルガ・ドイツ人を追放したためである．国内で第2位の人口をもっていたが，1989～99年に住民が14%減った．近くにノヴォ・カラガンダ発電所がある．イルトゥイシカラガンダ運河は市に給水する．　　　　　　　　　[木村英亮]

カラガンダ州　Karaganda Region

カザフスタン

Karagandinskaya Oblast' (露語) ／ Qaraǧandı Oblısı (カザフ語)

人口：137.0万 (2014)　面積：427982 km²
[49°48′N　73°07′E]

カザフスタン中央部の州．州都はカラガンダ．国の内陸にあり，まわりを9つの州に囲まれている．州全体の人口のうち都市人口が83.3%を占める．厳しい大陸性気候で，1月の平均気温は−17℃，7月26℃，年平均降水量は北部で250～300 mm，南部で150～200 mm，山間部で最大400 mm．マンガンの産出量はカザフスタンで最も多く，そのほか二酸化タングステン，モリブデン，鉛，亜鉛，銅，石炭，珪灰石，石綿，バライトなどを産出する．よく採掘された瀝青炭地域で，石油・天然ガスを産する南トゥルガイ，シューサリスの堆積盆地がある．

大部分は平野と低い山地で，ステップの植生と半砂漠植生がみられる．西部のウルイタウ山脈は，カバ，アスペン，ハンの林があり，東部のカルカラリ山脈には，マツ，カバ，ハンの混合林がある．最高峰は1565 mのアクソラン山である．南部にはベトパクダラステップ，南西部にはカラクム砂漠，ムユンクム砂漠，ジェトゥイコヌイル砂漠がある．バルハシ湖があるほか，ヌラ川に貯水池がある．

農業生産の55.6%は畜産が占める．耕種農地は1万1234 km²程度で放牧地が多い．最大の馬の産地で，2006年の飼育頭数は11万3000頭．羊，山羊，ラクダ，牛，豚，鶏も飼育されている．カラガンダ付近で穀作も行われる．工業では，冶金業が中核をなし工業生産の74.3%を占める．粗鋼，精錬銀，精錬金のほか，カルシウム，カーバイド，窒素肥料の主要産地である．ゴム，プラスチック製品も生産する．食品，機械，建築材料などの生産も増大している．北から南へトランスカザフスタン鉄道が通り，道路の延長は8839 km，石油パイプラインも走る．労働人口は73万，被雇用者は67.6万で，その45.2%はサービス業，31.5%は工業，23.2%は農業である．15の大学と31の専門学校がある．

2010年カザフ人44.7%，ロシア人39.2%，ウクライナ人4.6%，ドイツ人2.9%，タタール人2.5%で，スラヴ系が多い．1932年にソ連カザフ自治共和国のカラガンダ州として形成されたが，73年にはその領域の大部分を新たに形成されたジェズカ

ズガン州に譲った．しかし，1997年の州再編成でジェズカズガンの領域を含め復活した．　　　　　　　　　　　　［木村英亮］

カラガンダ炭田　Karaganda Coal Basin

カザフスタン

面積：3600 km²　長さ：120 km　幅：30-50 km
[50°16′N　73°25′E]

カザフスタン中央部，カラガンダ州にある炭田．19世紀後半から採掘され，1920年代に瀝青炭炭田として開発され，31年シベリア鉄道と結ばれ，独ソ戦期と戦後期に大きく発展した．ドネツ，クズネックに次ぐソ連第3位の炭田であった．州都カラガンダは，1857年に採銅と石炭採掘のために建設された．　　　　　　　　　　　　［木村英亮］

カラグプル　Kharagpur

インド

人口：20.7万（2011）　[22°20′N　87°19′E]

インド東部，ウェストベンガル州ウェストミドナポール県の都市．州都コルカタ（カルカッタ）の西約120 kmに位置する．16世紀には周囲を密林に囲まれた小村にすぎなかったが，17世紀後半には近隣のヒジリ Hijli が河港として発達し，そこを中心とするヒジリ王国が19世紀後半まで存在した．河港は1864年のサイクロンによって破壊され，陸封された．その後，ヒジリにはイギリスの支配に抵抗したインド人の収容所が設けられた．この収容所を取り囲むかたちで，インドの高等教育機関として世界に知られるインド工科大学（IIT）の最初のキャンパスが1951年に置かれた．現在，IITカラグプル校は約8.5 km² の広さをもっており，収容所は1990年からネルー科学技術博物館として使用されている．地名は，郊外にあるシヴァ神を祀ったカラグスワル寺院に由来するといわれる．国道6号と60号が交差するとともに，ハウラーから延びるサウスイースタン鉄道が三方に分かれる分岐点として知られ，交通の要衝である．カラグプル駅は1898年に設けられたものであり，当初はカルカッタとの間で開業された．西部にはインド空軍基地が所在する．鉄道車両，金属，機械などの工業が盛んである．　　　　　　　　［友澤和夫］

カラクム運河　Karakum Canal

トルクメニスタン

Karakumskiy Kanal, Garagum Kanaly（別表記）
長さ：1375 km　　　　[37°34′N　65°38′E]

トルクメニスタン，カラクム砂漠南部の運河．ロシア革命直後の1921年に調査・設計が始められたが，本格的な工事は独ソ戦後の54年である．アムダリア川沿岸のボサガ村からカスピ海沿岸のチェレケン半島まで1300 kmの予定で建設が開始され，マルイ，テジェン，アシガバトを経てアルチマンまでの820 kmが1962年に完成し，さらに建設が進められ86年に1375 kmが航行可能となった．運河によって1万km²の砂漠や半砂漠が灌漑され，放牧地が開拓され給水源となっている．砂漠から運河を守るため，砂丘を接合剤で覆い，まわりに低木のサクサウルの垣根をつくった．沈殿物はドレッジャー（浚渫船）で浚い，草食魚の養殖によって藻を食べさせた．

運河によってかつて栄えていたマルイはよみがえり，チカロフ記念コルホーズのような綿作コルホーズをはじめとして，多くの農場がつくられた．これらの農場には，近代的なアパートが建設され，果樹園，菜園が広がり，綿花，ブドウ，メロン，野菜が栽培され，養蚕も行われている．運河沿いの市町村には，水浴場も設けられた．この水によって，化学，金属加工，綿花精製，食品，建設資材などの工業，天然ガス開発，火力発電所の建設・操業もできるようになった．同時に地下に隠れていた塩湖が満水となって地表に現れ，土壌の塩化が起こり，総合灌漑施設の建設によって塩水を農地の外に導くことが必要になった．また灌漑によりこの地方の気候が変わり，降水量が増え，気温が下がったが，アラル海に注ぐアムダリア川は水量の1/3を分けたため，アラル海干上がりの1つの原因となり，地球規模の環境破壊を引き起こしている．　　　　　　　　［木村英亮］

カラクム砂漠　Karakum Desert

トルクメニスタン

Garagum; Karakumy, Pesk（別表記）
面積：350000 km²　　　　[39°46′N　59°14′E]

トルクメニスタンの大部分（7割）を占める砂漠．北東はアムダリア川，西はカスピ海，南はコペトダク山脈まで広がる．チュルク系言語で黒い砂を意味する．起伏によって，ザウングスカラクム砂漠（40〜60 mの台地）と，東部・南部・中央（あるいはニズメヌエ）カラクム砂漠に分けられる．一部にはサクサウル，砂漠のアカシアなどの灌木など耐乾性の強い草本があるが，大部分は砂に覆われた広大な低地で，東部には砂丘（バルハン）が多い．夏季の平均気温は30℃に上がるが，冬季には降雪をみることがある．ムルガーブ，テジェン両川はヒンドゥークシュ山脈から北流し，砂漠に消える．マルイ，テジェンのオアシスでは綿作が行われる．ソ連時代，カラクム運河などによる灌漑によって，羊，山羊，ラクダを飼養するソフホーズ，コルホーズが各地につくられ，ここを生活の舞台としていた遊牧民は，労働者，コルホーズ員となった．　　　　　　　　　　　　［木村英亮］

カラクリ湖　Kara-Kul'

タジキスタン

面積：364 km²　標高：3914 m　深さ：238 m
[39°02′N　73°33′E]

タジキスタン東部，ゴルノバダフシャン自治州の湖．中国との国境に近いパミール北部の高山で囲まれた盆地にある．500万年前の隕石衝突によるクレーターの一部である．流出口のない塩水湖で，南岸から北に半島が突き出しており，最深部の深さは西部で238 m，東部で35 m，直径は52 km．水温は夏季に12℃に達するが，一年の半分以上は結氷している．　　　　　　　［木村英亮］

カラクロン島　Karakelong, Pulau

インドネシア

面積：846 km²　長さ：60 km　幅：20 km
[4°14′N　126°48′E]

インドネシア中部，タラウド諸島，北スラウェシ州ケプラウアンサンギヘタラウド県の島．スラウェシ島北部のミナハサ半島北東沖およびハルマヘラ島北西沖にありタラウド諸島中最大である．国内領土の最北端部に位置し，東は太平洋，西はセレベス海，北はフィリピンと国境を接する．島南沖合いは広範なサンゴ礁で囲まれ低平であるが，そのほかでは急峻な丘陵地（最高地点680 m）が海岸に迫る．都市的集落は，島内最大規模の中西部海岸部のベオ，ほかに北端部にゲメなどの小規模な港市がある．住民の多くはキリスト教徒である．黒檀や鉄木，コプラ，サゴ，ナツメグなどの香料などを産する．　［瀬川真平］

358　カラコ

〈世界地名大事典：アジア・オセアニア・極Ⅰ〉

カラコラム峠　Karakorum Pass ☞ カラコルム峠 Karakoram Pass

カラコル　Karakol
クルグズ

プルジェヴァリスク　Przheval'sk（旧称）

人口：6.7万（2009）　標高：1690-1990 m
[42°30′N　78°23′E]

クルグズ（キルギス），イシククル州の都市で州都．イシククル湖の東岸に近く，首都ビシケクの東南東 306 km，湖西岸のバルクチュからの道路沿いに位置する．小麦地帯で，ワインとフルーツジュース，小麦粉，ヒマワリ油などの食品加工のほか，家具，電気機械，紡績，民族靴，建築材料などの機械工業が行われる．プリスタンプルジェヴァリスク港は北西 11 km にある．1869 年に創設された．もともと黒い湖を意味するカラコルの名であったが，1888 年にこの地で没したロシア人地理学者，探検家ニコライ・M・プルジェヴリスキーにちなんでプルジェヴァリスクと改称された．1920 年ふたたびカラコルに戻されたが，39 年プルジェヴァリスクとなり，91 年にクルグズが独立するとともにまたカラコルとなった．

古い塚，岩絵そのほか多くの遺跡がある．釘も金具も使用せず木材だけで建てられたドゥガン人（回族．中国人のイスラーム教徒）のモスクがある．クルグズ国立大学分校，教育大学，音楽学校などがある．氷河のある山岳が近く，ティエンシャン（天山）山脈の最高峰ポベーダ山（標高 7439 m）の登山口である．町から 16 km の谷に 57℃ の温泉がわくアクス渓谷がある．さらに 15 km 先のアルテゥン・アラシャンにも温泉があり，子どもや病人のためのサナトリウム（療養所）がある．
　　　　　　　　　　　　　　　　　　　　［木村英亮］

カラコル　Karakol
クルグズ

人口：1.8万（1999）　[41°38′N　72°40′E]

クルグズ（キルギス），ジャラルアバド州の都市．ナルイン川とカラスー川の合流点，トクトグル貯水池の南西端に位置する．アルコール工場がある．この町を本拠とする 1952 年設立のサッカーチームがあり，2010 年に国内で優勝した．
　　　　　　　　　　　　　　　　　　　　［木村英亮］

カラコルム　Karakorum ☞ ハラホリン Kharkhorin

カラコルム山脈　Karakoram Range
アフガニスタン～中国

標高：8611 m　長さ：500 km　幅：200 km
[35°53′N　76°31′E]

アフガニスタンの北東部に始まり，パキスタン，インド，中国シンチャン（新疆）ウイグル（維吾爾）自治区，およびインド，パキスタン両国が領有を主張するカシミール地方北部を横断する大山脈．ヒマラヤ山脈主列の北隣を雁行して走り，ヒマラヤ山脈とはインダス川，ギルギット川などによって境される．北西端ではパミールの山岳地帯に，北東部はチベット高原に接し，西端ではヒンドゥークシュ山脈に連なり，中央アジアと南アジアの分水界をなす．北縁は，パキスタンと中国新疆ウイグル自治区の国境をなすクンジェラブ峠（標高 4939 m），およびその南東約 250 km にあるカラコルム峠（5575 m）であり，これらの峠は，北のタリム（塔里木）盆地に流下する内陸河川，ヤルカンド川水系と，インド洋に流下するインダス川水系の分水界である．また，クンジェラブ峠はカラコルム山脈とパミールの，カラコルム峠はカラコルム山脈とチベット高原の接点ともいえる．

山脈は複数の山列からなり，ヒマラヤ山脈の延びる北西-南東方向に約 500 km にわたって連なり，南北の幅も 200 km を超える．1936 年にイギリスのロンドンで開かれたカラコルム協議会では，山脈を大カラコルム山群と小カラコルム山群に区分した．大カラコルム山群はカラコルム山脈の主峰で世界第 2 位の高峰である K2（ゴッドウィンオースティン山，チョゴリ；8611 m）やバルトロ氷河を含むバルトロ山群，およびヒスパー氷河北側の山群，バトゥーラ氷河を含むバトゥーラ山群からなり，北西-南東に延びるカラコルム山脈の主脈にあたる．小カラコルム山群はその南側に位置し，サルトロカンリ山，マッシャブルム山などを含む山群である．これに対し，近年では，北から南に流下するフンザ川でカラコルム山脈を西部と中部に分け，ナプラ川，シアチェン氷河，ウルドック氷河を結ぶ線で中部と東部カラコルムを分けることも行われている．この区分では，西部はラカポシ山群に，中部はバトゥーラ，バルトロ山群にほぼ相当する．

カラコルム山脈はそのほとんどが標高 6000 m を超え，標高 7000 m を超える山は 60 座にも達する．また，標高 2800 m を超える部分には，数多くの氷河が蝟集する．南西モンスーンを直接に受ける各山列の南側斜面に規模が大きい氷河が発達する．最大のシアチェン氷河（全長約 70 km）は世界第 2 位の長さ，ビアフォ氷河（全長約 63 km）は世界第 3 位である．一方，北側斜面および谷間は極度に乾燥し，半乾燥気候を示す．こうした乾燥気候下で大規模な氷河が発達するのは，インド洋からのモンスーンによる降雪と，西方の地中海方面から進んでくる低気圧による降雪の両者が重なり合っているためと考えられている．

新生代になって，北上を続けたインド・オーストラリアプレートがユーラシアプレートに衝突したことにより，ヒマラヤ山脈やカラコルム山脈はチベット高原とともに隆起した．それ以前から流れていたフンザ川などは，隆起に抗してそのまま谷を掘り下げたため，山脈を断ち切り，深く，険しい横谷をつくった．こうした山岳景観が，大規模な氷河とともにこの山脈を特徴づけ，多くの登山家，科学者をひきつけてきた．全長 40 km 以上の谷氷河がカラコルムほど集中している地域は，極地とアラスカのセントエライアス山地を除くと地球上でほかには存在しない．中でも，最大のシアチェン氷河は隣合う分水界を越えて谷氷河どうしが 1 つにつながり，極地のような大規模な氷河のネットワークをつくりあげている．周囲を高い岩壁に囲まれていること，岩壁からの落石が頻繁なこと，小氷期以後の氷河表面の融解などが重なり合って，カラコルムの谷氷河のうち，とくに南側にあるものは黒っぽい岩屑で覆われていることが多い．地名も，もともとは黒い岩屑や礫を意味している．

ヒマラヤよりさらに内陸にあり，かつ，谷が深く，激流であるためにカラコルムへの探検は遅れたが，19～20 世紀にフランシス・ヤングハズバンド大佐などのイギリス軍人，ドイツ人らによる探検活動が盛んに行われ，処女峰登頂も試みられ，K2 峰は各国の登山隊により多くの犠牲が払われたのち，1954 年，ようやくイタリア隊により初登頂された．
　　　　　　　　　　　　　　　　［貞方　昇・小野有五］

カラコルム峠　Karakoram Pass
中国～インド国境付近

カラコラム峠　Karakorum Pass（別称）／シャクスガムラ峠　Shaksgam La（別称）

標高：5575 m　[35°27′N　77°54′E]

中国とインドの国境上の峠．カラコルム山

脈中にあり，インド北部のジャンムカシミール州と中国南西部の新疆ウイグル自治区にまたがる．カラコルムの名を意味する黒い礫（black gravel）が，峠の周囲5400〜6000 mの高度に分布する．峠を抜ける道は，インドのラダク地方のレーと中国のタリム盆地のヤルカンド Yarukand，コータン Khotan とを結ぶ重要な交易路である．古代の隊商ルートの中の最高地点であり，その高さは数多くの駄獣たちに死をもたらし，峠を抜ける道沿いには，駄獣の無数の骨が散らばっていることで知られていた．峠は2つのゆるやかな山頂部の鞍部（幅約45 m）にあり，植生がなく，氷河もない．通常，風のため積雪もない．しかし，寒風がしばしば吹き荒れ，吹雪も頻繁にある．カラコラム Karakorum とも綴る．シャクスガムラ峠の名でも知られている．

［大竹義則］

カラシャル自治県　焉耆自治県　Karashahr

中国

Karashahar（別表記）／イエンチー自治県　焉耆自治県　Yanqi（漢語）／カラシャル回族自治県　焉耆回族自治県（正称）

人口：12.3万（2002）　面積：1547 km²
[42°04′N　86°34′E]

中国北西部，シンチャン（新疆）ウイグル（維吾爾）自治区南東部，バヤンゴル（巴音郭楞）自治州の自治県．紀元前にカラシャル（焉耆）国があった地である．地名はウイグル語で偉大な都市を意味する．19世紀後半頃に清朝の支配下に入り，1896年にカラシャル府が置かれ，1913年に県になった．1954年にカラシャル回族自治県が設立され，バヤンゴルモンゴル自治州に編入された．ティエンシャン（天山）山脈南麓のカラシャル盆地，カラシャル河流域にあり，灌漑農業が発達している．農業が主体で，小麦，テンサイ，トウモロコシなどが栽培される．製糖，製革，絨毯生産などの工業が盛ん．ウルムチ（烏魯木斉）とカシュガル（喀什）を結ぶ南疆鉄道と国道314号が市内を通る．名所にはチッギシン（七個星）千仏洞，ブグダチン（博格達心）古城などがある．　　［ニザム・ビラルディン］

カーラシン　Kalasin

タイ

人口：12.4万（2010）　面積：650 km²
[16°22′N　103°33′E]

タイ東北部，カーラシン県の都市で県都．首都バンコクの北東約520 kmに位置する．かつては小村であったが，1780年頃ビエン

チャンから王族のターオ・ソームパミットが家臣を率いて移住し，93年ラーマ1世に拝謁してカーラシンというムアン（町）の設立を認められた．1912年にはカーラシン県の県都となったが，32年に郡に格下げの上，南西のマハーサーラカーム県に統合され，47年にふたたび県として復活した．チー川支流のラムパーオ川河畔に位置しており，町の北約20 kmの地点には1968年にラムパーオダムが建設された．このダムは13.4億m³の貯水能力があり，下流の約30万ライ（480 km²）の農地が灌漑された．このため，天水田の多い東北部では珍しく，この県では二期作が行われる割合が高い．しかしながら，近年はダム上流の開拓が進んだことから雨季にはダム湖が満水となり放流を余儀なくされ，町を含む下流に洪水を引き起こすことも多い．工業は精米業など農産物加工業に限られており，工業化は進展していない．

［柿崎一郎］

カーラシン県　Kalasin, Changwat

タイ

人口：82.5万（2010）　面積：6947 km²
[16°22′N　103°33′E]

タイ東北部の県．県都はカーラシン．プーパーン山脈の南麓に位置する．東北部の他県と同じく稲作が盛んで，2013年度の米生産量（雨季作）は55万t．歴史は200年程度であるが，カーラシンの町の南約10 kmには，約1200年前のドヴァーラヴァティ時代の環濠集落ムアン・ファーデートスーンヤーンの遺構があり，この時代の東北部の要衝の1つであったことがうかがわれる．さらに，近年では県内で1億5000万年前の恐竜の骨が発見されたことから，「恐竜の町」としての観光開発を目論んでいる．　　　［柿崎一郎］

カラスー　Kara-Suu

クルグズ

人口：1.9万（1999）　[40°42′N　72°53′E]

クルグズ（キルギス），オーシ州北東部の都市．フェルガナ渓谷東部，州都オーシの北北東19 km，ウズベキスタンのカラスーからオーシ，コクヤンガク，ウズベキスタンのアンジジャンへの鉄道分岐点である．綿花精製の中心地であり，バター製造工場と，近くに炭鉱もある．　　　　　　　［木村英亮］

カラタウ山脈　Karatau Range

カザフスタン

標高：2176 m　長さ：420 km
[43°49′N　68°39′E]

カザフスタン中央南部，南カザフスタン州にあるティエンシャン（天山）山系の北西支脈．トルキスタン・シベリア（トルクシブ）鉄道の北西338 kmに位置し，シルダリア川に並行して420 km延びる．東あるいは小カラタウと南西カラタウとに分かれる．最高峰ベサズ Beccaz は標高2176 m．地質は変成岩，片岩．灌漑された斜面では綿花が栽培される．石炭，マンガンを埋蔵する．カンタギとアシサイには鉛・亜鉛の大鉱山があり，チュラクタウにはリン灰岩を埋蔵する．

［木村英亮］

カラタル川　Karatal River

カザフスタン

Qaratal River（別表記）
面積：19100 km²　長さ：390 km
[46°23′N　77°14′E]

カザフスタン南東部，アルマトゥ州の川．ジュンガルアラタウ山脈を水源とし，州都タルドゥコルガンを過ぎ北北西に流れ，サルイエシクアトゥイラウ砂漠を通り，西方のイリ川とともにバルハシ湖に流入する．上流ではテンサイ畑の稲田を灌漑し，河口付近は塩湖で漁業が行われる．　　　［木村英亮］

カラダン川　Kaladan River

インド／ミャンマー

面積：3640 km²　長さ：350 km
[20°10′N　92°57′E]

インド北東部のミゾラム州東部と，ミャンマーのチン州，ラカイン州を流れる川．北緯22度47分と22度11分の間でインドとミャンマーの国境をなしている．源流はミャンマーのチン丘陵にあり，ティミット Timit 川とよばれる．カラダン川とはインド領内に入った後の名称である．数本の支流と合流しながら南流し，ふたたびミャンマー国内に流入する．ミャンマー領内でも数本の支流と合流しながらシットウェでベンガル湾に注ぐ．ミャンマーとインドはこの川を通じて両国の交易を活発にする計画を実行している．

［前本英明］

カラチ　Karachi　パキスタン

人口：985.6万 (1998)　面積：3527 km²
降水量：200 mm/年　[24°53′N 67°02′E]

パキスタン南東部，シンド州の都市で州都．インダス川河口の三角州の北西部に位置し，アラビア海に臨む港湾・商工業都市で国内最大の都市である．1947年のインドとパキスタンの分離独立後，59年まで首都であった．市街地は，北のラヤーリー Lyari 川と南のマリル川との間に形成されたデルタ上にあり，市の南西部は砂嘴と砂浜の海岸，南東部にはマングローブの生える塩水性湿地が広がる．大部分が平地であるが，北部から西部にかけて標高240m以下の細長い丘陵が走る．砂漠気候に属し，年平均降水量は少ない．降水の年変動が大きく，また，その3/4が7～8月に集中する．海に近いため，年間を通じて湿度が高い．モンスーン前の5～6月に気温が最も高くなり，平均最高気温は34℃で，40℃を超える日もある．蒸し暑い気候は，日本の真夏に近い．一方で，12～2月の平均気温は20℃程度になり，月平均降水量も10mm前後と少なくなるため過ごしやすい．市街地は低湿なデルタに立地し，モンスーンの集中豪雨時には洪水の被害を受けやすい．

カラチは市の南西部にあるカラチ港を中心に発展してきた．18世紀初め頃には，ヒンドゥー商人による港および交易の中心地として発展した．1843年，イギリスはシンド領有に際し，当時人口1.4万のカラチを首都とした．その後も，インダス川流域の綿花，小麦，畜産品などの積出港としてカラチの港湾機能は着実に発展を続けた．とくに1861～65年のアメリカ南北戦争によりパンジャブ産綿花の需要が拡大した．また，インダス平原における用水路灌漑の発展によりパンジャブ地方の農業生産が拡大し，カラチ港の輸出量が増した．さらには1861年にコトリと，78年にムルターン経由でラホールと鉄道で結ばれたことによって，カラチにはインダス川流域の農産物が集まり，その積出港としていっそう重要性を増した．また，カラチに集まるパンジャブ地方の農産物を背景に，皮なめし，骨粉，綿製品，羊毛製品，小麦粉などの農畜産加工業が誕生，発展し，都市形成が進んだ．

人口は1872年には約5.7万，1901年には11.7万，41年には38.7万へと増加したが，それでも当時はまだ一地方の中心にすぎなかったといえよう．しかし，1947年のインド・パキスタン分離独立により，首都となるとともに，多数のイスラーム教徒がインドから避難民（ムハージル）として流入してきたこともあり，人口は，51年には113.8万，61年には191.3万へと激増し，急激な都市化が進展し，パキスタン第1の都市に成長した．独立以前のカラチ市街地は，南西部の港湾地区，その東に接するシティ（商業地区），その東方の高台にあるシビルライン（イギリス人の官庁・高級住宅地区），さらにその南東に広がるカントンメント（旧軍隊駐屯地）の4地区から構成されていたが，分離独立以降，人口流入のために市街地が周辺部に拡大している．

市の中心部には，パキスタン建国の父ムハンマド・アリー・ジンナーのカーイデ・アーザム廟があり，シティ地区のバーンズガーデンには，モヘンジョダロをはじめとする，インダス文明の遺物やガンダーラ仏などで知られるカラチ国立博物館がある．市南西部のクリフトンビーチは，アラビア海からの風が涼しく，アラビア海に沈む夕日の眺めは美しく19世紀から保養地として発展し，市民の憩いの場となり，周辺は高級住宅地となっている．カラチの工業地域の展開についてみると，独立以前はカラチ港周辺に比較的集中していたほかは一部が市中に分散していた．現在でも港湾部周辺には，造船をはじめ化学工業や港湾関連産業の立地がみられる．さらに市中心部から東約35kmには，1970年代に建設されたカシム港があり，パキスタンスチールミルズ社の製鉄所やパックスズキ社の自動車工場のほか製油所などが立地し，新たな工業地帯が形成されている．近年，ラヤーリー川の北側にシンド工業団地（SITE），市街地東20数kmにはラーンディー（LANDHI）工業団地が形成された．前者では繊維，金属加工，化学工業，タイヤ，骨粉，薬品工業が中心で，後者では金属，食品加工，繊維工業が中心となっている．一方で，急速な人口増加により新しく都市化した地区に形成された多くの不良住宅地区や，増加する生活用水と工業用水を遠く190km以上離れたインダス川に依存しなければならないことが大きな問題となっている．

また，カラチは民族と文化の坩堝ともいわれ，コスモポリタンな雰囲気を有しているが，「シンド問題」ともいわれる民族間抗争（言語紛争）が大きな問題点となっている．これは，シンド州の都市部に多く居住するウルドゥー語を母語とするインドからの避難民ムハージルと，シンド語を母語とするシンディ人との言語対立に始まり，国内各地から流入

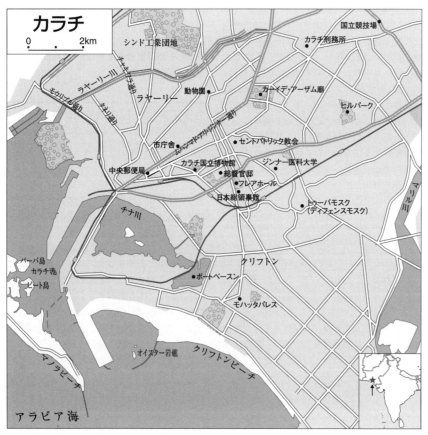

カラチ(パキスタン),建国の父ムハンマド・アリー・ジンナーのカーイデ・アーザム廟〔A-Vision/Shutterstock.com〕

してきたパシュトゥーン人やバローチ人なども加わって抗争が引き起こされているものである.ムハージルはパキスタンの中央政府によって政治経済的にも文化的にも保護され,概して高学歴で裕福であり,国内で影響力を強めていると感じられることから,パシュトゥーン民族やバローチ民族などの反発がある.ときに対立がエスカレートし,夜間外出禁止令が敷かれることもあり,シンド州の治安情勢不安の一因ともなっている.なお,カラチは,首都がラワルピンディ,さらにイスラマバードに移っても,カラチ港,カシム港やジンナー国際空港を擁し,海・空の交通路の中心であり,現在でもパキスタンの経済的中心である. 〔出田和久〕

カラチ港　Karachi Harbour

パキスタン

カラチ港トラスト　KPT(別称)/キアマーリー Kiamari(別称)

[24°52′N　67°03′E]

パキスタン南東部,シンド州カラチの港.アラビア海に臨む州都,国内最大都市カラチの南西部,マングローブの湿地帯にある.別名カラチ港トラスト(KPT).カラチ旧港またはキアマーリーとよばれる場合もある.港は出口が南東側に開くのみで,他の方向は波浪から砂嘴によって守られている.東西2つの埠頭があり,西埠頭にカラチ国際コンテナターミナル(KICT)があり,東埠頭にパキスタン国際コンテナターミナル(PICT)が建設され2002年に操業を始めた.また,市の東約35kmのカラチ製鉄所の近くにはモハマド・ビン・カシム港,別名カシム港(QICT)がある. 〔出田和久〕

カラート　Kalat

パキスタン

人口:2.3万(1998)　[29°02′N　66°35′E]

パキスタン南西部,バローチスタン州中部カラート県の町で県都.州都クエッタの南南東約130km,標高約2000mの高地に位置する.11〜2月は最低気温の平均が氷点下になる.年平均気温が14.1℃,年平均降水量が163mmと少ない砂漠気候である.17世紀後半に成立したカラートハン国,およびその後のカラート藩王国の首都であった歴史的都市で,かつてカラート藩王の宮殿があり,ヒンドゥー教のカーリ・デヴィ寺院があった.人口の増加に伴い,適切なごみ処理システムを欠くなど都市問題が顕在化しつつある. 〔出田和久〕

カラート県　Kalat District

パキスタン

人口:23.8万(1998)　面積:8416km²

[29°02′N　66°35′E]

パキスタン南西部,バローチスタン州中部の県.県都はカラート.8世紀前半にバローチスタンにアラブの勢力が侵入して以降,ガズニ朝をはじめとしてモンゴル帝国やムガル帝国の支配を受けた.17世紀後半にはアフマド1世(Mir Ahmed Khan I)がカラート汗国を建てた.イギリスの支配下となった1839年以降はカラート藩王国として1955年まで存続した.1947年のインド・パキスタン分離独立時には当初パキスタンには加わらなかったが,翌年バローチスタン州(当初は州連合)の一部となり,カラート県は1954

年2月に成立した. 主要言語はブラーフィ語が約89%, バローチ語が約10%である. 約98%がムスリムであるが, ヒンドゥー教徒が約2%いる. 標高約1500〜2000 mの山地が大部分を占めるが, 谷底平野は比較的肥沃である. モンスーンの流れの外側にあるため夏の降水は非常に少なく, 冬に若干の降水(降雪)がみられる.

おもな産業は農業で, 降水量が少ないこともあり, 可耕地は県域のわずか2.8%にすぎない. 耕地面積は約9700 ha(1994〜95)で, おもな作物は小麦, 果物, タマネギ, 飼料作物である. 管井戸による灌漑が主である. 山麓部ではカレーズ(地下水路)による灌漑もみられるが, その重要性は低下しつつある. 家畜としておもに山羊, 羊が飼養されている. おもな工業は家内工業で, 刺繍や木工, カーペット工業などである. そのほか上水道の普及が遅れ, 飲料水が衛生的でないという問題がある. [出田和久]

カラバオ島　Carabao Island

フィリピン

ライスラデカラバオ　La Isla de Carabao (別称)
人口:1.1万 (2015)　面積:22 km²
[12°04′N　121°56′E]

フィリピン中部, ロンブロン州の島. 北のタブラス島と南のボラカイ島の間に位置し, ボラカイ島の南にはパナイ島がある. 島全体がロンブロン州サンホセ町に属する. 先住民はネグリトで, 1964年にサンホセの町制が施行された. 島民のおもな生業はココナッツ栽培と漁業であるが, 観光地ボラカイ島で就業する島民もいる. 地名のカラバオは農耕や運搬に使われる水牛をさす. 水牛が多いという理由で名づけられたようである. 農業統計(2002)によると, 島には482頭の水牛がおり, メスが365頭, オスが117頭である. だが, 近年, 産物の運搬にはオートバイにサイドカーをつけたトライスクルがとってかわってきた. 海岸線は白砂が広がり, サンゴの海が美しい. ボラカイ島同様, パナイ島北部のアクラン州カティクラン Caticlan から小船で渡るのが便利である. [佐竹眞明]

カラパッタール山　Kara Pattar

ネパール

標高:5545 m　[27°59′N　86°49′E]

ネパール東部, サガルマータ県ソルクーンブ郡の山. ヒマラヤ山脈中部, クーンブ山群の中北部の高峰プモリ山(標高7138 m)の南から張り出す支稜線上の小ピークである. クーンブヒマールの登山, トレッキングの根拠地であるナムチェバザールの北東23 kmにあり, クーンブ氷河西岸のゴラクシェップから, 標高差約400 mしかないにもかかわらず, エヴェレスト山(8848 m)やヌブツェ山(7864 m), ローツェ山(8516 m)など360度開けた山岳展望が楽しめるため, トレッカーに人気がある. 山名は, ネパール語でカロ(黒い), パタール(岩)を意味する. その名のとおり, 氷河に覆われた周囲の山々に対し, 黒々とした岩山である. [小野有五]

カラバット山　Kalabat ☞ クラバット山　Klabat, Gunung

カラバヒ　Kalabahi

インドネシア

人口:1.8万 (2010)　面積:1278 km²
[8°13′S　124°31′E]

インドネシア中部, アロール島北西海岸, 東ヌサトゥンガラ州アロール県トゥルックムティラ郡にある県庁と郡庁が所在する地区. 州都クパンの北北東約240 km, 東ティモールの首都ディリの西北西約120 kmに位置する. カラバヒという地名に対応する正式の行政区分はなく, 郡内の都市的な4地区, すなわちカラバヒコタ区(2010年人口3334), カラバヒティモール区(5668), カラバヒトゥンガ区(5499), カラバヒバラット区(3375)をまとめた通称である. 1851年, アロール島の統治がポルトガルからオランダに委譲され, 1911年にオランダ植民地政府は港市であるカラバヒに地域行政の中心を置いた. それ以来, 県だけでなく島全体の最大の都市的地域, 行政と経済活動の中心地域としての役割を担う. 隣接するティモール島のクパン, バリ島のデンパサールやジャワ島のスラバヤへの定期航空便があり, またクパンとの間には国営旅客船便が就航する. [瀬川真平]

カラバルタ　Kara Balta

クルグズ

人口:4.7万 (1999)　[42°50′N　73°51′E]

クルグズ(キルギス), チュイ州の都市. チュイ渓谷西部, 首都ビシケクの西80 kmに位置する. ロシア人が多数居住する. 缶詰, パン, ウォッカ, ワイン, 砂糖, 織物, 小麦, ウラン酸化物の生産, モリブデン加工などが行われる. [木村英亮]

カラパン　Calapan

フィリピン

人口:13.4万 (2015)　面積:250 km²
[13°25′N　121°10′E]

フィリピン中部, ミンドロ島, 東ミンドロ州北部の都市で州都. 州の産業, 交通, 行政の中心地である. ルソン島のバタンガス州とはベルデ島をはさみ, ベルデ島水路によって隔たる. 平野部にあり, 首都マニラやバタンガス州の州都バタンガスより船で直行できる. 2003年にはマニラ〜カラパン〜ロハス(パナイ島のアクラン州)ルートが就航し, 観光地ボラカイ島にも行きやすくなった. 気候に雨季, 乾季はないが, 南西モンスーンの影響を受け, 台風にも見舞われる.

歴史を振り返ると, スペイン統治期の16世紀, ミンドロ島はボンボン州(現バタンガス州)の一部だったが, 17世紀初頭, プエルトガレラを州都として軍直轄地になった. 1837年, 州都はカラパンに移された. 1896年, スペインからの独立を求めるミンドロ島の革命軍は革命政府を樹立したが, 1901年, アメリカ軍によって制圧された. さらに, アメリカ統治期, ミンドロ島は1902年マリンドゥケ州に併合されるが, 09年, 特別州として分離された. そして1921年, 通常の州に昇格, 次いで太平洋戦争中, 日本軍が占領したが, 1945年1月にはアメリカ軍が上陸した. ミンドロ島の戦闘については大岡昇平著『ミンドロ島ふたたび』が詳しい. 自身の従軍記録を通じ, 鮮烈な体験が伝わってくる. そして, 戦後1950年6月13日, ミンドロ島は2州に分離され, カラパンは東ミンドロ州の州都になった.

住民のおもな言語はタガログ語である. その他, イロカノ語, セブアノ語も使われる. キリスト教徒を中心にする住民は米, ココナッツ, 柑橘類を生産する. また, 漁業も盛んである. また, 市から南西に下ると, 州最高峰のハルコン山(標高2585 m)にいたる. 山間部にはハヌノオ・マンヤン族, イラヤ族などが生活する. 観光地としては, ビーチリゾートが並ぶプエルトガレラには及ばないが, スグイビーチが美しい. また, 11月15日にはサンドゥグアン祭りが開かれる. ミンドロ島先住民と中国人商人との最初の遭遇が再現される. 9世紀には中国とミンドロ島商人は直接交易関係にあり, ミンドロ島が南シナ海に面し, 航海の利があったためである. ミンドロ島は中国の歴史書に「マイ」と記されている. [佐竹眞明]

カラビテ水路　Calavite Passage

フィリピン

カラヴィテ水路 (別表記)

[13°35′N　120°17′E]

　フィリピン中西部，ルソン島のバタンガス州，ミンドロ島の西ミンドロ州，ルバン島との間の海域．首都マニラからビサヤ地方に向かう航路として重要である．東側のベルデ島水路とともに，ルソン本島とミンドロ島を隔てる．ルバン島は1974年，小野田寛郎元陸軍少尉が30年間隠れた後，投降した場所として有名である．　　　　　　　　［佐竹眞明］

カラビテ岬　Calavite, Cape

フィリピン

カラヴィテ岬 (別表記)

標高: 427 m　　　　　[13°27′N　120°18′E]

　フィリピン中西部，ミンドロ島，西ミンドロ州北西端の岬．北側にカラビテ水路があり，対岸にゴロ島，ルバン島がある．首都マニラとビサヤ地方やカラミアン諸島に向かう船の航路にあたる．フィリピン沿岸警備隊の灯台があり，高さ62 mの白い鉄塔が見事である．近辺の山中にはイラヤ族も居住する．
　　　　　　　　　　　　　　　　［佐竹眞明］

カラピロ　Karapiro

ニュージーランド

人口: 0.3万 (2013)　　　[37°55′S　175°32′E]

　ニュージーランド北島，ワイカト地方の町．ハミルトンの南東30 kmに位置し，水力発電のためにつくられた人造湖カラピロ湖に面する．ワイカト川を利用した水力発電所は1947年に工事が終了し，48年から運用された．年間発電量は525 GWh．2010年には世界ボート選手権がカラピロ湖で開催された．　　　　　　　［植村善博・太谷亜由美］

カラブラギ　Kalaburagi

インド

グルバルガ Gulbarga (別称)

人口: 53.4万 (2011)　面積: 64 km²

降水量: 777 mm/年　　　[17°22′N　76°47′E]

　インド南部，カルナータカ州北東端，カラブラギ県の都市で県都．2014年11月1日にグルバルガ（ウルドゥー語で花と庭園の意）からカンナダ名称のカラブラギ（堅固な石の砦の意）に変更された．ベンガル湾に注ぐクリシュナ川上流部の左岸にある歴史的都市であ

る．州都ベンガルール（バンガロール）とムンバイ（ボンベイ）の両巨大都市と鉄道やバスで結ばれ，交通事情は良好である．標高500 m前後のデカン高原上にあり，ハイデラバードの西方200 km，ベンガルール北方623 kmにあるモスクと商業の都市である．モンスーン季（7～10月）は30℃前後で過ごしやすいが，夏（4～6月）は40℃を超える猛暑が続く．一方，冬（11～3月）は20℃前後となる．9～2月が観光のベストシーズンである．黒色綿花土，干ばつ常習地域，年間降水量777 mmで降雨日は年間で平均46日しかない．デカン高原でも最も開発が遅れている地域であった．

　歴史的には，前期チャールキヤ朝（543頃～755）がこの地を支配した6世紀の記録が残る．14世紀中頃，この地をデリー・スルタン勢力から独立を遂げたバフマニー朝（1347～1527）が首都（1347～1425）としたことで，インド史に残る地名となった．現在，旧城砦には，インドではめずらしくスペインのコルドバの建築を模したジャーマ・マスジッドが残るだけで，他の部分は崩壊がはなはだしく荒野と化している．バフマニー朝の王家の墓地が2カ所に分かれ残されている．1428年にバフマニー朝の首都はビーダル（1425～1527）へと移されるが，カラブラギはチシュティー派（イスラーム教の神秘教団の一派）の聖者の墓があることで栄え，そのほかにもいくつかのバフマニー朝期の墓建築が残っている．

　17世紀のムガル帝国のデカン地域征服によって18世紀の初め頃までムガル帝国の支配下にあった．18世紀前半からインド独立時までは，7人のニザーム（統治者）により支配（1724～1948）されたハイデラバード州に編入された．イギリスからの独立後，1956年の言語州再編の結果，旧マイソール州（現カルナータカ州）に編入された．県都カラブラギは，鳩豆ダルと石灰岩で全国に名を馳せている．工業開発の遅れで貧しい土地柄であったが，近年急激な都市化が進行している．恵まれた交通条件や歴史的遺産に加え，豊富に埋蔵する石灰岩を原料とする全国規模のセメント工場の立地や繊維・皮革産業の発展により，観光・教育や工業の発展が著しく，2001～11年の10年間で，42.8万から53.4万へと10万あまりの人口の増加をみた．都市景観も大きく変化し，スマートシティとしての都市づくりが進展している．カンナダ語とウルドゥー語がともに話され，主要な宗教はヒンドゥー教とイスラーム教である．ウルドゥー語を話すムスリムはハイデラバードの影響

を強く受けている．　　　　　　　［中里亜夫］

カラボガスゴル湾
Kara-Bogaz-Gol, Zaliv

トルクメニスタン

ガラボガズコル湖 Garabogazkol Aylagy (別称)

面積: 18000 km²　　　[41°21′N　53°35′E]

　トルクメニスタン西部，バルカン州の湾．琵琶湖の約27倍の面積をもつ．カスピ海から分離した浅い湾で，カラボガスゴルは，トルクメン語で黒い獣口を意味する．200 mの狭い海峡によってカスピ海の水を吸い寄せて蒸発させ，沿岸に塩を沈積させ，天然の蒸発皿のはたらきをしている．周辺は雨がほとんど降らない猛暑の砂漠である．カスピ海は，ヴォルガ川の水量の減少によって水位が低下しつつあるが，1980年にいっそうの低下を防ぐためダムによってせき止められ，塩分濃度はカスピ海1.2%，大洋3.5%に対し35%以上に高まった．ソ連解体後，塩害が激しくなり，ダムは撤去された．湾口の港町カラボガスゴルは人口約1万で，化学製品，硫酸塩，ミラビル石が生産される．　［木村英亮］

カラホト　黒城　Kharkhot

中国

Khara Khoto (別表記) / ハラホト (別表記) / ヘイチョン　黒城　Heicheng (漢語)

[42°18′N　100°39′E]

　中国北部，内モンゴル自治区西部，アラシャー（阿拉善）盟エジナ（額済納）旗の遺跡．タングート人の都市遺跡で，シルクロードで最も保存状態がよく，最も広大な遺跡の1つである．かつては居延海のほとりに位置していた．西夏語 "Eji Nai" を漢訳して「赤集乃」，中国語では黒城または黒水城と表記する．モンゴル語でカラ（ハラ）は黒，ホトは城を意味する．11世紀に交易で栄えた西夏の中心都市であったが，1226年に西夏がモンゴル帝国により滅亡した後もモンゴルの下で繁栄を続けた．1372年にモンゴルの将軍ハラ・バトル（黒い英雄の意）が明の軍勢に包囲された際には，家族ともども自害したという説や，別の伝説ではハラ・バトルは城壁西北の抜け道から脱出したともいい，遺跡には馬一頭通れるだけの抜け道が現在も残っている．遺跡からは書籍や古文書，木版画，中国やチベット風の仏教を主題とした絹絵，建材，日用品，生産設備，宗教美術品が発掘されている．　　　　　　　［オーノス・サラントナラ］

カラマイ市　克拉瑪依市
Karamay

中国

クラマイ市（別表記）

人口：38.9万（2002）　面積：9500 km²
降水量：169 mm/年　　　[45°36′N　84°48′E]

　中国北西部，シンチャン（新疆）ウイグル（維吾爾）自治区北西部の地級市．ジュンガル（準噶爾）盆地の西部に位置する．市政府所在地はカラマイ区．自治区の直轄市で，カラマイ，マイタグ（独山子），ウルホ（烏爾禾），ジエランブラク（白碱灘）の4区を管轄する．地名は市内にある天然のアスファルト丘であるカラマイ山に由来し，ウイグル語で黒い油を意味する．漢字表記の克拉瑪依（コーラーマーイ）はウイグル語名の音訳である．

　カラマイ山はジュンガル盆地西部低山地帯のザイル（加依爾）山麓にある．ここでは地下の石油が断層や岩石の隙間から地上に流れ出て油泉を形成している．周辺は年中風が強いため，風に飛ばされた砂礫が石油に付着し，しだいに石油の塊となっていく．このような過程がくり返された結果，黒い油の塊が年々大きくなり1つの天然アスファルト丘が形成されている．カラマイ山のアスファルト丘は長さ5 km，幅1 kmの範囲に広がっている．油泉の数は50年前に比べると減少しているものの，依然として7つの油泉から石油が流出している．中でもカラマイ山頂からの石油流出量が最も多い．

　カラマイでは1906年に石油が発見され，55年以降石油の採掘が本格的に始められた．それ以来，石油工業を主として発展し，1958年に市が設置された．市域のほとんどがゴビ（礫石帯）で，オアシスの面積はわずか5%である．市内を流れる河川はおもに季節性河川で，バイヤン（白楊）河，カラス（克拉蘇）河，ダルブト（達爾布図）河およびエルク（艾里克）湖がある．気候は典型的な大陸性気候に属し，1月の平均気温は−12.7℃，7月は29.9℃．石油資源に富むため，石油採掘，製油，電力，化学，機械，建材，印刷などの工業が発達している．おもな農作物は小麦，トウモロコシ，綿花などである．国道217号は市内を南北に通る．国道217号と312号はマイタグ区内で交差する．名所にはカラマイ山，奇怪な風食地形をなす魔鬼城などがある．　　　　　　　　　　　[ニザム・ビラルディン]

カラミアン諸島　Calamian Islands

フィリピン

カラミャン諸島（別表記）

人口：23万（2015）　面積：1554 km²
　　　　　　　　　　[12°00′N　120°00′E]

　フィリピン中西部，パラワン州の諸島．パラワン島とミンドロ島との間に位置し，ブスアンガ島，クリオン島，コロン島と95の島によって構成される．南はリナパカン海峡によってパラワン島と，北東はミンドロ海峡によってミンドロ島と隔てられている．南東はクーヨ諸島を経て，パナイ島にいたる．古称として，中国の史書がクラマヤン Kla-ma-yan と記したことがある．同書はブスアンガ島をパキヌン Paki-nung と記している．先住民はタグバヌア族であり，1990年には山間地の多いコロン島には4366人住んでいたと推計される．他方，ブスアンガ島やクリオン島では住民の多数がキリスト教化した人びとである．いずれも漁業，キャッサバ，米，カシューナッツ栽培などに従事している．また，自然保護区やダイビングスポットを訪れる観光客も増える中で，観光業も盛んになってきた．

　諸島でいちばん大きな島ブスアンガ島の空港まで，首都マニラから空路で到着できる．空港はデカラチャオ Decalachao にあり，そこから，中心地コロンの町へジプニー（乗合タクシー）で移動すると，ロッジに宿泊できる．そこに拠点を置き，コロン湾や西のゴトブ湾に浮かぶ美しい島々を訪問することになる．コロン湾のサンガット島にもリゾートがあるが，同島近辺を含め，湾では第2次世界大戦中，日本艦船24隻が沈んだ．1944年9月24日に日本の軍用艦，貨物船がアメリカ軍偵察機に発見され，アメリカ軍はサンガット島および周辺を爆撃．数日間，あたりは炎に包まれたという．そして，24隻すべてが沈没した．現在までみつかったのは15隻のみである．サンガット島近辺やコロン島北西の海をもぐると，船の残骸を間近にみることができる．

　また，コロン周辺にはフィリピンで最も美しいといわれるカヤンガン Kayangan 湖や，バラクーダ Barracuda 湖もある．コロンから車で30分の距離には，マキニット温泉もある．治療効果のある鉱泉であり，熱くて塩分を含んだ湯が湧き出る．さらに，島北西部カラウィット Calauit 島にはシマウマ，キリンなどが放し飼いになっている．マルコス大統領（在任1965〜86）の時代，アフリカから連れてこられた動物とその子孫が生き残って

いる．なお，ブスアンガ島のみならず，コロン島，クリオン島にも珍しい鳥が多く，サイチョウ，クジャク，キュウカンチョウ，オウムなどが生息する．また，小型の希少動物カラミアンジカもとくにカラウィットに多い．

　他方，クリオン島はかつてハンセン病感染者を収容する孤島といわれた．保健省が管轄する施設はいまもあるが，病気が治療可能であることがわかった現在，島に対するイメージは大きく変わった．1992年9月住民投票により承認され，新しい町クリオンが誕生した．町制は1995年に施行された．スペイン植民地時代に建築されたイエズス会系のカトリック教会もある．島北部のポトタン島近くにはジュゴンも生息する．なお，山がちのコロン島には息を呑むような石灰岩の崖，岩石が海岸沿いにそびえる．パノルビーチでは白い砂と黒い石灰岩の崖とがくっきりとコントラストを示す．　　　　　　　　　　　[佐竹眞明]

カラミアン島　Karamian, Pulau

インドネシア

面積：11 km²　　　[5°05′S　114°36′E]

　インドネシア西部，マサレンプ諸島，東ジャワ州スムヌップ県マサレンプ郡の島．ジャワ海北東部，マドゥラ島北部のマサレンプ諸島北側に位置し，マサレンプ諸島全体が東ジャワ州スムヌップ県マサレンプ郡に属する．ジャワ海域の最北部に位置し，距離的にはマドゥラ島よりもカリマンタン島に近い．住民は言語文化地理的な集団としてのマドゥラ人（マドゥラ島出身）や，ブギス人（スラウェシ島南部出身）などいくつかの出自の混合とされる．　　　　　　　　　　　[瀬川真平]

カラミャン諸島 ☞ カラミアン諸島
Calamian Islands

カラムバ　Calamba

フィリピン

人口：45.4万（2015）　面積：150 km²
　　　　　　　　　　[14°13′N　121°10′E]

　フィリピン北部，ルソン島中部，ラグナ州の都市．マニラ首都圏からバイ湖沿いに国道（サウスエクスプレスウェイ）を南下し，ラグナ州に入って5つ目の町である．マニラからの距離は54 km．北はバイ湖，南部はマキリン山（標高1109 m）を望む．西は同州カブヤオ，東はロスバニョスである．南へ下ると，バタンガス州サントトーマスにいたる．

市への昇格は 2001 年で，共和国法第 9024 号にもとづく．次いで 2002 年住民投票が行われ，77％の賛成票を獲得した．マニラ首都圏の南部と東部に広がるカラバルソン地方に含まれ，町の産業，商業は成長してきた．カビテ，ラグナ，バタンガス，リサール，ケソンの 5 州の綴りをとって名づけられたカラバルソン地方には 1990 年代，工業団地が造成され，多数の外国企業が誘致された．とくにカビテ，ラグナ州に工業団地が多く，カラムバにもカーメルレイインダストリアルパークがある．なお，稠密な人口の 96％はタガログ語を母語にする．

バイ湖沿いには平野部が広がるが，町の南側はマキリン山に向かい，丘陵状である．平野部は稲作中心の農業，山間部では野菜，根菜類，コーヒー，ココナッツ，サトウキビが植え付けられる．コーヒーはマバト村産が知られ，バタンガス州リパで焙煎される．

地名は 16 世紀スペイン統治期初め，スペイン民兵（グワーджャ・シビル）が女性に地名を尋ね，川から水を汲んできた女性はかかえていた甕について聞かれたと思い，カランバンガ（Kalan-banga，甕の意）と答えたことに由来するという．また，カラムバは対スペイン独立運動の英雄ホセ・リサール（1861–96）の生誕地でもある．リサールの父は町の名士で，ドミニコ会修道会が経営する農園の借地人だった．修道会の搾取に抗議し，リサールの父を含む借地人は訴訟を起こしたが，敗訴し，裁判所に追放を命じられた．1891 年，植民地政庁は軍隊により抵抗する借地人を制圧し，リサールの父，3 人の妹を含む 25 人は追放，流刑に処された．これがカラムバ事件である．リサールは 1886 年に小説『ノリ・メ・タンヘレ』，91 年に同『エル・フィルブルテリスモ』を著し，スペイン人のフィリピン支配や修道会の暴虐を明らかにした．カラムバ事件が執筆の大きなきっかけだったことは間違いない．そして，リサールは 1892 年，結社カティプナンによる独立運動への関与を疑われ，フィリピン政府に逮捕される．ミンダナオ島ダピタンに流刑された後，1896 年 12 月 30 日，マニラのバグムバヤンで処刑された．現在のリサール公園内である．

リサールの生家はカラムバに残る．2 階建てのスペイン風，赤い屋根の家である．一般公開され，肖像写真，著作，彫刻作品，ゆかりの女性たちの写真が展示されている．
[佐竹眞明]

カラメア　Karamea
ニュージーランド

人口：375 (2013)　　　　　[41°15′S　172°08′E]

ニュージーランド南島，ウェストコースト地方北部の村．ウェストポートの北東約 70 km に位置し，国道 67 号の北端にある．地名は，カカラタラメア（Kakara-taramea）を短縮したものであり，カカラは香り，タラメアはスピアグラスというニュージーランド産の背の高い草を意味する．つまり，カカラタラメアは，スピアグラスの葉からつくられた甘い香りのゴム状の塊をさす．ゴム状のねばねばを取り出すために葉は温められ，モリバトから抽出されたオイルと混ぜ合わせられる．このようにしてつくられた女性用の香りのよいオイルは，この地方の特産となり，交易品として高い価値をもっていた．他地域のマオリたちは，これと食料やグリーンストーン（翡翠の一種）を交換するために，長い距離を旅してこの地にやってきた．

村を流れる川は，1856 年にはマッケイ川として名が知られていた．川の名前は，探検家でのちに金鉱の管理を任されるジェームズ・マッケイに由来する．1915 年にウェストポートまでの道が開通するまでは，川沿いにある港が，集落の交通の中心であった．しかし，港は 1929 年の地震により破壊されてしまった．村の周辺には，石灰岩のアーチや森林に覆われたカルスト地形が残されており，絶滅した巨鳥モアの生息地だったと考えられている洞窟がある．モアは 5 種類いたとされるが，この周辺の洞窟では 3 種類のモアの骨がみつかっている．
[井田仁康]

カラメア湾　Karamea Bight
ニュージーランド

深さ：150 m　　　　　[41°42′S　171°34′E]

ニュージーランド南島，西海岸のタスマン海を構成する湾．南はフォールウィンド Foulwind 岬から，北はヒーピー Heaphy 川の河口にかけて，カーブを描くように延びる 109 km の海岸線を有している．奥行は 21 km に及ぶ．
[泉　貴久]

カラモアン半島　Caramoan Peninsula
フィリピン

長さ：88 km　　　　　[13°49′N　123°53′E]

フィリピン北部，ルソン島南部，ビコール半島北東部，南カマリネス州の半島．マケダ海峡をはさみ，カタンドゥアネス島に臨む．半島北部はフィリピン海，南部はラゴノイ湾に面する．半島東部カラモアンの町は旧州都ナガの東 110 km にある．ゴタビーチやマトゥカドビーチなどが美しく，ウミガメの生息地もある．
[佐竹眞明]

カラヤン島　Calayan Island
フィリピン

人口：1.7 万 (2015)　面積：495 km²
[19°20′N　121°30′E]

フィリピン北部，ルソン島北端，カガヤン州，バブヤン諸島最大の島．カガヤン州北岸の町アパリから北へバブヤン海峡を渡り，バブヤン諸島のフーガ島，カミギン島，ダルピン島を越えると到着できる．北東にバブヤン島がある．バブヤン諸島周辺 3 島を含むカラヤン町の人口は 1.2 万 (1995) である．さらに，北にバリンタン海峡を渡ると，バタネス（諸島）州にいたる．島の町カラヤンがカラヤン島，ダルピン島，カミギン島，バブヤン島を管轄する．住民はイロカノのほか，バタネス諸島出身のサブタン，バタンである．また，海洋民族イトゥバヤット，ナパヤン，パプアンも住む．強風に耐えるので，サツマイモがおもに植え付けられている．

歴史をさかのぼると，1619 年，最初のスペイン人宣教師アンドレス・サンチェスとヘロニモ・モアラーが来訪した．島の言葉でラヤとよばれるショウガが多いので，ショウガが多い場所という意味で，カラヤンと名づけたという．スペイン時代末期，1896 年，バタネス諸島の町になる．アメリカ統治期，1902 年，カガヤン州に帰属した．1920 年にアパリ町に帰属し，21 年，バブヤン海峡の島々とともに独立した町になった．太平洋戦争勃発とともに，1941 年 12 月 8 日，日本軍が島に上陸，アメリカの施設を破壊した．だが，戦争末期，復帰したアメリカ軍に降伏した．島の熱帯林には珍しい鳥も生息する．近年はオレンジ色の嘴をもったクイナがみつかり，カラヤン・クイナと命名された．
[佐竹眞明]

カラワン　Karawang
インドネシア

人口：212.8 万 (2010)　[6°19′S　107°18′E]

インドネシア西部，ジャワ島，西ジャワ州の県．首都ジャカルタの中心部の東 55 km に位置する．日系企業が開発・運営する工業団地があり，数多くの日系メーカーが工場や

物流倉庫を設けている．また，近隣には複数のゴルフ場がある．近年，ホテルや商業施設，工業団地の建設ラッシュが起こっている．　　　　　　　　　　　　　　　［浦野崇央］

カラン　Kelang ☞ **クラン　Klang**

カランガドゥー　Kalangadoo

オーストラリア

人口：0.1万（2011）　　　　［37°34′S　140°42′E］

オーストラリア南部，サウスオーストラリア州南東部の町．州南東部最大の都市マウントガンビアの北北西30kmに位置する農村である．おもな産業は牛と羊の放牧で，リンゴの栽培も盛んである．この付近の開発は19世紀の中葉，メルボルンのハンター兄弟によって行われ，800km²の土地が一気に開かれた．同時に町は，牛の放牧の拠点とされた．1888年に鉄道が通ったが，約100年後の1985年に閉鎖された．地名は，アボリジニの言語でユーカリがたくさん生えている湿地を意味する．現在，この付近には開拓期に残された立派なレッドガムがいたるところにみられる．レッドガムはユーカリの一種で大木となる．　　　　　　　　　　　　　［片平博文］

カランジャ　Karanja

インド

人口：6.0万（2001）　　　　［20°29′N　77°29′E］

インド西部，マハーラーシュトラ州ワシム県の都市．州都ムンバイ（ボンベイ）の東北東約520km，県都ワシムの北東80kmに位置する．古くから巡礼者の休息地として知られており，地名も当地で隠棲していた聖者の名前にちなむとされる．ヒンドゥー教，イスラーム教，ジャイナ教の聖地でもある．また，カランジャには噴水という意味もあり，当地には水にかかわる伝承が多い．市の南部にはリシタラオ湖とよばれる湖がある．パパイヤの産地としても知られる．　　　　［友澤和夫］

カランバウ島　Kalambau, Pulau

インドネシア

　　　　　　　　　　　　　　［4°55′S　115°39′E］

インドネシア中部，ラウトクチル諸島，南カリマンタン州の島．カリマンタン島中南部，キンタ沖に位置するラウトクチル諸島の主要3島の1つである．ほかの2島はマタシリ島とカダポンガン島である．　　　［瀬川真平］

ガランピー ☞ **オールワンピー　Eluanbi**

カリー　Currie

オーストラリア

人口：0.1万（2011）　面積：600km²

　　　　　　　　　　　　　　［39°56′S　143°53′E］

オーストラリア南東部，タスマニア州北西部，キング島西部の町．海岸に位置し，地名は港を海難救助の拠点として利用していたアーチバルド・カリーにちなんで名づけられた．1870年代までは港町のみの機能が特出していたが，その後は牛の放牧も始められた．現在はロブスターを中心とした水産業がおもな産業である．キング島空港も近くに位置する．　　　　　　　　　　　［有馬貴之］

ガリ地区　阿里地区　Ngari

中国

人口：10万（2012）　面積：300000km²

　　　　　　　　　　　　　　［32°30′N　80°06′E］

中国西部，シーツァン（チベット，西蔵）自治区西部の地区．チベット高原北部のチャンタン（羌塘）高原中央部に位置する．地区の境界をインドとネパールと接する．総人口の98％以上をツァン（チベット）族が占める．地区は，ガル（噶爾），ツオチェン（措勤），ルト（日土），プラン（普蘭），ゲギェイ（革吉），ツァンダ（札達），ゲルツェ（改則）の7県を統括する．地区政府所在地はガル県．地名はチベット語で民主を意味する．もともとは氏族の集落があり，そこにカシミールの森巴軍が侵攻した．清代に宗が設置された．1955年まではガサ（噶廈）政府，のちに西蔵自治区の籌委会阿里弁事処に属した．

北部にクンルン（崑崙）山脈とカラコルム（喀喇崑崙）山脈，南部にヒマラヤ山脈とガンディセ（岡底斯）山脈を望み，これらの山脈の多くは標高6000m以上を誇る．産業面では，普蘭県が農業を主産業とし，ほかの県は牧畜業を主とする．農作物では麦類やナタネを生産し，家畜ではヤクや羊，馬などを放牧している．また，セツレンカ（雪蓮花）やオウレン（黄連）をはじめとする薬草や，金や鉛などの鉱物資源も重要な収入源である．　　　　　　　　　　　　　　［石田　曜］

カリアンゲット　Kalianget

インドネシア

人口：3.9万（2010）　面積：302km²

　　　　　　　　　　　　　　［7°01′S　113°56′E］

インドネシア西部，マドゥラ島東部，東ジャワ州スムヌップ県の港湾都市で郡．マドゥラ島の中心都市パムカサンの北東60km，県庁所在地スムヌップコタ郡の南東10kmに位置する．郡庁はカリアンゲットティモール区に置かれている．古い歴史をもつ港市で，少なくとも14世紀頃にはペルシア人やインド系グジェラート人などのイスラーム商人，中国人商人などが来訪していたとされる．1705年，オランダ東インド会社がスムヌップ地域を占領し要塞を構築した．東インド（現在のインドネシア）の統治が東インド会社からオランダ植民地政府に移行した後，1899年にカリアンゲットに製塩工場が建設され，塩の製造と販売が植民地政府の専売となった．塩づくりはマドゥラ島の地場産業の1つであったが，この工場の創業がオランダ領東インドにおける近代的，企業的な製塩業の始まりとなった．製塩業のための発電施設が建設され，積出港としてのカリアンゲット港が整備された．また劇場や公園などもつくられ，都市としての開発も進んだ．インドネシア独立後も国内製塩業の中心で，植民地時代の工場を基にして国営の製塩会社の工場が稼働している．カリアンゲット港には国営第3海港会社の支店が置かれ，マドゥラ島東部の海上交通の要として近隣のサプディ島，カンゲアン島，グントゥン島などの小島嶼やジャワ島，バリ島などに通う船舶やフェリーが発着する．植民地時代の建造物が現在まで数多く残り，貴重な歴史遺産になっている．　　　　　　　　　　　　　　［瀬川真平］

カリアンダ　Kalianda

インドネシア

人口：8.1万（2010）　面積：161km²

　　　　　　　　　　　　　　［5°45′S　105°38′E］

インドネシア西部，スマトラ島最南部，ランプン州ランプンスラタン県の郡で県庁所在地．ラジャバサ山の北西麓に位置し，西はランプン湾に面する．近隣の海岸はリゾート地になりつつある．　　　　　　　［瀬川真平］

カリオイ山　Karioi, Mount

ニュージーランド

標高：756m　　　　　　　　［37°52′S　174°47′E］

ニュージーランド北島，ワイカト地方の火山．ラグランの南西8kmにある240万年前の火山で，楯状火山であるため標高は低い．アレグザンドラ火山群に属し，アレグザンドラリニアメント（空中写真などで認められる直線状の地形の特徴，線状模様）の最西端にある．2万年前は現在の高さの2倍，少なくとも100mは高かったとされる．15回の溶岩流出によって150mの断崖が形成され，火山岩中には最大径15mmの普通輝石の斑晶が多くみられる．山の標高の低い部分では北島西海岸では最も北部に位置する亜熱帯雨林を形成し，標高の高いところでは低山帯の植物相がみられる．熱帯雨林は年間1500mmの降雨によって支えられている．ここでは固有のさまざまなシダ類，たとえばチェーンファーン，クラウンファーンなどがみられ，オークランドグリーンゲコーやフォレストゲコーなど希少なヤモリ類が生息する．ワイヌイ川は清流であることから，ニュージーランド固有の淡水魚ガラクシアス類のココプが生息する．　　　　　　［植村善博・太谷亜由美］

カリカット　Calicut　☞ コジコーデ Kozhikode

カリガラ　Carigara
フィリピン

人口：5.1万（2015）　面積：118km²
[11°17′N　124°41′E]

フィリピン中部，レイテ島，レイテ州北部の町．カリガラ湾に面し，西部のオルモックから56km，東部の州都タクロバンから54kmの中間点に位置する．かつてはレイテ，サマールを含む東ビサヤにおける交易の中心地だった．地名は町の創始者ダトゥ・ガラに由来する．14世紀，マレー商人がビサヤ地区に居住を始める中で町が生まれた．1571年，スペイン人の入植が始まり，95年にはイエズス会によって，レイテで最初のキリスト教区が設立された．1735～38年レイテとサマールが合併していた時期は州都であった．また，太平洋戦争における日本軍と米比軍の激戦地としても知られ，大岡昇平著『レイテ戦記』にもカリガラにおける死闘が記されている．1942～44年には住民のゲリラ組織による臨時政府の首都にもなった．現在は農業が中心に行われ，カリガラ湾の漁業資源も豊富で，魚，貝，カキがよくとれる．
　　　　　　　　　　　　　　　　［佐竹眞明］

カリカリ　Kurri Kurri
オーストラリア

人口：0.6万（2011）　面積：5.1km²
[32°49′S　151°29′E]

オーストラリア南東部，ニューサウスウェールズ州南東部，セスノック行政区の町．ハンターヴァレーに位置し，州都シドニーの北150km，ニューカッスルの西40kmにある．地名は，先住民アワバカル（Awabakal）の言葉で始まりを意味する．周囲にあるスタンフォードメルシル Stanford Merthyr 炭鉱やリッチモンドメイン Richmond Main 炭鉱などの拠点とするため，1902年に町が建設された．2012年にアルミニウム製錬所が閉鎖されて以降，現在ではワイン生産がおもな産業となっている．セスノックはもとより，メートランドやニューカッスルにも近いことから，これらの町のベッドタウン的性格ももっている．　　　　　　　［畠山輝雄］

カリガンダキ川　Kali Gandaki
ネパール

面積：34960km²　長さ：332km
[27°45′N　84°23′E]

ネパール中西部を流れる川．コシ川水系，カルナリ川水系と並び称される国内3大河川のうちネパール中部のガンダキ（ナラヤニ）川水系を構成する河川で，最大の流路長，流域面積をもつものである．ネパール語の黒を意味するカリは，氷河融水起源の暗灰色に濁ったこの川の水の色に由来する．

高ヒマラヤ背後，地理的にはチベット・ヒマラヤ帯に位置するムスタン郡と中国との国境地域を源流とし，ジョムソンより下流で，ダウラギリヒマールとアンナプルナヒマールの間を世界最大の先行谷としての大峡谷を南北に穿つ．かつて，この先行谷に沿ってチベット～ネパール間の交易が行われ，トゥクチェを始めとしてカグベニ Kag Beni，ダナ Dana，ベニ Beni などの集落が宿駅として栄えた．低ヒマラヤ帯のベニからバグルン Baglung，クスマの区間では現河床から比高200m以上の垂直な崖で区切られた数段の河岸段丘群を発達させる．低ヒマラヤ帯を南に流下していたカリガンダキ川も，低ヒマラヤ南縁を限るマハバーラト山脈に対しては一気に先行谷を南北に発達させず，マハバーラト北山麓に沿って東に100km流路を振ってチトワン Chitwan 郡のデヴガート Devghat でトリスリ川と合流する．そしてサプタガンダキ Sapta Gandaki 川とよばれるようになり，ラプティ Rapti 盆地に流入しナラヤニ川と

よばれる．カリガンダキ川がマハバーラト山脈に沿って大きく流路を東に変える地点付近にはネパール最大のカリガンダキ A 水力発電所（出力14.4万kW）が，日本政府やアジア開発銀行の融資を受けて建設され2002年5月に竣工した．ここで発電される電力の一部はインドに輸出され，ネパールの貴重な外貨獲得源となっている．

なお，カリガンダキ川を含むガンダキ川水系を構成する有力な支流として，マルシャンディ，トリスリ，セティ，バリガッド，モディの各河川がある．　　　　　　［八木浩司］

カリス岬　Calis Point
フィリピン

[11°48′N　120°16′E]

フィリピン中西部，パラワン州コロン島南端の岬．コロン島はミンドロ島とパナイ島の中間にあり，カラミアン諸島を構成する島で，岬は島の南部に突き出ている．島にはブスアンガ島コロンから，船で到着できる．岬周辺はサンゴの環礁地帯となっている．コーラルガーデン，グンターズカシードラルといったダイビングポイントがある．　［佐竹眞明］

カリック　Carrick
オーストラリア

人口：0.1万（2011）　面積：169km²
[41°32′S　147°00′E]

オーストラリア南東部，タスマニア州北部の村．内陸部にあり，ロンセストンの西20kmに位置する．もともとはアボリジニの居住地であったが，1810年代からヨーロッパ人の居住が認められている．河岸に建てられた水車駆動の製粉工場が，町の発展の契機となった．なお，この工場は現在，レストランとして利用されている．1840年代から競馬が行われていた町としても有名で，競馬のコースは現在では繋駕速歩競走で使用されている．また，1960年代からはカーレースのコースが併設され，レースが行われている．1983年からはアグフェスタという農業イベントが毎年開かれており，開催時には7万人近くの人びとが訪れる．今日ではロンセストンのベッドタウンとして機能している．
　　　　　　　　　　　　　　　　［有馬貴之］

カリニナバード　Kalininabad

タジキスタン

カライミルザバイ　Kalai-Mirzabai （旧称）

人口：1.0万 (2009)　　　[39°44′N　69°09′E]

タジキスタン北西部，ソグド州中部の村．トルキスタン山脈の北斜面，州都ホジェントの南西95 km，イスタラフシャンの南東24 kmに位置する．小麦生産，馬の飼育が盛んである．1935年までカライミルザバイとよばれていたが，現名称に改称された．

[木村英亮]

カリニン　Kalinin　トルクメニスタン

カリニンスク　Kalininsk （古称）／ポルス　Porsy （古称）／ボルドゥムサズ　Boldumsaz （現名称）

人口：2.4万 (1991)　　　[42°08′N　59°40′E]

トルクメニスタン中央北部，ダショグズ州北東部の町．ヒヴァオアシス，州都ダショグズの北西40 kmに位置する．綿花生産が盛んである．1936年までポルス，またはカリニンスクとよばれた．1992年以前にボルドゥムサズと改称されたようである．

[木村英亮]

カリボ　Kalibo　フィリピン

人口：8.1万 (2015)　面積：51 km²

[11°40′N　122°23′E]

フィリピン中部，パナイ島北西部，アクラン州の町で州都．16の村（バランガイ）で構成されている．アティ・アティハン祭りが行われる町としてよく知られる．祭りは，幼きイエス（サント・ニーニョ）の像を祝って毎年1月の第3日曜日に行われる．1週間にわたる祭りの最後の3日間には，顔を墨で黒くペイントし派手な衣装に着飾った参加者が，踊りながら町を練り歩くパレードが行われる．また，国内屈指の海浜リゾートであるボラカイ島への経由地としても知られている．

[東　賢太朗]

カリマタ海峡　Karimata, Selat

インドネシア

幅：150 km　　　　　[2°19′S　108°52′E]

インドネシア西部，カリマンタン（ボルネオ）島とブリトゥン島の間の海峡．ブリトゥン島はスマトラ島南東沖に位置する．海峡の北で南シナ海，南でジャワ海につながる．インドネシアとシンガポールの間の重要な航路

である．　　　　　　　　　　　[瀬川真平]

カリマタ諸島　Karimata, Kepulauan

インドネシア

人口：0.3万 (2013)　面積：425 km²

[1°38′S　108°57′E]

インドネシア西部，カリマンタン（ボルネオ）島の西部沖，西カリマンタン州カヨンウタラ県ケプラウアンカリマタ郡の諸島．カリマンタン島とブリトゥン島との間のカリマタ海峡に位置する．カリマンタン島から沖合80～100 km，カリマタ，プルピス，スルトゥなどの島を中心にして26の無人島を含む大小61の島嶼やサンゴ礁などからなり，東西およそ20 kmにわたって広がる．北側で南シナ海に，南側でジャワ海に囲まれる．沿岸低地部のマングローブ林から熱帯雨林，さらに1000 m級の山岳地帯の高地灌木林にいたるまで，幅広い植生と多様な生態系をもつ．山地部は花崗岩性の土壌からなる．諸島全体がカリマタ諸島海洋自然保護区に指定されている．カリマンタン島西海岸に住む人びとには，カリマタ諸島はしばしばひどいマラリア禍に見舞われてきたことでも知られている．2007年1月，クタパン県の北西部5郡が分離されてカヨンウタラ県が創設された．それに伴って，当時のプラウマヤカリマタ（マヤ島カリマタ）郡はカヨンウタラ県に移行した．さらにその後の2011年，プラウマヤカリマタ郡からカリマタ諸島(61島嶼)が切り離されてケプラウアンカリマタ(カリマタ諸島)郡が設置された．ただし郡全域で集落は3カ所しかなく，郡庁は，最大の人口をもつカリマタ島パダン村(人口1326，2013)ではなく，プルピス島のプルピス村(1083，2013)に置かれている．県都スカダナやクタパンとプルピスならびにパダンとの間に定期航路がある．なお，マヤ島はプラウマヤ(マヤ島)郡になった．

住民のおもな生業は沿岸漁業で，島々は農業には適さない．多数のアナツバメが生息し，その巣(燕窩，えんか)は国内にとどまらず東南アジア各地からさらに香港，台湾あたりまで中国系住民・華人の間で高級食材としてよく知れわたっている．また，西カリマンタン州は国内でも華人の人口比率がきわめて高く，彼らはこの食材を珍重する．その採取と販売は島民の重要な現金収入源であった．しかしながら，近年，カリマンタン島からやってくる採取業者の乱獲によって，アナツバメが絶滅に近づきつつある．一方，周辺海域では国外の漁船による不法操業が大きな問題

となっている．　　　　　　　　[瀬川真平]

カリマタ島　Karimata, Pulau

インドネシア

面積：180 km²　　　　[1°38′S　108°57′E]

インドネシア西部，カリマタ諸島，西カリマンタン州カヨンウタラ県ケプラウアンカリマタ郡の島．カリマンタン（ボルネオ）島の西沖80～100 kmに位置するカリマタ諸島の主島である．最高地点は標高1030 m．諸島全体がカリマタ郡を構成する．カリマタ島には港町パダンがあり，郡内唯一の都市的集落である．カリマンタン本島の県庁所在地スカダナや西カリマンタン州クタパン市とは定期航路で結ばれるが，島に空港はない．

[瀬川真平]

カリマンタン島　Kalimantan, Pulau

マレーシア～インドネシア

ボルネオ島　Borneo, Pulau （別称）

人口：1400.0万 (2000)　面積：748200 km²

気温：26°C　　　　　[1°00′N　114°00′E]

オーストラリア大陸の北西に位置する，太平洋上の島．グリーンランド島，ニューギニア島に次いで世界で3番目に広い面積を有する．ボルネオ島ともよばれる．カリマンタンという言葉には2つの使い方があり，ボルネオ島の大半を領土にもつインドネシアで同島全体をさす場合，およびとくに同島のインドネシア領に限定していう場合がある．カリマンタンの語源は，インドネシア語，マレーシア語，マレー（ムラユ）語のカリ(川)・インタン(ダイヤモンド)であるという．ダイヤモンドの川とは，島の南東部を流れるバリト川をさすといわれる．島全体は，北カリマンタン，東カリマンタン，中カリマンタン，南カリマンタン，西カリマンタンの5州からなるインドネシア領（計55万 km²，島の総面積の73%），サバ，サラワクの2州とラブアン連邦直轄領からなるマレーシア領（約20万 km²），およびブルネイ・ダルサラーム国（約5800 km²）に分かれる．

島の北東から南西にかけて2000～4000 m級の山塊が連なり（最高峰キナバル山，標高4095 m），そこからラジャン川（長さ563 km），カプアス川(1143 km)，スルヤン川(350 km)，ムンタヤ川（別名サンピット，400 km)，カハヤン川(600 km)，バリト川(900 km)，マハカム川(715 km)，カヤン川(500 km)などの大河川とその支流が四方に

カリマンタン(ボルネオ)島

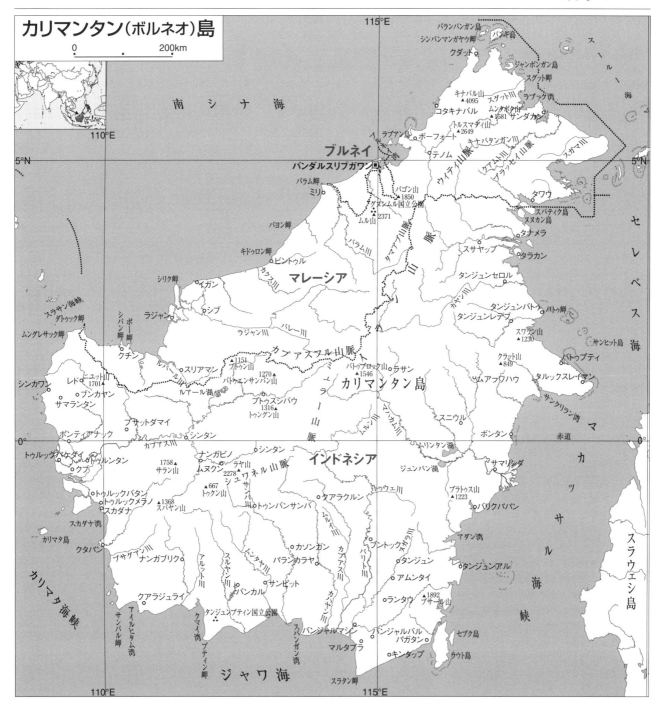

流れ，中下流域から河口にかけては大規模な湿地帯やデルタが形成される．島全体はおおむね熱帯気候に属し，降雨量は7～8月頃の少雨期を除き年間4000 mm程度で推移するが，それ以上の降雨をみる地域も少なくない．植生は豊かで多様である．集落周辺に繁茂した焼畑二次林を除くと，島の面積の70～80％程度に及ぶ広範囲に雨林が分布していたが，商業伐採とプランテーション開発，それらが一因となった大規模な森林火災の発生などによって，森林が急速に減少しつつある．北部にはゾウやサイなどの大型ほ乳類が生息し，またオランウータン，テナガザルなどの霊長類から多種の小動物やは虫類，鳥類などがみられる．

おもな農業は米(水稲・陸稲)，トウモロコシ，イモ類など主食用穀物の自給的・商業的栽培，およびプランテーションによるアブラヤシ，ココヤシ，ゴム，タバコなどの工業原料の栽培である．鉱物資源も豊かである．北西部のブルネイおよび東部のバリクパパン(インドネシア東カリマンタン州)沖やタラカン島付近(インドネシア北カリマンタン州)で産出する原油や天然ガスに加えて，石炭，金，銅，スズ，鉄，マンガン，ボーキサイト，ダイヤモンドなど多種にわたる．木材や籐などの林産資源にも富む．3国の領土のい

ずれにおいても，大規模な都市はほぼ海岸沿いに立地し，島全体の人口密度が低い中で内陸部はさらに人口が希薄である．道路網の整備はかなり進んでいるが，河川水系が沿岸部大都市と内陸部を結ぶ重要な交通路として機能する．たとえば上記の河川あるいはそれらと同程度の河川では，河口から全長の半分以上ないし7割あたりまでは，川幅と水深のゆえに乗り合い船，貨物運搬船の航行が可能である．さらに今日では，船内での宿泊飲食を伴う数日間旅程のクルージング観光の資源になっている．内陸部では，集落や人口集中地はほぼ河川沿いに分布する．

住民はおおむね次の3グループに区分できる．先住民のダヤク人の諸グループ，沿岸部のムラユ（マレー）人，18世紀半ば以降に移動してきた華人（中国系住民）である．そのほかに，インドネシア領では，国内移住政策（トランスミグラシ）によって同国他地域から入植したジャワ人，マドゥラ人，また対岸スラウェシ島から移り住んだブギス人なども多い．先住のダヤク人は，言語や社会構造，宗教や経済生活などによって一般に4グループに大別できる．おもに南部のガジュ人，マアニャン人など，インドネシア西カリマンタン州のイバン人，カントゥン人など，島中央部のクニャー人，カジャン人，ムラナウ人，クラビット人など，北部のカダザン人，ムルット人などである．

1000年以上も前から，ムラユ人の進出に伴って，ダヤク人の一部は沿岸部から内陸部へと押しやられた．5世紀頃から河口部にはクタイなどの多数のムラユ系の小国が興り，碑文などからインド文明の影響が確認でき，また沿岸部地域は中国とも交流があった．これらの国々は交易の糧食と施設を提供しつつ，内陸部の物産である籐，キリンケツ（ヤシ科の植物の果実から採取される樹脂，着色防腐剤用），マツヤニなどの林産資源，金などの集散地でもあり，また他方ではマラッカ海峡沿岸の国々のように略奪行為も行った．沿岸の小国はジャワ島やスマトラ島に興った強大な諸王朝の支配を受けた．15世紀末に建国したイスラーム王国ブルネイは，16世紀には島の北部とスールー諸島（現フィリピン）を支配した．この頃にはイスラーム教への改宗が相次いだ．18世紀，沿岸部各地には隣接のスラウェシ島から移住したブギス人の集落が形成された．

17～19世紀に，イギリスとオランダはこの島の貿易，中でもコショウ貿易を支配しようとした．オランダはバンテン王国（ジャワ島西部）から名目的な利権を受け継ぎ交易所

を設けたが，まもなく撤退した．しかし，18世紀後半から19世紀初期にオランダは西部一帯に勢力を確立してイギリスによる併合をあらかじめ防ぎつつ，略奪行為と見なした活動を制限した．1790～1820年には，多数の中国人がカプアス，サンバス両川付近の金鉱に入植したが，54年にオランダによって金鉱が破壊され，やがて農業に転じる者も出た．オランダは南および西海岸の広大な地帯を首長らから強引に得たが，内陸まではその力は及んでいなかった．1938年からはオランダ領の地域に行政組織が確立していく．イギリス商人は北部に根拠地を得たが，ほとんどはブルネイ王国の支配下の地域であった．1888年には，サバおよびサラワクともにイギリス保護領となった．19世紀後半，東部で油田が発掘され，経済的に重要な地域に変容するとともに，1942年の日本軍の侵略の目的となり，島の大部分が占領された．

第2次世界大戦後，インドネシアは独立を宣言するが，再植民地化をはかるオランダとの間でインドネシア独立戦争（1945～49）が生じ，オランダ勢はボルネオ連邦国を設けようとしたが，小国乱立の状態に陥った．1949年インドネシア独立が承認されるが，イギリスは，マレー半島部がマラヤ連邦として独立（1957）した後もイギリス植民地であったサバ，サラワクとブルネイとが，半島部と連邦を形成して独立するように政治的に動いた．さらにこのとき，フィリピンはサバについて自国の領土であると領有権を主張した．それに呼応するかたちで，1963年，サラワクとサバはマレー半島部の地域（マラヤ連邦）やシンガポールとともにマレーシア連邦を結成し，一方でブルネイ王国はイギリス保護領にとどまった．

インドネシアでは，当時の大統領スカルノがこうしたマレーシア側の一連の動きをイギリスによる新植民地支配と見なし，1962年以来イギリス帝国主義打倒，さらにはマレーシア連邦粉砕を掲げて対決を宣言した．サラワクとの国境地帯では，インドネシア軍部隊とイギリス連邦軍の武力衝突が起こった．1965年8月，マレーシア連邦からシンガポールが脱退し独立した．インドネシア国内では，大統領，インドネシア共産党，軍の一部と，イスラーム勢力や軍の一部との亀裂が深まり，ついに9月に大規模な騒乱（9.30事件）が勃発した．のちに1968年に第2代大統領になるスハルト将軍指揮下の陸軍部隊がただちに治安と秩序を統制し，共産党員に対する強硬な取り締まりを始めた．中国系人は共産党や中国とのつながりを疑われ，日ごろ

の文化的，経済的な反感も伴って民衆の激しい襲撃の標的となった．1967年，西カリマンタン州でインドネシア共産党がゲリラ活動を展開し，それに加担したと見なされた多数の中国系住民が追放された．一方で，インドネシアの体制が転換すると，マレーシアとの関係が修復され，1966年にはインドネシアがマレーシア連邦を承認，タイのバンコクで紛争終結が正式に宣言された．ブルネイはイギリスとの合意にもとづき，1984年1月1日に独立した．

1967年から，東カリマンタン，サラワク，ブルネイで石油と天然ガス開発が，東カリマンタン，サバ，サラワクで木材生産が，それぞれ盛んになり，その輸出は3国の重要な外貨獲得手段になった．1983年，東カリマンタンで大規模な森林火災が発生し，300万ha以上の森林が焼失した．森林火災はその後も頻繁に発生している．その煙害は国境を越えて広がっている．また，インドネシア側からマレーシアへの不法越境，違法就労とその摘発が両国間の大きな懸案事項になっている．サバ州ではフィリピンからの不法入国も目立つ．インドネシアとマレーシアはカリマンタン島で2000km以上の国境を有し，近年インドネシアの西カリマンタン州や北カリマンタン州とマレーシアのサラワク州やサバ州との間で国境や領土をめぐる対立やいざこざが生じている．一方，インドネシア領の各地では，1990年代から，先住のダヤク人系のグループとマドゥラ人などのインドネシア国内他地域から移住，入植したグループとの摩擦が大きくなり，暴動や争乱が起こっている．

［瀬川真平・生田真人］

カリマンタンウタラ州 ☞ 北カリマンタン州
Kalimantan Utara, Provinsi

カリマンタンスラタン州 ☞ 南カリマンタン州 Kalimantan Selatan, Provinsi

カリマンタンティムール州 ☞ 東カリマンタン州 Kalimantan Timur, Provinsi

カリマンタントゥンガ州 ☞ 中カリマンタン州 Kalimantan Tengah, Provinsi

カリマンタンバラット州 ☞ **西カリマンタン州**
Kalimantan Barat, Provinsi

カリームガンジ　Karimganj　インド

人口：5.2万（2001）　　[24°52′N　92°20′E]

　インド北東部，アッサム州カリームガンジ県の都市で県都．コルカタ（カルカッタ）の北東約480kmに位置する．クシャラ川に面しており，対岸はバングラデシュとなる．鉄道や国道44号が通るほか，河川交通も盛んである．19世紀のイギリス支配下ではシルヘット Sylhet 県を構成していたが，インド・パキスタン分離独立時に同県の西部が東パキスタン（現バングラデシュ）に帰属し，当地はインド領となった．周辺では茶，米，木材などのほか，天然ガスも生産される．

[友澤和夫]

カリムナガル　Karimnagar　インド

人口：26.1万（2011）　　[18°27′N　79°06′E]

　インド南部，テランガーナ州カリムナガル県の都市で県都．州都ハイデラバードの北162kmに位置し，市の南西部はゴダヴァリ川支流のマナール Manair 川をせき止めたダム湖に面している．州道の結節地であるとともに，市の北部には鉄道駅も所在する．ムスリム王朝であるハイデラバード藩王国の首都が置かれたこともあり，テルグ語とウルドゥー語がおもに話されている．州の重要な教育拠点であり，複数の大学が立地し，1990年代前半にインドの経済自由化を推進したナラシンハ・ラオ元首相もその出身である．

[友澤和夫]

カリムン島 Karimun, Pulau ☞ **カリムンブサール島** Karimun Besar, Pulau

カリムンジャワ諸島
Karimunjawa, Kepulauan
インドネシア

カリムンジョウォ諸島（別表記）

人口：0.9万（2010）　面積：71km²
　　　　　　　　　　[5°53′S　110°26′E]

　インドネシア西部，ジャワ島北部沖，中ジャワ州ジュパラ県の諸島．州都スマランの北120km，ジュパラの北西約80kmのジャワ海に浮かぶ．主島であるカリムンジャワ島，クムジャン島，グンタン島など27の島から構成される．この3島とニャムック島，パラン島の計5島以外は無人である．3主島は火山島であるが，ほかはサンゴ礁や岩礁からなる．地名は15世紀にまでさかのぼって確認できる．カリムンとはジャワ語で薄いを意味し，ジャワ島からは島影が低平（最高地点は標高約500m）にみえることから薄いジャワ（カリムンジャワ）とよばれるようになったともいう．島民は決して孤立して生活していたわけではなく，舟を自在に操ってジャワ島はじめ各地の島々との交流をもっていた．別称とされるカリムンジョウォは，カリムンジャワのジャワ語式発音である．

　主要集落はカリムンジャワ島のカリムンジャワである．住民のおもな生産活動はココヤシ栽培とコプラ採取および恵まれた漁業資源をもつ周辺水域での漁業である．しかし，今日，生活物資のほとんどはジャワ島からの供給に依存し，強い西風と高波に見舞われる11月から3カ月間ほどの時期には，連絡船も途絶えがちである．1996年10月以来，ジュパラ県のジュパラとの間には，それまでの海空警察の不定期便，私的な就航による交通手段に加えて，週4回の公営定期連絡船が就航した．スマランからは高速船で3.5時間かかる．クムジャン島には飛行機発着場がある．

　諸島およびその周囲の海域には低地雨林，海岸林，マングローブ林，サンゴ礁などの異なる生態系がみられ，生物相に富む．低地雨林に生息する樹木類や，シカやオナガザルなどの陸上動物，ダルマインコや絶滅の危機に瀕するワシなど約40種の鳥類，タイマイ，アオウミガメ，サメ類，さらに約242種の魚が生息する．州政府はこの諸島を観光地域に指定しており，1998年にはこの島々全体と周囲の海がカリムンジャワ海洋自然公園となり，さらに2001年にはカリムンジャワ国立公園に指定した．そうしたことに伴って，エコツーリズムが推進されつつある．

[瀬川真平]

カリムンジョウォ諸島 ☞ **カリムンジャワ諸島**
Karimunjawa, Kepulauan

カリムンブサール島　Karimun Besar, Pulau
インドネシア

カリムン島　Karimun, Pulau（略称）／大カリムン島（別表記）

人口：15.7万（2013）　面積：169km²
長さ：16.8km　幅：15.2km
　　　　　　　　　　[1°03′N　103°22′E]

　インドネシア西部，リアウ諸島，リアウ諸島州カリムン県の島．リアウ諸島はスマトラ島北部のマラッカ海峡に位置する．カリムンブサール（大カリムン）とは，この島の北に接して位置するカリムンクチル（小カリムン）島と対比する名称である．島は南北16.8km，東西15.2kmで，169km²の面積をもつ．カリムン県は80もの島からなり，県庁所在地はカリムンブサール島の港市タンジュンバライカリムン（人口1.0万，2010）である．なお，リアウ諸島州は2002年9月に国内で第31番目の州としてリアウ州から分離して成立した．大小カリムン島は本来はシンガポール島などと一体のリアウ諸島中の島である．マラッカ海峡の南の入口に位置していることから，かつては海峡両岸にある王朝や豪族，またポルトガル，オランダ，イギリスなど外国の商人や貿易業者にとっては航路上の要衝であった．しかし19世紀初期，イギリスとオランダによる植民地分割の結果，シンガポール島はイギリス領に，その他の島々はオランダ領に組み込まれた．その後，植民地支配が終わると，島々の領有はシンガポールとインドネシア両国にそれぞれ引き継がれた．

　住民の構成は複雑で，ムラユー（マレー）人が最大の集団で，島人口の50％，次いでジャワ島から移住したジャワ人18％，華人（中国系住民）14％弱，さらにスマトラ本島のミナンカバウ人4％，バタック人2.3％，その他インドネシア各地からきたブギス人2.8％やバンジャル人などが続く（いずれも2000）．そのほかに近隣諸国の外国人（とくにシンガポールやマレーシア出身の華人など）が加わる．宗教別にみると，イスラーム教徒が大多数（81.5％）を占め，華人の多さから仏教徒（14.2％）がそれに次ぎ，そのほかにキリスト教徒（約4％）を数える．住民の主要な生業は沿岸漁業や海上輸送などのほか，パイナップル，バナナ，ドリアン，ランブータンなど熱帯性の果物，ココヤシ，柑橘類などの小規模な農園農業が盛んである．

　島の位置は今日もなおきわめて重要で，密輸や不法出入国，海賊行為なども少なくない一方，中心都市タンジュンバライにはインド

ネシア税関の第2管区本部，海軍，沿岸警備隊の指令所などマラッカ海峡を監視する機関が置かれている．船舶が重要な交通手段で，州都タンジュンピナン（ビンタン島に所在），シンガポール，インドネシア両国の国境を越えた国際的な開発特区バタム島（インドネシア領），スマトラ東海岸の各都市，首都ジャカルタやジャワ島の沿岸都市へフェリーが定期的に運航している．また，シンガポールの民間企業が巨大な乾式ドックを設けている．1990年代以後，バタム島の経済開発が進むにつれて，その影響がカリムンブサール島にも及び出した．この島がバタム島の外国人のためのリゾート地になり，また大きな歓楽街が生まれたことで知られるようになった．また，シンガポールからは約70 km（2000年で所要約85分），マレーシアのジョホール州南端部の新興海運ハブ，タンジョンプレパスまでは約30 km（所要約45分）であり，国境を越える週末の娯楽客の数も増えた．たとえばシンガポール人来訪者の数は，すでに1997年に21万であったのが，毎年，確実に増え続け，2000年には37万（平均して月に3万）に達した．もともとは一体であったシンガポールやマレーシア沿岸諸都市と，本島を含むリアウ諸島との国境を越えた結びつきが強まっている． 〔瀬川真平〕

カリメール岬　Calimere, Point

インド

カリギクム岬　Calligicum（古称）

[10°17′N　79°52′E]

インド南部，タミルナドゥ州南東部の岬．ベンガル湾に臨むコロマンデル海岸の最南端に位置する．ポーク海峡をはさんで，スリランカのペドロ岬と対峙する．プトレマイオスの『地理書』には，カリギクム岬と記載されている．カーヴェリ川が形成したカーヴェリデルタの南端でもあり，カリメール岬から北にほぼ一直線に約130 kmにわたってデルタの先端が延びている．さらに西にもほぼ一直線に45 kmにわたって，デルタ南側面の先端が延びている．デルタ南側面は幅7〜8 km，333 km²の干潟となっており，多くの水鳥が飛来する．1967年にカリメール野生動物・鳥類保護区に指定されている． 〔南埜　猛〕

カリヤンドンビヴァリ　Kalyan-Dombivali

インド

人口：124.6万（2011）　面積：137 km²

[19°14′N　73°08′E]

インド西部，マハーラーシュトラ州ターネ県の都市．州都ムンバイ（ボンベイ）の北東50 kmに位置する．ムンバイ大都市圏北部を流れるウルハス Ulhas 川南岸のカリヤンとドンビヴァリが1982年に合併してつくられた都市自治体である．人口密度は9000人/km²を超えており，ムンバイの郊外都市としてターネやビワンディなどとともに発展している．住民の教育水準が高く，識字率は約80%とインド平均の約60%を大きく上回る．そのためプネに次ぐマハーラーシュトラ州の文化都市とよばれる．また，ムンバイの過密状態を避けて立地した電気機械，金属，機械，化学，繊維などの工業も盛んである．マラーティー語の話者が多いが，ムンバイ大都市圏に職を求めて全国から集まった人びとの住宅地となっているため，インド各州の言語が話されている．歴史的には，カリヤンは古代ギリシャの文献にも記された港であり，都市の起源は古いと考えられる．市内に複数ある鉄道駅はムンバイへの通勤などに利用されている．そしてカリヤン駅は，ムンバイから北・東インドへ向かう鉄道と，南インド方面に向かう鉄道の分岐点としての役割も備えている． 〔友澤和夫〕

カリンガ州　Kalinga, Province of

フィリピン

人口：21.3万（2015）　面積：3231 km²

標高：1500-2500 m　気温：17-22℃

[17°24′N　121°26′E]

フィリピン北部，ルソン島北部，コルディリェラ自治区に位置する州．州都はタブク．標高1500〜2500 mに位置し，森林と草原が大部分を占める．平均気温は17〜22℃と過ごしやすい．州の南側にあるマウンテン州を水源とするチコ川が州のほぼ中央を北流し，カガヤン川に合流している．人口の約6割がカリンガ族で，イフガオ族と同様，棚田で水稲耕作をすることで知られている．もともとは隣接するアパヤオ州と1つの州を構成していたが，1995年に分離し，それぞれ独立した州となった． 〔高野邦夫〕

カリンダ　Carinda

オーストラリア

人口：185（2011）　面積：3378 km²

[30°28′S　147°42′E]

オーストラリア南東部，ニューサウスウェールズ州中央北部，ウォルゲット行政区の町．ダボの北北西2.3 kmに位置する小さな町である．地名は，アボリジニの言葉で「運ぶ」を意味している． 〔畠山輝雄〕

カリンポン　Kalimpong

インド

人口：4.3万（2001）　[27°04′N　88°28′E]

インド東部，ウェストベンガル州北部，ダージリン県の都市．ヒルステーション（高原避暑地）として知られる．州都コルカタ（カルカッタ）の北約500 kmに位置し，国道31 A号が通過する．インドとチベットを結ぶルート上に位置する関係から，チベットとの交易が盛んである．市の中心部にはキリスト教のマクファーレーン教会があり，ランドマークとなっている．経済活動としては観光が重要であるほか，地元市場向けの産品に加えてチベットの産品が取引されている点にも特徴がある．手工業による綿織物生産も知られている． 〔友澤和夫〕

ガル県　噶爾県　Gar

中国

人口：2万（2012）　面積：18000 km²

標高：4350 m　[32°33′N　80°02′E]

中国西部，シーツァン（チベット，西蔵）自治区，ガリ（阿里）地区の県．ヒマラヤ山脈とガンディセ（岡底斯）山脈の間に位置し，四方は山で覆われる．地名はチベット語でテントや兵舎を意味し，チベット政府軍がカシミールの森巴軍と戦闘したときに，当地にテントを張って駐屯したことに由来する．1960年に噶爾県が阿里専区に属し，70年以降，阿里地区に属している． 〔石田　曜〕

カールイス　Curlewis

オーストラリア

人口：0.1万（2011）　面積：1105 km²

[31°07′S　150°16′E]

オーストラリア南東部，ニューサウスウェールズ州北部，ガネダー行政区の集落．州都シドニーの北北西約300 kmに位置する農村であり，住民の5.1%が農業や畜産業に従事している（2006）．中でも畜産業が盛んであり，日本向けに輸出される牛肉も生産されている．また，現在でも住民に占める先住民

の割合が高く，国内全体の平均を 10.5 ポイント上回る 12.8％（2006）に達している．町およびその周辺部には，野生のコアラが多数生息しており，森林の中や農地をはじめ，いたるところにその姿をみることができる．

［笹本裕大・落合康浩］

カルヴァーデン　Culverden

ニュージーランド

レッドポスト　Red Post （旧称）

人口：426（2013）　　［42°46′S　172°51′E］

　ニュージーランド南島，カンタベリー地方の村．クライストチャーチの北約 100 km，クライストチャーチとハンマースプリングズとの間の国道 7 号沿いにある．地名は，長い旅によって初めてこの地に羊を持ち込み，最初に飼育地として選んだヘンリー・ヤングによってつけられた．インドでの裁判官を退任し，当地の初めての住人となったヤングは，羊の飼育に成功した．地名は彼がイングランドのケントでかつて所有していたカルヴァーデン牧場にちなむ．かつて，人が居住する前の調査で目印とされていたレッドポストが 1871 年に設置された．それにより，このあたりはレッドポストとして認知されていたが，鉄道の終点となったときに現名称に変わった．

［井田仁康］

カールオ区　Karuo ☞ カルプ区　Karub

ガルオヤ国立公園　Gal Oya National Park

スリランカ

面積：259 km²　標高：30-900 m
降水量：1700 mm/年　　［7°13′N　81°28′E］

　スリランカ南東部，ウヴァ州モナラガラ県北東部（一部は東部州）の国立公園．1950 年にガル川流域開発計画で築かれたダムによってできたセナナヤカ貯水池を中心に，広大な面積を有する．1954 年 2 月国立公園に指定された．東部州アンパラの南西約 20 km のインギニヤガラ Inginiyagala から，セナナヤカ貯水池をボートでまわるのが探勝の一般コースである．北東モンスーンの影響を受ける乾燥地帯に位置し，乾燥した草原地帯を多く含む起伏の多い地域である．一年を通じて野生のゾウの群れがみられ，とくに湖を泳いで渡るゾウの群れの風景で知られる．その他，アクシスジカなど大小さまざまな種類のシカ，水牛，レオパード，サル，ワニ，水鳥

などが観察できる．1974 年に域内にブッダンガラ保護区が指定された．この地区にはアーユルヴェーダ医学で用いられる薬草を産するほか，仏塔をもつ古い僧院の遺跡がある．最近観光地として知られるようになってきた．

［山野正彦］

カルカ　Kalka

インド

人口：3.1 万（2001）　　［30°50′N　76°55′E］

　インド北部，ハリヤーナ州パンチクラ県の都市．州都チャンディガルの北東約 20 km のシワリク丘陵の裾地に位置する．避暑地として著名なシムラに向かうカルカ・シムラ鉄道の起点として知られる．同線はイギリス植民地期の 1903 年に開通したものであり，「インドの山岳鉄道群」の 1 つとして 2008 年にユネスコの世界遺産（文化遺産）に追加登録されている．狭軌が採用されており，首都デリーからの避暑客は，当地で広軌鉄道から乗り換える．山岳地域を縫って走行するため，トイトレイン（おもちゃ列車）とよばれる小型の列車が運行している．周辺で栽培されている香辛料，小麦，トウモロコシ，竹などの集散地でもある．炭酸水，かぎタバコ，石うすなども生産される．

［友澤和夫］

カルカッタ　Calcutta ☞ コルカタ　Kolkata

カルカラリンスク　Karkaralinsk

カザフスタン

人口：1.1 万（1989）　　［49°25′N　75°29′E］

　カザフスタン中央部，カラガンダ州東部の都市．州都カラガンダの東南東 169 km，カザフ丘陵の道路接合点に位置する．ロシアのカザフスタン征服によって 1824 年に創設された．おもな産業は，畜牛，食肉包装である．鉛，銀を埋蔵する．カザフスタン東部の標高 1403 m までの高さの火山性丘陵地をカルカラリンスク山地とよぶ．マツ林，ステップ性の植物に覆われ，花崗岩，扮岩，桂岩からなる多金属鉱がある．

［木村英亮］

カルカル　Carcar

フィリピン

カドカド　Kadkad（旧称）／モワグ　Mowag（古称）

人口：12.0 万（2015）　面積：117 km²
　　　　　　　　　　　［10°06′N　123°38′E］

　フィリピン中部，セブ島東岸，セブ州の都市．州都セブの南西 40.3 km に位置し，セブ海峡をはさみ，ボホール島を望む．市に昇格したのは 2011 年であるが，創設は 1599 年 6 月 21 日と古い．ビリャドリド町の住民がイスラーム教徒の来襲から逃れるため，当時モワグとよばれていたこの町に移り住んだ．そして，地域に密生していた寄生植物カドカド（kadkad）にちなんで，カドカドとよんだ．後にスペイン人神父がスペインの故郷の町をしのんでカルカルと変えた．おもな農産物は米，トウモロコシ，緑豆，マンゴー．靴産業もある．観光地ではトゥヨムビーチ，国立公園にはマイニットブグナウ（暑くて寒いの意）という面白い形容詞を冠したグアダルーペ洞窟もある．スペイン様式の家が数多く残る静かな都市である．

［佐竹眞明］

カルカル　Karkal

インド

人口：2.5 万（2001）　標高：81 m
　　　　　　　　　　　［13°14′N　74°59′E］

　インド南部，カルナータカ州ウドゥピ県の都市．州都ベンガルール（バンガロール）の西約 300 km，県都ウドゥピの南東約 40 km に位置する．地名は，カンナダ語で黒い石を意味し，実際にも当地一帯には黒曜石が分布する．ジャイナ教の巡礼地として知られ，とくに市の中心部から約 1 km の岩山にあるゴーマテーシュヴァラの立像（高さ 13 m）は著名である．

［友澤和夫］

カルカル島　Karkar Island

パプアニューギニア

ダンピア島　Dampier（別称）

人口：4.9 万（2011）　面積：362 km²
　　　　　　　　　　　［4°39′S　146°00′E］

　南太平洋西部，メラネシア，パプアニューギニア北部，マダン州の火山島．ニューギニア本島の北 30 km，ビズマルク海に位置する．南北 25 km，東西 19 km で，島の中央にある火山は現在も活発に活動を続けている．火山性の肥沃な土壌に恵まれ，コプラのプランテーション，ビンロウヤシの栽培などが盛んである．

［熊谷圭知］

カルギリク県　葉城県　Kargilik

中国

イエチョン県　葉城県　Yecheng (漢語)

人口：37.5万 (2002)　面積：29000 km²

[37°52′N　77°24′E]

中国北西部，シンチャン(新疆)ウイグル(維吾爾)自治区南西部，カシュガル(喀什)地区の県．タリム(塔里木)盆地の西部，ヤルカンド(葉爾羌)河の上流域に位置する．人口の90％がウイグル族である．地名はウイグル語で烏の群れる町を意味する．漢字表記の葉城はヤルカンド(葉爾羌)の略称である．古くはタリム盆地とインドを結ぶ重要な中継地であった．漢代には西域に属するヨルエリク(西夜)国があった地である．ヨルエリクはウイグル語で清水の水路を意味する．6世紀頃チュルク(突厥)帝国の支配下にあったが，のちにカラハンウイグル王朝領となった．16世紀以降，カシュガル・ハン国に属した．18世紀半ば頃清朝に占領されたが，1864年以降カシュガリアに属した．19世紀末頃清朝にふたたび占領され，1883年にカルギリク県が設置された．

南部はクンルン(崑崙)山脈の西部とカラコルム山脈北麓にあたり，標高3500 m以上である．山頂には氷河が発達しており，ヤルカンド河の水源となっている．北部はティズナプ Tiznap 川とコクヤル Kökyar 川の沖積平野にあたり，標高1200～1500 mで，オアシス農業地帯である．北東部は砂漠である．小麦，トウモロコシ，水稲，綿花などを産する．特産物にはクルミ，ザクロ，干しアンズ，カルギリク羊などがある．鉱物資源に富み，石炭および石油採掘，絨毯生産，農産物加工などが盛んである．国道219・315号が県内を通る．　　　　［ニザム・ビラルディン］

カルグーリーボールダー　Kalgoorlie-Boulder

オーストラリア

人口：3.1万 (2011)　面積：95576 km²

[30°45′S　121°28′E]

オーストラリア西部，ウェスタンオーストラリア州内陸部南部の都市．1989年にカルグーリーとボールダーが合併して誕生した．州都パースの東北東約600 km，ナラボー平原とグレートヴィクトリア砂漠の西縁に位置し，東クールガーディー金鉱地帯の中心地である．1893年のパディー・ハンナンによる金鉱の発見以来，その豊富な埋蔵量からゴールデンマイルリーフとして知られるようになった．金の採掘は1903年にピークを迎え，

カルグーリーボールダー(オーストラリア)，国内最大の金鉱山，スーパーピット鉱山〔Shutterstock〕

その後長く低迷するが，80年代に入って金の価格上昇とともに復調した．小規模な事業者を統合したカルグーリースーパーピットは，世界最大の露天掘り鉱山の1つである．また，1966年に南約60 kmのカンバルダ Kambalda でニッケルが発見され，73年にカルグーリーに精錬所が建設された．その他の産業としては，鋳物製造業やビール醸造業が発達している．

カルグーリーは乾燥地帯に位置し，1903年以来，ゴールドフィールズ水供給スキームの一部に組み込まれてパース近郊から水の供給を受けている．1903年にカルグーリーに移転してきたウェスタンオーストラリア鉱山学校は現在，カーティン大学カルグーリー校の一部となっている．　　　　［大石太郎］

カルケアン　Culcairn

オーストラリア

人口：0.1万 (2011)　面積：322 km²

[35°41′S　147°04′E]

オーストラリア南東部，ニューサウスウェールズ州南東部，グレーターヒューム行政区の町．オリンピックハイウェイで結ばれるアルベリーとウォガウォガのほぼ中間に位置している．また，州都シドニーとメルボルンを結ぶ主要鉄道の駅がある．この地域には先住民ウィラージュリー(Wiradjuri)が居住していたが，1834年にヨーロッパ人が入植した．その後1880年に町が成立し，鉄道交通の拠点の1つとなった．現在では鉄鋼業やコンクリート加工業などがおもな産業となっている．町名はスコットランドの地名にちなむ．

［畠山輝雄］

カルゴネ　Khargone

インド

人口：10.6万 (2011)　　[21°49′N　75°37′E]

インド中部，マッディヤプラデシュ州カルゴネ県の都市で県都．州都ボパールの南西約250 km，クンダ川のほとりに位置しており，周囲は綿花やサトウキビおよび冷涼気候性作物の生産で名高い．また，9惑星をとくに信仰するナブグラハ・マンディール寺院があることでも有名である．交易中心都市であり，国内のさまざまな方向に向かうバスのターミナルをもち，多くの異なる文化や宗教の人びとを集め，活況を呈している．近年，さらに当地域の産物を生かしたいくつかの農作物加工工場がつくられるなど，発展が続いている．　　　　［前田俊二］

ガルゴン　Gulgong

オーストラリア

人口：0.2万 (2011)　面積：103 km²

[32°22′S　149°32′E]

オーストラリア南東部，ニューサウスウェールズ州中央東部，ミッドウェスタン行政区の町．州都シドニーの北西約300 km，カースルレイハイウェイ沿いに位置している．また鉄道では，グワベガー Gwabegar からワレアラワンまでを南北に走るグワベガー線と，グワベガーから西のマスウェルブルックまでを走るサンディホロー Sandy Hollow 線の結節点に位置している．しかし，2007年6月にグワベガー線のグワベガー～キャンドス間は廃止された．地名は，先住民ウィラージュリー(Wiradjuri)の言語で深い水たまりを意味する言葉に由来する．1870年にゴールドラッシュが始まり町が発展したが，ゴールドラッシュは10年と続かず，80年までに

採掘者はほかへ移動した．その後は，ワイン醸造業，羊毛，小麦などの農牧業，石炭採掘業などがおもな産業となった．北西21kmにはヤーロービル Yarrobil 国立公園もあり，これらの自然観光資源や，ゴールドラッシュ時の町並みや採掘跡などの産業遺産などを訪れる観光業も主要産業となっている．

[畠山輝雄]

カルシ　Karshi　ウズベキスタン

Qarshi（別表記）／ベクブジ Bek-Budi（旧称）

人口：28.1万（2012）　[38°53′N　65°48′E]

ウズベキスタン中央南部，カシカダリア州の都市で州都．サマルカンドの南西約144km，カシカダリアオアシスにあり，鉄道の分岐点に位置する．小麦，綿花，絹を生産する肥沃なオアシスの中心地で，綿繰り，製油，縫製などの工場があり，食肉，穀類コンビナートがある．9世紀にサマルカンドとアフガニスタンのキャラバンルートの宿泊地として創設された．交通の要衝として繁栄し，13世紀以降にカルシ（モンゴル語で宮殿の意）と名づけられた．16世紀のコク・グンバス・モスクと霊廟がある．

[木村英亮]

ガルシャル　Galshar　モンゴル

ハルデルジャンジンベイス旗　Khardel Janjin Beis Khoshuu（古称）

人口：0.2万（2015）　面積：6676km²

[46°14′N　110°50′E]

モンゴル中東部，ヘンティ県南部の郡．競馬における名馬であるガルシャル馬と，オヤーチとよばれる名調教師を輩出することで有名である．20世紀以前より，清朝時代，セツェンハン部ハルデルジャンジンベイス旗とよばれていた頃から，ガルシャルの駿馬は全モンゴルに名を馳せていた．ガルシャルの調教師たちは，1925年以降，2010年までに国家大ナーダム（祭典）の競馬の全国大会で25回の優勝，5位以内の入賞（馬乳酒賞）は70回以上という驚異的な記録を残している．また高品質のカシミヤを産出するガルシャルの赤山羊でも有名である．

[島村一平]

カルターウィー　Caltowie　オーストラリア

人口：179（2011）　[33°11′S　138°29′E]

オーストラリア南部，サウスオーストラリア州中央南部の村．マウントロフティ山脈北側の丘陵中にあり，州都アデレードの北221kmに位置する農村である．農業は，小麦，大麦をはじめとする穀物栽培と羊の放牧が中心である．集落は，居住地と公有地とで構成されており，東西方向に長い正確な長方形の区画からなる．これはパークランドとよばれ，州でしばしばみられる計画集落である．当地のパークランドは，1870年代前半に計画された．シドニーまで延びる鉄道の沿線でもあり，駅前には穀物貯蔵用の巨大なサイロが建設されている．地名は，アボリジニの言語でスリーピーリザードの水たまりを意味する．スリーピーリザードはアオジタトカゲのことで，体長30〜40cm，体の幅5〜7cmの褐色をしたトカゲで，舌が濃い青色をしている．オーストラリアでは普段みかけることの多いトカゲである．動きがにぶいことからこの名がある．

[片平博文]

カルダモン丘陵　Cardamom Hills　インド

面積：2800km²　標高：2695m　長さ：115km
幅：85km　降水量：2000-3000mm/年

[10°10′N　77°04′E]

インド南部，ケーララ州とタミルナドゥ州の州境上の丘陵．一帯を占める山地群の1つで，西ガーツ山脈の最南部の一画にあたる．冷涼な気候を好む香料のカルダモンを産することにその名の由来がある．深い谷を有する山岳的な起伏をもち，北西部をアナイマライ丘陵，北東部をパルニ Palni 丘陵，南部をアガスヤマライ Agasthyamalai 丘陵と接する．州境近くに位置するアナミュディ Anamudi 山（標高2695m）が最も高く，西ガーツ山脈の最高所ともなっている．全国の7割を産するというカルダモン栽培のほか，コーヒー，コショウの農場も多い．チーク材，タケも伐り出されている．丘陵の西側斜面に降水量が多く，とくに6月から9月にかけての南西モンスーンの時期に集中する．熱帯モンスーン林に覆われる丘陵中央部がペリヤル野生動物保護区に指定され，一部にはトラの生息も知られている．年平均降水量の少なくなる丘陵の東斜面の一部には，野生のインドゾウも観察される．カルダモンは，古くから森林地帯の樹木下で栽培されてきたが，近年は，カルダモン以外の農作物生産や森林の過伐採などにより，洪水や地滑りなどの災害を生じているとの議論もある．なお，広義にはニルギリ丘陵南端のパラカド Palakkad 谷以南の西ガーツ山脈をカルダモン丘陵と総称することも

ある．

[貞方　昇]

カルダモン山脈　Cardamomes Range　カンボジア

カーダマム山脈（別表記）／クロヴァン山脈 Kravanh, Chuor Phnom（クメール語）

面積：44000km²　標高：1813m　長さ：300km

[12°25′N　103°00′E]

カンボジア南西部の山脈．タイ湾沿いのコッコン州からポーサット州ヴィエルヴェアン郡にかけて南東から北西に広がり，そこから南東に延びてドムレイ山脈に合流する．ソムコ Samkos 山（標高1717m）およびトゥンポー山（1563m）のある北西カルダモン山脈，中央カルダモン山脈と国内最高峰のアオラル山（1813m），南東カルダモン山脈またはドムレイ山脈（キリロムおよびボコール山）で構成されている．山脈地域の年平均降水量は2600〜3800mm（ボコールでは5000mmに達する）で，全体的に乾季は4カ月未満である．平均最低気温は16℃を下回り，最高気温は34℃である．

先行研究が明らかにしたところによると，カルダモン山脈は標高，斜面，地質，水環境に応じて多様な天然林に覆われており，乾燥落葉樹林，半落葉性樹林，低地常緑樹林，高地常緑樹林，竹藪，マツ林およびかなりの広さの自然の湿地帯と草原が存在している．イギリスに本部を置く環境保護団体ファウナ＆フローラインターナショナル（FFI）が日本の環境庁（当時）および農林水産省と協力して2000年に行った短期間の調査においては，この山脈には多様な動植物集団（その一部はこの地域特有の動植物で，アジアの他の地域ではほとんどみられないか，すでに絶滅してしまった種）を育む，非常に多様な成育環境を有していると結論づけられた．このような驚くべき生物多様性が本来の状態で存在していることは，この地域が特別に保護されるべき価値を有していることを示している．この山脈には，外国製の陶器の甕と荒削りな丸太製の棺を辺鄙な場所にある天然の岩礁に据えた，15〜17世紀の遺跡が多く点在している．甕による埋葬はこの山脈特有の特徴で，クメール文化の歴史において古来存在したが，記録されていない埋葬慣習である．地元のいい伝えによれば，遺骨はカンボジア王族のものであるという．

[ソリエン・マーク，加本　実]

カルタラ　Kalutara
スリランカ

人口：3.2万 (2012)　面積：69 km²　標高：11 m
[6°35′N　79°57′E]

スリランカ，西部州カルタラ県の都市 (UC) で県都．コロンボの南45 kmに位置し，鉄道で約1時間の海岸沿いにある．カルガ川南岸のバスターミナルやカルタラ南駅付近が中心市街地であり，銀行や商店，市場などが集まっている．植民地時代には香料の取引中心として知られ，市の周辺にはゴム農園やマンゴスティンの畑も多かったが順次，市街地化されてきた．カルタラはもともとインドからアヌラーダプラに伝えられた菩提樹の32の分け木のうちの1つが植えられた地であったが，市街地北端にあるカル川岸のその場所には，ポルトガル統治時代の1622年，コロンボ防御のための要塞が築かれた．要塞は1655年以降のオランダ統治時代に改修され，イギリス植民地時代も継続して使用された．しかし独立後の1960年代初頭にガンガティラカ寺として生まれかわり，菩提樹とダガバ (仏塔) が建立され，国道沿いのランドマークとなって，多くの参拝者を集めている．
［山野正彦］

ガルツェ県　甘孜県　Garzê
中国

ガンズー県　甘孜県　Ganzi (漢語) ／カンツー県 (別表記)

人口：7.2万 (2015)　面積：7303 km²
[31°37′N　99°50′E]

中国中西部，スーチュワン (四川) 省北西部，ガルツェ (甘孜) 自治州北西部の県．地名はチベット語で潔白，美しいという意味であり，元来は寺の名称に由来している．清代宣統3年 (1911) に甘孜委員会が設置され，1951年には正式に甘孜県人民政府が設置された．県内には11の民族が居住しており，うち95%以上をツァン (チベット) 族が占める．高原性の寒冷気候に属し，冬が長く夏が短い．県政府所在地は標高3390 m，高原の中の河谷に位置している．
［石田　曜］

ガルツェ自治州　甘孜自治州　Garzê
中国

ガルツェツァン族自治州　甘孜蔵族自治州 (正称) ／ガンズー自治州　甘孜自治州　Ganzi (漢語) ／カンツー自治州 (別表記)

人口：116.5万 (2015)　面積：152629 km²
[30°03′N　101°57′E]

中国中西部，スーチュワン (四川) 省北西部の自治州．ツァン (チベット) 族を主体とし，その他の民族では，漢族，イ (彝) 族，回族，ナシ (納西) 族が居住している．カンディン (康定) 市と，ルーディン (濾定)，タンパー (丹巴)，チウロン (九竜)，ヤーチャン (雅江)，タオフー (道孚)，ルーフオ (炉霍)，甘孜，シンロン (新竜)，ドゥコー (徳格)，バイユイ (白玉)，セルシュ (石渠)，セルタル (色達)，リータン (理塘)，バータン (巴塘)，シャンチョン (郷城)，タオチョン (稲城)，ドゥロン (得栄) の17県を統括する．州政府所在地は康定市である．この地は古くはチャン (羌) 族が居住していた．唐代に吐蕃に属し，五代十国代の後蜀において長河西，魚通，寧遠安撫司が置かれた．元代に磵門，魚通，黎，雅，長河西，寧遠等処蛮民宣撫使司が置かれ，明代では白利，林葱といった宣慰司や万戸，千戸を包括したドガンス (朵甘思) 都指揮使司によって管理された．清代雍正11年 (1733) に宣慰司は打箭炉庁に改名し，雅州府に属した．次いで光緒30年 (1904) に直隷庁となし，34年 (1908) に康定府と改名した．1939年，西康省が置かれ，現在の県はそれぞれ西康省第1，第2，第4，第5行政督察区によって管理された．1955年に現名称に改名した．地名は，当時の州人民政府が甘孜県に移転したことにちなむ．同年10月に西康省が廃止され，以降は四川省に属している．

チベット高原の南東部に位置し，南西部にホントゥワン (横断) 山脈を望み，西部のチンシャー (金沙) 江を境にシーツァン (チベット，西蔵) 自治区，北部をチンハイ (青海) 省，南部をユンナン (雲南) 省と接する．北部は山地および高原が分布し，湿地が広範囲にみられる．一方，南部は河谷地帯で，地形は険しい．しかし，温泉や高山湖などが散見され，地熱資源が豊富である．気候は温暖冬季湿潤気候であるが，標高によって気温が大きく異なり，たとえば，標高2600 m以下の地域は年平均気温が12～16℃であるが，3900 m以下で3～11℃，3900 m以上で0℃となる．このような環境の中で，人びとは牧畜業や農業を生業として生活を営んでおり，ヤクや綿羊，馬などの飼育や，ハダカ麦やトウモロコシ，小麦などの栽培を行っている．近年では機械工業や化学工業，紡績などの数多くの第2次産業を導入している．名勝古跡では，とくにチベット仏教にかかわる景勝地が有名で，徳格印経院や恵遠寺理塘寺が知られている．その他にツォング (充古) 石棺葬墓群やムゥゲツォ (木格錯) などがみられる．
［石田　曜］

ガルット　Garut
インドネシア

人口：240.4万 (2010)　面積：3065 km²
標高：760 m
[7°13′S　107°54′E]

インドネシア西部，ジャワ島，西ジャワ州内陸部の県．西ジャワ州南部に東西に展開する高原地帯プリアンガンの東部に位置し，北東はグントゥール山 (標高2249 m)，東はカラチャック山 (1638 m)，南はチクライ山 (2841 m) に囲まれ，県域のほとんどは火山性の山岳地帯である．森林や湖が点在し，温泉が湧き，風光明媚な観光地としても知られる．ジャワ島内陸部から南岸部にかけての幹線道路上に位置し，州都バンドゥンからの鉄道路線が通る．住民の多数はスンダ人でスンダ語を話し，イスラーム教徒が卓越する．県庁は，チクライ山の北側に位置する県内最大の都市的地域ガルットコタ郡 (人口12.6万，2010) に所在する．
［瀬川真平］

カルナータカ州　Karnataka, State of
インド

マイソール州　Mysore (旧称)

人口：6109.5万 (2011)　面積：191791 km²
[12°59′N　77°35′E]

インド南部の州．デカン高原に広がり30県よりなる．面積は国内全体の1/16ほどである．州都は，インドのIT産業を代表するベンガルール (バンガロール)．旧州名は，独立前の藩王国の名称をとったマイソール州であったが，1973年に18世紀に南インドの広い地域の呼び名として使われていたカルナティックにちなんでカルナータカに変更した．この地名は，地元のカンナダ語で，黒土地域を意味する．北をマハーラーシュトラ州に，北西をゴア州に，東をアンドラプラデシュ州とテランガーナ州，南東をタミルナドゥ州，南西をケーララ州に接し，西はアラビア海に面する．

州全体は大きく3つの地形区に分かれる．第1は，アラビア海に沿って南北に400 km，最大幅65 kmの帯状に延びる海岸低地で，コンカン地方とよばれる．第2は，それに沿うように西ガーツ山脈が延びる山地地帯．標高は最高地点で914 mほどである．それを超えると，東に向かってゆるやかに傾斜する第3の地域が広がる．デカン高原である．そこは西ガーツ山脈に水源を発し，東流してテランガーナ州に入り，ベンガル湾に流れ下るトゥンガバドラ川を境に，北は黒土 (レグール) 地帯，南は赤色土地帯とはっきり分かれる．南部には，同じく水源を西ガーツ

カルナータカ州

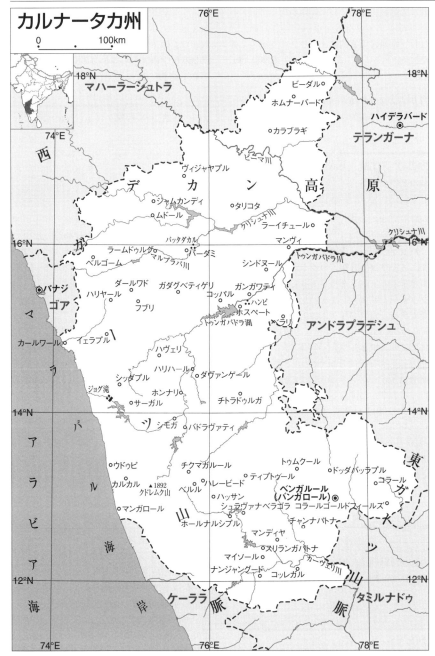

ルの北北東のスリランガパトナにおいて決戦の末に敗北を喫し，イギリスの支配下に入った．イギリスは，地元のヒンドゥー教徒勢力のマイソール王朝を復興させ，支援を約束した．やがて1947年，独立したインド共和国の1州となった．州域の確定には，同一言語州の原則が採用され，カンナダ語を話す住民の多い地域が州域とされた．州知事は大統領により任命されるが，首相は最大与党から選出される．ベンガルールにある州議会を併設する州政府ビルは，巨大な石造建築として異彩を放つ．その正面玄関の上部の彫刻文「政府の仕事は，神の仕事なり」は，独立当時の政府の意気込みを示したものとして興味深い．

農業とその関連分野は，州の就業者数の56%を占めて最大の産業分野である．おもな農作物は，米，ジョワール(モロコシ)，ラギ(アワ)，トウモロコシ，バジュラ(ヒエ)，小麦，豆類，ラッカセイ，ヒマワリ，綿花，サトウキビ，タバコなどである．穀物生産量は，全国の約6%を占める．農業発展における課題は，州内の北部のトゥンガバドラダム(1957完成)による灌漑事業流域の農地で，過剰な水供給によって，農地の塩性化が進んだことである．すでにかなりの地域で，農地の放棄がみられる．近年でも塩性化農地の再利用が大きな課題となっている．農業分野で特筆されるのは，園芸農業の近年の発達である．全国でも初めて州政府がバイオテクノロジー・センターを設立したことで，その力の入れようが知られる．農業の発展は，恵まれた灌漑設備の開発にある．州内には，東のベンガル湾に流れ出る大きな河川，クリシュナ，カーヴェリ，ゴダヴァリ，北ペナール，南ペナール，パラールなどの上流があり，それらが州内のデカン高原上に盆地を形成し，ダムの開発を比較的容易にした．これらの灌漑面積の合計は550万haにも及ぶ．

工業の発達は，南インド5州の中で群を抜いている．イギリスの支配下の藩王国時代，ビシュベシュワラヤという起業家が，20世紀初頭より積極的な近代的企業の誘致を行った．発電所を興し，進出企業へのエネルギー供給を図った．また，州内にコラール金鉱山をもつことから，鉱山機械の修理製造から近代工業化は始まった．独立後には，インド空軍の戦闘機製造工場，日本企業(シチズン時計)との合弁によるインドで初の腕時計会社，日本企業(コマツ)との合弁による鉱山向けブルドーザー製造会社，通信機器，電気機器企業などが，ベンガルールとその周辺に続々と進出した．1991年の外資導入政策への転換

山脈に発し，東流してタミルナドゥ州に入り，ベンガル湾に流入するカーヴェリ川が流れ，流域の農業を豊かにしている．西ガーツ山脈の西側山麓沿いの地域はマルナド地方とよばれるが，モンスーン季の多量の雨の恵みにより，チーク，ローズウッド，アレカナッツ，竹，カルダモンなど亜熱帯気候帯に特有の樹木や果樹が生産される．

この州は，2000年を超える歴史を重ねている．紀元前325～前185年には，モーリア朝の支配地となって歴史に登場する．3～11世紀には，ガンディース朝，チャールキヤ朝の支配を，1313年には，デリー奴隷王朝の支配するところとなるが，地元のヒンドゥー教徒勢力のヴィジャヤナガル王朝に倒された．18世紀に入ると，ヨーロッパ勢力が進出するところとなり，イギリスとフランスが覇権を争った．当時，ヨーロッパ人たちは，南インド全体を，カルナティック地方とよんだ．18世紀末，イスラーム教徒のハイダル・アリ率いる勢力が台頭し，ヒンドゥー教徒王朝を倒し支配権を確立した．その息子のティプー・スルターンは，イギリス勢力と抗争をくり返し，ついに1799年，マイソー

378　カルナ

〈世界地名大事典：アジア・オセアニア・極 I 〉

で，それ以降バイオや IT 関連企業の進出が急速に進んだ．

2000 年度現在では，州内で 25 万強の中小企業が，150 万人を超える雇用を生み出し，1068 の中規模および大規模企業が，47 万人の雇用を生み出している．1991 年 8 月から 2003 年 7 月までに，2179 件の外資導入が承認され，その総額は，約 60 億ドルにのぼった．それは，全国の外資導入の 8.3% を占め，全州で第 4 位と盛んだった．また，金，鉄，銅，マンガンほか，多くの鉱物資源の豊富さでも有名である．さらに，1991 年の外資開放後，IT 企業の進出が著しく進み，ベンガルールとその郊外で集中的立地が進んだ．多くの IT 関連産業の進出で，この地はインドのシリコンヴァレーとかシリコン州とよばれるまでに発展した．

州は，多くの魅力的な観光地をもっている．旧藩王国の首都であったマイソールの中心には，旧王宮が保存されている．秋の，ディワリ祭り期間に行われる王宮全体の電飾の光景は，おとぎの国の宮殿をみるようである．マイソール郊外には藩王がダムサイトにつくったブリンダワン庭園があり，夕刻のライトアップがすばらしく，観光客のみばかりでなく，市民の憩いの場所ともなっている．また，同じくマイソール郊外のナンディヒルの頂上から眺める市街地の全景は見事である．スリランガパトナ古城跡は，イスラーム支配時代の藩王ティプー・スルターンが，イギリスとの決戦で敗北を喫した砦である．そのほか 20 m の高さの大きなジャイナ教のゴマテシュワラ像を祀るシャラワベルゴラ，ヴィジャヤナガル・ヒンドゥー王朝の城塞都市の遺跡を残すハンピなどもあり，州政府観光局は，州内に 215 の観光スポットを指定している．　　　　　　　　　　　　［中山修一］

カルナティック　Carnatik　　インド

Carnatic, Karnatic（別表記）/カルナータカ Karnataka（別称）

インド南東部の歴史的地域．一般には，インド南東部，コロマンデル海岸と東ガーツ山脈にはさまれた地域をさす．もともとカンナダ語が話されるインド南西部一帯をさすカルナータカが外国人によって誤用されるとともに発音に変化が起こり，18 世紀までにインド南東部をさす地域名として用いられるようになったとされる．コロマンデル海岸一帯は古代から豊かな穀倉地帯であり諸王朝の紛争の地ともなった．また 18 世紀中頃には，イギリスとフランスの対立を中心としてインド

各地の諸勢力をまじえ 3 次にわたって行われたカルナティック戦争（1744〜61）の舞台となり，戦後は実質的にイギリスの支配下に置かれた．　　　　　　　　　　　　［鍬塚賢太郎］

カルナティック海岸　Carnatik Coast　☞ コロマンデル海岸　Coromandel Coast

カルナフリ湖　Karnafuli Reservoir　　バングラデシュ

カプタイ湖　Kaptai Reservoir（別称）

面積：777 km²　標高：33 m　深さ：12 m
[22°38′N　92°13′E]

バングラデシュ南東部，チッタゴン管区の湖．チッタゴン丘陵，カグラチャリ県，ランガマティ県，バンダルバン県にまたがり，カプタイダムによって生まれた国内最大の人造湖である．カプタイダムはチッタゴンの上流 65 km のカルナフリ川をせき止めて建設されたアースフィル（粘土・土砂）ダムで，東パキスタン政府時代の 1962 年に，経済協力開発機構（OECD）とアメリカの援助で完成した．このダムに併設して国内唯一のカルナフリ水力発電所が建設された．その後 1982 年，88 年に増設して現在の貯水量は 64 億 7700 万 m³，集水域は 1 万 1000 km² に及ぶ広大なものであり，ダム建設によって 253 km² の土地が水没した．チャクマ族など 10 万人の少数民族が居住地移転を余儀なくされた．もとのランガマティの町も水没し，ダム湖周辺に移転した．　　　　　［野間晴雄］

カルナリ川　Karnali　☞　ガーガラ川 Ghaghara River

カルナール　Karnal　　インド

人口：28.7 万（2011）　　[29°41′N　76°58′E]

インド北部，ハリヤーナ州カルナール県の都市で県都．国道 1 号が通過し，首都デリーの北 123 km，州都チャンディガルの南 126 km に位置する．『マハーバーラタ』の主要登場人物の 1 人カルナによってつくられたとされる．1739 年にイラン・アフシャール朝のナーディル・シャーの侵攻を受けたムガル帝国は当地での戦いに敗れ，デリー入城を許すこととなった．その後 1811 年にイギリス軍の兵営が置かれたが，30 年後にマラリアの流行により廃された．郊外には灌漑用のウ

ェスタンヤムナ水路が通り豊かな農業地域が広がる．デリー首都圏のカウンターマグネットタウンの 1 つに位置づけられている．国立動物遺伝学研究所のほか農業関係の研究機関が立地する．　　　　　　　　　　［友澤和夫］

カールニコバル島　Car Nicobar Island　　インド

人口：1.8 万（2011）　面積：127 km²
[9°10′N　92°47′E]

インドの東方，アンダマンニコバル諸島連邦直轄地南部，ニコバル諸島の島．チェンナイ（マドラス）の南東約 1450 km，コルカタ（カルカッタ）の南約 1550 km 沖合，ニコバル諸島の最も北に位置する．アンダマン諸島最南の小アンダマン島との間にはテンディグリー海峡がある．ニコバル諸島にあって 5 番目に大きな島である．平らなサンゴ礁の島であり，ヤシ林に覆われている．インド南部タミル地方に拠点をもつチョーラ朝によって征服された歴史があり，ヒンドゥーの影響が残る．18 世紀にはヨーロッパ人が訪れ，1869 年にイギリスの支配下に置かれ，刑務所が設置された．この刑務所は 1888 年に廃止されている．第 2 次世界大戦中には，日本軍による占領（1942〜45）がなされ，当時は 1 万人近くの日本軍が駐留した．現在も神社跡や片言の日本語を話す老人がいる．ほとんどが少数民族であり，その大多数はキリスト教に改宗している．

インド本土からの直行便はない．チェンナイおよびコルカタと船または飛行機の連絡がある南アンダマン島のポートブレアを経由し，そこからフェリーで島に渡る．ただし，ニコバル諸島はインド海軍の拠点であり，研究，行政事業，商業に携わるインド国民を除きあらゆる訪問者の立ち入りが禁じられている．島内には，マラッカ，ムス，カーカナなど 200〜600 世帯規模の村が島の海岸線に沿って点在している．　　　　　　　　［南埜 猛］

カルヌール　Kurnool　　インド

人口：42.5 万（2011）　面積：66 km²　標高：300 m
[15°51′N　78°01′E]

インド南部，アンドラプラデシュ州南西部，カルヌール県の都市で県都．標高 300 m ほどのデカン高原上にあり，トゥンガバドラ川とヒンドゥリ川の合流点に位置する．付近はラッカセイの産地でそれを原料とする製油工場が多く，そのほか米，綿花，木材の集散地で，綿工業もみられる．また，まわりの丘

の保養地に囲まれたヒンドゥー教巡礼者の中心地でもある．16世紀にヒンドゥー系のヴィジャヤナガル王によって建てられた要塞の遺跡がみられるが，1565年にイスラーム教徒の侵略を受け，その後18世紀までムガル帝国の南インドにおける根拠地として栄えた．1800年にイギリスの影響の下，ハイデラバード藩王国に支配されていたが，インド独立後，1953〜56年に存在した旧アンドラ州の州都となった．しかし，1956年ハイデラバード州との合併により，新しくアンドラプラデシュ州が誕生，それとともに，州都はハイデラバードに移り，カルヌールは州都としての地位を失った．カルヌールはまた，クリシュナ川とその支流トゥンガバドラ川などの水系を利用した水力発電事業と灌漑施設整備の中心地として発展している．市の近くに建設された灌漑および発電用の大ダムは，各種の農作物栽培の水源と，綿工業の動力源に貢献している．

［前田俊二］

カルバヨグ　Calbayog　フィリピン

人口：18.4万（2015）　面積：881 km²
[12°04′N 124°36′E]

フィリピン中部，サマール島，サマール州南西部の都市．サマール州唯一の市であり，人口，面積において，州都カトバロガンをしのぐ．サマール海をはさんで，西にはマスバテ島を望む．首都マニラからはマハルリカハイウェイ（通称，日比友好道路）とフェリーを利用して来訪できる．また，空路によって直行もできる．おもな言語はワライ語だが，ブアノ語も用いられる．気候は，乾季と雨季がはっきりと分かれていない．年間を通じて降雨があるが，4〜7月にかけて比較的雨が少なく，観光に適している．農業ではココヤシ栽培がきわだっており，コプラの生産が盛んである．米，トウモロコシ，サツマイモもつくられる．製造業としては豊富に取れるコプラを加工したココナッツ油の製造が行われ，そのほか，製氷所，東ビサヤを販路とする製麺産業も強い．とくに市政府が支援している小規模産業としては，竹細工，ドアマット，装飾品，燻製魚（ティナパ），ピリナッツの菓子の生産，ミルクフィッシュやエビの養殖などがある．養殖以外でも漁業は盛んであり，市の中心部にある漁港は早朝から賑わっている．

歴史を振り返ると，サマールはサマル，イババオ，アチャン，タンダヤなどとよばれていた．16世紀，最初にサマール島南の沖合いにあるホモンホン島に到着したスペイン人

は怪我をしている住民に土地の名前を聞いた．住民は何が起こったのかと聞かれたと思い，「サマド」（怪我をしたの意）と答えた．これが地名の起源である．信仰に関しては，スペインのイエズス会が1596年，サマールにキリスト教を伝えた．1768年，イエズス会は去り，スペインのフランシスカン派が後を継いだ．行政としては，スペイン統治初期，サマールはセブの管轄に含まれた．その後，1州に分離されたが，1735年，サマールとレイテは合併され，レイテのカリガラに州都が置かれた．だが，1738年，サマールはレイテから分離し，州都はカトバロガンに置かれた．1900年アメリカがカトバロガンを占領し，02年民政に移った．日本占領を経て，1949年6月17日，カルバヨグは市になった．

現在の見所を紹介すると，市内のクライスト・ザ・キング大学にはサマール島唯一の博物館，サマール考古学博物館研究センター（1970開館）がある．14世紀，遺体の埋葬に用いた壺，丸太の棺のほか，硬貨，財宝，キリスト教の聖杯，聖体顕示台などが展示されている．また，ギノゴアン洞窟，マパソ温泉もある．マパソは熱いという意味であり，周辺にはポコットとよばれるサワガニがおり，ゆでられたかのように赤っぽい色をしている．そのほか，周辺には滝や洞窟が多く，バンゴンブグトン滝，タボクノ滝などがある．

［佐竹眞明］

カルバリー　Kalbarri　オーストラリア

人口：0.1万（2011）　面積：8205 km²
[27°45′S 114°11′E]

オーストラリア西部，ウェスタンオーストラリア州西部の町．州都パースの北北西約570 km，マーチソン川がインド洋に注ぐ河口に位置し，観光地として知られ，イセエビ漁も盛んである．隣接するカルバリー国立公園は，海岸や周辺の河川が形成する渓谷の景観，野草などをおもな観光資源としている．

［大石太郎］

カルピ　Kalpi　インド

カルピリヤナガリー　Kalpriya Nagari（古称）

人口：4.3万（2001）　[26°07′N 79°44′E]

インド北部，ウッタルプラデシュ州ジャラウン県の都市．首都デリーの南東約380 kmのヤムナ川の左岸に位置する．4世紀末につくられた町といわれており，当時はカルピリ

ヤナガリーとして知られていたが，時の経過とともに名称が短縮され現在のカルピとなったとされる．12世紀末にイスラーム王朝の支配するところとなり，ムガル王朝のアクバル期には銅貨鋳造所が置かれた．18世紀中頃にはマラーター国の支配下となったが，19世紀初めにイギリスが統治することとなり，そのまま1947年の独立を迎えた．ヤムナ川に面する旧市街には廃墟となった砦のほか，寺院が点在する．近年，約4万5000年前の先史時代の遺跡の発掘が進められている．ジャーンシとカーンプルを結ぶ鉄道が通り，地元の商業中心地となっている．1970年代から80年代にかけて，ダコイト（盗賊団）による被害が頻発し市民生活に大きな影響を与えた．手製の紙工業が盛んである．

［友澤和夫］

カルピティヤ　Kalpitiya　スリランカ

人口：8.6万（2014）　面積：167 km²　標高：8 m
[8°14′N 79°46′E]

スリランカ，北西部州プッタラム県の郡．県都プッタラムからプッタラムラグーン（潟湖）を隔てた西側に，南北約30 kmに細長く延びるカルピティヤ半島が位置し，その北端近くに村がある．潟湖の北方は，オランダ湾，ポルトガル湾と命名されているが，これはこの地域が，17世紀以降ポルトガル，次いでオランダの植民拠点となったことに由来する．半島北部には当時のキリスト教会や要塞などが残存している．もともと静かな漁村であったが，現在はサーフィンに適した海と，砂浜，マングローブ，そしてイルカ，クジラ，ジュゴン，ウミガメなどの動物がみられる観光地となってきた．スリランカ政府は近年この地域の観光開発プロジェクトを進め，半島南部のアランクダ Alankuda 付近にリゾートホテルが建設された．近くのタラウィラの海辺には聖アンナを祀る古いカトリック教会があり，毎年3月と7月の祭礼には多数の信徒が集まる．

［山野正彦］

カルプ区　卡若区　Karub　中国

Kharub（別表記）/カールオ区　卡若区　Karuo（漢語）/カロ区（別表記）/チャムド県　昌都県　Qamdo（旧称）

人口：12.5万（2005）　[31°08′N 97°10′E]

中国西部，シーツァン（チベット，西蔵）自治区，チャムド（昌都）地級市の区．タネンタシ（他念他翁）山中部，ランツァン（瀾滄）江の上流部に位置する．古くはカン（康）やカム

(喀木)，ツァンド(昌多)，ムド(木多)，ツァムド(察木多)，昌都宗と呼称された．清代康熙58年(1719)に巴林寺の高僧である第6代パーバラ(帕巴拉)によってフトゥケトゥ(呼図克図)とよばれた．宣統3年(1911)に察木多理事が置かれた．1913年に昌都県が置かれ，51年に昌都宗となった．1955年に昌都弁事処に属し，60年に宗が廃止され，ふたたび昌都県となり，昌都専区に属した．2014年に昌都地区が地級市となった際，もともとの昌都県の行政区域は卡若区へ移された．

交通の要衝であり，スーチュワン(四川)省，チンハイ(青海)省，ユンナン(雲南)省からの西蔵自治区への入口とされる．地勢は北高南低で，最高峰のググ(固古)山は標高5460mである．自然資源として，銅や鉛などの鉱物資源や，トウチュウカソウ(冬虫夏草)やバイモ(貝母)などの薬材が豊富である．住民はおもに農業を営んでおり，ハダカ麦や小麦，エンドウなどを生産している．牧畜業ではヤクや山羊，綿羊などを放牧している．区内の有名な建築物として，チャムド市で最大の，0.2km²の敷地をもつ昌都寺は500年以上の歴史を有する．また，ガマ(嘎瑪)寺やカロ(卡若)遺跡などの名勝古跡も名高い．
[石田 曜]

ガルフ州　Gulf Province
パプアニューギニア

湾岸州 (日本語)

人口：15.8万 (2011)　面積：34472km²
[7°56′S　145°58′E]

南太平洋西部，メラネシア，パプアニューギニア南部の州．湾岸州とも表記される．州名はパプア湾に面することに由来する．州都はケレマ．ケレマ，キコリの2郡がある．ほかに，キコリ，バイムル，イフ，マララワなどの町があるが，いずれも人口は1000程度で小規模である．州域の大部分は，キコリ川，プラリ川，ヴァイララ Vailala 川などの多数の河川がつくり出す低地と湿地で占められている．海岸にはマングローブ林が卓越する．州内には24の言語がある．主産業は木材，ゴム，漁業などで，国民の嗜好品であるビンロウヤシの実(ビンロウジ)が，首都ポートモレスビーに移出されている．ヴァイララ川沿いには中国系マレーシア企業による森林開発が行われている．州政府がかかわるエビ漁業も盛んである．

ヨーロッパ人による植の歴史は遅く，1884年にロンドン宣教師協会が布教を始め，植民地政府がケレマにステーションを置くのは1906年のことである．換金作物栽培がむずかしいこともあり，第2次世界大戦以降，近接するポートモレスビーへの人口移動が盛んに行われ，顕著な人口流出州となってきた．ポートモレスビーからマララワの間には，日本の援助でつくられた舗装道路があるが，マララワからケレマまでの道は悪く，海路が利用されることが多い．近年，サザンハイランド州のクトゥブで産出された液化天然ガスを運ぶ道路が開発され，インフラの整備が進みつつある．
[熊谷圭知]

カルペニ島　Kalpeni Island
インド

人口：0.4万 (2011)　面積：2.5km²
[10°04′N　73°38′E]

インドの南西，ラクシャドウィープ連邦直轄地の島．ラクシャドウィープ諸島の行政上の中心となるカヴァラッティ島から南東に約120km隔てたところに位置する．南北約10km，東西約3kmの楕円形をした環礁の南東側礁原上にある．北東側には，1847年の暴風でカルペニ島から分離されたチェリヤム Cheriyam 島がある．カルペニ島の北西側は浅い礁湖が広がる．
[大竹義則]

カールマルクス峰　Karl Marx Peak
タジキスタン

標高：6726m
[37°10′N　72°29′E]

タジキスタン東部，ゴルノバダフシャン自治州南西部の山．シャフダラ山脈の最高峰である．アフガニスタンとの国境を流れるパンジ川の北にそびえる．国土の93%が山岳地帯で，半分が3000m級の山であるタジキスタンの中でも標高が高く，国内第5位である．初登頂はソ連人で1946年であった．
[木村英亮]

ガルム　Garm
タジキスタン

人口：0.6万 (1991)
[39°02′N　70°23′E]

タジキスタン中央部，共和国直轄地の都市．スルホブ河畔，首都ドゥシャンベの東北東145kmに位置する．旧ブハラ・ハン国のカラテギン地方の行政中心地として栄え，1950年まで旧ガルム州の州都であった．小麦栽培，養蚕，畜産が盛んである．
[木村英亮]

カルムナイ　Kalmunai
スリランカ

人口：10.0万 (2012)　面積：23km²　標高：10m
[7°25′N　81°50′E]

スリランカ，東部州アンパラ県の都市(MC)．バッティカロアの南南東約40km，県都アンパラの東約50kmに位置する．2001年に市制施行した．市街地は国道A4号とベンガル湾にはさまれた砂州の上に南北に細長く続き，人口密度が高い．西部から北西部にはナヴィタンヴェリラグーン(潟湖)が横たわり，周辺の低地は耕地化されている．元来よりスリランカ・ムーア人のイスラーム教徒住民が多く居住するが，これはバッティカロア近郊のカッタンクディと同様に，17世紀にポルトガルがコロンボに居住していたイスラーム教徒を追放したとき，彼らはキャンディ王国に逃れ，その後キャンディ王ラジャシンハ2世の時代に，王領であったこの地に移住させられたことに由来する．1980年代に始まる内戦と，2004年のインド洋大津波による被害は甚大で，津波による死者は8571人に達した．
[山野正彦]

カルヤーニ　Kalyani
インド

人口：10.1万 (2011)
[22°59′N　88°26′E]

インド東部，ウェストベンガル州ナディア県の都市．州都コルカタ(カルカッタ)の北約50kmのフーグリー川東岸に位置し，カルヤーニ大都市圏に含まれる．第2次世界大戦中はアメリカ空軍基地が所在していた．1950年頃から計画的な開発が進められ，コルカタの衛星都市となっている．市は4つのブロックからなり，Aブロックは住宅地，Bブロックは住宅地と各種用途，Cブロックは公共用地，Dブロックは工業用地となっている．ただし，工業用地の大部分は空き地であり，工業化が進んでいるとはいえない．Cブロックに所在するカルヤーニ大学は1960年設立であり，現在は25の学部をもつ総合大学となっている．
[友澤和夫]

カールワール　Karwar
インド

人口：6.3万 (2001)
[14°50′N　74°09′E]

インド南部，カルナータカ州ウッタルカーンナダ県の都市で県都．ゴア州との州境から南15kmのカリ川河口に位置する．カルナータカ州西部の動脈といえる国道17号が通過している．アラビア海に面して美しい砂浜

が広がり，インドを代表する詩人タビンドラナート・タゴールがたたえたビーチもある．このビーチの南端には天然の良港が所在する．気候はゴアと類似し動植物相も豊かであるが，観光開発とは無縁である．2005 年には近郊にインド海軍専用の軍港が建設された．これまでインド西部の海軍拠点はムンバイ（ボンベイ）であったが，商船数があまりに多く軍船も入港までに時間を要することが多かったことに対応したものである．

[友澤和夫]

カルーンダ　Karoonda
オーストラリア

人口：0.1 万（2011）　　[35°06′S　139°53′E]

オーストラリア南部，サウスオーストラリア州南東部の村．マレー川東岸のマレーマリー Murray Mallee 地域中部にあり，州都アデレードの東 157 km に位置する農村である．おもな産業は小麦，大麦などの穀物栽培と羊の放牧である．この付近の開発は 1860 年代にさかのぼるが，カルーンダが集落となったのは 1910 年，ここに井戸が掘られて以降のことである．穀物輸送用の鉄道が走っており，駅前には一度に 5 万 t の穀物を貯蔵できる巨大なサイロがある．また，真夏の毎年 2 月にはカルーンダ羊祭りが開催される．カルーンダ・パイオニアパークには，開拓期の鉄道や農具などが展示されている．地名は，アボリジニの言語で冬のキャンプ地を意味する．

[片平博文]

カルンバ　Karumba
オーストラリア

人口：0.1 万（2011）　面積：16 km²
[17°29′S　140°50′E]

オーストラリア北東部，クイーンズランド州北西部，カーペンタリア郡区の町．カーペンタリア湾に面し，ヨーク半島の付け根に位置する．ノーマン川の河口に立地し，この地域の中心的な漁港を有する．クルマエビの養殖も盛んである．

[秋本弘章]

カレーミョ　Kalemyo
ミャンマー

カレー　Kalay（別称）

人口：34.9 万（2014）　　[23°11′N　94°05′E]

ミャンマー北西部，サガイン地方（旧管区）南西部カレーミョ県の都市で県都．チンドウィン川沿いにあるカレーワの西約 24 km の

チン丘陵に位置する．インド国境に接するチン丘陵と，北方から南下してきたパートカイ丘陵（ラカイン山脈）にはさまれた南北に細長いカバウ河谷の中心都市として発展した，ミッター川流域盆地の中心都市である．北西方向へパートカイ丘陵のインド国境をタムーで越えると，マニプル州のインパールにいたる．第 2 次世界大戦では日本軍が大敗したインパール作戦の中継地になった．カレーミョ空港へはヤンゴンからの定期航空路線がある．

[西岡尚也]

カレン州　Karen State ☞ カイン州　Kayin State

かれんこう　花蓮港 ☞ ホワリエン市　Hualian

カレンニー州　Karenni State ☞ カヤー州　Kayah State

カロ区 ☞ カルプ区　Karub

カロー　Kalaw
ミャンマー

人口：18.6 万（2014）　標高：1320 m
[20°36′N　96°33′E]

ミャンマー東部，シャン州タウンジー県の町．周辺の山岳民族の市場が町の起源とされ，標高が高いため涼しく，イギリス植民地時代にヒルステーション（高原避暑地）として発展した．高原の尾根地帯には 1903 年開業のカローホテルや，29 年にイタリア人が建てたカトリック教会に代表されるヨーロッパ調の建造物がみられる．町は中央の市場を中心に発展している．ミャンマー人やシャン人のほか，付近にはパダウン族，パオ族，ダヌー族など多くの少数民族の村があり，マーケットではその手工芸品，民芸品などが売られている．最近は周辺地区へのトレッキングやハイキングの拠点として，欧米からの旅行者を中心に人気がある．それを受けて数多くのゲストハウスがトレッキングのツアーを行っている．ハイライトはカロー北方のピンダヤ洞窟や，シュウェウーミン洞窟寺院だが，ほかにも，カンタオン僧院，シュウェゼディジー・パヤー（仏塔），シュウェボンダ僧院，チャウドージー・パヤーなど，多くの見所がある．

[西岡尚也]

カロー　Kurow
ニュージーランド

人口：312（2013）　　[44°42′S　170°29′E]

ニュージーランド南島，カンタベリー地方の村．オタゴ地方オアマルの北西約 60 km，ワイタキ川の河口から約 60 km さかのぼった，ワイタキ川とハカタラメ川の合流地点に位置する．カローは，コフラウ Kohurau が変化したものとされる．地名の由来には 2 つの解釈がある．1 つは，コフは霧，ラウは多いを意味し，霧が多いことに由来するもので，もう 1 つはカヌーの乗員の 1 人，テ・コフラウに由来するものである．しかし，この 2 つの解釈は次の伝説によってつながっていると見なされる．すなわち，ある首長（テ・コフラウかもしれない）が追っ手から逃れるためにコフラウの丘に登り，そこで呪文を唱えると霧が発生し，追っ手から身を隠したというものである．なお，1880 年に敷設されたカローの通りは，ニュージーランドの役人にちなんで名づけられた．1928 年にワイタキ発電所ができてからは，近隣の水力発電計画の中心的な村となった．

[井田仁康]

ガロ　Gharo
パキスタン

人口：1.7 万（1998）　　[24°44′N　67°37′E]

パキスタン南東部，シンド州南西部タッタ県の町．県都タッタの西約 30 km，州都カラチの東約 60 km のインダス川デルタに位置する．町の南数 km，ガロクリークの東岸に紀元前 1 世紀以来の港町バンボールの遺跡群があり，8 世紀初めインド亜大陸に初めてイスラーム教をもたらした若きアラブの将軍ムハンマド・ビン・カースィムが上陸したといわれる古代都市ダイブル Daibul（デバル）の遺跡とも考えられている．かつてはこのあたりでインダス川がアラビア海に注いでいたと考えられる．9～10 世紀に築かれた城壁や，イラクのクーファにある同名のモスクをモデルとし，インド亜大陸最古といわれるジャミー・マスジッド（グランドモスク）の遺跡などがあり，近くには博物館もある．

[出田和久]

カロオカン　Caloocan
フィリピン

人口：158.4 万（2015）　面積：53 km²
[14°39′N　120°59′E]

フィリピン北部，ルソン島，国家首都地区（NCR：マニラ首都圏）を構成する 16 市 1 町の中の 1 市．首都マニラの北側に隣接し，

382 カロリ 〈世界地名大事典：アジア・オセアニア・極Ⅰ〉

南東はケソンシティ，西はマラボン，ナボタス，北西はバレンスエラ，サンホセデルモンテ（ブラカン州）に接する．1762年にアウグスト派宣教師によって設立されたカロオカン村は，1815年にトンド州の1町となった．その後（1859）マニラ州に編入されるが，1901年，アメリカ施政下で新たに創設されたリサール州29町の1つとなった．1962年に町から市に昇格，75年の国家首都地区制定時に同地区を構成する4市13町に含まれ，リサール州から切り離された．

カロオカンはもともと，北はブラカン州，東はマリキナ谷東方山麓まで広がり，南部をマニラ市のサンフランシスコデルモンテ San Francisco del Monte，サンパロック Sampaloc，サンタクルス Santa Cruz，トンド Tondo と接し，西をダガットダガタン Dagat-Dagatan（砂洲，沼地）に面する大きな町であった．1939年，マヌエル・ケソン大統領肝いりの新都市ケソンシティが制定されたとき，町域を広範に新都市に割譲した．1949年，カロオカンとケソンシティの間で境界確定交渉が行われて市域面積が53.2 km² と確定，現在のような都市化された南部とまだ郊外的性格の強い北部からなる分断された町ができた．1960年に14.6万であった人口は半世紀後の2010年には148.9万とほぼ10倍に増え，2015年現在158.4万となっている．人口増加の大半が南カロオカンであったのは確かであり，おそらくそこが首都圏随一の人口密度を抱える地区と考えられる．

地名は，タガログ語で「奥まったところ」を意味する．マニラの中心は，古来，パシッグ川河口一帯にあった．そこからやや奥まったところに位置するのがこの町である．マニラ湾岸はナボタス，マラボンによって占められ，パシッグ川右岸にはマニラが横たわるため，カロオカンは海にも川にも直接面していない．そうした町の地理的位置が地域呼称の由来であろう．

旧カロオカンは，19世紀末に始まったフィリピン革命時，革命軍の活動に深くかかわった．バリンタワック Balintawak は革命軍が最初に反旗を翻してスペインからの独立を謳い上げたところであり，ノバリッチェス Novaliches は革命軍兵士の会合場所であり隠れ家であった．マニラ首都圏中心部の東側を北から南に半円状にぐるりと取り巻くエドサ大通りと，マニラ市中心部から北に向かって延びる延伸リサール大通りの交差地点には，1933年，革命軍指導者アンドレス・ボニファシオの巨大な記念像が建設された．そ

の記念像の立つ場所が人びとから"モニュメント"とよばれ，いつの間にか地名化した．いまではマニラのバス，ジプニー，新交通システム LRT-1 などの発着地として知らないものがないまでになった．

南カロオカンは，市街地に雑多な商業施設，住宅街が密集，混在し，四六時中止まない喧噪の中で人びとの活気が満ちあふれる庶民の町である．最近，モーターバイク販売店，バイク関連部品取扱店がとくに目立つようになった．フィリピン国有鉄道北行線，国道1号，北ルソン高速道路（NL EX）がここを通過していて，長距離高速バスのターミナルも多く，マニラからルソン島中部，北部に向かう北行陸上交通の要衝である．

［梅原弘光］

カロリ　Karori　　　　　　　ニュージーランド

人口：1.5万（2013）　　　［41°17′S　174°44′E］

ニュージーランド北島，ウェリントン地方の町．首都ウェリントンの都市部西端にある．もともと，ニュージーランド会社によってウェリントンとは別途，植民居住地として開発され発達したが，1920年にウェリントンに併合された．町には森林保全地区のジーランディア Zealandia（面積 2.25 km²）があり，ニュージーランド固有の生態系を保全するため，害獣などの侵入を防ぐフェンスが張られている． ［植村善博・太谷亜由美］

カロリン諸島　Caroline Islands

パラオ/ミクロネシア連邦

人口：14.7万（2004）　面積：1189 km²
気温：26℃

［0°00′-11°00′N　130°00′-160°00′E］

北太平洋西部，ミクロネシア，パラオおよびミクロネシア連邦の諸島．ミクロネシア西部から中部にあたる赤道の北に赤道に沿って分布する島嶼群で，西からパラオ島，ヤップ島，中央カロリン諸島，トラック（チューク）諸島，ポーンペイ島，コスラエ島などの島々から構成される．ミクロネシア連邦はヤップ州，チューク州，ポーンペイ州，コスラエ州に分かれる．北はグアム，西はフィリピン，東はマーシャル諸島，南はニューギニア島に接する．

カロリン諸島は，900以上の島々からなるが，その大部分が小さな無人島である．有人の島についても，首都や州都となった海抜の高い火山島を除き，大部分の島々は海抜の低

い環礁，隆起サンゴ礁島という小さな島である．サンゴ礁島に比べて火山起源の島は，面積も大きく地味も肥えている．しかし火山起源の島は，カロリン諸島最大のポーンペイ島で334 km²，第2位のパラオ諸島のバベルダオブ島で331 km²，カロリン諸島全体で1320 km² と，非常に限られている．気候は海洋性で，気温は年間を通じての変化が少ない．年間降雨量は多く，とくにポーンペイ島では4000 mm を超える．またカロリン諸島は熱帯性低気圧の発生する海域で，トラック諸島，中央カロリン諸島，ヤップ島はしばしば大きな台風の被害にあう．

カロリン諸島の人びとは，もともとアジア起源の移住者であるが，その移住ルートから大きく2つに分類できる．1つはフィリピン，スラウェシから直接西カロリンに移住したルートであり，もう1つはメラネシアを経由して，ヴァヌアツ近辺から，東カロリン諸島に北上したルートである．前者はパラオ語などの言語を話し，後者はコスラエ語，ポーンペイ語，チューク（トラック）語，中央カロリン諸語など，中核ミクロネシア語に属する言語を話す．ヤップ語は起源が明確ではない孤立語と分類される．個々の現地語はオーストロネシア諸語に分類されるが，言語ごとの違いは大きい．現地語どうしでは会話は成り立たず，現在では英語が共通語として用いられている．

カロリン諸島の名称は，1686年にスペイン総督フランシスコ・デ・レカーノがグアム島南方の島々を当時のスペイン国王カルロス2世にちなんで名づけたことに始まる．その後ドイツとスペインが領有について争い，1886年にローマ教皇の裁定により正式にスペイン領となるが，98年に米西戦争に敗北したスペインが賠償金のためにドイツに売却した．第1次世界大戦のドイツの敗北後，日本が国際連盟委任統治領「南洋群島」として統治し，第2次世界大戦後はアメリカが国際連合信託統治領「太平洋諸島」として統治した．1986年にヤップ州，チューク州，ポーンペイ州，コスラエ州はミクロネシア連邦としてアメリカと自由連合協定を結び独立し，パラオは2004年にアメリカと自由連合を結び独立した．

カロリン諸島の伝統社会は母系制と首長制を共通の基盤としているが，西部と東部の違いがみられる．チューク（トラック）諸島は母系親族集団からなる小規模で独立した数多くの村落からなる平等社会であることが，伝統社会の特徴である．東カロリンのポーンペイ島は，村落が母系的に継承される大首長を頂

点とする5つの伝統的首長国から成り立っている。コスラエ島も，キリスト教化による首長制の放棄以前は強大な首長国を特徴とした。これに対しヤップ島とパラオ諸島は，首長によって指導される，独立した村々が複雑な政治的ネットワークによって結びついた連合を形成している。

農耕と漁撈が伝統的自給自足経済の基盤であり，人びとはタロイモ，ヤマイモ，パンノキの実，バナナ，タピオカなどの根栽類を主食とする。嗜好品では西カロリンのビンロウの実，東カロリンの飲料カヴァ（ヤンゴナ）が特徴である。しかし今日では，州都などの町を中心に，アメリカからの財政援助にもとづく公務員給与に依存する現金経済も無視できない。このような現金経済では地元産品ではなく，米，缶詰などの輸入食品が消費される。　　　　　　　　　　　　［柄木田康之］

カロリン島　Caroline Island

 キリバス

ミレニアム島　Millennium Island（現名称）

人口：0（2010）　面積：3.8 km²

[9°55′S　150°12′E]

中部太平洋東部，キリバス東部，ライン諸島の島。諸島の南東端にあって国内の東端に位置する南北に細長い島である。かつてライン諸島はキリバスの他地域と異なり日付変更線の東側に位置していたが，国内で日付が異なる不便さを解消するため，政府が1995年に日付変更線を変更して諸島全体が線の西側に位置することとなった。これにより，カロリン島が世界で最も東にあることになり，最も早く日の出を迎える場所となった。そして，キリバス政府は西暦2000年の千年紀（ミレニアム）や21世紀を迎えるにあたり，自国の観光誘致などの目的から1999年に島名をミレニアム島へと変更した。島は無人島で，港や空港，宿泊施設はなく，最寄りの有人島クリスマス島を経由して訪れることができる。　　　　　　　　　　　　　［柄木田康之］

カロール　Kalol

インド

人口：11.2万（2011）　[23°15′N　72°32′E]

インド西部，グジャラート州ガンディナガル県の都市。アーメダーバードの北北西約30 kmに位置する。アーメダーバードとの間は鉄道で結ばれており，同市の郊外都市として発展している。駅の東部にはプラスチックや繊維工場が立地する。木材，雑穀，小麦

などの地元向け市場がある。　　　　［友澤和夫］

カワイキニ山　Kawaikini
Mountain

アメリカ合衆国

標高：1598 m　　　　　[22°04′N　159°31′W]

北太平洋東部，ポリネシア，アメリカ合衆国ハワイ州，カウアイ島中央部の火山。その頂上は標高1598 mで島の最高地点である。ワイアレアレ Waialeale 山（1569 m）はその北にあるもう1つの主要な山である。世界で最も雨が多いといわれ，また山の西側にはアラカイ自然環境保護区の湿地が広がっているため，山頂への登山は容易ではない。

［飯田耕二郎］

カワイハエ　Kawaihae

アメリカ合衆国

[20°03′N　155°49′W]

北太平洋東部，ポリネシア，アメリカ合衆国ハワイ州，ハワイ島北西部サウスコハラ地区にある非自治体の村。同名の港とショッピングセンターがある。またここにはプウコホラ・ヘイアウがあり，ハワイで復元されたヘイアウ（神殿）の中でも最大規模のもので，国立史跡に指定されている。　　［飯田耕二郎］

カワウ島　Kawau Island

ニュージーランド

人口：78（2013）　面積：40 km²　長さ：8 km
幅：5 km　　　　　　[36°25′S　174°52′E]

ニュージーランド北島，オークランド地方の島。ハウラキ湾の北オークランド半島沖1.4 km，タファラヌイ半島のすぐ南に位置する。オークランドの北北東約40 kmにある。地名は，マオリ語の鵜から名づけられた。地質学的には溺れ谷とされるボンアコード湾からの長い入江によって，ほぼ二分される。ヨットの停泊所として，1世紀以上利用されてきた。この島では1842年に銅鉱が発見され，大量の採掘が行われた。ニュージーランド総督であったジョージ・グレイ卿は，1862年にこの島を買い，個人の保養所とし，もともとあった採掘監督の住宅を拡張して邸宅を建造した。その邸宅は，現在は修復をくり返しながらカワウ島歴史保全区の中にある。　　　　　　　　［植村善博・太谷亜由美］

カワカワ　Kawakawa

ニュージーランド

人口：0.1万（2013）　　　[35°23′S　174°04′E]

ニュージーランド北島，ノースランド地方の都市。1861年にこの地で石炭が発見されてから発達してきたが，現在では採掘はされておらず，おもな産業は農牧業となっている。ベイオブアイランズヴィンテージ鉄道の汽車が走る列車の町として有名である。列車の運行は一年中行われている。ガブリエル式蒸気機関車が土・日に運行している。

［植村善博・太谷亜由美］

カワティリ Kawatiri ☞ ブラー川 Buller River

カワヤン　Cauayan

フィリピン

カウアヤン（別表記）

人口：13.0万（2015）　面積：336 km²

[16°55′N　121°45′E]

フィリピン北部，ルソン島北東部，イサベラ州中西部の都市。カガヤン渓谷の中心に位置する。州都イラガンの南34.5 km，サンティアゴの北48 km。イサベラ州や第2地域における商業活動の一大中心地であり，銀行や金融機関，保険，不動産業者も多い。第2地域の開発計画でも農産物販売加工の中心地と位置づけられている。住民が用いる言葉はおもにイロカノ語である。地名は，同地の初期に住みついたガダン族の言葉で竹を意味する。16世紀に侵入したスペイン人が地域の水路のあちこちで竹をみかけたからである。竹のはびこる水路にはワニも多かったという。別の説ではマリア像があるとき消えたが，数日後，何の傷もなく竹藪でみつかった。その不思議な現象にちなむというのである。

カワヤンは元カガヤン州の町として1740年に創立された。カガヤン川の近くに位置したが，度重なる川の氾濫，洪水によって現在の場所に移された。さらに，1839年創設されたヌエバビスカヤ州に移管，そして56年スペイン王の命により，創設されたイサベラ州に含まれることになった。スペイン時代，タバコ産業が発展し，町にあるタバカレラ社が経営するタバコ農園にはイロコスやパンガシナン出身の移住者が増えていった。そして，アメリカ統治期，日本による占領，戦後半世紀を経て，2001年，市への昇格が認められた。同年アロヨ大統領により，共和国法

384　カワル

〈世界地名大事典：アジア・オセアニア・極 I〉

が署名され，住民投票で，承認されたからである．

[佐竹眞明]

カワルダ　Kawardha　　インド

人口：3.2万 (2001)　　[22°01′N　81°15′E]

インド中部，チャッティスガル州カビルダム県の都市で県都．コルカタ（カルカッタ）の西約 740 km に位置し，国道 12 A 号が通過している．イギリス植民地期にカワルダ藩王国の首都が置かれた．市内には王宮が残される．郊外にはエロティックな彫像で知られるボラムデオ寺院が所在する．州は少数民族が多いことで知られるが，市周辺でもゴンド系諸民族やバイガ族が生活している．市の西側は丘陵地帯となり，そこに面積的には国内最大級の国立公園であるカンハ国立公園が広がる．

[友澤和夫]

ガン　Gan　　モルディヴ

面積：2.6 km²　長さ：3.5 km　幅：1.7 km
[0°42′S　73°09′E]

インド洋中央部，モルディヴ南部，アドゥ環礁区の島．首都マーレの南 540 km，国内最南端に位置し，東西 3.5 km，南北 1.7 km の楕円形をしている．島名は公用語のディベヒ語で最大級の大きさの島を意味する．赤道海峡の南側に位置する戦略的要衝であり，イギリス海軍が滑走路を建設していた．第 2 次世界大戦中および 1956～76 年の間，イギリス陸軍の基地が置かれていた．現在，旧兵舎はリゾートとして，滑走路は空港として利用されている．モルディヴ人の住民はアドゥ環礁の他の島々に居住している．島内では仏教遺跡が発掘されている．ガンから北西端のヒタドゥまでの 4 島は土手道でつながっている．

[菅　浩伸]

ガン　Gan　　モルディヴ

人口：0.3万 (2006)　面積：5.2 km²　長さ：7 km
幅：1.4 km　　[1°55′N　73°33′E]

インド洋中央部，モルディヴ南部，ハドゥマティ環礁区の島．島名は公用語のディベヒ語で最大級の大きさの島を意味する．首都マーレの南 251 km に位置し，南北 7 km，東西最大 1.4 km，国内最大の島である．北からトゥンディ Thundi，マティマヴァドゥ Mathimavadhoo，ムクリマグ Mukuri Magu の 3 つの集落が立地する．南側に位置する海産物加工場とココナッツプランテーシ

ョンの島マンドゥ Mandhoo，空港島のカドゥ Kaddhoo，首島フォナドゥ Fonadhoo とは土手道によってつながっている．モルディヴ諸島では同名の島が 3 つある（アドゥ，南フアドゥ，ハドゥマティ環礁区に各 1）．これらのうち現在住民が居住する島は，ハドゥマティ環礁区のガンのみである．3 島は重要な航路である赤道海峡とワンアンドハーフディグリー海峡を隔てて位置しており，いずれの島でも仏教遺跡が発掘されている．

[菅　浩伸]

ガン江　贛江　Gan Jiang　　中国

かんこう（音読み表記）

面積：83500 km²　長さ：766 km
[29°12′N　116°01′E]

中国南東部，チャンシー（江西）省中部を南から北に縦貫してポーヤン（鄱陽）湖に流入する省最大の川．贛水ともよばれ，江西省の略称「贛」はこの河川名に由来する．全長 766 km だが，支流の源流まであわせると全長 991 km になる．

古代には灨や淦と記され，秦以前には楊漢とよばれ，漢代には湖漢とよばれた．贛水の名の初出は「山海経」の巻十三「海内東経」で，「贛水は聶都山より出て，東北に流れ，彭澤の西に入る」とある．贛江の名の由来には章貢合流説と贛巨人説とがある．

ガンチョウ（贛州）市章貢区八境台で東からの貢水と西からの章水が合流して贛江となる．東の貢水の水源は江西，フーチェン（福建）両省にまたがるウーイー（武夷）山脈中の木馬山で，上流は綿水とよばれルイチン（瑞金）市を流れ，ホイチャン（会昌）県で湘水と合流してから貢水とよばれる．西の章水の水源は江西，コワントン（広東）両省にまたがるダーユィー（大庾）嶺（梅嶺）のニェントゥー（蕃都）山で，ダーユィー（大余）県，シャンヨウ（上猶）県，ナンカン（南康）市を流れる．章貢区で合流した贛江は，蛇行をくり返しつつ北へ流れ，多くの市県を貫流してナンチャン（南昌）市の北部で大きく 4 本に分流して鄱陽湖に流入する．

贛州市までが上流で，峡谷をなす支流が多く，急流である．贛州からシンガン（新干）県までが中流で，ワンアン（万安）県までは遂猶山地を貫いて流れ川幅は狭く急流だったが，1994 年に完成した万安水力発電所のダム建設で峡谷はほとんど水没した．万安県から先は吉泰盆地を流れ，川幅は広く流れもゆるやかになる．チーシュイ（吉水）県から新干県までは武功山脈の支脈を貫きふたたび長い峡谷

となる．新干県から鄱陽湖までが下流で，平野を流れ川幅は広く流れもゆるやかである．本流では 100～300 t の船舶の通航が通年可能で，南北を結ぶ主要交通路になっている．章水上流部の大庾嶺を越える梅関古道は，江西省大余県からペイ（北）江沿いの広東省ナンシオン（南雄）市へと延びる山道で，秦代から 1936 年の粤漢鉄道開通まで中国中部と南部のリンナン（嶺南）地方を結ぶ主要な街道だった．

[林　和生]

カンウォン道　江原道
Gangwon-do　　韓国

人口：151.8万 (2015)　面積：16693 km²
[37°53′N　127°44′E]

韓国北東部の道．道庁所在地はチュンチョン（春川）．脊梁山脈であるテベク（太白）山脈をはさんで，その西斜面から東の日本海岸にいたる地域で，韓国では最も山間部を多く含む地域である．ヨンドン（嶺東），クアンドン（関東）の地域呼称は江原道の太白山脈以東の地域を指すのが本来の意味であるが，江原道全体を指して使われることも多い．人口は 147.2 万 (2010) である．1975 年の人口は約 186 万であったので，この間に約 2 割強の減少をみた．人口減少の要因には，一般的な過疎要因に加えて，産炭地域における石炭産業の不振という，この地域固有の要因が加わっている．かつての江原道の北部，トンチョン（通川），フェヤン（淮陽），ピョンガン（平康），イチョン（伊川）などの地域は朝鮮戦争後，分断されたままで北朝鮮に属している．市制を施行している都市は，道庁所在地である春川のほか，ウォンジュ（原州），カンヌン（江陵），トンヘ（東海），太白，ソクチョ（束草），サムチョク（三陟）の 7 市である．

太白山脈は日本海岸に沿ってほぼ南北に走り，北朝鮮に属する金剛山や軍事分界線以南のソラク（雪岳）山，オデ（五台）山，太白山など標高 1500 m 以上の高山が連続する．東斜面は断層崖で日本海に向かって急崖をなし，海岸部には大きな河川はなく，平野は発達していない．西斜面はプッカン（北漢）江，ナマン（南漢）江の上流部にあたり，これらの河川で形成された小盆地に，春川，原州などの都市が発達した．山脈中は石炭，石灰岩を中心に地下資源に恵まれ，チョンソン（旌善）炭田，ヨンウォル（寧越）炭田，太白炭田，三陟炭田など多くの炭田が分布していた．旌善，寧越，太白，三陟などは石炭産業の発達によって発達した都市であったが，80 年代後半以降の石炭産業の合理化政策のため，石炭産

業は不況産業になった．その影響を受けて人口減少が著しく，新たな再生の道が模索されている．

太白山中の高山は古くから修行の場であり，信仰の対象であった．現在では雪岳山，五台山は国立公園に，太白山は道立公園に指定され，リゾート開発が進められて多くの観光客を集めている．原州東郊，チャリョン(車嶺)山脈中のチアク(雉岳)山も国立公園の指定を受けている．東海岸には太白山から流下する小河川が花崗岩の土砂を供給し，沿岸流が白砂の海岸と潟湖をつくっている．キョンポデ(鏡浦台)のような名勝地があり，多くの海水浴場も開発されている．束草，東海などは，日本海の恵まれた漁業資源を対象に発達した漁業の中心地である．潟湖は港湾に利用され漁業基地，避難港の役割を果たしている．江陵周辺は局地的に降水量が多く，冬の積雪量も多い．大関嶺の西斜面のピョンチャン(平昌)ではこれを利用してスキー場など冬季のリゾート開発が進んだ．2018年に冬季オリンピックが開催される．

道の北部，北漢江水系は早くからダム開発の対象になり，いくつもの大規模なダムと人造湖をつくり出している．衣岩湖，春川湖，ソヤン(昭陽)湖，パロ(破虜)湖などであり，1973年に完成した昭陽湖は湖水面積，貯水量ともに韓国最大である．また軍事境界線近くには北朝鮮が建設した金剛ダムに対抗して水攻に対する備えとしての平和のダムが建設されている．

太白山脈を越える交通路として，古くは大間嶺，大関嶺などを越える交通路が発達していたが，現在は大関嶺を越える嶺東高速道路がメインルートである．鉄道は原州付近をチュガン(中央)線が通過するほか，太白山中の石炭の輸送を主目的として敷設された太白線，太白山脈の南を大きく迂回してキョンサンブク(慶尚北)道を経由して江陵にいたる嶺東線がある．　　　　　　　　　［山田正浩］

カンウォン道　江原道
Kangwon-do
北朝鮮

クァンドン　関東　Gwandong (別称)／ヨンドン地方　嶺東地方　Yeongdong (別称)

人口：169万 (推)　面積：11092 km²　標高：468 m
気温：8-11℃　降水量：1100-1600 mm/年
[39°10′N　127°26′E]

北朝鮮中央部，東海(日本海)に面した行政区．道庁所在地はウォンサン(元山)市．チョソン(朝鮮)半島の中央部を走るテベク(太白)山脈を中心にした行政区で，ヨンドン(嶺東)

地方と称される．朝鮮戦争後，江原道は軍事境界線で二分された．1946年に新設された江原道(北)には元山市などハムギョンナム(咸鏡南)道から編入された地域を含む．8月の平均最高気温26.6℃，1月の平均最低気温－6.8℃．金剛おろしが吹く．春先には気温は30℃前後，秒速20 mほどの風が吹き，農産物に被害をもたらす．

中部から南部にかけて太白山脈，西部にはマシクリョン(馬息嶺)山脈，阿虎飛嶺山脈がある．北東部の金野湾や南大川下流の周辺には比較的広いコサン(高山)平野(170 km²)，アンビョン(安辺)平野(100 km²)などがある．平野部では稲作，山間地帯では畑作が行われていたが，2002年以降，大々的な土地整理が行われて稲作地帯が漸次拡大した．4地域の河川水を1カ所に集めた安辺青年発電所(68万 kW)がある．元山港は重要な国際港であるとともに，沿岸・近海漁業が盛んで，漁港としての役割をも果たし水産物の水揚げが多い．

工業は元山市の鉄道工場，造船所，化学工場，電動機，靴工場と北の郊外のムンチョン(文川)市には化学，機械などの大規模工場がある．チョンネ(川内)はセメント工業の中心地．金，銅，亜鉛，霞石，タングステン，ニッケル，マンガンなど非鉄金属鉱山がある．元山湾岸にはソンドウォン(松涛園)など白砂青松の海水浴場，国際青少年キャンプ場，植物園がある．太白山脈にはクムガン(金剛)山(1639 m)，三日浦などの世界的名勝地が広がる．東海岸のコソン(高城)，オンジョンリ(温井里)などに登山口がある．元山～ピョンヤン(平壌)間は高速道路(全長198 km)で結ばれ，元山～金剛山間は道路と鉄道が通る．
　　　　　　　　　［司空　俊］

カンガー　Kangar
マレーシア

人口：22.6万 (2010)　面積：26 km²
[6°26′N　100°12′E]

マレーシア，マレー半島マレーシア領北西端，プルリス州の都市で州都．プルリス州は国内で最も小規模の州であり，カンガーは行政上では大規模な人口集積地に与えられる一般市となっているが，人口規模はそれほど大きくはない．ただし，この都市では1990～2010年の20年間で，人口がほぼ4倍増するほどの増加を経験した．都市人口の中ではマレー人が85.8%(2010)を占め，マレー人が人口のほとんどを占めている．

マレー半島の北部，タイとマレーシアの間には国境をめぐって複雑な歴史的関係があ

る．プルリス州は，1909年のバンコク条約によって，タイ支配下からイギリスの支配に入り，その植民地となった．カンガーの市街地は，ケダ州の州都アロールスターから北約45 kmの地点にあり，プルリス川沿いに展開する．カンガーの歴史的建造物の1つにはアルウイモスクがあり，それはイギリス支配下に入ってまもない1910年につくられた．さらに，1930年代以降につくられたイギリス植民地時代の建物や時計塔などが保存されている．マレー半島では，土壌が稲作に適していないために，あまり多くの米を生産することはできない．しかしながらこのカンガーは，マレー半島における稲作地帯の数少ない中心地となっている．　　　　　［生田真人］

ガンガ川 Gangā ☞ ガンジス川 Ganges River

ガンガ湖　Ganga Nuur
モンゴル

面積：3 km²　標高：1294 m　幅：1.6 km
深さ：0.6 m　　　　[45°17′N　113°58′E]

モンゴル南東部，スフバータル県ダリガンガ郡の半砂漠地帯にある湖．白鳥の集結地として知られる．10月初旬，モンゴルで夏を過ごした数千羽の白鳥が同湖に集結し，一斉に南下する．ガンガ湖周辺域は，2004年にダリガンガ自然保護区に指定された．ガンガ湖はラムサール条約にも登録されている．
　　　　　　　　　［島村一平］

ガンガナガル　Ganganagar
インド

スリガンガナガル　Sri Ganganagar (別称)

人口：22.5万 (2011)　面積：225 km²
[29°54′N　73°56′E]

インド西部，ラージャスターン州ガンガナガル県の都市で県都．スリガンガナガルともよばれる．首都デリーの北西約357 km，北のパンジャブ州境および西のパキスタン国境近くに位置する．インドで最初のよく計画された近代都市の1つで，パリの都市計画の影響を受けたといわれている．市街は大きく住宅地区と農作物市場のある商業地区に二分される．周囲の農業地域は，ラージャスターンの食料かご，あるいは緑のラージャスターン州地区としてよく知られている．これは1927年に完成したサトレジ川からの導水運河によるもので，ガンガナガル市の計画はこの時点で描かれている．市の経済は，この地域の農業に大きく依存しており，もともと砂

漠であったところに小麦，カラシ，綿花の3主要作物のほかサトウキビ，ヒエ，豆類，さらにオレンジなどの柑橘類が栽培されている．これらの作物にもとづいて，食料品加工業が活発であり，綿紡績と綿織物，小麦製粉，製糖，製油などの工場がみられる．

［前田俊二］

ガンガプルナ山　Gangapurna

ネパール

標高：7455 m　　　　　　［28°36′N　83°58′E］

ネパール，ヒマラヤ山脈中央部，アンナプルナ山群にある高峰．アンナプルナ山群の標高7200 mを超える6つの主要ピークのうち，5番目に高い．ネパール中部の都市ポカラの北約40 kmに位置する．東西に延びるアンナプルナ山群の主稜線上にあり，南東への尾根上約3.5 kmにアンナプルナIII峰がある．初登頂は1965年，西ドイツ隊による．アンナプルナ山群を一周するトレッキングコースのトロンパス峠付近からは，比高2000 mの北西壁を擁したピラミッド型の山容がよくみえる．

［松本穂高］

ガンガーリン　Gungahlin

オーストラリア

人口：6.2万（2014）　面積：91 km²

［35°18′S　149°13′E］

オーストラリア南東部，首都特別地域，首都キャンベラ市の最北端にある地区．シティ（シティセンター）の北約10 kmに位置する衛星都市である．キャンベラの6つの衛星都市の中でも新しい地区で，1990年代から開発された．2016年時点で18の住宅区（サバーブ）で形成されているが，そのうち5つは16年現在建設中である．2019年にはシヴィックとを結ぶLRTが開通予定である．市で最も人口増加率が高い地域で，とくにアジア系住民が多いのが特徴である．　［葉　倩瑋］

カンガルー島　Kangaroo Island

オーストラリア

人口：0.4万（2011）　面積：4401 km²
長さ：155 km　幅：55 km
降水量：500–600 mm/年

［35°50′S　137°06′E］

オーストラリア南部，サウスオーストラリア州南東部の島．ヨーク半島の南，フリュリュー Fleurieu 半島の西の沖合いに位置する．

島の広さはタスマニア島，大陸北部のメルヴィル島に次いで国内第3位の大きさである．ヨーク半島とはインヴェスティゲーター Investigator 海峡，またフリュリュー半島とはバックステアーズ Backstairs 水路によってそれぞれ隔てられている．島内最大の町はキングズコートで，空港をもつほか，州都アデレード郊外のグレネルグとの間にフェリーの連絡がある．また，島東部のペネショーとフリュリュー半島南端のケープジャーヴィスとの間にも，フェリーが連絡している．アデレード〜キングズコート間は115 kmの距離である．

島の地形はほぼ平坦であるが，北西部に標高250〜300 mの丘陵が東西に延びており，河川の多くはそこから南側や東側に流れている．土地はあまり肥沃ではなく，農牧業は主として羊の放牧がみられる．気候は温和である．年間降水量は島の西側で最も多く，北東部で最も少ない．しかし降水量は，州の中ではむしろ多い．冬季の降水がほとんどで，典型的な地中海性気候区に属する．

島に最初にやってきたヨーロッパ人は，1802年，インヴェスティゲーター号で探検を行ったマシュー・フリンダーズ（1774-1814）である．島に上陸した乗組員は，このとき31頭のカンガルーを捕獲して食用とした．地名は，この出来事がきっかけでフリンダーズによって名づけられた．また翌1803年には，フランス人探検家ニコラ・ボーダンや，アメリカ人のアザラシ猟を目的とした人びとがやってきた．アザラシ猟は，島東部にある現在のアメリカンリヴァーを拠点に発展した．その後1819年には内陸部の探検が行われ，36年には北東部のニピアン湾沿いに正式な集落が設置され，いまのキングズコートが栄えるきっかけとなった．島の開拓が進められる一方で，1840年代には塩の生産が一時行われたり，1800年代末には豊富な森林資源を利用してユーカリ油の製造や石膏が採掘されたりしたが，いずれも島の主要産業とはならなかった．そして20世紀に入ると観光業が盛んとなり，いまにいたっている．観光業は，何といっても自然が豊富なことである．島の西部にあるフリンダーズチェイス Flinders Chase 国立公園（1919 指定），南部のケープギャンシューム保護公園をはじめとして，島内には数多くの保護区域があり，自然景観が守られている．そこでは，カンガルーやウォンバット，ハリモグラなど，オーストラリア固有の動物やユーカリの原生林などを間近に観察することができる．また海岸では，クジラやアザラシ，海鳥などが多くみら

れる．　　　　　　　　　　　　［片平博文］

ガンカルプンスム山　Gankhar Puensum

ブータン

標高：7570 m　　　　　　［28°03′N　90°27′E］

ブータン北部，ガサ県，中国のシーツァン（チベット，西蔵）自治区との国境近くに位置する山．国内最高峰で，聖山とされている．ブータン政府は宗教上の理由から長く登山を禁止していたが，1983年から海外の登山隊に対して登山を許可するようになった．しかし1994年からふたたび，国内の6000 m以上のピークの登山は禁止されることとなった．1998年には，日本山岳会が中国登山協会からガンカルプンスムの登山許可を入手したが，ブータン政府の反対で取り消された．このような経緯もあって，1999年，ガンカルプンスム北方3 kmの中国領に位置するリャンカンカンリ Liankang Kangri 山（標高7535 m）に日本リャンカンカンリ登山隊が初登頂することとなった．2003年以降ブータンでは登山が完全に禁止され，2016年現在，ガンカルプンスムは未踏の世界最高峰として各国登山者の垂涎の的となっている．

［髙田将志］

ガンガワティ　Gangawati

インド

Gangavati（別表記）

人口：10.5万（2011）　　　［15°30′N　76°36′E］

インド南部，カルナータカ州ラーイチュール県の町．コッパルの東北東42 km，トゥンガバドラ川沿いに位置する．キビ，米，サトウキビの集散地である．綿繰りやナタネ油の製油などの製造業がみられる．Gangavati とも綴る．　　　　　　　　　［前田俊二］

かんきょうなんどう　咸鏡南道 ☞ ハムギョンナム道 Hamgyong-namdo

かんきょうほくどう　咸鏡北道 ☞ ハムギョンブク道 Hamgyong-bukdo

カンギョン　江景　Ganggyeong

韓国

面積：2.2 km²　　　　　　［36°10′N　127°01′E］

韓国西部, チュンチョンナム(忠清南)道南部の町, ノンサン(論山)市の行政区(邑). 論山平野の中心部, クム(錦)江下流の左岸に位置する. 行政上, 論山郡江景邑であったが, 1996年, 論山市の市制施行とともに, 論山市江景邑となった. 近代初期まで, 論山平野で生産される米の集散地であった. また, 江景の港へは, 海から多くの舟が海産物をもたらし, その集散地でもあった. 　[山田正浩]

ガングー県　甘谷県　**Gangu**　　中国

伏羌 (旧称)

人口: 58.7万 (2002)　面積: 1572 km²
[34°44′N　105°19′E]

中国北西部, ガンスー(甘粛)省南東部, ティエンシュイ(天水)地級市の県. ホワン(黄)河の支流であるウェイ(渭)河流域に位置する. 唐代に伏羌県が置かれ, 1928年に甘谷県と改称された. 農業が主で, 冬小麦, トウモロコシ, ジャガイモ, コーリャンなどを産する. トウガラシの産地として有名である. ランチョウ(蘭州)とリエンユンガン(連雲港)を結ぶ隴海鉄道および国道316号が県内を通る. 観光地には大像山石窟などがある.
　[ニザム・ビラルディン]

カングラ　**Kangra**　　インド

人口: 0.9万 (2001)　標高: 733 m
[32°04′N　76°16′E]

インド北部, ヒマーチャルプラデシュ州カングラ県の都市. 州都シムラの北西約140kmに位置する. カングラ峡谷の平坦地に立地するが, 市の西部は勾配のある傾斜丘陵面となっている. 国道88号とカングラ峡谷鉄道が通過し, 交通の要衝である. 古くはカングラ砦によるヒンドゥー王族によって支配されていたが, 約1000年前にイスラーム勢力の手に落ちた. その後, ネパール系やシク教徒へと支配者がかわるが, 19世紀中頃にはイギリスの統治下に入った. 1905年4月4日に当地一帯を中心とする大地震(カングラ地震)が発生し, インド北部に大きな被害をもたらした. カングラでは市街地の大部分が破壊され約1300人が死亡したとされる. また, 歴史的価値のある砦や寺院も大きな被害を受けた. 周辺では茶の栽培が盛んである.
　[友澤和夫]

カンゲ　江界　**Kanggye**　　北朝鮮

面積: 264 km²　標高: 300 m　気温: 6.2℃
降水量: 952 mm/年　[40°58′N　126°35′E]

北朝鮮, チャガン(慈江)道中央部の都市で道庁所在地. ランリム(狼林)山脈の西麓, アムロク(ヤールー(鴨緑))江の支流長子江(旧称禿魯江)に臨む工業都市. 首都ピョンヤン(平壌)の北東230 kmに位置する. 一帯は江界盆地で周辺の山地はケマ(蓋馬)高原の一部である. 気温年較差が大きい. 地形が河川と山地にはさまれた要害の地であったため, 高麗末から国防兵営が置かれ, 定期市も開かれていた. 1939年の満浦鉄道開通後には工業も興り, 産業都市に変わっていった. 長子江流域は山林資源が豊富で, 木材の集積と製材が盛ん. 1945年8月以前長い間焼畑農業が支配的な地帯であった. 付近で産するリン状黒鉛は北朝鮮第1位, 長子江青年発電所や農業機械, 紡織機械, 木材加工, パルプ, 鉛筆, 家具, ブドウ酒などの工場が建設され, 内陸地の中心都市に変わった. とくに鉛筆は全国に知られる. 獣医大学などがある. 17世紀の歴史遺跡が多い. 狼林とを結ぶ鉄道と, マンポ(満浦)鉄道から東方に向かう支線が通る. 　[司空　俊]

カンゲアン島　**Kangean, Pulau**
　　インドネシア

面積: 431 km²　長さ: 42 km　幅: 21 km
[6°54′S　115°21′E]

インドネシア西部, 東ジャワ州スムヌップ県, カンゲアン諸島の島. 南北21 km, 東西42 km, 面積431 km²の島で, ジャワ島北東に近接するマドゥラ島の東沖約120 km, ジャワ海に浮かぶ約60の島嶼からなるカンゲアン諸島(総面積487 km²)の主島で最大の島である. 東部には300 m程度の丘陵地が東西に走る. 集落はほぼ海岸沿いに展開するが, 一部は同丘陵地にも位置する. スムヌップ県の島々はアルジャサ, ササペカン, カンガヤンの3郡に分かれる. マドゥラ島スムヌップ県のカリアンゲット港との間に, スムヌップ県営および民間のフェリーが就航しており, ほぼ毎日, 船便がある. 所要時間は約7〜8時間である. 住民はマドゥラ語の方言を話し, 大多数はイスラーム教徒である. イスラーム教の財団が運営する寄宿学校の下に高等学校がある. ジャワ海の海底には石油, ガス田がある. 島は天然ガスの集荷地で, 天然ガスはそこからパイプでジャワ島東部のグレシックに送られ, 発電用燃料など

になる. 　[瀬川真平]

カンケサントゥライ
Kankesanturai　　スリランカ

KKS (略称)

標高: 11 m　[9°48′N　80°03′E]

スリランカ, 北部州ジャフナ県の港町. ジャフナ半島北端に位置する. KKSと略称される. 州都ジャフナから北へ約20 km, 所要時間17分のスリランカ国鉄北部線の終点駅がある. 鉄道はLTTEによる破壊のため1990年から不通であったが, 2015年に復旧した. 南東約5 kmのパラリーに空港があり, コロンボのラトマラナ空港との間に定期便が運航している. この空港は第2次世界大戦時に建設されたスリランカ空軍基地を使用するものである. また市街地の南西に, スリランカ海軍の基地と1950年創業のセメント工場がある. KKS港はインドに最も近接した重要な貿易港であり, バングラデシュやミャンマーとの交易もあることから, インド政府の援助の下, 内戦(1983〜2009)で破壊された港湾施設の復旧が急がれている. 町の西3 kmに, 古くからの由緒を持つ, ヒンドゥー教のケーリマレ・ナグレシュワラム寺院があり, 巡礼者も多い. 　[山野正彦]

カンケル　**Kanker**　　インド

人口: 2.4万 (2001)　[20°17′N　81°30′E]

インド中部, チャッティスガル州カンケル県の都市で県都. 州都ライプルの南140 kmに位置し, 国道43号が通る. 1947年のインド独立まで, 当地を都としてカンケル王国が栄えていた. 2000年にチャッティスガル州がマッディヤプラデシュ州から分かれて誕生した際に, 旧バスタル県が三分されて, 北部がカンケル県となった. 周囲で栽培される米, 雑穀, ナタネの集散地となっている. また, 付近では鉄などの金属鉱床の存在が確認されているが, 採掘にはいたっていない. 先住民が多い地域として知られ, 県レベルでは人口の約50％を占める. 　[友澤和夫]

かんこう　贛江 ☞ ガン江 **Gan Jiang**

かんこう　咸興 ☞ ハムフン **Hamheung**

かんこく 韓国 ☞ だいかんみんこく
Korea, Republic of

ガンゴトリ Gangotri　　　インド
人口：110 (2011)　標高：3110 m
[30°59′N　78°56′E]

インド北部，ウッタラカンド州北端，ウッタルカシ県の町．ヒマラヤ山中のガンジス川の支流バギラティ川沿いの標高 3100 m の高地に位置するヒンドゥー教のヒマラヤ山中 4 大巡礼地の 1 つである．ガンジス川の源流は，バギラティ川の 19 km 上流にあるゴウムク氷河．聖地を代表するのは，女神ガンガを祀るガンゴトリ寺院である．町は，バギラティ川の集水域を中心に面積 2390 km² を占めるガンゴトリ国立公園の出入り口に位置する．4〜10 月が観光シーズンで，聖地参詣のほか，高峻な山稜，蛇行する峡谷，氷河など山岳観光を楽しむことができる．町を訪れるには，220 km 南東の州都デーラドゥーンからバスや乗用車を利用する．　　[中山修一]

ガンゴトリ山 Gangotri　　　インド
標高：6672 m　　　[30°55′N　78°51′E]

インド北部，ウッタラカンド州の山．ヒマラヤ山脈西部，ガルワールヒマラヤ，ガンゴトリ山群の高峰である．ガンジス川の源流部にあたる．最高峰の主峰(標高 6672 m)から南東 1.7 km に II 峰(6599 m)，II 峰からさらに南東 2.9 km に III 峰(6577 m)がそびえる．州都デーラドゥーンから北東約 100 km，登山基地となるウッタルカシ Uttarkashi から東北東約 44 km に位置する．山名は，ヒンドゥー教徒がガンガとよぶガンジス川の源に由来する．1952 年にイギリス隊が初登頂した．　　[松本穂高]

カンシェン　康県　Kang Xian
中国

永康(旧称)

人口：20.3 万 (2002)　面積：2959 km²
[35°19′N　105°36′E]

中国北西部，ガンスー(甘粛)省南東部，ロンナン(隴南)地級市の県．チャリン(嘉陵)江の支流にあたる前漢水南岸にあり，東部はシャンシー(陝西)省に接する．1928 年に武都県から分離して永康県が置かれ，29 年に康県と改称された．農業が中心で，小麦，トウモロコシ，ジャガイモ，黄豆，水稲などを産する．クルミと木漆の産地として有名である．薬材資源に富み，トウキ(当帰)，テンマ(天麻)，トチュウ(杜仲)，ジャコウ(麝香)などがとれる．　　[ニザム・ビラルディン]

ガンシェン区　贛県区　Ganxian
中国

かんけんく (音読み表記)

人口：64.1 万 (2014)　面積：2993 km²
[25°52′N　115°00′E]

中国南東部，チャンシー(江西)省南部，ガンチョウ(贛州)地級市の市轄区．ガン(贛)江の上流域に位置し，京九鉄道が通る．区政府は梅林鎮に置かれる．地勢は南東部が高く，中部と北部は低い．山地と丘陵が 3/4 を占め，貢水と平江に沿って平地が広がる．北部の贛江は 1994 年に竣工したワンアン(万安)ダムのダム湖となっている．漢代に県が置か

ガンゴトリ(インド)，ヒンドゥー教の聖地，ガンゴトリ寺院 〔Nila Newsom/Shutterstock.com〕

れ，疆域はたびたび変化しながらも県名は現在にいたったが，2016年末に県から贛州地級市の市轄区になった．米，サトウキビ，ナタネなどを主とする農業地域で，落花生，タバコ，柑橘を産する．名勝古跡に唐代の大宝光塔，金鶏洞，仙人洞，獅子岩などがある．

[林　和生]

ガンジス川　Ganges River

インド/バングラデシュ

ガンガ川　Gaṅgā（ヒンディー語）
面積：1080000 km²　長さ：2525 km
[23°32′N　90°08′E]

ヒマラヤ山脈に発し，多くの支流を合わせながらヒンドスタン平原を東に流下してインド，バングラデシュの両国を潤し，広大なデルタをつくりながらベンガル湾に注ぐ世界的大河川の1つ．河口部までの全長は2525 km，流域面積は，108万 km²．ヒンディー語ではガンガとよばれ，ヒンドゥー教最大の聖なる川であるとともに，流域には6億人を上回る人びとが暮らす，ヒンドゥー世界の母なる川である．

流域は大きく上流の山地部，中流の沖積平野（ヒンドスタン平原），下流の三角洲（ガンジスデルタ）に3区分される．山地部はインド領ヒマラヤ山脈にあたり，源流は標高6000 mを超える氷河地帯に発する．ヒンドゥー教徒がガンジス川の源と考えているのはバーギラティ Bhagirathi 川で，その源のガンゴトリ氷河にはガンガ女神を祀るガウムクGaumukh 氷洞がある．実際には，ナンダデヴィなどの高峰がそびえるガルワールヒマラヤから流下するアラカナンダ Alakananda 川のほうが幾分長い．ガンジス川の水源となる計6つの河川とそれらの合流点はすべてヒンドゥーの聖地とされている．これらの河川は氷河からの融氷水をも集め，シワリク丘陵に深い峡谷（先行谷）をつくりながら南下し，ハルドワールでヒンドスタン平原の広い沖積平野に出る．その後，しだいに向きを南東に変え，とりわけヒマラヤ山脈側からのラームガンガ，グムティ，ガーガラ，ガンダク，コシなど多くの河川を左岸で合流させる．また西側には，インド最大の都市デリーのすぐ東を南流してくる上・中流部での最大の支流ヤムナ川が並走し，約800 km下流のアラハバードで合流する．合流点では，ヤムナ川の流量のほうがガンジスを上回っている．

ヤムナ川を合わせた後はほぼ東向きに流れ，デカン高原の北東隅に突き出すラジマハル Rajmahar 丘陵を回り込んで南東に向きを変えると，最下流のデルタ域に入る．デカン高原側から合流する河川は，ソン川を除き大きなものはない．インド・バングラデシュ国境で，コルカタ（カルカッタ）に向かうバーギラティ川（下流ではフーグリー川となる）を分流させると，バングラデシュ領内ではパドマ川（ベンガル語でポッダ川）と名を変え，領内を約240 km流下した後，北からジャムナ川（ベンガル語でジョムナ川．ブラマプトラ川の主要な分流）を合流させる．その後，さらに東からのメグナ川を合わせると，約200 km下流で，メグナ・エスチュアリー（入江，三角江）を形成しながらベンガル湾に注ぐ．

上流には多くの水源をもち，中流では多くの支流を合わせるだけでなく，下流のデルタ域では多くの分流をもつことから，ガンジス川の流路長や流域面積，流量については，さまざまな数値が用いられる．デルタ域では，かつての主流であったフーグリー川の流路のほうが現在のメグナ川に連なる流路よりも長く，こちらを採用するとガンジスの流路長は2620 kmとなる．一方，ガンジスはバングラデシュ領内では，パドマ川と名前が変わるので，ガンジスとよばれるインド国内だけの流路長をとれば，2240 kmとなる．流域面積も同様で，最初にあげた数値は，下流で合流する最大の支流ブラマプトラ（ジョムナ）川と，最下流で合流するメグナ川の流域面積を除いた値である．もし，これらをすべて合わせれば，流域面積は，162万 km²となる．

流量についても，現在のガンジスの主流路であるメグナ川の河口では，3万8000〜4万2470 m³/sの平均流量であるが，これはブラマプトラ川（1万9820 m³/s），メグナ川（5100 m³/s）を合わせた数値であり，合流前のガンジス川では1万6650 m³/sとなる．これまで最下流部で観測された最大流量は7万 m³/s，最小流量は180 m³/sであり，夏季モンスーン期と，乾季の差が大きい．ガンジス川，ブラマプトラ川，メグナ川を合わせた流量は，アマゾン川，コンゴ川に次ぎ世界第3位である．

上流のハルドワールでは氷河に由来する豊かな水量を有するが，途中灌漑用水路への相当量の分水があり，乾季にあたる冬の河川流量はとくに平原西部で予想以上に少ない．紀元前3世紀のアショーカ王の時代にはすでに灌漑を伴う農業が始まっていたともされるが，中世まで流域にはまだ多くの熱帯林が残存し，ゾウ，トラ，サイなどの野生動物の生息地が広がっていた．イスラーム勢力の統治時代から，ヤムナ水路のような大規模灌漑水路網が整備され始めた．イギリス統治時代になると，流域で最も肥沃な沖積土壌が分布するヤムナ川・ガンジス川河間のドアーブ Doab 地帯に，アッパー（高）ガンジス水路，ロワー（低）ガンジス水路のような，それぞれ総延長800 km以上に及ぶ大灌漑水路網も整備されるようになり，平野内の少し高い沖積段丘面を含めて，広く農業用水が行きわたるようになった．しかしながら，カースト制の影響はいまも残り，土地所有も偏っているため，土地生産性は必ずしも高くなく，貧困農民の数もいまだに多い．

東西に長い平原の年平均降水量は，東部で

ガンジス川（インド／バングラデシュ），ヴァラナシ市内の流れ〔R.M. Nunes/Shutterstock.com〕

ガンジス川

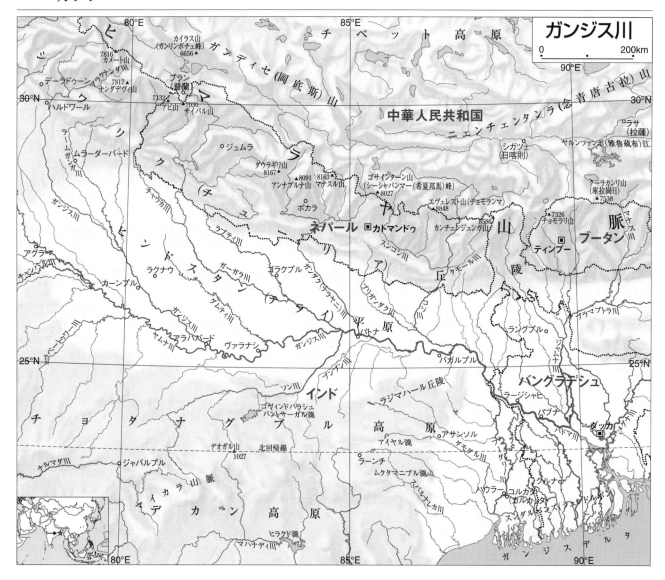

1200 mm，中部で 1000 mm，西部で 800 mm 以下と減少するため，東部では夏作として米，サトウキビ，ジュートなど，冬作として小麦などをつくる土地利用であるが，西部では小麦，キビ類，サトウキビ，ナタネなどの灌漑畑作が中心となっている．中流部左岸に位置するヴァラナシ（ベナレス）は，ヒンドゥー教の 7 つの聖地の 1 つで，ガーツとよばれる川岸の沐浴場を訪れるヒンドゥー教徒は引きも切らない．少し上流のヤムナ川との合流点に位置するアラハバードは，ヒンドゥー教 3 大聖地の 1 つで，12 年に一度の大祭には全国から数百万人の教徒が参集する．かつてはビハール州の州都パトナまで蒸気船がさかのぼっていたが，鉄道の発達とともにその役割をほぼ終えた．

デルタ域の海寄りにはスンダルバンス（シュンドルボン）とよばれる潮間帯低地が広がる．ここには多くのエスチュアリーが南北に走り，デルタの排水路となっているとともに，ベンガル湾の塩水が満潮のたびに遡上する．それらの間の土地の多くはマングローブ林によって占められ，クリークが迷路網のようにはりめぐらされている．スンダルバンスは，その生態的な重要性から，インド側が 1987 年に「スンダルバンス国立公園」として，バングラデシュ側が 97 年に「シュンドルボン」としてユネスコの世界遺産（自然遺産）に登録された．これらの保護活動により，人びとの居住は制約されているが，マングローブ林伐採や密猟に有効な歯止めはかかっていない．感潮域であるスンダルバンスより北側のデルタ上では，米，サトウキビ，ジュート，茶などが栽培され，インドのウェストベ

ンガル州およびバングラデシュ合わせて約 2 億 4000 万の人口を養っている．

ガンジス川の本川は，16 世紀頃にはコルカタの位置するバーギラティ・フーグリー川の流路であったが，ガンジスデルタでは，全体として東に下がる地殻運動が継続しているため，流路はしだいに東に移り，19 世紀までに現河道にまで移動した．現在の河口であるメグナ川の河口は最も侵食・堆積が活発な場所となっており，サイクロンの襲来時には，それまで存在していた土地や島が侵食されて消失する一方，河流や波浪により，チャーとよばれる新しい土地がつくられている．

インド政府は，1974 年，水量の減少や泥砂の沈積により港湾機能の低下と飲料水の不足に困っていたコルカタを救うため，バングラデシュ国境より約 15 km 上流にバラッカ

（ファラッカ）堰を設け，フーグリー川へ大量の水を供給するようにした．堰で大部分の流量が分水されてしまうと，ガンジスの本来の流路では流量が激減するため，バングラデシュは農業用水・飲用水確保，塩水遡上防止などの観点から分水に反対し，国際問題化している．実際，分水による流量減少で河床には土砂が堆積し，河床高度が上がったために，バングラデシュでは，洪水被害が頻発するようになった．これへの対策として，満潮時の上げ潮を利用して堆積土砂を除去しようとする TRM（潮汐河川管理）が行われ，ある程度の効果を上げている．

[貞方　昇・小野有五]

ガンジスデルタ　Ganges delta

インド/バングラデシュ
[23°32′N 90°08′E]

　ガンジス川の河口部に広がる世界最大のデルタ（三角洲）．インド，ベンガル湾に面し，西のフーグリー川河口から東のブラマプトラ川の両河川が合流したメグナ川河口部まで，延長約 320 km，総面積は約 6 万 km² に及ぶ．この間，デルタ上の諸河川に，無数の旧河道，クリーク，人工水路などが錯綜して複雑な水系網を形成している．大局的にみると，コルカタ（カルカッタ）方面に流れる西側のバーギラティ・フーグリー川水系と，そのまま南東方向に流下するパドマ川・メグナ川水系，および中央部でパドマ川から分流するハリンガト川水系の 3 水系に分けられ，これらを主軸に，デルタ頂部から放射状に派出する多くの河系が大小無数の蛇行旧河道や自然堤防，後背湿地などを伴い，広大なデルタ平野（沖積平野）を形成している．平野の勾配は水平距離 20 km に対して 1 m 低下する程度のゆるやかさである．このデルタ平野の重要性は，何よりもそこにコルカタや，メグナ川沿いに位置するバングラデシュの首都ダッカなど，この地域で最大の人口をもつ大都市が立地するとともに，それを支える稲作地帯を形成していることである．したがって，地球温暖化による海面上昇は，地球上で最も人口の集中するガンジスデルタを広く水没させるだけでなく，塩水遡上の増大によって稲作に重大な被害をもたらし，南アジアの経済・社会に決定的な打撃を与える危険性が危惧されている．

　デルタ上を流れる諸河川は，枝分かれしながら幅広い潮間帯を抜けて南下し，それぞれの河口部に，奥行のあるエスチュアリー（入江，三角江）を形成している．世界的に海水準が現在より 100 m も低下していた氷期には，ガンジス川も，現在のデルタ地帯では深く谷を刻み，氷期後に続く完新世の温暖期には，ガンジス川が運び込む厚い堆積物によって，これらの谷は埋め立てられた．エスチュアリーは，現在の海面下にあるこれらの埋没谷をなぞるように広がり，その幅は数 km から 20 km，水深は場所により 20 m を超える．デルタの東方向に沈下する地盤運動により，東側ほどエスチュアリーは内陸に延び，感潮域も上流に広がる．また，氷期の海面低下期には，ガンジスの流路はデルタの中央部にあったため，当時形成された最も深い埋積谷は，ほぼインド，バングラデシュの国境にあたる現在のデルタの中央部に位置しており，ベンガル湾に広がる浅い大陸棚上にもその谷地形を明瞭に残し，そこがガンジス河口とよばれることもある．

　沿岸から内陸 50〜60 km は，スンダルバンズとよばれ，感潮河川や水路が網の目のように入り組み，マングローブ林が密生する．メグナ河口域では，サイクロンの襲来時などに年々侵食されて消失する土地がある一方，河流や波浪による堆積作用によってチャー（Chars）とよばれる新しい洲や島が出現している．スンダルバンズ（シュンドルボン）は 1987 年，野生ベンガルトラをはじめとする，生物多様性に富んだ生態系を維持している数少ない土地としてユネスコの世界遺産（自然遺産）に登録された．しかしながら，その後も密猟や違法な森林伐採などがあとをたたず，環境悪化や希少動物のさらなる絶滅が危惧されている．　　　　　[貞方　昇・小野有五]

ガンシャン区　岡山区　Gangshan

台湾｜中国
阿公店（旧称）/おかやま（日本語）
人口：9.8 万（2017）　面積：48 km²
[22°47′N 120°17′E]

　台湾南部，カオシオン（高雄）市の区．旧名は阿公店．1920 年の地名改正で岡山となった．一帯は標高 100 m 以下の平地で，かつてはサトウキビの栽培，現在は稲作が盛んである．日本統治時代は海軍基地が置かれ，軍事飛行場が設けられていた．第 2 次世界大戦後，本土へ引き揚げた日本人にかわって中国大陸から多くの軍人が住みついたため，外省人比率の高い都市となっている．　[片倉佳史]

かんしゅうし　贛州市 ☞ ガンチョウ市
Ganzhou

ガンジュク　Nganjuk

インドネシア
Ngandjuk（別称）
人口：101.7 万（2010）　面積：1224 km²
[7°36′S 111°56′E]

　インドネシア西部，ジャワ島，東ジャワ州中西部の県．県都はガンジュク（人口 6.6 万）．地名は，勝利の地という語に由来している．州都スラバヤとジョクジャカルタを結ぶ幹線道路と，スラバヤからジョクジャカルタを経由して首都ジャカルタへと向かう鉄道がこの県を通っている．また，県内を流れているウィダス Widas 川とブランタス川が，水田や畑作などこの地の盛んな農業を支えている．観光地としては，県南部にあるウィリス Wilis 山山腹の標高 1438 m のところにある，落差約 100 m のセドゥド Sedudo 滝があげられる．13 世紀後半に興ったマジャパヒト王国では，王，貴族，宗教指導者らがこの滝の水を儀式の際に用いていたとされている．　　　　　　　　　　　　[山口玲子]

かんしゅくしょう　甘粛省 ☞ ガンスー省
Gansu Sheng

カンジュトサール山　Kanjut Sar

パキスタン
クンジュトⅠ峰　Kunjut No.1（別称）/ピーク 12
Peak 12（別称）
標高：7760 m　　　[36°12′N 75°25′E]

　パキスタン北東部，ギルギットバルティスタン州の山．大カラコルム山脈西部にあるヒスパー山群の高峰である．カシミール地方のパキスタン実効支配地域にあり，州都ギルギットの北東約 100 km に位置する．ピーク 12，クンジュトⅠ峰の名もある．主峰（標高 7760 m）からは 5 つの尾根が派生するが，このうち南東稜上の約 7 km にカンジュトサールⅡ峰（6831 m），西稜上の約 5 km にユトマルサール峰（7330 m）がある．山名は，カンジュトがこの地域の県名フンザの別名，サールが雪の峰を意味する．1959 年にイタリア隊が初登頂し，第 2 登は 81 年，日本の千葉工業大学 OB 隊が達成した．パキスタンで第 11 位の高峰であり，周囲には標高 6000 m を超える無名峰も多い．　[松本穂高]

カンジロバ山　Khanjiroba　ネパール

標高：6883 m　　　　　　　　[29°25′N　82°40′E]

　ネパール中西部, ドルパ郡(カルナリ県)の山. ベリ Bheri 川上流部をはさんでダウラギリヒマールの北西側に位置する標高 6000 m 級の山群をさす. 南面は, ベリ川水系, 北面はムグカルナリ Mug Karnali 川水系を涵養する. ドルパ郡は, 現在のネパールにおける交通網からみれば最も隔絶されている. 最高峰は, 標高 6883 m のカンジロバ南峰で, この山域にネパール第2の湖フォクスンド Phoksund 湖がある. この湖は, フォクスンド川左岸が比高 1700 m にわたって崩壊したことによって形成された堰止め湖で, シェフォクスンド国立公園(1984)およびラムサール条約湿地(2007)に指定されている.

[八木浩司]

カンジン　康津　Gangjin　韓国

人口：3.5万 (2015)　面積：500 km²

[34°38′N　126°46′E]

　韓国南西部, チョルラナム(全羅南)道南部の郡および郡の中心地. 行政上は康津郡康津邑. 康津湾の湾奥部を占め, 漁業基地となっている. 2010 年の康津郡の人口は 3.4 万である. 1975 年の人口は約 11 万弱であったので, この間に約3割強にまで激減した. 高麗時代には青磁の生産地であった. 北のヨンアム(霊岩)郡との境界に位置するウォルチュル(月出)山(標高 809 m)周辺は, 月出山国立公園に指定されている.

[山田正浩]

ガンスー省　甘粛省　Gansu Sheng　中国

かんしゅくしょう (音読み表記)

人口：2610万 (2016)　面積：453700 km²

降水量：50–900 mm/年

[36°00′N　103°42′E]

　中国北部の省. 略称は甘または隴. ホワン(黄)河の上流に位置し, 北部は内モンゴル自治区とニンシャ(寧夏)回族自治区, 西はシンチャン(新疆)ウイグル(維吾爾)自治区とチンハイ(青海)省, 東はシャンシー(陝西)省, 南はスーチュワン(四川)省に接する. 12 地級市と2自治州を管轄し, 省会はランチョウ(蘭州)である. 住民の大半は漢族であるが, そのほかに回族, モンゴル族, ツァン(チベット)族, トンシャン(東郷)族, ユーグ(裕固)族(黄ウイグル族ともいう), カザフ(哈薩克)族, ウイグル族などの民族がいる. 少数

民族の自治行政体として, 南西部のリンシャ(臨夏)自治州, ガンナン(甘南)自治州のほかに, 地級市と自治州の下位に7自治県がある.

　紀元前 221 年, 秦の始皇帝は中国を統一すると, 北方の匈奴の侵入から中国を防衛するためタオ(洮)河の東部と黄河の南部に万里の長城を築き, この地に隴西郡を置いた. ロン(隴)山の西にあるため隴西と名づけられた. 黄河の西を意味するホーシー(河西)は匈奴の地であった. 紀元前 121 年, 漢の武帝が河西地区から匈奴を駆逐し, この地を占領し, 張掖, 酒泉, 武威, 敦煌の4郡を設け, 数多くの漢人を屯田兵として入植させた. また, 長城を敦煌のユィーメンクワン(玉門関)まで延ばして保護した. 唐代に入ると隴右道が置かれたが, 8世紀の安史の乱以降, 河西および隴右の大部分は吐蕃(チベット)に属していた.

　9〜11 世紀はカンチョウウイグル(甘州回鶻)王国の地であったが, のちにチベット系のタングート族による西夏王国に属していた. 元代に甘粛行省が置かれ, これが現在の省名の由来となった. 当時, この地の中心をなす甘州(現在のチャンイエ(張掖))と粛州(現在のチウチュワン(酒泉))両地の頭文字をとって名づけられた. 明の時代にモンゴル族の侵入を防ぐために万里の長城がふたたび築かれ, その西端としてチャユィークワン(嘉峪関)が置かれた. 明代には陝西省に属していたが, 1666 年に陝西と甘粛が分治され, 甘粛省が成立し, 蘭州が省会となった.

　甘粛省はホワントゥー(黄土)高原, 内モンゴル高原, チンツァン(青蔵)高原の境界にあり, ガンナン(甘南)山地, ロンシー(隴西)盆地, ロントン(隴東)山地および河西回廊の4つの地形区に区分される. 甘南山地はチン(秦)嶺山脈の西にあたり, 険しい峡谷が多く, 標高 2000 m 前後である. 青海省に接する西部のほうが比較的平坦である. ウェイ(渭)河, バイロン(白竜)江, ハン(漢)水などの川の発源地である. 隴西盆地は蘭州付近の盆地で, 周囲はリウパン(六盤)山脈, 秦嶺山脈, シーチン(西傾)山, ウーシャオ(烏鞘)嶺などの山脈に囲まれ, 標高は 1000 m 以上である. 隴東山地は甘粛省東部の山地で, 寧夏回族自治区南部に及ぶ. 主峰は六盤山で標高 2928 m である. 六盤山より東に向かってしだいに下降し, 標高 1000〜2000 m である. 黄土高原の一部にあたり, 地表は激しい侵食を受けている.

　河西回廊はチーリエン(祁連)山脈以北, マーツォン(馬鬃)山, ホーリー(合黎)山および

ロンショウ(竜首)山以南, 烏鞘嶺以西の細長い回廊状の平地をさす. 古来西域へ往来するための要路であった. 東西の長さは約 1000 km である. 底部の幅は狭いところで数 km, 広いところでは 200〜300 km である. 地勢は南高北低, 東高西低である. 標高は大半のところで 1000〜2000 m, 南部の祁連山脈に近いところでは 2500 m に達する. 東部と西部では自然景観が大きく異なる. 張掖以東では黄土が広く分布しており, 東へ行くにつれ黄土層の厚さが増していく. 張掖以西では西へ進むにつれゴビ(礫石帯)や砂漠が拡大していく. 気候は大陸性気候に属し, 冬は寒く夏は温暖である. 1月の平均気温は −12〜2°C, 7月は 12〜24°C である. 西部と南西部の高地は日較差が大きく, 13°C を超える. また, 4500 m 以上の山頂部では万年雪や氷河がみられる. 年平均降水量は場所によってまちまちで, 南東から南西に向かって減少する. 河西回廊のオアシス, 黄河および各支流の両岸では灌漑農業が発達している.

　河西と隴東は省内の主要穀倉地帯であり, 小麦, トウモロコシ, ジャガイモ, キビ, 豆類, コーリャンなどを産する. 経済作物には油料作物, 亜麻, タバコ, 綿花などがある. タバコは蘭州付近, 綿花はトゥンホワン(敦煌)付近を主産地とする. また, 甘南高原や祁連山脈は牧畜業が中心で, 馬, 牛, 羊, ヤク, ラクダなどの家畜が放牧される. 河曲馬, 欧拉羊, 山丹馬は有名である. 鉱物資源が豊富で, 石油, 石炭, 鉄, 銅, 金, マンガン, 亜鉛, 石膏, 硫黄, 硫化鉄などを産する. ユィーメン(玉門)の石油, ホイシェン(徽県)およびチンティエシャン(鏡鉄山)の鉄, バイイン(白銀)の銅, ヨントン(永登)の石膏, ウーウェイ(武威)とガオラン(皋蘭)の硫黄などが有名である. 水力資源にも富み, 黄河上流ではリウチャシャ(劉家峡), イエングオシャ(塩鍋峡), パパンシャ(八盤峡)などの水力発電所が建設されている. また, 白竜江にはピーコウ(碧口)水力発電所がある. 1949 年以降, 鉄鉱, 石油, 機械, 化学, セメント, 陶磁器, 木材, 紡織, 食品などの工業が著しく発展し, 省会の蘭州のほか, 張掖, 酒泉, ティエンシュイ(天水), 白銀, チンチャン(金昌)などの新興工業都市が生まれてきた. また, 敦煌, 玉門, 嘉峪関などシルクロードによる西域交通が盛んであった頃からの歴史的都市が多く, 豊富な史跡が保存されている.

　蘭州は中国西北部における鉄道交通の要衝であり, 蘭州とリエンユンカン(連雲港), ウルムチ(烏魯木斉), ボグト(パオトウ, 包

カンソ 393

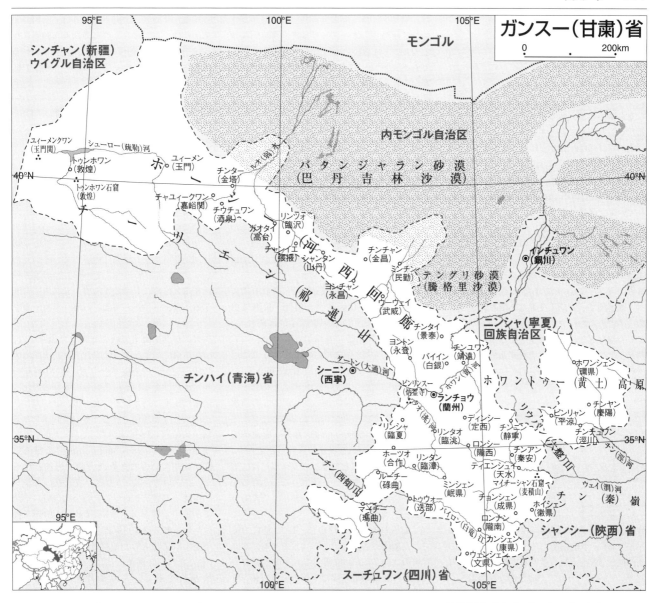

ガンスー(甘粛)省

頭), シーニン(西寧)などの都市を結ぶ隴海鉄道, 蘭新鉄道, 包蘭鉄道, 蘭鉄道などがここで交差する. 蘭州西駅は中国西北部最大の貨物取扱い駅である. また, 蘭州とシーアン(西安), ウルムチ, 西寧, 四川省のチャオホワ(昭化), 甘粛省の郎木寺などを結ぶ西蘭, 甘新, 甘青, 甘川, 蘭郎などの主要道路がある.

省内には蘭州大学, 西北師範大学, 西北民族大学, 蘭州理工大学, 甘粛農業大学などの高等教育機関が18ヵ所ある. また中国科学院の近代物理研究所, 高原大気物理研究所, 地質研究所, 氷河凍土(ツンドラ)研究所, 沙漠研究所および省の研究機関など139ヵ所がある. 名所には国および省の重要文化財が144ヵ所ある. 中でも敦煌の莫高窟, ヨンチ ン(永靖)のピンリンスー(炳霊寺)石窟, 天水のマイチーシャン(麦積山)石窟などが有名である. そのほかに, 中国の重要な景勝地である麦積山, 崆峒山, 鳴沙山などがある.

[ニザム・ビラルディン]

カンソ 江西 Kangso 北朝鮮

[38°55′N 125°26′E]

北朝鮮, ナムポ(南浦)市の区域. 1978年3月テアン(大安)市に, 79年南浦市江西区域になった. ピョンヤン(平壌)市の西部に位置する. 彩色古墳が多数発掘され, 世界に知られた. テドン(大同)江の東方対岸はカンドン(江東)郡である.

[司空 俊]

カンソン 杆城 Ganseong 韓国

水城(別称)/かんじょう(音読み表記)

[36°23′N 128°26′E]

韓国北東部, カンウォン(江原)道の最北端, コソン(高城)郡の中心地. 行政上は高城郡杆城邑. 2010年の高城郡の人口は2.7万である. 1975年の人口は約5.5万であったので, この間に約1/2に減少した. 軍事境界線に対しての最前線にあり, 郡の最北端には, 統一展望台がある. 海岸部では, 海水浴場などのリゾート開発が進んでいる. 杆城の西, 乾鳳山の山麓に, 新羅時代に創建された乾鳳寺がある.

[山田正浩]

カンダヴ島　Kadavu Island

フィジー

Kandavu Island（別表記）/カンダブ島（別表記）

人口：1.0万（2007）　面積：411 km²
[19°03′S　178°15′E]

　南太平洋西部，メラネシア，フィジー南西部，カンダヴ州の島．主島のヴィティレヴ島の南約70～90 kmにあり，フィジーで第4位の大きな島である．山がちな火山性の島で，最高峰は標高838 mのナンブケレヴ（ワシントン）山である．海岸線は複雑に入り組んでいて，良湾に恵まれる．島の南東部沖合からオノ Ono 島沖を経て，さらに，北北東へと美しいサンゴ礁で知られるグレートアストロランブリーフ Great Astrolabe Reef が伸びている．島の中心は西部地峡部に位置するヴニセア Vunisea である．島では，町の周辺部を除くと，陸上交通はあまり発達しておらず，船での往来が主となっている．タロイモ栽培などの自給的農業を主とし，商品作物としてコプラや野菜類を産する．壺づくりで有名であるが，観光化されていない．

[橋本征治]

ガンダガイ　Gundagai

オーストラリア

人口：0.1万（2011）　面積：7.8 km²　標高：230 m
降水量：636 mm/年　[35°04′S　148°06′E]

　オーストラリア南東部，ニューサウスウェールズ州南東部，ガンダガイ行政区の町で行政中心地．行政区は人口3662（2011），面積2458 km²と小規模である．州都シドニーの西南西約390 kmに位置する内陸の小さい町だが，オーストラリアの典型的な田舎町として知られる．中心市街地はマランビジー川右岸に位置し，モーリーズ Morleys 川とジョーンズ Jones 川にはさまれる．地名は，先住民ウィラージュリー（Wiradjuri）の言葉で，斧による膝の後ろの腱の切断を意味するgundabandoobingeeのほか，上流へ向かうこと，あるいはやせたカラスなどがあり定説はない．

　先住民の土地に訪れた最初のヨーロッパ人は，ハミルトン・ヒュームとウィリアム・ホヴェルで，1824年に当地を通過した．その後1829年には，アウトバック（オーストラリアの人口希薄な内陸部）に存在すると考えられていた内海を探すため，チャールズ・スタートがこの地域を旅行した．彼はこのとき，すでに何人かの入植者がこの付近に住んでいることを確認していた．当時ガンダガイ

は，マランビジー川を渡るための浅瀬が存在したことから，オーストラリア南部へ向かう主要ルート中継地として知られていた．現在でも，シドニー～メルボルン間の約800 kmを結ぶヒュームハイウェイが，町の中央を縦断する．なお，このハイウェイのマランビジー川にかかるシーハン Sheahan 橋は，国内ではシドニーのハーバーブリッジに次いで長い．

　1860年代に入って，町はゴールドラッシュで賑わい，さらにアスベストの採掘も行われた．アスベストの採掘は，国内で最初の商業採掘とされる．ほかにクロム鉱，滑石，マグネサイト，銅鉱や粘板岩などの採掘も行われた．現在のおもな産業は羊と牛の放牧，そして乾燥農業による小麦やトウモロコシなどの栽培である．

　町の気候は1995～2011年の気候統計によると，3℃，33℃の月平均最低・最高気温を示し，30～66 mmの寡雨月が連続する．しかし，マランビジー川は1844，52，53，91，1974，2012年などに氾濫し，しばしば洪水が町を襲った．とくに1852年6月25日の洪水は，ガンダガイの町の人口の約3割にあたる78人の犠牲者を出した．この洪水は，国内における最悪の洪水であったが，先住民のヤリー（Yarri）らは，カヌーを使って40人以上の人びとを洪水から救ったという．現在モーリーズ川とマランビジー川にはさまれた場所にあるヤリー公園は，このときの先住民の活躍をたたえるものである．ごくありふれた田舎町でありながら，この町が国内で広く知られる1つの理由は，1932年につくられた彫像「弁当箱の上の犬」である．これは町の北約7 kmに位置するスネークガリーにあり，死ぬまで忠実に牛飼いの弁当箱を守った犬を賞賛したものである．ポピュラーソングの 'Nine Miles from Gundagai' とともに有名となった．

[藁谷哲也]

カンダガシュ Kandagash ☞ カンダガチ Kandagach

カンダガチ　Kandagach

カザフスタン

オクチャブリスク　Oktyabr'sk（旧称）/カンダガシュ　Kandagash（別称）

人口：2.7万（1989）　[49°27′N　57°25′E]

　カザフスタン中央西部，アクトベ州中北部の都市．州都アクトベ（アクチュビンスク）の南161 km，イレク河畔，リン灰土地帯に位

置する．ザカスピ鉄道の駅があり，南西のアティラウ，北のオルスクへの鉄道接続点となっている．1997年にオクチャブリスクから現名称へ改称された．

[木村英亮]

ガンダク川　Gandak River

中国～インド

ガンダキ川　Gandaki River（別称）/ナラヤニ川 Narayani（ネパール語）

面積：46300 km²　長さ：676 km
[25°38′N　85°11′E]

　中国南西部からインド北部へ流れる川．ガンジス川中流の支流河川．チベット最南端のヒマラヤ山中からネパールの中央部を横切り，ヒンドスタン平原に流下して，インドのウッタルプラデシュ州とビハール州の境界付近を南東に流れ，東流するガンジス川に合流する．ガンダキ川ともよばれる．ネパールではナラヤニ川とよばれる．

　ガンダク川最上流域のヒマラヤ山中には，西から東にダウラギリ，アンナプルナ，マナスル，シーシャパンマーなど，8000 m級の峰々がそびえている．これらの峰々の間をほぼ南に流下したカリガンダキ川，ブリガンダク川，トゥリスリ川など5本の支流は，カトマンズの西60～90 km間で，レッサーヒマラヤ（マハバラート Mahabharat）山脈の走向に強く規制された東西方向の河谷となって，相次いで合流していく．その後，ガンダク川は，王立チトゥワン自然公園（ネパール）のある小盆地とスメサル Sumesar 山脈を抜け，ヒンドスタン平原に流入する．ヒンドスタン平原に流入した直後のインド（ビハール州）とネパール国境上には，ガンダク堰堤が築かれており，左右両岸にトゥリベニTribeni 水路などの水路を通して，灌漑用水を供給している．その後，ビハール州北西部を南東に流下したガンダク川は，パトナの北岸からガンジス川に流入する．ガンダク川とガンジス川にはさまれた地帯には，広い遊水池が形成されている．

[大竹義則]

カンタベリー　Canterbury

オーストラリア

カンタベリーヴェイル　Canterbury Vale（古称）

人口：0.6万（2011）　面積：2 km²
[33°55′S　151°07′E]

　オーストラリア南東部，ニューサウスウェールズ州中央東部，カンタベリー行政区の都市で行政中心地．シドニー大都市圏にある．州都シドニー中心部の南西約11 kmに位置

する．カンタベリー行政区の人口は13.7万，面積は34 km². シドニー郊外の住宅地および軽工業地域としての性格が強く，外国出身者が多く居住している．2011年センサスでは，中国（7.1％）やレバノン（4.9％）出身者が多い．このため，文化的多様性都市とよばれている．市の中心部は，砂岩を基盤とするクックス川沿いの丘陵地に立地している．1770年にクックス川沿いの土地がHMS（ヒズ・マジェスティズ）パーク・エンデヴァー号できたイギリス将校によって開拓されたことに始まり，地名は，93年にフリート艦隊の隊長であるリチャード・ジョンソン牧師によりカンタベリーヴェイルと名づけられた．その後，19世紀後半から宅地造成が始まり，現在でもシドニー大都市圏の郊外都市として人口が増加している．　　　［畠山輝雄］

カンタベリー地方　Canterbury Region
ニュージーランド

人口：53.9万（2013）　　［43°32′S　172°37′E］

　ニュージーランド南島の地方．火山活動で隆起したバンクス半島の丘陵地と，南島で最も広い平野であるカンタベリー平野，そしてサザンアルプスへとつながる丘陵，山岳地帯までを含む．春，カンタベリー平野で草を噛む羊の牧場と，頂上付近に雪を被ったサザンアルプスを背景とした眺めは，ニュージーランドらしさを醸し出す風景の1つである．地方の行政中心地は，南島最大，国内ではオークランド，首都ウェリントンに次ぐ第3の都市クライストチャーチである．ほかに9つの地区（ディストリクト）から構成される．
　イギリスからの入植は，1850年にイギリス国教会の命によって行われた．当時，イギリスでは産業革命の影響などで失業者が多く，海外移民の宣伝効果もあり，多くの移民がニュージーランドを目ざした．最初の移民782人は4隻の船に分乗し，バンクス半島のリトルトン湾の港に降り立った．リトルトン湾は，火山活動による火口に100万年前から2万年前にかけて海水が侵入したため水深が深く，しかも半島に切り込んでいることから波もおだやかで，港をつくるには好都合であった．しかし，リトルトンは山がちであり都市の建設には向かず，都市はリトルトンの港と丘陵を介したカンタベリー平野に建設された．それがクライストチャーチである．クライストチャーチは，イギリス国教会のカテドラル教会を中心につくられた計画都市として発展した．

　地名は，ジョン・バード・サムナーが会長を務めたカンタベリー協会の初会合で決められた．カンタベリー協会の会議録には，「われわれの教会の本部カンタベリーにちなんで，この地をカンタベリーと命名する」ことが決められたと記されている．イギリス国教会の信者にとって，ニュージーランドでの居住地が本国の都市と同名であることは，異国の土地になじむのに最も適切であると判断されたのである．クライストチャーチの通りには，イギリス国教会の司教にちなんだ名前がつけられているが，それらの司教はイングランドにいる者だけでなく，世界中の司教の名がみられる．
　カンタベリー平野のマオリ名はカパキヒファカテカテカアワイタハといい，ワイタハの人びとが矢を射る（狩猟する）ための広々した草原という意味になる．サザンアルプスから流れ出る大小の河川が，山脈のふもとから扇状地を形成し，それらの扇状地が山脈に沿って数多くつながることでカンタベリー平野が形成された．したがって，カンタベリー平野は典型的な肥沃な沖積平野ということができる．
　気候は，湿気を含んだ偏西風がサザンアルプスに当たり，西海岸で雨や雪を降らす一方，乾いた風がサザンアルプスを下って平野に流れ込んでくるので，国内で最も降水量の少ない地域となっている．このような山脈からのゆるやかな傾斜地と乾燥した気候が広々とした草原地帯をつくった．他方で降水量が少ないにもかかわらず，サザンアルプスからの伏水流や河川により豊かな森林地帯も存在した．この地に500年以上前にマオリがきて，狩猟をし移動しながら生活していた．現在は，羊の飼育とともに穀物生産の多い混合農業地帯として，国内の農業の中心的な地域である．とくに，小麦などの麦類やエンドウ豆の生産量が多い．このような混合農業の発達は，1980年以降に普及した灌漑施設の整備によるところが大きい．
　海岸部のマオリ名はカポウポウオテラキホウイアである．ラキホウイアは南島の湖をつくるために大きな穴を掘った巨人，ラキハウトゥの息子であり，ラキホウイアの標柱という意味になるが，それはラキホウイアがウナギをとるための多くのダムと，地名の由来となった標柱をつくったことによっている．現在でも沿岸部や沖では多くの魚がとれる．タラキヒとよばれるイワタナゴは，刺身に適した白身魚である．またウニなどもとれる．ウニはヨーロッパ系住民はあまり食さないが，マオリの人びとには食べる習慣がある．北部

に位置するカイコウラはクレイフィッシュ（イセエビ）がとれることで有名である．
　内陸部には，ハンマースプリングズやマルイアスプリングズといった温泉地がある．クライストチャーチから，週末にリラックスのためハンマースプリングズへ行き温泉につかる人も多い．ハンマースプリングズはプールのような温泉で水着を着用して入浴するが，温泉の湯があまり熱くないために，温泉につかりながら読書をしたり，おしゃべりに興じている人も多い．マルイアスプリングズは，数世紀前にマオリによってみつけられた温泉であり，1991年に日本のホテルとクライストチャーチの会社の共同出資によりホテルが開設された．このマルイアスプリングズには，日本式の脱衣所を備えた屋内の温泉がある．　　　　　　　　　　　［井田仁康］

カンタベリー平野　Canterbury Plains
ニュージーランド

面積：6.5 km²　降水量：800 mm/年
［43°45′S　171°56′E］

　ニュージーランド南島，カンタベリー地方に広がる平野．北部はハンダリー Hundalee 丘陵を境にマールバラ地方と，南部はワイタキ川を境にオタゴ地方と接している．地形学的には，第四紀のおおよそ300万年前から1万年前にかけて氷河堆積物によって形成されたモレーン（堆石）であるとともに，ワイマカリリ川やラカイア川など，この付近を流れる複数の大河川が形成する沖積平野でもある．
　この平野は，羊の放牧に適した草地が広がっており，この国有数の畜産業や羊毛業の拠点となっている．だが，平野の西側にそびえるサザンアルプス山脈を越えた北西からの偏西風の風下斜面となっているため，乾燥した風が吹きやすく，降水量も少ないため，干ばつが発生することが多い．また，サザンアルプス山脈には断層線が通っているため，地震も頻繁に発生する．北東部から南西部にかけては，クライストチャーチを筆頭に，アシュバートン，ティマルなどの大きな町，カイアポイやラカイアハット Rakaia Huts などの小さな集落が多数立地しており，それらは道路や鉄道を通じて互いに結びついている．

［泉　貴久］

カンタベリー湾　Canterbury Bight
ニュージーランド

［43°37′S　172°45′E］

ニュージーランド南島，カンタベリー地方の湾．太平洋に面し，ティマル北部のダッシング Dashing 岩から，バンクス半島南岸のバードリングスフラット Birdlings Flat にかけての全長 135 km の海岸線を有する．湾の南東部は波が荒く，平均して 2 m の高さに昇る．湾はゆるやかなカーブを描いており，砂浜の海岸平野が広がっている．この平野は，陸地の隆起ないしは海面の低下によって形成されたものである．湾から離れた内陸部は，サザンアルプスの山麓部からカンタベリー湾に向かって北西〜南東方向に流れる大小多数の河川によって侵食，運搬された砂礫からなる沖積平野である．この平野は扇状地となっており，海岸平野に連なっている．河口部はラグーン（潟湖）が多くみられ，湾に注ぐ河川の堆積作用と沿岸流の流れの強さをうかがうことができる．　　　　　　［泉　貴久］

ガンダーラ　Gandhara
アジア

　現在のアフガニスタン東部からパキスタン北西部にかけてのペシャーワル渓谷を中心として存在した古代王国．その名は古くは『リグ・ベーダ』や『アタルバ・ベーダ』にもみられるとされる．紀元前 6 世紀にこの地方を支配したペルシアのアケメネス朝の碑文に，属州となった国々の 1 つとしてその名が記される．また，紀元前 327 年にはアレクサンドロス大王がカイバル峠を越えて侵入するなど，異民族の支配をたびたび受けた．玄奘の『大唐西域記』にも健駄邏国としてその名がみえる．カーブル川の北岸地域に位置し，ペルシアと中央アジアやインド平原（ヒンドスタン平原）やインダス平原を結ぶ重要な交通路が通り，ガンダーラのペシャーワルやチャールサッダなどの都市は国際的な商業都市として繁栄し，中でもペシャーワルは花の都とも称された．
　当地域は，仏教に帰依したクシャン朝のカニシカ王の頃を中心に 1〜3 世紀には最盛期を迎え，ヘレニズム文化やローマ文化の影響を強く受けた仏教寺院を荘厳する仏像をはじめとする彫刻類に代表されるガンダーラ美術と称される仏教芸術が発達した．しかし，玄奘が訪れた 7 世紀前半には仏教は衰微していたという．1021 年にガズナ朝のスルタン・マフムードにより征服された後，ガンダーラの地名は失われた．イスラーム諸王朝の支配下では東方のラホール，あるいは西方のカーブルが周辺地域の中心となり，ムガル帝国の支配下ではカーブル州の一部とされた．
　　　　　　　　　　　　　　　［出田和久］

カンダール州　Kandal Province
カンボジア

人口：126.5 万（2008）　面積：3584 km²
[11°29′N　104°57′E]

　カンボジア南部の州．州都はタクマウ．地名は，中央を意味し，国内でも小さい州の 1 つである．首都プノンペンを完全に囲み，北はコンポンチュナン州およびコンポンチャム州，東はプレイヴェン州，西はコンポンスプー州およびタケオ州，そして南はベトナムと国境を接する．地勢は，大部分がベトナム国境を越えて下流へと続くメコンデルタの上流，かつその起点にあたるメコン・バサック水系の氾濫原で，その他は西部の低地水田からなる．低地は，この国の 2 大河川，メコン川およびバサック川によって特徴づけられ，平均標高は 10 m に満たない．
　気候は温暖湿潤で，年平均降水量は，州の西部で 800〜1400 mm，東部で 1400〜2000 mm，乾季は 4 カ月に満たない．1618 年から 1866 年にかけて数代の君主の下で首都として機能し，ノロドム王をはじめ多くの王が王位に就いていた王国の古都として有名なウドンは，現在のカンダール州とコンポンスプー州にまたがって所在していた．州は通商，絹織物，観光地としても有名である．
　　　　　　　　　［ソリエン・マーク，加本　実］

かんたんし　邯鄲市 ☞ ハンタン市
Handan

カーンチー Kanchi ☞ カーンチープラム
Kanchipuram

カンチェンジュンガ山
Kangchenjunga
ネパール/インド

標高：8586 m　　　　[27°42′N　88°09′E]

　ネパール北東部，タプレジュン郡（メチ県）とインドのシッキム州との国境に位置する山．エヴェレスト（サガルマータ，標高 8848 m）山，ゴッドウィンオースティン山（K 2，8611 m）に次ぐ世界第 3 位の高峰で，ヒマラヤの 8000 m 峰のうち最も東に位置する．地名は，チベット語で「5 つの大きな雪の宝蔵」をさし，仏教的には「五大宝蔵」を意味する．この呼称は，景観的にこの山が，ヤルン氷河，カンチェンジュンガ氷河，タルン氷河などの谷氷河に囲まれ，約 6 km にわたって連なる 5 つの大きなピークからなることに由来する．それら 5 つの峰とは主峰（標高 8586 m），中央峰（8478 m），南峰（8476 m），ヤルンカンともよばれる西峰（8505 m）および西峰のさらに西に位置するカンバチェン山（7903 m）である．なお，主峰，中央峰，南峰を結ぶ稜線はネパールとインドとの国境線になっている．インド側は国立公園に指定されているとともに，2016 年 7 月に「カンチェンゾンガ国立公園」としてユネスコの世界遺産（複合遺産）に登録された．
　インドのウェストベンガル州ダージリン（2100 m）の市街越しに孤高を誇る山並みには圧倒されるものがある．これは，大都市から最も近い位置（北西約 50 km）にそびえ立つヒマラヤの 8000 m 峰群であり，また，ネパール・ヒマラヤのマカルー山より東側には約 70 km にわたって 5000〜6000 m 級の山地が続き，カンチェンジュンガ山群が周辺山地に対して抜きんでた高みをなすからである．この山に対する登山家の眼差しは，他のヒマラヤの高峰に比べ最も早くから降り注がれてきた．すなわちダージリンがヒルステーション（高原避暑地）として開発されるや，その北西 50 km 弱に位置するカンチェンジュンガは，訪れるヨーロッパ人にいやが上にも目立つ存在となってしまったからである．エヴェレストが世界の最高地点であることが明らかにされるまでは，この山が世界最高峰と思われていたことも，ダージリンからのその偉容に接すれば頷けるものがある．ただし，標高の値についてはいくつかの値が出されている．
　当然カンチェンジュンガは，ヒマラヤ探検史上最も早い時期から探検やプラントハンター（植物採集者）の対象となっていた．最初の訪問者はイギリスの植物学者のジョセフ・フッカーで 1848〜49 年のことである．その後イギリス人とインドの博物学者らがシッキム側からの探検を行っている．1899 年にはイギリスの登山家ダグラス・フレッシュフィールドらの一行が山塊一周を果たし，詳細な地図を作製するとともにその報告書の中で登山の可能性について述べている．1929 年ポール・バウアーを隊長とする本格的なドイツ登山隊が組織され，30 年，31 年にも登山隊が組織されたが登頂にははるかにいたらなかった．ようやく 1955 年になってイギリス隊（隊長チャールズ・エヴァンス）によってヤルン氷河をさかのぼることで初登頂に成功した．日本にとってもカンチェンジュンガは因縁深いものがあり，西峰のヤルンカンが 1973 年に京都大学隊の松田隆雄と上田豊に

カンチェンジュンガ山(ネパール／インド)，世界第3位の高峰(最も高いのが主峰，西峰(ヤルンカン，主峰の左)，ジャヌー(やや離れて左)，東峰(主峰の右)，カブルー(右端))〔小野有五空撮・提供〕

よって初登頂された．その壮絶な登頂の模様を記した上田著の『残照のヤルン・カン』には強く打たれるものがある． 〔八木浩司〕

カーンチープラム　Kanchipuram

インド

Kancheepuram（別表記）／カーンチー　Kanchi（通称）／コンジェーヴィラン　Conjeeveram（別称）

人口：16.4万（2011）　［12°50′N　79°44′E］

　インド南部，タミルナドゥ州北部，カーンチープラム県の都市で県都．州都チェンナイ（マドラス）の南西64kmにあり，パラール Palar 川に沿っている．4世紀から9世紀まで続いたパッラヴァ王朝の都であった．この時代につくられた多くの貯水池（タンク）のおかげで，豊かな水田農業地帯となり，絹織物，陶器，竹製品などの伝統工業も発達している．こうした豊かさを背景に，たくさんのヒンドゥー教寺院があり，千の寺の町ともいわれている．有名な寺院だけでも11もあり，とくに有名な寺院がカイラサナート寺院である．ゴープラムといわれる独特の高い塔門があり，無数の彫刻で飾られている．インド7大聖地の1つで，多くの巡礼者が訪れる．とくに大祭には大型の神輿がくり出され，多くの人びとが訪れる．そのため道路も広く，15mの幅をもつ大路が神輿のねり歩きのためつくられている．パッラヴァ王朝のあとも，チョーラ王朝，ヴィジャヤナガル王朝とヒンドゥー系の王朝が続き，ヒンドゥー文化の累積した古い寺院町として知られている． 〔北川建次〕

カーンチャナブリー　Kanchanaburi

タイ

人口：9.4万（2010）　面積：1236 km²
　　　　　　　　　　　［14°02′N　99°32′E］

　タイ中部，カーンチャナブリー県の都市で県都．首都バンコクの西約130km，メークローン川河畔に位置する．地理的には東のチャオプラヤーデルタに連なる平地と西のミャンマー国境となるタナーオシー山脈の山地がちょうど接する場所にあり，町の南北両側に山並みが連なっている．またこの町はメークローン川の2つの大きな支流であるクウェーヤイ川とクウェーノーイ川の合流点に位置しており，交通の要衝であった．

　この2つの支流のうち，クウェーノーイ川の谷を北西にさかのぼるとチェーディーサームオン（スリーパゴダ）峠を経てミャンマー側に抜けられることから，カーンチャナブリーはタイ～ビルマ間を結ぶ主要なルート上に位置する戦略的にも重要な拠点としての機能を古くから担っていた．とくに，16世紀以降はビルマからタイを攻めてくる軍勢がたびたびこのルートを用いており，16世紀後半にビルマのタウングー朝がアユタヤーを襲来して一時属国とした際にもカーンチャナブリー経由で進軍してきた．このため，アユタヤー朝やその後のラッタナコーシン朝下においてもカーンチャナブリーは西の押さえとして重要な役割を果たし，国境都市としての機能を有していた．旧市街はちょうど2つの支流の合流点の東側に位置し，現在も旧城壁や城門の一部が残っている．また川沿いに南北に延びるパークプレーク通りがかつての中心街であり，現在も古い町並みが残っている．

　このように古くから戦略的な要衝として機能してきたカーンチャナブリーであるが，この町の歴史を大きく変えることになったのは第2次世界大戦中の泰緬鉄道の建設であった．1941年12月に太平洋戦争が始まり日本軍がタイに入ってくると，ビルマに進軍する部隊の一部がカーンチャナブリーを経由してビルマのタヴォイ（ダウェイ）を目ざしたことから，町にも日本軍が入ってくることとなった．その後，ビルマを占領した日本軍はシンガポール経由の海運を代替するためにタイとビルマを結ぶ鉄道建設を計画し，そのルートとしてラーチャブリー県バーンポーン郡ノーンプラードゥックからカーンチャナブリーを経由し，チェーディーサームオン峠を越えてビルマのタンビューザヤッにいたる総延長400kmあまりのルートを採用した．このルート上で最大規模を誇る町がカーンチャナブリーであり，とくにこの町以西は人家もまれな森林地帯へと入っていくことから鉄道建設の拠点としてもカーンチャナブリーはきわめて重要な役割を果たすことになった．

　鉄道建設は1942年6月末から始まり，建設をつかさどる日本軍の鉄道第9連隊司令部が町に置かれたほか，日本側の多くの部隊が町に駐屯することになり，おもに鉄道が通過する旧市街地の東方や北方に日本軍の駐屯地が多数つくられていった．また，鉄道建設には多数の連合軍捕虜やアジア人労務者も駆り出され，捕虜収容所や労務者のキャンプも各地に建設されていった．とくに，市街地北方のタームカームで鉄道がクウェーヤイ川を渡ることから，沿線で最大規模のクウェーヤイ鉄橋（クワイ川鉄橋）が建設されることとなり，この建設現場にも多数の捕虜が用いられた．マラリアやコレラによって多くの犠牲者を出しながらも泰緬鉄道は1943年10月末に開通し，ビルマへの部隊や軍需品が町を通過して多数輸送された．しかし，1944年に入ると連合国軍の空襲が激化して町も空襲に見舞われることとなり，クウェーヤイの鉄橋も破壊された．もっとも，並行して建設した仮設橋を経由して列車の運行は続いたが，末期には完全にビルマからの撤退ルートと化していた．

　戦後は中心街の北方に連合国軍捕虜の墓地がつくられ，カーンチャナブリーの新たな観光資源となった．旧泰緬鉄道については，ビルマ側についてはレールを転用してきた鉄道の復旧のために廃止となったが，タイ側の区間については接収した連合国軍がタイ政府に資産を売却した．タイ側では起点のノーンプ

ラードゥックから約130kmのターサオ(ナムトック)までを一般営業用に改修し、その先の区間は廃線とすることに決め、1949年には最初の区間となるノーンプラードゥック～カーンチャナブリー間が開業した。カーンチャナブリー駅は当初は旧市街地の東方に位置していたが、新たに整備された駅は市街地北方の連合国軍墓地付近に移転した。その後、戦争中に空襲で破損したクウェーヤイ川鉄橋も修復され、1958年にナムトックまでの全区間が開通した。

折しも1957年には映画「戦場にかける橋」が公開されたことから、そのモデルとなったクウェーヤイ鉄橋も観光地として脚光を浴びるようになった。1970年代にカーンチャナブリー県北西のクウェーノーイ川にワチラーロンコーン(カオレーム)ダム建設計画が浮上すると、町からのアクセス道路建設が行われ、並行する旧泰緬鉄道のカーンチャナブリー以西の区間の廃止も検討された。しかし、町からクウェーヤイ鉄橋を渡ってクウェーノーイ川の谷沿いに終点ナムトックにいたる区間には、途中にクウェーノーイ川河岸の断崖に沿うタムクラセー(アルヒル)の桟道などの見どころがあり、終点のナムトックにもその名のとおり滝があることから、観光客の利用が増えていった。このため、それまで沿線の森林から切り出された木材や農産物の輸送が主であった旧泰緬鉄道は、貨物輸送を道路に譲った後も観光資源として活用されることになり、廃線は免れた。

町自体での観光開発は、クウェーヤイ鉄橋付近に集中している。民間による戦争博物館がクウェーヤイ鉄橋付近に建設され、橋の周辺は土産物店やレストラン、ホテルが乱立し、県内随一の観光地となっている。また、2つの支流の合流点付近には筏が多数並び、宿泊できる筏でクウェーヤイ川、クウェーノーイ川を行き来するなど、川を利用したアトラクションも用意されている。県内には泰緬鉄道関係の戦跡のほか、滝、洞窟などの天然の観光資源も豊富にあり、バンコクからほど近いこともあって多くの国内外からの観光客で賑わうようになった。このため、県内の観光地への入口に位置するカーンチャナブリーは、観光都市としての機能を高めている。また、橋周辺に比べれば観光客の少ない旧市街であるが、近年はパークプレーク通りの古い町並みを生かした観光客のよび込みも図られており、通り沿いには主要な建造物の由来や戦争中の日本軍による使用状況を記した標識が設置されている。　　　　　[柿崎一郎]

カーンチャナブリー県
Kanchanaburi, Changwat
タイ

人口：80.2万(2010)　面積：19483km²
[14°02′N　99°32′E]

タイ中部の県。県都はカーンチャナブリー。国内で第3位の大きな県であるが、県の大半が山岳地帯のため人口は少なく、人口密度は下から第4位である。県の西端を南北に延びるタナーオシー山脈がミャンマーとの国境線となっており、北部のチェーディーサームオン(スリーパゴダ)峠、西部のプナムローンに国境ゲートがあり、後者はミャンマー南部で開発中のダウェイ経済特区と首都バンコクを結ぶ大メコン圏(GMS)の南北回廊のルートにあたり、すでにタイに出稼ぎにきているミャンマー人労働者を中心に人の往来が発生している。平地よりも山地や丘陵地のほうが多く、2013年のサトウキビ生産量は81万tで全国第2位であり、製糖産業も盛んである。同年のキャッサバ生産量も146万tと全国第3位である。メークローン川支流のクウェーヤイ、クウェーノーイの2つの川が北西から南東へと流れ、どちらも多目的ダムが建設されている。後者は旧泰緬鉄道のルートにあたり、クウェーヤイ川にかかる「戦場にかける橋」を筆頭に戦跡、滝、景勝地などの観光資源も豊富である。　　　　　[柿崎一郎]

ガンチュワン県　甘泉県
Ganquan
中国

人口：7.7万(2010)　面積：2276km²
標高：1000-1500m　気温：9.6°C
降水量：526mm/年　[36°17′N　109°21′E]

中国中部、シャンシー(陝西)省北部、イエンアン(延安)地級市中部の県。市街地から南西5kmの神林山麓に泉があり、その水は美味なことから隋と唐の宮廷専用水となった。地名はその泉に由来する。歴史が長く、唐代の天宝元年(742)に甘泉県として設置された。秦直道と美水泉、白鹿寺千年銀杏、香林寺石窟、漢宋古墳群などの遺跡がある。黄土高原の丘陵地帯にあり、地勢は北西から南東へやや傾斜している。森林面積が県面積の54.8%を占める。乾燥半乾燥内陸性季節風気候に属し、降水量は夏と秋に集中する。　　　　　[杜 国慶]

ガンチョウ市　贛州市　Ganzhou
中国

虔城(別称)／かんしゅうし(音読み表記)

人口：960.6万(2015)　面積：39380km²
[25°50′N　114°56′E]

中国南東部、チャンシー(江西)省南部の地級市。ガン(贛)江の上流である章水、貢水の合流地点に位置し、章貢、ナンカン(南康)、ガンシェン(贛県)の3区、ルイチン(瑞金)市、シンフォン(信豊)、ダーユィー(大余)、シャンヨウ(上猶)、チョンイー(崇義)、アンユワン(安遠)、ロンナン(竜南)、ディンナン(定南)、チュワンナン(全南)、ニントゥー(寧都)、ウィートゥー(于都)、シングオ(興国)、ホイチャン(会昌)、シーチョン(石城)、シュンウー(尋烏)の14県を管轄する。江西省第2の大都市で、市政府は章貢区(面積591km²、人口67万、2014)に置かれる。戸籍人口は960.6万、常住人口は854.7万(2015末)。面積で省最大の都市で、東部はウーイー(武夷)山、西部はルオシャオ(羅霄)山脈、南部はナン(南)嶺山脈の一部分に含まれる。

漢代に贛県が置かれ、明、清代には贛州府の治所であった。1949年に贛州専区が置かれ贛県の市街地を市とし、農村部は県とした。1999年に地級市となった。古来、江西省南部における水陸の交通と物資集散の中心地で、その盛況ぶりは「商貨雲集、貨物如雨」(物資が雲のように群がり雨水のように集まる)と形容された。北部より贛江を船で運ばれてきた物資はここで馬に積み替えられ、ダーユィー(大庾)嶺(梅嶺)を越えて陸路で広東省に向かった。物資はコワンチョウ(広州)からふたたび船で東南アジアなどへ運搬された。贛江水運のほかに、京九鉄道、贛竜鉄道、大広高速道路が通過し、郊外には贛州黄金空港があり国内各地を空路で結んでいる。

竹器、革製トランク、皮枕など手工業品が有名。郊外ではオレンジ、水蜜桃が栽培される。タングステンの産出量は世界一で、レアアースの産出量も世界有数である。中心市街地は風光明媚で、四周を山に囲まれ、3面を貢水と章水にはさまれた半島状で園林都市ともよばれる。名勝古跡に贛州古城、八境台、郁孤台、玉虹塔、通天巌などがある。　　　　　[林 和生]

カンツー県 Ganzi ☞ ガルツェ県 Garzê

カンツー自治州 Ganzi ☞ ガルツェ自治州 Garzê

カンツァ県　剛察県　Gangca　中国

人口：4.6万（2015）　面積：12500 km²
[37°19′N　100°08′E]

中国西部，チンハイ（青海）省ハイペイ（海北）自治州の県．チーリエン（祁連）山脈の支脈であるダートン（大通）山脈の標高4000 m級の山々が県北部に連なる．県南部に青海湖が広がり，湖岸には鳥類繁殖のためのニャオダオ（鳥島）自然保護区（ラムサール条約登録湿地）がある．青海湖では裸鯉（湟魚）漁が盛んに行われる．人口の大半はツァン（チベット）族で，羊やヤク，馬などの畜産が盛んである．青蔵（青海～チベット）鉄道や青新（青海～新疆）公路が通る．　　［高橋健太郎］

カンディ　Kandi　インド

人口：5.0万（2001）　標高：20 m
[23°57′N　88°03′E]

インド東部，ウェストベンガル州ムルシダバード県の都市．州都コルカタ（カルカッタ）の北約160 kmに位置する．フーグリー川右岸の微高地に立地し，周囲には低湿地が広がっている．市内にも多数の沼沢がある．県南西部の中心地であり，高校や大学，公立病院などが立地している．　　［友澤和夫］

ガンディウィンディ　Goondiwindi　オーストラリア

人口：0.6万（2011）　面積：832 km²
[28°32′S　150°18′E]

オーストラリア北東部，クイーンズランド州南東部，ガンディウィンディ地域の町で行政中心地．州都ブリズベンの西約350 km，ニューサウスウェールズ州との州境，マッキンタイア川沿いに位置する．5つのハイウェイの交差する交通の要衝で，ダーリング高原の中心地である．おもな産業は小麦および綿花の栽培，牧羊と牧牛である．地名は，アボリジニの言語で鳥の休む場所を意味するといわれている．　　［秋本弘章］

ガンディサーガル湖　Gandhi Sagar Reservoir　インド

堤高：64 m　貯水量：6920百万 m³
[24°42′N　75°33′E]

インド中部，マッディヤプラデシュ州北西端，マンドソール県にあるダム湖．1960年，チャンバル川上流部に多目的ダムのガンディサーガルダムが建設されたことにより出現した．ガンディサーガルダムはカンジャルダ Kanjarda 高原を刻む狭い峡谷部につくられているため，ダム上流約9 kmまでは，湖水面はダム幅（約450 m）とほぼ同じであるが，峡谷を抜けた上流部では一気に幅約8 kmの湖水面が広がっている．一方，峡谷を抜けたダムの下流約9 kmには，ラナプラタップサーガル Rana Pratap Sagar ダムの湖水面が広がっている．ダムは高さ64 mの石積み重力式ダムで，有効貯水量69.2億 m³，集水面積2万2584 km²．5機の発電機で発電を行うほか，灌漑用のコタダムを通じて用水路に水が送られている．　　［大竹義則］

ガンディセ山　岡底斯山　Gandisê Shan　中国

トランスヒマラヤ山脈　Trans-Himalayas（英語・別称）

標高：6656 m　長さ：1040 km　幅：60～100 km
[31°05′N　81°20′E]

中国西部，シーツァン（チベット，西蔵）自治区中部の山脈．地名はチベット語で雪山を意味し，チベット語とサンスクリット語に由来する．平均標高5500～5800 mで，西部は幅60～70 km，東部は100 kmに達する．主峰は標高6656 mのカイラス山（カンリンボチェ峰）である．山脈は西部の東経80度から始まり，南東へ向けて隆起している．そして東経90度の地点でニェンチェンタンラ（念青唐古拉）山脈に連結する．チベット高原における重要な地理的分界線の1つで，山脈の南部はヤルンツァンポ（雅魯蔵布）江やインダス川のようにインド洋方面へ，北部はチベット中部の河川にぶつかる．チベット仏教やヒンドゥー教，ボン教，ジャイナ教など数多くの宗教や宗派にとっての聖山である．とくに，チベット仏教では宇宙の中心とされ，ネパールやインドではヒンドゥー教最高神シヴァの楽園とされる．　　［石田　曜］

ガンディダム　Gandhidham　インド

人口：24.9万（2011）　標高：27 m
[23°05′N　70°08′E]

インド西部，グジャラート州西部，カッチ県の都市．アラビア海に近く，国内唯一の自由貿易港であるカンドラ Kandla が近い．ジャイナ教の巡礼地として有名なバドレシュワ

ル寺院があるほか，マハトマ・ガンディーをたたえるモニュメントがある．また，手工芸品と牛の飼育も有名である．近くにはフラミンゴの生息地がある．マハトマ・ガンディーの助言によって1947年の分離独立で発生したシンド地方（現在はパキスタン領）からの避難民の定住のために，50年代前半に町の整備が行われた．　　［土居晴洋］

ガンディナガル　Gandhinagar　インド

人口：20.8万（2011）　面積：177 km²
[23°13′N　72°41′E]

インド西部，グジャラート州中央部，ガンディナガル県の都市で州都および県都．パンジャブ州のチャンディガルに次ぐインドで2番目の計画都市である．1960年にかつてのボンベイ州がマハーラーシュトラ州とグジャラート州に分離されたとき，グジャラート州の州都になったアーメダーバードの北西およそ40 km，サバルマティ川左岸に，新しい州都として65年に建設が開始された．町名はマハトマ・ガンディーにちなんで名づけられた．碁盤目状の街路で区切られたおよそ30の街区に官庁や商業施設，生活施設や公園などが整然と配置されている．空港はアーメダーバード空港を利用する．　　［土居晴洋］

カンディン市　康定市　Kangding　中国

ダルツェムド　Darrtsemdo（チベット語）

人口：13.4万（2015）　面積：11486 km²
[30°03′N　101°57′E]

中国中西部，スーチュワン（四川）省中北部，ガルツェ（甘孜）自治州東部の県級市．チベット語でダルツェムドとよばれる．三国時代には打箭炉とよばれた．地名は，清代光緒34年（1908）に康定府が設置されたことに由来し，民国2年（1913）に康定県となった．2015年に康定市となった．四川盆地西部からチンツァン（青蔵）高原へと連なる部分に位置し，南部には省内最高の標高7556 mを誇るミニヤコンカ山を望む．牧草地が全県面積の60%を占め，ヤク，羊，馬の放牧を行っている．また，特産品として，金銀細工や乗馬靴などが著名である．交通面では，川蔵自動車道の通過地であるため利便性があり，さらに2008年には県北西約40 kmにダルツェムド空港が開港した．　　［石田　曜］

カント　Kant　クルグズ

人口：2.2万（1999）　　　[42°53′N 74°51′E]

クルグズ（キルギス），チュイ州の都市．チュイ渓谷の近く，首都ビシケクの東21 kmに位置し，鉄道駅がある．1932年に創設された．ロシア人，ドイツ人が多い．地名は，テンサイ糖精製工場が建設されたとき，砂糖を意味するカントの名称がつけられた．食肉，バター製造，セメント，菓子類を生産する．　　　　　　　　　　　　　　[木村英亮]

カント山　Kangto　インド/中国

カンガドゥ山　康格多　Kanggardo Rizê（別称）

標高：7060 m　　　　　　[27°52′N 92°32′E]

インドと中国にまたがる山．ヒマラヤ山脈東端，東部ヒマラヤ，カント山群の最高峰である．インドと中国の暫定国境であるマクマホンライン上の稜線にあり，インド，アルナーチャルプラデシュ州の州都イタナガルの北西約140 km，中国シーツァン（チベット，西蔵）自治区のラサ（拉薩）の南東約240 kmに位置する．アルナーチャルプラデシュ州の最高峰をなす．中国名はカンガドゥ山（康格多）．主峰（標高7060 m）から東北東への稜線を約10.5 kmでチウモ山（6890 m），さらに約5 kmでニエギェカンサン山（7047 m）に到達する．主峰から北稜上約0.8 kmに北峰（7037 m）がある．1988年に日本の同志社大学隊が初登頂した．南面はバーレリBharali 川水系の源頭の谷底まで4000 m近い標高差がある一方，北面はスバンシリSubansiri 川水系の源頭の谷底まで標高差2000 m程度で，登山隊も北面のルートを選んだ．　　　　　　　　　　　　　　[松本穂高]

カントー　Can Tho　ベトナム

Cần Thơ（ベトナム語）

人口：118.8万（2009）　面積：1390 km²

[10°01′N 105°47′E]

ベトナム南部，メコンデルタの都市．漢字では芹苴と表記する．国内に5つある中央直属市（ハノイ，ホーチミン，ダナン，ハイフォン，カントー）の1つで，省と同等の行政機能をもつ．メコンデルタの政治経済的中心地である．ホーチミンの南西約160 km，ハウ川右岸の自然堤防上に位置し，国道1号と81号が通る．カントー港は大型貨物船が着岸する河川交通の要衝である．カントー国際空港の前身チャノック空港は1965年にアメリカ軍によって建設され，その後は首都ハノイやホーチミンへの航路をもつ国内空港として機能していたが，2011年1月にはベトナム第4の国際空港として開港した．ハウ川から西へ分岐するカントー川沿いに旧市街地があり，フランス植民地時代に建設された市場には現在では観光客向けの衣料品店やレストランが集まるが，同時期の印刷工場の建物や華人の商店街などは当時の面影を残している．

ハウ川の中州には市場開放後急速に開発が進んだ新しい商業地があり，ここには現在の主要な小売市場であるカイケー市場や大型商業施設が並ぶ．ホアビン通りは国道1号につながる目抜き通りで，銀行や博物館がある．ハウ川沿いや国道1号沿いに工業団地が広がり，海外資本の誘致が進む．カントー川沿いは公園となっており，早朝には観光客を水上マーケットに運ぶ小舟が，夕方にはレストランを兼ねたクルーズ船が発着する．一方，市内を流れる小河川や水路には，おもにハウ川で漁業を行う家船が並ぶ．1966年創立のカントー大学はデルタ最大の総合大学であり，とくに農学部は稲作研究で世界的に有名である．ほかにもさまざまな大学や専門学校があり，デルタ各地から学生が集まっている．

ハウ川の対岸に広がるヴィンロンやサーデックなど，メコン川の中州の地域は，19世紀までに開発が進んでいた先進的開拓地である．一方，ハウ川から西に広がる広大な氾濫原を運河の開発によって本格的に開拓したのはフランス植民地政府であり，カントーはデルタ西部開拓の玄関口であった．人口稠密なベトナム北部のホン川（紅河）デルタから，労働者不足だったメコンデルタへの移住を促進するため，1907年にカントーに移民局がつくられ，労働契約や居住地整備が行われた．カントーには米の倉庫が並び，開拓地から手漕ぎの船で運ばれた米はいったん倉庫に入れられたのち，大きなジャンク船に積み替えられて，サイゴンのチョロンへと向かった．

運河の拡張とともに，土地払下げにより大地主が形成され，郊外の水路沿いに大地主の家が並ぶ「地主通り」も形成された．現在のビントゥイ区にあるこれらの邸宅はフランス，中国，ベトナムの建築様式が混じり合った華やかな建物で，フランス・イギリス合作映画「愛人／ラマン」（1992）のロケ地にもなった．カントー川とハウ川を望む市内のホテルやテニス場は，植民地政府の官庁に勤めるフランス人のほか，ベトナム人やフランス人の大地主，華人商人らが集まる社交場となった．カントーはこうしてフランスの貴族的な文化の中心となる一方で，近代教育を受けた若いベトナム人領主たちのナショナリズムを醸成した．仏教やカオダイ教の寺院には反仏運動家の活動を支えた場所もあり，その1つがアントイ区のナムトー寺院である．

1941年7月に，日本軍が南部インドシナに侵攻すると，カントーは東南アジアに展開する日本軍の食糧基地としての役割を負った．フランス植民地政権により確立された米の集荷制度を利用して集められたインドシナ米は，食糧不足の地域の日本兵にも供給された．カントーとヴィンロンの間のハウ川には2010年4月24日にカントー橋が完工し，これによってハノイから国道1号が南北に縦貫することになった．橋は全長が2750 m，幅員が23.1 mの複合斜張橋で，建設は日本の政府開発援助（ODA）による特別円借款を受けて日本企業が施工した．この橋の建設工事の途中，2007年9月26日に崩落事故が起き，ベトナム人54人が死亡，80人が負傷する大惨事となった．　　　　　　[池口明子]

ガンドゥ県　甘徳県　Gande　中国

人口：3.7万（2015）　面積：7046 km²

[33°58′N 99°54′E]

中国西部，チンハイ（青海）省南東部，ゴロ（果洛）自治州の県．東側でガンスー（甘粛）省と接する．チベット高原東部に位置し，県北部をアムネマチン（阿尼瑪卿）山脈の標高5000 m級の山々が連なる．南部をホワン（黄）河が東流し，黄河第一の峡谷と称される官倉峡もある．人口の大部分はツァン（チベット）族で，竜恩寺（ニンマ派）や夏日乎寺（ゲルク派）などチベット仏教の寺院がある．草原や灌木林が広がり，牧畜で利用されるとともに，ジャコウジカやユキヒョウなどの野生動物も生息する．　　　　　[高橋健太郎]

ガントゥン　Gantung　インドネシア

人口：2.2万（2010）　面積：546 km²

[3°04′S 108°06′E]

インドネシア西部，スマトラ島南東部沖，ジャワ海西部のブリトゥン島，バンカブリトゥン州ブリトゥンティムール県の郡．2005年に成立した．県庁所在地コタマンガール郡の南西約30 kmに位置する．ブリトゥンティムール県一帯およびその周辺は，オランダ植民地時代の1860年代からインドネシア独立後の1980年代までスズの採掘が盛んであった．現在，おもな産業はスズ採掘，農業（とくにコショウ栽培），漁業などである．

カントー(ベトナム)，カイラン地区の水上マーケット〔Thoai/Shutterstock.com〕

住民はマレー人，華人，ジャワ人などで，イスラーム教徒の比率が80％を超える．郡庁はルンガン村にある．ガントゥンは，貧しい村の廃校寸前の小学校に通う貧しい家庭の子どもたち10人の成長を描いたインドネシアの小説『虹の戦士たち』(2005)の舞台として一躍知られるようになった．この作品は16カ国以上で翻訳され，日本では『虹の少年たち』(2013)として出版されている．2008年に映画化されると，インドネシア映画史上第4位の観客動員数(460万)を記録し，ガントゥンを訪れる人も増えている．作者アンドレア・ヒラタの出身地である．

［瀬川真平］

ガントーク　Gangtok　　インド

人口：9.9万 (2011)　面積：35 km²　標高：1770 m
［27°20′N　88°39′E］

インド北東部，シッキム州東シッキム県の都市で州都および県都．ダージリンの北東45 km，アッサムヒマラヤ山脈中の高原に位置する．シッキム王国の宮殿がここにある．また南西6.4 kmにルムテックの修道院がある．ガントークは，チベット語で丘の頂きという意味で，高原上に開けた町である．近くには世界第3位の高峰カンチェンジュンガ山(標高8586 m)がそびえ立ち，その巨大な雄姿を望むことができる．インドの代表的山岳観光地の1つであるダージリンから道路で結ばれており，またビハール州からの国道の終結点にあたり，ここからさらにチベットへの道の出発点でもあるというチベットとインドを結ぶ交通の要衝として発展している．標高が高く，夏でも平均気温が15℃以下で冷涼であるが，夏の4〜9月が雨季，冬は月平均降水量が50 mm以下で乾燥気味である．

1975年にインドに併合されるまでは，シッキム王国の首都であり，住民のほとんどは，この地に古くから住むレプチャとよばれるチベット系の人びとと，19世紀以降に移住してきたネパール人との混血で，文化的にチベットとネパールの影響を強く受けている．州の政治，経済，文化の中心地であり，その中心部には，州政府の大きなビルが立ち並び，その多くに仏教の伝統装飾が施されている．また，トウモロコシ，米，豆類，柑橘類など穀物や果実の取引が盛んで，バザールはチベット系レプチャ人，ネパール人，チベット人などで賑わう．旧シッキム王の宮殿や，チベット仏教(ラマ教)寺院などがあり，ルムテックの仏教研究センターや，リンドゥム修道院への日帰り観光ができる．

［前田俊二］

カンドワ　Khandwa　　インド

人口：20.1万 (2011)　標高：313 m
［21°49′N　76°23′E］

インド中部，マッディヤプラデシュ州カンドワ県の都市で県都．ムンバイ(ボンベイ)の北東約480 kmに位置する．市の北約50 kmをナルマダ川が西流しており，その地溝帯に立地している．鉄道交通の要衝であり，ムンバイと首都デリー，コルカタ(カルカッタ)とを結ぶ広軌幹線からインドール方面へ向かう支線マルワ線がカンドワ駅から分岐する．周辺では小麦，大豆，綿花，木材が生産され，その集散地である．綿繰り，縫製，植物油などの工場が立地する．市内にはヒンドゥー教やジャイナ教の古い寺院が点在している．また，市の北約40 kmにあるオンカーレシュワルはヒンドゥー教の重要な聖地である．

［友澤和夫］

カントン省 ⇨ コワントン省 Guangdong Sheng

カントン島　Kanton Island

キリバス

人口：31 (2010)　面積：9.2 km²
［2°50′S　171°40′W］

中部太平洋東部，ポリネシア，キリバスの島．キリバス中部，フェニックス諸島の最北に位置する環礁で，フェニックス諸島唯一の有人島である．1930年代からアメリカの民間航空の太平洋路線の中継点，アメリカ軍飛行場，衛星追跡基地として利用されてきたが，90年代からはキリバス航空のタラワ～クリスマス島間の緊急着陸地として利用されている．
[柄木田康之]

カンドン　Candon
フィリピン

人口：6.1万（2015）　面積：103 km²
[17°12′N　120°27′E]

フィリピン北部，ルソン島中西部，南イロコス州の都市．州都ビガンの南62 kmにあり，ルソン海（南シナ海）に面し，平野部の国道沿いに位置する．東側はコルディリェラ山脈の裾野にいたる．地名は住民がカンドン（kandong）とよぶ大樹にちなむ．スペイン人侵略者はその木を切り，布教のため十字架を立て，その木材を使い，教会を建設したという．1780年町が成立した．1898年3月，イサベロ・アバヤ率いる革命軍がスペイン軍を破り，町に独立政府を樹立した．これがカンドン蜂起である．スペイン軍が反撃し，独立軍は鎮圧された．だが，現在，市の広場にはアバヤの彫像が置かれ，3月，記念祭が開かれている．また，1942年，V・ガエルラン率いるゲリラが日本軍の進撃を防ぐため橋を撃破，報復に日本軍は町を焼き尽くした．おもな産業はタバコ生産であり，周辺に農園が広がり，タバコ工場も2社ある．近年，金属加工産業も成長してきた．
[佐竹眞明]

カンドン　江東　Kangdong
北朝鮮

面積：516 km²　標高：42 m　気温：9.7℃
降水量：1000 mm/年　[39°06′N　126°06′E]

北朝鮮，ピョンヤン（平壌）直轄市北東部の町で郡部所在地．行政区としては平壌市に属する．炭鉱の町で，無煙炭の埋蔵量は2.9億万tに及ぶ．ほかに鉛，亜鉛，磁鉄鉱，石灰石を産する．1952年新設され，83年に平壌市に編入された．米とタバコの産地である．
[司空俊]

かんなさん　漢拏山 ☞ ハルラ山 Hallasan

カンナノール　Cannanore ☞ カンヌール Kannur

カンナノール諸島　Cannanore Islands ☞ ラッカディヴ諸島 Laccadive Islands

カンナーヤーオ　Kham Na Yao
タイ

人口：12.7万（2010）　面積：26 km²
[13°48′N　100°41′E]

タイ中部，首都バンコクの特別区（ケート）．都内東部の郊外に位置し，住宅地が広がるが，人口密度は相対的に低めである．住宅地のほか，ゴルフ場や遊園地などがある．バンコク都制が敷かれた1972年はバーンカピ区に含まれていたが，89年にバーンカピ区の一部がブンクム区として分離した際にブンクム区に編入された．1997年にブンクム区から分離して独立の特別区となった．
[遠藤元]

ガンナン県　甘南県　Gannan
中国

人口：39.0万（2012）　面積：4792 km²
[47°54′N　123°30′E]

中国北東部，ヘイロンチャン（黒竜江）省西部，チチハル（斉斉哈爾）地級市の県．北は内モンゴル自治区に接する．県政府は甘南鎮に置かれる．県名は清朝期に建てられた甘井子屯に由来する．ソンネン（松嫩）平原の北西縁にあたり，20世紀になってから開拓が進んだ農業県である．機械化された大規模な農業が行われており，ヒマワリの生産で知られるほか，近年は水稲の栽培が拡大している．乳牛や豚などの畜産業も伸びている．西部はダーシンアンリン（大興安嶺）山脈に続く丘陵である．
[小島泰雄]

ガンナン自治州　甘南自治州　Gannan
中国

ガンナンツァン族自治州　甘南藏族自治州（正称）
人口：65.9万（2002）　面積：38000 km²
標高：3000-4000 m　[35°12′N　102°31′E]

中国北西部，ガンスー（甘粛）省南部の自治州．チンツァン（青蔵）高原の北東部に位置する．1953年に甘南ツァン（蔵）族自治区が設立され，55年に甘南ツァン族自治州に改められた．チンハイ（青海）省とスーチュワン

（四川）省に接する．甘粛省南部の高原にあるため甘南と名づけられた．自治州政府の所在地はホーツオ（合作）市である．合作市とシャホー（夏河），ジュッグチー（舟曲），ジョネ（卓尼），マーチー（瑪曲），リンタン（臨潭），ルーチー（碌曲），トゥウォー（迭部）の7県を管轄する．住民はツァン（チベット）族，漢族，回族などであるが，ツァン族は総人口の約5割を占める．

ホワン（黄）河の支流であるターシャ（大夏）河とタオ（洮）河は北部を貫流し，チャリン（嘉陵）江の支流であるバイロン（白竜）江は南東部を流れる．大夏河と洮河の上流域の地勢は平坦で，良好な牧草地となる草原地帯が広がる．牛，馬，羊，ヤクの放牧が盛んで，河曲馬，欧拉羊，甘加羊などの産出で有名である．北部の河谷地帯は半農半牧で，小麦，ハダカ麦，豆類，ソバなどが栽培される．大夏河，洮河，白竜江および各支流域には天然林が分布し，甘粛省のおもな木材生産地である．石炭，鉄鉱，銅鉱，大理石などの鉱物資源に富み，シカ，クマ，ヒョウなどの野生動物が生息する．トウキ（当帰），トウジン（党参），バイモ（貝母），トウチュウカソウ（冬虫夏草）など各種薬材も産出する．木材加工，採鉱，乳製品などの工業が盛んである．観光地にはラブランス（拉卜楞寺）などがある．
[ニザム・ビラルディン]

カンニヤクマリ　Kanniyakumari
インド

カニヤクマリ　Kanyakumari（別称）/ケープコモリン　Cape Comorin（英語・旧称）
人口：2.2万（2011）　面積：4.9 km²
[8°04′N　77°35′E]

インド南部，タミルナドゥ州カンニヤクマリ県の町．インド亜大陸の最南端にあり，ベンガル湾，インド洋，アラビア海の3海の合するところであり，太陽が東の海から出て，西の海に没する唯一の場所である．そのためヒンドゥー教の重要な聖地とされている．インド独立以前はケープコモリン（コモリン岬）として広く知られていた．ヒンドゥー教徒は，朝にはベンガル湾で東方を向いて海水に浸り，夕にはアラビア海で西方を向いて日没の太陽を拝みながら沐浴する．女神クマリは娘であり，地名はクマリの居るところという意味である．古代ギリシャ，ローマの史書にも，聖なるコモリと記されている．鉄道や道路など交通の便は良い．町の中心には州立博物館やガンディー記念堂がある．記念堂にはマハトマ・ガンディーの遺灰が祀られ流され

たので，それを記念し，遺徳を偲んで建てられた．その先には巨大な神殿のようなガードがあり，朝夕，多くの沐浴者が訪れ，3海の海に浸っている．

クマリを祀るクマリアンマン寺院は，たくさんの人が詣でる寺で，男性は上半身裸で，下半身も伝統的な腰衣のルンギーをまとうのが正式の服装である．東の海岸には，19世紀ヒンドゥー教の改革者ヴィヴェカナンダを祀る聖堂と彫像を祀る岩があり，そこを訪れるボートが行き交っている．こうした寺院や聖堂を結ぶ門前町は土産物があふれ賑わっている．ほかに漁港もあり，多くの船や魚市場が活況を呈している．岬には灯台があり，3海の合する航路の安全を守っている．

[北川建次]

カンヌール　Kannur

インド

カンナノール　Cannanore（旧称）

人口：5.7万 (2011)　[11°53′N　75°23′E]

インド南部，ケーララ州北部，カンヌール県の都市で県都．カンヌール県の人口は252.3万，面積は2961 km² (2011)．コジコーデ(カリカット)の北西80 km，マンガロールの南東約130 kmにあり，両都市とは鉄道ならびに国道17号で結ばれている．また内陸のマイソール(東約150 km)へ定期バスも運行されている．カンヌール県は，ゴアからコモリン岬までアラビア海に沿って細長く広がる海岸平野にある．東には標高1300 mの西ガーツ山脈がそびえたっており，アラビア海から西ガーツ山脈に向かって急斜面となっている．海岸部にはラグーン，その背後に厚いラテライト土壌に覆われた丘陵ならびに海岸段丘が広がっている．標高750 mまでは，年間降水量が2000 mm前後であり，36 mにも達する巨木もみられる亜熱帯雨林が広がっている．西ガーツ山脈の山頂付近では年間降水量は3000 mm近くに達する．

12，13世紀頃にはペルシアやアラビアとの重要な交易の拠点となっていた．マルコ・ポーロの『東方見聞録』において，重要な香辛料の交易都市として紹介されている．1498年にヴァスコ・ダ・ガマが訪れている．市の北西にある岬には，1505年にポルトガル人によって築かれたセントアンジェロ城がある．この要塞は1663年にオランダの手に渡り，1772年にマイソールを拠点とするハイダル・アリに売却された後，1790年にはイギリスによって占拠され，イギリスの重要な軍事拠点となった．現在も，インド軍が一部を野営地として利用している．

カンヌールの特産品として，靴下とビリとよばれる小型の手巻きタバコが有名である．靴下などのメリヤス工業は19世紀末にドイツ人が技術をもたらしたもので，現在，県内で約10万人が従事している．またタバコ産業には約3万人が従事している．このほかに，ココヤシの加工業が盛んである．また漁業も重要な産業となっている．市内にはマラバール大学がある．また近くには，ゾウなどが保護されているアーラム野生保護区がある．

[南埜　猛]

カンヌン　江陵　Gangneung

韓国

人口：21.6万 (2015)　面積：1040 km²

降水量：1400 mm/年　[37°45′N　128°53′E]

韓国北東部，カンウォン(江原)道東部の都市．日本海に臨む位置にある．テベク(太白)山脈の東側，東海岸地方の最大の中心都市である．首都ソウルとは，ヨンドン(嶺東)高速道路で結ばれている．海岸に位置するので，気候は海洋性であるが，大きな特徴は降水量が多いことである．年間1400 mm程度あり，南海岸地方と変わらない．局地的な多雨地域を形成している．1955年市制施行．工業生産は不振であるが，この地域の中心として，商業活動は活発である．市内には3大市場が立地し，ソウルから搬入された各種商品が取り引きされる．朝鮮時代から，行政，文化の中心であったため，学者，文化人を輩出し，文化財として残されたものも少なくない．李珥(栗谷)は，朝鮮朱子学の双璧の1人であり，その母，申師任堂は画家として，また李珥を育てた母として有名である．さらに詩人の許蘭雪軒，朝鮮王朝初期，歴代の王に仕えた崔致雲などがいる．文化財の烏竹軒は李珥の生家である．さらに客舍門，船橋荘などもある．キョンポ(鏡浦)湖は砂丘でせき止められた潟湖であり，キョンポデ(鏡浦台)からみる鏡浦湖の風景は，多くの観光客を集めている．

[山田正浩]

カンパー　Kampar

マレーシア

人口：1.5万 (2010)　面積：9.0 km²

[4°19′N　101°09′E]

マレーシア，マレー半島マレーシア領北西部，ペラ州カンパー郡の町，南キンタの中心地区．中央高地の西側山麓，州都イポーの南南東32 kmにあり，鉄道が通る．この地区は，かつてマレーシアを代表するスズ鉱山地帯であったキンタヴァレーの南部に位置する町，南キンタの人口中心地区である．南キンタ町はキンタ郡に属しているが，カンパーは，かつてはキンタ郡の行政村(ムキム)の1つであり，地区の行政組織は古くから確立していた．カンパーの総人口の中では中国人(人口1.0万)が過半数を占め，かつてこの地域が中国人鉱山師などを中心に開発されたことを物語る．

[生田真人]

カンパオ県　康保県　Kangbao

中国

人口：28.3万 (2010)　面積：3365 km²

標高：1282–1781 m　降水量：350 mm/年

[41°51′N　114°36′E]

中国北部，ホーペイ(河北)省北西部，チャンチャコウ(張家口)地級市の県．県政府は康保鎮に置かれている．昔から北方少数民族の狩猟，遊牧の場所である．内モンゴル高原の南側にあり，地勢は北東が高く南西が低い．春と秋には風がよく吹く．農作物は小麦，燕麦，ジャガイモ，亜麻を主とし，牧畜業が発達する．牧場は9.3万 ha，牛，羊，馬を飼育する．埋蔵鉱物は鉛，亜鉛，銅，石炭，石灰石など20種類以上あり，蛍石の埋蔵量が豊富である．炭鉱，醸造，毛皮加工の工場がある．古跡は金界壕がある．

[柴　彦威]

カンバチェン山　Kangbachen

ネパール

標高：7903 m　[27°43′N　88°07′E]

ネパール東部，メチ県タプレジュン郡の山．ヒマラヤ山脈，カンチェンジュンガ山群の高峰である．カンチェンジュンガ山(標高8586 m)の西稜上約4 kmにある．北面や南面からみると尾根上の小ピーク程度にしかみえないが，カンバチェン山から北西に流下するラムタン氷河から見上げると，カンチェンジュンガ山への登路を阻む巨大な壁となって迫る．ネパールのグンサコーラ川沿いにあるカンバチェンの集落が登山基地となり，そこから東約14 kmの位置に山頂がある．インド，シッキム州の州都ガントークからは北西約65 kmの位置にある．山名は，西麓にあるカンバチェン村に由来し，チベット語でカンバは家，チェンは大きいを意味する．1974年にポーランド隊が初登頂したものの，その後はカンチェンジュンガ山の圧倒的なスケールの前に，多くの登山隊を迎えるにはいたっていない．

[松本穂高]

カンバート湾　Khambhat, Gulf of

インド

カンベイ湾　Cambay, Gulf of （別称）

長さ：130km　幅：56km

[21°53′N　72°23′E]

インド西部，グジャラート州にある湾．カンベイ湾ともよばれる．湾の東部はグジャラート州東部に，西部はカチャワール半島にはさまれて，アラビア海にラッパ状に口を広げている．湾はサバルマティ Sabarmati 川，マヒ Mahi 川，ナルマダ川，タービ川の流入によって埋め立てられ，浅くなっている．とくに湾奥部では，浅瀬や海底砂州などが広く分布する．このため，この湾では，大潮時に高い波が高速で流れ込む潮津波（tidal bore）が発生する．湾岸は古代からインド洋の海上交易の拠点で，バールチ Bharuch，スーラト，カンバート，バーヴナガル Bhavnagar，ダマンなどの歴史的に重要な港がある．

[大竹義則]

ガンパハ　Gampaha

スリランカ

ヘナラトゥゴダ　Henarathgoda （古称）

人口：6.2万 (2012)　面積：38km²　標高：32m

[7°05′N　80°01′E]

スリランカ，西部州ガンパハ県の都市 (MC) で県都．コロンボの北東33km，鉄道では約45分の距離にある．地名は，シンハラ語で7つの村を意味する．過去にヘナラトゥゴダと称されたことがある．北西部のガンパハ庭園（ヘナラトゥゴダ植物園）はもともとオランダ人がコショウ栽培を行っていたところである．1828年イギリスはモラゴダ・カトリック教会を建て，64年に鉄道駅を建設，67年には植物園にアマゾン川流域由来のゴムの苗木を移植し，国内外に普及させた．近年はコロンボ市街や国際空港に近いこともあって，商業集積が著しく，人口も増加してきた．

[山野正彦]

カンパル川　Kampar, Sungai

インドネシア

Kampar, Batang （別表記）

長さ：320km　[0°29′N　103°09′E]

インドネシア西部，スマトラ島，西スマトラ州からリアウ州にかけて流れる川．Batang Kampar とも表記される．スマトラ島の脊梁山脈（西スマトラ州北部地域）に源を発するカンパルカナン（右カンパル）川とカン

パルキリ（左カンパル）川が東に流れてリアウ州内の平地部に入り，州都プカンバル南方，ランガム付近で合流しカンパル川となる．カンパルキリ川は上流ではニニ川ともよばれ，いくつかの小河川が流れ込む．カンパル川はリアウ州内をさらに東に流れ，いくつかの河川を吸収しながら広大な低湿地帯を横断してマラッカ海峡に注ぐ．河口にはムンドゥル島やクンドゥール島が形成される．河口付近の水深は浅く，大型船舶の航行は限られる．河口付近で河川の水流と海水がぶつかると，この地域でボノとよばれる高波が発生する．ボノは満ち潮の際に河川の水流が海水に押し戻されて起こる．河川の水深が浅いことによって，波がいっそう高くなるとされる．

上流のコトパンジャン（西スマトラ州内）には日本のODAによって電源開発と灌漑のための巨大なダムが建造され(1993 着工，96 完成)，西スマトラ州とリアウ州の広域に電力を提供している（発電量 1114 MW）．ダム建設に伴って，周囲の 10 カ村，約2万人が移住を余儀なくされ，また野生動物の生息地の減少，自然環境への影響が大きな問題となった．

[瀬川真平]

ガンビエ諸島　Gambier, Îles

フランス

マンガレヴァ諸島　Mangareva Islands （英語）

人口：0.1万 (2012)　面積：30km²

[23°10′S　135°00′W]

南太平洋東部，ポリネシア，フランス領ポリネシアの諸島．トゥアモトゥ諸島の南東，南回帰線の近くに位置する島々からなる．20 ほどの島からなるが，定住人口をもつのはマンガレヴァ Mangareva 島だけである．行政中心地は同島のリキテア Rikitea である．ヨーロッパ人の渡来は 1797 年が最初で，1830 年代にはカトリック布教の最初の拠点になった．タヒチ島から遠いため，観光地化は進んでいない．

[手塚 章]

カンピン県　康平県　Kangping

中国

人口：35万 (2012)　面積：2173km²

[42°44′N　123°20′E]

中国北東部，リャオニン（遼寧）省北部，シェンヤン（瀋陽）副省級市の県．県名は 19 世紀末に置県された際，現在の県政府がある康平鎮の旧名である康家屯の1字をとり，その太平を願ってつけられたもの．リャオホー（遼河）平野と丘陵からなり，トウモロコシや

コーリャンなどの穀物とテンサイの栽培が盛んである．遼北炭田の一部をなしており，石炭を多く産出する．

[小島泰雄]

カンファ　江華　Ganghwa

韓国

人口：5.7万 (2010)　面積：411km²

[37°50′N　126°29′E]

韓国北西部，インチョン（仁川）広域市の郡および郡の中心地．行政上は江華郡江華邑．ハン（漢）江を隔てて本土と向かい合う江華島に置かれた郡である．もともとキョンギ（京畿）道に属していたが，1995 年，仁川広域市に編入された．郡域には江華島のほかに西に隣接するキョドン（喬桐）島，ソンモ（席毛）島も含まれる．2010 年の人口は 5.7 万である．1975 年の人口は 10 万強であったので，この間に約6割強に減少した．ただし最近は首都圏の市街地化の影響が及びはじめ，増加に転じている．江華邑は高麗時代，モンゴルの侵略に対抗して，一時首都が移されてきたところである．町の北に位置する松岳山の名は，本来の首都開城のそれをそのまま移したものである．朝鮮時代には江華府が置かれ，首都漢城の外郭を守る四留守府の1つとして，重要な地位にあった．町の周りの山稜線をたどって城壁が築かれたが，現在までその一部が残っている．1875 年，江華島事件があり，翌 76 年，ここで日朝修好条規が締結された．

[山田正浩]

カンファ島　江華島　Ganghwado

韓国

人口：5.7万 (2010)　面積：320km²

[37°50′N　126°29′E]

韓国北西部，キョンギ（京畿）道西部沖の島．韓国の島嶼中4番目に大きい．かつては京畿道に属したが，1995 年にインチョン（仁川）広域市に編入された．行政上，現在は島全域が仁川広域市江華郡である．

島であるが本土との間は，ハン（漢）江の水路で隔てられるのみで，約 700m の橋で連絡している．本来は東のキムポ（金浦）平野から連続する陸地であったが，海面変動や，河川の侵食作用で本土から切り離された．侵食の進んだ地形であり，最高峰のマニ（摩尼）山でも標高 468m で，その他の山地も侵食面上の残丘である．海に近く，気候は比較的温暖で，南部地方のツバキ，竹など，暖帯性樹木の生育がみられる．

島内の各地で新石器時代以降の遺跡が確認されているが，重要なものは青銅器時代の支

カンファ(江華)島(韓国),ブクンリ(富近里)支石墓《世界遺産》〔Takashi Images/Shutterstock.com〕

石墓で,島内で100基以上が確認されている.韓国南部,チョルラ(全羅)道地方の遺跡とともに,2000年に「高敞,和順,江華の支石墓群」としてユネスコの世界遺産(文化遺産)に登録された.13世紀からモンゴルの侵略が始まり,1232年,高麗は首都を開城から江華に移した.1270年に開城に戻るまで,約40年間,ここが臨時の首都であった.この時期,国難にあたって,国の平安を願って,八萬大蔵経の版刻が行われた.二度目のものが,現在,キョンサンブク(慶尚北)道の海印寺に保存されていて,1995年にユネスコの世界遺産(文化遺産)に登録されている.朝鮮時代,江華は,四留守府の1つとして,首都,漢城の外郭を守るとくに重要な地位が与えられていた.

江華島の北と東は漢江の河口部にあたっている.海上から漢城に入る水路の入口にあたり,早くから鎮,堡,墩(とん)とよばれる防御施設が数多く設けられ,島全体が要塞の観を呈していた.19世紀後半,開国を要求してフランス,アメリカ,日本の艦船が押し寄せた.一時的に上陸したことはあったが,ここを通過して漢城にいたることはなかった.

消費地である首都をひかえて,早くから商品作物の生産が発達し,現在に引き継がれている.薬用ニンジン,い草,ワンゴルなどである.薬用ニンジンは,本来,高山地域に自生するものを採集して利用したものであったが,商品価値が高いため,人工的な栽培が行われるようになった.開城で開発された栽培技術が,江華島に伝えられたものである.現在,韓国の薬用ニンジン生産地の中で,江華島も産地の1つである.い草,ワンゴルは,夏季,田の一角を仕切って,栽培される.各種の敷物,装飾品などに加工する.ワンゴルは,カヤツリグサが大きく成長したもので,人間の背丈以上になる.表皮を乾燥させて,四畳半,六畳程度の大きな敷物をつくる.表面にきれいな装飾が施されていて,ファムンソク(花紋蓆)という.首都圏内に位置しているため,住宅開発が進んでいる.〔山田正浩〕

カンファ湾 Ganghwa Man ☞ キョンギ湾 Gyeonggiman

カーンプル Kanpur インド
カウンポール Cawnpore (英語)
人口:276.7万(2011) 面積:267 km²
降水量:960 mm/年 [26°28′N 80°21′E]

インド北部,ウッタルプラデシュ州南部,カーンプルナガル県の都市で県都.ガンジス(ガンガ)川中流域,州都ラクナウの南西約80 kmに位置する.人口は220.7万の州都をしのぎ,ウッタルプラデシュ州では最大である.国内でも人口数では第8位に位置する.17世紀,ムガル帝国の衰退を機にガンジス川中流域ではアワド藩王国が独立したが,カーンプルはこの当時はまだあまり重要性をもたない小村であった.18世紀後半,イギリス支配が始まるとイギリス人企業家がこの地に注目するようになり,商工業が発展するようになった.肥沃で低平なヒンドスタン平原を背後に控えること,水上,道路交通など交通の便に恵まれることがその注目の要因である.19世紀に入るとまもなくイギリスはこの地に軍の駐屯地を置いたが,この設置は重要な支配拠点としての発展を促し,町の重要性を増大させた.駐屯地はガンジス川に沿った28 km²もの広大な広さに及ぶものであった.1857年のインド人傭兵(セポイ)によって起こされた北インドにおけるインド独立戦争はよく知られているが,この嵐はこの地においても例外ではなく,イギリス・インド両国に多くの悲劇を生んだ.

反抗の力を結集できなかったインドはイギリスに抑えられ,イギリスはこの抗争を機会にこれまでの東インド会社による統治を国王による直接統治に切り替え,支配の強化を図った.すでに重要性が注目されていたこの地には次々と工業施設が設けられるようになり,結果的にはイギリス支配の強化とともに工業化のスピードが増して,工業都市としての地位が確立された.古くからあった皮革工業は軍事用の長靴,馬具製造業に発展し,繊維工業はアメリカ合衆国の南北戦争(1861〜65)による綿不足などとも関連して大きく成長した.綿織物の高い技術はインドのマンチェスターの異名をとるほどであった.独立後も工業都市としての地位はさらに高まり,工業の種類は増し,技術も向上して,いまや宇宙産業をみるほどである.

1901年の統計ではすでに州内ではラクナウ,ヴァラナシ(ベナレス)に次ぐ第3位の人口をもつまでに成長している.その成長は,さらに第1次・第2次世界大戦を経て驚異的となり,1961年の統計ではこの2都市を追い越して州最大の人口を擁する都市となった.とくに第2次世界大戦による需要増加に伴う工業化の影響は大きい.教育,研究分野の中心性も高く,インドでも有名な工科大学,工学研究所,農業大学,薬科大学などの教育・研究機関がある.またすぐれた文学作品も多く生まれており,ヒンドゥー文化の中心的な存在でもある.商店の並ぶ市の中心部はガンジス川より約1 kmの南域にある.都市域の拡大が駐屯地の存在で大きく制限されたため,旧市街地は著しく混雑している.かつてのイギリス東インド会社軍の駐屯地はインド軍の駐屯地としていまも旧市街地の南東に接してかなりの面積を占めている.旧市街地の南部にラクナウ,首都デリーに通じる鉄道が走り,駅を取り囲む一帯に工場が進出して市域が拡大した.インド独立戦争に伴う戦跡,記念教会などがあるが,歴史が浅い都市のため歴史的建築物は少ない.周辺はサトウキビ,綿花,穀類,ナタネ油などを栽培するガンジス川が潤すところの肥沃な農業地域である.〔中山晴美〕

カンプンジェ Kampunge ☞ マナスル山 Manaslu

カンベルプル Campbellpore ☞ アトック Attock

カンペンチン山　康彭欽峰
Kangpenchin　　　　　　　　　　中国

ガンベンチェン　Gang Benchhen（別称）

標高：7281 m　　　　［28°33′N　85°33′E］

中国西部，シーツァン（チベット，西蔵）自治区の山．ヒマラヤ山脈中央部，ジュガールランタン山群の高峰で，ヤルンツァンポ（雅魯蔵布）江上流のオアシス都市サガ（薩嘎）の南南東約91 kmに位置する．ガンベンチェンともいう．主峰（標高7281 m）から北稜上約1 kmにカンプーリ Kangphu Ri山（7230 m）とよばれる北峰があり，双耳峰をなす．ゴサインターン（シーシャバンマー）山（8012 m）の北西約32 kmに位置する．ゴサインターン山から北西に続く長大な尾根はペクーカンリともよばれ，この尾根はカンペンチン山北峰を最後の7000 m峰として，乾燥した高原地帯に徐々に没していく．山名は，チベット語で大きな雪山を意味する．1982年に日本の京都大学学士会隊が初登頂した．

［松本穂高］

カンボジア王国　**Cambodia, Kingdom of**

Kampuchea, Preah Reach Ana Pak（クメール語・正称）/クメール Khmer（古称）

人口：1339.6万（2008）　面積：181035 km²

［11°33′N　104°55′E］

インドシナ半島南部の国．北緯10～15度，東経102～108度の間に位置し，国土のすべてが熱帯に属する．首都はプノンペン．カンボジアの古来の名称はカンブジャ（サンスクリット語）である．現在のカンボジアの国土にあたる地域には，紀元前5000年紀から人びとが居住していた．古代扶南王国（紀元後68年）は，現在よりも広大な地域を支配し，当時の社会はヒンドゥー教の影響を強く受けていた（前アンコール時代）．その後の真臘王国（550年）の台頭を経て，偉大なるクメール王国が9～13世紀にその黄金時代を迎える（アンコール時代）．15～19世紀は，カンボジアの力は衰え続け，領土を失い続ける（カンボジアの暗黒時代）．19世紀にはフランスの保護領となり，フランス植民地支配の下に組み込まれていく（フランス植民地時代）．その後，1953年，カンボジアは王国として独立する（カンボジア王国）．

ベトナム戦争がカンボジアにも拡大し，1970年よりクメール共和国が樹立されるものの，クメール・ルージュの勢力が台頭し，75年には首都プノンペンを占領，集団虐殺を行う（クメール・ルージュ時代）．クメール・ルージュの追放とともにポル・ポト政権を打倒し，1979年にはカンボジア人民共和国が成立する．国際的孤立の年月を経て，戦乱で引き裂かれた国は，1993年に王国として再統一され，数十年に及ぶ内戦からの再建を行う中で，徐々に経済を成長させていく．1998年にクメール・ルージュ勢力が滅亡したことで，カンボジア国民は平和と安定を享受し，国民経済も発展し始める．

国境は，北と西をタイと，北東をラオスと，東と南東をベトナムと接している．また，タイ湾に沿って443 kmの海岸線を有する．カンボジアの地勢は以下のように特徴づけることができる．高原および低い山々に囲まれて，中央部には国内最大のトンレサップ

湖とメコンデルタ上流部を含む広大な平野が広がっている．中央部の平野から北部にかけては，標高200 mにいたるまで低密度の森林に覆われた遷移平野が広がり，さらに東西320 kmにわたる切り立った砂岩の崖と接している．この断崖は，平野部より180～550 mの高さを急上昇しており，パノムドンラック山脈の南縁を形成する．メコン川東岸から広がる平野は，やがて東部の高原地帯（標高700 m強まで）に吸収され，森林に覆われた山々と高原がラオスおよびベトナムまで続いている．南西部の高原地帯は，カルダモン（クロヴァン）山脈およびドムレイ（エレファント）山脈という2つの際立った高地からなり，トンレサップ湖からタイ湾にいたる広大な地域を覆っている．この遠隔地かつ人口希薄な地域の中に，カンボジア最高峰のアオラル山（1813 m）が位置する．タイ湾に接する南部の海岸地域は森林に覆われた過疎地で，南西部の高原地帯（約1000 mまで）をはさんで中央部の平野からは孤立した低地の地峡となっている．

最も顕著な地理的特徴は，乾季には面積2744 km²のトンレサップ湖が，雨季には面積が約6倍になるという，その浸水吸収能力

であり，メコン川の洪水緩和機能にとって必要不可欠なものとなっている．トンレサップ湖およびその周辺の浸水林，氾濫原は，ユネスコの生物圏保護区に指定されている．これらの地理的特徴とそれに対応する生態系にもとづき，世界自然保護基金（WWF）は，カンボジア国内において6つの陸域のエコリージョン（生態域）を認定した．すなわち，カルダモン山脈の熱帯雨林，中部インドシナ乾燥林，南西インドシナ常緑林，南部アンナン山脈熱帯雨林，トンレサップ淡水湿地林およびトンレサップ・メコン泥炭湿地林の6つである．これらの森林は現在破壊の深刻な危機に瀕しており，手厚い保護が必要となっている．地理的条件および生態的条件は，この国の気候およびその変動を決める要因ともなっている．カンボジアはモンスーンに支配された熱帯気候帯に属し，気温は21〜36℃までの間で変動する．季節は，湿潤な雨季（5〜10月まで）とときには気温が40℃まで上昇する乾季（11〜4月まで）という2つに明確に分けられる．年間降水量は1000〜1500 mmの間を増減する．また，年間を通じた熱帯性の気候ではあるが，熱帯性暴風雨の影響は直接受けないため，観光開発に理想的な気候である．

人口は，2012年には1400万に達した．通貨単位はリエルで，補助通貨はない．USドルも一般に流通している．民族構成は，クメール人90％，ほかにチャム族，ベトナム人など20以上の民族となっている．宗教は，クメール人の大半が仏教徒（上座部仏教）で，その他イスラーム教（ほとんどのチャム人），カトリックなどである．公用語はクメール語，中国語，タイ語，ベトナム語，英語も広く使われている．農業を中心とする第1次産業中心の社会だったが，近年，第2次，第3次産業への従事者が増えている．実質GDP成長率は6.97％（2014）と経済成長は著しい．2014年の1人あたりの名目GDPは，1080.82ドルである．アンコールワット遺跡群はユネスコの世界遺産（文化遺産）に「アンコール」として1992年に登録され，2004年まで危機遺産であった．インド的世界観と土着の文化的要素を混合しつつ，クメール独自の文化を，アプサラダンスなどの古典舞踊，文学，影絵芝居，歌謡，音楽などで育んできた．

立憲君主制をとっており，元首はノロドム・シハモニ国王（2004年10月即位）．二院制の議会制度で，首相はフン・セン（2016現在）である．2008年，憲法改正，ならびに2つの新法（首都，州，市，郡および区に関す

る行政管理法と，首都評議会，州評議会，市評議会，郡評議会および区評議会に関する選挙法）の制定によって，カンボジア王国における地方行政制度の改革が行われた．それにより，行政体系は従前と同じ3層制となっているが，第1層には首都（ティークロン Ti Krong），および23の州（カエット Khaet）が置かれ，プノンペン市はさらに8つの区（カン Khan），そして76のサンカット（Sangkat）に区分される．一方，州は26の市（リーチテニー Reach Theany）および159の郡（スロック Srok）に区分され，市の下には35のサンカットが，郡の下にも1510のサンカットが置かれている．

［ソリエン・マーク，加本 実］

カンポット州　Kampot Province

カンボジア

人口：58.5万（2008）　面積：4873 km²
［10°36′N　104°10′E］

カンボジア南部の州．州都はカンポット．北はコッコン州およびコンポンスプー州，東はタケオ州，西はプレアシハヌーク州，南は80 kmの海岸線でタイ湾と接し，南部海岸沿いの一部にケップ州が立地する．地勢は，南部国境の海岸地域，東部の低地水田，西部の低地と高地のモザイクおよび高地森林地帯（常緑樹林，落葉樹林および灌木地）からなる．高地森林地帯には，青々とした森林と多様な種類の野生生物が豊富なドムレイ山脈の一部であるボコール国立公園が含まれる．州の最高地点は，標高1027 mのボコールヒルステーションと，そのさらに北にある1050 mの頂の2カ所である．州全体が熱帯に属し，気候は温暖湿潤で，年平均降水量は800 mmから海岸部の3800 mmまでの幅がある．乾季は4カ月弱である．海岸の自然資源（ビーチ，島，海産物），ボコールヒルステーション，コショウ栽培，前アンコール期の遺跡，洞窟などの観光地，ジャングルトレッキング，自転車ツアー，川のクルーズ，島巡り，釣り，人里離れた小島や田舎の美しい風景などがあることでよく知られ，観光業が盛んである．　　　［ソリエン・マーク，加本 実］

ガンポラ　Gampola

スリランカ

人口：3.8万（2012）　標高：550 m
［7°10′N　80°34′E］

スリランカ，中部州キャンディ県の都市（UC）．県都キャンディからヌワラエリヤ，バドゥッラ方面の山岳地域に通じる国道A5

号沿いの谷あいに位置する．スリランカ国鉄のコロンボ〜バドゥッラ本線の駅があり，キャンディから約30〜40分で達するこの町は，かつてブワネカバフ4世が遷都した1347年から，コッテに都が遷る1410年までの間，シンハラ王朝の首都であった．周囲の地域には19世紀末から茶園が開かれた．現在は周辺地域の商業・交通の中心として多くの商店が集まり，賑わいをみせている．町中心部の南3 kmにあるニヤンガンパヤ寺院は，スリランカ先住民時代から存在したとする伝承をもつ古寺である．建物の基礎部分にダンサーや音楽師，種々の動物を描いた彫刻がみられる．　　　　　　　　　　［山野正彦］

カンマル県　康馬県　Kangmar

中国

人口：2万（2012）　面積：5400 km²
［28°32′N　89°45′E］

中国西部，シーツァン（チベット，西蔵）自治区，シガツェ（日喀則）地級市の県．自治区の南東部に位置し，ブータンと国境を接する．ヒマラヤ山脈東部の北麓に位置し，平均標高は4300 m以上である．地名はチベット語で紅包（祝儀，おひねり）を意味する．1962年にギャンツェ（江孜）県を分割し，一部を康馬県とした．1964年に日喀則専区に属し，70年には日喀則地区に属している．

［石田 曜］

ガンメーン　Ganmain

オーストラリア

人口：0.1万（2011）　面積：2.7 km²
［34°47′S　147°30′E］

オーストラリア南東部，ニューサウスウェールズ州中央南部，クーラモン行政区の村．州都シドニーの南西約500 kmにある．村はマランビジー川の北岸に位置し，その支流バギー Boggy 川が西流する．地名は，アボリジニの言葉で，傷のある先住民を意味するという．村はオーストラリアの干し草の中心地であり，パイオニアパークでは，大きな干し草の山をみることができる．また，町の東部には州立森林公園が存在する．　　［比企祐介］

カンモー島　Kanmaw Island

ミャンマー

Kisseraing Island（別称）

長さ：32 km　幅：16 km
［11°42′N　98°28′E］

ミャンマー最南部，タニンダリー地方（旧

408　カンユ

〈世界地名大事典：アジア・オセアニア・極Ⅰ〉

管区）メイッ県の島．マレー半島西岸，アンダマン海のメルグイ（ベイッ）諸島のほぼ中央に位置する．県都メイッ（ベイッ）の72 km南方に位置している．海岸線は沈降海岸で複雑であり，マングローブの湿地帯や熱帯林の丘陵など変化に富んでいる．アンダマン海へ注ぐタニンダリー川の河口に栄えたメイッでは，ヤンゴン空港からの定期便がある．ミャンマー南端部のこの地域には，イギリス植民地時代にヴィクトリアポイントとよばれてきたコータウンがある．現在はタウング朝第2代のバイナウン王の名前に由来して，バイナウンポイントに変更された．コータウンにはタイ側のラノーンから観光客の流入が増えつつある．

メルグイ諸島はミャンマーの最南端部に位置し，約800の島々から構成される．海の眺めが素晴らしい観光地であり，また，ダイバーたちの人気も高い．国別にみると，フランス，ドイツ，スイス，タイなどからの観光客が多い．ドイツの旅行ガイドブックでは，メルグイ諸島を2015年トップ観光地の第15位に位置づけした．アラブ首長国連邦系の高級ホテルの建設計画も進んでおり，今後，さらに観光客の増加が見込まれる地域である．現在，外国人観光客による島への船舶料金は100 USドルとなっている．メルグイ諸島内には，立入りが制限されている区画もあるが，外国人観光客の要望に応えるために，立入り制限の解除に向けて動きを進めている．カンモー島を中心としてこの地域には約200の島々があり，美しい海へのクルーズやダイビングなどの，新たなミャンマーの一観光拠点として注目が集まっている．カンモー島はメルグイ諸島の中心であり，将来的にはタイのプーケット島に匹敵するリゾート地になる可能性が大きい．　　　　　　　［西岡尚也］

ガンユィー区　贛楡区　Ganyu

中国

かんゆく（音読み表記）

人口：94.8万（2012）　面積：1427 km²
　　　　　　　　　　[34°50′N　119°18′E]

中国東部，チャンスー（江蘇）省北東部，リエンユンガン（連雲港）地級市の区．海州湾のほとりに位置する．夏，商時代には東夷に属した．秦代にはすでに贛楡という地名があり，琅邪郡の管轄区であった．漢代には贛楡，祝其，利城の三県に属し，南北朝時代には懐仁県，金代には贛楡県に回復し，中華民

国では竹庭県と改名され，1950年に贛楡県に戻った．2014年に連雲港市の区になっている．農産物は小麦，水稲，落花生，クリ，サンザシ，ギンナンなどがある．水産品物はキグチ，カニ，クルマエビ，貝類や藻類がある．工業には石炭，化学，機械，建材，食品，飼料，紡績，漁具などがある．名所旧跡に抗日山や徐福祠がある．瀋海高速道路（シェンヤン（瀋陽）〜ハイコウ（海口））が通る．
　　　　　　　　　　［谷　人旭・小野寺　淳］

かんようし　咸陽市 ☞ シェンヤン市
Xianyang

カンラオン　Canlaon

フィリピン

マビゴ　Mabigo（古称）

人口：5.5万（2015）　面積：171 km²
　　　　　　　　　　[10°23′N　123°13′E]

フィリピン中部，ネグロス島，東ネグロス州北端の都市．西ネグロス州との境，内陸部のカンラオン火山（標高2450 m）の山裾にある．ネグロス島最高峰のカンラオン山は活火山であり，現在も噴煙を上げている．樹齢1300年の木，山麓の国立公園，クイポットの滝などもある．サトウキビのほか，高地の気候を生かしてコーヒー豆，レタスも植え付けられている．　　　　　　　　［佐竹眞明］

カンラオン山　Kanlaon Volcano

フィリピン

Canlaon Volcano（別表記）

標高：2450 m　　　　[10°25′N　123°08′E]

フィリピン中部，ネグロス島中央北部の山．西ネグロス州の州都バコロド市の南東34 kmの地点にそびえる活火山で，東・西ネグロス2州にまたがって立地する．北のシライ Silay 山（標高1535 m），マンダラガン Mandalagan 山（1450 m）とともに島の脊梁山脈を形成する．ビサヤ諸島の最高峰で，頂上には破屑丘，噴火口，カルデラがあって景観，眺望にすぐれる．1934年に自然公園に指定され，以後多くの登山客を魅了してきた．頂上の東南東8.5 kmの地点に（東ネグロス州）カンラオン市があって，ビサヤ地方の高原リゾートとなることが期待されている．1919年以降28回の噴火をくり返し，いまもほとんど毎年，小規模水蒸気爆発や火山

灰噴出を続ける．山の西方の（西ネグロス州）ラカルロタのラカルロタ市立大学構内には火山活動観測所が設けられ，常時，監視が行われている．1996年にはイギリス人を含む登山客3人が噴火に巻き込まれて命を落とす事故が発生した．　　　　　　　［梅原弘光］

カンリンポチェ峰　Kangrinboqê Feng ☞ カイラス山　Kailas, Mount

ガンルオ県　甘洛県　Ganluo

中国

カンロー県（別表記）

人口：19.8万（2015）　面積：2156 km²
　　　　　　　　　　[28°58′N　102°46′E]

中国中西部，スーチュワン（四川）省南西部，リャンシャン（涼山）自治州の県．県政府は新市壩鎮に置かれる．ダートゥー（大渡）河の支流であるユエシー（越西）河の下流域に位置し，成昆鉄道が県内を縦断する．四川盆地西縁部からチンツァン（青蔵）高原に向かう移行地域に位置し，高山と峡谷が卓越する険しい地形である．三国時代の蜀が霊道県を置き，西晋は護竜県に改め，南朝の宋は新興県に改称した．その後，荒廃したが北周では邛部県に属し，元代は邛部州に，明は越嶲衛に，清は越嶲庁に属させた．1956年，越嶲県を割いて呷洛県が置かれ，59年に甘洛県に改称された．おもな農産物はトウモロコシ，米，ジャガイモ，小麦，ソバ，サトウキビ，クルミ，サンショウ，ナシであり，さまざまな薬材を産出する．工業にはセメント，製材，食品加工，印刷などがある．名勝古跡に海棠古寺，霊関道遺跡がある．　［林　和生］

カンロー県　康楽県　Kangle

中国

人口：24.1万（2002）　面積：1081 km²
　　　　　　　　　　[35°22′N　103°43′E]

中国北西部，ガンスー（甘粛）省中部，リンシャ（臨夏）自治州南東部の県．タオ（洮）河の支流であるサンチャ（三岔）河流域にある．人口の約5割が回族である．1940年に県が置かれた．農業が主で，小麦，トウモロコシ，ハダカ麦，ジャガイモなどを産する．上質のソラ豆の産地として有名である．毎年旧暦6月初め頃，1週間にわたる廟の縁日が開催され，回族をはじめとする各民族の代表が参加する，臨夏花児という口承文学や歌のやりとりが行われる．　　［ニザム・ビラルディン］

キア　Kia
ソロモン

人口：0.2万 (2009)　　　[7°34′S　158°27′E]

南太平洋西部，メラネシア，ソロモン諸島中西部，イザベル州の村．サンタイザベル島北西端に位置し，同島最大規模の人口を抱える．キア村を含む地方行政区，キリスト教教区の名称でもある．村は海岸線に沿って6kmほどで，海岸からわずか15〜50mのところで急峻な崖が切り立つ．家屋は海岸線に沿った細長い平坦地に密集し，柱の半分を陸地に，他を海に張り出して建てられている．19世紀後半期に首狩り襲撃の遠征を盛んに仕掛けた村として同国内ではよく知られている．地理的に首狩り襲撃の最も激しかったニュージョージア島に近いため，そこからの攻撃を直接受けやすく，自己防衛手段としてニュージョージア島の一部の集団と友好関係を築き，彼らと共同してサンタイザベル島内の他地域を襲撃した．そのため，キアとニュージョージアとの間で婚姻も数多くみられるようになり，現在でも両地域に親族関係をもつ者が多い．

[関根久雄]

キアオ山　Khiao, Khao
タイ

ヤイ山 (別称)

標高：1292 m　　　[14°23′N　101°31′E]

タイ中部，ナコーンナーヨック県の山．タイ東北部と中部との境界となるドンパヤーイェン山脈とサンカムペーン山脈の接点に位置し，一帯は世界遺産に登録されているカオヤイ国立公園に指定されている．カオヤイ国立公園では標高が2番目に高い山であるが，この山は中部ナコーンナーヨック県内に位置するため，タイ中部で最も高い山といわれている．キアオは緑の意味で，同名の山は国内に何カ所か存在するが，中部チョンブリー県のキアオ山麓には動物園 (サファリパーク) があり，こちらも有名である．

[柿崎一郎]

キウンガ　Kiunga
パプアニューギニア

人口：1.1万 (2011)　　　[6°08′S　141°13′E]

南太平洋西部，メラネシア，パプアニューギニア西部，ウェスタン州の町．州都ダルの北北西約390 km，フライ川に面し，オクテディ鉱山からの銅鉱の積出港として発展している．近年ゴム工場もつくられている．湿地と低地林に囲まれており，オクテディ鉱山に近接するタブヴィルへは舗装道路が通じているが，海岸部から陸路でアクセスすることはできない．

[熊谷圭知]

キエンアン　Kien An
ベトナム

人口：9.7万 (2009)　　　[20°49′N　106°38′E]

ベトナム北部，ホン川 (紅河) デルタ，ハイフォン中央直属市の区．4区のうちの1つで，ラクチャイ川右岸に位置し，国道10号で市中心部とつながる．区内には造船業，自転車製造業や食品加工業が立地する．区内のフーリュウ丘陵には1898年に建てられた展望台がある．

[池口明子]

キエンザン省　Kien Giang, Tinh
ベトナム

Kiên Giang, Tỉnh (ベトナム語)

人口：168.8万 (2009)　面積：6269 km²
　　　　　　　　　　[10°00′N　105°05′E]

ベトナム南部，メコンデルタの省．省都はラックザー (省直属市)．北はカンボジアと一部国境を接し，西はタイ湾に面する．グエン (阮) 朝期にはハティン省に属し，1868年以降にハティンとラックザーの2省となり，1956年にその2省が合併し，現行の省名となった．タイ湾に向かって緩やかに傾斜する氾濫原に位置し，運河が通るまでは雨季には長期にわたり冠水し，乾季には水不足の上，強酸性土壌が露出する土地であった．カンボジア国境近くにはカルダモン山脈から伸びた石灰岩の孤立丘が分布し，いくつかの宗教にとっての聖地となっている．

ハティンはその丘陵の斜面に形成され，18世紀に華人商人が開発した港湾都市であり，聖なる山を背後に抱えるカオダイ教発祥の地でもある．ハティンよりタイ湾沿い南側に位置するホンチョン岬は，メコンデルタで最初のコショウ・プランテーションが海南人によってつくられた場所である．タイ湾沿岸の地域には砂丘列が発達し，ラックザーが立地する．沿岸部ではエビやハイガイの養殖が盛んで，ラックザーは大型漁船が水揚げする漁港として重要である．1920年代から，ハウ川とタイ湾を結ぶ運河が開削され，排水がしやすくなった運河沿いの地域にはデルタの古い開拓地域のほか，ベトナム北部デルタからも入植が進んだ．一方でこれらの移民を小作人として抱える大地主も成長した．反植民地運動家のチャン・チャン・チュウはその1人であり，日露戦争後の日本に留学したベトナム人を経済的に支援した．

[池口明子]

キエンホア省 ☞ ベンチェー省 Ben Tre, Tinh

飢餓ステップ Severnaya Golodnaya Steppe ☞ ベトパクダラ Betpak Dala

キークン川　Ky Cung, Song
ベトナム/中国

長さ：180 km　　　[22°21′N　106°51′E]

ベトナム東北部，ランソン省の川．省最東部のディンラップ県に位置するバックサー山に源流をもち，省都ランソンを通って，省最西部のチャンディン県で方角を東方向に変えて国境を渡り中国に入り，コワンシー (広西) チワン (壮) 族自治区のロンチョウ (竜州) 県でコワンチョウ (広州) 市まで大陸を流れるシー

川(西江)の支流に合流する. ランソンにはキ
ークン川の竜神を祀る寺院がある.

[池口明子]

キコリ　Kikori

パプアニューギニア

人口：0.3万 (2011)　降水量：6000 mm/年
[7°22′S　144°12′E]

　南太平洋西部, メラネシア, パプアニュー
ギニア南部, ガルフ州キコリ郡の町. ニュー
ギニア島南岸, 州都ケレマの北西約 180
km, キコリ川の河口にある. 年平均降水量
は 6000 mm 近くに達し, 自然の豊かな地域
である. 近年, サザンハイランド州クトゥブ
の石油と液化天然ガスの開発により, パイプ
ラインが敷設され, 大きな社会経済的変化が
起こっている.

[熊谷圭知]

キサラン　Kisaran

インドネシア

人口：12.4万 (2010)　面積：64 km²
[2°59′N　99°37′E]

　インドネシア西部, スマトラ島北部, 北ス
マトラ州中央部アサハン県の 2 つの郡の総
称. 州都メダンの南東約 120 km に位置す
る. キサランは正式の行政区分には存在せ
ず, キサランバラット郡(人口 5.5 万,
2010)とキサランティムール郡(6.9 万)をあ
わせてこのようによばれる. 両郡をあわせて
県内最大の人口集中した都市的な地域で, キ
サランコタ(都市のキサラン)と称されること
もある. こうした事情から, 両郡を統合して
キサランとする構想がある. 県庁はキサラン
バラット郡内に置かれている. メダンから南
下して走る鉄道が, キサランで, 北スマトラ
州東海岸部のタンジュンバライ市に向かう路
線と, さらに南下して内陸部のラブハンバト
ゥ県ランタウプラパットにいたる路線とに分
岐する. また, スマトラ島縦断道が通る.

[瀬川真平]

キサール島　Kisar, Pulau

インドネシア

人口：1.4万 (2010)　面積：82 km²
[8°04′S　127°11′E]

　インドネシア東部, ティモール島北東端
沖, マルク州マルクトゥンガラバラット県の
小島. ウェタール島東に位置する. 全体に降
水量が少なく乾燥がちである. 東・北・西部
では海岸線近くまで岩壁が迫り低平地に乏し
いが, 中央部には植物が生育する. ティモー
ル島に隣接している. 北部内陸部のウォンレ

リ, 南部のタンジュンワクロロンがおもな都
市的集落. アンボン島(州の中心的な島), ティ
モール島, アロール島(ティモール島西隣)
から不定期の船便があり, またマルク州の州
都アンボンからも不定期の飛行機便がある.
島民はメラネシア系要素が強く, 住民の言語
はパプア語系のオイラタ(マアロ)語(話者人
口 1000 人程度と推定)が中心である.

[瀬川真平]

ギジドゥヴァン　Gijduvan

ウズベキスタン

Gizhduvan (別表記) ／ アクマラバド (旧称)
Akmalabad

人口：3.0万 (1991)　[40°06′N　64°40′E]

　ウズベキスタン中央南部, ブハラ州南部の
都市. 州都ブハラの北東 42 km にある. 陶
器の町で, 深い黄色や濃い緑の幾何学文様の
陶器で知られる. ティムール帝国第 4 代君主
ウルグベク創設のイスラーム神学校が残って
いる. 食品加工, 金属加工, 綿花精製が産業
の中心である. 1935～37 年にはアクマラバ
ドとよばれた.

[木村英亮]

キシャーンガル　Kishangarh

インド

人口：15.5万 (2011)　[26°33′N　74°52′E]

　インド西部, ラージャスターン州アジメー
ル県の都市. 国道 8 号が通過し, 州都ジャイ
プルの西南西 105 km, 県都アジメールの東
北東 27 km に位置する. 1600 年代初期にジ
ョドプル藩王国の王子キシャン・シンがつく
った砦を起源とする. 彼はムガル帝国の廷臣
でありアクバル帝より当地の支配権を与えら
れた. 1818 年以降はイギリスの影響圏に置
かれた. インドを代表する細密画の産地とし
て著名であり, キシャーンガル派の中心であ
る. 大理石や木製家具の産地としても知られ
るほか, 石けんや絨毯, ショールなどが生産
される. 市街地北部に州政府が開発した工業
団地が所在する. かつての砦と王宮は重要な
観光資源となっている.

[友澤和夫]

キシャンガンジ　Kishanganj

インド

人口：10.7万 (2011)　[26°04′N　87°56′E]

　インド北部, ビハール州東部, キシャンガ
ンジ県の都市で県都. キシャンガンジ県の中

東端, ウェストベンガル州との境界に位置
し, ガンジス川の支流マハナンダ川が同市西
縁を南流している. 交通アクセスもよく, ウ
ェストベンガル州のバハランプールと北部の
シリグリとを結ぶ東西回廊とよばれる国道
31 号や, 首都デリー, ムンバイ(ボンベイ),
パトナ, コルカタ(カルカッタ)などインド主
要都市とデリー・グワティ本線を通して直通
列車で結ばれている. キシャンガンジ県の商
業の中心として機能し, 周辺地域で産する穀
物や野菜の集散地でもある. それゆえ, 市内
には米や麦, ジュート, 香辛料, ロウソクや
線香, 竹材などの加工業が多く立地する. ま
た, 宝石市場や農産物市場, 金属素材市場な
どが所在し, 多様な物資が取引されている.
そのほか, 市内には国立大学や医科大学, 医
療機関や福祉施設などが立地し, 社会福祉サ
ービスの供給拠点としての機能を有してい
る.

[中條暁仁]

きしゅうしょう　貴州省 ☞ グイチョウ省
Guizhou Sheng

キショレガンジ　Kishoreganj

バングラデシュ

人口：7.7万 (2011)　面積：20 km²
[24°27′N　90°47′E]

　バングラデシュ中部, ダッカ管区, キショ
レガンジ県の都市で県都. 首都ダッカの北約
82 km に位置する. この県はマイメンシン
県の副県から 1984 年に独立した県で農村人
口密度が高い. 都市自治体の成立は 1869 年
と古い. 古くはカムルパ王国に属し, コチや
アホムなどの支配を受けていたが, 16 世紀
のアクバル帝の時代にはムガル帝国の版図に
あった. 15～16 世紀のモスクや砦の遺跡が
付近に多い. 旧ブラマプトラ川左岸の肥沃な
沖積低地(氾濫原)に位置し, 国内でも毎年の
洪水氾濫からは免れ, 高い農業生産性を有す
る地方都市で, 米, ジュート, サトウキビ,
小麦, ジャガイモ, 豆類, 油脂植物, 野菜な
どの集散地である. マイメンシンからブラー
マンバリア Brahmanbaria を結ぶ鉄道の中
間地点にある. 市内にはかつて製糖工場があ
った.

[野間晴雄]

キジルクーム砂漠 ☞ クズイルクム砂漠
Kyzylkum Desert

キース　Keith　オーストラリア

人口：0.1万（2011）　　［36°06′S　140°21′E］

オーストラリア南部，サウスオーストラリア州南東部の村．デュークスハイウェイ沿い，州都アデレードの南東228 kmに位置する農村である．ヨーロッパ人がやってくるまで，この一帯にはアボリジニのNgarrinjeriが居住していた．町が測量されたのは1884年で，5年後の89年，正式に公布された．この付近にはすでに1850年代に，ヨーロッパ人が頻繁に往復していた．というのは，この付近をヴィクトリア植民地からの金の護送ルートが通っていたからである．ヴィクトリアのゴールドラッシュは1851年に始まった．いまも町のすぐ近くには，そのルートを示す記念碑が建っている．地名は，正式に公布された1889年当時，サウスオーストラリア植民地総督のキントール卿A・H・T・キース・ファルコーナーに由来している．すなわちキントール卿の故郷は，スコットランド北東部のアバディーンシャーのキースホールKeith Hallで，彼はキース卿ともよばれていたからである．しかしキース付近は不毛の地域で，本格的な開発がなされないまま荒廃していた．1940年代に入って，連邦科学産業庁（CSIRO）による調査が行われた結果，非常に生産的な土地であることがわかり，開発後，キースは牛の放牧と穀物栽培の中心地となった．1969年にはマレー川の水が175 kmのパイプラインで引かれることになり，水不足という長年の課題が一気に解消した．

［片平博文］

キストナ川　Kistna　☞　クリシュナ川　Krishná River

ギズボーン　Gisborne　ニュージーランド

トゥランガヌイアキワ　Tūranga-nui-a-Kiwa（マオリ語）

人口：3.5万（2013）　　［38°40′S　178°02′E］

ギズボーン（ニュージーランド），ジェームズ・クックが初めて上陸した町〔Shutterstock〕

ニュージーランド北島東部，ギズボーン地方の都市で行政中心地．地方の最大居住地である．地名は，総督最高顧問のウィリアム・ギズボーンにちなむ．マオリ語名トゥランガヌイアキワはキワの停泊地の意味をもち，マオリが最初にカヌーでニュージーランドに着いた地とされる．町は太平洋に臨むポヴァティ湾の北端に面しており，南端の岬，マオリ語ではテクリアパウラ（パウラの犬），英語ではヤングニックズ岬を町からみることができる．この岬はジェームズ・クックの船，エンデヴァー号の乗組員が最初にみたニュージーランドの一部として有名である．地名は最初に発見した乗組員にちなむものである．クックが1769年10月8日に最初に降り立ったニュージーランドの地として，海岸に記念碑が建てられている．湾からすぐのカイテイKitei山の頂上にもクックの上陸記念碑があり，ここからこの町の美しい全貌を眺めることができる．

町の中心には3つの川が流れ込み，川の町とよばれている．北からタルヘル川，東からワイマタ川が合流しトゥランガヌイ川となるが，河口まで1.2 kmと，国内で最も短い川である．ギズボーン駅近くには比較的小さなワイカナエ川が流れ，町に川が集中する．ヒクランギ山は北島で第5位の高い山である．日付変更線が近くを通るため，世界で最初に日の出をみることができる山となっている．またワイカナエ浜，ミッドウェイ浜にも近く，徒歩で楽しむことができる．ウォーキングロードやサイクリングロードも2012年に延長された．町から8 kmのワイヌイ浜はサーフクラブがあり，世界チャンピオンを輩出する．この地は平均日照時間が2200時間と晴天の日が多い．夏季1月の平均最高気温は24.9°C，冬季7月の平均最高気温は14.1°Cと温暖な気候である．海岸近くは年平均降水量1000 mmであるが，高地の内陸部は2500 mmを超え，かなり差がある．

町の田園風景を維持し，休日の保養地として人気が高い．夏季にはキャンプ場が利用できる．スポーツもサッカー，ラグビー，クリケットが盛んである．おもな産業は農業，園芸，酪農，林業である．とくに果樹園芸が盛んで，有数のワイン生産地である．植物園の本拠地とよばれるギズボーン植物園を有し，5.1 haの敷地をもつ．1874年に起源をもち，ニュージーランド初期の木々が現存する．交通は国道35号が町を通り，郊外を西から南に国道2号が走っている．また鉄道はパーマストンノースギズボーン線があるが，現在では貨物だけを輸送する．石川県野々市市と姉妹都市の提携を結んでいる．

［植村善博・太谷亜由美］

ギズボーン地方　Gisborne Region　ニュージーランド

人口：4.4万（2013）　　［38°40′S　178°02′E］

ニュージーランド北島北東部の地方．太平洋に面する．ギズボーン以外に人口1000を超える町はなく，全体としては人口が少ない．行政はギズボーン地方政府によって行われている．この地方の内陸部は，森林に覆われた起伏の大きい丘陵地帯となっている．この地域の中心は起伏の多い峰が続き，北東部のワイアプ渓谷にあるヒクランギ山（標高1620 m）が最高峰であり，北島第5位の高さである．ウレウェラ国立公園はこの地方の西部に位置する．この地方は全国平均よりもマオリの人びとの居住が多く，全体の人口の50％を超える地もある．2007年に，ギズボーンの南東50 km，ヒクランギ海溝を震源とするM6.8の地震によって，この地方は被害を受けた．

［植村善博・太谷亜由美］

キズルス自治州　克孜勒蘇自治州
Kizilsu　　　　　　　　　　　　　　　　中国

キズルスキルギス自治州　克孜勒蘇柯爾克孜自治州（正称）

人口：45.2万（2002）　面積：67000 km²
　　　　　　　　　　　　[39°43′N　76°09′E]

中国北西部，シンチャン（新疆）ウイグル（維吾爾）自治区南西部の自治州．タリム（塔里木）盆地の西部に位置し，北西はクルグズ（キルギス）とタジキスタンに隣接する．北部にティエンシャン（天山）山脈があり，南西にはコングール（公格爾）山（標高 7719 m）とムスターグアタ（慕士塔格）山（7546 m）がそびえる．面積の 9 割が山地で，牧畜業が盛んである．州名はキズルス河に由来し，ウイグル語で赤い水を意味する．州政府所在地はアルトゥシ（阿図什）市である．アルトゥシ市とアクト（阿克陶），アクチェ（阿合奇），ウルグチャト（烏恰）の 3 県を管轄する．

紀元前にスルク（疏勒）国などのオアシス国家があった地である．8 世紀半ば頃ウイグル（回鶻）帝国の領域にあったが，のちにカラハンウイグル王朝領となった．16 世紀以降，カシュガル・ハン国に属した．18 世紀半ば頃に清朝に占領されたが，1864 年以降，カシュガリアに属した．1878 年清朝にふたたび占領され，84 年にカシュガル道とアクス道が設置された．1933 年頃，カシュガルを首都とする東トルキスタン共和国に属した．1949 年以降，中国の統治下に入り，54 年にキズルスキルギス自治区が設立され，56 年に自治州と改称された．名所にはスルタン・サトウク・ブグラハン陵墓，カラハンウイグル王朝遺跡などがある．

[ニザム・ビラルディン]

ギゾ　Gizo　　　　　　　　　　　　　　ソロモン

Ghizo（別表記）

人口：0.7万（2009）　面積：37 km²
　　　　　　　　　　　　[8°06′S　156°50′E]

南太平洋西部，メラネシア，ソロモン諸島西部，ウェスタン州の町で州都．州都のある小島の名称でもあり，首都ホニアラの西約 380 km に位置する．ホニアラを除くと，マライタ州の州都アウキとともに華人系の小規模小売店や行政機関が立ち並ぶ数少ない町的空間である．1869 年に初めてギゾ島にヨーロッパ人が居住し，現地の人びととの交易が拡大した．そして英領化に伴い，1899 年にソロモン諸島の西部を管轄する植民地行政機関がギゾに設置された．第 2 次世界大戦中に

は日本軍が占拠したこともある．1955 年に，イギリスの政策により，人口過密に陥ったイギリス領ギルバート諸島（キリバス）からギゾ島へ一部住民の移住が始まった．彼らは島の南部にあるティティアナ村に集住し生業に従事するとともに，町で商店などで賃金労働に就く者も多い．ギゾ島付近の海域はスキューバダイビングのスポットとして愛好家によく知られ，それを目的として訪れる外国人観光客も少なくない．

[関根久雄]

キーソン　Ky Son　　　　　　　　　　ベトナム

人口：7.0万（2009）　　[19°23′N　104°11′E]

ベトナム北中部，ゲアン省西部の県．漢字では崎山と表記する．ラオスと国境を接する．県都ムオンセン，および 20 村からなる．標高 1000 m 以上の山地からなり，最高峰は県南にあるプライレン Pulaileng 山で標高 2711 m である．県央を東西に流れるモー川が形成する谷沿いに国道 7 号が走る．谷沿いでは稲作，山地では稲とトウモロコシが栽培されている．おもな産業は，製材と採石，レンガ製造である．

[池口明子]

北アグサン州　Agusan del Norte, Province of　　　　　　　　　　　　フィリピン

アグサンデルノルテ州（別表記）

人口：69.2万（2015）　面積：3547 km²
　　　　　　　　　　　　[9°07′N　125°32′E]

フィリピン南東部，ミンダナオ島北東部，カラガ地方に位置する州．州都はカバッドバラン．北東部は北スリガオ州，東部は南スリガオ州，南部は南アグサン州，西部は北ミンダナオ地方の東ミサミス州に接する．州の中央部にはアグサン川が北流し，ボホール海へと注ぐ．河口部にはブトゥアンがある．地方行政区は 11 あり，村（バランガイ）は 252 である．ブトゥアンへはマニラから空路国内線で 1 時間 25 分，海上ルートではマニラおよびセブからブトゥアン港へのフェリー航路がある．1966 年 6 月 18 日，旧アグサン州が分かれて南・北アグサン州が成立した．ブトゥアン付近で考古学的出土品があり，フィリピン最古の定住集落があったと考えられている．産業の中心は農業で稲作が盛んである．

[石代吉史]

北アジア　North Asia

従来の地理的なアジア区分では，北アジアという区分はあまり使われてこなかったが，アジアを多角的にみるために近年，とくに歴史学，考古学，民族学などの人文学分野や，国際政治，国際関係，経済協力などの分野で使われることが多くなっている．北アジアに含まれるのは，アジアロシアとよばれるウラル山脈から東のシベリア（極東ロシアも含む），モンゴル，中国の東北地方（満洲）で，シベリアの大部分は比較的低平な山地と高原からなるが，中国の東北から極東ロシアにかけては，アムール川とリャオ（遼）河のつくる広い沖積平野が存在する．モンゴルや中国東北地方は，東アジアの一部にも位置づけられるが，北アジアという枠組みを設定したときは，その中核部分となる．

モンゴル高原からアルタイ山脈に続く高地は，砂漠や乾燥草原であるが，その北には広大な森林地帯が広がる．この乾燥地帯から森林地帯にかけての土地には，旧石器時代から人類の居住が認められ，アメリカ大陸へ渡ったモンゴロイドもシベリアにおいて寒冷地適応した人種ではないかと考えられている．面積では北アジアの大部分を占めるアジアシベリアは，ロシア人が進出してロシア世界の一部になることで，シベリア先住民であるモンゴル系民族やツングース系民族の世界と異質なものになってしまったようにみえるが，かつての狩猟や漁撈の生活様式を保って生活している一面もあり，その面ではモンゴルや中国東北地方とつながっている．

中国の歴史に登場する匈奴などの北方異民族は，この北アジアの地を活動の舞台にしており，そのほかにもチュルク系，モンゴル系，ツングース系と思われる民族が現れ，チュルク系は中央アジアからさらに西へ，モンゴル系はバイカル湖付近を中心に勢力を拡大し，ツングース系は東部シベリアから沿海州，満洲にかけて活動の場を広げていった．

歴史時代に入って中国が分裂して南北に分かれたり，全国が異民族によって支配されたりする時代がしばしば訪れるが，そのときの一方の主役は必ず北アジアから現れた．南北朝時代の五胡十六国の諸民族，北魏の鮮卑族，西北の突厥族やウイグル族，遼の契丹族，金の女直族，そして中国制覇を果たしたモンゴル族と満洲族，かれらは中国からみると北方から侵略してくる野蛮な民族であったが，それぞれの土地の環境のもとに国力を蓄え，独自の世界を形成していたことは中国での漢族と同様である．

従来はこのような民族の動きを中国に対する塞外（長城の外）や辺境の動きとしてとら

え，あくまで中国の周辺としてしか位置づけてこなかったが，独自の枠組みとして北アジア世界を置くことで，アジア北部のもつ意義を正しく理解できるであろう．それは東アジアや中央アジアとのつながりにおいても，北アジアを考慮することにより理解が深まる．たとえば東アジアから中央アジアを経て西方世界へいたるシルクロードは，砂漠とオアシスを経由する道と，北方のモンゴルからロシア平原を経由する草原の道が考えられるが，この草原の道というのは北アジアを縦断する道である．東アジアは陸上では中央アジア・北アジアとつながることにより，アジアの東端にありながら世界全体の中で大きな存在感を示したともいえるのである．

現代北アジア地域の課題としては，資源の開発とその有効利用であるが，それには東アジアとの連携が不可欠であり，そのような意識のもとで東北アジアないし北東アジアという呼称が使われる．英文表記では Northeast Asia で共通であるが，前者が範囲としては東アジアと北アジアを合わせ，とくに東アジアから北アジアとの連携を意識している呼称であるのに対し，後者は環日本海経済交流圏の構想を引き継いで，東アジアの関係国と極東ロシアを含む狭い範囲に使われることが多かったが，シベリアを広く含む場合には，東北アジアと変わらない範囲をいうことになる．　　　　　　　　　　　［秋山元秀］

北アンダマン島　North Andaman Island
インド

面積：2781 km²　長さ：78 km　幅：26 km
気温：23–29℃　　　　　　　　[13°15′N　92°55′E]

インドの東方，アンダマンニコバル連邦直轄地北部，アンダマン諸島最北部の島．本島のまわりには 50 以上の小島がある．年平均 2500 mm 以上の雨量があり，西海岸がとくに多い．島の地質は第三紀礫岩．最高峰は島の中央部やや東海岸に近いサドルピーク山（標高 750 m）で，島全体が熱帯林に覆われている．東海岸線は屈曲に富み，北部のブレア湾，南のベーコン湾，コンゴ湾は幅数 km，奥行き 18 km の細長い谷に海水が入り込んでいる．海岸にはマングローブ林が広がり，サンゴ礁が発達する．西海岸は多雨のため人口は少ないが，東海岸はバングラデシュなどからの移住者によって開発されている．行政中心地は東海岸のブレア湾の最も奥まったところにあるデイグリプルである．［成瀬敏郎］

北イロコス州　Ilocos Norte, Province of
フィリピン

イロコスノルテ州（別表記）

人口：59.3 万（2015）　面積：3468 km²
[18°12′N　120°36′E]

フィリピン北部，ルソン島北西端，イロコス地方に位置する州．州都はラワッグ．南は南イロコス州とアブラ州，東はカガヤン州やアパヤオ州と接している．住民はイロカノ語を話すイロカノ族が多い．耕地が狭く痩せていることから，周辺の州やミンダナオ島への移住，ハワイやアメリカ本土への移民が行われてきた．主要産業は米やトウモロコシ，タバコの栽培，牧畜，漁業．手織り機で織り出される織物は，この地方の有名な特産品である．パオアイ Paoay にあるサン・アグスティン教会は，1993 年「フィリピンのバロック様式教会群」としてユネスコの世界遺産（文化遺産）に登録されている．　　　［高野邦夫］

北インド平野　North Indian Plain ☞ ヒンドスタン平原 Hindustan Plains

北カザフスタン州　North Kazakhstan Region
カザフスタン

Severo-Kazakhstanskaya　Oblast'（露　語）/ Soltüstik Qazaqstan Oblısı（カザフ語）

人口：57.6 万（2014）　面積：97993 km²
降水量：300–350 mm/年
[54°53′N　69°10′E]

カザフスタン中央北部の州．州都はペトロパヴル（ペトロパヴロフスク）．北はロシアとの国境，東はパヴロダル州，南はアクモラ州，西はコスタナイ州に接する．都市人口比率は 36.6%である．冬が長く夏が短い厳しい大陸性気候で，1 月の平均気温は−19℃，7 月は 19℃である．

商業用ダイヤモンドのほか，スズ，ジルコニウム，ウランが採掘される．金，チタン，ジルコニウム，鉄などの鉱床，建築用石材，モルタル用砂，石灰岩などの非金属鉱床がある．温泉も 30 カ所ある．北部には平野が広がり，南部はコクシェタウの高地となっている．主要河川はイシム（イェシル）川で，貯水池を建設中である．淡水，塩水の湖が多数点在する．農業は耕種が農業生産の 70.9%で，小麦の生産は 2006 年 240 万 t でカザフスタンの 24.4%を占める．畜産では家禽が 210 万羽，牛は 32.5 万頭，羊，山羊が 18.2 万頭，そのほか馬，豚などである．工業では食

品加工が 4 割以上を占め，機械製造も伸び，皮革製品，家具の製造も行っている．東西にシベリア横断鉄道，南北にカザフスタン横断鉄道が走る．住民はロシア人，ウクライナ人，カザフ人からなる．1936 年にソ連カザフ自治共和国の北カザフスタン州として形成された．　　　　　　　　　　　　［木村英亮］

北カマリネス州　Camarines Norte, Province of
フィリピン

カマリネスノルテ州（別表記）

人口：58.3 万（2015）　面積：2320 km²
[14°02′N　112°54′E]

フィリピン北部，ルソン島南部，ビコール地方に位置する州．州都はダエット．首都マニラからマハルリカハイウェイを南に下ると，最初に到着するビコール地方の州なので，ビコールへの玄関口ともいわれる．スペイン統治期，北・南カマリネス州はアンボスカマリネスとよばれ，1 つの行政地域だった．その後，分離，併合を 2 回くり返した後，1919 年 3 月 3 日，フィリピン議会公法 2809 号により永久に分離された．スペイン時代から金鉱山，木材伐採で知られる．麻，およびクイーン種といわれるパイナップルの栽培が盛んである．メルセデスは大きな漁港の町であり，魚やエビを地元やマニラに供給している．　　　　　　　　　　　　［佐竹眞明］

北カリマンタン州　Kalimantan Utara, Provinsi
インドネシア

カリマンタンウタラ州（別表記）

人口：69.2 万（2012）　面積：75468 km²
[2°46′N　117°26′E]

インドネシア中部，カリマンタン（ボルネオ）島北部の州．2012 年 11 月施行の自治体設置法により 38 の郡をもつ 4 つの県と 1 つの市が東カリマンタン州より分離し，州に昇格した．2016 年 3 月現在，34 ある州のうち，最も新しく誕生した州である．ブルンガン Bulungan，マリナウ Malinau，ヌヌカン Nunukan，タナティドゥン Tana Tidung の 4 つの県とタラカン市から構成される．州都はタンジュンセロル．北はマレーシアのサバ州，南は東カリマンタン州，東はスラウェシ海，西はマレーシアのサラワク州と接している．居住する住民は，ブルンガン人，ティドゥン人，ダヤク人，バンジャル人，ブギス人，ジャワ人，スンダ人および中国系など，多種多様である．

金，石炭，石油，天然ガス，ダイヤモン

414　キタサ

〈世界地名大事典：アジア・オセアニア・極Ⅰ〉

ド，木材などの天然資源が豊富で，経済成長が著しく，今後への期待が大きい．複数の日系企業が進出し，エビの養殖事業や木材加工事業を行っている．さらに企業の社会貢献活動として，NPO団体や地方公共団体と共同でマングローブ植林事業やエイズ撲滅キャンペーンなどが手がけられている．また2007年には日本のODAプロジェクトとして，タラカンにおいてAMラジオ送信施設建設の支援がなされた．一方で，とくにマレーシア国境地帯はインフラが遅れ，住民はマレーシアとのつながりが強く，買い物や就業にマレーシアへ出かける住民も少なくない．今後，よりいっそうのインフラ整備や人的資源の活用が期待される．1970〜80年以後，外資系企業やジャカルタの大手企業による大規模な森林伐採がなされ，木材資源が枯渇，希少な野生動物が減少傾向にある．森林伐採跡地ではアブラヤシ（オイルパーム）農園開発が拡大してきている．そういった現状に対して，NGO団体や研究者グループが地域住民の衝突や環境負荷を問題視している．

タラカンは東部カリマンタンにおいて経済活動が最も盛んな町である．市の中心から3kmのところにあるジュワタ Juwata 空港はマレーシアとの国際線も発着する空港で乗降客が1年間で100万人に達し，北カリマンタン州の玄関口となっている．さらにマルンドゥン Malundung 港もまた物流の拠点とされる．タラカンのあるタラカン島では，19世紀にオランダ企業によって原油が発見され，その後油田都市として発展した．1942年1月には日本軍が同島へ上陸し，蘭印作戦を開始，前線の補給拠点となった．

ブルンガン県はもともと東カリマンタン州に属していたが，現在は北カリマンタン州の州都が置かれている．マリナウ県は北カリマンタン州最大の面積をもつ県である．県内にはティドゥン人とダヤク人が多く暮らす．県内には29.6 km²に及ぶマリナウ鉱山があり，ここで産出される石炭は日本やアジア各国へ輸出されている．ヌヌカン県は，タラカン市に次いで人口の多い県である．県内にあるトゥノンタカ Tunon Taka 港では毎日，インドネシア人労働者がマレーシアのサバ州タワウへ出稼ぎする光景がみられる．2003年には多くのインドネシア人非正規労働者がマレーシアから国外追放を受け，帰国させられた．タナティドゥン県は，歴史が最も浅く，面積，人口規模は最小である．マリナウ県と同様に，おもにティドゥン人が暮らしている．　　　　　　　　　　　　［浦野崇央］

北サマール州　Northern Samar, Province of

フィリピン

ノーザンサマール州（別表記）

人口：63.2万（2015）　面積：3693 km²
標高：200-500 m　　　［12°30′N 124°40′E］

フィリピン中部，サマール島北西部，東部ビサヤ地方に位置する州．州都はカタルマン．サマール島は東，西，北の3州に分かれるが，その中では北州がいちばん小さい．大半は，高くはないが起伏の大きい山岳地からなり，低平地に乏しい．年中雨が多く，10〜12月にかけて台風シーズンが訪れる．南部の州境近くで標高が高く，河川はすべて南から北に向かって流れ太平洋（フィリピン海）に注ぐ．主要低平地は，東部のパラパッグ川，中部のカトゥビッグ川，カタルマン川それぞれの中下流域一帯に限られる．河川流域では稲作，沿岸部と山麓ではココヤシ，アバカ（マニラ麻）栽培がみられる．ビーチ，瀑布，温泉など天然の観光資源にも恵まれるが，インフラ未整備のためまだ十分に活用されていない．北岸のカタルマンは商業・教育中心地．戦後52年間の年平均人口成長率は1.52%と低く，人口の州外流出を物語っている．　　　　　　　　　　　　　［梅原弘光］

北サンボアンガ州　Zamboanga Del Norte, Province of

フィリピン

サンボアンガデルノルテ州（別表記）

人口：101.1万（2015）　面積：7301 km²
　　　　　　　　　　　［8°00′N 122°40′E］

フィリピン南東部，ミンダナオ島東部，サンボアンガ半島地方北部に位置する州．州都は北部のディポログ．半島南部は南サンボアンガ州およびサンボアンガシブガイ州である．都市人口は21.5%．都市部の91%，農村部の43%に電気が通じている（1991）．中央部と東部は山がちであるが，肥沃な河谷に恵まれている．州内の交通は陸路が少なく，空路と沿岸航路に頼っている．ココヤシ，バナナ，アバカ（マニラ麻）に代表される農作物の生産が多く，ディポログおよびその北東のダピタンが積出港である．その他，漁業，林業，牧畜業なども盛んである．台風の通り道として有名．住民はキリスト教徒が多い．　　　　　　　　　　　　　［田畑久夫］

きたじま　北島　North Island

ニュージーランド

テイカアマウイ　Te Ika-a-Maui（マオリ語）／ノースアイランド　North Island（英語）／ほくとう（別表記）

人口：323.7万（2013）　面積：115778 km²
気温：16℃　　　　　　［41°17′S 174°47′E］

ニュージーランド北部を構成する島．マオリ語ではテイカアマウイでマウイの大きな魚（エイ）を意味する．国内総人口の7割以上が北島に住み，そのうち1/3がオークランド地方に住んでいる．オークランド半島北西端のノース岬は南緯34度39分，東経173度14分，南端のパリサー岬は南緯41度36分，東経175度17分である．9つの地方に分けられ，北からノースランド，オークランド，ワイカト，ベイオブプレンティ，ギズボーン，ホークスベイ，タラナキ，マナワツワンガヌイ，ウェリントン地方となっている．地方はさらに34の地区と9つの市に分けられ，全部で43地区に区分される．北島のGDP（2014）は1760億1600万NZドルで，国全体の約76%を占める．

最高峰はルアペフ山（標高2797 m）である．このルアペフ山を水源とする国内最長（425 km）のワイカト川は国内最大のタウポ湖にいったん流れ込み，ハウラキ平野を通り，オークランドの南，ワイク近郊でタスマン海に流れ込んでいる．またタウポ湖は過去7万年の間で最大の噴火である，2万6500年前に起きたオルアヌイ噴火の際に生じたカルデラと考えられている．現在では火山活動とともに生じる地熱エネルギーを幅広く利用しており，ワイカト川などの河川を利用した水力発電とともに国内の電力供給を担う．

気候は温暖で，北部のノースランド地方では亜熱帯気候に属する．ニュージーランドは偏西風の影響を受け，気候は温暖である．西からタスマン海を渡る風は湿度が高く，北島の火山帯から西側，および北側では降水量が多く，東側では少ない傾向にある．北島の北側から東側は，カイマナワ山地，ルアヒニ山地，タラルア山地が連続し，最大標高1700 m程度の脊梁山脈を形成している．北島は温帯混合林帯に属し，2つのエコリージョン（生物地理学的地域）に分かれ，北部はノースランド温帯カウリ林，南部は温帯林となっている．島内各地に広範な保護林や国立公園がみられ，オークランドや首都ウェリントン近郊にも保護林が形成されている．外来生物による固有種の絶滅が危惧される中，これらの保護林では徹底した外来生物の排除が行われ

北島（ニュージーランド），トンガリロ国立公園内にそびえるルアペフ山《世界遺産》〔小野有五提供〕

ている． 　　　　　　　〔植村善博・太谷亜由美〕

北スマトラ州　Sumatera Utara, Provinsi
インドネシア
スマトラウタラ州（別表記）
人口：1376.7万（2014）　面積：72981 km²
[3°35′N　98°40′E]

　インドネシア西部の州．スマトラ島北部およびインド洋上のニアス島，バトゥ諸島などよりなる．8市（コタ）25県で構成される．州都は北部スマトラの政治経済の中心地メダン．北西部はアチェ州と，南東部はリアウ州および西スマトラ州と州境を接する．北東部はマラッカ海峡に，南西部はインド洋に面する．州域の南には北西から南東に連なるバリサン山脈が走り，世界最大のカルデラ湖であるトバ湖がある．トバ湖の中央には630 km²の面積をもつサモシール Samosir 島が浮かぶ．バリサン山脈の北面からマラッカ海峡にかけて平野部が広がり，メダンもこの平野に位置する．多くの河川が山脈に端を発しマラッカ海峡に注ぐが，長大な河川はない．山脈の南西側，インド洋沿岸部の平野部は狭小である．ニアス島はスマトラ島北西岸の約140 km沖合にあり，面積5121 km²である．ニアス島南東約80 kmにあるバトゥ諸島はマサ Masa，タナバラ，ピニなどの島々からなる．バトゥ諸島を含めたニアス島の人口は75.6万（2010年センサス）であり，ニアス人が多数派である．

　州域は地勢などから3地域に分けられる．東岸部を構成する自治体は，北からランカット Langkat 県，ビンジャイ市，デリスルダン Deli Serdang 県，メダン市，スルダンブダガイ Serdang Bedagai 県，トゥビンティンギ市，バトゥバラ Batu Bara 県，アサハン Asahan 県，タンジュンバライ市，ラブハンバトゥウタラ Labuhanbatu Utara 県，ラブハンバトゥ Labuhanbatu 県，ラブハンバトゥスラタン Labuhanbatu Selatan 県である．内陸の高地部にはカロ Karo 県，ダイリ Dairi 県，パクパクバラット Pakpak Bharat 県，シマルングン Simalungun 県，プマタンシアンタール市，サモシール Samosir 県，トバサモシール Toba Samosir 県，フンバンハスンドゥタン Humbang Hasundutan 県，タパヌリウタラ Tapanuli Utara 県がある．西岸部には，タパヌリトゥンガ Tapanuli Tengah 県，シボルガ市，タパヌリスラタン Tapanuli Selatan 県，パダンシドゥンプアン市，マンダイリンナタル Mandailing Natal 県がある．内陸部ではあるが，パダンラワスウタラ Padang Lawas Utara 県，パダンラワス Padang Lawas 県もここに分類される．また，ニアス諸島のニアス Nias 県，グヌンシトリ市，ニアスウタラ Nias Utara 県，ニアスバラット Nias Barat 県，ニアススラタン Nias Selatan 県も西岸部に分類される．バトゥ諸島はニアススラタン県に含まれる．

　最高峰はカロ県南部に位置する標高2457 mのシブアテン山である．カロ県にある2451 mのシナブン山は，2010年8月から火山活動が活発化し，休止期間を置きながら16年現在でも噴火をくり返している．2014年には火砕流が発生し17人の犠牲者が出た．その北東15 kmにある2212 mのシバヤック山も火山である．州南部マンダイリンナタル県にある2145 mのソリックマラピ Sorik Marapi 山も火山であり，頂上部分はカルデラ湖となっている．トバ湖から流れ出てマラッカ海峡に注ぐアサハン川を利用した水力発電，およびその電力を使ったアルミ精錬を目的として，日本側企業連合の日本アサハン・アルミニウム社とインドネシア政府の合弁企業インドネシア・アサハン・アルミナム社が1976年に設立され，82年から操業を開始した．2013年12月に日本側の全保有株式をインドネシア政府に売却し，国有企業となった．

　インド洋に注ぐ川にはマンダイリンナタル県を流れるバタンガディス Batang Gadis 川がある．流域はソリックマラピ山とともにバタンガディス国立公園に指定されている．またユネスコの世界遺産（自然遺産）に2004年に登録された「スマトラの熱帯雨林遺産」の1つであるグヌンルスル Gunung Leuser 国立公園の一部に，北スマトラ州北部が含まれている．2004年12月26日に発生したスマトラ島沖地震では，大津波により隣接するナングロアチェダルサラーム州（現アチェ州）とともに州域のインド洋沿岸部およびニアス島などに大きな被害があった．さらに2005年3月28日に発生したニアス島沖地震でも，ニアス島で300人を超す犠牲者が出た．このほか，犠牲者が出ていない地震を含めるとインド洋側で頻繁に地震が発生している．

　2000年のセンサスによれば，主たる民族構成は，バタック人42.0％，ジャワ人32.6％，ニアス人6.4％，マレー人4.9％，華人3.1％，ミナンカバウ人2.7％である．バタック人はさらにサブグループに分かれる．バタック人の3割弱がキリスト教徒（多くはプロテスタント）だといわれる．バタック人のプロテスタント団体としてプロテスタント・バタック・キリスト教会（HKBP）が有名である．

　2012年の域内総生産額に対する産業別寄与率は，工業22.1％，農業21.9％，商業・ホテル・レストラン19.1％，サービス11.1％，運輸通信9.4％，金融7.5％，建設6.7％，鉱業1.3％，電気・ガス・水道0.9％となっている．また，1人あたりの域内総生産額は2012年で2656万ルピアとなり，米ドル換算でおよそ2800ドルである．北スマトラ州は，植民地期からプランテーションが盛んなことで有名であった．タバコ，ゴム，コーヒーなどが栽培されていた．現在ではアブラヤシ，ゴム，ヤシ，カカオなどがおもな作物となっている．接収したオランダ資本の農園を淵源とする第2〜4国有農園会社（PTPN II〜IV）の本社がメダンに置かれている．ランカット県のパンカランブランダンは植民地期から油田開発が行われ精油所があ

ったことで有名である．現在も小規模な製油所がある．ランカット県には天然ガス田がある．

空路のアクセス拠点には，メダン北西に位置するデリスルダン県にあるクアラナム Kualanamu 国際空港がある．2013 年 7 月から運用を開始した新しい空港である．最新空港だけにインドネシアには珍しくメダン中心部と鉄道で結ばれており，40～50 分でアクセスできる．従来国際空港として使用されていたメダン市内のポロニア Polonia 空港は，現在スウォンド Soewondo 空港と名称を変更し，空軍基地となっている．港湾は，メダン北部マラッカ海峡に面する国際港湾ブラワン港が最大である．ブラワン港の東側は海軍基地も置かれている．このほかに，マラッカ海峡に面したタンジュンバライ港やインド洋に面した港にはシボルガ港がある．メダンには国有の第一港湾会社の本社がある．メダンには国有鉄道会社の第 1 管区があり，メダンとトゥビンティンギ，タンジュンバライ，ランタウプラパット（ラブハンバトゥ県の県都）を結ぶ旅客路線がある．道路は鉄道と同様，州南部のランタウプラパットからタンジュンバライ，トゥビンティンギ，メダンを結ぶ線が動脈である．メダンを通りアチェ州東岸部のランサに続いていく．また，メダンからトバ湖の東岸，南岸を通りインド洋側シボルガへ抜ける路線が州の横断道路として重要である．これら両路線には，将来高速道路の建設も計画されている．　　　　［柏村彰夫］

北スラウェシ州　Sulawesi Utara, Provinsi
インドネシア

スラウェシウタラ州 (別表記)

人口：227.1 万 (2010)　面積：13852 km²
[1°29′N　124°51′E]

インドネシア中部，スラウェシ島北部の州．ミナハサ半島の先端に位置し，三方を海に囲まれている．北からタラウド Talaud 県，クプラウアンサンギヘ Kepulauan Sangihe 県，シアウタグランダンビアロ Siau Tagulandang Biaro 県，半島部の先端からミナハサウタラ Minahasa Utara 県，ミナハサ Minahasa 県，ミナハサトゥンガラ Minahasa Tenggara 県，ミナハサスラタン Minahasa Selatan 県，ボラアンモンゴンドウティムール Bolaang Mongondow Timur 県，ボラアンモンゴンドウ Bolaang Mongondow 県，ボラアンモンゴンドウスラタン Bolaang Mongondow Selatan 県，ボラアンモンゴンドウウタラ Bolaang

Mongondow Utara 県の 11 県とビトゥン市，マナド市，トモホン Tomohan 市，コタモバグ市の 4 市（コタ）からなり立っている．

11 県中 3 県は州北部の群島に存在する．州最北のタラウド県はフィリピンと国境を接している．北側はスラウェシ海，東と南はマルク海，西ではゴロンタロ州と接している．州都はマナドである．州はビトゥン西方のクラバット山（標高 1990 m）をはじめとして山がちな地勢で，海岸部に平地がある．

16 世紀にはポルトガル人が訪れ，同世紀中葉にはマナド王がカトリックの洗礼を受けている．その後 17 世紀にはスペイン人が来て布教を続ける．しかし，イスラーム教が広まっていた州西部のボラアンモンゴンドウ地域以西では，キリスト教の布教は成功しなかった．その後，17 世紀にはオランダ東インド会社の支配下に入り，プロテスタントへの改宗が行われる．このような経緯から住民の多くがプロテスタントを信仰し，その割合は現在 60% 以上になるという，イスラーム教徒が多数を占めるインドネシアでは，他の地域と異なる宗教構成をもつ州といえる．1942 年 1 月 11 日に日本軍の侵攻があり，45 年 8 月 17 日のインドネシア独立宣言によりスラウェシ州の一部になった．その後，1960 年に北・中スラウェシ州，64 年に北スラウェシ州，そして 2001 年にゴロンタロ州が北スラウェシ州から分離し，現在の北スラウェシ州が成立した．なお，第 2 次世界大戦前から，ミナハサ半島にはカツオ漁のために沖縄から漁業者が訪れていた．

主要な農産物は，カカオ，カシューナッツ，クローブ，ナツメグ，バニラなどがあげられる．また，パームオイルも生産されている．牧畜業では，キリスト教徒の多いこともあり豚も生産されている．ビトゥンを中心に漁業も盛んで，マグロ，カツオなどが漁獲されている．また，ビトゥンには総合工業団地（2.5 km²）がある．州の産業として期待されているものに観光業がある．ミナハサ半島先端部周辺には，マナドの沖合ブナケン Bunaken 島をはじめとして多くのダイビングスポットがあり，人気がある．

［山口真佐夫］

北スリガオ州　Surigao Del Norte, Province of
フィリピン

スリガオデルノルテ州 (別表記)

人口：48.5 万 (2015)　面積：1973 km²
[9°40′N　125°38′E]

フィリピン南東部，ミンダナオ島の北東端および沖合に浮かぶディナガット，シアルガオ，ノノック Nonoc などの島々で構成されるオフショール Offshore 諸島などカラガ地方に位置する州．1960 年にスリガオ州が北スリガオ州と南スリガオ州に分離されて成立．東はフィリピン海に面している．州都はスリガオ市．同市は 16 世紀頃にスペイン人によって建設された港湾．首都マニラなどの主要都市を結ぶスリガオ空港がある．住民の 48% が都市部に住む．また都市部の 75% と農村部の 52% に電気が通じている (1991)．州全体では海岸部を除き山がちである．降水量は年中多雨であるが，9～11 月にかけてが多い．鉱工業が盛んで，鉄鉱石，金，クロム鉱などの埋蔵量が豊富であるが，とくにノノック島のニッケルの埋蔵量は世界有数でその精練所もある．主要な産業はセメント製造，および商品作物としてのココヤシ，バナナ，主食としての米，トウモロコシに代表される農業である．スペイン人が 16 世紀にこの州に入植した．現在住民の 95% はセブアノ語を話す．フィリピン海溝がすぐ東側にあり，地震の発生が多い．　　　　［田畑久夫］

北センティネル島　North Sentinel Island
インド

人口：15 (2011)　面積：72 km²
[11°30′N　92°15′E]

インドの東方，アンダマンニコバル諸島連邦直轄地北部，アンダマン諸島の島．南アンダマン島の西 40 km の海上，ベンガル湾にある．直径 8 km ほどの島の周囲はサンゴ礁に囲まれる美しい島である．　［成瀬敏郎］

きたたいせいよう　北大西洋 North Atlantic Ocean

深さ：8605 m

大西洋のうち，赤道より北側の部分．赤道から北極海のスヴァールバル諸島近海まで，ほぼ中央を大西洋中央海嶺が南北に連なり，中央海嶺が唯一陸上に現れるアイスランドでは，プレートの境界に沿って割れ目噴火が続き，それを境に東西に大地が拡大している．カリブ海・メキシコ湾から北上する暖かなメキシコ湾流（ガルフストリーム，Gulf Stream）はヨーロッパ大陸の西側を洗い，温和な西岸海洋性気候を西ヨーロッパにもたらすが，北米大陸東岸では，東グリーンランド海流，ラブラドール海流が北極海から南下す

るため，冬の寒さが厳しい大陸東岸気候となっている．

1949年にアメリカ合衆国，イギリス，フランスを中心として締結された北大西洋条約機構(NATO)は，冷戦下，当時のソ連に対抗するための軍事同盟であった．1991年のソ連崩壊により当初の意味は消滅したが，その後，東ヨーロッパの旧ワルシャワ条約加盟国のNATO参加が急増したことで，ロシアとの間には新たな緊張を生んでいる．15〜19世紀の奴隷貿易をはじめとして，北大西洋の存在は人類史に大きな影響を与えた．

［小野有五］

きたたいへいよう　北太平洋
North Pacific Ocean

深さ：10911 m

太平洋を赤道で二分したとき，北側の太平洋をさす．南側は南太平洋とよぶ．面積は，それぞれ太平洋全体（約1億7970万 km²）のほぼ半分である．太平洋には全体で約2万5000もの島々があるが，その大部分は南太平洋にあり，北太平洋には，アリューシャン列島，クリル列島，日本列島，琉球列島，伊豆・小笠原諸島，マリアナ諸島，フィリピン諸島，カロリン諸島，マーシャル諸島，ハワイ諸島などが分布する．ほぼ赤道上にあるギルバート諸島とガラパゴス諸島は，南太平洋の島々とされる．最大の島はカリマンタン島であるが，そのほぼ北半分が赤道より北になる．東西の幅は北緯5度付近で最も広く約1万9800 km，南北はベーリング海から赤道まで約7800 kmほどである．

大部分が太平洋プレートからなり，地形的には，深度4000 mほどの平坦な大洋底からなる．西ないし北西に移動する太平洋プレートの沈み込みによって，その北西縁〜西縁では，アリューシャン海溝，クリル・カムチャツカ海溝，日本海溝，伊豆・小笠原海溝，マリアナ海溝などの深い海溝が連なり，マリアナ海溝のチャレンジャー海淵では地球上で最も深い1万911 mに達している．また，太平洋プレートの西縁部はフィリピン海プレートとなり，その西縁には琉球海溝，フィリピン海溝が連なっている．

太平洋プレートの沈み込みに伴い，海溝の西側の島は弧状列島をなし，火山活動も活発である．また，プレートの内部で，局所的にマグマがわき上がるホットスポット上に位置するハワイ諸島では，海洋プレートをつくる玄武岩質のマグマが大量に噴出し，海面から

の標高でも4000 mを超えるマウナロアなどの高い火山がみられる．これらの火山は大洋底からそびえており，大洋底からの高さは1万mにも達している．

北太平洋を特徴づけるのは，南米のペルー・エクアドル沖から西に，時計まわりに流れる北太平洋海流の流れである．この流れはフィリピン諸島にぶつかって北上し，日本海流となって日本列島の南岸をさらに北上し，北太平洋海流となってアラスカに向かって流れている．日本海流は，濃い紺色にみえるために「黒潮」ともよばれ，日本列島の太平洋岸に冬でも温和な気候をもたらしている．一方，ベーリング海やオホーツク海からは，冷たい寒流である千島海流（親潮）が南下するため，両者がぶつかり合う三陸沖では，密度の高い親潮がわき上がり，黒潮と混合して，世界有数の漁場となっている．

ベーリング海からの寒流は東に向かってはアリューシャン海流となり，アラスカ沿岸からさらにカリフォルニアに向かって南下し，カリフォルニア海流となる．この寒流は，アラスカからカナダ，カリフォルニア北部の太平洋岸にかけて霧や雨の多い気候をもたらす．

赤道太平洋東部のペルー・エクアドル沖でクリスマス頃に海水温が上昇し，ふだんは乾燥しているペルーの砂漠地帯に大雨が降ったり，南太平洋を北上してくる寒流のフンボルト海流の湧昇が弱まったりする現象は，「エルニーニョ」（スペイン語で男の子の意味，クリスマスに誕生したイエス・キリストをさす）とよばれている．この現象と，北赤道海流の流れの弱化，それに伴う赤道太平洋西部，インドネシアなどでの干ばつなどが連動して起こることが注目され，赤道太平洋での東西の気候変動が関連していることから，エルニーニョ・南方振動（ENSO；El Niño Southern Oscillation）とよばれるようになった．反対にエクアドル・ペルー沖で海水温が下がり，インドネシア側で海水温が上昇するときはラニーニャ（スペイン語で女の子の意味）とよばれる．

北太平洋は，日本からアメリカ大陸に向かうときの大圏航路ともなっており，航海だけでなく，航空機にとっても重要なルートとなっている．　　　　　　　　　　　［小野有五］

きたちょうせん　北朝鮮 ☞ ちょうせんみんしゅしゅぎじんみんきょうわこく **Korea, Democratic People's Republic of**

北デヴォン島 North Devon Island ☞
デヴォン島 Devon Island

北トゥルバン島　**Terbang Utara, Pulau**
インドネシア

トゥルバンウタラ島（別表記）

人口：0 (2008)　　　　　　［7°17′S　128°34′E］

インドネシア東部，バラットダヤ諸島，マルク州，マルクバラットダヤ県の小島．ダマル島の南約9 kmに位置する．南トゥルバン島とともにトゥルバン諸島を構成し，そのうち北（インドネシア語でutara）側に位置している．北トゥルバン島の南側の海は深さ73 mで，トゥルバン諸島周辺においては船舶の停泊に適している．北トゥルバン島と南トゥルバン島の間の海峡は，流れがきわめて急になることがある．標高は142 mで，無人島である．　　　　　　　　　　　　　　［森田良成］

キダパワン　**Kidapawan**
フィリピン

人口：12.5万 (2015)　面積：359 km²
［7°01′N　125°05′E］

フィリピン南部，ミンダナオ島，コタバト州東部の都市で州都．プラギ川とその支流が形成する広大なコタバト平野の東端，ミンダナオ中央高地南部西麓に位置する．市といっても面積が広く，広大な農業用地を含む．

このあたりは，もとはマノボとよばれる先住民の生活領域であった．彼らは，18世紀以降イスラーム教徒マギンダナオの勢力が及ぶようになって山麓に後退，20世紀に入るとアメリカ統治下でキリスト教徒フィリピン人の入植が奨励されてビサヤ諸島から大量の移住者が流入，低平地から山麓が占拠されて，さらに高地に押しやられた．当初，ここはコタバト州ミドサヤップのピキット町区に含まれたが，戦後1947年にピキットから独立してキダパワン町となった．当時のコタバト州にはコタバト，ドゥラワン，ミドサヤップの3町しかなかったため，キダパワンは4番目の町の誕生であった．その後1968年にコタバト州からマギンダナオ州，スルタンクダラット州，南コタバト州が分離独立，一時期，北コタバト州とよばれたこともある．入植者は着実に増えて，1973年には州都に指定され，98年に構成市となった．1995年の人口が8.8万であったが，20年後の2015年には14万に増大している．

州内では農産物加工工業，商業中心地であ

るが，大きくみると西のコタバト，東のダバオ，ジェネラルサントスの経済圏に入る．経済活動としては農業が中心で，ゴムプランテーションのほか，花卉栽培，種苗生産からドリアン，マンゴスチンなど果樹栽培も盛んである．近年の観光産業ブームに伴い，市の中心街が国内最高峰アポ山（標高 2954 m）の西方 22 km という立地の良さから同山登山口となり，登山客，トレッキング客など大勢の観光客で賑うようになった． [梅原弘光]

キタブ　Kitab ウズベキスタン
Kitob （別表記）

人口：2.9 万 (1989)　　　[39°08′N　66°52′E]

ウズベキスタン中央南部，カシカダリア州北東部の都市．州都カルシの東北東 97 km，カルシからの鉄道支線終着駅の北東 4.8 km にある．肥沃なオアシスで綿花精製の中心地である．綿花，稲，果樹が栽培される．1927 年に，北緯 39 度 08 分線上に建設された，世界の 6 つの国際緯度観測所の 1 つが置かれている． [木村英亮]

北ベトナム　North Viet Nam
ベトナム

面積：158000 km²

ベトナム民主共和国(1945～76)の通称．1945 年の八月革命によってハノイを首都として成立し，ベトナム戦争を経て南北ベトナムが統一するまで続いた社会主義国家．独立をめぐって旧宗主国のフランスと第 1 次インドシナ戦争(1946～54)を戦い，ディエンビエンフーの要塞を陥落させたが，ジュネーヴ協定により領土を北緯 17 度線以北に限定された． [筒井由起乃]

北ボルネオ　North Borneo ☞ サバ州
Sabah, Negeri

北マリアナ諸島　Northern Mariana Islands アメリカ合衆国

人口：5.4 万 (2010)　面積：472 km²
気温：25-27°C　　　[15°10′N　145°42′E]

北太平洋西部，ミクロネシア，アメリカ合衆国領の諸島．マリアナ諸島のうち，最南端のグアム島を除いた 17（マウグ Maug 諸島の 3 島を一括りにすると 15）の島々からなる

未編入の自治領（コモンウェルス）である．島々は南北方向に約 800 km にわたって列島状に連なる．おもな島は南からサイパン島，ティニアン島，ロタ島で，他の島々にはほとんど人は住んでいない．南の島々は石灰岩からなり，サンゴ礁で縁どられている．北の島々は火山島で，山がちである（アグリハン Agrihan 島の最高峰は標高 965 m である）．列島の東側には世界一深いマリアナ海溝（最深部の水深はほぼ 1 万 m）があり，太平洋プレートとフィリピン海プレートとの境界をなす．熱帯海洋性気候下にあって北東貿易風の影響を受け，雨季は 7～11 月で，年平均降水量は 2500 mm を超えている．気温は一年を通じて安定している．

中心都市はサイパン島のススペである．ただし，連邦関係の機関の一部は，かつての政治の中心地であるキャピトルヒル Capitol Hill 地区に残されている．また，自治体としての単位であるサイパンそのものをもって政治の中心地とする扱い方もある．通貨は US ドルである．公用語は英語，チャモロ (Chamorro) 語，カロリン語であるが，英語が広く使われている．その他に，日常的にはフィリピン語や中国語も用いられ，日本語も通じる．宗教はカトリックで，民族構成はつぎに述べる歴史的経緯からして複雑で，かなり混血が進んでいる．大きく分ければ，チャモロ人，カナリア諸島民などの太平洋諸島民が 36%，フィリピンや中国から流入したアジア人が 56%，そして白人が 2% である．先住民のチャモロ人は少なくなっている．この諸島の先住民はオーストロネシア語族に属するチャモロ族で，少なくとも 3500～4000 年前から居住していたことが考古遺跡から確認されている．先史時代は先ラッテ(Pre Latte)時代，移行期，ラッテ時代に分けられる．先ラッテ時代のものとしては赤色陶器があり，またラッテ時代の明確な遺跡としてはラッテストーンが残されている．典型的なラッテストーンは，大きな臼状石を頂いた石柱が列状に並んだもので，重要な建物の礎石として用いられたものとみられている．ティニアン島では高さ 5 m 大のものが最大である．このラッテストーンは紀元 800 年頃からみられるようになり，西洋人と接触し，その影響を強く受けるようになる 16～17 世紀まで続いたとされる．

ポルトガルの探検家フェルディナンド・マゼランが世界周航途上の 1521 年にこの諸島の南端に位置するグアム島を発見したのを契機として，その他の島々もヨーロッパ人に知られるようになった．1565 年には，スペイ

ンの探検家ミゲル・ロペス・デ・レガスピがフィリピンに向かう途上にこれらの島々の領有を宣言した．その後，スペイン人はメキシコとフィリピンを結ぶ航路を拓き，ガレオン船とよばれる大型帆船で太平洋をしきりに行き来した．その際に，マリアナ諸島最南端のグアム島は航路の指標となるとともに重要な中継地の役割を果たした．さらに，太平洋における覇権の確立を目ざしたスペインは，1667 年にグアムから北マリアナ諸島のマウグ島までの領有権を主張し，68 年にはスペイン領とし，フィリップ 4 世の后の名にちなんでマリアナ諸島と命名し，宣教団を派遣するとともに本格的な統治に乗り出した．それに対して 1672 年からチャモロ人の抵抗が断続的に続いたが，95 年の戦争に負けたサイパン島より北のチャモロ人はサイパン島へ，さらに 98 年にはグアム島へと強制移住させられた．さらにヤップ島やパラオ諸島へと移った者もあった．なお，一部には山中に逃れ生き延びた者もあったものの，これを契機にチャモロの人口は激減した．

一方，古くから交流のあったカロリン諸島からの移住が 19 世紀に入って認められたことから，同諸島からの移住者が増えた．また，1815 年頃から現ミクロネシア連邦に属するチューク Chuuk（トラック Truk）諸島とヤップ島の島民もサイパンに居住することが認められるようになり，その子孫がいまもサイパンに多く住んでいる．

1899 年の米西戦争を境に，これらの島々はドイツによって買収され（グアム島はアメリカに），ドイツによる統治が 1914 年まで続いた．ドイツはコプラ生産を導入し，教育や道路建設を行ったものの，本格的な統治にはいたらなかった．1914 年から日本の統治下に入り，第 1 次世界大戦後の 20 年から国際連盟の委任統治領として日本による本格的な統治がスタートし，44 年まで続いた．その間 30 年有余にわたって道路，ドック，水供給システムなどの社会基盤の整備や，南洋興発社による製糖工場，蒸留酒精製工場の設立・稼働，リン鉱石開発などが進められ，1938 年には約 4000 人の先住民に対してサイパン島やロタ島で活躍する日本人は 4.5 万人にも達した．太平洋戦争期，1942 年のミッドウェー海戦で勝利を収めたアメリカ軍は反転攻勢に転じ，44 年には激戦の末にこの地域を奪取した．そして，サイパン島とティニアン島に軍事基地を設け，後者には本格的な飛行場をつくり，日本への大規模な空襲の拠点となった．1945 年 8 月には，ティニアン島から飛び立った B 29 爆撃機によって広

島と長崎への原爆投下がなされた．日本側は，この間の激戦で大多数の将兵を喪うとともに，民間人にも多くの犠牲者が出た．戦争末期にはサイパン島北端のバンザイクリフから民間人が多数投身自殺したことはよく知られる．そうした戦跡や廃墟がサイパン島やティニアン島にはいまも数多く残されており，戦争で亡くなった人たちを弔う各種の施設が建てられている．

戦争終結によってアメリカは，軍政期を経て，1947年から国連信託統治地域としてこの地域を統治することになった．1962年からは内務省の管轄下に入り，政府本部がサイパン島中央部のキャピトルヒルに設けられた．さらに，1975年に住民投票が行われ，コモンウェルスとして自立しながらアメリカとの政治的結合を維持することが決まり，78年には自治政府が発足した．国際的には1986年をもって国連信託統治地域としての地位は終了し，正式にアメリカのコモンウェルスとなった．立法府は上院と下院の両院からなり，選挙で選ばれた知事が行政を司っている．司法は，北マリアナ独自の裁判所と連邦裁判所によって施行されている．なお，アメリカ合衆国の立法府に関しては，下院に代表を送るが，本会議での投票権は与えられていない．

おもな産業は，観光業，繊維業，農業，水産業で，近年は観光業の比重が高い．主たる輸出品は衣類とコプラである．農産品としてはヤムイモ，サツマイモ，マニオクなどのイモ類，ココナッツ，ビンロウ，コーヒー，サトウキビ，タバコなどがある． ［橋本征治］

北マルク州　Maluku Utara, Provinsi
インドネシア

マルクウタラ州 (別表記)

人口：103.8万 (2010)　　[0°48′N　127°24′E]

インドネシア東部，マルク(モルッカ)諸島の州．セラム海以北で，おもにハルマヘラ島，スラ諸島を中心とした地域が該当する．行政上は，ハルマヘラ島の5県，クプラウアンスラ，モロタイ島，テルナテ，クプラウアンティドレの合計9県からなる．州都はハルマヘラ島のソフィフィ．

15世紀よりクローブ，ナツメグの生産でヨーロッパに香料諸島として注目されたモルッカ諸島のよび名で知られる．古くからテルナテやティドレに港市があり，中国，マレー半島との交易が行われ，13世紀頃にマレー系の民族が移住したと考えられている．これにより，15世紀にはとくにテルナテでイスラーム教が広まり，テルナテを拠点にしていたスペインと，ポルトガル，オランダが香料貿易の拠点をめぐり争った．17世紀になるとオランダ東インド会社が支配権を確立し，オランダ領植民地の一部となった．インドネシア独立後，マルク州となるが，北マルク州は1999年の地方自治推進によって，比較的キリスト教化の進んだマルク州から分離した．2003年のメガワティ政権下で県制・市制が確定し，ハルマヘラスラタン県，ハルマヘラウタラ県，ハルマヘラティムール県，クプラウアンスラ県，クプラウアンティドール市の5つの第2級地方行政体(県・市)が発足した．2010年に州都はそれまでのテルナテからソフィフィに移転している．ハルマヘラ島内にはギーとブリ岬に鉱山がありニッケル鉱を産出する． ［澤 滋久］

北ラナオ州　Lanao Del Norte, Province of
フィリピン

ラナオデルノルテ州 (別表記)

人口：101.9万 (2015)　面積：4160 km²
　　　　　　　　　　[8°03′N　123°47′E]

フィリピン南東部，ミンダナオ島，北部ミンダナオ地方に位置する州．州都はトゥボッド．ミンダナオ島北西部に位置し，北はイリガン湾，西はパンキル湾をはさみサンボアンガ半島，東はブキドノン州，南は南ラナオ州に囲まれ，政令指定都市イリガンと22の町村からなる．スペイン来訪以前よりイスラーム教徒のマラナオ族が居住し，キリスト教宣教師らが布教に努めたが，激しい抵抗にあった．現在ではキリスト教徒入植者が大半を占める．農産物はおもにバナナ，ヤシ，米，果物，野菜を栽培し，海岸沿いはロブスター，カニ，エビ，ミルクフィッシュ，マグロ，海藻などの海産物も豊富である．また，家具，真鍮・窯業製品製造も盛んである．
　　　　　　　　　　　　　　　 ［小張順弘］

北リーフ島　North Reef Island

面積：3.5 km²　　　　[13°05′N　92°43′E]

インドの東方，アンダマンニコバル諸島連邦直轄地北部，アンダマン諸島の島．アンダマン諸島最北端にある北アンダマン島の西沖合9 kmに位置する．直径3 kmほどの小さな島で，島の周囲はサンゴ礁に囲まれる．
　　　　　　　　　　　　　　　 ［成瀬敏郎］

ギッサル　Gissar
タジキスタン

Hisor (別称)／ヒッサル　Hissar (別称)

人口：2.1万 (1991)　　[38°32′N　68°33′E]

タジキスタン中央部，共和国直轄地の町．ギッサル山脈の南のはずれ，ババタク山脈北側のギッサル渓谷にある．首都ドゥシャンベの西南西19 km，カフィルニガン川とスルハンダリア川をつなぐギッサル運河沿いに位置する．鉄道が通り，ハナカ駅がある．綿花，金属細工，ギッサル羊で有名である．ヒッサルともよばれる．要塞の門，クフナメドレセ，ナウメドレセなど17〜19世紀の建築群が部分的に残る．16世紀のマフドゥミ・アザミ廟もある． ［木村英亮］

ギッサル渓谷　Gissar Valley
タジキスタン

標高：700-1000 m　長さ：100 km
　　　　　　　　　　[38°55′N　68°15′E]

タジキスタン中央部，共和国直轄地の渓谷．首都ドゥシャンベとヒヴァル地区を中心とする．東はヴァフダト地区，トゥルスンダ地区，南はハトロン州境，西はウズベキスタンとの国境までを含む．ギッサル山脈南麓に広がり，夏の平均気温は29℃で，豊かな水で綿花の栽培が行われる． ［木村英亮］

ギッサル山脈　Gissar Range
ウズベキスタン／タジキスタン

Hisor Tizmasi (別表記)

標高：4643 m　長さ：200 km
　　　　　　　　　　[38°55′N　68°15′E]

ウズベキスタンとタジキスタンにまたがる山脈．ゼラフシャン川とアムダリア川の流域の分水嶺をなし，パミールアライ山系の西部，ゼラフシャン山脈の南側に東西200 kmにわたる．おもに結晶岩，砂岩，花崗岩で形成される．ドゥシャンベ(タジキスタン)・テルメズ(ウズベキスタン)鉄道に沿って延びる．タシケント〜ドゥシャンベ間の自動車道路が，アンゾブ峠(標高3372 m)を越えて通っている．1940〜42年に建設されたギッサル運河によって，カフィルニガン川からスルハンダリア川まで排水され，この地域では綿花や亜熱帯作物が栽培されている．タジキスタン西部のギッサル渓谷には，ギッサルの町がある． ［木村英亮］

キッドナッパーズ岬　Kidnappers, Cape

ニュージーランド

マタウポマウイ　Mataupo Maui（マオリ語）

[39°39′S　177°04′E]

　ニュージーランド北島，ホークスベイ地方の岬．ホーク湾南端，ネーピアの南東20km，ヘースティングズの東にあり，砂岩でできている．世界最大で近接しやすいガネット（カツオドリ）の生息地があり，繁殖を行う様子など，自然の状態のガネットが身近に観察できる．ネーピアから日帰りツアーが夏季にできる．地名は，ジェームズ・クックの最初の航海で，武装したカヌーの取引を所有者と行おうとした際に，クックの通訳であるタヒチ人の使用人がマオリに捕まえられ，難を逃れるため海に飛び込んだという事件をもとにつけられた．マオリ語名はマタウポマウイ（マウイの釣り針）である．この岬は壮大な崖で形成され，1963年に建設された小型の灯台も立っている．この灯台のまわりにもガネットが生息し，豊かな自然風景が広がる．国道2号から分岐する道路ミルロードを南下し，クリフトンロードにいたる．

[植村善博・太谷亜由美]

きつりんしょう　吉林省 ☞ チーリン省 Jilin Sheng

キドゥロン岬　Kidurong Tanjung

マレーシア

標高：2 m　　[3°16′N　113°03′E]

　マレーシア，カリマンタン（ボルネオ）島北部，サラワク州中央部の岬．州中部の中心都市ビントゥルの北北東に位置する．岬には灯台が設置されており，岬の北側は断崖となっている．岬の周辺には森林保護区が設置されている．岬の南側にはスバタン川があり，集落が点在する．岬からビントゥル方向へ約20kmの地点にビントゥル港があるが，この港は，クチンと並ぶ州内の主要港である．

[生田真人]

キナバタンガン川　Kinabatangan, Sungai

マレーシア

面積：16800 km²　長さ：560 km

[5°49′N　118°20′E]

　マレーシア，カリマンタン（ボルネオ）島北部，サバ州の川．国内ではサラワク州のラジ

ャン川（全長563 km）に次いで長く，州内最大の河川である．州内陸のタンブナン山（標高916 m）の山麓に源を発し，北東に流れて，サンダカンの東南東48 kmの地点でスル海にそそぐ．河口からおよそ120 kmの地点までは小型船の航行が可能で，河口部は広大なデルタとなっている．流域には，ボルネオ固有種のテングザルや，オランウータンなど多様な動植物が生息する．

[生田真人]

キナバル山　Kinabalu, Gunung

マレーシア

標高：4095 m　　[6°04′N　116°33′E]

　マレーシア，カリマンタン（ボルネオ）島北部，サバ州北部の山．国内最高峰であると同時に，東南アジアの最高峰でもある．一帯は国立公園に指定されており，とりわけ鳥類の多様性に富む．キナバル山は2000年にサラワク州北東部のムル山と並んで，それぞれ「キナバル自然公園」，「グヌン・ムル国立公園」としてユネスコの世界遺産（自然遺産）に登録された．キナバル山とキナバル自然公園は，サバ州における主要な観光地ともなっている．キナバル自然公園本部はコタキナバルから北東約88 kmの地点にある．この付近の標高は1600 mで冷涼であり，宿泊施設も完備している．公園内の南東端にはポーリン温泉がある．

[生田真人]

キナラサグ島　Quinalasag Island

フィリピン

人口：0.4万（2015）　　[13°56′N　123°38′E]

　フィリピン北部，ルソン島南東部，南カマリネス州の島．州都ピリの北東約50 kmに位置する．カラモアン半島の東岸に浮かぶ小島で，周囲をサンゴ礁で囲まれ，石灰質の地質からなる．

[関 恒樹]

キヌーナ　Kynuna

オーストラリア

人口：95（2006）　　[21°35′S　141°55′E]

　オーストラリア北東部，クイーンズランド州中央西部，マッキナリー郡区の町．アウトバックとよばれる広大な平原のディアマンティナ川沿いに立地しており，5つの道路が交差する道路交通の要衝．オーストラリア国民の大衆詩である「ウォルシング・マチルダ」は，バンジョー・パターソンがこの地にかか

わる故事をもとに作詞したといわれている．

[秋本弘章]

キバウェ　Kibawe

フィリピン

人口：4.0万（2015）　面積：304 km²

[7°34′N　124°59′E]

　フィリピン南東部，ミンダナオ島中央部，ブキドノン州の町．19世紀末頃までは少数民族であるマノボ族がおもに居住し，トウモロコシ，芋などを栽培．20世紀に全国からの入植者の波が押し寄せ，現在では多数を占める．面積の8割が丘陵地帯であり，農業のほか，プランギ（ミンダナオ）川，ムレタ川などで魚も採取できる．入植により先住民が辺境へ追いやられ，先住民の生活様式も変化を強いられている．

[小張順弘]

キパフル　Kipahulu

アメリカ合衆国

[20°40′N　156°04′W]

　北太平洋東部，ポリネシア，アメリカ合衆国ハワイ州，マウイ島南東部の村．同名の保安林，谷，生物保護区もある．アメリカの飛行家チャールズ・リンドバーグが眠る教会がある．1879～1925年まで，ここにキパフル砂糖会社があった．

[飯田耕二郎]

キヒキヒ　Kihikihi

ニュージーランド

人口：0.2万（2013）　　[38°03′S　175°20′E]

　ニュージーランド北島，ワイカト地方の町．ハミルトンの南35 kmに位置する．地名はマオリ語でセミを意味する．町の最北端の入口には大きなセミの像が建てられている．この町では乗馬が盛んで，キヒキヒ国際乗馬競技場では，乗馬の国際機関であるFEIの行うワールドカップなどの乗馬の国際級，国内級の選手権が行われる．国道3号が町を通り，3台以上の車を所有する世帯が17.4％もある．

[植村善博・太谷亜由美]

キーピット湖　Keepit, Lake

オーストラリア

面積：44 km²　深さ：48 m　堤長：533 m
堤高：55 m　貯水量：426百万m³

[30°52′S　150°30′E]

　オーストラリア南東部，ニューサウスウェールズ州北東部の人造湖．南西のガネダー，北東のマニラの町へそれぞれ約30 km離れ

キナバル山（マレーシア），国内最高峰のローズピーク（山頂周辺は氷河期に氷河の侵食を受け，特異な景観を示す）《世界遺産》〔Kondoruk/Shutterstock.com〕

た中間地点に位置している．地名は，keep it，すなわち(水を)保持するという意味をもつ．湖は洪水対策，水力発電，灌漑などの目的で，ナモイ川をせき止めて建設されたキーピットダムにより生じた．ダム建設は1939年から開始され，第2次世界大戦中に中断したものの，その後60年に完成した．エラリングエネルギー社の管理する水力発電所では，年間10.2 GWhの平均出力を誇る．湖水は農業灌漑用として綿花，小麦，野菜，ブドウなどの栽培に使われる．そして湖岸はキャンプやピクニック，ボート，水上スキーなどさまざまなレクリエーションに活用され，憩いの場となっている．　　　　〔畠山輝雄〕

ギブスタウン　Gibbstown　☞　コリングウッド　Collingwood

ギブソン砂漠　Gibson Desert

オーストラリア

面積：310800 km²　長さ：800 km　幅：400 km

［23°46′S　125°58′E］

オーストラリア西部，ウェスタンオーストラリア州内陸部の砂漠．南回帰線の南に位置し，北にグレートサンディ砂漠，南にグレートヴィクトリア砂漠，西にディサポイントメント湖があり，東にはノーザンテリトリーとの州境が走る．多くの動物が生息し，現在ではギブソン砂漠自然保護区に指定されている．地名は1876年に初めて横断したアーネスト・ジャイルズが，探検中に行方不明となった隊員の名にちなんで命名した．

〔大石太郎〕

キホロ　Kiholo

アメリカ合衆国

［19°50′N　155°57′W］

北太平洋東部，ポリネシア，アメリカ合衆国ハワイ州，ハワイ島西部ノースコナ地区の村．同名の湾もある．湾の幅は3.2 km足らずで，南端にはルアヒネワイとよばれる美しく大きな湧水池がある．また湾を見下ろす展望台がある．　　　　〔飯田耕二郎〕

キマ　金化　Gimhwa

韓国

キムファ（別表記）

［38°15′N　127°25′E］

韓国北東部，カンウォン(江原)道の北端，チョロン(鉄原)郡の町．軍事分界線に対して最前線の位置にある．本来は金化郡の中心地で，1943年に邑に昇格した．朝鮮戦争の結果郡域が分断され，1963年に鉄原郡に編入されて鉄原郡金化邑となった．鉄原，金化と北朝鮮の平康を結ぶ三角形のゾーンは，鉄の三角地帯とよばれ，朝鮮戦争時，激戦がくり返されたところである．大部分が民間人統制線内に組み込まれている．　〔山田正浩〕

キマアム島　Kimaam, Pulau　☞　ドラク島　Dolak, Pulau

ギマラス州　Guimaras, Province of

フィリピン

人口：17.4万（2015）　面積：605 km²

［10°37′N　122°35′E］

フィリピン中部，ギマラス島，西部ビサヤ地方に位置する州．州都はホルダン．パナイ島南西部，ネグロス島との間にあるパナイ湾に位置するギマラス島と周辺の島々により構成される．ギマラス島の北西にはイロイロ海峡をはさんでイロイロ州があり，南東にはギ

マラス海峡をはさみ西ネグロス州がある. ホルダン以下, シブナグ, ヌエババレンシア, サンロレンソ, ブエナビスタの5つの町で構成されている. 言語はフィリピン4大言語集団の1つであるヒリガイノン(イロンゴ)が話されている. 国内の州で7番目に人口が少なく, 5番目に面積が小さい. 1992年に州として独立するまでは, イロイロ州の属州であった.　　　　　　　　　　　　　　[東 賢太朗]

ギマラス島　Guimaras Island

フィリピン

ヒマルアス島　Himal-us (古称)

[10°35′N　122°37′E]

フィリピン中部, ギマラス州に属する島. パナイ島南西部, ネグロス島との間にあるパナイ湾に位置する. 島の南東にあるイナムプルガン島および周辺の島々とともにギマラス州を構成している. 州の全人口は約17.4万(2015), 面積は578 km²である. 州都ホルダン以下, シブナグ, ヌエババレンシア, サンロレンソ, ブエナビスタの5つの町で構成される. 島の北西にはイロイロ海峡をはさんでイロイロ州があり, 南東にはギマラス海峡をはさみ西ネグロス州がある. ギマラス州は1992年に独立した州となるまで, イロイロ州の属州であった. 言語はフィリピン4大言語集団の1つであるヒリガイノン(イロンゴ)が話されている. イロイロから2 kmほど離れており, 港から小型ボートで15〜20分ほどの距離にある. ギマラス側には, ホルダンとブエナビスタの2つの港がある. 島内には, 島を一周する幹線道路が整備されている.

先スペイン期にはヒマルアスの名でよばれていたとされる. ギマラスという名でよばれるようになった由来については, ある伝説が語り継がれている. 昔, ギマとアラスという2人の恋人がいたが, 王女であったギマと奴隷のアラスの身分違いの2人の恋は親の反対によって実らず, ギマは父親によって他の王子と結婚させられそうになる. 2人は駆け落ちするため, 荒れ狂う海に小船で出ていき二度と帰ってこなかった. その後, 海に強い風が吹く日には, 悔やんだギマの父親が2人の名をよぶ声が聞こえたという. その声がギマラスという名のもとになった.

スペイン人宣教師によるキリスト教布教が開始されたのは, パナイ島とほぼ同時期の16世紀後半である. 当時は, イロイロからときおり宣教師が訪れ布教が行われていた.

18世紀になると, ギマラス島は独立した小教区として認定された. しだいに人口が増加してくる19世紀への転換期には, ティラッド Tilad (現在のブエナビスタ)を中心とする町として行政上の位置づけを与えられた. その後に迎えたアメリカ統治期に, 急速な発展の時期を迎える. 1908年, 最初の町長選挙が行われ, 住民投票によって町長が選ばれた. 若き日のダグラス・マッカーサーが島のアメリカ軍キャンプに駐在したのもこの時期である. 現在, 島内にはマッカーサーの記念碑が2カ所建てられている. その後, さらなる人口増加に伴い, 3つの町が成立し, 1966年にはイロイロの属州として自治権をもち始めた. そして, 1992年に単独のギマラス州として独立し, 続く95年には新たに2つの町がつくられ, 5つの町からなる現在のギマラス州となった.

特産品は, 農作物(稲作, ココナッツ, マンゴー, 野菜など), 家畜・家禽類, 海産物である. おもな産業には, 観光, 果物加工, ココナッツ加工, 手工芸品, 採鉱・採石などがある. とくにマンゴーの産地としてよく知られており, 島内には5万本以上の木が植えられ, 世界でも最も甘く品質の高いマンゴーの1つと評価され, 害虫が少なく安全だといわれている. 生産されたマンゴーの多くは海外(とくにアメリカ)に輸出され, ホワイトハウスやバッキンガム宮殿などにも提供されている. また, 乾燥マンゴー生産に適した品種もある. 毎年5月22日に行われるマンゴー祭りは, 大きな年間行事の1つである. 島を取り囲むギマラス海峡, イロイロ海峡, パナイ湾, ビサヤ海は豊かな漁場となっており, エビ, サバ, アジ, イワシ, ハタ, マンボウなどがとれる. また, ホワイトビーチやサンゴ礁の小島といった資源に恵まれ, 海水浴やスキューバダイビング, シュノーケリングなどに適しているため, リゾート観光業も盛んである. ホルダンの南側, ヌエババレンシアの西部海岸には海浜リゾートやコテージ風のホテルが集中している.　　　　　[東 賢太朗]

キムジェ　金堤　Gimje

韓国

人口:8.4万 (2015)　面積:545 km²

[35°48′N　126°53′E]

韓国南西部, チョルラブク(全羅北)道北西部の都市. マンギョン(万頃)江, トンジン(東津)江が流れるホナム(湖南)平野の中央に位置する. 海岸部に, 大きく防潮堤(セマングム防潮堤)が建設され, 干拓地(セマングム干拓地)が造成されたため, 内陸都市化した.

1989年市制施行. 湖南平野で生産される米の集散地として発展した. 古代に建設されたという, 碧骨堤が有名である.　　　[山田正浩]

キムチェク　金策　Kimtyaek

北朝鮮

城津 (旧称)

面積:854 km²　標高:5 m　気温:8.4℃
降水量:700 mm/年　[40°40′N　129°11′E]

北朝鮮, ハムギョンブク(咸鏡北)道南部の都市. 朝鮮東海(日本海)に臨む港湾工業都市である. 1945年8月以前は鶴城郡, 45年8月以後に城津市, 51年, 金策市と金策郡に分離, 61年合併して金策市になる. 地名は朝鮮戦争で戦死した朝鮮人民軍の金策将軍の生地にちなむ. 港は北を城津半島, 南を陸繋島の交亀山にはさまれた城津湾に臨む. 1899年開港し, 1928年に咸鏡鉄道が開通, 41年ホチョン(虚川)江水力発電所の完工などによって, 工業都市としての基礎ができた. 内陸部から運ばれる鉄鉱石, 黒鉛, マグネサイトなどの地下資源と付近の電力によって, 鉄鋼, 造船, 高周波焼き付け, マグネシウムなどの鉱工業が発達した. 耐火物工業, 造船所, 紡績工業, 食品工業の工場が立地する. 城津製鋼所は規模が大きく北朝鮮最大の特殊鋼材工場で, ここで生産された高速度鋼, 工具鋼は外国に輸出される. ほかに大理石とその加工品の販路は世界的である. 古くから漁業も盛んであった. 中でもタコ, カレイ, タラは有名. 港は遠洋漁業基地として整備され, 鮮魚だけでなく, 魚肥工場などもある. 平羅鉄道が通る. チョンジン(清津)まで190 kmある.　　　　　　　　[司空 俊]

キムチョン　金泉　Gimcheon

韓国

人口:13.8万 (2015)　面積:1009 km²

[36°08′N　128°07′E]

韓国東部, キョンサンブク(慶尚北)道西端の都市. 西のソベク(小白)山脈と東の金烏山に囲まれ, ナクトン(洛東)江の支流, 甘川, 直指川に沿う小平野に立地している. 小白山脈を越えるチュプンニョン(秋風嶺)の峠をひかえて, 交通の要衝, 商業中心として発達してきた. 朝鮮時代には朝鮮5大市場の1つとして有名であった. 首都ソウルとプサン(釜山)を結ぶ新幹線, キョンブ(京釜)線, 京釜高速道路が, いずれも市域を通過している. また北に向かう慶北線が分岐している. 1949年市制施行. 1960年代後半以降, 工業開発も進められ, 生糸, かつら, 農機具など

の生産で全国に知られるようになった. 市域の西方, 黄岳山山麓に, 新羅時代に創建された直指寺がある.　　　　　　　［山田正浩］

キムヒョングォン　金亨権
Kimhyonggwon
北朝鮮

きんこうけん（音読み表記）/プンサン　豊山 P'ungsan（旧称）

面積：1262 km²　標高：1141 m　気温：1.8°C
降水量：665 mm/年　　　［40°49′N　128°10′E］

　北朝鮮, リャンガン（両江）道南部境界一帯にある郡および郡庁所在地. 旧称は豊山で, 1990年改称された. ケマ（蓋馬）高原南部に位置する. 周辺部は山地で囲まれる. 郡内には30あまりの河川があり, ホチョン（虚川）江をせき止めてつくられた黄水院, 沙草坪, 内中などには貯水池があり, 発電, 灌漑用水, 水上運輸, 養魚に利用される. かつては最も遅れた火田（焼畑）地帯であったが, 高地帯農業地帯に変貌した. ニッケル, 硫化鉄, 金などを産する. 地名は1930年, 朝鮮革命軍武装集団を引率, 朝鮮国内に進出し, 日本侵略者に打撃を与えた金亨権闘士を記念して命名された.　　　　　　　［司空　俊］

キムヒョンジク　金亨稷
Kimhyongjik
北朝鮮

きんこうしょく（音読み表記）/フーチャン　厚昌 Huchang（旧称）

面積：1473 km²　標高：443 m　気温：4.4°C
降水量：773 mm/年　　　［41°30′N　127°16′E］

　北朝鮮, リャンガン（両江）道西北部の町で郡庁所在地. 旧称は厚昌で, 1988年改称された. 東部と北東部, 南東部は山地, 西部はランリム（狼林）山脈北部にあたる. 両江道で最も低く, 暖かい地域である. 一帯に有色金属, 赤鉄鉱, 磁鉄鉱が埋蔵する. 北部の境界線にはアムロク（ヤールー＝鴨緑）江が流れ, 沿岸は大部分が絶壁である. 林業が中心で, 記念工芸品と装飾品が知られる. 特産はウリ, スイカ, トマト, 蜂蜜. 葡坪革命史跡の葡坪渡しがある. 学生少年宮殿, 金亨稷人民病院, キャンプ場がある. カンゲ（江界）とヘサン（恵山）方面に鉄道が通る. おのおの95 kmの距離がある.　　　　　　　［司空　俊］

キムファ　金化　Keumhwa
北朝鮮

面積：1473 km²　標高：268 m　気温：9.1°C
降水量：1250 mm/年　　　［38°25′N　127°35′E］

　北朝鮮, カンウォン（江原）道南部の郡およ

び郡庁所在地. 高原性盆地に位置する. 高麗時代から金化と称されていた. 1952年行政区改編で昌道郡に編入, 54年ふたたび金化郡に復活した. 嶺西高原に属しているが, 大部分は山地. タバコ, 大豆, リンゴとナシの産地である. 朝鮮戦争時に鉄の三角地帯といわれた激戦地であった.　　　　［司空　俊］

キムヘ平野 ☞ キメ平野 Gimhaepyeongya

キムポ　金浦　Gimpo
韓国

人口：35.3万（2015）　面積：277 km²
　　　　　　　［37°37′N　126°43′E］

　韓国北西部, キョンギ（京畿）道西部の都市. 東は首都ソウル市域に接している. 1998年市制施行. かつては金浦平野に位置する農村部であったが, 1990年代以降, ソウル首都圏の都市化の影響が及び始め, 急速に人口が増加した. 金浦国際空港は, 金浦市域とソウル市域の境界線上にある.　　　　　　　［山田正浩］

キムポ平野　金浦平野
Gimpopyeongya
韓国

　韓国北西部, キョンギ（京畿）道の平野. 西海岸のハン（漢）江, イムジン（臨津）江下流域の, 金浦市, コヤン（高陽）市, パジュ（坡州）市一帯に形成された平野. 京畿道南部のピョンテク（平沢）平野と合わせて京畿平野とよぶ場合もある. 平野の基盤岩は, 開析を受けた先カンブリア時代の縞状片麻岩からなる部分が多い. 金浦市北西部, カンファ（江華）島に隣接する地域には文殊山など丘陵地が多くみられるが, ここはジュラ紀に生成された片麻岩からなり, 生成時期が新しいため完全に削り取られていないのである. 高陽市の漢江沿岸一帯には沖積層が堆積している. 高度が低くしばしば洪水の被害を受ける地域であったが, 肥沃で農業生産には最も適した地域である.

　金浦平野の中心部である金浦市域, 高陽市域では畑に対して田の比率が高く, 金浦米, 通津米の生産地として韓国を代表する穀作地域の1つである. また丘陵部では果樹, 花卉, 野菜などを生産し, 首都ソウル, インチョン（仁川）の大消費地を控えて近郊農業が発達してきた. 冬には温室, ビニールハウスを使った施設園芸が広範に行われている. 一方で, ソウルに近接する位置にあることから, かつての農村地帯に都市化の影響が押し寄

せ, 新しい市街地が増加した. 人口が増加し, 高陽市は1992年に, 坡州市は96年に, 金浦市は98年に, それぞれ市制を施行した. 高陽市に属するイルサン（一山）ニュータウンは首都圏内の代表的なニュータウンである.

　2002年, 仁川国際空港が開通して, 金浦平野を横断して空港とソウルを結ぶ仁川国際空港高速道路が開通した. また平行してソウル駅に連絡する鉄道線も2010年に全通した. 漢江の右岸を走る自由路と京義線は北方, 坡州, パンムンジョム（板門店）方面に連絡している. 漢江下流, 金浦大橋と幸州大橋の間と空港高速道路のヨンジョン（永宗）大橋の北の地点を結ぶ約20 kmのキョンイン（京仁）運河の開削工事は2012年に完了した.　　　　　　　［山田正浩］

キメ　金海　Gimhae
韓国

キムヘ（別表記）

人口：53.4万（2015）　面積：463 km²
　　　　　　　［35°14′N　128°53′E］

　韓国南東部, キョンサンナム（慶尚南）道南部の都市. ナクトン（洛東）江下流の金海平野に位置する. プサン（釜山）市域の西に隣接する. 古代の伽倻（加羅）諸国の中心, 金官伽倻国があった. 市内にはその始祖, 首露の王陵があり, 市街地の背後には建国伝説に出る亀旨峰がある. 1981年市制施行. 1990年代以降, 釜山からの人口流入, 企業移転が急激に増加し, ヤンサン（梁山）市とともに釜山都市圏の一角を占めるようになった. 現在も人口急増中である. 1991年から韓国土地公社による都市開発が進められた. また, 1998年以降, 市域の南部, 長有面地区で, 長有新都市の開発に入っている.　　　　［山田正浩］

キメ平野　金海平野
Gimhaepyeongya
韓国

キムヘ平野（別表記）

面積：136 km²　　　［35°14′N　128°53′E］

　韓国南東部, キョンサンナム（慶尚南）道の平野. ナクトン（洛東）江河口部に形成された沖積平野で, 韓国の南海岸では, チョルラ（全羅）道地方のナジュ（羅州）平野と並ぶ大きな平野である. 亀浦の上流部で, 洛東江は大きく2つに分流して海に入る. 2つの分流にはさまれる位置にプサン（釜山）国際空港がある. 干潟の面積は37 km²に及び, 現在も三角州の成長が活発に進んでいる. 各所に旧河

道や自然堤防を観察することができる. 沖積層は 10 m を超える区域が大部分である. 北に山地があり, 南が海に面して, 温暖な気候環境に恵まれている. 金海平野の耕地の大部分は水稲栽培に利用されているが, 温暖な気候, 釜山という大消費地の存在, 高速道路の開通による市場圏条件の拡大, 自然堤防の砂地利用などの条件に支えられて, 果樹栽培, 野菜栽培も盛んで, 施設園芸農業もいち早く発達した. トマト, キュウリ, 各種洋野菜, 花卉などの商品作物が生産されている.

[山田正浩]

キャーガッラ Kegalla スリランカ

ケゴール Kegalle (別称)

人口: 1.6 万 (2012) 標高: 208 m

[7°15′N 80°21′E]

スリランカ南西部, サバラガムワ州キャーガッラ県の都市(UC)で県都. コロンボからキャンディへ向かう国道 A 1 号で北東約 78 km の位置にある. 周辺の村へのバス交通の要衝であり, 商業が盛ん. 周辺は谷間の稲作地帯であるが, ゴム園も多い. また近隣のボーガラ Bogala は黒鉛の産地である. 市街地の北東にはピンナラワ Pinnawala の野生ゾウ孤児院(1975 年に政府が設立)や, ミレニアム財団の野生ゾウ飼育園があり, 観光名所となっている.

[山野正彦]

キャサリン Katherine オーストラリア

人口: 0.1 万 (2011) 面積: 3.5 km²

[14°28′S 132°16′E]

オーストラリア北部, ノーザンテリトリー中北部の町. 州都ダーウィンの南南東約 1300 km, サウスオーストラリア州アデレードの北北西 1380 km, スチュアートハイウェイおよびキャサリン川沿いに位置する. 1862 年に付近を探検したジョン・マクダウアル・スチュアートにより, 地域を流れる川がキャサリン川と命名され, これはさる支援者の娘の名前に由来する. 北東 35 km にあるキャサリン峡谷(ニミラク)は赤と茶色の珪岩の壁のある色鮮やかな景勝地として著名な観光地であり, 1963 年に国立公園に指定された. 1871 年, 大陸縦断電信ラインがこの場所に到達し, その中継局として, 集落の歴史が始まった. 1879 年に建築されたアルフレッド・ジャイルズの屋敷は, 州内に現存する最古の建造物である. 第 2 次世界大戦中, 陸軍の基地としても機能し, 軍隊向けの生鮮食料生産も行われていた.

隣接する州への道路が交差し, 州北部における交通の要衝となっている. 市内では輸出用の牛肉を加工する食肉処理施設など, 畜産農場や飼料栽培農場向けの施設が立地し, ウェスタンオーストラリア州ウィンダムからも収穫物を受け入れている. その他, トロピカルフルーツ栽培, 観光業, 空軍基地が町の主要産業である.

[鷹取泰子]

キャス Cass ニュージーランド

[43°02′S 171°45′E]

ニュージーランド南島, カンタベリー地方の村. 東海岸のクライストチャーチとウェストコースト地方のグレーマスを結び, 南島を横断する国道 73 号沿い, アーサーズ峠の南東 24 km に位置する. 地名は, カンタベリー郡役所の首席調査官トーマス・キャスにちなんでいる. 彼は, 苦労の多い仕事を 30 年間続けた, 気さくな若々しい人物であった. なお, 彼の名を冠したキャス山は村の南東約 130 km に位置し, マオリ名はオロンゴマイ, オは場所, ロンゴは聞くこと, マイは「静かになる」を意味する. マオリの逃亡者が, 彼らの声を聞いた追っ手に発見されたのが, このキャス山であった. 村の近くにはサラ Sarah 湖, グラスミア Grasmere 湖があり, 夏から秋にかけては牧草が収穫される. ロール状の牧草となだらかな丘陵, 湖, 青い空が織りなす風景は幻想的で美しい.

[井田仁康]

キャスケード湾 Cascade Cove ニュージーランド

[45°48′S 166°36′E]

ニュージーランド南島, サウスランド地方の入江. フィヨルドランドのダスキーサウンド内にある. フィヨルド(沈降海岸)内の複雑に入り組んだいくつもの入江のうちの 1 つである. 1773 年 4 月 12 日の午後, 画家ウィリアム・ホッジと行動をともにしていたイギリスのジェームズ・クックは, 湾の南面にある高い山から落ちる大きな滝に到達した. 地名はこの滝(cascade)にちなんでクックが命名した. 滝は, 入江の南西 3 km に位置し, 入江の目印となっている. ホッジはその風景をスケッチし, その後油絵とした. ホッジの油絵は, 芸術作品として高く評価され, その後何度か複製された.

[井田仁康]

ギャチャ県 加査県 Gyaca 中国

ギャツァ (別表記)

人口: 2 万 (2012) 面積: 4500 km²

[29°03′N 92°42′E]

中国西部, シーツァン(チベット, 西蔵)自治区, シャンナン(山南)地級市の県. ヤルンツァンポ(雅魯蔵布)江中流の峡谷地帯に位置し, 周囲を標高 3000〜5000 m 級の山々に囲まれる. 地名はチベット語で漢塩を示す. 伝承によると, 文成公主がこの地を通過したとき, 塩を洞穴に放ったところ, そこから塩水が流れ出し, これに感激した公主が漢塩と名づけたという. 古くはターブー(塔布)地区に属し, 1970 年には山南地区に属している. 県内のザバ(哲巴)村における, 卓とよばれる伝統的な舞踊が有名である.

[石田 曜]

ギャチュンカン山 Gyachung Kang 中国/ネパール

格仲康峰, 百谷雪嶺 (漢字表記)

標高: 7952 m [28°06′N 86°45′E]

中国とネパールにまたがる山. 中国南西部のシーツァン(チベット, 西蔵)自治区とネパール東部のサガルマータ県ソルクーンブ郡との国境付近に位置する. ヒマラヤ山脈中部, クーンブ山群の高峰である. 標高は 7975 m ともいわれる. ナムチェバザールの北約 33 km にある. 北のチベット側にはギャチュン氷河, 南のネパール側には長大なゴジュンバ氷河が流れ, ゴジュンバ氷河からそそりたつ南壁は圧巻である. 1964 年, 日本の長野県山岳連盟隊(吉原和美隊長)がネパール側から初登頂した. 山名は, チベット語で, ギャチュン氷河を示すギャ(幅), チュン(小さい), カン(氷河・雪山)に由来するという説と, ギャ(100), チュ(水・谷)から, 100 の谷の源の雪山とする説がある.

[小野有五]

ギャトン Gatton オーストラリア

人口: 0.7 万 (2011) 面積: 43 km²

[27°33′S 152°17′E]

オーストラリア北東部, クイーンズランド州南東部, ロックヤーバレー地域の町. 州都ブリズベンの西約 90 km, ロックヤー川沿いに位置する. 州で最も古く開発された農村集落の 1 つであるとともに, 穀物栽培を中心とした豊かな農業地域を形成している. 農学部を中心とした, クイーンズランド大学ギャトンキャンパスがある. 地名は, イングラン

ドの町の名前に由来するといわれる.

[秋本弘章]

キャピタルヒル　Capital Hill

オーストラリア

人口：0 (2014)　面積：1.8 km²
[35°19′S　149°07′E]

オーストラリア南東部，首都特別地域，首都キャンベラ市の行政機能の中心地区．バーリーグリフィン湖の南側，国会議事堂が立地する周囲2.5 kmの丘および国会議事堂北側の政府機関が立地するパークス Parkes 地区を含む地域である.

1908年に首都に選定されたキャンベラは，国際的応募作品の中から選ばれたアメリカ人建築家ウォルター・バーリー・グリフィンの都市計画案にもとづく計画都市である．グリフィンの案では，市民の生活中心地区となるシティヒル City Hill に対し，キャピタルヒルは行政機能の中心地区として計画された．シティヒルとキャピタルヒルを結ぶ線を陸の軸，バーリーグリフィン湖の両端を結ぶ線を水の軸とよび，その交点を通る陸の軸上に，国会議事堂と戦争記念館が湖をはさんで向かい合う形で置かれている．陸の軸と水の軸の交点を中心点として，シティヒル，キャピタルヒル，オーストラリア・アメリカ戦争記念塔を結ぶ三角形は，パーラメンタリートライアングル（国会議事堂トライアングル）とよばれ，その中に国会議事堂，最高裁判所，国立図書館，国立美術館，国立科学技術センターなど，国家主要機関が集積している.

現在キャピタルヒルに立つ国会議事堂は1988年に建てられたもので，それまで使われていた旧国会議事堂はキャピタルヒルの北側，バーリーグリフィン湖に面して立ち，仮のものとして1927年から88年まで使用されていた．旧国会議事堂の前には，アボリジニが白人による土地の収奪に抗議するため，アボリジニ・テントを建てアボリジニの歴史，生活，文化についての解説を行っている．キャピタルヒル周辺には国会議事堂を中心として同心円状に環状道路が走り，内側からそれぞれキャピタルサークル，ステートサークル，ナショナルサークル，ドミニオンサークル，エンパイアサークルと命名されている．また，キャピタルヒルから放射線状に走る道路には，各州の州都名が冠され，ほぼその方向にそれぞれの州都が位置している．これらの道路名はオーストラリアが植民地から独立して連邦国家になったことを象徴して名づけられた．

[葉　倩瑋]

キャプテンズフラット　Captains Flat

オーストラリア

人口：0.1万 (2011)　面積：715 km²　標高：90 m
[35°37′S　149°28′E]

オーストラリア南東部，ニューサウスウェールズ州南東部，パララン行政区の町．首都キャンベラの南東約60 kmの山間地に位置する．地名は，町を流れるモロングロ Molonglo 川付近の牧草地にいた，キャプテンとよばれた白い牛に由来する．町は，1852年に金鉱が発見されたことに始まり，その後銅鉱も発見され，人口は約3000に達し活況を呈した．19世紀末にいくつかの鉱山が閉鎖され人口は減少したが，1937年にジョージ湖鉱山がバンゲンドゥーへ39 kmの鉄道を建設し，それと一体となって地域開発を行ったため，町も再度人口が増加した．しかし，この鉱山も1962年に閉山し，人口は再び減少している.

[畠山輝雄]

キャメルズバック山　Camels Back, Mount

ニュージーランド

マウマウパキ　Maumaupaki (別称)

標高：822 m　[36°58′S　175°35′E]

ニュージーランド北島，ワイカト地方の山．テムズの北40 kmに位置する．コロマンデル半島に南北85 kmにわたって延びるコロマンデル山地の最も高い部分にあたる．マウマウパキともよばれる．この付近はコロマンデル森林公園が広がり，西はテムズ湾が広がる．湾沿いに国道25号が走る.

[植村善博・太谷亜由美]

キャメロン高原　Cameron Highlands

マレーシア

面積：700 km²　標高：2032 m　気温：8~24°C
[4°30′N　101°34′E]

マレーシア，マレー半島マレーシア領中西部の国を代表する高原リゾート．首都クアラルンプールから北約150 kmの距離にある．ペラ州の州都イポーの西約20 kmに位置する．ペラ州からパハン州北西部にかけて，700 km²以上にわたって広がるが，その大半はパハン州内にある.

この高原地帯は，1885年にイギリス人ウィリアム・キャメロンが地図作成のための調査中に発見したものである．やがてその発見者の名前にちなんでキャメロン高原とよばれるようになった．この地域は土壌が豊かで紅茶の栽培に適していたために，イギリス植民地時代には，紅茶の栽培地として開発された．1940年代にはイギリス人の主要な高原リゾートの1つともなった．多くの企業が茶のプランテーションを営んできたが，今日でも国内最大の紅茶産地となっている．そして，イギリス人によって植民地時代に創設され，その後も紅茶の生産を続けてきた国内最大の紅茶会社 BOH 社の農園がある．今日では，紅茶以外にもコーヒーなどの栽培がなされている.

平均高度は標高1400~1500 m程度で，平均気温は8~24°C程度であり，年間を通して過ごしやすい気候である．おもな居住区は，リングレット，ブリンチャン，タナラタなどである．タナラタは各種の商業施設が集中する高原リゾートの中心地区である．タウンホールがあり，大小さまざまなホテルが集中する．そして長距離および近郊向けのバスターミナルがある．この高原リゾートには長期滞在が可能な宿泊施設が多数あり，充実している．ブリンチャンはタナラタの北北東約5 kmに位置する．ブリンチャンの近郊には，ゴルフコース，中国仏教寺院であるサンポー寺院などがある．その北東方向へ続く道沿いには，多種類のチョウや昆虫を見学できるバタフライファームやバタフライガーデンがある．さらにその沿道には養蜂場，バラ園などが続き，トレッキングコースなどが整備されている．この地域の最高峰はブリンチャン山（標高2032 m）であり，ベレンバン山(1841 m)，ヤサール山(1696 m)などのピークがある.

キャメロン高原は，高原リゾートのみではなく，国内やシンガポールにも供給する野菜の栽培地でもある．高速道路などの道路整備が進展して，主要都市からの時間距離が短くなってきたが，そのことがこの高原地帯の産業経済活動にも影響を与えるようになった.

[生田真人]

キャメロン山地　Cameron Mountains

ニュージーランド

パラキオレ　Parakiore (マオリ語)

標高：1417 m　[46°00′S　167°03′E]

ニュージーランド南島南西部，サウスランド地方南西部の山地．ロング Long 湾に沿ってフィヨルドランド国立公園の南西部を北東から南西に走る．古生代の地層からなる．最高峰はタワーピーク Tower Peak（標高1417 m）である．マオリ語ではパラキオレと

426　キヤメ

〈世界地名大事典：アジア・オセアニア・極Ⅰ〉

よばれる. 　　　　　　　　　　　［太田陽子］

キャメロン島　Cameron Island

オーストラリア

カナダ

人口：0（2011）　面積：1059 km²　長さ：44 km
幅：20-30 km　　　　　　［76°30′N　103°51′W］

カナダ，ヌナヴト準州北西部，パリー諸島の島．ツンドラ帯で，北側にラフィード Lougheed 島，西側にメルヴィル島がある．北北西から南南東に長く約 44 km，幅は 20〜30 km ある．全体的に低平な地形で，南側が高くなっている．1996 年まで石油採掘が行われていた．　　　　　　　　［竹村一男］

キャメロンコーナー　Cameron Corner

オーストラリア

　　　　　　　　　　　［29°00′S　141°00′E］

オーストラリア南東部，ニューサウスウェールズ州，クイーンズランド州，サウスオーストラリア州との州境地点．地名は，3 州の境界部分を 1879〜81 年の 3 年間をかけて測量したジョン・ブルーア・キャメロンにちなんで命名された．キャメロンは，コーナーに目印としてポストを建てたほか，州境線に沿って 1.6 km ごとに樹木を植えた．キャメロンコーナーは夏時間の場合，3 つの時間帯（クイーンズランド州を基準として，サウスオーストラリア州＋30 分，ニューサウスウェールズ州＋1 時間）の境界に位置することから，新年が一年に 3 回くることでも有名である．　　　　　　　　　　　　　［畠山輝雄］

キャラスール　Carrathool

オーストラリア

人口：296（2011）　面積：3079 km²
　　　　　　　　　　　［34°25′S　145°25′E］

オーストラリア南東部，ニューサウスウェールズ州南西部，キャラスール行政区の村．南 4 km にマランビジー川が東流し，川に平行してスタートハイウェイが走る．キャラスール行政区の人口は 0.3 万，面積は 1 万 8932 km²．地名は，先住民の言葉でゴウシュウ（豪州）ヅルに由来する．村は 1852 年にラッドが占有したことにより始まる．マランビジー川にかかるキャラスール橋は，1924 年に完成した跳ね橋であり，文化財として保存されている．　　　　　　　　　［畠山輝雄］

キャラニ川　Kelani Ganga

スリランカ

ケラニ川（別表記）

面積：2292 km²　長さ：145 km
　　　　　　　　　　　　［6°59′N　79°52′E］

スリランカ，サバラガムワ州から西部州にかけて流れる川．サバラガムワ州キャーガッラ県地域の中央高地を水源とし，アヴィッサウェッラ付近を経て，西部州のコロンボ県とガンパハ県の境界を西に流れ，コロンボ市街の北でインド洋に注ぐ．全長で国内第 4 位の川である．年平均流出土砂量は 54 億 7400 万 m³ で，年平均降水量が 3600 mm の湿潤地帯を流域とする．上流部はスリパーダの北西山麓のホートンプレーンズで，ケヘルガム川，マスケリ川の 2 大支流では水力発電が行われている．またプワクマラ Puwakmala，ドトゥラエラ Dotula Ella，エラピタ Elapita などの滝がある．コロンボの北にある川沿いの町キャラニヤは，国内有数のラジャマハヴィハラ（キャラニヤ寺院）のある仏教の聖地として知られる．　　　　［山野正彦］

キャラニヤ　Kelaniya

スリランカ

ケラニヤ（別表記）

人口：13.7 万（2014）　面積：20 km²　標高：12 m
　　　　　　　　　　　　［6°58′N　79°55′E］

スリランカ，西部州ガンパハ県の郡．ケラニヤとも表記される．コロンボの北東約 11 km に位置し，キャラニ川を隔てて隣接する衛星都市の 1 つである．郊外住宅地と工場が立地する．1509〜28 年の間，一時コッテ王国の首都だったことがある．昔，ブッダが来島し，この地を訪問して説教したという伝承があり，キャラニ川の河畔に紀元前 3 世紀，ダガバ（仏塔）が建てられたとされ，13 世紀頃までにいまのラジャマハヴィハラ（キャラニヤ寺院）の基礎が形づくられた．ポルトガル植民地時代に破壊されたが，1800 年代に再建された．現在の本堂は 20 世紀初頭の建築で，内部にある釈迦の来島などを描いたフレスコ壁画で知られる．聖地として遠くからの巡礼者も多く，境内にある大きな菩提樹のまわりには巡礼者の祈りの姿が絶えない．1 月の満月の日にペラヘラ祭りが行われる．僧侶のための学校として 1875 年に現在のキャラニヤ大学が創設された．　　　［山野正彦］

ギャラペリ山　加拉白塁　Gyala Peri

中国

標高：7294 m　　　　［29°49′N　94°58′E］

中国西部，シーツァン（チベット，西蔵）自治区の山．ヒマラヤ山脈東端，東部ヒマラヤ，ナムチャバルワ（南迦巴瓦）山群の高峰．ボウォ（ポーミー（波密））の西南西約 65 km，ヤルンツァンポ（雅魯蔵布）江右岸の集落ギャラの北北東約 14 km に位置する．ヤルンツァンポ江の大屈曲点グレートベンド近傍に位置し，ギャラペリ山とナムチャバルワ山（標高 7782 m）が約 22 km の間隔でヤルンツァンポの谷をはさむ．北東稜，東稜，南稜，北西稜が派生し，北西稜上の約 3.7 km には，センダンプー Sendong Pu 山（6812 m）がある．また北西稜上の 1 km には，北峰ともいえる約 7100 m の小ピークがある．どの方角からも顕著なピラミッド型を示すが，ギャラの集落からは，標高差 4500 m でそびえ立つ．山名は，ギャラが集落名，ペリがチベット語で高い山を意味する．1986 年に日本ヒマラヤ協会隊が初登頂した．　　　［松本穂高］

キャラボナ湖　Callabonna, Lake

オーストラリア

面積：163 km²　　　　［29°40′S　140°05′E］

オーストラリア南部，サウスオーストラリア州北東部の湖．フローム湖の北側に位置する．水は，東 160 km 離れたニューサウスウェールズ州のティブーバラ山脈から発するキャラボナ川や，西のノースフリンダーズ山脈最北部から流れるウーラッチ Woolatchi 川などから供給される．この川と湖の第三紀層からは，脊椎動物の化石が発見されており，1901 年，州で最初の化石保護区とされた．キャラボナ川は湖の東 5 km で湿地を形成しており，かつてそのほとりに家畜飼育の基地としてキャラボナの集落が営まれたが，いまでは廃墟となっている．　　　　　［片平博文］

ギャルシン Gyalsing ☞ ペリン Pelling

キャロライン　Caroline

ニュージーランド

　　　　　　　　　　　［45°50′S　168°23′E］

ニュージーランド南島南西部，サウスランド地方の村．インヴァーカーギルの北 66

km, オレティー川上流東岸に位置する. 地名は, この地域の土地の所有者, ジョセフ・クラークの妻の名にもとづくといわれる.

[太田陽子]

キャロライン山　Caroline Peak

ニュージーランド

標高：1704 m　　　　　[45°56′S　167°12′E]

ニュージーランド南島南西部, サウスランド地方の山. ポテリテリ湖とハウロコ湖の間を南北に連なるプリンセス Princess 山地の北端付近に位置する. 古生代の変成岩からなる.

[太田陽子]

キヤン　岐陽　Kiyang

北朝鮮

[38°54′N　125°30′E]

北朝鮮, ピョンアンナム(平安南)道カンソ(江西)郡の町. 首都ピョンヤン(平壌)の西32 km, テドン(大同)江の右岸に位置する. トラクター生産が盛んな町で, 北朝鮮最大の金星トラクター工場(年産5万台)があり, 国内需要のほとんどをまかなう. また, 各種農業機械も生産する. 付近に社会主義農村のモデルになったチョンサンリ(青山里)がある. 大同江の水を70 m 揚水してつくられたテソン(台城)湖(7.8 km²)がある. 岐陽灌漑体系の出発地点, 農業の中心地である.

[司空　俊]

キャンカッタ　Kyancutta

オーストラリア

[33°08′S　135°34′E]

オーストラリア南部, サウスオーストラリア州中央部の村. エア半島内陸部にあり, プリンセスハイウェイ, エアハイウェイを経て, 州都アデレードの北西565 km に位置する. ここから, 半島南部のポートリンカーンへの道路が分かれる. また, セデューナとポートリンカーンとを結ぶ穀物輸送用の鉄道も通っている. 集落の宅地区画が残っているが, 現在農民は自分の農地に家をもち, ここにはほとんど住んでいない. 周囲は, 羊と小麦, 大麦を主とする穀物農業と合わせた農業地帯で, 鉄道駅前には巨大な穀物貯蔵用のサイロがある. 付近の農地は1915年前後に開かれた. 集落の西約10 km には, サムファイヤーフラット Samphire Flat とよばれ

るやや大きな湖沼がみられる. 地名は, アボリジニの言語で小さな夜のタカを意味する.

[片平博文]

キャンコーバン　Khancoban

オーストラリア

人口：454 (2011)　面積：285 km²　標高：300 m
[36°13′S　148°07′E]

オーストラリア南東部, ニューサウスウェールズ州南東部, タンバランバ行政区の町. ヴィクトリア州との州境からわずか約10 km 離れた小さな町で, マレー川上流のスノーウィー山脈のふもとに位置する. 周辺地域の灌漑や水力発電を目的としたスノーウィーマウンテンズ水資源計画に携わる労働者のために建設された. 町の南にあるキャンコーバンダムはこの計画により1960年に建設された. 最近, コジアスコ国立公園への玄関口として登山客やスキー客が多く訪れている.

[畠山輝雄]

ギャンシューム岬　Gantheaume, Cape

オーストラリア

[29°40′S　140°05′E]

オーストラリア南部, サウスオーストラリア州南東部の岬. カンガルー島南部, デストレス D'Estress 湾とシール Seal 湾との間に位置する. 背後にカンガルー島最大の淡水湖であるマレー湖を含むケープギャンシューム保護公園がある. 同島最大の町キングズコートの南南西40 km にある. 保護公園は一面原植生に覆われており, 内部に立ち入るには許可が必要であるが, キャンピングエリアも備えられており, 近年では海岸線に沿って歩くトレッキングに人気が高い. 海岸ではクジラやアザラシが, また内陸部ではオーストラリア固有のカンガルーやハリモグラ, オオトカゲなどが間近に観察できる.

[片平博文]

ギャンツェ県　江孜県　Gyangzê

中国

人口：7万 (2012)　面積：3800 km²
[29°00′N　89°36′E]

中国西部, シーツァン(チベット, 西蔵)自治区, シガツェ(日喀則)地級市の県. ツァンナン(蔵南)渓谷に位置し, エチュ(熱曲), シャチュ(夏曲), ザドチュ(縶多曲)といった河川が流れる. 地名はチベット語のニエントゥイシーカジジャンス(年堆奚卡爾江孜)を縮めたもので, この上ないもの, 最高峰を意味す

る. 1954年以前は江孜宗として日喀則基巧に属し, 70年代に現在の江孜県が成立した. 土地が肥沃であり, 穀物地帯と称される.

[石田　曜]

キャンディ　Kandy

スリランカ

センカダガラ　Senkadagala (古称)／ヌワラ Nuwara (シンハラ語・通称)／マハヌワラ Maha Nuwara (シンハラ語・正称)

人口：9.9万 (2012)　面積：27 km²　標高：500 m
気温：25°C　　　　　[7°17′N　80°38′E]

スリランカ, 中部州キャンディ県の都市(MC)で, 州都および県都. コロンボから国道A1号で東北東72 km, 車で約3時間, スリランカ国鉄の都市間急行列車で2時間半の距離にある. シンハラ人の歴史と文化をいまに伝える古都として国の内外に知られる. 地名は, シンハラ語で山を意味する言葉kande をイギリス人が candy と呼称, 表記したことに起因するといわれる. 現地における市の正式名称は, シンハラ語で大きな町の意である, マハヌワラ Maha Nuwara であり, 通称ヌワラとよばれている.

インドから4世紀に伝来したとされる釈迦の左の犬歯を納めた仏歯寺(ダラダ・マリガワ, Dalada Maligawa)があることで知られている. スリランカでは仏歯は歴代王権の象徴として崇められてきたが, 都が移るとともに転々と移動し, 1590年キャンディに安置された. 低地地方へのポルトガルの支配が強まった15世紀後半に, 高地地方を根拠地とするシンハラ人の王朝がセンカダガラ(キャンディの古名)を首都にして成立した. この町はヴィクラマバフ3世王によって建設されたと伝えられる. 以来, 1815年イギリス軍の侵攻によって滅ぼされるまでの間, キャンディは王国の首都として, 仏歯を祀る寺と古いデワレ(神祠)を擁する聖都として, 高地地方(ウダラタ)の政治, 経済, 文化の中心であった. 市街地とその周辺には王宮や宗教建造物, オランダやイギリス植民地時代に建てられた歴史的建造物が数多く残り, 1988年「聖地キャンディ」としてユネスコの世界遺産(文化遺産)に登録された.

市街地は標高約500 m, 四方を山地とマハウェリ川の谷に囲まれた山間の盆地に位置し, 天然の要害をなしている. 中心部にはキャンディ王国最後の王スリ・ヴィクラマ・ラジャシンハの建設した人造湖のキャンディ湖がある. 王宮, 集会場, 仏歯寺, 仏塔, 神祠などが集まる一角がこの人造湖の北側東部にあり, 背後の山地とともに聖域となってい

キャンディ(スリランカ), 仏歯寺のプージャ(礼拝)で蓮の花を捧げる人びと《世界遺産》〔wassiliy-architect/Shutterstock.com〕

る. 聖域の西部には方格状の街路配置をもった市街地が広がり, 商業地域が形成されている. イギリス統治時代の1865年にコロンボ, ゴールとともに市制が施行された. 気候は高地に位置するため年平均気温が約25℃, 最暖月でも30℃を超えることはまれで, 海岸低地のコロンボに比べて冷涼でしのぎやすく, 植民地時代にはイギリス人が好んで滞在した. 現在もコロニアル様式のホテル, 邸宅, 市庁舎, 教会, 学校などの西欧風の建築が数多くみられる.

現在ではウダラタの商業, 交通と文化の中心地であるとともに, 世界的に知られた観光都市である. スリランカ国内の人にとっては仏教の聖地として巡礼の対象地となっている. 毎年7月下旬もしくは8月上旬の満月の日の前, 2週間にわたって開催される, ペラヘラ祭りの時期, とりわけ最後の5日間には内外からの観光客で混雑する. この期間には, 毎日, 仏歯を入れた舎利容器を背中に載せた大きなゾウを中心に, 多くの踊り手とゾウが町中を行進する儀礼が行われる. またキャンディは周辺の仏教寺院観光と, いわゆる文化三角地帯と称され, ユネスコの世界遺産に登録された古代遺跡群探訪の基地として多くの外国人観光客が訪れるため, 市街地や郊外に大小のホテルやレストランが立地する. 仏歯寺のほか国立キャンディ博物館や隣接する町のペラデニヤ植物園, ガダラデニヤ寺院, デガルドルワ寺院, エンベッケ・デワレなどの観光対象に恵まれている.

キャンディ王国の地には, いまも伝統的なシンハラ人の文化が色濃く残り, コロンボや, 低地地方のシンハラ人 Low Country Sinhalese とは区別されて, 高地シンハラ人 Hill Country Sinhalese とよばれる人びとが暮らしている. 高地地方のシンハラ人は, 風俗や言語が少し異なり, 仏教を中心にした伝統的な農民文化を色濃く残している. キャンディ県の農村ではかつての王家, 貴族や寺院の所領があちこちに残り, 小農による稲作が現在でも行われている. 一方, 市街地から北部郊外にかけてはイスラーム教徒が多く居住し, 商業に従事している. 〔山野正彦〕

キャンデロ Candelo オーストラリア

人口: 0.1万 (2011) 面積: 98 km² 標高: 120 m
[36°49′S 149°43′E]

オーストラリア南東部, ニューサウスウェールズ州南東部, ビーガヴァレー行政区の町. 州都シドニーの南約450 km, サウスコースト山地の東麓に位置する. 1830年代にヨーロッパ人によって開拓されたことに始まる. 地名は, キャンデロというイタリア人にちなむという説が一般的である. 〔畠山輝雄〕

キャンドス Kandos オーストラリア

人口: 0.1万 (2011) 面積: 4.5 km²
[32°54′S 149°58′E]

オーストラリア南東部, ニューサウスウェールズ州中央東部, ミッドウェスタン行政区の町. 州都シドニーの北西約230 kmのバイロングヴァレーウェイ沿いに位置する. 近くに, 1913年に創業した石灰石の採石場とセメント工場が立地し主要産業となっていた

が，2011年9月に閉鎖された．また，絶滅危惧種に登録されている貴重な動植物が生息し，2000年には「グレーター・ブルー・マウンテンズ地域」の一部としてユネスコの世界遺産（自然遺産）にも登録されているウォレマイ国立公園の玄関口ともなっている．

［畠山輝雄］

キャンドルマス諸島　Candlemas Islands
イギリス

人口：0（2009）　面積：19 km²

［57°05′S　26°39′W］

南大西洋最南部，イギリス領サウスジョージア・サウスサンドウィッチ諸島内の諸島．南極海に近く，南北に延びるサウスサンドウィッチ諸島の北部に位置する．隣接するキャンドルマス島とヴィンディケーション Vindication 島の2島からなり，いずれも無人の火山島である．1775年2月2日にイギリスのジェームズ・クックが発見し，キリスト教会の祝日にちなんでキャンドルマスと名づけた．

［手塚　章］

キャンパーダウン　Camperdown
オーストラリア

人口：0.3万（2011）　面積：98 km²

［38°15′S　143°09′E］

オーストラリア南東部，ヴィクトリア州南西部の都市．プリンセスハイウェイ沿いに位置する．高さ30 mの赤レンガ造りのゴシック様式教会をはじめ，優雅な建物とエルムの並木が続く美しい町並みがある．近隣には州最大の塩湖コランガマイト Corangamite 湖や火口湖が多数ある．いくつかの火口湖は，釣りの拠点としても有名である．また，各種のウォータースポーツでも中心地となっている．

［堤　純］

キャンベラ　Canberra
オーストラリア

人口：38.6万（2014）　面積：814 km²
標高：560 m　　　　　［35°17′S　149°08′E］

オーストラリアの首都．首都特別州地域に属し，シドニーの南西約280 km，メルボルンの北東約410 kmに位置している．人口の1.5％がアボリジニ，外国生まれが30％近くを占める．気候は，温帯に属しているが，海岸から150 km内陸に位置するため，夏は暑く冬は寒さが厳しく雨量が少ない．

オーストラリア連邦が1901年に成立した後，08年に首都に選定され，13年にキャン

キャンベラ（オーストラリア），オーストラリア戦争記念館から眺めた旧（手前）・新国会議事堂
〔Drop of Light/Shutterstock.com〕

ベラと命名された．その語源は一説にこの地域に住むアボリジニの言語で出会いの場所に由来するといわれている．首都選定の際，首都の座を，シドニーとメルボルンの2大都市がいずれも譲らなかったため，これら2都市の中間にあり，シドニーから100マイル（160 km）以上離れた場所という条件から投票のすえ，小さな田舎町にすぎなかったキャンベラが選ばれた．建設に際しては世界中から都市計画案を募集し，アメリカ人建築家ウォルター・バーリー・グリフィンの案が採用された．田園都市の影響を受けたグリフィン案は，現在も緑豊かなキャンベラ市中心部の景観に反映されている．

グリフィンの都市計画は幾何学状のパターンが特徴的であり，モロングロ川をせき止めてつくられたバーリーグリフィン湖が，中心部を南北に分離する形で東西に広がる．バーリーグリフィン湖の北側に市民生活の中心となるシティヒル，南側は行政機能の中心となるキャピタルヒルと，機能分化して位置している．湖の北側，シティヒルに近い地域をインナーノース，湖の南側キャピタルヒルに近い地域をインナーサウスとよぶ．グリフィンは，シティヒルとキャピタルヒルの頂点を結ぶ陸の軸，バーリーグリフィン湖の両端を結ぶ水の軸とが直角に交わるように計画し，陸の軸上には国会議事堂と戦争記念館を湖をはさんで向かい合う形で配置した．陸の軸と水の軸の交点を中心としてパーラメンタリートライアングル（国会議事堂トライアングル）が計画され，その中に国家の中枢機関となる最高裁判所，国立図書館，国立美術館などを集中的に立地させた．

キャンベラの都市構造は過密化を防ぐため，住宅地区を計画的に分散させたものとなっている．最初に計画されたシティを中心業務地区とし，衛星都市として成立順にウォーデンヴァレー，ベルコネン，ウェストンクリーク，タガラノン，ガンガーリンが建設され，さらにモロングロヴァレーが2010年より建設中である．各衛星都市の下にはさらに住宅区（サバーブ）が設けられた．住宅区の名称はオーストラリア首相や有名人，アボリジニの言語などが冠されている．中心部のシティだけが1920年代に建設されたものの，財政難のためグリフィンは解雇され，都市計画にもとづく都市建設は中断した．さらに第1次世界大戦や世界恐慌，第2次世界大戦の勃発によって建設は進まず，戦後，キャンベラは村のような首都と批判された．

メンジス首相は1957年に国立首都発展委員会を設立し，首都建設に本格的に取り組んだ．まずグリフィンが首都の中心とした人工

湖バーリーグリフィン湖を建設し，パーラメンタリートライアングルを完成させたのち，急速に都市建設が進展した．郊外の衛星都市の建設は南部の中心となるウォーデンヴァレーと北部の中心となるベルコネンの建設が1960年代に始まり，その後ウェストンクリーク(1969)，タガラノン(1970代)，ガンガーリン(1990代)，モロングロヴァレー(2010代)と，各衛星都市の建設が計画的に進んだ．人口は，1960年から71年の12年間に5万から14.6万へと約3倍に増加し，2000年以降も年間約15%の割合で増加している．

キャンベラには連邦政府の中枢機関や大使館のほか，国立博物館，国立美術館，国立肖像美術館，国立図書館，国立公文書館，国立科学技術センター，オーストラリア連邦産業科学研究機構(CSIRO)，国立スポーツ研究所，オーストラリア国立大学など連邦政府の施設が立地する．市内の交通機関は自動車交通が主体であり，市内をくまなくバスが運行している．シドニーとの間にはキャンベラ駅から約4時間で結ばれている鉄道路線があるが，メルボルンとの間には直通の鉄道路線はない．また，2019年には最北端のガンガーリン住宅区との間にLRTが開設予定である．　　　　　　　　　　　[葉 倩瑋]

キャンベル　Campbell
オーストラリア

人口：0.5万 (2014)　面積：6.4 km²
[35°17′S　149°09′E]

オーストラリア南東部，首都特別地域，首都キャンベラ市の住宅区(サバーブ)．中心市街地の南東，エインズリー山のふもとに位置する．1928年に正式な地名として登録された．当時ライムストーン平原とよばれていたこの地に牧場を開いたキャンベルが，農園邸宅ダントルーンハウスを建設したのが開拓の始まりである．ここには現在，ダントルーン王立士官学校が立つ．そのほかにオーストラリア戦争記念館，オーストラリア国防大学など軍事関係施設が多く立地しているほか，住宅地も広がっている．　　　　[葉 倩瑋]

キャンベル島　Campbell Island
ニュージーランド

モツイフプク　Motu Ihupuku (マオリ語)

面積：113 km²　長さ：48 km
[52°32′S　169°10′E]

ニュージーランド最南端の島．オークランド島の南東250 km，スチュアート島の南600 kmに位置する．第三紀の玄武岩や火山砕屑物の一種であるスコリアからなる起伏のある山地で，海岸線は出入りに富む．最高点は505 m．タッカー Tucker 湾の付近には有人の気象観測所が1941年に設けられ，気象情報を記録している．無線電信所がある．船舶の避難所として東岸の大きな2つの湾，プリザーヴァンス Preservance 湾とノースイースト North East 湾がある．島は，1810年にロバート・キャンベルが所有するプリザーヴァンス号により発見された．島では多少の耕作が行われ，捕鯨者の小屋や墓などが残されている．イギリスのジェームズ・クラーク・ロスは1840年の南極探検の際に島を訪れ，74年にはフランスの探検隊が訪れた．また1890年代までは捕鯨者がしばしばここを訪れた．マオリ語ではモツイフプクとよばれる．1998年には「ニュージーランドの亜南極諸島」の一部としてユネスコの世界遺産(自然遺産)に登録された．　　[太田陽子]

キャンベル岬　Campbell, Cape
ニュージーランド

[41°44′S　174°16′E]

ニュージーランド南島，マールバラ地方北東部の岬．クック海峡の南西，クリフォード湾の南端にあたる．ブレナムの南東42 kmに位置する．製塩所があるグラースミア湖にほど近い．キャンベル岬灯台が岬の突端にあり，1870年からこの地で運用されている．現在は最新式の50 Wのタングステン・ハロゲン球を用いた自動回転信号灯となっている．岬のトレッキングツアーは4日を要し，3日目にはかつて灯台守が使用した宿舎を利用する．このあたりは元来，乾燥した気候の森林と草原であったが，現在は草原の一部が残っている．
[植村善博・太谷亜由美]

キャンベルタウン　Campbell Town
オーストラリア

人口：0.1万 (2011)　面積：923 km²
[41°57′S　147°32′E]

オーストラリア南東部，タスマニア州東部の村．内陸部に位置する．元来軍隊の駐屯地であった．現在はミッドランドハイウェイにおける休憩地点として利用されており，商業地として栄えている．地名は，ヴァンディーメンズランド副総督の妻であったエリザベス・キャンベルの名に由来するという．エリザベス Elizabeth 川にかかるレッド橋が有名である．　　　　　　　　　[有馬貴之]

キャンベルタウン　Campbelltown
オーストラリア

人口：14.6万 (2011)　面積：312 km²
[34°04′S　150°47′E]

オーストラリア南東部，ニューサウスウェールズ州中央東部の行政区．州都シドニー中心部の南西約50 kmに位置する．この地には，先住民タラワル(Tharawal)人が居住していたが，18世紀後半にイギリス人によって開拓された．町は1820年に設立され，地名は，ラクラン・マクウォーリー総督の妻の旧姓キャンベルにちなんで名づけられた．1960年代初期のシドニーの地域概要計画において，シドニー南西部における衛星都市の中心として位置づけられた．1968年にはシドニーから鉄道も乗り入れ，住宅地が整備されるとともに，さらなる発展をした．現在では，病院，大学，数カ所のショッピングセンターなどが立地し，地域の中心としての役割を担っている．2011年センサスでは，17歳以下が29%，25〜49歳が35%，65歳以上が11.3%と，若者が多く居住している．また，外国生まれの居住者が26%と多いことも特徴である．　　　　　　[畠山輝雄]

キャンベルタウン　Campbelltown ☞ ブラフ Bluff

キャンベルプール　Campbellpur ☞ アトック Attock

きゅうさいこう　九寨溝 ☞ チウチャイゴウ Jiuzhaigou

九州パラオ海嶺　Kyusyu Palau Ridge
北太平洋西部

長さ：2600 km　[24°17′N　136°43′E]

北太平洋西部の海嶺．九州南岸の都井岬の南東沖から沖ノ鳥島を経て，太平洋上のミクロネシア地にあるパラオにいたる，全長およそ2600 kmの連続した海底の高まりである．太平洋プレートの沈み込みに伴う，背弧海盆の拡大によって伊豆・小笠原島弧から引き離され，四国海盆，パレスベラ海盆の拡大によって分裂した古島弧であると考えられて

いる．東側の四国海盆，西マリアナ海盆と西側のフィリピン海盆とを分ける境界になっている．北部には駒橋第2海山（水深289 m），駒橋海山（同440 m）などが連なる．九州南部の隆起は，この海嶺の北側延長が日向沖でユーラシアプレートの下に沈み込んだことによるものと考えられている．　　　[前杢英明]

きゅうりゅう　九竜 ☞ カオルーン Kowloon

キュウロン川 Cu'u Long ☞ メコン川 Mekong

キュネス県　新源県　Künes
中国

シンユワン県　新源県　Xinyuan （漢語）

人口：29.2万（2002）　面積：7016 km²
[43°26′N　83°12′E]

　中国北西部，シンチャン（新疆）ウイグル（維吾爾）自治区北西部，イリ（伊犁）自治州の県．イリ川の上流にあたるキュネス（鞏乃斯）河流域に位置する．1946年にトクズタラ（鞏留）県から分離して県が設置された．県名はキュネス河に由来する．漢字表記の新源は新しい水源という意味でつけられたものである．牧畜業が盛んで，羊，牛などを飼養する．銘酒伊力特曲の産地である．国道217，218号が県内を通る．名所にはナラト Narat（那拉提）草原，野生果樹資源保護区などがある．　　　[ニザム・ビラルディン]

キュンゲイアラトー山脈
Kyungey-Ala-Too, Khrebet
カザフスタン/クルグズ

クンゲイアラタウ山脈 （別称）

標高：4770 m　長さ：280 km
[42°47′N　76°41′E]

　クルグズ（キルギス）とカザフスタンの国境をなす山脈．ティエンシャン（天山）山系北部の山脈で，北部はチョンケミン，チリク両川の渓谷，南部はイシククル湖の盆地で区切られる．西部はボオムスコエ渓谷から東部のイリ川左岸支流チャリン川まで延びる．標高4000 m級の高峰が多数そびえ，チョルポンアタの北西40 kmには最高峰のチョクタル Chok Tal（標高4770 m）がある．頁岩，砂岩，花崗岩から形成される．家畜放牧地となっている．山脈の岩の多い短い渓谷には，天山ハリモミが茂る．北斜面には氷河がある．　　　[木村英亮]

きょうけん　珙県 ☞ ゴンシェン Gong Xian

きようし　貴陽市 ☞ グイヤン市 Guiyang

きょうとうこうげん　羌塘高原 ☞ チャンタン高原 Qiangtang Gaoyuan

きょくとう　極東　Far East

　極東というのは，欧米からみて東方世界を区分する際の Far East の訳語として生まれたものである．ヨーロッパに近いところを Near East，遠いところを Far East と称し，その中間を Middle East としたものである．訳語としては，日本や韓国では極東とするが，中国やベトナムでは遠東とする．ヨーロッパ側のアジア認識の進展によって，その範囲は必ずしも一定しないが，もともとはオスマン帝国の領域が Near East であり，その外側は広く East 東方であった．イギリスがインドを植民地化し，独立した領域として認識されると，それよりも東を Far East とよぶようになった．したがって，当初は現在の東南アジアから東アジア・北アジアを広く含むのが Far East であった．そしてインドと近東との間に中東を置いた．なお，フランスでは同じ地域を Extreme-Orient とよび，ベトナムのハノイに設けた研究機関（Ecole Francais d'extreme-orient）も通常，フランス極東学院と訳す．一方ロシアでは極東というのは，極東ロシアのことを意味し，現代の行政区画としては極東連邦管区が置かれており，沿海地方やハバロフスク地区を広く含む．したがってロシアでは英語でいう Far East はアジア太平洋地域あるいは東アジアとよぶ．

　1945年にアジア太平洋戦争が終わると，東京で極東国際軍事裁判が開設され，日本の占領政策を行う極東委員会が設置された．米国やヨーロッパ戦勝国にとって，第2次世界大戦はまずはヨーロッパ正面での戦いであり，日本との戦争はやはり極東の出来事であった．こうした米国の意識は，日米安全保障条約の第6条にいわゆる極東条項が盛り込まれたことにつながっていく．この条文は，米軍による日本国の施設や区域の使用目的を「日本国の安全に寄与し，並びに極東における国際の平和及び安全の維持」のためと定めていた．1960年の政府見解では極東は「大

体において，フィリピン以北並びに日本及びその周辺地域であって，韓国及び中華民国（台湾）の支配下にある地域も含む」とされた．

　その後，米国はアジアとの経済的つながりを深めることで太平洋国家に転身し，ヨーロッパ経由の世界観である極東概念を用いる必然性を失ってゆく．米国からみれば極東は西方に位置するからである．日本では極東という言葉は差別的響きをあまり感じさせないこともあって，商標などでもまだ使われているが，ヨーロッパ中心史観への批判が高まる中で極東概念は世界的に歴史的使命を終えつつある．ロシアが極東連邦管区を設置しているのは，ユーラシアを横断する国家として極東概念が生き延びていることを示している．ロシア革命干渉戦争の最終段階の1920〜22年という短期間ではあったが，バイカル湖以東に日本のシベリア出兵に対抗する緩衝国として極東共和国を建国させたのも，ロシア共産党であった．　　　[秋山元秀・小林　誠]

キョドン島　喬桐島　Gyodongdo
韓国

きょうとうとう （音読み表記）

人口：0.3万（2016）　面積：44 km²
[37°47′N　126°17′E]

　韓国北西部，インチョン（仁川）広域市北西部沖の島．行政上は仁川広域市江華郡喬桐面．カンファ（江華）島の西に位置し，北は北方限界線である．最高地点は華蓋山（標高260 m）である．島の西半には干拓地が広がり，農業が盛んである．また干潟を利用して養殖が行われている．江華島との間を連絡する喬桐大橋の工事が進められている．

[山田正浩]

キョンギ道　京畿道　Gyeonggi-do
韓国

人口：1247.9万（2015）　面積：10167 km²
[37°16′N　127°01′E]

　韓国北西部の道．道庁所在地はスウォン（水原）．首都ソウルを取りまく韓国の核心部であり，ソウル首都圏を構成している．道庁は1967年にソウルから移転した．かつての京畿道の北西部，ケソン（開城），長端，開豊などの地域は，朝鮮戦争の結果，分断されて北朝鮮に属している．軍事境界線上にあるパンムンジョム（板門店）からは北朝鮮の開城の市街地や，その手前にある工業団地を間近にみることができる．

都市化が著しく進行し，市制施行都市は，道庁所在都市である水原をはじめ28市に及び，郡はわずか3つのみである．全国的な合併による行政区画改正が行われた1995年以降も市制施行が続き，96年以降新たに市制を施行したのはヨンイン(竜仁)，イーチョン(利川)，パジュ(坡州)，キムポ(金浦)，アンソン(安城)，ファソン(華城)，クァンジュ(広州)，ヤンジュ(楊州)，ポチョン(抱川)，ヨジュ(驪州)の10市である．ナミャンジュ(南楊州)市は1986年，ミグム(渼金)市として市制を施行したが，95年，周辺地域を編入して市域を拡大した際，市名を変更した．

西部の海岸に沿って，イムジン(臨津江)，ハン(漢)江が形成した金浦平野や振威川，安城川が形成したピョンテク(平沢)平野などの平野が広く展開し，京畿平野と総称する．米作を中心にした豊かな農業地帯を形成している．また，大消費地であるソウル，インチョン(仁川)を控えて野菜，果樹など各種近郊農業も発達した．しかしその一方で，ソウル首都圏の都市化の影響を受けて新しい市街地が増加し，農村景観から都市景観への変貌も著しい．臨津江はヨンチョン(漣川)郡の北西部で軍事境界線を南に越える．南西に流れて漢江と合流してファンヘ(黄海)に入る．漢江との合流点付近は北朝鮮との軍事境界線になっている．道域の東部には広州山脈の山地，およびその末端の丘陵地が広がり，その間をプッカン(北漢)江が南に，ナマン(南漢)江が北に流れソウルの東郊，両水里で合流する．

南漢江に沿って驪州，利川の盆地がある．驪州，利川ともに米の生産地として著名である．ソウル市街地周辺の北漢山，南漢山，冠岳山などの山は広州山脈の末端部にあたる．チャリョン(車嶺)山脈が南のチュンチョンブク(忠清北)道，チュンチョンナム(忠清南)道との境界となっている．北漢山周辺はソウル市域の北端から一部京畿道域を含んで国立公園に指定されている．ソンナム(城南)市，広州市，ハナム(河南)市の境界部に位置する南漢山城は道立公園に指定されている．また，2014年には「南漢山城」としてユネスコの世界遺産(文化遺産)に登録された．

1960年代に工業化が始まる前，ソウル南西部に工業集積地があった．工業化の進展とともにそれが西に伸び，クァンミョン(光明)，プチョン(富川)から仁川までが首都圏における総合工業地帯を形成するにいたった．このほか，水原，アニャン(安養)，城南などに内陸型工業の集積がみられる．さらに仁川から南西に延びる海岸部で大規模な干拓が進み，これを利用して仁川，アンサン(安山)，シフン(始興)まで一連の工業地帯が形成されている．

1960年代以降の工業化の急速な進行に伴って，韓国では都市の過密化，農村の過疎化が進行した．京畿道は首都ソウルの周辺部に位置し，激しい人口流入がみられた地域である．1975年，京畿道，ソウル，仁川を合わせた人口は約1100万人で全国人口の31.5%であったが，95年のそれは約2020万人で，45.2%，2010年は約2400万人で，49.1%に達した．この間に京畿道の人口は，1975年の約320万人強から，95年の約770万人へ，2010年の約1140万人へと急増している．ソウルへの人口集中が急速にその周辺部に及び始め，京畿道全体の都市化が進み，首都圏を構成するようになったのである．

2016年現在，京畿道内の鉄道線の電化が進み，電車によるフリークエントサービスが行われていて，ほぼ京畿道全体がソウルへの通勤圏になった．ソウル，仁川，京畿道合わせて国土面積の約12%であるが，この地域に総人口の約50%が居住している．京畿道のみをとると，面積で約10%の地域に総人口の2割強が集中している．人口が増加し続ける現状に対して，1980年代後半から政府の政策によっていくつもの大規模なニュータウンづくりが推進された．城南市のプンダン(盆唐)ニュータウン，コヤン(高陽)市のイルサン(一山)ニュータウンはその代表例で，計画規模は50万人，30階を越す高層マンションが林立している．

道域内の交通網は高速道路，鉄道ともにソウルを起点として放射状に整備されている．道域を通過する高速道路はキョンブ(京釜)高速道路，キョンイン(京仁)高速道路，ヨンドン(嶺東)高速道路，チュンブ(中部)高速道路，チュンブネリュク(中部内陸)高速道路，ソヘアン(西海岸)高速道路など．また，ソウル市と京畿道の境界付近を一周するソウル外郭循環高速道路も完成している．鉄道は京釜線，新幹線(KTX)，京仁線，チュガン(中央)線，京春線，キョンウォン(京元)線，京義線など．道域内の鉄道線は通勤輸送の目的でほとんどが電化され，フリークエントサービスが行われている．北に向かう京義線は永らくムンサン(汶山)駅で分断されていたが，2002年，臨津江を越えて都羅山駅まで一般客が利用できるようになった．キョンウォン(京元)線は京畿道の北端，新灘里駅で分断されたままである． 〔山田正浩〕

キョンギ湾　京畿湾
Gyeonggiman

北朝鮮/韓国

カンファ湾　江華湾　Ganghwa Man (旧称)

[37°25′N　126°00′E]

朝鮮半島中西部の湾．北朝鮮ファンヘナム(黄海南)道のオンジン(甕津)半島と韓国チュンチョンナム(忠清南)道のテアン(泰安)半島の間の湾入部を総称していう．海岸線の延長は約530 kmに及ぶ．海岸線は屈曲に富み，大小200以上の島がある．面積の大きなものからあげると，カンファ(江華)島，ヨンジョン(永宗)島，キョドン(喬桐)島，ソンモ(席毛)島，テブ(大阜)島などである．また，トクチョク(徳積)群島のようにまとまって分布する場合もある．水深は50 m以内と浅い．潮位差がきわめて大きいことが特徴であり，8〜10 mに達する．

京畿湾のほぼ中央に位置するインチョン(仁川)港は，首都圏と首都圏の工業地帯を背後にもった重要な港湾であるが，港としての自然条件には，決して恵まれていない．船舶が安全に航行できる水路の確保と，接岸設備の整備が欠かせない．京畿湾の海岸線には干潮時に広大な干潟が出現する．京畿道に限っても，9万920 haに達する．干潟の状態は，仁川空港に降りる飛行機の中から，空港から首都ソウル市内に向かうバス，電車の中から観察することができる．潮位差が大きいこと，遠浅であること，海岸線が複雑であること，などの条件が合わさって，朝鮮時代から埋め立て，干拓がくり返し行われてきた．それは現在も継続している．大きく防潮堤で囲まれ，その中に新しい干拓地が造成されていく．現在の干拓地は，工場用地に利用されることが多い． 〔山田正浩〕

キョンサン　慶山　Gyeongsan

韓国

人口：27.9万 (2015)　面積：412 km²

[35°50′N　128°45′E]

韓国東部，キョンサンブク(慶尚北)道南部の都市．テグ(大邱)の東に隣接する位置にある．1989年市制施行．大邱都市圏の拡大の影響を受けて人口増加が著しい．大邱地下鉄2号線が慶山市域にまで延伸され，大邱のベッドタウンの性格をさらに強めている．ヨンナム(嶺南)大学をはじめ，大学のキャンパスが多い．伝統的な繊維工業の集積もみられる． 〔山田正浩〕

キョンサンナム道 慶尚南道
Gyeongsang-namdo

韓国

人口：333.5万 (2015)　面積：10533 km²

[35°14′N　128°42′E]

　韓国南東部の道．プサン（釜山）を中心とする地域であるが，釜山は釜山広域市として行政上独立している．道庁所在地はチャンウォン（昌原）．道庁は1925年までチンジュ（晋州）にあったが，都市発達の著しい釜山に移転した．さらに1983年，昌原に移転したものである．面積は10533 km²，人口は316.0万（2010，面積，人口共に釜山広域市，ウルサン（蔚山）広域市を除く）である．1975年の人口は約330万であったので，この間，ほとんど変化がない．しかし実際には，釜山，蔚山など都市部での著しい人口増加と山間部の過疎地帯における減少が相殺された結果である．

　朝鮮時代には慶尚道であったが，1895年の甲午改革時に南道，北道に分割された．釜山，蔚山以外の市制施行都市は，昌原，晋州，トンヨン（統営），サチョン（泗川），キメ（金海），ミリャン（密陽），コジェ（巨済），ヤンサン（梁山）の8市である．昌原市は2010年，それまでの昌原市，マサン（馬山）市，鎮海市が合併して新昌原市となった．統営，泗川，巨済の3市は，1995年，周辺部を編入して市域を拡大した際，それまでの忠武，サムチョンポ（三千浦），長承浦から市名を変更したものである．

　道域の中央部にはナクトン（洛東）江の下流とその支流，南江，密陽江などに沿う平野が開け，最下流部に金海平野がある．西はソベク（小白）山脈がチョルラプク（全羅北）道，チョルラナム（全羅南）道との境界となっている．境界部にトギュ（徳裕）山国立公園とチリ（智異）山国立公園がある．またキョンサンブク（慶尚北）道との境界部にはカヤ（伽倻）山国立公園がある．その中心である海印寺は1995年，「八萬大蔵経の納められた伽倻山海印寺」としてユネスコの世界遺産（文化遺産）に登録された．道域の東部には加智山を中心とする山地があり，東海岸には蔚山付近の小平野を除いて丘陵性の地形が続く．南海岸に沿っても昌原，馬山からコソン（固城），泗川にかけて丘陵性の地形が続く．南の海岸部は屈曲に富んだリアス式海岸で固城半島などの半島と，巨済島，ナメ（南海）島を始めとする多くの島嶼から成っている．

　島嶼部はハルリョ（閑麗）海上国立公園に指定されている所が多い．南海島，チャンソン（昌善）島，弥勒島，巨済島，カドク（加徳）島など主要な島嶼は橋で直接本土と連絡されている．海岸部に丘陵地があるため，洛東江，南江は増水時の排水がよくなく，洪水の被害を受けることがあった．そのため，1970年晋州の南江に建設された晋陽ダムは，トンネルで直接南の海岸側に排水する設備を備えている．加智山地の東麓は釜山からキョンジュ（慶州）に向かう構造線で，古くから交通路に利用されてきた．

　洛東江，南江，密陽江に沿う道域中央部の平野や南端の金海平野は米作を中心にした豊かな農業地帯であり，各種工芸作物の生産も行われていた．また冬季の温暖な気候を利用して早くから温室，ビニールハウスを使った施設園芸が発達した．南の沿岸部，島嶼部では沿岸漁業が発達していた．イワシ，タチウオ，サバ，カワハギなどの漁獲に恵まれ，養殖業も発達している．巨済，泗川などが漁業の基地で，水産加工業が発達している．

　慶尚道地方では1960年代以降の工業化の過程，とくにその初期に集中的な投資を受けて工業化がいち早く進展した．慶尚北道のポハン（浦項），クミ（亀尾），慶尚南道の蔚山，昌原，馬山がその例である．蔚山は広域都市となり，昌原と馬山は合併して新昌原市となった．昌原の工業地区は1974年に造成が始まった．町全体を新しく計画的に建設したもので市街地内に工場地区，住宅地区，行政地区が計画的に配置されている．産業機械，輸送機械，各種機械部品などの部門が集中する総合的機械工業団地となっている．馬山は馬山湾の港を中心としたこの地域の商業中心であったが，1973年，湾奥部に輸出自由地区を設定して工業化が進んだ．日本，アメリカなどの外資が導入され，労働集約的な中小業種が集積した．しかし，1990年頃をピークにして工業生産は停滞期に入り，人口も減少を始めた．

　道域内の交通系統はソウルや北部地方との間を結ぶキョンブ（京釜）高速道路，釜山テグ（大邱）高速道路，邱馬高速道路，統営テジョン（大田）高速道路，全羅道地方との間を結ぶ88オリンピック高速道路，南海高速道路などの高速道路網によって整備されている．鉄道は京釜線，トンヘ（東海）南部線，慶全線の外，2010年，新幹線（KTX）の東大邱～釜山間が開通した．また東大邱から京釜線を使って馬山までの乗り入れが始まっている．

[山田正浩]

キョンサンブク道 慶尚北道
Gyeongsang-bukdo

韓国

人口：268万 (2015)　面積：19028 km²

[36°34′N　128°30′E]

　韓国東部の道．道庁所在地はアンドン（安東）．テグ（大邱）を中心とする地域であるが，大邱は大邱広域市として行政上独立している．道庁は2016年に大邱から安東に移転した．面積は1万9028 km²，人口は260.0万（2010，面積，人口ともに大邱広域市を除く）．1975年の人口は約355万であったので，この間に3割弱の減少をみた．朝鮮時代には慶尚道であったが，1895年の甲午改革時に北道，南道に分割された．大邱以外の市制施行都市は，ポハン（浦項），キョンジュ（慶州），キムチョン（金泉），安東，クミ（亀尾），ヨンジュ（栄州），ヨンチョン（永川），サンジュ（尚州），ムンギョン（聞慶），キョンサン（慶山）の10市である．

　ナクトン（洛東）江は道域の北東端でカンウォン（江原）道から慶尚北道に入る．南流，西流を繰り返して尚州にいたり，ここからキョンサンナム（慶尚南）道に向かって南下する．道域の中央からやや西寄りにナクトン（洛東）江本流と及城川，甘川，琴湖江などの支流が形成した平野が開けている．洛東江は傾斜度が極めて小さく，河口部から安東まで舟運が盛んであった．ソベク（小白）山脈以北への交通路としても盛んに利用されたのである．安東の洛東江本流には1977年に安東ダムが，支流の半辺川には93年に臨河ダムが建設され，下流地域の用水源として重要な役割を果たしている．道の北と西は小白山脈が江原道，チュンチョン（忠清）道との境界をなしている．

　古くからチュンニョン（竹嶺），チョリョン（鳥嶺），梨花嶺，チュプンニョン（秋風嶺）などの峠を越える交通路が発達していた．境界の稜線に沿って，テベク（太白）山道立公園，小白山国立公園，ウォラク（月岳）山国立公園，聞慶セジェ道立公園，ソンニ（俗離）山国立公園が続いている．またキョンサンナム（慶尚南）道との境界部にカヤ（伽倻）山国立公園がある．東は太白山脈南端の山地である．通古山，将軍山，白岩山，チュワン（周王）山，香炉峯など1,000 m前後の山地が続いている．周王山は国立公園に指定されている．東海岸は太白山脈の急崖が海岸にせまり，平野はほとんど発達していない．浦項付近にヒョンサン（兄山）江が形成した小平野がある．

　洛東江，琴湖江に沿う平野部を中心に農業

生産が盛んである．米，麦，大豆，リンゴ，トウガラシなどであるが，麦，大豆の生産量は減少している．リンゴは慶山，永川を中心に全国的に見て有数の大産地である．スイカ，マクワウリの生産もある．山間部ではタバコ，トウガラシの生産が行われている．また豊基，栄州の薬用ニンジンの生産も有名である．

慶尚道地方では，1960年代以降の工業化の過程，とくにその初期に投資を集中的に受けて工業化がいち早く進展した．慶尚北道では，浦項と亀尾がその例である．浦項の工業地帯は1973年に完成した浦項製鉄所(現POSCO)を中心にした韓国最大の鉄鋼産業集積地である．ヨンイル(迎日)湾の湾奥，兄山江の河口部に製鉄所の広大な敷地が広がっている．亀尾には1973年に，当時韓国最大の内陸型工業団地が成立した．各種家電製品製造，電子産業，半導体などの先端工業などが集積している．

慶州は新羅の都であった古都であり，豊富に残っている文化財を併せて市街地周辺が国立公園に指定されている．市域南東の仏国寺と石窟庵は1995年，「石窟庵と仏国寺」としてユネスコの世界遺産(文化遺産)に登録された．慶州市域全体の歴史遺産も2000年，「慶州歴史地域」として世界遺産(文化遺産)に登録された．さらに，慶州の北方に位置するヤンドン(良洞)，安東の西方に位置するハフェ(河回)も伝統的な民家や儒教文化，伝統芸能が保存されていて，2010年，「韓国の歴史的集落群：河回と良洞」として世界遺産(文化遺産)に登録された．

道域はソウルとプサン(釜山)を結ぶ交通の要衝を占める．京釜高速道路，チュガン(中央)高速道路，チュンブネリュク(中部内陸)高速道路，釜山大邱高速道路，邱馬高速道路，88オリンピック高速道路，イクサン(益山)浦項高速道路が整備され，鉄道は新幹線(KTX)，京釜線，中央線，大邱線，慶北線が通過している． ［山田正浩］

キョンジュ(慶州，韓国)，仏国寺の多宝塔《世界遺産》〔JEONGHYEON NOH/Shutterstock.com〕

| キョンジュ 慶州 Gyeongju | 韓国 |

クムソン　金城(旧称)／ケリム　鶏林(旧称)
人口：26.2万(2015)　面積：1324 km²
　　　　　　　　　　　　［35°51′N　129°14′E］

韓国東部，キョンサンブク(慶尚北)道南東部の都市．新羅の都があったところで高麗，朝鮮時代には，この地方の中心地であった．1931年邑に昇格，55年に市制を施行した．ヒョンサン(兄山)江に沿った盆地に位置し，周囲は吐含山，ナム(南)山，明活山などの山地，丘陵で囲まれている．現在の市街地の中心部は高麗時代末につくられた方形の城壁の中とその周辺部に形成されている．古代に施行された地割の影響を受けて，方格状の道路網が目立っている．市街地周辺には新羅時代の史跡が豊富に分布し，慶州国立公園に指定されている．内外から多くの観光客が訪れ，韓国における観光地の拠点の一角を占めている．

市街地の南に隣接する皇南洞には多くの古墳が集中し，現在その一部が大陵苑として整備されている．金冠が出土した天馬塚や味鄒王陵などがある．整備の過程で180戸の民家が移転した．大陵苑の南，南山の北麓に新羅時代の宮殿址である半月城と新羅発祥の地とされる鶏林がある．鶏林は新羅，慶州の別称としても使われる．このほか，市街地に比較的近く位置するものとして，瞻星台，武烈王陵，金庾信墓，雁鴨池，芬皇寺など．市街地からやや離れた南東郊に仏国寺，石窟庵，掛陵がある．石窟庵と仏国寺は，1995年に「石窟庵と仏国寺」としてユネスコの世界遺産(文化遺産)に登録された．また，2000年には，慶州周辺のほかの史跡が「慶州歴史地域」として世界遺産(文化遺産)に登録された．

仏国寺は8世紀中頃に創建された古刹である．朝鮮時代，第4代国王世宗のときと加藤清正の侵略時に破壊され，焼失したため，創建時の遺物としては2つの石塔が残るのみである．1970年代以降，発掘調査が進められ，かつての壮大な伽藍の一部が復原されている．仏国寺の背後の吐含山の山頂付近に石窟庵がある．仏教の衰退とともに放棄されていたが，1909年，偶然発見されたものである．仏国寺とほぼ同時代につくられたと考えられている．掛陵は高さ7.7 m，周囲70 mの円墳である．新羅時代の王陵の1つと考えられているが，被葬者は特定されていない．南山は頂上付近に山城があり，都を防御する拠点の1つに位置づけられるが，一方で修行の場，信仰の対象でもあった．山中には数多くの石仏，磨崖仏が今も残っている．

仏国寺の北方の丘陵地に普門観光団地が開発された．薪坪川をせき止めてつくった普門湖に沿って多くのホテル，レジャー施設が集まり，多くの観光客が利用している．高速道路は京釜高速道路が通過する．鉄道は大邱線と東海南部線がクロスする．2010年には新幹線(KTX)東大邱～プサン(釜山)間が開通し，市街地の南西郊に新慶州駅が設置された． ［山田正浩］

| キョンソン　鏡城　Kyongsong |

北朝鮮

面積：1171 km²　標高：15 m　気温：6.6°C
降水量：650 mm/年　　［41°35′N　129°36′E］

北朝鮮，ハムギョンブク(咸鏡北)道中部の郡および郡庁所在地．朝鮮東海(日本海)の北部沿岸に位置する．1952年改編，77年チョンジン(清津)市に編入，85年咸鏡北道鏡城郡になった．西部にハムギョン(咸鏡)山脈，東部の海岸は沖積地である．霧発生は年間45日間．一帯にはカオリン，石炭，粘土が埋蔵，鏡城カオリンは品質が高く粘着力が大

きい．高級工芸品，日用品など多種多様な硬質陶磁器の全国的な名生産地．米作，畜産，果樹栽培が盛んで，果樹の70％はナシである．沿岸にはメンタイ，イワシ，ニシン，カレイ，コンブが多い．とくにイカの漁場として有名である．17世紀の鏡城邑城，鏡城南門など古跡が残る．4カ所で温泉が湧出する．休養所や名勝探索路が整備されている．クァンモ（冠帽）峰の高山植物は天然記念物．勝岩（現在労働者区）は1920年にラナム（羅南）に移るまでの咸鏡北道の道庁所在地であった． ［司空 俊］

キョンニョルビ列島　格列飛列島　Gyeongnyeolbiyeoldo　韓国

[36°37′N　125°34′E]

韓国西部，ファンヘ（黄海）上の列島．チュンチョンナム（忠清南）道の西端，テアン（泰安）半島の西方約50 kmに位置する．忠清南道の最西端にあたる．北格列飛島，西格列飛島，東格列飛島からなり，北格列飛島にのみ，住民が居住している．釣りを目的に人びとが訪れる． ［山田正浩］

キョンポデ　鏡浦台　Gyeongpodae　韓国

[37°49′N　127°52′E]

韓国北東部，カンウォン（江原）道カンヌン（江陵）市の観光の名所．市街地の北方，海岸に沿って潟湖である鏡浦湖があり，鏡浦台がある．鏡浦台からみる湖の風景，水に映る月が，古くから，関東八景の1つとして親しまれてきた．付近には海水浴場やホテルがあり，江陵のリゾート地区になっている．
［山田正浩］

キラウエア　Kilauea　アメリカ合衆国

人口：0.3万（2010）　面積：14 km²
[22°12′N　159°25′W]

北太平洋東部，ポリネシア，アメリカ合衆国ハワイ州，カウアイ島北部ハナレイ地区の国勢調査指定地区（CDP）．以前はサトウキビプランテーションの町であったが，いまはノースショア観光の中心地である．キラウエア砂糖会社は1877～1971年の間ここに置かれた．キラウエア岬は国立野生動物保護区に指定され，灯台はハワイ最北端に位置する．
［飯田耕二郎］

キラウエア火口　Kilauea Crater　アメリカ合衆国

標高：1222 m　[19°25′N　155°17′W]

北太平洋東部，ポリネシア，アメリカ合衆国ハワイ州，ハワイ島中南部の火口．マウナロア山の南東斜面にある活火山の噴火口で，ハワイ火山国立公園にある．語源は「吹き出す」を意味する．高さ1450 mの火山錐は崩壊して火山岩によって囲まれた約10 km²のカルデラを形成し，その巨大な中央部の火口の窪地は直径900 m，深さ143 mで，ハレマウマウとして知られる．ハワイの人びとからは，古代宗教のペレ神の化身として信仰されている．最初のキラウエアの爆発の記録は1790年である．今日，火口の端に位置するハワイ火山観測所によって常態が観測されている．また火口の北東側にあるビジターセンターでは現在の火山活動情報や，映像，資料などをみることができる． ［飯田耕二郎］

キラキラ　Kirakira　ソロモン

人口：0.2万（2009）　[10°27′S　161°55′E]

南太平洋西部，メラネシア，ソロモン諸島南東部，マキラウラワ州の州都．首都ホニアラの南東約200 kmに位置するサンクリストバル島北岸にある．1918年に初めてイギリス領ソロモン諸島政府の出先機関が設置された．1978年に国が独立した後も，マキラ州（のちにマキラウラワ州に改称）の中心地として，小規模ながらも病院や郵便局，警察署などが置かれている． ［関根久雄］

キラーニー　Killarney　オーストラリア

人口：0.1万（2011）　面積：79 km²
[28°20′S　152°18′E]

オーストラリア北東部，クイーンズランド州南東部，サザンダウンズ地域の町．州都ブリズベンの南西約120 km，ニューサウスウェールズ州との州境に位置する．地名は，アイルランド南東部の町の名前に由来する．メインレンジ国立公園の一部をなすクイーンメリー滝がある． ［秋本弘章］

キララートガシュト　Qila Ladgasht　パキスタン

標高：525 m　[27°54′N　62°57′E]

パキスタン南西部，バローチスタン州西部ハーラーン県の町．イラン国境まで西約15 km，サンディ Sandy砂漠の南西端に位置する．夏は平均最高気温が39～41℃と暑いが，冬の平均最低気温が7℃と比較的温和である．降水量は夏には月に数十 mmあるが，冬場はほとんどなく，年平均降水量は少ない． ［出田和久］

ギリ諸島　Gili, Kepulauan　インドネシア

面積：11 km²　[8°21′S　116°03′E]

キラウエア火口（アメリカ合衆国），火口からチェーン・オブ・クレーターズ・ロードに流れ出た溶岩《世界遺産》〔小野有五提供〕

インドネシア中部, 小スンダ列島, 西トゥンガラ州ロンボクティムール県の小諸島. ロンボク島北東端に接し, サンゴ礁の島々からなる. 主島は北のギリラワン島と南のギリスラット島である. 地名は小島嶼を意味する. 近辺の年平均気温は27℃, 年平均降水量は1800 mm 程度である. 1980年代からバックパッカーが訪れる観光地として国外に知られるようになり, 民宿やレストランなどの観光施設がある.　　　　　　　　　　[瀬川真平]

キリガルポッタ山　Kirigalpotta

スリランカ

標高：2395 m　　　　　　[6°48′N　80°48′E]

スリランカ, 中部州ヌワラエリヤ県の山. 同じ県内にあるピドゥルタラガラ山(標高2524 m)に次ぐ国内第2位の高山である. スリランカ国鉄の駅があるオハイヤ Ohiya 集落から西方約7 km に位置する. ホートンプレーンズ国立公園内にあり, 野生動植物などが豊かで, 自然探訪のトレッキングコースとなっている.　　　　　　　　　[山野正彦]

キリキリロア　Kirikiriroa ☞ ハミルトン Hamilton

ギリクタパン島　Gili Ketapang ☞ クタパン島　Ketapang, Pulau

ギリスラト　Gili Sulat ☞ スラト島　Sulat, Pulau

ギリディ　Giridih

インド

人口：11.4万 (2011)　　　　[24°10′N　86°20′E]

インド北部, ジャルカンド州東部中央, ギリディ県の町で県都. 地名は, 丘の土地という言葉に由来している. 鉄道の終点あるいは起点であり, 米, カラシ, ナタネ, トウモロコシ, サトウキビ, 大麦など各種農産物の交易の中心地である. また, 石炭採掘業や, 西北西80 km のコダルナにおいて広範囲な雲母の採掘がみられることなど, 鉱業活動も盛んである.　　　　　　　　　　[前田俊二]

キリティマティ島　Kiritimati Island

キリバス

クリスマス島　Christmas Island (別称)

人口：0.6万 (2010)　面積：388 km²　気温：28℃
[1°53′N　157°29′W]

中部太平洋東部, ポリネシア, キリバスの島. キリバス東部のライン諸島に所属し, 赤道の北側に隣接して, ハワイ諸島の真南約2110 km に位置する. 熱帯性気候でサンゴ礁島としては世界最大であり, キリバス全土の半分を占める. このため, キリバス政府は首都タラワ島の人口過剰を緩和するようキリティマティ島への移住を奨励している.

1777年のクリスマスイブにイギリスの探検家キャプテン・ジェームズ・クックが島に上陸したことにちなんで島名がつけられている. クリスマス島ともよばれる. 1888年にイギリスに併合された. 第2次世界大戦中はアメリカ軍がオーストラリアへの中継基地として飛行場を建設し, 1956〜62年の間, イギリスおよびアメリカが島上空で大気圏内核実験を行った. 1979年に独立したキリバスに返還された. 主たる産業は石鹸やヤシ油の原料となるコプラや, 国連の援助によって開発された塩田からとれる塩の輸出である. また, 日本の宇宙開発事業団(現 JAXA)の衛星追尾用レーダーステーション基地や, 日本版スペースシャトル HOPE-X の着陸実験場としても利用された.　　　　[柄木田康之]

キリノ州　Quirino, Province of

フィリピン

人口：18.9万 (2015)　面積：2323 km²
[16°25′N　121°31′E]

フィリピン北部, ルソン島北東部, カガヤンヴァレー地方に位置する州. 州都はカバロギス. 地名はフィリピン共和国第2代大統領エルピディオ・キリノ(1890-1956)に由来する. 行政的にはルソン島北部の沖積平野であるカガヤンヴァレー地方を構成する5州の1つであるが, 実際には平地部はごくわずかで, 州の大半は急峻なシエラマドレ山脈とカラバリョ山脈に囲まれ, 山がちな地形である. 住民の多くはルソン島北部の主要民族であるイロカノによって占められ, 彼らは州北部・北東部の平野部に居住する. その他焼畑農耕民であるイロンゴット族や狩猟採集に従事する先住民ネグリートなどがカガヤン渓谷やシエラマドレ山脈などに居住する. さらにイフガオやカンカナイ, イバロイといった山地少数民族も州内各地に居住し, 多様な民族

言語集団による構成がみられる. 生業としては稲作やトウモロコシのほかに, コーヒーやピーナッツの栽培も行われている.

[関 恒樹]

キリノッチ　Kilinochchi

スリランカ

人口：1.3万 (2001)　標高：26 m
[9°23′N　80°23′E]

スリランカ, 北部州キリノッチ県の町で県都. コロンボから州都ジャフナへ通じる A 9 国道で330 km, ジャフナからは南40 km の距離にある. ジャフナ半島へ向かうスリランカ国鉄北部線でコロンボから約6〜7時間で到達できる. 町は1936年ジャフナ地方の過剰人口を収容するために建設され, スリランカ・タミル人の居住地域であった. 1990〜96, 98〜2009年の間は, 分離独立を求める LTTE (タミル・イーラム解放のトラ)が根拠地として実効支配していたが, 2009年1月, スリランカ政府軍によって制圧された. 町は内戦による破壊が著しく, 内戦終結後, インドや日本政府の借款による復興事業が開始されている.　　　　　　　　[山野正彦]

キリバス共和国　Kiribati, Republic of

人口：10.3万 (2010)　面積：726 km²
気温：25〜30℃　　　　[1°15′N　173°00′E]

中部太平洋西部〜東部, 赤道と経度180度線(従来の日付変更線)をまたぐ島嶼群からなる共和制国家. キリバスを構成する島嶼は, 西から, 孤立した隆起サンゴ礁島であるバナバ島, そしてギルバート諸島, フェニックス諸島, ライン諸島の3諸島となる. 国名は1788年にギルバート諸島を通過したイギリス船シャーロット号の船長トマス・ギルバートにちなむ. ギルバートをキリバス語的に発音するとキリバスとなるが, キリバス語ではギルバート諸島はトゥンガル諸島とよばれる.

33島の低サンゴ環礁からなるキリバスの国土は726 km² にすぎないが, 排他的経済領域を含める海域は355万 km² と広大であり, 西端のバナバ島から東端のキリティマティ(クリスマス)島まで3800 km に及ぶ. 気候は熱帯海洋性気候であり, 3〜10月の間は南東貿易風が涼しく, 10〜3月は西風の吹く雨季である. 年平均降水量は北部で2000〜2500 mm, 南部で1000 mm であり, ギルバート諸島の中部と南部ではしばしば干ばつが生じる.

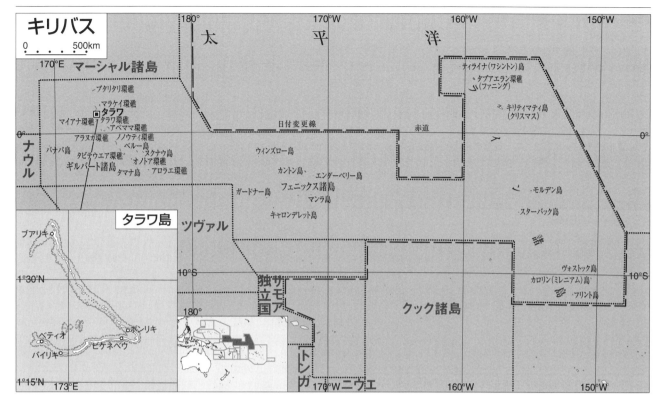

広大な海域に広がる島嶼からなるキリバスの人口は，その90％以上がギルバート諸島に分布する．とくに首都を擁するタラワ島南部には，人口の30％以上が居住する．フェニックス諸島ではカントン島に31人居住するだけで，残りの7島は無人島である．フェニックス諸島は手つかずに残された生態系が特徴で，2010年にフェニックス諸島保護区として世界自然遺産登録された．ライン諸島にはキリティマティ島に5586人，ティライナ（ワシントン）島に1690人，タブアエラン（ファニング）島に1960人が居住する．フェニックス，ライン両諸島の住民はギルバート諸島からの移住者である．バナバ島はリン鉱石の枯渇後295人が居住するのみである．国民はミクロネシア系の人口が99％を占めるが，現地に同化した中国系，ポリネシア系とヨーロッパ系の住民も居住している．中核ミクロネシア諸語に属するキリバス語が一般に話される公用語であるが，公文書には英語が公用語として用いられている．キリスト教が主要な宗教であるが固有の信仰の影響が残る．

キリバスの経済は自給自足経済と海外援助に依存する貨幣経済からなる．通貨はキリバス・ドルと豪ドルが併用される．人びとはタロイモ，ココヤシ，パンノキ，バナナなどの栽培，豚，鶏を飼育する農耕を営み，ラグーン（礁湖），リーフ（礁原）を利用した漁撈を行う．村落部ではココヤシを乾燥加工するコプラ生産が限られた現金収入の機会であり，多くの人びとが現金収入を求めて首都南タラワに移住している．村の集会所で行われる祭宴がキリバス社会・文化生活の中心である．

キリバスは16～17世紀にヨーロッパ人との接触をもち，19世紀初頭にはすべての島々の存在が確認されていた．1892年，イギリスはギルバート諸島を保護領とし，1916年には南に隣接するポリネシアのエリス諸島（現ツバル）とともに，ギルバート・エリス諸島植民地を設立した．1900年にはオーシャン（現バナバ）島でリン鉱石が発見され，オーシャン島も保護領に併合された．ギルバート諸島とエリス諸島の住民はリン鉱石採掘のための労働力供給源となった．太平洋戦争勃発時には日本軍がギルバート諸島中北部のタラワ，アベママ，ブタリタリ，マキンおよびバナバ島を占領した．

第2次世界大戦後の国際的脱植民地化の動きの中で，イギリスはギルバート・エリス諸島植民地の独立に備え，法制度，経済基盤を整備した．財政援助に加え，バナバ島のリン鉱石の採掘権料が投資され，都市部であるタラワ南部での雇用機会が拡大し，離島部からの出稼ぎ移民が増大し，人口集中が生じた．

独立に先立つ1967年に，ギルバート・エリス諸島植民地で初の国政選挙が行われたが，ポリネシア系のエリス諸島に割り当てられた議席は32議席中4議席であった．この結果，エリス諸島人は急激に分離独立の動きを強め，1978年に90％以上の賛成投票を受けてツバルとして独立した．翌1979年にミクロネシア系のギルバート諸島植民地もキリバス共和国として独立し，それ以降イギリス連邦の加盟国となっている．

独立時には日付変更線が領域内を通過し，島によって日付が異なる不便な時間設定であったが，1995年に日付変更線の位置を領域の東端にずらし，領域内が同一の日付になった．これによりキリバス共和国は世界一早く新しい日を迎える国となった．世界で最も早く日付が変わる島となったカロリン島は，ミレニアムと新世紀の年越のためにミレニアム島に改名された．　　　　　　　　　　［柄木田康之］

キーリング諸島　Keeling Islands ☞ ココス諸島　Cocos Islands

キリンダ　Kirinda　　　　　スリランカ

標高：7 m　　　　　　　　[6°14′N　81°20′E]

スリランカ，南部州ハンバントタ県の村．

古来，この地方の中心地であるティッサマハラマの南約 10 km の砂丘海岸にある漁村で観光地でもある．僧を傷つけた罪により海に流され浜に漂着したのち，ティッサマハラマの王と結婚したヴィハーラ・マハデヴィ姫の伝説にちなんだ女王像が立つことで知られる．付近の海岸は島内有数のダイビングスポットとして有名で，宿泊施設が立地する．3～4 月が観光シーズンである．集落の中に岩山上に建つ仏教寺院があり，眺望にすぐれている．　　　　　　　　　　　[山野正彦]

ギルガイ　Gilgai　　オーストラリア

人口：0.1 万（2011）　面積：98 km²　標高：500 m
降水量：800 mm/年　　　　[29°51′S　151°07′E]

オーストラリア南東部，ニューサウスウェールズ州北東部，インヴェレル行政区の町．インヴェレルの南約 8 km の高地に位置する．地名は，先住民ウィラージュリー（Wiradhuri）またはカミラロイ（Kamilaroi）の言葉で水溜まりを意味する．肉牛飼育をおもな産業とするが，ほかに 1849 年に起源をもつワイン用ブドウ栽培も行われている．
　　　　　　　　　　　　　　　[藁谷哲也]

キルキーヴァン　Kilkivan
オーストラリア

人口：0.1 万（2011）　面積：320 km²
　　　　　　　　　　　[26°05′S　152°15′E]

オーストラリア北東部，クイーンズランド州南東部，サウスバーネット地域の町．グレートディヴァイディング山脈の中にあり，州都ブリズベンの北西約 220 km に位置する．地名は，初期の開拓者がスコットランドにある父親の農場にちなんでつけた．1852 年に金が発見され，68 年にはゴールドラッシュが起こった．また 1872 年には銅鉱山も開発されるなど鉱業で栄えたが，今日では周囲の酪農，牧牛地域の小規模な中心地である．
　　　　　　　　　　　　　　　[秋本弘章]

キルギス ☞ クルグズ共和国 Kyrgyz Republic

キルギスクラク Kirgiz-Kulak ☞ チルチク Chirchik

ギルギット　Gilgit　　パキスタン

人口：5.7 万（1998）　標高：1500 m
　　　　　　　　　　　[35°55′N　74°20′E]

パキスタン北東部，ギルギットバルティスタン州ギルギット県の都市で，県都および州都．インダス川支流ギルギット川の河岸段丘上に立地する．南にナンガパルバット山（標高 8125 m），北にラカポシ山（7788 m）をはじめ 6000 m 級のカラコルム山脈の高峰に囲まれる．紀元 1 世紀頃から中国のタリム盆地とインドを結ぶ中継地で，周辺諸国にとって戦略的に重要な地点であったらしく，内陸貿易と政治活動の中心であった．現在では，クンジェラブ峠を通り，中国のカシュガル（喀什）と首都イスラマバードを結ぶカラコルムハイウェイ（中国・パキスタン友好道路．両国の共同で 1966 年から工事が行われ，78 年に完成した．ヒマラヤ，ヒンドゥークシュ，カラコルムの山々を縫っての難工事で，犠牲者は 500 人以上といわれる．沿線の景観の美しさとその変化は世界中に知られる）の開通後は観光の拠点として，また中国との内陸貿易の拠点として重要度を増した．雪を頂いた白い高山と抜けるような青空と氷河に源を発する清冽な流れなどがみせる景観はすばらしく，人びとをひきつけ，登山やトレッキングをはじめ多くの観光客を集めている．
　気候は，ナンガパルバット山などの高山がモンスーンの到達を妨げ，乾燥が著しいが，谷間には長年にわたり人の手が加えられてきたことによってリンゴやアンズ，モモ，ナシなどの果樹園が多くみられる．緑豊かで美しい果樹園と雪を頂いた険しい山の景観の対照はこの地域ならではのものであろう．交通は，イスラマバードからギルギット空港への航空路線があるが，天候の制約を受けやすい．ラワルピンディからのバスの便もある．また，アストルやフンザ，スカールドゥーなどの州内各地へのバスの発着地ともなっている．町の見どころとしては，最も賑やかなシネマバザールやフンザ人中心のジャマートハーナバザール，州最大のジャーマモスクのほか，ハンガリー出身のイギリスの考古学者オーレル・スタインによって 7～8 世紀の建造とされたカールガーの摩崖仏などがある．ポログラウンドでは 6 月の第 1・2 週にトーナメントが開かれる．　　　　[出田和久]

ギルギット県　Gilgit District
パキスタン

人口：21.7 万（推）　面積：38021 km²
標高：1500 m　　　　　[35°55′N　74°20′E]

パキスタン北東部，ギルギットバルティスタン州の県．県都はギルギット．旧エージェンシー（管区）．カラコルム山脈西端部に位置し，山がちである．1889 年にイギリスの支配下となり，隣接するフンザとあわせてギルギット管区となった．この地域は，4～11 世紀には仏教徒の支配下にあった．8 世紀初め頃には中国（唐）とアラブ（アッバース朝）とチベットが，その支配をめぐって争ったが，チベットがギルギットを併合し，宗主権を獲得した．その後，10 世紀にシナー語（印欧語族）を話す人びとが侵入した．なおシナー語は現在ギルギットで話される最も重要な言葉であり，ブルシャスキー語を母語とする人びとが，フンザやナガルやヤシーンの谷へと移動している原因となっている．　　[出田和久]

ギルギット川　Gilgit River
パキスタン

長さ：270 km　　　　　[35°44′N　74°40′E]

パキスタン北西部，ギルギットバルティスタン州を流れる川．ヒンドゥークシュ山脈東部のシャンドゥール Shandur 峠（標高約 3720 m）に源を発し，東へと流れ，ギルギットの東でフンザ川と合流してインダス川に流入し，南西に流向を変える．上流部では，峡谷の景観から谷底が広い U 字谷となる．最上流部はキズル川と名前が変わり，氷河地形の一種であるモレーン（堆石）が川をせき止めたパンダール湖がある．シャンドゥール峠などを越えると国内最北端のチトラル地方にいたる．　　　　　　　　　　[出田和久]

ギルギットバルティスタン州
Gilgit-Baltistan　　パキスタン

北方地域　Federally Administered Northern Areas（旧称）
　　　　　　　　　　　[35°55′N　74°20′E]

パキスタン北東部の州．州都はギルギット．旧称は北方地域（FANA）で，2009 年に改称された．ギルギットとバルティスタンからなり，アーザードカシミールとともに「パキスタンが実効支配しているカシミール（Pakistan-administered Kashmir）」とよばれる．西はカイバルパクトゥンクワ州，北は

アフガニスタンのバダフシャーン州，北東は中国のシンチャン(新疆)ウイグル自治区，南東はインドのジャンムカシミール州に境を接する．大部分がカラコルム山脈の急峻な山地であり，インダス川とその支流が流れる．ガンチェ Ghanche 県，スカールドゥー県，ギルギット県，ディアミール Diamer 県，ギザル Ghizer 県，アストル県，フンザ県，ナガル Nagar 県，カルマング Kharmang 県，シガル Shigar 県の 10 県からなり，おもな都市にはギルギット(ギルギット管区)，スカールドゥー(バルティスタン管区)，チラス Chilas (ギルギット管区)，カリマバード Karimabad (フンザ，バルティスタン管区)がある．

急傾斜地が多く交通路の整備が遅れているため州外との行き来は不便で産業は未発達である．地下資源としてはスカールドゥー県で産出するリシア電気石や，ギルギット県で産出するアクアマリン(ベリル，緑柱石)などがみられる程度で，未開発である．また，標高が高く，主要産業は谷間の緩斜面での農業と牧畜および風光明媚な山岳地帯の美しい景観を主要資源とする観光であるが，最近はイスラーム原理主義勢力の浸透もあり治安の悪化が懸念され，観光客の入り込みが減少傾向にある．住民構成は複雑でダルド人，カシミール人，パシュトゥーン人などからなる．言語は，ほとんどの住民がウルドゥー語を理解できるが，次いでギルギット，アストル，ディアミールのほとんどとギザルのいくつかの地区で話されるシナー語の話者が 60% と多数を占める．バルティ語，コワール語，ブルシャスキー語，パシュトゥー語，カシミール語の話者も存在する．宗教は，ほとんどがムスリムで，シーア派が多数を占め，ほかにスンニ派，イスマイル派がいる．また，地域の東部にあるシアチェン氷河はインド軍との最前線となっている．
[出田和久]

ギルギャンドラ　Gilgandra

オーストラリア

人口：0.3 万 (2011)　面積：473 km²
[31°42′S　148°37′E]

オーストラリア南東部，ニューサウスウェールズ州中央東部，ギルギャンドラ行政区の町で行政中心地．ギルギャンドラ行政区は人口 4368 (2011)，面積 4836 km² を有する．州都シドニーの北西約 450 km にある．地名は，キャスルリー川の源流部に位置することが関係して，先住民の言葉で長い水たまりを意味している．町は，地形的には平坦で砂地

の土壌からなる．気候は乾燥しており，夏季には 40℃ 以上の日が連日続く．その一方で，冬季には氷点下になる日もあり，気温の年較差が大きい．1955 年には大洪水，2009 年には大干ばつという大災害に見舞われたことでも知られる．

町は 1888 年に公示され，翌 89 年から土地の売却が始まった．その後，1867 年に郵便局，81 年に学校が開設されるなど拡大した．現在では，ゴルフ場や病院，ホテル，大型商業施設など，さまざまな施設が建てられている．町では，オクスリー，キャスルリー，ニューウェルの 3 本のハイウェイが交わる．また，南約 60 km に位置するダボと北約 70 km のクーナンブルを結ぶクーナンブル支線が中心部を通り，ギルギャンドラ駅が置かれている．郊外にはギルギャンドラ空港もあり，交通の要衝といえる．このような，交通の利便性を生かし，羊，肉牛，小麦，大麦，ベニバナ，豆類，オリーブなどの農畜産物の流通が行われている．

町の北東約 80 km にはウォランバングル国立公園が位置し，その玄関口として多くの観光客を集める．また，町は第 1 次世界大戦時(1915)に当地からシドニーへ向かって新兵を徴兵するために「クーイ」と叫びながら行進したクーイマーチ発祥の地としても有名である．このため，クーイマーチに関する歴史博物館もあるほか，毎年 10 月にクーイフェスティバルが開催され，観光資源となっている．さらに，町は風車の町としても有名である．1960 年代までは風車によって水を供給しており，町中のほとんどの家に風車があり，約 360 もの風車が立っていた．
[畠山輝雄]

キルコイ　Kilcoy

オーストラリア

ホープタウン　Hope Town (旧称)

人口：0.2 万 (2011)　面積：3.3 km²
[26°57′S　152°33′E]

オーストラリア北東部，クイーンズランド州南東部，サマセット地域の町．州都ブリズベンの北西約 100 km，グレートディヴァイディング山脈中に位置する．地名は，初期の開拓者がスコットランド，ローゼンシャーの地名にちなんでつけた．1906 年までは，この地域の農場主にちなんでホープタウンとよばれていた．1860 年代から金の採掘で栄えたが，1948 年に閉山した．今日では，周囲の農業地域の小規模な中心地にすぎない．
[秋本弘章]

キルジュ　吉州　Kilju

北朝鮮

面積：1032 km²　標高：125 m　気温：7.7℃
降水量：650 mm/年　[40°58′N　129°20′E]

北朝鮮，ハムギョンブク(咸鏡北)道南部の都市で郡庁所在地．吉州-ミョンチョン(明川)地溝帯に位置する工業都市である．南大川がハムギョン(咸鏡)山脈の東麓に形成した吉州平野が広がる．朝鮮東海(日本海)の影響で同緯度の内陸部よりは温暖である．付近は石炭，黒鉛，雲母などの地下資源が豊富で製錬所がある．付近一帯のカオリンを原料にした陶磁器工場の明釉は有名．電気機械，日用品，食品，セメントなどの工場がある．高原から運ばれる木材を利用して，製材，パルプ，合板，製紙の工業が盛んで，パルプはチョンジン(清津)の化学繊維工場に送られる．農村部では畑作と牛放牧が行われ，絹織物の生産量が多く，リンゴの産地である．温泉がある．東海岸からケマ(蓋馬)高原，ペクトゥ(白頭)山などの内陸に入る交通の要衝．咸鏡線の主要駅で，ヘサン(恵山)線が分岐する．
[司空　俊]

キルタール山脈　Kirthar Mountains

パキスタン

標高：2171 m　長さ：350 km　幅：30 km
[27°07′N　67°06′E]

パキスタン南西部，スライマン山脈の南に延びる支脈．西はパブ山脈，東はインダス平原につながり，バローチスタン州とシンド州の境界ともなっている．北はムーラ川沿岸から，南はカラチの北東へと続き，南東部の支脈はシンド州南西部の丘陵地帯を形成している．山脈はおもに中生代と第三紀の石灰岩層からなる．北部では標高 2000 m を超える．温泉や湯治場がある．また，キルタール国立公園があり，ヤギ属のアイベックスやヒツジ属のビッグホーン(オオツノヒツジ)などが生息する．
[出田和久]

キルティプル　Kirtipur

ネパール

人口：6.6 万 (2011)　面積：15 km²　標高：1340 m
[27°41′N　85°17′E]

ネパール中部，カトマンドゥ郡(バグマティ県)の都市．首都カトマンドゥの南西 6 km，バグマティ川の右岸の丘陵上に位置する古都である．一方を断崖に限られた岩盤の丘を天然の城塞として，1099〜1126 年にかけてシバ・デワ王によって建設された．1482 年にカトマンドゥのマッラ朝が分裂し

て以来, パタン・マッラ朝とは別の都市国家として栄えた. 歴史上, ゴルカ朝のカトマンドゥ攻略では, 激しく抵抗したことで知られている. ネパール統一を果たしたゴルカ朝の君主プリティヴィ・ナラヤン・シャハ王は, 三度目の攻撃でようやくキルティプルを征服することができた. 最後の攻撃では, 男子住民は, 征服後の抵抗を恐れて皆殺しにされたという. 征服後プリティヴィ・ナラヤン・シャハ王は, カトマンドゥ盆地全域を見渡せるこの地を根拠に他のマッラ朝を攻略した. 今でも古い町並みが残され, 石畳を上れば往時をしのぶことができる. 1959 年に国内初の高等教育機関として創立されたトリブヴァン大学の本部と大学院が置かれる学園都市でもある. 大学キャンパスは, キルティプルの丘の東斜面山麓にゆったりと広がっている.

[八木浩司]

ギルバート諸島　Gilbert Islands

キリバス

トゥンガル諸島　Tungaru (キリバス語)

人口：9.4 万 (2010)　面積：286 km²
気温：25-33℃　　　[1°27′N　173°06′E]

中部太平洋西部, ミクロネシア, キリバス西部の諸島. 太平洋の赤道付近に位置し, 16 島からなる環礁群である. キリバス中部のフェニックス諸島, 東部のライン諸島との 3 諸島でキリバスを形成する. ギルバート諸島は国内人口の 90% 以上を占める. 一般に赤道以北を北ギルバート諸島, 赤道以南を南ギルバート諸島という. 北ギルバートにはブタリタリ, マキン, マラケイ, アベイアン, タラワ, マイアナ, アベママ, アラヌカ, クリア, 南ギルバートにはノノウティ, タビテウエア, ベルー, オノトア, ニクナウ, アロライ, タマナなどの各島がある. 諸島の中央には首都を擁するタラワ島が位置し, 人口もキリバス全体の大半を占め, 政治経済の中心である. タラワ島はオーストラリア, フィジー, ナウル, マーシャル諸島などと航空便で結ばれている.

1788 年, この島々の海域を通過したイギリス船シャーロッテ号のトーマス・ギルバート船長にちなんで命名される. ギルバートをキリバス語的に発音するとキリバスとなり, キリバスという共和国名はこれにもとづく. キリバス語ではギルバート諸島はトゥンガル諸島とよばれる. 気候は熱帯海洋性で, 5~10 月が乾季, 11~4 月が雨季, 気温は 25~33℃ の間で変化は少なく, 年平均降水量はタラワ島で約 1500 mm. つねに潮風が吹い

ているため, うだるように暑くはないが, 日差しは猛烈に強く照り返しもある.

16 世紀初め, スペインの探検家デ・キロスがブタリタリ島を確認したことが, ヨーロッパ諸国との接点をもったという意味での始まりといえる. 1892 年, その南に位置するエリス諸島とともにイギリスの保護領となり, 1916 年ツヴァルと併合され, ギルバート・エリス諸島植民地としてイギリスの直轄植民地となった. 太平洋戦争では, 日本軍がタラワとブタリタリ, マキン, アベママの 4 島を占領, 1943 年 11 月, アメリカ軍の反攻によって日本軍は全滅した. 1975 年ツヴァルが分離し, 79 年 7 月 12 日, フェニックス諸島, ライン諸島とともにキリバス共和国としてイギリスより独立した.

[柄木田康之]

ギールヒルズ　Gir Hills

インド

インド西部, グジャラート州南部にあるカチャワール半島の丘陵地域. ステップ気候帯に属し, 全体的に乾燥し, ごつごつした土地であるが, 密生した森林 (チーク林など) も各所にみられる. インド政府の保護策により, 唯一のアジアライオン種であるインドライオンの最後の生息地として有名である.

[前田俊二]

キルモア　Kilmore

オーストラリア

人口：0.7 万 (2011)　面積：93 km²
[37°17′S　144°58′E]

オーストラリア南東部, ヴィクトリア州中央南部の都市. 州都メルボルンの北 60 km に位置する. 州最古の内陸都市で, 1841 年にヨーロッパ人が入植した. 古い建物と競馬で有名. 19 世紀後半のゴールドラッシュ時には, シドニーとメルボルンを結ぶ幹線上の要衝として発展した. 町の中心部には, ブルーストーンやレンガ造りの古い建物が残っている.

[堤　純]

キールン市　基隆市　Keelung

台湾 | 中国

鶏籠 (旧称) / きいるん (日本語) / チーロン市　基隆市 Jilong (別称)

人口：39.2 万 (2004)　面積：133 km²
[25°09′N　121°44′E]

台湾北部の都市. 北部最大の港湾都市で, タイペイ (台北) から北東へ鉄道で 28.5 km, 高速道路では 24 km の位置にある. カオシオン (高雄) 港, タイジョン (台中) 港, ホワリ

エン (花蓮) 港と並んで台湾の 4 大港となっており, 日本統治時代に高雄港が整備されるまでは, 台湾最大の港湾都市であった. 現在も高雄に次ぐ地位を保っている. なお, 地名は, 清国統治時代の 1863 年に通商が始まった際, 当時の商港登記が KEELUNG であったため, いまでもキールンとよばれている. 日本でもきいるんとよばれた. 中国語ではチーロンと発音する. 市街地の三方を山に囲まれ, 一方は海に面するため, 雲の流れが山岳に阻まれて雨が多く, 別名雨港とも称される. とくに冬季は雨が多く, 冬に訪れて, もし晴れていたら, それは幸運の証とされている.

この一帯は漢人住民が中国大陸からやってくる以前, ケタガラン族が群居していた. 明国末期になって漢人住民が台湾南部から土地を求めて北上し, 幾多の葛藤を経て, この地を開拓していった. その後, 1626 年にフィリピンのルソン島を拠点としていたスペイン人の侵略を受ける. スペインは台湾南部に拠点を得たオランダに対抗し, 台湾の東海岸を北上してこの地へやってきた. そして, 現在は和平島とよばれている社寮島に要塞を築き, これをサンサルバドル城と名づけた. しかし, スペインは, オランダの追撃を受けてわずか 16 年で台湾から撤退した. オランダも鄭成功政権によって駆逐された. 1863 年には商業港として開かれ, 69 年にはそれまでの鶏籠という表記が基隆と改められた. なお, この名は軍勢の興隆を祈願する基地隆昌という言葉にちなんだものである.

1895 年には台湾が日本に割譲され, 6 月 2 日に初代台湾総督の樺山資紀が基隆沖で清国全権委員である李経芳と台湾授受の会見をしている. 日本統治時代は港の発展とともに興隆の一途をたどった. 基隆湾はもともと天然の良港だったが, 計画された港湾規模は大きく, 築港工事も大がかりなものとなった. 工事は 1899 年に始まり, 完成を急ぐため, 昼夜を問わずに進められたという. その後, 第 2 次世界大戦終結時まで一帯が要塞地域とされた. そのような背景もあって, 開かれた町ではなかったが, 町の活気はつねに特筆されていた. 日本本土との間には定期連絡船も就航し, 終日, 日本人の影が絶えなかったといわれている.

町並みは築港工事と並行して整備され, その美しさは台湾随一ともいわれていた. 整然とした道路に沿って赤レンガ建築が並ぶ商店街は基隆の自慢であった. 現在は交通量の増加と 1945 年以降の乱開発で往時の面影はみられないが, 市では港町の風情を残した町並

キールン(基隆)市(台湾), 映画「悲情城市」の舞台として有名になった九份 〔Shutterstock〕

みを再整備し，観光客の誘致を行っている．最近は観光客を相手にした港湾巡りのフェリーも就航し，観光都市への脱皮を図っている．また，駅からも近い廟口夜市は，台湾の中でも屈指の規模を誇るナイトマーケットである．屋台料理の美味しさはいずれもトップクラスとされ，中でもサメの肉でつくった甜不辣(さつま揚げ)は名物となっている．産業としては，平地が少ないこともあり，農地がほとんど見られない．一方で，漁業は日本統治時代に港湾が整備されたことで盛んとなり，現在も北部最大の漁業基地となっている．台湾北部から沖縄方面まで，広範囲な漁場の要となっている．日本統治時代は珊瑚の交易も盛んだった．　　　　　〔片倉佳史〕

ギレスピーズ岬　Gillespies Point
ニュージーランド
〔43°24′S　169°51′E〕

ニュージーランド南島南部西岸，ウェストコースト地方の岬．ウェストランド地区，同名のギレスピーズビーチの北端にある．クック川河口の北約7 kmに位置する．ティル(氷成堆積物)またはアウトウォッシュ(融氷河流堆積物)からなる段丘の末端にあたり，付近の岩石は氷河で刻まれ，多種の海藻で覆われている．アザラシの生息地である．ギレスピーズビーチは岬の南，フォックス氷河の西19 kmに位置し，砂鉄を含む黒い砂浜が広がる．地名は，1866年に浜で金を発見したジェームズ・エドウィン・ギレスピーの名にちなむ．現在は金を掘り返した跡が多くみ

られるのみである．　　　　　〔太田陽子〕

きれんざん　祁連山 ☞ チーリエン山
Qilian Shan

キロス島　Quiros Island ☞ スウェーンズ島　Swains Island

キロン県　吉隆県　Gyirong　中国
人口：2万(2012)　面積：9300 km²
〔28°51′N　85°18′E〕

中国西部，シーツァン(チベット，西蔵)自治区，シガツェ(日喀則)地級市の県．地名はチベット語で心地よい場所を意味する．自治区の南西部，ヒマラヤ山脈の中部に位置し，周囲は標高4000 mを超える山脈に囲まれている．ネパールと国境を接する．過去にジーロン(済嚨)，ジーゾン(鶏中)などのよび名がある．1960年にジーロンゾン(吉隆宗)とゾンガーゾン(宗嘎宗)を合併して，日喀則専区に属し，70年には日喀則地区に属している．　　　　　〔石田　曜〕

ギーワン　Guiuan　フィリピン
人口：5.3万(2015)　面積：175 km²
〔11°00′N　125°45′E〕

フィリピン中部，サマール島最南東部，東サマール州の町．60の村(バランガイ)によって構成される．戦略上重要なポイントにあたるため，第2次世界大戦中には日本軍が駐屯し，その後1944年にはマッカーサー元帥指揮下のアメリカ軍キャンプが置かれた．南沖には，1521年フィリピンにポルトガルのフェルディナンド・マゼランが初めて上陸したホモンホン Homonhon島がある．
〔東　賢太朗〕

キンガロイ　Kingaroy
オーストラリア
人口：0.1万(2011)　面積：68 km²　標高：410 m
〔26°32′S　151°50′E〕

オーストラリア北東部，クイーンズランド州南東部，サウスバーネット地域の町．州都ブリズベンの北西約230 km，グレートディヴァイディング山脈中に位置する．地名は，アボリジニの言語で，腹をすかした小さな黒いアリという意味だといわれる．1846年に農場が開かれたのがこの町の始まりである．1904年に鉄道が開通し，林業の中心地として発展した．今日では，国内のラッカセイ栽培の中心地となっている．そのほか穀物や果樹の栽培，養豚，牧牛が盛んである．1968年から19年間クイーンズランド州首相を務めたジョー・ビェルク・ピーターセン卿ゆかりの地である．　　　　　〔秋本弘章〕

キング島　King Island
オーストラリア
人口：0.2万(2011)　面積：1096 km²
降水量：900 mm/年　〔39°50′S　144°00′E〕

オーストラリア南東部，タスマニア州北西部の島．タスマニア島とオーストラリア大陸の中間であるバス海峡に位置する．南端はストークス岬，北端はウィッカ岬である．ニューイヤー島とクリスマス島が北西に，カウンセラー島が東に位置する．島名は，ニューサウスウェールズ植民地総督であったフィリップ・ギドニー・キングに由来する．平均最高気温は16.5℃，平均最低気温は10.2℃である．固有種であるキングアイランドエミューが生息していたが絶滅した．ペンギンやカモノハシも生息している．島は1799年に発見され，オットセイ猟やゾウアザラシ猟が1820年代まで行われていた．また，1800年代はバス海峡において船の座礁が多く，座礁船も多く流れついた．1880年代からは放牧も行われた．西海岸に位置するカリーが島最大の町である．カリーは灰重石の採掘で栄え，炭鉱が閉鎖された1990年からも人口は増加した．現在は地元住民，貿易商，休暇滞在者などが居住している．ロブスターやチー

ズなどが有名である. 　　　　[有馬貴之]

キング湾　King Sound

オーストラリア

長さ：145 km　幅：56 km

[50°06′S　123°26′E]

　オーストラリア西部，ウェスタンオーストラリア州北部でインド洋から切れ込む湾. 南北 145 km，東西 56 km に広がり，湾の入口には西にレベック岬，東にバッカナー諸島の島々が位置する. フィッツロイ川をはじめ，いくつもの河川が流れ込み，11 m に達する干満の差は，多くの浅瀬や礁とともに航海をむずかしくする要因となっている. キング湾は 1838 年にビーグル号船員のジョン・ストークスとジョン・ウィッカムによって探検され，地名は探検家フィリップ・パーカー・キングにちなんで命名された. 　　[大石太郎]

キングエドワード棚氷　King Edward Ice Shelf

南極

エドワード 8 世棚氷　Edward VIII Ice Shelf (別称)

[66°50′S　56°33′E]

　南極，東南極の棚氷. エンダビーランドとケンプランドの境界部に位置するエドワード 8 世湾の奥にある小規模な棚氷で，南極最古の岩体とされるネーピア山地の南東側にあたる. 1936〜37 年にノルウェーのラルス・クリステンセン探検隊によって撮影された航空写真によって地図化されたが，地上からの踏査はロバート・ドーヴァース率いるオーストラリアの探検隊によって 1954 年に行われた. 　　　　　　　　　　[前杢英明]

キングエドワード 7 世ランド　King Edward VII Land

南極

エドワード 7 世半島　Edward VII Peninsula (別称) ／キングエドワード 7 世半島　King Edward VII Peninsula (別称)

[77°40′S　155°00′W]

　南極，西南極の地域. マリーバードランド北西端に位置するロス海に突き出た，氷で覆われた大きな半島状の陸地である. 1912 年に付近を探索した日本の白瀬矗(のぶ)隊の探検記録『南極記』には「エドワード七世州」と記されている. 地名は 1902 年にイギリスの探検家ロバート・スコットが発見し，その際名づけたオリジナルのよび名で，近年はキングエドワード 7 世半島とかエドワード 7 世

半島ともよばれる. 半島の西側はロス棚氷の北東部にあたり，半島の東側はサルツバーガー湾. 半島先端の岬はコルベック岬とよばれている. 半島の西海岸は白瀬海岸と命名されている. 日本の白瀬矗によって初めて探検が行われたことに由来する名称である.
　　　　　　　　　　[前杢英明]

キングクリスチャン島　King Christian Island

カナダ

人口：0 (2011)　面積：645 km²　長さ：40 km
幅：25 km　　　　[77°45′N　102°00′W]

　カナダ，ヌナヴト準州北部，スヴァードラップ諸島の島. エレフリングネス島の南西岸沖 13.5 km に位置する. 東西に長く約 40 km，幅は約 25 km ある. ツンドラが卓越する無人島である. 島の中央部の山地が最も高く海抜 165 m である. ヨーロッパ人では 1901 年にノルウェーのグナー・アイザッセンが最初に到着した. 　　[竹村一男]

キングジョージ島　King George Island

南極

ベインティシンコデマヨ島　25 de Mayo, Isla (西語) ／レイホルヘ島　Ray Jorge, Isla (西語)

人口：0.1 万 (推)　面積：1150 km²　長さ：95 km
幅：25 km　　　　　[62°13′S　58°27′W]

　南極，西南極の島. 南極半島先端部，約 120 km 沖合の南極海にあり，サウスシェトランド諸島最大の面積をもつ. 90％以上は氷河に覆われる氷の島である. 1821 年にアザラシ漁船メルビル号とその乗員 11 人が，人類史上初めて南極で冬を越した場所でもある. 島名はイギリス国王ジョージ 3 世にちなんで命名された. 島には 3 つの大きな湾，マクスウェル湾，アドミラルティ湾，キングジョージ湾がある. アドミラルティ湾には 3 つのフィヨルドがあり，南極条約により特別保護区に指定されている. 南西にはネルソン島が隣接する.
　島は 1819 年にイギリス人の探検家ウィリアム・スミスによって発見され，同年 10 月 16 日には島に初上陸を行ったことから，領有権を主張する根拠になっている. その後，1908 年にはフォークランド保護領の一部として正式に統合され，現在は独立したイギリスの南極領土の一部として領有権を主張している. チリは 1940 年に，アルゼンチンは 43 年に，それぞれ自国領として領有権を主張した. アルゼンチンではベインティシンコデマヨ島，チリではレイホルヘ島とよぶ. しか

し，アメリカやロシアによって認められず，南極条約によりその行使は凍結されている. 沿岸部はわずかに植生がみられ，またさまざまな南極特有の動物が生息しており，ミナミゾウアザラシ，ウェッデルアザラシ，ヒョウアザラシ，アデリーペンギン，アゴヒモペンギン，ジェンツーペンギンなどがみられる.
　島は南極観測基地の密集地帯であり，アルゼンチン，ブラジル，チリ，ロシア，韓国，中国，ポーランド，ウルグアイ，ペルー，エクアドル，アメリカの観測基地がある. それらは有人越冬基地がほとんどであり，生物，地学を中心とする研究が行われている. 夏季にはわずかながら観光客も来島する. フュルデス半島にあるチリ空軍の管理するチリ南極観測基地エドゥアルドフレイモンタルバには滑走路があり，これが各国基地の補給と人員輸送に重要な役割を果たす. 同観測基地の近くには，チリ領南極で最大の人口を抱えるビジャラスエストレージャス Villa Las Estrellas という集落があり，研究所などのほかに住宅やカフェテリア，銀行，郵便局，観光客用ホテルもある. 中国の長城基地にはバスケットボールができる体育館が併設されている. 2004 年には，ロシアのベリングスハウゼン基地に司祭が常駐する世界で最も南にあるロシア式教会が建設された.
　　　　　　　　　　[前杢英明]

キングジョージ 4 世海　King George IV Sea ☞ ウェッデル海　Weddell Sea

キングズコート　Kingscote

オーストラリア

アンガス　Angas (古称) ／クイーンズクリフ Queenscliffe (旧称)

人口：0.2 万 (2011)　　[35°44′S　137°37′E]

　オーストラリア南部，サウスオーストラリア州南東部の町. カンガルー島北東部にあり，州都アデレードの南西 115 km に位置する. カンガルー島の観光拠点，農牧業の中心で，同島最大の町である. アデレード郊外の町グレネルグとの間にフェリーが連絡している. 町は，早くも 1836 年にサウスオーストラリア植民地の入植が開始されたときに建設された. 設立当初はアンガス，のちにクイーンズクリフとよばれた. 地名は，サウスオーストラリア土地会社の指導者，ヘンリー・キングズコートの名にちなむ. 州内で最も古い郵便局がある. 　　　　[片平博文]

キングスタウン **King's Town** ☞ ニューカッスル Newcastle

キングストン　**Kingston**

オーストラリア

人口：1.0万（2011）　面積：37 km²
[42°58′S　147°18′E]

オーストラリア南東部，タスマニア州南部の町．州都ホバートの中心から南15 kmに位置する郊外の町で，ダーウェント川近くにある．1808年にトーマス・ルーカスが初めて居住し，その後多くの開拓者が住民となった．1851年には町となり，現在も発展を続けている．住民の多くはホバートで働いており，川岸に沿って町が発展している．第2次世界大戦後はオランダ人も多く居住する地区となっている． 　　　　　　　　　　［有馬貴之］

キングストン　**Kingston**

ニュージーランド

ジョージタウン Georgetown（旧称）/セントジョンズ Saint Johns（古称）

人口：237（2013）　　　[45°20′S　168°43′E]

ニュージーランド南島，オタゴ地方の町．クイーンズタウンレークス地区，ワカティプ湖の南端にある．片岩類からなるエア山地の南東端，南に開く平野の最北部にあり，クイーンズタウンの南48 kmに位置する．地名は，アイルランドからきた金の採掘者が故郷の名にちなんで命名したという．おもな産業は農業であり，宿泊，レクリエーション施設がある．町は氷河の端堆石上にあり，タケレハカ Takerehaka という名の古いマオリの集落の位置にある．最初にセントジョンズ，次いでジョージタウンとよばれ，さらに現名称に改名された． 　　　　　　　　［太田陽子］

キングストンオンマレー
Kingston-on-Murray

オーストラリア

サーク Thurk（旧称）

人口：0.1万（2011）　　　[34°14′S　140°20′E]

オーストラリア南部，サウスオーストラリア州南東部の村．マレー川左岸に沿い，州都アデレードからスタートハイウェイ経由で東北東214 kmに位置する農村である．付近では小麦，大麦などの穀物栽培と羊の放牧，その他マレー川の水を利用して灌漑農業が行われ，ブドウや柑橘系の果樹栽培が盛んである．地名は，1893年から99年にかけてサウスオーストラリアの首相をしていたチャールズ・キャメロン・キングストンの名にちなむ．しかし町が測量されたのは1915年のことで，最初はサークとよばれた．これは，現在町がある場所にかつて存在した農場の名で，この地名はいまもマレー川の中州の地名サークアイランド Thurk Island として残っている．町の南をかすめて通過するスタートハイウェイがマレー川を渡る地点には，現在橋がかけられているが，以前は渡河点として重要な地位を占めていた．しかし橋が建設されて以降は，周辺の農業の中心地としての色彩がより強くなった．町の北西7 kmに位置するマレー川左岸の段丘崖には，ケイヴクリフズ Cave Cliffs とよばれる洞窟があり，中には先住民アボリジニの遺跡が残されている．また，キングストンの地名は，州南東部の海岸沿いにもみられる．ちなみに，こちらは Kingston S. E. と表記され，キングストンオンマレーよりもさらに古く，1856年に建設された． 　　　　　　　　［片平博文］

キングマンリーフ　**Kingman Reef**

アメリカ合衆国

人口：0（2009）　面積：1.0 km²　長さ：8～14 km
[6°23′N　166°25′W]

北太平洋東部，ポリネシア，アメリカ合衆国のサンゴ礁．未編入の非自治領である．キリバス領ライン諸島の北端部とつながるおむすび型のサンゴ礁で，ハワイ州の州都ホノルルの南約1700 kmに位置する．サンゴ礁の東端部がわずかに水面上に顔を出しているような状態で，無住の島である．1798年にエドモンド・ファニング船長によって発見されたが，島名は，1853年にこの島にいたりアメリカ領と宣言した W・E・キングマン船長にちなむ．正式にアメリカ領に併合されたのは1922年のことで，一時飛行艇の中継地に利用されたこともある．2001年に国立野生生物保護区に指定されている． 　［橋本征治］

キングレオポルド山地　**King Leopold Ranges**

オーストラリア

標高：915 m　　　　[17°20′S　125°34′E]

オーストラリア西部，ウェスタンオーストラリア州北部の山地．キンバリー高地の南西に位置し，コリア湾から南東約240 kmにわたる断崖がみられる．平均標高は約600 mであり，900 m級のオード山とブルーム山が最高峰である．1879年にアレクサンダー・フォレストによって視認され，地名はベルギー国王レオポルド2世にちなんで命名された． 　　　　　　　　　　　［大石太郎］

キングレオポルドクイーンアストリッド海岸　**King Leopold and Queen Astrid Coast**

南極

レオポルドアストリッド海岸 Leopold Astrid Coast（別称）

[67°20′S　84°30′E]

南極，東南極の海岸．プリンセスエリザベスランドの東半部を占め，インド洋に面する．西端はウェスト棚氷の西端（西経81度24分）とペンク岬（87度43分）にはさまれた部分とされる．1934年のノルウェー探検隊の航空機によって発見された．地名は，探検隊の隊長でもあり，ノルウェーの捕鯨業界の重鎮であるラルス・クリステンセンによって，ベルギーのレオポルド国王とアストリッド女王の名にちなんで命名された．
　　　　　　　　　　　　　　［前杢英明］

きんしゅうし　**忻州市** ☞ シンチョウ市
Xinzhou

きんしゅうし　**欽州市** ☞ チンチョウ市
Qinzhou

ぎんせんし　**銀川市** ☞ インチュワン市
Yinchuan

キンタップ　**Kintap**

インドネシア

人口：3.8万（2010）　面積：537 km²
[3°51′S　115°13′E]

インドネシア中部，カリマンタン（ボルネオ）島南部，南カリマンタン州タナラウト県の郡．州都バンジャルマシンの南東約100 kmに位置し，南東部でジャワ海に臨む．平均標高1 m以下の低平地に立地する．おもな産業は農園農業，畑作，水田などの農業で，ゴム，アブラヤシ，トウモロコシ，大豆，陸稲，水稲などが栽培される．養殖を含み沿岸では漁業が行われる．住民の大多数はイスラーム教徒である．郡庁は同名のキンタップ区（人口5443，2013）に所在する．
　　　　　　　　　　　　　　［瀬川真平］

キンニヤ　Kinniya　スリランカ

人口：3.7万 (2012)　面積：9.5km²　標高：9m
[8°29′N　81°11′E]

　スリランカ，東部州トリンコマリー県の都市(MC)．県都トリンコマリー市街から国道A15号で南約24km，ウップ Uppu 川河口の北東岸，コッディヤル湾とその西部のタンバラガム湾の間をつなぐ水道の南側に位置する．この水道には2009年，サウジアラビアの出資で国内最長の橋(495m)がかけられ，名所となっている．町の人口の約96%はイスラーム教徒のスリランカ・ムーア人で，タミル語を母語としている．稲作と漁業がおもな生業である．2004年のインド洋大津波の際には甚大な被害を受けた．　　　[山野正彦]

キンバ　Kimba　オーストラリア

人口：0.1万 (2011)　面積：18km²
[33°08′S　136°26′E]

　オーストラリア南部，サウスオーストラリア州中央南部の村．エア半島内陸部にあり，半島北東部の中心地ポートオーガスタの南西156km，エアハイウェイ沿いに位置する農村である．小麦，大麦をはじめとする穀物栽培と羊の放牧が盛んである．1913年建設の鉄道が，カミンズ経由で半島南部の港町ポートリンカーンに通じている．地名は，アボリジニの言語でブッシュファイアー(野火)を意味する．いまもキンバ地区評議会のエンブレムは，燃えさかるブッシュのようすがモチーフとなっている．この地域にやってきた最初のヨーロッパ人はエドワード・ジョン・エア(1815-1901)である．その後1870年代から80年代にかけて，最初の入植者が放牧の目的で半島南部から移り住んできた．しかし，この地域で小麦が最初に栽培されたのは1908年になってからであった．現在，町にはキンバ・ゴーラー山脈歴史社会博物館があり，付近における開拓期のようすを知ることができる．そこには，かつての学校も残されている．駅前には巨大なサイロがある．
　　　[片平博文]

キンバリー高地　Kimberley Plateau　オーストラリア

面積：約420000km²　[16°17′S　126°29′E]

　オーストラリア西部，ウェスタンオーストラリア州北部の高地．北西はインド洋に面し，東にオード川，南にフィッツロイ川が流れる．おもに，キンバリーブロックとよばれる，玄武岩が混ざった砂岩で構成され，いくつもの深い渓谷によって特徴づけられる．地名は19世紀後半にイギリス植民地大臣を務めた初代キンバリー伯ジョン・ウッドハウスにちなんで命名された．かつて金が発見されたものの，採掘できた期間は短く，おもに放牧が行われ，北部のウィンダムや西部のダービーが精肉加工の拠点としての役割を果たしてきた．最近では，灌漑によってサトウキビや米などの亜熱帯性の作物の栽培も行われている．また，アーガイル湖周辺ではダイヤモンドが産出される．100以上の先住民のコミュニティが存在する．東部地域では，1960年代にオード川流域に新しいコミュニティとしてクヌヌラが建設され，サービス拠点として機能している．　　　[大石太郎]

ギンバン　Ngimbang　インドネシア

人口：4.4万 (2010)　面積：87km²
[7°17′S　112°12′E]

　インドネシア西部，ジャワ島東部，東ジャワ州ラモーガン県南部の郡．郡都はギンバン．石灰質の丘陵地帯が広がり，土地の肥沃度はそれほど高くない．郡内のチャンチン Cancing 村には，ジャワ島を中心に栄えたヒンドゥー王国マジャパヒトの宰相ガジャ・マダの母親のものとされる墓が発見されている．また，宰相ガジャ・マダ自身もこの村で生まれたという説もある．　　　[山口玲子]

ギンピー　Gympie　オーストラリア

ナッシュヴィル　Nashville (旧称)

人口：1.0万 (2011)　面積：16km²
[26°11′S　152°40′E]

　オーストラリア北東部，クイーンズランド州南東部，ギンピー地域の都市で行政中心地．州都ブリズベンの北約160kmに位置し，メアリー川沿いに立地している．地名は，アボリジニの言語で，とげのある木を意味する．1840年代に林業の拠点として開拓されたが，67年にジェームス・ナッシュによって金が発見され，ゴールドラッシュによって急速に発展した．一時，彼の名にちなむナッシュヴィルとして知られていた．1900年代初頭が金採掘の最盛期で，2.5万を超える人口と51の金採鉱会社があった．1920年代中頃には金の産出は終わりを告げたが，今日でも周辺地域の中心地としての地位は維持している．金で栄えた名残として，多くの歴史的建造物や鉱山博物館があり，観光資源と

なっている．周辺地域では酪農や果樹栽培が盛んである．　　　[秋本弘章]

キンベ　Kimbe　パプアニューギニア

人口：2.3万 (2011)　[5°35′S　150°15′E]

　南太平洋西部，メラネシア，パプアニューギニア東部，ウェストニューブリテン州の町で州都．ニューブリテン島中部北岸，キンベ湾に面した港町で，地域の主産業であるオイルパーム，木材，カカオなどの積出港として栄えている．国内他地域との間は空路で結ばれており，ホスキンス空港がある．サンゴ礁に囲まれた美しい景色をもち，多くの観光客が訪れる．　　　[熊谷圭知]

キンボルトン　Kimbolton　ニュージーランド

[40°04′S　175°46′E]

　ニュージーランド北島，マナワツワンガヌイ地方の村．マナワツ地区，パーマストンノースの北にあり，農牧業が盛んである．地名は，イングランドにあるマンチェスター公爵の居住したキンボルトンにちなむ．この土地の土壌と気候はシャクナゲに適し，シャクナゲ園が2園ある．1つは植物学者ジョン・スチュアート・イエーツによって建てられたもので，現在はヘリテージパークとよばれている．　　　[植村善博・太谷亜由美]

キンヤンキッシュ山　Kinyang Kish　パキスタン

Kinyang Chhish (別表記)／キンヤンキシュ山 (別表記)／クンヤンキシュ山　Kunyan Chhish (別称)

標高：7852m　[36°27′N　75°12′E]

　パキスタン北部，ギルギットバルティスタン州の山．カラコルム山脈のほぼ中央部にあるヒスパー山群の山で，ヒスパー氷河の北側，ラカポシ山(標高7788m)の東約65kmに位置する．四方を7000m峰に囲まれアプローチが困難で，1961年にイギリス隊が，65年に東京大学山岳部が挑んだが登頂を果たせなかった．1971年にポーランド隊が初登頂に成功した．また，未踏峰であった東峰(7400m)は，2013年にオーストラリアのハンスヨルク・アウアー兄弟と，スイスのシモン・アンターマッテンのパーティーによって初登頂がなされた．　　　[出田和久]

キンリース　Kinleith　ニュージーランド

人口：237（2013）　　［38°17′S　175°53′E］

　ニュージーランド北島，ワイカト地方の町．プタルルの南東30 km，ロトルアの南西，ワイカト盆地上部の火山の多い高原に位置するトコロア近郊にある．この土地は1924年から植林が行われてきた．1952年に鉄道が敷かれ，53年からは製材，製紙，パルプ生産が開始された．現在では大規模なキンリース製紙場がある．この工場はオーストラリア企業であるカーター・ホルト・ハーヴェイ社のニュージーランド工場のうち，最も大きなものとなっており，年間33tの紙，26万5000tのパルプを製造している．

［植村善博・太谷亜由美］

キンロック　Kinloch　ニュージーランド

［44°50′S　168°21′E］

　ニュージーランド南島，オタゴ地方の村．クイーンズタウンレークス地区，ワカティプ湖の北端，ダートDart川河口西岸にあり，農業を営む．クイーンズタウンの北西70 km，船では48 kmに位置し，蒸気船で上陸することができる．また，ハリスサドルHarris Saddleを経てホリフォードやエングリトンEnglitonの谷を越え，ハンボルト山地を訪れる旅行者にとっての出発点である．道路は高さ35 mにも達するブナの森を湾曲して走り，そこではスズドリ，小型インコ，コマドリ，カーカなどの声を聞くことができる．地名は，風景がイギリス，スコットランドの同名の場所キンロックに似ていることにもとづく．

［太田陽子］

ク

グー河 Gu He ☞ ハイ河 Hai He

クア　Khua　ラオス
Khoua（別表記）/ムアンクア　Muang Khua（通称）

人口：2.6万（2015）　面積：1559 km²
[21°05′N　102°30′E]

　ラオス北部，ポンサリー県の郡．サイ郡から国道2E号で北東99 kmに位置する．通常，ラオ語で郡を意味するムアンをつけてムアンクアとよばれることが多い．市街地は，ポンサリー県とルアンパバーン県において河川交通で重要な役割を担うナムウー川と，ウドムサイ県からベトナムのディエンビエンフーにつながる主要道である国道4号が交わる地点に立地する．国道4号は，1970年代後半にベトナムおよび中国の援助によって建設されたが，その後ほとんどメンテナンスされずに放置されていたため，雨季の通行はきわめて困難であった．しかし，2003年からふたたび中国の援助で修復が実施された．道路の改善に伴い，中国人商人がクアで商売を開始している．市街地は大半が農産物仲買や卸業を営むラオ人および，中国人とベトナム人商人で占められているが，郡内の他の地域は，ほとんどがカム人の村落である．おもな産業は自給目的の稲作農業，とりわけ焼畑耕作での陸稲栽培が多く，その他には林産物採集が行われている．　　　　　　　［横山　智］

クアー　Kuah　マレーシア
人口：1.1万（2010）　[6°19′N　99°51′E]

　マレーシア，マレー半島マレーシア領北西部，ケダ州沖合にあるランカウィ島の町．島の中心地区で，マレー人が住民のほとんどを占める．ランカウイ島はリゾートとして著名であり，この10年間に町の人口は若干増加した．かつてはマラッカ海峡を荒らした海賊の拠点として名をはせた島であるが，今日では国際的リゾートとなり，島西部にランカウィ国際空港もある．町は島の南東部に位置しており，南方のダヤンブンティン島やトゥバ島に対面する．市街地は海に沿って展開し，市街地のはずれには，本土と結ぶフェリーターミナルがある．リゾート関連の雇用以外の島の中心的な産業は漁業である．　［生田真人］

グアグア　Guagua　フィリピン
人口：11.7万（2015）　面積：49 km²　標高：1 m
[14°58′N　120°38′E]

　フィリピン北部，ルソン島中部，パンパンガ州西部の町．首都マニラから北へ77 km，州都サンフェルナンドの南9.5 kmの位置にある．土地はほぼ平らで低く，標高1 mしかない．小川が網の目のように流れ，グアグア川に合流している．この自然環境を生かし，十六ササゲ，ユウガオ，ニガウリ，サトイモ，キュウリなどの野菜やマンゴー，グアバ，サントル，スターアップル，バナナなどの果物の栽培が盛んである．1892年マニラ～ダグパン間に鉄道が開通した折には，中継地として栄えた（現在この路線は不通）．町内にあるベティス教会は1660年頃に建てられ，天井画が美しいことで知られている．
［高野邦夫］

クアチョン　果川　Gwacheon　韓国
人口：6.5万（2015）　面積：36 km²
[37°26′N　126°59′E]

　韓国北西部，キョンギ（京畿）道中部の都市．首都ソウル市域の南に接する位置にある．1986年市制施行．1980年代初めから，計画的につくられた都市である．ソウルへの都市機能の過集積の状態に対する1つの打開策として，ソウル市域外への政府機能の移転が計画された．その対象となったのが果川である．開発が規制されているグリーンベルトの一部を解除して，新都市を建設した．市庁舎と並んで政府の総合庁舎があり，建設交通部，環境部，労働部など13の政府機関がここに置かれている．移転当初は，ソウルからの交通手段はバス以外になく，通勤する者，利用する者に不評であった．いまでは，ソウル地下鉄4号線が延長され，アクセスも改善された．

　政府機関以外にも，種々の公共施設が置かれている．国立現代美術館は韓国を代表する美術館である．果川ソウル大公園は，面積646万 m²の韓国最大の総合公園であり，動物園，植物園のほかに，自然公園や青少年文化施設などがある．果川ソウルランドは，大規模な遊園地である．
［山田正浩］

クアトゥン　Cua Tung　ベトナム
[16°54′N　107°11′E]

　ベトナム南中部，クアンチ省沿岸にあるベンハイ川の河口域．この河口を境に1955～75年の20年間，ベトナムは南北に分断された．河口右岸に広がる砂浜はクアンチ省の海水浴場として観光客を集めている．河口左岸の丘陵にはヴィンモック地下道があり，ベトナム戦争時の様子などが展示されている．
［池口明子］

クァーナーク　Qaanaaq　デンマーク
人口：0.1万（2012）　[77°29′N　69°20′W]

　デンマーク領，グリーンランド北西部の世界最北の村落．トゥーレ・アメリカ空軍基地拡張のために，周辺のイヌイットが移動させられ，1953年に建設された．トゥーレ（アヴァネルスアク）自治体の人口約1000（2005）のうち，約600人が住む．2001年に空港が建設された．
［塚田秀雄］

クアム　447

グアハン Guåhån ☞ グアム島 Guam
Island

グアム島　Guam Island

アメリカ合衆国

グアハン　Guåhån（チャモロ語）

人口：15.9 万（2010）　面積：543 km²
長さ：51 km　幅：10〜20 km　気温：26.3℃
降水量：2555 mm/年　　［13°29′N　144°45′E］

北太平洋西部，ミクロネシア，アメリカ合衆国領の島．東京の南約 2500 km，マリアナ諸島の最南端部に位置する未編入の自治領である．チャモロ語ではグアハン Guåhån とよばれる．面積はミクロネシア最大の島である．南部は火山性の低い山地で，北部は平坦な石灰岩台地からなる．最高峰は南西部に位置するラムラム Lamlam 山（標高 406 m）

である．海岸沿いに裾礁が発達している．気候（1971〜2000 年平均）は，月平均気温 25.4〜27.0℃，年平均気温 26.3℃，7〜11月が雨季，1〜5 月が乾季と，海洋性の熱帯気候を呈する．

島花はブーゲンビリアで，中心都市は中央部西岸のハガッニャ湾に臨むハガッニャ（現地音表記．旧称はアガナ Agana）である．人口構成は多様で，チャモロ人 37％，フィリピン人 26％，太平洋諸島民 11％，白人 7％，その他 19％である．公用語は英語，チャモロ語で，通貨は US ドルである．なお，チャモロ人の多くはカトリック教徒である．島の経済は観光業と基地経済とで支えられている．第 1 次産業としては，バナナ，サツマイモ，トウモロコシ，サトウキビ，米，ココヤシ，タバコ，パイナップルなどの栽培や，養鶏，養豚などの畜産が行われてきたが，今日では低調である．

先住民チャモロ族の祖先はモンゴロイド系の人種で，西方の東南アジアあたりから 4000 年ほど前にやってきたとみられている．人類居住跡としては紀元前 1320 年頃のものが確認されている．先史文化は 3 期に区分され，赤土器，石灰入り土器，貝石斧などを用いた先ラッテ（Pre Latte）文化（〜紀元後 1年）が先行し，移行期（紀元 1〜800 年または 1000 年）をはさんで，ラッテ（Latte）文化（800 年または 1000〜1521 年）が続いた．このラッテ文化は，石灰岩，玄武岩，砂岩などでできた台柱（ハリギ halige）に大きな臼状の石（タサ tåsa）を積み上げた特徴ある石柱（ラッテ latte）を残している．ハガッニャのスペイン広場の裏手公園には南部のフィナ（フェニャ）貯水池付近の遺跡から移されたラッテ石柱列が置かれており，観光スポットとなっている．

1521 年 3 月にスペインの艦船隊を率いて世界一周の探検航海途上にあったフェルディナンド・マゼラン（ポルトガル人）一行はグアムに立ち寄った．続いて，1565 年にはスペインの探検家ミゲル・ロペス・デ・レガスピが来島し領有宣言をしたことによりスペインによる植民地化が進められ，グアムはフィリピンのマニラとメキシコのアカプルコを結ぶガレオン船や捕鯨船の寄港地としての役割を果たしていくことになる．そして，1668 年にはスペイン領とされ，パドル・サン・ビトレスに率いられたイエズス会の宣教団が来島し，本格的なキリスト教布教に乗り出し，以後この地にキリスト教とその文化が根づいていくことになる．なお，このときにビトレスはグアムを含む諸島名をフィリップ 4 世の后の名にちなんでマリアナ諸島と改めた．

チャモロ人の人口は，ヨーロッパ人の渡来以前は 10 万を超し，1668 年の時点では 5 万と推定されていたが，植民地化過程での闘い，食糧不足，疫病などで激減し，1710 年の人口統計では 3678 にまで減少したと報告されている．そして，メキシコ人やフィリピン人との混血が進んだことによって純粋なチャモロ人は非常に少なくなったという．その後も，カロニアン（カロリン諸島からの移住民），白人，アジア人との混血が進んだ．

1898 年の米西戦争の結果，グアムはフィリピンやプエルトリコとともにアメリカに帰属することになった．そして，1941 年の太平洋戦争勃発とともに日本軍に占領されたが，激戦の末 44 年にはアメリカ軍が奪還し，日本本土空襲の拠点とした．なお，この戦争による双方の人的・物的損害は多大であり，とくに，日本側の軍民の犠牲は甚大であ

グアム島（アメリカ合衆国），中心都市ハガッニャのスペイン広場〔Shutterstock〕

った．戦後はアメリカの太平洋防衛の要として復興され，島の北部にはアンダーセン（アンダーソン）Andersen 空軍基地が設けられ，また西部のアプラ Apra 湾はオロテ Orote 半島にある海軍基地の軍港としての役割を果たすなど，軍関係施設の面積が 160 km² と実にグアム全土の 3 割を占めている．なお，1950 年のグアム自治法によって，内務省管轄下の地方自治政府（知事は大統領指名）が確立され，68 年には知事公選法が成立し，公選の知事が行政を統括するようになった．ただし，政治的には未編入の領土ということで国家元首はアメリカ大統領であるが，大統領選挙への参政権は与えられておらず，アメリカ下院に議決権のない代表を 1 人送っているだけである．そうした状況の中から，北マリアナ諸島連邦のようなコモンウェルスとしてのより自治的な地位の獲得，あるいは大統領選挙権も含めてアメリカ政治へのより直接的なコミットメントを求めようとする動きなどがみられる．一方，今後ともグアムがアメリカの世界的軍事戦略上に占める重要性はいっそう高まるものとみられている．

島の中心地域は，西岸の中部に位置するハガッニャ，タモン Tumon，タムニング Tamuning の 3 地区である．ハガッニャ地区は，スペイン統治時代からの中心都市で，グアムの政治，行政の中心であり，かつてスペインの総督邸があったスペイン広場を中心にラッテストーン公園やハガッニャ大聖堂バシリカなど，多くの観光スポットを擁する．タモン地区は美しいタモン湾に面して，観光ホテル，大型ショッピングセンター，映画館などが多数立地するグアム最大の繁華街である．この両地区の中間に位置するタムニング地区は活気ある商業エリアを形成する．この 3 地区の郊外にあたるバリガダ Barigada 地区にはグアム国際空港があってグアムの玄関口となっている．

ハガッニャの西に連なるアサン Asan 地区は太平洋戦争の激戦地で多くの戦跡が残されており，太平洋戦争にかかわる歴史公園と歴史資料館が設けられている．その南西に連なるピティ Piti 地区はアプラ湾に面してグアム最大の港を擁し，アメリカ軍第七艦隊の修理工場があり，原子力潜水艦の母港化が進んでいる．それより南は山岳地帯となり山あいに伝統的な村落が佇み，スペイン時代の面影をよくとどめている．マゼラン上陸碑が建つ南西端のウマタック Umatac 湾は，かつてはマゼランやレガスピが立ち寄り，太平洋を行き交ったガレオン船の寄港地であった．なお，後背山地にあるフィナ貯水池の北にはアメリカ軍の弾薬庫が設けられている．島の北部のデデド Dededo 地区は多種の民族が集まる地区で，人口が最も多い．タモン湾の北側にある恋人岬は悲恋伝説に彩られた景勝地として知られる．北東部に位置するジーゴ Yigo はアンダーセン空軍基地に接し，太平洋戦争中は日米両軍の激戦地であったが，いまは両国友好のシンボルとして戦没者を慰霊する記念公園が設けられている．　［橋本征治］

クアムト川　Kuamut, Sungai
マレーシア
[5°13′N　117°30′E]

マレーシア，カリマンタン（ボルネオ）島北部，サバ州南東部の川．州南東部の主要山脈であるブラセイ山脈の北側を北東に流れて，島最大の河川であるキナバタンガン川に合流する．流域には，クアムトなどの集落が発達する．流域の多くはトンゴッド行政区に属する．この行政区にはカザダン人，ドゥスン人など多様なマレー系住民が居住し，マレーシア国籍以外の居住者も多い．　［生田真人］

クアラカンサー　Kuala Kangsar
マレーシア
人口：10.9 万（2010）　[4°46′N　100°57′E]

マレーシア，マレー半島マレーシア領北西部，ペラ州北部クアラカンサー郡の都市．市内には，同名の人口中心地区（人口 0.5 万，2010）がある．同市を含むクアラカンサー郡（面積 205 km²）の総人口は，15.6 万（2010）でマレー人が過半数を占める．市街はタイピンの東南東約 23 km にあり，マレー半島を南北に連なる山脈地帯の中に位置する．山岳地帯に囲まれた盆地内にあり，州の主要河川であるペラ川の河畔に立地する．州最大の都市は，クアラカンサーの南東に位置する州都イポーであるが，州のスルタンの住居は，中国人の都市として成長したイポーではなく，ここクアラカンサーにある．かつてのイギリス統治時代には，イギリス植民地政府によって形成された植民地管理のための行政機構であるマラヤ連合州の高等弁務官がここに居住した．この都市は，マレーシア独立以降は稲作およびゴム栽培の中心として成長してきた．　［生田真人］

クアラクブバル　Kuala Kubu Bahru
マレーシア
人口：1.3 万（2010）　[3°34′N　101°39′E]

マレーシア，マレー半島マレーシア領中西部，スランゴール州北東部ウルスランゴール郡の地区．行政上は，郡に設置されているウルスランゴール町の中心地区の 1 つである．この地区の 1991 年人口は約 1.2 万で，2000 年には 1.9 万となったが，2010 年には減少している．マレー人の居住人口が過半数を占める．マレーシアにおける行政組織としての町は，日本の町とはかなり異なって権限の範囲もせまく，さらに多数の地理的に分離した行政領域をもつことがある．ウルスランゴール町の行政領域は郡内に分散しており，分散した行政域をもつ町の典型例である．ウルスランゴール町の総人口（19.4 万，2010）の約半数はマレー人が占める．

この人口中心地区は，首都クアラルンプー

ルから北 47 km の地点に位置する．地区に
は鉄道が通り，また州内の幹線道路も走る．
かつてのクアラクブ Kuala Kubu の町は，
現在の市街地から約 3 km 南南西方向の地形
的により低い位置にあったが，1930 年代初
頭の洪水のために放棄されて現在の市街地が
形成された．そのため，人口中心地区の名称
は新しいクアラクブを意味するクアラクブバ
ルとなった．

[生田真人]

クアラクルン　Kualakurun

インドネシア

[1°07′S　113°53′E]

インドネシア西部，カリマンタン（ボルネ
オ）島中南部，中カリマンタン州グヌンマス
県クルン郡の県庁所在地．クルン郡は人口
2.2 万（2010），面積 842 km². クアラクルン
は州都パランカラヤからカハヤン川を北に約
150 km さかのぼったところ，平地部の最奥
に位置する．パランカラヤとは陸路，河川，
空路によって結ばれる．　　　　[瀬川真平]

クアラジュライ　Kualajelai

インドネシア

人口：0.3 万（2009）　面積：34 km²

[2°58′S　110°46′E]

インドネシア西部，カリマンタン（ボルネ
オ）島，中カリマンタン州最西部，スカマラ
県ジュライ郡の郡庁所在地で中心集落．人口
は約 3220（2009）で，郡人口の 7 割以上が居
住する．州の南西端にあり，州都パランカラ
ヤの西 370 km，県都スカマラの南 70 km に
位置する．西カリマンタン州との州境をなし
てジャワ海に流れるジュライ川（全長約 210
km）の左岸，河口近くの低湿地帯にある．対
岸は西カリマンタン州クタパン県である．漁
業（沿岸と河川）や農園労働に従事する住民も
多く，イスラーム教徒が卓越する．

[瀬川真平]

クアラスプタン　Kuala Sepetang ☞ ポー
トウェルド　Port Weld

クアラスランゴール　Kuala
Selangor

マレーシア

人口：20.5 万（2010）　　　[3°20′N　101°15′E]

マレーシア，マレー半島マレーシア領中西

部，スランゴール州北西部クアラスランゴー
ル郡の町．スランゴール川の河口に位置し，
漁港でもある．人口の多くがマレー人で，中
国人よりもインド人の方が多い．ゴムおよび
ココナッツ栽培の中心地である．かつてマラ
ッカがポルトガルの支配下に入った後，この
地域には，スラウェシ島のブギス人が進出し
てきた．その中心拠点がこの地であった．ブ
ギス人はオランダ人に対抗しつつ 18 世紀中
期までに，この地を拠点に王国をなした．そ
の支配者が，今日のスランゴール州のスルタ
ンとなった．　　　　　　　　[生田真人]

クアラトレンガヌ　Kuala
Terengganu

マレーシア

人口：33.8 万（2010）　面積：605 km²

[5°20′N　103°08′E]

マレーシア，マレー半島マレーシア領北東
部，トレンガヌ州東岸の都市で州都．住民の
ほとんどはマレー人で，中国人，インド人は
少数である．都市はトレンガヌ川の河口に位
置するが，その港はマレー半島の中でも最も
古い港の 1 つである．13 世紀の中国人の海
図には，クアラトレンガヌが示されている．
トレンガヌ州からクランタン州にかけてのマ
レー半島の沿岸域には，18〜19 世紀にかけ
て多数の小規模な港市が成長した．いずれも
河川の河口部に位置しており，規模は小さか
ったが，東南アジア一帯に発達した港市国家
に類似する．それらではコショウ，スズ，燕
の巣などの交易品を扱った．この中では，ト
レンガヌ川が最も大きな河川であり，このた
めクアラトレンガヌが最大の人口中心となっ
た．

19 世紀に入ると，イギリスによってシン
ガポールが創設されて，自由港としたため
に，シンガポールを中心とする交易が急速に
拡大した．そしてマレー半島東岸の諸港市
は，新たに拡大してきたシンガポールを中心
とする交易ネットワークに参入することによ
って成長した．サトウキビやコーヒーの需要
が高まると，クアラトレンガヌは，トレンガ
ヌ川沿いの内陸の農業地域を組織してそれら
の農物産の生産を組織した．イギリスは，ス
ズ鉱石の豊富なマレー半島西岸に対しては，
経済的な動機からマラヤ連合州の形成という
かたちの間接統治による植民地化を果たした
が，半島の東岸については強い関心をもたな
かった．このためマレー半島東海岸の諸地域
は，イギリス保護下のマラヤ連合州には参加
しなかったが，東南アジアの植民地経済開発
の中で，独自に一定の成長経路を歩んだ．

独立後には，1970 年代以降に新経済政策
が推し進められ，マレー人のための経済開発
がこの地域でも進展した．1980 年代に入る
と，工業化推進のために工業団地開発が進展
したが，進出する工場は少なかった．これら
は連邦政府の資金により州経済開発公社が開
発を行った．また，州の沿岸海域では，連邦
政府により 1981 年から石油と天然ガスの採
掘が始まった．

クアラトレンガヌは，トレンガヌ州を支配
してきたスルタンの居住地である．この都市
の空間構造は，クランタン州の州都コタバル
と並んで，スルタンの住む宮殿とそれに隣接
する中央広場（パダン），それからイスラーム
寺院を中心とするマレーの伝統的な集落構造
の典型例となっている．この町並みは，
1880 年の大火事の後に再建されたものであ
る．ろうけつ染め布地のバティック（ジャワ
更紗）やその他の伝統工芸品の生産も盛んで，
州政府は観光開発にも力を入れており，ビー
チリゾート開発も進められている．

[生田真人]

クアラピラー　Kuala Pilah

マレーシア

人口：4.4 万（2010）　　　[2°44′N　102°15′E]

マレーシア，マレー半島マレーシア領南西
部，ヌグリスンビラン州中央部クアラピラー
郡の町．スレンバンの東約 34 km に位置し，
州内のほぼ地理的中心部に位置している．こ
のため，州内の幹線道路網の拠点ともなって
いる．町人口の 70％はマレー人が占めてい
る．また，町内には同名の中心地区があり，
その人口は 1.0 万（2010）で，マレー人と中
国人がほぼ同数居住する．インド人の住民は
少ない．州内では州都スレンバンに次いで 2
番目に人口規模が大きい町である．

[生田真人]

クアラブライト　Kuala Belait

ブルネイ

人口：3.3 万（2011）　　　[4°35′N　114°13′E]

東南アジア，カリマンタン（ボルネオ）島北
部，ブルネイ西端，ブライト地区の都市．首
都バンダルスリブガワンに次ぐブルネイ第 2
位の都市で，地区の中心都市である．北は南
シナ海に面し，東には油田で有名なスリア
がある．スリアの発展に伴い，クアラブライト
にも石油や天然ガスの関連施設が建設され，

450　クアラ

〈世界地名大事典：アジア・オセアニア・極Ⅰ〉

道路交通も整備された．クアラブライトは交通の要衝でもあり，南西はマレーシア，サラワク州第2位の都市であり，石油生産が盛んなミリに通じる．　　　　　　　　[山下清海]

クアラリピス　Kuala Lipis

マレーシア

人口：1.5万 (2010)　　[4°11′N　102°03′E]

　マレーシア，マレー半島マレーシア領中部，パハン州北西部リピス郡の町．首都クアラルンプールの北北東121 kmに位置し，マレー人が多い．この地ではかつて金の採掘が行われていた．イギリスによる植民地化後の1898年には，この町に州都が置かれ，イギリス人駐在官もいた．1924年には鉄道が敷設され，都市はイギリス植民地時代に成長した．しかし，1957年のマレーシア独立とともに州都がクアンタンに移されて以降は，都市成長が滞った．今日では農村地帯の拠点都市となっている．町の北東には，国立公園の一部ともなっている，クノンリンバ公園(面積121 km²)がある．　　　　　　[生田真人]

クアラルンプール　Kuala Lumpur

マレーシア

人口：158.9万 (2010)　面積：243 km²
[3°08′N　101°41′E]

　マレーシアの首都．マレー半島マレーシア領中西部，スランゴール州に囲まれた連邦直轄領である．現地発音はクアラルンプル．民族構成(2010)は，マレー人41%，中国人39%，インド人9%，その他11%で，19歳以下の若年人口が総人口の30.7%を占める．
　1857年に中国人スズ鉱山師などによりスズ鉱山開発が始まり，鉱山集落として成立した．このスズ鉱山開発は，マラッカの中国人貿易商人がこの地域を支配していたスルタンの許可を得て行った．この地には他のスズ鉱山と同じく中国人労働者が大量に流入した．労働者の数が増加するにつれて，鉱山の採掘現場は，しだいに集落へと成長した．定住人口が増えると，彼らに日用消費物資を販売する店舗などが増加した．1868年には，拡大した集落管理のために中国人(客家)のヤップ・アロイがイギリス人によってキャプテンチナ(Kapitan Cina)に任命された．
　ところがスズ鉱山の採掘権をめぐって，スランゴール州内で1869年に内乱が発生した．内乱は数年にわたって継続し，中国人とマレー人とが入り混じって戦闘状態が続い

た．ヤップ・アロイは一方の戦闘指揮者でもあった．そしてこの内乱を契機として，スズ資源に注目したイギリス人の介入と植民地化が進展した．1874年には，今日のクアラルンプールとスランゴール州の範囲がイギリスの保護下に入った．
　19世紀中期のマレー半島最大のスズ鉱山は，半島中西部の都市イポーを中心としたキンタヴァレーにあったが，1896年に創設されたイギリス保護下のマラヤ連合州の首都はクアラルンプールに置かれた．当時の人口規模は，イポーのほうがクアラルンプールよりもむしろ大きかった．しかし，イポーは中国人勢力が強かったので，イギリス植民地政府は首都をイポーではなく，新興都市のクアラルンプールに定めた．イギリス人にとって，中国人は鉱山労働力として政策的に導入したにもかかわらず，同時にある種の対抗勢力ともなっていた．
　クアラルンプールの人口は，1900年に約3万であり，20年には約8万となった．1900年代以降には，ゴムプランテーション開発に伴うインド人労働力の流入が始まった．しかし，この頃には，中国人が全人口の60%以上を占めており，この都市は中国人の町であった．やがて，第2次世界大戦を経て，1957年にイギリスの植民地から独立してマラヤ連邦が形成され，クアラルンプールはその首都となった．その後，サバ・サラワクの連邦への統合，シンガポールの連邦への参加と分離などの経緯はあったが，クアラルンプールが首都であることには変わりなかった．独立後には，マレー人の首都への流入が続いた．1974年にはクアラルンプールは連邦直轄領となって，マレー人が支配する連邦政府の開発意思がより強く反映するようになった．
　マレーシアでは1970年代になると農村から都市への人口移動と都市人口の拡大が続き，この頃からクアラルンプールの不法居住も拡大した．1970年頃の不法居住人口は，15〜18万と推定された．1975年には不法居住者の居住区が100地区以上あったといわれている．それらは防火・防災上などの問題を抱え，都市整備のうえでも緊急に対処すべき地区であった．そこで不法居住者の居住地移動プログラム，不法居住者への供給も含む公的住宅の建設拡大が推進された．マレーシアには石油資源があり，国家の財政基盤が比較的豊かであったので，公共住宅の建設が進展した．連邦政府が諸外国から資金を調達する場合には，国内に石油資源が存在することが大きく作用した．1980年に行われた不法

居住者に関する基本調査によると，このとき23.3万あまりの不法居住者がいた．そのうちで，中国人の不法居住者が最も多くてほぼ半数を占めており，次いでマレー人が多かった．
　マレー人の流入は，1971年から20年間にわたって実施された新経済政策によっていっそう拡大した．この政策は，中国人やインド人に比して所得水準が低く，経済活動においても低位にあるマレー人の地位向上を目的としていた．そして，中国人によって発展してきた都市の流通部門も対象となった．マレー人流通業者の事業拡大が推進されたが，流通部門はとりわけ中国人の支配力が強く，それに対抗するために各種のマレー人優遇事業が行われた．政府によって設立された各種の公営企業がそのための諸事業を行った．
　1980年代のマレーシアは工業化政策が本格化した時期であり，急速な社会変化が起こった．その変化は首都圏で最も激しく進行した．クアラルンプールとその周辺地域は工業化と都市化の焦点となった．首都に隣接するスランゴール州内のニュータウンに設置された大規模工業団地にはアメリカ系や日系企業などの多国籍企業が次々と進出し，工場労働者のための住宅群が整備されていった．そこでもマレー人が優先的に雇用され，住宅供給もマレー人優先主義が貫徹した．
　クアラルンプールは，都市発展の歴史的経緯も大都市圏の地理的構造も，他の東南アジアの大都市とはかなり異なる．約150年の歴史しかなく，東南アジアの首都の中では最も若い都市であり，人口規模も小さい．そして，行政区分の上ではスランゴール州に属する首都の郊外部分に，複数の大規模ニュータウンを計画的に配置した分散型の多核都市圏をつくってきた．クアラルンプールはその多核都市圏の中核として，工業に関しては各種サービスと管理上の拠点として，そして都市圏住民に対しては小売商業などのサービス提供拠点として成長してきた．21世紀に入ってもクアラルンプール都市圏の郊外諸地域では，大規模開発が継続しており，郊外の変化に対応した都心部の諸変化が続いている．こうした特異な地理的配置は，この国の民族問題とも密接に関連している．
　クアラルンプールの都市計画の基本方向を示す新たな構造計画書が2004年に公表された．それには2020年を目標とする土地利用計画などの方向性が明らかになった．これまでの都市整備は1984年に公表された最初の構造計画に従って推進され，ハイウェイ，ニュータウン，公共交通をはじめとする各種の

クアラルンプール(マレーシア),ペトロナスツインタワー(高さ 452 m)周辺〔Soren Egeberg Photography/Shutterstock.com〕

施設が整備されてきた.その構造計画書では2000年の計画人口を220万としていたが,実際の人口は表記のように計画人口を大幅に下回った.だが市当局は,1980年代から90年代にかけて計画人口の規模を受け入れるために市域内に4つのニュータウンを計画し,用地を整備して建設してきた.このうち,2つのニュータウン(ワンサマジュ Wangsa Maju,バンダーツンラザック Bandar Tun Razak)には人口集積が進んだが,残り2つについては居住人口数が十分ではないことが新構造計画にも指摘されている.

人口の郊外居住の進展と小売・サービス関連機能のクアラルンプールへの集中,計画地域以外の地区への商業施設の立地,交通混雑などが都市計画上の課題となっている.また公共交通の統合問題については,新構造計画でも指摘されているように,改善すべき課題が多い.　　　　　　　　　　　〔生田真人〕

グーアン県　固安県　Gu'an　中国

方城(古称)

人口:41.8万(2010)　面積:697 km²
標高:9.5-26.5 m　気温:11.4°C
降水量:561 mm/年　〔38°26′N　116°17′E〕

中国北部,ホーペイ(河北)省中部,ランファン(廊坊)地級市の県.タイハン(太行)山脈のふもとに広がる平野の北東にある.農作物は麦,トウモロコシ,大豆を主としており,ナツメやナシは特産品である.石油,天然ガス,地熱資源が豊富にある.工業は機械,化学工業,食品,建材,皮革,金属などがある.伝統工芸品の柳の編物で知られており,柳編みの郷とよばれている.国道106号が通る.地熱が豊富で温泉地として有名である.　　　　　　　　　　　〔柴　彦威〕

クアンガイ　Quang Ngai　ベトナム

Quảng Ngãi(ベトナム語)

人口:121.7万(2009)　面積:160 km²
〔15°07′N　108°48′E〕

ベトナム南中部,クアンガイ省の都市で省都.漢字では広義と表記する.省北部の南シナ海に面する省直属市であり,省の社会および経済の中心地である.9つの行政区と14の村によって構成されている.ホーチミン中央直属市から陸路約821 kmに位置する.1989年にギアビン省がクアンガイ省とビンディン省に分割された際に省都となった.2005年には市から省直属市に昇格し,13年には隣接するソンティン県,トゥギア県と編入合併した.国道1号とベトナム南北縦貫鉄道(統一鉄道)が南北に走り,標高2350 mのダックトーゾン山に源流をもつチャーフック川が東流する.クアンフー工業団地を中心に工業化が進んだが,近年ではサービス産業化が進んでおり,2016年には域内総生産のうち第3次産業が49.83%と約半分を占めるにいたっている.　　　　　　　　〔筒井一伸〕

クアンガイ省　Quang Ngai, Tỉnh　ベトナム

Quảng Ngãi, Tỉnh(ベトナム語)

人口:121.7万(2009)　面積:5153 km²
〔15°07′N　108°48′E〕

ベトナム南中部の省. 陸路で首都ハノイから南南東約880 km, ホーチミン市から北北東約840 kmの沿海部に位置する. 東部は南シナ海に面し, 西部はコントゥム省と接する. 省都はクアンガイ(省直属市)で, 他に13県で構成される. 20以上の民族が居住するが, 省全体では約86%を多数民族のキン族(ベト族)が占めるが, ソンタイ県, ソンハー県, ミンロン県, バートー県などの内陸部の県ではフレ族などの少数民族が人口の多数を占める. クアンガイ省は1976年の南北統一に伴いビンディン省と合併, ギアビン省となったが, 1989年にビンディン省とクアンガイ省とに分割され, 再置された. 地形的には, 西部の内陸が, 標高400〜600 mの高原地帯であるのに対して, 東部がチャーボン川やチャーフック川などのデルタ地帯となっている. またビンソン県の沖合にはリーソンLy Son島(リーソン県)が浮かぶ. 北部のクアンナム省との境には, 工業地帯としての開発が進められているズンクアット湾が広がる.

南部のドゥックフォー県には, 紀元前2世紀から紀元2世紀にかけて存在した海洋性文化の発掘が行われたサーフィン海岸がある. さらに古代チャウサ要塞の遺構があるように, この一帯は15世紀頃まで隆盛したチャンパ王国の中心の1つでもあった. ベトナム戦争中の1968年3月にはアメリカ軍が無防備の住民約150人を機銃掃射で殺戮し, 後に世界的な非難を受けることとなったソンミ事件が起こった. 事件の起こったソンミ Son My村ミーライ第4地区はクアンガイから東北東約13 km, バランアン半島の付け根, チャーフック川河口に位置する現在のソンティン県ティンケー村である.

産業別省内総生産から経済構造をみると, サトウキビやタバコなどを中心とする農業や林業などを中心とする第1次産業は, 1990年では約57%を占めていたが, 徐々に比率を下げて2013年では約15%となっている. 第2次産業は約21%で, ズンクアット湾周辺の開発にともなう重工業に加えてビールや菓子類, 海産物加工品などの食料品が主要産物である. 第3次産業は約21%で, ミーケ海岸やサーフィン海岸などで観光振興が行われている. 沿岸部にベトナム南北縦貫鉄道(統一鉄道)と国道1号が通る. 東西は国道24号がモドゥック県からコントゥム省へと, クアンガイ市からダランアン半島へと通じている. クアンガイは人口11.2万(2009), 160.2 km². チャーフック川下流の南岸にひらけた町である.　　　　　　［筒井一伸］

クァンジュ　広州　Gwangju　韓国

人口：31万(2015)　面積：431 km²
[37°24′N　127°14′E]

韓国北西部, キョンギ(京畿)道中部の都市. 首都ソウルの南東方に位置する. 2001年市制施行. 市制施行前は広州郡であり, その人口は約10万であったので, その後2倍以上に急増した. 市域の北西に位置するナマン(南漢)山城は, 大規模な山城で, 20世紀初めまで広州郡の中心は, 山城の中にあった. 2014年, 「南漢山城」としてユネスコの世界遺産(文化遺産)に登録された. また朝鮮時代末まで, 白磁の生産地であった.
［山田正浩］

クァンジュ　光州　Gwangju　韓国

人口：150.3万(2015)　面積：501 km²
[35°10′N　126°51′E]

韓国南西部の広域市. チョルラナム(全羅南)道の中心都市であるが, 行政上は光州広域市として独立している. ヨンサン(栄山)江中流域の平野部に位置する. もともとの市街地は栄山江の支流, 光州川左岸に位置したが, 現在は栄山江本流右岸(光山区)にまで市街地が拡大している. 周辺平野で生産される農産物の集散地であるとともに高等法院, 高等検察庁, 地方国税庁などこの地域を管轄する官庁, 全国企業の支社, 地場資本が集積している. 朝鮮時代には光州牧. 植民地時代の1931年に邑に, 次いで35年には光州府に昇格した. 1949年, 光州市と改称し, 86年に直轄市に昇格, 95年に広域市に名称変更した. 全羅南道庁は光州に所在したが, 2005年, モッポ(木浦)市北郊に移転した.

市街地の中心部は旧道庁から北西に走る錦南路に沿う忠錦洞, 大錦洞, 忠須洞付近であり, 官庁, 企業の本・支店, 金融機関, ホテルなどが数多く集中している. やや離れて北方に光州駅, バスターミナルが位置している. 1970年代以降, 郊外の住宅地区が発達したが, 西部の西区, 光山区や北部の北区など平野部でとくにそれがいちじるしかった. 主要な工業団地も西部に展開している. 光川工業団地, 松岩工業団地, 河南工業団地などがその代表例である.

市街地の東, 和順郡との境界部に位置するムドゥン(無等)山は風水上, 光州の主山であり, 現在では光州最大のレジャーセンターである. 無等山が登山, 観光の対象であるばかりでなく, 山麓には元暁寺, 證心寺, 万淵寺などの古刹のほか, 各種レジャー施設, ホテルなどが立地している. 地域住民に親しまれるリゾート地であるが, 外国人観光客はまだ多くない.

植民地時代の学生抗日運動, 1980年の民主化運動など近・現代の歴史を画する事件が起こった所であり, 市内には学生抗日運動追慕碑が, 北の郊外には民主化運動の犠牲者のための墓地と祭祀する廟がある.

市域の西方をホナム(湖南)線が通過し, 松汀駅がある. 松汀駅の手前から光州駅に分岐する支線があり新幹線(KTX)が運行されている. また松汀駅からは慶全線が分岐している. 高速道路は湖南高速道路, 88オリンピック高速道路, ナメ(南海)高速道路が市域内で接続している. 地下鉄1号線は2004年に部分開通し, 08年に全通した. 市街地の南西部から中心部を経由して光州空港, 湖南線松汀駅にいたる路線である.　　　［山田正浩］

クァンジュ山脈　広州山脈　Gwangjusanmaek　韓国

標高：1468 m　[38°00′N　127°30′E]

韓国北部, カンウォン(江原)道からキョンギ(京畿)道にいたる山脈. 北朝鮮のテベク(太白)山脈鉄嶺付近で分岐して, 南西方向に走行する. 江原道と京畿道の境界付近で標高が最も高い. 境界線上に最高峰のファナク(華岳, Hwaak)山(標高1468 m)がある. 京畿道に入ると次第に高度を下げ, カピョン(加平)郡, ポチョン(抱川)市付近では高度は1000 m内外である. ソウル市域ではプッカン(北漢)山(標高36 m), クアナク(冠岳)山(629 m)がこれに属する.　［山田正浩］

クアンタン　Kuantan　マレーシア

トゥルントゥン　Teruntum (古称)

人口：42.8万(2010)　面積：324 km²
[3°47′N　103°19′E]

マレーシア, マレー半島マレーシア領中部, パハン州の都市で州都. 州の中東部, 南シナ海に面し, 市中心部をクアンタン川が流れる. クアラクアンタン Kuala Kuantan, ウルクアンタン Ulu Kuantan, ブスラ Beserah, スンガイカラン Sungai Karangの4行政村で構成される. 19世紀中頃まではトゥルントゥンとよばれ, 住民の大半はマレー系であったが, 1860年代以降, 周辺地域でスズ鉱山の開発が進むにつれて華人の人口が増加した. スズの採掘は半島西部が中心であったが, クアンタン周辺では開発が進め

られ，とくに，スンガイルンビン Sungai Lembing では，1986 年の閉山まで 100 年近く採掘が続いた．

クアンタン市を含むクアンタン郡の面積は 2960 km² であり，パハン州の約 8% を占める．同郡南部のガンバン Gambang では，1990 年代後半に第 2 次工業化マスタープランにもとづいて，家電国営企業である MEC の工場を中心とした MEC シティ構想が計画されたが，同企業の破綻により実現することはなく，現在は，ハイテクパークが開発され，2002 年に設立されたマレーシアパハン大学(UMP)が同地区に立地している．北部スンガイカランに位置するチェラティン Cherating は，マレー半島東部では 20 万人(2009)の観光客を集める有数のビーチリゾートで，日本人も多く訪れる．また，クアンタン港に隣接するグベン Gebeng 工業団地には，南シナ海の石油を背景に石油化学関連企業が立地する． ［石筒 覚］

クアンタン川 Kuantan ☞ インドラギリ川
Indragiri, Sungai

クアンチ省　Quang Tri, Tinh

ベトナム

Quảng Trị, Tinh (ベトナム語)

人口：59.8 万 (2009)　面積：4746 km²
　　　　　　　　　[16°49′N　107°05′E]

ベトナム北中部の省．沿海部に位置する．首都ハノイから陸路で南南東約 580 km，東部は南シナ海に面し，西部はラオスと国境を接する．省都はドンハー(省直属市)で，他にクアンチ(省直属市)および 9 県からなり，ヴィンリン県の沖合にはコンコ島(コンコ県)が浮かぶ．属していたが，2004 年にコンコ県として独立した．省内には 29 民族が居住し，そのうち多数民族のキン族(ベト族)が約 91% を占めるが，ラオス国境に位置するフオンホア県やダックゾン県などでは少数民族のブルバンキュウ族(ブル族)やタオイ族が多く居住する．旧クアンチ省は 1831 年に設置され，1976 年の南北統一に伴いクアンビン省，ヴィンリン省，トゥアティエン省と合併，ビンチティエン省となった．1989 年にクアンビン省，トゥアティエンフエ省とクアンチ省とに分割され，再置された．なお 1976 年以前のクアンチ省の省都はクアンチであった．

省の約 80% が標高 250〜2000 m の高地山岳地帯である．この地域の森林には 574 種類にも及ぶ植生がみられ，重要な経済資源となっている．産業別省内総生産から経済構造をみると第 1 次産業が中心である．しかし 1990 年では約 66% を占めていた第 1 次産業は徐々に比率を下げて 2011 年では約 28% となっている．第 2 次産業は約 37%，第 3 次産業は約 35% である．省内の主要河川としてはベンハイ川，タックハン川，オーロウ川があり，流域面積は 4369 km² に及ぶ．

省の北端に位置するヴィンリン県を北緯 17 度線が通る．この北緯 17 度線は 1954 年のジュネーブ停戦協定において決められた，ベトナムを南北に分割する暫定軍事境界線であり，これにもとづきベンハイ川沿いに全長 60 km，幅 10 km にわたる非武装地帯(DMZ)が設けられた．ベトナム戦争におけるアメリカ軍や南ベトナム政府軍の最前線であり，かつ激戦地でもあったため，ケサンや国道 9 号，ヴィンリン，ヴィンモックトンネル，そしてクアンチ要塞などベトナム戦争によってよく知られるようになった場所が多く存在する．またベトナム戦争中，北ベトナムが南ベトナム解放民族戦線(ベトコン)などへ兵員や物資を補給するためにチュオンソン山脈沿いに整備したホーチミンルートは，1959 年にクアンチ省とゲアン省から着工された．現在ではこれらの戦跡は「DMZ ツアー」として観光資源の 1 つにもなっている．北西から南東方向には沿岸部にベトナム南北縦貫鉄道(統一鉄道)と国道 1 号が，内陸部の北半分に国道 15 号，南半分に国道 14 号が通ずる．またドンハーからラオス方面へ国道 9 号が通る． ［筒井一伸］

クァンドン Gwandong ☞ カンウォン道
Kangwon-do

グアンドン Gwandong ☞ ヨンドン
Yeongdong

クアンナム省　Quang Nam, Tinh

ベトナム

Quảng Nam, Tinh (ベトナム語)

人口：142.2 万 (2009)　面積：10408 km²
　　　　　　　　　[15°34′N　108°29′E]

ベトナム南中部の省．沿海部に位置する．陸路で首都ハノイから南南東約 820 km，ホーチミン中央直属市から北北東約 900 km．東部は南シナ海に面し，西部はラオスと国境を接する．省都はタムキー(省直属市)で，他

に古都ホイアン(省直属市)と 16 県からなる．ヒエン県やナムザン県，フォックソン県などの内陸部にはコトゥ族(モヌイ族)やムノン族などの少数民族が多数居住する．ルムヘオ Lum Heo 山(標高 2045 m)やティオン Tion 山(2032 m)などの 2000 m 前後の山々もある．沿岸部にはベトナム南北縦貫鉄道(統一鉄道)と国道 1 号が，内陸部には国道 14 号が縦貫する．沿岸部はヴーザー川，トゥボン川，タムキー川のデルタとなっており，南シナ海に接した部分は砂丘地や塩湖となっている．1996 年にクアンナムダナン Quang Nam Da Nang 省がダナン中央直属市とクアンナム省とに分割され，設置された．

省内には古都ホイアンのほか，ズイスエン県ズイフーの盆地に，インド文化(ヒンドゥー教)の影響を受けていたチャンパ王国の聖地であるミーソン遺跡がある．チャンパ王国はベトナム中部に存在した国家で 15 世紀以降に衰退した．「古都ホイアン」と「ミーソン聖域」として，1999 年に相次いでユネスコの世界遺産(文化遺産)に登録された．省内の経済は，サトウキビやタバコなどの商品作物の栽培をはじめとする第 1 次産業が中心であり，90 年代半ばまでは産業別省内総生産の約半分を占めていた．しかし 90 年代後半以降は第 1 次産業の比率が下がり，かわって 2 つの世界遺産などを中心とした観光業の発達から，第 3 次産業の成長がみられている．

［筒井一伸］

クアンニン省　Quang Ninh, Tinh

ベトナム

Quảng Ninh, Tinh (ベトナム語)

人口：114.4 万 (2009)　面積：6102 km²
　　　　　　　　　[20°57′N　107°04′E]

ベトナム北部沿岸に位置する省．省都はハロン．北は中国と国境を接する．クアンイェン省とハイニン省が 1963 年に合併し，現行の省名となった．面積の約 9 割を丘陵地が占める．東シナ海に面した沿岸には約 2000 の島々が分布し，島嶼の総面積は 2500 km² に及ぶ．これら島嶼を含め，沿岸部に特徴的なのはカルスト地形である．デボン紀中期から三畳紀初期にかけて浅海底で形成された最大約 3000 m の厚さをもつ石灰岩層が隆起し，激しく侵食を受けたもので，ベトナム各地にあるカルスト地形に比べて複雑な景観を形成し，1994 年にユネスコの世界遺産(自然遺産)に登録され一大観光地となっている．沿岸，島嶼部ではこれらのカルスト地形が固有な植物や野鳥などの多様な動物相を育む．

内陸部のドンチゥ山地にあるイェントゥー山周辺は，リー(李)朝時代の寺院や仏塔が並ぶほか，ベトナム仏教徒の巡礼地としても知られる．この地では紀元前からアン・キ・シンが宗教実践を行い，のちにチャン(陳)朝のチャン・ニャン・トンがチュクラム(竹林派禅宗仏教)を唱えた．イェントゥー山が位置するウオンビでは旧暦年頭に寺院を巡礼し平和を祈念するイェントゥー祭が開催される．無煙炭として知られる良質な石炭が分布し，全国一の石炭採掘地域となっている．このほか，石灰岩やカオリンなどの鉱物資源が分布し，港湾も多いことから首都ハノイ，ハイフォンと並ぶ重要経済地域に指定されている．島嶼が波浪をさえぎるため沿岸海域はおだやかで，砂泥海岸とマングローブが広がり，ハタなどの魚類やエビ養殖，漁業が盛んである．とくにクアンイェン市の漁港は北部漁業の拠点として機能してきた．近年では石炭火力発電による豊富な電力供給を背景に工業団地が建設されている．　　　　　　［池口明子］

クアンビン省　Quang Binh, Tinh

ベトナム

Quảng Bình, Tinh（ベトナム語）

人口：84.5 万 (2009)　面積：8065 km²
[17°29′N　106°36′E]

ベトナム北中部の省．省都はドンホイ．東は北部(バクボ，トンキン)湾に接し，西はチュオンソン(アンナン)山脈を経てラオスのサワンナケート県に接する．チュオンソン山脈が南北に走り，また海岸線との距離が近いため，山脈に降った雨は東西方向に多数の小河川を形成する．小河川は海岸沿いに発達した砂丘列によって潟を形成する．この潟から石器時代に遺物が発見されており，中でもバオチョーが有名である．省は歴史的には古くから知られており，漢の最南端に位置した日南郡はクアンビン省およびその南部の省にあったとされるが，最南端の境界は不明である．その後，現在のベトナム中部に，海上交易によって栄えたチャンパ王国が勢力をもった時代には，短い川筋の上流に聖地，平野部に政治拠点，河口に港市を併せもった多数の地方政体ができていたと考えられる．その最も有名なのが，トゥーボン川流域にあるミーソン遺跡とホイアンの港市であるが，クアンビン省では，省都ドンホイを通過するニャットレ川流域や北部のザイン川流域にも同様の政体が存在した可能性が指摘されている．

10 世紀に中国から独立した最初の北部ベトナムの王朝であるリ(李)朝は，南部に接す

るチャンパ王国と激しく勢力争いを演じ，クアンビン省以南をその勢力範囲とするのはようやく 13 世紀後半以降である．グエン(阮)朝時代の 1834 年，ミンマン帝は現在のベトナムのほぼ全土を 30 に分け，その 1 つにクアンビン(広平)の名がみられる．ベトナム戦争中は，北緯 17 度線のすぐ北に位置していたため，すなわち，当時のベトナム民主共和国の最南部に位置する省であったため，米軍による激しい空爆被害を受けた．戦争が終結し，南北ベトナムが統一された翌年(1976)，クアンビン省は，クアンチ省，トゥアティエン省とともにビンチティエン省とされたが，1989 年，もとの 3 省に分かれた．

省の経済の割合(2015)は，サービス業 51%，工業 26%，農林水産業が 23％を占める．とくに有望なのは，省内に広く分布する石灰岩に由来するセメント原料などの建設資材や粘土鉱物のカオリン(磁器製造用の粘土)，山地部での木材生産やゴム園の開発，農林水産物の加工品，美しい海岸や洞窟をいかした観光業などである．農林水産物の生産では，集水域の短い河川の水利用と同時に，南シナ海で発生する台風の通り道にあるため，大雨による洪水被害の減少が課題である．観光業では，国道 1 号が通る有利な立地をいかし，省内の観光資源の開発に力を入れている．とくに有名なのは，フォンニャーケバン国立公園である．ラオス側でも国立公園に連続し，広大で古い石灰岩地帯が形成するおよそ 300 の洞穴を含むさまざまなカルスト地形が 2003 年，ユネスコの世界遺産(自然遺産)に登録された．また 2015 年には生物多様性でも拡大登録された．未発見の洞窟も多く，国内外から多くの観光客が訪れる．　　　　　　［柳澤雅之］

クアンポ　広浦　Kwangpo

北朝鮮

面積：13 km²　深さ：15 m
[39°46′N　127°27′E]

北朝鮮，ハムギョンナム(咸鏡南)道南部，東朝鮮湾に臨む北朝鮮最大の潟湖．定州郡と咸州郡にまたがって位置する．深さは 1 m (最深 15 m)，周囲 13.7 km，半鹹水である．北朝鮮の代表的牧場の広浦種アヒル牧場では約 50 万羽が飼育されている．養殖漁業は年産 500～600 t の水揚げがある．塩分の少ない水域の湖水はハムフン(咸興)平野の灌漑用水として利用される．　　　　　　［司空　俊］

クァンミョン　光明

Gwangmyeong

韓国

人口：33.9 万 (2015)　面積：39 km²
[37°29′N　126°52′E]

韓国北西部，キョンギ(京畿)道中部の都市．首都ソウル市域の南西に接する位置にある．ソウル市域の南西端，九老地区から続く工業地区としての性格と，ベッドタウンとしての性格をあわせもっている．1981 年市制施行．市制施行時の人口は約 15 万であった．1990 年代半ばには 35 万程度にまで急増したが，その後は，停滞あるいはわずかに減少している．2004 年に新幹線が開通して，ここに駅が設置され，一躍脚光を浴びるようになった．在来線との連絡のために，永登浦からの路線が新たに建設された．［山田正浩］

クァンモ峰　冠帽峰

Kwanmo-bong

北朝鮮

標高：2540 m
[41°40′N　129°17′E]

北朝鮮，ハムギョンブク(咸鏡北)道西部の山．咸鏡山脈の主峰で，チョソン(朝鮮)半島第 2 の高山である．おもに花崗片麻岩からなる．山頂部は岩石が露出せず，灌木帯，草木帯である．西麓はゆるい傾斜のムサン(茂三)高原の一部，東麓は険しい崖で延面水，魚浪川の水源地になる．山頂付近には氷河地形のカール(圏谷)がみられる．高山植物は天然記念物である．　　　　　　［司空　俊］

クァンヤン　光陽　Gwangyang

韓国

人口：14.4 万 (2015)　面積：456 km²
[34°59′N　127°35′E]

韓国南西部，チョルラナム(全羅南)道南東端の都市．光陽湾奥に位置する．東はキョンサンナム(慶尚南)道ハドン(河東)郡である．1989 年，東光陽市が市制を施行．1995 年，光陽郡と合併して光陽市と改称した．1985 年，韓国最大の製鉄企業であるポスコの光陽製鉄所建設が始まり，92 年に操業を開始した．製鉄所建設の進行とともに光陽の都市化が進んだ．　　　　　　［山田正浩］

クァンヤン湾　光陽湾

Gwangyangman

韓国

長さ：17 km　幅：9 km
[34°55′N　127°45′E]

韓国南西部，チョルラナム（全羅南）道南東端の湾．東のナメ（南海）島，西のヨス（麗水）半島に囲まれた湾入部で，北からソムジン（蟾津）江が流入する．湾奥にポスコ光陽製鉄所が立地している．製鉄所の西の海岸部を自由貿易区域とし，さらに開発を促進する計画がある．　　　　　　　　　　　　［山田正浩］

クァンリャン湾　広梁湾　Kwangryang-man
北朝鮮

降水量：800 mm/年　　　［38°41′N　125°15′E］

北朝鮮，ピョンアンナム（平安南）道南西部，朝鮮西海（ホワン（黄）海）北部にある湾．テドン（大同）江の河口をなす溺れ谷の北岸に8 km入り込んでいる．このため潮汐差が5 m．朝鮮半島で降水量が少ない地域の1つである．沿岸の干潟地には塩田が続き，重要な天日製塩の生産地である．干潟地の埋め立てが進んでいる．　　　　　　　　　　［司空　俊］

グイガン市　貴港市　Guigang
中国

貴州（古称）/コイカン（別表記）

人口：429.4万（2015）　面積：10606 km²
　　　　　　　　　　［23°06′N　109°36′E］

中国南部，コワンシー（広西）チワン（壮）族自治区中東部の地級市．自治区内最大の沖積平野である潯郁平野の中央部に位置する．広西チワン族自治区だけでなくホワナン（華南）最大の内陸にある新興港湾都市．中枢港が立地する港北区，港南区，覃塘区のほか，県級市のグイピン（桂平）市，ピンナン（平南）県を管轄する．市政府所在地は港北区．総人口のうち漢族が84.5%，チワン族が13.8%，ヤオ（瑶）族が1.7%を占めている（2014）．唐の貞観9年（635）に貴州として設置され，明の洪武20年（1369）に貴県と改称した．1988年，県級市になると同時に貴港に改称，96年6月には地区が廃されて広域の地級市となった．

貴港はチュー（珠）江航路の中枢港かつ第1級の対外開放港で，上流の首府ナンニン（南寧）と下流のホンコン（香港）まで，ともに2000 t級の貨物船が航行可能．165のバースがあり，年間5300万tを積み下ろし，コンテナ12万箱を扱う（2015）．港には黎湛鉄道（リータン（黎塘）〜チャンチャン（湛江）），南梧高速（南寧〜ウーチョウ（梧州）），南広高速（南寧〜コワンチョウ（広州）），国道324，209号が通じ，交通の便は良好．外資の資本

参加によって製糖，製紙，化学，建材，電気機械，製薬などの工業も拡大し，西南地域と華南地域の経済連携の結び目として期待されている．目下，市全体の1人あたりGDPが3250 USドルで全国平均の4割程度にすぎず，低開発の状態から脱却しきれていない（2015）．　　　　　　　　　　　［許　衛東］

グイシー市　貴渓市　Guixi
中国

コイシー市（別表記）

人口：約65万（2012）　面積：2487 km²
　　　　　　　　　　［28°17′N　117°12′E］

中国南東部，チャンシー（江西）省北東部，インタン（鷹潭）地級市の県級市．信江の中流域に位置し，南東部はフーチェン（福建）省に隣接する．東西を滬昆高速鉄道と梨温高速道路が通り，滬昆鉄道と鷹廈鉄道が市内で交わり，南西部を皖贛鉄道が通る．市政府は花園街道に置かれる．地勢は低山と丘陵が主体で，南部はウーイー（武夷）山脈の部分で，中部の信江に沿って平野が広がり，稲作など農業が盛んである．唐の永泰元年（765）に県が置かれ，1996年に市になった．銅や銀など鉱産資源が豊富で，銅を主体とした冶金工業が発達して中国銅都とよばれる．2010年に「中国丹霞」としてユネスコの世界遺産（自然遺産）に登録されたロンフー（竜虎）山が市境の南西にある．道教の聖地である嗣漢天師府や南宋四大書院の1つであった象山書院などがある．　　　　　　　　　　　［林　和生］

グイシャン島　亀山島　Gueishan Dao
台湾｜中国

Guishan Dao（別表記）

人口：0（2017）　面積：2.8 km²
　　　　　　　　　　［24°51′N　121°57′E］

台湾北東部，イーラン（宜蘭）県沖に浮かぶ孤島．洋上を泳ぐカメの姿に似ていることからこの名がついた．第2次世界大戦終結時までは500あまりの住人がおり，沖縄からの移民も多かった．一帯は台湾の3大漁場に数えられる好漁地だが，第2次世界大戦後は海防軍管区に編入された．地勢は険しく，各所に切り立った断崖や洞窟が存在する．観光客に開放されたのは2000年8月からで，上陸者数は1日1800人までとなっている．

　　　　　　　　　　　［片倉佳史］

グイチョウ省　貴州省　Guizhou Sheng
中国

きしゅうしょう（音読み表記）/コイチョウ省（別表記）

人口：3528.0万（2015）　面積：176167 km²
標高：148-2900 m　気温：15°C
降水量：1000-2000 mm/年
　　　　　　　　　　［26°39′N　106°37′E］

中国中南部の省．省会はグイヤン（貴陽）市に置かれている．北はスーチュワン（四川）省とチョンチン（重慶）市，東はフーナン（湖南）省，南はコワンシー（広西）チワン（壮）族自治区，西はユンナン（雲南）省と隣接する内陸省である．一文字では貴と表され，黔と表現されることもある．行政区画は大きく，貴陽，リウパンシュイ（六盤水），ツンイー（遵義），アンシュン（安順），トンレン（銅仁），ビーチエ（畢節）の6地級市，チェンシーナン（黔西南）自治州，チェントンナン（黔東南）自治州，チェンナン（黔南）自治州の3自治州に分けられ，13市轄区，9県級市，56県，11自治県，1特区に細分されている．1985年から88年までは，のちにチベット自治区党委員会書記を経て中央政界へと駆け上り，国家主席も務めた胡錦濤が，貴州省の党委員会書記を担当した．

明代には少数民族の土司が統治していたが，清代に土司制度が廃止され流官が置かれ，中央政権が直接統治する地域へと移行していった．総人口の4割弱を少数民族が占め，省の中央部から四川省，重慶市にかけての地域，貴陽，遵義，畢節などの都市部は漢族地帯である．北東部の省境地帯はコーラオ（仡佬）族，トゥチャ（土家）族，ミャオ（苗）族が，南東部はミャオ族，トン（侗）族が，南部から南西部にかけてはプイ（布依）族，ミャオ族が分布する．畢節と六盤水の山岳地帯は清代までイ（彝）族土司が勢力を誇った地域であり，いまでもイ族が分布する．黔南に住むスイ（水）族は貴州省のみに分布する少数民族であり，2000年人口センサスでは，畢節市を中心に全省で70万人を超える未識別民族が記録された．

ユングイ（雲貴）高原から四川盆地，チャン（長）江中下流平原，ホワナン（華南）平原へとつながる地域であり，地勢は一般に西部が高くて東部が低く，中央部の貴陽から北，東，南の3方向へ行くに従って標高が低下する．総面積の9割以上が山地か丘陵に分類され，盆地や平野は少ない．省内の最高標高はウーモン（烏蒙）山脈系に属するホーチャン（赫章）県韮菜坪の2900 m，最低標高はリーピン

クイテ

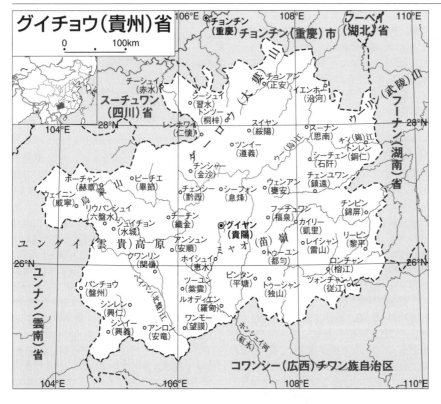

(黎平)県の148 m. 北部にダーロウ(大婁)山脈, 北東部にウーリン(武陵)山脈, 南部から南東部にかけてミャオ(苗)嶺山脈, 西部に烏蒙山脈が走る. 日射量は少なく曇天の日が多い. とくに中央部から南部にかけて, カルスト地形が非常に発達していて, 総面積の6割強で石灰岩層が地表に露出している. 河川は北部の長江流域と南部のチュー(珠)江流域に分かれ, 苗嶺山脈が両流域の分水嶺となっている. 流量の豊かな大河川はなく, 規模の小さな水力発電所が数多く建設されている.

省の特徴を表す表現として, 巷では「天無三日晴, 地無三尺平, 人無三分銀」(天に3日の晴れなし, 地に3尺の平地なし, 人に3分の銀なし)といわれる. 大部分の地域のおもな産業は農業であるが, 生産性の高い可耕地が少なく, 石灰岩層の急斜面に残留するわずかな土壌にさえも, トウモロコシなどが植えられている. 農村では米やトウモロコシなどの主食類以外に, タバコの栽培も盛んである. 北西部の標高が高い地域は, ジャガイモ, ソバなどの栽培が中心である. 農村地帯は総じて豊かではない. 近年では天然林の伐採禁止措置を受けて経済林の育成が奨励され, 桐油, 生漆, クルミのほか, 果樹の栽培も盛んになった. 漢方生薬やキノコ類など山の幸は豊富に収穫される. 北西部では牧畜業も盛んである. 第8次5カ年計画で, 貴州省

からは工業が未発達で農業を中心とする48県が, 国家重点貧困県に指定された. 貴州省は国内において, 発展の遅れた最も貧しい地域の1つと認識されている.

農業以外の産業基盤も整備されている. 1960年代半ばから70年代にかけての三線建設期に, 中国沿海部から貴州省へと, とくに66年に開通した貴昆鉄道沿いの安順, リウチー(六枝)特区, 六盤水などへ, 数多くの工場や企業が従業員とともに疎開してきた. 省のGDPの1割弱を占めるエネルギー産業は, 水力発電と火力発電で支えられている. 火力発電の原料である石炭は, 三線建設期に開発された六枝特区から六盤水にかけての大規模な炭鉱で採掘されている. 安順には航空産業ほか軍需関連産業が集積している. 三線建設期に国防戦略から疎開させられた軍需関連企業の中には, 生産性が低く収益も悪いため, 国家の庇護が弱まった昨今, 存亡の危機に瀕しているところもあれば, 閉鎖に追い込まれたところもある. その一方で, 安順の貴州航空工業集団公司のように, 富士重工業(スバル)や丸紅グループと連携して, 乗用車の雲雀(レックス)の生産を軌道に乗せたところもあった. 農業生産とも深くかかわるタバコ産業や茅台(マオタイ)酒などの酒造産業も省で特徴的な産業である. 農業が盛んな地域では, 今後, 製薬業や観光業の発展に期待が

かけられている. [松村嘉久]

グイディン県　貴定県　Guiding
中国

人口：30.4万 (2012)　面積：1631 km²
[26°35′N 107°14′E]

中国中南部, グイチョウ(貴州)省南部, チェンナン(黔南)族自治州の県. 県政府所在地の城関鎮が黔桂鉄道と湘黔鉄道の分岐点であり, 国道320号, 321号も域内を通り, 省会グイヤン(貴陽)市や州都トゥーユン(都匀)市にも近く交通の便がよい. 少数民族人口が5割強を占め, プイ(布依)族が3割強, ミャオ(苗)族が1割強を占める. カルスト地形が発達し鍾乳洞も多い. 良質のタバコと茶葉が特産品である. [松村嘉久]

グイドゥ県　貴徳県　Guide
中国

人口：10.9万 (2015)　面積：3504 km²
[36°02′N 101°26′E]

中国西部, チンハイ(青海)省東部, ハイナン(海南)自治州の県. チベット高原とホワントゥー(黄土)高原の境に位置し, 標高4000～5000m級の山々が連なる. 県中央部をホワン(黄)河が東に流れ, 盆地を形成する. 小麦, ハダカ麦, 豆類や果樹などが栽培され, 良質のナシを産する. 草原や湿地が広い面積を占め, 貴重な野生動物も生息する. カンゾウ(甘草)などの漢方薬材も採取される. 切り立った断崖よりなる丹霞地形や峡谷, 湿地帯が地質公園(ジオパーク)に認定されている.

[高橋健太郎]

クイトゥン市　奎屯市　Kuytun
中国

Kuitun (別表記)

人口：29.0万 (2002)　面積：1036 km²
[44°26′N 84°54′E]

中国北西部, シンチャン(新疆)ウイグル(維吾爾)自治区北部, イリ(伊犁)自治州の直轄県級市. ティエンシャン(天山)山脈の北麓, ジュンガル(準噶爾)盆地の南西部に位置する. 1975年にカラマイ(克拉瑪依)市から分離して設置された. 地名はモンゴル語で寒冷を意味する. ウイグル語で黒い水を意味するカラス Karasu (喀拉蘇)の名もある. 新興工業都市で, 電力, 化学, 機械, 製紙, 醸造, タバコ, 綿紡織, 食品などの工業が発達している. 天山山脈北部の交通中心でもあり, 国道312号と217号が市内で交差する.

ウルムチ(烏魯木斉)とガンスー(甘粛)省の省会ランチョウ(蘭州)を結ぶ蘭新鉄道の西端が南部を通る.　　　　　　　［ニザム・ビラルディン］

グイトン県　桂東県　Guidong

中国

人口：23.3万 (2015)　面積：1452 km²
[26°05′N　113°57′E]

中国中南部，フーナン(湖南)省，チェンチョウ(郴州)地級市の県．県政府はオウチャン(沤江)鎮に所在する．四方を1000 m級の山々に囲まれ，最高峰は東部にある斉雲山(標高2061 m)．レイ(耒)水上流の沤江は県北東部の山地に発し，川沿いに狭い盆地が続く．タングステンやスズなどの鉱物を産する．おもな農作物は水稲，サツマイモ，トウモロコシで，茶葉，キノコ類，漢方薬材が特産．国指定の八面山自然保護地区には，銀杉や華南トラなどの希少動植物がみられる．岳汝高速道路(ユエヤン(岳陽)〜ルーチョン(汝城))が通る.　　　　　　　　　［小野寺 淳］

グイナン県　貴南県　Guinan　中国

人口：8.0万 (2015)　面積：6650 km²
[35°35′N　100°44′E]

中国西部，チンハイ(青海)省東部，ハイナン(海南)自治州の県．チンツァン(青蔵)高原とホワントゥー(黄土)高原の境に位置し，標高4000〜5000 m級の山々が連なる．県北西の峡谷を流れる黄河にはロンヤンシャ(竜羊峡)ダムがあり，水力発電が行われている．県中央部には内陸砂丘が続く地域もある．人口の大部分はツァン(チベット)族である．チベット羊やヤク，馬などが飼育される．タシュ(塔秀)寺やルツァン(魯倉)寺などチベット仏教の寺院がある.　　　　　　　［高橋健太郎］

クイニョン　Quy Nhon　ベトナム

Qui Nhon (別表記) / Quy Nhơn (ベトナム語)
人口：28.1万 (2009)　面積：284 km²
[13°46′N　109°14′E]

ベトナム南中部，ビンディン省の都市で省都．ホーチミン中央直属市から陸路で北東約660 km，省の南東端に位置する．ランマイ湾に面した港湾都市，省直属市で，省の社会および経済の中心地である．16の行政区と5つの村によって構成されている．レ(黎)朝時代の1604年にそれまでのホアイニョンが変更され，クイニョンの名が誕生した．1989年，ギアビン省がクアンガイ省とビン

ディン省に分割された際，省都となった．港は1847年にフランスとの貿易のために開港した．1965年にアメリカがそれまでの小規模な港の浚渫，改良を行い，海軍要港としてベトナム戦争(1965〜75)の間，きわめて重要な地位を占めてきた．クイニョン周辺はアメリカとの戦争の激戦地域であり，大量の難民を出した地域でもある．現在では商工業が発達し，とりわけ海産物の冷凍加工業が盛んである．また，カンボジア国境方面から延びる国道19号の終点であり，その沿線の高原地域で生産されたコーヒーや茶，砂糖などの商品作物の積出港としての機能も担っている.　　　　　　　　　　　［筒井一伸］

グイピン市　桂平市　Guiping

中国

人口：156.0万 (2015)　面積：4074 km²
気温：21.4℃　降水量：1727 mm/年
[33°22′N　110°04′E]

中国南部，コワンシー(広西)チワン(壮)族自治区南東部，グイガン(貴港)地級市の県級市．北回帰線上，大瑶山麓のユィー(郁)江とチェン(黔)江の合流点に位置する．シュン(潯)江の始点でもある．広西チワン族自治区では最も歴史の古い都市の1つで，紀元前214年，秦が嶺南を制圧した後，グイリン(桂林)郡を設置し現在の桂平のあたりに布山県と阿林県を置いた．南朝時代，梁の天監元年(502)，布山県の一部を分離させ桂平県とし，新中国になるまで続いた．1994年7月に県級市となった．清代末期の桂平県の金田村は，1851年に勃発した太平天国農民軍蜂起の発祥地として知られる．

自治区の重要な交通結節点であり，鉄道では南広高速鉄道(ナンニン(南寧)〜コワンチョウ(広州))や南昆線(南寧〜クンミン(昆明))や湘桂線(ホンヤン(衡陽)〜ピンシャン(憑祥)関)や黎湛線(リータン(黎塘)〜チャンチャン(湛江))などが通じ，水路も2000 t級の貨物船が広州や南寧まで航行可能である．軍民両用の桂平空港もある．製薬，食品加工，鋳造，建材などの資源型産業が発展し，シー(西)江沿岸工業地帯の一部となり，エネルギー基地としても開発されている．市街地郊外の大藤峡水利プロジェクトは160万kWの発電能力を有し，中国沿海に送電する西電東送計画の中枢である．郁江と潯江の両岸は広西最大の沖積平野であり，自治区内屈指の豊かな穀倉地帯でもある．　　［許 衛東］

グイヤン県　桂陽県　Guiyang

中国

人口：71.2万 (2015)　面積：2958 km²
[25°45′N　112°44′E]

中国中南部，フーナン(湖南)省，チェンチョウ(郴州)地級市の県．県政府はロンタン(竜潭)街道に所在する．北西部と南東部に高峰が連なり，中部がやや低い．チョンリン(春陵)水は南西から北東へ流れ，両岸には支流が多い．鉱産物は石炭，石墨，鉛，亜鉛，マンガン，鉄，銅などがある．林産資源にはマツ，スギ，アブラツバキ，オオアブラギリ，孟宗竹があり，農産物には水稲，タバコ，茶葉などがある．工業は冶金，化学，建材，食品など．郴嘉狭軌鉄道(郴州〜チャホー(嘉禾))や廈蓉高速道路(アモイ(廈門)〜チョントゥー(成都))が通る．旧跡に東塔がある．製紙技術の発明者である蔡倫の故郷.　　　　　　　　　　　　　　［小野寺 淳］

グイヤン市　貴陽市　Guiyang

中国

きょうし (音読み表記) /コイヤン市 (別表記)
人口：488.4万 (2015)　面積：8034 km²
標高：1250 m　気温：15℃　降水量：1200 mm/年
[26°39′N　106°37′E]

中国中南部，グイチョウ(貴州)省中央部の地級市で省会．政治，経済，流通，文化の中心となる都市である．6市轄区(南明，雲岩，花渓，烏当，白雲，観山湖)，カイヤン(開陽)，シーフォン(息烽)，シウウェン(修文)の3県，チンチェン(清鎮)県級市を管轄している．市政府所在地は観山湖区である．1996年の行政再編で，アンシュン(安順)地区から開陽，息烽，修文の3県と清鎮市が貴陽市の管轄下に移され，省会貴陽の都市圏が拡張された．総人口の1割強を少数民族が占め，市轄区にも数万人の人口規模でミャオ(苗)族やプイ(布依)族が住む．6市轄区が狭義の貴陽市であり，CBD(中心業務地区)は市街地南部の南明区と北部の雲岩区を中心に展開する．花渓区と観山湖区は南郊，烏当区と白雲区は北郊に相当する．花渓区はカルスト地形が発達し風景がよいため，保養別荘地としても人気がある．

平均標高は1000 mを超え，暑さ寒さもそう厳しくはない気候であるが，ユンナン(雲南)省と比較するならば，曇天が多く日射量が少ない．「貴陽の犬は太陽が出ると吠える」とまでいわれる．粗悪な石炭燃料から出る排煙は，曇天をさらに曇らせ，大気汚染が深刻

である．太陽が貴重なので貴陽という地名が生まれたと信じる人は多い．貴陽はかつて竹の産地であったことから，筑や貴筑とよばれることもあり，市街地が山に囲まれていることから，林城の異名ももつ．

貴州省のほぼ中央に位置する貴陽は交通網の拠点であり，貴陽を起点に湘黔鉄道，川黔鉄道，黔桂鉄道，貴昆鉄道が敷設されている．道路交通網では東西に国道321号，南北に210号が通り，省の主要都市であるツンイー(遵義)，ピーチエ(畢節)などや観光地の黄果樹瀑布までは高速道路が通った．市内交通では地下鉄1号線がすでに開通し，地下鉄網の整備が進んでいる．1997年から運用されている貴陽竜洞堡国際空港は，中国国内の主要都市とホンコン(香港)を定期便で結び，マカオ(澳門)，タイのバンコク行きの臨時便も離着する国際空港である．1990年代半ばまでの貴陽は，雲南省のクンミン(昆明)やスーチュワン(四川)省のチョントゥー(成都)など，中国西南地方の他の省会と比較して，内外からの投資が集まらず，都市インフラ整備や経済発展の面で取り残されていた．郊外の開発とインナーシティの再開発が本格化し，都市成長が軌道に乗り出したのは，1990年代後半以降である．

貴陽市は中国西南地方を代表する工業都市である．アルミニウムの精錬など冶金業，リン鉱石を活用した化学工業，機械，電子，食品加工，建材，紡績，製薬などの産業が発達している．1960年代の三線建設期に中国沿海部から疎開してきた企業もあるが，90年代半ば以降の貴州省の産業政策にもとづき誘致された企業も少なくない．貴陽市の市街地には，2つの新たな産業集積拠点が形成されている．1つは，1993年に当時の小河区(現在の観山湖区)に建設された貴陽経済技術開発区で，航空産業，電子機械，家電製造などの企業や工場が集積し，自動車部品の生産も行われている．もう1つの貴陽国家高新技術産業開発区は，1992年に国務院が批准したところで，電子情報，電子機器，新材料，航空技術，ソフト開発，パソコン部品などの産業が集積するIT産業地帯となっている．タバコ産業も貴陽の重要な産業であり，黄果樹ブランドのタバコは中国全土で知られている． [松村嘉久]

グイリン市　桂林市　Guilin　中国

コイリン市（別表記）

人口：496.2万（2015）　面積：27809 km²
気温：18.9℃　降水量：1950 mm/年
[25°17′N　110°17′E]

中国南部，コワンシー(広西)チワン(壮)族自治区北東部の地級市．ナンリン(南嶺)山脈系南西麓の桂江上流のリー(漓)江西岸に位置する，世界的に有名な観光都市である．秀峰，畳彩，象山，七星，雁山，臨桂の6区のほかにリンチュワン(霊川)，シンアン(興安)，チュワンチョウ(全州)，ヤンシュオ(陽朔)，ピンロー(平楽)，リープー(荔浦)，ツーユワン(資源)，クワンヤン(灌陽)，ヨンフー(永福)の9県，ロンション(竜勝)，ゴンチョン(恭城)の2自治県を管轄する．市政府所在地は臨桂区．北側と北東側はフーナン(湖南)省，西側はリウチョウ(柳州)，南側はウーチョウ(梧州)と接する．全体的には平均標高150m以下の典型的な熱帯カルスト地形からなっている．赤色ラテライト層が広く分布しており，pHは4.5〜6.5である．全体的には稲と野菜の高生産性地域である．漓江，シャン(湘)江，洛青江，シュン(潯)江，資江が域内を経由し，集水面積100 km²以上の河川が65本あり，総貯水量は404億m³である．1992年に建設された全州天湖水力発電所はダムの放水口からタービンの設置場までの落差が1074mもあるアジア随一の規模で，30万kWの発電能力を有する．

地名はキンモクセイの意で，略称は桂．広西自治区の略称を桂というのも，ここからきている．紀元前3世紀，秦の始皇帝時代の運河掘削に始まり，桂林郡の設置を契機に中国南部の政治・軍事の拠点として繁栄した．明の洪武5年(1372)に桂林府として設置され，以後桂林という名称が定着した．1912年の辛亥革命後の府制廃止に伴い，桂林県となった．1940年に県級市の桂林市となり，98年に地級市に変更された．総人口のうち，漢族が87.9％を占める(2015)．地域言語の桂林方言は中国北方方言に属する．桂林市街地は，かつてはチャン(長)江中下流域の伝統的な建築様式の建物があったが，第2次世界大戦期の日本軍による爆撃によりほぼ全壊したといわれる．

市街区周辺に石灰岩台地が侵食されてできた奇峰がそそり立つ．古くから「桂林の山水は天下に甲たり」と称えられる水墨画のような風光明媚な地で，南宗画の代表的な画材となった．下流の陽朔までを遊覧船で下る漓江下りは観光のハイライトである．国指定の風景名勝区の1つとして，1982年に歴史文化都市に指定され，さらに2014年には「中国南方カルスト」の一部としてユネスコの世界遺産(自然遺産)に追加登録された．2015年の年間観光客数は4470万で，うち海外からの観光客は216万人で自治区全体の48％を占める．とくにASEAN諸国からの訪問客は20万人となり，前年に比べて35.7％増えている．観光総収入は517億人民元で，広西チワン族自治区の収入の15.9％を占め，うち外貨収入は10.2億USドルで，広西チワン族自治区の53.5％を占める．

観光だけではなく，広西チワン族自治区を代表する新興工業都市でもある．1990年から国指定の桂林ハイテク産業開発区と西城工業開発区などの建設が進められ，電子，ゴム，工作機械，医薬，バス製造，工芸美術品，食品加工などの工業が発展している．自治区の工業総生産に占める桂林の比重は約

グイリン(桂林)市(中国)，リー(漓)江下りの終着点にある陽朔西街(洋人街)

11.0%に達する(2015). 有名な企業として，医薬の三金薬業，桂林南方ゴム集団，桂林電線ケーブル集団，桂林大宇バスなどがあげられる.

交通では湘桂鉄道(ホンヤン(衡陽)～ピンシャン(憑祥))，桂柳高速(桂林～柳州)，桂梧高速(桂林～梧州)，国道322号と323号が通じ，貴広高速鉄道(コワンチョウ(広州)～桂林～グイヤン(貴陽))も2014年12月に運用開始した. 郊外に位置する桂林両江空港は，大型旅客機が着陸できる3200mの滑走路が設置され，ホンコン(香港)やバンコク，福岡などを含む国内外の計81航路が開通し，年間663万の利用客数を数える(2016). 水運は伝統的に重要な交通手段で，現在も梧州経由で香港，マカオ，広州まで航行できる. 1979年10月に熊本市，90年5月に茨城県取手市とそれぞれ友好都市の提携を結び，桂林管下の臨桂区と茨城県かすみがうら市も90年11月に友好交流提携を結んでいる. 2009年11月に，世界観光機関(WTO)により観光予測と展望に関する国際フォーラムの永久会議場に指定された. [許 衛東]

クイリンダイ　Quirindi

オーストラリア

Cuerindi, Kuwherindi (古称)

人口：0.4万 (2011)　面積：808 km²　標高：390 m
[31°32′S　150°42′E]

オーストラリア南東部，ニューサウスウェールズ州北東部，リヴァプールプレーンズ行政区の町. リヴァプール山脈北西に位置する. 北西のガナダーや北北東のタムワースより南にあり，それぞれの町とカミラロイハイウェイやニューイングランドハイウェイによってつながることから，州北東部への玄関口となっている. おもな産業は，広大な黒土平原を生かした農牧業であり，とくにヒマワリの栽培が有名である. 地名は，先住民カミラロイ(Kamillaroi)の言葉に由来するが，魚が繁殖する場所，山頂の枯れ木，丘の巣などさまざまな意味が含まれている. このため初期の綴りにはCuerindiやKuwherindiなどという表示もみられた. 1858年に郵便局が開局し，その後84年に正式に町となった. [畠山輝雄]

クイルピー　Quilpie

オーストラリア

人口：0.1万 (2011)　面積：9.9 km²
[26°37′S　144°15′E]

オーストラリア北東部，クイーンズランド州南西部，クイルピー郡区の町. 州都ブリズベンの西約960 km，ブロー川沿いに位置している. 町の成立は比較的新しく1917年で，現在では，周囲の牧羊・牧牛地帯および天然ガス，原油採掘業に従事する人びとへのサービスの拠点となっている. また，オパールが産出することでも知られている. [秋本弘章]

クイロン　Quilon

インド

コッラム　Kollam (別称)

人口：39.7万 (2011)　面積：73 km²
[8°53′N　76°38′E]

インド南部，ケーララ州南部，コッラム(クイロン)県の都市で県都. アラビア海に面した港湾都市で，ケーララ州マラバル海岸の最も古い国際的貿易港として栄えてきた. 現地語(マラヤーラム語)でコッラムともいう. 町は，ラグーンであるアシュタムディ湖のほとりにあり，ヤシの林と，カシューナッツ農園に囲まれた緑あふれる都市. そして，コッラム県の中心的市場町である. アラビア海岸上の古い港町であり，フェニキア人とローマ人の時代から知られており，中国との貿易関係によって，9世紀頃には香辛料交易の中心地としていっそう栄え，繁栄した中国人集落をもっていた. このように，古代から中世にかけて，ローマ，ペルシア，中国からコショウを求めて，多くの船が訪れたが，マルコ・ポーロも，1275年中国の役人としての資格で同地を訪れている. そして，1502年，クイロンに最初に交易拠点を設立したヨーロッパ人としてポルトガル人が，続いて1662年オランダ人が同地を占領，1795年イギリスが同地を支配した. クイロンはまた，インドにおける初期キリスト教活動の中心地の1つであり，郊外にあるタンガッセリには，ポルトガルによって建設された砦の跡や，18世紀に建てられた教会が多く残っている.

町はまた，州のバックウォーター(水郷地帯)への南の玄関口で，アレピーにかけてのバックウォーター・クルーズで有名である. 州のマラバル海岸とよばれる海岸線は，とくにコチ(コーチン)の南から，数多く流れ出る川と砂州が複雑なデルタおよびラグーン地帯を形成する地域となっている. 町はそのすぐ北にある大きな湖からさらに北に延びる運河によって，北70 kmのアレピーと結ばれており，この間，ヤシの国という意味のケーララの名の通り，岸沿いの見事なヤシの景観が船から望める. バックウォーターの船旅は，当地の重要な観光資源となっている. ココナ

ッツ，コショウ，茶，コーヒー，米などが集まってくる市場でもあり，また世界最大のケーララ州カシューナッツ開発製造会社の本社が存在するなど，食品加工業が栄えている. [前田俊二]

クイーンエリザベス諸島　Queen Elizabeth Islands

カナダ

パリー諸島　Parry Islands (旧称)

人口：350–400 (2011)　面積：419061 km²
[78°05′N　95°10′W]

カナダ，ノースウェスト準州北部からヌナヴト準州北西部にかけて立地する島々. カナダの島嶼群の北端の諸島で，北極海諸島の北側を占め，諸島全体のアウトラインは一辺が1000～1200 kmの三角形に近い形で，その中に島嶼が群集している. 諸島の南限はほぼ北緯74度線で，それを三角形の底辺とする. 西はマクルーア海峡から東はランカスター海峡にいたる海域の北側に諸島は位置する. 最大の島は北東端にあってグリーンランドに向かい合うエルズミア島で，ほかに南端のパリー諸島，北西端のスヴァードラップ諸島が含まれる. 諸島の東側に北磁極がある.

島々の表面の約20%が氷河に覆われている. 地質的にはカナダ楯状地より新しい堆積岩からなり，天然ガス，石油の埋蔵があり，採掘も行われる. 植生と動物相は乏しく，イヌイットの定住はあるが，その歴史は比較的新しい. ヨーロッパ人による最初の発見は1616年のイギリス人によるものである. パリー諸島が名称であったが，1953年のエリザベス2世のカナダ女王戴冠に伴い現在名に変更された. [竹村一男]

クイーンズクリフ　Queenscliff

オーストラリア

人口：0.1万 (2011)　面積：6.3 km²
[38°16′S　144°37′E]

オーストラリア南東部，ヴィクトリア州中央南部の都市. ジーロングの南東約30 km，バラリン Ballarine 半島に位置し，ポートフィリップ湾入口に面する. 1850年代には一大漁業基地を形成していた. しかし，主要な航路上に位置するため，難破船にはつねに悩まされた町でもある. 1853年に最初の土地売買があり，ゴールドラッシュにてヴィクトリアを目ざした人の格好の入植地になった. 近年では往時をしのぶ再整備が行われ，ヴィクトリア朝時代の建物は，ゲストハウスや高級ホテルへと改装された. 周辺にはカフェが

立ち並び，多くの観光客をひきつけている．

[堤　純]

クイーンズクリフ　Queenscliffe ☞ キングズコート　Kingscote

クイーンズタウン　Queenstown

オーストラリア

人口：0.2万 (2011)　面積：3.5 km²
[42°05′S　145°33′E]

　オーストラリア南東部，タスマニア州西部の町．州都ホバートの北東約260 km，ライエルハイウェイ沿いに位置する鉱山の町である．19世紀後半には金が，現在は銅が採鉱されている．町の周囲には，製錬所の公害により不毛の地となった丘陵が続く，特異な光景が広がっている．町周辺地域は，1860年代に地質学者チャールズ・グールドによって発見，調査されたが，木々が生い茂り，偏西風が吹きすさぶ不安定で厳しい気候のため入植地には不適と判断された．

　しかしながら1881年に町を流れるクイーン川の支流において金鉱脈が発見されると，その噂を嗅ぎ付けた探鉱者や鉱山労働者がしだいに移り住むようになった．1883年には3人の探鉱者が，クイーンズタウンを見下ろすライエル山において金鉱床を発見，以降10年弱にわたり金の採鉱が行われた．この3人が発見した鉱床はアイアンブローとよばれ，現在では展望台が設置され見学が可能となっている．1891年になると金はほぼ枯渇してしまったため，鉱山従事者は銅の採鉱を本格的に開始，以降は銅がクイーンズタウンの発展を支えていくこととなった．

　この頃はペンガーナという町に鉱業会社の拠点があり，鉱山従事者が多く住んでいたが，1895年に山火事で町のほとんどが焼失し，現在のクイーンズタウンに町の機能が移された．1896年には郵便局が設置され，ホテルや雑貨店なども開業する．1890年代前半には金や銅の輸送のため鉄道が開通した．1899年にはこの鉄道が南西の町ストローンまで延長されると，町の発展は加速し，1901年には人口5051，14棟のホテルに銀行や学校，商店が立ち並ぶ，当時のタスマニアにおける第3位の規模の町にまで成長した．さらに，周囲には製錬所や，製錬所に燃料の木材を供給するための製材所，そしてレンガ製造所など，鉱山の付随産業が発達し，周辺地域の人口は1万を超えるまでに膨れ上がった．

　町の発展を支えた鉄道は1963年にその役割を終えたが，現在では観光客向けに改修されている．蒸気機関車に乗って，クイーンズタウン〜ストローン間の冷温帯雨林の中を移動できる，タスマニア西部の人気観光アトラクションである．町に経済発展をもたらした銅鉱山は，周辺地域の自然環境に大きな爪痕を残した．銅の製錬所から排出される亜硫酸を含んだ煙と，その排煙に起因する酸性雨により周囲の植物は枯れ果て，そして溶鉱炉の燃料用に森林は根こそぎ伐採された．このため町を取り囲む山々は禿山と化し，周囲一体には，現在でも植物が根づかない不毛な土地が広がっている．

　またライエル山の尾鉱施設からの汚水がクイーン川に垂れ流しにされ，本流のキング川を介してマクウォーリー湾に流れ出し，川の流域と湾の生態系に大きな損害をもたらした．クイーンズタウンは，ユネスコの世界遺産（複合遺産）に登録されている「タスマニア原生地域」まで20 km程度に位置しており，その手つかずの大自然と公害に冒された土地との対照的な様子が観光客の興味を引くという，皮肉な状況となっている．ライエル山では現在でも銅の採鉱が続けられている．1880年代における鉱山開設以降，幾度かその経営母体は変わったが，現在は300人ほどの鉱山労働者を抱えるインド系の鉱業会社の子会社が採鉱から製錬まで行っており，製錬された銅はすべてインドに輸出されている．また，鉱業のほか観光にも力を入れており，上述の蒸気機関車のほか，町の歴史を垣間みることのできる資料館や，ライエル山の地下10 kmの坑道において銅の採掘の様子などを見学できるツアーなどが人気である．

[安井康二]

クイーンズタウン　Queenstown

シンガポール

人口：9.9万 (2010)　面積：22 km²
[1°17′N　103°47′E]

　シンガポール，シンガポール島中央南部の地区．島中央部から少し西に位置するブキッティマ高地から，南東に張り出すタングリン丘陵部の南側を流れるシンガポール川上流部に位置している．シンガポールの都心から西方へ5〜8 kmに位置する．シンガポールの最初の衛星住宅地区である．かつて，この地域は中国出身の福建人や潮州人がゴム園経営や野菜や家禽などの生産をする農村であった．独立前の1950年代にはシンガポール住宅財団（Singapore Improvement Trust）に

より近郊の住宅団地として開発された．1956年に建てられたファフォアハウスは，当時，最も高い14階建の住宅団地であった．さらに1960年代には住宅開発庁（HDB）によりニュータウンとして開発が進められた．1970年代にはクイーンズタウンをモデルに，さらに西側にホランドヴィレッジ，ブオナヴィスタ団地が建設された．これらを含むクイーンズニュータウン人口は8.5万 (2010)となっている．居住者の高齢化が進んでいるが，その中で再開発の取組みも進んでいる．地名はイギリス女王エリザベス2世の戴冠を記念して名づけられた．また，この地区の地名はアレクサンドラ通りなどロイヤルファミリーの名前に由来するものが多い．

[髙山正樹]

クイーンズタウン　Queenstown

ニュージーランド

人口：1.2万 (2013)　[45°02′S　168°40′E]

　ニュージーランド南島南部，オタゴ地方の町．クイーンズタウンレークス地区の行政中心地．氷成湖であるワカティプ湖中央部北岸，カワカ Kawaka 川河口のクイーンズタウン湾頭に位置する．氷河で侵食された丘陵や山地に囲まれ，起伏のある高い山頂を眺め，風景の美しい湖での遊覧ができ，リゾート地としてきわめて有名である．フィヨルドランドほかの名勝地への旅行や登山などの拠点であり，ボートでの遊覧など，観光の中心地として知られる．警察署，郵便局，小・中学校，裁判所，病院などの機能がそろっており，ホテル，モーテルなどの多種の宿泊施設が多い．おもな産業は，谷や斜面での牧羊，牧牛である．ショットオーバー Shotover 川，アロー Arrow 川，カワラウ川に沿う河成低地では，換金作物の栽培が行われている．

　町の中にも興味ある場所が多い．たとえばオールドハウス・ミュージアムは，この地域の最初の居住者によって1862年に建設された家である．湖岸では，1912年にワカティプ湖に運ばれた蒸気船アーンスロー号がいまなお夏季には湖の観光に使われている．町の北ではボブズピーク Bobs Peak まで達する空中ケーブルカーがあり，山頂からの展望を楽しめる．

　最初にここにきたヨーロッパ人はスコットランドからのドナルド・ヘイで，1859年に湖を筏で探検した．次いでウィリアム・ギルバート・リーズとニコラス・フォン・タンゼ

クイン 461

クイーンズタウン(ニュージーランド),市街とワカティプ湖〔Shutterstock〕

ルマンが1862年にたくさんの羊の群をつれて湖の東岸に達し,ここに家屋と農場をつくった.トマス・アーサーとハリー・レッドファーンはショット川付近で金を発見した.その後多くの金の採掘者が現れ人口は増したが,1870年には金の産出は減じ,それとともに人口も減り,1900年にはわずか190となった.しかし,のちに観光の中心地として広く知られるようになった.この地域の伝説によると,1863年のある儀式の際に,女王のための場所として現名称が決まったという. 〔太田陽子〕

クイーンズランド州　Queensland

オーストラリア

人口:433.3万(2011)　面積:1729958 km²
[27°28′S　153°02′E]

オーストラリア北東部の州.州都はブリズベン.面積はオーストラリア大陸のほぼ1/4を占める.北はニューギニア島の南,トレス海峡の島々,東はコーラル海に臨み,南はニューサウスウェールズ州,南西はサウスオーストラリア州,西はノーザンテリトリーと接する.州の東部には,グレートディヴァイディング山脈が南北に連なる.山脈の東側は高原が広がり,ここには州最高峰のバートルフリア Bartle Frere 山(標高1611 m)がある.西側は起伏に富んだ草原地帯が広がり,さらに西側はアウトバックとよばれる広大な平原になっている.地域的にみると,グレートディヴァイディング山脈の東側は湿潤気候,西側は乾燥気候であり,北部のヨーク岬半島では熱帯気候,南東部では温帯気候になる.ま

た東海岸の沖合には世界遺産に登録されているグレートバリアリーフが続いている.一年中暖かく日照の多い気候のため,サンシャインステートとよばれる.

人口は,海岸部の都市を中心に分布している.国内第3位の都市ブリズベンのほか,ゴールドコースト,ケアンズ,タウンズヴィルなどの都市があり,いずれも観光保養都市としても名高い.人口構成は,ヨーロッパ系の白人が中心であり,先住民であるアボリジニの子孫は約2%にすぎない.おもな産業は,農牧業および鉱業,観光業である.グレートディヴァイディング山脈の東側北部では,サトウキビや熱帯果樹の栽培が,南部ではラッカセイ,小麦などの栽培が行われている.内陸部は牧牛や牧羊が盛んである.鉱業では,グレートディヴァイディング山脈の石炭,ヨーク岬半島のボーキサイト,内陸部マウントアイザの金,鉛,銅などがある.また石油や天然ガスも採掘される.牧牛場や鉱産資源の開発には日本の商社が出資しているものも少なくない.近年急速に成長しているのは,観光業である.世界遺産であるグレートバリアリーフや海岸リゾートのゴールドコーストなどの海岸地域は,国内ばかりでなく日本をはじめ世界各国から多くの観光客を集めている.なお,州内には「オーストラリアのゴンドワナ雨林」(1986),「クインズランドの湿潤熱帯地域」(1988),「グレート・バリア・リーフ」(1991),「オーストラリアの哺乳類化石地域」(1994),「フレーザー島」(1992)として登録されたユネスコの世界遺産(自然遺産)が5つある.

1600年代の初めにオランダ人探検家がカーペンタリア湾およびヨーク岬半島に到達し,その存在が知られるようになった.1770年にジェームズ・クックが東海岸に到達,イギリスの領有を宣言した.1820年代に囚人植民地として建設が始まり,40年代には一般の入植が開始された.当初,ニューサウスウェールズ植民地の一部であったが,1859年に分離した.クイーンズランドという名称は,当時の統治君主であるクイーン・ヴィクトリアから名づけられた.1901年オーストラリア連邦の成立とともにその構成員となった.埼玉県および大阪府と姉妹州の協定を結んでいる. 〔秋本弘章〕

クイーンビアン　Queanbeyan

オーストラリア

人口:0.6万(2011)　面積:2.8 km²
[35°21′S　149°14′E]

オーストラリア南東部,ニューサウスウェールズ州南東部,クイーンビアン行政区の都市で行政中心地.オーストラリア首都特別地域に隣接した高原に位置し,首都キャンベラの東約15 kmにある.クイーンビアン行政区を構成するカーオーラ Cawoola,ジェラボンベラ Jerrabomberra,クレストウッド Crestwood,カラバー Karabar,ザリッジウェイ The Ridgeway,エンヴィロナ Environa,クイーンビアンイースト,クイーンビアンウェスト,ロイヤラ Royalla,グーゴン Googong,トラリー Tralee,グリーンリー Greenleigh などの集落を含めた人口は4.0万,面積は173 km²(2011).行政区は2016年に合併し,クイーンビアンパララン行政区となった.

地名は,先住民の言葉で澄んだ水を意味するquinbeanを英語風にアレンジしたものである.19世紀初頭に,入植者のティモシー・ビアードの牧場が名づけられたことに始まり,1838年にモロングロ川とクイーンビアン川の合流点がクイーンビアンと正式に名づけられた.おもな産業は,建設業,先端産業,製造業,サービス業,小売業,農業などさまざまに入り混じっている.キャンベラの郊外住宅都市としての性格が強い.

〔畠山輝雄〕

クイーンファビオラ山脈　Queen Fabiola Mountains ☞ やまと山脈　Yamato Sanmyaku

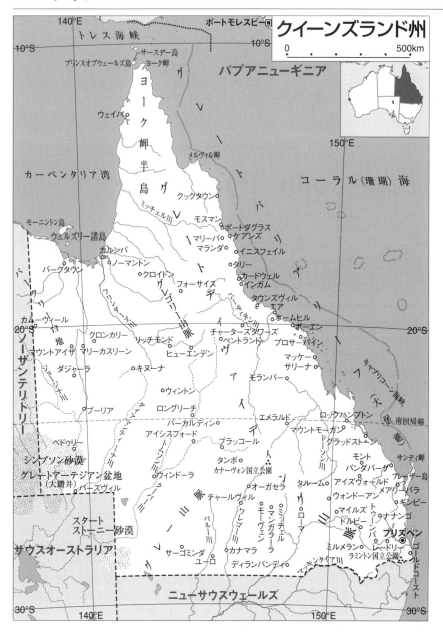

クイーンメアリーランド　Queen Mary Land
南極

クイーンメアリー海岸　Queen Mary Coast（別称）

[67°00′S　96°00′E]

　南極，東南極の海岸地域．フィルヒナー Filchner 岬（東経91度58分）からバンガー丘陵西端（東経100度28分）までの範囲をさす．ダグラス・モーソン率いるオーストラリア南極探検隊（1911〜14）によって発見され，当時のイギリス国王ジョージ5世の王妃にちなんで命名された．東部に多くの小露岩が散在し，その間をスコット氷河やデンマン氷河など大小の氷流が流下する．東経95度以東にはシャクルトン棚氷が発達している．東経95度以西の海はデーヴィス海で，80km沖にドリガルスキー島がある．ほぼ東経93度の海岸にあるロシアのミールヌイ基地は，1956年の開設以来，ヴォストーク基地などへの同国の内陸調査活動の拠点である．アメリカは当地域をクイーンメアリー海岸と称している．
[森脇喜一]

クイーンモード山地　Queen Maud Mountains
南極

標高：4083 m　[84°51′S　174°17′W]

　南極，西南極の山地．南極横断山地グループを形成する山地の1つで，ビアドモア氷河とリーディ Reedy 氷河にはさまれた場所に位置する．また，ロス棚氷の源頭部から極点高原にいたる地域を含んでいる．山脈名は，1911年11月にアムンセン極点探検隊が山地中央にあるアクセルハイベルク氷河を登ったときに，ノルウェーのモード王妃の名前をつけた．最高峰はウェード Wade 山（標高4083 m）である．西端のベアードモア氷河付近の標高は，イギリスのアーネスト・シャクルトン率いる探検隊（1907〜09），およびスコット隊（1910〜13）によって計測されたが，山地全体の測量は，アメリカのバード隊（1930年代と40年代），およびアメリカとニュージーランドの合同調査隊（1950〜70年代）にかけて行われた．山地は，さらに，ブッシュ山地，コモンウェルス山地，ドミニオン山地，ゴシック山地，ヘルベルト山地，ヒュージ山地，プリンスオラフ山地，サポーターズ山地などの小山地に区分されている．
[前杢英明]

クイーンモードランド　Queen Maud Land
☞ ドロンニングモードランド　Dronning Maud Land

クインリュー　Quynh Luu
ベトナム

人口：27.9万（2013）　面積：438 km²
[19°10′N　105°38′E]

　ベトナム北中部，ゲアン省の県．北部湾（トンキン湾）に面する．県都はカウザット町で，他に31の村からなる．ベトナム南北縦貫鉄道（統一鉄道）と国道1号が通る．農林業のほか，ベトナム料理の代表的な調味料であるニョクマム（魚醬）やレンガの生産が盛んである．
[筒井一伸]

クヴァ　Kuva
ウズベキスタン

人口：2.7万（1991）　[40°32′N　72°04′E]

　ウズベキスタン北東部，フェルガナ州東部の都市．州都フェルガナの北東29 kmに位置し，鉄道のフェドチェンコ駅がある．おもな産業は，綿花精製，養蚕などの繊維工業，家具製作，食品加工業，印刷業などである．7，8世紀の仏教寺院がある．
[木村英亮]

クヴァサイ　Kuvasay
ウズベキスタン

人口：3.6万 (2012)　標高：770 m
[40°18′N 71°59′E]

　ウズベキスタン東部，フェルガナ州南東部の都市．1989年に設立された．州都フェルガナの南東19 kmに位置し，鉄道支線の駅がある．ガラス，レンガ，セメントなどの建築資材工場，発電所がある．ウズベク人75%，ロシア人5%，そのほかタジク人，クルグズ(キルギス)人，タタール人が居住している．　　　　　　　　　　　[木村英亮]

クウェーノーイ川　Khwae Noi, Mae Nam
タイ

長さ：240 km　　　[13°57′N 99°30′E]

　タイ中部，カーンチャナブリー県を流れる川．メークローン川の支流の1つ．水源はミャンマーとの国境にあたるタナーオシー山脈で，カーンチャナブリー県サンクラブリー郡で3つの支流が合流した地点からが正式にはクウェーノーイ川となり，カーンチャナブリー市内でクウェーヤイ川と合流し，その先はメークローン川と名前を変える．総延長は295 kmで，途中には1984年に完成したワチラーロンコーンダムがある．第2次世界大戦中に日本軍が建設した泰緬鉄道がこの川の東岸に沿うルートを用いており，途中のタムクラセー(アルヒル)には川の東岸の断崖に沿う桟道がいまでも現役で使用され，流域でも有数の観光名所となっている．また，ダム以南には観光用の筏も多く，岸に固定された宿泊施設のほか，川を往来することのできる移動式のものもあり，滝や洞窟のある風光明媚な沿岸の景色を楽しむ観光客で賑わっている．なお，タイ北部のピッサヌローク県にもチャオプラヤー川水系のナーン川支流に同名の川がある．　　　　　　　[柿崎一郎]

クウォカ山　Kwoka, Gunung
インドネシア

標高：2452 m　気温：21°C　降水量：4300 mm/年
[0°31′S 132°27′E]

　インドネシア東部，パプア島，西パプア州北部，タンブラウ県の山．ドベライ山地中のタムロウ山地の中にある．年平均降水量は4300 mmに達し，常緑落葉樹林が生育する．周囲に村落はなく，無住地帯である．
　　　　　　　　　　　[瀬川真平]

グウォーダル　Gwador ☞ グワダール Gwadar

クエサン　槐山　Goesan
韓国

かいさん (音読み表記)

人口：3.8万 (2015)　面積：842 km²
[36°49′N 127°47′E]

　韓国中部，チュンチョンブク(忠清北)道中部の郡および郡の中心地．行政上は槐山郡槐山邑．2010年の槐山郡の人口は3.1万である．1975年の人口は約14万であったので，この間に約2割にまで減少した．ただし，2003年，郡域の一部がチュンピョル(曽坪)郡として分離している．南はソベク(小白)山脈をはさんでキョンサンブク(慶尚北)道ムンギョン(聞慶)市に接する．朝鮮時代には，梨花嶺を越える主要交通路が通っていた．現在は，チュンブネリュク(中部内陸)高速道路が郡域を通過している．また，郡域の南部はソンニ(俗離)山国立公園に指定されている．
　　　　　　　　　　　[山田正浩]

クエッタ　Quetta
パキスタン

シャル Shal (古称)／シャルコット Shalkot (古称)

人口：63.9万 (1998)　標高：1700 m
[30°21′N 67°02′E]

　パキスタン南西部，バローチスタン州北東部クエッタ県の都市で，州都および県都．州の北西部に位置する．地名は，パシュトゥー語で砦を意味するクワッターに由来し，アミーリフォートの城壁の中にあった町に始まる．地元では古くからシャルまたはシャルコットの名でも知られる．山間の谷あいに位置し，西のイランからの交通路と，北のアフガニスタンのカンダハルからボラン峠を経てインダス平原へいたる交通路との交点にあり，古くから軍事上，交易上の要衝として知られる．とくに第2次アフガン戦争(1878〜80)後，イギリス軍の駐屯地となって以来，パキスタン有数の軍事上の拠点となっている．現在では，航空路はもとより鉄道，道路によってカラチ，ラホール，ペシャーワルなどの主要都市と結ばれている．住民の母語はバローチ語25%，パシュトゥー語24%，パンジャビー語22%，その他となっている(1998)．
　　かつては「小ロンドン」と称される小さな町であったが，1947年のインド・パキスタン分離独立に伴うインドからの避難民の流入と，農村部から都市部への人口移動により人口が急増した．また，1978年12月のソ連のアフガニスタン侵攻と，その後の80年代の内戦によるアフガニスタンからの難民流入によって，さらなる人口増大とスラムの拡大を招いた．州の商業の中心である一方，工業は成長しつつあるとはいえ小規模で，家内工業により労働集約的な織物，カーペット，皮革，家具などの工業が多い．中でもバローチの靴(サンダル，チャパル)は比較的有名である．一方で，子どもの労働が多いことが問題となっている．また，町は「パキスタンの果物かご」といわれるほどに果物の産地として知られ，プラム，モモ，ザクロ，アプリコット(アンズ)，リンゴ，各種のメロン，サクランボ，ピスタチオ，アーモンドなどがクエッタ河谷で栽培されている．
　　観光地としては，考古博物館や地質調査所の博物館がある．町は夏のリゾート地としても有名で，東約10 kmには青緑色の水をたたえたハンナ湖や，さらにその奥に滝とさまざまな果物の栽培で知られたウラク渓谷がある．南西20 kmほどにはチルタン国立公園がある．一方，過去に大きな被害を出した地震があり，1935年5月の大地震では，美しいと知られた町は壊滅し，犠牲者は2.5〜3万(一説では6万)に達したといわれている．地震活動の盛んな地域にあるため，パキスタンの地質調査所がある．　　[出田和久]

クエッタ県　Quetta District
パキスタン

人口：76.4万 (1998)　面積：3447 km²
標高：1254-3500 m　[30°21′N 67°02′E]

　パキスタン南西部，バローチスタン州の県．県都はクエッタ．1883年4月にピシンとあわせて単一の行政単位となって以来，分離独立後も変わらなかったが，1975年にピシン県が分離し，クエッタ県はクエッタ郡とパンジパイ郡との2地区から構成されることとなった．北東はジアラート県，南東はムストゥング県，南西はアフガニスタンとの国境，北西はキラアブドゥラ県，北はピシン県に接する．山がちな県であり，土地利用は森林が約13%，耕地約15%となっている．農村部での就労機会の不足により，人口の都市部への流入が顕著で，都市人口率は75%(1998)に達する．おもな民族は，パシュトゥーン，バローチ，ブラーフィ，ハザーラ，パンジャービである．　　　　　[出田和久]

グオヤン県　渦陽県　Guoyang

中国

人口：約 164 万（2015）　面積：2107 km²
[33°29′N　116°13′E]

　中国東部，アンホイ（安徽）省北西部，ポーチョウ（亳州）地級市の県．北はホーナン（河南）省に隣接し，渦河が流れ，濉阜鉄道が県内を斜めに通っている．県政府は城関街道に置かれる．北部に一部丘陵があるほかは，平原が広がる．清の同治 3 年（1864）に亳州，宿州，蒙城の一部をそれぞれ割いて渦陽県が置かれた．農業県で穀物や綿花，葉タバコ，果物，野菜，薬材などの生産が多い．老子の生誕の地とも伝えられ，天静宮，東太清宮，東岳廟，尹喜墓，紅城子遺跡などの名勝古跡がある．
[林　和生]

クオル山　九月山　Kuwol-san

北朝鮮

宿山（別称）

標高：954 m　[38°30′N　125°16′E]

　北朝鮮，ファンヘナム（黄海南）道北西部，チェリョン（載寧）郡，朝鮮西海（ホワン（黄）海）沿いにある山．北朝鮮 5 大名山の 1 つで伝説と名勝地．北側は山水の絶景と謳われる．山腹は降水量が多いため，7 年間は枯れないといわれる貯水池がある．西側には洞窟が多く，このため，九月山を宿山ともよぶ．また，あちこちに滝が多い．朝鮮西海側は山岳美，渓谷美が有名で，植物の分布が多様である．北西斜面には百里果樹園のリンゴ畑が広がる．寺院が多く，朝鮮建国神話にある檀君説話に出てくる白岳山はここであると推定されている．現在一帯は公園として整備され自然保護区になっている．観光道路が頂上まで通じる．
[司空　俊]

クオーン　Quorn

オーストラリア

人口：0.1 万（2011）　面積：21 km²　標高：299 m
[32°31′S　138°02′E]

　オーストラリア南部，サウスオーストラリア州南東部の町．サウスフリンダーズ山脈の西側に位置する農業の中心地であり，州都アデレードの北 334 km にある．この付近にヨーロッパ人がやってきたのは 1850 年代のことであるが，クオーンは 75 年に設立された．地名は，サウスオーストラリア植民地総督だったウィリアム・F・D・ジャーヴォスによって名づけられた．それは彼の秘書が

イギリスのレスターシャーにあるクオーンドン Quorndon 付近の出身だったからである．町が注目されたのは，1878 年，当時まだ狭軌のレールだった北部へ向かうグレートノーザン鉄道の停車駅となって以降のことである．さらに 1917〜37 年には，南北ばかりでなく東西方向の鉄道の分岐点ともなった．しかし 1956 年，フリンダーズ山脈の西麓に標準軌道の鉄道が敷設されて以降，鉄道駅としての機能はなくなってしまった．

　一方，1860〜85 年頃にかけて，小麦栽培のフロンティアはフリンダーズ山脈に沿って北部へと延びていたが，町は小麦の集散地として重要な位置を占めていた．町中には当時，数多くの製粉所や関連機械を製造する作業所などがあった．いまでも，1879 年に建てられた製粉所の建物や 1928 年建設の鉄道駅などが残る．
[片平博文]

ククサン山　Kukusan, Gunung

インドネシア

標高：2298 m　[7°43′S　111°12′E]

　インドネシア西部，ジャワ島中南部，中ジャワ州と東ジャワ州にまたがる山．ジャワ島南部を東西に連なる多数の火山列の 1 つで，すぐに北にはラウ山（標高 3265 m）が並ぶ．山頂を東ジャワ州，中ジャワ州の州境が走る．山中には数カ所の森林公園リゾート地もある．東麓には北からヌガウィ，マディウン，ポノロゴなどの県や市が，西側にはソロ平野が展開し古都スラカルタ（ソロ）などがある．ククサンとはインドネシア語，ジャワ語で蒸し器（蒸籠）を意味するが，この山の名称との関連は不明である．なお，ジャワ島には同名の山がほかにもいくつかある．
[瀬川真平]

ククップ　Kukup

マレーシア

[1°19′N　103°27′E]

　マレーシア，マレー半島マレーシア領南部，ジョホール州ポンティアン郡の村．半島西海岸の最南に位置する華人漁村で，沖合 500 m にあるククップ島によって風波からさえぎられた海岸部に，ククップおよびアイルマシンの 2 つの杭上集落が連続する．成立は 20 世紀初頭である．中国フーチェン（福建）省出身者を先祖にもつ華人が多い．漁業の中心はトロール，まき網，浮刺網である．また，海面養殖業も盛んで，ハタ類，フエダ

イ，アカメなどを活魚のままシンガポール市場へ出荷している．近年では海鮮料理やマングローブ林ツアー，漁家民泊などの観光業も盛んである．
[田和正孝]

グーゴン　Gugong　☞ ツーチンチョン　Zijincheng

グザル　Guzar

ウズベキスタン

G'uzor（別表記）

人口：2.7 万（2012）　標高：516 m
[38°37′N　66°15′E]

　ウズベキスタン中央南部，カシカダリア州南東部の都市．州都カルシの南東 48 km に位置し，鉄道駅がある．おもな産業は金属加工業，農産物加工業である．グザル・バイスン・クンクルガン鉄道線，グザルからスルハンダリア州への送電ラインの建設が発表されている．
[木村英亮]

クサン山脈　Kusan, Pegununugan

インドネシア

標高：1000-1500 m　[3°26′S　115°23′E]

　インドネシア中部，カリマンタン（ボルネオ）島南東部，南カリマンタン州の山脈．南カリマンタン州を北東から南西にかけて州域を二分するムラトゥス山脈の南東端部分がクサン山脈と称される．クサン山脈の東部では，クサン川が東流して下流域で低湿地を形成し，パガタンでマカサル海峡に注ぐ．南東部では，リアムカナン湖から北西に流れる河川が，州都バンジャルマシン付近で，北から流れてきたヌガラ川河口部の低湿地につながる．
[瀬川真平]

グーシー県　固始県　Gushi

中国

期思，蓼国（古称）/蓼城，蓼都（別称）

人口：約 169 万（2015）　面積：2916 km²
[32°11′N　115°40′E]

　中国中央東部，ホーナン（河南）省南東部，シンヤン（信陽）地級市東部の県．3 街道，30 郷鎮を擁する．夏および殷代には，蓼国であり，春秋中期に期思県が置かれ，のちに固始となる．蓼城，蓼都ともよばれ，県北東部には蓼城崗城がある．
[中川秀一]

グーシェン 古県　Gu Xian　中国

安沢, 岳陽（古称）

人口：9.4万（2013）　面積：1193 km²
降水量：558 mm/年　　［36°16′N　111°54′E］

中国中北部, シャンシー（山西）省南西部, リンフェン（臨汾）地級市の県. 歴史上, 安沢や岳陽と称され, 1942年に安沢県と合併したが, 71年に分離し, 県名は古県となった. 山地面積が広い. 北西部はフオシャン（霍山）山脈に属し, 最も高い場所である. ラオイエ（老爺）嶺は標高2346 m. 起伏が大きいため, 気候の地域差は大きい. 無霜期間は183日. トウモロコシ, アワ, コーリャンなどの雑穀を栽培している. 石炭や鉄鉱石がある.
［張　貴民］

クシカ　Kushka ☞ セルヘタバト Serhetabat

クシナガル　Kusinagar　インド

人口：2.2万（2011）　面積：21 km²
　　　　　　　　　　［26°45′N　83°55′E］

インド北部, ウッタルプラデシュ州デオリア県カシアの町の郊外にある仏教の聖地. ゴラクプルの東55 kmに位置する. ネパールとの国境に近い. ブッダ入滅の地であり, この地で眠るとされる. 15 mもの高さのラマバル・ストゥーパ（仏塔）など有名なストゥーパのほかに, 身を横たえる巨大なブッダの彫像をもつマハパリニルヴァナ寺院（大涅槃寺）, 大きな座像のあるクンワルカコット・マータ寺院などの仏教遺跡があり, また多くの貴重な遺物も発掘されている. 世界中から多くの仏教徒が訪れる. 近年ミャンマー, 日本, 中国などの仏教徒によって, 新しく近代的な寺院も建立されている.
［中山晴美］

クシムルン湖　Kushmurun Lake　カザフスタン

Kusmryn, Qusmuryn（別表記）/オバガン湖（旧称）

面積：1040 km²　　［52°41′N　64°48′E］

カザフスタン中央北部, コスタナイ州東部の湖. 州都コスタナイの南東97 km, クシムルンの北, オバガン川中流に位置する. 旧称はオバガン湖. Kusmryn, Qusmurynとも綴る.
［木村英亮］

クシャーブ　Khushab　パキスタン

Khusab（別表記）/フシャーブ（別表記）

人口：8.8万（1998）　［32°17′N　72°17′E］

パキスタン東部, パンジャブ州西部クシャーブ県の都市. サルゴダの北西約40 km, ファイサラバードの北西約115 km, ジェルム川右岸に位置する. 県都ジャウハラバード Jauharabadは西南西約10 kmにある. 地名は, きれいという意味のkhushと水aabに由来し, ジェルム川にちなむ. このあたりでつくられる砂糖をふんだんに使った田舎菓子のドーダは, ハルワと並んでパキスタンではよく知られている.
［出田和久］

クシャーブ県　Khushab District　パキスタン

人口：90.6万（1998）　面積：6511 km²
　　　　　　　　　　［32°17′N　72°17′E］

パキスタン東部, パンジャブ州西部の県. 県都はジャウハラバード Jauharabad. クシャーブとノールプールの2郡からなる. 東をジェルム川に画され, サルゴダ県に接し, 北はチャクワル県, 北東はジェルム県, 西はミアーンワーリ県, バッカル県, 南はジャング県に接する. 農業県で小麦が主作物である. 秘密核施設があり, 軍事用プルトニウムを生産しているとされる.
［出田和久］

グジャラート州　Gujarat, State of　インド

人口：6044.0万（2011）　面積：196244 km²
　　　　　　　　　　［23°13′N　72°41′E］

インド西部の州. アラビア海に臨む海岸線の延長距離が最大の州で, 独立の父マハトマ・ガンディーの生誕の地でもある. 州都はガンディナガル. ボンベイ州再編成時（1960）に, グジャラート語を話す北部17県により1960年5月に誕生した. その後も分割再編され, 2016年現在33県で構成される.

気候は, 冬季（11～2月）, 暑熱季（3～5月）, モンスーン季（6～9月）および10月の漸移季と4区分され, 年間降水量は, 州北部では510～1020 mm, 南部は760～1520 mm, 西部カッチ地方は半砂漠気候で300 mm前後と少ない. 州内の最大の河川はナルマダ川（約1312 km）であり, インド半島での主要な河川でもあるが, 州内の農業, 工業の用水供給源として重要な役割を演じている. 州全体で起伏が少なく, 冬はほとんど晴れ, 比較的乾燥し, 日中29℃, 夜間12℃である. 夏は日中41℃, 夜間29℃と暑く乾燥しているが, 6月中旬からのモンスーンで気温がやや低下し, 湿度が増す. モンスーンにより大量の降雨があり, 洪水を引き起こすこともある.

自然地域としては, ①西部のカッチ地域, ②サウラストラ地域, ③中央部地域, そして④カチャワール地域（半島）と大きく4つに区分される. ①は最高地点でもわずか標高300 m程度しかない砂漠地形をしており, その南北はいずれも塩性湿地である. ②はジュラ紀砂岩がいくつかの場所で山肌を彩る. ③は

クシナガル（インド）, ブッダ入滅の地に建立された大涅槃寺内の涅槃仏〔dangdumrong/Shutterstock.com〕

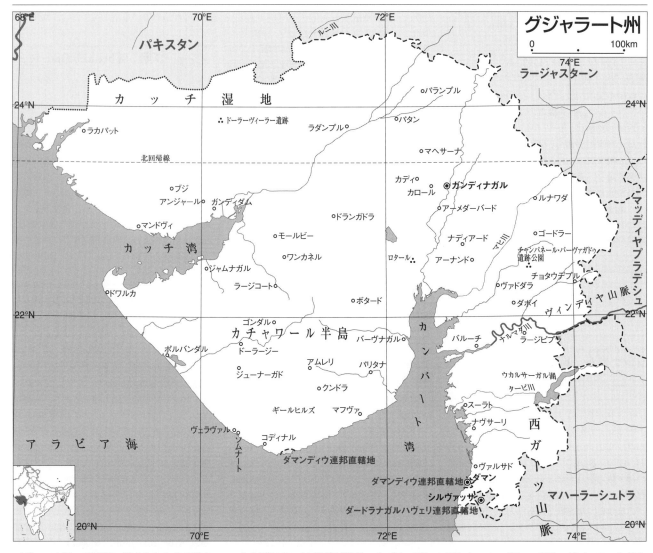

西ガーツ山脈の延長部で構成される北東部山稜地域につながる。④最高地点が標高180m程度で低平なカチャワール地域と北東部地域は西ガーツ山脈の延長部で構成され，降水量も多い地域である．

古くから西アジアとの交易が盛んな土地柄で，インダス文明の中心地の1つであった．たとえばインド最初の造船所のある港湾都市ロータルや最大規模の都市ドーラーヴィーラー遺跡など，州内には50前後のインダス遺跡集落が発見されている．また，紀元前1000〜前750年頃，ペルシア湾のシュメールとの交易・商業的活動を示す資料が現存するなど古代グジャラートは豊かであったとされる．アラビア海に臨むこの州は，イスラーム教徒が最初にインドに移住した土地の1つである．またゾロアスター教徒も，サーサーン王朝の没落(651)で，この地に難民として移住してきており，パールシーまたはイラニーとよばれる．11世紀以降は，たびたびイスラーム勢力の支配下に置かれ，16世紀にはムガル帝国に併合された．

一方，ヨーロッパからはポルトガル人が最初にグジャラート沿岸部に足を踏み入れるも，イギリスの東インド会社がアラビア海に臨むスーラトに1614年に会社を設立し，それがインドの最初の拠点となる．その後イギリスが1668年にポルトガルからボンベイ(現ムンバイ)を奪うことでスーラトは精彩を失った．17世紀末には，マラーター勢力が侵入，18世紀末には，マラーター帝国の支配下に下ることとなるも，19世紀初め，イギリス東インド会社がマラーター帝国から奪い返し，独立までは中央政府の支配下に置かれた．1947年のインドの独立および分離以降の1956年に，ボンベイ州はカッチ，サウラストラそして中央インドのハイデラバード州やマッディヤプラデシュ州の一部にまで拡張した．この新しい州は，グジャラート語を話す北と南のマラーティー語を話す地域を含んでいたために，1960年には言語による分離運動が起こり，同年5月にグジャラート州とマハーラーシュトラ州に分かれた．当初の州都はアーメダーバードであったが，1970年にガンディナガルが州都となった．

州の経済のうち，おもな農産物にはタバコ，綿花，ラッカセイ，ナツメヤシ，サトウキビ，ミルクと乳製品などがある．これらの多くは，織物業をはじめ，食料油や石けんなどの製造に供される．現金作物には，米，小麦やバジェラ(トウジンビエ)などがあげられる．注目すべきは，インドの白い革命(ミルク増産革命)の発端が，このグジャラート州アーナンドで誕生した協同組合酪農業のシステムだったことである．1970年から始まった政府主導のオペレーション・フラッド計画により，アーナンド・パターンとよばれる農

村酪農協同組合と都市・県酪農協同組合連合による２段階の生産・加工・販売システムが全国に普及し，現在，インドは世界最大のミルク生産国となるにいたった．このアーナンド・パターンは，他の開発途上諸国にも受け入れられ広がりをみせている．白い革命は緑の革命とともに農村経済を発展させ，社会を大きく変容させた．

第２次産業の発展が著しいグジャラート州は，石油化学，鉱業，自動車，繊維など多様な工業製品を産出している．2007〜08年現在でみると，工業部門への投資額では国内首位(22%)，生産額では国内生産額の16%を占め，マハーラーシュトラ州に次いで第２位の工業先進州である．繊維，工学技術，化学，石油化学，製薬，電子産業など製造部門の多様化，そのほかにも酪農，セメント，宝石類などの各分野でインド国内をリードしている．1991年の自由化，新経済政策以降のグジャラート州の経済成長は，年間14%にも及んでいる．軽工業のみでなく重工業の発達する同州は，インド国内だけでなく国外各地から人や企業を引きつける．とくに新たなグジャラート州工業政策(2009)では，１つめに内外からの投資の促進，２つめに雇用創出と雇用力の増進，３つめが高い技術への変革との３大目標をあげ，モディー州首相(2014年からインド第18代首相)の指導の下，政策は強力に進められ，グジャラート州はインドの総輸出額の14%前後を占める最大の州に成長している．アーメダーバードの西400km，カッチ湾の北岸に臨む場所に開発されたカンドラおよびムンドラ港経済特区は，同州の経済発展のエンジン的役割を果たしている．これらの立地要因には，すでに同湾の南岸に展開する私企業リライアンス・インダストリーズ社による世界最大の石油精製所のある石油コンビナートを擁した都市ジャムナガルの存在が大きく影響している．カンドラはアジアで最初の輸出加工区で，今日インド最大の総合的経済特区と評され，またムンドラは欧米系の化学，繊維関連の企業のほか，日本のスズキ自動車，三菱重工などが進出している．2012年現在，カンドラ港がインド国内の貨物取扱量では第１位で，第２位がムンドラ港であり，前者はおもに石油，化学物質，鉄鋼，機械類を輸入，後者は化学・薬品をはじめ自動車などの輸出を増やしている．州政府は，カッチ湾南岸のジャムナガルの世界最大の石油精製コンビナートと同湾の北岸に展開する私企業のダニエル・グループの開発したこの特別経済区を梃子にした同州西部の経済発展に期待している．また，アーメダ

ーバード近郊には，日本企業との関連では，電力事情と豊富な工業用水やインフラに恵まれたマンダル日系専用工業団地造成の計画がある．日本企業の同州への進出は，日・インド共同の地域開発であるデリームンバイ間産業大動脈構想(DMIC：両都市間に貨物専用鉄道を敷設し，その周辺に工業団地，物流基地などのインフラを整備する計画)との関連で，今後著しく増加する動きがある．グジャラート州の産業・工業開発の動きは，同州の西部地区の臨海部に集中しており，それは明らかに中東産油国やアフリカ東海岸の諸国，遠くヨーロッパを意識した輸出入基地の開発である．

州内の主要都市には，インド第３位の都市アーメダーバード，スーラト，ヴァローダラーとラージコートやバルーチなどが展開する．これらの都市に，近年日本の企業，たとえばアーメダーバードには，日立ホーム(エアコン製造)，ヴァドダラには千代田化工建設(総合エンジニアリング)やパナソニック(乾電池)，バルーチには，IHI(重工業機器)などが進出している．近年の都市別の経済成長率では，アーメダーバードの成長率は，中国の内陸都市で成長著しいチョンチン(重慶)やチョントゥー(成都)と並ぶ世界のトップクラスである．

このような著しい経済的成長をみるグジャラート州は，成功のモデルとして評価されるが，一方でヒンドゥーとイスラーム教徒の対立が陰を落とす州でもある．現在も禁酒州であるが，内外からの多くの観光客を集める．州西部，アラビア海に臨むカチャワール半島の西端に位置するドワルカは，ヒンドゥー教の４大巡礼地の１つで，クリシュナ神を祀る寺院があり，同じ半島南部のパリタナには白色に輝くジャイナ寺院群がある．さらに州東部のパンチ・マハル県下には，2004年にユネスコにより世界遺産(文化遺産)に登録された「チャンパネール−パーヴァガドゥ遺跡公園」があり，数多くの遺跡がある．とくに8世紀以降のヒンドゥー教王朝時代の宮殿など，さらに15世紀以降のイスラーム教国(ムガル帝国)時代の都市遺跡が残されている．また州中央北部のパタン県の県都郊外には，同じく2014年に世界遺産(文化遺産)に登録された「ラニ・キ・ヴァヴグジャラート・パタンの女王の階段井戸」がある．この遺跡は，11世紀のヒンドゥーの神々など精巧な彫刻の施された7層の水利施設であり，同時にヒンドゥー教徒にとって神聖な寺院でもある．これらの遺跡や聖地は広大な農村と調和した風景として多くの観光・巡礼客に親

しまれている．大都市アーメダーバードでは，15世紀以来のイスラーム王朝の繁栄を物語る城塞都市の面影を，残された多くのモスクなどイスラーム建築からうかがい知ることができる．　　　　　　　　　　[中里亜夫]

クジャン　球場　Kujang　　　北朝鮮

標高：55 m　　　　　　　[39°52′N　126°01′E]

北朝鮮，ピョンアンブク(平安北)道南東部の町で郡庁所在地．チョンチョン(清川)江の中流左岸にある．石灰岩地帯の窪地を球(グ)とよぶが，地名はこの「球がある場」に由来する．湧き水が豊富でニジマスの一大養魚場になっている．長さ4 kmに及ぶ鍾乳洞の蝀竜窟がある．満浦鉄道と平北鉄道が交差する．　　　　　　　　　　　　　[司空　俊]

くしゅうし　衢州市 ☞ チューチョウ市
Quzhou

グシュグ Gushgy ☞ セルヘタバト
Serhetabat

グジュラート　Gujrat　　　パキスタン

人口：25.2万 (1998)　降水量：670 mm/年
[32°34′N　74°05′E]

パキスタン東部，パンジャブ州北東部グジュラート県の県都．州都ラホールの北北西約110 kmに位置し，ムガル帝国のアクバルが建設した囲郭都市の遺跡に立地している．ペシャーワルとラホールを結ぶ主要道路のGTロード(大幹線道路)と鉄道沿いに立地する．小麦，綿花，雑穀，米，サトウキビなどの農産物市場があり，交易の中心でもある．工業としては家具や真鍮製品，陶器，綿製品で知られ，近年では扇風機の輸出が盛んである．グジュラート大学をはじめ商科大学，情報技術大学など高等教育機関も多い．　[出田和久]

グジュラート県　Gujrat District

パキスタン

人口：204.8万 (1998)　面積：3192 km²
[32°34′N　74°05′E]

パキスタン東部，パンジャブ州北東部の県．県都はグジュラート．県域は，北東はインドのジャンムカシミール州に，北西はジェルム川に接し，ジェルム県との境となってい

る．東から南東はチェナブ川に画され，グジュラーンワラとシアールコート両県の境となり，西はマンディバハウディーン県に接する．グジュラート，カリアン，サライアラムギールの3郡からなる．発達した灌漑水路網によって米とサトウキビ，小麦，ヒヨコ豆や各種豆類，野菜の栽培が盛んで，米の名産地である．人口密度が642人/km²と高い．都市人口率27.7%．気候は総じて温和であるが，夏は暑く，最高気温は45℃に達するが，アーザードカシミールの山地に近いことから，その期間は比較的短い．冬は快適であるが，最低気温は2℃を下回ることもある．年平均降水量はグジュラートで約670 mmあり，周辺には大きな森林がみられる．

[出田和久]

グジュラーンワラ　Gujranwala

パキスタン

人口：113.3万 (1998)　　[32°09′N　74°11′E]

パキスタン東部，パンジャブ州北東部グジュラーンワラ県の都市で県都．州都ラホールの北約66 km，GTロード(大幹線道路)とパキスタン鉄道の幹線沿いに位置する商工業都市で，国内第7位の大都市である．地名は，グジャール(牛乳屋)の住居を意味する．町はいくつかの村を母体とし，シク教徒の首領の一人チャラル・シングが18世紀半ば過ぎにこの町に拠点を置いたことが発展の契機となり，シク王国の創建者ランジット・シングが当地で生まれ，いわゆるシク王国の首都となった．かつては壁に囲まれ，11の門があったが現存しない．パンジャブ平原の農産物を輸送するために，イギリス領時代の1881年にGTロードの東側に並行して鉄道が敷設され，ラホール，さらにはカラチと結ばれるようになった．1996年5月には新しい鉄道の駅が開設された．

小麦，米，メロン(スイカ)類，サトウキビなどの農産物出荷の中心であるとともに商工業の中心でもある．1951年に県都となって，その後とくに工業の発達をみた．化学，薬品，精密機器，電気製品製造，繊維(漂白，染色，仕上げ工程に特化)などの工業や陶磁器，衛生陶器，衛生付属品，銅・真鍮・アルミ製家庭用品の製造などがあり，刃物や家庭用品製造は有名である．近年は工業団地の設立により織物，絹織物，管継手，扇風機，皮革などの製造が重要性を増している．各種工業の発達は，イギリス軍への供給が直接の契機となってその基礎が形成されるとともに，国境に近い都市であったので，インド・パキスタン分離独立後の多様な工業技術や経験をもった難民が多数流入したことが影響している．

また多数の有名レスラーを輩出していることからレスリングの町として知られる．パンジャブ大学グジュラーンワラ校が新しく開校したほか，レチナー工科大学グジュラーンワラ校などの高等教育機関や，国際レベルのクリケット場であるジンナースタジアムがある．

[出田和久]

グジュラーンワラ県　Gujranwala District

パキスタン

人口：340.1万 (1998)　　面積：3622 km²
[32°06′N　74°11′E]

パキスタン東部，パンジャブ州北東部の県．県都はグジュラーンワラ．県域はチェナブ川の左岸に位置し，地形的には河川沿いの沖積地とその間のレチナードアーブ(河間地)から形成され，アッパー・ロワーチェナブ用水路によって灌漑されている．小麦，綿花，米，大麦，雑穀が主要作物で，米は世界的産地である．また，淡水魚の養殖も比較的盛ん．北はグジュラート県，西はマンディ・バハーウッディーン県とハフィザバード県，南はシェーフープラー県，東はシアールコート県に接している．チェナブ川は川幅が広くて水深は浅く，流れは緩やかであるとされているが，洪水は起こると大規模であるため，内陸深くにまで水分を浸透させた．しかし，本県のハーンキ Khanki とシアールコート県のマララ Marala にある頭首工によって，沿岸地域への養分供給という河川の有用性は相当に減少した．金属，皮革加工などが盛んである．

[出田和久]

クズイルアドゥル　Kyzyl-Adyr

クルグズ

アレクサンドフスコエ (旧称) /キロフスコエ Kirovskoye (旧称)

人口：1.2万 (1989)　　[42°37′N　71°35′E]

クルグズ(キルギス)，タラス州北西の村．タラスの西51 km，クズイルアドゥル貯水池の南西岸に位置し，タラス線の駅がある．おもな産業は，小麦，タバコ，乳製品，自動車修理などである．1937年まではアレクサンドフスコエとよばれた．1937年にはキロフスコエと改称されたが，クルグズの独立を契機に92年に現名称となった．　[木村英亮]

クズイルキヤ　Kyzyl-Kiya

クルグズ

人口：3.2万 (1999)　　[40°15′N　72°08′E]

クルグズ(キルギス)，バトケン州北部の都市．フェルガナ盆地南部，州都バトケンの東北東115 kmに位置し，近くを鉄道支線が通る．クルグズの重要な炭鉱の中心地である．ほかにタバコ，牛乳，パン，ジュース，建設材料を生産し，食肉コンビナート，発電所がある．鉱業専門学校，医科大学がある．

[木村英亮]

クズイルクム砂漠　Kyzylkum Desert

カザフスタン～トルクメニスタン

Qyzylqum Desert (別表記) /キジルクーム砂漠 (別表記)

面積：298000 km²　　標高：300 m
[42°30′N　63°30′E]

ウズベキスタン，カザフスタン，一部はトルクメニスタンにまたがって広がる砂漠．アラル海の南東，シルダリア川とアムダリア川にはさまれている．一連の凹地に囲まれ，スルタンウヴァイス山地，ブカンタウ山地などの孤立した山塊をもつ平原である．地名はチュルク語で赤い砂を意味する．大部分は砂丘であるが，北部，西部には粘土質平地やオアシスもあり，綿花，稲，小麦も栽培され，カラクル羊，ラクダの放牧地として利用される．天然ガスも埋蔵し，ムルンタウ山の金鉱は1950年代に発見され，その西30 kmに後方基地としてゼラフシャンが発展した．年平均降水量は100 mm以下である．

[木村英亮]

クスタナイ　Kustanay ☞ コスタナイ Kostanay

クスノキ岬　Kusunoki Point

南極

[65°33′S　65°59′W]

南極，西南極の岬．南極半島北西部，グレアムランド沖のビスコー諸島にあるレノウド島北端に位置する．1956～57年に行われたハンティング航空調査会社によって撮影され，イギリス南極地名委員会によって命名された．日本人で海氷研究の専門家であった当時北海道大学助教授，日本の第1次南極観測隊(1956)の隊員であった楠宏にちなむ．

[前杢英明]

クスマ　Kusma
ネパール

人口：0.7万（2011）　標高：865 m

[28°14′N　83°41′E]

　ネパール西部，パルバット郡（ダウラギリ県）の都市で郡都．ポカラの西約30 kmに位置し，ネパール西部南のブトワルと西部北のムスタンおよびチベット方面を結ぶ重要な交易路沿いの商業都市の1つである．2014年に周辺の8つの村落委員会（VDC：Village Development Committee）が合併して市となった．中心のクスマバザールはかつてのシヴァラヤ村落委員会に属した．市街はカリガンダキ川左岸の段丘上に開かれ，その南はずれでカリガンダキ川とその支流モディコーラ Modi Khola 川が合流する．現在はポカラからカリガンダキ川上流のベニ Beni やバグルン Baglung までを結ぶ自動車道路が市街の東側を走る．かつて旧街道に沿ってはネワール商人の店やタカリ族の経営する食堂・ホテルが軒を連ね，ロバの隊商が行き交っていた．地名は，かつてムクティナート巡礼の聖者がここに立ち寄った際，一面の花に覆われていたことから，ネパール語で繊細・細微な花を意味するクスム（kusum）と名づけたことに由来する．　　　　　　　[八木浩司]

クズルアルヴァト Kyzyl Arvat ☞ **セルダル Serdar**

グズルアルヴァト Gyzyl Arvat ☞ **セルダル Serdar**

クズロルダ　Kyzylorda
カザフスタン

Kzyl-Orda, Qyzylorda（別表記）／アクメチェト Ak-Mechet（旧称）／ペロフスキー，ペロフスク（古称）

人口：17.0万（2009）　　　[44°52′N　65°27′E]

　カザフスタン中央南部，クズロルダ州の都市で州都．シルダリア河畔，アルマトゥの西北西941 kmに位置する．ザカスピ鉄道の駅がある．おもな産業は，精米，金属細工，食肉包装である．教育大学があり，付近にクズロルダ灌漑用貯水池がある．最初はコカンド・ハン国のアクメチェト要塞として建設された．1853年にペロフスキーのロシア軍に占領されペロフスキー堡塁，さらにペロフスクとなり，1922年にアクメチェト，25年にクズロルダと改称された．1925～29年はソ連カザフ自治共和国の首都であった．現在の

綴りは1991年のカザフスタンの独立後に採用された．　　　　　　　　　　[木村英亮]

クズロルダ州　Kyzylorda Region
カザフスタン

Kyzylordinskaya Oblast'（露語）／Kzyl-Ordaskaya Oblast'（旧表記）／Qızılorda Oblısı（カザフ語）

人口：74.0万（2014）　面積：226019 km²

降水量：150–200 mm/年

[44°52′N　65°27′E]

　カザフスタン中央南部の州．州都はクズロルダ．西はアクトベ州，北はカラガンダ州，東は南カザフスタン州，南はウズベキスタンと国境を接する．人口の32%が州都に住み，都市部の人口比率は59.6%．厳しい大陸性気候で，1月の平均気温は−13℃，7月は29℃である．シルダリア川が貫流し，その氾濫原には草地や森，河口には多くの塩水湖があり，アラル海に注ぐ．北西部にはプリアラルカラクム砂漠が入り込み，南西部にはクズイルクム砂漠がある．国内の数少ないバナジウム産地で，国内埋蔵量の65%を占める．鉄，モリブデンおよびバナジウム，チタンおよびジルコニウムの鉱床がある．石油，天然ガスも産する．農業は耕種が農業全体の65.2%で，シルダリア川流域で稲を中心に栽培している．砂漠でラクダ，馬が飼育され，農場では牛，羊，山羊が飼育されている．毛織物のアストラカンも生産されている．アラル海で漁業が行われていたが，現在は干上がっているため放棄された．

　州北西部にバイコヌール宇宙基地がある．シルダリア川に沿ってザカスピ鉄道が通り，鉄道網は755 km，道路は2655 kmに及ぶ．パイプラインも稼働している．被雇用者は26.7万人で，農業が38.4%を占める．大学が6校，短期大学が18校ある．住民はおもにカザフ人．1938年にソ連カザフ自治共和国の州として形成された．現在の綴りは1991年のカザフスタン独立時に採用された．　　　　　　　　　　　[木村英亮]

クソン　亀城　Kusong
北朝鮮

面積：652 km²　標高：35 m　気温：8.2℃

降水量：1300 mm/年　　　[39°59′N　125°15′E]

　北朝鮮，ピョンアンブク（平安北）道中央部の都市．丘陵地帯に位置する新興工業都市であり，一帯にはチョグリョン（狄踰嶺）山脈末端の南麓にテニョン（大寧）江支流の川坊江が形成した沖積盆地が開ける．朝鮮半島の多雨

地帯の1つ．内陸なので気温較差が33℃と大きい．古くから稲とトウモロコシの栽培地，金産地として知られた．朝鮮戦争時期に内陸工業地帯として基礎ができ，戦後，金，銅，黒鉛を原料にして発展した．工作機械，各種旋盤，ボール盤，1万tプレスなどを生産し，大型工作機械は輸出されている．また，鉱山機械工場では鉱石粉砕機，チェーンコンベアー，大型巻揚機，積載機械などを生産する．繊維，紡績は北朝鮮有数の規模で年産1500万t以上である．化学調味料の工場もある．1019年に侵略してきた契丹軍との戦いで高麗軍が大勝した地である．交通の要衝で平北鉄道，アムロク（ヤールー，鴨緑）江に出るアンジュ（安州）～チョンス（青水）間に鉄道が通り，平徳鉄道と接続する．

[司空　俊]

クタ　Kuta
インドネシア

人口：8.6万（2010）　[8°44′S　115°10′E]

　インドネシア中部，バリ島南西部，バリ州バドゥン県の地区．州都デンパサールの南約10 km，ングラライ空港にほど近いところに位置するバリ島最大のリゾート地．記録によれば，1334年前後，東ジャワのマジャパヒト王に仕えたガジャ・マダが上陸した．その後，同地で一旗揚げようと，人びとがさまざまな村からやってきて，賑やかな漁村を形成した．この地の最初のホテルは1930年代にロバートとルイーズ・コークによって建てられたクタビーチホテルで，草ぶき屋根のコテージには多くの欧米人が泊まっていた．1970年代には大波を求めるサーファーたちが集うようになり，ロスメンとよばれる小規模の安宿が軒を連ねた．1980年代以後，大型ホテルの建設ラッシュが起こり，一大リゾート地となった．島内のほかのリゾート地，サヌールやヌサドゥアと並び，バリ島有数のリゾート地とされ，夕日の美しさは絶景である．

　レギャンに続くメインストリートには長期滞在するサーファーや世界各地から集まった観光客が行き交い，比較的安価な宿やレストラン，ショップがところ狭しと立ち並んでいる．2005年10月1日には中心街のレストランで外国人観光客をターゲットとした自爆テロが起きた．　　　　　　　　　[浦野崇央]

クダ州 ☞ **ケダ州 Kedah, Negeri**

470　クタイ

〈世界地名大事典：アジア・オセアニア・極Ⅰ〉

クタイ川 Koetai, Kutai ☞ マハカム川
Mahakam, Sungai

ク

クタチャネ　Kutacane　インドネシア

標高：1000 m　　　　　　[3°30′N　97°48′E]

インドネシア西部，スマトラ島北部，アチェ州アチェトゥンガラ県バブサラム郡の都市的地区で県庁所在地．バブサラム郡の人口は2.6万(2010)，面積9.4 km²．クタチャネはスマトラ島の脊梁山脈バリサン山脈中の標高1000 m以上に立地し，2000～3000 m級の山岳地帯に囲まれる．スマトラ縦断ハイウェイの沿線に位置し，隣接の北スマトラ州の州都メダンの西120 km，自動車で5～6時間の距離にある．州内最北端に位置する州都バンダアチェとの間の陸上交通は，道路事情が悪くまた山岳地帯を経由しなければならないので，メダンを経由するルートが利用される．国内でも有数の面積をもち，州内近隣県や北スマトラ州の一部にまたがるグヌンルセル国立公園(約1万 km²)の入口ともなっている．

クタチャネ周辺地域の主要な産業は農業で，水田稲作のほかに，種々の換金作物の生産が重要である．とくにタバコ葉，コーヒー，ココア，クローブ，ナツメグ，コショウ，キャンドルナッツ，キンマ，アブラヤシなどを産する．栽培は大規模プランテーションだけでなく，農民所有の小規模な農地でも行われる．おもな住民は，言語文化地理的集団としてのアラス人やガヨ人，ミナンカバウ人，アチェ人，バタック人，その他である．州の東南部地域は，2005年10月18日午後11時頃，集中豪雨によって発生した射流洪水(鉄砲水)と地滑りによって，多大な人的，物的な損害を被った．　　　　［瀬川真平］

クダット　Kudat　マレーシア

人口：8.3万 (2010)　　　　[6°53′N　116°50′E]

マレーシア，カリマンタン(ボルネオ)島北部，サバ州北端の町．マレー系住民が多い．中国系住民や外国籍の住民は少なく，マレー人の町となっている．イギリス人がこの地域に進出して創設した都市であり，1881年には，サバにおける最初の首都となった．その後，イギリス人の植民拠点はクダットからサンダカンに移行する．クダットは，ロングハウスに居住する在来住民ルングス(Rungus)の本拠地でもある．この地域では現在でも伝統

的な農業や漁業が卓越する．沿岸部はまだ観光開発が進んでおらず，自然がよく保存されている．　　　　　　　　　　　　［生田真人］

クタパン　Ketapang　インドネシア

人口：42万 (2010)　面積：31588 km²
　　　　　　　　　　[1°50′S　110°00′E]

インドネシア西部，カリマンタン(ボルネオ)島西部，西カリマンタン州の県．クタパン県は州内最大面積を有し，20郡からなる．県内は森林地帯が広範囲に広がり，主要な産業は木材生産や合板製造およびプランテーションでのゴム，アブラヤシ，コショウ，カカオなどの栽培である．クタパン市は，県最西端，カリマンタン島西部の山岳部地帯から西流してカリマタ海峡およびジャワ海に注ぐパワン川(長さ約200 km)河口の大湿地帯に立地する．沿岸湿地帯の内側はおもに森林帯となっている．

正式な行政区分上の市(コタ)としてのクタパン市(面積30.3 km²，人口約15.2万，2010)は2015年3月に成立した．それ以前の地方行政の区分では，クタパンとはクタパン県であった．ただし，県内の都市的な郡が都市のクタパン(クタパンコタ)とよび習わされており，県庁はその一角をなすデルタパワン郡に所在した．2007年1月，当時のクタパン県の北西部5郡が分離されてカヨンウタラ県が成立し，さらにその後2015年3月にクタパン県の都市的な5郡がクタパン県から分離されて，県と同格の位置づけである市としてのクタパン市が発足した．これに伴って，デルタパワン郡(人口5.2万，20.3 km²)はクタパン市の行政中心へと移行し，一方クタパン県の県庁はトゥムバンティティ(64.5 km²)に置かれることになった．　　　［瀬川真平］

クタパン　Ketapang　インドネシア

人口：4.6万 (2010)　面積：187 km²
　　　　　　　　　　[5°45′S　105°46′E]

インドネシア西部，スマトラ島南部，ランプン州ランプンスラタン県の郡．県庁所在地カリアンダの東約30 kmに位置し，スンダ海峡に面する港をもつ．南西にラジャバサ山(標高1281 m)がそびえ，北麓を通るスマトラ縦断道でカリアンダと結ばれる．郡庁はバングンレジョにあり，人口は5250 (2010)である．　　　　　　　　　　　　［瀬川真平］

クタパン島　Ketapang, Pulau

インドネシア

ギリクタパン島　Gili Ketapang　(別称)
人口：0.8万 (2010)　面積：0.7 km²
　　　　　　　　　　[7°41′S　113°15′E]

インドネシア西部，マドゥラ島南部沖，東ジャワ州プロボリンゴ県スンブルアシー郡の小島嶼．東ジャワ州プロボリンゴ県プロボリンゴの北約8 kmの沖合，ジャワ島とマドゥラ島の間のマドゥラ海峡に位置する．ギリクタパン島の名でも知られる．プロボリンゴとの間に定期船便(所要約30分)がある．島民の多くは言語文化地理的な集団としてのマドゥラ人で，おもに漁業を営む．近年，砂浜とサンゴ礁などを目当てにジャワ島などからこの島を訪れる観光客が増え，漁民の生活が変化しつつある．なお，クタパンとはモモタマナあるいはインディアンアーモンドなどとよび習わされる熱帯海浜地域に生育する樹木である．この名をもつ地名は国内各地に多数ある．　　　　　　　　　　　　［瀬川真平］

クタフン　Ketahun　インドネシア

クタウン　Ketaun　(別称)
人口：4.0万 (2010)　面積：497 km²
　　　　　　　　　　[3°23′S　101°49′E]

インドネシア西部，スマトラ島南西部，ブンクル州ブンクルウタラ県の郡．州都ブンクルの北東約90 kmにあり，スマトラ島脊梁山脈西斜面から南西に流れてインド洋に注ぐクタフン川沿いに位置する．郡域全体に平地は乏しい．この地域はプランテーション農業が盛んで，民間，国営の農事企業がアブラヤシ，ココヤシ，ゴムなどの農園の経営およびヤシ油の生産のなどの関連事業を行う．脊梁山脈付近は石炭を産出し，数社が採掘している．住民は，地域在来の人びとに加えて，スマトラ島やジャワ島などの各地からやってきた民族集団からなり，言語文化的な多様性の度合いが高い．郡庁は，クタフン川河口近くのパサールクタフン(またはクタフン)区(人口0.4万，2010)に置かれている．

　　　　　　　　　　　　［瀬川真平］

クタマンドラ　Cootamundra

オーストラリア

人口：0.7万 (2011)　面積：1052 km²
　　　　　　　　　　[34°42′S　148°03′E]

オーストラリア南東部，ニューサウスウェールズ州南東部，クタマンドラ行政区の町．

オーストラリアアルプス山脈の北西斜面にあり，首都キャンベラの北西約160 kmに位置する．また，ジューニーとカウラを結ぶオリンピックハイウェイ沿いにある．地名は，アボリジニの言語でカメを意味する言葉に由来する．1860年代初頭に移民が住みつき，町が建設された．その後，ゴールドラッシュにより町は発展したが，現在は農業地域となっている．また，クタマンドラワトルとよばれるアカシア科の樹木の大規模産地であり，毎年アートショーやフェスティバルが開催されている．　　　　　　　　　　［畠山輝雄］

グダン山　Gedang, Gunung

インドネシア

ガダン山　Gadang, Gunung（別称）/グダン峰　Gedang, Bukit（別称）

標高：2466 m　気温：14℃　降水量：3700 mm/年
　　　　　　　　　　　　［2°44′N　101°55′E］

インドネシア西部，スマトラ島，ブンクル州とジャンビ州の州境の山．島の春梁山脈，バリサン山脈中にある．別名ガダン山ともよばれる．頂上付近の年平均気温は14℃で，16℃（4月）から12℃（1月）を推移する．年平均降水量は約3700 mmで，500 mm（11月）から130 mm（6月）と差がある．常緑落葉樹林が生育する．集落はなく無人である．
　　　　　　　　　　　　　　　［瀬川真平］

クーチー　Cu Chi

ベトナム

人口：35.6万（2010）　面積：435 km²
　　　　　　　　　　　　［10°58′N　106°29′E］

ベトナム東南部，ホーチミン中央直属市北西部の県．新アジアハイウェイ計画の一部に組み込まれた国道22号が通る．県都はクーチー町で他に20の村が属する．1976年にサイゴンがホーチミン中央直属市となった際，隣接するハウギア省が分割され，そのうちクーチー県はホーチミンに編入された．ベトナム南部の大都市であるホーチミンの中では最も農村的な性格を示し，米作などが盛んである．この一帯はベトナム戦争中に，南ベトナム解放民族戦線（ベトコン）の拠点となったところであり，フーミーフン村にベトナム戦争の遺跡として有名なクーチー地下トンネルがある．トンネルは三層構造になっており，会議室や参謀室のほかに，台所や寝室，病院などを備え，日常生活が可能であった．抗仏戦争中の1948年に最初につくられ，当初は全長約17 kmであった．その後，1960年から徐々に拡大され，最終的には約250 kmに及

ぶ大規模なものとなり，南ベトナムの首都であったサイゴン近くまで及んでいた．
　　　　　　　　　　　　　［筒井一伸］

グーチェン県　固鎮県　Guzhen

中国

人口：約64万（2015）　面積：1363 km²
　　　　　　　　　　　　［33°19′N　117°19′E］

中国東部，アンホイ（安徽）省北部，ボンブー（蚌埠）地級市の県．京滬鉄道と澮河が県内で交わる．県政府は城関鎮に置かれる．春秋時代の宋国の地で，1965年にスーシェン（宿県），リンピー（霊璧），ウーホー（五河），ホワイユワン（懐遠）の各県の一部を割いて固鎮県が設置された．地勢が平坦なため，農業が盛んで，穀物，食用油，葉タバコ，落花生，綿花，野菜などの生産が盛んである．また，カニや真珠など水産資源も豊富である．漢代の重要な遺跡である濠城Ⅰ号漢墓と谷陽城遺跡，香山廟，低牙墓などがある．　［林　和生］

クチャ県　庫車県　Kuqa

中国

Kucha（別表記）/クーチョ県（別表記）

人口：39.6万（2002）　面積：15000 km²
　　　　　　　　　　　　［41°42′N　82°57′E］

中国北西部，シンチャン（新疆）ウイグル（維吾爾）自治区西部，アクス（阿克蘇）地区の県．ティエンシャン（天山）山脈の南麓，タリム（塔里木）盆地の北部に位置する．人口の88%がウイグル族である．紀元前に西域の中心であったクチャ（亀茲）国があった地である．シルクロードの最も重要な交易都市の1つであった．9世紀以降，カラホジャウイグル王国に属した．19世紀半ば頃に清朝の版図に組み入れられ，クチャ州が置かれ，1913年に県と改められた．農牧業が盛んで，子羊の毛皮，白アンズの産地として知られる．採油，化学，製革，果物加工などが行われる．特産物にはクチャナイフ，干しアンズなどがある．ウルムチ（烏魯木斉）とカシュガル（喀什）を結ぶ南疆鉄道と国道217・314号が県内を通る．名所にはクムトラ（庫木吐拉）千仏洞，クチャ古城，クチャモスクなどがある．
　　　　　　　　　　　［ニザム・ビラルディン］

グーチャオ市　古交市　Gujiao

中国

人口：20.9万（2013）　面積：1521 km²
降水量：559 mm/年　　　［37°56′N　112°02′E］

中国中北部，シャンシー（山西）省中部，タ

イユワン（太原）地級市西部の県級市．1958年に，チャオチョン（交城）県の一部とヤンチュー（陽曲）県の一部で，太原市の区として古交区が設置され，88年に古交市になった．面積の95%は山地である．耕地面積は少なく，アワ，トウモロコシ，コーリャンなどの雑穀がおもな農作物である．全国最大の粘結炭の生産基地で，リュイリャン（呂梁）山脈東麓の交通要衝，商品集散地で，省会太原市の衛星都市である．　　　　　［張　貴民］

グーチャン県　古丈県　Guzhang

中国

クーツァン県（別表記）

人口：13.2万（2015）　面積：1286 km²
　　　　　　　　　　　　［28°37′N　109°57′E］

中国中南部，フーナン（湖南）省，シャンシー（湘西）自治州の県．県政府はグーヤン（古陽）鎮に所在する．ミャオ（苗）族やトゥチャ（土家）族の少数民族の比率が総人口の約77%におよぶ．ウーリン（武陵）山脈中段にあり，北西部と南東部はややゆるやか．酉水が西から東へ北部の県境を流れ，南から合流する支流の沿岸に狭い平地がある．鉱産資源はマンガン，バナジウム，リン，大理石などがある．森林資源にはマツ，スギ，オオアブラギリ，アブラツバキなどがある．農業は水稲，サツマイモ，豆類の栽培が多い．焦柳鉄道（チャオツオ（焦作）～リュウチョウ（柳州））が通る．名勝に古丈紅石林国立地質公園がある．　　　　　　　　　　　　［小野寺淳］

グチョン県　奇台県　Guchung

中国

チータイ県　奇台県　Qitai（漢語）

人口：22.8万（2002）　面積：18000 km²
　　　　　　　　　　　　［44°01′N　89°35′E］

中国北西部，シンチャン（新疆）ウイグル（維吾爾）自治区北部，サンジ（昌吉）自治州の県．ジュンガル（準噶爾）盆地の南東部に位置し，北東部はモンゴルに隣接する．1776年に県が置かれた．農牧業が盛んである．石炭，鉄，金，銅などの鉱物資源に富む．石炭採掘，製鋼，醸造などが盛んである．ユキヒョウ，ターキン，野生ロバなどの野生動物が生息する．県内では恐竜化石群がみつかっている．　　　　　　　［ニザム・ビラルディン］

グーチョン区　古城区　Gucheng

中国

人口：21.1万 (2010)　面積：1263 km²
[26°53′N　100°14′E]

　中国南西部，ユンナン(雲南)省北西部，リーチャン(麗江)地級市の区．区政府は大研鎮に置かれている．2002年に麗江地区が地級市の麗江市になったが，その際，1961年設立の麗江ナシ(納西)族自治県が，古城区と玉竜ナシ族自治県に分割された．1997年にユネスコの世界遺産(文化遺産)に登録された「麗江旧市街地」の保護対象領域は，すべて古城区に属する．2010年の戸籍人口は15.2万で，ナシ(納西)族を主とする少数民族が8割弱を記録したが，居住実態としては外来の漢族が多い．ナシ族の継承する生きた象形文字と称されるドンバ(東巴)文字が，商品化され町に溢れている．　　　　　　[松村嘉久]

グーチョン県　谷城県　Gucheng

中国

人口：52.4万 (2015)　面積：2553 km²
[32°16′N　111°39′E]

　中国中部，フーペイ(湖北)省，シャンヤン(襄陽)地級市の県．県政府はチョンクワン(城関)鎮に所在する．西部はウータン(武当)山脈に，南部はチン(荊)山山脈に属し，北部と中部は丘陵，東部のハン(漢)水沿岸と南河や北河の下流部が平野である．重晶石，石綿，石灰石，珪石，リンなどの鉱産物がある．農作物は水稲，小麦，トウモロコシ，綿花のほか，キクラゲ，シイタケ，茶葉などが特産．工業は自動車部品などの機械や紡織がある．鉄道は襄渝線(シャンヤン(襄陽)〜チョンチン(重慶))が横断し，道路は福銀(フーチョウ(福州)〜インチュワン(銀川))高速道路が通じ，漢水の水運がある．薤山国立森林公園や承恩寺などの名所旧跡がある．
　　　　　　　　　　　　　　[小野寺淳]

グーチョン県　故城県　Gucheng

中国

人口：48.7万 (2010)　面積：942 km²
標高：18-30 m　気温：12.9°C
降水量：575 mm/年　[37°21′N　115°58′E]

　中国北部，ホーペイ(河北)省南部，ホンシュイ(衡水)地級市の県．県政府は鄭口鎮に置かれている．河北平原のヘイロンカン(黒竜港)河流域にあり，地勢は南西部が高く北東部が低い．農作物は小麦，トウモロコシ，ア

ワ，コーリャン，芋類，綿花を主としている．リンゴやスイカは特産品である．スチールワイヤーロープ，織物，紡績，醸造，化学肥料，建材，食品加工などの工場がある．慶林寺塔という古跡がある．　　　[柴彦威]

クチン　Kuching

マレーシア

サラワク　Sarawak (古称)

人口：32.5万 (2010)　面積：431 km²
[1°34′N　110°21′E]

　マレーシア，カリマンタン(ボルネオ)島西部，サラワク州クチン行政区の都市で州都．サラワク州は12の行政区に分かれているが，そのうちの1つが，州南西部にある人口68.4万(2010)，面積4560 km²のクチン行政区である．この行政区は，イギリスの探検家ジェームズ・ブルックがブルネイのスルタンから1841年に最初に割譲された区域の主要部分に相当している．クチン行政区はさらにクチン郡(人口59.9万)，バウ郡(5.3万)およびルンドゥ郡(3.3万)に分かれる．クチン郡は北クチン Kuching Utara 市，南クチン Kuchin Selatan 市，そしてパダワン Padawan 市で構成されている．

　1988年にクアラルンプール，ペラ州の州都イポーに続く第3の政令市に一般市から昇格した際，クチン郡は南北に分割された．当初は南北合わせて69 km²ほどの面積しかなかったが，1990年代に入り拡張され，現在の北クチン市は面積369 km²，南クチン市は面積62 km²となっている．中心市街地は北クチン市に位置する．

　クチンが位置する地域は，中心をサラワク川が流れていたことから，19世紀中頃までは，サラワク王国とよばれていた．しかし，ブルック王朝によるサラワクの拡大に伴って，二代目チャールズ・ブルックは1872年，領土全域をサラワク，中心都市としてのサラワクをクチンとするように定めた．地名の由来は諸説あるが，その1つに，この地を流れる川の周辺にリュウガン(竜眼，マレー語で mata kucing)の木が多く生えていたことにあやかってつけられたというものがある．リュウガンの実は丸く小さいことから，マレー語では猫の目(mata kucing)とよばれる．それが現在にいたり猫はクチンのマスコットとなり，公式の市章にも猫が描かれている．

　サラワク州は，イバン族が最大の民族集団であるが，クチン行政区は，華人(23.2万)とマレー人(22.8万)が多数を占める一方，イバン族は7.1万で，もともとこの地域に多

く居住していたビダユ族は12.2万となっている．18世紀以降，多数の中国人がサラワクに移り住んだが，金やアンチモンなどの鉱山が周辺にあったクチンには，客家系の移民が多かったといわれる．クチンはサラワク観光の拠点として毎年多くの観光客を集めている．マルゲリータ砦，裁判所，サラワク博物館，ラウンドタワーなど，ブルック時代の建築物が数多く市中心部に残っているが，サラワク川に沿ってウォーターフロント開発も進められるなど，新旧の町並みを同時にみることができる．　　　　　　　[石筒覚]

クック　Kuk

パプアニューギニア

[5°47′S　144°20′E]

　南太平洋西部，メラネシア，パプアニューギニア中央部，ウェスタンハイランド州の遺跡．ワギ谷にある世界最古の農業遺跡の1つで，2008年に「クックの初期農耕遺跡」としてユネスコの世界遺産(文化遺産)に登録されている．標高1500 mにある116 haに及ぶ湿地からなる．複数の時代の農業遺跡が発見されており，最も古いものは1万年前にさかのぼるといわれる．少なくとも6300〜7000年前にタロ，バナナ，ヤムなどの栽培が行われていた盛り土の跡，4000年前の湿地に掘られた水路跡と農具が発見されている．発掘終了，遺跡保全の後，この地では，現在も地元の人びとによる農耕が行われている．　　　　　　　　　　[熊谷圭知]

クック海峡　Cook Strait

ニュージーランド

ラウカワ　Raukawa (マオリ語)

幅：22-145 km　[41°18′S　174°28′E]

　ニュージーランド，北島と南島を隔てる海峡．北西はタスマン海に続き，南東は太平洋に通じるため，海流が複雑で世界でも最も危険な海域とされる．北島にある首都ウェリントンと南島のピクトンを結ぶフェリーが行き来している．地名は，ジェームズ・クックの名前にちなんでつけられた．マオリ語ではラウカワといい，苦い葉々を意味する．最初にこの海峡をみたヨーロッパ人はオランダ人探検家のアベル・タスマンであるが，彼は海峡を東側が閉じた湾だと認識した．その後1769年にクックによって海峡であることが確認された．この海峡にはクジラが多く生息していたため，白人の植民者が多く移住し，

クツク　473

捕鯨が行われ，アラパワ島には 1820 年代から 1960 年代まで捕鯨基地が置かれた．1964 年にクジラが激減したこと，鯨油価格の暴落によって捕鯨は行われなくなった．

この海峡の両側はほぼ急な崖で形成されているが，南側のクラウディ湾，クリフォード湾とパリサー湾の浜辺の浅瀬は，海台を伴ってなだらかに 140 m まで深くなる．北西部は 300〜400 m の深さとなる．また南島の島々が点在する部分では，海底の地形は非常に複雑になっている．平均の水深は 128 m である．海峡は非常に強い潮流が流れる．一方向への潮の流れは 6 時間，また逆方向に 6 時間となるが，天候によっては一方への潮流が 3 時間以上長くなることがある．この潮流を利用した潮力発電の計画もあり，発電実験が行われている．

また，クック海峡では多様なクジラやイルカが観測できる．バンドウイルカ，ハラジロイルカ，マイルカ，また，シャチなどは頻繁に現れ，絶滅危惧種のセッパリイルカ，ミナミヒレナガゴンドウ（クジラ）が一斉にゴールデン湾に打ち上げられることもよくある．ナンヨウヒゲクジラ，シロナガスクジラ，イワシクジラ，マッコウクジラもときとして現れる．1888 年から 1912 年には船を先導して泳ぐイルカ，ペロラス・ジャックが有名となった．このイルカは銃撃事件の後，保護されるようになった．ウェリントンの南部の海岸レッドロックスには，オットセイが営巣地を形成している．

海峡の交通は，主として航空機と，ウェリントン〜ピクトン間を 3〜5 時間で結ぶフェリーによる．海峡は最も狭い場所が 22 km，潮流が強いことと，おもに南からの強風によって，フェリー航路は 70 km に及ぶ．1968 年にはウェリントンの港へ入港する際に沈没し，610 人の乗客，123 人の乗員のうち，合わせて 53 人が命を落とした．強い潮流にもかかわらず，この海峡を泳いで渡る人びとがおり，マオリの口承伝説では最初に海峡を泳いで越えた女性はヒネ・ポウポウといわれる．ポウポウはカピティ島からダーヴィル島にイルカの助けを借りて渡ったという．現代では 1962 年にバリー・ダベンポート，75 年には女性のリーン・コックスが横断に成功している．2010 年までに海峡横断に 75 人，往復に 3 人が成功している．2011 年 10 月には，イタリア人で足に障がいをもつ長距離泳者が横断に成功した．

[植村善博・太谷亜由美]

クック川　Cook River

ニュージーランド

ウェヘカ川　Weheka（旧称）

長さ：30 km　　　　　[43°27′S　169°46′E]

ニュージーランド南島，ウェストコースト地方の川．かつてはウェヘカ川とよばれていた．サザンアルプスから西に延びるペンローズ Penrose 氷河から発して西流し，下流でフォックス川と合流し，西流してタスマン海に注ぐ．

[太田陽子]

クック山　Cook, Mount　☞　アオラキ Aoraki

クック諸島　Cook Islands

人口：1.8 万（2011）　面積：237 km²

[21°13′S　159°47′W]

南太平洋ポリネシアの島国．24 のサンゴ環礁と火山島から構成される．マニヒキ，ラカハンガなど 6 つの環礁からなる北部諸島と，ラロトンガ，マンガイアなど 7 つの隆起および現成のサンゴ礁に囲まれた火山島および 2 つの環礁からなる南部諸島に分かれる．人口の 8 割は南部諸島に住む．熱帯気候に属し，11〜3 月にかけては熱帯低気圧であるサイクロンが頻発する．首都はラロトンガ島のアヴァルア．島民は，ニュージーランドの先住民であったポリネシア系のマオリ人（クック諸島マオリ族）が 8 割を占め，そのほかのポリネシア系やヨーロッパ系住民が居住する．公用語はマオリ語と英語．主要な宗教はキリスト教である．中でもプロテスタント系であるクック諸島教会の信徒が，国民全体の約 7 割を占める．主要産業は観光業であり，そのほかに魚介類や果樹の輸出，真珠の養殖などが行われている．北部群島ではココヤシから生成されるコプラ，南部群島ではバナナ，柑橘類，パイナップルなどを生産する．

地名は 1773 年にヨーロッパ人として初めてこの諸島を発見したジェームズ・クックに由来する．長らくイギリス人やアメリカ人によって，綿花やコプラなどのプランテーション栽培が行われていた．1888 年にイギリスの保護領となったが，1901 年にはニュージーランドの属領となった．1965 年以降はニュージーランドとの自由連合制をとっており，軍事および外交部門はニュージーランドが請け負うが，内政自治権はクック諸島の議会がもつ．イギリスのエリザベス 2 世が国家元首を務め，実質的な行政は女王が任命する総督と，議会により選出された与党第一党党首（首相）が担う．住民は全員ニュージーランド国籍を有する．なお，日本は 2011 年にクック諸島を国家として承認し，外交関係を樹立した．

クック諸島はマリンリゾート地として知られる．中でも，アイトゥタキ島と 21 の小島からなるアイトゥタキ環礁は，美しいラグーン（潟湖）が広がることで有名であり，毎年多くの観光客が訪れる．近年はニュージーランドへの移住者が増えて人口が減少し，深刻な内政問題をかかえている．

[岩間信之・太田陽子]

クック棚氷　Cook Ice Shelf

南極

長さ：90 km　　　　　[68°40′S　152°30′E]

南極，東南極の棚氷．東南極北東端に近い，ジョージ 5 世ランドの海岸近く，フレッシュフィールド岬とハドソン岬の間に発達する比較的小規模な棚氷である．1911〜14 年にこの地域を探検したオーストラリアのモーソン探検隊によって発見され，当時のオーストラリア首相のジョセフ・クックの名前にちなんで命名された．

[前杢英明]

クック半島　Cook Peninsula　☞　リーセル ラルセン半島　Riiser-Larsenhalvøya

クックタウン　Cooktown

オーストラリア

人口：0.2 万（2011）　面積：2332 km²

[15°28′S　145°15′E]

オーストラリア北東部，クイーンズランド州中央北部，クック郡区の都市で行政中心地．ヨーク岬半島の東部，エンデバー川の河口，ケアンズの北北西約 200 km に位置する．地名は，探検家ジェームズ・クックにちなんでいる．1770 年，エンデバー号で探検中，グレートバリアリーフに衝突し，船は大きな損傷を受けた．船の修繕のため，そして水や食料などの確保のために 6 週間この地に滞在したことによる．しかし，この地に町が建設されたのはさらに 1 世紀後になる．1872 年，ウイリアム・ハンによってパーマ川流域に金が発見され，翌 73 年に金採取の拠点として町が建設された．最盛期には 3 万を超える人口を有していたが，1880 年代になり，金資源が枯渇するとともに人口は急激に減少した．第 2 次世界大戦中，日本軍の侵

474　クツト

〈世界地名大事典：アジア・オセアニア・極Ⅰ〉

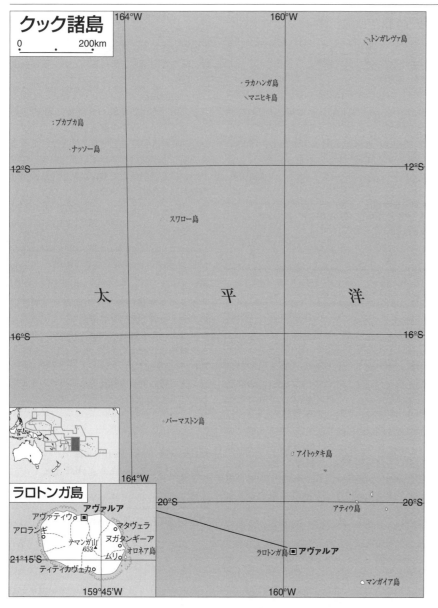

の村．ワイタキ地域にあり，プレザント Pleasant 川の北側に位置する．おもな産業は酪農，農業である．1851 年にこの付近で金を含む石英が発見されたといわれる．地名は，オタゴの開拓者の 1 人ジョン・ジョーンズがイギリスのサセックスの地名にもとづいて命名した．ヨーロッパヒメウドリのコロニーがある．

［太田陽子］

クーデ山脈　Khude Range

パキスタン

クード山脈　Khudo Range（別称）

標高：1000 m　　　　［26°35′N　67°00′E］

　パキスタン南西部，バローチスタン州南東部の山脈．シンド州境に近く，幅 10 数 km，長さ百数十 km と比較的小さな山脈である．カラチの北 200 km 付近を，キルタール山地の西側をほぼ北北西から南南東に走り，間にハブ川が南に流れる．おもに第三紀層からなり，標高は 1000 m あまりと高くない．

［出田和久］

グーティ　Gooty

インド

人口：4.3 万 (2001)　　　［15°08′N　77°36′E］

　インド南部，アンドラプラデシュ州アナンタプル県の町．町は，円形の岩の要塞と城壁に囲まれている．要塞は最高で標高 690 m にあり，その高さは 330 m ある．ここはマラーター族のモランラオゴルパデの本拠地であった．

［澤　宗則］

グーティエン県　古田県　Gutian

中国

人口：32.9 万 (2015)　面積：2385 km²
気温：20.2 ℃　降水量：1579 mm/年
　　　　　　　　　　　［26°34′N　118°44′E］

　中国南東部，フーチェン(福建)省北東部，ニンドゥ(寧徳)地級市の県．県政府所在地は城東街道．ミン(閩)江支流の古田渓中下流域に位置する．地名は，唐の開元 29 年 (741) にフーチョウ(福州)都督府管下の古田県が設置されたことに由来する．県域の 8 割以上が丘陵地である．省内におけるダム建設と水力発電の重点地域となっており，1958 年完成の古田水力発電所 (26 万 kW) と 98 年完成の水口発電所 (140 万 kW) が代表格である．また湿潤亜熱帯気候を利用する山地での傾斜地農業が発達し，シイタケやキクラゲなどのキ

略の脅威にさらされたため，一般市民は一時退去させられた．さらに 1949 年のサイクロンで壊滅的な被害を受けた．その後再建され，現在はグレートバリアリーフ北部およびヨーク岬半島の観光拠点となっている．周辺地域では鉱工業および牧牛業が行われており，それらに対するサービスの中心にもなっている．なお，クック郡区は約 11 万 5000 km²，ヨーク岬半島の約 8 割を占め，州最大の面積を有する．

［秋本弘章］

グッドイナフ岬　Goodenough, Cape

南極

標高：400 m　　　　　［66°15′S　126°15′E］

　南極，東南極の岬．ウィルクスランド，バンゼア海岸にある岬で，ポーパス湾の西の湾口をなす．全体が氷で覆われており露岩はない．ダグラス・モーソン率いるイギリス・オーストラリア・ニュージーランド南極探検隊 (BANZARE) の水上機によって 1931 年 1 月に発見され，当時の王立地理学協会会長，ウィリアム・グッドイナフにちなんで命名された．

［森脇喜一］

グッドウッド　Goodwood

ニュージーランド

　　　　　　　　　　　［45°32′S　170°43′E］

　ニュージーランド南島南東部，オタゴ地方

ノコの主産地として知られる. 住民の生活用語は福州語. 海外に 25 万人にのぼる古田出身の華僑がいる. 交通では来福鉄道(ナンピン(南平)～福州), 国道 316 号, ミン(閩)江航路が通じる.　　　　　　　　　　　　［許　衛東］

クディリ　Kediri　　　インドネシア

人口: 26.9 万 (2010)　面積: 63 km²
[7°49′S　112°01′E]

インドネシア西部, ジャワ島東部, 東ジャワ州の市(コタ). 州都スラバヤの南西 130 km, 標高 2100～2500 m 級のリマス, ウィリス, ドロファフィ, リマンなどの山塊の東麓の低地, ジャワ島第 2 位の河川ブランタス川(長さ 320 km)の中流沿岸に位置する. 市域東部はとくに肥沃な農業地帯である. 19 世紀にはオランダの植民地支配が浸透, 市の周辺地域はサトウキビやタバコなど商品作物栽培が大規模に展開した. それに伴ってジャワ島東部内陸部の中心的な物資集散地の 1 つとして成長, 19 世紀中～後期にはすでにスラバヤの港と結ぶ鉄道が敷設された.

住民の多くはジャワ人で, ほかに華人などをみる. 日常会話はジャワ語が卓越する. 主要産業は, インドネシア特有の嗜好品クレテックタバコ(クローブ入りの紙巻きタバコ)の生産である. 国内有数のグダンガラム社が立地し, 中ジャワ州クドゥスや東ジャワ州マランとともに, 主要な産地としてよく知られる. 住民の経済活動は製造業が中心で, 約 3 万人, 労働人口の 27%(2001)がこの部門に従事する. 中でも最大の雇用はタバコメーカーとその関連産業によって提供され, 市の経済はそれによって支えられている.

［瀬川真平］

クディリ　Kediri　　　インドネシア

人口: 150.0 万 (2010)　面積: 1386 km²
[7°48′S　112°02′E]

インドネシア西部, ジャワ島東部, 東ジャワ州の県. ウィリス山群(標高 2000～2500 m)の東麓, 東にクルッド山群(2500～3300 m)を望む平野に位置する. 北西に流れるジャワ島第 2 位の大河ブランタス川(長さ 320 km)中流に臨む. 県庁はヌガセム郡(人口 6.2 万, 2010)にある. 県域中央部に同名の市(コタ)(面積 63 km², 人口 26.9 万, 2010)がある. 北東約 123 km の州都スラバヤおよび東隣のマラン県マラン市に次いで, 人口規模は州内第 3 位である. ブランタス川の下流に位置するジョンバン県にかけての流域平野は, 古くから陸稲, 水稲の栽培が発達した豊かな農業地帯である. 一方では, クルッド山群の噴火とその火山灰や流砂, またブランタス川の洪水などの災害にたびたび見舞われてきた.

この地域には古代ヒンドゥー系王朝, クディリ(929 頃～1222)やシンガサリ(1222～92)が興った. 現在のクディリ市はクディリ王国の都に比定されるが, 遺跡などの具体的な証拠はいまだみつかっていない. マジャパヒト(モジョパイト)王朝期(1293～1500 頃)には, ジョンバンにかけてのブランタス川中流平野で灌漑水田が発達したと考えられる. その後, ジャワ島中部に興ったイスラーム系のマタラム王国(1582～1755)の東部外領に組み込まれ, クディリは中心都市であった. 19 世紀初期にはオランダの植民地支配が浸透し, サトウキビやタバコなどの商品作物の栽培が進展した.　　　　　　　　　［瀬川真平］

クート島　Kut, Ko　　　タイ

人口: 0.3 万 (2010)　面積: 110 km²
[11°40′N　102°35′E]

タイ中部, トラート県の島. タイ湾東岸に位置する. 本土からは約 30 km 離れており, 同じトラート県のチャーン島の南東約 30 km にある. カンボジア国境に近く, もとはカンボジア領コッコンのタイ族が移住してきたといわれており, 18 世紀末にはベトナムの阮朝を設立した阮福暎(嘉隆帝)が西山党に敗北して一時バンコクに逃れた後, ふたたびベトナムに戻る際にこの島に立ち寄って勢力を立て直した. 長らくトラート県レームゴープ郡に属していたが, 準郡を経て 2007 年に独立した郡となった. 1990 年代からチャーン島の観光開発が進むとこの島にも観光開発が波及し, 現在では海浜リゾートも増えたが, タイ湾東海岸の中では最も首都バンコクから遠く離れているため, 現在も美しい景観が保たれている.　　　　　　　　［柿崎一郎］

グドゥーガ　Goodooga　　　オーストラリア

人口: 338 (2011)　面積: 3699 km²
[29°08′S　147°28′E]

オーストラリア南東部, ニューサウスウェールズ州中央北部, ブレウォリナ行政区の町. 州都シドニーの北西約 635 km, 北部をクイーンズランド州と接し, ダーリング川の支流であるブハラ Bokhara 川沿いに位置する. 地名は, アボリジニの言語でヤムイモを意味する言葉に由来する. また, 2011 年の

センサスによると人口の 63.4% がアボリジニの血を引いている.　　　　　　［畠山輝雄］

クドゥス　Kudus　　　インドネシア

人口: 77.7 万 (2010)　面積: 425 km²
[6°48′S　110°50′E]

インドネシア西部, ジャワ島中部, 中ジャワ州北部の県. 県庁があるコタクドゥス郡の人口は 9.3 万(2010). 州都スマランの北東約 50 km の内陸部に位置する. 東から北にかけてパティ県, 南はグロボガン県, 西はドゥマック, ジュパラ両県と接する. 県北部にムリア山地(標高 1500 m 級)を望み, 南東はカプルタラ高原(500 m 級)に囲まれた平地にあり, スラン川が南から西へと流れる. ジャワ島西部の首都ジャカルタからスマランを経て, 東ジャワ州の州都スラバヤにいたるジャワ北幹線(鉄道, 道路)上に位置する.

住民の多くはジャワ人, そのほかに華人などで, 日常言語としておもにジャワ語が用いられる. イスラーム教が卓越する. クドゥスは西隣のジュパラ, ドゥマックなどとともにジャワで最も早くイスラーム教が浸透した地域で, 16 世紀に建造されたジャワ古代寺院建築様式を残すモスク(イスラーム教礼拝堂)などジャワ・イスラーム史に貴重な建築物が残る. 東ジャワ州クディリやマランとならんで, 国特有の嗜好品クレテックタバコ(クローブ入り紙巻きタバコ)の主要な産地の 1 つとしてよく知られる. 大手メーカー(ジャルム社)の工場があり, そこで働く女性労働者の姿が目立つ. クレテックタバコは 19 世紀半ばから後半にこの地の中国系住民によって商品化されたとされ, 現在はクレテックタバコ博物館がある.　　　　　　　　　［瀬川真平］

クトゥブ湖　Kutubu, Lake

パプアニューギニア

面積: 49 km²　[6°24′S　143°19′E]

南太平洋西部, メラネシア, パプアニューギニア中央部, サザンハイランド州の湖. 州の奥地に位置し, ウェスタン州のマレー湖に次いで国内で 2 番目に大きい. 周囲にはフォイ, ファスの 2 つの民族が暮らしている. 1990 年代に開始された大規模な石油開発と, それに続く国家的な液化天然ガス(LNG)の開発プロジェクトで, 一躍脚光を浴びている. LNG プロジェクトには, 国際石油資本, 日本の企業なども加わり, 700 km にわたるパイプラインが首都ポートモレスビーま

で建設された. 一方, 湖の水質汚染も懸念されている.　　　　　　　　　　　　［熊谷圭知］

グドゥリ川　Gudri River　パキスタン

[26°02′N　63°33′E]

パキスタン南西部, バローチスタン州南西部の川. ダシュト川の上流部の名称で, ゴクプロシュ山地の北側のトゥルバット(ケッチ)河谷を西流する. トゥルバット河谷は酷暑で知られる.　　　　　　　　　　　　［出田和久］

グナ　Guna　インド

人口: 18.1万 (2011)　[24°39′N　77°18′E]

インド中部, マッディヤプラデシュ州北西部, グナ県の都市で県都. チャンバル川の支流であるパルワティ Parvati 川沿いに位置し, 国道3号が通る. 農産品の集積地でもあり, 肥料工場やガス工場が立地する. ヒンドゥー教のハヌマン寺院が観光名所の1つである. グナ県の面積は1万1065 km². 県南部には, パルワティ川が西の県境に沿って北流する. 年平均降水量は1054 mm で, 植生は熱帯乾燥落葉樹林が卓越する. ヒンディー語が用いられている. 県域の71%が耕作され, このうち4%が灌漑されている. 雑穀(キビ類), 小麦, トウモロコシ, 豆類, アブラナ, 綿花, スパイス類が栽培されている. 工業では, 鉄棒, セメント管が生産されている. チャンデリ Chanderi ではシルクのサリーが織られている.　　　　　　　　　　　　［澤　宗則］

クーナウォラ　Coonawarra　オーストラリア

人口: 334 (2011)　[37°18′S　140°50′E]

オーストラリア南部, サウスオーストラリア州南東部の町. 州都アデレードの南東381 km に位置する. ブドウ栽培とワイン生産で知られ, 町から南8km のペノーラにかけては, 現在, 一面のブドウ畑が広がり, 20以上のワイナリーがある. この付近は, 石灰岩が風化することによって生成された赤色土壌のテラロッサが局地的に分布している地域である. テラロッサはヨーロッパ地中海の沿岸地方にも多く分布する土壌で, ブドウ栽培に適しているとされている.

この地域にヨーロッパ人が初めてやってきたのは1840年のことで, クーナウォラから

ペノーラにかけて放牧地が開発された. しかし1851年, ヴィクトリアで始まったゴールドラッシュによって経営が中断され, まもなく放牧地は放棄された. その後1861年, ジョン・リドックという人物によってこの付近の土地がふたたび購入され, 羊が放牧された. これが集落としてのクーナウォラの始まりとされる.

リドックは, 1890年頃になってここに果樹園を設立した. 800 ha の面積をもったその土地は, さらに4～12 ha の面積に細分され, 新しい農業に意欲的だった付近の農民に, 破格の値段で売却された. その土地には, ブドウまたは果樹が植えられた. これがきっかけとなり, ブドウ畑がしだいに広がっていった. 土壌に恵まれた町の周辺では質のよいブドウが栽培され, 上品質のワインが生産されたが, 1900年代の前半はまだ, オーストラリアでワインを飲む習慣が一般的ではなかったために, 生産量は決して多くはなかった. しかし, 1950～60年代になると, ワインの消費量がしだいに増加していき, 州内で最高品質のワインを生産する地域として発展した. 現在, 町中や町周辺にあるワイナリーでは, ワインの試飲ができるほか, シーズンにはワインの生産工程やブドウ畑の見学もできる. 地名は, アボリジニの言語で野生のハニーサックルを意味する. ハニーサックルとは, オーストラリア原産のバンクシア属の植物である.　　　　　　　　　　［片平博文］

クーナバラブラン
Coonabarabran　オーストラリア

人口: 0.3万 (2011)　面積: 182 km²
降水量: 750 mm/年　[31°16′S　149°16′E]

オーストラリア南東部, ニューサウスウェールズ州北東部, ウォランバングル行政区の町で行政中心地. 州都シドニーの北西451 km, キャッスルリー川沿いに位置する. もともとは, クーナバラブラン行政区に属していたが, 2004年にクーラ行政区と合併し, ウォランバングル行政区に属するようになった. 町には, ニューウェル, およびオクスリーハイウェイが通じており, 近隣のギルギャンドラやガナダー, ナラブライなどのより大きな町とつながっている. このため, クイーンズランド州とヴィクトリア州間の内陸輸送のルート上にある. また, 1917年に開通した鉄道も通っている. 気候は亜熱帯性であるものの, 夏季の平均気温(最高31.7℃, 最低15.0℃)と冬季の平均気温(最高14.8℃, 最低0.1℃)の差が激しく, 年較差が大きいと

いえる. また, 最高気温の記録が42.6℃と高温になることもある. 年平均降水量は州の中では比較的多い. 町の周辺では, 小麦, 羊毛, 肉牛などの農牧業に加え, ワイン生産も盛んである.

1817年の政府の調査によって開かれた町は, 59年にルイス・ゴードンによって開発計画の提案がなされた. 開拓以前は先住民カミラロイが居住しており, 地名についても, 諸説はあるがカミラロイの言葉で排泄物(gunbaraaybaa)を意味しているとされる. 町は, ウォランバングル国立公園の玄関口となっており, 観光客のための多数のホテルやキャラバンパークなどが立地している. 公園では古代の火山地形や貴重な野生動物を観察することができるため, 多くの観光客が来訪している. また, 1967年に建てられた国内最大の光学望遠鏡があるサイディングスプリング天文台に最も近い町である. このため, オーストラリア天文学の本拠地と考えられており, 町にある企業や政府の建物には, 天文学的テーマのデザインが表示されている.
　　　　　　　　　　　　［畠山輝雄］

クナム岬　Kenam, Tanjung
インドネシア

ケナム岬 (別表記)

標高: 7.0 m　[4°39′S　105°55′E]

インドネシア西部, スマトラ島南部, ランプン州東岸の岬. スプティ Seputih 川やトゥルサン Terusan 川などが合流して形成する広大な低湿地帯の最先端に位置し, 東でジャワ海に面する. 付近はエビ養殖業が盛んで, 多数の養殖池が集中する.　［瀬川真平］

クナール川渓谷　Kunar River Valley　パキスタン/アフガニスタン

[34°34′-36°03′N　70°26′-71°20′E]

アフガニスタン東部, アフガニスタンとパキスタンの国境アルナワイ Arnawai (パキスタン側アランドウー Arandu)でアフガニスタンに流入し, ヌーリスターンのバシュガル Bashgal 川と合流しアスマルからアサダバードまで峡谷を流れて, 多くのカレーズ(カナート)をはじめとする灌漑網を満たし, ジェララーバードの西でカーブル川に合流する. パキスタン領内でクナール川は, チトラルから上流に向かってマストゥジ Mastuj 川, ヤルフン Yarkhun 川とよばれている.

ヤルフン川は，ヒンドゥークシュ山脈最東端の南麓にあるチアンタール Chiantar 氷河を源流とする． ［土谷遥子］

クーナルピン　Coonalpyn
オーストラリア

人口：0.1万（2011）　　［35°42′S　139°51′E］

　オーストラリア南部，サウスオーストラリア州南東部の町．デュークスハイウェイ沿いにある農業集落である．州都アデレードの南東164 kmに位置する．集落は，州内の農村部で一般的な，パークランドとよばれる幾何学的な土地区画が施されている．クーナルピンの場合は正方形の土地区画となっており，その中央部を北西-南東方向に鉄道が通過している．集落付近はマレーマリー地域の南端部にあたり，無数の砂丘列が走っている．この付近は砂質土壌に覆われて不毛の地とされていたため，開発がなされないままであった．本格的な開発がなされたのは1940年代以降で，70年頃までに2800 km²の農地が開かれた．現在は，小麦，大麦をはじめとする穀物栽培や，羊の放牧が中心となっている．穀物輸送用の鉄道駅前には，巨大なサイロがある．また，集落の北東18 kmにはカーキュマ Carcuma 保護公園があり，そこにはグレーカンガルー，エミュー，ハリモグラなどのオーストラリア固有動物や，バンクシア，ユーカリなどの原植生が保護されている．地名は，アボリジニの言語で子を産まない女を意味する． ［片平博文］

クーナンブル　Coonamble
オーストラリア

人口：0.3万（2011）　標高：200 m
降水量：600 mm/年　　［30°57′S　148°23′E］

　オーストラリア南東部，ニューサウスウェールズ州北東部，クーナンブル行政区の町で行政中心地．州都シドニーの北西約420 km，ブリズベンの南西約600 km，ダーリング平原の東端部に位置する．この地域は，グレートディヴァイディング山脈とダーリング平原との境界部に位置する，標高約100～200 mの低地にあたる．市街地は北流するダーリング川の支流であるカースルレイ川によって東西に分断されている．夏季の最高気温は約35℃に達するが，冬季の最低気温は約0℃まで下がる．

　町への入植は1840年代に始まり，59年には測量が行われてカースルレイ川の両岸に市街地が形成され始めた．1869年に公立学校，70年に警察署，77年に裁判所がそれぞれ建設され，80年には行政区として認可された．また，1883年にはカースルレイ川に橋がかけられ，東西の市街地が結ばれた．この頃のおもな産業は牧畜業で，肉牛生産が主流であったが，しだいに肉牛から羊毛生産に移った．人口は1870年代には約200であったが，1900年代初頭には1500を超えた．このような人口増加と産業の発展を背景に，1903年には鉄道が敷設され，南部にあるダボ町と結ばれた．その後は井戸の掘削，地下水の揚水および灌漑水路の建設などが進み，小麦生産が飛躍的に増大した．このため現在は，小麦と羊毛の生産が盛んである．なお，町では1929年に火災が発生し，中心市街地の大半が焼失した．また，2009年の夏季には大洪水が起こり，多くの被害が発生した．

　町には，カースルレイ川のほかにもダーリング川の支流が多数流れており，沼沢地や湿地が点在している．また，町の南東約60 kmには標高約1000～1200 mのウォランバングル国立公園があり，町はバードウォッチングや自然愛好家の宿泊拠点の1つともなっている．一方，町では毎年5月または6月にロデオ大会が開催され，数千人の観光客で賑わう． ［梶山貴弘・藁谷哲也］

クニ　軍威　Gunwi
韓国

人口：2.2万（2015）　面積：614 km²
　　　　　　　　　　［36°14′N　128°34′E］

　韓国東部，キョンサンブク（慶尚北）道中部の郡および郡の中心地．テグ（大邱）広域市の北に位置する．行政上は軍威郡軍威邑．ナクトン（洛東）江の支流，双渓川の上流部にあたる．2010年の軍威郡の人口は2.0万である．1975年の人口は約7万であったので，この間に約3割弱にまで減少した．チュガン（中央）線と中央高速道路が郡域を通過している． ［山田正浩］

クニンガン　Kuningan
インドネシア

人口：103.6万（2010）　面積：1179 km²
　　　　　　　　　　［7°02′S　108°30′E］

　インドネシア西部，ジャワ島西部，西ジャワ州東端の県および郡．北にチルボン県，西にマジャレンカ県，南にチアミス県，東に中ジャワ州ブレベス県と接する．チェレマイ山（標高3078 m）の東麓に位置し，東および北に向かって平地が広がる内陸県である．西ジャワ州北海岸沿いの重要都市チルボンと内陸部の都市チアミスを結ぶ重要道路が通る．クニンガン郡の人口は9.1万（2010）で，都市的な地域である．県庁はじめ県行政の中枢，商業活動や教育などの機能が集中する． ［瀬川真平］

グヌット　Ngunut
インドネシア

Ngoenoet（別表記）
人口：7.5万（2010）　面積：38 km²
　　　　　　　　　　［8°05′S　112°03′E］

　インドネシア西部，ジャワ島，東ジャワ州トゥルンアグン県の郡．北はブリタール県と接している．郡都はグヌット．生産されている農産物には米，トウモロコシ，キャッサバ，ラッカセイ，大豆がある．畜産も比較的盛んで，その中では養鶏が最も盛んである．その他には縫製業も盛んで，登山用のリュックサックやテント，通勤・通学用のカバンなどが生産されている．国内の国防治安機関で必要とされている主要兵器システム以外の物，たとえばインドネシア国軍が用いるリュックサック，ベルト，テント，カバンなどもこの地で生産されている． ［山口玲子］

クヌヌラ　Kununurra
オーストラリア

人口：0.6万（2011）　面積：2175 km²
　　　　　　　　　　［15°45′S　128°45′E］

　オーストラリア西部，ウェスタンオーストラリア州北西部の町．ウィンダムイーストキンバリー郡の中心地であり，州都パースの北東約3200 kmに位置する．地名はオード川の泉をさす先住民の言葉にちなんで命名された．ダイヤモンドの産地として知られる． ［大石太郎］

クーヌール　Coonoor
インド

人口：15.8万（2011）　標高：1829 m
　　　　　　　　　　［11°21′N　76°46′E］

　インド南部，タミルナドゥ州西部，ニルギリ県の都市．ニルギリ丘陵に位置する．ウダガマンダラム（ウーティ），コータギリとともに19世紀イギリス人によって開発された避暑地の1つ．観光とプランテーションで有名である．クーヌールはマッツパラム（東28 km）とウダガマンダラム（北西18 km）とを結ぶニルギリ山岳鉄道の沿線上にある．またマッツパラムまではチェンナイ（マドラス）から急行が接続している．周辺の丘陵地では，茶とコーヒーのプランテーションが行われている．またユーカリ油も特産品の1つであ

る．市内にはパスツール医療研究所やモクレン類やシダ類など1000種類以上の植物を集めたシムズ植物公園がある．南東6.4 kmにあるタイガーヒルには紅茶工場と養蚕工場がある．また東南東6.4 kmのバーリヤルには薬草ならびにゴムの実験農場がある．

[南埜 猛]

グヌンアグン ☞ アグン山 Agung, Gunung

グヌンシトリ Gunungsitoli
インドネシア

Gunung Sitoli（別表記）
人口：12.6万（2010） 面積：285 km²
[1°17′S 97°37′E]

インドネシア西部，ニアス島，北スマトラ州の市（コタ）．スマトラ島北西沖，ニアス島への入口で，島内最大の都市的地域である．2008年11月，地方行政改革の一環で，ニアス島北部を占めていたニアス県から一部の地域が分離されてニアスウタラ県が発足し，ニアス県の県庁所在地であったグヌンシトリは県と同格の自治体である市（コタ）に昇格した．なお，2008年以後，新しいニアス県の県庁はギド郡に置かれている．市街地南郊にビナカ空港があり，スマトラ島東岸に位置する州都メダンとは小型飛行機便（所要約1時間）で結ばれるほか，スマトラ島西岸のシボルガから船便（約10時間）がある．島の主要産品である天然ゴム，コプラ，カカオ，アブラヤシ，コーヒー，クローブなどの積出港でもある．住民の多数は言語文化集団としてのニアス人，ほかにスマトラ島出身のバタック人（北スマトラ州）やミナンカバウ人（西スマトラ州），そして華人などをみる．ニアス人の多くはキリスト教徒（プロテスタント）で，1865年にスマトラ島西部で活動を行っていたドイツのライン宣教師協会がグヌンシトリで布教を開始したことに由来する．2004年12月26日のスマトラ島沖地震に続き，05年3月28日にはM 8.7の大地震がニアス島で発生し（ニアス島地震），グヌンシトリをはじめとするニアス島全体は二度の災害で大きな被害を受けた．

[瀬川真平]

グヌンムル国立公園 Gunung Mulu National Park
マレーシア

面積：529 km² 標高：2371 m
[4°03′N 114°56′E]

マレーシア，カリマンタン（ボルネオ）島北部，サラワク州北東部の国立公園．ブルネイ王国の南側に位置する．公園名となっているムル山（標高2371 m）を含む一帯が1974年に国立公園に指定され，85年から一般に公開された．2000年には「グヌン・ムル国立公園」としてユネスコの世界遺産（自然遺産）に登録されている．公園中のもう1つのピークが，アピ山（1750 m）である．公園には多様な動植物が生育し，458種類の動物，262種類の鳥類，281種類のチョウ類，74種類のカエルなどが生息する．

[生田真人]

グヌンムル国立公園（マレーシア），石灰石のピナクル（尖塔）《世界遺産》〔Shutterstock〕

クノハンジュンパン kenohan Jempang ☞ ジュンパン湖 Jempang, Danau

クーパー川 Cooper Creek
オーストラリア

長さ：2500 km
[28°22′S 137°41′E]

オーストラリア東部，クイーンズランド州南西部からサウスオーストラリア州北東部にかけて流れる川．南南西に流れ下り，エア湖の北湖に注ぐ．上流部はトムソン川とよばれ，クイーンズランド州南西部のウィンドーラ付近でバーク―川がこれに合流してクーパー川となる．トムソン川はさらに上流で，グレートディヴァイディング山脈の西側を流れるランズバラ Landsborough，タワーヒル Towerhill，トレンズ Torrens，アラマク Aramacなどの川を集める．クーパー川の集水域は29万6630 km²にも達し，その範囲はクイーンズランド州，ニューサウスウェールズ州，サウスオーストラリア州の3州にまたがっている．

トムソン川，バーク―川上流部の年間降水量は400～600 mmなのに対して，集水域下流部のそれはわずか50～100 mmにすぎない．したがって，クーパー川は蒸発散量のきわめて多い地域を流れ下るために，通常，その流れはエア湖にまで到達しない．加えて，集水域は非常に低平で，そのためとくに中流部の川筋は幾重にも分流している．さらに，最下流部のストツレッキ砂漠付近では，ところどころその流れが途切れているほか，川筋の付近には，無数の小さな湖が点在している．

しかし上流部に大量の雨が降ると，水は5日から1週間をかけて中，下流部に達して氾濫する．すなわち，中，下流部では，そこにまったく雨が降らない場合でも洪水となるのである．また集水域周辺の気候も非常に過酷で，夏季は37℃を超えるのに対して，冬季は日中でも7℃程度にすぎない．この地域の一部では，わずかに肉牛の放牧が行われている．地名は1845年，探検家のチャールズ・スタート（1795-1869）によって発見され，当時のサウスオーストラリア植民地裁判所判事のチャールズ・クーパー卿にちなんで名づけられた．

[片平博文]

クパヒアン Kepahiang
インドネシア

人口：12.5万（2010） 面積：665 km²
[3°39′S 102°35′E]

インドネシア西部，スマトラ島中西部ブンクル州の県および郡．州都ブンクルの東約65 km，スマトラ島中央山岳地帯の内陸盆地に位置する．2004年1月にクパヒアン県が成立したのに伴い，クパヒアン郡（人口4.0万，2010）のクパヒアン（区）に県庁が置かれた．

[瀬川真平]

クーバーピディ Coober Pedy

オーストラリア

人口：0.2万（2011）　面積：78 km²　標高：200 m
降水量：140 mm/年　　［29°01′S　134°45′E］

　オーストラリア南部，サウスオーストラリア州中央北部の鉱山町．州都アデレードからスチュアートハイウェイを経て，北北西846 kmに位置する．標高200 mあまりのスチュアート山脈の中に立地するオパールの鉱山町である．年平均降水量は少なく，付近の植生は非常に少ない．オパールは1915年，当時まだ10代であったウィリー・ハッチソンによって発見された．早くもその翌年には，多くの人びとがこの地にやってきた．初期にやってきた人びとの中には，第1次世界大戦を戦ったヨーロッパの人びとも多く含まれていた．町として正式に成立したのは1922年のことである．現在，町とその周辺には約3500人が住んでいるが，彼らの国籍はさまざまで45カ国を超えている．中でも，ギリシャ，イタリア，旧ユーゴスラヴィア，中国などからやってきた人が多い．

　国内でも有数のオパール鉱山町であるが，町を訪ねても驚くほど家屋は少ない．それは，ここに住む人びとの約80%が地下に住んでいるからである．乾燥地域に位置する当地では，夏の気温が50℃以上にもなるため，日較差の少ない地下に家をつくるようになった．ただし地下といっても，斜面に玄関をもち，そこから横に掘り進んで部屋をつくったものが多い．斜面に面した部屋には窓が設けられているが，当然ながら奥の部屋には窓がまったくない．そのため，キッチンばかりでなく，リビングや寝室の天井にも垂直に延びる換気口があり，空気を循環させている．

　町には，地下のレストラン，土産物店，教会，陶器製造所などがみられる．周囲には，オパールを採掘するための無数のたて穴と，その付近には掘り出された白い土砂がいたるところに散在している．また，草のまったく生えていないフェアウェイをもつゴルフ場は，砂漠に位置するこの地ならではのものといえる．　　　　　　　　　　　　［片平博文］

クパラブルン半島 Kepala Burung, Semenanjung ☞ チュンドラワシ半島 Cenderawasih, Semenanjung

クパン Kupang

インドネシア

人口：33.6万（2010）　面積：180 km²
　　　　　　　　　　　［10°10′S　123°35′E］

　インドネシア中部，ティモール島西端部，東ヌサトゥンガラ州の市（コタ）で州都．西でクパン湾に面する．州最大の都市で，クパン県（人口約31万，2010）を周囲にもつ．住民の構成は複雑で，ティモール島先住の言語慣習などを異にするグループに加えて，華人（中国系住民）や，スラウェシ島からの移住民（ブギス人，ブトン人など），ジャワ島からの出稼ぎ者（ジャワ人など），ティモール島近隣の東ヌサトゥンガラの島々からやってきた人びと（ソロール人，ロティ人，サヴ人など）が居住，かつては海上民バジャウ人もよく来航した．住民の宗教はプロテスタント（45%）とローマカトリック（40%）が卓越し，イスラーム教は少数派である．

　16世紀，アジアを目ざしたポルトガル勢が，恵まれた地形のクパン湾を占領して砦を築いた．その後，1618年にオランダ東インド会社が白檀（英語でサンダルウッド，インドネシア語でチュンダナ）の独占的取引を図るために，ここに貿易の中継基地を建設した．白檀貿易そのものはまもなく衰退するが，17〜18世紀にはオランダ人とポルトガル人やティモール島諸民族グループとの間で激しい戦いがくり広げられた．その結果，ティモール島西半分がオランダ領，東半分がポルトガル領に分割された．クパンは19世紀初頭には一時的にイギリスの支配下に入るものの，オランダ勢力による東ヌサトゥンガラ地域統治の中心地として定期航路の寄港地，交易中継基地であり続けた．第2次世界大戦中には日本軍に占領された．1949年のインドネシア独立以後，ティモール島のオランダ領はインドネシア領になっていくが，ポルトガル領の側はそのままの状態であった．ところが，1976年にインドネシア軍が解放と称してポルトガル領に侵攻制圧，東ティモール州として併合した．その後，東ティモール住民の長く激しい抵抗運動を経て2001年5月に東ティモール州がインドネシアから独立，東ティモール民主共和国（テトゥン語でティモールロロサエ，ポルトガル語でティモールレシチ）が建国された．

　現在も東ヌサトゥンガラ地域における重要な都市で，コプラ，コーヒー，ゴム，カカオ，籐などの農林産物，真珠，乾燥ナマコなどの海産物の積出港である．近隣の島々や州内外の各地との間がフェリーや船舶，飛行機で結ばれ，ペンフイ空港は国内各地ならびに

オーストラリアのダーウィンなどへの定期航空路をもつ．国立ヌサチュンダナ（白檀の島の意）大学があり，教会も多い．　［瀬川真平］

クパン湾 Kupang, Teluk

インドネシア

　インドネシア中部，ティモール島南西端沖，東ヌサトゥンガラ州の湾．ティモール島南西端部に位置する州都クパンの前面，西向きに広がる．湾口の幅（南北方向）は15 km，奥行（東西方向）は20 km．湾の入口，やや南寄りにセモウ島がある．クパンは歴史的にも現在でもインドネシア海域中央部における重要な港町である．港湾は州内で最も規模が大きく，経済的にも重要な地位を担う．また，軍港としての機能も備える．　［瀬川真平］

クブ Kubu

インドネシア

人口：3.6万（2010）　面積：1212 km²
　　　　　　　　　　　［0°29′S　109°23′E］

　インドネシア西部，カリマンタン（ボルネオ）島西部，西カリマンタン州クブラヤ県の郡．クブラヤ県は2007年にポンティアナック県の一部が分離して誕生した．州都ポンティアナックの南約60 kmに位置するが，直通する陸上道路はない．周囲は州内を西流した島内最長のカプアス川（全長1143 km）やその支流が形成する下流域の低湿地帯である．　　　　　　　　　　　　　　　［瀬川真平］

クブメン Kebumen

インドネシア

人口：116.0万（2010）　面積：1281 km²
　　　　　　　　　　　［7°41′S　109°41′E］

　インドネシア西部，ジャワ島中部，中ジャワ州南部の県および県庁が所在する郡．郡の人口は11.9万（2010）．県は南でインド洋に面し平坦地が広がるが，北部ではスラユ山脈の一部をなす山地（標高500〜700 m）が東西に走りながら県全体を囲む．南部平野の中央には石灰岩質の山塊（500 m程度）が居座り，インド洋へと突き出している．土地利用としては，総面積の約65%が農地で，水田と非水田がほぼ半々である．水田（約4万ha）の約8割にはなんらかの灌漑設備が整い，ほとんどは少なくとも1年に2回の稲の収穫が可能である（2010年代の県全体の収穫量は平均して40万t以上）．そのほかに，畑作地（約21%），森林（約14%）をみる．また，南部の海岸沿いに養魚池が点在する．県域を東西に横切って，ジャワ島を横断する鉄道の南幹線

480　クマ

〈世界地名大事典：アジア・オセアニア・極Ⅰ〉

が通る.　　　　　　　　　　　　　　[瀬川真平]

クーマ　Cooma　　　　オーストラリア

人口：0.7万 (2011)　面積：101 km²　標高：800 m
降水量：530 mm/年　　　[36°15′S　149°08′E]

　オーストラリア南東部, ニューサウスウェールズ州南東部, クーマモナロ行政区の都市で行政中心地. 高原地帯に位置しており, 首都キャンベラからはモナロハイウェイを経由して北約 110 km の距離にある. また, マランビジー地方とビーガを結ぶスノーウィーマウンテンズハイウェイも通っている. 近隣には, クーマ・ポロフラット Cooma/Polo Flat 空港も立地しており, 交通の要衝となっている. 地名は, アボリジニの言葉で Coombah, つまり大きい湖や広々とした土地に由来している. 1823 年にジョン・マーク・カリーによって探検された. その後, 1840 年代に多くの牧場が建設され, 59 年にゴールドラッシュが起きて町は発展した. 1879 年に自治体となった. 1889 年にはシドニーからローヤラ Royalla まで開通していた鉄道がクーマまで延長された. しかし, この鉄道は 1986 年に廃線となった. 現在は, 週末と祝日のみクーマからバンヤン Bunyan とチャコラ Chakora へボンバーラ鉄道として運転されている.

　1949 年にスノーウィーマウンテンズ水資源開発計画の本部となり, 急速に成長した. この機構の事業により, 23 年間で約 30 カ国から 10 万人以上が雇用され, 地域における最大の雇用となった. その後は, 冬季においては州の中でも主要なウィンタースポーツを楽しむ旅行者の拠点となり, 観光業が発展した. また, スノーウィー山脈には豊かな自然があり貴重な動植物も生息していることから, 夏季にも登山, 乗馬, 釣り, キャンプを目的に観光客が多く集まる. この結果町は, スノーウィー山脈の玄関口として定着していった. 気候は乾燥しかつ冷涼であり, 冬季がとくに乾燥する. 月別平均最低気温は, 最も低い 7 月が −2.8℃, 最も高い 1 月が 10.7℃ である. 月別平均最高気温は, 最も低い 7 月が 11.4℃, 最も高い 1 月が 27.2℃ である. 町では, 5 km ほど離れたマランビジー川から水道水を引いているが, 2006 年 12 月の大干ばつで初めて規制がかけられた.

　　　　　　　　　　　　　　[畠山輝雄]

グマ県　皮山県　Guma　　　　中国

ピーシャン県　皮山県　Pishan （漢語）

人口：21.8万 (2002)　面積：41000 km²
　　　　　　　　　　[37°37′N　78°17′E]

　中国北西部, シンチャン(新疆)ウイグル(維吾爾)自治区南部, ホータン(和田)地区の県. タリム(塔里木)盆地の南西部, クンルン(崑崙)山脈北麓に位置し, 南はパキスタン統治下のカシミールに隣接する. 人口の 98% がウイグル族である. 1903 年に県が設置された. 北部は砂漠, 南部は山地からなる. 農業がおもな産業で, 穀物, 綿花, 果実, 繭を生産する. 採鉱, 絨毯生産が盛んである. 名所にグマモスク, スルタン・スディク・ブグラハン古墳, サンジュ岩画などがある.

　　　　　　　　　[ニザム・ビラルディン]

クマイ　Kumai　　　　インドネシア

人口：4.7万 (2010)　面積：2921 km²
　　　　　　　　　　[2°44′S　111°43′E]

　インドネシア西部, カリマンタン(ボルネオ)島南部, 中カリマンタン州南部, コタワリンギンバラット県の郡. 県庁があるパンカランブンの南東約 20 km, クマイ川(全長約 175 km)の下流に位置し, 泥炭層の低湿地帯が広がる. クマイ川は河口から上流 100 km あたりまで中型船で航行でき, クマイ港からはジャワ海を縦断してジャワ島の中ジャワ州州都スマランを結ぶフェリー便(所要約 24 時間)が発着する. 北西約 8 km, パンカランブンとの間には飛行場がある. 郡の北東部地域はタンジュンプティ国立公園の一部になっている. 郡庁はクマイヒリール(人口 0.9 万, 2014)にある.　　　　　　[瀬川真平]

クマイ湾　Kumai, Teluk
　　　　　　　　　　　　　インドネシア

長さ：30 km　深さ：25 m
　　　　　　　　　　[2°59′S　111°43′E]

　インドネシア西部, カリマンタン(ボルネオ)島南部, 中カリマンタン州南部, コタワリンギンバラット県南部の湾. ジャワ海につながる. クマイ川(全長約 175 km)の下流域の低湿地帯に形成される.　　[瀬川真平]

クマオン丘陵　Kumaon Hills
　　　　　　　　　　　　　　インド

Kumaun Hills （別表記）
面積：47327 km²

　インド北部, ウッタラカンド州東部, クマオン地方にある丘陵地帯. ヒマラヤ山脈に連らなる山岳地域で, 州西部のガルワール地方にまたがっていることから, ガルワール・ヒマラヤともよばれる. この地域に位置するナンダデヴィ国立公園は 1988 年に, 2005 年には花の谷国立公園も「ナンダ・テヴィ国立公園及び花の谷国立公園」としてユネスコにより世界遺産(自然遺産)に登録された. 丘陵一帯はナイニタル, ビムタル Bhimtal などの湖沼が多く, インドの湖水地方 Lake District of India とよばれてきた. しかし, 都市開発や観光開発が進み, 水質汚染が懸念されることから, 1955 年, 国家湖沼保全計画(NLCP)の対象地域に指定された. その地名は, ヴィシュヌ神の化身, クルマ・アバタールにちなんで名づけられた.　[酒川　茂]

グマス　Gemas　　　　マレーシア

人口：3.0万 (2010)　　　[2°35′N　102°37′E]

　マレーシア, マレー半島マレーシア領南西部, ヌグリスンビラン州タンピン郡の行政区(村). タンピン郡は, ヌグリスンビラン州内に設置されている郡の中では, その南東端に位置する. 行政区人口の中ではマレー人(人口 2.4 万, 2010)が大半を占め, 中国人(0.2 万)とインド人(0.2 万)がそれに続く. 州都スレンバンの東南東約 72 km の地点にあり, マレー半島西岸から東岸へと分岐する鉄道網の分岐点にあたっている. ここにはマレー半島内を南北につなぐ幹線道路も経由する. 市街はレダン山系(最高点 1276 m)の北麓に位置しており, ゴム, 稲作, バナナ, 熱帯性の果物など各種の農作物が栽培されている. なお, タンピン郡の中のこの行政村(ムキム)とそれに隣接する行政村を対象にしてタンピン町が設置されている.　[生田真人]

クマナ国立公園　Kumana National Park　　　　スリランカ

ヤーラ東国立公園　Yala East National Park （旧称）

面積：182 km²　気温：27.3℃
降水量：1300 mm/年　　　[6°30′N　81°41′E]

　スリランカ, 東部州アンパラ県南端の国立

公園. 1970年1月に指定を受けたヤーラ東国立公園が, 85〜2003年の内戦時における閉鎖期間を経て, 06年9月の再開とともに改称された. コロンボの東南東391kmに位置する辺境の地で, 探勝基地であるアンパラ県アルガム湾の南約30kmにある. 乾燥地帯に立地し, 草原地帯と20あまりのラグーン(潟湖)や貯水池を含む. 観光シーズンは1〜6月である. 1938年に域内の一部が野鳥保護区に指定されて以来, 野鳥の宝庫として知られ, シタカコウ, ヘラサギなど255種の渡り鳥, 水鳥が観察される. 一年を通じて野生のゾウの群れがみられ, その他, アクシスジカなど大小さまざまな種類のシカ, 水牛, レオパード, ゴールデンジャッカル, サル, ワニ, ウミガメ類などが観察できる. クマナ一帯は紀元前3〜前1世紀頃に古代文明が栄えたとされているが, 未調査地域が多く, その全貌はよく知られていない.

[山野正彦]

クマラ　Kumara　ニュージーランド

コヒマラ　Kohimara (旧称)

人口 309 (2013)　[42°38′S 171°11′E]

ニュージーランド南島西岸, ウェストコースト地方の町. ウェストランド地区, タラマカウ川西岸のアウトウォッシュ(融氷河流堆積物)からなる段丘上にある. 付近では農耕や製材を行い, 郵便局, 小学校, ホテルなどがある. この地域の段丘とモレーン(堆石)との関係から氷期の地史が詳しく調べられ, クマラは氷期の1つの時代を表す名称となった. 西海岸における金採掘の中心地であり, 1876年には多くの学校, 80ものホテル, 鉱山学校などがあり, 人口は約4000となった. 当時の金採掘は, 広大な選鉱屑の跡からうかがわれる. 金の採取は1926年に低落し, 30年代にはほとんど消滅した. 地名は, 本来コヒマラ(植物名)とよばれていたが, のちに現名称に変わった. クマラはマオリ語でサツマイモのことであるが, 地名はサツマイモとは関係ないといわれる. なお, ニュージーランドの最も重要な政治家の1人, リチャード・ジョン・セドンの生地として知られる.

[太田陽子]

クミ　亀尾　Gumi　韓国

人口 42.1万 (2015)　面積 616km²

[36°07′N 128°21′E]

韓国東部, キョンサンブク(慶尚北)道西部

の都市. テグ(大邱)の北西約40kmに位置する. 1970年代初めに建設された工業団地によって, 都市的発展が始まった. 1960年代末から始まった工業団地の造成は73年に完成したが, その範囲は, 亀尾市域から, 一部, 東の漆谷郡にまで及んだ. 内陸型の工業団地としては, 韓国最大規模のものであった. 繊維工業, 各種家電製品工業, 電子工業, 半導体工業などを中心とする. 輸出を目標にする国家プロジェクトに従って建設されたものである. 工業団地が建設される前の亀尾は, 人口2万程度の小邑にすぎなかったが, 工業団地建設後の人口増加は著しかった. 1978年に市制を施行し, 80年の人口は10万を超えた. その後も人口は急増を続け, 1995年には30万を超え, 2010年には40万に達した. 市街地は工業団地を核として, 放射状の道路網を基本にして整備されている. 住宅地区, 業務地区が, それぞれ計画的に配置されている. 都市化拡大の影響は, 隣接する西のキムチョン(金泉)市, 東の漆谷郡にまで及び始め, 両者からの通勤者, 通学者が増加し始めている.

[山田正浩]

クミッラ　Comilla　バングラデシュ

コミラ (別表記) / ティッペラ県　Tippera (古称)

人口 34.6万 (2012)　面積 51km²　標高 72m

[23°27′N 91°12′E]

バングラデシュ南東部, チッタゴン管区, クミッラ県の都市で県都. コミラとも表記される. ジャムナ川左岸平野, 首都ダッカ〜チッタゴンを結ぶ国道の途中, ダッカの南東97kmに位置する. 北回帰線が市街南部を通過する. 国内東部地区においてはチッタゴンに次いで, 2番目に大きな都市である. その歴史はグプタ朝の属国である4世紀頃のサマタータにさかのぼる. その後, ヒンドゥー教徒によるトリプラ王国の版図に入る. そのうち山地, 丘陵部は, トリプラ藩王国として, イギリス領インド帝国成立後もその地位が保全されたが, インド独立後の1949年に州となった. 一方, メグナ川流域の平野部はイスラーム教徒が多く, 1790年にティッペラ Tippera 県として東ベンガル州の県となった. 東パキスタン時代の1960年にクミッラ県と改称する. インド・パキスタン分離独立後, 多くのヒンドゥー教徒がトリプラ州に難民として逃れた. ティッペラ丘陵からゴムティ川が流下して市内を流れ, その堤防が連続する. 工業は, ジュート工業, 火力発電, 籐や竹籠の手工業などがみられ, 皮革製品の集散地でもある.

国民的詩人, 作曲家で愛国者のカジ・ノズルル・イスラム(1899–1976)が2回目の結婚をして住んだ地で, インドの詩人タゴールも二度訪問しているなどゆかりが深い. マイナムティ丘陵が郊外に広がり, そこにはマイナムティ仏教遺跡群, 同博物館, 駐屯地(カントンメン), 第2次世界大戦戦死者墓地, バングラデシュ農村開発アカデミー(BARD)などがある. 仏教遺跡群は, 8〜12世紀に栄えたインド半島東端で最大級のもので, 寺院や僧院, ストゥーパなどが保存されている. マイナムティ博物館には遺跡から発掘された多くの遺物が展示されている. BARDは1959年東パキスタン時代にA・ハミッド・カーンの強力なイニシアチブで設立された農村開発の研究とトレーニングを行う施設である. 1960年代には農村開発の「コミッラモデル」として世界的に知られ, 現在でもバングラデシュの農村開発の実践, 訓練で主導的な立場に立つ.

[野間晴雄]

クム江　錦江　Geumgang　韓国

白馬江, 熊津江 (別称)

面積 9900km²　長さ 401km

[36°00′N 126°40′E]

韓国西部の川. ソペク(小白)山脈中に源を発し, クンサン(群山)湾に海に注ぐ. 延長距離は朝鮮半島で6番目である. 小白山脈の西麓, チョルラブク(全羅北)道チャンス(長水)郡から, 全羅北道とチュンチョンナム(忠清南)道の境を北上し, 忠清南道の南部を西流する. 途中, 中流から下流にかけて, テジョン(大田), コンジュ(公州), プヨ(扶余), カンギョン(江景)などの諸都市が分布する. 公州付近では熊津江, 扶余付近では白馬江の別称でも親しまれている.

中流の大田広域市, ポウン(報恩)郡, チョンウォン(清原)郡の境界部に, テチョン(大清)ダムが建設された. 大清ダムは1975年に工事が着手され, 81年に完成した. 高さ72m, 幅495mの重力式ダムである. 大田, チョンジュ(清州)の都市部へ水を供給している. 貯水池(大清湖)の面積は約73km², 発電量は9万kWhである. 下流のノンサン(論山)平野は, 南のホナム(湖南)平野と並ぶ, 韓国西海岸の大平野であり, 米の大産地である. その集散地として, 河口近くの江景の市場は有名であった. 下流域では朝鮮時代から, くり返し埋め立て, 干拓が行われ, それは現在も継続している. 公州の渡し場である熊津の地名は, 日本の歴史書にその名が残されている. また同じく古代の歴史書に出る白

村江は，クム(錦)江の河口部にあたると考えられている. 　　　　　　　　　　[山田正浩]

クームアンドゥーム運河　Khu Mueang Doem, Khlong
タイ

[13°44′N　100°30′E]

　タイ中部，首都バンコクを流れる運河．旧バンコクの3本の運河のうち最も内側を流れる．この運河はすでにトンブリー王朝時代からあり，同王朝の都の東端を縁取る防衛線であった．1782年のバンコク遷都後，東の防衛線はその外側に新たに建設されたロープクルン運河に移された．現在，クームアンドゥーム運河の上流部は道路の下に姿を消している．下流部でチャオプラヤー川と交差する地点には，かつては事実上の中央卸売市場であったパーククローンタラートが，現在も存続している． 　　　　　　　　　　　　　[遠藤 元]

クムカヒ岬　Kumukahi, Cape
アメリカ合衆国

[19°31′N　154°48′W]

　北太平洋東部，ポリネシア，アメリカ合衆国ハワイ州，ハワイ島プナ地区の岬．州内最東端の岬である．1960年に近くのカポホで亀裂が生じ，溶岩流が岬に向かって海に接近したが，灯台周辺で流れは2つに分かれ，灯台は破壊を免れた．地名はハワイ語で「最初の始まり」を意味する．　　[飯田耕二郎]

クムガン山　金剛山　Keumgang-san
北朝鮮

Kumgang-san (別表記)

標高：1638 m　長さ：15 km

[38°30′N　128°12′E]

　北朝鮮，カンウォン(江原)道南東部，東海岸寄りにある世界的名山．テベク(太白)山脈の山塊の1つで，北西から南東に約15 kmにわたって連なる．最高峰は毘盧峰(標高1638 m)．古くから雄大で特異な山容と渓谷で広く知られる．片麻岩と中生代花崗岩からなり，垂直節理と断層が長い地球の歴史期間を通じて風化し，いたるところに1万2000峰と通称される奇岩が立ち並ぶ．奇峰，怪石と深い渓谷が連なる．普通，金剛山は大きく西から内金剛，外金剛，海金剛に三分される．外金剛は万物相に代表される奇岩怪石の景勝地に富み，内金剛は山が深く深山がそび

クムガン(金剛)山(北朝鮮)，金剛山ホテルからの眺め〔Shutterstock〕

え，明鏡台など山岳美に富む．海金剛は海中から怪岩が突き出して特異な景観をなす．とくに万物相，九竜瀑布，集仙岩は有名である．金剛山温泉がある．古くは朝鮮仏教の霊地とされていたため，古刹が多い．外金剛には楡岾寺，神渓寺，内金剛には長安寺，表訓寺がある．世界的景勝地で，勤労者の休養施設が整っており，金剛山観光特区に指定され，韓国からの登山客にも解放されている．登山口は東海岸のコソン(高城)とオンジョンリ(温井里)である． 　　　　　　[司空 俊]

クムサン　錦山　Geumsan
韓国

人口：5.6万 (2015)　面積：577 km²

[36°04′N　127°29′E]

　韓国西部，チュンチョンナム(忠清南)道南端の郡および郡の中心地．行政上は錦山郡錦山邑．クム(錦)江上流に位置する．歴史的には全羅道に属していたが，1963年，忠清南道に編入された．2010年の錦山郡の人口は5.3万である．1975年の人口は約12万であったので，この間に，約4割強に減少した．ここは，カンファ(江華)島，キョンサンブク(慶尚北)道豊基とともに，薬用ニンジンの大産地として知られている．　　　　[山田正浩]

クムジョン山城　金井山城　Geumjeongsanseong
韓国

[35°17′N　129°03′E]

　韓国南東部，プサン(釜山)広域市にある山城．市域の北部，クムジョン(金井)区とヤンサン(梁山)市の境界に位置する金井山(標高802 m)から南に延びる稜線を利用してつくられた．城壁の高さ1～3 m，城壁の延長17 km強，面積約8000 km²．韓国には数多くの山城があるが，最も大規模な例の1つである．山城内，東門の西方に金城洞の集落がある．1970年代以降，城門，城壁の修復，復原が継続して進められている．　　　[山田正浩]

クムソン ☞ キョンジュ Gyeongju

クムダク　Kum-Dag
トルクメニスタン

グムダク　Gumdag (別称)

人口：1.8万 (1991)　[39°13′N　54°36′E]

　トルクメニスタン西部，バルカン州の町．州都バルカナバトの南南東35 km，ザカスピ鉄道の駅バライシェムの南南東33 km，小バルカン Kici Balkan 山脈の西20 kmに位置する．人口は1956年の1.1万から増えている．付近で石油採掘が行われる．グムダクともよばれる． 　　　　　　　[木村英亮]

グムティ川　Gomti River
インド

ゴマティ川 (別表記)

長さ：800 km　　　[25°30′N　83°10′E]

　インド北部，ウッタルプラデシュ州ヒンドスタン平原を流れる川．ネパール国境西端から南約30 kmの平原上に発した後，ほかの主要河川と同じように，最初は南に，しだい

クユワ　483

に南東に向きを変えて蛇行の度合いを大きくしながら，国内有数の穀作地域を流下する．ヒマラヤ山脈に水源をもたないので，乾季には水量が大きく減少する．中流部に平原の商工業，学術，文化中心の1つとなっている州都ラクナウがある．この川の南を並走するサイ川が最下流部で合流したのち，ガンジス本川に合する．　　　　　　　　　　[貞方　昇]

クムヤ　金野　Keumya　北朝鮮

ヨンフン　永興　Yonghung（旧称）
面積：655 km²　気温：10.3℃
降水量：1289 mm/年　　　[39°33′N　127°14′E]

　北朝鮮，ハムギョンナム（咸鏡南）道南部の町で郡庁所在地．旧称は永興で，1977年改称された．竜興江に広がる肥沃な沖積平野の中心地である．金野郡の平均標高は15 mにすぎず，竜興江は急勾配で洪水が多かったが，1945年8月以後に治山治水工事が行われ，5カ所に貯水池を建設，北朝鮮有数の米作地帯になった．トウモロコシの種子育成農場があり，野菜の栽培が有名である．黄牛の飼育牧場，乳製品工場などがある．褐炭の産地．カキとタケが栽培される．古くからの特産は絹織物である．　　　　　　　[司空　俊]

クムル市　哈密市　Kumul　中国

コムル市　Komul（別称）/ハーミー市　哈密市Hami（漢語）
人口：39.9万（2002）　面積：86000 km²
降水量：36 mm/年　　　　[42°51′N　93°39′E]

　中国北西部，シンチャン（新疆）ウイグル（維吾爾）自治区東部の地級市．東部ティエンシャン（天山）山脈の南麓に位置し，東はガンスー（甘粛）省に隣接する．市政府所在地はイーチョウ（伊州）区．市はイーチョウ区，アラトルク（伊吾）県とバルコル（巴里坤）自治県を管轄する．この地は古くから現名称でよばれている．地名はウイグル語で砂という意味のクム（Kum）に由来する．また，ウイグル語で閉じるという意味のカミル（Kamil）に由来し，この地は昔から中国に入る玄関口にあたるためその名がつけられたともいわれる．クムルの漢語表記は渇密力，合迷里，哈木爾，庫木爾，哈密力などさまざまで，のちに哈密となった．1913年にクムル県が置かれ，61年にはクムル県の中心部を分離して市が設置された．1983年に市と県が合併しクムル市となった．
　紀元前後，このあたりは匈奴に属し，中国の史書では伊吾慮とよばれた．のちに突厥

（チュルク）帝国に属した．8世紀半ば頃遊牧ウイグル（回鶻）帝国領となった．ウイグル帝国が崩壊後，カラホジャウイグル（西ウイグル，天山ウイグルともいう）王国領となった．モンゴル帝国時代，ウイグリスタン・ハン国に属した．1570年以降，ウイグリスタン・ハン家が内紛によって滅び，カシュガル・ハン国に属した．1679年以降，ジュンガル・ハン国によって征服され，ジュンガルに貢賦を収めるようになった．しかし，クムルはジュンガルの圧迫を受けたため，当時の支配者アバイドラは1697年に清朝に帰順し，その保護を受けた．清はクムルに旗制を敷き，アバイドラをダルハンベグ（特権領主の意）に封じた．
　このクムルウイグル（哈密）回王国は，清朝皇帝の忠誠な藩国として東トルキスタン東部に半独立の公国を保持し，1931年まで続いた．1930年，当時のクムル王が死亡したことを契機に，当時の新疆省政府主席であった金樹仁は王領を廃止して省政府直轄にしようとした．これに対してクムル各地の住民が蜂起し，王領の復活を求めた．ホジャ・ニヤズを中心とする反国民党勢力は，政府軍の攻撃を受けてしだいに山地部に退去し，1932年末にはトルファンに移動した．また，ウイグル人を中心とするトルコ系民族はクムルの蜂起に続いて各地で蜂起したため，漢人支配に対する独立運動が東トルキスタン全土に拡大した．そして，1933年にカシュガルで東トルキスタン共和国が樹立された．
　気候は乾燥している．オアシスでの灌漑農業が発達しており，小麦，コーリャン，トウモロコシ，ナツメ，ブドウなどを産する．クムル産のメロンはハーミーメロンとして有名である．石油，石炭，鉄，ニッケル，マンガン，塩，宝石，大理石などの鉱物資源に富む．鉄鋼，製塩，化学肥料，セメントなどの工業が発達している．ウルムチ（烏魯木斉）とガンスー（甘粛）省のランチョウ（蘭州）を結ぶ蘭新鉄道および国道312号が市内を通る．名所にはアルトンルク（クムル王墓），ガイスマザール（聖廟）（盖斯麻扎）などがある．
　　　　　　　　　　[ニザム・ビラルディン]

グーヤン県　固陽県　Guyang　中国

人口：21.3万（2008）　面積：4970 km²　気温：4℃
降水量：300 mm/年　　　[41°05′N　110°03′E]

　中国北部，内モンゴル自治区中部，ボグト（パオトウ，包頭）地級市の県．県政府所在地はチンシャン（金山）鎮．東はフフホト（呼和浩特）市トメト（土黙特）左旗，南は包頭市，

北はダルハンモーミャンガン（達爾罕茂明安）連合旗と接する．ダーチン（大青）山の北麓にあり，山地と丘陵からなる．県内を流れる川はすべて季節的なものであり，その中で黄河の支流であるフンデレン（昆都倫）河が最も大きい．固陽県の起源は，1734年に清朝が薩拉斉庁を設置し，漢人移民を管理したことに発する．1919年，薩拉斉県と武川県の管轄下にあったウラト後旗とモーミャンガン旗の開墾地に固陽設治局が設けられた．1926年に固陽県となり，71年に包頭市に属した．現在，6鎮を管轄し，漢族が最も多い．おもな農産物は小麦，トウモロコシ，ジャガイモなどである．そのほかにトウモロコシなどを飼料として家畜を飼育している．冶金，発電送電，建築資材，機械，食品加工などの産業がある．金山鎮の北10 kmに秦代の長城の遺跡がある．全長約120 kmで，大部分はセルテン（色爾騰）山の北斜面に石で築かれ，壁の高さ4 m，土台の幅4 m，上部の幅2 mである．平原に築かれた部分は土を突き固めてつくられたものである．また，北魏の6鎮の1つである懐朔城の遺跡は県の白霊淖郷にあり，そこから数多くの出土品が発見された．
　　　　　　　　[バヨート・モンゴルフー]

グーユワン県　沽源県　Guyuan　中国

人口：22.4万（2010）　面積：3619 km²
標高：1356-2123 m　気温：1.6℃
降水量：400-500 mm/年　　[41°40′N　115°42′E]

　中国北部，ホーペイ（河北）省北西部，チャンチャコウ（張家口）地級市の県．県政府は平定堡鎮に置かれている．昔から北方少数民族の遊牧地である．内モンゴル高原の南東端にある．南東部の地勢が高く，中，北部はしだいに低くなる．閃電河，葫芦河，バイ（白）河が流れ，12の内陸湖がある．風が強く，砂嵐がよく発生する．農作物は小麦，燕麦，ジャガイモ，亜麻がある．牧畜業が発達し，馬，牛，ロバ，羊を飼育する．特産品はシイタケ，ワラビ，金蓮花（ノウゼンハレン）である．亜麻，機械，食品，毛皮，印刷，建材などの工場がある．国道207号が通る．古跡は遼代の化粧楼がある．　　　[柴　彦威]

グーユワン市　固原市　Guyuan　中国

人口：122.8万（2010）　面積：13449 km²
　　　　　　　　　　[36°01′N　106°14′E]

中国中北部, ニンシャ(寧夏)回族自治区南部の地級市. ガンスー(甘粛)省と境界を接する. それまで固原地区と称していたが, 2001年に地級市になった. 旧来の固原県はユワンチョウ(原州)区と改称された. 原州区, シーチー(西吉)県, ロンドゥ(隆徳)県, チンユワン(涇源)県, ポンヤン(彭陽)県を管轄する. 市政府所在地は原州区. 市北部はホワントゥー(黄土)高原が広がり, 南部はリウパン(六盤)山脈があり, 山地, 丘陵地が広い面積を占める. 国内でも有数の貧困地域であるシーハイグー(西海固)地区の一部で, 黄土高原は植生が乏しく, 雨水による表土流出が著しい. 六盤山地区は植生が豊富で, ホワン(黄)河支流の清水河や, ウェイ(渭)河支流の涇河, 葫芦河などの河川の水源地がある.

古来, 中原と辺境を結ぶ交通, 軍事の要衝で, 漢人と騎馬遊牧民とが勢力を争ったことから, 戦国時代や秦代(紀元前4〜前3世紀)の長城(万里の長城)が残る. 原州区の市街地は, 秦代に設置された烏氏県の軍事都市に由来する. シルクロードの一部で人や物資の往来が盛んであったことから, 北魏や北周時代(5〜6世紀)の墓よりペルシアの貨幣やガラス碗などが出土しており, それらは固原博物館に展示されている. 北魏から唐代(7〜9世紀)にかけてつくられた仏教石窟の須弥山石窟も残る. 自治区南部の中心都市で, 宝中鉄道や福銀高速が通り, 2010年には固原六盤山空港が開港した. 西吉県と涇源県は回族の主要な居住地である. 　　　　　[高橋健太郎]

クーヨ諸島　Cuyo Islands　フィリピン

面積: 130 km²	[10°50′N 121°02′E]

フィリピン中西部, パラワン州の諸島. パナイ島とパラワン島の間, スールー海に浮かび, 無人島を含め, 45の島で構成される. おもな島はクーヨ島, アグタヤ島などである. 北部のキニルバン島近く, パマリカン島は個人所有とされ, コテージリゾート, アマンプロがある. パマリカン島へは首都マニラからチャーター便で到着できる. 諸島の先住民はクユノン族である. 島々は水産資源に恵まれ, 州の漁獲高の50%を占めるといわれる. 　　　　　[佐竹眞明]

クーヨ島　Cuyo Island　フィリピン

人口: 1.1万 (2015)	面積: 57 km²
	[10°50′N 121°02′E]

フィリピン中西部, パラワン州の島. パナイ島とパラワン北部の中間点に位置するクーヨ諸島南部にある. 島は2つの町, クーヨとマグサイサイに属する. スールー海上にあり, クーヨウェスト・イースト水道にはさまれる. 北上するとミンドロ島, 南に下るとカガヤン諸島に達する. 伝説によれば, 最初マライ族の首長マトゥ・オドが支配したという. 先住民はクユノン族で, パラワン島に移住した人も多い. クユノン族は先祖から受け継いだ伝統を守っている. たとえば, ティパノとよばれる楽団を組み, 竹笛, 太鼓を使って, 独特の音楽を奏でる. こうした音楽は島の守護精霊サン・オーガスティンを祭るフィエスタの際に上演される. 歌としてはサンダウという子守唄がある. 踊りとしては, ピヌンド・ポンドがあり, 新婦と新郎, ときに両者の親が結婚式で踊る. 聴衆は踊る新郎, 新婦にお金を投げる. 　　　　　[佐竹眞明]

クラ地峡　Kra Isthmus　ミャンマー/タイ

Kra, Kho Khot (タイ語)

長さ: 44 km	高さ: 75 m
	[10°20′N 99°00′E]

マレー半島, 西のアンダマン海と東のタイ湾にはさまれた最狭部を形成する地峡. タイのラノーン県とチュムポーン県, ミャンマー南端部のタニンダリー地方(旧管区)が属しており, 最狭部はわずか44 kmである. この地峡は, 古来アンダマン海からの積荷を陸路でタイ湾まで運び再度海路で中国などへ船積みした陸上輸送ルートでもあった. 海上交通ということでは, マラッカ海峡を通過するルートはヨーロッパ, 中東から東アジアへの海上輸送の大動脈であるが, 浅瀬が多く, 海賊の被害も数多く報告される難所である. マラッカ海峡を通過せず, 航行距離を短縮することが可能であり, クラ地峡はこれまで何度となく運河掘削の計画が立てられてきた. 日本にとっても, 中東からの石油の輸送航路として利害が絡む計画である. しかし, この地域に運河を掘削する計画は実現にいたっていない. 現在においては, 過去のように技術的な問題はないが, スエズ運河やパナマ運河のように, 航行距離を短縮する大きな利点がなく, 仮にマラッカ海峡が何らかの理由で航行不可能となった場合でも, ロンボク海峡やスンダ海峡の代替航路もあるからである.

近年この状況に変化がみられる. 中国がその経済力を背景にタイ軍事政権へタイ南部での運河掘削の提案をしている. 中国が新シルクロード構想である「一帯一路」を進めるため, クラ地峡から約350 km南下した地域に運河を掘削し, 経済的利点と安全保障を高めることを計画している. この提案にタイは, タイ南部の分離問題から国土が運河で二分されると慎重な姿勢であるが, 現政権は国際的な孤立から中国寄りの姿勢を示しており合意される可能性がある. この新計画には, 自らの利益が侵害されるシンガポール政府が従来のクラ地峡掘削と同様に反対の姿勢を示している. 　　　　　[山本博史]

クーラ　Coolah　オーストラリア

人口: 0.1万 (2011)	面積: 1591 km²
標高: 487 m	[31°50′S 149°43′E]

オーストラリア南東部, ニューサウスウェールズ州中央東部, ウォランバングル行政区の町. 州都シドニーの北北西約420 kmに位置する. 地名は, 先住民の言葉で, 交差点または怒りを意味する. 町は北方のリヴァプール山地のパンドラ Pandra 峠を越えて肥沃なリヴァプール平原に向かうルート上に位置し, 1840年頃つくられた. 現在, 羊, 牛の飼育と, タルブラガー Talbrangar 川とクーラバラガンディ Coolaburragundy 川沿いの穀物生産を主とする農業地域である. 北東部の標高1200 mのクーラトップス国立公園の玄関口にあたる. 　　　　　[薫谷哲也]

クライヴ　Clive　ニュージーランド

人口: 0.2万 (2013)	[39°35′S 176°55′E]

ニュージーランド北島, ホークスベイ地方の町. ネーピアの南10 kmに位置する. 地名は, インドのクライヴとよばれた初代クライヴ男爵, 少将ロバート・クライヴにちなむ. 町は大部分が農村であるが, ホークスベイからの人口流入が続いている. 国道2号がネーピアから南下しており, ヘースティングズとネーピアの中間地点であることから, 人口が増加中である. クライヴ川でホークスベイボートクラブのホームタウンである. 国内で最も古くから続くレース, ホークスベイボートレースが毎年行われる.

　　　　　[植村善博・太谷亜由美]

クライストチャーチ　Christchurch　ニュージーランド

オタウタヒ　Otautahi (マオリ語)

人口: 34.1万 (2013)	降水量: 600〜700 mm/年
	[43°32′S 172°37′E]

クライストチャーチ(ニュージーランド), 再開したトラム(路面電車)と大聖堂跡(右奥)

ニュージーランド南島,カンタベリー地方の都市.カンタベリー平野にある南島最大の都市で,国内ではオークランドに次ぐ人口をもつ.ワイマカリリ川南岸,バンクス半島の北西に位置する.バス,鉄道の便がよく,交通の拠点である.市街地の北西10kmにあるクライストチャーチ国際空港は,国内航空便の中心であり,国際空港としても重要である.降水量は少なく,月変化も少ないが,気温の年較差は大きい.夏にはサザンアルプスから吹き下ろすフェーン現象もしばしば起こる.広大なアウトウォッシュ(融氷河流堆積物)および河成堆積物からなるカンタベリー平野では,農業と牧畜が盛んで,小麦,果物,野菜類の生産が多く,国内のみでなく海外へも輸出されている.これらの第1次産業に加えて,その加工や,その他の工業も盛んで,第2次世界大戦以降とくに発展,多様化した.食肉の加工・冷凍(カンタベリーラムはとくに評価が高い),農業機械,電気器具,羊毛の加工,衣料品・履物,肥料,ゴム製品などがおもな工業製品である.工業地域はおもに郊外の鉄道沿線に位置している.また商業活動も盛んである.

生産活動だけでなく,文化,教育の面でも中心となっている.カンタベリー大学(1873創立),クライストカレッジ(1850),クライストチャーチ教育大学,アラ・インスティテュート・オブ・カンタベリー,リンカーン大学のほか,多数の公立,市立の各種学校がある.また,カンタベリー博物館,クライストチャーチアートセンターをはじめ,博物館,植物園,図書館,そのほかさまざまな文化施設やスポーツ施設がある.クライストチャーチはイギリス様式の町の建設を目ざしてきた.有名な建物として,1864年に建設が始まり,1904年に竣工したクライストチャーチ大聖堂をはじめ,ゴシック様式の歴史的な建造物が多い.さらにここは庭園として定評がある.美しい多くの公園に加えて,個人の家の庭園も美しく整えられ,人びとの目を楽しませている.エーヴォン Avon 川沿岸の風景はとくに美しさで知られている.

町の付近における最初の居住者はスコットランドのディーン兄弟で,1843年のことである.彼らは農場を通って流れる川をエーヴォン川と名づけた.1848年にはニュージーランド政府はマオリの人びとから広大な土地を買い取ったが,その条件は必ずしも明確でなく,文書で明白にされなかった協約からいくつかの問題が起こり,それが解決されたのは1944年のことであった.組織的な入植はジョン・ロバート・ゴッドリーの指揮下での1850年における移民船,カンタベリーアソシエーション号ほか3隻の到着以降である.当時の土地は湿地が多かったが,しだいに土地の状態は詳しく調査され,開発の適地が選ばれた.入植にあたって2年前にダニーディンで行ったと同様なイギリス風の植民地を建設することが目的とされた.1862年に市になり,領域は1903年に広がり,さらに現在の大都市に発展した.地名は,ゴッドリーが学んだオックスフォード大学のクライストチャーチ・カレッジにもとづいて1848年に決められた.マオリ語名はオタウタヒで,この地域のマオリの首長名による.

クライストチャーチでは地震が多く,2011年2月22日にはM6.1の激しい地震に見舞われた.クライストチャーチ大聖堂の塔が崩壊し,2016年現在でも復旧工事中であり,犠牲者は185名にのぼるなど大きな被害を出した.1973年に岡山県倉敷市と姉妹都市提携を結んだ.　　　　[太田陽子]

クライド　Clyde　　　ニュージーランド

ダンスタン　Dunstan（旧称）

人口:0.1万 (2013)　　　[45°11′S　169°19′E]

ニュージーランド南島,オタゴ地方の町.セントラルオタゴ地区にある.地区の行政中心地でクルーサ川上流東岸にあり,リゾート地としても知られる.アレグザンドラの北西10km,ダニーディンの北西230kmに位置する.西の片岩類からなるダンスタン山地の南西端にある.郵便局,小学校,病院,ホテル,博物館などがあり,レクリエーション施設が整っている.おもな産業は,農業,とくに果樹や料理用ハーブの栽培のほか,装飾用の建築石材の採掘などである.かつては金の採取で知られていた.本来ダンスタンとよばれていたが,1862年の金の発見以来ゴールドラッシュとともに現名称が使われるようになった.郵便局の名も1865年にダンスタンからクライドに変わった.当時の人口は4000に達した.当時の古い建物が多く残されている.地名は,1860年代にオタゴを調査したジョン・ターンブルが命名したもので,1857年のインド大反乱の際にインドで軍隊を指揮したイギリスのクライド卿(コリン・キャンベル)の名に由来する.クルーサ川をせき止めて建設されたクライドダムでは水力発電が行われている.　　[太田陽子]

クライド Clyde ☞ ワイロア Wairoa

クラウディ湾　Cloudy Bay

ニュージーランド

テココアクペ　Te Kok-a-Kupe（マオリ語）

[41°27′S　174°06′E]

ニュージーランド南島,マールバラ地方の湾.クック海峡側にあり,ホワイトブラフ White Bluff からポートアンダーウッド Port Underwood の間,ワイラウ川河口に位置する沖積低地で,多数の浜堤列からなる.小さな船は許可を得た上でワイラウ川河口に入る

ことができる．ホワイトブラフからワイラウまでは低い砂州が延び，その内側のラグーン（潟湖）には多くのマオリの居住跡があり，絶滅した巨鳥であるモアハンターの時代を記録している．19世紀初期には冬季における捕鯨で知られており，1840年までに約150人の白人がポートアンダーウッドに住んでいた．地名は，イギリスのジェームズ・クックが1770年に命名した．マオリ語ではテココアクペとよばれる．　　　　　［太田陽子］

クラウン峰　The Crown
中国

ホワンクワン峰　皇冠峰　Huangguan Feng（漢語）

標高：7295 m　　　　　[36°06′N　76°12′E]

中国，シンチャン（新疆）ウイグル（維吾爾）自治区，大カラコルム山脈中央部インスガイティ Yengisogat 山群の最高峰．カシュガル（喀什）の南約370 kmに位置する．山頂から南東約37 kmにゴッドウィンオースティン山（K 2），南側を流れるインスガイティ氷河をはさんで約15 kmでネパールとの国境がある．山容は，周囲を急峻な岩壁に囲まれ，山名の由来となった王冠に似る．初登頂は1993年，日本山岳会東海支部を中心とした日中友好皇冠峰登山隊による．近くに集落はなく，シャクスガム Shaksgam 川を源流近くまでいって初めて目にすることのできる奥深い山である．　　　　　［松本穂高］

クラカタウ島　Krakatau, Pulau
インドネシア

クラカトア島　Krakatoa, Pulau（別称）／ラカタ島　Rakata, Pulau（別称）

人口：0　面積：約34 km²　標高：813 m
[6°15′S　105°30′E]

インドネシア西部，スンダ海峡の中央部，スマトラ島南部，ランプン州の火山島．スンダ海峡はジャワ島とスマトラ両島の間にある．島はクラカトアともよばれる．本来は，この島の名前がラカタで，そこにある火山をクラカタウ（クラカトア）とよんだ．6世紀前半に噴火があったとされる．

1883年5月20日から小規模な噴火が始まり，8月26〜28日に大噴火が起こった．8月27日だけでも4回の噴火があった．それに続く大爆発によって島の大部分が巨大なカルデラに崩れ落ち，約47 km²あった面積が16 km²になってしまった．とてつもなく大きな爆発音は，オーストラリアのパースや4800 kmも離れたインド洋のモーリシャス

だけでなく，地球を1/4周した地点でも聞こえたという．噴き上がった火山灰の量は18 km³，上空40〜80 kmにまで達し，83万km²の範囲に降り落ちた．そして，その後2〜3年にわたって世界各地で，火山灰の細かい粒子による光の屈折によって生じた日没時の太陽の異常な輝きが観測されたという．噴火によってどれほどの命が奪われたかは不明である．噴火に伴う海底地震が引き起こした巨大な津波によってヤシの木よりも高い20 m以上に達する波が1万3000 kmも離れたところにまで届いた．ジャワ・スマトラ両島の沿岸部では津波によって165の村が壊滅，3万6000人もの命が奪われ，多くの死体がスンダ海峡にただよったという．そして，その数倍もの数の負傷者が出た．

その後，1928年1月の噴火によって新しい島アナックラカタウ（クラカタウの子の意）ができ，しだいに成長している．それ以来，住民は島を捨てて避難したので，現在は無人島である．2000年代では，08年4月，09年8月，14年3月と噴火が続いた．1980年，ジャワ島の西端部に広がるウジュンクロン国立公園に編入された．さらに1991年，この公園全体が「ウジュン・クロン国立公園」としてユネスコの世界遺産（自然遺産）に登録された．　　　　　［瀬川真平］

クラカトア島　Krakatoa, Pulau ☞ クラカタウ島　Krakatau, Pulau

グラーガンボーン　Gulargambone
オーストラリア

人口：0.1万（2011）　面積：1171 km²
[31°21′S　148°30′E]

オーストラリア南東部，ニューサウスウェールズ州北東部，クナンブル行政区の町．カースルレイ川沿いの平原に位置する．州都シドニーの北西約500 kmにあり，カースルレイハイウェイが町内を通る．地名は，先住民ウィラージュリー（Wiradjuri）の言語で，多くのギャラー（Galah，オーストラリアに生息する鳥）のための水飲み場を意味する言葉に由来するといわれている．19世紀中頃にヨーロッパ人により開拓され，1883年に正式に町となった．　　　　　［畠山輝雄］

クーラカンリ山　庫拉崗日　Kula Kangri
中国

標高：7538 m　　　　　[28°14′N　90°37′E]

中国西部，シーツァン（チベット，西蔵）自治区の山．ヒマラヤ山脈東部，ブータンヒマラヤ，クーラカンリ山群の高峰で，ブータンが領有を主張しているガサ Gasa 県の北端と西蔵自治区との境界線上にある．西蔵自治区の首府ラサ（拉薩）の南南西約167 km，ブータンのプナカの北西約100 kmに位置する．山頂部は東西に細長い稜線となっていて，その西端が最も高いI峰（標高7538 m），I峰の東約1.1 kmにII峰（7418 m），さらに東約1.3 kmにIII峰（7381 m），さらに標高約6300 mのコル（鞍部）をはさんでカルジャンI Karjiang I 峰（7221 m）がある．I峰から北西に派生する尾根だけがややゆるく，その他の面は急な壁で囲まれている．ブータン国内最高峰のガンカルプンスム山（7570 m）からは北東約25 kmにある．山名は，チベット語で天帝の峰を意味する．1986年に日本の神戸大学隊が初登頂した．　　　　　［松本穂高］

クラークスヴィル　Clarksville
ニュージーランド

Clarkesville（旧表記）

人口：0.1万（2001）　　[46°08′S　169°55′E]

ニュージーランド南島，オタゴ地方の村．クルーサ地区，ワイマカリリ川の北岸にある農業集落で，ミルトンの南西4 kmに位置する．地名は，初期に入植したヘンリー・クラークにもとづく．初期にはClarkesvilleと綴られていた．同名の村がカンタベリー地方中部のワイマカリリ川北岸にもある．　　　　　［太田陽子］

クラスノヴォツク　Krasnovodsk ☞ トルクメンバシ　Turkmenbashi

グラースミア湖　Grassmere, Lake
ニュージーランド

面積：18 km²　長さ：5 km　幅：4 km
降水量：600 mm/年　　[41°43′S　174°08′E]

ニュージーランド南島北東部，マールバラ地方の湖．ブレナムの南東方，キャンベル岬の西約5 kmにある浅いラグーン（潟湖）で，浜堤や砂丘によって外洋と隔てられている．野生動物の保護区となっている．湖の面積は

潮位とともに変化する。日照時間が長く乾燥した気候で，天日で結晶させる製塩が行われており，生産量は国内全体の需要を賄うのに十分である。　　　　　　　　　　　[太田陽子]

クラチェ州　Kratie Province

カンボジア

桔井（漢字表記）/ Kracheh Province（別表記）

人口：31.9万（2008）　面積：11094 km²
降水量：1400-2600 mm/年
[12°29′N　106°02′E]

カンボジア東部の州。州都はクラチェ。北はストゥントレン州，東はモンドルキリ州，西はコンポントム州およびコンポンチャム州と接し，南はベトナムと国境を接する。現在は以前よりも少ない人びとがメコン川の東岸に暮らす州であるが，いまでも8世紀以来の面影を残している。例をあげれば，クラチェの北36 kmにあるソンボー Sambour 郡は，かつての真臘時代の王都ソンペアッボレアッであったほか，16世紀に建立されたソソームオイローイ寺院（百柱寺）や，8世紀に建てられたクヴェアッピー，プラムなどの寺院，完璧な神聖さ，古来の集会所，クメール時代の家屋，フランス式の建築をあわせもつコックリンなどがある。メコン川沿いのクラチェ市街に近い地域は，前アンコール期のカンボジアにおいては最も人口の多い地域の1つであった。1945年，のちにカンボジア首相となるロン・ノルが州知事を務めた。1970年代の外国からの侵略および内戦の期間はクラチェはとくに激戦の地となり，アメリカ軍の大量爆撃を受けた。1990年代以降，不発弾と地雷の回収が大がかりに進められている。

州域は南北に流れるメコン川（140 km）とそのまわりの狭い氾濫原により2つに分かれる。多くの地域は，低地と高地がモザイク状になった土地，高地森林地帯を含む起伏のある高地である。茂った森の中では，いまでも1970〜75年の爆撃によってできた穴をみつけることができる。気候は温暖湿潤で，州の中部では乾季は4カ月を切るが，北部および南部では4カ月を超える。

[ソリエン・マーク，加本　実]

グラッシー　Grassy

オーストラリア

人口：277（2011）　面積：254 km²
[40°04′S　144°05′E]

オーストラリア南東部，タスマニア州北東部，バス海峡に浮かぶキング島南東部の町。キング島では第2位の規模の町であり，最大

の町カリーの南東約30 kmに位置する。地名は，新緑の牧草地に由来するといわれている。かつて世界でも最大規模の灰重石の鉱山があったが，1990年代に閉山された。町にはホテルや別荘が点在しており，おもな産業は観光業や農業，漁業である。ロアリング・フォーティーズとよばれる強い偏西風に起因する荒波の影響で，19世紀にグラッシーの位置するキング島東岸沖で海難事故が相次ぎ，現在でも沈没船の残骸が海底に多く残っている。　　　　　　　　　　　[安井康二]

クラッシャーズ　Crushers ☞ カトゥーンバ Katoomba

クラット山　Kulat, Gunung

インドネシア

標高：849 m　　　[1°38′N　117°28′E]

インドネシア中部，カリマンタン（ボルネオ）島，東カリマンタン州北東部の山。カランガン川上流部，サンバリウン山脈にある。東側はゆるやかな丘陵であるが，西側は平坦地である。熱帯雨林気候帯にあるが，頂上付近では年平均気温は22℃，年平均降水量は3200 mm 程度で，月ごとでは400 mm（12月）から120 mm（8月）の間を推移する。常緑落葉林が生育する。付近に集落はなく無住である。付近での最高点はクラット山の東6.8 kmの地点で，標高1027 mである。

[瀬川真平]

グラッドストーン　Gladstone

オーストラリア

人口：2.7万（推）　　[23°51′S　151°15′E]

オーストラリア北東部，クイーンズランド州中央東部の都市。州都ブリズベンの北西約530 kmに位置する。州最大，国内有数の取扱量を誇る港湾都市で，グレートバリアリーフへの観光拠点として，また漁業の基地としても重要である。

この地域の探検は，1770年，ジェームズ・クックによるバスタードヘッドの発見が最初であり，1800年代にはマシュー・フリンダーズらによって探検された。ヨーロッパ系住民による定住集落は，1847年に囚人植民地として建設されたが，その後放棄され，54年に自由移民による入植地として解放された。地名は，集落建設当時のイギリス植民

地相で，のちにイギリスの首相になるウィリアム・グラッドストーン（1809-98）にちなむ。この地域は天然の良港としての特質を有しており，1885年には港湾が建設された。1960年までは小規模なものであったが，61年にモウラ炭田が開発され，その移出港となってから急速に発展した。また，良質で大量の石炭資源は各種工業の発達を促した。たとえば，1882年に建設された，石炭火力発電所による豊富な電力と州北部ウェイパで産出するボーキサイトを背景にした世界最大級のアルミニウムプラントなどがある。日本との関係は深く，2015〜16年度にはこの港湾からの23%が日本向けで最大の輸出先であった。1996年，大分県佐伯市と姉妹都市提携を結んだ。　　　　　　　　　　[秋本弘章]

グラッドストーン　Gladstone

オーストラリア

人口：0.1万（2011）　[33°17′S　138°21′E]

オーストラリア南部，サウスオーストラリア州南東部の町。州都アデレードの北209 kmに位置する。マウントロフティ山脈北側の丘陵中にある農業の中心地。付近の農業は，小麦，大麦をはじめとする穀物栽培と羊の放牧が中心である。この付近の開発は，1851年，ブーユーリー Booyoolie 放牧地が開かれたことに始まる。しかし，町が正式に測量されたのは1871年のことで，地名は当時，イギリスの首相をしていたウィリアム・ユワート・グラッドストーン（1809-98）をたたえて名づけられた。町が急速に発展したのは，1877年に鉄道が通ってからである。鉄道駅前には，現在も巨大な穀物貯蔵用のサイロがあり，その大きさは州最大の規模を誇る。現在，町を東西に通る鉄道は，ニューサウスウェールズ州のブロークンヒルからスペンサー湾奥の工業都市ポートピリーに向けて，亜鉛や鉛などを運ぶ重要なルートともなっている。また，町では南北方向の鉄道も交差しており，狭軌，標準軌，広軌の3種類の軌道を一度にみることができ，鉄道ファンにも人気が高い。町には，1878年建設のホテルのほか，1920年代建設の監獄跡も残っている。監獄は，第2次世界大戦中にはドイツ人やイタリア人の強制収容所として使用されたが，1975年に閉鎖された。その他，詩人であり，ジャーナリストとしても有名だったクラレンス・M・J・デニス（1876-1938）が，小学校時代を過ごした町としても知られる。　　　　　　　　　　[片平博文]

グラッドストーン　Gladstone

オーストラリア

ダークウォーター　Darkwater（古称）

人口：387（2011）　面積：1.4 km²

[31°01′S　152°57′E]

　オーストラリア南東部，ニューサウスウェールズ州北東部，ケンプシー行政区の町．州都シドニーの北東約400 km，マクリー川の河口から約15 km上流の右岸に位置する．対岸の町はスミスタウンとよばれ，2つの町はいわゆる対向集落である．もともとダークウォーターの地名で知られていた．しかし，1870年に第4代ベルモア伯爵（総督）の訪問を記念し，その妻の旧姓をとってグラッドストーンと改名された．川沿いのキンチェラKinchela通りに建つ1885年建築の裁判所など，19世紀後半の建物が見どころである．

[薫谷哲也]

グラッドストーン　Gladstone

ニュージーランド

[41°05′S　175°38′E]

　ニュージーランド北島，ウェリントン地方の町．カータートンの南東15 kmに位置する．小河川のマンガフィア川とタウウェル川が合流して，クック海峡に流れ込むルアマハンガ川（長さ150 km）となる地点にある．農業が盛んであるが，高品質のワイン生産に使うブドウの栽培に適した土地と気候をもち，近年ではワイン用ブドウの生産量が急速に増加している．ワイナリーの見学や宿泊も可能である．

[植村善博・太谷亜由美]

クラテン　Klaten

インドネシア

人口：113.0万（2010）　面積：650 km²

[7°38′S　110°40′E]

　インドネシア西部，ジャワ島中部，中ジャワ州南部の県．県庁が所在するのはクラテンスラタン郡（人口4.1万，2010）であるが，クラテントゥンガ郡（人口4.0万，2010），クラテンウタラ郡（4.4万）も合わせてクラテンコタ（都市のクラテン）とよばれ，都市的機能が集中している．県は東と北で同州スコハルジョ県，ボヨラリ県に，南と西でジョクジャカルタ特別州と接する．北西部に活火山ムラピ山を望み，その東平野部に位置する．ジョクジャカルタおよびスラカルタ（中ジャワ州）のジャワ島中央部2大古都を結ぶ幹線上に位置し，オランダ時代には両王都を結ぶ鉄道が敷かれた．もともとはスラカルタのマタラム王国カスナナン王朝の領土で，植民地時代はスラカルタ理事県の一部をなした．基幹産業は農業（水田，乾田での稲作）である．県内北東部に広がる平地は古くから水田稲作が発達し，ジャワの穀倉地帯として稠密な人口を扶養してきた．現在でも，水田1 haあたりの稲の収量は，州内29県6市中で最大に近く，農産物は圧倒的に稲に特化している．しかしながら，一方で，村落単位では人口密度が700〜1000人/km²に達し，ジャワの貧しい稲作農村の代表のようにたとえられたことがあった．

　県西部プランバナン郡には，プランバナン寺院として知られる8〜9世紀建造のヒンドゥー教寺院遺跡がある．これは，実際には1つの寺院遺跡ではなく，ロロジョングランやセヴなどのいくつかの寺院の便宜的な総称である．1991年に「プランバナン寺院遺跡群」としてユネスコの世界遺産（文化遺産）に登録され，歴史公園として，同じ中ジャワ州にある世界遺産（文化遺産，同じく1991年に登録）「ボロブドゥル寺院遺跡群」と並んで著名な観光資源でもある．2006年5月27日に発生した中部ジャワ沖地震によって，プランバナン遺跡のいくつかでは石積みの尖塔の崩落などの被害が出た．

[瀬川真平]

クラドック　Cradock

オーストラリア

[32°04′S　138°30′E]

　オーストラリア南部，サウスオーストラリア州南東部にかつてあった村．サウスフリンダーズ山脈中，州都アデレードの北361 kmに位置する．いまは，ガソリンスタンドと1軒の家が残っているにすぎない．そのすぐそばを，ウィリアンドラWirreandra川が東から西に流れる．1860〜70年代にかけて，開拓のフロンティアが北方に大きく拡大した頃，ピーターバラから北のホーカーに向かう沿線に，開拓の一拠点として成立した．しかし，この付近の主要道が山脈内を縦断せずに，ポートオーガスタ付近のプリンセスハイウェイからクオーンを経由してホーカーにいたるルート（B 83号）に移ったため，新しい道から離れたクラドックは取り残されることとなり，しだいに衰退していった．1882年に建設されたセントガブリエル教会の建物がいまも残っており，国の歴史遺産に指定されている．

[片平博文]

グラニティ　Granity

ニュージーランド

人口：234（2013）

[41°38′S　171°51′E]

　ニュージーランド南島，ウェストコースト地方の町．ブラー地区にあり，ウェストポートの北東32 kmの海岸沿いに位置する．小学校，警察署，郵便局，宿泊施設がある．地名は，付近に花崗岩の巨大なブロックが多いことから，この地域の金の採鉱者によって名づけられたという．かつては石炭の採掘がおもな産業で，露天掘りおよび地下で採掘された石炭はケーブルカーで集散地に運ばれた．石炭産業の低落は人口に大きな影響を与えた．現在，野外スポーツのための設備が整っており，かつ退職者の居住地として評判が高い．

[太田陽子]

クラバット山　Klabat, Gunung

インドネシア

カラバット山　Kalabat（別称）/タンポロック山
Tamporok, Gunung（別称）

標高：1995 m

[1°28′N　125°03′E]

　インドネシア中部，スラウェシ島，北スラウェシ州最高峰の山．火山であったが，現在はまったく活動を示していない．山頂付近に火口湖があり，清水をたたえている．州都マナド郊外の北ミナハサ県の県庁所在地アイールマディディから登山道路があり，登山や自然景観の鑑賞などを中心とした観光地でもある．地域の象徴的な山嶺として，県内所在の大学やマナドの競技場などにこの山の名称がつけられている．州北部ミナハサ地域のトンセア人社会では，タンポロック山ともよばれる．

[瀬川真平]

クラビー　Krabi

タイ

人口：2.3万（2010）　面積：649 km²

[8°03′N　98°55′E]

　タイ南部，クラビー県の都市で県都．首都バンコクの南南西，陸路で約830 kmに位置する．地名は，タイ語で刀を意味しており，県章には刀があしらわれている．町は，クラビー川の河口西側に開けている．考古学的にはタイでも古い集落が形成された地域の1つであることが明らかにされており，人類が古くから生活していた痕跡が残っている．また，町は古くからタイ湾に面するナコーンシータマラートとの関係が強く，ナコーンシータマラート王国の領土の一部であった．

[山本博史]

クラビー(タイ),近郊のジャングルにある天然のプール,エメラルド・プール(サ・モラコット)〔kukiat B/Shutterstock.com〕

クラビー県　Krabi, Changwat

タイ

人口：36.2万 (2010)　面積：4728 km²
[8°03′N　98°55′E]

　タイ南部の県．県都はクラビー．首都バンコクからは陸路で南南西約800 kmに位置し，西はアンダマン海に面している．県名はタイ語で刀を意味しており，県章には刀があしらわれている．人口のうち約34.6%がイスラーム教徒で，残りはほとんど仏教徒である．おもな産業は天然ゴム，果物栽培，パーム油，漁業，ツバメの巣の採取などの1次産業である．農産物の中でもとくにパーム油はこの県の特産として有名であり，生産も多く重要な産業となっている．県は長い海岸線をもっているが，そのアンダマン海上には，美しい海岸や島々が点在し，その数は比較的大きな島だけでも130以上とされる．この美しい自然の恵みを受け，観光業も重要な産業となっており，県内にはピーピー島，ランター島などアンダマン海に浮かぶ美しい島々が多く，ダイビングなど海洋リゾートの開発も近年急速に進んでいる．2000年にレオナルド・ディカプリオ主演の映画「ザ・ビーチ」が撮影されたピーピー島は，その美しい自然で一躍注目される観光スポットとなっている．　　　　　　　　　　　〔山本博史〕

グラフトン　Grafton

オーストラリア

人口：1.0万 (2011)　面積：13 km²　標高：5 m
[29°41′S　152°56′E]

　オーストラリア南東部，ニューサウスウェールズ州北東部，クラレンスヴァレー行政区の都市で行政中心地．町はクラレンス川の河口から約50 kmさかのぼった河畔に位置し，川をはさんで南北に分かれる．また，町はパシフィックハイウェイとグワイダーハイウェイの交差点に位置する．地名は，1851年にフィッツロイ総督が，祖父でイギリス首相であったオーガスタス・フィッツロイ（グラフトン公）の名にちなんで命名した．ヨーロッパ人の入植前は，クラレンス川をはさんで，先住民バンジャラング(Bundjalung)とGumbainggirが居住していたが，1831年に脱走囚人のリチャード・クレイグがこの地域をみつけ，スギの伐採が進められたという．その後，クラレンス川南岸のサウスグラフトンの入植地に河港，ホテル，商店などがつくられ，羊毛の積出しも行われた．1850年代に入ると，クラレンス川上流で金が発見されたことから町は賑わい，19世紀後半にかけて裁判所，郵便局，監獄など社会基盤が整えられた．当時の建物の1つが，国の歴史的建造物に指定されている1884年建築のイギリス国教会大聖堂で，アーチ型の窓にはめ込まれたステンドグラスが建物を引き立てている．

　町の発展には，鉄道の敷設が大いに貢献した．1905年にクイーンズランド州に近いマーウィランバ～バイロンベイ～リズモーの鉄道がクラレンス川北岸のノースグラフトンまで延伸された．また，1915年には州都シドニーからサウスグラフトンへノースコースト線が到達した．当初はクラレンス川をはさんで，鉄道連絡船が就航していたが，1932年に鉄道と道路が併設された跳ね橋がオープンし，南北の鉄道交通と船舶の航行が可能になった．これにより南北の町は事実上つながり，1956年に合併した．現在，町は緑の町として知られている．とくに，10～11月に

490　クラマ

〈世界地名大事典：アジア・オセアニア・極I〉

見頃となるジャカランダは，紫色の花を咲かせるノウゼンカズラ科の樹木で，世界の三大花木（ほかに鳳凰木，火焔木）の1つとされる．この季節，町では1935年から続くジャカランダ祭りが大規模に開催される．

[藁谷哲也]

クラマ山脈　Kurama Range

ウズベキスタン～クルグズ

標高：3769 m　長さ：170 km

[40°45′N　70°10′E]

ウズベキスタン，タジキスタン，クルグズ（キルギス）にまたがる山脈．ティエンシャン（天山）山脈西部の支脈である．ウズベキスタンとタジキスタンとの国境をなし，チャトカル山脈からシルダリア川へ，フェルガナ盆地の北西に170 km延びる．近年，山脈の峠を越えてウズベキスタンの首都タシケントからフェルガナ盆地にいたる道路が整備された．低地斜面はヒノキ科ネズに覆われているが，高地は広葉樹林と高山性草地である．銅をはじめ鉛，亜鉛，アンチモン，タングステンなどの鉱床に富む．

[木村英亮]

クラマイ市 ☞ カラマイ市　Karamay

クラムオンサ　Kramuon-Sa ☞ ラックザー　Rach Gia

クラリス　Claris

ニュージーランド

[36°15′S　175°28′E]

ニュージーランド北島，オークランド地方の町．北島からハウラキ湾を隔てたグレートバリア島にあり，グレートバリア島空港がある．ヘクターサンダーソンロードに面する．グレートバリアエアライン社は，オークランド国際空港など，北島北部の5都市からグレートバリア島への運行を行っている．この町から島内へのバスやハイヤーなどの交通が発着している．

[植村善博・太谷亜由美]

クラレンス　Clarence

ニュージーランド

ワイアウトア　Waiau Toa（マオリ語）

長さ：21 km　[42°10′S　173°56′E]

ニュージーランド南島東岸，カンタベリー地方の村．カイコウラ地区，シーウォードカイコウラ山地の東，クラレンス川北岸河口付近の段丘上に位置し，カイコウラの北東40 kmにある．農耕を行う．ヨーロッパ人の渡来よりはるかに古い時代にはマオリのおもな集落の1つであった．ワイタハ部族，次いでタンガタウェヌ部族がここに集落を設けた．これは12～14世紀におけるマオリの大移住に先んじていた．彼らは平和的なモアハンターであり，開けた河谷に住んでいたが，16世紀に北島から渡来したウンガマモエに攻撃され，南に追いやられてしまった．マオリのパ（砦）の跡が多く残っている．地名は，のちにウィリアム4世になったイギリスのクラレンス公爵にちなむとされる．マオリ語ではワイアウトアとよばれる．

[太田陽子]

クラレンス川　Clarence River

オーストラリア

面積：22400 km²　長さ：394 km

[29°30′S　152°40′E]

オーストラリア南東部，ニューサウスウェールズ州北東部の川．グレートディヴァイディング山脈東斜面のクイーンズランド州境に近いトゥールーム Tooloom 国立公園に発源して，ヤンバとイルカの町の間でタスマン海に注ぐ．長さ，流域面積とも比較的長大な河川である．支流としてニンボイダ川，マン Mann 川，カタラクト Cataract 川，オララ Orara 川，コールドストリーム Coldstream 川，ティンバラ Timbarr 川など数多い．

地名は，のちにクラレンス侯爵となったヘンリー・ロウスによって名づけられた．一方，先住民は下流部を Breimba または Berrinbah とよぶ．下流部には，流路に沿ってグラフトン，アルマーラ，クーパー Cowper，ブラッシュグローブ Brushgrove，マクレーン，ハーウッドなどクラレンスヴァレー行政区の町がある．河口付近では分流し，チャッツワース Chatsworth 島，ワーレガ Warregah 島，グッドウッド Goodwood 島などとよばれる長さ4 km以上の大規模な中州が発達する．また，これらの中州の上流に，サウスアーム South Arm 川との間にはさまれたウッドフォード Woodford 島がある．クラレンス川の河口部は，広さ約19 km²の三角州が形成され，マングローブ，シーグラスや水鳥の生息地となっている．

河川の水深は2.2 m程度で，平均流出量毎秒160 m³だが，グラフトンでは最大流量毎秒1万6800 m³が記録された．このような記録的な流出量により，クラレンスヴァレー行政区では，1839年以降70回以上の洪水を被った．とくに標高5 mのグラフトンでは，1890年3月の大洪水で高さ7.88 mまで達する洪水位を記録した．2011年1月にも7.64 mまで洪水位は達した．流域の大部分は亜熱帯・温帯雨林で占められるが，沖積地で家畜の飼育やサトウキビ栽培が行われている．河口付近に位置するハーウッドでは1873年に建てられた製糖工場が操業している．これは現役の工場としては国内で最古のものである．

[藁谷哲也]

クラレンス川　Clarence River

ニュージーランド

ワイアウトア　Waiau Toa（マオリ語）

長さ：209 km　[42°10′S　173°52′E]

ニュージーランド南島，カンタベリー地方の川．北西側のインランドカイコウラ山地と南東側のシーウォードカイコウラ山地の間の約80 kmは断層角盆地の間を流れ，カイコウラの北40 kmで南太平洋に注ぐ．地名は，のちにウィリアム4世となったイギリスのクラレンス公爵の名にちなむ．標高2885 mのタプアエヌク Tapuaenku から流下し，海岸地域には深い峡谷がみられ，河口付近には見事な海成および河成の段丘が発達する．マオリ語ではワイアウトア，男性の川を意味する．沿岸にはタソックの斜面が続き，牧牛，牧羊を行っている．沿岸にはかつてマオリの集落があったが，男子が釣りのため不在の際に白人によって攻撃され，残っていた人のほとんどが殺された．生き残った人たちがカイコウラの南に移り住んだ．

[太田陽子]

クラレンスタウン　Clarence Town

オーストラリア

Erringhi（古称）

人口：0.2万（2011）　面積：108 km²

[32°35′S　151°47′E]

オーストラリア南東部，ニューサウスウェールズ州中央東部，ダンゴク行政区の町．ニューカッスルの北北西54 kmに位置する．1830年くらいまでは，先住民ワナルア（Wanaruah）の言語で，アヒルの場所を意味する Erringhi とよばれていた．しかし，ウィリアム4世になったクラレンス侯爵にちなんで1832年に現名称となった．町の中央にはハンター川支流のウィリアムズ川が南流し，町を二分する．河川交通が主であった頃の1831年に国内最初の外輪船ウィリアム4

世号が建造され，50年代以降に木材の積出しや酪農，放牧および飼料生産で栄えた．しかし1890年代の洪水や1911年に敷設された鉄道が町の外側を通ったことなどにより廃れた．西にはアフィントン Uffington 州立森林公園，東にワラルー Wallaroo 国立公園を含む．　　　　　　　　　　　　　　［藁谷哲也］

クラン　Klang　　マレーシア

カラン　Kelang（別称）

人口：77.4万（2010）　面積：627km²
　　　　　　　　　　　[3°02′N　101°26′E]

マレーシア，マレー半島マレーシア領西部，スランゴール州西部の都市．首都クアラルンプールの西32km，マラッカ海峡に面し，中心部をクラン川が流れる．西部にはマレーシア有数の港湾であるポートクランがあり，そこからクアラルンプール周辺までの地域をクランヴァレーとよぶ．人口の45.1%がマレー人，25.7%が華人，18.9%がインド人である．

クランはマレーシアの中でも歴史は古く，地名はモン・クメール語で倉庫を意味するKlong からきている説などがあり，すでに600年前のマジャパヒト王国の時代の史料には記されているとされている．1875年にスランゴール州の首都となり，80年にクアラルンプールに遷都するまでの5年間続いた．1867～74年には，スズの採掘権の争いと反英闘争を背景としたクラン戦争とよばれる内戦が勃発した．鉄道は1886年にクアラルンプールとクランの間で開通したが，1901年には，クラン川の喫水が浅く大きな船が入ることが困難であったことから，河口付近に新たに港湾が建設され，当時のスランゴール理事官の名を取って，ポートスウェッテンハム（現ポートクラン）とよばれるようになった．

港湾部を有していることもあり，クランヴァレー地域においては工業化が古くから進んでいた．1995年にはクランとクアラルンプールの間でKTMコミューター路線が開通し，首都と1時間程度で結ばれるようになったことから，住宅地としても発展している．
　　　　　　　　　　　　　　［石筒　覚］

クラン川　Klang, Sungai　　マレーシア

面積：1280km²　長さ：120km
　　　　　　　　　　　[3°00′N　101°21′E]

マレーシア，マレー半島マレーシア領西部を流れる川．マレーシアを代表する川で，スランゴール州東部からマラッカ海峡までを流

れ，13の支流がある．首都クアラルンプールを通りクランヴァレーの南部を流れ，河口にはマレーシアで有数の港湾地区であるポートクランが位置する．クアラルンプールの中心部で，クラン川と支流のゴンバックGombak 川が合流する地点にはジャメ寺院がある．支流にはバトゥ Batu 川，クラヨンKerayong 川，ダマンサラ Damansara 川，クル Keruh 川，クヨ Kuyoh 川，プンチャラ Penchala 川，アンパン Ampang 川などがある．
　　　　　　　　　　　　　　［石筒　覚］

グーラン県　古浪県　Gulang　　中国

人口：39.5万（2002）　面積：5098km²
　　　　　　　　　　　[37°28′N　102°53′E]

中国北西部，ガンスー（甘粛）省中部，ウーウェイ（武威）地級市の県．ホーシー（河西）回廊の東部にある．北東部は内モンゴル自治区に接する．1724年に県が置かれた．北部ではオアシス灌漑農業が盛んで，小麦，ナタネ，テンサイなどが栽培される．南部の山地は牧畜業が中心で，牛，羊を産する．シンチャン（新疆）ウイグル（維吾爾）自治区の首府ウルムチ（烏魯木斉）とランチョウ（蘭州）を結ぶ蘭新鉄道および国道312号が県内を横切る．
　　　　　　　　　　　［ニザム・ビラルディン］

グランヴィル　Granville

オーストラリア

人口：1.4万（2011）　面積：3.4km²
　　　　　　　　　　　[33°50′S　151°00′E]

オーストラリア南東部，ニューサウスウェールズ州中央東部，パラマッタ行政区の町．シドニー都市圏内，州都シドニー中心業務地区の西約22kmに位置する．州で最初の鉄道，シドニー・パラマッタ線の終着駅となった1885年以降発展した．1974年の集中豪雨によるダック Duck 川の洪水や，77年の国内史上最悪の列車事故が発生している．とくに列車事故は，脱線した列車が跨線橋を壊して83人が亡くなった．
　　　　　　　　　　　　　　［藁谷哲也］

クーランガッタ　Coolangatta

オーストラリア

人口：0.5万（2011）　面積：1.9km²
　　　　　　　　　　　[28°10′S　153°31′E]

オーストラリア北東部，クイーンズランド州南東部ゴールドコースト市南部の地区．ニューサウスウェールズ州との州境に位置する．地名は，1846年に帆船クーランガッタ

号が難破したことにちなむ．ゴールドコースト市の中心から車で約20分ほどの距離にあるため，落ち着いた雰囲気があり，家族向けの観光地として人気がある．　［秋本弘章］

クランジ貯水池　Kranji, Reservoir　　シンガポール

面積：4.5km²　　　　[1°25′N　103°44′E]

シンガポール，シンガポール島北部の貯水池．ジョホール水道橋の西に位置する．1975年にペンシアン川，カンカー川，テンガ川の支流をもつクランジ川の河口部をせき止めてできた淡水湖である．河口部には魚釣り公園などが整備されている．この地は1942年に日本軍がジョホール水道を越えて進軍し，連合軍との戦闘を行い，双方に多数の死者を出した場所でもある．地下鉄（MRT）南北線クランジ駅の南には戦没者墓地や記念碑がある．また，クランジ貯水池の東岸にはクランジ工業団地がつくられている．その他，道路名にもなっている．クランジの地名は地元で kranji, keranji とよばれるタマリンド樹の名前に由来している．木は19世紀前半には広くみられたが，しだいに減少した．シンガポールとクランジ間の鉄道は1903年に開設された．その後1923年にジョホール水道橋が完成しマレー鉄道となった．
　　　　　　　　　　　　　　［髙山正樹］

クランタン州　Kelantan, Negeri

マレーシア

人口：154.0万（2010）　面積：15105km²
　　　　　　　　　　　[6°07′N　102°15′E]

マレーシア，マレー半島マレーシア領北東部の州．マレー人住民が多く，中国人やインド人は少ない．北はタイとの国境に面しており，マレーシア国籍以外の居住者がかなりいる．州都はコタバル．マレーシアでは，土壌の関係から，マレー半島内では北部地域でのみ稲作が可能で，コタバル一帯の平野部では稲作が行われている．他の農産物としては，ゴム，コプラがある．内陸の丘陵地帯では小規模な鉱業が営まれており，スズ，金，マンガン，鉄鉱石などが採掘されている．

州は，歴史的には13世紀までシュリーヴィジャヤ帝国に支配されていた．しかし，15世紀にマレー半島西岸のマラッカが興ってくると，その影響下に入った．その後，西欧列強の進出とともに東南アジア地域の政治関係は複雑化するが，クランタンは19世紀

492　クラン 〈世界地名大事典：アジア・オセアニア・極Ⅰ〉

の初めまでシャム（タイ）の影響下に入る．イギリスによるマレー半島の植民地化に伴って，1909年にその保護領となった．そして，1948年にマラヤ連邦が形成されるまで，クランタンはマレー半島におけるイギリスの非連合州（Unfederated Malay States）の1つとして存続した．マレー人のみに土地取引が認められているマレーリザーブ（マレー人保留地）が州内に広範に広がる．クランタン州はマレー半島では最も貧しい州であるといわれてきた． ［生田真人］

クランタン川　Kelantan, Sungai

マレーシア

面積：12691 km²　長さ：250 km
[6°13′N　102°14′E]

マレーシア，マレー半島マレーシア領北東部，クランタン州の河川．州南部の山岳地域に源を発する州の主要河川で，クアラクライ郡にて州北西部の山岳地域から流れ出る河川とも合流し州内を北流する．途中，中流域の中心集落であるタナメラー Tanah Merah，そしてパシールマスなどを経て州都コタバルを経由し，トゥンパットにて南シナ海に注ぐ．川が形成した沖積平野は，国内でも最も人口密度の高い地域となっている．河口から約129 kmの地点までは小型船舶が航行可能である．クランタン川渓谷には，鉄道が敷設されている． ［生田真人］

グランドチェスター Grandchester

オーストラリア

人口：0.1万（2011）　面積：58 km²
[27°40′S　152°28′E]

オーストラリア北東部，クイーンズランド州南東部，イプスウィッチ市東部の町．州都ブリズベンの西約75 kmに位置する．周辺は近郊農業地域となっている．地名はイギリス，ケンブリッジ郊外の村にちなんでつけられた． ［秋本弘章］

グランドテール島　Grande Terre, Île

フランス

ニューカレドニア島　New Caledonia Island（英語）

人口：24.8万（2014）　面積：16346 km²
[22°17′S　166°27′E]

南太平洋西部，メラネシア，フランス領ニューカレドニアの主島．日本など，国際的にはニューカレドニア島として知られている．

1774年に，島を訪れた最初のヨーロッパ人であるイギリスのジェームズ・クックは，この島をニューカレドニア島と名づけた．その後，19世紀半ば以降，フランスの植民地支配が確立すると，近隣のロワイヨーテ諸島などを含めて，付近の島嶼部全体をニューカレドニア（ヌーヴェルカレドニー）とよぶようになり，これと区別するために主島をグランドテール島とよんだ．近年まで，本国のフランスでは，島の呼称としてヌーヴェルカレドニー島とグランドテール島が併用されてきたが，21世紀に入ってからの公式文書では，グランドテール島に統一されている．島の面積はフランス領ニューカレドニア全体の9割弱を占めている．人口も全体の約9割がこの島に居住しており，島の南部には行政中心地のヌメアがある．島内の最高地点は，北部に位置するパニエ Panié 山（標高1628 m）である． ［手塚 章］

クランドボイ　Clandeboye

ニュージーランド

[44°13′S　171°23′E]

ニュージーランド南島，カンタベリー地方南部の村．ティマル地区に位置する．オラリ川下流北東部の低地，河口から5 kmにあり，酪農を行う．オラリ川とランギタータ川との間の土地は1880年代にヘンリー・マッカリーとその兄弟によって所有され，地名は彼らの故郷，北アイルランドの地名にもとづいて命名された．アイルランド語で Clan は黄色い犬を意味する． ［太田陽子］

クーランボン　Cooranbong

オーストラリア

人口：0.5万（2011）　面積：104 km²
[33°04′S　151°27′E]

オーストラリア南東部，ニューサウスウェールズ州中央東部，レークマクウォーリー行政区の町．州都シドニーの北約100 kmに位置し，マクウォーリー湖の西方のウェイタガン山地のふもとに立地する．地名は，アボリジニの言葉で岩の多い川底または岩の上の水を意味する Kour-an-bong に由来する．この地域の先住民はアワバカル人であったが，1790年代にヨーロッパの入植者がこの地域に侵入し，のちに放牧を始めた．1880年代後半に鉄道が開業され，シドニーとの間を結んでいた．この頃，町は郵便局や裁判所を建設するための木材により経済成長を遂げた．

歴史的な建造物としては，1906年に建て替えられた聖パトリックと聖ブリジッドのカトリック教会などがある． ［比企祐介］

グーランユィー　鼓浪嶼　Gulang Yu

中国

圓沙洲（古称）／ Kulang Yu（別表記）／コロンス島 Kulangsu（別称）

人口：1.7万（2014）　面積：1.9 km²　気温：21.2℃
降水量：1200 mm/年　[24°26′N　118°02′E]

中国南東部，フーチェン（福建）省南東部，アモイ（廈門）副省級市思明区の島．コロンス島ともよばれる．アモイ島南西の沖合600 mほどのところに鷺江を隔てて浮かぶ小島で，国指定の風景名勝地である．丸い形を呈することから，宋と元の時代まで圓沙洲とよばれたが，明の時代に入ってから浪が打ちつけると音のする鼓浪石にちなんで鼓浪嶼の名称に統一された．明末に台湾を拠点に活躍した鄭成功の紀念館がある．温暖快適な海洋性モンスーン気候のため，アヘン戦争後の1842年のナンキン（南京）条約によりアモイが開港された際，列強諸国の共同租界がこの島につくられたことで広く知られる．アメリカ，イギリス，日本，ドイツ，フランスなど計15カ国の領事館が設置され，ほかに教会，外国商館，病院などの赤レンガ造りの洋館も建ち並び，万国建築博覧会とよばれるほどのエキゾチックな町並みが形成された．

太平洋戦争勃発後，一時日本の占領下におかれた．歳月を経た現在も共同租界の頃の洋館が状態よく保存されている．島民は音楽を好み，ピアノの保有台数密度は全国トップでピアノの島ともよばれる．鼓浪嶼ピアノ博物館がある．島は国内有名観光地35カ所の1つである．アモイ経済特区の開設後，鼓浪嶼のさまざまな観光関連サービスの施設は改善を続け，観光，レジャー，ショッピング，娯楽が一体になった総合的な海の島の風景文化観光区になっている．2007年5月に国家級観光景観区に認定された．2015年には約349万人の観光客が訪れた．近年，過度な開発に伴う生態環境の破壊や地価上昇などの影響により一部の住民が転出したため，常住人口が2.5万（1985）から1.7万（2014）に減少したほか，高齢化現象も進み，コミュニティ社会の崩壊が懸念されている．2017年に「歴史的万国租界，鼓浪嶼」としてユネスコの世界遺産（文化遺産）に登録された． ［許 衛東］

クリ　九里　Guri
韓国

人口：18 万 (2015)　面積：33 km²
[37°40′N　127°08′E]

　韓国北西部，キョンギ(京畿)道中部の都市．首都ソウル市域の東に接する位置にある．1986 年市制施行．市制の施行当時の人口は約 9 万で，2010 年までの間に，約 2 倍に増加した．ソウルの東郊は，すぐ丘陵部に入るため市街地化が遅れていたが，80 年代以降，市街地化が進んだ．九里市もその 1 つである．　　　　　　　　　　[山田正浩]

クリアンパウ　Klian Pauh　☞ タイピン Taiping

クリーヴ　Cleve
オーストラリア

人口：0.1 万 (2011)　降水量：350 mm/年
[33°42′S　136°29′E]

　オーストラリア南部，サウスオーストラリア州南東部の町．州都アデレードからプリンセスハイウェイ，リンカーンハイウェイ経由で西北西 532 km に位置する．エア半島東部の農業の中心地であり，周辺では，小麦，大麦などの穀物栽培と羊の放牧が行われる．町の成立は 1878 年で，翌 79 年に正式に告示された．開拓以前，このあたりにはマリーmallee とよばれるユーカリの低木林が密生していた．降水量が少なく，開拓以来，この地の農業は干ばつとの戦いの歴史であった．地名は，ここにあったスノウ家の別荘の名，クリーヴハウスにちなんでつけられた．スノウ家は，1877～83 年にかけてサウスオーストラリア植民地の総督をしていたウィリアム・F・D・ジャーヴォス卿のいとこにあたる．ちなみに，クリーヴを含むこの付近の行政区分名はジャーヴォスである．また，町の東約 4 km を北から南に流れるプーナナPoonana 川のほとりには，かつて銅を採掘していた鉱山跡がある．　　　　　　[片平博文]

グリエフ　Gur'yev　☞ アティラウ Atyrau

クリオン　Culion
フィリピン

人口：2.0 万 (2015)　面積：500 km²
[11°53′N　119°59′E]

　フィリピン中西部，クリオン島西部，パラワン州の町．クリオン島はパラワン島とミンドロ島との間にあり，カラミアン諸島を構成する．1995 年に町制を施行した．クリオン港はパラワン北部やカラミアン諸島の交易の中心で，町内にはイエズス会のカトリック大聖堂などの見所がある．サンゴ礁の美しい環礁が広がり，欧米のダイバーも訪れる．漁業とカシューナッツ栽培が盛んである．
　　　　　　　　　　　　　　[佐竹眞明]

クリオン島　Culion Island
フィリピン

人口：1.3 万 (1995)　面積：388 km²
[11°50′N　119°58′E]

　フィリピン中西部，パラワン州の島．パラワン島とミンドロ島との間にあり，ブスアンガ島とコロン島などとともにカラミアン諸島を構成する．南東はクーヨ諸島を経て，パナイ島にいたる．ハンセン病感染者を収容する保健省管轄の施設がある．かつては感染者を収容する孤島ともいわれたが，現在，病気が治療可能であることが一般に知られ，島は偏見の眼でみられることはなくなった．また，島の東側，コロン湾からブスアンガ島との間には美しい環礁地帯が広がる．ジュゴンが生息する海洋地域であり，欧米のダイバーも訪れる．島民のおもな生計手段は漁業であるが，資源保護のため，クリオン町役場が 10 地域で網の使用を禁止し，釣り針と糸のみで漁獲するようによびかけている．また，カシューナッツの栽培も行われている．
　　　　　　　　　　　　　　[佐竹眞明]

クリシュナ川　Krishná River
インド

キストナ川　Kistna (旧称)
面積：258948 km²　長さ：1290 km
[16°01′N　80°53′E]

　インド半島第 2 位の大河．北隣のゴダヴァリ川に次ぎ，流域面積は日本の国土面積の約 7 割にあたる．半島西端を走る西ガーツ山脈中部から北部の広い範囲に水源をもつ無数の流域支流は，広いデカン高原上をおおよそ東向きに流れ下り，やがて北からビーマ川，クリシュナ川主流，トゥンガバドラ川となる．中流のカルヌール付近にいたって一本化し，約 70 km 続く東ガーツ山脈の峡谷部を北流する．その後，ふたたび東に向きを変え，ヴィジャヤワダ付近からデルタに入り，約 70 km 南下してベンガル湾にいたる．主流は，マハーラーシュトラ州プネの南南西約 50 km にあるマハーバレシュワールの標高 1327 m 地点に発し，流れ下る．年平均降水量 4000 mm を超える西ガーツ山脈に発し，900 mm 以下の半乾燥気候地帯を流れ下る本川は，おもに独立後につくられた数多くの灌漑・発電用ダムからの灌漑水路網が整備された結果，流域の農業活動にきわめて大きな役割を果たしている．おもな大型貯水池として本川最上流のコイナ貯水池(湛水後 1967 年に地震を誘発したことで知られる)，トゥンガバドラ川中流のトゥンガバドラ貯水池(約 50 万 ha を灌漑)，バードラBhadra 貯水池などがある．
　ただし，1967 年に本川下流のヴィジャヤプリにつくられたナーガルジュナサーガルダムが貯水を開始して以来，下流域への水量は大幅に減少している．デカン玄武岩に由来する黒色土地域ではその良好な保水性により，綿花，ジョワール(モロコシ)などが，都市近郊の場合にはタマネギなどが栽培され，灌漑域からはずれたところ，また流域南部の花崗片麻岩に由来する痩せた赤色土地域では，ラギ(シコクビエ)や豆科植物を組み合わせた伝統的な乾燥地農業が行われている．
　一方，クリシュナ川デルタの沖積土壌地帯の多くでは，イギリス植民地時代にすでに整備された水路網の下で，多毛作の稲作が行われており，南インドの穀倉地帯の 1 つとなっている．ヴィジャヤワダ，グントゥール，テナーリなどが農業集散地である．いくつかの河道に分岐する河口の感潮域はかつてマングローブ林に覆われていたが，近年はエビ養殖場に変えられつつある．観光拠点としては，西ガーツ山脈の眺望拠点であるマハーバレシュワール，トゥンガバドラ川ダムサイト，ナーガルジュナサーガル貯水池などがあり，それぞれの近傍のヒンドゥー教聖地とともに観光対象となっている．アンドラプラデシュ州およびテランガーナ州の州都ハイデラバードは，本川下流から北西方向に枝分かれするムシ川の上流にある．　　　　　[貞方　昇]

クリシュナナガル　Krishnanagar
インド

Krishna Nagar (旧表記)
人口：15.2 万 (2011)　面積：16 km²
[23°22′N　88°32′E]

　インド東部，ウェストベンガル州東部，コルカタ(カルカッタ)の北 100 km に位置するナディア Nadia 県の都市で県都．ジャランギ Jalangi 川に沿う．市内にクリシュナナガル駅があり，東部鉄道によってウェストベンガル州の各地と結ばれ，またバス交通も至便である．米，サトウキビ，ジュートの栽培が

494 **クリス**

〈世界地名大事典：アジア・オセアニア・極Ⅰ〉

盛んで，製糖，乳菓，合板など製造業が発達している．近年は好立地を生かしたビジネス・ハブ機能も充実してきた．かつての地名表記 Krishna Nagar は，もと王侯州ナディアの王が居住する地であったことによる．絵画，彫刻，音楽など，芸術の中心地でもある．地名の語源といわれるクリシュナチャンドラ王が呼びよせた職人がグールニ Ghurni 地区において，ヒンドゥーの神々をかたどった泥人形をつくり，観光地にもなっている．

[酒川　茂]

クリスタルブルック　Crystal Brook
オーストラリア

人口：0.1万（2011）　標高：111 m

[33°21′S　138°12′E]

オーストラリア南部，サウスオーストラリア州南東部の町．サウスフリンダーズ山脈南端に位置する農業の中心地．州都アデレードの北 198 km にある．現在，この付近は肉牛，羊の放牧，穀物栽培が行われており，州で最も豊かな農業地域の 1 つを形成している．地名は，1839 年にこの地を探検したエドワード・ジョン・エア(1815–1901)によって名づけられた．その理由は，この地の先住民であるアボリジニがここを流れる川を mercowie すなわちクリアウォーターとよんでいたことによる．その後，ウィリアム・ヤングハズバンドとピーター・ファーガソンの 2 人がこの地を所有して巨大な放牧地を経営するが，その名前はクリスタルブルック牧場と命名された．この巨大な放牧地は 1450 km² にも及び，いまの市街地は完全にこの中に飲み込まれていた．1852 年になってこの土地はジョン，ウィリアム，トーマスのボーマン兄弟に売却された．クリスタルブルック牧場のなごりは，いまも町の東 5 km に位置する広大なバウマン公園に残されている．町がつくられたのは 1873 年になってからであるが，町中には 70 年代に建てられ，当時は非常に珍しかった 2 階建ての家が残っている．

[片平博文]

グリスタン　Gulistan
ウズベキスタン

Guliston（別表記）／ミルザチュル Mirzachul（旧称）

人口：7.7万（2010）　[40°29′N　68°47′E]

ウズベキスタン東部，シルダリア州の都市で州都．首都タシケントの南南西 97 km，鉄道駅の近くに位置する．もとはアチチヒフドゥク村の一部であった．1896 年に鉄道敷設によって新居住地ドゥホスキーが生まれたが，そこは 1905 年までにウズベク語でミルザチュルステップ（ロシア語でゴロドナヤステップ，飢餓の草原）として知られるようになった．1961 年に現名称となる．ソ連の機械化された灌漑計画以前は不毛の地域であったが，現在は農業発展地の中心となっている．おもな産業は，綿花，綿花精製，繊維工業，牛乳・バター製造，縫製などの軽工業である．

[木村英亮]

クリスマス島　Christmas Island
オーストラリア

人口：0.2万（2011）　面積：135 km²

[10°30′S　105°35′E]

インド洋東部，オーストラリア領のサンゴ礁島．オーストラリア西部，ウェスタンオーストラリア州の州都パースの北西 2360 km に位置する．1888 年にイギリス領，1958 年からはオーストラリア領となった．おもな産業はリン酸塩採掘と行政サービスである．また，2001 年に起きたタンパ号事件を契機に移住者収容施設が建設された．人口の 60% が中国系で，25% がマレー系，15% がヨーロッパ系である．島名は 1643 年 12 月 25 日（クリスマス），イギリス東インド会社のウィリアム・マイノーズ船長がロイヤル・メアリ号でこの島に到達したことに由来するが，最初の上陸は 88 年にイングランド人航海者のウィリアム・ダンピアによって記録された．熱帯雨林で覆われた島の面積の 60% 以上が国立公園であり，カニや鳥類などの豊かな動植物が生息する．とくにクリスマス島とココス諸島の固有種であるアカガニは，産卵期に大移動することで知られている．

[菊地俊夫]

クリスマス島　Christmas Island ☞ キリティマティ島 Kiritimati Island

グリータ　Greta
オーストラリア

人口：0.2万（2011）　面積：5.1 km²

[32°41′S　151°22′E]

オーストラリア南東部，ニューサウスウェールズ州中央東部，セスノック行政区およびメートランド行政区の町．ハンター川の河口から約 30 km 上流の右岸，ニューイングランドハイウェイ沿いに位置し，このハイウェイを使用してニューカッスルから北西約 50 km にある．同様に，1869 年に開通したハンター都市鉄道もニューカッスルに通じている．郊外には，1939 年に設置された陸軍キャンプがある．また，周辺ではブドウ栽培が盛んに行われている．

[畠山輝雄]

グリチョ　Gulcho
クルグズ

グリチャ　Gul'cha（別称）／グルチャグザル Gulcha-Guzar（旧称）

人口：1.6万（1989）　[40°19′N　73°26′E]

クルグズ（キルギス），オーシ州東部の村．アライ山脈の北麓，グリチョ川とカラダリア川の支流クルシャブ川の合流点にある．オーシとタジキスタンのホログを結ぶ道路沿い，州都オーシの南東 61 km に位置する．小麦，畜牛が中心で，付近に銅鉱がある．1938 年までグルチャグザルとよばれた．[木村英亮]

クリッパートン島　Clipperton
フランス

面積：11 km²　[10°17′N　109°13′W]

北太平洋東部，メキシコの南西沖合約 1300 km に孤立して位置するフランス領の無人島．幅数百 m，長さ約 12 km のサンゴ礁が輪をなす環礁である．18 世紀前半，イギリスの海賊クリッパートンがここを隠れ処として利用したことから名づけられた．16 世紀以降，フランスが領有権を主張してきたが，1897 年にメキシコも領有権を主張して島を占領した．その後，国際的な裁定にもとづき，1930 年代にフランスへの帰属が確定した．

[手塚　章]

グリトヴィケン　Grytviken
イギリス

人口：0（推）　[54°17′S　36°30′W]

南大西洋最南部，イギリス領サウスジョージア・サウスサンドウィッチ諸島，サウスジョージア島の集落．1904 年に捕鯨基地として集落が建設され，最盛期には，捕鯨シーズンの夏(10～3 月まで)の間，数百人の男たちがここで捕鯨とクジラの解体作業に従事した．1966 年に捕鯨基地が閉じられた後は，その関連施設がサウスジョージア博物館として活用されるなど，観光目的の集落整備がなされている．集落の近傍にはイギリスの南極探検家アーネスト・シャクルトン(1874–1922)の墓があり，南極周遊のクルーズ船が運航する夏の観光シーズンには，多数の観光客が訪れる．

[手塚　章]

グリニッチ島 Greenwich ☞ カピンガマランギ環礁 Kapingamarangi Atoll

グリーノック　Greenock

オーストラリア

人口：0.1万 (2011)　面積：1.3 km²
[34°28′S　138°55′E]

オーストラリア南部，サウスオーストラリア州南東部の町．州都アデレードの北東67 km，ブドウ栽培とワイン生産で有名なバロッサヴァレーの北西端に位置する農業集落．地名は，スコットランド南西部を流れるクライド川河口の港町グリーノックにちなんで名づけられた．この付近が開発されたのは州の中でも古く，1840年前後である．現在では，集落の周囲にブドウ畑が一面に広がる．その他，ナシなどの果樹栽培も行われている．

[片平博文]

グリフィス　Griffith

オーストラリア

人口：1.7万 (2011)　面積：52 km²　標高：129 m
降水量：397 mm/年　[34°17′S　146°02′E]

オーストラリア南東部，ニューサウスウェールズ州中央南部，グリフィス行政区の都市で行政中心地．州都シドニーの西568 km，メルボルンの北北東512 kmの内陸に位置する．1987年に市制を施行し，人口は2.4万 (2011)，面積1640 km²の規模を有する行政区となった．町はマランビジー灌漑地域の一部として，1916年に設立された．町の設計には，1913年にオーストラリア連邦首都デザインの国際コンペで優勝した，建築家のウォルター・バーリー・グリフィンがかかわった．首都キャンベラの都市計画も，彼の設計によるものである．このため，町でも小高い丘陵の南西に，求心状の街区が広がる独創的な景観ができ上がっている．なお，地名は，初代の公共事業の大臣アーサー・グリフィスにちなんで命名された．

町の気候は，最暖月の平均最高気温32.8℃，最寒月の平均最低気温3.5℃と冬季でも比較的温暖である．しかし乾燥しているため，灌漑を利用しない農業は不可能である．そこで柑橘類をはじめとする果樹や野菜は灌漑を利用して生産されている．また，1950年代から米の生産も行われている．このような町の農業には，初期の段階からイタリア人の労働者が多くかかわっていた．彼らの出身は，おもにイタリア北東部のヴェネト州や南西端のカラブリア州などとされる．こ

のため，現在の町の人口の約6割が，イタリア系とされる．彼らは，ブドウ畑をつくりワイナリーを開いた．デ・ボルトリワイナリーは，町の東のビルバル Bilbul に農園をもち1928年から続く，国内最大級のワイナリーである．またイェンダでは，日本でもおなじみのブランドであるイエローテイルをつくるカセラワイナリーが1950年代後半から操業を始めた．

[藁谷哲也]

クリフデン　Clifden

ニュージーランド

[46°03′S　167°43′E]

ニュージーランド南島，サウスランド地方の村．ワレス地区，ワイアウ川の西岸に立地する農業集落である．インヴァーカーギルの北西100 kmに位置し，石灰岩の採掘や製材業がおもな産業となっている．ワイアウ川東岸の北約2 kmには石灰岩の形成に大きく貢献した洞窟があるが，そこにはマオリが描いたと思われる壁画が存在し，南島に居住していたマオリ古代芸術の一例を垣間みることができる．ワイアウ川には1899〜1902年に建造された古い吊り橋が存在しているが，そこから1 km上流には貝の化石が存在し，地質学的にみて大変貴重な試料となる．地名の由来は，この地の最初の開拓者であるタスマニア出身の農夫ロバート・ウォルター・アイケンによるもので，石灰岩の崖があまりにも見事であったために命名されたとのことである．

[泉　貴久]

クリフトン　Clifton

オーストラリア

人口：0.1万 (2011)　面積：46 km²
[27°54′S　151°54′E]

オーストラリア北東部，クイーンズランド州南東部，トゥーンバ地域の町．州都ブリズベンの南西約180 km，ダーリング高原の豊かな農業地帯に位置しており，穀物およびラッカセイ栽培のほか酪農，養豚，牧牛業が盛んである．

[秋本弘章]

クリフトン　Clifton

ニュージーランド

人口：0.3万 (2013)　[46°28′S　168°22′E]

ニュージーランド南島，サウスランド地方，インヴァーカーギル郊外の住宅地．中心市街地の南東5 km，ニューリヴァーのエスチュアリーの東岸に位置する．川の河口部という地理的条件もあって，羊毛の洗浄場や下

水処理場などの施設が立地している．

[泉　貴久]

クリフトン　Clifton

パキスタン

人口：18.2万 (1998)　[24°48′N　67°01′E]

パキスタン南東部，シンド州南西部カラチ南部の町．州都カラチ郊外にあるアラビア海沿岸の保養地で，19世紀以降，イギリス領時代にイギリス人のリゾートとして発展した．独立後は，外国人や高級官僚をはじめとして富裕層の邸宅が立ち並び，市内有数の高級住宅地となっている．周辺にはボウリング場や水族館のほか，かつてカラチ港に入る船の灯台の役目を果たしたというカラチの守護聖者アブドゥッラー・シャー・カズィーのダルガー(聖廟)がある．6〜8月のモンスーン季を除くと，クリフトンビーチには1年中多くの人が週末や休日に海水浴や海に吹くそよ風を楽しみに，また時間貸しの馬やラクダに乗りに訪れる．土産品としては金銀のアクセサリー，真鍮製品，手織りのタペストリー，刺繍製品，ラクダ皮製品，貝製品などがある．

[出田和久]

グリマン山 Ngliman, Gunung ☞ リマン山 Liman, Gunung

クリム　Kulim

マレーシア

人口：28.1万 (2010)　面積：267 km²
[5°23′N　100°33′E]

マレーシア，マレー半島マレーシア領北部，ケダ州南部クリム郡の都市．州都アロールスター，スンガイプタニに次ぐ州第3の都市で，ペナン州に隣接する．行政面では，2001年に Kulim Municipal Council に昇格し，15の地区を統括している．18世紀中頃には町が形成されたが，19世紀に入ってスズ鉱山の開発が進み，華人系の労働者の流入が増加した．5つの主要鉱山に対して鉱山開発会社も設立され，19世紀中頃には労働者だけで1500人を超えていた．1996年にマレーシア初のハイテクパーク KHTP (クリムハイテクパーク)が建設され，外資系企業をはじめとするハイテク関連企業が立地し，ペナン州にも近いことから，北部地域の成長の中核的な役割を果たすことが期待されている．

[石筒　覚]

クリョンポ　九竜浦　Guryongpo

韓国

[35°59′N　129°33′E]

　韓国東部，キョンサンブク（慶尚北）道東端の町．行政上は浦項市南区九竜浦邑．ホミ（虎尾）半島の東海岸に位置する．ヨンイル（迎日）郡九竜浦邑であったが，1995年，ポハン（浦項）市に編入された．東海岸の漁港である．イカ，タラ，イワシ，サンマなどの漁業のほかに，ワカメなどの養殖も行っている．かつては沿岸捕鯨の基地でもあった．植民地時代，日本から多数の漁業者が移住して漁業に従事していた．日本式の家屋がいまも多く残っていて，それを訪ねる日本人もいる．浦項市では，それを保存して観光資源に活用する計画がある．　　　　　　[山田正浩]

クリル列島　Kuril Islands

北太平洋西部

千島列島（日本語・別称）

人口：1.9万（2010）　面積：10360 km²
長さ：1300 km　　　[46°10′N　152°00′E]

　北太平洋，ロシア東部のサハリン州（極東連邦管区），カムチャツカ半島南端から，北海道本島の東端の間に北東から南西方向へ連鎖をなして並ぶ列島．太平洋とオホーツク海を区切る全長約1200 kmの列島と北海道根室半島の先端を起点とする全長約100 kmの列島とからなり，ロシアでは，前者を大クリル列島 Bol'shaya Kuril'skaya Gryada，後者を小クリル列島 Malaya Kuril'skaya Gryada，両者の総称を Kuril'skie Ostrova（直訳の語義はクリル諸島）と名づけている．大小約30の島からなり，面積の大きい島はすべて大クリル列島に含まれる．
　大きい順にあげれば，1000 km²以上の面積をもつ島にイトゥルップ（択捉），パラムシル（幌筵），クナシル（国後），ウルプ（得撫）の4島，次いで300 km²以上の面積をもつ島にオネコタン（温禰古丹），シュムシュ（占守），シムシル（新知）の3島がある．大クリル列島の総面積は約1万 km²あるのに対して，小クリル列島の総面積は約360 km²である．後者の中で，唯一面積が大きい島はシコタン（色丹）島で，他はユリ（勇留）島以下の小さな島（歯舞群島）からなる．「クリル」の語源はロシア語の「クリッツァ」（煙を立てる）に由来するという説など諸説ある．日本側の「千島」という地名は「蝦夷が千島」という古称に由来するといわれている．
　大クリル列島は，カムチャツカ半島東岸沿いの諸連峰から北海道中央高地の大雪山と十勝岳にまで延びる千島火山帯，より広くいえば環太平洋火山帯の一部をなす火山列島であり，カムチャツカ半島に最も近いシュムシュ島以外は全島が火山島である．火山爆発指数（VEI）が4以上（噴出量が0.1 km³を超える）の大噴火は，18世紀以後に限っても北からアトラソフ（阿頼度）島のアライド火山で2回，パラムシル島のチクラチキ火山（千倉岳）で2回，シアシコタン（捨子古丹）島のクントミンタル火山（南硫黄岳）で1回，ライコケ（雷公計）島のライコケ火山で2回，マトゥア（松輪）島のサルイチェフ火山（芙蓉岳）で1回，チルポイ（知理保以）島のチョルヌイ火山（知理保以岳）で1回，クナシル島のチャチャ火山（爺々岳）で1回，計10回記録されている．
　一般に千島列島の噴火履歴は，日本列島よりも活発な火山活動を示すとされる．千島火山帯に並行して南東側の太平洋には千島・カムチャツカ海溝が連なり，この海溝沿いでは地震活動がきわめて活発である．その関連で1952年の大津波など，歴史的な津波被害の事例も少なくない．小クリル列島弧に新しい火山はない．
　クリル列島は，その最南端（北緯43度22分）と最北端（50度52分）との大きな緯度差に加え，南北から黒潮（日本海流）と親潮（千島海流）という異なる海流の影響を受けることもあって，南北の地域差が大きい．植生の上では，イトゥルップ島とウルプ島の間に宮部線として知られる植物分布境界線が通り，その南側では北海道北東部と同様の高木林がみられるのに対し，北側ではサハリン島北部と同じ亜寒帯性の植生を示している．
　列島は，北海道およびサハリン島南部とともに，かつてアイヌの居住地であった．千島（サハリン）アイヌは，18世紀から19世紀にかけて列島に進出した日本とロシアの経済的収奪を受け，両国の政治的思惑にも翻弄され，文化の変容を強いられ，人口の減少，最終的には故地からの総移住を余儀なくされた．クリル列島がアイヌの故地であったことを今日に伝えているのは，かつて先住民の生活域をなしていた島，山野，山や川の地名である．あとから入ってきたロシア人も日本人もそれらの地名を使わざるをえなかったからである．
　1767年にロシアのコサック百人長イワン・チョルヌイが先住民から毛皮税を徴収する任務を負ってイトゥルップ島まで南下してきたとき，ロシア側は列島の地理に関して1個の体系的な命名法をもって全体像を把握するようになった．カムチャツカ半島の先端を起点として，列島の島々に第1島から1個ずつの番号を割り当て，最後のマツマイ島すなわち北海道を第22島に見立てる方式がこの頃成立した．しかし，この方式は不完全な命名法でしかなく，ときとともに廃れていった．現代における島や海峡の名称の多くはアイヌ語に由来し，そのほか列島の探検にかかわった先人の人名なども一部に採用されている．
　列島の領土帰属と国境画定をめぐる問題が浮上してくるのは19世紀初頭以後である．日本は幕末に開国した時点で1855年ロシアとの間に日露和親条約を締結し，これによってイトゥルップ島とウルプ島の中間を横切る海峡にロシアとの国境を画定した．20年後の1875年，サンクトペテルブルク条約（樺太千島交換条約）によって国境線はカムチャツカ半島とシュムシュ島の中間を横切る海峡に移され，千島列島全体が日本領となった．
　日本領時代の列島は開拓使（一定の経緯ののち北海道庁）千島国に属し，1945年以前の北海道庁の公式刊行物によれば，千島国は南部千島（国後島，択捉島，色丹島），中部千島（得撫島から磨勘留島まで），北部千島（幌筵島から北）の3者からなる行政区分が設定され，南部に5郡，中部と北部に3郡，あわせて8郡が置かれていた．南部の5郡では町村制が導入され，中部と北部の3郡は根室支庁の直轄地であった．
　第2次世界大戦末期の1945年8月，ソ連軍は列島に侵攻し（クリル上陸作戦），占守島では応戦する日本軍を激戦の末に圧倒し，列島全体を占領下に置いた．日本はポツダム宣言を受諾して列島の領有権を放棄し，戦後その行政権はソ連に移された．しかし日本政府は南部千島の国後島，択捉島，色丹島に歯舞群島をあわせた北方4島について領有権の正当性を主張し，今日まで日本とロシアの間には未解決の北方領土問題が残されている．
　現在のクリル列島はロシア連邦サハリン州に属し，行政区分の上でセヴェロクリリスク市の管轄（ケトイ島から北），クリリスク市の管轄（シムシル島からイトゥルップ島まで），ユジノクリリスク市の管轄（クナシル島，シコタン島とその西の小諸島）に三分される．パラムシル島にあるセヴェロクリリスク（日本名：柏原），イトゥルップ島にあるクリリスク（紗那），クナシル島にあるユジノクリリスク集落（古釜布）がそれぞれの行政中心地である．もとより現在の行政区分は，北海道庁千島国の行政区分との間に差異が大きいが，自然地理的観点からみた区分とも微妙に異な

っている点は注意が必要である．この区分法は，大クリル列島を北部グループ（シアシコタン島から北），中部グループ（ライコケ島からチョルヌイエブラチヤ諸島まで），南部グループ（ウルプ島，イトゥルップ島，クナシル島）に三分し，小クリル列島（シコタン島とその西の小諸島）は別扱いとするものである．

一方現在の日本には，色丹島と歯舞群島は千島列島に含まれないとする解釈が存在し，さらに択捉島と国後島を含めた4島は千島列島ではないとする見解も存在する．このような定義問題が領土帰属問題をいっそう複雑にしている．

列島は全体に山地で，切り立った崖が海岸に迫って平地は少ない．居住の自然環境がきわめて劣悪であることから，とくに中部と北部の定住者は古来少ない．日本領時代の1933年10月1日現在の人口は，南部千島1万3836，中部千島19，北部千島669，合計1万4524，44年2月22日（一部43年2月1日）現在の人口は，南部千島1万1607，中部千島14，北部千島164，合計1万1785であった．事情は近年のロシアでも大きく変わらない．2010年の人口は，ユジノクリリスク市の管轄1万300，クリリスク市の管轄6100，セヴェロクリリスク市の管轄2400，合計1万8800である．定住者が居住するのは，クナシル島，シコタン島，イトゥルップ島，パラムシル島に限られており，他の島はすべて無人島である． ［原 暉之］

クリル・カムチャツカ海溝 Kuril-Kamchatka Trench

北太平洋北西部

千島海溝（日本語・別称）

長さ：2200 km 幅：120 km 深さ：9550 m
[46°47′N 154°41′E]

北太平洋北西部の海溝．太平洋プレートが北アメリカプレート（オホーツクプレート）の下に沈み込むことによって形成され，海溝の陸側にはカムチャツカ半島，千島列島，北海道などが弧状に連なっている．海溝は，カムチャツカ半島南東沖から千島列島南岸に沿って北海道南東沖まで北東-南西方向に延び，長さ約2200 km，平均幅120 km，平均水深は7000 m以上で，最深部は9550 mである．その南端は襟裳岬沖で南向きに方向を変え，日本海溝へと連なっている．北端部は東方に向きを変え，アリューシャン列島の南岸沖に沿って延びるアリューシャン海溝へとつながる．海溝の沈み込み帯に沿って，M8クラスのプレート間地震やアウターライズ地

震，スラブ内地震が多発している．最近発生したプレート間地震は，2006年千島列島沖地震（2006年11月15日）であり，地震の規模はMw 8.3で，震源地は新知島（シムシル島）の東130 kmの太平洋，震源の深さは約30 kmであった．北海道や日本の沿岸部に津波が観測されている． ［前杢英明］

グリーン島 Green Island

オーストラリア

人口：30（2006） 面積：0.2 km²
[16°45′S 145°58′E]

オーストラリア北東部，クイーンズランド州中央北部の島．ケアンズ沖に浮かぶサンゴ礁の島である．1937年にグリーンアイランド国立公園に指定された．ケアンズから高速艇で45分の距離にあり，日帰りの観光地として有名．近年はリゾートホテルも建設されており，日本からの観光客も少なくない．
［秋本弘章］

グリーン島 Green Island

ニュージーランド

人口：0（推） [45°57′S 170°23′E]

ニュージーランド南島，オタゴ地方の小島．ダニーディン地区，シルヴァーピークスに属するカイコライ川の河口より約2 kmの地点に浮かぶ．面積4万m²の小さな島である．地名は，カイコライ川の別名グリーン川からとったもので，1844年6月にオタゴ地方の開拓者の一人フレドリック・タケットにより命名された． ［泉 貴久］

グリーン岬 Green Cape

オーストラリア

[37°15′S 150°03′E]

オーストラリア南東部，ニューサウスウェールズ州南東部の岬．北のツーフォルドTwofold湾と南のディザスターDisaster湾にはさまれている．ベンボイドBen Boyd国立公園の南東端に位置する．岬の先端には，アルバート・アスピノールによって1833年に建設された国内最初のコンクリート製の灯台，グリーン岬灯台がある．州最南端の灯台であり，高さ29 mは国内で第2位である．
［畠山輝雄］

グーリン県 古蘭県 Gulin

中国

こりんけん（音読み表記）

人口：70.3万（2015） 面積：3184 km²
[28°02′N 105°48′E]

中国中西部，スーチュワン（四川）省最南部，ルーチョウ（瀘州）地級市の県．チーシュイ（赤水）河流域にあり，グイチョウ（貴州）省に隣接する．県政府は古蘭鎮に置かれる．四川盆地からユングイ（雲貴）高原にいたる移行地域に位置し，烏蒙山系に属するダーロウ（大婁）山脈の北麓にある．地勢は西部が高く東部に向かって低くなり，また南部は険しいが北部はゆるやかである．漢代の犍為郡の地で，唐代は羈縻藺州が置かれたが，宋代には瀘川府瀘州に属した．清代に古蘭県が設けられた．石炭，鉄鉱，硫黄，大理石などの地下資源に恵まれる．おもな農産物は米，小麦，トウモロコシ，コーリャンなどで，商品作物に桐油，生漆，タバコがあり，山間部では薬材を産する．醸造業が盛んで郎酒は全国的に有名であり，酒郷とよばれる．県東のダイピントゥー（太平渡）一帯は，1935年春，長征中の中国労農紅軍が赤水河を4回渡ったが，その第2，第4回の渡河を行ったところである． ［林 和生］

グーリン鎮 牯嶺鎮 Guling

中国

これいちん（音読み表記）

人口：1.5万（2014） 面積：47 km² 標高：1164 m
[29°32′N 115°59′E]

中国南東部，チャンシー（江西）省北部，チウチャン（九江）地級市の鎮．ルー（廬）山風景名勝区に位置する標高1200 m前後の避暑地の中心にある鎮．鎮は海抜1164 mの盧山に位置し，三方を山に囲まれ「雲中山城」とよばれる．明代に一帯の山林を皇帝が禁山に指定し，樹木の伐採や放牧を禁止して森林を保護した．1886年にキリスト教宣教師により避暑地として開発された．1928年には別荘が700あまりに増え，夏季には宣教師を中心に2000人を超える欧米人が避暑に訪れていた．現在もホテルや保養所に加え，西欧風の別荘が1400あまりもあり，多くの人が避暑を目的に訪れている． ［林 和生］

グリーンアイランドセントラル
Green Island Central

ニュージーランド

オカイハエ　Okaihae（マオリ語）

人口：0.3万（2013）　　[45°54′S　170°26′E]

　ニュージーランド南島，オタゴ地方の町．ダニーディン市域にあり，安山岩からなる丘陵の北側の低地に位置する．工業地区であり，食肉の冷凍，製粉，石灰やセメントの加工，農業機械の製造などを行う．小・中学校，ホテルなどがあり，ミラー，メモリアル，サニーヴェールの3つの公園は多くのスポーツ施設をもつ．マオリ語ではオカイハエとよばれる．　　　　　　　　　[太田陽子]

クリンガイチェース国立公園
Ku-Ring-Gai Chase National Park

オーストラリア

面積：149 km²　標高：約200 m　長さ：約20 km
幅：約8 km　　　　　　　[33°37′S　151°12′E]

　オーストラリア南東部，ニューサウスウェールズ州南東部の国立公園．州都シドニーの北西約24 kmに1894年に設立された国内で2番目に古い国立公園である．シドニーの近距離に位置するため，年間約200万人が訪れる．地名は，この地域に居住した先住民クリンガイ（Kuringgai）にちなんでいる．公園はホークスベリー川の河口部に位置し，コーワンウォーター Cowanwater とピットウォーター Pittwater と呼称される入江にはさまれて広がる．ピットウォーターの湾口付近には，バレンジョイ Barrenjoey 岬とよばれる陸繋島があり，ここも公園に含まれる．

　公園の地形は，ゆるやかな波状の丘陵地に，入江が樹枝状に切り込むように発達する．地質はおもにホークスベリー砂岩からなり，ナマ，タフォニ，ハチの巣状風化，多角形状風化などさまざまな風化・侵食景観が見どころである．公園はしばしばブッシュファイヤー（林野火災）に襲われることもあるが，マングローブ，熱帯雨林やユーカリなどの植物，両生類やは虫類のほかワラビー，ハリモグラ，ポッサムなどの動物が豊富に生息する．また，公園では岩石彫刻，洞窟絵画，溝跡，貝塚などアボリジニの遺跡が800以上もみつかっている．　　　　　　[藁谷哲也]

クリンチ湖　Kerinci, Danau

インドネシア

面積：46 km²　標高：784 m　長さ：10 km
幅：7 km　　　　　　　　[2°09′S　101°29′E]

　インドネシア西部，スマトラ島南部，ジャンビ州の最西端の湖．脊梁山脈であるバリサン山脈中部，西スマトラ州とブンクル州との州境に近接する．陥没火口湖で，2000 m級の山々に囲まれる．湖から東に流れるムランギン川はジャンビ州中央丘陵地に入ってトゥンブシ川となり，いくつかの河川と合流してスマトラ最長のハリ（バタンハリ）川（全長約800 km）となって州都ジャンビを通過し南シナ海に注ぐ．湖岸には村落が点在し，北に2008年にスンガイプヌ県から分かれて成立した地域中心都市スンガイプヌ市（人口8.2万，2010）が立地する．湖は周辺住民の重要な水源で，各種の魚類などの食料も提供してきた．近年，外来植物の繁殖による植生の変化や水質の変化が指摘されている．湖の北約50 kmにあるスマトラ最高峰クリンチ山（標高3805 m）にいたる地域は言語文化地理的集団としてのクリンチ人が卓越する地域である．　　　　　　　　　　　[瀬川真平]

クリンチ山　Kerinci, Gunung

インドネシア

インドラプラ峰　Indrapura, Puncak（別称）/ガダン山　Gadang, Gunung（別称）

標高：3805 m　　　　　　[1°42′S　101°16′E]

　インドネシア西部，スマトラ島の西スマトラ州とジャンビ州の州境にある山．スマトラ島の脊梁山脈，バリサン山脈の中西部に位置する成層火山．現在も活動を続けており，2004年，09年，13年に噴火している．スマトラ島およびニューギニア島西部のパプア州，西パプア州を除く国内の最高峰である．一帯はクリンチ・スブラット国立公園に指定されており，野生動物の保護も行われている．気候は乾燥し，さわやかで風光明媚である．島最長のハリ（バタンハリ）川（長さ800 km）の源流地で，同名のクリンチ湖（ジャンビ州内）を含むこの盆地は肥沃で人口密度も高い．言語民族地理集団のクリンチ人（イスラーム教徒）などが稲作をおもな生業とし，スマトラでも有数の米の産地である．オランダ植民地時代（17世紀）には金の産出が重要であった．やがて，茶のプランテーションが開かれ，またコーヒー，タバコ，クローブなどが生産され，とくにシナモンは有名である．2004年には，グヌンセル，ブキットバリ

サンスラタンの2つの国立公園と合わせて，「スマトラの熱帯雨林遺産」としてユネスコの世界遺産（自然遺産）に登録された．また，野生動物の密猟や森林の違法な伐採が深刻になっていることから，2011年には危機遺産のリストにも登録された．　　　　　[瀬川真平]

グリーンヒルズ　Greenhills

ニュージーランド

人口：0.1万（2013）　　[46°33′S　168°18′E]

　ニュージーランド南島，サウスランド地方の町．インヴァーカーギル市域にあり，市街中心部の南西8 km，ブラフ Bluff 湾の北西端に位置する．郵便局があり，採石場がある．地名は最初の測量隊によって命名されたもので，ヴィクトリア総督の夫人の名にちなむ．　　　　　　　　　　　[太田陽子]

グリーンベイ　Green Bay

ニュージーランド

カラカ　Karaka（古称）

人口：0.4万（2013）　　[36°55′S　174°41′E]

　ニュージーランド北島，オークランド地方の町．オークランドの南西，国道16号を経て17 kmの郊外に位置する．オークランド地方行政区となっている．この町のゴッドリーロードは小規模の商店街となっており，日用品店やスーパーが立ち並んでいる．また，バスの運行も比較的多い．町はマヌカウ湾の北部に位置し，オークランド国際空港の北西にある小さな湾の名前が町の名前となっている．町の浜辺はカラカ公園海岸遊歩道の一部となっている．カラカ公園は沿岸沿いに設けられた公園で，南はすぐグリーン湾に面している．この地は元来カラカとよばれていたが，同名の他都市との混同を避けるために現在の名前となった．またグリーンベイには有名な民間非営利団体ブランケット協会があり，子どものすこやかな成長を目的に，子育てに関するあらゆる援助を行っている．

[植村善博・太谷亜由美]

グリーンランド海　Greenland Sea

グリーンランド北東付近

面積：1205000 km²　深さ：4800 m
　　　　　　　　　　　　[74°15′N　8°18′W]

　グリーンランド（デンマーク自治領）の東側に広がる海．北はフラム海峡を経て北極海

と，南西部はヤンマイエン島，デンマーク海峡を経て北大西洋と接する．また南東部は，スピッツベルゲン(スヴァールバル諸島)，ヤンマイエン島，アイスランドを結ぶ線を境にノルウェー海と接している．平均深度は1450 m．北極海からの冷たいグリーンランド海流がグリーンランド東岸に沿って南下するため，流氷もこれに沿って南下する．冷たいグリーンランド海では，冷やされた海水が重くなって沈み，グリーンランド深層水とよばれる深部の流れとなって大西洋を南下，これが地球規模の深層流の大循環を引き起こし，気候変動に重要な役割を果たしていることが明らかになりつつある．　　　[小野有五]

クル　Kullu　　インド

スルタンプール　Sultanpur (古称)

人口：1.8万 (2001)　面積：6.7 km²
[31°59′N　77°06′E]

インド北部，ヒマーチャルプラデシュ州中央部，マンディの北東 30 km に位置し，ヒマラヤ山麓にあるクル県の都市で県都．市街地の標高は 1200 m を超え，ベアース川とサルワリ Sarvari 川との合流する谷にある風光明媚な避暑地でもある．リンゴ，ナシなどの果実栽培や，ショールなど羊毛製品の製造業も立地しているが，最も盛んなのは観光業である．ヒマラヤ観光の起点であるだけでなく，多くの寺院や祭礼，アカラバザールでのショッピングなど，市内には観光資源が豊富である．町の中心から 10 km たらずにブンタール Bhuntar 空港があるほか，国道 21 号が市内を通っており，バスによってシムラ，首都デリー，チャンディガルなど，都市間交通の便がよい．　　　[酒川　茂]

グル岬　Gul, Tanjong　　シンガポール

[1°17′N　103°40′E]

シンガポール，シンガポール島南西部，パイオニア地区の岬．すでに，1828 年の地図にはその地名が記されている．海岸の埋立てにより，岬のあった場所は港から少し離れた内陸となっている．いくつかの工業港湾がつくられるとともに，この周辺はジュロン工業地域の一部をなしており，日本企業をはじめ外資系企業が多く立地している．グルという地名はジュロン工業地域内の港湾名や通りの名として数多く残っている．　　　[髙山正樹]

クルアン　Kluang　　マレーシア

人口：16.8万 (2010)　　[2°02′N　103°19′E]

マレーシア，マレー半島マレーシア領南部，ジョホール州クルアン郡の都市．州都ジョホールバールの北西約 75 km，エンダウ川の支流スンブロン川に面した郡の中心地である．半島東海岸のムルシンと西海岸のバトゥパハを結ぶ陸路の中間点に位置する．南東のジョホールバールへ向かう道路も分かれる内陸交通の要衝で，マレー鉄道も通じている．地名はマレー語のコウモリに由来する．1915 年に中部ジョホールの行政中心地として建設され，20〜30 年代はゴム産業，70 年代は電気機器製造で栄えた．1990 年代以降は，シンガポールに隣接したジョホール州に多国籍企業や日系企業が進出してきた影響で，市郊外に多数の工場が建設された．2007, 08 年には郊外に大型ショッピングモールが相次いでオープンしている．
[田和正孝]

グールガウィー　Goolgowi　　オーストラリア

人口：286 (2011)　面積：5 km²
[34°00′S　145°45′E]

オーストラリア南東部，ニューサウスウェールズ州中央南部，キャラスール行政区の町で行政中心地．州都シドニーから，町を通るミッドウェスタンハイウェイを利用して西約 650 km に位置する．近隣には，南西約 50 km にグリフィスがある．町の始まりは，1925 年にグリフィス〜ヒルストン間に鉄道が開通し，グールガウィーにも駅が置かれたことが関係している．マランビジー灌漑地域に位置し，小麦栽培や牧畜が盛んであるが，近年はオリーブ，クルミ，ブドウ，レタスなどの栽培も行われている．　　[畠山輝雄]

グルガオン　Gurgaon　　インド

人口：17.4万 (2001)　[28°27′N　77°01′E]

インド北部，ハリヤーナ州南部，グルガオン県の都市で県都．首都デリーの南西の郊外に位置し，インディラ・ガンディー国際空港にも近い．事実上デリー大都市圏の都市経済の一部となっている．デリー郊外の高級住宅地として高層住宅などが増加するとともに，映画館なども備えた大規模ショッピングコンプレックスも増加している．工業生産とサービス業と商業とも活発に行われている．スズ

キとの日印合弁企業の自動車製造会社・マルチウドヨグ社，ホンダとの日印合弁企業の二輪車製造会社・ヒーローホンダ社の組立工場および下請け企業が立地する．ハイテクノロジー・パークもある．アメリカ企業のバックオフィスも多く立地する．ほかには時計，スポーツ用品，化学物質，医薬品，綿糸，ゴム製品が製造され，農産物の加工も行われている．郊外のマネサール Manesar は大規模な工業団地のモデルタウンである．

グルガオン県の面積は 2760 km²．県域の多くはゆるやかな起伏のある平原である．年平均降水量は 610 mm であり，植生は熱帯性の有刺低木林である．スルタンプルにある野生生物保護区には，アヒル類，ツル，ニルガイ(アンテロープの一種)が生息している．ヒンディー語とウルドゥ語が話されている．県域の 78%が耕作され，このうち 56%が掘り抜き井戸によって灌漑されている．小麦，大麦，キビ類，豆類，サトウキビ，アブラナが栽培されている．羊毛用の羊が飼育されている．デリー・ジャイプル・ムンバイ(ボンベイ)を結ぶ国道 8 号およびラージャスターン州に向かう道路が県を通過している．都市化と工業化は，周辺農地を飲み込むかたちで拡大している．　　[澤　宗則]

クールガーディ　Coolgardie　　オーストラリア

人口：0.1万 (2011)　面積：6.7 km²
[31°02′S　121°10′E]

オーストラリア西部，ウェスタンオーストラリア州内陸部南部の町．州都パースの東北東約 560 km に位置する．1892 年の金鉱発見に伴い建設され，20 世紀初頭には 1.5〜2 万の人口を数えたが，その後，そのほとんどは東約 40 km のカルグーリーに流出した．過去の金採掘の記憶をとどめる観光地として知られる一方，鉱業が復興するきざしもある．　　[大石太郎]

クルガンチュベ Kurgan-Tyube ☞ クルゴンテパ Qurghonteppa

クルガンテパ　Kurgantepa　　ウズベキスタン

イメニヴォロシーロヴァ　Imeni Voroshilova (旧称) ／ヴォロシーロヴォ　Voloshilovo (旧称) ／カラスー　Kara-Suu (旧称)

人口：2.9万 (2012)　[40°45′N　72°45′E]

ウズベキスタン東部，アンジジャン州南東部の都市．州都アンジジャンの東南東 51 km，クルグズ（キルギス）のオーシの北 30 km，クルグズとの国境に近く，カラスー川の真北に位置する．1976 年に設立された．おもな産業は綿生産である．旧称はカラスー，その後 1937〜40 年にイメニヴォロシーロヴァ，次いでヴォロシーロヴォとよばれた．　　　　　　　　　　［木村英亮］

クルグズ共和国　Kyrgyz Republic

Kırgız Respublikası（クルグズ語・正称）/ Kyrgyskaya Respublika（露語・正称）/ キルギジア　Kirgizia（露語・通称）/ キルギス（日本語・通称）

人口：540 万（2012）　面積：199945 km²
[42°52′N　74°36′E]

中央アジア南東部の国．独立国家共同体（CIS）の加盟国の 1 つ．首都はビシケク．行政区画は 7 つの州と 2 つの特別市よりなる．ティエンシャン（天山）山脈とパミールアライの 3000 m 以上の高地が国土の 2/3 以上を占める．東の中国との国境にポベーダ山（標高 7439 m）がそびえる．砂漠とステップの植物，高山・亜高山植物がわずかに生育し，森林は 3％にすぎない．平地はビシケク周辺と南西のフェルガナ盆地近くのみで，ナルイン，タラス，チュイの河川が急流をなし，水力資源に富む．北東部標高 1607 m にあるイシククル湖は，深さ 668 m，数十の川が流れ込むが，流出する川はない．2009 年の民族構成はクルグズ人 70.9％，ウズベク人 14.3％，ロシア人 7.8％など．言語はクルグズ語が国家語，ロシア語が公用語である．クルグズ人人口はソ連解体前の 1989 年，クルグズに 223 万，旧ソ連諸国あわせて 253 万であった．中国シンチャン（新疆）ウイグル（維吾爾）自治区にはキズルス（克孜勒蘇）自治州などに 14 万人が住む．2000 年近くその民族名を保ち，現在も国名として残っている遊牧騎馬民族の珍しい例である．そのほかモンゴル，アフガニスタン，パキスタンにも居住する．高地の遊牧民で，フェルガナと天山，イシククル付近のクルグズ人とは生活慣習が若干違っており，前者を南クルグズ人，後者を北クルグズ人と区別することもある．人類学的にカザフ人との違いは小さいが，モンゴロイドの要素がより大きい．ロシア革命当時はカラ・クルグズ人とよばれた．人口・国民総生産は小さく，工業は食品加工などが主体で，2000 年 1〜9 月 CIS 域外輸出の 70％はクムトール金鉱の金であった．ほかに水銀，アンチモンを産する．CIS 諸国に対しては電力輸出が主である．ガスの 95％以上，石炭の 70％は輸入で，資源に乏しく自立はむずかしく，イシククル湖などの観光資源の開発が期待される．農業では綿，タバコの栽培が行われている．

口伝の英雄叙事詩『マナス』は，重要な文化遺産である．宗教はイスラーム教スンニ派で 17 世紀後半から 18 世紀にかけて広まったが，シャーマニズムなども残っている．中央アジアのイスラーム教の影響力はしばしば過大な評価をされるが，ここではカザフスタン，トルクメニスタンなど旧遊牧地域と同じく，政治的に大きな役割を果たしうるような影響力はない．文字は 1940 年にロシアのキリル文字に変えられ，その下でほとんどの人が読み書きできるようになった．キリル文字，ロシア語はすでにクルグズ人のものとなっており，1993 年にはビシケクにクルグズ・ロシア（スラヴ）大学が開学するなど，ロシアとの文化的関係は強い．現代の作家チンギス・アイトマートフの作品は，日本にも多く紹介されている．

クルグズ人は 15〜16 世紀までに形成されたが，その中核となったのは 9〜10 世紀から天山に移住したエニセイ・クルグズ人である．19 世紀後半にロシアに征服され，農業移民が多数入植した．1898 年のムスリムのアンジジャン蜂起に参加し，1916 年の戦時徴集令に反対する中央アジア蜂起にも加わりロシア人農民とも衝突した．ロシア革命期にはカザフ人自治政府アラシ・オルダにも加わったが，ソヴィエト政権確立後 1924 年の中央アジア民族的国家的境界区分ではロシア共和国のカラクルグズ自治州を形成し，25 年にクルグズ自治州と改称され，36 年にソ連の構成共和国となり，クルグズ共和国となっ

た．1930年代集団化期の遊牧民定住化の際は，畜産が大きな打撃を受けた．独ソ戦中，タングステン，水銀などの供給で軍事産業の一翼を担った．戦後は工業化が進められ，水力資源も開発された．総発電量は1940年の5000万kWhから89年151億kWhへ増大した．牛，山羊，羊の飼養が盛んで，畜産の比重が高い．

ペレストロイカの中で最高会議は1990年12月に主権宣言を行い，91年8月のクーデター事件の際にはアスカル・アカエフ大統領が反対を意思表示し，直後の8月31日に独立宣言を採択した．1993年5月，最高会議で新憲法が採択されたが，これはソ連解体後，バルト3国以外では初めて採択された憲法で，大統領は三権の上に立つ憲法制度の保証者とされている．2003年2月には国民投票で議会の力を強化する憲法改正を行うと同時にアカエフ大統領の任期を05年まで認めた．2005年3月，議会選挙の不正疑惑を機として反政府運動が激しくなり，4月にアカエフは辞任した．これをチューリップ革命とよぶ．2016年現在の大統領はアルマズベク・アタンバエフ．2005年憲法により，議会は一院制，大統領は国民投票によって選ばれる．ロシアおよびロシア系住民に対しては，1992年6月に「友好・協力および相互支援に関する条約」を結び，友好的な政策をとっているが，国家語はクルグズ語と規定されており，二重国籍は認めていない．

1992年5月にウズベキスタンの首都タシケントで開かれたCIS首脳会議で，ロシアや中央アジアなどの6カ国で結ばれた集団安全保障条約に加わり，2003年4月には集団安全保障機構の創設が決められた．中国，トルコ，イランなどCIS外の周辺諸国との関係も相互に強めつつある．1994年6月北大西洋条約機構（NATO）の平和のためのパートナーシップ（PfP）協定の枠組み文書に調印した．1993年5月にはCIS諸国内ではウクライナに次ぎ独自通貨ソムを導入，94年4月末，カザフスタン，ウズベキスタンと3国で関税の相互撤廃などを柱とする共通経済圏創出に関する条約に調印，7月中央アジア協力開発銀行の設立で合意するなど，隣接国との協力を強めているが経済の「破局的状況」（アカエフ，1995）は続いており，2002年CIS諸国内で唯一GDP成長率がマイナスであった．国際通貨基金（IMF）や世界銀行などの国際金融機関は，重債務貧困国と見なしている．日本は1992年4月に渡辺美智雄副総理兼外相がビシケクを訪問して大統領と会談し，10月には緊急人道支援を実施，93年

以降も円借款の供与，国際協力銀行の融資など中央アジアでも最も力をいれている．1993年にはクルグズ中央銀行最高顧問として田中哲二が派遣され，のち大統領特別経済顧問となった．クルグズは1994年4月に加盟したアジア開発銀行からも融資を受けている．2013年2月には当時大統領のアタンバエフが来日を果たしている． ［木村英亮］

クルグズ山脈　Kyrgyz Range

カザフスタン/クルグズ

クルグズスキーアラタウ山脈　Kyrgyzskiy Alatau（別称）

標高：4855 m　長さ：375 km

[42°30′N　74°35′E]

西部はカザフスタンとクルグズ（キルギス）にまたがり，東部はクルグズにある山脈．ティエンシャン（天山）山脈北西部に位置し，最高峰は西アラメディン Zapadnyy Alamedin 峰（標高4855 m）である．東西に連なり，西端はカザフスタンのジャンブル，ムユンクム砂漠の南を経て，東端はチュイ川のボアム渓谷西岸までの幅である．東方にはイシククル湖がある．北斜面は南斜面よりゆるやかで長く，多くの河川が扇状地を形成しチュイ川に流入する．標高2500 mまでは草原やトウヒの林があり，3700 m以上になると雪と氷河に覆われる．クルグズスキアラタウ山脈ともよばれ，アラタウはチュルク語で，雪で斑になった山を意味する． ［木村英亮］

クルゴンテパ　Qurghonteppa

タジキスタン

クルガンチュベ　Kurgan-Tyube（旧称）

人口：5.8万（1991）　[37°50′N　68°47′E]

タジキスタン南西部，ハトロン州の都市で州都．ヴァフシ渓谷にあり，首都ドゥシャンベの南80 kmに位置し，狭軌の鉄道で接続する．人口は1958年の2.2万から倍増しており，現在国内第3位である．旧称はクルガンチュベ．綿花精製の中心地であり，綿実油搾油，食品加工，金属細工の工場がある．1943〜47年には旧クルガンチュベ州の州都であった．付近の6〜7世紀頃の仏教寺院遺跡からは長さ12 mの仏陀涅槃像が発掘された． ［木村英亮］

クルーサ川　Clutha River

ニュージーランド

長さ：338 km　[45°39′S　169°24′E]

ニュージーランド南島，オタゴ地方の川．ワナカ湖を源流にもち，オタゴ地方中央から南部を横断し，南太平洋に面する東海岸へと注ぐ．国内第2位の長さをもち，流量においては毎秒650 m³と国内最大の規模となっている．その理由は，上流部の降水量（とくに春季の雪解け水）が多く，河川の縦断面が急であることによる．実際，上流部においては標高2000〜3000 mの山岳地帯を流れ，中流部においては標高150〜275 mの丘陵地を流れる．そして，オタゴ地方南部に入ると，標高の低い沖積平野を流れる．河口部より16 km上流では，コアウ Koau 川とマタウ Matau 川の2つの支流に分かれており，両河川ともに広大なデルタ地帯を形成し，肥沃な土壌の下でこのあたり一帯は豊かな農業地帯が築かれている．だが，その反面，河川の洪水が頻繁に起こり，河口部では浸水被害がたびたび起こっている．1878年10月13〜15日にはこの国で歴史上最悪ともいわれる洪水が起こり，河口部の集落が壊滅した．なお，河川の上流部から中流部にかけては，落差を利用した水力発電所が多数立地しており，この国の電源開発の1つのモデルとなっている． ［泉　貴久］

グルシック ☞ グレシック Gresik

クルジャ　Khurja

インド

人口：11.1万（2011）　[28°15′N　77°51′E]

インド北部，ウッタルプラデシュ州ブランドシャハル県の都市．国道91号や鉄道が通過し，首都デリーの南東約75 kmに位置する．約400年前に来住したイスラーム教徒のパシュトゥーン人が形成した集落に起源があるといわれる．彼らは1947年まで人口の大きな部分を占めたが，独立時にパキスタンに移住した者が多かった．国を代表する窯業都市であり，その歴史は14世紀にさかのぼる．青磁を生産の中心としており，約500の窯業関連の工場が立地しているほか，国内に2つある窯業・ガラス研究所の1つが置かれている．小麦やナタネ，ジョワールなどの周囲でとれる農産物の集散地となっている．著名なジャイナ教の寺院がある． ［友澤和夫］

グルジャ県　伊寧県　Gulja
中国

Ghulja (別表記) /イーニン県　伊寧県　Yining
(漢語)

人口：39.0万 (2002)　面積：4554 km²
[43°59′N　81°32′E]

中国北西部，シンチャン(新疆)ウイグル(維吾爾)自治区西部，イリ(伊犛)自治州の直轄県．イリ川の北岸，北部ティエンシャン(天山)山脈西部のククルチン Kokurchin 山脈の南麓に位置する．北部の山地は牧畜業が盛んで，羊，牛，馬を飼養する．南部は農耕地帯で，小麦，トウモロコシ，ゴマ，テンサイなどが栽培される．白アンズの里として有名である．また石炭，鉄，金，石英などの鉱物資源に富む．名所にはアルトンルク(弓月城)，スルタンウワインマザール(聖廟)(蘇丹歪恩麻扎)，バイトラモスクなどがある．
[ニザム・ビラルディン]

グルジャ市　伊寧市　Gulja
中国

Ghulja (別表記) /イーニン市　伊寧市　Yining
(漢語)

人口：36.5万 (2002)　面積：575 km²
降水量：257 mm/年　[43°55′N　81°19′E]

中国北西部，シンチャン(新疆)ウイグル(維吾爾)自治区西部，イリ(伊犛)自治州の県級市で州政府所在地．イリ川北岸に位置する．この地は古くからチュルク語でアルガリ(ヒツジ属)という意味のグルジャとよばれている．紀元前後，匈奴の地であったが，のちに突厥(チュルク)帝国の支配下にあった．

744年以降，遊牧ウイグル(回鶻)帝国の領土となった．9世紀半ば以降，カラハンウイグル王朝に属した．13世紀以降チャガタイ・ハン国やジュンガル・ハン国が支配を続けた．18世紀半ば頃に清朝はこの地を占領し，寧遠城を築き，ハーキムベク(知事)を置いて管理した．1864年，サディル・パルワンらによる反清農民蜂起が起こり，イリ・ウイグル(タランチ)・スルタン王国が建国されたが，1871年にロシア軍の侵攻によって滅ぼされた．1881年，清朝とロシアの間でイリ条約が結ばれ，この地はふたたび清朝の支配下に入り，88年に寧遠県が設置された．1914年にイリ(伊犛)川と寧遠城の頭文字をとってイーニン(伊寧)と名づけられた．

中華民国期に入ると，東トルキスタンでは漢人中心の統治体制がいっそう強化された．これに対し，ウイグル人を中心とするトルコ系諸民族は大規模な武装蜂起を起こし，1944年にグルジャを首都とする東トルキスタン共和国を樹立した．1949年，東トルキスタン共和国の領土は中国に編入され，52年にグルジャ県の市街地を中心にグルジャ市が設置された．

1949年以降，東トルキスタンではウイグル族の知識人に対する弾圧が相次いだ．これに不満をもったウイグル人は，1950年代末頃各地で独立蜂起を起こしたが，共産党軍によって鎮圧された．1997年にはウイグル人青年ら数千人のデモ隊と中国武装警察との間で衝突が起こり，警察の発砲により10人以上が射殺されるグルジャ事件が起こった．

1月の平均気温は−9.9℃，7月は22.5℃

である．小麦，トウモロコシ，水稲，油糧などが栽培され，リンゴの産地として有名である．石炭資源に富む．発電，皮革，紡績，醸造などの工業が発達している．
[ニザム・ビラルディン]

グルジャヒマール山　Gurja Himal
ネパール

標高：7193 m　[28°41′N　83°17′E]

ネパール西部，ミャグディ郡(ダウラギリ県)の山．ダウラギリヒマール南西に位置し，ダウラギリⅥ峰から南に延びる稜線が南に大きく切れ落ちる，まさにその縁にそびえる．南面の大岩壁は，ダウラギリヒマールの南縁を限るが，同時に低ヒマラヤと高ヒマラヤを限る明瞭な地形境界となっている．1969年，富山ヒマラヤ登山隊によって初登頂された．
[八木浩司]

グルダースプル　Gurdaspur
インド

人口：7.6万 (2011)　[32°04′N　75°28′E]

インド北部，パンジャブ州北西端，グルダースプル県の町で県都．パキスタンとの国境からわずか10 km に位置し，ベアース川とラーヴィ川の中間に立地する．グルダースプル県はパキスタンとの国境沿いに位置し，面積は3562 km²．シワリク丘陵からパンジャブハリヤーナ Punjab-Haryana 平原へと流れるラヴィ Ravi 川は水力発電に利用されている．年平均降水量は1159 mm であり，植生は熱帯乾燥落葉樹林が点在する．県域の76%が耕作され，このうち63%が水路によって灌漑されている．小麦，バスマティ米，トウモロコシ，サトウキビ，蚕用の桑が栽培されている．

インドとパキスタンとの分離独立(1947)に際し，当時のグルダースプル県は，両国に分断されることとなった．イスラーム教徒はパキスタンへ，ヒンドゥー教徒とシク教徒はインド側へ移動を余儀なくされ，多くの混乱と多くの難民が生じた．パキスタンとの国境地帯は戦略的に重要であり，強力な軍隊が駐留している．工作機械，ミシン，自動車部品，皮革製品が製造され，羊毛紡績所，砂糖工場，ラヴィ川で運ばれた丸太を加工する製材所がある．ヒマーチャルプラデシュ州とジャンムカシミール州の玄関口として，国道1A号，ジャンム行きの広軌鉄道が走る．空港がある．
[澤　宗則]

グルジャ(伊寧)市(中国)，林則徐記念館〔beibaoke/Shutterstock.com〕

クルックウェル　Crookwell

オーストラリア

カイアマ　Kiama (古称)

人口：0.3万 (2011)　面積：207 km²　標高：980 m
[34°27′S　149°27′E]

　オーストラリア南東部，ニューサウスウェールズ州南東部，アッパーラクラン行政区の町．市街地は，クルックウェル川とカイアマ川との合流地点付近に立地する．グレートディヴァイディング山脈西側の高地にあることから，冬季には積雪がある．もともと先住民ガンダングラ(Gundungura)が居住していた．1828年に，ヨーロッパから最初にジェームズ・ミーハンの測量調査団が訪れた頃は，地名はカイアマとされていたが，60年代頃に現名称になったといわれる．1902年には，ゴールバーンとの間に鉄道が開通したが，74年に廃止された．現在，この地域ではジャガイモ栽培が盛んである．また，リンドナーソックスという有名な靴下会社の工場が，郊外には風力発電所も立地している．

[畠山輝雄]

クルッド山　Kelud, Gunung

インドネシア

クルド山，クルード山 (別表記)／ケルト山，ケルート山　Klut, Gunung (別称)

標高：1731 m　[7°56′S　112°18′E]

　インドネシア西部，ジャワ島東部，東ジャワ州クディリ近郊にある成層火山．火口が湖を形成している．記録によれば，1901年以後，しばしば噴火し，災害を引き起こしている．1919年5月にはラハール(火山泥流)によって5000人を超える犠牲者が出た．これをきっかけに火山観測部門が設けられるにいたった．その後も1951年，66年，88年，90年，2007年に大規模爆発が起きている．1990年の噴火は45日間続き，5730万m³に及ぶ火山性物質が生み出され，土石流は24km離れた地域にも流れ下りた．最近では2014年2月13日に噴火し，噴煙が高さ17kmに達し，ジャワ島東部全域に火山灰が降り，半径10km圏内の10万人が避難した．

[浦野崇央]

グールド海岸　Gould Coast

南極

長さ：約300 km　[84°30′S　150°00′W]

　南極，西南極の海岸．ロス棚氷の東縁に沿う海岸の最南部(南緯83度30分〜85度45分)に位置する．地名は，1929年にアメリカの地質調査隊を率いてこの付近を調査したローレンス・M・グールドを記念して，1961年にニュージーランド南極地名委員会が命名した．この北方に，同時に命名されたサイプル海岸と白瀬海岸が続く．南西端はロス棚氷最奥部に流下するスコット氷河と接する．これら一連の海岸を流下する大きな氷流(氷河)は，南から Ice Stream A，B，C，D，E，Fの名称でよばれていたが，2000年にアメリカ南極地名委員会によって，それぞれ，マーサー Mercer，ウィランス Whillans，カム Kamb，ビンドシャドラー Bindschadler，マックアイール MacAyeal，エチェルメイヤー Echelmeyer 氷流に改名された．このうちグールド海岸を流れるウィランス氷流(旧Ice Stream B)が流速が大きい氷流として注目されている．

[森脇喜一]

グルートアイランド島　Groote Eylandt Island

オーストラリア

人口：0.2万 (2006)　面積：2285 km²
長さ：60 km　幅：50 km　降水量：1177 mm/年
[13°58′S　136°36′E]

　オーストラリア北部，ノーザンテリトリー北東部の島．本土の東海岸沖約40kmに位置する．アーネムランド・アボリジニ保護区の一部であり，州内で第2位の大きさで，カーペンタリア湾で最大の島である．最高点は158mであるが，平均標高15mの低地の島である．地名は，1623年にオランダの船員に発見され，44年，オランダの海洋探検家アベル・タスマンにより，オランダ語で大きな島を意味するグルートアイランドと名づけられた．またその後，イギリスの探検家マシュー・フリンダーズが1803年に周航した．ナマコ漁のためにインドネシア方面から漁師が訪れていたが，1907年にオーストラリア政府により来航が禁止された．1921年にアボリジニ居留区がつくられた．島内に飛行場1カ所とイギリス教会の伝道所2カ所などがあり，大きな居住地が4カ所あるが，島全域はアボリジニのアニンディリャクワの所有地となっている．また人口の約4割がアボリジニである．島のまわりには礁と小島が非常に多く存在し，カズム Chasm 島にある洞窟では19世紀に壁に描かれた郷土芸術が現存する．

　島は熱帯性の気候で，最高気温の平均は31.5°Cである．アーネムランドの台地が沈没してできた岩だらけの海岸であるが，島全体は典型的な熱帯のサバナの植生であり，おもな居住地であるアルヤングラでは食用牛と熱帯性果実が生産されている．1963年にアングルグー近くでマンガン鉱床が発掘され，66年以降，大規模に開発されてきたことで，島の経済が大きく変化した．結果として現在では島の雇用の半数は鉱業で占められており，地域最大の産業となっている．また，鉱山の使用料は土地の所有者であるアボリジニに収められている．世界第4位の大きさで，世界の産出量の約10%を占める鉱山で採掘されたマンガンはおもに日本，ヨーロッパ，アメリカに輸出されている．近年ではエコツーリズムによる観光業も確立されつつあり，島内にある大きな高級リゾート地では，滞在型のリゾートが形成されている．そこでは豊かな自然やアボリジニ文化を体験するためのツアーへ参加したり，スポーツ施設を利用したりすることができる．とくに釣りは人気のある娯楽であり，さまざまな方法の釣りを楽しむことも可能である．

[鷹取泰子]

クルトソノ　Kertosono

インドネシア

人口：5.2万 (2010)　[7°37′S　112°05′E]

　インドネシア西部，ジャワ島東部，東ジャワ州ヌガンジュック県の郡．ヌガンジュック県はジョンバン，クディリ両県の間に位置し，島第2位の河川ブランタス川(長さ320km)の上流域に位置する豊かな農業地帯である．クルトソノは県庁が置かれているヌガンジュック郡と隣県ジョンバン県ジョンバンのほぼ中間，どちらからも約20kmに位置する．交通の要衝であり，島西部の首都ジャカルタと東部の国内第2位の都市スラバヤを結ぶインドネシア国鉄南幹線が走り，また鉄道にほぼ並行する幹線道路にも位置する．

[瀬川真平]

クルナ　Khulna

バングラデシュ

ジャララバード　Jalalabad (旧称)

人口：150.1万 (2015)　面積：46 km²
降水量：1800 mm/年　[22°49′N　89°33′E]

　バングラデシュ南西部，クルナ管区，クルナ県の都市で県都および管区都．首都ダッカの南西約140kmに位置する．人口ではダッカ，チッタゴンに次ぐ国内第3の都市である．南に広がる広大な潮汐低地で，世界最大のマングローブ湿地であるシュンドルボン(スンダルバンズ)の開発によって，19世紀後半以降に急成長した河岸の港湾都市である．旧名はジャララバード，県の設立は

504　クルネ

1882 年である．地域の商工業の中心地となっている．高温多湿であり，年平均湿度は約 70% に上り，年降水量も約 1800 mm と国内では多い．雨季と乾季の区別がはっきりしている．市街地は，町の東側を南に流れるバイラブ Bhairab 川左岸の平均標高 9 m の潮汐氾濫原上に広がる．市内へも塩水が遡上し，飲料水もそのままでは塩辛い．また，マングローブ原生林が卓越するシュンドルボン湿地への入口に位置する．クルナは首都ダッカと空路，道路，鉄道，水運により連絡する．北西約 50 km にあるジェッソルとの間にバスおよび船便がある．クルナはまた，ユネスコの世界遺産（自然遺産）に登録されたシュンドルボン（スンダルバンズ）国立公園への入口にあたり，ロケットといわれる観光外輪船がダッカ港から就航している．

なお，市街の南約 40 km，パシュル Pashur 川とモングラ Mongla 川の合流点に位置するハゲルハット県モングラは，クルナの外港で国際貿易港である．ベンガル湾までなお 100 km あるが，水深が深く大型船がここまで遡上航行できる．モングラの人口は 6 万ほどにすぎないが，輸出加工区となっており，チッタゴンに次ぐ国内第 2 の国際港として発展している．ここからジュート，皮革，タバコ，冷凍魚，冷凍エビが輸出され，穀物，石炭，セメント，パルプなどが輸入される．　　　　　　　　　　　　［野間晴雄］

クルネガラ　Kurunegala　スリランカ

人口：2.5 万 (2012)　面積：11 km²　標高：123 m
気温：31.8°C　降水量：2095 mm/年
[7°28′N　80°21′E]

スリランカ，北西部州クルネガラ県の都市 (MC) で，州都および県都．コロンボから国道で北東 93 km，バスで 3 時間，スリランカ国鉄を利用すれば約 2 時間で到達する．商業，交通の要衝で，中心市街地の東側にはクルネガラロックとよばれる岩山がそびえ，頂上には大仏が建つ．1293～1341 年までの 48 年間，一時シンハラ人の王国の首都であった歴史を有する．シンハラ人の人口比率が 73.7% (2001) と比較的高い．町の北にはクルネガラ貯水池がある．町の中心部はコロンボ，アヌラーダプラ，プッタラム，キャンディなどの主要都市に通ずる幹線道路が交差する付近で，交差点には 1922 年建立の時計塔が建つ．バスターミナル，中央市場，警察署，銀行，商店などが集中している．市の周囲は農村地帯であり，水田のほかココナッツやゴムの大規模農園が多い．またヤパフワな

ど仏教遺跡が点在し，文化三角地帯の一角を占める観光地訪問のための拠点でもある．
［山野正彦］

グルバルガ　Gulbarga　☞ カラブラギ Kalaburagi

グルボコエ　Glubokoye　カザフスタン

人口：1.3 万 (1989)　　　　[50°08′N　82°18′E]

カザフスタン東部，東カザフスタン州北西部の都市．州都オスケメン（旧ウスチカメノゴルスク）の北西 32 km，イルトゥイシ河畔に位置する．鉄道の駅グルボチャンカがある．おもな産業は，精銅，製材，発電である．　　　　　　　　　　　　　　［木村英亮］

グルマルグ　Gulmarg　インド

人口：0.1 万 (2001)　標高：2600 m
[34°04′N　74°25′E]

インド北部，ジャンムカシミール州バラムッラ Baramulla 県の村．花の生えた牧草地という意味をもつ高原リゾート．高地に位置し，カシミール峡谷とヒマラヤ連峰のパノラマをみることができる．夏季および冬季スポーツの設備がある．　　　　　　［澤 宗則］

グルムパンミニュック Glumpangminyeuk　インドネシア

[5°15′N　96°01′E]

インドネシア西部，スマトラ島北部，アチェ州北部，ピディ県グルムパンティガ郡（人口 1.7 万，2010）の中心地区．郡庁が置かれている．マラッカ海峡，アンダマン海に面す．州都バンダアチェの東約 100 km に位置する．　　　　　　　　　　　　　［瀬川真平］

クールーラ　Cooloola　オーストラリア

人口：3.5 万 (2000)　　　[26°02′S　153°02′E]

オーストラリア北東部，クイーンズランド州南東部，太平洋に面する地区．州都ブリズベンの北 225 km に位置する．グレートサンディ国立公園の一部をなしている．世界遺産に登録されているフレーザー島もグレートサンディ国立公園の一部であり，クールーラ地区の北にあるレインボービーチとフェリーで

結ばれている．なお，1993～2008 年にはギンピーを中心としたクールーラ郡区という地方行政地域があったが，現在は再編されギンピー地域の一部となっている．　［秋本弘章］

グルラマンドハタ峰　Gurla Mandhata　中国

グルラマンダータ山 (別表記)／ナムナニ峰　納木那尼峰　Naimona'nyi (別称)／ラマランニ　拉瑪朗尼 (旧称)

標高：7694 m　　　　　　[30°40′N　81°40′E]

中国西部，シーツァン（チベット，西蔵）自治区南西部に位置する山．ヒマラヤ山脈西部の最高峰である．1989 年に改名する以前はラマランニ（拉瑪朗尼）と呼称された．チベットでは聖母の山や，神女峰などとよばれる．主要な 6 本の尾根上にさらに標高 6000 m 以上の峰が 10 座ある．山には植生がなく，岩石を主とする景観が広がる．氷河が有名であり，58 本の氷河が存在するとされる．1985 年に開放され，同年 5 月に日中友好納木那尼峰連合登山隊が登頂に成功した．また，北麓には聖湖とよばれるマパンヨンツォ（マナサロワール．瑪旁雍錯，チベット語で永久に枯渇しない碧玉の湖）と鬼湖とよばれるランガツォ（拉昂錯，チベット語で有毒の黒い湖）が位置する．　　　　　　　　　　　　［石田 曜］

グルレン　Gurlen　ウズベキスタン

Gurlan (別表記)／グルラン (別表記)
人口：2.7 万 (2004)　　　　[41°51′N　60°24′E]

ウズベキスタン西部，ホラズム州北部の都市．州都ウルゲンチの北北西 39 km，ヒヴァオアシスに位置し，鉄道駅がある．おもな産業は綿花精製，食肉加工である．グルランともよばれる．　　　　　　［木村英亮］

グールワ　Goolwa　オーストラリア

人口：0.2 万 (2011)　面積：17 km²
[35°30′S　138°47′E]

オーストラリア南部，サウスオーストラリア州南東部の町．州都アデレードの南南東 83 km，アレグザンドリーナ湖の西側に位置する保養地．かつては港町として有名であった．アレグザンドリーナ湖とは，町の前面に広がるハインドマーシュ島によって隔てられており，町と同島との間にはグールワ川が大きく湾曲して流れる．地名は，先住民アボリジニの言語で肘を意味する．すなわち，河川

などの急な曲がり角のことをいう．グールワの付近が注目されたのは，早くもサウスオーストラリア植民地成立の翌年にあたる1837年のことであった．アデレードの建設者として知られるウィリアム・ライト(1786–1839)は，開発拠点を探索するためにマレー川河口地域を探検した．その結果，彼は，グールワ南部のエンカウンター湾沿岸地域の土地は肥沃さを欠いており，またマレー川の船の航行も不可能であると結論づけた．その翌年に同地域を探検したチャールズ・スタート(1795–1869)もライトの見解を支持したために，結局，開発拠点はセントヴィンセント湾に面したアデレードに建設されることとなった．しかしエンカウンター湾の沿岸地域は，マレー川流域の内陸部の開発にとって重要な地域となっていった．

やがてマレー川流域の開発が計画されると，まず沿岸の拠点となったのがグールワである．町は1840年に一度測量されたが，13年後の53年，ふたたび測量がなされ，正式に成立した．ここは沿岸州によって外海であるエンカウンター湾と隔てられていたために，川が海に注ぐ直前の港として位置づけられた．これに対して，海に面した港の候補となったのはエンカウンター湾に直接臨むポートエリオットとヴィクターハーバーであった．1853年頃にはマレー川に外輪船が就航し，ヴィクトリアのスワンヒルまでさかのぼることが可能となった．これ以降，1850～80年代にかけて，マレー川の最下流部に位置する重要な港町として賑わいをみせた．しかし，やがて内陸部に鉄道が敷設されるにつれて，マレー川を経由した水運はしだいに衰退していくことになる．とくに1878年，約270km上流に位置するモーガンとポートアデレードとの間が直接鉄道によって結ばれたことが，港町としてのグールワに大きな影響を与えた．町には現在も1800年代後半に建てられた市庁舎，郵便局，ホテルなどが残されている．現在，町にはホテル，モーテルばかりでなく，ゲストハウスやコテージ，キャビン，ロッジ，キャラバンパークなど，非常に多くの宿泊施設が整っており，アデレード方面からの観光客で賑わいをみせている．
[片平博文]

クルーンズ　Clunes　オーストラリア

人口：0.2万 (2011)　面積：186 km²
[37°20′S　143°46′E]

オーストラリア南東部，ヴィクトリア州南西部の金鉱都市．バララトの北36 kmに位置する．記録に残っているものとしては，ヴィクトリアで最初の金鉱は1851年7月7日にクルーンズで発見された．市の中心部にはブルーストーンの美しいビルが立地する．この町の周囲にはかつての火山群が点在しており，眺望がよい．
[堤　純]

クレ　求礼　Gure　韓国

人口：2.5万 (2015)　面積：443 km²
[35°12′N　127°28′E]

韓国南西部，チョルラナム(全羅南)道東端の郡および郡の中心地．行政上は求礼郡求礼邑．ソムジン(蟾津)江と支流の西施川が形成した盆地部を占める．また，チリ(智異)山の南麓にあたる．2010年の求礼郡の人口は2.2万である．1975年の人口は約7万であったので，この間に約1/3強に減少した．郡域を全羅線とスンチョン(順天)・ワンジュ(完州)高速道路が通過する．智異山麓には華厳寺がある．
[山田正浩]

クレ環礁　Kure Atoll　アメリカ合衆国

オーシャン島　Ocean Island (別称)
人口：0 (2009)　面積：0.9 km²
[28°24′N　178°18′W]

北太平洋東部，ポリネシア，アメリカ合衆国，ハワイ州の環礁．ホノルル郡に属する．ハワイ諸島の北西，ミッドウェー環礁の西90 km，日付変更線近くに位置する．オーシャン島ともよばれる．定住人口はない．長軸が9 kmほどの滴型の小さな環礁で，南東端にあるグリーン Green 島が唯一まとまりある陸地である．造礁サンゴの活発な生育が可能な限界域に近く，世界で最も北にある環礁といわれる．いまも太平洋プレートの西漸に伴うハワイ海嶺の北西方向への移動に沿って動いている．1898年，ハワイのアメリカ合衆国への編入に伴い，合衆国領となった．そして，1909年にはハワイ鳥類保護区に編入された．なお，海岸警備隊基地があって小さな滑走路が設けられていたが，いまでは打ち捨てられている．
[橋本征治]

グレー川　Grey River　ニュージーランド

長さ：121 km　[42°27′S　171°12′E]

ニュージーランド南島，ウェストコースト地方の川．複雑な流域システムをもっている．サザンアルプス西側分水嶺の北端ルイス峠の西にあるクリスタベル Christabel 湖が源流となっている．多くの支流をもち，一般的にはウェストランド北部のグレー地区の山岳森林地帯を西へと流れ，最終的にはタスマン海へと注ぐ．この河川は上流部の勾配が急であるため，下流部では頻繁に氾濫が起こり，河口部の都市グレーマスにおいては，高い頑丈な堤防が構築されるまではたびたび洪水の被害を受けていた．その一方で，河川の流れは流域一帯に肥沃な土壌をもたらし，河川の周囲では豊かな農業地帯が広がっている．また，中流部では豊富な森林資源を背景に製材業が盛んである．
[泉　貴久]

グレー山脈　Grey Ranges　オーストラリア

標高：291 m　[28°37′S　148°31′E]

オーストラリア北東部，クイーンズランド州中央南部の低い丘陵．クイルピーの北西からニューサウスウェールズ州北西部まで連なる．ニューサウスウェールズ州ではスタート国立公園となっている．侵食から残された古い地層が露出した卓状台地である．
[秋本弘章]

クレア　Clare　オーストラリア

人口：0.3万 (2011)　面積：13 km²
[33°50′S　138°37′E]

オーストラリア南部，サウスオーストラリア州南東部の町．マウントロフティ山脈のクレア渓谷に位置するワイン生産地．州都アデレードの北136 kmにある．この地域に最初に入植した人物は，アイルランド人のエドワード・バートン・グリーソンである．彼は1838年にインドよりサウスオーストラリア植民地に到着し，アデレードにしばらく滞在した後，クレアの地に約202 haの土地を購入した．地名は，彼の故郷であるアイルランドのクレアから名づけられた．1842年頃，彼は購入した土地を小さなブロックに細分し，そこにブドウを植えた．これは，州内に植えられた初めてのブドウといわれている．1853年にはクレア地区評議会が結成され，80年代には鉄道によってアデレードと結ばれた．現在，町の北部から南26 kmのオーバーンにかけて，30のワイナリーが分布している．クレア渓谷は，リースリング種の上質ワインを生産することで有名である．クレアからオーバーンにかけての，かつての鉄道線路跡を利用した道は，現在リースリングト

506　クレア

〈世界地名大事典：アジア・オセアニア・極Ⅰ〉

レイルとして観光客の人気を集めている.

[片平博文]

グレーアム島　Graham Island

カナダ

人口：0（2011）　面積：1378 km²　長さ：55 km
幅：37 km　　　　　　　　［77°25′N　90°30′W］

カナダ，ヌナヴト準州北部，クィキクタアルク地域の島．クイーンエリザベス諸島中にあり，エルズミア島の西岸沖，ノルウェーNorwegian 湾内に立地する．島全体は南北に長い卵型で長さ 55 km，幅 37 km に及ぶ．河川による開析が目立ち，南東側は海抜が高くなる．西沖合には 15 km 四方のバッキンガム Buckingham 島が立地する.

[竹村一男]

グレアムランド　Graham Land

南極

グレアム海岸　Graham Coast（旧称）
　　　　　　　　　　　　［66°00′S　63°30′W］

南極，西南極の地域．南極半島の北半分，ジェレミー岬とアガシー岬を結ぶ線より北側の半島部をさし，南側にはパーマーランドがある．地名は，1964 年にイギリス南極地名委員会とアメリカ南極地名委員会が合意し，南極半島の北半分をグレアムランド，南半分をパーマーランドとすることが決まった．1832 年にジョン・ビスコーがこの地域西海岸に調査隊長として派遣されたときの，当時のイギリスの海軍大臣であったジェームス・グレアム卿の名前にちなんで命名された．現在，イギリス，アルゼンチン，チリの 3 国が領有権を主張している.

南アメリカから南極に最も近い地域であるが，1934～37 年のイギリス・グレアムランド探検隊が調査するまではたんなる弧状列島であり，半島であるとは認識されていなかった．南極線（南緯 66 度 33 分）が通過しており，北部は南極圏外に位置する．最北部はとくにトリニティ半島とよばれている．トリニティ半島の最北端は南極大陸の最北端でありり，プライムヘッド Prime Head という名称がつけられており，南緯 63 度 12 分付近にある．グレアムランド周辺には多くの島がある．トリニティ半島周辺では北にブランスフィールド海峡を隔ててサウスシェトランド諸島，北東に南極海峡を隔ててサウスオークニー諸島がある．西海岸にはアデレード島，ビスコー諸島などが，半島と平行して分布して

いる．半島の東側には，ラルセン棚氷が発達している.

[前杢英明]

クレアモント　Claremont

オーストラリア

人口：0.8 万（2015）　面積：12 km²　標高：18 m
　　　　　　　　　　　［42°47′S　147°15′E］

オーストラリア南東部，タスマニア州南部の町．ダーウェント川沿いにあり，州都ホバートの北約 14 km に位置する住宅街である．地名は，1839 年に建築された邸宅クレアモントハウスから名づけられた．イギリスの菓子メーカー，キャドベリー社のチョコレート工場があることで知られている．ダーウェント川クルージングつきの工場見学ツアーが人気である.

[武井優子]

クレイドル山　Cradle, Mount

オーストラリア

バーンブラフ　Barn Bluff（古称）
標高：1545 m　　　　　［41°39′S　145°57′E］

オーストラリア南東部，タスマニア州北西部の山．クレイドルマウンテンレークセントクレア国立公園内にあり，1982 年にユネスコの世界遺産（複合遺産）に登録された，タスマニア原生地域の中にある．ロンセストンの西 145 km，デヴォンポートの南 75 km に位置する．山の名は，1826 年ジョセフ・フォッシーによって名づけられた．由来は金採掘場のクレイドルからである．ギザギザの尾根が特徴的である．山頂とおもな頂が 3 つあり，スミシーズピーク Smithies Peak（標高 1527 m），ウェインドルファーズタワー Weindorfers Tower（1459 m），リトルホーン Little Horn（1355 m）である．最初に登頂したのは，1831 年の探検家ヘンリー・ヘラーで，35 年に測量士ジョージ・フランクリンが尾根を通過している．1890 年代には観光地となり，山小屋やボート小屋が用意された.

気候は冷温帯雨林で，5～10 月は雨や雪が続く．晴れる日は一年に 30 日間しかないといわれており，初夏がほとんどを占める．山のふもとは一般観光客が散策できる周遊ルートがある．山頂までのルートは 5～6 時間で上級者向きである．ドーブ湖をはさんだ対岸からの景色が有名で，タスマニアの象徴としてポスターや絵葉書で頻繁に登場している．現在は州で最も人気の観光スポットの 1 つである．森林限界より上は氷河期に氷で覆われ

ておらず，暴風で植物が根づかなかったところといわれている．山肌は厚い溶岩流の粗粒玄武岩で，山の形成は氷河が溶けながら徐々に削られたものである．地層は，山肌部分は三畳紀時代に形成され，ふもとの散策路はカンブリア時代，その下は先カンブリア時代に形成されている.

[武井優子]

クレイリー氷丘　Crary Ice Rise

南極

　　　　　　　　　　　［82°56′S　172°30′W］

南極，西南極の氷丘．ロス棚氷中南部にあり，最も南に分布する氷丘である．アメリカ南極観測隊のロス棚氷調査プロジェクトチームによって，1970 年代にその特徴が明らかにされた．地名はアメリカ南極観測隊の研究員の 1 人であった，地球物理学者のアルバート・クレイリーにちなむ.

[前杢英明]

クレオパトラ山　Cleopatra Needle

フィリピン

標高：1593 m　　　　　［10°07′N　119°00′E］

フィリピン中西部，パラワン島，パラワン州の山．州都プエルトプリンセサのコンセプションにある．プエルトプリンセサの北 81 km にあるセントポール地底川国立公園に近い．熱帯雨林が広がり，クジャクなど珍しい鳥類や，コウモリ，ネズミ，トガリネズミなどのほ乳類が多数生息する.

[佐竹眞明]

グレゴリー国立公園　Gregory National Park

オーストラリア

面積：13000 km²　　　　［15°38′S　131°16′E］

オーストラリア北部，ノーザンテリトリー北西部の国立公園．ヴィクトリア川流域にある．地名は，1855～56 年に流域を探検したオーガスタス・グレゴリーの名前にちなみ名づけられた．公園内には何千年も前の古代の炉や石，粘土の採掘所などだけでなく，彫刻や洞窟壁画が存在する．壁画にはヘビ，クロコダイル，魚，ほ乳類，人類，そしてこの地にやってきたヨーロッパ人や彼らの畜牛も描かれている．平原から 300 m の高さにそびえるニューカッスル山脈やストーク山脈，雨季の降雨後には 100 m の高さから滝が流れ落ちるヴィクトリアリヴァー渓谷やジャスパー渓谷など，半乾燥地帯と熱帯の間にあっ

て，壮大な山脈と渓谷を有する公園である．

[鷹取泰子]

グレゴリー山脈　Gregory Range

オーストラリア

標高：1079 m　　　[19°00′S　143°05′E]

オーストラリア北東部，クイーンズランド州中央北部の丘陵．グレートディヴァイディング山脈の西部に位置する．地名は，クイーンズランド初期の探検者チャールズ・グレゴリーの名にちなんでつけられた．　[秋本弘章]

グレシック　Gresik

インドネシア

グルシック（別表記）

人口：117.7万（2010）　面積：1191 km²

[7°09′S　112°38′E]

インドネシア西部，ジャワ島東部，東ジャワ州の県および県庁が所在する郡．グレシック県は北はジャワ海に臨み，南は東ジャワ州の州都スラバヤ，西は同州ラモンガン県に接し，東はマドゥラ海峡をはさんでマドゥラ島に面する．ジャワ海沖にバウェアン諸島をもつ．この地には，ジャワ地域に初めてイスラーム教を広めた9人の守護者の1人，スナン・グレシック（グレシックの聖者）と称されるマウラマ・マリク・イブラヒム（14世紀後半，現在のイランまたは北アフリカの出身と推定，1419年没）をはじめとして，イスラーム教布教者の墓がある．スナンの称号を継いだ聖者は，宗教上の最高の権威者であるとともに，世俗的にもその地の支配者でもあった．当時，それまで最盛期には版図をジャワ島外まで拡大したマジャパヒト（モジョパイト）王国（1293〜1500頃）が滅び，新たにジャワ島中部北岸地方に興ったドゥマックなどのイスラーム系諸王国が支配を確立する．ここにジャワ史はヒンドゥー・ジャワ的な王朝期からイスラーム王朝期へと遷移する．現在，住民の多くはジャワ語を話すジャワ人ならびにマドゥラ島出身のマドゥラ人で，ともに大多数はイスラーム教徒である．ほかに中国系住民（華人）が居住する．

県庁が所在するグレシック郡は人口7.7万（2010）で，マドゥラ海峡をはさんでマドゥラ島に対面する．古くから開けた港で，11世紀には中国人，アラブ人，インドのグジャラート人などの商人が来往し，15世紀初期には中国人には厩村の名で知られ革児昔とも書かれた．インドネシア東部海域の現マルク（モルッカ）諸島周辺で産する香料の中継貿易

で繁栄したが，17世紀以後にオランダ東インド会社が産地に基地を置いて香料貿易を独占するにつれてグレシックの港は役割を失なっていき，一方で隣接するスラバヤが重要な港市として発展した．

現在，セメント製造・石油化学・鉄鋼などの産業が立地する工業地域である．ジャワ海のマドゥラ島沖で生産される天然ガスはカンゲアン島に集荷されて，そこからパイプでグレシックに送られる．県内陸部では水田稲作を中心とする農業が盛んである．また，沿岸地帯では漁業とともに水産養殖（バンデン魚やエビなど）が盛んで，統計上の土地利用分類では養殖池が水田に次いで2番目に多い．

[瀬川真平]

クレスウィック　Creswick

オーストラリア

人口：0.3万（2011）　面積：32 km²

[37°27′S　143°54′E]

オーストラリア南東部，ヴィクトリア州中央西部の都市．ミッドランドハイウェイ沿い，バララットの北約18 kmに位置する．世界的にみても良質な金鉱脈がこの町で発見された．ゴールドラッシュの最盛期には，6万人を超す坑夫が従事していた．　[堤　純]

クレセント　Crescent ☞　パラマッタ Parramatta

クレセント群島　Crescent Group

南シナ海

グイェットティエム群島　Nguyet Thiem, nhom; Nguyệt Thiềm, nhóm（ベトナム語・別称）／シーツォ群島　西側群島　Xice Qundao（漢語・別称）／ヨンロー群島　永楽群島　Yongle Qundao（漢語）／ルオイリエム群島　Luoi Liem, nhom; Lưỡi Liềm, nhóm（ベトナム語）

[16°20′N　111°45′E]

北太平洋西部，南シナ海北西部に位置する群島．パラセル（西沙）諸島を構成する西側の部分で，ダンカン Duncan 島，パトル Pattle 島，ロバート Robert 島，マニー Money 島，ドラモンド Drummond 島，パーム Palm 島，トリトン Triton 島，ディスカヴァリー Discovery 礁，ノース North 礁を含む．中国語名はヨンロー（永楽）群島，西側群島の別名もある．第2次世界大戦中，日本の支配圏に置かれていた．1947年に国民政府が主権奪回を宣言し，永楽群島と命名し

たが，ベトナムと中国の双方が領有権を主張して激しく対立し，74年には旧南ベトナム政府軍と中国海軍の間で領有権をめぐって海戦にまで発展した．現状では中国が実効支配している．　[許　衛東]

クレセント湖　Crescent, Lake

オーストラリア

[42°10′S　147°10′E]

オーストラリア南東部，タスマニア州中央部の湖．北部に隣接するソレル湖とはインターラーケン運河でつながっている．湖畔の湿地帯は豊かな生態系を育んでおり，植物，野鳥や魚が多く生息する．1982年にラムサール条約指定となった．1995年頃から外来種のコイが異常繁殖し，湖の貴重な生態系に悪影響を及ぼしたが，州政府主導の駆除プログラムによりコイは2008年までに完全に湖から駆除された．釣り客にも人気の湖である．

[安井康二]

クレセントヘッド　Crescent Head

オーストラリア

人口：0.2万（2011）　面積：182 km²

[31°09′S　152°57′E]

オーストラリア南東部，ニューサウスウェールズ州北東部，ケンプシー行政区の町．市街地は州都シドニーの北東約440 km，タスマン海に突き出した岬の背後に位置する．おもな産業は，観光業や漁業である．とくに観光業については，ゴルフ，サーフィン，海水浴，釣り，ハットヘッド Hat Head 国立公園におけるブッシュウォーキング，キャンプなど多様であり，宿泊施設も整備されていることから，多くの観光客が訪れている．サーフィンでは世界的に有名なスポットとなっており，多くの国際大会が開かれている．

[畠山輝雄]

グレータウン　Greytown

ニュージーランド

テフペヌイ　Te Hupenui（マオリ語）

人口：0.2万（2013）　[41°08′S　175°46′E]

ニュージーランド北島，ウェリントン地方の町．サウスワイララパ地区．カータートン Carterton から国道2号で南西約9 km，フェザーストンからは，同じく国道2号で北東12 km，首都ウェリントンの北東75 kmに

位置する．マオリ名ではテフペヌイ．町の西をタラルア山地が南北に延びている．また，町の北にはこのタラルア山地を水源とするワイオヒネ Waiohine 川が西から東に，そして国道2号と交差する位置で南に向きを変え，町の南東でルアマハンガ Ruamahanga 川に合流している．全体として土地は低地である．ワイララパ湖の北に位置するこの町は，植民地時代に小農協会が計画し1854年から入植が開始された．

現在も歴史的なヴィクトリア朝の建物が残る．地名は，総督ジョージ・グレー卿の名にちなむ．当時の建築物の保存が進められ，文化遺産となっている建物は，文化遺産を監督する地元のグレータウン・コミュニティ文化遺産基金によって保護を受けている．町の住宅にはそれぞれ木々の多い庭があり，入植当時のヴィクトリア朝建築のイメージを保つ努力がなされている．コブルストーンズ博物館はニュージーランド史跡法で定められた史跡トラストカテゴリーIIに分類されている．

[植村善博・太谷亜由美]

グレーターノイダ　Greater Noida
インド

人口：10.8万（2011）　面積：380 km²
[28°28′N　77°30′E]

インド北部，ウッタルプラデシュ州北西端，ゴータムブッダナガール県の都市．首都圏地域（NCR）内，首都デリーの南東30 km，ノイダの南東約25 kmに位置する．グレーターノイダ開発公社によりノイダの拡張都市として1990年代から都市開発が始まった衛星都市である．もともとは工業団地開発から始まり，日系企業などの外資系企業の工場の進出もみられ，デリー～ムンバイ（ボンベイ）間の産業回廊のデリー側の入口に位置する産業都市として計画された．しかし，近年は隣接のノイダからグレーターノイダ高速道路が建設されたことによって，デリーまで自動車で1時間以内で行けるようになり，高層集合住宅群や戸建住宅などが民間不動産資本によって大量に供給された．その結果，デリーからの転入が増加して，住民の約80％はデリーに通勤している．また，グレーターノイダからアグラまでヤムナ高速道路が建設され，アグラまでの移動時間が大幅に短縮されたことによって観光ルートとしても着目されている．

[由井義通]

クレッシー　Cressy
オーストラリア

人口：0.1万（2011）　面積：715 km²
[41°41′S　147°05′E]

オーストラリア南東部，タスマニア州北部の町．ロンセストンの南36 km，グレートウェスタン山脈のふもと，ノーフォーク平原地帯に位置する．地名は，植民地において大規模農業経営を行う事業会社クレッシーカンパニーの本拠地であったことからこの名がつけられた．1848年に正式に町となり，小麦の一大生産地として発展した．現在は牧羊やケシ，野菜の栽培が中心産業である．リッフィー川やマクウォーリー湖などのマスの漁場へのアクセスがよいことから，釣り客がよく訪れる．

[安井康二]

グレート湖　Great Lake
オーストラリア

面積：114 km²　標高：1030 m　長さ：22 km
[41°52′S　146°45′E]

オーストラリア南東部，タスマニア州中央部の湖．セントラルプラトー保護地域にあり，国内では標高の最も高い位置にある湖である．周囲にある複数の水力発電所の水源となっている．タスマニアでも有数の釣り場であり，湖畔には釣り愛好家たちの別荘が多く立ち並んでいる．湖の南部にはミエナという小さな町がある．

[安井康二]

グレートアーテジアン盆地　Great Artesian Basin
オーストラリア

大鑽井盆地（日本語）
面積：1700000 km²　[25°00′S　143°00′E]

オーストラリア，オーストラリア大陸の中央部から東寄りに位置する盆地．大鑽井盆地ともいう．ノーザンテリトリー，クイーンズランド州，サウスオーストラリア州，ニューサウスウェールズ州にまたがっている．盆地中央部の平坦なところにはエア湖，南北トレンズ湖，ガードナー湖，フローム湖など浅い塩湖が数多く分布している．この盆地に流入する河川にはクイーンズランド州から流れてくるクーパー川，ダイアマンティーナ川，マクドネル山脈から流れてくるフィンク川などがあり，これらはエア湖に流れ込む．いずれも，十分な水量はもたない．

グレートアーテジアン盆地はオーストラリア大陸の大部分を構成する，ゴンドワナ大陸の一部を形成していた卓状地であるオースト

ラリア陸塊の東部に位置し，東海岸沿いに延びる古期造山帯のタスマン造山帯と境を接している．花崗岩および古生代の堆積岩を基盤とし，その上を被圧地下水堆が形成されている中生代の岩石が数 km の厚さで覆っている．まず，中生代三畳紀の石炭の薄層を含む堆積岩，その上位を白亜紀上部層が広く覆う．地質構造は複雑で，いくつもの向斜，背斜がみられる．背斜部にはドーム状の丘陵が形成され，そこを水源とする小河川がみられる．一方，向斜部には直径10 km 程度の塩湖または，干上がった湖がある．盆地の東部，北東部には石油・天然ガス埋蔵地帯がある．その中のクーパー盆地にはムーンバ・ギジュアルパ天然ガス田がある．1965年のムーンバ盆地における掘削開始から，次々と油田，ガス田が開発された．ここから，アデレード（1969完成）やシドニー（1976完成）へパイプラインがつながっている．1984年には日量8万バレルのパイプラインがポートボナイザンとつながった．

この地域は年間を通して降水量が少なく，ケッペンの気候区分ではステップ気候（BS）から砂漠気候（BW）に区分される．グレートアーテジアン盆地中心部には，広大な砂丘地帯が広がっている．砂丘の多くは南北に延びる縦列砂丘である．縦列砂丘の間には小さな湖またはその跡，湿地などが形成されている．また，クーパー川は広大な氾濫原をもち，砂丘地帯に氾濫堆積物が食い込むように分布している．

気候的特徴から前述のドーム状の丘陵地域以外では表流水を得ることはできない．このため，この地域の唯一の水源は井戸および掘り抜き井戸である．大きくみると，水の供給源はオーストラリア大陸の東縁に南北に延びる大分水嶺山脈で，グレートオーストラリア湾とカーペンタリア湾で湧き出すとともに，グレートアーテジアン盆地の掘り抜き井戸の水源となっているといえる．しかし水の動きは多少複雑である．盆地東部のクイーンズランド州では，前述の白亜紀上部層の下位に頁岩，砂岩，礫岩と薄い石灰岩からなる白亜紀下部層がみられる．このうちの砂岩層には間隙が多く，この層を横切る河川から大量の水が浸透している．この層に連続するサウスオーストラリア州の下部白亜紀層は主として石膏質泥岩，粘土質頁岩，砂岩からなり，エア湖を中心としたグレートアーテジアン盆地を構成する．この下部白亜紀層中の水が水源である．また，ドームと小さな湖（跡）が連続する地域では，ドームから流出する小河川から浸透した水を，湖の縁付近につくられた数多

くの井戸や掘り抜き井戸で汲み上げ利用している．これら地下に蓄えられた水は 87 億 Ml と推定されている．また，盆地内の地下水からは，溶存ヘリウムと塩素 36 を用いた年代測定から，46 万年前の年代が得られている．

大量に蓄えられているかにみえる水も，農家による水の浪費的使用によって，将来的な水資源枯渇の問題に直面することとなった．掘り抜き井戸では，きちんとふたをしない限り水は自然と湧出する．このため，施設のない井戸から湧出した水は利用されずに流出，蒸発し，1 日あたり 10 億 l の水がむだとなっているといわれている．総湧出量はグレートディヴァイディング山脈における涵養量を上回っていることが，将来の水資源枯渇が心配される根拠である．実際に水圧が最大 50% 低下しているところもある．しかし，農家の多くは自然に湧き出る水の管理には無頓着で，この問題についてあまり関心をもっていない．　　　　　　　　　　［島津 弘］

グレートインディアン砂漠 Great Indian Desert ☞ タール砂漠 Thar Desert

グレートヴィクトリア砂漠　Great Victoria Desert　オーストラリア

面積：647500 km² 長さ：724 km
降水量：150-180 mm/年
[29°30′S　128°09′E]

オーストラリア南部，ウェスタンオーストラリア州南東部からサウスオーストラリア州西部にかけて広がる砂漠．北側はギブソン砂漠，南側はナラボー平原と境を接する．また，西側はほぼウェスタンオーストラリア州のレオノーラとウィルナの両集落を結ぶ線，東側はほぼサウスオーストラリア州の中央部を縦断するスチュアートハイウェイが，それぞれ大体の境界をなす．砂漠の大半は，標高 200〜500 m に分布するが，ギブソン砂漠に近い北部には，標高が 500 m 以上のマスグレーヴ山脈やウォーバートン Warburton 山脈が連なる．また北西部にも，標高 500 m 以上の高地が広がる．砂漠には，東西方向に延びる線状の砂丘が卓越しており，とくに南部においてその傾向が著しい．一般にオーストラリアの砂丘地形は少なくとも 30 万年前には形成されており，最終的には 2 万 5000〜1 万 3000 年前の最終氷期の極相期の頃に，現在みられる砂丘分布の大枠がつくられたと考えられている．グレートヴィクトリア砂漠の砂丘は，当時の西風の卓越風によって形成された．

一方，砂漠内にはハーフムーン Half Moon 湖，アンソニー Anthony 湖，ウィルキンソン Wilkinson 湖，マウライス Maurice 湖，デイデイ Dey Dey 湖，ハリナー Halinor 湖，ウィオラ Wyola 湖，ヌーラリ Nurrari 湖，サーペンタイン Serpentine 湖（以上，サウスオーストラリア州），フォレスト Forrest 湖，ワンナ Wanna 湖，イルマ Ilma 湖，シェル Shell 湖，カーリスル Carlisle 湖，ジュビリー Jubilee 湖，プラムリッジ Plumlidge 湖，レーソン Rason 湖，イエオ Yeo 湖（以上，ウェスタンオーストラリア州）など多くの湖がみられるが，これらはすべて塩湖である．

オーストラリアの砂漠は，その中心部においても植生がみられることで知られている．グレートヴィクトリア砂漠も例外ではなく，砂丘と砂丘との間や塩湖の周辺部，涸れ川の付近には，マルガとよばれるアカシアの低木林や，針状の鋭い葉をもつスピニフェクスの優占するハンモック草原などがみられる．気候は年間を通じて非常に乾燥しているが，夏または冬に不定期の降水がある．また夏の気温は 40°C を超えるが，山脈中では冬に 0°C を下回ることもある．しかし，雪は降らない．現在，砂漠のかなりの部分はアボリジニのための保護区であるアボリジナルランドか自然保護区に指定されている．とくにサウスオーストラリア州ではそのほとんどがどちらかに含まれている．また，砂漠の東端部は，ウーメラのミサイル発射実験のための立ち入り禁止区域でもある．　　　　　　［片平博文］

グレートウェスタン山脈　Great Western Mountains　オーストラリア

ウェスタンティアーズ　Western Tiers（別称）/ グレートウェスタンティアーズ　Great Western Tiers（別称）

標高：1444 m　　　　　[41°43′S　146°28′E]

オーストラリア南東部，タスマニア州中央部の山脈．グレートウェスタンティアーズ，ウェスタンティアーズともよばれる．キャンベルタウンの西約 25 km からモールクリークまで連なるタスマニア中央地帯の山々のことである．標高 1200 m 前後の山が中心で，ふもとの町や村から散策路に向かうことができる．山脈の大部分は州の保護地区となっている．　　　　　　　　　　［武井優子］

グレトゥナ　Gretna　オーストラリア

人口：257（2006）　面積：211 km²
[42°40′S　146°58′E]

オーストラリア南東部，タスマニア州南部の町．ライエルハイウェイ沿い，州都ホバートの北西約 55 km に位置する．この地域で最初の鍛冶屋があったことから，地名は，駆け落ち結婚で有名な鍛冶屋がその象徴となっているスコットランドの町，グレトゥナグリーンにちなんで名づけられたといわれている．　　　　　　　　　　［安井康二］

グレートエキジビション湾　Great Exhibition Bay　ニュージーランド

[34°33′S　173°03′E]

ニュージーランド北島，ノースランド地方の湾．北島最北部のアウポウリ Aupouri 半島東側，ランガウヌ Rangaunu 湾の北に位置し，太平洋に面する．石英によって形成される真っ白な砂浜が続く．ファーノースロード（国道 1 号）よりかなり離れており，直接公道では近づけない．ただし，マオリ族の所有する農園を通過する際に献金を支払い西から陸路をオフロード車で近づくか，ララワビーチ Rarawa Beach に抜けるララワビーチロードを使えば，湾の南端あたりに出ることができる．　　　　　［植村善博・太谷亜由美］

グレートオイスター湾　Great Oyster Bay　オーストラリア

[42°11′S　148°09′E]

オーストラリア南東部，タスマニア州東部の湾．州都ホバートの北東約 100 km に位置する．東海岸のスワンシー付近から南に突き出たフレシネ半島，無人のシューテン Schouten 島に囲まれた水域で，南がタスマン海に向かって開けている．湾の西のスワンシーが中心的な町で，東の半島側にはコールズベイがある．コチやベラをはじめ多種多様の魚が漁獲されるタスマニア随一の漁場として知られ，ときにはイルカやクジラの姿がみられる．湾の北側にはムルティングラグーン Moulting Lagoon などの潟湖が広がり，野鳥観察ができるほか，カキの養殖も盛んである．フレシネ半島に連なるピンク色の花崗岩からなるハザーズ山脈は風光明媚で知られ，半島とシューテン島はフレシネ国立公園に指定されている．　　　　　　　　［安井康二］

グレートオーストラリア湾　Great Australian Bight
オーストラリア

ザバイト　The Bight（通称）

長さ：1120 km　　　　　[35°46′S　131°17′E]

オーストラリア大陸の南部に広がる湾．湾に臨む海岸線は，サウスオーストラリア州エア半島最南端のカーノット Carnot 岬からウェスタンオーストラリア州南部のペズリー Pasley 岬まで，直線距離で延々 1120 km にも及ぶ．一般には，単にザバイトとよばれることもある．海岸線の大部分は，激しい風と波の侵食によって 70〜100 m にも及ぶ高い崖を形成している．湾の東部にあたるエア半島の西海岸には，アヴォイド Avoid 湾，コフィン湾，アンキシャス Anxious 湾，サーシー Searcy 湾，シール Sceale 湾，コーヴィザート Corvisart 湾，ストリーキー湾，スモーキー湾，フォウラーズ湾などの小湾が数多くみられる．また湾中部で最奥のナラボー付近は，とくにヘッドオブバイト Head of Bight とよばれる．その西側には，ナラボー国立公園が広がっている．海岸線の景観は壮大ですばらしい．湾は古く 1627 年，オランダ人によって発見されていたが，1802 年になってマシュー・フリンダーズ（1774–1814）により探検，測量された．　[片平博文]

グレートココ島 ☞ 大ココ島 Great Coco Island

グレートサンディ砂漠　Great Sandy Desert
オーストラリア

ウェスタン砂漠　Western Desert（別称）/カニング砂漠　Canning Desert（別称）

面積：388500 km²　長さ：800 km　幅：480 km
[19°57′S　122°38′E]

オーストラリア西部，ウェスタンオーストラリア州北部に広がる巨大な砂漠．ウェスタン砂漠やカニング砂漠ともよばれ，西はインド洋のエイティマイル海岸，東はノーザンテリトリー州境付近，北はキンバリー地方南部，南は南回帰線やギブソン砂漠にまで広がる．この砂漠を縦断する主要交通路では州中西部のウィルナからディサポイントメント湖を経てキンバリー地方のホールズクリークに抜ける，全長約 1600 km のキャニングストックルートがある．1873 年，ピーター・エガートン・ウォーバートン少佐の率いる探検隊が，ヨーロッパ人として初めてこの砂漠を横断した．　[大石太郎]

グレートディヴァイディング山脈　Great Dividing Range
オーストラリア

イースタンハイランズ　Eastern Highlands（別称）/大分水嶺山脈（日本語）

標高：2228 m　長さ：3500 km　幅：800 km
[36°27′S　148°15′E]

オーストラリア東部を南北に貫く山脈．イースタンハイランズ，大分水嶺山脈ともよばれる．北はクイーンズランド州北部のヨーク岬半島から，南はヴィクトリア州まで，大陸の東海岸に沿って南北 3500 km 以上に及ぶ大山系である．ニューサウスウェールズ州のブルーマウンテンズやヴィクトリア州のグランピアン山地，クイーンズランド州のグラスハウスマウンテンズはこの山脈の一部である．最高峰は首都キャンベラ南方のコジウスコ山（標高 2228 m）である．

その名が示すようにオーストラリアの気候や水資源を二分している．山脈の東側では河川は直接太平洋およびタスマン海に流出するが，西側ではマレー・ダーリング水系となり，クイーンズランド，ニューサウスウェールズ，ヴィクトリア州の広大な農業地域を形成する．気候は，山脈の東部で湿潤地域，西部では乾燥地域となっている．東西約 800 km に及ぶ広がりをもつため，山脈中は標高 1000 m ほどの高原地帯となっており，農牧業も盛んである．また，南北に長いため，北部と南部では気候および植生が大きく異なっている．北部では熱帯雨林が広がるのに対して，南部のオーストラリアアルプスでは氷河地形もみられる．こうした特色のある自然景観および生態系を保護するため，ユネスコの世界遺産および国立公園に指定されている地域も少なくない．

古期造山帯の山脈であるため，石炭をはじめ金，銅鉱など地下資源に恵まれている．1851 年ヴィクトリア州での金鉱山に続いてこの山脈の各地で金が発見され，ゴールドラッシュにわいた．現在では，ニューサウスウェールズ州およびクイーンズランド州で石炭の採掘が盛んである．　[秋本弘章]

グレートバリア島　Great Barrier Island
ニュージーランド

アオテア　Aotea（別称）

人口：0.1 万（2013）　面積：285 km²　長さ：43 km
[36°11′S　175°25′E]

ニュージーランド北島，オークランド地方の島．オークランドの北東 100 km，ハウラキ湾の外側に位置する．国内で 6 番目に大きな島である．最高地点はホブソン Hobson 山（マオリ名ヒラキマタ，標高 621 m），南北は 43 km に及ぶ．島とその南に位置するコロマンデル半島によって，ハウラキ湾は東に面する太平洋で発生する嵐から守られる．また東オーストラリア海流の潮流と海水面の波からハウラキ湾を守っていることから，バリアという名がジェームズ・クックによって命名された．東側は太平洋に面するため大変波が荒く，風が直接吹きつける砂浜が形成されているが，反対に西側はおだやかで，人里離れた小さな入江が多く形成され，ダイビングや舟遊びにも適する．島の内陸部は丘陵地で，低木やツツジ科のヒースが生い茂る場所やカウリの森，また生物学的に多様性に富んだ大きな湿地がある．

太平洋からハウラキ湾に入るには，グレートバリア島の西に位置するリトルバリア島との間にあるクラドック Cradock 海峡経由か，南のコロマンデル半島との間にあるコルヴィル海峡より進入する．1842 年，ヨーロッパからの入植者は北部のマイナーズヘッズ Miners Heads に最も古い鉱山を開いた．1890 年代，金と銀がファンガパラパラ Whangaparapara で発見され，現在，ファンガパラパラロードに当時の鉱石粉砕に使うスタンプミルが残されている．またヨーロッパ人の入植当時から 20 世紀の中葉まで，カウリの木が材木として切り出された．ファンガパラパラはクジラ漁の拠点でもあったが，資源枯渇のため 1962 年までに廃止された．自然保護が熱心に行われ，クリイロコガモ，クロミズナギドリ，オウムの一種のノースランドカカといった希少な鳥類がみられる．島にはトレッキングコースが整備されている．

[植村善博・太谷亜由美]

グレートバリアリーフ　Great Barrier Reef
オーストラリア

面積：348000 km²　長さ：2300 km
幅：15–150 km

オーストラリア北東部，クイーンズランド州北東部の海岸に沿って広がるサンゴ礁地帯．南はバンダバーグの北方にあるレディエリオット Lady Elliot 島から，北は大陸最北端のヨーク岬にいたる．広さ約 34 万 8000 km²，長さ約 2300 km に及ぶ範囲が，1981 年にユネスコの世界遺産（自然遺産）に「グレート・バリア・リーフ」として登録された．幅は最小で 15 km，最大で 150 km，水深 100 m 未満の浅瀬が広がっており，氷河活動が活発で水深の低かった最終氷期には海岸平

グレートバリアリーフ（オーストラリア），世界最大のサンゴ礁地帯《世界遺産》〔Shutterstock〕

野が広がっていた．

この地域のサンゴの歴史は2000万年前にさかのぼることができるが，グレートバリアリーフのサンゴ礁は比較的若く，50万年前に生まれたといわれ，最も若いものは最終氷期より後に発達した8000年前のものといわれている．サンゴ礁は現在2900カ所以上を数え，世界最大のサンゴ礁地帯が形成され，400種を超えるサンゴが生息している．エリア内には900以上の島が分布し，絶滅が危惧されるアオウミガメやジュゴンなども生息し，70もの異なる生物域を構成しながら，豊かな生態系が育まれている．さらに，島々や海岸にはさまざまな渡り鳥が訪れ，海鳥22種，岸辺に生息する鳥32種を含む215種類の鳥が確認されているほか，30種のクジラやイルカ，6種のアオウミガメ，1500種以上の魚類，4000種以上の貝や軟体動物など，多種多様な生物が生息している．アオウミガメについてはレイン島が世界最大の繁殖地として知られ，インドネシアやニューカレドニアから産卵にやってくる．

約4万年前より，アボリジニやトレス海峡諸島民といった先住民が付近で漁撈活動を行っていたとされ，1522年頃にはポルトガルやオランダの探検家が付近を調査した．グレートバリアリーフについての最初の記録は1768年に付近を探検していたフランスのルイ・アントワーヌ・ド・ブーガンヴィルによるものがあるが，より詳細な調査は，1770年，ジェームズ・クックがエンデバー号の座礁に伴う修復のためにこの地に滞在した際，同行していた植物学者や植物画家らによって行われた．なお，エンデバー号が衝突，座礁した場所は，現在，エンデバー礁とよばれている．

サンゴや貝殻の破片が堆積してできた砂浜，美しいサンゴ礁の広がる海域は，世界でも有数の観光地，保養地として人気があり，国内外から観光客が多く訪れている．ダイビング，海水浴，セーリング，ホエールウォッチングなど，豊かな自然で行われるアウトドア活動の人気が高く，近年では環境保護を重視したエコツアービジネスも盛んである．観光による収入が地域経済に果たす役割が大きい一方で，訪問者による自然破壊を防止し，環境への負荷を最小限に抑制する方策として，ゾーニングや移動手段の制限などの環境管理の方法が整備されている．世界遺産として保護されているサンゴ礁地帯の大半は国のグレートバリアリーフ海洋公園に指定され，生態系の保護などを目的にした管理が行われている．　　　　　　　　　　　　〔菊地俊夫〕

グレートフォード　Greatford

ニュージーランド
[40°07′S　175°25′E]

ニュージーランド北島，マナワツワンガヌイ地方の町．西30 kmの位置にサウスタラナキ湾が広がり，パーマストンノースの北西約27 kmに位置する．東を南北にランギティキ川が蛇行しながら流れている．町全体は平野に位置し，牧草地が広がっている．町には国道1号が通っているが，人口はごく少ない．　　　　　　　〔植村善博・太谷亜由美〕

グレナヴィー　Glenavy

ニュージーランド
[44°55′S　171°06′E]

ニュージーランド南島，カンタベリー地方最南部の村．ワイマテ地区に属するが，オタゴ地方北部のワイタキ地区との境界線上にも近い位置にある．オーマルの北23 km，ワイマテの南南東24 km，ワイタキ川の河口から3 km上流西岸に位置する．小学校やホテルが集落の中心部に立地しており，農業および鶏やシチメンチョウなどの家禽の飼育が盛んである．　　　　　　　　〔泉　貴久〕

グレナレー　Glenaray

ニュージーランド
[45°40′S　168°50′E]

ニュージーランド南島，サウスランド地方の村．ワイカイアの北東16 km，ワイカイア川の西岸に位置する農業集落である．地名は，この地の開拓者ジョン・ゴウの故郷であるイギリス，スコットランド南部のストラスクライド地区にある町にちなんで名づけられた．　　　　　　　　　　　　〔泉　貴久〕

グレネルグ　Glenelg　オーストラリア

人口：0.3万（2011）　面積：1 km²
[30°59′S　138°31′E]

オーストラリア南部，サウスオーストラリア州南東部の町．アデレード都市圏の南西部に位置する観光・保養地．セントヴィンセント湾に臨む海岸は，とくに夏場を中心として，ヨット，海水浴，ウィンドサーフィン，釣りなどを楽しむ人びとで賑わう．1836年，初めての自由移民を乗せた船は，この海岸に到着した．地名は，サウスオーストラリア植民地政府長官だったグレネルグ卿チャールズ・グラントにちなんで，1837年に名づけられた．州都アデレード中心部のヴィクトリア広場との間には，1929年に建設された市街電車が走っている．　　　〔片平博文〕

グレノーキー　Glenorchy　オーストラリア

人口：1.1万（2015）　面積：9.4 km²　標高：23 m
[42°50′S　147°16′E]

オーストラリア南東部，タスマニア州南部の都市．ダーウェント川沿い，州都ホバートの北約7 kmに位置する商業地区である．地

名は，ニューサウスウェールズ植民地総督ラクラン・マクウォーリーが妻の故郷スコットランドの地名にちなみ名づけた．あふれる出る水の谷間(glen of tumbling waters)という意味である．開拓時代から農耕が推奨され，第2次世界大戦後は商業地区として発展した．近年は住宅街でスポーツ施設やショッピングモールなどの日常施設が非常に充実し，ホバートのベッドタウンになった．

[武井優子]

グレノーキー　Glenorchy

ニュージーランド

人口：363 (2013)　　　[44°51′S　168°23′E]

ニュージーランド南島，オタゴ地方の村．レーク地区に属し，リチャードソン山脈下方，ワカティプ湖先端のリー Lee 川河口東岸に位置する．観光地として名高いクイーンズタウンより川に沿って北西50 kmにある．集落の中心部には学校やホテルが，それより南西2 kmの地点には小型飛行機の発着場が立地する．灰重石の採掘が盛んであるとともに，リー谷への散策や周辺山地への登山の拠点となる場所でもある．地名はイギリス，スコットランド南部のストラスクライド地域を流れるオーキー Orchy 川沿いの集落グレンオブオーキー Glen of Orchy からきたものである．

[泉　貴久]

グレーマス　Greymouth

ニュージーランド

人口：0.3万 (2013)　　　[42°27′S　171°12′E]

ニュージーランド南島，ウェストコースト地方の町で行政中心地．ウェストランドの政治，経済の中心地として位置づけられており，グレー川河口部とタスマン海の南北に広がる海岸線に立地している．クライストチャーチとはアーサーズ峠を経由し，サザンアルプスを越える鉄道で結ばれている．町の中心部には中央郵便局，小・中学校，職業訓練学校，総合病院，高等・地方裁判所が立地している．また，商業施設も充実しており，周辺町村から多くの購買客が自動車を利用してやってくる．また，郊外にはグレーマス空港があり，国内各都市と飛行機で結ばれている．

この町はグレー川河口部に港をもっているが，これは1800年代にイギリス人の技師ジョン・コードによってデザインされたもので，水深は平均で7.5 mと良港である．ま

た，おもな産業は，製材と石炭採掘，ガス製造，セメント加工，グリーンストーンのジュエリー加工，ビール製造，酪農製品加工などをあげることができる．これらの製品は，おもに港から出航する船舶によって国内外へ輸送されている．町は都市計画が行き届いており，多くの公園が整備され，人びとがそこで憩う姿をみることができる．周辺部には原生林の保全区域などの緑地帯のほか，ゴルフコース，スポーツ専用グラウンド，体育館やキャンプ場などが立地しており，多くのリゾート目的の観光客で賑わっている．とりわけ興味深いのが，1860年代のゴールドラッシュの町を再現したシャンティータウンというテーマパークである．この施設は中心部から南13 kmに位置し，多くの家族連れで賑わいをみせている．

この地を訪れた最初のヨーロッパ人は，オランダ人の探検家でこの国の「第一発見者」であるアベル・タスマンである(1642)．続いて，イギリス人のジェームズ・クック(1770)，さらにフランス人のジュール・デュモン・デュルヴィルをあげることができる．彼らはこの地は居住に不適切だと考え，いずれもグレーマスには上陸することはなかった．もちろん，マオリがすでにこの地に居住し，小さな集落をあちこちに形成していたことはヨーロッパの探検家たちが確認している．その後，1800年代にはクジラやイルカ漁，グリーンストーンを求めて探検を試みたヨーロッパ人もいたが，長く定住するにはいたらなかった．この地への本格的な定住は，1848年のトーマス・ブルーナーの来訪がきっかけである．彼はグレー川の命名者であるが，その理由は当時のニュージーランドの総督であったジョージ・グレーに敬意をもっていたからである．その後，1850年代後半には探検家のジェームズ・マッカイがこの地にやってきてマオリから安い値段で土地を買い取り，開拓を開始したのである．

1860年代初頭にこの地の河川で金が発見されると，世界中から多くの人たちが殺到し，いたるところで金が採掘されていった．当時のニュージーランド政府も1863年，役人アーサー・ダッドレイ・ドブソン(のちのアーサーズ峠の発見者)とロバート・ベインをこの地へ赴任させ，治安維持の任務に当たらせた．ゴールドラッシュによってグレー川の河口部に採掘者たちが住み着くようになり，やがて集落が形成され，グレーマスが誕生した．やがてゴールドラッシュは過ぎていったが，石炭の発見と豊富な森林資源，グリーンストーンの存在によってこの地はさらに

発展し，今日の姿にいたるのである．

[泉　貴久]

クレメンティ　Clementi　シンガポール

人口：9.2万 (2010)　面積：9.4 km²

[1°18′N　103°45′E]

シンガポール，シンガポール島南西部の地区．都心から西へ10 kmほどのところに位置し，地下鉄(MRT)東西線クレメンティ駅はドーバー駅とジュロンイースト駅の間にある．住宅開発庁(HDB)により開発されたクレメンティニュータウン(2010年の人口7.5万)など良好な郊外住宅地域である．クレメンティ駅の南東にはシンガポール大学や日本人小学校がある．この地域にはかつてスクオッター(不法占拠住宅地)やイギリス軍兵舎が建っていた．地名は海峡植民地総督サー・セシル・クレメンティ・スミス(在位1887〜93)にちなんでいる．彼は中国研究者でもあり，その仕事はシンガポールの秘密結社をコントロールすることにも役立ったという．また，クレメンティ通りには少年院があったことから，かつては更生施設通りともよばれていた．

[高山正樹]

グレンイーデン　Glen Eden

ニュージーランド

人口：0.7万 (2013)　　　[36°54′S　174°39′E]

ニュージーランド北島，オークランド地方の町．オークランド市街の西南西15 kmに位置する郊外の住宅地である．13のオークランド市行政区の中の1つでワイタケレ Waitakere 選挙区の一部となっている．平地にあり，ウェストコーストロードに面し，グレンイーデン鉄道駅も同じ道沿いにある．東約3.5 kmにニューリンがある．

[植村善博・太谷亜由美]

グレンイネス　Glen Innes

オーストラリア

人口：0.6万 (2011)　面積：198 km²
標高：1062 m　　　　[29°44′S　151°45′E]

オーストラリア南東部，ニューサウスウェールズ州北東部，グレンイネスサヴァーン行政区の都市で行政中心地．州都シドニーの北約600 km，ニューイングランド山脈中の高地に位置し，ニューイングランドハイウェイとグワイダーハイウェイの交差点を中心に広がる．この地域は，19世紀初頭にジョン・

オクスリーが訪れたことで知られている．もともと先住民 Grumbainggir あるいは Yugambal の居住地であったが，1830 年代に牧用地として開発された．19 世紀前半にジョン・ジェームズ・ギャロウェーによってファラカバド事務所が設置されたものの，1840 年代の不況で売却された．地名は，この事務所をのちに購入した商人のアーチボルド・モスマンが，イギリスからの囚人船長で前の事務所の所有者のアーチボルド・イネスの名前をとってつけた．その後 1872 年に自治体となり，84 年開通の鉄道やタウンホールなど町の主要なインフラが整備され発展していった．町の発展の背景には，スズの採掘がある．1875 年当時の人口は 1500 に達し，ホテル，教会，学校，店舗などが建設された．いまではスズの商業採掘は終了したが，資源探査は続いている．また，1959 年からはサファイアの採掘が始められた．

おもな産業は基本的には入植当時から変わらず，牧羊，牧畜が行われる．その一方で，観光業も定着しつつあり，釣り，乗馬などが楽しまれている．ジブラルターレンジ Gibraltar Range 国立公園やウォッシュプール Washpool 国立公園などは，町の北西 30 km に位置し比較的近い．また，町はケルト色が強く，ひげ面の町としても有名である．ケルト人の遺産を記録するための石碑オーストラリア・スタンディングストーンズは観光スポットとなっている．

［畠山輝雄・薫谷哲也］

グレンタネル　Glentunnel

ニュージーランド

[43°29′S　171°56′E]

ニュージーランド南島，カンタベリー地方中部の町．マルヴァーン地区に属し，クライストチャーチの西 63 km に位置する．セルウィン Selwyn 川の北岸に立地し，レンガや陶器の製造，農業が盛んである．セルウィン川には釣りや水泳に訪れる観光客が多い．地名の由来は，かつて町の北側に炭田があり，そこで働く労働者のために建設されたトラム (1875) のトンネルがこの付近を通っていたことによる．　　　　　［泉　貴久］

グレンフィールド　Glenfield

ニュージーランド

人口：0.9 万 (2013)　[36°47′S　174°46′E]

ニュージーランド北島，オークランド地方の町．ノースショアに位置する．ワイテマタ湾の北部にあたり，オークランド中心部の北西 9 km，オークランドハーバーブリッジを北上し，国道 1 号から西にそれた位置にある．グレンフィールドノースとグレンフィールドセントラルに分かれている．町の中心にはグレンフィールドロードが南北に通り，住宅地，商業用地，工業用地となっている．

［植村善博・太谷亜由美］

グレンフェル　Grenfell

オーストラリア

人口：0.3 万 (2011)　[33°55′S　148°12′E]

オーストラリア南東部，ニューサウスウェールズ州南東部，ウィデン行政区の町．州都シドニーの西約 367 km に位置する．かつては金鉱の町として知られていた．地名の由来にもなった，金の管理者であったジョン・グレンフェルは，1866 年の旅行中，駅馬車に乗っているところを攻撃され，殺されてしまった．同年の 12 月 3 日に郵便局が開設され，同月 24 日，正式に現名称に変更された．

1870～71 年にかけては州内のどの町よりも多く金が産出された．しかし金の産出は 1870 年代半ばより減少した．その中で，1871 年には小麦の栽培が始まり，1901 年の 10 月にはグレンフェル～コーラワサ Koorawatha 間で鉄道が開通した．2007 年 6 月にはブッシュコンサートが開催され，スティーブ・フォルデ＆フランジ，アダム・ブランド，レオ・セイヤー，ディーゼルなどのスターも訪れた．詩人で作家のヘンリー・ローソンは，近くのゴールドフィールドに生まれた．毎年 6 月の女王誕生日の週末には，芸術の祭典としてヘンリー・ローソン祭りが開催され，多くの観光客が訪れている．国内の多くの芸術家や詩人，画家などが参加する祭典であり，1958 年から開催されている．

［牛垣雄矢］

グレンブルック　Glenbrook

オーストラリア

人口：0.5 万 (2011)　面積：7 km²

[33°46′S　150°37′E]

オーストラリア南東部，ニューサウスウェールズ州中央東部，ブルーマウンテンズ行政区の町．州都シドニーの西約 70 km に位置する．地名は，町の南を流れるグレンブルッ

ク川に由来し，1879 年に命名された．多様な野生の動植物が生息するブルーマウンテンズ国立公園の玄関口であり，多くの観光客が訪れる．また，町内には歴史的建造物も多い．　　　　　　　　　　　［畠山輝雄］

グレンブルック　Glenbrook

ニュージーランド

人口：0.2 万 (2013)　[37°12′S　174°45′E]

ニュージーランド北島，オークランド地方の町．フランクリン地区にある工業地域．マヌカウの南西 22 km に位置する．周囲は広大な農地に囲まれているが，国内でも有数の製鉄工場(グレンブルックスティールミル社)があり，地元でとれる砂鉄を精製している．現在，年間 65 万 t を生産し，国内用に用いられるが一部は輸出される．国内の製鉄需要の 90％以上を占めている．砂鉄はワイカトノース Waikato North から輸送される．不純物が多い原料から精製されるため，工場は非常に特殊なものとなっている．また，完全独立運営の蒸気機関車が走るグレンブルックヴィンテージ鉄道が有名である．鉄道は日曜・祝日が営業となっている．

［植村善博・太谷亜由美］

グレンボーン湖　Glenbawn Reservoir

オーストラリア

グレンバウン湖 (別表記)

面積：26 km²　標高：276 m　長さ：1.7 km
幅：1.1 km　深さ：85 m　堤長：1125 m
堤高：100 m　　　　　[32°05′S　150°59′E]

オーストラリア南東部，ニューサウスウェールズ州中央東部のダム湖．グレンバウン湖とも表記される．湖を形成したダムは，洪水緩和，水力発電，灌漑利用を目的として 1947 年に建設が始まり，58 年に完成した．ダムは高さ 100 m，長さ 1125 m を有し，ハンター川をせき止めている．一方，ダム湖とその周辺は自然保護区(グレンボーン湖州立公園)となっており，100 種類以上の野鳥が生息している．ここでは，ウォータースポーツ，釣り，バーベキューなどが人気となっている．　　　　　　［比企祐介・牛垣雄矢］

クーロイ　Cooroy

オーストラリア

人口：0.3 万 (2011)　面積：25 km²

[26°26′S　152°55′E]

オーストラリア北東部，クイーンズランド

州南東部，ノーサ郡区の町．州都ブリズベンの北約 120 km に位置する．酪農および製材業地域の小規模なサービス拠点である．標高 438 m のクーローラ山がある．毎年 7 月，この山を駆け上がるレースが開かれている．

[秋本弘章]

クロイドン　Croydon　オーストラリア

人口：312 (2011)　面積：29487 km²
[18°11′S　142°17′E]

オーストラリア北東部，クイーンズランド州北西部，クロイドン郡区の町．タウンズヴィルの北西約 480 km に位置する．カーペンタリア湾に面するノーマントンとの間に鉄道が通る．ゴールドラッシュ期に建設されたもので，現在では観光用に運営されている．1885 年に金が発見され，オーストラリア最後のゴールドラッシュにわいた．20 年ほどは金の採掘で栄えた．今日ではそれらは枯渇し，おもな産業は観光業となっている．

[秋本弘章]

クロイドン　Croydon　ニュージーランド

[46°03′S　168°54′E]

ニュージーランド南島，サウスランド地方の村．マタウラ川の西岸，ゴアの北西 8 km，マンデヴィレ Mandeville の南東 10 km に位置する小集落である．地名は，この地を探検したナサニエル・シャルマーズの故郷であるロンドンの南 12 km にある町からとったものである．

[泉　貴久]

グローヴ山地　Grove Mountains　南極

標高：2343 m　長さ：85 km　幅：57 km
[72°45′S　75°00′E]

南極，東南極の山地．プリンセスエリザベスランドの内陸に散在する大小のヌナタク（氷床から頂部が突き出た山）からなり，西方のランバート氷河に向かって傾斜する標高 2100～1700 m の氷原から露出する．1946～47 年のアメリカと 1956～60 年のオーストラリアの南極探検で空中写真が撮影された．オーストラリア隊は 1958 年 11 月に山地の近くに着陸して天文測量を実施し，位置を決定した．山地名はその際のパイロットにちなんで命名された．近年，中国隊とオーストラリア隊が GPS 測量と地学調査を実施し，1 万分の 1～2 万 5000 分の 1 の成果図を刊行

した．その地図によると，最高点はハーディング Harding 山（南緯 72 度 54 分，東経 75 度 02 分）の 2343 m である．

[森脇喜一]

クロヴァン山脈　Kravanh, Chuor Phnom
☞ カルダモン山脈 Cardamomes Range

グローヴタウン　Grovetown　ニュージーランド

人口：0.1 万 (2013)　[41°29′S　173°58′E]

ニュージーランド南島，マールバラ地方の村．ワイラウ川南岸の沖積平野上，ブレナムの北 4 km，ピクトンの南 23 km の地点に位置する農業集落である．ホテルや農産物の市場などが立地している．地名の由来は，周辺に藪が密集していたことによるといわれている．

[泉　貴久]

クロージアー海峡　Crozier Strait　カナダ

長さ：35 km　幅：18 km　深さ：360 m
[75°34′N　97°13′W]

カナダ，ヌナヴト準州北部，クィキクタアルク地域の海峡．パリー諸島中の海峡で，西のバサースト島と東のリトルコーンウォリス Little Cornwallis 島の間に位置する．バサースト島側の沿岸は野生動物保護区になっている．海峡名は北極探検家のフランシス・クロージアーに由来する．

[竹村一男]

グローズ谷　Grose Gorge　オーストラリア

面積：50000 km²　幅：1.5 km　深さ：510 m
[33°36′S　150°26′E]

オーストラリア南東部，ニューサウスウェールズ州南東部の渓谷．グレートディヴァイディング山脈をグローズ川（全長 54 km）が侵食したことにより形成された．深さは平均約 200 m，地質はおもにペルム紀および三畳紀の砂岩からなり，山頂には玄武岩が分布している．谷の上部から中部を構成するハイキングロックは，垂直方向の節理に沿う風化が進行しているため，切り立った崖が形成されている．このような地形景観やカモノハシをはじめとする固有の動植物など，観光資源に恵まれており，ブッシュウォーキングが盛んとなっている．また，谷の大部分は，ブルーマウンテンズ国立公園内にあり，自然保護運

動も行われている．　[比企祐介・牛垣雄矢]

グロスター　Gloucester　オーストラリア

人口：0.3 万 (2011)　面積：58 km²
[32°00′S　151°58′E]

オーストラリア南東部，ニューサウスウェールズ州北東部，グロスター行政区の町．州都シドニーの北約 220 km に位置する．グロスター地方へ最初に訪れたのは，オーストラリア農業会社の最高経営責任者ロバート・ドーソンで，1826 年のことであった．その後，グロスターの町は 1855 年に設立された．最初は羊の酪農が行われたが，酪農には適していない土地であることが後に明らかとなった．町のおもな産業は観光業，木材産業，牧畜業などである．木材産業は 19 世紀後半以降に盛んとなり，乳製品と肉食牛を含む牧畜業は依然として周辺地域の主要な産業である．1876 年には，グロスター行政区北西部のコープランドという小さな町で金が発見された．コープランドは，金が発見されたことに加え，赤いヒマラヤスギが豊富であったため，人口 3000 を超える大規模な町となったが，その後は減少し，現在は数百の町になっている．

オーストラリア農業会社は，グロスター行政区を囲むカルーア Karuah 川とマニング川の間の 2000 km² において，鉱物採掘の権利が授与された．会社は，1856～57 年にかけて測量士を雇い，グロスター行政区に鉄道を開通させるための試行調査を行った．しかしその際，その範囲の広さと川の存在が障害となり，鉄道の開通は不可能と判断されて建設は進行せず，運搬手段が確保できなかったため，鉱物の採炭も断念された．1995 年，グロスター行政区の石炭は，町の南 12 km に位置するストラトフォードで採鉱され始めた．それ以降，採鉱はこの地域に限定され，オーストラリア農業会社の既得権利は保持された．この町の主要な通りである教会通りには，20 世紀の間，人気を誇った 2 つの映画館があった．1 つはスターで 1968 年に閉館した．もう 1 つは 1920 年代初期につくられたマジェスティック劇場で，80 年頃に閉館したが，現在は商業施設として再開発され，建物は現存している．

[牛垣雄矢]

クローズネスト　Crows Nest

オーストラリア

人口：0.2万（2011）　面積：176 km²
[27°17′S　152°02′E]

オーストラリア北東部，クイーンズランド州南東部，トゥーンバ地域の町．州都ブリズベンの北西約100 km，グレートディヴァイディング山脈中に位置する．ダーリング高原に立地しており，豊かな高原地帯となっている．酪農や養豚，各種果樹の栽培が盛んである．また，クローズネスト滝とその周囲の雨林および特徴的なユーカリ林からなるクローズネスト国立公園がある．　　　　[秋本弘章]

クロゼ諸島　Crozet, Îles

フランス

人口：0（推）　面積：352 km²
[46°25′S　51°45′E]

南インド洋，フランス領の諸島．おもな島にレスト l'Est 島，ポセシオン Possession 島，コション Cochons 島があり，ほかにペンギン Pingouins 島，アポートル Apôtres 諸島などの小島群がある．最大の面積をもつのはポセシオン島（約150 km²）である．火山性の諸島で，植生にとぼしい切り立った岩山が特徴的である．最高地点はレスト島の標高1050 mで，雪に覆われている．周辺海域には岩礁や暗礁が多く，しばしば強風が吹き荒れ海難事故が多い．

厳しい自然環境のために，捕鯨やアシカ猟の漁船がときおり訪れるだけの無人島であったが，1964年に科学観測基地が建設された．ポセシオン島のアルフレッドフォール基地で，約20人の隊員が交代で常駐し，気象観測や宇宙観測，野生動植物の研究などに従事している．また，1925年以降，諸島は野生動物と自然景観の保護区域に指定されている．1772年にフランスの航海者マリオン・デュフレーヌによって発見され，フランス領とされた．1955年以降，ケルゲレン諸島，アムステルダム島，サンポール島などとともに，フランス領オーストラル南極地区（TAAF）を形成している．TAAFの政庁はパリに置かれていたが，1996年にレユニオンへ移された．　　　　[手塚　章]

クロナドゥン　Cronadun

ニュージーランド

[42°02′S　171°52′E]

ニュージーランド南島，ウェストコースト地方の村．ブラー地区に属し，Inangahua 川東岸，ボートマンス Boatmans 川との分岐点近くに位置する．グレーマスの北東85 km，ウェストポートの南東66 kmという両都市の中間地点で，かつ鉄道の中継点となっている．おもな産業は石炭採掘と農業である．地名は，アイルランド北西部出身の3人兄弟であるクロウ（Crough），ナ（Na），ドゥン（Dun）にちなんで名づけられたといわれている．　　　　[泉　貴久]

クロナラ　Cronulla

オーストラリア

人口：1.7万（2011）　面積：3.9 km²
[34°02′S　151°09′E]

オーストラリア南東部，ニューサウスウェールズ州南東部，サザーランド行政区の町．州都シドニーの南約26 kmに位置する．地名は，先住民のアボリジニの言葉でピンクの貝殻を意味しており，ここのビーチは観光地として人気が高く，シドニーからも多くの人びとが訪れる．クロナラ劇場やクロナラプラザなどの商業施設が立地し，カフェやレストランも数多く立地している．　　　　[牛垣雄矢]

クロフ　Kulob

タジキスタン

クリャブ　Kulyab（別称）／ハトロン　Khatlon（古称）

人口：8.2万（2003）　[37°54′N　69°47′E]

タジキスタン南西部，ハトロン州の都市．パンジ川の支流ヤフス川の河谷にあり，アフガニスタン国境に近い．首都ドゥシャンベの南東113 kmの小麦地帯，州都クルゴンテパの東80 kmに位置し，鉄道，道路で結ばれている．綿花精製，綿実油，製粉，食品などの工場がある．2006年に2700年祭を行った中央アジア最古の町である．サマルカンドからアフガニスタンへの隊商路にあり，古くから栄えた．16世紀からブハラ・ハン国の一部で，1750年にそれまでのハトロンから現名称に改称した．ミル・サイド・ハマダニの廟（14〜17世紀），教育大学，劇場，地誌博物館がある．クリャブともよばれる．
　　　　[木村英亮]

クロムウェル　Cromwell

ニュージーランド

人口：0.4万（2013）　[45°03′S　169°12′E]

ニュージーランド南島，オタゴ地方中部の町．ヴィンセント地区に属する．クルーサ川とカワラウ川との接点の台地上に位置する．ダニーディンとの間には鉄道がつながっており，町からは南東249 kmである．町の中心部には2つの小・中学校，総合病院，地方裁判所，警察署，博物館，公共図書館が立地している．レジャー施設も充実しており，ゴルフコース，釣り場，狩り場，アイススケート場が整備されている．産業は，農牧畜業とその加工業が中心である．具体的には，果樹，小麦，大麦，牧草の栽培，精肉，種苗，羊毛加工などがあげられる．

政府は1976年に，クロムウェルをクルーサ川上流部の水力発電所とダム開発の拠点として位置づけた．その結果，1988年にはここから20 km上流部の集落を水没させ，ダスタン湖がつくられ，その周辺に新たな集落が建設されるにいたった．町は周辺村落への財やサービスの供給地で，中心部は集約的な土地利用がなされているが，周辺部の人口はまばらで，牧羊や果樹栽培のための土地が広がっている．また，リンディス Lindes 峠を経由してアオラキ（クック山）へ向かう観光客や，ワナカ峠を経由してクイーンズタウンへ向かう観光客にとっての中継点としても位置づけられている．

この地にヨーロッパ人が最初にやってきたのは1853年9月で，ナサニエル・シャルマーズという商人が牧羊に適した土地を探しに，2人のマオリのガイドを引き連れてサウスランドからやってきた．その後，1862年にこの町の南2 kmのブリュリー Brewery 川で金が発見されると，その採掘のためにヨーロッパから多くの人々が押しかけるようになり，短期間で町の人口は増大した．その結果，この町は植民地政府から重要な集落として位置づけられるようになり，1866年には町制が施行され，今日の町としての骨格ができ上がった．しかし，ゴールドラッシュが過ぎると，人口はまたたく間に減少し，町は衰退していった．1920年に政府はこの地を農業開発の重点地域に指定し，果樹栽培を中心とした農業の拠点として開発を進めていった．地名は，イギリスの著名な革命家でピューリタン革命を起こしたオリヴァー・クロムウェル（1599–1658）からとったものである．
　　　　[泉　貴久]

クロヤ　Keroya

インドネシア

Kroya（別表記）

人口：9.5万（2010）　面積：59 km²
[7°38′S　109°15′E]

インドネシア西部，ジャワ島中南部，中ジ

ャワ州チラチャップ県の郡. チラチャップ県は, ジャワ島南部を東西に走る幹線上に位置し, 国道や鉄道が走る. 中でもクロヤは鉄道の要衝である. 島西部に位置する首都ジャカルタやバンドゥンと, 中部のジョクジャカルタやスラカルタ(ソロ), さらに東部のスラバヤなどの大都市を結ぶ国鉄ジャワ南幹線上に位置する. そして, ジャワ島北岸を東西に貫く幹線の一部が途中で南下してジャワ島を縦断した後, 南幹線と交わるのがクロヤである. 郡庁はクロヤ区にある.　　　[瀬川真平]

クーロン湖　The Coorong
オーストラリア

長さ：145 km　幅：4 km

[35°55′S　139°27′E]

オーストラリア南部, サウスオーストラリア州南東部の汽水湖. 海岸線に沿って北西-南東方向に非常に細く延び, 外海とは砂丘のヤングハズバンド Younghusband 半島によって隔てられている. 以前は, 北西に位置するアレグザンドリーナ湖とつながっていたが, アレグザンドリーナ湖の淡水化事業に伴い, 両湖は堤防で隔離された. 湖はヤングハズバンド半島が途切れる最北西部で外海のエンカウンター Encounter 湾とつながる. ヤングハズバンド半島は, 1966 年クーロン国立公園(467 km²)に指定された. ここには開拓以前からの自然が豊富に残されており, 水辺にはオーストラリア(コシグロ)ペリカンをはじめとする水鳥や, 砂丘にはグレーカンガルー, ポッサム, ウォンバット, ハリモグラなど, オーストラリア固有の動物が多く生息する.　　　[片平博文]

クロンカリー　Cloncurry
オーストラリア

人口：0.3 万 (2011)　面積：23030 km²

[20°42′S　140°30′E]

オーストラリア北東部, クイーンズランド州北西部内陸, クロンカリー郡区の町. マウントアイザの東約 120 km に位置する. 1867 年に銅が発見され, 鉱山の町として発展した. 第 1 次世界大戦期には, 当時のイギリス領最大の銅産地であった. かつての銅鉱山はほとんど閉鎖されたが, 町の北東約 40 km に新たな鉱山が開かれ, 1998 年に生産を開始した. 第 2 次世界大戦中は米空軍基地が置かれた. カンタス航空がチャールヴィルとの間に国内初の定期航空便を始めた町であり, 現在でも州北部の交通の要衝となってい

る. 周囲の牧羊地帯に対する各種サービスの中心地であり, 遠隔地に居住する住民に緊急医療サービスを提供するフライングドクターの最初の基地が設置された町として知られている.　　　[秋本弘章]

クローンサームワー　Khlong Sam Wa
タイ

人口：22.0 万 (2010)　面積：111 km²

[13°42′N　100°45′E]

タイ中部, 首都バンコクの特別区(ケート). 都内東部の郊外に位置し, 北辺をパトゥムターニー県と接する. おもに農村地域であり, 住民のおもな職業は農業. ゴルフ場やサファリパークなど都市住民のためのレクリエーション施設もある. バンコク都制が敷かれた 1972 年はミーンブリー区の一部であったが, 97 年にミーンブリー区から分離して独立の特別区となった.　　　[遠藤 元]

クローンサーン　Khlong San
タイ

人口：9.7 万 (2010)　面積：6.0 km²

[13°44′N　100°31′E]

タイ中部, 首都バンコクの特別区(ケート). チャオプラヤー川右岸のトンブリー側にあり, 同河川とトンブリー特別区とに囲まれたところに位置する. 左岸側に広がる中心市街地との間はプラプット(ラーマ 1 世)橋, プラポッククラオ(ラーマ 7 世)橋, ソムデット・プラチャオタークシン(タークシン王)橋などで結ばれた好立地であるため, 人口密度の高い居住地区となっている.　　　[遠藤 元]

クローントゥーイ　Khlong Toei
タイ

人口：17.9 万 (2010)　面積：13 km²

[13°42′N　100°35′E]

タイ中部, 首都バンコクの特別区(ケート). 幹線道路のスクムウィット通りとチャオプラヤー川にはさまれた地区で, クローントゥーイ港とその後背地からなる. スクムウィット通り沿いには, 一流ホテルやおもに外国人向けのコンドミニアム, 高級百貨店, ショッピングセンター, ハイパーマーケットなどが集積する主要な商業・居住地区が形成されている. それとは対照的に, ラーマ 4 世通りよりも南側では, クローントゥーイ港付近を中心に伝統的な生鮮市場, ショップハウス, スラムなどが広がる. 国内最大のスラムとして有名なクローントゥーイスラムは, も

ともと同港を発着する船の荷物の積降し作業を日雇いで請け負う労働者が集住したことに起源をもつ.　　　[遠藤 元]

クロンプリンスオラフ海岸
Kronprins Olav Kyst
南極

プリンスオラフ海岸　Prince Olav Coast (英語)

[68°45′S　41°30′E]

南極, 東南極の海岸地域. 昭和基地付近の東経 38 度 45 分から 45 度にわたる地域で, 東経 40 度を境に東部は比較的出入りの少ない海岸が北東方向に延びて外洋に面しているのに対し, 西部は南方に屈曲してリュツォホルム湾に臨む出入りの多い海岸線をなす. 全体に数多くの露岩が点在するが, ラングホブデやスカルブスネスなどの顕著な露岩は西部に集中している. 日本の地図や記事ではプリンスオラフ海岸と表記されることが多い.

1930 年 1 月, ノルウェーの探検船ノルヴェジアからの偵察飛行で発見され, 東経 45 度付近の沿岸地域が同国のオラフ皇太子にちなんでクロンプリンスオラフランドと命名された. 1931 年 2 月の飛行では東経 40 度の西で南に湾入するリュツォホルム湾が視認され(命名は 1935), 1937 年 2 月には同じくノルウェーの探検船トアスハウンからの飛行で東経 40 度以西の海岸が写真撮影されて, リュツォホルム湾を囲む東経 34〜40 度の沿岸地域がプリンスハラルランドと命名された. ノルウェーは後に両沿岸地域のランドを海岸(Kyst)に改め, 両者の境界を東経 40 度から白瀬氷河が海に流入する東経 38 度 45 分に変更した. なお, 日本は 1964 年にクロンプリンスオラフ海岸の一部であるリュツォホルム湾東岸地域を宗谷海岸と命名している.

クロンプリンスオラフ海岸の東経 40 度以東を空中写真撮影したのも, 地上から調査したのも日本南極地域観測隊が最初である. 1957 年 1 月に第 1 次観測隊が東経 42 度までの斜め写真を, 第 3 次観測隊が 1959 年 2 月に東経 42 度 15 分までの垂直写真を, 第 6 次観測隊が 1962 年 1 月に東経 45 度までの垂直写真を撮影した. 第 1 次観測の越冬隊は 1957 年 11 月 25 日から 12 月 10 日にかけて東経 42 度 40 分までの調査旅行を犬橇で実施し, 多くの沿岸小露岩を発見し, 「日の出岬」や「たま岬」など日本語の地名をつけた. 第 5 次観測隊は 1961 年 2 月に東端部の大きな露岩に上陸して測量を実施し, 新南岩と命名した. 東経 40 度以東の露岩の本格的な調査は, 日本の南極観測が 1965 年に再開

された後に実施され，宗谷海岸地域を含めて全域の2万5000分の1地形図と，ほぼすべての露岩の2万5000分の1地質図が刊行されている．

[森脇喜一]

クロンプリンセッセメーサ海岸　Kronprinsesse Märtha Kyst　南極

プリンセスマーサ海岸　Princess Martha Coast（英語）

[71°30′S　11°00′W]

南極，東南極の海岸地域．ドロンニングモードランド西部，ノルウェーの地図に従えば，西経20～0度30分の範囲をさす．リーセルラルセン棚氷をはじめとする棚氷が地域の大部分を占めるため，海岸線のほとんどは高さ20～30mの氷崖をなす．1930年2月にヤルマル・リーセル・ラルセン率いるノルウェーの探検船ノルヴェジアからの偵察飛行で発見され，同国のメルサ皇太子妃を記念して命名された．1950年1月から1952年1月まで，ノルウェー・イギリス・スウェーデン三国共同観測のモードハイム基地（南緯71度03分，西経10度55分）が棚氷上に設置され，氷床の氷厚測定や内陸山地の地形地質調査が2年連続越冬で実施された．現在は，越冬観測基地として棚氷上にドイツのノイマイヤーIII基地，海岸から170km内陸のヌナタク（氷床から頂部が突き出た山）に南アフリカのサナエIV基地があるほか，いくつかのヨーロッパの夏観測基地がある．

[森脇喜一]

クロンプレアシハヌーク　Krong Preah Sihanouk ☞ シハヌークヴィル Sihanoukville

グワイダー川　Gwydir River

オーストラリア

面積：27000 km²　長さ：488 km

[30°00′S　151°00′E]

オーストラリア南東部，ニューサウスウェールズ州北東部の川．おもにノーザン地方を北西に流れる．ノーザンテーブルランド，ユララ付近に源を発し，バンダラ Bundarra，ビンガラ，グレーブセンドなどを通り，バロン川と合流する．川の名は，1827年にアラン・カニンガムによって名づけられ，先住民の言葉で赤い土手を伴う川を意味する．河川沿いでは，灌漑を用いた綿花産業も盛んである．

[比企祐介・牛垣雄矢]

クワイチー山　会稽山　Kuaiji Shan

中国

茅山（古称）／ Guiji Shan, Huiji Shan（別表記）／グイチー山，フイチー山（別表記）／ファン山　防山 Fang Shan（別称）／ミャオ山　苗山　Miao Shan（別称）

標高：1195 m　長さ：100 km　幅：50 km

[29°50′N　120°39′E]

中国南東部，チョーチャン（浙江）省北東部の山．シャオシン（紹興），チューチー（諸曁），トンヤン（東陽），ションチョウ（嵊州），シャンユィー（上虞）などの市（県）にまたがっている．古称は茅山，別称は苗山，防山である．昔，夏禹が茅山に諸候を集め，功績を記録させた．これが会稽といわれ，ここから会稽山の名を得た．南北に走行し，東側に五百岡山，西側に西山，中央に化山があり，北は寧紹平原と接し，チェンタン（銭塘）江支流の曹娥江と浦陽江の分水嶺である．最高点が東白山で標高が約1195 m．ふもとには棚田が多く，茶葉を産する．禹陵や禹廟などの史跡がある．

[谷　人旭・小野寺淳]

クワジェリン環礁　Kwajalein Atoll

マーシャル諸島

クエゼリン環礁，クワジャリン環礁（別表記）

人口：1.1万（2011）　面積：16 km²

[9°05′N　167°20′E]

北太平洋西部，ミクロネシア，マーシャル諸島の環礁．首都マジュロのあるマジュロ環礁の北西約500 km，ラリック列島中央部に位置し，97の小島からなる．陸地面積は16.4 km²と狭いものの，ラグーン（礁湖）の最大長は126 kmで，世界最大級の環礁の1つといわれる．環礁内の最大の島はクワジェリン島である．海洋性熱帯気候下にあって年平均気温は27℃で，年間を通じてほぼ一定である．

クワジェリン島には日本の植民地時代に日本軍基地が設けられた．そして，第2次世界大戦中はアメリカ軍との間で激戦がくり広げられ，日米間に多数の死傷者が出たが，とくに日本側に多かった．島には戦死者を弔う日本人墓地が設けられている．1944年2月にアメリカ軍が占領して以来，海軍がミサイル実験場として使用し，そのための施設・設備が多数建設された．現在はクワジェリン・ミサイル試射場として，アメリカ本土のアラバマ州ハンツヴィルにある弾道ミサイル防衛システム司令部の管理下に置かれている．朝鮮戦争や，ビキニ環礁およびエニウェトク環礁

での原水爆実験では，後背補給基地としても利用された．1986年のマーシャル諸島独立後も，アメリカは環礁北端のロイナムル Roi-Namur 島など環礁内の11の島をマーシャル諸島共和国から賃借して，ミサイル関係の実験場および種々の関連施設を設けている．

クワジェリン島にはそうした施設で働くアメリカ人とその家族が居住する．北隣のエベイェ島（面積0.3 km²）には1万余のマーシャル諸島民や他のミクロネシア人が集住しているが，彼らの多くは他の島々から移住を余儀なくされたり，政府や民間の施設での就業機会を求めて他地域からやってきており，人口過密や環境汚染に悩まされ，その生活環境は劣悪である．環礁内の多くの島はアメリカ軍の管理下にあり，相互の往来が厳しく制限されている．

[柄木田康之・橋本征治]

グワダール　Gwadar

パキスタン

グウォーダル　Gwador（別称）

人口：4.5万（1998）　[25°07′N　62°20′E]

パキスタン南西部，バローチスタン州南西部グワダール県の町で県都．カラチの西約480 kmに位置する．アラビア海に突出する砂嘴でつながった，東西約13 km，最大幅約3 kmの岬に立地し，東側の港は南西のモンスーンの波から守られている天然の良港である．かつてはカラチを市場とする魚類の水揚げが中心の小規模港であったが，水深の深い良港であり政府はホルムズ海峡やオマーン湾口に近いという戦略的位置の重要性を高めるため，中国の援助により港湾施設や倉庫の整備を進め2007年に開港した．積換港としてカラチ港やカシム港の過密の緩和を図ったり，州の豊富な鉱産資源を輸出したりすることなどを目ざしている．

さらに，中国の援助の下にグワダールからパスニ，オルマラを経てカラチと結ぶ2車線，延長530 kmのマクラーン海岸高速道路が2004年12月に完成した．所要時間を24時間からわずか7時間に短縮し，輸送費用の大幅削減や中央アジア諸国との商業・貿易関係の改善，沿岸住民の生活水準の向上，あるいは州の沿岸地域にツーリズムやフィッシングなどの新たな観光業を活発化させることなどの期待をされている．また，オマーンの首都マスカットやカラチ，クエッタなどと結ぶグワダール国際空港が町の中心部から北約10 kmにあるが，小規模であるため新空港の建設が予定されている．最近（2016年），

518　**クワタ**

〈世界地名大事典：アジア・オセアニア・極Ⅰ〉

政府は港の港湾管理権をシンガポールの企業から中国の企業に移譲し，中国の一帯一路構想との関連で注目されている．　[出田和久]

グワダール県　**Gwadar District**

パキスタン

人口：18.5万 (1998)　面積：12637 km²
長さ：360 km　幅：20-50 km
降水量：250 mm/年　　　[25°07′N　62°20′E]

　パキスタン南西部，バローチスタン州南西部の県．アラビア海沿いに位置し，東西約360 km，幅20〜50 kmと細長い．おもにマクラーン海岸山脈の南側に位置し，西はイラン国境，北はケッチ(トゥルバット)県，北東はアワラーン県，東はラスベラ県に接する．1977年7月に旧マクラーン県が管区に昇格したのに伴って新たに3県に分割されて成立した．西からジーワーニー，グワダール，パスニ，オルマラなどの良港があり，漁業基地となっている．年平均降水量が250 mm以下の乾燥が著しい地域である．主要河川としてダシュト川，シャディ川などがある．
　当地域は，アケメネス朝ペルシアの時代にキュロス大王により征服され，その後アレクサンドロス大王のインド遠征によって彼の帝国の版図にくり入れられた．8世紀の初め711年頃にムハマンド・ビン・カシムに率いられたアラブ軍がグワダールを支配し，その後は，ムガルやサファヴィー朝を含めイランやインドの諸勢力が支配を競う地域となった．16世紀の終わりにポルトガルがグワダールを攻略し，略奪した．その後バルーチ諸族の地方政権支配が2世紀ほど続き，1783年にカラートの藩王がオマーンのマスカットでポルトガルに敗北したタイムール・スルタンにグワダールを与えた．タイムールは知事を任命し，周辺のイランの沿岸部の町を征服し，統治した．1958年にオマーン領からパキスタン領となった．対岸のオマーンの支配があったのでアラブの影響が強く伺え，宗教的にも多様性に富んでおり，イスラーム教，キリスト教，ヒンドゥー教，アフマディー教，パールシー教，その他イスラーム教の少教派などがある．中でも重要なのはグワダールの住民の約半数が信じるジクリ派である．
　　　　　　　　　　　　　　　[出田和久]

グワチョウ県　瓜州県　**Guazhou**

中国

アンシー県　安西県　Anxi (旧称) /かしゅうけん
(音読み表記)

人口：9.3万 (2002)　面積：21000 km²
　　　　　　　　　　[40°32′N　95°49′E]

　中国北西部，ガンスー(甘粛)省北西部，チウチュワン(酒泉)地級市の県．ホーシー(河西)回廊の西部，シューロー(疏勒)河流域にある．西はシンチャン(新疆)ウイグル(維吾爾)自治区に接する．9〜11世紀はカンチョウウイグル(甘州回鶻)王国の地であった．清代に安西庁が置かれ，1913年に県となった．西域を安定させる意味で安西と名づけられた．2006年に唐代の古地名にちなみ瓜州県に改名された．土地の大半はゴビ(礫石帯)と砂漠である．オアシスでは灌漑農業が発達している．ランチョウ(蘭州)と新疆ウイグル自治区の首府ウルムチ(烏魯木斉)を結ぶ蘭新鉄道および国道215，312号が県内を通る．観光地には国の重要文化財に指定された楡林窟(万仏峡ともいう)などがある．
　　　　　　　　　　　[ニザム・ビラルディン]

グワリオル　**Gwalior**

インド

人口：105.4万 (2011)　　[26°13′N　78°10′E]

　インド中部，マッディヤプラデシュ州北部，グワリオル県の都市で県都．州第4の都市である．3 kmにわたる断崖を伴う台地の上にあり，その中心部に藩王マーンシンの築いた城砦がある．かつてはマラーター勢力のシンディア家によるグワリオル藩王国の首都であった．ジャママスジッド，サスバフ寺院と宮殿がある．カーペット，靴，陶器を生産する工業団地がある．シルクのサリーとブロケードは特産品である．ガラス工業，重工業の工場が立地する．ジワジ大学とラクシミバイ国立体育専門学校が立地している．アグラとムンバイ(ボンベイ)を結ぶ国道3号と鉄道がアグラ，首都デリー，インドール，ボパールとを結んでいる．空港もある．
　グワリオル県の面積は5214 km²．ガンガ平原に傾斜していくマルワ高原の北端に位置する．ヤムナ川支流のシンド Sind 川とパフジ Pahuj 川が流れる．ボーキサイトを産出する．年平均降水量は900 mmであり，植生は熱帯乾燥落葉樹林が卓越する．ヒンディー語およびウルドゥ語が用いられている．県域の63%が耕作され，このうち28%が用水路および井戸によって灌漑されている．稲，

トウモロコシ，小麦，豆類，サトウキビ，アブラナが栽培されている．　[澤　宗則]

クワンシェン　冠県　**Guan Xian**

中国

冠氏県，冠州 (古称)

人口：85.3万 (2015)　面積：1161 km²
　　　　　　　　　　[36°27′N　115°25′E]

　中国東部，シャントン(山東)省西部，リャオチョン(聊城)地級市の県．ルーペイシー(魯北西)平野の南西部に位置する．586年に冠氏県が設置され，1269年に冠県となり，明朝洪武3年(1730)に冠県に改称した．ホワン(黄)河の沖積平野に位置し，地形は平坦である．小麦，トウモロコシ，アワ，綿花を栽培するほか，石油，天然ガスなどの地下資源が豊富である．省会チーナン(済南)市とを結ぶ高速道路や国道106，309号が県内を通っている．　　　　　　　　　[張　貴民]

クワンシェン Guan Xian ☞ トゥーチャンイエン市 Dujiangyan

クワンタオ県　館陶県　**Guantao**

中国

人口：36.3万 (2015)　面積：456 km²
気温：13.0°C　降水量：532 mm/年
　　　　　　　　　　[36°32′N　115°19′E]

　中国北部，ホーペイ(河北)省南部，ハンタン(邯鄲)地級市の県．県政府は館陶鎮に置かれている．河北平野の南部にあり，地勢は平坦で南西から北東に傾く．農作物は小麦，トウモロコシ，綿花を主としている．機械，醸造，製紙，印刷，電球などの工場がある．国道106号が通る．四股線，皮影，食料絵が有名である．　　　　　　　　　[柴　彦威]

クワンチョン自治県　寛城自治県　**Kuancheng**

中国

クワンチョン満族自治県　寛城満族自治県 (正称)

人口：25.4万 (2013)　面積：1952 km²
標高：300-500 m　気温：9.1°C
降水量：515 mm/年　　[40°36′N　118°29′E]

　中国北部，ホーペイ(河北)省北部，チョンドゥ(承徳)地級市の自治県．県政府は寛城鎮に置かれている．満族が66%を占めている．イエン(燕)山山脈の東部にあり，地勢は東が高く西が低い．南東部の都山は標高1846 m．瀑河，青竜河，長河，灤河が流れ，潘家

ロダムがある．農作物はコーリャン，アワ，トウモロコシ，大豆がある．森林面積は34％で，クリ，リンゴ，ナシが栽培される．蚕の生産量は省内で第1位を誇る．炭鉱，金鉱や，陶磁器，化学肥料，建材，食品加工の工場がある．古跡には明の長城がある．

［柴　彦威］

クワンツーリン　関子嶺
Guanziling
台湾｜中国

[23°20′N　120°30′E]

　台湾南部，タイナン（台南）市白河区の町．台湾南部最大の温泉郷で，渓流に沿って温泉街が連なる．温泉は日本統治時代の初期，この地に露営していた部隊が発見したもので，日露戦争の傷痍軍人の療養所にもなっていた．日本統治時代は北投，草山（現陽明山），四重渓と並ぶ台湾4大温泉の1つに数えられていた．泉質は塩類炭酸泉とよばれるもので，濁泉湯として知られている．灰色に濁った湯はきめ細やかな粒子を含んでおり，美肌効果がある．第2次世界大戦後は衰退が進み，日本統治時代に開かれた温泉宿が細々と営業を続けるという状態だったが，2000年頃から温泉ブームを迎え，2017年現在は高級なスパリゾートが次々とオープンしている．　　　　　　　　　　　［片倉佳史］

クワンディエン自治県　寛甸自治県
Kuandian
中国

かんてんじちけん（音読み表記）/クワンディエン満族自治県　寛甸満族自治県（正称）

人口：43万（2012）　面積：6194 km²
[40°43′N　124°46′E]

　中国北東部，リャオニン（遼寧）省タントン（丹東）地級市の自治県．チャンパイ（長白）山脈に位置する満族の自治県．ヤールー（鴨緑）江をはさんで北朝鮮に隣接する．県政府は寛甸鎮に置かれる．県名は地勢が平坦なことにちなむ寛奠と同音異字が用いられた．満族が住民の過半を占める．県域の2/3を森林が占め，一部には白石砬硝子自然保護区が設定されている．林業が主産業で，クリやサンザシの生産も盛んである．ホウ素を多く産出し，ホウ砂の加工も行われる．　　［小島泰雄］

クワンティンダム　官庁水庫
Guanting Shuiku
中国

コワンチンダム（別表記）

面積：280 km²　堤高：45 m
貯水量：227000百万 m³

[40°15′N　115°36′E]

　中国北部，ペキン（北京）市とホーペイ（河北）省にまたがるダム．北京市北西に位置し，河北省チャンチャコウ（張家口）市ホワイライ（懐来）県と北京市イエンチン（延慶）区にまたがって，ハイ（海）河の支流であるヨンディン（永定）河の上流をせき止めて1954年に完成した．1955年には発電所も建設され，3万kWの電力を北京やティエンチン（天津）に供給している．新中国になって建設された大型ダム第1号であった．最大水域面積は280km²，通常は130 km²，最大貯水量は41億6000 m³である．ダム建設の目的は，海河の土砂運搬量が多く下流部での土砂埋積による洪水防止，農地の灌漑（面積4万7000 km²），都市域への電力供給であった．もともとここに河川を監督する役所があり，官庁村といわれていたためダムの名称にもなった．北京が大都市として成長するに従って，都市水源としての役割が重要になってきたが，1980年代以降，上流部から都市排水，工業廃水が流入し，水質汚染が急速に進み，97年には北京市の飲料水の供給源から外された．しかし首都の水源確保のために官庁水庫の再評価にもとづく水環境整備がはかられている．

［秋山元秀］

クワントゥー区　官渡区　Guandu
中国

人口：54.1万（2010）　面積：635 km²
[25°01′N　102°45′E]

　中国南西部，ユンナン（雲南）省，クンミン（昆明）地級市の区．区政府は官渡街道に置かれている．2005年に拡充された鉄道の昆明火車站（駅），12年から運営を始めた昆明長水国際空港があり，雲南省の玄関口として，地下鉄やバスなど都市交通網も整備されてきた．歴史文化都市として知られる官渡古鎮は，2001年以降，文化財や建造物の修復や移築が進み，国内観光客の人気を集めている．　　　　　　　　　　　　　［松村嘉久］

クワントン平原　Guandong Pingyuan ☞
トンペイ平原　Dongbei Pingyuan

クワンナン県　灌南県　Guannan
中国

人口：63.2万（2015）　面積：1027 km²
[34°05′N　119°20′E]

　中国東部，チャンスー（江蘇）省，リエンユンガン（連雲港）地級市の県．秦代には朐県，隋代には朐山県に属し，唐代には河南道海州に属した．明，清代には，県域の北部が海州に属して，南部が淮安府安東県に属した．清朝後期には，全土が江南江寧布政司に属した．農業はレンコン，ヤマイモ，キノコ類などを生産し，水田での養殖も行われる．工業は酒造，食品，機械，鋳造，化学，医薬，服装，紡績，建材を主とする．史跡には二郎神廟文化遺跡公園，竜潭寺石刻雕像，百寿坊石刻などがある．高速道路の瀋海線（シェンヤン（瀋陽）～ハイコウ（海口））や長深線（チャンチュン（長春）～シェンチェン（深圳））が通る．

［谷　人旭・小野寺　淳］

クワンヤン県　灌陽県　Guanyang
中国

観陽（旧称）/コワンヤン県（別表記）

人口：29.4万（2015）　面積：1837 km²
気温：17.9℃　降水量：1538 mm/年
[25°29′N　111°10′E]

　中国南部，コワンシー（広西）チワン（壮）族自治区北東部，グイリン（桂林）地級市の県．県政府所在地は灌陽鎮．桂林市内まで南西159 kmのところにある．県の東部がフーナン（湖南）省の道県と接し，桂林市のリンチュワン（霊川），チュワンチョウ（全州），ゴンチョン（恭城）自治県，シンアン（興安）の各県とも隣接する．西漢の文帝前元12年（紀元前168）に観陽県として設立されたが，隋の大業13年（617）に灌陽に名称を変更し，現在にいたる．海洋山脈と都龐嶺（とほうれい）山脈の間に広がる地勢は南高北低を呈する．最大の河川はシャン（湘）江の支流であるクワン（灌）江で，県内流路の全長は144 km．農業に適した亜熱帯気候だが，面積の8割以上が山林で，林産物加工と石材がおもな産業である．　　　　　　　　　　　　　　［許　衛東］

クワンユン県　灌雲県　Guanyun
中国

人口：106.3万（2002）　面積：1898 km²
[34°17′N　119°15′E]

　中国東部，チャンスー（江蘇）省北東部，リエンユンガン（連雲港）地級市の県．1913年

に灌雲県と名づけられた. 隋, 唐, 宋の時代には胸山県に属し, 1983 年には連雲港市に編入された. 海岸平野にあり, 東門河, 新近河などの川が流れる. 製塩業が重要な産業となっており, 12 km² の塩田がある. 工業は機械, 電子, 化学肥料, 建材など, 農作物にはおもに小麦, 稲がある. 特産物は汪氏滴醋(皇帝献上用の酢), 海塩である. 観光スポットには大伊山の新石器時代の古墳群遺跡, 竜苴古城遺跡, 唐代の伊芦山落神台摩崖造像がある.　　　　　　　　　　　　　　[谷 人旭]

クワンリン自治県　関嶺自治県 Guanling

中国

クワンリンプイ族ミャオ族自治県　関嶺布依族苗族自治県 (正称)

人口: 32.3 万 (2013)　面積: 1468 km²
[25°57′N　105°37′E]

中国中南部, グイチョウ(貴州)省中部, アンシュン(安順)地級市の自治県. 県政府所在地は関索鎮である. 総人口の 4 割弱をミャオ(苗)族, 3 割弱をプイ(布依)族が占め, 少数ながらコーラオ(仡佬)族やイ(彝)族も住む. 1981 年に関嶺プイ族ミャオ族自治県となった. 省会グイヤン(貴陽)から観光名所の黄果樹瀑布を結ぶ国道 320 号は, 関嶺県域を通り, ユンナン(雲南)省へと高速道路化されつつながった. カルスト地形が発達し鍾乳洞や瀑布も多い. 農業中心で産業基盤の弱い貧困県のため, 黄果樹瀑布を訪れる観光客をエスニックな魅力でひきつけようと試みている.

[松村嘉久]

クン山　Kun Mountain

インド

メルー山　Meru Mountain (別称)

標高: 7077 m　　　　[34°01′N　76°03′E]

インド北部, ジャンムカシミール州ラダク地方東部の山. インド・中国国境近くに位置するヒマラヤ山脈ヌンクン NunKun 山塊の 1 つで, 最高峰のヌン山(標高 7135 m)から雪氷原を隔てて北側 4 km にそびえる. 1913 年 8 月にイタリアチームにより初登頂された. 秀麗な白銀の偉容から, この山塊への登山の試みは近年でも少なくない. 北方 7 km にインダス川系のスールー Suru 谷が東西に走り, 夏季の州都スリナガルに通ずるザンスカール・スールー道路が走る.　　[貞方 昇]

クーン　Khoune

ラオス

Khun (別表記) /シェンクアン Xiengkhuang (旧称)/ムアンクーン Muang Khoune (別称)

人口: 3.3 万 (2015)　面積: 1549 km²
[19°19′N　103°22′E]

ラオス北東部, シェンクアン県の郡で旧県都. 県都ペーク郡の南東 37 km に位置する. 県都が置かれていたときはシェンクアンと称されていた. ラオスでは古いシェンクアンを意味するシェンクアンカオとよばれることも多い. ベトナム戦争時にアメリカ軍によって爆撃され, 1960 年代中盤に町が全壊し, その後, 放置された. 1975 年の社会主義政権樹立時に, シェンクアン県の県都が現在のペーク郡ポンサワンに移り, クーンの再生が実施された. 現在の居住者の多くは, プアン人, 黒タイ人(タイダム), モン人である. 市街地には, いまだに爆撃を受けたままの建築物が残されている.　　　　　　[横山 智]

クングラード　Kungrad

ウズベキスタン

Qo'ng'irot (別表記)

人口: 3.0 万 (1989)　　[43°04′N　58°54′E]

ウズベキスタン北西部, カラカルパクスタン共和国中央部の都市. 共和国の首都ヌクスの北西 89 km に位置する. アムダリア下流の左岸, 西のカスピ海へ広がるデルタに近い. おもな産業は, 綿花, 米, 綿花精製, 綿実油搾油などで, 北西部では岩塩が採掘される. 1940 年代後半に建設された, トルクメニスタンのチャルジョウ(現トルクメナバト)からの鉄道の終点.　　　[木村英亮]

クンクルガン　Kumkurgan

ウズベキスタン

Qumqo'rg'on (別表記)

人口: 1.2 万 (1989)　　[37°49′N　67°36′E]

ウズベキスタン南部, スルハンダリア州の都市. 州都テルメズの北北東 75 km に位置する. 1930 年代, クンクルガン運河建設期に創設された. 運河は 1950 年代には南スルハン貯水池につながった. おもな産業は農産物加工である. ソ連期, 鉄道は各共和国の境界に関連なく敷設されたため, スルハンダリア州は首都タシケント, サマルカンドと直接つながっていなかった. 2007 年より日本の援助で当地からタシグザール Tashguzar ま

での新線建設が行われている.　　[木村英亮]

クンゲイアラタウ山脈 ☞ キュンゲイアラトー山脈 Kyungey-Ala-Too, Khrebet

クンサン　群山　Gunsan

韓国

人口: 27.5 万 (2015)　面積: 395 km²
[35°03′N　126°44′E]

韓国南西部, チョルラブク(全羅北)道北西端の都市. クム(錦)江河口部の左岸に位置する. 錦江の対岸は, チュンチョンナム(忠清南)道チャンハン(長項). 1949 年市制施行. 市域を拡大した 1995 年の人口は約 28 万で, 2010 年までの間に, 人口はやや減少気味に推移している.

ホナム(湖南)平野, ノンサン(論山)平野の大平野を背後に控え, 米の集散地, 米の移出港として繁栄し, 港を中心として発達してきた都市である. 日本の植民地時代, モッポ(木浦)と並ぶ日本への米の移出港であった. 主権回復後は, 日本との経済的関係が断たれたこと, 韓国の工業化が進む中で, 工業化のための投資対象地域から外れたこと, などの理由で, 市勢は長らく停滞的であった. 上記の人口推移は, そのことを反映している.

現在, 2020 年を目途として開発計画が立案されている. 群山から南の全羅北道プアン(扶安)にかけての海岸部に大規模な防潮堤(セマングム防潮堤)が完成し, その内側に干拓地(セマングム干拓地)が造成されている. この干拓地を, セマングム・群山経済自由区域として開発する計画である. 群山と錦江をはさんで向かい合う長項の間は, 長らく架橋されないままであった. 現在では鉄道橋が完成し, 列車が直通できるようになった. 高速道路は, やや上流部を通過している.

[山田正浩]

クンジェラブ峠　Khunjerab Pass

パキスタン～中国国境付近

標高: 4939 m　　　　[36°51′N　75°25′E]

中国のシンチャン(新疆)ウイグル(維吾爾)自治区とパキスタン最北端の国境にある峠. 1964 年, パキスタン・中国の通行の国境協定が協議され, 82 年, この峠を通るカラコルムハイウェーが完成した. かつての交通路であるミンタカ Mintaka 峠やキリク Kilik 峠は見捨てられ, この峠がパキスタンと中国の間の重要な国際交通路になった. 標高が高

クーン(ラオス),ベトナム戦争で被害を受けたワット・ピアワット〔横山 智提供〕

いため雪の季節は交通が途絶えるが,雪のない時期にはソスト Sost(パキスタン側)とピルアリ Pirali(中国側)間の 100 km あまりでは,峠を越えて毎日旅客バスがある.峠は大陸規模の分水界でもあり,パキスタン側の降水はインド洋へ流れ,中国側はタクラマカン砂漠に飲み込まれる.峠付近の地形は,パキスタン側が裸岩の続く峡谷状の土地であり,中国側はヤクや羊,山羊などの牧草地が広がる開けた高原状の土地となっており,対照的である. 〔大竹義則〕

クンジェラブ峠,パキスタンと中国の国境付近〔mamahoohooba/Shutterstock.com〕

クンシャン市　崑山市　Kunshan

中国

鹿城(古称)

人口:165.1万(2015)　面積:865 km²
[31°23′N　120°59′E]

　中国東部,チャンスー(江蘇)省南東部,スーチョウ(蘇州)地級市の県級市.チャン(長)江三角州,太湖平原にあり,シャンハイ(上海)と蘇州の間に位置する.上海虹橋国際空港,上海港,張家港,太倉瀏家港に近い.京滬鉄道(ペキン(北京)〜上海),京滬・滬蓉(北京〜上海・上海〜チョントゥー(成都))高速道路などが通る.地下資源に昆石,紅泥,ミネラルウォーターがある.工業は建材,化学,紡績,医薬,醸造,電子,機械,服装,皮革,プラスチックなどがある.特産物に瓊花,1本の茎に並んで2輪の花が咲くハス,

陽澄湖の上海ガニがある. 崑山は古くは鹿城と称され, 儒学者の顧炎武, 随筆家の帰有光, 画家の龔賢, 崑曲創始者の顧堅などが育った所で, 崑曲という伝統劇の本場である. 観光スポットには亭林公園, 玉峰山, 水郷の古鎮である周庄, 趙陵山良渚文化遺跡, 顧炎武の墓, 淀山湖などがある.

[谷 人旭・小野寺 淳]

グンジュ岬　Ngunju, Tanjung
インドネシア

[10°07′S　120°01′E]

インドネシア中部, 小スンダ列島, スンバ島南部, 東ヌサトゥンガラ州スンバティムール県の岬. インド洋に面する. ガドゥガラ Ngadu Ngala 郡とウラワイジェル Wula Waijelu 郡の郡境に位置し, 先端では W 字の断崖が突き出ている. 原生林の中にあり, 最も近い集落ラインジャンジ Lain Janji 村から 6 km の距離にある.　[塩原朝子]

グンタカル　Guntakal
インド

人口: 12.6 万 (2011)　[15°11′N　77°24′E]

インド南部, アンドラプラデシュ州南西部, アナンタプル県の都市. アンドラプラデシュ州とカルナータカ州, マハーラーシュトラ州の一部を管轄するインド南中央鉄道の重要な支所がある. なお, 本所はシカンデラバードである. ほかの支所は, ハイデラバード, ヴィジャヤワダ, フブリにある.

[澤 宗則]

クンダリ　Kendari
インドネシア

人口: 29.0 万 (2010)　面積: 296 km²　気温: 26℃
降水量: 2800 mm/年　[3°58′S　122°31′E]

インドネシア中部, スラウェシ島南東部, 東南スラウェシ州の市(コタ)で州都. 島の南東半島の先端近く, バンダ海が細長く東に切れ込んだクンダリ湾の北側に位置し, 周囲は山がちで平地に乏しい. 市域をいくつかの河川が通過しクンダリ湾に注ぐ. 11〜3 月は北および北西からの季節風が吹いて降雨をもたらし, 5〜8 月は南東からの季節風で乾季となる. 最高気温は 33℃, 最低は 20℃である.

歴史的には民族集団のトラキ人などが居住したが, 1831 年にオランダ人がこの地についての記録を残している. オランダ植民統治下には地方行政の中心都市であった. 日本軍の進駐時代にはオーストラリアへの進出の足がかりの 1 つとして飛行場が建設された. 国の正式独立後 5 年経った 1964 年に東南スラウェシ州の成立に伴ってクンダリが州都となった. 郊外では農業がみられ, 稲よりも, サツマイモやキャッサバなどの根菜類, トウモロコシやバナナ, パパイヤやナンカ(ジャックフルーツ)など果樹類, コーヒーやキャンドルナッツなどが農民所有の小規模な農地で栽培される. 漁業や海運が有力な生計の手段である. 住民はトラキ人のほかにスラウェシ島南部地域からきたブギス人, 東南半島に連なるブトン島やムナ島からの移住者などで, 全住民の 90% 以上がイスラーム教徒である.

[瀬川真平]

クンダン山　Kendang, Gunung
インドネシア

標高: 2608 m　[7°15′S　107°42′E]

インドネシア西部, ジャワ島, 西ジャワ州中南部の山. バンドゥン県とガルット県の境界に位置する. 成層火山で, 4 つの噴気孔があり, 硫黄や熱泥泉を噴出する. ガルット県最大の都市地域ガルットの東約 205 km, 西ジャワ州の州都バンドゥンの南 40 km, 首都ジャカルタの南東約 150 km に位置することから, 登山やトレッキングの地として都市住民の間で人気がある.　[瀬川真平]

クンチョン　Kencong
インドネシア

Kecamatan (正称)

人口: 6.5 万 (2010)　面積: 59 km²
[8°17′S　113°23′E]

インドネシア西部, ジャワ島東部, 東ジャワ州ジュンブル県の郡. 州都スラバヤの南東約 150 km, 県の中心地域パトラン郡の南西約 45 km に位置し, 県内最南部にあってインド洋に臨む. 住民のおもな経済活動は水田稲作, 畑作と農園農業ならびに養殖を含む漁業である. ほとんどの住民は日常的にジャワ語を話すジャワ人でイスラーム教徒である. 郡庁はクンチョン区にあり, 人口は 2.5 万 (2010)である.　[瀬川真平]

クンディアワ　Kundiawa
パプアニューギニア

人口: 1.1 万 (2011)　[6°01′S　144°55′E]

南太平洋西部, メラネシア, パプアニューギニア中央部, シンブー州の町で州都. 高地縦貫道(ハイランドハイウェイ)沿いにあり, ワギ川とシンブー川にはさまれた尾根状の土地に位置している. 市街は小さく, 空港と州政府のオフィスのほかは, ホテル, 銀行, 市場, 商店があるくらいである. しかし, PMV (public motor vehicle)とよばれる乗合バスやトラックに乗ったり, 徒歩で周辺の村々から人が集まり, 貧弱な都市施設, アメニティの割にはいつも賑わっている. 空港には, 都市からの帰省者らを出迎える家族や知人が詰めかけ, 久々の再会を果たして慟哭するシンブー流の光景がみられる.　[熊谷圭知]

グント川　Gunt River
タジキスタン

面積: 13700 km²　長さ: 129 km
[37°29′N　71°31′E]

タジキスタン東部, ゴルノバダフシャン自治州を流れる川. 東パミールのアリチュル山脈北麓に水源をもち, ヤシリクリ湖まではアリチュル川とよばれる. 湖からは, ルシャン, シュグナン両山脈の間を西南西に流れ, ホログの西 5 km 地点でパンジ川に合流する. ホログ水力発電所がある.　[木村英亮]

クンドゥール島　Kundur, Pulau
インドネシア

人口: 6.7 万 (2010)　面積: 315 km²
[0°41′N　103°24′E]

インドネシア西部, カリムン諸島, リアウ諸島州カリムン県の島. カリムン諸島はスマトラ島中央部東岸, カンパル川河口, マラッカ海峡東端部, 隣国シンガポールとの間に位置し, 島はカリムン諸島中の最大面積の島である. 島の西海岸の北部から南部にかけてティムン, サワン, タンジュンブルリアン, タンジュンバトゥなどの小規模な都市的集落が沿岸部に点在し, 道路で結ばれる. 住民の多くは言語文化集団としての沿岸マレー(ムラユ)人でイスラーム教徒, ほかに華人, その他である.　[瀬川真平]

グントゥール　Guntur
インド

人口: 65.1 万 (2011)　[16°20′N　80°27′E]

インド南部, アンドラプラデシュ州中部, グントゥール県の都市で県都. 18 世紀中頃にフランスによって建設された. 同市では, ガラス製品, 繊維製品, 乳製品が生産されて

いる．タバコと米の主要な集散地でもある．ナーガールジュナ大学，医科大学，アンドラ・キリスト教大学が立地する．国道5号が通過するとともに，鉄道はコルカタ～チェンナイ間の主要路線が走り，チェンナイ・ムンバイ（ボンベイ）線のグンタカルへの連絡駅でもある．

グントゥール県の面積は1万1391 km²．クリシュナ川がベンガル湾に流れ，河口部はデルタとなる．県域の多くはクリシュナデルタ上にあるが，県西部にナラマラ山脈がある．年平均降水量は900 mmで，植生は熱帯乾燥落葉樹林と熱帯性の有刺植物が卓越する．テルグー語とウルドゥ語が用いられている．県域の57%が耕作地であり，うち56%がおもに用水路によって灌漑されている．米，キビ類，唐辛子，タバコ，ラッカセイ，綿花が栽培されている．羊毛も生産されており，また沿岸漁業も営まれている．グントゥール市とヴィジャヤワダは，軽工業，化学工業，セメント工場を伴う工業地帯を形成している．県西部のマルチェルラ Marcherla にある比較的小規模な工業団地では，砂糖，セメントが生産されている．県内にはコルカタ（カルカッタ）とチェンナイ（マドラス）とを結ぶ国道5号が走る．　　　　［澤　宗則］

グントゥン島　Genteng, Pulau

インドネシア

ギリグントゥン島　Gili Genteng, Pulau; Giligenteng, Pulau（別称）

人口：1.5万（2014）　面積：17 km²
[7°12′S　113°56′E]

インドネシア西部，マドゥラ島南東沖，東ジャワ州スムヌップ県の島．ジャワ島の北東に位置する．住民の多くは言語文化集団としてのマドゥラ人でイスラーム教徒，おもに漁業を営む．ギリグントゥンともよばれる．
　　　　　　　　　　　　　　［瀬川真平］

クンドラ　Kundla

インド

サヴァルクンドラ　Savar Kundla（別称）

人口：7.8万（2011）　面積：8.0 km²
[21°20′N　71°22′E]

インド西部，グジャラート州南西部，アムレリ県の町．県都アムレリの南30 km，カチャワール半島に位置する．綿花，ラッカセイ，野菜類，グアバなどの果実を栽培する農業のほか，台秤の製造拠点としても知られる．　　　　　　　　　　　　　　［酒川　茂］

クントン　観塘　Kwun Tong

中国

クワンタン　観塘　Guantang（漢語）
[22°19′N　114°14′E]

中国南部，ホンコン（香港）特別行政区のカオルーン（九竜）東部にある街区．1953年までは官塘と表記した．第2次世界大戦後に中国大陸から香港へ大量の難民が流入したため，香港政庁は1950年代からこの地を埋め立てて工業用地を供給し，それがその後のニュータウン建設の嚆矢となった．繊維・アパレル，プラスチック，電子などの工業が盛んであったが，1980年代からは工場が中国大陸へ移転するようになり，工業ビルからオフィスや商業施設などへの再開発が行われている．観塘区の人口密度は5.7万人/km²であり（2016），香港の区の中で最も高い．
　　　　　　　　　　　　　　［小野寺　淳］

グンネルス海嶺　Gunnerus Ridge

南極

深さ：1400 m　　　[66°30′S　33°45′E]

南極，東南極の海嶺．リーセルラルセン半島から北方沖合に，約300 kmにわたって徐々に深くなる高まりの北半部で，北端の頂部の水深は約1400 mである．さらに北方50 kmには，水深4000 mの深海で隔てられた開南丸 Kainan Maru 海山がある．高まりの基盤はおそらく大陸地殻で，水深1000 m以浅の南半部はグンネルス堆（南緯68度15分，東経33度）と別名でよばれる．命名されたのはグンネルス堆が先で，1930年にヤルマル・リーセル・ラルセン率いるノルウェーの探検隊の船ノルヴェジアによって発見され，1964年に地名として確定した．グンネルス海嶺は1988年に命名されたが，両者の境は明確でない．　　　　　　［森脇喜一］

クンバカルナ　Kumbhakarna ☞ ジャヌー山 Jannu

クンバコナム　Kumbakonam

インド

人口：14.0万（2011）　面積：18 km²
[10°59′N　79°24′E]

インド南部，タミルナドゥ州中部，タンジャーヴール県の県都タンジャーヴールの北東40 kmに位置する都市．西ガーツ山脈に発し，南インドでも主要河川であるカーヴェリ川

と，アラサール Arasalar 川にはさまれて立地する．9世紀末期から13世紀末期にかけて，南インドの大部分とスリランカ，モルディヴ，インドネシア諸島の一部までをも支配したコラ王朝の時代には首都として栄えた．交通の便がよく，鉄道によってタンジャーヴールに，また，道路によってチェンナイ（マドラス）やマドゥライに通じている．流域で生産される米，絹，キンマ，銅などの集散地であり，真鍮製品や絹織物，肥料などの製造業も立地するが，1980年代に入って成長が鈍っている．

ヒンドゥー教の中心として，12年に一度開催される祭礼，マハマカーンには沐浴場となる同名の池をはじめ，市内に多くの巡礼者が集まる．サランガパニ寺院はヴィシュヌ崇拝者にとって南インドで3番目に重要な位置づけにある．寺には高さ44 mのゴープラ（山門）があり，神体はヴィシュヌ神である．これらの宗教施設や行事を生かして，近年は観光業が新たな産業になってきた．
　　　　　　　　　　　　　　［酒川　茂］

グーンバンジー　Goombungee

オーストラリア

人口：0.1万（2011）　面積：119 km²
[27°18′S　151°51′E]

オーストラリア北東部，クイーンズランド州南東部，トゥーンバ地域の町．州都ブリズベンの西北西約120 km，ダーリング高原に位置し，周囲の農牧業地域の小規模なサービス拠点である．　　　　　　　　　［秋本弘章］

クーンブ氷河　Khumbu Glacier

ネパール

長さ：17 km　　　　[27°55′N　86°50′E]

ネパール東部，ソルクーンブ郡（サガルマータ県）の氷河．クーンブ地方，イムジャ Imja 川最上流部に位置する谷氷河である．エヴェレスト（サガルマータ）山（標高8848 m），ローツェ山（8516 m）を結ぶネパール・中国国境稜線とローツェからヌプツェ山（7864 m）を結ぶ稜線にはさまれた，世界で最も高い山域を涵養域とする．エヴェレスト南西面直下を北西に流れた後，アイスフォール帯を形成した後南西に流路を振り，プモリ氷河や西方からのカングリヌプ氷河と合流してトークラ北方の標高4900 m付近まで流下する．　　　　　　　　　　　　　　［八木浩司］

524　クンホ

〈世界地名大事典：アジア・オセアニア・極Ⅰ〉

クンポ　軍浦　Gunpo

韓国

人口：28.6 万 (2015)　面積：36 km²

[37°22′N　126°05′E]

　韓国北西部，キョンギ (京畿) 道中部の都市．1989 年市制施行．2010 年の人口は約 28 万人である．市制を施行した 1989 年の人口は約 10 万であったので，この間に約 3 倍近くに増加した．ソウル首都圏の南半部に連続するベッドタウンの 1 つである．市域内の山本ニュータウンは，1980 年代後半から 90 年代にかけて建設された大規模なニュータウンの 1 つである．　　　　　　[山田正浩]

グンボン Gembong ☞ パスルアン Pasuruan

クンミン市　昆明市　Kunming

中国

春城 (別称)／こんめいし (音読み表記)

人口：667.7 万 (2015)　面積：21501 km²

標高：1892 m　気温：15℃　降水量：1017 mm/年

[25°01′N　102°41′E]

　中国南西部，ユンナン (雲南) 省の地級市で省会．省の政治，経済，文化，交通の中心地である．1 字で略す際には昆で表される．行政領域として，ウーホワ (五華)，パンロン (盤竜)，クワントゥー (官渡)，シーシャン (西山)，トンチュワン (東川)，チョンゴン (呈貢)，チンニン (晋寧) の 7 市轄区，県級のアンニン (安寧) 市，フーミン (富民)，イーリャン (宜良)，ソンミン (嵩明) の 3 県，シーリン (石林)，ルーチュワン (禄勧)，シュンディエン (尋甸) の 3 自治県を管轄する．市政府は呈貢区に置かれている．省中央部のディエン (滇) 池の北側に市街地が広がる．総人口の 1 割強を少数民族が占めるが，そのほとんどは 3 自治県に居住している．アメリカコロラド州デンヴァーと姉妹都市提携，日本の神奈川県藤沢市と友好都市提携を結んでいる．大部分は標高 1500～2800 m にあり，冬の寒さも夏の暑さも厳しくなく，四季を通じて春のような気候から，春城ともよばれる．実際はモンスーンの影響を受け，5～10 月の雨季，11～4 月の乾季に分けられる．市の南東部の石林一帯はカルスト地形が発達しているが，一般に雲南独特の赤みを帯びた土壌が広がる．

　ユングイ (雲貴) 高原と他所を結ぶ交通網の整備は難事業であった．雲南省の鉄道建設史は，昆明とベトナムの首都ハノイを結ぶ滇越鉄道が，1910 年にフランスによって狭軌で敷設されたことに始まる．中国共産党政権下では，グイチョウ (貴州) 省のグイヤン (貴陽) と昆明を結ぶ貴昆鉄道 (1966 開通)，スーチュワン (四川) 省のチョントゥー (成都) と昆明を結ぶ成昆鉄道 (1970)，コワンシー (広西) チワン (壮) 族自治区のナンニン (南寧) と昆明を結ぶ南昆鉄道 (1997) が建設された．雲南省北西部のダーリー (大理) と昆明も鉄道で結ばれた．昆明を起点とする高速道路交通網の整備は，大メコン圏 (GMS) 構想の南北回廊，東西回廊の建設と絡み，1990 年代半ば以降急速に進んできた．昆明から，南東方向のベトナム国境のホーコウ (河口)，金水河，南西方向のラオス国境の磨憨，西方向のミャンマー国境のルイリー (瑞麗)，畹町に向かう道路は，広い道幅で高速道路化された．

　昆明巫家壩国際空港は中国国内で屈指の国際便数を誇り，雲南各地への国内便も充実，市街地からも近くて便利であったが，離発着数の増加に対応しきれず，2012 年に閉鎖された．かわって開業した昆明長水国際空港は，規模も機能も格段に充実，利用する総旅客数は 2015 年，3750 万人を超えた．昆明軌道交通が新空港開業にあわせて，市街地と を結ぶ地下鉄を建設し，市内の地下鉄網の整備も進んでいる．昆明を中心とする交通網の発達により，昆明は雲南観光の玄関口となっている．

　昆明市街地の CBD (中心業務地区) は盤竜区と五華区に展開し，その郊外に相当する官渡区や西山区では工業も発達している．生産額ベースで第 1 次産業比率は 7% 前後，第 2 次産業と第 3 次産業はともに 45% 前後を占める．大メコン圏構想に中国からは雲南省が参加しているが，省会昆明は早くからその拠点となるべく，東南アジアや南アジアに開かれた国際都市を目ざして準備を進めてきた．1993 年から毎年 6 月に開催されてきた中国昆明輸出入商品交易会は，年々規模が大きくなり，最近では雲南に隣接するベトナム，ラオス，ミャンマーのみならず，その他の東南アジア，南アジアからの参加者も多い．1992 年には国指定の開発区 3 カ所 (昆明高新技術開発区，昆明経済技術開発区，昆明滇池旅游度假区) の建設が批准され，その後続々と昆明市各地で工業開発区の類が建設されてきた．

　広域にみると，銅鉱石採掘と銅の精錬が東川区で，鉄鋼業や化学工業が安寧市で，石炭採掘と水力発電が宜良県や嵩明県で，リン鉱石採掘と化学肥料工業が晋寧区で，観光産業が石林自治県で盛んである．滇池の北側の市

轄区では，精密機械製造業，食品製造業，医薬品製造業などの立地が特徴的である．昆明市には，雲南大学，雲南民族大学，雲南師範大学など高等教育研究機関も多い．市街地に明清期の遺跡はあまり現存していないが，昆明市は 1982 年に国の歴史文化都市に選ばれている．1999 年には昆明世界園芸博覧会が，滇池の湖畔を主会場として開催された．「人間と自然— 21 世紀に向けて」をテーマとしたこの博覧会は，中国が初めて誘致した世界規模の博覧会であり，昆明の知名度は国内外で飛躍的に向上した．滇池周辺ではリゾート開発が進み，高級マンションや高級別荘が立ち並び，水質汚染が年々深刻になっている．多様な少数民族が住むエキゾチックな雲南省の玄関口である昆明は，温暖な気候を生かして保養やリゾートも楽しめる観光都市として成長してきた．　　　　　　[松村嘉久]

クンミン海 Kunming Hai ☞ ディエン池 Dian Chi

クンヤウルゲンチ
Kunya-Urgench

トルクメニスタン

Keneurgench (別表記)

人口：2.2 万 (1991)　[42°20′N　59°09′E]

　トルクメニスタン中央北部，ダショグズ州の都市．アムダリア川の西 40 km のデルタにあり，ウズベキスタンのウルゲンチの北西 137 km，州都ダショグズの北西 85 km に位置する．10 世紀にすでにヨーロッパと中国を結ぶ隊商路 (シルクロード) にあって通商と手工業の中心であり，12 世紀にはホレズム・シャー朝の首都として最も繁栄した．13 世紀初めにモンゴル軍によって破壊されたが，ジョチ・ウルス (キプチャク・ハン国) に属し復興され，14 世紀にスーフィー朝の首都となった．続いてティムールに征服され，16 世紀初めヒヴァ・ハン国の首都となり，アムダリア川の河道の変化のため首都はヒヴァに移転され，17 世紀に住民はウズベキスタンの新しい町ウルゲンチに移住させられた．クンヤは古いという意味で，ウズベキスタンのウルゲンチに対しクンヤウルゲンチとよばれるようになった．11 世紀のミナレット (尖塔) をはじめ，14 世紀のモスク，マヴゾレウム (廟)，キャラバンサライ (隊商宿) の正門などの遺跡の発掘と修復が進められている．2005 年に「クニヤ-ウルゲンチ」としてユネスコの世界遺産 (文化遺産) に登録さ

クンミン(昆明)市(中国)，旧市街の金碧通りの東西に建つ金馬坊と碧鶏坊(奥)〔beibaoke/Shutterstock.com〕

れた． ［木村英亮］

クンルン山　崑崙山　Kunlun Shan
中国
こんろんさん (音読み表記)
標高：7719 m　長さ：2500 km
[38°35′N　75°18′E]

　中国西部の大山脈．西はパミール東部に発し，シンチャン(新疆)ウイグル(維吾爾)自治区とシーツァン(チベット，西蔵)自治区の間を横断し，東はスーチュワン(四川)盆地の西縁に達する．世界最大かつ最高の山脈の1つで，ヒマラヤ山脈，カラコルム山脈と同じように東西に連なっている．古生代後期のヘルシニアン造山運動により基礎ができ，侵食を受けたのち，さらに新生代以降，隆起して現在のような山脈となった．南から北上し続けるインド・オーストラリアプレートがユーラシアプレートと衝突し，ヒマラヤ山脈やチベット高原の隆起が始まるとともに，チベット高原の北縁を限る崑崙山脈も隆起したと考えられている．

　西部は北のタリム(塔里木)盆地と南のチベット高原の境をなし，北西から南東に標高5000～6000 m級の高峰を連ねて延びている．西端部は，パミールとの接合部であり，新疆ウイグル自治区のアクト(阿克陶)県内にある最高峰のコングール(公格爾)山(標高7719 m)やアクト県とタシュクルガン(塔什庫爾干)自治県との境にあるムスターグアタ(慕士塔格)山(7546 m)などは，パミールの山でもある．ムスターグアタはウイグル語で，氷の山の父を意味する．タリム盆地に面する北斜面は比較的急で，西から順に，カシュガル(喀什噶爾)河，タシュクルガン(塔什庫爾干)河，ヤルカンド(葉爾羌)河，ケリヤ川などが，タリム盆地に向かって流下し，盆地の大部分を占めるタクラマカン(塔克拉瑪干)砂漠の中に消えていくが，崑崙山脈の北麓には，カシュガル(喀什)，ヤルカンド(莎車)，ホータン(和田)，ケリヤ(于田)などのオアシス都市を発達させ，東西文明圏を結ぶシルクロードの中で，西域南路とよばれた重要な通商ルートを成立させる要因となった．

　ホータン川上流のユルンカシ川からケリヤ川上流にかけては，山脈は2列に分かれ，最も北側に走る山脈はカラタシ山脈，およびリュイスタグ山脈とよばれる．崑崙山脈の主脈の最高峰は，標高7167 mの無名峰で，1986年の初登頂後は崑崙峰ともよばれている．パミールにも含まれるコングール山やムスターグアタ山を除くと，狭義の崑崙山脈ではこれが唯一の7000 m峰である．カラタシ山脈の西端には，ムスターグ(慕士)山(6638 m)があり，またケリヤ川源流部にはチオンムスターグ山(6962 m)がそびえる．いずれもかつては標高7000 m以上とされていたが，近年の測量で改定された．崑崙山脈の主脈は標高が高いために，水蒸気の供給源から遠いにもかかわらず氷河がよく発達しており，なだらかな山体がすっぽり氷帽状の氷河に覆われていることが多い．

　山脈の東部は，ほぼ東西ないし南西-北東に走り，3つの山脈に分かれる．北部支脈はアルチン(阿爾金)山脈である．新疆ウイグル自治区の崑崙山脈の主脈から派出し，北東に向かって新疆ウイグル自治区，ガンスー(甘粛)省およびチンハイ(青海)省の境をなし，北東に延びたあと南東に向きを変えて，チベット高原の北東の縁をなすチーリエン(祁連)山脈に続いている．標高は一般に3500～

4000 m である．山頂部には積雪や氷河はあまりみられず，山麓には砂丘が分布している．アルチン山脈南麓から新疆ウイグル自治区と西蔵自治区との境までの約5万 km² の地域は自然保護区に指定されている．保護区域内には野生のヤク，キアン（野生ロバ），ヒグマ，ユキヒョウ，ターキン，バーラル，アルガリ（ヒツジ属），オオヤマネコ，オオカミ，チベットガゼルなどの野生動物が生息する．

中部支脈はチーマンタグ Qimantag（祁曼塔格）山脈で，東に延びてブルハンブタイ Burhanbudai（布爾汗布達）およびアムネマチン（阿尼瑪卿）山脈となる．北側のアルチン山脈〜祁連山脈と，中部崑崙山脈の間には乾燥したツァイダム（柴達木）盆地をはさんでいる．ツァイダム盆地に面する主脈の主峰は，カカサイジモンガ（玉珠峰，6178 m）であり，チベット高原横断鉄道（青蔵鉄道）からもよくみえる山として知られる．一方，中部支脈の西端近くにはウルグムスターク山（ムスターグ（木孜塔格）峰）がそびえる．かつては標高7723 m とされ，崑崙山脈の最高峰と信じられてきたが，近年の測量で 6973 m とされた．しかし，山頂周辺には 93 の氷河があり，その面積は 1200 km² に達する．南部支脈はホフシル（可可西里）山脈で，東はバヤンハル（巴顔喀拉）山脈となり，四川省境ではミン（岷）山山脈などと連なり，高山と高原が混じった地形を呈する．バヤンハル山脈はホワン（黄）河とチャン（長）江の分水嶺をなしている．　　　　［ニザム・ビラルディン，小野有五］

ケアアウ　Keaau　アメリカ合衆国
オラア　Olaa（旧称）
人口：0.2万（2010）　面積：6.7 km²
[19°38′N　155°02′W]

　北太平洋東部，ポリネシア，アメリカ合衆国ハワイ州，ハワイ島東部プナ地区中心の国勢調査指定地区（CDP）．ヒロ市街の南に位置し，小・中学校がある．かつてオラアとよばれていた．近くにマウナロア・マカデミアナッツ・ビジターセンターがある．また，オアフ島西海岸にも同名のビーチパークがある．　　　　　　　　　　　　　　　[飯田耕二郎]

ケアード海岸　Caird Coast　南極
[75°25′S　24°00′W]

　南極，西南極の海岸地域．コーツランド北部，西経20〜28度20分の地域で，およそ250 kmにわたる海岸線の東側3/4以上がブラント棚氷で塞がれている．南極大陸横断をめざしたイギリスのアーネスト・シャクルトンの第2次探検隊の船エンデュアランスから1915年1月に望見され，探検隊の後援者ジェームズ・キー・ケアード卿を記念して命名された．ちなみにこの探検隊は海氷に阻まれて南極大陸への上陸すら果たせなかった．
　　　　　　　　　　　　　　　[森脇喜一]

ケアホレ岬　Keahole Point　アメリカ合衆国
[19°44′N　156°04′W]

　北太平洋東部，ポリネシア，アメリカ合衆国ハワイ州，ハワイ島最西端の岬．近くにコナ国際空港があり，以前はケアホレ空港と称していた．この地区の溶岩流は1801年に東方のフアラライ山（標高2521 m）が最後に噴火して形成されたものである．　[飯田耕二郎]

ケアライカヒキ海峡　Kealaikahiki Channel　アメリカ合衆国
幅：27 km　深さ：330 m
[20°37′N　150°46′W]

　北太平洋東部，ポリネシア，アメリカ合衆国ハワイ州，ラナイ島とカホーラウェ島との間の海峡．海峡名はハワイ語で「タヒチへの道」を意味する．古来この海域から他島への航海が行われ，まっすぐに南下するとタヒチ島へいたることからこの名がついたとされる．　　　　　　　　　　　　　　　[飯田耕二郎]

ケアライカヒキ岬　Kealaikahiki Point　アメリカ合衆国
[20°31′N　156°42′W]

　北太平洋東部，ポリネシア，アメリカ合衆国ハワイ州，カホーラウェ島西端の岬．岬名はハワイ語で「タヒチへの道」を意味する．北にケアライカヒキ海峡を望む．カホーラウェ島はハワイ諸島のへそに当たる位置にあり，古来より航海に必要な気象や天体の観測に適していた．今から1000年以上も前，ハワイからタヒチへの数カ月にわたる航海がこの岬を出発点に行われたとされる．
　　　　　　　　　　　　　　　[飯田耕二郎]

ケアラケクア　Kealakekua　アメリカ合衆国
人口：0.2万（2010）　面積：19 km²
[19°31′N　155°55′W]

　北太平洋東部，ポリネシア，アメリカ合衆国ハワイ州，ハワイ島西海岸の国勢調査指定地区（CDP）．商業の中心地で，地名はハワイ語で「神々の道」を意味する．かつてケアラケクア湾からカイルアコナまで40のヘイアウ（神殿）が連なるように立っていたことに由来する．　　　　　　　　　　　　[飯田耕二郎]

ケアラケクア湾　Kealakekua Bay　アメリカ合衆国
[19°28′N　155°56′W]

　北太平洋東部，ポリネシア，アメリカ合衆国ハワイ州，ハワイ島西海岸サウスコナ地区の湾．1779年，キャプテン・ジェームズ・クックは，ハワイへの2回目の来訪の際，ここでのハワイ人との抗争で殺された．海岸にはその記念碑が建っている．　[飯田耕二郎]

ゲアン省　Nghe An, Tinh　ベトナム
Nghệ An, Tinh（ベトナム語）
人口：291.2万（2009）　面積：16487 km²
[18°40′N　105°40′E]

　ベトナム北中部の省．省都ヴィン（省直属市），および2市，17県からなる．西のチュオンソン（アンナン）山脈を北西〜南東方向に貫く構造線に沿ってラム川が流れ，この支流が形成する扇状地が平野を形成し，沿岸には砂丘が発達する．8〜9月にはしばしば台風が上陸し洪水をもたらし，月平均気温は40℃を超す猛暑となるため，稲作は雨季の終わりに水が引いた氾濫原に植えつける乾季作が伝統的に行われてきた．しかし乾季の雨は少なく，4〜5月の気温は30℃を超える上，南西モンスーンが卓越する6〜7月頃にはフェーン現象で「ラオス風」とよばれる暑く乾いた風が吹くため，米の収穫が不安定で飢饉が頻発する．

　稲作のほか，トウモロコシやラッカセイの栽培が広く行われている．国道7号がラオスから山地部を抜けて省都ヴィンまで通っており，クアロー港から積み出される木材は省の重要な収入源となっている．また国道1号沿いの集落では養豚，養鶏が盛んである．省の北部に位置するクイホップ Quy Hopやギアダン Nghia Danでは亜鉛の採掘が行われている．建国の父ホー・チ・ミン（1890-1969）や独立運動の指導者ファン・ボイ・チャウ（1867-1940）など名士の出身地として有名

528　ケアン

〈世界地名大事典：アジア・オセアニア・極Ⅰ〉

で，そのほか詩人ホー・スアン・フオン(1772-1822)も輩出している．　　[池口明子]

ケアンズ　Cairns　　オーストラリア

人口：15.6万 (2011)　面積：4115 km²
降水量：2000 mm/年　　[16°53′S　145°47′E]

　オーストラリア北東部，クイーンズランド州北東部の都市．コーラル海に面し，州都ブリズベンの北北西約1700 kmに位置する．2つのユネスコによる世界遺産(自然遺産)，「グレート・バリア・リーフ」(1981登録)と「クインズランドの湿潤熱帯地域」(1988登録)への観光拠点として知られている．州北部の中心都市でもあり，ジェームズ・クック大学ケアンズキャンパスも立地する．熱帯性気候に属し，冬(7月)の最低平均気温は16.7℃である．夏(12～3月)が雨季となる．1984年開港のケアンズ国際空港があり，日本の成田国際空港，関西国際空港との間には定期便が就航しており，年間20万人を超える観光客が訪れる．地名は，1875～77年にクイーンズランドの総督であったウィリアム・ケアンズにちなんで名づけられた．この地域は，1770年，ジェームズ・クックによって発見された．その後，1873年ジョージ・ダリンプルが探検し，76年に内陸部のホジキソン川流域で金採掘が始まると，その移出拠点として町が建設された．まもなくその移出港はポートダグラスに移動したが，1880年代には，アサートン高原でスズの採掘と周囲の砂糖産業の発展に支えられて発展した．また，周囲は豊かな森林資源があり林業の拠点でもあった．今日でも砂糖産業および林業は盛んで，その重要な積出港となっている．

　現在のおもな産業は観光業で，年間80万人を超える観光客を集めている．多くのホテルやコンドミニアムが立地するほか，5000人規模のグループを収容することのできるコンベンションセンターがある．ビーチリゾートとして知られているが，もともとは砂浜がなかった．干潟に人工的なビーチを建設する開発が進められ，環境論争が引き起こされた．1986年，この地でガット(GATT)ウルグアイラウンドが開かれた．その会議の場で，オーストラリア主導の下，農産物の自由貿易を求める国々からなるグループが結成された．このグループを，ケアンズグループとよんでいる．1969年に徳島県日和佐町(現美波町)，2006年に栃木県小山市と姉妹都市協定を結んだ．　　[秋本弘章]

ケイ諸島　Kei, Kepulauan　☞ カイ諸島　Kai, Kepulauan

けいたいし　邢台市　☞ シンタイ市　Xingtai

ゲイラン　Geylang　　シンガポール

人口：12.1万 (2010)　面積：9.6 km²
　　　　　　　　　　[1°19′N　103°53′E]

　シンガポール，シンガポール島南東部の地区．地下鉄(MRT)東西線アルジュニート駅からユーノス駅にかけての一帯に位置する．この地域は19世紀半ば以来，マレー人が多く居住する地区となっていた．今日，その中心はゲイランセライマレーヴィレッジGeylang Serai Malay Villageである．各種のマレー文化を示す商店や飲食店が多くみられる．第1次世界大戦後，他地区から多くの中国人が移り住んだ．隣接のカトンとともに多様な民族文化がみられる地域ともなっている．Geylangという語はマレー語のkilang，つまり，圧搾するとか圧搾工場の意味で，ココナッツのコプラから油を取り出す農園があったことに由来するという．また，一説にはこの地に住んでいた海洋先住民オランラウト(Orang laut)のGallang族に由来するともいわれる．ゲイランの居住者は1970年代までの開発に伴いフラットへの移動を余儀なくされたが，ゲイランセライはマレー人，マレー文化が残る場所として知られる．

[髙山正樹]

ゲインダ　Gayndah　　オーストラリア

人口：0.2万 (2011)　面積：57 km²
　　　　　　　　　　[25°38′S　151°36′E]

　オーストラリア北東部，クイーンズランド州南東部，ノースバーネット地域の町．州都ブリズベンの北西約330 kmに位置し，バーネット川沿いの農業地域にある．州で最も古い町の1つである．牧羊および鉱業目的で開発されたが，火山性の肥沃な土壌のため農業が発達した．とくに，オレンジの栽培が盛んである．地名は，アボリジニの言語で，範囲あるいは領域を意味するkunda，もしくは灌木の多い場所を意味するga-een-taからきていると考えられている．　　[秋本弘章]

ケイントン　Keyneton　　オーストラリア

人口：0.1万 (2011)　　[34°33′S　139°08′E]

　オーストラリア南部，サウスオーストラリア州南東部の町．バロッサヴァレーの東端に位置する．バロッサヴァレーの中心地の1つであるアンガストンの南東11 km，州都アデレードの北東108 kmにある．このあたりは1840年代以降，まず牧畜の目的で開かれた．現在はワインで有名である．地名は，イングランド南西部のドーセットシャー(現ドーセット)で長年にわたって会衆派教会の牧師をしていたリチャード・ケインズ師の息子，ジョセフ・ケインズの名にちなむ．彼は1839年に放牧地を開く目的でこの地にやってきた．いまは周囲一面にのどかなブドウ畑が広がり，ワイナリーもある．　　[片平博文]

ケヴィアン　Kavieng　　パプアニューギニア

カビエン (別表記)
人口：1.0万 (2011)　　[2°35′S　150°48′E]

　南太平洋西部，メラネシア，パプアニューギニア東部，ニューアイルランド島北西端，ニューアイルランド州の町で州都．三方を海に囲まれた静かな町で，空港，州庁舎のほか，ホテル，スーパーマーケット，ゴルフコースなどがある．ドイツ植民地時代から，コプラやカカオ，ゴムなどのプランテーションが発展した．第1次世界大戦後はオーストラリアの統治に移行し，第2次世界大戦の勃発後1942年1月には日本軍がこの地を終戦時まで占領した．地上戦は行われなかったが，連合軍の爆撃により，地元の人びとにも多くの被害がもたらされた．大戦後は，市街地の復興がなされ，地元の人びとによるココヤシなどのプランテーションも増加している．ほぼ毎日，首都ポートモレスビーからの直行便があり，ダイビングやホタルの木の見学ツアーなども観光客の人気を集めている．

[熊谷圭知]

ゲオクテペ　Geok Tepe　　トルクメニスタン

Gekdepe, Gokdepe (別表記)
人口：1.6万 (1991)　　[38°09′N　57°58′E]

　トルクメニスタン中央南部，アハル州南部の都市．ザカスピ鉄道沿線，首都アシガバト

の西北西45kmに位置する．イランとの国境に近い．果樹園，羊毛紡績，ワイン醸造，敷物製造などが産業の中心である．もともとトルクメン人のデンギル・テペ要塞であったが，1880～81年に，スコベレフ将軍の率いるロシア軍の1カ月にわたる攻撃によって占領され，多くのトルクメン人が虐殺された．

[木村英亮]

ケオヌア峠　Kaew Neua

ベトナム/ラオス

Keo Nua（別表記）/カオチェオ峠　Cau Treo（ベトナム語）/ナムパオ峠　Nam Phao（ラオス語）

標高：800 m　　　　　[18°23′N　105°09′E]

ラオスとベトナムの国境の峠．ラオス中部，ボリカムサイ県の国道8号，ラクサオの東34kmに位置する．ラオス側ではナムパオ，ベトナム側ではカオチェオとよばれている．国道8号は，ラオスの背骨と称される基幹道路の国道13号から，ベトナムのハティン省の省都ヴィンを結んでいる．とくに市街地などは形成されておらず，ケオヌア出入国管理事務所だけが立地し，外国人の出入国も可能な国境である．インドシナ戦争時に北ベトナム軍が南ベトナムに潜入するためにラオスに入るホーチミントレイルの1つであった．

[横山 智]

ケオラデオ国立公園　Keoladeo National Park

インド

面積：29 km²　　　　　[27°10′N　77°31′E]

インド西部，ラージャスターン州東部，バラトプル県の国立公園．アグラの西約50kmに位置し，バラトプルの市街地に隣接する湿地帯（28.7 km²）である．渡り鳥の中継地となっており，19世紀後半には地元の藩王などの狩場として管理されており，鳥獣保護区であった．1981年にラムサール条約に登録され，82年には国立公園に指定された．1985年に「ケオラデオ国立公園」としてユネスコの世界遺産（自然遺産）に登録された．

[鍬塚賢太郎]

ケカハ　Kekaha

アメリカ合衆国

人口：0.4万（2010）　面積：3.4 km²
[21°58′N　159°41′W]

北太平洋東部，ポリネシア，アメリカ合衆国ハワイ州，カウアイ島南西部ワイメア地区の国勢調査指定地区（CDP）．同名の小学校，ビーチパーク，水路，プランテーションもある．1880年代からあったいくつかの砂糖会社が合併して，98年にケカハ砂糖会社となった．2000年に砂糖会社の工場は閉鎖された．

[飯田耕二郎]

ゲギェイ県　革吉県　Ge'gyai

中国

人口：2万（2012）　面積：55200 km²
[32°27′N　81°04′E]

中国西部，シーツァン（チベット，西蔵）自治区，ガリ（阿里）地区の県．ガンディセ（岡底斯）山脈の北部，チャンタン（羌塘）高原の湖群地域に位置する．1955年に7つの集落が合併して革吉渓となり，阿里弁事処に属した．1960年に革吉県となり，阿里専区に属し，70年からは阿里地区に属している．ガリ地区の主要な牧畜県の1つで，チベット綿羊などを飼育している．1989年，中国国内で最初に太陽光発電所を建設したことで知られる．

[石田 曜]

ケサイン　Khe Sanh

ベトナム

人口：0.6万（1994）　面積：16 km²
[16°37′N　106°44′E]

ベトナム北中部，クアンチ省フオンホア県の町で県都．人口の約1割は少数民族のブルバンキュウ族（ブル族）である．ラオスとの国境地帯にあり，省都ドンハーからケサン経由でラオスへの国道9号が通じている．このルートはラオスとの間で外国人が出入国できるルートの1つであった．ベトナム戦争中，この国道9号沿いにケサン基地が建設され，南ベトナム政府軍とアメリカ軍が駐屯していたが，1968年にテト攻勢の一環として北ベトナム軍が侵攻し，南ベトナム政府軍とアメリカ軍が撤退した．

[筒井一伸]

ケーシー湾　Casey Bay

南極

[67°30′S　48°00′E]

南極，東南極の湾．エンダビーランド西部にある2つの大きな湾入の西側に位置する．東側のアムンセン湾が1930年1月に発見された当時は，西方に広がる1つの大きな湾と見なされた．1956年にオーストラリアの航空機観測で，サケラリ Sakellari 半島（南緯67度05分，東経49度07分）で境された2つの顕著な湾入であることが確認され，西側の湾が当時のオーストラリアの外務大臣リチャード・G・ケーシーにちなんで命名された．湾口の幅と湾の奥行ともに約70kmであるが，湾奥が広くなる複雑な形状をなす．湾全体は大陸棚上にあり，湾奥の島々や，その奥の大陸氷床から突出するスコット山地などのヌナタク群は，ヘリコプターを利用しての調査がなされて，地球上で最も古い大陸地殻に属する岩石からなることが知られている．

[森脇喜一]

ケオヌア峠（ベトナム/ラオス），ナムパオ国境ゲート〔横山 智提供〕

ケスベワ　Kesbewa　　　スリランカ

人口：16.0万 (2012)　　　　[6°47′N　79°56′E]

　スリランカ，西部州コロンボ県の都市 (UC)．コロンボ市街地から南東約18 kmに位置する衛星都市の1つである．近年急速に人口が増加し，都市化した．人口の97.4%がシンハラ人である．西部はボルゴダ湖を隔ててモラトゥワと接する．コロンボから南東に向かう国道B 5号沿いに商業地が発達する．中心市街地はピリヤンダラ Piliyandala で，市政府庁舎や1887年創立の国立ピリヤンダラ・セントラル・カレッジがある．この学校はラグビー，クリケット，フットボールなどのスポーツで有名である．　[山野正彦]

ケソン　開城　Kaesong　　　北朝鮮

開京 (古称) / ソンド　松都　Songdo (古称)

人口：42万 (推)　面積：169 km²　標高：38 m
気温：10.4°C　降水量：1400 mm/年
　　　　　　　　[37°58′N　126°33′E]

　北朝鮮，ファンヘブク (黄海北) 道南東部の都市．北緯38度線付近にある工業都市で，1955年直轄市になったが2003年改編，黄海北道に編入された．標高500 m以下の山に囲まれた丘陵性の盆地にあり，西部はレソン (礼成) 江流域，南東部は臨津江流域の沃土の平野地帯．降霜の少ない地域である．新羅時代には松岳郡，高麗代の918年には首都開京となり，壮大な都城が造営され，約470年にわたって高麗の首都だった．北方に松岳山 (標高488 m) があることから松都，松岳とも称され，995年開城と命名された．11～12世紀に全盛期を迎えた．李朝時代の1394年にソウルに遷都された後も商業の中心として繁栄した．この地の商人は松商，開城商人とよばれ，全国に行商活動を展開した．開城商人は独特な複式簿記に似た簿記法を生み出した．朝鮮戦争では第1次休戦会談の地になった．東10 kmには休戦調印が行われたパンムンジョム (板門店) がある．

　金，鉛，亜鉛，銅，蛍石，石灰石，天然スレート，カオリンの埋蔵が多い．各種時計，銀粉が知られ，ほかに刺繍，朝鮮味噌，高麗人参の各種製品，織物，ゴム靴などの軽工業が発達している．成均館，書院，瞻星台，南大門，満月台，善竹橋など，古都として名勝，旧跡が多かったが朝鮮戦争でほとんど破壊された．破壊された遺跡は修復，また，新たに発掘されたものもある．高麗 (918～1362年の首都) の古都であった開城 (市街などを含めて) は早くから外国人観光に開放され，首都ピョンヤン (平壌) を観光する外国人はあわせて開城を訪問することが多い．開城市に残る高麗時代の城壁，王陵，教育機関などの史跡は2013年に「開城の歴史的建造物と遺構」としてユネスコの世界遺産 (文化遺産) に登録された．世界遺産に登録されているのは，高麗時代の政治や文化を伝える以下の12件である．満月台 (916年建設された王宮跡) と開城瞻星台 (天体観測，気象観測に用いられた施設の遺構，高麗時代を通じて記録)．開城城壁 (高麗王朝成立以前の896年に建設された拔禦塹城から李王朝への交替期である1391～93年に建設された内城まで，5つの城壁すべて)．開城南大門 (1391～93年に建設された内城の南大門で，開城の建築物の中でも当時の様式をよく残している朝鮮半島に残る城門の中では最古の建築物)．高麗成均館 (教育施設の遺構で，高麗時代には官吏養成のための最高機関，現在は高麗博物館)．崧陽書院 (高麗末期の儒学者の家がもとになっている私学，現在の建物は1573年に建立)．善竹橋と表忠碑 (橋で，幅は3.36 m, 長さは8.35 mである花崗岩製の橋．橋の近くに表忠碑が2つあり，北側の石碑が1740年，南側の石碑が1872年につくられた)．王建王陵，七陵群，明陵群 (王陵は建国者である王建の墓所，現在の王陵は1994年に再建されたもの)．七陵群は王建王陵の北西に位置する7基の王陵で，12～13世紀に建造されたと考えられている．明陵群は王建王陵の南西に位置する3基の陵墓群であり，そのうち1基は高麗の第29代忠穆王の陵墓であることがわかっている．恭愍王陵 (第31代恭愍王が生前建造していた自身と亡き后のための墓所，1372年に完成した．石人などで装飾されている)．北朝鮮にとっては，「高句麗古墳群」(2004年登録) に続く2件目の世界遺産である．

　戦争後は機械，織物，被服，ゴム，食料品，各種楽器などの産業が発達している．中でも付近は高麗人参の栽培が盛んで，加工品の紅参，白参の世界的な本場として知られる．2002年に開城市と板門郡一部を開城工業地区に指定，板門郡が廃止された．2003年に開城市と開豊郡，長豊郡が黄海北道に編入され，直轄地が廃止された．北の郊外の天摩山麓には朴淵瀑布の景勝地がある．平釜鉄道と高速道路で平壌に結ばれている．

[司空　俊]

ケソン (開城，北朝鮮)，博物館となっている高麗成均館《世界遺産》〔Attila JANDI/Shutterstock.com〕

ケソン州　Quezon, Province of
フィリピン

タヤバス州　Tayabas Province (旧称)

人口：212.3万 (2015)　面積：9070 km²
　　　　　　　　[13°56′N　121°37′E]

　フィリピン北部，ルソン島南部，カラバルソン地方に位置する州．州都はルセナ．ルソン島中北部と南部ビコール地方を結ぶタヤバス地峡を中心に，南北に細長く広がる地形をとる．州北部はほぼ全域にわたり急峻なシエラマドレ山脈が走り，その東岸は切り立った太平洋岸となるため平地部に乏しい．しかしルセナ周辺やタヤバス地峡一帯は平野部が広がり，国内でも有数のココナッツ生産地となっている．州行政の歴史は非常に古く，16

世紀半ばのスペイン植民地初期にさかのぼる．州の旧名はタヤバス州といい，1896年以降開始されたスペインからの独立闘争の初期から積極的に参加した諸州の1つであった．その歴史の古さにより，現在でも州内の多くの町々にはスペイン植民地期に建造されたカトリック教会をはじめ，さまざまな歴史的建築物が残る．アメリカ植民地期のコモンウェルス（独立準備政府）初代大統領であるマニュエル・ケソン（在位1935〜44）を輩出し，彼の死後1946年に州名がタヤバスからケソンに変更される．

州内最高峰であるバナハウ山（標高2170m）は，キリストが再臨する聖地と考えられ，山頂にかけて川，泉，洞窟，大岩などの自然物が聖所として人びとの崇拝を集めている．バナハウ山麓のドロレスなどの町にはこのようなバナハウ山信仰を奉ずる宗教集団が生活しており，また毎年3月から4月のカトリックの聖週間時期には，首都マニラをはじめ国内各地からの巡礼者で賑わう． ［関　恒樹］

ケソンシティ　Quezon City

フィリピン

人口：293.6万（2015）　面積：172 km²
[14°41′N　121°03′E]

フィリピン，マニラ首都圏を構成する12市5町のうちの1市．マニラ首都圏の北西部に位置し，面積は首都圏のほぼ1/4を占める．1939年に議会によって特別市に指定される．アメリカ植民地下のコモンウェルス（独立準備政府）期に，ケソン大統領によってマニラで就労する工場労働者やその他の賃金労働者たちの居住地区としての機能を担わせれたのが今日の市の起源である．

第2次世界大戦後の1949年に国の新たな首都に定められ，それ以降戦後の国家建設の象徴としての都市計画にのっとり，市域が整備されてゆく．したがって今日でも市域は均整のとれた道路や整然とした街路樹など，マニラ旧市街を特徴づける雑然とした都市景観と好対照をみせる．1960年代以降はマニラ旧市街の人口過密化とその周辺域の郊外化に伴い人口も急増する．具体的には，1948年から90年までの間に11万から163万へと，実に15倍弱の急増をみたのであった．このような人口急増の一因としては，官吏，公務員，教師その他政府公共機関に働く人びとのための住宅供給プロジェクトが戦後歴代政権によって展開されたことが考えられる．

1978年には首都がマニラ首都圏へと拡大されたため，首都としての地位を失うが，今日でもとくにケソンメモリアルサークル周辺には主要な政府機関，下院議会，その他多くの官公庁の建物が存在する．さらに市内には国立フィリピン大学，私立のアテネオ・デ・マニラ大学などの主要高等教育機関が存在する．市域面積の45%が住宅地で占められる．今日にいたるまで市は首都圏の行政・教育・商業の中心的機能とともに，主要な住宅地区として機能している． ［関　恒樹］

ケダ州　Kedah, Negeri

マレーシア

クダ州（別表記）

人口：194.8万（2010）　面積：9425 km²
[6°07′N　100°22′E]

マレーシア，マレー半島マレーシア領北部の州．現地発音ではクダ（クダー）．州都はアロールスター．都市人口比率は64.3%（2010）で急速に都市化が進んでいる．北東部はタイに国境を接し，最北部に位置するブキットカユヒタム Bukit Kayu Hitam は，半島マレーシアを縦断する南北高速道路の終点である．州内の民族構成比（2010）は，マレー人（その他の先住民を含む）77.9%，華人13.6%，インド人7.3%である．

州の下には，12の郡（Daerah）と3つの市（Majlis Perbandaran）がある．郡は，バリン，バンダバル Bandar Baharu，コタスター Kota Setar，クアラムダ Kuala Muda，クバンパス Kubang Pasu，クリム，ランカウイ，パダンテラ Padang Terap，スィクSik，ヤン Yan，ペンダン Pendang，ポコスナ Pokok Sena から構成される．市はコタスターとスンガイプタニとクリムの3つが指定されている．

州都はアロールスターであるが，行政区分上は地方自治体として機能するコタスター郡（人口35.7万，うちアロールスターは11.7万）に含まれる．アロールスターは1982〜2003年に首相を務めたマハティール・ビン・モハマド（1925–）の誕生の地としても有名であり，現在でも生家が保存されている．北西部のランカウイ島は，近年，国内有数のリゾート地として成長し，世界中から多くの観光客を集めている．

州は国の代表的な稲作地帯を有し，国内総稲作面積と総収穫量の約3割を占めている．南部のムダ地域では，MADA（ムダ地域農業開発公社）が1970年に設立され，灌漑設備をはじめ，農業の近代化に力を入れている．また，州はマレーシアの輸出産品であるゴムの栽培面積においても国内最大である．近年は製造業の発展が著しく，同州の最も重要な産業である．第2の都市であるスンガイプタニの工業団地には多数の外資系企業が立地し，同州の工業中心地区となっている．南部のクリムには，KHTP（クリムハイテクパーク）が開発され，隣接するペナン州とともに，今後の半島マレーシア北部地域の産業高度化および北部成長の三角地帯の牽引役として期待されている．

州の歴史は古く，数多くの史跡が残されている．マレーシアの国教はイスラーム教であるが，イスラームが定着する以前の5世紀頃には，インド文化との接触があったとされており，中西部のブジャンバレー Bujang Valley はヒンドゥー教および仏教の影響を受け，寺院にその名残が数多く残されている．接触のきっかけとなったのは，インドとの海洋交易とインド商人の存在といえる．ブジャンバレーはブジャン川の流域に位置するが，その下流のメルボク川河口は，エスチュアリー（三角江）となっており，船舶の停泊に適していたため，当時のマラッカ海峡における東西交易ルートの拠点に発展したと考えられている．13世紀以降，マレー半島はイスラーム教の影響が強くなるが，ブジャンバレーはマレーシアでも，それ以前の史跡が最も多く残っている地域であり，考古学分野の研究が進められている． ［石筒　覚］

ケタリング　Kettering

オーストラリア

人口：0.1万（2011）　面積：2.0 km²　標高：12 m
[43°07′S　147°16′E]

オーストラリア南東部，タスマニア州南部の町．海岸線沿いに位置し，グレート湾に面している．州都ホバートの南西32 kmに位置し，キングストンからチャンネルハイウェイで向かう．ブルーニー島への拠点として知られており，リトルオイスター湾よりカーフェリーが運行している．約15分でブルーニー島北部のノースロバートに到着する．最初に上陸したヨーロッパ人は1792年のフランス人探検家ブルーニー・ドンデカストロー提督である．定住は19世紀前半に始まり，北隣のオイスターコーヴとともに捕鯨，アザラシ猟の港や，材木加工の地として発展していった．現在はリンゴやサクランボ，ナシなどの果樹栽培が盛んである． ［武井優子］

ケダルナート　Kedarnath

インド

人口：0.1万（2011）　標高：3553 m
[30°44′N　79°04′E]

インド北部, ウッタラカンド州北部, ルドウラプラヤグ県の町. ヒンドゥー教のヒマラヤ山中4大巡礼地の1つである. ヒマラヤ山脈の標高約3500 mの深山幽谷の山中, マンダキニ川沿いにあり, 少し上った場所にシヴァ神を祀るケダルナート寺院がある. 町は, ヒマラヤ山脈のふもとに位置する有名な聖地リシケシの北東223 kmの山中に位置する. 町には, 寺院関係者や巡礼者相手の観光業者が住んでいる. 巡礼者は, リシケシから車でガオリクンドの町まできて, そこからロバなどに乗り, 17 kmの曲がりくねって続く坂道を登ってやってくる. なお, ケダルナートを除く3巡礼地は, バドリナート, ガンゴトリ, ヤムノトリである. [中山修一]

ケチョン 价川 Keachon 北朝鮮
かいせん (音読み表記)

面積: 738 km² 標高: 34 m 気温: 9.3°C
降水量: 1100 mm/年 [39°42′N 125°53′E]

北朝鮮, ピョンアンナム(平安南)道北部の都市. 1990年市制. ミャヒャン(妙香)山脈の西部, チョンチョン(清川)江中流左岸に位置する工業都市である. 西部はアンジュ(安州)平野の一画を占め, 南部にはテドン(大同)江が流れる. 90 km²の平野からなる盆地地形に位置する. そのため地下水が豊富. 品位55%前後の泉洞鉄山の褐鉄, 炭田, マンガン, 銅, 金などの鉱山地下資源にもとづいて, 鉄鋼と精密機械の工業都市として発達した. また, 豊富な地下資源と平野部の農産物を北朝鮮西海の工業地帯に輸送する中心地になっている. ピョンヤン(平壌)～マンポ(満浦)間の満浦線, 价川線, 八元線が接続する. [司空 俊]

K2 ☞ ゴッドウィンオースティン山 Godwin Austen

ケッチ県 Kech District パキスタン
トゥルバット県 Turbat District (旧称)

人口: 41.3万 (1998) 面積: 22539 km²
降水量: 250 mm/年 [25°59′N 63°04′E]

パキスタン南西部, バローチスタン州南西部の県. 県都はトゥルバット. 1977年7月にマクラーン県から分離して成立し, トゥルバット県となったが, 95年に地域の歴史的地名であるケッチ県と改称した. 年平均降水量は少なく乾燥が強い. 3～11月までが夏で, 平均最高気温は6月には40°C以上と暑

く, 冬はときには10°C以下にはなるが, 0°C以下にはならない. 灌漑用水が不足し, 農業は振るわないが, ナツメヤシのほかにジョワール(ソルガム), 大麦, 小麦, 米などが栽培される. [出田和久]

ゲッツ棚氷 Getz Ice Shelf 南極
長さ: 500 km 幅: 30-100 km
[74°15′S 125°00′W]

南極, 西南極の棚氷. マリーバードランド中西部に位置し, 太平洋に面する. ルパート海岸とマーティン半島の間に位置する. 棚氷の太平洋側には, カルネイ島, サイプル島, グラント島などの島があり, 棚氷が外洋に流出するのを止めるダムのような機能を果たしている. 棚氷はアメリカ南極局(USAS)によって1940年12月に発見された. その後, アメリカ海軍の南極探検・ハイジャンプ作戦(1946～47)で航空機により探査され, さらにアメリカ地質調査所(USGS)により詳細な地図が作成された(1962～65). 名称はUSASの南極探検に水上機を提供したジョージ・ゲッツにちなむ. [前杢英明]

ケップ州 Kep Province カンボジア
人口: 3.6万 (2008) 面積: 336 km²
降水量: 2000-2600 mm/年
[10°29′N 104°18′E]

カンボジア南部の州. 州都はケップ. 地名は, 馬の鞍を意味する. 国内最小の州で, 2つの郡を有する. 2008年12月22日付の勅令でカンポット州の州都カンポットから独立して州となった. 州全体がカンポットに囲まれた形になっており, 西端はカンポットの中心街から東20 kmの地点で, ベトナム南西端のキエンザン省ハーティエンとの国境までは東南東20 kmである. 南端はケップ～カンポット間の海岸線の前にあるベトナムのトラール(フークオック)島と海で国境を接しており, 陸側の境はすべて周囲を取り囲むカンポットと接しているため, ケップがベトナムと接するのはここだけである. 州の海岸線は16 kmの長さがある. 地勢は, 海岸部と, 水田その他の農作物(産業用および換金用作物)の耕作地が広がる低地の内陸部からなる. 国内の他の地域において典型的な湿原は少ない. 沿岸地方としてはケップの気候は快適で, 4カ月未満と短い乾季が特徴である.
州都ケップはかつては国内で最も有名で高級なビーチタウンであったが, 近年は低迷している. 1900年代前半から60年代にかけ

て, フランス人とカンボジア人エリートのリゾート地として栄えた. ケップの海岸は, シハヌークヴィルの白い砂浜と異なり, ほとんどがマングローブと黒い岩に覆われている. 13の島が海岸の沖に浮かび, 魅力的な観光地となっている. 中でもトンサイ島は船でわずかの距離である. また, この町はシーフード, とくにカニが有名であるほか, 広大なケップ国立公園も有している.
[ソリエン・マーク, 加本 実]

ケップ川 Kep, Stung カンボジア
面積: 2485 km² 長さ: 69 km
[11°05′N 104°41′E]

カンボジア南部の川. コンポンスプー州のスルオイッ山(標高1000 m超)を源流とし, トラッ Tras川, カップル Kat Phluk川, ニティエン Nitean川などの小さな支流がこの川に流れ込む. 源流から南に向かって流れ, タケオ州の州都タケオに入ってスラクー Slaku川と名を変えて数km流れたのち, 国境を越えてベトナムのアンギャン省に入り, チャウドックでバサック川に合流する(タケオからバサック川との合流地点までの最下流部分をタケオ川という). 水位の高い時期には, 川幅は20～30 m, 水深は5～6 mに達し, 400 tまでの船が航行可能である. 水位が低くなると, 川幅は15 mに縮小し, 水深は2～3 mとなるので, 15 tまでの船しか航行できない. この支川流域の年平均降水量は1200～1400 mmで, 乾季は4カ月に満たない. [ソリエン・マーク, 加本 実]

ケープコモリン Cape Comorin ☞ カンニヤクマリ Kanniyakumari

ケープジャーヴィス Cape Jervis オーストラリア
人口: 202 (2011) 面積: 42 km²
[35°36′S 138°06′E]

オーストラリア南部, サウスオーストラリア州南東部の町. フリュリュー Fleurieu半島の先端, 州都アデレードの南南西108 kmに位置する港町である. 同名のジャーヴィス岬があり, 市街地から北北東2 kmの地点に灯台がある. 地名は, 1802年にこの付近を探検したマシュー・フリンダーズ(1774-1814)により, 当時のイギリス海軍提督のセントヴィンセント卿ジョン・ジャーヴィスにちなんで名づけられた. カンガルー島のペネ

ショーとの間にフェリーが航行しており，カンガルー島への玄関口となっている．また，釣り客にも人気が高く，休日にはアデレード方面からの人びとで賑わう．

町からはヘイセントレイルが，マウントロフティ山脈を経て，フリンダーズ山脈西麓のパラチルナ峡谷まで続く．国内最長(1200 km)の徒歩専用道路であり，途中，国立公園や州立林をはじめ，古い町並みなど数多くの風光明媚な場所を通過している．また，ワインで有名なバロッサヴァレーや，珍しい地形で知られるウィルピナ盆地なども，道路沿いに位置している．毎年，このルートのすべてまたは一部を踏破する大会も開かれており，地元の人びとばかりではなく，州外から参加する人も多い． 〔片平博文〕

ケープバレン島　Cape Barren Island
オーストラリア

人口：67 (2011)　　　〔40°23′S　148°00′E〕

オーストラリア南東部，タスマニア州北東部沖，バス海峡にある島．フリンダーズ島などを含むファーノー諸島で2番目に大きい島である．1800年代前半，ヨーロッパ系のオットセイ猟師たちが，先住民アボリジニの女性たちとともにこの島に移り住んだ．ミズナギドリ猟を中心に2つの民族が生活共同体を形成していたが，1800年代半ばから先住民とタスマニア政府の間で，この島の所属を巡る論争が幾度となくくり返されるようになった．2005年，島の所有権がアボリジニ側に返還されることが決定し，100年以上にわたる争いは一応の解決をみている．現在の住民の大多数は，先住民とヨーロッパ系住民の子孫である．オーストラリア固有種としては唯一のガン，ロウバシガンはこの島で最初に発見された． 〔安井康二〕

ケマ高原　蓋馬高原　Kaema-kowon
北朝鮮

面積：14300 km²　標高：1340 m
〔40°42′N　126°59′E〕

北朝鮮北東部に広がる広大な溶岩台地．北朝鮮最大の高原で北朝鮮の屋根といわれる．基盤は先カンブリア時代の花崗片麻岩で，東部から北部は玄武岩の溶岩に覆われる．南東部をプジョンリョン(赴戦嶺)山脈，西部を南北に走るランリム(狼林)山脈により囲まれる．高原は北方に向かってゆるやかに傾斜する傾動地形で，河川は北流してアムロク(ヤールー(鴨緑))江に注ぐ．面積はリャンガン(両江)道全体の75%を占める．北水白山(標高2522 m)など山地もあるが，大部分は比較的平坦な高原である．高原は東方のカブサン(甲山)高原，西方のチャンジン(長津)高原に二分される．寒冷で，月平均気温は12〜2月は−17℃以下，8月は20℃ほどである．チョウセンカラマツ，エゾマツ，チョウセンモミなどの原生林に広く覆われ，山林資源の宝庫でヘサン(恵山)，新賀坡などでは林業が盛ん．北朝鮮の山林の40%，原木生産の80%を占める．

日本植民地時代には火田民による焼畑農業が中心であった．現在は5万ha規模の機械化された高地帯農業が行われている．ジャガイモ，アワ，カラス麦，ホップ，大豆，亜麻が栽培され，寒冷地農業が発達している．ほかに豚飼育，牛，羊，山羊の放牧が盛ん．農場，牧場の大規模な開発が進んでいる．北流するチャンジン(長津)江，ホチョン(虚川)江に人工湖をつくり，湖水を赴戦嶺山脈の南斜面に導いて落差約1000 mの流域変更式水力発電や農業用水，治水事業に利用している．金，銀，鉛，亜鉛，鉄，無煙炭の産出が大きい．中でもマグネサイトの確定埋蔵量は65億tで，世界でも有数の埋蔵量である．1930年代の抗日遊撃隊史跡のサムジョン(三池淵)，普天堡，枕峰，青峰などがある．

〔司空 俊〕

ケラー　Kelaa
モルディヴ

人口：0.1万 (2014)　面積：2.1 km²　長さ：3 km
〔6°57′N　73°13′E〕

インド洋中央部，モルディヴ北部，北ティラドゥンマティ環礁区の島．首都マーレの北311 kmに位置する．モルディヴ諸島特有のサンゴ礁地形である小環礁(ファロ)の北東縁に載る南北約3 kmの細長い島で，北部で東西幅が広く約1.3 kmになる．集落は北部西岸の礁湖側に位置する．薬用樹の名前が島名の語源である．1934年9月から第2次世界大戦終了まで，イギリスのインド洋における主要な航空基地として使用されていた．過去，この島の首長はスルタンの戴冠にあたって重要な役割を果たしてきた． 〔菅 浩伸〕

ケラニヤ ☞ キャラニヤ　Kelaniya

ケララ川　Kelara, Sungai
インドネシア

〔5°42′S　119°45′E〕

インドネシア中部，スラウェシ島南部，南スラウェシ州を流れる川．スラウェシ島南部半島の内陸部に源を発し，ゴワ県およびジュヌポント県を南に流れ，フロレス海に注ぐ．

〔瀬川真平〕

ケラー(モルディヴ)，サンゴを砕いたブロック塀で築かれた島内の家並み〔菅 浩伸提供〕

ケーララ州　Kerala, State of

インド

チェーラ　Chera（古称）/ マラバル地方
Malabar（別称）

人口 3340.6 万（2011）　面積：38852 km²
長さ：120 km　幅：32 km　降水量：3111 mm/年
[8°29′N　76°55′E]

インド南西端の州．州都はティルヴァナンタプラム．アラビア海と急峻な西ガーツ山脈にはさまれた南北約 120 km の細長い州域を有する．ケーララ州一帯はマラバル地方とも称される．5 月末から 11 月にかけて，この地域は南西モンスーンにより，大量の雨がもたらされる．月別降水量をみると，7 月が最も降水量が多く，765 mm を数える．その一方，最小降水量を記録する月は 1 月であり，その降水量は 18 mm にすぎない．気温は一年を通じて高く，最低気温は 22°C 前後，最高気温は 33°C 前後の値を示す．このようにケーララ州はほぼ全域が熱帯気候区であり，アラビア海沿岸部は熱帯モンスーン気候，西ガーツ山脈の西斜面はサバナ気候となる．

ケーララ州の面積のうち，森林が約 27% にあたる 1 万 323 km² を占める．人口は 2001〜11 年の 10 年間の増加率が 4.9% であ

る．人口密度は 860 人/km² であり，インド各州の中では最高位に位置する．また，都市人口率は 47.7% を示し，全インドの平均値である 31.2% を大きく上回る．州都のティルヴァナンタプラムは同州の中では最大の人口 75.2 万（2011）を数える．これに続く都市は，60.2 万のコチ（コーチン），43.2 万のコジコーデ（カリカット）である．そのほかでは，39.7 万のクイロンや 31.6 万のトリスール，さらに，人口 10 万規模の都市が 2 都市確認でき，これらの主要都市は，マラバル海岸沿いに連続して立地している．

おもな言語はマラヤーラム語であり州の公用語となっている．この言語はドラヴィダ系の言語であり，9 世紀頃にサンスクリット語の強い影響下にタミル語から分かれて成立した言語である．マラヤーラムとは mala が山を意味し，alam が土地，地域を意味することから，山沿いの地域という意味をもつ．ケーララ州の識字率は非常に高く，インド全体の識字率が 65.4%（2001）であるのに対し，ケーララ州では 90.9% であり，これはインド各州の中では最高の値である．

州は香辛料や紫檀などを特産品として有していたのに加え，インド洋をめぐる海上交通の要衝として古くから栄えてきた．この地に成立したチェーラ王国は，アショーカ王碑文のケーララにあたる．ギリシャ・ローマ世界との交易は紀元前の時代から行われており，プトレマイオスの地理書にはローマ帝国との交易の様子が記されている．また，『エリュトゥラー海案内記』には，当時の港町であったムージリス（現在のコドゥンガルール Kodungallur とされる）の記載もみられる．13 世紀にはマルコ・ポーロの『東方見聞録』に中国からの帰路に立ち寄ったこの地方の記述がみられるほか，14 世紀にはイブン・バットゥータが，15 世紀にはヴァスコ・ダ・ガマも来航した．現在の州は旧トラヴァンコール，コーチン両藩王国とそのほかのマラヤーラム語圏をもとに 1956 年に成立した．宗教に関しては，交易の歴史を反映して，イスラーム教徒が州人口の 24.7%，キリスト教徒が 19.0%（2001）を占めている．

産業は農業が主であり，製造業はコチなどの地域を除いてあまり盛んではなく，伝統的な農村手工業，ココヤシロープ製造，カシューナッツ，コーヒー加工など農業関連工業がほとんどである．近年，州政府は IT 産業の誘致に積極的ではあるものの，隣接するカルナータカ州やタミルナドゥ州などに比べると顕著な成果は上がっていない．農業に関しては，全体の作付面積 291.4 万 ha（2000）のう

ち，ココナッツが 93.6 万 ha と最も多く，約 1/3 の面積を占める．そのほか，米が全体の約 12% にあたる 34.8 万 ha，黒コショウが約 7% の面積を占める．州の農業生産はこのココナッツと黒コショウなどの商品作物生産が特徴的であり，ココナッツの生産量はインド中最多の生産量を有し，全生産量1259.7 万 t のうち約 44% にあたる 549.6 万 t が生産されている．また，黒コショウの生産はケーララ州が全インドの生産量のほとんどを担っており，そのシェアは約 95% にものぼる．鉱業に関しては，鉄鉱石や原油などの産出はほとんどみられないものの，カオリナイトやシリマナイトの産出量はインド国内随一である．カオリナイトは化粧品などの原料となる白粘土であり，全インドの約 28% を占める．一方，シリマナイトは猫目模様の出る宝石（シリマナイトキャッツアイ）として日本でも知られており，インドではオディシャ（オリッサ）州と同様におもな産地となっている．そのほか石灰石の産出もみられる．

コチ南方のマラバル海岸沿いには無数の川と入江が複雑に入り組んだ水郷地帯（バックウォーター）がある．この地域ではヤシの木の間を流れる運河や湖を行き来するボートを日常的に使用し，ほかの地域ではみられないような，ゆったりとした生活が営まれている．こうした南国的な景観の中をボートによって旅をするツアーを利用する観光客が多い．そのほか，コヴァーラムビーチなど南インド屈指のリゾート地も点在する．

[北川博史]

ケラン　Kerang

オーストラリア

人口：0.4 万（2011）　面積：147 km²
[35°44′S　143°55′E]

オーストラリア南東部，ヴィクトリア州北西部の都市．ベンディゴの北北西約 110 km，マレー川に沿って走るマレーハイウェイ沿いにある．マレー川のつくる湖沼群や湿地帯の集まる地区の南端に位置する．トキ科をはじめとする多くの野鳥にとって世界最大級の繁殖地となっており，害虫駆除や昆虫管理などにより，野鳥の繁殖しやすい環境整備に積極的に取り組んでいることでも知られる．

[堤　純]

ケリケリ　Kerikeri

ニュージーランド

人口：0.7 万（2013）　[35°14′S　173°56′E]

ニュージーランド北島，ノースランド地方

の町．ファーノース地区にあり，ファンガレイの北西80kmに位置する．太平洋からアイランズ湾を西に，ケリケリ入江，さらに西にさかのぼるケリケリ川に面する．観光地として人気がある．国内で最初のキリスト教布教拠点となったため，国のゆりかごとも称され，現在でもセントジェームズ教会やストーンストアといった歴史的建造物が残る．1814年にヨーロッパ人が入植し，20年にマオリのための学校が開かれた．サミュエル・マースデンがキリスト教布教のため，現地のマオリ族のホンギ・ヒカから48本の斧を代償に当地を譲り受けた．また，1819年にマースデンによって国内で初めてワイン用のブドウの木が植樹され，ワインの生産が始まった．現在も多くのワイナリーがソーヴィニヨン・ブランをはじめとする良質の品種を用いたワインを生産している．ケンプハウスなど国内最古の石造建築物が保存されている．ベイオブアイランズ空港が町の南西にあり，観光に利用される．亜熱帯気候を利用した園芸も盛ん．入江のおだやかな美しい海辺は海洋スポーツも行われる．ケリケリ川にあるレインボー Rainbow 滝（マオリ名ワイアニワニワ）もこの地区の人気観光地の1つとなっている．　　　　　　　　［植村善博・太谷亜由美］

ケリフ　Kelif　トルクメニスタン
[37°21′N　66°18′E]

トルクメニスタン東部，レバプ州南東端の村．ザカスピの支線鉄道沿線，ケルキの南東113km，州都トルクメナバトの南東301kmに位置し，南はアフガニスタンとの国境に接し，東はウズベキスタンの国境に近い．アムダリア川はここからトルクメニスタンに流入する．綿花，石灰岩を産する．　　［木村英亮］

ケリム ☞ キョンジュ Gyeongju

ケリヤ県　于田県　Keriya　中国
ユィーティエン県　于田県　Yutian（漢語）
人口：21.8万（2002）　面積：39000km²
[36°51′N　81°40′E]

中国北西部，シンチャン（新疆）ウイグル（維吾爾）自治区南部，ホータン（和田）地区の県．タリム（塔里木）盆地の南部，クンルン（崑崙）山脈の北麓に位置し，南はシーツァン（チベット，西蔵）自治区に隣接する．人口の99%をウイグル人が占める．1882年にケリ

ヤ（于闐）県が置かれた．古代に存在した西域の王国の名にちなむ．ケリヤ川が貫流し，オアシス灌漑農業が発達している．砂漠が多く，金，玉石の産地として有名である．国道315号が県内を通る．古跡にはカラドン（喀拉墩）古城，キズナク（克孜納克）仏寺などがある．　　　　　　　　［ニザム・ビラルディン］

ケリョン　鶏竜　Gyeryong　韓国
人口：3.9万（2015）　面積：61km²
[36°16′N　127°15′E]

韓国西部，チュンチョンナム（忠清南）道南部の都市．テジョン（大田）広域市の西に隣接して位置する．2003年，ノンサン（論山）市域の北東端部，豆磨面を分割して新しくつくられた市である．北の鶏竜山をとって市名とした．韓国軍の統合本部があり，住民の4割が軍人，あるいは軍関係者であることが大きな特徴である．大田からの移住者もみられ，大田のベッドタウンの性格ももっている．
［山田正浩］

ケリョン山　鶏竜山　Gyeryongsan　韓国
標高：566m　[34°51′N　128°38′E]

韓国南東部，キョンサンナム（慶尚南）道の山．道の南端，コジェ（巨済）島の中央に位置する．朝鮮時代，巨済島の中心地（邑）は，その位置を何回か変えているが，風水上の主山は，つねに鶏竜山であった．地域の人びとから崇敬されている山である．集落，寺院，小学校と，それぞれ，鶏竜を冠したものが目立つ．　　　　　　　　　　　　　［山田正浩］

ケリョン山　鶏竜山　Gyeryongsan　韓国
標高：845m　[36°21′N　127°13′E]

韓国西部，チュンチョンナム（忠清南）道南部の山．コンジュ（公州）市域の東端，テジョン（大田）広域市との境界近くに位置する．チャリョン（車嶺）山脈の支脈がクム（錦）江の浸食を受けた，残丘性の山地である．最高峰は天鳳峰である．そのほかに20ほどの峰から構成されている．古代以来，名峰の評価を受けていて，統一新羅時代には五岳の1つに数えられていた．峰々の稜線が，鶏のとさかをつけた竜のようにみえるというのが，山名の由来である．古くから，信仰の場，修行の場

として重要視されていて，ふもとには東鶴寺，甲寺など，寺院が多い．1968年，国立公園に指定された．公園の面積は約65km²である．

また，鶏竜山の名が非常に韓国人の意識の中に強く刻まれているのは，風水上，典型的な吉地とみなされているためである．朝鮮王朝の建国にあたって，それまでの開城にかわる新しい首都の地を選定する必要があった．候補地にあげられたのは，現在のソウル中心部，そのやや西方の地区，それに鶏竜山の南麓などであった．結果は，ソウルの中心部に首都，漢城が建設されたが，その過程で，いったん鶏竜山の南麓で，首都建設が試行されたことがあった．　　　　　　　　　［山田正浩］

ケルキ　Kerki　トルクメニスタン
Karki（別表記）/アタムラト　Atamurat（現名称）
人口：2.0万（1991）　[37°49′N　65°12′E]

トルクメニスタン東部，レバプ州南東部の都市．アムダリア川西岸の港町で，ケルキチの対岸にある．州都トルクメナバトの南東201kmに位置し，南はアフガニスタンとの国境に近い．19世紀末，ロシアのブハラ（現在はウズベキスタンの都市），アフガニスタン通商路の砦として建設された．1943〜47年はソ連の旧ケルキ州の州都．金属加工，綿花精製，食肉加工，小麦製粉，建築材料製造などの工場がある．この付近からカラクム運河が始まる．1999年に大戦軍人アタムラト・ニヤゾフを記念してアタムラトに改称された．　　　　　　　　　　　　　［木村英亮］

ケルゲレン諸島　Kerguelen, Îles　フランス
人口：0（推）　面積：7215km²
[49°20′S　69°20′E]

南インド洋，フランス領の諸島．クロゼ諸島，アムステルダム島，サンポール島などとともに，フランス領オーストラル南極地区（TAAF）を形成している．面積のうち，本島（グランドテールとよばれる）が6675km²を占め，そのまわりを多数の小島や岩礁が取り巻いている．定住人口は存在しないが，本島の東岸にポルトーフランセ基地があり，数十人の観測隊員が交代で常駐している．アザラシ，ペンギン，海鳥などの保護区域に指定され，火山性の島で，ロス Ross 山（標高1850m）が最高地点である．本島の西側にはクック氷河がみられる．気候は冷涼で，最暖

月の平均気温が7.4℃, 最寒月は2.6℃. 気温が−10℃を下回ることはまれである.

1772年にフランスの航海者イヴ・ジョゼフ・ド・ケルゲレン・ド・トレマレクによって発見され, その後, 19世紀にはチャレンジャー号をはじめ, 多くの科学探検隊が訪れた. また, 19世紀を通じて, アザラシ猟, アシカ猟の基地として利用された. フランスが領有を宣言したのは1893年であり, 1951年以降はポルトーフランセ基地での常時観測が開始された. 行政管轄組織のTAAFが設立されたのは1955年で, フランスの海外領土(TOM)として位置づけられている.

[手塚 章]

ケルソー Kelso
ニュージーランド

[45°54′S 169°14′E]

ニュージーランド南島, オタゴ地方南部の町. トゥアペカ地区とクルーサ地区との境界線上に位置し, タパヌイの北西7km, ヘリオットの北西7km, ロマハカ川の東岸にある. タパヌイとの間には鉄道が通っており, 町内には駅が立地している. 農業地区には乳製品工場があり, その周辺には動物の狩り場や魚の釣り場もある. 地名は, この地の早い時期からの入植者であるジェームズ・ローガンの生まれ故郷, スコットランド南西部の町からとったものである.

[泉 貴久]

ケルタン島 Keltan Island
インド

キルタン島 Kiltan Island, Kilttan Island (別称)

人口:0.4万 (2011) 面積:2.2km² 長さ:3.2km
幅:0.3〜0.6km [11°28′N 73°00′E]

インドの南西, ラクシャドウィープ連邦直轄地の島. キルタン島ともよばれる. ラクシャドウィープ諸島の北部を構成するアミンディヴィー諸島中にあるサンゴ礁の島. 北西から南東方向に細く延びる島で, 西海岸は島の面積にも匹敵する礁湖を抱く. 礁湖は堆積が進み浅いため, 干潮時には大きな船は航路をたどっても入ることができない. 島の石灰岩は, 建築用石材として切り出されている. 近海はペルシャ湾とスリランカを結ぶ国際的交易路の一部でもある.

[大竹義則]

ゲルツェ県 改則県 Gêrzê
中国

人口:2万 (2012) 面積:99300km²
気温:−0.2℃ 降水量:190mm/年
[32°13′N 84°02′E]

中国西部, シーツァン(チベット, 西蔵)自治区, ガリ(阿里)地区の県. チャンタン(羌塘)高原の中部に位置する. 改則はもともと集落の名称である. クンルン(崑崙)山脈をはじめとして周囲は標高4000〜6000m級の山脈に囲まれ, 平原部が非常に少ない. 1959年以前は, スグォ(色鍋)とバンバー(幇巴)とともに3大集落を形成し, それぞれラサ(拉薩)のガサ(噶廈)政府とタシルンポ寺に属した. 1960年に改則県が置かれ, 阿里専区に属した. 1970年に阿里地区に属した.

[石田 曜]

ケルピン県 柯坪県 Kalpin
中国

人口:4.0万 (2002) 面積:10000km²
[40°30′N 79°03′E]

中国北西部, シンチャン(新疆)ウイグル(維吾爾)自治区西部, アクス(阿克蘇)地区の県. 1930年にアクス県から分離して設置された. 人口の96%がウイグル族である. 地名はウイグル語で窪みまたは洪水を意味する. ティエンシャン(天山)山脈南麓にあり, 牧畜業が盛んで, ラクダとラクダ毛の産地として有名である. また干しアンズを産する. ウルムチ(烏魯木斉)とカシュガル(喀什)を結ぶ南疆鉄道と国道314号が東部を通る. 古跡にはキズルタグ仏教寺院, チラン烽火台がある.

[ニザム・ビラルディン]

ケルマデック海溝 Kermadec Trench
ニュージーランド

トンガ・ケルマデック海溝 Tonga-Kermadec Trench (別称)

長さ:1100km 幅:60km 深さ:10047m
[31°01′S 176°56′W]

南太平洋中央部の海溝. ニュージーランド北島の東側から, その北方のケルマデック諸島の東側に延びる. さらに, 北方のトンガ諸島の東側に位置するトンガ海溝へと連なり, トンガ・ケルマデック海溝とよばれることもある. 最大水深は, トンガ海溝では1万800m, ケルマデック海溝でも1万47mに達し, ともに, 世界で最も深いマリアナ海溝(1万924m)に次ぐ深い海溝となっている. ケルマデック海溝は北北東〜南南西にほぼ直線的に延びており, 東側の太平洋プレート

が, 西側のインド・オーストラリアプレートの下に沈み込んでいるため, M7クラスの地震が頻発している.

[小野有五]

ケルマデック諸島 Kermadec Islands
ニュージーランド

面積:34km² 降水量:1500mm/年
[30°00′S 178°30′W]

南太平洋西部, メラネシア, ニュージーランドの諸島. 北島の北東約800〜1000kmに分布する弧状列島である. トンガからも南西方向へ, 同じ距離に位置する. 気候はおだやかな亜熱帯気候となっている. 最大のラウル島, マッコーリー島, カーティス Curtis 島, ニュージェント Nugent 島, チーズマン Cheeseman 島, エスペランスロック L'Esperance Rock など大小の島で形成されている. 1798年フランス探検隊により発見され, 地名は, 船長のジャン・ミシェル・フォン・デ・ケルマデックから命名された. 気象台, ラジオ局の置かれるラウル島の駐在員以外は無人である. 10〜1月には降水量は減少する.

太平洋プレートとオーストラリアプレートの衝突する部分にあたり, 地球上で最も長い海底火山弧状列島を形成している. ニュージーランドからトンガにかけて延びる環太平洋火山帯の一部の火山弧であるラウル島, マッコーリー島, カーティス島, エスペランスロックの各島の地下ではプレートの沈み込みによる複雑な成層火山を形成している. 諸島のまわりの海底の95%以上が水深1000mを超え, ケルマデック–トンガ海溝の水深1万mを超える. 熱水噴出孔から噴出される化学物質は養分に富み, さまざまな生命体が生息し, ケルマデック諸島でも高度の進化多様性がみられる. このような意味で, 地球進化の過程を示す貴重な地域といえる. 最大の島, ラウル島の総面積は約29.4km², 最高地点はモウモウカイピーク Moumoukai Peak (標高516m)である. 島の北東海岸近くにブルーレークとよばれる湖がある. 1800年代から数回噴火し, 最近では2006年に噴火した. 1830年代に最初の植民が試みられたが, このような火山活動のため, 人が生活するには困難とされた. ケルマデック諸島では唯一, ケルマデック・ポーフトゥカワを含む木々が森林を形成しているためアオツラカツオドリ, アカオネッタイチョウなどの海鳥やケルマデックインコなどの繁殖地となっている.

[植村善博・太谷亜由美]

ケルミネ　Kermine　☞　ナヴォイ　Navoi

ケレペヒ　Kerepehi　ニュージーランド
人口：429 (2013)　　[37°18′S　175°33′E]

　ニュージーランド北島，ワイカト地方の町．ハウラキ地区，ハウラキ平野にある．ハウラキ湾から南に，テムズ湾からさらに南16 km内陸に入った低地に位置する．東にワイホウ川が南北に蛇行しながら流れ，西に比較的小さなピアコ川が流れる．テムズ湾から延びるケレペヒ断層のために地震の際の震動と津波被害が懸念される．断層の活動間隔は2500年と考えられている．放射性炭素年代測定によると，最近では1400年前に発生したとされる．南には面積102 km²に及ぶコポウアタイ湿原がある．ラムサール条約に登録されている国内の3つの湿原のうちの1つであり，1987年に登録された．
　　　　　　　　　　　　　　[植村善博・太谷亜由美]

ケレマ　Kerema　パプアニューギニア
人口：0.6万 (2011)　　[7°56′S　145°58′E]

　南太平洋西部，メラネシア，パプアニューギニア南部，ガルフ州の都市で州都．ニューギニア島南岸，首都ポートモレスビーの北西約225 kmに位置する．蒸し暑く湿地の多いガルフ地区の中では比較的乾いた土地であることが理由となり，植民地時代，この地域の行政中心地となったといわれる．ケレマ空港のほか，州庁舎，銀行などがあるが，商店は少なく，町の人通りも多くない．　[熊谷圭知]

けんこう　黔江　☞　チェン江　Qian Jiang

けんこうく　黔江区　☞　チェンチャン区　Qianjiang

ケンタウ　Kentau　カザフスタン
人口：8.0万 (2012)　　[43°31′N　68°31′E]

　カザフスタン中央南部，南カザフスタン州中部の都市．トルキスタンの北東30 km，州都シムケントの北西155 km，カラタウ山脈のふもとに位置する．1955年に創設された．住民の大部分はカザフ人である．ソ連期ロシアからギリシャ人，ロシア人，ドイツ人，朝鮮人，ユダヤ人，チェチェン人，ウズベク人が移住してきた．1980年代末から90年代初頭にかけて人口の大量移出と工場の閉鎖が起こった．変圧器と掘削機プラントがある．
　　　　　　　　　　　　　　　　　[木村英亮]

ゲンティン高原　Genting Highlands　マレーシア
標高：1800 m　　[3°25′N　101°47′E]

　マレーシア，マレー半島マレーシア領中西部，パハン州とスランゴール州にまたがる高原．首都クアラルンプールの北東約32 kmに位置する．中国語では雲頂高原と表記される．首都から最も近い高原リゾート地として親しまれ，政府公認カジノをはじめ，屋内外のテーマパーク，ゴルフ場，ホテル，ショッピングセンターなど各種施設が整備されている．クアラルンプールから車で約1時間とアクセスしやすく，中腹から頂上まではロープウェーも通じており，シンガポールやタイ，中国など近隣諸国からも多くの観光客が訪れる．一帯は豊かな自然環境が維持され，ヒヨドリ，ゴシキドリ，ハヤブサなど多種の山鳥が生息することでも知られている．
　　　　　　　　　　　　　　　　　[石筒　覚]

ケントゥン　Kengtung　☞　チャイントン　Kyaingtong

ゲントカンリ山　Ghent Kangri　インド/パキスタン
標高：7401 m　　[35°31′N　76°48′E]

　インドとパキスタンにまたがる山．カシミール地方，小カラコルム山脈，サルトロ山群のコンダス山塊の最高峰である．パキスタンとインドの実効支配ラインが未確定となっている地域にあり，I峰（標高7401 m）はガッシャブルム山の南南東25 kmに位置する．北北東約1.5 kmにII峰 (7342 m)，II峰の東稜上2 kmにIII峰（約7000 m），北北東約1.5 kmにデパック山（約7150 m）などの7000 m峰が集まる．北面と東面はシアチェン氷河の最源頭部にあたる．山名は，英米間で1814年に結ばれたゲント条約に由来し，カンリはバルティ語で雪の山を意味する．1961年にオーストラリア隊がI峰に，II峰は76年に日本の関西学生連盟OB隊が初登頂した．インド・パキスタンの係争が激しくなって以降は入山をほとんどみない．
　　　　　　　　　　　　　　　　　[松本穂高]

ケンドール　Kendall　オーストラリア
人口：0.1万 (2011)　面積：60 km²
　　　　　　　　　　[31°37′S　152°42′E]

　オーストラリア南東部，ニューサウスウェールズ州北東部，ベリンジェン行政区の町．ノースコースト線沿線の海沿いの町で，ターリーの北53 kmに位置する．地名は，オーストラリアの詩人で州の最初の森林調査官であったヘンリー・ケンドールが1875年から81年にかけてここに住んでいたことにちな

ゲンティン高原（マレーシア），遊園地やカジノがあるゲンティン・ハイランド・リゾート
〔Andrei Goncharov/Shutterstock.com〕

み，彼の没後91年に命名された．この地域には，先住民 Birpai が暮らしていた．

[牛垣雄矢]

ケンプシー　Kempsey　オーストラリア

人口：0.8万 (2006)　標高：1 m
[31°05′S　152°50′E]

オーストラリア南東部，ニューサウスウェールズ州北東部，ケンプシー行政区の都市で行政中心地．州都シドニーの北北東約350 km に位置し，マクリー川沿いに立地する．もともと先住民 Dunghutti の居住地であったが，1836年にイーノック・ラダーによってマクリー川右岸の土地が買われた．彼は河谷に自生するセンダン科の高木で有用材のオーストラリアチャンチンの伐採と，土地の一部売却によって利益を得てプライベートタウン(個人で開発した町)を設立した．しかし1840年代初頭にオーストラリアチャンチンの価格暴落が生じ，町は衰退した．その後，町の主要部はジョン・ヴァージによってマクリー川左岸の沖積地につくられた．左岸には政府施設も移動してウェストケンプシーとよばれ，ラダーによる右岸の入植地はイーストケンプシーとよばれるようになった．1920年代までオーストラリアチャンチンは，ブラジリアンマホガニーと称して，イギリスやアメリカに輸出された．しかし，1960年代には樹木が枯渇して伐採，製材業は衰退した．かわって現在では，牛肉加工と観光業で生き残っている．市街地の標高は川沿いに立地するため低く，1949, 50, 63, 2001, 09年などに大きい洪水被害が生じてきた．このため，最近では高台への移転と氾濫原に指定された土地の買い上げが進められている．

[藁谷哲也]

ケンプトン　Kempton　オーストラリア

グリーンポンズ　Green Ponds (古称)

人口：353 (2011)　面積：1 km²
[42°32′S　147°12′E]

オーストラリア南東部，タスマニア州中部

の町．ミッドランドハイウェイ沿い，州都ホバートの北約50 km に位置する．兵士であり商人でもあったアンソニー・フェン・ケンプが1817年に定住を始め，羊毛や牧畜，トウモロコシ栽培などの農業を地域産業として定着させた．地名は，町の近隣に湧水池があったことからその当時はグリーンポンズとよばれていたが，1840年アプスリー鉄道が開通した際にケンプにちなんで現名称に改名された．

[安井康二]

ケンプランド　Kemp Land　南極

ケンプ海岸　Kemp Coast (別称)
[67°30′S　57°30′E]

南極，東南極の地域．エンダビーランドとマックロバートソンランドの間に位置し，オーストラリアが領有権を主張している(東経56度25分と東経59度34分の間)．オーストラリアは，この地域を含む，南緯60度から極点までの扇形の地域全体の領有権を主張している．ケンプランド西部のエドワード7世湾入口には，約20 km にわたって小さな島々が東西方向に分布し，エイガルデングループ Øygarden Group とよばれている．

[前杢英明]

ケンブリッジ　Cambridge

ニュージーランド

人口：0.6万 (2013)　[37°53′S　175°28′E]

ニュージーランド北島，ワイカト地方の町．ワイパ地区の平地に位置し，ワイカト川に沿う．ハミルトンの南東26 km にあり，国道1号が町を通っている．町はノース，ウェスト，セントラルに分かれている．ワイパ地区では最大の都市であり，ワイカト地方ではハミルトン，タウポに次ぐ第3位の都市となっており，木々とチャンピオンの町として知られている．サラブレッドの産出でも有名で競走馬，馬術馬のチャンピオンを多く生んでいる．ワイカトの侵略後の1864年，ヨー

ロッパ人町として開かれた．地名は，当時のイギリス陸軍最高司令官であったケンブリッジ公ジョージ王子の名にちなむ．1997年に北海道美幌町と姉妹都市提携を結んだ．

[植村善博・太谷亜由美]

ゲンホー市　根河市　Genhe　中国

ゲゲンゴル市　Gegengol (モンゴル語)

人口：15.7万 (2011)　面積：20000 km²
[50°20′N　120°12′E]

中国北部，内モンゴル自治区北東部，フルンボイル(呼倫貝爾)地級市北東部の県級市．ゲゲンゴル(清らかな河)というモンゴル語の漢語表記(葛根高勒)から略してとった地名で，領域内には黒竜江水系の支流が複数流れている．1994年にもとのエルグナ(額爾古納)左翼旗を市に改めたものである．民族構成は漢族が大多数を占め，モンゴル族が約1万，その他の少数民族が1万程度である．年平均気温は−5℃で，中国で最も寒冷な都市といわれている．市域の91％が大興安嶺山脈の森林地帯に覆われ，中華人民共和国建国以後は複数の国営林業局が設置され，木材供給基地として発展してきた．現在は国立森林公園として観光地開発にも力を入れている．

[ボルジギン・ブレンサイン，杜　国慶]

ケンリー区　墾利区　Kenli　中国

人口：22.8万 (2015)　面積：2331 km²
標高：2.5–11 m　[37°34′N　118°34′E]

中国東部，シャントン(山東)省北東部，トンイン(東営)地級市の区．2016年に県から区となった．ホワン(黄)河河口に位置する．黄河上流から大量の土砂が運ばれ河口に堆積したため，三角州の先端が東へ延びている．ションリー(勝利)油田の中心鉱区で，石油と天然ガスの埋蔵量が豊富である．東部の三角州地帯は国立自然保護区であり，115種の鳥類が生息している．穀類，野菜，綿花の栽培，海水養殖，養蚕などが盛んである．高速道路と東営勝利空港がある．

[張　貴民]

ゴア　Gore　　　ニュージーランド

人口：0.7万（2013）　　[46°06′S　168°56′E]

　ニュージーランド南島，サウスランド地方の町．マタウラ川中流部に位置し，河川が形成する谷底平野とその自然堤防上に立地する．サウスランド内陸部の中では最も規模の大きな町であり，小・中学校，総合病院，地方裁判所，警察署などの公共施設はもちろんのこと，ショッピングセンターなども立地しており，周辺農村に対する財やサービスの供給地ともなっている．町の主要部はウェストゴアとジャコブスタウン Jacobstown であり，川の西岸に位置している．他方，川の東岸にはイーストゴアという西岸よりもやや規模の小さな地区が存在している．おもな産業は，農畜産物，林産物関係の加工業であり，たとえば，製材，食肉加工，種苗，ニット，乳酸品加工，製粉などの工場が点在している．褐炭の採掘はこの町の最大の産業であり，郊外には採掘場が立地している．石灰岩の採掘もまた盛んで，南西 11 km のワイムム Waimumu には採掘場が立地している．農業については，小麦とエン麦の栽培と牧羊とを一体化させた混合農業が主流であるが，羊に関しては最高級のロムニー種がこの地で飼育されており，ゴアはいわばロムニー種の国内外への供給地として広く知られている．

　町は中心部に広い通りをもち，通りに面した家々は庭園のように美しいガーデニングが施されており，歴史的建造物の保全にも町全体で取り組んでいる．ゴルフコースやスイミングプール，乗馬クラブなどもあり，スポーツ施設が整っているといえる．この町はまた，自然景観の美しい周辺観光地への拠点ともなっている．たとえば，フィヨルドランドや南部の湖水地方，オタゴ中央の農村部，マタウラ川中流部の釣り場やシカの狩り場，南東部の海岸などをあげることができる．この地にヨーロッパ人が入植したのは 19 世紀半ば以降であるが，それまではマオリの住む小さな集落が点在していた．1851 年にオタゴ植民地政府のコミッショナー W・J・ステファンが，2 万 8000 km² にも及ぶ土地をマオリから買い上げたことからこの地の開拓が始まり，その後しだいに町としての骨格が築かれ，19 世紀末には今日の町の基礎ができ上がった．

〔泉　貴久〕

ゴア州　Goa, State of　　　インド

人口：145.8万（2011）　面積：3702 km²
降水量：3000 mm/年　　[15°29′N　73°49′E]

　インド西部の州．1961 年にポルトガル領から返還されてインド政府の直轄領となり，その後 87 年に州として独立した．州都はパナジ．北ゴアと南ゴアの 2 つの県からなる．半島部インドの西岸に位置し，北はマハーラーシュトラ州，東と南はカルナータカ州に接し，西はアラビア海によって画される．西ガーツ山脈とアラビア海にはさまれた細長いコンカン海岸の一部をなし，西ガーツ山脈中の最高点は標高 1167 m に達する．河川は西ガーツ山脈からアラビア海に向けて流れ下るが，それらの中でズアーリ川とマンドヴィ川は流域が最も広く，水資源としてとくに重要な河川である．ズアーリ川の河口は三角江の形状を有し，天然の良港となっている．熱帯モンスーン気候であり，海岸に位置するため，1 年中高温多湿である．平均月最低気温は約 20°C を下らない．また南西モンスーンの影響を強く受け，年平均降水量は非常に多い．

　2011 年の人口は約 146 万で，国内で第 4 位の小さい州である．人口の増加が顕著で，ポルトガルからの返還時の 1961 年には 59 万であったが，81 年には 100 万を超え，その後も増勢が続いている．識字率は 87%（2011）ときわめて高く，全国の 74% と比べても 10% 以上の差がある．州公用語はコーンクーニー語であり，住民の 61% によって第一言語として話されるが，他の多くの住民もコーンクーニー語を解することはできる．ポルトガル語はかつて唯一の公用語であったが，いまはその地位にはない．州人口の 66% はヒンドゥー教徒であり，次いでキリスト教徒が 26%，イスラーム教徒が 8% を占める．

　16 世紀に入りポルトガルはヨーロッパとインドの間の貿易を支配下に置くため，インド西岸の主要な港に要塞を築いた．ゴアはそれらの中でも最も重要な位置を占めるようになり，アジアにおけるポルトガルの全植民地を統治する拠点として栄えた．ゴアとリスボンの間には定期航路が開かれ，天然の良港を背景としてポルトガルとアジアを結ぶ重要な中継地となった．17 世紀初頭に黄金時代を迎えたが，同時期のオランダの進出でポルトガルの海上支配は崩れ，ポルトガルの海上覇権はしだいに衰えていった．しかし，オランダのたびかさなる攻撃や，イギリスのインド支配の下でもポルトガルのゴア領有は保持さ

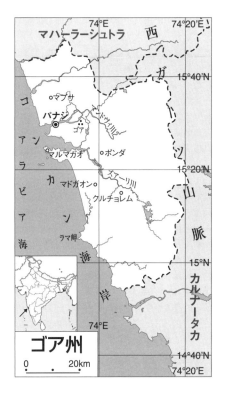

ゴア州(インド),フランシスコ・ザビエルの遺体が安置されたボム・ジェズ聖堂《世界遺産》〔Nataliia Sokolovska/Shutterstock.com〕

れた.インドの独立後,インド政府はポルトガルに領土の返還を求めたが,当時の政権は応じなかった.しかし,1955年,非暴力で領土返還を求めるデモ隊にポルトガルの警察が発砲して多数の死者,負傷者を出す惨事が起こり,それをきっかけにポルトガル統治への反感が高まり,インド政府が61年にポルトガル領に武力侵攻した.これによりポルトガルの植民地支配は終結した.

経済的には国内の最富裕州の1つで,近年急速な成長をとげている.インドでも最も高い1人あたりGDPを誇る.主要産業は観光業であり,国内のみならず外国からも多くの観光客を集めている.インドの他地域と異なる観光資源が魅力となっている.長年にわたるポルトガル支配によって植民地時代の建物と文化が残っており,「ゴアの教会群と修道院群」は1986年にユネスコの世界遺産(文化遺産)に登録された.フランシスコ・ザビエルの遺体が安置されたボム・ジェズ聖堂のほか,アッシジ聖フランシス修道院教会,セ・カテドラルなどさまざまなキリスト教の宗教建築が残っている.観光業に次ぐ産業は,豊富で良質な鉱産資源を背景とした鉱業であり,鉄,ボーキサイト,マンガンなどを産出する.農業は経済における地位を低下させているが,多くの住民にとって副業的な役割を果たしている.主要産物は米であり,その他,カシューナッツ,ココナッツを産する.近年,経済特区(SEZ)が多数設置され,州政府は工場の誘致や工業地域開発にも取り組んでいる. 〔岡橋秀典〕

ゴアーヒル Gore Hill ☞ ノースシドニー North Sydney

ゴアルパラ Goalpara インド

人口:4.9万(2001) 標高:35 m
[26°10′N 90°37′E]

インド北東部,アッサム州西部,ゴアルパラ県の都市で県都.ゴアルパラ県は,1980年代に創設された.ブラマプトラ川沿いの平坦地域にある.住民の大部分は農業に従事し,工業化は遅れている.近年,町の郊外に新たに工業団地が開発された. 〔岡橋秀典〕

ゴイ Ngoi ラオス

ノーンキアウ Nong Khiaw (別称)／ムアンゴイ Muang Ngoi (通称)

人口:3.0万(2015) 面積:2756 km²
[20°42′N 102°40′E]

ラオス北部,ルアンパバーン県北部の郡.ルアンパバーンの北東138 km,国道1C号とウー(ナムウー)川が交差するところに市街地が形成されており,通常ノーンキアウとよばれる.ウー(ナムウー)川が郡の南北を貫いており,山岳地が多く道路が敷かれていない住民の移動手段として河川交通が使用されている.ノーンキアウは,ゴイで生産・採取された農林産物を,ラオス北部最大の都市である県都ルアンパバーンへ送るための集荷拠点として機能しており,中国からも農林産物の仲買人が訪れている.1990年代に入ると,ウー(ナムウー)川の河川交通は外国人観光客の移動手段としても利用されるようになった.石灰岩の切り立った岩山が連立するゴイのウー(ナムウー)川中下流域に位置するムアンゴイ(ゴイヌア)村では,観光客の増加とともに簡易宿泊施設が立地するようになり,多

ゴイ(ラオス)，両脇に簡易宿泊施設が並ぶメインストリート〔横山 智提供〕

くの外国人観光客が訪れている．〔横山 智〕

コイカン ☞ **グイガン市 Guigang**

ゴイダーラグーン　Goyder Lagoon

オーストラリア

降水量：130–150 mm/年

[26°40′S　139°10′E]

　オーストラリア南部，サウスオーストラリア州北東部の湿地．ディアマンティーナ川の流域に広がる．川の増水時には，一時的に浅い湖となる．ディアマンティーナ川は，クイーンズランド州中部のフィヌケーンFinucane山脈付近に発し，州西部を南下してサウスオーストラリア州の北東部に入り，ゴイダーラグーン内を分流する．さらに下流はウォーバートン川となってエア湖の北湖に注ぐ．湿地は，ディアマンティーナ川に水が流れていないときにはほとんど干上がるが，クーンチェラ泉，ギブソンズキャンプ泉など，無数の水たまりや泉がある．この付近には，かつて家畜の移動ルートだったバーズヴィルトラックが通っているが，そのルートは当初，ゴイダーラグーン内の西部(インナートラック)を通過していた．しかしディアマンティーナ川の水量が増えたときには，湿地は湖となって通過できなくなるので，新たに湿地の東側を大きく迂回するルート(アウタートラック)が建設された．いまでは普段も後者のルートが使用されている．この付近は，年間降水量は少なく，一年を通じて乾燥が激しく，夏には高温の日が続く．地名は，サウスオーストラリア植民地時代の測量長官，ジョージ・G・W・ゴイダーにちなむ．

〔片平博文〕

コイチョウ省 ☞ **グイチョウ省 Guizhou Sheng**

コイナ湖　Koyna Reservoir

インド

シヴァジサーガル湖　Shivajisagar Lake (別称) ／シヴサーガル湖　Shivsagar Lake (別称)

長さ：50 km　幅：1 km　深さ：80 m　堤長：808 m
堤高：103 m　貯水量：2797 百万 m³

[17°24′N　73°45′E]

　インド西部，マハーラーシュトラ州サタラ県にあるダム湖．プネの南約120 kmにある．クリシュナ川の支流のコイナ川を堰き止めて形成された大規模なダム湖である．インド独立後の最大の土木計画として，1963年に完成した．ダムはコイナ川開発計画の4つのダムのうちで最も大きい．堰き止められた湖は，南北にほぼ直線状に細長く延び，幅は1 km程度であるが，長さは50 kmに及ぶ．マハーラーシュトラ州西部への用水の供給と発電を行っている．　〔大竹義則〕

コイヤン市 ☞ **グイヤン市 Guiyang**

コイリン市 ☞ **グイリン市 Guilin**

コインバトール　Coimbatore

インド

人口：106.1万 (2011)　標高：400 m

[11°00′N　76°57′E]

　インド南部，タミルナドゥ州西部，コインバトール県の都市で県都．西ガーツ山脈東麓の標高約400 mの高原上にある．州都チェンナイ(マドラス)の南西430 kmに位置する．タミルナドゥ州においてはチェンナイに次ぐ第2の都市である．同市はインド東部のコロマンデル海岸と西部のマラバル海岸とを結ぶ交通路の要衝であり，東方からの鉄道や道路はここで合流し西へと向かう．また，避暑地として有名なオオタカムンドをはじめとしたニルギリ丘陵への玄関口として多くの観光客が訪れる．コインバトールは交通の結節点であるとともに製造業の集積する工業都市としての性格も有する．その業種は多岐にわたり，旧来からの織物業をはじめ，繊維機械，自動車部品，電気機械などの機械工業，鉄鋼業やアルミニウム工業などが立地しており，大企業も少なくない．その一方で，市の周辺部は肥沃な土壌と熱帯性の気候を背景として綿花や茶，タバコなどの生産が行われており，州内でも先進的な農業地帯である．また，南インドで最も有名な農業大学であるコインバトール農業大学があり，この地域の農業の発展に多大な貢献をしている．

〔北川博史〕

コーウェル　Cowell

オーストラリア

人口：0.1万 (2011)　　[33°41′S　136°55′E]

　オーストラリア南部，サウスオーストラリア州南東部の町．エア半島東部の沿岸，フランクリンハーバーとよばれる浅い湾の奥に位置する．プリンセスハイウェイからポートオーガスタを通り，リンカーンハイウェイ経由で，州都アデレードから北東へ503 kmの距離にある．農業，漁業の中心地であり，またヒスイ(翡翠)の加工でも有名である．この付近に初めてやってきたヨーロッパ人は，エア半島の多くの地域を探検したマシュー・フリンダーズ(1774-1814)である．彼は1802年，この付近にやってきたとき，ここが非常

に平坦な陸地に囲まれていたため，港と間違えてしまった．そのときの話をもとにして1840年，当時のサウスオーストラリア植民地総督のG・ゴーラー(1795–1869)は，この湾をフランクリンハーバーと名づけた．地名は，タスマニアの総督代理で南極探検家として知られたジョン・フランクリン(1786–1847)にちなんでつけられたものである．フランクリンは，フリンダーズが港と勘違いした1802年の航海時に，海軍兵学校の生徒として調査に加わっていた．

湾の中の港に適した場所は，フリンダーズの航海後，約40年近くを経た1839年になって湾の北側に見出された．コーウェルの場所がそれである．港としてのフランクリンハーバーは，49km²にも及ぶ内湾が広がる一方で，外海への入口はわずか100mの幅しかなく，当時はエア半島でいちばん安全な港として知られていた．やがて1850年代に入ると，フランクリンハーバーは小麦栽培や羊放牧の農民が内陸部へと向かう玄関口となり，アデレード方面から多くの入植者が帆船でやってくるようになった．コーウェルが町として正式に登録されたのは，さらに時代が下った1880年のことである．ときの総督はウィリアム・F・D・ジャーヴォスであったが，彼はしばしば友人や家族の名前を地名としていた．ちなみに地名は，当時ウィンザー城の総督代理をしていたジョン・コーウェル卿にちなんで名づけられた．町の背後地のエア半島内陸部における開発は，その後20世紀初期にかけて活発に行われ，1930年代までにほぼ内陸部全体の開拓が進められた．現在，町中には1880年代に建設されたホテルや郵便局が残っている．郵便局の建物は現在，民俗博物館となっている．ヒスイの加工工場があり，内部の見学も可能である．ヒスイは1965年に，農民によって偶然発見された．付近には，まだ約8万tもの埋蔵量があると推定されており，アメリカや日本，ドイツ，カナダ，ニュージーランドなどにも輸出されている．漁業は，スペンサー湾を眼前に控えて，魚種が非常に豊富である．湾内ではカニやカキもとれる．休暇を利用して，アデレード方面から観光目的でやってくる釣り客も多い． 　　　　　　　　　　［片平博文］

コウォン　高原　Kowon　　北朝鮮

面積：1107km²　標高：5m　気温：10℃
降水量：1250mm/年　　　［39°26′N　127°15′E］

北朝鮮，ハムギョンナム(咸鏡南)道南部の町で郡庁所在地．幾度かの改編があったが

1974年に現在の領域に定まる．東部にクムヤ(金野)平野，西部は山地であるが，北朝鮮でも温暖な地．鉱山の町で無煙炭と良質の黒鉛，石灰石を産する．石灰石は浮来山セメント工場とハムフン(咸興)の2.8ビナロン工場に送られる．1km²のニジマス養殖場が知られる．交通の要衝で東西に平羅線が通り，江原線が分岐する． 　　　　　　　　　　［司空　俊］

こうが　黄河 ☞ ホワン河 Huang He

こうしゅうし　広州市 ☞ コワンチョウ市 Guangzhou

こうしゅうし　杭州市 ☞ ハンチョウ市 Hangzhou

こうしゅうわん　膠州湾 ☞ チャオチョウ湾 Jiaozhou Wan

こうすいし　衡水市 ☞ ホンシュイ市 Hengshui

こうせいしょう　江西省 ☞ チャンシー省 Jiangxi Sheng

こうせいそうぞくじちく　広西壮族自治区 ☞ コワンシーチワン族自治区 Guangxi Zhuangzu Zizhiqu

こうそしょう　江蘇省 ☞ チャンスー省 Jiangsu Sheng

コヴド Kovd ☞ ホヴド Khovd

コウハイ湖　Cau Hai Dam　ベトナム

面積：114km²　　　［16°19′N　107°51′E］

ベトナム北中部，トゥアティエンフエ省フーロック県とフーバック県にまたがる潟湖．フーロック県で南シナ海と結ばれている．トゥアティエンフエ省には海岸線に沿ってトゥイトゥ潟，ラップアン潟など多くの潟湖があ

り，省内のほとんどの河川はこれらの潟湖に注ぐ．総延長は約70km，総面積は約220km²にも及び，中でもこの湖と省の北部に位置するタムザン Tam Giang 潟(約49km²)は2大潟湖といわれる．これらの潟湖では水産業が盛んであり，エビの養殖なども行われている． 　　　　　　　　　　［筒井一伸］

ゴウハーティ　Guwahati　　インド
Gauhāti (別称)
人口：96.3万(2011)　　　［26°09′N　91°46′E］

インド北東部，アッサム州カムルプ Kamrup 県の都市で県都．西暦400年代にはカンプラ Kamrupa のヒンドゥー王国の首都であり，丘の頂上に多数の寺院を有している．イギリスの支配下でアッサムの首都となる以前の1816～26年にかけて，ビルマ(現ミャンマー)に支配されていた．ブラマプトラ川の河港であり，橋によって北岸のカクッタ Cacutta に通じる道路と鉄道網とを連絡している．ディブルガルおよびカリームガンジ行きの鉄道，およびシロンとアガルタラ，インパールとディブルガルとを結ぶ国道が走る．ゴウハーティ紅茶取引所の本部がある．茶の梱包，軽工業，化学物質，肥料，金管楽器・ベルの金属加工，竹細工，絹，フルーツジュースなどを含む工業生産も発達している．ゴウハーティ大学と国立インド工業大学がある．空港がある． 　　　　　［澤　宗則］

ごうひし　合肥市 ☞ ホーフェイ市 Hefei

こうほくく　閘北区 ☞ チャーペイ区 Zhabei

こうようし　衡陽市 ☞ ホンヤン市 Hengyang

コウララキ Kouraraki ☞ プロヴィデンス岬 Providence, Cape

コーカナダ Cocanada ☞ カーキナーダ Kakinada

コガラ　Kogarah　　オーストラリア

人口：1.3万（2011）　面積：2.6 km²

[33°57′S　151°08′E]

オーストラリア南東部、ニューサウスウェールズ州南東部、ジョージスリヴァー行政区およびベイサイド行政区の都市．州都シドニー中心部の南約14 kmに位置する．地名は、ジョージス Georges 川の北岸にあるコガラ湾からその名前をとった．住宅、商業、工業が混在し、学校やヘルスケアサービスの町としても知られている．住宅地には、低・中密度の戸建住宅地区や高密度の高層アパート地区がある．商業地には聖ジョージ銀行の国内本社があり、同地区最大のショッピングセンターであるコガラタウンセンターには、郵便局や2つのスーパーマーケット、多数の専門店や居酒屋が入っている．聖ジョージ病院はこの地域の主要な病院で、州の広い範囲から患者を受け入れている．　　　　［牛垣雄矢］

コカンド　Kokand　　ウズベキスタン

Qoʻqon（別表記）

人口：19.5万（1999）　標高：409 m

[40°31′N　70°56′E]

ウズベキスタン東部、フェルガナ州の都市．州都フェルガナの西85 km、フェルガナ盆地の西部、ソフ川の下流に位置する．首都タシケントからフェルガナ盆地への鉄道と自動車道路の分岐点である．人口は1897年の8.1万から1926年6.8万に減少後、64年12.5万、91年17.5万と推移している．フェルガナ州でフェルガナに次ぐ工業、交通、文化の中心地で、伝統的に商業が盛んである．農薬、化学肥料の生産が行われ、自動車修理、綿花精製、履物、メリヤス、縫製、油脂、食肉加工などの工場がある．南部に硫黄を埋蔵している．近くに中央アジア最古の陶器産地リシタンがある．

インド、中国への隊商路にあり、10世紀の史料に現れる．13世紀モンゴルに占領され、1732年に周囲20 kmで12の城門のある城壁に囲まれたエスククルガンが形成された．1740年コカンド・ハン国の首都となったが、このハン国は58年にはブハラ・エミール国から独立し、18世紀末にはフェルガナ全体を統一した．18世紀後半、コカンド・ハン国は、清朝の藩属として朝貢したが、1826年には逆に清朝の新疆支配を脅かし、30年にはカシュガルを一時占領し、最盛期を迎えた．1868年ロシアとウズンアガチ（現カザフスタン）で戦った後に臣従し、73〜76年のコカンド蜂起後ロシア軍に占領され、トルキスタン地方の一部とされた．1917年のロシア革命直後、口語教育の普及を通じてイスラーム社会の近代化を図ろうとしていたジャディドのグループは、当地でトルキスタン・ムスリム大会を開いて自治を宣言した．これをコカンド自治体とよぶが、1918年2月に赤軍の攻撃によって壊滅した．

18世紀以来の文化財が多く、代表的なものにメドレセ・ミル（1799）のドフマ・イショホンとマダリハンの霊廟（19世紀前半）、1863〜73年にミール・ウバイドゥラによって建てられ、現在コカンド地誌博物館となっているブドヤル・ハン宮殿（ウルダ）などがある．ウズベクの現代作家・政治活動家ハムザ・ハキムザデ・ニヤージー（1889–1929）の生地でもある．　　　　［木村英亮］

こきゅう　故宮　☞　ツーチンチョン　Zijincheng

コクサン　谷山　Koksan　　北朝鮮

面積：521 km²　標高：155 m　気温：8.8℃

降水量：1300 mm/年　[38°47′N　126°40′E]

北朝鮮、ファンヘブク（黄海北）道北東部の郡．1402年に郡制．北部に彦真山脈、東部に阿虎飛嶺山脈、南西部にはシンゲ（新渓）などの台地が広がる．北朝鮮で山間地帯といえば谷山を示すぐらいの僻地であった．それでも古く高句麗時代から交通要地として重要視された．西部の玄武岩台地は40 mほどの厚さで埋まる．石灰石、天然スレートを埋蔵する．1945年8月以前日本軍の訓練所があった．地方原料からつくられたサルナシ酒、山桔梗酒、五味子酒などが有名．道路で四方に結ばれる．　　　　［司空　俊］

コクシェタウ　Kokshetau　　カザフスタン

コクチェタフ　Kokchetav（別称）

人口：14.7万（2010）　[53°18′N　69°25′E]

カザフスタン中央部、アクモラ州の都市で州都．首都アスタナの北西299 kmに位置する．森林ステップの南端にあり、鉄道の駅、コクシェタウ空港がある．ロシアのカザフスタン征服期、1824年に要塞として創設された．1930年代、ソ連のポーランド政策によって、離散ポーランド人の町となった．1944年3月にこの町を中心としてカザフ自治共和国のコクチェタフ州が創設されたが独立期にアクモラ州に編入された．牛の市場や機械修理プラントのほか、北部には金鉱がある．革なめし、食品加工、アルコール蒸留、消費物資生産が行われる．ボロヴォエ（ブラバイ）リゾートなどの観光地としても知られる．　　　　［木村英亮］

コクソン　谷城　Gokseong　　韓国

人口：2.9万（2015）　面積：547 km²

[35°16′N　127°18′E]

韓国南西部、チョルラナム（全羅南）道東部の郡および郡の中心地．行政上は谷城郡谷城邑．北はチョルラブク（全羅北）道ナモン（南原）市と接している．ソムジン（蟾津）江が形成した、南原から続く盆地の南部を占める．2010年の谷城郡の人口は2.7万である．

コカンド（ウズベキスタン），外観のタイル装飾も美しいブドヤル・ハン宮殿〔eFesenko/Shutterstock.com〕

544　コクチ

〈世界地名大事典：アジア・オセアニア・極Ⅰ〉

1975年の人口は約9万であったので，この間に約3割に減少した．郡域を全羅線とナメ（南海）高速道路が通過する．　　　[山田正浩]

コクチェタフ　Kokchetav　☞　コクシェタウ　Kokshetau

コクトカイ県　富蘊県　Koktokay

中国

ふうんけん（音読み表記）／フーユン県　富蘊県
Fuyun（漢語）

人口：8.1万（2002）　面積：34000 km²
[47°00′N　89°31′E]

　中国北西部，シンチャン（新疆）ウイグル（維吾爾）自治区北部，イリ（伊犁）自治州アルタイ地区の県．アルタイ（阿爾泰）山脈の南麓，エルチシ（イルトゥイシ）川の上流に位置し，北はモンゴルに隣接する．1941年にブルルトカイ（布倫托海）県から分離して県が設置された．地名はウイグル語で緑の密林を意味する．漢字表記の富蘊は鉱物資源に富むことから名づけられたものである．県内には非鉄金属や銅，ニッケルなどの鉱山がある．牧畜業が盛んである．　　[ニザム・ビラルディン]

ゴクプロシュ山地　Gokprosh Range

イラン／パキスタン

標高：1325 m　長さ：約200 km　幅：約50 km
降水量：1000 mm／年　　[25°55′N　63°40′E]

　パキスタン南西部，バローチスタン州南部，トゥルバット県にあるマクラーン海岸山脈の支脈で，東はケッチ渓谷の南東部から，西はイランのバホーカラートにいたる．中央部付近をダシュト川が南西に流れ，山地を東西に分断している．東部は標高1000 m以上のところもあるが，西部は低く概して高原状をなしている．　　[出田和久]

コグム島　居金島　Geogeumdo

韓国

巨金島，金山島（別称）

面積：50 km²　　[34°27′N　127°11′E]

　韓国南西部，チョルラナム（全羅南）道南部の島．コフン（高興）半島の南に位置する．行政上は高興郡クムサン（錦山）面に属する．錦山面は居金島を中心に，周辺の20あまりの島から構成される．大部分が丘陵性の山地で，最高峰は積台峯（標高592 m）．農業は畑

作が中心であったが，干拓が進んで，ニンニク，玉ねぎ，米などの生産が増えた．近海は豊かな漁場である．対岸の鹿洞港と船で連絡していたが，2011年，居金大橋で直接本土と結ばれるようになった．　　[山田正浩]

コグム島　古今島　Gogeumdo

韓国

人口：0.5万（2015）　面積：43 km²
[34°24′N　126°48′E]

　韓国南西部，チョルラナム（全羅南）道南部の島．カンジン（康津）湾の湾頭に位置する．西にはワンド（莞島），東にはチョヤク（助薬）島，南にはシンジ（薪智）島がある．行政上は莞島郡古今面．生産活動は漁業が中心であり，かつては製塩も行っていた．農業は畑作が中心で，麦，ゴマ，サツマイモ，ニンニクなどを生産している．1999年，東の助薬島と薬山橋で結ばれ，2007年には北の康津半島南端と古今大橋で結ばれるようになった．
[山田正浩]

コクヤンガク　Kok-Yangak

クルグズ

人口：1.1万（1999）　[41°03′N　73°06′E]

　クルグズ（キルギス），ジャラルアバド州南部の都市．フェルガナ山脈の南西麓，州都ジャラルアバドの北東23 kmに位置する．1930年以後に発展した．炭鉱の中心地であり，ほかにパン工場，レンガ工場，発電所がある．1932年以来，鉄道カラス一線の終点となっている．　　[木村英亮]

ゴーグラ川　Gogra River　☞　ガーガラ川　Ghaghara River

こくりゅうこうしょう　黒竜江省　☞　ヘイロンチャン省　Heilongjiang Sheng

コグンサン群島　古群山群島　Gogunsangundo

韓国

人口：0.4万（2015）　面積：241 km²
[35°49′N　126°27′E]

　韓国南西部，チョルラブク（全羅北）道北西部の群島．クンサン（群山）の西方海上に位置する．行政上は群山市沃島面．仙遊島，新待島，巫女島，防築島など，63の島からなる

が，有人島は16に過ぎない．新待島など本土に近い島は，セマングム防潮堤で直接本土と連絡されるようになった．多くの島は標高150 m以下の丘陵性地形である．島が円状に配置されていて，その内側は水深が浅いため，魚の産卵場所となっていて，好漁場である．海岸は，きれいな砂浜が広がっていて，海水浴客に人気がある．　　[山田正浩]

ココス諸島　Cocos Islands

オーストラリア

キーリング諸島　Keeling Islands（別称）／ココスキーリング諸島　Cocos-Keeling Islands（別称）

人口：0.1万（2011）　面積：14 km²
[12°07′S　96°54′E]

　インド洋東部，オーストラリア領の諸島．オーストラリア西部，ウェスタンオーストラリア州の州都パースの北西約2950 km沖合に位置する．27のサンゴ島からなり，全島の面積は約14 km²である．キーリング諸島ともいう．人口は550で，その約80％はホーム島に居住する．サウスキーリング諸島はラグーン（礁湖）のまわりにU字型の環礁を形成している．1609年，イギリス東インド会社のウィリアム・キーリング船長によって発見された．1826年には，多くのマレー人を伴ったイギリス人のアレクサンダー・ヘアが最初に移住した．翌1827年，彼の元部下であったスコットランド人のジョン・クルーニーズ＝ロス船長が別の島に移住し，以降，約150年にわたり彼の一族が諸島で実権を握ってきた．一家はアジア各国から労働者を受け入れココナッツのプランテーションを開園し，島はコプラとココナッツ交易拠点となり，島名もココヤシに由来する．その後，1886年のシンガポールへの帰属を経て，1955年にオーストラリア領となる．ノースキーリング島は1995年にプルキーリングPulu Keeling国立公園となった．
[菊地俊夫]

ココダトレイル　Kokoda Trail

パプアニューギニア

長さ：100 km　　[8°52′S　147°42′E]

　南太平洋西部，メラネシア，パプアニューギニア南部の山道．ニューギニア島南東部，オーエンスタンリー山脈を越え全長100 kmに及ぶ．第2次世界大戦中の1942年，オーエンスタンリー山脈を越えて，ポートモレスビーを攻略しようとする日本軍とそれを阻止

しようとするアメリカ・オーストラリア連合軍の間に激しい戦いが行われた場所として知られる．連合軍側にとってニューギニアでの初めての陸上戦での勝利であり，戦局の転換をもたらすものとなったこの戦いは，従軍したニューギニア人兵士の活躍とともに，いまでもオーストラリアの歴史に刻まれている．近年，沿道の整備により，トレッキングなどでこの地を訪れる人が増えている．

［熊谷圭知］

ココヘッド　Koko Head
アメリカ合衆国

標高：192 m　　［21°16′N　157°42′W］

北太平洋東部，ポリネシア，アメリカ合衆国ハワイ州，オアフ島南東部の岬．州都ホノルルの東にある有名な凝灰岩の円錐形火山のうちの1つであり，ハナウマ湾を見下ろす湾南西の岬．ハナウマ湾の北東部にはココクレーターがあり，その古い名称はコヘレペレペで，意味は「女性の秘部に似た形」である．ココの語源は「血」を意味する．現在は，ハロナ潮吹き穴，ココクレーター植物園，ハナウマ湾ビーチパーク，サンディビーチなどを含むココヘッド地域全体が郡立の地域公園となっている．また，ココヘッドに隣接する広大な開発地区は，高級住宅地，ショッピングセンター，マリーナなどのあるハワイカイである．

［飯田耕二郎］

ココポ　Kokopo
パプアニューギニア

人口：2.0万（2000）　　［4°21′S　152°16′E］

南太平洋西部，メラネシア，パプアニューギニア東部，イーストニューブリテン州の町で州都．ニューブリテン島北東岸に位置し，1884～1910年はドイツ領ニューギニアの中心地が置かれていたが，北に隣接するラバウルの建設によりその地位を譲った．1994年，約20 km離れたラバウルが火山の噴火により市街地の大半が火山灰に埋もれ，その都市機能を失って以降，それを代替する都市として人口が急増し，発展している．町には，政府庁舎のほか，商店，中華レストランなどがある．

［熊谷圭知］

ゴーコン　Go Cong
ベトナム

人口：9.6万（2013）　面積：102 km²

［10°22′N　106°41′E］

ベトナム南部，メコンデルタ，ティエンザン省の都市．5つの行政区と7つの村によって構成されている．1989年に設置．ホーチミン中央直属市からミートーに通じる国道50号を中心とした交通の要衝である．ゴーコンおよび西接するゴーコンタイ県，東接するゴーコンドン県では真珠やアワビ，イカなどの海産物が有名である．

［筒井一伸］

ゴサインターン山　Gosainthan
中国

ガオセンザン峰　高僧賛峰（古称）／シーシャバンマー峰　希夏邦馬峰　Xixiabangma Feng（漢語・別称）／シシャパンマ　Shishapangma（チベット語）

標高：8027 m　　［28°21′N　85°46′E］

中国西部，シーツァン（チベット，西蔵）自治区南部，シガツェ（日喀則）地級市ニャラム（聶拉木）県の山．ヒマラヤ山脈中部に位置する．かつてはガオセンザン（高僧賛）峰とよばれていた．世界に14座ある8000 m峰のうち第14位の山である．また，唯一完全に中国の領域内に立地する8000 m級の山でもある．別名のシシャパンマ（希夏邦馬）峰はチベット語で，気候が厳寒で天気は変化が激しく過酷であることを示す．また，チベット族は多くの神話や歌謡の中で当峰を吉祥の神山と呼称している．高低差の似通った3つの峰から構成されており，それぞれ主峰から北西200 mの地点に標高8008 m，400 mの地点に標高7966 mの高度をもってそびえる．氷河が集中していることでも有名で，北部の斜面には全長13.5 kmのヤボカンジャルォ（野博康加勒）氷河，ダチュ（達曲）氷河などがある．また，南部の斜面には全長16 kmのフチュ（富曲）氷河が存在する．2003年までに201人が登頂に挑戦し，19人が亡くなっている．1964年，中国隊により初登頂された．

［石田　曜］

コサン　高山　Kosan
北朝鮮

面積：431 km²　標高：192 m　気温：11℃
降水量：1200 mm/年　　［38°51′N　127°25′E］

北朝鮮，カンウォン（江原）道中部の町で郡庁所在地．1952年，アンビョン（安辺）郡から分離した．朝鮮戦争時期に輸送のため険しいチョルリョン（鉄嶺）（峠，標高677 m）を越えたことで広く知られる．年中強風が吹き荒れるので，風高山の異名をもつ．経済は農業が基本で，米，果樹，養鶏が盛ん．光明鉱泉がある．江原線，鉄嶺越えの道路が走る．

［司空　俊］

コシ川　Kosi River
中国～インド

朋曲（漢字表記）／Bum chu（チベット語）／アルン川　Arun River（ネパール語）／クーシ川　Kusi River（別称）

面積：74500 km²　長さ：720 km

［25°25′N　87°15′E］

中国，チベット高原に源流域をもち，ネパール東部でヒマラヤ山脈を横断，南下し，インド北部ビハール州でガンジス川に合流する川．コシ川はインド領内での呼称で，ネパール領内ではアルン川，中国領内では朋曲またはチベット語でBum chuとよばれる．原流域の一部にはエヴェレスト山北側の氷河域が含まれる．造山・地震帯としてのヒマラヤ山脈を，深く長いチャルトラ Chartra 峡谷をつくって横断するため，多量の土砂を運び出し，ネパールのシワリク丘陵より南のヒンドスタン平原への出口に巨大な扇状地（長さ180 km，幅150 km）を形成している．衛星画像上で認められるいくつもの旧流路は，洪水を伴う近来の流路変遷を物語る．国境域のネパール側河道に，洪水対策としてコシ堰が1958年から62年にかけて建設されたが，以後も2008年の大洪水をはじめ，多くの被害を出している．一方，流域のシルトを堆積した扇状地一帯は，肥沃な土壌と地下水に恵まれ，いくつもの灌漑水路網とあいまって，米，トウモロコシ，サトウキビなどの豊かな農業地帯となっており，ヒンドスタン平原の中でも有数の人口稠密地でもある．上流域には，1979年にユネスコの世界遺産（自然遺産）に「サガルマータ国立公園」として登録された，エヴェレスト山一帯を含むサガルマータ国立公園（ネパール）や，コシ川扇状地の本川左岸ネパール側一帯にコシタップ Kosi Tappu 野生動物保護区がある．

［貞方　昇］

コジアスコ国立公園　Kosciuszko National Park
オーストラリア

コジウスコ国立公園，コジオスコ国立公園　Kosciusko National Park（別表記）

面積：6500 km²　標高：2228 m　長さ：168 km
幅：45 km　　［36°00′S　148°20′E］

オーストラリア南東部，ニューサウスウェールズ州南東部，州内最大の国立公園．オーストラリア大陸最高峰のコジアスコ山（標高2228 m）やタウンゼント Townsend 山（2209 m）を含む山岳地帯からなり，ユネスコの生物圏保護区に指定されている．公園では夏はハイキング，冬はスキーを楽しめる．また，森林限界を超える地域では草原，泥炭地，湿

原などがパッチワーク状に点在し，それ以下ではスノーガムによって特徴づけられる森林地帯が広がり，高山植生を満喫できる．園内にあるクータパタンバ Cootapatamba 湖は，オーストラリア大陸にある湖の中で最高地点(2050 m)に位置する．公園はスノーウィー川，マレー川，ガンガーリン川などの流域を含む．

［藁谷哲也］

コジアスコ山　Kosciuszko, Mount
オーストラリア

Tar-gan-gil（別称）／コジウスコ山，コジオスコ山　Kosciusko（別表記）

標高：2228 m　降水量：1500 mm/年

[36°27′S　148°16′E]

　オーストラリア南東部，ニューサウスウェールズ州南東部の山．グレートディヴァイディング山脈のスノーウィー山脈に位置する．オーストラリア大陸の最高峰である．コジウスコ，コジオスコなどともよばれるが，先住民は，しばしばこの山を Tar-gan-gil とよぶ．イギリス名は，1840年にポーランドの探検家のポール・エドムント・ストショレスキがポーランドとリトアニアの英雄タデウシュ・コシチュシュコ(Kościuszko)にちなんで命名した．山頂までは，複数の登山道があるが，スレドボから標高1930 m までリフトで上ると約6.5 km と近い．また，ジンダバインからペリッシャーヴァレー Perisher Valley を経由してシャーロット Charlotte 峠までは車で行くことができ，そこから約8 km で山頂に到着する．コジアスコ国立公園内にあるため，毎年約10万人の観光客が訪れ，とくに冬季はスキーヤーで賑わう．標高1755 m のシャーロット峠観測所(1981〜2010)によると，年平均の最高気温は10.3°C，最低気温−0.4°C で，7月には−23°C まで下がったこともある．また，1981年には3.6 m の積雪を記録した．

［藁谷哲也］

コジウスコ山　Kosciusko　☞ コジアスコ山
Kosciuszko, Mount

コジェ　巨済　Geoje
韓国

人口：26.1万 (2015)　面積：402 km²

[34°53′N　128°37′E]

　韓国南東部，キョンサンナム(慶尚南)道南端の都市．巨済島の中心地で，島の北側の湾奥に位置する．1989年，長承浦邑が長承浦市となり，95年，長承浦市と巨済郡が合併して，巨済市になった．2010年の人口は約23万である．巨済市が成立した1995年の人口は約15万であったので，この間1.5倍に増加した．巨済市の主要な産業は，漁業と造船業である．国家公団からの助成を受けた造船所が操業している．

［山田正浩］

コジェ島　巨済島　Geojedo
韓国

人口：23.1万 (2010)　面積：383 km²

[34°53′N　128°37′E]

　韓国南東部，キョンサンナム(慶尚南)道南部の島．韓国の島嶼中，チェジュ(済州)島に次いで2番目の面積をもつ．行政上は，島全体が巨済市域となっている．山地の多い地形である．また，海岸線は屈曲に富み，北側と南側に大きな湾入部がある．南の湾入部が，巨済湾である．海岸の最南部は，ハルリョ(閑麗)海上国立公園(海金剛地区)に指定されている．島の中央にケリョン(鶏竜)山(標高566 m)が位置している．西の統営市とは巨済大橋，新巨済大橋で結ばれ，北東の加徳島，釜山市域と2つの橋と海底トンネルで結ばれている．

［山田正浩］

コジオスコ山　Kosciusko　☞ コジアスコ山
Kosciuszko, Mount

コジコーデ　Kozhikode
インド

カリカット　Calicut（別称）

人口：43.2万 (2011)　降水量：3796 mm/年

[11°15′N　75°45′E]

　インド南部，ケーララ州北部，コジコーデ県の都市で県都．カリカットともよばれる．コジコーデ県の人口は308.6万，面積は2345 km² (2011)．州都ティルヴァナンタプラムの北380 km，ベンガルール(バンガロール)から南西270 km の，アラビア海に面するマラバル海岸の港湾都市．一年を通じて湿度が高い．7世紀頃よりアラブ商人の居住が始まり，13世紀頃にはアラブとの貿易拠点としての地位を確立した．マルコ・ポーロやイブン・バットゥータは，カリカットにおけるアラビア商人の繁栄ぶりを記している．当時は，おもに香辛料や綿製品の輸出が行われた．交易品であったキャラコ(白の木綿地)の名は現地呼称のカリカットに由来すると考えられている．ヴァスコ・ダ・ガマの上陸地(1498)として有名であるが，実際の上陸地はコジコーデの町から北16 km にあるカッパードゥである．カッパードゥビーチにはヴァスコ・ダ・ガマの上陸記念碑がある．

　16世紀以降はヨーロッパとの貿易拠点となり，ポルトガル(1511)，イギリス(1644)，フランス(1698)，デンマーク(1752)がそれぞれの交易所を開設し，南インド最大の貿易港となった．1789年にマイソールを拠点とするティプー・スルタンがこの地域一帯を支配下に置いた．その後，1792年にイギリス領となった．19世紀以降は，港が浅く大型外洋船の接岸が困難であったことなどから，南のコチの興隆とともに港市としての地位を低下させた．しかしチークや紫檀など木材の輸出港としては，今日においても重要な地位を維持している．南5 km にあるカッライに

コジアスコ山(オーストラリア)，山頂付近の眺め〔Shutterstock〕

は，世界的な木材取引市場があり，運河で結ばれている．

コジコーデ県は農業が盛んであり，米，タピオカ，油料作物，サトウキビ，香辛料，ココナッツ，茶，コーヒー，ゴム，バナナの生産が行われている．また漁業も重要な産業となっている．コジコーデでは，木材やコーヒーの加工，タイル，石けん，靴下，香水の生産や造船業が盛んである．また国際空港があり，多くの住民が中東の産油国へ出稼ぎに出ている．一方近年ではケーララ州政府によってITパークの建設が進められている．観光業も盛んで，市周辺には，イルカの泳ぐ姿をみることができるドルフィンポイントや，市街地から北5kmのイーストヒルにはパザッシラージャー考古学博物館があり，古代壁画の複製，ブロンズ像，硬貨のほかケーララ州最古の巨石モニュメントの模型が展示されている．その隣にはクリシュナ・メノン博物館や美術館がある．カリカット大学には海洋研究所が併設されている． ［南埜 猛］

コーシャン県　克山県　Keshan
中国

人口：49万（2012）　面積：3632 km²
［48°02′N　125°52′E］

中国北東部，ヘイロンチャン（黒竜江）省西部，チチハル（斉斉哈爾）地級市の県．県政府は克山鎮に置かれる．地名は，20世紀初めに県が置かれた際に，県城の北にある一組の火山丘が，モンゴル語で門を意味するクルクルトゥ（克爾克爾図）とよばれていたことにちなんで命名された．シャオシンアンリン（小興安嶺）山脈の南に位置し，ソンネン（松嫩）平原に続く過渡的な地区．黒土が広がり，大豆とジャガイモの生産が盛んである． ［小島泰雄］

ゴジュンバカン山　Ngojumba Kang
中国/ネパール

標高：7743 m　［28°06′N　86°41′E］

ネパール北部と中国南西部にまたがる山．ヒマラヤ山脈中部，クーンブ山群の高峰である．ネパールと中国の国境稜線上にあり，ネパールのナムチェバザールから北約34 kmに位置する．山名は，チベット語で3つの頂がある雪山を意味し，その名のとおり，東西方向の稜線の西端にⅠ峰（標高7743 m），その東約1.8 kmにⅡ峰（7646 m），さらに東約1 kmにⅢ峰（約7500 m）がある．Ⅰ峰から西に続く稜線上約3 kmにはチョオユー（卓奥友）山（8201 m）があり，この稜線上には顕著なコル（鞍部）がないため，ゴジュンバカンⅠ峰をチョオユー山の衛星峰と見なすこともある．南壁側はゴジュンバ氷河の源流部をなし，北壁は1000 m以上の比高でギャチュン氷河に切れ落ちる．初登頂は，Ⅰ峰を1982年の韓国・ネパール合同隊，Ⅱ峰を65年の植村直己率いる明治大学隊が達成した．
［松本穂高］

コジン　巨津　Geojin
韓国

［38°27′N　128°27′E］

韓国北東部，カンウォン（江原）道最北端の町．行政上はコソン（高城）郡巨津邑．軍事境界線まで約30 km．カンソン（杆城）とともに高城郡の中心地である．天然の良港であり，江原道北部ではソクチョ（束草）と並ぶ漁業基地である．スケトウダラ，サンマ，イカなどが水揚げされる．ワカメも多く採集される．北方の花津浦は潟湖で，海水浴場があり，また釣り客も多い． ［山田正浩］

コーズウェイベイ　Causeway Bay
トンルオワン　銅鑼湾　Tongluowan
中国

トンロンワン（別表記）

［22°17′N　114°11′E］

中国南部，ホンコン（香港）特別行政区，香港島の街区であり，広東語ではトンローワンとよばれる．香港島の北岸，ワンチャイ（湾仔）の東側に位置し，東区に属す．東西に走るヘネシーロード（軒尼詩道）をメインストリートとした，香港島で最も繁華な商業地区である．歴史的には，アヘン貿易を担ったジャーディン・マセソン商会の本拠地として開発が始められた．デパート，ショッピングセンターやホテルが多く集まっており，地下鉄，トラム，バスが頻繁に往来して交通の便がよい．海底トンネルでヴィクトリアハーバー（維多利亜港）を越えてカオルーン（九竜）のホンハム（紅磡）と結ばれている．繁華街の東側には香港で最も広いヴィクトリア公園があり，運動施設や図書館が整備されている．春節（旧正月）や中秋節などの頃には提灯が灯され，年末の花市は多くの人出で賑わう．南に接するハッピーヴァレー（跑馬地）には競馬場がある． ［小野寺 淳］

コスゴダ　Kosgoda
スリランカ

標高：16 m　［6°20′N　80°02′E］

スリランカ，南部州ゴール県の村．コロンボから国道A2号で南へ約73 km，ベントタとアンバランゴダの中間に位置する．並行して走る国鉄南部海岸線の駅がある．ドゥア川の河口から南に走る海岸一帯は海浜リゾート地が続き，リゾートホテルが立地する．もともと，ミドリガメの産卵の地として有名で，卵の孵化を行う保護センターも設置されていたが，インド洋大津波の被害が大きく，保護活動が一時中断した．付近には，起源が古く1929年の建物再建時にタイ王室が礎石を設置したことで知られるガネゴデラ仏教寺院がある． ［山野正彦］

コスタナイ　Kostanay
カザフスタン

Qostanai（別表記）/クスタナイ　Kustanay（旧称）/ニコラエフスク　Nikolaevsk（古称）

人口：30.1万（2010）　面積：240 km²
［53°13′N　63°38′E］

カザフスタン中央北部，コスタナイ州の都市で州都．首都アスタナの西北西約600 kmに位置する．トボル川流域に面し，鉄道の分岐点である．また，ロシアとの道路交通の要衝であり，チェリャビンスク，エカテリンブルク，チュメニなどへの道路が延びている．コスタナイ国際空港にはドイツのフランクフルト，ハノーファなどとを結ぶ国際便が発着している．1879年ロシア人住民によって築かれ，93年に町から市に昇格した．ニコライ2世をたたえ1895年まではニコラエフスクとよばれ，製粉工場，醸造工場が建設された．1960年代に処女地開墾によってその中心地として発展した．1997年までの名称はクスタナイ．現在は新しい工業地帯として化繊，縫製品，食品などの消費財，鉄筋コンクリート製品など建築材料，皮革製品の工場がある．トボル川に沿って3 km以上延び，アベリサイの谷によって本来のコスタナイと工業地区とに分かれる．近くのルドヌイに鉄鉱山がある．8つの高等教育施設，8つの博物館，2つの劇場，またイスラーム教スンニ派のモスクなど多くの歴史的文化遺産がある．
［木村英亮］

コスタナイ州　Kostanay Region

カザフスタン

Kostanayskaya Oblast'（露語）／ Qostanay Oblısı（カザフ語）

人口：88.1万（2014）　面積：196001 km²
降水量：250-300 mm/年

[53°13′N　63°38′E]

カザフスタン北西部の州．州都はコスタナイ．西はアクトベ州，南はカラガンダ州，東は北カザフスタン州とアクモラ州，北はロシアの国境と接する．都市人口比率は54.2%．厳しい大陸性気候で，1月の平均気温は−19℃，7月は22℃である．州の最北部は西シベリア低地の南西縁，北西部はウラル山脈支脈とその山麓，南部は中央部にトゥルガイ凹地をもつトゥルガイ台地，南東部はカザフ小火山地帯である．主要河川はトボル川とトゥルガイ川，湖沼はテンギズ湖，クシムルン湖，サルイモイン湖，アクスアト湖，サルイコパ湖などの塩湖がトゥルガイ凹地に点在している．

ソコロフスカヤ，サルバイなどの鉄鉱石とトゥルガイのボーキサイトが際立っており，コバルト，ニッケルも埋蔵する．石炭，耐火粘土，石綿など非金属鉱床にも恵まれている．穀物，畜産物，鉱産物の生産地で，ジティカラに金鉱があり，石綿工場もある．北部の黒土ステップ草原は1954〜59年に4.7万km²が開拓され，播種面積が4倍となった．その大部分は穀物で，南シベリア鉄道北側で小麦，キビ，エン麦が栽培される．小麦の収穫量は200万tである．牛，豚，鶏は北部の穀作地帯で，羊や馬は天然飼料の豊富な南部で飼育されている．豚の飼育頭数は24万7000頭で国内最高である．食品産業が加工業の中心．鉄道は1311 km，道路は9517 km．被雇用者は50.6万人で，そのうちサービス業51.6%，農林漁業34.4%である．大学は9校，短期大学は23校ある．

住民は1999年，ロシア人42.3%，カザフ人30.9%，ウクライナ人12.8%，ドイツ人5.6%などで，ロシア人，ウクライナ人は北部に，カザフ人は南部に居住する．州は1936年に形成された． 　　　　［木村英亮］

ゴスフォード　Gosford

オーストラリア

[33°23′S　151°20′E]

オーストラリア南東部，ニューサウスウェールズ州中央東部，セントラルコースト行政区ゴスフォードイースト区の中心的都市．シ

ドニー都市圏北縁，州都シドニーの北約85 kmに位置し，ブリズベンウォーターとよばれる入江に面する．行政区の人口はシドニー大都市圏，ニューカッスル都市圏に次ぐ州内第3位の規模を有する．行政区の東はタスマン海に面し，南はホークスベリー川，西はジャッジダウリング山地，そして北はレークマクウォーリー行政区とセスノック行政区にそれぞれ接する．地名は，ジョージ・ギプス総督が1839年に友人の第2代ゴスフォード伯アーチボルド・アチソンにちなんで名づけたとされる．

ヨーロッパ人の入植以前，この地域にはガリンガイ（Guringai）とよばれる先住民がタスマン海沿岸に居住していた．ヨーロッパ人として初めてこの地を訪れたのは，ニューサウスウェールズ初代総督アーサー・フィリップで1788年のことであった．当初はシドニーからのアクセスが悪く，1823年までは入植は進まなかった．しかし，1850年にホークスベリーとブリズベンウォーターの間に道路がつくられ，89年にはホークスベリー川に橋がかけられてシドニーへの鉄道が開通した．町の産業も木材の伐採だけでなく，木材伐採後の土地に市場向け菜園と柑橘類の果樹園などがつくられ多角化が進んだ．この間，町は1886年に自治体を宣言し，1980年にゴスフォード行政区となった．中心商業地区は，現在，マン通りに沿って南北に連続する．この通りは1930年に開通したパシフィックハイウェイの一部であり，シティレールと平行に走っている．ここには，歴史的な建築物も多く，1848〜49年に砂岩で建築された裁判所（現在のセントラルコースト音楽学校 Central Coast Music Conservatorium）はセントラルコーストでは最も古い．また，イギリス国教会は1858年にイーストゴスフォードで建築されたものであるが，1906年にマン通りに移動された． 　　　　［藁谷哲也］

コスラエ州　Kosrae State

ミクロネシア連邦

クサイエ島　Kusaie Island（旧称）

人口：0.7万（2010）　面積：110 km²　長さ：15 km
幅：10 km　　　　[5°21′N　162°57′E]

北太平洋西部，ミクロネシア，ミクロネシア連邦の州．連邦の最東端に位置する火山島のコスラエ島を中心に構成される．首都パリキールのあるポーンペイ島の東南東約560 kmに位置する．州都はコスラエ島東部のトフォルである．コスラエ州は他の3州と比べても，人びとの信仰心があつく，ほとんどの

住民がキリスト教で会衆派教会に属し，教会は人びとの生活のすべての局面に深く関与している．1800年代後半にコスラエを襲った伝染病の影響があまりにも大きく，生き残ったコスラエの人びとは当時のキリスト教の宗派に対して絶対的な信頼を置くことになり，伝統的首長制が廃止された．アメリカ統治期にはポナペ地区に含まれたが，ミクロネシア連邦成立に際し，独立した州となった．

　　　　［柄木田康之］

コソン　固城　Goseong

韓国

王州，固州（古称）

人口：5.4万（2015）　面積：517 km²

[34°58′N　128°19′E]

韓国南東部，キョンサンナム（慶尚南）道の南部の郡および郡の中心地．行政上は固城郡固城邑．ハルリョ（閑麗）水道から入りこんだ湾の湾奥部に位置する．2010年の固城郡の人口は5.2万である．1975年の人口は約11万であったので，この間に約5割弱にまで減少した．交通手段に恵まれない地域であったが，トンヨン（統営）・テジョン（大田）高速道路が郡内を通過するようになった．

　　　　［山田正浩］

コソン　高城　Kosong

北朝鮮

面積：859 km²　標高：5 m　気温：11.3℃
降水量：1580 mm/年　　　[38°44′N　128°11′E]

北朝鮮，カンウォン（江原）道南東部の郡および郡庁所在地．東海岸に位置し，名勝地のクムガン（金剛）山がある．1952年に新設された．1954年9月23日の豪雨463.1 mmは記録的降水量である．朝鮮戦争時の激戦地の351高地，月飛山（標高456 m），温井嶺（857 m），援護峠（極楽峠，200 m）がある．北朝鮮の主要な水産基地でメンタイ，イワシ，ニシン，カレイが多い．金剛山の登山口があり，三日浦，オンジョンリ（温井里）温泉は一大保養地である． 　　　　［司空　俊］

コソン半島　固城半島　Goseongbando

韓国

[34°52′N　128°26′E]

韓国南東部，キョンサンナム（慶尚南）道南部の半島．海岸線は屈曲に富み，岬の突出部と湾入部が入り組んでいる．東は鎮海湾，西は固城湾，南はミルク（弥勒）島，ハンサン（閑山）島，コジェ（巨済）島に対峙する．南端

に位置するトンヨン(統営)市が中心地である．行政上は統営市と固城郡に分かれる．半島中央の碧芳山(標高650 m)を中心として四方に丘陵が広がっている．巨済島とは巨済大橋，新巨済大橋で，弥勒島とは忠武橋で連絡している．南の水域はハルリョ(閑麗)海上国立公園(閑山島地区)に指定されている．

［山田正浩］

コタ　Kota　　　インド

人口:100.1万 (2011)　　［25°11′N　75°50′E］

インド西部，ラージャスターン州南東部，コタ県の都市で県都．州都ジャイプルの南約250 kmに位置する．チャンバル川に面し，周囲には河谷平野が広がる．17世紀初めにコタ王国の都となり，イギリス統治下でも藩王国として存在した．首都デリーとムンバイ(ボンベイ)を結ぶ鉄道および国道12号が通り，交通の要衝となっている．周辺は農業地帯であり，小麦，大豆，綿花などがおもに生産され，これらの集散地となっている．市を流れるチャンバル川上流のガンディサーガルダムから供給される電力に恵まれ，重水，製紙，化学肥料，紡績などの工業が盛んである．サリーやコタ石の産地としても知られている．

［友澤和夫］

コタアグン　Kota Agung　　　インドネシア

Kotaagung (別表記)／コタアグンプサット　Kota Agung Pusat (通称)

人口:3.9万 (2010)　面積:77 km²　　［5°30′S　104°38′E］

インドネシア西部，スマトラ島最南部，ランプン州南東部，タンガムス県の郡で県庁所在地．州都バンダルランプンの西80 km，州内第2位の高山，タンガムス山(標高2102 m)の南麓で，スマンカ湾の最奥部に位置する．バンダルランプンに次ぐ州内第2位の港湾都市である．

［瀬川真平］

コダイカナル　Kodaikanal　　　インド

コダイ　Kodai (略称)

人口:3.6万 (2011)　面積:22 km²　標高:2100 m　　［10°15′N　77°31′E］

インド南部，タミルナドゥ州ディンディグル県の都市．省略してコダイとよばれることもある．州都チェンナイ(マドラス)の南西約440 km，西ガーツ山脈南部パルニー高原上に位置する．夏季の平均気温は約20°C，冬季は17°Cと一年を通じて温暖であり，瀑布や湖，山岳などの自然環境も秀麗であることから，19世紀のイギリス植民地期に同国やアメリカのキリスト教伝道者により避暑地として開発された．現在も南インドを代表するヒルステーション(高原避暑地)として多くの観光客を集めており，4～7月と9～10月がベストシーズンとされる．観光客の多くはマドゥライなどを経由して入り，山歩きや湖でのボート漕ぎを楽しむ．最寄りの鉄道駅は約80 km離れたコダイロード駅である．周囲の丘陵部で栽培される野菜や果物，コーヒーの集散地としても知られる．また，国内有数のインターナショナルスクールがあるほか，高所にあるため天体観測の条件に恵まれており，当地の天文台は太陽の観測で著名である．

［友澤和夫］

ゴダヴァリ川　Godavari River　　　インド

ゴドワリ川 (別表記)

面積:310000 km²　長さ:1465 km　　［16°45′N　82°21′E］

インド半島の中央部を西から東へ流れる川．西ガーツ山脈に源を発し，マハーラーシュトラ州を東南東に流下した後，テランガーナ州北部を南東に流れ，アンドラプラデシュ州でベンガル湾に注ぐインド第2の川．ゴドワリ川とも表記される．

マハーラーシュトラ州の州都ムンバイ(ボンベイ)の東方，ナーシク西方の西ガーツ山脈に水源がある．ナーシクより下流では，マハーラーシュトラ州中央部の広大なデカン高原をおおむね東南東にゆったりと流下している．途中，パイタン Paithan には，ジャヤクワディ Jayakwadi 灌漑用貯水池(堤長約4 km)がある．一帯はデカン綿花地帯となっている．ゴダヴァリ川がテランガーナ州界に到達すると，本流の南を並行して流れていたマンジラ Manjra 川が北に向きを変え合流する．マンジラ川には，堤長4 kmあまりのダムや堤長3 kmのニザム Nizam 貯水池など，規模の大きなダムが設けられている．合流後の本流では，ニルマルの南に堤長8 kmあまりの灌漑用ダムがある．

ニルマルの灌漑用ダム付近でデカン高原を抜けたゴダヴァリ川には，北部の水を集めて流下したプラナーヒタ Pranahita 川が合流し，さらにその下流では，東部の東ガーツ山脈に源流域をもち，マハーラーシュトラ州とチャッティスガル州の境界を北から流下してきたインドラヴァティ川が，テランガーナ州との3州の境界地点で合流する．その後，テランガーナ州の北部を南東にしばらく流下した後，東ガーツ山脈中を南西に流れてきた支流サルバリ Sarbari 川が合流する．合流直後に，バドラチャラム Bhadrachalam の下流で，アンドラプラデシュ州に入り，東ガーツ山脈を横切る峡谷となる．峡谷を刻む川は，狭いところでは幅200 mに狭まり，深さは60 mあまりにもなる．

峡谷を抜けたところにある川沿いの町ラージャムンドリから下流は，ゴダヴァリ川によって形成された広大な三角州平野となる．ラージャムンドリの下流8 kmにあるドウレスワラム Dowleswaram から海岸までの80 kmは，ゴウタミ Gautami 川とヴァシスタ Vasishta 川の2つの流れに分かれ，ベンガル湾に注いでいる．川幅6 kmあまりのドウレスワラムには，ドウレスワラム堰(建設したイギリス人灌漑技師の名にちなんでコトン Cotton 堰ともよばれる)が設けられ，三角州地帯に灌漑用水を供給している．水運にも利用でき，南西部のクリシュナ川の三角州平野の水路とつながっている．三角州平野は，多くの派川や灌漑水路が網目状に分布し，集落が散在する肥沃な水田地帯を形成している．この地は，インドで最初にヨーロッパ人が定住した場所でもある．ゴウタミ川河口から約18 kmさかのぼったところにかつてフランス植民都市であったヤーナム(プドゥシェリー連邦直轄地)がある．

ゴダヴァリ川は，ガンジス川に次ぐヒンドゥー教の聖なる川であり，その川岸にはラージャムンドリ，バドラチャラム，ナシク，トリムバク Trimbak などいくつかの巡礼の中心地がある．

［大竹義則］

コータウン　Kawthaung　　　ミャンマー

人口:11.7万 (2014)　　［10°02′N　98°34′E］

ミャンマー南端部，タニンダリー地方(旧管区)コータウン県の都市で県都．メイッ(ベイッ)の南約273 km，マレー半島北西部のタニンダリー地方にあるタイ国境に接するミャンマー最南端の都市である．タイ語の「2つの島」を意味するコ・ソーンが地名の起源である．歴史的にも文化的にもミャンマーとタイの両国を結ぶ都市で，16世紀バインエナウ大王(1516-81)のタウングー王朝時代から国境貿易で栄えてきた．インド洋側のアンダマン海に面した美しいビーチと，細長いリアス海岸と沖合の800以上の島々があるメ

550　コタキ

〈世界地名大事典：アジア・オセアニア・極I〉

ルグイ（ベイッ）諸島は，美しい景観とシュノーケリングやダイビングで賑わっている．とりわけ近年タイ側のカジノで注目されるタテイジュン（豪華島）への船はここから出航する．

[西岡尚也]

コタキナバル　Kota Kinabalu

マレーシア

ジェッセルトン　Jesselton（旧称）

人口：45.2万（2010）　面積：394 km²
[5°59′N　116°04′E]

　マレーシア，カリマンタン（ボルネオ）島北部，サバ州の都市で州都．南シナ海に面する．1990年代に都市人口は急増した．住民は，マレー系が約53％を占める．マレー系住民の中ではバジャウ人が最も多いが，ほぼ同数のカダザン人も居住する．これらのブミプトラに次ぐのがマレー人である．州内に居住する多様なマレー系住民は，経済開発の進行とともに，州都に集中する傾向にある．マレー系住民の合計は人口24.0万（2010）であり，中国人（人口9.3万）に比べてもかなり多い．北ボルネオ，すなわち現在のサバ州に相当する地域は，1888年にイギリスの保護領となるが，この地にイギリス人によって港湾施設が設置されたのは99年であった．コタキナバルの都市行政は，1930年代に人口が集中し，37年に都市衛生に関する部局が設置されたことから始まる．当時の都市名はジェッセルトンであった．1954年にはその組織が，都市行政の全般を所管するようになった．独立後の1967年に都市名が現名称に変更になり，79年に行政上の一般市の地位を獲得した．そして，1997年には首都と同格の特別市の位置づけとなった．
　第2次世界大戦中には市街地の多くが破壊され，戦後に再建された．さらに埋立てにより都市用地を形成したため，街路構成などが再編され，比較的整った市街地が形成された．独立以降は，サバ州の行政，教育，物資流通，コミュニケーションの中核となり，産業経済活動もこの都市を中心に展開するようになった．東南アジア各国首都との間や日本とも直接，航空路で結ばれているため，この都市がサバ州のゲートウェイとなっている．また，コタキナバル港は，州内の主要な港湾施設であり，マレー半島の各州やシンガポールとの物資流通拠点となっている．そして，都市郊外からボーフォートを経由して，テノムまで約130 kmあまりの区間をサバ州鉄道が走っている．州内は山岳地域が広がり，地形的な制約が大きい．このため交通・通信ネットワークの発達が十分ではないが，サバ州鉄道は，沿岸地域と内陸を結ぶ重要な交通機関となっている．マレーシア航空がコタキナバルとサバ州東岸の諸都市との間に定期航空路を開設しているが，サバ州東部地域との経済的連関が十分には発達していない．
　コタキナバルは，森林資源開発に依存するところが大きいサバ州の産業経済活動の拠点であり，州の金融センターでもある．国立銀行支店のほか多数の商業銀行，証券会社，保険会社が集中している．また，複数の工業団地が開発され，自由貿易地域の整備が進行している．州経済発展のために熱帯の自然環境を活かした各種研究開発活動がコタキナバルを中心に展開されている．

[生田真人]

コタクアラシンパン　Kota Kuala Simpang

インドネシア

クアラシンパン　Kuala Simpang（略称）

人口：1.8万（2010）　面積：4.5 km²　標高：22 m
[4°16′N　98°03′E]

　インドネシア西部，スマトラ島北部，アチェ州アチェタミアン県の郡．スマトラ島中央山脈から複雑な蛇行を続けながら東に流れるタミアン川の下流部に位置する．県庁が所在するカランバル郡（人口3.6万，2010）とはタミアン川をはさんで向かい合い，県の中心地域である．北西約25 kmにあるアチェ州ランサ市と，南東約130 kmの北スマトラ州の州都メダンとの間を結ぶ鉄道とスマトラ縦断道が通る．クアラシンパンと略してよばれることが多い．

[瀬川真平]

コタケファメナヌ　Kota Kefamenanu

インドネシア

ケファ　Kefa（略称）／ケファメナヌ　Kefamenanu（別称）

人口：4.3万（2010）　面積：74 km²　標高：600 m
[9°27′S　124°29′E]

　インドネシア中部，ティモール島中央部，東ヌサトゥンガラ州ティモールトゥンガウタラ県の郡および県庁所在地．州都クパンの北東約100 kmの内陸部に位置する小規模な都市である．1922年9月22日にオランダ植民地政府によってティモール島北中部軍政区の中心が別の集落から移され，今日までこの日がケファメナヌの成立年とされている．翌1923年に建てられた郡庁舎は，現在，ティモールトゥンガウタラ県の文書館として利用されている．1998年から2002年に勃発した当時のインドネシア領東ティモールの独立戦争の際には，東ティモール側から多数の難民が流入した．

[瀬川真平]

コタティンギ　Kota Tinggi

マレーシア

人口：8.5万（2010）　[1°44′N　103°54′E]

　マレーシア，マレー半島マレーシア領南部，ジョホール州コタティンギ郡の都市．ジョホール川に臨むコタティンギ地方の中心都市で，州都ジョホールバールの北東約35 kmに位置する．16〜18世紀にかけてジョホール王国リアウ王朝の都が置かれた．この時代の墓地や砦跡などが残る．パイナップル栽培の中心地である．市街の北東約15 kmのムンタハック山（標高634 m）南麓にあるロンボン滝は観光名所で，ジョホール川沿いのホタル観賞も観光名物となっている．郊外のバンダールトゥンガラは，ニュータウンであり，工業団地としても発展している．

[田和正孝]

コタノパン　Kotanopan

インドネシア

フタノパン　Hutanopan（別称）

人口：2.7万（2010）　面積：325 km²
標高：1000 m　[0°40′N　99°44′E]

　インドネシア西部，スマトラ島北部，北スマトラ州南部，マンダダイリンナタル県の郡．スマトラ島の脊梁山脈中の標高1000 m付近，西スマトラ州との州境近くに位置する．郡内をスマトラ縦断道が通り，北約350 kmにある州都メダンと南約200 kmにある西スマトラ州州都パダンの間にある交通の要衝である．郡庁はパサールコタノパン区（人口0.3万，2013）に置かれている．フタノパンとよばれることもある．

[瀬川真平]

コタバト　Cotabato

フィリピン

人口：29.9万（2015）　面積：176 km²
[7°14′N　124°15′E]

　フィリピン南東部，ミンダナオ島西部の都市．プランギ（ミンダナオ）川河口に位置する．地理的にはマギンダナオ州内にあるが，ソクサージェン地方に属する．もともと，北をラナオ台地，南西部をティルライ山地，東をミンダナオ中央高地に囲まれ，ミンダナオ川河口にいたる地域（コタバト平野），および周辺地域はイスラーム教徒の居住地だった．しかし，アメリカ統治期，制圧され，全地域がコタバト州と定められた．さらに，政府に

奨励されて，キリスト教徒の移住は1950～60年代著しかった．イスラーム教徒の土地，資源が失われていく過程でもあった．1970年代からイスラーム教徒による分離，独立運動が激しくなり，政府軍との衝突も続いてきた．民族問題を背景に1966年，コタバト州から南コタバト州が独立し，さらに73年コタバト州はマギンダナオ，スルタンクダラット，南コタバト（現コタバト）の3州に分かれた．しかし，1990年代にマギンダナオ州から分離してソクサージェン地方に属することとなった．

現在，市の住民の半数以上はイスラーム教徒のマギンダナオ族である．14％がセブアノ，10％がタガログ，7％がイスラーム教徒のイラノン族である．産業としては農業，漁業が中心．農作物としてはコタバト平野におけるココナッツ，トウモロコシ，米などがある．ゴム加工工場も4つある． ［佐竹眞明］

コタバト州　Cotabato, Province of
フィリピン

北コタバト州　North Cotabato, Province of（旧称）

人口：138.0万（2015）　面積：9009 km²
[7°01′N　125°05′E]

フィリピン南部，ミンダナオ島中部，ソクサージェン地方に位置する州．州都は東部のキダパワン（人口10万）．ミンダナオ（プラギ）川中上流部の肥沃な低地を占める．マギンダナオ王国の中心地域の1つで，スペイン支配に屈することはなかった．アメリカに平定されて1908年にコタバト州となったが，その後68年に州南部が南コタバト州として分離独立，73年には南部のスルタンクダラット州と西部のマギンダナオ州がそれぞれ独立，こうしていったん北コタバト州とよばれるようになったが，90年頃からコタバト州となった．旧コタバト州内最初の入植は1913年，入植地はピキット，入植者はセブアノであった．翌年から大量のキリスト教徒の入植が開始され，1918年にはミドサヤップにブアル入植農場学校が設立された．中部のカバカンには国立の南部ミンダナオ大学（元ミンダナオ工科大学MIT）がある．州西部一帯では1970年代後半から政府軍と反政府勢力の衝突がくり返され，多くの住民は疎開，避難を余儀なくされてきた．2001年から住民による地区ごとの「平和の場所」宣言による戦闘回避・終結の努力が続けられている． ［梅原弘光］

コタバル　Kota Bharu
マレーシア

人口：31.5万（2010）　面積：394 km²
[6°07′N　102°15′E]

マレーシア，マレー半島マレーシア領北東部，クランタン州の都市で州都．行政上は一般市である．住民構成をみると，マレー人が28.7万であり，総人口の大半を占めている．これに対して，中国人（人口1.9万）やインド人（人口0.1万）の居住人口は少ない．この一般市コタバルの南には，隣接してコタバル町も設置されているが，コタバル町（人口4.5万）でもマレー人が圧倒的に多く居住する．

1970年代にはコタバルを含むマレー半島東岸の主要都市では人口が急増した．コタバル以外のクアラトレンガヌやそれからクアンタンなどでも，10年間に都市人口が3倍になるほどの増加を経験した．マレー半島東岸における地方中心都市の1970年代の急速な人口増加は，マレーシアが70年から20年間にわたって推進した新経済政策と深く関係する．東海岸の諸州は西海岸に比べると中国人の居住がもともと少なく，マレー人の人口比率が大きかった．そして1970年代の新経済政策の進展が，マレー人の都市商業部門への参入と行政部門での雇用拡大をもたらした．こうした政策の進展が都市に住むマレー人の増加をもたらした．

地名は，マレー語で新しい町ないし新しい城を意味する．タイとの国境に近く，タイ様式の仏教寺院も多い．クランタン州はマレー半島の中では最もイスラーム教の影響が強くあり，伝統的な生活が営まれているが，その州都であるコタバルはその政治と文化の中心である．マレー人の伝統工芸である凧，バティック（ジャワ更紗），銀製品などの手工芸品の生産が盛んである．これらの伝統工芸や農業などにはタイ以外のインドシナ半島諸地域の影響もみられ，インドシナ半島からマレー半島へと続く地域の歴史文化的な一体性もうかがうことができる．

コタバルの空間構造は，スルタンの住む宮殿とそれに隣接する中央広場（パダン），それからイスラーム寺院などを中心としており，マレーの伝統的な集落構造の典型例となっている．これらの施設に近接して，都心の商業集積が展開する．そこには近代的なショッピングセンターが立地し，夕方には多数の屋台が並ぶナイトマーケットなどが開設されて，庶民的な買物の場所ともなっている．クランタン川の河口部に位置するが，市街地の中心部はクランタン川に沿って展開する．都市の都心部には，王室関係の建築物以外にもさまざまな博物館がある．クランタン州立博物館，カルチュラルセンター，イスラーム博物館，そして，戦争博物館などが代表的な施設である．戦争博物館には，旧日本軍に関連する展示物が多い．これは第2次世界大戦中に旧日本軍が，イギリス支配下のマレーシアで戦線を展開するためにコタバルに上陸した歴史的経緯による． ［生田真人］

コタバル　Kotabaru
インドネシア

コタバルプルラウト　Kotabarupululaut（別称）

人口：29.0万（2010）　面積：9423 km²
[3°14′S　116°13′E]

インドネシア中部，カリマンタン（ボルネオ）島，南カリマンタン州の県．カリマンタン島南東沿岸部および海峡をはさんで位置するラウト島（面積2057 km²）ならびにその周囲に点在する約90の小島嶼からなる．県庁は，ラウト島北端部を占めるプラウラウトウタラ郡（人口8万，2010）のコタバルトゥンガ区にある． ［瀬川真平］

コタバルプルラウト Kotabarupululaut
☞ コタバル Kotabaru

コタピナン　Kotapinang
インドネシア

人口：5.4万（2010）　面積：482 km²
[1°53′N　100°06′E]

インドネシア西部，スマトラ島北部，北スマトラ州ラブハンバトゥスラタン県の郡および県庁所在地．スマトラ中央山岳地帯から複雑な蛇行をくり返して北流するバルムン川（全長350 km）中流沿いの内陸部に位置する．スマトラ縦断道が通る． ［瀬川真平］

コタブミ　Kotabumi
インドネシア

人口：約15万（推）　面積：339 km²
[4°50′S　104°54′E]

インドネシア西部，スマトラ島南東部，ランプン州内陸中央部，ランプンウタラ県の3つの郡の総称．正式の行政区分ではコタブミと称される地域は存在しないが，コタブミコタ郡（人口5.2万，2010），コタブミウタラ郡（3.0万），コタブミスラタン郡（6.5万）の3つの都市的な郡を一括して慣用的にこうよぶ．県のほぼ中央部にあり，州都バンダルランプンの北西約80 kmに位置する．西方の春梁山脈バリサン山脈東部に発するラレム川

が付近を横切って東流する．20世紀初頭，オランダ植民地時代に敷設された鉄道路線が通る（運行は休止中）．この鉄道は，南スマトラ州南東部のバリサン山脈東麓に位置する地域中心地ルブックリンガウと現在のバンダルランプンの間を結ぶ．地域のおもな産業は農業で，水田稲作のほかに，陸稲，キャッサバ，トウモロコシ，大豆栽培などの畑作，コーヒー，ココヤシ，ゴム，コショウ生産などのプランテーション農業が行われる．住民の90％以上がイスラーム教徒である．コタブミコタ郡には県庁が所在する．　　［瀬川真平］

コタモバグ　Kotamobagu

インドネシア

人口：10.7万（2010）　面積：184 km²
標高：130-180 m　　　［0°43′N　124°19′E］

インドネシア中部，スラウェシ島，北スラウェシ州の市（コタ）．ボラアンモンゴンドウ Bolaang Mongondow 県の県都ロラック Lolak の南東約35 km，ミナハサ半島の内陸に位置し，標高130〜180 mで山に囲まれている．2007年に市となった．コタモバグスラタン Selatan，コタモバグティムール Timur，コタモバグバラット Barat，コタモバグウタラ Utara の4つの郡に分かれている．農業は稲作，トウモロコシ，コーヒーなどの栽培，そのほかに養鶏もある．また菓子類，パームシュガー，パイナップルジャム，コーヒーなどが家内工業で生産されている．また滝などの観光資源もあるが，あまり知られていない．　　　　　　　　　　［山口真佐夫］

コチ　Kochi

インド

コーチン　Cochin（旧称）

人口：60.2万（2011）　　［9°56′N　76°15′E］

インド南部，ケーララ州中部，エルナクラム県の都市．かつてはコーチンとよばれた．ケーララ州第2の都市であり，マハーラーシュトラ州の州都ムンバイ（ボンベイ）とともに，インド西海岸における重要な港湾都市であり，その美しさからアラビア海の女王とも称されている．また，ケーララ州の商業・貿易の中心となる門戸都市としても位置づけられている．マラバル海岸に面したコチは，南北に延びる内陸水路と西ガーツ山脈を越えてデカン高原へといたる東西の内陸交通路の交点にあり，現在でも南インドの物資の集散地となっているばかりでなく，インド洋交易の要衝として紀元前の時代から栄えてきた．

コチ（インド），コチ名物のチャイニーズフィッシングネット〔Bagrin Egor/Shutterstock.com〕

1502年にヴァスコ・ダ・ガマがポルトガル商館を開設して以来，1663年にオランダが占拠するなどの変化はあったものの，1947年のインドの独立までヨーロッパ人が領有してきた．イギリス領時代には隣接するトラヴァンコールと並んで，コーチン藩王国をつくっていた．こうしたヨーロッパ諸国による近代的築港工事の完成により，現在にいたるまでコチはインド有数の商業港兼軍港となっている．また，コプラ，香料，ゴム，コーヒー，茶，エビ，チークなどの輸出港として機能しているほか，造船業の立地もみられる．

インドにおいてはIT産業の成長が著しいが，コチを含むケーララ州は近隣のカルナタカ州やタミルナドゥ州などに比べると当該産業の集積は進んでいない．しかしながら，近年，コチはハイテクパークの整備などを通じて国際的な情報通信産業の集積地として開発されつつある．また，ヨーロッパ，アメリカ合衆国と東アジアを結ぶ主要な通信用海底ケーブルの中継点にあり，こうした利点を駆使し，光通信網を整備するとともに，IT関連サービス企業の誘致に積極的である．

コチは近隣の都市と一体的な都市圏を形成しており，おもにコチ，エルナクラム，ウィリンドン Willingdon 島，フォートコーチン Fort Cochin，マッタンチェリーの5つの地域から構成されている．エルナクラムは鉄道や長距離バスなどのターミナルや多くのホテルなどが立地するコチの玄関口となっているほか，衣服や香辛料などの卸売・小売業者も多数立地し経済的な中心ともなっている．一方，エルナクラムとは海をはさんで向かい側の人工島であるウィリンドン島には造船所やコンテナターミナルなどがあり，貿易港としてのコチを支える地区となっている．さらに，ウィリンドン島と海をはさんだ半島部にフォートコーチンとマッタンチェリーがあり，この地区にはポルトガル人やオランダ人によって建設された旧商館や教会などが立ち並び，ヨーロッパによる植民地時代の景観が残されている．　　　　　　　　［北川博史］

ゴーチウ市　箇旧市　Gejiu

中国

人口：46.6万（2013）　面積：1597 km²
　　　　　　　　　　［23°22′N　103°06′E］

中国南西部，ユンナン（雲南）省南東部，ホンホー（紅河）自治州の県級市．1951年に市制へ移行し58年から州都であったが，2003年11月に州都は東に隣接するモンツー（蒙自）市に移転された．1988年に雲南省の計画単列都市となり，地区や州と同等の権限が移譲されている．古くからスズの生産地として有名な工業都市で，錫都ともよばれ，中国のスズの70％以上を生産する．希少金属も産出される．文化大革命期の雲南で回族が虐殺された沙甸事件（1975）は，箇旧市街地に近い沙甸鎮で発生した．市街地は山に囲まれたチン（金）湖を取り囲むように開け，湖畔は観光ホテルが立ち並び，市民が憩う保養地となっている．　　　　　　　　　　［松村嘉久］

コーチシナ　Cochin China

ベトナム

交趾支那（漢字表記）/ナムキー　Nam Ky　南圻（旧称）

面積：68600 km²

ベトナム南部の旧地方名．フランス植民地時代のベトナム北部のトンキン（東京），中部のアンナン（安南）に対する南部の旧称であり，漢字では交趾支那と表記する．ただしベトナム人自身は，植民地時代以前からのナムキー（南圻）の名称を使用してきた．もともと交趾とは中国，前漢の武帝が設置した郡の名で，ベトナム北部に対する呼称であったが，その後は中部にあったグエン（阮）氏の支配地域に対する呼称となり，江戸時代初期の日本もこれを交趾国とよんだ．さらに南部のメコンデルタ地域にグエン氏の勢力が拡大すると，その地は下コーチシナとよばれた．19世紀後半以降はフランス直轄植民地となった南部の下コーチシナのみをコーチシナとよぶようになった．

フランスは1858年のサイゴン占領に続き，62年の第1次サイゴン条約により南部のグエン（阮）朝旧6省のうちディントゥオン省，ビエンホア省，ザーディン省の東部3省をフエ朝廷から割譲，サイゴンに設置されたコーチシナ総督府が，フランスのベトナム占領政策の拠点となった．1867年にチャオドック省，ヴィンロン省，ハティエン省の西部3省を併合，74年の第2次サイゴン条約によりフランス直轄植民地であるコーチシナが正式に誕生し，グエン朝時代の6省は約20の省に分割された．1887年にはインドシナ総督の下でコーチシナを含むフランス領インドシナ連邦（仏領インドシナ）が成立した．仏領インドシナにおいて，カンボジアやラオス，ハノイ，ハイフォンを除くトンキン，ツーラン（現ダナン）を除くアンナンなどは保護国であったのに対して，コーチシナとツーラン，ハノイ，ハイフォンは直轄植民地であった．そのためコーチシナの住民はフランス国籍をもつなど，他の仏領インドシナの地域とは異なる法的特色をもっていた．

第2次世界大戦後，1946年3月には国名に「コーチシナ」を冠した国が成立する．このコーチシナ共和国は仏領インドシナを構成する自治国と位置づけられたが，実際にはフランスの傀儡政権であり，実体のない存在であったため，1949年6月にベトナム国が成立するとこれに併合され，消滅した．

コーチシナは，北西部はカンボジア，北東部は旧アンナン，東部および南部は南シナ海，西部はタイ湾に臨む．ベトナム人（グエン氏）の支配が及ぶまで，この地域は，古くはチャム族のチャンパ王国によって支配され，その後12世紀頃にはカンボジアのクメール王国が占領した．現在の行政域ではビンフォック省，ドンナイ省，バーリアヴンタウ省以西に位置する1中央直轄市と17の省がおおよそコーチシナの領域と一致する．

旧アンナンとの境界を除いてはメコンデルタを中心とする平地が広がる．気候的にはサバナ気候に属し，雨季と乾季の差が激しい．5〜10月の雨季には降水量が2500 mmにも達することもある一方で，11〜4月の乾季は気温が高く，1〜2月にかけての降水量はほとんど記録しない．この地域はもともと湿地林が多く占める未開発地であったが，ベトナム人の入植により開発が始まり，仏領インドシナ時代の19世紀末から世界的な米価高騰もあり，大規模な水田開発が進んだ．1888年の水田面積は約8000 km²であったが，1931年には3倍弱の約2万2600 km²に達し，米の生産と輸出による仏領インドシナの経済的中心地としての地位を確立した．またラオスおよびカンボジアとの国境をなすチュオンソン（アンナン）山脈の南端部には，ゴムやコーヒー，紅茶，サトウキビのプランテーションがつくられた．その一方でアシ平原ともよばれたタップムオイ平原やマングローブ原生林に覆われたカーマウ半島では農業がほとんど行われず，開発が進んだのは1975年の南北統一以降のことである． ［筒井一伸］

コーチビハール　Koch Bihar

インド

Cooch Bihar（別表記）

人口：7.7万（2001）　　　［26°19′N　89°27′E］

インド東部，ウェストベンガル州コーチビハール県の都市で県都．県はバングラデシュと国境を接する．市は州都コルカタ（カルカッタ）の北約430 kmに位置し，ガンジスデルタの排水の悪い低地に立地し，国道33号が通過する．かつて当域からアッサム地方にかけて栄えていたコーチ王国が16世紀後半に東西に分離し，西側は当地を中心にコーチビハール王国となった．1773年にイギリスの保護国となり，そのままインド独立を迎えた．周囲の農村部では米，トウモロコシ，ジュート，タバコ，サトウキビなどが栽培され，その集散地となっている．工業としては皮革製品工業が盛んである． ［友澤和夫］

コチャ群島　巨次群島
Geochagundo

韓国

人口：0.3万（2015）　面積：64 km²

［34°17′N　126°03′E］

韓国南西部，チョルラナム（全羅南）道南西端の群島．行政上はチンド（珍島）郡鳥島面に属する．チン（珍）島のさらに南の海上の多くの島の総称である．群島全体が，タドヘ（多島海）海上国立公園（鳥島地区）に指定されている．下鳥島が最も大きく，上鳥島，観梅島，西巨次島，東巨次島などの順．漁業と観光に多くを依存した生活様式である． ［山田正浩］

コーチャオ区　柯橋区　Keqiao

中国

シャオシン県　紹興県　Shaoxing（旧称）／しょうきょうく（音読み表記）

人口：65.4万（2015）　面積：1066 km²

［30°00′N　120°35′E］

中国南東部，チョーチャン（浙江）省中北部，シャオシン（紹興）地級市西部の区．1912年，それまであった紹興府を廃止して会稽県と山陰県をあわせて紹興県とした．1949年には紹興専区が成立し，紹興県の都市部を紹興市，農村部を県とした．1983年地区（専区）が廃されて広域行政区の紹興市が誕生した．2013年紹興県は廃されて，紹興市の下で，柯橋区となった．4街道12鎮を管轄する．地名は区内にある金柯橋にちなむ．地勢は南西部が高く，北東部が低い．工業は紡織，捺染などを主とするが，醸造，化学肥料，建築材料などもある．そのうち醸造業は長い歴史をもち，紹興酒（黄酒）は中国の8大名酒の1つであり，加飯，状元紅，善醸などの銘柄は海外にも輸出されていて，東方名酒の王とよばれている．農業には稲，麦，トウモロコシ，茶などがある．淡水養殖業も発達している．名産品は腐乳（豆腐を発酵させ塩に漬けたもの）である．観光スポットには蘭亭，鑑湖，柯岩などがある．

［谷　人旭・秋山元秀］

コチャン　居昌　Geochang
韓国

人口：6万（2015）　面積：804 km²

［35°41′N　127°53′E］

韓国南東部，キョンサンナム（慶尚南）道北西端の郡および郡の中心地．行政上は居昌郡居昌邑．2010年の居昌郡の人口は約5.7万である．1975年の人口は約12万であったので，この間に約5割弱に減少した．チリ（智異）山，ソンニ（俗離）山，カヤ（伽倻）山の3つの国立公園に近く，自然環境に恵まれている．リンゴ，ブドウ，イチゴ，各種キノコ類などの農産物を生産している． ［山田正浩］

コチャン　高敞　Gochang
韓国

こうしょう（音読み表記）

人口：5.7万（2015）　面積：608 km²

[35°26′N　126°42′E]

韓国南西部，チョルラブク（全羅北）道南西端の郡および郡の中心地．行政上は高敞郡高敞邑．2010年の高敞郡の人口は5.3万である．1975年の人口は約17万であったので，この間に約3割強に減少した．郡内に多く分布する支石墓は，ファスン（和順），カンファ（江華）島の支石墓群とともに2000年に「高敞，和順，江華の支石墓群跡」としてユネスコの世界遺産（文化遺産）に登録された．また，郡域の北部は禅雲山道立公園に指定されている．ソヘアン（西海岸）高速道路が郡域を通過している．　　　　　　　　　　　　[山田正浩]

コック川　Kok, Mae Nam
ミャンマー/タイ

面積：7895 km²　　　[20°15′N　100°06′E]

ミャンマーからタイにかけて流れる川．ミャンマーのシャン州チエントゥンの山間部に源を発する，メコン水系の河川で，タイ北部のチエンマイ県メーアーイ郡でタイの領土に流入して東進し，チエンラーイ県メーチャン郡およびチエンセーン郡を通過してメコン川に合流する．タイ国内を流れる長さは110 kmである．ファーン川，ラーオ川，スワイ川の3つの支流がある．　　　　　[遠藤　元]

コックス川　Coxs River
オーストラリア

長さ：155 km　　　[33°45′S　150°11′E]

オーストラリア南東部，ニューサウスウェールズ州東部の川．中央高原，ブルーマウンテンズ，マッカーサー地方を流れる．ホークスベリー川およびニピアン川の集水域となっている．カレンバレンの東約6 kmのガーディナーズ峡谷に源流をもち，南〜東方向へ流れ，バラゴラン湖に流入する．この川をせき止めて形成されたバラゴラン湖は，リスゴーや州都シドニーなどの主要な水の供給源となっている．河川上流部では水質汚染が懸念されており，調査の結果，銅やマンガンなどの重金属や硫酸塩が検出された．川沿いでは，約44 kmの遊歩道（シックスフットトラック）や乗馬などが人気となっている．

[比企祐介・牛垣雄矢]

コックスバザール　Cox's Bazar
バングラデシュ

人口：16.7万（2011）　面積：6.9 km²　標高：3 m

降水量：3524 mm/年　　　[21°35′N　92°01′E]

バングラデシュ南東部，チッタゴン管区，コックスバザール県の都市で県都．チッタゴンの南152 kmに位置する．1799年に町は成立したが，その歴史はトリプラ王国，アラカン王国からイギリス東インド会社領時代の120 kmに及ぶ砂浜が連続し，現在は国内リゾート地であるとともに国際的なホテルなども建設されてきている．地名は第2代のベンガル長官，管区大佐のヒラム・コックス（1760–99）にちなんだものである．隣国ミャンマーに近く，ミャンマーによるイスラーム教のロヒンギャ族への迫害で，難民が市郊外のキャンプに居住している．　　　　[野間晴雄]

コックバーン　Cockburn
オーストラリア

人口：90（2006）　　　[32°05′S　141°00′E]

オーストラリア南部，サウスオーストラリア州北東部の町．バリアーハイウェイ沿いにあり，すぐ東はニューサウスウェールズ州との州境である．ブロークンヒルの西南西50 kmに位置する．パース〜シドニー間を結ぶインディアンパシフィック（大陸横断）鉄道が通る．集落は1886年に成立した．1890年代から20世紀の前半にかけて，機関車や乗組員を交替させる駅として賑わいをみせた．しかし1969年，集落の北側数kmに新しい標準ゲージ（軌間）の鉄道が敷かれたことに伴い，それ以降は衰退した．地名は，サウスオーストラリアの首相だったジョン・A・コックバーンにちなむ．　　[片平博文]

コツクモアナ　Kotukumoana ☞ ブラナー湖 Brunner, Lake

コックルクリーク　Cockle Creek
オーストラリア

[43°35′S　146°52′E]

オーストラリア南東部，タスマニア州南端の川．タスマン海の入江であるルシェルシュ湾に注いでいる．州都ホバートの南南西148 kmに位置し，ヒューオンハイウェイにてグリーブストンを越え，未舗装のC 635号を

進んでいく．河口より10 km先は原生林の奥深くで調査がむずかしく，先の様子は明らかになっていない．コックルクリークと聞いて川をイメージすることはまれで，地域名として認識されている．オーストラリア最南端の民家（標高28 m）があり，C 635号には道路標識のように「人口3名」の看板が目印で存在する．

原始的な環境でのエコツーリズムができる場として知られ，カヤックや山岳登山，キャンプなどのアウトドアで人気の地域である．ユネスコの世界遺産（複合遺産）に登録されている「タスマニア原生地域」のサウスウェスト国立公園への南の玄関口になっている．開拓の歴史は1872年にフランス人探検家アントワーヌ・レイモンド・ジョセフ・ドゥ・ブリュニー・ダントルカストー提督の上陸により始まる．当時はアザラシや貝をとって暮らすタスマニアン・アボリジニの集落があり，先住民とヨーロッパ人の友好的な関係がしばらく続いた．しかし，イギリス人が上陸してからは支配下に置かれ，タスマニアン・アボリジニはブルーニー島に強制移動され始めた．1830年代からは水産業や林業が栄える移住拠点として発展した．マッコリー湾内のサラ島刑務所へ受刑者を護送する港ができ，全盛期は人口2000になった．現在は捕鯨船団の波止場や見張台の史跡はあるが，海風による風化が激しく，わずかながら当時の面影を想像させるのみである．　　　[武井優子]

コッコン州　Koh Kong Province
カンボジア

人口：11.7万（2008）　面積：10090 km²

[11°24′N　103°30′E]

カンボジア南西部の州．州都はコッコン．北はポーサット州，東はコンポンスプー州，南東はプレアシハヌーク州，南から西にかけてはタイ湾に面し，北西の一部はタイとの国境をなす．未開発の海岸線および山がちな森林に覆われ，大部分がアクセス不能な内陸部（カルダモン山脈の一部とキリロム国立公園の一部を含む）を有している．州内に8郡，33コミューン，133村が存在する．州の地勢は，おもに東南アジア全土でも最大の遷移林である豊富な熱帯雨林に覆われた広大なカルダモン山脈の山岳地域，マングローブ林のある南部および西部の海岸地域（ピエムクロサオップ国立公園）からなり，山と海岸にはさまれた地域には小規模な低地水田および低地と高地のモザイク地域がある．気候はこうした特徴のある地勢的条件に影響され，雨が

豊富で，年平均降水量は南西部で 2600〜3200 mm，北部および西部では 3200〜3800 mm にも及ぶ．乾季は 4 カ月に満たない．

市街の一部では開発が進み，とくに 2002年，国道 48 号沿いに開通当時カンボジア最長（現在はネアックルン橋に次いで第 2 位）のコッコン橋（全長 1900 m）がコッコン（カオパオ Kaoh Pao）川に建設されて以来，周辺地域の発展が著しい．国道 48 号は南東のプレアシハヌークからコッコンを通り，橋を渡って老舗カジノホテルのコッコンリゾート，タイ湾岸沿いの主要な経済地区を経由し，北西のタイ国境検問所へとつながる．観光ではエコツーリズム，数々の滝，アグロツーリズム，カジノなどを楽しむことができるが，ここ 10 年あまりの急速な開発と激しい人口流入が，マングローブその他の森林資源に深刻な影響を及ぼしている．

[ソリエン・マーク，加本　実]

コッスラー　Koh Sla　　カンボジア

ターカエンコッスラー　Takaen Koh Sla（正称）

人口：1.4 万（推）　面積：376 km²
降水量：1400-3000 mm/年

[10°48′N　104°27′E]

カンボジア南部，カンポット州チューク郡の地区（コミューン）．ほとんどの地域が低地と高地がモザイク状になったボコール山の丘陵地帯にある．正式名称はターカエンコッスラーであるが，国勢調査では単にターカエンと表記されている．気候は温暖湿潤で，年平均降水量は多く，乾季は 4 カ月に満たない．丘陵地帯，野菜と果物の畑からなるこの広大な地域は，1998 年まではクメール・ルージュの最後の拠点であり，今日では州内でも最も貧しい地域である．

[ソリエン・マーク，加本　実]

コッタグデム　Kottagudem　　インド

人口：8.0 万（2011）　面積：16 km²

[17°32′N　80°39′E]

インド南部，テランガーナ州カムマン県の都市．北へおよそ 120 km 離れたところで，チャッティスガル州と接する．また，ワランガルの東南東 121 km に位置する鉱業都市で，シンガレニ石炭地帯の鉱業経営の中心である．夏の最高気温が 48℃ という記録をもっていることでも名高い．　[前田俊二]

コッタヤム　Kottayam　　インド

人口：6.1 万（2011）　面積：55 km²

[9°34′N　76°31′E]

インド南部，ケーララ州コッタヤム県の都市で県都．コッラム（クイロン）の北 80 km に位置する．ゴム生産の重要拠点であり，ゴム，ロープ，マット，合板，タイルの各工業や自動車修理業，製材工場，精米所があり，トラヴァンコール大学分校もある．コッタヤムのよく知られた歴史はトラヴァンコール王国から始まる．行政単位として，1860 年，防衛上の重要な拠点として形成され，司令部が設置された．地名はコッタ（砦）とヤム（内側）に由来する．一方，ポルトガルがケーララの古くからのキリスト教徒にカトリックへの改宗を強制すると，正教会の信徒たちは内陸のコッタヤムに移ってきた．ここは，キリスト教会とその神学校の町でもある．

周囲のゴム農園は，県作物栽培地域の 60% の面積を占めている．また県は，国のゴムプランテーション地域の 25% を占めている．県の気候はゴムの栽培に最も適しており，ゴムは安全で安定した所得を農民にもたらす主要な農業作物となっている．市内には，インドにおけるゴムの生産委員会本部とゴム研究所が存在する．県には，ゴムのほか，米，ココナッツ，コショウ，ココア，パイナップルなどのプランテーション作物が栽培されており，市は，ケーララ州の 1 つの重要な商業取引中心地である．市は州における出版業の誕生地でもある．そして，100% の識字率を達成した国内で最初の町として有名であり，インド最大の日刊紙であるマラヤーラム語新聞の本拠地となっている．また，近隣の多くのヒンドゥー教の巡礼地への玄関口でもある．有名なバイコム・シヴァ寺院は市の北 40 km にあり，ケーララ寺院建築の代表例である．　[前田俊二]

コッテ Kotte ☞ スリジャヤワルダナプラコッテ Sri Jayewardenepura Kotte

ゴッドウィンオースティン山
Godwin Austen　　中国/パキスタン

K2（別称）/チョゴリ　Chogori（バルティ語）/チョゴリ峰　喬戈里峰　Qogir Feng（別称）

標高：8611 m　　[35°53′N　76°31′E]

パキスタン北東部，ギルギットバルティスタン州と中国西部の国境に位置する（一部は，インドとの係争地）山．カラコルム山脈のほぼ中央部にある世界第 2 位の高峰である．バルトロ氷河の北側支流であるゴッドウィンオースティン氷河の源流部に位置する．山名はイギリスの地質学者・探検家のヘンリー・ハーヴァーシャム・ゴッドウィン・オースティンにちなむ．1858 年にインド測量局のトーマス・ジョージ・モンゴメリーが測量し，その 2 年後世界第 2 位の高峰であることが判明した．別称の K 2 とは，インド測量局がつけた単なるピーク番号「カラコルム第 2 号」の意味で，当初現地での名称が不明であったことから K 2 が一般化したもので，世界第 2 位の高峰であることとは無関係である．地質学的にはインダス川の北側，チベット帯に属し，付近は地質上，片麻岩，花崗岩質片麻岩，大理石などからなり，K 2 の山塊は，K 2 片麻岩ともいわれる灰緑色の正片麻岩からなる．

地殻の厚さが大陸の平均（35 km）の約 2 倍に達しているとされ，ヒマラヤ山系では，この地方は浅発，深発地震の多い地方となっており，現在，活発な地殻活動がみられる．これらの活動は地殻の南北圧縮あるいはプレートの潜り込みで説明される．20 世紀初頭（1902）から登頂が試みられてきたが，初登頂は 1954 年 7 月 31 日，イタリア隊（隊長：アルデイト・デジオ）がアブルッツィ稜（南東稜）から成功した．その後，1977 年に日本山岳協会隊（総指揮：吉沢一郎）が第 2，第 3 登頂に成功した．別名バルティ語でチョゴリ（Chogori，大きい山の意），チョゴリ（喬戈里）は中国名である．登頂は世界最高峰のエヴェレストよりも難しいともいわれ，冬季未登頂の唯一の 8000 m 峰である．　[出田和久]

コッドフィッシュ島　Codfish Island
ニュージーランド

ウェヌアホウ　Whenuahou（マオリ語）/フェヌアコー　Fenuacho（マオリ語）/ペガサス島 Pagasus Island（旧称）

[46°46′S　167°43′E]

ニュージーランド南島，サウスランド地方の島．スチュアート島の北西 4 km に位置する藪で覆われた小さな島である．この島の西側はビッグバイトとよばれている大きな入江になっており，シーラーズ Sealers 湾に臨む北岸には，ロジャーヘッドとよばれる断崖絶壁の高い崖がそびえている．この島のマオリ語の名称はウェヌアホウといい，のちにヨーロッパ訛りでフェヌアコーとして地図に示されるようになった．1809 年には，この地の調査を行ったウィリアム・スチュアートによ

556　コツト

〈世界地名大事典：アジア・オセアニア・極Ⅰ〉

ってペガサス島と名づけられた．だが後に，このあたり一帯の海域においてタラ漁が盛んになり，その多くが国内外の市場へ出荷されるにいたったため，現在の名前に変えられた．　　　　　　　　　　　　　　[泉　貴久]

ゴッドリー川　Godley River

ニュージーランド

長さ：30 km　　　　　　[43°47′S　170°32′E]

　ニュージーランド南島，カンタベリー地方南部の川．マッケンジー地区に属する．ゴッドリー氷河に端を発し，そこから西側にそびえるホール Hall 山脈と東側のシバルド Sibbald 山脈との間を南へ流れ，途中でマッコーリー川と合流し，テカポ湖に注いでいる．なお，地名は，カンタベリー地方の植民地政府行政官であったジョン・ロバート・ゴッドリー(1814–61)にちなんで名づけられたものである．　　　　　　　　　　　[泉　貴久]

コッパル　Koppal

インド

人口：7.1万 (2011)　面積：29 km²
[15°21′N　76°09′E]

　インド南部，カルナータカ州コッパル県の町で県都．ベラリの西北西89 kmに位置する．ナタネ油の製油や綿繰りの工業が盛んである．丘の上には，1786年にフランス人技師によって改築されたイスラーム藩王タイプの壮大な城がみられる．　　　　[前田俊二]

コッラム　Kollam ☞ クイロン　Quilon

コーツランド　Coats Land

南極

[77°00′S　27°30′W]

　南極，東南極の地域．東南極西部，西経20～36度にかけての海岸線付近をさし，ウェッデル海の東岸，ドロンニングモードランドの西側に位置する．南東部には南極横断山地の北西端が達している．域内にはシャクルトン山脈があり，西側はフィルヒナー棚氷が広がる．棚氷の海岸線付近には，アルゼンチンのベルグラーノ2世基地があり，やや東側のケアード海岸沖にあるブラント棚氷には，イギリスのハリー基地がある．　　[前杢英明]

コッリダム川　Kollidam River

インド

コレルーン川　Coleroon River (別称)

長さ：170 km　　　　[11°22′N　79°50′E]

　インド南部，タミルナドゥ州を流れる川．カーヴェリ川下流部の主要派川で，コレルーン川ともよばれる．西ガーツ山脈から東流してベンガル湾に流れるカーヴェリ川は，ティルチラパッリ付近から下流に三角州を形成している．ティルチラパッリの北の川中には，スリランガム Srirangam 島が東西に細長く延びており，流れはここで南北の二手に分かれる．南側が本流カーヴェリ川，北側がコッリダム川で，北東方向に流下し，ベンガル湾に注いでいる．コッリダム川は，カーヴェリ三角州の北限となっており，派川の中では最も幅が広い．分流地点のスリランガム島には，有名なスリランガナータスワミ寺院がある．　　　　　　　　　　　[大竹義則]

コッレガル　Kollegal

インド

人口：5.7万 (2011)　面積：27 km²
[12°08′N　77°06′E]

　インド南部，カルナータカ州マイソール県の都市で県都．マイソールの東南東53 km，カーヴェリ川沿いに位置する．絹の生産と絹工業の中心地である．また，南インド製糸業地域への絹の原料の供給地でもある．特産として，パラシュート用の絹の生産がある．14.5 km北東のシヴァサムドゥラムにある有名なカーヴェリ滝と，それを利用した水力発電業があり，このため綿糸業も発展している．　　　　　　　　　　　　[前田俊二]

コディナル　Kodinar

インド

人口：3.3万 (2001)　[20°48′N　70°42′E]

　インド西部，グジャラート州ギルソムナール県の都市．アーメダーバードの南西約320 kmに位置し，カチャワール半島南端部に立地し，アラビア海に面する．国道51号が通過する．古代より東アフリカとの貿易が行われてきたとされる．綿花，雑穀，ギー(精製バター)，植物油の集散地であり，精糖や，手工業による織物生産や綿繰りが行われている．市北部のアンブジャはセメントの生産で知られる．　　　　　　　　　　[友澤和夫]

コートー　Co To

ベトナム

人口：0.5万 (2009)　面積：47 km²
[20°58′N　107°46′E]

　ベトナム東北部，クアンニン省の県．トンキン湾(北部湾)に浮かぶ29の小島によって構成されている．県都はコートー町でほかに2つの村からなる．県は1994年にカムファー県から分離して，ヴァンドン県とともに設置された．島嶼であるため農地は5％程度であり，産業としては水産業が中心である．製塩やニョクマム(魚醤)の生産が盛んであり，また真珠の養殖でも有名である．[筒井一伸]

コートー諸島　Co To, Quan Dao

ベトナム

人口：0.5万 (2009)　面積：47 km²
[20°58′N　107°46′E]

　ベトナム東北部，クアンニン省コートー県の島嶼．トンキン湾(北部湾)に浮かぶ．カイバウ島の南東に位置し，最大のコートー島やタインラン島のほか，29の小島によって構成されている．コートー諸島で1つの県を形成する．　　　　　　　　　　[筒井一伸]

コートゥレイ　Kawthule ☞ カイン州　Kayin State

ゴードラー　Godhra

インド

人口：14.3万 (2011)　[22°46′N　73°36′E]

　インド西部，グジャラート州東部，パンチマハル Panch Mahal 県の都市で県都．アーメダーバードの東南東105 kmにある．道路と鉄道の結節点である．森林に近く木材や薪，トウモロコシ，綿花，ピーナッツなどの市場がある．油料種子の圧搾，製革，製粉，ガラスなどの諸工業がある．かつてはムガル・マラター時代の重要な中心地であった．そして，いくつかの工業や高等教育施設の町として発展した．市の南方約30 km，チャンパーナー Champaner 市にあるジャママスジドは，15世紀に建てられた美しいアーチと彫刻のある華麗なイスラーム寺院として知られている．　　　　　　　　[大竹義則]

ゴドワリ川 ☞ ゴダヴァリ川　Godavari River

コナン　557

コートン県　克東県　Kedong　中国

人口：30.0万（2012）　面積：2083 km²
[48°02′N　126°14′E]

中国北東部，ヘイロンチャン（黒竜江）省西部，チチハル（斉斉哈爾）地級市の県．県名はコーシャン（克山）県の東部が割かれてつくられたことにちなむ．シャオシンアンリン（小興安嶺）山脈の南に位置し，ソンネン（松嫩）平原に続く過渡的な地区．黒土が広がり，トウモロコシ，水稲，ジャガイモなどの農業が盛んで，食品工業も発達している．県政府所在地である克東鎮の北東にアルコー（二克）山火山丘がある．　　　　　　　　　[小島泰雄]

ゴードン川　Gordon River

オーストラリア

長さ：172 km　[42°26′S　145°31′E]

オーストラリア南東部，タスマニア州の中央より南西部を流れる川．ゴードン湖よりマクウォーリー湾に注いでいる．25の支流があり，フランクリン川，デニソン川がよく知られている．州で5番目に長い川である．ボタングラスとよばれる草から染み出るタンニンが注ぐため，水は紅茶のような澄んだ茶色をしている．ユネスコの世界遺産（複合遺産）に登録されているタスマニア原生地域を通過する川で，下流のストローンから出発する観光クルーズが人気である．　　　　　[武井優子]

ゴードン湖　Gordon, Lake

オーストラリア

[42°44′S　146°12′E]

オーストラリア南東部，タスマニア州南西部の湖．ゴードン川流域水力発電所計画により建設された高さ140 mのアーチ式コンクリートダム，ゴードンダムによってゴードン川をせき止めてつくられた人工湖である．隣接するペダー湖とは運河でつながっており，ゴードン湖とペダー湖を合わせた貯水量は国内最大である．　　　　　　　[安井康二]

ゴードンヴェール　Gordonvale

オーストラリア

ネルソン（旧称）
人口：0.6万（2011）　面積：57 km²
[17°05′S　145°48′E]

オーストラリア北東部，クイーンズランド州北東部，ケアンズ市の町．市中心の南約25 kmに位置する．おもな産業は砂糖の生産である．町は1896年に建設された．地名は，当初ネルソンとよばれていたが，1914年，開拓者ジョン・ゴードンにちなむ現名称に変更された．町の背後にはウォリッシュピラミッドとよばれる標高922 mの火山がある．　　　　　　　　　　　[秋本弘章]

コナ　Kona

アメリカ合衆国

[19°25′N　155°55′W]

北太平洋東部，ポリネシア，アメリカ合衆国ハワイ州，ハワイ島南西部の地域．北はケアホレ岬から南はカラエ（サウス）岬の間で，サウスコナ地区（2010年人口3.8万，面積1565 km²）とノースコナ地区（2010年人口1.0万，面積1171 km²）の2地区からなる．マウナロア山とマウナケア山の乾燥した西側に位置し，晴天の多い気候が特色である．地名はハワイ語で風下を意味する．牧場，魚釣り，コーヒーや最近ではカカオの生産で注目され，しばしばゴールドコースト（黄金海岸）とよばれている．近年，海岸沿いのリゾート開発が盛んで，ビーチや史跡が点在し，またショッピングモールやレストランが軒を連ね，ハワイ島最大の商業都市へと成長している．

カイルアコナ（またはカイルア）は人口1.2万（2010）でノースコナ地区の中心地である．カイルア湾から1820年にハワイ諸島で最初に宣教師らが上陸し，ここにハワイ最初のキリスト教会が建設された．また人口3400（2010）のキャプテンクックの町から南にサウスコナ地区が広がる．町の近くには，1779年にキャプテン・ジェームズ・クックが殺されたケアラケクア湾がある．そのすぐ南にはプゥホヌアオホナウナウ国立歴史公園がある．昔から，追放人，とくにタブーを破った人が復讐を逃れることができた場所である．　　　　　　　　　　　[飯田耕二郎]

コナー山　Conner, Mount

オーストラリア

アルトゥラ　Artula（アボリジニ語）
標高：865 m　[25°29′S　131°53′E]

オーストラリア北部，ノーザンテリトリー南西部の山．一枚岩の山で，平原から高さ300 mにそびえ，標高865 m，独特のメサ地形の姿を呈する．ふもとは侵食された小渓谷に切り裂かれ，長さ3 km，幅1.2 kmの平坦な山頂は切り立った絶壁に囲まれている．おもに牧畜が行われている．地名は，1873年に政府の測量士ウィリアム・ゴッセが訪れ，サウスオーストラリアの政治家マウンティフォート・コナーにちなんで命名した．アボリジニによるよび名はアルトゥラ．一枚岩では国内で最も東にあり，ウルル（エアーズロック）の東100 kmに位置する．

[鷹取泰子]

コナル湖　Konar Reservoir　インド

堤長：4500 m　堤高：48 m
[23°56′N　85°46′E]

インド東部，ジャルカンド州にあるダム湖．チョタナグプル高原を流下して，ベンガル湾に流入するダモダル川の支流のコナル川をせき止めることによって出現した．インド政府は独立後，石炭や耐火材料などの資源が豊富なダモダル川河谷で，アメリカのTVAをモデルに，大規模なダモダル河谷総合開発を進めた．1953年には，支流のバラカルBarakar川をせき止めてティライヤダムが建設された．これに続いて1955年，支流コナル川をせき止めて，多目的のコナルダムが建設された．　　　　　　[大竹義則]

コナールカ　Konarka　インド

コナーラク（別称）/コナルク　Konark（別称）
人口：1.7万（2011）　面積：35 km²
[19°53′N　86°06′E]

インド東部，オディシャ（オリッサ）州北東部，プリ県の町．県都プリの東北東約29 kmに位置し，ベンガル湾を南に望む海岸にほど近い．13世紀にガンガー朝のナラシンハデーワ王によって建立され，太陽神スーリヤを祀ったヒンドゥー寺院遺跡があることで有名である．この太陽神寺院の本殿は高塔であったとされるが，現在は前殿のみ残されている．建物には彫刻が施されており，1901～10年にかけて大規模な修復が行われた．太陽神寺院は，1984年に「コナーラクの太陽神寺院」としてユネスコの世界遺産（文化遺産）に登録され，州の一大観光地となっている．　　　　　　[鍬塚賢太郎]

こなんしょう　湖南省 ☞ フーナン省
Hunan Sheng

コナールカ(インド),太陽神スーリヤを祀るスーリヤ寺院《世界遺産》[Eran Yardeni/Shutterstock.com]

コーニー岬　Corny Point
オーストラリア

[34°54′S　137°01′E]

　オーストラリア南部,サウスオーストラリア州南東部の岬.ヨーク半島南西部に位置し,セントヴィンセント湾に臨む.同名の港町コーニーポイントがある.州都アデレードの西にあたるが,陸路はセントヴィンセント湾を大きく北側に迂回して岬まで265 kmの距離である.地名は,1802年,探検家のマシュー・フリンダーズ(1774-1814)によって名づけられた.同年3月18日(金)に書かれた彼の航海日誌に「目立った場所なので命名した」とある.残念ながら,地名の由来については書かれていない.岬には1882年に建設された灯台があるが,いまは無人となっている.灯台の東7 kmには,1942年に開かれた港がある.港の東側には16 kmにわたってビーチが連なり,夏場には海水浴客で賑わう.　　　　　　　　　　[片平博文]

コニニ　Konini
ニュージーランド

人口:0.3万(2013)　[36°57′S　174°37′E]

　ニュージーランド北島,オークランド地方の町.オークランドの南西に位置する郊外の町である.町の西側は濃い低木の群生地が形成されている.蛇行するコニニロード沿いには住宅が並ぶが,西側は丘陵地を形成しており,すぐ南のワイタケレ山地公園の東端に続く.比較的小規模の緑地公園が点在している.　　　　　　　　[植村善博・太谷亜由美]

コバ　Koba
インドネシア

人口:3.5万(2010)　面積:335 km²

[2°29′S　106°25′E]

　インドネシア西部,スマトラ島南東部沖のバンカ島南東部,バンカブリトゥン諸島州バンカトゥンガ県の郡で,県庁が所在する行政の中心地.州都パンカルピナンの南東約50 kmに位置し,カリマタ海峡に面する.地域のおもな産業はキャッサバ,トウモロコシ,サツマイモ,大豆,水稲,陸稲,サトイモ栽培などの小農的な農業,ゴム,アブラヤシ,カカオ,コショウ栽培などの農園(プランテーション)農業,沿岸ならびに沖合の漁業,牛,山羊,豚などの畜産業,そしてスズ採掘など多岐にわたる.住民はムラユ(マレー)人を中心とするイスラーム教徒,中国系住民(華人)などである.　　　　[瀬川真平]

コーバー　Cobar
オーストラリア

人口:0.4万(2011)　面積:8.3 km²

[31°30′S　145°50′E]

　オーストラリア南東部,ニューサウスウェールズ州中央北部,コーバー行政区の都市.州都シドニーの西北西711 km,アウトバック(オーストラリアの人口希薄な内陸部)に位置する鉱業都市である.行政区の人口は4710(2011),面積4万4065 km²はデンマークより大きい.地名は先住民Ngiyampaaの言葉で赤いオーカー,あるいは赤色の顔料として用いられる焼けた土を意味するKuparr, Gubarr, Cuburraなどに由来するといわれている.町の発展の契機となったのは,1870年の銅の発見である.その後1878年に大コーバー銅採掘会社が設立さ

れ，多くの採掘者を集めて発展した．人口は，一時1万に達したこともあったが，1920年には銅の採掘はいったん終わりを告げ，30年代までに1000程度に落ち込んだ．現在，建築遺産として残るグレートウェスタンホテル（1898），裁判所（1887），採掘オフィス（1910）などの建物は，ちょうどこの町の繁栄期に建築された．

1960年代半ばになると，コーニッシュ・スコティッシュ・オーストラリア鉱山でふたたび銅の採掘が始まった．現在，この鉱山では地下採掘が進められ，銅産出量は年間120万tに達する．その他，町ではエンデヴァー鉱山，ピーク金鉱山，マウントボピー金鉱山などが開発され，銅だけでなく金，鉛，亜鉛，銀なども産出する重要な鉱山地域を形成している．市街地の北西約40kmに位置するグレンフェルGrenfell山では，州で最も重要な先住民の岩絵をみることができる．ここには人間，手，動物など1300以上の描写が描かれている．町外れにある巨大な銅の露天掘り跡とともに，土地に刻まれた歴史が見どころである．　　　　　　　　　　［薫谷哲也］

コバーグ半島　Cobourg Peninsula
オーストラリア
[11°22′S　132°18′E]

オーストラリア北部，ノーザンテリトリー中央北部の半島．州都ダーウィンの北東約350kmに位置し，アーネムランド北西の先端にある．地形は平坦，もしくは起伏のある台地が支配的であるが，入江の海岸，岩だらけの岬，砂浜など周辺水域ではさまざまな景観を目にすることができる．半島は先住民の土地であり，全体の約8割がガリグ・グナク・バルルGarig Gunak Barlu国立公園として保護されているほか，コバーグ海浜公園の一部として管理されている．また，ラムサール条約に登録された湿地は，渡り鳥などの生息地となっている．　　　　　［鷹取泰子］

コバーゴ　Cobargo
オーストラリア
人口：0.1万（2011）　面積：61km²
[36°22′S　149°54′E]

オーストラリア南東部，ニューサウスウェールズ州南東部，ビーガヴァレー行政区の町．州都シドニーの南南西約386kmに位置する．寒村であったが近年は開発が進められ，有名な観光地へと発展した．見どころとして，皮革の工芸品や陶器，アートギャラリー，ティールーム，アンティークなどの店舗が存在する．町の西20kmにはワドビリガ国立公園がある．　　　　　　［牛垣雄矢］

コーハート　Kohat
パキスタン
人口：9.6万（1998）　[33°35′N　71°26′E]

パキスタン北西部，カイバルパクトゥンクワ州中部コーハート県の都市で県都．州都ペシャーワルの南約50km，首都イスラマバードの西約150km，コーハートーイー川沿いに位置する．町には囲壁と14の門があり，19世紀にイギリスがシクの古い砦跡に築いた巨大な砦や，パシュトゥーン人のバザール，スーフィー（イスラーム教神秘主義者）の聖者バハダール・アリ・アブドゥラ・シャーの墓がある．町の中をイギリス領時代に敷設された狭軌の鉄道が貫通し，この鉄道によってアフガニスタン国境から20kmにあるタールへ通じていたが，1991年に廃止された．経済は基本的に町の大部分に広がる天然ガス田に依存し，とくにCNG（圧縮天然ガス）が主要であり，OGRAパキスタン社が運営する16のガスステーションがある．また，町の南西にはタンダダム，南東にはカンディアリダムがある．

産業をみると，町は小麦，トウモロコシ，雑穀（おもにバージラ）などの農産物や岩塩の取引の一地方中心であり，腰布などの綿織物，手工芸のほか，製粉，セメント，製糖などの工業がみられる．そのほか，士官候補生学校，コーハート医科大学，コーハート科学技術大学がある．また，町の北にはコーハート峠があり，ペシャーワルとの間に1901年に道路が開通したが，急勾配や急カーブが多い交通の難所となっていたため，日本のODAによって長さ約1.88kmのコーハートトンネルが建設され2003年に開通した．これはインダスハイウェイ整備に伴うものでもあり，従来バンヌーへは2〜3時間，デライスマイルハンへは6時間ほどかかっていたが，トンネルの完成によってかなり短縮され，地域経済の活性化や隣接するアフガニスタンとの流通の改善などが期待されている．　　　　　　　　　　　　　［出田和久］

コーハート県　Kohat District
パキスタン
人口：56.3万（1998）　面積：2545km²
降水量：1000mm/年　[33°35′N　71°26′E]

パキスタン北西部，カイバルパクトゥンク

ワ州中部の県．県都はコーハート．県の北はノーシェラ県に接し，北西から西側はオーラクザイやコーハート辺境地区などの連邦政府直轄部族地域で，東はアトック県，南はカラク県，南西はハング県に接する．パシュトゥー語とパンジャビー語の方言であるヒンドコー語が主要言語となっている．サフェードコーSafed Koh山脈の南東縁に位置し，東をインダス川に画され，西はスライマーン山脈に続く．被覆のない，複雑な地形の山岳地域で，分散した小区画の耕地を取り囲みながら，河谷や峡谷が深く刻み込んでいる．主要河川としては，コーハートーイー川とテントーイー川が東流してインダス川に合し，西端部には西に流れインダス川支流のクッラム川に合するシャカライ川がある．東部やハタック地方は迷路のように複雑な地形の山地を含み，テントーイー川の南と北へと続き，主要な2本の流れに合している．西端のミランザイ河谷は比較的肥沃で，プラタナス，ヤシ（シュロ）やイチジク，その他の果樹が豊かに茂っている．

年平均降水量は多いところでは1000mm程度になり，農耕はおもに天水灌漑に依存する割合が高く，おもな農作物は，ラーヴィ期（10〜3月）作が小麦，ヒヨコ豆，カリーフ期（4〜9月）作がトウモロコシ，雑穀（バージラおよびジョワールが主）である．手工業として織物，籠，ヤシのマット，皮革，金属製品の生産が比較的盛んである．また，岩塩や石膏が採掘されている．塩の鉱脈はテントーイー渓谷を横断する丘陵の下のほうにあって，川の両岸に沿って延びている．塩の堆積は幅400m，厚さ300mにもなり，ときにはその高さが約60mにも及ぶ，ほぼ全体が岩塩からなる丘陵が形成されている．世界最大級の岩塩鉱脈の1つに数えられる．最大の露頭は，テントーイー川南岸のバハダールケールにみられ，年に約1.6万tを産出している．
　　　　　　　　　　　　　［出田和久］

ゴビ砂漠　Gov'
中国/モンゴル
面積：1000000km²　長さ：2500km
幅：1500km

モンゴルと中国内モンゴル自治区の間に広がる内陸砂漠．インド洋からの雨雲がヒマラヤ山脈でとどめられることで形成された雨陰砂漠でもある．ゴビ砂漠は，東は中国の内モンゴル自治区から，西はアルタイ山脈まで東西2500km，南北は1600km，総面積は日本の国土の3倍強の130万km²に及ぶ．モンゴル国でいわゆるゴビ地帯に含まれるの

ゴビ砂漠（中国／モンゴル）〔島村一平提供〕

は，同国南部のウムヌゴビ（南ゴビの意味）県，ドンドゴビ（真中のゴビ）県，ドルノゴビ（東ゴビ）県，ゴビアルタイ県，バヤンホンゴル県，ゴビスンベル県，スフバータル県の7県とホヴド県の南部，北西部のオヴス県の一部とされ，モンゴルの国土のおよそ30％を占める．中国の内モンゴル自治区においては，シリンゴル（錫林郭勒）盟，ウランチャブ（烏蘭察布）市，ボグト（パオトウ，包頭）市，バヤンノール（巴彦淖爾）市，アラシャン（アルサ，阿拉善）盟の北部がゴビ砂漠となっている．

ゴビ砂漠は，じつはまったくの不毛の砂漠ではない．まばらな草と灌木が生える礫漠である．そもそもゴビとは固有名詞ではなく，モンゴル語では，「植物のまばらな礫漠地帯」のことをさす普通名詞である．完全な砂漠はモンゴル語ではツォルといい，砂丘のことはエルスというが，いずれもゴビ地帯の中に点在する．したがって，ゴビ砂漠には，人口密度こそ低いものの，ラクダや山羊，羊を飼うモンゴル遊牧民たちが暮らしている．

ゴビ砂漠では，3～5月にかけて強い偏西風によって舞い上がった黄砂が吹き荒れることで知られる．この黄砂が日本にまで届くようになっているが，同地の砂漠化の進行と深く関係がある．ゴビ砂漠を含む内モンゴルの砂漠化は，1980年代から事実上の土地の私有が認められたことに始まる．漢人農民が大量に移民し，農耕に不向きな草原や礫漠を開墾することで薄い黒土層が剥がされ砂漠化が進んだ．さらに内モンゴルの遊牧民に対する定住化政策によって家畜の採食圧が高くなっていった．砂漠化の進行によって北京に飛来する黄砂に頭を悩ませた中国政府は，2003年，牧民の放牧を強制的にやめさせて他の土地に移住させる退放還草・生態移民政策を実施した．しかしそれによって遊牧が維持してきた植物種の多様性が激減し，砂漠化がさらに進んでいる．

近年，モンゴル側のゴビ砂漠では，石炭，金，銅などの地下資源が発見され，その開発にわいている．また中国が産出量世界一を誇ってきたレアアースもじつは，内モンゴルのゴビ砂漠産のものである．モンゴル側のゴビ砂漠は恐竜の化石を多く産することでも知られる．

モンゴル側には，大ゴビ国立公園（厳正自然保護区）と小ゴビ国立公園（厳正自然保護区）の2つの国立公園がある．大ゴビ国立公園は，AとBの2つの離れた地域に分かれている．Aは，バヤンホンゴル県，ゴビアルタイ県の南部の約4万5000 km²であり，Bは，ホヴド県南部，ゴビアルタイ県西部の7968 km²である．ここにはユキヒョウ，ゴビグマ，野生の山羊，ガゼルなどの貴重な動物が生息している．小ゴビ国立公園は，ウムヌゴビ県とドルノゴビ県南部の1万8391 km²に設定されているが，これもAとBの2つの地域に分かれている．この大ゴビ国立公園のA，B両地区は，2014年「モンゴル・大ゴビ砂漠の景観」としてユネスコの世界遺産の暫定リストに記載された．同年にはそのほかにもモンゴル国のゴビ砂漠内から「モンゴル・ゴビにおける白亜紀の恐竜化石の出土地」「モンゴルのゴビ砂漠における岩絵群」の2件も暫定リスト入りを果たしている．　　　　　　　　　　　　　［島村一平］

ゴビアルタイ県　Gov'-Altai Aimag

モンゴル

ハンタイシルオール県　Khan Taishil Uul Aimag（旧称）

人口：5.5万（2016）　面積：141448 km²

[46°22′N　96°16′E]

モンゴル西部の県．県都はアルタイ（ユスンボラグ郡）．西はホヴド県，北はザヴハン川を県境としてザヴハン県と接しており，東はバヤンホンゴル県，南は中国シンチャン（新疆）ウイグル（維吾爾）自治区と接する．18の郡から構成される．同県南部には県都と同名のアルタイ郡があるが，県都ではない．県都ではないアルタイ郡は中国国境の郡で，ボルガスタイ国境検問所から新疆ウイグル自治区クムル（哈密，ハーミー）市の老爺廟国境検問所（クムルから約308 km）と通じるが，第三国人には開放されていない．

ゴビアルタイ県は，清朝時代，ザザグトハン部の南西部地域を構成していたが，1921年の人民革命で同部は，ハンタイシルオール県へと名称が変更された．その後，1928年，現在のゴビアルタイ県の北部の3郡（ジャルガラン，バヤンオール，フフモリト）を除く地域がアルタイ県となる．その後，1940年，3郡を加えてゴビアルタイ県となった．同県北西部から南東方向にモンゴルアルタイ山脈の主脈が210 kmにわたって走っており，その中でも同県内にある万年雪山のソタイハイルハン山（標高4090 m）は，県内の最高峰であるが，モンゴル有数の聖山でもある．ソタイハイルハン山は，ザヴハン県のオトゴンテンゲル山やトゥ県のボグドハン山などとともに2015年，「モンゴルの聖なる山々」として世界遺産の暫定リスト（文化遺産）に記載された．南部は，いわゆるゴビ砂漠の一部となっている．地下資源が豊富でタイシルデルゲル郡のビンデル川のマグネシウム鉱床などが有名である．

［島村一平］

ゴビアルタイ山脈　Gov' Altai Nuruu

モンゴル

標高：3957 m　長さ：700 km

[45°00′N　100°14′E]

モンゴル南西部，アルタイ山脈から東に連なる支脈．アルタイ山脈東端にあるバヤンホンゴル県のバヤンツァガーン Bayantsagaan 郡（東経98度30分）からウムヌゴビ県のノムゴン Nomgon 郡のフルフ Khörkh 山（東経105度40分）にわたってゴビ砂漠を横断する．山脈は標高1500～2000 m台の山々で構成される．ウムヌゴビ県の景勝地ゴルヴァンサイハン山（3つのすばらしき山という意味）は，ゴビアルタイ山脈の東端に属する．最高峰はイフボグド山（標高3957 m）．山脈は花崗岩と石灰岩で組成されている．ほとんどの山の斜面に木がほとんど生えておらず，砂礫岩塊の山である．

［島村一平］

ゴビスンベル県　Gov' Sumber Aimag
モンゴル

人口：1.6万（2015）　面積：5541 km²
[46°21′N　108°23′E]

モンゴル中東部の県. 県都はチョイル. 1994年に, 旧ソ連の軍事基地のあったチョイル市を中心に設立された. 最も新しい県の1つである. 西はドンドゴビ県, 南はドルノゴビ県, 北はトゥヴ県, 東はヘンティ県と接する. チョイルの南にシヴェーオヴォー Shivee Ovoo 鉱山があり, 石炭6億tの埋蔵量があるといわれている. その他, 石墨, 蛍石, 鉄鉱石の鉱脈もある. 県の税収はもっぱら鉱山に依存している.　　　［島村一平］

コヒマ　Kohima
インド

人口：7.9万（2001）　標高：1500 m
降水量：2000 mm/年　[25°40′N　94°06′E]

インド北東部, ナガランド州の都市で州都でありコヒマ県の県都. コルカタ(カルカッタ)の北東約670 km, ミャンマーとの国境に近いナガ丘陵に位置し年中温暖な気候に恵まれ, ヒルステーション(高原避暑地)として知られている. 年平均降水量は約2000 mmであり, その大部分が夏季に集中する. 国道29号によりナガランド州の玄関口にあたるディマプルや, 国道2号によりマニプル州の州都インパールと結ばれている. もともとはチベット・ビルマ語系のナガ系諸民族に属するアンガミ族の土地であったが, 州都となってからはほかのナガ系民族も入り込み多民族から構成される都市となっている. こうしたナガ系民族の伝統文化にキリスト教が混ざり合い, 独特の生活様式がみられる. 第2次世界大戦中の1944年には旧日本陸軍がとったインパール作戦により侵攻を受け, イギリス軍との間で激しい戦闘が行われた(コヒマの戦い). その際の戦没者記念塔や共同墓地が残されており, そこに刻まれた「コヒマの詩」は著名である. 周囲でとれる林産物や農産物の集散地となっている.　　［友澤和夫］

コフィティランギ　Kowhitirangi
ニュージーランド

コイテランギ　Koiterangi（旧称）
[42°53′S　171°01′E]

ニュージーランド南島, ウェストコースト地方の村. ウェストランド地方北部に属する. ホキティカの南23 km, キャメルバック Camelback 山の東山麓部, コカタヒ Kokatahi 川とホキティカ川との間の沖積平野に位置する農業集落である. 地名はマオリ語であるが, かつてはコイテランギとよばれていた. その由来は定かでない.　［泉　貴久］

コフィンベイ　Coffin Bay
オーストラリア

人口：0.1万（2011）　[34°37′S　135°27′E]

オーストラリア南部, サウスオーストラリア州中央南部の町. エア半島南端の保養・別荘地である. 州都アデレードからリンカーンハイウェイ, フリンダーズハイウェイを経て, 西703 kmに位置する. ポートダグラス湾奥にあるため波は静かで, 町西側の海岸沿いには美しいビーチが約10 kmにわたって続く. 地名は, 1802年, エア半島を探検したマシュー・フリンダーズ(1774–1814)によって名づけられた. コフィンとは, このときの航海の準備を手助けしたイギリス海軍副提督のアイザーク・コフィンの名にちなむ. 付近にはコフィンベイ国立公園やケリディーベイ Kellidie Bay 保護公園があり, オーストラリア固有の動植物が豊富である. とくに夏休みを中心として, 人口は一気に10倍にもふくれ上がる. またコフィンベイは, ポートダグラス湾のさらに外側の湾名, これら両湾を囲む半島名でもある.　［片平博文］

コフスハーバー　Coffs Harbour
オーストラリア

コーフズハーバー　Korff's Harbor（旧称）
人口：2.5万（2011）　面積：46 km²
[30°19′S　153°07′E]

オーストラリア南東部, ニューサウスウェールズ州北東部, コフスハーバー行政区の都市で行政中心地. 行政区の人口は6.8万(2011), 面積は1175 km². 州都シドニーの北東約540 kmに位置し, 蛇行しながらタスマン海に注ぐコフスハーバー川の河口部に立地する. 地名は, 1847年にタスマン海に面する小さい船溜りを発見したジョン・コフに由来する. すなわち港は, 当初Korffの港コーフズハーバーとよばれた. しかし, 1861年に町の測量が行われた際に, 現名称へと変更された. 1886年に町, 1987年に行政区となった.

元来は, 先住民 Gumbainggir の居住地であったとされる. そこへ, ヨーロッパ人が木材を求めて入植し, 主要な伐採地となった. 19世紀後半のオーストラリアにおける木材の搬出港としては最大であった. 港は1865～78年の間, 一時的に閉鎖されたが, 灯台が築かれたのち再開した. 1914年には, 港の安全性を高めるために防波堤の建設も行われた. しかし, 1915年にノースコースト鉄道が開通すると, 船舶数は減少していった. 1975年には港で最後の船積みが行われ, 商港としての機能は終了した. 現在では, 漁港として魚やエビ, カニなどが大量に水揚げされる. 一方, 1929年から本格化したバナナの栽培は軌道に乗り, 国内におけるバナナの約半分が後背地で栽培されるほどにまで成長した.

町は, 定年後の余生を送る居住地の1つとして近年人気が高い. このため, センサスによると, 行政区の人口は2006年の6.5万から15年には推定7.3万に増加している. 背景となる気候環境は, 平均最高気温が年間を通じて19.4～26.9℃, 平均最低気温は7.5～19.5℃であり, 年較差が小さく冬季でも温暖である. また, 町の北西にはアリダラ Ulidarra 国立公園, 南にはボンジルボンジル国立公園が広がり, 沿岸部は熱帯海洋生物種の南限であると同時に, 南方の温帯種の北限となっている. このように多様な自然環境が満喫できることも, 理由の1つであろう. 沿岸のソリタリー諸島 Solitary Islands 海洋公園は, ヤンバの南20 kmに位置するサンドン Sandon からコフスハーバー沖にあるマトンバード Muttonbird 島にかけての広大な海洋保護区である. 1998年に州が指定したもので, 南北75 kmの広がりをもち, 面積は722 km²に及ぶ. ここには550種を超える魚類, 90種のサンゴ, 600種の貝類が生息するとされる. 市街地と防波堤で結ばれるマトンバード島では, オナガミズナギドリの繁殖地をみることができ, また, 6～11月にかけてはホエールウォッチングも楽しめる.

　　［藁谷哲也］

コブドグラ　Cobdogla
オーストラリア

人口：421（2011）　面積：16 km²
[34°15′S　140°24′E]

オーストラリア南部, サウスオーストラリア州南東部の町. マレー川右岸(北岸)の農業集落である. スタートハイウェイ沿い, 州都アデレードの東北東216 kmに位置する. 周囲にはブドウのほか, オレンジ, グレープフルーツ, レモンなどの柑橘類, オリーブなどが栽培されている. これらを栽培する集約的な農業は, すべてマレー川からの灌漑用水を

利用することによって行われている。集落内にはユニークな灌漑・蒸気博物館があり、ここにはいまや世界でも珍しくなったハンフリーポンプがある。これはガスで作動する灌漑用のポンプで、いまでも動く。この地域で灌漑農業が始められた1920年代のポンプであり、州の歴史遺産に指定されている。地名は、かつてこの地域に居住していたアボリジニの首長、Cobdogle の名が転化したものである。　　　　　　　　　　　　［片平博文］

コフーナ　Cohuna　　　　オーストラリア

人口：0.2万（2011）　面積：161 km²
[35°48′S　144°12′E]

オーストラリア南東部、ヴィクトリア州中央北部の都市。ベンディゴの北北西約100 km、ニューサウスウェールズ州との州境近くに位置する。マレーヴァレーハイウェイ沿いの酪農地帯の中にあり、マレー川によってつくられたガンバウワー Gunbower 島の脇にある。この島は、ユーカリの森で覆われており、カンガルーやエミューをはじめ多くの野生動物が暮らしている。　　　［堤　純］

コブラム　Cobram　　　　オーストラリア

人口：0.6万（2011）　面積：90 km²
[35°57′S　145°40′E]

オーストラリア南東部、ヴィクトリア州中央北部の都市。ベンディゴの北東約140 km に位置する。ニューサウスウェールズ州との州境をなすマレー川に沿って、マレーヴァレーハイウェイが市域を横断している。マレー川は市周辺で砂質の川浜を広く形成している。周辺はモモやブドウなどの果樹、野菜、羊毛の大生産地になっている。　　［堤　純］

コプリー　Copley　　　　オーストラリア

ライクリーク　Leigh Creek（旧称）
人口：103（2011）　面積：1.3 km²
[30°34′S　138°25′E]

オーストラリア南部、サウスオーストラリア州北東部の村。ノースフリンダーズ山脈の西麓に位置する。州都アデレードからアリススプリングズにいたるザガン（大陸縦断）鉄道の旧路線が当地を走っていたときには駅があった（1981廃線）。この沿線はまた、家畜を運んでいたかつてのウーナダッタ道が通っていた。集落は1881年に成立し、当初はライクリークとよばれていた。ライクリークの町はその後、コプリーの南5 km に成立した。

地名は1891年、当時クラウンランドの長官で、州立銀行理事でもあったウィリアム・コプリーにちなんでつけられた。ガモン山地国立公園をはじめとするフリンダーズ山脈北部への玄関口にあたる。　　　　　［片平博文］

コフン　高興　Goheung　　　　韓国

人口：6.2万（2015）　面積：776 km²
[34°36′N　127°17′E]

韓国南西部、チョルラナム（全羅南）道南部の郡および郡の中心地。行政上は高興郡高興邑。2010年の高興郡の人口は6.3万である。1975年の人口は約22万であったので、この間に3割弱にまで減少した。郡域は高興半島全域を占め、高興邑は、ほぼ、その中央の小盆地を占めている。郡域の南端は、タドヘ（多島海）海上国立公園（ナロ（羅老）島地区）に指定されている。　　　　　　　　［山田正浩］

コフン半島　高興半島 Goheungbando　　　　韓国

人口：7.3万（2005）　[34°36′N　127°17′E]

韓国南西部、チョルラナム（全羅南）道の南に大きく突出した半島。東はスンチョン（順天）湾、西はポソン（宝城）湾である。南北約95 km、北端部は約5 kmの地峡である。行政上、半島全体が高興郡に属する。中心地は郡庁所在地の高興。島の東部の八影山（標高609 m）などの山地部は、道立公園に指定されている。また半島の南端は、タドヘ（多島海）海上国立公園（ナロ（羅老）島地区）に指定されている。産業は漁業に多くを依存している。エビの養殖場がある。南部の海倉湾では、干拓が進められた。　　［山田正浩］

こほくしょう　湖北省 ☞ フーペイ省 Hubei Sheng

コミラ ☞ クミッラ Comilla

コムドク　検徳　Komdok　　　　北朝鮮

剣徳（通称）/広泉（旧称）
[40°28′N　128°54′E]

北朝鮮北東部、ハムギョンナム（咸鏡南）道タンチョン（端川）郡の町。旧称は広泉、通称は剣徳。検徳山脈（ペクトゥ（白頭）山脈の一

部）の中部に位置する。ハムギョン（咸鏡）山脈から北朝鮮東海に流入する北大川、南大川の2つの渓谷を中心とする地帯である。鉛、金、銀、銅、マグネサイト、大理石、石灰石、リン灰石、硫化鉄などの北朝鮮の代表的多金属鉱山地帯である。中でも世界一のマグネサイト埋蔵量とされる竜陽鉱山、銅、亜鉛の検徳鉱山などは稀少鉱物の宝庫である。端川邑は南大川河口に位置する主要駅である。　　　　　　　　　　　［司空　俊］

コムニズム峰　Kommunizm ☞ イスマイリサマニ峰 Ismaila Samani, Pik

コムル市　Komul ☞ クムル市 Kumul

コムン島　巨文島　Geomundo　　　　韓国

面積：12 km²　[34°02′N　127°17′E]

韓国南西部、チョルラナム（全羅南）道南部沖の島。本土とチェジュ（済州）島の中間に位置する。行政上はヨス（麗水）市三山面に属する。東島と西島を合わせて巨文島というが、三山面にはほかに大三夫島、小三夫島などの小島を含む。火山活動によって形成された島で、東島と西島にはさまれた内海は、かつてのカルデラの跡である。タドヘ（多島海）海上国立公園（巨文・白島地区）に指定されている。戦略上、重要な地点にあり、1885年にイギリス艦隊が一時ここを占領したことがあった。　　　　　　　　　　　　［山田正浩］

コメット川　Comet River　　　　オーストラリア

[23°33′S　148°32′E]

オーストラリア北東部、クイーンズランド州中央東部の川。マッケンジー川の支流である。1844年11月探検家ルドウィヒ・ライカートによって名づけられた。カナーヴォン山地に源を発する。途中のヌガヌガ湖およびブラウン湖まではブラウン川とよばれている。コメット付近でノゴア川と合流してマッケンジー川になる。　　　　　［秋本弘章］

コモド国立公園　Komodo, Taman Nasional
インドネシア

面積：2193 km²　　[8°35′S　119°29′E]

インドネシア中部，小スンダ列島コモド島を中心とした東ヌサトゥンガラ州の国立公園．スンバワ島の東，フロレス島の西に位置するコモド，リンチャ，パダールの3島ならびにその付近の26の小島嶼および周辺海域からなる．世界最大の肉食トカゲ，コモドオオトカゲ（コモドドラゴン）の生息地として知られる．公園全体の面積は2193 km²（さらに2321 km²まで拡張が検討されている），陸地面積は603 km²である．主要3島には灌木が生育するが，降雨がきわめて乏しい（年平均降水量は800～1000 mm）．この域内に約4000人が住む．

1980年に政府によってこれらの島々が国立公園に指定された当時，最大の目的はコモドオオトカゲとその生息域を守ることであった．しかしその後，陸上域・海洋域全体の動植物相，生物多様性を包括的に保護することが重視されるようになった．1991年には「コモド国立公園」としてユネスコの世界遺産（自然遺産）に登録および人類と生物の保護区に指定され，この地域の生物学的な重要性が世界に認識された．公園は在来種のネズミ，ティモールシカ，フクロウ，甲殻類などの希少動物の生息地である．また，マングローブ林，サンゴ礁，海藻の群生，海峰やさまざまな形態の入江などに恵まれた海浜海洋環境は，1000種以上の魚類，約260のサンゴ礁，70種のカイメンなどを育み，さらにジュゴン，サメやマンタ，少なくとも14種のクジラやイルカ，ウミガメなどが生活の場とする．

ところが，地上の生物多様性に対する脅威が目立つようになってきている．過去60年で人口が8倍に増加したことによって，森林被覆や水資源に対する圧力が高まっている．加えて，絶滅危惧種のコモドオオトカゲが餌として好むティモールシカの数が密猟などで激減しつつある．また，海底付近に生息するロブスターなどの甲殻類，貝類，ハタ科の魚，ナポレオンフィッシュ（ベラの仲間）などの市場価格の高い魚種を対象としたダイナマイト，シアン化合物，圧縮ガスを使った破壊的な漁業が行われており，生物生息環境（サンゴ礁）と資源（魚類や無脊椎動物など）の双方を死滅させてしまい，公園の海洋資源に深刻な脅威を与えている．また，下水処理のまずさや化学物質に起因する水質汚染が広がりつつあり，このことも将来にとって重大な脅威となるかもしれない．インドネシアの国立公園局や自然保護庁などの省庁は共同で公園の資源保護のために活動している．海洋，陸上を含めた生物多様性を保全して，資源に対する脅威を取り除き，無謀な人間活動による圧力をやわらげて漁場の再生のために商業的漁業対象種を繁殖させること，これら2つが重点的な目標とされている．　　［瀬川真平］

コモド島　Komodo, Pulau
インドネシア

人口：0.2万（推）　面積：390 km²　長さ：36 km
幅：23 km　　[8°35′S　119°29′E]

インドネシア中部，小スンダ列島，東ヌサトゥンガラ州の島．スンバワ島の東，フロレス島の西に位置する小さな火山島である．行政上は，東ヌサトゥンガラ州に属する．コモドオオトカゲ（コモドドラゴン）が生息することで有名である．コモドオオトカゲの成長したオスは体長3 m，約100 kgの巨体になり，世界に現存する約3400種のトカゲの中で最大で，肉食性である．この希少野生動物の保護および陸上・海洋双方の生物多様性の保全を目的として，コモド島と周辺島嶼は1980年以来インドネシア政府によってコモド国立公園に指定されている．また，1991年にはユネスコの世界遺産（自然遺産）にも「コモド国立公園」として登録された．スンバワ島サパ港と東隣のフロレス島西端ラブアンバジョからの連絡船がある．コモド島には漁業を生業とする島民が約2000人居住し，コプラも産する．一方，観光客用の民宿などの施設，および公園管理の施設や係官などが在住する．　　［瀬川真平］

コモンウェルス湾　Commonwealth Bay
南極

[66°54′S　142°40′E]

南極，東南極の湾．ウィルクスランド東部のテールアデリー（アデリーランド）の海岸部にあり，外洋に開いた小湾である．湾口の幅は48 kmくらいで，アルデン岬とグレイ岬の間にはさまれている．1912年にオーストラリアのモーソン探検隊によって発見され，湾頭にオーストラリアのコモンウェルスベイ基地が設置された．世界で最も強風（カタバ風）が吹く場所としてギネスブックに登録されており，つねに秒速65 mの風が吹き荒れ，年平均風速は秒速20 mである．
　　［前杢英明］

コヤン　高陽　Goyang
韓国

人口：99万（2015）　面積：267 km²
[37°39′N　126°50′E]

韓国北西部，キョンギ（京畿）道西部の都市．ハン（漢）江下流部の右岸，首都ソウル市域の北西と境界を接する位置にある．市域の東半分は，プッカン（北漢）山から続く丘陵地帯であり，西半分にはキムポ（金浦）平野が開けている．1990年代に入る頃までは田園地帯であったが，市域内に，計画規模50万人のイルサン（一山）新都市の建設が進んで，一気に都市化が進行した．1992年に市制施行．市制施行の3年後，1995年の人口は約56万

コモド島（インドネシア），世界最大のトカゲといわれるコモドオオトカゲ（コモドドラゴン）《世界遺産》〔Shutterstock〕

564　コラ

であったが，2010 年には 90 万を超えている．一山西区，一山東区，徳陽区から構成されている．

ソウル市内に連絡する鉄道は，京義線がソウル駅まで達しているが，途中でソウル地下鉄 3 号線とクロスしている．ソウル地下鉄 3 号線は延伸されて（一山線），直接一山新都市内を通過している．漢江に沿って，漢江右岸を走る自由路は，北のパジュ（坡州）方面および西のカンファ（江華）島，インチョン（仁川）空港方面に連絡する大動脈である．漢江左岸との間は金浦大橋，幸州大橋，傍花大橋などで結ばれている．幸州大橋の東に，幸州山城がある．豊臣秀吉の侵略時，激戦がくり広げられたところである．　　　　　　［山田正浩］

コーラー山脈　Kohler Range　南極

[75°05′S　114°15′W]

南極，西南極の山脈．マリーバードランド，ウォルグリーン海岸西端部にある氷に覆われた台地状の山地で，岩石はほとんど露出していない．1940 年 2 月，アメリカの調査飛行で望見され，リチャード・バードの極地飛行支援者のウォルター・コーラーを記念して命名された．1966〜67 年に撮影された空中写真から 25 万分の 1 地形図が作成されているが，最高点などの正確な標高は不明である．周囲の氷床から 400〜500 m 高い標高 1000 m ほどのほぼ東西方向に 70 km 延びる山地は，中央を北流する幅 10 km のコーラー氷河で分断されており，山脈というより 2 つの山塊である．　　　　　　［森脇喜一］

ゴーラー　Gawler　オーストラリア

人口：2.4 万 (2011)　面積：1.1 km²

[34°36′S　138°45′E]

オーストラリア南部，サウスオーストラリア州南東部の町．アデレード平野北部の中心地．州都アデレードの北北東 44 km に位置する．ブドウ栽培とワイン生産で知られるバロッサヴァレーへの玄関口でもある．また，スタートハイウェイを北東に向かえばマレー川沿いのリヴァーランド Riverland やヴィクトリア州にも通じる．さらに，北側に向かうバリアーハイウェイは，ブロークンヒルなどニューサウスウェールズ州に通じている．その他ゴーラーは，現在の B 80 号や B 82 号など，マウントロフティ山脈やフリンダーズ山脈に沿って北側，すなわち内陸部に向かうルートの重要な玄関口でもあった．

町が建設されたのは，植民地政府成立 3 年後の 1839 年であり，中心都市アデレード，海の玄関口ポートアデレードと並び，サウスオーストラリアで最も古い町の 1 つである．中心市街地は，バロッサヴァレーや周辺の丘陵部から流れ出るノースパラ North Para 川とサウスパラ South Para 川との合流点に位置している．両河川は市街地で合流したあと，ゴーラー川となってセントヴィンセント湾に流れ出る．また，市街地には数多くの丘陵があり，その景観から南のアテネとよばれることもある．

中心市街地とその周辺部には，1800 年代半ばから後半にかけて建設された庁舎，銀行，裁判所，郵便局，教会，ホテルなどが約 40 棟も残されている．州で最も多く歴史的な建物が残されている場所としても知られている．地名は，第 2 代サウスオーストラリア植民地総督になったジョージ・ゴーラー (1795-1869) の名にちなんでつけられた．　　　　　［片平博文］

ゴーラー山脈　Gawler Ranges　オーストラリア

標高：472 m　長さ：150 km

[32°35′S　135°41′E]

オーストラリア南部，サウスオーストラリア州中央南部の山脈．エア半島北部にあり，西北西−東南東方向に，約 150 km あまりにわたって続く．とくに西側はなだらかで，東に行くほど高く，400 m 以上のピークが連なる．最高峰はヌーキーブラフ Nukey Bluff 山．2002 年，山脈の一部とその周辺がゴーラー山脈国立公園となった．公園内には 162 種の動物と 976 種にも及ぶ植物が観察できる．公園への玄関口はエアハイウェイ沿いのウディナやミニパなどがある．公園内は 4 WD の車が必要である．地名は，サウスオーストラリア植民地総督のジョージ・ゴーラー (1795-1869) にちなみ，探検家のエドワード・ジョン・エア (1815-1901) によってつけられた．　　　　　　［片平博文］

ゴライ　Ghorahi　ネパール

トリブヴァンナガル　Tribhuvan Nagar（旧称）

人口：6.3 万 (2011)　面積：74 km²　標高：700 m

[28°02′N　82°29′E]

ネパール中西部，ダン郡（ラプティ県）の都市で郡都．首都カトマンドゥの西 250 km，ネパール西部のマハバラト山脈とチュリア山地に囲まれたサブ・ヒマラヤ帯のダン

Dang 盆地に位置する．旧王制末期にトリブヴァンナガルとよばれたが，王政廃止によって従来の名称であるゴライに戻された．　　　　　　［八木浩司］

コーラウ山脈　Koolau Range　アメリカ合衆国

標高：947 m　　　[21°21′N　157°47′W]

北太平洋東部，ポリネシア，アメリカ合衆国ハワイ州，オアフ島の山脈．北東海岸に沿って北西から南東に走る火山山脈で，最高峰は州都ホノルルの北北東にあるコナフアヌイ（標高 947 m）である．南西にあるワイアナエ山脈と平行に走り，その間に豊かな中央高原が広がる．ワイマナロパリとヌアアヌパリの 2 つの峠は，ホノルルの近く，山脈の南東端にあるヌアアヌ渓谷の頂にある．ヌアアヌパリ展望台は，1795 年にカメハメハ大王がオアフ島に侵入した後，オアフ軍の兵士を罠にかけ，この断崖に追いつめて崖下に墜落死させたといわれている．地名はハワイ語で風上を意味し，オアフ島風上側の山脈である．　　　　　　［飯田耕二郎］

コーラウポコ　Koolaupoko　アメリカ合衆国

人口：11.5 万 (2010)　面積：494 km²

北太平洋東部，ポリネシア，アメリカ合衆国ハワイ州，オアフ島中部から南部にかけての東岸地区．地名はハワイ語で「短いコーラウ（風上）」を意味する．カネオヘ湾北部のクアロア Kualoa からコーラウ山脈南端のワイマナロ付近までの範囲をさす．カネオヘ湾には州内でも珍しく堡礁に囲まれたラグーン（潟湖）を形成しており，豊富な魚介類に恵まれている．とくにボラやミルクフィッシュ（サバヒー），ウフ（ブダイ）が美味なことで知られる．また，北部のクアロアは古代からの聖地とされている．　　　　　［飯田耕二郎］

コーラウロア　Koolauloa　アメリカ合衆国

人口：2.1 万 (2010)　面積：449 km²

[21°36′N　157°56′E]

北太平洋東部，ポリネシア，アメリカ合衆国ハワイ州，オアフ島の中部から北部にかけての東岸地区．一部に北西部も含まれる．地名はハワイ語で「長いコーラウ（風上）」を意

味する. 北西部のワイメア湾付近から中部の カアアワ Kaawa までの範囲をさす. 北東部 のカハナからライエにかけての渓谷地帯は, 水が豊富で土壌も肥沃である. 　　[飯田耕二郎]

ゴラガート　Golaghat　　　インド

人口：4.2万 (2011)　　[26°30′N　93°59′E]

　インド北東部, アッサム州ゴラガート県の 町で県都. アッサム州の最も伝統のある都市 の1つであり, 植民地時代のバンガロー様式 の建築物が多く残る. 自然史博物館があり, アッサム語圏の文化的拠点の1つとなってい る. ゴラガート県はアッサム州の西中央部に 位置し, 面積 3502 km², 年平均降水量は 2400 mm, 植生は熱帯亜熱緑林が卓越する. 米, サトウキビ, アブラナのプランテーショ ンがある. アスベストパイプ, 丸釘, 茶, 石 けんが製造される. トラ, ゾウ, サイ, アク シスシカが生息するカジランガ国立公園や考 古学的遺跡がある. 　　　　　　[澤　宗則]

コラキ　Coraki　　　オーストラリア

人口：0.1万 (2011)　面積：91 km²
[28°59′S　153°17′E]

　オーストラリア南東部, ニューサウスウェ ールズ州北東部, リッチモンドヴァレー行政 区の町. リッチモンド川とルソン川の合流点 に位置し, 地名も, 水が出会う場所という意 味から命名されている. 北西 30 km にカシ ーノ, 北 25 km にリズモー, 南東 25 km に エヴァンズヘッドがあり, その中心に位置す る. 毎年 10 月下旬に開催されるコラキの展 覧会は, 絵画, 写真, 彫刻, 版画などあらゆ るアーティストを対象としている. その資金 集めのためのイベントとして, コラキ・トリ ビアナイトが毎年 7 月か 8 月に開催される. 小さな町の中には, 病院, 学校, 教会, コミ ュニティホール, 博物館, 図書館, 公園, テ ニスコートなど多くの施設が存在する. ま た, ホテル, ボーリングクラブ, ゴルフクラ ブやスーパーマーケットなどがあり, これら の中小企業は町への依存度が高い. 町の西部 境界付近には, 先住民のコミュニティである ボックスリッジがある. 　　　　[牛垣雄矢]

ゴラクプル　Gorakhpur　　　インド

人口：67.1万 (2011)　　[26°45′N　83°23′E]

　インド北部, ウッタルプラデシュ州東部,

ゴラクプル県の町で県都. ラプティ川左岸に 立地し, ヴァラナシの北 16 km に位置する. 1934 年に地震で大きな被害を受けた. イン ド・パキスタン分離独立以前は軍事都市で, 独立後は窒素肥料, 化学肥料, 鉄製品, 製糖 の工場が立地するなど商工業都市として発展 した. ゴラクプル大学がある. 空港も郊外に ある.
　ゴラクプル県の面積は 6272 km². 県はガ ンガ平原と南西端にガンガラ川を有する. ラ プティ Rapti 川が中央部を南流する. 洪水 対策が問題である. 年平均降水量は 1259 mm, 植生は熱帯湿潤落葉樹林が卓越する. 県域の 90% が耕作地で, うち 59% が用水路 と管井戸で灌漑されている. 稲, トウモロコ シ, 小麦, 大麦, 雑穀, 豆類, サトウキビ, ラッカセイ, アブラナ, 芋が栽培されてい る. 県内には製糖工場があり, ピプライチ Pipraichi には製紙工場がある. 　　[澤　宗則]

コーラック　Colac　　　オーストラリア

人口：0.9万 (2011)　面積：8.4 km²
[38°22′S　143°36′E]

　オーストラリア南東部, ヴィクトリア州南 西部の都市. 州西部は火山灰台地で覆われて おり, 町はその台地の東端, ジーロングの西 南西約 70 km に位置する. 周辺部は豊かな 農村地帯となっており, 町はその中心集落を なしている. また, ジーロングから西部のウ ォーナンブールを結ぶ幹線上に位置してお り, 鉄道, 道路ともに便がよい. また, オト ウェー国立公園への入口でもある. 市内のコ ーラック湖畔では, 釣りや各種のウォーター スポーツが盛んである. 　　　　　[堤　純]

コーラック　Colac　　　ニュージーランド

コーオラカ　Ko-oraka (マオリ語・旧称)
[46°22′S　167°53′E]

　ニュージーランド南島, サウスランド地方 の村. ワレス地区に属し, フォーヴォー海峡 に臨むコーラック湾岸に面している. インヴ ァーカーギルの西 53 km に位置し, 小学校 が集落中心部に立地している農業集落の典型 である. この集落には砂浜があり, 夏になる と海水浴などの行楽客で賑わうとともに, ピ クニックスポットとしても人気があるもの の, もともとは製材業が盛んであった. 地名 は, もともとのマオリ語の地名であるコーオ ラカの英語の訛りによって生まれたものであ る. マオリ語の r と英語の l がよく似た発音

のために生じやすい訛りである. Ko-oraka の意味は, このあたり一帯を支配していたマ オリの首領(Raka)にあるといわれている. コーラック湾の南西部に位置するオラカ岬 (標高 163 m の丘がある)は, Ko-oraka とい う地名の名残りである. 　　　　[泉　貴久]

コーラート Khorat ☞ ナコーンラーチャシ ーマー　Nakhon Ratchasima

コーラート高原　Khorat, Thi Rap Sung　　　タイ

面積：168854 km²　標高：150–250 m

　タイ東北部, メコン川中流域の右岸に広が る高原. タイ東北部の範囲とほぼ一致する. 地名は, この高原の南東に位置する都市ナコ ーンラーチャシーマーの通称コーラートから とったもの. 標高は, 全体としては西端の標 高 400 m 程度のペッチャブーン第 1 山脈と ドンパヤーイェン山脈, 南端の標高 400～ 700 m 程度のサンカムペーン山脈とパノムド ンラック山脈を頂点として, 北から東へと流 れるメコン川に向けて低下していく.
　コーラート高原の中央部よりやや北側を北 西方向から南東方向に標高 300～500 m 程度 のプーパーン山脈が走り, この山脈を境に北 側をサコンナコーン盆地, 南側をコーラート 盆地とよぶこともある. サコンナコーン盆地 のほうが規模は小さく, プーパーン山脈北麓 から流れるソンクラーム川のほか, 多数の小 河川がメコン川に注いでいる. 一方コーラー ト盆地は面積がサコンナコーン盆地の 3 倍程 度と広く, 南をムーン川が, 北をチー川が西 から東に向けて流れており, 両者はウボンラ ーチャターニー付近で合流してメコン川にい たる. コーラート盆地の降水はすべてムーン 川に集中することになり, 雨季に両河川沿い で洪水が発生する要因ともなっている.
　地質的には砂岩層から成り立っているが, 一部は岩塩層が含まれており, 地表に塩分が 集積したり, 保水力が弱いなどの問題を引き 起こし, 降水量は多いにもかかわらず東北部 を水不足地帯としている. 山脈を除けば地形 は比較的ゆるやかなことから, 19 世紀後半 から開拓が進み, 天水田や商品作物の畑がほ ぼ全域に広まった結果, この地域に典型的で あったフタバガキ科の疎林は激減した.
　　　　　　　　　　　　　　[柿崎一郎]

566　コラフ

〈世界地名大事典：アジア・オセアニア・極Ⅰ〉

コラプート　Koraput

インド

人口：4.7万 (2011)　　　　[18°48′N　82°41′E]

　インド東部，オディシャ（オリッサ）州南西部，コラプート県の都市で県都．チャッティスガル州ライプルの南南東約290 km，同じくジャイプルの東南東18 kmの東ガーツ山脈中に位置する．一帯は南オディシャの先住民地域の一部であり，深い森林に覆われていたが，都市化と工業化の進展により，森林開発が進んでいる．地域の先住民の生活様式は近代化し，町に野菜や果物を出荷している．都市経済は，基本的に米と木材など農業および林業に依拠しているが，周囲には戦闘機用のエンジン工場や豊富なアルミニウム鉱床を背景としたアルミニウム精錬工場が存在し，当地域の経済を潤している．　　　[前田俊二]

コラール　Kolar

インド

人口：13.9万 (2011)　面積：27 km²
　　　　　　　　　　　　[13°10′N　78°10′E]

　インド南部，カルナータカ州コラール県の都市で県都．州都ベンガルール（バンガロール）の東60 km，インドの有名な金鉱山コラールゴールドフィールズの北西24 kmに位置する．19世紀の終わり頃から都市化が始まった．インドの金採掘業の中心を形成している．道路交通の要衝でもあり，おもな産業は，タバコ，なめし革，絹織物，綿織物，金細工などの工業である．1920年，南インド最初の水力発電開発計画が金鉱床地域への電力供給のために実施された．　　[前田俊二]

コーラル海　Coral Sea

オーストラリア北東沖

サンゴ海 (別称)

面積：4790000 km²　長さ：2250 km
幅：1500 km　　　　　[18°00′S　158°00′E]

　オーストラリア北東部，クイーンズランド州北東部，グレートバリアリーフから外側に広がる海域．西はオーストラリア大陸およびニューギニア，東はニューカレドニア島および共同統治領ニューヘブリディーズ，北はソロモン諸島と接し，サンゴ海ともよばれる．海域の広さは南北約2250 km，東西1500 kmにも及ぶ．このような広大な海域において，オーストラリアの領海は約78万km²と相対的に狭く，オセアニアの島嶼諸国の領海となる海域が比較的広い．そのため，島嶼諸国の海域はシーレーンを確保するためにも重要となる．海域には多数の島々，グレートバ

リアリーフをはじめとするサンゴ礁が含まれている．島々には，豊かな海生生物および鳥類が生息していることから，観光地として人気の高い島やサンゴ礁も数多く分布する．また，本海域では，1942年5月，太平洋戦争において，日本海軍と連合国（アメリカ合衆国とオーストラリア）軍の間で海戦（コーラル海海戦，あるいはサンゴ海海戦）が発生した．　　　　　　　　　　　　　[菊地俊夫]

コーラル海諸島　Coral Sea Islands

オーストラリア

サンゴ海諸島 (別称)

面積：7 km²　　　　　　[16°13′S　150°01′E]

　オーストラリア北東部，クイーンズランド州北東部，コーラル海（サンゴ海）の海域に点在するオーストラリアの海外領土の島々．ウィリス島以外は無人島である．各島は非常に小さい．また，植生はわずかな草地と低木に覆われるのみである．1788年7月，イギリスの海軍大尉ジョン・ショートランドが，オーストラリアからインドネシアのジャカルタへ帰還する途中でミドルトン礁を発見した．ジェームズ・クックによる1770年8月のオーストラリア東海岸などの併合にもとづき，コーラル海における島々およびサンゴ礁は，イギリスの領土であると見なされてきた．1901年，オーストラリアによるコーラル海諸島の獲得が始まり，有人の測候所が21年にウィリス島に建設された．その後，1930年代における日本の漁撈活動の活発化や，ドイツとフランスによる領土的関心の高まり，大洋を横断する航空業務などにより，諸島のもつ潜在的な価値が認識されるようになった．コーラル海諸島の所有について，1930年代から60年代にかけて，イギリスとオーストラリア間で多くの書面が交わされた後，69年，オーストラリアが10番目の海外領土として，公式に獲得した．　　　[菊地俊夫]

コーラルコースト　Coral Coast

フィジー

[18°11′S　177°33′E]

　南太平洋西部，メラネシア，フィジー共和国の海岸．主島，ヴィティレヴ島の南海岸をクイーンズロードに沿ってナタンドラビーチ Natadola Beach からソモソモビーチ Somosomo Beach にかけて続くサンゴ礁の美しいフィジー随一の海岸リゾート地帯であ

る．白砂の海浜が美しいナタンドラビーチ，大砂丘があるシンガトカ，リゾートホテルが立ち並ぶコロトンゴ Korotogo からコロレヴ Korolevu にかけての一帯と，多くの観光スポットがあり，さまざまな海浜レジャーが楽しめる．　　　　　　　　　　　　　[橋本征治]

コラールゴールドフィールズ
Kolar Gold Fields

インド

人口：16.4万 (2011)　面積：58 km²
　　　　　　　　　　　　[12°54′N　78°16′E]

　インド南部，カルナータカ州コラール県の都市．州都ベンガルール（バンガロール）の東72 kmに位置し，鉄道の終点でもある．国内最大の金鉱産出地であり，国内の金の95％以上と銀を産する（年平均産出量8505 kg）．鉱山は1885年に開発され，1902年以後水力発電所の建設によって増強された．ほかに，金細工，なめし革業，タバコ産業，屠殺場などの産業がみられる．市の境界線付近には送電所，保養地，タイルとレンガ工業を中心とするマリクッパムの工業地域，商業大学とその住居地域が展開する．　　[前田俊二]

コラレネブライ　Collarenebri

オーストラリア

Collarindabri (古称)

人口：0.1万 (2011)　　[29°32′S　148°34′E]

　オーストラリア南東部，ニューサウスウェールズ州北東部，ウォルゲット行政区の町．州都シドニーの北西707 km，岩の多いバーウォン川の浅瀬の近くに位置する．最初はCollarindabri と綴られた．1860年に，入植者ウィリアム・アールはこの町の近くを訪れ，この地域が交通の要衝であることに着目して，酒場 The Squatters Arms を設立した．アールは，盗賊キャプテン・サンダーボルトによって襲われたことで有名になった．彼は今日のコラレネブライを確立したと考えられている．現在でも彼の子孫の数人は，まだこの町に住んでいる．1865年には，この町にはわずかばかりの小さな家屋に，50人程度の住民がいるにすぎなかった．

　町は1867年7月12日に設立された．1890年までに病院，警察署，学校や複数の企業を有する町に発展し，先住民のアボリジニの人びとにとっても重要な場所として長く記録された．そのため，バーウォン川沿いには多くの人工的な遺物と，彼らにとって重要な場所がたくさん存在する．Collymongle

Station には，いくつかの非常に古い土着の木製の彫刻が存在する．町の外にはこの地域に特有なものとして，ガラスで覆われ，故人を象徴する装飾がされているアボリジニの墓があり，よく維持，管理されている．町は，アボリジニの人びとのための重要な共同体であり続けている．建物の多くは 1910 年にさかのぼる．またこの町は，手動のスイッチボードから自動電話交換に変わったのが 1986 年で，国内でも最も遅い地域の 1 つであった．ボランティアによって，地域情報を中心に扱うローカルラジオ局が運営されている．この地域のおもな産業は綿花や小麦の栽培で，羊や肉牛などの牧畜業も盛んである．なお，バーウォン川は国の内陸部における最高の釣り場の 1 つとされている． ［牛垣雄矢］

コーラン県　岢嵐県　Kelan　中国

からんけん（音読み表記）

人口：8.6 万 (2013)　面積：1986 km²　気温：6°C
降水量：456 mm/年　[38°41′N　111°33′E]

中国中北部，シャンシー(山西)省北部，シンチョウ(忻州)地級市の県．コワンツェン(管涔)山北西麓に位置する．地名は県内の岢嵐山にちなんだものである．東部は岢嵐山，南西部は焼炭山，西部と北西部はホワントゥー(黄土)丘陵である．中部は嵐漪河沿いの帯状の平地である．主要な農作物はカラス麦，ジャガイモ，豆類などの寒冷に強い作物である．省会タイユワン(太原)までの鉄道がある．嵐漪河の源である馬跑泉は有名な観光地である． ［張　貴民］

コランバラ　Korumburra　オーストラリア

人口：0.4 万 (2011)　面積：86 km²
[38°27′S　145°49′E]

オーストラリア南東部，ヴィクトリア州南部の都市．州都メルボルンの南東約 110 km，サウスギップスランドハイウェイ沿いに位置する．1872 年に高品位の瀝青炭の鉱脈が発見されたことを契機に発展したが，1900 年以降は斜陽化した．その後は周囲の酪農や野菜生産の一大中心地となっている．周辺では，大きい物で体長が 1 m 近くに及ぶ，世界最大のミミズともいわれるジャイアントギップスランドミミズの生息地としても有名である． ［堤　純］

コリー　Collie　オーストラリア

人口：0.8 万 (2011)　面積：594 km²
[33°21′S　116°09′E]

オーストラリア西部，ウェスタンオーストラリア州南西部の町．州都パースの南約 200 km，コリー川流域に位置する．州内唯一の石炭の産地であり，また小麦や木材の産地でもある． ［大石太郎］

コリー　Collie　オーストラリア

人口：158 (2011)
[31°39′S　148°18′E]

オーストラリア南東部，ニューサウスウェールズ州中央東部，ウォーレン行政区の町．州都シドニーの北西 522 km，オクスリーハイウェイ沿いに位置する．地名は，先住民ウィラジュリー(Wiradjuri)の言葉で水の意味から派生したと考えられている．通常はラグーンや大規模な湖に適用される単語である． ［牛垣雄矢］

コリア湾　Collier Bay　オーストラリア

長さ：100 km　幅：65 km
[16°05′S　124°15′E]

オーストラリア西部，ウェスタンオーストラリア州北部の湾．インド洋が深く切れ込んでおり，東西約 100 km，南北 65 km に広がっている．湾の入口にモンゴメリ島とクーラン島が位置する． ［大石太郎］

コリナ　Corinna　オーストラリア

[41°40′S　145°07′E]

オーストラリア南東部，タスマニア州北西部の町．4500 km² にも及ぶ国内最大の冷温帯雨林，ターカイン原生地域の西端にあり，デヴォンポートの南西約 170 km に位置する．1881 年に入植が始まり，94 年に町制が施行された．金鉱山の町として栄えたが，1900 年代に入りジーアンなど近隣地域での鉱山開発が進むとやがて衰退し，現在では観光に特化した町となっている．町にはパイマン川が流れ，周囲にはハイキングコースが多数あり，壮大な森と手つかずの自然に囲まれながらタスマニアらしい時間を過ごすことのできる，人気の観光地である． ［安井康二］

コリームバリー　Coleambally　オーストラリア

人口：0.1 万 (2011)　[34°48′S　145°53′E]

オーストラリア南東部，ニューサウスウェールズ州中央南部，マランビジー行政区の町．1968 年 6 月に設立され，州では最も新しい町の 1 つである．おもな産業は米作で，主要な精米所は町の北 1 km にある．ほかにも小麦，トウモロコシ，モロコシ，大豆も栽培され，羊や牛の放牧も行われている．近年の干ばつは深刻な水不足をもたらし，米産業はリスクを抱えている．そのため，厳格な水の使用制限が課せられており，配分される水量が多かった年は米の生産量も比較的多くなる．またアメリカの農産物との競合は，米作農家にとって大きな脅威となっている． ［牛垣雄矢］

コリョン　高霊　Goryeong　韓国

人口：3.4 万 (2015)　面積：384 km²
[35°44′N　128°16′E]

韓国東部，キョンサンブク(慶尚北)道の南端の郡および郡の中心地．行政上は高霊郡高霊邑．郡域の東の境界はナクトン(洛東)江本流である．高霊邑はその支流，会川に沿って位置する．2010 年の高霊郡の人口は 3.2 万である．1975 年の人口は約 6.5 万であったので，この間に約 1/2 に減少した．古代の伽耶諸国のうちの大伽耶国がここにあった．88 オリンピック高速道路が郡域の中央を通過する． ［山田正浩］

コリングウッド　Collingwood　ニュージーランド

ギブスタウン　Gibbstown　(旧称)
[40°41′S　172°41′E]

ニュージーランド南島，タスマン地方の町．ネルソンの北西 135 km，ゴールデン湾の海岸線に注ぐアオレレ川の河口部に位置する．酪農業や製材業が盛んであるが，それと同時にこの町は，アオレレヴァレーを経由し，タスマン山地，ヒーピー Heaphy 川河口，そしてウェストコースト地方へ抜ける登山道の起点にもなっている．町にはテアナロア洞窟があり，観光客が多く訪れるとともに，周辺には岩石，鉱物資源，貝の化石，マオリの工芸品などが展示されている私設の博物館も立地しており，この地の地理や歴史を一通り理解するのに役立つ．

この町には古代のマオリの環濠集落であるパの跡があり，洞窟内部にはモアの骨の化石も発見されている．このことは1860年の地質学者フェルディナント・フォン・ホッフスタッター博士の調査で明らかになっている．19世紀の半ば，この地に最初にヨーロッパ人が入植したとき，当初は貿易の拠点としての集落づくりを考えていたようである．入植者たちはこの新しい集落を，土地の管理者ウィリアム・ギブスの名前にちなんでギブスタウンと命名した．1857年のゴールドラッシュ期には，1500人もの採掘者がこの地へやってきて，アオレヴァレーに集落を形成していった．そうした状況に対し，当時のネルソン植民地政府の役人はこの地を調査した後，住民たちに対し町の名称をコリングウッドとし，将来的にニュージーランドの首都として位置づけようと提案した．だが，住民たちはギブスタウンという名にこだわり，名称変更には反対した．1859年になって，町が大火によって壊滅的な被害を受けたことをきっかけに，名称がいまのものになった．地名は，イギリスの著名な軍人であるベーコン・コリングウッド(1750-1810)にちなんでいる． ［泉　貴久］

ゴール(スリランカ)，旧市街の城壁《世界遺産》〔Shutterstock〕

コール川　Coal River　☞ ハンター川 Hunter River

ゴール　Galle　　　　　スリランカ

人口：8.6万 (2012)　面積：17 km²
気温：27.3℃　降水量：2304 mm/年　標高：8 m

[6°03′N　80°13′E]

　スリランカ，南部州ゴール県の都市(MC)で，州都および県都．コロンボから南へ117 km，2011年に開通した高速道路(E 01)を使えば車で約3時間，スリランカ国鉄の都市間急行列車で約3時間半の距離にある．コロンボ，キャンディに次ぐ国内第3位の都市で，港湾・商業の中心地である．イギリス統治時代の1885年に市制施行した．もともとアラビア商人が交易のために利用していた港で，モルディヴやインドのコロマンデル海岸との交易でも栄えた．

　市街地の南部に突き出した陸繋島に，最初1625年にポルトガル人が町の建設を開始し，続いて63年にはオランダが囲郭をめぐらした．これを1796年以降にイギリスが改修した要塞都市の遺構が残る．この要塞はスリランカ最大の規模をもち，内部に地方政府，裁判所，カトリック，オランダ改革派，イギリス国教会などの教会，モスク，ホテルなど植民地時代の歴史的建造物や古い下水設備を擁し，1988年「ゴール旧市街とその要塞群」としてユネスコの世界遺産(文化遺産)に登録された．現在でも，城門に刻まれたオランダ東インド会社の紋章をみることができる．要塞内部の住人の多くはイスラーム教徒である．この要塞地区は，幸いにも2009年9月に起こったスマトラ島沖地震による津波襲来時の被害を免れた．要塞地区の北のクリケット競技場を隔てた北部には新市街が広がり，商業地区，市場，鉄道駅，バスターミナル，行政機関などが立地する．

　1871年にコロンボ港が整備される前までは，ヨーロッパとアジアの航路の船はゴールの港を利用した．明治時代に欧米視察を行った日本の岩倉具視使節団もこの港に立ち寄った．市の背後は岩が露出した地形で，ココナッツ，ゴム，茶のプランテーションが広がる．世界遺産の要塞地区観光と農村のプランテーションの産物を集め外部に移出することが市の主要な産業基盤といえる． ［山野正彦］

ゴルヴァンサイハン国立公園
Gurvansaikhan Baigaliin Tsogtsolbort Gazar　モンゴル

面積：21717 km²　標高：2825 m　長さ：160 km

[43°40′N　101°31′E]

　モンゴル南部，ゴビ砂漠に位置する国立公園(自然複合保護区)．ウムヌゴビ県の県都ダランザドガドの西部に東西に延びるゴルヴァンサイハン山脈を中心に広大な面積を誇る．地名は，3つのすばらしき山の意味．ズーンサイハン山(標高2815 m，東のすばらしき山)，ドンドサイハン山(2825 m，真中のすばらしき山)，バローンサイハン山(2549 m，西のすばらしき山)に分かれる．付近で恐竜の化石が発見されることでも有名である．観光地としては，雪渓のあるヨル渓谷などがある． ［島村一平］

コルヴィル　Colville　　　ニュージーランド

[36°38′S　175°28′E]

　ニュージーランド北島，ワイカト地方の町．テムズコロマンデル地区，コロマンデル半島北西部，コロマンデルの北26 kmに位置する．ハウラキ湾に面し，南進するとテムズ湾に入る．コルヴィル湾南東の入江にできた町であり，コロマンデル半島では最北の居住区となる．かつてはカウリが材木として切り出され，製材業が盛んであったが，近年はラジアタマツなどの植林が行われている．コルヴィルビーチは風光明媚な観光地でもある．コロマンデル半島で燃料や日用品を入手できる最北の地でもある．コルヴィルロード沿いに小さな集落が形成されている．地名は，海軍少将であったコルヴィル卿にちなみ，ジェームズ・クックにより1769年に名づけられた．町の南西沖5 kmほどの位置にモトゥカワオ Motukawao 島がある．

［植村善博・太谷亜由美］

コルヴィル海峡　Colville Channel
ニュージーランド

[36°24′S　175°26′E]

ニュージーランド北島，ワイカト地方の海峡．グレートバリア島とコロマンデル半島の北西端にあるコロマンデル岬の間をさす．太平洋からハウラキ湾にいたる3つの海峡のうちの1つであり，オークランドの北東に位置する．お椀をふせた形のチャネル Channel 島が海峡の西，コロマンデル岬の北に位置する．マリンスポーツが盛んに行われている．

[植村善博・太谷亜由美]

ゴルカ　Gorkhā　　　　　ネパール

プリティヴィナラヤン　Prithvinarayan （旧称）

人口：3.2万 (2011)　面積：60 km²　標高：1135 m
[27°59′N　84°38′E]

ネパール西部，ゴルカ郡（ガンダキ県）の都市で郡都．首都カトマンドゥの西 140 km，マルシャンディ Marsyandhi 川の支流であるダロンディ川の左岸側，低ヒマラヤ帯に連なる稜線上に位置する古都である．旧王制期にゴルカの領主プリティヴィ・ナラヤン・シャハ王にちなんでプリティヴィナラヤンと名づけられたが，2009 年に現名称に改称した．すなわち，2008 年までネパールを支配したシャハ朝の出自がこのゴルカであることのほうが歴史・地理学的には意味がある．その出自の地名からシャハ朝をゴルカ朝とよぶこともある．

18 世紀後半にシャハ朝によって統一される以前のネパールは，数十の小領主が割拠していた．いわゆる戦国武将の1人であったゴルカの領主シャハ王は，30 年以上にわたるカトマンドゥ盆地攻略をこの地を根拠に行った．町は谷底から稜線に幅数 km，比高 1 km 以上にわたって続く広い南向きの緩やかな斜面の上端に位置している．天にも届くような棚田や段々畑の景観が広がるこの斜面は，地形学的には南傾斜の流れ盤地すべりとして発達したが，急傾斜の山地斜面が卓越する他の低ヒマラヤ帯の山地と比較して農業生産性が高い地域をつくり出している．このような経済的基盤とカトマンドゥ盆地への回廊であるトリスリ川に近いという地理的位置がシャハ朝の覇権獲得への1つの理由であったと考えられる．

早朝には出発するバスのクラクションで騒がしいゴルカから 300 m 登れば，主稜上に旧王宮がそびえている．それはシャハ朝の権勢を誇示するように，おそらく当時以上に修復・整備され，観光や国民教育の場となっている．旧王宮直下にある洞窟にはゴラクナート(Gorakhnath)という聖人が暮らしたとされ，地名はそれに由来する．現在でもイギリ

ス陸軍やインド陸軍で，強力な戦力として認められているグルカ Gurkha 連隊は，ネパール国内で募集されたネパール人とネパール系インド人から構成される傭兵部隊である．19 世紀初めイギリス・東インド会社軍とも戦火を交え，その勇猛・忠誠さが知られることとなったゴルカ朝の兵士を東インド会社の傭兵としたことが始まりで，その総称としてのゴルカがイギリスによってよび変えられたものである．　　　　　　　　　　[八木浩司]

コルガス県　霍城県　Korgas　　中国

霍爾果斯 (旧表記)／フオチョン県　霍城県
Huocheng (漢語)

人口：35.1万 (2002)　　[44°03′N　80°52′E]

中国北西部，シンチャン（新疆）ウイグル（維吾爾）自治区北西部，イリ（伊犁）自治州の県．イリ川上流の北岸に位置し，西はカザフスタンに隣接する．チャガタイ・ハン国の首都アルマリクがあった地である．アルマリクはウイグル語でリンゴの町を意味する．1914 年にコルガス(霍爾果斯)県が設置された．漢字表記はのちに霍城と改められた．農業が主体で，小麦，水稲，テンサイ，綿花，ホップなどを産する．リンゴ，モモ，ナシの産地として知られる．国道 312 号が県内を通る．コルガス口岸(出入国検査場)はカザフスタンとの辺境貿易における重要な交通路である．名所にはアルマリク古城，トグルクテュムルハンマザール(聖廟)などがある．

[ニザム・ビラルディン]

コルカタ　Kolkata　　　　　インド

カルカッタ　Calcutta （旧称）

人口：449.7万 (2011)　面積：185 km²　標高：5 m
気温：27℃　降水量：1600 mm/年
[22°30′N　88°20′E]

インド東部，ウェストベンガル州コルカタ県の都市で州都および県都．かつてはカルカッタといわれた．インド東部の一大中心都市で，大都市圏人口は 1411.3 万(2011)．ガンジス川の分流の1つ(本流ともいわれる)であるフーグリー川左岸にあり，河口から約 150 km さかのぼった地点に位置する．帆船時代には潮流の上限の地にあり，港として好条件のところであった．フーグリー川の自然堤防上にあるため，市街地は川に沿って南北に細長く延び，対岸のハウラーも同様で，フーグリー川の両岸に南北に細長い密集した都市を形成している．自然堤防の背後は低湿地であるため，市街地の大半はこの低湿地に広がっ

ている．これは健康上あまりよくない．大小無数の多くの溜池があり，マンゴーやココヤシが繁茂して緑豊かな感じを与える．しかし，一歩市街地に入ると，いたるところ人が満ちあふれ，過密集都市の実態をみせられる．

最近の都市的発展は自然堤防背後のバックマーシュ(後背湿地)に及んでおり，一方に池を掘ってその盛土で宅地を造成している．このような沼湿地に市街地が展開しているため，マラリアやコレラなどの伝染病が多発し，衛生上もあまりよい環境とはいえない．

気候は熱帯モンスーン気候で，10～3月までは乾季(冬)で，気温は 20℃ 前後である．ほとんど快晴の日が続き，毎日紺碧の空である．多くの花々がこの時期に咲き，四季のうち最も快適な気候の時期である．2 月上旬から気温は上昇していくが，3 月末になると 30℃ を超えるようになる．4, 5 月はインドの他地域と同様に酷暑期で，38℃ 以上となり雨は一滴も降らず，耐えがたい暑さとなる．しかし内陸部に比較すると，海岸に近いせいか 40℃ を超える日は少ない．6～9月までは，モンスーン季で雨季となる．気温はやや下って 30℃ 前後であるが，1 日数回スコールがあり，かなり激しい豪雨である．ちょうどこの頃マンゴーが実るので，マンゴーシャワーといわれている．低湿地のコルカタはしばしば氾濫し，不衛生となりやすいため，前述の伝染病が流行する．10 月初旬から漸次気温も下がり，雨も少なくなってふたたび乾季が訪れる．熱帯低気圧もこの頃多く襲来し，サイクロンとよばれてかなり激しい災害をもたらすことが多い．年降水量は 1600 mm 前後で，その大半はモンスーン季に降ってしまう．コルカタの土壌は重粘土質で砂質地が少なく，塩分を含むことが多い．そのため水質が悪く，上水もそのまま飲用できず，煮沸して使用している．

コルカタは現在も東部インドの一大拠点都市として商工業が盛んであるが，1911 年首都がデリーへ移り，第2次世界大戦後，東ベンガルがバングラデシュとして独立したため，市場の一部が失われた．また設備の多くが老朽化しているためムンバイ(ボンベイ)やデリーなどに機能を奪われている．また政情が不安定なため，新規産業や工場がなかなか立地していない．元来この地はジュートの生産地であり，ジュート工業やインド綿の綿工業など繊維工業が発達した．さらに港湾の発展につれて造船業や機械工業，石油化学その他の化学工業も立地している．近年，港湾の再整備のため市の南西に新しい掘込み港であ

コルカタ(インド),市内の目抜き通り,チョーリンギー通り〔Roop_Dey/Shutterstock.com〕

るハルディアをつくった.また市の東方の低湿地を大規模に埋め立てて,リートレークシティをつくった.これらの地に新しい業種の工業,自動車,IT 産業などの立地を目ざしているが,なかなかむずかしいようである.

市内のおもな観光地として,フーグリー川と目抜き通りのチョーリンギー通りの間に,マイダンという大きな中央公園があり,中心にはイギリスのインド支配の中心となったウィリアム城がある(1773 完成).マイダンの南東にはヴィクトリア記念館が独立後も残されており,イギリスのインド統治の歴史がよくわかる.チョーリンギー通りの中ほどには,有名なインド博物館があり,アショーカ王の有名な詔勅石柱頭や数々の彫刻,美術品,インド歴代の彫刻や文献などが所蔵され,動植物,人口学研究所も設置されている.チョーリンギー通りの南 4 km のところにはコルカタの名の興ったカリガート寺院があり,カリー女神を祀っている.このほかジャイナ教の寺院は七宝をちりばめた豪華な寺院であり,詩聖タゴールの記念館,マザー・テレサの奉仕していた教会などがある.フーグリー川の西のハウラーには有名な植物園があり,樹齢 200 年を超える巨大な菩提樹(バニヤン)がある.さらにアリプールの動物園にはインド特有の動物が多く,とくに白虎(ホワイトタイガー)は有名である.

コルカタの歴史は 17 世紀の初め 1642 年イギリス人が商館を開いたのが始まりで,それまでは,コルカタの南西 50 km にあるタムルクが中心的な港湾都市であった.イギリス人はベンガルの土侯やフランス人,オランダ人などをしだいに駆逐し,最後にプラッシーの戦い(1757)でフランスを完全に撃破し,インド支配の覇権を握った.その後 1857 年に起こった第 1 次インド独立戦争(セポイの乱)が鎮圧されたのち,インドはイギリスの直轄植民地となり,カルカッタはその首都となった.1911 年,前述のように首都がデリーに移るとしだいにさびれ,今日にいたっている.しかし,文化芸術面では依然としてインド文化(ベンガル文化)の中心であり,タゴールのつくったシャンティニケタン大学の芸術学部はその例である.　　　　〔北川建次〕

ゴールコンダ　Golconda　インド
[17°24′N　78°23′E]

インド南部,テランガーナ州の都市.州都ハイデラバードの郊外,北西約 5 km に位置する古い城塞都市.16 世紀にゴールコンダ王国のクトゥブ・シャー朝がそれまでの城砦(12 世紀建設)を改築して首都とした.同王朝下で,城砦に宮殿建築が付加された.ハイデラバード方面の門の外には,大きな貯水池が広がる.なお,ゴールコンダ王国は,バフマニー朝の後継王国の 1 つで 1518 年建国,ムスリム 5 大王国の 1 つである.シーア派を国教とした.1687 年ムガル軍により滅ぼされた.　　　　〔澤　宗則〕

コルジェネフスカヤ峰　Korzhenevskaya Peak　タジキスタン
標高：7105 m　　[39°03′N　72°00′E]

タジキスタン,パミール第 3 の高峰.アカデミヤナウク山脈西支脈上にある.北東面からはムシケントフ氷河,南西面からはフォルクムベック氷河の支氷河が流出している.パミールの探検家ニコライ・L・コルジェネフスキーは 20 世紀初めから数度にわたってパミールの探検調査を行い,1910 年にこの山を発見し,妻エフゲニア・コルジェネフスカヤの名を冠した.現地ではクフイサンタラクとよばれた.1953 年 8 月にソ連隊の A・ウガーロフほか 8 人が南西面のコルジェネフスカヤ氷河より北陵を登り初登頂,現在は十数本のルートが登られている.日本の原真を隊長とする山岳隊は 1976 年 8 月に南面より登頂した.　　　　〔木村英亮〕

コールズベイ　Coles Bay　オーストラリア
人口：305 (2011)　　面積：194 km²
[42°05′S　148°14′E]

オーストラリア南東部,タスマニア州東部の町.州都ホバートの北東約 190 km,フレシネ半島の付け根に位置する.イギリス人の入植が開始される以前は,先住民アボリジニの越冬地として利用され,沿岸部には貝塚も多く発見されている.地名は,これらアボリジニの残した貝塚から集めた貝殻を焼いて石灰を生成し,近郊の町スワンシーへ届けていたサイラス・コールにちなんで名づけられた.夕陽でピンク色に染まる花崗岩が美しいハザーズ山脈をコールズ湾越しに望むこの小さな町は,1930 年代中盤にハリー・パーソンズという富豪が広大な土地を購入したのを機に次々と別荘地が建設された.その後,釣りやハイキングの愛好家たちを中心に多くの人びとが休暇に訪れるようになり,現在ではタスマニアを代表するリゾート地となった.フレシネ国立公園の中で最も人気のある,ワイングラス湾へと続くウォーキングコースの入口でもあり,とくに夏場は別荘で休暇を楽しむ人びとや観光客で賑わう.　　　　〔安井康二〕

コルディリェラ山脈　Cordillera Range　フィリピン
標高：2842 m

フィリピン北部,ルソン島中央から西側にまたがる大山脈.ベンゲット州,イフガオ州,マウンテン州,カリンガ州,アパヤオ州,アブラ州に広がる.各州にはそれぞれタバヨック山(標高 2824 m),カピリガン山

（2670 m），アルチャナン山（2576 m），サポコイ山（2456 m），マンマノック山（2022 m）など2000 m級の山が連なる．とくに，これら高い山が連なる中央地域はコルディリェラセントラル山脈とよばれる．コルディリェラ山脈に住む山岳少数民族はイゴロットと総称されてきた．プロト・マレー系民族であり，ボントク（概数15万，以下同様），カンカナイ（13万），イバロイ（10万），イフガオ（18万），カリンガ（11万），ティンギアン（6万），アパヤオ（5万）などの諸民族が含まれる．中国，スペイン，アメリカなどの文化の影響を比較的まぬがれ，混血も少ないといわれる．

山岳少数民族の多くが山の斜面を利用した棚田（ライステラス）を用いて，稲作に従事している．ライステラスは世界7不思議の1つといわれ，1995年，ユネスコによって，「フィリピン・コルディリェーラの棚田群」として世界遺産（文化遺産）に認定されている．このうち，観光施設も比較的整ったイフガオ州のバナウエでは標高1300 mの高地に棚田が広がる．棚田といっても仕切りの壁としては，マウンテン州ボントックは石垣，イフガオ州イフガオ，カリンガ州，アパヤオ州のカリンガは粘土で仕切るなど，創意工夫がみられる．いずれも天に届く鏡の階段のようであり，壮大な稲作文化の遺産である．これらの少数民族は独自の文化を保ってきた．その理由として，低地から隔絶されているという地理的要因，スペインの植民地勢力に対しても強く抵抗し，屈しなかったという歴史的要因があげられる．精霊信仰，共同体的土地慣習にもとづき，稲作儀礼や祭礼行事も維持されている．かつては首狩りの風習もあったが，20世紀に入り，アメリカ統治期が始まり，宣教師の教えの影響もあってみられなくなった．

歴史を振り返ると，まずスペインの植民地化勢力には軍事的に屈しなかった．しかし，20世紀初頭，アメリカ統治期に入ると，植民地行政の影響は大きくなった．すなわち，住民は先祖から受け継いできた土地や資源を共同体として，各集落に住む民族が共有して，慣習的に利用してきた．だが，20世紀前半のアメリカ植民地政府は先住民の土地に対する先祖伝来の権利を認めず，公有地として分類した．豊かな森林資源や鉱産物を目当てに，アメリカ人や低地キリスト教徒フィリピン人がそれらの土地を自分の土地として登記し，先住民から土地を奪ったり，あるいは資源の独占利用を進めるようになった．祖霊信仰とキリスト教信仰との相違，そして，低地キリスト教者による資源の奪取が起こった．

この時期に，フィリピンにおける少数民族問題の起源がみられる．そして，1946年のフィリピン独立後も山岳少数民族の権利は十分保障されなかった．とくに山岳民族による中央政府に対する憤懣は1970年代，爆発した．1972年，戒厳令を布告したフェルディナンド・マルコス大統領はカガヤン川の支流チコ川水域に大規模なダムを建設しようとしたのである．1973年石油危機を契機に発表されたチコ川開発計画はマウンテン州，カリンガアパヤオ州に2基ずつ水力発電を含む多目的ダムを建設しようとした（カリンガアパヤオ州は1995年にカリンガ州とアパヤオ州に分離した）．10の町に及ぶ集落が水没の対象となり，祖霊信仰と共同体的土地慣習によって，生活を保ってきたボントックやカリンガ10万人が土地を失うおそれがあった．人びとはダム建設に反対して，マルコス政権に激しく抵抗した．住民は反政府勢力・フィリピン共産党の軍事組織・新人民軍（NPA）に加わるようにもなった．政府軍との戦闘も激しくなった．

しかし，1986年発足したコラソン・アキノ政権は国民和平を掲げる立場から，ダム建設を凍結した．そして，1987年に発効した新憲法にはミンダナオのイスラーム地域と並んで，コルディリェラに自治地域を設けることが定められた．他方，新人民軍に加わっていた山地民族出身で，元カトリック神父のコンラド・バルウェグはNPAから分派し，民族自決を求めるコルディリェラ人民解放軍（CPLA）を組織した．1987年，政府とCPLAの間に停戦が成立．マウンテン，カリンガアパヤオ，イフガオ，ベンゲット，アブラの5州で構成されるコルディリェラ行政地域（CAR）が暫定的行政機関として発足した．しかし，自治地域の発足に関しては，新憲法にもとづき，1990年1月，自治区設立を問う住民投票が実施されたものの，5州のうち，イフガオ州を除き，自治区への参加は否決された．自治地域は発足にいたらなかった．

なお，首都マニラからコルディリェラを訪れるには，まずコルディリェラ自治区最大の都市バギオまで，空路かバスで移動するのが便利である．そこから，バスを用いて，ライステラスで知られるバナウエ，ボントック，洞窟で有名なサガダ（マウンテン州ボントックの西19 km）を訪れるのがよい．

［佐竹眞明］

ゴールデン湾　Golden Bay

ニュージーランド

[40°40′S　172°49′E]

ニュージーランド南島，タスマン地方の湾．タスマン海とつながっており，潮の流れが活発である．湾の深度は浅く，海岸線にはいくつもの入江とともに金色の砂浜が広がっており，夏季には多くの海水浴客やマリンスポーツを楽しむ人びとで賑わう．潮流がゴールデン湾に注ぐ河川の堆積物を循環させることによって，沖合にはタスマン海との境界となるフェアウェル砂嘴とよばれる砂州が形成されており，独特な景観がみられる．同じ砂州地形である日本の天橋立と景観が大変似ていることから，この湾を控えるネルソンと天橋立を控える京都府宮津市とは，1976年に姉妹都市の提携を結んでいる．　［泉　貴久］

ゴールドコースト　Gold Coast

オーストラリア

サウスコースト　South Coast（旧称）

人口：49.5万（2011）　面積：1332 km²

[27°59′S　153°22′E]

オーストラリア北東部，クイーンズランド州南東部の都市．州都ブリズベンの南南東約70 kmに位置する．ゴールドコーストという名前は，1959年に観光客を誘致するため市制施行時に新たに命名されたもので，それ以前はサウスコーストとして知られていた．その後も，太平洋に面した市町村と合併して現在の市域に拡大した．近年，急速かつ大規模に発展を遂げ，州内ではブリズベンに次ぐ人口規模をもつ．市街地は海岸線に沿って，北のサウスポートから南は州境を越えて，ニューサウスウェールズ州のトゥイードヘッドまで延びている．おもな産業は観光業である．北のパラダイスポイントから南のトゥイードヘッドまで全長42 kmにわたって延びる砂浜，年間の平均晴天日は300日以上，日中の平均気温は24℃という自然条件が，海水浴，サーフィン，釣りなどを楽しむ大勢の人をひきつけている．これらの観光客のため，ホテル，レストランをはじめ，数多くの観光施設が立地する．また，内陸部には国内最大の亜熱帯林の保護区であるラミントン国立公園や州最初の国立公園スプリングブルック国立公園があり，これらの一帯は「オーストラリアのゴンドワナ雨林」として1986年にユネスコの世界遺産（自然遺産）にも登録されている．

1770年にジェームズ・クックが発見する

以前, この地域は, アボリジニの居住地域であった. 1822 年にブロードウォーターが探検され, 28 年には軍の駐屯地が置かれた. 1840 年代から木材の伐採が行われた. 本格的な入植は 1860 年代末にニューサウスウェールズとの境界付近から始まった. 1920 年代, 観光業が盛んになると, 現在のゴールドコーストの中心サーファーズ・パラダイスが発展するが, 本格的な開発は第 2 次世界大戦後になる. 1950 年代に建築制限が緩和されたため, 数多くの施設が建設された. 国内からの移住者も多く, 2002～03 年の人口増加率は 3.7% にも達する. 1987 年に開学(認可は 1988)した国内初の私立大学であるボンド大学をはじめ, セントラルクイーンズランド大学, グリフィス大学, サザンクロス大学のキャンパスがある. ゴールドコースト空港は国内便が主であるが, 成田国際空港との間に定期便がある. 1990 年に神奈川県と友好海岸提携を結んでいる. また 1995 年から北海道鷹栖町と姉妹都市の関係にある.

[秋本弘章]

ゴルノバダフシャン自治州
Gorno-Badakhshan Autonomous Province

タジキスタン

人口: 21.8 万 (2008)　面積: 642000 km²
[37°29′N　71°33′E]

タジキスタン東部の自治州. 州都はホログ. 1925 年 1 月に形成された. 北はクルグズ(キルギス), 東は中国, 南と西はアフガニスタンと国境を接する. パキスタンとはアフガニスタンから延びる細長い土地で分離されている. 面積はタジキスタンの 45% を占めるが, 人口は 3% にすぎない. タジク人のほか, 少数のクルグズ人, ロシア人が居住する. 人口の大部分は西パミールの諸河川の下流の谷に集中している.

東部はパミールの厳しい自然条件の下にあり, ヤク, 羊, 山羊, 牛が飼養される. 西部の西パミールには高い山脈と深い渓谷があり, 標高 7495 m のイスマイリサマニ峰がある. 階段状の耕地で小麦, 野菜, 豆が栽培される. おもな河川としてパンジ川とその支流バルタング川などがあり, 内陸湖のカラクリ湖, 堰止め湖のサレズ湖などがある. 気候は大陸性で乾燥している. 古くはモンゴル, アラブの支配下にあり, 1895 年に中国からロシアの領土となった. 本自治州のクルグズ国境付近には国内最大の自然保護区であるタジキスタン国立公園があり, 2013 年にユネスコの世界遺産(自然遺産)に「タジク国立公園」として登録された. 同公園内にはフェドチェンコ氷河, 標高 7000 m 級の高峰, 鉱泉などがあり, また, 希少性の高いほ乳類, 鳥類, 高山植物などが多く存在し, タジキスタンの重要な観光地となっている.　[木村英亮]

コルバ　Korba

インド

人口: 36.3 万 (2011)　[22°22′N　82°46′E]

インド中部, チャッティスガル州コルバ県の都市で県都. 州都ライプルの北東 200 km, チャンパの北 32 km に位置する. インドの主要な炭田の 1 つが存在し, 300 MW 級のコルバ火力発電所を支えている. 送電線を通じて県内外のさまざまな場所へ電力を供給している. また, 豊富な電力を背景にアジア有数の大規模なアルミニウム精錬工場をもつ.　[前田俊二]

コールハープル　Kolhapur

インド

Kolapur (別表記)

人口: 54.9 万 (2011)　面積: 67 km²　標高: 548 m
[16°40′N　74°20′E]

インド西部, マハーラーシュトラ州コールハープル県の都市で県都. 州都ムンバイ(ボンベイ)の南南東 290 km に位置する. パンチャガンガ川の両岸に展開し, またサヒャドゥリ山脈の間に立ち, 美しい要塞と丘に囲まれている. 地名は, コーラとよばれた力強い母神を崇拝していた当地域の先住民(ドラヴィダ人)の時代に根ざしているといわれる. 鉄道の終点ならびに主要道路の合流点にある交通の要衝である. 県の商業中心およびキビ, 米, サトウキビ, タバコなどの農業市場であり, そのほか, 衣服, 木材, 麺, 砂糖, ナタネ油などの集散地として賑わう. また, 製糖, 革靴, 織物, 陶器, タバコ, マッチの各工業が盛んであり, 映画スタジオ, 大学, 法律技術学校, 宗教など文化の中心でもある. アショーカ王時代の文字の碑文をもったストゥーパ(仏塔)や寺院跡など多くの仏教遺跡が残っている. また, 新旧の王宮をはじめ, 有名なアンバー・バーイー(ドゥルガ)寺院や博物館・文教施設などみるべきものが多い.

かつてはマラーター王国の首都であり, 1877～84 年にかけて建設された藩王の新宮殿は, 現在州の最も重要な博物館の 1 つとなっている. また, 女神アンバー・バーイーを祀ったマハーラクシュミ寺院は, 州の 3 大寺院の 1 つであり, 活気ある色彩豊かな寺院で, 旧市街の中心的建造物である. 市は大都市の快適性を提供しながら, 小都市の雰囲気を保っている. 動脈である国道 4 号沿いにあり, 古代のマハーラクシュミ寺院や野生生物保護, ゴアなどへの連絡拠点として, 急速に観光客をひきつけている.　[前田俊二]

ゴールバーン　Goulburn

オーストラリア

人口: 2.1 万 (2011)　面積: 55 km²　標高: 650 m
降水量: 639 mm/年　[34°45′S　149°44′E]

オーストラリア南東部, ニューサウスウェールズ州南東部, ゴールバーンマルワリー行政区の都市で行政中心地. 州都シドニーの南西 195 km, 首都キャンベラの北東約 90 km に位置し, 中心市街地はウランディリー川とマルワリー Mulwaree 川にはさまれた河間地に広がる. 海岸から約 100 km 離れた内陸にあるためやや乾燥した気候環境である. 元来, 先住民ガンダングラ(Gandangara)の居住地であったが, 1820 年頃からヨーロッパ人の入植が始まった. 1869 年になると, シドニーと内陸のアルベリーを結ぶ幹線の途中駅として鉄道駅が開業した. のちに, 南約 170 km のクーマへ延びる支線も開通したことから, 駅は円形機関車庫(現在の鉄道博物館)を伴う結節点となって発展した. 現在, 市街地の南部には, 高さ 15.2 m でビッグメリノとよばれる世界最大のコンクリート製の羊の像がある. これは国内の羊毛産業を賛美して建てられた資料館で, 約 200 年間の牧羊の歴史を学ぶことができる.　[藁谷哲也]

ゴールバーン川　Goulburn River

オーストラリア

グルバーン川 (別表記)

長さ: 221 km　[32°12′S　150°03′E]

オーストラリア南東部, ニューサウスウェールズ州東部, グレートディヴァイディング山脈東斜面を流れる川. 地名はイギリス保守党員のヘンリー・ゴールバーンにちなむ. マジー北東部に位置するユーランに発源し, 東流してデンマンの南でハンター川に合流, ニューカッスルからタスマン海に注ぐ. 流域の北部にクルイ Krui 川, ボウ Bow 川など, 南部にバイロンヴァレー Bylong Valley などの支流, 支谷を有する. 南部の標高 1254 m の Coricudgy 山周辺が流域最高地点となる. 1823 年, ウィリアム・ローソンによって探検が行われた. ヴィクトリア州州都メルボル

ンの北に同名の河川がある.　　［藁谷哲也］

コルフ氷丘　Korff Ice Rise
南極

コルフ島　Korff Island（別称）/ポルティロ島
Portillo, isla（西語）

標高：400 m　長さ：160 km　幅：40 km
[79°00′S　69°30′W]

　南極，西南極の氷丘．ロンネ棚氷の南西部にあって，南西‐北東に延びる巨大な氷の円頂丘である．基盤はなお海面下にあるとみられる．国際地球観測年(IGY)の1957〜58年，アメリカの観測隊によって発見され，アメリカのIGY宇宙線専門委員会副議長セルジュ・コルフを記念して命名された．アルゼンチンではポルティロ島とよんでいる.
　　　　　　　　　　　　　　［森脇喜一］

コールフィールド　Caulfield
オーストラリア

人口：0.5万（2011）　面積：1.5 km²
[37°53′S　145°03′E]

　オーストラリア南東部，ヴィクトリア州中央南部の都市．州都メルボルンの南東約10 kmに位置する．1850年代のゴールドラッシュ以降，メルボルンは急速に拡大を始めた．郊外化は地形上の制約から，コールフィールドなどの位置する南東方面への進展が比較的早く始まった．メルボルンの都心からは，放射状に鉄道路線やトラムの路線が延び，市内にも複数の路線が通過する．市内にはメルボルン日本人学校がある．［堤　純］

コールブルック　Colebrook
オーストラリア

エルサレム　Jerusalem（古称）

人口：373（2011）　面積：182 km²　標高：210 m
[42°32′S　147°21′E]

　オーストラリア南東部，タスマニア州中央東部の村．州都ホバートの北約50 kmに位置する農村地帯である．1803年にヨーロッパ人が調査に入り，23年に入植が開始した．1834年には流刑囚の保護観察所が建設され，開拓のための労働を強いた地であった．流刑囚が建てた家が残されており，国の有形文化財（建造物）として登録されている．地名は，入植当初はエルサレムとよばれていたが，1830年代よりコールブルックとよばれ始め，94年に正式地名として宣言された.
　　　　　　　　　　　　　　［武井優子］

コルベック岬　Colbeck, Cape
南極

[77°07′S　158°01′W]

　南極，西南極の岬．マリーバードランドのエドワード7世半島の先端にあり，氷で覆われている．1902年1月にイギリス南極探検隊によって発見され，海軍軍人であったウィリアム・コルベック船長の名にちなんで命名された．コルベックはスコット極点旅行隊の救出船モーニング号の指揮官でもあった.
　　　　　　　　　　　　　　［前杢英明］

コルマドゥル環礁　Kolhumadulu Atoll
モルディヴ

ター　Thaa（ディベヒ語）

人口：1.0万（2014）　面積：1696 km²
長さ：55 km　幅：45 km
[2°10′-2°34′N　72°53′-73°23′E]

　インド洋中央部，モルディヴ中南部の環礁．公用語のディベヒ語名はター．行政的にはコルマドゥル環礁区を構成する．有人島数13，リゾート島1（2014），東西約55 km，南北約45 kmのほぼ円形をしている．首島はウェーマンドゥ Veymandhoo で，西端のカドゥドゥ Kadoodhoo 島は，モルディヴ諸島の伝統的船舶であるドーニ建造において，独自の舟形をつくる技術と伝統をもつ船大工の島として有名である．キビドゥ Kibidhoo 島では仏教遺跡が発見されている.
　　　　　　　　　　　　　　［菅　浩伸］

コールマン島　Coulman Island
南極

面積：343 km²　長さ：31 km　幅：8-13 km
[73°29′S　169°45′E]

　南極，東南極の島．ロス海沖合，いくつかの楯状火山がつながった氷に覆われている．コールマンカルデラとよばれる直径5 km，深さ700 mの火口が島の南端にある．最高地点の標高は1998 mで，皇帝ペンギンの生息地としても有名である．1841年にイギリスの軍人・探検家ジェームズ・クラーク・ロスによって発見され，彼の義理の父であるトーマス・コールマンにちなんで命名された．島の南西端の岬は，ロス夫人の名前をとってアン岬と名づけられた.
　　　　　　　　　　　　　　［前杢英明］

ゴルムド市　格爾木市　Golmud
中国

人口：13.5万（2015）　面積：123460 km²
[36°24′N　94°55′E]

　中国西部，チンハイ（青海）省ハイシー（海西）自治州の県級市．西側はシンチャン（新疆）ウイグル（維吾爾）自治区と接する．チベット高原中部に位置するタンラシャン（唐古拉山）鎮も本市が管轄する．市の名称は，モンゴル語で，河川の集まる土地を意味する．ツァイダム（柴達木）盆地南部に位置し，ゴルムド河などの内陸河川が流れる．市北部に広大なチャルカン塩湖があり，塩やカリウムなどを産する．中華民国期はカザフ（哈薩克）遊牧民の放牧地であったが，中華人民共和国期に漢族が移住し，資源開発と工業化が進んだ．石油や天然ガスも産し，製塩や化学肥料，石油精製などの工業が盛んである．交通の要衝で，青蔵（青海〜チベット），青新（青海〜新疆）の2本の幹線道路と青蔵鉄道が通り，市郊外に空港もある．［高橋健太郎］

コルラ市　庫爾勒市　Korla
中国

コロンラ　庫隴勒　Körüngla（別称）

人口：38.9万（2002）　面積：7117 km²
[41°44′N　86°09′E]

　中国北西部，シンチャン（新疆）ウイグル（維吾爾）自治区南東部，バヤンゴル（巴音郭楞）自治州の県級市で州政府所在地．ティエンシャン（天山）山脈の南麓，タリム（塔里木）盆地の北部に位置する．1943年にコルラ県が設置された．1979年にコルラ県から一部分を分離してコルラ市が置かれた．1984年に市と県が合併した．地名はコロンラ（庫隴勒）に由来し，ウイグル語で眺望を意味する．コンチ（孔雀）河が貫流し，オアシス灌漑農業が発達している．ナシ，アンズ，モモの産地として有名である．石炭，電力，製紙，紡織，製革，製薬などの工業が発達している．ウルムチ（烏魯木斉）とカシュガル（喀什）を結ぶ南疆鉄道と国道314号が市内を通る．名所にはイスマイルアタムマザール（聖廟）（恰其麻扎）などがある．［ニザム・ビラルディン］

コールリッジ湖　Coleridge, Lake
ニュージーランド

面積：47 km²　長さ：17 km　幅：3 km
[43°18′S　171°30′E]

　ニュージーランド南島，カンタベリー地方中部の湖．マルヴァーン地区に属する．ウィ

ルバーフォース川とハーパー Harper 川との分岐点に近く、ラカイア川に平行して横たわり、細長い形をしている。周囲を標高1200～1500 m の山地に囲まれており、氷河によって侵食されて形成された U 字谷に水をたたえている。湖の北西端からハーパー川へは湖からの排水が注いでおり、湖の南端にはレークコールリッジ水力発電所が立地している。湖を取り囲む丘の上では牧羊がなされており、また、湖面では釣りが盛んである。

[泉 貴久]

コールレーン　Coleraine

オーストラリア

人口：0.1 万 (2011)　面積：395 km²
[37°35′S　141°41′E]

オーストラリア南東部、ヴィクトリア州南西部の都市。ハミルトンハイウェイ沿い、ハミルトンの北西約 30 km に位置する。開拓の歴史は比較的古く、1838 年にヨーロッパからの移民が放牧のために入植した。現在ではファインウールと牛肉の生産が盛んである。

[堤 純]

コレア湖　Colair Lake ☞ コレル湖 Kolleru Lake

コレヒドール島　Corregidor Island

フィリピン

面積：8.0 km²　[14°23′N　120°35′E]

フィリピン北部、ルソン島南部、マニラ湾の入口、バターン半島の突端とカビテ州の間にあるカビテ州の島。首都マニラの南西約 45 km、バターン半島の南 6 km の海上にあり、オタマジャクシ形をしている。スペイン統治期、島ではマニラ湾に入る船が検査され、書類を確認する島（イスラ・デ・コレヒドール）というスペイン語が名前の由来といわれる。また、スペイン統治期、島に刑務所があり、人を矯正するという意味でエル・コレヒドールとよばれたからという説もある。

もともとは漁民の島で、マニラ湾に入る船を襲う海賊もいたようである。16 世紀後半のスペイン植民地時代、マニラとメキシコのアカプルコを結ぶガレオン貿易が始まると、島ではかがり火を焚き、ガレオン船の到着をマニラに知らせたという。1795 年、スペインは海軍造船所を建設、1836 年に灯台も建設し、軍事要塞を築いていった。アメリカ統

治期の 1907 年にアメリカ軍居留地となり、08 年、軍駐屯地フォートミルズとなる。さらに 1922 年、アメリカ軍は地下要塞マリンタトンネルを建設した。幅 7 m、長さ 250 m、無数の通路があるという巨大軍事施設だった。太平洋戦争が勃発すると、日本軍に追われたダグラス・マッカーサー極東アメリカ軍司令官、独立準備政府大統領マニュエル・ケソンがここに立てこもった。1942 年 2 月、比米軍首脳はミンダナオ経由でオーストラリアへ脱出し、5 月、島に残って抗戦した比米軍のジョナサン・ウェインライト中将も日本軍に降伏した。だが戦争末期の 1945 年 1 月、アメリカ軍は激戦の末、日本軍を破り島を再占領した。

現在、マリンタトンネルやマイルロング旧兵舎が残る。戦後建てられた太平洋戦争記念館、武蔵記念碑 (1944 年レイテ沖で沈没した戦艦武蔵を慰霊) もある。マニラから観光船も出ている。

[佐竹眞明]

コレポム島　Kolepom, Pulau ☞ ドラク島 Dolak, Pulau

コレル湖　Kolleru Lake

インド

コレア湖　Colair Lake (別称)

面積：600 km²　標高：1-2 m　長さ：40 km
幅：15 km　深さ：1 m　[16°36′N　81°10′E]

インド南部、アンドラプラデシュ州の湖。インド東海岸最大の淡水湖で、アンドラプラデシュ州内の大河であるゴダヴァリ川のデルタと、その南に隣接するクリシュナ川のデルタの間に位置する。浜堤列群に隔てられ、海岸から約 35 km 内陸にある。デカン高原に広大な流域をもつ両デルタの急速な発達によって内陸に取り残された海跡湖で、湖底からは、約 6000 年前の完新世海面高頂期にはこの地が海であったことを示す貝化石も得られている。かつて湖面域は東西幅約 50 km、南北幅約 20 km に及び、水深は最大で 3 m はあったとされる。しかし、周辺域の農地化の進行に加え、1990 年代中頃から重機を用いた養殖池造成が急増し、自然のままの姿は一部を除いてもはや残っていない。湖域をほぼ埋め尽くす大小無数の区画の養殖池では、国内市場向けにおもにローフーやカトラとよばれるコイ類が育てられている。年産 60 万 t に及ぶ淡水魚養殖は国内のみならず、周辺諸国からも注目を浴びた。しかし、違法な養殖池造成による著しい湖水の流出入停滞や水質の富栄養化による植生変化、周辺地域からの

農薬流入による養殖魚汚染などの環境問題が続出し、近年、法規制が強化されている。湖中央の約 300 km² が、ソデグロヅル、インドトキコウ、メジロガモなどの渡り鳥の大量飛来地として 2002 年にラムサール条約による指定地域となり、保護されている。

[貞方 昇]

コロ海　Koro Sea

フィジー

深さ：2930 m　[17°35′S　179°59′E]

南太平洋西部、メラネシア、フィジー共和国を構成する島々に取り囲まれた中央部の海域。その中心部は水深 2000～3000 m であるが、サンゴ礁が発達した島嶼域では急に浅くなり、船舶の航行が困難な海域も多い。そうした浅海域にも航行可能な水路として、北東側にはナヌク Nanuku 水路、東側にはラケンバ Lakeba 水路、南西側にはカンダヴ Kadavu 水路がある。イギリスの戦艦バウンティ号から追放された、かのウィリアム・ブライ船長も、1789 年にラウ群島南部のバウンティボート Bounty Boat 水路からコロ海に入り、ヴィティレヴ島とヴァヌアレヴ島の間のヴァトゥイラ Vatu-i-Ra 海峡を抜け、ティモールへと向かった。海域一帯ではマグロ漁が行われている。

[橋本征治]

ゴロ自治州　果洛自治州　Golog

中国

ゴロツァン族自治州　果洛蔵族自治州 (正称)

人口：19.7 万 (2015)　面積：76312 km²
[34°28′N　100°14′E]

中国西部、チンハイ (青海) 省東南部の自治州。ガンスー (甘粛) 省、スーチュワン (四川) 省と境を接する。マーチン (瑪沁)、バイマー (班瑪)、ガンドゥ (甘徳)、ダルラ (達日)、ジグチ (久治)、マードイ (瑪多) の 6 県を管轄する。州政府所在地はマーチン県。チベット高原東部に位置し、北部をアムネマチン (阿尼瑪卿) 山脈、南部をバヤンハル (巴顔喀拉) 山脈が横断し、平均標高は 4200 m 以上である。州北西部はホワン (黄) 河の源流域で、ザーリン湖やオーリン湖などの湖沼が点在する。ここを発した黄河は谷を刻みながらバヤンハル山脈の北側を東流する。一方、山脈南部はチャン (長) 江水系で、多数の中小河川がヤーロン (雅礱) 江など長江支流に合流する。大河川の水源地域であり、また生態環境が厳しいことから、2000 年代に設置された三江源自然保護区の一部となっている。州南東部

にあるバヤンハル山脈主峰のゴロ山(標高5369 m，別名，年宝玉則)と周辺の氷河や草原，湖沼群は，地質公園(ジオパーク)に認定されている．人口の大部分はツァン(チベット)族で，チベット文化の地域区分ではアムド地方南部に相当し，チベット仏教の寺院が点在する．また叙事詩『ケサル王伝』の舞台とされ，この伝説の英雄を祀る施設も多い．草原と森林が広がり，野生ヤクやジャコウジカ，ユキヒョウなどの野生動物が生息する．トウチュウカソウ(冬虫夏草)やセツレンカ(雪蓮花)など高山で生育する漢方薬材をよく産する． 〔高橋健太郎〕

コロア　Koloa　アメリカ合衆国

人口：0.2万(2010)　面積：3.2 km²
[21°55′N　159°28′W]

北太平洋東部，ポリネシア，アメリカ合衆国ハワイ州，カウアイ島南東部の国勢調査指定地区(CDP)．ハワイ諸島で最初に成功したサトウキビのプランテーションが1835年にここから始まった．そのコロア砂糖会社は1948年にグローブ・ファーム・プランテーションの一部となった．製糖工場は1996年まで操業した． 〔飯田耕二郎〕

ゴロカ　Goroka　パプアニューギニア

人口：2.3万(2011)　標高：1600 m
[6°01′S　145°20′E]

南太平洋西部，メラネシア，パプアニューギニア中央部，イースタンハイランド州の町で州都．ニューギニア島高地地方に位置し，人口は周辺を含めて約2.5万に達する．気候は冷涼で，朝夕の気温は10℃くらいまで下がり，過ごしやすい．町はハイランドハイウェイ沿いにあり，州庁舎のほか，ホテル，商店，公設市場などが，ゴロカ空港から徒歩圏内に立地している．空港の近くや市場では，女性がつくったビルムとよばれる網袋が売られており，現在では毛糸を使った鮮やかな彩色のものが多い．9月の独立記念日前後には，全国から多数の部族が集まり，伝統的な衣装と踊りを競いあうゴロカショーが行われ，多くの観光客を集めている． 〔熊谷圭知〕

ころとうし　葫蘆島市 ☞ フールータオ市　Huludao

ゴロドナヤステップ　Golodnaya Step'　カザフスタン/ウズベキスタン

ミルザチュルステップ　Mirzachul(ウズベク語)
面積：10000 km²　[41°07′N　69°03′E]

ウズベキスタン東部からカザフスタンにかかる草原．クズイルクム砂漠の南東部に位置する．地名は飢餓の草原を意味し，ウズベク語ではミルザチュルステップとよばれる．塩分を含む土壌と沼沢からなり，ゆるやかに起伏する平原である．春には牧草地であるが，夏には乾燥した荒地となる．1956年に開拓が始まり，運河，排水溝建設によって綿花栽培が行われるようになった．ウズベキスタンでは，1950年代から80年代にかけて，カシカダリア川流域，カルシステップ，アムダリアデルタなどでも大規模な灌漑開発が行われ，フェルガナ地方，ゼラフシャン州，スルハンダリア州など古くからの灌漑地でも新しい運河が建設され，灌漑面積は1965年2万6390 km²から90年4万1550 km²に増大した．ブドウ，穀物の栽培，牧畜も発展している．1957年にはシルダリア・ジザフ鉄道が敷設され，建設資材などの工場も建設された．中心地はヤンギユリである． 〔木村英亮〕

コロナダル　Koronadal　フィリピン

人口：17.5万(2015)　面積：227 km²
[6°30′N　124°51′E]

フィリピン南東部，ミンダナオ島南部，南コタバト州の都市で州都．ソクサージェン地方の地域的中心都市の1つである．現在の市民は，先住民よりも圧倒的に外部からの移住者によって占められており，移住者は全人口の95%に達している．この集団はビサヤ諸島から南下してきたヒリガイノン語を話すヒリガイノン族である．

地名の由来に関しては2つの説がある．ブラアン族とマギンダナス族の2集団の先住民がいるからである．ブラアン族によると，ブラアン語のkorou(kolou，チガヤ草)と，nadal(dadal，平らな土地)によるという．一方，マギンダナス族が話すマギンダナス語では，現在マルベ川と称されている川を，marbel(黒い流れ)とよんでいたことにちなむとする．コロナダルには黒い川という意味があるからである．このmarbel説のほうが支持を得ている．市には大規模なショッピングセンターがあることなどから，商業が基幹産業といえる．ショッピングセンターには州内からはもちろんのこと，スルタンクダラット州からの買い物客も多い．このように現在では周辺地域の商業中心となっているが，工場などの進出がみられない．今後どのような産業を発展させるのかが市全体の問題となっている． 〔田畑久夫〕

コロニア　Colonia　ミクロネシア連邦

人口：0.3万(2010)　[9°30′N　138°10′E]

北太平洋西部，ミクロネシア，ミクロネシア連邦，ヤップ州の州都．首都パリキールのあるポーンペイ島の西約2220 km，ヤップ島の中央東部に位置する．行政的には都市と分類されず，コロニアはヤップ島にある8つ

ゴロカ(パプアニューギニア)，ニューギニア高地産の野菜が並ぶ公設市場(売り手の多くは女性)
〔新本万里子提供〕

の自治体のうち，中央東部のルル Rull と西に接するウェロイ Weloy にまたがり，チャモロ湾を囲むように存在する．東はトミル湾に接し，政府事務所，議会は商業地区から湾に突き出した小半島にある．政府事務所はスペイン統治期の要塞の，議会は日本統治期の神社の跡につくられている．政府機関，商店，ホテルが散在するが，公的雇用以外の現金収入の基盤となる産業はほとんど存在しない．ヤップ人の生活の拠点は現在も周辺の村にある．コロニアには医療サービスを受けるためにヤップ島を訪れる離島出身者が数多くみられる． [柄木田康之]

コロニア Kolonia
ミクロネシア連邦

人口：0.6 万 (2010)　　　[6°58′N　158°13′E]

北太平洋西部，ミクロネシア，ポーンペイ州の地区で州都．ポーンペイ島北部中央に位置する中心的な港湾，市街地区である．1965 年に行政区としてネッチ地区から独立し，西はソークス地区と接する．1989 年に首都がパリキールに遷都されるまでミクロネシア連邦の首都でもあった．1887 年にスペインが，当時メセイエンとよばれていた地域に植民地政庁を建設したのが起源である．その跡は今日でもスペイン街壁として存在する．1899 年の米西戦争の賠償金のためにカロリン諸島がドイツに売却された後，ドイツはコロニアに植民地行政府を置き市街地，港湾の基礎を建設した．第 1 次世界大戦後は日本の委任統治領南洋群島，第 2 次世界大戦後はアメリカの太平洋信託統治領の行政区の中心であり，1986 年の独立時にはミクロネシア連邦の首都となった．首都がパリキールへ遷都された後も，アメリカ，オーストラリア，日本は大使館を，また多くの国際機関がその事務所をコロニアに置いている．州政府の機関をはじめとして，中高等教育施設，国際空港，宿泊施設，病院，銀行・商業施設などの近代的施設のほとんどが所在する． [柄木田康之]

コロネーション島 Coronation Island
南極

面積：360 km²　長さ：40 km　幅：5–13 km　　　[60°35′S　45°30′W]

南極，西南極の島．南極半島北端部から，直線で東約 800 km の南大西洋に浮かぶサウスオークニー諸島に位置する．東西方向に延び，ほとんどが氷河と岩峰からなる島で，多

くの湾や氷河がある．最高地点は標高 1265 m のニヴェア Nivea 山である．1821 年にアメリカのパーマー隊とイギリスのパウエル隊の合同航海中に発見され，イギリスのジョージ 4 世の即位(1820)にちなんでコロネーション(戴冠式)島と名づけられた． [前杢英明]

コロマンデル海岸 Coromandel Coast
インド

カルナティック海岸　Carnatik Coast (別称)

長さ：650 km　　　[13°05′N　80°17′E]

インド南東部，ベンガル湾に面する海岸．クリシュナ川デルタからカーヴェリ川デルタの南端カリメール岬までの区間を示す．ガーツ山脈を源とするクリシュナ川，ペンナール川，パラール川，ポンナイヤル川，カーヴェリ川がベンガル湾に注ぎ，浜堤，砂丘，ラグーン，デルタが発達する砂質海岸である．海岸線は単調で，ベンガル湾から打ち寄せる波浪も高く水深も浅いなど，近代港湾として発達する条件に欠けていた．チェンナイ(マドラス)の港は 1909 年に建設された人工港であり，海岸唯一の貿易港として重要な役割を担っている．プドゥシェリー(ポンディシェリー)，ネロール，ナガパッティナム，カッダロールなどにも人工港が建設されている．コロマンデルの名は，9 世紀から 12 世紀までこの地域を支配したチョーラ王朝の土地という意味の Cholomandalam に由来するとされる． [南埜 猛]

コロマンデル山地 Coromandel Range
ニュージーランド

標高：892 m　長さ：85 km　　　[36°32′S　175°24′E]

ニュージーランド北島，ワイカト地方の山地．コロマンデル半島を南北に走る．オークランドの東 60 km にあり，最高峰はモエハウ Moehau 山で標高 892 m，起伏の多い丘陵地となっている．南はカランガハケ Karangahake 渓谷によってカイマイ山地と隔てられ，北はモエハウ山地に連なる．およそ 150 万年前に，プレートの沈み込みによって，海底に堆積した砂岩層が付加体として隆起し形成された．その後，火山噴火によって安山岩や流紋岩，石英安山岩が砂岩を覆って堆積した．山地の木々は 19 世紀の後半にイギリス人によって大規模に伐採された． [植村善博・太谷亜由美]

コロマンデル半島 Coromandel Peninsula
ニュージーランド

幅：40 km　　　[36°50′S　175°35′E]

ニュージーランド北島，ワイカト地方の半島．テムズコロマンデル地区のほぼ全域を占める．ベイオブプレンティ地方西端の北 85 km の位置から半島が北に延びる．ハウラキ湾，テムズ湾を太平洋の荒波からやわらげる自然の防壁の役割をする．地名は，イギリス海軍所属の軍船コロマンデルにちなんで名づけられた．全体として険しい丘陵地となっており，温暖な熱帯性気候となっている．コロマンデル山地が脊梁となり，コロマンデル海峡で阻まれてはいるが，グレートバリア島はその一部として考えられている．起伏の激しい地形であるため人口は少なく，北部および内陸部はほとんど未開発で，現在では森林公園が内陸部の多くを占める．

半島ではかつて火山活動が盛んであった形跡がよくみられる．中新世および鮮新世に活発な活動をしたコロマンデル火山帯の岩石から形成されており，火山活動はその後，南のタウポ火山帯に移った．火山帯としては比較的活動が低いオークランド火山帯にも近い．現在も地熱活動は活発で，温泉の吹き出る箇所がある．フィティアンガとタイルアの間にある中央東海岸のホットウォータービーチ Hot Water Beach はとくに著名である．

人口は地形の関係上，南東海岸と南西海岸に集まっている．人口が 1000 以上の町は，コロマンデル，フィティアンガ，テムズ，タイルア，ファンガマタの 5 都市しかなく，その中でテムズのみ 5000 を超える．また，小さな町がテムズ湾沿いの南西海岸に点在する．ほかの町としては，テプル Te Puru，マタランギ Matarangi，ファンガポウア Whangapoua，フィリトア Whiritoa，ポートジャクソン，ポートチャールズ Port Charles，タイルア Tairua，パウアヌイ Pauanui，コルヴィルがある．オークランド住民がこれらの町に別荘をもっているため繁盛期には人口が増加する．とくにクリスマスシーズン(南半球では夏の観光シーズン)には観光客や親族の訪問で人口が増え，ファンガマタ，フィティアンガ，マタランギ，タイルア，パウアヌイではその傾向が顕著である．また，環境に配慮した生活や自給自足を志向するオークランドの人びとが移住する動きもある．一方，海岸から内陸に入った部分や北部では人口減少がみられる．

1852 年に金が発見され，金採掘のため人口が急増，ワイヒやテムズの鉱山町が繁栄し

コロマンデル半島（ニュージーランド），侵食により形成された洞窟が印象的なカセドラルコーヴ
〔gracethang2/Shutterstock.com〕

た．また，カウリの製材が盛んであったが，現在では観光業の一大中心地となっており，中でもエコツーリズムはよく知られている．半島中心の多くを占める森林公園や，すばらしい砂浜と風景をもつ海岸が観光客をひきつける．点在する温泉も観光資源であり，マリンスポーツも盛んである．またカセドラルコーヴ Cathedral Cove は名前のとおり教会のような形状をした，侵食によりできた洞窟を伴う小さな入江で，カヤックやボートなどでのみアクセスすることができる．このあたりはテファンガヌイアヘイ Te Whanganui-A-Hei（カセドラルコーヴ）海洋保全地域として管理されている．このような環境資源に恵まれ，年間15万人の観光客がこの地域を訪れている． ［植村善博・太谷亜由美］

コロミコ　Koromiko　ニュージーランド
[41°20′S　173°58′E]

ニュージーランド南島，マールバラ地方の村．ピクトンの南西8km，ブレナムの北20km，ワイラウ川の支流，トゥアマリナ川の谷に位置する農業集落である．乳製品工場やワイン工場が立地しているなど，農産物加工業が盛んであるといえる．集落の東側にはロバートソン Robertson 山（標高1037 m）がそびえており，頂上部からはマールバラ湾とその周辺の海岸部を一望することができる．地名は，クワガタソウという植物のマオリ語名に由来している． ［泉　貴久］

コロラレカ　Kororareka　☞ ラッセル Russell

コロール島　Koror Island　パラオ
オレオール島　Oreor Island（パラオ語）
人口：1.3万（2012）　面積：8 km²
[7°21′N　134°30′E]

北太平洋西部，ミクロネシア，パラオ中部の島．パラオ語ではオレオールという．グルクブサン Ngerekebesang（アラカベサン Arakabesang）島およびマラカル Malakal 島と道路でつながり，コロール州を形成し，総人口約2万のうち，1.3万程度が居住している．周囲にはおびただしい数の島が点在しているが，無人島である．

第1次世界大戦後，国際連盟の委任統治領として日本が統治し，旧南洋群島の中心として南洋庁やパラオ熱帯生物研究所，御木本真珠養殖所，旭球場，産業試験場，南洋神社，南洋新報社などが置かれ，内地や沖縄からの移住人口がパラオ人人口を凌駕していた．第2次世界大戦後，パラオは国際連合の戦略的信託統治領に指定され，アメリカが統治したが，いわゆる「動物園政策」のため産業が育成されず，仕事や教育のためコロールへの人口集中が続いた．1960年代から，グアム，サイパン，ハワイ，アメリカ西海岸への移住も増加し，人口の1/3程度が海外に居住していると推定される．1994年にパラオ共和国として独立後も暫定首都となった．2006年にバベルダオブ島のマルキヨクに首都が移転したが，国会と大統領府のみであり，他の機能は依然としてコロールに集中している．首都移転で，人口の分散化が進むことが期待されている． ［遠藤　央］

コロワ　Corowa　オーストラリア
ノースワガンヤ　North Wahgunyah（古称）
人口：0.6万（2011）　面積：77 km²
[36°00′S　146°23′E]

オーストラリア南東部，ニューサウスウェールズ州中央南部，コロワ行政区の都市で行政中心地．行政区の人口は1.2万（2009），面積は2324 km²．州都シドニーの南西610 km，ヴィクトリア州との州境に位置する．町の東から南部にかけて流れるマレー川が州境であり，対岸にはヴィクトリア州の町ワガンヤ Wahgunyah がある．地名は，先住民が槍を固定するために使った松脂に由来するとされるが，ほかに石の川に由来とする説もある．町の設立は1858年にさかのぼり，当初はジョン・フォードによってヴィクトリア州側のワガンヤに入植が始まった．その後，彼はマレー川対岸の土地を購入してノースワガンヤとよんだ．これが後のコロワである．町には1885年に建築されたセントジョーンズアングリカン大聖堂や1886～87年建築の旧コロワ裁判所など，19世紀の往時をしのばせる建物がよく保存されている．とくに裁判所はオーストラリア連邦誕生の場所として知られ，1893年にこの場所で新国家の憲法を制定する決定が下された．また，コロワ連邦博物館では，オーストラリアにおける連邦化の歴史を知ることができる． ［藁谷哲也］

コロン　Coron　フィリピン
人口：5.2万（2015）　面積：689 km²
[12°01′N　120°13′E]

フィリピン中西部，ブスアンガ島，パラワン州の町．ブスアンガ島はミンドロ島とパナイ島の中間にあるカラミアン諸島に属し，コロンはブスアンガ島の東半分と周辺の63の島を含む．島の西半分と周辺の島はブスアンガ町に属する．カラミアン諸島の交易，漁業，観光の中心地である．地名はクヨノン族の言葉で壺を意味する．入江が壺のような形をしているからである．先住民はタグバヌア族，次いで，カラミアネン族，クユノン族も移り住んだ．町制の施行は1902年にさかのぼる．漁業がおもな生計手段で，農業では米，野菜などが中心である．第2次世界大戦中，1944年9月アメリカ軍の攻撃を受け，

沈没した日本艦船の残骸がコロン湾にある. マベンタンゲン森林公園ではタカなど希少な鳥もみかける. 青い海とサンゴ礁が迫り, タプヤス Tapyas 山からの眺望も美しい. ダイビング客が宿泊できるロッジも整っている. 対岸には山がちなコロン島があり, タグバヌア族が多く居住する.　　　　　　　[佐竹眞明]

コロン湾　Coron Bay　フィリピン

[11°52′N　120°09′E]

フィリピン中西部, パラワン州の湾. ミンドロ島とパラワン島の間, カラミアン諸島3島のブスアンガ島, コロン島, クリオン島にはさまれ, 小島や環礁が続く. シュノーケリング, ダイビングに訪れる観光客が多い. 太平洋戦争中の1944年9月24日, アメリカ軍の攻撃を受けて日本艦船24隻が沈没した. ダイビングでは, サンゴ礁や魚の生息地となった秋津州丸(水上機母艦), 伊良湖(特務艦), おきかわ丸(石油タンカー)などをみることができる.　　　　　　　　　[佐竹眞明]

ゴロンタロ　Gorontalo　インドネシア

人口:18.0万 (2010)　面積:79 km²

[0°33′N　123°03′E]

インドネシア中部, スラウェシ島北部, ゴロンタロ州の市(コタ)で州都. ミナハサ半島中央部に位置する. 2000年に, 北スラウェシ州からゴロンタロ州が分離昇格したのに伴い, 州都となった. 全体に山がちな州にあって, ゴロンタロは東部と西部は海岸線まで山地が迫り, 市域を北から流れてくるトミニ湾に注ぐボネ川および市域南部でボネ川に合流するボランゴ川の間の平地に立地する. 河口にはゴロンタロ港が開ける.

北スラウェシ州の州都マナド, 南スラウェシ州の州都マカッサルおよびパレパレとともに, スラウェシ島最古の都市(港市)として知られ, 少なくとも16世紀にはスラウェシ島北部地方の重要な港市であった. 周辺地域との交易で栄え, イスラーム教が東部インドネシア海域に進出する基地であり, またイスラーム教の教育と文化の中心でもあった. 市の公式見解では, 1728年3月18日(イスラーム暦1140年シャッバン月6日, 木曜日)に成立したとされる. この位置に注目したオランダ勢力は, 19世紀以来ミナハサ地域の統治の要として重視した.

今日の経済の基盤は, 何よりも港湾都市としてゴロンタロ州の農水産物の集積・積出し

と商業活動, および客船などの交通活動で, ホテルや飲食などの産業を加えた部門が全生産額の30%以上を占める. 市自体の物産としては籐(ラタン)とその製品(高級な椅子など)が知られる. 近年, 雨季には頻繁に洪水が起こり, 乾季には激しい干ばつに見舞われる. その要因の1つが, 近隣および後背地で進む森林伐採であるとされる.　　[瀬川真平]

ゴロンタロ　Gorontalo　インドネシア

人口:35.6万 (2010)　面積:2126 km²
気温:23〜32℃　　　　　[0°38′N　122°58′E]

インドネシア中部, スラウェシ島北部, ゴロンタロ州の県. ミナハサ半島中央部に位置する. 県庁はリンボト郡(人口4.6万, 2010)にある. 1959年に北スラウェシ州の1県として成立, 当初の県庁はティバワ郡イシムーにあったが, 78年にリンボトに移った. その後, 1999年に当時のゴロンタロ県からボアレモ県が分離した. 2000年にはゴロンタロ州が北スラウェシ州から分離昇格, ゴロンタロ県は前者に組み込まれた. その後, 2003年にボネボランゴ県が当時のゴロンタロ県から分離昇格した. 今日のゴロンタロ県は, ゴロンタロ州の4県1市の1つである.
　　　　　　　　　　　　　　[瀬川真平]

ゴロンタロ州　Gorontalo, Provinsi　インドネシア

人口:104.0万 (2010)　面積:11257 km²
長さ:260 km　幅:60 km　気温:23〜32℃
[0°33′N　123°03′E]

インドネシア中部, スラウェシ島北部の州. ミナハサ半島中央部を占め, 南北の幅は最大で約60 km, 東西は最大でほぼ260 kmと東西に細長い州である. 北と南でそれぞれスラウェシ海とトミニ湾に面し, 東と西では北スラウェシ州, 中スラウェシ州と接する. もとは北スラウェシ州の1県であったが, 2000年に分離, インドネシアで32番目の州(4県1市)に昇格し, 州都をゴロンタロ市に置いた. 州のほぼ全域が山がちで, タボンゴ山(標高2100 m)ほかの高山からリトゥリトゥ山(884 m)などが点在する. この山岳地からパグヤマン川(長さ約99 km), フアンゴ川, ビアンゴ川(ともに約25 km)など多数の河川が南と北に流れる. 長大な海岸線を有し, 州域の北部で約270 km, 南部で320 kmに達する. 7〜9月が乾季で, 10〜2月が雨季, 年平均湿度は83%と高温多湿である.

8世紀には王国がこの地に成立したとされ

る. 14世紀には交易を基盤とするゴロンタロ王国が栄えたが, 15〜16世紀には東方のテルナテ島の王国の支配を受けた. 16世紀にはイスラーム教が王国の宗教となり, 東部インドネシア海域への布教の重要な拠点の1つとなった. 17世紀にはポハラアまたはパハラアとよばれる王国連合があり, 5つのポハラアのうちポハラア・ゴロンタロとポハラア・リンボトが有力であった. 1824年, ポハラア・リモローの領域がオランダ勢力の支配下に入り, 伝統的な行政と植民地行政の二重構造を有した. 1889年には同王国の統治はオランダの直接統治に移行し, 20世紀に入ると行政制度の変更に伴い植民地統治に組み込まれた. 1942年に日本軍が進駐した.

主要な産業は農業で, 水田稲作および換金作物栽培として香料類(クローブ, ナツメグ, バニラなど), 嗜好品(コーヒー, カカオ), パンヤ(カポック, 絹綿), サトウヤシ, ココヤシ, クミリ(キャンドルナッツ), カシューナッツなどがある. また, 漁業が住民の重要な生計の手段である. 長大な海岸線をもつことから, とくに北部での排他的経済水域を活用した漁業が重要な産業として政策に位置づけられている.

国土の開発の面では, ゴロンタロ州は, 中スラウェシ州東部のバトゥイからトミニ湾およびモルッカ海東部を縦断して北スラウェシ州のマナド・ビトゥン地域に展開するスラウェシ島北部地方統合的経済ゾーンの中央に位置し, 開発計画の戦略的な位置を占める. また, ゴロンタロ州とその近隣地域は, ジャワ島および同島に位置する首都のジャカルタからはインドネシアの裏口と見なされてきたが, 日本や韓国などの北東アジアおよび太平洋をはさんで南北アメリカなどとの直通ルートにあり, 国土開発の重点地域の1つになりつつある.

おもな住民は, ミナハサ半島中央部ゴロンタロ平地の有力な言語文化地理集団としてのゴロンタロ人で, ゴロンタロ語を話し, 伝統的には陸稲やトウモロコシなどの焼畑耕作を行い, サゴヤシを重要な主食の1つとしてきた. その他の民族集団として, ブギス人やマカッサル人(スラウェシ島南部地域出身), ミナハサ人(スラウェシ島北端部地域出身), ジャワ人(ジャワ島中東部地域出身)などである. 住民の97%はイスラーム教徒であるが, キリスト教徒も3%弱を数える. おもな言語はゴロンタロ語およびインドネシア語である.　　　　　　　　　　　　[瀬川真平]

ゴロンタロ湾 Gorontalo, Teluk ☞ トミニ湾 Tomini, Teluk

コロンナワ　Kolonnawa
スリランカ

人口：6.0万 (2012)　　　　[6°55′N　79°53′E]

スリランカ，西部州コロンボ県の町．コロンボ市街地から東約5kmに位置する衛星都市の1つである．都市化が著しく，2012年の人口は1981年に比べ約1.5倍に増加した．うちシンハラ人の比率は67.4%と，コロンボの衛星都市のうちでは比較的低い．国道B96号上のコロンナワバス停付近に商業施設や銀行などが集まる．石油精製所，石油貯蔵基地が立地し，自動車関連製品などを製造する工業団地がある．　　　　[山野正彦]

コロンバンガラ島　Kolombangara Island
ソロモン

人口：0.6万 (2009)　面積：688 km²
標高：1768 m　　　　[8°01′S　157°03′E]

南太平洋西部，メラネシア，ソロモン諸島西部，ウェスタン州の島．州都ギゾの北東約10 kmにある火山島で，直径30 kmの規模をもつ．ニュージョージア諸島に属する．住民は島の西部および南部地域の標高500 m以下に住み，居住域は島の1/4程度の範囲である．1904年にイギリスのリーバーズ社が島内4カ所の土地の占有権を得て商業伐採を開始してから，同島は一般に森林伐採の島として知られる．1968年までに同社保有領域の90%が伐採された．その後残りの土地を所有する親族集団との話し合いがつかず，1986年に同社は島から撤退した．それにかわり，1989年にイギリスのODAを背景にしたコモンウェルス開発公社(CDC)とソロモン諸島政府が，リーバーズ社の伐採跡地に商業的価値の高い樹種の植林を目的とするコロンバンガラ・フォレスト・プロダクツ社(KFPL)を設立した．1992年にはリーバーズ以前のもとの土地所有者である親族集団が信託組織をつくり，KFPLに直接参画している．　　　　[関根久雄]

コロンビア岬　Columbia, Cape
カナダ

標高：1670 m　　　　[83°07′N　69°57′W]

カナダ，ヌナヴト準州北部に立地する同国

最北端の岬．北極海諸島の北東部にあるエルズミア島北端に立地し，北極海のリンカーンLincoln海に面する．北極点からは769 kmの位置にあり，当地以北の陸地はグリーンランドの北端部のみである．リンカーン海には流氷が広がり，北極点探検のベースキャンプが設置されることが多い．周辺はカッティニルパーク国立公園に指定されている．1876年にイギリスのペラム・アルドリッチにより最初の探査がなされた．　　　　[竹村一男]

コロンボ　Colombo
スリランカ

人口：56.1万 (2012)　面積：37 km²　気温：27.4°C
降水量：2424 mm/年　　　　[6°56′N　79°52′E]

スリランカ，西部州コロンボ県の都市(MC)で，州都および県都．国内最大の都市である．1815年以来のイギリス領セイロン時代に植民地政庁が置かれ，政治，経済の中心地となった．1948年の国家独立とともに首都となったが，85年，隣接するスリジャヤワルダナプラコッテに新しい国会議事堂が建設され，公式には首都が変更された．しかし現在でも行政，司法の機能のほとんどはコロンボにあり，経済，政治，情報文化機能の中心地であることに変わりはない．都市計画を効果的に進めるために，スリジャヤワルダナプラコッテ，ネゴンボ，カルタラなど隣接する地域を含めた広域行政体であるコロンボ大都市圏(CMR : Colombo Metropolitan Region)が構成されている．地名は，シンハラ語でKola-ambaとよばれるマンゴーの一種に由来し，さらに海港や砦を意味するとされる．歴史の上では，5世紀頃からその名が現れ，14世紀頃にはインド洋交易の中継地として知られていたが，都市発展の直接の契機は，1517年にポルトガルのインド総督であったロポ・ソアレス・デ・アルバリガリアが，現在も都心であるフォート地区に，掘割と海で囲まれた要塞を築き，港湾を整備し，シナモンをはじめとする香料交易の拠点としたことに始まる．

その後，ポルトガルからオランダ(1656)，そしてイギリス(1796)へと宗主国がかわったが，セイロン島におけるコロンボの政治，軍事，交通上の重要性は変わらず，フォート地区とその周辺に植民地政庁や軍隊駐屯地，裁判所，キリスト教会などの施設が置かれ，港湾，商業機能が集積し，しだいに街区が周辺に拡張していった．1865年，イギリスはコロンボに市制を施行したが，当時の人口は約8万人であった．近代のコロンボ港は，香料や紅茶の積出港として，また，ヨーロッパ

とアジアを結ぶ定期客船航路の寄港地としても重要であった．1875～1912年にかけてイギリスは港湾の大規模な改修を行った．さらに1980年からは日本政府の援助によりコンテナ港としての整備が進められてきた．今日では外国との交通は，都心から北約34 kmのカトゥナヤカにあるバンダラナヤカ国際空港が利用される．

コロンボの位置するスリランカ南西海岸は一年を通じて高温湿潤な気候であるが，4～10月にかけて南西から吹きつける季節風の影響を受ける．とくに5月，10月の降水量が多い．

市の行政区域は郵便局管内別の15の地域に分けられていて，大統領官邸や中央銀行，世界貿易センタービル，高級ホテルなどが立地するフォート地区は1区，古くからの商業中心で鉄道駅やバスターミナルのあるペタ地区は11区，ヴィハーラマハデヴィ公園や，街路樹の茂る通り沿いに外国大使館や植民地時代の邸宅が立ち並ぶシナモンガーデン地区は7区などとなっている．フォート地区とその周囲には，現在もイギリス植民地時代に建てられた官庁，旧国会議事堂，中央郵便局，商業ビル，銀行，税関，ホテル，緑地広場(ゴールフェイスグリーン)，運河などが数多く残存していて，19～20世紀前半の植民地景観の様子をしのぶことができる．

おもな産業は，綿織物，紅茶加工，皮革，石油精製，セメントなどの製造業と，保険，通信，観光などのサービス業が中心で，そのほか放送局，電話局などの情報施設，コロンボ大学，国立博物館などの文教施設がある．市域の住民構成(2001)は，シンハラ人40.8%，スリランカ・タミル人29.7%，スリランカ・ムーア人23.6%となっているが，これは国全体の住民構成に占めるシンハラ人の比率が約70%であるのと比べて，シンハラ人の割合が低いという特徴を示す．

市内間，市内から地方都市間の公共交通は大部分，公営や私営のバスによっているが，近年，三輪タクシーの増加が顕著である．スリランカ国鉄は，コロンボ・フォート駅を起点に，主要地方都市と近郊への列車を運行している．海岸沿いに南北に走るゴールロードはフォート地区と繁華街のコルピティヤ，バンバラピティヤなどを結び，さらにデヒワラマウントラヴィニア，モラトゥワなどの南部の衛星都市に通じる重要幹線で，混雑が激しく，一部で一方通行が実施されている．

[山野正彦]

コロンボ(スリランカ),世界貿易センタービルからみたコロンボ港〔Shutterstock〕

コワイ島　Khoai, Hon
ベトナム
コアイ島（別表記）/プロオビ島　Poulo Obi（古称）
人口：0.1万（2000）　面積：4 km²　長さ：4 km
幅：1-2 km　　　　　　［8°25′N　104°50′E］

ベトナム南部, メコンデルタ, カーマウ省ゴックヒエン県タンアン村の島. 南シナ海, カーマウ岬の南約18 kmの沖合に浮かぶ. 古くはプロオビ島とも称した. 周囲約4 km, 標高312 mの最高地点には灯台がある. 軍用施設となっているほか, 焼畑や漁業などを生業として約500人が生活している. 周辺のホンサオ島をはじめとする小島とともに森林資源が豊富な風光明媚な景勝地となっており, カーマウ省はエコツーリズムなどの観光業の発展に力を注いでいる. 　　〔筒井一伸〕

コーワル湖　Cowal, Lake
オーストラリア
［33°35′S　147°25′E］

オーストラリア南東部, ニューサウスウェールズ州南西部の湖. ウェストワイアロングの北東47 kmに位置する, 州最大の淡水湖である. 湖はラックラン川とブランド川によ り涵養されるが, 水量の変化が大きい. 通常, 年間の約70%の水量を保持している. 湖には, シダ植物, オーストラリアサンカノゴイ, オーストラリアオオタテガモ, 淡水ナマズなどの絶滅危惧種のほか, 180種以上の多くの動植物が生息している. このため, ナショナルトラストによる保護区域に登録されている. このことから, 動植物の撮影や景観観察などを目的とした多くの観光客が訪れている. 一方, 湖の周辺地域には, 金を中心とした天然資源が豊富に埋蔵されており, バリックゴールド社によって採掘されている. このため, 採掘の際に使用されるシアン化合物が湖の汚染につながることが懸念されている. 　　〔畠山輝雄〕

コワンアン市　広安市　Guang'an
中国
人口：324.7万（2015）　面積：6344 km²
気温：15.8-17.7℃　降水量：1000-1500 mm/年
［30°27′N　106°38′E］

中国中西部, スーチュワン（四川）省の地級市. チョンチン（重慶）市中心部の北側に接し, 広安, チェンフォン（前鋒）の2区, 県級のホワイン（華鎣）市, およびユエチー（岳 池）, ウーション（武勝）, リンシュイ（隣水））の3県を管轄している. 市政府は広安区に所在する. 四川盆地の東部に位置し, さらに市域の東部にはホワイン, トンロン（銅鑼）, ミンユエ（明月）の3本の山地が川の字を呈して北東から南西へ並び, 華鎣山地の高登山が標高1704 mで最高点である. 中部はチュー（渠）江の, 西部はチャリン（嘉陵）江の流域であり, 丘陵が多く, 両河川の流域には多くの小さな平地が分布している. その他, 七一, 回竜, 響水灘, 全民, 大高灘, 大洪河などのダムが点在し, 東部には御臨河が流れている. 気候は温暖で降水量も豊富である.

鉄道は襄蓉線（シャンヤン（襄陽）～重慶）と蘭渝線（ランチョウ（蘭州）～重慶）および広安支線（ナンチョン（南充）～広安）が通る. 高速道路は滬蓉線（シャンハイ（上海）～チョントゥー（成都））, 包茂線（ボグト（パオトウ, 包頭）～マオミン（茂名））, 蘭海線（蘭州～ハイコウ（海口））, 銀昆線（インチュワン（銀川）～クンミン（昆明））, 遂広線（ダーチョウ（達州）～広安）が交わる. 嘉陵江や渠江は重慶まで航行できる. 中心市街地は市の中部に位置し, 渠江と大小の河川が網状に分布している. 石炭, 天然ガス, 岩塩, 石灰石が豊富である. 農業は水稲, トウモロコシ, 茶葉, 柑

橘類などを産し，養豚が盛んである．機械，建材，食品などの工業がある．鄧小平(1904-97)の故郷であり，広安区には旧居がある．その他，華鎣山国立森林公園，御臨河小三峡，岳池翠湖，沿口古鎮などの名所旧跡がある． 　　　　　　　　　　　　[小野寺 淳]

コワンシーチワン族自治区　広西壮族自治区　Guangxi Zhuangzu Zizhiqu

中国

こうせいそうぞくじちく（音読み表記）
人口：4796.0 万（2015）　面積：236660 km²
[22°48′N　108°19′E]

中国南部の自治区．ユングイ（雲貴）高原の南麓に位置し，内モンゴル自治区，シーツァン（チベット）自治区，シンチャン（新疆）ウイグル（維吾爾）自治区，ニンシャ（寧夏）回族自治区などと並ぶ少数民族自治区の1つである．略称は桂．東はコワントン（広東），北東はフーナン（湖南），北はグイチョウ（貴州），西でユンナン（雲南）などの各省と接し，南西はベトナムとの間に約637 kmの国境線を有する．南部はトンキン湾に面し，スーチュワン（四川）盆地や雲貴高原を含む西南地域の物資を海上へ運搬する際の交通要衝にあたる．自治区の首府はナンニン（南寧）市（人口699万）．代表的な地級市はユィーリン（玉林）(571万)，グイリン（桂林）(496万)，グイガン（貴港）(同429万)，リウチョウ（柳州）(392万)，バイソー（百色）(360万)，ホーチー（河池）(348万)，チンチョウ（欽州）(321万)，ウーチョウ（梧州）(300万)，ライピン（来賓）(218万)，チョンツオ（崇左）(205万)，ホーチョウ（賀州）(203万)，ペイハイ（北海）(163万)，ファンチョンガン（防城港）(92万)などがある．中国の少数民族自治区の中では唯一沿海部をもつ．戸籍人口は5518万だが，常住人口の4796万を引くと，約722万が出稼ぎのため流出していることになる（2015）．

先住民は，チワン，漢，ヤオ（瑶），ミャオ（苗），トン（侗），ムーラオ（仫佬），マオナン（毛南），回，キン（京），イ（彝），スイ（水），コーラオ（仡佬）などの12民族がいる．常住人口4796万のうち，少数民族は1904万で全体の37.2%（2015）．少数民族中，最多のチワン族は1445万で全体の30.1%を占める．ヤオ族も149万の規模を有し全国のヤオ族人口の52%を占め，最も集中的な居住地となっている．民族別の人口分布は，チワン族は中部と西部の低地に，ヤオ族は中部と西部の山地に，他の少数民族は西部と北部の山地にある民族自治県に，漢族は東部と南部の沿海地域に集中するという特色がみられる．チンシー（靖西）市のチワン族の比率は99.4%と自治区内では最も高い．回族を除いて，すべての少数民族は独自の言語を使用している．チワン族はさらに南部系と北部系に，漢族も東部と南部の沿海の広東語圏，中部と北部の西南方言，東部山間の客家（ハッカ）語に分けられ，住み分けがなされている．なお，国外に居住する広西チワン族自治区出身の華僑・華人は約200万人にのぼる．

地名は，それまで全国にある15路（大行政区）の1つで，広南路と称されていた嶺南一帯（現在の広東省，広西チワン族自治区）が宋代に広南東路と広南西路に分けられ，この地に置かれた広南西路がのちに広西路と略称されたことに由来する．清代以降，広西省となり，省会に桂林をあてた．1958年3月，コワンシーチワン（僮）族自治区に改編され，首府も南寧に移転した．1965年10月にチワン（壮）族自治区に改称した．

トンキン湾に面する南部には港湾が多く，700あまりの島がある．北西部は雲貴高原に属し標高1000～1500 m，北部は九万大山，大苗山などの山々が，北東部はナン（南）嶺山脈が，南東部と南部は雲開大山，六万大山，十万大山などの山地が走り，南東方向に向かって徐々に低くなり，中・南部では山間地と盆地が多い．石灰岩は広く分布し，とくに西部ではカルスト地形が多くみられる．中国南部最大の河川であるチュー（珠）江は雲南省を源流とする．上流のナンパン（南盤）江は本自治区に入ってホンシュイ（紅水）河，チェン（黔）江と名称を変え，別の支流ユィー（郁）江と合流してシュン（潯）江となり，さらに梧州で支流のグイ（桂）江と合流してシー（西）江となる．なお，桂江上流のリー（漓）江沿いには風光明媚な桂林がある．

気候は亜熱帯モンスーン気候で，夏は暑く雨が多いが，冬は温暖である．各地の年平均気温は16.5～23.1℃であり，緯度に沿って北上するにつれて低下する．南部の沿海地域やツオ（左）江河谷やヨウ（右）江河谷などの農業地帯は22.0℃以上になる．降水も比較的多く，大部分の地域の年平均降水量は1300～2000 mmで，中でも多雨地域は十万大山南側のトンシン（東興）と欽州一帯（2100～2760 mm），大瑶山東側のチャオピン（昭平）一帯（1700～2000 mm），越城嶺から元宝山南側までのヨンフー（永福）と桂林一帯（1800～2000 mm）などに分布する．

本格的な開発は明代に始まり，とくに漢族中心の入植者が増えた．新田開発が進み，水稲の二期作も導入・定着するようになった．清代に入って桂林を都とし明を継承した南明

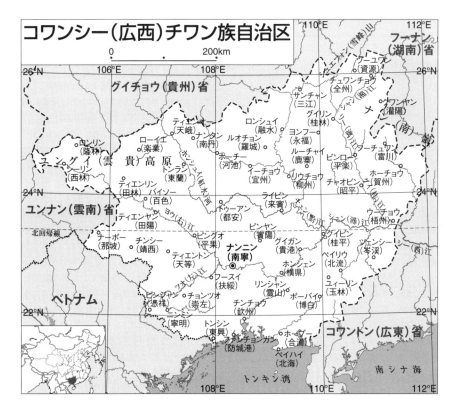

582　コワン

〈世界地名大事典：アジア・オセアニア・極I〉

の抵抗と将軍呉三桂による三藩の乱(1673〜81)が起こったが，これらを鎮圧した康熙帝が，17世紀後半から大規模な水利建設と道路敷設をすると同時に，梧州を中心とした通商圏の整備を進めた．以来，広西とチョンユワン(中原)の文化融合が格段に加速し，広西はホワナン(華南)を代表する重要な地域への変貌を遂げた．近現代においては，1851年に勃発した太平天国の発祥地として知られ，また1925〜49年の間，李宗仁・白崇禧らが率いる桂系軍閥が当時の広西省全域を支配し，有力な地方政権として南京国民政府の蒋介石政権と拮抗した．

自治区は鉱物資源が豊富である．世界で利用される160種の鉱物のうち96種の埋蔵が確認されており，とくにスズとマンガンは埋蔵量が全国第1位である．そのほか，アンチモン，銀，チタン，ボーキサイト，タングステンなども上位を占め，非鉄金属の重要資源が多い．工業は製糖と缶詰を主とする食品，建材，機械，化学，冶金，紡績，製紙，電力などが盛んである．農業では米，トウモロコシ，サトウキビ(全国第1位)，バナナ(第3位)，茶，ゴムなどを産出する．1984年に北海が沿海開放都市に指定され，開発の動きが本格化した．1992年には南寧，ピンシャン(憑祥)，東興が国境開放都市に指定され，また国指定の南寧ハイテク産業開発区の設置も認可された．1993年以降，沿海部の北海，防城港，欽州や南寧からなる経済区の建設も開始され，広西チワン族自治区発展の先行地帯となることが目ざされている．2000年に西部大開発戦略が打ち出され，広西チワン族自治区は重要整備地域として指定された．2003年に中国とASEANの自由貿易協定が合意され，06年には関係7カ国による汎トンキン湾共同開発協定も結ばれた．辺境に位置することもあり関心度も高まりつつある．ただ現状では輸出入規模は512億6200万USドル(2015)にすぎず，全国の1.3%程度である．沿海地域に比して外向型経済発展の遅れは一目瞭然である．

交通では柳州が鉄道交通の中心となっている．湘桂線(ホンヤン(衡陽)〜憑祥)，黔桂線(グイヤン(貴陽)〜柳州)，焦柳線(チャオツオ(焦作)〜柳州)，黎湛線(リータン(黎塘)〜チャンチャン(湛江))，南昆線(南寧〜クンミン(昆明))，南防線(南寧〜防城港)，洛湛線(ルオヤン(洛陽)〜湛江)などの鉄道と，桂海(桂林〜北海)，ベトナムのホーチミン市に連結する南防線(南寧〜防城港)と首都ハノイ市に連結する南友線(南寧〜ヨウイークワン(友誼関))，百隆線(バイソー(百色)〜ロンリ

ン(隆林))などの高速道路が走る．河川運輸では梧州が，海港では防城港と北海港が重要な位置を占めている．名所旧跡には桂林の山水，柳侯祠，北海銀灘，友誼関，太平天国金田起義跡地などがある．中でも，2014年6月に世界遺産(自然遺産)の「中国南方カルスト」の一部としてユネスコによって追加登録された桂林のカルスト地形，および2016年7月に世界遺産(文化遺産)に登録された「左江花山のロック・アートの文化的景観」が有名である．海外からの観光客は年間450万に達し，外貨収入は19億1700万USドル．2015年の1人あたりGDPは3万5190人民元(約5650USドル)で，全国平均の2割程度にとどまっている．1982年5月に熊本県と友好自治体関係を結んでいる．　[許　衛東]

コワンシャン県　光山県
Guangshan　　　　　　　　　　中国

人口：約92万(2014)　面積：1829 km²
[32°00′N　114°54′E]

中国中央東部，ホーナン(河南)省南東部，シンヤン(信陽)地級市中部の県．2街道，17郷鎮を擁する．中国茶葉の郷とよばれるように信陽茶の産地であり，また，エビ，花卉，アヒルの産地でもある．重要な革命根拠地の1つであり，数々の史跡が残されている．

[中川秀一]

コワンシュイ市　広水市
Guangshui　　　　　　　　　　中国

人口：76.6万(2015)　面積：2647 km²
[31°37′N　113°49′E]

中国中部，フーペイ(湖北)省，スイチョウ(随州)地級市の県級市．市政府はインシャン(応山)街道に所在する．トンバイ(桐柏)山脈の南東に位置する．北部は山地であり，中部と南部は丘陵地で小規模の河谷平野が分布する．河川は東部にホワン(溳)河の支流が，西部にユン(郢)水とその支流が流れる．農作物は水稲，小麦，綿花，搾油作物，芋類が多く，特産に吉陽ニンニクがある．鉱産物には花崗岩，白雲岩，カオリン，ミネラルウォーター，蛍石，石墨，リンなどがあり，鉄砂，川砂，礫は製鉄や建設に用いられている．機械，紡織，化学，建材，食品などの工業がある．京広鉄道(ペキン(北京)〜コワンチョウ(広州))がウーションクワン(武勝関)トンネルを通過して南下し，湖北省北部の咽喉といわれる．西部には漢丹鉄道(ウーハン(武漢)〜タンチャンコウ(丹江口))が通る．中華山

国立森林公園や高桂三潭などの名所旧跡がある．

[小野寺淳]

コワンチャン県　広昌県
Guangchang　　　　　　　　　　中国

人口：23.3万(2005)　面積：1612 km²
[26°50′N　116°19′E]

中国南東部，チャンシー(江西)省中東部，フーチョウ(撫州)地級市の県．ウーイー(武夷)山地の西麓，フー(撫)河の上流である盱江流域にあり，フーチェン(福建)省に隣接する．おもに山地が広がり，県政府は盱江鎮に置かれる．三国時代呉のときにナンフォン(南豊)県が設けられ，宋代にそこから分離して広昌県がたてられた．農業の柱は米作で，小麦，綿花，大豆，落花生なども産する．山地では木材や薬材などを産する．　[林　和生]

コワンチョウ市　広州市
Guangzhou　　　　　　　　　　中国

こうしゅうし(音読み表記)／シェンチョン　仙城
Xiancheng(別称)／ホワチョン　花城
Huacheng(別称)／ヤンチョン　羊城
Yangcheng(別称)

人口：1350.1万(2015)　面積：7434 km²
降水量：1736 mm/年　[23°08′N　113°14′E]

中国南部，コワントン(広東)省の副省級市で省会．省中南部のチュー(珠)江デルタ北端，シー(西)江，ペイ(北)江，トン(東)江の合流地点に位置する．略称は穂．羊城，仙城，花城などの別称がある．ホワナン(華南)地域最大の都市であり，歴史的に南大門と称され，中国の対外通商における最も重要な港湾都市の1つである．2015年の常住人口は1350万，うち戸籍人口は854万．シャンハイ(上海)の2415万，首都ペキン(北京)の2171万，ティエンチン(天津)の1547万に次ぐ国内第4位の規模である．また，世界中の広州出身の華僑は352万を数え，都市レベルでは最多の送り出し地域である．市域は旧市街地の海珠，ユエシウ(越秀)，荔湾，新市街地のパイユン(白雲)，ティエンホー(天河)，ホワトゥー(花都)，羅崗，パンユィー(番禺)，ベイエリアのホワンプー(黄埔)，ナンシャー(南沙)，ツォンチョン(増城)，ツォンホワ(従化)の11の区を含む．市政府所在地は越秀区．

秦の始皇帝33年(紀元前214)に広東一帯にあたるナンハイ(南海)郡の郡都として築城され，名称は番禺とされた．後漢になると南海郡が交州に改称，領域も広東とコワンシー

(広西)とベトナム北部まで拡大した．三国時代の226年，中国南部を支配した呉の孫権が交州を新しい交州と広州の2州に分け，交州の都城をハノイに移すと同時に交州をベトナム北部とレイチョウ(雷州)半島と広西の沿海部の行政域に，広州を広東の行政域にあてた．これ以後，広州の地名が定着した．

河川運輸と海上貿易の港湾機能を兼ねる広州は古くから物資の集散地として，また貿易港として栄えた．唐代には遠くペルシアやアラブから来航する外国商人の居留地である蕃坊が開設された．南宋・元代に一時フーチェン(福建)省のチュワンチョウ(泉州)に地位を奪われたが，明代になって復活を遂げ，清末まで国内最大の貿易港としての地位を占め続けた．1757年の海禁令により広州は唯一の対外貿易港に指定され，ロンドンと北京に次ぐ大都市に変貌した．海外との貿易に従事する商館街(十三行)も設けられた．また周辺一帯の珠江デルタは年平均気温22℃で温暖多雨の気候に恵まれ，米作，養蚕，サトウキビ，野菜，果物，茶，花卉などを主とする肥沃な農業地帯の中心に位置し，豊富な輸出財の原産地として知れ渡った．

しかし産業革命後の19世紀半ば，西洋との貿易が拡大するにつれて，イギリス領植民地のインドを介したアヘン密輸問題も表面化した．1839年欽差特命大臣として北京から広州に派遣された林則徐は，イギリスのデント商会をはじめ広州沖面の外国商館・外国人居留地を包囲・封鎖するなどの強硬手段を講じて，2万箱以上のアヘンを没収・破棄した．これに反発したイギリスはマカオ(澳門)駐在商務官エリオットの提案を受けて翌1840年6月に遠征艦隊を広州に派遣させ，アヘン戦争に発展した．広州決戦などの敗北により清はホンコン(香港)割譲や沿海都市の開港などの講和条件を呑み，東アジアもウェスタンインパクトの幕開けを迎えることとなる．もともと開港場だった広州は1910年の広九鉄道(カオルーン(九竜)～広州)開通を機に，引き続き中継貿易センターおよび繊維産業，造船などの新しい工業集積地として繁栄を維持した．

20世紀初頭，1911年の広州蜂起など孫文率いる辛亥革命運動の舞台となり，さらに24年には中国国民党第1回全国代表大会が開かれ，国民党と共産党の連合体制(第1次国共合作)の確立を受けて革命軍による軍閥掃討の北伐戦争が開始された．1925年の孫文病死を経て，27年の上海4・12事変による国共分裂と，28年の南京国民政府樹立まで，広州は国民党系の蒋介石(黄埔士官学校学長兼革命軍総司令官)や汪精衛(広州国民政府主席)と，共産党系の毛沢東(広州農民運動講習所主催者)や周恩来(黄埔士官学校政治部長)などのニューリーダーが頭角を現し，激しい政権争奪の戦いをくり広げる最も重要な政治と軍事の中心地であった．

1936年，現在の京広線の前身にあたる粤漢鉄道(広州～ウーチャン(武昌))が全線開通し，南北交流が一段と活発となったが，日中戦争勃発後の38年10月，広州も華南の大部分とともに日本軍によって攻略・占領された．1934年に竣工した広州国民政府庁舎はそのまま南支派遣軍の大本営となり，終戦の45年に中華民国政府に返還されたが，49年の政権交代を経て現在も市政府庁舎として使用されている．社会主義体制下の1957年以降，広州で毎年春と秋の2回，中国輸出商品交易会(広州交易会)が開かれ，唯一の対外貿易窓口として機能した．1970年代末に改革・開放政策に転じて以後，外資誘致や都市再開発により目を見張る躍進を遂げた．1984年に沿海開放都市に指定され，臨海部に経済技術開発区が設置され，90年代には天河ハイテク産業開発区や保税区も新設された．1993年に珠江口との連結部にも輸出加工区を内設する広州南沙経済技術開発区が造成された．

2015年の工業総生産は省全体の17.3％を占め，シェンチェン(深圳)の22.4％に次ぐ規模であるが，乗用車，電子機器，家電，通信機材，石油化学が全工業の1/3を占め，重化学工業化を遂げている．とくにトヨタ，ホンダ，日産自動車との合弁事業で立ち上げた自動車産業は中小部品メーカーの集積層の厚みに支えられ，2000年以降の10数年間で飛躍的な発展を遂げた．いまや上海を上回る年生産量が200万台を超す国内最大の乗用車製造地として浮上した．重化学工業の新規投資は，南沙や花都に代表される港湾アクセスないし空港アクセスの便利な大規模工業団地に立地するのに対して，市内の工場跡地の再開発や地下鉄建設に伴う小売業，金融業，不動産業の分野も拡大している．小売市場規模では全省の24％を占め，最大の商業中心地としての地位を維持している．市内に6本の地下鉄が走り，沿線の大規模住宅開発や駅周辺商業地化などスプロール現象も著しい．

一方，改革開放までは近郊地域だったが，現在の市街化地域になっている近郊地帯では，農民によって賃貸用住宅が数多く分布し，農民工(出稼ぎ労働者)や流動人口の居住空間に特化する城中村を形成している．一部都市域では20万人の規模にのぼるインフォーマルセクターのアフリカ系流入人口の集中化現象もみられるなど，都市内部の社会空間はモザイク構造を呈する．

広州の輸出入規模は1339億USドル(2015)，深圳の4426億USドルに次ぐ第2位で，全省の13.1％を占める．1人あたりGDP(常住人口ベース)は2万2217USドル(2015)と高い．こうして，輸出型工業の拡大と港湾整備を背景に経済地位が上昇する深圳，チューハイ(珠海)，シャントウ(汕頭)などの経済特区に成長株を奪われ，いくぶん地盤沈下がみられるものの，依然として華南最重要の交通結節点の機能を有する．河川港の広州港と海運港の黄埔港があり，2015年の積卸量は5億1992万tで省内随一である．鉄道では国家幹線京広線の終点および広九線(広州～九竜)，広湛線(広州～チャンチャン(湛江))や広梅汕線(広州～メイチョウ(梅州)～汕頭)などの省内幹線の始点となっている．広州白雲国際空港も年5521万人の利用客(2015)を有し，8994万人の北京首都と6010万人の上海浦東に次ぐ中国三大国際空港の1つである．また省内すべての地級市との間を高速道路で結んでいる．

中山大学，華南理工大学，華南農業大学，華僑の最高学府とよばれる暨南(きなん)大学などの有名大学を有し，2004年に番禺区に34km²の規模をもつ大学域が建設され12大学がキャンパスをもっている．市内に南越王博物館，光孝寺，六榕寺花塔，陳家祠堂，中山記念館，広州農民運動講習所遺跡などの観光名所も多い．2015年の観光訪問客数は5658万人にのぼり，そのうち海外からの訪問客は香港，マカオ，台湾の496万人および外国の308万人で，外貨収入は56億9600万USドル．2010年11月12～27日，第16回アジア競技大会を主催した．なお，1979年5月には福岡市と友好交流都市提携を結んでいる．
　　　　　　　　　　　　　　　　　　［許　衛東］

コワンツォ県　光沢県　Guangze

中国

人口：13.4万(2015)　面積：2240km²
気温：17.6℃　降水量：1876mm/年
　　　　　　　　　　　　［24°43′N　116°43′E］

中国南東部，フーチェン(福建)省北部，ナンピン(南平)地級市の県．ウーイー(武夷)山脈南西麓を流れるミン(閩)江支流の富屯渓上流域に位置する．チャンシー(江西)省と接する．地名は北宋が979年に光沢県を設置したことに由来する．住民の大半は客家(ハッカ)系でシャオウー(邵武)方言を使用する．

県政府所在地は杭川鎮. 武夷山脈の中でも多雨地域に属する. 林業が盛んで, 農業では水稲, ハス, シイタケ, タケノコ, 茶, 果実なども広く栽培され, またケンタッキーフライドチキンをはじめとするファストフード産業向けブロイラーの中国南部最大の産地としても知られる. 年間の加工用出荷量は2億5000万羽以上(2015)に及ぶ. 交通では鷹廈(ようか)鉄道(インタン(鷹潭)～アモイ(廈門))と国道316号が通じる. 観光名所に梁野山国立指定自然保護区がある. 〔許 衛東〕

コワンツォン県　広宗県
Guangzong

中国

人口: 27.7万 (2010)　面積: 513 km²
標高: 29-35 m　気温: 13°C　降水量: 523 mm/年
　　　　　　　　　　　　[37°05′N　115°08′E]

中国北部, ホーペイ(河北)省南部, シンタイ(邢台)地級市の県. 県政府は広宗鎮に置かれている. チーナン(冀南)平野にあり, 南は北より高く, 東部は砂丘や丘がある. 老漳河が西部を流れ, 西沙河が東部を流れる. 石炭資源は豊富である. 農作物は麦, アワ, サツマイモ, トウモロコシ, 綿花を主とする. 機械加工, 化学工業, 建材, 食品, 工芸美術品などの工場がある. 柳編み, サツマイモ粉製造は伝統的な手工業である. 古跡には沙丘平台遺跡がある. 〔柴 彦威〕

コワンドゥ県　広徳県　Guangde

中国

人口: 52.0万 (2011)　面積: 2165 km²
　　　　　　　　　　　　[30°53′N　119°24′E]

中国東部, アンホイ(安徽)省南東部, シュワンチョン(宣城)地級市の県. 北はチャンスー(江蘇)省, 東はチョーチャン(浙江)省に隣接する. 県政府は桃州鎮に置かれる. 前漢時代に広徳県が置かれ, その後たびたび名称と区域が変更された. 明, 清代には広徳州になったが, 1912年にふたたび県に改められた. 地勢の大部分が丘陵で, 米・小麦を主とする農業県である. タケの加工品を産し, また鉱産資源が豊富である. 滬渝高速道路が東西に横断する. 名勝古跡として横山, 太極洞, 岳飛嶺, 天寿寺塔などがある. 〔林 和生〕

コワントン省　広東省
Guangdong Sheng

中国

カントン省 (別表記)

人口: 10849.0万 (2015)　面積: 177900 km²
　　　　　　　　　　　　[23°08′N　113°14′E]

中国南部の省. ホワナン(華南)とホワチョン(華中)を分けるナン(南)嶺山脈の南側に位置し, 南シナ海に面する. 略称は粤. ホンコン(香港), マカオ(澳門), フーチェン(福建)省, チャンシー(江西)省, フーナン(湖南)省, コワンシー(広西)チワン(壮)族自治区と接し, チオンチョウ(瓊州)海峡を隔ててハイナン(海南)省を臨み, 華南地域の中心部を占める. 省会はコワンチョウ(広州)(市区部人口 1350万, 2015年). 代表的な都市はシェンチェン(深圳)(1138万), トンクワン(東莞)(825万), フォーシャン(仏山)(743万), シャントウ(汕頭)(548万), ホイチョウ(恵州)(180), チューハイ(珠海)(163万), チャンチャン(湛江)(167万), シャオクワン(韶関)(99万), チャオチン(肇慶)(128万), チャオチョウ(潮州)(162万)などがある(2015). 総人口のうち, 約1250万は省外からの農民工(出稼ぎ労働者)からなる暫住人口である. 戸籍を有する住民の大部分は漢族であるが, エスニックグループとして中部と西部の広東語圏, 東部のミンナン(閩南)系潮州語圏, 東部と北部山地の客家(ハッカ)語圏の3つに大別される. 北部の一部山地はヤオ(瑶)族などの山岳民族の生活圏となっている. 広東料理, 粤劇(地方劇)の発祥地としても知られる. 2015年の1人あたりGDPは6万7503人民元(約1万838 USドル)で, シャンハイ(上海), 首都ペキン(北京), ティエンチン(天津), チャンスー(江蘇)省, チョーチャン(浙江)省に次ぐ高所得地域である.

主要河川はチュー(珠)江とハン(韓)江の2つ. 華南最大級の珠江はシー(西)江, ペイ(北)江, トン(東)江の総称で, 西江が最も長い. この3つの河川が合流する河口一帯には広大かつ肥沃な沖積平野の珠江デルタが広がる. また東部を流れる韓江の下流には, 省内第2位の潮汕平野が分布する. 北回帰線が横断し, 大部分が亜熱帯気候である.

地名は宋代に南部のコワンナン(広南)路を広南西路と広南東路に二分し, 広南西路が広西路, 広南東路が広東路と略称されたことに由来する. また略称の粤は前漢初期, この地が南粤(越)国の領地であったことによる. 広東省の行政区域は, 明の洪武2年(1369)に全国13行省の1つとして広東行省を配置さ

れたことによってほぼ確定され, 清代に広東省とよばれた. なお, 明代以降, 広西から広東に管轄権が移行された海南島は, 1988年に省となったことにより広東省から独立した. 古くは百越と称される部族に属する南越族の居住地であった. 秦がこの地を征服して以来, 内地との融合が図られた. 中でも米作, サトウキビや果物の栽培, 養蚕, 漁業などが発達する珠江デルタを後背地としてもつ広州は, 漢代から東南アジアやアラブと通商する貿易港として栄え始め, 唐代には中国最大の対外貿易港となった. 18世紀半ば, 清朝は鎖国政策を強めるために貿易港を広州1港に限定した. これにより広州は繁栄を極めたが, 19世紀半ばのアヘン戦争後, ホンコン(香港)の発展および上海, 天津などの新開港場の出現により対外貿易における独占的な地位を失った. 1936年に粤漢鉄道(広州～ウーハン(武漢))が開通する以前は, 広州から長江流域にいたる交通路として, おもに北山ルートが利用された. まず北江とその支流の滇水をナンシオン(南雄)までさかのぼり, 次に陸路で唐代に開削されたダーユィー(大庾)嶺新道(大梅関)を通り, さらに江西省のガン(贛)江水系を利用してチャン(長)江にいたるというルートである.

華僑や華人の最大の出身地である. 最も多いのは東部の潮州, 汕頭とシンニン(興寧), メイシェン(梅県)の出身者で, 次は中部沿海の広州, シンホイ(新会), タイシャン(台山), カイピン(開平), エンピン(恩平), チョンシャン(中山), 宝安(現在の深圳市)の出身者である. 世界各地に居住する広東籍の華僑・華人や華裔の総数は1600万人にのぼり, これは全世界の華僑の総数である5000万人の約3割に相当する. 一部の華僑が帰国し, 中国最初の民営鉄道を敷設したり, 製糸, 製糖, マッチ, 電灯, 造船などの製造業を興したりするなど広東の近代化に多大な貢献をしてきた. また多くの華僑送金により学校や病院などが建てられた. 清朝打倒を掲げ辛亥革命を策動した孫文(1866-1925)の出身地でもあり, その支持者の多くは広東籍中心の華僑であった. 革命後, 孫文は華僑を革命の母と形容し, 称賛した. 東南アジアや新大陸に居住する華僑とは緊密な関係を有し, また香港に隣接するため, 辛亥革命後の広東はウェスタンインパクトを介して中国政治・軍事の中心地として躍り出ることになった. 1920年代, 国民党政権の創設や共産党の本格的活動も広東を拠点に展開され, 軍閥掃討・中国統一のための北伐戦争に発展していった.

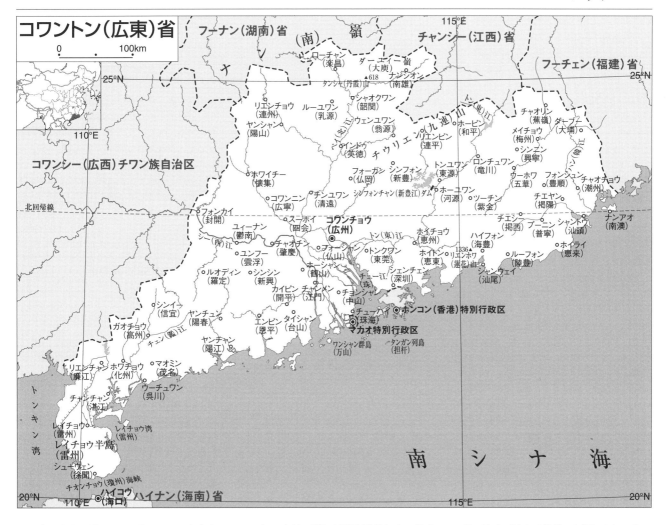

コワントン(広東)省

日中戦争勃発後の1938年10月,広東や香港やハイナン(海南)を含む華南の主要部は日本軍によって攻略され,終戦の45年まで南支那派遣軍の軍政統治下に置かれた.社会主義政権体制後,沿海に位置するため国防の最前線と位置づけられ,中央政府による大型投資プロジェクトの配分をほとんど受けられなかった.全国総工業投資額(1953~80)に占める割合はわずか3.4%であった.工業建設も重工業優先だったが,原料やエネルギーが不足し,インフラ基盤も未整備だったため効果は限定的だった.1966~75年の三線建設期に,鉱物埋蔵量の比較的豊富な北部の韶関地区などの小三線建設が遂行され,韶関製鉄廠や韶関冶錬廠などが建設された.改革・開放期に入り,大変貌を遂げ,中国屈指の経済力をもつにいたった.とりわけ香港,マカオに隣接し,華僑の最大の出身地という地域性を生かし,輸出主導型工業化を推進した.1980~81年,深圳,珠海,汕頭に経済特区が設置され,改革・開放の最前線となった.

1984年,広州と湛江が沿海開放都市に指定され,翌1985年,仏山,東莞,中山などの市からなる珠江デルタが沿海開放地区となった.珠江デルタ,とりわけシュンドゥ(順徳),ナンハイ(南海),東莞,中山の4市では,香港製造業の委託加工貿易や台湾電子産業のOEM拠点化などによって郷鎮企業が急成長を遂げ,広東における4つのドラゴンと称されるようになった.

1988年と92年に広東沿海経済開放区の範囲が拡大し,恵州などの沿海南東部地区や北部の韶関,ホーユワン(河源),梅州もその中に組み込まれた.1980~90年代,国家クラスの経済技術開発区が広州のホワンプー(黄埔)区と南沙区,湛江,恵州大亜湾に,また保税区が深圳の福田区と沙頭角,広州,汕頭に,さらにハイテク産業開発区が広州,深圳,仏山,恵州,珠海にそれぞれ配置された.地下資源は,北部山地を中心に産出する豊富な非鉄金属に比して,石炭や鉄鉱石が乏しいのが特徴である.近年,珠江口やトンキン湾で海底石油や天然ガスを掘り出し,すでに大規模な恵州油田などがある.また中西部のマオミン(茂名)ではオイルシェールを大量に産出している.工業はメイド・イン・チャイナの本質といわれる委託加工に特化する特徴を有し,とくに家電,電子,電気機器,紡績,アパレル,食品,建材,化学などが発達している.2015年の輸出額は国内第1位の6436億USドルで全国の28.4%を占め,第2位の江蘇省(3387億USドル,14.9%)と第3位の上海(1963億USドル,8.7%)を大きく凌駕した.中でも加工貿易は2805億USドルに達し,全国の34.6%を占めていた.近年内需型の重化学工業化もみられ,とくに2000年以降,広州一帯を中心にホンダ,トヨタ,日産自動車などとの合弁企業形態での自動車産業が勃興し,韓国系やアメリカ系の追随的立地を背景に,いまや国内最大の自動車集積地として浮上しつつある.これらの産業発展が最も顕著な珠江デルタは,チャン(長)江デルタやポーハイ(渤海)湾地域と

586　コワン

〈世界地名大事典：アジア・オセアニア・極Ⅰ〉

並ぶ中国の三大産業集積地となっている.

　交通運輸は水運が主要な位置を占める. 西江, 北江, 東江などを利用した河川交通や大小 100 以上の沿海港を利用した海運が発達している. 主要港湾は華南最大の貿易港として名高い黄埔港, 広州港, 深圳港, 湛江港, 汕頭港などがある. 鉄道は中国交通大動脈の京広線(北京〜広州), 京九線(北京〜カオルーン(九竜))のほか, 広深線(広州〜深圳), 広茂線(広州〜茂名), 黎湛線(リータン(黎塘)〜湛江)や広梅汕線(広州〜梅州〜汕頭)などの省内主幹鉄道が走る. また広州と各地区の中心都市を結ぶ高速道路網や, 広州白雲, 深圳玉安などの国際空港もある. 2011 年以降, マカオ〜香港〜珠江デルタ 1 日生活圏構想が提案され, 2016 現在, 珠江デルタ圏内の 15 本の営業路線の開通を契機に, 省内の都市間高速交通網の整備が進められている. 名勝旧跡には広州の光孝寺, 六榕寺花塔, 陳家祠堂, 仏山の祖廟, 世界遺産(文化遺産)の開平の碉楼(ディアオロウ), 肇慶の七星岩, 鼎湖山, 恵州の西湖, 羅浮山, 世界遺産(自然遺産)の一部である韶関の丹霞山, 南華寺, 潮州の開元寺, 広済橋などがあり, 国際都市香港に隣接する利便性も加わって国際観光地として発展している. 2015 年, 香港と台湾を含む海外からの観光訪問客数と外貨収入はそれぞれ 1 億 517 万人と 179 億 US ドルに達し, 全国の 79％と 15.7％を占め, ともに第 1 位である. なお, 1983 年 3 月, 広東省は兵庫県と友好関係を結んでいる.

［許　衛東］

コワンナン県　広南県　Guangnan

中国

人口：79.6 万 (2012)　面積：7810 km²
[24°06′N　105°05′E]

　中国南西部, ユンナン(雲南)省南東部, ウェンシャン(文山)族自治州の県. コワンシー(広西)チワン族自治区に隣接する. 人口の 4 割をチワン(壮)族が, 1 割をミャオ(苗)族が占める. 県政府所在地のリエンチョン(蓮城)鎮は元代に広南西路宣撫司が置かれた歴史の古い市街地であり, 明清期に商人が集い賑わった. 蓮城鎮の旧市街地には, 城楼, 閣楼, 孔廟のほか豪商の四合院住宅など明清期の建造物が多く残り, 1999 年に省の歴史文化都市に指定された. チワン族やミャオ族の銀製の装飾品が特産品である. カルスト地形が発達した奇観が広がる中, 桃源郷イメージや中国一の奇村, 峰岩洞村なども利用して観光開発を行っている.

［松村嘉久］

コワンニン県　広寧県　Guangning

中国

人口：43.3 万 (2013)　面積：2458 km²
気温：21.0℃　降水量：1720 mm/年
[23°38′N　112°27′E]

　中国南部, コワントン(広東)省北西部, チャオチン(肇慶)地級市の県. ペイ(北)江支流のソイ(綏)江中流域の山地に位置する. 肇慶市街地の北 70 km, 省会コワンチョウ(広州)の西北西 130 km に位置する. 地名は, 明の嘉靖 38 年(1559)に大羅山の農民蜂起を鎮圧した後, 県を設置し, 広く安寧の念を込めて命名した. 県域の 85％は山地で, 省の代表的な林業地域である. 中でも青皮竹の産出は国内最大規模で, 年間約 30 万 t に及び, それを原料にする製紙業は支柱産業として発展している. 交通では貴広鉄道(グイヤン(貴陽)〜広州), 広賀高速(広州〜ホーチョウ(賀州))などが通じる.

［許　衛東］

コワンハン市　広漢市　Guanghan

中国

人口：59.2 万 (2015)　面積：549 km²
[30°59′N　104°17′E]

　中国中西部, スーチュワン(四川)省, ドゥヤン(徳陽)地級市の県級市. 市政府は雒城鎮に所在する. ロンチュワン(竜泉)山地西麓のトゥオ(沱)江沖積平野に位置する. 地勢は北西から南東へゆるやかに傾斜しており, おもな河川にシーティン(石亭)江やヤーツー(鴨子)河がある. 鉄道は宝成線(パオチー(宝鶏)〜チョントゥー(成都))や高速鉄道の成綿楽線(ミエンヤン(綿陽)〜成都〜ローシャン(楽山))が中央部を縦貫し, 支線の広岳線(広漢〜ユエチャシャン(岳家山))が北西のシーファン(什邡)市へ延びる. 高速道路は京昆線(ペキン(北京)〜クンミン(昆明))が南北に走り, 南部には成都第二環状高速道が通っている. 農業は水稲や小麦などの穀物や搾油作物を生産し, 豚やウサギなどの飼養も盛んである. 工業は, 石油機械製造業や製薬業の産業集積が形成されている. また, 三星堆遺跡を中心として観光業が成長している. 名所旧跡に広漢三星堆博物館, 竜居寺, 房湖公園などがある. 操縦士を養成する中国民航飛行学院と, その飛行場がある.

［小野寺　淳］

コワンピン県　広平県　Guangping

中国

人口：28 万 (2012)　面積：320 km²
[36°29′N　114°57′E]

　中国北部, ホーペイ(河北)省南部, ハンタン(邯鄲)地級市の県. 県政府は広平鎮に置かれている. 河北平野の南にあり, 地勢は起伏が多く, 南西が少し高い. 北東部には砂丘地帯がある. 農作物は小麦, トウモロコシ, 綿花を主とし, 特産品はネギ, トウガラシ, ナシ, リンゴである. 機械, 化学工業, 食品, 建材などの工場がある. 千仏寺が有名である.

［柴　彦威］

コワンフォン区　広豊区　Guangfeng

中国

永豊県 (古称)

人口：92.4 万 (2013)　面積：1378 km²
[28°26′N　118°11′E]

　中国南東部, チャンシー(江西)省北東部, シャンラオ(上饒)地級市の市轄区. 信江の上流域にあり, チョーチャン(浙江), フーチェン(福建)両省に隣接する. 区政府はヨンフォン(永豊)街道に置かれる. ウーイー(武夷)山地北麓の低山丘陵地帯にあたり, 西部の河谷沿いに平原が延びる. 唐代に永豊県が置かれ, のちに上饒県に編入されたが, 宋代に分離し永豊県が復活した. 清代に広豊県に改められた. 2015 年に県が撤廃され上饒地級市の市轄区になった. 米を主とする農業地域で, ベニイモやタバコ, ナタネを産する. カルスト地形が発達し, 天柱岩, 白花岩, 東岩の景勝地と博山寺, 祝氏宗祠, 十都王家大屋がある.

［林　和生］

コワンホー県　広河県　Guanghe

中国

コワントン回族自治区　広通回族自治区
Guangtong (旧称)

人口：20.5 万 (2002)　面積：538 km²
[35°28′N　103°32′E]

　中国北西部, ガンスー(甘粛)省中部, リンシャ(臨夏)自治州東部の県. タオ(洮)河の支流であるコワントン(広通)河下流にある. 1953 年に広通回族自治区が成立し, 55 年に自治県と改められたが, 57 年に広河県と改称された. 農業が中心で, 小麦, ジャガイモ, 豆類, 亜麻などを産する. 牧畜業も盛んである. 薬材がとれる. 県内のカンクワン(康関)鎮とサンチアチー(三甲集)鎮には州内

コン　587

最大の自由市がある．

[ニザム・ビラルディン]

コワンヤマ　Kowanyama

オーストラリア

人口：0.1万（2011）　面積：2543 km²
[15°28′S　141°45′E]

オーストラリア北東部，クイーンズランド州北西部の先住民居住区．カーペンタリア湾に面し，ケアンズの北西約460 kmに位置する．地名は，先住民の言語で多くの水を意味するといわれているが明らかではない．

[秋本弘章]

コワンユワン市　広元市
Guangyuan

中国

人口：263.0万（2015）　面積：16310 km²
気温：16℃　降水量：1000 mm/年
[32°26′N　105°51′E]

中国中西部，スーチュワン（四川）省の地級市．四川省北東部，シャンシー（陝西）省やガンスー（甘粛）省との境界にあり，リーチョウ（利州），チャオホワ（昭化），チャオティエン（朝天）の3区と，ワンツァン（旺蒼），チンチュワン（青川），チェンゴー（剣閣），ツァンシー（蒼渓）の4県を管轄している．市政府は利州区に所在する．地勢は北から南へ傾斜している．北西部はモーティエン（摩天）山脈とロンメン（竜門）山脈が交わり，最高峰は大草坪の標高3837 mである．北東部はミーツァン（米倉）山脈が横たわり陝西省との境になっている．市域の中央部で，それらの山脈と四川盆地北部の低山とが交わっている．パイロン（白竜）江，トン（東）河，チンシュイ（清水）河などの河川はいずれもチャリン（嘉陵）江に注ぎ，南へ流れている．大きくみればチン（秦）嶺山脈の南麓に位置し，その気候は南方の湿潤の特性と北方の豊富な日照の特性をあわせもつ．

鉄道は宝成線（パオチー（宝鶏）～チョントゥー（成都）），蘭渝線（ランチョウ（蘭州）～チョンチン（重慶）），広達線（広元～ダーチョウ（達州））が交わり，高速道路は京昆線（ペキン（北京）～クンミン（昆明）），蘭海線（蘭州～ハイコウ（海口）），広元環状線，広万線（広元～ワンチョウ（万州））が交わる．広元盤竜空港からは北京など国内主要都市との便がある．石炭，鉄，砂金，ボーキサイト，天然ガス，石英などの鉱産資源がある．軍需産業の歴史を有し，金属，電子機械，エネルギー，化学，建材，医薬，食品，繊維などの工業があ

る．森林資源は松や柏などがあり，農業は水稲，小麦，トウモロコシなどを産する．中心市街地は嘉陵江のナン（南）河との合流点に位置する．嘉陵江東岸に商業中心地があり，四川，陝西，甘粛3省をまたぐ物資の集散地である．名所旧跡として，古代よりチョンユワン（中原）と四川盆地を結ぶ要路であった剣門蜀道，広元で出生した女帝の則天武后（624頃-705）にゆかりの皇沢寺，そして昭化古城や剣門関など三国志にも関連する遺跡が数多い．天台国立森林公園がある．　　[小野寺淳]

コワンラオ県　広饒県　Guangrao

中国

千乗（古称）/こうじょうけん（音読み表記）/ローアン　楽安　Le'an（旧称）

人口：51.7万（2015）　面積：1166 km²
[37°02′N　118°23′E]

中国東部，シャントン（山東）省北東部，トイン（東営）地級市の県．ライチョウ（萊州）湾に面している．県名は広饒，千乗，楽安，広饒と改称された．泰沂山麓の沖積平野とホワン（黄）河沖積平野の間に位置し，地形は南西から北東へ傾斜している．石油，天然ガス，地熱などの地下資源がある．おもな産業は穀類，綿花，野菜の栽培，牧畜，水産などである．特産品の斉筆は有名である．高速道路が県内を縦貫している．　　[張貴民]

コワンリン県　広霊県　Guangling

中国

人口：18.6万（2013）　面積：1206 km²
降水量：420 mm/年　[39°45′N　114°16′E]

中国中北部，シャンシー（山西）省北部，ダートン（大同）地級市の県．ホンシャン（恒山）山脈に位置する．山地面積が広く，北部のルーリン（六陵）山（標高2375 m）が最高峰である．中部と東部はフーリウ（壺流）河による河川地形が発達し，平坦で主要な農業地域である．年間降水量は少ない．アワ，トウモロコシなどの雑穀やジャガイモを栽培している．石炭の埋蔵量が多い．自動車がおもな交通手段である．県庁から南東500 mにある水神堂は有名である．　　[張貴民]

コン川　Kong, Tonle ☞ セコン川 Se Kong, Tonle

コン島　Kong, Koh

カンボジア

ココン　Koh Kong（別表記）/コンクラウ島
Kong Karu, Kaoh（クメール語）
面積：105 km²　長さ：19.5 km　幅：7 km
[11°20′N　103°00′E]

カンボジア南西部，コッコン州の島．首都プノンペンの西約205 km，州都コッコンの南約22 km，タイ湾北東部に位置する．東西は最長約7 km，南北約19.5 kmと細長く，国内の島では面積が最大である．本土とは最短で約3.3 kmと近場にあるが，あまり開発されておらず，島内には小さな漁村アラタン Alatang と簡素な宿泊施設があるのみで，島にはジャングルや滝，各所に美しいビーチが広がる．本土からのおもな交通手段は，ボートで約2時間で港に到着する．近年観光客が増加している．　　[辻本歩美]

コーン　Khong

ラオス

ムアンコーン　Muang Khong（通称）
人口：9.3万（2015）　面積：1571 km²
[14°07′N　105°51′E]

ラオス南部，チャムパーサック県南部の郡．パクセーから国道13 S号を南に約120 km，さらにメコン川をフェリーで渡ったコーン島に市街地は位置する．通常，ラオ語で郡を意味するムアンをつけてムアンコーンとよばれることが多い．郡の南端はカンボジア国境に接し，国内最南端でもある．郡西部はメコン川となっており，雨季には最大で12 kmの川幅になる．メコン川にはいくつもの中洲が形成され，乾季の水嵩が低い時期には数え切れないほどの中洲が浮かび上がる．ラオ語では，中洲が現れる地域一帯をシーパンドーン（4000の中洲の島々）とよんでいる．シーパンドーンの中で最大の島がコーン島で，そこには郡事務所が置かれている．郡東部はメコン川の沖積平野である．おもな産業は，シーパンドーン地域は漁業と観光業，平野部は稲作である．

カンボジア国境近くには，高さ21 m，メコン川沿い10 kmにわたって連続するコーンパペーン Khonphapheng 滝とソンパーミット Somphamit 滝がある．メコン川で滝があるのは，チベット高原から南シナ海に至る4525 kmの間で，このシーパンドーン地域のみである．フランス領インドシナの時代，フランスはラオスへの物資供給のために南シナ海からメコン川を使用したが，これら2つの滝のために大型船の通行を諦めている．そして，2つの滝の間に位置するコーン島とデ

ット Det 島の間に約 6.5 km の鉄道を敷いている. 下流に位置するコーン島で荷を下ろし, 鉄道で上流に位置するデット島へと荷を運び, 再度船に積み替えて上流側へと輸送した. これらの鉄道跡と使用された蒸気機関車は, 現在でもコーン島およびデット島に残されている. また, メコン川のラオス〜カンボジア国境付近には, ラオ語でパーカーとよばれるカワイルカが生息している. エーヤワディ川のイラワジイルカ(カワゴンドウ)と同じ種類とされているが, 現在急激に数が減少し, 保護対象になっている.　　　[横山 智]

ゴンアン県　公安県　Gong'an

中国

人口: 88.0 万 (2015)　面積: 2258 km²
[30°03′N　112°14′E]

　中国中部, フーペイ(湖北)省, チンチョウ(荊州)地級市の県. 県政府はトウフーディ(斗湖堤)鎮に所在する. チャンハン(江漢)平原, チャン(長)江南岸にあり, 地勢は平坦で, 河川と湖沼が交錯し, 堤防が縦横に走り, ソンツー(松滋)河, フートゥー(虎渡)河, オウチー(藕池)河が南方のトンティン(洞庭)湖へ流入している. 長江(荊江)は東部の県境を流れ, 荊江洪水分流工事の主要部分はほぼここにある. 農作物には水稲, 綿花, 搾油作物があり, 水産物に富む. 工業は機械, 建材, 紡織, 食品などがある. 高速道路の二広線(エレンホト(二連浩特)〜コワンチョウ(広州))や岳宜線(ユエヤン(岳陽)〜イーチャン(宜昌))が通る. 水運は長江が主であり, その支流河川もみな航行可能である. 三袁墓などの名所旧跡がある.　　　[小野寺 淳]

ゴンイー市　鞏義市　Gongyi

中国

鞏県(古称)／きょうぎし(音読み表記)
人口: 約 82 万 (2014)　面積: 1041 km²
[34°45′N　112°58′E]

　中国中央東部, ホーナン(河南)省北部, チョンチョウ(鄭州)地級市西部の県級市. 18 郷鎮を擁する. 「山と黄河に守られ, 強固で落とすことができない(山河四塞鞏固不抜)」といわれたことから, 秦の時代に鞏県が置かれた. 「河圖洛書」, 「太極八卦」, 「堯, 舜, 禹禪讓」は, ここでの出来事といわれ, 蘇秦や杜甫を輩出した地としても知られる. 鞏県石窟は, 竜門, 雲崗, 大足とともに, 国内で最も重要な石窟美術であるといわれている. ここの宋陵は, 北宗九帝のうち徽宗と欽宗を除く七帝と太祖父趙弘殷の七帝八陵である.

1970 年代から急速に工業化が進み, 河南省だけでなく, 国内でも最も経済力と科学技術の進んだ県の 1 つに数えられている.

[中川秀一]

コーンウォリス島　Cornwallis Island

カナダ

人口: 229 (2006)　面積: 6995 km²　長さ: 115 km
幅: 90 km　　　　　　　　[75°05′N　95°00′W]

　カナダ, ヌナヴト準州東部, パリー諸島の島. バロー海峡の北, デヴォン島とバサースト島の間に位置する. 陸部は永久凍土層と氷雪に覆われる不毛の地. 南東部が高い地形で, 最高点は海抜 343 m である. 多数の侵食地形や河谷がみられる. 南岸にはイヌイットを中心とした村落レゾリュート Resolute がある. 南のバロー海峡は北西航路が通り, 空港や気象観測所があり, 北極海地域の交通拠点, 北極圏調査の拠点にもなっている. 近年では北極点ツアーにも利用される. 軍事施設の立地もある. 1819 年にウィリアム・パリーが到着, 島名はイギリス海軍提督ウィリアム・コーンウォリスにちなみ命名された.

[竹村一男]

ゴンガー山　Gongga Shan ☞ ミニヤコンカ山　Minya Konka

コンカル県　貢嘎県　Gonggar

中国

人口: 5 万 (2012)　面積: 2200 km²
[29°15′N　90°59′E]

　中国西部, シーツァン(チベット, 西蔵)自治区, シャンナン(山南)地級市の県. ヤルンツァンポ(雅魯蔵布)江中流部に位置する. 地名はチベット語で白い頂を意味する. これは 14 世紀にチャンチュプ・ギュルツェン(絳曲堅賛)によって貢嘎宗(現在は跡地)が建設され, 完成したときに突然雪が降り, 宗(1960 年以前のチベットの行政区画名)の建物の屋根に白く積もったことに由来する. 農業が盛んで, 5700 ha の農耕地においてハダカ麦や小麦, 豆類を栽培している.　　　[石田 曜]

コンカン海岸　Konkan Coast

インド

長さ: 500 km　　　　　　　[17°40′N　73°07′E]

　インド西部の海岸地域. 西ガーツ山脈とア

ラビア海にはさまれた, 南北の細長い地域をさす. 北はグジャラート州とマハーラーシュトラ州の州境付近から, 南はゴアにいたる. 深い入り江が多いため南北方向の移動が困難であったが, ムンバイ(ボンベイ)〜マンガロール間約 700 km を結ぶコンカン鉄道が中央政府や関係する州の出資によって建設され, 1998 年より運行が開始された. おもな作物は, 海岸平野では米が, 西ガーツ山脈の山裾に広がる段丘では果物などが栽培されており, また漁業も盛んである.　　　[鍬塚賢太郎]

コンクオン　Con Cuong

ベトナム

人口: 6.4 万 (2009)　面積: 1739 km²
[19°03′N　104°53′E]

　ベトナム北中部, ゲアン省の県. ラオスとの国境地帯にある. 県都はコンクオン町で他に 12 の村が属する. 人口の約 7 割は少数民族のターイ族である. トンキン湾(北部湾)に注ぐカー川が南東方向に流れ, それに沿って西北西にラオスに通じる国道 7 号が通る. 県単位の全国順位で上位 10 位以内に入るほどの森林面積を有する林業地帯である.

[筒井一伸]

コングクリスチャン 10 世ランド　Kong Christian X Land

デンマーク

[72°16′N　28°52′W]

　デンマーク領, グリーンランド東岸の地域. スコアスビューソンからダーネボーにかけて, 北緯 70〜75 度あたりに広がる. 東部の海岸は長大なフィヨルドが数多く発達し, 不凍水域となっているが, 高原上の西部は氷床に覆われ, 海抜高度は 2500 m を超える. 集落としてスコアスビューソン(イロッコールトールミウト)がある.　　　[塚田秀雄]

コングール山　公格爾山　Kongur Shan

中国

Kongur Tagh (別表記)
標高: 7719 m　　　　　　[38°36′N　75°19′E]

　中国, シンチャン(新疆)ウイグル(維吾爾)自治区, クンルン(崑崙)山脈西端, コングール山群の最高峰. 崑崙山脈の最高峰でもある. カシュガル(喀什)の南西約 110 km に位置する. 東西に延びる稜線上に主峰があり, 主峰の西約 10.4 km にコングールチュベ Kongur Tiube (標高 7530 m)がある. 主峰

コングール(公格爾)山(中国),乾燥したタリム(塔里木)盆地の南にそびえるパミール東部の高峰〔小野有五提供〕

から南南西約39kmにはムスターグアタ(慕士塔格)山がある.コングールの山名は灰色の山の意味.初登頂は1981年,イギリス隊による.山は独立しており,西側を通るカラコルムハイウェイからは,手前に氷河を流出させる山並み全体がよくみえる. 〔松本穂高〕

コーンケーン　Khon Kaen　タイ

人口:41.6万(2010)　面積:953 km²
[16°27′N　102°52′E]

タイ東北部,コーンケーン県の都市で県都.首都バンコクの北東約450 kmに位置する.チー川とその支流のポーン川が合流する地点付近に立地し,市街地の北東のトゥンサーン池をはじめ市街地周辺には池が多数存在している.コーンケーンの起源はラーマ1世期の1796年であり,南約40 kmの現バーンパイ郡にコーンケーンというムアン(町)が設立された.その後1809年にマハーサーラカーム県コースムピサイ郡に移ったが,38年にほぼ現在地のボーン池西岸(ムアンカオ)に移動した.しかし,1867年にはチー川河畔のドーンボム村(現市街地の南東7 km)に移され,91年にバーントゥム村(現市街地の西13 km)に,99年にふたたびムアンカオへと移り,現コーンケーン郡内を転々とした.ちなみに,地名は,町の北約20 kmの現ナムポーン郡にある仏塔に由来するとされている.このほかに大きなタマリンド(マカーム)の枯木があったが,やがてふたたび芽吹いたことから木のまわりに仏塔を築いて,タマリンドの芯という意味のカームケーンと名づけたといわれている.

町は当初小村にすぎなかったが,1933年に鉄道が到達すると,精米所も立地して周辺の農村から米が集まる物資集散地としての機能を高め,次のウドーンターニーへの鉄道の延伸が41年となったことから,それまでの間は鉄道の終着点として機能した.しかしながら,東のマハーサーラカーム,ローイエット,カーラシン方面への道路が南のバーンパイから分岐したこともあって,物資集散地としての町の発展は限定的であった.

その町が急成長するのは,第2次世界大戦後のことであった.1960年代に入ると,町は東北部開発計画の中心地に選ばれ,以後急速に発展することになった.行政センターが空軍の飛行場の敷地を利用して建設され,県庁をはじめ新たに町に進出した政府出先機関をここに設置し,行政機能を集中させた.1965年にはバンコクとラオス国境のノーンカーイを結ぶ高規格道路のフレンドシップハイウェイが開通し,バンコクとの交通の便は大幅に改善された.さらに,東北部初の大学として,国立コーンケーン大学が1967年に公式に開校し,現在では在籍学生数1万以上,計17学部を擁する東北部最大かつ国内でも有数の総合大学となっている.その後もフレンドシップハイウェイ沿いに農産物加工業や食品関係の工場が立地し,東北部ではナコーンラーチャシーマーに次いで工業化が進んだ.現在の人口規模は東北部では第1位であり,他の主要都市であるナコーンラーチャシーマー,ウドーンターニー,ウボンラーチャターニーとは異なりベトナム戦争中に米軍基地が立地しておらず,政府主導で成長してきた点が特筆される.コーンケーン空港も立地しており,国際空港となっているものの,現在国際線は運航されていない.

現在の町は,中部のピッサヌロークと同じく,「インドシナの十字路」としての発展を画策している.これは,メコン圏(GMS)の東西回廊であるミャンマーのモーラミャインとベトナムのダナンを結ぶ道路が町を通過し,バンコクと中国ユンナン(雲南)省のクンミン(昆明)を結ぶ南北回廊の一部になりうるフレンドシップハイウェイや鉄道がちょうどここで交差しているためであり,これを売り物にして新たな投資を呼び込もうとしている.現に1999年には市街地の北15 kmの地点にコーンケーン工業団地も開設され,工場の進出も始まっている. 〔柿崎一郎〕

コーンケーン県　Khon Kaen, Changwat　タイ

人口:174.2万(2010)　面積:10166 km²
[16°27′N　102°52′E]

タイ東北部の県.県都はコーンケーン.2010年現在で人口規模は全国第5位であり,東北部ではナコーンラーチャシーマー,ウボンラーチャターニーに次いで人口が多い県である.稲作とサトウキビ栽培が盛んで,2013年度の米生産量(雨季作)は76万t,サトウキビ生産量は725万tで全国第3位であった.県南部のチョンナボット郡は古くから絹生産が盛んであり,現在も毎年絹祭りが開かれている. 〔柿崎一郎〕

コンコード　Concord　オーストラリア

人口:1.4万(2011)　面積:5.1 km²
[33°52′S　151°06′E]

オーストラリア南東部,ニューサウスウェールズ州南東部,カナダベイ行政区の町.州都シドニー中心部の西約15 kmに位置する.地名は,アメリカのマサチューセッツ州における,アメリカ独立戦争の際のコンコードの戦いに由来し,平和への願いが込められている.小さな商業地区を有しており,イタリア料理,中国料理,タイ料理のレストランやカフェ,衣料品店などさまざまな店舗が立地する. 〔牛垣雄矢〕

コンジェーヴィラン Conjeeveram ☞ **カーンチープラム Kanchipuram**

ゴンシェン　珙県　Gong Xian　中国

きょうけん(音読み表記)
人口:37.4万(2015)　面積:1150 km²
[28°22′N　104°47′E]

中国中西部,スーチュワン(四川)省南部,イービン(宜賓)地級市の県.ユンナン(雲南)

590　コンシ　　　　　　　　　　　　　　　　　　　　　　　　　　　　　　　　〈世界地名大事典：アジア・オセアニア・極Ⅰ〉

省に隣接する．ネイチャン(内江)から安辺にいたる鉄道の支線が宜賓で分かれてここを通る．県政府は巡場鎮に置かれる．四川盆地からユングイ(雲貴)高原への移行地域に位置し，南部が高く北部に向かって傾斜する．漢代の犍為郡南広県の地で，唐代に翣州が置かれ，元代末に珙州，明代に珙県に改められた．14の少数民族が居住し，人口の6％を占める．リン，硫化鉄，銅鉱，蛍石，石灰石など地下資源に恵まれる．おもな農作物は米，トウモロコシ，小麦，サツマイモ，茶，イチビである．工業ではセメント，建材，化学肥料，醸造業などの業種がある．宜珙鉄道が通る．

[林　和生]

ゴンシャン自治県　貢山自治県
Gongshan
中国

ゴンシャントゥルン族ヌー族自治県　貢山独竜族怒族自治県 (正称)

人口：3.8万 (2010)　面積：4506 km²
標高：1170-5128 m　気温：16℃
[27°44′N　98°40′E]

　中国南西部，ユンナン(雲南)省北西部，ヌーチャン(怒江)自治州の自治県．シーツァン(チベット，西蔵)自治区に隣接し，ミャンマーと172 kmにわたり国境を接する．国境はヌー(怒)江の分水嶺で険しいカオリーコン(高黎貢)山に相当するので，ミャンマーとの交易はほとんど行われていない．1956年に貢山トゥルン(独竜)族ヌー(怒)族自治県となった．県政府は茨開鎮に置かれている．トゥルン族もヌー族も雲南省のこの地域にしか分布しない少数民族である．少数民族人口が9割強を占め，リス(傈僳)族，ヌー族，トゥルン族の順に多い．県内の標高は高低差が著しく，年間降雨量が3000 mmを超える濃霧多発地帯である．ユネスコの世界遺産(自然遺産)に登録された三江併流の核心地域の1つであり，怒江の荒々しい景観の中，動植物の希少種が多く分布する．県域の過半は高黎貢山自然保護区となっている．めぼしい産業はなく，エスニックツーリズムやエコツーリズムの開発に大きな期待が寄せられている．

[松村嘉久]

コンジュ　公州　Gongju
韓国

能州 (旧称)

人口：11.4万 (2015)　面積：940 km²
[36°27′N　127°07′E]

　韓国西部，チュンチョンナム(忠清南)道東部の都市．クム(錦)江中流の左岸に位置する．かつては忠清南道の中心の地位にあり，植民地時代の初期には，ここに忠清南道道庁が置かれていた．1932年に道庁は発展の著しいテジョン(大田)に移転した．1986年に市制施行．2010年の人口は約12万．1995年の人口は約14万であったので，この間の人口は，やや減少気味に推移している．市街地は東と西の小高い丘陵にはさまれた低地に立地している．475年，百済は，都をソウルからここに移した．都を再度，プヨ(扶余)に移すまでの63年間，百済の中心であった．市街地の東側，錦江を見下ろす丘の上は公山城とよばれており，ここに百済の王宮が置かれていたとされるが，確認はされていない．現在残っている石垣は，朝鮮時代のものである．西側の丘には，宋山里古墳群があり，ここが都であった時代の王，王妃の墳墓であると考えられている．全部で7基の古墳が確認されている．1971年，誌石が発見されて一躍有名になった武寧王陵はその1つである．

[山田正浩]

コンジョ県　貢覚県　Gonjo
中国

人口：5万 (2012)　面積：6200 km²
[30°56′N　98°10′E]

　中国西部，シーツァン(チベット，西蔵)自治区東部，チャムド(昌都)地級市の県．チンシャー(金沙)江の西部，マルカム(芒康)山の支脈部に位置する．地名はチベット語で生き仏(チベット仏教の高僧の俗称)の定住地を意味する．以前は，貢，官角，官覚，観角，関角，館覚，貢足，宮角，貢県，滾卓，克宗，郭爵宗，貢覚宗などのよび名があった．1954年に貢覚宗となり昌都勉弁事処に属した．1960年に三岩宗と合併し，貢覚県が置かれ，昌都専区に属した．1970年に昌都地区に属している．

[石田　曜]

コンソン諸島　Con Son, Dao
ベトナム

コンダオ諸島　Con Dao, Dao (別称) ／コンロン諸島　Con Lon, Dao (別称)

人口：0.5万 (2009)　面積：75 km²
[8°41′N　106°36′E]

　ベトナム東南部，バーリアヴンタウ省コンダオ県の諸島．ホーチミン中央直属市から南へ約300 km離れた南シナ海に浮かぶ．大小14の島々からなり，コンロン諸島，コンダオ諸島とも称する．最も大きいコンソン島は，古くはマレー語でプロコンドール Pulo Condore とよばれ，海上交通の要衝でもあった．1862年の第1次サイゴン条約により南部諸州を占領したフランスはコンソン島に「虎の檻」とよばれる政治犯収容所をつくった．この収容所はベトナム戦争(1965～75)が終結するまで旧南ベトナムが使用しており「監獄の島」として知られた．諸島全体でコンダオ県を構成している．この周辺では海底油田の開発が進められ，年々生産量も伸びており，原油がベトナムにおける重要な輸出品ともなっている．おもな輸出先は日本，シンガポール，アメリカ，韓国などで，年によっては日本への輸出がおよそ9割を占めることもある．

[筒井一伸]

ゴンダ　Gonda
インド

人口：11.4万 (2011)　[27°08′N　81°56′E]

　インド北部，ウッタルプラデシュ州ゴンダ県の都市で県都．州都ラクナウの北東125 kmに位置し，当域からは仏教の初期の頃までさかのぼる古代の仏教遺跡群が発見されている．また，インド独立闘争時には，重要な役割を果たしており，藩王をはじめ多くの人びとが参加し，また闘争者にとっての重要拠点ともなったところである．有名な宗教家スワミナラヤンの出生地に建てられたスワミナラヤン寺院は当市の東南東45 kmに位置しており，彼についての数多くの映画がこの寺院を通じて制作されている．

[前田俊二]

コンダガオン　Kondagaon
インド

Kondegaon (旧表記)

人口：3.1万 (2011)　[19°35′N　81°42′E]

　インド中部，チャッティスガル州南東部，コンダガオン県の町で県都．ジャグダルプルの北北西64 kmに位置する．東ガーツ山脈の森林地帯の中にあり，竹の産出およびラック耕作がみられる．また雲母鉱床が豊富に存在する．以前は Kondegaon と綴っていた．

[前田俊二]

コンダマイン　Condamine
オーストラリア

人口：426 (2011)　面積：1515 km²
[26°56′S　150°08′E]

　オーストラリア北東部，クイーンズランド州南東部，ウェスタンダウンズ地域の町．州都ブリズベンの西北西約330 kmに位置する．コンダマイン川の曲流部にあり，釣りの

名所として知られている. また, 毎年 11 月に開かれるコンダマインロデオ大会には多くの観光客が訪れる. 　　　　　[秋本弘章]

コンダマイン川　Condamine River

オーストラリア

[27°03′S　149°38′E]

オーストラリア北東部, クイーンズランド州南東部の川. ダーリング川の支流. グレートディヴァイディング山脈に源流をもち, 北西に流れる. ウォリックを経て, チンチラ付近から西に向きをかえ, コンダマイン南西でバロヌ川に合流する. 夏季は水量があるが, 冬季は枯れることが多い. 　　[秋本弘章]

ゴンダル　Gondal

インド

人口: 11.2 万 (2011)　　[21°59′N　70°52′E]

インド西部, グジャラート州ラージコト県の町. ジューナーガドの約 60 km に位置する観光地. マハラジャのバグワトシンにより, 息子のために 1875 年に建設された. リヴァーサイド宮殿には, ゴンダル川沿いの芝生および庭がある. シャンデリアによる典型的な植民地スタイルの部屋は古風な木製の家具, ソファー, ビーズ細工で飾られる. 現存する最も古い宮殿, ナウラカ宮殿 (17 世紀建造) には, 石彫刻のバルコニー, らせん階段がある. また, オーチャード宮殿には果樹園, 芝生および広大な庭があり, 多くの客を楽しませた. ミニチュアの部屋には, ミニチュアの絵, 真鍮および古風な家具が収集されている. また, ガレージには, 1910 年頃以降の数多くのクラシックカーや名車も展示されている. 　　　　　[澤　宗則]

ゴンチューリン市　公主嶺市　Gongzhuling

中国

ホワイドゥ県　懐徳県　Huaide (旧称)

人口: 108 万 (2012)　面積: 4027 km²

[43°40′N　124°42′E]

中国北東部, チーリン (吉林) 省南西部, スーピン (四平) 地級市の県級市. 1985 年にホワイドゥ (懐徳) 県から改名された. 市名は清朝乾隆帝の王女の陵墓にちなむ. 市政府は河南街道にある. 東部は大黒山の山地, 西部は分水界が平野を分かち, 北側はソンホワ (松花) 江, 南側はリャオ (遼) 河の流域である. トウモロコシの生産を軸とした穀倉地帯で,

米もつくられる. 哈大鉄道が南北に走り, 駅を中心に市街地が広がる. 　　[小島泰雄]

ゴンチョン自治県　恭城自治県　Gongcheng

中国

茶城県 (古称) /ゴンチョンヤオ族自治県　恭城瑶族自治県 (正称)

人口: 28.0 万 (2015)　面積: 2149 km²

気温: 19.7°C　降水量: 1438 mm/年

[24°50′N　110°50′E]

中国南部, コワンシー (広西) チワン (壮) 族自治区北東部, グイリン (桂林) 地級市の自治県. 桂林とフーナン (湖南) 省の境にある少数民族主体の山地に位置する. 隋の大業 14 年 (618) に茶城県として設置されたが, 唐の武徳 4 年 (621) に恭城に改称, さらに 1990 年にヤオ族自治県と認定された. 県政府所在地は恭城鎮. 12 の民族が混在しているが, ヤオ族は最多で全人口の 60.0% を占める (2016). 森林率が 77% 以上. カキ, 柑橘類などの生産が盛んで, 1 人あたりの果実産出量は自治区の中では最大規模である. 2014 年 12 月に営業を開始した貴広高速鉄道 (グイヤン (貴陽) ～コワンチョウ (広州)) の恭城駅も開設されている. 　　　　　[許　衛東]

ゴンディア　Gondia

インド

人口: 13.3 万 (2011)　　[21°23′N　80°14′E]

インド西部, マハーラーシュトラ州西端ゴンディア県の都市で県都. ゴンディア県は 1999 年にバンダラ県から分離してできた. 州都ムンバイ (ボンベイ) ～ナーグプル～ハウラー間の鉄道幹線からジャバルプル, ブラマプリ Brahmapuri, チャンダ Chanda への分岐駅がある. 市の人口は 1901 年にはわずか 4457 にすぎなかったが, 鉄道駅の影響で 2001 年には 12 万と大きく成長した. 農作物や木材の集積地であり, 多くの娯楽施設も立地する. 定期市が火曜日に開かれ, あらゆる農産品が扱われる. ビリ (タバコ) の大規模加工工場があり, 製品の一部は輸出されている. ガラス工場, 製材工場や製粉所もある. 県内の重要な商業地であり, 銀行も立地する. 　　　　　[澤　宗則]

コントゥム　Kon Tum

ベトナム

Kon Tum (ベトナム語)

人口: 43.0 万 (2009)　面積: 433 km²

標高: 600 m　　[14°21′N　108°01′E]

ベトナム中部高原, コントゥム省の都市で省都. 省の南端に位置する省直属市であり, 省の社会および経済の中心地である. 10 の行政区と 11 の村によって構成されている. イアリ湖から流れるポーコー川の支流であるダックビア川が市街地の南端を流れる. 1991 年にザーライコントゥム省がザーライ省とコントゥム省に分割された際に省都となった. 先住民はバーナー族であり, 地名はバーナー語で湖の村の意である. 元来, コントゥム省は農林業を中心とする第 1 次産業が盛んな地域であるが, コントゥム市ではホアイビン工業団地やサオマイ工業団地などを中心に工業化が進む. 2005 年から 10 年までの域内総生産の割合では第 2 次産業が 44.64% から 46.25% に増加し, 第 1 次産業は 20% から 17.41% に減少した. 　　[筒井一伸]

コントゥム省　Kon Tum, Tinh

ベトナム

Kon Tum, Tinh (ベトナム語)

人口: 43.0 万 (2009)　面積: 9615 km²

[14°21′N　108°01′E]

ベトナム, 中部高原の省. ホーチミン中央直属市から陸路で南南東約 770 km, ラオス, カンボジア両国と接する. 人口密度は約 47 人/km² であり中央直属市, 省の中で人口が希薄な地域の 1 つである. 省都はコントゥム (省直属市) で他に 8 県からなる. 1991 年にザーライコントゥム省が分割してザーライ省とコントゥム省が設置された. ベトナム戦争中にはアメリカによる枯葉剤の攻撃を受けた地域であり, その影響を受けて結合双生児として誕生した「ベトちゃん・ドクちゃん」の出生地も本省のサータイ県である.

ゴクリン山 (標高 2596 m) をはじめ, ゴクファン山 (2251 m) など 2000 m 以上の山が連なり, 林野率は約 65% にも及ぶ. 南のザーライ省との境には高低差 60 m のイアリ滝があり, 発電能力 720 MW を有するイアリ発電所に利用されている. おもな産業は, 農林業を中心とする第 1 次産業と観光業を中心とする第 3 次産業であり, それぞれ産業別省内総生産の約 3 割と約 4 割を占める. 原住民はバーナー族であり, コントゥムとはバーナー語で湖の村を意味する. コントゥム省には 35 の民族が居住し, 多数民族のキン族 (ベト族) が約 46% を占めるほか, 少数民族のセダン族が約 25%, バーナー族が約 12% を占める.

省都のコントゥムは人口 14.3 万 (2009), 面積 432.9 km². 国道 14 号や 24 号をはじめ

コントゥム高原　Kon Tum, Cao Nguyen

ベトナム

ザーライ高原　Gia Lai (別称)／ジャライ高原 Jarai (別称)

標高：2548 m　長さ：113 km　幅：97 km
[15°04′N　107°58′E]

　ベトナム中部高原，コントゥム省およびザーライ省にまたがる高原．中部高原地域にある6つの高原の1つであり，北部に位置する．範囲はチュオンソン（アンナン）山脈のアトア山塊，ベンチェー（ヌイベンチェー）山塊の間であり，東西約113 km，南北約97 kmに及ぶ．主として玄武岩からなり，平均標高700～800 m，最高峰のゴクリン Ngoc Linh 山（標高2548 m）をはじめ，チューゾアン山（1570 m）やチューズー山（1393 m）など，1000 mを超える山もある．気候は年中冷涼である．フランス植民地時代からのプランテーション農業が盛んな地域であり，おもな作物は茶やコーヒー，ゴムなどである．また，盛んに行われた焼畑や乱伐により，深刻な森林破壊が発生した地域でもある．主要都市はザーライ省の省都プレイクーとコントゥム省の省都コントゥムである．ザーライ族やバーナー族などの少数民族が多数居住する．また南北統一がなされた1975年以降，沿岸部から多数民族のキン族（ベト族）の移住も盛んに行われた．ジャライ高原，ザーライ高原とも称される．　　　　　　　　　　　[筒井一伸]

コンドーボリン　Condobolin

オーストラリア

人口：0.4万（2011）　面積：7140 km²
降水量：408 mm／年　　　[33°04′S　147°09′E]

　オーストラリア南東部，ニューサウスウェールズ州中央部，ラクラン行政区の町．州都シドニーの西約350 kmに位置する．地名は，先住民ウィラジュリー（Wiradjuri）の言葉で浅い渡河点を意味する Cundabullen に由来するとも，ホップブッシュ（ハウチワノキ）に由来するともいわれる．町の中央部にはラクラン川が西流し，市街地は北岸の標高約200 mに立地する．ラクラン川の蛇行帯は広いところで幅約15 kmに達し，蛇行帯には放棄された流路跡も多数残されている．町は内陸に位置するため，降水量は最多雨月の2月でも48.0 mm，寡雨月の4月に17.8 mmを示し，年間を通して少ない．ま

た，気温の年較差も大きく，最暖月の平均最高気温は34.0℃であるが，最寒月の平均最低気温は2.9℃まで低下する．

　町を含む周辺地域は，1817年に探検家のジョン・オクスリー，36年にトーマス・ミッチェルらによって調査された．ミッチェルの調査時には，すでに不法占拠者がいたといわれている．19世紀後半になって，町の北部では銅（1885）や金（1896）の発見が相次いだ．1898年に鉄道が開通したことと相まって，これら資源の発見が町の人口を急増させた．銅や金の採掘は，1910年頃まで行われたという．一方，町は半乾燥気候下にあることから，農業振興に灌漑施設は不可欠であった．そこで1935年にラクラン川をせき止めてヤンガラ Wyangala ダムがつくられ，農産物生産が進められた．現在，羊や牛の飼育に加え小麦，大麦，アブラナの栽培や園芸農業，綿の栽培などが盛んである．町では，Condo 750として知られるオフロードの自動車レースが毎年4月に開催される．2日間にわたるレースは，オーストラリア・モータースポーツ連盟公認のイベントで，コースの全長は750 kmを超える．

[比企祐介・藁谷哲也]

ゴンドワナ多雨林群　Gondwana Rainforests

オーストラリア

面積：3700 km²　　　　[28°15′S　150°03′E]

　オーストラリア中東部，ニューサウスウェールズ州とクイーンズランド州にまたがる世界最大規模の亜熱帯雨林保護地区．2007年にユネスコの世界遺産（自然遺産）として登録された．もともとは，1986年にニューサウスウェールズ州の約3108 km²が「オーストラリア東海岸の温帯および亜熱帯雨林公園」として世界遺産（自然遺産）に登録された．その後1994年に，クイーンズランド州の約592 km²も追加登録され，「オーストラリア中東部の多雨林保護区」とよばれた．さらに2007年以降，「オーストラリアのゴンドワナ雨林」へ変わった．この地区は34もの国立公園や自然保護区で構成され，希少な動植物の生態系がみられる．また，ゴンドワナ大陸に生息していた古生物の化石なども産出し，オーストラリアがゴンドワナ大陸から分離したという地球史の出来事を残している．

[藁谷哲也]

ゴンバック川　Gombak, Sungai

マレーシア

面積：122 km²　長さ：27 km
[3°09′N　101°42′E]

　マレーシア，マレー半島マレーシア領中西部，スランゴール州からクアラルンプール連邦直轄領にかけて流れる川．マレーシアの首都圏，クラン渓谷を形成するクラン川の支流の1つである．今日の首都クアラルンプールは，ゴンバック川がクラン川に合流する地点付近から成長し，発展した．それまで合流点付近一帯は熱帯のジャングルであったが，1857年にこの地でスズの採掘が開始され，2つの河川の合流点付近に中国人とマレー人が住みついた．やがて1879年に，イギリス人による植民地管理のための行政機構が合流点の西側一帯に配置されることになった．そこには，広場とイギリス人居住区も配置された．そして反対の合流点の東側には華人街がつくられた．

　1957年の独立後は旧植民地時代の建物には連邦政府の部局などが置かれ，反対の中国人街はアジア各国の銀行支店や地元の銀行が立地する金融街として発展した．そして，ゴンバック川沿いには，国立中央銀行，クアラルンプール市庁などの重要機関が立地し，クアラルンプール市内を南北に走る主要幹線道路，通勤鉄道，軽量高速鉄道（LRT）などが走る．2つの河川の合流点には，今日，イスラーム寺院が建設されている．　[生田真人]

ゴンホー県　共和県　Gonghe

中国

人口：13.6万（2015）　面積：16050 km²
[36°17′N　100°37′E]

　中国西部，チンハイ（青海）省東部，ハイナン（海南）自治州の県．州政府所在地である．県北部に青海湖と青海南山脈があり，南東部にホワン（黄）河が流れ，東部はリーユエ（日月）山脈，南西部はオーラ山脈が連なり，盆地を形成する．黄河にはロンヤンシャ（竜羊峡）ダムがつくられ，人造湖が形成される．6世紀に遊牧民の国家・吐谷渾が建造した都が伏俟城遺跡として残る．羊やヤクの牧畜が盛んで，食肉や羊毛，皮革を産する．

[髙橋健太郎]

ゴンボギャムダ県　工布江達県
Gongbo'gyamda

中国

人口：3万（2012）　面積：11600 km²
[29°56′N　93°16′E]

　中国西部，シーツァン（チベット，西蔵）自治区，ニンチー（林芝）地級市の県．ヤルンツァンポ（雅魯蔵布）江中流の峡谷地帯に位置する．清代に江達宗が置かれた．1912年に太昭県が範囲を重複して置かれた．1950年に工布江達宗と改名したが，60年に太昭県と同時に撤廃され，工布江達県が置かれた．毎年大衆向きの体育大会が開かれ，競馬や射的などが行われる．　　　　　　　　［石田　曜］

コンポステラヴァレー州
Compostela Valley, Province of

フィリピン

人口：73.6万（2015）　面積：4480 km²
[7°36′N　125°58′E]

　フィリピン南部，ミンダナオ島中東部，ダバオ地方に位置する州．州都はナブントゥラン．北部を南アグサン州，東を東ダバオ州，西をダバオ州，南西部をダバオ湾に面する．ミンダナオ島東部には，ダバオアグサン地溝帯北岸のブトゥアンから南のダバオ湾にかけて走るが，その北半分がアグサンヴァレー，南半分がダバオ湾である．コンポステラヴァレーとは，アグサンヴァレー上流部で，とくにパシフィック山脈とオラグサン高地の間に広がる南北40 kmあまり，東西最大幅20 kmの盆地状谷あいをさす．
　ミンダナオ島では，もともと北東部のキリスト教徒ブトゥアン・カラガ人の勢力と南西部のイスラーム教徒マギンダナオの勢力が沿岸部で拮抗し，異教徒のマノボ，ブラアン，マンサカ，タガカオロなど諸民族が内陸部を占拠してきた．マギンダナオを平定したアメリカは，1913年からミンダナオ島への入植政策を展開，北部からセブアノ，イロカノ，タガログなどキリスト教徒フィリピン人の移住を奨励した．しかし予想したほどの成果は上がらず，1939年に国家土地開発入植庁（NLSA）を設立して国家支援による大がかりな移住計画を開始した．このとき対象となったのがミンダナオ中央高地西側のコロナダルヴァレーとアグサンヴァレー南部のコンポステラヴァレーであった．1942年に第2次世界大戦が始まり計画は間もなく中断されたが，道路建設などが進んだため戦後はいわゆる連鎖移住が起こって入植者が次第に増大，やがて先住民のマンサカ，マンダヤ，マノ

ボ，マングアガン，ディババオン，カマヨらを凌駕してビサヤからの入植者（キリスト教徒）が優勢となった．
　この谷あいはダバオ州に含まれていたが，資源の集中とその効率的利用による経済開発促進のため，1998年に州東半分（マワブ，マラグサン，ニューバターン，ナブントゥラン，モンテビスタ，モンカヨ，コンポステラの7町）が分離され，全国79番目の州として独立した．人口密度は164.3人/km²と低い．　　　　　　　　　　　　　［梅原弘光］

コンポンクレアン　Kampong Khleang

カンボジア

人口：1.0万（2008）　面積：210 km²
降水量：800-1400 mm/年
[13°11′N　104°10′E]

　カンボジア北西部，シェムリアップ州ソートニコム郡の地区（コミューン）．首都プノンペンの北北西約190 km，州都シェムリアップの南東35 km，トンレサップ湖の北東沿岸に位置する．北西約20 kmにあるコンポンプルック Kampong Phluk よりもさらに遠隔地で観光客も少ない．乾季には地上10 mの高さにまで支柱でせり上げられた高床式住宅の集落からなり，その眺めは圧巻である．雨季になると建物の1～2 m下まで水位が上昇する．コンポンプルックと同様，トンレサップ湖の氾濫原にある定住共同体で，おもに漁業で生計を立てており，浸水林がそのまわりを覆っている．コンポンプルックよりも3.5倍近く多い人口を有し，湖上最大のコミュニティである．この水上コミューンには，マングローブと浸水林が主要な植生で，干魚が特産品である．この地域の気候は，カンボジア全体と同様であるが，気温はトンレサップの湖水と風の環境に左右され，年平均降水量は少なく，乾季は4カ月を超える．
　　　　　　　　　　［ソリエン・マーク，加本　実］

コンポンスプー州　Kampong Speu Province

カンボジア

人口：71.7万（2008）　面積：7017 km²
気温：28°C　降水量：1200-1400 mm/年
[11°28′N　104°30′E]

　カンボジア南部の州．州都はコンポンスプー．地名は，スターフルーツ（ゴレンシ）の港を意味する．北はポーサットおよびコンポンチュナン，南はカンポット，東はカンダール，南東はタケオ，西をコッコン各州と接する．17～19世紀に古来の王都であったウド

ンは，この州に属する．地勢は，東部が広大な低地の水田，西部と北部が低地と高地のモザイクおよびカンボジア最高峰アオラル山（標高1813 m）を含む高地森林地帯である．カンボジア全土同様，ほぼ年間にわたって日照があり，12月および1月が最も涼しく，4月が最も暑い．乾季は4カ月に満たない．州はヤシ砂糖と砂糖ヤシ酒，自然文化資源とリゾートで有名である．おもな自然資源は，川沿いに多くの大木を有する州都を横切るプレクタナオット川，アオラル野生生物保護区，カルダモン山脈のふもとおよび多くの自然リゾートである．自然リゾートとしては，タントンレ Tang Tonle 村とアンベープノム村をつなぐ吊り橋を有する自然文化リゾート，滝で知られるチョンボックエコツーリズム，キリロム国立公園，プレクマエリゾート，テトックプー Te Toek Puh 温泉があげられる．　　　　　［ソリエン・マーク，加本　実］

コンポンソム　Kampong Som ☞ シハヌークヴィル **Sihanoukville**

コンポンソム　Kampong Som ☞ プレアシハヌーク州 **Preah Sihanouk Province**

コンポンチャム州　Kampong Cham Province

カンボジア

人口：168.0万（2008）　面積：9799 km²
降水量：1400-2400 mm/年
[12°00′N　105°46′E]

　カンボジア南部の州．州都はコンポンチャム．地名は，チャム人の港を意味する．首都プノンペンの北東約124 kmに位置する．西はコンポンチュナン州，北はコンポントム州およびクラチェ州，南はプレイヴェン州およびカンダール州，東はベトナムと国境を接する．国内の州では最も人口が多い．南北に流れるメコン川によって2つに分断された東側は，森林，ゴム林および他のプランテーション換金作物に覆われた北部高原地帯と南部の低地水田地帯，そしてその2つがモザイク状になった地域からなる．メコン川沿いは氾濫原であり，メコン川の西側は南東に向かって広がる低地水田地帯，森林，ゴム林および他のプランテーション換金作物に覆われた北部高原地帯，およびその2つのモザイク地帯となっている．
　熱帯モンスーン気候に属し，年平均降水量は豊富である．おもにメコン川の洪水がこの

594　コンホ

〈世界地名大事典：アジア・オセアニア・極Ⅰ〉

州に気候上の影響を与えている．気候，地理的および生態的条件，天然資源に恵まれており，稲作，プランテーション換金作物栽培の双方に適している．コンポンチャムが潜在的な農業投資先とされ，取引が活発な州であるゆえんである．また，プノンペンおよびベトナムに比較的近いことから，つねに重要な取引や輸送の拠点となってきた．州都は，活気あるメコンの流れとフランス植民地時代の建築，ゆったりとした街路のある古風で魅力ある町である．また，陸路または水路によるクラチェ，モンドルキリ，ラタナキリ，ストゥントレン各州への起点ともなっている．2013年末には，メコン川以東部分がトボンクムン州として分離独立した．

［ソリエン・マーク，加本　実］

コンポンチュナン州　Kampong Chhnang Province
カンボジア

人口：47.2万（2008）　面積：5521 km²
　　　　　　　　　　　［12°14′N　104°40′E］

　カンボジア中部の州．州都はコンポンチュナン．北はコンポントム州に，東はコンポンチャム州に，南はカンダール州およびコンポンスプー州に，そして西をポーサット州に接する．地名は，土器の港を意味する．州の面積は，カンボジアの州の中では第15位の大きさであり，人口は第13位の規模である．水文学的には，トンレサップ流域かつ，トンレサップ生物圏保護区を構成する5州のうちの1つである．目を引く自然地形としては，ヴィエルプオック Veal Phuok 湖，カンレイ Kangrey 山，クランロメア Kraing Romeas 山，ロアバット Roab Bat 山などがある．また，土器と漁業でも有名である．

　地勢は州の東部から西部にかけての氾濫原がその大半を占め，その他の部分は西部にある低地と高地のモザイク状の地域および高地の森林地帯（カルダモン山脈の一部）が占める．氾濫原は，州東部のトンレサップ湖の泥状の平野（カンボジア語でヴィエルプオック）を含め，自然の植生（浸水林を含む）および肥沃で生産力の高い堆積土を有する広大な低地水田に覆われている．最西部の低地・高地モザイクおよび高地の森林地帯は，落葉樹林，灌木地，小規模の常緑樹林からなる．南西の州境は，カンボジア最高峰のアオラル山（標高1813m）につながる丘陵地となっている．気候は他の地域と同様に温暖湿潤で，年平均降水量は北部および北東部で1400〜2000 mm とやや高く，西部および南西部で800〜1400 mm とやや低い．乾季は州の全域で4カ月を超える．

［ソリエン・マーク，加本　実］

コンポントム州　Kampong Thom Province
カンボジア

コンポンプオットム　Kampong Pous Thom（古称）

人口：63.1万（2008）　面積：13814 km²
降水量：1400-2000 mm/年
　　　　　　　　　　　［12°42′N　104°54′E］

　カンボジア中部の州．州都はコンポントム．国内の州で第2位の面積をもつ．西はトンレサップ湖とコンポンチュナン州，北西はシェムリアップ州，北はプレアヴィヒア州，南はコンポンチャム州，東はクラチェ州と接する．トンレサップ生物圏保護区を構成する5州の1つで，メコン流域開発計画におけるトンレサップ流域9州の1つでもある．

　大蛇の港を意味するコンポンプオットムというのが，州のもともとの名であった．この名にまつわる話は以下のとおりである．大昔，トンレサップに隣り合うセン川の波止場に大きな洞窟があり，そこには大蛇が2匹住んでいた．当時その周辺に暮らす人びとは，2匹の大蛇を日常的にみていたので，その地域全体をコンポンプオットムとよぶようになったが，あとになってコンポントムと短縮された．フランス植民地時代に，フランスはカンボジアを州に分けて支配し，地元民の話し言葉から州名をつけた．また州内には，ソンボープレイク寺院やアンデート寺院など重要なアンコール遺跡が存在する．ソンボープレイク寺院を含む遺跡は，2017年に「古代イーシャナプラの考古遺跡，サンボー・プレイ・クック寺院地帯」としてユネスコの世界遺産（文化遺産）に登録された．

　地勢は，南西部のトンレサップ湖の氾濫原の一部，北東部の低地水田，低地と高地のモザイクおよび高地の森林地帯からなる．わかりやすくいえば，州は国道6号を境に東と西に分かれる．東部は州域の70%を占め，低地の水田，高地のモザイクおよび森林地域（常緑林）からなり，農業，林業および畜産に適した豊富な水と関連資源を有する．バンペー Boeng Per 野生生物保護区もこの地域内に位置する．これに対し西部は州の30%で，おもにトンレサップ湖につながる平野部である．この地域は，自給および輸出用の稲作と漁業に最適な低地氾濫原の1つである．トンレサップ生物圏保護区の2つの中核地域，ラムサール条約登録湿地のバンチュマー（面積145.6 km²），ストゥンサエン保護林（63.6 km²）もこの地域に属する．気候はカンボジ

ア全土と同様に温暖湿潤で，乾季は4カ月を上まわる．

［ソリエン・マーク，加本　実］

コンポントラバエク　Kampong Trabaek
カンボジア

人口：10.9万（2008）　面積：504 km²
降水量：1400-2000 mm/年
　　　　　　　　　　　［11°09′N　105°28′E］

　カンボジア南部，プレイヴェン州の郡．首都プノンペンから国道1号沿いを南西に86 km 離れた地点に位置し，東はスヴァイリエン州，南はベトナム国境，北はメーサーン郡，北東はバプノム郡，西をプレアスダイッ郡と接する．地名は，グァバの港を意味する．地勢のほとんどは低地の水田で，郡を南北に縦断してカンボジア・ベトナム国境を超えるコンポントラバエク川に沿っては，氾濫原もみられる．カンボジア全土と同様，気候は温暖湿潤で，乾季は4カ月に満たない．コンポントラバエク川は，郡において国内および国境を超えた航行および取引に重要な川であり，また川沿いに住む人びとが氾濫原において食糧用および換金用作物，とくに米を栽培するのに絶好の機会を与えている．この川の生態系について注目すべき点は，この川およびメコン川の流況の変化に伴い，川の生態系が浮稲生態系から減水期稲生態系へと変化したことである．

［ソリエン・マーク，加本　実］

コンポンルアン　Kampong Luong
カンボジア

Phumi Kampong Luong（クメール語）

人口：0.6万（2008）　面積：14 km²
降水量：1400-2000 mm/年
　　　　　　　　　　　［12°34′N　104°12′E］

　カンボジア西部，ポーサット州クラコル郡の地区（コミューン）．トンレサップ湖の南部西岸に浮かぶ5つの水上村からなる．首都プノンペンの北北西約135 km，州都ポーサットの東35 km に位置する．郡都クラコル Krakor および国道5号からコンポンルアンまでの距離は，季節による湖の拡張および収縮に影響され，2〜7 km の間で変化する．水深は，乾季が0.8〜1 m，雨季には8〜10 m になる．コンポンルアン港は，トンレサップ湖における淡水漁業の4つの重要な水揚げ港の1つである．乾季には砂の岬が現れ，水泳に適した場所となる．一帯はモンスーン温暖湿潤気候で，乾季は4カ月を超える．

　地名は，王の港を意味し，古代の王たち

が，船の航行のための港として，戦に赴く際の秘密の停泊地として，また待ち伏せに遭うことなく水泳や静養を楽しむための休養地として利用した．コンポンルアンの小さな漁村は，古代にその源を発している．コンポンルアン水上コミューンは，地区内でほぼ完全に自給自足でき，陸上の町と同じようになんでも手に入るという，洗練され，活気ある地区であるため，人びとが水上を離れる必要はほとんどない．漁業，ボートづくり，商売などを職業とする住民の多数はベトナム系民族で，クメール人とチャム人も少数ながら居住する．水上コミューンは有名な観光地でもある．　　　　　　［ソリエン・マーク，加本　実］

ゴンマー自治県　耿馬自治県
Gengma　　　　　　　　　　　　　　　　　中国

こうばじちけん（音読み表記）/ゴンマータイ族ワ族自治県　耿馬傣族佤族自治県（正称）

人口：29.6万（2010）　面積：3837 km²
　　　　　　　　　　　　　　[23°33′N　99°24′E]

　中国南西部，ユンナン（雲南）省西部，リンツァン（臨滄）地級市の自治県．ミャンマーと47 kmに及び国境を接する．雲南省のミャンマー国境地帯で中国共産党政権に組み込まれたのが最も遅れた地域である．1955年に耿馬タイ（傣）族ワ（佤）族自治県となった．少数民族人口が5割強を占め，タイ族，ワ族，ラフ（拉祜）族などが住み，北回帰線が県域を通過する．おもな産業は農業で，サトウキビ，ゴム，茶葉の栽培が盛んである．孟定鎮はミャンマーとの交易拠点に成長しつつある．華僑農場と国営農場がある．　［松村嘉久］

こんめいし　昆明市 ☞ **クンミン市**
Kunming

こんろんさん　崑崙山 ☞ **クンルン山**
Kunlun Shan

ザアライ山脈　Zaalayskiy Khrebet
クルグズ〜中国

チョングアライ山脈　Chong Alay Kyrka Toocu (クルグズ語) / トランスアライ山脈　Trans-Alay Range (英語)

標高：7134 m　長さ：250 km　幅：40 km
[39°20′N　72°52′E]

中央アジアのクルグズ(キルギス)，タジキスタン，および中国にかけて位置する山脈．パミールアライ山系の一部である．3国の国境にあり，東西に250 km走る．最高峰はクルグズとタジキスタンの国境にあるレーニン峰(標高7134 m)．クイズイルアルト峠がクルグズのサルイタシの南40 kmを横切る．クルグズ語ではチョングアライ山脈とよばれる．　　　　　　　　　　　　　　［木村英亮］

サイ　Xay
ラオス

Xai (別表記) / ムアンサイ　Muang Xay (通称)

人口：8.0万 (2015)　面積：2296 km²
[20°41′N　101°59′E]

ラオス北部，ウドムサイ県の郡で県都．ルアンパバーンの北190 kmに位置する．通常，ラオ語で郡を意味するムアンをつけてムアンサイとよばれる．また，県名のウドムサイといった場合，サイ郡の市街地を指すことが多い．

中国と結ばれている国道1号，メコン川の港町でありタイ〜ラオス間の内陸港として機能しているパクベンと結ばれている国道2号，そしてベトナムへとつながる国道4号，これら3本の主要国道の結節点となっている地点がサイ市街地である．1962年にラオスが中国および北ベトナムと国交を樹立したことにより交通の要衝となり，国内北部の中心的な町として発展した．1970年代には中国領事館が市街地に置かれ，中国が道路建設などのインフラ整備に関する援助を北部一帯で実施した．加えてベトナム戦争時に共産国家樹立を目指したパテートラオ軍に対する援助も行われていた．すでに中国領事館は閉鎖したが，中国との強い関係は継続している．ただし近年は，政治的な関係よりも経済的な関係がより強くなっている．市街地には，日用雑貨や電気製品を販売する中国人商人の店が軒を連ねており，また大規模なショッピングセンターも中国資本で建築された．農産物取引に関しても，トウモロコシ，ゴム，サトウキビなどの農産物を中国のユンナン(雲南)省およびタイに輸出している．　［横山　智］

サイゴン　Sai Gon　☞ ホーチミン　Ho Chi Minh

サイゴン川　Sai Gon, Song
ベトナム

面積：5000 km²　長さ：256 km
[10°45′N　106°45′E]

ベトナム南部，メコンデルタの川．ドンナイ川水系の支流で，タイニン省の北部丘陵地域にあるザウティエン湖から，ビンズオン省とホーチミン中央直属市との境界を流れて，ホーチミン市のニャーベー県でドンナイ川と合流する．水源からビンズオン省の省都トゥーザウモットまでをガーカイ川，曲流する部分をトゥーフック川，オンライン橋までをベンゲー川と分けてよぶこともある．ホーチミン市の旧市街はこのサイゴン川の西岸に開けている．また河川港として貨物取扱量が国内の港湾全体の過半を占めるサイゴン港がある．サイゴン港付近は川幅約300 m，水深約10 m で，3万tクラスの貨物船も入港できる．　　　　　　　　　　　　　　［筒井一伸］

ザイサン　Zaysan
カザフスタン

人口：1.8万 (1991)　標高：660 m
[47°28′N　84°52′E]

カザフスタン東部，東カザフスタン州東部の都市．ザイサン湖と中国国境の中間，州都オスケメン(ウスチカメノゴルスク)の南東322 kmに位置する．小麦，ケシを産する．1868年にロシア軍の駐屯地として建設された．　　　　　　　　　　　　　　［木村英亮］

ザイサン湖　Zaysan, Ozero
カザフスタン

面積：1820 km²　標高：420 m　長さ：97 km
幅：22-48 km　深さ：9 m
[48°00′N　84°00′E]

カザフスタン東部，東カザフスタン州南部の湖．中国との国境に近く，州都オスケメン(ウスチカメノゴルスク)の南東193 km，北のアルタイ山系ナルイム山脈と南のタルバガタイ山脈の間の谷に位置する．東にカラ(黒)イルトゥイシ川，西にケンデルイク川が流入し，イルトゥイシ川が北東岸に流入し，北西岸から流出する．11月初めから4月末まで結氷する．下流のブクタルマ水力発電所のダムによって水位が6 m上がっている．チョウザメをはじめとする魚類が豊富で，漁撈が行われる．世界で最も古いといわれるバイカル湖の3倍古い．　　　　　［木村英亮］

サイソムブーン県　Xaysomboun Province
ラオス

Saysomboun, Khoueng (別表記)

人口：8.5万 (2015)　面積：8551 km²
[18°53′N　103°05′E]

ラオス中部の県．県都はアヌヴォン Anouvong 郡．2013年12月13日に第6回ラオス国民議会で国内18番目の県として設置が認められた．1994〜2006年までサイソムブーン特別区が設置されていたが，その当時の特別区と同県の地理的範囲と行政区分は多少異なる．サイソムブーン特別区は，1990年代に入り反政府ゲリラ活動が活発になり，ラオス人民軍が実質的に統治するようになり，シェンクアン県南部，ヴィエンチャン県東部，ボリカムサイ県西部の一部を分離

して国防省が管轄する行政区であった. 2006年に北部のタートーム郡はシェンクアン県に, そして南部のホーム郡とサイソムブーン郡はヴィエンチャン県に編入され, 特別区が廃止された. 2013年に設置された同県は, 06年の廃止時点の範囲に, ヴィエンチャン県ヴァンヴィエン郡の一部が編入されている.

県民の約8割がシナチベット系言語のモン人で占められている. 地形的に急峻な山地が多いことから, 焼畑による自給的な陸稲栽培が農業の中心となっている. また, 現金収入源として牛や豚などの家畜飼育が盛んである. 工業部門の発展は非常に遅れているが, 豊富な水資源を利用したダム開発計画が急速に進んでいる.　　　　　　　　　　［横山 智］

サイドプル　Saidpur　バングラデシュ

人口:12.4万 (2011)　面積:35 km²　標高:30 m
[25°47′N　88°54′E]

バングラデシュ北部, ラングプル管区, ニパファマリ県南西端, サイドプル郡の都市で郡都. 北部の交通のハブとなる地方都市で, 首都ダッカの北西約270 kmに位置する. その起源は, イギリス植民地時代の1870年, アッサム・ベンガル鉄道の車両整備工場が建設されたことにより, 鉄道の町として発達した. 1958年に都市自治体となる. 郊外には国内北部の重要空港であるサイドプル空港がある. ディナジプル, ラングプル方面の地方ハブ空港となっている. 距離的には国内で首都ダッカから最も遠い位置にあり, ダッカとの国内線が就航し利用者も多い. 市内に北部輸出加工区があり, 安価な労働力を武器に輸出用の工業製品が生産されている. 縫製品, 化学肥料, 陶器類などの工業が市内にあり, とりわけ縫製品である既製服はヨーロッパ, アメリカに輸出され外貨獲得に貢献している.

ネパール, ブータン, インド(国境まで約50 km)にも近く, 国境を越えての商人や物資の動きがみられる. 市街は周辺の農業地域の農産物(米, ジュート, サトウキビ, 小麦, タバコ, 野菜, タマネギ)の集散地であるとともに, 銀行や保険会社, オフィスが集積し, 県都ニファマリよりも中心性が高く, 空・陸・鉄道交通の要衝となっている. この地域はイギリス植民地時代には藍栽培が盛んであったところで, プランター(経営者)倶楽部なども現在に引き継がれている. イギリス植民地時代, パキスタン時代にはウルドゥ語を話すビハリとよばれる人びとも多く居住し

ていた. 独立後は多くがインドのウッタルプラデシュ州などに移住していき, ムスリム人口が現在では卓越する.　　　　［野間晴雄］

さいなんし　済南市 ☞ チーナン市 Jinan

サイパル山　Saipal　ネパール

標高:7030 m　[29°54′N　81°31′E]

ネパール極西部, バジャン郡(セティ県)の山. ネパールヒマラヤはダウラギリ以西のカルナリ(ガーガラ)川流域で標高6000 m以下の山並みとなるが, ネパール北西端部でふたたび高度を高める. それらはサイパル山, アピ山(標高7132 m), ナンパ Nampa 山(6754 m)の山群でビャスリクヒマール Byas Rikhi Himal とよばれる. サイパル山は標高7030 m, セティ川をはさんでそれらの東縁にやや離れて位置する. 1963年に同志社大学山岳会によって初登頂された. 地名は, 地元民のよび名ではなく北西40 kmほど離れた位置にある集落の名がインド測量局によって曲解して用いられるようになったとする考えもある.『チベットの七年』の著者ハインリヒ・ハラーは, 第2次世界大戦中イギリス軍の捕虜収容所を脱走し, サイパルの北面を眺めながらチベットに逃れたという.

［八木浩司］

サイハン区　賽罕区　Saihan　中国

さいかんく (音読み表記)

人口:63.6万 (2013)　面積:1025 km²
[40°46′N　110°55′E]

中国北部, 内モンゴル自治区フフホト(呼和浩特)地級市南東部の区. 区内に内モンゴル自治区政府がある. 東はチュオツー(卓資)県, 南はホリンゲル(和林格爾)県とトメト(土黙特)左旗と接する. 賽罕とは美しいという意味である. 賽罕区はそもそも旧帰綏県の一部であり, 1950年に帰綏市の郊区とされた. 2000年に賽罕区と改称された. 現在は8街道, 3鎮を管轄する. 工業は金橋開発団地などに集中し, 石油化学工業, 電力, ケイ素材料の開発などがある. また, 不動産業や飲食業が盛んである. 区の南西部には内モンゴル大学などの大学が集中している. 国際空港である白塔空港は, フフホト市の中心部から東14 kmにある. 空港の近くには遼代に建てられた高さ55.5 m, 7層で八角形の白い仏塔である万部華厳経塔(通称:白塔)がそ

びえている. また, 面積1万8000 m²の公主府は清代の古建築群で, 清の第4代皇帝康熙帝の第6皇女である和碩恪靖公主の邸宅であった.　　　［バヨート・モンゴルフー］

サイパン島　Saipan Island

アメリカ合衆国

人口:4.8万 (2010)　面積:119 km²　気温:27℃
[15°10′N　145°42′E]

北太平洋西部, ミクロネシア, アメリカ合衆国領の島. 北マリアナ諸島コモンウェルス(未編入の自治領)の中心的な島で, 東京の南南東約2500 kmに位置する. 中心都市は南西部のススペである. 海洋性の熱帯気候下にあり, 年平均気温はほぼ27℃前後と常夏の島で, 雨季は7〜11月である. 脊梁山地が南北に連なり, その西側の海沿いには平地が開け, 沖合へと裾礁が広がっている. 住民は, 先住民のチャモロ族, カロリン諸島からの移住民であるカロリニアン, そしてフィリピンや中国などアジアからの移住者からなる. サイパン島はグアム島と並んでマリアナ諸島の主部をなしてきたが, 1670年の島民によるスペイン宣教師殺害事件を契機として起こったスペイン・チャモロ戦争で多くの島民が虐殺され, 98年には他島から移ってきた人たちと一緒にグアム島へ強制移住させられ, サイパンは一時無人状態に陥った. 再び人が住むようになったのは, それから117年経った1815年にカロリン諸島よりカロリニアンが移住してきてからのことであり, さらにチャモロ人の帰還も認められてようやく活気を取り戻したといわれる. そうした歴史的経緯から, 先住民はチャモロ人とカロリニアンから構成されていることになる.

1898年の米西戦争で敗れたことでスペインの統治は終わり, かわってドイツが短期間治めたが, 流刑地として利用したにすぎなかった. 1914年からは日本の統治に移って南洋庁サイパン支庁が置かれ, 20年には国際連盟の委任統治領となり, 積極的な開発政策が展開された. そのため多数の日本人が住むようになり, 農漁業とともに砂糖産業が興され, 社会資本整備も大幅に進んだ.

第2次世界大戦中は, サイパンに日本軍司令部が置かれたこともあって, アメリカ軍との激戦が行われ, 1944年に日本軍は玉砕した. この戦闘で双方に多くの死傷者が出たが, とくに日本側は数万人(3万人とも)の兵士だけでなく多数の民間人が戦死あるいは自殺した. とくに, 北端のプンタンサバネタ Puntan Sabaneta からの投身者が多かった

598 　サイハ　　　　　　　　　　　　　　　　　　　　　　　　　　　〈世界地名大事典：アジア・オセアニア・極Ⅰ〉

サイパン島（アメリカ合衆国），第2次世界大戦時の日本軍最後の司令部跡バナデロ（ラストコマンドポスト）
〔Shutterstock〕

ことから，ここはバンザイクリフ Banzai Cliff ともよばれており，いまは慰霊の碑が建っている．また，最後の激戦地となったマーピ Marpi 山付近には日本軍司令部跡，スーサイドクリフ Suicide Cliff，戦没者慰霊碑，おきなわの塔，韓国人慰霊平和塔などがある．なお，ススペの北のランディングビーチは第2次世界大戦中にアメリカ軍が上陸した地点として知られ，その北のサンホセ San Jose にはアメリカ軍上陸記念碑が建てられている．戦後は，アメリカ軍軍政期を経て，1947年から国際連合の信託統治領としてアメリカの統治下に入り，島の中央の丘陵地帯に政府機能が設けられた．このことから，この一帯はキャピトルヒル Capitol Hill とよばれ，ススペに中心機能が移ったいまも議事堂・政府本庁・知事官邸などの政府機能は残されている．

キャピトルヒルの西方，西海岸中部の町ガラパン Garapang は日本の統治時代には政治・経済の中心地で，かつては約1万人を超す日本人が生活していた．現在は大型のリゾートホテルをはじめレストラン，各種の商業施設，ギャラリーなどがあり，サイパンで最も賑わっている町である．町の南には日本統治時代に南洋興発株式会社を興し，この地に一大砂糖産業を育てた松江春次を記念して設けられた砂糖王公園があり，彼の銅像や当時の機関車，植物園などがある．町の北には広大なアメリカ合衆国記念公園があって，アメリカ軍の慰霊碑が設けられており，2004年にはサイパン島民犠牲者の慰霊碑も建てられた．その他にも北マリアナ博物館，海辺に沿ってはチャモリニアン文化村（地球人村）があり，北マリアナの歴史や文化に触れることができる．チャモリニアン（Chamolinian）とは先住民のチャモロ人とカロリニアンとをさす言葉で，かれらの伝統と文化に触れる工夫がなされている．

ガラパンからビーチロードに沿って南下すると北マリアナ諸島コモンウェルスの中心都市ススペにいたる．シビックセンターには行政府をはじめ裁判所，警察署などの政府機能が集まっていて，キャピトルヒルの政府機能と補完しあっている．大型のショッピングセンターや映画館も立地している．町の後背地には淡水湖のススペ湖がある．このススペからキャピトルヒルへ向かうクロスアイランド道路沿いにはサイパン熱帯植物園があり，熱帯植物の諸相をみることができる．さらに南に下がると，サイパン最大の町チャランカノア Chalan Kanoa がある．デパート，スーパーなどの商業施設，映画館，レストランなどが軒を連ね，町の北部，ススペとの間にはサイパン最大の教会であるマウントカーメル教会がある．さらに南部にいたるとサイパン国際空港があり，日本とは直行便およびグアム経由でつながっている．なお，空港の近くには旧日本軍の弾薬庫跡が残されている．

おもな産業は観光業で，1970年代以降，日本から多くの観光客が訪れるようになり，島の主産業として成長し，ガラパン地区を中心に多くのホテルが立地している．現在は，日本人観光客は減少傾向にあり，かわって中国や韓国からの観光客が増えている．その他にもアジア系資本とアメリカ本土資本によるセーターやジーンズなどの衣料品業が盛んであったが，近年になって経営環境が大きく変わったため，2009年に残っていた最後の1社が閉鎖されたのに伴ってこの産業が島から消滅してしまった．農業面ではサトウキビ，ココヤシ，コーヒー，タロイモ，ヤムイモ，パンノキ，キャッサバ，トマトなどが栽培されている．

〔橋本征治〕

サイプル海岸　Siple Coast
南極

キールトン海岸　Kirton Coast（旧称）

[82°00′S　155°00′W]

南極，西南極の海岸．ロス棚氷東側中央付近を区切り，南側はグールド海岸，北側には白瀬海岸がある．サイプル海岸北側のロス棚氷は大和雪原とよばれている．もともとキールトン海岸とよばれていたが，バード南極探検隊全行程に同行した，アメリカの有名な科学者で探検家のポール・サイプルにちなんで，1961年にニュージーランド南極地名委員会によって改名された．　　　　［前杢英明］

サイプル島　Siple Island
南極

面積：6390 km²　長さ：110 km

[73°51′S　125°50′W]

南極，西南極の島．マリーバードランドのバクティス海岸沖に浮かび，氷に覆われている．島と大陸の間にはゲッツ棚氷が分布している．非活動的な楯状火山であるサイプル山（標高3110 m）が島の中心をなし，島としては最高地点が世界で17番目に高い．島名はアメリカ南極地名委員会によって，バード探検隊のメンバーであったポール・サイプルにちなんで1967年に命名された．　［前杢英明］

サイフーン川　Sayhuon　☞　シルダリア川 Syr Darya

サーイマイ　Sai Mai
タイ

人口：21.3万（2010）　面積：45 km²

[13°54′N　100°42′E]

タイ中部，首都バンコクの特別区（ケート）．都内北部に位置し，北辺はパトゥムターニー県と接する．西はパホンヨーティン通り（国道1号）をはさんでドーンムアン国際空港の東側に面する．1941年まではパトゥムターニー県の一部であったが，同年にプラナコーン県（現在のバンコクの一部）に移管した．1972年にバンコク都が設置された当初はバーンケーン特別区に編入されたが，97年にサーイマイ特別区として分離した．おもに郊外住宅地として開発されている．

［遠藤　元］

サイヤブリー　Xayabouly
ラオス

人口：7.6万（2015）　[19°15′N　101°45′E]

ラオス北部，サイヤブリー県の郡で県都．ルアンパバーンから南西118 km，国道4号とメコン川の支流ナムホン Nam Hong 川が交差したところに市街地が広がる．かつてメコン川の左岸のルアンパバーン県と右岸の同郡の間は，橋がかけられていなかったため，フェリーで人と物資の運搬が行われていた．しかし，2013年にタイ政府の援助で橋がかけられ，交通の便が飛躍的に改善された．人口の大半をラオ人が占めるが，低地の農村部にはタイ系言語のタイルー人，そして山地にはモンクメール系言語のカム人の村も多い．主たる産業は農業で，トウモロコシを中心に，多くの商品作物がタイに輸出されている．　　　　　　　　　　　　　　［横山　智］

サイヤブリー県　Xayabouly Province
ラオス

Saiyabouli, Khoueng; Sayabouly, Khoueng; Xaignabouli, Khoueng（別表記）/サイニャブリー県（別表記）

人口：38.1万（2015）　面積：16389 km²

[19°15′N　101°43′E]

ラオス北西部の県．県都はサイヤブリー．メコン川の西岸に位置し，タイと陸続きで645 kmにわたり国境を接している．タイとラオスの国境線は，1907年にシャムとフランスの間で行われた会談によって確定したことになっていた．しかし，県南側と，タイ北部のピッサヌローク県およびルーイ県が国境を接する約70 km²の地区については双方が領有権を主張し，長期間未確定の状態であった．1987年にラオス軍がこの地区に進み，これを排除しようとするタイ軍との間に武力衝突が起こった．翌1988年に，両国軍首脳会議により停戦するが，その後も国境線は確定していない．

おもな産業は農業で，天水田および焼畑での稲作とトウモロコシ栽培が盛んである．トウモロコシは飼料用として，ほとんどがタイに輸出されている．そのほかに，綿花，ゴマなどの生産量も多い．県は国内でも有数のアジアゾウの生息数を誇っており，2007年2月に初めてのゾウ祭りがホンサー郡で開催された．それ以降，毎年2月に，県内の異なる郡で開催され，国内外から多くの観光客が訪れている．国内でも交通網の整備が遅れている県の1つで，ルアンパバーンからサイヤブリーを通って，東北タイのルーイ県に続く南北の道路を除き，道路の整備が遅れている．

［横山　智］

ザイリースキアラタウ山脈 Zailiyskiy Alatau
カザフスタン/クルグズ

トランスイリアラタウ山脈　Trans-Ili Alatau, Mountains（別称）

標高：4973 m　長さ：350 km

[43°03′N　77°15′E]

東部はカザフスタン，西部はカザフスタンとクルグズ（キルギス）にある山脈．ティエンシャン（天山）山脈北部に位置し，最高峰はタルガル（標高4973 m）である．北麓にカザフスタンのアルマトゥがある．南側にはキュンギョイアラトゥ山脈があり，中央部で接している．東西に連なり，主として花崗岩，石英岩，石灰岩，頁岩からなる．北斜面からイリ川の支流が流出する．北麓はステップで，低地はリンゴ，ヤマナラシ，高地はティエンシャントウヒ（天山雲杉）の林となる．山名はロシア語とチュルク語でイリ川後方の雪山を意味する．　　　　　　　　　　　　　　［木村英亮］

サイーワル　Sahiwal
パキスタン

モンゴメリー　Montgomery（旧称）

人口：20.9万（1998）　[30°57′N　73°06′E]

パキスタン東部，パンジャブ州東部サイーワル県の都市で県都．州都ラホールの南西約150 km，ロワーバーリードアーブ用水路沿いにあり，道路と鉄道によってラホールと結ばれる．1865年に創設された計画都市で，はじめインド総督代理ロバート・モンゴメリーにちなんでモンゴメリーと名づけられたが，1966年に現在の名に改められた．穀物と綿花，果物の取引の中心地であり，工業では綿工業が盛ん．インダス文明の都市遺跡で有名なハラッパー遺跡は町の郊外，都心から南西約24 kmのハラッパー村にある．

［出田和久］

サイーワル県　Sahiwal District
パキスタン

人口：184.3万（1998）　面積：3201 km²
降水量：180 mm/年　[30°57′N　73°06′E]

パキスタン東部，パンジャブ州東部の県．県都はサイーワル．旧ムルターン管区に属し，サイーワルとチチャワトゥニの2郡からなる．ラーヴィ川とサトレジ川の間にあり，ロワーバーリードアーブ用水路およびパークパタン用水路などによって灌漑される．夏は暑く，最高気温は40℃を超え，冬は比

較的寒く，最低気温は2℃くらいまで下がる．年平均降水量は少ないが，土壌は非常に肥沃で，小麦，綿花，サトウキビ，トウモロコシ，米が主要作物で，とくに綿花と穀物栽培が重要．柑橘類やマンゴー，グアバなどの果物の栽培も盛んである．また，水牛の乳も有名である．当地方産の水牛（サイーワル種）はダニなどの寄生虫や暑さに強く，その上，乳の生産量が多いため，アフリカやカリブ海地域だけでなくアジア地域でも導入が進み，さらにオーストラリアの熱帯地域でも飼育されている．工業には綿紡績，綿織物のほか製粉，食品，皮革などの製造がある．

〔出田和久〕

ザイン川　Gianh, Song　　ベトナム

ザン川（別表記）

面積：4680 km²　長さ：155 km

[17°42′N　106°29′E]

ベトナム北中部，クアンビン省の川．ミンホア県とラオスとの国境をなすザンマン山脈を水源とし，トゥエンホア県，クアンチャック県を北西から南東方向に流れ，ボーチャック県境付近でトンキン湾（北部湾）に注ぐ．

〔筒井一伸〕

サインシャンド　Sainshand　　モンゴル

人口：2.3万（2015）　面積：2343 km²

標高：938 m　気温：3.4℃　降水量：116 mm/年

[44°54′N　110°08′E]

モンゴル南東部，ドルノゴビ県の都市で県都．ドルノド大草原とゴビ砂漠の境界地帯に位置し，7月の平均気温は24℃，1月は−18.4℃であるが，夏の最高気温は42℃，冬の最低気温は−41.4℃に達する．年間降水量は少ない．首都ウランバートルの南東463 kmに位置する．サインシャンドには，ペキン（北京）〜ウランバートル〜イルクーツク間を結ぶシベリア鉄道（支線）の駅もあり，舗装幹線道路ミレニアム道路も通る交通の要衝である．鉄道はサインシャンドからズーンバヤン油田へ向かう支線がある．北サインシャンド区，南サインシャンド区，ズーンバヤン区の3区より構成される．人口は微増傾向にある．

かつて詩人としても名を馳せた19世紀の活仏ダンザンラヴジャー（ノヨン・ホトクト5世）の暮らしたハマル寺院があることで知られている．寺院は社会主義政権による宗教弾圧によって1930年代に破壊されたが，90年に復元された．近年，モンゴルでは，広がる貧富の差と首都の環境汚染といった社会不安を背景にオカルトブームにわいており，町はいわゆるパワースポットとして注目されている．すなわち，ダンザンラヴジャーが瞑想をしていたといわれる108の洞窟が世界のエネルギーの中心であり，そこへ行くとエネルギーを受け取ることができるとか，ここがチベット仏教の伝説上の理想郷シャンバラの入口であるといった珍説が広まり，多くの巡礼者や観光客がにわかに首都からサインシャンドを訪れている．現在，世界のエネルギーの中心では，人びとが天に向かって手をかざす不思議な光景をみることができるが，こうした儀礼的行為が新しくつくられた伝統であることはいうまでもない．

〔島村一平〕

サウ海　Sawu, Laut　　インドネシア

サヴ海　Savu, Laut（別称）／サブ海　Sabu, Laut（別称）

長さ：600 km　幅：200 km　深さ：3500 m

[9°29′S　122°01′E]

インドネシア中部，小スンダ列島，東ヌサトゥンガラ州の海．インド洋東部の縁海．北側のフロレス島とアロール諸島を底辺とし，西側のスンバ島とサウ島，東側のティモール島とロティ島を斜辺とする東西約600 km，南北約200 kmの逆三角形の形をしている．北側ではオンバイ海峡などを経てフロレス海とバンダ海に，西側ではスンバ海峡を経てインド洋に，東側ではロティ海峡を経てティモール海に通じる．水深は最深部で約3500 m．1月頃からの北西モンスーンと7月頃からの南東モンスーンが影響する．ティモール島のクパン，フロレス島のエンデ，スンバ島のワインガプが主要な都市で，定期航路の拠点となっている．

〔青山亨〕

サウ島　Sawu, Pulau　　インドネシア

サヴ島　Savu Island（英語）／サブ島　Sabu, Pulau（別称）／ハウ島　Hawu, Pulau（別称）

人口：9.2万（2009）　面積：414 km²

[10°39′S　121°35′E]

インドネシア中部，小スンダ列島，サウ諸島，東ヌサトゥンガラ州サウライジュア県の島．現地語ではハウとよばれる．ライジュア海峡をはさんで西に連なるライジュア島とあわせてサウ諸島をなし，サウライジュア県を構成する．東のロティ島と北西のスンバ島の間にあり，北側はサウ海，南側はインド洋に面する．中心は県都セバ．住民の大部分はプロテスタントのサウ族で，現在もジンギ・ティウとよばれる伝統的信仰と慣習的儀礼を保持している．気候は乾燥しており，農業の主作物はトウモロコシである．女性が織る伝統的な絣織物（イカット）が有名である．ティモール島の州都クパンと定期空路で，クパンおよびスンバ島のワインガプと定期航路で結ばれている．18世紀中頃にオランダ人との接触が始まった．1770年にジェームズ・クックが来訪した．オランダ統治下においても伝統的首長たちが権威をもち，20世紀初めにはセバの王が島全体に勢力を及ぼした．

〔青山亨〕

サインシャンド（モンゴル），高僧ダンザンラヴジャーが暮らしたハマル寺院（2011再建）〔島村一平提供〕

サヴァイイ島　Savai'i Island

サモア

人口：4.3万（2001）　面積：1700 km²

[13°35′S　172°25′W]

　南太平洋中部，ポリネシア，サモア西部の島．サモア諸島の中では最も西方に位置する火山島で，面積は同諸島，同国で最大である．島の中央部を走っているトゥアシヴィ山脈には噴火口が並んでおり，その最高峰はサモア独立国で最も高いシリシリ山（標高1858m）である．島の北岸には活発な火山活動の名残として溶岩原が広がっている．その他の海岸線では300 mも入ると大部分が熱帯原生林で覆われ，4ヵ所に環境保護区が設けられている．島の大部分は無人であり，開発があまり進んでいないため，人口は首都を擁するウポル島の1/3にも満たない．ウポル島と同様に，ほとんどの居住地は海岸近くの平野に広がっているが，北岸と東岸を除いて堡礁はあまり発達しておらず，海岸線は険しい．島の中心地のサレロロガは南東部にある．

　島名の起源は明らかではないが，島は多くの伝承・伝説で彩られている．ポリネシアの島々には彼らの祖先が船出してきた故郷の地に関する伝説が等しくみられるが，サモア諸島ではサヴァイイ島がその故郷の地であると信じられている．サヴァイイ島はまたサモア諸島の近代史において重要な位置を占めている．島の東岸にあるサパパリイ Sapapali'i 村には，サモア諸島と西洋諸国との本格的な接触の幕開けとなったロンドン伝道協会の来訪を記念する碑が建立されている．20世紀初めには，反植民地運動がサヴァイイ島の首長らを中心に起こった経緯もある．同島はサモア文化を最もよく維持している地域とみなされており，実際に，各村では依然として親族組織にもとづいた首長制度が強く保持されており，その慣習に沿った生活が営まれている．

　主たる産業は農業であるが，島民の多くは漁業と根栽農耕にもとづいた自給自足的な生活を送っている．島への交通はウポル島からのプロペラ機かフェリーに限られている．島内の交通はウポル島からのフェリーの発着地であるサレロロガを中心にバスで結ばれている．サレロロガは島で唯一の町であり，島の主たる玄関口として，近年，経済開発が盛んに行われている．島の北西部に位置するアサウ Asau は空港や船舶の停泊地としての港が整備され，島西部の中心地として栄えていたが，1990年代初頭に来襲した2つのサイクロンにより壊滅的な打撃を受けたため，現在では衰退している．　　　　　　［倉光ミナ子］

サヴァントヴァディ　Savantvadi

インド

Sawantvadi（別表記）

人口：2.4万（2011）　　[15°55′N　73°52′E]

　インド西部，マハーラーシュトラ州シンドゥドゥルグ県の都市で県都．州都ムンバイ（ボンベイ）の南東約360 kmに位置し，西はアラビア海，東は西ガーツ山脈に囲まれている．かつてはサヴァントヴァディ王国の首都であった．木工産業で知られ，とくにその伝統的かつ芸術的な漆器は有名であり，州の主要な観光地になりつつある．Sawantvadiとも表記される．　　　　　　　［前田俊二］

サヴェジリヴァー　Savage River

オーストラリア

人口：250（2011）　面積：180 km²

[41°30′S　145°13′E]

　オーストラリア南東部，タスマニア州北西部の村．自然保護区と国立公園に囲まれている鉱山地帯にあり，バーニーの南西約110 kmに位置する．サヴェジ川鉱山が近郊にあり，グランジリソース社が磁鉄鉱の露天掘り鉱山を運営している．年間でペレット236万t，鉄鉱石チップ10万tなどを生産している．入植時代より鉱業が盛んで，20世紀半ばは人口1500ほどであった．現在は住居を構える者は少なく，近郊の町より通勤したり企業施設に滞在したりしている．　［武井優子］

サヴォ島　Savo Island

ソロモン

人口：0.3万（2009）　面積：30 km²

[9°08′S　159°48′E]

　南太平洋西部，メラネシア，ソロモン諸島中部，セントラル州の島．1840年に噴火した火山島で，現在も活動を続けている．パプア系（非オーストロネシア系）の言語であるサヴォサヴォ語を話すことから，国内で一般的なオーストロネシア語系よりも早い段階に人の居住が開始された島と考えられている．ソロモン諸島内で初めてヨーロッパ系の交易人が定住したところであり，比較的外部との接触が頻繁に行われていたため伝染病が蔓延し，20世紀初頭には人口が大幅に減少した．
［関根久雄］

ザヴォドフスキー島　Zavodovski Island

イギリス

人口：0（2009）　面積：25 km²

[56°18′S　27°34′W]

　南大西洋最南部，イギリス領サウスジョージア・サウスサンドウィッチ諸島の島．南極海に近く，南北に延びるサウスサンドウィッチ諸島の北端に位置する．島の最高地点の標高は551 mである．無人の火山島であるが，自動計測の気象観測用機器が設置されている．ロシアの南極探検家ファビアン・ゴットリープ・ベリングスハウゼンによって1819年に発見され，部下の名にちなんでザヴォドフスキー島と命名された．世界でも最大級のペンギン繁殖地として知られる．　［手塚　章］

サウスアイランド　South Island　☞ みなみじま　South Island

サウスヴィクトリアランド　South Victoria Land　☞ ヴィクトリアランド　Victoria Land

サウスウェスト国立公園　Southwest National Park

オーストラリア

面積：6417 km²　　　[43°10′S　146°13′E]

　オーストラリア南東部，タスマニア州南西部の国立公園．州都ホバートの西約150 kmに位置する．国内最大級の淡水ダム湖であるペダー湖を北端とし，タスマニア島の南岸まで6000 km²以上の面積を誇る，州最大の国立公園である．ユネスコの世界遺産（複合遺産）に登録されている「タスマニア原生地域」に含まれる．公園南東部の入口として知られるコックルクリークは，ホバートの南西約120 kmに位置する．コックルクリークの車道はオーストラリア最南端の地を走る道として知られている．広大な冷温帯雨林，無数の川，アーサー山脈などの険しい山々などに特徴づけられ，タスマニア最果ての地の様相を呈する．流入する川に含まれるタンニンにより赤茶色に染まったバサースト湾や，ポートデイビーも含まれる．当公園へは，コックルクリークから始まるサウスコーストトラックのほか，いくつかのトレッキングコース，もしくはバサースト湾南の地，メラルーカまで飛行機または船を利用することで入園可能である．ゴードンリヴァーロード沿道から眺望

602　サウス

〈世界地名大事典：アジア・オセアニア・極Ⅰ〉

可能な，当公園の息を呑むほどの景色は一見の価値があるといえる．　　　　［安井康二］

サウスウェスト岬　Southwest Cape

ニュージーランド

プヒワエロ　Puhiwaero（マオリ語）

[47°15′S　167°30′E]

　ニュージーランド南島南沖，サウスランド地方の岬．スチュアート島の南西端に突き出ている．スチュアート島の85%が2002年にラキウラ国立公園に指定され，自然が手厚く保護されているが，サウスウェスト岬も国立公園に含まれている．島の北東部にある最大の集落ハーフムーンベイ（オーバン）からは直線距離で60km以上ある．岬までの道はなく，島の周囲を回って船で行くしかない．1770年にイギリスのジェームズ・クックが，島の東岸からサウスウェスト岬を回って西岸まで航海しているが，その際にはスチュアート島が島だとは判断できず，半島だと思われていた．その航海で，クックはサウスウェスト岬の東にある岬をサウス岬と名づけていたようである．そのサウス岬の西にあるのでサウスウェスト岬となったのであろうと考えられている．マオリ語名はプヒワエロである．　　　　　　　　　　　　　［井田仁康］

サウスウェストロックス　South West Rocks

オーストラリア

人口：0.4万（2011）　面積：9.4km²
降水量：1481mm/年　　　[30°53′S　153°01′E]

　オーストラリア南東部，ニューサウスウェールズ州北東部，ケンプシー行政区の町．州都シドニーの北東約350kmにあり，マクリー川河口部に位置するリゾート地である．トライアル湾に面するため夏季の平均最高気温は26.9℃，冬季の平均最低気温は18.7℃と温暖で湿潤である．マクリー川の河口部に位置することから，1961年に石油ターミナルが設置された．また，2002年にショッピングセンターがオープンし，隣接するオーシャンサイドとして知られる住宅分譲地が建設され，これらが町の発展につながった．数々のビーチや現在は博物館になっているトライアルベイ刑務所，スモーキーケープ灯台などの観光名所もあり，休日には観光客で賑わう．　　　　　　　　　　　　　　［比企祐介］

サウスオークニー諸島　South Orkney Islands

南極

パウエル諸島　Powell's Group（旧称）
面積：620km²　　　　　　[60°35′S　45°30′W]

　南極，西南極の諸島．南極半島北端部から直線で東800kmほどの南大西洋に浮かぶ．コロネーション島，ローリー島，パウエル島，シグニー島，サドル諸島などからなる．コロネーション島は最も大きい島で，最高地点は標高1265mのニヴェア Nivea 山である．諸島は気温が低く，湿度が高く，風が強いのが特徴である．夏季の平均気温は2℃で，冬季の平均気温は−10℃程度まで下がる．このため植生はツンドラ植生で，蘇苔類，地衣類，藻類のみが分布する．過去の夏季の最高気温は12℃，冬季の最低気温は−44℃が記録されている．諸島は1821年にアメリカ人のナサニエル・ブラウン・パーマーと，イギリス人のジョージ・パウエルによって発見された．パウエルは，この年の前年がジョージ4世の戴冠式の年だったので，最も大きな島をコロネーション（戴冠式）島と名づけ，群島全体をパウエル諸島とよんだ．1823年，イギリスのジェームズ・ウェッデルが訪れ，現在の名前に改名した．
　諸島には，アザラシ狩猟船や捕鯨船がしばしば訪れたが，最初の詳細な科学調査は1903年のスコットランドのウィリアム・スピアーズ・ブルース探検隊が行った．彼がローリー島に建設した気象観測基地は，1904年にアルゼンチンの気象科学者に譲り渡された．1951年に基地はオルカダスと改名され現在も使われている．1908年，フォークランド（マルビナス）諸島属領の一部となった．1947年，シグニー島にイギリス政府の機関であるイギリス南極観測局が，海洋観測所を開設した．イギリスとアルゼンチンが領有権を主張しているが，南緯60度以南なので南極条約で領有権の主張は凍結されている．これらの基地以外は無人である．　［前杢英明］

サウスオーストラリア州　South Australia

オーストラリア

人口：159.7万（2011）　面積：984179km²
　　　　　　　　　　　　[34°55′S　138°36′E]

　オーストラリア南部の州．州都はアデレード．面積は日本の総面積の約2.6倍もある．オーストラリアではウェスタンオーストラリア州，クイーンズランド州，ノーザンテリトリーに次いで，4番目の大きさである．オーストラリア全面積に占める率は12.8%．州

境は直線状の数理的な境界をなし，その北側は南緯26度，西側は東経129度，東側は東経141度，そして南側は南極海によってそれぞれ囲まれている．州の西側にはウェスタンオーストラリア州，北側にはノーザンテリトリー，北東側にはクイーンズランド州，そして東側にはニューサウスウェールズ州，南東側にはヴィクトリア州がそれぞれ位置し，大陸の全州と接する．州南部に延びる海岸線の総延長は，西のグレートオーストラリア湾からエア半島，ヨーク半島，フリュリュー Fleurieu 半島を経て，南東部のヴィクトリア州境まで5070kmに及ぶ．また，ヨーク，フリュリュー両半島のすぐ南側には，いまなお自然が豊富なカンガルー島が東西に長く広がる．
　州都は植民地の開発拠点ともなったアデレード．オーストラリア最後の植民地として，1836年に成立した．サウスオーストラリア植民地への入植はすべて自主的な移民によってなされたため，ここにはついに囚人労働者は1人も入植しなかった．
　成立当初の植民地の領域は，西の境界が東経132度までで，当時のニューサウスウェールズ植民地に囲まれた形となっていた．西側の境界線が，東経129度までに拡大されたのは1861年のことである．また翌々年の1863年には，当時ニューサウスウェールズ植民地の「飛び地」となっていた現在のノーザンテリトリーの領域も，州に編入されることになった．そしてこの状況は，オーストラリア連邦成立時の1901年まで続くことになる．
　自然的な特色からみると，州は地形的に4つの区域に分けて説明されることが多い．すなわち，西部地区，エア湖周辺地区，マレー盆地周辺地区，山地・海岸平野・半島からなる中部区域である．まず西部地区は，標高が150〜300mの低平な平原からなるナラボー平原と，その北側に広がるグレートヴィクトリア砂漠の地域である．この区域は，海岸部のナラボー平原から600kmの内陸にいたるまで乾燥の激しい地域が広がり，その北端にはノーザンテリトリーとの境界部に沿ってマスグレーヴ山脈が東西に延びている．
　つぎにエア湖周辺区域は，州の北東部に位置し，海面下のエア湖の北湖にはクイーンズランド州から南西に流れ下るダイアマンティーナ川を上流とするウォーバートン川やクーパー川などの大河川が注ぐ．この地区も年間を通じてきわめて乾燥が激しく，いたるところに涸れ川や塩湖，プラヤなどの地形がみられる．またエア湖の北側には，ノーザンテリ

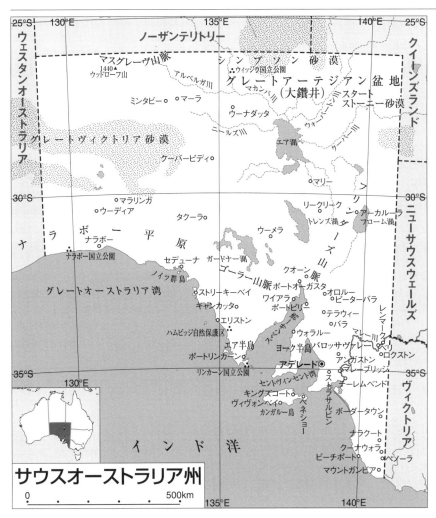

エネルギー資源としては天然ガスの生産量が増加している．また，クーバーピディーなどで採掘されるオパールは生産量も多く，世界的に有名である．

人口は，アデレードの都市圏に集中しているが，ほかに鉄鋼などの工業都市として知られるワイアラ，金属の精錬などを行うポートピリー，エア半島北東部の玄関口ポートオーガスタ，同半島南端に位置し，マグロ漁で日本との関係を深めているポートリンカーンなどの都市や町がある． [片平博文]

サウスコースト South Coast ☞ ゴールドコースト Gold Coast

サウスコタバト州 ☞ 南コタバト州 South Cotabato, Province of

サウスサンドウィッチ海溝　South Sandwich Trench

南太平洋南西部

長さ：965 km　幅：90 km　深さ：8325 m
[57°30′S　24°00′W]

南大西洋南西部，南アメリカ大陸南東沖の海溝．イギリス領サウスサンドウィッチ諸島のおよそ東約100 kmに位置し，南北に弧状を描く．南アメリカプレートがスコシアプレートに沈み込むことにより形成されている． [前杢英明]

サウスサンドウィッチ諸島　South Sandwich Islands

イギリス

人口：0（2009）　面積：310 km²
[58°25′S　26°23′W]

南大西洋最南部，イギリス領サウスジョージア・サウスサンドウィッチ諸島内の諸島．南極海近くに位置し，南緯56～60度にかけて，11の島々が南北に連なっている．多くは火山島である．いずれの島にも住民は存在せず，最南端のサザンテューレ諸島と最北端のザヴォドフスキー島に自動計測の気象観測機器が設置されているだけである．行政的には，北西約600 kmに位置するサウスジョージア島とともに，イギリス領サウスジョージア・サウスサンドウィッチ諸島を形成している．他方で，アルゼンチンも1938年以降，サウスサンドウィッチ諸島の領有権を主張し続けている． [手塚　章]

トリーやクイーンズランド州にもまたがるシンプソン砂漠が位置している．

さらにマレー盆地とその周辺部は，マレー川の流域から州南東部の海岸までを占める地域で，ここでは穀物栽培や牧羊，牧牛などの農業が盛んに行われている．また南東部の沿岸地域には，海岸線に沿って砂丘列がみられる．

最後の中部地区は，先カンブリア時代末期の岩盤からなるフリンダーズ山脈とその南側に連なるマウントロフティ山脈の両山脈，およびエア半島，ヨーク半島などを含む地域であり，ここもその南部を中心に，穀物栽培や牧羊をはじめとする農業が活発に行われているところである．フリンダーズ，マウントロフティの両山脈は，フローム湖北西の内陸からフリュリュー半島にいたる南北1400 kmに及ぶ．

気候的にみてサウスオーストラリア州は，最も乾燥した州といわれている．州の中では降水量の多いアデレードにおける年平均降水量でさえ554 mm（2000）で，ほかのどの州都よりも少ない．また年平均降水量が200 mmに満たない地域は，州全体の74.2%にも及んでいる．反対に，500 mmを超える地域は全体のわずか2.3%にすぎない．エア半島やヨーク半島，南東部の地域では，おもに冬季に雨が多く，夏季に乾燥する地中海的な気候で比較的しのぎやすい．しかしその他の地域ではきわめて乾燥が激しい．

現在のおもな産業は，農業と鉱山業である．州南部の海岸部とそこからからやや内陸に入った部分は，オーストラリアの穀倉地帯の一部を形成している．穀物栽培が非常に盛んで，植民地時代以来の小麦栽培と並んで，近年では大麦の生産量が急速に増えている．州内はブドウ畑の面積が多いことで知られており，国内全体の約44%が同州に集中している．バロッサヴァレーなど，ドイツから移り住んだ人々が中心となって，良質なワイン生産が行われている．一方，鉱産資源のおもなものは銅鉱，鉄鉱石，ウラニウムなどで，

サウスシェトランド諸島　South Shetland Islands

南極

ニューサウスブリテン諸島　New South Britain Islands（旧称）

面積：3687 km²　　　　　[62°00′S　58°00′W]

　南極，西南極の諸島．南極半島北端の北120 km沖合に浮かぶ島嶼群．陸地の80〜90％は氷河に覆われている．最高地点はスミス島のフォスター山で標高2105 mである．

　この諸島は，イギリス人の探検家で商人のウィリアム・スミスが1819年2月19日にリヴィングストン島を発見し，南緯60度以南に陸地があることを初めて世界に知らしめた．同年の10月16日にふたたび訪れ，諸島最大の島キングジョージ島に上陸し，イギリス領であると宣言した．同じ頃，スペイン海軍の軍艦サンテルモがドレーク海峡を越えようとして沈没し，残骸が数カ月後にリヴィングストン島北岸に漂着している．1819年12月から1820年1月にかけて，イギリス海軍の軍艦で訪れたエドワード・ブランスフィールドが，島々に上陸して測量し，地図を作成している．諸島はほかにアルゼンチンとチリが領有権を主張しているが，1959年以降，南極条約によっていかなる領有権も凍結されており，加盟国は軍事目的外ならば自由に観測することができる．アプローチのしやすさから，16の国が観測基地を置いており，チリのエデュアルドフライ基地の空港が使えるため，キングジョージ島に最も観測基地が集中している．

　もともとイギリス人によってニューサウスブリテン諸島と一時期よばれたこともあったが，現在ではサウスシェトランド諸島が国際的にも定着している．シェトランド諸島とはスコットランドの北側にある群島であるが，それぞれが南極点と北極点からの位置関係がほぼ同じであることから，サウスシェトランド諸島と名づけられた．しかし気候はサウスシェトランド諸島のほうがずっと寒冷である．アザラシ漁や捕鯨が19世紀から20世紀初頭まで続けられてきたが，1908年から44年の観測基地建設までの間は，イギリスのフォークランド（マルビナス）諸島属領として扱われてきた．南極半島にも近く，さまざまな生物がみられるため，南半球の夏には訪れる観客が年々増加している．　[前杢英明]

サウスジョージア島　South Georgia Island

イギリス

人口：0 (2009)　面積：3756 km²　長さ：170 km
[54°17′S　36°30′W]

　南大西洋最南部，南極に近いイギリス領の島．フォークランド諸島の南東約1400 kmの海上に位置する．島は北西から南東に約170 kmの長さをもつが，幅は40 km以下である．行政的には，南東約600 kmに位置するサウスサンドウィッチ諸島とともに，イギリス領サウスジョージア・サウスサンドウィッチ諸島を形成する．島には多数のアシカとゾウアザラシが生息していた．1960年代に捕鯨が終了するまで，ここは捕鯨の基地であった．島は大西洋からの寒流が流れるので，緯度に比較して冷涼な気候である．島の75％が夏季でも氷河と雪に覆われる．最高峰は標高2934 mのパゲット Paget 山であり，急峻な地形が美しい．

　1775年にジェームズ・クックが最初に島に上陸した．彼はジョージ3世にちなみこの島をジョージア島と命名した．1908年にイギリスが領有した．現在，島に居住者はおらず，夏季にイギリス政府の職員と科学者が滞在し，多くの観光客が訪れる．1985年にサウスジョージア島とサウスサンドウィッチ諸島は，フォークランド諸島から独立して，イギリス海外領土の地方自治体になった．1982年のフォークランド戦争の当初，アルゼンチンはサウスジョージア島を一時占領したことがあった．現在もアルゼンチンはサウスジョージア島とサウスサンドウィッチ諸島の領有権を主張している．　[根田克彦]

サウスダムダム　South Dum Dum

インド

人口：40.3万 (2011)　面積：18 km²
[22°37′N　88°25′E]

　インド東部，ウェストベンガル州，北24パルガナス県北部の都市．北24パルガナス県はコルカタ（カルカッタ）大都市圏の東側に南北に長く接する．州都コルカタの北に接して発達する衛星都市である．コルカタ中心部のエスプラネードやパークストリートなどへは，道路と地下鉄（コルカタメトロ，1995完成）で結ばれ，交通の便がすこぶるよい．最寄り駅は，ベルガチア Belgachia 駅である．1960年代半ばから，州都の増え続ける人口の受け皿として計画的に開発が進んだ住宅団地群が中心となって発展した．住宅団地開発の中心を担った地区はレイクタウン Lake

Town とよばれ，1960年代半ばには，富裕層のあこがれの住宅団地となった．地名は，北に隣接するダムダムの南に位置する都市という意味でつけられた．なお，ダムダムは，コルカタ国際空港のある町として知られる．

[中山修一]

サウスブリッジ　Southbridge

ニュージーランド

人口：0.1万 (2013)　　　[43°49′S　172°15′E]

　ニュージーランド南島，カンタベリー地方の村．クライストチャーチの南西約55 km，ラカイア川河口近くに位置する．地名は，この地を開拓したチャールズ・ジョセフ・ブリッジが，自分の名前から名づけた．牧羊のほかに，ラカイア川からの灌漑によって穀物の栽培もなされる混合農業地帯となっている．

[井田仁康]

サウスブルック　Southbrook

ニュージーランド

人口：0.1万 (2013)　　　[43°20′S　172°38′E]

　ニュージーランド南島，カンタベリー地方の村．ランギオラと北で隣接する．地名は，ランギオラの南を流れていた小麦製粉工場からの小河川サウスブルックに由来する．なお，小河川はノースブルックとサウスブルックの2本があったが，サウスブルックの流域は排水が進み湿地帯が解消され，村となった．　[井田仁康]

サウスポート　Southport

オーストラリア

人口：2.8万 (2011)　面積：14 km²
[27°58′S　153°25′E]

　オーストラリア北東部，クイーンズランド州南東部，ゴールドコースト市北部の地区．ネラング川をはさんで対岸がサーファーズパラダイスである．地名は，イングランド，ランカシャーの町にちなんでつけられた．この地域の最も古い中心地の1つで，今日でも裁判所などが置かれている．また，ゴールドコーストで最も大きなショッピングセンターである，オーストラリアフェアショッピングセンターが立地している．

[秋本弘章]

サウスポート　Southport

オーストラリア

人口：372（2011）　面積：325 km²
[43°26′S　146°58′E]

オーストラリア南東部，タスマニア州南部の町．州都ホバートの南西約100 km，ヒューオンハイウェイの最南端に位置する．1837〜48年に植民地政府の南部出張所や保護観察所が設立され，50年代に入ってから本格的な入植が開始された．ポートアーサー設立以前に収容されていた囚人の労働力によって町が建設され，製材業をおもな産業として発展し，当時はホバートより南の中心都市であった．現在は海辺の静かな別荘地といった趣の町である．　　　　　　　　[安井康二]

サウスランド地方　Southland Region

ニュージーランド

ムリヒク　Murihiku（マオリ語）

人口：9.3万（2013）　[46°25′S　168°21′E]

ニュージーランド南島南部の地方．行政中心地はインヴァーカーギル．地名は，ニュージーランドの本島である北島および南島の中で，最も南の地域であることによる．マオリ名はムリヒクであり，尾の最先端部を意味する．マオリの地名は，南島の最南部に住んでいた先住民によって命名された．マオリ語名は現在は使われていないが，一時広く使用されていた．1857年に，30人のヨーロッパ人と5人のマオリとの会合で，オタゴ地方から分離してムリヒクという新しい地方政権をつくりたいという嘆願書が作成され，読み上げられた．結局，地方政権は認められたがムリヒクという地方名は採用されず，1861年にオタゴ地方から分離したときに現名称が用いられるようになった．

サウスランドには自然が多く残り，国内最大の国立公園であるフィヨルドランド国立公園（1万2523 km²）は，1990年にユネスコの世界遺産（自然遺産）に登録された「テ・ワヒポウナム―南西ニュージーランド」の中核的な場所ともなっている．南西部はフィヨルドになっている．ニュージーランドではフィヨルドの入江をサウンドといい，ミルフォードサウンドやダウトフルサウンドなどは風光明媚なフィヨルドとして多くの観光客を集めている．ミルフォードサウンドには海面から直接そそり立つ標高1694 mのマイター山がそびえ，海面上に現れる谷は氷河の侵食を受けたU字谷となっている．また，この地方は降水量の多い西海岸の中でもとくに降水量が多く，年平均降水量は6000 mmを超える．そのため，森林が成育し，周囲の山からサウンドに流れ込む多くの滝をみることができる．このような気候と植生は，ニュージーランド特有の動植物をも存続させた．ニュージーランド固有の鳥であるタカヘは，1898年にみつかったきり発見されず，絶滅したと考えられたが，50年後の1948年に再発見され，現在ではフィヨルドランドにのみ生息している．さらに，この自然を満喫するために，世界一美しい散歩道といわれるミルフォードトラック，ケプラートラックなど多くの散策路が整備されている．

山々に囲まれた湖の1つにマナポウリ湖があるが，湖は水力発電の拠点として国内の工業化に大きな貢献を果たしてきた．サウスランドの南部から東部にかけては，インヴァーカーギルなどの都市があり，羊の牧場が多いのどかな景色が続く．海岸沿いの通りは景色のよい道として知られており，野生の鳥などもみられる．テアナウ湖（352 km²）は，北島のタウポ湖（616 km²）に次いで国内第2位の広さをもつ湖である．しかし，氷河が山を削ったあとにできた湖なので，谷に沿って形成されており，長さは53 kmあるが，幅は狭く，最も広いところでも10 km程度である．また，海では小型のイルカ，ヘクターズドルフィン（セッパリイルカ），イエローアイドペンギン，オットセイなどもみられる．ブラフにはスチュアート島とを結ぶ船が発着する．ブラフはカキの産地として有名であるが，国内有数の大工場であるアルミニウム精錬工場にも近い．　　　　　　　　　　　[井田仁康]

ザヴハン県　Zavkhan Aimag

モンゴル

人口：6.5万（2015）　面積：82456 km²
[47°44′N　96°50′E]

モンゴル西部の県．県都はウリヤスタイ．南はバヤンホンゴル県とゴヴィアルタイ県に接し，西はホヴド県およびオヴス県，北はロシア連邦トゥバ（トイヴァ）共和国と国境を180 kmにわたって接している．北西はフヴスグル県と接している．ゴビアルタイ県との県境には，同県の名前の由来となっているザヴハン川が流れている．同県は24の郡から構成される．ハンガイ山脈の西端が同県の東部から北部にかけての地域であり，県東に位置するオトゴンテンゲル山（標高4021 m）は，ハンガイ山脈の最高峰である．ザヴハン県は，標高が高くモンゴルで寒冷な県であることで知られ，とりわけ県東部のトソンツェンゲル郡は，モンゴルで亜寒帯に属し，1月の最低気温が−50℃以下に達する，モンゴルで最も寒冷な郡として知られる．

清朝時代，ザサグトハン部の中部に属したが，多くの活仏領があったことで知られる県である．モンゴル最大の活仏ジェブツンダンパの3大弟子の1人であるジャルハンズ活仏やハルハ・モンゴル13活仏の1人であったナロワンチン活仏などは，現在のザヴハン県内に寺院と領土をもっていた．その他，20世紀前半の宗教弾圧を避けてアメリカに亡命したディロワ活仏は，モンゴルの国連加盟のためにロビー活動を展開したことで知られる．活仏が多く仏教信仰が盛んだった同県では，社会主義時代でもひそかに仏教が信仰されていた．したがって2016年9月現在，モンゴル国内でキリスト教の教会がない唯一の県である．　　　　　　　　[島村一平]

サウビ島　Saubi, Pulau

インドネシア

[6°59′S　115°27′E]

インドネシア西部，カンゲアン諸島，東ジャワ州スムヌップ県東部の島．カンゲアン島の南に位置し，南はバリ海に臨む．現在，島南方の海上で海底油田の試掘が行われている．　　　　　　　　　　　　　[青山 亨]

サウムラキ　Saumlaki

インドネシア

人口：15.0万（2009）　面積：124 km²
[7°59′S　131°17′E]

インドネシア東部，タニンバル諸島ヤンデナ島南端，マルク州マルクトゥンガラバラット県の町で県都．島の中心であり，港と空港はタニンバル諸島の交通の拠点をなす．住民はカトリック信徒のタニンバル人である．
　　　　　　　　　　　　　　　　　[青山 亨]

サウンド国立公園　Sounds National Park ☞ フィヨルドランド国立公園 Fiordland National Park

サウンド島　Sound Island

インド

長さ：8 km　幅：3 km　[12°57′N　92°58′E]

インドの東方，アンダマンニコバル諸島連邦直轄地北部，アンダマン諸島の島．北アンダマン島の東沖合約2 kmにある小島．北ア

ンダマン島との間にはベーコン湾をはじめとするリアス式海岸が発達し，内海を形成する． [成瀬敏郎]

サーエドワードペリュー諸島　Sir Edward Pellew Islands

オーストラリア

面積：661 km² 　[15°43′S　137°01′E]

　オーストラリア北部，ノーザンテリトリー北東部の諸島．カーペンタリア湾の南西にある．マッカーサー川の河口付近に位置し，ヴァンダリン，ノース，サウスウェスト，センター，ウェストという5つの大きな島と50以上の小島などで構成されている．その大部分は荒涼とした砂岩台地や海岸砂丘で覆われている．これらの島々は，営巣するウミガメや海鳥にとっての生息場所として国際的にみても非常に重要な土地である．さらにフサオネズミなど絶滅危惧種のほ乳類，希少種や本土で存在が脅かされている種などの存在を守る場所でもある．また数は少ないが，島々のまわりの干潟に生息する渡り鳥の存在も報告されている．陸地の約8％はバラニ国立公園で管理する保護地区で，諸島とその周辺は国の自然遺産として登録されている．そのほか，ヴァンダリン島にあるエイムズ湖は淡水湖であり，国内でも重要な湿地帯としても登録されている．諸島の大部分は先住民の土地信託法人によって管理される土地であるが，サウスウェスト島とセンター島はアボリジニに返却されなかった無人島である．地名は，1802年にマシュー・フリンダーズがイギリス海軍の大佐，エドワード・ペリュー（のちの提督エクスマウス子爵）にちなんで名づけた． [鷹取泰子]

サガ県　薩嘎県　Saga

中国

人口：約1万（推）　面積：12400 km²
標高：4600 m 　[29°20′N　85°14′E]

　中国西部，シーツァン（チベット，西蔵）自治区，シガツェ（日喀則）地級市の県．地名はチベット語で愛すべきところを意味する．以前は，桑桑や撒喀，薩噶，薩嘎宗などとよばれた．ヒマラヤ山脈とガンディセ（岡底斯）山脈の中間部に位置し，周囲を山々に囲まれる．このため，県全体の平均標高は4600 mと大変高い．旧チベット地方政府が薩嘎宗を設置し，1960年に宗が撤廃され，薩嘎県として日喀則専区に属した．1976年に薩嘎県へと改名した．鉱産資源として鉄やリンの採掘が可能である．このほかにも薬材などがとれる．また，人びとはおもに牧畜業を営んでおり，ヤクや山羊，綿羊を飼育している． [石田曜]

サガイン　Sagaing

ミャンマー

人口：51.2万（2014）　面積：99533 km²
　　　　　　　　　　　　[21°53′N　95°59′E]

　ミャンマー北西部，サガイン地方（旧管区）サガイン県の都市で，県都および地方の中心都市．エーヤワディ川の中流域右岸，マンダレーの南西対岸16 kmに位置する．地方の政治，経済，交通，教育の中心都市として発展してきた．サガイン教育大学の本部が置かれている．エーヤワディ川にかかるアバ鉄橋により，対岸の古都インワ（アヴァ）と結ばれている．広域的にみれば，左岸上流にあるマンダレーとは双子都市の関係にあるといえる．川沿いの標高約600 mの丘陵地帯（ザガインヒル）には，150以上の仏塔，寺院，僧院があり，多くの僧侶の修行の場所となっている．頂上付近には第2次世界大戦で戦死した日本兵の慰霊塔も建立されている．アバ鉄橋は1934年にイギリスが建造したが，第2次大戦中日本軍の利用を避けるため破壊，54年に再建された．この鉄橋によりサガインとマンダレーが鉄道で結ばれ，サガイン市は北部のカチン州の州都ミッチーナやアロン・タウンシップ，さらに南部のヤンゴン方面への鉄道の分岐点にもなっている．

　14世紀初頭にパガン王朝滅亡の混乱に乗じて，シャン族の王がここを都にしたが，短期政権に終わり，1364年に対岸のインワに遷都された．その後サガインには1760～63年にはナウンドージ王によってコンバウン朝が置かれ，一時的にビルマの首都になったこともあった．18～19世紀半ば頃，サガイン一帯は綿花を輸送する中国商人の寄港地として繁栄した．現在も綿花，ゴマ，コショウ，塩，果実の集散地となっている．最近はエーヤワディ川クルーズ汽船の寄港地で賑わっている． [西岡尚也]

サガイン地方　Sagaing Region

ミャンマー

人口：532.5万（2014）　面積：94625 km²
　　　　　　　　　　　　[21°53′N　95°59′E]

　ミャンマー北西部の地方（旧管区）．サガイン県，シュウェボー県，モンユワ県，カター県，カムティ県，カレーミョ県，タムー県，モーライッ県の9県から形成されている．中心都市はサガイン．県の下にある行政区であるタウンシップは38郡に分けられている．その下に約1900の村が存在している．面積では東部のシャン州に次ぐ第2の領域を有する．南東部のエーヤワディ川流域平野にはミャンマー人が多いが，山岳地帯には少数民族が多く居住する．主要民族はミャンマー（ビルマ）族，シャン族，ナガ族，チン族，カドウ族，ギナグ族である．

　北西部にはパートカイ丘陵がありインド国境線，東はカチン州とシャン州，南東はマンダレー地方，南西はマグウェ地方，南西はチン州に接している．サガイン地方の北部は山

サガイン（ミャンマー），45体の仏像が並ぶウーミントンゼー・パヤー
〔SIHASAKPRACHUM/Shutterstock.com〕

岳地帯，南部は丘陵と平野からなっている．北部の山脈には，平均標高 3300 m のパートカイ丘陵（インドとの国境線）と約 2400 m のナガ山地がある．最高峰はサラマティ山（3826 m）である．主要河川は，東部地域を南流するエーヤワディ川とその支流，地方の西部を南流するチンドウィン川である．この 2 本の河川が広大な沖積平野を形成している．この地域の気候は標高差により，変化に富んでいる．北部の山岳地帯では，冬季には氷点下以下となる．南部はドライゾーン（乾燥地帯）であり，夏季には 43℃ にもなる．南部のモンユワの年降水量は約 700 mm である．

サガイン地方はいわゆる上ビルマ地方の穀倉地帯である．大小多くのダムがつくられ，乾燥地域の灌漑農業を支えてきた．タファンセイク Thaphanseik 貯水池は全国最大級である．主要農産物は，米，大豆，ゴマ，ラッカセイ，トウモロコシ，サトウキビ，ヒマワリ，綿花である．また山岳部ではチーク材，硬材を産する．ハンチ Khamti 近くのヒスイのほか，金，石炭，銅などの地下資源も豊富である．インドとの国境貿易も伸びてきている．2010 年の統計では，4 つの工業地域に約 4296 の工場，456 の綿織物工場，そして 55 の国営工場が分布している．歴史的に過去にはサガインはコンバウン王朝の誕生地であり，ミャンマーの古都で周辺には有名な寺院仏塔も多い．　　　　　　［西岡尚也］

サガダ　Sagada　　　　　　　フィリピン

人口：1.1 万（2015）　面積：83 km²　標高：1500 m
　　　　　　　　　　　　　［17°06′N　120°54′E］

フィリピン北部，ルソン島北部，コルディリェラ山脈に囲まれるマウンテン州の町．首都マニラの北 415 km，州都ボントックの西 19 km に位置する．コルディリェラ山脈南部の標高 2000 m 以上の地点に源を発し，山脈に平行して流れる全長 190 km のチコ川流域の渓谷部に町部は立地する．住民はイゴロットと総称される原マレー系の山岳少数民族のうち，カンカナイ族とよばれる人びとによって構成される．山地部に位置するため年間を通して冷涼な気候で，3〜5 月の乾季には 30℃ を超えるときもあるが，12〜2 月には最低気温は 4℃ ほどにまで下がる．

住民は山地の急峻な傾斜部につくられた棚田における水稲耕作や，小規模な耕地におけるトウモロコシ，果樹，野菜栽培などに従事するほか，世帯ごとの養豚などが臨時の現金収入源ともなっている．町を構成するカンカナイの人びとは，歴史的に首狩り，頭蓋崇拝，供犠祭祀，死体を椅子に座しめる展示葬，棚田水田耕作による水稲の栽培，共同体的土地慣習の保持，木彫り細工の伝統など，国内北部の山岳諸族と文化的諸要素を共有している．宗教的にはこの地域はスペイン植民地期のカトリック布教が及ばず，その後のアメリカ植民地期になってプロテスタントに改宗が進んだが，今日にいたるまでアニミズム的精霊信仰を色濃く残すさまざまな儀礼が行われている．年間を通じた冷涼な気候，山地の美しい景観や町に点在する多くの鍾乳洞や洞窟などにより，国内外から多くの観光客が訪れ，近年観光客向けのサガダ織りやロッジなどの観光業も盛んになってきている．

　　　　　　　　　　　　　　［関　恒樹］

ザカフカジエ　Zakavkaz'e

ジョージア〜アゼルバイジャン
トランスコーカシア　Transcaucasia（英語）／南コーカサス　Southcausasus（別称）

人口：1618.0 万（2008）　面積：186100 km²

ヨーロッパとアジア，大カフカス山脈とトルコ・イラン国境，黒海とカスピ海の間の地域．アゼルバイジャン，アルメニアおよびアブハジアと南オセチアを含むジョージア（グルジア）共和国の 3 カ国がある．コーカサスの諸山脈の南斜面とアルメニア平原を結ぶ低地からなる．北の大カフカス山脈と南の小カフカス山脈の間にコルヒダ低地とキュルアラス低地がある．キュル（クラ），リオニ，イングリ，アラザニの諸河川は，水力発電と灌漑のために重要であり，キュルとリオニの渓谷は，伝統的にカフカス内の交通路であった．アゼルバイジャンの首都バクーとジョージアのバトゥミは，鉄道でおもにロシアのロストフ州ロストフナドヌーと結ばれている．地域のおもな鉄道線は，バクーからジョージアの首都トビリシを経てクタイシを結び，トルコ国境とカスピ海沿いにいくつかの線がある．

この地域の天然資源には，バクー油田とトビリシを経由してバトゥミにいたるパイプラインをもつ石油，ジョージアのチアトゥーラで採掘されるマンガン，銅，粘土，建築用石材である．ジョージアのゼスタフォニには鉄，マンガン鉄のプラントがある．工業では，機械，採鉱機械，金属製品，自動車，化学製品，プラスチック製品，繊維製品，革靴などがある．鉄鋼はアゼルバイジャンの鉱石からルスタヴィで精錬される．これらの工業で使用される動力は，キュル川付近の水力発電所で生産される．

気候は亜熱帯性で，綿，穀物，テンサイ，ヒマワリ，タバコ，柑橘類，茶，精油用植物がおもな農産物である．牧畜は山岳斜面で行われる．ザカフカジエ地域には鉱泉保養地と海岸保養地が多い．住民はアゼルバイジャン人，アルメニア人，ジョージア人の 3 つの主要民族と，カフカズ語族のアブハジア人，チェルケス人など，イラン系語族のチェチェン人などトルコ語族のカラチャエク人など，ほかにロシア人などである．

1917〜18 年にザカフカス独立連邦国家があったが，18 年 5 月に解体してアゼルバイジャン，アルメニア，ジョージアの 3 共和国となった．それぞれ赤軍に占領されてザカフカス・ソヴィエト連邦共和国となり，1922 年にロシアなど他の 3 共和国とともにソ連邦を結成した．1936 年に 3 共和国はそれぞれ独立の共和国となり，91 年にはソ連邦から脱退した．アブハジアと南オセチアは現在，事実上ジョージアから独立している．アゼルバイジャンのナゴルノカラバフはアルメニアの支援を受け独立状態である．諸民族それぞれ歴史・言語・宗教を異にしており，またこの地域外にも居住する．ザカフカジエのおもな都市としては，アゼルバイジャンの首都バクー，ギャンジャ（旧称キロヴァバド），アルメニアの首都エレヴァン，ギュムリ（旧称クマイリ，レニナカン），ジョージアの首都トビリシ，バトゥミ，クタイシがある．

　　　　　　　　　　　　　　［木村英亮］

サーガル　Sagar　　　　　　　　インド

人口：5.5 万（2011）　　　　［14°07′N　75°00′E］

インド南部，カルナータカ州シモガ県の都市．県都シモガの北西 63 km に位置する．湖という意味をもつサーガルの地名は近くにある湖に由来している．西ガーツ山脈の豊かな水源と森に囲まれており，多くの自然愛好家をひきつけている．有名なジャーソッパ滝が西北西 26 km にある．米，コショウ，白檀の木材，ベテルの実の交易の中心であり，都市経済はこれらの農産物，林産物の価格に大きく左右される．ほかに，近くに陶土の鉱床があるためタイル工業や，枝編み細工品，漆器，白檀の木や象牙の彫刻品などの手工芸品工業が盛んである．1990 年代から 2000 年代初期にかけて，白檀の木の密輸問題があった．

　　　　　　　　　　　　　　［前田俊二］

サーガル　Sagar
インド

人口：27.3万 (2011)　　[23°50′N　78°44′E]

インド中部，マッディヤプラデシュ州北部，サーガル県の都市で県都．州都ボパールの北東約150 kmに位置する．17世紀末から19世紀初めにかけてのサーガル王国の首都として，計画的につくられた城郭都市である．地名は，湖の意味をもち，美しい大きな湖に面している．湖の都市ともよばれる．都市はまた美しい丘陵によって囲まれ，滝や多くの寺院，城砦など，インド観光の重要な場所でもある．1818年にイギリス東インド会社により軍の駐屯地が設けられ，湖に近いところは，イギリス人居住地区となっていた．現在でも，インド陸軍の駐屯地がある．市はまた美しい自然と文化遺産を誇る大学都市でもある．そのヒンディー語文学への貢献はよく知られており，多くの作家，詩人，アーティストを輩出している．2つの国道と多くの州道，そして東西に延びる鉄道が交わる交通の要衝であり，多くの新しい工場を立地させる工業都市として，また行政・商業機能がいっそう高まる地域の中心都市として発展している．　　　　　　　　　　　　　［前田俊二］

サガルマータ国立公園（ネパール），急峻なアマダブラム山とチョルテン（チベット仏教の仏塔）《世界遺産》〔松本穂高提供〕

サガルマータ国立公園　Sagarmatha National Park
ネパール

面積：1148 km²　標高：8848 m

[27°58′N　86°55′E]

ネパール東部，ソルクーンブ郡（サガルマータ県）の国立公園．首都カトマンドゥの北東169 kmに位置する世界最高峰のサガルマータ山（英語名でエヴェレスト山，チベット語ではチョモランマ山）周辺の山岳地域を対象に，1976年に指定された．その範囲はソルクーンブ Solu Khumbu 郡を中心にイムジャコーラ川，ドゥドゥコシ川およびボテコシ川の最上流域を含み，ローツェ山（標高8516 m），チョオユー山（8201 m），タムセルク山（6623 m），ヌプツェ山（7864 m），アマダブラム山（6814 m），プモリ山（7138 m）などの高峰・名峰が連なる．各河川の最上流部は，世界の屋根ともいえる峰々から流れ落ちた雪氷で涵養されたクーンブ氷河，ゴジュンパ氷河などの大規模な谷氷河を発達させている．

公園域内最低点の2845 mからサガルマータ頂上までの比高6000 mに及ぶ高度変化は，多様な生態系をもたらしている．すなわち硬葉カシ・マツ林から始まり，ツガ，モミなどの亜高山帯針葉樹林，カバ林，シャクナゲ林帯を経て灌木帯，そして草本類の卓越する高山帯さらには氷河，雪氷帯にいたる生態系が広がる．それらは氷河や氷河地形と重合することで見事な自然景観を呈している．公園地域内には約3000名のシェルパ族がナムチェバザール，クムジュン Khumjung，クーンデ Khunde，ターメ Thame，シャンボチェ Shyangboche などの集落を中心に居住している．シェルパ族の家屋は，切妻型の石積み2階建て大型家屋が多い．白く壁が塗られ，黒く縁取られた窓枠の家屋が山間の緩斜面上に点在している景観はヨーロッパアルプスに劣らず美しい．このような自然・人文景観が「サガルマータ国立公園」として，1979年にユネスコの世界遺産（自然遺産）に登録された．

サガルマータ（エヴェレスト）山は，1953年にジョン・ハント隊長率いるイギリス隊のニュージーランド人エドモント・ヒラリーとネパール人のシェルパであるテンジン・ノルゲイによって初登頂され，以降数百人の登頂者を数えるほどになった．近年では，登頂請負登山ツアーも組織され社会問題となっているところもある．この地域におけるかつての生業はヒマラヤ越えの交易と牧畜であった．サガルマータやその他の高峰への登山やトレッキングが盛んになるにつれ，トレッキングルート沿いではゲストハウスやレストランの経営が地域産業として重要になってきた．同時に，薪利用のための森林伐採などの環境問題が発生してきた．

トレッキングはかつて，カトマンドゥからの自動車道路終点であるドラカ郡ジリ Jiri から始まった．現在では，カトマンドゥからドゥドゥコシ川下流のルクラまでコミューター機を利用して本公園地域を訪れるトレッカーが多い．1990年代にはソ連崩壊で出回ったロシア製大型ヘリコプターによる乗客・荷物輸送が盛んになり，観光ルート沿いの宿泊業やポーター，ロバ輸送業者の経営に大きな打撃を与えたことなど，世界の屋根といわれるこの地域にも急速な世界情勢の変化の影響が現れた．ナムチェバザールから400 mほど登ったシャンボチェには短距離離着陸機が発着できる飛行場があるが，定期便は運行されていない．　　　　　　　　　　　　　［八木浩司］

サガルマータ山　Sagarmatha　☞　エヴェレスト山　Everest, Mount

ザーギア　Gia Nghia
ベトナム

Gia Nghia（ベトナム語）／ジアギア　Gianghia（別称）

人口：4.2万 (2009)　面積：287 km²

[12°00′N　107°41′E]

ベトナム中部高原，ダックノン省の都市で省都．1975年以前の南ベトナム時代は，ザーギアとは旧クアンドゥック省の行政村の名称であった．統一後にダックラック省が発足後はダックノン県の町に，2005年に県と同格の市に昇格した．現在は5つの行政区と3つの村によって構成されている．陸路でホーチミン中央直属市より225 km，ダックラック省の省都ブオンメトート（バンメトート）か

ら 120 km である．省の南端に位置し，ラムドン省と接する．第 1 次産業が盛んなダックノン省の中では比較的第 1 次産業比率が低く，2010 年の域内総生産の割合は第 1 次産業が 14.4%，第 2 次産業が 38.89%，第 3 次産業が 46.71% である．省内のエコツーリズムや森林ツーリズムの拠点としての発展など，第 3 次産業を中心とした地域産業計画が作成されている．　　　　　　　　[筒井一伸]

サギャ県　薩迦県　Sa'gya　　　中国

人口：5 万 (2012)　面積：6400 km²
[28°57′N　88°00′E]

中国西部，シーツァン(チベット，西蔵)自治区，シガツェ(日喀則)地級市の県．ヒマラヤ山脈とガンディセ(岡底斯)山脈の山間部に位置し，北部には標高 4000 m のヤルンツァンポ(雅魯蔵布)峡谷平原が広がっている．地名はチベット語で薄い灰色の土地を意味している．これは 11 世紀にサキャ派のコンチョク・ギェルポが，この地に仏教寺院を建立する際に，地面が薄い灰色の土地を選択したことに由来する．1951 年にチベット地方政府の日喀則基巧に属した．1970 年に日喀則地区に属している．1288 年に建立された薩迦寺は，第 2 の敦煌ともよばれ，国の重要文化財に指定されている．　　　　　　[石田　曜]

サキル山　Sakir Mountain　　　パキスタン

標高：3096 m　　　　[31°06′N　67°52′E]

パキスタン南西部，バローチスタン州北部，トバカカール山地の山．ゾーブ県の西端とピシン県の境界近く，州都クエッタの北東約 130 km に位置する．北約 27 km にはアフガニスタンとの国境がある．ゾーブ県の主要河川の 1 つであるクンダール Kundar 川の源流部となっている．　　　[出田和久]

サーク　Thurk　☞　キングストンオンマレー　Kingston-on-Murray

サクジュ　朔州　Sakju　　　北朝鮮

左水村 (古称)
面積：757 km²　標高：135 m　気温：8.1℃
降水量：1096 mm/年　[40°23′N　125°03′E]

北朝鮮，ピョンアンブク(平安北)道北部の町で郡庁所在地．シンウィジュ(新義州)の北

東 80 km に位置する．アムロク(ヤールー(鴨緑))江沿岸にあり，高句麗代には鴨緑江の左岸に位置することから左水村と称された．全般的に山地で，スプン(水豊)湖(299 km²，周囲 1075 km)がある郡．石灰石，リン灰石，蛇紋石を産する．発電所，青水カーバイド，肥料などの工場がある．朔州温泉(泉温 58℃)，キモクランの植物保護区がある．平北線と支線の水豊線が通る．
[司空　俊]

サクティ　Sakti　　　インド

人口：2.2 万 (2011)　標高：237 m
[22°02′N　82°56′E]

インド中部，チャッティスガル州ジャンジギールチャンパ県の都市．州都ライプルの北東約 160 km に位置する．デカン高原上にある．かつてのサクティ王国の首都であった．絹織物業，米・ナタネの種の交易，石灰石の採石業などが盛んである．　　[前田俊二]

サケーオ　Sa Kaeo　　　タイ

人口：2.7 万 (2010)　面積：1833 km²
[13°49′N　102°04′E]

タイ中部，サケーオ県の都市で県都．首都バンコクの東約 240 km に位置する．地名は，18 世紀後半のトンブリー時代に後のラーマ 1 世となるチャオプラヤー・チャックリーがカンボジア平定に赴いた際に，途中で休息した池をサケーオサクアン(最高の池・吉祥の池)と命名したのが由来であり，現在も同名の池が存在する．町は 1901 年に準郡として設立され，58 年に郡に昇格した．当初より西隣のプラーチーンブリー県に属していたが，1993 年にプラーチーンブリー県の東部 6 郡を分県する際に県都に選ばれた．

1926 年にバンコクからの鉄道が到達し，その後並行する道路が整備され，1970 年代末には南隣のチャンタブリーへの国道が開通して分岐点となったが，単なる郡の中心地にすぎず，市街地の規模は小さかった．県に昇格するにあたり，市街地の東 5 km に行政センターが建設され，県庁をはじめとする政府出先機関はすべてここに立地しているが，周辺は依然として田園風景が広がっている．むしろカンボジア国境に位置する県東部のアランヤプラテートのほうが都市規模は大きい．かつては林産品や木材が主要な産物であったが，現在はサトウキビ，キャッサバなどの畑作物栽培や乳牛・肉牛の飼育も盛んで，農産物加工業もみられる．　　[柿崎一郎]

サケーオ県　Sa Kaeo, Changwat　　　タイ

人口：55.6 万 (2010)　面積：7195 km²
[13°49′N　102°04′E]

タイ中部の県．県都はサケーオ．東でカンボジアと国境を接し，サンカムペーン山脈の南麓に位置する．県内にタイ湾に注ぐバーンパコン川とメコン川支流の水系の分水界があり，県の東側はカンボジアと同じくメコン川流域に属する．西隣のプラーチーンブリー県に属していたが，1993 年にプラーチーンブリー県の東部 6 郡を分県する形でサケーオ県が誕生した．キャッサバの生産量が多く，2013 年は全国第 5 位の 136 万 t であった．東部のアランヤプラテートにはカンボジアとの間の最も重要な国境ゲートが存在し，人やモノの往来が活発である．　　[柿崎一郎]

サーゴミンダ　Thargomindah　　　オーストラリア

人口：206 (2011)　面積：2.9 km²
[28°00′S　143°49′E]

オーストラリア北東部，クイーンズランド州南西部，ブロー郡区の町で行政中心地．州都ブリズベンの西約 1000 km に位置する．周囲の農場に各種のサービスを供給する拠点である．農業地域としては高温の限界に立地する．地名は先住民の言語に由来するが，その意味は定かではない．　　[秋本弘章]

サコンナコーン　Sakon Nakhon　　　タイ

人口：10.3 万 (2010)　面積：1023 km²
[17°10′N　104°03′E]

タイ東北部，サコンナコーン県の都市で県都．首都バンコクの北東約 650 km に位置する．プーパーン山脈の北麓に立地し，市街地の北東にはノーンハーン湖が広がる．サコンナコーンは歴史の古い都市であり，11～12 世紀頃にはクメールの影響下に置かれており，クメール式の遺跡や橋の跡が現在でも残っている．地名は，当初はノーンハーン，あるいはノーンハーンルアンとよばれていたが，ラッタナコーシン時代に入ってサコンタワーピーと改称され，さらに 1838 年に現在名となった．町には鉄道は到達しなかったが，西のウドーンターニーや南のカーラシンとの間に道路が整備され，道路経由で鉄道に接続できるようになると，米がバンコク方面へ輸送されるようになった．サコンナコーン

空港も設置され，バンコクとの間に国内線が就航している．

ノーンハーン湖は国内第2位の広さをもつ淡水湖で，雨季には面積は240 km²に達する．この湖は淡水魚の重要な漁場として機能するだけでなく，周辺の水田への灌漑用水としても重要であり，東北部の中で水利が最もよい地域の1つである．さらにソンクラーム川支流のナムウーン川にもナムウーンダムが建設され，下流の20万ライ(320 km²)を灌漑している．　　　　　　　　　[柿崎一郎]

サコンナコーン県　Sakon Nakhon, Changwat
タイ

人口：94.2万 (2010)　面積：9606 km²
[17°10′N　104°03′E]

タイ東北部の県．県都はサコンナコーン．東部のノーンハーン湖は国内第2位の広さをもつ淡水湖で，周辺の水田への灌漑用水としても重要である．稲作が盛んで，2013年度の米生産量(雨季作)は74万t．南に連なるプーパーン山脈は国立公園に指定され，豊かな原生林が残されており，ノーンハーン湖へ注ぐ河川の水源ともなっている．この風光明媚なプーパーン山中にはプーパーンラーチャニウェート離宮があり，東北部では唯一の離宮である．　　　　　　　　　[柿崎一郎]

ササムンガ　Sasamunga
ソロモン

人口：0.1万 (2009)　[7°03′S　156°46′E]

南太平洋西部，メラネシア，ソロモン諸島北西部，チョイスル州の村．州都タロの南東約60 km，チョイスル島中部西岸に位置する州最大の集落である．集落内はさらに8つの小村落に分かれ，地理的中心地に教会，病院，小学校，郵便局(無線局を兼ねる)，銀行，集会所，商店，グラウンドなどがある．住民の生業の中心は，ソロモン諸島の他地域と同様に，タロイモなどの焼畑耕作やリーフ周辺海域における漁撈活動である．1905年にキリスト教メソジスト派の宣教師が訪れて以来，国における同派の活動や植民地行政の拠点的役割を担ってきた．そのため，チョイスル島内にある7言語のうち，ササムンガを含むチョイスル島中南部地域のババタナ語が布教言語として採用され，同島内における一種の共通語となっている．　　　[関根久雄]

ササラーム　Sasaram
インド

Sahsaram (別表記)
人口：14.7万 (2011)　[24°58′N　84°01′E]

インド北部，ビハール州西部，ロータス県の都市で県都．ガンジス川中流域にあり，州都パトナの南西約135 kmに位置する．デリーのイスラーム教皇帝であったシェル・シャーの墓があることで有名である．ガヤとヴァラナシ(ベナレス)の中間に位置し，ヴァラナシに向かう鉄道と，パトナから南西方向に向かう鉄道との結節点で，交通の要衝にある．採石業は，この町の重要な産業である．スール族の墓所が多くあり，中でもスール朝のシェル・シャー(在位1540〜45)の墓はインド王墓の代表的形式の1つと称される．この16世紀中頃に建築された赤砂岩の墓は，ほぼ正方形の人工の湖の中央につくられており，直径20 m，高さ30 mという大規模な仏舎利塔様式のドームである．　[前田俊二]

サザーランド滝　Sutherland Falls
ニュージーランド

高さ：580 m　[44°48′S　167°44′E]

ニュージーランド南島，サウスランド地方の滝．世界一美しい散歩道といわれるミルフォードトラックから2 kmほど離れた場所にある．滝は3段になっており，合計の高さは580 mに及ぶ，国内で最も高さのある滝であると考えられてきたが，現在はダウトフルサウンドのブラウン Browne 滝(619 mまたは836 m)にその地位を譲っている．1880年にドナルド・サザーランドとジョン・マッケイの2人のヨーロッパ人によって発見された．地名は発見者の1人サザーランドにちなむ．サザーランドはミルフォードサウンドを訪れた先駆者であり，1883年にサザーランド湾をヨーロッパ人として初めて訪れている．彼は14年間ミルフォードで仕事をした．初めの2年間は，グリーンストーン(翡翠の一種)を探すために周辺部を歩き回り，ほとんど人に会うことはなかった．サザーランド滝を発見した際に，1000 m以上の落差があると発表したため，世界を驚かせることになった．これを聞いた人びとが滝を目ざして船と徒歩でやってくるようになった．サザーランドはミルフォードにホテルを建て，ホテル経営と滝までのガイドで生計を立てるようになった．彼の墓はミルフォードのホテルと桟橋の間につくられた．滝は現在でも有名な観光スポットである．　　　　　　　[井田仁康]

ササル岬　Sasar, Tanjung
インドネシア

[9°17′S　119°56′E]

インドネシア中部，小スンダ列島，スンバ島中部北岸，東ヌサトゥンガラ州スンバティムール県の岬．島の最北端に位置する．伝説によるとスンバの住民の祖先が初めて現れた場所とされる．　　　　　　　[青山　亨]

サザンアルプス　Southern Alps
ニュージーランド

標高：3754 m　長さ：500 km
[43°35′S　170°09′E]

ニュージーランド南島中央部を北東から南西に走る山脈．ウェストコースト地方とカンタベリー地方，オタゴ地方との境界をなす．標高3000 m級の19の山々が連なる南島の脊梁山脈である．ニュージーランドは2つのプレートが接する場であり，南島では西のオーストラリアプレートが東の太平洋プレートの下に沈み込む．そのため，その部分の地表面が隆起し，山脈が形成された．西の海上からみると，急峻な山並みが海岸に迫り，直線的な山麓線が印象的である．この山麓線がアルパイン断層といわれる活断層であり，断層に沿う隆起の平均速度は，1000年で10 mもしくはそれ以上になると考えられている．

地名は，イギリスのジェームズ・クックが1770年3月に名づけた．クックがスイスのアルプス山脈に対抗するような名称をつけたのは，彼がスイスのアルプス山脈と同じような美の尊厳を感じたというより，その起伏に富んだ形態に強い印象をもったためである．山名の多くは山脈を調査したユリウス・フォン・ハーストによって名づけられている．彼によると，アオラキ(クック山)などいくつかの例外を除いて，マオリはこの山脈の峰に名前をつけていなかった．マオリは，どれほど小さな河川や湖，斜面にも名を付しているのに，山々の峰に名をつけていなかったのは驚くべきことだったと，彼の書に記している．マオリにとって河川や湖は食料を得るために重要な場所であったが，山の峰にはそのような生活での重要性が低く，ほかにそれらの峰に登る理由もないため名前をつける必要がなかったと考えられるのである．

最高峰はアオラキ(標高3724 m)である．マオリ語で空にたなびく雲もしくは雲を貫くものを意味する．現在はクック山とアオラキが正式名称となっている．また長さ29 kmのタスマン氷河をはじめとする，大小360

の氷河がある．氷河は温暖化の影響もあり，短くなる傾向にあるが，年によって長くなったり短くなったりする．これは，氷河上流の降雪量と関係しているといわれる．降水量の多い山脈西側のフォックス氷河，フランツジョゼフ氷河などは，白い氷の氷河となっているが，降水量の少ない東側のタスマン氷河やフッカー氷河などは，土砂の入り混じった氷河となっている．これは風化による土砂が大量に氷河に流れ込み，それが山脈の東側で多い，もしくは西側では雨などにより土砂が氷河に取り込まれる前に流れ出していることを意味している． [井田仁康]

サザンクロス　Southern Cross

オーストラリア

人口：0.1万（2011）　面積：555 km²
[31°13′S　119°19′E]

オーストラリア西部，ウェスタンオーストラリア州内陸部南部の町．州都パースの東北東約370 kmに位置する．探鉱者が星占いにもとづいて金属を発見したことからその名がついたという．金に加え，石膏や岩塩も産出する．また，畜産や小麦の生産が盛んである． [大石太郎]

サザンテューレ諸島　Southern Thule Islands

イギリス

人口：0（2009）　面積：35 km²
[59°27′S　27°18′W]

南大西洋最南部，イギリス領サウスジョージア・サウスサンドウィッチ諸島内の諸島．南極海に近く南北に延びるサウスサンドウィッチ諸島の南端に位置している．3島（ベリングスハウゼン島，クック島，テューレ島）からなり，いずれも無人島である．1775年にイギリスのジェームズ・クックが島影を遠望し，サザンテューレと名づけた．その後，1820年にロシアの南極探検家のファビアン・ゴットリープ・ベリングスハウゼンが訪れ，それが3島からなることを確認した．いずれも火山島であり，クック島のハーマーHarmer山（標高1115 m）が最高地点である． [手塚　章]

サザンハイランド州　Southern Highlands Province

パプアニューギニア

南部高地州（日本語）

人口：51.0万（2011）　面積：16 km²
[6°09′S　143°40′E]

南太平洋西部，メラネシア，パプアニューギニア中央部の州．ニューギニア島中央高地に位置し，南部高地州とも表記される．州都はメンディ．イアリブ/パンギア Ialibu/Pangia，インボング Imbonggu，カグア/エラヴェ Kagua/Erave，メンディ/ムニフ Mendi/Munihu，ニパ/クトゥヴ Nipa/Kutubu の5郡がある．険しい山系とそれを取り巻く平原，多数の湖と，変化に富んだ地形をもつ．ギルウェ山（標高4368 m）はウィルヘルム（4509 m）に次ぐ国内第2位の高峰である．パプアニューギニアの中で，最も人口増加が著しい州である．20近い民族言語集団が存在し，それぞれ特徴的な文化をもっている．この地域の住民と植民地政府との最初の接触は1930年代半ばのことである．1951年にサザンハイランド地区（district）が区画設定され，メンディがその中心地となった．険しい地形と道路などのインフラの不足から，高地の中でも経済開発が遅れていたが，近年，石油の採掘や，天然ガスの産出などで大きな変貌を遂げつつある．2012年にタリを州都とするヘラ州が分離独立した． [熊谷圭知]

サザンレイテ州 ☞ 南レイテ州 Southern Leyte, Province of

サスイコリ湖　Sasykkol, Lake

カザフスタン

Sasyk-Kul（別表記）
面積：600 km²　深さ：4.7 m
[46°35′N　81°00′E]

カザフスタン東部，東カザフスタン州とアルマトゥ州にまたがる塩湖．アラコリ湖の北西，バルハシ湖の東105 kmに位置する．湖岸は沼沢である．面積は600 km²で，湖面が上昇すると736 km²になる．漁業が行われる．コブハクチョウ，オオハクチョウ，ハシビロガモがみられる． [木村英亮]

サーズデー島　Thursday Island

オーストラリア

ワイベン Waibene（別称）

人口：0.3万（2011）　面積：3.7 km²
[10°35′S　142°13′E]

オーストラリア北東部，クイーンズランド州中央北部の島．ニューギニア島と本土の間にあるアラフラ海のヨーク岬半島沖，トレス海峡南部にあり，トレス郡区の行政上の中心．現地の人びとはワイベン島とよぶ．日本では木曜島とよばれる．おもな産業は水産業である．かつては真珠貝採取で栄えた．日本からは1878年以降多くのダイバーが移住し，一時は島民の7割を占めていた．司馬遼太郎の『木曜島の夜会』は彼らを題材にしたものである．世界恐慌によって真珠貝などの採取は打撃を受け，契約労働者であった日本人は解雇された．残った日本人も第2次世界大戦期にオーストラリア軍によって本土に収容された．島には日本人墓地が残されている．島の名前をつけたのは，ジェームズ・クック，ウィリアム・ブライ，オーエン・スタンリーなどの説がある． [秋本弘章]

サーストン島　Thurston Island

南極

面積：15700 km²　長さ：215 km　幅：90 km
[72°26′S　99°00′W]

南極，西南極の島．エルスワースランド北側のエイツ海岸沖合にあり，氷に覆われている．南極近傍ではアレクサンダー島，バークナー島に次ぐ3番目に大きい島である．東西に長く，大陸との間にはアボット棚氷が分布する．1940年2月27日にアメリカのリチャード・バードによって飛行機から発見された．しかし，1960年までは島としてではなく，半島として認識されていた．島名は探検隊のスポンサーであったニューヨークの服飾デザイナーであるハリス・サーストンにちなんで命名された． [前杢英明]

サセールカンリ山　Saser Kangri

インド

標高：7672 m　[34°50′N　77°44′E]

インド北部，ジャンムカシミール州の山．カラコルム山脈の東部，同山脈中の亜山地サセールムズターグ山地にある最高峰である．サセールカンリ山塊は，I峰（標高7672 m），II峰（東7518 m，西7500 m），III峰（7495

m），IV 峰（7416 m）の 4 つのピークからなる．1973 年にインド・チベット国境警察合同登山隊により初登頂された．　　　[前杢英明]

サダオ　Sadao　　　　タイ

人口：7.0 万（2010）　面積：859 km²
[6°47′N　97°20′E]

タイ南部，ソンクラー県サダオ郡の町で郡都．県都ソンクラーの南約 70 km に位置する．南はマレーシアのケダ州に接する．この地は当初旧タイ領であったケダに置かれたサイブリー県に属していたが，1909 年にケダを含むマレー 4 州をイギリスに割譲した際もタイ領に残り，ソンクラー県に組み込まれた．郡の中心を国道 4 号（ペットカセーム通り）が通過し，南のダーンノークが国境であり，サダオ入国管理事務所が置かれている．マレーシアのペナン，クアラルンプール方面への幹線道路であることから，ここはタイとマレーシアの間では最も往来の多い国境ゲートである．なお，郡西部にはパーダンベーサール国境ゲートもあり，こちらは鉄道が通過している．　　　　　　　　　[柿崎一郎]

サタラ　Satara　　　　インド

人口：12.0 万（2011）　面積：22 km²　標高：742 m
[17°43′N　74°05′E]

インド西部，マハーラーシュトラ州西部，サタラ県の都市で県都．西ガーツ山脈中にあり，17 世紀マラーター帝国の首都であった．プネの南 94 km に位置する．7 つの丘に囲まれており，マラーティー語でサトゥは 7，タラは丘を意味する．サタラ県は，北をプネ県，東をソラープル県，南をサングリ県，西をラトナギリ県に囲まれている．市の西 22 km にカス Kas 湖があり，途中のカス高原には，モンスーン季の終わり頃，美しい色とりどりの 300 種以上の花が咲き誇り，花のマハーラーシュトラ谷とよばれている．また高原の青々と茂った常緑樹の森は，コイナダムの水涵養地域であり，トラ保護地区として大切にされている．モンスーン季のカス高原地域は，植物学者ばかりでなく，一般の自然愛好家にとっても夢のような場所である．カス高原は 2012 年にユネスコより「西ガーツ山脈」として登録された世界遺産（自然遺産）の一部である．　　　　　　　　　[前田俊二]

サタワル島　Satawal Island　　　　ミクロネシア連邦

人口：0.1 万（2010）　面積：1.3 km²
[7°21′N　147°02′E]

北太平洋西部，ミクロネシア，ミクロネシア連邦，ヤップ州の離島，離島群の東端に位置する隆起サンゴ礁島で，州都コロニアのあるヤップ本島の東南東約 1000 km に位置する．男性の漁撈と女性の農耕による自給自足経済と，世襲制首長によって指導される母系制社会を特徴とする．ヤップ州の離島はヤップ本島のガギル地区と伝統的な交易関係にあり，今日でもこの関係は継続している．星の位置から航路を判断する伝統的航海術が著名で，沖縄海洋博，福岡アジア太平洋博に際して，サタワルから帆走カヌーが日本を訪れている．　　　　　　　　　[柄木田康之]

サダン川　Sadan, Sungai　　　　インドネシア

Sadang, Sungai（別表記）／サッダン川　Sa'dan, Sungai ; Sa'dang, Sungai ; Saddan, Sungai ; Saddang, Sungai（別称）

長さ：150 km　　　[3°39′S　119°28′E]

インドネシア中部，スラウェシ島，南スラウェシ州の川．南スラウェシ州北部のトロンドカランド Tolondokalando 山東麓付近に水源をもち，トラジャ Toraja 地方を経て，西スラウェシ州に水源をもつ支流マスプ Masupu 川，ママサ Mamasa 川とエンレカン付近で合流し，ピンラン県に河口をもつ．サダン川は，南スラウェシ州有数の観光地であるトラジャ地方を貫流している．中流域の山岳地帯は，クローブ，コーヒー栽培が盛んである．また，下流域のピンラン県内につくられたダムにより，同地方を中心に 3 万 ha の水田に水を供給している．　　　[山口真佐夫]

ザチュー川　Dza-Chu ☞ メコン川 Mekong，ランツァン江 Lancang Jiang

サチョン　泗川　Sacheon　　　　韓国

しせん（音読み表記）

人口：11.3 万（2015）　面積：398 km²
[35°00′N　128°03′E]

韓国南東部，キョンサンナム（慶尚南）道南部の都市．1956 年，サムチョンポ（三千浦）市が成立し，95 年，三千浦市とそれまでの泗川郡が合併して，泗川市となった．南の旧三千浦市と北の泗川邑が中心である．2010 年の人口は約 11 万である．市制を施行した 1995 年の人口は約 13 万であったので，この間の人口はやや減少気味に推移している．泗川邑の海岸部に工場地区が造成されて，ここでは人口が増加傾向にある．市域の北部をキョンジョン（慶全）線とナメ（南海）高速道路が通過している．泗川空港があり，首都ソウル，チェジュ（済州）との間に定期便が就航している．　　　　　　　　　[山田正浩]

サッタヒープ　Sattahip　　　　タイ

人口：10.3 万（2010）　面積：35 km²
[12°40′N　100°54′E]

タイ中部，チョンブリー県サッタヒープ郡の町で郡都．県都チョンブリーの南約 80 km に位置し，タイ湾に面する．チョンブリーから南に南下してきた海岸が東へと向きを変える角に位置し，町の南の湾の沖合には 7 つの小島がある．首都バンコクとタイ湾東海岸各地を結ぶ国道 3 号（スクムウィット通り）が通過し，海軍の拠点として有名である．

地名は，諸説あるが，1921 年にラーマ 6 世がタイ湾沿岸各地を行幸した際に，バンコクを守る新たな防壁としてこのサッタヒープの地に海軍の軍港をつくることを命じ，防波堤の役割を果す 7 つの小島から，7 つ（サッタ）の防壁（ヒープ）と命名したのが直接の起源と思われる．タイ湾を北上してバンコク方面に向かう船がちょうどこのサッタヒープ沖合を通過することから，この場所が戦略的に重視されたのである．これが軍港としてのサッタヒープの起源であり，1937 年には北のバーンラムン郡の準郡となり，53 年に郡に昇格した．

1930 年代に最寄りのチャチューンサオから道路が到達し，陸上交通の便も図られた．1960 年代のベトナム戦争時にはサッタヒープの軍港がアメリカ軍に使用され，東北部各地に整備された爆撃機用の飛行場を結ぶため，サッタヒープからカビンブリーを経てナコーンラーチャシーマーにいたる短絡道路が整備された．また，このときにすぐ東隣に位置するラヨーン県バーンチャーン郡にウータパオ飛行場が建設され，アメリカ軍の爆撃機の拠点となった．現在ウータパオ国際空港は空軍が用いているが，商業空港としての整備も進み，東部臨海地域の空の玄関口となっている．なお，レームチャバン港が開港するまでの間，軍港が一時的に商業港として用いられることになり，1989 年にチャチューンサオからの鉄道が開通して海上コンテナ輸送を

開始したが，91年にレームチャバンが開港するとサッタヒープ港での取扱いは中止された． 　　　　　　　　　　　　　　　［柿崎一郎］

サーディカーバード　Sadiqabad
パキスタン

人口：14.4万（1998）　　　　［28°18′N　70°09′E］

　パキスタン東部，パンジャブ州南部ラヒームヤールハーン県の都市．幹線道路と鉄道に沿い交通の便に恵まれ，国内各地の主要都市とバス便で結ばれる．シンド州からパンジャブ州への玄関口にあたり，両州の文化が息づいている．市の南端からインド国境までは南東約25 kmである．土壌は肥沃で，良質の綿花や小麦，サトウキビなどの作物の生産量が多く，農業が盛んである．果樹も多く栽培され，とくにマンゴーは味と香りがよく，大変有名で，パキスタン有数の規模の果物市場がある．またシーアパックと名づけられた高品質牛乳がここから全国に供給されている．工業では天然ガスを原料とする国内最大級の化学肥料工場があり，織物，製薬，製油工業などもみられる．最近オートバイの組立が始まった．地下水は塩分を含み飲用や洗濯に適さないため近くの町から運ばなくてはならない．住民の多くはパンジャービー語やサライキ語を話す．チョーリスタン砂漠に近いため，飛来する砂埃は目や鼻，喉，肺などの主要な病因となっている． 　　　　［出田和久］

サディヤ　Sadiya
インド

［27°49′N　95°38′E］

　インド北東部，アッサム州東部，ティンスキア県の都市．ナガラヤ州の州都シロンの北東約450 kmに位置する．ブラマプトラ川の右岸と近くのヒマラヤ山脈の森に囲まれた平原上に立地する．また，ブラマプトラ川が南東から南西に流路を変える地点，また2つの大きな支流が合流する地点にもなっている．ジャスミンに似た花が咲き誇るところとして有名であるが，かつてブラマプトラ川を利用した河川都市として，また，対岸のアッサム・ベンガル線の鉄道駅の存在を通して，古くから交通の要衝として発展していた．イギリス統治時代は地域統括の最前線基地として軍隊の駐屯地が置かれていた．またここには，山地の生産物であるゴム，蠟，象牙，ジャコウと，平地の生産物である綿布，塩，金属製品の交換市場があり，栄えていた．現在では，1947年のインド・パキスタン分離と1950年の大地震とによる影響から，往時ほどの面影はないが，依然としてアッサム地方の内陸交通の一拠点として，またインド赤十字病院の県本部があるところとして機能している． 　　　　　　　　　　　　　　［前田俊二］

サティヤマンガラム
Satyamangalam
インド

人口：3.8万（2011）　面積：29 km²

［11°31′N　77°15′E］

　インド南部，タミルナドゥ州エロード県の都市．マイソールの南東約110 kmに位置する．西ガーツ山脈の山麓，カベニ川支流のバーバニ川の両岸およびカルナータカ州の境界線近くに立地する．市の北西12 kmにあるアンマン女神を祭神とするベナリ・アンマン寺院には，都市の内外から多くの参拝客が訪れる．2008年，サティヤマンガラムの森林の一部が，ニルギリ生物保護地域に関連して，サティヤマンガラム野生生物保護区として制定された．北に隣接するカルナータカ州チャマラジャナガル県の野生生物保護区域とも連結しており，ゾウをはじめとする多くの動物の重要な回廊となっている．とくにサティヤマンガラムのゾウは，重要なインドゾウ研究の対象となっている． 　　［前田俊二］

ザーディン　Gia Dinh
ベトナム

［10°47′N　106°42′E］

　ベトナム南部，ホーチミン市を中心とする区域の旧称．漢字では嘉定と表記する．ザーディンと称される領域の範囲は時代によって異なる．そもそもはレ（黎）朝後期のグエン（阮）・フォック・チュー（明（ミン）王）が南部に入り，1697年に，現在のホーチミン中央直属市およびタイニン省，ロンアン省，ティエンザン省を中心とする区域を統括するためにザーディン府を設置したことに始まる．この区域は熱帯雨林などの密林地帯であり，グエン氏はハイヴァン峠以南の各地域（クアンナム）から募兵をして開発を行った．1790年にはグエン（阮）朝のグエン・フォック・アイン（嘉隆（ザーロン）帝）が築いた城の名称をザーディン城とし，居城とした．1808年，北と南部はそれぞれハノイとザーディンとに置かれた総鎮による間接統治区域とされた．総鎮制は1832年に廃止，これに伴い当該区域は分割されてコーチシナ6省が成立した．このためコーチシナ6省に相当する地域の一般的な呼称としても，ザーディンが用いられることもあった．

　省の名前としては1836年にコーチシナ6省の1つとして登場する．ザーディン省は，グエン・フォック・アインの時代からグエン・フォック・ダム（明命（ミンマン）帝）の時代までは，フィエンアン省とよばれていた．レー・ヴァン・ホイの蜂起を平定した後，1836年にザーディン省と称されるようになった．ザーディン省は，北部および北西部はカンボジアとの国境，東部はベー川とドンナイ川，南西部はヴァンコータイ川，そして南部は南シナ海に面した領域であり，省内（現タイニン省）に位置するバーデン（リンソン）山は標高986 mでコーチシナの最高峰である．1859年にフランスが占領し，62年の第1次サイゴン条約で，ディントゥオン省，ビエンホア省とともにフエ朝廷から割譲された．1867年にはチャオドック省，ヴィンロン省，ハーティエン省も併合，フランスの直轄植民地コーチシナの領域が確立し，旧6省は20の省に分割された．1899年にザーディン省はザーディン省，チョロン省，タンアン省に分割された．1955年，ベトナム共和国（南ベトナム）が成立すると首都サイゴンとザーディン省を設置した．南北ベトナムの統一後，1976年にサイゴンとザーディン省は合併してホーチミン中央直属市となった．

　　　　　　　　　　　　　　［筒井一伸］

サーデック　Sa Dec
ベトナム

人口：10.4万（2009）　面積：60 km²

［10°18′N　105°46′E］

　ベトナム南部，メコンデルタ，ドンタップ省の都市．省の南東端，ティエン川の南岸に位置する省直属市で，6つの行政区と3つの村によって構成されている．1975年以前は1つの省の名称でもあったが，サーデック省とキエンフォン省とが合併してドンタップ省が設置された後は，1つの市の名称としてのみ残っている．旧サーデック省時代や2省合併後もしばらくは省都であったが，1994年に北西約24 kmに離れた，ティエン川の北岸に位置するカオランに省都は移った．エビせんべいなどの海産加工品が主要な物産である． 　　　　　　　　　　　［筒井一伸］

サトゥーン　Satun
タイ

人口：4.3万（2010）　面積：881 km²

［6°37′N　100°04′E］

　タイ南部，サトゥーン県の町で県都．首都

サーデック(ベトナム），メコンデルタの花の町 〔Dory F/Shutterstock.com〕

バンコクの南南西，陸路で約970kmに位置する．西海岸の大きな町としては最もマレーシアに近く，南へ10km程度でマレーシアとの国境となる．住民の多くもイスラーム教徒であり，多くのモスクがあるなどイスラーム色の強い町である．　　　　　〔山本博史〕

サトゥーン県　Satun, Changwat
タイ

人口：27.5万 (2010)　面積：2479 km²
[6°37′N　100°04′E]

タイ南部の県．県都はサトゥーン．首都バンコクからは陸路で南南西約1000kmに位置している．タイの西海岸では，最南端の県であり，アンダマン海に面しタルタオ島に代表される多くの島々が点在している．県の特徴の1つは仏教徒が圧倒的に多いタイにあって，15世紀頃にはイスラーム化したとされ，イスラーム系の人口が多いことである．住民のうち，イスラーム系の割合は，全県の総人口(2010)の67.1%となっている．このようにイスラーム系人口が多いことから，イスラーム系人口の多い南部4県（サトゥーン，ナラーティワート，ヤラー，パッターニー）の1つと見なされ，分離独立運動を指摘されることもあるが，イスラーム教徒の原理主義的な反政府運動は他の3県ほどは盛んではないといわれる．

この地域は以前タイブリーとよばれ，ケダー王国の領土であった．1909年にシャムと英領マレーとの間で国境画定の条約が結ばれ，属地国家としての国境が設定されるまで，バンコクに金枝銀枝などの貢納を納め，有事に軍隊を派遣することを条件に，自治の強いイスラーム王家の朝貢国として統治が行われていた．このケダー王家とバンコク朝は歴史的に比較的良好な関係を維持していたことから，現在でも比較的中央政府と対立の度合いは低いとされる．おもな産業は，稲作，天然ゴム栽培，ココヤシ栽培，漁業であり，第1次産業が人びとの生業の中心である．
〔山本博史〕

サトナ　Satna
インド

人口：28.0万 (2011)　[24°20′N　80°33′E]

インド中部，マッディヤプラデシュ州サトナ県の都市で県都．州都ボパールの東北東約380km，ウッタルプラデシュ州との州境近くに位置する．地域は石灰岩地帯でもあり，国内のセメント生産の1割近くが産出されている．セメント工業都市としてよく知られ，セメントの積卸しなどに伴う重要な鉄道結節点ともなっており，多大な所得がセメント工業を通じての，交通面からももたらされている．近くには空港も存在する．インド唯一のセメント技術のコースをもつ工科大学がある．しかし，セメント工業に伴う空気汚染の問題も抱えている．また，電気ケーブル線の生産もみられる．　　　　　　〔前田俊二〕

サトパント山　Satopanth
インド

標高：7075 m　[30°51′N　79°13′E]

インド北部，ウッタラカンド州の山．ヒマラヤ山脈西部，ガルワールヒマラヤ，ガンゴトリ山群の第2の高峰である．ガンジス川の源流部にあたる．主峰(標高7075 m)から西に延びる尾根に6つの小ピークが並ぶ．ウッタラカンド州の州都デーラドゥーンの東北東約130 km，登山基地となるウッタルカシ Uttarkashi の東北東約76 kmに位置する．山名はヒンディー語で7つの峰を意味する．1940年にスイス隊が初登頂した．
〔松本穂高〕

サトプーラ山脈　Satpura Range
インド

標高：1350 m　長さ：966 km
[22°28′N　78°26′E]

インド中部，デカン高原北縁に位置する山脈．インド亜大陸のほぼ中央を東西に走り，全長は1000km弱で，グジャラート州，マハーラーシュトラ州，マッディヤプラデシュ州，チャッティスガル州の4州にまたがっている．インドの南側を逆三角形に見立てたとき，西側の辺に西ガーツ山脈，東側の辺に東ガーツ山脈，北側の辺にサトプーラ山脈があると考えてよい．これら3つの山脈に囲まれた高原地帯がデカン高原であり，南インドとよばれる地域でもある．このサトプーラ山脈の北側をほぼ平行して東西に走るヴィンディヤ山脈と，マッディヤプラデシュ州中央部・アマルカンタク山で合する．南東側には，西ガーツ山脈から発してデカン高原を東に流れるゴダヴァリ川がベンガル湾に注いでおり，また南側にはタービ川が発して，アラビア海に注いでいる．

地名は，7つのひだの意で，多くの尾根が平行して走り，また侵食を大きく受けて，なだらかな丘陵性山地となっている．平均高度は600～750 m，最高峰は標高1350 mのパチマリ山．東側は西側よりも降水量が多く，東ガーツ山脈と交わる高原には落葉広葉樹の森林が広がっているが，西側はナルマダ渓谷とともに，乾燥落葉樹林となっている．少ししか残っていない貴重な原生林には，トラ，ガウル(インドヤギュウ)，ドール(アカオオカミ)，ナマケグマ，ヨツヅノレイヨウなどが生息している．サトプーラ山脈は，歴史的にみて，ヴィンディヤ山脈とともにインドという国を南北に分断する文化的な壁となっていた．すなわち，文化的に，北インドのアー

リア地域と，デカンドラヴィダ地域の境界を
なしている． ［前田俊二］

サトマラ丘陵　Satmala Hills

インド

標高：1472 m　　　　　　［20°14′N　74°20′E］

　インド西部，マハーラーシュトラ州中央部
マラトワダ Marathwada 地域北部の，州都
ムンバイ（ボンベイ）の北東約 211 km 付近に
位置する丘陵．マラトワダ地域はなだらかな
波状地形であり，北部はアジャンタおよびサ
トマラ丘陵地となっている．サトマラ丘陵の
平均標高は 637 m で，最高地点はドダップ
Dhodap 山の 1472 m である．ここには要塞
の跡があり，その急崖はロッククライミング
の理想的な場所として人気がある．そのほ
か，サトマラ丘陵地域には多くの丘の要塞跡
があり，またヒンドゥー教の聖地や寺院およ
び野生生物保護区などがみられる．なお，西
から東にゴダヴァリ川がマラトワダ地域の南
側に沿って流れている．ドゥダナ，グラテ
ィ，プールナの各河川は，ゴダヴァリ川の主
要な支流である．この丘陵にあるジャルナ
は，塩分を含まない石灰肥料の産出地として
知られている． ［前田俊二］

サトレジ川　Sutlej River

中国～パキスタン

サトラジ川　Sutluj River（別称）

面積：60000 km²　長さ：1450 km

［29°24′N　71°08′E］

　中国からインド，パキスタンにかけて流れ
る川．インダス川 5 大支流のうち，最も南・
東を流れる．全長は 5 大支流中最長である．
中国のチベット自治区南西部にあるカイラス
山（標高 6656 m）近くのランガツォ湖に源を
発し，深い峡谷を形成しながら西流した後，
インド領に入り，ヒマラヤ山脈を横断する．
この川によって，ヒマラヤ山脈は東のクマオ
ンヒマラヤと西のパンジャブヒマラヤに分け
られる．その後，インド北西部をシワリク丘
陵にバークラ峡谷を穿ちながら南西に約 200
km 流れ，ルパールでパンジャブ平原に出
る．そこから西へ約 150 km 流れてビアズ
（ベアース）川と合流し，インドとパキスタン
の国境となって約 100 km 南西流した後パキ
スタン領に入る．アリプールの東でチェナブ
川をあわせパンジナッド川となり，やがてミ
タンコット Mithankot 付近でインダス川に
合流する．

　現在の流路は以上のようであるが，インダ
ス文明期にはインダス川の東方を流れたかつ
てのサラスワティ川の重要な支流であった
が，地殻変動によって流路が変わり，今日の
ようにビアズ川と合流するようになったとの
見方もある．その結果，チョーリスタンとシ
ンドの砂漠化が進み，サラスワティ川は干上
がり，そのためインダス文明を築いた沿岸の
多くの集落が放棄されたとされる．インド半
島がイギリスの植民地と化して以後は，サト
レジ川は 1840 年代のシク戦争までは，イギ
リスの勢力圏（東方）とシク教徒の勢力圏（西
方）の境界をなすなど，古来歴史的にも重要
な河川であった．

　流域のパンジャブ平原は，大部分が半乾燥
気候と乾燥気候に属し，年平均降水量は数百
mm 以下と少ないうえに，モンスーン季に
集中している．しかし，サトレジ川はヒマラ
ヤ山脈の氷河に源を発するため水量が比較的
豊富であり，歴史的にパンジャブ地方の灌漑
に大きな役割を果たしてきた．かつては，溢
流用水路による灌漑であったため春以降の融
雪による増水を待たねばならず，季節的にし
か利用できないという制約と河川に近接する
氾濫原にほぼ限定されるという地域的制約が
あった．

　イギリス領時代になると，水門を備えた堰
堤と通年用水路網が建設されて，河間地（ド
アーブ）の開発を促した．その嚆矢といえる
のが，アッパーバーリードアーブ用水路
（UBDC）である．これは，シク戦争後の
1859～61 年に失業したシク教徒の入植地用
として，ラーヴィ川がパンジャブ平原に出る
マドゥープールの近くに建設されたもので，
ラホール周辺や南のサトレジ川の近くまでを
潤した．その後，インド・パキスタン分離独
立の際に，パンジャブ地方は，おもにシク教
徒やイスラーム教徒などの宗教人口の地域的
構成とそれらの聖地の位置に配慮して国境が
画定された．灌漑水利体系までは配慮されな
かったため，パンジャブの灌漑水利体系は，
西部がパキスタン，東部がインドに分断され
てしまった．たとえばアッパーバーリードア
ーブ用水路では取水口や，サトレジ川右岸の
パキスタン側を潤していたフィローズプル堰
堤がインドに属することになった．

　その後，サトレジ川流域にはインドにより
ダムや灌漑用水路が多く建設された．中でも
バークラ・ナンガル総合開発計画によるバー
クラダム（1954 年建設，堤高約 230 m，灌漑
と発電を主目的とする）やパンジャブ州東部
にあるシルヒンド水路は規模が大きい．その
結果，上流部でのインド側の取水量が多くな

り，サトレジ川やラーヴィ川などの水利用を
めぐって紛争が絶えなかった．1960 年にイ
ンド，パキスタン両国の間でインダス水利協
定が結ばれ，サトレジ川の水の多くはインド
側で取水されることになり，パキスタン側で
は水量不足を補うために，ジェルム川やチェ
ナブ川などと結ぶ連絡用水路を敷設し，サト
レジ川へ水を供給したり，貯水用の巨大ダム
を建設したりした．現在，流域であるパンジ
ャブ地方では，おもに小麦をはじめ綿花，サ
トウキビ，米などが栽培されている．また一
方で，インド側のパンジャブ地方は，豊かな
水を背景に多収量品種の導入・近代技術の採
用などで革命的な農業発展を目ざした「緑の
革命」の，インドにおける発祥の地となっ
た． ［出田和久］

サートーン　Sathon

タイ

人口：13.8 万（2010）　面積：9.3 km²

［13°42′N　100°32′E］

　タイ中部，首都バンコクの特別区（ケー
ト）．幹線道路のサートーン通りの南に位置
する．人口密度の高い居住地区であり，入国
管理局（イミグレーション）や刑事・民事裁判
所などの政府機関もある．近年，サートーン
通り沿いにサートーンシティータワーやエム
パイアータワーなどの高層オフィスビル，ア
ジア銀行本店ビルなどが林立し，同区北辺は
新たなビジネス街として急速に変貌してい
る．また，同区を縦断し，サートーン通りと
旧ビジネス街のシーロム通りとを結ぶナラー
ティワートラーチャナカリン通りが整備され
たことにより，同区のさらなる発展が見込ま
れている． ［遠藤　元］

サートーン　Sathon

タイ

［13°42′N　100°32′E］

　タイ中部，首都バンコクの地区．バンコク
の幹線道路の名称であるとともに，その近辺
を総称する地名である．サートーン通りは，
ビジネス中心街であるシーロム通りの南を平
行して走り，幹線道路のラーマ 4 世通りとソ
ムデット・プラチャオタークシン（タークシ
ン王）橋を経てトンブリー側とを結ぶ．通り
は，チャオプラヤー川からラーマ 4 世通りに
向かって東進するサートーンヌア（北）通り
と，それとは逆方向に西進するサートーンタ
イ（南）通りに分かれ，それぞれ一方通行で
ある．建設されたのはラーマ 5 世時代の
1888 年で，道路名は建設者の名前をとって

つけられた．近年，この通りの両側に高層の
オフィスビルが林立し，バンコクの新たなビ
ジネス街として急速に発展している．

[遠藤 元]

サドン　寺洞　Sadong　北朝鮮

標高：15 m　気温：9.4℃　降水量：950 mm/年
[39°02′N　125°45′E]

北朝鮮，ピョンヤン(平壌)直轄市の区域．
1952 年には北区域であったが，59 年に改
称．テドン(大同)江沿いに位置する．地名は
高麗代に付近に寺がたくさん建てられたこと
に由来する．景観にすぐれる．住宅地域であ
り，また南江と大同江による沖積地の美林平
野が広がる．大城区域との間に美林閘門があ
る．天然記念物のナツメの産地．先史時代の
遺跡や高句麗後期遺跡がある．　[司空 俊]

サトンダ島　Satonda, Pulau　インドネシア

[8°07′S　117°45′E]

インドネシア中部，小スンダ列島，西ヌサ
トゥンガラ州ドンプ県の島．スンバワ島の中
部北，フロレス海に位置し，南東 2.5 km に
スンバワ島のサンガル半島と海峡を隔てて対
する．タンボラ山の北西 30 km にある．火
山島で，カルデラにサトンダ湖(面積 2.5
km²)がある．　[青山 亨]

サナエ基地　SANAE Station　南極

標高：856 m　[71°40′S　2°50′W]

南極，東南極の基地．1997 年に完成した
南アフリカ共和国の南極観測隊の越冬基地
で，サナエ IV 基地ともよばれる．ドロンニ
ングモードランドのプリンセッセアストリ海
岸とクロンプリンセッセメーサ海岸の間の海
岸付近に位置している．基地の建物は，アー
ルマン山脈の端にある平頂なベスレスカルベ
ットヌナタクの頂上(標高 856 m)に立地して
いる．大陸の縁から内陸側へ 80 km，棚氷
の縁から 160 km にある．　[前杢英明]

サナームルアン　Sanam Luang　タイ

トゥンプラスメーン　Thung Phrasumen (旧称)
面積：0.1 km²　[13°45′N　100°30′E]

タイ中部，首都バンコクの広場．バンコク
の旧王宮の前にあり，元来の名称はトゥンプ
ラスメーン(王族の火葬場，須弥山の広場の
意)であった．当初，国王と王族の葬儀場と
して利用された広場で，国王が死亡すると須
弥山に住む神に戻るというヒンドゥー思想に
もとづく．しかし，ラーマ 4 世はこの名称を
好まず，1855 年に現在の名称に変更する布
告を出した．現在では，王族の葬儀や豊作儀
礼など王室関係の国家的行事の舞台となるほ
か，集会・演説場，タコ揚げ大会，週末市な
ど，さまざまな目的で利用されている．また
広場の周囲には，王室の守護寺院として名高
いワットプラケーオ(エメラルド寺院)が旧王
宮内にあるのをはじめ，中央官庁が立ち並
ぶ．タイの有名大学であるタマサート大学
は，同広場の西に面している．　[遠藤 元]

サヌール海岸　Sanur, Pantai　インドネシア

[8°41′S　115°15′E]

インドネシア中部，バリ島南部，バリ州の
海岸．州都デンパサールの東端に位置する．
バドゥン海峡に面しサンゴ礁に並行した砂浜
が南北に約 3 km 続く．閑静な雰囲気を残し
ており長期滞在の観光客に人気がある．サー
フスポットでもある．オランダ植民地時代か
らヨーロッパの芸術家が滞在していたが，ス
カルノ政権期に日本の戦争賠償として建設さ
れたバリ・ビーチホテルをきっかけに観光開
発が進んだ．　[青山 亨]

サバ州　Sabah, Negeri　マレーシア

北ボルネオ　North Borneo (旧称)
人口：320.7 万 (2010)　面積：73902 km²
[5°59′N　116°04′E]

マレーシア，カリマンタン(ボルネオ)島北
東部の州．南シナ海，スールー海，セレベス
(スラウェシ)海に面する．州面積の 6 割を森
林が占める．西部にはクロッカー山脈が走
り，東南アジア最高峰で標高 4095 m のキナ
バル山がそびえる．州都はコタキナバル．州
の下の郡全域に自治体(町)が設置されている
ため，郡と町の行政域と人口は同一数とな
る．

サバ州は，30 を超える民族を有し，半島
マレーシアとは民族構成(2010)が大きく異
なる．マレー人が 18.4 万であるのに対し，
カダザン/ドゥスン族 56.9 万，バジャウ族
45.0 万，ムル族は 10.2 万であり，華人は

29.6 万である．最大の民族グループである
カダザン/ドゥスン族は，西岸から中央部に
かけて居住しており，統計ではキリスト教を
信仰するものが多い．バジャウ族は，東部か
ら北部にかけての海岸沿いに居住し，大部分
がイスラーム教徒で，海のジプシーともよば
れている．ムル族は大半がキリスト教徒で，
南西地区からサラワク州およびインドネシア
の北カリマンタン州との境にかけての内陸部
に居住している．

現在のサバ州に相当する地域は，19 世紀
中頃までは，ブルネイとスールーの両王国の
支配下にあった．しかし，1846 年にラブア
ン島がイギリスに割譲されると，65 年には
北東部が 10 年間租借されるなど，欧米人が
強い関心を示すようになった．1877 年には，
イギリス人のアルフレッド・デントとオース
トリア人のオーフェルベックはイギリス北ボ
ルネオ会社を設立し，81 年にはイギリス政
府から特許状が交付され，同社が，北ボルネ
オの事業開発を行うことになった．1888 年
には，ブルネイ，サラワクとともに北ボルネ
オとしてイギリスの保護領となり，現在のサ
バ州の範囲は，このときのものを基本にして
いる．その後，第 2 次世界大戦時の日本軍に
よる占領を経て，1946 年に正式にイギリス
の植民地となる．1963 年のマレーシア連邦
発足時に，サラワク，シンガポールとともに
参加し，マレーシアの一員となった．このと
きに名称をサバ州に変更している．マレーシ
ア加入後，著しい経済発展が都市部でみられ
たが，農村部との格差は大きく，農村開発と
貧困の解消は依然として重要な課題である．

サバ州の経済は州内総生産の 1/4 を第 1
次産業が占める．州面積の 6 割を占める森林
資源を背景とした丸太や製材，そして原油の
輸出に依存していたが，現在では，それらに
加えてパーム油および合板などの木材加工製
品が主要輸出品目となっている．パーム油
は，サバ土地開発庁が中心となって，アブラ
ヤシの栽培を進めた結果，パーム油への加工
精製部門も発展し，原油や木材関連をしのぐ
輸出品目に成長している．またサバ州では，
以前は丸太や製材など付加価値の低いまま輸
出していたが，木材加工業の発展に伴い，よ
り付加価値の高い合板やベニヤの生産が増加
した．このように，パーム油加工を中心とし
た食品加工業と木材加工業の 2 つは現在のサ
バ州の主要業種となっている．その他の第 1
次産業分野では，カカオ豆および水産業が発
展している．

コタキナバルは，人口 45.2 万で，北ボル
ネオ時代はジェッセルトンとよばれていた．

世界中から登山者を集めるキナバル山を含むユネスコ世界遺産(自然遺産)のキナバル公園(2000登録)への玄関口でもある．また，1994年に発足した人口規模7000万人の東ASEAN成長地帯構想(BIMP-EAGA：ブルネイ，インドネシアのカリマンタン，スラウェシ，マルク，パプアなど14州，マレーシアのサバ州，サラワク州，ラブアン，フィリピンのミンダナオおよびパラワン)の中核事務局が設置され，今後この地域の経済発展において，牽引的な役割を果たすことが期待されている．

スールー海に面した第2の都市サンダカンは人口39.6万で，戦前は北ボルネオの中心都市であった．19世紀後半から国際貿易港として栄え，現在まで続いている．近郊にはオランウータンの自立トレーニング施設であるセピロック・オランウータン・リハビリテーションセンターがある． 〔石筒 覚〕

サパ　Sa Pa　ベトナム

チャパ　Chapa（旧称）

人口：5.4万（2009）　面積：683 km²
気温：17～23℃　　［22°20′N　103°51′E］

ベトナム東北部，ラオカイ省の県．山岳地域で，中国と接する．旧称はチャパ．県都はサパ町で他に17の村が属する．省都ラオカイからは国道4D号で南南西約38 km，1～2時間程度の場所にある．ホアンリエンソン山脈の山腹に位置し，標高はおよそ1500 mである．タンウィエン県およびライチャウ省フォント県との境には，国内最高峰ファンシーパン山（標高3143 m）がそびえる．気温は年間を通して17～23℃と過ごしやすく，フランス植民地時代の1920年頃からベトナム北部の避暑地として注目されるようになった．しかしながらフランス軍の撤退とともに，フランス風の建築物が破壊され，現在ではほとんど残っていない．人口の約50％をフモン族が，約23％をザオ族が占める．これらの少数民族の村々を巡るトレッキングが外国人観光客，とりわけ欧米人に人気であり，首都ハノイからも3泊4日程度のツアーが出ている． 〔筒井一伸〕

サバラガムワ州　Sabaragamuwa Province　スリランカ

人口：192.9万（2012）　面積：4968 km²
　　　　　　　　　　　　　［6°42′N　80°23′E］

スリランカ南西部の州．1889年に成立，1987年に正式に法制化され，選挙による州議会をもつことになった．州名は，先住の狩猟民を意味するインド名サバラにちなんで命名された．州都はラトナプラ．中央高地の南西山麓にあたり，ラトナプラ県（人口108.8万，2012）とキャーガッラ県（84.1万）からなる．丘陵地から山地へと広がり，低地シンハラ人と高地シンハラ人の居住と文化の漸移地帯にあたる．キャーガッラ，バランゴダ，エンビリピティヤ Embilipitiya などの町がある．稲作，茶，ゴムなどの農産物栽培と，ラトナプラ一帯での宝石産出が地域の特徴となっている． 〔山野正彦〕

サバラナ諸島　Sabalana, Kepulauan　インドネシア

Liukang Tenggaya, Kepulauan（別称）／ポスチリョン諸島　Postiljon, Kepulauan; Postillion, Kepulauan（別称）

　　　　　　　　　　　　　［6°51′S　119°06′E］

インドネシア中部，小スンダ列島，南スラウェシ州クプラウアンスラヤル県の諸島．スンバワ島の北約200 km，フロレス海に位置する環礁である．北端のサバル島から南端のサレゲ島まで約20の島が弧状に連なる．最大の島はサバラナ島（面積7 km²），次いでバナワヤ島（3 km²）である． 〔青山 亨〕

サハーランプル　Saharanpur　インド

人口：70.3万（2011）　［29°58′N　77°33′E］

インド北部，ウッタルプラデシュ州北部，サハーランプル県の都市で県都．首都デリーの北約150 kmのヒマラヤ山脈の近くに位置する．すなわち，シワリク丘陵のふもとにあり，周辺はガンジス川上流およびその支流の上流が集まる地域で，農業用水路と合わせて，水に恵まれた肥沃な農業地域である．一帯は，小麦，サトウキビ，米，綿花，果物などの産地となっており，これらは，鉄道交通の集中したこの都市へ集められ，販売される．また，綿花，タバコ，砂糖などの農産物加工工場や，鉄道工場，さらに北部丘陵森林地域からの供給を受け，製紙工場および国際的に有名な木彫りの家内工業や木工品工場など，インド北部で数少ない活発な工業生産活動が行われている都市である． 〔前田俊二〕

サハルサ　Saharsa　インド

人口：15.5万（2011）　面積：21 km²
　　　　　　　　　　　　　［25°53′N　86°36′E］

インド北部，ビハール州サハルサ県の都市で県都．州都パトナの東北東約150 kmに位置する．市街地中心部に鉄道駅があり，北部へ向かう路線と東部へ向かう路線との分岐点になっている．このほか国道231号が市街地を東西に横断し，郊外には小規模な飛行場も所在する．市には州政府が設立した教員養成大学や工業専門学校などのほか複数の教育機関が立地する．ネパール東部から網状に広がりながら平野部を南流しガンジス川へと合流するコシ川が，市街地の西側を流れる．一帯は肥沃な土地が広がることもあって農業が

サパ（ベトナム）．サパ教会前の広場に集うフモン族の人びと〔thi/Shutterstock.com〕

盛んであり，米，小麦，トウモロコシなどの穀物のほかジュートやサトウキビなども栽培されている．このほかにも漁業が行われているものの，他の産業は十分に発展していない．コシ川の下流は毎年のように氾濫するとともに流路も変化し，一帯はたびたび洪水の被害を受けてきた．たびかさなる自然災害は，一帯の貧困問題などとも深く結びついている．　　　　　　　　　　　［鍬塚賢太郎］

サバン　Sabang　　　インドネシア

人口：3.1万（2010）　面積：153 km²
[5°53′N　95°19′E]

インドネシア西部，ウェ島，アチェ州の市（コタ）．行政単位としてのサバン市は，スマトラ島北端沖のウェ島全体と周辺の小島を含む．中心は島の北東部のサバン湾の東側にある．島の南東部のバロハン港から17 km離れたスマトラ島の州都バンダアチェとは定期フェリーで結ばれる．空港もあるが定期便は運行されていない．インドネシアでは国土の最西端の町として知られており，「サバンから（ニューギニア島の）メラウケまで」は国土の全領域を示す標語である．サバン湾の奥に位置するサバン港はインド洋の波浪から守られた天然の良港である．マラッカ海峡の西の入口の要衝として，オランダ植民地期の1887年に港が建設され，ベンガル湾を横断する汽船の燃料補給基地となった．インドネシアの独立後は衰退したが，2000年にサバン自由貿易地および自由港に関する法制が整備され，開発が期待されている．　［青山　亨］

サバン　Sabang　　　インドネシア

[0°13′N　119°52′E]

インドネシア中部，スラウェシ島北部，中スラウェシ州トリトリ県の町．ミナハサ半島西海岸，マカッサル海峡に面するサバン湾の南側に位置する．県都トリトリの南西140 km，州都パルの北120 kmにある．

［青山　亨］

サパーンスーン　Saphan Sung　　　タイ

人口：12.0万（2010）　面積：28 km²
[13°44′N　100°45′E]

タイ中部，首都バンコクの特別区（ケート）．都内東部に位置し，郊外住宅地が点在する．人口密度は低い．センセープ運河を

はじめ多くの運河が区内を流れる．河川舟運が重要だった時代にさまざまな大きさの舟が通れるように橋を高くしたことから，サパーンスーン（高い橋）という地名がつけられたとされている．1972年にバンコク都が設置された当初はバーンカピ特別区に編入されたが，89年にバーンカピ特別区の一部がブンクム特別区として分離した際にその1地区として再編され，さらに97年にサパーンスーン特別区として分離した．　　　［遠藤　元］

サヒーブガンジ　Sahibganj　　　インド

Sahebganj（別表記）
人口：8.8万（2011）　[25°15′N　87°40′E]

インド東部，ジャルカンド州サヒーブガンジ県の都市で県都．州都ラーンチの北東316 kmに位置する．地名は，旦那衆（サヒーブ）の場所（ガンジ）という意味である．サヒーブとはインドの人びとがヨーロッパの人びとに対して用いた敬称であり，イギリスによる統治時代に多くのイギリス人やヨーロッパの人びとが，近くの鉄道駅周辺に住んだことによるといわれている．さらに，この地域にはそれ以前の古くからの先住民や，まわりのビハール州，ベンガル州からの人びと，それにバングラデシュ（かつての東パキスタン）からの避難民など多くの異文化の人びとが混住している．また，ラジュマハルの丘とガンジス川に囲まれており，その美しい自然美で知られている．州唯一の野生生物保護区があり，冬にはシベリア方面から渡り鳥がやってくる．Sahebganjとも表記される．　［前田俊二］

サヒーブザダアジトシンナガル
Sahibzada Ajit Singh Nagar

インド

モハリ　Mohali（別称）
人口：14.6万（2011）　[30°47′N　76°41′E]

インド北部，パンジャブ州サヒーブザダアジトシンナガル県の都市で県都．州都チャンディガルの南西に隣接する．一般的にはモハリ市ともよばれる．モハリは集落を意味する村の名前で，ラージプート族による定住から始まっている．この村はのちにシク教徒によって支配され，シク帝国の一部となっていた．インド・パキスタン分離後，当初工業団地として開発され，同時に住宅地として発展し，今日大都市チャンディガル市に隣接した2つの衛星都市の1つとなっており，これら

3都市を結んだ地域がチャンディガル都市圏と称されている．　　　　　　［前田俊二］

サブ海　Sabu, Laut　☞　サウ海　Sawu, Laut

サブ島　Sabu, Pulau　☞　サウ島　Sawu, Pulau

サファイア　Sapphire　　　オーストラリア

人口：0.1万（2011）　面積：9.5 km²
[23°28′S　147°43′E]

オーストラリア北東部，クイーンズランド州中央東部，セントラルハイランド地域の町．州都ブリズベンの北西約900 kmに位置する．高原地帯に立地し，周囲の農村地域は，小麦や柑橘類の栽培，牧畜が盛んである．また，地名のとおりサファイアなどの宝石の鉱床があり，おもな産業の1つになっている．　　　　　　　　　　［秋本弘章］

サーフイン　Sa Huynh　　　ベトナム

[14°40′N　109°04′E]

ベトナム南中部，クアンガイ省ドゥックフォー県の地域．フォータイン Pho Thanh 村とフォーチャウ Pho Chau 村にまたがる海岸およびその周辺の地域で，一般には全長約6 kmのサーフイン海岸エリアや，サーフイン文化にかかわる遺跡が点在するエリアをさす．省都クアンガイの南約60 kmに位置する．1923年にこの地域の海岸砂丘から鉄器や石製，ガラス製，土製の装身具類を副葬した再葬甕棺墓群が発見された．これらを指標要素とする文化は地名が冠され，サーフイン文化と称される．同様の装身具類は，カンボジアのトンレサップ湖畔や中部タイ，マレー半島東海岸，東はフィリピンのルソン島，パラワン島などでも発見されている．近年，国道1号およびベトナム南北縦貫鉄道（統一鉄道）沿いにあるという地理的条件を活かし，風光明媚な砂州と前記のサーフイン文化を中心にすえたリゾート開発が進められ漁港の改良なども行われた．　　　　　［筒井一伸］

サプディ島　Sapudi, Pulau
インドネシア

Sapoedi（旧称）
[7°07′S　114°20′E]

インドネシア西部，東ジャワ州スムヌップ県の島．マドゥラ島の東，カンゲアン島の西に位置する．住民の主たる生業は農業と漁業である．闘牛の盛んな島として知られる．

[青山　亨]

サブリナ海岸　Sabrina Coast
南極

長さ：300 km　[67°20′S　119°00′E]

南極，東南極の海岸．ウィルクスランドにあり，ウォルドロン岬とサウザード岬の間の海岸地帯をさす．イギリスの捕鯨船の船長ジョン・バレニーが1839年にこのあたりに陸地を視認したと発表，40年にはアメリカのチャールズ・ウィルクス探検隊が海岸に近づき，トッテン高原として地図に記載した．1931年に行われた，ダグラス・モーソン率いるイギリス，オーストラリア，ニュージーランド3カ国共同の探検隊が，バレニーやウィルクスが報告した位置よりも緯度1度分だけ南側に海岸線があることを確認した．地名は，第一発見者であるバレニーに敬意を表して，バレニーの船に積まれていた手漕ぎボート・サブリナにちなんで命名された．サブリナは1839年3月に東経95度付近で嵐に巻き込まれ，遭難した船である．

[前杢英明]

サペ　Sape
インドネシア

人口：5.3万（2010）　面積：619 km²
[8°34′S　119°00′E]

インドネシア中部，小スンダ列島，スンバワ島東端，西ヌサトゥンガラ州ビマ県の町．スンバワ島とコモド島の間のサペ海峡に臨むサペ湾の奥にある港町である．フロレス島西端のラブアンバジョおよびコモド島のコモドと定期航路で結ばれる．

[青山　亨]

サペ海峡　Sape, Selat
インドネシア

[8°35′S　119°18′E]

インドネシア中部，小スンダ列島，西ヌサトゥンガラ州と東ヌサトゥンガラ州の州境をなす海峡．スンバワ島とコモド島の間を南北に走り，北のフロレス海と南のスンバ海峡を結ぶ．北側にバンタ島がある．浅く暖かいジャワ海に属するフロレス海と，冷たく栄養分の多いインド洋に属するスンバ海峡を結ぶため，激しい潮流と豊かな生物相で知られる．

[青山　亨]

サーペンタイン湖　Serpentine Lakes
オーストラリア

長さ：63 km　幅：1-2 km
[28°33′S　129°05′E]

オーストラリア南西部，サウスオーストラリア州とウェスタンオーストラリア州にまたがる塩湖．グレートヴィクトリア砂漠の中央部に位置する．湖の幅は狭いが長大である．中央部には，100 mあまりの幅が約7 kmにわたって連続する部分も認められる．しかしとくにその南部では，わずかに途切れた湖が連続していることからLakesと呼称される．この湖の成因は，かつての大きな河川の名残と考えられている．普段，湖の多くは干上がっており，プラヤとよばれる白い塩原をつくっている．サウスオーストラリア州に属する部分は，その名もアンネームド Unnamed保護公園に属し，立ち入りが制限された区域となっている．

[片平博文]

サポコイ山　Sapocoy, Mount
フィリピン

標高：2456 m　[17°29′N　121°00′E]

フィリピン北部，ルソン島北部，マウンテン州の山．島北部のやや西側に南北に延びるコルディリェラ中央 Cordillera Central 山脈の主峰の1つである．トゥゲガラオの南西約80 km．南東麓のルブアガン Lubuagan が登山口である．

[田畑久夫]

さほちん　乍浦鎮 ☞ チャープー鎮 Zhapu

サマーセット　Somerset
オーストラリア

人口：0.4万（2015）　面積：39 km²　標高：84 m
[41°02′S　145°50′E]

オーストラリア南東部，タスマニア州北西部の町．バス海峡に面しており，バーニーとウィンヤードの中間地点にある．地名は，イギリス陸軍元帥のドーロ・フィッツロイ・サマーセットにちなみ名づけられたといわれている．おもな産業は農業と林業で中小企業が中心である．ユーカリのベニヤ板を生産するガンズ社があり，生産量は国内最大である．

[武井優子]

サマーセットダム　Somerset Dam
オーストラリア

人口：266（2011）　面積：172 km²
[27°07′S　152°33′E]

オーストラリア北東部，クイーンズランド州南東部，サマーセット地域の町．州都ブリズベンの北西約120 kmに位置する．同名のサマーセットダムはブリズベン川支流のスタンレー川に建設され，1958年に完成した．洪水調節と水供給の目的，機能をもつ．町は観光業の拠点となっている．

[秋本弘章]

サマック岬　Samak, Tanjung
インドネシア

[2°52′S　108°17′E]

インドネシア西部，ブリトゥン島東端，南スマトラ州ブリトゥンティムール県の岬．マンガルの東，タンジュンテラカ Tanjung Telaka の南に位置する．カリマタ海峡に臨む．

[青山　亨]

サマナラカンダ　Samanala Kanda ☞ スリパーダ Sri Pada

サマライ　Samarai
パプアニューギニア

[10°37′S　150°36′E]

南太平洋西部，メラネシア，パプアニューギニア南東部，ミルンベイ州の町．ニューギニア島南東端に近いサマライ島に位置する．1968年にアロタウにその地位を譲るまではミルンベイ地域の行政中心地であった．1873年，ポートモレスビーの命名者となったイギリスのジョン・モーズビー（モレスビー）船長がヨーロッパ人として最初に訪れ，78年にはロンドン宣教師協会の布教拠点となる．第1次世界大戦前までは，コプラなどのプランテーションの産物や金の輸出港として，ポートモレスビーを凌ぎ，オーストラリア領パプア地域の中心地として栄えた．1942年，日本軍の侵攻を前に，港湾設備を利用されることを防ぐためオーストラリア政府により町は破壊された．第2次世界大戦後，市街は復興されたが，かつての栄華は戻っていない．

[熊谷圭知]

サマランガ　Samalanga

インドネシア

人口：2.7万（2010）　面積：350 km²

[5°11′N　96°21′E]

インドネシア西部，スマトラ島北西部，アチェ州ビルン県の町．マラッカ海峡に臨む．州都バンダアチェと北スマトラ州の州都メダンを結ぶ幹線道路に沿う．ジョホールの宰相で文人であったトゥン・スリ・ラナンがアチェのスルタンから1613年にこの地を領地として与えられて移住し，59年に死去するまでイスラーム教の拡大に努めた．2004年スマトラ島沖地震で津波の被害を受けた．

［青山　亨］

サマランタン　Samalantan

インドネシア

人口：1.8万（2010）　[0°48′N　109°12′E]

インドネシア西部，カリマンタン（ボルネオ）島西部，西カリマンタン州ブンカヤン県の町．シンカワンの南東28 kmに位置する．シンカワンと県都ブンカヤンを結ぶ道路に沿う．

［青山　亨］

サマリンダ　Samarinda

インドネシア

人口：72.8万（2010）　面積：718 km²

気温：20-34℃　降水量：1980 mm/年

[0°30′S　117°09′E]

インドネシア中部，カリマンタン（ボルネオ）島中部東岸，東カリマンタン州の市（コタ）で州都．州最大の商業都市で，市域はクタイカルタヌガラ県に囲まれている．マカッサル海峡に注ぐ島最大のマハカム川の河口からマハカムデルタを経て48 kmほどさかのぼった地点にある．マハカム川は大型船舶の通行が可能で，内陸部の産物を島外に輸出する重要な水運の拠点である．川は市内を蛇行して東に貫流し，市の中心がある北側左岸とサマリンダスブランとよばれる南側右岸に分かつ．3本の橋が両岸を結んでいたが，下流側にあった国内最長（710 m）のクタイカルタヌガラ橋は2011年に崩落した．

伝統的にマハカム川による水運に対して陸路の未発達が経済発展の障害になっていたが，現在では南南部の商業都市バリクパパン（距離105 km）を経て南カリマンタン州の州都バンジャルマシンまで陸路で結ばれている．市内にはトゥミンドゥン空港があり，バリクパパンと州北部との中継点となっている

が，狭隘なため新空港が市外に建設中である．

赤道に近く，熱帯雨林気候に属し，気温は20〜34℃の間を推移する．面積の65%が標高25 m以下であり，最高地点で120 mである．住民の多くはイスラーム教徒で，クタイ人，バンジャル人，ダヤク人のほか外来のブギス人，華人，ジャワ人などからなる．18世紀以来，ブギス人による交易の拠点であったが，1960年代後半から州の木材輸出の拠点となり木材の町として知られる．同じ頃，州では石油，天然ガスの開発が進み，市の生産総額の70%を石油関連産業が占めている．独特の模様の手織りサロン（腰布）はサマリンダサロンとして有名である．

1667年，オランダとのゴワ戦争に敗れたスラウェシ島のゴワ王国はブンガヤ条約を結んで降伏したが，これに不満をもったブギス・ワジョ族の一部がカリマンタン島中部東岸のクタイ王国に逃れ，同国の王から許しを得てマハカム川の支流カランムムスの川沿いに定着した．のちに彼らは居住地を現在のサマリンダスブランに移したが，その住居が身分の上下にかかわらず，同じように低い（sama rendah）ものであったことが地名の由来といわれている．市内には州最初の国立大学で11学部を擁するムラワルマン大学がある．北25 kmの市外に先住民ダヤク人の文化観光村パムパンがある．

［青山　亨］

サマール州　Samar, Province of

フィリピン

人口：78.0万（2015）　面積：6048 km²

[11°46′N　124°53′E]

フィリピン中部，サマール島，東部ビサヤ地方に位置する州．州都はカトバロガン．サマール島では1965年に，北サマール州，東サマール州，西サマール州の3州が成立し，その後69年に西サマール州がサマール州へ変更された．言語はワライワライ語ともよばれるレイテ・サマール語が9割，残りがセブアノ語である．フィリピンで一番長い橋であるサンファニーコ橋によりレイテ島とつながる．生業は農漁業が中心で，平野部での米作の他，コプラ生産のためのココヤシ栽培，沿岸部での零細漁業などに多くの住民が従事する．

サマール州は，フィリピン東岸の太平洋沖で発生する台風の通過域となっており，従来から台風による被害を受けてきた．しかし近年，気候変動によって頻発化，巨大化する台風や集中豪雨による被害は甚大化する傾向に

ある．とくに2013年11月に発生した巨大台風ヨランダはサマール州を含む東部ビサヤ地方を中心に大きな被害をもたらし，死者・行方不明者合計は約8000人にのぼった．このような過酷な生活環境を反映して，州はフィリピン国内でも貧困率の高い州の1つである．たとえば2013年におけるフィリピンの貧困率は，全国平均で22.3%だったのに対し，サマール州は36%となっている．このような高い貧困率を背景に，20世紀後半以降顕著になった，就労先を求めてのマニラ首都圏への国内移動者の多くは，サマール州をはじめとするサマール島諸州の住民であった．その多くは，マニラに移住後も引き続き，スラムなどに居住する貧困層として滞留することになる．

［関　恒樹］

サマール海　Samar Sea

フィリピン

[12°01′N　124°17′E]

フィリピン中部，東部ビサヤ地方の海．北方をサンベルナルディノ海峡，東をサマール島，南をレイテ島，西をマスバテ島によって囲まれる内海である．海域には100近くの小島，泥地，岩礁が存在する．これらサマール海域の小島はルソン島の東コルディリェラ山脈の延長によるもので，多くが海底火山によって形成される．国内の主要な漁場の1つであり，おもな漁獲はニシン科，ヒイラギ科の魚，あるいはイワシ，サバなどが占める．商業的漁業のほかに，サマール島西岸集落から本海域で漁を展開する多くの零細漁民が存在する．これらサマール海域の漁民たちの漁撈は，12〜4月の期間に卓越する北西季節風と，6〜11月の期間に卓越する南西季節風の2大季節風によって大きく左右される．

［関　恒樹］

サマール島　Samal Island

フィリピン

人口：9.7万（2015）　面積：301 km²

[7°06′N　125°43′E]

フィリピン南東部，ミンダナオ島南部，ダバオ州の島．行政的には州に属する1つの市となっている．ダバオ湾内北部の奥まったところに浮かび，対岸のミンダナオ島には大都市ダバオがある．フェリーでの往来が簡便な点と，国内有数の海浜リゾートが点在していることにより，近年では欧米や日本からの外国人観光客を対象にした観光業が盛んになっている．

［関　恒樹］

サマール島　Samar Island

フィリピン

面積：13429 km²　　　[11°56′N　125°02′E]

フィリピン中部，ビサヤ諸島東端の島．行政的には北サマール州，サマール州，東サマール州の３つに属する．国内の島では第３位，ビサヤ地方では第１位の大きさである．北はサンベルナルディノ海峡をはさんでルソン島南部につながり，東は太平洋，南はレイテ湾をはさみレイテ島，そして西はサマール海によって囲まれている．気候的には雨季と乾季の明確な変化が現れない点がフィリピンの他地域と異なるが，10〜1月にかけて降水量が比較的多くなり，とりわけ10〜12月の期間は太平洋沿岸で発生し北上する台風の通り道となっているため，多くの台風災害に見舞われる．

一帯は，歴史的に国家の産業開発の進展から取り残されてきた経緯があり，今日にいたるまで顕著な産業の進展はみられない．おもな産業は農業あるいはサマール海沿岸部での漁業であるが，耕地の多くがココヤシ栽培にあてられ，コプラ生産などもみられる．その他，稲作，トウモロコシ，イモ類，あるいはアバカ（マニラ麻）の栽培，生産なども行われている．島民はビサヤ諸語のうちのワライ語を話すワライとよばれる人びとである．島の一部ではセブアノ語も話される．　[関 恒樹]

サマルカンド　Samarkand

ウズベキスタン

マラカンダ　Maracanda（古称）

人口：59.6万（2008）　標高：702 m

[39°39′N　66°57′E]

ウズベキスタン中央部，サマルカンド州の都市で州都．ジザフの南西93 km，ゼラフシャン河畔のオアシスに位置する．ザカスピ線の鉄道駅，国際空港がある．首都タシケントに次ぐ国内第２位の都市である．おもな産業は，リフト，カメラ，冷蔵庫，テレビ，エアコン，綿花精製機械などの機械工業，綿花精製，絹織物などの軽工業，缶詰，タバコ，ワイン，紅茶などの食品工業，化学工業であり，周辺では小麦，綿花，果物が栽培される．２つの大学，４つの劇場，アイニ博物館のほか多くの博物館がある．

中央アジアで最古の町の１つで，紀元前４世紀の文書にマラカンダの名で初めて現れる．古い住居跡が町の北部に残っている．中東と中国の通商路ソグディアナの主要都市で，紀元前329年アレクサンドロス大王に征服され，東西文化がここで出会った．中国外での最初の製紙が751年に行われた．

8世紀，アラブが占領しウマイヤ朝の下で，バグダード，地中海，中国を結ぶ絹の道（シルクロード）にあって栄え，9〜10世紀アッバース朝の首都として，イスラーム文明の中心となった．11世紀以降カラハン朝の下でチュルク化が始まる．1220年チンギス・ハンが占領し破壊したが，14世紀にティムールが帝国の首都として再建して最盛期を迎え，宮殿のほか，給水システムも整備され，絹と鉄の工場や，インド，ペルシア，中国の商人の隊商宿があった．15世紀末にティムール帝国が衰えると，ウズベク人のブハラ・ハン国の領域に入った．1868年ロシア軍が占領し，当地はブハラのエミールによってロシアに引き渡され，トルキスタン地方に編入され，旧市街の西に隣接してロシア人の居住する新市街が建設された．ロシア革命後，1924年の中央アジア民族的境界区分によって，ウズベク共和国に編入され，30年にタシケントに移されるまでその首都であった．周辺の農村はウズベク人が多いが，市内ではタジク人がウズベク人の10倍以上である．

ティムール帝国時代は「青の都」として隆盛を極め，『千夜一夜物語』のシェーラザードの町としても知られている．旧市街にはビビ・ハヌイム大寺院，レギスタン広場を囲むメドレセ（イスラーム学校）などの建物群，グル・エミール（ティムール王家の廟），シャヒージンダ廟群があり，バザール（市）の中をシルクロードが貫いている．郊外にはウルグベクの天文台跡などがある．2001年には「サマルカンド―文化交差路」としてユネスコの世界遺産（文化遺産）に登録された．

[木村英亮]

サマルカンド州　Samarkand Region

ウズベキスタン

Samarqand Viloyati（別表記）

人口：232.2万（2005）　面積：16400 km²

[39°39′N　66°57′E]

ウズベキスタン中央部の州．ブルングルなど14の地区からなり，州都はサマルカンド．ゼラフシャン川によって灌漑され，南にサマルカンドオアシスが広がり，北にヌラタウ，アクタウの山脈があり，東でタジキスタンとの国境に接する．ゼラフシャン盆地では綿花，小麦，果樹の栽培，養蚕，山羊，カラクル羊の飼養が行われる．サマルカンド，カッタクルガンには綿花精製，ワイン醸造，食品加工などの工業がある．リャンガルでモリ

ブデン，タングステンの採鉱が行われる．東西にザカスピ鉄道が走る．おもな住民はウズベク人で，ほかにロシア人，タジク人が住む．1926年までは，のちにタジク共和国となった地域を含むより広いサマルカンド州があったが，38年に現在の領域となった．

[木村英亮]

サマルコート　Samalkot

インド

Samalkota（別表記）

人口：5.7万（2011）　　　[17°03′N　82°15′E]

インド南部，アンドラプラデシュ州東ゴダヴァリ県の都市．タミルナドゥ州の州都チェンナイ（マドラス）とハウラーを結ぶ主要鉄道およびカーキナーダ方面への重要な鉄道の結合地点となっている．南東10 kmには最近隣都市カーキナーダ（県都），西約60 kmにはラージャムンドゥリ空港，北東約160 kmにはヴィシャーカパトナム国際空港などがあり交通に恵まれる．豊富な天然ガスを背景とした大規模な火力発電所を利用して，工業地域として発展している．　[前田俊二]

サマレス諸島　Samales Group

フィリピン

[6°06′N　121°48′E]

フィリピン南東部，スールー州の諸島．ミンダナオ島南西部からカリマンタン（ボルネオ）島北東部にかけて点在するスールー諸島を構成する島嶼群の１つである．この地域では15世紀にホロ島を中心にしてスールー・スルタネイト（イスラーム王国）が成立して以来，イスラーム教が広く信仰されている．住民の一般的な自称はサマであるが，バジャウの他称でも広く知られる．生業はココヤシやキャッサバの栽培，海藻養殖，漁業や海洋交易などである．一部は近年まで舟上生活であった．　[関 恒樹]

サミア岬　Samia, Tanjung

インドネシア

[0°57′N　122°58′E]

インドネシア中部，スラウェシ島北部，ゴロンタロ州ゴロンタロウタラ県の岬．ミナハサ半島北岸に広がるスラウェシ海に臨む．クワンダン Kwandang 湾の東端をなす．

[青山 亨]

サマルカンド（ウズベキスタン），入口上部のモザイク画で知られるレギスタン広場のシェルドル・メドレセ《世界遺産》〔eFesenko/Shutterstock.com〕

ザミンウード　Zamyn Üüd　モンゴル

人口：1.6万（2015）　面積：487 km²

[43°43′N　111°54′E]

　モンゴル南東部，ドルノゴビ県の町．中国との国境に位置する．地名は，モンゴル語で道の門という意味である．シベリア鉄道の支線である北京〜ウランバートル〜イルクーツク線の駅がある．中国側の国境の町はエレンホト．鉄道のゲージがロシア，モンゴルは広軌であるのに対し，中国は狭軌を採用しているので，エレンホトで車両の台車部分の交換が行われる． 〔島村一平〕

サムイ島　Samui, Ko　タイ

人口：5.5万（2010）　面積：227 km²

[9°32′N　99°56′E]

　タイ南部，スラーターニー県の島．マレー半島部のタイ本土から東へ20 kmほど沖合いのタイ湾に浮かぶ．国内ではプーケット島に次いで2番目に大きい．島が初めて記録して歴史に登場するのは16世紀の中国の文献であるが，16世紀以前から漁業を営む人びとが住んでいたとされる．中国陶磁器などの発見もあることから，島は中国との交易路にあったと考えられている．首都バンコクからこの島へは鉄道とフェリー，あるいは航空機で行くことができる．空路を使えば首都から南南西約500 km，約80分で到着する．島の中心は北西部にあるナトン Nathon で，古くからの港町であり，他の集落は歴史が新しくビーチとともに発展した小さな町があるだけである．この島は西海岸のプーケットと並び，タイにおける海洋リゾートの中心地である．

　特色としては，海洋リゾートはヨーロッパ人とくにドイツ人によって開発され，今でも観光客の中ではドイツ人の比率が高い．島にはチャウエン，ラマイ，ボプットなど20以上のビーチがあり，一泊数百円のバックパッカーから，一泊数万円の高級ホテルに宿泊する富裕な観光客まで収容できる多様な宿泊施設があり，南の海でのバカンスを求める人び

との人気は高い．おもな産業は，元来漁業と農業とくにココヤシ栽培が中心であったが，リゾートの開発が進むことでサービス業の比率が高くなってきている．　　　　［山本博史］

サムジョン　三池淵　Samjiyon

北朝鮮

面積：1318 km²　　　　［41°48′N　128°19′E］

北朝鮮，リャンガン（両江）道北東部の郡および町で郡庁所在地．1961 年に新設された．北朝鮮最高峰のペクトゥ（白頭）山（標高 2750 m）とリミョンス（鯉明水）滝のある郡．白頭高原北西部のふもとにあり，地名は 3 つの火山性の堰止め湖があることに由来する．北朝鮮の最寒冷地である．胞胎の年平均気温 −0.2℃，年平均降水量 728 mm，白頭山の年平均気温 −8.3℃，年平均降水量 1501 mm．91% が山林地帯で，付近はペガム（白岩）とともに北朝鮮屈指の原木生産地，林業中心地である．またホップの産地である．特産のチョウセンクロマメノキ（ブルーベリー）畑は 3 万 ha．チョウセントラ，クマの生息地でもある．1939 年朝鮮革命人民軍が休息した地として知られ，革命史跡地になっている．白頭山の登山口，勤労者の静養地，青少年キャンプ場がある．傾斜地は冬季にはスキーが行われ，9 万 9000 m² のスケート場がある．　　　　　　　　　　　　　［司空　俊］

サームセーン運河　Sam Sen, Khlong

タイ

長さ：10 km

タイ中部，首都バンコクを流れる運河．ドゥシット特別区，クルントン橋の北 500 m地点でチャオプラヤー川から分岐して東進し，途中，戦勝記念塔付近を通り，ラーマ 9世通りの南を並行してセーンセープ運河に合流する．　　　　　　　　　　　［遠藤　元］

サムソン　Sam Son

ベトナム

人口：10.1 万（2015）　面積：45 km²
　　　　　　　　　［19°45′N　105°53′E］

ベトナム北中部，タインホア省の都市．省の沿海部，首都ハノイの南約 150 km に位置する．2015 年に周辺の 6 つの村を編入し 8つの行政区と 3 つの村によって構成されている．マー川河口の南岸に位置し，省都タインホアとは国道 47 号で結ばれている．トンキ

ン湾（北部湾）に面したサムソンビーチがあり，フランス統治時代から続くリゾート地である．　　　　　　　　　　　［筒井一伸］

サムチョク　三陟　Samcheok

韓国

さんちょく（音読み表記）

人口：7 万（2015）　面積：1186 km²
　　　　　　　　　［37°27′N　129°10′E］

韓国北東部，カンウォン（江原）道南端の都市．日本海に面して位置している．1986 年に市制施行．2010 年の人口は 7 万弱である．市域を拡大した 1995 年の人口は約 9 万であったので，この間の人口は減少傾向で推移している．市域のテベク（太白）山脈中は，無煙炭，鉄鉱石，石灰石など，地下資源に恵まれている．これらの地下資源を利用する産業が発達していた．　　　　　　　　［山田正浩］

サムチョンポ　三千浦　Samcheonpo

韓国

　　　　　　　　　［34°56′N　128°04′E］

韓国南東部，キョンサンナム（慶尚南）道南西部の町．1956 年に市制を施行して三千浦市となったが，95 年，北部のサチョン（泗川）郡と合併して泗川市と名称を変更した．ハルリョ（閑麗）水道に面する漁港であり，この地域の漁業の中心地である．規模の大きな水産市場がある．海岸線の一部は，閑麗海上国立公園（三千浦地区）に指定されている．対岸のチャンソン（昌善）島とは，2003 年に完成した長さ 3.4 km の三千浦大橋で連絡されている．　　　　　　　　　　　［山田正浩］

サムットサーコーン　Samut Sakhon

タイ

サーコーンブリー（古称）/ターチーン　Tha Chin（別称）/マハーチャイ　Maha Chai（別称）

人口：24.8 万（2010）　面積：492 km²
　　　　　　　　　［13°35′N　100°20′E］

タイ中部，サムットサーコーン県の都市で県都．別名はターチーン，マハーチャイ．首都バンコクの南西約 30 km，ターチーン川河口付近の東岸に立地し，漁港の町として有名である．この町は 16 世紀にアユタヤー朝のチャックラパット王期に設置された町（ムアン）で，当初はサーコーンブリーと命名されたが，一般には中国湊の意味のターチーンの名でよばれた．18 世紀初めのスア王の時代にはチャオプラヤー川とターチーン川を結

ぶマハーチャイ運河が掘削され，現在のバンコクへの短絡ルートとなった．スア王が乗った船がこの運河で岸にぶつかって破損した際に，舵取りのパーンターイノーラシンを王が許したものの，彼は法に従って死罪とするよう求めたという逸話があり，その彼を祀る廟が町の東の運河沿いに存在する．

ターチーンの別名のようにサムットサーコーンには古くから中国人商人が移り住み，ターチーン川流域から集まってくる米輸出に従事していた．また，町はタイ湾岸の主要な漁港でもあり，タイ湾でとれた魚が水揚げされ，マハーチャイ運河経由でバンコクへと運ばれていった．この鮮魚輸送を迅速に行うため，1905 年にはバンコクからの鉄道が到達し，マハーチャイ運河とターチーン川の合流点付近に駅が設けられた．その後 1907 年に鉄道はさらに西のサムットソンクラームまで延伸されたが，ターチーン川には橋はかけられず，ターチーン川西岸に置かれたメークローンへの線路の起点バーンレームとは船での連絡となった．1950 年代までに道路も到達したが，鉄道よりも所要距離が長く，バンコクとの間の往来の主役は鉄道であった．

1973 年に鉄道に並行する南部へのバイパスとなる国道 35 号（ラーマ 2 世通り）が開通すると，自動車がバンコクとの間の交通の中心となった．それでも，バンコクの均衡路線としてサムットサーコーンまでの列車本数は依然として多く，国の中では鉄道利用者も多いほうである．その終点のマハーチャイ駅前を東西に延びる通りが中心街であり，両側には漁港に揚がった海産物を売る商店がひしめき，バンコクから買い物にくる観光客も多い．市街地は中心部の北側を通る国道 35 号沿いにも広がり，町の北東にはバンコクのベッドタウンとなるマハーチャイニュータウンもつくられた．

また，この漁港の町は外国人労働者の多い町としても知られている．2014 年末のサムットサーコーン県内の登録外国人労働者数は約 15 万人と国内では最も多く，その大半がミャンマーからの人びとである．これは漁業や水産加工業に従事する労働者不足によるもので，男性は漁船の乗組員として，女性は水産物の加工工場の労働者としてそれぞれ働いている．未登録の人を含めればさらに多くのミャンマー人がこの町に暮らしていることになり，ミャンマー人相手のサービス業も盛んである．　　　　　　　　　　　［柿崎一郎］

サムットサーコーン県　Samut Sakhon, Changwat
タイ

人口：88.7万（2010）　面積：872 km²
[13°35′N　100°20′E]

　タイ中部の県．県都はサムットサーコーン．南をタイ湾に接し，東隣がバンコク都であり，バンコク首都圏の一部として都市化も進んできている．県内は平坦であり，中央をチャオプラヤー川から分流したターチーン川が湾曲しながら南流し，県都サムットサーコーンで海に注いでいる．海岸沿いはマングローブ林が，内陸は果樹園や水田が多かったが，前者はエビの養殖池に，後者はニュータウンや工場用地へと変化してきている．また，県西部の海岸部では古くから製塩が行われており，国内最大の塩田地帯となっている．　　　　　　　　　　　　　　　［柿崎一郎］

サムットソンクラーム　Samut Songkhram
タイ

スアンノーク（古称）／メークローン　Maeklong（別称）

人口：2.5万（2010）　面積：169 km²
[13°26′N　100°03′E]

　タイ中部，サムットソンクラーム県の都市で県都．別名はメークローン．首都バンコクの西南西約60 km，メークローン川河口付近の東岸に立地し，東のサムットサーコーンと同様に漁港が存在する．町の歴史はそれほど古くはなく，アユタヤー末期まではラーチャブリーに属し，スアンノークとよばれてい

たと考えられている．その後，アユタヤー末期にメークローンという町（ムアン）が置かれ，ラッタナコーシン朝に入ってからサムットソンクラームという名が現れるようになった．19世紀に入ってラーマ3世がこの地に砦を築き，戦略的にも重要な場所となった．

　1907年には東のサムットサーコーンの鉄道が開通し，サムットサーコーンでターチーン川を船で渡ることにはなったものの，鉄道を乗り継いでバンコクへ到達できるようになった．長らく鉄道に並行する道路がなかったことから，1960年代まで鉄道がバンコクとの間の唯一の交通手段であった．しかし，1973年にバンコクからサムットサーコーン，サムットソンクラームを経てラーチャブリー県パークトー郡で国道4号に合流する，南部へのバイパスとしての機能をもつ国道35号（ラーマ2世通り）が開通すると，船を乗り継ぐ鉄道よりも自動車のほうが圧倒的に便利となった．このため，鉄道の利用者は激減し，サムットサーコーン〜サムットソンクラーム間は1日4往復しか列車の走らない完全なローカル線になった．

　このため，一時は廃止が検討されたこの路線であるが，21世紀に入ってこの鉄道が町最大の観光地を生み出すこととなった．国道35号はバンコクから南部への幹線道路であり，町の北のダムヌーンサドゥアックの水上マーケットにいく際に通り道でもあることから多くの観光客が通過していたものの，町自体には著名な観光資源は存在しなかった．しかし，おそらくは国道35号の開通後に列車本数が激減してからであろうが，終点のメー

クローン駅構内の遊休地に露店が立ち並ぶようになり，市場と化したのである．列車が往来する線路が市場のメインストリートとなり，線路の両側に生鮮品を中心とする露店が立ち並び，買い物客は線路の上を往来する．日差しを避けるために線路上にも傘が並び，知らなければ廃線跡にしかみえないが，1日に8回列車が通過する際には傘が持ち上げられ，列車の走るスペースが確保されてから最徐行で列車が通過する．この市場が2000年代に入って「傘閉じ市場」とよばれるようになって国内外から観光客を集めることになり，それまで北のアムパワーにある水上マーケットくらいしか観光資源のなかったサムットソンクラームの新たな観光地として注目を集めることになったのである．　［柿崎一郎］

サムットソンクラーム県　Samut Songkhram, Changwat
タイ

人口：18.6万（2010）　面積：417 km²
[13°26′N　100°03′E]

　タイ中部の県．県都はサムットソンクラーム．南をタイ湾に接し，県中央部をメークローン川が流れてタイ湾に注ぐ．面積は国内で最も小さな県であり，人口規模も県別で下から第2位である．平坦な地形であり，内陸は水田や果樹園，沿岸部はマングローブ林が多かったが，後者はエビの養殖池として開拓された箇所が多い．また，県東部には東隣のサムットサーコーン県から続く塩田地帯が存在する．首都バンコクの南西約70 kmの距離にあり，都市化の波はそれほど押し寄せてはきていないが，首都バンコクとの間を結ぶ国道35号沿いに水産物加工工場などの工場も増えてきている．　　　　　［柿崎一郎］

サムットプラーカーン　Samut Prakan
タイ

パークナーム　Pak Nam（別称）

人口：68.1万（2010）　面積：191 km²
[13°40′N　100°40′E]

　タイ中部，サムットプラーカーン県の都市で県都．首都バンコク都心の南東29 kmに位置する．国内の主要河川チャオプラヤー川の河口付近にあることから，旧来，パークナーム（河口の意）とよばれており，現在でもその名称が使われることがある．戦略的に重要な位置にあるこの地を，ラーマ2世（1768-1824）が軍事的要所として重視し，港を建設したことから発展．チャオプラヤー川は水深が浅く大型船の運行に難があるため，かつて

サムットソンクラーム（タイ），メークローン駅周辺の線路沿いで開かれる市場
［i viewfinder/Shutterstock.com］

大型船はここで停泊し，物資を小型船に積み替えた．第2次世界大戦時，真珠湾攻撃と同じ日に日本軍がここからタイに上陸した．戦後は工業地帯として開発が進んだ．

[遠藤 元]

サムットプラーカーン県　Samut Prakan, Changwat
タイ

人口：182.9万（2010）　面積：1004 km²
[13°40′N　100°40′E]

タイ中部の県．県都はサムットプラーカーン．首都バンコクの南東に隣接する．タイ湾に面し，地形的には海抜0mの湿地帯と干潟が広がる．近世のラッタナコーシン王朝時代から第2次世界大戦までは外国貿易の玄関口として成長した．拠点は19世紀初めのラーマ2世時代にチャオプラヤー川の西岸から東岸に移され，6つの要塞が築かれた．1893年，2隻のフランス軍艦がここで停泊した後バンコクまでさかのぼり，メコン川左岸（現在のラオス）を割譲するように国王に最後通牒を突きつけるパークナーム事件（シャム危機）が起こった．

1960年代以降はバンコク首都圏工業地帯の中核として発展した．県内の工場の集積地としてはプラプラデーンがあるほか，バーンプーとバーンプリーという2つの工業地帯がある．工業地帯は，現在，同県南東方面のチョンブリー県やラヨーン県へと拡大している．2006年9月，県内北部にタイの新たな表玄関であるスワンナプーム国際空港が開業．また，6万匹のワニがいる世界最大級のワニ園，タイの歴史の有名建造物のミニチュアを配置した歴史公園ムアン・ボーラーン，海軍博物館などの観光スポットも多い．

[遠藤 元]

サムドゥプツェ区　桑珠孜区 Samzhubzê
中国

Sangzhuzi（別表記）／シガツェ市　日喀則市
Xigazê（旧称）
人口：9.9万（2005）　標高：3855 m
[29°17′N　88°55′E]

中国西部，シーツァン（チベット，西蔵）自治区，シガツェ（日喀則）地級市の区．自治区の中南部，ヤルンツァンポ（雅魯蔵布）江とニエンツ（年楚）河の合流地点に位置する．北東部と南西部に山が多く，市内における最高標高は6646 mであり，最低は3800 mである．市の中部はヤルンツァンポ江の形成する河谷平原が広がっており，農業地域となって

いる．自治区内で首府ラサ（拉薩）市に次いで，第2位の規模をもつ都市である．住民の多くはツァン（チベット）族であるが，ほかに漢族，回族，ナシ（納西）族などの民族がみられる．また，後蔵地方の政治や経済，文化，教義の中心として，長きにわたる歴史を有しており，歴代パンチェン・ラマの本拠地としても著名である．

14世紀初頭にチャンチュプ・ギュルツェン（絳曲堅賛）がサキャ（薩迦）王朝に勝利し，パクモドゥパ王朝を勃興した．のちに明朝の庇護を受け，13の宗渓を設置した．最後の1つの宗はサンズヅ（桑珠孜）と命名された．これは全チベットを統治するという志がすでに成就したことを意味し，これが地名の由来となっている．以降，この地域はシカサンズヅ（渓卡桑珠孜），シカヅ（渓卡孜）とよばれた．これは現在のシガツェの直接の由来とされる．16世紀末以降にこの地を支配していたのはツァントェ王であり，荘厳な寺院の建設が始まり，シガツェは一時期チベットの中心地となった．17世紀中頃にグシ・ハンがチベットを統一すると，5世ダライ・ラマはシガツェに移り，執政した．1951年に日喀則宗として，日喀則基巧に属し，60年にランルンラオ（蘭論饒）渓と合併し，日喀則県となり，日喀則専区に属した．1970年に日喀則地区に属し，86年に県級市になった．2014年に日喀則地区が撤廃され，地級市としての日喀則市が配置された．もともとの県級市としての日喀則は桑珠孜区と変更された．

おもな産業としては農牧業があげられる．主要作物はハダカ麦や小麦，エンドウ，ソラ豆，ナタネなどであり，場所によってはリンゴやモモ，クルミが収穫できる．また，牧畜業ではヤクや綿羊，馬などを飼育している．さらに自然資源として，トウチュウカソウ（冬虫夏草）やバイモ（貝母），ダイオウ（大黄）などの薬材や，石炭や金，鉄，水晶などの鉱物資源があげられる．一方で，1951年以前は工業とよべるものはほとんどなく，60年以降に電力，建築，印刷，畜産，食品加工などの企業が進出し，現在にいたるまで工業化が進んでいる．名勝古跡として，チベット仏教ゲルク派の6大名寺の1つであるタシルンポ（扎什倫布）寺や薩迦寺などの寺院が著名である．

[石田 曜]

サムナー湖　Sumner, Lake
ニュージーランド

ハカクラ　Hokakura（マオリ語）
[42°42′S　172°13′E]

ニュージーランド南島，カンタベリー地方の湖．クライストチャーチの北西約100 kmに位置する．1857年にヨーロッパ人によって発見された．地名は，カンタベリーの大司教で最も信望の厚いジョン・バード・サムナーからとっている．地名を命名したのは，カンタベリーにおける最初のヨーロッパ人探検家である，ジョゼフ・トーマス船長である．マオリ名はハカクラであり，ハカは窪みもしくは湾，クラは赤を意味する．すなわち，文字的には赤い湾あるいは赤い窪みということになる．一方で，サムナー湖一帯は，サムナーという地名にもなっている．サムナーのマオリ名はオヒカパルパルであり，オヒカは磨くもしくは燃やす，植える場所をさし，パルパルは汚いもしくは深い悩み，発酵した貝類の調理といった意味がある．

[井田仁康]

サムナンジン　三浪津 Samnangjin
韓国

[35°24′N　128°04′E]

韓国南東部，キョンサンナム（慶尚南）道東部，ミリャン（密陽）市域南端の町．行政上は密陽市三浪津邑．ナクトン（洛東）江に密陽江が合流する地点．もともとは，洛東江の渡津集落で，交通の要衝として発達したところである．近代に入ってからもキョンブ（京釜）線の駅が設置され，さらに慶全線が敷設されると京釜線からの分岐点になった．現在は，プサン（釜山）・テグ（大邱）高速道もここを通過している．

[山田正浩]

サムヌア　Samneua
ラオス

Sam Neua, Xamneua（別表記）
人口：5.7万（2015）　面積：2675 km²
標高：1200 m　[20°25′N　104°03′E]

ラオス北東部，フアパン県の郡で県都．ルアンパバーンの東459 kmに位置する．市街地はナムソン川によって開析された狭い谷間に形成され，周囲は標高1600〜1700 mの急峻な山に囲まれている．市街地はラオ人の他，黒タイ（タイダム），タイルー，赤タイ（タイデーン），プータイなどのタイ系語族の人たちが多く，またモン人も多く居住する．サムヌアの特産品では，天然染料を用い

伝統的手法で織られた絹織物が有名である.

サムヌアの歴史は、後に共産国家樹立を目指したパテートラオの歴史とともに語られる. ラオス王国は、第2次世界大戦後の1947年に独立を果たしたことになっているが、外交や国防に関してはフランスが実権を握った状態の形だけの独立であった. 完全独立を目指したベトミン共闘派のスパヌヴォーン殿下は、1950年にハノイでベトミン軍との共闘を軸としたパテートラオ政府樹立を宣言した. 続く1955年にパテートラオ政府は、政治団体としてネオ・ラオ・ハックサート(ラオス愛国前線)に改組され、サムヌアを本拠地として、ラオス北部の支配を拡大していった. 社会主義政権が確立された1975年以降は、政治的拠点はヴィエンチャンに移されたが、軍事拠点としてサムヌアは重要な地区とされてきた. サムヌアが革命の本拠地になった背景には、1つには、ラオス王国の首都であったヴィエンチャンよりもハノイのほうが地理的に近かったこと、もう1つには、住民がラオスのマジョリティとなっているラオ人より、ベトナム北部に多くみられるタイ系語族が多かったことなどが挙げられる. すなわち、地理的環境と社会文化的環境の両面において、ラオスよりもベトナムが近く、それがベトミン軍との共闘拠点として適切と判断されたのである.　　　　　　　　　［横山　智］

サムバン　三防　Sambang　北朝鮮

面積：491 km²　気温：6.2°C
降水量：1600 mm/年　　[38°39′N　127°21′E]

北朝鮮、カンウォン(江原)道洗浦郡の村. 温泉集落であり、三防薬水(鉱泉)は1886年に発見された. 一帯はチュカリョン(楸哥嶺)地溝帯中部に属し、数多くの瀑布があり、名勝地として知られる. 薬水は片麻岩と花崗岩の隙間から6カ所湧出し、泉温9°C、pH6.1、北朝鮮で炭酸分の最も多い鉱泉. 慢性胃炎、十二指腸潰瘍、大腸炎、慢性腎炎、膀胱炎に効能があるとされる. 療養所、薬水工場がある. 三防駅から1 kmに位置する.
　　　　　　　　　　　　　　　［司空　俊］

サムパンタウォン　Samphan Thawong　タイ

人口：2.1万(2010)　面積：1.4 km²
　　　　　　　　　　[13°45′N　100°31′E]

タイ中部、首都バンコクの特別区(ケート). 東西をパドゥンクルンカセーム運河とロープクルン運河に、南北をチャオプラヤー川とチャルーンクルン通りにそれぞれはさまれた、旧市街地の一角に位置する. 区内のサムペン(三聘)はバンコクで最も古い中国人街で、18世紀終わりにラーマ1世が宮殿を造営する際、それまでの中国人街を立ち退かせ城壁外のこの地に華僑・華人を移動させたのが始まりである. 長らく繊維・衣料の卸売店が集積していたが、現在はアクセサリーや小間物の商店に次々に取って代わられている. その他、金行と中華料理店、漢方薬店が立ち並ぶヤオワラート通りや、インド人綿布商が多いパーフラット通りなどがある. 中国式の寺院や廟も点在し、バンコク都内有数の観光スポットともなっている.　　［遠藤　元］

サメット島　Samet, Ko　タイ

人口：0.1万(2011)　面積：5.0 km²
　　　　　　　　　　[12°32′N　101°28′E]

タイ中部、ラヨーン県の島、タイ湾東岸、南北に細長く、本土ヤー岬の南東3 kmに位置する. 島の北約5 kmのバーンペーがサメット島への玄関口であり、約30分で島の北端の船着場に到達する. 全域がレームヤーサメット諸島国立公園に指定され、島に着くと観光客は入場料を支払うことになる. 島の西岸は断崖が多いが、東側は砂浜海岸が湾状に南北にいくつも連なっており、一番北のサーイケーオ海岸が最も広く、また最も賑わっている. 国立公園内のため大規模なホテルはなく、かつては簡易なバンガローが中心であったが、現在はより高級な海浜リゾートが増えている. 首都バンコクや東部臨海地域最大の観光地パッタヤーからも比較的近いことから、1980年代頃から観光開発が進んでいった. しかし、島の西約40 kmには国の重化学工業の拠点であるマープタープット工業港と工業団地が存在し、水質汚染が懸念されている. 実際に2013年7月には海底油田からマープタープットに原油を送るパイプラインから原油が漏れ出す事故が発生し、島西岸のプラーオ湾に流出した原油が打ち上げられ白浜が石油で真っ黒となり、ビーチが閉鎖されるという騒動も発生した.　［柿崎一郎］

サモア独立国　Samoa, Independent State of

西サモア　Western Samoa (旧称)／マーローサオロトトゥトゥアタシオサーモア　Mālō Sa'oloto Tuto'atasi o Sāmoa (サモア語・正称)

人口：18.8万(2011)　面積：2842 km²
　　　　　　　　　　[13°51′S　171°45′W]

南太平洋中部、ポリネシアの国. ハワイから南西へ4200 km、ニュージーランドのオークランドから北東に2900 km離れたところに位置する島嶼国家である. 首都はアピア. サモア諸島の西側を占める. 国名の由来は明らかではないが、古代にサモア諸島全体に勢力をもったマヌア諸島の大首長ツイ・マヌアの一族が「モアの一族」とよばれていたことに関連するのではないかと推測されている. サモア独立国は人が居住しているウポル島、サヴァイイ島、マノノ島、アポリマ島と、6つの無人島から構成されている. すべての島は、玄武岩を主体とした典型的な火山島である. ウポル島とマノノ島ではリーフが発達しているが、サヴァイイ島やアポリマ島の海岸線は険しい. 河口や後背湿地にはマングローブ林が自生しているが、島の内陸部は熱帯原生林で覆われている. 村落は海岸沿いの平地を中心に発達している. 熱帯貿易風気候であり、平均気温は海岸部で26.5°C、内陸部ではそれより涼しいが20°Cを下回ることはない. ウポル島北部にあるアピアの年平均降水量は2906 mmで、平均湿度は80%である. 11〜4月は雨季であり、5〜10月が乾季である. 雨季には暴風雨を伴うサイクロンが襲来することもあり、1990年代初頭には深刻な被害を受けた.

住民の大部分はポリネシア系住民である. サモア諸島に初めて人類が到達したのはラピタ人とよばれる原ポリネシア人であり、紀元前1000年頃のことであった. その後、1830年にキリスト教の布教が開始されるまで、サモア諸島は地域ごとに首長を頂点とした階層制社会が形成され、諸島を統一する覇権が争われていた. しかし、キリスト教化が進むとともに、西洋人が流入し、19世紀末には、西経171度を境に東西に分割され、植民地統治を受けた. のちにサモア独立国となる西サモアはドイツ統治とニュージーランド統治を経て、1962年に南太平洋で最も早く独立を達成し、70年にイギリス連邦に加盟した. 1997年には国名を西サモアからサモア独立国へ改称した. 現在、国民のほとんどはキリスト教徒であり、公用語としてはサモア語と英語が使われているが、依然として大家族制を基盤とした首長制度と文化が強く維持されている.

サモア独立国は、独立以降、立憲君主制をとっている. 独立時に2人の大首長を終身国家元首に定めたが、その2人が亡くなった現在、国家元首はトゥイ・アトゥア・トゥプア・タマセセ・エフィ殿下である. 議会は49議席からなる一院制で、任期は3年であ

サラ 627

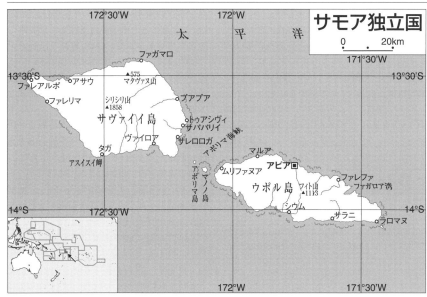

る．独立以来，選挙は首長のみの権利に限定されていたが，1991年から21歳以上の国民すべてに選挙権が付与された．与党は1979年に結成された人権擁護党である．しかし，現代でも各村落では伝統的な首長制度にもとづいた自治が行われている．

基本的に主食作物(根栽類)の生産にもとづいた半自給自足的な生活が残っている．おもな産業は農業であり，かつての最大輸出品はタロイモであった．しかし，1990年代初頭，二度にわたるサイクロンの襲来と病気の蔓延によりタロイモの生産は壊滅した．それ以降，鮮魚輸出や観光業が拡大しつつある．被雇用労働者の約1/3は公務員であり，民間部門では日本の矢崎総業が最大の雇用主である．一方，独立直後から旧宗主国であったニュージーランドへの労働移民が盛んであり，現代ではニュージーランドのみならず，オーストラリア，ハワイ，カリフォルニアなどにサモア人コミュニティが形成されている．この海外移民の送金は貿易赤字を相殺し，貨幣経済の基盤となっている．通貨はタラ(100セネ=1タラ)である．また，ニュージーランド，オーストラリア，そして，日本から多大な海外援助を受けている．

サモア諸島は1892年7月4日まで，日付変更線の西側に位置していたが，アメリカ合衆国との貿易上の都合から日付変更線の東側に時間帯が移された．それ以降，「世界で最後に日が沈む国」とよばれてきた．しかし，2011年12月29日，サモア独立国政府は，主要貿易相手国のオーストラリアやニュージーランドと同一の時間帯をとるために，時間帯を日付変更線の西へ移動し，世界で最も日の出が早い国の1つとなった．なお，2009年にはオーストラリアやニュージーランドの制度にならい，車道の左側通行への変更も行っている．

[倉光ミナ子]

サモア諸島　Samoan Islands
サモア/アメリカ合衆国

人口：24.3万 (2011)　気温：24-32℃
降水量：4800 mm/年
[13°00′-16°00′S 168°00′-173°00′W]

南太平洋中部，ポリネシアの諸島．フィジーとトンガに近接する火山諸島で，政治的には西経171度で，サモア独立国(2842 km²)とアメリカ領サモア(198 km²)に分割されている．安山岩質火山活動と玄武岩質火山活動をともに含む典型的な火山島(洋島)群である．最も西に位置するサヴァイイ島は諸島最大の島で，20世紀前半に玄武岩質溶岩流が起こった結果，島の北側に広大な溶岩原が形成された．サヴァイイ島に次ぐ第2の島であるウポル島は古い峰と噴火口によって稜線が形づくられている．サモア独立国に属するこれらの島々は沖合にサンゴ礁をもち，耕作低地からゆるやかに勾配している．アメリカ領サモアに属するトゥトゥイラ島は5つの侵食された安山岩質火山，断続的な堡礁とわずかな海岸低地からなり，崩壊したカルデラによって形づくられた良港のパンゴパンゴを有している．タウ島は崩壊した盾形火山であり，ローズRose環礁は沈下した環礁である．

サモア諸島の気温は23.9〜32.2℃であり，雨季は12〜3月である．諸島にはポリネシア人の祖先であるラピタ人が紀元前1000年頃にフィジーやトンガからやってきたと推測されている．1722年に初めてオランダ人航海者のヤコブ・ロッヘフェーンにより西洋に発見され，1830年にはキリスト教の布教が始まった．その後，イギリス，ドイツ，アメリカによって覇権が争われた結果，1889年に西側(現サモア独立国)がドイツ領に，東側がアメリカ領となった．西サモアは第1次世界大戦後，国際連盟の委任統治領として，第2次世界大戦後は国際連合の信託統治領として，いずれもニュージーランドに統治されたのち，1962年に独立を果たしている．

[倉光ミナ子]

サヤドリ山脈　Sahyadri ☞ 西ガーツ山脈 Western Ghats

サヤン島　Sayang, Pulau
インドネシア
[0°18′N 129°53′E]

インドネシア東部，ラジャアンパット諸島最西端，西パプア州ラジャアンパット県の島．ニューギニア島の西，ハルマヘラ海にあって，ハルマヘラ島の東110 km，ラジャアンパット諸島のワイゲオ島の北西60 kmに位置する．

[青山 亨]

ザーユー県　察隅県　Zayü
中国
桑昂曲宗県(旧称)
人口：3万 (2012)　面積：31600 km²
[28°39′N 97°37′E]

中国西部，シーツァン(チベット，西蔵)自治区，ニンチー(林芝)地級市の県．自治区の南東端，ヒマラヤ山脈とホントゥワン(横断)山脈の過渡地帯に位置し，インド，ミャンマーと国境を接する．チベット語で察は石のかけら，隅は地方を意味する．明代洪武4年(1371)にはパクモドゥパ政権のシャーカ・ギュルツェン(釈迦堅贅)に統轄された．1960年に桑昂曲宗県が置かれたが，66年に察隅県となった．県内には孜水渠をはじめとする多くの用水路がある．

[石田 曜]

サラ島　Sarah Island
オーストラリア
[42°23′S 145°27′E]

オーストラリア南東部，タスマニア州西部の島．マクウォーリー湾内にある．ユネスコ

628 サライ

〈世界地名大事典：アジア・オセアニア・極 I〉

の世界遺産（複合遺産）に登録されている「タスマニア原生地域」内にあり，19 世紀には刑務所として利用されていたことで知られる．1815 年，探検家ジェームズ・ケリーがマクウォーリー湾を調査した際に発見した．当時のヴァンディーメンズランド副総督ウィリアム・ソレルは，海に囲まれ，鬱蒼と茂る木々と険しい山々によってタスマニア本土から隔絶されたこの島を刑務所として最適と考え，1822 年に刑務所を設立，再犯者など罪の重い囚人を収容した．最大 400 人近い囚人は森林伐採などの重労働を課され，素行の悪い囚人は鞭打ちの刑に処された．オーストラリアの流刑植民地史上最も過酷な流刑地ともいわれたが，囚人労働力を活用した造船業は国内最大規模を誇っていた．

刑務所は 1833 年に閉鎖され，収容されていた囚人のほとんどはポートアーサーに再収容された．その後は 1850～80 年代，そして 1930～40 年代にかけて森林伐採業者の基地として利用された．19 世紀に発生したタスマニア西海岸の鉱山開発ラッシュの際，島の建築物は建材を含めことごとく略奪され，現在では建物の一部が廃墟として残るのみとなっている．現在は観光地として管理されており，ストローンからクルーズなどを利用して見学することができる． ［安井康二］

ザーライ省　Gia Lai, Tinh
ベトナム

Gia Lai, Tỉnh（ベトナム語）

人口：127.4 万（2009）　面積：15496 km²

[13°58′N　108°00′E]

ベトナム中部高原の省．ホーチミン中央直属市から陸路で北北東約 530 km に位置し，西部はカンボジアと国境を接する．標高 700～800 m ほどのコントゥム（ザーライ）高原の南部にあたる．バー川やセサン川など多くの川が流れ，また多くの滝があるため，これらを利用した水力発電がなされており，省内における発電能力は 1502 MW に及ぶ．省都はプレイク（省直属市）で他に 2 つの町と 14 の県で構成されている．プレイクとはザーライ語で「ウシの尾の村」を意味する．1991 年にザーライコントゥム省が分割してザーライ省とコントゥム省が設置された．40 近い民族が居住し，ザーライ族やバーナー族などの少数民族が人口の多数を占め，とりわけプレイクやアンケー町を除いた各県では，居住人口の半数以上が少数民族である．ザーライ省や南接するダックラック省ではたびたび少数民族による暴動事件が発生してきた．

経済的には第 1 次産業が中心で，コーヒーやゴムを中心とする商品作物が栽培されている．また土地利用からみると経済林の面積が 50％以上を占め，林業も盛んであり，近年では工業の発展もみられる．省内を国道 14 号が縦断，国道 19 号が横断しており，プレイクーで交差する．生産された商品作物は国道 19 号を通って，クイニョンの港から輸出される． ［筒井一伸］

ザーライ高原　Gia Lai ☞ コントゥム高原
Kon Tum, Cao Nguyen

サラクト　Saraqt ☞ セラフス Serakhs

サラグラール山　Saraghrar
パキスタン

標高：7349 m　　　[36°33′N　72°07′E]

パキスタン最北端，カイバルパクトゥンクワ州の山．チトラルの北約 100 km に位置し，北東峰（標高 7349 m）がヒンドゥークシュ山脈の第 4 位である．南南西約 40 km に同山脈の最高峰ティリチミール山（標高 7706 m．7708 m 説もあり）がある．北東峰は 1958 年にイギリス隊が登頂を試みたが果たせず，翌 59 年にイタリア隊が初登頂に成功した． ［出田和久］

サラット　Surat
オーストラリア

人口：426（2011）　面積：2.1 km²

[27°09′S　149°04′E]

オーストラリア北東部，クイーンズランド州南東部，マラノア地域の町．州都ブリズベンの西約 450 km に位置する．グレートディヴァイディング山脈の中央，バロン川沿いに立地する．この地域では，牧羊業，牧牛業および穀物栽培が盛んであるが，近年灌漑農地での綿花やブドウ栽培なども伸びてきている．また，石油やガスの産出もある． ［秋本弘章］

サラティガ　Salatiga
インドネシア

人口：17.0 万（2010）　面積：57 km²　標高：600 m

気温：24.5℃　　　[7°19′S　110°30′E]

インドネシア西部，ジャワ島中部，中ジャワ州の市（コタ）．州都スマランとスラカルタを結ぶ幹線道路の中間にある交通の要衝で，

スマランの南 46 km，スラカルタの北西 51 km に位置する．市域の周囲はスマラン県に囲まれている．ムルバブ山（標高 3142 m）の北側の山腹にあって山間部に起伏の多い市街地が広がる．気候は涼しく，オランダ植民地時代から避暑地として知られる．プロテスタント系キリスト教住民が比較的多く，70 を超える教会がある．市内のキリスト教系の私立サティヤワチャナ大学は全国的に有名である．西にトゥルモロ山（1894 m），南西にムルバブ山を望み，市外の北西にはラワプニン湖がある．オランダ植民地時代には，ジャワ島中南部のイスラーム王国を監視するためにオランダの軍事拠点があった．1757 年，第 3 次ジャワ継承戦争を終結させるため，スラカルタのススフナン王家とマス・サイドとの間でサラティガ条約がこの地で結ばれ，マス・サイドがマンクヌガラ侯として自立する契機となった． ［青山亨］

サラニ　Salani
サモア

人口：0.1 万（2011）　　[14°02′S　171°37′W]

南太平洋中部，ポリネシア，サモア東部，ウポル島南東部の村．首都アピアからバスや車で約 1 時間半の距離にある．村名は，女性たちが墓地のまわりに境界をつくるために使用した白いサンゴの小石に由来する．ヨーロッパ人の来航前はアアナ A'ana 地方の政治的な中心地であり，現在でも伝説の女王サラマシナの息子が育ち，治め，かつ晩年の女王が過ごした村として伝承が残っている．隣接するロトファガ Lotofaga 村との間にはフイピシア Fuipisia Waterfall とよばれる美しい滝があることで知られる． ［倉光ミナ子］

サラハン　Sarahan
インド

人口：0.2 万（2011）　標高：2313 m

[31°31′N　77°48′E]

インド北部，ヒマーチャルプラデシュ州シムラ県の村．州都シムラの北東 170 km に位置し，チベットに接するキノール県への中継点である．かつてはバシャール王国の夏の首都であった．屋根に石を葺いた独特の木造建築で有名なビーマカーリー寺院があり，多くの観光客を集めている．寺院を核として広がる門前町を主とする小さな集落である．リンゴ栽培が広く行われており，農家の重要な収入源になっている． ［岡橋秀典］

サラバンカ諸島　Salabangka, Kepulauan
インドネシア

人口：1.2万 (2010)　　　　[3°02′S　122°24′E]

　インドネシア中部，中スラウェシ州モロワリ県の諸島．スラウェシ島南東部の東方，バンダ海にある．サラバンカ海峡を隔ててスラウェシ島に対する．パク Paku 島，ワルワル Waru Waru 島などから構成され，東隣にはウンベレ Umbele 諸島がある．特産物として海草が知られる．　　　　[青山　亨]

サーラピー　Saraphi
タイ

人口：7.1万 (2010)　面積：97 km²

[18°43′N　99°02′E]

　タイ北部上部，チエンマイ県の郡．チエンマイの南東約10 km の近郊に位置し，国道11号および106号（チエンマイ-ラムプーン通り）で結ばれている．水田稲作と近郊野菜の畑作のほか，県の特産果物のラムヤイ（竜眼）の栽培が盛ん．毎年7月から8月にかけて収穫されるラムヤイは，生鮮果物として市場に出荷されるほか，郡内でドライフルーツなどに加工される．　　　　[遠藤　元]

サラビア　Saravia
フィリピン

人口：6.3万 (2013)　面積：113 km²

[10°54′N　122°59′E]

　フィリピン中部，ネグロス島北西端，西ネグロス州の地方都市．北西に浮かぶパナイ島との間のギマラス海峡に臨む．近海は好漁場に恵まれているので水産業が発達している．また周辺で栽培されているサトウキビの集散地でもある．州都バコロドとネグロス島北部の中心都市カディスとを結ぶ海岸道路の交通上の要衝でもある．バコロドや首都マニラなどの大都市に出稼ぎに出る住民が目立つ．

[田畑久夫]

サラブリー　Sara Buri
タイ

人口：6.7万 (2010)　面積：163 km²

[14°32′N　100°53′E]

　タイ中部，サラブリー県の都市で県都．首都バンコクの北北東約110 km，パーサック川南岸に位置し，町の南は低い山が連なる．サラブリーは16世紀半ばのアユタヤー朝チャックラパット王の時代につくられた町（ムアン）で，当初は現在地よりも西約10 km の現サオハイ郡ムアンカオ区に位置していたが，19世紀末にバンコク～ナコーンラーチャシーマー間の鉄道建設が進むと，鉄道沿いに町の位置を移すこととなり，1896年に現在地に町が移動して翌年駅が置かれた．

　サラブリーは古くからメコン川中流域，現在のタイ東北部への玄関口として機能していた．メコン川流域へは町の東方にそびえるドンパヤーイェン山脈を越える必要があったことから，バンコクから船できた人やモノはサラブリーか東約10 km のケーンコーイで陸に上がり，ここからは陸路でドンパヤーイェン山脈を越えなければならなかった．

　鉄道の開通でこの中継点としてのサラブリーの機能は不要となったが，その後は道路交通の要衝としての機能を高めることになった．1930年代には首都バンコクからサラブリーを経由して北のロップリーへいたる現国道1号（パホンヨーティン通り）が建設され，バンコクとの間が自動車で往来できるようになった．そして，1958年にはサラブリー～ナコーンラーチャーシーマー間に鉄道に並行してタイで初めての高規格の舗装道路・国道2号（フレンドシップハイウェイ）がアメリカの援助によって完成し，サラブリーはバンコクから北上する国道1号と東北を目ざす国道2号の分岐点となった．バンコクから北方へのルートは1972年に開通したバーンパイン～ナコーンサワン間の国道32号が短絡ルートとなったので国道1号の重要性は減ったが，町の北10 km で国道1号からパーサック川流域のペッチャブーンにいたる国道21号が分岐しており，分岐点としてのサラブリーの機能は維持されている．

　町はまた軍都としての側面ももっている．町の南で国道1号から国道2号が分岐するが，この分岐点の東側には広大なアディソーン駐屯地が広がっており，騎兵部隊が駐屯している．また，町の南のプラプッタチャーイ山にはブッダの姿が現れた岩があり，県北部のプラプッタバートの仏足石とともに訪れる参詣客も多い．この町の南の軍駐屯地からプラプッタチャーイにかけては，第2次世界大戦末期に日本軍が多数駐屯し，終戦をむかえた場所であった．東のケーンコーイにはセメント工場をはじめとする工場が多く，南の国道1号沿いには工業団地も出始めていることから，都市規模も急速に拡大している．国道2号沿いを中心に大規模なショッピングモールが出現し，郊外のニュータウンも増えている．町をほぼ環状に取り囲むバイパスも整備されたことから，今後も幹線道路沿いに郊外の発展が進むものと思われ，人口規模もさらに拡大することが予想される．　　[柿崎一郎]

サラブリー県　Sara Buri, Changwat
タイ

人口：71.7万 (2010)　面積：823 km²

[14°32′N　100°53′E]

　タイ中部の県．県都はサラブリー．県中央部をチャオプラヤー川の支流パーサック川が北東から南西へと流れ，県東部はチャオプラヤー川流域とメコン川流域を隔てるドンパヤーイェン山脈となる．タイ中部と東北部を結ぶ最も重要なルートとなっており，国道2号と鉄道が県内でドンパヤーイェン山脈を越えている．県北部から中部にかけても石灰岩の山が多く，同じく東部のケーンコーイにはセメント工場が多数あり，タイのセメント産業の拠点である．近年は県南西部に工業団地も設けられ，工業化が進んでいる．また北部のプラプッタバートにある仏足石はアユタヤー時代から有名であり，参詣客が絶えない．

[柿崎一郎]

サラマティ山　Saramati, Mount
インド/ミャンマー

標高：3826 m　　　　[25°44′N　95°02′E]

　インド東部とミャンマー北西部にまたがる山．インドのナガランド州とミャンマーのサガイン地方（旧管区）の国境付近に位置するナガ山地の最高峰で，ナガランド州の最高地点でもある．インド側の最寄りの集落は，州都コヒマの西約300 km のプングロ Pungro である．観光シーズンは10〜11月で，冬季の山頂は雪に覆われる．インドではトレッキングに訪れる観光客が多い．ナガ山地は豊かな森林に恵まれ，竹，籐，マホガニーなどを産出する．　　　　[西岡尚也]

サラモア　Salamaua
パプアニューギニア

[7°04′S　147°06′E]

　南太平洋西部，メラネシア，パプアニューギニア東部，モロベ州の村．ニューギニア島東部海岸に位置し，州都レイの南約50 km にある．ワウやブロロが金鉱ブームに沸いた時期には，最寄りの港町，飛行場として栄えた．1943年には，第2次世界大戦中の連合軍と日本軍の激戦地（ラエ・サラモアの戦い）となった．マラリアなどに苦しめられた日本軍は，サラモア，レイを失った後，標高4000 m 級の山々が連なるサラワケット山系

630　サラヤ

を越えて退却するが，熱帯の山岳地帯の過酷な環境でさらに多数の命が無為に失われることになった．　　　　　　　　　[熊谷圭知]

サラヤル島 Salayar, Pulau ☞ スラヤル島 Selayar, Pulau

サラワク州　Sarawak, Negeri

マレーシア

サラワ州（別表記）

人口：247.1万（2010）　面積：124450 km²

[1°34′N　110°21′E]

マレーシア，カリマンタン（ボルネオ）島北西部の州．西は南シナ海に面し，南はカプアスフル山脈，東はイラン山脈を境にしてそれぞれインドネシアの西カリマンタン州と東カリマンタン州に接し，北はブルネイを取り囲んで，マレーシアのサバ州に接している．マレーシアのカリマンタン島部にあって，北のサバ州とともに東マレーシアを構成する．国内最大の州として国全体の面積の37.7%を占めるが，人口は8.8%にすぎない．現地発音ではサラワ（サラワッ）．マレーシアの13州の中で伝統的首長スルタンのいない4州の1つであり，州知事が州を代表するが，州議会で選ばれた州首相が州内閣を組織して行政を担当する．州は12の行政区に分けられている．州都は州最大の都市クチン．

　地形は3つの区分に分けられ，泥炭湿地および河口の沖積平野からなる海岸低地，標高300 m以下のおだやかな起伏が広がる中央の丘陵地，ボルネオ島の脊梁山脈であるカプアスフル山脈とイラン山脈に連なる山岳高地からなる．州の最高峰はイラン山脈に属するムルド山（標高2423 m）である．南シナ海に沿って800 kmに及ぶ海岸線があり，サラワク川，ルパール川，ラジャン川，バラム川，リンバン川，トゥルサン川など多数の河川が注ぐ．イラン山脈に源を発する全長563 kmのラジャン川は国内最長である．典型的な熱帯雨林気候に属し，クチンでの平均気温は27℃である．州面積の65%を森林が占め，高地にはブナ科などの山地林，低地にはマングローブ林，泥炭湿地林，ヒース林，混交フタバガキ林など多様な植生がみられる．

　主要な都市は州都クチンのほかシブ，ビントゥル，ミリで，いずれも海岸部または河川下流域に立地する．伝統的に河川が重要な交通路であり，内陸の主要集落は河川沿いに立地するが，近年は道路の整備が進み，州内の主要都市およびサバ州，ブルネイ，インドネ

シアの東カリマンタン州と陸路で結ばれている．クチンに国際空港があり，首都クアラルンプールやシンガポールなどと空路で結ばれている．

　住民は，サバ州と同じく，半島マレーシアとは異なった民族構成（2010）を有しており，公式には27の民族から構成される．マレーシアの主要3民族である外来のマレー人23.0%，華人23.4%，インド人0.2%，先住民のイバン族28.9%，ビダユ族8%，メラナウ族5%のほかに，オランウルと総称されるカヤン族，ケニャ族，ペナン族，クラビット族などの少数民族6.3%がいる．オランウルは川の上流の人を意味し，従来のダヤックにかわって使用されるようになった名称である．最大の民族グループであるイバン族は，伝統的には高床式のロングハウス（長屋）に居住し，かつては首狩りの風習を有していたことでも知られる．イバン族など先住民の多くは低地熱帯林で自給自足の焼畑農業を行うが，プナン族のような狩猟採集民もいる．民族ごとに居住の中心地域は異なっており，イバン族はミリ，華人，マレー人，ビダユ族はクチン，メラナウ族はビントゥルがそれぞれの最大居住地区である．

　住民の宗教は，キリスト教（42.6%）が最も多く，次いでイスラーム教（32.2%），仏教（13.5%），中国系諸宗教（6.0%）である．先住民の多くはキリスト教，マレー人およびメラナウ族の多くはイスラーム教，華人は仏教，キリスト教，中国系諸宗教を信奉している．ただし，イバン族などの先住民には精霊信仰にもとづく伝統儀礼を維持する者が多い．

　ボルネオ島北西部のブルネイには，15世紀以降イスラーム教を信奉するスルタンが統治する王国があった．サラワクも名目的にはブルネイ王国の支配下にあり，イバン，ビダユ，メラナウといった多くの部族が居住していたが，王国の勢力が衰えるとイバン族などの反乱が絶えなかった．1827年にサラワクの知事に命じられたプンゲラン・マコタに対し，30年代後半，マレー人による反乱が起きた．1840年にクチンを訪れたインド出身のイギリス人探検家ジェームズ・ブルックはスルタンから協力を求められ，イギリス海軍の協力を得て反乱の鎮圧に成功した．ブルックはその褒賞として1841年にスルタンからラジャ（藩王）の称号を与えられ，ホワイト・ラジャ（白人王）が統治するサラワク王国を創設した．1941年の日本軍による占領までの100年間，3代にわたるブルック家のサラワク統治が行われた．

ブルックに割譲された地域は，ダトゥ岬からサマラハン川にいたる地区で，現在の州都クチンを中心とする地域であったが，以後，1905年までに数回にわたり領土を拡大し，第2代チャールズ・ブルックのときにほぼ現在の領域が確定した．また1888年にはイギリスの保護領となった．第2次世界大戦中の1941～45年に日本軍に占領された後，46年の第3代ヴァイナー・ブルックのとき，北ボルネオと同じくイギリスの直轄植民地領となり，サラワク王国は消滅した．1963年にマレーシア連邦結成に参加し，サラワク州としてイギリスから独立した．

　恵まれた自然資源を背景に，鉱業，農業，林業をおもな産業とし，石油，液化天然ガス，木材の輸出が州経済の基幹となってきた．19世紀においては，アンチモンや金などの鉱物やサゴヤシからとれるサゴ粉などが主要な輸出産品であった．アンチモンは初期には華人資本により採掘されていたが，1856年に設立されたボルネオ会社のおもな事業として独占的に展開された．同様にサゴ粉もボルネオ会社の管理下に置かれていたが，安価なデンプンの需要が欧米で伸びたため，19世紀後半には輸出が拡大した．1910年にはミリの南部にあるカナダヒルで原油の採掘が始まった．それ以後，1970年代まで原油輸出はサラワク経済の柱であったが，80年代から液化天然ガスの開発が進められ，全量が日本に輸出されている．油田とガス田は南シナ海沖にあり，パイプラインでビントゥルやミリの施設に送られている．また，国内第1位，州面積においても2/3を占める森林を基盤にした林業も重要な産業であり，丸太の輸出と合板などの木材製品の輸出も州経済を支えている．近年はアブラヤシプランテーションの開発が進み，パーム油の輸出が増加している．日本は輸出高の約40%を占める最大の輸出相手国である．2008年には，サラワク州の地域開発を目的としたサラワク再生可能エネルギー回廊プロジェクトが開始され，その一環としてラジャン川上流の国内最大のバクンダムをはじめとする複数の水力発電ダムの稼働が計画されている．

　1970年代前半までは，州GDPに占める第1次産業の占める比率が最も高かったが，その後，鉱業，製造業の分野を中心とし第2次産業のシェアが拡大し，70年は20%であったものが，2003年には59%と3倍近くまで伸びている．第1次産業従事者は1980年代前半に全体の6割を占めていたが，現在は3割にまで減少した．第2次産業は現在25%前後であるが，鉱業部門は雇用吸収が

少ない反面，建設業は全従事者の1割を占めるまでになっている．2014年時点の州の1人あたりGDPは1万2696USドルで国全体の平均を上回るが，その一方で，開発がもたらす森林の水没や消失は伝統的生活を送る住民に大きな影響を与えている．

州南西部に位置するクチンは，ジェームズ・ブルックがこの地域を分け与えられたことから，サラワクの発展の拠点ともいえる．市内にあるサラワク州博物館は，博物学者アルフレッド・ラッセル・ウォレスの勧めで，チャールズ・ブルックによって1891年に開設されたカリマンタン島最古の博物館である．クチンはマレー語で猫の発音と同じであるため，猫博物館など猫にまつわるものも観光客を集めている．町の北東部，南シナ海に臨むバコ国立公園も有名である．州北東部に位置する第2の都市ミリはブルネイ国境に近く，2005年にマレーシアで10番目の政令市に昇格した．ニア国立公園や，世界最大の地下空洞が発見されて2000年にユネスコの世界遺産（自然遺産）に登録されたグヌンムル国立公園への拠点でもある．サラワク州は古代の遺物が数多く出土する場所としても知られており，ニア国立公園にあるニア洞窟では，初期のホモサピエンスのものと思われる4万年前の頭蓋骨が発見され，マレーシアで最古の人類の痕跡が残されている．また，石器や土器をはじめ，銅器や壁画などもみつかり，現在も考古学的調査が進められている．

［青山 亨・石筒 覚］

サラワティ島　Salawati, Pulau

インドネシア

面積：1623 km²　　［1°06′S　130°52′E］

インドネシア東部，ラジャアンパット諸島，西パプア州ラジャアンパット県の島．ニューギニア島北西部，ドベライ半島西端の西にある．ワイゲオ島，バタンタ島，ミソル島などとラジャアンパット諸島をなす．南西部はハルマヘラ海に臨み，北部はサゲウィン海峡をはさんでバタンタ島に対し，南東部はセレ海峡をはさんでニューギニア島に対している．住民はキリスト教徒のバンロル人である．島の近海はフィリピン，マレーシア，インドネシア，パプアニューギニア，ソロモン諸島の海域からなるコーラルトライアングルの中で最も生物多様性が高い海域であり，ダイビングのスポットとして有名である．

［青山 亨］

サーラワン県　Salavan Province

ラオス

Salavane, Khoueng（別表記）／サラワン県（別表記）

人口：39.7万（2015）　面積：10691 km²
［15°43′N　106°25′E］

ラオス南部の県．県都はサーラワン．西部はメコン川によって隔てられたタイとの国境となっており，メコン川に注ぐ支流のセドン川が形成した沖積低地で水田水稲作が営まれている．県東部は，標高1200～2000mのアンナン（チュオンソン）山脈が南北に走っており，道路の整備が遅れていることから，雨季になるとアクセスしづらくなることもある．そこでは，主として焼畑陸稲作が営まれている．そして南部のラオガーム郡は，ボロヴェン高原の北部にあたり高原野菜の栽培が行われている．西部の低地部と南部の高原にはラオ人が多い．一方，東部の山岳部は，カタン人，タオーイ人，サウイ人，パコ人などのモンクメール系語族の住民が多く，県の人口比で約4割を占めている．これらモンクメール系語族の人びとの村では，かつて数世帯がともに暮らすロングハウスでの居住形態がみられたが，2000年代以降は減っている．北部には，セバンヌアン国立生物多様性保全地域NBCA（面積1500 km²），そして南部には，プーシェントンNBCA（面積1200 km²）がチャムパーサック県とまたがった地域に指定されている．

［横山 智］

サラン山　Saran, Gunung

インドネシア

標高：1758 m　　［0°26′S　111°18′E］

インドネシア西部，カリマンタン（ボルネオ）島西部，西カリマンタン州シンタン県南西部の山．州都ポンティアナックの東南東約220 kmに位置する．南シナ海に注ぐカプアス川の支流が北側斜面を源に発する．

［青山 亨］

サランガニ州　Sarangani, Province of

フィリピン

人口：54.4万（2015）　面積：3601 km²
［6°11′N　125°21′E］

フィリピン南東部，ミンダナオ島南部，ソクサージェン地方に位置する州．州都はアラベル．もとは南コタバト州の一部であったが，1992年に分裂して新設された．北は南

コタバト州，東から北東にかけて西ダバオ州，南ダバオ州，南ではセレベス海と接している．また南部のサランガニ湾をはさんで飛び地をもっている．この州は細長い弓状をしているので，サランガニ湾およびセレベス海に沿って230 kmの長い海岸線を有している．

地名は，現在では西ダバオ州の一部になっているサランガニ島を発見したスペイン人の探検家ルイ・ロペス・デビラロホスにちなんで名づけられた．先住民は，現地語でMunato（最初の人間）と自称するムナト族である．第2次世界大戦では日本軍が占領した．州の人口の63%がカトリック教徒で，その他イスラーム教徒（9%）などがいる．州はミンダナオ島最南部という交通上重要な位置を占めている．しかし，良港に恵まれないなどの理由から産業は発達していない．中心は米，トウモロコシを栽培する農業で，ココナッツ，マンゴーなどの果樹栽培，さらには天然ゴムの採取も行われているが，多量に出荷できる状態ではない．

［田畑久夫］

サランガニ海峡　Sarangani Strait

フィリピン

幅：11 km　　［5°24′N　125°23′E］

フィリピン南東部，ミンダナオ島最南端と，沖合に浮かぶサランガニ諸島との間に位置する海峡．幅は非常に短い．しかし海流の流れは速い．セレベス海と太平洋を結ぶ．海峡に面するミンダナオ島最南の都市バトゥラキBatulakiは海峡を中心とする漁獲物の水揚げ港である．ミンダナオ島の東西の中心地ダバオとサンボアンガを結ぶ定期船の主要航路でもある．

［田畑久夫］

サランガニ島　Sarangani Island

フィリピン

人口：2.4万（2015）　面積：36 km²
［5°26′N　125°28′E］

フィリピン最南端，ミンダナオ島のちょうど南端線上に浮かぶサランガニ諸島の中心を占める島．南はインドネシア領となる国境に近い．サランガニ諸島はサランガニ島のほかに，バルート島および近くの小島から構成されている．1995年に南コタバト州から分離・独立した西ダバオ州に所属している．ミンダナオ島とは幅11.3 kmのサランガニ海峡によって隔てられている．サランガニ海峡は東の太平洋と西のセレベス海とを結ぶ細長

い海峡である．島は台風の通り道からはずれている．そのため，ココヤシ，サトウキビなどの栽培を中心とする農作物の生産が目立つ．なお，周辺の海域は好漁場に恵まれているが，大規模な港湾がないため，捕獲された漁獲物はミンダナオ島のジェネラルサントスやバトゥラキ Batulaki などに水揚げされることが多い．本島をはじめ諸島内の島々には豊富な埋蔵量を有する硫黄の鉱床があり，今後の開発が期待されている．住民の大半はイスラーム教を信仰している．　〔田畑久夫〕

サランガニ湾　Sarangani Bay
フィリピン
長さ：32 km　幅：16 km
[5°58′N　125°12′E]

フィリピン南東部，ミンダナオ島南，サランガニ州の湾．ダバオ湾からセレベス海に突き出た半島の南西にある．湾頭には以前ダディアンガス Dadiangas とよばれ，1965年に当地域を開いた開拓者にちなんでジェネラルサントスと改名された中心都市がある．湾の周辺にはココヤシ，アバカ(マニラ麻)の栽培が多く，牛の飼育も行われている．またアメリカの巨大資本が経営する綿花の大農園もある．その他湾内およびセレベス海で漁獲される港湾としてジェネラルサントスがあげられる．ここではマグロの水揚げが多く，加工工場もある．　〔田畑久夫〕

サーランガル　Sarangarh
インド
標高：217 m　　[21°38′N　83°09′E]

インド中部，チャッティスガル州ライガル県の都市．州都ライプルの東北東約155 kmに位置し，デカン高原上にある．要塞はなく，宮殿が旧王族家族のために利用されている．国道216号と200号の交わるところに位置する交通の要衝である．識字率が全体的に低いインド東部において，全国平均値以上の高い識字率を誇る．　〔前田俊二〕

サリウォン　沙里院　Sariwon
北朝鮮
人口：13.0万(推)　面積：87 km²　標高：18 m
気温：10.1℃　降水量：1001 mm/年
[38°30′N　125°46′E]

北朝鮮中央部，ファンヘブク(黄海北)道北西部の都市で道庁所在地．ピョンヤン(平壌)準平原南部．首都平壌市の南55 kmに位置

サリウォン(沙里院，北朝鮮)，共同農場の住宅〔Shutterstock〕

する関門都市である．1947年ポンサン(鳳山)郡から分離，54年黄海道が南北に二分されたときに道庁所在地になった．西方にテドン(大同)江支流のチェリョン(載寧)江が北流し，載寧平野の中心地になる．北部に正方山(標高481 m)がある．北朝鮮の主要な紡績中心地である．近くの石灰石，鳳山炭坑の褐炭を背景にして，紡織機械，農業機械，トラクター修理，製粉などの工業が発達した．載寧平野は主要な米産地であり，大豆，牛の集散地である．農業研究所などではこの地方の風土に適応する品種改良が盛ん．帯方郡唐土城の城跡，古墳が多い．特産は沙里院芹．平釜線，黄海青年鉄道，西沙里院線などが通る交通の要衝．農業大学付近の運河からは大同江河口のナムポ(南浦)への水運がある．
〔司空　俊〕

サリカミシュ湖　Sarykamysh Lake
ウズベキスタン/トルクメニスタン
Sariqamish koʻli, Sarygamyş Köli, Sarykamyshkoye Ozero (別表記)/サリガミシュ湖　Sarygamysh Lake (別称)
面積：5000 km²　標高：5 m
[42°08′N　57°21′E]

ウズベキスタンとトルクメニスタンにまたがる湧水湖．カスピ海とアラル海の中間にあり，アラル海の南西200 kmのサリカミシュ凹地の中心部にあり，湖水には塩分が含まれる．1971年サリカミシュ湖群の水が溢れて形成された．14～16世紀にはすでに湖であった．　〔木村英亮〕

サリーナ　Sarina
オーストラリア
人口：0.6万(2011)　面積：250 km²
[21°25′S　149°13′E]

オーストラリア北東部，クイーンズランド州中央東部，マッケイ地域の町．ロックハンプトンの北西約300 kmに位置し，グレートバリアリーフに面する．製糖業，牧羊業が盛んである．町の北東部にあるヘイポイント港は，州中部で産出する石炭の重要な移出港である．　〔秋本弘章〕

サリャガシ　Saryagash
カザフスタン
サリャガチ　Saryagach (別称)
人口：2.9万(1989)　[41°28′N　69°11′E]

カザフスタン中央南部，南カザフスタン州南部の都市．州都シムケントの南南西103 km，ウズベキスタンの首都タシケントの北西16 kmに位置する．ザカスピ鉄道のクズルトゥ駅がある．おもな産業は，綿花精製である．サリャガチともよばれる．　〔木村英亮〕

サルイエシクアトゥイラウ砂漠
Saryyesik-Atyrau, Peski
カザフスタン
Saryishikotrau, Peski (別表記)
[45°56′N　76°10′E]

カザフスタン南東部，アルマトゥ州の砂漠．ジェトスー平原，イリ川とカラタル川の間に位置し，バルハシ湖南部の漁場である．そのほか，羊の牧畜が中心に行われる．
〔木村英亮〕

サルイジャズ川　Sary-Jaz River

クルグズ/中国

アクス河　阿克蘇河　Aksu He (別称)

面積：129000 km²　長さ：201 km

[42°12′N　79°05′E]

中国からクルグズにかけて流れる川．中国シンチャン(新疆)ウイグル(維吾爾)自治区アクス(阿克蘇)付近で形成され，クルグズ東部にいたり，テルスケイアラトー山脈の南斜面から南流する．中国語名はアクス河．多くのダム，用水路が建設され，農業に利用されている． [木村英亮]

サルウィン川　Salween River ☞ タンルウィン川　Thanlwin River，ヌー江　Nu Jiang

サルエティンパウス海峡　Salue Timpaus, Selat

インドネシア

幅：20 km　　[1°55′S　123°56′E]

インドネシア中部，中スラウェシ州クプラウアンバンガイ県，スラウェシ島の東に浮かぶバンガイ諸島のサルエ島とティンパウス島の間にある海峡．北のモルッカ海と南のバンダ海を結ぶ．サルエ島は北のサルエブサール島とより小さい南のサルエクチル島に分かれる． [青山　亨]

サルゴダ　Sargodha

パキスタン

人口：37.1 万 (1998)　[32°05′N　72°40′E]

パキスタン東部，パンジャブ州中部サルゴダ県の都市で県都．州都ラホールの西北西約170 km，首都イスラマバードの南約190 km，チェナブ川とジェルム川のチャージドアーブ(河間地)にあるロワージェルム用水路沿いに位置し，鉄道の分岐点でもある．歴史的にはジェルム川下流灌漑開拓団の本部が設置された，1903 年に建設された計画都市で，規則的な街路網がみられる．綿花，小麦，雑穀の集散地であり，精米，搾油，綿繰りなどの農産加工地，商業の中心地でもある．靴下，織物，化学，石けん製造などがおもな工業である．農業では小麦や綿花の栽培のほか酪農や柑橘栽培が比較的盛ん．南東部にパキスタンで最も重要なサルゴダ空軍基地があり，空軍のシンボルにちなんで「ワシの都市」とも称される．また，北西部には軍馬補充基地がある．高等教育機関として空軍大

学，サルゴダ大学，パンジャブ情報技術大学などがある． [出田和久]

サルゴダ県　Sargodha District

パキスタン

シャープール県　Shahpur District (旧称)

人口：266.6 万 (1998)　面積：5856 km²

[32°05′N　72°40′E]

パキスタン東部，パンジャブ州中部の県．県都はサルゴダ，旧名はシャープール県．パンジャブ州中央部のチャージドアーブ(河間地)の東部に位置し，北から西はジェルム川，東はチェナブ川に画され，南東部はジャング県と接する．ロワージェルム用水路により灌漑され農業県で都市人口率は約 28%(1998)である．おもな作物は，小麦，米，サトウキビで，柑橘系の果物栽培でも有名である． [出田和久]

サールダ川　Sarda River

ネパール/インド

カリ川　Kali River (別称)/シャルダ川　Sharda River (別称)

面積：18140 km²　長さ：354 km

[27°42′N　81°17′E]

インド北部のウッタラカンド州北縁とネパールの国境を流れる先行性河川．中印国境に位置するヒマラヤ山脈ナンダデヴィ山塊に源を発し，大ヒマラヤ山脈に深い渓谷をつくって横断，南下する．この川の水源は伝統的，宗教的には最上流，標高 3600 m に位置するカラパニ Karapani のカリ(Kali)寺院の池にあるとされるが，実際の源はさらにさかのぼる．ヒンドスタン平原に出てウッタルプラデシュ州内に大きな扇状地を形成している．現河道は網状流をなしてさらに南東に下り，ガンジス川の主要支流であるガーガラ川に合流する．全長のうち 2/3 は山地部に，残りはヒンドスタン平原にある．高低差の大きいこの川の潜在的な発電能力が期待され，以前からいくつかのダム建設計画があるが，ネパール政府との交渉が進まず，2016 年現在，建設にはいたっていない．山地出口の右岸インド領には広大なピリビットタイガー Pilibhit Tiger 保護区がある．約 700 km² の森林に 50 頭前後のトラが生息するという．同じく左岸のネパール領テライ平原にも野生動物保護区がある． [貞方　昇]

サルツバーガー湾　Sulzberger Bay

南極

深さ：1000 m　　[77°00′S　152°00′W]

南極，西南極の湾．マリーバードランド西部の棚氷と島で囲まれ，西端をフィッシャー Fisher 島(南緯 77 度 08 分，西経 154 度 00 分)，東端をヴォルマー Vollmer 島(南緯 76 度 44 分，西経 150 度 30 分)で限られる湾口の幅 100 km，湾奥までの奥行は 50 km である．湾内に水深 1000 m を超えるサルツバーガー海盆がある．1929 年 12 月，アメリカのリチャード・バードの南極探検飛行で発見され，支援者でニューヨークタイムズ発行者のアーサー・H・サルツバーガーを記念して命名された．後年これを取り囲む棚氷がアメリカ南極地名委員会によって，サルツバーガー棚氷と命名された(中心位置：南緯 77 度，西経 148 度)． [森脇喜一]

サルトロカンリ山　Saltoro Kangri

パキスタン

標高：7742 m　　[35°24′N　76°50′E]

パキスタン北部，ギルギットバルティスタン州の山．カラコルム山脈の東端部サルトロ山群にある高峰で，西北西約 40 km にガッシャブルム山(標高 8068 m)がある．山名は黄色い山を意味し，氷や雪に覆われた岩峰は険しく，やせ尾根が氷河や 7000 m 峰で囲まれている．京都大学学士山岳会とカラコラム・クラブにより構成された，日本パキスタン合同サルトロカンリ遠征隊(林一彦登攀隊長)が 1962 年 7 月に初登頂に成功した． [出田和久]

サールナート　Sarnath

インド

[25°23′N　83°02′E]

インド北部，ウッタルプラデシュ州の仏教聖地．ヴァラナシ(ベナレス)の郊外にあり，釈迦が悟りを開いた後，初めての説法(初転法輪)を行った場所として名高く，ヴァラナシの北西約 10 km の静かな公園の中にある．仏教の 4 大聖地の 1 つで，シカが多くいたことから鹿野苑(ろくやおん)とも表される．地名はシカの王の意である．説法を決意した釈迦は，悟りを開いたブッダガヤから，古来宗教上の聖地とみなされていたヴァラナシに向かい，さらにここサールナートで，5 人の苦行時代の旧友に会い，法を説いた．

サールナート(インド).ブッダが初めて説法を行った鹿野苑にある巨大なダメク・ストゥーパ
〔AJP/Shutterstock.com〕

公園の入口には，5人の修行者が釈迦を迎えたといわれる場所があり，そこにはいまも迎仏塔といわれるストゥーパ（チャウカンディ・ストゥーパ）が残っている．またここの遺跡からは，きわめて重要な初転法輪像やアショーカ王柱の頭部などが発掘されており，現在は遺跡に隣接するサールナート考古博物館に納められている．ほかに，3～12世紀に栄えた仏教修道院の発掘遺跡，1931年に建てられたムーラガンダ・クティ寺院（この内部には日本画家野生司香雪が1936年に描いた壮大な壁画「釈尊一代記」がある），1824年建立のジャイナ教寺院がある．さらに近年建てられた寺院として，チベット寺院，中国寺院がある．遺跡の奥には，レンガ造りで，直径約15 m，高さ43 m，周囲36 mのダメクの塔（ストゥーパ）がそびえている．建造は2300年以前のマウリヤ王朝期にさかのぼり，アショーカ王が，仏教信仰を記念して建立し，さらに5～6世紀のグプタ王朝の修復とその装飾が塔の表面にみられる．今日，この地は，仏教聖地として多くの人が参拝に訪れるところとなっており，インド政府の重要史跡に指定されている． ［前田俊二］

サルミ　Sarmi　インドネシア

人口：3.3万（2010）　　［1°51′S　138°45′E］

インドネシア東部，ニューギニア島中部北岸，パプア州の県および県都．県都の人口は1.2万（2010）．町は太平洋に突き出るサルミ岬に位置する．住民はサルミ人でサゴヤシからとるサゴを主食とする．州都ジャヤプラの北西230 kmにあり，陸路で結ばれる．
［青山　亨］

サレ湾　Saleh, Teluk　インドネシア

長さ：86 km　幅：36 km

［8°29′S　117°49′E］

インドネシア中部，小スンダ列島スンバワ島北部，西ヌサトゥンガラ州スンバワ県とドンプ県の湾．フロレス海につながる．タンボラ山のあるサンガル半島によって北側が囲まれ，湾口には自然保護公園に指定されているモヨ島が位置する．湾内にはリアン島，ンガアリ島，ラキット島などがある．　［青山　亨］

サレズ湖　Sarez Lake　タジキスタン

面積：80 km²　標高：3263 m　長さ：56 km
幅：3.3 km　深さ：505 m

［38°12′N　72°45′E］

タジキスタン東部，ゴルノバダフシャン自治州の湖．パミール山中，州都ホログの北東129 kmに位置する．深さは平均202 m，最深部は505 mに及ぶ．東からムルガブ川が流入し，西からバルタング川が流出する．1911年，地震による地滑りでウソイ村が壊滅し，ムルガブ川がせき止められて形成された．　［木村英亮］

サレム　Salem　インド

セーレム（別表記）

人口：83.1万（2011）　　［11°38′N　78°08′E］

インド南部，タミルナドゥ州内陸部，サレム県の都市で県都．州都チェンナイ（マドラス）の南西約280 kmに位置する．セーレムともいう．タミルナドゥ州で第5位の大きな都市で，北のカルナータカ州の州都ベンガルール（バンガロール），同州東海岸のカッダロール，西海岸のケーララ州トリチェルと主要鉄道線および国道で結ばれるデカン高原（平均標高278 m）の要地である．すなわち，南北，西，東への3つの重要な国道の交差点であり，かつチェンナイ，ムンバイ（ボンベイ），ベンガルールや首都デリーなど大都市へ向かう6本の鉄道が交わるインド南部の重要な乗換え地点である．古来より，南インド東海岸と西海岸を結ぶ交通の要衝として発展してきた．要塞の付近は市内の最も古い部分であり，周囲を丘に囲まれている．工業都市でもあり，女性の間で有名な伝統的な銀の靴の主要な生産地の1つである．また，織物工業，とくに綿織物や人絹織物業の発達が著しく，綿と人絹のカーペットは全インドに出荷され，ここには州立紡績技術研究所がある．ほかに，鶏肉やサゴヤシ粉などの食品加工業，鉄鋼，自動車部品，映画フィルムなどの工業も盛んである．近くにはマグネサイトの大埋蔵地を背景とした鉱山がある．さらに，世界に輸出されるマンゴー加工品でも有名である．　［前田俊二］

サレラ湾　Sarera, Teluk　☞　チュンドラワシ湾　Cenderawasih, Teluk

サレロロガ　Salelologa　サモア

人口：0.3万（2011）　　［13°44′S　172°13′W］

南太平洋中部，ポリネシア，サモア西部，サヴァイイ島南東部の町．サレロロガはもともと5つの小村で構成されており，町名はサヴァイイ島を征服しようとしたツイマヌア・レロロガに由来するといわれているが定かではない．現代のサレロロガは神秘的な伝説の面影はなく，ウポル島とサヴァイイ島を結ぶフェリーの唯一の発着地として，島への玄関口としての役割を果たしている．1997年のサモア政府による開発計画により，近年では島唯一のバスターミナルに隣接したマーケット周辺を中心に，銀行やスーパーマーケッ

ト，レストラン，カフェなどが集まり，年々商業化が進んでいる．また，観光客の増加も伴い，新たな宿泊施設やインターネットカフェなどが出現している．1990年代のサイクロン襲来までは島の北西部のアサウ Asau も経済的な中心地であったが，いまではサレロロガが名実ともに島の政治・経済・交通の要衝として地位を確立している． ［倉光ミナ子］

サロラングン　Sarolangun

インドネシア

人口：24.6万（2010）　面積：6174 km²
[2°18′S　102°43′E]

インドネシア西部，スマトラ島南部，ジャンビ州の県および県都．県都の人口は4.6万．県は1999年にサロラングンバンコ県から分離して成立した．県の範囲はおおむねハリ川の支流であるトゥンブシ川の流域と重なっており，サロラングンの町はトゥンブシ川とアサル川の合流点に立地して，河川交通の要衝として発展した． ［青山　亨］

サーワ　Tharwa

オーストラリア

人口：489（2014）　面積：485 km²
[35°50′S　149°06′E]

オーストラリア南東部，首都特別地域の村．首都キャンベラ市の中心部から南35 kmに位置し，ナマジ国立公園に隣接する．その歴史は首都特別地域内で最も古く，1862年に集落が形成された．地名は，この地域に住むアボリジニの，ナマジ国立公園内にあるテナント Tennant 山の呼称に由来している．マランビジー川沿岸に立地し，川にかかるサーワ橋は1895年に建設された．1899年には首都特別地域最古の小学校が建設されたが2006年に閉鎖された．開拓時代に建設された農園邸宅ランヨンホームステッドが現在も残存する． ［葉　倩瑋］

サワイマドプル　Sawai Madhopur

インド

人口：12.1万（2011）　[25°59′N　76°22′E]

インド西部，ラージャスターン州サワイマドプル県の都市で県都．州都ジャイプルの南東約110 kmに位置する．歴史的な要塞建築物を含み，ベンガルタイガーが生息するランタンボール国立公園の玄関口であり，またトリネトラ・ガネーシュ寺院と，マドプール・グアバとして知られる果実グアバで有名であ

る．ジャイプルのサワイマドシン王によって1763年に建設された計画都市でもある．森林と生態の環境保全の保護下にある当地域には大規模な工場はみられず，農業と観光業が重要な産業である．農業に関しては，1985年以来のグアバ生産が飛躍的な伸びをみせ，多大な収入源となっており，また，国立公園と要塞建築物に関連する観光サービス部門は雇用の主要な柱となっている．公園でのトラの保護はとくに強められており，トラ都市という愛称をもつゆえんとなっている．

［前田俊二］

サワルント　Sawah Lunto

インドネシア

Sawahloento（旧表記）

人口：5.7万（2010）　標高：250–650 m
[0°40′S　100°47′E]

インドネシア西部，スマトラ島中西部，西スマトラ州の市（コタ）．バリサン山脈中の中央高地の炭鉱都市．起伏のある山麓地帯に位置する．1965年から市政が敷かれた．州都パダンから陸路で北東95 kmにある．鉄道によるパダンへの石炭輸送は2000年に中止されたが，不定期に観光列車が運行されている．住民の多くはミナンカバウ人だが，ジャワ人，バタック人，華人など外来の民族も混住している．住民の大部分は石炭関連産業に従事する．

1867年にオランダ人地質学者によってインドラギリ川の上流河川でありシンカラック湖に源流をもつオンビリン川の流域において，石炭の埋蔵が確認された．オランダ政庁が炭鉱開発のための職員と労働者の居住地として，1888年に炭鉱の南方約7 kmの地点に町をつくったのが始まりである．島西岸に位置する積出港のパダンとを結ぶ鉄道の建設と並行して1892年から出炭が開始された．労働力として各地の政治犯がサワルントに送られ強制労働に従事させられた．鉄道の敷設は1894年に完成し，1930年代の最盛期には年間産出量は60万tに達した．日本軍による占領を経て，インドネシア独立後はオンビリン石炭採掘公社の下で採掘が続けられた．世界的な石炭需要の減少により閉山の危機に直面したものの，1980年代初めから産出量は増加に転じ，炭鉱の経営はブキットアサム社によって継続されている．近年は炭鉱都市としての歴史を生かした観光開発が進められている． ［青山　亨］

サワンカローク　Sawankhalok

タイ

人口：9.2万（2010）　面積：586 km²
[17°19′N　99°51′E]

タイ北部下部，スコータイ県の郡．県都スコータイの北38 km，県中央部に位置する．スコータイ時代にこの地でつくられた焼き物「宋胡録，寸古録」で有名なサワンカウォーラナーヨック国立博物館があるほか，郡内には商店や宿泊施設が集積し，周辺に点在する観光地を結ぶ中継地点として機能している．また，郡は県内で収穫される畑作物の集散地としても栄えている． ［遠藤　元］

サワンナケート　Savannakhet ☞ カイソンポムウィハン　Kaysone Phomvihane

サワンナケート県　Savannakhet Province

ラオス

人口：97.0万（2015）　面積：21774 km²
[16°34′N　104°46′E]

ラオス中南部の県．県都はカイソンポムウィハン．国内の県で最大の面積および人口を有する．メコン川沿いに位置するカイソンポムウィハンの市街地は，タイのムックダーハーン対岸に位置し，2007年に第2タイ・ラオス友好橋がメコン川にかけられたことから，ラオス～タイ間の主要な出入国地点として機能している．そして，東部のセポン郡ラオバオは，ベトナムとの出入国地点となっており，カイソンポムウィハン市街地とラオバオの間は，国道9号によって結ばれている．タイとベトナムの中間に位置し，かつ両国を結ぶ道路が存在するこの県は，古くからタイ～ベトナム間貿易の中継地点と位置づけられ発展してきた．

おもな産業は農業および畜産業である．農業は稲作，タバコ，綿花などが盛んである．とくにラオスでは珍しく県面積の約7割は標高300 m以下の低地で，比較的起伏が少ないため，水田水稲作が盛んに営まれており，国内生産量の約20%を占めている．しかし，灌漑の整備が遅れているため2期作は限られており，天水田による雨季作が大半を占めている．畜産は水牛，肉用牛ともに国内では最も飼育頭数が多い．また，セポン郡では，オーストラリアの鉱山会社とラオスとの間に設立された合弁企業によって，2003年から国内最大級の金の採掘，そして2005年からは銅の採掘および銅カソードの生産を開始して

いる. また 2003 年に国道 9 号沿いにサワンセノ経済特区が設置され, 政府の手厚い投資優遇制度を受け, 多くの海外企業の工場が立地している. したがって工業の発展も著しい. 北部には, 面積 993 km² のブーサンヘー国立生物多様性保全地域 NBCA, そして南部には, サラワン県とまたがるセバンヌアン NBCA が設定されている. とくにブーサンヘー NBCA は, 持続可能な観光開発に向けたエコツーリズムが実施されている.

[横山 智]

サンアウグスティン岬　San Augustin, Cape

フィリピン

[6°16′N　126°12′E]

フィリピン南東部, ミンダナオ島南東部, 東ダバオ州の岬. 行政的にはガバナーヘネロソ Governor Generoso に属する. 南東部をフィリピン海によって, 西部をダバオ湾によって囲まれる. 内陸部との交通は船によるものが主で, 陸路での往来は困難である. 住民はビサヤ諸語のうちのセブアノ語話者が多く, 宗教はローマ・カトリックが主流である.

[関 恒樹]

サンアントニオ　San Antonio

フィリピン

人口: 3.5 万 (2015)　面積: 188 km²

[14°57′N　120°05′E]

フィリピン北部, ルソン島西部, サンバレス州南端の町. 首都マニラの北西 162 km に位置する. 住民はフィリピン諸語のうちサンバル語を母語とする人びとである. 州北部では北部ルソンのリンガ・フランカであるイロカノ語も使用されるが, 町がある州南部ではマニラ周辺で話されるタガログ語も広く用いられ, 住民の多くはサンバル語とタガログ語の両方を使用するバイリンガルである. 宗教はローマ・カトリックが主流である. 農耕を主たる生業とし, 稲作を中心に砂糖, 野菜, 根菜などの栽培, 家畜飼育のほか, 沿岸部では漁撈も行われる. 町の北東 37 km には, 1991 年に 20 世紀最大ともいわれる大噴火を起こしたピナトゥボ山 (標高 1486 m) がある.

[関 恒樹]

サンアントニオ湾　San Antonio Bay

フィリピン

[8°39′N　117°35′E]

フィリピン南西部, パラワン島南部の湾. 行政上はパラワン州バタラサに属する. 州都プエルトプリンセサの南 236 km に位置し, スールー海に接する. 国内有数の漁業資源の宝庫で, 国内各地とくにビサヤ諸島などから多くの漁民たちが移住し, 漁撈を展開している. また, 湾内では地方政府と NGO などが協力し, 共同体資源管理計画を実施し, 地元漁師が違法漁業の取締りなど, 海洋資源保護のための積極的取組みを行っている.

[関 恒樹]

サンイー　三義　Sanyi

台湾｜中国

さんさ　三叉 (日本語・旧称)

人口: 1.7 万 (2017)　面積: 69 km²

[24°24′N　120°46′E]

台湾北部, ミャオリー (苗栗) 県南端の村 (郷). かつては三叉を名乗っていたが, 1953 年に現名に改められた. 木彫り工芸の町として知られており, 街道に沿って工房が並んでいる. 郊外には木彫りをテーマにした博物館もある. 人口の大半を客家 (ハッカ) 系住民が占めており, 客家文化を前面に押し出し, 行楽地としても人気を博している. キールン (基隆) とカオシオン (高雄) を結ぶ縦貫鉄道は 1908 年に全通したが, 三義とフォンユエン (豊原) 間は最大の難所であり, 最後の開通区間となった. 1998 年に新ルートが開通し, 旧線は一度廃止されたが, のちに観光鉄道として整備された. 沿線には 1935 年に発生したシンジュー (新竹)・タイジョン (台中) 州大地震で倒壊した龍騰断橋の遺構や, 台湾の在来線で最高所に位置する勝興駅 (標高 402 m) などがある.

[片倉佳史]

サンイシドロ　San Isidro

フィリピン

人口: 3.2 万 (2015)　面積: 123 km²

[11°25′N　124°21′E]

フィリピン中部, レイテ島, レイテ州北部の町. サンイシドロ湾に注ぐプノン川河口に形成されたデルタ地帯に位置する. 集落の形成は古く, 19 世紀のスペイン植民地期にさかのぼる. 当初は近隣のセブ島, ボホール島, パナイ島などの島々からやってきた交易商人たちによって形成された集落であった. その後 1884 年にはスペイン政庁の行政区分であるプエブロが設置され, 以降集落の形成

が本格的に進んだ. 生業はおもに農業で, とくにトウモロコシ, 稲作, ココナッツプランテーション, タバコ栽培などが行われる. 国内の主要な漁場であるビサヤ海に面し, 中小規模の漁撈や海藻の養殖なども行われる. 住民はビサヤ諸語のうちセブアノ語を話す人びとで占められる.

[関 恒樹]

サンウォン　祥原　Sangwon

北朝鮮

標高: 68 m　気温: 9.1℃　降水量: 1000 mm/年

[38°51′N　126°06′E]

北朝鮮, ファンヘブク (黄海北) 道の郡および郡庁所在地. 首都ピョンヤン (平壌) 市の南東部に位置する. 1952 年に新設され, 1967 年ピョンアンナム (平安南) 道から分離して平壌市に編入, 2010 年 2 月に黄海北道に編入された. 北朝鮮北西低地帯, 中部低地の南東部端にあり, 東部と南部は彦真山脈の支脈で高く, 北西は丘陵性の低い平野である. 祥原川流域に平野が広がる. 上部原生代の地層が分布し, 地層名を祥原界と名づけられた. 石灰岩, 苦灰岩, 頁岩などが分布する. かつては農村地帯であった. セメント工業の中心地 (商標・地球印セメント) である. コムモル (黒隅) 遺跡で有名である. 1966 年から発掘調査された 100 万年前の旧石器時代の洞窟遺跡では, 石器と氷河期の動物化石 29 種が発見された. 平壌までは高速道路で結ばれる.

[司空 俊]

サンガイ ☞ ニューテリトリーズ New Territories

サンガサンガ島　Sanga Sanga Island

フィリピン

人口: 1.9 万 (2015)　[5°04′N　119°47′E]

フィリピン南西部, タウィタウィ州の島. スールー諸島南西端, フィリピンとマレーシアとの国境に位置し, ボンガオ島, パパバイ島とともに州都ボンガオを構成する. 住民は自称サマ, 他称でバジャオとよばれる人びとである. 近年まで舟上生活をしていた彼らは, 今日では島の浅瀬に建てられた杭上家屋に住む. 漁撈のほか, 海藻の養殖などに従事する. 宗教はイスラーム教であるが, 土着のアニミズム的信仰との融合もみられる.

[関 恒樹]

サンガネール　Sanganer

インド

[26°49′N　75°44′E]

インド西部，ラージャスターン州東部，ジャイプル県の町．州都ジャイプルの南16kmに位置する．町は，伝統的なインド草木染料木版(ブロックプリント)生地と手漉き紙の生産，ジャイナ教寺院などで国内外に広く知られる．特産の草木染料木版生地は，白地の生地に明るい文様が描かれるのが特色である．手漉き紙の生産は，現在，10社が生産を続けているが，1728年に藩王のアイデアで始まったとされる．ジャイナ教のディガンバラ・ジャイナ寺院は，10世紀の建立とされ，赤色砂岩造りの裸形派の古い寺院で，全国から多くの信者をひきつけている．裸形派の僧侶は，一切の衣服を身に着けず，裸で修行する伝統をもつ．寺の中央部の地下は7階建てとなっており，それぞれの階には，鬼神(ヘビと信じられている)によって守られた古代の自然の霊魂を祀った小さな祠が安置されている．ジャイプル国際空港，国立農業市場研究所，国立保健健康研究所なども立地し，隣接する州都と一体的に発展している．

[中山修一]

サンカムペーン　San Kamphaeng

タイ

人口：8.1万 (2010)　面積：198km²

[18°45′N　99°07′E]

タイ北部，チエンマイ県の郡．チエンマイの東約13kmの近郊に位置し，国道1006号(チエンマイ-サンカムペーン通り)で結ばれている．この道路沿いを中心に，漆器，皮革製品，傘，シルク，綿織物などの伝統工芸品の工場や店舗が立ち並び，著名な観光地となっている．郡中心部からさらに東北東20km奥に入ったところには温泉もある．なお，観光シーズンには国道1006号が交通渋滞になるため，新たに国道1317号が建設された．

[遠藤 元]

サンカムペーン山脈　San Kamphaeng, Thiu Khao

タイ

標高：1326m　長さ：約200km

[14°21′N　101°23′E]

タイ東北部と中部を隔てる山脈．西のカオヤイ国立公園に位置するキアオ山(標高1292m)から東のタイ・カンボジア国境付近のチョンタコー峠までであり，西はドンパヤーイェン山脈，東はパノムドンラック山脈に連な

っている．標高は500〜1300m程度で，最高峰はレーム山．分水嶺となっており，山脈の北側はメコン川水系となり，南側は一部を除きバーンパコン川水系でタイ湾に注ぐ．コーラート高原の南西端に位置することから，山脈の南麓のほうが地形が急峻である．一帯は2005年に「ドン・パヤーイェン—カオ・ヤイ森林群」としてユネスコの世界遺産(自然遺産)に登録された．

[柿崎一郎]

サンカーラーキーリー山脈　San Kalakhiri, Thiu Khao

タイ/マレーシア

標高：1535m　長さ：428km

[5°48′N　101°19′E]

タイ南部とマレーシア北部との国境にある山脈．タイのサトゥーン県，ソンクラー県，ヤラー県とナラーティワート県に位置している．東部国境を除いて，両国の国境のほとんどの部分はこの山脈が形づくっている．最高峰はウールーティティバーサー Ulu Titi Basah 山(標高1535m)である．第2次世界大戦中，日本軍により国威高揚のためつくられた「マレーの虎・ハリマオ伝説」の谷豊(1911-42)は，この山脈のジャングルを活動拠点としていた．

[山本博史]

サンガル　Sanghar

パキスタン

人口：5.1万 (1998)　[26°02′N　68°57′E]

パキスタン南東部，シンド州中東部サンガル県の町で県都．県中央部やや北西寄り，タール砂漠の西周縁部の半乾燥地域に位置する．南西約100kmのハイデラバード，西南西約265kmの州都カラチ，北約185kmのスックルなどへ道路が通じている．農業が中心の町であり，市場町でもある．また，綿織物の工場もある．

[出田和久]

サンガル県　Sanghar District

パキスタン

人口：142.2万 (1998)　面積：10728km²

[26°02′N　68°57′E]

パキスタン南東部，シンド州中東部の県．県都はサンガル．タール砂漠の西部に位置し，東はインドのラージャスターン州，北東はハリプール県，北西はシャヒードベナジールアバド県，西はマティアリ県，南西はハイデラバード県とタンドアラーヤール県およびミールプルハース県，南はウマルコート県に

接する．インダス川から導水するミスラオ用水システムによって灌漑される農地が広がり，綿花，小麦などがおもな作物である．そのほか，ゴマとピーナッツは州の主産地となっている．州南部のタルパールカル県に次いでヒンドゥー教徒が多く，県人口の2割近くを占める．

[出田和久]

サンガル湾　Sanggar, Teluk

インドネシア

幅：40km　[8°15′S　118°18′E]

インドネシア中部，小スンダ列島スンバワ島北部，西ヌサトゥンガラ州ビマ県とドンプ県の湾．サンガル半島の北東部に位置する．湾口は北側に開きジャワ海に通じている．西側に標高2850mのタンボラ山がそびえる．

[青山 亨]

サンカルロス　San Carlos

フィリピン

人口：13.3万 (2015)　面積：452km²

[10°29′N　123°25′E]

フィリピン中部，ネグロス島北東部，西ネグロス州の都市．ネグロス島最高峰のカンラオン山(標高2450m)に源を発する諸河川がタニオン海峡に流れ込む河口部に位置し，山麓西側に広がる平野部を後背地としてもつ．住民の多くはビサヤ諸語のうちセブアノ語を用いる．

国内のサトウキビ産業史において重要な位置を占めるが，これは1912年に操業を開始したサンカルロス製糖会社の設立により，ネグロス島におけるセントラル，すなわち近代的製糖工場時代の幕開けとなったためである．近代的製糖工場での集約的な分蜜糖の生産はその周囲に常時大量のサトウキビの供給を可能とする広大な耕地を必要とし，結果としてその他の作物生産を排除した単一作物のプランテーション経営が展開される．土地所有の形態も，単一の地主による大土地所有が一般的となり，町をはじめとしたネグロス島一帯ではシュガー・バロン(砂糖貴族)とよばれる富裕な大土地所有階級が形成された．このようにして，ビサヤ地方における砂糖生産の中心地の1つとして発展することになる．第2次世界大戦中，一帯も日本軍による占領を経験し，戦闘による耕地の荒廃，社会的混乱のため砂糖産業は一時後退した．しかし戦後のネグロス島における砂糖セントラル復興の中で，町の地主も大きな役割を果たし，そ

の後の国内における製糖業の寡占的支配体制の一翼を担った．1946年のアメリカからの独立後も，輸出用の砂糖生産は関税免除の下でアメリカがほぼ専一的な輸出市場となり，70年代前半まで砂糖産業は国内経済の基幹的輸出部門として君臨した．

ところで，ネグロス島の砂糖生産は西隣のパナイ島などからのサカダとよばれる季節的出稼ぎ労働者によって支えられていた．とくにサンカルロスの場合は，狭小なタニョン海峡をはさんだ東隣に位置するセブ島のトレドから，頻繁なフェリー航路によって大量の出稼ぎ労働者たちの移入を経験した．これら出稼ぎ労働者たちの雇用条件は劣悪で，1980年代以降，大きな社会問題としてマスメディアに取り上げられるようになり，世界的に注目されるようになった．これら砂糖農園における労働者の貧困問題が，その後のネグロス島における共産党新人民軍による反政府武装闘争の背景に存在していた． ［関 恒樹］

サンカルロス San Carlos

フィリピン

ビナラトガン Binalatongan （旧称）

人口：18.9万 （2015） 面積：169 km²
[15°54′N 120°19′E]

フィリピン北部，ルソン島中部，パンガシナン州の都市．ダグパンの南17 km，首都マニラの北182 kmに位置する．1965年に市制が開始されるが，それまでの歴史は古く，19世紀以前のスペイン植民地期下では州内でも最も人口の多い大規模集落として知られていた．この地域一帯は19世紀半ばまでビナラトガンという名でよばれていた．スペイン統治下でも長くスペイン人への抵抗を行ったため，住民たちはスペイン人によって好戦的な人びととして記録され，そのような住民たちによる抵抗への措置として，集落の名前がスペイン国王のカルロス3世にちなんで変更されたと伝えられる．一帯はルソン島の平野部にあたり，国内有数の穀倉地帯であり，現在でも稲作を中心とした農業が主体である．

住民はパンガシナン語を用いる人びとで，低地キリスト教徒フィリピン人と総称される諸民族のうち8番目の規模の民族言語集団である．双系的親族システム，農作業地での共同労働慣行，恥・体面にかかわる諸価値，民衆カトリシズム的諸儀礼や慣行など，近隣の低地キリスト教徒諸集団との間で文化的要素を多く共有するが，とりわけ言語などにおいては北で接する大民族集団イロカノと共通性，類似性をもつ．とくに狭小な耕地によって特徴づけられる北部のイロカノ地方からのパンガシナンへの人口流入が，19世紀において顕著に進展したため，パンガシナンのイロカノ化が進み，今日においては言語を除きパンガシナンをイロカノから区別する文化的特徴を指摘することは不可能に近い． ［関 恒樹］

サンガン河 桑乾河 Sanggan He

中国

桑干河 （別表記） ／そうかんが （音読み表記）

長さ：506 km [40°14′N 115°23′E]

中国中北部，シャンシー（山西）省北部とホーペイ（河北）省北西部を流れる川．ハイ（海）河水系の川．フェン（汾）河に次ぐ山西省第2の河川である．上流にユワンツー（源子）河と恢河があり，源子河の源はニンウー（寧武）県コワンツェン（管涔）山，恢河の源はツオユン（左雲）県ツァイコウ（載口）山である．両河川はシュオ（朔）県の馬邑村で合流し，それより下流を桑乾河という．

桑乾河は朔県，シャンイン（山陰）県，インシェン（応県），ホワイレン（懐仁）県，ダートン（大同）県を流れ，ヤンガオ（陽高）県の尉家小堡村から山西省を出て河北省に入る．全流域の人口は2.4万，山西省内の長さは252 km，流域面積は1万5464 km²．陽高県大辛庄水文観測所の観測では，年間流量は7億7300万 m³である．桑乾河は黄水河，渾河，御河などの支流がある．大同県冊田の主流に冊田ダムがあり，山西省第2のダムである．このダムは下流にある官庁ダムに水を供給する役割を果たしている．歴史上，桑乾河流域での連日の大雨のため，1871年，96年と1939年に洪水が発生し，流域に災害をもたらした． ［張 貴民］

サンギ諸島 Sangi, Kepulauan ☞ サンギヘ諸島 Sangihe, Kepulauan

サンギヘ諸島 Sangihe, Kepulauan

インドネシア

サンギ諸島 Sangi, Kepulauan （別称） ／サンギル諸島 Sangir, Kepulauan （別称）

人口：19.0万 （2010） 面積：1289 km²
[3°36′N 125°29′E]

インドネシア中部，北スラウェシ州の諸島．スラウェシ島北部，ミナハサ半島北端の沖にある．サンギヘ島，シアウ島，タグランダン島，ビアロ島などが北から南に連なる．東側はモルッカ海，西側はスラウェシ海であり，北約200 kmにフィリピンのミンダナオ島がある．スラウェシ島からミンダナオに続く火山弧に属し，諸島の島の多くが火山島である．サンギヘ島のアウ山（標高1320 m）やシアウ島のカランゲタン山（1784 m）などの火山がある．サンギヘ島はクプラウアンサンギヘ県に属し，県都は島北部東岸のタフナであるのに対して，シアウ島，タグランダン島，ビアロ島はクプラウアンシアウタグランダンビアロ県に属し，県都はシアウ島のオンダンである．

諸島全体の中心はタフナで，港と諸島唯一の空港があり州都マナドと結ばれる．住民はスラウェシ島北部からサンギヘ諸島，タラウド諸島，ミンダナオ島南部にかけて居住するサンギル人である．1677年以来オランダの支配下に入り，キリスト教徒が9割を占める．ココヤシ，クローブ，ナツメグを栽培する．近海はダイビングスポットとして有名である． ［青山 亨］

サンギラン遺跡 Sangiran, Candi

インドネシア

面積：56 km² [7°27′S 110°50′E]

インドネシア西部，ジャワ島中部，中ジャワ州スラゲン県とカランガニャル県にまたがる遺跡．化石人類研究史上，有名な遺跡である．スラカルタの北10 km，ソロ川の流域に位置する．発掘地はジャワ島では東ジャワ州ガウィ県のソロ川流域のトリニルでオランダ人古生物学者のユージェーヌ・デュボアが化石人類の骨を1891年に発見していた．この化石人類はピテカントロプス・エレクトゥス（直立猿人）と命名されたが，現在ではジャワ原人としてホモ・エレクトゥスに分類される．ソロ川のさらに上流にあたるサンギランではドイツ出身のフォン・ケーニヒスワルドによって1934年にジャワ原人の骨が発見された．以来，数多くの化石や150万年前とされる住居跡が発見されており，インドネシアの化石人類遺跡としては最も出土数の多い場所である．1996年に「サンギラン初期人類遺跡」としてユネスコの世界遺産（文化遺産）に登録された．遺跡の近くにサンギラン博物館があり，一般に公開されている． ［青山 亨］

サンコ 639

サンギル諸島 Sangir, Kepulauan ☞ サ
ンギヘ諸島 Sangihe, Kepulauan

サンギレン山脈 Sangilen, Khrebet ☞
センギレン山脈 Sengilen, Khrebet

サング川　Sangu River

バングラデシュ

長さ：270 km　　　　　[22°08′N　91°52′E]

バングラデシュ南東部を流れる川. ミャンマー国境に近い国内南東部のチッタゴン丘陵の山地に発し, バンダルバン県を流れてチッタゴンの南 24 km, カルナフリ Karnaphuli 川河口の南約 15 km でベンガル湾に注ぐ. チッタゴン丘陵の森林・焼畑地域を蛇行して流れる. バンダルバン県の主要集落はこの谷筋にある.　　　　　　　　　[野間晴雄]

サングラ　Sangla

インド

[31°24′N　78°14′E]

インド北部, ヒマーチャルプラデシュ州キナウル県の都市. 州都シムラの東北東 109 km に位置する. サングラ谷ともいうバスパ谷の景色のよい丘にあり, 谷は森林豊かな斜面に囲まれ, 高い山々への眺望を提供している. バスパ水力計画により, またチベットとの境界線に近いサングラ渓谷が, 世界の最も美しい 5 つの谷の 1 つとして世界的に紹介されてきたことにもより, サングラの重要性はますます高まっている. 1989 年まではインド・中国の境界線に近いその戦略的な位置のために外部の人びととの谷への新規流入は認められなかったこともあり, 豊かな自然環境が保たれてきた. 近くには有名なマツの実の農園, そして赤いリンゴやサクラの木, 氷河の流れや古風な趣のある小さな村々がある. 付近に住むキナウルの人びととはその特徴的な文化や方言, 単純だが優雅な生活様式で有名である.　　　　　　　　　[前田俊二]

サングリ　Sangli

インド

Sangli Miraj Kupward（別称）

人口：51.4 万（2011）　面積：116 km²
[16°55′N　74°37′E]

インド西部, マハーラーシュトラ州サングリ県の都市で県都. 大都市ムンバイ（ボンベ

イ）の南南東約 390 km に位置し, 主要鉄道線で結ばれている. クリシュナ川沿いにあるウコン（ターメリック）産業の都市として知られ, アジアにおけるウコンの最大市場であり, また砂糖生産の都市としても知られ, 30 以上の砂糖工場がある. 近郊は州内の最大ブドウ栽培地域の 1 つでもあり, ワイン醸造がみられる. また近年, 付近に大規模な風力発電所がつくられ, 国の重要な風力発電地域の 1 つとして登場しつつある. なお, ガネーシャ寺院は市の歴史的ランドマークとなっており, 世界から多くの巡礼者が訪れる. またサングリは, チャートとよばれるインドの屋台スナックの 1 つであるブヘルプリ（ブハダンともよばれ, ふくらませた米でつくられる料理）でも有名である. 現在, 小さな町から都市へと急成長しており, 工学系や医学系大学など数多くの有名な教育施設をもち, かつ多くの高級ホテル, ショッピング街, 映画館, 広い道路が充実してきている.

[前田俊二]

サンクリストバル海溝　San Cristobal Trench

ソロモン諸島付近

深さ：8322 m　　　　　[11°20′S　162°45′E]

南太平洋西部の海溝. ソロモン諸島の主島ガダルカナル島の南からサンクリストバル島の南東側にかけて弧状に延びる海溝で, 太平洋プレートがオーストラリアプレートに沈み込むことにより形成された. 北西に位置し, パプアニューギニアのニューブリテン島からブーゲンヴィル島にかけて延びるニューブリテン海溝とともに南ソロモン海溝を構成している.　　　　　　　　　[前杢英明]

サンクリストバル島　San Cristobal Island

ソロモン

マキラ島　Makira Island（通称）

人口：3.4 万（2009）　面積：3191 km²
標高：1250 m　　　　　[10°27′S　161°55′E]

南太平洋西部, メラネシア, ソロモン諸島南東部, マキラウラワ州の主島. 現在では, 一般的に現地語のマキラが島名として使われる. 面積はガダルカナル島, マライタ島, サンタイザベル島に次いで国内第 4 位である. ソロモン諸島におけるカトリックの布教拠点の 1 つである. 住民の約 2/3 は州都キラキラのある島北部沿岸地域に居住し, 南部地域に村落はまばらである. キリスト教改宗以前の宗教において, 人びととは海やサメ, マグ

ロ, グンカンドリなどに対する信仰をもち, 現在も伝統聖域にはそれらをかたどった木彫り像などが安置される.　　　　[関根久雄]

サンクリラン湾　Sangkulirang, Teluk

インドネシア

[0°50′N　118°05′E]

インドネシア中部, カリマンタン（ボルネオ）島中部東岸, 東カリマンタン州クタイティムール県の湾. 東側はサンバリウン山脈に連なり, 南東に開く湾口はマカッサル海峡に通じる. 湾にはカランガン川が注ぎ, 河口の島にはサンクリランの町がある.　[青山亨]

サングルール　Sangrur

インド

人口：8.8 万（2011）　　　[30°16′N　75°52′E]

インド北部, パンジャブ州サングルール県の都市で県都. ルディヤーナーと首都デリー, バティンダとパティアーラそれぞれを結ぶ道路の交点にあり, ルディヤーナーの南 80 km, パティアーラの西 48 km に位置する. またルディヤーナー・ジャカール鉄道線が通っている. サングルール県はパンジャブ南部地方の典型的農村地域である. 肥沃な土壌と水に恵まれ, 紀元前 2300 年以来の古い居住, および前 2000 年頃に新たにやってきた見事な陶磁器類と装備をもった人びとの歴史や, 広々とした家々の分布をもつ. 400 年前のサンガーという人によって創設され, サングルール県は 1948 年に成立した.[前田俊二]

サンゲアン島　Sangeang, Pulau

インドネシア

面積：152 km²　　　　　[8°11′S　119°03′E]

インドネシア中部, 小スンダ列島, 西ヌサトゥンガラ州ビマ県の島. スンバワ島の北東, フロレス海に位置する. 幅 7 km のサンゲアン海峡を隔てて南側のスンバワ島に対する. 標高 1949 m の火山であるサンゲアン山（別名アピ山, サンゲアンアピ山）からなる火山島である.　　　　　　　　　[青山亨]

サンゴ海 ☞ コーラル海 Coral Sea

640　サンコ

〈世界地名大事典：アジア・オセアニア・極 I〉

サンゴ海諸島 ☞ コーラル海諸島 Coral Sea Islands

サンジ市　昌吉市　Sanji　中国

チャンチー市　昌吉市　Changji （漢語）

人口：30.4万（2010）　面積：7981 km²
[44°01′N　87°18′E]

　中国北西部，シンチャン（新疆）ウイグル（維吾爾）自治区北部，サンジ（昌吉）自治州の県級市で州政府所在地．ティエンシャン（天山）山脈の北麓，ジュンガル（準噶爾）盆地の南側にあり，自治区の首府ウルムチ（烏魯木斉）の北西約 33 km に位置する．古代シルクロード以来の交通の要衝で，西側の隣国カザフスタンとの国境へは，幹線道路沿いに約550 km でいたる．地名の漢語名の昌吉はヤンバリク（仰吉八里）に由来し，チュルク語で新しい都市を意味するとされる．人口の28% は回族やカザフ（哈薩克）族，ウイグル族などの少数民族で，産業では紡績，製糖，化学，皮革，セメント，建材などの工業が発達する．市域は南北に細長く，南部山区のソルバストゥ（索爾巴斯陶）風景区には標高約2700 m の広大な高原牧場がある．また近年，市内にはグチョン（奇台）県などで発掘された恐竜の化石を展示する昌吉恐竜館が開館し，いずれも人気の観光地となっている．
[秋山元秀]

サンジ自治州　昌吉自治州　Sanji　中国

サンジ回族自治州　昌吉回族自治州 （正称）/チャンチー自治州　昌吉自治州　Changji （漢語）

人口：152.7万（2002）　面積：78000 km²
[44°01′N　87°18′E]

　中国北西部，シンチャン（新疆）ウイグル（維吾爾）自治区北部の自治州．ティエンシャン（天山）山脈の北麓，ジュンガル（準噶爾）盆地の南部に位置する．北東はモンゴルに隣接する．サンジ，フーカン（阜康）の 2 県級市とフトゥピー（呼図壁），マナス（瑪納斯），グチョン（奇台），ジムサル（吉木薩爾）の 4 県およびモリ（木塁）自治県を管轄する．州政府所在地はサンジ市である．
　紀元前から匈奴，チュルク（突厥），そしてウイグル（回鶻）帝国の勢力下にあった．9 世紀半ば以降，カラホジャウイグル王国領となった．その後，カシュガル・ハン国に属した．19 世紀末頃，清朝の新疆省に組み入れられ，迪化府に属した．1949 年以降，中国

の統治下に入り，54 年にサンジ回族自治区が設立され，55 年，新疆ウイグル自治区の成立とともに自治州と改称された．漢字表記の昌吉はヤンバリク（昌八剌）に由来し，チュルク語で新しい都市を意味する．
　南部は天山山脈にあたり，森林資源が豊富で，牧畜業が盛んである．中部のオアシスは灌漑農業が盛んで，小麦，トウモロコシ，綿花，果実などを産する．北部はクルバントンギュト（古爾班通古特）砂漠である．石炭，石油，鉄，玉石などの鉱物資源に富む．ウルムチ（烏魯木斉）とガンスー（甘粛）省の省会ランチョウ（蘭州）を結ぶ蘭新鉄道の西端および国道216，312 号が州内を通る．名所にはボゴダ Bogda（天池）湖，ボゴダ（博格達）峰，ビシュバリク（北庭）古城などがある．
[ニザム・ビラルディン]

サンシア区　三峡区　Sansia　台湾│中国

Sanxia （別表記）

人口：11.2万（2017）　面積：191 km²
[24°56′N　121°22′E]

　台湾北部，シンペイ（新北）市の区．精緻な彫刻で知られる祖師廟を中心に栄えた．かつては樟脳の生産で知られたが，のちに茶業が盛んになった．中心部の民権街には大正時代に設けられたレンガ造りの家並みが残り，老街とよばれて親しまれている．現在，こういった町並みは史跡として保存されており，観光地として脚光を浴びている．1928 年竣工の三峡庄役場の建物も現在，郷土資料館として再利用されている．
[片倉佳史]

サンシャ　三峡　Sanxia　中国

長さ：204 km　[30°49′N　111°01′E]

　中国中部，チョンチン（重慶）市からフーペイ（湖北）省にかけて位置する峡谷．チャン（長）江流域のチュータンシャ（瞿塘峡），ウーシャ（巫峡），西陵峡の 3 つの峡谷が連続する区間をさす．西は重慶市フォンチエ（奉節）県白帝城から東は湖北省イーチャン（宜昌）市ナンチンクワン（南津関）までの 204 km にわたる．三国時代にまつわる古戦場や，黄陵や南津関の孫夫人廟などの名勝古跡が点在する．瞿塘峡は全長 8 km であり，三峡で最も短いが，両側の峡谷は 1000〜1500 m と急峻であり，川幅も 100 m を超えない．巫峡は全長46 km であり，銀甲峡，鉄棺峡，巫峡の 3 つの峡谷地帯から構成される．周囲の山地は

500〜600 m のものが多いが，高いものは1000 m を超える．西陵峡は全長 66 km であり，3 つの峡谷の中で最長である．周囲の標高は低いものから 1000 m を超えるものまで多様である．このように 3 つの峡谷は異なる特徴をもつ．上り下りのクルーズは国内外を問わず多くの観光客を集めている．近年話題となっているのが，2006 年に竣工した国家的プロジェクトである三峡ダムである．その巨大な貯水量や開発が，周囲の環境や生態系に与える影響が懸念されている．[石田　曜]

サンシャダム　三峡水庫　Sanxia Shuiku　中国

面積：1084 km²　長さ：660 km　幅：2.3 km
深さ：175 m　堤長：3035 m　堤高：185 m
貯水量：39300 百万 m³
[30°50′N　111°01′E]

　中国中部にあるダム．フーペイ（湖北）省イーチャン（宜昌）地級市イーリン（夷陵）区サントウピン（三斗坪）鎮付近にあり，チャン（長）江をせきとめる世界最大級のダムである．ゴーチョウバー（葛洲壩）ダムの 38 km 上流に位置する．洪水の抑制，電力の供給，水運の向上などを目的として，1994 年に正式に着工し，2006 年にダムそのものが，09 年には発電施設などを含めてすべてが，完成した．
　水力発電については，2250 万 kW の装備で，年間 1000 億 kWh の発電能力を有する．いわゆる西電東送としてシャンハイ（上海）など沿海部へも送電される．航行については，1 万 t 級の大型船舶も上流のチョンチン（重慶）まで遡上できるようになった．その一方で，ダムによって水没した地域からの移民は，当初の計画では 117 万人あまりであったが，実際には百数十万人が移住を強いられているといわれる．土砂の崩落と流入，排水による水質汚濁，そして地域の貴重な自然・人文景観が水没してしまうことも，ダムによる問題点として指摘された．対応策として，標高のより高いところに新しい町が建設され，重要と判断された文化遺産は移築され，峡谷の景観は山々が相対的に低くみえるなど変化したが，観光船は引き続き往来している．[小野寺 淳]

サンシャー湾　三沙湾　Sansha Wan　中国

三都澳湾 （通称）

面積：714 km²　長さ：45 km　幅：25 km
深さ：125 m　[26°38′N　119°49′E]

サンシャダム(三峡水庫，中国)，世界最大級のダム〔Shutterstock〕

中国南東部，フーチェン(福建)省北東部，ニンドゥ(寧徳)地級市の南東側にタイワン(台湾)海峡から入り込んだ湾．714 km² の湾内水域に，最大のサントゥー(三都)島をはじめ大小 126 の島が散らばる．水深 10 m 以上の水域は 173 km² と広く，オランダの名港ロッテルダムの 8 倍に相当する．最大 50 万 t 級の大型タンカーが通年航行可能で，世界的にまれにみる天然良港の 1 つである．幕末の名士である勝海舟の晩年談話集の『氷川清話』の中において三沙澳(さんさおう)の名称で登場したこともある．最大の三都澳港は寧徳市内の東 30 km，タイワン(台湾)キールン(基隆)港の西北西 270 km に位置する．現地ではしばしば三都澳湾を三沙湾の略称として使っている．清末の 1898 年に開港場となり，ミニ上海やミニ青島とよばれるほど東部の代表的な通商センターとして栄えたが，1952 年に台湾情勢の影響を受け軍港に転用され，商業機能が衰退した．1993 年にふたたび貿易港として復活を果たし，2005 年に海峡西岸経済区の総合開発地域に指定された．湾内に清末期の税関や，当時の外国商人の手によってつくられた修道院とカトリック教会などの近代建築が数多く保存され，現代では有名な観光名所となっている．
　　　　　　　　　　　　　　　　〔許　衛東〕

サンジュ　尚州　Sangju 韓国

人口：9.9 万（2015）　面積：1255 km²
[36°25′N　128°10′E]

韓国東部，キョンサンブク(慶尚北)道西端の都市．ソベク(小白)山脈を越えてチュンチョンブク(忠清北)道に接する．1986 年に市制施行．2010 年の人口は約 10 万である．市域を拡大した 1995 年の人口は約 13 万であったので，この間に人口は約 3 万減少した．朝鮮時代には首都ハンソン(漢城)とプサン(釜山)北部のトンネ(東萊)を結ぶ幹線交通路の要衝であった．近代に入って幹線の鉄道路線から外れ，停滞的であったが，現在はチュンブネリュク(中部内陸)高速道路が通過している．
　　　　　　　　　　　　　　　〔山田正浩〕

サンシュイ区　三水区　Sanshui 中国

人口：63.9 万（2015）　面積：828 km²
気温：21.9℃　降水量：1687 mm/年
[23°10′N　112°50′E]

中国南部，コワントン(広東)省中南部，フォーシャン(仏山)地級市の区．チュー(珠)江デルタの北西端に位置する新興工業都市である．シー(西)江，ペイ(北)江，スイ(綏)江が合流する地点にあり，明の嘉靖 5 年(1526)に三水県として設置され，1993 年に県級市になり，2003 年に仏山市の区部となった．省会コワンチョウ(広州)の西約 30 km に位置する．沖積平野が広く分布し，魚米の郷として発展した．農業では野菜の栽培，淡水魚養殖，畜産が中心である．1984 年に珠江経済開放区に指定され，郷鎮企業と華僑投資を契機に工業が発展した．非金属鉱物加工，金属加工，化学，紡績，電気機械，飲料などが卓越している．1984 年創業の健力宝社は一時国内のスポーツ飲料メーカーの最大手の座にのぼり詰めたが，経営陣の内紛により業績が急激に悪化したため，2007 年に台湾系の統一グループに買収された．総人口のうち，約 23 万は農民工(出稼ぎ労働者)とその家族である．交通では鉄道，国道，高速がともに通じ，広州新白雲空港まで車なら 25 分程度の近距離にある．三水港はホンコン(香港)とマカオ(澳門)まで毎日定期貨物船が出港し，最大 3000 t 級の船舶が停泊可能である．
　　　　　　　　　　　　　　　〔許　衛東〕

サンシン　三星　Sansing 台湾｜中国

Sanxing（別表記）
人口：2.1 万（2017）　面積：144 km²
[24°40′N　121°39′E]

台湾北東部，イーラン(宜蘭)県の村(郷)．ランヤン(蘭陽)渓の南岸に位置し，その流れによって形成された沖積平野上に集落が点在する．かつてはクヴァラン族の人びとが住み，また，台湾中西部から平埔族の移住もあったが，のちに，客家(ハッカ)住民が多く住むようになって現在にいたる．また，山岳部の清水地区では日本統治時代に水力発電所が設けられたが，ここでは現在，温泉を利用した地熱発電が行われている．　〔片倉佳史〕

サンスイ県　三穂県　Sansui 中国

人口：22.2 万（2013）　面積：1036 km²
[26°57′N　108°40′E]

中国中南部，グイチョウ(貴州)省東南部，チェントンナン(黔東南)自治州の県．県政府は八弓鎮に置かれている．フーナン(湖南)省に隣接する．総人口の 5 割弱をトン(侗)族，2 割をミャオ(苗)族が占める．農業県で米以外にナタネ，落花生，トウガラシ，桐油などの商品作物を生産する．家禽類の飼育も盛んで，三穂麻鴨のブランドで知られるアヒルは年間 60 万羽以上も生産されている．レイシャン(雷山)県西江村に次ぐミャオ族の大集落，寨頭を訪れる観光客も少なくない．
　　　　　　　　　　　　　　　〔松村嘉久〕

ザンスカール川　Zanskar River インド

ザスカル川　Zaskar River（別称）
長さ：206 km　[34°08′N　77°20′E]

インド北部，ジャンムカシミール州を流れる川．ヒマラヤ山脈北西部を占めるザンスカール山脈の水を集めて北向きに流れ，ラダク地方の中心地レーの西方で，インダス川本川最上流に合流する．下流部は山列を横断して横谷をなすが，上流部およびおもな支流は，標高 6000〜7000 m の山列に平行して流れ

る．南西モンスーンの湿気がこれらの山列により遮られるため，一帯には半乾燥気候が卓越し，谷筋を除いて植生に乏しい．ラマ教を信ずるチベット系住民が，自給的な農業と牧羊を行って伝統的な生活を営んできたが，近年はザンスカール地方の中心地パダムを拠点とするトレッキング観光がおもにインド人業者の手で行われたり，ゴムボートによる激流下りまでもが観光化されている．　[貞方　昇]

ザンスカール山地　Zanskar Mountains
インド

ザスカル山地　Zaskar Mountains（別称）

標高：7816 m　幅：100 km

[30°55′N　79°36′E]

　インド北部，ジャンムカシミール州の山地．同名の行政地域（ザンスカール郡）をラダクと隔てている．ザスカル山地ともよばれる．地理的にはテーチス・ヒマラヤの一部であり，幅約 100 km で，弱変成を受けた堆積岩が，強い褶曲や覆瓦作用の結果，複向斜構造をなしている．最高峰はカメート山，平均標高は約 6000 m である．名前の由来はチベット語の銅を意味する Zangs といわれているが，他の解釈もある．近年は観光地として開放され，外国人トレッカーなども多数入域するようになった．経済的な効果がある反面，同時に地域社会や環境が大きく損なわれるという負の効果も指摘されている．

[前杢英明]

さんせいしょう　山西省 ☞ シャンシー省
Shanxi Sheng

サンセットビーチ　Sunset Beach
アメリカ合衆国

パウマル　Paumalu（旧称）

[21°40′N　158°03′W]

　北太平洋東部，ポリネシア，アメリカ合衆国ハワイ州，オアフ島北部の海岸．コーラウロア地区に属する．名前の由来は文字どおり美しい夕日（サンセット）が眺められるからだが，サーフィンで有名である．一般に夏は波がおだやかだが，冬は大波となりトップクラスのサーファーが集まる．もとの地名はパウマル Paumalu といい，近くにパウマル峡谷と川がある．　[飯田耕二郎]

サンソン　Sanson
ニュージーランド

人口：0.1万（2013）　　[40°13′S　175°25′E]

　ニュージーランド北島，マナワツワンガヌイ地方の町．ブルズとランギティキ川の南部，パーマストンノースの西部に位置する．市街地内でウェリントンロード（国道1号）とダンダスロード（国道3号）が合流し，北西約6 kmのブルズにおいてふたたび分岐している．ブルズとサンソンをつなぐ国道沿いにはオハケア Ohakea 空軍基地が立地する．現在は国道を利用する旅行者向けのサービスを提供する町として機能している．しばしば，サンドン Sandon と誤称されるが，これはサンソンの町が，かつてサンドンの郡区として販売された大規模な土地の一部を開発したものであることによる．　[林　琢也]

サンタアナ島　Santa Ana Island
ソロモン

オワラハ島　Owaraha Island（別称）

人口：0.2万（2009）　　[10°50′S　162°28′E]

　南太平洋西部，メラネシア，ソロモン諸島南東部，マキラウラワ州の島．サンクリストバル（マキラ）島の東 7.5 km に位置する隆起サンゴ礁の島である．紀元前 1200 年頃から人の居住が始まったとされる．サンタアナ島は，南に隣接するサンタカタリーナ Santa Catalina（オワリキ Owariki）島とともに，木炭で黒く彩色され，サメやグンカンドリ，イルカなどと人との関係をモチーフにした儀礼用の木彫りの器や彫像品の製作地として知られる．　[関根久雄]

サンタイ県　三台県　Santai
中国

人口：104.9万（2015）　面積：2660 km²

[31°06′N　105°06′E]

　中国中西部，スーチュワン（四川）省，ミエンヤン（綿陽）地級市の県．県政府は北壩鎮に所在する．四川盆地のやや北寄りに位置し，フー（涪）江が北西から南東へ流れる．綿陽とスイニン（遂寧）を結ぶ高速道路の成渝環状線（チョントゥー（成都）～チョンチン（重慶））と成巴線（成都～バーチョン（巴中））が交わっている．石油，天然ガス，ベントナイトなどの地下資源があり，絹織物，電力，機械，化学，食品などの工業がみられる．農業は穀物，搾油作物，綿花，オリーブ，柑橘類などを生産し，養蚕や養豚も行われる．漢方薬材のバクモントウ（麦門冬）の生産・取引地とし

て知られる．名所には雲台観や郪江古墳群がある．　[小野寺　淳]

サンタイザベル島　Santa Isabel Island
ソロモン

Santa Ysabel Island（別表記）／ブゴトゥ島 Bughotu（別称）

人口：2.5万（2009）　面積：3665 km²

標高：1219 m　長さ：200 km　幅：40 km

[8°10′S　159°37′E]

　南太平洋西部，メラネシア，ソロモン諸島中西部，イザベル州の主島．ブゴトゥ島ともよばれる．首都ホニアラの北約 130 km の海域にある．ガダルカナル島，マライタ島に次いで国内第3位の面積をもつ島で，最高地点はモレスコット（クボントゥ）山の標高 1250 m である．島の 90% が熱帯林で覆われる．地名は，1568 年にスペイン人の探検家アルバロ・デ・メンダーニャの一行がサンタイザベル島に到達し，当時のスペイン女王の名から命名した．住民はすべてキリスト教徒であり，そのうちの 97% がメラネシア教会（イギリス国教会系）に属する．また3つの母系親族集団とそれらから派生した分節集団のいずれかに属する．おもに人びとは島の北側沿岸部に人口 300 規模の村落を形成し，焼畑耕作や漁撈を中心とする自給自足的な生業活動に大幅に依存した生活を営む．1990 年代以降，熱帯林を伐採し原木を輸出する事業が島内数カ所で行われ，そこからの権利金を熱帯林の所有者である親族集団単位で得ている人びともいる．　[関根久雄]

サンダウン州　Sandaun Province
パプアニューギニア

ウェストセピック州　West Sepik Province（旧称）

人口：24.8万（2011）　面積：35820 km²

[2°42′S　141°20′E]

　南太平洋西部，メラネシア，パプアニューギニア北西部の州．ニューギニア島中北部の海岸地方に位置する．独立当初の名称はウェストセピック州で，現州名はピジン語で日没を意味する．州都はヴァニモ．それに続く町はアイタペであり，いずれも海岸部に位置する．アイタペ/ルミ Aitape/Lumi，ヌク Nuku，テレフォミン Telefomin，ヴァニモ/グリーンリヴァー Vanimo/Green River の4郡がある．源流が州内に発するものの，セピック川の流域の大半は東に隣接するイーストセピック州に含まれ，セピック川とのか

かわりは小さい．西の州境はインドネシアと
の国境をなす．南はスター山地をはさんでウ
ェスタン州と接する．領域内には標高 3000
m 以上の山地から海岸部までが含まれ，生
活様式，風土は多様である．海岸部のアイタ
ペ地区の人びとは漁撈に依拠し，インドネシ
アとの交流もある．ヌク地区はアレクサンダ
ー山系のイーストセピック州との結びつきが
強い．南のテレフォミン地区は，高地周縁部
にあたり，降水量が多く急傾斜の土壌は侵食
が激しく，採集狩猟を生業としてきた．換金
作物などの現金収入源は少ない．州内には，
外部からのアクセスがむずかしい村も散在
し，国内で最も開発が遅れた地域といえる．
最近では，テレフォミンに近いオクサプミン
などでオクテディ銅山と周辺の町の住民向け
の野菜栽培が行われている．　　［熊谷圭知］

サンダカン　Sandakan
マレーシア

人口：39.6 万 (2010)　面積：2266 km²
[5°50′N　118°07′E]

　マレーシア，カリマンタン(ボルネオ)島北
部，サバ州東部の都市．州東部の中心都市で
行政上は一般市である．住民構成(2010)で
はマレー系人口の合計は 17.9 万，中国人
6.3 万，その他 1.0 万で，マレーシア国籍以
外の住民(人口 14.5 万)が多く居住するが，
それは地理的位置が深く関係する．市街は州
の東部海岸に位置しており，かつてスル王国
が海上交易で栄えていた頃には，フィリピン
との関係も密接であった．スル王国の中心
は，スル諸島(ホロ島)にあり，ここを中心に
サバ州東部の港湾部を含むスル海一帯を勢力
圏に置いて，漁業・交易・奴隷貿易などを行
った．また，1947 年にコタキナバルに州都
が移る前は，この都市が，イギリス植民地下
の北ボルネオ(今日のサバ州)の拠点であっ
た．サバは 1881～1946 年までは，イギリス
北ボルネオ会社が管理し，それ以降は 1963
年に独立するまでの間，イギリス政府による
直接の植民地管理下にあった．
　州内の中でも木材産業が盛んな都市として
知られるが，近年は国の代表的産業であるオ
イルパームのプランテーションも拡大してき
た．近年は，フィリピンとの経済交流の拡大
を追求しており，フェリーボートの運航のほ
かに，フィリピン南部のサンボアンガとの間
には定期航空路も開設されている．内陸には
オランウータンのリハビリテーション・セン
ターなども設置されている．　　［生田真人］

サンダカン湾　Sandakan, Teluk
マレーシア

[5°45′N　118°10′E]

　マレーシア，カリマンタン(ボルネオ)島北
部，サバ州東部の湾．この地域の主要都市サ
ンダカンの南側に広がり，内陸部にまで深く
入り込んだ広い湾を形成している．独立以前
には州は，イギリスの北ボルネオ会社が支配
したが，この一帯は，18 世紀後半から 19 世
紀にかけての時期には，近接するフィリピン
のスル王国の影響下にあった．　　［生田真人］

サンタクルス　Santa Cruz
フィリピン

人口：5.8 万 (2015)　面積：438 km²
[15°46′N　120°03′E]

　フィリピン北部，ルソン島西部，サンバレ
ス州の町．首都マニラの北 276 km，州都イ
バの北 64 km に位置する．西を南シナ海，
東をサンバレス山脈にはさまれる．おもな生
業は稲作であるが，その他の換金作物として
マンゴー栽培が行われ，多くの世帯の重要な
収入源となっている．南シナ海や，そこへ注
ぐ河川などを利用した漁撈も盛んで，町内に
は合計 400 ha ほどの養殖地が存在する．住
民はサンバル語を母語とする人びとである．
宗教はローマ・カトリックが大半を占める．

［関 恒樹］

サンタクルス　Santa Cruz
フィリピン

人口：4.0 万 (2015)　面積：89 km²
[17°04′N　120°30′E]

　フィリピン北部，ルソン島北西部，南イロ
コス州の町．住民は北部ルソンの主要民族で
あるイロカノ人が占める．西を南シナ海，東
をコルディリェラ山脈にはさまれた平野部の
少ない狭小な土地に位置し，生業形態は水稲
耕作のほかにタバコ，ニンニクなどの商品作
物生産が基本である．南北に細長く狭小な農
地に特徴づけられるイロカノ地方に共通する
現象として，国内各地あるいはアメリカなど
海外への出稼ぎにより生計を立てる世帯が多
いことが指摘できる．イロカノ地方はスペイ
ン植民地期の比較的早い時期にその統治に組
み込まれてキリスト教化されたため，住民の
大半はカトリック信者であるが，フィリピン
独立教会の創始者グレゴリオ・アグリパイが
イロコス地方出身であったことから，独立教
会信者も多い．　　［関 恒樹］

サンタクルス　Santa Cruz
フィリピン

人口：11.8 万 (2015)　面積：39 km²
[14°16′N　121°25′E]

　フィリピン北部，ルソン島，マニラ首都圏
の南西，ラグナ州の町で州都．地方行政府の
設置は古く 1602 年にさかのぼり，1885 年
以来州都である．国内最大の湖であるバイ
(ラグナ)湖(面積 922 km²)の南東岸に位置す
る．一帯は古くよりラグナ湖を中心とする水
路交通の利用が盛んに行われ，スペイン統治
初期から人口増へと開発が進んだ．主要な生
業は稲作，ココナッツ，野菜栽培のほか，家
禽飼育や園芸農耕も盛んである．また，バイ
湖での淡水漁業や養殖が広範に展開されてい
る．住民は国の主要言語であるタガログ語を
話す人びとで，宗教はローマ・カトリックが
多数を占める．　　［関 恒樹］

サンタクルーズ諸島　Santa Cruz Islands
ソロモン

人口：2.1 万 (2009)　面積：926 km²
[11°00′S　166°15′E]

　南太平洋西部，メラネシア，ソロモン諸島
東部，テモツ州の諸島．ガダルカナル島の東
約 600 km の海域に位置する．同諸島は，ネ
ンドー Nendö (サンタクルーズ)島，ティナ
クラ Tinakula 島，ヴァニコロ島などの同諸
島西部にある火山島，スワロー(リーフ)諸
島，ダフ諸島とその周辺のサンゴ礁島，東部
に点在する小規模の火山島(ティコピア島，
アヌタ Anuta 島など)の 3 つに分類できる．
言語はパプア語系であり，ソロモン諸島内で
一般的なオーストロネシア語系とは著しく異
なる．伝統的にアウトリガーつきカヌーを用
いた遠洋航海術にたけており，サンタクルー
ズ諸島内に広大な交易ネットワークを形成し
ていた．また，ミツスイという赤い小鳥の羽
を使ったコイル状の羽毛貨は，この地域だけ
にみられる婚資用の伝統的貨幣として有名で
ある．　　［関根久雄］

サンダーコックヌナタクス　Sandercock Nunataks
南極

[68°32′S　52°04′E]

　南極，東南極のヌナタク(氷床から頂部が
突き出た山)．エンダビーランドのナイ山地
から東南東 60 km に独立して位置する．
1959 年にオーストラリア南極探検隊の航空

機探査によって発見され，オーストラリア空軍飛行隊長のJ・C・サンダーコックにちなんでオーストラリア南極地名委員会が命名した．　　　　　　　　　　　　　〔前杢英明〕

サンタフェ　Santa Fe　　フィリピン

人口：1.6万（2015）　面積：64 km²
[12°10′N　122°01′E]

フィリピン中部，ミンドロ島の西沖合海上に浮かぶタブラス島南端，ロンブロン州の町．タブラス島南部の中心都市ロオックLoocの南約23 kmに位置する．海に面する海上交通の要衝，カラバオ島およびボロカイBorocay島を経由して，ビサヤ諸島のほぼ中心に位置するパナイ島と結ばれている．周辺で栽培される米やココナッツなどの農作物の集散地である．住民の大半はタブラス島全域に分布しているパナヤノ語を話すマレー系の集団である．　　　　　　　〔田畑久夫〕

サンタロサ　Santa Rosa　　フィリピン

人口：35.4万（2015）　面積：55 km²
[14°17′N　121°05′E]

フィリピン北部，ルソン島中部，マニラ首都圏南，ラグナ州の都市．マニラの南38 kmに位置する．2004年から市政を開始した．1980年代まではラグナ湖畔の農村に過ぎなかったが，90年代以降，南ルソン高速道（SLEX：South Luzon Expressway）によってマニラ首都圏とくに国際空港，港，マカティなどの商業地区などと結ばれたことにより，海外の多国籍企業も含め，多くの企業が域内に進出するようになった．とくにフィリピンを代表する財閥であるアヤラ不動産が開発した工業団地であるラグナ・テクノパークには，日本の主要な自動車会社などをはじめ，製造業を中心とした多くの多国籍企業が操業している．また市内にはフィリピン国内最大規模のテーマパークであるエンチャンテッドキングダムがあり，マニラ首都圏からも多くの観光客が訪れる．　　　　〔関　恒樹〕

サンチー県　桑植県　Sangzhi　　中国

人口：38.9万（2015）　面積：3475 km²
[29°24′N　110°10′E]

中国中南部，フーナン（湖南）省，チャンチャチエ（張家界）地級市の県．県政府はリーユワン（澧源）鎮に所在する．トゥチャ（土家）族やパイ（白）族などの少数民族が9割あまりを占める．ウーリン（武陵）山脈の北麓，リー（澧）水の上流部にある．用材林，経済林，漢方薬材などの森林資源が豊富であり，国指定のバーダーコン（八大公）山自然保護地区には原始林や希少動植物がみられる．農業は水稲，トウモロコシ，サツマイモ，搾油作物，タバコ，茶葉などが栽培される．天然ガス，鉄，石炭，珪石を産し，食品，機械，建材，冶金，化学などの工業がある．賀竜の旧居・記念館，鍾乳洞の九天洞，トゥチャ族の古建築である苦竹寨などの名所旧跡がある．
　　　　　　　　　　　　　　　〔小野寺　淳〕

サーンチ　Sanchi　　インド

人口：0.7万（2001）　標高：100 m
[23°25′N　77°43′E]

インド中部，マッディヤプラデシュ州中央部，ライセン県の村．州都ボパールの北東約40 kmに位置する．農地の広がる平原上に100 m弱の小高い丘があり，その上に仏教遺跡が存在する．紀元前3世紀から紀元後12世紀頃にかけてつくられたストゥーパ（仏塔），仏堂，僧院などの遺構が点在し，これらは1989年に「サーンチーの仏教建造物群」としてユネスコの世界遺産（文化遺産）に登録された．最も古いのは，マウリヤ朝の最盛期を築いたアショーカ王が紀元前3世紀に立てたストゥーパで，現在3つが残っており，それぞれ「第一塔」「第二塔」「第三塔」と名前がつけられている．アショーカ王は，釈迦の遺骨（仏舎利）を安置する8万4000ものストゥーパを建立したが，そのうちの8つがサーンチに建てられたとされる．ストゥーパの周囲には，四方にトラナとよばれる塔門が配置されている．塔門は日本の鳥居に似た形をしているが，2本の方柱に3本の横梁が渡されている．この塔門には仏伝図や本生図などが多数彫刻され，インド古代初期の仏教美術を代表する遺構となっている．
　　　　　　　　　　　　　　　〔岡橋秀典〕

サンチャン自治県　三江自治県　Sanjiang　　中国

懐遠県（古称）/サンチャントン族自治県　三江侗族自治県（正称）

人口：30.6万（2015）　面積：2454 km²
気温：18.3℃　降水量：1730 mm/年
[25°47′N　109°36′E]

中国南部，コワンシー（広西）チワン（壮）族自治区中北部，リウチョウ（柳州）地級市の自治県．県政府所在地は古宜鎮．グイリン（桂林）の北西147 km，フーナン（湖南）省とグイチョウ（貴州）省との境界部に位置する．トン（侗）族が県人口の57%を占める（2012）．宋の崇寧4年（1105）に懐遠県として設置され，ロン（榕）江，シュン（潯）江，ミャオ（苗）江の3河川の合流点になっていることから1914年に三江と改称，55年に自治県に認定された．159の鼓楼（最高は42.6 m），108の風雨橋，大量のトン（侗）族集合住宅が代表的な民族遺産として保存されている．また，茶の年産出量は1万tにのぼり，金額にして県のGDPの27%を占めるほどであり，牙己茶という名茶の産地である．林業も盛んで

サーンチ（インド），第一塔ストゥーパと塔門《世界遺産》〔Shutterstock〕

77％の森林率を有する．　　　　〔許　衛東〕

サンチョン　山清　Sancheong

韓国

人口：3.4万（2015）　面積：795 km²
〔35°25′N　127°52′E〕

　韓国南東部，キョンサンナム（慶尚南）道の西端の郡および郡の中心地．行政上は山清郡山清邑．ソベク（小白）山脈の東斜面に位置する．チリ（智異）山の東，トクチョン（徳川）江に沿っている．2010年の山清郡の人口は3.2万である．1975年の人口は約10万であったので，この間に約3割強に減少した．郡域の西の境界付近は智異山国立公園に指定されている．トンヨン（統営）・テジョン（大田）高速道路が通過している．　〔山田正浩〕

サンチョン区　三重区　Sanchong

台湾｜中国

サンジョン（別表記）

人口：38.8万（2017）　〔25°04′N　121°29′E〕

　台湾北部，シンペイ（新北）市の区．サンジョンとも表記される．2012年12月まではタイペイ（台北）県に属する独立した自治体だったが，台北県が政府直轄地となったことによって新北市三重区となった．台北の衛星都市として発展しており，住民の多くが南部出身者で占められているのが特色である．日本統治時代の地名は三重埔（さんじゅうほ）．いわゆる町工場が多く，工業部品の製作や組立業が盛んである．近隣からの労働者の流入は日に1万人を超えるといわれ，人口の昼夜差が大きい．隣接する台北市とは都市交通システム（MRT）新荘線と蘆州線で結ばれている．
〔片倉佳史〕

サンチン山　三清山　Sanqing Shan

中国

シャオホワ山　少華山　Shaohua Shan（別称）

標高：1820 m　〔28°54′N　118°03′E〕

　中国南東部，チャンシー（江西）省シャンラオ（上饒）地級市のユィーシャン（玉山）県とドゥシン（徳興）市の境界に位置する道教の名山．懐玉山脈の一部を構成する．玉京，玉虚，玉華の3峰が道教の最高神が住まう玉清天（元始天尊），上清天（太上道君），太清天（太上老君）の仙境とみなされたことから名づけられた．最高峰は玉京峰で標高1820 m．

サンチン（三清）山（中国），花崗岩の独特な景観で知られる道教の聖地《世界遺産》〔Shutterstock〕

山の規模は南北12.2 km，東西6.3 kmで，南東から北西に傾斜する．花崗岩の山体が風化，侵食されて形成された奇岩怪石の絶景で，小黄山ともよばれる．東晋時代に道士の葛洪がここで秘薬を調合したのが始まりで，唐代に信州太守の王鑑が役務を解任された後に三清山で隠棲し，宋代に王鑑の末裔の王霖が三清道観を建設した．その後衰退したが，明代に末裔の王祜が三清宮を再建して，道教の聖地である洞天福地として整備が進められ，清代には多くの文人墨客が訪れるようになった．湿度が高く雲霧が峰々を覆い隠すことが多いが，雲霧の隙間からみえる険しい峰々の景観は水墨画の趣を残している．ふもとからロープウェイで山頂まで行くことができる．2008年に「三清山国立公園」としてユネスコの世界遺産（自然遺産）に登録され，2011年には国家5A級の国立公園に認定された．名勝古跡に洋堂寺，霊済廟，卓旗石，玉零観，老子宮観，葛仙観，潘公殿，九天応元府，糾察府，演教殿，飛仙台，天門，三清宮，方士羽化壇，竜虎殿などがある．
〔林　和生〕

サンディ島　Sunday　☞ ラウル島　Raoul Island

サンディ岬　Sandy Cape

オーストラリア

〔24°42′S　153°16′E〕

　オーストラリア北東部，クイーンズランド州南東部，フレーザー島北端の岬．フレーザー島は1992年にユネスコの世界遺産（自然遺産）に登録されている．グレートサンディ国立公園に含まれる．　〔秋本弘章〕

サンディ湾　Sandy Bay

ニュージーランド

〔35°32′S　174°29′E〕

　ニュージーランド北島，ノースランド地方東岸の湾．ノースランド地方の中心都市ファンガレイの北西40 km，国道1号が通過するヒクランギの東18 kmに位置する．サーファーに人気のビーチである．　〔林　琢也〕

サンティアゴ　Santiago

フィリピン

人口：13.5万（2015）　面積：256 km²
〔16°45′N　121°34′E〕

　フィリピン北部，ルソン島北東部，イサベラ州内陸部の都市．キリノ州に南接する．イラガンの南西150 km，ルソン島北部の主要都市間を結ぶ交通上の要衝に位置するという好立地条件に恵まれている．ルソン島北部の中央部を南北に走るコルディリェラ中央 Cordillera Central 山脈と，同東海岸沿いに延びるシエラマドレ山脈の間にはさまれた平坦上にある．そのため，米，タバコを筆頭に農作物の栽培が非常に盛んであり，これら農作物の集散地となっている．なお当地域で展開している米作の技術が高くないこともあ

り，一部の灌漑施設が完備している場所以外は一期作となっている．住民の大半はイバナグ語を話すイバナグ族である．近くには国内線専用の飛行場がある．　　　　　［田畑久夫］

サント島　Santo Island ☞ エスピリトゥサント島　Espiritu Santo Island

サントゥー自治県　三都自治県　Sandu
中国

サントゥースイ族自治県　三都水族自治県 (正称)

人口：31.5万 (2009)　面積：2384 km²
[25°59′N　107°52′E]

　中国中南部，グイチョウ(貴州)省南部，チェンナン(黔南)自治州の自治県．1957年に三都スイ(水)族自治県となった．県政府所在地は三合鎮である．スイ族の民族自治地方は中国でもここだけである．総人口の9割強を少数民族が占め，そのうちスイ族が6割強を占め，プイ(布依)族，ミャオ(苗)族も多い．地勢は北西が高く南東が低く，山間地が9割以上を占め可耕地は少ない．農業と林業が中心で，タバコ，茶葉，タケノコなどが名産品である．カルスト地形が発達する都柳江沿いの景観と，そこに住むスイ族のエスニックな魅力で観光集客を試みている．［松村嘉久］

サントゥー島　三都島　Sandu Dao
中国

人口：1.3万 (2015)　面積：30 km²
[26°40′N　119°39′E]

　中国南東部，フーチェン(福建)省東部，ニンドゥ(寧徳)地級市の島．サンシャー(三沙)湾内の最大の島で，最大の港の三都澳港がある．水深の深い海岸線は29.2 kmもあり，50万t級の大型タンカーが停泊可能である．古くからの海上交通の要衝と重要な防衛拠点で，清末の1899年に開港場に指定され，チャンチョウ(漳州)，閩(フーチョウ(福州))，アモイ(廈門)に次いで4番目の福税関として併設された．一時は24カ国にのぼる領事館や商館が集中する大貿易港として栄えたが，1952年に専用軍港となり，商業機能が衰退した．1993年に貿易港として再び復活し，省内有数の養殖産地と省の重要港湾整備地域となっている．開港時の福税関ビル，カトリック教会聖堂，修道院などの古建築も多い．
［許　衛東］

サンドウェー　Sandoway ☞ タンドウェ　Thandwe

さんとうし　汕頭市 ☞ シャントウ市　Shantou

さんとうしょう　山東省 ☞ シャントン省　Shandong Sheng

サンドゲート　Sandgate
オーストラリア

人口：0.5万 (2011)　面積：3.1 km²
[27°19′S　153°04′E]

　オーストラリア北東部，クイーンズランド州南東部，州都ブリズベーン北部の地区．モートン湾に面する．地名はイギリス，ケントの海岸の町にちなんで1850年に命名された．　　　　　　　　　　　　［秋本弘章］

サンドフライポイント　Sandfly Point
ニュージーランド

　ニュージーランド南島，サウスランド地方の岬．フィヨルドランド国立公園内，ミルフォードサウンドの奥にある．世界で最も美しい散歩道といわれるミルフォードトラックの終点である．地名は，マオリの伝説による名称を英語に訳したものである．ここは，男性の神が死神に対してどのようにして美しい湾をつくり上げていったのかを説明した伝説の地とされる．なお，サンドフライ(サシチョウバエ)は海や川沿いに生息する吸血性の小さな虫で，ニュージーランドでも多くみることができる．　　　　　　　　　　［井田仁康］

サンナルシソ　San Narciso
フィリピン

人口：2.8万 (2015)　面積：72 km²
[15°01′N　120°05′E]

　フィリピン北部，ルソン島西部，サンバレス州の町．首都マニラの北西169 kmに位置する．スペイン植民地期の18世紀頃より北部のイロコス地方からの移民が増加し，集落の基礎をつくった．町政は1846年以降開始された．町の東部はサンバレス山脈のふもとにあたり，稲作を中心とした農業が生計の中心である．一方，東シナ海に面する西部では漁業が行われている．　　　　　［関　恒樹］

サンニコラス　San Nicolas
フィリピン

人口：3.6万 (2015)　面積：210 km²
[16°04′N　120°46′E]

　フィリピン北部，ルソン島西部，パンガシナン州の町．北東をヌエバビスカヤ州，北西をベンゲット州と接する．町制の施行は18世紀末にさかのぼる．北部ルソンのリンガ・フランカであるイロカノ語とパンガシナン語が用いられる．住民の多くはローマ・カトリック教徒である．　　　　　　［関　恒樹］

サンバ川　Samba, Sungai
インドネシア

[1°27′S　113°05′E]

　インドネシア西部，カリマンタン(ボルネオ)島南部，中カリマンタン州カティンガン県の川．シュワネル山脈のラヤ山の南斜面に源を発し，山麓部を南流する．トゥンバンサンバでカティンガン(別名ムンダワイ)川と合流し，スバンガン湾の西端でジャワ海に注ぐ．　　　　　　　　　　　　　［青山　亨］

サンバキ海峡　Sambaki, Selat
インドネシア

[0°25′N　127°18′E]

　インドネシア東部，北マルク州マルクウタラ県，バチャン諸島にあるバチャン島とカシルタ島の間の海峡．ハルマヘラ島南西部に位置する．モルッカ海の一部である．
［青山　亨］

サンバス　Sambas
インドネシア

人口：49.6万 (2010)　面積：6396 km²
[1°21′S　109°18′E]

　インドネシア西部，カリマンタン(ボルネオ)島西部，西カリマンタン州の県および県都．西は南シナ海に臨み，南はシンカワン，北西はマレーシアのサラワク州，南西はブンカヤン県と接する．中心は県都サンバス(人口4.5万)．サンバス川のほかパロ川，スバンカウ川が流れる．　　　　　［青山　亨］

サンハ 647

サンパブロ　San Pablo　フィリピン

人口：26.6万（2015）　面積：198 km²
[14°04′N　121°20′E]

フィリピン北部，ルソン島中部，ラグナ州の都市．首都マニラの南87 km，バナハウ山（標高2170 m）の山麓に開ける平野部に位置する．集落の最も古い記述は先スペイン期にまでさかのぼる．1521年にフアン・デ・サルセドに率いられた最初のスペイン軍の駐留を経験し，その後86年にカトリックの教区が設置されたことが確認できる．1899年に町制が施行され，1941年に市制へ移行する．市域での交易，商業も盛んで，州内の産業，教育の中心地的役割を果たしている．
[関　恒樹]

サンバル　Sambhal　インド

人口：22.1万（2011）　[28°35′N　78°34′E]

インド北部，ウッタルプラデシュ州サンバル県の都市で県都．首都デリーの東133 kmに位置する．イスラーム教徒統治時代の重要な拠点都市の1つで，15世紀末から16世紀初めにかけては州都であった．周辺地域の農産物の重要な交易の中心地で，砂糖の精製，手織機織物，そして更紗染などの産業がある．また，ペパーミントから得られるハッカ油の最大市場の1つでもあり，動物の骨や角の彫刻品や工芸品（櫛，ペンホルダー，箱やカップなど），さらにイスラーム文化圏で行われている伝統医学であるユナニー療法の実践と，そのユナニー薬品の供給地としてもよく知られている．
[前田俊二]

サンバル岬　Sambar, Tanjung　インドネシア

[2°59′S　110°18′E]

インドネシア西部，カリマンタン（ボルネオ）島南西部，西カリマンタン州南端の岬．ジャワ海と南シナ海をつなぐカリマタ海峡に突出する．岬の東側にはアイルヒタム湾があって，アイルヒタム川が注ぎ，北側にはクンダワンガン川が西流し海に注ぐ．これらの周辺地域には低湿地が広がり，ムアラクンダワンガン自然保護区に指定されている．岬の西の沖合にはグラム，パワルなどの島々が散在する．13世紀末，元のフビライ・ハーンが派遣した遠征艦隊がジャワ侵略の途上，グラム島で休息したとされる．18世紀中頃にはスカダナとバンジャルマシンの両イスラーム王国の勢力圏の境界であった．
[青山　亨]

サンバルプル　Sambalpur　インド

人口：18.3万（2011）　標高：151 m
[21°28′N　84°04′E]

インド東部，オディシャ（オリッサ）州北西部，サンバルプル県の都市で県都．ウェストベンガル州の州都コルカタ（カルカッタ）の西南西224 kmに位置し，マハナディ川左岸沿い，デカン高原上にある．かつてのオリッサ州の州都であり，また，ダイヤモンドの採掘と交易で有名であった．近くに，マハナディ川にかかるヒラクドダム（4.8 kmの長さと44 mの高さをもつ世界最大のロックヒルダム）があり，洪水調節と灌漑用運河の用途のほかに，1963年に3つの発電所が操業した．手織物工業で有名であり，一般にサンバルプル織物として知られている．ほかに，石けんやアルミニウムなどの金属加工業があり，米，木材，採油用種子，皮革などの集散・加工地ともなっている．また，県の最も重要な森林生産物の1つであり，緑の金とよばれているケンドゥ葉の交易も行われる．ヴィシュヌ神を祀る有名な寺院があることでも有名である．
[前田俊二]

サンバレス州　Zambales, Province of　フィリピン

人口：82.4万（2015）　面積：3831 km²
[15°20′N　120°10′E]

フィリピン北部，ルソン島西部，南シナ海スービック湾の南，中部ルソン地方に位置する州．北はパンガシナン，南はバターン，東はタルラク，パンパンガの4州に囲まれている．州都はイバ．人口の65％が都市部に居住（1991）．海岸沿いに狭い平野部が連続し，米作をはじめとする農作物の産地となっている．大部分はサンバレス山脈西側山地と丘陵地．ここにはフィリピンの先住民であるネグリート族が細々と暮らしている．また山中には1922年に発見されたフィリピン有数のクロム鉱山がある．1991年に州の南部は国を代表する火山であるピナトゥボ山の噴火により大被害を受けた．南部のスービック湾に面したオロンガポ港は水深が深く波静かな良港で，1992年までアメリカ海軍最大といわれた第7艦隊のスービック基地があった．フィリピンに返還後は周辺のオロンガポ，スービックなどとともにスービックベイフリーポートゾーンとして生まれ変わり，台湾を筆頭に外国企業の誘致に成功した．
[田畑久夫]

サンバレス山脈　Zambales Mountains　フィリピン

標高：2037 m　長さ：180 km
[15°41′N　120°05′E]

フィリピン北部，ルソン島北部を南北に走る山脈．東から西に向かってサンバレス山脈，コルディリェラ中央 Cordillera Central山脈，シエラマドレ山脈の諸山脈が中央を走るコルディリェラ中央山脈を頂点とするような三角形状にそびえている．北部はリンガエン湾のあるパンガシナン州からサンバレス，バターンの両州を経て，マニラ湾の湾奥にまで到達している．

山脈には多くの峰がみられるが，その平均標高は750〜1500 mである．最高峰は山脈の中ほど西側に位置するハイピーク High Peakである．サンバレス州とパンパンガ州の境には典型的なコニーデ型を呈するピナトゥボ山がある．1991年6月15日に発生したこの火山の大噴火は20世紀最大規模のものとされ，噴火の際に生じた噴煙や火山弾が約40 kmの高度にまで達したといわれている．また噴火により頂上が約300 m吹き飛ばされ消滅した．この噴火による被害は甚大で周辺の約10万 km²の農地が全滅し，4万戸の家屋が崩壊，550人の命が奪われた．ふもとに位置するアンヘレスはその被害を最も多く受け，周辺の自然や市の経済に大打撃を与えた．その裾野に総面積550万 km²のアメリカ空軍のクラーク基地が噴火後閉鎖されたこともその1つである．現在ではクラーク特別経済区となり，外国企業を含む工場が誘致され巨大な工業地区となっている．またマリベレス山（標高1388 m）は，バターン半島の南端に位置し，マニラ湾を見下ろす美しい形をした山である．

山脈中には日本にも大量に輸出されているウランやクロムなどの鉱産資源が豊富に埋蔵されている．とくにクロムの埋蔵量が多いが，多くが山脈中の奥地で交通の便が劣悪なため，十分に採掘されるにはいたっていない．山脈中に居住している先住民として，国内で最も古い民族とされるネグリート族が多くはないが生活している．しかし山脈全域ではサンバル族の居住地であった．近年では北部にマレー系のイロカノ族，南部にはタガログ族が多数進出し，分布している．山脈南部の都市サンフェルナンドは復活祭（イースター）や毎年12月に行われるランタン・フェスティバルで有名である．この行事は各人が

セロファンを素材とした大型のランタンを市内各所に灯すというもので，ランタン・コンテストも同時に開催される．国内の観光客も年々増加している．

西側に隣接するシエラマドレ山脈との間には，面積約 1 万 8000 km² を有する国内最大の中央平原が広がっている．この平野は米を中心にココヤシ，サトウキビなどが全域にわたって栽培されている．とくにサトウキビは大農園で栽培され，この大農園と結んだセントラルとよばれている近代的な設備を誇る工場で生産されている．米もサトウキビ同様，数少ない大土地所有者が生産を支配している．また小作制度も発達しており，とりわけ米やサトウキビなどを主として栽培している地域では農民の階層分化が著しい．このため 1954 年に政府は小作人を困窮から救うためにカサマ制度を実施し，小作料の制限を行った．しかし，農民の階層分化は是正されたとはいえない．中央平野の農業生産の優位性は首都マニラに近いという点と，中心都市であるサンフェルナンド，タルラク，ダグパンを結ぶマニラ北部鉄道が通じていることがあげられる．　　　　　　　　　　　　〔田畑久夫〕

サンパン　Sampang　　　インドネシア

人口：87.8 万 (2010)　面積：1233 km²
[7°11′S　113°15′E]

インドネシア西部，マドゥラ島中部，東ジャワ州の県および県都．北岸はジャワ海，南岸はマドゥラ海峡にはさまれた丘陵地で，サンパン川が南流しマドゥラ海峡に注ぐ．中央部には標高 262 m のサンダンガン山がある．中心は県都サンパン（人口 11.5 万）．住民はマドゥラ人のイスラーム教徒である．海岸部では養殖漁業，内陸部では米作，トウモロコシ，キャッサバなどの農業や牛などの牧畜が営まれる．マドゥラ海峡側の沖合では天然ガスの採掘が進められている．マドゥラ島南部を東西に走る幹線道路によって島内の主要都市と結ばれている．県内には，17 世紀後半にマドゥラ王族でありながらジャワのマタラム王国の支配に反抗し，オランダ軍と戦ったトルノジョヨの生地と伝えられる場所がある．　　　　　　　　　　　　　　〔青山　亨〕

さんびし　汕尾市 ☞ シャンウェイ市
Shanwei

サンビット島　Sambit, Pulau
　　　　　　　　　　　　　　　インドネシア

[1°46′N　119°22′E]

インドネシア中部，東カリマンタン州ベラウ県の島．カリマンタン（ボルネオ）島の東，マラトゥア島の南東に位置する．スラウェシ（セレベス）海に浮かぶ．周辺はダイビングスポットとして知られる．　　　　〔青山　亨〕

サンピット　Sampit　　　インドネシア

サンピト (別表記)

人口：6.6 万 (推)　標高：25 m
[2°31′S　112°57′E]

インドネシア西部，カリマンタン（ボルネオ）島南部，中カリマンタン州コタワリンギンティムール県の都市で県都．ジャワ海のサンピット湾に流れ込むサンピット（別名マンタヤ）川の河口から約 20 km 上流の川沿いに位置する．後背地に熱帯雨林を控え，材木加工業が盛んである．河川交通の要衝として国内屈指の材木積出港をもつ．州都パランカラヤと道路で結ばれるほか，空港がある．サンピット川の河口に位置するパンダラン海岸の砂浜は景勝地．2001 年に先住民のダヤク人とマドゥラ人移民との抗争が発生した．
　　　　　　　　　　　　　　〔青山　亨〕

サンファビアン　San Fabian
　　　　　　　　　　　　　　　フィリピン

人口：8.3 万 (2015)　面積：81 km²
[16°09′N　120°27′E]

フィリピン北部，ルソン島東部，パンガシナン州の町．リンガエン湾に注ぐいくつかの河川が合流する河口部に位置する．北東は北部ルソンの主要山系であるコルディリェラ山脈に接するため，町面積の 1/3 は丘陵の地形となる．集落の歴史は古く，1572 年にこの地を訪れたスペイン人による文書には，すでに当時ある程度の規模の集落が形成されていたことを示す記録が残されている．町制の施行はスペイン植民地期の 1764 年にさかのぼる．住民の 6 割はパンガシナン語，3 割は北部ルソンのリンガ・フランカであるイロカノ語を用いる．リンガエン湾沿岸に 15 km に及ぶ美しい海浜が存在し，近年では国内のみならず海外からの観光客も多い．
　　　　　　　　　　　　　　〔関　恒樹〕

サンフアン　San Juan　　　フィリピン

カバリアン　Cabalian (旧称)

人口：1.5 万 (2015)　面積：96 km²
[10°16′N　125°11′E]

フィリピン中部，レイテ島南部，南レイテ州の町．旧名のカバリアンを 1961 年に変更した．南西はカバリアン湾に面し，北東はカバリアン Cabalian 山に接する．集落の歴史は古く，1521 年のポルトガルのフェルディナンド・マゼランによる航海や，65 年のレガスピによる遠征に関する歴史資料にすでにその名が記されている．レイテ島はレイテ・サマル語系（あるいはワライワライ語系）の民族とセブアノ語の民族から構成され，町の位置するレイテ島南部はセブアノ語話者によって占められる．住民の多くはローマ・カトリック教徒である．　　　　　　　〔関　恒樹〕

サンフェルナンド　San Fernando
　　　　　　　　　　　　　　　フィリピン

人口：30.7 万 (2015)　面積：68 km²
[15°04′N　120°39′E]

フィリピン北部，ルソン島中部，パンパンガ州の都市で州都．首都マニラの北 66 km に位置する．スペイン植民期の 1754 年にプエブロ（町）として独立する．地名は当時在位していたスペイン国王フェルナンド 5 世に由来するとされる．州は 20 世紀を通じて地主と農民間の抗争などを中心とする社会不安の温床であったが，とくにサンフェルナンドはしばしばフィリピンにおける労働運動発祥の地であるとされる．たとえば，19 世紀末におけるスペイン植民地宗主国権力に対する社会改革運動，いわゆるプロパガンダ運動の機関紙を印刷する工場の労働者たちによって，この地で国内最初の労働組合が誕生した．さらに 1872 年には国内で最初の組織的な労働者ストライキが発生した．その後スペインからの独立闘争，アメリカ植民地期を通じ，この地では社会主義的思想にもとづく運動が展開された．その主導者が州出身の著名な弁護士，国会議員でフィリピン社会党の創始者であったペドロ・アバド・サントスであった．1930 年前後に創設されたフィリピン社会党の本部はサンフェルナンドに置かれ，とくに 1920 年代から 30 年代にかけて中部ルソン地方の稲作農民たちが世界的大不況に巻き込まれるに及び，この地は続発する大きな労働争議の中心であった．

一方で，1892 年に開通したマニラ〜ダグパン間の鉄道による運輸手段の発達と，州内

における砂糖産業の振興によって町に産業の発展がもたらされた。また，カトリックの聖週間(復活祭直前の1週間)の間にさまざまな儀礼，行事が催されることで有名である。とくにキリストの受難の生涯を5行詩形式で綴った叙事詩であるパションの夜を徹する詠唱，セナクロとよばれるキリストの受難劇の上演，さらには自己の罪を悔い改めるためにみずからの背中に鞭打ち，血を流しながら街を歩きまわったり，キリストの受難を再現し，それを追体験するためにみずから十字架に架かるという，ペニテンシャとよばれる宗教実践などが今日でも行われる。また，同じくカトリックの伝統を示すものとして，フィリピンのクリスマスシーズンを象徴する装飾品である星の形をした灯明(ランタン)の作製でこの地は有名である。住民はパンパンゴとよばれる人びとで，フィリピンの8大言語集団の1つである。パンパンゴ語(カパンパンガンともよばれる)はタガログ語とサンバル語に比較的近いといわれるが，相互には理解することは困難であるといわれる。

[関　恒樹]

サンフェルナンド　San Fernando

フィリピン

人口：12.2万 (2015)　面積：103 km²
[16°36′N　120°22′E]

フィリピン北部，ルソン島北東部，ラウニオン州の都市で州都。首都マニラの北270 kmに位置し，北部ルソン，イロカノ地方への玄関口として空港，港湾設備も整備され，行政，商業，交通の中心地的機能を果たす。集落の歴史は古く，すでに先スペイン期に明王朝時代の中国と交易を行っていた記録が残っており，市街一帯からは明との交易を示す陶器などさまざまな交易品が発掘されている。そのような歴史を反映し，町一帯と中国との関係は深く，人の交流も盛んであったらしく，現在も多くの中国系フィリピン人が居住し，チャイニーズ・パゴダや道教寺院などが存在する。町制の施行は1759年で，地名は当時のスペイン王フェルナンドに由来する。その後1850年にラウニオン州の州都に選定された。

南シナ海，リンガエン湾に面した沿岸部の住民はおもに漁撈によって生計を立てるが，内陸部では稲作のほか，タバコ栽培が主要な換金作物となっている。また，沿岸部には多くの海浜リゾートが点在し，国内，海外からの観光客も多く訪れる。住民の多くは北部ルソンのリンガ・フランカであるイロカノ語を

用い，宗教はローマ・カトリックが主流である。

[関　恒樹]

サンベイセ　San Beise ☞ チョイバルサン Choibalsan

サンペドロ湾　San Pedro Bay

フィリピン

[11°11′N　125°06′E]

フィリピン，レイテ州とサマール州に接する湾。サマール島南西岸とレイテ州の州都タクロバンを中心とするレイテ島北東岸に接する。また，北は両島間の狭小なサンファニコ海峡，南はレイテ湾とも連続している。

[関　恒樹]

サンベルナルディノ海峡　San Bernardino Strait

フィリピン

長さ：43 km　　[12°35′N　124°11′E]

フィリピン北部，ルソン島とサマール島の間の海峡。ルソン島最南端のソルソゴン半島(ソルソゴン州)とサマール島北岸(北サマール州)の間に位置する狭小な海峡で，最狭部の幅は約20 kmである。ビサヤ諸島などのフィリピン内海と太平洋を結ぶ唯一の海峡として，戦略的に重要な位置を占めてきた。

[関　恒樹]

サンホー市　三河市　Sanhe

中国

人口：65.2万 (2010)　面積：643 km²
標高：18.7 m　気温：11.1℃　降水量：651 mm/年
[39°58′N　117°04′E]

中国北部，ホーペイ(河北)省中部，ランファン(廊坊)地級市の県級市。市政府は洵陽鎮に置かれている。イエン(燕)山山脈のふもとの平野にあり，北東部は丘陵地帯である。北部の竜門山は標高523 mで廊坊市の最高地点である。1月の平均気温は−5.4℃，7月は25.7℃。地名は泇河，鮑邱河，洵河に近いことに由来する。農作物は小麦，トウモロコシ，アワ，大豆，綿花を主としている。北東部は石炭など鉱物が豊富にある。工業は電子機器，建材，肥料，食品加工などが盛んである。鉄道の京秦線，大秦線，国道102号，京秦高速が通る。首都圏の重要な結節点および機能分散の受け地である。

[柴　彦威]

サンボアンガ　Zamboanga

フィリピン

人口：86.2万 (2015)　面積：1415 km²
[6°54′N　122°04′E]

フィリピン南東部，ミンダナオ島南東，サンボアンガ半島南端，サンボアンガ半島地方の中心都市，港市。モロ湾とピラス Piras 諸島を結ぶバシラン海峡に面している。首都マニラからミンダナオ島南部海岸への途中にあたり，ミンダナオ島主要都市の1つで，南部ミンダナオ，スールー諸島の貿易の中心地である。現在ではモロ湾の対岸に位置するタバト Tabato，マラバン Malabang，ホロ島のホロなどの諸港が整備され発達した。そのためミンダナオ島南部の物資の主要集散地としての機能が多少低下した。しかし，水産業および製材業の大中心地であることには変わりがない。また大規模な天然ゴム農園，合板工場，樹脂工場などがある。周辺ではココヤシの栽培が目立ち，コプラ(ヤシ油)を輸出している。

サンボアンガ半島最大の都会で，陸地は道路が少なく，小型船舶による沿岸交通が発達している。スールー諸島，カリマンタン(ボルネオ)島を経由してシンガポールとも交通の便がある。地名は，16世紀のマレー語のジャムバンガン jambangan に由来する花の都という意味である。高台のふもとに位置し，前面に海が展開するという軍事的に恵まれた立地条件を有している。1565年にスペイン総督レガスピが訪れ，1635年に要塞(ピラール砦。1719再建)が建設されてから，イスラーム教徒で当地では多数派を占めるモロ族と，キリスト教徒の間に争いが絶えなかった。住民はスペイン語が土着語と交わり，土着化したチャバカノ語を話すものが多い。第2次世界大戦中，日本軍に対する防衛本部がアメリカ軍により設置されたことなどから，スペインの遺風をところどころに残していた町は，近代的なものへと改造された。現在でも周辺一帯はほとんどイスラーム教徒が占めているが，市内の住民の75%はキリスト教徒が占めている。

サンボアンガはイスラーム勢力の分離独立を主張し，武装闘争を展開するゲリラ組織モロ民族解放戦線(MNLF)の重要拠点の1つであった。しかし1993年，MNLFと政府は和平合意に達した。そのため市を含む周辺地域の治安改善が大いに期待された。にもかかわらずこの期待は大きく裏切られた。MNLF内部の過激組織であるアブサヤフのメンバーによるテロ行為は依然として続いた

650　サンホ

〈世界地名大事典：アジア・オセアニア・極Ⅰ〉

からである．2002年1月にはアブサヤフなどのイスラーム過激組織掃討を目的とするフィリピンとアメリカとの合同演習が当市を中心に実施された．

市内にはフィリピン南部，東マレーシアのサバ州および東インドネシアの沿岸部を主要居住区とするバショ族とよばれる民族集団がよくみかけられる．この民族集団はスールー王国体制下において，従属民としてナマコをはじめとする交易用海産物の採取を生業とする海洋民族である．また沖合数kmの場所には大玉の南洋真珠が採取できる母貝であるシロチョウガイの養殖場もある．この養殖場を経営しているのは日本人の真珠養殖業者であるが，実際の養殖業に従事しているのは地元の人びとである．現在でもキリスト教徒とイスラーム教徒による宗教問題が完全に終結していないので，日本人を含む外国人の一般観光客はほとんどみられない．サンボアンガ国際空港へは首都マニラから1日2便，ビサヤ諸島の主要都市セブ市からは週4便の飛行機が運航している．またディポログ，コタバト，ジェネラルサントス，ダバオなどミンダナオ島南部の主要港とも結ばれている．

［田畑久夫］

サンボアンガ半島　Zamboanga Peninsula
フィリピン

[8°09′N　123°16′E]

フィリピン南東部，ミンダナオ島西端にある長大な半島．南はバシラン海峡，西はスールー海に面している．半島南部はイリャーナ Illana 湾北東に位置するシブゲイ湾およびモロ湾に続く．半島全体は玄武岩や火山岩からなるダピアック山（標高2560m）を最高峰とするチャイン Chain 山脈が走っている．半島北部は北サンボアンガ州，南部はサンボアンガシブガイ州，南サンボアンガ州となっている．

［田畑久夫］

サンボアンガシブガイ州　Zamboanga Sibugay, Province of
フィリピン

人口：63.3万（2015）　面積：3608km²

[7°47′N　122°35′E]

フィリピン南東部，ミンダナオ島西部，サンボアンガ半島地方に位置する州．州都はイピル．州としての成立は比較的新しく，2001年に南サンボアンガ州の一部を分離して新設された．北は北サンボアンガ州に，東

は南サンボアンガ州に，南と西はサンボアンガ市に接している．なお南はモロ海の一部となっているシブゲイ湾に面している．

州名は，サンボアンガ地方の米どころと称される南サンボアンガシブガイ盆地の広大な土地を意味している．主要言語としては多くの先住民が話すセブアノ語，次いでヒリカイノン語などの言語が話されている．タガログ語や英語も通じるが，話している人は少ない．宗教はカトリック教徒が多く住民の45％を占めている．イスラーム教徒もいるが多くはない．産業としては，米，トウモロコシを栽培しているが自家消費が中心となっている．石炭，貴金属などの埋蔵が確認されているが，大規模な発掘はされていない．現在は沖合での小規模な漁業が中心である．しかし，モロ湾は多数の魚類が棲息していることから，港湾が整備されれば水産業の発展が大いに期待できよう．

［田畑久夫］

サンボアンガデルスル州 ☞ 南サンボアンガ州 Zamboanga Del Sur, Province of

サンボアンガデルノルテ州 ☞ 北サンボアンガ州 Zamboanga Del Norte, Province of

サンボジャ　Samboja
インドネシア

人口：4.1万（2005）　面積：1146km²

[1°01′S　116°52′E]

インドネシア中部，カリマンタン（ボルネオ）島東部，東カリマンタン州クタイカルタヌガラ県の郡．マカッサル海峡に臨み，南西はバリクパパンと境を接する．熱帯雨林地帯であったが，石油，天然ガスの採掘による開発が進む．ブキットバンギライ森林公園，オランウータンの保護・リハビリ施設がある．

［青山　亨］

サンホセ　San Jose
フィリピン

人口：14.3万（2015）　面積：447km²

[12°21′N　121°04′E]

フィリピン中部，ミンドロ島南端，西ミンドロ州の町．住民はタガログ語を話すローマ・カトリック教徒が占める．人口の7割以上は農耕に従事し，稲作，トウモロコシ栽培のほか，ニンニクやタマネギ栽培も盛んである．その他，ラプラプ，ミルクフィッシュ，エビなどの養殖も行われている．［関　恒樹］

サンホセ　San Jose
フィリピン

人口：14.0万（2015）　面積：186km²

[15°47′N　121°00′E]

フィリピン北部，ルソン島中部，ヌエバエシハ州の都市．首都マニラの北約135kmに位置する．国内の主要な穀倉地帯であるルソン島中央平原にあり，稲作がおもな生業であるが，そのほかにタマネギやニンニクの栽培も盛んである．

［関　恒樹］

サンホセデブエナビスタ　San Jose de Buenavista
フィリピン

サンホセ　San Jose（通称）/サンホセデブエナヴィスタ（別表記）

人口：6.3万（2015）　面積：49km²

[10°45′N　121°57′E]

フィリピン中部，パナイ島西部，アンティケ州の町で州都．通常はサンホセとよばれる．13世紀半ばにカリマンタン（ボルネオ）島のイスラーム教徒首長とその家族たちがこの地に到着し，フィリピンで最初のマレー系民族の集落を形成したという伝承が残っている．それにちなんで町では，フィリピンへのマレー民族の到来を記念するビニラヤン・フェスティバルが，1971年以降，例年4月末から5月初に行われる．州のみでなく，パナイ島にはイロイロ市のデナギャン・フェスティバルやアクラン州カリボのアティティハンなど，マレー系移民とパナイ島先住民の邂逅という歴史的出来事を記念する盛大かつカラフルな祝祭が展開されるが，サンホセのビニラヤンもその1つである．

住民はキナライアとよばれる人びとで，西ビサヤ地方のリンガ・フランカであるヒリガイノン語の一方言であるキナライア語を用いる．約40万人（1990）のキナライアの人びとは，西をスールー海，東をパナイ脊梁山脈にはさまれ，南北に細長く延びるきわめて狭小な平野部によって構成されるアンティケ州に居住する．サンホセ一帯もその狭小な土地のため，基本的に小規模な農・漁業以外に目立った産業はなく，人びとはマニラ首都圏や他州，さらには海外における契約労働などの出稼ぎによって生計を立てるケースが多い．

ところで，1980年代の国内の民主化プロセスにおいて重要な事件が町では起きている．マルコス大統領の独裁体制への国民の不支持をいっそう強める結果となった1986年2月の大統領選挙の直後，マルコスの政敵であったコラソン・アキノの支持者でアンティケ州の前知事エベリオ・ハビエルが，政敵に

送られた刺客によって市街中心部の広場で白昼堂々と殺害された．その後，州の大衆のマルコス独裁体制に対する憤激は高まり，さらに生前民衆からの支持が高かったハビエル前知事の遺体はマニラに移送され，その後のアキノ政権誕生をもたらすいわゆるピープル・パワー革命に向けた大衆運動の結節点の1つとなってゆく． 　　　　　　　　［関 恒樹］

サンホセデルモンテ　San Jose del Monte
フィリピン

人口：57.4万（2015）　面積：119 km²
[14°49′N　121°03′E]

フィリピン北部，ルソン島中部，ブラカン州南部の都市．南はマニラ首都圏のカロオカンとケソンシティに，東はリサール州のロドリゲス Rodriguez に，西は同州内のサンタマリア Santa Maria とマリラオ Marilao に，北はノルザガライ Norzagaray にそれぞれ接する59の村からなる都市である．キリノハイウェイは主要道路として北のノルザガライと南のカロオカンとにアクセスしている．1961年には最初の政府定住計画として実行されたサパンパライ Sapang Palay が開発され，7.5 km² に及ぶ定住都市となった．国内における最大の定住地域の1つで，多くはマニラ首都圏の不法占拠者であった．2000年9月には構成市として宣言し，州内で面積，人口ともに最大となった．主要農産物は，葉野菜，根菜類，パイナップル，マンゴー，コーヒー豆である．市内には聖ジョセフウォーカー教会，サンロレンツォルイスデマニラ教会，ローデス教会などがある．バラグバグ Balagbag 山やカイティティンガ Katitinga 滝も旅行者にとっての魅力的な観光資源である． 　　　　　　　　［石代吉史］

サンポール島　Saint-Paul, Île
フランス

セントポール島　Saint-Paul Island（英語）

人口：0（推）　面積：8 km²
[38°44′S　77°30′E]

南インド洋，フランス領の島．北約100 km に，ともにフランスの海外領土（TOM）であるアムステルダム島がある．火山性の島で，火口のカルデラ部分が湾入部を形成している．外輪部が陸地をなし，カルデラ壁の最高地点は標高264 m である．小規模な無人島で，16世紀後半にポルトガルの航海者により発見された．周辺海域はエビや魚類の好漁場で，18世紀にはレユニオン島の漁民が一時定住したこともある．フランスが領有を宣言したのは1843年である．1908～39年にはエビの缶詰工場があった． 　　［手塚 章］

サンミゲル諸島　San Miguel Islands
フィリピン

[7°00′N　118°28′E]

フィリピン南西部，スールー海南西部，タウィタウィ州の諸島．行政的にはマプン Mapun に属する．南西約100 km にはカリマンタン（ボルネオ）島がある．住民はジャマ・マプンとよばれるムスリム民族集団である．ジャマ・マプン社会はフィリピンとマレーシアの国境海域に位置し，古くからスールー海域の民族集団との関係が深く，地域の共通語であるタウスグ語を解するジャマ・マプンも多い． 　　　　　　　　［関 恒樹］

サンミゲル湾　San Miguel Bay
フィリピン

長さ：30 km　幅：30 km
[13°54′N　123°13′E]

フィリピン北部，ルソン島南東部，ビコール半島北海岸の湾．北カマリネス州と南カマリネス州に面し，カマリネスとカラモアンの両半島にはさまれた入口は最狭部で約10 km である．そこから真南のビコール平野に向かって奥行き約30数 km，最大幅30 km で大きく湾入する．湾周辺の町や湾内の小島には，中小規模の生計維持的漁法から商業的漁業まで，さまざまな形態の漁業で生計を立てる漁村集落が多く存在する．とくに南西モンスーンの卓越する5～10月頃の時期に強い季節風から保護される湾内の漁場は，多くの周辺漁民に格好の漁業環境を提供する．しかしながら，今日では大規模な商業漁船による漁業資源の乱獲やダイナマイト漁などの違法な漁法によって，湾内の資源も減少しつつある． 　　　　　　　　［関 恒樹］

サンミン市　三明市　Sanmin
中国

人口：253.0万（2015）　面積：22959 km²
[26°16′N　117°38′E]

中国南東部，フーチェン（福建）省中西部の地級市．ウーイー（武夷）山脈とタイユン（戴雲）山脈の間に位置する．市域の9割以上が山地と丘陵地で，古くから客家（ハッカ）系住民の故郷として知られる．地名は，1956年7月の三元とミンシー（明渓）の両県合併により新設された三明県に由来する．1960年1月に省直轄の市となり，83年4月に地級市に改編された．市区部の梅列区と三元区は，重化学工業中心の内陸部新興都市として1958年の大躍進時期から建設が進められた．現在の面積は1164 km²，市街地人口は38万（2015）．他に県級市のヨンアン（永安）市，明渓，チンリウ（清流），ニンホワ（寧化），ダーティエン（大田），ヨウシー（尤渓），シャーシェン（沙県），チャンロー（将楽），タイニン（泰寧），チェンニン（建寧）の9県を管轄する．市政府所在地は梅列区．

鉱物資源が豊富で，石炭，冶金，化学，機械，紡績，製紙，医薬，窯業などが発達．製鉄，化学肥料，セメント，石炭の分野では，省内最大規模の国営企業を有する．ミン（閩）江水系に属する．圏内の沙渓，金渓，尤渓は豊富な水量を有し，農地開発の一助にもなる．とくに林業と米，タバコ，果実，キノコの栽培は省内では重要な地位を占める．近年，成長が著しい臨海部の輸出型工業地域との差が拡大し，交通網整備と観光業開発が新たに着手されている．交通では鷹廈（ようか）鉄道（インタン（鷹潭）～アモイ（廈門）），高速道路の福銀線（フーチョウ（福州）～インチュワン（銀川）），泉三線（チュワンチョウ（泉州）～三明），永武線（永安～ウーピン（武平））などが通じ，2600 m の滑走路をもつ三明沙県空港が2016年3月に開港した．2015年の観光訪問客は1952万人，観光収入は147億元にのぼった．地区の1人あたり GDP は1万914 US ドルである（2015）． 　　［許 衛東］

サンムス　三水　Samsu
北朝鮮

面積：890 km²　標高：865 m　気温：2.1℃
降水量：600 mm/年　[41°18′N　128°01′E]

北朝鮮，リャンガン（両江）道中部の町で郡庁所在地．ケマ（蓋馬）高原の北部，アムロク（ヤールー（鴨緑））江の小支流の三水川に臨む．カプサン（甲山）とともに三水甲山とよばれる山間僻地の代名詞で，山間集落があった．5月末まで霜がみられる．金，銅，鉛を産出する．古くから山地を開墾して麻，亜麻，大麦などの栽培地として知られていた．良質な木材の産地である．三谷黒曜石は天然記念物．大規模水力発電所を建設中である．

　　　　　　　　［司空 俊］

652　サンメ

〈世界地名大事典：アジア・オセアニア・極Ⅰ〉

サンメン県　三門県　Sanmen

中国

人口：44.1万 (2015)　面積：1072 km²
[29°07′N　121°22′E]

中国南東部，チョーチャン(浙江)省南東部，タイチョウ(台州)地級市の県．中華民国期に三門県が置かれ，1958年リンハイ(臨海)県に合併されたが，62年また元に戻った．西南部の標高が高く，東北部は低く，東シナ海に面している．機械，冶金，電力，化学，電器，建築材料，紡織，印刷，ゴム，皮革，刺繍，食品，製塩，醸造，工芸美術などがある．農作物には稲，サツマイモ，豆類，ジャガイモ，綿花，ナタネ，ブドウなどがある．名産品には茶葉，ミカン，トウガラシがある．カニをはじめとして水産業が盛んである．観光スポットには仙岩洞などがある．甬台温鉄道(ニンポー(寧波)〜台州〜ウェンチョウ(温州))や瀋海高速道路(シェンヤン(瀋陽)〜ハイコウ(海口))が通る．
[谷　人旭・小野寺　淳]

サンメン湾　三門湾　Sanmen Wan

中国

面積：540 km²　長さ：55 km　幅：50 km
深さ：5〜10 m
[28°44′-29°12′N　121°27′-121°58′E]

中国南東部，チョーチャン(浙江)省東部の湾で，三門県の東に広がる．湾内に3つの島があるため，その名がついた．南北は約55 kmあり，東西は約50 kmの幅で，深さは5〜10 mである．海遊，健跳，岳井などの港があり，満潮時には2000 tの船が航行できる．水産資源に恵まれていて，フウセイ，キグチ，イカ，ナメクジウオ，エビ，カニなどがとれ，アカガイなどの貝類を養殖している．
[谷　人旭・小野寺　淳]

サンメンシャ市　三門峡市　Sanmenxia

中国

人口：224.1万 (2013)　面積：10309 km²
[34°46′N　111°13′E]

中国中央東部，ホーナン(河南)省北西部の地級市．ホワン(黄)河河岸，河南，シャンシー(山西)，チャンシー(陝西)3省の交わるところに位置する．ミエンチー(澠池)，ルーシー(盧氏)の2県，イーマー(義馬)，リンパオ(霊宝)の2市，それに湖浜と陝州の2区を管轄する．市政府所在地は湖浜区．地名は，夏の禹王が神斧を用いて高山を切り開き，閃長玢岩からなる鬼石と神石で川の流れを3つに分けて，人門，神門，鬼門の3つの峡谷をつくったという伝説に由来する．また，「中流砥柱(黄河の激流の中にそそり立つ砥柱のように，乱世にあってゆるぎない節度，主張を守る態度，またそのような人)」という故事は，ここにある砥柱山とよばれる巨大な石に由来する．5000〜6000年前にここに大きな氏族部落が生まれ，夏文明の発祥地の1つとなったとされ，紀元前21〜前13世紀には，夏および殷王朝の中心地域であった．また，老子の『道徳教』は函谷関で著されたと伝えられるなど，史跡や故事にちなんだ場所が多い．

金やボーキサイトなどの埋蔵資源が豊富で，漢方薬の原料の産地でもある．水力発電などのエネルギー，石炭化学工業，アルミ工業，金の生産加工，リンゴなどの果実生産と加工業が主たる産業であり，観光業も発展している．おもな観光地に，虢国博物館，函谷関，空相寺，黄帝鋳鼎原，三門峡大堰，仰韶大峡谷，白鳥鑑賞区，温泉療養区などがある．また，貯水能力約400億tの黄河最大の三門峡ダムが建設されている．　[中川秀一]

サンヤー市　三亜市　Sanya

中国

ヤーシェン　崖県　Yaxian (旧称)

人口：74.9万 (2015)　面積：1921 km²
気温：27℃　降水量：1417 mm/年
[18°15′N　109°30′E]

中国南部，ハイナン(海南)省最南端の地級市．秦代(紀元前210)の象郡の軍政中心地として築城されたのが始まりで，宋の開元5年(972)にヤーチョウ(崖州)に改称され，中華民国9年(1920)に崖県の名称で県政となった．1984年に市となったと同時に改称された．市内に海棠，吉陽，天涯，崖州など4つの区部が設置され，市政府所在地は吉陽区にある．もともと対外防御の要塞であったと同時に，チョンユワン(中原)文化から遠く離れ，化外の地の天辺と思われてきたことから，天涯海角の別称もある．他方，海岸部には古代ペルシア人の墓地群があることから，先住民を統治し，海上貿易を介した東西交流の要衝であったことがうかがえる．中央山脈による寒波遮断の恩恵を受け，温暖な気候に恵まれ，台風の影響も少ない．湾曲した形で延びる白浜と市区部を囲む岩山がミックスして織り成す絶景が国内外から高い評価を受け，「中国のハワイ」とよばれる．現在，年間1500万人に近い観光客(うち海外から36万人)が訪れる国際的リゾートとして開発され，観光収入がGDPの6割以上を占めるほどである．「ミス・ワールド」最終選考の開催場所として知名度も高い．北端の省会ハイコウ(海口)との間を結ぶ東西それぞれ2本の高速道路と高速鉄道，三亜フォンホワン(鳳凰)国際空港がおもな交通ルート．主要港のユィーリン(榆林)港は，南シナ海の海上防衛を担う重要な軍港である．　[許　衛東]

サンユワン県　三原県　Sanyuan

中国

人口：40.4万 (2010)　面積：577 km²
[34°37′N　108°57′E]

中国中部，シャンシー(陝西)省中部，シェンヤン(咸陽)地級市の県．関中平原中部に位置する．地名は県内にある孟侯原と豊原，白鹿原の3つの原に由来する．省の重要なタバコ，野菜，食糧の生産中心地．おもな工業は医薬品，建築材，皮革などである．国指定の歴史文化都市であり，遺跡，史跡が多い．三原城隍廟は明代の建築群の1つで，現在までよく保存されている．住居の彫刻も有名である．　[杜　国慶]

サンリー県　桑日県　Sangri

中国

人口：2万 (2012)　面積：2600 km²
[29°14′N　92°00′E]

中国西部，シーツァン(チベット，西蔵)自治区，シャンナン(山南)地級市の県．ヤルンツァンポ(雅魯蔵布)江中流部に位置し，南部のヒマラヤ山脈と北部のガンディセ(岡底斯)山脈がこの川をはさむ形でV字谷を形成している．地名はチベット語で銅山を意味し，近隣の山地に植生がみられず，赤銅色の岩肌が露出していたことに由来する．元代にパズバ(帕竹巴)万戸に属し，14世紀には桑日宗が設置された．1960年に桑日県となり，70年に山南地区に属している．特産品として石鍋やザガ柳編(扎嘎柳編)というヤナギの枝で編んだかごなどの工芸品がある．　[石田　曜]

シ

シー湖　西湖　Xi Hu
中国

瀉湖，上湖，錢唐湖（古称）／西子湖（通称）

面積：5.6 km² 　深さ：2.8 m

[30°18′N　120°10′E]

中国南東部，チョーチャン（浙江）省，ハンチョウ（杭州）副省級市西部の湖．かつて銭塘湖や上湖などとよばれていた．もとはチェンタン（銭塘）江の一部が内湖状になっていたものが，徐々に砂泥が堆積して閉鎖されて湖水になったと考えられている．水域面積は，湖中島を含めると 6.03 km² になる．平均の深さは 1.5 m である．唐代以後，西湖と称せられ，「西湖を把って西子に比べんと欲すれば，淡妝濃抹総て相い宜し（西湖を絶世の美女西施に比べようとすれば，薄化粧も濃い化粧もどちらもよい）」（蘇軾）から西子湖ともよばれている．唐代杭州刺史となった白居易が湖の北東岸に堤防を建造するように命じ，白堤（白沙堤）ができた．治水に功績があったのは白居易，宋代の蘇軾，明代の楊孟瑛である．蘇堤，白堤，楊公堤，花港公園などによって，外西湖，里西湖，岳湖，西里小南湖など 5 つの区域に分けられ，橋や排水管によって結ばれている．西湖周辺の園林が美しく，名勝がたくさんある．蘇堤春暁，平湖秋月，曲院風荷，断橋残雪，双峰挿雲，三潭印月，柳浪聞鶯，花港観魚，雷峰夕照，南屏晩鐘は南宋の史料にみえる当時の西湖十景である．2011 年に「杭州西湖の文化的景観」としてユネスコの世界遺産（文化遺産）に登録された．　　　　　　　　　　　［谷　人旭・秋山元秀］

シー江　西江　Xi Jiang
中国

Si Kiang（別表記）／West River（英語）

面積：353120 km² 　長さ：208 km

[22°20′N　113°22′E]

中国南部の川．ホワナン（華南）地方最大の川であるチュー（珠）江の主流．流域面積では珠江全体の 77.8% を占めている．英語の文献では Si Kiang, West River ともよばれる．珠江はまずユングイ（雲貴）高原の馬雄山から発するナンパン（南盤）江とペイパン（北盤）江が合流して上流域のホンシュイ（紅水）河となり，次にリウ（柳）江とユイ（郁）江との合流で中流域のチェン（黔）江とシュン（潯）江に発展し，さらにコワンシー（広西）チワン（壮）族自治区のウーチョウ（梧州）でグイ（桂）江と合流して最も平坦な下流域のシー（西）江に拡大する．西江がコワントン（広東）省のサンシュイ（三水）区西部の思賢滘から南シナ海に流入するまでの流路は 208 km，幅 700～2000 m である．広東省と広西省の最大の水源地であり，華南と西南を連結する交通動脈でもある．　　　　　　　　　　　　　　　［許　衛東］

シアオランユィー　小蘭嶼　Hsiaolan Yu
台湾｜中国

小紅頭嶼（別称）／Xiaolan Yu（別表記）

人口：0（2017）　面積：1.6 km²

[21°57′N　121°37′E]

台湾南東部の島．ラン（蘭）嶼の沖合に浮かぶ無人島で，第 2 次世界大戦終結時までは小紅頭嶼とよばれていた．周囲長は 5 km あまりとなっている．蘭嶼と同様，年間を通じて海風が吹きつける．岩場が多いため，島には植物が存在しない．切り立った石柱が多く，最高地点は 175 m．第 2 次世界大戦時には，アメリカ軍がこの島を軍艦と見間違えて砲撃を加えたというエピソードが残る．現在，この島へ向かう定期的な交通機関はない．

　　　　　　　　　　　　　　　［片倉佳史］

シアカンリ山　Sia Kangri
パキスタン

標高：7422 m

[35°39′N　76°45′E]

パキスタン北部と中国西部の国境に位置する山．一部はインドとの係争地でもある．カラコルム山脈のほぼ中央部，ガッシャブルム山の南東約 10 km に位置する高峰である．スイスの地質学者であったギュンター・オスカー・ディーレンフルトが率いる国際隊が 1934 年に初登頂したが，これはカラコルム山脈における登頂の歴史の幕明けとなった．有名なバルトロ氷河はシアカンリ峰西方に発する．　　　　　　　　　　　　　　　［出田和久］

シー（西）湖（中国），杭州西湖名物のハス《世界遺産》［Shutterstock］

シアシ諸島　Siassi Islands

パプアニューギニア

人口：1.8万 (2011)　　[5°37′S　147°58′E]

　南太平洋西部，メラネシア，パプアニューギニア，モロベ州の諸島．ニューギニア島北東部のヒュオン半島とニューブリテン島の間に位置し，ニューブリテン島との間はダンピア海峡，ニューギニア本島との間は，ヴィティアス海峡で隔てられている．ヴィティアス海峡は，1870年にこの海峡を通過したロシアの著名な探検家で人類学者ミクルホ・マクレイによって名づけられた．中心の島ウンボイ Umboi 島（シアシは同島の集落名）の人びとは，2本マストのカヌーを操り，ニューギニア本島とニューブリテン島との間の交易に従事してきたことで知られる．　　[熊谷圭知]

シアシ島　Siasi Island

フィリピン

人口：6.8万 (2015)　面積：193 km²

[5°33′N　120°51′E]

　フィリピン南部，スールー州の島．スールー海とセレベス海の間に位置するスールー諸島中のタプル諸島を形成する主要な島である．北にホロ諸島，南西にタウィタウィ諸島がある．面積はタプル諸島中最大である．中心都市シアシは島西海岸のラパック Lapac 島に面し，スールー諸島の中心ホロ島のホロ市の南西40 km に位置する．海岸はサンゴ礁で形成されている．タプル諸島の行政の中心はシアシでなく，タプル島のタプルに置かれている．真珠母貝の採取をはじめとした漁業が経済の中心である．海岸部の住民は，漁業や交易などをおもな生業としているバジャウ族（スールー系サマ人ともよばれる）などで，近年まで船上生活をするものが多かった．また海岸部にみられる住居の大半は水上家屋である．これらは潮や水が満ちると水上になる，沿岸部，河川岸などに建てられた高床式家屋である．　　[田畑久夫]

シアチェン氷河　Siachen Glacier

パキスタン

標高：3700 m　長さ：70 km　幅：3 km

[35°30′N　77°00′E]

　パキスタン北部，ギルギットバルティスタン州の氷河．カラコルム山脈東部のシアチェンムスターグ山脈とその南のサルトロ山脈の間に位置し，北西から南東に流れる．極地の氷河を除くと世界第2位の長さで，カラコルム山脈では最も長い．ユーラシア大陸とインド亜大陸の分水界のすぐ南側を流れ，ヌブラ川 Nubra の源流をなす．1848年にイギリスの軍人ヘンリー・ストレイチーがこの氷河を発見したが，1909年にイギリスの探検家トム・ジョージ・ロングスタッフが探検し，バルティ語で野生のバラの群生を意味するこの名をつけた．この氷河の地域はパキスタン軍とインド軍との最前線となっている．　　[出田和久]

シアックスリイドラプラ　Siak Sri Inderapura

インドネシア

[0°45′N　102°03′E]

　インドネシア西部，スマトラ島中部，リアウ州シアック県の町で県都．シアック川の河岸に立地する．1945年8月17日にインドネシアが独立するまで，州はイスラーム王朝に支配され，1725年から1949年までの224年間において，君主サルタンによって統治されていた．現在はイスラーム教スンニ派が多数を占めており，日常的に話される言語はマライ語である．シアック県は，面積8556 km²，人口23.8万(2000)である．

[水嶋一雄]

シアハン山脈　Siahan Range

パキスタン

標高：1500-2000 m　　[27°25′N　64°30′E]

　パキスタン南西部，バローチスタン州西部の山脈．アラビア海の北約200 km 付近をイラン国境から東北東方向に300 km 近く続き南にほぼ並行する中央マクラーン海岸山脈と合する．高いところは西部で標高1500 m，北東部で2000 m を超える．乾燥地域にあり植生はほとんどなく，荒涼とした景観を呈している．山脈の南麓に沿ってラクシャーン川が西南西から西にイラン国境近くまで流れ，北転してマシュケル沼沢地に注ぐ．降水の後だけ水が流れる多数の水路や丘陵を下る奔流によって侵食されている．　　[出田和久]

シアルガオ島　Siargao Island

フィリピン

人口：9.4万 (2015)　面積：438 km²

[9°53′N　126°02′E]

　フィリピン南東部，北スリガオ州の島．ミンダナオ島の東北沖に浮かびアルファベットの L 字形をしている．西のディナガット島とはディナガット海峡を隔てて相対している．ミンダナオ島北端の中心地スリガオから島南部に位置するダパ Dapa との間にフェリーが運航されている．島の西端のジェネラルルナ General Luna は国内有数のサーフスポットとして，サーファー人口の多いオーストラリア人に人気を博している．例年9月末かあるいは10月上旬に開催される沖合クラウドナイン Cloud Nine でのスリガオカップはとくに有名である．　　[田畑久夫]

シアールコート　Sialkot

パキスタン

人口：42.2万 (1998)　　[32°30′N　74°31′E]

　パキスタン東部，パンジャブ州北東端シアールコート県の都市で県都．インダス川支流のチェナブ川左岸(南岸)，州都ラホールの北北東約110 km に位置する商工業都市．インドのジャンムカシミール州との国境まで東約10 km で，鉄道の要衝でもある．運動具，織物，医療機器，加工食品，楽器製造，金属加工，自転車などの工業がある．中でも公式試合に使用される手縫いのサッカーボールは世界生産の約7割を占めているとされ，アディダス，ナイキ，リーボック，アンブロなどの有名ブランドから発注を受け生産しており，サッカーボールの生産は世界1位でオリンピックやワールドカップで採用されている．しかし，その生産の多くが児童労働に依存しているとされ，その改善が焦眉の急となっている．

　2005年3月にはシアールコート国際空港が開港した．地名は，グプタ朝第3代のヴィクラマーディティヤ王（チャンドラ・グプタ2世）がウッジャイン（ヒンドゥー教の聖地）を根拠地としてパンジャブ地方を版図に収めたときに，当地に砦を築いて地域の支配権を確立したサルワンが，シアというカーストの出身であったことに由来するともいわれる．1184年に，シャハブッディン・ムハンマド・ゴーリーは当時ガズナ朝最後の王の支配下にあったパンジャブに侵入したが，ラホールを攻略できずにシアールコートに退却し，砦を修理強化し守備隊を置き拠点として，ついにはパンジャブからベンガル地方を版図に加え，イスラーム教徒による南アジア支配の基礎をつくったという．ムガル朝の始祖バーブルもシアールコートを経てインドに侵攻しており，戦略上の要衝であった．シャー・ジャハーンの治世下では，有名な技術者のアリ・マルダン・ハーンがシアールコートを治めた際に用水路の掘削など諸種の改良を行っ

たという. ムガル朝末期の 18 世紀半ばにはパシュトゥーン人のドゥッラーニー系のアフマド・シャーが一時パンジャブとシルヒンドの支配権を確立し, 息子のタイムールがラホールに入った. その後シク教徒の勢力下に入り, 18 世紀末から 19 世紀初めの飢饉では, 多くの人々がカシミールに移住した. また, シク教の開祖ナーナク (1469-1538) の墓 (霊廟) があり, イギリス領時代の哲学者で詩人のムハンマド・イクバル (1877-1938) の出身地でもある. 　　　　　　　　　[出田和久]

シアールコート県　Sialkot District
パキスタン

人口: 272.3 万 (1998)　面積: 3016 km²
[32°30′N　74°31′E]

パキスタン東部, パンジャブ州北東端の県. 北西をチェナブ川に画されグジュラート県に, 南東をラーヴィ川に画されインドのパンジャブ州に, 北東はインドのジャンムカシミール州に, 南西はグジュラーンワーラ県に接する. 土地は総じて平坦で, 土壌は肥沃で, 西部はアッパーチェナブ用水路によって灌漑されている. 年平均降水量は 400 mm を超え, 気温は, 冬は 4℃ くらいまで下がり, 最も暑い 6 月には最高気温は 40℃ に達する. 小麦, 米, サトウキビなどがおもに作付けられている. 工業は, 独立後に多様な工業技術や経験をもった難民が流入してきたことにより, 経済発展が急速に進んだことを反映して繊維工業の比重が小さいが, ステンレス鋼の医療器具や各種運動用具の生産は世界的に有名である. 1991 年に南東部のナロワル郡とシャカルガル郡を割いてナロワル県が分置された. 　　　　　　[出田和久]

シーアン市　西安市　Xi'an
中国

せいあんし (音読み表記) /チャンアン　長安 Chang'an (旧称)

人口: 846.8 万 (2010)　面積: 10106 km²
気温: 13.3℃　降水量: 604 mm/年
[34°20′N　108°57′E]

中国中部, シャンシー (陝西) 省中南部の副省級市で省会. ホワン (黄) 河最大の支流ウェイ (渭) 河の南岸に開けた古都で, 中国西北部の政治, 経済, 文化の中心地である. 交通の要衝にあたり, 西北地方最大の商業地であるばかりではなく, 観光都市としても重要な地位を占める. チン (秦) 嶺山脈から渭河平原にかけて位置しているため, 市内の標高差が大きい. 秦嶺山脈の主体は標高 2000~2800 m

で, 3767 m の主峰タイバイ (太白) 山は中国東部の最高峰である. 渭河平原は 400~700 m, 最低地は 345 m である. 市街地はこの渭河平原の台地に広がる. 東部の灞河と滻河に, 西部の澧河と皂河, 南部の潏河と橘河, 北部のチン (涇) 河と渭河を加えて, あわせて 8 本の主要な河川があり, 古来より長安を囲む八水といわれる. 全体的には暖温帯半湿潤季節風気候に属するが, 秦嶺山脈地域では気候の垂直分布が顕著で, 中山間地域は温帯気候, 高山地域は寒温帯気候である. 過去の最高気温は 45.2℃, 最低気温は -20.6℃, 無霜期間は 207 日である.

かつて長安とよばれたこの都市は, 隋の大興城にもとづいて唐代に完成した. 紀元前 1134 年に初めて西周が都と定めて以来, 紀元前 11 世紀から紀元 10 世紀中葉にかけて, 西周, 秦, 前漢, 後秦, 隋, 唐など 13 の王朝が都を置いた. 千年に及んだ都としての歴史は多くの珍しい文化遺跡を残してきた. 中でも秦の始皇帝陵や兵馬俑はその代表である. 唐代には名高いシルクロードの東の出発点であった. 城内は里坊制が採用され, 108 坊に分けられた. 四方は城壁で囲まれ, 各方面には 3 つの城門が設置された. 城内は官と民が明確に住み分けた. 唐の時代には約 100 万規模の人口を有する世界最大の都市であったといわれる. また各国の商人, 留学生, 僧侶など数千人が居住していた.

国際都市として栄えた長安の都市構造は, 周辺諸国や東アジアの町づくりに大きな影響を与えた. 市場は東西に 2 つあり, 西市には胡商とよばれた西域の外国の商店が多く, 国際貿易の中心でもあった. 東市には 120 の商店と工房があった. 長安は唐末の戦乱で荒廃したため, 首都は東のルオヤン (洛陽) に移された. 唐を滅ぼして後梁を建てた朱全忠は首都をさらに東のカイフォン (開封) に移した. これにより首都機能を失った長安の城壁は縮小され, 一地方都市となった. 明の時代に, 名を西安と改めた. 1949 年に市制が敷かれ, 92 年に開放都市に指定された. 現在は新城, 碑林, 蓮湖, 灞橋, 未央, 雁塔, 閻良, 臨潼, 長安, ガオリン (高陵), フーイ (鄠邑) の 11 区, ランティエン (藍田), チョウチー (周至) の 2 県を管轄する. 市政府所在地は未央区.

秦の始皇帝の墓および兵馬俑, バンポー (半坡) 遺跡など 200 カ所の重要文化財をはじめ, 多くの史跡が残され, 1987 年には「秦の始皇陵」としてユネスコの世界遺産 (文化遺産) に登録されている. また, 長安の宮殿だった未央宮は, 2014 年に「シルクロー

ド: 長安-天山回廊の交易路網」の一部として同じく世界遺産 (文化遺産) に登録された. 玄奘ゆかりの大雁塔, 有名書家の石碑を集めた碑林, 楊貴妃が湯浴みをしたといわれる華清池, 阿倍仲麻呂記念碑など, 観光名所が非常に多い. また, 国内では教育文化都市としても名高く, 西安交通大学など 40 の大学, 500 余の研究機関が置かれている. 地方劇である秦劇, 戸県の素朴な農民画に代表される美術活動など, いわゆる西北文化の中心地として知られる. 人文資源のほか, ホワ (華) 山とチョンナン (終南) 山, 太白山, 王順山, リー (驪) 山など, 自然名勝も多く分布する.

鉄, マンガン, クロム, 銅, 金, タングステンなど 23 種の鉱床があり, 地下資源に富む. 地熱資源も豊かで, 驪山温泉, 湯峪温泉がある. 市内に 3 つの国立自然保護区がある. 飛行機, 鉄道車両, 電気機械, 時計, ミシン, 家電, 繊維製品, 化学製品などの工業が発達する. 周辺の農村では, 小麦を中心とする畑作農業のほか, 養豚などの畜産業も盛んである. 中国の中部と西部を結ぶ交通および物流の要衝である. 市街地の北西 45 km に西安咸陽国際空港が立地する. [杜 国慶]

ジーアン　Zeehan
オーストラリア

人口: 0.1 万 (2011)　面積: 1.8 km²
[41°56′S　145°24′E]

オーストラリア南東部, タスマニア州西部の町. 州都ホバートの北西 293 km, クイーンズタウンの北 38 km, そして北部のバーニーの南 155 km に位置する, 鉱山の町である. ヨーロッパ人として初めてタスマニア島を発見したオランダ人探検家アベル・タスマンが, 島西部を航海中にジーアンの町の近隣にある 700 m 級の山, ジーアン山とヒームスカーク山を発見した. 地名は, その後 1802 年にタスマニア周辺を航海中だったイギリス人航海者ジョージ・バスとマシュー・フリンダーズが, アベル・タスマンが航海に使用していた 2 隻の帆船にちなんで名づけたものである.

周辺地域は雨が多く, 深い森に覆われた厳しい環境のため, 1800 年代中盤まで未開拓のままであった. しかしながら 1879 年にヒームスカーク山においてスズが発見されたのを皮切りに, 探鉱者たちがこの地域に移り住むようになり, 採鉱を開始した. 1882 年にはスズの採鉱に限界がみえてきたヒームスカーク山から, 4 人の探鉱者が南に移動, ジーアン山において銀鉱床を発見した. しかし, 僻地でしかも道路の整備が遅れていたジーア

シーアン(西安)市(中国),始皇帝陵を守る兵馬俑(一号坑)《世界遺産》〔Chuong Vu/Shutterstock.com〕

ンからの鉱物の輸送は困難であり,本格的な採鉱が開始されるまで時間がかかった.そして1889年,西海岸のトライルハーバーとの間で道路が,90年には西海岸のストローンとの間で鉄道が開通すると,鉱山は本格的に稼働することになり,空前の銀採鉱ブームが巻き起こった.

ジーアンはタスマニア西部の銀の都とよばれ,以降10年にわたって急激に発展していくこととなった.1890年にはジーアン証券取引所において60もの銘柄の株式が取引され,鉱山の年平均収益は当時で20万ポンドにも及んだ.人口は最大1万にものぼり,町には銀行,ホテル,多くの商店が立ち並んだ.1889年に建設され,当時国内最大であったゲイエティ劇場では世界の人気エンターテイナーたちが公演を行い,裕福な鉱山経営者たちで連日満席の賑わいをみせるなど,町は活気に満ちあふれていた.1900年には,ホバート,ロンセストンに次ぐ第3位の規模の町にまで成長した.1910年代に入ると,銀の採鉱量は徐々に減少,それに伴い町はゆっくりと衰退していくことになる.1921年にはほとんどの鉱山が閉鎖され,50年には人口は650にまで減少,最後の銀山は60年に閉鎖された.1965年,町の北東約15kmに位置するレニソンベルにおいてスズの採鉱が開始されると,町は息を吹き返し,70年には人口は1800まで回復した.しかしながら1980年代に入るとレニソンベル鉱山におけるスズの生産量も低下,それに伴い鉱山従事者も減り,人口は再度減少していった.

現在でもレニソンベル鉱山においてスズの採鉱に従事する住民もいるが,町の経済は観光に依存している.鉱業資料館や,全盛期の面影を残すゲイエティ劇場を含む,19世紀後半から20世紀前半に建てられた建物が,町の栄枯を物語っている.また町の周辺に点在する坑道跡やトンネル,鉱山施設の廃墟が,100年近い時を経て森の一部と化しており,過去に隆盛を誇った鉱山の町独特の雰囲気を醸し出している. 〔安井康二〕

シアング川 Siang ☞ **ブラマプトラ川 Brahmaputra River**

シーイエン市　十堰市　Shiyan

中国

じゅうえんし(音読み表記)

人口:338.3万(2015)　面積:23698 km²
[32°38′N　110°48′E]

中国中部,フーペイ(湖北)省の地級市.マオチェン(茅箭),チャンワン(張湾),ユンヤン(鄖陽)の3区と,タンチャンコウ(丹江口)県級市と,ユンシー(鄖西),チューシャン(竹山),チューシー(竹渓),ファンシェン(房県)の4県を管轄する.市政府は茅箭区に所在する.省の北西部,ハン(漢)水の上流に位置する.かつて10の堰堤がつくられたことからこの地名となった.第二自動車工場(現東風自動車)の生産地区,生活地区およびその他のサービス施設の建設が1967年にここで開始され,現在では省北西部の重要な工業集積地になっている.1969年にユンヤン(鄖陽)地区に属する十堰市が成立し,94年に鄖陽地区とともに現在の地級市の体制になった.2014年にはそれまでのユンシェン(鄖県)が廃止されて鄖陽区が成立した.

南部はダーバー(大巴)山脈,中部はウータ

ン(武当)山脈，北部はチン(秦)嶺山脈に属する．おもな河川は漢水とその支流の堵河であり，水力資源に富み，丹江口水利基幹施設やホワンロンタン(黄竜灘)水力発電所がある．トルコ石(緑松石)の埋蔵量と生産量は国内で第1位，石炭の埋蔵量は全省で第1位である．竹山県などでは金や銀が産出される．森林はマツ，スギ，カシワ，クヌギがおもで，オオアブラギリ，ウルシ，アブラツバキ，クルミ，クリなどの経済林もある．茶葉，キノコ類，柑橘類，漢方薬材などが特産品である．農作物には小麦，トウモロコシ，水稲，芋類などがある．

工業は，自動車と自動車部品を主とし，東洋のデトロイトとよばれる．そのほかにも，水力発電，機械，ゴム，電子などがある．鉄道の裏渝線(シャンヤン(襄陽)～チョンチン(重慶))が市域を横断し，丹江口は漢丹線(ウーハン(武漢)～丹江口)の終点である．道路は福銀(フーチョウ(福州)～インチュワン(銀川))高速道路が通じている．漢水と堵河が主要な水運の航路になっている．丹江口ダムは南水北調プロジェクト中部線の水源に位置づけられている．

名所旧跡には，国指定の青竜山恐竜蛋化石群自然保護区，鄖西の白竜洞古猿人遺跡，房県の顕聖殿などがある．道教の聖地であるウータン(武当)山は，「武当山の古代建築物群」として1994年にユネスコの世界遺産(文化遺産)に登録された． ［小野寺 淳］

シウイエン自治県　岫巌自治県 Xiuyan

中国

岫岩自治県(別表記)/シウイエン満族自治県　岫巌満族自治県(正称)/しゅうがんじちけん(音読み表記)

人口：52.0万(2010)　面積：4502 km²
[40°17′N　123°17′E]

中国北東部，リャオニン(遼寧)省中南部，アンシャン(鞍山)地級市の自治県．県政府所在地は阜昌街道．満族が人口の約90％を占める．玉石(ヒスイ)の国内最大の産地であり，玉都とよばれている．マグネシウムの埋蔵量も多い．山がちであるが，低山と丘陵が多い．ハイチョン(海城)市と海岫線で結ばれているほか，丹錫高速が県域を北西-南東方向に貫く．北西-南東方向に流れるターヤン(大洋)河は，タントン(丹東)市，トンガン(東港)市でホワン(黄)海に注ぐ．県中部の蘇子溝城には，約5万年前に形成されたクレーターがある． ［柴田陽一］

シヴィック Civic ☞ シティ City

シヴィックセンター Civic Centre ☞ シティ City

シウウー県　修武県 Xiuwu

中国

寧邑(古称)

人口：約28万(2013)　面積：676 km²
[35°14′N　113°26′E]

中国中央東部，ホーナン(河南)省北部，チャオツオ(焦作)地級市北東部の県．11郷鎮を擁する．周代以前は寧邑とよばれ，殷末(紀元前1046)に武王が悪天候のため，この地で進軍を妨げられ修兵練武を余儀なくされたことから，修武とよばれるようになった．紀元前221年に修武県となった．宋代にはかき落し手で文様を描いた修武窯が発達した．2004年に国内で初めてユネスコの世界ジオパークに指定されている雲台山は，魏晋の頃の竹林七賢の隠居地であった．アジアで314mと高低差最大の雲台瀑布がある．国内で最も早く造林がなされたといわれる．漢方薬に用いられる菊花が知られる． ［中川秀一］

シウウェン県　修文県 Xiuwen

中国

人口：31.3万(2008)　面積：1076 km²
[26°50′N　106°36′E]

中国中南部，グイチョウ(貴州)省中央部，グイヤン(貴陽)地級市の県．県政府は竜場鎮に置かれている．少数民族人口は1割に満たない．かつてはアンシュン(安順)地区の管轄下にあったが，1996年から貴陽市に属している．貴陽市街地に近く交通至便のため，貴陽の衛星都市化が進む．陽明学の王陽明とのゆかりが深く，観光開発での活用が試みられている．県内に省級の経済開発区が設けられ，製薬企業の誘致に成功した．商品作物ではキウイとナシの栽培が盛んである．

［松村嘉久］

ジーヴェストン Geeveston

オーストラリア

人口：0.1万(2011)　面積：60 km²
[43°10′S　146°56′E]

オーストラリア南東部，タスマニア州南部の町．州都ホバートの南東約60 km，ヒューオンハイウェイ沿いに位置する．1850年，

農家で牧師であったイギリス人のウィリアム・ジーヴェスが3人の息子とともに森を開拓し，家を建てて定住を開始した．しだいに人口も増えて町となり，ジーヴェスにちなんで現名称でよばれるようになった．かつては林業と果樹栽培が盛んであった．州南部の人気観光地タヒューンエアーウォークやハーツマウンテン国立公園への入口に位置することもあり，足を止める観光客も少なくない．

［安井康二］

シウグールワン渓　秀姑巒渓 Hsiuguluan Hsi

台湾｜中国

Xiuguluan Xi(別表記)

面積：1790 km²　長さ：81 km
[23°28′N　121°30′E]

台湾東部の川．ホワリエン(花蓮)県とタイトン(台東)県の境にある崙天山を発源とする．また，別説で秀姑巒山の東麓を発源とする説もある．花東縦谷平野を形成し，台湾東部最大の農業地帯となっている．とくに，ユィーリー(玉里)，ルイスェイ(瑞穂)のあたりは台湾でも屈指の穀倉地帯として知られている．また，海岸山脈を貫いて流れる東部唯一の河川で，その区間は美しい峡谷となっている．観光開発も進んでおり，外国人旅行者も多く訪れている．蛇行した流れと，急流を利用したラフティングが人気を集めている．なお，流域一帯はアミ族の人びとが多く住んでいる． ［片倉佳史］

シウグールワン山　秀姑巒山 Hsiuguluan Shan

台湾｜中国

Xiuguluan Shan(別表記)

標高：3860 m　[23°29′N　121°03′E]

台湾中南部の山．ジョンヤン(中央)山脈にあり，ホワリエン(花蓮)県とナントウ(南投)県の境に位置する．北側にはマボラシ(馬博拉斯)山(標高3765 m)と東群大山(3619 m)が並んでおり，南側には新康山(3331 m)，向陽山(3603 m)，三叉山(3496 m)などが連なっている．その姿はアーリー(阿里)山の祝山から眺めることができる．高さこそユィー(玉)山やシュエ(雪)山に及ばないが，中央山脈を代表する山峰であり，その勇壮な風貌は台湾の5大名山にも数えられている．なお，付近一帯は，かつてはブヌン族の人びとが集落をつくって暮らしていた土地だったが，日本統治時代の移住政策で山から下ろされ，現在はほとんどが無人地帯となっている．登山

658　シウシ

〈世界地名大事典：アジア・オセアニア・極Ⅰ〉

の拠点となるのは南投県シンイー(信義)郷で，東埔温泉が出発地となる．　[片倉佳史]

シウシャン自治県　秀山自治県　Xiushan

中国

シウシャントゥチャ族ミャオ族自治県　秀山土家族苗族自治県 (正称)

人口：66.2万 (2015)　面積：2462 km²
[28°27′N　109°00′E]

中国中部，チョンチン(重慶)市南東端の自治県．フーナン(湖南)省，グイチョウ(貴州)省との境界にあり，交通の要衝で，包茂高速道路(内モンゴル自治区～コワントン(広東)省)，国道319号(スーチュワン(四川)省～フーチェン(福建)省)が通り，ユンナン(雲南)省まで続く国道326号の起点でもある．四川盆地南東縁の褶曲帯にあり，ウーリン(武陵)山脈の丘陵地が続く．マンガンや水銀の埋蔵量が多い．人口の半数はトゥチャ(土家)族やミャオ(苗)族などの少数民族である．
[高橋健太郎]

シウシュイ県　修水県　Xiushui

中国

義寧県 (旧称)

人口：79.4万 (2008)　面積：4504 km²
[29°02′N　114°34′E]

中国南東部，チャンシー(江西)省北西部，チウチャン(九江)地級市の県．修水の下流域に位置し，フーペイ(湖北)，フーナン(湖南)両省に隣接する．県政府は義寧鎮に置かれる．江西省で面積が最大の県である．北から西のムーフー(幕阜)山地と南のチウリン(九嶺)山地にはさまれた山間の県で，修水の本支流に沿って細長く平野が開ける．漢代に艾県が置かれたが，隋代に建昌県に編入された．唐代に寧県が分置され，宋代の義寧軍，寧県，明代の寧州，寧県を経て，清代は義寧州となり，1912年に義寧県，14年にさらに修水県に改められた．県内を武吉高速道路が南北に通る．主要農産品に米，ベニイモ，豆類などがある．経済の柱は林業で，木材，シイタケ，タケノコ，各種薬材を産する．寧紅茶，双井茶，緒硯(あかすずり)石，楠木櫛が特産品である．　[林　和生]

シウニン県　休寧県　Xiuning

中国

海寧県，海陽県，休陽県 (古称)

人口：27.4万 (2012)　面積：2151 km²
[29°47′N　118°10′E]

中国東部，アンホイ(安徽)省最南端，ホワンシャン(黄山)地級市の県．チョーチャン(浙江)省，チャンシー(江西)省に隣接し，チェンタン(銭塘)江の支流である新安江の上流域に位置する．県域のほとんどが標高1000 m以上の山が連なる山地で，中部に盆地がある．いわゆるホイチョウ(徽州)6県の1つである．県政府は海陽鎮に置かれる．前漢時代に休陽県が置かれ，三国時代の呉のときに海陽県，晋代に海寧県，隋代に休寧県に改められた．科挙の首位合格者(状元)を輩出したことで中国第一状元県と称される．皖贛鉄道と京台，杭瑞の2本の高速道路が通っている．林産品と茶葉の生産で知られる．北西部には道教の四大聖地の1つである斉雲山，東部には徽州文化の中心の1つである万安鎮があり，風光明媚な観光地として知られる．
[林　和生]

シヴプリ　Shivpuri

インド

人口：18.0万 (2011)　面積：10 km²　標高：462 m
[25°26′N　77°39′E]

インド中部，マッディヤプラデシュ州北西部，シヴプリ県の都市で県都．州都ボパールの北約240 kmに位置し，デカン高原上にある．地名はシヴァ神に由来しており，古代からの神聖な場所として，優雅な宮殿や狩猟宿泊所など王国風の情緒をもっている．深い森林はムガル朝時代からの重要な狩猟場であった．現在，マダヴ国立公園となっているこの一番高い位置にあるジョージ城は，1911年イギリスのジョージ5世のトラ狩り用宿泊所として建設されたが，ここからの日没時の眺めはすばらしいものがある．また，公園内の湖上にはヨットやボートで有名なセーリングクラブがある．周囲の豊かな森林はまた林産物に富み，ハーブ製品を代表として，多くの雇用と広大な敷地をもった薬草および植物化学製品の製造会社がある．　[前田俊二]

シヴリン山　Shivling

インド

標高：6543 m
[30°53′N　79°04′E]

インド，ウッタラカンド州，ヒマラヤ山脈西部，ガルワールヒマラヤ，ガンゴトリ山群

の高峰．州都デーラドゥーンの北東約120 km，登山基地となるウッタルカシから東北東約60 kmに位置する．ほぼ独立した塔状をなし，南西に急峻な尾根を派出させるほかは垂直に近い岩壁に囲まれる．南西稜を約3.3 kmでメルー山に達する．ガンゴトリ氷河の末端付近からは天を刺すようなピラミッド型にみえ，アプローチも比較的しやすいことから，難易度が高い割には多くの登山隊を迎えている．初登頂は1974年，インド・チベット国境警察隊による．そのオベリスク状に立ち上がる山容から，ヒンドゥー教徒は巨大な男根をもつシヴァ神としてあがめ，山名もシヴァ神の男根を意味する．　[松本穂高]

シェオプル　Sheopur

インド

人口：7.2万 (2011)　[25°41′N　76°42′E]

インド中部，マッディヤプラデシュ州シェオプル県の都市で県都．西25 kmにはラージャスターン州との州境があり，北東240 kmのグワリオルと鉄道およびバスで結ばれている．伝統的に木彫り製品で有名であり，キセル，仮面，おもちゃ，ドア，スタンド，窓，記念碑，花びん，ベッドやロウソクの支柱などを製造する．近くのパルプール(クノ)野生生物保護区は重要な観光地となっている．　[前田俊二]

ジェズカズガン　Zhezkazgan

カザフスタン

ジェズカズガン　Dzhezkazgan (露語) /ボリショイジェズカズガン　Bol'shoy Dzhezkazgan (露語・古称)

人口：9.0万 (1999)　[47°48′N　67°42′E]

カザフスタン中央部，カラガンダ州南西部の都市．州都カラガンダの南南西454 kmに位置する．1938年に創設された旧ジェズカズガン州の州都で，鉄道の駅がある．1999年の人口は近郊の採鉱地サトパエフ(北緯47度48分，東経67度24分)を含めると14.9万であった．州都カラガンダと，北カザフスタン州の州都ペトロパウル(ペトロパヴロフスク)からの幹線道路が合流する交通の要衝で，カラケンギル川貯水池のほとりにある．西400 kmにロシアの宇宙基地バイコヌールがある．1847年に操業開始した採銅の中心地である．精錬，製鋼のほか，食品加工などの軽工業，発電所がある．第2次世界大戦中に大きく発展した．1954年までロシア語で大ジェズカズガンを意味するボリショイジェ

ズカズガンとよばれた.　　　　　［木村英亮］

ジェーソン半島　Jason Peninsula

南極

[66°10′S　61°10′W]

　南極, 西南極の半島. 南極半島東海岸, グレアムランドのオスカル2世海岸に位置する. 南極半島から東のラルセン棚氷に突き出した大きな半島で, 雪に覆われた峰々からなる. メディアドーム山の東側にある地峡から78 km突き出しており, 先端はフラムネスFramnes岬とよばれている. 1893年12月1日にノルウェーの探検家カール・アントン・ラルセンによって初めて視認された. ラルセンは自分の船の名前から, 半島の高山にジェーソン山と名づけた. ラルセンは地図作成が可能な距離に接近できなかったが, 1902年にオットー・ノルデンショルド率いるスウェーデン南極探検隊が, ボルシェグレビニック・ヌナタクから観測し, ラルセンによって視認された山々は南極半島と接続していないと報告した.　　　　　［前杢英明］

ジェッセルトン　Jesselton　☞ コタキナバル Kota Kinabalu

ジェッソル　Jessore

バングラデシュ

ジョソール (別表記)

人口: 20.2万 (2011)　面積: 15 km²　標高: 7 m
[23°09′N　89°13′E]

　バングラデシュ南西部, クルナ管区ジェッソル県の都市で県都. 管区都クルナの北西約53 km, ブラマプトラ (ジャムナ) 川の西に広がるモリバンドデルタ (衰退デルタ) に位置し, バイラブ Bairab 川右岸の自然堤防上にある. 15世紀のジェッソルはプラタパディチャ王国県の一部であった. イギリス植民地時代のジェッソル旧県 (1781成立) は現在のインドのウェストベンガル州にまたがっており, インド・パキスタンの分離独立によってその西半分が切り離された. 1864年に地方自治体となる. 米, 小麦, サトウキビ, ココナッツ, バナナ, ナツメヤシなどの農産物の集散地となっている. 歴史的にはモリバンドデルタはガンジス (パドマ) 川の旧分流と考えられるが, 流路の東への移動と隆起によって分流への水の供給が減少し, ガンジス川からの直接の溢水がなくなった. そのため農業地としては水不足をきたすことも多くなった.

20世紀前半まではこの流れない水域によるマラリアの発生が多い地域であり, 人口の増加が抑えられていた.
　南部のクルナや首都ダッカ, ラングプルを結ぶ鉄道駅が市内にある. 駅に隣接して東にカントンメン (駐屯地), さらに東に空港が位置する. 鉄道は, 2008年よりジャムナ橋経由でインドのコルカタ (カルカッタ) とダッカを結ぶ国際列車が運行されており, その中間駅にあたる. インド国境の町ベナポールBenapol, ウェストベンガル州側のボンガオン Bongaon を経由するルートはコルカタへの重要な物資と人の移動路となっている.　　　　　［野間晴雄］

ジェトゥイカラ　Zhetykara

カザフスタン

ジェトゥカラ Zhetyqara (別称) /ジェトゥガラ Dzhetygara (別称)

人口: 4.8万 (1989)　　[52°11′N　61°15′E]

　カザフスタン中央北部, コスタナイ州西部の都市. 州都コスタナイの南西185 km, トボル川の近くに位置し, ロシアとの国境に近い. 畜牛のほか, 金を採掘する. ジェトゥガラ Dzhetygara, ジェトゥカラ Zhetyqara とも綴る.　　　　　［木村英亮］

ジェトサイ　Zhetysai

カザフスタン

Dzhetysai (別表記)

人口: 2.8万 (1989)　　[40°46′N　68°19′E]

　カザフスタン中央南部, 南カザフスタン州南部の都市. ウズベキスタン国境に近く, その首都タシケントの南西90 km, シャルダラ (チャルダリンスク) 貯水池の南15 km, 州都シムケントの南西204 kmに位置する. おもな産業は, 綿花精製, 建設材料生産である.　　　　　［木村英亮］

ジェトスー平原　Zhety Su

カザフスタン

Dzhety-Su (別表記) / セミレチエ平原 Semirech'e (露語)

長さ: 563 km　幅: 113–241 km

　カザフスタン南東部, アルマトゥ州の砂漠平原. ティエンシャン (天山) 山脈とバルハシ湖の間に位置する. サルイエシクアトゥイラウ砂漠を含む. ロシア語ではセミレチエ (7つの川) 平原とよばれる. この地域を貫流しバルハシ湖に流入するイリ, カラタル, ビエ

ン, アクス, レプスゥ, バスカン, サルカンドの7河川にちなんで名づけられた. バルハシ湖周辺で漁業と牧羊が行われる. 一帯は1917年にセミレチエ州となった. 1922年にジェトスー州に改称され, 28年に廃止された. 州域はバルハシ湖からイシククルまで広がり, 現在はアルマトゥ州に含まれる.　　　　　［木村英亮］

シェトンモイ県　謝通門県　Xaitongmoin

中国

人口: 5万 (2012)　面積: 14000 km²
[29°23′N　88°10′E]

　中国西部, シーツァン (チベット, 西蔵) 自治区, シガツェ (日喀則) 地級市の県. ガンディセ (岡底斯) 山脈の西側に位置する. 地名は, みた後に満足げに笑うことを意味する. これは蓮花生という法師がこの地を訪れ, 観覧した後, 満足げに笑ったという伝承に由来する. 北部は平均標高5000 m以上で, 牧草地が広がる. 逆に南部はヤルンツァンポ (雅魯蔵布) 江に面し, 耕地が広がっている. 以前は, シェイン (脇営) やシャタンメン (下唐門) などと呼称された. 1954年に日喀則基巧, 55年に日喀則弁事処に属し, 70年に日喀則地区に属している.　　　　　［石田　曜］

ジェニングス島 Jennings Island ☞ スウェーンズ島 Swains Island

ジェネラルサントス　General Santos

フィリピン

ダジャンガス Dadiangas (旧称)

人口: 59.4万 (2015)　面積: 493 km²
[6°07′N　125°10′E]

　フィリピン南東部, ミンダナオ島南西部, 南コタバト州の都市. 北部にマトゥトゥム山, マゴロ山があり, 南部はサランガニ湾に面する. ミンダナオ島先住民が居住していたが, 15世紀以降イスラーム教徒が居住し始めた. その後コタバトを中心としたマギンダナオ王国が築かれ, イスラーム文化圏が形成された. 1939年, コモンウェルス政府パウリオ・サントス将軍率いるルソン島からの入植者らがコロナダルおよびアラ谷へ移住した. 以前はこの土地はタジャンガスとよばれていたが, 当時の将軍の名からジェネラルサントスの名がついた. 1968年には市として行政機能をもつことになった. 国内全土 (とくに近隣ビサヤ地域) からの入植者の増加に

より民族背景は多様であるが，セブアノ語をおもに使用する．

台風の進路からは離れて適度な降水量があり，農業に適した広大な平地をもつ．米，トウモロコシ，ヤシ(コプラ)，パイナップル，アスパラガス，ジャガイモ，カリフラワー，オクラ，野菜，果物と多種の農産物を栽培している．また，畜産(鶏，豚など)も盛んに行われている．1990年代には多国籍企業ドール社のパイナップル栽培，また国内マグロ漁獲量の4割程度を占める漁業を中心に，景気の牽引車となり，多くの移住者を引き寄せている．人口は1970年8.6万，90年25万，95年32.7万，2000年41.2万，10年53.8万，15年59.4万と増加し，1990〜2000年には国内平均人口増加率(2%台)を大幅に超える5%台を記録した．　　　［小張順弘］

シェパード諸島　Shepherd Islands

ヴァヌアツ

人口：0.4万 (2009)　面積：88 km²
[17°00′S　168°30′E]

南太平洋西部，メラネシア，ヴァヌアツ中南部シェファ州の諸島．エピ島とエファテ島の間に連なる6つの有人島と4つの無人島からなる．地名は，1774年に島々を「発見」したイギリスのジェームズ・クックが，友人の天文学者シェパードにちなんで命名した．有人島は北からトンゴア Tongoa，トンガリキ Tongariki，ブニンガ Buninga，エマエ Emae，マキラ Makira，マタソ Mataso の各島で，トンゴア島が42 km²と最大の面積をもち，人口も2300 (2009)と最も多い．人びとはすべてキリスト教徒であり，根栽類の焼畑農耕を中心とした生活を営んでいる．かつてトンゴアとその北隣のエピ，南隣のトンガリキなどの島々はクワエという1つの大きな島を構成していた．しかし，この島は15世紀の大規模な火山噴火によって破壊され，あとには現在みられる小さな島々だけが残った．このできごとは，人びとの間で現在にいたるまで詳細に語り継がれている．
　　　［白川千尋］

シェパートン　Shepparton

オーストラリア

人口：3.0万 (2011)　面積：35 km²
[36°24′S　145°25′E]

オーストラリア南東部，ヴィクトリア州中央北部の都市．州都メルボルンの北北東約170 km，南北に走るゴールバーンハイウェイと東西を横断するミッドランドハイウェイの交差点に位置するゴールバーンヴァレーの中心都市．ゴールバーン灌漑計画により周囲は豊かな農地となり，半径10 km圏内に4000 haの果樹園が存在する豊かな農村地帯である．　　　［堤　純］

ジェパリット　Jeparit

オーストラリア

人口：0.1万 (2011)　面積：968 km²
[36°09′S　142°02′E]

オーストラリア南東部，ヴィクトリア州西部の都市．リトルデザート Little Desert 国立公園とワイパーフェルド Wyperfeld 国立公園の中間，バララトの北西約210 kmに位置する．州最大の淡水湖であるハインドマーシュ湖南東のほとりにある．第2次世界大戦後に長く首相を務めたロバート・メンジーズの生誕地として有名である．　　　［堤　純］

シェフィールド　Sheffield

オーストラリア

人口：0.2万 (2011)　面積：61 km²
[41°23′S　146°20′E]

オーストラリア南東部，タスマニア州北西部の町．ローランド山麓，デヴォンポートの南約30 kmに位置する．1842年に測量技師ナサニエル・ケンティッシュによって発見され，62年に本格的な入植が始まった．1963年，マージー・フォース電力開発計画が開始され，10年にわたり町周辺に7つのダムと発電所が建設された．本計画の進行に伴い人口が増加し，経済発展を遂げた．クレイドル山への主要経路沿いに位置するため，毎年多くの観光客が訪れる．1985年に町おこしの目的で始まった壁画が，現在では町中にみられることから，壁画の町ともよばれている．
　　　［安井康二］

シェフィールド　Sheffield

ニュージーランド

[43°23′S　172°01′E]

ニュージーランド南島，カンタベリー地方の村．クライストチャーチからワイマカリリ川をさかのぼるようにして，西北西約55 kmにある農業集落である．地名はイギリス，ヨークシャーのシェフィールドに由来し，石炭採掘者としてこの地域に初めて住みついた1人であるジョン・ジェブソンが，彼の故郷ヨークシャーにちなんで名づけた．ワ

イマカリリ川に近いため，ボート遊びの拠点ともなっている．　　　［井田仁康］

ジェミナイ県　吉木乃県　Jeminay

中国

人口：3.7万 (2002)　面積：8222 km²
[47°26′N　85°52′E]

中国北西部，シンチャン(新疆)ウイグル(維吾爾)自治区北西部，イリ(伊犂)自治州アルタイ地区の県．ジュンガル(準噶爾)盆地の北西部に位置し，西はカザフスタンに隣接する．1930年に県が設置された．カザフスタンとの国境にはジェミナイ峠がある．草原が広く，アルタイ羊，山羊，牛などの牧畜業が盛んである．農作物には小麦，大麦，エンドウ豆などがある．石炭，石膏，石灰石などの鉱物資源に富む．県内にはムズタオ高山スキー場がある．　　　［ニザム・ビラルディン］

ジェームズ礁　James Shoal

南シナ海

スルパイ礁　Serupai, Beting (マレー語) /ツォンムーアンシャー　曽母暗沙　Zengmu Ansha (漢語)

面積：2.1 km²　　　　　[3°58′N　112°17′E]

北太平洋西部，南シナ海南部の海底サンゴ礁．スプラトリー(南沙)諸島の最南方にあり，中国が実効支配している．中国大陸最南端のレイチョウ(雷州)半島から南約1900 kmに位置し，北北西の方向へ延び最も浅いところは17.5 m．1935年に中華民国政府が領有権を宣告し曾母灘と命名，47年に曾母暗沙に改称した．中国ハイナン(海南)省に属すると主張するが，台湾はカオシオン(高雄)が管轄する領海の範囲と指定し，またマレーシアも自国の領有権があると主張している．　　　［許　衛東］

ジェームズタウン　Jamestown

オーストラリア

人口：0.2万 (2011)　標高：451 m
[33°12′S　138°36′E]

オーストラリア南部，サウスオーストラリア州南東部の町．マウントロフティ山脈北部，州都アデレードの北209 kmに位置する農業の中心地である．町の中心部を，北東から南西にベラリー Belalie 川が流れる．ヨーロッパ人がやってくるまでは，先住民のンガデュリ(Ngadjuri)が住んでいた．1841年，この付近はまず放牧地として拓かれた．その

後，1870年までに小麦をはじめとする穀物農業の中心地として発展した．地名は，当時のサウスオーストラリア植民地総督であったジェームズ・ファーガソンの名前にちなんでつけられた．シドニーまで延びるインディアンパシフィック（大陸横断）鉄道の沿線に位置している．町の中心部は，現在でも開拓時代の雰囲気が残されており，1870～80年代に建てられたホテル，銀行などがある．

[片平博文]

ジェームズロス島　James Ross Island

南極

面積：2598 km²　長さ：64 km

[66°10′S　61°00′W]

南極，西南極の島．南極半島北端部東側に位置し，南極半島とはプリンスグスタフ海峡に隔てられている．南北は64 km，最高地点の標高は1630 mである．グレアムランドとよばれる南極半島北部の周囲にいくつかある島の1つである．オットー・ノルデンショルドに率いられた1903年のスウェーデンの探検隊によって初めて地図が作成された．1842年にこの地を初めて探検し，島の東に沿って多くの地点について略図を作成したイギリス探検隊の隊長ジェームズ・クラーク・ロスにちなんで命名された．マクマード入江にあるロス島との混同を避けるため，ジェームズロス島とよばれる．

かつては棚氷によって南極大陸とつながっていたが，1995年に棚氷が崩壊し，プリンスグスタフ海峡が形成されて初めて通航できるようになった．2006年に開設されたチェコで最初の南極観測基地であるメンデル極地基地はこの島にある．南極で初めて発見された恐竜は，1986年にアルゼンチンの地質学者エドゥアルド・オリベロとロベルト・スカッソによって，白亜紀後期の地層から発見された，中サイズの曲竜類 *Antarctopelta oliveroi* である．また，2003年12月，アメリカの古生物学者でセントメアリーズ大学のジャッド・ケースと同国の地質学者でサウスダコタ鉱山技術学校のジェームズ・マーティンは，白亜紀後期の地層から獣脚類の骨を発見した．発見されたナーズ半島にちなんでナーズと名づけられた化石には，上顎と歯，下顎の大部分と脚が含まれていた．脚と足の形は，この恐竜が速く走れたことを示し，その大きさは，体長約1.8 m，体重約135 kgと推定された．これは，南極横断山地のカークパトリック山の山中で発見されたクリョロフォサウルスに続いて2例目の南極での獣脚類

の発見であった．

[前杢英明]

シェムリアップ州　Siemreap Province

カンボジア

人口：89.6万（2008）　面積：10299 km²

気温：28℃　降水量：1494 mm/年

[13°22′N　103°52′E]

カンボジア北西部の州．州都はシェムリアップ．地名は，戦に敗れたシャム人を意味する．国内の州の中では10番目に広い面積を有し，トンレサップ湖東岸の平野部に位置する．北はウドーミエンチェイ州，東はプレアヴィヒア州およびコンポントム州，西はバンテアイミエンチェイ州，南西はバッタンバン州，南は広大なトンレサップ湖と接する．州内には，1992年にユネスコの世界遺産（文化遺産）に登録され世界的に有名なアンコール寺院群があり，主要な観光拠点となっている．地勢，とくに南部は，トンレサップ生物圏保護区の一部をなす広大な浸水林と水田その他の耕作物に覆われている（低地域）．北部は，緑の深い森林に覆われた起伏ある土地となっている（高地農林域）．クレーン山から流れるシェムリアップ川は，北部を蛇行しながら，シェムリアップの町を横断し，バッタンバン州プレクトゥル Prek Toal の対岸，プノムクラオム Phnom Krom でトンレサップ湖に注ぐ．

気候は年間を通じて温暖で湿潤な熱帯気候である．5～10月の雨季の降水量は多く，多様な農作物の栽培を可能にしている．州は，その地理的条件から大きく2つの洪水の影響を受け，1つは北部水域の山からの突発的な洪水であり，もう1つはトンレサップ湖の氾濫である．乾季は11～4月で，12～2月にかけて最も乾燥する．2000年を迎えるまでは，シェムリアップは，各種施設もわずかで，道路インフラもあまり整備されておらず，ナイトライフも充実していなかった．観光業も，おもにタイ国境からの曲がりくねった道をピックアップトラックの荷台に乗ってやってくるバックパッカーをおもな対象としていた．当時は，いくつかの大ホテルと低予算旅行者向けのゲストハウスがあるのみであった．しかし，アンコール寺院の存在とカンボジアの政治的安定により，この10年で急発展を遂げた．現在では，町のいたるところに巨大で高価なホテルが建てられ，低予算のホテルも爆発的に増えるとともに，物価は急上昇し，観光は利益の多い産業となっている．

[ソリエン・マーク，加本　実]

シェモナイハ　Shemonaikha

カザフスタン

人口：2.4万（1989）　[50°38′N　81°55′E]

カザフスタン東部，東カザフスタン州北西部の都市．州都オスケメンの西北西89 km，イルトゥイシ川の支流沿いに位置する．鉄道駅がある．おもな産業は，食品，金属細工，軽工業である．

[木村英亮]

シェムリアップ州（カンボジア），崩壊著しいベンメリア遺跡《世界遺産》〔Tooykrub/Shutterstock.com〕

シェラバード　Sherabad

ウズベキスタン

Sherobod（別表記）

人口：2.7万（2012）　標高：1244 m
[37°40′N　67°00′E]

ウズベキスタン南部，スルハンダリア州南西部の都市．1973年に設立された．州都テルメズの北北西56 kmに位置し，最も近い鉄道駅は南東に42 km離れたナウシャハルである．欧州自動車道路E60号が通る．11世紀のホジャ・イサ・ミナレトがここにある．おもな産業は，綿花精製と食肉加工である．　　　　　　　　　　　　　　［木村英亮］

シエラマドレ山脈　Sierra Madre Mountains

フィリピン

標高：1852 m　長さ：350 km
[16°20′N　122°00′E]

フィリピン北部，ルソン島北部，フィリピン海に沿う主要山脈．形状は東に向かってふくらんだ弧状を呈している．最高峰はアナクアオ Anacuao 山（標高1852 m）である．全長は350 kmと長く，南北方向に走っている．北から南にかけてカガヤン，イサベラ，ヌエバビスカヤ，キリノ，ヌエバエシハの各州を貫く．南端は南西に転じてルソン島北部最大の山脈コルディリェラ中央 Cordillera Central 山脈に合し，カラバヨ山脈へと続く．北端近くにあるカグア Cagua 山（1195 m）は活火山で，1860年には硫気噴出をみた．平均の標高は1000〜1500 mである．

北部は褶曲した堆積岩に覆われ，一部では閃緑岩や安山岩などの火成岩もみられる．フィリピン海沿いの山脈東側では一般に急崖が連続し，とくに北部では河川がほとんど発達していない．一方，西側は緩傾斜でカガヤン渓谷とよばれ，米，トウモロコシの大生産地帯となっている．とりわけマニラシガーとよばれる良質のタバコ葉産地として有名である．カガヤン渓谷のマニラシガーの栽培は，1781年以来スペイン人の独占となった．現在のフィリピンのタバコの半分以上はこの渓谷で製造されている．広大なタバコ農園の経営者はかつてスペイン資本が独占していたが，近年アメリカ系地主の農園も多くみられるようになってきた．しかし，第2次世界大戦以降，タバコの嗜好がシガーからシガレットに移ったため，カガヤン渓谷のタバコ栽培は以前ほど活発ではなくなっている．

中部，イサベラ州内にはかつてパラナン未開地と称されていた北シエラマドレ自然公園

がある．面積は3590 km²という広大なもので，国内最大の熱帯雨林公園である．そこには絶滅の危機に瀕した29種類にも及ぶ鳥類，さらには国内に自生している植物の60%以上もみられるという．またここにはフィリピンの先住民の1集団である，半狩猟民のアエタ族に所属するデェマガト族が伝統的な習慣を維持しつつ生活を送っている．金や銅などを筆頭に多くの鉱産資源が埋蔵されていると推定されているが，そのほとんどをアメリカをはじめとする外国資本の手におさえられている．　　　　　　　　　［田畑久夫］

ジェラルディン　Geraldine

ニュージーランド

キリガー　Killigar（古称）／ゴードレイ　Godley（古称）／タルボット　Talbot（古称）／フィッツジェラルド　Fitzgerald（古称）

人口：0.2万（2013）　[44°05′S　171°14′E]

ニュージーランド南島，カンタベリー地方の町．クライストチャーチからアオラキ（クック山）へ向かう途中，ティマルの北約40 kmに位置する．この雰囲気のよい集落には，ゴードレイ，キリガー，タルボットと多くの名前が付されてきた．1857年には，カンタベリー地方議会の初代議長であるジェームズ・エドワード・フィッツジェラルドにちなんでフィッツジェラルドと名づけられた．その後議論が重ねられ，現名称に落ちついた．地名は，何百年も続くフィッツジェラルド家と関係のあるアイルランドの一氏族の名に由来する．　　　　　　　　　　［井田仁康］

ジェラルトン　Geraldton

オーストラリア

人口：3.1万（2011）　面積：189 km²
[28°46′S　114°36′E]

オーストラリア西部，ウェスタンオーストラリア州南西部の都市．州都パースの北北西約370 kmに位置する．チャンピオン湾に面し，ジェルヴィンク海峡を隔てた沖合にはハウトマンアブロリーシュ諸島が浮かぶ．町は，1850年の測量を足がかりに，近隣のマーチンソン金鉱床のための軍事拠点として建設され，71年に町制施行された．第2次世界大戦中は連合国の空軍基地として機能した．州第2位の規模の港を有し，鉱産資源だけでなく，小麦地帯北部のさまざまな農産物の積出港でもある．また，過リン酸肥料の工場が立地するとともに，イセエビ漁も盛んである．　　　　　　　　　　　　　　　［大石太郎］

ジェラルトン　Geraldton　☞　イニスフェイル　Innisfail

ジェリルデリー　Jerilderie

オーストラリア

Jereelderie（古称）

人口：0.1万（2011）　面積：2503 km²
標高：110 m　[35°22′S　145°45′E]

オーストラリア南東部，ニューサウスウェールズ州中央南部，ジェリルデリー行政区の町で行政中心地．ヴィクトリア州境の北約50 km，州都シドニーの南西約500 kmに位置する．地名は，先住民ウィラージュリー（Wiradjuri）の言葉でアシの場所を意味するdjirriildhurayに由来するとされ，1890年までJereelderieとよばれた．町にはヤンコー川やビラボン川が蛇行しながら西流し，多くの蛇行流路跡も発達する．

ヨーロッパ人の入植は1840年代に行われ，54年に商店や宿屋，62年に郵便局が開設された．翌年には測量が行われ，1865年3月に村としての境界が定められた．1879年には，町はオーストラリアで最も有名なブッシュレンジャー（山賊）ネッド・ケリーに占領された．このため，刑務所のデザインは，ケリーの鎧がモチーフである．町は羊毛と牧牛により発展したが，現在はこれらに加え灌漑農業も盛んである．おもな作物として米，小麦，トマト，アブラナ，緑豆，大豆，タマネギ，甘草，ブドウなどが栽培される．町の有名な構造物に，奇抜なデザインの2つの鋼鉄製の風車がある．大きいものは高さ17 m，直径9 mの大きさをもつ．これらは1907〜11年にかけて製造されたもので，農場，羊小屋，ダムなどに水を供給する役割をもっていた．しかし1977年の嵐により被災し，現在は歴史的記念物として，ルーク公園に配置されている．　　　　　　　［比企祐介・藁谷哲也］

ジェリンゴン　Gerringong

オーストラリア

人口：0.3万（2011）　面積：2.2 km²
[34°45′S　150°50′E]

オーストラリア南東部，ニューサウスウェールズ州南東部，カイアマ行政区の町．近年，人口が増加しており，その多くは州都シドニーと首都キャンベラからの退職者や海辺での生活を望む人びとである．おもな産業は，酪農やブドウ栽培などの農業，観光業，小売業である．ブドウ農園の中にはワイン生

産として有名な農家も存在する. 夏季には, 海水浴, サーフィン, 釣りなどを目的にビーチへ訪れる人も多く, この時期はレストラン, カフェ, ブティックなども賑わう. 高速道路の拡幅やオメガ鉄道の跨線橋の建設など, 2012 年から始められたインフラの大規模プロジェクトは, 2015 年 8 月に完了している.

[牛垣雄矢]

シエルオ山 Xieluo Shan ☞ ウータン山 Wudang Shan

ジェルサレム Jerusalem

ニュージーランド

ヒルハラマ Hiruhārama (マオリ語)

[39°33′S 175°04′E]

ニュージーランド北島, マナワツワンガヌイ地方の町. ワンガヌイから, ワンガヌイ川沿いに走るワンガヌイロードを北へ 65 km 行ったところに位置する. ワンガヌイ川沿いの谷あいにある. 地名は, イスラエルのエルサレムにちなむ. マオリの招きによって 1883 年にカトリックのシスター, スザンヌ・オーバートがこの地を訪れ, 92 年に障害をもつ子どものための慈善施設シスターズ・オブ・コンパッションを開いた. マオリ語ではヒルハラマとよばれる. 現在では宿泊所としても利用が可能である.

[植村善博・太谷亜由美]

シェルピカンリ山 Sherpi Kangri

パキスタン

標高: 7380 m [35°28′N 76°47′E]

パキスタン北部, ギルギットバルティスタン州の山. カラコルム山脈の東端近く, サルトロカンリ山(標高 7742 m)の北西約 10 km にある高峰である. インド, パキスタン両軍の間の実際の地上位置線(AGPL)の線上かそのごく近辺に位置するといわれる. 1976 年に, 神戸大学の第 2 次カラコルム遠征隊(平井一正隊長)が初登頂に成功し, 周辺地域の学術調査も実施した.

[出田和久]

ジェルム Jhelum

パキスタン

Jhelam (別表記)

人口: 12.9 万 (1998) [32°56′N 73°44′E]

パキスタン東部, パンジャブ州北部ジェルム県の都市で県都. ジェルム川右岸に沿う, パンジャブの山麓平原にある都市で, 州都ラホールの北北西約 150 km, ラワルピンディと結ぶ幹線の鉄道と GT ロード(大幹線道路)の沿線に位置する. かつては川を流送されてくる北方の木材の貯木場があったが, マングラダムの建設により流送ができなくなった. 小麦, 雑穀の市場とともに, 木材の重要な市場があり, 製材所や合板, 織物, タバコ, ガラス, セメント製造などの工場が立地する. 町の起源は紀元前 3 世紀にさかのぼり, 当初は左岸に立地したが, 16 世紀頃に川を渡って右岸に新市が形成された. 対岸のサライアラムジール Sarai Alamgir にはジェルム陸軍大学がある. 現在のジェルムはアレクサンドロス大王が創建したアレキサンドリアブセファロス Alexandria Bucephalous の町の位置にあたるといわれ, 彼が当地の王ポロスを降伏させたといわれるヒュダスペスの戦いはこのあたりとされる. 北西約 13 km の郊外にはムガル朝に創建され, 1997 年にユネスコの世界遺産(文化遺産)に登録された「ロータス城塞」があり, その中には現在村落があり, 多数の人びとが生活している.

[出田和久]

ジェルム県 Jhelum District

パキスタン

Jhelam District (別表記)

人口: 93.7 万 (1998) 面積: 3587 km²
降水量: 900 mm/年 [32°56′N 73°44′E]

パキスタン東部, パンジャブ州北部の県. 県都はジェルム. 東と南をジェルム川に限られ, 南はサルゴダ県, 南東はグジュラート県, 西はチャクワール県, 北東はアーザードカシミール地域のニューミールプル県, 北はラワルピンディ県に接している. ソルト山脈が南部を横断する. 夏は暑く乾燥し, 冬は温暖である. 年平均降水量は比較的多く, 灌漑農業とともに天水農業の比率も高い. 小麦, 雑穀, 油料作物がおもな作物である. 西部で原油, 南部で石炭や岩塩が産出する. 県都ジェルムやピンド Pind, ダダン Dadan, ハーン Khan が交易の中心となっている.

[出田和久]

ジェルム川 Jhelum River

インド/パキスタン

Jhelum River (別表記) / ヒュダスペス川 Hydaspes (ギリシャ語・古称)

面積: 32200 km² 長さ: 770 km
[31°12′N 72°12′E]

インド北西部からパキスタン東部にかけて, パンジャブ地方を流れ, インダス川 5 大支流のうち, 最も北を流れる川. パンジャブヒマラヤ山脈の一部をなすインドのジャンムカシミール州のピールパンジャル山脈にあるバニハル峠を源とし, 北西へ流れてカシミール盆地を流れ, スリナガル, ウーラー湖を経て, バラムラ付近からピールパンジャル山脈に両側が絶壁の峡谷を穿ちつつ西流する. パキスタンのムザッファラバードに出て南に大きく流路を変え, カイバルパクトゥンクワ州とアーザードカシミール地域の境界を形成して, マングラダムにいたり, さらにジェルムから南西に流れパンジャブ平原に達し, 南南西約 300 km に流下してチェナブ川に合流する.

イギリス領時代に, 流域のパンジャブ平原の灌漑のためにロワージェルム用水路(1901 年完成)とアッパージェルム用水路(1915 年完成)が開削された. 1960 年のインダス水利協定の下で用水の有効利用のためにジェルムの上流約 30 km にマングラダムが 1967 年に完成した. 灌漑と発電(水力発電量約 100 万 kWh)の多目的ダムで, 堰堤の高さ 116 m, 長さ 3140 m のアースダムで, 貯水池面積 259 km², 総貯水量 72 億 m³ と世界有数の規模を誇る. パキスタンではインダス川のタルベラダムに次ぐ第 2 位の規模を有し, 灌漑面積は約 120 万 ha に達する. 現在ではアッパージェルム用水路はチェナブ川のハーンキ堰堤の上流にいたり, ジェルム川の水がチェナブ川に移される. 紀元前 326 年アレクサンドロス大王がインダス川を渡り, その東の支流ヒュダスペス河畔でこの地の王ポロスを破り, さらに東へと兵を進めようとしたが, 兵士の進軍拒絶にあい, 川を下ることにしたという. 歴史的には古代ギリシャにおいてヒュダスペス川の名で知られた. [出田和久]

ジェレップ峠 Jelep La

中国/インド

標高: 4386 m [27°23′N 88°50′E]

インド, シッキム州の州都ガントークと, 中国, シーツァン(チベット, 西蔵)自治区の首府ラサ(拉薩)をつなぐ峠. 東ヒマラヤのド

664 シエン 〈世界地名大事典：アジア・オセアニア・極I〉

ングカヤ Dongkya 山脈内にある．なだらかな勾配をもつ峠は，インド・チベット間の重要な通商路であったが，インド・中国間の紛争により 1962 年に閉鎖された．その後，緊張緩和とともに再開への道が探られてきた結果，ジェレップ峠の北西 3 km に位置するナトゥ峠（標高 4310 m）のほうが 2006 年に再開された．インド側の道は，両峠から南西約 26 km のガントークを経由してダージリンやシリグリ，さらにインド各地へと通じている．　　　　　　　　　　　　　［貞方 昇］

シェンクアン県　Xiengkhuang Province

ラオス

人口：24.5 万（2015）　面積：15880 km²
[19°27′N　103°11′E]

ラオス北東部の県．県都はペーク．なお，ラオスでは県庁所在地をポンサワンとしている．ポンサワンはペーク郡市街地の村名である．かつての県都はクーン郡であったが，ベトナム戦争でアメリカ軍に爆撃され，破壊的な被害を受けた．そのため 1975 年の社会主義政権樹立時に，現在のペーク郡に移転した．ベトナム戦争時の爆撃は，クーン郡のみならず，県全域が対象となった．

県がベトナム戦争時の主たる戦場になった理由は，ベトナムとラオスの地理的位置関係によるところが大きい．当時，北ベトナム軍はラオスを通り南ベトナムに潜入しており，それらの道は，ホーチミントレイルとよばれていた．県には，北ベトナムの主要都市ヴィンとつながるホーチミントレイルの 1 本が存在した．後に社会主義政権を樹立したパテートラオ軍は，県北部に位置するフアパン県から北ベトナム軍の支援を受けながら南下し，最初に首都ヴィエンチャンとフアパン県の中間に位置するシェンクアン県のラオス王国軍基地を制圧した．さらに，北ベトナム軍とパテートラオ軍の両方の拠点となっていたジャール平原に地対空ミサイルや武器庫が配置された．そうした経緯から，アメリカがベトナム内戦へ本格的に介入を始めた 1960 年代中盤以降，1975 年の停戦まで，絶えずアメリカによる攻撃が実施された．県はベトナム戦争で最も傷跡が深く残った地区の 1 つであり，数え切れない爆撃跡が残されている．また，不発弾などの戦争残骸物も完全に除去されていないため，ベトナム戦争終了から 40 年あまりを経過しても，被害者は後を絶たない．

ポンサワン周辺が比較的平坦な高原となっている以外は，ラオス北部の他県同様に山岳地域となっている．主要な経済活動は，天水田による水稲作と焼畑による陸稲作で，どちらも自給的な稲作である．観光資源として，巨大な石壺が多数存在するジャール平原，そしてカム郡の温泉などがあり，海外からも多くの観光客を集めている．最大人口規模の民族はラオタイ系語族の人たちであるが，その中にはシェンクアン県，および近郊の県でしかみられないプアン人も多く含まれている．また，モン人の人口も多い．モン人は，ベトナム戦争でアメリカ側に協力しパテートラオ軍とゲリラ戦で戦った兵士が多かったため，1975 年に社会主義国家となった後は，難民として大量に国外に脱出した．その多くがアメリカに渡ったとされる．20 万人以上のモン人がアメリカで居住し，その中でもシェンクアン県出身者の割合が非常に高いとされている．　　　　　　　　　　　　　［横山 智］

シェンザ県　申扎県　Xainza

中国

ナツァンデハ　納倉徳巴（古称）

人口：2 万（2012）　面積：62400 km²
[31°30′N　88°10′E]

中国西部，シーツァン（チベット，西蔵）自治区，ナッチュ（那曲）地区の県．チャンタン（羌塘）高原に立地し，ガンディセ（岡底斯）山脈とシーリン湖（色林錯）の間に位置する．地名はチベット語で，皮火筒の形状の山間を意味する．古くはナツァンデハ（納倉徳巴，集落の意）と呼称された．清光緒 12 年（1886）に申扎宗が置かれ，1959 年以前はガサ（噶廈）政府に統轄された．1960 年に宗が改正され県となり，70 年以降，那曲地区に属している．風力発電，太陽光発電が盛んに行われている．　　　　　　　　　　　　　［石田 曜］

シェンシー山　Xianshi Shan ☞ ウータン山 Wudang Shan

シェンシェン　献県　Xian Xian

中国

人口：57.9 万（2010）　面積：1174 km²
標高：8.7-16.7 m　気温：12.3℃
降水量：542 mm/年　[38°11′N　116°08′E]

中国北部，ホーペイ（河北）省中部，ツァンチョウ（滄州）地級市の県．県政府は楽寿鎮に置かれている．河北平野の中部にあり，地勢は平坦で低い．農作物は麦，トウモロコシ，綿花，落花生を主としている．ナツメやナシは特産品である．化学工業，機械，建材，鉛筆，食品などの工場がある．草の編物，アップリケは伝統的な手芸品である．国道 106，307 号が通る．漢の河間国献王陵，明の石橋単橋という古跡が有名である．　　［柴 彦威］

シェンシャ嶺　仙霞嶺　Xianxia Ling

中国

標高：1724 m　長さ：100 km
[30°36′N　121°09′E]

中国南東部の山脈．最東端はチョーチャン（浙江）省西部のチューチョウ（衢州），チンホワ（金華），リーシュイ（麗水）3 市の境界で，西方向に延びチャンシー（江西）省，フーチェン（福建）省との境界まで続く．チェンタン（銭塘）江の源流で，信江・閩（びん）江上流の南浦渓の分水嶺をなす．最高峰は浙江省スイチャン（遂昌）県南西のチウロン（九竜）山（標高 1724 m）で，ほかに白馬山（1621 m），大竜崗（1503 m），薬王山（1452 m）などの名山もある．ジュラ紀・白亜紀の火山岩に覆われ，硬い岩盤と風食後の険しい崖が特徴である．唐の末期，農民一揆の黄巣軍が福建省に進軍する際，山を切り開いてできた仙霞古道は軍事要衝となり，元と明の最終対決，清代の太平天国の乱，民国時期の内戦期や日中戦争期などの激戦地として知られる．仙霞古道のうち，4 番目の関門であった楓嶺関はもともと浙江省と福建省の境界を示すランドマークであったが，2000 年に浙江省の管轄となり観光名所として活用されている．その横に国道 205 号が通じる．　　［許 衛東］

シェンタオ市　仙桃市　Xiantao

中国

ミエンヤン県　沔陽県　Mianyang（旧称）

人口：155.5 万（2015）　面積：2538 km²
標高：24-29 m　[30°22′N　113°25′E]

中国中部，フーペイ（湖北）省の省直轄県級市．市政府はシャーツイ（沙嘴）街道に所在する．沔陽県は旧名．ハン（漢）水と東荊河の間に位置する．チャンハン（江漢）平原にあって，北部の漢水一帯は沖積平原で標高 26〜29 m，南部の東荊河一帯は排湖白露湖陥没地帯で標高 24〜26 m．歴史的に何度も洪水に見舞われてきた．

鉱産資源には石油，天然ガス，岩塩などがある．水稲，小麦，綿花，搾油作物，レンコンなどが盛んに生産されている．国指定の仙桃高新技術産業開発区があり，食品，紡織，化学，自動車部品，電子，医薬などの工業がある．江漢平原の重要な商業都市でもある．

鉄道は滬漢蓉(シャンハイ(上海)～ウーハン(武漢)～チョントゥー(成都))高速鉄道が通じ，道路は滬渝(上海～チョンチン(重慶))や随岳(スイチョウ(随州)～ユエヤン(岳陽))高速道路が通じている．また，漢水の水運がある．市街地は漢水の南岸にあり，北部が旧市街地，南部が新市街地である．荊州花鼓劇の発祥地として知られる．沔繡は漢族の伝統的な刺繍工芸である． [小野寺 淳]

シェンチー県　神池県　Shenchi

中国

人口：10.8万 (2013)　面積：2041 km²
気温：4.7℃　降水量：487 mm/年
[39°04′N　112°11′E]

中国中北部，シャンシー(山西)省北部，シンチョウ(忻州)地級市の県．前漢時代には楼煩県に属し，清代に神池県を設置した．南部は急峻な山地(最高峰は刁児崖，2472 m)で，コワンツェン(管涔)山森林区の一部になっている．東部と北部は岩山で，植生が少なく土壌侵食が激しい．中部は山間盆地で，主要な農業地域である．無霜期間は110日間．高冷地のため，カラス麦，豆類のような雑穀やジャガイモしか栽培できない．林業は比較的発達．地下資源は乏しい． [張 貴民]

シェンチウ県　沈丘県　Shenqiu

中国

しんきゅうけん(音読み表記)

人口：129.3万 (2013)　面積：1081 km²
[33°22′N　115°04′E]

中国中央東部，ホーナン(河南)省東部，チョウコウ(周口)地級市の県．周口市街地の南東に位置する．22郷鎮を擁する．県政府所在地は槐店回族鎮．槐山羊皮が名産品で，国内有数の皮都といわれる． [中川秀一]

シェンチェン市　深圳市　Shenzhen

中国

しんせんし(音読み表記)

人口：1137.9万 (2015)　面積：1992 km²
降水量：1955 mm/年　[22°33′N　114°03′E]

中国南部，コワントン(広東)省中南部の副省級市．チュー(珠)江口東岸に位置する中国最大の新興都市で，深圳経済特区の名で知られ，1970年代後半に登場した鄧小平改革開放路線の象徴でもある．南はホンコン(香港)の新界，北はトンクワン(東莞)と接し，東は大亜湾を隔ててホイチョウ(恵州)，西は珠江口を隔ててマカオ(澳門)を望む．清末まで深圳とカオルーン(九竜)はともに新安県管下の海防拠点で，合わせて大鵬城とよばれたことから，鵬城の略称も用いられる．

東晋の咸和6年(331)に今日の香港と深圳も含まれる宝安県が設置され，唐以降は東莞県に併合された．明の万歴元年(1573)に新安県として復活し，南頭鎮に県都を置く．アヘン戦争後，南京条約(1842)と北京条約(1860)と新界租借規約(1898)により，香港はイギリスの植民地になり新安県から分離された．この間，清の康熙27年(1688)に編纂された『新安県志』に深圳が市場の地名として登場する．1914年，ホーナン(河南)省の新安県と同名のため，旧名の宝安県を復活させた．1931年に深圳鎮を設置し，53年に南頭鎮にかわって宝安県の県都となった．1979年に宝安県が地級市になり，深圳市に改名された．翌1980年に経済特区設置と同時に省会並みの市になり，88年に副省級市の管理権限を認可された．福田，羅湖，南山，宝安(旧宝安県)，竜崗，塩田，光明新，坪山新区の8区を管轄する．市政府所在地は福田区．

深圳鎮時代の住民の7割以上は客家(ハッカ)系であった．深圳の語意も，客家語では村の傍の深い水路を指し，香港との境界になる(深圳)河を意味していた．常住人口は1137.9万(2015)で，そのうち戸籍人口はわずか355.0万にすぎず，農民工(出稼ぎ労働者)や移住希望者が大多数を占める．7日間以上の長期間滞在者を指す流動人口は2010年5月の人口センサス時点で約1200.6万，戸籍人口とあわせると実質上の都市人口は1555万の規模に達する．客家系は最大の450万を維持しているが，移民都市のため，北京語，客家語，広東語，潮州語が併用される．わずか30年で3万人程度の町から1500万人の国際的な大都市に変貌を遂げた最大の契機は，1980年5月の経済特区設立をおいてほかにない．特区は設立後国内でさまざまな批判を投げかけられたが，結局香港の人件費上昇と不動産価格の高騰により香港資本が隣接の深圳になだれ込み，一大労働集約型の輸出産地を形成した．1990年代以後の産業高度化，保税区設置，国際都市化を経て，市場経済の実験室の域にとどまらず，華南経済の中枢地域として成長を成し遂げた．2010年7月，経済特区は深圳市全域に拡大し，面積も395 km²から1948 km²に拡大された．これは香港の1.78倍に相当する．

深圳の年平均気温は22.4℃，日照時間は2120時間である．もともと果物や野菜など香港向けの輸出農業が発達していた．経済特区設置後，工業が急ピッチで発展し全省総生産の約20%を占めるにいたった．おもな分野は電子，アパレル，機械，時計，玩具，建材などである．総生産の6割以上を香港と台湾系を含む外資系が担っている．2015年の輸出入規模は4426億USドルで，全省の43.3%を占める．近年，ソフトウェア開発とアニメ制作も発達している．また中国金融拠点の1つで，深圳証券取引所が開設されている．交通の便がよく，広九鉄道(コワンチョウ(広州)～九竜)や京九鉄道(ペキン(北京)～九竜)，広深高速(広州～深圳)などが通じ，また市内に4本の地下鉄が開通している．1991年に開通し，大型旅客機が着陸できる深圳宝安国際空港は年間3972万人(2015)の利用客数を有する国内の中枢空港である．一方の深圳港では年間貨物積卸量は2億1706万t(2015)に達し，うちコンテナは2420万TEU(標準箱)でシンガポール，香港，シャンハイ(上海)に次いで世界第4位である．168のバースを有し，うち万t級のバースは67．竜崗区の大鵬半島には大亜湾原子力発電所(電気出力380万kW)がある．

市内に深圳大学や観光地として有名な錦繡中華微縮景区や中国民俗文化村，世界之窓，海上世界，サファリパークなどがある．2015年の観光訪問客数は5375万人で，うち香港と台湾を含む海外観光客数は1218.7万人にのぼり，対外観光収入は49.7億USドルにもなった．陸路経由の出入国者数は2.39億人，越境車両は1550万台にのぼり依然として有用な対外窓口である．2015年の1人あたりGDPは上海を上回る中国都市の中で最高の2万5365ドル．また2004年6月には茨城県つくば市と姉妹都市提携を結んでいる． [許　衛東]

シェンチュー県　仙居県　Xianju

中国

楽安(古称)

人口：50.6万 (2015)　面積：1992 km²
[28°51′N　120°44′E]

中国南東部，チョーチャン(浙江)省南東部，タイチョウ(台州)地級市の県．東晋代に楽安県が置かれ，五代時代に仙居県に直された．三方を山に囲まれ，永安渓が東へ流れている．電力，機械，自動車修理，化学，製薬，紡織，食品，美術工芸などの工業がある．農作物には稲，大麦，大豆，イモ類，ナタネ，落花生，ゴマ，薬種などがある．畜産が盛んであり，仙居鶏は優良品種として知ら

れる. 名産品として白馬茶, 碧緑茶, 黄花菜などがある. 観光スポットには神仙居や景星岩などがある. 高速道路の台緝線(台州〜チンユン(緝雲))や諸永線(チューチー(諸曁)〜ウェンチョウ(温州)永嘉)が交わる.

[谷　人旭・小野寺　淳]

シェンチョウ市　深州市　Shenzhou

中国

人口: 56.6万 (2010)　面積: 1244 km²
標高: 20-29 m　気温: 12.6°C
降水量: 510 mm/年　[38°01′N　115°32′E]

中国北部, ホーペイ(河北)省南部, ホンシュイ(衡水)地級市の県級市. 市政府は深州鎮に置かれている. 河北平原のヘイロンカン(黒竜港)流域にある. 地勢は北西から南東へとゆるやかに傾いている. 1月の平均気温は−4.1°C, 7月は26.8°C. 農作物は小麦, トウモロコシ, アワを主としている. 機械, 化学肥料, 印刷, 食品の工場がある. 京九鉄道, 石徳鉄道, 石黄高速, 大広高速が通る. 興隆寺が有名である.　[柴　彦威]

ジエンチョウ　Dien Chau

ベトナム

人口: 26.6万 (2009)　面積: 305 km²
[18°59′N　105°36′E]

ベトナム北中部, ゲアン省の県. 県都はジエンチョウ町で他に38の村からなる. ベトナム南北縦貫鉄道(統一鉄道)と国道1号が通り, ジエンチョウはラオスへ通じる国道7号との結節点である. 海岸線は弧を描いてジエンチョウ湾となっており, 海水浴を中心とするリゾート地である. またラッカセイの生産も盛んである.　[筒井一伸]

シェンチョン　Xiancheng ☞ コワンチョウ市　Guangzhou

シェンツォ県　深沢県　Shenze

中国

人口: 25.0万 (2010)　面積: 286 km²
標高: 30-40 m　気温: 12.7°C
降水量: 556 mm/年　[38°11′N　115°12′E]

中国北部, ホーペイ(河北)省南西部, シーチャチョワン(石家荘)地級市の県. 県政府は深沢鎮に置かれている. 冀中平原にある. 1月の平均気温は−4°C, 7月は26.2°C, 無霜期間は200日. おもな農作物は小麦, トウモロコシ, 綿花で, リンゴ, ナシ, ナツメも

生産している. 化学工業, 紡績, 鋳造, 毛皮などの工場がある. 柳細工の伝統的な手工業が有名である.

[柴　彦威]

シェンニン市　咸寧市　Xianning

中国

人口: 250.7万 (2015)　面積: 10019 km²
[29°50′N　114°19′E]

中国中部, フーペイ(湖北)省南東部の地級市. シェンアン(咸安)区と, チーピー(赤壁)県級市と, チャユィー(嘉魚), トンチョン(通城), チョンヤン(崇陽), トンシャン(通山)の4県を管轄する. 市政府は咸安区に所在する. チャン(長)江の南岸に位置し, 南部はムーフー(幕阜)山脈で標高1000 m以上の峰が連なる. 中部は250〜500 mの丘陵で, カルスト地形が多くみられる. 北部は長江の沖積平野で河川や湖沼が密に分布している. おもな河川は富水と陸水, おもな湖沼には斧頭湖, 西梁湖, 黄蓋湖などがある.

鉱物資源はマグネシウム, アンチモン, タンタル, ニオブ, 金, マンガンなど. 地熱資源や地下水が豊富で温泉も多い. 森林はマツ, スギ, 孟宗竹が主である. 農作物には水稲, 小麦, ナタネ, ゴマ, アブラツバキなどがあり, 茶葉, カラムシ, 柑橘, 淡水魚, モクセイの花などが特産である. 工業は紡織, 電力, 機械, 建材, 冶金, 化学, 食品などがある. 竹器が伝統工芸品として知られる. 鉄道は在来線と高速鉄道の京広線(ペキン(北京)〜コワンチョウ(広州))と, 都市間鉄道の武咸線(ウーハン(武漢)〜シェンニン(咸寧))が通じている. 道路は高速道路の京港澳線(北京〜ホンコン(香港)・マカオ(澳門)), 杭瑞線(ハンチョウ(杭州)〜ルイリー(瑞麗))が通り, 大広線(ダーチン(大慶)〜広州)も南東部の通山を通る. 長江, 富水, 陸水の水運がある.

名所旧跡には, 国指定の九宮山風景名勝地区や陸水風景名勝地区, 潜山国立森林公園, 赤壁の古戦場, 李自成の墓である闖王陵などがある.　[小野寺　淳]

シェンノンチャ林区　神農架林区　Shennongjia

中国

神竜架 (旧称)

人口: 7.7万 (2015)　面積: 3225 km²
標高: 1700 m　[31°45′N　110°41′E]

中国中部, フーペイ(湖北)省西部の省直轄県級行政区. 中国で唯一の林区という県級の行政区である. 区政府はソンパイ(松柏)鎮に

所在する. もとの地名は神竜架だったが, のちに竜が訛って農になった. 神農氏がかつてここで足場(架)を組んで薬材を採取したという伝説による. 1970年にファンシェン(房県), シンシャン(興山), パートン(巴東)の3県が接する地区を合わせて神農架林区を設けた.

ダーバー(大巴)山脈に属し, 地勢は南西から北東に傾斜する. 数少ない河谷平野を除くと, 平均標高1700 m前後で, 3000 mを超える高峰が6つあり, 華中の屋根と称される. 最高峰は3105 mの神農頂で, 華中第一峰と称される. チャン(長)江とハン(漢)水の分水嶺になっており, 南の長江に注ぐ香渓河や, 北の漢水に注ぐトゥー(堵)河, 南河などはいずれもここに源を発する. カルスト地形の鍾乳洞が多い. リン, 黄鉄鉱, 銅などの鉱産資源がある.

マツ, スギ, クヌギを主とした森林が広がり, ハンカチノキやメタセコイアなどのさまざまな希少樹種が存在する. 植物の種類は2000種に及び, 植生構造は垂直方向の地帯性が明確に表れている. 国家および国際機関から自然保護地区に指定され, 原始林の景観が保存された植物の宝庫として知られている. 経済林としてはオオアブラギリ, トチュウ(杜仲), ウルシ, クルミ, ナンキンハゼなどがある. また, キクラゲ, シイタケ, 生漆, 茶葉, クルミ, クリなどを産する. 薬用植物が豊富で, トウジン(党参), トウキ(当帰), オウレン(黄連), テンマ(天麻)などがある. 天門埡, 風景埡, 燕子洞, 古犀牛洞, 板壁岩, 大九湖, 神農頂, 香渓源, 紅坪風景地区など, 数多くの名勝がある. 未知の動物としての野人の目撃情報や, 白色化した不思議な動物の報告がしばしば伝えられる. 神農架国立自然公園として1992年に指定されていたが, 2016年には「湖北省の神農架」としてユネスコの世界遺産(自然遺産)に登録された. 湖北神農架空港がある.　[小野寺　淳]

シェンフォン県　咸豊県　Xianfeng

中国

かんほうけん (音読み表記)

人口: 30.5万 (2015)　面積: 2538 km²
[29°40′N　109°08′E]

中国中部, フーペイ(湖北)省, エンシー(恩施)自治州の県. 県政府はガオローシャン(高楽山)鎮に所在する. トゥチャ(土家)族が全人口の約6割, ミャオ(苗)族が1割を占める. 湖北省西南山地の南西部に位置し, 中部を流れるタンヤー(唐崖)河沿いに平野があ

る．石炭，セレン，銅，大理石などの地下資源がある．森林には希少樹種が多い．茶葉，タバコ，ウルシ，桐油，漢方薬材の産地である．坪壩営国立森林公園，カルスト地形である黄金洞，唐崖土司城遺跡などの名所旧跡がある．　　　　　　　　　　　　［小野寺 淳］

シェンムー県　神木県　Shenmu

中国

人口：45.6万（2010）　面積：7481 km²
標高：738-1448 m　気温：8.5°C
降水量：440 mm/年　　［38°50′N　110°30′E］

　中国中部，シャンシー（陝西）省北部，ユーリン（楡林）地級市の県．県政府所在地は神木鎮．東はシャンシー（山西）省と北西は内モンゴル（蒙古）自治区に接し，ホワン（黄）河の中流域，万里の長城沿いに位置する．省の歴史文化都市に指定されており，面積は省最大である．県名は明代の1453年に命名された．黄土高原からムウス（毛烏素）砂漠地帯に変わるところにある．大陸性中温帯気候に属し，無霜期間は169日．おもな農作物はアワ，コーリャン，トウモロコシ，ジャガイモ，小麦である．地下資源に富み，神府煤田は重要な炭鉱である．明の長城などの遺跡があり，二郎山と東山が代表する寺院建築も名高い．　　　　　　　　　　　　［杜 国慶］

シェンヤン市　瀋陽市　Shenyang

中国

侯城，盛京（古称）／奉天（旧称）／しんようし（音読み表記）／ムクデン　Mukden（露語）

人口：829.1万（2010）　面積：13000 km²
気温：7.9°C　降水量：671 mm/年
　　　　　　　　　　　［41°48′N　123°26′E］

　中国北東部，リャオニン（遼寧）省中北部の副省級市で省会．リャオホー（遼河）平野の中央部に位置し，トンペイ（東北）地区の経済，工業，交通面における最大の都市である．地名は瀋水（現在のフン（渾）河）の北岸に位置したことを示し，川の北の太陽を意味する．同市はホーピン（和平），瀋河，大東，皇姑，鉄西，蘇家屯，渾南，瀋北新，于洪，遼中の10区，シンミン（新民）市，ファークー（法庫），カンピン（康平）の2県と3つの国家級開発区を管轄する．市政府所在地は渾南区．
　その歴史は，春秋戦国時代に燕国によって侯城と名づけられた都市が立地したことが始まりとされる．遼代初頭には渾河北岸に瀋州城を築き始めたが，金代に破壊された．元代に再建され，元貞2年（1296）に瀋陽路が配

シェンヤン（瀋陽）市（中国），張作霖・張学良らの邸宅，張氏帥府〔aphotostory/Shutterstock.com〕

置された．瀋陽の名称はこのときに名づけられた．明代の洪武19年（1386）に瀋陽中衛が設置され，もとの土城からレンガ造りへと改修された．天聡8年（1634）に盛京と改名された．崇徳元年（1636）にホンタイジ（皇太極）が国号を清とし，同年に盛京故宮（現在の瀋陽故宮）が竣工した．清王朝が北京へ遷都した後も，副都として清王朝発祥の地とされ，東北地区における政治，経済，文化，交通の中心であった．1914年に瀋陽県，23年に奉天市，29年に瀋陽市となった．満州事変（1931）の後，奉天市に再度改名し，1945年に現名称に戻った．1948年には中央直轄市となり，54年に遼寧省の省会となった．
　北東部は平均標高200 m前後のゆるやかな山地や丘陵がみられる．そのうち廟台山（標高446.9 m）が市内の最高峰である．中部，西部，南部は周囲の洪積台地とリャオ（遼）河の沖積平野がみられ，平均標高は50 mとゆるやかに平野が広がる．大きな河川として遼河と渾河があげられる．北西部は遼河水系であり，馬蓮河や秀水河，リウ（柳）河などの支流がある．また南東部は渾河水系であり，蒲河が大きな支流である．1月の平均気温は−12.5°C，7月は24.7°Cである．気候区分は暖温帯に属するが，季節風の影響を受けるため，四季が明瞭である．土壌は褐色土が主であり，落葉広葉樹林が広がるが，森林被覆率は1.3%と低い．また，エネルギー鉱産資源の埋蔵量が多く，石油や石炭，天然ガスなどが豊富である．
　国内の各都市と比較しても早くから工業分野で注目された．1950年代には国指定の重点建設都市となった．とくに，フーシュン（撫順）やアンシャン（鞍山），ベンシー（本渓）などの石炭や鉄鉱石を産出する都市と距離が近いため，その地理的条件から重工業が発展した．機械工業を主体とし，そのほかにも冶金や食品，紡績，化学，金属加工，電子などの分野もみられることから，総合的な工業都市といえる．1990年代には全国第4位の重工業都市となり，大型変圧器や金属の切削機器の生産量は第1位であった．そのほかにも，大型機械や発電機器，送風機，自動車やキャブレターなど多種多様な機器も生産している．また，農作物についてはトウモロコシや水稲，コーリャン，大豆などが生産されている．
　交通の要衝でもあり，東北3省や内モンゴル自治区から首都圏内へ入る起点である．古くから鉄道に関してはトンペイ（東北）地区の枢軸であり，京哈，瀋大，瀋吉，瀋丹，瀋山などの鉄道の本線が合流する．また，空路についても1988年に竣工した瀋陽桃仙国際空港は国内の8つの地域的に重要な空港の1つであり，東北地区の航空運輸において大きな役目を担っている．各交通面で東北地区と全国を結びつける役割を果たしている．そのほかにも，科学研究と高等教育に力を入れており，東北大学や中国医科大学，遼寧大学など28の高等教育機関や，139の中国科学院の自動化，計算技術，金属などの研究所が存在する．2004年に「北京と瀋陽の明・清朝の皇宮群」として瀋陽故宮と永陵，福陵，昭陵がユネスコの世界遺産（文化遺産）に追加登録された．その他の観光地としては，張氏帥府

668　シエン

〈世界地名大事典：アジア・オセアニア・極Ⅰ〉

や輝山風景区などの景勝地もみられる.

［石田　曜］

シェンヤン市　咸陽市　Xianyang

中国

かんようし（音読み表記）

人口：509.6万（2010）　面積：10283 km²
標高：362-1885 m　降水量：500～600 mm/年

［34°20′N　108°43′E］

　中国中部，シャンシー（陝西）省中部の地級市. 関中平原の中部に位置する. 九竣諸山脈の南，ウェイ（渭）水の北に位置する. 地名は山の南も川の北も陽ということに由来する. 中国最初の統一王朝である秦の首都であった. シンピン（興平）市，秦都，渭城，楊凌の3区，ウーゴン（武功），チンヤン（涇陽），サンユワン（三原），リーチュワン（礼泉），チェンシェン（乾県），ヨンショウ（永寿），ピンシェン（彬県），チャンウー（長武），シュンイー（旬邑），チュンホワ（淳化）の10県を管轄する. 市政府所在地は秦都区.
　地勢は南東部から北西部へ段階状に上昇する. 南部の渭河・涇河平原，中部の台地，そして北部の高原丘陵は，それぞれ総面積の20％，20％，60％を占める. 市の最高地点は北東部の石門山で，最低地点は南東部の三原県大程鎮清河であるものの，市街地の標高はおおむね378～421 mである. 山脈は集中的に北部に分布し，南から馬欄山，石門山，嵯峨山，筆架山，九嵕山，北仲山，五峰山の順で並ぶ. 主要な河川はチン（涇）河と渭河があり，いずれも支流が数多く存在する. 気候は南北での差が激しい. 南部の平原地域は温暖で四季が鮮明であり，年平均気温が12℃，無霜期間は213日である. 北部の高原地域は，年平均気温が10℃以下で，無霜期間は180日である. 降水量は南から北へ向かうにつれて増加し，また年間降水量の半分は7～9月に集中する.
　地下資源は石炭，鉄，石灰石がある. 北部は石炭の埋蔵量が100億 tを超え，渭北の黒帯とよばれる地域の一部であり，省第2位の石炭埋蔵量を有する. 工業は紡績，電子，石炭，石油化学，機械製造がおもな業種である. 省内の食糧と綿花の重要な生産地であり，リンゴ，タバコなどが名産物である. 牧畜も重要な産業であり，とくに関中ロバ，秦川牛などが名高い. 重要文化財が5000余カ所あり，うち国指定の史跡が12カ所ある. とくに，唐代の乾陵，昭陵，茂陵，陽陵など27カ所の帝王古墓群に歴史的な価値がある. 市街地の北15 kmに中国の7大ハブ空港である西安咸陽国際空港がある.

［杜　国慶］

シェンヨウ県　仙游県　Xianyou

中国

清源県（古称）

人口：85.3万（2015）　面積：1835 km²
気温：20.3℃　降水量：1610 mm/年

［25°22′N　118°41′E］

　中国南東部，フーチェン（福建）省中部，プーティエン（莆田）地級市の県. ムーラン（木蘭）渓の中上流域に位置する. メイチョウ（湄洲）湾に面し，省内有数の良港である莆田市の秀嶼港と接する. 県政府所在地は鯉城街道. 唐の聖歴2年（699），清源県として設置され，天宝元年（742）に仙游に改名された. 莆田語圏に属する. 林業，稲作，食品加工，建材がおもな産業. 海外に約20万にのぼる仙游出身の華僑が居住している. 宋代以降に勃興した水墨画の仙游画派の発祥地である. 交通では福厦鉄道と福厦高速（フーチョウ（福州）～アモイ（厦門））が通じる.

［許　衛東］

ジオグラフ湾　Geographe Bay

オーストラリア

長さ：16 km　幅：64 km

［33°35′S　115°15′E］

　オーストラリア西部，ウェスタンオーストラリア州南西部の湾. ナチュラリスト岬によって外洋から遮られており，地名はニコラ・ボダンが船長を務めたフランス船ジオグラフ号に由来する. 東西約40 kmに広がる浅い湾であり，湾内の主要都市としてバッセルトンがある.

［大石太郎］

シオコン　Siocon

フィリピン

人口：4.7万（2015）　面積：503 km²

［7°44′N　122°13′E］

　フィリピン南東部，ミンダナオ島西端，北サンボアンガ州の町. サンボアンガの北89 kmに位置する. 海岸に立地しているが漁業がふるわず，周辺地域で栽培しているココヤシ，米，トウモロコシをはじめとする農作物の集散地である. 国内便専用の小型機が発着できる小空港が郊外にある.

［田畑久夫］

シオドー　Theodore

オーストラリア

人口：452（2011）　面積：2.2 km²

［24°57′S　150°05′E］

　オーストラリア北東部，クイーンズランド州南東部，バナナ郡区の町. 州都ブリズベンの北西約560 kmに位置する. 豊富な炭層をもつボーエン盆地の南部にあり，モウラと並ぶ炭鉱の町となっている.

［秋本弘章］

じかい　洱海 ☞ アル海 Er Hai

シガツェ市　日喀則市　Xigazê

中国

シガツェ地区　日喀則地区　Xigazê（旧称）/ニェンチュマイ　年曲麦（古称）/ニェンマイ　年麦（古称）

人口：75万（2012）　面積：18200 km²
標高：4000 m　気温：6.3℃

［29°16′N　88°53′E］

　中国西部，シーツァン（チベット，西蔵）自治区中南部の地級市. 南部をブータンやネパールなどと接している. ヒマラヤ山脈の北麓，ヤルンツァンポ（雅魯蔵布）江とニエンツ（年楚）河の合流地点の沖積平原地帯に位置する. サムドゥプツェ（桑珠孜）区と，ギャンツェ（江孜），ヤートン（亜東），ラツェ（拉孜），サガ（薩嘎），リンブン（仁布），カムバ（崗巴），サギャ（薩迦），ティンリ（定日），キロン（吉隆），ニャラム（聶拉木），バイナン（白朗），チョンパ（仲巴），ティンケ（定結），シェトンモイ（謝通門），ナムリン（南木林），ガムリン（昂仁），カンマル（康馬）の17県を統括する. 市政府所在地はサムドゥプツェ区. 市内には多くのツァン（チベット）族のほか，漢族，回族，モンゴル族，トゥ（土）族，満族，ミャオ（苗）族，チワン（壮）族など約10の民族が居住している. チベット語でシガツェ（日喀則，渓卡孜）は，肥沃な荘園や，至高の如意成就荘園を意味する. これまでに，昔孜や昔卡桑珠則，三竹節寨，夏雄甲姆，十卡子などと訳されている.
　かつて7世紀に吐蕃王国の成立した時期にはニエンチュマイ（年曲麦）やニエンマイ（年麦）（ともにニエンツ（年楚）河の下流を意味する）と呼称された. 11世紀のサキャ（薩迦）王朝の時代には，年曲麦はすでに城鎮の様相を呈していた. 14世紀初頭にチャンチュプ・ギュルツェン（絳曲堅賛）がサキャ王朝に勝利し，パクモドゥパ王朝を勃興した. のちに明朝の庇護を受けた. 以降，この地域はシカサンズツ（渓卡桑珠孜），シカヅ（渓卡孜）とよばれた. これが地名の直接の由来とされる. 日喀則は渓卡孜をさらに中国語に訳したものである. 16世紀末以降にこの地を支配していたのはツァンテ王であり，荘厳な寺

院の建設が始まり，シガツェは一時期チベットの中心地となった．17世紀中頃にグシ・ハンがチベットを統一すると，5世ダライ・ラマはシガツェに移り，執政した．1952年にパンチェンカンブ(班禅堪布)会議庁が置かれ，60年に日喀則専区が置かれた．1970年に専区が地区に変更されている．2014年に国務院が日喀則地区の撤廃を認め，地級市とした．

1月の平均気温は−4°C，7月は14.5°Cと寒冷で，年較差は小さい．このような環境下で，資源として，マツやカシワ，スギなどの森林資源，クロムや金，石炭などの鉱産資源，トウチュウカソウ(冬虫夏草)やバイモ(貝母)，ダイオウ(大黄)などの薬材がおもに産出される．また，自治区内の主要な食料産地でもあり，ハダカ麦や小麦などの農作物を生産している．牧畜業については，広大な牧草地にヤクや山羊などの放牧を行っている．観光面では国指定の重要文化財であるタシルンポ(扎什倫布)寺のほか，薩迦寺や夏魯寺，白居寺などの寺院に多くの観光客が訪れる．

[石田　曜]

シガツェ市 Xigazê ☞ サムドゥプツェ区 Samzhubzê

ジガート Jigat ☞ ドワルカ Dwarka

シカポオ山 Sicapoo, Mount

フィリピン

標高：2234 m　　[18°01′N　120°58′E]

フィリピン北部，ルソン島の主山脈コルディリェラ中央 Cordillera Central 山脈北部の主峰．周辺の地形は大部分が更新世初期の河川侵食運動によって準平原化したものが，同中期から後期にかけて褶曲運動を伴いつつ，大きく隆起し現在の形状になった．山腹斜面は急斜面になり，一般には開析が進んでいる．ラワッグの南東50 kmに位置する．山麓では従来からの焼畑農業などが依然として行われている．山麓を中心に居住する先住民は紀元前8～5世紀頃に青銅器を伴って移動してきたとされ，焼畑農業のほか山腹に階段状の耕地を造成した．栽培されている主要な作物は米(陸稲も含む)とカモーテ(サツマイモ)である．

[田畑久夫]

シカール Sikar

インド

人口：23.8万 (2011)　面積：23 km²

[27°33′N　75°12′E]

インド西部，ラージャスターン州シカール県の都市で県都．州都ジャイプルの北西114 kmに位置する．かつて7つの門をもった高い壁に囲まれた城郭都市であり，観光客にとって非常に魅力的な都市となっている．その古代邸宅のフレスコ画，ハラスマス寺院，要塞は国内および海外からの観光客の心を捉えるものがある．また，穀物，タバコ，サトウキビ，豆，羊毛，綿花，塩，牛などの交易中心地であり，織物，陶器，塗料などの工業が盛んである．

[前田俊二]

シカルプル Shikarpur

パキスタン

人口：13.5万 (1998)　　[27°57′N　68°39′E]

パキスタン南東部，シンド州北部シカルプル県の都市で県都．州北部の中心都市スックルの北西約35 km，インダス川の北約20 kmに位置する．クエッタへの鉄道沿いにあり，道路交通の結節点でもあり，ジャコババードやラルカナ，スックルなどと結ばれる．鉄道開通以前はボラン峠を越え，アフガニスタンへの交易ルートの中継点として歴史的にも重要であった．真鍮などの金属製品，カーペット，綿織物などの工業がある．シンド大学付属短期大学がある．

[出田和久]

シカルプル県 Shikarpur District

パキスタン

人口：88.0万 (1998)　面積：2512 km²

[27°57′N　68°39′E]

パキスタン南東部，シンド州北部の県．県都はシカルプル．おもにインダス川右岸北西側に広がる沖積層堆積物で覆われた平坦な土地で，北はジャコババード県，東はスックル県，西はラルカナ県，南はハイルプル県に接する．1977年にスックル県からおもにインダス川右岸を割いて創設された．米が主作物で，羊や山羊の飼育も盛んである．ほかに小麦，ヒヨコ豆，アブラナ，サトウキビ，綿花などが多く作付けされている．都市人口率は23.5%である．

[出田和久]

シカンデラバード Secunderabad

インド

人口：21.4万 (2011)　　[17°27′N　78°27′E]

インド南部，テランガーナ州ハイデラバード県の都市．地名は，ニザーム家6代目当主のシカンダル・ジャーにちなんでいる．州都ハイデラバードの双子都市ともよばれ，フセインサーガル湖を間にはさんで北約10 kmに位置する．国内最大級のカントンメント(旧イギリス軍駐留地)の1つとして設立され，道路で整然と区画された町並みとイギリス風の建築物がみられる．このときに建設された時計塔は，シカンデラバードの名物として，また当時の教会も壮麗な様相そのままにいまも残っている．現在，引き続きインド陸軍，空軍の一大駐屯地として知られる．インド南中央鉄道管区本部がある．南インド有数の鉄道乗継ぎ駅であり，インド各地の都市への接続がすぐれている．なお，フセインサーガル湖は，19世紀にイギリス軍駐屯地および居住区の水源として，ムシ川支流のバルカープル川に建設された人造ダム湖である．

[前田俊二]

シキホール Siquijor

フィリピン

人口：2.7万 (2015)　面積：91 km²

[9°11′N　121°34′E]

フィリピン中部，シキホール州の都市で州都．ネグロス島南東沖に浮かぶ比較的小さな島であるシキホール島北西にある．州の面積は国内最小である．州は1972年にネグロス島南東部を主体とする東ネグロス州より分離・独立した．ボホール海峡をはさんだ対岸には，東ネグロス州の州都ドゥマゲテ市が位置しており，両都市間の距離は直線距離で約19 kmと大変近い．島の周囲はサンゴ礁に囲まれている．そのため島内にはカルスト地形特有の鍾乳洞が随所に散在しているが，島の全域は肥沃な土地で占められている．コプラ，米，トウモロコシ，タバコなどの農作物の生産が経済の中心といえる．これらの農作物の大半は周辺地域の集散地であるドゥマゲテに出荷されている．しかし，丘陵地が多いため米の生産が少なく，島民の大部分はトウモロコシを常食としている．周囲が海に面していることもあり，島内にはシキホールを筆頭に，ラレナ Larena，マリア Maria，ラジ Lazi など良港に恵まれ，漁獲高の水揚げ量も多い．

この島にはマングククラムと現地でよばれる霊的職能者が行う伝統的な黒魔術が現在で

も残っていることで有名である．とくに毎年5月に開催されるホリーウィーク(Holy Week，復活祭前の1週間)の行事は盛大である．この行事を見物するために国内を中心とした観光客が来島する．なお本島出身の霊的職能者は近辺の島々にも移り住み，黒魔術を行っているとされる．現在ではシキホールを起点とする島内を周回する72kmにも及ぶ道路が完成したことなどから，交通の便が非常によくなり，これまで以上に観光客も増加傾向にある．

周辺地域の中心都市セブ島のセブ，ボホール島のタグビラランおよびネグロス島のドゥマゲテの各都市とはフェリーで結ばれている．一方，町には飛行場が存在しない．飛行場は北方に位置するテレナだけで，セブと結ばれている．州では宿泊設備などを改善して観光地として売り出そうと努めている．しかし，近年日本人をはじめ外国人の観光客が来島しだしたものの，観光スポットとしての知名度は高くない．住民の大半は，12〜13世紀にかけて本島に来住し，定着したマレー系のビサヤ族の分派集団である．彼らは，近くのボホール島，セブ島，ネグロス島東部の住民同様，ビサヤ語の方言であるセブアノ語を話している． ［田畑久夫］

シキホール州　Siquijor, Province of　フィリピン

人口：9.6万 (2015)　面積：337 km²

[9°11′N　121°34′E]

フィリピン中部，シキホール島，中部ビサヤ地方に位置する州．州都はシキホール．長い間東ネグロス州の一部であったが，1971年に独立した．フィリピンで3番目に面積が小さい州で，人口も多くない．ネグロス島とセブ島の南にある，シキホール島全域がこの州の領域である．サンゴ礁やマングローブに囲まれ，白砂の海岸やダイビングスポットとしても多くの観光客が訪れている．一大観光島であるセブ島に近いからである．カトリックが宗教の中心となっており，教会も目立つ．一方では，土着宗教とキリスト教の融合した黒魔術が盛んなことで有名である．主要な言語はセブアノ語で，タガログ語や英語も通じる．また超自然的な現象が起こす心霊があり，マナナンガルという妖怪がいるとされる．スペイン人は，当初シキホール島のことを，夜にこの島に不気味な光がちらつくため火の島（イスラ・デル・フェゴ）とよんでいた．主要な経済活動としては農業，漁業が中心で，家具などの木工品製作などの産業がみ

られる程度である． ［田畑久夫］

シーギリヤ　Sigiriya　スリランカ

人口：0.1万 (2012)　標高：207 m

[7°57′N　80°45′E]

スリランカ，中部州マータレ県の村．宮殿遺跡の観光地として有名で，コロンボ方面から東部州の州都トリンコマリーに通ずる国道A6号のイナマルワ Inamaluwa 分岐点の東約10kmの脇道に入ったところに位置する．州都キャンディからバスで約3時間を要し，バス停付近の道路沿いにホテル，レストラン，土産物店，郵便局などが立地する観光地である．

シーギリヤ付近に散在する岩山の洞穴は，古代から仏教僧院として利用されていたといわれる．伝承によるとそれらの1つシーギリヤロックとよばれる高さ約195 mの突出岩体の上に，アヌラーダプラ王朝の時代，父ダートゥセーナ王を殺して王位についたカーシャパ(在位477〜495)が要塞宮殿を築いた．ライオンの爪の形をした入口の階段から上る岩山の頂上には王宮跡が，またそこに通ずる中腹の「鏡の回廊」の上の岩壁に描かれた，シーギリヤレディと称される18体の美女の彩色フレスコ画があり，ふもとには水路と城壁をめぐらした王宮庭園の遺構が残存する．遺跡は長らく知られなかったが1898年にイギリス人ハリー・チャールズ・パーヴィス・ベルが発見し，ジョン・スティルによって踏査された．一帯は1982年，「古代都市シギリヤ」としてユネスコの世界遺産(文化遺産)に登録され，2009年には日本のJICA（国際協力機構）の援助を得て建設されたシーギリヤ博物館が開館した． ［山野正彦］

しきんじょう　紫禁城 ☞ ツーチンチョン Zijincheng

ジグチ県　久治県　Jigzhi　中国

人口：2.6万 (2015)　面積：8757 km²

[33°25′N　101°29′E]

中国西部，チンハイ(青海)省南東部，ゴロ(果洛)自治州の県．ガンスー(甘粛)省，スーチュワン(四川)省と隣接する．チベット高原東部に位置し，県北部をホワン(黄)河が東流し，中央部をバヤンハル(巴顔喀拉)山脈が横断する．主峰のゴロ山(標高5369 m，別名，年宝玉則)と周辺の氷河や草原，湖沼群は，地質公園(ジオパーク)に認定されている．人口の大部分はツァン(チベット)族で，タルタン寺(白玉寺)などのチベット仏教寺院がある． ［高橋健太郎］

シグネット　Cygnet　オーストラリア

ポートデシーニュ　Port des Cygnet (古称) /ロヴェット　Lovett (古称)

人口：0.1万 (2011)　面積：57 km²

[43°10′S　147°05′E]

オーストラリア南東部，タスマニア州南部の町．ヒューオン川流域のヒューオンヴァレー地域にあり，州都ホバートの南56 km，チャンネルハイウェイ沿いに位置する．フランス人探検家アントワーヌ・ブリュニー・ダントルカストーが1793年にヒューオン川の流域を調査した際，コクチョウが群生する小さな湾を発見，フランス語でコクチョウの港を意味するポートデシーニュと名づけた．1862年にはいったんロベットという町名に改名されたが，1915年，若鶏を意味する現名称が採用された．1834年にウィリアム・ニコルズがこの地に移り住み，入植が本格的に開始された．1845年には流刑囚の監視施設が設立され，周辺地域の開拓や町の建設の労働力として多くの囚人が連行されてきたが，48年までに大多数の囚人が解放され，流刑植民地として存在意義は薄れていった．

1850年代以降は，果物栽培が隆盛を極め，リンゴや洋ナシ，ラズベリーやイチゴなどが大量に生産され，タスマニア外にも出荷されていった．果物栽培は現在でも盛んに行われており，牧畜や農業を中心に，町は大きく近代化することもなく現在にいたっている．近年，有機農業や牧畜を営んだり，芸術活動を行うために，シドニーなどの都会から移り住む住民も増えてきている．そういった人びとが中心となって，自然とのかかわり合いに重点を起き，農業を生活の中心としつつも，新しい文化や芸術に敏感な，独特なコミュニティが形成されている．町には地の食材にこだわった飲食店やアートギャラリーなども少なからずあり，ゆったりとしつつも創造的なシグネット特有の雰囲気を楽しむ観光客の姿も多くみかける．毎年1月にはシグネット・フォークフェスティバルが開催される．1982年からボランティアの人びとを中心に企画運営されているこのイベントは音楽のみならず，文化的な色合いの濃い，町特有の趣が人気で，いまでは世界中のミュージシャンが演奏に訪れ，3日間の開催で5000人以上の観客を集める． ［安井康二］

シーギリヤ(スリランカ），宮殿跡のある巨岩シーギリヤロック《世界遺産》〔Gail Palethorpe/Shutterstock.com〕

シグリ　Sigli　インドネシア

人口：1.9万 (2010)　　　[5°23′S　95°58′E]

インドネシア西部，スマトラ島北部，アチェ州ピディ県の町で県都．州都バンダアチェの南112 kmに位置する．ピディ県は，面積4108 km²，人口50.0万(2000)である．

〔水嶋一雄〕

シークリフ　Seacliff　ニュージーランド

ポタエルア　Potaerua（マオリ語）

[45°41′S　170°38′E]

ニュージーランド南島，オタゴ地方の町．ダニーディンの北38 kmに位置する．その名のとおり，海岸が崖状になっていることから名づけられた．地名は，鉄道の駅が建てられた1875年に，政府の命により早くからこの周辺に居住していたジョージ・ベーコンが命名した．マオリ名はポタエルアといい，文字的にはポタエが先端の覆い，もしくは取り囲むこと，ルアが2または穴，わなを意味する．

〔井田仁康〕

シークリフ　Seacliffe　ニュージーランド

人口：0.3万 (2013)　　　[36°48′S　174°47′E]

ニュージーランド北島，オークランド地方の町．オークランド郊外のノースショアに位置する．ププケ Pupuke 湖の南側に広がる半島部の東岸に位置し，対岸にはランギトト島が浮かぶ．統計地域の名称はシークリフであるが，その範囲や人口数はベルモント Belmont とほぼ同一である．地名は海食崖(sea cliff)にちなむ．南島のダニーディンの北38 kmにも綴りは少し異なるが，同様にシークリフ Seacliff と命名された町がある．

〔林　琢也〕

シゲップ岬　Sigep, Tanjung

インドネシア

[0°55′S　98°54′E]

インドネシア西部，ムンタワイ諸島シブルット島北部，西スマトラ州の岬．タナバラ島とシブルット島の間のシブルット海峡に突き出た半島状の岬である．半島にはシゲップ村が立地する．

〔水嶋一雄〕

シーコワンシャン　錫鉱山 Xikuangshan　中国

[27°47′N　111°30′E]

中国中南部，フーナン(湖南)省，ロウディ(婁底)地級市，ロンシュイチャン(冷水江)県級市に位置する鉱山．アンチモンの生産量および埋蔵量で世界的に知られ，中国の生産量の半分を占めている．明代末に鉱区が発見された際にアンチモンがスズと誤認されてこのような名称になった．清代には国内外の数多くの企業が参入した．

〔小野寺　淳〕

シーサケート　Sisaket　タイ

人口：4.5万 (2010)　面積：576 km²

[15°05′N　104°20′E]

タイ東北部，シーサケート県の都市で県都．首都バンコクの東北東約570 kmに位置する．シーサケートはクメール時代からの歴史をもつものと考えられ，当初はシーナコーンラムドゥアンという名称で現市街地の南20 kmの地点に立地していた．その後，水利が悪いためにさらに南の現クカン郡に移り，名称もクカンとよばれるようになった．その後現在の位置に再移転し，クカン県の県

672　シサケ　　　　　　　　　　　　　　　　　　　　　　　　　　　　　　　　　〈世界地名大事典：アジア・オセアニア・極Ⅰ〉

都となったが, 1938年に県名がクカンからシーサケートに変更され, クカンは県内の郡名となった. 町には1928年に鉄道が到達し, 精米所が立地してバンコク方面への米の輸送が始まった. 鉄道開通前の市街地は北側であったが, 鉄道が開通すると駅の南側にも市街地が拡大した. おもな産業は, 稲作であるが, 戦後はケナフやキャッサバの栽培も増加した. 東のスリン, ブリーラムと同じくクメール系住民が多いことから, モチ米栽培圏に属する東北部の中でもウルチ米栽培の割合が高い地域である.　　　　　　　［柿崎一郎］

シーサケート県　Sisaket, Changwat
タイ

人口：105.6万 (2010)　面積：8840 km²
[15°05′N　104°20′E]

　タイ東北部の県. 県都はシーサケート. 最南端のパノムドンラック山脈がカンボジアとの国境となり, 北部をムーン川が流れることから, 南高北低の地形となる. 稲作が盛んで, 2013年度の米生産量 (雨季作) は101万t. カンボジアに接することから, かつてはクメール帝国の強い影響下に置かれ, 県内に多数のクメール遺跡が残る. 中でもパノムドンラック山脈の山頂に位置するプレアビヒア (カオプラウィハーン) 遺跡は, 最大規模を誇るものであったが, 1959年にタイとカンボジアの間で宗主権争いが生じ, 国際司法裁判所での判決を受けてカンボジア領となった. 長らくカンボジア側からは断崖絶壁をよじ登らない限りアクセス手段がなく, 観光客のほとんどはタイ側から訪問しており, 事実上シーサケートの最大の観光地として機能してきた. しかし, 2008年にカンボジアが単独で遺跡をユネスコの世界遺産 (文化遺産) に登録 (「プレア・ヴィヘア寺院」として) したことから, 遺跡周辺の国境線の画定問題を抱えるタイ側との間で対立が生じ, 現在はカンボジア側からでないとアクセスできない状態が続いている.　　　　　　　　　　　　［柿崎一郎］

ジザフ　Jizzakh
ウズベキスタン

Dzhizak, Jizzax (別表記)

人口：15.0万 (2012)　標高：378 m
[40°07′N　67°51′E]

　ウズベキスタン中央東部, ジザフ州の都市で州都. サマルカンドの北東89 km, ゴロドナヤステップの辺縁に位置し, ザカスピ鉄道の駅がある. おもな産業は, 金属細工, タバコ, 綿花栽培である. 19世紀までブハラ, サマルカンドとフェルガナを結ぶ隊商ルートの商業中心地であったが, 鉄道開通によって衰退した. かつてはソグド人の町であったが, やがてアラブ人の支配するところとなり, ブハラ・アミール国の下で強固な砦が築かれた. 1866年にロシア領となった.

　　　　　　　　　　　　　　　　　［木村英亮］

ジザフ州　Jizzakh Region
ウズベキスタン

Jizzax Viloyati (別表記)

人口：91.5万 (2005)　面積：20500 km²
[40°07′N　67°51′E]

　ウズベキスタン中央東部の州. 州都はジザフ. 北はカザフスタン, 南はタジキスタンの国境と接する. 州の中心を東西にザカスピ鉄道が貫通し, 道路網が発達している. 北部にアイダルクリ湖, 北東部にゴロドナヤステップ, 北西部にヌラタウ山脈がある. おもな都市はジザフのほかに, ガガーリン, ガリャアラル, パフタコル, マルジャンブラク, ドゥストックなどがある. 住民の8割は農村に住む. 1973年にシルダリア州から分離して誕生した. 乾燥した暑い夏の大陸性気候に属し, 小麦と綿花がおもな農産物で灌漑溝が発達している. 地下資源も豊富で, 鉛, 亜鉛, 鉄, 石灰を産する.　　　　　［木村英亮］

シーサンリン　十三陵　Shisanling
中国

面積：40 km²　　　　[40°19′N　116°13′E]

　中国北部, ペキン (北京) 市チャンピン (昌平) 区の陵墓群. チュントゥー (軍都) 山南麓, 天寿山のふもとにあり, 北京の北45 kmに位置する. 明代の皇帝の陵墓群で, 第3代皇帝の永楽帝から第17代崇禎帝まで (第7代景泰帝を除く), 13名の皇帝が長, 献, 景, 裕, 茂, 泰, 康, 永, 昭, 定, 慶, 徳, 思の各陵墓に埋葬されている. 周囲の3面は山で, やや盆地の形を呈している. 1961年には国の重要文化財に指定され, 保護されている. 2003年には「明・清朝の皇帝陵墓群」の1つとしてユネスコの世界遺産 (文化遺産) に追加登録された.　　　　　［柴 彦威］

シーシー市　石獅市　Shishi
中国

人口：68.3万 (2015)　面積：160 km²
気温：21.5℃　降水量：1073 mm/年
[24°44′N　118°37′E]

中国南東部, フーチェン (福建) 省南東部, チュワンチョウ (泉州) 地級市の県級市. 泉州湾の南岸に位置する新興工業都市である. 半島の地形をもつ市の南と東はそれぞれ深滬湾とタイワン (台湾) 海峡に面し, 64 kmの海岸線に石湖, 蚶江, 梅林, 祥芝などの良港が分布している. 通商, 産業投資の面ではすぐれた条件を有し, すでに2100社の外資系企業が立地している (2010). 1942年にチンチャン (晋江) 県の鎮として設置され, 87年12月に泉州市所管の県級市になった. 宋, 元, 明, 清と続いて対東南アジア, 台湾貿易の拠点として栄え, 近代ではアヘン貿易の重要な開港場として開設された. 代表的な華僑送り出し地域の1つでもあり, 台湾を含む海外に57万の石獅出身の華僑が居住している. 1980年代に開放地域に指定されてから, 華僑投資と郷鎮企業創業のブームが相乗して, 国内屈指のアパレル産地として成長を遂げた.

　2015年現在, アパレル分野だけで約3000社, 2000種の産地ブランド, 457億元の出荷額の産地規模を有する. 県工業総生産の50.6%を占め, 製品の5割以上は輸出用である. 他に, 履物, 紡績機械, 電子, 食品加工, 印刷などの集積も著しい. 市常住人口のうち, 約35万は他の地域から流入した農民工 (出稼ぎ労働者) が占める (2015). 省内第2位の漁業産地でもあり, 年間の水揚げ量は43万tを超す. 1人あたりGDPは1万5979 USドル (2015) と高い.　　　［許 衛東］

シーシェン　隰県　Xi Xian
中国

隰川, 長寿, 蒲子, 蒲邑, 蒲陽 (古称) /しつけん
(音読み表記)

人口：10.5万 (2013)　面積：1412 km²
降水量：566 mm/年　　[36°41′N　110°55′E]

　中国中北部, シャンシー (山西) 省南西部, リンフェン (臨汾) 地級市の県. 春秋時代に蒲邑と称して以降, 蒲陽, 蒲子, 長寿, 隰川, 隰県と改称してきた. 晋西ホワントゥー (黄土) 高原の一部であり, 地形は北東から南西へと傾いている. 最高峰は紫荊山 (標高1955 m) である. 冬は乾燥して寒い. 降水は夏に集中している. 無霜期間は175日間. トウモロコシ, 小麦, アワのほかに, 葉タバコ, 漢方薬も産出している. 明代に建てられた小西天がある.　　　　　　［張 貴民］

シーシェン　息県　Xi Xian
中国

人口：約77万（推）　面積：1835 km²
[32°19′N　114°43′E]

中国中央東部，ホーナン（河南）省南東部，シンヤン（信陽）地級市の県．信陽市街地の東，信陽地級市の北中部に位置する．22郷鎮を擁する．県政府所在地は城関鎮．新石器時代の秦楼遺跡，周代の青竜寺，明代の古息州州衙譙楼などの史跡がある．紅麻や漢方の薬材である息半夏（そくはんげ）の産地で，神農氏の娘にゆかりのある香稲米が知られる．
[中川秀一]

シーシャ県　西峡県　Xixia
中国

人口：約44万（2014）　面積：3454 km²
[33°17′N　111°27′E]

中国中央東部，ホーナン（河南）省，ナンヤン（南陽）地級市の県．南陽市街地の西北西に位置する．3街道，14郷鎮を擁する．県政府所在地は城関鎮．シイタケ，キウイの産地である．また，1000以上の恐竜化石が発見されていることで知られ，大型恐竜テーマパークが建設されるなど観光資源ともなっている．
[中川秀一]

シシャパンマ　Shishapangma　☞　ゴサインターン山　Gosainthan

シーシャン区　錫山区　Xishan
中国

人口：68.1万（2010）　面積：455 km²
[31°35′N　120°21′E]

中国東部，チャンスー（江蘇）省，ウーシー（無錫）地級市の東部の区．チャンシュー（常熟）市と境を接し，南はタイ（太）湖に，北はチャン（長）江に臨んでいる．1995年に錫山市が設置され，2000年に無錫市の区となった．京滬・滬蓉（ペキン（北京）〜シャンハイ（上海）・上海〜チョントゥー（成都））高速道路が通る．農産物には水稲，野菜，茶葉，花卉，果物などがあり，畜産業や水産業も行われている．特産物には太湖翠竹茶，ブドウ，スイカ，アオウオ，スッポン，エビ，カニなどがある．工業は機械，紡績，電子，冶金，化学，医薬などを主とする．名所旧跡として彭祖墩文化遺跡がある．
[谷　人旭・小野寺　淳]

シーシャン区　西山区　Xishan
中国

人口：75.4万（2010）　面積：882 km²
[25°02′N　102°40′E]

中国南西部，ユンナン（雲南）省，クンミン（昆明）地級市の区．区政府は西苑街道に置かれている．ディエン（滇）池の北岸から西岸にかけては，ロンメン（竜門）石窟という断崖を掘った石窟のある国指定の西山風景名勝区，雲南民族博物館，少数民族文化を展示するテーマパークの雲南民族村などの観光名所があり，宿泊施設や別荘地なども整備されリゾート開発が進み，国指定の昆明滇池観光リゾート区となっている．
[松村嘉久]

シーシャン県　西郷県　Xixiang
中国

人口：34.2万（2010）　面積：3229 km²
気温：14.5℃　降水量：1186 mm/年
[32°59′N　107°46′E]

中国中部，シャンシー（陝西）省南西部，ハンチョン（漢中）地級市の県．県政府所在地は城関鎮．後漢代から県が置かれた．漢中盆地の東部に位置し，南はスーチュワン（四川）省と接する．地形は山地と丘陵を主とし，ハン（漢）水の支流牧馬河流域にあたる．丘陵と山地が総面積の28.3％と64.7％を占める．気候は寒亜熱帯に属し，過去の最高気温は39.7℃，最低気温は−10.6℃，無霜期間は245日．夏季には豪雨が多発する．農作物は水稲，小麦，トウモロコシを主とするが，ナタネ，茶，タバコ，薬草の栽培も盛んであり，茶の郷として国家に認定されている．左渓郷の石膏はアジアで有数の規模である．黒い花崗岩が名産物である．
[杜　国慶]

シーシュイ県　習水県　Xishui
中国

人口：71.8万（2010）　面積：3128 km²
[28°20′N　106°12′E]

中国中南部，グイチョウ（貴州）省北部，ツンイー（遵義）地級市の県．県政府所在地は東皇鎮である．スーチュワン（四川）省とチョンチン（重慶）市に隣接する漢族地帯である．石炭の埋蔵量が多く，西部大開発の下で炭鉱開発と火力発電所の建設に力が注がれている．農業では，キウイ，キヌガサダケ，コンニャクイモ，ワサビなどが，商品作物として生産されている．白酒づくりが盛んな地域で，習酒・習水大曲酒などのブランドは中国でも有名な特産品である．
[松村嘉久]

シーシュイ県　浠水県　Xishui
中国

きすいけん（音読み表記）

人口：88.2万（2015）　面積：1949 km²
[30°27′N　115°16′E]

中国中部，フーペイ（湖北）省，ホワンガン（黄岡）地級市の県．県政府はチンチュワン（清泉）鎮に所在する．広い部分がダービエ（大別）山脈の丘陵部に属し，南西部を曲流するチャン（長）江や策湖や望天湖といった湖沼の周辺には平野がある．巴河や浠水からは良質の黄砂が採取され，金，鉄，銅などもある．水力発電が行われ，自動車部品，紡織，食品，建材などの工業がある．水稲，小麦，綿花のほか，茶葉，タバコ，レンコンなどを産する．水産物が豊富で，養鶏が盛ん．鉄道の京九線（ペキン（北京）〜カオルーン（九竜））や高速道路の大広線（ダーチン（大慶）〜コワンチョウ（広州））や滬渝線（シャンハイ（上海）〜チョンチン（重慶））が通じている．三角山国立森林公園がある．
[小野寺　淳]

シジュンジュン　Sijunjung
インドネシア

人口：20.2万（2010）　面積：2745 km²
[0°40′S　101°04′E]

インドネシア西部，スマトラ島中部，西スマトラ州の県．州都パダンの北東約70 kmの内陸に位置し，北東部はリアウ諸島州と接している．県都はムアロシジュンジュン．県は8つの郡に分かれており，住民の多くは貿易業か公務員で農民は少ない．大学卒の人びとが少なく，経済的・文化的環境から，人びとは勉強することに熱心でない．山岳地域のため，利用や輸出する資源に乏しい．
[水嶋一雄]

シーショウ市　石首市　Shishou
中国

人口：57.1万（2015）　面積：1427 km²
標高：31〜35 m　[29°43′N　112°26′E]

中国中部，フーペイ（湖北）省南部，チンチョウ（荊州）地級市の県級市．市政府は綉林街道に所在する．チャン（長）江の両岸にまたがる．チャンハン（江漢）平原にあって，河川や湖沼が稠密に分布する．長江の中でチン（荊）江とよばれる部分の主要な曲流部がここにあり，九曲回腸と称される．おもな鉱産物に石

英, 花崗岩, 銅, 鉛, 亜鉛などがある. 農作物には水稲, 綿花, ナタネがあり, 水産物にも富む. 工業は自動車部品, 紡織, 化学, 食品などがある. 水運には長江とオウチー(藕池)河が用いられる. 市街地は長江南岸に位置し, 内城と外城からなる. 国指定の長江天鵞洲ヨウスコウカワイルカ自然保護地区や石首シフゾウ自然保護区がある. 岳宜高速道路(ユエヤン(岳陽)～イーチャン(宜昌))が通る.
[小野寺 淳]

シーショワンバンナー自治州　西双版納自治州　Xishuanbanna　中国

シーショワンバンナータイ族自治州　西双版納傣族自治州（正称）

人口：105.0万（2006）　面積：19700 km²
標高：480-2500 m　気温：20℃
[22°00′N　100°46′E]

　中国南西部, ユンナン(雲南)省南部の自治州. 地区クラスの民族自治地方で, ラオス, ミャンマーと966 kmに及び国境を接する. 1953年に西双版納タイ(傣)族自治州となる. 雲南省で最初の自治州で, オーシャン(峨山)イ(彝)族自治県に次ぎ2番目に設立された民族自治地方である. 中国共産党の影響力が及ぶ以前, この領域ではタイ族土司が政治権力を掌握し, 山間地に住む少数民族も含めて支配していた. そのため自治州設立にいたるまでの経験は, 雲南省の他地域で民族区域自治制度を実践する際のモデルケースとなった. 現在, チンホン(景洪)県級市, モンハイ(勐海), モンラー(勐臘)の2県を管轄し, 自治州政府は景洪市に置かれている. 西双版納という地名はタイ族語の漢字音訳であり, タイ族語では12の千の田(集落)を意味する. 総人口の7割強を少数民族が占めるが, 自治を担当するタイ族人口は過半数に届かない4割程度で, そのほかにハニ(哈尼)族, ラフ(拉祜)族, イ族, プーラン(布朗)族, チノー(基諾)族, ヤオ(瑶)族, ワ(佤)族などが住む. 景洪市と勐海県は1985年6月から外国人観光客に開放されたが, ラオス国境地帯の勐臘県の開放は1994年10月と遅れた.
　州内の中央部を南東方向へランツァン(瀾滄)江が流れ, 国境をまたぐとメコン川とよばれる. 瀾滄江とその支流沿いに点在する盆地や平野部の標高は約500～1200 mで, おもにタイ族が居住する. 盆地周辺の丘陵地帯には, 1950年代から60年代にかけて生産建設兵団として入植してきた国有農場が点在する. 農場内の住民は漢族が圧倒的に多い. 標高が1000 mを超える集落には, おおよそタイ族以外の少数民族が住んでいる. 北回帰線よりも南側に位置し, 熱帯湿潤気候に属し, 年平均気温は20℃前後で雨季と乾季が明確に分かれる. 1990年代までに開墾や伐採が進んだ熱帯雨林は, 植林や自然保護への関心が高まる中で回復しつつある. 動植物の種は豊富で, この地域ならではの希少種も少なくない.
　農業は二期作から三期作ができ, おもに水稲を栽培する. 商品作物では, サトウキビ, 落花生, ゴマのほか, ゴム, プーアル茶, コーヒー, トロピカルフルーツの栽培も盛んである. 工業は水力発電, サトウキビ, 茶葉, ゴムなどの加工, 食品製造加工業などがあげられる. 産業の柱となっているのは観光産業であり, 西双版納は雲南省の中で最も早く, 観光と絡めて少数民族文化を商品化した地域である. 大メコン圏(GMS)構想において, 西双版納は雲南省と東南アジアを結ぶ交易流通の拠点として注目されている. 水運では景洪港, 陸運ではラオスへの磨憨税関とミャンマーへの打洛税関, 空運では西双版納国際空港がすでに整備されている.
[松村嘉久]

シーシン県　始興県　Shixing　中国

人口：21.3万（2015）　面積：2174 km²
気温：20.6℃　降水量：1696 mm/年
[24°57′N　114°04′E]

　中国南部, コワントン(広東)省北部, シャオクワン(韶関)地級市の県. モー(墨)江流域に位置する. 県制は古く, 三国時代呉の永安6年(263)にさかのぼる. 客家(ハッカ)の伝統的な居住地. 県政府所在地の太平鎮一帯は山地に囲まれた広東北部最大の盆地である. 韶関市の北東55 kmに位置する. チェン(禎)江, 墨江, チョン(澄)江が県内で合流し, 豊富な水量に恵まれている. 国指定の食糧主産地であり, 省の重要な林業地域でもある. 森林率は77.3％(2015)である. 車八嶺国立自然保護区があり, 国道323号が通じる.
[許 衛東]

シスターズ島　Sisters Islands　インド

面積：0.4 km²　[11°09′N　92°44′E]

　インドの東方, アンダマンニコバル諸島連邦直轄地, アンダマン諸島にある2つの小島. どちらも長さ1.0 km程度である. アンダマンニコバル連邦直轄地の行政中心地であるポートブレアの南約60 kmに位置する. 丘陵性の地形で, 熱帯モンスーン気候下にある. ポートブレアから, 船による日帰り旅行が可能な位置にあり, 豊かな緑の森林, 白い砂浜, そして美しいサンゴに恵まれ, スキューバダイビングなど観光スポーツで注目される.
[前田俊二]

シスパーレ山　Shispare　パキスタン

ピーク33　Peak 33（別称）/フンザクンジⅢ峰　Hunza Kunji III（別称）
標高：7611 m　[36°26′N　74°41′E]

　パキスタン北東部, ギルギットバルティスタン州の山. 大カラコルム山脈西端にあるバトゥーラ山群南東部の高峰で, 州都ギルギットの北東約67 kmに位置する. ピーク33, フンザクンジⅢ峰の名もある. 主峰(標高7611 m)はピラミッド型で, その南側の付け根には標高6800～7000 mのプラトーとよばれる氷原がある. プラトーの南側には標高7090 mの小ピークがあり, これはゲンタピークとよばれる. 主峰から北西に延びる尾根上約9.8 kmにパスー山(7478 m)がある. 1974年に西ドイツ・ポーランド合同隊が初登頂し, 第2登は94年に日本隊が達成した. 首都イスラマバードと中国, シンチャン(新疆)ウイグル(維吾爾)自治区のカシュガルを結ぶアジアハイウェイ4号(カラコルムハイウェイ)が, 登山基地となる東麓のパスーPasuを通る.
[松本穂高]

しせんしょう　四川省 ☞ スーチュワン省　Sichuan Sheng

シソポン　Sisophon ☞ セレイソポアン　Serey Sophorn

シータイ県　石台県　Shitai　中国

人口：12.0万（2013）　面積：1403 km²
[30°12′N　117°28′E]

　中国東部, アンホイ(安徽)省南部, チーチョウ(池州)地級市の県. 秋浦河の上流域に位置する. 県政府は仁里鎮に置かれる. 県は皖南山地の西に位置し, 南部はホワン(黄)山の一部である. ほとんどが山地で, 高く険しい山が多い. 古くは石埭県の地であったが, 1965年に石埭県と貴池県から一部を割いて石台県が置かれた. 産業は林業が主体で, 木材と茶葉の生産が盛ん. 工業では木材加工業

が発達している．景勝地には蓬莱仙洞，神仙洞などがあり，国指定の牡牛降自然保護区が設けられている． ［林　和生］

シーターブル　Sitapur　インド

人口：17.7万（2011）　［27°33′N　80°40′E］

インド北部，ウッタルプラデシュ州中部，シーターブル県の都市で県都．州都ラクナウの北北西約80km，グムティ川の支流域にあり，国道24号とデリー～ラクナウ間の鉄道沿線に位置する．また，北のラキームプルと南西のバーラーマウへ向かう鉄道支線の結節地でもある．周囲から小麦などの穀物，ナタネ，サトウキビおよびジュートが集荷し，取引が行われるとともに，第1次産品の加工工場が多く，とりわけ砂糖製造業と合板（ベニヤ板）の工業が活発に行われている．眼科などすぐれた病院施設のあることでも有名である． ［前田俊二］

シーチー県　西吉県　Xiji　中国

人口：35.4万（2010）　面積：4000km²
　［35°58′N　105°44′E］

中国中北部，ニンシャ（寧夏）回族自治区南部，グーユワン（固原）地級市の県．国内でも有数の貧困地域であるシーハイグー（西海固）地区の一部である．ホワントゥー（黄土）高原西部に位置し，丘陵地が広い面積を占める．ウェイ（渭）河の支流である葫芦河は県北部の月亮山を水源とし，県内を縦断してガンスー（甘粛）省へ流れる．火石寨国立地質公園には，中国で最も標高が高いといわれる丹霞地形があり，赤褐色の急崖が連なる．ジャガイモやエンドウ豆の生産が盛んである．回族を主とするイスラーム教スーフィー教団ジャフリーヤ派の一支派である沙溝門宦の本拠地があり，1992〜93年，その内部抗争（西吉事件）で多数の死者が出た． ［高橋健太郎］

シーチウ湖　石臼湖　Shijiu Hu　中国

ペイ湖　北湖　Bei Hu（別称）

面積：208km²　［31°28′N　118°52′E］

中国東部の湖．チャンスー（江蘇）省ナンキン（南京）市リーシュイ（溧水）県，ガオチュン（高淳）県と，アンホイ（安徽）省マーアンシャン（馬鞍山）市タントゥー（当塗）県の間に位置する．北湖ともよばれる．チャン（長）江とは運河で連続している．もとこの地にあった古丹陽湖が，固城湖と石臼湖に分かれることで形成された．魚類や水生植物に恵まれるが，近年は冬季から春季には干上がるため，夏季には長江より引水している．良質の上海ガニの産地の1つとして知られている．景勝地で「日出一斗金，夜出一斗銀」と称される． ［林　和生］

シーチェン県　石阡県　Shiqian　中国

せきせんけん（音読み表記）

人口：46.0万（2015）　面積：2173km²
　［27°31′N　108°13′E］

中国中南部，グイチョウ（貴州）省北東部，トンレン（銅仁）地級市の県．総人口の6割強を少数民族が占め，そのうちコーラオ（仡佬）族が全体の3割強，トン（侗）族が3割弱を占める．県政府所在地の湯山街道には，万寿宮や文廟など伝統的建造物が残り，1992年に省が歴史文化都市に指定した．貴州省では珍しく低温ながらも温泉が湧き出る．少数民族の刺繍，服飾，装飾品などが特産品として生産されている． ［松村嘉久］

しちとういおうとうかいれい　七島硫黄島海嶺　Shichito-Ioto Ridge　北太平洋西部

長さ：1200km　［30°00′N　140°10′E］

北太平洋西部の海嶺．日本の伊豆半島南方海上に約50kmにわたって点在する伊豆七島（大島，利島，新島，神津島，三宅島，御蔵島，八丈島）や式根島，青ヶ島，鳥島などから構成される伊豆諸島，そこからさらに南方に北硫黄島，硫黄島，南硫黄島の3島からなる硫黄列島にいたる海嶺である．東側には小笠原海嶺，西側には西七島海嶺が並走し，これらを総称して伊豆・小笠原海嶺とよばれる．南北に約1200kmにわたる長大な海嶺であり，南方延長にはマリアナ諸島を構成するマリアナ海嶺に続いている．火山活動が盛んで，最近では2013年から活動を始めた西之島など海底火山が多数分布している． ［前杢英明］

シーチャチョワン市　石家荘市　Shijiazhuang　中国

せっかそうし（音読み表記）

人口：1016.4万（2010）　面積：16000km²
標高：30-2281m　気温：11.8-13.1℃
降水量：371-571mm/年
　［38°03′N　114°31′E］

中国北部，ホーペイ（河北）省南西部の地級市で省会．市政府は長安区に置かれている．長安，橋西，新華，裕華，鹿泉，藁城，欒城，井陘鉱の8市轄区，辛集，チンチョウ（晋州），シンロー（新楽）の3県級市，シェンツォ（深沢），無極，チャオシェン（趙県），霊寿，ガオイー（高邑），元氏，ツァンホワン（賛皇），平山，チンシン（井陘），チョンディン（正定），シンタン（行唐）の11県を管轄する．西部はタイハン（太行）山脈の山地帯で，最高峰の南陀峰は標高2281m．山間部は盆地で，中部は低い山陵地帯，標高は500〜700m．東部は平原で，標高は100mから30mへとゆるやかに低くなる．滹沱河，綿河，甘陶河，冶河，槐河，磁河，洨河が西部から東へ迂回して流れる．用水路が多く分布している．西部は岡南，黄壁庄，張河湾など大型ダムがある．土壌は褐色土が多い．1月の平均気温は−1.4〜3.9℃，7月は25.5〜26.5℃，無霜期間は170〜208日である．

西部の山間地帯は，石炭，鉄，大理石，珪石，石灰石など鉱産物が豊富である．林業が発達し，クルミ，カキ，ナツメ，リンゴ，ナシを栽培する．趙県の雪花梨，賛皇棗がとくに有名である．農作物は小麦，トウモロコシ，アワ，綿花，大豆，落花生，サツマイモを主としている．河北省の食糧と綿花の主要生産地である．市周辺では野菜が多く栽培されている．工業は化学工業，紡績，印刷，医薬，ゴム製品，冶金，車製造，農業機械，服飾，食品，建材などの工場がある．中国では新しい工業地帯となっている．鉄道の京広線，石太線，石徳線，京石高速，石太高速，国道107，307号が通る．中心部より32kmのところに1984年開港の石家荘正定国際空港がある．有名な革命記念地である西柏坡をはじめ，火岩山，嶂石岩，隆興寺，安定橋，永通橋など国指定の名勝が83カ所もあり，観光地となっている． ［柴　彦威］

シーチャチョワン(石家荘)市(中国)，チョンディン(正定)県の趙雲故里〔beibaoke/Shutterstock.com〕

シーチャン市　西昌市　Xichang

中国

シャオチュンチョン　小春城　Xiaochuncheng (別称)／ムーチョン　目城　Mucheng (別称)

人口：75.4万 (2015)　面積：2655 km²
[27°53′N　102°15′E]

　中国中西部，スーチュワン(四川)省南西部，リャンシャン(涼山)自治州の県級市．アンニン(安寧)河などが流れている．州政府が置かれ，市政府は大水井にある．チュワンシーナン(川西南)山地に位置し，市域の大部分を山地が占める．前漢代に邛都県が置かれたが，南斉に廃され，北周に越巂県が設置された．唐代に県を建安州に改め，大理国は建昌府に改めた．元は建昌路を置き，清代に西昌県が置かれた．1978年に涼山自治州が，79年に西昌県の市街区とその周辺に西昌市が設置された．市の北部に中国3大人工衛星発射センターの1つである西昌衛星発射センターがあることから，航天城の称がある．漢族のほかイ(彝)族，回族，ツァン(チベット)族など28の民族が居住する．成昆鉄道と京昆高速道路が南北に通り，市北部にチンシャン(青山)空港がある．水資源が豊富で，鉄鉱，花崗岩，スズ，珪石など地下資源に恵まれる．おもな農産物は米，小麦，トウモロコシ，豆類である．工業は冶金，建材，食品加工が盛んである．名勝古跡に螺髻山，チュンハイ(邛海)風景区，地震碑林，涼山彝族奴隷社会博物館などがある． 〔林　和生〕

シーチュー自治県　石柱自治県　Shizhu

中国

シーチュートゥチャ族自治県　石柱土家族自治県 (正称)

人口：54.7万 (2015)　面積：3013 km²
[30°00′N　108°07′E]

　中国中部，チョンチン(重慶)市東部の自治県．フーペイ(湖北)省と隣接する．北東-南西方向に連なる方斗山脈と七曜山脈の2列の褶曲山脈，およびそれらにはさまれた谷地よりなり，山地，丘陵地が広い面積を占める．県西部をチャン(長)江が北流する．県域の約1割は黄水森林公園に指定され，メタセコイアや樹皮が薬用される紅豆杉などが生育する．人口の大半は少数民族のトゥチャ(土家)族．シャンハイ(上海)市と重慶市を結ぶ滬渝高速道路が通る． 〔高橋健太郎〕

シチュチンスク　Shchuchinsk

カザフスタン

シチュチェ　Shchuchye (旧称)

人口：4.9万 (2002)　[52°56′N　70°12′E]

　カザフスタン中央部，アクモラ州北部の都市．州都コクシェタウの南東64 km，シチュチェ湖畔にある．1828年にコサックの居住地として創設され，農業地帯の中心地となった．森林地帯である．鉄道駅クロルトボロヴォエ駅があるほか，鉄道・自動車工場，金属加工工場，ガラス，家具工場がある．人口は1956年の3.6万から89年には5.6万に増加した．都心から20 kmのところにボロヴォエ温泉がある．1939年までシチュチェとよばれていた． 〔木村英亮〕

シーチュワン県　石泉県　Shiquan

中国

人口：17.1万 (2010)　面積：1516 km²
気温：14.6℃　降水量：888 mm／年
[33°05′N　108°13′E]

　中国中部，シャンシー(陝西)省南部，アンカン(安康)地級市の県．県政府所在地は城関鎮．ハン(漢)水上流域に位置し，北はチン(秦)嶺山脈，南はダーバー(大巴)山脈がある．地名は県内に泉が多く分布することに由来する．北亜熱帯湿潤気候に属し，四季が鮮明である．養蚕が盛んで，省の重要な養蚕の中心地である．主要な農作物は水稲であり，タバコとウコンの栽培も有名である． 〔杜　国慶〕

シーチュワン県　淅川県　Xichuan

中国

せきせんけん (音読み表記)

人口：約68万 (2015)　面積：2820 km²
[33°07′N　111°28′E]

　中国中央東部，ホーナン(河南)省南西部，ナンヤン(南陽)地級市の県．北はシャンシー(陝西)省，東はフーペイ(湖北)省に接し，南陽市街地の西に位置する．2街道，15郷鎮を擁する．県政府所在地は城関鎮．1973年に完成したタンチャンコウ(丹江口)ダムは，湖北省丹江口市にもまたがるダムで，主堰堤1141 m，貯水能力78億 m³に及ぶ，治水，発電，灌漑用の多目的ダムである．南水北調中央ルートは，さらにここから取水して，ペキン(北京)やティエンチン(天津)まで導水する計画である． 〔中川秀一〕

シーチョウ県　西疇県　Xichou

中国

せいちゅうけん (音読み表記)

人口：25.8万 (2014)　面積：1545 km²
[23°26′N　104°39′E]

　中国南西部，ユンナン(雲南)省南東部，ウェンシャン(文山)自治州の県．県政府は西洒鎮に置かれている．少数民族人口は2割に満たず，チワン(壮)族，ミャオ(苗)族が多いが，基本的には漢族が主体の地域である．域内を北回帰線が通り，温暖な気候で野生のランの品種が多い．農業が盛んで，漢方生薬の

サンシチ(三七),香辛料の八角,ミカンなどが特産品である. ［松村嘉久］

シーチョン区　西城区　Xicheng
中国

人口：124.3万(2010)　面積：51 km²
[39°55′N　116°22′E]

中国北部,ペキン(北京)市中南部の区.中国共産党中央委員会,国務院,全国人民代表大会,中央軍事委員会,全国政治協商会議など,共産党や中央政府機関が集中している.また,中国人民銀行,中国銀行,中国人民保険公司など金融機関の集積地でもあり,金融街を形成して北京市の副都心になっている.中央音楽学院をはじめ15の大学がある.文化施設や大規模な専門病院などが多い.商業,サービス業が産業の主体となっている.区の南部に位置する西単商業区には,西単百貨店,華威大廈など有名な百貨店がある.おもな工業は印刷,服飾,工芸美術,電気器具である.チョンナンハイ(中南海),北海公園や景山公園,また孫慶齢,郭沫若,魯迅など著名人の故居もある.2010年に宣武区を統合した. ［柴　彦威］

シーチョン県　石城県　Shicheng
中国

蓮城(古称)

人口：32.3万(2015)　面積：1582 km²
[26°10′N　116°20′E]

中国南東部,チャンシー(江西)省南東部,ガンチョウ(贛州)地級市の県.梅江の支流である琴江の上流域に位置し,フーチェン(福建)省に隣接する.県政府は琴江鎮に置かれる.北部は山地が連なり,南西部は丘陵地帯で,中部の河川沿いに平原が広がる.隋代に寧都県に石城場が置かれ,五代の南唐のときに石城県が置かれた.北部を鷹瑞高速道路が通過する.農業では米,タバコの生産が多く,食品加工業も発達し,宣紙が有名である.宝福塔,竜岩摩崖石刻,通天寨,客家園屋,王孟寺,普昭禅寺など名勝古跡がある. ［林　和生］

シーチョン県　西充県　Xichong
中国

人口：52.9万(2015)　面積：1108 km²
[31°00′N　105°54′E]

中国中西部,スーチュワン(四川)省,ナンチョン(南充)地級市の県.県政府は晋城鎮に所在する.低い丘陵が多く分布し,地勢は北西が高く南東が低い.パオマー(宝馬)河はフー(涪)江水系だが,その他の河川はチャリン(嘉陵)江水系である.高速道路は蘭海線(ランチョウ(蘭州)～ハイコウ(海口)),成巴線(チョントゥー(成都)～バーチョン(巴中)),遂西線(スイニン(遂寧)～西充)が交わる.農業は水稲,小麦,トウモロコシ,柑橘類などを生産し,乳牛や養蚕でも知られる.食品,繊維,電子などの工業がある.鳳凰山や化鳳山などの名所旧跡がある. ［小野寺　淳］

シーチン区　西青区　Xiqing
中国

人口：74万(2011)　面積：545 km²
[39°08′N　117°00′E]

中国北部,ティエンチン(天津)直轄市の区.中心市街地の西郊外に位置し,西はホーペイ(河北)省,南はチンハイ(静海)区に接する.1949年の新中国成立以前は河北省に属し天津県と称する地区であったが,以後天津市に属し,1953年に西郊区が成立した.1992年に西青区と改称した.区政府は楊柳青鎮に置かれており,その名にちなんで区名とした.4街道(うち2は農村)と7鎮を管轄し,常住人口は74万(2011).区内には農村が多く,野菜の生産基地として天津の野菜籃といわれている.天津の楊柳青鎮は元末明初には鎮となっており,南運河に沿った地点にあって漕運で繁栄し,「北国の小江南,沽上の小揚州」と称された.現在でも独特に民俗文化が残っており,中でも楊柳青年画といわれる木版画は全国的に著名である.このほかにも元宵節に行われる灯籠祭り,豪壮な屋敷で行われる京劇など,天津市の民俗文化旅遊区として鎮全体が観光資源となっている. ［秋山元秀］

シーチンシャン区　石景山区　Shijingshan
中国

人口：61.6万(2010)　面積：59 km²
[39°56′N　116°13′E]

中国北部,ペキン(北京)市西部の区.区政府所在地は古城である.地形は北西が高く南東は低い.北西部は丘陵地帯で,区面積の1/3を占める.ヨンディン(永定)河が南西部を流れている.南部は工業地帯であり,冶金,電力,大型機械の製造を主とする.北東部は農業地帯で,野菜と果物の栽培を主とする.鉄道の京原線,豊沙線,地下鉄1号線,国道108,109号が通る. ［柴　彦威］

シーツァン自治区　西蔵自治区　Xizang Zizhiqu
中国

烏斯蔵,吐蕃(古称)／チベット自治区(別称)

人口：300.2万(2011)　面積：1220000 km²
[29°39′N　91°10′E]

中国西部の自治区.慣用的にチベット自治区ともよばれる.首府はラサ(拉薩)市.大部分の地域は平均標高4000 m以上に立地し,2500～4000 mの地域は自治区内の14％を占めるにすぎない.このことから世界の屋根とも称される.西はアフガニスタン,カシミール地方,インド,南はミャンマー,インド,ブータン,ネパールと国境を接する.面積は中国全体の約1/8を占める.人口のうちツァン(チベット)族が90.5％を占める.2000年に行われた人口調査から10年間で約29万人増加している.そのほかに漢族,メンパ(門巴)族,ロッパ(珞巴)族,回族,モンゴル族などの民族が1.35％を占めている.自治区はラサ,シガツェ(日喀則),シャンナン(山南),チャムド(昌都),ニンチー(林芝)の5地級市と,ガリ(阿里),ナッチュ(那曲)の2地区から構成されている.

チンツァン(青蔵)高原の南部に位置し,標高7000 mを超える山が約50座,8000 mを超えるものが11座確認されている.うち世界最高峰であるチョモランマ(エヴェレスト山)は標高8848 mを誇り,中国とネパールの国境部に位置する.そのほかの多くの山脈が東西方向に走る中で,クンルン(崑崙)山脈やガンディセ(岡底斯)山脈,ヒマラヤ山脈などの南北を貫く山脈もみられる.また,自治区内からは数多くの河川が,インド洋や太平洋,チベット北部などに流れ出しており,流域面積が2000 km²の河川が100あまり存在する.とくに,有名なものとして,メコン川につながるランツァン(瀾滄)江やサルウィン川につながるヌー(怒)江,ブラマプトラ川につながるヤルンツァンポ(雅魯蔵布)江があげられる.

その歴史は長く,唐,宋の時代に吐蕃王国が栄えた.元・明代に当地域は烏斯蔵と呼称された.清代末期にいたり,西蔵とよばれ始めた.地名の由来は,西は地域の方位を示し,蔵はチベット語で,衛蔵,烏斯蔵を簡略化したものである.また,吐蕃の蕃(中国語における発音はボー bo)は民族,あるいは地方の名称である.633年にソンツェン・ガンポがチベットの地を統一し,都を邏些(現在のラサ)と定め,奴隷制を布いた.その後,唐代貞観15年(641)に唐の玄宗皇帝の娘である文成公主が嫁いだ.その際に中華文化が

678　シツイ

〈世界地名大事典：アジア・オセアニア・極Ⅰ〉

シーツァン（西蔵）自治区

地図内表記

シンチャン（新疆）ウイグル自治区
ウルグムスターク山 6973
クンルン（崑崙）山
ホフシル（可可西里）山
カラコルム峠 5575
パンゴン湖
ルト（日土）
ガル（噶爾）
ゲギェイ（革吉）
ゲルツェ（改則）
チャンタン
シュワンフー（双湖）
チベット
カイラス山 6656
カンリンポチェ
プラン（普蘭）
ガンディセ山
ツオチェン（措勤）
ニーマ（尼瑪）
シーリン湖（色林錯）
ナム湖（納木錯）
シェンザ（申扎）
チョンパ（仲巴）
サガ（薩嘎）
ガムリン（昂仁）
ラツェ（拉孜）
シガツェ（日喀則）
ニェモー（尼木）
ラサ（拉薩）
ゴサインターン山 8027 ティンリ（定日）
エヴェレスト山 8848
ギャンツェ（江孜）
ネパール
カトマンドゥ
ヤートン（亜東）
ティンプー　ブータン
ヤルンツァンポ江（雅魯蔵布）
ツォナ（錯那）
ミャンマー
チンハイ（青海）省
タンラ（唐古拉）山
アムド（安多）
バチェン（巴青）
デンチェン（丁青）
ナーチュ（那曲）
パインコイン（班戈）
バンゲ
ニェンチェンタンラ（念青唐古拉）山
シャンナン（山南）
ニンチー（林芝）
ナムチャバルワ山 7782
スーチュワン（四川）省
ジャムダー（江達）
チャムド（昌都）
マルカム（芒康）
ザーユー（察隅）
ユンナン（雲南）省
チンシャー（金沙）江
ターラカンリ山 7538
ツォナ（錯那）

（注1）実効支配：中国
　　　領有権主張：中国・インド
（注2）実効支配：インド
　　　領有権主張：インド・中国

インド
ラ
35°N　30°N
80°E　85°E　90°E　95°E　100°E

0　300km

流入し，とくに仏教が伝来して以降，チベット仏教（ラマ教）独自の宗教体系を形成していった．13世紀に元の憲宗が進入し，以降清代に西蔵と呼称されるまで，吐蕃の名称は継続して使用された．

一方で，国の内部では，長期にわたりゆるやかに変化した国の状況とは異なっていた．とくに7世紀以降に流入した仏教による内情の変遷は著しい．11世紀にインドの高僧アチシャに要請して，チベット仏教の再編を行い，同時期にサキャ，セーダム，カルギュ，ニグマの4宗派が成立した．15世紀にツォンカパは従来の堕落しきっていた教派とは別に，原始仏教の復興を目ざした厳格なゲルク派を興した．ゲルク派は現在まで最大宗派となっている．16世紀にスーナム・ギャムツォ（第3代ダライ・ラマ，第1代と第2代は追号である）がモンゴルのアルタン・ハンに会見した際にダライの尊称を受け取り，現在まで続くダライ・ラマの歴史が始まった．なお，ダライ・ラマに次いで高位のパンチェン・ラマは17世紀にロサン・ギャムツォが第5代ダライ・ラマの師になったことに由来する．

以降，ゲルク派はその権力を確実なものとしたが，18世紀以降は清王朝による干渉が激しくなり，加えて20世紀にイギリスやロシアなど列強諸国の干渉を受けるようになっ

た．このような中で，第13代ダライ・ラマの英知によって独立を保ったものの，現在の第14代ダライ・ラマは中国との摩擦の中で，1959年以降他国に亡命している．その間，中国国内において，チベットは1965年から正式にシーツァン（チベット，西蔵）自治区として扱われている．

産業では牧畜業を主体としている郷村は全体の1/3に及び，国民経済の生産総額の45%以上を占める．また，牧草地は8000km²に及び，土地総面積の70%を占めている．草の質は非常によく，国内でも名を馳せる高原牧畜業地域を形成する．主要な家畜はヤク，綿羊，山羊，黄牛，馬，ロバなどを飼育している．また，河谷地帯を使った農業がみられる．とくにヤルンツァンポ江中流域に多い．その主要作物はハダカ麦，小麦，ナタネ，エンドウ豆，トウモロコシなどである．工業では，1960年代以降に工業化が急速に進展した．そのほかに薬材資源が豊かで，薬用植物は1000種に及ぶ．とくにテンマ（天麻）やトウチュウカソウ（冬虫夏草），バイモ（貝母），サンシチ（三七）などが多くみられる．さらに鉱物資源ではクロム鋼やヒ素，ホウ素などの非金属鉱物が重要な資源であるほかに，金や銅などが採掘されている．

2007年に全面開通となった青蔵鉄道によって，チベットを訪れることが比較的楽にな

った．とくに有名な観光地として，ポタラ宮やジョカン寺ともよばれるトゥルナン（大昭）寺，ガンデン（甘丹）寺，タシルンポ（扎什倫布）寺などがあげられる．また，その独特な自然環境にひきつけられる人びとも多い．

[石田　曜]

シーツイシャン市　石嘴山市
Shizuishan
中国

シーツォイシャン市（別表記）/せきしさんし（音読み表記）

人口：72.5万（2010）　面積：5208km²
[38°59′N　106°23′E]

中国中北部，ニンシャ（寧夏）回族自治区北端の地級市．内モンゴル自治区と境界を接する．インチュワン（銀川）平原の北部に位置し，西部はホーラン（賀蘭）山脈が連なり，東部はホワン（黄）河が流れる．地名は，賀蘭山脈が黄河に向かって，嘴（くちばし）の形のように延びていることに由来する．1960年に市制を施行し，2003年にホイノン（恵農）県とタオロー（陶楽）県の一部を吸収合併し市域を拡大した．ダーウーコウ（大武口），恵農の2区，ピンルオ（平羅）県を管轄する．市政府所在地は大武口区．

中華人民共和国成立以降に大炭田が発見され，1956年の第1期5カ年計画にて鉱山開

発が進められた．石炭の埋蔵量は8億tといわれ，とくに賀蘭山脈にある汝箕溝や白芨溝，大峰の炭鉱では，純度が高く発熱量が大きい無煙炭の太西炭を産出する．50年以上にわたって鉱業に依存して経済成長を遂げてきたが，採掘コストの上昇や設備が不十分な炭鉱での事故，鉱山開発による環境破壊などにより，鉱業中心の産業構造からの転換が進められている．そのため2000年頃から複数の工業団地がつくられ，炭化ケイ素や活性炭など石炭の高付加価値素材への加工，ポリ塩化ビニルやシアン化物製造などの化学工業が盛んとなっている．しかし，これらの工業は環境への負荷が大きく，廃棄物による大気や河川の汚染が顕在化している． ［高橋健太郎］

シーツォイシャン市 ☞ シーツイシャン市
Shizuishan

シーツォン県　師宗県　Shizong

中国

人口：42.1万（2012）　面積：2858 km²
[24°51′N　103°57′E]

中国南西部，ユンナン（雲南）省北東部，チューチン（曲靖）地級市の県．県政府は丹鳳鎮に置かれている．南東はチンシュイ（清水）江を隔ててコワンシー（広西）チワン（壮）族自治区である．総人口の1割強を少数民族が占め，チワン族，イ（彝）族，ミャオ（苗）族などが住む．南昆鉄道が県内を通り，ナンパン（南盤）江の水運で広西チワン族自治区とつながる．カルスト地形が発達している．タバコとミカンの栽培が盛んで，石炭と石灰岩も採掘されている． ［松村嘉久］

シッキム州　Sikkim, State of

インド

人口：61.1万（2011）　面積：7096 km²
[27°20′N　88°39′E]

インド北東部の州．東県，西県，南県，北県の4県をもつ．西はネパール，北から東にかけては中国，南東はブータン，南はウェストベンガル州と接する．州都はガントーク．シッキム州は，ヒマラヤ山脈の南縁に位置するため山岳地が州域の85％以上を占め，農業のための土地は少ない．ヒンドスタン平原に近い平地部は標高300 mほどであるが，北西部のネパールとの国境には，標高8586 mの世界第3位の高峰カンチェンジュンガがそびえる．面積は国内で2番目に狭い州で

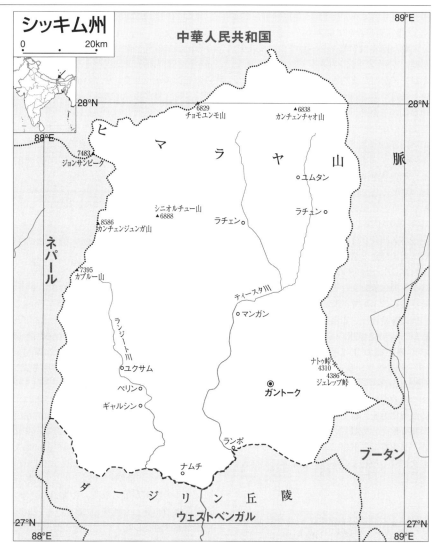

ある．住民のほとんどは仏教徒で，州域の山岳地には250を超える僧院が栄え，仏教文化を守っている．インドの他地域とを結ぶ交通の便をみると，州域には鉄道も空港もない．ガントークから最も近い空港は，南に124 km離れたウェストベンガル州のバグドラにある．また，ガントークから最も近い鉄道駅は，同じくウェストベンガル州のシリグリとニュージャルパイグリで，ガントークから南へそれぞれ114 kmと125 kmの距離にある．

この地域は，古くはレプチャ人の住むところであった．13世紀にチベット人が仏教をもたらしたことで，チベット人の移住が始まった．17世紀に入り，チベットで仏教の教義をめぐり黄色帽子派と赤色帽子派の内紛が起こり，追われた赤色帽子派の集団が1642年にこの地に難を逃れてやって来て王国を興した．1857～58に発生した第1次インド独立戦争（セポイの乱）後，勝利したイギリスは，インドを東インド会社領から，直轄のイギリス領インドとし支配を強めた．やがてシッキムは，1861年にイギリスの保護領となる．その後，イギリスは西隣のネパール人を紅茶プランテーションの労働者として呼び込み，その人口はしだいに増加していった．

現在，人口の約75％がネパール人で，先住民のレプチャ人は18％ほどを占めるにすぎない．ネパール人，レプチャ人は，おもに北部と中部の地域に多く居住する．残りはチベット人である．彼らはブティア人ともよばれる．1947年のインドの独立後は，小さなシッキム王国として外交と軍事をインド政府に委ねて，インドの保護国となった．しかし，なかなか進まない経済発展に不満を抱いた住民の多くが，インドへの併合を強く望むようになった．国王は民衆の要望を聞き入れ，国民投票を実施した．その結果，97％

680　シツキ

〈世界地名大事典：アジア・オセアニア・極Ⅰ〉

の住民の賛成票を得て 1975 年に，インドの第 22 番目の州として併合の道を選んだ．

主要な産業は農業で，トウモロコシ，米，小麦，ジャガイモ，カルダモン，ショウガ，オレンジなどが栽培されている．カルダモンは，国内で最大の生産量を誇る．急峻な山岳地が広がるため，農業適地は州面積の 12%程度でしかない．そのため換金作物の作付面積あたりの収益を高める指導が行われている．州は，工業の低開発地域に指定されており，その発達は大変に遅れている．インドに併合されるまでは，手工芸品の製造など小規模な家内工業が営まれているだけであった．1975 年のインドへの併合後，州政府経営の企業が 3 社設立され，近代的工業の立地が実現した．最初の工場は，インド南部のベンガルール（バンガロール）に本社を置く，ヒンドスタン機械器具社の支援を受けたシッキム時計会社の工場で，時計部品，デジタル時計の製造を始めた．また，シッキム宝石加工会社は，精密機械用の宝石類加工を興し，10以上の下請加工工場を育てた．さらに，1977 年には，シッキム工業振興会社（政府系金融支援会社）が設立され，各種の小規模事業への政府融資を取り扱い，新しい起業活動の振興に力を入れている．

観光地としては，ガントークのほか，バキム，ユムタン，ドブディなど，チベット仏教の大僧院が中心で，多くの観光客をよび込んでいる．　　　　　　　　　　　　［中山修一］

シッキムヒマラヤ　Sikkim Himalaya
ネパール～ブータン

標高：8586 m　　　　　[27°42′N　88°09′E]

ヒマラヤ山脈東部，現在のインドのシッキム州とネパール，中国のシーツァン（チベット，西蔵）との国境周辺の山群．シッキムは現在ではインド北東部の州であり，西はネパール，東はブータンにはさまれているが，かつては，シッキム王国があった地域であり，ヒマラヤ山脈のうちでそこに占める山群が，こうよばれるようになった．世界第 3 位の高峰，カンチェンジュンガ山（標高 8586 m）を主峰とし，ジャヌー山（7710 m），カブルー山（7338 m）などの高峰が密集し，またガンジス川の支流であるタムール川上流部にカンチェンジュンガ氷河，ヤマタリ氷河などの谷氷河が分布するカンチェンジュンガ山群のほか，シッキム州と中国（西蔵自治区）の国境にはチョモユンモ山（6828 m）などの高峰がそびえる．この山は，シッキム州をうるおし，

ブラマプトラ川に流入するティスタ川水系の源流にあたる．シッキム・ヒマラヤは，ヒマラヤ山脈では最も南にあり，かつベンガル湾からの距離も相対的に近いため，インド洋からのモンスーンを受けやすい位置にあり，降雪量，降水量が多く，森林も豊かである．山麓では中心に紅茶の栽培が盛んで，ダージリンはその中心であるとともに，古くから，カンチェンジュンガ山の展望台としての観光地，避暑地であった．　　　　　　［小野有五］

シッタウン川　Sittaung River
ミャンマー

シッタン川　Sittang River（旧称）／ペグー川Pegu River（旧称）

面積：330 km²　長さ：420 km

[17°19′N　96°53′E]

ミャンマー中部から南部にかけて流れる川．国内の 2 大河川であるエーヤワディ川とサルウィン川の中間を，南北に流れる国内第 3 位の川である．シャン州のシャン高原北東部のヤメーティン付近を水源として西流した後，首都ネーピードーの盆地で南へ方向を変える．その後シャン高原（カレニ丘陵）とバゴー（ペグー）山脈の間の平野部を南流してバゴー地方（旧管区）に入り，インド洋のモッタマ（マルタバン）湾へ注いでいる．河口にはエスチュアリ（三角江）を形成している．バゴーが繁栄していた 17 世紀初め頃まで，河口付近には多くの運河が掘られ舟運で発展したが，近年は堆積が激しく水深が浅くなっており，河川水運は衰退した．河口付近の渡河点の町タウングー近辺では，第 2 次世界大戦末期の 1945 年 7 月から終戦にかけて，ビルマ戦線からタイ方面に撤退しようとする日本軍とイギリス軍の激戦地となった．日本兵約 3 万 4000 人のうち渡河に成功し，シッタウン川左岸の友軍に収容されたのは，半数以下の約 1 万 5000 人であった．　　　　　［西岡尚也］

シッダプル　Siddhapur
インド

人口：9.7 万（2011）　　[14°20′N　74°53′E]

インド南部，カルナータカ州ウタールカナドゥ県の都市．アラビア海沿岸のカールワールの南東 97 km に位置する．米やビートルの実，砂糖，カルダモン，トウガラシの交易が行われる．12 世紀建築の見事なルドゥマダーラ寺院がある．グジャラート州にも同名の町シッダプル（またはシッドゥプルSiddhpur，北緯 23 度 55 分，東経 72 度 22

分）がある．　　　　　　　　　［前田俊二］

シッタン川　Sittang River ☞　シッタウン川 Sittaung River

シットウェ　Sittwe
ミャンマー

Sittway（別表記）／アキャブ　Akyab（旧称）

人口：14.8 万（2014）　　[20°09′N　92°55′E]

ミャンマー西部，ラカイン州の都市で州都．バングラデシュ，インド国境に接し，インド洋ベンガル湾に面した港町として発展してきた．カラダン川の河口で，ミュー川，レミョー川が合流する河川水運を利用した，米の集散地であり精米業が盛んである．もともとは小さな漁村だった．1784 年，コンバウン朝の第 6 代ボダウパヤー王が，アラカン王国を征服するために 3 万人の兵を送った．アラカン王国の 3000 人の兵はこの地で抵抗したが，壊滅した．この戦闘で首都のミョーハウン（現ミャウッウー）までの道が開き，直ちに征服された．アラカン人の独立は終わり，兵士は全員が殺害された．

1826 年，第 1 次イギリス・ビルマ戦争によってコンバウン朝からイギリスに割譲された．割譲後はとくに米を扱う商業港として発展した．また，ラカイン州の州都が内陸から沿岸部のシットウェに移った．1866 年には人口は 1.6 万に増加した．1879 年，ミャンマーで初めてイギリス植民地に抵抗した僧のサヤドー・U・オッタマ（1879–1939）がここで生まれた．1901 年，人口は 3.2 万に増加し，ビルマ第 3 の港になった．第 2 次世界大戦のビルマの戦いで，空港と水深の深い港をもつシットウェは重要拠点となった．2007 年，サフラン革命ではシットウェの僧が軍政への抗議を始めた．2012 年，仏教徒がイスラーム教徒のロヒンギャ族の家に放火し始めた．政府は何万人ものロヒンギャ族をシットウェの収容所に入れた．2015 年，ロヒンギャ族難民危機ではミャンマーとバングラデシュから推定 2.5 万人のロヒンギャ族が船で（国外に）脱出した．

2014 年 3 月 26 日，国際的な民間医療支援団体のアメリカ人活動家が仏教旗を冒瀆したとして，数百人の仏教徒が暴動を起こした．翌 3 月 27 日には，暴徒が世界食糧計画（WFP）の倉庫を襲撃．治安部隊の威嚇射撃（流れ弾）により 1 人が死亡した．　［西岡尚也］

シティ　City　オーストラリア

シヴィック　Civic (別称)／シヴィックセンター　Civic Centre (別称)／シティセンター　City Centre (別称)

人口：0.3万 (2014)　面積：1.5 km²

[35°16′S　149°07′E]

オーストラリア南東部，首都特別地域，首都キャンベラ市の中心業務地区．正式な名称はシティだが，シヴィック，シヴィックセンター，シティセンターともよばれる．バーリーグリフィン湖のすぐ北側に位置し，キャンベラの商業中心地区であり，ショッピングセンター，オフィス，行政機関が立地するほか，市内バスおよび州都間を結ぶバスターミナルがある．

オーストラリア連邦の成立に伴い1908年に首都に選定されたキャンベラは，田園都市理念を取り入れた計画都市である．キャンベラの都市計画を立案したウォルター・バーリー・グリフィンは，首都の中心に人工的に造成したバーリーグリフィン湖を置き，北側に市民生活の中心地区となるシティヒル，南側に行政機能中心地区となるキャピタルヒルを置いた．シティはシティヒルの中心地区として1927年に設立された．シティヒルとキャピタルヒルを結ぶ線を陸の軸，バーリーグリフィン湖の両端を結ぶ線を水の軸とよび，その交点を中心とする三角形はパーラメンタリートライアングル(国会議事堂トライアングル)とよばれ，首都の中枢機能を担う機関を集積させるよう計画された．シティヒルの中心となるのは六角形の環状道路ロンドンサーキットで，そこから放射線状に道路が延びている．ロンドンサーキットを起点として北に向かうノースボーン通りは，北キャンベラの幹線道路となっている．

シティは市民生活の中心地区として計画されたものの，その建設は財政難や世界恐慌，第1次・2次世界大戦などによって中断を余儀なくされた．商業ビルとして現在も残存するシドニービルディングとメルボルンビルディングは1926年に建設が始まったが，完成したのは第2次世界大戦後の1946年である．その後も商業施設の建設は進まず，そのため市民は，買物にはニューサウスウェールズ州のクイーンビアンやシドニーまで出かけていた．1960年代に大型商業施設のキャンベラセンターショッピングモールが完成したことにより，商業機能はようやく整備されることになる．シティには商業施設のほか，グリーブ公園，キャンベラシアター，キャンベラカジノ，国立会議場，ホテルなどの施設が立地している．またパーラメンタリートライアングルの線上につくられたシヴィックスクエアには，オーストラリア首都特別地域(ACT)立法議会や，キャンベラ博物館ギャラリーが建設されている．2000年以降，連邦政府機関が移転してきたほか，バーリーグリフィン湖畔に高層マンションも立ち並ぶ．

［葉　倩瑋］

シーディ　西逓　Xidi　中国

西渓，西川 (古称)／せいてい (音読み表記)

[29°54′N　117°59′E]

中国南東部，アンホイ(安徽)省ホワンシャン(黄山)地級市イーシェン(黟県)東部，西逓鎮の村．西逓鎮は人口0.6万 (2013)，面積77 km²．伝説によると，北宋の慶暦7年 (1047)に唐の第19代皇帝昭宗の子である胡昌翼の子孫の胡仕良が，婺源から金陵 (南京)に向かう旅の途中にこの地の景色のすばらしさに感動し，翌年一家をあげて移り住んだのが西逓の始まりという．集落は河川の西岸につくられたので，もとは西川，西渓とよばれた．明代に徒歩で官文書を逓送する郵駅が設けられたので西逓に改められた．鎮はまわりを山に囲まれた標高260 mの丘陵にある．胡氏一族は明代に商業で成功を収めて得た資金で道路や水路，民家や祠堂などの整備を行った．清代には政府の高官を輩出して村はさらに繁栄し，数多くの豪邸が建築された．咸豊同治年間には戦乱により1700あまりの民居が焼け落ちたという．村は東西の石畳の街路を基軸に，それと平行する道路や路地が数多く設けられ，舟形に細長く家々が立ち並ぶ．明清時代の徽州様式でつくられた祠堂が3坊，牌坊が1座，古民居が224棟残存する．2000年に「安徽南部の古村落—西逓・宏村」として宏村とともにユネスコの世界遺産 (文化遺産) に登録された．凌雲閣，胡文光刺史牌楼，瑞玉庭，桃李園，東園，西園，大夫第，敬愛堂，履福堂，青雲軒，膺福堂，篤敬堂，仰高堂，尚徳堂，追慕堂，仁堂など古建築物があり，中国明清民家博物館とよばれる．

［林　和生］

シーディエン県　施甸県　Shidian　中国

してんけん (音読み表記)

人口：34.4万 (2015)　面積：2009 km²

[24°45′N　99°12′E]

中国南西部，ユンナン(雲南)省西部，パオシャン(保山)地級市の県．県政府所在地は甸陽鎮である．少数民族人口が1割に満たない漢族が主体の地域である．元から明にかけては石甸長官司が置かれた．西側のロンリン(竜陵)県とはヌー(怒)江が県境となっている．怒江東岸には日中戦争の遺跡も残る．水力発電やセメント製造のほか，製糖や製茶などの食品加工業が立地する．牧畜やダムを利用した淡水魚の養殖も盛んである．地震多発地帯であり温泉が多い．

［松村嘉久］

シティセンター　City Centre ☞ シティ　City

シーテープ歴史公園　Si Thep, Uthayan Prawattisat　タイ

パイサーリ　Paisali (別称)

[16°20′N　101°05′E]

タイ北部，ペッチャブーン県シーテープ郡のシーテープ遺跡を中心とした歴史公園．遺跡は，7〜11世紀頃タイ中部で栄えたドヴァーラヴァティ時代からクメール時代にかけての遺跡と推定され，直径約1.5 kmの円形の環濠と，その東側に東西約2 km，南北約1.5 kmの矩形の環濠が続いている．円形の環濠内にはドヴァーラヴァティ時代のものと思われるカオクランナイとよばれる大規模な仏塔の基盤があり，そのすぐ北側にはクメール時代につくられた尖塔の跡がある．また，環濠の北約1.5 kmにはカオクランノークとよばれる同じくドヴァーラヴァティ時代の仏塔の基盤が残り，かつてはこの基盤の上にスリランカ様式の仏塔が建てられていたものと推測される．

［柿崎一郎］

シデンレン湖　Sidenreng, Danau　インドネシア

[4°00′S　119°52′E]

インドネシア中部，スラウェシ島，南スラウェシ州シデンレンラパン県にある湖．州都マカッサルの北北東130 km，パレパレの東25 kmに位置する．南東にはテンペ Tempe 湖がある．

［水嶋一雄］

シドアルジョ　Sidoarjo　インドネシア

人口：194.1万 (2010)　面積：714243 km²

[7°04′S　112°05′E]

インドネシア西部，ジャワ島東部，東ジャワ州の県および県都．県都の人口は19.3万．州都スラバヤの南25 kmに位置する．県は18の郡を擁する．地形的には低地で，ブランタス川の支流であるマス Mas 川とポロン Porong 川が流れ，デルタ地帯として知られる．スラバヤ空港としての機能を果たすジュアンダ Juanda 国際空港があり，国内はもとより，シンガポールやマレーシアの首都クアラルンプールとを結ぶ東南アジア国際路線が就航している．2006年5月，県内のポロン Porong 郡レノケノンゴ Renokenongo 村においてガス田からの有毒な硫化水素ガスや泥土の噴出事故が起き，数万人が避難を余儀なくされ，複数の村が泥に埋もれ消滅した．シドアルジョの泥火山といわれる．　［浦野崇央］

シードゥ県　喜徳県　Xide　中国

人口：16.9万 (2015)　面積：2206 km²
[28°18′N　102°23′E]

中国中西部，スーチュワン(四川)省南西部，リャンシャン(涼山)自治州の県．成昆鉄道が県北部を東西に通っている．県政府はコワンミン(光明)鎮に置かれる．チュワンシーナン(川西南)山地に位置し，県内は山地が卓越し，東はダーリエン(大涼)山地に，北は窩爾則峨山に続いている．漢代の越嶲郡の地で，唐代は嶲州，明代に軍事組織である寧番衛冕山千戸所が置かれ，清代にはシーチャン(西昌)，ミエンニン(冕寧)の2県が置かれた．1952年に両県の一部を割いて喜徳県が設置された．おもな農産物はトウモロコシ，ジャガイモ，米，ソバであり，リンゴ，カショウ(花椒)が特産物で，山間部では薬材を産する．工業では製材，鉄合金，農業機械，食品加工，醸造業があり，水晶製品やイ(彝)族の木製工芸漆器が有名である．　［林　和生］

シトゥボンド　Situbondo　インドネシア

人口：66.6万 (2014)　面積：1670 km²
[7°47′S　114°11′E]

インドネシア西部，ジャワ島東部北岸，東ジャワ州の県および県都．シトゥボンドは県内では小さな町であるが，行政中心の町である．県都の人口は4.7万 (2010)．米，サトウキビ，ラッカセイなどを中心に農林水産業が盛んで，産出額は約34.6%を占めている．市内にある白い砂浜は有名な観光地の1つである．　［水嶋一雄］

シドニー　Sydney　オーストラリア

人口：439.2万 (2011)　面積：12368 km²
降水量：1214 mm/年　[33°52′S　151°13′E]

オーストラリア南東部，ニューサウスウェールズ州中央東部の都市で州都．国内のみならず南半球を代表する港湾都市である．首都キャンベラの北東約280 kmに位置する．都市圏は，タスマン海に面するジャクソン湾とボタニー湾からブルーマウンテンズのふもとまで東西約60 kmに及び，国内第1位の人口を擁する．

シドニー都市圏の地形は，おおむねカンバーランド Cumberland 平原とホーンズビー Hornsby 台地とに分けられる．カンバーランド平原は，ジャクソン湾の南から西部にかけて広がる標高50 m前後の平坦地である．この西縁はブルーマウンテンズの山麓を北流するネピアン川，ホークスベリー川によって境される．平原にはパラマッタ川，ジョージス川などが流域をもち，それぞれジャクソン湾やボタニー湾に三角江(エスチュアリー)をなして注いでいる．また，ホーンズビー台地は，比較的平坦な河間地を侵食谷が深く刻んだ標高200 mほどの台地である．侵食谷は，レーンコーヴ Lane Cove 川やミドルハーバー川などの河川長6〜15 km程度の小河川が形成したもので，ジャクソン湾に注ぐ．これらの地形を構成するのは，おもに三畳紀のホークスベリー砂岩である．この砂岩層は層厚約200 mを有し，シドニー構造盆地の主体をなす．また，砂岩は比較的強度があり，明灰色から黄褐色を呈して美しいことから，先住民の彫刻や壁画に用いられたほか，町の公共建築物や墓石など主要石材として広く利用されている．

気候環境は，最暖月の平均最高気温が25.9℃，最寒月の平均最低気温が8.0℃と年間を通じて温暖で年較差が小さい．1859〜2013年における最低気温でも，1932年6月に2.1℃が記録され，氷点下とならない．また降水量は，7〜12月にかけて100 mm以下，その他の月は100〜130 mm程度である．しかし過去には，月10 mm以下を記録したこともあり，極端に乾燥する年もある．都市圏の中核をなすシドニー市は，中心業務地区を囲む多くの近隣地区からなる行政区である．中心業務地区は，北はサーキュラーキー(埠頭)，東はマクウォーリー・エリザベス通り，西はダーリングハーバー，南はゴールバーン通りによっておおむね囲まれる．市は1842年に今日のウルムールー，サリーヒルズ，チッペンデール，ピアモントなどの

地区を取り囲むように11.65 km²が設定された．しかし，その後市の境界は，1900年以降かなり変更されてきた．2004年にはサウスシドニー市の行政区と合併して，人口，面積ともに増加した．

地名は，ボタニー湾への上陸をあきらめ，1788年1月26日にジャクソン湾のシドニーコーヴ(入江)に上陸したアーサー・フィリップ総督が，内務大臣シドニー卿トマス・タウンゼントにちなんで命名したものである．フィリップは，当初この地をアルビオンと命名しようと考えていたが，イギリスにおけるオーストラリア探検の責任者の名前を地名とした．フィリップが上陸した1月26日は，建国を祝う祭日，オーストラリア・デイとなっている．フィリップが上陸する前から，この地は先住民カディガル(Cadigal)の居住地であった．貝塚や砂岩に刻まれた彫刻，岩絵などから，彼らの祖先は約3万年前からここに暮らしていたと考えられている．ヨーロッパ人の入植前，周辺の先住民人口はおよそ4000〜8000程度とされる．しかし，ヨーロッパ人と先住民との衝突や伝染病の蔓延などから，先住民人口は1800年代初頭までに1/10程度に減少した．フィリップとともにシドニーコーヴへ上陸した入植者は，士官・水兵とその妻子，および囚人の合計約990人であった．彼らは土壌層が未発達のシドニーコーヴ周辺での耕作に悩まされ，食糧不足に陥った．しかし，パラマッタ川河口のライドやホークスベリー川沿いのウィンザーなどでも農業が始まり，1792年以降食糧事情はしだいに改善していった．1810年，ラクラン・マクウォーリーが第6代総督に就任すると，都市整備が進められた．ダーリングハーバーのマーケット桟橋(1811)，軍病院(1815)，サウス岬の灯台(1818)，ハイドパーク・バラック(1819)，総督官邸(1821)，聖ジェームズ教会(1824)，最高裁判所(1828)などが，囚人労働も加わって建築された．サーキュラーキーに近接するロックス周辺には，入植初期の名残が多く，カドマンズ・コテージ(1816)は，現存するシドニー最古の建築物である．流刑は1840年に廃止され，シドニーは42年に自治体，55年に立法議会が誕生して自治植民地となった．

1883年になると，シドニーとメルボルンを結ぶ鉄道がアルベリーを中継して開通した．しかし，19世紀後半のオーストラリアでは，依然河川交通が主役であった．また，両植民地の鉄道軌間(ゲージ)が異なっていたため，1962年に直通路線が開通するまで乗客や貨物の乗せ替えを必要とした．このた

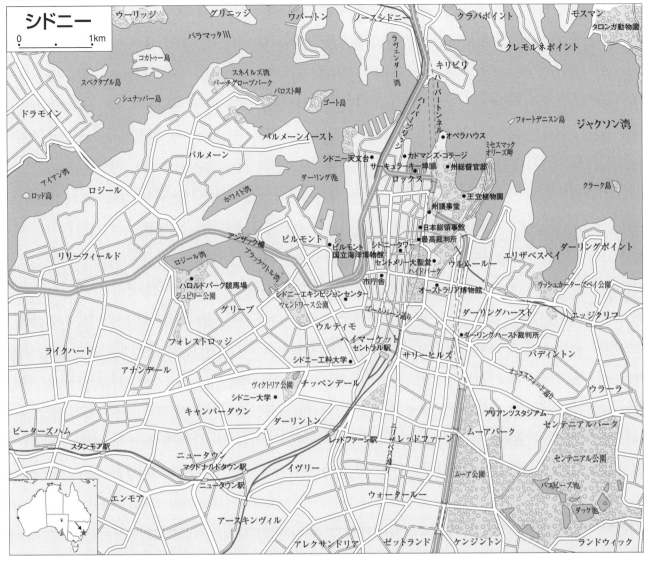

め，マレー・ダーリング川を利用した内陸部との羊毛や金，石炭などの交易はメルボルンとの間で盛んに行われ，多くの富がメルボルンに集まった．この結果，1901年に植民地が統合されオーストラリア連邦が誕生した際には，首都はメルボルンに置かれた．しかし，近代的な交通網の整備が20世紀に入って急速に進み，マスコット（キングスフォード・スミス）空港（1920），地下鉄（1926），ハーバーブリッジ（1932）やハーバートンネル（1992）などがシドニーに建設された．シドニーはメルボルンを人口で追い越し，連邦準備銀行や証券取引所などが置かれるに及んで，国内における経済の中心となった．また，2000年にはシドニーオリンピックが開催され，国内最大の都市としての地位を不動とした．

シドニーでは，州の工業生産高の約半分を生産し，製材，造船，化学，機械類，石油精製などの工業が発展している．そしてシドニー港の中心となるダーリング港やホワイト湾周辺の埠頭から，羊毛，小麦，肉類が輸出され，機械類が輸入されている．とくに羊毛は，州で生産されるそれの2/3が積み出される．また，ボタニー湾に位置するボタニー港は，コンテナターミナルを備え，石油や天然ガスの輸入備蓄地として，年間1578隻（2010～11）を受け入れる．

シドニーコーヴのサーキュラーキーには外国旅客船が着岸し，世界一とも評される港湾景観が楽しめる．この景観を代表するのは，2007年に「シドニー・オペラハウス」としてユネスコの世界遺産（文化遺産）に登録されたオペラハウスやハーバーブリッジである．オペラハウスはデンマーク出身のヨーン・ウッツォンが設計した独創的なデザインの劇場，コンサートホールで，1959年に着工され73年に完成した．また，ハーバーブリッジは，全長約1500m，高さ134mのアーチ橋で1932年に完成した．港とこれら建築物の織りなす景観は，シドニーというよりオーストラリアを代表する景観ともなっている．シドニーは海外からの移住者も多く，多民族都市としての側面が強い．居住者はイギリス，ニュージーランドはもとより，中国や東南アジア諸国，インド，イタリアなどの出身者も多い．このため，家の外では英語を話すが，家に帰ると母国語で会話をする人が多いといわれる．また，市内には多国籍のレストランも多く，多種多様な食文化の町でもある．さまざまな国の出身者が集まることから，人びとはマイノリティに寛容で，シドニー・ゲイ・アンド・レズビアン・マルディ・グラのようなイベントが毎年開かれるのも特

シドニー(オーストラリア)，オペラバーからみたオペラハウス《世界遺産》〔Tooykrub/Shutterstock.com〕

徴である． [薫谷哲也]

シドリー山　Sidley, Mount
南極

標高：4285 m　　　　[77°02′S　126°03′W]

　南極，西南極の山．マリーバードランド西部のエグゼクティヴコミティー山脈を構成する5大楯状火山の1つである．非常に大きな山塊で，南極で最も標高が高い火山であり，南極7大火山(標高4181～4285 m)の1つでもある．アメリカの航空探検家リチャード・バードによって1934年11月18日にフライト中に発見された．山名は，バードの1933～35年の探検の重要な貢献者であるウィリアム・ホーリックの娘であるマーベル・シドリーにちなんで，バードにより命名された．初登頂はニュージーランドの登山家ビル・アトキンソンによって1990年1月11日に達成された． [前杢英明]

シーナカリンダム　Si Nakharin, Khuean
タイ

面積：428 km²　堤長：610 m　堤高：140 m
貯水量：17700百万 m³　[14°25′N　99°08′E]

　タイ中部，カーンチャナブリー県のダム．クウェーヤイ川(メークローン水系)に建設された貯水ダムで，1979年竣工した．貯水容量はタイ最大である．同じくメークローン水系に建設されたカオレームダム(1984年竣工，貯水容量95億 m³)とともに，水力発電のほか，大メークローン灌漑プロジェクトの一環で流域の耕地に灌漑用水を供給する．シーナカリン国立公園内にある．釣り場としても知られ，県の重要な観光地ともなっており，年間30万人が訪れる． [遠藤　元]

シナバン　Sinabang
インドネシア

[2°28′N　96°22′E]

　インドネシア西部，シムル島南部，アチェ州シムル県の町で県都．2005年3月28日に発生した大地震とその後の大火で，市街地の50～60%が破壊され，港の施設も大きなダメージを受けた．さらに土地が40 cmも隆起した．シムル島はスマトラ島北西沖に位置する． [水嶋一雄]

シナブン山　Sinabung, Gunung
インドネシア

標高：2460 m　　　　[3°10′N　98°24′E]

　インドネシア西部，スマトラ島北部，北スマトラ州カロ県の火山．ブラスタギの西側に位置する．活発な火山で，最近でも2010年の8月と9月，13年9月から14年1月，16年5月21日にも噴火が起こっている．山麓のほとんどは林地で，山間部にはガヨ人が居住しているといわれている． [水嶋一雄]

シナン　新安　Sinan
韓国

人口：3.6万 (2015)　　面積：655 km²
[34°49′N　126°06′E]

　韓国南西部，チョルラナム(全羅南)道西部の郡．モッポ(木浦)市の西方に位置する．郡

域はヘジェ(海際)半島と連続しているチ(智)島を除いて，数多くの島嶼からなっている．安佐島，押海島，ピグム(飛禽)島，都草島，荏子島，岩泰島などがある．郡庁，教育庁，保健所などの行政機関は木浦市内に置かれている．2010年の人口は約3.3万である．1975年の人口は約16万であったので，この間に約2割減少した．周囲の海域は水深15mに達しない浅海域が多く，好漁場となっている．1975年に発見されたシナン(新安)沖海底遺跡が有名である．沈没船から南宋，元時代の陶磁器，金属製品が多数発見された．

[山田正浩]

シーナン　西南　Xinan
中国

中国の地理的大区分に用いられる用語．現在のスーチュワン(四川)・グイチョウ(貴州)・ユンナン(雲南)の3省，シーツァン(チベット，西蔵)自治区，チョンチン(重慶)直轄市の5省区市からなる．中国の西南部は，西に最も高度の高い青蔵高原，その東には一段高度の低いユングイ(雲貴)高原と一気に高度の下がる四川盆地があり，それぞれ地形的には独立した単位をなしており，まとまった特徴をもっているわけではない．地形的には複雑な起伏をもった山地であり，民族文化的にも多様な少数民族の居住地であって，ホワチョン(華中)，ホワナン(華南)の後背地の位置にある．西南地区で前近代に一般の行政区と同じ省が置かれていたのは四川，貴州，雲南の3省で，この3省が西南地区の中核であった．民国時代にはこの範囲を西南三省や大西南とよんだ．それぞれの略称をとって川(四川)黔(貴州)滇(雲南)地区ともよばれる．四川西部のチベットとの境界地帯(チベット側からいうカム地方)は1939年，西康省として独立していた．

1949年新中国成立後，6大行政区を設定したとき，西南行政区が置かれたが，それには四川省を廃止して置いた川東，川南，川西，川北の4行署区(1952年に統合して四川省が復活)と西康・雲南・貴州の3省および重慶市が含まれた．西南行政区および中国共産党中央西南局は重慶に置かれた．西康省より西のチベットは，昌都(チャムド)地区・西蔵地方とよばれていたが，実質的にはツァン(チベット)族による自治が行われており，これらは西南地区には含まれなかった．その後，1954年には大政区は廃止され，行政区としての西南地区はなくなった．しかし1955年に西康省が廃止されて四川省に戻り，昌都と西蔵に対しても中国政府が政治的支配を強め，56年からのチベット動乱の結果，66年シーツァン(チベット，西蔵)自治区が成立し，これも西南地区に属することになった．その後，西南四省(区)という呼称が使われるようになった．また1997年に重慶が直轄市として独立したために，西南は西南五省(区，市)と称するようになっている．近年の西部大開発の政策をはじめ，経済開発を進めるための地域の枠組みとしては，華南地区に属するコワンシー(広西)チワン(壮)族自治区を加えて西南六省(区市)と称することもある．

西南地区は面積では全国の1/4を超える率を占めるが，人口では14.5%を占めるにすぎない．広大な面積をもつ人口希薄なチンツァン(青蔵)高原を抱えるためであるが，経済的にも地域によって大きな格差が存在する．西南地区での工業生産の中心は重慶市にあり，GDPは1兆4000億元を超える．省では四川は人口8000万，GDPも3兆元に達する．省会であるチョントゥー(成都)市は商業中心として全国でも有数の大都市となっている．しかし雲南・貴州は内陸にあって起伏の多い山地に位置し，交通網が整備されていないため開発は遅れている．GDPでは両省合わせて2兆元程度である．西蔵自治区になるとさらに条件が厳しく，GDPもほかより2桁低い(900億元)．

西南地区には少数民族の人口が多いのも特色の1つである．とくに雲南省は生きた民族博物館といわれるほど，多種多様な少数民族がさまざまな生活様式をもって暮らしている．また西蔵自治区は全国でも少数民族人口の比率が最も高い行政区である．　[秋山元秀]

シニオルチュー山　Siniolchu Mountain
インド

標高：6888m　　　　　[27°40′N　88°20′E]

インド北東部，シッキム州の名峰．シッキム州の高峰の1つである．世界で第3位，州内最高峰のカンチェンジュンガ山(標高8586m)に隣接している．この標高6888mの山はとくに美しい山として評価されており，その均整のとれた美しい雪の山容は，世界で最も見事な山の芸術の至高として称えられている．　[前田俊二]

シーニン市　西寧市　Xining
中国

青唐城(古称)/せいねいし(音読み表記)

人口：201.4万(2015)　面積：7665km²
[36°37′N　101°46′E]

中国西部，チンハイ(青海)省の地級市で省会．チベット高原で唯一人口100万以上の都市でもある．省の東部，チベット高原とホワントゥー(黄土)高原が隣接する．ホワン(黄)河水系のホワン(湟)水中流に広がる盆地に位置する．湟水は西から東に流れ，平坦地は東西に長い．市の北側はダーバン(達坂)山脈，南側は拉脊山脈と，チーリエン(祁連)山脈系の標高4000m級の山々が連なる．市街地の標高は2260mで，年平均降水量は380mm．高原性の乾燥気候で，平均気温は夏(7月)は17.3℃と冷涼で，冬(1月)は−7.4℃と寒い．このため，夏季の避暑に好まれ，夏都とも称される．

シルクロードの南路，および古都長安とチベットやネパールを結ぶ唐蕃古道が通り，古くより交通の要衝であった．古代は長らく羌とよばれるチベット系の遊牧民の生活地域であったが，紀元前121年，前漢の霍去病将軍が西寧亭という軍事拠点を築き，中原の版図に組み込まれるようになった．唐代後期(8世紀)にはチベット系の吐蕃の占領地となり青唐城とよばれた．その後，中原政権と遊牧民との勢力争いが続くが，明代(14世紀)以降は，中原政権の勢力が強くなり，清代にはここに西寧弁事大臣が置かれ，青海地方のチベット系・モンゴル系の各遊牧民を管理するようになった．中華民国期(19世紀)には，回民(ムスリム)軍閥の馬麒・馬歩芳父子がこの地の実権を握った．現在，馬歩芳の旧公館は保存され，一般公開されている．そこでは，クンルン(崑崙)山脈から切り出した白玉(大理石)を多用した豪華な中華民国期の建築物をみることができる．2006年，中国各地から西寧市を経てシーツァン(チベット，西蔵)自治区へつながる青蔵鉄道が開通した．また西寧曹家堡空港があり，中国各地と航空路線で結ばれる．

行政区は，城東区，城中区，城西区，城北区，ホワンユワン(湟源)県，ホワンチョン(湟中)県，ダートン(大通)自治県の4区，3県を管轄する．市政府所在地は城中区である．人口の大半は漢族だが，ほかに回族，ツァン(チベット)族，トゥ(土)族，モンゴル族，サラ(撒拉)族など多民族が居住する．市内にはイスラーム教のモスクが多く，城東区には，中国有数の規模で4万人以上を収容する東関大モスクがある．湟中県には，チベッ

シーニン(西寧)市(中国),ラマダーン(断食月)の礼拝者でにぎわう東関大モスク〔高橋健太郎提供〕

ト仏教ゲルク派の開祖ツォンカパの生誕地であり,ゲルク派六大寺院の1つとされるクンブム寺(タール寺)があり,観光地にもなっている.また,市北部にあるチベット医薬文化博物館では,医薬を中心とするツァン族の文化や歴史,薬品原料となるチベット高原の動植物や鉱物などが展示されている.交通の要衝で省会でもあることから,商業や流通業が盛んである.機械や化学肥料,食品,製薬,繊維,建材などの工業があり,チベット絨毯や医薬品,乳製品などの生産が特徴的である.郊外では,小麦やハダカ麦,豆類,採油用のナタネなどが生産される.また,青海大学や青海師範大学,青海民族大学など高等教育機関があり,青海省の教育の拠点でもある.　　　　　　　　　　　　　[高橋健太郎]

しはくし　淄博市 ☞ ツーポー市 Zibo

シハヌークヴィル　Sihanoukville
カンボジア

西哈努克港(漢字表記)/クロンプレアシハヌーク Krong Preah Sihanouk(別称)/コンポンソム Kampong Som(別称)/プレアシハヌーク Preah Sihanouk(別称)

人口:20.0万(2008)　面積:868 km²
[10°38′N　103°30′E]

カンボジア南西部,プレアシハヌーク州の都市で州都.コンポンソム,プレアシハヌーク,クロンプレアシハヌークなどともよばれる.首都プノンペンの南西約185 kmに位置し,タイ湾に面した港湾都市である.国道4号によってプノンペンと結ばれ,多くの製品を乗せたトラックやコンテナなどが行き交っている.また中心部から東南東約18 kmにはシハヌークヴィル国際空港がある.市は現在,ミタペプ Mittakpheap,プレイノブ Prey Nob,ストゥンハ Stueng hav の3つの行政区に分かれている.地名は,独立の父とし尊敬を集めるノロドム・シハヌーク国王の名に由来し,サンスクリット語でライオンの顎を意味する.

町の歴史は新しく,1964年に始まる.港の建設は1955年に始まり,フランスがベトナム軍のカンボジアへの侵入を規制するために建設が開始された.ベトナム戦争時にはアメリカとの激戦地となり,また1975年4月のクメール・ルージュによるゲリラ戦では,アメリカ軍は撤退させられる.そして1975年5月,アメリカの商船マヤグエース号が拿捕されるマヤグエース号事件が起こった.その後クメール・ルージュの支配体制の崩壊後,シハヌークヴィル港は軍事的に利用されていたが,国際港としてふたたび開発が進んだ.カンボジア唯一の大水深港で,貿易港としてコンテナ船や貨物倉庫が立ち並び,国内経済の支柱となっている.現在,港に広さ0.7 km²を有するシハヌークヴィル港公社が事業主体となる,国内唯一の公的な経済特区のシハヌークヴィル港経済特区(SPSEZ)があり,高水準のインフラが整備され,今後のカンボジア経済の中枢としてさらなる役割が期待できる.

市内のほとんどは湿潤地帯であり,水田や農園などの農業はもちろん,水産養殖,鉱業,アンコールビール工場,衣類やエビの加工業などによって経済は支えられている.また国内有数のリゾート地で,観光地化が進んでおり,大型ホテルや外国人向けの施設が整備されてきている.海域は豊かな漁場であり,南と西の島には熱帯林が残る島がある.とくにビーチには国内外から観光客が訪れる.オートレ Otres,オーチュティル Occheuteal,ソカ Sokha,インデペンデンス Independence,ヴィクトリー Victory などのビーチがあり,ダイビングやシュノーケリングなどが人気である.また沖合にはロン Rong 島,ロンサレム島,タン Tang 島など多数の島々があり,観光地としても有名である.市街地の東23 kmには,タイ湾に面した210 km²に及ぶ広大なレアム国立公園がある.1993年に保護地区に指定され,多種多様な野生動物が生息し,160種の野鳥,マングローブ林などの熱帯林や鳴き砂のビーチなど手つかずの自然が残る.　[辻本歩美]

シハヌークヴィル州　Sihanoukville Province ☞ プレアシハヌーク州 Preah Sihanouk Province

シパン岬　Sipang, Tanjung
マレーシア

標高:124 m　　　[1°48′N　110°20′E]

マレーシア,カリマンタン(ボルネオ)島北部,サラワク州南西部の岬.州都クチンの北約40 kmに位置する.岬を含む半島部一帯では,ビーチリゾート開発が進展してきた.クチンからサントゥボン川に沿って北上すると半島にいたるが,この半島西岸ではダマイビーチなどのリゾート開発が行われた.このリゾートに隣接してサラワク文化村が設置され,サラワクのマレー系少数民族の生活様式に触れることができる.　　　　　　[生田真人]

シーハンザ市　Shixenze, Xihanza, Xihänzä ☞ シーホーツー市 Shihezi

シビー県　Sibi District
パキスタン

人口:21.3万(1998)　面積:9613 km²
[29°33′N　67°52′E]

パキスタン南西部,バローチスタン州東部の県.県都はシビー.県は,おおむね北緯

29〜30.5度，東経 67〜68.5度に位置する．1903 年 10 月に成立し，当初は現シビー，デーラーブグティ，コールなど 5 県を管轄した．北はハマイ県，北東はロラライ県，東はコール県，南から南西はカッチ県に接する．地名は，かつてこの地域を支配したといわれるセワ人のヒンドゥー教徒の女性シウィにちなむという．県都シビーのある南部の平野部（標高約 150 m 以下）を除いて山地が大部分を占め，北部は標高 2000 m を超え，ハリファット峰の 3486 m が最高点である．インド亜大陸でも暑い地域の 1 つとされ，平原のシビーでは 6 月の平均気温は 32℃ に達する．年平均降水量はシビーで 200〜300 mm であるが，年変動が大きい．多数の部族が居住し，言語も多様で，母語でみるとパシュトゥー語，バローチ語，シンド語，サライキ語，パンジャビ語などが話される．

おもな産業は農業で，可耕地は約 8 万 5300 ha（1994/95）あるが，灌漑用水の利用が限定されているため休閑地が多く，作付けはその約 3 割にとどまる．ナリ用水路によって灌漑耕地のほぼ 9 割にあたる約 2 万 ha が灌漑される．おもな作物は，小麦，リンゴやアンズなどの果物，飼料作物，野菜で，用水不足のため作付面積の約 3/4 が小麦，飼料作物，野菜などのラーヴィ期（秋・冬）作である．また，森林破壊が進み，経済問題にとどまらず環境への深刻な影響が憂慮されている．農業部門への雇用の圧力を軽減するために農外雇用の拡大が必要で，製造業の育成を企図しているが，資本不足などのため不十分である．1998 年のセンサスによれば，商工業での雇用は公式には約 2730 人であるが，実際は年少労働者など非公式部分も含めるとその倍以上とみられている．都市人口率が 32%（1998）で人口の約 2/3 が村落に居住し，シビーは用水上流域の農産物集散地となっている．　　　　　　　　　　　　［出田和久］

シーピン県　施秉県　Shibing　中国

しへいけん（音読み表記）

人口：15.6 万（2008）　面積：1544 km²
　　　　　　　　　　　　[27°02′N　108°07′E]

中国中南部，グイチョウ（貴州）省南東部，チェントンナン（黔東南）自治州の県．県政府所在地は城関鎮である．少数民族人口が 5 割強を占め，そのほとんどがミャオ（苗）族である．県域を湘黔鉄道が通る．農業県で工業は発達していない．チェンユワン（鎮遠）から施秉，ホワンピン（黄平）にかけてカルスト地形の中を舞陽河が流れ，その流域は 1988 年に

国が風景名勝区に指定した施秉のカルスト地域は，著名な観光地である桂林などとともに，2014 年にユネスコ世界遺産（自然遺産）の「中国南方カルスト」に追加登録され，観光客が急増した．　　　　　　　　［松村嘉久］

シーピン県　石屛県　Shiping　中国

人口：30.0 万（2008）　面積：3090 km²
　　　　　　　　　　　　[23°43′N　102°27′E]

中国南西部，ユンナン（雲南）省南東部，ホンホー（紅河）自治州の県．イ（彝）族が人口の過半を占める．県政府所在地の異竜鎮は，1999 年に省の歴史文化都市に選ばれた．旧市街地には四合院形式の伝統的な民家が残るが，かつて旧市街地を取り囲んだ城壁は 1950 年代に壊されている．農業人口が 9 割を超えるが，山がちな地形で耕地面積は少ない．米，タバコ，サトウキビがおもな産物である．モンツー（蒙自）県と石屛県を結ぶ鉄道は 1970 年に開通した．　　　［松村嘉久］

シーピン県　西平県　Xiping　中国

人口：約 87 万（2016）　面積：1098 km²
　　　　　　　　　　　　[33°23′N　114°02′E]

中国中央東部，ホーナン（河南）省中部，チューマーディエン（駐馬店）地級市の県．駐馬店市街地の北に位置する．19 郷鎮を擁する．県政府所在地は柏城鎮．省内有数の肉類産地であり，農業が盛んであるが，豫坡，棠河などの酒造業，国家無形文化遺産である宝剣製造，有機複合肥料製造なども知られている．
　　　　　　　　　　　　　　［中川秀一］

シーフー鎮　渓湖鎮　Hsihu

台湾｜中国

Xihu（別表記）

人口：5.6 万（2017）　面積：32 km²
　　　　　　　　　　　　[23°57′N　120°28′E]

台湾中部，チャンホワ（彰化）県の町（鎮）．彰化市の南 14 km，ユエンリン（員林）の西 6 km に位置する．かつてはサトウキビの栽培が盛んで，一面のサトウキビ畑が広がっていた．現在は国際競争力の低下から，製糖事業そのものは衰退しており，製糖工場も閉鎖された．しかし，サトウキビ運搬に使用されていた製糖鉄道は観光用に再整備され，蒸気機関車も走っている．工場は内部が見学できるようになっており，行楽客に人気となっている．　　　　　　　　　　　　　　［片倉佳史］

シブ　Sibu

マレーシア

人口：16.3 万（2010）　面積：8278 km²
　　　　　　　　　　　　[2°18′N　111°49′E]

マレーシア，カリマンタン（ボルネオ）島北部，サラワク州中部の都市．州中部の中心都市で行政上は一般市となっている．現代でも中国人がマレー人の 2 倍近くも多く居住する中国人の都市であるが，それはこの都市の開発経緯による．サラワクへの中国人の導入は，19 世紀後半に始まったが，彼らはタバコ，コショウ，ゴムなどの商品作物を栽培し，輸出するための労働力であった．白人ラジャ（藩王）の成立という特異な歴史的経緯をもつサラワクは，1888 年にイギリスの保護領となった．そして，20 世紀に入るとサラワク西部で最大の河川であるラジャン川流域の未開発地の開発が計画され，いっそうの優遇措置を講じてシンガポール経由でより多くの中国人の導入を図った．この開発のためにクチン，シブ，ミリなどで中国人町が形成された．ことに河口のシブは，大型船が入港できるためラジャン川の流域開発にとって重要な拠点となった．サラワクの中国人には特徴があり，東南アジアの中国人社会では少数派である客家人や福州人が多い．州内では州都クチンに次ぐ人口規模第 2 位の都市であり，ゴム，米，サゴなどの集散拠点となっている．　　　　　　　　　　　　　　［生田真人］

シープー鎮　石浦鎮　Shipu　中国

人口：9.2 万（2002）　面積：122 km²
　　　　　　　　　　　　[29°14′N　121°56′E]

中国南東部，チョーチャン（浙江）省中部，ニンポー（寧波）副省級市，シャンシャン（象山）県級市の町（鎮）．明代に鎮として置かれた．全国 6 大中心漁港の 1 つとして知られる．漁業が発達していて海鮮王国ともよばれている．タチウオ，ナマズ，ナメクジウオ，イカ，フウセイ，キグチ，ワタリガニ，クルマエビ，ハマグリ，アゲマキガイなどの魚介類を産する．観光地として発展し，中国漁村テーマパーク，石浦漁港，石浦古街などがある．　　　　　　　［谷　人旭・小野寺　淳］

シーファン市　什邡市　Shifang

中国

じゅうほうし（音読み表記）

人口：41.8 万（2015）　面積：820 km²
　　　　　　　　　　　　[31°08′N　104°10′E]

中国中西部，スーチュワン（四川）省，ドゥ

688　シフオ

〈世界地名大事典：アジア・オセアニア・極Ⅰ〉

ヤン(徳陽)地級市の県級市. 市政府は方亭街道に所在する. 北西部にはロンメン(竜門)山脈のチウディン(九頂)山系が横たわり, 地勢は北西から南東へ傾斜している. 最高点の獅子王峰が標高4989 mであるのに対して, 南東の平野部は700 m以下になっている. 主要な河川にはシーティン(石亭)江, チン(金)河, ヤーツー(鴨子)河がある. 鉄道の広岳支線(広漢～ユエチャシャン(岳家山))が通り, 高速道路の成綿複線(チョントゥー(成都)～ミエンヤン(綿陽))が横切る. リン, 石炭, 天然ガス, 石灰石, ドロマイトなどの鉱産資源があり, 電気機械, 金属, 化学, 医薬, 食品などの工業がある. 農業は穀物のほか, 野菜, 搾油作物, タバコ, 茶葉などを産し, 畜産が盛んである. スギなどの木材やテンマ(天麻), バイモ(貝母), オウレン(黄連)などの漢方薬材も豊富である. 塋華山, 羅漢寺, 竜居寺などの名所旧跡がある.　[小野寺 淳]

シーフォン区　西峰区　Xifeng

中国

人口：32.4万 (2002)　面積：996 km²
[35°44′N　107°38′E]

　中国北西部, ガンスー(甘粛)省東部のチンヤン(慶陽)地級市の区. 慶陽市の政府所在地. 1985年に慶陽県(現在のチンチョン(慶城)県)の西峰鎮と7つの郷が合併され, 西峰市が設立され, 慶陽地区公署が置かれた. 2002年に慶陽地区が廃止され, 慶陽市となり, 西峰市は西峰区と改められた. チン(涇)河の支流である蒲河上流にはバーチャツォイ(巴家嘴)ダムがあり, おもな農業用水源となっている. 生活と工業用水はおもに地下水に頼る. 農作物は冬小麦が中心である. 特産物には黄花菜がある. タバコ, 酒造, 製薬, 印刷, 化学などの工業が発展している. 観光地には国の重要文化財に指定された北石窟寺がある.　[ニザム・ビラルディン]

シーフォン県　息烽県　Xifeng

中国

そくほうけん (音読み表記)

人口：26.9万 (2013)　面積：1037 km²
[27°05′N　106°44′E]

　中国中南部, グイチョウ(貴州)省中央部, グイヤン(貴陽)地級市の県. 県政府は永靖鎮に置かれている. 少数民族人口は1割に満たない. 1995年まではアンシュン(安順)地区に属した. 省会貴陽とツ二イー(遵義)市の中間に位置し, 川黔鉄道, 国道210号沿いに

立地する交通至便の地であるため, 不動産開発が過熱気味で急速な都市化が進んできた. 県域北部に省で最大の貯水量を誇る烏江渡ダム発電所がある. 郊外の農村では, 貴陽や遵義の消費者市場に向けた野菜類の栽培が盛んである.　[松村嘉久]

シーフォン県　西豊県　Xifeng

中国

人口：34.0万 (2013)　面積：2699 km²
[42°44′N　124°44′E]

　中国北東部, リャオ二ン(遼寧)省北東部, ティエリン(鉄嶺)地級市北東部の県. 県政府所在地は西豊鎮. チャンバイ(長白)山脈中にあり, 林業や, 漢方薬の原料となる朝鮮ニンジン, ロクジョウ(鹿茸)の生産が盛ん. 満族が人口の約半数を占める. 地名は, 分水嶺の西にあり, 物産が豊富であることに由来する. 分水嶺でもある省境の東には, チーリン(吉林)省トンフォン(東豊)県がある. 開豊線, 遼開高速が東西に走る.　[柴田陽一]

シプキ峠　Shipki Pass

インド/中国

標高：3505 m
[31°50′N　78°44′E]

　インド北部のヒマーチャルプラデシュ州と中国チベット自治区の国境にかかる峠. サトレジ川がカイラス山のふもとのマナサロワールから流れ出し, チベット高原を西北西に流れた後, この峠で南西方向に90度方向を変え, 横谷となって大ヒマラヤ山脈を横断する.　[成瀬敏郎]

シブゲイ湾　Sibuguey Bay

フィリピン

[7°39′N　122°40′E]

　フィリピン南東部, ミンダナオ島南西, モロ湾の西部を占める比較的小さな内湾. サンボアンガシブガイ州南側にあたる. 湾奥には州都イピル, カバサランなどの小規模な港町が形成されている. これらの港町には主として湾内で水揚げされた魚が集められる. 湾入口の東部にはオルタンガ島が位置している. また東部のシブゲイ半島では無煙炭など良質の石炭を産出し, 西部では豊富な埋蔵量を有する鉄山も存在する. このことから一帯はミンダナオ島有数の鉱産資源の供給地となりつつある.　[田畑久夫]

シブコ　Sibuco

フィリピン

人口：3.5万 (2015)　面積：783 km²
[7°18′N　122°05′E]

　フィリピン南東部, ミンダナオ島西部, サンボアンガ半島西端, 北サンボアンガ州の町. サンボアンガの北約100 kmに位置する. スールー海の内湾であるシブコ湾頭にあり, 水産業が盛んである. 住民の大半はイスラーム教徒である.　[田畑久夫]

シブコ湾　Sibuco Bay

フィリピン

　フィリピン南東部, ミンダナオ島西部, サンボアンガ半島西部に展開する小規模な入江. サンボアンガ半島西岸のディポログとサンボアンガの両都市を結ぶ海上交通の要衝である. 湾内はスールー海同様水産業が盛んである. 湾頭にあるスールー海のシブコがその集散地である. 湾周辺一帯はイスラーム教徒の居住地域となっている.　[田畑久夫]

シブコ湾 Sibuko, Teluk ☞ セブク湾
Sebuku, Teluk

シブサガル　Sibsagar

インド

人口：5.1万 (2011)　[26°58′N　94°39′E]

　インド北東部, アッサム州シブサガル県の都市で県都. 州都ディスプルの東北東187 kmに位置し, ブラマプトラ川流域のブラマプトラ谷にある. かつてアホム(シャン族)王国の首都であり, その名残の数多くの遺跡で有名である. 17～18世紀に栄えたアホム寺院の遺跡はその1つである. 1819年ビルマ人によって倒されるまで, 600年間王国は続いた. 茶, 米, 西洋アブラナ, カラシ, ジュートなどの交易中心地であり, 近くに展開する広大な茶園を背景に, 茶の加工業が盛んである. シブサガルで栽培されているアッサム茶は, ミルクと相性のよい紅茶で, 1823年, イギリス人ロバート・ブルースがアッサムの奥地シブサガルの近郊で野生のアッサム種のチャノキを発見して以来, 栽培地が広がっていった. 生育がよく葉も大きく収量があり, アッサム地域はもちろん, スリランカ低地, インドネシア, ケニアなど紅茶の新興産地で無霜地域には, ほとんどこのアッサム種の選抜品種が導入されている.　[前田俊二]

シブトゥ島　Sibutu Island

フィリピン

人口：30.4万（2015）　面積：285 km²
[7°18′N　122°05′E]

フィリピン最南端，タウィタウィ州に属する小島．南北に細長い．スールー諸島の最南端に位置し，カリマンタン（ボルネオ）島北東端の沖合35 kmにある．北にシブトゥ水路をはさんでタウィタウィ州の州都ボンガオBongaoのあるボンガオ島と結ばれている．トゥミンダオ Tumidao 島および近くの小島を含むシブトゥ諸島の最大の島である．1898年のスペインとの条約に偶然漏れ，1900年にアメリカに割譲された．隣のトゥミンダオ島のシタンカイ Sitangkai が諸島の中心都市である．近海では水産業が盛んである．住民の大半はイスラーム教を信仰している．　　　　　　　　　　　　　　[田畑久夫]

シブヤン海　Sibuyan Sea

フィリピン

[12°33′N　122°54′E]

フィリピン中北部，ビサヤ諸島西方の海域．北はルソン島，マリンドゥケ島，南はパナイ島，東はブリアス島，マスバテ島，西はミンドロ島，タブラス島に囲まれる．船舶の往来も頻繁で，太平洋と南シナ海を結ぶ主要航路マニラ〜イロイロ〜セブ航路が通る．非常に波静かな内海で，海綿，真珠貝の採取を筆頭に，多くの魚類が水揚げされている．中心はシブヤン島であり，全島が森林に覆われている．　　　　　　　　　　　　　　　[田畑久夫]

シブヤン島　Sibuyan Island

フィリピン

人口：5.9万（2015）　面積：448 km²　長さ：29 km
幅：23 km　[12°25′N　122°35′E]

フィリピン中部，ロンブロン州に属する島．ビサヤ諸島北部に浮かぶルソン島の南およびパナイ島の北のシブヤン海のほぼ中央に位置し，西隣するタブラス島とはロンブロン水路によって隔てられている．島はほぼだ円形をしている．全体に山がちであるが，中央部にグィティンギティ Guitinguitin 山（標高2058 m）がそびえている．生物学的には，石器時代に他のビサヤ諸島の島々と分離したため，ビサヤ諸島のガラパゴス島と称される．島全体は森林に覆われているが，樹木の種類がとくに多く，国内にみられる樹木の約60%が生育しているとされる．現在まだ調査が進んでいないため，ほかにも島独自の樹種が存在する可能性がある．電力が不足し，現在でも電気が通じるのは昼間のみである．

主要な産業は農業で，海岸部を中心に米，ココヤシが栽培されている．これらの農作物は島内での消費が中心であるが，ココナッツは島外にも送られている．島内には北にマグディワン Magdiwang，東にカジディカン Cajidican，南にサンフェルナンドの3都市がある．これらの3都市間は海岸線沿いに走っている周回道路によって結ばれている．住民はパナヤノ語を話すマレー系の集団である．

現在，グィティンギティ自然公園を中心とする，豊かな自然環境を観光スポットとする観光開発に力を入れている．そのため，近年では国内はもちろんのこと，海外の観光客も増加傾向にある．飛行場の設置や宿泊設備が完備されれば，さらに多くの観光客の誘致が可能である．　　　　　　　　　　　　[田畑久夫]

シプラ海峡　Sipura, Selat

インドネシア

Sipora, Selat （別称）

[2°27′S　99°54′E]

インドネシア西部，ムンタワイ諸島南部，西スマトラ州の海峡．ムンタワイ諸島は，スマトラ島西部沖に位置する．海峡はシプラ島の南側とパガイウタラ島の北側の間にある．

[水嶋一雄]

シプラ島　Sipura, Pulau

インドネシア

Sipoera, Pulau; Sipora, Poelau （別表記）

人口：1.8万（2010）　面積：845 km²
[2°09′S　99°35′E]

インドネシア西部，ムンタワイ諸島南部，西スマトラ州の島．スマトラ島西部沖に位置する．クプラウアンムンタワイ県の県都トゥアペジャット Tua Pejat は島内に立地する．島の約10〜15%には，原生の熱帯林が残っている．島の中心集落はシベリマヌア Siberimanua である．おもな産業はサゴヤシの栽培で，この粉は主食となっている．4月から10月においては海が安定し，大きな波のあるシプラ島付近は多くのサーファーで賑わっている．　　　　　　　　　　　　[水嶋一雄]

ジブラルター山　Gibraltar, Mount

オーストラリア

ジブ The Gib （通称）／バウレル Bowrell （別称）

標高：863 m　[34°28′S　150°25′E]

オーストラリア南東部，ニューサウスウェールズ州南東部の山．州都シドニーの南西約100 kmに位置する．1億5000万年前のホークスベリー砂岩を押し通し，火成岩が崩壊して形成された．そのため，山頂には花崗岩が露出しており，山の西側斜面には花崗岩の採掘場があったが，1986年に閉鎖された．植生は，火山性土壌の影響を受けた珍しいものとなっており，オーストラリア南東部に生育するユーカリの一種のブラウンバレルは，イボタノキ，メギ，アイビーなどの外来種から守るために，1994年にランドケア・ブッシュ再生プログラムの対象となった．地元ではジブの名で知られ，アボリジニの言葉では高い場所を意味するバウレルとよばれている．　　　　　　　　　　[比企祐介・牛垣雄矢]

シブルット海峡　Siberut, Selat

インドネシア

[0°47′S　98°36′E]

インドネシア西部，ムンタワイ諸島，北スマトラ州の海峡．スマトラ島西部沖に位置し，南にあるシブルット島と，北にあるバトゥ諸島のタナバラ島にはさまれた海峡である．　　　　　　　　　　　　　　　[水嶋一雄]

シブルット島　Siberut, Pulau

インドネシア

人口：3.5万（2010）　面積：4030 km²
長さ：86 km　幅：40 km　[1°38′S　99°11′E]

インドネシア西部，ムンタワイ諸島，西スマトラ州クプラウアンムンタワイ県の島．諸島の北部に位置し，県で最大の島である．島の南はブンガラウト海峡をはさんでシプラ島と対峙する．中心都市はムアラシブルット Muarasiberut．島民の多くはムンタワイ語系で，生業はサトウキビの栽培と漁業である．シブルット国立公園がある．　[水嶋一雄]

シフン　始興　Siheung

韓国

人口：42.5万（2015）　面積：135 km²
[37°23′N　126°48′E]

韓国北西部，キョンギ（京畿）道西部の都市．インチョン（仁川）の東に接して位置す

る. 1989 年に市制施行. 2010 年の人口は 40 万強である. 市制を施行した 1989 年の人口は約 10 万であったので, この間に約 4 倍に増加した. ソウル首都圏のベッドタウンであるとともに, 海岸部には始興市工業団地があり, 仁川からアンサン(安山)に続く工業地帯の一角となっている. 　　　　[山田正浩]

シーペイ　西北　Xibei
中国

　中国の地理的大区分に用いられる用語. 現在のシャンシー(陝西)・ガンスー(甘粛)・チンハイ(青海)の 3 省, ニンシャ(寧夏)回族自治区・シンチャン(新疆)ウイグル(維吾爾)自治区の 2 自治区と内モンゴル(蒙古)自治区の西部(アルサ(阿拉善)盟)を含む. 民国時代には寧夏回族自治区は成立しておらず, 当初は甘粛省の一部として寧夏道があったが, 1929 年に寧夏省が建てられた. ただしこの範囲は現在の寧夏回族自治区より広く, 内モンゴルのアルサを含むものであった. 内モンゴル自治区はこの時点ではまだ存在していなかった. 1949 年の解放により寧夏省はそのまま存続したが, 54 年に寧夏省を廃止して甘粛省に所属させ, その中の回族が多数住んでいた地区を回族自治州とし, さらに 58 年にその地区を寧夏回族自治区に昇格させた. その前の 1956 年, かつては寧夏省であったアルサや綏遠省であったパヤンノール(巴彦淖爾)を内モンゴル自治区に加えた. また新疆も民国時代は省であったが, 1955 年に新疆ウイグル自治区となった.

　1949 年の新中国成立後に設けられた大行政区では西北行政区が設けられ, これに陝西・寧夏・甘粛・青海・新疆の各省が含まれているが, これは内戦時の軍事組織である西北軍区の管轄範囲に等しい. 西北軍区は 1948 年に成立した陝甘寧晋綏聯防軍区がもとになって新中国成立直前に設定されたもので, このうち晋綏(山西・綏遠)は華北軍区に移され, 西北軍区の管轄は陝西以下の 5 省になった. 軍区としてはこれが蘭州軍区に編成されるのである.

　西北地区の自然としては乾燥・半乾燥気候が普遍的で, 平地の植生としては, ほとんど草原・砂漠になっている. 山地からの流水がみられるオアシスでは, 農業が可能である. 草原は遊牧民の放牧地である. タリム(塔里木)盆地の周辺のクンルン(崑崙)山脈, ティエンシャン(天山)山脈などの高地で降水量が比較的多いところには, 森林が分布し部分的に氷河もみられるが, 高度の低い乾燥度の高い山地は風化も激しく, 荒漠・荒漠草原のような植生が多い. この地区は東から西の内陸に行くにしたがって乾燥度が増し, 最奥のタリム盆地の中央にあるタクラマカン(塔克拉瑪干)砂漠では, 降水量は限りなく無に近い. このような厳しい自然条件にもかかわらず, この地区は古くから中原の王朝の強い関心をひいてきた. それは珍奇な文物や中国にない文化が, 異色な民族によってこの地区を通って西方からもたらされたからであった. 一般にシルクロードとよばれるこの陸路は, 近代においては大きな意義を失ったかにみえていたが, 最近の中国のグローバル政策(一帯一路)はシルクロードを再現するような構想である.

　西北地区のもう 1 つの意義は地下資源である. 甘粛のユィーメン(玉門)油田は中国で最も古く開発された油田で, 現在は老朽化しているが, 中国の石油産業の記念碑的油田である. その後も新疆でクラマイ油田など, 新しい油田・天然ガスの基地が開発され, 将来性があると期待されている. このように部分的には開発拠点が生まれているが, 全体としては解決すべき課題が多い地区である. 辺境を抱える地区では共通することであるが, 中心となっている地域と辺境の地域との格差は大きいし, それに少数民族の問題が重なる. 西北地区固有の問題としては, 乾燥による土地の荒廃, 水不足, 砂漠化などの問題が大きい. 西部大開発のような計画が立てられても実施するための基礎条件整備に多くの困難がある. 　　　　[秋山元秀]

ジーベン　知本　Zhiben
台湾│中国

ちっぽん, ちもと (日本語)

[22°42′N　121°01′E]

　台湾東部, タイトン(台東)県台東市の町. ズーベンとも表記される. 台湾東部では最大の温泉郷として有名である. もともとはプユマ(ピュマ)族に属するカティプルとよばれる人びとが住んでいた土地で, ティプルが集落名だった. 清国統治時代に漢人住民の移住が始まると知本と漢字表記が与えられるようになった. 温泉街は知本渓沿いに形成されている. 集落と温泉街は 2 km ほど離れている. 台風の被害を受けることが多く, 中でも 2009 年には大水で地盤がゆるみ, ホテルが倒壊するという大惨事が起こった. 温泉街の先には知本自然遊楽区があり, 手つかずの自然が残っている. ここはチョウの名所としても知られ, 珍しいチョウを目あてに訪れる愛好家や研究者が少なくない. 　　　　[片倉佳史]

シーホー県　西和県　Xihe
中国

人口: 37.3 万 (2002)　　面積: 1861 km²
標高: 1500-2300 m　　[34°01′N　105°17′E]

　中国北西部, ガンスー(甘粛)省南東部, ロンナン(隴南)地級市の県. チャリン(嘉陵)江の支流である西漢水上流にある. 南宋に西和州が置かれ, 元代に西和県と改称された. 隴南山地の北部, ホワントゥー(黄土)高原の南側にある. 鉛, 亜鉛, アンチモンなどの鉱物資源に富む. 農業が主で, 冬小麦, トウモロコシ, ジャガイモ, 水稲, ゴマ, 綿花, 薬材などを産する. 採鉱, 化学, セメント, 食品加工などの工業が発展している.

　　　　[ニザム・ビラルディン]

シーポー　Hsipaw　☞ ティーボー　Thibaw

シボア　Siboa
インドネシア

[0°30′N　120°02′E]

　インドネシア中部, スラウェシ島中スラウェシ州ドンガラ県の町. 州都パルの北約 150 km に位置する. スラウェシ島北西部のマカッサル海峡に沿って走る州道沿いにあり, 北部は海に面する. 　　　　[水嶋一雄]

しぼうく　思茅区　☞ スーマオ区　Simao

シボガ　Siboga　☞ シボルガ　Sibolga

シーホーツー市　石河子市
Shihezi
中国

シーハンザ市　Shixenze, Xihanza, Xihänzä (ウイグル語)

人口: 61.1 万 (2002)　　面積: 460 km²
降水量: 200 mm/年　　[44°17′N　86°02′E]

　中国北西部, シンチャン(新疆)ウイグル(維吾爾)自治区中部の自治区直轄県級市. ティエンシャン(天山)山脈の北麓, ジュンガル(準噶爾)盆地の南部, マナス(瑪納斯)河の西岸に位置する. 1944 年頃, 東トルキスタン共和国のマナス県に属した. 1950 年にシャーワン(沙湾)県に編入された. 当時, 20 戸前後の小さな宿駅で, まわりはゴビ(礫石帯)であった. そばを流れるマナス河の支流には栗石が多いことから, 現名称が名づけられた. 1953 年に中国人民解放軍の屯田部隊で

ある新疆建設兵団農八師の駐屯地となった．それ以降，漢族の大量移住および開墾と建設に伴い新興都市として発展してきた．1976年にサーワン県のシーハンザ鎮を中心とする地区に市が設置され，シーハンザ地区に属した．1978年に地区が廃止され，自治区の直轄市となった．人口の約95％が漢族である．

1月の平均気温は−16℃，7月は24℃である．おもな農作物は小麦，トウモロコシ，綿花，テンサイ，果実などである．紡績，製糖，製紙，食品，セメントなどの工業が発達している．石河子大学，農業科学院などの教育および研究機関がある．ウルムチ(烏魯木斉)とガンスー(甘粛)省のランチョウ(蘭州)を結ぶ蘭新鉄道の西端および国道312号，高速道路が市内を通る．

[ニザム・ビラルディン]

シボルガ　Sibolga
インドネシア

シボガ　Siboga (別称)

人口：8.4万 (2010)　面積：11 km²
降水量：429 mm/年　[1°44′N　98°47′E]

インドネシア西部，スマトラ島北部西岸，北スマトラ州の市(コタ)．タパヌレ湾に面し，ムサラ Musala 島に守られる港町である．シボルガ湾にあるポンカンケテイク島にはかつて砦があり，イギリス，オランダ，フランス，アメリカなどの商船はここを通過していった．典型的な熱帯雨林気候で，年平均気温は最高で31℃，最低で23℃である．かつては西海岸の交易上重要な都市であった．現在，シボルガウタラ Sibolga Utara，シボルガコタ Sibolga Kota，シボルガスラタン Sibolga Selatan，シボルガサンバス Sibolga Sambas の4つの郡に分けられている．道路交通の重要な拠点であるとともに，西沖合のニアス島と連絡する港町でもある．おもな産業はコーヒー，天然ゴムなどの換金作物の栽培で，町に集められた後，大部分は輸出にまわされる．　[水嶋一雄]

シボロンボロン　Siborong-borong
インドネシア

人口：4.4万 (2010)　[2°13′N　98°58′E]

インドネシア西部，スマトラ島北部，北スマトラ州タパヌリウタラ県の町．州のほぼ内陸に位置し，シランジット飛行場がある．東南アジアで最大の面積をもつといわれるトバ湖の南側に立地する．Siborong-Borong とも表記する．　[水嶋一雄]

シーホワ県　西華県　Xihua
中国

人口：約92万 (2013)　面積：1194 km²
[33°46′N　114°32′E]

中国中央東部，ホーナン(河南)省東部，チョウコウ(周口)地級市の県．周口市街地の西に位置する．18郷鎮を擁する．県政府所在地は城関鎮．中国神話の女神の女媧が建都したと伝えられることから媧城と称される．郷土料理に逍遥胡辣湯がある．　[中川秀一]

シマラ島　Simara Island
フィリピン

人口：2.1万 (2015)　面積：21 km²　長さ：8.9 km
幅：4 km　[12°48′N　122°03′E]

フィリピン中部，ロンブロン州に属する島．ビサヤ諸島北部に浮かび，だ円形に近い形状をしている．パナイ島北東端に位置し，タブラス海峡とシブヤン海との間にある．島最大の都市はコルキュエラ Corcuera で，南に位置するタブラス島北部の中心地カラトラバ Calatrava と定期船で結ばれている．主要な産業は米，ココヤシの栽培を中心とする農業である．また周辺のシブヤン海は国内有数の漁業地域である．住民はパナヤノ語を話すマレー系の集団である．　[田畑久夫]

シーミエン県　石棉県　Shimian
中国

せきめんけん (音読み表記)

人口：12.8万 (2015)　面積：2678 km²
[29°15′N　102°22′E]

中国中西部，スーチュワン(四川)省中部，ヤーアン(雅安)地級市の県．ダートゥー(大渡)河沿岸に位置する．県政府は棉城街道に置かれる．1951年にハンユワン(漢源)，ユエシー(越西)，ミエンニン(冕寧)の3県からそれぞれ一部を割いて設置された．ホントゥワン(横断)山脈の山中にあり，地勢は南西部が高く北東部が低い．県域の大部分が山地で，険しい高山と深い峡谷からなる．おもな農作物は米，小麦，トウモロコシなどであるが，近年は柑橘，ビワ，野菜の栽培に力を入れている．山地ではさまざまな漢方薬材が採取される．工業は絹織物，石綿製品，食品加工などが盛んである．県内を南北に川蔵道路と国道108号が通り，高速道路も建設された．安順場(旧名紫打地)は，1935年5月中国労農紅軍が長征の途中，大渡河の強行渡河を行ったところである．田湾河風景区，上里古鎮の名勝古跡がある．　[林　和生]

シミズ氷流　Shimizu Ice Stream
南極

[85°11′S　124°00′W]

南極，西南極の氷流．南極横断山地の一部であるホーリック山地に源を発し，ウィスコンシン山脈とロング丘陵の間から北西～西方向に流れ出し，ホーリック氷流の南側面に合流する．1959～64年に行われたアメリカ地質調査所とアメリカ海軍の航空調査隊が撮影した写真により地図化された．名称は，アメリカ南極地名委員会によって，1961年バード基地越冬帯のメンバーであった氷河学者の清水弘にちなんで命名された．清水はのちに北海道大学低温研究所教授となった．

[前杢英明]

シミラン諸島　Similan, Mu Ko
タイ

[8°38′N　97°40′E]

タイ南部，パンガー県クラブリー郡の諸島．アンダマン海にあり，本土から西に約60 km 離れている．カオラックの南のタップラム港がシミラン諸島への玄関口となる．南北に計11の島が連なり，最大のシミラン島の面積は6.3 km²．周辺の海はダイビングやシュノーケリングのスポットで，プーケット島から訪れる観光客が多い．全域がシミラン諸島国立公園に指定されており，島の中には国立公園の経営するロッジしか宿泊施設はない．また，雨季の間(5月中旬～10月中旬)は海が荒れるため国立公園全体が閉鎖され，訪問することができなくなる．

[柿崎一郎]

シムケント　Shymkent
カザフスタン

チムケント　Chimkent (旧称)

人口：63.0万 (2011)　面積：347 km²
標高：506 m　降水量：600 mm/年
[42°19′N　69°36′E]

カザフスタン中央南部，南カザフスタン州の都市で州都．アルマトゥの西南西690 km，ウズベキスタンの首都タシケントの北120 km に位置する．1993年までチムケントとして知られていた．カザフスタンではアルマトゥ，首都アスタナに次ぐ第3位の都市である．シムケント国際空港がある．湿潤な大陸性気候で，暑く相対的に乾燥した夏と寒い冬をもつが，1月の平均気温は−1℃で，アルマトゥやアスタナより暖かい．民族構成

はカザフ人64.8%，ロシア人14.5%，ウズベク人13.7%，タタール人1.5%など(2011)．もとはウズベク人が大半を占めたが，ソ連期にカザフスタンに編入され，その後収容所がつくられたことが民族構成に反映されている．トルキスタン・シベリア(トルクシブ)鉄道の沿線にあり，大規模な亜鉛・鉛精錬，機械，セメント，化学，食品加工などの工場がある．都市は12世紀にシルクロードの町サイラムを守るキャラバンサライ(隊商宿)として創設され，遊牧民との交易で発展した．1864年にロシア軍に占領されるまでコカンド・ハン国の砦であった．

［木村英亮］

シムケント州 ☞ **南カザフスタン州 South Kazakhstan Region**

ジムサル県　吉木薩爾県　Jimsar

中国

フーユワン県　孚遠県　Fuyuan (旧称)

人口：13.2万 (2002)　面積：7569 km²

[44°00′N　89°10′E]

中国北西部，シンチャン(新疆)ウイグル(維吾爾)自治区北部，サンジ(昌吉)自治州の県．ジュンガル(準噶爾)盆地の南部，ボゴダ(博格達)峰北麓に位置する．1902年に孚遠県が置かれ，53年にジムサル県と改められた．地名はウイグル語で静かな町を意味する．おもな産業は農牧業であり，石油，石炭，金などの鉱物資源に富む．県内にはカラホジャウイグル王国の拠点都市ビシュバリク(北庭)古城と仏教寺院遺跡がある．

［ニザム・ビラルディン］

シムック島　Simuk, Pulau

インドネシア

人口：1.7万 (2000)　面積：12105 km²

[0°05′S　97°51′E]

インドネシア西部，バトゥ諸島，北スマトラ州ニアススラタン県の小島．スマトラ島西部沖，ニアス島南端のトゥルックダラムの南東約70 kmに位置する．主要な産業は漁業である．

［水嶋一雄］

シムラ　Shimla

インド

人口：17.0万 (2011)　面積：35 km²

標高：2130 m　降水量：1375 mm/年

[31°06′N　77°10′E]

シムラ(インド)，イギリス統治時代の町並みが残る中心部の広場ザ・リッジ〔saiko3p/Shutterstock.com〕

インド北部，ヒマーチャルプラデシュ州シムラ県の都市で州都および県都．避暑地，保養地としても知られる．首都デリーの北約280 kmの位置にある．ヒマラヤ山脈は標高8000 m級の世界の高峰の連なる大ヒマラヤ，その南に沿う小ヒマラヤ(ピールパンジャル)，さらに南に続くシワリク丘陵の3つの山系からなるが，シワリク丘陵部の東西に走る標高約2200 mの尾根部分に開かれたのがこの都市である．夏の最高気温が19～28°Cの快適温度範囲に限られること，澄んだ空気，ヒマラヤ山脈の美しい景観に恵まれたことがこの都市の発展を促進した．

19世紀初頭のシムラは小村にすぎなかった．この頃，村はたび重なるグルカ(ネパール西部のヒマラヤ山中に居住するモンゴル系の先住民)の急襲に悩まされており，そのグルカの撃退をイギリスの軍事力に依存した．このことは村の歴史を大きく変えるきっかけとなった．インドの夏の暑さに悩まされていたイギリスは本国南部の気候に類似するこの村の気候，ことに夏の気候に注目した．1819年，居住のための開発が始まり，その後の設備の充実に伴って多くのイギリス人が避暑地として利用するようになった．やがて1864年イギリス領インド政府が，71年にはイギリス領パンジャブ州政府が夏の州都機能をこの地に移した．これ以後急速に行政的・学術的・商業的機能が高まり，繁栄を遂げるようになった．インド独立運動の指導者さえも，独立の前年，独立のための重要な作戦会議をここで練ったといわれる．しかし1947年の独立達成後はインド共和国政府，パンジャブ州政府ともにインドの夏の首都・州都としての座を廃止した．そのためインドにおけるシムラの相対的地位は低下した．しかし，州内での州都として行政的機能は高く，また避暑地，保養地としての人気はいまでも全国的に高い．

市街地は尾根部分に広がる東西わずか2 kmほどの小範囲に限られ，曲がりくねった道路で結ばれている．尾根の流れに沿った東西方向に走る2つの通りが主要道である．高低差があるため，あちこちに階段がある．主要道の1つザ・モールがメインストリートであるが，多くの商店，レストラン，銀行などとともに，郵便局，市役所などがここに並ぶ．観光客も多くがこの通りに集まる．この通りの中でもザ・リッジ，スキャンダル・コーナーとよばれる付近が最も賑やかである．ここにキリスト教会，タウンホール，軍司令部などイギリス統治時代の古い建築物も残されている．1857年に完成したキリスト教会はインド北部では2番目の古さを誇る歴史的な建造物であるが，建築物としてすばらしいばかりでなく，誠実，希望，慈悲，忍耐，勇気，謙遜を描いた内部のステンドグラスも見事で，観光客を最もひきつけるところである．ザ・モールをはさんだ反対の南側には，小さな商店が立て込むバザールがある．新鮮な野菜，果物や手工芸品が売られている．ザ・モールは通常のメインストリートの魅力に加えて，歩きながら雪をいただくヒマラヤの大山脈が眺められるという魅力的な通りでもある．

市街地の周辺には州立博物館，高等教育研

究所，運動公園，ジャクー寺院，展望台，滝などが，やや足を延ばせばスキー場，ピクニックスポット，テラ・デヴィ寺院などの魅力的な自然や文化施設がある．高等教育研究所はかつての総督の館を利用したもので，1888 年，4 年の歳月をかけて完成したものである．広大な庭と松林に囲まれた，静かで落ち着いた環境の下で文学や政治を学ぶ学生が研究の日々を送っている．政治の中心であったこと，自然環境に恵まれることなどから，そのほかにも複数の教育，研究施設がある．農工業に関する経済的な機能は高いとはいえないが，農工業製品の取引においては州の中心地としての機能をもっている．州内で生産されるジャガイモ，リンゴなどの農産物，畜産物や，手工芸品，軽工業製品などが集められ，取引されている． ［中山晴美］

シムル島　Simeulue, Pulau

インドネシア

Simalur, Pulau; Simeuloee, Pulau; Simeulu, Pulau（別表記）

人口：8.1 万（2010）　面積：1769 km²
長さ：87 km　幅：23 km
[2°28′N　96°22′E]

インドネシア西部，スマトラ島北西沖，アチェ州シムル県の島．大スンダ列島最北部，インド洋上に位置する．スマトラ島の西海岸から 150 km 離れた島で，県都はシナバンである．かつて西アチェ州の一部であったが，1999 年に分離しシムル州となった．住民の民族は，南西沖のニアス島の住民と類似する．島にはスマトラ北部で話されている言語とは異なるテバヤン，シグライ，レコンの 3 つの言語が使われている．島の多くは森林に覆われているため，ココナッツや木材を産するが，農作物の栽培は低調で，主要な産業は漁業である． ［水嶋一雄］

シーメン県　石門県　Shimen

中国

人口：60.1 万（2015）　面積：3970 km²
[29°35′N　111°23′E]

中国中南部，フーナン（湖南）省，チャンドゥ（常徳）地級市の県．県政府はチューチャン（楚江）鎮に所在する．地勢は北西から南東へ傾斜しており，フーペイ（湖北）省との省境にある壺瓶山は標高 2099 m である．リー（澧）水が県南部を東流し，支流の溇水が北西から合流する．鉱産物はリン，硫黄，珪砂，鉄，石灰石などがある．林産物はマツ，スギ，孟宗竹の用材の他，桐油，茶油，生漆などがあ

る．農業は水稲，ナタネ，綿花，茶葉，柑橘，タバコなどを産し，牧畜も盛ん．工業は発電，化学肥料，食品加工などがある．鉄道の焦柳線（チャオツオ（焦作）～リウチョウ（柳州））と石長線（シーメン（石門）～チャンシャー（長沙））が交わり，澧水と溇水の下流部が航行可能．国指定の壺瓶山自然保護地区や夾山寺国立森林公園がある． ［小野寺淳］

シーモア島　Seymour Island

南極

[64°14′S　56°37′W]

南極，西南極の島．南極半島，グレアムランド北端東側に位置する．列島を構成する 16 島のうちの 1 つで，スノーヒル島の北隣，ジェームズロス島とヴェガ島の東側に位置する．アルゼンチンの通年の南極観測用航空基地であるマランビオ基地があり，冬季には基地に平均 55 人が滞在するが，夏季は 180 人に増える．白亜紀後期から始新世の地層からなっており，多くの化石が産出することから，古生物学的な研究が進められている． ［前杢英明］

シモガ　Shimoga

インド

シヴァモッガ　Shivamogga（別称）

人口：32.2 万（2011）　面積：77 km²
降水量：3292 mm/年　[13°55′N　75°34′E]

インド南部，カルナータカ州シモン県の都市で県都．クリシュナ川の支流トゥンガバドラ川の流域にあり，州都ベンガルール（バンガロール）の北西約 250 km に位置する．北西から南東方向に延びてベンガルール，タミルナドゥ州の州都チェンナイ（マドラス）に至る鉄道交通に恵まれるため，交通の要衝となっている．周辺は西ガーツ山脈に沿う丘陵部にあたり，コーヒーをはじめサトウキビ，綿花，キビ類，ナタネ，米などが栽培されている．コーヒーは 17 世紀頃，すでに本場モカよりイスラーム教徒によって伝えられており，その栽培には歴史がある．この丘陵地域が国内のコーヒー栽培の中心地域である．また花崗岩，マンガン，クロマイト，鉄鉱石など地下資源の産出もみられる．交通に恵まれることから，周辺で産するこれら農・鉱産物の集散地となっている． ［中山晴美］

シーモン自治県　西盟自治県　Ximeng

中国

シーモンワ族自治県　西盟佤族自治県（正称）

人口：9.1 万（2010）　面積：1354 km²
[22°37′N　99°21′E]

中国南西部，ユンナン（雲南）省南西部，プーアル（普洱）地級市の自治県．県政府は勐梭鎮に置かれている．ミャンマーと 89 km に及び国境を接する．1965 年にランツァン（瀾滄）県を分割するかたちで西盟ワ（佤）族自治県が設立された．少数民族が総人口の 9 割強，ワ族が 7 割を占め，ラフ（拉祜）族，タイ（傣）族も住む．かつてミャンマー国境沿いに住むワ族は焼畑農耕を行っていたが，共産党政権の指導で焼畑をやめて定住生活に移行したものが多い．雲南省でも屈指の貧困県で産業基盤も弱いため，ワ族を対象とするエスニックツーリズムの開発に強い期待が寄せられている． ［松村嘉久］

シャーアラム　Shah Alam

マレーシア

スンガイレンガム　Sungai Renggam（古称）

人口：54.1 万（2010）　面積：290 km²
[3°04′N　101°31′E]

マレーシア，マレー半島マレーシア西部，スランゴール州西部の都市で州都．首都クアラルンプールの西 23 km に位置する．地名は，マレーシア国王にもなったスランゴールのスルタンに由来する．プタリンジャヤとクランの間にあるこの地域は，スンガイレンガムとよばれていたが，1974 年のクアラルンプール連邦直轄化に先立つ 63 年に行政区域化され，78 年に州都となった．人口の64.0%がマレー人，15.3%が華人，10.3%がインド人である．ブルーモスクとよばれる1988 年に完成した国内最大のスルタン・サラフデイン・アブドゥル・アズィズモスクが立地する．またシャーアラムスタジアムでは，年に一度，世界最大級の盆踊りが開催される．マレーシアの工業化を牽引したプタリンジャヤに隣接していることから，工業団地開発が 1980 年代以降，積極的に進められ，国内の主要企業や外資系企業の工場が数多く立ち並ぶ． ［石筒覚］

シャイー県　夏邑県　Xiayi

中国

かゆうけん（音読み表記）

人口：120.6 万（2014）　面積：1481 km²
[34°13′N　116°07′E]

中国中央東部，ホーナン(河南)省東部，シャンチウ(商丘)地級市東部の県．北東部と南西部でアンホイ(安徽)省に接する．24 郷鎮を擁する．夏の清涼山遺跡が知られる．竹林七賢の 1 人，嵆康はこの地の人である．

[中川秀一]

ジャーイー市　嘉義市　Jiayi

台湾｜中国

諸羅 (旧称)／チアイー市　Chiayi (別称)

人口：27.0 万 (2017)　面積：60 km²

[23°29′N　120°27′E]

台湾南部の都市．ジャーナン(嘉南)平原の中心にあり，各種産業が発達した商業都市となっている．また，アーリー(阿里)山観光の出発点としても機能しており，市内に観光物件は少ないものの，外国人旅行者の姿を頻繁にみかける．現在，台湾南部ではカオシオン(高雄)，タイナン(台南)に次ぐ規模の都市となっている．交通の要衝でもあり，とくに嘉義県内とユンリン(雲林)県へのバス網が発達している．

漢人住民が中国大陸から渡ってくるよりも前，台湾西部は平埔(へいほ)族が住む土地であった．中でも嘉義付近にはホアニア族が居住していた．彼らは狩猟，採集を基本とし，簡単な農耕を行っていたといわれる．広大な平原は彼らの生活を支えたが，漢人移民が増加するにつれて混血が進み，アイデンティティは失われていった．

オランダ統治時代になると，開墾の手が入るようになった．この町が文献に登場するのは 1622 年のことで，フーチェン(福建)省の顔思斉という人物が海岸部に上陸し，この付近を開墾したという記録が残っている．その際に造営された都市は諸羅とよばれ，これが嘉義の前身となった．鄭成功によってオランダ勢力が台湾から駆逐されると，この地には天興県が置かれることになる．これが漢人政権による統治の最初の瞬間となった．清国統治時代には，出身地や属性・族群の相違から起こる紛争が頻発する．これは分類械闘とよばれ，諸勢力が複雑に絡み合っていた．中でも，1768 年に林爽文という人物が起こした蜂起は規模が大きかった．このとき，諸羅の住民は団結して町を守ったといわれている．この蜂起では，多くの土地で住民が反体制側についたが，ここは官民が力を合わせて町を守ったということで，乾隆帝から「汝らの義を嘉す」という言葉を授かった．これが地名の由来となっている．

日本統治時代は阿里山，そして南部各地への玄関口として賑わった．1930 年には市制が敷かれ，嘉義市となった．現在の町並みも当時の都市計画によって整備されたものが基礎となっている．第 2 次世界大戦後は製糖産業が最盛期を迎え，さらに，木材加工の需要も伸びていった．1970 年頃までは，日本統治時代を上回る活気がこの町を包んでいたが，両産業とも 80 年代には衰退してしまい，現在はみる影もなくなっている．近年は商業都市としての一面が注目され，おもにサービス産業の発達が著しい．また，台南から続くハイテク産業の進出も目立っており，工業都市としての一面ももち合わせつつある．なお，嘉義市に南接する水上郷には，北緯 23 度 27 分 4 秒，東経 120 度 24 分 46 秒の地点に北回帰線の標塔があり，観光名所となっている．

[片倉佳史]

ジャイサルメール　Jaisalmer

インド

人口：6.5 万 (2011)　[26°52′N　70°55′E]

インド西部，ラージャスターン州西部，ジャイサルメール県の町で県都．地名は 1156 年に町を建設したラージプート族のジャイサル王にちなむ．タール砂漠にあるオアシス都市で，日没時に夕日に輝く様子から黄金の都市(The Golden City)ともよばれる．2013 年に「ラージャスターンの丘陵要塞群」としてユネスコの世界遺産(文化遺産)に登録された 6 つの城砦(fort)の 1 つ，ジャイサルメールフォートがある．1156 年ジャイサルメール王国を建国したラーワル・ジャイサルにより建設され，岩丘の上に城が立地し，宮殿やジャイナ教寺院がある．ジャイサルメール県は，パキスタンとの国境に面し，面積は 3 万 8401 km²．ラージャスターン平原に位置し，おもに砂丘や塩湖を含む砂漠である．河川はすべて降雨時にのみ水流のあるワジである．肥料の原料であるリン灰岩が産出される．気候は乾燥しており，年平均降水量は 216 mm である．熱帯性の有刺灌木はラクダの餌となる．ブラックバック，ハイエナ，キツネ，ジャッカル，チンカラおよび渡り鳥が生息している．タール砂漠国立公園は 3000 km² あり，開発保護区である．

県域の 11％が耕作されているが，灌漑地はごくわずかである．ラージャスターン用水路は現在県の北部に給水している．キビ類，豆，野菜は天水依存の作物で，小麦とアブラナは灌漑地で栽培されている．羊毛，食用の羊の飼育は主要な産業である．山羊はミルクと食用に飼育されている．牛，ラクダとロバが飼育されている．工業は遅れており，大半は羊毛や山羊，ラクダの毛の毛布やショールの加工にかかわるものである．県には鉄道ビーカーネル・ジャイプル線，パターンコート～カンドラ間を結ぶ国道 15 号が通る．

[澤　宗則]

ジャイプル　Jaipur

インド

人口：307.3 万 (2011)　標高：431 m

降水量：650 mm/年　[26°53′N　75°50′E]

インド西部，ラージャスターン州ジャイプル県の都市で，州都および県都．国内有数の観光都市である．地名の起源は，数学・天文学者，また都市計画家でもあったこの地の統治者ジャイ・シン 2 世(1686-1743)にちなむ．ジャイプルの旧市街はピンクシティともよばれ，高さ 6 m，総延長 10 km に及ぶ赤い城壁で囲まれている．その城壁には 7 つの主要な門が設けられ，今日もその古い景観を残している．この旧市街地の西にはおもに住宅地と公園，南にはおもに工業，大学が立地し，新市街地が広がる．首都デリーとアラビア海の国内最大の都市ムンバイ(ボンベイ)を結ぶ国道 8 号が通過するジャイプルは，デリーの南西方向 260 km あまりに位置する交通幹線上の要衝である．東へは国道 11 号で観光地アグラ，さらに同 2 号で遠くウェストベンガル州の州都コルカタ(カルカッタ)につながる．また南へは国道 12 号でマッディヤプラデシュ州の州都ボパール，西へは国道 11 号で砂漠の町ビーカーネルなどの主要都市とつながる．標高 431 m，年間降水量が 650 mm の高温・半乾燥気候下にあり，モンスーン季(6～9 月)には豪雨に見舞われ洪水になることもまれにある．冬季の気温は温暖で快適な観光シーズンとなる．まれに寒風があり氷点下に低下することもある．ただし，州西部からパキスタンにかけて広がるタール砂漠(インド大砂漠)の影響で，最高気温は 4 月から 6 月に記録する．5 月の平均最高気温は 40℃ を超える．

この半砂漠の地に，碁盤型の幅 34 m の広域街路で 6 つのセクターに分割され，ピンク色の壁に囲まれた計画都市ジャイプル(旧市街地)があり，その街路の道幅とその規則性は，前近代のインド都市の中では注目に値する．今日でも宮殿や古い町並みの保存がよく，南面するアジメーリー，サンガネールとガートの 3 門のほか，計 7 門が，新たに広がる新市街地をつなぐ．この計画都市は，1728 年，当時この地を治めていたラージプ

ジャイプル(インド),シティパレスの一角にあるジャンタル・マンタル天文台《世界遺産》〔Don Mammoser/Shutterstock.com〕

ートの有力氏族であったジャイ・シン2世によって建設された．それ以前は北東に約11km離れた岩山に位置し，現在アンベール城があるアンベールが首都であった．当時，増える人口や干ばつなどによる水不足が常態化し，遷都の必要に迫られたことと，平坦地での政治的安定に見通しができたことで，新たな首都として現在の地に計画された．デリーやアグラなどに比べ旧市街地の保存のよさは，ジャイプル藩王がイギリスに対して一定額の税金を納めるなど間接的な従属で領地の自治権を確保したことによるといわれる．1876年には，ヴィクトリア女王(この翌年インド皇帝となった)の息子，アルバート王子が訪問した際に，市街の建物をピンク色に塗ったのをきっかけとして，建物にピンク色の塗装が施されるようになり，旧市街は現在でもピンクシティとよばれる景観を保っている．

なお，西の砂漠の町ビーカーネルと東のアグラを結ぶ国道11号は，ジャイプル市内西側の城門チャントポール門から旧市街地に入り，中央のシティパレスやジャンタル・マンタルおよびハワー・マハールで南に折れてサンガネール門を通り，新市街地に出て，城壁沿いに東に走るミルザーイスマーイール道路(1941年のジャイプル藩王国の首相名にちなむ)を通過するとアグラ道路につながる．西方にあるジャイプル駅と旧市街地とを結び城壁に沿って走る3kmあまりのミルザーイスマーイール道路沿いおよび縁辺には，レストランやホテル，物産店などのほか，銀行や航空会社が並び，この地区一帯が旧市街地の観光を終えた多くの観光客が買い物などに集まる中心商店街地区となっている．王族一家は1947年のインド独立後も旧市街の中心にある宮殿シティパレスに居住しており，その一部が博物館として公開されている．

ジャイプルは観光と教育の町といわれる．今日，観光産業は経済の重要な部門を占めている．城壁に囲まれた旧市街地には，国内に5カ所あるジャンタル・マンタル(天文台)の1つで巨大なジャンタル・マンタル(1728建立)があり，2010年に「ジャイプールにあるジャンタル・マンタール」としてユネスコの世界遺産(文化遺産)に登録された．そのほか，風の宮殿とよばれるハワー・マハール(1799完成)，シティパレス(1726建立)や，多くのバザールなどが国内外の観光客を引き寄せる．日本人の観光客にとって，デリーを起点とするアグラとこのジャイプルのゴールデントライアングルを描く観光ルートは人気のあるコースである．また，歯科治療とセットになった観光も行われている．

また，ジャイプルでは，単なる女子教育の改編というだけでなく，グローバルな視点に基づく進歩的な教育が行われている．北インドの富裕層のみならず，国外からも子弟をジャイプルで学ばせたいと声があがるといわれる．それはジャイプルが進歩的教育の中心地になっているからとされる．近年の教育ブームにより，市内には60校を上回る工学系の単科大学(修士課程までを含む)，40校の経営大学，15校の薬科大学，4校のホテル経営管理大学，3校の医科大学，6校の歯科大学のほかに8つの総合大学などがある．

そして，近年とくに注目されるのは国道8号関連でデリー・ムンバイ間産業大動脈構想(DMIC)の中で，インド政府の進めるプロジェクトの1つにジャイプル国際空港都市構想である州都ジャイプル市街中心部から南へ約13kmに国際空港が建設され，2015年から

696　シヤイ　　　　　　　　　　　　　　　　　　　　　〈世界地名大事典：アジア・オセアニア・極Ⅰ〉

国際線が就航するようになったことである．年間200〜500万人の乗降客を運ぶ世界有数の空港とされている．観光と教育に深くかかわることになるものと想定できる．

［中里亜夫］

ジャイプル　Jaypur　　　インド

Jeypore, Jeypur（別表記）

人口：7.7万（2001）　　　　［18°51′N　82°40′E］

　インド東部，オディシャ（オリッサ）州南西部，コラプート県の町．カタックの南西386kmに位置する．米，皮革やサラノキ，チーク竹，ラックなどの林産物が取引されている．精米，皮のなめしが行われ，タイル工場，アラック（蒸留酒）の酒造所がある．

［澤　宗則］

ジャイロロ　Jailolo　　　インドネシア

人口：2.8万（2010）　面積：226 km²

［1°04′N　127°28′E］

　インドネシア東部，マルク（モルッカ）諸島ハルマヘラ島中北部，北マルク州ハルマヘラバラット県の郡で県庁所在地．ハルマヘラ島はマルク諸島北部に位置する独特の形状をした島である．ジャイロロの背後には1000 m級の山塊が迫り平地に乏しいが，島西海岸では数少ない良好な港をもつ．対岸にある地域中心，テルナテ島テルナテとの間に定期船がある．なお，ハルマヘラ島の別名もジャイロロ（ジロロとも）である．

［瀬川真平］

ジャイロロ海峡　Jailolo, Selat　　　インドネシア

幅：100-150 km　深さ：1000 m

［0°06′N　129°07′E］

　インドネシア東部，マルク（モルッカ）諸島北部，ハルマヘラ島東部のヌゴロポポ半島東部沖，北マルク州と西パプア州にまたがるハルマヘラ海の海峡．ハルマヘラ島と，ニューギニア島（西パプア州）西端に位置するワイゲオ島などのラジャアンパット諸島との間に位置する．海峡には，2004年までニッケル鉱採掘が行われたゲベ諸島などの小規模な島が点在する．なお，ジャイロロとはハルマヘラ島の別称である．

［瀬川真平］

ジャイロロ島　Jailolo, Pulau　☞　ハルマヘラ島　Halmahera, Pulau

ジャインティア丘陵　Jaintia Hills　　　インド

標高：1631 m　　　　［25°15′N　92°35′E］

　インド北東部，メガラヤ州東部，ジャインティアヒルズ県に広がる丘陵．メガラヤ州を東西に延びる丘陵は，総称してメガラヤ高原とよばれる．メガラヤ高原南部を東西に延びる丘陵の東部を占める．ジャインティア丘陵の地形的特徴は，西部のカーシー丘陵と似ているが，相対的により傾斜の小さな平坦な地形をなすことである．周囲に流出する川の刻んだ深い峡谷や急な谷壁を除けば，岩盤の露出したゆるやかな起伏の高原状の地形が広がる．丘陵の中央部にある県都ジョワイ Jowai の標高は1250 mから1350 m．最高地点は，東部のマランクシー Marangksih 峰で標高1631 m．西方に続くカーシー丘陵やガロ Garo 丘陵とともに，メガラヤ亜熱帯林（低山性の亜熱帯湿潤広葉樹林）に含まれ，豊富で恵まれた動植物資源があるが，この卓越したエコシステムも，人口増加と連動した非科学的な鉱山の操業や森林伐採，土壌侵食などによってしだいに失われつつある．

［大竹義則］

ジャヴァディ丘陵　Javadi Hills　　　インド

長さ：32 km　幅：80 km

　インド南部，タミルナドゥ州北部のヴェロールの南西に広がる丘陵．全体的な配置からは東ガーツ山脈に属する丘陵であるが，北〜西をパラール Palar 川によって，東を支流のチェヤル Cheyyar 川によって隔てられた孤立した山塊である．青灰色花崗岩から構成されており，山頂の平均標高は1100 m程度．最高峰は1500 mを超える．丘陵の南東斜面は白檀や果実の森としてよく知られている．ビーマンマダヴ滝，1967年から観測を開始した口径2.3 m反射望遠鏡のあるヴァイヌバップ天文台がある．　　　［大竹義則］

シャヴァト　Shavat　　　ウズベキスタン

Shovot（別表記）／シャバト（別表記）

人口：3.0万（2012）　　　　［41°40′N　60°18′E］

　ウズベキスタン西部，ホラズム州西部の都市．ヒヴァオアシスにあり，州都ウルゲンチの西北西31 kmに位置する．鉄道は，ブハラからトルクメニスタンに入り，ウルゲンチを経てふたたび国境を越える．おもな産業は綿花精製，食肉加工，石材加工などである．ショヴォトともよばれる．　　　［木村英亮］

ジャーヴィス島　Jarvis Island　　　アメリカ合衆国

バンカー島　Bunker Island（旧称）

人口：0（2009）　面積：4.5 km²

［0°22′S　160°00′W］

　中部太平洋東部，ポリネシア，アメリカ合衆国領の島．ライン諸島の赤道付近にある低平なサンゴ礁島で，島の中央部にはグアノ（鳥糞石）が厚く堆積している．海岸部は狭い裾礁に囲まれていて接岸が困難で，港湾機能はもたない．定住人口はない．1821年にイギリス船が発見したが，57年からアメリカの保護下に置かれ20年間ほどグアノの採掘が行われた．その後，米英間で領有権の行き来があったが，現在はアメリカの未編入の非自治領として同内務省の管轄下にあり，国立野生生物保護区に組み込まれている．

［橋本征治］

ジャーヴィス湾　Jervis Bay　　　オーストラリア

面積：102 km²　長さ：13 km　幅：9 km

［35°04′S　150°44′E］

　オーストラリア南東部，ニューサウスウェールズ州南東部，東海岸にある入江．州都シドニーの南南西約120 kmに位置する．地名は，1791年にジョン・ジャーヴィス提督にちなんで命名された．湾の南にはジャーヴィスベイ自然保護区，北にはビークロフト Beecroft 半島が位置し，幅約4 kmの狭い湾口にボーエン島が浮かぶ．湾にはカランビーン Currambene 川やムーナムーナ Moona Moona 川などの小河川が流れ込み，カララビーチ Callala Beach，ハスキッソン，ハイアムズビーチ Hyams Beach などの町が並ぶ．南西部のハイアムズビーチは，世界で最も白い砂のビーチとして，ギネスブックに登録されている．湾は釣り，ダイビングスポットとなっているほか，6〜11月にかけて訪れ

るザトウクジラのホエールウォッチングも楽しめる. 　　　　　　　　　　　[藁谷哲也]

ジャーヴィスベイ特別地域　Jervis Bay Territory　オーストラリア

人口：377（2011）　面積：68 km²
[35°09′S　150°41′E]

オーストラリア南東部の特別地域. ニューサウスウェールズ州南東部に位置し, 本土で最も小さい連邦直轄地域である. ジャーヴィス湾とレック Wreck 湾にはさまれた半島部とボーエン島からなる. この地域の西は, セントジョージスベイスン Saint Georges Basin と呼称される海跡湖からタスマン海に流出するサセックス Sussex 水路で隔てられる. 元来, この地域はニューサウスウェールズ州に属していたが, 1915 年に連邦政府に移管された. その後 1989 年のオーストラリア首都特別地域（ACT）の自治確立までACT の一部になり, 連邦直轄地域となった. この地域の大部分は, ジャーヴィスベイ自然保護区によって占められるが, 地域内にはオーストラリア海軍の飛行基地が存在する. このため, 地域内のジャーヴィスベイ（人口 250, 2011）, レックベイ（215）, グリーンパッチ Greenpatch（30）などの集落に居住する住民のほとんどは, 基地と関連した仕事についている. 空港は, 1950 年以降民間のチャーター機の発着も行われている.
　　　　　　　　　　　　　　[藁谷哲也]

ジャウンプル　Jaunpur　インド

人口：16.8 万（2011）　[25°44′N　82°41′E]

インド北部, ウッタルプラデシュ州東部, ジャウンプル県の都市で県都. 11 世紀に建設され, 洪水によって破壊された後, 1359 年に再建された. グムティ川にかかる橋（16 世紀建設）が現存している. 都市では, 医薬品, 香水, 化学薬品, カーペット, 家庭用品, 噛みタバコが生産されている. グムティ川の渡河点は, アラハバード, ヴァラナシ, ラクナウ, ファリダバード, チャープラへ向かう鉄道路線の重要な結節点となっている. プルバンチャル大学が立地する.

ジャウンプル県の面積は 4038 km². ガンガ平原に位置し, 標高は約 80 m, ガンガ川（別名ガンジス川）とガーガラ川およびグムティ川にはさまれたドアーブ Doab（ガンガ川とヤムナ川にはさまれた地域の意味）とよばれる地域である. 年平均降水量は 1033 mm である. 県域の 8％が耕作されており, このうち 57％が掘抜き井戸および用水路によって灌漑されている. 米, 小麦, 大麦, キビ類, トウモロコシ, 豆類, サトウキビ, タバコ, ジャガイモが栽培されている.
　　　　　　　　　　　　　　　[澤　宗則]

シャオイー市　孝義市　Xiaoyi

中国

永安, 瓜衍, 中陽（古称）

人口：47.6 万（2013）　面積：943 km²
気温：10.1℃　降水量：470 mm/年
[37°07′N　111°47′E]

中国中北部, シャンシー（山西）省中西部, リュイリャン（呂梁）地級市の県級市. 歴史が長く, 名称は瓜衍県, 中陽県, 永安県, 孝義県などと変わってきた. 1991 年に市になった. 西部は呂梁山脈の支脈である. 中部はホワントゥー（黄土）丘陵で, 段々畑が広く分布している. 東部はタイユワン（太原）盆地の一部であり, 土地が肥沃で食糧と綿花の産地である. 大陸性気候で, 無霜期間は 170 日である. 小麦, コーリャン, トウモロコシ, アワ, 大豆, ソバ, カラス麦, およびクルミやカキも栽培している. また, 石炭の埋蔵量は 71 億 t に達しており, 石炭の採掘は重要な産業である. ローカル鉄道があり交通は便利である.
　　　　　　　　　　　　　　　[張　貴民]

シャオウー市　邵武市　Shaowu

中国

昭武県, 南武夷（古称）/しょうぶし（音読み表記）/ティエチョン　鉄城　Tiecheng（別称）

人口：27.3 万（2015）　面積：2852 km²
気温：18.9℃　降水量：1784 mm/年
[27°21′N　117°27′E]

中国南東部, フーチェン（福建）省北部, ナンピン（南平）地級市の県級市. 市政府所在地は昭陽街道. チャンシー（江西）省との境界にあるウーイー（武夷）山麓の富屯渓流域に位置する. 内陸部の伝統的な工業都市. 鉄城とも南武夷ともよばれる. 三国時代の 260 年に東呉国が築城し, 昭武県と名づけた. 東晋時の 291 年に現地名の邵武に改名され, 以来, 8 府の 1 つとなり省内北西部の行政中心地として栄えた. もともと, 林業, 米, タバコ, 薬草などの栽培が卓越していたことに加え, 鉄鉱石や石炭や蛍石鉱などの地下資源が豊富であることから, 計画経済時期の 1950 年代後半に内陸の国指定の産業整備重点地域となり, 製鉄, 化学肥料, 発電, パルプ, タイヤ, 樹脂などを中心に素材型・加工型工業も急拡大した.

2015 年現在も国有系企業が工業生産額の 6 割以上を占めている. 1983 年に県級市になった. 陸上交通は便利で, 鷹廈（ようか）鉄道（インタン（鷹潭）〜アモイ（厦門）), 高速道路の福銀線（フーチョウ（福州）〜インチョワン（銀川）)と武邵（ぶしょう）線（ウーイーシャン（武夷山）〜邵武), 国道 316 号などが通じる. 寧徳地質公園はユネスコの世界ジオパーク（世界地質公園）に登録され, その一部である天成奇峡丹霞地形風景地, 要塞型集村建築のピンホー（平和）古鎮（中国歴史文化名鎮）などが名所である.
　　　　　　　　　　　　　　　[許　衛東]

シャオガン市　孝感市　Xiaogan

中国

人口：487.8 万（2015）　面積：8941 km²
[30°55′N　113°57′E]

中国中部, フーペイ（湖北）省の地級市. 省のやや東寄り, ハン（漢）水の北岸にある. シャオナン（孝南）区と, インチョン（応城), アンルー（安陸), ハンチュワン（漢川）の 3 つの県級市, およびシャオチャン（孝昌), ダーウー（大悟), ユンモン（雲夢）の 3 つの県を管轄する. 市政府は孝南区に所在する. 北東部はダービエ（大別）山脈に続く低山があり, 中部は丘陵地となり, 南部はチャンハン（江漢）平原に属す. ユン（澴）水とホワン（澴）河が北から南へ縦貫し, 南部を西から東へ横断する漢水と漢北河に注ぐ. おもな河川は, 漢水, 澴水, 澴河, 大富水, 漢北河. 主要な湖沼に, チュオチャー（汈汊）湖や東西汊湖などがある.

岩塩, 石膏, リンの埋蔵量が多く, 孝感の三宝と称される. そのほか金, 銀, 銅, ニッケル, イットリウムなどの鉱産物がある. 代表的な農作物には水稲, 小麦, 綿花, 搾油作物があり, 水産物にも富む. 太子米は優良米として全国に知られ, レンコン, ギンナン, クリ, モモなども特産である. 機械, 自動車, 化学, 紡織, 食品などの工業がある. 鉄道は京広線（ペキン（北京）〜コワンチョウ（広州））や漢丹線（ウーハン（武漢）〜タンチャンコウ（丹江口））が縦貫し, 高速鉄道は京広線（北京〜広州）のほか, 南部の漢川を滬漢蓉線（シャンハイ（上海）〜武漢〜チョントゥー（成都））が通り, 加えて都市間鉄道の漢孝線（武漢〜シャオガン（孝感））が通じている. 高速道路は京港澳線（北京〜ホンコン（香港）・マカオ（澳門））や福銀線（フーチョウ（福州）〜インチュワン（銀川））が交差している. 漢水,

698　シヤオ

〈世界地名大事典：アジア・オセアニア・極 I 〉

漢北河，郾水が水運に利用される．

名所旧跡には，孝感市区部にある董永の墓，アンルー(安陸)の白兆山森林公園，インチョン(応城)の湯池温泉などがある．大悟の中原軍区司令部旧跡や新四軍第五師司令部旧跡などの記念地もある．また，孝感は楚劇の郷ともよばれている．　　　　［小野寺淳］

シャオクワン市　韶関市
Shaoguan
中国

韶州 (古称)／しょうかんし (音読み表記)

人口：293.2万 (2015)　面積：18500 km²
降水量：1700 mm/年　　[24°48′N　113°36′E]

中国南部，コワントン(広東)省北部の地級市．重工業都市．フーナン(湖南)省とチャンシー(江西)省に接し，古来，チョンユワン(中原)やヤンツー(揚子)江流域などの主要部とホワナン(華南)をつなぐ重要な陸路交通の要衝である．広東の北大門(ゲート)という別称もある．隋の開皇9年(589)に韶州として設置され，清の康熙9年(1670)に内陸関税を併設したことから，韶関とよばれるようになり定着した．1949年11月に市となり，83年に省直轄市となる．浈江，武江，曲江の3市区のほか，ローチャン(楽昌)，ナンシオン(南雄)の2県級市，シーシン(始興)，レンホワ(仁化)，ウェンユワン(翁源)，シンフォン(新豊)の4県，ルーユワン(乳源)自治県を管轄する．市政府所在地は浈江区．2010年の人口センサスによれば総人口のうち，漢族が98.3％を占め，客家(ハッカ)語を使用する．また市区部の人口は99.2万．現在は，中国の交通大動脈の京広線(ペキン(北京)〜コワンチョウ(広州))，武広旅客専用線(ウーハン(武漢)〜広州)，京珠高速(北京〜チューハイ(珠海))，国道105，106，107，323号などが通じる．

鉱物資源が豊富で，とくに鉛，亜鉛，タングステンは国内有数の採掘量を誇る．また省最大の曲仁炭鉱も分布する．1958年の大躍進運動のさなか，中型の韶関製鉄工場の建設が開始され，66年に操業開始した．現在は年間500万tの産出量まで拡大した．また，韶関冶錬廠は年間20万tの生産規模を有する国内最大級の鉛，亜鉛の精錬・加工工場である．鉄鋼，有色金属，電力，機械，煙草，玩具の7分野が全工業の77.2％を占めている．1992年に沿海経済開放区に指定された後，新規に開設した莞韶テクノパークには自動車部品関連企業が大挙入居し，省会広州の自動車産業との分業関係が増大しつつある．市全体の1人あたりGDPは5363 USドル

(2015)で全国平均の7割程度．

郊外に2010年にユネスコの世界遺産(自然遺産)に登録された「中国丹霞」の一部である丹霞山，湖南省との境にナンリン(南嶺)国立森林公園，始興県内に車八嶺国立自然公園があり，自然景観の名勝地でもある．
　　　　［許衛東］

シャオシェン　蕭県　Xiao Xian
中国

しょうけん (音読み表記)

人口：116.9万 (2015)　面積：1885 km²
　　　　[34°11′N　116°56′E]

中国東部，アンホイ(安徽)省最北部，スーチョウ(宿州)地級市の県．チャンスー(江蘇)，ホーナン(河南)，シャントン(山東)の3省に隣接する．県政府は竜城鎮に置かれる．漢族をはじめ32の民族が居住する．秦代に蕭県が置かれ，以来，江蘇省シューチョウ(徐州)に属していたが，1955年に安徽省に管轄が移った．南にわずかに傾斜する地勢で，県の大部分が平原だが，北西部と南東部に低い山地が分布する．隴海鉄道と符夾鉄道，連霍高速道路が県内を通る．農業県で省の綿花生産の中心地の1つで，小麦，大豆の生産も盛んである．特産品にはブドウ，シイタケがある．地下資源も豊富で，とくに石炭の産出量が多い．景勝地に皇藏峪，聖泉寺，鳳山，白土古鎮，蔡洼風景区などがある．
　　　　［林和生］

シャオシャン　瀟湘　Xiaoxiang
中国

しょうしょう (音読み表記)

中国中部，歴史的な地名であり，近代にはフーナン(湖南)省一帯を広くさしていた．漢代にはシャン(湘)江やその支流のシャオ(瀟)水そのものを示していたが，唐代には詩人たちによって地域の名称に敷衍され，宋代からは広く湖南をさすようになった．宋代の画家の宋迪によって創始された瀟湘八景が山水画の画題として有名であり，ヨンチョウ(永州)，ホンヤン(衡陽)，ホンシャン(衡山)，シャンタン(湘潭)，チャンシャー(長沙)，タオユワン(桃源)，ユエヤン(岳陽)，シャンイン(湘陰)の風景が描かれている．その後，東アジアの各地に伝播し，日本絵画にも大きな影響を与えた．
　　　　［小野寺淳］

シャオシャン　Xiaoxiang ☞ ヨンチョウ市
Yongzhou

シャオシャン区　蕭山区
Xiaoshan
中国

しょうさんく (音読み表記)

人口：126.3万 (2015)　面積：1236 km²
　　　　[30°09′N　120°15′E]

中国南東部，チョーチャン(浙江)省北西部，ハンチョウ(杭州)副省級市の区．唐代の天宝元年(742)，区域内の蕭山にちなんで，蕭山県と名づけられた．1987年に蕭山市となり，2001年に蕭山市が廃止されて杭州市に所属する蕭山区に変更された．南部は丘陵地帯，北部は平坦な砂地，中部は川が縦横に流れる平地である．冶金，機械，化学，建材，紡織，製紙，食品，陶磁器，計器・電子，造船，印刷などの工業がある．南宋官窯の青磁器は有名であり，蕭山レースは多くの国や地域に輸出されている．農作物は主として稲で，豆類や麦もあわせて栽培されている．ジュートや綿花の生産も多い．名産品として浙江竜井茶，杜家ヤマモモ，蕭山鶏，蕭山干し大根などがある．おもな観光スポットには，湘湖，葛雲飛墓，跨湖橋遺跡博物館などがある．杭州蕭山国際空港があり，鉄道の浙贛線(浙江〜チャンシー(江西))，蕭甬線(杭州〜ニンポー(寧波))，滬昆線(シャンハイ(上海)〜クンミン(昆明))や，高速道路の滬昆線(上海〜昆明)，空港線，杭州環状線，杭州湾環状線などが交わり，地下鉄も通じている．
　　　　［谷人旭・小野寺淳］

シャオシャン市　韶山市
Shaoshan
中国

しょうさんし (音読み表記)

人口：9.8万 (2015)　面積：247 km²
　　　　[27°55′N　112°32′E]

中国中南部，フーナン(湖南)省，シャンタン(湘潭)地級市の県級市．市政府はチンシー(清渓)鎮に所在する．丘陵地帯に位置し，地勢は北西から南東へ傾斜している．鉱産資源はマンガン，石炭，珪砂，石灰石，海泡石，粘土などがある．農業は水稲，搾油作物，綿花などがあり，養豚が盛ん．工業は機械，電子，建材，紡織，医薬，食品などの業種がある．鉄道は韶山線(シャンシャオ(向韶)〜韶山)に加えて，滬昆高速鉄道(シャンハイ(上海)〜クンミン(昆明))が通じている．高速道路の長韶婁線(チャンシャー(長沙)〜韶山〜

ロウディ(婁底))も通る．毛沢東の旧居や記念園がある．毛沢東誕生100周年の際に，毛沢東の銅像や詩碑林，韶山烈士陵園を建てた．旧跡に銀田寺，名勝に韶峰や滴水洞がある．毎年多くの内外の観光客が当地を訪れる．　　　　　　　　　　　　　　　［小野寺 淳］

シャオシン市　紹興市　Shaoxing

中国

会稽（古称）

人口：500.3万（2011）　面積：8279 km²

[30°00′N　120°35′E]

　中国南東部，チョーチャン(浙江)省中北部の地級市．チェンタン(銭塘)江河口のハンチョウ(杭州)湾南岸に位置し，南部のクワイチー(会稽)山地を市域とする．西は杭州市，東はニンポー(寧波)市，南はタイチョウ(台州)市，チンホワ(金華)市に接する．夏の始祖禹王にかかわる伝承があり，ここに諸侯を集めたため会稽という地名が生まれたという．コーチャオ(柯橋)，越城，シャンユィー(上虞)の3区，チューチー(諸暨)，シェンチョウ(嵊州)の2県級市，シンチャン(新昌)県を管轄する．市政府所在地は越城区．
　紹興は悠久の歴史があり，水郷，橋郷，酒郷，書道の郷，名士の郷などの美称をもっている．国指定の歴史文化都市および優秀な観光都市，対外開放都市である．先史時代にはチャン(長)江デルタの良渚文化と杭州湾の河姆渡文化の間に位置している．南方の百越文化の中心であり，古代伝説上の帝王とされる舜や，禹が活躍していたところという伝承がある．春秋時代の越国の中心であった．秦漢時代以後，晋朝が南遷した時代には，南方に移住してきた貴族たちによって高度な文化が発達した．中でも会稽内史となった王羲之は書道の偉人として有名である．その遺跡である蘭亭は観光スポットになっている．隋，唐には越州とされ，会稽県に治所が置かれた．南宋になり杭州に都が置かれていた間，高宗が越州を訪れたときに，紹祚中興の言葉にちなみ，年号を紹興に改め，越州を紹興府と改名した．紹興府の下に会稽県があるという体制は民国まで続いた．1949年紹興専区が置かれ，都市部は紹興市，農村部は紹興県とした．1983年には専区(地区)を撤廃し，省轄の紹興市となった．2013年に紹興県を廃して柯橋区とし，現にいたる．
　紹興の工業は，古くからある軽工業とくに紡織業を主とし，同時に省エネ型光電子，医薬，小型モーターなども成長している．また，紡織業では綿，羊毛，絹，麻，化学繊維などの織物を生産し，中国およびアジアで有数の生産地である．食品工業では伝統産業として，米を原料とする紹興酒醸造業がメインとなっている．中国での5大酒文化都市の1つとして，紹興は中国最大の紹興酒醸造と輸出の基地である．食品製造・加工，飲料製造や，醤油，臭豆腐(発酵液に漬けた発酵豆腐)など醸造に携わる企業が多い．他の名産品としては，カヤ，烏干菜，梅干菜といったからし菜などの漬物，落花生，紹興菱(水草の一種で，種子のデンプンを食用とする)，紹興貢瓜(ウリの漬物)，紹興アヒルなどがある．観光地としては，魯迅にゆかりのある魯迅故里，魯迅記念館，周恩来の生家と記念館がある周恩来故居などがある．

［谷　人旭・秋山元秀］

シャオシンアンリン山脈　小興安嶺 Xiao Xing'an Ling

中国

Xiao Hinggan Ling, Xiaoxing'anling（別表記）／小シンアンリン山脈（別表記）

面積：77000 km²　標高：1429 m　長さ：500 km
幅：200 km　降水量：500～600 mm/年

[46°38′N　128°28′E]

　中国北東部，ヘイロンチャン(黒竜江)省中北部にある山脈．北西-南東方向に走り，標高は500～1000 mほどで，それほど高い山はなく，最高峰は南端にあるピンティン(平頂)山(標高1429 m)である．山脈名は，西にあるダーシンアンリン(大興安嶺)山脈と対照して命名された．ソンネン(松嫩)平原に続く南西斜面は傾斜が比較的ゆるやかであり，ウーダーリエンチー(五大連池)には火山群がある．一方，黒竜江(アムール川)に臨む北東斜面は傾斜が比較的急である．冬は長く寒冷であり，山間を流れる河川は5カ月ほど凍結する．またところどころに永久凍土が分布している．広く森林に覆われており，北部は針葉樹から広葉樹がみられる混交林への移行地帯となっており，カラマツやアカマツが多い．南部は混交林でチョウセンマツが多い．林産資源が豊かであり，林業が盛んである．

［小島泰雄］

シャオチャン県　孝昌県 Xiaochang

中国

人口：59.6万（2015）　面積：1217 km²

[31°15′N　114°00′E]

　中国中部，フーペイ(湖北)省，シャオガン(孝感)地級市の県．県政府はホワユアン(花園)鎮に所在する．東部と北部はダービエ(大別)山脈から続く丘陵地で，中・南部は平野である．大理石，花崗石，川砂，銅などを産する．ホワン(澴)河や徐家河用水路などの用水路が耕地を灌漑している．農業は水稲のほか，茶葉，クリ，モモ，薬材の生産で知られる．水産物の養殖も盛んである．工業は建材，化学，電機など．鉄道は京広線(ペキン(北京)～コワンチョウ(広州))が縦貫し，安衛線(アンルー(安陸)～ウェイチャティエン(衛家店))が接続する．京港澳(北京～ホンコン(香港)・マカオ(澳門))高速道路も南北に走っている．双峰山国立森林公園がある．

［小野寺 淳］

シャオチュンチョン Xiaochuncheng ☞ シーチャン市 Xichang

シャオチン県　小金県 Xiaojin

中国

人口：8.0万（2015）　面積：5571 km²

[31°00′N　102°21′E]

　中国中西部，スーチュワン(四川)省中北部，アーバー(阿壩)自治州南部の県．住民はおもにツァン(チベット)族，漢族，回族によって構成される．地名は県内を流れる小金川から名づけられた．1935年，紅軍一方面軍と四方面軍が合流し，政治局拡大会議を行った．1989, 2002, 12年には，県と国から貧困開発の重点県に指定され，以来とくに工業に力を入れている．県内には，2006年にユネスコの世界遺産(自然遺産)に「四川ジャイアントパンダ保護区群」の一部として登録されたスーグーニャン(四姑娘)山景区がある．

［石田　曜］

シャオトン県　邵東県 Shaodong

中国

しょうとうけん（音読み表記）

人口：92.8万（2015）　面積：1778 km²

[27°16′N　110°45′E]

　中国中南部，フーナン(湖南)省，シャオヤン(邵陽)地級市の県．県政府はダーホータン(大禾塘)街道に所在する．ツー(資)水の支流である邵水は北西部を東から西へ流れる．シャン(湘)江の支流である蒸水が南東部を南西から北東へ流れる．丘陵が多くを占め，北と南に山地がある．鉱産物は石炭，鉛，亜鉛，マンガン，鉄，石膏，石灰石，重晶石，珪砂などがある．主要な農産物は水稲，小麦，サツマイモであり，黄花菜や茶油が特産であ

700　シヤオ

〈世界地名大事典：アジア・オセアニア・極I〉

る．工業は機械や紡織などの業種があり，ライターやカバンの生産で知られる．洛湛鉄道（ルオヤン（洛陽）～チャンチャン（湛江））や滬昆高速道路（シャンハイ（上海）～クンミン（昆明））が通る．

［小野寺 淳］

シャオホワ山 Shaohua Shan ☞ サンチン山 Sanqing Shan

シャオヤン県　邵陽県　Shaoyang

中国

しょうようけん（音読み表記）

人口：95.8万（2015）　面積：2001 km²

[26°59′N　111°16′E]

中国中南部，フーナン（湖南）省，シャオヤン（邵陽）地級市の県．県政府はタントゥーコウ（塘渡口）鎮に所在する．南部の地勢が比較的高く，河伯嶺は標高1455 mである．ツー（資）水は西から入り，中部で夫夷水を合わせて北流する．シャオ（邵）水の支流のタン（檀）江が東部を北流する．丘陵地が広がり，河川沿いに盆地がある．主要な鉱産物に石炭，石膏，大理石がある．農業は水稲のほか，トウガラシ，柑橘類，茶葉，タバコ，茶油などを産し，養豚も行われる．工業はセメントや製紙などの工場がある．洛湛鉄道（ルオヤン（洛陽）～チャンチャン（湛江））や二広高速道路（エレンホト（二連浩特）～コワンチョウ（広州））が南北に通る．資水と夫夷水は航行が可能．古跡に南宋の芙蓉峰石刻がある．

［小野寺 淳］

シャオヤン市　邵陽市　Shaoyang

中国

邵陵，昭陵，宝慶（古称）／しょうようし（音読み表記）

人口：726.2万（2015）　面積：20822 km²

[27°14′N　111°28′E]

中国中南部，フーナン（湖南）省の地級市．ダーシャン（大祥），ショワンチン（双清），ペイター（北塔）の3区，ウーガン（武岡）県級市，シャオトン（邵東），シンシャオ（新邵），シャオヤン（邵陽），ロンホイ（隆回），トンコウ（洞口），スイニン（綏寧），シンニン（新寧）の7つの県，およびチョンブー（城歩）自治県を管轄する．市政府は大祥区に所在する．ツー（資）水の中・上流に位置する．かつてより湖南省南西部の門戸であり，物資の集散地であった．歴史的には宝慶，またの名を昭陵や邵陵とも称した．シャオ（邵）水が資水に合流

するところに市街地があり，2000年以上の歴史を有する都市である．

シュエフォン（雪峰）山脈が市域の西部まで延びて，資水とユワン（沅）江の分水嶺になり，また湖南省中部と西部を分けている．ナンリン（南嶺）山脈西部の峰々が南東部に続いている．地勢は南東から北西へしだいに低くなっており，城歩自治県のアルバオ（二宝）頂が標高2021 mで最高峰になる．市域の中部と北東部は，丘陵，平野，盆地が交錯している．資水が主要河川であるが，南西部の巫水水系は沅江の支流である．

森林にはマツ，スギ，孟宗竹などの用材林が多く，銀杉などの希少樹種もある．アブラツバキ，オオアブラギリ，ウルシ，クリ，トウハゼ，白ロウなどの経済林も多い．中国の南方では有数の規模を誇る南山牧場がある．農産物は水稲や小麦が主であり，トウモロコシや落花生がこれらに次ぐ．経済作物は茶葉や漢方薬材が有名であり，トウガラシ，柑橘類，黄花菜，タバコなどの特産がある．養豚が盛んなほか，武岡銅ガチョウが知られる．

鉱産物は石炭，鉄，タングステン，アンチモン，マンガン，石膏，金，銀，鉛，亜鉛などがある．工業は冶金，機械，自動車，化学，製紙，紡織，食品などがある．伝統工芸としては邵陽の竹細工や洞口の墨晶石彫刻が有名．鉄道の洛湛線（ルオヤン（洛陽）～チャンチャン（湛江））が南北に，滬昆高速鉄道（シャンハイ（上海）～クンミン（昆明））が東西に通る．高速道路は，滬昆線（上海～昆明），二広線（エレンホト（二連浩特）～コワンチョウ（広州）），衡邵線（ホンヤン（衡陽）～邵陽），邵坪線（邵陽～新邵県ピンシャン（坪上）），洞新線（洞口～新寧）が通り，包茂線（ボグト（パオトウ，包頭）～マオミン（茂名））の一部が綏寧県に通じている．

邵陽花鼓劇や邵陽漁鼓には独特の風格がある．名所旧跡には水府廟，東塔公園，法相岩石刻，白水洞，魏源旧居，国指定の風景名勝地区として丹霞地形景観の崀山，南山，やはり国指定の自然保護地区として黄桑，雲山国立森林公園などがある．崀山は，2010年にユネスコの世界遺産（自然遺産）に登録された「中国丹霞」の一部を構成している．

［小野寺 淳］

ジャオラ　Jaora

インド

人口：6.4万（2001）　[23°38′N　75°08′E]

インド中部，マッディヤプラデシュ州ラトラム県の町．ラトラムの北北東35 kmに位

置する．トウモロコシ，キビ類，綿花，サトウキビなどが栽培されている．砂糖の精製，綿繰り，手機の製織が行われている．かつてはジャオラ藩王国の首都であった．藩王国は19世紀初期に，パターン族によって建国された．1948年にマッドヤバーラト Madhya Bharat と合併し，のちにマッディヤプラデシュ州となった．

［澤 宗則］

ジャカルタ　Jakarta

インドネシア

Djakarta（旧表記）／ジャカルタ首都特別区 Jakarta, Daerah Khusus Ibukota（正称）／ジャヤカルタ　Jayakarta（古称）／スンダクラパ Sunda Kelapa（古称）／バタヴィア　Batavia（旧称）

人口：960.8万（2010）　面積：664 km²　標高：8 m

気温：24-36℃　降水量：1900 mm/年

[6°07′S　106°48′E]

インドネシア共和国の首都．最上位の地方自治体である州（プロフィンシ）と同格の特別区（ダエラクスス）である．ほかの州では州の下位には県（カブパテン）と市（コタ）が置かれているが，ジャカルタは行政市（コタアドミニストラシ）と行政県（カブパテンアドミニストラシ）で構成される．これらはどちらも，市長（ワリコタ）や県知事（ブパティ）が住民の選挙で選出されるのでなく州知事による任命であり，また選挙で選ばれた議員で構成される議会をもたず，したがって地方自治の単位ではない．ジャカルタ首都特別区だけのしくみである．現在は，次の5行政市1行政県に分けられている．ジャカルタプサット（中央ジャカルタ）行政市（人口90.2万，2010），ジャカルタティムール（東ジャカルタ）行政市（269.4万），ジャカルタバラット（西ジャカルタ）行政市（228.2万），ジャカルタスラタン（南ジャカルタ）行政市（206.2万），ジャカルタウタラ（北ジャカルタ）行政市（164.6万），そしてジャカルタ湾の北沖50～70 kmに点在する島嶼からなるクプラウアンスリブ行政県（2.1万，有人島は11）．ジャカルタは全国34の最上位の自治体でただ1つ，全域が都市地域に分類されていて村落地域がなく，都市人口比率が100%である．インドネシア西部，ジャワ島北西部，チリウン川河口に位置し，北はジャワ海に臨み，西はバンテン州，南と東は西ジャワ州に接する．西ジャワ州の山岳地に発するチリウンほか10以上の小河川が域内を通り，ジャカルタ湾に注ぐ．12～2月の雨季と4～9月の乾季がある．平均気温は年間を通して変化がないが，最近では都市化の進展などによって気温が上昇す

シヤカ　701

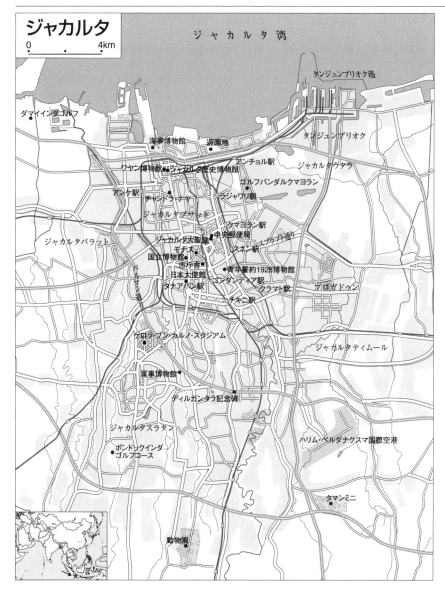

集住した．この民族集住コミュニティはカンポン（ムラ）とよばれた．他方，さまざまな民族文化の接触混交から，新しい文化集団，ブタウィ（バタヴィア）人が形成されていく．民族集団ごとの分離と混交は今日に続く多民族都市ジャカルタの特性である．

19世紀後半から20世紀初期にバタヴィアに大きな変貌が起こる．植民地政策の転換で農業資源の開発を目ざす私企業の自由な活動がジャワ内陸部へと拡大した．スエズ運河の開通（1869）や鋼鉄製の大型汽船の就航に伴い，バタヴィアには近代的なタンジュンプリオク港が建設された．そこから内陸部との間に鉄道が敷かれた．バタヴィアはジャワの農業地帯と欧米や後年には日本などの工業地帯を結ぶネットワークの連結環となった．貿易や商業，運輸交通，金融や保険，さらに植民地の領土と住民を効果的に治めるための行政や軍事，教育など，さまざまな機能の中枢が集中した．1920〜30年代には人口でもそれまで最大であったジャワ島東部のスラバヤを追い越した．この時期のバタヴィアの成長が，現代インドネシアでジャカルタに多くの機能と人口および発展の成果が集中している背景の1つである．

1942年3月，日本軍がジャワに進駐，バタヴィアに軍政監部をおいた．住民を懐柔する目的で，オランダ由来のバタヴィアという名にかえてジャカルタという名称を復活させた．日本の無条件降伏後，オランダに対する独立戦争を経て1949年12月に国際社会でインドネシアの独立が承認された．新国家の首都は，植民地時代末期の機能集積からジャカルタを受け継ぐほかなく，1957年に正式にジャカルタが首都に定められ，特別区の地位を与えられた．ジャカルタの人口は独立から50年間で6.5倍に増加した．1950年代以後，農村からの大量で継続的な人口流入を経験し，70年には当時の知事が閉鎖都市を宣言しジャカルタに移り住むための条件を課して流入を抑制しようとするも，効果はなかった．貧しい農村出身者の増加に伴い，彼らの多くが住む生活環境の劣悪な住宅密集地区も空間的に拡大した．

インドネシアは1970年代から日本や欧米からの投資を積極的に受け入れて経済成長を図り，そのために軍を中心に国内秩序の維持を重視する新体制に移行した．工業化が開発政策の目標で，日本企業などが都内のタンジュンプリオクやプロガドゥンなどの工業地区，西ジャワ州ブカシ県，カラワン県などに造成された工業団地で繊維製品，自動車，オートバイの製造を行っている．

る傾向にある．

ジャカルタは歴史の中でたびたびその名を変えてきた．現在のジャカルタのあたりは4世紀にはスンダクラパという港で，ジャワ西部に成立したタルマ国と関係があったとされる．14世紀前半，現西ジャワ州のボゴール付近にパジャジャラン王国が興り，スンダクラパはその外港の1つであった．16世紀前半にはポルトガル人がマラッカ海峡からスンダクラパにも現れたが，イスラーム教徒の港市国バンテンの軍勢が撃退，ここをジャヤカルタ（栄光の町，勝利の都）と名づけた．今日のインドネシア国で，この戦勝の日とされる1527年6月22日が公式にジャカルタ生誕日に定められている．

16世紀末にオランダ人が登場，1619年にオランダ東インド会社がジャヤカルタに城塞を築き，オランダ民族のラテン語名バターウィにちなんでここをバタヴィアと命名した．以後300年余にわたってこの名でよばれた．オランダ人はこの町に運河を掘り，運河沿いの道路に面して石造りの建物を配し，東洋の女王とよんだ．しかしやがて故国の町を模した都市造りは結局は高温多湿の地には適さなくなった．オランダ人が建設した地区は現在のジャカルタのコタ地区で，数多く残る歴史的建築物の保全が試みられている．18〜19世紀前半のバタヴィアではオランダ人はきわめて少数で，奴隷を含むインドネシア各地からきた人びとと中国人が圧倒的な多数派であった．しかし，彼らのほとんどはバタヴィア市中には住まず，郊外に出身地や民族ごとに

ジャカルタ（インドネシア），独立記念日（8月17日）の「インドネシア共和国万歳」の横断幕が掲げられた市内のメインストリート，タムリン通り〔瀬川真平提供〕

何度目かの都市構造の再編が1990年代から起こった．世界の経済（金融と生産の部門）の急激な変容と，ヒト，モノ，カネ，情報があらゆる境界を越えて引き起こす大規模な相互作用に応じて，ジャカルタは変貌した．植民地時代以来，ジャカルタは南へ市街地を延ばしてきたが，新都心部は多国籍企業や外国の銀行・証券会社，国内企業の拠点となっている．ところが，経済の中枢管理機構が集中するとともに，再開発のための空間の有効利用という大義の下，貧困地区やカンポンが排除され，露天商などのいわゆるインフォーマルな零細経済部門が制限または禁止され，底辺層の人びとの暮らしに大きな影響を及ぼしている．

海浜地帯を中心に劣悪な住宅が集中するが，安価な住宅など社会施設が十分に整っていないのも実情である．外縁部では，西ジャワ州のボゴールやデポック，ブカシ，バンテン州のタングランなどへと行政界を越えて都市域が拡大，連接し，国内最大の都市圏が形成されている．この拡大都市圏は先の5つの都市的センターの頭文字をとってジャボデタベック（JABODETABEK）とよばれ，2005年で2400万の人口を有し，15年には空間域の拡大も伴って3200万に達したと推測される．しかし，この大都市圏の内側では，おもに製造業部門の工業団地などの都市的生産，モールに代表される消費文化とニュータウン，そして必需品である自動車専用道路が，都市縁辺部の農村地帯に浸透したことで，村落的な土地利用，経済，生活スタイルと都市的なそれらが混合する地域となった．

ジャカルタ住民は，相互に錯綜する文化と社会経済という2つの次元で複雑に分化している．一方で，住民はインドネシア各地出身の実に多様な民族集団から構成され，地理的，文化的なアイデンティティ，エスニシティにもとづく分化（および混交）がみられる．他方で彼らは階層によって分化している．ただし，少数の富裕層と大多数の貧困層という二分法だけではない．両者の間には，経済開発と民間企業活動の活発化と高等教育の普及の恩恵を受けて登場した専門職ホワイトカラーなど新中間層とよばれる新しい都市的な高所得層，さらに新興の富裕層，中等レベルの教育を受けて給与生活を営む工場労働者のような中位から下位の中間層などが形成され複雑である．

都市環境の悪化とその改善はジャカルタの大きな課題である．人口過密だけが原因ではなく，それを抱えながら進行する産業構造の変化や生活スタイルの変容が，すさまじい交通渋滞，大気汚染，水面をゴミに覆われて悪臭を放つ河川や運河，雨季の都市洪水などを引き起こしている． 〔瀬川真平〕

シャガン川　Shagan, Reka

ロシア/カザフスタン

面積：7530 km²　長さ：264 km

[51°10′N　51°20′E]

ロシア西部，オレンブルク州（沿ヴォルガ連邦管区）南西部とカザフスタンの西カザフスタン州を流れるウラル川の支流．ロシアのオプシチー台地を源流として，カザフスタンへの越境後にウラル川と合流する．平均流量は河口から40 km地点で毎秒 7.7 m³．11月末に結氷し，3月末〜4月に融氷する．河岸域に集落が点在し，灌漑用水として利用されている．おもな支流は，タロヴァヤ川，デルクル川である． 〔徳永昌弘〕

シャーク湾　Shark Bay

オーストラリア

長さ：240 km　幅：80 km

[25°30′S　113°30′E]

オーストラリア西部，ウェスタンオーストラリア州西部の湾．3つの島によって外洋と遮断され，ペロン半島が湾を二分する．湾内の主要港はガスコイン川河口のカナーヴォンである．1616年にオランダ人航海者ディルク・ハルトグが探検し，地名は，サメが多く生息することから，99年に海賊ウィリアム・ダンピアによって命名された．当初は真珠貝の採取が中心であったが，のちにエビ，ザリガニ，タイなどの漁業が中心となった．沿岸では製塩業が主要な産業であり，羊の放牧も盛んである．ジュゴンやイルカ，クジラなどが生息する湾の最奥部では，藍藻類のはたらきによって海中の堆積物などが固着したストロマトライトという岩上の構造物が多数みられる．藍藻類は，光合成によって太古の地球に酸素をもたらしたと考えられており，35億年前の化石もみつかっている．点在する島には希少な有袋類など貴重な生物種も生息している．こうしたことから，1991年に「西オーストラリアのシャーク湾」としてユネスコの世界遺産（自然遺産）に登録されている．小規模ながら観光業も盛んであり，とくにペロン湾のモンキーマイアはイルカと遊べるリゾートとして人気がある． 〔大石太郎〕

シャグ川　Shag River

ニュージーランド

マタカエア　Matakaea（マオリ語）

長さ：72 km　[45°29′S　170°48′E]

ニュージーランド南島東岸，オタゴ地方の川．中生代の岩石からなるカカヌイ山地に発し，ホース Horse 山地の西側に沿って南東に流れ，シャグポイントの南で海に注ぐ．河口付近はマス釣りで知られる．河口の浅瀬ではマオリのカヌーが座礁したことがある．この付近には巨鳥モアの骨や卵が発見されている．マオリ語ではマタカエアとよばれ，鳥のリーダーを意味する． 〔太田陽子〕

シャクスガムラ峠 Shaksgam La ☞ カラコルム峠 Karakoram Pass

ジャクソン岬　Jackson, Cape

ニュージーランド

[40°59′S　174°18′E]

ニュージーランド南島，マールバラ地方の岬．マールバラ湾の中にあるクイーンシャルロット湾の突端にある．クック海峡に面し複雑なリアス海岸を形成する．ピクトンの北北東，首都ウェリントンの北西方向にある．かつては金の採掘，羊の放牧が行われていたが，現在では私有地となっており，野生保護公園クイーンシャルロット・ワイルドネスパークとなっている．原生林を取り戻すための努力が行われており，民間所有であるため立ち入りは人数が限定される．また，二酸化炭素削減のための出資者を募って植林を行う試みがなされている．同様に，元来の森林に戻すため，シカ，ネズミ，オポッサムなどのほ乳類の流入を制限し，出資者を募り植林を行っている．岬の浜辺では水泳，ダイビング，釣りなどのマリンスポーツが楽しめる．森林，沿岸部はトレッキングコースも整備されている．　　　　　[植村善博・太谷亜由美]

ジャクソン湾　Jackson Bay

ニュージーランド

オープン湾　Open Bay（旧称）

[43°59′S　168°39′E]

ニュージーランド南島，ウェストコースト地方南部の湾．ハーストの南西約 40 km に位置する．イギリスのジェームズ・クックによってオープン湾と名づけられたが，1844年にエドワード・ショートランドが作成した地図では現名称に変わっている．地名の由来ははっきりしておらず，ニューサウスウェールズ出身の航海士ポート・ジャクソン，クジラ漁師ジェームズ・ハイアット・ジャクソン，難破した船の船員の 1 人であるウィリアム・ジャクソンにちなむ可能性が考えられる．1875 年に，湾沿いに農地とともに製材所や漁業集落をつくる計画が持ち上がったが，急速に町をつくろうとしたため失敗する．その後は，ウェストコースト地方の漁船や木材運搬船の中継港となる．湾の西側にジャクソン岬がタスマン海から守るようにして突き出しているので，自然の待避港として好都合であったと考えられる．　　　　　　[井田仁康]

ジャクソン湾　Jackson, Port

オーストラリア

面積：55 km²　長さ：19 km　幅：1.5 km
深さ：46 m　　　　　　[33°50′S　151°16′E]

オーストラリア南東部，ニューサウスウェールズ州中央東部，シドニー港を含む入江．ノース岬とサウス岬にはさまれた湾口はわずか 1.5 km 程度であるが，長さ 19 km，面積 55 km² と東西に細長く発達する．地名は，1770 年にジェームズ・クックがエンデヴァー号でヨーロッパ人として初めて訪れ，友人のジョージ・ジャクソンにちなんで命名した．1788 年になって，現在のシドニー港西岸にイギリス人による植民地ができ，これがのちにシドニー市となった．湾の中央部には，州都シドニーのオペラハウスやハーバーブリッジなど国を代表する建築物があるほか，周辺をシドニー港国立公園，タロンガ動物園，王立植物園，シドニー総督官邸，首相官邸，サーキュラーキー(埠頭)などの施設が囲んでいる．

湾内には西からパラマッタ川やレインコーヴ Lane Cove 川が流入し，アイアンコーヴ Iron Cove 湾，エリザベス Elizabeth 湾，ローズ Rose 湾，ミドルハーバー Middle Harbour などの小さい入江が入り組んだ海岸線をつくり出している．また，コッカトゥー Cockatoo 島，ゴート Goat 島，フォートデニソン Fort Denison，シャーク Shark 島などの島も点在する．第 2 次世界大戦中の 1942 年 6 月 1 日には，日本軍の特殊潜水艇が湾に侵入し，シドニー港への攻撃を仕掛けたこともあった．　　　　　　[藁谷哲也]

ジャグダルプル　Jagdalpur

インド

Jagadalpur（別表記）／バスタール　Bastar（別称）

人口：12.5 万（2011）　　[19°04′N　82°05′E]

インド中部，チャッティスガル州南部，バスタール Bastar 県の町．州都ライプルの南 249 km，インドラワティ川沿いに位置する．周辺農村の交易の中心となっている．米，キビ類，アブラナが栽培され，取引されている．サラノキ，竹，ミロバランが周辺に生育する．かつてはバスタール藩王国であった．ときに Jagadalpur と表記され，またバスタールともよばれる．空港がある．　　[澤　宗則]

ジャグディシュプル　Jagdishpur

インド

人口：2.8 万（2001）　　[25°29′N　84°29′E]

インド北部，ビハール州西部，ボジプール Bhojpur 県の町．アラーの西南西 26 km，ソン Son 水路の支流沿いに位置する．砂糖精製の中心地である．米，ヒヨコ豆，小麦，アブラナ，大麦，トウモロコシが栽培されている．　　　　　　　　[澤　宗則]

シャークフィン湾　Shark Fin Bay

フィリピン

[11°07′N　119°34′E]

フィリピン南西部，パラワン島北東端近く，スールー海に面する比較的大きな内湾．パラワン州に所属している．沖合にあるクーヨ諸島との間にクーヨウェスト水路が走っている．スールー海とともに湾内は好漁場となっている．周辺の住民の大半はイスラーム教徒モロ族である．　　　　[田畑久夫]

シャグポイント　Shag Point

ニュージーランド

マタカエア　Matakaea（マオリ語）

[45°27′S　170°48′E]

ニュージーランド南島南東部，オタゴ地方の町．ワイタキ地区，オーマルの南西 50 km に位置する．カタキビーチ Kataki Beach 南端の岬にあるリゾート地である．岬は新生代の玄武岩からなる．おもな産業は農業，石炭の採掘である．マオリ語ではマタカエアとよばれ，鳥のリーダーを意味する．この町の駅のマオリ語名はファタパラエラエ Whataparaerae で，サンダルの貯蔵庫を意味する．町の西には標高 226 m のパキヒウイタヒ Pakihiwitahi とよばれる丘があり，その後ろにホースピーク Horse Peak 山地がある．マオリの神話によると，この付近でグリーンストーンを求めて航海していた船が座礁したという．　　　　　[太田陽子]

シャクルトン海岸　Shackleton Coast

南極

[82°00′S　162°00′E]

南極，東南極の海岸．ロス棚氷西側の海岸のうち，セルボーン岬とビアドモア氷河の東

側にあるエアードロップ山の間をさす. 1961年に, ニュージーランド南極地名委員会が, イギリスの探検家アーネスト・シャクルトン卿(1874-1922)の名にちなんで命名した. 彼はロバート・スコットのディスカバリー探検隊(1901～04)に同行し, その後3回の南極探検隊を率いた. そのうちの1907～09年のイギリス南極探検隊では, シャクルトンはシャクルトン湾のさらに奥まで探検し, ビアドモア氷河を発見した. さらに, 南極点到達への有効なルートを発見し, 極点に向かったが, 食料が尽きたため, 180km手前で断念した. 　　　　　　　　[前杢英明]

シャクルトン山脈　Shackleton Range
南極

標高: 1875m　長さ: 160km
[80°30′S　25°00′W]

　南極, 東南極の山脈. コーツランド南側に分布する. 最高峰はホルムズ峰(標高1875m)で, 山脈はスレソール氷河とリカバリー氷河の間を, ほぼ東西方向に160km延びている. 山脈名は, 1914～16年に行われた大英帝国南極横断探検隊(シャクルトン探検隊)の隊長であるアーネスト・シャクルトン卿(1874-1922)にちなんで命名された. その後, イギリス連邦南極横断探検隊が1956年に航空機から視認し, 翌57年には地上から測量を行った. アメリカ海軍が1967年に山脈全体の写真を撮影した. 1968～69年および69～70年には, イギリスの南極探検隊がハーレー基地をベースにして, アメリカ海軍のC-130ハーキュリーズ輸送機の支援を受け, 地上からの調査を行った. 　[前杢英明]

シャクルトン棚氷　Shackleton Ice Shelf
南極

面積: 33820km²　長さ: 384km
[66°00′S　100°00′E]

　南極, 東南極の棚氷. クイーンメアリーランド(ウィルクスランドの一部)のインド洋側海岸部に張り出した, 比較的大規模な棚氷である. 海岸に沿った幅は東経95～105度, 張り出し幅は, 西側で145km, 東側で64km程度である. 東側はノックス海岸, 西側はクイーンメアリー海岸である. 1840年にアメリカのチャールズ・ウィルクスによって発見され, その一部が地図に描かれた. 棚氷の本格的な調査は, ダグラス・モーソン率いるオーストラリア探検隊が1911～14年にかけて行い, イギリスのアーネスト・シャクル

トン卿にちなんで命名された. その後, アメリカ海軍が1946～47年にハイジャンプ作戦によって撮影した航空写真を使って55年に詳細に地図に描かれた. さらに1956年にはソヴィエト探検隊により, 棚氷の西側はスコット氷河の一部が流入していることが明らかにされた. 棚氷内にはモーソン島, ミル島, ボーマン島などがあり, 西側はデーヴィス海となっている. スコット氷河の出口付近には, オーストラリアのエッジワースデーヴィット基地, ポーランドのドブロウォルスキー基地があり, 棚氷西側のデーヴィス海沿岸にはロシアのミールヌイ基地がある. 　　　　　　　　[前杢英明]

シャクルトン氷河　Shackleton Glacier
南極

長さ: 96km　幅: 8-16km
[84°35′S　176°20′W]

　南極, 東南極の氷河. 極点高原から流れ出る長大な氷河で長さ96km, 幅8～16kmほどの規模である. 源流はロバーツ山塊(南緯85度32分, 西経177度05分)の近くで, クイーンモード山脈を通って北に流れ, スピード Speed 山とウォルドロン Waldron 尾根の間からロス棚氷に注いでいる. ロバーツ山塊は大きな露岩地塊で, 標高は2700m, 面積は155km²ある. ニュージーランドの南極探検隊(1961～62)が訪れ, 当時のスコット基地の隊長であったアソール・ロバーツの名前から命名した. 氷河は1939～41年に行われたアメリカ南極探検隊によって発見され, アメリカ南極地名委員会によって, イギリスの南極探検家アーネスト・シャクルトン卿(1874-1922)にちなんで命名された. 　　　　　　　　[前杢英明]

シャグロックス　Shag Rocks
イギリス

人口: 0 (2009)　面積: 0.2km²
[53°33′S　40°02′W]

　南大西洋最南部, サウスジョージア・サウスサンドウィッチ諸島の無人島群. 南極海に近いサウスジョージア島の西約200kmに浮かぶ6つの岩山からなる. フォークランド(マルビナス)諸島の東約1000kmに位置する. 行政的には, イギリス領サウスジョージア・サウスサンドウィッチ諸島に属しているが, アルゼンチンも領有権を主張している. 　　　　　　　　[手塚　章]

シャクワン区　下関区　Xiaguan
中国

人口: 44.5万 (2010)　面積: 20km²
[32°04′N　118°46′E]

　中国東部, チャンスー(江蘇)省, ナンキン(南京)副省級市の旧区. チャン(長)江の南岸に位置する. 長江の要塞として, 昔から南京の北の玄関と称されてきた. 2013年に下関区は廃止され, 鼓楼区に合併された. 南京港, 中山埠頭, 南京西駅, 南京長距離自動車旅客運輸センターなどの交通施設がある. 南京長江大橋, 大橋南道陸橋は長江の南北両岸を連結する. 商店が熱河路, 河南路および建寧路に集中している. 名所旧跡に, 江南水軍学堂遺跡, 天妃宮石碑, 静海寺, 渡江戦役記念館などがある. 　[谷　人旭・小野寺淳]

ジャコババード　Jacobabad
パキスタン

人口: 13.9万 (1998)　[28°17′N　68°26′E]

　パキスタン南東部, シンド州北部ジャコババート県の都市で県都. 州北部の中心都市スックルの北北西約75kmに位置し, スックルから北西にクエッタ方面に向かう鉄道と州都カラチからインダス川西岸を北東上する鉄道が交差する結節点であるとともに, 主要道路に沿う交通の要衝である. 町の歴史は新しく, 1847年に永年にわたりシンド騎馬輸送部隊の指揮官であったジョン・ヤコブ将軍によってハーンガース村の近くにつくられた町に始まる. 彼は1858年当地で死去した. 町の中心に彼を記念した戦勝塔がある. 毎年1月には, 馬と牛の大規模な見本市が開催され, また穀物や酪製品, 皮革製品などの交易センターでもある. 雑穀や小麦の市場があり, 精米業や絨毯, 馬具, ヤシマットなどの手工芸品製造がみられる. インド亜大陸で暑い地点の1つとして知られ, 6月の平均最高気温は44℃を超え, 52.8℃を記録したこともある. 現在の国際政治の中で注目されているパキスタンの都市の1つで, アメリカとその同盟国軍がアフガニスタンにおける作戦を支援するために使用する3つの基地の1つシャバズ Shabaz 空軍基地がある. 　　　　　　　　[出田和久]

ジャコババード県　Jacobabad District

パキスタン

人口：140.4万（1998）　面積：5278km²
[28°17′N　68°26′E]

パキスタン南東部，シンド州北部の県．県都はジャコババード．北から北西はバローチスタン州との州境で，東はカシュモア県，南東はシカルプール県，南はカムバーシャーダッドコート県に接する．インダス川西岸の用水路灌漑地域の外縁部に位置する．灌漑農地の比率は州でも低いほうで，荒れ川（セラバ）による灌漑への依存が大きかった．また，従来は溢流用水路による灌漑（季節灌漑）が主であったが，グッドゥー堰堤が建設（1962）されてから通年灌漑用水路に転換され灌漑農地率が上昇した．米作農業が中心で，工業化が遅れ国内でも貧しい地域である．　［出田和久］

ジャサクト旗 ☞ ホルチン右翼前旗 Khorchin Baruun Garun Umunet

シャーシー区　沙市区　Shashi

中国

人口：65.5万（2015）　面積：469km²
[30°19′N　112°15′E]

中国中部，フーペイ（湖北）省，チンチョウ（荊州）地級市の区．チャン（長）江の北岸でチャン（長）湖の南岸に位置する．湖北省第2の良港として発達し，市街地は川沿いに東西に延び，西側の荊州区の市街地とつながっている．荊沙鉄道（チンメン（荊門）～沙市）が通じている．元来は省の直轄市であったが，1994年に荊州地区とチャンリン（江陵）県とともに地区級のチンシャー（荊沙）市を設立し，その市政府を新しく設立した沙市区に置いた．その後1996年に市の名称は荊州市へ変更された．　［小野寺　淳］

シャシェン　夏県　Xia Xian

中国

安邑（古称）

人口：35.9万（2013）　面積：1358km²
降水量：600mm/年　[35°08′N　111°12′E]

中国中北部，シャンシー（山西）省南西部，ユンチョン（運城）地級市の県．チョンティヤオ（中条）山西麓に位置する．古くからアンイー（安邑）と称され，禹の都，そして戦国時代に魏の都であった．漢代に安邑が設置され，北魏に夏県に改められた．東部は中条山山脈で，最高峰は標高1566mである．東部は平坦で，運城盆地の一部である．無霜期間は200日で，小麦，トウモロコシ，綿花，野菜などを栽培している．同蒲鉄道や大運道路は県内を経由している．　［張　貴民］

シャーシェン　沙県　Sha Xian

中国

沙村県（古称）

人口：23.0万（2015）　面積：1815km²
気温：20.1℃　降水量：1662mm/年
[26°24′N　117°46′E]

中国南東部，フーチェン（福建）省中西部，サンミン（三明）地級市の県．ウーイー（武夷）山脈とタイユン（戴雲）山脈の間を流れるミン（閩）江支流の沙渓下流域に位置する．県政府所在地は鳳崗街道．東晋の義熙元年（405）に沙村県として設置され，唐の武徳4年（621）に沙県に改名した．羅岩古道をはじめ通商の要衝地で，古くから省内北西部の集散地として栄えた．亜熱帯モンスーン気候に属し，林業や，シイタケ，果実，タバコの栽培，家禽類の飼育がおもな産業である．近年，食品加工業や製紙業，鉱物精製業などが急成長し，省内有数の工業先進地域として浮上した．また，行商の伝統が古く，沙県小喫というB級グルメ店の発祥地としても有名である．交通では鷹廈（ようか）鉄道（インタン（鷹潭）～アモイ（廈門）），福銀高速（フーチョウ（福州）～インチョワン（銀川）），国道205号，沙渓河航路などが通じる．2015年の県民1人あたりGDPは1万3333USドルで全国平均の約1.7倍に相当する．　［許　衛東］

ジャジフォード　Judgeford

ニュージーランド

パウアタハヌイ　Pauatahanui（古称）
[41°07′S　174°57′E]

ニュージーランド北島，ウェリントン地方の町．首都ウェリントンのすぐ真北にある，ポリルアの農村部に位置する．元来はパウアタハヌイとよばれた地で，1856年にヨーロッパ人が入植した．この地域では酪農業を主とするが，製材所も開かれていた．国道2号から分岐した国道58号が町を東西に貫いている．全体として人口はまばらで，住宅も点在するのみであるが，広大なゴルフコースが開かれている．　［植村善博・太谷亜由美］

ジャジプル　Jajpur

インド

Jajapur（別表記）

人口：3.2万（2001）　[20°50′N　86°25′E]

インド東部，オディシャ（オリッサ）州ジャジプル県の町．ジャジプル県の面積は2885km²，旧カタック県の北部が分離独立してきた．町は歴史的な巡礼の町である．女神ドゥルガを祀る寺院などがある．　［澤　宗則］

シャージャハーンプル Shahjahanpur

インド

人口：32.8万（2011）　[27°53′N　79°55′E]

インド北部，ウッタルプラデシュ州中部，シャージャハーンプル県の都市で県都．ウッタルプラデシュ州の州都ラクナウの北西約160km，首都デリーの東335kmに位置し，ガンジス川支流域沿いにある．地名は，1646年，ムガル帝国の王シャージャハーンによって建設されたことにより命名された．1857年の第1次インド独立戦争（セポイの乱）のとき，デリーとラクナウを結ぶ主要道路上に位置していたため，重要な反乱拠点かつ激戦地の1つとなった．そしてこれ以後，殉教者の町としてさらなる名声を博することになる．周辺一帯は，ガンジス川とその支流に潤された肥沃な地域であるため，小麦，サトウキビ，豆などの一大生産地となっており，シャージャハーンプルはこれら農産物の交易中心地であるとともに，製粉・精米所や製糖工場のような食品加工業が集中する．さらに製紙工場，肥料工場，レンガ工場，発電所などが集積する工業都市として発展を続けている．　［前田俊二］

シャーダードコート　Shahdadkot

パキスタン

人口：6.0万（1998）　[27°51′N　67°54′E]

パキスタン南東部，シンド州北西部カンバーシャーダードコート県の町．西のバローチスタン州との州境近く，県は2004年12月にラルカナ県から分離して成立した．スックルの西約95km，県都カンバーの北北西約30kmに位置し，ラルカナやスックルと鉄道と道路で結ばれる．夏は暑く最高気温は50℃を超えることもあり，水稲栽培が盛んである．　［出田和久］

シャチャン県　峡江県　Xiajiang

中国

玉峡，石陽，巴邱（古称）

人口：18.0 万（2013）　面積：1287 km²

[27°33′N　115°03′E]

中国南東部，チャンシー（江西）省中部，チーアン（吉安）地級市の県．県内をガン（贛）江が縦貫している．贛粤高速道路が南北に通過し，贛江は1年を通して船の通航ができる．県政府は水辺鎮に置かれる．丘陵が県の6割を占めるが，贛江の本支流沿いに平原が延びる．三国時代呉のときに巴邱県が設けられ，隋代に新淦県に編入されたが，明代に巴邱県の故地に峡江県が分置された．京九鉄道と樟吉高速道路が南北に通る．経済は農業が主で良質の米を産するほか，峡江水牛も名が知られる．名勝古跡に玉笥山森林公園，巴邱廟がある．　　　　　　　　　　　　[林　和生]

シャーチョー県　Shache ☞ ヤルカンド県 Yarkant

シャチン県　夏津県　Xiajin

中国

人口：51.3 万（2015）　面積：882 km²

[36°56′N　115°59′E]

中国東部，シャントン（山東）省北西部，ドゥチョウ（徳州）地級市の県．前漢初期に初めて県を設置し，唐代天宝元年（742）に夏津県に改称した．沖積平野に位置し，南西から北東にやや傾斜している．綿花の産地として知られるほか，小麦，トウモロコシ，アワなどを栽培している．モモ，ナシ，リンゴなどの産地でもある．工業は綿花加工，紡績，機械などが盛んである．銀糸面，布袋鶏，宋楼火焼が名物である．　　　　　　　　　[張　貴民]

ジャティバラン　Jatibarang

インドネシア

人口：6.9 万（2010）　面積：43 km²

[6°26′S　108°19′E]

インドネシア西部，ジャワ島，西ジャワ州インドラマユ県の郡．郡庁はブラック（人口 0.8 万，2010）に所在する．郡庁があるインドラマユの南約20 km，西ジャワ州北岸の重要都市チルボンの北西40 kmに位置し，島西部の首都ジャカルタから中部北岸中ジャワ州の州都スマランを経て東部の東ジャワ州の州都スラバヤにいたるジャワ北幹線（道路・鉄道）上に位置する．　　　　[瀬川真平]

ジャティルイ ☞ ジャティルウィ Jati Luwih

ジャティルウィ　Jati Luwih

インドネシア

ジャティルイ（別表記）

標高：700 m

[8°21′S　115°07′E]

インドネシア中部，バリ島，バリ州タバナン Tabanan 県の地区．州都デンパサールの北西35 kmに位置する．美しい棚田（ライステラス）の景観で有名である．地名は，バリ語で本当に美しいを意味する．9世紀以後，島内第2位の高さを誇るバトゥカウ山（標高2276 m）の湧水を利用しての水利灌漑組合（水利共同体）スバックが農民組織によって維持・管理されている．2012年，「バリ州の文化的景観：トリ・ヒタ・カラナ哲学に基づくスバック灌漑システム」としてユネスコの世界遺産（文化遺産）に登録された．[浦野崇央]

シャーティン　沙田　Sha Tin

中国

シャーティエン　沙田　Shatian（漢語）

[22°23′N　114°11′E]

中国南部，ホンコン（香港）特別行政区，ニューテリトリーズ（新界）南部の街区であり，沙田区の中心である．広東語ではサーティンとよばれる．カオルーン（九竜）からライオンロック（獅子山）トンネルを抜けたところに位置する．城門トンネル，大老山トンネル，タイポー（大埔）道路，トロハーバー（吐露港）道路などによっても各地と結ばれている．早くから開発された典型的かつ大規模なニュータウンであり，城門河の両岸に高層住宅が林立する．東鉄線の沙田駅には大規模なショッピングセンターがあり，賑わいをみせている．車公廟，香港文化博物館，沙田競馬場，香港中文大学，香港科学園（サイエンスパーク）などがある．　　　　　　　　　　[小野寺　淳]

ジャナクプル　Janakpur

ネパール

人口：9.8 万（2011）　面積：25 km²　標高：77 m

[26°45′N　85°59′E]

ネパール中部，ダヌシャ郡（ジャナクプル県）の都市で郡都．首都カトマンドゥの南東約120 km，ネパール中東部タライ平原に位置するダヌシャ郡の中心都市で，特別市に指定されている．古代ミティラ国の都が置かれていた．地名は，叙事詩『ラーマーヤナ』の英雄ラーマの妻であり，ジャナカ王の娘でもあるシータ（Sita，通称ジャナキ）の生誕地であることに由来する．狭く入り組んだ雑踏を町の中心に進めば，大理石が白く輝き，宮殿と見間違うほどの豪壮なヒンドゥー教のジャナキ寺院が現れる．シータとラーマを祀るこの寺院は，1911年にインドの藩侯妃の寄進でつくられたものである．ここには国内はもとよりインドからの巡礼者が一年を通して訪れる．とくにラーマとシータの結婚を記念する祭りであるビヴァパンチャミ Bibah Panchami の期間中には巡礼者が増え，多くの結婚式も執り行われる．

『ラーマーヤナ』では，ジャナカ王がシヴァ神伝来の弓を引けた者をシータの婿とするとしたところ，インド，アヨーディヤの王子ラーマが弓を引き折りシータを娶ることとなった．3つに折れた弓の1つは地面に深く突き刺さり，池となった．それは現在ジャナキ寺院の南東側にあるダヌッシュサーガル Dhanush Sagar という大きな溜池として残る．ダヌッシュサーガル以外にもガンガサーガル Ganga Sagar など市街には大きな溜池が多く分布する．それらの大規模な溜池はヒンドゥー教の影響が強い古代国家の首都の面影を残すものと考えられる．市街の北には軽便鉄道の駅があり，2つの路線が発着している．1つは北西のビジャプルへ，もう1つは東にインド国境の町ジャイナガルに向かう．それらの路線延長はあわせても30 kmしかないが，現在運行されているものでは国内唯一の鉄道である．工業都市ではないが，タバコ工場が軽便鉄道駅の北側にある．

[八木浩司]

ジャナタス　Zhanatas

カザフスタン

人口：3.4 万（2004）　[43°34′N　69°45′E]

カザフスタン南東部，ジャンブル州の都市．州都タラズ（ジャンブル）の西北西150 km，カラタウ山脈の山麓に位置する．南カザフスタン州との州境に近い．石英とリンの採掘，建築資材生産が行われる．　[木村英亮]

ジャーナン平原　嘉南平原 Jianan Pingyuan

台湾｜中国

チアナン平原　Chianan Pingyuan（別称）

面積：4500 km²

台湾南部に広がる平野．チャンホワ（彰化）県，ユンリン（雲林）県，ジャーイー（嘉義）

ジャナクプル（ネパール），シータ（ジャナキ）とラーマを祀るヒンドゥー教のジャナキ寺院
〔nosonjai/Shutterstock.com〕

県，嘉義市，タイナン（台南）市，カオシオン（高雄）市にまたがっている．総面積は約4500 km²で，大部分が農業用地となっており，日本統治時代はサトウキビの栽培が盛んだったが，現在は稲作が中心となっている．地勢は東高西低で，東側にはアーリー（阿里）山山脈が連なる．河川は北からジュオシュイ（濁水）渓，北港渓，八掌渓，急水渓，ツェンウェン（曽文）渓，二仁渓などが流れている．土地は肥沃ではあるが，降雨が夏季に集中しているため，農業は振るわなかった．また，沿岸部においては塩害もみられた．

とくに水不足は深刻だったが，1930年に烏山頭水庫（ダム）と嘉南大圳が完成し，様相は一変した．嘉南大圳は台湾総督府技師の八田與一によって設計された大規模な農水施設で，山麓に烏山頭ダムを設け，ここから水路を通じて嘉南平原に水を供給した．これにより，農耕地は30倍に拡大したといわれ，1934年の稲の収穫は完成前の4倍となった．現在も，八田技師の銅像が烏山頭ダムのほとりに残されており，記念公園も設けられている．毎年5月8日には慰霊祭も行われている．都市としては北から嘉義，シンイン（新営），台南，高雄が知られるが，人口は都市部に集中する傾向があり，それ以外の地域では過疎化が進んでいる． 〔片倉佳史〕

ジャヌー山　Jannu　ネパール

クンバカルナ　Kumbhakarna（リンブ語）

標高：7711 m　〔27°40′N　88°05′E〕

ネパール東部，タプレジュン郡（メチ県）の山．カンチェンジュンガヒマールの西縁を限るピークである．ドーム状の頂部をいだき，その両翼に大きな肩をなすような主稜から，南〜南西側のヤマタリ氷河側に切れ落ちた比高2000 ml以上の岩壁は，マントを羽織った怪人のような強い印象を感じさせる．この山容に対して，日本人が記した登山記では"怪峰ジャヌー"という表現がしばしばなされている．現地リンブ語の山名クンバカルナ（肩の山）の由来ともなっている．初登頂は1962年にフランス隊によってなされた．屏風を広げたような垂壁が続くジャヌー北面は人を堅く寄せつけない印象が強かったが，1976年に日本人登山家の小西政継によって初登攀された． 〔八木浩司〕

シャノン　Shannon　ニュージーランド

人口：0.1万（2013）　〔40°33′S　175°24′E〕

ニュージーランド北島，マナワツワンガヌイ地方の町．ホロフェヌア地区にある．レヴィンの北東15 km，パーマストンノースの南西28 kmに位置し，マナワツ平野の南東端にあたる．町の北西にはマナワツ川が流れ，南東はタラルア山地が広がる．国道1号から分岐した国道57号が通る．もともと，広大な沼地に近接した土地で，亜麻加工工場や革加工工場が存在した．ウェリントンマナワツ鉄道会社が，寄贈された土地を利用してこの地に鉄道を敷いた．1908年にこの会社はニュージーランド鉄道省に買収され，現在では首都ウェリントンとパーマストンノースを結ぶ長距離通勤線として利用されている．地名は，ウェリントンマナワツ鉄道会社の経営者ジョージ・バンス・シャノンの名にちなむ． 〔植村善博・太谷亜由美〕

シャノン島　Shannon Island　デンマーク

人口：0（2012）　面積：1466 km²

〔75°10′N　18°30′W〕

デンマーク領，グリーンランド東岸の島．シャノン海峡を隔ててホッホシュテッター山地の沖に位置する．氷河の被覆はなく，比較的平坦である．1823年にイギリスの探検隊によって発見された．住民はいない． 〔塚田秀雄〕

ジャハナバード　Jehanabad　インド

ジャハナラバード　Jahanarabad（古称）

人口：10.2万（2011）　〔25°13′N　84°59′E〕

インド北部，ビハール州中南部，ジャハナバード県の都市で県都．ガンジス川の支流ダルダ川とジャムナ川の合流地点にある．周辺には仏教遺跡が点在する．地名は，ムガル帝国5代皇帝のシャー・ジャハーン（在位1627〜58）の皇女ジャハナラ・ビーガム・サヒブに由来する．17世紀に6代皇帝アウラングゼーブ（在位1658〜1707）が飢饉に際して，現在のジャハナバードに救護所を設け，ジャハナラがそれを監督した．この故事にちなんで，救護所が設けられた地をジャハナラバードとよび，後年ジャハナバードに転訛したといわれる．州都パトナと州南部の主要都市ガヤとの中間に位置し，これら両市を結ぶ国道83号とインド国鉄の電化された幹線が通じる．また，隣接するアルワール県とナーランダ県とを結ぶ国道110号が国道83号と市内で交差する．周辺地域の主要産業は農業で，ケワルとよばれるヒンドスタン平原の肥沃な土壌に恵まれ，米や麦，サトウキビ，トウモロコシ，豆類，雑穀，野菜類が生産されている．一方，大規模な工業立地はなく，市内には農産物加工業や木工業などがみられる程度である．近年は，インド全土の経済発展に伴う建設需要に対応するため，川砂の採取が盛んとなり移出されている． 〔中條暁仁〕

シャハーバード　Shahabad　インド

人口：8.0万 (2011)　　　[27°39′N　79°56′E]

インド北部，ウッタルプラデシュ州ハルドーリ県の都市．シャージャハーンプルの南約30 kmと近くに位置し，皇帝シャージャハーンの部下であったディラー王の墓がある．
　　　　　　　　　　　　　　　　[前田俊二]

ジャバルプル　Jabalpur　インド

人口：105.4万 (2011)　　[23°10′N　79°59′E]

　インド中部，マッディヤプラデシュ州中東部，ジャバルプル県の都市で県都．14世紀，付近に砦が建設されたゴンド Gond 王国時代から存在する．1781年には，マラーター族の本拠地があり，イギリス軍の駐屯地となった．火砲運搬車の生産地であるとともに，武器弾薬庫でもある．ほかの産業は，ガラス，靴，神像，石けん，手織りの布を生産している．

　ジャバルプル県の面積は1万160 km². ナルマダ渓谷とカイムル Kaimur 丘陵がある．年平均降水量は1431 mmであり，植生は熱帯乾燥落葉樹林および熱帯湿潤落葉樹林が卓越する．ヒンディー語，ウルドゥ語，ベンガル語が使用されている．県域の76%が耕地であり，うち4%が灌漑されている．米，小麦，キビ類，トウモロコシ，豆，アブラナ，果実，野菜が生産されている．工業団地があり，キモレ Kymore ではセメントが生産されている．ムルワラには軍需工場が立地し，レンガ製品，ゴム製品を生産している．ベンガルール（バンガロール）～アラハバード間を結ぶ国道7号が通り，鉄道はムンバイ（ボンベイ）～アラハバードの幹線および，南方のゴンディアへの鉄道支線が県内を走っている．また空港がある．教育機関には，ジャワハルラル・ネルー農業大学，ラニドゥルガバティ大学，熱帯林調査研究所があり，カロンディ Karondi には Maharshi Mahesh Yogi Vedic 医科大学がある．　　　　[澤　宗則]

ジャビル　Jabiru　オーストラリア

人口：0.1万 (2011)　面積：13 km²

　　　　　　　　　　[12°40′S　132°52′E]

　オーストラリア北部，ノーザンテリトリー中央北部の町．イーストアリゲーター川流域，カカドゥ国立公園内につくられた．1970年代に採掘が始まった3つのウラン鉱山の労働者およびその家族に居住地を与える

ため，公園内の土地を賃貸契約するかたちで短期間に開発された町である．現在ではカカドゥ国立公園が1981年に世界遺産に登録され，鉱山活動による環境的な影響も懸念されており，鉱山労働者，観光客はもとより，科学者，環境の専門家も集まる町となっている．地名は，国内で唯一この近辺に生息するコウノトリの名前にちなむ．　　[鷹取泰子]

シャーピンバー区　沙坪壩区
Shapingba　中国

さへいはく（音読み表記）

人口：80.4万 (2015)　面積：396 km²

　　　　　　　　　[29°33′N　106°28′E]

　中国中部，チョンチン（重慶）市中西部の区．スーチュワン（四川）盆地南東部に位置し，山地や丘陵が南北方向に平行に連なる．区西部に縉雲山脈があり，東部をチャリン（嘉陵）江が南流する．沿岸には宋代（10世紀）に始まる港町の磁器口古鎮がある．重慶大学などの教育・研究機関が立地する．製造業が盛んで，自動車やオートバイ，エンジンなどに加えて，2000年代からIT機器関連企業の集積が進んでいる．2011年，ここから中央アジアやロシアなどを経由してドイツまでを結ぶ貨物専用のユーシンオウ（渝新欧）鉄道が開通した．これを用いて，重慶市で生産されたIT機器類がヨーロッパに輸出されている．　　　　　　　　　[高橋健太郎]

シャプー県　霞浦県　Xiapu　中国

温麻県（古称）/かほけん（音読み表記）

人口：46.5万 (2014)　面積：1716 km²

気温：18.8℃　降水量：1491 mm/年

　　　　　　　　　[26°53′N　120°00′E]

　中国南東部，フーチェン（福建）省北東部，ニンドゥ（寧徳）地級市の県．タイワン（台湾）海峡の北西沿海部，沖縄とほぼ同緯度に位置する．県政府所在地は松城街道．晋代の282年に温麻県として設置され，清代の1734年に福寧府下の霞浦県に改名された．古くから省内東部の政治，経済，文化，物流の中心地として栄えた．大小196の島嶼部を有し，404 kmの海岸線上に分布する138の漁港とともに，年間30万tに近い近海水揚量を誇る．省内随一の昆布と海苔の主産地でもある．万t級の貨物船が停泊可能なサンシャー（三沙）港は，台湾のキールン（基隆）港の北西約230 kmにある．1980年代，沿海開放県に指定され，台湾資本の流入に伴い，輸出加工など対外経済も発展した．沿海の赤岸地区

は，804年に日本の高僧空海（弘法大師）が遣唐使として中国に向かった際，強風に遭い34日間の漂流の末に辿り着いた場所として知られる．現在，真言宗参拝用の空海記念堂が建設されている．住民の大半は客家（ハッカ）系で，生活用語はフーアン（福安）語である．交通では福温鉄道（フーチョウ（福州）～ウェンチョウ（温州）)と福寧高速鉄道（福州～寧徳）が通じ，ほかに軍用の水門飛行場もある．　　　　　　　　　　　　　　[許　衛東]

シャフチンスク　Shakhtinsk
カザフスタン

人口：5.7万 (2009)　　[49°42′N　72°35′E]

　カザフスタン中央部，カラガンダ州の都市．州都カラガンダの西南西50 kmに位置する．1961年に創設された．おもな産業は，食品加工，羊飼養，羊毛製品，金属加工，石炭採掘である．テンテクの石炭鉱床は1949年テンテク川流域で発見された．人口の10%がカザフ人で，62%がロシア人である．　　　　　　　　　　　　　　[木村英亮]

ジャフナ　Jaffna　スリランカ

人口：8.1万 (2012)　面積：20 km²　標高：10 m

気温：26℃　降水量：1240 mm/年

　　　　　　　　　[9°40′N　80°02′E]

　スリランカ，北部州ジャフナ県の都市（MC）で，州都および県都．コロンボから国鉄の都市間急行列車で約6時間，国道A9号経由で北395 km，約10時間の距離にある．市制施行は1949年である．古くは13世紀に南インド系勢力の建てたジャフナ王国の拠点で，セイロン島におけるタミル文化の中心都市であった．1977年現在の人口は11.8万を数えたが，83年に始まる内戦による荒廃で激減した．1986～95年の間は，タミル分離独立を目ざした反政府勢力LTTE（タミル・イーラム解放のトラ）の支配下にあった．

　市街はジャフナ半島南西部の乾燥地帯に位置し，砂地で石灰岩の地質が大半を占め，南側は大きなラグーン（潟湖）に面している．中心部には，1680年にオランダが建設し，1796年以降はイギリスが占拠した星形のフォート（要塞）の遺構を残す．この要塞の内部は軍用地となっており，近辺に市庁舎，警察本部，裁判所などが立地したが，内乱による戦闘で多くが破壊された．しかし内乱収束後，順次復興されつつあり，要塞の北部，最

北の港町カンケサントゥライへ向かう道路沿いは商業地区となっている．また要塞の東側の地区は古くからの市街地で，住宅やホテル，鉄道駅，バスターミナルなどがあったが，やはり戦闘被害が大きかった．中心市街地の南に位置するジャフナ港は，国内最大の沿岸漁業の根拠地であり，干物の加工などが盛んである．

市の後背地は灌漑設備が施された豊かな農業地帯で，おもな産物は，米，パルミラヤシ，タバコ，トウガラシ，タマネギなどである．伝統的な住宅は，パルミラヤシやココヤシの樹園地をもち，敷地の境界をヤシ類でつくった柵で囲っているという特徴をもつ．市の北郊に1978年，当時スリランカ国内で3校しかなかった大学の1つジャフナ大学が開校した．市中心部の北東約5 kmにあるナルール Nallur は，昔のジャフナ王国の首都の地で，この地のヒンドゥー教シヴァ派のカンダスワーミ寺院は，山車のくり出す7，8月の大祭で知られる．寺院の周辺には金細工職人や職工などが集住する． ［山野正彦］

ジャフナ半島　Jaffna Peninsula

スリランカ

ナーガティヴ　Nagativu（古称）

面積：1036 km²　気温：26-30℃

降水量：696-1125 mm/年

［9°40′N　80°10′E］

スリランカ北端部，北部州の半島．そのほとんどはジャフナ県域にある．北部と西部はポーク海峡によってインドとの国境をなす．半島南部の海はジャフナ潟とよばれ，エレファントパスの細い水路を経てさらに東側の細長いラグーン（潟湖）に接続する．また，半島の内部にはトンダマンナルおよびウッパルラグーンがあり，外海と通じている．熱帯モンスーン気候で，年平均降水量のうち，10～1月にかけての北東モンスーン季にその90%が降る．地質のほとんどは，中新世の時代の沈降現象により形成された，灰黄色の石灰岩でその層は厚い．地形は低平で海抜0 m地帯が多く，最高地点でも10.5 mである．植生はタライとよばれる葉のない茂みが目立つほか，パルミラヤシ，ココヤシなどが生育する乾燥した砂地や沼地である．しかし地下水が豊富なことから，約2万8000の井戸や泉による灌漑設備が整備されていて，一部で稲作が可能なほか，トマト，ナス，ウリ類などの野菜や，マンゴー，ブドウ，バナナ，タバコなどの換金作物が栽培されている．

ジャフナ半島は歴史上，インド南部と政治的にも文化的にも関係が深く，紀元前後よりタミル人居住者が多くを占め，古代にはナーガティヴとよばれ，中世にはジャフナ王国が支配していた．1619年ポルトガルが植民地化し，ジャフナの町と要塞を建設した．半島一帯は1982年以来のLTTE（タミル・イーラム解放のトラ）とシンハラ政府軍との内戦時に戦場となり，また2004年のインド洋大津波で北部，東部沿岸が多大な被害を受け，09年の内戦終結後も人口が戦前の状態に回復していない． ［山野正彦］

シャープラ　Shahpura

インド

人口：3.4万（2011）　［25°38′N　75°01′E］

インド西部，ラージャスターン州ビールワラ県の都市．州都ジャイプルの北55 kmに位置する．かつてのシャープラ王国時代，国の首都として利用され，支配者はウダイプルのラージプート家に属していた．町は4つの門をもった壁に囲まれた寺町構造である．1748年成立のラムスネヒ宗派により創設された寺院には，毎年全国から巡礼者が参集し，また3月から4月にかけての定期市がこの近くで5日間開かれる．また，ラージャスターン州の神話で名高いパブジの英雄的行為を描いた，長い布の絵画パドが存在するところとしてとくに有名であり，地元の絵師によって描かれたこうした絵画が広く販売されている． ［前田俊二］

シャフリサブズ　Shakhrisabz

ウズベキスタン

Shahrisabz（別表記）/ケシ　Kesh（古称）

人口：5.3万（1991）　［39°03′N　66°50′E］

ウズベキスタン中央南部，カシカダリア州北東部の都市．サマルカンドの南80 km，キタブ鉄道駅の南6.4 kmに位置する．地名は，タジク語で緑の都を意味する．おもな産業は，金属細工，製絹，缶詰，醸造などである．13世紀には政治，通商の要衝として，ケシの名でよばれていた．現名称は1351年の銀貨に初めて現れる．近くのホジャイリガル村でティムールが生まれたが，彼はこの町を富ませ，1370年サマルカンドに首都を移すまで首都とし，80年には豪華なアク・サライ宮殿を建てた．ダル・アス・シイダトというティムールやその後継者たちの墳墓がある．また，ティムールの孫ウルグベクは，メチェチ（モスク，コク・グムベク），グムベ

ス・イ・セイダン霊廟を建立した．これらは2000年に「シャフリサブス歴史地区」としてユネスコの世界遺産（文化遺産）に登録された．シャイバン，アストラハン時代は御料地であった．18世紀にはウズベクの一部族の手に移り，独立を宣言し，ブハラ・エミールの攻撃に抵抗したが，1856年にその下に服し，ロシア軍に征服された後，70年にブハラに併合された． ［木村英亮］

シャフリハン　Shakhrikhan

ウズベキスタン

Shahrihon（別表記）/シャアリハン　Shaarikhan（古称）/スタリノ　Stalino（旧称）/モスコフスキー　Moskovskiy（旧称）

人口：8.9万（2012）　［40°42′N　72°03′E］

ウズベキスタン東部，アンジジャン州西部の町．大フェルガナ運河畔，鉄道でつながるアサカの北西14.5 kmに位置する．おもな産業は綿繰りである．地名は最初シャアリハン，その後スターリンの名にちなんでスタリノ，モスコフスキーと改称していたが，1970年に現名称になった． ［木村英亮］

シャープル　Shahpur

インド

人口：1.8万（2001）　［21°14′N　76°13′E］

インド中部，マッディヤプラデシュ州ブルハンプル県の町．州都ボパールの南南西265 km，県都ブルハンプルの南21 kmに位置する．人口の大部分はマラーター族からなる．毎年ディワリ祭りの翌日に行われる水牛の闘技で特に有名である． ［前田俊二］

シャープール県　Shahpur District ☞ サルゴダ県　Sargodha District

ジャブン岬　Jabung, Tanjung

インドネシア

標高：11 m　［1°02′S　104°22′E］

インドネシア西部，スマトラ島中東部，ジャンビ州最東端の岬．北に向かって，ブルハラ海峡をはさんでリンガ諸島シンケップ島に面する．周囲は低湿地帯で，ジャワ島からの入植者の集落やアブラヤシなどのプランテーションがみられる．東側約20 kmのところにスマトラ島最長のバタンハリ（ハリ）川（全長約800 km）の河口部がある． ［瀬川真平］

シャフリサブズ(ウズベキスタン),歴史地区のティムール像とアク・サライ宮殿跡(奥)《世界遺産》〔Shutterstock〕

シャホー県　夏河県　Xiahe　中国

人口:7.7万(2002)　面積:6274 km²
[35°12′N　102°31′E]

　中国北西部,ガンスー(甘粛)省南部,ガンナン(甘南)自治州北部の県.西はチンハイ(青海)省に接する.人口の約6割がツァン(チベット)族である.1928年に夏河県が設置された.県名はターシャ(大夏)河に由来する.甘南高原の北部にあり,牧畜業が盛んで,ヤク,羊,馬などを飼育する.おもな農作物は小麦,ハダカ麦,ナタネなどである.国道213号が県内を通る.観光地には国の重要文化財に指定されたラブランス(拉卜楞寺)がある.　　　　　[ニザム・ビラルディン]

シャーホー市　沙河市　Shahe　中国

人口:41.6万(2012)　面積:999 km²
標高:100-1000 m　気温:13.2℃
降水量:538 mm/年　[36°51′N　114°30′E]

　中国北部,ホーペイ(河北)省南部,シンタイ(邢台)地級市の県級市.市政府は褡褳街道に置かれている.丘陵地帯を主としている.1月の平均気温は-2.8℃,7月は26.8℃.農作物は小麦,トウモロコシ,アワ,綿花を主としている.丘陵地帯は石炭,鉄など鉱物が豊富である.省の石炭生産の中心で,国家,省の鉱業企業が操業している.工業は石炭,鉄など鉱物採掘を主としている.鉄道の京広線,京広高速,国道107号が通る.
[柴　彦威]

ジャマルプル　Jamalpur　インド

人口:10.5万(2011)　[25°19′N　86°30′E]

　インド北部,ビハール州ムンゲール県の町.ガンガ(ガンジス)川近くのムンゲール丘陵のふもとに位置する.鉄道駅が1862年に開業し,それ以降大規模な機関区,鋳物工場が主要産業となる.粘板岩が南西部に産出する.バーガルプール大学傘下の大学がある.
[澤　宗則]

ジャマルプル　Jamalpur　バングラデシュ

シンハジャニ Singhajani(旧称)
人口:14.2万(2011)　面積:53 km²　標高:13 m
[25°05′N　89°41′E]

　バングラデシュ北部,マイメンシン管区,1978年設立のジャマルプル県の都市で県都.1869年に市制を施行した.首都ダッカの北北西約140 km,旧ブラマプトラ川右岸の肥沃な氾濫原に位置する.旧名はシンハジャニである.ジャマルプル県は1912年以来,マイメンシン県から分離して新しい県をつくる動きはあったが,38年の大水害やタンガイルとの県都設置争い,農民反乱などで遅れ,最終的にはバングラデシュ独立後の1978年にジャマルプル県の設置が認められ,県都となった.周辺は旧ブラマプトラ川の氾濫原で肥沃な農村地帯である.米,サトウキビ,タバコ,ジュート,カラシナなど,この県の主要な農産物の集散地である.ダッカからマイメンシン経由で鉄道,バスで結ばれている.ブラマプトラ川をフェリーで渡る鉄道(メートルゲージ,1899年建設)の分岐点で,また旧ブラマプトラ川の河港ともなっている.メガラヤ州やアッサム州向けの軽工業,衣服製品の輸出を見こんでのジャマルプル経済区域の計画が進められている.
[野間晴雄]

シャム湾　Siam, Gulf of ☞ タイ湾
Thailand, Gulf of

ジャムカンディ　Jamkhandi　インド

人口:5.8万(2001)　[16°31′N　75°18′E]

　インド南部,カルナータカ州バガルコットBagalkot県の町.ビジャプール Bijapurの南西56 kmに位置する.綿花,絹の織物,小麦,キビ類などの地域的な交易の中心地である.綿繰り,手機の製織が行われている.
[澤　宗則]

ジャムシェドプル　Jamshedpur

インド

人口：63.0万（2011）　面積：149 km²
降水量：1509 mm/年　　[22°48′N　86°11′E]

　インド北部，ジャルカンド州東部，東シンビューム県の都市で県都．コルカタ（カルカッタ）の西223 km，ウェストベンガル州との境に位置する．スバルナレカ川とカルカイ川の合流点に形成されている．インドを代表する製鉄業，トラック，バス，鉄道車両製造業などが集中する一大工業都市である．今世紀初め建設された製鉄業の町で，インドのピッツバーグとよばれる．日本の官営製鉄工場の八幡製鉄が創業して，わずか十数年後のことであった．地名は，製鉄所の創業者ジャムシェドジ・タタの名前をとり，ジャムシェドの町，つまりジャムシェドプルとよばれるようになった．

　町の起源となったタタ製鉄所は，1909年から建設を始めたインド資本による近代的な製鉄所であった．約2年後の1912年2月に工事は完成し，1日200tの粗鋼生産が始まった．それはインド資本によるインド亜大陸で初めての製鉄所であった．この地名の由来になったジャムシェドジ・ヌッセルワンジ・タタは，1839年にゾロアスター（パールシー）教徒のタタ家に生まれた．インド西部最大の商都であったムンバイでエルフィンストンカレッジを卒業したが，当時のイギリス植民地としての経済発展に飽き足らず，インド人の手による工業発展を強く夢見た．彼は1882年にドイツ人技師が，同地での製鉄業立地調査の結果，きわめて有望な地という報告書に出会った．それ以来，ジャムシェドジ・タタは，イギリスとアメリカに旅して，本格的な製鉄業を興す準備を始めた．しかし，1904年病に倒れ，製鉄所の勇姿をみることなくこの世を去った．

　彼の意思を継いだのが，長男のドラブジ・タタであった．彼は，1908年にタタ財閥の会長に就くと，意欲的に製鉄所立地の選択にかかり，原料の石炭と鉄鉱石の産地が，比較的近い場所であることを確認するや，現在地にあったサクチ村に決め，翌1909年に建設工事に着手した．ドラブジは，1932年まで会長を務め，この間，製鉄業の町ジャムシェドプルに斬新な都市計画を施行し，同時代ではアジアで珍しい近代的な製鉄業都市を完成させた．現在では，東インドを代表する近代的工業都市として栄えている．鉄道駅名をタタナガル（タタの町）とよぶ．　　　[中山修一]

ジャムス市 ☞ チャムースー市 Jiamusi

ジャムダー県　江達県　Jomda

中国

人口：10万（2012）　面積：13200 km²
　　　　　　　　　　　[31°33′N　98°10′E]

　中国西部，シーツァン（チベット，西蔵）自治区，チャムド（昌都）地級市の県．チンシャー（金沙）江の中流部の西側に位置し，標高5300 mのダマラ（達馬拉）山を西部に望む．地名はチベット語でジャンプス（江普寺）溝の入口を意味する．清代宣統3年（1911）には同普県が置かれた．のちに江達宗と改名した．1960年に西柯工宗と合併し，江達県が置かれた．県内では農牧業が盛んであり，ハダカ麦や小麦，豆類の栽培，ヤクや羊の牧畜を行っている．　　　[石田　曜]

ジャムナ川　Jamuna River

バングラデシュ

ジョムナ川　Jomuna River（ベンガル語）

長さ：160 km　　　　　[23°50′N　89°45′E]

　バングラデシュ，ブラマプトラ川下流部の川．ヒマラヤ山脈からベンガル湾に流下する長流ブラマプトラ川の下流部で，バングラデシュを流れる主要な分流をさす．ガンジス川の下流部も，バングラデシュ領内に入るとパドマ川と名を変えるが，そのパドマ川に合流するまでの約160 kmがジャムナ川（ベンガル語ではジョムナ川）である．ブラマプトラ川はインドではほぼ南西方向に流れるが，バングラデシュに入ると南流し，バハデュラバートガート Bahadurabad Ghat で2つに分流する．西側にある現在の主流路がジャムナ川である．東はオールドブラマプトラ Old Brahmaputra 川とよばれる．主流路が変わったのは，1762年にバングラデシュおよびミャンマー北西部で起きた大地震の影響と，活発な堆積作用で旧流路が埋積されたためである．ジャムナ川は，ゴアランドガート Goaland Ghat の北でガンジス川に合した後はパドマ川とよばれ，広大なガンジスデルタを形成し，最下流ではメグナ川と合流，メグナ川として，ベンガル湾に注ぐ．　　[小野有五]

ジャムナ川 Jamuna River ☞ ヤムナ川 Yamuna River

ジャムナガル　Jamnagar

インド

人口：52.9万（2011）　　[22°28′N　70°06′E]

　インド西部，グジャラート州ジャムナガル県の都市で県都．カチャワール半島の西部，カッチ湾南部にある宗教都市である．州都アーメダーバードの西302 km，ラージコートの西92 kmの位置にある．グジャラート州のパリと称され，その計画性，整然とした美しさを誇る都市である．また，市内に多くの宗教寺院があり，小ヴァラナシとも称される．ラージプート族のジャム・ラヴァル王により1540年にナワナガル（新しい町の意）藩王国の都として設立されたが，その後イスラーム教徒による建造物が造営され，イスラマバードとよばれた時期もある．ジャムナガルとよばれるのは1714年からで，その後の200年間は城壁に囲まれた都であった．しかしながら，とくに1920年以降，北部インドを支配したランジット・シンが，歴史的価値のある多くの宮殿，そして日光浴室，病院，女学校などの設置，また鉄道駅，港湾などの交通設備，穀物，野菜・果物や敷布の取引市場の創設など経済振興にも力を入れ，活力のある都市へと大きく変えた．旧市街の中心は，藩王が公衆に面会したダルバールガディがある．また，市内には16〜17世紀にかけて造営された4カ所のジャイナ教寺院もある．

　インド政府は，この地がパキスタン国境に近いこともあり，対パキスタン戦に備え，空軍，海軍，陸軍の3軍すべての訓練基地を設け，国防上の重要な拠点として位置づけている．たとえば，町の東部にあるアダムプル空軍基地には，ミグ29戦闘機2個飛行隊などが配備されている．また，中東産油諸国に近いこともあり，町から西方7 km離れたところに築港された外港ベディ港は，産油国との間で石炭，化成肥料などを輸入し，一方でボーキサイト，大豆やラッカセイなど食用油を輸出する貿易港である．1999年には中東産油国に近い立地条件を生かしインド最大の複合企業であるリライアンス・インダストリーズ社による世界最大級の石油精製・石油化学コンビナートが建設された．伝統産業としては，貴金属装身具，絹のサリー，更紗などの産業がある．

　近年では，インド最大の私企業，生命保険会社でもあるエッサール・グループによる国内有数の規模の石油精製所がこの地に建設され，石油の町とも称される．このグループは，インドを拠点とする複合企業（コングロマリット）で，鉄鋼，石油，通信，電力，建

設，海運など幅広く事業を展開している．それ以前は真鍮の町とも称され，首都デリーやムンバイ（ボンベイ）にあるエレクトロニクス関連工場への多様な製造部品を供給していた．また，近郊のカッチ湾海洋国立公園となっているサンゴ礁の島には，国内唯一の海洋保護区がある．　　　　　　　　　　［中里亜夫］

ジャームプル　Jampur　パキスタン

ジャダムプル　Jadampur（古称）
人口：5.3万（1998）　　［29°39′N　70°36′E］

パキスタン東部，パンジャブ州南西部ラージャンプル県の都市．デラガージハンの南約50 km，県北端のインダス川右岸沿いの鉄道沿線に位置する．ほとんど目立った工業もなく，土地が肥沃で綿花とタバコを主作物とする農業の町．かつてはジャダムプルともよばれた．　　　　　　　　　　　　［出田和久］

シャムリ　Shamli　インド

人口：10.7万（2011）　標高：248 m
　　　　　　　　　　［29°27′N　77°19′E］

インド北部，ウッタルプラデシュ州西部，シャムリ県の都市で県都．ヤムナ川の東，デリー・サハーランプル幹線道路沿い，首都デリーの北100 kmに位置する．1857年のインド暴動における当地域の卓越的な役割ゆえに，イギリスによって剥奪されていた管理権が，ほぼ150年の後，2011年にプラブドナガルとして，そして翌年改名されシャムリ県として復活した．周囲の県域は肥沃な土壌地帯であり，農業が盛んであるが，とりわけサトウキビを産出し，製糖工場からは近隣地域へ砂糖が移出されている．また，インド独立後の食糧自給に大きく貢献した緑の革命の中心地としてもよく知られている．なお，州西部地域で最も敬愛されている寺院の1つ，ハヌマンティラ寺があることでも有名である．
　　　　　　　　　　　　　　　［前田俊二］

シャメン市　Xiamen ☞ アモイ市　Amoy

ジャヤ峰　Jaya, Puncak　インドネシア

カルステンツ山　Carstenszpiramide（古称）/ジャヤ山　Jaya, Gunung（別称）/スカルノ峰　Sukarno, Puncak（旧称）
標高：4884 m　　　　［4°04′S　137°10′E］

インドネシア東部，ニューギニア島西部，パプア州中央部の山．スディルマン山脈中にあって，インドネシアおよびニューギニア島の最高峰にして世界最高の島嶼部峰である．オランダ植民地時代には，17世紀のヨーロッパ人探検家の名前をとってカルステンツ山，インドネシア独立後の1970年代初頭まではスカルノ峰とよばれた．低緯度の地帯に位置するも，4500 m以上から頂上にかけては万年雪に覆われる．一方で頂上から下がるにつれて熱帯林が繁茂する．

ジャヤ峰が位置するスディルマン山脈には氷河の下に金銀銅などの豊かな鉱脈がある．すでにオランダ植民地時代の1936年に山脈の高地で銅が発見されたが，熱帯林地帯を抜けた後に高山にある資源を採掘する土木技術はなかった．しかし，1970年代からアメリカの鉱山開発企業が調査し，採掘権を得てジャヤ峰に隣接するエルツブルグ山で銅の露天掘りを行った．それに伴って1990年代から採掘地周辺の自然破壊が表面化した．鉱山からの土砂が河川を汚染し鉱滓から有毒物質が浸透して下流の生態系を破壊し，また住民の生存を脅かしている．しかし，ジャヤ峰を含む一帯はインドネシアのロレンツ国立公園に指定されている．また，1999年には「ロレンツ公園」としてユネスコの世界遺産（自然遺産）（2.5万km²）に登録され，万年雪をいただく地域から広大な低湿地帯，熱帯海洋環境までを統合した保護地帯になっている．
　　　　　　　　　　　　　　　［瀬川真平］

ジャヤプラ　Jayapura　インドネシア

スカルノプラ　Sukarnopura（旧称）
人口：25.7万（2010）　面積：940 km²
　　　　　　　　　　［2°32′S　140°42′E］

インドネシア東部，ニューギニア島西部，パプア州の市（コタ）で州都．州の北東部，ジャヤプラ湾（ヨススダルソ湾，オランダ植民地時代はフンボルト湾）に面し，東20 kmでパプアニューギニアとの国境に接する．ジャヤプラ湾に良港をもつ．北西南の三方から海に迫る山地，背後地のセンタニ湖，湾内の小島などが美しく風光明媚な土地である．

20世紀初頭，遅れて植民地争奪競争に参加してきたドイツはニューギニア島の東部を占領したのに対して，オランダはドイツ領の拡大を妨げるために1858年に同島北岸に探険の戦艦を派遣して今日のジャヤプラ付近を調査していた．1910年，オランダが東経141度の線でドイツの伸張を阻止すべく境界にあったナムバイという港にホランディア（オランダの意）という町を築いた．インドネシア独立後（1949），当時いまだに植民地支配から解放されなかったオランダ領ニューギニアをめぐって1961〜62年にはインドネシアとオランダの間で武力衝突が生じた．この時期，インドネシア側はホランディアをコタバル（新しい町の意）とよんだ．国連やアメリカの調停で1963年にオランダ領ニューギニアの行政権がインドネシアに移譲されると，コタバルは，当時のインドネシア大統領（初代）がみずからの名を冠してスカルノプラ（スカルノの都市の意）と命名した．1969年の住民投票によって，ニューギニア島西部のインドネシアへの帰属が確定し，西イリアン（イリアンバラット）州となった．1973年，第2代大統領スハルトは，先代大統領の痕跡を消すべく，西イリアン州をイリアンジャヤ（偉大なイリアン）州と改め，スカルノプラはジャヤプラ（偉大な都市）と4代目の名を与えられて州都になった．2002年にはイリアンジャヤ州がパプア州へと名称が変更された．2004年にパプア州が東西2州に分割され，07年に西部は西イリアンジャヤからさらに西パプアへと変更され，東部はパプア州となった．ジャヤプラは新生パプアの州都となった．

第2次世界大戦中，日本軍はニューギニアを占領した．しかし，1944年4月，すでにフィリピンからオーストラリアに撤退していたマッカーサー率いる連合軍がホランディアを急襲，奪還して日本への反撃を指揮した．マッカーサーは南郊，センタニ湖付近のジャヤプラ湾を望む山の中腹に邸宅を建てさせ，オーストラリアのブリズベンから妻をよび寄せた．現在もマッカーサーヒルという地名が残っている．この間，フィリピン臨時政府とオランダ東インド政庁がホランディアに置かれた．現在，多数派はメラネシア系の諸集団であるが，州都であることからジャワ島やスラウェシ島などからの移住者や警察や軍隊などの駐在公務員，商業などを営むインドネシア華人（中国系住民）が少なくない．そうした人口が増えることで，地元のメラネシア系住民との摩擦，衝突がしばしば起こっている．
　　　　　　　　　　　　　　　［瀬川真平］

ジャヤプラ　Jayapura　インドネシア

人口：11.2万（2010）　面積：17517 km²
　　　　　　　　　　［2°31′S　140°26′E］

インドネシア最東端，パプア州の県．州都ジャヤプラの西に位置する．県域北部の太平洋岸には平地をみるが，中・南部に1500〜

2000 m 級の山岳部をみる. 県内には多数の川が流れ, そのほとんどが北流して太平洋に注ぎ, 沿岸部ではベワニ川やセルモワイ川などが広大な湿地帯(県全体で約 1500 km²)を形成する. 年平均気温は地域差が大きく, 平地部では 25～35°C, 南部山地部ではさらに差が大きい. 年平均降水量は 1500～6000 mm と較差が大きく, 年平均降水日数は 159～229 日. 5～11 月には南東方向の乾いた風により雨量は減るが, 12～4 月は北西から湿った風が吹き, とくに北部沿岸部に大雨をもたらす. 県庁はセンタニ郡にあり, 人口 4.5 万(2010)である.　　　　[瀬川真平]

シャヤル県　沙雅県　Xayar　中国

Shayar (別表記)

人口: 20.2 万 (2002)　面積: 32000 km²

[41°13′N　82°46′E]

　中国北西部, シンチャン(新疆)ウイグル(維吾爾)自治区西部, アクス(阿克蘇)地区の県. タリム(塔里木)盆地の北部に位置する. 人口の約 84%がウイグル族である. 1902 年に県が設置された. タリム河が中部を横切り, その北部はオアシスで, 南部は砂漠である. 農業が主体で, 水稲, 綿花, 小麦などを生産する. 石油採掘, 紡織, 製革などが発達している. 古跡にはボスタントグラク古城, ハジナム(艾吉娜木)古墳群などがある.

[ニザム・ビラルディン]

シャーヤン県　沙洋県　Shayang　中国

人口: 57.4 万 (2015)　面積: 2044 km²

標高: 30～70 m　[30°43′N　112°35′E]

　中国中部, フーペイ(湖北)省, チンメン(荊門)地級市の県. 県政府は沙洋鎮に所在する. 全域がチャンハン(江漢)平原に属し, 地勢は平坦で, 北部はほぼ標高 50～70 m の台地, 南部は 30 m 程度の沖積平原である. 東部にはハン(漢)水とその支流が流れ, その他の河川は南流して長江に注ぐ. 鉱産資源は石膏, 石灰石などがある. 農業は水稲, 小麦, 綿花, 搾油作物などを産する. 工業は建材, 化学, 紡織, 食品などがある. 市街地は漢水の西岸にあり, シャンヤン(襄陽)やハンコウ(漢口)を結ぶ水運の要所である. 県の西部を二広高速道路(エレンホト(二連浩特)～コワンチョウ(広州))が南北に通る.　[小野寺 淳]

ジャライ高原　Jarai　☞ コントゥム高原 Kon Tum, Cao Nguyen

ジャライド旗　扎賚特旗　Jalaid　中国

人口: 39 万 (2010)　面積: 11155 km²

[46°04′N　122°17′E]

　中国北部, 内モンゴル自治区北東部, ヒンガン(興安)盟の旗. 人口の約 40%が農耕と定住モンゴル人が占めるモンゴル旗である. もともと清朝時代のジリム盟十旗の 1 つであり, 満州国時代には興安南省, 1950 年代から 79 年までフルンボイル(呼倫貝爾)盟に属し, その間の一時期(1969-79)は黒竜江省にも帰属していた. 大興安嶺山脈の南東麓に広がる定住化したモンゴル旗の最北端に位置し, 山麓の丘陵地帯には牧畜を中心とする地域も若干残っているが, 南東麓へ下がるほどノンムレン(嫩江)に注ぐチョイル(綽爾)河流域の湿潤な土地を有し, それが原因で 20 世紀初頭から多くの漢人移民の入植を許した. 内モンゴル東部地域における農耕化の波の中で, 南部から押し寄せてくる漢人移民の影響を受けた南部地域のモンゴル人が北上する最北端の土地がここジャライド旗であり, モンゴル族人口の大多数が 19 世紀末から 20 世紀初頭にかけて南部のモンゴル旗から移住してきた人びとである.

[ボルジギン・ブレンサイン]

ジャーラウン　Jalaun　インド

人口: 5.7 万 (2011)　[26°09′N　79°20′E]

　インド北部, ウッタルプラデシュ州南西部, ジャーラウン県中央部の都市. 県都はオライ Orai で, ジャーラウンはオライの北 10 km に位置する. ジャーラウン県の面積は 4565 km². 北東のヤムナ川へと傾斜するガンガ平原の地形である. パフジ Pahuj 川が西の県境を北へ流れ, ベートゥワー川が南の県境沿いに流れる. ともにヤムナ川の支流で, 深い渓谷となっている. 年平均降水量は 725 mm. 県域の 86%は耕作地であり, そのうち 27%はベートゥワー用水路の支流や掘り抜き井戸などによって灌漑されている. 稲, 小麦, キビ類, 豆, サトウキビ, ラッカセイ, アブラナ, トマトが栽培されている. 工業は地元の需要を満たす程度であり, 靴やカーペット, 家具を生産している.

[澤 宗則]

ジャララバード　Jalalabad　☞ クルナ Khulna

ジャラルアバド　Dzalal-Abad　クルグズ

Dzhalal-Abad (旧称) / Jalal-Abad (別表記)

人口: 8.9 万 (2009)　[40°57′N　73°00′E]

　クルグズ(キルギス), ジャラルアバド州の都市で州都. フェルガナ盆地東部, ウズベキスタン東部にあるアンジジャンの東北東 55 km, 首都ビシケクの南南西 249 km に位置し, 鉄道駅がある. 農業の中心地で, 綿花精製, 醸造, 食肉, タバコ, 果実缶詰などの農産物加工が行われるほか, レンガ, 履物, 服飾, 紙, 家具の工場がある. 1937 年まで Dzhalal-Abad と表記され, 1930 年代の工業化以前はおもに温泉リゾート地として知られていた.　　　　[木村英亮]

ジャラルアバド州　Dzalal-Abadskaya Oblast'　クルグズ

人口: 86.9 万 (1999)　面積: 33777 km²

[40°56′N　73°00′E]

　クルグズ(キルギス)西部の州. 州都はジャラルアバド. 北西から南西はウズベキスタンと国境を接する. 北西部にチャトカル山脈, 北部にアラタウ山脈, 東部にフェルガナ盆地がある. 小麦, 綿の栽培, 牛, 羊の飼養, 石炭, 石油の採掘が行われる.　[木村英亮]

ジャラワル　Jhalawar　インド

ジャルラプタン　Jhalrapatan (古称)

人口: 6.6 万 (2011)　面積: 58 km²

[24°37′N　76°12′E]

　インド西部, ラージャスターン州南東部, コタの南東 80 km に位置するジャラワル県の都市で県都. かつての王侯州ジャラスが 1838 年, イギリスによってコタを割譲するかたちで形成された. マルワ高原の縁辺に位置し, ラージャスターン州にあっては珍しく水が豊富で緑濃い地域である. 空港, 鉄道, バスとも備わって交通の便がよく, 綿花, キビ類, 小麦の市場が立地するほか, 手織り布の生産がみられる. 赤いケシ畑とオレンジの果樹園が広がり, バワニマーケット周辺はインド有数の柑橘生産地域となっている. 市街地の北 12 km にあるガグロン城 Gagron Fort は 2013 年, ユネスコにより世界遺

714　シヤラ　　　　　　　　　　　　　　　　　　　　　　　　　　　　〈世界地名大事典：アジア・オセアニア・極Ⅰ〉

（文化遺産）に登録された「ラージャスターンの丘陵要塞群」の1つである．　　　［酒川　茂］

ジャランアイル市　扎蘭屯市　Jalanayil
中国

ジャラントン市　扎蘭屯市　Zalantun （漢語）

人口：42.2万（2013）　面積：16926 km²
[47°54′N　120°29′E]

　中国北部，内モンゴル自治区北東部，フルンボイル（呼倫貝爾）地級市の県級市．清朝時代はブトハ（布特哈）副都統衙門の所在地であり，黒竜江将軍に属していた．地名は，清朝時代にここ一帯を管轄する八旗の役所の名称で，アイルは村を意味する．中華民国期になってから開墾を目的に多くの漢人が移住し，一時期，ヤル（雅魯）県を設置していたが，満洲国時代には興安東省の省都とされていた．中華人民共和国建国以降はフルンボイル盟に属し，1983年に県級市となり現在にいたる．山岳地帯に囲まれた大興安嶺山脈中腹の豊かな穀倉地帯であり，大興安嶺北東部地域における自治区の経済拠点の1つである．人口は漢族が大多数を占め，モンゴル族をはじめとする少数民族は約6万人が住む．観光スポットとしては金界壕とよばれる金の時代の長城の遺跡などがあり，自然も豊かである．
［ボルジギン・ブレンサイン］

ジャランカユ　Jalan Kayu
シンガポール

[1°23′N　103°52′E]

　シンガポール，シンガポール島北東部，センカンニュータウン西部に位置する通り．ジャランカユの東側はファーンヴェイルと名づけられた住宅地開発が行われている．1928年にセレター川の南にイギリス空軍基地（現セレター空港）を建設する際につくられた．地名は道路沿いに薪が積み上げられていたことや，ゴム園のぬかるんだ道を覆うために木材が使われたことに由来するともいわれる．すなわち，Jalanは通り，Kayuは木材を意味するマレー語である．比較的開発の遅れた農村的地域にあるが，この短い通りを有名にしたのは，セレター空港へいたる道であるとともに，ロティ・プラタ（インド風パンケーキ，クレープのような食べ物）を売る店が立地する中で人びとに評判となったことがある．　　　　　　　　　　　　　　［髙山正樹］

ジャランダル　Jalandhar
インド

ジュルンドゥル　Jullundur （別称）

人口：86.2万（2011）　　[31°18′N　75°35′E]

　インド北部，パンジャブ州中部，ジャランダル県の都市で県都．州都チャンディガルの北西144 km，首都デリーの北西約420 kmに位置する．デリーからアムリットサルを経てパキスタンへ通じる国道や鉄道が通る交通の要衝である．地名は，水の中に住むという意味であり，ジュルンドゥルともよばれる．サトレジ川とベアース川にはさまれた河間平野の中心地として早くから発展してきた．この地域は，アレクサンドロス大王時代の支配領域の東端をなしており，その後はクシャナ朝カニシカ王の統治時代に仏教が大いに栄え，数多くの仏教寺院が建てられた．ジャランダルはその拠点として機能していた．『マハーバーラタ』でも当地の名前が言及されているほか，ラーマ王の息子が都を置いたという伝説もあり，都市の起源は古いと考えられる．7世紀から12世紀にかけてはラージプート諸王国の首都，ムガル帝国時代には地域の首都であった．1766年にはシク王国の支配地となり，1846年にイギリスの勢力下に入った．1947年のインド独立時から新都のチャンディガルが建設される53年までは，パンジャブ州の州都が置かれた．
　1960年代初期には，高収量の小麦の開発が行われるなど緑の革命の本拠地であった．周辺は用水路灌漑が行き届いた肥沃な農業地帯であり，小麦や米，サトウキビなどの農産物の集散地となっている．また，皮革，綿織物，医療機器，農業機械，ベアリング，印刷などの工業が盛んである．近年では革製のポーチとエプロンに関しては世界最大の製造力をもち，アメリカとヨーロッパから多くの購入客が訪れる．サッカー，クリケット，ホッケーなどのスポーツ用品を製造する工場の集積地でもあり，世界の著名な企業から外注を受けている．ムスリム支配期からの歴史的な遺産にも恵まれ，観光地としても知られる．
［友澤和夫・前田俊二］

ジャール平原　Jars, Plain of
ラオス

トランニン高原　Tran Ninh Plateau （別称）

面積：2500 km²　標高：900～1200 m

　ラオス北東部，シェンクアン県中央部の高原地帯．地形学的には，なだらかな起伏が連続する県内のペーク郡ほぼ全域，クーン郡，プーサイ郡，プークゥート郡の一部を含む範囲がジャール平原と定義される．ただしラオスにおいてジャール平原とは，古代につくられたとされる石壺が点在する比較的狭い地区だけを指すことが多い．石壺が多くみられる場所には，多くの観光客が国内外から訪れ，国内でも主要な観光地となっている．植生は，サバナ林のように樹木が点在し，その下層が草原となっており，ラオス北部によくみられる密な熱帯モンスーン林の景観とは明らかに異なっている．地図によっては，トランニン高原と記されている場合もある．
　平原には，およそ500～600個の石壺が点在しており，それらは約2000年前に製造されたものと推測されている．しかし，詳細な年代測定はいまだになされていない．石壺は，重量600 kg程度で中に子供が入ることのできるサイズから，重量1 t以上で数人の大人が中に入ることができるサイズまでさまざまである．1930年代初頭にフランスの考古学者マドレーヌ・コラニーが詳細な調査を実施し，いくつかの壺から人骨らしき骨，土器，鉄器，石器などを発見している．コラニーは，ラオス北部のフアパンやルアンパバーンにも大きな石造が存在することから，平原の石壺は，他地域の石造となんらかの関係をもつと推測している．その後も考古学者らの調査が続けられ，コラニーおよび他の考古学者らは，石壺は棺桶として使用された可能性が高いとの説を提示している．なお，シェンクアン県の住民のいい伝えでは，慶事の酒宴に備え，酒を貯蔵するために製造された壺であるとされている．ただし，酒壺説には科学的根拠はない．平原では，合計13カ所で石壺の存在が確認されている．そのうちペーク郡市街地ポンサワンの西8 kmに位置しサイト1とよばれている地点に最も多くの約250壺が点在し，現地ではトンハイヒンと称されている．そのほか，サイト2のハイヒンプーサラオ（サラオ山石壺）とよばれる地点に約90壺，サイト3のハイヒンラートカイ（ラートカイ石壺）とよばれる地点に約150壺が点在する．他の地点は，それほど多くの石壺はみられない．
　ジャール平原は，ベトナム戦争時に社会主義政権を樹立したパテートラオ軍と北ベトナム軍の両方が拠点基地とした場所でもある．地対空ミサイルや武器庫を配置し，アメリカと激戦を交わした．そのため，アメリカ軍による集中空爆を受け，平原には爆弾が炸裂して形成された直径10 m以上の大穴が多数残されている．また，不発弾が多く残存しているため，観光客が安全に移動できる場所は限

ジャール平原(ラオス), 巨大な石壺が散在する遺跡 〔横山 智提供〕

られており, 観光開発にも大きな影響を与えている. 〔横山 智〕

ジャルガオン　Jalgaon　インド

人口: 46.0万 (2011)　　[21°01′N　75°39′E]

インド西部, マハーラーシュトラ州北部, ジャルガオン県の都市で県都. ジャルガオン市はマハーラーシュトラ州のバナナ生産の約半分を担い, バナナシティ　Banana City ともよばれる. また, 豆(ダル)の製粉においてインドの代表的な生産地の1つである. そのほかに, 宝石加工業, 綿工業, 薬品工業が重要である. 北マハーラーシュトラ大学が立地する. ジャルガオン市はドゥーレ〜ナーグプル〜コルカタ(カルカッタ)間を結ぶ国道6号が通るとともに, 州都ムンバイ(ボンベイ)およびスーラトからコルカタおよびアーメダーバードに向かう路線の結節点となっている. 空港もある. 多くの観光客をひきつけるアジャンター石窟寺院観光への拠点である. 多くの定期市の中でも, シュリラムラトートサバは有名である. 県には北マハーラーシュトラ大学も立地する. ジャルガオン県の面積は1万1765 km². 北にはタピ Tapi 渓谷(標高200 m), さらに北にはサトプーラ山脈は954 m に達する. 南にはアジャンター山脈 (943 m) がある. 年平均降水量は741 mm であり, 植生はサトプーラ山脈に熱帯乾燥落葉樹林, 南部に熱帯性の有刺植物が卓越する. ヤヴァル Yaval 自然保護区には, アクシスジカ, ナマケグマ, ドール(野生の犬), ホエジカ, トラも生息している. サンバーは有刺低木林地帯に生息する. マラーティー語が用いられている. 〔澤 宗則〕

シャルカル　Shalkar　カザフスタン

チェルカル　Chelkar (別称)

人口: 2.9万 (1989)　　[47°50′N　59°37′E]

カザフスタン中央西部, アクトベ州南部の都市. 州都アクトベの南東326 km, クズロルダ州のアラル(アラルスク)の北西193 km に位置する. ザカスピ鉄道の駅がある. おもな産業は製塩関連の化学工業, 金属加工, ゴム製品のほか, 食肉加工, 酪農である.

〔木村英亮〕

シャルガルジョート温泉　Shargaljuutyn Rashaan　モンゴル

[46°20′N　101°14′E]

モンゴル南西部, 大草原の温泉. バヤンホンゴル県のシャルガルジョート川の渓谷に位置する. 源泉の温度は約90℃ であり, 国内で最も熱い温泉の1つである. 炭酸, 硫酸ナトリウムなどの成分を含む. 神経痛や関節痛, 腰痛などによいとされる. 温泉を利用した保養所や宿泊施設などがある. 〔島村一平〕

ジャルカンド州　Jharkhand, State of　インド

人口: 3298.8万 (2011)　面積: 79700 km²

[23°22′N　85°20′E]

インド東部の州. 2000年11月, ビハール州南部から分離され成立した新しい州. 北はビハール州, 西はウッタルプラデシュ州とチャッティスガル州, 南はオディシャ(オリッサ)州, 東はウェストベンガル州と接する. 地名は森の土地という意味である. 州都はラーンチ. ボカロ Bokaro 県, チャトラ Chatra 県, デオガル県, ダーンバード県, ドゥムカ県, 東シングブーム East Singhbhum 県, ガルワ Garhwa 県, ギリディ県, ゴッダ Godda 県, グムラ Gumla 県, ハザーリバーグ Hazaribagh 県, ジャムタラ Jamtara 県, コーデルマ Koderma 県, ラテハール Latehar 県, ロハールダガ Lohardaga 県, パークル Pakur 県, パラムー Palamu 県, ラーンチ県, サヒーブガンジ県, セライケーラカルサワン Seraikela Kharsawan 県, シムデーガ Simdega 県, 西シングブーム West Singhbhum 県, クンティ Khunti 県, ラムガル Ramgarh 県の24県から構成される.

旧ビハール州の中央をコルカタ(カルカッタ)からヴァラナシ(ベナレス), アグラおよびデリーにいたる幹線道路, 国道2号が走っていたが, この道路の北部と南部では人びとの民族構成や考え方が大いに異なっていた. すなわち, とくに南部はその人口の3割近くをドラヴィダ系の先住民が占めていたため, ビハール州からの分離運動が活発となり, その結果, ジャルカンド州として昇格することができた. 州東部, ジャムシェドプルの南東25 km ほどのところに先住民が多く住むジャドゥゴダ地域があり, ここはインドで唯一のウラン鉱山があることで有名であるが, 放射能汚染の問題を抱えている. 〔前田俊二〕

ジャルクルガン　Djarkurgan　ウズベキスタン

Jarkurgan, Jarqo'rg'on (別表記)

人口: 2.9万 (2012)　　[37°31′N　67°25′E]

ウズベキスタン南部, スルハンダリア州南部の都市. 1970年に都市として設立された. 州都テルメズの北北東約40 km に位置する. 市内をザング運河が貫流する. スルハンダリア鉄道の駅があり, テルメズからデナウ経由タジキスタンのドゥシャンベにいたる高速道

716 シヤル 〈世界地名大事典：アジア・オセアニア・極Ⅰ〉

ジャルカンド州

(地図)

中国北部，内モンゴル自治区アラシャー(阿拉善)盟アラシャー左旗中部の塩池．ウランブヘ砂漠(烏蘭布和沙漠)南西部に位置する．自治区東部のエジノール(ダブス)塩池と並んで内モンゴル2大塩池の1つである．湖底には塩層が5～6m堆積し，総埋蔵量が1.1億tといわれている．唐の時代に温池ともよばれ，モンゴル語ではチャガンボルガ池といい，ジャランタイ池ともいう．ジャランタイはモンゴル語で60を意味する．ここで採掘される塩は粒が大きく，薄ピンク色をしており，良質の塩のため吉塩とよばれていた．古く1736年より塩が生産され，シャンシー(陝西)省やガンスー(甘粛)省にも運ばれている．用途としては食用以外に化学工業の原料としても使われる．2002年から塩化工業団地がつくられ，機械化された設備や専用鉄道も整っている．

[オーノス・サラントナラ]

路がある．1930年代に石油の採掘が開始された．おもな産業は，食品加工，綿織物である． [木村英亮]

シャルグン　Shargun　ウズベキスタン
人口：1.7万(2012)　　[38°28′N　67°58′E]

ウズベキスタン南部，スルハンダリア州の都市．州都テルメズの北北東160km，タジキスタンの首都ドゥシャンベの西83km，国境の西に位置する．1973年に都市として設立される前は，タクチャンとよばれていた．おもな産業は石炭採掘，木炭，レンガ，建設工業材料の生産である． [木村英亮]

ジャルケント　Dzharkent　カザフスタン
Jarkent(別表記)／パンフィロフ　Panfilov(旧称)
人口：3.1万(1989)　　[44°10′N　80°01′E]

カザフスタン南東部，アルマトゥ州南東部の都市．アルマトゥの東北東352km，州都タルドゥコルガンの南東161km，中国国境の西32kmに位置する．サルイオゼクからの道路が通ずる．灌漑地で綿花，稲，果樹，ケシを栽培する．ほかに家畜飼養，綿花精製，ビール醸造，食品加工，アシ製建築材料，金属加工などがある．1942年ソ連軍将軍の名にちなんでパンフィロフに改称したが，独立後91年に旧称を復活した．郷土史博物館がある． [木村英亮]

ジャルスグダ　Jharsuguda　インド
ジャルスグラ　Jharsugura(別称)
人口：9.7万(2011)　面積：71km²
[21°56′N　84°04′E]

インド東部，オディシャ(オリッサ)州北西部，州都ブバネシュワルの北西300km，ジャルスグダ県の都市で県都．マハナディ川の支流沿いに位置する．南東鉄道の重要な結節点として，コルカタ(カルカッタ)～ムンバイ(ボンベイ)間ほか主要路線の列車が発着している．セメント，鉄鋼，アルミニウム製錬などの製造業が立地する．火力発電所も充実しており，この地域における経済活動の拠点機能が高まっている． [酒川　茂]

ジャルタイ塩池　吉蘭泰塩池
Jartai Yanchi　中国
温池(古称)／ジャランタイノール，ジランタイ塩池(別表記)／チャガンボルガ池(モンゴル語)
面積：120km²　　[39°44′N　105°43′E]

シャルダラ　Shardara　カザフスタン
Chardara(別表記)
人口：2.6万(1989)　　[41°16′N　67°56′E]

カザフスタン中央南部，南カザフスタン州南部の都市．州都シムケントの南西180km，ウズベキスタンの首都タシケントの西113km，クズイルクム砂漠の東端，シャルダラ貯水池とシルダリア川のほとりに位置する．おもな産業は，綿花，穀作，畜産，金属加工である． [木村英亮]

ジャルート環礁　Jaluit Atoll　マーシャル諸島
ヤルート環礁(別表記)
人口：0.2万(2011)　面積：11km²
[6°00′N　169°35′E]

北太平洋西部，ミクロネシア，マーシャル諸島の環礁．ラリック列島南部にあり，多数の小島からなる．深い3つの航路があって船舶の泊地に適したジャルート環礁は，マーシャル諸島における海運の中心地であった．環礁の南部に位置するジャルート島が最大の島である．その北に位置するジャボール Jabor 島はドイツ，続いて日本の統治時代の中心地で，ドイツ領時代には国策会社ジャルイットが開発を担い，コプラ生産に注力した．日本の統治時代には南洋庁のジャルート支庁をはじめ，学校，郵便局などの公共施設が置かれた．ジャボール島のさらに北にあるイミエジ Imiej (イミチとも)島には海軍の司令部と航

空隊が置かれていた．そのため，この島には太平洋戦争における激戦の痕が強く残されている．

第2次世界大戦後は，アメリカ合衆国による統治を経て，1986年からは独立したマーシャル諸島共和国に属する．なお，ジャボール島はいまも最大の人口を擁する島で，南に続く細長い環礁上にはジャルート飛行場がある．コプラを産し，おもな輸出品となっている．　　　　　　　　　　　　　［橋本征治］

ジャルド旗　扎魯特旗　Jarud　　中国

人口：31.5万（2015）　面積：17500 km²
[44°50′N　119°14′E]

中国北部，内モンゴル自治区，トンリャオ（通遼）地級市の旗．全人口の約半数をモンゴル族が占めるモンゴル旗である．清朝時代は東西両旗にわかれてジョーオド盟に属していたが，満洲国時代の1935年にジャルド旗に統合された．また漢人の開墾と入植を受けて，中華民国時代に旗中部の魯北鎮に魯北県を設置する計画であったが，満洲国時代にそれを廃止し，ジャルド旗制を残した．北部の大興安嶺山脈から南部のシラムレン（西拉木倫）河にいたるまで牧畜，半農半牧，純農業といった3つの経営形態があり，自治区全体の生業を凝縮させた特徴をもち，山地，丘陵，ステップ，河川といった自然豊かな地域としても知られている．

［ボルジギン・ブレンサイン］

ジャルナ　Jalna　　インド

人口：28.5万（2011）　[19°50′N　75°58′E]

インド西部，マハーラーシュトラ州中央部，ジャルナ県の都市で県都．綿花を加工するとともに，オリーブ油を生産している．鉄道のマンマド・ハイデラバード線上に位置している．歴史学者Abu'l Fazlは16世紀後半に当地を追放された．

ジャルナ県の面積は7718 km²．デカン高原内のアジャンター高原は標高400〜600 mに及び，ゴダヴァリ川の支流のプルナ川とドゥドゥナ Dudna 川が高原を流れる．年平均降水量は800 mmであり，植生は高原頂上の熱帯乾燥落葉樹林と高原下部の熱帯有刺植物である．アンテロープの一種のニルガイが生息する．マラーティー語，ウルドゥ語，カンナダ語が用いられている．県域の土地利用は約80％が耕作地である．キビ類，小麦，稲，豆，ラッカセイ，アブラナ，綿花が栽培

されている．　　　　　　　　　　　　［澤　宗則］

ジャルパイグリ　Jalpaiguri　　インド

人口：10.7万（2011）　[26°30′N　88°50′E]

インド東部，ウェストベンガル州北部，ジャルパイグリ県の都市で県都．県都ジャルパイグリの人口の約2割が指定部族（ST）に属する．ベンガル語，ネパール語，ヒンディー語が用いられている．県域の土地利用の51％が耕地であり，7％が井戸やポンプによって灌漑されている．米，小麦，豆，アブラナ，ジュート，ジャガイモ，野菜類，ヒマ，茶が栽培されている．製茶工場と茶箱用のベニヤ（単板）・ベニヤ板（合板），家具，嚙みタバコ，石けん，絹糸，サリーを生産する工場が立地している．成長センターがある．

ジャルパイグリ県はブータンおよびバングラデシュとの国境に面し，面積は6227 km²．北部にはドゥアール Duar 山脈がある．バングラデシュのブラマプトラ川の支流であるティスタ Tista 川は洪水を頻繁に起こし蛇行するほかの河川と平行に流れ，西部で県を横断する．年平均降水量は2319 mmで，植生は熱帯湿潤落葉樹林が卓越する．ゴルマラ Gorumara とジャルダパラ Jaldapara は，ゾウ，トラ，ガウル（インド野牛），サイ，ナマケグマ，サンバー，インドヌマシカが生息する．

県はインドの中央部とアッサム地方および北東部の諸州を結ぶ重要な国道31号，鉄道，パイプラインを擁している．支線がブータンとの国境沿いにあるジャンティ Jainti まで通っている．ジャルパイグリには飛行場があり，またダージリン県のシルグリにある北ベンガル大学傘下の大学がある．［澤　宗則］

ジャレシュワール　Jaleshwar　　インド

人口：2.1万（2001）　[21°49′N　87°13′E]

インド東部，オディシャ（オリッサ）州北東部，バレシュワール Baleshwar 県の町．バレシュワールの北東45 km，スバルナレカ川沿いに位置する．精米，手織り綿布がおもな産業である．　　　　　　　　　　　　［澤　宗則］

ジャロール　Jalor　　インド

人口：5.4万（2011）　降水量：363 mm/年
[25°21′N　72°43′E]

インド西部，ラージャスターン州南部，ジャロール県の町で県都．地名は，水（jal）と木にちなんで名づけられた．12世紀にはラージプート Rajput の首都であった．花崗岩の町（Granite City）として知られる．8〜10世紀に建設されたジャロールフォート（城塞）が観光地となっている．城塞内には，モスク，ジャイナ教寺院，シヴァを祀ったヒンドゥー寺院がある．県の面積は1万640 km². ラージャスターン平原の一部をなす砂漠地帯であり，北東の標高200 mから南西の100 mまで傾斜し，標高700 mを超える孤立した丘が点在している．石膏と蛍石が採取されている．カッチ湿地へと流れるルニ川の支流に県内ではジャワイ Jawai 川，カライ Khari 川，バンディ Bandi 川，サギ Sagi 川があるが，いずれも降雨時にのみ水が流れる．ジャロールでは年間降水量は42〜994 mmときわめて変化に富んでおり，植生は熱帯有刺低木林が卓越する．

ラージャスターン語とヒンディー語が使用されている．キビ類，小麦，豆，ゴマ，ヒマ，綿花が栽培されている．皮革，羊毛，大理石，セメント用石灰岩を製造・加工する小規模な工業が立地している．アブラナが輸出用に生産されている．鉄鋼業，農機具の製造などの軽工業も立地している．家内工業には金細工業がある．鉄道と首都デリー〜ムンバイ（ボンベイ）間を結ぶ国道8号が県内を走る．　　　　　　　　　　　　　　［澤　宗則］

ジャワ海　Jawa, Laut　　インドネシア

面積：310000 km²　長さ：966 km　幅：322 km
深さ：200 m　　　　[5°02′S　112°41′E]

インドネシア西部，ジャワ島の北側にある内海．北はカリマンタン（ボルネオ）島，北から東にかけてはスラウェシ島とフロレス海，西はカリマタ海峡をはさんで南シナ海やマレー半島やスマトラ島に囲まれる．全域がインドネシア領である．大陸棚のスンダランドにあり，氷河期には海面低下によりスマトラ，カリマンタン，ジャワの3大島と連なる陸地を形成し，一大盆地をなしていた．海底にスマトラ島の西から東に流れる河川が合流して大きな川となった痕跡をとどめている．水深は200 mに達することはまれで，大部分は50 m程度で浅い．

おもな島嶼はジャワ島沖のカリムンジャワ島，バウエアン島，カンゲアン島などで，カリマンタン島やスラウェシ島の沖合にも小規模な群島がある．ジャワ島の主要な河川（ソロ，ブランタス，マヌックなど）ならびにカ

リマンタン島の河川のほぼ半分はジャワ海に注ぐ. 河川の流水の影響が強くサンゴ礁の生成には適さない. 沿岸部はほとんどがマングローブが生育する湿地で, 潮の干満の差が大きく泥の干潟が沖に広がる. 現在は排水と埋立土木の成果で沿岸部でも居住が可能であるが, かつて沿岸低地は瘴癘の地であった. 河川からの栄養塩類の流入で漁場が形成され, 生息する魚種は300に達するといわれる. 漁業は周辺各島の沿岸住民の重要な経済活動である. 今日では, 水産養殖業も行われる. しかし, 市場や活動の規模は大きくない. また, 国外からの漁民による不法な操業や違法の漁業活動が問題になっている. ジャワ島北東沖合の海底には石油, ガス田がある. マドゥラ島沖で生産される天然ガスはカンゲアン島に集められ, パイプラインでジャワ島のグレシックに送られる.

ジャワ海は早くから交通が開け, 沿岸の島々の住民にとって重要な商業交易活動の舞台であった. マラッカ海峡周辺におもに居住したムラユ(マレー)人, スラウェシ島南部のブギス・マカッサル人, カリマンタン島東部海岸の諸民族などは, ジャワ海での商業交易に従事し, 広範囲にわたって活躍した. 彼らは中国あるいはアラビアからの交易船に拮抗する有力な地場勢力であった. 16〜17世紀にヨーロッパから帆船が頻繁に到来するようになっても, 地元の海洋商業民は対等に商権を競った. このような諸民族は, 沿岸各地を巡り, さらにはジャワ海を経て現在の東部インドネシア方面にまで進出し, 彼らが住み着いた集落が沿岸各地に点在する. マレー人らが交易のために用いた言葉が各地の言葉を取り入れながら成長し, 広い範囲で共通に用いられる言葉(リンガフランカ)になったのがムラユー(マレー)語である. それが近代のヨーロッパ勢力による植民地支配を経て, やがて現代の国民国家の成立とともにその国名を冠せられてマレー語(シンガポールやブルネイの公用語), マレーシア語(マレーシアの国語), インドネシア語(インドネシアの国語)へと発展する.

ジャワ島では, 南岸のインド洋側には港市がほとんどみられないのに対して, ジャワ海側にはバンテン, チルボン, プカロンガン, トゥバン, グレシックなど多数の港市が勃興した. そこは外来の文明が押し寄せる窓口で, インドやペルシア, アラブ, そして中国などの交易者の来訪とともに種々の文物がもたらされた. このような港市は, ジャワ島内陸部の農業を基盤とする王国の都と並んで, 東南アジア海域世界における都市の起源の1

つである. ジャワ島内陸部の農業地帯にあって7〜8世紀頃から古代インド文明の影響の下に成立していた王朝の都に対して, 沿岸部地帯(パシシールすなわち海岸)の港市は商業交易を基盤として栄え, イスラーム教が浸透し文化的には国際的な性格を備えていた. 現在ではこれらの港市の多くは地方の小さな港町という趣に変わった.

16〜17世紀になると銃や大砲を備えたヨーロッパの大型帆船が進出してきた. さらに近代兵器と汽船の出現によって, ジャワ海域における在地の勢力はオランダ領東インドの秩序下に組み入れられ, かろうじてローカルな交易に従事するのみであった. バンテンなどの港市国家はヨーロッパ勢の威力の前に屈した. 一方では, 19世紀中盤になって帝国主義的な植民地支配が浸透するにつれて, ジャワ島内陸部の農業生産地とヨーロッパの市場との結び目として, スマランやスラバヤのような新しいタイプの港湾都市が成長した. 中でもバタヴィア(現首都ジャカルタ)は植民地港湾都市の典型で, やがて1920〜30年代にはオランダ領東インド植民地の首位都市へと変容していった. カリマンタン島のバンジャルマシンやスラウェシ島のマカッサルなども今日の有力な港湾都市へと成長し始めた. このような港湾都市には必ず華人(中国系住民)のコミュニティが形成されている. 第2次世界大戦中, ジャワ海は激しい戦場となった. とくに1942年の2〜3月には, オランダ, イギリス, オーストラリア, アメリカの連合軍と日本海軍との大海戦(ジャワ海戦)の場となった. 今日, ジャワ海は交通路および漁業活動の場として以外に沿岸部は海浜リゾートの観光地へと変容しつつあるところもみられる. また, ジャカルタ沖のスリブ諸島, 27の島嶼からなるカリムンジャワ諸島, バリ島近くのムンジャンガン島などは, インドネシアの国立公園またはその一部である.

［瀬川真平］

ジャワ海溝 Java Trench ☞ スンダ海溝 Sunda Trench

ジャワ島 Jawa, Pulau インドネシア
闍婆 (漢字表記) / Java Island (英語)

人口: 13298.8万 (2010) 面積: 126700 km²
長さ: 950 km 幅: 50-200 km
[6°07′S 106°48′E]

インドネシア西部の島. 東西の長さ約950km, 南北の幅は平均130km, 島中央部の

南緯5〜10度付近で最大となり約200kmである. 周囲は東西南北でそれぞれバリ海峡とマドゥラ海峡, スンダ海峡, インド洋, ジャワ海に面する. ジャワという名称はインド古典語サンスクリットでキビの島を意味するヤーヴァドゥィーパに由来し, 古い漢語文献では闍婆などと表記される. 180〜170万年前には直立二足歩行するヒト(いわゆるジャワ原人)がいたことでも知られる.

島の南部を東西にヒマラヤ構造線の延長が走り, 西部では1700mを超える山は少ないが, 中・東部には3000m級の高山が連なる. 火山が110以上あり, 噴火による災害がしばしば発生してきた. 現在, 最高峰スメル山(標高3676m)ほか35以上が活動し, 2006年前半にはムラピ山(2911m)が大規模な噴火を起こしかけた. 火山帯北麓から北に広がる平野はゆるやかな傾斜でジャワ海にいたる. 南部は平野に乏しく石灰岩質の海岸線が続く地域もある. 河川は狭く浅く, 最長のソロ川(長さ550km), ブランタス川(320km)など主要河川はジャワ海に注ぐ. 年平均降水量は約2000mmながら地域差が大きい. 西部では南西季節風の影響でしばしば4000mmを超える降雨をみるが, 東端部では1000mmに満たないこともある. 低緯度帯に位置するも海島という特性や垂直的地形により暑熱はやわらげられる. ただし沿岸低地部ではきわめて高温多湿である. 標高600m以上では温和な気候, 1000mを超える高地では冷涼になる. こうした多様な地形と気候ゆえに植生は熱帯雨林から冷温帯的景観まで変化に富む.

ジャワ島は豊富な降雨と気温および肥沃な火山性土壌によって古くから農業が栄えた. 中・東部の山麓から北に広がる沖積平野では2000年前から稲作が行われ, 9世紀には灌漑施設を備えた水田があったとされる. また, 東南アジアで最も早く文明が興った地域の1つである. 西暦紀元前後からインド商人を通じてインド的な思想や文学, 言語や文字, 法典などがもたらされ, 8世紀頃には中部で仏教, ヒンドゥー教の諸王朝がボロブドゥールやプランバナンなど, ユネスコの世界遺産に登録された建造物を残した. 10世紀以後400年間は東部のブランタス川流域を中心にヒンドゥー・ジャワ的な王権観念と豊かな農業生産を基盤とする王朝の盛衰をみた. 13〜14世紀にはペルシア, アラブや明などとの交易が盛んになり, 西方世界からイスラーム教が伝播した. 16世紀になるとこの新勢力が既存の王国を次々に破り, ここにジャワ史はヒンドゥー文明期からイスラーム

文明期へ移行する．

16世紀初期にポルトガル人が姿をみせるが，すぐに後発のオランダ勢が優勢になった．1619年にオランダ人は地場の港を制してバタヴィア城を建設（現在の首都ジャカルタの起源），18世紀にはオランダ東インド会社が内陸の王朝に干渉した．しかしこの時期オランダ勢はジャワの社会経済秩序を根底から変えることはなかった．1808年から支配権はフランス，イギリスとめまぐるしく移るも16年にオランダがふたたび掌握，ジャワ王族率いる反乱（1825～30）を鎮圧し統治を強めた．19世紀には輸出用農作物の生産が進み，低地ではサトウキビ（とくに中・東部），高原では茶（西部が中心），コーヒー，キナ（アカキナノキ）などが栽培された．やがて農産物輸送用の鉄道が敷設されていった．

1830年からの100年でジャワの人口は700万から4170万と6倍に激増，1930年にはオランダ領東インド（ほぼ現インドネシアに相当）現地住民の約70％がこの島に集中していた．中・東部の農民社会では，植民地支配の下，水田がサトウキビ畑に転用される一方で人口が増加するという事態が，残された水田の精緻な耕作（いわゆる農業インヴォリューション）と貧困の共有という社会生態学的な反応を引き起こしたともいわれる．1870年以後，それまで植民地政府が主導した事業に民間企業を積極的に導入する政策に変わると，輸出用農業生産におけるスマトラ島などの島の役割が増し，植民地経済に占めるジャワ島の地位は下がる．一方，植民地首都バタヴィアは1920～30年頃に多機能集積の首位都市へと変容した．

1942年3月から3年半の日本軍政期を経て日本の敗戦とともにジャワ島は対オランダとの独立戦争の舞台となり，ついに1949年12月オランダは主権をインドネシア人に委譲した．独立後のジャワ島はインドネシア国家の内政外交，経済活動，文化発信などの中心で最も開発が進んだ地域として，他の島々との格差を示す．一方，国土面積の7％未満のジャワ島に総人口の56％（約1億3300万，2010）が集中するという人口地理的な不均衡は，比率は幾分下がったものの，あいかわらず続いた．1960～80年代，人口稠密で可耕地拡大が限界に達していたジャワ島から人口希薄なスマトラ島，カリマンタン島などへ年間150～200万人を移住させて前者における人口圧の軽減と後者の農業開発をもくろむ国内移住事業（トランスミグラシ）が国策として大々的に推進された．この事業はそもそも，1920年代，つまりオランダ植民地時代にすでに試みられていたのが，独立後も引き継がれたのである．しかし，さまざまな要因から目標達成は困難で，数値目標が達成できても移出者数を上回る自然増加が続いた時期もあった．

ジャワ島の農業で最も重要な作物は稲で，トウモロコシ，キャッサバ，サトウキビ，綿花などが続く．プランテーションではゴム，茶，コーヒー，タバコ，カカオ，サトウキビなどが栽培される．東部には家畜飼育もみられ，北部沿岸部ではジャワ海での漁業や水産養殖が行われる．北東部沖合に油田があり，スズ，金，銀，銅，石炭，マンガン，リン，硫黄なども産出する．ジャワ島には国内の製造業が集中し，ジャカルタとスラバヤの2大都市圏が中心で，バンドゥンは繊維産業で知られる．

ジャワの住民は複数の民族・言語集団からなる．西部ではスンダ語が母語のスンダ人（約2500万人），中部から東部ではジャワ語を母語とするジャワ人（約6000万人）がそれぞれ卓越し，東部では隣接するマドゥラ島出身のマドゥラ人（約600万人）がジャワ人に次ぐ．これらの民族集団には言語以外にも文化的相違がみられるが，多くは稲作をはじめとする農耕民でイスラーム教徒という共通性もある．西部のバンテン山地のバドゥイ人（推定数千人規模），東部のブロモ山中のテングル人（推定1～2万人）など少数集団も存在する．都市ではその規模を問わず，華人（中国系住民）の集積が必ずみられ，アラブ系，インド系の住民も認められる．1960年代から90年頃にかけて農村から都市への大規模な人口移動が続き，ジャカルタなどの大都市には全国各地からの移住者が混住，複雑な構成を示す．

インドネシアの地方行政上，ジャワ島はジャカルタ首都特別区，西ジャワ州，バンテン州，中ジャワ州，ジョグジャカルタ特別州，東ジャワ州に分かれる．島にはユネスコの世界遺産に登録されたサイトが4カ所ある．「ウジュン・クロン国立公園」（バンテン州），「ボロブドゥル寺院遺跡群」（中ジャワ州マグラン県），「プランバナン寺院遺跡群」（ジョグジャカルタ特別州スレマン県～中ジャワ州クラテン県），そして「サンギラン初期人類遺跡」である．このうちサンギランは，オランダ植民地時代の1883年，1934年，インドネシア独立後の71年など長期にわたる数回の発掘調査によって，180～170万年前に生存した直立歩行をするヒト（ホモ・エルクトゥス・エレクトゥス，いわゆるジャワ原人）の頭や大腿の骨，歯などの化石が発見された場所である．1996年に，中ジャワ州スラゲン県とカランアニャール県にまたがる総面積56 km²の区域が文化遺産に登録された．敷地内にはさまざまな資料を展示公開する先史博物館やヴィジターセンターなどの施設があり，さらに拡張と充実が計画されている．古都スラカルタ（ソロ）の北約15 kmに位置し，周囲はソロ川（ブンガワンソロ）流域の農村地帯である．

［瀬川真平］

ジャワティムール州 ☞ **東ジャワ州 Jawa Timur, Provinsi**

ジャワトゥンガ州 ☞ **中ジャワ州 Jawa Tengah, Provinsi**

ジャワバラット州 ☞ **西ジャワ州 Jawa Barat, Provinsi**

シャーワン県　沙湾県　Shawan

中国

サーワン県　Sawan（ウイグル語）

人口：20.1万（2002）　面積：12000 km²

[44°20′N　85°37′E]

中国北西部，シンチャン（新疆）ウイグル（維吾爾）自治区北西部，イリ（伊犁）自治州タルバガタイ地区の県．ジュンガル（準噶爾）盆地の南部，マナス（瑪納斯）河流域に位置する．1915年にマナス県から分離して県が設置された．農業が主体で，おもな作物は小麦，トウモロコシ，綿花，テンサイ，果実などである．ウルムチ（烏魯木斉）とガンスー（甘粛）省の省会ランチョウ（蘭州）を結ぶ蘭新鉄道の西端と国道312号およびウルムチとクイトゥン（奎屯）を結ぶ高速道路が県内を横切る．

［ニザム・ビラルディン］

シャン州　Shan State

ミャンマー

人口：582.4万（2014）　面積：155801 km²

[20°47′N　97°02′E]

ミャンマー東部の州．シャン高原の大部分を占める少数民族の自治地域である．イギリス統治時代はシャン連合州とよばれた．漢字では揮州と表記する．北東は中国ユンナン（雲南）省，東はラオス，南東はタイと国境を接し，西はミャンマー中央低地が続く．州都はタウンジー．行政上クンロン，ケントゥン，タウンジー，タチレク，チャウメー，ホ

パン，マトマン，ムセ，モンサッ，モンパヤッ，ラウキン，ラーショー，ラングーコ，ロイレムの14県に分かれ，国内の州および地域のうちでは面積が最大である．主として結晶岩と石灰岩からなる平均標高約1200mのシャン高原には，数列の南北方向の山脈が1800〜2400mの高度にそびえ，タンルウィン川とその多くの支流や，エーヤワディ川の支流ミッゲ Myitnge 川の河谷に帯状の低地や盆地が展開している．

住民は水稲耕作を営む仏教徒シャン人を主体とし，彼らは12世紀以来世襲制の藩王ソーブワー（シャン語でツァオファ）が多くの小国をつくってきた．隔絶した山奥にはワ人，パラウン人，ラフ人，アカ人などの山岳民族が，移動農耕や狩猟漁撈にもとづく閉鎖的な生活を営んできた．これらの山地民は陸稲，トウモロコシ，キビなどの自給食料作物のほかに，茶，ケシなどの交易用作物を一部で栽培する．言語，宗教，社会組織もミャンマー人やシャン人とは大きく異なる．第2次世界大戦後，中華人民共和国の独立に際して，中華民国（国民党）系の中国人の一部が，シャン州へ移住し，山間部に住みついている．これらの人びとの住む地域は2008年に制定された憲法において，それぞれコーカン自治区，ダヌ自治区，パオ自治区，パラウン自治区，そしてワ自治管区として画定されている．

地下資源は，北方のボートウィンで鉛，亜鉛，ニッケル，銀，ラーショーで石炭，南部のロンケン Lonkeng で鉛と亜鉛を産する．タンルウィン峡谷のチーク材は原木のまま川を流して運搬している．州北部の中心都市ラーショーまでマンダレーから，南部の中心都市タウンジーの西のシュウェニャウンまでタージーから鉄道が通じる．中国へ向かうルートの1つは，マンダレーからラーショーを経て，中国国境までシャン州を横切り，タージーからタウンジーを経て東部のチャイントン（ケントゥン）を通り，中国雲南省のチンホン（景洪）につながっていた．現在はケントゥンから南下しタチレクから国境を越え，タイ北端のメーサーイにつながるアジアハイウェイになっている． ［西岡尚也］

シャン江　湘江　Xiang Jiang
中国

シャン水　湘水　Xiang Shui（別称）

面積：94600 km²　長さ：856 km
[29°05′N　112°58′E]

中国中南部，フーナン（湖南）省中部とコワンシー（広西）チワン（壮）族自治区北東部を流

れる川．チャン（長）江の支流であり，またの名を湘水という．この湘江が湖南省を代表する河川であるというところから，湘が湖南省の略称とされている．広西チワン族自治区リンチュワン（霊川）県海洋山の竜門界に源を発し，海洋河と称し，チュー（珠）江水系のグイ（桂）江の上流とリンチュー（霊渠）運河で通じている．北東へ流れ，シンアン（興安）県，チュワンチョウ（全州）県を経て湖南省に入り，チョンリン（春陵）水と合流した後は北へ向かい，ホンヤン（衡陽）市，チューチョウ（株洲）市，シャンタン（湘潭）市，チャンシャー（長沙）市を経て，シャンイン（湘陰）県で東西に分流し，ふたたび合流してからトンティン（洞庭）湖に注ぐ．おもな支流に瀟水，春陵水，涞水，淥水，漣水，瀏陽河，溈水があり，多くが右岸から羽状に流入するという水系を形成している．本流および支流に，ショワンパイ（双牌），白漁潭，青山壟などの大型ダムや韶山灌漑地区がある．大部分の本流および支流で航行が可能である． ［小野寺 淳］

シャン高原　Shan Hills
ミャンマー

標高：約1200 m
[19°00′-24°00′N　96°00′-102°00′E]

ミャンマー中央部，シャン州を中心とした高原．漢字では撣高原と表記する．面積が広く，数多くの長い谷が刻まれている．中国，ラオス，タイと国境を接する．高原の河谷平野や小盆地には12世紀以来多くの小国が成立し，王宮を中心に規則的プランをもつ囲郭集落を国都とする小領域を支配していたが，平野のビルマ（ミャンマー）王国が強大になってその領土に併合された．1887年，全ビルマの支配者となったイギリスは，このシャン高原統治のため，1922年北シャン諸州と南シャン諸州の2地区からなるシャン連邦（36カ国が所属）をつくった．これらは世襲制の藩王ソーブワー（シャン語ではツァオファ）が統治する小国家で，それぞれ実質上は独立を保持し，イギリスの支配は名目的なものであった．平均標高約1200mの高原のため，冷涼で乾燥した気候である．イギリス植民地時代にはヒルステーション（高原避暑地）としてカローが発展した．近年はインレー湖周辺がインダー族の浮島水上集落で観光地化が進んでいる．第2次世界大戦後は，タイ・ラオス国境付近は黄金の三角地帯とよばれ，ケシ栽培（アヘン用）の中心地となっていた．1999年ミャンマー政府は，日本の国際協力機構（JICA）と共同でソバ栽培を奨励している．同様にシャン高原コーヒーもブランド化が進

んでいる． ［西岡尚也］

シーヤン県　昔陽県　Xiyang
中国

楽平（古称）

人口：23.0万（2013）　面積：1942 km²
気温：10°C　降水量：500 mm/年
[37°36′N　113°40′E]

中国中北部，シャンシー（山西）省中東部，チンチョン（晋中）地級市の県．タイハン（太行）山脈西麓に位置する．隋の大業2年（606）に楽平県として設置され，1914年に昔陽県に改称した．山地と丘陵が多く，起伏も大きく，河川沿いのわずかな平地しかない．西部の老廟山（標高1698 m）が最高峰．無霜期間は130〜160日間．アワ，コーリャン，豆類，綿花などを栽培している．石炭，鉄鉱石など10数種類の地下資源がある．炭田の分布面積は150 km²，埋蔵量は約14億t．石炭，セメント，化学などの工業部門がある．ヤンチュワン（陽泉）市を経由して省会タイユワン（太原）につながる鉄道や，国道207号が県域を縦貫している．また，「農業はダーチャイ（大寨）に学べ」で全国に名を馳せた大寨村がある． ［張 貴民］

シャンイー県　尚義県　Shangyi
中国

人口：19.4万（2010）　面積：2641 km²
標高：1000-1919 m　気温：3.5°C
降水量：340-460 mm/年
[41°04′N　113°57′E]

中国北部，ホーペイ（河北）省北西部，チャンチャコウ（張家口）地級市の県．県政府は南壕塹鎮に置かれている．内モンゴル高原の南部に位置し，北東が高く南西は低い．大青河，五台河，瑟爾基河が流れる．1月の平均気温は−14.8°C，7月は19.1°C．風が強く，一年のうち55日が強風の日である．おもな農作物はエン麦，ジャガイモ，麻である．牧畜業では馬，牛，羊を飼育し，牧場面積は93 km²である．工業は紡績，毛皮加工，製紙業が行われている．明の長城がある．

［柴 彦威］

シャンイン県　山陰県　Shanyin
中国

人口：24.3万（2013）　面積：1652 km²
[39°30′N　112°48′E]

中国中北部，シャンシー（山西）省北部，シュオチョウ（朔州）地級市の県．主要山脈はホ

ンシャン(恒山)山脈, 洪涛山脈とホワンホワ(黄花)嶺, 主要河川はサンガン(桑乾)河, 木瓜河などがある. 石炭, 鉄鉱石, ボーキサイトなどの地下資源が豊富で, 石炭の埋蔵量は114億t, 分布面積も広く355 km²に及ぶ. 農業は小麦, アワ, コーリャン, ソバなどの栽培に, 酪農と養豚も発達している. 主要工業は乳製品加工と石炭工業である. 北同蒲鉄道のほかに, 大運高速道路(ダートン(大同)〜ユンチョン(運城))も域内を縦貫している.

[張　貴民]

シャンイン県　湘陰県　Xiangyin

中国

人口：69.9万 (2015)　面積：1541 km²
[28°40′N 112°53′E]

中国中南部, フーナン(湖南)省, ユエヤン(岳陽)地級市の県. 県政府はウェンシン(文星)鎮に所在する. シャン(湘)江およびツー(資)水の下流にあり, 北西は南洞庭湖に臨む. 東部は丘陵, 西部や北部は沖積平原や湖沼・干潟になっており, 田畑は堤防で囲まれている. マツ, スギ, クスノキ, ヤナギなどの用材林がある. 農作物は水稲, サツマイモ, 綿花などがある. 漁業が発達し, ハスの実を産する. 丘陵地区では盛んに茶葉を産する. 工業は電機や建材などの工場がある. 水運が便利で, 湘江, 資水, 南洞庭湖は重要な航路である. 名所旧跡は文廟, 岳州窯遺跡, 文星塔, 状元塔などがある. 湘江沿岸は瀟湘八景の「遠浦帰帆」として知られる.

[小野寺 淳]

シャンウェイ市　汕尾市　Shanwei

中国

さんびし (音読み表記)

人口：302.2万 (2015)　面積：5271 km²
降水量：1900 mm/年　[22°46′N 115°22′E]

中国南部, コワントン(広東)省南東部の地級市. 沿海地域にある港湾都市で, チュー(珠)江デルタと潮汕平野の変遷中間点にあたる. 省会コワンチョウ(広州), シェンチェン(深圳), トンクワン(東莞)などと接し, ホンコン(香港)の北東約140 kmに位置する. 1988年1月に汕尾港を中心に新設された. 市区(城区)のほか, ルーフォン(陸豊)市, ハイフォン(海豊), ルーホー(陸河)の2県, 華僑管理区, 紅海湾開発区を管轄する. 市政府所在地は汕城区. 市街地人口は約50万. 地域言語はミンナン(閩南)系の福佬語と客家(ハッカ)語. 汕尾港は清の康熙時期(1685〜

1717)に本格的に開発された省東部の重要港である. 漁港, 通商港と商品集散地として発展し, 清末から中華民国時代の初頭にかけて, 香港, 広州, シャントウ(汕頭)との間に旅客と貨物の定期航路が数多く開通し, 100以上の貿易商社が集中していた.

中国が社会主義体制になった後, 港湾機能は衰退し, 農業中心の開発に転換した. 改革開放後は, 沿海開放地域に指定され港湾開発が復活した. 現在, 年間水揚げ量が58万tにもなる全国有数の水産地産, 省内最大の塩田となり, 華僑資本も多数進出している. 2000社にのぼる電子, 家電, アパレル, 食品, 飲料, 履物, 工芸品などのメーカーが集積し, 総延長302 kmの海岸線に10の港が分布している. 最大の汕尾港は水深10 mの入港航路を有し, 漁船の利用が多いが, 1000tクラスの貨物船と旅客船のバースも4カ所建設されている. なお, 市全体の1人あたりGDPは4059 USドル(2015)で全国平均の半分程度.

[許　衛東]

シャンガオ県　上高県　Shanggao

中国

上蔡県 (古称)

人口：37.8万 (2014)　面積：1350 km²
[28°14′N 114°55′E]

中国南東部, チャンシー(江西)省西部, イーチュン(宜春)地級市の県. ガン(贛)江の支流である錦江の中流域に位置する. 県政府は敖陽街道に置かれる. 県の南西部は山地で高く, 北東部は丘陵で低い. 後漢代に上蔡県が置かれ, 晋代に望蔡県に改められ, 唐代にカオアン(高安)県に編入され上高鎮となったが, 五代の南唐により上高県に改められた. 経済の柱は農業で, 米, 綿花, ナタネ, 果物が主要農産物である. 錦江はガン(贛)江まで船の通航が可能で, また上高鉄道は浙贛鉄道に接続し, 昌上高速道路が東西に, 武吉高速道路が南北に通る. 大観塔, 九峰崇福寺など古跡があり, 九峰園林は避暑地として知られる. 豆緑大理石が特産品である.　[林　和生]

シャンガン　Xianggang ☞ ホンコン　Hong Kong

シャンガン島　Xianggang Dao ☞ ホンコン島　Hong Kong Island

シャンク山　Schank, Mount

オーストラリア

標高：95 m　[37°57′S 140°44′E]

オーストラリア南部, サウスオーストラリア州南東端の火山. 現在は活動していない. 州都アデレードからプリンセスハイウェイ経由で南東454 kmに位置する. 中央に大きなクレーターを形成している. クレーターの直径は460〜470 mほどで, 南側に接してもう1つの小さなクレーター(直径270 m)があり, 空からみればちょうど8の字形をしている. また周囲には散村が分布し, おもに牛の放牧や穀物などの栽培が行われている. この付近には, センターピボット方式の施設をもつ農地が多くみられる.　[片平博文]

シャングリラ市　香格里拉市　Xianggelila

中国

Shangri-La (英語) / チョンディエン　中甸 Zhongdian (旧称)

人口：17.5万 (2010)　面積：11613 km²
[27°46′N 99°43′E]

中国南西部, ユンナン(雲南)省北西部, デチェン(迪慶)自治州の県級市で州政府所在地. ユネスコ世界遺産(文化遺産)のリーチャン(麗江)やスーチュワン(四川)省に隣接する. 総人口の4割くらいをツァン(チベット)族が占め, ナシ(納西)族, リス(傈僳)族なども住む. かつては中甸県とよばれていたが, 2001年末に地域イメージの向上を目的に香格里拉県に地名が変わり, 14年に市へ昇格した. シャングリラはジェームズ・ヒルトンの小説『失われた地平線』で描かれた桃源郷にちなむ. 2002年に省の歴史文化都市に指定され, 虎跳渓のトレッキングコースの大部分も県域に属する. チベット寺院松賛林寺の修復や旧市街地の景観整備が進み, ダーリー(大理)や麗江などの先行していた観光都市から観光客が流れてくるようになった. 2003年に雲南三江併流群がユネスコの世界遺産(自然遺産)に登録される前後から, その観光拠点として高級ホテルの建設が進み, 急速な観光地化が進展した. 迪慶自治州でとれる松茸の集散地でもあり, 市街地には大規模な交易市場が設けられている.　[松村嘉久]

シャンシー自治州　湘西自治州
Xiangxi
中国

シャンシートゥチャ族ミャオ族自治州　湘西土家族苗族自治州（正称）

人口：263.5万（2015）　面積：15470 km²
[28°19′N　109°44′E]

　中国中南部，フーナン（湖南）省の自治州．チーショウ（吉首）県級市と，ルーシー（瀘渓），フォンホワン（鳳凰），ホワユワン（花垣），パオチン（保靖），グーチャン（古丈），ヨンシュン（永順），ロンシャン（竜山）の7つの県を管轄する．州政府は吉首市に所在する．省の北西部に位置して，フーペイ（湖北），グイチョウ（貴州），チョンチン（重慶）の3省市に接する．トゥチャ（土家）族は人口の約43％を占めて主に北部に居住し，ミャオ（苗）族は約34％を占めて主に南部に居住する（2010年）．焦柳鉄道（チャオツオ（焦作）～リウチョウ（柳州））が北東から南へ縦貫し，高速道路の杭瑞線（ハンチョウ（杭州）～ルイリー（瑞麗）），包茂線（パオトウ（包頭）～マオミン（茂名）），張花線（チャンチャチエ（張家界）～花垣）が通っている．

　地形は山地が主であり，西部はユングイ（雲貴）高原と，北部は湖北省西部山地と連なっている．標高は一般に800～1200 mであり，山間の河川沿いに小さな盆地や谷地が分布する．中部は北東から南西方向にウーリン（武陵）山脈が連なっている．石灰岩が広く分布し，カルスト地形が発達して鍾乳洞や伏流が多い．南東部は丘陵地になっており，武陵，シュエフォン（雪峰）両山脈の間にユワン（沅）江が流れている．多くの河川が沅江水系に属し，武水やヨウ（酉）水などの支流がある．河川の落差が大きく水力資源が豊富である．

　マツ，スギ，カシワなどの用材林のほか，植物の種類がきわめて多く，メタセコイアなどの希少種が残されている．野生動物も多い．桐油，茶油，生漆，ゴバイシ（五倍子）などの漢方薬材，クリ，キウイ，柑橘類，蜂蜜，茶葉，タバコ，カラムシなどが特産品である．鉱産物は水銀，マンガン，アルミニウム，鉛，亜鉛，リン，陶土などがある．農業は水稲，トウモロコシ，豆類，搾油作物の栽培が行われている．湘西黄牛など畜産も盛んである．工業は電力，冶金，機械，化学，建材，食品などの部門があり，セメント，紙巻きタバコ，醸造酒などが生産されている．

　域内には石峰，懸崖，鍾乳洞など独特な地形が多く，観光資源が豊富である．有名な記念地として湘鄂川黔革命委員会旧跡がある．国指定重要文化財の永順県王村渓州銅柱や老司城遺跡があり，鳳凰県の県政府所在地は歴史文化都市に国から認定されている．国立森林公園の不二門や南華山，国立自然保護地区の小渓，国指定風景名勝地区の猛洞河や徳夯も知られている．　　　　　　　　[小野寺　淳]

シャンシー省　陝西省　Shaanxi Sheng
中国

Shanxi Sheng（別表記）/せんせいしょう（音読み表記）

人口：3733.0万（2010）　面積：205800 km²
[34°20′N　108°57′E]

　中国中部の省．ホワン（黄）河中流域にあり，北東から時計回りに，シャンシー（山西），ホーナン（河南），フーペイ（湖北），チョンチン（重慶），スーチュワン（四川），ガンスー（甘粛）の各省および市，ニンシャ（寧夏）回族，内モンゴルの各自治区と接する．陝西という行政単位は元代に成立し，現在は副省級市の西安のほか，9地級市を管轄する．北部には万里の長城がある．中国の測地原点がシェンヤン（咸陽）市のチンヤン（涇陽）県永楽鎮にある．漢族のほかに，回，満，モンゴルなどの46民族が居住する．漢族以外では回族が最も多く，少数民族人口の66％を占める．英語では山西省と区別するためにShaanxiと表記する．

　省域は北部のシャンペイ（陝北）高原，中部の関中平原，南部のチンバー（秦巴）山地に大別できる．陝北高原は標高800～1300 mで，総面積の45％を占める．関中平原は西のパオチー（宝鶏）から東のトンクワン（潼関）まで広がり，平均標高が520 mで，総面積の19％を占める．地勢は平坦で，交通の利便性と温暖な気候により，省の経済中心地に成長した．南部の秦巴山地はチン（秦）嶺山脈とダーバー（大巴）山脈，ハン（漢）水渓谷を含み，総面積の36％を占める．この地域には森林が広く分布する．最高峰タイバイ（太白）山（標高3767 m）のほか，化竜山（2917 m），首陽山（2720 m），チョンナン（終南）山（2604 m），ホワ（華）山（2153 m），白子山（1823 m），巴山（1500～2000 m），ツーウー（子午）嶺（1400～1600 m）などの高峰がある．主要な河川としてはウーディン（無定）河（長さ492 km）と，イエン（延）河（284 km），チン（涇）河（455 km），ウェイ（渭）河（818 km），ルオ（洛）河（北洛河，680 km），チャリン（嘉陵）江（244 km），漢水（652 km），タン（丹）江（244 km）があげられる．

　中華人民共和国成立後，水利施設の整備によって国内有数の小麦，綿花の生産地に成長してきた．北部はコーリャンなどの雑穀が多く，羊，山羊の牧畜業が盛んである．おもな地下資源は石炭，天然ガス，モリブデン，水銀で，その埋蔵量は国内第3位である．陝北高原と渭河以北には良質な石炭，石油，天然ガス，石灰石などが多く分布し，関中平原では金，モリブデンなどが産出し，鉱泉があり，地熱もエネルギーとして利用される．秦巴山地は黒色金属，有色金属，貴金属などの地下資源に富む．地下資源の埋蔵量は国内屈指である．また，機械と紡績工業の中心地として知られ，発電や電子工業，飛行機，ブラウン管，ミシンの製造も主要な産業である．中部を横断するランチョウ（蘭州）～リエンユンガン（連雲港，江蘇省）間や宝鶏～チョントゥー（成都，四川省）間を結ぶ8本の鉄道が省内を走り，幹線道路や高速道路は西安を中心に整備されている．西安は西北地区全体の交通中心である．1991年に中国西北部で最大の西安咸陽国際空港が開港された．

　中国で最も早く文化が開花した地域の1つで，数多くの名勝史跡や文化遺産が残っている．古都西安，中国革命の聖地イエンアン（延安），5大名山の1つの華山，諸葛孔明の陣地ウーチャンユワン（五丈原）などがとくに有名である．47の大学，205の国公立研究機関がある．古代の水利専門家李氷，『史記』の著者司馬遷，唐代の詩人白居易などの出身地でもある．1963年にランティエン（藍田）県で旧石器時代初めの化石人類である藍田原人が発見された．中国文明の発祥地の1つで，前11世紀から西周，秦，前漢などの王朝の首都が置かれた．とくに唐代，シルクロードの繁栄を背景に，西安は国際的な人口100万都市として栄えた．1935年からの10年間，延安に中国共産党の本部が置かれていた．　　　　　　　　[杜　国慶]

シャンシー省　山西省　Shanxi Sheng
中国

さんせいしょう（音読み表記）

人口：3629.8万（2013）　面積：156266 km²
長さ：290 km　幅：550 km
降水量：400～650 mm/年
[37°53′N　112°32′E]

　中国中北部の省．ホワントゥー（黄土）高原東部，ホワン（黄）河の中流に位置する内陸省である．北緯34度35分～40度43分，東経110度15分～114度32分に広がり，東西約290 km，南北約550 kmの平行四辺形をしている．省会はタイユワン（太原）．歴史

シヤン 723

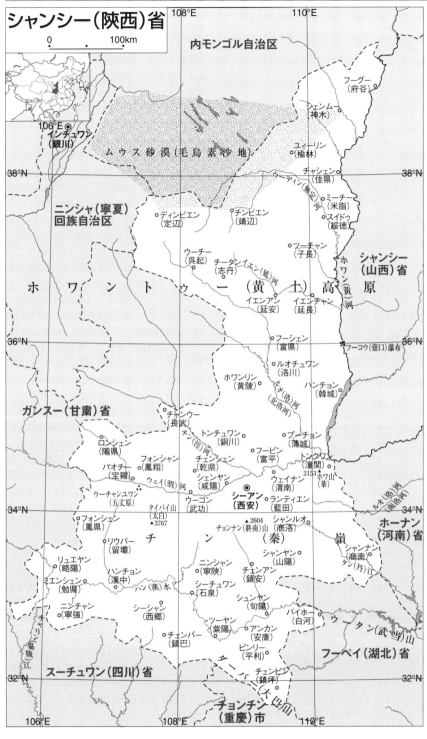

を占め，そのほとんどは標高1000～2000mである．州北東部のウータイ(五台)山主峰である叶斗峰は標高3058mで，華北地方の最高峰である．域内で最も低いところは南部のユワンチュー(垣曲)県のシーヤン(西陽)河が黄河と合流するところで，標高わずか180mである．東部をタイハン(太行)山脈が，西部をリュイリャン(呂梁)山脈が南北に走っている．その間は北から南までダートン(大同)，シンチョウ(忻州)，太原，臨汾，チャンチー(長治)とユンチョン(運城)などの盆地がある．また，ホンシャン(恒山)山脈，五台山，糸舟山，タイユエ(太岳)山脈とチョンティヤオ(中条)山が盆地の間に位置している．大小1000本以上の河川があるが，地形の影響で，黄河水系とハイ(海)河水系に分かれる．流域面積が4000km²以上，長さが150km以上のものは，フェン(汾)河，チン(沁)河，涑水河，三川河，昕水河，サンガン(桑乾)河，フートゥオ(滹沱)河，チャン(漳)河などである．汾河は最も長く659kmである．また，黄河はピエンクワン(偏関)県から垣曲県にかけて南へ流れ，省内の長さが965kmに達し，途中のチーシェン(吉県)で有名なフーコウ(壺口)瀑布を形成している．また，山西省は著名な黄土高原の東部に位置し，黄土が広く分布している．長い間の侵食でさまざまな黄土地形が形成されている．黄土高原，黄土丘陵と黄土台地などは黄土高原地域の独特な地形である．

大陸性季節風気候区に属するが，東部と南東部の山地の存在で夏季の季節風の影響はあまり強くない．年平均気温は北部で3℃，南部で14℃で，日較差も大きい．西部の黄河低地，太原盆地と南東部の大部分は平均気温8～10℃．これに対して臨汾盆地と運城盆地は12～14℃である．また，冬は全域が氷点下になるが，夏は高温で，7月のほとんどの地域の気温は21～26℃．一方，無霜期間にも南北の差異と標高の違いがある．大同盆地では110～140日，五台山では85日，忻州盆地より北の地域や東部山地では135～155日，臨汾盆地や南部の運城盆地では200～220日間に達している．降水量は少なく，季節的に夏季に偏り，降水量の60%以上は6～8月に集中している．また地形の影響で山間部で多く，盆地では少ない．太行山脈南部，中条山，五台山，呂梁山は多雨地域である．

おもな農産物は小麦，コーリャン，豆類，芋類である．換金作物は綿花，葉タバコ，テンサイ，ゴマなどである．農業はおもに大同盆地，忻州盆地，太原盆地，臨汾盆地，長治

が古く，尭の都は平陽(現在のリンフェン(臨汾)市)，舜の都は蒲坂(現在のヨンチー(永済)市)，禹の都は安邑(現在のシャシェン(夏県))とのいい伝えがある．春秋時代には現在の山西省一帯は晋とよばれ栄えており，とくに文公(在紀元前636～前28)は，周王朝にかわる有力諸侯である春秋五覇の1人とされ

た．春秋時代末期に晋は韓，趙，魏に分割され，韓は平陽に，趙は晋陽に，魏は安邑に都を置いた．そのため，山西省は三晋とも称される．韓，趙，魏は，戦国時代には晋，斉，楚，燕とならんで戦国七雄とよばれるほど強大な国家になった．

地形は複雑で，山地と丘陵は総面積の2/3

シャンシー(山西)省

交通では，鉄道網が発達している．おもな鉄道は同蒲鉄道，京包鉄道，大秦鉄道，石太鉄道，太焦鉄道で，石炭などの鉱産物や旅客の輸送に重要な役割を果たしている．また，近年，高速道路の発展も著しい．域内の各大都市間の高速道路だけでなく，ペキン(北京)，シーチャチョワン(石家荘)，チョンチョウ(鄭州)など周辺主要都市への高速道路も完成あるいは計画中である．また，太原武宿国際空港から国内各大都市と空路で結ばれている．

山西省は悠久の歴史をもつ．その名勝遺跡の多さから，中国古代文化博物館と称されている．国内の宋代，金代より以前の中国古建築物で，保存状況が良好なものの70%以上は山西省にある．国宝級の文化財遺跡の数は119に達している．世界遺産(文化遺産)に登録された平遥古城，仏教聖地五台山，タートンユンカン(大同雲崗)石窟をはじめ，懸空寺，インシェン(応県)木塔，晋祠，永楽宮壁画，運城関帝廟，永済普救寺，洪洞広勝寺，黄河壺口瀑布などがある．特産品として，杏花村汾酒，山西老陳醋，清徐ブドウ，平遥牛肉，晋祠大米，沁州黄小米，漢方薬材の恒山黄芪，長治トウジン(党参)などが有名である．また，山西省の麺料理は有名で種類も豊富であり，豊かな麺食文化は観光資源にもなっている．山西省には，省会の太原をはじめ，大同，臨汾，ヤンチュワン(陽泉)，長治，運城など多くの都市がある．〔張　貴民〕

ジャーンシ　Jhansi　インド

人口：50.7万 (2011)　面積：73 km²
[25°27′N　78°34′E]

インド北部，ウッタルプラデシュ州南西端，ジャーンシ県の都市で県都．三方をマッディヤプラデシュ州に囲まれる．カーンプルの南西230 km，パフンジ Pahunj 川とベートゥワー川にはさまれたところに位置する．かつてジャーンシは，チェディラシュトラ Chedi Rashtra，ジェジャクブキット Jejak Bhukit，ジャイホティ Jajhoti などとともに，デカン高原北部に位置するブンデルカンド地域の一部であった．市街はジャーンシ城のまわりに発達しており，カジュラーホなどブンデルカンド地域の入口でもある．1857年に始まる最初の独立戦争でイギリスと戦った女性支配者，ラニ・ラクシュミ・バイの地としても有名である．1835年カシ Kashi (現ヴァラナシ)に生まれたラニは，42年，王ガンガダール・ラオと結婚した．1853年に王が没した後，国を治め，馬術と剣に長け

盆地と運城盆地に集中している．豊富な地下資源を有する．そのうち，石炭，ボーキサイト，鉄鉱石などはとくに多い．石炭の埋蔵量は2600億t(国内の1/3)，ボーキサイトの埋蔵量は5億t(国内の1/3)である．また，鉄鉱石の埋蔵量も多く，中国で第4位を占めており，山西省は石炭の都ともよばれる．大きな炭田は大同炭田，ニンウー(寧武)炭田，シーシャン(西山)炭田，ホートン(河東)炭田，チンシュイ(沁水)炭田とフオシー(霍西)炭田などがある．これらの炭田の特徴としては，埋蔵量が多いこと，分布範囲が広いことなどがあげられる．山西省は中国の最も重要なエネルギー供給地であり，石炭の年間生産量は3億t(全国の1/4)にのぼる．原炭，コークス，カーバイドの生産量は中国第1位である．石炭鉱業のほかに，製鉄，機械，電力，化学，紡績工業なども発達している．

シャンシャン県　象山県
Xiangshan　　　　　　　　　　中国

人口：52.9万（2002）　面積：1172 km²
[29°28′N　121°51′E]

中国南東部，チョーチャン（浙江）省，ニンポー（寧波）副省級市の県．唐代に象山県が初めて置かれた．西部から南東部へかけて標高が低くなっていき，ティエンタイ（天台）山脈が東の海辺へ延びていく象山半島にあり，低い山や丘陵を主とする地勢である．冶金，造船，機械，電力，漁業，機電，化学肥料，建築材料，ガラス，製革，シルク織，綿紡織，化学繊維，製糖，水産加工，食品加工などの工業がある．農業には稲，サツマイモ，砂糖，ナタネ，落花生などがある．水産品はおもにタチウオ，フウセイ，カニ，イカ，ムラサキノリ，マテガイ，などを産出している．浙江省で最大の製塩場である白塩山製塩場がある．象山白ガチョウは国外でもよく売られている．名産品としてミカンや茶などがあり，観光スポットには大丹山などがある．

[谷　人旭]

シャンシャン県 Shanshan ☞ ピチャン県 Piqan

シャンシャン市　湘郷市
Xiangxiang　　　　　　　　　　中国

人口：80.3万（2015）　面積：1966 km²
[27°44′N　112°32′E]

中国中南部，フーナン（湖南）省，シャンタン（湘潭）地級市の県級市．市政府はワンチュンメン（望春門）街道に所在する．南西が高く北東が低い丘陵部にあり，リエン（漣）水が西から東へ曲流する．林産物はマツ，スギ，孟宗竹，柑橘類，漢方薬材がある．鉱産資源はマンガン，鉄，ドロマイト，滑石，石膏，ミネラルウォーター，珪石などがある．農業は水稲，大豆，搾油作物，茶葉，綿花，カラムシ，黄花菜，トウガラシなどを産し，養豚や養鶏も盛ん．工業は冶金，機械，化学，建材，食品，皮革などがある．鉄道の滬昆線（シャンハイ（上海）～クンミン（昆明））や洛湛線（ルオヤン（洛陽）～チャンチャン（湛江）），高速道路の滬昆線（上海～昆明）が通る．シュイフーミャオ（水府廟）ダムやシャオシャン（韶山）灌漑水路などの水利施設がある．漣水や韶山灌漑地区幹線水路は航行が可能．雲門寺，褚公祠，毛沢東が学んだ東山書院，東台山国立森林公園がある．

[小野寺　淳]

シャンシャン港　象山港
Xiangshan Gang　　　　　　　　　　中国

面積：125 km²　長さ：50 km　幅：2.5-14 km
深さ：5-40 m
[29°31′N　121°38′E]

中国南東部，チョーチャン（浙江）省，ニンポー（寧波）副省級市シャンシャン（象山）県北西部にある港．内陸にかなり入り込んだ海湾にあり，中国の南東沿海の天然良港である．湾は南西から北東に延びてラッパの形をしている．湾内には缸牌山，白石山，南沙山など40以上の島がある．西滬港，黄墩港，獅子口が著名な港である．港の航路および沿岸には航行補助浮標照明が10ヵ所以上ある．西沢，横山，白墩は3大海運埠頭である．

[谷　人旭]

シャンシュイ県　商水県
Shangshui　　　　　　　　　　中国

殷水，汝水，汝陽（古称）/商城（旧称）

人口：120.8万（2016）　面積：1270 km²
[33°32′N　114°35′E]

中国中央東部，ホーナン（河南）省東部，チョウコウ（周口）地級市南西部の県．22郷鎮を擁する．漢代には汝陽（汝水）と称していた．隋代に殷水に改められたが，北宋の建てられた960年に，太祖（趙匡胤）の父宣祖（弘殷）のいみなを避けるため，同じ王朝名である商城に改められた．紀元前207年の農民蜂起の領袖，陳勝はこの地の人である．

[中川秀一]

シャンシュイ県　響水県
Xiangshui　　　　　　　　　　中国

人口：50.2万（2015）　面積：1363 km²
標高：6-8 m
[34°12′N　119°34′E]

中国東部，チャンスー（江蘇）省中部，イエンチョン（塩城）地級市の県．徐淮平原にあり，北東部はホワン（黄）海に面する．1966年に塩城専区に属する響水県が置かれ，83年に塩城市に入った．綿花やレンコンの生産地として知られる．沿海部にある干潟は天日製塩場になっており，ほかに葦やチガヤの湿地があり，タンチョウヅルが越冬する．ハマグリや泥巻き貝などの貝類が獲れ，クルマエビやスズキが名産である．工業には食品，製塩，紡績，服装があり，絹織物や葦織りもある．名所旧跡には雲梯関遺跡がある．瀋海高速道路（シェンヤン（瀋陽）～ハイコウ（海口））が通る．

[谷　人旭・小野寺　淳]

ていたが，子のないラニは男子後継者の養子縁組をイギリスに拒絶され，54年，租税のかわりに王国を引き渡すよう命じられたことを機に，国を守るため立ち上がった．武器も物資も乏しい戦いではあったが，民衆の支持を得て勇敢に戦い，1858年戦死した．

ラジプート民族オルチャの王ビル・シンによって1613年に建設されたジャーンシ城は，バルワントナガル Balwantnagar の町にあるバングラ Bangra とよばれる岩丘の上にあり，ブンデルカンドの歴史を知ることのできる数々の彫刻が，この城に展示されている．そこはまた1857年，第1次インド独立戦争（セポイの乱）の折りにイギリス人居住者虐殺が起こった場所でもある．2～3月にかけて1週間にわたり，ジャーンシ・フェスティバルが開催される．民謡，踊り，ムシャイラスなどの詩の吟唱といった内容で，芸術，工芸，文化が一堂に集まる．

柑橘類，小麦，豆類，ナタネなどを栽培する農業が行われるほか，花崗岩，砂岩の産出もみられる．また，電気，機械，石油化学，セメント，紡績などの製造業が立地し，近年は機械，自動車の修理，ハード・ソフトを開発するIC関連産業が発達しつつある．交通の要衝で，サタブディ急行，パンジャブ特急ほか，主要列車が走る北東部鉄道のジャーンシ駅は，ムンバイ（ボンベイ）と首都デリーを結ぶ路線上にある．バス便も発達し，市街中心部から地域内はもちろん，アグラ，カジュラーホ，カンプール，州都ラクナウほか，国内のほぼ全都市へも国道25，26号によって結ばれている．

[酒川　茂]

シャンシェン　単県　Shan Xian
　　　　　　　　　　中国

単州，単父（古称）/せんけん（音読み表記）

人口：125.4万（2015）　面積：1670 km²
標高：39-59 m
[34°47′N　116°05′E]

中国東部，シャントン（山東）省南西部，ホーツォ（菏沢）地級市の県．ホーナン（河南）省，アンホイ（安徽）省，チャンスー（江蘇）省と接する．古称は単父．秦代に単父県を設置，唐代初期に宋州，輝州の地になり，のち輝州を単州に改称，明代洪武2年（1369）に単州から単県に降格した．地形は南西から北東へ傾いている．石炭（45億t）と天然ガス（6億m³）の埋蔵量が豊富である．百獅坊，百寿坊，竜山文化遺跡などがある．県庁所在地を中心に隣接する各省にいたる道路網がある．

[張　貴民]

シャンスー県　上思県　Shangsi

中国

羈縻上思州（古称）

人口：23.9万（2015）　面積：2816 km²
気温：21.7°C　降水量：1217 mm／年
［22°09′N　107°59′E］

中国南部，コワンシー（広西）チワン（壮）族自治区南西部，ファンチョンガン（防城港）地級市の県．十万大山の北麓に位置し，県政府所在地の思陽鎮から自治区の首府のナンニン（南寧）市まで約100 km．唐の天宝初年（742）に羈縻上思州として設置されたが，1913年に県制となり，上思に改称した．総人口のうち，チワンと漢とヤオ（瑶）の各族がそれぞれ87.7％，6.5％，5.6％を占める（2014）．温暖多雨の亜熱帯気候と豊富な水源に恵まれ，農業と林業が発達している．主産業のサトウキビは年180万tの生産量を誇る．また1億tの埋蔵量を有する上思炭田があり，国有企業の広西右江鉱務局による選鉱・コークス精製が行われている．

［許　衛東］

ジャンダウィー　Jandowae

オーストラリア

人口：0.1万（2011）　面積：818 km²
［26°47′S　151°06′E］

オーストラリア北東部，クイーンズランド州南東部，ウェスタンダウンズ地域の町．州都ブリズベンの西約260 kmに位置する．豊かな土壌に恵まれており，小麦栽培や牧牛業が盛んである．

［秋本弘章］

シャンタン県　山丹県　Shandan

中国

人口：19.9万（2002）　面積：5045 km²
［38°47′N　101°05′E］

中国北西部，ガンスー（甘粛）省北西部，チャンイエ（張掖）地級市の県．ホーシー（河西）回廊中部，ヘイ（黒）河上流にある．9〜11世紀はカンチョウウイグル（甘州回鶻）王国の地であった．清代に県が設置された．農業が主で，小麦，大麦，ジャガイモなどを産する．石炭，鉄鉱，珪石などの鉱物資源に富む．シンチャン（新疆）ウイグル（維吾爾）自治区の首府ウルムチ（烏魯木斉）とランチョウ（蘭州）を結ぶ蘭新鉄道および国道312号が北部を横切る．史跡には明代の長城，大仏寺などがある．

［ニザム・ビラルディン］

シャンタン県　湘潭県　Xiangtan

中国

しょうたんけん（音読み表記）

人口：85.7万（2015）　面積：2140 km²
［27°47′N　112°57′E］

中国中南部，フーナン（湖南）省，シャンタン（湘潭）地級市の県．県政府はイースーホー（易俗河）鎮に所在する．シャン（湘）江下流の西岸にあり，丘陵と平野が交錯している．漣水が北部を，チュワン（涓）水が中部を流れ，北上する湘江に注ぐ．鉱産物はマンガン，石炭，珪砂，海泡石などを産する．林産物はマツ，スギ，孟宗竹，茶油，柑橘類などである．農産物は米や搾油作物などがあり，ハスの実が特産．養豚や養魚が盛んである．工業は食品加工や建材などの工場がある．鉄道の滬昆線や滬昆高速道路（シャンハイ（上海）〜クンミン（昆明））が北部を通過する．湘江は通年航行できる．記念地に彭徳懐の旧居・記念館などがある．

［小野寺淳］

シャンタン市　湘潭市　Xiangtan

中国

しょうたんし（音読み表記）

人口：282.4万（2015）　面積：5005 km²
［27°50′N　112°57′E］

中国中南部，フーナン（湖南）省の地級市．ユエタン（岳塘），ユィーフー（雨湖）の2区，シャンシャン（湘郷），シャオシャン（韶山）の2県級市，およびシャンタン（湘潭）県を管轄する．市政府は岳塘区に所在する．シャン（湘）江と漣水の下流に位置する．湘中丘陵地帯にあり，標高は一般に100〜200 m程度．南部にはホン（衡）山が延伸し，北西部にはシュエフォン（雪峰）山脈の支脈がある．

鉱産物はリン，石膏，珪砂，ドロマイト，方解石，石灰石，滑石，海泡石などが多い．農作物は水稲や綿花があり，トウガラシ，ハスの実，茶葉，クワ，モモ，スモモ，ウメなどが特産である．用材林としてマツ，スギ，クスノキなどがあり，経済林としてアブラツバキ，オオアブラギリ，シュロ，トウハゼなどがある．養蚕，養豚，水産養殖も行われている．工業は冶金，鉄鋼，自動車や風力発電設備等の機械，電子，化学，紡織，食品などの部門がある．

鉄道の滬昆線（シャンハイ（上海）〜クンミン（昆明））が東西に走り，そこに支線の韶山線（シャンシャオ（向韶）〜韶山）が接続している．さらに滬昆高速鉄道（上海〜昆明）や長株潭都市間鉄道（チャンシャー（長沙）〜チューチョウ（株洲）・湘潭）が通る．北東部を京広線（ペキン（北京）〜コワンチョウ（広州））が通過する．高速道路も滬昆線（上海〜昆明）が東西に走り，北東部を京港澳線（北京〜ホンコン（香港）・マカオ（澳門））が通過する．湘江の水運は北はユエヤン（岳陽）を経てチャン（長）江へ，南はホンヤン（衡陽）やヨンチョウ（永州）へ通じる．市街地は，明・清代には商業と手工業が発達していた．北部は政府機関や商業・サービス業の地区であり，南部は工業地区になっている．

昭山，関聖殿，雲門寺，望衡亭，海会寺などの名勝と文化財がある．昭山は瀟湘八景の「山市晴嵐」として有名である．韶山には毛沢東の旧居，烏石寨には彭徳懐の旧居，湘潭県白石郷には斉白石の旧居がある．

［小野寺淳］

シャンチー市　尚志市　Shangzhi

中国

人口：62.0万（2012）　面積：8895 km²
［45°13′N　127°59′E］

中国北東部，ヘイロンチャン（黒竜江）省南部，ハルピン（哈爾浜）副省級市の県級市．県名は抗日戦争の烈士の名にちなむ．市政府は尚志鎮に置かれる．チャンコワンツァイ（張広才）嶺山地の西麓に位置し，複数のスキー場があり，冬季ユニバーシアード（2009）などの会場となっている．市域の6割は森林で，林業が盛ん．農業は水稲とトウモロコシのほか，大豆がつくられている．乳牛の飼育やキノコの栽培も盛んである．

［小島泰雄］

シャンチウ市　商丘市　Shangqiu

中国

帰徳（旧称）／宋州（古称）

人口：915.1万（2016）　面積：10704 km²
［34°25′N　115°38′E］

中国中央東部，ホーナン（河南）省東部の地級市．ニンリン（寧陵），ユィーチョン（虞城），ミンチュワン（民権），シャイー（夏邑），チョーチョン（柘城），スイシェン（睢県）の6県，梁園，睢陽の2区，それにヨンチョン（永城）市を擁する．市政府所在地は睢陽区．約1万年前にこの地の燧人氏が火を発明したといい伝えられるなど開発の歴史は古く，春秋時代は宋の都が置かれていた．隋代，唐代は宋州とよばれていたが，明代に商丘県が設けられ，1950年に市となった．解放前までは，帰徳ともよばれた．商丘古城は，全国でもよく保存されている4つの古城の1つに数

えられている.

農副産品を中心に農業生産が盛んで,ホワン(黄)河流域の綿花地帯の中心地でもある.永夏煤田,柘城大煤田などの炭鉱は品質の高いことで知られる.工業では,エネルギー,機械製造,冶金建材,食品加工,紡績,医薬化工を柱とし,永煤集団,神火集団,商電鋁業集団,科迪集団などの全国的な大企業が立地する.商業の発祥地とのいい伝えもあり,古くから物資の集散地でもある.孔子の原籍地であり,庄子,墨子はこの地の人である.殷の湯武王の宰相であった伊尹はここに葬られている.中国古典劇「桃花扇」の主人公でもある明清の文人侯方域も商丘の人であり,古城内には故居である壮悔堂が保存されている.　　　　　　　　　　[中川秀一]

シャンチョウ区　商州区
Shangzhou　　　　　　　　　　　中国

人口:53.2万 (2010)　面積:2645 km²
気温:12.9℃　降水量:550-1104 mm/年
　　　　　　　　　　[33°52′N　109°56′E]

中国中部,シャンシー(陝西)省南東部,シャンルオ(商洛)地級市の区で市政府所在地.チン(秦)嶺山脈の東端南麓に位置し,チャン(長)江とホワン(黄)河2大流域にまたがる.温帯大陸性気候に属し,無霜期間は210日.夏には豪雨と雹が頻発する.金,銀,鉛,銅などの地下資源に富む.クルミ,クリ,キノコとテンマ(天麻)など漢方薬草の栽培が盛んであり,省の漢方薬草の主要な生産地である.　　　　　　　　　　[杜 国慶]

シャンチョウ区　陝州区
Shanzhou　　　　　　　　　　　中国

シャンシェン　陝県　Shan Xian (旧称) /せんしゅうく(音読み表記)

人口:34.5万 (2012)　面積:1610 km²
　　　　　　　　　　[34°45′N　111°15′E]

中国中央東部,ホーナン(河南)省西部,サンメンシャ(三門峡)地級市の区.北をホワン(黄)河に面する三門峡市街地を南側から包むような形をしている.13郷鎮を擁する.2015年に陝県から陝州区となった.県政府所在地は大営鎮.晋の河外(黄河以南)五城の1つである瑕は,市内西部にあったといわれるが,山西省解県との説もある.熊耳山空相寺に禅宗初祖である菩提達磨(だるまさん)が埋葬されている.　　　　　　　　　　[中川秀一]

シャンチョウ県　象州県
Xiangzhou　　　　　　　　　　　中国

人口:29.5万 (2015)　面積:1899 km²
気温:20.7℃　降水量:1306 mm/年
　　　　　　　　　　[23°58′N　109°41′E]

中国南部,コワンシー(広西)チワン(壮)族自治区中部,ライピン(来賓)地級市の県.県政府所在地は象州鎮.大瑶山西麓に位置し,リウ(柳)江両岸の丘陵地と台地からなる.県東部と西部がそれぞれチンシウ(金秀)自治県とリウチョウ(柳州)市に隣接する.隋の時代に象州として設置され,20世紀初期に県制に変更された.総人口中,チワン族が73%を占め最多である.自然に恵まれ,桂中穀倉の別称もある.現在,自治区を代表するサトウキビとキャッサバの主産地で養蚕地.3000万tの埋蔵量を有する重晶石の鉱山が県内にあり,年間100万tの輸出量は全国で第1位である.また水温が86℃に達する象州温泉は,中南第一熱泉として知られる貴重な観光資源の1つである.交通の面では,国道309号および柳武(柳州～ウーシュワン(武宣))や柳梧(柳州～ウーチョウ(梧州))や賀巴(ホーチョウ(賀州)～バーマー(巴馬))などの高速道路が通じ,象州港から西江水系を利用して3000t級の貨物船が香港まで航行可能である.　　　　　　　　　　[許 衛東]

シャンチョン県　商城県
Shangcheng　　　　　　　　　　　中国

殷城,雩婁 (古称)

人口:約77万 (2014)　面積:2130 km²
　　　　　　　　　　[31°47′N　115°23′E]

中国中央東部,ホーナン(河南)省南東部,シンヤン(信陽)地級市東部の県.2街道,17郷鎮を擁する.前漢の時期には雩婁県が置かれていたが,隋の開皇のときに殷城県に改められ,北宋の建てられた960年に,太祖(趙匡胤)の父宣祖(弘殷)のいみな(諱)を避けるために商城に改められた.金剛台や黄柏山などの自然全景勝地のほか,ダービエ(大別)山脈の温泉療養地,共産党や抗日戦争に関連した紅色紀念地,史跡なども多い.仏教天台宗の開祖智顗が『法華経』の真髄を受けた大蘇山は県の南方にある.　　　　　　　　　　[中川秀一]

シャンチョン県　郷城県
Xiangcheng　　　　　　　　　　　中国

定郷県 (旧称)

人口:3.5万 (2015)　面積:5016 km²
　　　　　　　　　　[28°58′N　99°48′E]

中国中西部,スーチュワン(四川)省北西部,ガルツェ(甘孜)自治州南東部の県.人口の94%をツァン(チベット)族が占める.地名はチベット語で数珠,ひとつなぎの珠を意味する.シャールーリ(沙魯里)山脈の中腹に位置し,定曲,碩曲,瑪依の3つの河川が南流する.唐代に吐蕃,元代に吐蕃等処宣慰司,明代に朶甘衛都指揮使司に属した.清代光緒34年(1908)に定郷県が置かれ,1951年に郷城県と改名した.おもな農産物は,ハダカ麦,小麦,トウモロコシなどで,とくにリンゴ,サンショウ,青杠菌(キノコ)の栽培が有名である.また,牧畜業も盛んである.　　　　　　　　　　[石田 曜]

シャンチョン県　襄城県
Xiangcheng　　　　　　　　　　　中国

氾城,氾邑 (古称)

人口:86.2万 (2000)　面積:920 km²
　　　　　　　　　　[33°50′N　113°28′E]

中国中央東部,ホーナン(河南)省中部,シューチャン(許昌)地級市の県.許昌市街地の南西部に位置する.16郷鎮を擁する.県政府所在地は城関鎮.春秋時代には氾邑,氾城と称していた.地名は,紀元前540年,楚の霊王がいたときに新しい城を築き,かつて周の襄王氾にいたことに由来する.秦による統一後,襄城県が設けられた.タバコの産地である.　　　　　　　　　　[中川秀一]

シャンチョン市　項城市
Xiangcheng　　　　　　　　　　　中国

人口:約121万 (2011)　面積:1090 km²
　　　　　　　　　　[33°24′N　114°54′E]

中国中央東部,ホーナン(河南)省東部,チョウコウ(周口)地級市南部の県級市.6街道,15郷鎮を擁する.湘筆とよばれる筆の代表的な産地である汝陽劉村は,本市西部,孫店鎮にある.現在は化学調味料,医薬品,皮革製品製造が主たる産業であり,蓮花集団は世界最大規模の化学調味料メーカーである.農業も盛んで,黄牛,槐山羊の主要な産地の1つである.袁世凱はここの人であり,旧居などが残されている.ほかに南頓故城遺跡,漢光武帝廟がある.　　　　　　　　　　[中川秀一]

シャンツァイ県　上蔡県
Shangcai

中国

人口：108.4万（2010）　面積：1529 km²
[33°15′N　114°15′E]

中国中央東部，ホーナン（河南）省南部，チューマーディエン（駐馬店）地級市北部の県．25郷鎮を擁する．地名は伏羲氏の神話に由来し，周の武王の弟が封ぜられた侯国，蔡が置かれていた．法家の政治家，李斯はこの地の人である． 　　　　　　　　　　　［中川秀一］

シャンティニケタン
Shantiniketan

インド

[23°42′N　87°41′E]

インド東部，ウェストベンガル州ビルブム県の町．ボルプル近郊にあり，州都コルカタ（カルカッタ）の北約180 kmに位置する．地名は，シャンティ（平和）とニケタン（住所）の合成語である．1913年にノーベル文学賞を受賞したラビンドラナート・タゴールが，のちに大学都市として発展する基礎となった学校（ヴィシュヴァ・バーラティー大学）を建設した場所として有名である．タゴールは，静かな自然環境の下での勉強はより実り豊かなものになるであろうとの構想から学校を建設し，1921年大学へと発展，現在世界的に有名なインド国立大学の1つとなっている．町の近くには多くのシカがみられる森林公園（野生生物保護区）があり，鳥類の重要な生息域ともなっている． 　　　　　　　　　［前田俊二］

シャントウ市　汕頭市　Shantou

中国

沙仙（古称）／さんとうし（音読み表記）／スワトウ市
Swatow（別称）

人口：555.2万（2015）　面積：2199 km²
降水量：1572 mm/年　　　[23°22′N　116°41′E]

中国南部，コワントン（広東）省南東部の地級市．ハン（韓）江デルタの南端に位置する沿海都市で，シェンチェン（深圳），チューハイ（珠海），アモイ（厦門），ハイナン（海南）島と並ぶ中国の経済特区の1つである．省東部，チャンシー（江西）省南部，フーチェン（福建）省南西部などを含むホワナン（華南）東部一帯の交通要衝として歴史的に商品の集散地と輸出港の役割を担い，華南の重要な港湾都市として成長した．タイワン（台湾）のカオシオン（高雄）港の西北西約330 km，ホンコン（香港）の東北東約350 kmに位置する．歴史的には代表的な華僑の送り出し地域の1つで，現在約330万人にのぼる汕頭市出身の華僑が，世界の40カ国・地域に居住している．

明代までチョンハイ（澄海）県管下の漁村であった．地名は，満潮時の水流の進路沿いに柵を設け，回遊魚をとる漁法が一般的だったことに由来する．清の康熙期に沿岸防衛の砲台が設置され，次の雍正期に汕頭の地名が定着するようになった．1861年にチャオチョウ（潮州）管下の開港場となり，シャンハイ（上海）とコワンチョウ（広州）に次ぐ貿易規模にまで拡大し，イギリス，日本，フランス，ドイツ，ロシア，オランダ，ベルギーなど8カ国の領事館が開設されるほど，潮州にかわる広東東部最大の商業都市として成長を遂げた．1930年に省直轄市となり，社会主義体制となった後も継承された．1980年8月に経済特区の指定を受け，竜湖村に1.6 km²の輸出加工区が開設された．翌1981年の7月に，外資利用によって旧市街地の企業再編を含む輸出加工発展戦略の方針が示された．特区面積も1984年に52.6 km²，91年には234 km²に拡大された．翌1992年には濠江区南東部に保税区が設置された．現在チンピン（金平），ロン（竜）湖，チョンハイ（澄海），濠江，チャオヤン（潮陽），チャオナン（潮南）の7区およびナンアオ（南澳）県を管轄する．市政府は濠江区にある．

汕頭特区に対する外資投資の第1号は，タイ最大のコングロマリット企業にのぼり詰めた潮州系（潮州と汕頭の総称）華人企業大手のCP（チャロン・ポカパン）社であった．汕頭特区設置の狙いの1つは，1000万人ともいわれる海外の潮州系華人資本の導入を促すことであり，そのため投資国・地域として香港，タイなどの比重が高く全体の8割以上を占める．投資分野も伝統産業の織物，刺繍細工などの繊維産業に加えて，水産養殖，食品加工に集中する．チュー（珠）江デルタとの産業連関が拡大するにつれて感光化学，電子部品，音響機器，医薬，一般機械，玩具などの輸出加工業も増加している．2015年の工業総生産は3010億人民元，輸出入額は約93億USドルで，それぞれ省の2.9％と0.9％を占める程度にすぎず，同じ経済特区として発展してきた深圳（同22.2％と43.3％）と珠海（同2.9％と4.6％）に比して大きく水をあけられている．これは，人材と交通インフラ整備の遅れによる制約が大きい．市内に立地する汕頭大学は，汕頭出身の香港大富豪である李嘉誠の寄付（累計53億香港ドル）により1981年に建設され，学生数1万人にのぼる大学院併設の総合大学として，現地の人材供給センターになっている．

経済特区の中核をなす汕頭港は，世界中の58カ国・地域の272港と航路を相互に開設しており，中でもアメリカ，日本，東南アジア，香港，台湾との間に定期航路を有する．年間貨物の積卸量は5181万t，うちコンテナは118万TEU（標準箱）．港内に5000t級のバースは38カ所，うち万t級のバースは16カ所整備されている．陸上交通では広梅汕鉄道（広州～メイチョウ（梅州）～汕頭），汕汾線（汕頭～フェンシュイ（汾水）関）や汕梅線（汕頭～梅州）や汕普線（汕頭～プーニン（普寧））などの高速道路，国道206号が通じる．掲陽潮汕空港もB 737やB 757などの中型機が着陸できる中枢空港の1つで，年間利用客数は300万を超える．こうしたインフラの改善は投資拡大のよび水になると期待は大きい．市全体の1人あたりGDPは5363 USドル（2015）で，全国平均の67％にすぎない．1990年6月に大阪府岸和田市と友好都市提携を結んだ． 　　　　　　　　　　　［許　衛東］

シャントゥー　上都　Shangdu

中国

Xanadu（別表記）

面積：49 km²　　　　　　[42°21′N　116°10′E]

中国北部，内モンゴル自治区シリンゴル（錫林郭勒）盟ショローンフフ（正藍）旗にある都城の遺跡．モンゴル高原南縁，ドロンノール鎮の北西28 km，上都鎮の北東20 km，灤河上流の閃電河のほとりに位置する．1256年に，モンゴル帝国（元朝）のクビライ・ハーンはここで開平府を建設し，オルド（幕営）を構えた．1279年に南宋を滅ぼすと，南の大都（現在のペキン（北京））を首都とし，開平府の名を上都と改めた．元朝を通して，上都は陪都として皇帝が避暑に訪れる行宮とされた．外側から外城，内城，宮城の3つの四方形の城郭から構成されている．元末に紅巾の乱が勃発し，1358年に紅巾軍が上都を占領し，宮殿や門を焼き払った．明代初めに廃棄され，現在は宮城の各宮殿の基壇や，内城の東の城壁の一部などが残っている．1275年にイタリア人マルコ・ポーロは上都を訪れ，『東方見聞録』に上都に関する記録を残した．それによって上都の知名度はヨーロッパ人の中で高まり，ザナドゥともよばれた．2012年に「上都（ザナドゥ）の遺跡」としてユネスコの世界遺産（文化遺産）に登録された． 　　　　　　　［バヨート・モンゴルフー］

シャントゥー県　商都県　Shangdu

中国

人口：34.2万 (2005)　面積：4353 km²
気温：3.1℃　降水量：350 mm/年
[41°55′N　113°30′E]

　中国北部，内モンゴル自治区中部，ウランチャブ(烏蘭察布)地級市北東部の県．県政府所在地はチータイ(七台)鎮．かつては張庫道路(チャンチャコウ(張家口)～ウランバートル)にある1つの駅であった．北はスニト(蘇尼特)右旗と，東はホーペイ(河北)省のカンパオ(康保)，シャンイー(尚義)，チャンペイ(張北)3県と接する．北西部は低い山が走り，中部は丘陵が多く，南東部は平原が広がっている．6鎮と4郷から構成される．モンゴル族の人口は約4000 (2005)．清代において，商都はシャンドダブソンノール(上都達布遜淖爾)とよばれた．内務府管下の上駟院によりチャハール地域に設置された牧廠(牧場)であり，宮廷乗用のラクダと馬を飼育していた．1917年，牧廠の地に商都設治局が設けられ，翌年に県となった．1949年に河北省張家口専区の管轄を受け，58年に張北県と合併した．1960年にふたたび商都県を設置し，62年にウランチャブ盟に編入した．2015年の第1，2，3次産業生産額の割合は22％，41％，37％．農業ではジャガイモ栽培が盛んで，ジャガイモ食品加工業，製糖，冷凍野菜製造も発達しているほか，牧畜業も盛んに行われている．珪藻土，石英，石灰石などの地下資源が豊富で，また風力発電が盛んである．合金(フェロシリコン，カーバイド)生産も有力な産業である．

[バヨート・モンゴルフー]

シャントン省　山東省　Shandong Sheng

中国

さんとうしょう (音読み表記)

人口：9821.7万 (2015)　面積：159024 km²
長さ：700 km　幅：420 km
[36°39′N　116°57′E]

　中国東部の省．ホワン(黄)河下流地域の山東半島に位置し，ポー(渤)海と黄海に面する．略称はルー(魯)．北西はホーペイ(河北)省，南西はホーナン(河南)省，アンホイ(安徽)省，南はチャンスー(江蘇)省に接している．省会はチーナン(済南)副省級市．

　金代より以前，山東という名称は地理的な概念であり，ホワ(華)山あるいはタイハン(太行)山脈より東にある黄河下流の広範な地域をさしていた．金代大定8年(1168)に山東東および西統軍司を設置し，これによって山東は行政区として成立した．明代になると，山東布政司(行省)は6府と104県を管轄し，現在の省の基礎となった．清代に山東省と改称し，基本的に明代の範囲を継承した．清代末期，山東省には済南，東昌，泰安，兗州，沂州，曹州，登州，莱州，青州と武定の10府と，済寧，臨清，膠州の3直隷州があった．中華民国初期，済南，済寧，臨清，膠州の4道に区画され，107県があった．現在，済南，チンタオ(青島)，ツーボー(淄博)，ツァオチョワン(棗荘)，トンイン(東営)，ウェイファン(濰坊)，イエンタイ(煙台)，ウェイハイ(威海)，チーニン(済寧)，タイアン(泰安)，リーチャオ(日照)，ライウー(莱蕪)，ドゥチョウ(徳州)，リンイー(臨沂)，リャオチョン(聊城)，ピンチョウ(浜州)，ホーツォ(菏沢)の17の地級市があり，済南と青島は副省級市である．その下に51区，28県級市，58県がある．

　山東省は人口の多い地域である．1949年に4549万であったが，2002年に9069万まで増えた．全国総人口の7.07％を占める．全人口のうち，都市人口は2634万(29％)，農村人口は6435万(71％)．また，漢族のほかに，回族，満族，モンゴル族などの少数民族が総人口の0.7％である．

　山東省の地形は大きく中部の魯中南山地丘陵，東部の魯東丘陵と，西部および北部の魯西北平野に大別される．魯中南山地丘陵は沂沭断層の東，黄河とシャオチン(小清)河の南，ダー(大)運河の東の地域をさし，省内では山地面積が最も広く最も標高の高い地域である．省の中山低山面積の77％を占めている．標高1000 mを超えるタイ(泰)山，魯山，沂蒙山といった主峰がこの地域の背骨を構成する．各山地は北斜面が急峻で南斜面がゆるやかである．山地から外側に行くと，標高はだんだん低くなり，500～600 mの丘陵地になる．さらに，丘陵地の外側は，標高40～70 mの傾斜した山麓平野であり，最後は平坦なホワペイ(華北)平野に入る．

　魯東丘陵は怵河，濰河の東の地域，つまり渤海と黄海に囲まれる山東半島にあたる．崂山，崑崙山，艾山など標高700 mを超える少数の山を除き，ほとんどは200～300 mの丘陵地である．ゆるやかな起伏で温暖な気候に恵まれている．とくに膠莱平野や沿海の平地は農林漁業に適している．魯西北平野は黄河と小清河の北の地域をさし，標高は約70 m．河川はたいてい黄河と平行して，南西から北東へと流れ渤海に注ぐ．リーチン(利津)より東は黄河デルタで，黄河が上流から大量の土砂を運搬してくるため，陸地は毎年2～3 kmの速度で東へ広がっている．

　暖温帯季節風気候に属し，四季がはっきりしている．夏は南よりの風で高温多雨，冬は北よりの風で寒冷乾燥である．春は乾燥して風が強い．秋は晴れる日が多く快適な気候である．ただし，東西の地域的差異が大きい．年平均気温は11～14℃で，南西部で13℃以上，済南市や棗荘市などで14℃以上，半島部や黄河デルタで11℃～12℃以下．1月の平均気温は−4 ～ −1℃，7月は24～27℃．無霜期間は180～220日間．また，年平均降水量は550～950 mmで，南東から北西へと減少する傾向にある．自然環境は農業に適している．小麦，芋類，トウモロコシ，アワ，コーリャン，米，落花生，綿花，葉タバコ，サンショウなどが栽培されている．果物ではリンゴ，ナシ，モモ，ナツメ，ブドウ，クリ，クルミ，カキなどがある．また，牛，ロバ，豚，鶏の飼育や，魚介類の養殖も盛んである．

　省内では140種類の地下資源が発見され，そのうち57種類の埋蔵量は全国上位10位に入る．さらに，金，石膏，天然硫黄，ガラス用砂岩など8種類は第1位で，石油，マグネサイト，ダイヤモンドなど7種類は第2位，塩化カリウム，石墨，滑石，ベントナイト，石灰岩などの埋蔵量は第3位を占めている．そのほか，石炭，天然ガス，鉄，重晶石，珪藻土，ジルコン，ボーキサイト，耐火粘土などの埋蔵量も非常に豊かである．また国内の最も重要なエネルギー供給地の1つである．中国でも有数の規模を誇るションリー(勝利)油田や，チョンユワン(中原)油田のおもな採掘区があり，原油生産量は全国の1/3を占めている．また，石炭の分布範囲は5万km²に達し，全国十大炭鉱の1つである兗滕炭田がある．既存工業を発展させながら，沿海地域という地の利を生かして，外資や外国技術の導入を積極的に進めてきた．とくに東シナ海対岸の韓国との経済交流は顕著に発達している．

　中国東部における南北交通の要衝に位置している．鉄道路線は京滬，京九，膠済，兗石，済菏，益羊，藍煙，東莱，泰湖，張東，博王，辛泰，薛棗など25本もあり，鉄道網の発達した省である．また，済青高速道路をはじめ，国道や省道，県道も整備されている．青島，煙台，石臼所などの港は十分な水深のある良港であり，日本，韓国，シンガポールなどとの航路をもつ重要な国際貿易港である．済南，青島，煙台からは国内主要都市だけでなく，世界の主要都市とも空路で結ば

れている．また，観光資源が非常に豊かで，多数の名所旧跡がある．ユネスコの世界遺産に登録された「泰山」(複合遺産)，「曲阜の孔廟，孔林，孔府」(文化遺産)や，青島のラオシャン(崂山)，魯山会の済南や青島，煙台などの港町，曲阜，濰坊などの主要都市があげられる．　　　　　　　　　[張　貴民]

シャントン半島　山東半島
Shandong Bandao
中国

チャオトン半島　膠東半島　Jiaotong Bandao (別称)

面積：27000 km²　降水量：600-850 mm/年

中国東部，シャントン(山東)省東部の半島．リャオトン(遼東)半島，レイチョウ(雷州)半島と並んで，中国三大半島の1つである．チャオライ(膠莱)河より東に位置することから，膠東半島ともいう．東はポーハイ(渤海)湾とホワンハイ(黄海)湾に臨み，渤海湾を隔てて遼東半島と向き合い，黄海湾を隔てて朝鮮半島と向き合う．鮮新世末期，とくに第四期以来，渤海海峡の沈降によって山東半島が形成された．半島全体が北北東-東東走向と北北西-北北西走向の断層によって分割され，長い間侵食された結果，低くてゆるやかな丘陵となった．南部にある崂山の主峰崂

頂(標高 1133 m)が半島の最高峰である．海岸線は入り組んで複雑である．天然の良港が多く，チャオチョウ(膠州)湾にあるチンタオ(青島)港，芝罘湾にあるイエンタイ(煙台)港，ウェイハイ(威海)湾にある威海港，石島湾にある石島港とロンコウ(竜口)港はいずれもホワペイ(華北)地域の良港として知られる．また，砂嘴，砂浜が発達している．砂州が発達しているところでは，芝罘島のようなトンボロ(陸繋砂州)を形成している．

暖温帯湿潤季節風気候に属し，1月の平均気温は−3〜−1℃，8月は約25℃．年平均降水量は，南部の800 mm以上に対して，北西部では約600 mm，降水量の60%は夏季に集中している．平均湿度は70%以上である．南部沿海地域は4月から7月にかけて霧が発生する．自然植生は暖温帯落葉広葉樹林であるが，長い間の開発によって原生林はほとんど残っていない．紀元前8世紀の春秋時代に漁業と製塩業が徐々に発展した．戦国時代には冶金業，絹や麻の紡績技術が飛躍的に高まった．漢代には著名な穀倉地帯になった．トンチョウ(登州)やライチョウ(萊州)は唐代において重要な貿易港であった．現在，外資や外国技術の導入を積極的に進め，山東省における対外開放の先進地となっている．

[張　貴民]

シャンナン県　商南県　Shangnan
中国

人口：22.2万 (2010)　面積：2314 km²
標高：216-2057 m　気温：14.0℃
降水量：803 mm/年　[33°32′N　110°53′E]

中国中部，シャンシー(陝西)省南東部，シャンルオ(商洛)地級市の県．県政府所在地は城関鎮．チン(秦)嶺山脈の東端南麓に位置し，北東はホーナン(河南)省と接する．地形は山地と丘陵を主とし，平地が非常に少ない．標高の変化が激しく，気候は南の亜熱帯湿潤と北の暖温帯で相違する．無霜期間は238日で，夏には豪雨や雹が多発する．おもな農作物はトウモロコシ，小麦，ジャガイモである．茶の栽培と生産も盛んである．

[杜　国慶]

シャンナン市　山南市　Shannan
中国

蕃城 (古称) /ロカ市　Lhokha (チベット語)
[29°14′N　91°46′E]

中国西部，シーツァン(チベット，西蔵)自治区南部の地級市．チベット語名はロカ市．地名はニェンチェンタンラ(念青唐古拉)山脈

の南部に位置することに由来する. 市はネイトン(乃東)区と, ルンツェ(隆子), ツォナ(錯那), チョンギャイ(瓊結), ツィマイ(措美), コンカル(貢嘎), チャーナン(扎囊), ナガルツェ(浪卡子), ロツァン(洛扎), ギャチャ(加査), サンリー(桑日), チュスム(曲松)の11県によって構成される. 市政府所在地はネイトン区. また, インド, ブータンと国境を接する. 第1代チベット王であるニャティ・ツェンポ(聶赤賛普)の時勢に蕃城と呼称された. 6世紀末にナムリ・ソンツェン(囊日論賛)が匹播城を建設した. 10世紀にはアイズンザンブ(埃尊賛布)がヤロンジェウィ(雅隆覚臥)地方政権を確立し, 仏教と政教合一を図り, ラジャリ(拉加里)を治めた. 14世紀はチャンチュプ・ギュルツェン(絳曲堅賛)の統括地であり, ガサ(噶廈)政府に属した. 1955年に西蔵自治区籌委会山南弁事処に属し, 60年には山南専区が置かれた. 北部にガンディセ(岡底斯)山脈, 南部にヒマラヤ山脈を望む. 市内にはヤルンツァンポ(雅魯蔵布)江が南西から東へと流れる. 牧畜業を主体とし, ヤクや牛などの放牧を行っている.

[石田 曜]

シャンニン県　郷寧県
Xiangning
中国

騏, 昌寧 (古称)

人口：23.8万 (2013)　面積：2031 km²
降水量：600 mm/年　　　[35°59′N 110°53′E]

中国中北部, シャンシー(山西)省南西部, リンフェン(臨汾)地級市の県. ホワン(黄)河をはさんでシャンシー(陝西)省に接している. 春秋時代に晋国に属し, 前漢に騏県が設置され, 北魏にチャンニン(昌寧)県とピンチャン(平昌)県が設置されたが, 唐代に合併して昌寧と称し, 五代の後唐に郷寧県と改称した. リュイリャン(呂梁)山脈の南端に位置し, 最高峰はガオティエン(高天)山(標高1820 m)である. 小麦, トウモロコシ, アワなどを栽培している. 石炭工業が発達している.

[張 貴民]

シャンハイ市　上海市　Shanghai
中国

人口：2419.7万 (2016)　面積：6341 km²
標高：8 m　気温：16.1℃　降水量：1100 mm/年
[23°06′N 113°28′E]

中国南東部の直轄市. チャン(長)江三角州の先端に位置する中国最大の経済都市. 東から南は東シナ海に臨み, 北はチャンスー(江蘇)省ナントン(南通)市, 西はスーチョウ(蘇州)市, 南西はチョーチャン(浙江)省チャシン(嘉興)市と接する. 市域の北部に長江の河口およびチョンミン(崇明)島, チャンシン(長興)島などの中州を含む. 市域の西部はタイ(太)湖をはじめとする湖沼地帯とそれらを源とする中小水路(クリーク)が網状に広がる低湿地である. その中でホワンプー(黄浦)江とウーソン(呉淞)江(蘇州河)が市域を貫流し, 旧市街地の中心で合流して長江に注ぐ. 上海はこの合流点に発達した都市である. 東部は長江三角州の成長とともに生まれた新しい陸地で, 旧海岸線に形成された海浜砂丘が海岸線に沿って並んでいる. 浦東国際空港をはじめとする新しい市街地はこの東部に形成されている. 市域の平均標高は4～5 m程度で, 陸地で標高が高いのは西部の天馬山で99.8 mある. 島嶼ではチンシャン(金山)区の沖にある大金山島が標高103.4 mを数える. 気候としてはモンスーン気候の影響で四季が明確で, 初夏の梅雨, 秋の台風などもみられる. 降水量は年間1100 mm程度, 夏に集中し冬は乾燥する. 1949年には市域は636 km²にすぎなかったが, 周辺の領域を合併し, 58年には5910 km², 2006年には6340.5 km²と増え続けた. これには長江河口部の水域は含まない. 2016年, 上海市には黄浦, シューホイ(徐匯), チャンニン(長寧), チンアン(静安), プートゥオ(普陀), ホンコウ(虹口), ヤンプー(楊浦), プートン(浦東)新, ミンハン(閔行), パオシャン(宝山), チャディン(嘉定), 金山, ソンチャン(松江), チンプー(青浦), フォンシェン(奉賢), 崇明の16区がある. 崇明区は2016年に県から区になったもので, これで上海の行政区から県がなくなった. 市政府は黄浦区にある. 2016年の戸籍人口は1439.5万, 常住人口は2419.7万.

春秋時代には呉や楚の勢力下にあり, 楚の春申君の封土であったという伝承から, 上海の別名として申がある. 秦漢代には海塩県や由拳県(現嘉興市)がデルタ南部に, 婁県(現蘇州市クンシャン(崑山))が北部に置かれていたが, 現在の市域に県城が置かれるのは唐の天宝10年(751)の華亭県(現松江区)が最初で, その後の開発の拠点となった. 宋代には現在の市域の大部分の陸化がほぼ完了していたが, 同時に内陸水路が砂泥の埋積で長江や外海との航行が不便になり, 中心地は東部に向かって移動した. もともと現在の呉淞江は長江に流入するにあたり入江状の地形をもっていたと考えられ, これを滬瀆とよんでいた(滬とは水路に設置されていた木製の漁具で, 上海の略称の滬はこれに由来する). この滬瀆に華亭県の外港として青竜鎮があり, 宋代には海運を監督する施設も置かれていたが, 南宋代にはさらに下流の上海鎮に中心が移った.

元の至元29年(1292), 上海鎮が県に昇格し, 華亭県には松江府が置かれた. 上海県は明の嘉靖32年(1553), 城壁が建設されて名実ともに地方の中心都市となり, 明清代を通じて長江三角州の産業開発の中心の1つとなった. この頃導入された綿花の栽培, 織物業の中心でもあった. 明の万暦年間には青浦県, 清の雍正年間には宝山, 南匯, 金山, 奉賢の諸県も成立し, 現在の市域の原型となる都市網が完成した. 清の康熙23年(1684)に海禁政策が停止され, 外国との通商が認められ, 全国で4海関(税関)の1つとして江海関が上海に設けられた. この段階では海外との交易はそれほど発達しなかったが, 江海関の設置は長江水運と海運との交点にある上海の交通上の地位を高め, 江南の工商業の中心となっていった. アヘン戦争後の南京条約(1842)で5港開港の1つとして選ばれたのはこのような背景がある.

南京条約の翌年から外国人の居住が始まり, まずイギリスが1846年より県城の北の蘇州河との合流点の南を租借して居住区(租界)を設定した. 低湿で条件の悪い土地であったが, 地盤工事を行い西洋風の街路計画のもとに洋館が建てられた. 次いで1849年にはフランスがイギリス租界と県城の間に租界を設定し, アメリカも48年より呉淞江の北岸に居住地を設定した. その後, 1863年, アメリカ租界とイギリス租界はその翌年合併し, 共同租界と称した. フランスはこれに加わらず, 1862年単独でフランス租界が成立した. 租界と中国側の間では土地の租借などを定める土地章程が結ばれ, 管理組織として工部局が置かれた. 租界においては中国政府の統制は及ばず, 中国からみれば, 経済文化的には繁栄しながらも, 国中の国として矛盾が集中する都市とされた. 当初は租界に中国人が居住することは禁止されていたが, 1953年太平天国の乱の影響下に上海県で発生した小刀会の乱により, 県城の中国人が租界に移動し, また太平天国の乱を避けた江南各地からの難民も安全を求めて租界に流入した. それにより, 租界も中国人の居住を認めるにいたって租界の人口が飛躍的に増大し, 租界の面積も拡大した. 当初のイギリス租界, フランス租界は, おのおの0.56 km², 0.66 km²にすぎなかったが, 最も拡大したときには22.60 km², 10.22 km²に達した.

732 シヤン

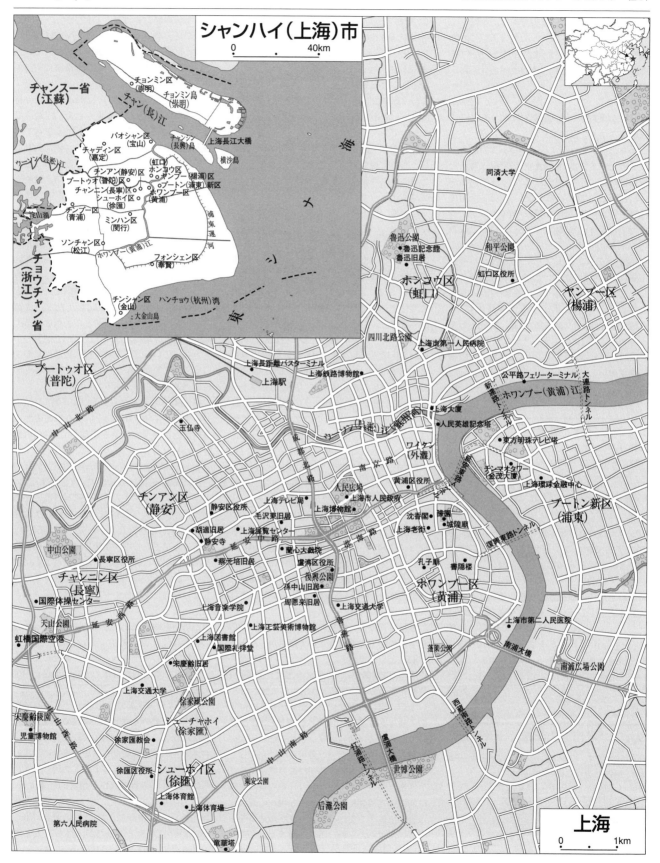

シャンハイ（上海）市（中国），市内一の繁華街，南京路〔Zhao jian kang/Shutterstock.com〕

日本人も共同租界に居住するものが増え，呉淞江北岸の虹口には日本人街が生まれ，上海で最も多い外国人となった．租界では西洋的都市計画にもとづいて市街地がつくられ，伝統的な中国の都市とはまったく異なる都市景観を呈した．旧県城の城壁は民国になって撤去され，租界と連続した市街地となったが，迷路状の街路や旧県城に存在した庭園や廟宇はそのまま残り，独特の雰囲気があった．租界には教会，公園，競馬場などが立地し，黄浦江岸（バンド）に沿った部分には海関，領事館，銀行，ホテルなど，欧米でもみられないような近代建築が集中し，国際都市上海を代表する景観となった．現在でも近代建築の生きた博物館として観光資源となっている．

1949年に新中国が成立してからは中央直轄市として北京に次ぐ重要な都市とされ，上海のもつ近代工業の基礎が全国の工業開発に生かされた．とくに軽工業部門において上海の先進的な技術や運営方式が全国のモデルとされた．しかし計画経済の重工業配置計画においては内陸や東北に先行され，本格的な発展は改革開放以後の政策転換を待たなければならなかった．改革開放政策は当初華南に集中し，上海はやや取り残された感があったが，1985年に長江三角州が経済開放区と指定され，90年に浦東開発が国家事業として決定され，92年に浦東新区の設立が認められてからは，外資を導入した輸出向け加工工業，ハイテク産業の開発が急速に進み，上海が全国の工業開発の中心の1つとなった．沿海鉄鋼業の先駆けとなった宝山鋼鉄，大衆自動車（ドイツとの合弁），通用自動車などの自動車工業をはじめ，造船，機械，化学，電子などさまざまな分野の工業が集中している．

さらに上海の強力な経済力の基盤には金融業における中心機能がある．新中国成立後，かつての上海がもっていた金融中心としての機能は香港に移動していたが，改革開放とともに上海を中国の金融中心にするという国家的政策が立案され，証券取引所，浦東新区の金融貿易区の設立など，アジアのみならず世界の金融中心にしようとする計画が進んでいる．1999年，浦東新区に建設された浦東空港はアジアのハブ空港を目指している．浦東新区の開発とならんで，黄浦江西岸の旧市街地の開発も急速に進み，かつてのリーロン（里弄）とよばれた稠密な住宅地が，再開発によって高層集合住宅に生まれ変わっている．市街地ではしばしば渋滞する交通が都市開発の大きなネックとなっていたが，地下鉄の発達と都市高速道路の建設により，黄浦江をまたぐ東西交通も容易になり，市街地の拡大を促進している．

上海は新しい都市であるが，観光資源も豊富である．中国共産党誕生の第1回大会址，孫文，宋慶齢，胡適，魯迅，蔡元培，毛沢東，周恩来など偉人の旧居など，近現代史にかかわる遺跡，静安寺，玉仏寺，城隍廟，豫園，竜華塔，徐家匯教会などの歴史遺跡，郊外では松江方塔，楓涇古鎮，朱家角鎮などが有名である．博物館でも青銅器収集で国内随一の上海博物館，上海自然博物館，上海工芸美術博物館など，豊富な施設がある．また上海は外灘（バンド）から南京路，淮海路，南市城隍廟など繁華街自体が有力な都市観光の場である．黄浦江岸のバンドからみる対岸には東方明珠テレビ塔，金茂大厦，環球金融中心など，現代建築がそびえている．

〔谷　人旭・秋山元秀〕

シャンハイクワン区　山海関区
Shanhaiguan
中国

人口：17.8万（2010）　面積：196 km²

[37°30′N　115°42′E]

中国北部，ホーペイ（河北）省北東部，チンホワンタオ（秦皇島）地級市の市轄区．イエン（燕）山山脈丘陵地帯の南東部にある．野菜の生産地である．林業が盛んであり，木材，機械，食品，服飾，工芸などの工場がある．鉄道の京哈線，京瀋線，京瀋高速，国道102，205号が通る．名勝が多く，万里の長城（東端部）の天下第一関，孟姜女祠などがある．

[柴　彦威]

シャンハン県　上杭県
Shanghang
中国

人口：37.2万（2015）　面積：2879 km²

気温：19.8℃　降水量：1537 mm/年

[25°03′N　116°25′E]

中国南東部，フーチェン（福建）省南西部，ロンイエン（竜岩）地級市の県．ウーイー（武夷）山脈（標高2158 m）南麓と博平嶺山脈（1544 m）の間に位置する．県政府所在地は臨江鎮．県内には汀江水系の合流点が多く，上下流間の落差も大きい．中国南部の古い林業地域で，唐の大暦4年（769）に木材の積出し集散地を担う上杭場として設置され，宋の淳化5年（994）に県制となった．農業の中心は水稲，キノコ，ウメなどである．ツーチン（紫金）山鉱山は国内最大級の銅と金の採掘量を誇る．住民の9割以上は客家（ハッカ）系の漢族で，少数民族のショ（畲）族も7.4％を占めている．内戦期の重要な革命根拠地の1つとしても知られ，毛沢東が初めて党内権威を確立した古田会議の会場遺跡，梅花山国立自然公園や上杭国立森林公園などが観光名所となっている．交通では国道205，316号が通じる．

[許　衛東]

ジャンパンクロン　Jampang Kulon
インドネシア

人口：4.1万（2010）　面積：74 km²

[7°16′S　106°38′E]

インドネシア西部，ジャワ島西部，西ジャワ州南部のスカブミ県の郡．スカブミ市の南西約50 km，州都バンドゥンの南西約120 kmに位置し，南と西でインド洋に面する．住民の経済活動は農業が中心で，郡内にある国有林を除く土地の利用は約96％が農地で，水田と，水田以外の畑作，農園農業がほぼ半々である．ほとんどの住民が日常的にスンダ語を話すスンダ人でイスラーム教徒である．郡庁はジャンパンクロン区にあり，人口は0.3万（2014）である．

[瀬川真平]

ジャンビ　Jambi
インドネシア

テラナイプラ　Telanaipura（古称）

人口：53.2万（2010）　面積：205 km²

標高：22-30 m　[1°37′S　103°37′E]

インドネシア西部，スマトラ島中東部，ジャンビ州の市（コタ）で州都．州内中央丘陵地の東端部に位置し，スマトラ島最長のバタンハリ（ハリ）川が市域を二分して流れる．バタンハリ川河口まで約130 kmながら，中型船舶の航行が可能で河川交通の要衝，州内陸部の農産物などの集積地，商業の中心である．

ジャンビは古い歴史をもつ．5世紀の中国文献に登場するとされ，7世紀後半には唐僧の義浄がインドへの遊学の途次シュリーヴィジャヤ王国（現在の南スマトラ州内）に滞在した後に立ち寄った末羅遊がジャンビであるとする説もある．市の北約13 kmの郊外，ムアロジャンビ（ムアロジャンビ県）にはスマトラ島最大の仏教遺跡があり，12～13世紀に栄えたジャンビ王国の都の跡とされる．仏教系の古代王朝が滅亡した後，16世紀にはムラユ（マレー）人のイスラーム教国が成立する．ジャンビは内陸部産コショウの集散地として交易で栄え，1615年にはオランダ東インド会社が商館を置いた（1696閉鎖）．しかし，北のリアウ・ジョホール王国や南のパレンバン王国などとの長期の勢力争いで疲弊した．1833年にオランダの介入に際して主権を承認し，1906年にオランダの直接支配を受けるようになったことで王国は完全に滅びた．1958年6月25日，独立したインドネシアのジャンビ州が成立したのに伴って州都となり，旧市街の南西側に新都市が建設された．

[瀬川真平]

ジャンビ州　Jambi, Provinsi
インドネシア

人口：309.2万（2010）　面積：50058 km²

[1°37′S　103°37′E]

インドネシア西部，スマトラ島中東部の州．州都はジャンビ．周囲は，北部でリアウ州，南部で南スマトラ州，西部で西スマトラ州とブンクル州，東で南シナ海に面する．州域のほとんどは標高100 mの丘陵地帯と5 m以下の広大な低湿地帯であるが，西部にはスマトラ脊梁山脈が南北に通り1000～2000 m級の山岳地帯となる．脊梁山脈中から南東に流れるスマトラ島最長のバタンハリ（ハリ）川は中央丘陵に入ってほかの河川を多数吸収して東に流れ，南シナ海に注ぐ．

ジャンビの歴史は古く，5世紀には交易と略奪行為に従事した国が成立していたとされる．683年には，スマトラ島南部に興った強国シュリーヴィジャヤの支配下に入り，11世紀にそれが滅びるとジャンビはふたたび勢力を回復した．中国文献の『諸蕃志』（13世紀前半）に現れる三仏斉はジャンビをさすとされる．13世紀半ばにはジャワ島のシンガサリ王朝に属し，西スマトラのミナンカバウ王国や南スマトラのパレンバン王国にも支配された．しかしふたたびジャンビ王国が復興するも，14世紀後半にはジャワ島東部の強大なマジャパヒト王国が進出した．

16世紀末から西スマトラ産コショウの出荷地として栄えた．1615年には，オランダ東インド会社が現在の州都ジャンビ付近に商館を置き，直後に進出したイギリス（1679撤退）とともに，コショウの需要を高めた．イスラーム教国となったジャンビは大いに栄えたが，北側に位置してマラッカ海峡東口を制していたリアウ・ジョホール王国との長い戦いや，南のパレンバン王国との抗争により疲弊した．1833年，ジャンビ軍はオランダ領となっていたパレンバンへ進出するが，オランダ勢が反撃しジャンビ王はオランダの宗主権を認め，翌年に王の特権を譲渡した．1858年にもふたたびオランダ東インド政府領に属することを確認させられた．1901年からは内陸部も軍事的に征圧され，06年2月に直接統治下に編入されたことで，ジャンビ王国は公的に滅びた．インドネシアの正式独立から9年後，1958年6月25日，ジャンビ州として成立した．

州全体に人口密度は低く，50人/km²程度である．主要な都市および都市的地域は，クリンチ湖近くの盆地都市スンガイプヌを除くと，州都のジャンビのほか，バタンハリ川に合流するテボ川沿いのムアラブンゴやムアラテボ，同じくムランギン川沿いのバンコ，同じくトゥンブシ川沿いのサロラングンやムアラトゥンブシ，バタンハリ川下流のシンパンなど，中央丘陵部の河川沿いに立地する．住民は，民族集団としての，ムラユ（マレー）人，ジャワ人，ブギス人（スラウェシ島南部出身），バンジャル人（カリマンタン島南部出身），内陸ではミナンカバウ人（西スマトラ出身）やクブ人，山岳部でクリンチ人などが居住する．人口の98％がイスラーム教徒である．

バタンハリ川の源流地クリンチ湖周辺の盆地は肥沃で人口密度が比較的高く，州内はじめスマトラ島全体でも有数の水田地帯である．1960年代にインドネシア政府の国内移住事業（トランスミグラシ）の下，人口稠密なジャワ島からきた移住民が沿岸低地の森林を開拓し，水田を営む地域もある．丘陵地ではゴムが重要な作物で，19世紀後半オランダ植民地時代からゴム栽培の中心地域となり，現在ではインドネシアで最大のゴム生産地域である．そのほかに，ココヤシ，籐（ラタン），コーヒー，ココア，茶，クローブなどの換金作物が生産される．製材や合板生産も重要で，ブンゴトゥボとタンジュンジャブンに集中する．河口に広がる泥炭質の低湿地帯ではムラユ人やブギス人が小規模な漁業を，後者は造船も行う．ジャンビ州内の森林では違法な商業伐採やプランテーション（とくにアブラヤシ栽培）に転換するための開拓手段としての火入れに起因する大規模な火災などで，生態系の破壊など環境に大きな影響が出ている．2003年12月初頭，河川の氾濫により，多数の人的，物的な被害を受けた．

［瀬川真平］

シャンピン Xiangping ☞ リャオヤン市 Liaoyang

シャンフー区　祥符区　Xiangfu

中国

啓封 (古称) /カイフォン県　開封県　Kaifeng (旧称)

人口：約76万 (2013)　面積：1291 km²
[34°46′N　114°27′E]

中国中央東部，ホーナン（河南）省北東部，カイフォン（開封）地級市の区．15郷鎮を擁する．2014年に開封県から祥符区となった．春秋時代に鄭の公王が城を築き，啓封と名づけたのはこの地であり，後に開封となった．古い城址は，かつては食糧を貯蔵するところでもあった．伝統的な木版画である年画の産地であり，民族の英雄ともいわれる岳飛を祀る岳飛廟のあるチューシェン（朱仙）鎮は区の南西部にある．

［中川秀一］

シャンフー潭　珊瑚潭　Shanhu Tan

台湾｜中国

ウーサントウダム　烏山頭水庫　Wusantou Reservoir (正称) /さんごこ　珊瑚湖 (日本語・別称)

深さ：61 m　　　　　[23°12′N　120°23′E]

台湾南部の人造湖．1930年に完成した烏山頭水庫（ダム）によって誕生した貯水池である．珊瑚潭は通称で，命名は当時台湾総督府総務長官だった下村宏による．複雑に入り組んだ貯水池の形がサンゴのようにみえたことからこの名がついた．烏山頭ダムは台湾総督府技師の八田與一によって設計され，ここから水路を通じてジャーナン（嘉南）平原に水を供給した．平均深度は32 mである．中には弁天島とよばれた小島がある．現在，レジャーエリアとして整備されており，ダムのほとりに八田技師の銅像が残されているほか，資料展示室や記念公園も設けられている．

［片倉佳史］

シャンファン市 Xiangfan ☞ シャンヤン市 Xiangyang

シャンフェン県　襄汾県　Xiangfen

中国

人口：45.1万 (2013)　面積：1030 km²
気温：11.5℃　降水量：555 mm/年
[35°52′N　111°28′E]

中国中北部，シャンシー（山西）省南西部，リンフェン（臨汾）地級市の県．フェン（汾）河下流地域に位置する．1954年に，シャンリン（襄陵）県とフェンチョン（汾城）県の合併によりできた．東部と西部が高く，中部は汾河低地や段丘で，主要な食糧と綿花の産地である．小麦，トウモロコシ，綿花，果物を生産している．南同蒲鉄道や大運高速道路（ダートン（大同）～ユンチョン（運城））が域内を縦貫している．丁村人遺跡，陶寺夏代遺跡，春秋晋城遺跡などがある．

［張　貴民］

ジャンブル Dzhambul ☞ タラズ Taraz

ジャンブル州　Jambyl Region

カザフスタン

Dzhambul Region (別表記) / Jambıl Oblısı (カザフ語) / Zhambylskaya Oblast' (露語)

人口：108.5万 (2014)　面積：144263 km²
降水量：350 mm/年　　　[42°54′N　71°22′E]

カザフスタン南東部の州．州都はタラズ（旧称ジャンブル）．西は南カザフスタン州，北はカラガンダ州，東はアルマトゥ州，南はクルグズ（キルギス）の国境と接する．厳しい大陸性気候で，1月の平均気温は−12～−5℃，7月は23℃である．チュイ，タラス，アッサの河川がある．南をクルグズと接してクルグズアラタウ，西にカラタウの山脈が走る．北部には粘土質の砂漠ベトパクダラ，砂質のムユンクム砂漠がある．南部に灌漑農業地帯があり，テンサイ，綿花，小麦，稲，タバコ，繊維作物が栽培される．羊，牛，馬，ラクダの飼養も重要である．カラタウ（チュラクタウ）ではリンの採掘が行われる．製糖，皮なめし，建設材料，化学，セメントなどの工業があり，南部を横切るトルキスタン・シベリア（トルクシブ）鉄道沿線にある．カザフ人，ロシア人，ドイツ人，ウクライナ人，ウズベク人などの民族が住む．1939年にソ連カザフ自治共和国のジャンブル州として形成された．シルクロードを構成する資産が，2014年に「シルクロード：長安−天山回廊の交易路網」としてユネスコの世界遺産（文化遺産）に登録されたが，カザフスタンでは計8件が登録され，そのうちの5件が州内にある．すなわち，ジェティスー地区のアクトベ，クラン，オルネク，アクルタス，コストベである．

［木村英亮］

シャンペイ高原　陝北高原　Shanbei Gaoyuan

中国

せんほくこうげん (音読み表記)

面積：92500 km²　標高：800-1300 m
気温：22℃　降水量：400 mm/年

中国中部，シャンシー（陝西）省北部の高原．黄土高原の一部であり，面積は省全体の45%を占める．北山以北の範囲をさし，黄土高原の中心である．地勢は北西が高く，南東へ傾斜している．地形は黄土の侵食状況によって異なる．大きな河川はほとんどホワン（黄）河とウェイ（渭）河の支流であり，上中流域には幅広い平地が広がり，黄土高原の主要な農業生産地をなす．北部は風砂地帯で，南部は丘陵地帯である．北の砂地には，湖を中心とする盆地が農牧地域を形成する．気温は

夏季にも高温にはいたらない．過去50年間にわたって陝北防護林体系が建設され，牧畜業も発展している．石炭，石油，天然ガスなどのエネルギー資源が豊富である．漢族の発祥地ともいわれ，史跡も多く分布している．イーチュワン（宜川）県内の黄河壺口瀑布は，世界一の黄色い滝であり黄河の奇跡といわれ，天下の奇観とも称される．民間芸能と民俗も特色に富む．　　　　　［杜　国慶］

ジャンベルー　Jamberoo

オーストラリア

人口：0.2万（2011）　面積：117 km²
[34°39′S　150°47′E]

オーストラリア南東部，ニューサウスウェールズ州南東部，カイアマ行政区の町．1833年に木材置き場として利用され，90年に自治体として宣言される．古い民俗が残り，酪農が盛んである．専門職労働者の大半は教師で，そのほとんどは女性である．そのパートナーである夫の多くは貿易関係の監督官が多い．酪農を営む者の多くは退職者である．　　　　　［牛垣雄矢］

シャンホー県　商河県　Shanghe

中国

人口：63.7万（2015）　面積：1162 km²
降水量：591 mm/年　　[37°18′N　117°08′E]

中国東部，シャントン（山東）省中部，チーナン（済南）副省級市郊外の県．隋代開皇16年（596）に設置され，地名は域内を流れるシャン（商）水に由来する．ホワン（黄）河の沖積平野に位置し，地形は平坦で，南西から北東へやや傾いている．標高は最高地点でも17 mにすぎない．穀類，綿花のほかに，野菜の施設栽培が盛んである．石油，天然ガス，硝石などの地下資源を産出する．殷代後期の東信遺跡，東周時代の古城遺跡，春秋時代以前の梁王塚遺跡などがある．　　　　　［張　貴民］

シャンホー県　香河県　Xianghe

中国

人口：33.1万（2012）　面積：458 km²
標高：5-15 m　気温：11.2℃　降水量：619 mm/年
[30°45′N　116°59′E]

中国北部，ホーペイ（河北）省中部，ランファン（廊坊）地級市の県．県政府は淑陽鎮に置かれている．イエン（燕）山山脈のふもとの平野にある．北西が高く南東が低い．潮白河，ペイ（北）運河，青竜河，竜鳳河が流れてい

る．農作物は麦，トウモロコシ，アワ，コーリャン，落花生がある．アクセサリー加工，包装箱，印刷，プラスチック製品，服飾，車の部品，ボイラー，木製品などの工場がある．郷鎮企業が発達し，家具，ソファ，食品加工などの工場がある．道路が発達しており，国道205，307号が通る．　　［柴　彦威］

ジャンボンガン島　Jambongan, Pulau

マレーシア
[6°41′N　117°27′E]

マレーシア，カリマンタン（ボルネオ）島北部，サバ州北東部サンダカン行政区の島．州北東岸の主要な島の1つで，スグット川北西のスマンガット岬と狭い海峡をはさんで対面する．島には北西方向に大きく開いたロクリアパン湾があり，湾内には多数の小河川が発達する．島の南東部，スマンガット岬側には集落が立地している．　　　　［生田真人］

ジャンム　Jammu

インド
ジャンブー　Jamboo（古称）

人口：50.2万（2011）　面積：167 km²
標高：327 m　降水量：1100 mm/年
[32°44′N　74°52′E]

インド北部，ジャンムカシミール州の都市で冬季（11〜4月）の州都．ジャンム管区（10県で構成）の最大の都市であり，寺院都市でもある．夏季（5〜10月）の州都はスリナガルである．シワリク丘陵の山裾を流れる聖なるタウィー Tawi 川の堤防上にある．平均標高は327 mで，降雪はなく，首都デリーから北西約600 kmの距離にある．パキスタンのシアールコート（人口50万，サッカーボールの世界的生産地）に近接する．気候は湿潤亜熱帯気候で，年平均降水量は1100 mm程度である．夏の温度は40℃を超え，冬はときどき氷点下を記録する．6月が最暖月で41℃，1月が最寒月で7℃である．6〜9月がモンスーン季で，5〜6月の熱風は50℃近くになる．ピールパンジャル（小ヒマラヤ，標高1500〜4000 m）山稜により，カシミール谷地域と分離されている．

この都市の起源は，紀元前14世紀に，ジャンブー・ローチャン王により建国されたとされる古い町で，インド古代の2大叙事詩の1つ『マハーバーラタ』にも地名がみえる．そして，ハラッパ都市文明の一端を担い，マウリヤ王朝やクシャナ朝，グプタ朝時代の遺物も出ている．伝説では，王が狩りの途中で

タウィー川（チェナーブ川の1支流）を横切る際に，トラと山羊がともに水を飲んでいたのをみて驚き，この地に宮殿と町をつくった．強者と弱者とがともに平和で調和のとれた生活を送れる町，他者に対してだれも悪意を示さない町とした．町は，タウィー川左岸にあるバフー砦から見下ろす右岸につくられた．その時代の地名は，王の名前にちなみジャンブーであったが，わずかながら発音がゆがめられ，時代を経てジャンムとして知られるようになったとされる．

州内で唯一，ヒンドゥー教徒の優越する地域で，神聖で平和なヒンドゥー教都市の雰囲気をつくっている．パンジャブ系のドグラ人が7割近くを占めており，宗教的にはヒンドゥー教徒が人口の81%を占める．特徴は，高いカーストのブラーミンやラージプートが優位な地域ということである．1941年の国勢調査によれば，ブラーミンが3割を占めている．市内には多くのヒンドゥー教寺院があり，ヒンドゥー教徒の巡礼地の1つとなっている．インドの他の都市と異なり孤立的で，多くの面で遅れをとっているが，近年古代のヒンドゥー教寺院やモスクおよび教育施設などが修復された．2000年以降，イスラーム原理主義者による騒乱を避けるために，カシミール地方から逃れてきた30万人のヒンドゥー教徒難民がキャンプ生活をしている．

近年都市化が著しく，市街地の拡大が顕著で，2011年現在の都市圏人口は58万と推定されている．市内外には多くのヒンドゥー教の聖地があり，宮殿，砦および豊かな森林のある都市で，タウィー川の起伏のある両岸に発達する市街地は2つの橋でつながり，右岸に旧市街，左岸に大学や飛行場などがある．インフラなどにも恵まれ，州の主要な経済的中心地である．鉄道交通はよく整備され，インド国内の主要都市との連絡は飛行機や鉄道を利用できる．市内から南西8 kmにある空港からは，デリー，アムリットサル，チャンディガル，スリナガルとつながる．

経済的な発展も著しく，ドッガ地方だけでなく州の文化・経済の中心地で，産業ではプラスチック，ポリエチレン合成製品，絵画，研磨器類，パン・菓子などが生産・製造されている．また，州内では最大規模の農場や多くの食品加工場のほか，ショッピングセンター，映画館などが立地する．現在，農園ビジネスは栄えてはいるが，他の都市と比べると後れをとっている．ただ，カシミールやラダクなどに通じるすべての道は，ジャンムがスタート地点となることから，すべての基本的な生活関連商品はこの町を経由する．もしそ

れらが停止するようであれば，カシミール地方の住民は生存できない．

最大の産業は観光業で，スリ・マタヴィシュヌデヴィ寺院やカシミール谷への巡礼者にとっての中心地で，町は一年中，国内各地からの人びとで溢れる．中でも歴史的に古い宮殿やムバラク市場やプラニ市場，ラニ公園，19世紀にフランス人建築家により建てられたアマール・マハール宮殿（現在は博物館）やバフー砦，北部インドでは最大規模の寺院群を構成するラグナート寺院（1835～60建設）などには多くの人が参拝する．

市内から5kmにあるバフー砦は，タウィー川左岸にあり，最古の砦で宮殿である．300年前の王によりその後改修された．そこには，グラブ・シン王の戴冠式後の1882年に建立した有名なマハ・カリ寺院がある．カラマタ寺院は国内で最も尊敬されている寺院の1つでもある．町の中心地には回転レストランや観光客を集める市内最大のショッピングセンターであるラグナート・バザールなどがある．最新のブランド品やアクセサリー品および食べ物など若者を対象としたモールや市民広場があり，若者を集める．インドの主要都市の風景同様に，バフー祭がバフー砦で春秋2回開催され，賑わいをみせる．

[中里亜夫]

ジャンムカシミール州　Jammu and Kashmir, State of

インド

人口：1254.1万（2011）　面積：222236 km²

[34°05′N 74°50′E]

インド北部の州．世界の屋根，ヒマラヤ山脈にあり，単にカシミールともいう．行政的には，3地方（ジャンム，カシミール谷，ラダク）22県から構成され，夏の州都はスリナガル（北緯32度44分，東経74度52分），冬の州都はジャンムである．インドの最北部に位置し，カラコルム山脈やヒマラヤ山脈に囲まれた孤立的で，後進的隔絶地域である．工業的発展の基盤や雇用機会に欠けている州ではあるが，水資源，鉱物資源への投資と手工芸品や観光，園芸農業や家内工業などが州経済を支える．1947年のインド・パキスタン分離独立前この地域を治めていたジャンムカシミール藩王国（面積22万3000 km²，当時インド最大の藩王国）は，独立の翌年の第1次インド・パキスタン戦争の際，その帰属が争われ，49年に国連の調停で2/3がインド領，残り1/3がパキスタン領とされた．その後中国が領有権を主張したことで，現在では，インド領のジャンムカシミール州（面積10万1000 km²，パキスタンと係争中），パキスタン領のギルギットバルーチスタン州とアーザードカシミール州（面積7万9000 km²，1963年確定），中国の領有地（面積4万3000 km²，インドは自国領と主張）との3つに分割されたが，今日にいたるまでインドのジャンムカシミール州をめぐってはインド・パキスタン両国間で係争・対立し，3次にわたるインド・パキスタン戦争をくり返すも，州内の難民問題も含めて解決にいたっていない．

州の大部分を北西～南東方向に高峻な山脈列が走る地貌を南側からみるとシワリク丘陵（標高600～1500 m），ピールパンジャル（小ヒマラヤ，1500～4000 m），次いで大ヒマラヤ山脈（6000 m以上），そしてさらにザンスカール，ラダクの2大山脈（山脈間をインダス川が流れる）とカラコルム山脈とである．州内でいえば冬の州都ジャンム（327 m）はシワリク丘陵とピールパンジャル山脈の間に，そして夏の州都スリナガル（1585 m）はピールパンジャル山脈と大ヒマラヤとの間に位置する．ジャンムカシミール州は，南西部にジャンム地方，その北にカシミール谷地方，そして北東部がラダク地方との3つの地方から構成されている．ジャンム地方は毎年のように数万人のヒンドゥー教徒およびムスリム巡礼者が訪れる多数の寺院がある．また，カシミール谷地方の美しい山並み景観は地球上のパラダイスと称される．そしてチベットよりもチベットらしいといわれるラダク地方は，カラコルムとヒマラヤ両山脈に囲まれたインダス川最上流域に広がる標高3500 mの荒涼とした大地とチベット仏教文化で知られている．州の気候は標高に左右されるも，冬の寒さの続く11～3月は，地中海低気圧の影響を受け，イランやアフガニスタンを渡る強風が，カシミール谷地方に雪や雨をもたらす．この期間中の気温は氷点下を記録する．8月が最暖月で15.5℃まで上昇する．

歴史的にみると，紀元前3世紀頃から町が存在し，仏教を広めたアショーカ王の時代，7世紀の唐僧玄奘もスリナガルを訪れている．古くは仏教とヒンドゥー教の信徒が多かったが，14世紀のイスラーム勢力の侵入により，イスラーム教への改宗が進んだ．1586年にムガル帝アクバル軍が侵略すると，カシミールのイスラーム教支配者を打ち破り，新たにヒマラヤ王国の長にラマチャンドラ1世が任命された．彼は，1780年に新たに都を造営しヒンドゥー教女神にちなみ，そこをジャンムと名づけた．その後，1819年にラホール（現パキスタン）のシク教徒により領地を奪われ，46年までシク教徒・シク帝国に隷属した．1846年にグラブ・シン王によりつくられたジャンムカシミール藩王国

（1846〜1947）は国内最大の領地を有するにいたり，その領地をめぐり，インドとパキスタン，中国の3カ国で係争している．1947年のインド・パキスタン分離独立後，その帰属をめぐり，カシミール問題として今日にいたる．

問題の核心は，独立時のカシミール藩王ハリ・シンがヒンドゥー教徒で，一方住民の大半（77%）はイスラーム教徒であったことである．ハリ・シンは，1947年8月後半，パキスタン軍の侵入に際しインドへの帰属を決め，インド軍の派遣を要請したことで第1次インド・パキスタン戦争が起こった．1949年1月国連の調停を両国が受諾し，その後停戦ラインを暫定的な国境とし，最終的な国境は将来の住民の意思・投票によるとしたが，その後も第2次インド・パキスタン戦争（1965），第3次インド・パキスタン戦争（1971）が起こった．このような係争状況にあり，いまだ国連のいう住民投票は行われていない．そして両国による分断状態が続き，インド・パキスタン間での最大の政治問題として今日にいたっている．

行政的には，3地方22県から構成され，宗教別人口構成を地方別にみるとカシミール地方（10県）の人口は547.7万で，そのうちイスラーム教徒が97.2%と圧倒的に多く，ヒンドゥー教徒はわずか1.8%にすぎない．一方，ジャンム地方（10県）は，総人口443.0万のうち，ヒンドゥー教徒が65.2%と過半を占め，イスラーム教徒は30.7%にとどまる．そのほかに，シク教徒が3.6%，仏教徒もわずか0.5%であるがいる．ラダク地方（2県）は人口23.7万と少なく，イスラーム教徒47.4%と仏教徒45.9%が相半ばする．州全体でみると総人口1014.4万のうち，イスラーム教徒が67%，ヒンドゥー教徒が30%，シク教徒が2%，仏教徒が1.4%となり，インド唯一のイスラーム教徒が過半を占める州である．

州経済は古くから農牧業への依存度が高いが，今日的には観光業である．標高差などにより，多様な農業が展開されるが，市場から遠く，しかも地形的，気候的に不利な栽培条件下での栽培で零細規模，近年の労働力の不足などにより，全般的に低生産性の自給的農業である．その中で，ジャンム地方では，高品質のバスマティー米（長粒種の香り米で，国外でも人気）の栽培，最も肥沃な土地であるカシミール谷地方では花卉や野菜など，とくに有名なサフランやリンゴなど園芸・果樹栽培が，ラダク地方では薬草，アンズやグミなど自然の恵みに依存した園芸・果樹栽培な

ど，またインダス川などでの河川魚業や搾乳量の多い改良種乳牛の導入など，新たな産業の展開がみられる．州の安定した収入源が園芸農業で，その中心はカシミール谷地域である．リンゴの主産地であり，生食，缶詰，乾燥用ともにナシ，アンズ，アーモンドなど果樹作が発展し，畑地や牧場が果樹園に転換している．

第2次産業では，国内有数の繭の生産による絹織物業や羊毛生産に基づくカーペット製造や山羊の毛でつくるカシミアショールなど毛織物業，多様な穀類，野菜・果物生産に基づく食料加工業や手芸品制作などが零細な規模で展開する．とくに絹製品，カーペットなどはカシミアブランドとしてカシミアショールともに国外で喜ばれている．

パキスタンとの領土帰属をめぐる戦争などで揺れるジャンムカシミール州ではあるが，とくに3月頃からのモンスーン季の終わる10月にかけて半島部の酷暑と蒸し暑さからこのカシミールに逃れ，ヒマラヤ山麓の豊かで美しい自然や文化にふれる観光客や巡礼者の数は多い．多様な観光資源を有するカシミール谷は4カ所のヒルステーション（高原避暑地）があり，山岳氷河を眺めまたボート遊びや庭園めぐりのできるインドのスイスといわれ，本来なら多くの観光客を集め，また巡礼者がモスクや寺院をめぐるのであるが，戦争や相次ぐ暴動などのために観光業は経済的に安定しない．ちなみにカシミール谷の観光客は，騒動のない2010年の入込客の総数は74万人でその3%あまりが外国人観光客である．戦争や騒動がなければ，同州にとって観光業は経済的にきわめて重要であり，またその発展は大きく開けている．近年ではラダク地方がヒマラヤの秘境への憧れとチベット仏教文化への親近感か日本人に人気を博している．

［中里亜夫］

シャンヤン県　山陽県　Shanyang

中国

人口：42.2万（2010）　面積：3531 km²
標高：1100 m　気温：13.1℃　降水量：709 mm/年
[33°32′N　109°53′E]

中国中部，シャンシー（陝西）省南東部，シャンルオ（商洛）地級市の県．チン（秦）嶺山脈の南麓に位置する．県政府所在地は城関鎮．地形は渓谷と山地を主とし，県内最高峰の天柱山は標高2074 mである．山地が総面積の83%を占め，耕地はわずか9%である．気候は亜熱帯と暖温帯季節風半湿潤山地気候の間に属し，無霜期間は207日．唐の古豊陽塔，

天竺山原生森林などの遺跡と観光名所がある．バナジウムの埋蔵量は中国第1位である．

［杜　国慶］

シャンヤン市　襄陽市
Xiangyang

中国

シャンファン市　襄樊市　Xiangfan（旧称）

人口：561.4万（2015）　面積：19626 km²
[32°01′N　112°07′E]

中国中部，フーペイ（湖北）省の地級市．シャンチョン（襄城），ファンチョン（樊城），シャンチョウ（襄州）の3つの区，ラオホーコウ（老河口），ツァオヤン（棗陽），イーチョン（宜城）の3つの県級市，ナンチャン（南漳），グーチョン（谷城），パオカン（保康）の3つの県を管轄している．市政府は襄城区に所在する．2010年にシャンファン（襄樊）市から襄陽市に名称を変更した．同時に旧来の襄陽区は襄州区へ名称変更した．省の北部，ハン（漢）水の中流に位置する．西部はウータン（武当）山脈の東端やチンシャン（荊山）山脈に属して標高が400 m以上ある．パオカン（保康）県の関山が2000 mで全市の最高峰であり，漢水とチャン（長）江の分水嶺になっている．北東部はトンバイ（桐柏）山脈，南東部は大洪山地に属し，中部は襄陽盆地で，全体的に北に開いた馬蹄形の盆地状になっている．

金紅石の埋蔵量は中国で有数であり，リン，重晶石，粘土，石灰石，ボーキサイトなどを豊富に産する．石油・石炭輸送の中継地としても重要である．森林はマツ，スギ，クヌギが主であり，希少樹種も数多い．農作物は小麦，水稲，綿花，ゴマなど．特産にキクラゲ，茶葉，各種の漢方薬材などがある．柑橘類，クリ，ナツメ，ナシ，リンゴ，モモ，ヤマブドウ，キウイフルーツなどの果樹も多い．工業は自動車を主とした機械工業を主導産業とし，化学，建材，紡績，電子などの各種工業が盛んである．

この地は歴史的に南北の通商と文化交流の通路であった．現在ではリウチー（劉集）空港から国内主要都市と結ばれ，鉄道の漢丹線（ウーハン（武漢）〜タンチャンコウ（丹江口））が東西に横断し，焦柳線（チャオツオ（焦作）〜リウチョウ（柳州））が南北に縦貫する．高速道路は福銀線（フーチョウ（福州）〜インチュワン（銀川））が東西に，二広線（エレンホト（二連浩特）〜コワンチョウ（広州））が南北に走る．漢水，タンパイ（唐白）河，ナン（南）河などが水運に利用され，交通の要衝になっている．名所旧跡として，国指定の隆中風景名勝地区があり，三顧の礼で有名な諸葛亮旧居

のほか，承恩寺，水鏡庄なども含まれる．

　襄陽市はかつてシャンファン（襄樊）市と称しており，その市街地は，漢水北岸の樊城と南岸の襄城の2つの都市が1951年に合併してできた．北岸の樊城は交通・通信や商業・サービス業の中心地であり，南岸の襄陽は政治・軍事・文化・教育の中心であった．

　　　　　　　　　　　　　　　［小野寺 淳］

シャンユィー区　上虞区　Shangyu

中国

じょうぐく（音読み表記）

人口：78万（2013）　面積：1403 km²
　　　　　　　　［30°01′N　120°52′E］

　中国南東部，チョーチャン（浙江）省中北部，シャオシン（紹興）地級市東部の区．曹娥江の下流に位置する．秦代にすでに上虞県が置かれ，その後も上位の行政区は変わっても一貫して県であり続けた．新中国では一時寧波専区に属したが1964年より紹興専区に属し，83年から県として紹興市に属した．1992年県から市となり，2013年に区となった．南部は山地で，北部はハンチョウ（杭州）湾に面する沖積平野である．工業はおもに機械，綿紡織，糸繰り，陶磁器，製革，建築材料，化学など，郷鎮企業では柳編み，草編み，小さい金物類，農具，烏金紙などを生産している．鴨行手提げ籠と花鳥瓶は国外でよく売られている．鉱産資源は銅，鉛，亜鉛，葉蠟石などがあり，農業は稲，大麦，小麦，トウモロコシ，綿花があり，省内の商品穀物生産地の1つである．経済作物はナタネ，綿花，麻，ウリなどがある．淡水養殖業が発達している．名産品としてクリ，ブドウ，ヤマモモなどがあり，観光スポットには曹娥景区にある舜耕公園，曹娥廟，英台故里，鳳鳴山風景区，東山景区，白馬湖，太平山，仙姑洞など自然を生かしたものが多い．

　　　　　　　　　　　［谷　人旭・秋山元秀］

シャンユワン県　襄垣県　Xiangyuan

中国

人口：27.5万（2013）　面積：1173 km²
気温：8.8℃　降水量：535 mm/年
　　　　　　　　［36°31′N　113°02′E］

　中国中北部，シャンシー（山西）省南東部，チャンチー（長治）地級市の県．タイハン（太行）山脈の西側に位置する．県名は春秋時代に趙襄子がここで城垣を築いたことに由来する．東部と北西部は山地で，中部は丘陵地である．その間に盆地があり，集落や農業が展開されている．大陸性季節風気候に属し，トウモロコシ，コーリャン，アワ，小麦などを栽培している．石炭や鉄鉱石などの地下資源が多い．チンシュイ（沁水）炭田の一部になっている．太焦鉄道が域内を通っている．

　　　　　　　　　　　　　　　［張　貴民］

シャンユン県　祥雲県　Xiangyun

中国

人口：44.6万（2003）　面積：2498 km²
　　　　　　　　［25°28′N　100°31′E］

　中国南西部，ユンナン（雲南）省北西部，ダーリー（大理）自治州の県．県政府所在地は祥城鎮である．パイ（白）族人口は1割程度である．県中央部の雲南駅鎮は，茶馬古道の拠点となった宿場町で，2003年末に省の歴史文化都市に指定された．地下資源の採掘，コンクリート製造，紡績などの工場もある．養蚕，亜麻，タバコ，タケノコ，キノコ類など商品作物栽培に力を注いでいる．　［松村嘉久］

シャンヨウ県　上猶県　Shangyou

中国

永清県，南安県（古称）

人口：32.2万（2015）　面積：1543 km²
　　　　　　　　［25°47′N　114°31′E］

　中国南東部，チャンシー（江西）省南西部，ガンチョウ（贛州）地級市の県．ガン（贛）江の上流，チャン（章）水の支流上猶江の流域に位置し，フーナン（湖南）省に隣接する．県政府は東山鎮に置かれる．南東部に丘陵と河谷に沿う平原があるほかは山地が卓越する地形である．五代の後梁時に南康県に上猶場が置かれ，南唐のときに県となった．宋代に南安県，元代に永清県に改められたが，すぐに上猶県に復した．南端を厦蓉高速道路が東西に通る．経済は農業が主で米，落花生，サトウキビがおもな農産物で，銘茶に梅嶺剣緑と梅嶺毛尖がある．上猶江には南河ダム，上猶江ダムが建設された．景勝地に陡水湖風景区と五指峰風景区がある．　　［林　和生］

シャンラオ市　上饒市　Shangrao

中国

じょうじょうし（音読み表記）

人口：671.5万（2015）　面積：22800 km²
降水量：1700 mm/年　［28°27′N　117°59′E］

　中国南東部，チャンシー（江西）省北東部の地級市．信江の上流部，浙贛鉄道が市街区を通り，フーチェン（福建），アンホイ（安徽），チョーチャン（浙江）3省に隣接し，西はポーヤン（鄱陽）湖に臨む．市政府はシンチョウ（信州）区（面積339 km²，人口40.3万，2011）に置かれ，信州区とコワンフォン（広豊）区，ドゥシン（徳興）市，および鄱陽，上饒，イエンシャン（鉛山），ユィーシャン（玉山），ホンフォン（横峰），イーヤン（弋陽），余干，ワンニエン（万年），ウーユワン（婺源）県の2区1市9県を管轄する．地勢は北部と東部，南部が高く西部に向かって傾斜する．北部は鄣公山地で，南部のウーイー（武夷）山脈は江西省と福建省の分水嶺で，主峰は黄崗山（標高2160 m）である．中部には懐玉山地が横たわり，丘陵が広く分布する．西部は鄱陽湖に臨み，その一帯は広い平原である．信江とローアン（楽安）江が中部を貫流し，下流は鄱陽湖に注ぐ．気候は温暖で，四季の区別が明瞭で，年間降水量は1800 mm前後である．

　秦代に鄱陽県と余汗県が，後漢のときに鄱陽郡，上饒県が置かれた．1949年に県の市街区に市制を敷き，60年に上饒県を編入したが，64年にふたたび県を分離した．1971年に上饒地区が設けられたが，2000年に撤廃して上饒市に編入された．古くから贛（江西省）北東部の物資集散と交通の中心地の1つで，郊外で滬昆高速鉄道と合福高速鉄道が交差し，滬昆，済広，杭瑞，寧上などの高速道路が通る．

　農業は西部が中心で米，小麦，ナタネ，大豆，落花生，綿花などが生産される．山地と丘陵部では林産資源と地下資源に恵まれ，またさまざまな種類の薬材を産し，養蚕業も盛んである．工業では金属精錬，機械，建材，紡績，木材加工，食品加工などの業種に特色がある．名勝古跡に2008年にユネスコの世界遺産（自然遺産）に登録された三清山や圭山，霊岩洞群，永福生塔，鵞湖書院，信江書院，鉛山古廊橋，鉛山河口古鎮などがある．

　　　　　　　　　　　　　　　［林　和生］

シャンリー県　上栗県　Shangli

中国

人口：44.2万（2010）　面積：702 km²
気温：17.6℃　降水量：1554 mm/年
　　　　　　　　［27°53′N　113°48′E］

　中国南東部，チャンシー（江西）省西部，ピンシャン（萍郷）地級市の県．ルオシャオ（羅霄）山麓，省会のナンチャン（南昌）市の南西260 km，フーナン（湖南）省のチャンシャー（長沙）市の南東99 kmに位置する．県政府所在地は上栗鎮．県西部は湖南省のリーリ

ン(醴陵)市と接する．1949年に市の直轄区として設置されたが，97年12月に県に変更された．県域の7割は山地と丘陵地．最高峰の楊岐山(標高947 m)に発する萍水河と栗水河はシャン(湘)江の支流にあたる．山地では杉林，竹林，茶園，クリ園，ミカン園などへの利用が多く，河岸段丘では水田の利用が主流である．耕地が希少なため，副業として導入された爆竹と花火の生産が大規模な地場産業として成長を遂げ，中国四大産地の1つに数えられるほどの知名度を有する．国道319号が通じる． 　　　　　　　　　　[許　衛東]

シャンリン県　上林県　Shanglin

中国

人口：35.7万 (2015)　　面積：1870 km²
気温：20.9℃　降水量：1789 mm/年
　　　　　　　　　　　　[23°26′N　108°35′E]

　中国南部，コワンシー(広西)チワン(壮)族自治区南西部，ナンニン(南寧)地級市の県．北回帰線上のターミン(大明)山系(標高1760 m)の東麓に位置する．カルスト地形からなる丘陵地帯にある．県政府所在地の大豊鎮から自治区の首府の南寧市区まで南西86 km．地名は唐の武徳4年(621)の県制開始にさかのぼる．総人口の80%はチワン族である(2010)．上質米，サトウキビ，八角，茶の主産地，養蚕地として発展した．天然溶岩を活用して，石垣のみで地下水をため込んでできた大竜洞ダムは，中国で唯一の天然ダムとして知られる． 　　　　　　　　[許　衛東]

シャンルー峰　香炉峰　Xianglu Feng

中国

[29°22′N　115°55′E]

　中国南東部，チャンシー(江西)省，ルー(廬)山北部にある山．南北の2峰があり，水蒸気が峰の頂きにたれこめ，霧が香の煙がまとうようにたちこめていることから名づけられた．唐の白居易が「香炉峰の雪は簾をかかげてみる」と詩に詠じたのは北香炉峰である．白居易草堂遺跡がある．滝が多く，周囲の風景はあたかも山水画のようで，廬山絶景の1つである．清少納言の『枕草子』にも「香炉峰の雪」を藤原定子が清少納言に問うた一節がみえる． 　　　　　[林　和生]

シャンルオ市　商洛市　Shangluo

中国

人口：234.2万 (2010)　　面積：19581 km²
気温：7.8-13.9℃　降水量：710-930 mm/年
　　　　　　　　　　　　[33°52′N　109°56′E]

　中国中部，シャンシー(陝西)省南東部の地級市．チン(秦)嶺山脈南東部，タン(丹)江上流に位置する．シャンチョウ(商州)区と，チェンアン(鎮安)，シャンヤン(山陽)，ルオナン(洛南)，タンフォン(丹鳳)，チャーシュイ(柞水)，シャンナン(商南)の6県を管轄する．市政府所在地は商州区．ホーナン(河南)省とフーペイ(湖北)省に接する．漢代に県が置かれ，北周には州制に変わった．1978年に地級市に区画が改められた．市域はチャン(長)江とホワン(黄)河水系をまたがる．南東部は亜熱帯気候，北西部は暖温帯気候に属する．夏季には豪雨と雹などの自然災害が多発する．地下資源に富み，鉄，バナジウム，アンチモン，銀など20数種の埋蔵量で省内第1位を占める．水利資源も豊富で省内第3位である．クルミ，クリ，漢方薬草が名産物である．遺跡，古代建築物が多く，近年，牛背梁などが国立自然保護区に指定された． 　　　　　[杜　国慶]

シュー　Shu

カザフスタン

チュー　Chu (露語・旧称)
人口：3.5万 (2012)　　[43°36′N　73°45′E]

　カザフスタン南東部，ジャンブル州の都市．州都タラズ(ジャンブル)の東北東209 km，シュー河畔に位置する．トルキスタン・シベリア(トルクシブ)鉄道沿線のアスタナにいたる線の分岐点である．おもな産業は，綿花，テンサイの栽培，精肉，金属加工である．1992年までロシア語でチューとよばれた． 　　　　　　　　　[木村英亮]

シーユィー　西域　Xiyu

アジア

　中国の西方の地区をよぶ歴史的呼称．中国の古代文明が発達したチョンユワン(中原)・クワンチョン(関中)には，西方から異質な文明がもたらされ，そのルートがいわゆるシルクロードであった．中国の古典には早くから西方の異文化や民族についての記述がみられたが，実質的な交流が大規模に行われるようになったのは漢代であった．前漢の武帝(紀元前141～前87)のとき，北方の乾燥地帯で強い勢力をもっていた匈奴との大規模な戦闘が行われ，匈奴を攻撃する戦略として，その背後にいる民族と連携して匈奴を挟撃しようと考えた．その使節として西方へ旅立ったのが張騫(紀元前164～前114)であった．紀元前139年から前126年までの13年間，張騫は現在のシンチャン(新疆)ウイグル(維吾爾)自治区の各地から中央アジアのフェルガナやサマルカンドまでの国々を訪問し，帰国してからその土地の情勢について詳しく報告した．これをきっかけにこの地方の国々との交易も始まり，相互の理解も進んだ．その後，漢の軍隊が進駐し，漢人の統治する国も生まれ，紀元前59年，その地を管理するために西域都護府という役所を置いた(現在の新疆ウイグル自治区バヤンゴル(巴音郭楞)自治州)．これが西域という名称が公式に使われた最初である．その領域は，シルクロードに沿って内地の最西端とされたユィーメンクワン(玉門関)とヤンクワン(陽関)(ガンスー(甘粛)省トゥンホワン(敦煌)市)よりも西を意味した．その地域の知識を集大成したのが『漢書』の「西域伝」で，西域には36の国があるとされている．そこではローラン(楼蘭)(漢名は鄯善)，ホータン(于闐)，クチャ(亀茲)，チャルチャン(且末)，トルファン(車師)など，タリム(塔里木)盆地周辺のオアシスがあげられている．

　それに加えてパミール高地を越えた中央アジアの諸国も西域の国としてあげられており，西域という範囲に，現在の新疆ウイグル自治区周辺をいう場合と，広く中央アジアを含む場合があったことを示している．

　後漢になって西域都護府の管理が及ばなくなり，現地の民族が支配するようになったが，唐代にはふたたび中原王朝の管理するところとなり，タリム盆地に対して安西都護府(役所は新疆の亀茲)，天山北路に対して北庭都護府(新疆の庭州)を置いた．唐代にインドへ仏教経典を求めて旅をした三蔵法師玄奘は「大唐西域記」という地誌を残している．清朝の乾隆時代にも「西域図志」という地誌が編纂され，西域という呼称がなくなったわけではないが，乾隆時代から新疆という呼称を使うようになり，1884年正式に新疆省を設置してからは，もっぱら新疆という呼称が一般的になった． 　　　　　　[秋山元秀]

シーユィー　西嶼　Si Yu

台湾│中国

Hsi Yu, Xi Yu (別表記)

人口：0.8万 (2017)　面積：19 km²　気温：23℃
降水量：1000 mm/年　　[23°36′N　119°30′E]

シユウ　741

台湾，ポンフー(澎湖)群島の島．澎湖本島の西側に位置し，群島で第2位の面積を誇る．行政体としての西嶼郷は澎湖県に属し，魚翁島(西嶼)と小門嶼で構成される．年間を通じて海風が吹きつけるので農業は振るわない．バイシャ(白沙)島や澎湖本島とともに澎湖湾を形成し，台湾最長の橋梁である澎湖跨海大橋(2494 m)で白沙島と結ばれている．島の南西端にある西嶼灯台は1887年に造営された台湾最古の西洋式灯台である．産業については，住民の多くが漁業従事者であり，集落はいずれも漁港を擁している．また，かつては落花生が特産品となっていたが，最近はメロンも知られるようになっている．

［片倉佳史］

シューイー県　盱眙県　Xuyi　中国

くいけん (音読み表記)

人口：65.3万 (2015)　面積：2493 km²
[33°00′N　118°29′E]

中国東部，チャンスー(江蘇)省，ホワイアン(淮安)地級市の県．秦の時代に県が建設されてから，さまざまな郡，国，州，軍，路，府，省，道および地区に属した．地勢は南西が丘陵で高く，北東が平原で低い．洪沢湖に面している．粘土，石灰岩，玄武岩，ミネラルウォーター，石油などの地下資源がある．内水面ではエビなどの養殖が行われ，観光にも資している．工業開発区もある．おもな観光スポットには第一山，鉄山寺国立森林公園，明祖陵，黄花塘新四軍軍部旧跡などがあげられる．高速道路の長深線(チャンチュン(長春)〜シェンチェン(深圳))と寧宿線(ナンキン(南京)〜スーチェン(宿遷))が交わる．

［谷　人旭・小野寺　淳］

シュイコウシャン　水口山　Shuikoushan　中国

[26°35′N　112°35′E]

中国中南部，フーナン(湖南)省，ホンヤン(衡陽)地級市，チャンニン(常寧)県級市の北東部に位置する非鉄金属の鉱山．おもに鉛，亜鉛，銅，金，銀を産出し，それらの精錬や化学製品の生産も行っている．世界の鉛の都とも称される．行政的には2009年にソンパイ(松柏)鎮の一部から水口山街道弁事処が設立された．清代に建てられた康家舞台が，民国期には共産党の一拠点としての水口山労働者クラブとなり，その旧跡が保存されている．

［小野寺　淳］

シュイチョン県　水城県　Shuicheng　中国

人口：86.0万 (2013)　面積：3605 km²
[26°33′N　104°57′E]

中国中南部，グイチョウ(貴州)省西部，リウパンシュイ(六盤水)地級市の県．県政府所在地は濫壩鎮である．西はユンナン(雲南)省に隣接する．総人口の2割弱をミャオ(苗)族，1割強をイ(彝)族，1割弱をプイ(布依)族が占める．市街地や盆地部は漢族地帯であるが，山間地は少数民族地帯である．民族自治地方になっていないので，民族郷が多い．1970年に水城特区が設立されたが，87年に再編されて六盤水市チョンシャン(鐘山)区と水城県に分割された．水城県はかつての水城特区の郊外にあたる．地勢は北西が高く南東が低く，居住地域は標高約1500〜2000 mである．地下資源，とくに石炭の埋蔵量が多いが，大規模に採掘されているのは六盤水市鐘山区であり，水城県域では小規模な採掘場が多数点在する．南開郷などエスニックツーリズムの魅力的な目的地も多い．　［松村嘉久］

シュイフー県　水富県　Shuifu　中国

人口：10.4万 (2014)　面積：440 km²
[28°38′N　104°25′E]

中国南西部，ユンナン(雲南)省北東部，チャオトン(昭通)地級市の県．県政府は雲富街道に置かれている．北部の県境であるチンシャー(金沙)江をはさんでスーチュワン(四川)省に隣接する．沿海部の工場などを内陸部に疎開させた三線建設の末期にあたる1974年に，雲南省天然ガス化学工場が金沙江の南岸に建設されるに伴い，四川省イーピン(宜賓)県に属した3つの人民公社が雲南省に編入されて水富区となった．1981年に隣接するイエンチン(塩津)県の領域を加えて水富県となる．雲南省で最も面積の小さな県である．四川省宜賓市に向家壩ダム発電所(600万 kW)が建設された影響で，人口の大半が立ち退きにあった．　［松村嘉久］

シュイリー　水里　Shuili　台湾|中国

シュエイリー　Shueili (別称)

人口：1.8万 (2017)　[23°49′N　120°51′E]

台湾中部，ナントウ(南投)県の村(郷)．ジュオシュイ(濁水)渓の上流に位置する．南投県の山岳部に入る要衝であり，新中部横貫公路(水里〜ユィーシャン(玉山)〜ジャーイー(嘉義))の起点でもある．集集線水里駅からはリーユエ(日月)潭や信義郷，東埔温泉方面に向かうバスが発着している．域内には陳有蘭渓や水里渓，濁水渓などの河川が流れ，美しい景観を誇っている．水力発電の基地でもあり，1931年に造営された日月潭第二発電所(現鉅工発電廠)は現在も稼働中である．代表的な農産物としては高山茶やウメがあげられ，そのほか，ブドウの栽培でも知られている．ウメについては加工も行われ，おもに日本へ向けて輸出されている．また，陶芸の町としても知られており，行楽客も多く訪れている．

［片倉佳史］

シュウェグン　Shwegun　ミャンマー

[17°10′N　97°39′E]

ミャンマー南東部，カイン州パアン県の村．漢字では瑞遵と表記する．モーラミャインの北72 kmに位置する．市街はタンルウィン川の左岸にあり，通常の河川航行での可航上限の港町である．ここから東のラインビー Hlaingbwe に向かう道路が通じている．川にかかる橋を渡るためには，アジアハイウェイが通る，下流の州都パアンまで下る必要がある．

［西岡尚也］

シュウェジン　Shwegyin　ミャンマー

人口：10.7万 (2014)　[17°50′N　97°00′E]

ミャンマー東部，バゴー地方(旧管区)バゴー県の町．漢字では瑞金と表記する．中心都市バゴーの北東80 km，シッタウン川左岸に位置している．ここはミャンマー東部，シャン高原やドーナ山脈に広がる森林地帯の西端である．鉄道は通っておらず，川向こうのマダウッ Madauk に最寄り駅がある．中心部にはパヤー(仏塔)があり，町の周辺には砂金の鉱床がある．

［西岡尚也］

シュウェダウン　Shwedaung　ミャンマー

人口：12.2万 (2014)　[18°50′N　94°10′E]

ミャンマー南部，バゴー地方(旧管区)ピー県の町．漢字では瑞当と表記する．県都ピー(プローム)の南13 kmに位置し，エーヤワディ川の左岸にある．絹織物工業が盛んであり，川に面して金採掘場がある．　［西岡尚也］

シュウェニャウン　Shwenyaung

ミャンマー

人口：4.0万（2014）　　[20°50′N　96°55′E]

　ミャンマー東部，シャン州タウンジー県の町．漢字では瑞娘と表記する．州都タウンジーの南西8kmに位置する．ヤンゴン〜マンダレー間を結ぶ幹線鉄道のうち，タージー駅から東に分岐した鉄道は，イギリス統治時代の1928年にここまで完成し，以後シャン高原への入口の町として発展した．ここからシャン州南部，ニャウンシュウェとタウンジー方面へ道路が延びる交通の要衝である．東南アジアの高地には，19世紀に入植したイギリス人やオランダ人が低地の暑さから逃れるために開拓したヒルステーション（高原避暑地）がみられるが，この付近では東部のカロー（標高1320m）がこれにあたる．高原都市として発達し，現在も別荘や宿泊施設が多く，観光客も多い．また周辺の山岳民族が集まるバザール（市場）の町でもある．町から南約20kmにあるインレー湖は，インダー人の水上家屋景観がみられ，人気の高い観光地である．観光客はここで列車を降り，バスで湖岸の北約6kmにあるインレー観光の中心地ニャウンシュウェに向かう．北西にはピンダヤ洞窟寺院があり，仏教徒をはじめ観光客を集めている．　　　　　　　　[西岡尚也]

シュウェボー　Shwebo

ミャンマー

シュウェボ　Shwe Bo（別称）

人口：23.6万（2014）　　[22°40′N　95°45′E]

　ミャンマー北西部，サガイン地方（旧管区）シュウェボー県の都市で県都．漢字では瑞保と表記する．マンダレーの北北西約80km，エーヤワディ川中流域に位置する．ムー Mu川から引水するシュウェボー運河沿岸にひらける灌漑農業地帯の中心都市である．ミャンマー人が建国した最後の王朝コンバウン朝の始祖アラウンパヤー王（1714-60）の出身地として歴史的にも名高く，広大な城塞や濠の跡，僧院，王墓などがみられる．県域はエーヤワディ川西岸の低地を占め，年平均降水量が800〜1000mmの寡雨のため，農業にはムー川および数本の運河から水を引き稲，綿，トウモロコシ，ゴマを栽培する．製塩も行われる．マンダレー地方のマンダレー県，チャウセー県とともに中部ミャンマーの灌漑農業地域を形成する．灌漑水路は古くから建設されており，近代的なムー川灌漑事業も計画されている．ミャンマーの南北幹線鉄道線および道路が縦断し，エーヤワディ川が水運に利用されている．　　　　　　　[西岡尚也]

シュウェリ川　Shweli River

中国/ミャンマー

ナムマオ川　Nam Mao（シャン語）/ルイリー江　瑞麗江　Ruili Jiang（漢語）

長さ：644km　　[23°57′N　96°17′E]

　ミャンマー北部の川．中国ではルイリー（瑞麗）江，シャン語ではナムマオ川とよばれる．中国ユンナン（雲南）省西部，高良工山（標高3630m）の南斜面に源を発する竜川江を上流とし，南西へ流れミャンマーのシャン州北部に入りシュウェリ川となる．シャン高原北縁を南西に流れた後，北へ折れてサガイン地方（旧管区）のカターの南でエーヤワディ川に合流する．河谷の小平野は水稲耕作を行うシャン人の居住地であるが，流域の山岳地帯にはカチン人，パラウン人の焼畑が行われている．チーク材の産出もみられる．

[西岡尚也]

シューウェン県　徐聞県　Xuwen

中国

人口：72.1万（2015）　面積：1980km²
気温：23.6℃　降水量：1364mm/年
[20°20′N　110°10′E]

　中国南部，コワントン（広東）省西部，チャンチャン（湛江）地級市の県．レイチョウ（雷州）半島の南端に位置する．西と東はそれぞれトンキン湾と南シナ海に面し，南はチオンチョウ（瓊州）海峡を隔ててハイナン（海南）島を望む．地域言語はミンナン（閩南）語系の雷州方言．前漢の武帝元鼎6年（紀元前111）に徐聞県として設置，現在にいたる．県政府所在地は徐城街道．コワンシー（広西）チワン（壮）族自治区のホープー（合浦）とともにかつて海のシルクロードを担う通商港だったが，省会コワンチョウ（広州）とチュワンチョウ（泉州）の発展に押され衰退した．面積の6割は火山性玄武岩からなる台地である．国内最大のパイナップルとバナナ主産地として発展し，大規模な冬と春の野菜栽培地でもある．372kmにのぼる海岸線に大小50の漁港が分布し，近海漁業が発達する．水産養殖も多い．沿岸に約2000haのマングローブ保護林が，また県内に全国最大規模の珪藻土層がある．常時海岸部の風が強く，2002年以降風力発電の計画により注目と集め，60万kWの発電量規模を有するクリーンエネルギーのモデル地域として浮上した．　　[許　衛東]

しゅうかれいちこうたい　楸哥嶺地溝帯 ☞ チュカリョン地溝帯　Chugaryong-jigudae

じゅうけいし　重慶市 ☞ チョンチン市　Chongqing

十二・三千里が原 ☞ アンジュ平野　Anju-pyongya

シュエ山　雪山　Xue Shan

台湾 | 中国

Hsueh Shan, Syue Shan（別表記）/シルヴィア山　Shiluvia, Mount（別称）/つぎたかやま　次高山（日本語・旧称）

標高：3886m　　[24°23′N　121°14′E]

　台湾北部の山．台湾第2の高峰で，台湾5岳の1つ．ミャオリー（苗栗）県とタイジョン（台中）市の境に位置する．雪山山脈の最高峰であり，北側にはダーバーチェン（大覇尖）山（標高3492m）とピンティエン（品田）山（3524m），南側にはバイグー（白姑）大山（3341m），東側にはナンフーダー（南湖大）山（3742m）とジョンヤンジエン（中央尖）山（3705m），西側にはダーシュエ（大雪）山（3530m）が連なる．当地に住むタイヤル族はここをバホ・ハガイとよんだが，16世紀にヨーロッパ人はシルヴィア山とよび，日本統治時代には次高（つぎたか）山と名づけられた．なお，命名は昭和天皇（当時皇太子）による．　　　　　　　　　　[片倉佳史]

シュエフォン山　雪峰山　Xuefeng Shan

中国

標高：1934m　長さ：350km　幅：80-120km
[27°10′N　110°19′E]

　中国中南部，フーナン（湖南）省西部の山脈．北はトンティン（洞庭）湖畔から南は湖南省とコワンシー（広西）チワン（壮）族自治区の境にある八十里大南山脈まで，北東から南西へ延びている．山が高くて冬には積雪があることから雪峰山と名づけられた．主峰は蘇宝頂（標高1934m）であり，山並が冷気や暖気をさえぎって降水が豊富である．標高1000m以下は常緑広葉樹林，1000〜1200mは常緑落葉混交林，1200m以上は落葉林と灌木や草地になっている．国が指定する重点保護植物のメタセコイアや希少動物のジャコウジカなどもみられる．森林資源が豊富で，マ

ツ, スギ, 孟宗竹などの用材林の基地になっている. 柑橘類, 茶, オオアブラギリ, アブラツバキ, クリ, ウルシなどの経済林もある. 松脂や漢方薬材も産する. 水力資源が豊富であり, 大型の柘溪ダムがある.

[小野寺 淳]

ジュオシュイ溪　濁水溪　Zhuoshui Xi

台湾｜中国

面積：3155 km² 長さ：186 km

[23°50′N 120°14′E]

台湾中部を流れる川. 長さにおいては台湾最長を誇っている. 中央山脈を水源としており, 流水量が安定している. 水勢の強いことで知られ, また, 上流部が粘板岩質の土壌で, 流水がつねに灰濁していることからこの名がついた. 流水中に含まれる砂礫の量は, タンシュイ(淡水)河の10倍, カオピン(高屏)溪の15倍とされている. ダムや水力発電所が多く設けられ, 現在, ウーサー(霧社), トウシャー(頭社), リーユエ(日月)潭の3カ所にダムがあるほか, 水力発電所も日本統治時代に多く建設された. これらは南部の大都市カオシオン(高雄)の発展を支えた. 中でも日月潭の水力発電所は, 濁水溪の流水を地下水路によって日月潭に引き込み, ここを貯水池として利用するという大規模な工事だった. 下流地域は台湾でも屈指の穀倉地帯となっており, 清国時代の文献にも, 1年の収穫で3年は暮らせると記されるほどだった. 日本統治時代は灌漑設備が整備されたほか, 品種改良も進められ, 1918年頃から普及し始めた蓬莱米は, 品質の高さで知られた. 現在も一面の水田が広がっている.

[片倉佳史]

シュオチョウ市　朔州市　Shuozhou

中国

人口：174.4万 (2013) 面積：10662 km²
気温：6.4℃ 降水量：428 mm/年

[39°18′N 112°24′E]

中国中北部, シャンシー(山西)省北部の地級市. 朔城区, 平魯区の2区シャンイン(山陰)県, ヨウュィー(右玉)県, インシェン(応県), ホワイレン(懐仁)県の4県を管轄している. 市政府所在地は朔城区. 朔州中心部へはタートン(大同)から南西約140 km, 省会タイユワン(太原)から北約200 km, 首都ペキン(北京)から西約500 kmの距離がある. 大陸性季節風気候に属する. 地形は山地, 丘陵と平地がそれぞれ1/3を占めている. 牧草資源や水資源が比較的豊富である. 伝統農業のほかに, 野菜, 肉類, 果物も産出している. また, ここは中国最大の酪農地域の1つである.

地下資源が豊富で, 石炭など25種類に達している. 石炭の埋蔵量は約505億tで最も多い. 石炭の年間生産量は3000万t, 火力発電は120億kWh. 一方, 交通の面では, 電化した北同蒲鉄道, 神朔鉄道や朔黄鉄道のほかに, 大運高速道路(大同～ユンチョン(運城))や平朔道路, 朔蔚道路も市内を通っている. また, ホワイレン(懐仁)空港と平朔安太堡空港もある. 市内には名勝遺跡が多い. インシェン(応県)の木塔, 崇福寺, 内外長城, 峙峪旧石器遺跡, 漢代古墳群, 神頭泉, 広武城, 浄土寺などの歴史文化遺産がある.

[張　貴民]

シュグナン　Shugnan

タジキスタン

ヴェルフニホログ　Verkhni Khorog (旧称)

[37°34′N 71°43′E]

タジキスタン東部, ゴルノバダフシャン自治州南西部の村. パミール山中, シュグナン山脈のグント川沿い, 州都ホログの東, アフガニスタン国境にある. 小麦栽培, 牛の飼育が行われる. 1895年にアフガニスタンからロシア占領下に入り, ヴェルフニホログとよばれていた. ワヒ族シュグナン族語でパミールは世界の屋根を意味する.

[木村英亮]

ジュサルイ　Dzhusaly

カザフスタン

Zhosaly (別表記)

人口：2.0万 (1989)　[45°29′N 64°05′E]

カザフスタン中央南部, クズロルダ州中部の都市. 州都クズロルダの西北西137 km, シルダリア河畔に位置する. ザカスピ鉄道の駅, ジュサルイ空港がある. 米, 羊, 硝石を産する.

[木村英亮]

シュジャーバード　Shujaabad

パキスタン

人口：5.7万 (1998)　[29°52′N 71°17′E]

パキスタン東部, パンジャブ州中南部ムルターン県の町. 県都ムルターンの南南西約40 km, チェナブ川左岸のパンジャブ平原に位置し, ムルターンやバハーワルプルと鉄道と道路で結ばれる. 旧市街には18世紀後半建設の城壁が一部残っている.

[出田和久]

ジューシャン鎮　竹山鎮　Zhushan

台湾｜中国

林圯埔 (旧称)

人口：5.6万 (2017)　面積：25 km²

[23°43′N 120°41′E]

台湾中西部, ナントウ(南投)県の町(鎮). 日本統治時代はたけやまとよばれた. 台湾中部では比較的早期に開発が始まった地域で, 鄭成功が武将の林圯を派遣して開墾を始めたという記録が残る. 旧名は林圯埔(埔は小都市の意). 1920年に実施された地名改正で竹山となった. その名が示すように, 域内の山林は約8割がタケ林となっている. 気温や降水量は適度で, 風も穏やかなため, タケ類の生育に適している. 標高1600 m以下の地域は見渡すかぎりのタケ林が広がる. 主要農産物もタケノコ類が知られ, 冬筍と桂竹筍が全国に向けて出荷されている. また, しっとりとした食感が自慢のサツマイモの生産でも知られている. 観光地としては, 鬱蒼とした森林と迫力ある滝の景観が楽しめる杉林溪森林遊楽区が名所である. ここは台湾人に不動の人気を誇る行楽スポットで, 園内を散策していると, 心身ともにリフレッシュできる. 第2次世界大戦後の一時期はタイジョン(台中)県に属していたが, 1950年に南投県が設置されると, これに帰属するようになった.

[片倉佳史]

シューシュイ区　徐水区　Xushui

中国

人口：56.3万 (2010)　面積：748 km²
標高：370 m　気温：11.9℃　降水量：547 mm/年

[39°00′N 115°39′E]

中国北部, ホーペイ(河北)省中西部, パオディン(保定)地級市の市轄区. 区政府は安粛鎮に置かれている. タイハン(太行)山脈の丘陵地帯にあり, 西部に低い丘陵がある. 1月の平均気温は−4.9℃, 7月は26.5℃. 農作物は小麦, トウモロコシ, アワ, 綿花, 落花生を主としている. 徐水白菜は有名である. 工業は化学肥料, セメント, 陶磁器, ガラスなどの製造が行われている. 醸造では劉伶酔という酒が特産品である. 鉄道の京広線, 国道107号が通る.

[柴　彦威]

744　シユセ

〈世界地名大事典：アジア・オセアニア・極Ⅰ〉

しゅせんし　酒泉市 ☞ チウチュワン市
Jiuquan

シューチャホイ　徐家匯　**Xujiahui**

中国

じょかわい（音読み表記）

[31°07′N　121°19′E]

　中国南東部，シャンハイ（上海）市，シューホイ（徐匯）区の街区．元来は蒲匯塘と肇嘉浜という2本の川が合流したところをさしたが，現在では広元路，虹橋路の南側，宛平路の西側，徐虹北路の東の地域をさす．明代の終わり頃，科学者の徐光啓が墓をつくり，その後裔が集まり住んだことから，ここが徐家匯とよばれるようになった．1847年にフランスの宣教師ナンカクロがここでカトリック教会を設立し，上海でのカトリック布教の中心となった．太平天国軍が上海に進出した際，共同租界やフランス租界の当局は防衛を口実にして，それぞれ徐家匯につながる軍用の道を築き，租界はしだいに徐家匯へ拡大した．現在では上海での重要な商業中心地の1つとなり，軌道交通（地下鉄）などの交通の便がよい．　　　　　　　［谷　人旭・小野寺　淳］

シューチャン県 Xuchang ☞ チェンアン区
Jian'an

シューチャン市　許昌市
Xuchang

中国

人口：487.1万（2014）　面積：4996 km²

[34°01′N　113°48′E]

　中国中央東部，ホーナン（河南）省中部の地級市．魏都区，チェンアン（建安）区，ユィーチョウ（禹州）市，チャンゴー（長葛）市，イエンリン（鄢陵）県，シャンチョン（襄城）県の2区2市2県を擁する．市政府所在地である魏都区は面積88 km²に12街道弁事処を擁する．人口のうち市区人口は39万（2014）．地名は，「許由巣父図」で知られる尭のときの許がここに居住していたことによるとされる．また，魏の時代（221）に，文帝曹丕が「魏基昌于許」（魏の基は許により昌（盛ん）になる）といわれ，許県を許昌県とした．夏王朝の中心的な地域であり，三国時代には魏の五都の1つとされた．1949年2月に14の県市を管轄する許昌専員公署，86年に地級市となり，97年8月に襄城県が許昌市に属し，現在の許昌市となった．

　中原の中心にあって，北はチョンチョウ（鄭州）市，南はルオホー（漯河）市に接し，東は予東の食糧倉庫であるチョウコウ（周口）市，西はエネルギー基地ピンディンシャン（平頂山）市である．フーニウ（伏牛）山脈から予東平原の遷移帯にあり，東西は124 km，地勢は西から東に向かって傾斜しており，75%は平原，25%は山地である．西部は伏牛山脈の中低山丘陵地帯で，最高標高1151 m，中部は侵食を受けた花崗岩地帯を形成している．中東部は黄淮沖積平原で，最低標高50.4 mであり，小麦，トウモロコシ，サツマイモ，大豆，タバコ，綿花，花卉苗木，蔬菜，中薬材（漢方薬原料）など多種類の農作物が盛んに栽培されている．とくに花卉の生産・販売は国内最大といわれている．また，漢方薬原料の全国四大集散地の1つとなっている．また，西部は鉱産資源が豊富であり，30種類以上が見つかっている．おもな埋蔵鉱産資源は，石炭45万t，ボーキサイト4300万t，耐火粘土666万t，石灰岩2億tと推測されている．工業では，巻きタバコ生産が知られ，中国の濃香型タバコを代表するものとされている．世界有数の人工ダイヤモンド生産で知られる黄河集団はこの地の企業である．また，人髪の全国的な集散地であり，かつらの製造が盛んである．ほかに食品，自動車部品，紡績服飾，製紙，電気エネルギー，新型建材などがある．2008年には雲井遺跡で5〜10万年前のものとされる人骨が発見され，許昌人とよばれて注目を集めた．　　　　　　　　　　　　　　［中川秀一］

シューチョウ市　徐州市　**Xuzhou**

中国

人口：866.9万（2015）　面積：11258 km²

[34°16′N　117°11′E]

　中国東部，チャンスー（江蘇）省北西部の地級市．シャントン（山東），ホーナン（河南），アンホイ（安徽）の3省と境を接している省直轄都市．徐州は古来，東西南北の交通が集中する要衝で，清代には五省（直隷・山東・河南・江南・浙江）大道とよばれた．鉄道では京滬線と隴海線が交差し，ダー（大）運河が通っている．高速道路も全国各地へ達している．2011年に開通した京滬客運専線と現在建設中の徐蘭客運専線は，中国高速鉄道の東西南北を結ぶ幹線として機能することになる．このような交通上の利点を生かしてホワトン（華東）地区の中心都市として，北部の黄淮海地区とチャン（長）江三角州を結ぶ重要な役割を果たしている．

　徐州付近は新石器時代の遺跡も多く分布し，早くから中原文明の一翼を担う地域であった．伝説上の人物である彭祖が封ぜられたところとして彭城とよばれてきた．秦代には彭城県となり，秦が滅びて楚漢の争いになると，彭城は楚軍の拠点になり，争いの主戦場となった．漢を建国した劉邦の故郷は現在の徐州市ペイシェン（沛県）であり劉邦にちなむ遺跡も多い．前漢・後漢を通じて，楚国・彭城国の中心であった．徐州の名は禹貢九州の1つとして古典にみえる広域地名であるが，前漢武帝のときに設置された広域監察官（刺史）の1つとして山東から江蘇にかけての区域を称した．三国時代に徐州刺史が駐屯する場として彭城が選ばれ，それから彭城を徐州とよぶようになった．その後，県城は彭城，広域地名としては徐州または彭城郡の名が用いられた．元代に彭城県が廃されて徐州に編入され，その形が清末に徐州が徐州府となり，中心域区にトンシャン（銅山）県が設けられるまで続いた．民国初，徐州府は廃止され銅山県として江蘇省に属した．民国20年（1931）にふたたび徐州行政区が設置されて広域地名としての徐州が復活した．1939年には銅山県の一部を割いて徐州市が生まれた．

　解放前後，徐州市は山東省に属するが1953年に江蘇省に戻り，徐州専区も成立した．1983年，徐州専区（地区）を廃止し，その管轄下の6県を徐州市に編入し，市区には5区を設けた．その後，行政区画の整備とともに市街地の銅山，雲竜，鼓楼，賈汪，泉山の5区，ピーチョウ（邳州），シンイー（新沂）の2県級市，スイニン（睢寧），沛県，フォンシェン（豊県）の3県を管轄している．市政府は雲竜区の中にある新城区に置かれている．

　中部と東部にわずかの丘陵が存在するが，大部分はホワイ（淮）河の支流のイー（沂）河，シュー（沭）河，スー（泗）河の下流の沖積平野である．市域をホワン（黄）河の旧河道が通っており，周囲には中小規模の湖沼が散在している．

　農産物としては糧食，綿花，油料作物などのほか，ギンナン，リンゴなどの特産品がある．内水面での養殖漁業も盛んである．工業としては食品加工業，石炭やソーダを原料とする化学工業，建築材料などが発達し，先進工業としては製薬，電子機器の分野も伸びている．国家級の開発区としては徐州経済技術開発区，徐州国家高新区，徐州軟件園，徐州市大学生創業園などがある．

　徐州には漢代の遺跡が多く，楚王山，南洞

山，東洞山，北洞山，駄籃山，亀山などの漢墓群があり，多くの遺物が発見されている．中でも画像石(墓室に置かれる石刻画)は貴重な歴史資料である．また獅子山楚王陵からは兵馬俑(陶器製人形)が発見されている．王陵墓の周辺は徐州漢文化景区として整備されている．そのほか，大汶口文化の遺跡である大敦子遺跡，新石器時代から戦国時代にかけての梁王城遺跡，春秋戦国時代の古城壁遺跡などがある．景勝史跡は江南の美しさとホワペイ(華北)の雄大さをともに備えている．徐州雲竜湖風景区，微山湖千島湿地，銅山懸水湖景区などは国指定の風景区である．雲竜山，興化寺とその石仏，九里山の白雲穴，戸部山の戯馬台，および五楼とよばれる覇王楼，彭祖楼，黄楼，奎楼，燕楼がある．史跡としては興化寺，孔子廟，権瑾牌坊，彭祖廟などがある． 　　　　　　　[谷　人旭・秋山元秀]

シューチョン県　舒城県　Shucheng
中国

じょじょうけん (音読み表記)

人口：約102万 (2010)　面積：2092 km²
[31°27′N　116°56′E]

　中国東部，アンホイ(安徽)省西部，ルーアン(六安)地級市の県．杭埠河の流域に位置する．県政府は城関鎮に置かれる．県の南西部は山地で，北東部が平原である．漢代の舒県の地で，唐代に舒城県が置かれた．南西部は山がちで，中部は丘陵，北部は平原地帯である．北東端を合九鉄道と滬蓉高速道路が通る．農業県で米と小麦，麻類が主産物であるが，林産資源が豊富で，薬材茶葉の生産が盛んである．解放後，杭埠河の上流部に竜河口ダムが建設された．名勝古跡に竜頭塔，周瑜城，竜眠山がある． 　　　　　[林　和生]

ジュッグチー県　舟曲県　Zhugqu
中国

チョクチュ県 (別表記)

人口：13.6万 (2002)　面積：2984 km²
[33°47′N　104°22′E]

　中国北西部，ガンスー(甘粛)省南部，ガンナン(甘南)自治州南東部の県．ランチョウ(蘭州)市の南約390 km，パイロン(白竜)江の上流にあり，南はスーチュワン(四川)省に接する．県名は白竜江のチベット語名に由来する．農業が主で，冬小麦，トウモロコシ，ハダカ麦などを生産する．薬材，山椒，クルミなどがとれる．石炭採掘，木材加工，セメント生産などが盛んである．甘粛省と四川省

を結ぶ道路が東部を通る．
[ニザム・ビラルディン]

ジューナーガド　Junagadh
インド

人口：32.0万 (2011)　　[21°32′N　70°28′E]

　インド西部，グジャラート州ジューナーガド県の都市で県都．県はカチャワール半島南部に位置し，市は州最大都市のアーメダーバードの南西355 kmにある．鉄道駅がありアーメダーバードとは特急で結ばれている．紀元前250年頃のアショーカ王の勅命が刻まれた石刻があり，古い歴史をもつ都市である．中世にはラージプートの勢力圏に入ったが，のちにイスラーム領主の支配下に置かれる．1947年のイギリスからの独立に際して，イスラーム教徒である領主はパキスタンへの帰属を望んだが，住民の大多数はヒンドゥー教徒であったため，インド側に属することになった．町の中には城塞やイスラーム寺院があるほか，東方のギルナール山にはジャイナ教やヒンドゥー教の寺院群があり宗教都市の性格が強いが，これらは重要な観光資源ともなっている．周辺で生産される農産物を原料とした工業やセメント工業のほか，金，銀の刺繍，銅や青銅製の容器生産が盛んである．近郊のギル野生動物保護区には，野生のアジアライオンが約300頭生息しており，野外観察もできる． 　　　　　[友澤和夫]

ジューナン鎮　竹南鎮　Zhunan
台湾｜中国

中港 (旧称) / Jhunan (別表記) / チューナン鎮 (別記)

人口：8.5万 (2017)　面積：38 km²
[24°41′N　120°51′E]

　台湾北西部，ミャオリー(苗栗)県の町．旧名を中港といい，1920年の地名改正で現在の地名に改められた．中港渓の河口に位置し，同河川が形成した沖積平野上に市街地がある．近郊は天然ガスの産出で知られ，日本統治時代には採掘が行われていた．現在，その量はわずかになっているが，採掘は続けられている．鉄道や高速道路による流通が盛んで，県内随一の工業都市となっている．周辺地域に小規模ながらも工業団地が形成されており，製造業を中心とした工場群が見られる．2000年頃からは外国人労働者が増加している． 　　　　　　　　[片倉佳史]

ジューニー　Junee
オーストラリア

人口：0.5万 (2011)　面積：31 km²
[34°52′S　147°35′E]

　オーストラリア南東部，ニューサウスウェールズ州南東部，ジューニー行政区の町．州都シドニーの南西約350 kmに位置する．1970年代初頭，町の経済は衰退傾向にあった．そこへ，近代ジューニーの父とよばれるジョン・トンプソンが，町の活性化に向けて役場に就任した．州政府からの財政援助により住宅地開発や新企業の誘致が進められ，住宅地開発やコミュニティ施設の整備が進んでいる．近年は，町のラム肉，小麦，キャノーラ油，大麦などの作物が高品質で知られている．その他，鉄鋼工学，食肉加工，有機小麦栽培の分野でも成長がみられる． 　[牛垣雄矢]

ジュパラ　Jepara
インドネシア

Djepara, Japara (別表記)

人口：109.7万 (2010)　面積：1004 km²
[6°35′S　110°39′E]

　インドネシア西部，ジャワ島中部，中ジャワ州北部の県および県庁が所在する郡．北でジャワ海に面し，県域全体がほぼ低平な地勢で，県域東部のほぼ中央にムリア山(標高1602 m)がそびえる．沖合のカリムンジャワ諸島はジュパラ県に属する．住民はジャワ人のイスラーム教徒が卓越し，日常語にはジャワ語が用いられる．主要な産業は水田稲作やサトウキビ栽培などの農業，ジャワ海での漁業などである．西部海岸沿いに，エビやバンデン魚の養殖池がみられる．ジュパラは，チーク材を利用した精緻な家具や調度品などの木工品の産地としてよく知られ，職人も多い．製品はインドネシア国内のみならず，スマランや首都ジャカルタなどを経て国外にまで輸出される．

　県庁所在地のジュパラ郡は人口8.0万(2010)，西海岸沿いにジャワ海に面して立地し，東の背後約10〜15 kmにはムリア山麓が迫る．古い港市で，8〜9世紀頃のヒンドゥー・マタラム王朝時代から栄えたとされ，15世紀後半には東部ジャワに興ったマジャパヒト王国(1293〜1500年頃)の領域に入っていた．しかし，ジャワ島で最も早くイスラーム教が入った地域の1つであり，インド系イスラーム教徒の宣教師を父にもち，聖人とよばれるグヌンジャティ(ジャリフ・バイヤトゥラー，1450−?)らによるイスラーム教拡散の要地となった．市内には16世紀に建てられたモスク(イスラーム教礼拝堂)が現

存する．16世紀にはポルトガル人が来訪し，県北端部のドノロジョ郡には16世紀前半にポルトガル人が建設した要塞の跡が残る．統治がオランダ東インド会社からオランダ植民地政府へと移りかわるのにつれて，ジュパラの南西約55kmに位置する港市スマラン（現在，中ジャワ州の州都）が成長するまでは，ジュパラの町と港がジャワ島中部地域北海岸における中心的な港市であった．その名残のオランダ東インド会社の要塞跡がある．また，インドネシア民族覚醒と女性解放運動の先駆者，ラデン・アジュン・カルティニ（1879–1904，ジュパラの東隣ルンバンにて没）の出身地として知られ，1975年に開館したカルティニ博物館がある．　　　［瀬川真平］

シュープー県　溆浦県　Xupu

シュイプー県（別表記）／じょほけん（音読み表記）　　中国

人口：75.2万（2015）　面積：3429 km²

[27°55′N　110°36′E]

中国中南部，フーナン（湖南）省，ホワイホワ（懐化）地級市の県．県政府はルーフォン（盧峰）鎮に所在する．ユワン（沅）江中流，シュエフォン（雪峰）山脈の北麓にある．地勢は周囲が高く，南部の涼風界は標高1614mである．溆水が中部を南から北へ流れ，四都河を合わせたのち，西へ向かって沅江に合流する．河川に沿って狭小な谷地がある．水力資源が豊富．林産資源はマツ，スギ，孟宗竹，オオアブラギリ，アブラツバキが多い．鉱産物は珪砂，石灰石，陶土，石炭などがある．農業は水稲，搾油作物，綿花，漢方薬材，柑橘類などの果物があり，ガチョウや豚も知られている．工業は冶金，建材，陶磁器，食品などがある．鉄道の滬昆線と滬昆高速鉄道（シャンハイ（上海）～クンミン（昆明））や婁懐高速道路（ロウディ（婁底）～懐化）が通る．中国共産党創設メンバーで女性の向警予の記念館がある．　　　　　　　　　　　［小野寺淳］

シューホイ区　徐匯区　Xuhui

じょわいく（音読み表記）　　中国

人口：108.9万（2015）　面積：55 km²

[31°12′N　121°26′E]

中国南東部，シャンハイ（上海）市南部の区．ホワンプー（黄浦）江の西岸に位置する．1949年に徐匯区が設けられ，1984年に竜華村全域および梅隴，虹橋の2村を合併し，現在の範囲になった．区内には精密機器や電子機器を中心とする工業地区である漕河涇工業

区のほかに，徐家匯蔵書楼（現在は上海図書館の分館），上海交通大学，上海医科大学，上海師範大学，上海映画撮影所および中国科学院に直属する研究機構などの施設が立地する．徐家匯は上海南西部の重要な交通の中心地で，東西の淮海中路，肇嘉浜路，中山南二路と，南北の漕溪路，漕溪北路，滬閔路などの幹線道路，および軌道交通1，9，11号線などがここで交わる．宋慶齢の旧居，徐光啓の墓，竜華寺塔などの記念地や史跡がある．

［谷人旭・小野寺淳］

ジュマジャ島　Jemaja, Pulau

インドネシア

人口：0.6万（2010）　面積：212 km²　長さ：28 km
幅：20 km　　　　　　　　　　[3°00′N　105°42′E]

インドネシア西部，アナンバス諸島，リアウ諸島州の島．南シナ海，マレー半島とカリマンタン（ボルネオ）島の間に位置する．同諸島は，北東部の大ナトゥナ（ナトゥナブサール）島と合わせてリアウ諸島州ナトゥナ県を構成していたが，2008年にアナンバス諸島が分離され，クプラウアンアナンバス県となった．県庁はシアンタン島のタンパレにある．人口は希薄であるが，住民はスラウェシ島南部地域出身のブギス人で，おもに漁業を営む．おもな産業は漁業とココナッツ栽培などであるが，近年サーフィンやダイビングなどを目的とする外国人観光客が訪れ，隣国シンガポールから高速艇で半日の航程である．

［瀬川真平］

ジュムラ　Jumla

ネパール

人口：0.7万（推）　標高：2370 m

[29°17′N　82°13′E]

ネパール中西部，ジュムラ郡（カルナリ県）の町で郡都．自治体チャンダンナートゥ Chandannath に属する．首都カトマンドゥの北西600kmに位置し，周囲に標高4000m級の山々が連なる小盆地状の山間谷底に開かれた町で，カルナリ（ガーガラ）川の支流ティラ Tila 川右岸の段丘上に立地する．東にはカンジロバヒマール，北にはシスネヒマールがそびえる．北西ネパールで最大の町であるが，2010年南部のタライ地方とを結ぶカルナリハイウェイ（H 13）が完成した．しかし，ジュムラがネパールで最も隔絶の地にあることには変わりなく，全行程232kmの移動には2日以上かかる．このため，トレッキングなどの外国人旅行者は一般に空路を利用する．東にはずれには900mの滑走路が整

備された飛行場があり，ネパールガンジとコミューター機で結ばれている．

中世にネパール西部一帯を支配したカス・マッラ王国の都が置かれていたためか，住民は山岳地域にもかかわらずタクリ，チェトリなどの高いカーストに位置づけられるヒンドゥー系住民が多い．住居は半乾燥地域であることから石積み平屋根のチベット風で，2～3階建てのものが多い．200mほど続く石畳のメインストリート沿いには露店や商店が並ぶが，古都とはいえ現在でも物資輸送はロバの隊商に頼っていることから，広げられた商品は豊かとはいえない．唯一ティラ川河谷で栽培される大粒径の赤米や明褐色米が目を引く．米の栽培地域として，この地方は世界でも最も高い標高にあると考えられる．また，ジュムラ周辺地域はネパールで唯一の馬の生産地域として知られている．　　［八木浩司］

シューヤン県　沭陽県　Shuyang

中国

しゅつようけん（音読み表記）

人口：154.3万（2015）　面積：2298 km²

[34°07′N　118°46′E]

中国東部，チャンスー（江蘇）省，スーチェン（宿遷）地級市の県．夏・殷代は徐州に属し，北周代に沭陽という県名が定着した．1983年にホワイイン（淮陰）市に属し，96年に新設された宿遷市に属することになった．地形は不規則な四角形を呈し，地勢は西が高く東が低い．農業は小麦，水稲，トウモロコシ，落花生，ナタネ，綿花を産出し，花卉や植木が著名で"東方花都"の誉れがある．アオウオ，コイ，レンギョなどの淡水魚がとれ，畜産も行われている．天藍石，水晶，リン，雲母および陶土などの地下資源を豊富に産出する．木材加工業は沭陽の主要産業である．新長鉄道（シンイー（新沂）～チャンシン（長興））や京滬高速道路（ペキン（北京）～シャンハイ（上海））が通る．

［谷人旭・小野寺淳］

シュヨク川　Shyok River

インド／パキスタン

長さ：547 km　　　　　　　　[35°11′N　75°59′E]

インドからパキスタンにかけて流れる川．インド北部，カラコルム山脈のチン地域（中国の支配するアクサイナン）の氷河に発し，ラダク地方およびパキスタン北端部を流れるインダス川の支流．屈曲を描きながらインダ

ス川に流入する．インダス川とシュヨク川の河川の重要性は，とくに厚い第四紀堆積物の地層が形成されていることであり，地質学研究者のための宝庫となっている．また，その肥沃な土壌のため，流域では果実や木の実が豊富に実り，下流部には豊かで美しい村が多い．しかし，雪解け水，氷河のせき止めなどにより，周期的な洪水災害に見舞われている．

[前田俊二]

シューヨン県　叙永県　Xuyong

中国

シュエユン県（別表記）

人口：58.0万（2015）　面積：2977 km²
[28°10′N　105°26′E]

　中国中西部，スーチュワン（四川）省南部，ルーチョウ（瀘州）地級市の県．チャン（長）江の支流であるヨンニン（永寧）河の上流域にあり，グイチョウ（貴州），ユンナン（雲南）両省に隣接する．県政府は叙永鎮に置かれる．四川盆地南縁のダーロウ（大婁）山脈の北麓に位置し，県域の大部分が低山と丘陵からなる．漢代の犍為郡樂県の地で，晋代に永寧県が，唐代は羈縻藺州が設置されたが，宋代に廃され合江，江安の2県に分割統治された．明代に永寧安撫司が置かれ，清代末に永寧直隷州，1913年に叙永県に改められた．1960年に古栄県を編入し，83年に県西部がシンウェン（興文）県に編入された．部分開通した隆黄鉄道と川黔高速道路が通る．石炭，硫黄，鉄鉱，大理石，方解石，石灰石など地下資源に恵まれる．おもな農産物は米，小麦，トウモロコシ，豆類，芋類であり，商品作物ではタバコ，生漆，薬材を産し，養蚕業が盛んである．工業は化学肥料，セメント，食品加工などが発達している．名勝古跡に春秋洞，清涼洞，紅岩山，天生橋などがある．

[林　和生]

シュラーヴァスティー　Shravasti

インド

人口：111.7万（2011）　面積：1640 km²
[27°35′N　81°57′E]

　インド北部，ウッタルプラデシュ州中北部の仏教聖地．周囲を含めてシュラーヴァスティー県を形成しており，県都はビンガ．県域の北辺はネパール国境に接する．西に接するバーライチ県との県境付近に，古代インドで栄えたコーサラ国（紀元前6～4世紀）の初期の首都であったシュラーヴァスティー（漢訳仏典では舎衛城）の遺跡がある．今日，サヘート・マヘート遺跡とよばれ，仏教8大聖地の1つとなっている．州都ラクナウの北東170 kmに位置し，現在は，約10万 m²の広さの歴史公園となっている．ラプティ川の旧河道沿いにあり，コーサラ国以前に栄えたイクシュワク王朝の王の名前に由来する．現在，一帯は農村地帯で，最も近い町は，国道を南東に約19 kmのバルランプルである．

　古代の都は四方に門をもつ城郭都市であった．その南門の外側1 kmほどに，僧院と香堂跡が発掘され，『平家物語』の冒頭「祇園精舎の鐘の声，…」で有名な祇園精舎の跡と確定された．その場所は，マヘート遺跡とよばれ，釈迦が24年間にわたって雨季を過ごし仏教の布教にあたったとされる．古代，シュラーヴァスティーは，2世紀クシャーナ朝のカニシカ王の時代に栄え，僧院，香堂，多くのストゥーパ（仏塔）が城域の内外に建てられ，仏教の一大聖地となった．しかし，7世紀にはヒンドゥー教の隆盛により衰退し，12世紀以降のイスラーム教徒の侵入により完全に破壊された．

　サヘート・マヘート遺跡は，19世紀半ばにイギリス人カニンガムが調査し，古代の城塞都市シュラーヴァスティーの遺跡が初めて明らかにされた．1910年頃までのイギリス人考古学者らによる数度の発掘調査を経て，一帯の約10万 m²が歴史公園として整備された．1986年から関西大学の考古学教室がインド考古局と共同で，10年以上にわたり再発掘作業を続け，舎衛城と祇園精舎の2つの遺跡のより詳細な発掘に成功した．当時の祇園精舎の鐘は発掘されなかったが，発掘跡の公園から少し離れたところに日本人がつくった鐘楼がある．釈迦の時代の祇園精舎は，現在の地表から5 mの地下に埋もれているのが発見された．なお，今日，公園内に遺構として保存されているいくつかのストゥーパや僧堂の跡は，釈迦の時代より後期のものとされる．

[中山修一]

シュラヴァナベラゴラ
Shravanabelagola

インド

人口：0.6万（2011）　面積：7.6 km²
[12°52′N　76°28′E]

　インド南部，カルナータカ州南部，ハッサン県の町．ジャイナ教の重要な聖地で，州都ベンガルール（バンガロール）から国道48号を西158 km，県都ハッサンの南東45 kmに位置する．シュラヴァナは，インド天文学における月の第22座を意味する．また，ベラゴラは，白い池の意であるが，現在は町の中央に大きな方形の池がある．町の北西の端に地上66 mのチャンドラギリ（丘），南東の端に地上145 mのヴィンドヤギリ（丘）があり，古代に多くの権力者が瞑想した場所と伝えられる．ヴィンドヤギリの頂上に，ゴンマテシュヴァラ・バフバリの巨像が建つ．聖地のシンボルであるバフバリとは，ジャイナ教における最初の説経師の意で，立像は17 mの高さがあり，一糸まとわぬ男性像である．台座には981年の建立と刻まれている．1枚岩からつくられた石像としては，インドで最大級といわれる．現地の人はゴッマテシュヴァラ像とよび，ジャイナ教徒はバフバリ像とよぶ．なお，高さ6 m以上のバフバリ立像は，カルナータカ州だけでも5カ所にみられる．

[中山修一]

シューラン市　舒蘭市　Shulan

中国

じょらんし（音読み表記）

人口：66万（2012）　面積：4554 km²
[44°05′N　127°15′E]

　中国北東部，チーリン（吉林）省中北部，吉林地級市の県級市．市政府は濱河街道に置かれる．西のソンホワ（松花）江から東のラオイエ（老爺）嶺へかけて山地が大部分を占め，河谷の平地では水稲とトウモロコシの生産が盛んである．市名は満州語で果実を意味し，清朝の貢山であった東部の山地から多くのサンザシがとれたことにちなむ．地下資源としては石炭が産出される．

[小島泰雄]

ジュリアクリーク　Julia Creek

オーストラリア

人口：0.1万（2011）　面積：25788 km²
[20°39′S　141°45′E]

　オーストラリア北東部，クイーンズランド州北西部，マッキンレー郡区の町で行政中心地．タウンズヴィルの西約660 km，タウンズヴィルとマウントアイザを結ぶ道路沿いに位置する．周辺地域のおもな産業は牧牛および牧羊である．

[秋本弘章]

ジュリジー岬　Jerijih, Tanjung

マレーシア

[2°09′N　111°10′E]

　マレーシア，カリマンタン（ボルネオ）島北部，サラワク州南西部の岬．ラジャン川の広大な河口域を形成する島の1つにあり，岬の

748　シユリ

シュラヴァナベラゴラ(インド)，ヴィンドヤギリ山頂にそびえるジャイナ教のゴンマテシュヴァラ・バフバリ像
〔Vladimir Zhoga/Shutterstock.com〕

北方約90kmにはシリク岬がある．ラジャン川とベラワイ川の2つの河川にはさまれた岬であり，岬の南東2kmにはジュリジーの集落がある．さらに東約10kmにはラジャンがある．　　　　　　　　　〔生田真人〕

シュリーシャーナバドレーシュヴァラ ☞ ミーソン My Son

シュルチ　Shurchi　　ウズベキスタン
Sho'rchi (別表記)
人口：2.7万 (2012)　標高：491m
[37°59′N　67°47′E]

ウズベキスタン南部，スルハンダリア州東部の都市．スルハンダリア河畔，州都テルメズの北北東89kmに位置し，鉄道駅がある．おもな産業は，綿花栽培，牛の飼育，金属細工である．　　　　　　　　　〔木村英亮〕

ジュルドン　Jerudong　　ブルネイ
[4°57′N　114°50′E]

東南アジア，カリマンタン(ボルネオ)島北部，ブルネイ北部，ブルネイムアラ地区北部の都市スンクロンの町．市場町としてもよく知られている．首都バンダルスリブガワンの北西に位置し，車で22kmの距離にある．ジュルドンパークとよばれる東南アジア有数の規模の遊園地があり，周辺には外国人旅行者の利用が多いホテルもある．ジュルドンパークは，1994年にブルネイのハサナル・ボルキア国王が48歳の誕生日の記念に，国民への贈り物として開業されたもので，開業から2000年までは，入場料やアトラクションの利用料が無料であった．　　　　〔山下清海〕

シューロー河　疏勒河　Shule He
中国
籍端水，冥水 (古称)／そろくが (音読み表記)
面積：39000km²　長さ：580km
[40°21′N　93°00′E]

中国北西部，ガンスー(甘粛)省西部を流れる川．ホーシー(河西)回廊にある内陸河川で，古くは冥水，籍端水といった．疏勒はモンゴル語で水の多いことを意味する．源流はチーリエン(祁連)山脈の南，チンハイ(青海)省北部の山地，托勒南山地と疎勒南山地の間の谷にある．周辺の山地は5000m級の高山で，氷河の融雪水を集めて下り，甘粛省域に入って北流して祁連山脈の北端を横断し，昌馬河として砂漠地帯に入り，広い扇状地を形成する．本流はその東端を北流してユィーメン(玉門)市付近で広い範囲にオアシスを形成し，西流して双塔ダム，グワチョウ(瓜州)県を経て西湖郷にいたって南のトゥンホワン(敦煌)からくる党河をあわせ，河流は周辺オアシスに開発された農地の中で失流する．かつてタリム盆地の東端にロブノール湖があったときには，疎勒河もそれに注いでいたという．おもな支流に党河，楡林河がある．
〔秋山元秀〕

ジュロン　Jurong　　シンガポール
人口：35.6万 (2010)　[1°20′N　103°41′E]

シンガポール，シンガポール島南西部の地区．行政的地区名としてはこの南西部のうち東部をさすが，一般的にはジュロン川からジョホール水道の西部にいたる広範な地域をさす．北部が小高い丘陵地であるが，全体的に低平な地域である．北西部のポヤン貯水池やテエンゲ貯水池，トゥアス埋立地やジュロン水道(旧センビラン水道)を隔てたジュロン島にまで広がっている．トゥアスからは1998年に完成したトゥアスセカンドリンクにより隣国マレーシアに橋がかけられている．ジュロンはマレー語でサメを意味する言葉 (jerung) に由来している．かつてはこの地で中国人によりガンビール(生薬の原料)やゴム園経営が行われ，それぞれの農園の名前でよばれていた．今日では，ジュロンはシンガポールにおける工業地域の代名詞にもなっている．ただ，この地域の北部や東部は住宅地としても開発されている．シンガポール独立前の1950年代までは農漁村地域であった．

1961年に経済開発庁(EDB)は，この地域を工業地域として開発を始めた．翌年には国営製鉄所など多くの工場が立地した．1965年にはジュロン港も開港した．また，1968年にはジュロン都市公団(JTC)が設置され，200近い工場と約15km²の地域の管理が行われることになった．さらにこの地域の南沖合に浮かぶ小島間を埋め立てて32km²のジュロン島を造成し工業用地を拡大した．このジュロン島には世界屈指の石油化学工業基地がつくりあげられている．この島は1999年に開通したジュロン橋によってシンガポール島とつながれた．テロリストから守るためにジュロン島へは許可がなければ立ち入ることはできないし，島の周辺は海上からも警備がなされている．

行政的にはジュロンイースト，ジュロンウェスト，ブーンレイ，パイオニア，トゥアス，ジュロンアイランドなどの地区を含むが，ジュロンは東部ジュロンと西部ジュロンに大別される．地下鉄(MRT)東西線ジュロンイーストインターチェンジ駅からパイオニア駅にかけての東部ジュロン地区は，臨海部には港湾施設のほか火力発電所もあるが，おもにジュロンイーストニュータウンとジュロンウェストニュータウンとして住宅地の開発がなされている．それぞれの人口(2010)は前者が8.1万，後者が25.1万である．2010年国勢調査のジュロンイースト人口(都市再開発局計画区域人口)は8.8万，同ジュロン

ウェストは26.8万である．

また，中国庭園，日本庭園などの公園をはじめジュロンバードパークが置かれている．西部ジュロン地区は完全に工業地帯といってよいほどの広大な工業用地が広がっている．それに伴ってジュロン水道内には多くの港がつくられている． ［高山正樹］

ジュロン水道　Jurong, Selat

シンガポール

Sambulan, Selat（古称）／センビラン水道
Sembilan, Selat（古称）

[1°27′N　103°41′E]

シンガポール，シンガポール島南西部のジュロン地区とジュロン島の間の海域．1828年の地図には，この水道はSambulanと記されているが，その後19世紀末の地図にはSembilanと記され，かつてはセンビラン水道とよばれた．今日この海域は海岸が埋め立てられジュロン工業地域が拡大するとともに，海域の小島群間の海が埋め立てられジュロン島となっている．さらに，シンガポール島とジュロン島は1999年に橋で結ばれるなどしている． ［高山正樹］

ジュロン島　Jurong Island

シンガポール

面積：32 km²　　　[1°16′N　103°41′E]

シンガポール，シンガポール島南西部の島．島の北側にはジュロン水道（旧センビラン水道），南側にはパンダン水道が広がる．この海域にはかつて多くの島があったが，アヤチャワン島，アヤメルバウ島，メルリマ島，ペセク島，小ペセク島，サクラ島，セラヤ島，メスコル島，メセムトラウト島とメセムトダラート島，ブアヤ Buaya 島などの周辺海域を埋め立てて，1つの島としたものである．これら島々を合わせた面積は10 km²にも満たなかったが，新たにつくられたジュロン島は32 km²にもなった．干拓が完了したジュロン島は9つの地区からなっている．セラヤ，メルバウ，メルリマ，チャワン，サクラ，ペセク，テムブス，バンヤン，アンサナである．最後の3つの地区は干拓された旧島とは関係がない．

ジュロン島は1999年に開通したジュロン高速道路によって対岸のジュロン地区と橋で結ばれている．ただ，橋の通行は許可証をもった者のみの通行が許されており，一般人の通行はできない．かつての島々は1960年代まではマレー人の漁村のある島であった．1960年代後半には国際石油資本であるエクソンやモービル（現エクソン・モービル）による石油精製工場の建設が進められ，現在ではエクソン・モービルのみでなくシェブロン，ロイヤルダッチシェル，BPなどの国際石油資本の石油精製基地となるのみでなく，三井化学，住友化学やデュポンなどの化学工業企業が多く立地している．石油精製量では世界第3位を誇る石油化学工業基地となっている．セラヤには火力発電所もつくられている．また，この島の南東にあるセマカウ島付近は廃棄物最終処分地として利用されている． ［高山正樹］

シュワネル山脈　Schwaner, Pegunungan

インドネシア

標高：2278 m　　　[0°30′S　112°37′E]

インドネシア西部，カリマンタン（ボルネオ）島南西部，中カリマンタン州と西カリマンタン州の州境をなす山脈．最高峰は2278 mのラヤ山．北東から南西に連なり，北東部はミュラー山脈，イラン山脈と連続してカリマンタン島の脊梁山脈を形成している．分水嶺として北側にカプアス川，南側にバリト川やカハヤン川の流域が広がる．1840年代にこの地域を踏査したドイツ人地理学者カール・シュワネルにちなんで名づけられた．ラヤ山とその西隣にある標高1678 mのバカ山の周辺は広さ1800 km²のブキットバカブキットラヤ国立公園に指定され，熱帯雨林特有の動植物の生息地として知られる．

［青山　亨］

シュワンウェイ市　宣威市　Xuanwei

中国

ロンフォン県　榕峰県　Rongfeng（旧称）

人口：130.3万（2008）　面積：6070 km²

[26°13′N　104°06′E]

中国南西部，ユンナン（雲南）省北東部，チューチン（曲靖）地級市の県級市．市内を貴昆鉄道が通りグイチョウ（貴州）省に隣接する．大躍進期の1954～59年は榕峰県とよばれていた．1994年に市制移行した．市政府は宛水街道に置かれている．少数民族比率が1割に満たない漢族が主体の地域である．比較的規模の大きな炭鉱が点在する．古くから養豚が盛んで地域ブランドの烏蒙豚を生産する．それを加工した宣威ハムは有名ブランドで，その味は孫文が絶賛したことで知られている．1960年代の三線建設期に沿海部から疎開してきた企業が少なからず存在するが，閉鎖や倒産，経営不振にあえぐところが多い． ［松村嘉久］

シュワンエン県　宣恩県　Xuan'en

中国

人口：30.3万（2015）　面積：2743 km²

[29°59′N　109°29′E]

中国中部，フーペイ（湖北）省，エンシー（恩施）自治州の県．県政府はチューシャン（珠山）鎮に所在する．清江中流の南岸に位置する．トゥチャ（土家）族が総人口の約4割を，ミャオ族とトン（侗）族がそれぞれ1割強ずつを占める．標高1000 m以上の尾根が北東から南西へ横断して分水嶺を形成し，北部の貢水は清江水系に，南部のヨウ（酉）水はユワン（沅）水水系に属する．鉱産物には石炭，硫化鉄，石膏などがある．森林資源が豊富であり，桐油，生漆，五倍子などの漢方薬材を産する．農業は水稲，トウモロコシ，イモ類，ナタネなどがあり，ミカンや茶葉の産地でもある．機械，木材，食品などの工業がある．国指定の七姉妹山自然保護区や中武当遺跡などの名所旧跡がある． ［小野寺淳］

シュワンチョウ区　宣州区　Xuanzhou

中国

人口：86.6万（2012）　面積：2621 km²

[30°57′N　118°45′E]

中国東部，アンホイ（安徽）省南東部，シュワンチョン（宣城）地級市の区．区政府は状元北路に置かれる．皖南山地とチャン（長）江中下流平原の間に位置し，現在は宣城市政府がある．秦代に爰陵県が置かれ，漢代に宛陵県に，隋代に宣城県に改められた．1987年に宣城県を撤廃して宣州市を設けた．2000年に宣城県級市と宣城地区を合併して宣城地級市が置かれたことで，旧宣城県級市の地域に宣州区が設置された．おもな農産物は米，小麦，タバコ，茶葉などで，おもな工業は機械，紡績である．鉱産物は石炭の生産が多い． ［林　和生］

シュワンチョン市　宣城市　Xuancheng

中国

爰陵県，宛陵（古称）

人口：279.8万（2014）　面積：12340 km²

[30°57′N　118°45′E]

中国東部，アンホイ（安徽）省南部の地級

市. チャン(長)江の支流であるショイヤン(水陽)江とチンイー(青弋)江の中流域に位置する. 北はチャンスー(江蘇)省に, 東はチョーチアン(浙江)省に隣接する. 市政府はシュワンチョウ(宣州)区(面積 2621 km², 人口 86.6 万, 2012)に置かれる. 宣州区とニングオ(寧国)県級市, コワンドゥ(広徳)県, ランシー(郎渓)県, チンシェン(涇県), 旌徳県, チーシー(績溪)県の 1 区 1 市 5 県を管轄する. ワンナン(皖南)山地と長江中下流平原との中間に位置し, 南部の山地は東は天目山に, 南はホワン(黄)山に, 西はチウホワ(九華)山脈に続く. 山地が約 6 割を占めるが, 水陽江と青弋江の本支流に沿って河谷平原が発達する.

春秋時代は爰(えん)陵とよばれ越族の地だったが, 秦代に爰陵県が置かれ, 晋代に宣城郡に改められた. 唐代に宣州が置かれ, 南宋時に寧国府に改められ, 元代は寧国路, 明, 清代は寧国府であった. 1949 年に宣城専区が置かれたが, 52 年にウーフー(蕪湖)専区に編入された. 1980 年に蕪湖地区は宣城地区に改名され, 87 年に宣城県が撤廃され宣州市が設置された. 2000 年に宣城地区と宣州市を合併して宣城市が設置された.

河谷平原ではおもに米, 小麦, タバコ, 茶などを栽培する農業が盛んで, また山間部ではマツ, スギ, タケ材, 各種薬材を産する. 宣紙, 宣筆など文房四宝の生産で知られる. 市域内を滬渝高速道路, 皖贛鉄道, 宣杭鉄道などが通り, 合福高速鉄道も営業している. 景勝地に廊渓石仏山, 敬亭山, 障山大峡谷, 名勝地に太極洞, 桃花潭, 鱷魚湖, 赤灘古鎮, 査済古鎮などがある.　　　　[林　和生]

シュワンハン県　宣漢県
Xuanhan
中国

人口：103.0 万 (2015)　面積：4271 km²
[31°21′N　107°44′E]

中国中西部, スーチュワン(四川)省, ダーチョウ(達州)地級市の県. 県政府は東郷鎮に所在する. ダーバー(大巴)山脈の南麓に位置して山がちであり, 地勢は北東が高く南西が低い. おもな河川にチョウ(州)河, チェン(前)河, 后河, チョン(中)河がある. 襄渝鉄道(シャンヤン(襄陽)〜チョンチン(重慶))や包茂高速道路(パオトウ(包頭)〜マオミン(茂名))が通る. 天然ガス, 石炭, カリウムに富む塩水, 大理石, 石灰石, 鉄などの地下資源が多い. 農作物は水稲, 小麦, トウモロコシ, 搾油作物などがあり, オウレン(黄連)やテンマ(天麻)などの漢方薬材を産する. 畜産

や酪農も盛んである. カルスト地形の百里峡国立地質公園などの名勝がある.
　　　　　　　　　　　　　　[小野寺 淳]

シュワンフー県　双湖県
Shuanghu
中国

ドゥオロンワ　朶隴娃　Duolongwa (旧称)
人口：約 1 万 (推)　面積：116000 km²
気温：−1.3°C　　　　[33°12′N　88°50′E]

中国西部, シーツァン(チベット, 西蔵)自治区, ナッチュ(那曲)地区の県. 以前はドゥオロンワ(朶隴娃)とよばれた. クンルン(崑崙)山南麓に位置し, 周囲は山や峡谷に囲まれる. 1942 年に江竜宗が置かれ, 宗の制度が廃止されて以降はサギャ(薩迦)県やバインゴイン(班戈)県などに編入された. 1978 年にナッチュ地区の出先機関である双湖弁事処が置かれた. 1993 年に弁事処は撤廃され, ニーマ(尼瑪)県双湖特別区が置かれた. 2012 年にニーマ県から分離され, 双湖県となった. 鉱産資源として金やホウ素, 塩などが採掘される. また, 牧畜を営む人びとが多い.　　　　　　　　　　　　[石田　曜]

シュワンホワ区　宣化区　Xuanhua
中国

人口：66.7 万 (2015)　面積：2346 km²
気温：7.6°C　降水量：381 mm/年
[40°37′N　115°03′E]

中国北部, ホーペイ(河北)省北西部, チャンチャコウ(張家口)地級市の市轄区. 区政府は建国街街道に置かれている. 宣化盆地にある. 北東は山地で, 南西は丘陵地である. 最高峰の凤凰山は標高 1997 m. 1 月の平均気温は−11°C, 7 月は 23.3°C. 農作物はトウモロコシ, アワ, ジャガイモを主としている. ほかにリンゴ, ナシ, アンズがとれる. 特産品は宣化の牛乳とブドウである. 金鉱があり, 鉄, マンガン, 石炭なども採掘される. セメント, 農業機械, 印刷, 絨毯, 毛皮などの工場がある. 鉄道の京包線, 国道 110, 112, 207 号が通る.　　　[柴 彦威]

シュワンリウ区　双流区
Shuangliu
中国

人口：130.3 万 (2015)　面積：1032 km²
[30°34′N　103°55′E]

中国中西部, スーチュワン(四川)省, チョントゥー(成都)副省級市の区. 区政府は東昇街道に所在する. 2015 年にそれまでの双流

県から区になった. 地形はおもに平原であり, 東部には丘陵が分布する. ミン(岷)江水系のチンマー(金馬)河, チン(錦)江, ルーシー(鹿渓)河, チャンアン(江安)河などが南流する. 鉄道は, 成昆線(成都〜クンミン(昆明)), 高速鉄道の成綿楽線(ミエンヤン(綿陽)〜成都〜ローシャン(楽山)), 高速道路は, 京昆線(ペキン(北京)〜昆明), 成都第二環状線, 成遵線(成都〜ツンイー(遵義)), 空港線などが通る. 成都双流国際空港は国内外の多くの都市との間に航空路線がある. 農業は穀物, 搾油作物, 野菜, 果物を生産し, 観光農園も多い. 電子, 新エネルギー, バイオ, 航空などの工業の集積がみられ, 国の指定を受けた天府新区と大きく重なっている. 名所に黄竜渓古鎮がある.　　　[小野寺 淳]

シュン江　潯江　Xun Jiang
中国

じんこう (音読み表記)
面積：20570 km²　長さ：172 km
[23°27′N　111°25′E]

中国南部, コワンシー(広西)チワン(壮)族自治区の川. チュー(珠)江中流域の支流で, 桑江ともよばれる. 珠江上流域の支流であるチェン(黔)江とユィー(郁)江が合流する自治区東部のグイピン(桂平)を起点として, さらにグイ(桂)江と合流するウーチョウ(梧州)市までの 199 km の流路をさす. 川幅の平均は 573 m, 水深の平均は 3.8 m で, 渇水期でも最大 4.5 万 m³ の流量が維持される豊富な水源を有し, 自治区の最も繁茂な河川航路となっている. 春と夏に, 産卵のために南シナ海から遡上するシギョ(鰣魚)を捕獲する内水面漁業は古く行われ, 北海道のサケ漁と類似する. 潯江のシギョは, ホープー(合浦)の真珠, ロンシェン(容県)の沙田柚とあわせて広西の三宝とよばれる. 1846 年, 清朝打倒を目ざした太平天国が, 潯江を支配した天地会の艦軍(ていぐん, 水軍の一部)を南下させ, コワントン(広東)沿岸の清軍拠点を攻撃したことにより, 南部の勢力権をいち早く拡大した.　　　　　　　　　　　　[許　衛東]

シュンイー区　順義区　Shunyi
中国

人口：95.3 万 (2012)　面積：1016 km²
標高：100−300 m　気温：11.4°C
降水量：622 mm/年　[40°08′N　116°39′E]

中国北部, ペキン(北京)市北東部の区. 区政府所在地は府前中街である. 北京平野の北東部にあり, 平野面積が 96% を占め, 北東

部と南東部には丘陵地がわずかにある．潮白河，温楡河，小中河，蔡家河，箭杆河，金鳥河などの河川が流れる．1月の平均気温は-5.5℃，7月は26℃．農作物は小麦，トウモロコシ，水稲である．工業は服飾，自動車製造，機械，ゴム，醸造，食品，紡績，建材などの工場がある．区の南西部には北京首都国際空港がある．空港はチャオヤン(朝陽)区の管轄下にある．鉄道路線の大秦線，京承線，空港高速，京承高速，京平高速が通る．

[柴　彦威]

シュンイー県　旬邑県　Xunyi

中国

じゅんゆうけん(音読み表記)

人口：26.2万 (2010)　面積：1774 km²

標高：1300 m　気温：9℃　降水量：600 mm/年

[35°07′N　108°20′E]

中国中部，シャンシー(陝西)省中部，シェンヤン(咸陽)地級市の県．県政府所在地は城関鎮．漢族発祥の地といわれ，秦代に県が置かれた．無霜期間は179日．石炭，石油などの地下資源があり，石炭採掘が主要な産業である．リンゴ，タバコ，テンサイが名産物である．北宋の泰塔，明・清代の建築物と，切り紙などの民間芸能が有名である．

[杜　国慶]

シュンウー県　尋烏県　Xunwu

中国

尋鄔県(旧表記)/長寧県(古称)

人口：29.3万 (2015)　面積：2312 km²

気温：18.9℃　降水量：1650 mm/年

[24°57′N　115°38′E]

中国南東部，チャンシー(江西)省南東部，ガンチョウ(贛州)地級市の県．コワントン(広東)省とフーチェン(福建)省との境界部に位置する．旧称は長寧．スーチュワン(四川)省に同名の県があるため，1914年に管内の尋鄔要塞にちなんで尋鄔に改名され，57年に同音の尋烏に変更された．県政府所在地は長寧鎮．県域の81.3%は山地からなり(2015)，最高峰の頂山甑(標高1530 m)はチュー(珠)江の支流であるトン(東)江の水源である．気温の日較差が大きく，とくにミカンの生育に適する．ミカンの年間生産量は28万tを超え省内最大規模で，県内最大の収入源でもある．またレアアースの鉱脈が多く，推定埋蔵量も23万tと多い．住民の大多数は客家(ハッカ)系．近年，乱開発の影響で，資源の枯渇と河川の汚染が社会問題化し，汚染企業の強制閉鎖も頻発している．交通では国道206号が通じ，河川水路も発達する．中国革命の祖である毛沢東が1930年6月にここをフィールドワークの対象として行った『尋烏調査』報告は，当時の農村社会における階級対立を記録した名著として知られる．2015年の1人あたりGDPは約3000 USドルで，全国平均の4割以下という低水準にとどまっており，2016年にも国により貧困県の指定を受けた．

[許　衛東]

ジュンガル旗　準格爾旗　Jungar

中国

人口：35.7万 (2010)　面積：7692 km²

気温：6.1-7.1℃　降水量：240-360 mm/年

[39°52′N　111°14′E]

中国北部，内モンゴル自治区オルドス(鄂爾多斯)地級市の旗．4街道6鎮2郷1ソムを管轄する．オルドス高原の南東部に位置し，北，東，南がホワン(黄)河に囲まれ，北部のクジューークチ砂漠(庫布斉沙漠)，中部の丘陵区域，南部の黄ול丘陵区域から構成されている．旗内を黄河が197 km流れ，年間平均流量が毎秒2500 m³となる．地名はモンゴル語で左手，左翼という意味である．主要産業は牧畜産業から農業に移り，さらに現在では石油と石炭を産する鉱業地区になり，石炭の埋蔵量は200億t以上に達する．火力発電や水利建設を主とした民間企業による産業が発展している．県別経済力では全国でも100強県の中の第10位であり，西部では第1位である．内モンゴルでも代表に選ばれており，モデル地域となっている．

[オーノス・サラントナラ，杜　国慶]

ジュンガル盆地　準噶爾盆地　Junggar Pendi

中国

Dzungar, Zhunga'er Pendi (別表記)

面積：380000 km²　長さ：1100 km　幅：480 km

中国北西部，シンチャン(新疆)ウイグル(維吾爾)自治区北部の盆地．地名はモンゴル語で右翼(隊列，軍隊の右方)という意味に由来しているといわれる．ティエンシャン(天山)山脈とアルタイ(阿爾泰)山脈および西部の山々に囲まれ，断層によってできた地溝と考えられている．東西の長さは約1100 km，南北の幅は約480 kmに及ぶ．盆地の輪郭は三角形を示し，平均標高は約500 mである．東から西に向かってやや低くなり，東端の標高は約1000 m，西端は約300 mである．南西部のエビ(艾比)湖 Ebinur の標高は189 mで，ジュンガル盆地では最も低いところである．一方，盆地を囲む山脈は，その多くが標高2000～3000 m以上である．北東部のアルタイ山脈は，東トルキスタンとロシアおよびモンゴルとの国境付近に広がり，全長約2000 km，標高3000 m以上で，主峰のムズタウ Muztau 山は4374 mである．アルタイ山脈と天山山脈は，盆地の東部で最も接近するが合流せず，約200 km離れている．ここは標高500～1500 mあるが，この盆地の出口の1つで，モンゴルへの重要な交通路である．

盆地の西部，カザフスタンとの国境には，東西に走る地塁と地溝からなる一群の山地がある．これらの山地は，天山山脈とアルタイ山脈の間に分布していて，互いに平行している．すなわち南から北にアラタウ Alatau (阿拉套)山，バルルク Barluk (巴爾魯克)山，タルバガタイ Tarbagatay (塔爾巴哈台)山がある．山地と山地の間には低い谷状の低地がある．そのうちアラタウ山とバルルク山の間のアラタウ峠 Alatau Eghiz (阿拉山口)は幅約20 kmで，カザフスタンに通じる鉄道が通っている．アルタイ山脈の南麓にはゴビ(礫石帯)とオアシスが分布しており，南西部のエルチシ(イルトゥイシ)川流域では農業および牧畜業が発達している．

盆地の中央部，マナス(瑪納斯)湖以東にはクルバントンギュト(古爾班通古特)砂漠が広がり，その面積は約5万km²である．盆地西部の山地はそれほど高くなく，出入口も多いため，大西洋および北極海からの湿った空気が吹き込み，砂漠の年平均降水量は100～200 mmに及ぶ．したがって，ここは砂漠といっても多種の植物が生育しているため，砂丘は固定または半固定砂丘が中心である．また，マナス河以西ではその大部分が草原や沼沢地帯となっている．

ジュンガル盆地の中にはオアシスが少なく，主として天山山脈の北麓，盆地の南縁に分布し，西部と北部がこれに次いでいる．盆地の東縁には高い山脈がなく水源に乏しいため，オアシスはほとんどない．盆地を流れる河川は北部のエルチシ川以外，すべてが内陸河川である．エルチシ川は西に流れ，カザフスタン領内のザイサン湖を経てオビ川に注ぎ，北極海に流れ込む．内陸河川はほとんどが盆地に流れ込み，湖沼を形成している．たとえばマナス河，ウルングル Ulun'gur (烏倫古)河，ボルタラ Börtala (博爾塔拉)河は，それぞれマナス湖，ブルルトカイ(布倫托海)湖，エビ湖に流れ込む．一方，天山山脈北麓のオアシス町フトゥビー(呼図壁)からモリ

（木墾）の間の河川は，それぞれ独立水系をなしているが，オアシスの通過途中で灌漑や蒸発，浸透などで水量が失われるため，砂漠に消えてしまう.

ジュンガル盆地は石油，石炭，金，銅，ニッケル，クロム，塩などの鉱物資源に富む. 西部のカラマイ（克拉瑪依）油田は東トルキスタンの大規模な油田の1つである. アルタイ山脈は，古くから金の産地として有名である. 盆地には草原が広く分布しており，羊，山羊，ラクダなどの放牧が盛んである. 盆地周縁のオアシスでは灌漑農業が発達しており，小麦，トウモロコシ，綿花，果樹などが栽培される. 国道216，217，312号が盆地を囲む形で走り，盆地周縁のウルムチ（烏魯木斉），サンジ（昌吉），シーホーツー（石河子），クイトゥン（奎屯），カラマイ，アルタイ（阿勒泰）などの主要都市を結んでいる.

盆地の北東部にはカラマイリ Karamayli（卡拉麦里）山有蹄類自然保護区がある. この保護区の面積は約2万km²で，野生の馬，モウコノロバ，アルガリ，コウジョウセンガゼルなどの野生動物が生息する. また，盆地の西部には甘家湖自然保護区，クルバントンギュト砂漠の南縁にはグチョン（奇台）自然保護区がある. また，盆地では恐竜の化石が多く発掘されており，史前地質博物館ともよばれる. 1963〜66年に40以上の翼竜化石が発掘され，一時世界をわき立たせた. その後も，30mを超える竜脚類恐竜化石が多数発見されている.　　　　［ニザム・ビラルディン］

ジュンガルアラタウ山脈
Dzhungarskiy Alatau

カザフスタン/中国

標高：4464 m　長さ：402 km

[45°05′N　80°12′E]

カザフスタンと中国の国境地帯の山脈. ティエンシャン（天山）山脈北端の支脈で，イリ川によって天山山脈本体から分離されている. カザフスタン南東部のアルマトゥ州中部から東西に約400 kmにわたり，アラコリ湖まで続く. ジュンガルウォロタから南西にイリ川方向に延び，東部209 kmは中国シンチャン（新疆）ウイグル（維吾爾）自治区との国境をなす. 最高峰はベスバスカン山（標高4464 m）である. 銀および鉛を埋蔵している. 温泉がある.　　　　　　　　　　［木村英亮］

シュンコー県　遜克県　Xunke

中国

人口：10.0万（2012）　面積：17020 km²

[49°36′N　128°29′E]

中国北東部，ヘイロンチャン（黒竜江）省北部，ヘイホー（黒河）地級市の県. 県域はシャオシンアンリン（小興安嶺）山脈の北麓に広がり，7割が森林に覆われている. 黒竜江（アムール川）をはさんでロシアと国境を接し，通商窓口が開かれている. 県政府は奇克鎮に置かれる. 1943年にシュンホー（遜河），チーコー（奇克）の2県が合併して成立した際に，それぞれから1字がとられて県名となった.　　　　　　　　　　　［小島泰雄］

シュンシェン　浚県　Xun Xian

中国

黎陽（古称）

人口：66.5万（2010）　面積：966 km²

[35°40′N　114°34′E]

中国中央東部，ホーナン（河南）省北東部，ホーピー（鶴壁）地級市南部の県. 4街道，7郷鎮を擁する. 衛河のたもとに位置し，かつては黎陽とよばれた. 北宋の頃に置かれた浚州がのちに浚県となった. 1200年以上の歴史をもつ咕咕といわれる泥人形が有名である. また，大伾山浮丘山風景区には，国指定の文物保護単位の大石仏がある.　［中川秀一］

ジュンジュヌ　Jhunjhunu

インド

人口：11.9万（2011）　[28°08′N　75°24′E]

インド西部，ラージャスターン州ジュンジュヌ県の都市で県都. 州都ジャイプルの北180 kmに位置する. 大邸宅群の壁に描かれたこの地域独特の芸術的特徴をもつフレスコ画で有名である. これらの古風で趣のある美しい環境のため，ムンバイ（ボンベイ）の多くの映画制作者をひきつけ，数多くの映画のロケ地になっている. 近くにはまた，国内最大の銅鉱山の1つがあり，精錬工場がある. しかし，当地域の経済は小規模な産業に依拠しており，むしろ交易や観光および輸送の産業部門が当地域へ重要な収入をもたらしている.　　　　　　　　　　　　［前田俊二］

シュンチャン県　順昌県
Shunchang

中国

人口：18.8万（2015）　面積：1992 km²

気温：19.1℃　降水量：1756 mm/年

[26°48′N　117°48′E]

中国南東部，フーチェン（福建）省北部，ナンピン（南平）地級市の県. ウーイー（武夷）山脈南麓のミン（閩）江上流域に位置する. 県政府所在地は双渓街道. 地名は唐の長興4年（933）の順昌県設置に由来する. 亜熱帯モンスーン気候に属する. 丘陵地帯からなり，古くから杉，竹，キノコ，ミカンの産地として発達した. 森林率82.8%（2015）は省内随一である. 交通では鷹廈（ようか）鉄道（インタン（鷹潭）〜アモイ（廈門）），国道316号が通じる. 県北部の宝山風景名勝地と，元代建築の代表である宝山寺（国指定の重要文化財）が名所である.　　　　　　　　　　［許　衛東］

シュンディエン自治県　尋甸自治県
Xundian

中国

シュンディエン回族イ族自治県　尋甸回族彝族自治県（正称）／じんてんじちけん（音読み表記）

人口：45.7万（2010）　面積：3966 km²

[25°34′N　103°13′E]

中国南西部，ユンナン（雲南）省中央部，クンミン（昆明）地級市の自治県. 1979年末に尋甸回族イ族自治県となり，98年の行政区域再編でチューチン（曲靖）市から昆明市に編入された. 県政府は仁徳街道に置かれている. 少数民族の人口比率は20%程度で雲南省の民族自治地方の中では低い. カルスト地形が発達し，観光開発が期待される鍾乳洞や温泉もある. 褐炭，リン鉱石，珪藻土を産する. 省会昆明に供給する野菜の生産も盛んである.　　　　　　　　　　　［松村嘉久］

シュンドゥ区　順徳区　Shunde

中国

人口：253.5万（2015）　面積：806 km²

気温：21.9℃　降水量：1701 mm/年

[22°48′N　113°17′E]

中国南部，コワントン（広東）省中南部，フォーシャン（仏山）地級市の区. チュー（珠）江デルタ平原の中心部に位置する新興工業地で，省会のコワンチョウ（広州）の南32 kmに位置する. 地名は明が景泰3年（1452）に広東南部一帯の農民蜂起を鎮圧した後，順天明徳の意を込めて順徳県を設置したことに由来する. 1992年に市になったが，2003年に

仏山市に編入され，順徳区となった．区政府所在地は大良街道．養殖池づくりの残土と養殖魚の魚糞を周囲の作物栽培に利用することから，もともと氾濫原に適する塘基農業という生態農業の中心地帯であった．改革開放後，めざましい農村工業化が国内外の注目を浴びるようになり，省を代表する4つのミニドラゴンの1つと称された．郷鎮企業起源の企業集団による冷蔵庫，エアコン，扇風機，炊飯器，湯沸かし器などの家電生産は全国シェアの20％に近い集積地である．2015の輸出規模は207億ドルに達し，1人あたりGDPも1万6570ドルと高い．ホンコン(香港)，マカオ(澳門)，東南アジアなどに在住する順徳出身の華僑が50万人を数える僑郷の1つである．　　　　　　　　　　［許　衛東］

シュンドルボン　Sundarbans

バングラデシュ

スンダルバンズ　Sundarbans (ヒンディー語)

面積：10000 km²　標高：0-2 m
[22°01′N　89°24′E]

バングラデシュ南部，インドにまたがる世界最大のマングローブの群生地帯．地名はベンガル語で美しい森を意味し，ヒンディー語ではスンダルバンズとよぶ．総面積の62％にあたる5770 km²がバングラデシュ側に存在する．ガンジス川の主流が長い歴史の中で，東へ移るに従って，この地域に新鮮な河水がしだいに供給されなくなり，汽水域のマングローブ林となっていったと考えられる．域内には無数の川が網状に入り組んでいるが，塩分を含むため，その農地開発はむずかしかった．しかも，いったんマングローブ林が伐採されて排水が行われると，酸性硫酸塩土壌となって作物が生育できないほどの強酸性となる．

インド側は西ベンガル州の南24パルガナス県に属し，スンダルバンズ国立公園(1984指定)となっており，1987年にユネスコの世界遺産(自然遺産)に登録された．バングラデシュ側のシュンドルボンはクルナ管区南部に属する．このうちとくに希少な生物種が残る地区は，1977年に3つの野生動物保護区(西，東，南)に指定された．この保護区のうちシュンドルボン西地区が「シュンドルボン」(1397 km²)として1997年ユネスコの世界遺産(自然遺産)に登録された．ここには絶滅危惧種であるベンガルトラが最も多く生息する．この頭数を管理するためのベンガルトラセンサスを両国で実施している．2011年のセンサスでは特殊カメラを用いて頭数を数

え，180頭としている．そのうち106頭がバングラデシュ国内に生息している．

インド側に比べてバングラデシュ側の開発が遅れているため，野生生物にとっては絶好の自然環境となっている．このマングローブ林や内部の河畔林などの存在によって，雨季にたびたびこの地域に襲来するサイクロンから，水田や集落，クルナやモングラ，バゲルハットなどの都市を守ってきた．域内にはベンガルトラ以外にも多くの希少な動物が生息する．260種に及ぶ鳥類やイリエワニ，インドパイソン，ガンジスカワイルカ，マダラシカ，アカゲザルなどである．また，海岸にはニタリクジラ，カワゴンドウ，スナメリ，ミナミバンドウイルカ，マダライルカ，ハシナガイルカ，ウスイロイルカ，希少種のガンジスカワイルカなど，貴重なクジラ類が数多くみられる．

シュンドルボンの開発は意外と古く，3～4世紀の都市遺跡がみられ，14世紀前半には，デリーから移動してきたムスリム王によってバゲルハットに数多くのモスクや廟をもつ都市が建設されている．ムガル朝の藩侯はこの地を近隣の住民に貸し付けた．アクバル帝時代には，多くの囚人がこの地に逃れてきたが，大半はベンガルトラの犠牲になった．17世紀にはベンガル湾を航行していたポルトガルの海賊をはじめ，泥棒，密輸人の秘密のすみかとなった．1757年にムガル王朝のアルマジール2世から東インド会社に所有権が確定・移転した，1764年には最初の地図が測量によってつくられている．1869年に森林管理局が設けられ，75年には多くのマングローブ林が保護林となった．しかし，地元住民はもちろん全国民にとって，このマングローブの主要樹種であるスンダリをはじめ，天然林が重要な建築用材，燃料，パルプ材，新聞紙やマッチ材となっている．とりわけクルナ管区の北部では多くの天然林が伐採され，水田化したところも多い．

近年の地球温暖化の影響や，地体構造的にシュンドルボンの東側が隆起する傾向にあること，インドによってガンジス川のバングラデシュ国境近くに建設されたファラッカ堰による取水によって，バングラデシュ側に流入する水量が減少していることなどが複合的な要因となって，西部やインド側のシュンドルボンの河川の塩分濃度が高まり，マングローブの植物相，動物相の変化が指摘されている．　──スンダルバンズ　　　　［野間晴雄］

ジュンパン湖　Jempang, Danau

インドネシア

クノハンジュンパン　Kenohan Jempang (別称)

面積：126 km²　標高：1 m　長さ：19.4 km
幅：14.7 km　　　　[0°26′S　116°11′E]

インドネシア中部，カリマンタン(ボルネオ)島東部，東カリマンタン州西クタイ県の湖．州都サマリンダの西約150 kmに位置する．南北14.7 km，東西19.4 km．島中央部の山地から東に流れる大河マハカム(920 km)川やブラヤン川などの中流域に形成された広大な低湿地にある多くの湖沼の1つである．　　　　　　　　　　［瀬川真平］

シュンピン県　順平県　Shunping

中国

人口：31.3万 (2010)　面積：708 km²
気温：12.2℃　降水量：578 mm/年
[38°50′N　115°08′E]

中国北部，ホーペイ(河北)省中西部，パオディン(保定)地級市の県．県政府は蒲陽鎮に置かれている．タイハン(太行)山脈北の丘陵地帯から平野への延長帯にある．北西から南東部へは山地，丘陵，平野が広がる．唐河，曲逆河，蒲陽河が流れる．農作物は小麦，アワ，綿花，野菜を主とし，リンゴ，カキも栽培される．化学工業，農業機械などの工場がある．古墓遺跡がある．　　　　［柴　彦威］

ジュンブル　Jember

インドネシア

人口：233.3万 (2010)　面積：3293 km²
[8°10′S　113°42′E]

インドネシア西部，ジャワ島南東部，東ジャワ州の県．ジャワ島東端のアルゴプロ山(標高3088 m)の南東麓に位置し，東にラウン山(3332 m)，南東にムルーブティリ山(1225 m)を望み，インド洋に向かって広がる．東ジャワ州の州都スラバヤからジャワ島東端の都市バニュワンギにいたる鉄道，幹線道路上に位置する．住民はジャワ人，マドゥラ人，および華人などで，前二者のほとんどがイスラーム教徒である．おもな日常の言語はジャワ語やマドゥラ語である．もともと農業地帯であったが，オランダ植民地下でジャワ人やマドゥラ人に農地開発が奨励され，コメやトウモロコシなどの栽培が進んだ．19世紀末からは企業的な農園農業(プランテーション)によるコーヒー，ゴム，タバコなどの栽培が進んだ．とくにタバコはインドネシア国内でも有数の産地として知られる．これ

らにおもに携わったのがジャワ人やマドゥラ人である．2013年では，県面積の約22%（715 km²）が森林であるが，農業的土地利用としては水田（1626 km²），畑（720 km²），プランテーション（約157 km²）などで，おもな作物の年間収穫量は米93万t，トウモロコシ39万t，キャッサバ4.2万t，大豆2.1万tである．

県庁が所在するのはパトラン郡で，人口は3.7万（2010）である．かつて東ジャワ州には行政市の1つとしてジュンブル市があったが，2001年からは地方行政改革に伴ってジュンブル市は廃止され，ジュンブル県に編入された．旧ジュンブル市に相当するのは現在のパトラン，スンブルサリ，カリワテスの3郡である．この地区には県の行政，商業活動，交通などの機能が集中している．さらに，東ジャワ州東部地方の主要な都市的地域でもあり，州の行政機関の地方事務所が所在し，国立大学や2つのイスラーム私立大学，その他の高等教育機関などもある．

[瀬川真平]

シュンホワ自治県　循化自治県　Xunhua

中国

シュンホワサラ族自治県　循化撒拉族自治県（正称）

人口：15.6万（2015）　面積：1749 km²
[35°50′N　102°29′E]

中国西部，チンハイ（青海）省東部ハイトン（海東）地級市の自治県．中国唯一のサラ（撒拉）族自治県で，サラ族は県総人口の約60%．東部と南部はガンスー（甘粛）省と境を接する．県南東部に標高4000 m級の山々が連なり，北部をホワン（黄）河が流れる．駱駝泉という泉があり，13世紀頃に中央アジアから移住を始めたサラ族の先祖が，この地域にたどり着き定住した地点と伝わる．その近くに，イスラームの街子清真寺（モスク，14世紀創建）がある．

[髙橋健太郎]

シュンヤン県　旬陽県　Xunyang

中国

洵陽県（旧表記）

人口：42.7万（2010）　面積：3541 km²
[32°50′N　109°22′E]

中国中部，シャンシー（陝西）省南東部，アンカン（安康）地級市の県．県政府所在地は城関鎮．もとの地名は洵陽であったが，1964年に同音の旬陽に変更された．北にはチン（秦）嶺山脈，南にはダーバー（大巴）山脈があ る．チャン（長）江の支流ハン（漢）水が県を西から東へ流れる．地形は山地が主体で，カルスト地形が発達している．気候は亜熱帯に属し，温暖湿潤が特徴である．水銀，アンチモン，金などの地下資源に富む．タバコ，クワ，サンショウが名産物である．墾家梁など3カ所で新石器時代の遺跡が発見された．

[杜　国慶]

ジョインヴィル島　Joinville Island

南極

面積：1607 km²　長さ：74 km　幅：22 km
[63°15′S　55°45′W]

南極，西南極の島．南極海峡に隔てられ，南極半島の北東沖に浮かぶジョインヴィル諸島最大の島で，東西74 km，南北22 kmの大きさである．1838年頃，デュモン・デュルヴィル率いるフランスの探検隊によって発見され，地図に記入された．アルゼンチン，イギリス，チリの3国によって領土権主張がなされている係争地である．

[前杢英明]

小アンダマン島　Little Andaman Island

インド

人口：1.9万（2011）　面積：710 km²　長さ：42 km
幅：26 km　[10°40′N　92°29′E]

インドの東方，アンダマンニコバル諸島連邦直轄地北部，アンダマン諸島最南端にある島．南北42 km，東西26 km，アンダマン諸島では第4位の面積を有する．グレートアンダマン南端のルトランド島から，ダンカン海峡（幅53 km）を隔てて南に位置する．南側はテンディグリー海峡によってニコバル諸島北端のカールニコバル島と隔てられている．ほぼ平坦で熱帯雨林が覆う．先住民オンゲ族の生活の場であり，1957年から保護区となっている．

[大竹義則]

しょうかんし　韶関市　☞シャオクワン市　Shaoguan

小ココ島　Little Coco Island

ミャンマー

リトルココ島（別表記）

長さ：5 km　[14°14′N　93°11′E]

ミャンマー西部，ヤンゴン地方（旧管区）ヤンゴン南部県の島．ヤンゴンの南西約450 km，西のベンガル湾と東のアンダマン海と の境界上に位置する．アンダマン諸島に属し，大ココ島とともにココ諸島を構成する．ココ海峡をはさんで南側にインド領アンダマンニコバル諸島連邦直轄地のランドフォール島があり，アレクサンドラ海峡の北側には大ココ島がある．長さ約5 km，幅は約450 m～1.3 kmほどの徳利型の形状をしており，森林に覆われている．ペルシア湾からマラッカ海峡にいたる石油輸送ルートの重要なシーレーン上にあるが，1994年，中国がミャンマーとの間でココ諸島の租借契約を締結し，両島にレーダー基地や軍港を建設している．

[辰己眞知子]

ショウコワン市　寿光市　Shouguang

中国

人口：107.4万（2015）　面積：1990 km²
[36°52′N　118°41′E]

中国東部，シャントン（山東）省中部，ウェイファン（潍坊）地級市の県級市．シャオチン（小清）河下流，ライチョウ（莱州）湾に面している．夏代に斟灌国の地に属し，漢代景帝中元2年（紀元前148）に寿光県を設置した．平野に位置し，標高は南部の49 mから北部の1 mまで変化している．河川や湖沼が多い．小麦，トウモロコシ，リンゴ，ナシなどを生産し，漁業も発達している．近年，野菜の栽培や流通に特化し，国内最大の野菜流通市場に成長してきた．毎年10数万人の野菜商人が訪れている．石油，石炭などの埋蔵量が豊富である．

[張　貴民]

しょうさくし　焦作市　☞チャオツオ市　Jiaozuo

ショウシェン　寿県　Shou Xian

中国

寿州，寿春県（古称）

人口：約140万（2010）　面積：2986 km²
[32°35′N　116°47′E]

中国東部，アンホイ（安徽）省中部，ホワイナン（淮南）地級市の県．ホワイ（淮）河の南岸，江淮丘陵と淮北平原の間に位置する．県政府は寿春鎮に置かれる．地勢は南部が高く北部は低い．秦代に寿春県が置かれ，隋代に寿州が設けられ，1912年に寿県に改められた．2015年12月に六安市から淮南市管轄になった．戸籍人口は約140万，常住人口は約110万（2010）．米と小麦，綿花を主とする有数の農業県であるが，県内に瓦埠湖があ

り，水産業も盛んである．古跡に寿州古城，報恩寺，安豊塘などがある． ［林 和生］

しょうしゅうし　漳州市 ☞ チャンチョウ市
Zhangzhou

じょうじょうし　上饒市 ☞ シャンラオ市
Shangrao

小シンアンリン山脈 ☞ シャオシンアンリン
Xiao Xing'an Ling

小スンダ列島　Sunda Kecil, Kepulauan
インドネシア／東ティモール

Lesser Sunda Islands（英語）／ヌサトゥンガラ諸島　Nusa Tenggara, Kepulauan（マレー語）

面積：82546 km²　長さ：1500 km

インドネシア中部から東ティモールにいたる鎖状の列島．環太平洋火山帯の火山弧にある列島群のうち，バリ海峡以東の列島弧をさす．バリ海峡の西側のスマトラ島，ジャワ島と，カリマンタン島，スラウェシ島の大規模4島を中心とした列島群は大スンダ列島とよばれる．インドネシアでは，マレー語で東南の島々を意味するヌサトゥンガラ諸島とよばれる．おもな島は，西よりバリ島，ロンボク島，スンバワ島，スンバ島，フロレス島，レンバタ島，アロール島，ティモール島があげられる．インドネシア独立当初は地域全体で小スンダ州として1つの行政区画を形成していたが，1958年にバリ州（バリ島）と，それ以東の列島を東西に分けた西ヌサトゥンガラ州（おもな島はロンボク島，スンバワ島）と東ヌサトゥンガラ州（おもな島はスンバ島，フロレス島，レンバタ島，アロール島，ティモール島）の計3州に分かれた．その際，ヌサトゥンガラの呼称を用いることを発案したのは，当時共和国教育文化省大臣の職にあったムハンマド・ヤミンであるといわれている．その後内戦を経て2002年にティモール島東部は東ティモール民主共和国として独立した．

列島の西端に位置するバリ島は気候が湿潤で農業が盛んであり，観光資源も豊富であることから経済水準が高いが，以東の島々は，とくに東部に向かうに従って，年平均降水量が少なく，傾斜が激しい不毛の土地の割合が高い．首都ジャカルタなどインドネシア中心部からの交通アクセスが悪いこともあり，道

路や水道，電気などのインフラが整っていない地域も多い．また，東部に向かうにつれて，各島を占める民族コミュニティの規模は小さくなり，言語的・民族的多様性が顕著となる．バリ島がバリ語を話す389万人のバリ人に占められているのに対して，東端の東ティモールでは1000～数万人単位の少数言語が30以上話されている．宗教的には，バリ島ではバリ・ヒンドゥー教が，ロンボク島，スンバワ島ではイスラーム教が，それ以東の島々ではキリスト教が信仰されている． ［澤 滋久・塩原朝子］

しょうたんし　湘潭市 ☞ シャンタン市
Xiangtan

小デワカン島　Dewakang Kecil, Pulau
インドネシア

デワカンクチル島（別表記）／デワカンチャッディ
Deawakang Caddi（マカッサル語）

［5°30′S　118°27′E］

インドネシア中部，南スラウェシ州の島．州都マカッサルの西南西約120 km沖合にある．周辺には，大デワカン島，バンカウルアン Bangkauluang 島がある．また，スラウェシ本島との間には，タナケケ島を中心とする諸島がある．この地域は，カリマンタン（ボルネオ）島とスラウェシ島の間にあるマカッサル海峡の南端にあたる． ［山口真佐夫］

小ドアンドアンガン島
Doangdoangan Kecil, Pulau
インドネシア

ドアンドアンガンクチル島（別表記）／ドアンドアンガンチャッディ　Doangdoangan Caddi（マカッサル語）

［5°16′S　117°54′E］

インドネシア中部，南スラウェシ州の島．州都マカッサルの西南西約170 km沖合にある．周辺には，大ドアンドアンガン島，バンコバンコアン Bangkobangkoang 島，マラセンデ Marasende 島，ブトンブトンガン Butongbutongang 島，マルカルクアン Malukalukuang 島などがある．この地域は，カリマンタン（ボルネオ）島とスラウェシ島の間にあるマカッサル海峡の南端にあたる． ［山口真佐夫］

しょうどんへいげん　松嫩平原 ☞ ソンネン平原 Songnen Pingyuan

しょうなんきょく　小南極 Lesser Antarctica ☞ にしなんきょく West Antarctica

しょうなんとう　昭南島 ☞ シンガポール島
Singapore Island

小ニコバル島　Little Nicobar Island
インド

人口：301（2011）　面積：140 km²
［7°20′N　93°41′E］

インドの東方，アンダマンニコバル諸島連邦直轄地南部，ニコバル諸島の島．人口400あまり．大ニコバル島北側に，幅約7 kmのセントジョージ海峡を隔てて位置する．島の北方にはソンブレロ海峡（幅約50 km）を隔てて，カッチャル島やカモルタ島，ナンコウリ島などからなるナンコウリ群島がある．諸島では大ニコバル島，カッチャル島に次ぐ面積をもつ島で，最高点は標高435 m．沿岸の一部を除いて，島の大部分は熱帯林に覆われている． ［大竹義則］

ショウニン県　寿寧県　Shouning
中国

人口：17.8万（2015）　面積：1424 km²
気温：15.1℃　降水量：1911 mm/年
［27°30′N　119°30′E］

中国南東部，フーチェン（福建）省北東部，ニンドゥ（寧徳）地級市の県．洞宮山脈の南端に位置する．県政府所在地は鰲陽鎮．地名は明の景泰6年（1455）の寿寧県設置に由来する．県域の88.9%を山地が占める．亜熱帯モンスーン気候圏に属するが，最高峰の山羊尖（標高1649 m）と最低地の武曲村（60 m）の高低差は1589 mもあるため，山地気候と植生の垂直帯分布が特徴である．大小1700以上の渓流があり，水資源が豊富．林業のほか，竹類，シイタケ，茶，キウイ，クリなどを多く産出する．北宋時代に建造された寿寧廊橋（木造の屋根つき橋）を筆頭に，大小19の廊橋が分布し，地域特有の観光名所となっている．住民の大半は客家（ハッカ）系で，フーアン（福安）方言を使用する． ［許 衛東］

ショウヤン県　寿陽県　Shouyang

中国

人口：21.3万(2013)　面積：2116 km²
気温：7.3℃　降水量：400 mm/年
[37°52′N　113°09′E]

中国中北部，シャンシー(山西)省中東部，チンチョン(晋中)地級市の県．タイユワン(太原)市の東に隣接する．県庁所在地が寿水の北にあることから県名は寿陽となった．周囲は山，中部は起伏に富んだ山間盆地である．北部にある大威山(標高1714 m)が最高峰である．アワ，トウモロコシ，コーリャンなどの雑穀を栽培している．石炭などの地下資源が豊富．石太鉄道(太原～シーチャチョワン(石家荘))や太旧高速道路が中心部を通っている．　　　　　　　　　　[張 貴民]

しょうようし　邵陽市　☞ シャオヤン市
Shaoyang

しょうわきち　昭和基地　Syowa Station

南極

標高：29 m　気温：−10.5℃
[69°00′S　39°35′E]

南極，東南極の日本の観測拠点基地．リュツォホルム湾の東オングル島にあり，基地の名称は建設された時代(1957年1月)の元号「昭和」による．基地のタイムゾーンは経度からUTC＋3時間(JST −6時間)としている．氷河，海洋，大気，生物，超高層，固体地球などに関する観測を行う日本の拠点施設であり，大小60以上の棟で構成されている．管理棟のほか，居住棟，発電棟，汚水処理棟，環境科学棟，観測棟，情報処理棟，衛星受信棟，焼却炉棟，電離層棟，地学棟，ラジオゾンデを打ち上げる放球棟などがあり，このほか，大型受信アンテナ，燃料タンク，ヘリポート，貯水用の荒金ダム，太陽電池施設，風力発電施設などがある．多くの建物は木造プレハブ構造である．医務室，管理棟，厨房，食堂，通信室，公衆電話室，図書室，娯楽室などは管理棟内にある．主要な建物は通路で接続され，荒天時でも移動できるよう配慮されているが，連絡通路で接続されていない建物には，簡易トイレや非常用食料の備蓄など，数日間そこで過ごせるような対策が講じられている．

基地の電気は2基のディーゼル発電機が交互に運転され，賄われている．このほかに非常用発電施設もある．郵政民営化までは郵便局もあり，現在は日本郵便銀座郵便局昭和基地内分室が置かれ，手紙やハガキを日本本土へ送ることができるが，日本への配送は越冬隊が帰還する際の年1回のみである．観測資材や食糧，燃料などの物資は防衛省所属の南極観測船(砕氷艦)によって運ばれている．基地付近に観測船の接岸が可能なときは，雪上車での横持ち輸送や，給油パイプ接続による燃料流送で基地への物資搬入が可能であるが，海面の結氷状況により接岸困難なときは，沖合に停泊した観測船からヘリコプターを使用した空輸に頼っている．2009(平成21)年から運用開始した観測船「しらせ(2代目)」では，荷役作業の効率化のため物資の搭載がコンテナ化されており，これに対応して2007～08年に基地内にコンテナヤードが整備された．

南極地域観測隊員は通常約60人で，そのうち約40人が越冬する．翌年度の隊がきた観測船で前年の越冬隊が帰国するため，基地にはつねに人がいることになる．隊員はオーストラリアまで空路で移動し，そこから南極観測船に搭乗する．日本から昭和基地へのロジスティックは海上自衛隊員によって支援が行われ，観測隊員と協力しながら実施されている．タロ，ジロで有名になった樺太犬など犬ぞり用の犬は，その後環境保護に関する南極条約議定書により生きた動物や植物などの南極への持ち込みが禁止されたため，現在はいない．　　　　　　　　　　[前杢英明]

ジョギンダルナガル　Jogindarnagar

インド

人口：0.5万 (2001)　[31°59′N　76°47′E]

インド北部，ヒマーチャルプラデシュ州マンディ県の都市．州都シムラの北西105 kmに位置する．インド有数の水力発電基地として知られており，最初の発電所は1932年に建設された．ハリヤーナ州北部のパターンコートからカングラ峡谷を経由する狭軌鉄道の終着駅であるほか，国道154号が通過するなど，山岳州である中では交通の利便性が高い．周辺ではジャガイモの栽培が盛んであり，その集散地となっている．　[友澤和夫]

ジョグ滝　Jog Falls

インド

ゲルスッパ滝　Gerusoppe Falls (別称)／ゲロソッパ滝　Gerosoppa Falls (別称)

[14°14′N　74°49′E]

インド南部，カルナータカ州中部，シモガ県の滝．西ガーツ山脈を西流してアラビア海に流入するシャラヴァティ Sharavati 川の上流にあり，その落差は253 m．アジアで最も高い滝の1つであり，インドで最も美しい滝といわれる．ゲルスッパ滝ともよばれる．滝の手前で川の流れは4本に分かれ，4筋の滝となって流れ落ちる．それぞれは，その姿により，王滝，女王滝，咆吼滝，ロケット滝と名づけられている．滝の上流約9 kmには，リンガナマキ Linganamakki ダムがつくられ，水路や他のダムを経由して，滝の下流にあるマハトマ・ガンディー発電所に送られ，カルナータカ州に電力を供給している．この

昭和基地(南極)，3階建ての管理棟(手前左)と通路でつながる発電棟や居住棟，周囲の観測設備(2016)
〔友松岳士提供〕

ため，酷暑季にはダム貯水による水量の減少を引き起こす． ［大竹義則］

ジョクジャカルタ　Yogyakarta

インドネシア

Djokjakarta（旧称）／Jogjakarta（別表記）／ヨグヤカルタ（正称）／ンガヨグヤカルタ Ngayogyakarta（別称）

人口：38.9万（2010）　　［7°48′S　110°22′E］

インドネシア西部，ジャワ島中南部，ジョクジャカルタ特別州の市（コタ）で州都．ジョグジャガルタとも表記される．中ジャワ州スラカルタの南西60 kmに位置する．都市の始まりは，オランダ東インド会社とマンクブミ（ハメンクブウォノ1世）との間で1755年に結ばれたギヤンティ条約にさかのぼる．この条約により第3次ジャワ継承戦争は終結し，マタラム王国はスラカルタ侯国とジョクジャカルタ侯国に分裂した．ジョクジャカルタ侯国の初代王ハメンクブウォノ1世は，マタラム王国の都スラカルタ（通称ソロ）から南西60 km離れた地をジョクジャカルタ侯国の王都とした．ジョクジャカルタの真北にはジャワ王権の守護神が宿るとされるムラピ火山がそびえ，真南にはマタラム王国の始祖セノパティが南海を統べる女神ラトゥキドゥルに出会ったというパラントゥリティス海岸が広がる．ジョクジャカルタの王宮はムラピ火山とこの海岸を結ぶ軸の真中に建設されており，宇宙の中心たる王家のコスモロジーを表している．

分裂後のジョクジャカルタとスラカルタでは，ガムラン音楽や舞踊，ワヤン（影絵芝居），バティック（ジャワ更紗）などがそれぞれ独自に発展を遂げ，同じマタラム王朝に由来しながらも微妙に異なる様式を生み出している．国立芸術高校と国立芸術総合大学が置かれ，伝統芸術を継承している．またジョクジャカルタ絵画芸術が盛んである．

歴史的にみればジョクジャカルタでは，1825～30年にディポネゴロ王子による反オランダ闘争（ジャワ戦争）が展開し，1912年にイスラーム改革運動組織ムハマディアが銀細工で有名なコタグデ村を拠点として設立され，22年には後に初代教育文化相となるデワントロの指導によってタマンシスワ民族教育運動が誕生している．さらに1946～49年には新生インドネシア共和国の首都となるなど，絶えず時代の新しい動きの中心にあったといえる．ジョクジャカルタ侯国はハメンクブウォノ9世の共和国政府への貢献により，9世が知事を務める特別州とされた．9世はまた1949年に発足した国立ガジャマダ大学（UGM）創建にも多大な支援をした．同大学はジャカルタのインドネシア大学（UI）と並ぶ国の代表的な国立総合大学であり，海外からの研究留学者にとってはジャワの言語，社会，文化，歴史研究の中心地となっている．また近辺にはプランバナンやボロブドゥールをはじめとして仏教やヒンドゥー教の史跡が点在していることから，国内最大の観光都市として，国内外から多くの観光客が訪れる．
 ［冨尾武弘］

ジョクジャカルタ特別州　Yogyakarta, Daerah Istimewa

インドネシア

ジョグジャ　Yogya（略称）

人口：345.7万（2010）　面積：3169 km²

　　　　　　　　　　　　［7°48′S　110°22′E］

インドネシア西部，ジャワ島中南部の特別州．東西北を中ジャワ州に囲まれ，南はインド洋に面している．ジョクジャカルタを州都とし，クロンプロゴ，バントゥル，グヌンキドゥル，スレマンの4県からなる．人口密度は993人/km²（2000）．Yogyakartaを綴りどおりに発音すればヨグヤカルタとなるが，通常ジョクジャカルタと発音される．また単にジョグジャともよばれる．ジャワ語を話すジャワ民族が住む．

同地の始まりは，1755年のギヤンティ条約によってマタラム王国がジョクジャカルタ侯国とスラカルタ侯国に分裂したことにさかのぼる．これらジャワ宮廷文化が栄えた地域が，狭義でのジャワである．特別州の名称は日本軍政下の1942年8月に初めて用いられた．1945年の独立宣言後もインドネシア共和国はオランダに対する独立戦争が続いた．ハメンクブウォノ9世は共和国政府を支援，1946年から49年までは共和国の首都がジョクジャカルタに移転している．これらの貢献が認められて，ジョクジャカルタ侯国はハメンクブウォノ9世が州知事として統治する特別州とされ，それは1988年の9世死後も10世に継続されている．またジョクジャカルタ王家から1813年に分立したパクアラム家当主はジョクジャカルタ市の市長を務めている．その一方で，スラカルタ侯国は積極的に貢献しなかったために特別州に認められず，中ジャワ州に編入された．リパブリック（共和）制とは王の存在を認めない政体である．

北部は現在も噴火活動を続けるムラピ火山（標高2911 m）で区切られている．また南部には南海岸沿いに東西150～700 mのグヌンキドゥル山地が延びている．この山地は石灰質の岩山で土地生産性が低いため，この地域ではジョクジャカルタ市やジャカルタに出稼ぎに行く人びとが多い．しかし南北の山にはさまれた中央部は肥沃な火山性土壌の平野で，ジャワを特徴づける水の豊かな水田が広がり，また植民地時代からサトウキビやタバコが栽培されてきた．さらにジョクジャカルタ市が王宮を中心に発展する過程で，周辺地域で銀細工（コタグデ村が有名），皮細工，バティック（ジャワ更紗）などの産業が発達した．市街地から南東10 kmのイモギリにはマタラム王朝（スラカルタ，ジョクジャカルタ両王朝）の墓所，中ジャワ州との境にはプランバナン寺院遺跡群がある．またボロブドゥール遺跡（中ジャワ州に所属）も近い．ジョクジャカルタ周辺にはこれらの仏教やヒンドゥー教の影響を受けた遺跡が点在するため，国内外から多くの観光客が訪れる．ジョクジャカルタ市からスラカルタ（通称ソロ）に向かうソロ街道の南にジョクジャカルタ空港（国内線）がある．なお1985年，ジョクジャカルタ特別州と京都府は友好提携を結び，文化交流が図られている．
 ［冨尾武弘］

ジョグバーニ　Jogbani

インド

人口：3.9万（2011）　　［26°23′N　87°16′E］

インド北部，ビハール州アラリア県の都市．コルカタ（カルカッタ）の北約440 km，州都パトナの北北東約230 km，ネパールとの国境付近に位置しており，同国のビラートナガルと接する．パトナと州東部の都市カティハールを結ぶ本線から分かれる複数の支線の終着駅がある．カティハールから延びる108 kmの支線は2008年に広軌化が完了し，輸送力が増強された．また，南約10 kmには高速道路化された国道527号のインターチェンジがあり，そこからネパール方面に向かう道路（ネパール側では国道8号）が市内を通過する．このように，ネパールとインドを結ぶ交通の要衝となっており，国境をまたぐ各種ビジネスが盛んである． ［友澤和夫］

ジョージ湖　George, Lake

オーストラリア

ウィーリワ　Weereewa（別称）

標高：675 m　長さ：25 km　幅：10 km
深さ：7.5 m　　　　　　［35°06′S　149°25′E］

オーストラリア南東部，ニューサウスウェールズ州南東部の湖．首都キャンベラの北東

758　シヨシ　　　　　　　　　　　　　　　　　　　　　　　　　　　　　〈世界地名大事典：アジア・オセアニア・極Ⅰ〉

約40kmに位置する. 地殻変動により形成された内陸湖である. また, 湖の基盤は火山の火口であり, 湖の堆積物の厚さは250mを超えている. 流域面積は小さい. 数時間, 数年をかけて水量が変化する. 水深は浅く, 多くの場所で約1mとなっており, 最深部の深さは約7.5mと観測されている. 水が完全にあるときの容積は約5億m³となる.

オーストラリア国防大学の土木研究者によって, 波の挙動を検証する実験が行われている. 水位が高いときは人気の釣りのポイントとなっており, また急斜面を利用したハンググライダーも行われている. 西側の急斜面では, ブドウが栽培されており, また湖が乾燥しているときは, 羊が放牧されている. 2009年には, 湖南東側に140MWの風力発電所(キャピタルウィンドファーム)がつくられた. 地名は, 湖が1820年8月にジョセフ・ワイルドにより発見された後, マクウォーリー知事によりキング・ジョージ4世にちなんで名づけられた. アボリジニの言葉ではウィーリワとよばれ, 悪い水を意味する. これは, 塩分濃度が州の中でも高い部類に入るからである.　　　　　　　　[比企祐介・牛垣雄矢]

ジョージ湾　George Sound
　　　　　　　　　　　　　　　　　　ニュージーランド
長さ: 17km　　　　　　　[44°50′S　167°21′E]

ニュージーランド南島南西岸, サウスランド地方の湾. フィヨルドランド国立公園の一部である. ブライ湾とカスウェル Caswell 湾の間の, 南東方向のフィヨルドである. 地名は, キング・ジョージにもとづくという考えと, 調査船アケロン号のパイロットのジョージ・スティーヴンスにもとづくという2つの説があるが, 後者が有力である. 南島西海岸でマオリの遺跡が残っている最南端の地である.　　　　　　　　　　　　　[太田陽子]

ショーシェン　歙県　She Xian　中国
歙州 (古称)/きゅうけん (音読み表記)
人口: 約49万 (2014)　面積: 2212km²
　　　　　　　　　　　[29°52′N　118°26′E]

中国東部, アンホイ(安徽)省南部, ホワンシャン(黄山)地級市の県. シンアン(新安)江の上流域で, ホワン(黄)山のふもとに位置する. 県政府は徽城鎮に置かれる. ワンナン(皖南)山脈の南部にあって, 北に黄山と徽嶺, 東に天目山, 南東に白際山と標高1000m級の山々がそびえる. 安徽省とチョーチ

ャン(浙江)省の北東境にそびえる清涼峰(標高1787m)が最高点である. 中部はホイチョウ(徽州)盆地である. 豊楽, 富資, 布射などの河川が徽城鎮で練江に合流し, さらに歙浦で新安江に合流したのちに, 千島湖に流入する.

秦代に歙県が設置され, 会稽郡, タンヤン(丹陽)郡, 新安郡などに属した. 歙とは盆地状の地形をさす古い方言である. 漢代には始新県, 新定県, 休陽県が分置され, 梁代に良安県が分置された. 隋代に歙州が設置され, 歙県に治所が置かれた. 歙県は北宋の徽宗の時代に徽州と改称され, 元代には徽州路が, 明, 清代には徽州府が設置された. 隋代から近代にいたるまで歙県は徽州地区の政治, 経済, 文化の中心であった. 1987年に黄山市の管轄下に置かれ, 88年には歙県の西部地区が黄山市に編入され, 徽州区となった. 皖贛鉄道と杭瑞, 京台の高速道路が県内を通る.

県域の半分近くが森林に覆われ, マツ, スギ, 孟宗竹などの林産物に恵まれる. 主要な農作物には水稲, 小麦, トウモロコシ, ナタネ, 豆類, ビワ, モモ, ナシなどがあり, また全国有数の茶の産地で毛峰, 大方, 烘青などの銘茶を産する. 製茶, 建材, 化学, 機械などの工業が発達する. また文房四宝の徽墨, 歙硯の産地で, 竹木細工など伝統工芸品も多く産する. 南唐, 宋代より徽州商人(新安商人)の商業活動が活発になり, 明, 清時代には全国規模で活躍し巨額の財を得た. 商人たちは得た財産を故郷の文教事業に投資したことで, 中国三大地方文化の1つである徽州文化が発達した. この地には書院や社学が林立して新安医学などを生み出し, 多くの進士及第者や文人を輩出した. 名勝古跡には許国石坊, 長安寺塔, 漁梁壩, 太平橋, 棠樾碑坊群, 浙江墓, 黄賓虹故居, 新安碑園などがある.　　　　　　　[林　和生]

ジョージ5世ランド　George V Land
　　　　　　　　　　　　　　　　　　　　南極
キングジョージ5世ランド　King George V Land (別称)
　　　　　　　　　　　[68°30′S　148°00′E]

南極, 東南極の地域. オーストラリアが領土権を主張している. オーストラリアのタスマニア島南方にあたるジョージ5世海岸から内陸部の南緯70度付近まで, 経度は東経142度2分から153度45分までの間にはさまれた区域である. 1911～14年にかけて, オーストラリアのダグラス・モーソン率いる

探検隊によって探検され, イギリス王ジョージ5世(1865-1936)にちなんで命名された. ジョージ5世海岸西端にあるコモンウェルス湾は, 滑降風(カタバ風)の影響により「世界で最も風が強い場所」として知られている. メルツ氷河とニニス氷河という2つの大きな氷河がジョージ5世海岸に向けて流出している.　　　　　　　　　　　　　[前杢英明]

ジョージタウン　George Town
　　　　　　　　　　　　　　　　　　オーストラリア
アウターコーヴ　Outer Cove (古称)
人口: 0.4万 (2011)　面積: 6.8km²
　　　　　　　　　　[41°04′S　146°48′E]

オーストラリア南東部, タスマニア州北部の町. ロンセストンの北西約50km, イーストテーマーハイウェイ沿い, テーマー川の東岸河口付近に位置する. 1798年, イギリス人航海者のマシュー・フリンダーズ, そして軍医であり探検家であるジョージ・バスがバス海峡を航海中に, 現在のジョージタウンのあるテーマー川の河口, ポートダリンプルの地を発見した. その後, フランス人航海者のルイ・ド・フレシネの率いる探検隊がこの地を訪れ, 周辺地域の調査を行った. この事実を知った当時のニューサウスウェールズ総督は, フランス人により入植が開始されてしまうことを恐れ, 1804年11月, ウィリアム・パターソンをポートダリンプルに送り込んだ. そしてその上陸から数日後の11月11日, ジョージタウンの地において領有宣言が行われた. このとき, 兵士, 囚人, 医師など200人がパターソンとともに入植を開始している.

なお, 当時のジョージタウンはアウターコーヴとよばれていた. 1805年になると, パターソンはテーマー川対岸のヨークタウンに居を移し, また06年からはロンセストンへの入植が本格的に開始されていたため, アウターコーヴの植民地としての役割が徐々に失われていった. そのような折, 1811年12月にラクラン・マクウォーリー総督がポートダリンプルを偵察に訪れた. マクウォーリーは, バス海峡に面しており, ロンセストンよりも地理的に利便性が高いなどの理由から, アウターコーヴこそタスマニア北部を統括する場所に適していると考えた. そこでアウターコーヴに植民地管理本部を設置することを命じ, 当時のイギリス国王ジョージ3世に敬意を表して現名称を命名した.

植民地の管理機能は, 1819年にロンセストンから正式にジョージタウンに移された

が，5年後の24年には再度ロンセストンに戻された．都市計画を得意としていたマクウォーリーは，町の中央に広場，その周囲に格子状に通りを配置するという，定番ともいえる都市計画案にもとづいて町の整備を指示した．1821年にもマクウォーリーは再度ジョージタウンを訪れ，建物や施設，周辺地域などをくまなく視察した．このときマクウォーリーが名づけた通り名は現在でも使われている．1830年代に入ると，テーマー川の50 kmほど上流に位置するロンセストンとジョージタウンを結ぶ蒸気船が就航し，テーマー川における人と物資の往来が活発となった．また農家で実業家でもあるジョン・バットマンが，ジョージタウンからヴィクトリアへ赴き，ポートフィリップ湾において新しい植民地の開拓を開始したことにより，ヴィクトリアとも盛んに交易が行われることとなった．1840年代に入ると徐々に町は衰退していったが，70年代に町の東15 kmに位置するレフロイにおいて金鉱脈が発見されると，町はふたたび活気を帯びることになる．

現在，町の雇用の多くが，隣接するベルベイにあるアルミ精錬所や，天然ガス火力発電所に依存している．町の北西部の岬，ローヘッドにはコガタペンギンの繁殖地があり，とくに夏場には野生のペンギン観察を楽しむ観光客が少なからず訪れる．オーストラリアで最初に入植が開始されたシドニー，続くホバートは市であるが，3番目に入植植民地となったジョージタウンは現在も町であるため，国内最古の町ともいえよう． 　　[安井康二]

ジョージタウン（マレーシア），屋根や外壁の彫刻が美しい中国寺院クーコンシー《世界遺産》
〔gracethang2/Shutterstock.com〕

ジョージタウン　George Town

マレーシア

人口：19.8万（2010）　　　［5°25′N　100°20′E］

マレーシア，マレー半島マレーシア領北西岸，ペナン州の州都プラウピナンの中心地区．今日では，行政上ではペナン島全体を含む一般市プラウピナンの1地区となった．首都クアラルンプールの北北西293 kmに位置し，対岸にはバターワースの町がある．地名は，1786年にこの地に上陸したイギリス東インド会社のフランシス・ライトにより命名された．イギリスがマレー半島に初めて触手を延ばした場所がペナン島であり，島の北東部に位置するジョージタウンに東インド会社マレーシア支部が置かれた．ジョージタウンには，港湾施設が整備されて，要塞が築かれた．

イギリスは，この地での貿易拡大をねらって自由港としたので，貿易量が拡大すると同時に，インド人や中国人貿易商人の流入が続いた．市街地は徐々に拡大していったが，土地管理は19世紀後半までは正確にはなされていなかった．1850年代以降の人口急増期になると，市街地を取り囲む低湿地が無秩序に市街化していった．この頃には都市計画の必要が認識されるようになり，都市計画の主体となる行政組織が，1857年に初めてできた．ジョージタウンでは，シンガポールやマラッカのような民族別の居住分離政策はとられなかった．

やがてジョージタウンは，ヨーロッパの工業化とイギリス植民政策の変更により，貿易拠点としてよりもマレー半島内の内陸開発の拠点としての役割を強めた．そして，内陸のスズ鉱山開発の拠点となり，中国人労働力調達拠点ともなった．内陸への労働力の供給は，貿易商人もかかわったが，同郷集団・会党の性格をもつ秘密結社の役割が大きかった．さらに，半島内陸で採掘されたスズ鉱が沿岸航路などを用いてこの地に集められ，原石の加工が行われた．また，20世紀に入ってゴムのプランテーションが拡大してくると，ジョージタウンは，ゴム園で働くインド人労働者の受け入れ窓口ともなった．この労働力調達は，年期契約移民もしくはカンガニー制自由労働者の募集制度による．

このため，今日でも中国人とインド人が多数居住し，居住人口の約80％を占めている．中でも市街地中心部には，リトルインディアとよばれる地区があり，インド人が多い．ここは，貿易，繊維関係，香辛料，貴金属などを扱う中小零細企業・店舗が集中する地区となっている．この一帯は，ジョージタウンの旧市街（インナーシティ）にあたり，再開発が要請されているが，保存と開発をめぐるさまざまな議論が展開されている．旧市街は，2008年に「マラッカとジョージタウン，マラッカ海峡の古都群」としてユネスコの世界遺産（文化遺産）に登録された．

市街地再開発の最大規模のものは，都心部の大規模複合ビル（コムター）の建設であり，1973年に建設が始まった．しかしその後，1990年代に入って市内各地で商業開発が進行したために，商業中心性はしだいに低下してきた．このジョージタウンから対岸のブキメルタジャム Bukit Mertajam にかけての地域は，ペナン都市圏とよばれることがあり，半島マレーシアの主要な都市圏の1つとして成長しつつある． 　　[生田真人]

ジョージタウン　Georgetown

ニュージーランド

プナマル　Pun a maru（マオリ語）

人口：0.2万（2001）　　　［44°55′S　170°51′E］

ニュージーランド南島，オタゴ地方の町．ワイタキ地区，ワイタキ川南岸の河成低地にある．ラズベリーなどの果物の栽培を行う．巨大な鳥，モアの遺物や岩石に描かれた古いマオリの絵など，マオリの歴史を示すものが多く残されている．この場所は1870年に初めて調査され，地名は，当時のオタゴの収入役であったジョージ・ダンカンの名前から命

名された．マオリ語ではプナマルとよばれ，
マルの泉を意味する． [太田陽子]

ジョージタウン George Town ☞ **プラウ
ピナン Pulau Pinang**

ジョージナ川　Georgina River

オーストラリア

ハーバート川　Herbert River（旧称）

面積：232000 km²　長さ：1127 km
[24°54′S　139°35′E]

　オーストラリア北東部，クイーンズランド
州南西部の川．いわゆるチャネルカントリー
に達する河川の１つ．バークリー台地東側，
ノーザンテリトリーとクイーンズランド州と
の境界付近に源流がある．州南西部を南に流
れ，チャネルカントリーにいたる．極端に水
量の多いときはサウスオーストラリア州のエ
ア湖に注ぐことがある．極端な乾燥地域を流
れるため年間流量はきわめて少なく，水路に
水がみられない時期が多い．地名は，かつて
はハーバート川とよばれていたが1890年に
現名称に変更された． [秋本弘章]

じょしゅうし　滁州市 ☞ **チューチョウ市
Chuzhou**

ジョージ6世海峡　George VI Sound

南極

長さ：483 km　幅：30 km
[71°00′S　68°00′W]

　南極，西南極の海峡．南極半島南部，イギ
リス海岸付近にあり，パーマーランドからア
レクサンダー島の東部と南部の海岸線を取り
巻くように分布する長さ483 kmの構造凹地
であり，アルファベットのJの形をしてい
る．地名はイギリス王ジョージ6世（1895-
1952）にちなんで命名された．24～64 kmの
幅をもち，ジョージ6世棚氷から大量の氷を
供給されたさまざまな湖が海峡に面してい
る．ホグソン Hodgson 湖，モウトンニー
Mountonnee 湖，アブレーション Ablation
湖などが含まれている．アレクサンダー島東
部から流れ出すいくつかの氷河が海峡に向け
て西側から流入している．1936～37年にか
けてイギリスのグラハムランド探検隊によっ
て調査され，1940年にはアメリカのチーム
によっても調査が行われた． [前杢英明]

ジョゼフヴィル　Josephville

ニュージーランド
[45°48′S　168°24′E]

　ニュージーランド南島，サウスランド地方
の村．インヴァーカーギルの北72 km，オ
レティー川中流東岸のワイメア Waimea 平
野に位置する．地名は，この土地の所有者で
あったオーストラリアのジョセフ・クラーク
の名にもとづいて命名された． [太田陽子]

ジョセフボナパルト湾　Joseph Bonaparte Gulf

オーストラリア

長さ：320 km　幅：160 km
[13°39′S　128°54′E]

　オーストラリア北西部，ウェスタンオース
トラリア州北東部からノーザンテリトリー北
西部にかけて位置する湾．ティモール海から
切れ込み，東西約320 km，南北約160 km
に広がる．西端は一般にウェスタンオースト
ラリア州ロンドンデリー岬とされるが，東端
はノーザンテリトリーのスコット岬からブレ
イズ岬まで諸説ある．オード川をはじめ，い
くつもの河川が注ぐ湾であり，ウィンダムが
主要港である．東岸や西岸にはアボリジニの
集落が点在する．1644年にオランダ人アベ
ル・タスマンが探検し，地名は1803年に訪
れたフランス人ニコラ・ボダンがナポレオン
1世の長兄にちなんで命名した．この名称
は，1817年に海岸線を調査したイギリス海
軍の軍人によって一度は白紙に戻されたが，
第2次世界大戦後に復活している．
[大石太郎]

ジョーダン Jordan ☞ **ヨルダン Jordan**

ショーチー県　社旗県　Sheqi

中国

賒旗（旧称）/賒店（古称）

人口：約75万（2015）　面積：1203 km²
[33°02′N　112°57′E]

　中国中央東部，ホーナン（河南）省南西部，
ナンヤン（南陽）地級市東部の県．15郷鎮を
擁する．もとは賒店とよばれていたが，後漢
の頃に劉秀が挙兵したことから賒旗となり，
1965年に周恩来が社会主義の旗の意味で社
旗県と命名した．漢水の支流である唐河の上
流にあって湖北に通じ，カイフォン（開封）市
にも近いため，清代には周辺の綿織物，油な
どの物資の集散地として栄えた．チンドゥ
（景徳）鎮，フォーシャン（仏山）鎮，チューシ

ェン（朱仙）鎮と並ぶ全国四大商業鎮と称され
る．現在は，72の古い街道に石畳を整備し，
昔の銀行，質屋，役所などの建物を保存して
観光資源としている． [中川秀一]

ジョドプル　Jodhpur

インド

人口：103.4万（2011）　降水量：360 mm/年
[26°18′N　73°01′E]

　インド西部，ラージャスターン州ジョドプ
ル県の都市で県都．同州第2位の都市．州都
ジャイプルの西南西約290 kmに位置する．
タール砂漠の東縁部にあり，古くから隊商貿
易の拠点として栄えてきた．地名は，マール
ワール王国を建国したラージプート族のラ
オ・ジョーダ王に由来し，ジョーダの町を意
味する．マールワール王国は，市から8 km
離れたマンドールを都としていたが，より防
御にすぐれた地を求めて1459年に当地に遷
都した．イギリスの統治下となったジョドプ
ル藩王国時代（1818～1947）にも首都であっ
た．都市構造は，大きく旧市街と新市街に分
けられる．約10 kmの市壁で囲まれた範囲
が旧市街地であり，その中央部の比高約120
mの岩山上には藩王によってメヘラーンガ
ル砦が築かれた．この砦はインド有数の雄壮
さをもつとともに，内部の宮殿には華麗な装
飾が施されていることで知られる．旧市街地
のほとんどの建物は青色で統一されており，
ピンクシティと称されるジャイプルに対し
て，ブルーシティとよばれる．また，サンシ
ティと呼称されることもあるが，これは一年
を通じて晴天の日数が多いという同市の気候
的特性を反映したものである．降水量は少な
く，その大部分は7月と8月に集中する．
　旧市街の南部には新市街が形成され，公共
施設やホテルが立地している．新市街東部に
ある丘陵地には，ウメイド・バワン・パレス
というインド最大級の王宮ホテルがあり，旧
藩王の居住区も設けられていることで知られ
る．郊外のマンドールは広大な遺跡公園とし
て整備され，重要な観光資源である．こうし
た城塞や町並み，そして豊かな歴史資産は，
州の中央部に所在するという地理的位置と相
まって，州を代表する観光地としての地位を
不動のものとしている．観光都市として著名
であるほか，農業や工業も盛んである．周囲
の半乾燥地域では小麦，綿花，羊毛，家畜，
石材が生産されており，それらの集散地とな
っている．また，そうした産品を原料として
繊維工業のほか，家具，金属，自転車，スポ
ーツ用品の生産も盛んである．手工業として
は，ガラス腕輪，食器，絨毯，大理石加工品

ジョドプル(インド),メヘラーンガル砦と市街〔Shutterstock〕

などが著名である．教育機関としては，ジョドプル大学や半乾燥地域研究所，インドの陸・空軍および国境警備軍の訓練所が所在する．また，ラージャスターン州高等裁判所が置かれている．鉄道駅や空港があり，交通の利便性も高い． 　　　　　　　　　〔友澤和夫〕

ショートランド諸島　Shortland Islands
ソロモン

人口：0.4万 (2009)　面積：414 km²
[6°59′S　155°54′E]

南太平洋西部，メラネシア，ソロモン諸島西部，ウェスタン州の諸島．州の最西端に位置する．主島のショートランド(アル Alu)島(面積202 km²)をはじめオヴァウ Ovau 島，ピル Piru 島，ファウロ Fauro 島，バラライ Balalae 島，ピルメリ Pirumeri 島，マグサイアイ Magusaiai 島などで構成される．太平洋戦争時に日本軍が航空基地を建設したところとしても知られる．パプアニューギニアのブーゲンヴィル島南端からわずか9 kmの距離にあり，そのため伝統的に両地域間の社会的関係は緊密であったが，1990年に発生したブーゲンヴィル紛争を機に国境をまたぐ自由な往来はむずかしくなった．おもな産業はコプラ，木材である．現在のショートランド諸島民は，カトリック改宗前の19世紀後半期に同諸島の南西にあるモノ島から移住してきた人びとの子孫である．ショートランド諸島の政治リーダー(ララハナ・カネガナ)は他のソロモン諸島諸地域に比べ強い専制的権威をもち，一般の人びととはつねに彼への敬意と畏怖を求められ，そのことを具体的に示す行動(モト)を必要とした．その慣習の一部は現在でもショートランド社会に息づく．

〔関根久雄〕

ショナルガオン　Sonargaon
バングラデシュ

ソーナールガーオン (別表記)
面積：0.7 km²　　　　[23°39′N　90°36′E]

バングラデシュ中部，ダッカ管区ナラヤンガンジ県の都市遺構．ショナルガオン郡にあるパーラ朝の旧首都で，ベンガル地方の国際的交易センターとなった歴史的都市である．首都ダッカの南約30 kmの郊外にある．地名はベンガル語で黄金の都を意味する．ガンジスデルタの自然堤防上に位置し，水路，河川を通じてベンガル湾を経て，インド各地やスマトラ，マラッカなどと海路で結ばれていた．モロッコ出身の旅行家イブン・バットゥータ(1304-68?)やイタリアの商人で探検家のニッコロ・デ・コンティ(1395-1469)らがこの都の栄華を記述している．

都市は13世紀初頭から栄えた．もとはヒンドゥー人口が卓越していたが，1281年以降ムスリムの商人や聖人などが居住していく．1338年，太守バフラーム・ハーンの死後，部下のファフルッディーン・ムバーラク・シャーがスルタン国の独立を宣言した．一時はデリーからの攻撃にあって逃亡したが，その後，ショナルガオンを奪回した．ショナルガオンは，1538年までの200年間ベンガルの政治・交易の中心となった．16世紀にムガル帝国の版図に入り，1608年に首都がダッカに移転すると，経済的地位をダッカに譲ることになった．しかし，イギリス植民地時代の19世紀には，ここを出身としてコルカタ(カルカッタ)に移住した商人らが帰郷し，運河・壕で囲まれたパナムナガールの区画に古建築を復興した．周辺の村で職人が織る白く柔らかい平織の綿織物であるモスリンは高級織物で，遠くアラビアやヨーロッパ，中国などにダッカモスリンとし輸出されたが，これらの綿モスリン貿易に従事した．ショナルガオンではレンガのレリーフ彫刻で著名なゴアルディモスクも見どころである．ただしかつての国際交易時代の栄華は現在はなく，時間が止まったような町となっている．民俗美術博物館には当時の芸術品やモスリンが展示され，ジャイナル・アブディン博

762　シヨネ　　　　　　　　　　　　　　　　　　　　　　　　　　　　　〈世界地名大事典：アジア・オセアニア・極Ⅰ〉

物館にはこの地で発掘された遺物が保管されている.
　　　　　　　　　　　　　　　　[野間晴雄]

ジョネ県　卓尼県　Jone　　　　中国

人口：10.1万（2002）　面積：5160 km²
標高：3000～3500 m　　　[34°35′N　103°30′E]

　中国北西部, ガンスー（甘粛）省南部, ガンナン（甘南）自治州中部の県. タオ（洮）河上流にあり, 南西部はスーチュワン（四川）省に接する. 1950年に卓尼自治区が置かれ, 55年に県と改められた. 県名は卓尼古寺に由来し, チベット語で2本の大きな木を意味する. 人口の約6割がツァン（チベット）族である. 林業と牧畜業が盛んである. 中国四大名硯の1つである洮硯の産地である.
　　　　　　　　　　　　　[ニザム・ビラルディン]

ジョボデュヤク　Jobodhuyag　☞ チョオユー山　Cho Oyu

ジョホール州　Johor, Negeri　　　マレーシア

人口：334.8万（2010）　面積：19061 km²
　　　　　　　　　　　[1°30′N　103°44′E]

　マレーシア, マレー半島マレーシア領最南部の州. 東は南シナ海, 西はマラッカ海峡に面する. 北はパハン州とヌグリスンビラン州と境をなし, 南はジョホール水道を隔ててシンガポールと対峙する. 州の下にはムアー, バトゥパハット, スガマット, クルアン, ムルシン, ポンティアン, コタティンギ, ジョホールバール, クライジャヤ Kulai Jaya, ルダン Ledang の10の郡（Daerah）がある. 地方自治体として州都であるジョホールバル特別市のほか, 6市8町が存在する.
　地名は, 16世紀に成立したムラユ（マレー人）の王国の名にちなんでいる. 16世紀初頭にポルトガルによって占領されたマラッカ王国は, 各地を移動したのち半島南部に移り, ジョホール王国となった. 王国は, 南シナ海とマラッカ海峡とをつなぐ船舶の寄港地として繁栄し, マラッカのポルトガル勢力に対抗する大きな勢力となった. ポルトガルにかわってマラッカを支配したオランダとも良好な関係を築き, 17世紀後半までさらに勢力を拡大したが, 王の失政やミナンカバウ王の侵攻によって18世紀初頭に滅亡した. その後, 1824年の英蘭条約によってこの地がイギリスの支配圏となり, 新たなジョホール王国が成立した. ジョホール州はこの王国に起

源している. 第2次世界大戦が開戦して間もない1942年1月には, 日本軍はマレー半島全域を占領し, ジョホール州を起点としてシンガポールを攻撃, 陥落させ占領した.
　農業としてはパイナップルやココヤシ, アブラヤシ（オイルパーム）のプランテーションが特徴的な景観を呈している. このほか, 北部, 内陸部を中心にドリアン, ランブータン, マンゴスチンなどの果樹栽培も多くみられる. 沿岸漁業も盛んで, マラッカ海峡側ではムアー, バトゥパハット, ポンティアン, 南シナ海側ではエンダウ, ムルシン近郊に大小多数の漁港が立地している. 主要漁港のほとんどでは華人漁業者が多数を占めている. マラッカ海峡側では浮刺網・流網, 南シナ海側ではトロール漁業が主力となっている. 漁港周辺の親水空間には海鮮料理店が多くみられ, 活魚料理を求めて赴く都市住民やシンガポールからの観光客も多い.
　ジョホール州は, シンガポールとの近接性を有効に活用しながら, 工業化, 経済発展を進めてきた. 1990年代には豊富な労働力と広大な土地を背景として, シンガポール, インドネシアのリアウ諸島州のバタム島とともに結ばれた経済圏構想「成長の三角地帯」の一翼になった. 近年ではシンガポールの人件費の高騰などを理由に, 生産拠点を同州に移す企業が多い. ジョホールバール市の東部郊外に位置するパシルグダン港は, パームオイルほか多数の貨物を積み出す港湾である. 同じ地区内には大規模なパシルグダン工業団地が造成されており, 石油化学工業, 製造業の拠点となっている. セカンドリンクに近いタンジョンペラパスにも, 2000年にシンガポール港に対抗するコンテナ・ハブ港として新しい港湾が開港した. シンガポールとは堤道（コーズウェイ）および架橋（セカンドリンク）によって結ばれている.
　ジョホールバール周辺は, シンガポールを訪れる観光客にとって歴史遺産やマレー料理・海鮮料理を求めるオプショナルツアーの目的地となっている. ムルシン郡の沖合, 南シナ海上にはラワ島, ティンギ島, シブ諸島はじめ多数の小島があり, ビーチリゾートとして観光客に人気がある.
　　　　　　　　　　　　　　　　[田和正孝]

ジョホール水道　Johor, Selat　　　マレーシア／シンガポール

長さ：53 km　幅：2 km
　　　　　　　　　　　[1°28′N　103°50′E]

　マレー半島マレーシア領とシンガポール島との間にある水道. ジョホール海峡ともよば

れる. 東はマレー半島を南流するジョホール川の河口域, 西は同じくプライ Pulai 川の河口域となっている. かつてこのあたりには, オランクアラ（川の民）, オランスラター（海峡の民）などとよばれる船上生活者がいた. 1924年にマレー半島南端のジョホールバール中心市街地とシンガポールのウッドランズを結ぶ長さ1.2 kmあまりの堤道（コーズウェイ）が完成した. 道路および鉄道が開通しただけでなく, 電話ケーブル, 水道パイプラインもマレーシアとシンガポールを結んでいる. 両国を結ぶ経済・交通の幹線である. マレーシアから大量の水の供給を必要とするシンガポールにとって, 堤道は文字どおり生命線ともいえる. 1998年, マレーシアは水道西側に, シンガポール港に匹敵する港湾建設を進め, また, ここからシンガポールのジュロン工業団地を結ぶ連絡橋を完成させた. これは堤道に次いでかけられた連絡道であることからセカンドリンクとよばれている. このような経済発展とともに, ジョホール水道は新たな時代を迎えている.
　　　　　　　　　　　　　　　　[田和正孝]

ジョホールバール　Johor Bahru　　　マレーシア

タンジュンプトゥリ　Tanjung Puteri（旧称）
人口：49.7万（2010）　[1°30′N　103°44′E]

　マレーシア, マレー半島マレーシア領最南部, ジョホール州ジョホールバール郡の特別市で州都. 首都クアラルンプールの南東295km, ジョホール水道に面して立地する. かつてはタンジュンプトゥリとよばれていた. 1866年にスルタン・イブラヒムが王宮をこの地に移してから, この名称が用いられるようになった. 1942年1月に日本軍がシンガポールに侵攻する際に拠点としたことでも知られる. 幅約2 kmのジョホール水道（海峡）を隔ててシンガポールと対する. 水道は1960年代までは定置式の大型漁具で埋め尽くされていたが, 今はその面影はない. シンガポールとは1924年に開通した堤道（コーズウェイ）, および98年に開通した橋による連絡道（セカンドリンク）を通じて結ばれている. かつて繁栄した海上交通路もシンガポール島の南側のシンガポール海峡へと取って代わった. シンガポール経済の影響は強く, 多くの住民が就労パス（スマートカード）を所持して, 毎日, シンガポールへ通勤している.
　市域は, 北部ではかつてプランテーションであったところ, 海岸部ではマングローブ湿

地であったところを開発して拡大した. ただし, 市域の周辺部には, アブラヤシやパイナップルのプランテーションも依然多くみられ, これらを利用した伝統的な農産物加工業, 精油業も盛んである. シンガポールと結ばれる道路沿いには高層ビルが多く立ち並び, マレー半島の南の玄関口として繁栄している. 2006 年からマレーシア政府によって開始されたイスカンダル計画は, 大型の複合的な経済開発である. この地を金融, 行政の中心地とするほか, 市街地のウォーターフロント開発, 東部のタンジュンランサット工業団地やパシルグダン工業団地を製造業の拠点, 西部のタンジュンプレパス港を物流の拠点にするなど, 壮大な計画である.

ジョホールバールは, シンガポールを訪れる観光客がイスラーム文化を体験するためのオプショナルツアーの場所としても人気がある. スルタンの王宮, アブバカル寺院, イスタナ公園など歴史的な文化遺産も多い. 物価が安いので, 海鮮料理や数々のマレーシア産品を求めて車でやってくるシンガポール市民は多い. ガソリンもシンガポールに比べて安く手に入るが, シンガポール政府は両国の経済事情を勘案して, 購入に規制をかけている. 1998 年に開催されたサッカーのワールドカップフランス大会のアジア最終予選がこの地で開催され, 日本チームが初の本大会出場を決めたことから, 日本においても名前がよく知られる都市となった.　　　　[田和正孝]

ショーホン県　射洪県　Shehong
中国

人口: 93.2 万 (2015)　面積: 1496 km²
[30°52′N　105°23′E]

中国中西部, スーチュワン(四川)省, スイニン(遂寧)地級市の県. 県政府は太和鎮に所在する. 四川盆地中部にあり, 地勢は北高南低で丘陵が主である. 主要な河川にフー(涪)江とその支流の梓江や洋渓河があり, 涪江の水運はチャン(長)江に通じる. ミエンヤン(綿陽)と遂寧を結ぶ成渝環線高速道路が涪江に沿って縦貫している. 農業は穀物, 搾油作物, 綿花, 野菜などを生産し, 豚や家禽の飼養が盛ん. 石油, 天然ガス, にがりなどの地下資源が豊富であり, 食品, 化学, 紡織などの工業がある. 名所旧跡に中華ジュラ紀公園(射洪珪化木国立地質公園)や陳子昂読書台などがある.　　　　[小野寺 淳]

ジョムソン　Jomsom
ネパール

人口: 0.1 万 (2011)　標高: 3500 m
[28°47′N　83°44′E]

ネパール西部, ムスタン郡(ダウラギリ県)の村で郡都. ムスタン郡は行政的には, カリガンダキ川最上流域であるアンナプルナおよびダウラギリヒマールの北側に位置している. ムスタン郡の住民は, チベット族, タカリ族およびグルン族を中心とする. 北は中国のシーツァン(チベット, 西蔵)自治区と境を接する半乾燥・乾燥の山岳地域である. 郡は中部のカグベニから北を境として, 大きく南北 2 つの地域に区分できる. 北部は上部ムスタン Upper Mustang とよばれ, 旧王制下にはヒマラヤに唯一残る藩侯国として知られた. ジョムソンはネパール語で新しい要塞を意味する郡都であるが, 歴史的に南部ムスタン, いわゆるタッコーラ Thakkola 地方の中心は, チベット・ヒマラヤ中間山地帯間貿易の主要交易品・塩に対する徴税官が駐在したトゥクチェであった. その後, ジョムソンに政府機関, 軍基地, 飛行場が置かれ, さらに外国人観光客相手の観光業が現在ジョムソンを中心に発展したことでタッコーラ地方の中心地としての地位を確固たるものとした. なお, カリガンダキ川沿いのトレッキングも, 1992 年以前はカグベニ以北の上部ムスタンへの入域は制限されていた.

南部のおもな集落として, カリガンダキ川沿いの谷底部に立地するマルファ Marpha, トゥクチェがある. 南のカリガンダキ河谷では, リンゴの栽培が盛んで, ムスタン産リンゴは国内ではブランド化している. 2008 年のポカラからジョムソンまでの自動車道路全面開通は, 同地域でのリンゴ栽培に拍車をかけ栽培面積が拡大した. マルファには政府の果樹試験場が置かれ, リンゴ栽培技術の開発と指導が行われている.

上部ムスタンのおもな集落は, カリガンダキ川の本流から数百〜500 m 以上高い段丘上に位置する. ロマンタン Lo Mangtang は, ムスタン郡(ダウラギリ県)の上部ムスタンに位置する村で, 中国のシーツァン自治区と国境を接している. 上部ムスタンのうちサマール Samar 村の北に位置するニラ Nyi-La (二峠)から北は, かつてのロ Lo 王国とよばれた. ロは, 「信仰者の平(たいら)」の意味があるチベット高原南縁のアウトウォッシュ段丘上に位置し, 6000 m 級のチベットヒマラヤ山脈に取り巻かれている. ロでは, チベットヒマラヤから流れ出る雪解け水を段丘上の畑に引き入れた, いわゆるオアシス農業を行っている. それらの畑では大麦, 小麦, ソバの栽培が行われている.

ロは, 14 世紀にチベットから移ってきたアメパルによって支配され, その後カリガンダキ川経由の貿易で栄え, あるいはチベット仏教の守護者としてラサに匹敵する都として知られるようになったという. しかし, ジュムラのカス・マッラ朝からの侵略に悩まされ, その朝貢国として組み入れられた. シャハ朝(1559-2008)が, 18 世紀末にカトマンドゥを征服し, カス・マッラ朝をもその支配下に置いていく過程で, ロもネパール領に編入された. その際, この地の王は, ネパール王国の中の藩侯ムスタン・ラジャと称することをネパール王から許され, ムスタン・ラジャは引き続きロを支配した. これは, 国土統一や領土拡大政策に奔走するシャハ朝にとって, 軍事的にムスタン・ラジャを服従させる余裕がなかったからで, 一種の懐柔政策であった. 王国の中の王国が残されることになったこの取り決めは, 1951 年まで続いた. しかし, その後はムスタン・ラジャをネパール陸軍大佐に叙することで形式的なものとされている. とはいえ, ムスタン・ラジャがロ一帯を私有する大地主で, かつての臣民である住民から超越した存在であることに変わりはない.

ロの都は, 中国西蔵自治区との国境から南約 20 km に位置するマンタン Manthang で, チベット高原の南端にあるオアシスに築かれた城塞都市である. 標高 3500 m にあるムスタン・ラジャの居城を中心として, およそ 900 人の住民が城壁内に暮らしている. マンタンは, 観光地図や案内書ではロマンタンとよばれることもあるが正式名ではない. 自動車道路はネパール側からのものはないが, チベット側からはロの南側まで中国によって建設されている. 城塞北側の川をはさんだ対岸には, チベットから運ばれてきた中国物産品を扱う大型テントが店を構えている. その物産店で最も目を引く商品は, 遠くスーチュワン(四川)省から運ばれてきた材木である.　　　　[八木浩司]

ジョムナ川 Jomuna River ☞ ジャムナ川 Jamuna River

ショーヤン県　射陽県　Sheyang
中国

人口: 89.1 万 (2015)　面積: 2795 km²
[33°44′N　120°15′E]

中国東部，チャンスー(江蘇)省，イエンチョン(塩城)地級市の県．江蘇省北部の平原の中部に位置し，ホワン(黄)海に面する．鉱産資源に石油，天然ガスがある．綿花，ニンニクの芽，漢方薬材，海苔，貝類，クラゲ，クルマエビ，カニ，スッポンなどを豊富に産出する．紡績，化学，機械，食品などの工業がある．観光スポットには国指定の塩城珍禽自然保護地区，息心寺，十里菊香景観地区などがある．高速道路の瀋海線(シェンヤン(瀋陽)〜ハイコウ(海口))と塩靖線(塩城〜チンチャン(靖江))が交わる．

[谷 人旭・小野寺 淳]

ジョルハート　Jorhat
インド

人口：6.6万 (2001)　　　[26°45′N 94°12′E]

インド北東部，アッサム州ジョルハート県の都市で県都．コルカタ(カルカッタ)の北西約750km，ブラマプトラ川支流のボグドイ川河岸に立地する．国道37号が通過するほか鉄道駅と空港があり，州東部の中心地となっている．18世紀末にはアホム王国の首都として繁栄したが，19世紀前半にビルマ(現ミャンマー)の侵攻により破壊された．1824年からはイギリスの統治下に入った．周辺では茶の栽培を中心とする農業が盛んであり，茶，米，飼料，マスタード，サトウキビ，ジュートなどの農産物の集散地である．また，アッサム農業大学などの研究・教育機関が置かれている．工業では宝石加工業が盛んである．

[友澤和夫]

ショールヘヴン川　Shoalhaven River
オーストラリア

面積：7086km²　長さ：327km
[35°00′S　150°05′E]

オーストラリア南東部，ニューサウスウェールズ州南東部の川．グレートディヴァイディング山脈東斜面に発源し，ナウラ東方のショールヘヴン岬でタスマン海に注ぐ．平水時の河口部は砂州の発達で閉塞され，クロークヘヴン Crookhaven 川と合流してクロークヘヴン岬からタスマン海に注ぐ．両岬の間には，コメロン Comerong 島が横たわる．河口は，1797年に捕鯨船団を率いていたジョージ・バスによって発見された．彼は河口部に砂と泥の浅瀬が広がることから，浅瀬の避難港ショールヘヴンと名づけた．支流のカンガルー Kangaroo 川はオーストラリアンバスの生息で有名である．ヤランガ Yarrunga

湖を生み出したタロワ Tallowa ダムは，一時この淡水魚の移動を妨げていたが，2009年に魚道が完成して改善された．　[藁谷哲也]

ショローンフフ旗　正藍旗
Shuluun Khoh
中国

Shuluun Khökh (別表記) /チョンラン旗　正藍旗 Zhenglan (漢語)

人口：8.3万 (2010)　　面積：10182km²
気温：1.5℃　　　　[42°12′N　116°00′E]

中国北部，内モンゴル自治区中部，シリンゴル(錫林郭勒)盟南東部の旗．旗政府所在地はシャントゥー(上都)鎮．3鎮，3ソムおよび2農牧場を管轄する．南東はドロンノール(多倫)県，北はシリンホト(錫林浩特)市とアバガ(阿巴嘎)旗，西はショローンフブートチャガン(正鑲白)旗と接する．旗の北部には，ホランシャルダーグ砂漠(渾善達克沙地)が広がり，南部は低山と丘陵から構成される．1月と7月の平均気温は−18.3℃，22℃．泉や湖が多く，春と夏になると，多くの鳥がやってくる．

旗の起源は，16世紀に東モンゴルを再統一したダヤン・ハーンが直轄するチャハール(察哈爾)万戸である．1632年，後金国(後の清朝)はチャハール部のリグデン・ハーンを討伐し，一部分のチャハール・モンゴル人が後金国に服属し，8つの旗(正藍，鑲藍，正白，鑲白，正黄，鑲黄，正紅，鑲紅)を編成し，八旗蒙古の管理下に置かれた．1761年から清末まで，正藍旗を含むチャハール八旗はチャハール都統の管轄下にあった．1914年から58年までは前後してチャハール特別行政区，チャハール省，蒙疆政権に属し，58年以降はシリンゴル盟に属した．

同旗の漢族とモンゴル族の人口割合は63%，35%．牧畜業を営むほか，発電，炭鉱採掘，金属製錬，乳製品加工がおもな産業である．また美しい草原環境に恵まれて，観光業も急速に発展している．元朝の上都遺跡が最も有名である．その他，上都鎮より北へ4km，上都川の北岸に金代の桓州城の遺跡がある．かつては交通要衝にある軍事的拠点であったが，現在は建築物の基壇しか残っていない．　[バヨート・モンゴルフー]

ショローンフブートチャガン旗　正鑲白旗　Shuluun Khuvoot Chagan
中国

Shuluun Khövööt Chagaan (別表記) /チョンシャンバイ旗　正鑲白旗　Zhengxiangbai (漢語)

人口：7.3万 (2009)　面積：6299km²　気温：1.9℃
降水量：314mm/年　　　　[42°20′N　115°00′E]

中国北部，内モンゴル自治区中部，シリンゴル(錫林郭勒)盟南部の旗．旗政府所在地はミンガント(明安図)鎮．東はショローンフフ(正藍)旗，南はタイブス(太僕寺)旗，西はフブートシャラ(鑲黄)旗と接する．旗の北部はホランシャルダーグ砂漠(渾善達克沙地)が広がり，中部と南部は低山，丘陵，平原から構成される．2鎮，3ソムを管轄する．漢族とモンゴル族の人口割合はそれぞれ70%，29%．同旗は清代のチャハール八旗の中の正白旗と鑲白旗に由来する．1949年に両旗が合併し，正鑲白連合旗を形成した．1956年に宝昌県と明安太右連合旗は廃され，その一部が正鑲白連合旗と合併し，現在のショローンフブートチャガン旗になった．1958年，シリンゴル盟に属した．農業が盛んに行われており，おもな作物はトウモロコシ，搾油用の作物，飼い葉，野菜などである．豊富な地下資源に頼って，発電や冶金などの工業は急速に発展しているが，環境汚染問題が深刻になっている．旗のウランチャブ(烏蘭査布)ソムには清代のチャガンオール寺の遺跡がある．同寺院の僧侶であるロブサンチュレテム(1740–1810)は，チャハール・ゲブシとして知られており，多数の作品を著し，印刷したモンゴル仏教史上きわめて重要な学僧である．　[バヨート・モンゴルフー]

ショワンチャン自治県　双江自治県
Shuangjiang
中国

ショワンチャンラフ族ワ族プーラン族タイ族自治県　双江拉祜族佤族布朗族傣族自治県 (正称)

人口：17.0万 (2013)　面積：2165km²
[23°28′N　99°49′E]

中国南西部，ユンナン(雲南)省西部，リンツァン(臨滄)地級市の自治県．1985年に双江ラフ(拉祜)族ワ(佤)族プーラン(布朗)族タイ(傣)族自治県となる．県政府所在地は勐勐鎮．4民族の名を冠した民族自治地方は中国でここだけであり，少数民族人口は4割強を占める．北回帰線が県域を通り温暖な気候に恵まれるが，標高の高低差の影響を受ける．勐庫大葉茶の原産地であり茶葉やサトウキビの生産と加工が盛んである．　[松村嘉久]

ショワンチョン区　双城区
Shuangcheng 　中国

人口：82万（2012）　面積：3112 km²
[45°21′N　126°18′E]

　中国北東部，ヘイロンチャン（黒竜江）省南部，ハルピン（哈爾浜）副省級市の区．南はチーリン（吉林）省と境を接する．地名は金代の布達寨と達河寨の2つの城跡が残されていることによる．住民の大部分は漢族であるが，満族も2割近くにのぼる．ソンネン（松嫩）平原に位置し，トウモロコシを主体とする穀物生産が行われ，酪農と畜産も盛んである．豊かな農畜産物を求めて，中国内外の食品企業の工場が多く進出している．　　[小島泰雄]

ショワンバイ県　双柏県
Shuangbai 　中国

人口：16.0万（2011）　面積：4045 km²
気温：15℃　　　　　　[24°41′N　101°40′E]

　中国南西部，ユンナン（雲南）省中央部，チューシオン（楚雄）自治州の県．県政府は妥甸鎮に置かれている．少数民族人口が5割弱を占め，イ（彝）族，ハニ（哈尼）族が多い．県域はユンクイ（雲貴）高原上にあり，四季を通じてしのぎやすい．おもな産業は農業で，林業と水力発電も盛んである．醤油，茶葉，クルミ，ザクロ，キノコ類が名産品で，恐竜の化石が発掘されることでも名高い．　[松村嘉久]

ショワンパイ県　双牌県
Shuangpai 　中国

人口：20.2万（2015）　面積：1726 km²
[25°58′N　110°40′E]

　中国中南部，フーナン（湖南）省，ヨンチョウ（永州）地級市の県．県政府はロンボー（滝泊）鎮に所在する．シャン（湘）江支流のシャオ（瀟）水が南から北へ縦貫し，双牌ダムがある．北東隅にある陽明山地主峰の望仏台は標高1624 mである．タングステン，スズ，鉛，亜鉛，銅，モリブデン，鉄などの鉱産資源がある．森林資源が豊富で，スギ，マツ，孟宗竹，オオアブラギリ，クスノキなどがある．農作物は水稲やトウモロコシが主であり，茶葉，ショウガ，さまざまな果物が栽培されている．工業は木材加工などがある．洛湛鉄道（ルオヤン（洛陽）〜チャンチャン（湛江））や二広高速道路（エレンホト（二連浩特）〜コワンチョウ（広州））が通る．陽明山国立森林公園がある．　　　　　[小野寺淳]

ショワンフォン県　双峰県
Shuangfeng 　中国

人口：45.5万（2015）　面積：1711 km²
[27°27′N　112°11′E]

　中国中南部，フーナン（湖南）省，ロウディ（婁底）地級市の県．県政府はヨンフォン（永峰）鎮に所在する．シャン（湘）江支流の漣水の流域にあり，測水や湄水が合わさる．南西と南東は山地，中部には丘陵と盆地が分布する．主要な鉱産物には石炭，大理石，石膏がある．林産物はマツ，スギ，孟宗竹，漢方薬材が多い．農業は水稲のほか，茶葉や柑橘が栽培され，畜産も行われる．工業は冶金，化学，建材，食品などがあり，トウガラシ味噌は特産品である．洛湛鉄道（ルオヤン（洛陽）〜チャンチャン（湛江））や滬昆高速道路（シャンハイ（上海）〜クンミン（昆明））が通る．蔡和森と蔡暢の故郷で記念館がある．曽国藩の出身地でもあり旧居が保存されている．洛陽湾古建築群や九峰山森林公園がある．

　　　　　　　　　　　　　　[小野寺淳]

ショワンヤーシャン市　双鴨山市
Shuangyashan 　中国

人口：151.0万（2012）　面積：26483 km²
気温：3℃　降水量：500 mm/年
[46°39′N　131°10′E]

　中国北東部，ヘイロンチャン（黒竜江）省東部の地級市．石炭生産で知られる．チェンシャン（尖山），リントン（嶺東），スーファンタイ（四方台），パオシャン（宝山）の4区，チーシェン（集賢），ヨウイー（友誼），パオチン（宝清），ラオホー（饒河）の4県を管轄する．市政府は尖山区に置かれている．市域の南部はワンダー（完達）山脈で，その北にサンチャン（三江）平原が広がっている．東はウスリー（烏蘇里）川をはさんでロシアと国境を接する．市名はアヒルに似た一対の山にちなむ．年平均気温は低く，冬は長く寒冷であり，1月の平均気温は−18℃に下がる．一方，夏は温暖湿潤であり，7月の平均気温は22℃ほど．農業はトウモロコシのほか，水稲と大豆，テンサイの生産が盛んで，食品加工も発達している．主力産業である採炭は，20世紀初めに発見されたもので，黒竜江省最大の埋蔵量を背景に発展してきた．関連する発電，鉄鋼，化学などの工業も発達している．尖山区は市政府と鉱務局があり，全市の中心となっている．嶺東，四方台，宝山の3区はいずれも炭鉱地区である．　　[小島泰雄]

ショワンリャオ市　双遼市
Shuangliao 　中国

人口：41万（2012）　面積：3121 km²
[43°30′N　123°28′E]

　中国北東部，チーリン（吉林）省南西部，スーピン（四平）地級市の県級市．市政府は遼南街道に置かれる．吉林省，内モンゴル自治区，リャオニン（遼寧）省境界に位置する．1940年に双山と遼源の2県の合併により成立したことで命名された．リャオホー（遼河）平原の北部に位置し，トウモロコシ，落花生の生産や，養豚，羊の放牧が盛ん．大規模な火力発電所が立地し，良質な珪砂を産出する．　　　　　　　　　　[小島泰雄]

ジョンサンピーク　Jongsang Peak
ネパール〜インド

標高：7483 m　　　　[27°53′N　88°08′E]

　ネパール，中国，インドにまたがる山．ヒマラヤ山脈東部，カンチェンジュンガ山群の高峰．ネパール，中国シーツァン（チベット，西蔵）自治区，インド，シッキム州の境にあり，カンチェンジュンガ山（標高8598 m）の北約20 kmに位置する．標高は7459 m，7473 mともいわれる．南北に延びる尾根上のピークで，南は標高6145 mのジョンサンラ（峠）を経てカンチェンジュンガ山にいたり，さらにネパール・インド国境をなすシンガリラ尾根となる．1899年，イギリスのダグラス・ウィリアム・フレッシュフィールドらはこの峠をシッキム側から越え，ヨーロッパ人としては初めてネパール側に入り，カンチェンジュンガ山の一周に成功した．1911年，イギリスのアレクサンダー・ミッチェル・ケラスがジョンサンピークの一周を企てたが，アウトライアー山の南麓を通過できず撤退．1930年，カンチェンジュンガ山を目ざした国際登山隊（ギュンター・オスカー・ディーレンフルト隊長）はネパールからジョンサンラを越えてシッキムに入り，北西稜からジョンサンピークに初登頂した．山名は，ネパール側の東壁が切り立っていることからチベット語のゾン（城塞），サン（岩壁）に由来するという説と，シッキム側のローナクで戦ったレプチャ族の王の名前とする説がある．

　　　　　　　　　　　　　　[小野有五]

ションスー県　嵊泗県　Shengsi

中国

じょうしけん（音読み表記）

人口：7.7万（2015）　面積：86 km²

[30°43′N　122°27′E]

中国南東部，チョーチャン（浙江）省，チョウシャン（舟山）地級市の県．チェンタン（銭塘）江とチャン（長）江の水が海上で合わさるところで，舟山群島のうち最も北にある島の県である．1949年に県が置かれ，いったん県でなくなるが，62年にまた県となった．起伏があるが標高は100 m以下である．船舶修理，電子，計器，電力，機械，印刷，冷凍，食品，プラスチック，醸造などの工業が行われる．風力や太陽光の発電所，海水蒸留淡水化施設もある．農業は稲と野菜を栽培し，水産物はタチウオ，フウセイ，キグチ，イカ，エビ，カニなどが豊かである．嵊泗列島は国から風景名勝地区に指定され，摩崖石刻などの観光スポットがある．洋山深水港のための東海大橋が，シャンハイ（上海）のプートン（浦東）新区から小洋山島まで通じている．　　　　　　　[谷　人旭・小野寺　淳]

ジョーンズ山地　Jones Mountains

南極

長さ：43 km　　　　　　　[73°32′S　94°00′W]

南極，西南極の山地．ダスティン島の南80 kmにあるエイツ海岸，エルスワースランドに位置し，ほぼ東西方向に43 kmの長さをもった一群の独立峰である．1939～41年にアメリカ南極サービスによって作成された地図に，山脈のおおよその位置と，ダスティンDustin島とサーストン島との位置関係が示されている．山脈の写真は1946年12月30日にアメリカ海軍のハイジャンプ作戦によって初めて撮影された．山地名は，化学者であり，アメリカ国立科学財団で南極調査計画に携わっていたトーマス・ジョーンズ博士（1908-93）にちなんで命名された．

[前杢英明]

ジョンストン環礁　Johnston Atoll

アメリカ合衆国

カラマ環礁　Kalama Atoll（ハワイ語）

人口：0（2009）　面積：2.8 km²　長さ：6 km

幅：2.4 km　　　　　　　　[16°45′N　169°32′W]

北太平洋東部，ポリネシア，アメリカ合衆国領の環礁．ハワイ州の州都ホノルルの西南西約1400 kmに位置するアメリカの未編入の非自治領で，ジョンストン島，サンドSand島，および2つの人工島からなる環礁である．定住人口はない．地名は，1807年にイギリス人船長のチャールズ・ジェームズ・ジョンストンによって発見されたことによる．1858年にアメリカによって併合された（名目的にはハワイ王国との共有）．しばらくグアノ（鳥糞石）の採取が行われた．その後1926年に国立鳥類保護区に指定されたものの，30年代中頃から防衛のための海軍飛行場の建設や給油施設の設置が進められた．第2次世界大戦後は一時核実験場として利用され，その後は毒ガスなどの化学兵器の貯蔵場として使われてきた．しかし，2001年から04年にかけてそれらは廃棄あるいは撤去され，飛行場も閉鎖された．なお，2009年に太平洋離島国定海洋記念物に組み込まれた．

[橋本征治]

ジョンソンヴィル　Johnsonville

ニュージーランド

人口：0.7万（2013）　　　　[41°13′S　174°48′E]

ニュージーランド北島，ウェリントン地方の町．首都ウェリントンの中心から北9 km，国道1号に面する比較的大きな丘陵〜山地を開発し，郊外の住宅地となっている．トランツメトロ鉄道のジョンソンヴィル支線，ウェリントンへの通勤線の終着駅ともなっており，ジョンソンヴィルハブとして知られるバスターミナルも隣接する．駅周辺の商店街を中心に丘陵地に住宅が広がり，ウェリントン湾を望む景色の美しい，利便性のよい住宅地を形成している．　　　[植村善博・太谷亜由美]

ジョンダーヤン　Jondaryan

オーストラリア

人口：377（2011）　面積：221 km²

[27°22′S　151°36′E]

オーストラリア北東部，クイーンズランド州南東部，ダーリングダウンズ地方の町．州都ブリズベンの西約140 kmに位置する．オーキーを中心とする郡区の名前でもあったが，2008年に再編され，トゥーンバ地域の一部となっている．　　　　　　[秋本弘章]

ションチョウ市　嵊州市　Shengzhou

中国

じょうしゅうし（音読み表記）

人口：73.0万（2015）　面積：1790 km²

[29°35′N　120°49′E]

中国南東部，チョーチャン（浙江）省中北部，シャオシン（紹興）地級市の県級市．曹娥江上流の丘陵地帯にある．後漢代に県として置かれ，宋代に嵊州と改められたが，1995年に嵊州市となった．北東，西，南の境を山に囲まれ，すり鉢状の地勢である．機械，電子，紡織，建材，食品などの工業があり，調理器具製品が知られている．陶磁器の一種である嵊州紫砂が工芸品として名高い．農作物には稲，トウモロコシ，麦，サツマイモなどがあり，茶葉が特産である．おもな観光スポットには南山湖国立森林公園，王羲之の墓，馬寅初の旧居などがある．高速道路の常台線（チャンシュー（常熟）〜タイチョウ（台州））と甬金線（ニンポー（寧波）〜チンホワ（金華））が交わる．　　　[谷　人旭・小野寺　淳]

ジョンバン　Jombang

インドネシア

人口：120.2万（2010）　面積：1160 km²

[7°33′S　112°14′E]

インドシア西部，ジャワ島東部，東ジャワ州の内陸部の県および県庁が所在する郡．ジャワ島第2の大河ブランタス川（全長320 km）の上・中流域に位置し，州内諸県の中でも農業生産力は高い．県の中央低地を中心に面積の半分近く（500 km²以上）が水田地帯で，水稲の収穫量は1 haあたり5.7 tを超え，州平均（5.1 t）を上回る．トウモロコシ，大豆，ラッカセイ，サトウキビなどの商品作物栽培も盛ん．郊外にはオランダ植民地時代から操業する精糖工場がある．

古くから王朝が盛衰した地域で，ジャワ史上最大とされるマジャパヒト王国（1293〜1500年頃）の時代には，王都の西部の守りの要であった．その後イスラーム教の伝来，拡大に伴って，今日までも数世紀にわたってイスラームの強い地域である．19世紀以来，多数のイスラーム教寄宿学校（プサントレン）が所在し，現代ではインドネシア最大のイスラーム系団体ナフダトゥル・ウラマ（イスラーム導師連盟，NU）の一大基盤をなす地域である．第4代インドネシア大統領アブドゥルラフマン・ワヒッド（1940-2009，首都ジャカルタにて没）をはじめ，近代以後，多数の知識人や文化人，政治家を輩出したことでも知られ，サントリ（イスラーム学徒）の都と

もよばれる．住民の多くはジャワ人で，ジャワ語の東ジャワ方言が日常的に用いられる．県人口の98%はイスラーム教徒である．

県庁が所在するジョンバン郡は県のほぼ中央に位置し，人口は13.7万（2010）である．東ジャワ州都でインドネシア第2の都市スラバヤの南西約60 kmに位置し，スラバヤとジャワ島西部の首都ジャカルタを結ぶ幹線道路や鉄道の南部本線が通る．さらにいくつかの鉄道，道路が交差する交通の要衝である．　　　　　　　　　　　［瀬川真平］

ジョンリー区　中壢区　Zhongli

台湾｜中国

Jungli（別表記）

人口：40.0万（2017）　面積：77 km²
[24°57′N　121°15′E]

台湾北西部，タオユエン（桃園）市の区．産業都市で，タイペイ（台北）とシンジュー（新竹）の中間地点にあり，桃園市第2の区となっている．市内最大の区である桃園区とともに，古くは清国時代から発達をみていた．高燥とした台地上にあり，日本統治時代は土壌的特質を生かした茶（紅茶）の栽培で名を馳せた．客家（ハッカ）住民の多い地域で，区の北側の平鎮と南側の竜潭はいずれも客家人比率の高いエリアとして知られる．また，客家住民ばかりでなく，第2次世界大戦後に中国大陸から渡ってきた外省人も多く住んでいる．これは1950年代に国民党政府が，ユンナン（雲南）省やチンメン（金門）・マーツー（馬祖）地区の出身者を移住させたことに起因する．そのため，客家住民は区全域に分布しているが，外省人は居住エリアが限定され，軍用地周辺や眷村（けんそん）とよばれる外省籍の軍人居住区に集中する傾向が強い．　［片倉佳史］

シライ　Silay

フィリピン

人口：12.7万（2015）　面積：215 km²
[10°48′N　122°58′E]

フィリピン中部，ネグロス島北西部，西ネグロス州の主要都市．パナイ島との間のギマラス海峡に面している．州都バコロドの北14.5 kmに位置し，フィリピンの観光地のベスト25に入っている．1880年から1930年にかけて建設された伝統家屋が31棟も残っており，現在その保存状態の良好な家屋2戸が公開されている．1850年代にフランス人移民によりサトウキビ栽培が開始され，その全盛時代の1900年代初期には多数の音楽家などの芸術家が来島し，定住した．そのため

ネグロス島のパリと称されたほどであった．しかしそれ以降，近くに位置するバコロドの発展，第2次世界大戦での戦災，海外での砂糖産業の成長などにより以前ほどの活気がなくなり，人口も減少傾向にある．とはいうものの，現在でも国内における有数のサトウキビ栽培，砂糖生産を誇っている．また港湾都市であり沿岸貿易の中心となっている．なお周辺には埋蔵量が豊富な硫黄を産出する鉱山がある．　　　　　　　　　　　［田畑久夫］

シラジガンジ　Sirajganj

バングラデシュ

人口：15.6万（2012）　面積：20 km²　標高：16 m
[24°27′N　89°45′E]

バングラデシュ中西部，ラージシャヒ管区，シラジガンジ県の都市で県都．首都ダッカの北東約110 km，ジャムナ川右岸（西岸）に位置する．河川交通の要地で，かつてはゴアルンド Goalundoからの鉄道連絡船の発着地であった．1998年に開通した鉄道やパイプラインも併設されたジャムナ多目的橋の西の入口にあたる．もとはパブナ県の副県であったが，バングラデシュ独立後の1984年に県に昇格した．ジュート，米，油脂植物，小麦をはじめとする農産物の集散，加工の中心地である．とりわけジュートの集散地として知られ，ジュート工業では国内で最初の工場がここに建設された．1897年の地震で市は大きな被害を受けたが，現在でも国内の有力なジュート工業都市となっている．ジャムナ川での船，道路，鉄道でダッカ，チッタゴンに運ばれる．ほかにレンガ，石鹸などの工場がある．1762年の大地震でジャムナ川（ブラマプトラ川）の河道が大きく変わり，この付近にはバラル Baral川が新たに生まれた．そこを所有したのがザミンダール（大地主）のシラジ・アリ・チョウドゥリで，地名はその名前にちなむ．　　　　　［野間晴雄］

しらせかいがん　白瀬海岸
Shirase Coast

南極

[78°30′S　156°00′W]

南極，西南極の海岸．ロス棚氷北東部にあるロス海の海岸をさし，海を覆う棚氷によって陸地との境界が不明瞭になっている海岸線の一部である．ロス棚氷東岸で最も北側にある区画で，北はエドワード7世半島の北西端にあたるコルベック岬，南はシプル Siple海岸と接続する付近にいたる範囲をさす．北端

のコルベック岬で，マリーバードランドのサウンダース Saunders海岸と接する．海岸名は，日本の白瀬矗中尉（1861-1946）にちなみ，1961年にニュージーランドの南極地名委員会によって正式に命名された．白瀬海岸の北方沖には，この海岸にちなんで名づけられた白瀬堆がある．白瀬海岸西方の棚氷中にはルーズヴェルト島がある．1912年1月，白瀬率いる日本の南極探検隊は，この海岸に近いロス棚氷上の開南湾，鯨湾に上陸し，ロス棚氷上を南極点に向けて進んだ．白瀬が「大和雪原」と命名した最南到達点は，白瀬海岸西方のロス棚氷上に位置している．また，白瀬探検隊の別の隊のメンバーはエドワード7世半島に上陸し，半島北部にあるアレクサンドラ Alexandra山脈のふもとを探検している．大隈湾，開南湾などのエドワード7世半島周辺の地名は，このときに白瀬によって命名された．　　　　　　　　［前杢英明］

しらせかいていこく　白瀬海底谷
Shirase Kaiteikoku

南極

Shiraserenna（ノルウェー語）

[69°30′S　38°35′E]

南極，東南極の海底谷．リュツォホルム湾の海底を東西に二分する形で，白瀬氷河から北方に100 km延び，南緯69度05分付近で北西方向に転進する．凹地と谷柵（谷中の高まり）が交互に連なる典型的な氷食谷の特徴をもつ沈水氷食谷であるが，その形成時代はまだ解明されておらず，南緯69度以北は未調査で北端部の位置や形状も明確でない．大陸棚であるにもかかわらず900 mを超す深い谷が白瀬氷河沖にあることは，日本の南極観測の初期からわかっていたが，この海域は通年海氷に覆われているため船からの調査は不可能であった．1977年と81年に海氷に穿孔するなどして実施された系統的な測深によって，上流の白瀬氷河に近づくほど水深が深くなるなど氷食谷の特徴を示す地形の概要が明らかになった．測定された最深部は南緯69度51分，東経38度32分にあって1560 mに及ぶ．　　　　　　　　　［森脇喜一］

しらせひょうが　白瀬氷河
Shirase Hyoga

南極

Shirase Glacier（英語）／Shirasebreen（ノルウェー語）

長さ：60 km　幅：10 km
[71°10′S　39°00′E]

768　シラチ

南極，東南極の氷河．昭和基地の南南西120 km，リュツォホルム湾の湾奥（南緯70度，東経38度40分）に流入する顕著な氷流で，プリンスハラル海岸とクロンプリンスオラフ海岸の境界をなす．氷流の形状が明瞭な南緯70度25分，東経39度40分以北の約60 km をさすが，河口から上流25 km の間は両岸を大陸氷の斜面や露岩で境されて明瞭で，幅約10 km の海に浮く浮氷となっている．流れが収束するこの部分の表面流速は2000 m/年以上もあって，南極で測定された氷流の流速としては最速である．このため，周囲の海岸線から突出した浮氷舌をリュツォホルム湾内に恒常的に形成しており，その距離は70 km にも及ぶことがある．

1937年2月，ノルウェーのラルス・クリステンセン探検隊の飛行で写真撮影され，河口部がフィヨルドとして認識されインステフィヨルデン Instefjorden と命名された．1957年に始まった日本南極地域観測隊の調査で，河口部も海氷ではなく内陸から流下する氷河氷で永年的に占められていることが明らかになり，日本の南極探検の先駆者である白瀬　矗（しらせのぶ）を記念して1961年に氷流全体が白瀬氷河と命名された．白瀬氷河の流域は広大で，日本のドームふじ基地（南緯77度19分，東経39度42分，標高3810 m）があるヴァルキリードーム Valkyrie Dome を頂点とする長径800 km，短径450 km，面積は20万 km² に及ぶ．　　［森脇喜一］

シーラーチャー　Si Racha
タイ

人口：27.7万（2010）　面積：644 km²
[13°10′N　100°56′E]

タイ中部，チョンブリー県シーラーチャー郡の町で郡都．県都チョンブリーの南約25 km に位置し，タイ湾に面する．シーラーチャーの歴史は，20世紀に入ってチャオプラヤー・スラサックモントリーがこの地で林業を開始したことにさかのぼる．彼はラーマ5世王期に農業大臣を務めていたが，1900年に官職を辞してシーラーチャーで林業を開始した．それまでは小さな漁村にすぎなかったが，彼はこの地に近代的な製材所を建設し，東の山地へと森林鉄道を建設して，内陸の森林を伐採してシーラーチャーの製材所で製材して，船でバンコク方面に出荷するという事業を興したのである．当時この一帯は北のバーンプラ郡に属していたが，1903年には彼がプラーチーン州長に申請して郡庁をバーンプラからシーラーチャーに移すことに成功し，その後1917年に郡名も現在のシーラーチャー郡に変更された．

第2次世界大戦後，この町は工業都市としての機能をさらに高めることとなった．1960年代に入ると首都バンコクのクローントゥーイ港にかわる新たな深水港計画が浮上し，その候補地に市街地の南のレームチャバンが選ばれた．この深水港計画はすぐには進まなかったが，市街地とレームチャバンの間にはタイオイル社の石油精製工場が建設され，1964年に操業を開始したこの工場は事実上国内で初の本格的な石油精製工場として機能することになった．ほかにもキャッサバ加工工場や製糖工場など農産物加工業も成長し，新たな工業地域へとその姿を変貌させていったのである．1989年には鉄道も到達したが，貨物輸送が主体である．

さらに，1980年代に入ってレームチャバンの深水港計画がようやく軌道に乗り，91年に深水港が開港した．この港は商業港として計画され，隣接してレームチャバン工業団地も建設された．折しも1980年代後半からのタイの急激な経済成長の中で，日系をはじめとする多くの企業がタイへの工場進出を加速させたが，その受け皿としてこの東部臨海地域は脚光を浴び，シーラーチャーの内陸部でも相次いで工業団地がつくられていった．その結果，工業都市としての機能をさらに高め，周辺の工業団地に通勤する人びと向けの住宅開発が追随した．

数多くの日系企業がシーラーチャー周辺に工場を建設したことから，町に居住する日本人も出現し，日本人向けのサービスアパートやコンドミニアムも増えていった．町の中心部には日本人向けのレストランや飲み屋の並ぶ一角が出現し，「リトル大阪」などとよばれるようになった．さらに，2009年にはバンコクに次ぐタイで2番目の日本人学校も開校し，従来は単身赴任者の多かったシーラーチャーにも家族連れの日本人が増えていった．なお，この町は沖合西約10 km に位置するシーチャン島への玄関口としての機能も果たしている．この島はバンコク港に接岸できない大型船の積替地点として重要な役割を果たしており，島とシーラーチャーの間に停泊した船がバンコクからきた艀との間で貨物の積替えを行っていた．ラーマ5世時代に整備された離宮も残るこの島は観光地となっており，外国人観光客こそ少ないものの，国内観光客で繁盛している．　　［柿崎一郎］

シラワイアガム山　Silawaih Agam, Gunung
インドネシア

エマス山　Emas, Gunung（別称）
標高：1762 m　　[5°27′N　95°39′E]

インドネシア西部，スマトラ島北西部，アチェ州アチェブサール県西部北海岸の山．バンダアチェの南東約40 km に位置する．エマス山ともよばれるが，これは黄金の山を意味している．　　［水嶋一雄］

シリアム Syriam ☞ タンリン Thanlyin

シリウス山　Sirius, Mount
南極

標高：2300 m　　[84°08′S　163°15′E]

南極，東南極の山．バウスヌナタク Bauhs Nunatak の6 km 北側にあるウォルコットニーボ Walcott Neve とボーデンニーボ Bowden Neve の間に位置する．山頂部は氷に覆われない楔形の尖峰である．命名はニュージーランド南極地質調査隊（1961～62）によって行われた．

南極大陸上で初めて，南極氷床の起源と安定性に関する議論に一石を投じた地層が発見された場所としても有名である．その有名な地層であるシリウス層は，南極横断山地全体にわたって分布し，また，標高が低い場所から高い場所までみられる．分布の南限は南緯86度までである．岩相はダイアミクタイト（礫から粘土まで多様な粒度からなっている淘汰の悪い堆積岩）であり，多くの地質学者は現在より暖かい環境での氷河の流動によって生産された氷河性堆積物（ティル）であることを認めている．実際に北極圏のポリサーマル氷河（温暖氷河と寒冷氷河の複合的な底面環境をもつ氷河）によく似ているとされる．最も特筆すべき事実は，現在のニュージーランド，パタゴニアやタスマニアでみられる南半球特有のブナに似た灌木類の植物化石層をはさんでいることである．これらのことから，その地域のシリウス層堆積当時の年平均気温は，現在より25℃も高い−5℃程度であったと推定されている．このことについての異論はほとんどないが，その堆積時期および東南極氷床の安定性についての議論はいまだ未解決である．

デントン，マーチャント，サグデンなどに代表される安定派の地質学者たちは，シリウス層堆積後，少なくとも1500万年は経過しており，その間はずっと東南極氷床は非常に

安定していたと唱えた．一方，ウェブやハーニウッドに代表される不安定派は，シリウス層はもっと新しく，珪藻の年代測定値から300万年くらいしか経過していないと主張し，それは鮮新世末期で地球がもっと暖かった時代にあたると考えている．また，その時代は東南極氷床は現在より大きく縮小しており，現在の地球温暖化が続けば，短期間のうちに鮮新世のような状態になるだろうと推定した．このような論争が数年続いた後，陸上での新しい時代の古生物学データが欠如していることから，東南極氷床は安定していたとする証拠が重んじられるようになってきた．しかしながら，沿岸域における海底コアの研究からは，西南極氷床は中新世や鮮新世に非常に不安定であって，将来地球温暖化によって氷床が完全に融けてしまうかもしれないという意見もある．また，別の研究では，シリウス層は少なくとも3回の堆積サイクルがあり，その時代は何百万年間もの幅をもっていると考えられている． ［前杢英明］

シリキットダム　Sirikit, Khuean

タイ

面積：285 km²　堤長：810 m　堤高：114 m
貯水量：9500百万 m³　　［17°46′N　100°34′E］

タイ北部，ウッタラディット県のダム．ナーン川（チャオプラヤー川の支流）に建設された貯水ダムで，1972年竣工した．水力発電のほか，ピッサヌローク県灌漑プロジェクトの下で9.6万 ha の地域に灌漑用水を供給する．また，同じくチャオプラヤー水系に建設されたプーミポンダムとともに，大チャオプラヤー灌漑プロジェクトの下で雨季には120万 ha，乾季には48万 ha の耕地を潤す．流域の洪水制御も目的としている． ［遠藤　元］

シリク岬　Sirik, Tanjung

マレーシア

　　　　　　　　　　　　　［2°46′N　111°19′E］

マレーシア，カリマンタン（ボルネオ）島北部，サラワク州南西部の岬．ラジャン川の河口部のブルト Bruit 島北端に位置する．ブルト島は森林保護区となっている．ラジャン川の河口部は低湿地が広がるが，岬の周辺は砂浜が形成され，その付近には小集落が点在する．この地域の所得水準は低いので，サラワク州政府は一帯の低湿地を排水して，経済開発を計画している． ［生田真人］

シリグリ　Siliguri

インド

Shiliguri（別表記）

人口：70.6万（2011）　面積：260 km²
　　　　　　　　　　　　　［26°44′N　88°27′E］

インド東部，ウェストベンガル州北部，ダージリン県の都市．ヒマラヤ山麓に位置し，ダージリンやネパール，ブータン，シッキムなどへの玄関口である．また東部アッサム地方への拠点でもあり，空港，道路，鉄道の重要な乗換え地点となっている．ヒマラヤ方面へ向かう人びとはここで降り，小さな登山鉄道列車に乗るか車を利用する．ヒマラヤ登山隊の多くは，州都コルカタ（カルカッタ）からこのシリグリへやってくる．地域の商業，交易の中心地として栄えており，同県最大の都市およびウェストベンガル州で第2位の大きな都市となっている． ［前田俊二］

シリシリ山　Silisili, Mount

サモア

標高：1858 m　　　　　　［13°37′S　172°29′W］

南太平洋中部，ポリネシア，サモア西部，サヴァイイ島中央部の山．島の中心を走るトゥアシヴィ山脈に位置する火山で，国内およびサモア諸島の最高峰である．山頂はつねに雲の中に隠れており，下界からはあまりみえない．シリシリ山周辺にはその他に5つの山があり，小さな山脈をなしているが，いずれも登山道などは整備されておらず，熱帯雨林に覆われている．北側に位置するアフィ Afi 山（標高約 1660 m）は 1760 年頃の噴火の際に，大規模な溶岩流を伴い，島の北側 16 km にわたり，海岸部の村落を破壊した．
 ［倉光ミナ子］

シーリャオ河　西遼河　Xiliao He

中国

面積：136000 km²　長さ：829 km
　　　　　　　　　　　　　［42°59′N　123°33′E］

中国北東部，内モンゴル自治区からチーリン（吉林）省，リャオニン（遼寧）省を流れる川．リャオ（遼）河の支流．ホーペイ（河北）省の光頭山から流れた老哈河が，内モンゴル自治区の開魯蘇家堡付近にてシラムレン（西拉木倫）河と合流し西遼河とよばれるようになる．その後，トンリャオ（通遼）市，吉林省ショワンリャオ（双遼）県を通過し，遼寧省チャントゥー（昌図）県の福徳店付近において東遼河と合流し，遼河となる．1949 年以前はたびたび氾濫をくり返していたが，ホンシャン

（紅山）ダムなどの建設や灌漑工事により，災害の頻度は減っている． ［石田　曜］

ジリランボーン　Girilambone

オーストラリア

人口：220（2011）　　　［31°14′S　146°53′E］

オーストラリア南東部，ニューサウスウェールズ州中央部，ボーガン行政区の町．州都シドニーの北西 666 km に位置する．地名は，アボリジニの言葉でたくさんの星の場所という意味に由来する．鉄道駅は 1884 年に開設され，1986 年に閉鎖された．現在，使用されていない駅ビルが，改修されていない状態で残されている． ［牛垣雄矢］

シリン　Shirin

ウズベキスタン

人口：2.7万（2012）　　［40°14′N　69°08′E］

ウズベキスタン東部，シルダリア州の都市．州都グリスタンの南東 43 km に位置し，タジキスタンとの国境に近い．1970 年，近くのシルダリア川にファルハダムが建設され，旧ソ連最大の水力発電所が稼働している．1972 年に市制が施行された． ［木村英亮］

シーリン県　西林県　Xilin

中国

人口：15.6万（2014）　面積：1837 km²
気温：19.1℃　降水量：1100 mm/年
　　　　　　　　　　　　　［24°30′N　105°06′E］

中国南部，コワンシー（広西）チワン（壮）族自治区西部，バイソー（百色）地級市の県．県政府所在地は八達鎮．グイチョウ（貴州）省とユンナン（雲南）省との境界部の山地に位置する．少数民族が総人口の9割以上を占め，民族自治県なみの待遇を受けている．清の康熙4年（1665）に西林と名づけられ県制を開始した．アロー号事件（第2次アヘン戦争，1856～60）の発端となったオーギュスト・シャプドレーヌ神父殺害事件の発生地．ハト麦，ショウガ，生薬の原料の畑作や，オオアブラギリ，茶，八角などの樹園地経営，林業などの利用が一般的である． ［許　衛東］

シーリン自治県　石林自治県
Shilin　　　　　　　　　　　　　　　　中国

シーリンイ族自治県　石林彝族自治県 (正称) /ルーナンイ族自治県　路南彝族自治県　Lunan (旧称)

人口：25.1万 (2013)　面積：1777 km²
[24°48′N　103°17′E]

中国南西部，ユンナン(雲南)省中央部，クンミン(昆明)地級市の自治県．県政府は鹿阜街道に置かれている．昆明と高速道路で結ばれている．1956年にルーナン(路南)イ(彝)族自治県となったが，県内の著名な観光地である石林の知名度を生かすため，98年に石林イ族自治県に地名が変更された．総人口の35％程度が少数民族で占められ，その9割はイ族である．中国が海外からの個人旅行者の受け入れを始めた1982年に，当時の路南イ族自治県は昆明市とともに対外開放都市になり，国内外からの観光客の人気を集める．カルスト地形が発達した石林は，1982年に国の風景名勝区に指定され，2004年には世界地質公園に選ばれ，07年には「中国南方カルスト」としてユネスコの世界遺産(自然遺産)に登録された．石林周辺にはサニ(族)と自称する少数民族が住んでいて，壮大なカルスト地形の奇観が展開する石林に，エスニックツーリズム的な魅力を添えている．旧暦6月24日に開催される火把節(たいまつ祭り)，サニの刺繍，服飾や阿詩瑪伝説などが観光商品化され，近年では年間300万を超える観光客が押し寄せる．工業はあまり発達しておらず，水力発電や石炭採掘が行われているくらいである．農業ではタバコの生産と山羊の牧畜が有名である．
　　　　　　　　　　　　　　　　[松村嘉久]

シーリン湖　色林錯　Siling Co
中国

色林湖 (別表記) /Sêling Co (別表記) /チーリン湖　奇林湖　Qilin Hu (漢語・別称)

面積：1640 km²　標高：4530 m　長さ：72 km
幅：23 km
[31°52′N　88°58′E]

中国西部，シーツァン(チベット，西蔵)自治区，ナッチュ(那曲)地区の湖．ガンディセ(岡底斯)山脈北麓，チャンタン(羌塘)高原盆地上に位置する地溝湖で，自治区最大の内陸湖である．チベット語名はスァリンツォ(色林錯)で，威光映える悪魔の湖を意味する．伝説では色林はラサ(拉薩)西部に棲みついていた大妖怪の名前であり，毎日のように1000万の生命をのみこんでいた．そこへ魔物を退治する蓮花生大師がやってきて，現在の湖に封じ込めたとされる．面積は塩湖として自治区内ではナム湖(納木錯)に次いで2番目，中国全国では3番目に大きい．東西約72 km，南北約23 km，水深は30 mを超える．また，2003年に国立自然保護区に認定されるなど独特な生態系を有する．周辺には多くの絶滅危惧種が生息し，オグロヅルやユキヒョウ，チルーなどがみられる．

　　　　　　　　　　　　　　　　　[石田　曜]

ジーリン　Di Linh
ベトナム

人口：15.5万 (2009)　面積：1615 km²
[11°34′N　108°05′E]

ベトナム中部高原，ラムドン省の県．県都はジーリン町で他に18の村が属する．少数民族のコホー族が多く居住する．この一帯は標高約1000 mのジーリン高原であり，1800 m弱の山々もある．おもな産業は農業であり，とくにコーヒーは一大産地となっている．東西にはラムドン省の省都ダラットとホーチミン中央直属市とを結ぶ国道20号が，南北にはダクラック省とビントゥアン省を結ぶ国道28号が通り，ジーリンが結節点となっている．
　　　　　　　　　　　　　　　　[筒井一伸]

シリンゴル盟　錫林郭勒盟
Shilingol　　　　　　　　　　　　　　中国

Xilin Gol (別表記)

人口：100.3万 (2006)　面積：202580 km²
気温：1-4℃　降水量：200-400 mm/年
[43°56′N　116°05′E]

中国北部，内モンゴル自治区中部の盟．盟政府所在地はシリンホト(錫林浩特)市．東はヒンガン(興安)盟，トンリャオ(通遼)市とウランハダ(チーフォン，赤峰)市，南はホーペイ(河北)省，西はウランチャブ(烏蘭察布)市，北はモンゴル国と接する．シリンホト市，エレンホト(二連浩特)市の2県級市，アバガ(阿巴嘎)旗，西ウジムチン(烏珠穆沁)旗，東ウジムチン旗，スニト(蘇尼特)左旗，スニト右旗，タイプス(太僕寺)旗，ショローンフフ(正藍)旗，ショローンフブートチャガン(正鑲白)旗，フブートシャラ(鑲黄)旗の9旗，ドロンノール(多倫)県の1県からなる．人口構成はモンゴル族30％，漢族66％，他の民族が4％である．シリンゴルとは，モンゴル語で丘陵地帯の川を意味する．平原地帯に位置するが，盟南東部は低山と丘陵が多い．北東部には盆地があり，南西部には砂漠が広がっている．大陸性の半乾燥・乾燥気候を有し，年間降水量は少ない．

現在の内モンゴルにおける旗，盟という行政単位は清代の盟旗制度の名残である．清代において，ウジムチン左，右2旗，ホーチト左，右2旗，スニト左，右2旗，アバガ左，右2旗，アバガナル左，右2旗がシリンゴル盟を構成した．これらの旗は複雑な変化を経て，現在のアバガ旗，スニト左旗，スニト右旗，東ウジムチン旗，西ウジムチン旗，エレンホト市，シリンホト市となった．一方，現在シリンゴル盟に属するショローンフフ旗，

シーリン(石林)自治県(中国)，カルスト地形の奇岩群，雲南石林《世界遺産》
〔Hung Chung Chih/Shutterstock.com〕

ショローンフブートチャガン旗，フブートシャラ旗，タイブス旗およびドロンノール県は清代のチャハール八旗の左翼4旗（正藍，正白，鑲白，鑲黄）に由来する．1930年代にチャハール盟はチャハール左翼地域の諸旗，県を管轄していた．1958年にチャハール盟が廃され，ショローンフフ旗，ショローンフブートチャガン旗，フブートシャラ旗，タイブス旗およびドロンノール県はシリンゴル盟に組み込まれた．

シリンゴル盟は牧畜業が発達した地域である．エレンホト市，タイブス旗およびドロンノール県を除いて，他の旗はすべて牧業旗や牧業生産基地として位置づけられてきた．しかし1980年代以来，農地拡大や人口激増，定住化政策の実施，気候変化などによって，シリンゴル草原の生態バランスは崩れ，大規模な砂漠化が進んでいる．2000年代に入ると，砂漠化を防止するために，中国政府は生態移民政策を実施した．それによって，家畜を処分し，都市や町に入って生計を求める牧民が増えている．一方，シリンゴル盟は石炭や石油などの地下資源に恵まれた地域である．近年，シリンゴル盟の第2次産業は急速に発展しており，エネルギー開発，金属製錬，化学工業，建築資材工業，農・畜産品加工などの企業が進出し，数多くの大規模な工業団地が建設された．こうした急速な経済成長に伴って，自然環境は汚染され，草原の砂漠化は加速され，さまざまな環境・社会問題が生じている．

[バヨート・モンゴルフー，杜　国慶]

シリンホト市　錫林浩特市
Silinkhot

中国

Xilinhot（別表記）

人口：26.3万（2015）　面積：14785 km²
標高：989 m　降水量：295 mm/年
[43°56′N　116°05′E]

中国北部，内モンゴル自治区中部，シリンゴル（錫林郭勒）盟中部の県級市．盟政府所在地で，シリンゴル盟の政治，経済，文化の中心である．東はヘシクテン（克什克騰）旗，南はショローンフフ（正藍）旗，西はアバガ（阿巴嘎）旗と接する．市の北部は平原が広がり，南部は低山と丘陵から構成される．3ソム，1鎮，7街道弁事処，6国有農牧場を管轄する．漢族が総人口の大部分を占め，モンゴル族は5.1万，19.4%を占める．

同市はおおよそ清代のアバガナル左翼旗の地にあたる．1665年にベルグテイ（チンギス・ハーンの弟）の末裔であるドンイスラブ

は清朝に帰順し，貝子の爵位が授けられ，アバガナル左翼旗の初代のザサク（旗長）に任じられた．かつて貝子廟とよばれた．1948年にアバガナル左翼旗，アバガ左翼旗およびホーチト右翼旗が合併して中部連合旗を形成し，52年に西部連合旗に合併された．1953年に貝子廟はシリンホトと改称し，63年にアバガナル旗と改めた．1983年にシリンホトの名が復活し，県級市となった．

市内北部にある貝子廟はアバガナル左翼旗の旗廟であり，内モンゴルの4大寺院の1つとして知られている．1741年に建立され，その正式名称はモンゴル語でアリア・ジャンルン・バンディト・ゲゲン・ヒード，漢語で崇善寺という．清代に貝子廟は2回の拡張期を経て，千仏殿，満巴殿，甘珠爾殿をはじめとする十数の建物と数多くの僧房が建てられ，19世紀末まで平均して1000名前後のラマ（僧侶）を擁していた．文化大革命期に大きく破壊され，廟堂は崩壊し，経典は焼き払われた．2000年代に入って，中国政府は貝子廟を修復し，観光資源として利用している．

経済に関しては，2015年の第1，2，3次産業生産額の割合は7.6%，50.3%，42.1%．石炭，石油，ゲルマニウム，クロム，モリブデンなどの埋蔵量が多く，発電，炭鉱・油田採掘，機械製造，食品加工などがおもな産業であり，ペキン（北京），ティエンチン（天津），ホーペイ（河北），シャントン（山東）省まで送電している．近年，経済発展と人口増加に伴って，都市化が加速し，市の規模も急速に拡大している．内モンゴルの東西をつなぐ交通の要衝にあるので，道路鉄道が整備延長され，空港も建設された．

[バヨート・モンゴルフー]

シールー鎮　石碌鎮　Shilu

中国

人口：6.4万（2016）　面積：216 km²
[19°15′N　109°02′E]

中国南部，ハイナン（海南）省中西部，チャンチャン（昌江）自治県の都市（鎮）．省会のハイコウ（海口）市から南西約150 km，西のハ所港までは鉄道が通じ約52 kmのところにある．中国最高の品位を誇る大規模鉱山があり，鉄鉱の含有量は平均51.2%，最高69%に及ぶ．1935年の実地調査で鉱山が発見され，39年2月に日本が占領し，鉱石の採掘から鉄道による港への搬送までを含む本格的な開発を始めた．朝鮮半島の出身者を含む計4万人以上の労働力を強制的に連れ込み，約69万tの鉱石を日本本国に搬送した．日本の敗戦後，一時廃業し，1959年から国指定

の重点事業として再開した．現在は年間約460万tの鉄鉱石を産出する．鉱山以外ではサトウキビと天然ゴム栽培が盛んである．

[許　衛東]

シルヴァッサ　Silvassa

インド

人口：9.8万（2011）　[20°17′N　73°00′E]

インド西部，ダードラナガルハヴェリ連邦直轄地の都市で行政中心地．アラビア海に面した同直轄地に重要な税収をもたらす多くの工場を抱えた工業都市でもある．これは，インド政府により非課税地として設定されて以来，多くの企業が集中してきたためである．さまざまな工業製品のうち，とくにプラスチック製品は高品質かつ低価格で，全国に販売されている．マラーティー語とグジャラート語の混合であるワルリー語の文化中心地でもあり，またポルトガル植民地時代の影響でローマ・カトリック教信者も多い．[前田俊二]

シルヴァーデール　Silverdale

ニュージーランド

人口：0.2万（2013）　[36°37′S　174°40′E]

ニュージーランド北島，オークランド地方の町．オークランドの北30 kmに位置する．地名は，谷地に沢山のポプラの木があったことから，1911年にこの名となった．国道1号がこの町の西を通るが，町の中心部は国道1号より分岐した国道17号が通る．カレピロ湾からハウラキ湾に注ぎ込む複雑に入り組んだウェイティ川が南を流れる．

[植村善博・太谷亜由美]

シルヴァートン　Silverton

オーストラリア

人口：89（2006）　[31°53′S　141°13′E]

オーストラリア南東部，ニューサウスウェールズ州中央東部，Unincorporated Far West Region の村．しばしば，映画などでゴーストタウンとして取り上げられる．州都シドニーの西北西約920 kmに位置し，西はサウスオーストラリア州境に接する．もともと，先住民 Wiljakali の土地であったが，1841年にヨーロッパ人として初めてトーマス・ミッチェルが訪れた．1875年に銀の鉱脈が発見され，88年にはサウスオーストラリアと町を結ぶトラムが開設されるなどし

て，人口は90年に3000にまで膨れ上がった．しかし，高品位の銀の生産不振と，東へ約25km離れたブロークンヒルでの銀，鉛，亜鉛鉱床の発見により，村はしだいに寂れていった．しかし，この寂れた村を特徴に，映画やコマーシャルの製作現場として村は利用されてきた．1979年に公開されたアクション映画の「マッドマックス」や，81年公開の「マッドマックス2」などはその代表作といえる．ここで使われた車両は，村のホテルに展示されている． [藁谷哲也]

シルクシティ Silk City ☞ バガルプル Bhagalpur

シルクロード Silk Road

シルクロードとは，字義どおり「絹の道」であるが，ユーラシア大陸を東西に結ぶ陸上交通路をこのようによぶようになったのは近代になってからである．よく知られているように，この呼称を初めて使用したのは19世紀のドイツの地理学者フェルディナント・フォン・リヒトホーフェンで，その大著"CHINA"の第1巻(1877)において，中国と西洋文明との交流に触れる中で，この交流路をSeidenstrasseとよんだのが始まりであった．その後，やはりドイツの地理学者アルベルト・ヘルマンが『中国とシリアの間の古代シルクロード(Die alten Seidenstraßen zwischen China und Syrien)』(1910)という学術書を刊行し，この用語が広く使われるようになった．Silk Roadはその英語訳として生まれたものであり，さらに日本では絹の道，中国でも絲綢之路(スーチョウツールー)という呼称が使われるようになった．

シルクロードとは「絹を運ぶ道」という意味であり，その点で中国側から生まれる呼称でないことは明らかであるが，このルートによって西方世界にもたらされたさまざまな文物の中で，とりわけ絹織物が珍奇なものとして尊ばれた歴史と，絹を運ぶ隊商というロマンチックなイメージが，絹の道という呼称を世界的に広めた要因であろう．

ユーラシアを横断する陸路のルートは，自然条件や歴史的環境によってさまざまな可能性があり，ある時期だけの特定のルートだけをさすものではない．ユーラシア大陸の内陸部は，東は中国北西部，西はロシア西部から西アジア，北アフリカにいたるまで，広範な乾燥地帯となっており，砂漠地帯では点在するオアシスを結ぶルート，草原地帯では広範に展開する遊牧民族の移動ルートが交易路として使われてきた．前者はオアシスの道，後者は草原の道，あるいはステップの道などともよばれ，さらにはアラビアから沿岸づたいにインドを経て東南アジアから中国にいたる海洋ルートも，海のシルクロードとよばれることもある．とくに重量のある陶磁器が運ばれるのは最後の海洋ルートであり，東西交渉の歴史からは欠かすことができないものであった．またこれらの主要な東西ルートをつなぐように南北の道も発達し，広い意味ではこれらも含めてシルクロードとよんでいる．

いうまでもなくシルクロードは，絹をはじめとする東西の特産品の交易だけに利用されたわけではない．西方からはペルシア文明の精華が，中国に，さらに遠く日本の平城京にまで伝わったし，インド発祥の仏教文化は，このルートを通じて東アジアに伝わった(いわゆる北伝仏教)．逆に中国から西方へ仏教原典を求める「求法の道」にもなり，西アジアからは拝火教(ゾロアスター教)やイスラーム教が内陸アジアから中国まで伝わった．運ばれたものは文物だけでなく，モンゴル高原に生まれたチュルク系(トルコ系)諸民族が，西へ西へと移動したように「民族移動の道」でもあった．またアレクサンドロスのインド遠征，チンギス・ハーンのユーラシア全域の席巻などにみられるように，このルートは「征服の道」でもあった．モンゴル時代には，それまでのルートの上に駅伝制度(ジャムチ)が張りめぐらされ，まさに1つの世界交通の場となったのであった．

シルクロードの東西のターミナルを長安(西安)とローマとするならば，その間にはシルクロードの深い結びつきをもつ都市が発達した．とくにオアシスルートにおいてはオアシスがすべての生活の中心であり，そこに成立している都市を活性化させる役割を担ったのがシルクロードの交易であった．交易は単に通過者として都市を利用するだけではなく，都市そのものを市場経済の拠点として活性化し，東西文明の融合の場として国際性豊かな文化を発達させた．今日のユーラシアのシルクロード沿いの遺跡から，ギリシャ・ローマ文化の遺物が多数発見されており，人的交流も含めて深い結びつきがあった．

中国の史書『後漢書』には「大秦」として東ローマ帝国と交流があったことが記されており，陸路，海路ともにペルシアを経由してビザンツにいたり，その首都のコンスタンティノープル(現在のトルコ・イスタンブール)がヨーロッパの終着点であったとも考えられる．また草原の道は，モンゴル高原からカザフスタンを経てカスピ海北岸から黒海北岸にいたり，そこからロシア・東欧・北欧の交易ネットワークにつながっていた．とくにペルシアやイスラーム王朝の介入を避けるために，黒海の北のロシアに展開したハザール王国を経由するルートは，ビザンツやヨーロッパ各地への中継点として重要な役割を果たした．2014年には，「シルクロード：長安-天山回廊の交易路網」としてユネスコの世界遺産(文化遺産)に登録された． [秋山元秀]

シルクロード，トゥンホワン(敦煌)市近郊の鳴沙山と麓のオアシス月牙泉〔Shutterstock〕

シールサー　Sirsa　　インド

人口：18.3万（2011）　[29°32′N　75°04′E]

インド北部，ハリヤーナ州シールサー県の都市で県都．州都チャンディガルの南西200 kmに位置する．首都デリーとファジルカを結ぶ国道10号および鉄道沿いにある．小麦，大麦，キビなどの穀物，ナタネ，塩，綿花，羊毛などの集散地であり，また，織物，皮革製品，敷物などの製造が盛んである．8〜9月に大きな牛市が開かれることでも有名である．　　　　　　　　　　　［前田俊二］

シルダリア州　Syrdarya Region　　ウズベキスタン

Sirdaryo Viloyati（別表記）

人口：64.8万（2005）　面積：4300 km²
[40°29′N　68°47′E]

ウズベキスタン東部の州．北はカザフスタン，南はタジキスタンと国境を接する．州都はグリスタン．シルダリア川左岸に位置し，川をはさんで東はタシケント州と接している．ゴロドナヤステップが北西部にある．グリスタンとシルダリアは重要な都市である．典型的な大陸性気候で，綿花，穀物のほか，メロン，ブドウなどを産する．建設資材，灌漑設備の工場があり，国内の電力の1/3をまかなう水力発電所がある．　［木村英亮］

シルダリア川　Syr Darya　　クルグズ〜カザフスタン

サイフーン川　Sayhuon（アラビア語）/シル川，スィル川（別表記）/ヤクサルティス川　Jaxartes, Yaxartes（ギリシャ語）

面積：402800 km²　長さ：2212 km
[46°10′N　60°53′E]

中央アジア最長の川．クルグズ（キルギス），ウズベキスタン，タジキスタン，カザフスタンを流れる．古代ギリシャ人にヤクサルティス川，中世アラブ人にサイフーン川とよばれ，中国資料には薬殺水，真珠川などと書かれている．ティエンシャン（天山）山脈を源流とするナルイン，カラダリア両川の合流によって形成され，フェルガナ盆地を横切り，クズイルクム砂漠の東端を流れ，アラル海に注ぐ．タジキスタンのホジェント，カザフスタンのクズロルダなどは河畔の都市として有名である．古くから灌漑に利用されてきた．カイラククム，ファルハド，チャダリアなど多数の水力発電所，貯水池がある．

ソ連時代には，連邦水利省による集権的な水の管理が行われてきたが，中央アジア諸国の独立によって，総合的管理ができなくなった．上流のクルグズ最大のトクトグル貯水池における水力発電用の水の確保と下流諸国の灌漑用水の必要性は矛盾し，エネルギー資源の乏しいクルグズは，石油，天然ガスなどの供給を求めて下流諸国としばしば対立する．水量減少のため，現在小アラルの漁業をかろうじて成立させている．　　［木村英亮］

シルチャル　Silchar　　インド

人口：17.3万（2011）　降水量：3129 mm/年
[24°49′N　92°48′E]

インド北東部，アッサム州カチャール県の都市で県都．州の最大都市グワハティの南東約180 kmに位置する．州南部からバングラデシュに流入しベンガル湾に注ぐサルマ Surma 川の流域に立地する．州南部の交通の要衝で，道路，鉄道交通はもちろん航空交通においても重要な位置を占めている．シルチャル空港より，インド東部の大都市コルカタ（カルカッタ）やアッサム州最大の都市ゴウハーティ，東隣のマニプル州の州都インパールなどと結ぶ定期航空便が運行されている．サルマ川流域平野では米，茶，綿花，サトウキビ，ナタネ，カラシナなどが栽培されるが，交通の便に恵まれることからこれら農産物の取引中心地となっている．紅茶製造，精米，製紙，製材などの軽工業もみられる．
　　　　　　　　　　　　　　［中山晴美］

シルトパッデン湾　Schildpadden-baai　☞ プニュ湾　Penyu, Teluk

シルバーツァッケン山　Silberzacken　　パキスタン

標高：7597 m　　　　[35°16′N　74°36′E]

パキスタン北部，ギルギットバルティスタン州，ヒマラヤ山脈西端，ナンガパルバット山群の高峰．カラコルムハイウェイからタトゥガー谷を約6.5 km南に入ったタトゥ集落から南約19.2 kmにある．ナンガパルバット山を主峰とする北東から南西に続く稜線上に位置し，南西約1.6 kmでナンガパルバット山に達する．ナンガパルバット山の主稜線東側に広がるシルバープラトーとよばれる氷原の北東端の高まりにあたり，山頂は岩盤が露出している．14 km北にあるモレーン上の集落フェアリーメドーズから見上げると，標高差4000 mのナンガパルバット北壁ラキオトフェースの最上部の岩峰の1つとしてそびえる．山名はドイツ語で銀の牙の意味．シルバーツァッケン山だけを目的とした登山隊はなく，北面のラキオト氷河からラキオトピークを経由してナンガパルバット主峰へいたる登路の途中に，シルバーツァッケン山直下の鞍部シルバーザッテルが通る．［松本穂高］

シルヘット　☞　シレット　Sylhet

シルマッヘルオアースン　Schirmacheroasen　　南極

面積：34 km²　長さ：25 km　幅：3 km
[70°44′S　11°40′E]

南極，東南極の台地．ドロンニングモードランドにあり，長さ25 km，幅3 kmにわたって氷河に覆われていない標高100 m程度の台地である．地名はノルウェー語で，oasenはオアシスを意味する．台地上には100を超える淡水湖が分布している．南極で最も小さいオアシスであり，典型的極砂漠でもある．北端は，外棚湖（epishelf lake）とよばれる外洋と切り離された内湾になっている．外棚湖は隔てられた棚氷の下を通して，外洋とつながっている内湾のことである．外棚湖の水は，下部には塩水か汽水があり，上部は淡水によって覆われる層構造をなしている．南側の南極氷床は標高1500 m程度である．オアシスの形成過程には諸説あり，たとえば，地熱が高いことが原因であるとか，太陽熱が集中するためであるとか，地質構造によって氷河が流れてこないため，などがある．　　　　　　　　　　　　　　　　　［前杢英明］

シレット　Sylhet　　バングラデシュ

ジャララバード　Jalalabad（古称）/シルヘット（別表記）

人口：48.0万（2011）　面積：27 km²　標高：35 m
降水量：4200 mm/年　　[24°54′N　91°52′E]

バングラデシュ北東部，シレット管区，シレット県の都市で県都および管区都．首都ダッカの北東約190 kmに位置する．ダッカとは鉄道で結ばれている．2001年に大都市（City Corporation）に昇格した．スルタン時代にはジャララバードとよばれていた．シルヘットとも表記される．シュルマ Surma 川の渓谷にあり，丘陵部は茶園となっている．1782年にダッカ管区の県になった．1878〜1947年のイギリス植民地時代はアッサム州

の管轄下にあった．しかし1947年の分離独立に際しては，イスラーム教徒人口の多さから東パキスタンのチッタゴン管区に所属することになった．1971年以降はバングラデシュの県となった．現在はバングラデシュ国内で最も裕福な都市の1つである．市街地はスルマ渓谷内のスルマ川河岸に立地する．国内の茶産業の中心地としても知られる．海外への出稼ぎ労働者が多く，彼らからの仕送りによって，一時は不動産ブームや建設ブームが加速した．シレットからの海外移住ではイギリスが著名である．ロンドン東部のブリックレーン Brick Lane はその集住地区である．もとはイギリス植民地時代に水兵として雇われたのが始まりで，イギリス移民政策の変更で1970年代後半以降に急増した．シレット市周辺はバングラデシュの石油，天然ガス生産の中心でもあり，管区内には国内最大の天然ガス田が存在している．観光地としてはジャフロン Jaflong 滝，イスラームの聖人ハズラット・シャー・ジャラル・ヤマニの像が市内にある．
[野間晴雄]

シーロウ県　石楼県　Shilou　中国

吐京，土軍，嶺西（古称）

人口：11.4万（2013）　面積：1742 km²
気温：9.2℃　降水量：550 mm/年
[36°59′N　110°48′E]

　中国中北部，シャンシー（山西）省中西部，リュイリャン（呂梁）地級市の県．ホワン（黄）河をはさんでシャンシー（陝西）省と隣接する．県名は土軍，リンシー（嶺西），トルキン（吐京），石楼と変遷してきた．地形は東高西低で，東部は石楼山（主峰，標高2000 m），中南部山地はほぼ1400 m以下，西部と北部はホワントゥー（黄土）丘陵で1000 m以下である．無霜期間は190日間．小麦，トウモロコシ，アワ，大豆などを栽培している．石炭や鉄鉱石などの地下資源がある．
[張　貴民]

シローヒー　Sirohi　インド

人口：4.5万（2011）　[24°53′N　72°52′E]

　インド西部，ラージャスターン州南部，シローヒー県の都市で県都．ジョドプルの南153 kmに位置する．かつてのラージプート州の州都であった．キビ，トウモロコシ，小麦，大麦の交易が行われるほか，手工芸の冶金（ナイフ，刀）の製造がみられる．近くに，アラヴァリ山脈で最高峰であるアブ山（標高

1722 m）がそびえており，ここから多くの河川が流れ出て，湖や滝，常緑樹森林が形成されるなど，砂漠の中のオアシス的な景観を呈している．
[前田俊二]

シーロム　Silom　タイ

[13°43′N　100°31′E]

　タイ中部，首都バンコクの地区．バンコクの主要ビジネス街で，その中心を通るシーロム通りとその周辺の総称である．国内最大の商業銀行であるバンコク銀行の本店をはじめ，東南アジア最大級の財閥であるCPグループの本社ビルCPタワーなどオフィスビルが林立する．また，夜になると通りの一部が歓楽街に変貌することでも有名．歴史的には，1861年にラーマ4世が外国人商人の要請を受け，チャルーンクルン通りとトロン通り（現ラーマ4世通り）を結ぶ道路として建設したことに始まる．道路名のシーロムはタイ語で風車を意味し，当時は農地や林野が広がる地域で，風車が使われていたことに由来する．その後，やがて宅地化が進み，タイ人の官僚貴族をはじめ，ヨーロッパ人，華僑・華人，モン人，インド人などさまざまな民族が住むようになった．現在でも通りやその小路（ソーイ）奥に，教会やヒンドゥー寺院，有力者の邸宅など当時の面影が残されている．
[遠藤　元]

シロン　Shillong　インド

人口：14.3万（2011）　面積：64 km²
標高：1503 m　[25°34′N　91°53′E]

　インド北東部，メガラヤ州の州都で，東カシヒル県の県都．標高1300〜1800 mのシロン高原の高地に立地する夏の保養地としてとくに発展した．高原の中央に位置し，まわりをうっそうとした森林の丘陵に囲まれている．1874年にイギリスによりアッサム州が制定されたときにその州都になっていたが，引き続き1972年に州として分離独立したメガラヤ州の州都として位置づけられている．歴史的に，ベンガル地方でイギリス人に人気の丘陵保養地で，スコットランド高地に似ていることから東洋のスコットランドともよばれていた．このことに加えて，現在では，シロン高原地域の行政中心地および各種物産の取引中心地として，さらにインド軍駐留の軍事中心地として発展を遂げている．また，1898年に在インドのイギリス植民地公務員グループにより導入されたゴルフコースは，

現在アジアで最大規模のゴルフ場の1つとして発展している．その他，指定部族（ST）の文化や伝統の品々を掲示した州立博物館，さらに州立中央図書館，オレンジや絹の研究所，医学研究所などの文化施設が数多く存在している．
[前田俊二]

シーロン鎮　石竜鎮　Shilong　中国

人口：14.5万（2010）　面積：11 km²　気温：23.0℃
降水量：1651 mm/年　[23°07′N　113°52′E]

　中国南部，コワントン（広東）省中南部，トンクワン（東莞）地級市北部の小都市（鎮）．チュー（珠）江デルタのトン（東）江下流に位置し，交通の便がよい．省会コワンチョウ（広州）とシェンチェン（深圳）の中間地点にあたり，宋代から東江水運の集散地と木材・米の交易市場として栄えた．広州，フォーシャン（仏山），シュンドゥ（順徳）の陳村とともに広東の四大名鎮とよばれる．広深鉄道（広州〜深圳）の貨物集配場を有し，現在200社以上の外資系企業が立地する新興電子工業地域に変貌している．京セラ（カメラ），コニカミノルタ（複写機），台湾EMC（ディスプレイ）社などの生産拠点となっている．総人口のうち，珠江デルタ圏外からの出稼ぎ労働者は3割以上を占める．石竜鎮の中山公園は，近代の民国初期に蒋介石と周恩来が率いた北伐戦争東軍の出発地としても知られる．
[許　衛東]

ジーロング　Geelong　オーストラリア

人口：21.1万（2011）　面積：1248 km²
[38°08′S　144°21′E]

　オーストラリア南東部，ヴィクトリア州中央南部の都市．ポートフィリップ湾の西奥，コリオ湾に面し，州都メルボルンに次ぐ州第2位の都市である．1824年に最初の探検家がシドニーから訪れた後，30年代にはヨーロッパ人の入植が始まった歴史の古い都市である．周囲は肥沃な農地に恵まれており，シドニーやタスマニアから多くの移住者が押し寄せ，1850年には人口は約8000にまで達した．州の他の都市と同様にゴールドラッシュ期に人口が急増した．西部ヴィクトリアのみならず，サウスオーストラリアおよびウェスタンオーストラリアの開拓におけるゲートウェイ都市として発展した．今日では，州の多くの産業がジーロングに拠点を置いている．石油精製，化学肥料，アルミニウム精製など重化学工業の産業集積も多い．また，豊かな農牧地帯を後背地として羊毛，小麦のほ

シロンジ　Sironj　インド

人口：5.2万（2011）　　　　[24°05′N　77°39′E]

インド中部，マッディヤプラデシュ州ヴィディシャ県の都市．州都ボパールの北約120 kmに位置する．まわりの村々の住民のほとんどがヒンドゥー教徒である中にあって，シロンジにはヒンドゥー教徒以外にイスラーム教徒およびジャイナ教徒が多数住んでおり，歴史的に多くの寺院やモスクが存在する．中世にはデリーからグジャラートを結ぶ交易ルートに沿っており，多くの貿易商人で賑わっていたため，市場など当時の建築物が多く残っている．また，三角法によりエベレスト山の高さを測るための三角点の1つとなったことでも知られている．現在，小麦，キビ，豆類など地方農産物の交易中心地である．とくにシロンジから出荷される小麦は人気があり，首都デリーをはじめ全国の市場で高価格で販売される．また，大豆はインドールにおける大豆油工業の重要な供給地である．ほかに，綿織物業や木工業もみられる．

[前田俊二]

ジワカ州　Jiwaka Province　パプアニューギニア

人口：34.4万（2011）　面積：4798 km²
[5°52′S　144°42′E]

南太平洋西部，メラネシア，パプアニューギニア中部の州．ニューギニア島中央部に位置する．2012年にウェスタンハイランド州から，その東半分にあたる地域が分離独立し，成立した．アングリンプ/サウスワギ Anglimp/South Waghi，ジミ Jimi，ノースワギ North Waghi の3郡がある．地名は，ジミ Jimi，ワギ Waghi，カンビア Kambia の3つの地名の最初の2文字をつなげたものである．州都は当初ミンジ Minj（人口0.3万，2011）であったが，現在はクルムル Kurumul に移されている．東に隣接するシンブー州との州境に，同国最高峰のウィルヘルム山（標高4509 m）がある．主要農産物はコーヒー，茶である．領域の中核をなすワギ渓谷は，高地地方の中でも，最も肥沃な地域の1つであり，人口も稠密である．

[熊谷圭知]

シワリク丘陵　Siwalik Range　パキスタン〜ブータン

チューリア丘陵　Churia（ネパール語）
標高：500-1200 m　長さ：2800 km
幅：10-50 km　　　　[27°46′N　82°24′E]

インド北東部からパキスタン北部にかけて，ヒマラヤ山脈の南縁を限る丘陵地帯．ネパールではチューリア丘陵ともいう．主たる構成物の第三紀シワリク層の分布と一致させれば，東はブータン西部に始まり，アッサム地方，ネパール，インド北部を経て，パキスタン北部まで2800 kmにわたって続く．約5000万年前にユーラシア大陸に衝突したインド地塊は，衝上断層（低角度逆断層）の活動とともに，現在も年に5 cm程度の速度で沈み込みを続け，ヒマラヤ山系を隆起させている．そのうち最も南に位置する最新の隆起（付加）帯がこの丘陵で，主としてヒマラヤ前縁衝上断層（HFT）と主境界衝上断層（MBT）にはさまれた部分である．丘陵の南縁を限る不連続な活断層が近年各地で確認されるようになり，M 8を超える地震も過去100年のうちで三度（1905, 1934, 1950）生じている．丘陵を構成するのは，ここがまだ低地であった頃に北側の山地から運ばれてきた礫岩，砂岩，頁岩からなり，5000 m以上の厚さをもつ．それらに挟在する多種の浅海から陸上にいたる動植物化石から，中期中新世（1600万年前）以来，主として断層運動により，現在の標高500〜1200 mにまで隆起してきたものとみられている．

地層の露頭からはゾウ，ウマなどほ乳類化石が出土するとともに，シヴァピテクスと名づけられた類人猿の化石がインド，パキスタンでみつかっている．1932年にはインド領内でラマピテクスと命名された類人猿化石が発見され，現世人類の祖先ともみられて注目を集めたが，2016年現在では疑問視されている．丘陵の幅は最大でも数十km ほどで，ブータンやアッサムなどではきわめて狭い．ネパールおよびインド域に限ってみると，丘陵とレッサーヒマラヤ（マハバラート）山脈との間に細長い縦谷が形成され，ところどころでコシ川，ナラヤニ Narayani 川，チューリア Churia 川，ギルワ Girwa 川などが丘陵を切る横谷をつくって，丘陵は分断されている．丘陵の南はタライ平原とよばれる標高100 m以下の低地に接する．低地は300 m以下の盆地状河谷として丘陵北側にも入り込み，それらは内陸タライ，またはドウンとよばれている．ここは高温湿潤なため，1950年代まではトラやゾウが生息し，マラリアがはびこる不健康地であったが，いまはほとんどが人口稠密な，稲作を中心とする農村景観に変わっている．一方，野生動物はネパールのチタワン Chitawan，インドのジャルダパラ Jaldapara などいくつかの保護区で養われているにすぎない．ウッタラカンド州の州都デーラドゥーンは，丘陵北側のドウンに位置する．丘陵斜面の有用材は，チーク，サル—（サラソウジュ），サンダルウッド（白檀），タケなどである．丘陵地一帯の民族構成は複雑で，タライ低地とともに，先住民はモンゴロイド系とされるタルー族であるが，現在は，インドのウッタラカンド州，ウッタルプラデシュ州やビハール州と同じヒンドゥー系諸語を話す人びとおよび一部ネパール系の人びとが混在し，それぞれの文化伝統を守っている．

南西モンスーンの多量の雨と相まって，丘陵を構成する未固結の砂礫は，もともと斜面崩壊を起こしやすいうえに，近年は人口圧の増加とともに燃料用や換金用に木を切り出すため，林地の荒廃が著しい．その結果，山地斜面の土壌侵食が加速化し，下流部への土砂供給も多くなって問題化しつつある．ネパール領内での対策はいまだ組織的ではないが，半乾燥地域にあり，土地荒廃の深刻なインドのパンジャブ州北部の丘陵域では，世界銀行の融資により，住民参加型の植林事業などが州森林野生生物局の手で試みられている．

[貞方　昇]

シワン　Siwan　インド

人口：13.4万（2011）　面積：13 km²
[26°13′N　84°21′E]

インド北部，ビハール州西部，シワン県の都市で県都．シワン県はビハール州西部でウッタルプラデシュ州と接する．州都パトナの北西約100 kmに位置する．州都と結ぶ鉄道は同市で北と東に分岐する．国道531号が市内を縦貫しており，カレッジなどの高等教育機関が複数所在する．市は，ビハール州都パトナ付近でガンジス川と合流するガンダク川およびガーガラ川の間に形成される平野に位置している．周囲には農耕地が広がり，米，トウモロコシ，小麦，大麦，サトウキビなどが栽培されている．掘り抜き井戸や用水が整備されているとはいえ，一帯は何度も洪水の被害を受けてきた．製造業のほとんどは農産品を加工する小規模なものであり，経済開発においていくつもの課題を抱えている．県はインド初代大統領ラージェンドラ・プラサードの出生地としても知られ，市の郊外にはシ

776　シワン

ヴァ神などを祀る寺院や仏教遺跡が存在する．おもにヒンディー語，ビハール語，ウルドゥー語が話されている．　　　［鍬塚賢太郎］

シーワン　石湾　Shiwan　中国

人口：30.0万（2014）　面積：27 km²
[23°00′N　113°04′E]

中国南部，コワントン（広東）省中南部，フォーシャン（仏山）地級市禅城区にある街道（鎮）．省会コワンチョウ（広州）の西20 kmに位置する．チュー（珠）江デルタの中でも発達した水路を有する南国陶都として知られ，チャンシー（江西）省のチンドゥチェン（景徳鎮），チャンスー（江蘇）省のイーシン（宜興），フーナン（湖南）省のリーリン（醴陵）と並びで天下の名声を博した中国陶磁器四大産地の1つである．粘り強い風丘粘土層が豊富にあることから，唐と宋の窯開設を経て，明と清に興隆を極め，清末に陶工7万人を擁し，窯は107もある大規模産地に発展した．顔に釉薬をつけない素焼きの写実的人物像である公仔などの芸術陶磁に定評がある．現在は工業用陶製品と日用陶器も量産されている．国内最大のステンレス鋼集散地でもある．
　　　［許　衛東］

シン　Sing　ラオス

ムアンシン　Muang Sing（通称）
人口：3.9万（2015）　面積：1355 km²
[21°11′N　101°09′E]

ラオス北部，ルアンナムター県の郡．ルアンナムター郡市街地の北西52 kmに位置する．通常，ラオス語で郡を意味するムアンをつけてムアンシンとよばれることが多い．郡中央部は，南北をナムユアン川とナムマー川が流れており，狭い谷底平野が形成されている．その河川の東西は急峻な標高2000 m級の山地となっている．シンの市街地が位置する谷底平野では，灌漑化された水田が広がっているが，山地部では焼畑耕作が行われている．市街地の北東約15 kmにラオス～中国間の出入国地点があるため，中国との交易も盛んであり，市街地には多くの中国人商人が店を構えている．平地部はタイルー人の村落が多く，その他にタイヌア人，黒タイ（タイダム）人などのタイ系民族が多く居住し，古くからタイ系民族の中心地として栄えてきた．一方，平地部の周囲を取り囲む山地部はアカ人が多く居住する．市街地の市場には，民族衣装を身につけた山地部の居住者達が農林産物を販売しており，それらの民族を目的に1990年代後半から多くの観光客が海外から訪れるようになった．市街地には簡易宿泊宿が立ち並び，また山地部はアカ人たちを中心に土産物の売り子たちが市街地にあふれている．2002年からは電力供給も24時間体制になり，さらに観光化が進んでいる．
　　　［横山　智］

シン島　薪島　Sindo　北朝鮮

新島（別称）
[39°54′N　124°21′E]

北朝鮮，ピョンアンブク（平安北）道北西端の島．同名の薪島郡は平安北道の行政区域で，アムロク（ヤールー（鴨緑））江河口の西海に浮かぶ島々からなり，1988年7月に新設された．北朝鮮最西端，鴨緑江河口の中国寄りに位置するファングムピョン（黄金坪），ビダン（緋緞）島，薪島などの島々を管轄し，鴨緑江本流を隔てて東対岸にリョンチョン（竜川）郡に接する．西は中国リャオニン（遼寧）省タントン（丹東）市に属するトンガン（東港）市と隣接する．その地理的な特性から，中国の資本により金融・経済特区を開発中である．　　　［司空　俊］

ジン県　精河県　Jing　中国

チンホー県　精河県　Jinghe（漢語）
人口：12.5万（2002）　面積：11000 km²
[44°36′N　82°53′E]

中国北西部，シンチャン（新疆）ウイグル（維吾爾）自治区北西部，ボルタラ（博爾塔拉）自治州の県．ジュンガル（準噶爾）盆地の南西部に位置する．1913年に県が設置された．県名は県内を流れるジン（精）河に由来する．南部は山地，北部と東部はゴビ（礫石帯）である．農業が主体で，風力発電も行われている．県内のエビ（艾比）湖 Ebinur は塩を産することで有名である．ウルムチ（烏魯木斉）とガンスー（甘粛）省の省会ランチョウ（蘭州）を結ぶ蘭新鉄道の西端と国道312号が県内を通る．　　　［ニザム・ビラルディン］

シンアン県　新安県　Xin'an　中国

谷州（旧称）/通洛防（古称）
人口：約47万（2013）　面積：1160 km²
[34°41′N　112°08′E]

中国中央東部，ホーナン（河南）省北西部，ルオヤン（洛陽）地級市北部の県．11郷鎮を擁する．地名は秦の頃の「新治安寧」に由来する．しばしば谷州など他の呼称でもよばれていた．前漢の頃（紀元前114）に函谷関が現在のサンメンシャ（三門峡）市から移され，北周時代は通洛防とよばれた．豊富な鉱産資源を基盤に，エネルギー，アルミ工業が盛んである．　　　［中川秀一］

シンアン県　興安県　Xing'an　中国

人口：34.0万（2015）　面積：2348 km²
気温：17.5℃　降水量：1802 mm/年
[25°37′N　110°40′E]

中国南部，コワンシー（広西）チワン（壮）族自治区北東部，グイリン（桂林）地級市の県．丘陵地帯にあり，古くから自治区とフーナン（湖南）省を連結する交通の要衝で，桂林の北東57 kmに位置する．最初の県制は宋の太平興国2年（977）に開始され，地名も興隆安定の意味を表す．シャン（湘）江とリー（漓）江の源流地にあたり，稲作，トウモロコシ，柑橘類，ブドウの栽培農業と林業が発達している．ホワナン（華南）最高峰の猫児山（標高2141 m）からなる国立自然保護区，秦の嶺南征服時に湘江と漓江をつないで兵糧を運ぶために建設した国内最古のリンチュー（霊渠）運河などが名勝．県政府所在地の興安鎮は中国10大名鎮の1つ．総人口のうち，漢族は97％を占めている（2011）．　　　［許　衛東］

シンアン盟　Xing'an　☞ ヒンガン盟 Hinggan

シンイー市　興義市　Xingyi　中国

人口：84.8万（2015）　面積：2911 km²
標高：1000 m　[25°06′N　104°54′E]

中国中南部，グイチョウ（貴州）省南西部，チェンシーナン（黔西南）自治州の県級市で州政府所在地．西はユンナン（雲南）省と，南はコワンシー（広西）チワン（壮）族自治区と隣接する．1987年に市制移行した．総人口の2割を少数民族が占め，そのほとんどがプイ（布依）族で，ミャオ（苗）族，イ（彝）族，回族も住む．標高は北西が高く南東が低く，平均標高はおよそ1000 m前後である．酷暑，極寒とは無縁の温暖な気候から，小春城との異名をもつ．域内を南昆鉄道と国道324号が通り，市街地の近くに興義万峰林空港が立地する交通の要衝であり，貴州省南西部の物資の集散地である．水力・火力発電所が多くエネルギー産業が発達し，冶金，化学工業，醸

造，製薬，食品加工，タバコ，紡織などの企業が立地している．雲南省のチューチン(曲靖)市とともに，貴州省，雲南省，広西チワン族自治区の省境地帯の拠点都市として発展した． ［松村嘉久］

シンイー市　信宜市　Xinyi　中国

人口：96.6万 (2015)　面積：3085 km²
気温：23.0°C　降水量：2094 mm/年
[22°22′N　110°54′E]

中国南部，コワントン(広東)省西部，マオミン(茂名)地級市の県級市．チェン(鑑)江や黄華江，ルオディン(羅定)江などの水源地に位置する．南朝時代，梁の天贊元年(502)に県制が設置され，1995年に県級市になった．市政府所在地は東鎮街道．市域の7割以上は山地で，鉱物資源は多く，銀岩スズ鉱山と東坑金鉱は省内ではトップクラスである．松香，セメント，レンガ，花崗岩石材，製紙，竹細工，工芸美術品などがおもな工業出荷品目である．年平均降水量は2094 mmと多く，農業は米，野菜，養鶏業が中心．省指定の重要林業地域である．交通では国道207号が通じる．唐の武徳4年(621)に築城された鎮隆古城は観光名所．なお海外の信宜出身の華僑は約54万人にのぼり，省内有数の華僑送り出し地域の1つである． ［許 衛東］

シンイー市　新沂市　Xinyi　中国

しんぎし（音読み表記）
人口：90.9万 (2015)　面積：1571 km²
[34°22′N　118°21′E]

中国東部，チャンスー(江蘇)省，シューチョウ(徐州)地級市の県級市．華東地区の交通の要衝の1つで，ヨーロッパとアジアを結ぶルート上の商品集散地である．鉄道の隴海線(ランチョウ(蘭州)～リエンユンカン(連雲港))，膠新線(チャオチョウ(膠州)～新沂)，新長線(新沂～チャンシン(長興))が交わっている．高速道路の京滬線(ペキン(北京)～シャンハイ(上海))や連霍線(連雲港～コルガス(霍爾果斯))もここで交わっている．南へ傾斜する平原が広がり，イー(沂)河，シュー(沭)河，京杭大運河が市内を貫く．主要な農作物には水稲，小麦，落花生，トウモロコシがあり，クワ，タバコ，クリなども産する．特産物にシラウオ，シバエビ，イセエビなどがある．工業は化学，紡績，機械，食品，建材，磁器などがある．鉱物資源には石英砂，水晶，カリウム長石，ナトリウム長石，金紅石などがある．観光スポットには馬陵山，窯湾古鎮，花庁遺跡などがある．
［谷 人旭・小野寺 淳］

シンイエ県　興業県　Xingye　中国

人口：58.1万 (2015)　面積：1487 km²
気温：21.8°C　降水量：1592 mm/年
[22°44′N　109°52′E]

中国南部，コワンシー(広西)チワン(壮)族自治区南東部，ュィーリン(玉林)地級市の県．県政府所在地は石南鎮．唐の時代に設置された県だったが，1952年に玉林県と併合し，92年にまた興業県として復活した．人口の95%が漢族(2015)．黎湛鉄道，自治区首府のナンニン(南寧)を経由する広昆高速，国道324号が県を縦横する，中部の結節点の1つである．温暖な気候により穀物生産性が高く，それを飼料として利用する養鶏業と養豚業が発展し，自治区で最大規模の産地となっている． ［許 衛東］

シンイエ県　新野県　Xinye　中国

人口：約85万 (2015)　面積：1062 km²
[32°31′N　112°22′E]

中国中央東部，ホーナン(河南)省南西部，ナンヤン(南陽)地級市南部の県．13郷鎮を擁する．関羽が馬をつないでいたとされる漢桑城，劉備と諸葛亮が議論したとされる漢議事台などが知られる．三国志に由来する故事「髀肉之嘆(力を発揮する機会がないことを嘆くこと)」は，新野城が舞台である．
［中川秀一］

シンイン区　新営区　Xinying　台湾｜中国

人口：7.8万 (2017)　面積：39 km²
[23°19′N　120°19′E]

台湾南西部，タイナン(台南)市の区．かつてはタイナン(台南)県の県政府所在地だったが，2010年12月に台南市と合併し，台南市新営区となった．日本統治時代には塩水港製糖株式会社の製糖工場(糖廠)が設けられ，付近一帯はサトウキビの単作地帯となっていた．一時はフーウェイ(虎尾)，ピントン(屏東)と並び，台湾3大糖廠にもあげられたが，製糖産業の衰退により，2001年に工場は閉鎖された．現在は稲作が盛んになっているほか，台湾では有数の酪農地帯でもある．なお，製糖工場はサトウキビや粗糖の搬出のために，狭軌(軌間762 mm)の産業鉄道を設けていた．台湾南部に網の目のような路線網を誇っており，路線によっては旅客輸送も行い，新営はその要衝だった．現在，営業路線としては廃止されたが，観光輸送を目的に再整備されている．運行は週末と多客期に限られるが，サトウキビの積載車を改造したミニ列車は好評を博している． ［片倉佳史］

シンウィジュ　新義州　Sinuiju　北朝鮮

人口：33万 (推)　面積：166 km²　標高：8 m
気温：8.8°C　降水量：1058 mm/年
[40°06′N　124°24′E]

北朝鮮，ピョンアンブク(平安北)道北西部端の都市で，道庁所在地．アムロク(ヤールー・鴨緑)江河口から25 km上流にある沖積平野に位置する工業・国際都市．平義鉄道の終点．対岸の中国タントン(丹東)市とは長さ944 mの国際鉄橋で結ばれ，ピョンヤン(平壌)～ペキン(北京)間に直通列車が往来する．気候は大陸性で，1月の平均気温は-10°C．水運は冬季に氷結するため，外港として北朝鮮西海の多獅島を利用する．李朝期までは新義州から鴨緑江上流19 kmのウィジュ(義州)が国境防備の要衝で，また，国際貿易が行われ，湾商とよばれた義州商人が活躍，この地方の中心地であった．1906年京義鉄道の開通，11年の鉄橋完成，24年の道庁所在地移転により，新義州は義州にかわり，また中国東北地方との門戸となって急速に発展した．

農産物や木材の集散地として賑わいをみせている．市街は碁盤目のような計画都市．付近は地下資源が豊富で，スプン(水豊)ダムの完成後，工業が発展した．朝鮮戦争時期に大きな被害を受けたが，完全に復興し，近代的な大工業都市に発展，パルプ，製材，アルコールなどの工場が建設された．戦後，水豊ダムの再建後は楽元，プックチュン(北中)の機械工場が建設され，ブルドーザー，鉱業機械，内燃機関，大型起重機，紡織機械などの製造，毛紡織，鴨緑江河口のピダン(緋緞)島のアシを原料にした人造化学繊維，一般鉄器，日用品を生産する．石油精製，軽金属，琺瑯鉄器，造船，ゴムなどの工場もあり，総合工業都市として発達している．新義州特別行政区構想でより総合的な工業都市建設がなされた． ［司空 俊］

シンウェン県　興文県　Xingwen

中国

人口：38.7万 (2015)　面積：1373 km²
[28°20′N　105°05′E]

中国中西部，スーチュワン(四川)省南部，イーピン(宜賓)地級市の県．ユンナン(雲南)省に隣接する．県政府は古宋鎮に置かれ，漢族のほかにミャオ(苗)，回，満，ツァン(チベット)など17の民族が居住する．四川盆地南西の縁に位置し，山地が卓越するが，山地の間に丘陵が分布する．唐代に羈縻晏州が置かれ，元代に戎州となったが，明代に戎県となり，さらに興文県に改められた．清代に古宋県を分離したが，1983年にその北部を再び編入した．石灰石，石炭，鉄鉱石，岩塩など鉱産資源が豊富で，工業はそれらの加工が主体である．おもな農産物は米，トウモロコシ，タケノコ，茶，生漆などである．遊覧地に石海洞郷風景区などがある．[林 和生]

しんかい　新界 ☞ ニューテリトリーズ New Territories

シンガトカ　Sigatoka

フィジー

Singatoka (別表記)／シガトカ (別表記)
人口：1.0万 (2007)　[18°08′S　177°32′E]

南太平洋西部，メラネシア，フィジー，ナンドロンガナヴォサ州の町．共和国の主島，ヴィティレヴ島南西部の町で，フィジーで第2位の長さであるシンガトカ川の河口近くに位置する．川沿いに奥地へと通じるシンガトカ・ヴァリ道路の起点で，フィジーのサラダボールとよばれる流域一帯で産するタバコ，パッションフルーツ，キャベツ，トマトなどの農産物流通と物資供給の拠点となっている．町の西部と北部にはサトウキビ畑が展開し，サトウキビ運搬用の簡易鉄道が敷かれ，一部は観光列車として転用されている．スヴァとナンディを結ぶクイーンズロードの中間にあたり，周辺にはフィジー随一の観光地コーラルコーストの核心をなすリゾートエリアが展開している．なお，河口部には幅1km，長さ5kmに及ぶ大きな砂丘があり，国立公園(第1号)に指定(1987)されている．付近からは約2500年前の土器が発見されている．また，町の北側には陶器生産で知られるナカンブタ村がある．[橋本征治]

シンガポール共和国　Singapore, Republic of

Singapura, Republik (マレー語・正称)
人口：507.6万 (2010)　面積：712 km²　標高：5 m
気温：27.4℃　降水量：2087 mm/年
[1°17′N　103°51′E]

東南アジア，マレー半島南端部に位置する国．ジョホール水道を隔てたところにあるシンガポール島とその周辺の60あまりの小島(人工島を含む)からなる共和国である．シンガポール島は東西約42 km，南北約23 kmで，現在の面積は710 km²(当初の島々の臨海部などを埋め立てて拡大した)，最高地点のブキッティマ高地は標高163 mと低平な島である．

2010年の国勢調査によれば，総人口は507.6万であるが，そのうち国内に居住している人口は377.1万である．このうち市民権をもつ者が323.0万，永住者が54.1万である．また，国外居住者は130.5万である．国民は中国南部を出自とする華人74.1%，インド南部を出自とするタミル系インド人9.2%，これら民族より早くから住んでいたマレー人13.4%，その他，先住民や欧米人など3.3%程度からなっている．合計特殊出生率は1.1程度と先進国以上に低く，65歳以上人口は12.2%と高齢化が進行している．

言語については，国語は憲法で定められたマレー語であるが，公用語は広く使われる英語のほか中国語，マレー語，タミル語である．宗教は仏教，イスラーム教，キリスト教，ヒンドゥー教，道教などである．したがって，国民の祝日は各民族の祭日が祝祭日とされている．また，英語はシングリッシュとよばれるピジン(混成語)も話されるが，近年は標準的な英語を話す取組みが行われている．食文化も各民族固有の食文化をもつとともに混成的な食事もみられる．多様な民族文化をもつ多民族国家である．

14世紀にはテマセクとよばれていたが，のちにシンガプラ(サンスクリット語で獅子の町の意)ともよばれたことが今日の地名の起源となっている．マジャパイト王国支配から逃れたパレンバンの王子パルメスワラがマレーシアのジョホール王となり，その後マラッカに移りマラッカ王国を建設したのち，この島も支配してきたが，1511年マラッカ王国の滅亡後はほとんど人の住まない島となっていた．1819年イギリス東インド会社ベンクーレン副総督であったトーマス・スタンフォード・ラッフルズは，東南アジアにおけるオランダとの覇権争いの中で，ジョホール王家の内紛に乗じてこの地を租借し，計画的な都市づくりを進めるとともに自由交易港としてシンガポール繁栄の基礎を築いた．

イギリス東インド会社は1826年に海峡植民地の1つとしたが，67年にイギリス政府は直轄植民地とし，東南アジアの交易，軍事拠点となった．19世紀後半にはマラヤでのスズ鉱山開発，19世紀末からのゴム園開発の中で，それら商品の交易港として賑わいをみせた．その過程で多くの中国人やインド人(タミル人)がやってきた．1942〜45年は日本軍により昭南島と命名され，第2次世界大戦終戦まで日本軍の支配を受けた．その後ふたたびイギリスの支配を受けた．1955年の選挙では労働戦線のデイヴィッド・マーシャルが首相に選ばれたが独立は果たせなかった．

1959年の選挙で勝利した人民行動党党首のリー・クアンユー(李光耀，1923-2015)の下で，同年自治領としてシンガポールは独立を果たした．その後，1963年にはマレーシア連邦結成に参加し，同国の1州となったが，65年8月9日に分離独立し，現在のシンガポール共和国となった．独立以来リー・クアンユーは首相の地位にあったが，1990年にはゴー・チョクトンが首相に就任し，2005年からはリー・クアンユーの長男であるリー・シェンロンが首相を務めている．

第2次世界大戦までは東南アジアの中継自由貿易都市として発展し，独立後は国際貿易業のみならず工業，商業，観光業，金融業など産業の多角化を進め，今日では1人あたり国民所得からすれば先進国の地位にある．東南アジアの経済活動のハブとしての地位をもっている．通貨はシンガポール・ドルで，2016年2月時点における1シンガポール・ドルは約82円である．1970年頃までにイギリス軍が撤退したため，独自の軍隊を整備し，男子には2年間の兵役を義務づけている．冷戦を通じてアメリカ軍との関係を深め，軍の装備をアメリカに依存するのみなく，国内の施設をアメリカ軍が使うことも認めている．

政治制度は一院制の議院内閣制度である．大統領は存在するが儀礼的地位にとどまり，行政的，政治的権限は首相がもっている．1959年の選挙以来，議会の第一党は人民行動党で，かつ圧倒的多数を占めている．一党支配的政治体制を維持している．2015年現在，89議席中83議席を人民行動党が占めている．現在の選挙制度は政党単位で複数候補者に一括投票し，多数票を得た政党の複数候補者全員を当選とする区と単純1人区の小選

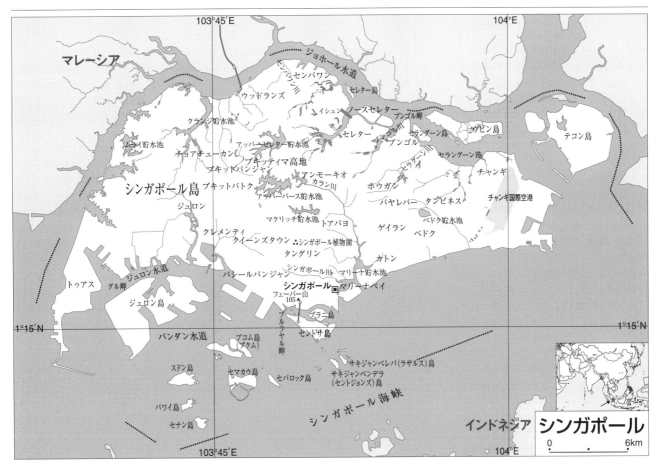

挙区を併存させた選挙制度となっている.

　国土は各種の目的から，これまでいくつかの地域に区分されてきた．古くから知られるのは郵便区域で郵便区コードが与えられている．また，上記の選挙区では，これまでその区割りは何度も変更されてきた．あるいは国勢調査目的から統計区が設定されている．その他，1990年代以降行政目的や都市再開発目的からいくつかの段階的な区域が設定されている．街づくり，コミュニティづくりなどの行政目的で2001年以降 Community Development Council District としてセントラルシンガポール，ノースイースト，ノースウェスト，サウスイースト，サウスウェストの5つの区域に分けられている．この区域の中に選挙区を基にして 16 の Town Councils が置かれており，住民サービスと国民形成を行っている．また別の区分として，Urban Redevelopment Authority (URA) によって都市計画や国勢調査目的などにセントラル，イースト，ノース，ノースイースト，ウェストの5つの Region が設定されている．それぞれの区域には都心機能を分散させる目的で Regional Center が形成されつつある．それらは，いわゆる都心にあたるセントラルを除くと，イーストはタンピネス，ノースはウッドランズ，ノースイーストはセレター，ウェストはジュロンイーストである．この下位区分として国土は 55 (2016 時点) の Planning Area に分割されている．これら Planning Area は 2000 年から国勢調査区や警察管区などの行政目的にも利用されるようになった．それぞれの Planning Area にはタウンセンターやショッピングセンターがある．さらに，Planning Area は道路や河川などによりいくつかの小区域に分けられる場合が多い．中にはブキットメラ Bukit Merah，アンモーキオ，ダウンタウンコア Downtown Core，クイーンズタウン，トアパヨなど 11 以上の小区域に分けられる区域もある．

　国民経済面では 1959 年以来，人民行動党を率いてきた元首相リー・クアンユーがシンガポールの諸政策を進めてきた．独立時の国民への公約は雇用の確保と良好な住宅の提供であった．雇用面では経済開発庁 (EDB) を中心に工業化戦略を進めた．最初に進めたのは同国西部のジュロンの工業基地化であった．そのため国際金融機関や外国企業からの資金を導入し種々のインフラを整備した．とくに 1968 年からはジュロン都市公団を創設し，ジュロンの工業基地化を促進してきた．その中心は電気機械製造業とともに，ジュロン島などにつくられた石油精製基地を中心とした石油化学産業である．

　また，伝統的な交易業の発展のために効率的なコンテナヤードを整備してきた．今日，世界有数の交易港となっている．同時に航空基盤として 1981 年にチャンギ国際空港を建設，その後，整備，拡張をしてきた．現在ではシンガポール航空をはじめとしたアジアの航空交通のハブとしての機能を果たしている．また，産業の多角化を図るために観光業や金融業を育成してきた．外国人観光客を誘致するために街の美化（ガーデンシティ）を進めるとともに，オーチャード通りを国際的ショッピングセンターとして整備し，日系デパートなども立地している．

　また，チャイナタウン，リトルインディアやアラブ人街やブギス人街などの整備をはじめ，シンガポール河畔の整備，さらには臨海部の埋立地に新たな複合商業施設をつくったりしてきた．同時に数多くのホテルの建設も

780　シンカ

〈世界地名大事典：アジア・オセアニア・極 I〉

進めてきた．また，セントサ島のリゾート島化や各所に観光対象を創出してきた．1980年代にはコンベンションやメッセを軸に外国人誘致も図った．アジア太平洋経済協力（APEC）本部などの誘致も行った．21世紀になってからは観光対象をグレードアップするために，世界最大の観覧車やカジノの建設，F1レースの誘致なども進めてきた．また，都心のオーチャードの西には150年以上の歴史を有し，70 ha もの広大な敷地をもつ植物園がある．市民の憩いの場となるとともに観光地の1つともなっている．園内の一角には国花でもあるランの庭園がある．この植物園は2015年にユネスコによって，「シンガポール植物園」として国内で最初の世界遺産（文化遺産）に登録された．

金融業では国際的金融先物取引，証券取引を他の市場と結びつけるとともに新たな金融商品の開発や効率的な取引ができるシステムを整えてきた．このような政策を効果的に進めるため財政面では中央積立基金（CPF）を設立し，弾力的運用をしてきた．この制度は給与所得者に対して労使からの負担により給与総額の一定割合を強制貯蓄させる制度である．その所得によって，その負担割合は異なるが，たとえば2015年現在，50歳未満では，労働者20%，使用者17%である．この負担金は労働者の退職後の年金と医療保険に充当される．同時に労働者はその貯蓄をもとに HDB フラットの購入などにも充てることができる．CPF で集められた負担金は，国土開発，社会開発などの社会資本整備財源として利用されてきた．

人口政策においては，かつて不妊手術の奨励や出産抑制につながる各種インセンティブを実行するなど強力な人口抑制政策を進めてきた．ただ，1980年代以降は合計特殊出生率の低下と人口構造の高齢化を危惧し，人口増加政策に転じている．一方で，国内で必要とする労働力の量と質を補うために外国人労働力も弾力的に活用してきた．住宅政策では住宅開発庁（HDB）を創設し，国内のいたるところに HDB フラットを建設し，市街地のショップハウスで生活をしてきた華人やインド人，カンポン（集落）での生活をしてきたマレー人を郊外の住宅団地での生活へと変えてきた．そしてフラット住民の交通手段として地下鉄（MRT）とバスサービスが拡張，整備されてきた．その結果，都心部まで国土の縁辺部からでも1時間ほどで到達できるようになった．今日では国民の85%がフラット生活をすることになった．

自動車は国土が狭いこともあって，その登録数を規制している．朝夕の交通量がピークになる時間帯には都心部に乗り入れる車に対して税を課すロードプライシングを，世界的にみても早くから実施して，都心部の交通渋滞を緩和させている．シンガポール島周辺の近隣の島々でもそれぞれに目的をもって開発が進められてきた．セントサ島は比較的早くから，またサキジャンベンデラ（セントジョンズ）島やウビン島などは近年，観光，レジャー目的で島の開発が進んでいる．また，ジュロン島は工場用地として10島あまりの島を埋め立ててつくり出されたし，廃棄物最終処分地としてセマカウ島周辺の埋立てが続いている．このような開発の結果，国土は原風景をほとんど残してはいない．　　　［高山正樹］

シンガポール海峡　Singapore Strait

シンガポール/インドネシア

長さ：100 km　幅：16 km　深さ：30-50 m

[1°10′N　104°00′E]

シンガポールとインドネシアの国境をなす海峡．マレー半島先端部のシンガポール島と，南のインドネシア領バタム島などの島々との間の海峡で，西はマラッカ海峡，東は南シナ海へ通じる．海峡北側にはシンガポール島とその周辺に多数の小島がある．具体的な島々として，海峡中央部においては，シンガポール島とその南に連接するセントサ島，さらに南部に続くサキジャンベンデラ（セントジョンズ）島，サキジャンペレパ（ラザルス）島などの島々である．また，マラッカ海峡に近い西部にはジュロン島やその南のブクム島，セマカウ島，さらにはスドン島，パワイ島，セナン島などがある．一方，南側のインドネシアではビンタン島，バタム島，プサール島などのリアウ諸島の島々が広がる．ビンタン島から東へは南シナ海に続いている．

この海峡はマレーシア南西端からインドネシアのカムリン島を結ぶ線あたりで北に向かってマラッカ海峡へと続いている．シンガポールのセントサ島の南にあるサキジャンペレパ島とインドネシアの岩礁までは5 km ほどしかない．潮流は平均的には1ノット以下であるが，大潮時や狭い水路付近では速くなる．水深は30〜50 m と浅い上に多数の小島や岩礁が多く存在し，大型船にとっては操舵がむずかしく，大潮時に航行することが必要となるほどである．マラッカ海峡と南シナ海を結ぶ交通の要衝であり，国際法上，国際海峡として各国が自由に利用できる海峡とされている．

かつて，夏冬のモンスーンを利用した帆船時代にも重要な海峡であった．モンスーンはこの地域でとくに強いが，海峡内部では風はおだやかとなる．冬季には北東のモンスーンを利用して中国から東南アジアへ航海が行われた．夏季は逆に南西モンスーンを利用して東南アジアから中国へ航海した．しばしば強風や落雷を伴うスコールにより視界が遮られることがある．

歴史的には，この海域はいわゆる海のシルクロードの一部として西洋と東洋を結ぶ重要な交通路であり，海域周辺は文明の交差点ともいわれてきた．13世紀末にマルコ・ポーロは中国南部の泉州からこの海峡を通って1295年イタリアに帰国した．また，15世紀初めの中国明朝の鄭和による大船隊を率いた遠征の折にもインドからアフリカの交易に，何度もこの海峡が利用された．15世紀にこの地を支配したマラッカ王国では，この海域は，中国からの陶磁器や絹織物，マルク諸島の香料などの交易のため多くの帆船に利用された．さらに16世紀以降，ポルトガル，オランダ，イギリスなど，この海域周辺の覇権を争った国々にとっても，インドと中国を結ぶ交通路として重要な海峡であった．

1819年イギリス東インド会社ベンクーレンの副総督の地位にあったトーマス・スタンフォード・ラッフルズがシンガポールをジョホール王から租借し，ここに自由交易港を開いた．その後，1867年にはイギリスの直轄海峡植民地とされたが，その後もシンガポールは中継交易港として発展してきた．

今日，シンガポール港のコンテナ取扱量は世界第2位の規模を誇っている．シンガポール沖のこの海峡にはつねに多くの船舶が入港待ちのため停泊している．今日でもインド洋からマラッカ海峡を経て，南シナ海から太平洋にいたる交通の要衝である．日本にとっては中東からの石油の輸送には欠かせない交通路である．大型船の操舵のむずかしさを考えればインドネシアのロンボク海峡を利用したほうがよいが，遠路となる欠点がある．毎年10万隻もの船がこの海峡を航行し，船舶の衝突の危険もある．また，この海峡に続くマラッカ海峡での海賊問題は国際問題として日本を含む関係国の対応が求められている．

さらに，船舶からの廃棄物や汚水は海洋汚染の原因ともなっているし，スマトラ島における焼畑はこの地域に煙害をもたらしている．もちろん，海域では沿岸国の漁撈活動も盛んであるし，ビンタン島やバタム島ではインドネシアとシンガポールによる観光開発や工業団地開発が行われてきた．　　　［高山正樹］

シンガポール川　Singapore River

シンガポール

| 長さ：3km | [1°17′N　103°51′E] |

シンガポール，シンガポール島南部の川．シンガポール島にちなんで名づけられた．北西のクイーンズタウンに源を発し東へ流下する．河川延長は河口からキムセン橋まで約3kmで，さらに上流部へ約2kmのアレクサンドラ水路がつくられている．1819年，河口部付近に，シンガポールの基礎を築いたイギリス人トーマス・スタンフォード・ラッフルズの上陸地とされる場所がある．かつて川はオランラウト(海の人を意味する水上生活者)や海賊の居住地であった．1823年の都市計画図では川の北側は植民政府を置き，南側には地元の住民の地区と定められている．シンガポール川は港として1970年代までは荷物の積み下ろし場として利用された．アルカフキー，ボートキー，ノースボートキー，ロバートソンアンドクラークキーなどの波止場が知られる．のちに港はケッペルハーバーに移された．川沿いには多くの造船所，船の修理や機械企業が操業していた．この中の1つにライリー・ハルグレーヴ社(1865創業，現ユナイテッド・エンジニアリング社)があった．現在は河口付近の左岸は行政機関やホテル，商業施設が立地する．また，右岸は金融機関や商業施設などシンガポールの都心を形成している．川沿いにはホテルや飲食店や商業施設が立地し，観光地としても知られる．また，河口部右岸にはシンガポールのマスコットであるマーライオンが設置されている．河口周辺は埋め立てによってマリーナベイが形成された．　　　　　　　　　　[高山正樹]

シンガポール島　Singapore Island

シンガポール

昭南島 (日本語・旧称) /シンガプラ (古称) /テマセク (古称)

| 面積：710km² | 長さ：42km | 幅：23km |
| 気温：28°C | | [1°17′N　103°51′E] |

シンガポール共和国の中心に位置する島．マレー半島先端部にあり，北はジョホール水道をはさんで半島のマレーシア領と，南はシンガポール海峡をはさんでインドネシア領の島々につながる．島の最高地点は中央部のブキッティマ高地で標高163mしかなく，低平な島である．したがって大きな河川はなく，河川水量は少なく，水流はゆるやかである．島の西はマレー半島の西海岸に囲われるとともにマラッカ海峡へと続いている．また

東部もマレー半島の東海岸に囲われ，その先はシンガポール海峡から南シナ海へと続いている．南はインドネシア領リアウ諸島のバタム島，ビンタン島などの島々と国境を接している．

気候は熱帯で一年を通じて平均気温は28°Cほどである．年較差は小さいが昼夜の気温差は比較的大きい．年平均降水量は2300mmを超えている．極端な雨季，乾季はないが，11月から1月にかけての時期が他の時期よりも降水が多い．12月の降水量は300mm，逆に少ない時期は7月で160mm程度である．赤道に近いため，昼夜の時間差はほとんどなく，年中，日の出は朝7時，日の入りは夜7時頃である．

14世紀にはテマセクとよばれていたが，のちにシンガプラ(サンスクリット語で獅子の町の意)ともよばれたことが今日の地名の起源となっている．1819年イギリスの東インド会社ベンクーレン副総督であったトーマス・スタンフォード・ラッフルズは，東南アジアにおけるオランダとの覇権争いの中で，ジョホール王家の内紛に乗じてこの地を租借し，計画的な都市づくりを進めるとともに自由交易港としてシンガポール繁栄の基礎を築いた．イギリス東インド会社は1826年に海峡植民地の1つとしたが，67年にはイギリス政府は直轄植民地とした．1942年には日本軍の占領により昭南島と命名され，45年の第2次世界大戦終戦まで日本軍の支配を受けた．その後ふたたびイギリスの支配を受けたものの，1959年には自治領として独立したのち，63年にはマレーシア連邦の1州となったが，65年にマレーシア連邦から分離独立し，シンガポール共和国となり，今日にいたっている．

島は独立当初の582km²(周辺の小島を含む)の面積から周辺部の埋立によって2010年には710km²となり，20%以上も拡大した．現在も海岸部の埋立ては続いており，さらに拡大することになっている．本来，熱帯の植生や動物がみられる地域であったが，19世紀以来の開発によって，さらにシンガポール共和国として独立後，急速な島の開発により都市化が進み原風景を残すところはほとんどみられない．島の縁辺部や近隣の一部の小島にかつての風景をわずかに残すのみである．また，河川にダムをつくったり，河口部をせき止めたりして貯水池をつくり，水を確保しているが，なお不足し，シンガポール政府はマレーシアから水を購入している．

島は北部のウッドランズとマレー半島のジョホールバール間のジョホール水道に1923

年に建設された約1kmのコーズウェイでマレー半島とつながっている．また，1998年には島西部のトゥアスからは約2kmのセカンドリンクでマレーシアと結ばれることとなった．さらにシンガポール島は周辺のジュロン島，セントサ島などとも橋で結ばれている．　　　　　　　　　　　　　　　　[高山正樹]

シンガラジャ　Singaraja

インドネシア

| 人口：11.1万 (2000) | 面積：47km² |
| | [8°06′S　115°05′E] |

インドネシア中部，小スンダ列島，バリ島北部，バリ州ブルルング県の都市．チャトウール Tjiatur 火山の北麓に位置する港町である．地名はインドネシア語でライオンキング(サンスクリット語の singa と raja)である．1849年から1953年までオランダ植民地時代の州都で，バリ島発展の中心となっていたが，観光拠点が南部のデンパサル付近に移動してからは，やや衰退しつつある．市にはイスラーム教徒，仏教徒，キリスト教徒のほかに，アラブ人，インド人など多様な人びとが生活している．第2次世界大戦中には日本の行政中心であった．市周辺には平坦な耕地は少ないが，水稲が栽培されているほか，タバコやブドウの栽培も行われている．
　　　　　　　　　　　　　　　　[水嶋一雄]

シンカラック　Singkarak

インドネシア

| 面積：108km² | 長さ：16km | 幅：8km |
| | | [0°37′S　100°32′E] |

インドネシア西部，スマトラ島中部，西スマトラ州ソロック県の町．高原に立地し，南部の州都パダンと北部のブキティンギに道路が通じている．美しいシンカラック湖の南岸にある．湖の標高は362mで，面積は108km²である．最も深い場所は268mで湖の形態は構造湖である．湖への流入河川はスマニ Sumani 川，流出河川はオムビリン Ombilin 川とアナ Anai 川で，マラッカ海峡の東側に流れ出る，アナ川の水は電源プロジェクトに利用され，シンカラック発電所は西スマトラ州やリアウ州に電力を供給している．周辺の農村では古くから良質のタバコを栽培してきた．　　　　　　　　　　[水嶋一雄]

シンガポール島(シンガポール), ガーデンズ・バイ・ザ・ベイの巨大ツリー〔Shutterstock〕

シンカワン　Singkawang

インドネシア

人口：19.3万（2014）　面積：504 km²

[0°55′N　108°59′E]

　インドネシア西部，カリマンタン（ボルネオ）島西部，西カリマンタン州の市（コタ）．州都ポンティアナックの北145 km，シンカワン川の河口に位置する．パシPasi, ポテンPoteng, サコクSakokの山々に囲まれている．地名は客家（ハッカ）のサンクウジョンという人名に由来する．中国系の客家は海岸や三角江に近い丘に住んでいる．もとはサンバスのスルタンが支配していた村で，モンテラードからきた中国出身のヘブントレーダーや金鉱労働者によってシンカワン村と名づけられた．2014年センサスではシンカワン人口のうち約70％が中国系で，その中で最大のグループはハッカニインとよばれる客家の人びとである．先住民の多くはマライ人であるが，華僑の定住化が進んでいる．主要な産業は換金作物の天然ゴムやコショウなどの栽培で，これらの栽培や輸出などの仕事は華僑の人びとが担っている．　　　〔水嶋一雄〕

シンガン県　新干県　Xingan　中国

シンガン県　新淦県　Xingan（旧称）

人口：32.9万（2010）　面積：1248 km²

[27°45′N　115°23′E]

　中国南東部，チャンシー（江西）省中部，チーアン（吉安）地級市の県．県内をガン（贛）江が南北に流れる．県政府は金川鎮に置かれる．地形は南東から北西に向かって階段状に傾斜し，贛江より西が平原で，東は丘陵である．秦代に新淦県が置かれ，1957年に新干県に改められた．米を主とする農業県で，柑橘類，落花生，大豆，ナタネ，ゴマの生産が盛んである．県内を南北に京九鉄道が通り，贛江は年中船が通航できる．　　　〔林　和生〕

しんきょううぃぐるじちく　新疆維吾爾自治区 ☞ シンチャンウイグル自治区　Xinjiang Uygur Zizhiqu

シングオ県　興国県　Xingguo　中国

平陽県（古称）

人口：83.6万（2015）　面積：3215 km²

[26°20′N　115°21′E]

　中国南東部，チャンシー（江西）省南部，ガンチョウ（贛州）地級市の県．貢水の支流である平江の上流域に位置し，京九鉄道と泉南高速道路が南北に通る．県政府は瀲江鎮に置かれる．東部に宝華山，南東部に雲峰嶺，西部に天湖山，北部に大鳥山があり3面が山地に囲まれ，中部は瀲江鎮を中心に盆地が広がり，長岡ダムがある．三国時代呉のときに平陽県が設けられ，宋代に年号にちなんで興国県に改められた．米，落花生，サトウキビを主とする農業県で，農産物加工業も発達する．有能な軍人を数多く輩出し将軍県とよばれる．普恵寺，朱華宝塔，瀲江書院，冰心洞，通天岩などの名勝古跡がある．

〔林　和生〕

シングルトン Singleton

オーストラリア

人口：0.6万（2011）　面積：4.5 km²
[32°34′S　151°10′E]

オーストラリア南東部，ニューサウスウェールズ州中央東部，シングルトン行政区の町．州都シドニーの北北西197 km，ハンター河岸に位置する．地質学的構造上では，シドニー盆地の北東の一部分として位置づけられる．気候としては，夏は暑く湿気があり，冬は涼しく乾燥している．ニューイングランドハイウェイとクイーン通りのジャンクションがあり，町の南部にはバイパスとしてゴールデンハイウェイが通っている．ローカル鉄道や長距離鉄道も通り鉄道交通の便がよく，鉄道駅は町の中心地の南端に位置する．都市内および都市間でバス交通も存在する．

町は，ベンジャミン・シングルトンによって1820年代に設立された．この町には，1841年に建設された裁判所や，さまざまな教会，伝統的なオーストラリアのパブなど，多くの歴史的な建造物が存在する．町周辺の田園地帯は，この地域に人びとが定住する際に無償で払い下げられた土地で，この一帯には歴史のある貴族風の大邸宅が存在する．1955年にはハンター川の大規模な氾濫を受け，大きな被害を被った．これ以降，洪水の被害から逃れるために堤防が築かれた．1999年には，軍隊の兵舎がコソヴォ難民のための仮設住宅に変わった．

おもな産業は，採炭，発電，軽工業，ブドウ栽培，牛や馬の飼育などである．酪農業はかつてこの地域で最も主要な産業だったが，現在は衰退している．現在は，アッパーハンターで最も大きな町で，商業の中心地となっている．町の中心には小規模な3つのショッピングセンター，シネマコンプレックスや伝統的な大通りが存在する．有名な商店として，ウールワース，コーレス，アルディ，ビッグダブル，フランクリンズ，IGAなどがあり，そのほか大手企業の店舗が存在する．住民たちは，付近のメートランドとニューカッスルのショッピングセンターをよく訪れている．人びとの収入は，付近に炭鉱があるために国内でも平均以上であり，2006年のセンサスでは個人の平均収入は6万2036ドルであった．観光資源としては，世界最大規模の日時計，有名なワイン生産地のワイナリー，ボート漕ぎやキャンプで賑わう人工池の聖クレール湖，町の南部のウレミ国立公園とイェンゴ Yengo 国立公園，町の北部のバリントントップス Barrington Tops 国立公園，

町の歴史的な建造物や，歴史社会，軍隊，修道院に関する博物館などが存在する．

[牛垣雄矢]

シンゲ 新渓 Singye

北朝鮮

面積：722 km²　標高：55 m　気温：9.4℃
降水量：1146 mm/年　[38°30′N　126°32′E]

北朝鮮，ファンヘブク（黄海北）道東部の町で郡庁所在地．阿虎飛嶺山脈とミョアク（滅悪）山脈との間を流れるレソン（礼成）江の流域にあり，全般的に200 m前後の溶岩台地に広く覆われ，残りは低い丘陵地．溶岩台地は新渓-コクサン（谷山）平野と称される．中心地の新渓は盆地．この地帯は水が不足し「飛ぶ鳥の休み場もない」といわれた地である．礼成江支流の水を180 m汲み上げる揚水式の灌漑施設によって，台地上での稲作が可能になり，穀物生産の中心地になった．新谷貯水池など10カ所に貯水池がある．畜産業が発展している．リンゴ園とジュース工場がある．青年伊川線と首都ピョンヤン（平壌）とウォンサン（元山）を結ぶ高速道路が通る．

[司空 俊]

シンケップ島 Singkep, Pulau

インドネシア

人口：3.7万（2000）　面積：757 km²
[0°28′S　104°26′E]

インドネシア西部，リアウ諸島，リアウ諸島州の小島．スマトラ島の東，ブルハラ海峡を隔てて位置し，島の北にリンガ島，西にポシク Posik 島，南西にセラク Serak 島，南にララン Lalang 島などがある．バンカ島やブリトゥン島と同様，スズを産する島である．島民はマレー系語族と華僑が中心で，鉱山で働くほか，サゴヤシの栽培や漁業などに従事する．

[水嶋一雄]

シンシウハイ 星宿海 Xingxiu Hai

中国

オートンターラー 鄂敦他拉 Eduntala（別称）
[34°56′N　97°00′E]

中国西部，チンハイ（青海）省チベット高原東部，バヤンハル（巴顔喀拉）山脈の北麓にある池沼群．標高約4300 m．ホワン（黄）河源流のカリチュ川やヨクゾリエチュ川の氾濫により生じた多数の池沼が星のように輝いてみえることからこの名がついた．水は東部のザーリン湖とオーリン湖に流れる．元代（13世

紀）にはここが黄河の源流と記録されたが，後世の調査で源流はさらに上流にあることが明らかになった．

[高橋健太郎]

シンシェン 新県 Xin Xian

中国

経扶（旧称）
人口：27.5万（2010）　面積：1612 km²
[31°36′N　114°52′E]

中国中央東部，ホーナン（河南）省南東部，シンヤン（信陽）地級市南部の県．15郷鎮，1街道を擁する．土地革命期（1927～37）の鄂予皖革命根拠地の首府．1931年，鄂東（フーペイ（湖北）省東部），予南（河南省南部），皖西（アンホイ（安徽）省西部）の根拠地がここにまとめられた．紅軍の故郷とよばれるように，当時の旧跡が多く残っている．1947年に，それまでの経扶県から新県に改められた．ダービエ（大別）山脈の山間地にあり，林産物が豊富なほか，花崗岩などの石材の産地でもある．常住人口は27.5万（2010）．

[中川秀一]

シンシェン 興県 Xing Xian

中国

蔚汾，合河，臨泉（古称）
人口：28.4万（2013）　面積：3155 km²
降水量：500 mm/年　[38°27′N　111°05′E]

中国中北部，シャンシー（山西）省中西部，リュイリャン（呂梁）地級市の県．ホワン（黄）河中流に位置する．北斉にユーフェン（蔚汾）県が設置され，その後，県名は隋にリンチュワン（臨泉）県，唐にホーホー（合河）県，宋にふたたび蔚汾県，金にシンチョウ（興州）と改称され，明から興県と称する．地形は北東部が高く南西部が低い．最高峰はパイロン（白竜）山（標高2275 m）である．農地がほとんど傾斜地にあり，土壌流失は激しい．年平均気温は8～9℃．コーリャンやトウモロコシなどの雑穀を栽培している．石炭の埋蔵量は約400億tで，石炭の採掘は最も重要な工業部門である．

[張 貴民]

シンシャオ県 新邵県 Xinshao

中国

しんしょうけん（音読み表記）
人口：77.0万（2015）　面積：1762 km²
[27°19′N　111°28′E]

中国中南部，フーナン（湖南）省，シャオヤン（邵陽）地級市の県．県政府はニャンシー（醸渓）鎮に所在する．ツー（資）水の上流に位置する．シュエフォン（雪峰）山脈の支脈が北

784　シンシ　〈世界地名大事典：アジア・オセアニア・極Ⅰ〉

部に延び，岳坪峰は標高 1514 m．南部は丘陵が多い．林地ではマツ，スギ，孟宗竹を産する．鉱産物は金，銀，銅，鉄，鉛，亜鉛，タングステン，石灰石などが豊富である．農作物は水稲，サツマイモ，トウモロコシ，小麦などがあり，タバコ，トウガラシ，ショウガ，ユリが名産．薬材や果物も多い．工業は冶金，機械，化学，建材などの部門がある．水運が上流の邵陽や下流のロンシュイチャン(冷水江)へ通じている．北端を滬昆線(シャンハイ(上海)～クンミン(昆明))が通り，滬昆高速鉄道(上海～昆明)の邵陽北駅もある．また，二広高速道路(エレンホト(二連浩特)～コワンチョウ(広州))も通っている．仏教の聖地である白雲岩，白水洞，賽双清公園，百里竜山国立森林公園がある．　［小野寺 淳］

シンシャン県　興山県　Xingshan

中国

人口：17.1 万 (2015)　面積：2327 km²
　　　　　　　　　　　　[31°21′N　110°45′E]

中国中部，フーペイ(湖北)省，イーチャン(宜昌)地級市の県．県政府はグーフー(古夫)鎮に所在する．北部はダーバー(大巴)山脈に，南部はウーシャン(巫山)山脈に属し，香渓河とその支流の沿岸に狭小な盆地がある．鉱産物としては石炭やリンが採掘される．農業は水稲，小麦，トウモロコシ，イモ類，搾油作物のほか，柑橘，茶葉，タバコ，漢方薬材などを産する．チャン(長)江シーリン(西陵)峡の北に位置し，サンシャ(三峡)ダムの貯水による水没の影響があり，一部の住民が移住をしている．滬蓉(シャンハイ(上海)～チョントゥー(成都))高速道路が通っている．王昭君の故郷として知られ，竜門河国立森林公園がある．　［小野寺 淳］

シンシャン県　新郷県　Xinxiang

中国

人口：約 34 万 (2010)　面積：375 km²
　　　　　　　　　　　　[35°17′N　112°50′E]

中国中央東部，ホーナン(河南)省北部，シンシャン(新郷)地級市中部の県．7 郷鎮を擁する．常住人口は約 34 万(2010)．開発は古く，旧石器時代には人類の居住がみられた．隋代の開皇 6 年(586)に新郷県が設置された．竜山文化遺跡，古陽漢堤などの史跡がみられる．　［中川秀一］

シンシャン市　新郷市　Xinxiang

中国

人口：606.9 万 (2015)　面積：8269 km²
　　　　　　　　　　　　[35°17′N　113°50′E]

中国中央東部，ホーナン(河南)省北部の地級市．衛浜，紅旗，牧野，鳳泉の 4 区，ホイシェン(輝県)，ウェイホイ(衛輝)の 2 市，新郷，フオチャ(獲嘉)，ユワンヤン(原陽)，イエンチン(延津)，フォンチウ(封丘)，チャンユワン(長垣)の 6 県および平原新区がある．市政府所在地は紅旗区．市区人口は 72.3 万．区部は面積 187 km² に 21 街道弁事処，5 郷鎮，95 行政村を擁する．仰韶文化，竜山文化遺跡が多く残されている．隋の開皇 6 年(586)に新郷県が設置され，1949 年 8 月～52 年 11 月に存在した平原省の省会でもあった．平原省には新郷，濮陽，安陽，聊城，湖西，菏澤の 6 つの専区と 2 つの直轄市(新郷市，安陽市)が置かれていた．

紀元前から知られる景勝地，百泉風景区や白雲寺のほか，「林」姓の先祖がまつられている比干廟，周武王が殷の紂王を倒した牧野の戦いや官渡の戦いなどの史跡も多い．高い品質で知られる原陽珍米が有名で，綿花の主産地でもある．振動設備，振動機械工業の企業が 380 以上立地し，全国の 8 割のシェアを占めるなど，特色ある産業が発展している．　［中川秀一］

ジンシャン区　金山区　Jinshan

台湾｜中国

金包里 (旧称)

人口：2.2 万 (2017)　面積：49 km²
　　　　　　　　　　　　[25°13′N　121°38′E]

台湾北部，シンペイ(新北)市の区．台湾海峡に面し，それ以外の三方は山に囲まれている．清国統治時代の地名は金包里で，ケタガラン族が住んでいた．現在の地名になったのは日本統治時代に入ってからで，1920 年のことである．台湾では数少ない海水浴場がある．付近にはいくつかの異なる泉質の温泉が湧いており，砂地に湧く珍しい温泉がある．アジアを代表する歌手テレサ・テン(鄧麗君)の墓が近郊の金寶山霊園にある．　［片倉佳史］

シンジュー県　新竹県　Hsinchu

台湾｜中国

人口：54.8 万 (2017)　面積：1428 km²
　　　　　　　　　　　　[24°50′N　121°01′E]

台湾北西部の県．南側をミャオリー(苗栗)県，北側をタオユエン(桃園)市に接する．西辺は台湾海峡に面し，東辺はシュエ(雪)山山系の険しい地勢に阻まれている．県政府所在地はジューペイ(竹北)市(人口 17.8 万，2017)．県の中央部を雪山山系を源とする頭前渓(全長 63 km)が流れる．扇状地が発達しており，ミカンやカキといった果実栽培が盛んである．また，鉄道線路に沿って，湖口台地とよばれる高燥とした台地が発達しており，茶の栽培地となっている．高発酵の紅茶類の産地として知られ，中でも東方美人茶はこの地の特産品として知られている．新竹市や竹北市のあたりは，新竹平原とよばれる頭前渓によって形成された沖積平野が広がる．ここでは稲作が盛んである．沿岸部は，紅毛港，旧港，南寮港などの漁港が発達し，かつては中国大陸との交易で栄えていたが，土砂の堆積によって港湾機能が失われ，すでに衰退している．

新竹地方における漢人住民の移入は 17 世紀にさかのぼる．当初，ここに住んでいたのは平埔族(平地に住む先住民)で，タオカス族の人びとであった．17 世紀，オランダ人によって編纂された地図には，竹塹(テクチャム)とよばれる集落がこの地に存在する．その後，鄭成功政権がオランダ勢力を駆逐し，さらに台湾が清国の版図に入ってからは，中国大陸からの飢民が大量に流入し，人口は著しく増加した．こうした中，平埔族の人びとは山間部へ退転を強いられるか，漢人住民と混血していくかのいずれかとなった．現在は漢人住民に同化し，部族としてのアイデンティティを失っている．

現在の住民構成は，客家(ハッカ)人が多いことで知られる．新竹県と苗栗県，そして桃園市とタイジョン(台中)市は客家人が多く住んでいる．台湾全体でいえば，客家住民が占める割合は 13% 前後といわれることが多いが，新竹県や苗栗県の内陸部においてはその比率が高く，新竹県における客家人比率は 65% に達している．中でも竹東鎮や関西鎮，新埔鎮などでは，住民の 80% 以上を客家人が占めている．また，チェンシー(尖石)郷などではタイヤル族の人びとが住んでいるほか，五峯郷では少数ながら，サイシャット族の集落も存在する．

近年はタイペイ(台北)や空の玄関である台湾桃園(2006 年に中正国際空港を改名)国際空港から近いというロケーションが注目され，外資系企業などの工場進出が目立っている．とくにハイテク産業の進出は顕著で，そのようすは台湾のシリコンヴァレーと称されるほどである．行政側も科学工業園区として

環境を整備し，積極的な企業誘致を行っている．また，第2高速道路の開通によって，自動車によるアクセスも便利になり，インターチェンジのある関西鎮や新竹市に近い竹東鎮などには大型の工業団地が造成されている．台湾高速鉄路（高速鉄道）の新竹駅が設けられたこともあって，今後いっそうの発展が見込まれている．　　　　　　　　　　［片倉佳史］

シンジュー市　新竹市　Hsinchu

台湾｜中国

風城（通称）／シンツー市（別表記）

人口：43.9万（2017）　面積：104 km²

[24°47′N　120°56′E]

　台湾北西部の都市．シンツーとも表記される．タイペイ（台北）市の西南西50 kmに位置し，鉄道を利用すれば，特急自強号で1時間の距離にある．トウチエン（頭前）渓，フォンシャン（鳳山）渓の2大河川によって形成された沖積平野の上に発達した都市である．また，市街地の南側をクーヤー（客雅）渓が流れている．市の西辺は約17 kmにわたって海岸線が続いているが，その南部は干潟となっており，野鳥観察に向いた場所として知られている．現在，新竹は台湾を代表する産業都市となっており，中でもIC産業とコンピューター周辺機器の生産が知られている．科学工業園区（サイエンスパーク）とよばれる外資系企業の工業団地が1980年にオープンし，エンジニアを中心とした外国人が多く住む町としても知られるようになった．また，付近には大学や研究機関が多く集まっており，文教都市としての一面も注目されている．

　気候は温暖だが，強風の吹く町としても知られ，古くは風城とよばれていたほどである．とくに冬場に吹きつける季節風は冷え込みをもたらす．新竹の市街地は沖積平野に発達しており，山岳部から川を中心に，ラッパ状に開かれた扇状地に接している．そのため，海から吹きつける風は行き場を失って徐々に勢力を増す．さらに，春先に山岳部から吹きつける東風も知られ，これは第2次世界大戦終結時まで，日本第2の高峰であった次高山（現シュエ（雪）山）にちなんで，次高おろしとよばれていた．

　町の歴史は約300年前の清国統治時代にさかのぼり，市内には数多くの古跡が残っている．中でも城隍廟一帯は古い町並みが残っており，散策が楽しめる．日本の統治下，新竹は都市計画によって町並みが整備され，整然とした雰囲気をまとうこととなったが，路地裏や古刹にはいまもなお，古い家並みが確認できる．現在，シンボルとなっている迎曦門は清国統治時代に造営された中でただ1つ残された城門であり，もう1つのシンボルとされる新竹駅舎は，1913年に竣工した建物で，設計は，日本へ最初にドイツ建築を紹介した人物とされる松ヶ崎萬長の手による．この駅舎の竣工ととときを同じくして，鉄道による物資輸送はますます盛んとなり，交通の要衝としても繁栄するようになった．また，日本統治時代の市営映画館は現在，影像（映画）博物館として再利用されているほか，かつての新竹州庁舎が市政府としていまも利用されている．

　また，地方色豊かな食の楽しみも特筆される．新竹を代表する古刹である城隍廟では，廟内に数多くの屋台が並んでおり，食べ歩きができる．新竹で店構えのしっかりしたレストランを探すのはむずかしいといわれるが，屋台料理の類の充実ぶりは，台湾でも屈指とされる．中でも，吹きつける風に当ててつくられるこしのあるビーフン（米粉）は新竹の特産とされ，このほか，豚肉を用いたすり身団子のスープ摃丸湯なども新竹名物とされる．

　　　　　　　　　　［片倉佳史］

しんじゅわん　真珠湾　☞　パールハーバー Pearl Harbor

シンシン県　新興県　Xinxing

中国

人口：44.4万（2014）　面積：1523 km²

気温：22.7°C　降水量：1686 mm/年

[22°42′N　112°13′E]

　中国南部，コワントン（広東）省西部，ユンフー（雲浮）地級市の県．天露山脈から発する新興江上中流域の台地に位置する．チュー（珠）江デルタの外周部にあり，省会コワンチョウ（広州）の西南西約150 kmに位置する．東晋の永和7年（351）に臨允県を分け，その一部を新興県として設置したことに由来する．県政府所在地は新城鎮．水稲，野菜，家禽類飼育，淡水養殖が盛ん．工業では65社にのぼるステンレス製洋食器の地場産業があり，省内の主産地である．製品の95％が輸出され，全省輸出の45％を占めており，半数が欧米市場向けである．交通では三茂鉄道（サンシュイ（三水）～マオミン（茂名））が通じる．海外在住の新興県出身の華僑が15万人にものぼる僑郷の1つである．　　　［許　衛東］

ジンジン　Gin Gin

オーストラリア

人口：0.1万（2011）　面積：392 km²

[24°59′S　151°57′E]

　オーストラリア北東部，クイーンズランド州南東部，バンダベルグ地域の町．州都ブリズベンの北西約370 kmに位置する．おもな産業は製糖業．地名はアボリジニの言語に由来するといわれている．　［秋本弘章］

しんせんし　深圳市　☞　シェンチェン市 Shenzhen

シンタイ市　邢台市　Xingtai

中国

京師，邢州，順徳府（古称）／けいたいし（音読み表記）

人口：710.4万（2010）　面積：12499 km²

気温：11.2-13.3°C　降水量：478-583 mm/年

[37°04′N　114°30′E]

　中国北部，ホーペイ（河北）省南部の地級市．市政府は橋東区に置かれている．橋東，橋西の2区，邢台，リンチョン（臨城），ネイチウ（内丘），パイシャン（柏郷），ロンヤオ（隆堯），レンシェン（任県），ナンホー（南和），ニンチン（寧晋），チュールー（巨鹿），シンホー（新河），コワンツォン（広宗），ピンシャン（平郷），ウェイシェン（威県），チンホー（清河），リンシー（臨西）の15県を管轄し，シャーホー（沙河），ナンコン（南宮）の2市（県級）を河北省にかわって管轄する．

　殷の時代に，京畿地で祖乙が都を邢（邢台）に遷都した．周の時代に邢侯国をつくり，春秋時代には晋に，戦国時代には趙国に帰した．北西部は中山国地である．秦代では東部は鉅鹿郡，西部は邯鄲郡，北西部は桓山郡で，冀州に属した．後漢では鉅鹿，魏，清河の3つの郡地である．北魏時代，北部は冀州と鉅鹿，長楽郡地で，南部は相州，魏郡，広平郡を含んだ．隋の初めは趙，冀，洺，魏，貝という州地であった．開皇16年（589），邢州をつくった．大業の初め，邢州は襄国郡に，貝州は清河郡に改められた．唐天宝元年（724），邢州は鉅鹿郡に改められた．五代では邢州を主として，趙，洺，冀という3つの州地になり，北宋代では邢，趙，洺，冀，恩の州地となった．宣和元年（1119），邢州は信徳府に改称した．1128年邢台県に改められ，邢台の名ができた．金代でまた邢州に改名した．元代に順徳府となり，明の時代には京師，清の時代には直隷省順徳府となった．

786　シンタ　　〈世界地名大事典：アジア・オセアニア・極Ⅰ〉

1913年，府を廃して直隷省チーナン(冀南)道に属した．1914年ターミン(大名)道に，28年各県は河北省に属した．1949年，邢台専区ができ，83年邢台鎮が独立し地級市になった．1986年，邢台県を邢台市に編入した．1993年6月，邢台地区を邢台市に合併した．

タイハン(太行)山脈の東麓，河北平野の南部に位置する．西部は山地および丘陵で，標高100〜1000 m，最高峰の標高は1822 m．中部は太行山脈のふもとの平野で，標高は30〜100 m．東部は冀南平野で，標高は20〜30 m．1966年3月大地震が発生した．主要河川は21本あり，季節的な川が多い．郊外は地下水が豊富で，泉が有名である．1月の平均気温は−2.89〜−1.6℃，7月は23.5〜26.4℃．

農作物は麦，トウモロコシ，アワ，綿花を主としている．中・東部は省の重要な麦，綿の生産地である．特産品はクリ，クルミ，サネブトナツメ，威県の三白西瓜である．鉱産物は山地，丘陵に集中し，石炭，鉄を主とし，省の重要な石炭生産地である．ほかの鉱産物はマグネサイト，石英，グラファイト，陶土，金剛砂，石灰石，大理石である．工業としては採掘，冶金，機械，建材，紡績，化学工業，食品，毛皮などが盛んである．鉄道の京広線，大広高速，国道107，106，308号が通る．また，邢台からトーチョウ(徳州)へ，邢台と邢臨，邢台と昔陽，邢台と和順を結ぶ道路がある．名跡は清鳳楼，開元寺，明長城，唐宋璃墓，鉄頂墓，隋碑，響鈴碑，普彤塔，普利寺塔，唐陵石彫，扁鵲祠，漢牡丹などがある．　　　　　　　　　　　[柴　彦威]

シンタイ市　新泰市　Xintai　中国

平陽 (古称)

人口：141.3万 (2015)　面積：1934 km²
標高：250 m　　　　　　[35°53′N　117°45′E]

中国東部，シャントン(山東)省中部，タイアン(泰安)地級市の県級市．沂蒙山の西側に位置する．前漢時代に平陽県を設置，西晋代に新泰に改称した．1983年に新泰県とシンウェン(新汶)市が合併し，現在のかたちになった．標高は北部，東部，南部が高く，中部と西部は低い．最高峰は北部のリエンホワ(蓮花)山(標高958 m)である．金属鉱物では金，銅，鉄，アルミニウムなど，非金属鉱物では石炭，石英，長石などの埋蔵量が多い．石炭の埋蔵量は16億tで，省の主要な石炭産地である．鉄道，高速道路，国道が通り，交通は発達している．　　　　　[張　貴民]

ジンダバイン　Jindabyne　オーストラリア

ジンダボイン　Jindaboine (別称，旧称)

人口：0.2万 (2011)　面積：142 km²　標高：915 m
　　　　　　　　　　　　[36°25′S　148°37′E]

オーストラリア南東部，ニューサウスウェールズ州南東部，スノーウィーリヴァー行政区の町．首都キャンベラの南南西約130 kmに位置する．市街地は，もともとスノーウィー川沿い(現在のジンダバイン湖底)に立地していた．しかし，1960年代のスノーウィーマウンテンズ水資源開発計画によるダム建設のため，現在の場所へ移転した．国内の町の中では最も高地にある．町の西方にはコジアスコ国立公園が広がり，スレドボやペリッシャー Perisher といったスキーリゾートに近いこともあり，とくに冬季はリゾート地として人気が高い．地名は，先住民の言葉で谷を意味するといわれ，初期の頃は Jindaboine と綴られた．　　　　　　　　　[藁谷哲也]

シンタン　Sintang　インドネシア

人口：36.5万 (2010)　　　　[0°08′S　112°49′E]

インドネシア西部，カリマンタン(ボルネオ)島，西カリマンタン州中央部の県および県都．国内で最も長いカプアス川の中流域左岸の沖積地に立地する．県都の人口は5.9万 (2010)．シンタン県の主要民族はダヤック人やマレーシア人である．県は1600年にシンタン王によって設立され，1756年にはタンジドゥラー王1世時代にオランダ東インド会社と契約して傘下に入り，1826年にアダム王によって正式にオランダ東インド会社の配下となった．県のおもな産業はアブラヤシと天然ゴムの栽培で，近年は豊かな自然やダヤック人の歴史文化を紹介する博物館などの観光業にも力を入れている．　　[水嶋一雄]

シンタン県　行唐県　Xingtang　中国

人口：45.0万 (2010)　面積：1025 km²
標高：75-960 m　気温：11.8℃
降水量：429 mm/年　　　[38°26′N　114°33′E]

中国北部，ホーペイ(河北)省南西部，シーチャチョワン(石家荘)地級市の県．県政府は竜州鎮に置かれている．タイハン(太行)山脈，丘陵と山麓の平野にあり，地勢は西から南東へ傾く．郜河，曲河が県の北西から南東を流れる．北東は大沙河，南西は磁河が流れ

る．無霜期間は188日．農作物は小麦，トウモロコシ，綿花を主とし，特産品はナツメである．国内の乳用山羊の主要な生産地，県内の豚の主要な生産地でもある．鉱産物は銀，鉄，銅，マンガン，方解石，大理石などがある．建材，化学工業，プラスチック，食品加工，機械などの工場がある．古跡は昇仙橋と香蓮寺がある．　　　　　　　[柴　彦威]

シンダンガン　Sindañgan　フィリピン

人口：9.9万 (2015)　面積：451 km²
　　　　　　　　　　　　[8°09′N　123°00′E]

フィリピン南東部，ミンダナオ島西部を占めるサンボアンガ半島の北西にある北サンボアンガ州の町．半島の最大の入江であるシンダンガン湾の中央部東岸に位置する．ミンダナオ島西部の中心地パガディアンの北西64 kmに位置し，パラワン島との間にある内海スールー海に面している．そのため早くから水産業が発達してきた．現在でも周辺の海域でとれる漁獲物の水揚げ港となっている．しかし周辺は丘陵地であるため耕地に乏しく，農作物の生産には恵まれない．住民はキリスト教徒であるスグブハノン族が多数を占めている．このことからイスラーム教徒であるモロ族との紛争がたびたび起こっている．シンダンガン港は波静かな入江であるので小型の船舶の往来が多い．しかし人口規模が小さいこともあり，遠洋航路の船は寄港しない．
　　　　　　　　　　　　　　[田畑久夫]

シンダンガン湾　Sindañgan Bay　フィリピン

　　　　　　　　　　　　[8°15′N　122°59′E]

フィリピン南東部，ミンダナオ島の西半を占めるサンボアンガ半島北側にある北サンボアンガ州最大の入江．パラワン島との間の内海であるスールー海に面している．湾奥に位置するシンダンガンが中心地である．シンダンガンでは湾内やスールー海で水揚げされる漁獲物の集散地となっている．サンボアンガ半島の内陸部は丘陵地なので，交通の便が悪い．そのため小型船舶を主体に湾内の往来は活発である．　　　　　　　　[田畑久夫]

シンチー市　辛集市　Xinji

中国

人口：61.6万（2010）　面積：1100 km²
標高：25-37 m　気温：12.5℃
降水量：496 mm/年　　［37°54′N　115°13′E］

中国北部，ホーペイ（河北）省南西部の省直轄県級市．市政府は辛集に置かれている．タイハン（太行）山脈のふもとの平原と冀中平原の結合部にある．1月の平均気温は-3.8℃，7月は26.5℃．無霜期間は177日．農作物は小麦，トウモロコシ，綿花を主とし，ナシ，モモが特産物である．化学工業，機械，建材，毛皮などの工場がある．辛集の毛皮は古くから有名で，現在でも国内における重要な集散地である．河北省中東部地域の中心都市である．シーチャチョワン（石家荘）～ドゥチョウ（徳州）間を結ぶ鉄道の石徳線，大広高速，京滬高速，石太高速，京珠高速，国道307号が通る．皮貼絵が有名である．

［柴　彦威］

シンチェン区　新建区　Xinjian

中国

人口：68.9万（2014）　面積：2193 km²
　　　　　　　　　　　　［28°41′N　115°49′E］

中国南東部，チャンシー（江西）省中部，ナンチャン（南昌）地級市の市轄区．区域は南昌市で二分され北東部はポーヤン（鄱陽）湖に臨み，南西部はガン（贛）江下流の西岸に位置する．北部は昌九高速鉄道と京九鉄道，昌九高速道路が，南部を鉄道のほか5本の高速道路が交差する．区政府は長堎鎮に置かれる．区域は一部の丘陵を除いて鄱陽湖平原にある．唐代に豫章県を割いて西昌県が置かれたが，ほどなく豫章県に復した．宋代にもとの西昌県の地に新建県が新設された．2015年8月に県が撤廃して南昌市の市轄区になった．米，綿花，大豆，小麦，落花生などを産する重要な穀倉地帯で，水産業も盛んである．名勝に西山の万寿宮，松湖黄堂宮，明の寧王朱権の墓などがある．

［林　和生］

シンチャン県　新昌県　Xinchang

中国

人口：43.7万（2015）　面積：2044 km²
　　　　　　　　　　　　［29°27′N　121°01′E］

中国南東部，チョーチャン（浙江）省中北部，シャオシン（紹興）地級市の県．曹娥江の上流に位置する．五代後梁に新昌県が置かれた．地勢は南東部が高く，北西部へ向かって低くなる．紡織，機械，化学などの工業が営まれている．竹編みの工芸品が知られる．稲，麦類，トウモロコシ，サツマイモが栽培され，タバコや茶葉も産する．森林資源として，薬種のビャクジュツ（白朮），マダラ竹，ウルシなどを産出する．主要な観光スポットには新昌国立地質公園，大仏寺，穿岩十九峰，千仏塔，水晶鉱遺跡などがある．常台高速道路（チャンシュー（常熟）～タイチョウ（台州））が通る．

［谷　人旭・小野寺　淳］

シンチャン県　新絳県　Xinjiang

中国

しんこうけん（音読み表記）

人口：33.9万（2013）　面積：598 km²　気温：12℃
降水量：550 mm/年　　［35°42′N　111°04′E］

中国中北部，シャンシー（山西）省南西部，ユンチョン（運城）地級市の県．北部は九原山と馬首山，南部は峨嵋山，中部はフェン（汾）河平野であり，主要な食糧と綿花の産地である．無霜期間は194日間．小麦，綿花がおもな農作物である．工業は紡績，機械などがある．チンチョン（晋城）からユーメンコウ（禹門口）までの幹線道路が域内を通っている．文物遺跡が多い．絳守居園池，秦王堡，竜興寺，稷蓋廟壁画などが有名である．また，チャンチョウ（絳州）澄泥硯は中国四大硯の1つである．

［張　貴民］

シンチャンウイグル自治区　新疆維吾爾自治区　Xinjiang Uygur Zizhiqu

中国

Xinjiang Uighur Zizhiqu（別表記）／しんきょうういぐるじちく（音読み表記）

人口：1905.2万（2002）　面積：1660000 km²
降水量：147 mm/年　　［43°48′N　87°30′E］

中国北西部の自治区．アジアの中心部に位置する．北から西にかけてモンゴル，ロシア，カザフスタン，クルグズ（キルギス），タジキスタン，カシミール地方に囲まれ，南東と東はシーツァン（チベット，西蔵）自治区，チンハイ（青海）省，ガンスー（甘粛）省に接する．ウイグル（維吾爾）族を中心に，カザフ（哈薩克），キルギス（柯爾克孜），モンゴル，回，漢族などの諸族が居住する．首府はウルムチ（烏魯木斉）である．自治区内には，ウルムチ，カラマイ（克拉瑪依），クムル（哈密），トルファン（吐魯番）の4地級市，アクス（阿克蘇），アルタイ（阿勒泰），カシュガル（喀什），タルバガタイ（塔城），ホータン（和田）の5地区，イリ（伊犁），キズルス（克孜勒蘇），サンジ（昌吉），バヤンゴル（巴音郭楞），ボルタラ（博楽）の5自治州，シーホーツー（石河子）市など9つの県級の自治区直轄市がある．このうちイリ自治州は副省級自治州としてアルタイ地区，タルバガタイ地区と自治州直轄の11行政区を管轄する．

地形は3つの大山脈とそれに囲まれた2つの盆地に区分できる．北ではアルタイ（阿爾泰）山脈が北西より南東に走る．ティエンシャン（天山）山脈は中央部を東西に横断する．南では標高5000〜6000 mのパミールおよびカラコルム山脈，クンルン（崑崙）山脈などが東西に走る．天山山脈と南部諸山脈の間にはタリム（塔里木）盆地があり，その中心部はタクラマカン（塔克拉瑪干）砂漠である．タリム盆地の周縁にはホータン（和田），ヤルカンド（莎車），カシュガル（喀什），クチャ（庫車），カラシャル（焉耆）などのオアシス都市が鎖状に連なっている．アルタイ山脈と天山山脈の間はジュンガル（準噶爾）盆地で，その南縁にはウルムチ，サンジ，マナス（瑪納斯）などのオアシスが分布している．また，天山山脈の東部にはトルファン（吐魯番）盆地，クムル（哈密）盆地がある．

ここは，古くからウイグル人の祖先にあたる人びとが居住し，古代オアシス文明を築き上げ，東西交通の中継地として栄えてきた地である．古代シルクロードの要地として発展してきたタリム盆地の諸オアシスはウイグル文化の発祥の地ともいわれる．また，ジュンガル盆地，トルファン盆地，イリ Ili（伊犁）川流域などを含む天山山脈南北の広大な地域は古代ウイグル人を中心とするトルコ系諸民族が居住し，遊牧または農耕を営んできた地である．したがって，この地は東トルキスタン Shärkiy Türkistan，またはウイグリスタン Uighuristan とよばれる．

紀元前4000年頃よりタリム盆地では農耕が始められたといわれる．紀元前4世紀頃にはすでに多数のオアシス国家があった．これらの諸国は，紀元前3世紀頃より，匈奴帝国の勢力下にあった．漢の武帝は匈奴の強大化を防ぐ目的で，紀元前139年に張騫を西方の遊牧国家月氏に派遣し同盟を図ったが，その目的は達成できなかった．しかし，張騫の報告によってオアシス諸国の情況を把握した中国人は，その後しばしばこの地域へ遠征軍を送って直接支配を図ったが，結局は失敗した．紀元2世紀以降，タリム盆地の諸オアシスはカシュガルなどいくつかの有力なオアシス都市国家を中核に，オアシス国家連合体などを形成し，独自の発展を遂げた．この頃，タリム盆地はカシュガル，クチャ（亀茲），カラシャル，ホータン（和闐），ピシャムシャン

シンチャン(新疆)ウイグル自治区

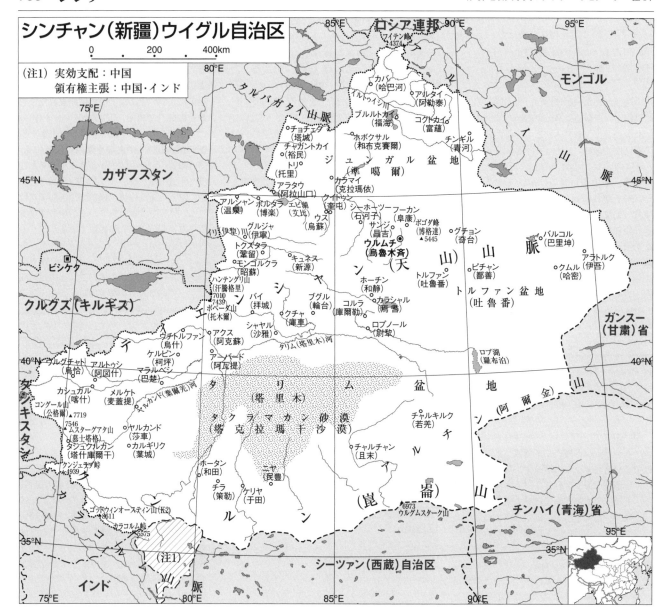

(注1) 実効支配：中国
領有権主張：中国・インド

(鄯善)の5つの大国に支配されるようになった．これらの国々はオアシス農業とさらに中継貿易によって大いに栄えた．

6世紀頃この地はチュルク(突厥)帝国の勢力下に入ったが，744年以降，モンゴル高原のオルホン川流域に築かれたトルコ系の遊牧国家ウイグル(回鶻)帝国の領域にあった．ウイグル帝国が崩壊した840年以後，その分派がビシュバリク Beshbalik を中心に，天山山脈周辺にカラホジャウイグル(高昌回鶻，西州回鶻，西ウイグル，天山ウイグル)王国を建てた．また，一部のウイグルはカシュガルを中心にカラハンウイグル王朝を建国した．この2つのウイグル王国は，中央アジアのほぼ全域を支配下に置いた．その後，この地のトルコ化が進み，そして宗教も徐々に仏教からイスラーム教にとって代わられた．

13世紀に入ると，東トルキスタンの地はチャガタイ・ハン国領となるが，タリム盆地ではカシュガルを中心とする諸オアシスはアルティシャル(6都市の意)国を，トルファン盆地を中心とする東部天山地区はウイグリスタン・ハン国を形成し独自の発展を遂げた．1514年にカシュガル・ハン国(ヤルカンド・ハン国，サイード・ハン国)が建国され，のちに東トルキスタンのほぼ全域を支配下に収めた．しかし，1680年頃イリを拠点とするジュンガル・ハン国に破られ，東トルキスタンはジュンガル・ハン国の属地となった．

1759年，清朝はジュンガル・ハン国を滅亡させ，東トルキスタンを占領し，ここを藩部(間接統治を行う辺境の領域)の1つとした．また，ウイグル人の中から選ばれた有力者をハーキムベク(知事)などの官職に任命し統治を行った．1826年，清に滅ぼされたカシュガルのホジャ政権の最後の君主の孫にあたるジャハンギル・ホジャは清の異教徒体制に対する大規模な聖戦を行い，タリム盆地の西半部を清朝から取り戻し，ホジャ政権を再興させた．しかし中国本土からの動員も含めて鎮圧に努めた清軍に滅ぼされ，ジャハンギル・ホジャは1828年に捕らえられて処刑された．1864年頃各地で大規模な反清蜂起が起こり，ついにカシュガルを中心とするイェッテシャル(7都市の意)国が樹立され，77

年までにはイリ川流域を除く東トルキスタン全域は中国の支配から解放された．この国はカシュガリアともよばれ，ロシア，イギリス，トルコに承認された．カシュガリアは，その創設者の名前からヤークーブ・ベク政権ともよばれる．一方，イリ川流域では，1864年にサディル・パルワンらによる農民蜂起が起こり，イリ・ウイグル（タランチ）・スルタン王国が建国されたが，71年にロシア軍の侵攻によって滅ぼされた．

1878年，清は左宗棠を派遣してカシュガリアを滅ぼし，東トルキスタンをふたたび支配下に置いた．そして，1884年に省制をしき，新たに獲得した領土という意味でこの地を新疆とよんだ．新疆省の設置は，この地域が藩部ではなく中国の一部であることの宣言であり，ここから本格的な中国化が開始した．中華民国期に入ると，ウイグル人による中国人支配からの独立を目ざす武装闘争がエスカレートしてきた．1931年にクムルで勃発した蜂起は，その後トルファン，ホータンなど各地に広がった．そして，1933年11月12日にカシュガルで東トルキスタン共和国（ウイグリスタン共和国）の樹立が宣言され，大規模な集会が催された．しかし，この国は甘粛の回族（漢人イスラーム教徒）将軍馬仲英によって破られ，わずか6カ月で崩壊した．その後も，東トルキスタン全土でウイグル人を中心とするトルコ系諸民族はみずからの独立国家樹立のための武装抵抗を続け，1944年11月12日にグルジャ（伊寧）で東トルキスタン共和国を樹立した．1949年，中国全土を制した中国共産党は，東トルキスタン政府と交渉を行うことを決め，エホメッドジャン・カスム，アブドキリム・アバソフ，イスハクベク・ムノノフ，デレリカン・スグルバヨフらの首脳陣をペキン（北京）に招いた．ところが，8月25日，彼らが乗っていた飛行機はソ連領内で消息を絶ち，9月15日，新しい代表に選ばれたサイフディン・アズズが北京に到着し，中国共産党に服属することを表明した．1949年12月，すでにウルムチに進軍してきた中国人民解放軍はグルジャに入り，東トルキスタンは完全に中国に統合された．そして，1955年10月1日に新疆ウイグル自治区が設立された．

共産党政権下では，ウイグル人の漢人支配に対する抵抗運動や，独立運動が絶えなかった．1954年11月，ホータンで東トルキスタン共和国綱領が発表され，武力行動があった．1958年夏と59年春頃，カシュガル地区では1万人を超える大規模な独立運動が起こり，中国共産党軍によって鎮圧された．

1962年，グルジャ市でウイグル人を中心とするトルコ系住民と中国共産党軍との間で流血衝突が起こり，ウイグル人やカザフ人10数万人がソ連領に亡命した（イリ事件）．1980年代以降，移住による漢族人口の増加や中国政府への不満から，ウイグル人による反政府運動や中国支配から独立を求める運動が活発になっている．1985年12月，ウルムチで大学生らによる核実験や産児制限などに対する大規模な抗議デモが起こった．1990年4月5日にアクト（阿克陶）県バレンBarin郷の農民は武装蜂起を起こし，東トルキスタン共和国の成立を宣言した．しかし，中国当局が派遣した武装警察部隊との間で激しい戦闘となり，6日に鎮圧された（バレン事件）．1995年にはホータンで東トルキスタン共和国の復活運動が勃発したが，中国政府によって鎮圧された．さらに，1997年2月5日にグルジャ市でウイグル人青年ら数千人の反政府デモ隊と中国武装警察との間で衝突が起こり，警察の発砲により10人以上が射殺された（グルジャ事件）．また，この事件の関連で中国政府のウイグル人に対する弾圧が激化した．

1950年代以降，中国政府は辺境の開拓と建設を目的として，生産建設兵団と称する軍民一体の集団を送り込み，この地の民族構成を変えている．1949年には全人口433万の76％を占めていたウイグル族に比べ，約6％にすぎなかった漢族は，2002年には39.9％にも達している．

気候は大陸性乾燥気候に属し，冬は寒く夏は暑い．昼と夜の温度差が激しい．年平均降水量は，トルファン盆地のトクスン（托克遜）ではわずか10 mmである．オアシス地帯では灌漑農業が発達しており，小麦，トウモロコシ，綿花，各種果樹が栽培される．とくに，メロン，スイカ，種なしブドウ，ザクロ，イチジク，アンズ，リンゴ，ナシ，モモ，クルミなどの産地として有名である．また，綿花の生産量は中国全体の約3割を占める．山間部は牧畜業が盛んで，イリ馬，カラシャル馬，アルタイ羊などを飼育する．野生のヤク，キアン（野生ロバ），野生ラクダ，野牛，ユキヒョウ，白鳥などの野生動物が生息しており，アルチン（阿爾金）山，バインブラクBayinbulak，ハナスHanasなど16カ所が自然保護区に指定されている．

鉱物資源は石油，天然ガス，石炭，マンガン，亜鉛など100種以上ある．とくに，石油と天然ガスが豊富である．タリム盆地，ジュンガル盆地，トルファン盆地およびクムル盆地などの地域には40近い石油，天然ガスの採掘地があり，その推定埋蔵量は中国の陸上油田の約3割を占めるともいわれている．2002年，タリム盆地の天然ガスをシャンハイ（上海）に運ぶ（いわゆる西気東輸工程）ためのパイプライン（4000 km）の建設工事が着工され，2005年に開通した．これにより，1016 mmという大口径のパイプラインで大量の天然ガスを西部から東部へ輸送することが可能である．石油，天然ガスおよび石炭産業のほかに化学，機械，冶金，紡績，建材，皮革，食品加工などの工業が発達している．

ウルムチは自治区の政治，文化，交通の中心である．甘粛省のランチョウ（蘭州）とウルムチを結ぶ蘭新鉄道の西部はカザフスタンとの国境の町アラタウ（阿拉山口）まで運行している．また，ウルムチとカシュガルを結ぶ鉄道が開通している．ウルムチを中心とする道路網が形成されており，タリム盆地とジュンガル盆地の各オアシスが結ばれている．ウルムチ空港からは自治区内および中国のおもな都市への空路がある．また，アルマトゥイ（カザフスタン），タシケント（ウズベキスタン），イスタンブール（トルコ）などの国外都市とも空路で結ばれている．新疆大学，新疆師範大学，新疆医科大学，新疆農業大学などの高等教育機関が21カ所，各種研究機関など約260カ所ある．

名所には国および自治区指定の重要文化財が128カ所ある．中でも，イディホート（高昌）古城，ヤールホル（交河）古城，キロラン（楼蘭）遺跡，ミーラン（米蘭）古城，ビシュバリク（北庭）古城，ニヤ（尼雅）遺跡，アスタナ古墳群，オーミン（額敏）塔，ベゼクリク千仏洞，キズル千仏洞，イエティガーモスク，アッパクホジャマザール墓などが有名である．また，ポベーダ山（托木爾峰），ハンテングリ（汗騰格里）山，ボゴダ（博格達）山，コングル（公格爾）山，ムスターグアタ Muztagata（慕士塔格）山などの名山がある．

［ニザム・ピラルディン］

シンチョウ市　忻州市　Xinzhou

中国

きんしゅうし（音読み表記）

人口：311.4万（2013）　面積：25152 km²
気温：9℃　降水量：405 mm/年

[38°24′N　112°43′E]

中国中北部，シャンシー（山西）省北部の地級市．忻州の歴史は春秋までさかのぼることができる．1983年に忻県を廃止し，忻州市を設置した．2001年1月に忻州市を廃止し，シンフー（忻府）区を設置した．忻府区，ユワ

ンピン(原平)市と12県(タイシェン(代県)，シェンチー(神池)，ウーチャイ(五寨)，ウータイ(五台)，ピエンクワン(偏関)，ニンウー(寧武)，チンロー(静楽)，ファンシー(繁峙)，ホーチュー(河曲)，パオドゥ(保徳)，ディンシャン(定襄)，コーラン(岢嵐))を管轄する．市政府所在地は忻府区．

北部，西部と南部は山地である．北部は標高1000 m以上のチン(金)山とダーチン(大青)山である．西部は雲中山と馬圏山で，最高峰は標高2348 mである．南部は糸舟山とイン(陰)山で，その最高峰は柳林尖山(標高2101 m)である．一方，東部は平坦な地形が東のディンシャン(定襄)まで広がり，シンディン(忻定)盆地を形成している．忻定盆地は山西省五大盆地の1つで，平均標高900 mの重要な農業地域である．気候は大陸性気候で，1月と7月の平均気温はそれぞれ−9℃と23℃である．無霜期間は160日，降水は7月と8月に集中している．農業はおもにコーリャン，トウモロコシ，アワ，豆類，テンサイなどを栽培している．

山西省の交通要衝に位置している．同蒲鉄道や忻州から河辺鎮までの鉄道支線がある．また，大運道路で北へダートン(大同)，南へタイユワン(太原)とユンチョン(運城)につながる．著名な詩人の元好問の陵墓，金洞寺，千仏寺，文昌寺などの遺跡や施設がある．また，北西部にある奇村温泉は観光客で賑わう． ［張 貴民］

シンチョン 新城 Hsincheng

台湾｜中国

Xincheng (別表記)

人口：2.0万 (2017)　面積：29 km²
[24°02′N 121°36′E]

台湾北東部，ホワリエン(花蓮)県北部の村(郷)．南を花蓮市に接する．人口の1/4を先住民族(現地での呼称は「原住民」)が占める．北辺を立霧渓が流れる．海岸沿いに細長く延びており，西辺は秀林郷に接する．日本統治時代は広大な平野を利用し，サトウキビの栽培が行われていた．現在は山岳地で採掘される大理石の加工業が盛んである．また，石灰石を産出し，セメント工業も興っている． ［片倉佳史］

シンチョン 信川 Sinchon

北朝鮮

面積：490 km²　標高：18 m　気温：9.8℃
降水量：1000 mm/年　[38°21′N 125°29′E]

北朝鮮，ファンヘナム(黄海南)道中部の町

で郡庁所在地．首都ピョンヤン(平壌)から80 km，チェリョン(載寧)平野に位置する北朝鮮屈指の穀倉地帯で，米，小麦と綿花の一大産地である．各種農業機械，紡織機械をはじめ，レンガ，日用品などの工場がある．商業が盛ん．朝鮮戦争の際の信川虐殺事件で知られている．信川博物館がある．東方には信川温泉がある． ［司空 俊］

シンチョン区 新城区 Xincheng

中国

人口：58万 (2013)　面積：700 km²　標高：1050 m
[40°51′N 111°39′E]

中国北部，内モンゴル自治区フフホト(呼和浩特)地級市北東部の区．東と北はそれぞれウーチュワン(武川)県とドルベト(四子王)旗，南はサイハン(賽罕)区，西はホイミン(回民)区と接する．市街部は55 km²，農村部は645 km²で，人口密度は790人/km²．漢族のほか，33少数民族の人びとが暮らしている．区名はもともと帰綏県第一区であり，1953年に新城区と改められた．1967年，文化大革命で東風区と改称され，79年に新城区が復活した．現在は8街道，1鎮を管轄している．2011年の時点で第1, 2, 3次産業の生産額の割合は0.4%，13.4%，86.2%．おもな農産物は小麦，トウモロコシ，野菜であり，豚，羊，乳牛などを飼育している．発電，アパレルおよび販売，飲食，ホテルなどのサービス業がおもな産業である．内モンゴル工業大学，内モンゴル芸術学院，内モンゴル博物院，鉄道駅であるフフホト市駅などの重要な機構と施設がある．1737年に建てられた綏遠城将軍衙門の建築群は区の南西部に位置する．面積約3万 m²，南北に長い長方形で，レンガと木で建設された．また，1973年に大窰村から70万年以前の人類が使用していた数多くの石器が出土し，大窰文化として知られている．

［バヨート・モンゴルフー］

シンチョン県 忻城県 Xincheng

中国

きんじょうけん (音読み表記)

人口：32.2万 (2015)　面積：2541 km²
気温：20.7℃　降水量：1438 mm/年
[24°04′N 108°40′E]

中国南部，コワンシー(広西)チワン(壮)族自治区中部，ライピン(来賓)地級市の県．県政府所在地は城関鎮．県名の由来は，唐の貞観元年(627)の忻城築城と県制設置にさかの

ぼる．チワン族が人口の90%を占める(2012)．もともと封建領主型の土司制度による朝廷の間接支配地だったが，民国初期に直接任官制に切り替えられ廃止された．忻城の莫土司役所は明の万暦10年(1582)に建てられ，壮郷の故宮の別称がつくほどアジアでは最大かつ最も保存状態のよい土司建築である．国道322号が通じ，ホンシュイ(紅水)河水系に属する河川航路を利用すれば500 t級の貨物船で香港まで航行可能である．

［許 衛東］

シンチョン市 興城市 Xingcheng

中国

人口：55万 (2012)　面積：2148 km²
[40°37′N 120°42′E]

中国北東部，リャオニン(遼寧)省フールータオ(葫蘆島)地級市の県級市．遼西回廊にあり，市政府は興城に置かれる．市名は遼代に興州の人びとを当地に移したことにちなむ．興城古城は全国に4つあるよく保存された明代古城の1つである．興城の東にある温泉には療養所が多く建てられ，海水浴場を含む風光明媚なリャオトン(遼東)湾の海岸とあわせて観光客を集めている． ［小島泰雄］

シンチョン市 新鄭市 Xinzheng

中国

有熊 (古称)

人口：78.6万 (2013)　面積：873 km²
[34°23′N 113°44′E]

中国中央東部，ホーナン(河南)省中部，チョンチョウ(鄭州)地級市中南部の県級市．3街道，12郷鎮を擁する．古代には有熊と称し，軒轅黄帝が都を置いたとされる．蜂蜜やナツメが有名でタバコも生産されている．軒轅黄帝故里や，仰韶文化に先行する初期農耕文化の存在を示す裴李崗などの史跡が知られる．1997年に中原で最大規模の鄭州新鄭国際空港が開港した． ［中川秀一］

シンチン県 新津県 Xinjin

中国

人口：31.3万 (2015)　面積：330 km²
[30°25′N 103°49′E]

中国中西部，スーチュワン(四川)省，チントゥー(成都)副省級市の県．県政府は五津街道に所在する．成都市南部に位置し，地勢は北から南へゆるやかに傾斜し，南東部は台地に，南西部は丘陵になっている．ミン(岷)江水系のチンマー(金馬)河，プーチャン(蒲

江)河，シー（西）河，ヤンリウ（楊柳）河など
が合流する．歴史的に物資の集散地であり交
通の要衝であった．現在は成昆鉄道（成都～
クンミン（昆明））や高速鉄道の成綿楽線（ミエ
ンヤン（綿陽）～成都～ローシャン（楽山）），
高速道路の京昆線（ペキン（北京）～昆明）や成
都第二環状線が交わる．農業は穀物，搾油作
物，野菜のほか，柑橘類が特産である．畜産
や淡水漁業も行われる．稠稽山老君廟，観音
寺，純陽観などの名所旧跡がある．

[小野寺 淳]

シンツァイ県　新蔡県　Xincai

中国

人口：約113万（2015）　面積：1453 km²
[32°45′N　114°58′E]

中国中央東部，ホーナン（河南）省南東部，
チューマーディエン（駐馬店）地級市東部の
県．3街道，20郷鎮を擁する．地名は，春
秋時代に，侯国の蔡の首都が上蔡から移され
てこの名がついた．ゴマ油（小磨香）や三粉の
生産が知られる．『捜神記』を著した干宝は
この地の人である． [中川秀一]

シンデ湾　Sindeh, Teluk

インドネシア

[8°36′S　121°31′E]

インドネシア中部，小スンダ列島，フロレ
ス島中央部北海岸，東ヌサトゥンガラ州の
湾．フロレス島の中心都市で県都のエンデか
ら北北西約30 km，西のナゲケオ県と東の
エンデ県の間の北部沖に位置している．

[水嶋一雄]

シンティエン県　新田県　Xintian

中国

人口：33.9万（2015）　面積：1000 km²
[25°54′N　112°12′E]

中国中南部，フーナン（湖南）省，ヨンチョ
ウ（永州）地級市の県．県政府はロンチュワン
（竜泉）鎮に所在する．シャン（湘）江支流の春
陵水の西側に位置する．北部の地勢が比較的
高く，最高点は標高1080 mである．新田河
が県北西部の山地に源を発し，中央部を流れ
て南東の県境で春陵水に合わさる．林産物は
マツ，スギ，孟宗竹が主である．鉱産物は
鉄，石炭，アンチモンなどがある．農作物は
水稲，野菜，搾油作物があり，タバコが特
産である．養豚が盛んである．工業は機械，食品，

飼料などの工場がある．名所旧跡に文廟や青
雲塔がある． [小野寺 淳]

シンディエン渓　新店渓
Hsintian Hsi

台湾｜中国

Xindian Xi（別表記）
面積：921 km²　長さ：81 km
[25°02′N　121°29′E]

台湾北部を流れる川．タンシュイ（淡水）河
の支流でキールン（基隆）河，大漢渓とともに
淡水河を形成している．上流部は北勢渓，南
勢渓，桶後渓に分かれており，一般的には北
勢渓が本流として扱われる．水量が豊かで，
北勢渓にはタイペイ（台北）の水瓶として機能
する翡翠水庫（ダム）がある．また，新店に近
い碧潭は切り立った断崖が片側を遮り，日本
統治時代から景勝地として名を馳せてきた．
上流には烏来温泉がある．現在，河岸は運動
公園として整備されている． [片倉佳史]

シンド州　Sindh Province

パキスタン

人口：3044.0万（1998）　面積：140914 km²
降水量：250 mm/年　　[24°53′N　67°02′E]

パキスタン南東部の州．インド亜大陸西
部，インダス川下流域の地方名で，語源はサ
ンスクリット語の川を意味するsindhu，す
なわちインダス川に由来する．州都はカラ
チ．西はバローチスタン州，北はパンジャブ
州，東から南はインドのラージャスターン州
とグジャラート州に接し，南はカッチ湿地の
一部を占め，南西はアラビア海に面する．南
北は約580 km，東西は最大で約440 km，
平均約280 km．おもにヒンディー語が話さ
れ，その数は過半数を超えるが，カラチなど
の大都市ではウルドゥー語を母語とする人口
も多く，州人口比で2割を超える．そのほか
パンジャービー語，バローチ語，パシュトゥ
ー語，サライキ語などが数％ずつを占める．
都市人口率は約5割と高い．カラチ以外で，
主要都市にはハイデラバード，スックル，ミ
ールプルハース，タンドアダム，タンドアラ
ヤール，ナワブシャー，ラルカナ，シカルプ
ル，ハイルプル，バディン，タッタなどがあ
る．シンド語がおもに話され，次いで都市部
を中心にウルドゥー語が使用され，東部では
ラージャスターン語も話される．
インダス河谷の南部（下流）を含み，西部の
丘陵地帯と東部のタール砂漠を除くとおもに
インダス川の沖積平野と三角州からなってい
る．年平均降水量は少なく乾燥し，夏は暑

い．1923年にスックル堰堤が建設され，右
岸側に3本，左岸側に4本の通年用水路が開
かれるまでは農業はもっぱら溢流灌漑に依存
し，夏季を中心としたカリーフ期（4～9月）
作の米やバージラ（トウジンビエの一種）やジ
ョワール（モロコシの一種）が圧倒的であった
が，通年灌漑が可能になってからは小麦やカ
ラシナなどのラーヴィ期作が増加した．独立
後グッドゥーとコトリにも堰堤が建設され，
通年用水路が開削され，現在ではそれらの灌
漑面積は500万ha以上となっている．しか
し，灌漑用水供給の管理が不十分であったた
め永年にわたって過剰灌漑となり，耕地の塩
化（塩害）による被害が深刻となっている．お
もな作物は，米，綿花，小麦およびサトウキ
ビで，米は国内生産の3割以上，サトウキビ
は2～3割を占め，単位面積あたりの収量も
多く重要な作物となっている．サトウキビは
収益の高い商品作物であるが，カリーフ期に
生育し，ラーヴィ期に収穫され，多くの水と
肥料を要するため，州では綿花，小麦，米，
ヒマワリなどと組み合わされることも多い．
その他果樹としてバナナやマンゴーが有名で
ある．
歴史的には豊かな地域で，インダス文明の
中心地の1つであるモヘンジョダロの都市文
明が約4500年前に成立した．それ以前の村
落文化は紀元前7000年以上前にさかのぼる
ことができるという．紀元前1000年頃から
アーリア人が北方から移住し，バラモン教が
もたらされ，紀元前6～前4世紀にイランの
アケメネス朝の属領となり，紀元前4～前3
世紀のマウリヤ朝下に仏教が伝わった．紀元
前325年にはアレクサンドロス大王がシン
ドにも侵攻してきた．紀元前275年にマウ
リヤ朝のアショーカ王はタキシラ（イスラマ
バードの西約25 km）に都を置き，シンドも
仏教化した．1～3世紀にはクシャン朝，3～
4世紀にイランのササン朝およびインド亜大
陸北部のグプタ朝，6世紀にはヒンドゥー教
の祭祀階層であるブラーマンの支配などを受
けた．その後，8世紀初期にはウマイヤ朝の
アラブ軍がヒンドゥー教徒から支配権を奪
い，インド亜大陸最初のムスリム政権を樹立
した．
11世紀から16世紀末にはムガル朝の支
配下にあり，1843年にはイギリス陸軍のチ
ャールズ・ネイピア将軍により征服され，ボ
ンベイ州に併合され，ネイピアはシンド総督
となった．シンディー人の自治要求で1937
年にシンド州が成立し，47年のパキスタン
独立後は60年までカラチに首都が置かれ，
政治・経済の中心地となった．カラチは国内

792　シント　　　　　　　　　　　　　　　　　　　　　　　　　　　　　　〈世界地名大事典：アジア・オセアニア・極Ⅰ〉

最大の工業都市で，製鉄，セメント，機械，食品加工，綿織物，ジュート工業などが，ハイデラバードではセメント，綿織物，刺繍，農産加工，農機具などの工業が発達している.

[出田和久]

ジンド　Jind　　　　インド

人口：16.6 万（2011）　面積：42 km²
[29°19′N　76°19′E]

　インド北部，ハリヤーナ州中部，ジンド県の都市で県都. 首都デリーの北西約 120 km に位置する. 1930 年代には市が組織されており，50 年代には電灯，60 年代には水道が整備されるなどインド独立後の早い時期にインフラの整備が進められた. また，1970 年代にはミルク工場や飼料工場なども相次いで建設され，現在でも農業・食品関連の製造業が立地する. 市は，用水路などの灌漑設備が整備された同地域一帯の中心地の 1 つとなっており，大規模な穀物市場も所在する. デリーとパンジャブ州とを結ぶ鉄道が市街地の西部を通過するとともに，州の東部に向かう鉄道の分岐点ともなっている. 県からはインダス文明期の土器などが発見されており，その定住の歴史は古いとされる. また 18 世紀には市に砦が築かれ，イギリス統治時代はジンド藩王国の首都でもあった. 市街地には，シヴァ神を祀る寺院が多く所在し観光地ともなっている. 職業訓練校，高等専門学校，カレッジなど教育機関も複数立地する.

[鍬塚賢太郎]

シントゥー区　新都区　Xindu　　中国

人口：84.9 万（2015）　面積：497 km²
[30°49′N　104°11′E]

　中国中西部，スーチュワン（四川）省，チョントゥー（成都）副省級市の区. 区政府は新都街道に所在する. 2001 年にそれまでの新都県から区になった. 四川盆地の西部に位置し，北西から南東へ傾斜している. 北部を流れるチンパイ（青白）江や南部のピー（毗）河やいずれもトゥーチャンイエン（都江堰）から流れ出る水系に属する. 農業は水稲，小麦，ナタネ，野菜，果物を生産し，工業は機械，電子，食品，医薬，家具が主導している. 成都・ドゥヤン（徳陽）・ミエンヤン（綿陽）と続く成都平原経済地帯の一角を成し，宝成鉄道（パオチー（宝鶏）～成都），高速鉄道の成綿楽線（綿陽～成都～ローシャン（楽山）），高速道路は京昆線（ペキン（北京）～クンミン（昆明）），成都環状線，成綿複線（成都～綿陽）が

通る.

[小野寺 淳]

シンドヌール　Sindhnur　　　インド

人口：7.6 万（2011）　標高：377 m
[15°15′N　76°44′E]

　インド南部，カルナータカ州ラーイチュール県の都市. 県都ラーイチュールの南西 82 km に位置し，デカン高原上にある. 周辺は灌漑用水による豊かな水田地帯が広がっており，二期作が行われている. 主要な米以外に，綿花や油糧作物，キビなどが取引される.

[前田俊二]

しんなんいわ　新南岩　Shinnan Iwa　　　南極

[67°57′S　44°33′E]

　南極，東南極の露岩地域. クイーンモードランドの新南氷河の西側に位置する. 日本南極地域観測隊（1957～62）により，航空写真撮影と地図化が行われ，同時に命名された. 新南氷河は，クイーンモードランドとエンダービーランドの境界をなす氷河である.

[前杢英明]

シンニン県　新寧県　Xinning　　中国

人口：57.4 万（2015）　面積：2756 km²
[26°26′N　110°51′E]

　中国中南部，フーナン（湖南）省，シャオヤン（邵陽）地級市の県. 県政府はチンシー（金石）鎮に所在する. 地勢はコワンシー（広西）チワン（壮）族自治区と境を接する南東部が険しく，北部が低くなっている. ツー（資）水の水系の夫夷水が中部を南西から北東へ貫流する. おもな鉱産物に石炭，マンガン，アンチモン，タングステン，大理石がある. 森林資源が豊富で，スギや孟宗竹のほか，桐油，生漆，白ロウ，漢方薬材などを産する. 農作物には水稲，トウモロコシ，サツマイモ，ナタネ，タバコ，茶葉，柑橘類がある. 国指定の崀山風景名勝地区や舜皇山国立森林公園がある. 崀山は，2010 年にユネスコの世界遺産（自然遺産）に登録された「中国丹霞」の一部を構成している. 洞新高速道路（トンコウ（洞口）～新寧）が通る.

[小野寺 淳]

シンニン市　興寧市　Xingning　　中国

人口：118.4 万（2015）　面積：2105 km²
気温：21.0℃　降水量：1541 mm/年
[24°09′N　115°43′E]

　中国南部，コワントン（広東）省北東部，メイチョウ（梅州）地級市の県級市. ハン（韓）江とトン（東）江の上流域の興寧盆地とルオフー（羅浮）山脈の一部から構成される新興鉱業都市である. 北はチャンシー（江西）省シュンウー（尋鄔）県と接する. 地名は，東晋の咸和 6 年（331）に県が設置され，域内にニン（寧）江が流れることから命名，1994 年 6 月に県級市になった. 市政府所在地は興田街道. 中国で代表的な客家（ハッカ）系住民の伝統的な居住地である. 省の代表的な石炭（埋蔵量 1.4 億 t）とバナジウム，チタニウム含有の磁鉄鉱（埋蔵量 4.5 億 t）の産出地である. 広梅汕高速道路（コワンチョウ（広州）～梅州～シャントウ（汕頭）），河梅高速（ホーユワン（河源）～梅州），国道 205 号などが通り，交通の便がよい.

[許 衛東]

シンハイ県　興海県　Xinghai　　中国

人口：8.0 万（2015）　面積：12100 km²
[35°35′N　99°59′E]

　中国西部，チンハイ（青海）省東部，ハイナン（海南）自治州の県. チベット高原の北東部に位置し，県北部をクンルン（崑崙）山脈系エラ山脈の標高 5000 m 級の山々が連なる. 県東部を黄河が北上し，渓谷を形成する. 草原の面積が広く，ヤクやチベット羊，馬などが飼育される. 黄河上流部の環境保全のため自然保護区が設定されている. 人口の大半はツァン（チベット）族で，チベット仏教ゲルク派のセルゾン寺（賽宗寺）がある. 漢方薬材のトウチュウカソウ（冬虫夏草）などを産する.

[高橋健太郎]

シンハジャニ　Singhajani ☞ ジャマルプル　Jamalpur

シンハラージャ森林保護区
Sinharaja Forest Reserve
スリランカ

面積：89 km² 標高：90-1170 m 長さ：21 km
幅：3.7 km 気温：19-34°C
降水量：3500-5000 mm/年

[6°25′N 80°30′E]

スリランカ南西部，サバラガムワ州と南部州にまたがる自然保護地域．地形的にはヒニピティ山（標高1171 m）のふもとの高地と河谷からなり，北はカスクラナ川，南はジン川が境界となっている．南西モンスーンの影響を受けて年平均降水量が多く，年間を通じて高温多湿で，低地熱帯雨林が発達している．この地は元来，王家の所有で，「ライオンの王(rajasinghe)の森」という名称で記録されていた．すでにイギリス植民地時代の1875年から生物保護区に認定され，1978年以来，スリランカ政府により森林保護区として開発が規制されている．1988年，「シンハラジャ森林保護区」としてユネスコの世界遺産（自然遺産）に登録された．保護区の周囲には22の集落があり，かつてはゴムのエステート（大農園）なども開かれたが，現在では住民のヤシ砂糖の採取，薬用植物と燃料目的のための枯枝のもち出しなどのみが許容されている．

区域内にはつる性植物やランをはじめ，スリランカ固有の植物の約60％にあたる500種がみられる．固有の動物種は21種の鳥類をはじめ，ヒョウ，チョウ，その他の昆虫などの希少な種が生息する．39種類のほ乳類の中で固有種は8，は虫類では21，両生類では10を数える．探勝の拠点は保護区の北側にある県都ラトナプラか南側のデニヤーヤDeniyayaで，ガイド付きの車で行くのが一般的である．保護区内に入るためには森林事務所で有料の入域登録をしなければならない．区域内にはヒルが多いので対策が必要である．

[山野正彦]

ジンバラン海岸　Jimbaran, Pantai
インドネシア

長さ：約2 km [8°47′S 115°10′E]

インドネシア中部，バリ島南部，バリ州バドン県の海岸．バリ島南部半島の付け根の西側に南北に延びる．もとは小さな漁村であったが，グラライ国際空港に近く1980年代から急速に観光化が進み，いまや海浜リゾートとなっている．砂浜には観光客にシーフードを食べさせる食堂や屋台が列をなし，マッサージ師やマリンスポーツのエージェントが客に声をかける．やや内陸よりの道路沿いには豪華ホテル，別荘，国際級レストラン，バーやディスコなどが軒を連ねる．2005年10月1日には，繁華街でイスラーム教徒過激派によるとされる爆弾事件が発生，多大な人的，物的な損失をみた．

[瀬川真平]

シンバルガ右旗　新巴爾虎右旗
Shin Barugu Baruun
中国

Xin Barag You（別記）／シンバラク右旗（別表記）

人口：3.5万（2013）　面積：35194 km²

[47°36′N 115°31′E]

中国北部，内モンゴル自治区北東部，フルンボイル（呼倫貝爾）地級市西部の旗．モンゴル国との国境地帯に位置し，いわゆるフルンボイル大草原を代表する牧畜地帯である．中国陸路最大の国境関門であるマンチョウリー（満洲里）市に隣接しており，中国，モンゴル，ロシア3カ国の国境が出会う重要な位置にあり，旗内には515 kmにも及ぶ国境線がある．バルガとは，もともとバイカル湖あたりに遊牧していたモンゴル部族だが，17世紀頃から西部オイラド部の侵攻を受けてフルンボイル地方に南下してきた．1732年に移動してきたシン（新）バルガとは，1689年に移動してきたホーチン（旧）バルガとの対比に由来する地名である．全人口のうちモンゴル族は82％を占め，その大多数は20世紀後半に大興安嶺山脈の山麓地域から移住してきた農耕モンゴル人である．旗内にはフルン（呼倫）湖とボイル（貝爾）湖という2つの湖やケレルン（克魯倫）河やオルション（烏爾遜）河など河川があるが，近年は石油や地下資源開発によって環境汚染も進んでいる．

[ボルジギン・ブレンサイン]

シンバルガ左旗　新巴爾虎左旗
Shin Barugu Juun
中国

Xin Barag Zuo（別記）／シンバラク左旗（別表記）

人口：4.2万（2011）　面積：422000 km²

[46°10′N 117°33′E]

中国北部，内モンゴル自治区北東部，フルンボイル（呼倫貝爾）地級市西部の旗．モンゴル国との国境地帯に位置するステップを中心とする旗である．いわゆるフルンボイル大草原の一部であり，国境線は311 kmにわたり，そのうちモンゴル国との国境は215 km，ロシアとの国境は96 kmある．地名は，1732年にバイカル湖地域から移住してきたバルガ部族に由来するが，シンバルガ右旗とともにホーチン（旧）バルガ旗との対比から名づけられたものである．左旗とモンゴル国との国境地帯は日本の近代史でよく知られるノモンハン事件が起こった地であり，中国政府によってノモンハン（諾門罕）戦争遺跡陳列館が建てられている．総人口のうちモンゴル族は約73％を占める．

[ボルジギン・ブレンサイン]

シンパン　Simpang
インドネシア

[1°16′S 104°06′E]

インドネシア西部，スマトラ島，ジャンビ州の都市．州都ジャンビの東部海岸付近で，市内を流れるハリ川河口の沖積地に立地する．船舶の往来を可能とするハリ川は，物流の重要な動脈であり，河口に位置するシンパンは，その恩恵を受けて発展している．

[水嶋一雄]

シンパンマンガヤウ岬　Simpang Mangayau, Tanjung
マレーシア

ボルネオ岬　Borneo, Tip of（英語）

[7°02′N 116°44′E]

マレーシア，カリマンタン（ボルネオ）島北部，サバ州最北端の岬．岬近くのカランパニアン Kalampunian島には灯台が設置されている．岬の東側には深い湾があり，入り組んだ複雑な地形をしている．この岬を含む半島が，マラドゥ湾を構成する．この地域の中心都市はクダットで，町郊外ではココナッツのプランテーション開発がなされている．半島内には道路に沿って小集落が点在し，岬の突端まで行くことができる．

[生田真人]

シンビュージュン　Sinbyugyun
ミャンマー

Sin Hpyu Kyun（別表記）

人口：0.5万（2014） [20°40′N 94°40′E]

ミャンマー中西部，マグウェ地方（旧管区）ミンブー県の町．漢字では新彪遵と表記する．エーヤワディ川の右岸，サリン川の河口にある県都ミンブーの北北西約56 kmに位置する．農村地帯で米，ゴマ，タバコ，小麦などが周辺で栽培されている．パーム糖（ヤシ糖），絹織物，アセンヤク（阿仙薬，収斂剤，下痢止め，黒色染料，皮なめしなどに利

用)の集散地である. エーヤワディ川中流域の油田地帯と, ヤンゴンを結ぶパイプラインが通っている. 　　　　　　　　［西岡尚也］

シンピン市　興平市　Xingping

中国

人口：54.2万（2010）　面積：509 km²
標高：411 m　気温：13.1℃　降水量：585 mm/年
　　　　　　　　　　　　［34°18′N　108°30′E］

中国中部, シャンシー（陝西）省中部, シェンヤン（咸陽）地級市の県級市. ウェイ（渭）河の北岸, 渭河平原の中部に位置する. 1993年に県から市となった. 地名は唐代に興平軍の駐屯地になったことに由来する. 平原を主とする地形で, 地勢は北西から南東へ傾斜している. 南部の渭河平原は市域の約60%, 北部の黄土台地は40%を占める. 暖温帯大陸性気候に属し, 無霜期間は216日である. おもな農産物は小麦, 綿花, トウモロコシ, ナタネである. トウガラシとニンニクが名産物であり, 関中ロバと秦川牛の家畜も名高い. 漢武帝の墓地茂陵は, 前漢帝王陵の中で最も大きい規模をもつ. ほかに唐玄宗と楊貴妃の古墳, 北塔, 文廟, 大成殿などの遺跡がある. 　　　　　　　　　　　　　　［杜　国慶］

シンピン自治県　新賓自治県　Xinbin

中国

シンピン満族自治県　新賓満族自治県（正称）
人口：30.0万（2013）　面積：4287 km²
　　　　　　　　　　　　［41°44′N　125°02′E］

中国北東部, リャオニン（遼寧）省東部, フーシュン（撫順）地級市南東部の自治県. 東はチーリン（吉林）省と接する. 県政府所在地は新賓鎮. 全人口の72%を満族が占める. 後金を建国した清朝の太祖ヌルハチが本拠としたヘトゥアラ, のちのシンチン（興京）は現在の永陵鎮にあたる. そのため本県は清朝発祥の地とされる. 山がちで森林被覆率は約60%である. カエル, キノコや, 朝鮮ニンジン, ゴミシ（五味子）, ロクジョウ（鹿茸）など漢方薬の材料の生産が盛ん. 県域にリャオ（遼）河の支流スーツー（蘇子）河, タイツー（太子）河, ヤールー（鴨緑）江の支流フン（渾）江の水源がある. ユネスコの世界遺産（文化遺産）に登録された「明・清朝の皇帝陵墓群」（2000）に, 2004年, 清永陵が追加登録された. 　　　　　　　　　　　　　［柴田陽一］

シンピン自治県　新平自治県　Xinping

中国

シンピンイ族タイ族自治県　新平彝族傣族自治県（正称）
人口：27.4万（2012）　面積：4223 km²
　　　　　　　　　　　　［24°03′N　101°59′E］

中国南西部, ユンナン（雲南）省中央部, ユィーシー（玉溪）地級市の自治県. 県政府は桂山街道に置かれている. 少数民族が約7割を占め, そのうちの9割はイ（彝）族である. 1980年に新平イ族タイ（傣）族自治県になる. 広大な原生林が残っており, 1988年にアイローシャン（哀牢山）国立自然保護区に指定された. おもな産業は農業で主食以外にタバコやサトウキビも生産する. 花腰タイ族と定期市を売りに観光開発を試みている.

　　　　　　　　　　　　　［松村嘉久］

シンブー州　Simbu　パプアニューギニア

チンブー州　Chimbu Province（別称）
人口：37.6万（2011）　面積：6100 km²
　　　　　　　　　　　　［6°01′S　144°55′E］

南太平洋西部, メラネシア, パプアニューギニア中部の州. ニューギニア島東部に位置し, チンブー州ともよばれる. 州都はクンディアワである. チュアベ Chuabe, グミニ Gumine, カリムイ/ノマネ Karimui/Nomane, ケロワギ Kerowagi, クンディアワ/ゲンボグ Kundiawa/Gembogl, シナシナ/ヨンゴムグル Sina Sina/Yonggomugl の6郡がある. 州内に国内最高峰のウィルヘルム山（標高4509 m）がそびえる. 州域全体が山がちで, 平地が少ないが, 人口密度は高い. 伝統的な生業は, サツマイモを主作物とする焼畑農耕で, 30度近い急斜面に畑が広がる光景がみられる. 州の北部と南部の間には大きな経済格差があり, 南部のカリムイ地域は道路も未整備で, 開発が進んでいない. 北西部に最も人口稠密なワギ渓谷があり, 高地縦貫道沿いの州都のクンディアワを含む北部では, コーヒーなどの換金作物栽培が行われるが, 傾斜地が多く, 他の高地地方に比べ, 現金収入機会には恵まれていない. このため, 第2次世界大戦後の早い時期から, 海岸部の都市への移住が盛んに行われてきた. 「チンブー」の名は, 海岸部の人びとからは, ネガティブなイメージを伴いながら高地人の代名詞のように用いられることもある. 頻発する部族間の紛争も, 武器が弓矢から銃火器に変わって犠牲者が増えていることもあり, 大きな社会問題となっている. 　　［熊谷圭知］

シンフォン県　新豊県　Xinfeng

中国

人口：21.4万（2015）　面積：2015 km²
気温：19.3℃　降水量：1923 mm/年
　　　　　　　　　　　　［24°04′N　114°12′E］

中国南部, コワントン（広東）省北部, シャオクワン（韶関）地級市の県. トン（東）江とペイ（北）江と流渓河が枝分かれする分水嶺に位置する. 省会コワンチョウ（広州）の北東約150 kmに位置する. 南朝時代, 斉の元明元年（483）に新豊県として設置された. 地名は豊富な物産を意味する. 県政府所在地は豊城街道. 県域の8割以上が山地であり, 年平均降水量も多く, 省の代表的な林業地域である. 県内の雲髻山（標高1438 m）は広州一帯の最高峰. 国道105号が通る. 　　［許　衛東］

シンフォン県　信豊県　Xinfeng

中国

南安県, 南野（古称）
人口：80.0万（2012）　面積：2878 km²
　　　　　　　　　　　　［25°23′N　114°55′E］

中国南東部, チャンシー（江西）省南部, ガンチョウ（贛州）地級市の県. 貢水の支流である桃江が貫流し, コワントン（広東）省に隣接する. 県政府は嘉定鎮に置かれる. 周囲をナンリン（南嶺）山脈のダーユィー（大庾）嶺, チウリエン（九連）山地など山地に囲まれ, 中部の桃江水系に沿って細長く平原が広がる. 唐代に南康県を割いて南安県が置かれたが, 同名の県があるため信豊県に改められた. 京九鉄道, 大広高速道路が南北に貫く. 米, サトウキビ, タバコ, 柑橘類が主要農産物で, 林産物も豊富である. 大聖寺塔, 上楽塔など数多くの古跡がある. 　　　　　［林　和生］

シンプソン砂漠　Simpson Desert

オーストラリア

面積：170000 km²　　　［26°41′S　137°26′E］

オーストラリア大陸中央部, サウスオーストラリア州, クイーンズランド州, ノーザンテリトリーにまたがる砂漠. 砂漠の北はノーザンテリトリーのマクドネル山脈とプレンティハイウェイとを結ぶ線, 西はその北部からアリススプリングズの南部を流れるヒューHugh 川, フィンク川（いずれもノーザンテリトリー）, スティーヴンソン Stevenson 川とかつて鉄道の重要な中継基地であったウーナダッタ（いずれもサウスオーストラリア州）

シンブリー　Sing Buri
タイ

人口：1.8万（2010）　面積：112 km²
[14°54′N　100°24′E]

タイ中部，シンブリー県の都市で県都．首都バンコクの北約130 km，チャオプラヤー川河畔に位置する．現在は両岸に市街地が広がっているが以前は西岸が中心であった．チャオプラヤー川に並行して東西両岸に灌漑水路が流れており，西岸の水路はちょうど市街地を通過している．これらの水路は北のチャイナートにあるチャオプラヤーダムから導水されているもので，西岸の水路に並行して国道が南のアーントーンと北のチャイナートを結んでいる．

町はもともと現在地より南西約6 kmのチャオプラヤー川支流のノーイ川に近い場所に位置し，現在も古い仏塔など町の遺構が残っている．その後，位置はさらに西のノーイ川河畔に移ったが，18世紀後半のアユタヤー陥落後にチャオプラヤー川河畔に移動し，最終的に現在地に落ち着いた．ラッタナコーシン朝下では北にインブリー，南にプロムブリーとチャオプラヤー川沿いに3つの町（ムアン）が並んでいたが，ラーマ5世の統治改革によってインブリー，プロムブリーは郡となり，シンブリー県に組み込まれた．チャオプラヤー川沿いであり，鉄道が通らず水運への依存度が高いなど南のアーントーンとよく似ており，1972年に町の東を国道32号が通るようになり，この沿道に新たな市街地が拡大しつつあるのも同様である． ［柿崎一郎］

シンブリー県　Sing Buri, Changwat
タイ

人口：20.0万（2010）　面積：968 km²
[14°54′N　100°24′E]

タイ中部の県．県都はシンブリー．チャオプラヤーデルタ内に位置するため平坦で，面積もタイの中で3番目に小さい県である．チャオプラヤー川が県東部を北から南へ流れ，その西側を支流のノーイ川が同様に北から南へと流れる．県面積の88％が農地でその大半が水田であるが，製糖工場もあるためサトウキビ栽培もみられる．県南部には18世紀後半のアユタヤー末期に攻めてきたビルマ軍に対して住民が抵抗したバーンラチャン陣地の跡があり，勇敢に闘った農民の記念碑も立てられている． ［柿崎一郎］

をそれぞれ結ぶ線が境界となっている．南はエア湖の北湖（サウスオーストラリア州），そして東は，その南部からウォーバートン川，ゴイダーラグーン（いずれもサウスオーストラリア州），ディアマンティーナ川（サウスオーストラリア州〜クイーンズランド州），ジョージナ川（クイーンズランド州）をそれぞれ結ぶ線がほぼ境界となっている．面積は広大で，砂漠の西端にはウィッジラ国立公園がある．その他，サウスオーストラリア州に含まれる地域の大部分は，自然保護区や保留地となっている．また，クイーンズランド州のバーズヴィル西側の地域は，その名もシンプソンデザート国立公園に指定されている．

シンプソン砂漠を印象づけるのは，北北西-南南東方向に延びる砂丘列である．一般にオーストラリアの砂丘地形は少なくとも30万年前には形成されており，最終的には2万5000〜1万3000年前の最終氷期の極相期頃に，現在みられる砂丘分布の大枠がつくられたと考えられている．砂漠には南部を除いて100列以上の砂丘があり，その長いものは延長200 kmを超える．また比高は35 mにも及び，その景観はしばしば凍った海にたとえられる．砂漠の北部では，その砂丘列に沿ってマクドネル山脈からトッド川，プレンティ川，ヘイ川などの河川が流れ込んでいるが，いずれもその途中で伏流し，地表面の流れはなくなっている．また砂漠の南部には，砂丘列の間に入り込むかのように，ペラペラプーラナ湖など北北西-南南東方向に長い無数の湖がある．これらのほとんどすべては塩湖で，湖の沿岸部ないしはそのすべてが塩で覆われている．また，付近にもたらされる毎年の降水量によって，大きくその形を変える．年降水量は，砂漠の大部分で100 mmにも達しない．国内で最も乾燥した砂漠としても知られている．また夏の気温は60℃前後にも及ぶ．しかし，シンプソン砂漠の動物相は信じられないほど豊富で，180種類の鳥類，92種類のは虫類，44種類のほ乳類が確認されている．シンプソン砂漠を探検した最初のヨーロッパ人は，1845年のチャールズ・スタート（1795-1869）であった．地名は，1929年，探検家で地質学者のセシル・T・マディガンによって，その探検のスポンサーであったアレフレッド・アレン・シンプソンの名前にちなんでつけられた．

［片平博文］

ジンブーンバ　Jimboomba
オーストラリア

人口：1.1万（2011）　面積：90 km²
[27°50′S　153°01′E]

オーストラリア北東部，クイーンズランド州南東部，ローガン市の町．州都ブリズベンの南郊に位置している．酪農や近郊農業地帯であったが，近年住宅地や工業地区として急速に成長している． ［秋本弘章］

シンペイ市　新北市　Xinbei
台湾｜中国

タイペイ県　台北県　Taibei（旧称）

人口：398.0万（2017）　面積：2053 km²
[25°01′N　121°28′E]

台湾北部の直轄市．台湾最大の人口を誇る．旧タイペイ（台北）県が2010年12月25日に直轄市（政令指定都市）になって誕生した新しい自治体である．旧台北県内には台北市のベッドタウンが点在し，一大都市圏を形成してきた．面積は台北市の10倍近い大きさで，全台湾の1/16である．台北市とキールン（基隆）市はこの新北市に周囲を取り囲まれる形になっている．市域面積が広く，市内には29の区があり，旧台北市に属した自治体がそれぞれ区となっている．そのうち，バンチャオ（板橋）区，サンチョン（三重）区，ジョンホー（中和）区，シンディエン（新店）区，シンジュアン（新荘）区は人口が30万を超えている．人口密度は偏りがあるものの，ヨンホー（永和）区の1 km²あたり3.9万人は台湾で最も高い数字となっている．市政府は板橋区にあり，周辺地域には高層建築が集まり，新都心地区として発展している．また，市内交通はバスがメインとなるが，台北市と連携する形で都市交通システム（MRT）の路線網の拡充が進められている．各駅からはバスが接続し，利便性を高めている．また，淡水区ではライトレール（LRT）の建設が進められている．三重区，蘆州区，林口区，五股区などは工場密集地となっている．また，汐止区や新店区，淡水区などは台北のベッドタウンとして開発が進んでいる．永和区や三重区，中和区は台湾でも指折りの人口集中地域となっており，生活環境の改善が課題となっている． ［片倉佳史］

シンホー県　興和県　Xinghe　中国

人口：31.5万 (2013)　面積：3518 km²
気温：4.2℃　降水量：397 mm/年
[41°16′N　113°50′E]

中国北部，内モンゴル自治区中部，ウランチャブ(烏蘭察布)地級市南東部の県．県政府所在地は城関鎮．東はホーペイ(河北)省のシャンイー(尚義)県，ホワイアン(懐安)県，南はシャンシー(山西)省のティエンチェン(天鎮)，ヤンガオ(陽高)県と接する．イン(陰)山山脈の北麓に位置する．洋河は同県に源を発する．1735年，清朝はチャハール右翼4旗(正紅，鑲紅，正黄，鑲藍)に豊川衛，鎮寧所，寧朔衛，懐遠所を設け，当該地域に流入した漢人移民を管理した．1750年に豊川衛と鎮寧所は合併され，豊鎮庁になった．1903年，豊鎮庁の管轄地域内に興和庁を設置し，12年に県になった．1958年までは前後して綏遠省，蒙疆政権のバヤンタラ(巴彦塔拉)盟および内モンゴル自治区平地泉行政区の管轄下にあった．1958年にウランチャブ盟に編入した．現在は5鎮，4郷から構成される．豊かな農産地で特産品として莜麦(エン麦の一種)，ソバ，ソラ豆などがある．大規模な畜舎を建てて牛，羊，豚，鶏を飼養している．多くの炭鉱が開発され，石炭の物流がおもな産業となっている．中国の3大石墨生産地の1つである．

[バヨート・モンゴルフー，杜　国慶]

シンホー県　新河県　Xinhe　中国

人口：17.0万 (2010)　面積：336 km²
気温：12.6℃　降水量：482 mm/年
[37°31′N　115°15′E]

中国北部，ホーペイ(河北)省，シンタイ(邢台)地級市の県．県政府は新河鎮に置かれている．冀南平原にあって標高は低い．邢台地域の川がすべてここに集まり，東へと流れていく．1月の平均気温は−4℃，7月は26.3℃．農作物は小麦，トウモロコシ，アワ，綿花，落花生を主としている．機械，絨毯，皮革，綿紡績などの工場がある．伝統的な農業地域である．国道308号が通る．脱脱墓，慈明寺などの古跡がある．[柴　彦威]

シンポ　新浦　Sinpo　北朝鮮

面積：218 km²　標高：5 m　気温：9.3℃
降水量：729 mm/年　[40°02′N　128°11′E]

北朝鮮，ハムギョンナム(咸鏡南)道中部の都市．遠洋漁業基地で，水産都市である．

1960年市制．東朝鮮湾北岸の狭い海岸平野にあるが，東西を半島にはさまれ，前面をマヤン(馬養)島に守られた天然の良港である．馬養島周辺はメンタイ，カレイ，イカ，タラ，ニシン，コンブ，ワカメ，アワビ，カキの好漁場．朝鮮東海(日本海)沿岸の一級漁業基地で，国内漁獲量の20%を占める．漁船造船所，水産加工機械，漁具，水産加工，ディーゼルエンジン，製紙などの工場がある．魚類の輸出量が多い．6カ所に養殖場，水産研究所，水産大学などがある．[司空　俊]

シンホイ区　新会区　Xinhui　中国

岡州 (古称)

人口：86.4万 (2015)　面積：1355 km²
気温：21.8℃　降水量：1789 mm/年
[22°27′N　113°02′E]

中国南部，コワントン(広東)省南西部，チャンメン(江門)地級市の区．チュー(珠)江デルタ西端の潭江下流域に位置する工業都市である．海外にいる新会出身の華僑が70万人を超え，全国でも有数の華僑送り出し地域の1つ．南朝時代，宋の永初元年(420)に新会郡として設置され，隋の開皇10年(590)に県制に改正，1992年に県級市になった．2002年に江門市に併合され，区となった．1984年に珠江デルタ経済開放区に指定され，工業が発展した．コダック，パナソニック，エプソン社などの外資系企業(600社)をはじめ約5000社の中堅以上のメーカーが立地し，化繊紡績，機械電子，紙製品，食品飲料，建材，輸送機械・金属製品加工などの6大分野を形成している．観光資源も豊富で，1279年に元と南宋の計20万の大軍が艦船1600隻を駆使して最後の海戦を繰り広げ，結果，南宋軍の全滅になった古戦場として知られる．ほかに圭峰山国立森林公園も名所である．年間観光客数は933万にのぼる．

[許　衛東]

シンホワ県　新化県　Xinhua　中国

人口：113.2万 (2015)　面積：3620 km²
[27°44′N　111°20′E]

中国中南部，フーナン(湖南)省，ロウディ(婁底)地級市の県．県政府はシャンメイ(上梅)鎮に所在する．ツー(資)水の中流，シュエフォン(雪峰)山脈の東麓にある．北部県境の九竜池は標高1622 m．資水が南東から北西へ多くの支流を合わせて中部の盆地を流れ，柘渓ダムがある．鉱産物には金，鉄，アンチモン，石炭，カオリンなどがある．おも

な林産物にマツ，スギ，竹があり，農産物には水稲，小麦，トウモロコシ，豆類，イモ類，ハトムギ，タバコ，茶葉，柑橘類がある．工業は陶磁器，冶金，電子，化学，建材，製紙，食品などがある．鉄道は滬昆線や滬昆高速鉄道(シャンハイ(上海)〜クンミン(昆明))が通り，高速道路は婁懐線(婁底〜ホワイホワ(懐化))が通る．資水の水運が利用できる．[小野寺　淳]

シンホワ市　興化市　Xinghua　中国

人口：125.5万 (2015)　面積：2393 km²
標高：1.4-2.5 m　[32°56′N　119°50′E]

中国東部，チャンスー(江蘇)省中部，タイチョウ(泰州)地級市の県級市．1987年に県から市になった．江蘇省で最も標高の低い都市で，最高地点が2.5 m，最低地点が1.4 mである．水域面積が25.7%を占め，川と湖が多くある．農作物は小麦，稲，綿花，ナタネを主とする．内水面でのカニやシバエビの養殖業も発達している．養豚が行われ，家禽や卵の生産も多い．アシ，ヒシ，レンコン，ガマなどの水生作物も生産される．工業には紡績，機械，化学，電子，食品，建材，医薬などがあり，米酒が知られる．名所旧跡には鄭板橋の旧居，施耐庵の墓，明代の東岳廟正殿，水上森林公園などがある．塩靖高速道路(イエンチョン(塩城)〜チンチャン(靖江))が通る．[谷　人旭・小野寺　淳]

シンホワ湾　興化湾　Xinghua Wan　中国

面積：619 km²　長さ：38 km　幅：30 km
深さ：20 m　[25°23′N　119°23′E]

中国南東部，フーチェン(福建)省中東部，プーティエン(莆田)地級市一帯の湾岸部．長方形を呈し，北西方向から南西方向に延びる海域は619 km²である．浅瀬は海苔，海藻，アワビなどの養殖に利用されている．市内を蛇行するムーラン(木蘭)渓はここから海に注ぎ，南日群島を経由する興化水路と南日水路はタイワン(台湾)海峡に通じる．通年で20〜30万t級の大型タンカーが航行可能で，2006年に省内物流と港湾の重点開発地域に指定された．最大港の涵江港では3000 t級船舶用のバース(接岸施設)が10カ所，2〜10万t級のバースが28カ所建設されている(2015)．[許　衛東]

シンホワン自治県　新晃自治県
Xinhuang

中国

シンホワントン族自治県　新晃侗族自治県（正称）

人口：24.9万（2015）　面積：1502 km²

[27°21′N　109°11′E]

中国中南部，フーナン(湖南)省，ホワイホワ(懐化)地級市の自治県．県政府はホワンチョウ(晃州)鎮に所在する．人口の80％をトン(侗)族が占める(2015年)．省の西端に位置して，グイチョウ(貴州)省と接し，ユワン(沅)江の支流であるウー(潕)水の上流部にあたる．ウーリン(武陵)山脈が延び，天雷山は標高1136 m．重晶石，水銀，銅，鉛，亜鉛などの鉱産資源があり，林産資源にはマツ，スギ，孟宗竹，オオアブラギリなどがある．農業は水稲，搾油作物，タバコ，柑橘類，テンマ(天麻)をはじめとする漢方薬材などがあり，肉牛の生産も盛んである．工業は農薬，肥料，食品，セメント，製紙などの工場がある．滬昆鉄道，滬昆高速鉄道，滬昆高速道路(いずれもシャンハイ(上海)～クンミン(昆明))が通る．潕水の航行が可能である．

［小野寺 淳］

シンミ島　身弥島　Sinmi-do

北朝鮮

面積：54 km²　長さ：16 km　気温：9℃
降水量：800 mm/年　[39°35′N　124°50′E]

北朝鮮，ピョンアンナム(平安南)道宣川郡の南4 km，朝鮮西海(ホワン(黄)海)に浮かぶ島．周囲97.2 km．地質は花崗岩と花崗片麻岩で構成される．島には雲従山(標高532 m)をはじめ200～300 mの山がある．植物が280種と多く，南方系のものもみられる．住民は水産業と農業，果樹栽培に従事する．

［司空 俊］

シンミー市　新密市　Xinmi

中国

密県（旧称）

人口：約80万（2008）　面積：1001 km²

[34°32′N　113°23′E]

中国中央東部，ホーナン(河南)省北西部，チョンチョウ(鄭州)地級市中南部の県級市．15郷鎮を擁する．前漢の高祖が密県を置いたのが始まりで，1994年に新密市となった．鉱産資源が豊富であり，烏金の郷として知られ，農産物では，金銀花(スイカズラ)，ニンニクなどが特産である．後漢時代最大の墓で，美しい壁画で知られる新密打虎亭，軒轅黄帝宮などの史跡がある．

［中川秀一］

シンミン市　新民市　Xinmin

中国

人口：69.0万（2013）　面積：3315 km²

[42°00′N　122°50′E]

中国北東部，リャオニン(遼寧)省中北部，シェンヤン(瀋陽)副省級市西部の県級市．市政府所在地は新柳街道．市域の北東から南西に流れるリャオ(遼)河の沖積平原上にあり，山はほとんどない．遼河以東では水稲，その他の地区ではトウモロコシ，コーリャン，大豆の生産が盛んな農業県である．リャオホー(遼河)油田の主要な採掘地がある．遼中環線高速と瀋通高速(新魯高速道路)が交差し，鉄道では瀋山線と高新線が合流している．

［柴田陽一］

シンヤン市　滎陽市　Xingyang

中国

けいようし（音読み表記）

人口：約59万（2013）　面積：908 km²

[34°47′N　113°21′E]

中国中央東部，ホーナン(河南)省北中部，チョンチョウ(鄭州)地級市中北部の県級市．2街道，12郷鎮を擁する．中国古代の重要な軍事的な要地であり，劉邦と項羽が争った漢覇二王城，三国時代の劉備，関羽と張飛と呂布が戦ったとされる虎牢関でも有名である．著名な詩人の李商隠と，思想家の申不害の故郷であり，詩豪，劉禹錫の墓地がある．李白，杜甫，白居易，王維，韓愈，柳宗元などの著名な詩人，作家は滎陽に足跡と不朽の詩を残しており，滎陽は中国詩歌学会から「中国詩歌の故郷」の称号を授けられている．環翠峡はこうした文人が好んで詠んだ景勝地である．ほかに青台仰韶文化遺跡，鄭国京城遺跡や天中三林の1つである洞林寺などが有名である．鉱産資源に恵まれ，石炭，ボーキサイト，大理石，石灰石などが豊富である．土地は肥沃で，農業生産も盛んであり，河陰石榴や柿餅が名産品である．

［中川秀一］

シンヤン市　信陽市　Xinyang

中国

義陽（古称）

人口：869.8万（2015）　面積：18925 km²

[32°09′N　114°05′E]

中国中央東部，ホーナン(河南)省南部の地級市．浉河，平橋の2区，ルオシャン(羅山)，ホワンチョワン(潢川)，グーシー(固始)，シーシェン(息県)，ホワイピン(淮浜)，コワンシャン(光山)，シャンチョン(商城)，シンシェン(新県)の8県を擁する．市政府所在地は平橋区．周辺に分布する有裴李岡文化，竜山文化遺跡から，8000年以上前には一定規模の農耕が営まれていた．唐代には，中央王朝の重要な食糧基地であり，北宋の頃にまでの義陽を信陽とした．茶の産地として長い歴史があり，信陽毛尖茶は全国的に知られている．また，豊かな森林を背景とし，避暑地である鶏公山や1955年に完成したナンワン(南湾)水庫などの自然景勝地も多い．かつての鄂予皖鮮区の首府であり，1920～30年代にダービエ(大別)山根拠地がつくられた革命根拠地としても有名である．

［中川秀一］

シンユィー市　新余市　Xinyu

中国

シンユィー県　新渝県　Xinyu（旧称）

人口：120.0万（2015）　面積：3178 km²

[27°48′N　114°56′E]

中国南東部，チャンシー(江西)省中西部の地級市．ユィーシュイ(渝水)区とフェンイー(分宜)県を管轄する．市政府は渝水区に置かれる．ハン(韓)江の支流である袁水が県内を東西に流れている．地勢は北部と南部は高い丘陵地帯で，南西部に大岡山(標高1092 m)が横たわり，中部と東部には河谷平原が発達している．三国時代の呉のときに新渝県が置かれ，唐代にたびたび廃止と復活をくり返した．1957年に新余県に改称され，60年に新余市になったが，63年にふたたび県に戻された．1983年にまた市に戻された．東西を浙贛鉄道が通り，そこから上新，新周の2本の支線が南北に分岐する．市の西端を大広高速道路が，東端を樟吉高速道路が南北に通り，東西に滬昆高速道路が通る．米，綿花，サツマイモなどの農産物のほか，鉱物資源が豊富で，鉄鋼業が発達している．景勝地に仙女湖風景区があり，名勝古跡に万年橋，鈴陽峰，昌山廟，洪陽洞，鍾山峡谷，魁星閣などがある．

［林 和生］

しんようし　瀋陽市　⇒ シェンヤン市
Shenyang

シンレン県　興仁県　Xingren

中国

人口：41.8万（2014）　面積：1785 km²

[25°26′N　105°11′E]

中国中南部，グイチョウ(貴州)省南西部，チェンシーナン(黔西南)自治州の県．県政府

所在地は城関鎮である．総人口の2割強を少数民族が占め，プイ(布依)族，ミャオ(苗)族，回族，イ(彝)族が多い．鉄道や主要幹線道路が県域を通らないため，交通・流通面ではシンイー(興義)市との結びつきが強く，将来は衛星都市化が進むと予想される．石炭と金の埋蔵量が多く，露天掘りされている．興仁で栽培されたタバコは質がよく，欧米にも輸出されている． ［松村嘉久］

シンロー市　新楽市　Xinle　中国

人口：48.7万 (2010)　面積：625 km²
標高：53-85 m　気温：12.5°C
降水量：465 mm/年　[38°21′N　114°41′E]

中国北部，ホーペイ(河北)省南西部，シーチャチョワン(石家荘)地級市の県級市．市政府は長寿街道に置かれている．タイハン(太行)山脈のふもとの平野と冀中平原のつなぎ目に位置し，沙河が流れる．1月の平均気温は−4.5°C，7月は26.3°C，無霜期間は185日．農作物は小麦，トウモロコシ，落花生，アワ，綿花を主とし，赤いナツメも栽培される．化学，機械，紡績，鋳造，建材，食品などの工場がある．1992年，市の東部に経済技術開発区ができた．鉄道の京広線，国道107号が通る．伏羲台が有名である．

［柴　彦威］

シンロン県　興隆県　Xinglong　中国

人口：32.4万 (2010)　面積：3123 km²
標高：1000 m　気温：7.7°C　降水量：756 mm/年
[40°25′N　117°29′E]

中国北部，ホーペイ(河北)省北部，チョンドゥ(承徳)地級市の県．県政府は興隆鎮に置かれている．イエン(燕)山山脈にあり，地形は北西から南東へ傾く．最高地点は北部の主峰霧霊山の標高2116 m．洒河，柳河，瀑河が流れる．森林面積の比率は44.9%，主要な樹木はマツ，エンジュ，トド，カバである．サンザシの生産量は全国一，京東板栗の生産量は全国第2位の果物の生産県である．農作物はトウモロコシ，アワ，コーリャンを主とする．脂肪の少ない豚の飼育地として知られる．鉱産物は石炭，鉄，金，モリブデンなどがある．農業機械，化学工業，建材，製紙，醸造，服飾，印刷，プラスチックなどの工場がある．鉄道の京承線と，国道112号などの道が通る．古跡は明の長城，霧霊山清諒界碑がある． ［柴　彦威］

シンロン県　新竜県　Xinlong　中国

人口：5.1万 (2015)　面積：8570 km²
[30°56′N　100°18′E]

中国中西部，スーチュワン(四川)省北西部，ガルツェ(甘孜)自治州中央部の県．人口の84.6%をツァン(チベット)族が占める．地名は，県城の後背部の山が竜に似ていることから，竜の新生という意味でつけられた．川西北高原に位置し，北部には標高5992 mの卡窪洛日山を望む．明代に瞻対土司に統轄され，清代には瞻対安撫司が置かれた．1950年にシーカン(西康)省チベット自治区に組み込まれ，翌年に新竜県となった．約5700 km²の草原ではヤクや羊，馬を放牧している．また農作物としてハダカ麦や小麦を栽培している． ［石田　曜］

ス

スー河　泗河　Si He　中国
泗水（別称）／しが（音読み表記）

面積：2361 km²　長さ：159 km

[35°13′N　116°39′E]

中国東部，シャントン（山東）省西部の川．蒙山山地の太平頂（主峰標高 813.6 m）の西麓を源流とする．古称は泗水．魯西南平原を南西へ流れ，スーシュイ（泗水）県，チューフー（曲阜）市，イエンチョウ（兗州）市を経て，チーニン（済寧）市で南四湖に注ぐ．山東省南部からチャンスー（江蘇）省北部を流れるホワイ（淮）河流域の主要河川，沂沭泗河水系の1つで，歴史上は中原と江淮地方を結ぶ主要な水路であった．泗河流域は古代東夷族の居住地であり，中国文明発祥の地の1つである．流域には史跡が多い．　　　　　　［張　貴民］

スーアオ鎮　蘇澳鎮　Suao　台湾｜中国
すおうちん（音読み表記）

人口：4.0万（2017）　面積：89 km²

[24°36′N　121°51′E]

台湾北東部，イーラン（宜蘭）県南部の町（鎮）．太平洋に臨み，港湾はキールン（基隆）港の補助港となっている．港は北方澳と南方澳に分かれ，それぞれ軍港，漁港となっている．南方澳には魚市場が併設され，購入した魚介類をその場で味わえる．また，冷泉の存在でも知られる．さらに，ホワリエン（花蓮）までの間は台湾随一の眺望と謳われる蘇花公路が延びている．日本統治時代の表記は「そおう」ではなく「すおう」だった．これは領台当初の誤読によるものとされ，日本統治時代の公文書では一貫してそのように記されていた．　　　　　　　　　　　　　［片倉佳史］

スアン　遂安　Suan　北朝鮮
面積：661 km²　標高：199 m　気温：8.7℃

降水量：1195 mm／年　[38°46′N　126°21′E]

北朝鮮，ファンヘブク（黄海北）道北東部の町で郡庁所在地．内陸山間地にある．彦真山脈の南麓，レソン（礼成）江上流に形成された盆地で，丘陵地が発達し，南西部に正方山脈が走る．北朝鮮屈指の鉱物埋蔵地で，礼成江上流域付近では高品質の金，銀，銅，モリブデン，カオリン，珪石，珪藻土などを産する．遂安金山は北朝鮮有数のもので，ホルトン（笏洞）鉱山ともいう．金，ビスマス，銅を採掘している．この含金鉱石は笏洞石とよばれる．開鉱当時，アメリカは大量の純金を搬出した．付近は養蚕業，養蜂業が盛ん．皮革工場がある．いくつもの貯水池と鉱泉がある．山間僻地であったこの地は首都ピョンヤン（平壌）とウォンサン（元山）間の高速道路の開通により活性化した．　　　［司空　俊］

スアンポ　水安堡　Suanbo　韓国
[36°51′N　127°59′E]

韓国中部，チュンチョンブク（忠清北）道の温泉．チュンジュ（忠州）から南に約 15 km，ソベク（小白）山脈チョリョン（鳥嶺）の北西山麓に位置する温泉地．18 世紀に入ってから発見された．塩類泉で，韓国では泉質のよい温泉として評価されている．1日の湧出量は約 720 t．忠州湖，ウォラク（月岳）山などとともに忠清北道東部の観光地の1つの拠点になっている．　　　　　　　　　　　　［山田正浩］

スアンルアン　Suan Luang　タイ
人口：23.5万（2010）　面積：24 km²

[13°44′N　100°39′E]

タイ中部，首都バンコクの特別区（ケート）．バーンカピ特別区の南，プラカノーン特別区の北に位置する新興地域である．区内の縁辺をパッタナーカーン通り，スクムウィット通り 77 番小路（ソーイオーンヌット），シーナカリン通りなど郊外の主要道が走り，道路沿いを中心に新興住宅地として開発が進むが，区内中央部は道路網が未発達のため未開発地域が残されている．区内南側を東西に流れるプラウェートブリーロム運河沿いには，多数の寺院が建っている．　［遠藤　元］

スアンロック　Xuan Loc　ベトナム
人口：20.6万（2009）　面積：727 km²

[10°55′N　107°24′E]

ベトナム東南部，ドンナイ省南東端の県．県都はザーライ町で他に 14 の村からなる．県内をベトナム南北縦貫鉄道（統一鉄道）と国道1号が横断する．コーヒーやカシューナッツなどの生産が盛んである．少数民族のホア族が居住する．　　　　　［筒井一伸］

スイ河　濉河　Sui He　中国
すいが（音読み表記）

面積：2882 km²　長さ：140 km

[33°13′N　118°39′E]

中国東部，アンホイ（安徽）省北東部からチャンスー（江蘇）省西部へ流れる川．タンシャン（碭山）県廃黄河の南の東汴楼を流れるホン（洪）河が源流で，かつては南東に流れ江蘇省スーホン（泗洪）県でホンツォ（洪沢）湖に流入していた．歴史上，ホワン（黄）河の堤防が決壊したときに，溢れた水がホワイ（淮）河に流れ込むおもな通り道の1つになっていたため，河道はしばしば変遷していた．中華人民共和国建国後，下流の安徽省リンピー（霊璧）県澮塘溝から江蘇省泗洪県馬公店付近の蛇行部分に直線の新濉河を開削して河道の距離を短縮した．1968 年に上流部分を新汴河につないだ後は，河源は宿県の張樹閘になった．

河源より東に流れ，霊璧県境を経て南東に向きを変え，さらに霊璧県澮塘溝からスーシェン（泗県）を経て，江蘇省泗洪県の馬公店付近までの蛇行部分に新たに開削された直線の新濉河を経て洪沢湖に流入する．そのため河道の全長は 268 km から 140 km に短縮され，流域面積も 6600 km² から 2882 km² に

800　スイカ

〈世界地名大事典：アジア・オセアニア・極Ⅰ〉

縮小した. 　　　　　　　　　　　　　　［林　和生］

すいかし　綏化市 ☞ スイホワ市 Suihua

スイシー県　濉渓県　Suixi
　　　　　　　　　　　　　　　　中国

すいけいけん（音読み表記）

人口：111.0万（2012）　面積：1987 km²
　　　　　　　　　　［33°55′N　116°48′E］

　中国東部, アンホイ（安徽）省北部, ホワイペイ（淮北）地級市の県. ホーナン（河南）省に隣接する. 濉埠鉄道と津浦鉄道の支線である符夾線が県内を通り, スイ（濉）河, 澮河, 沱河が流れている. 県政府は濉渓鎮に置かれる. 淮北平原の中央にあり, 北東部は丘陵である. 春秋時代は宋国の地で, 秦代には相県, 銍県, 符離県などに属し, 元代以降はスーチョウ（宿州）の一部となった. 1912年に宿県が置かれ, 50年に宿県の西部を割って濉渓県が設けられた. 特産品にコーリャンでつくる大麹酒がある. 鉱産資源が豊富で, 石炭, 鉄鉱石などを産する. 県政府南東の双堆集一帯は, 解放戦争で有名な淮海戦役の主要戦場の1つである. 名勝古跡に臨渙古城, 老城石板街, 文昌宮などがある. 　［林　和生］

スイシー県　遂渓県　Suixi
　　　　　　　　　　　　　　　　中国

鉄杷県（古称）

人口：91.8万（2015）　面積：2132 km²
気温：23.3℃　降水量：1759 mm／年
　　　　　　　　　　［21°23′N　110°15′E］

　中国南部, コワントン（広東）省西部, チャンチャン（湛江）地級市の県. レイチョウ（雷州）半島の北西に位置する沿海の県で, コワンシー（広西）チワン（壮）族自治区のペイハイ（北海）市と接する. 隋の開皇10年（590）に鉄杷県として設置され, 唐の天宝2年（743）に現地名の遂渓県に改称した. 唐代以降, フーチェン（福建）省のプーティエン（莆田）地域からの入植者がおもな住民である. 広東語とミンナン（閩南）語系の雷州語を併用する. 1983年9月以降, 湛江市の管轄となった. 148 kmの海岸線を有し, 草潭, チャンホン（江洪）, 北潭, 石角などの漁港が分布する. 省内の代表的なサトウキビ, 林業, 漁業の主産地として発展した. 湛江港と湛江空港まで, ともに20 kmの近さである. 高速道路, 鉄道, 国道のすべてが通じる. また, 県政府所在地の遂城鎮の郊外には南シナ海艦隊専用の遂渓軍用機空港が建設されている. 　　　　　　　　　　　　　　［許　衛東］

スイシー市　Suixi ☞ ホワイペイ市 Huaibei

スイシェン　随県　Sui Xian
　　　　　　　　　　　　　　　　中国

人口：79.5万（2015）　面積：5610 km²
　　　　　　　　　　［31°51′N　113°18′E］

　中国中部, フーペイ（湖北）省, スイチョウ（随州）地級市の県. トンバイ（桐柏）山脈の南麓, ダーホン（大洪）山地の北東部に位置し, 中部に沖積平野がある. 2009年に随州市ツォントゥー（曽都）区から分かれて県になった. 県政府所在地はリーシャン（厲山）鎮である. 農作物には水稲, 小麦, 綿花があり, 畜産も行われ, キノコ類の生産と加工が盛んである. 農業や医療の祖と伝承される炎帝神農氏の故郷として広場や記念館がある. 南部には国指定の大洪山風景名勝区がある. 鉄道は漢丹線（ウーハン（武漢）～タンチャンコウ（丹江口））が通じ, 途中の厲山から北部のシャオリン（小林）に向けて小厲線が延びている. 福銀高速道路（フーチョウ（福州）～インチュワン（銀川））も通る. 　　　［小野寺淳］

スイシェン　睢県　Sui Xian
　　　　　　　　　　　　　　　　中国

すいけん（音読み表記）

人口：66.8万（2014）　面積：926 km²
　　　　　　　　　　［34°24′N　115°04′E］

　中国中央東部, ホーナン（河南）省東部, シャンチウ（商丘）地級市の県. 商丘市街地の西に位置する. 20郷鎮を擁する. 県政府所在地は城関回族鎮. 仰韶文化や殷商文化などの史跡がある. 常住人口は66.8万（2014）. 　　　　　　　　　　　　　　［中川秀一］

スイチャン県　遂昌県　Suichang
　　　　　　　　　　　　　　　　中国

平昌（古称）

人口：23.2万（2015）　面積：2539 km²
　　　　　　　　　　［28°36′N　119°16′E］

　中国南東部, チョーチャン（浙江）省南西部, リーシュイ（麗水）地級市の県. 後漢代に遂昌県として設立されたが, 三国時代に平昌と改められ, 晋代に遂昌となった. 地勢は南西部が高く, 北東部が低い. 製紙, 建材, 食品, 紡織, 機械, 化学, 採掘などの工業が営まれている. 農産物は稲, 麦, 豆類, トウモロコシ, 果物などがあり, 三井毛峰や太虚観音茶などの茶葉およびコウボク（厚朴）やブクリョウ（茯苓）などの薬種が特産である. 観光スポットには国指定の九竜山自然保護区, 遂昌国立森林公園などがある. 竜麗高速道路（ロンヨウ（竜遊）～麗水）が通る. 　　　　　　　　　　［谷　人旭・小野寺淳］

スイチャン県　綏江県　Suijiang
　　　　　　　　　　　　　　　　中国

すいこうけん（音読み表記）

人口：15.3万（2010）　面積：746 km²
　　　　　　　　　　［28°36′N　103°57′E］

　中国南西部, ユンナン（雲南）省北東部, チャオトン（昭通）地級市の県. 県政府は中城鎮に置かれている. 北部の県境となっているチンシャー（金沙）江をはさんでスーチュワン（四川）省に隣接する. 四川省側のイーピン（宜賓）市で中国第3位の規模になる向家壩ダム発電所（600万kW）の建設が始まり, 人口の約1/3にあたる5万人に立ち退きが迫られた. 中国第2の規模の渓洛渡ダム発電所（1260万kW）は, 綏江県域の金沙江よりも直線距離で100 kmほど上流, 雲南省昭通市に属するヨンシャン（永善）県域で建設された. 　　　　　　　　　　　　　　［松村嘉久］

スイチュワン県　遂川県
Suichuan
　　　　　　　　　　　　　　　　中国

泉江県（旧称）／ソイチョワン県（別表記）

人口：57.8万（2012）　面積：3144 km²
　　　　　　　　　　［26°19′N　114°30′E］

　中国南東部, チャンシー（江西）省南西部, チーアン（吉安）地級市の県. ルオシャオ（羅霄）山脈の東側, ガン（贛）江の支流である遂川江の上流域に位置し, フーナン（湖南）省に隣接する. 北西部は山地で, 南東部は丘陵が多く, 遂川江と蜀水などが贛江に流入する. 大広高速道路が県東部を縦貫する. 県政府はチュワンチャン（泉江）鎮に置かれる. 漢代に廬陵県を割いてソイシン（遂興）県が置かれ, 三国時代の呉のときに新興県に改められ, 晋代に遂興県に復し, 隋代に安豊県に編入された. 五代の南唐に竜泉県が置かれ, 宋代に一時泉江県に改められ, さらに1914年に遂川県に改められた. 米が農業の柱で, 省内の木材の主要産地の1つである. 　［林　和生］

スイチョウ市　随州市　Suizhou
　　　　　　　　　　　　　　　　中国

ソイチョウ市, ソウイチョウ市（別表記）

人口：219.1万（2015）　面積：9636 km²
　　　　　　　　　　［31°41′N　113°23′E］

中国中部，フーペイ(湖北)省北部の地級市．ツォントゥー(曽都)区とコワンシュイ(広水)県級市とスイシェン(随県)を管轄する．市政府は曽都区に所在する．北にトンバイ(桐柏)山脈，南にターホン(大洪)山脈があり，地勢は南と北から中部のユン(鄖)水河谷へ傾斜している．鄖水とその支流が葉脈状の水系を形成して南東から域外へ流れ出る．北東部ではホワイ(淮)河の一部がホーナン(河南)省桐柏県との境界になっている．

主要な鉱産資源には，金，銀，鉄，リン，大理石，重晶石などがある．森林資源も豊富である．農作物には水稲，小麦，綿花，搾油作物などがあり，スモモ，ギンナン，ナツメ，シイタケ，キクラゲ，ニンニクなどが特産である．機械，自動車，紡織，医薬，建材，食品などの工業がある．市街地はユン(鄖)水とチュエ(潕)水の合流点にある．鉄道は漢丹線(ウーハン(武漢)～タンチャンコウ(丹江口))が南部から西部へ通じ，途中のリーシャン(厲山)から北部のシャオリン(小林)に向けて小厲線が伸びている．東部には京広線(ペキン(北京)～コワンチョウ(広州))が縦貫している．また，高速道路の福銀線(フーチョウ(福州)～インチュワン(銀川))や随岳線(随州～ユエヤン(岳陽))が通っている．

中華民族の祖先であり，農耕文化を創始した炎帝神農氏が当地で誕生したと伝えられる．国指定の大洪山風景名勝地区や中華山森林公園があり，高桂三潭が名勝として知られる．随州市街地西部にある擂鼓墩戦国早期古墓群，とくに曽侯乙の墓は，古代の楽器である編鐘の出土で世人の注目を浴びた．全国歴史文化都市に指定されている． ［小野寺 淳］

スイチョン県　綏中県　Suizhong

中国

すいちゅうけん (音読み表記)

人口：64.0万 (2013)　面積：2764 km²
[40°20′N　120°21′E]

中国北東部，リャオニン(遼寧)省西部，フールータオ(葫蘆島)地級市の県．ホーペイ(河北)省チンホワンタオ(秦皇島)市と接する．県政府所在地は綏中鎮．海岸部ではカニやエビ，貝などの漁業，平原部では水稲やトウモロコシの生産，山間部ではリンゴやナシの栽培が盛んである．京哈高速，秦瀋旅客専用線(高速鉄道)，瀋山線が東西に市域を貫いている． ［柴田陽一］

スイツァーズ　Switzers　☞ ワイカイア　Waikaia

スイドゥ県　綏徳県　Suide

中国

すいとくけん (音読み表記)

人口：29.6万 (2010)　面積：1853 km²
標高：700–1200 m　気温：9.7℃
降水量：486 mm/年　[37°30′N　110°16′E]

中国中部，シャンシー(陝西)省北部，ユィーリン(楡林)地級市南東部の県．無定河の下流に位置する．県政府所在地は名州鎮．地名は北朝西魏代からあった．地勢は北西が高く南東へ傾斜し，黄土丘陵は県面積の77.8%を占める．ホワン(黄)河が県内を2.7 kmほど流れ，支流の無定河と大理河の沿岸部台地がおもな農業地域となるものの，土壌流失の原因にもなっている．温帯大陸性半乾燥気候に属し，無霜期間は165日．干ばつと雹，霜，風害が頻発する．おもな農作物はコーリャン，トウモロコシ，ジャガイモ，サツマイモである．省のナツメ，ナシの主要な産地である．殷代の青銅器，秦と漢の遺跡，社火(祭りのだし物)と切り紙などの民間芸能が有名である． ［杜 国慶］

スイニン県　睢寧県　Suining

中国

すいねいけん (音読み表記)

人口：102.3万 (2015)　面積：1773 km²
[33°54′N　117°57′E]

中国東部，チャンスー(江蘇)省，シューチョウ(徐州)地級市の県南東部にある県．鉱物資源には石灰岩，石英岩，ドロマイト，リン，雲母長石，大理石などがある．農作物は小麦，水稲，トウモロコシ，豆類，落花生，綿花，野菜を主とする．林業はポプラが主である．工業は紡績，食品，建材，化学，機械を主体とする．名所旧跡には水月禅寺，圯園，白門楼遺跡などがある．淮徐高速道路(ホワイアン(淮安)～シューチョウ(徐州))が通る． ［谷 人旭・小野寺 淳］

スイニン県　綏寧県　Suining

中国

すいねいけん (音読み表記)

人口：35.7万 (2015)　面積：2917 km²
[26°35′N　110°09′E]

中国中南部，フーナン(湖南)省，シャオヤン(邵陽)地級市の県．県政府はチャンプー

(長鋪)鎮に所在する．ミャオ(苗)族が総人口のおよそ6割を占める．北部はシュエフォン(雪峰)山脈に属し，南部には八十里大南山脈がある．南部の県境にある牛坡頭は標高1913 m．ユワン(沅)江の支流のウー(巫)水が東部から入り中部を横断する．用材林にはマツ，スギ，孟宗竹があり，副産物にはマツヤニ，干しタケノコ，シイタケ，キクラゲなどがある．鉱産物は石炭，鉄，マンガンなどがある．農作物は水稲や搾油作物が多い．製紙や建材などの工場がある．名勝に六鵝洞瀑布や国指定の黄桑自然保護地区がある．包茂高速道路(ボグト(パオトウ，包頭)～マオミン(茂名))が通じる． ［小野寺 淳］

スイニン市　遂寧市　Suining

中国

すいねいし (音読み表記) / ソイニン市 (別表記)

人口：329.0万 (2015)　面積：5326 km²
気温：17℃　降水量：980 mm/年
[30°32′N　105°36′E]

中国中西部，スーチュワン(四川)省の地級市．四川盆地の中部，チョントゥー(成都)とチョンチン(重慶)の中間に位置する．船山，安居の2区とポンシー(蓬渓)，ショーホン(射洪)，ダーイン(大英)の3県を管轄する．市政府は船山区に所在する．地勢は北高南低で，チャリン(嘉陵)江の支流であるフー(涪)江が中央を南流し，その他のおもな河川や湖沼に，ツー(梓)江，蓬渓河，郪江，チョンチャン(瓊江)河，バイマー(白馬)河およびチーチョン(赤城)湖，麻子灘ダムなどがある．おもに丘陵が広がるが，河川沿いに平地が分布し，そこに人口が集まっている．気候は，四季がはっきりし，日照は十分で，無霜期間が長い．

鉄道は達成線(ダーチョウ(達州)～チョントゥー(成都))と遂渝線(遂寧～チョンチン(重慶))が交わり，高速道路は滬蓉線(シャンハイ(上海)～成都)，成渝(成都・重慶)環状線，内遂線(ネイチャン(内江)～遂寧)，遂資眉線(遂寧～ツーヤン(資陽)～メイシャン(眉山))，遂広線(遂寧～コワンアン(広安))，遂西線(遂寧～シーチョン(西充))が交わっている．涪江の航路もある．遂寧安居空港の旅客輸送はまだない．石油，天然ガス，岩塩などの資源が豊富である．工業は紡織や食品がある．農業は穀物のほかに綿花や搾油作物がよく生産され，野菜は重慶へも出荷される．養豚が盛んであり，特産に柑橘類をはじめとする果物や漢方薬材のビャクシ(白芷)がある．名所旧跡には，中華ジュラ紀公園(射洪珪化

木国立地質公園），中国死海，広徳寺，四川宋代磁器博物館などがある． ［小野寺 淳］

すいねいし　遂寧市 ☞ スイニン市
Suining

スイピン県　綏浜県　Suibin
中国

すいひんけん（音読み表記）

人口：19.0万（2012）　面積：3344 km²
[47°17′N　131°51′E]

中国北東部，ヘイロンチャン（黒竜江）省北東部，ホーガン（鶴崗）地級市の県．ソンホワ（松花）江と黒竜江が合流する地域に広がる．県政府所在地である綏浜鎮の西には，遼代から金代にかけて女真族の中心地の1つであった奥里米城跡がある．サンチャン（三江）平原に位置しており，県域は低平で農業が主産業となっている．大豆のほか，トウモロコシと米がつくられている．開発が遅れたことから，湿地や草原などの生態環境が残されている． ［小島泰雄］

スイピン県　遂平県　Suiping
中国

人口：約52万（2013）　面積：1080 km²
[33°08′N　113°59′E]

中国中央東部，ホーナン（河南）省南部，チューマーディエン（駐馬店）地級市の県．駐馬店市街地の北に位置する．3街道，11郷鎮を擁する．県政府所在地は灈陽鎮．省級観光区の嵖岈山景区は，中原盆景，北方石林とも称される． ［中川秀一］

スイフェンホー市　綏芬河市　Suifenhe
中国

すいふんがし（音読み表記）／ソイフェンホー市（別表記）

人口：7万（2012）　面積：427 km²　標高：500 m
[44°23′N　131°09′E]

中国北東部，ヘイロンチャン（黒竜江）省南東部，ムータンチャン（牡丹江）地級市の県級市．ロシアとの国境に位置し，中国とロシアとの通商窓口となっている．市域はラオイエ（老爺）嶺山地に広がる．市名は河川名により，満州語で錐の意である．1903年にロシアによって中東鉄道の駅として開発され，いまもロシア風建築が残り，観光資源となっている．現在では鉄道のほか，道路でも東南東約200 kmにあるロシアのウラジオストクと結ばれており，ハルピン（哈爾浜）をはじめとした中国内陸と日本海を結ぶ国境通商都市として発展している．ロシアから輸入された木材を利用した種々の木材加工業が発達している． ［小島泰雄］

スイホワ市　綏化市　Suihua
中国

すいかし（音読み表記）／ソイホア市（別表記）

人口：577万（2012）　面積：35211 km²　気温：2℃
[46°39′N　126°59′E]

中国，ヘイロンチャン（黒竜江）省中部の地級市．ハルピン（哈爾浜）の北に位置する．ペイリン（北林）区とアンダー（安達），チャオトン（肇東），ハイルン（海倫）の3県級市，ワンコイ（望奎），ランシー（蘭西），チンガン（青岡），チーアン（慶安），ミンシュイ（明水），スイリン（綏棱）の6県を管轄する．市政府は北林区に置かれる．市名は，清朝末期にスイホワ（綏化）庁が置かれた際に，地方を安定させる意の綏靖安撫からとられた．北東部はシャオシンアンリン（小興安嶺）山脈の西麓に広がる洪積台地となっており，南西部はソンネン（松嫩）平原に連続していく．大部分はソンホワ（松花）江の支流であるフーラン（呼蘭）河の流域にあたる．冬季は寒冷で，1月の平均気温は−20℃まで下がるが，夏季には温暖湿潤となり，7月の平均気温は20℃を超える．黒土に代表される肥沃な農地が広がり，トウモロコシ，大豆，水稲などの穀物の生産拠点となっており，テンサイ，亜麻，タバコなども生産される．また広大な草原を有していることから，牧畜業も盛ん．工業は食品工業を主軸として，医薬や化学工業が発達している． ［小島泰雄］

スイヤン県　綏陽県　Suiyang
中国

すいようけん（音読み表記）

人口：55.0万（2013）　面積：2566 km²
[27°57′N　107°11′E]

中国中南部，グイチョウ（貴州）省北部，ツンイー（遵義）地級市の県．漢族地帯である．県政府所在地の洋川鎮は遵義市街地から北東約40 kmの距離にあり，遵義の郊外化，衛星都市化が進む．カルスト地形が発達していて，県域北部の温泉鎮に娯楽施設も備えた双河溶洞地質公園があり，中国で最長といわれる70 kmあまりの洞窟も発見されている．農業県でトウガラシの生産が盛んである． ［松村嘉久］

ズイリャノフスク　Zyryanovsk
カザフスタン

人口：4.4万（1999）　[49°44′N　84°16′E]

カザフスタン東部，東カザフスタン州東部の都市．州都オスケメン（ウスチカメノゴルスク）の東南東113 kmに位置し，近くをブクタルマ川が流れる．銀，鉛，亜鉛の採掘中心地である． ［木村英亮］

スイリン県　綏棱県　Suiling
中国

すいりょうけん（音読み表記）

人口：33.0万（2012）　面積：4506 km²
[47°02′N　126°59′E]

中国北東部，ヘイロンチャン（黒竜江）省中南部，スイホワ（綏化）地級市の県．県政府は綏棱鎮に置かれる．北東部はシャオシンアンリン（小興安嶺）山脈の西麓に広がる洪積台地と丘陵であり，森林に覆われている．木材と林産物の生産が盛んで，木材加工業も発達している．南西部はソンネン（松嫩）平原が広がり，農業地域となっている．質のよい大豆で知られ，米の生産も多い． ［小島泰雄］

スヴァ　Suva
フィジー

スバ（別表記）

人口：8.6万（2007）　降水量：3161 mm/年
[18°07′S　178°28′E]

南太平洋西部，メラネシア，フィジー，レワ州の都市．共和国の首都で，フィジーの政治・経済・教育・文化の中心都市である．フィジーの主島であるヴィティレヴ島南東部の小さなスヴァ半島（東西3 km，南北5 km）に位置し，西側はスヴァ港に，東側はラウザラLaucala湾に面する．フィジーは，1874年にイギリスへの統治移譲（セッション）がなされたことにより，正式にイギリス植民地となったが，都市スヴァの開発は，セッション以前における「ポリネシア」会社（メルボルン）による開発（綿花とサトウキビ栽培を試みたが，失敗）と投機のための土地買収に始まる．当初，首都はオヴァラウ島のレヴカに置かれたが，土地が狭隘で，かつ防備に不都合なため，1882年に首都はスヴァに移された．以来，この国の首都として発展し，いまやニュージーランドを除く南太平洋の島嶼国の中でも最も都市機能の発達した繁華な都市となっており，緑の多い住宅街は落ち着いた雰囲気を醸している．

熱帯雨林気候の下で周年降雨が多く，6〜9月には若干雨は少なくなる．住民は，この

スヴァ(フィジー), 中心部のセントラルスヴァ, トムソンストリート付近〔ChameleonsEye/Shutterstock.com〕

国を形づくりフィジー文化を担ってきたフィジアン，商業を中心に経済面で卓越するインド系民，ニュージーランド・オーストラリア系の白人，南太平洋諸島民などで多彩で，国際都市の雰囲気を醸し出す．都心域は半島西岸の中央部にあって，北はヌンブカロウ Nubukalou クリークの北岸域から南はアルバート Albert 公園あたりまでの範囲である．ヌンブカロウクリーク北岸域の北西側には大型商業施設，市場などが立地する．フィジー最大といわれる市営市場やスヴァ・フレア市場では，タロイモ，野菜，果物，魚介類などの食品，儀礼に欠かせないヤンゴナ(カヴァ)，衣類，雑貨などの生活用品といった，色とりどりのローカルな品物が商われていて，フィジーの人びとの日常生活の需要を満たしている．同北岸域の南東側は古い商店やコロニアル様式の建物が残るダウンタウンで，土産物，貴金属，衣料品などを扱う小売店，飲食店，映画館などが多く立地している．とくに，カミング Cumming 通りにはインド人経営の免税店やサリーショップが集中しており，買い物客で賑わっている．

ヌンブカロウクリーク以南の西側，ラツスクナ Ratu Sukuna 公園にかけての地区は各種商業，銀行，保険業，旅行業，書店などのオフィスや店舗，および中央郵便局などが立地する核心部にあたる．ラツスクナ公園から南のヴィクトリアパレードに連なる地区は，1935年に建てられた時計塔がシンボルの行政府(かつて，イギリスの南太平洋統括本部が置かれていた)をはじめ，市民会館，スヴァ市議会，商工業省，労働局，国際電気通信局，フィジー放送局，各国公館などが集中していて，官庁街の観を呈している．そのほかに，スヴァ市立図書館，フィジー博物館，サーストン庭園(旧スヴァ植物園)などの文化施設，広大なアルバート公園，および事務所，店舗，ホテルなども立地している．なお，議会や他の行政機関は，1992年に南部のラツスクナ道路の南側に開設されたパーリアメント・コンプレックスに集まっている．建物はいずれも伝統的な建築様式を採り入れたものである．

都心域の北端部と重なるように，その北側にはバスターミナル，波止場・倉庫・税関事務所などの港湾関連施設，石油貯蔵所などが連なっている．スヴァ港は国内随一の輸出入港で，主たる輸出品はコプラなどの1次産品，主たる輸出先はオーストラリア，アメリカ，イギリスである．また，太平洋航路の重要な中継港でもある．さらに，その北のワル Walu 湾を隔てたワル地区は1950年代に造成された埋立地で，食品加工などの各種工業が立地するこの国随一の工業地区となっており，周辺一帯は港湾機能も備えていて輸出入業務にも至便である．ほかにも，広汎に事業を展開する公共事業局や，ヨットクラブなどが立地している．スヴァ港に面した半島部西側が中心業務地区であるのに対して，その後背地にあたる半島中央部はコンドミニアムも含めて中，高級住宅地区となっており，公園や学校も多い．半島の東側，ラウザラ湾を一望する東斜面には73haという広大なキャンパス(かつてのニュージーランド海軍航空隊基地の跡)を擁する南太平洋大学がある．この大学は，南太平洋の12の島嶼国の共同出資によって1968年に設立された国際大学である．ただし，学生の大多数はフィジー人である．3つの学部からなり，充実した図書館と太平洋学術研究所を擁する．大学のメインキャンパスの東側には国立スタジアムがあり，国際的に名を馳せているラグビーをはじめ，サッカーやホッケーのゲームがよく催されている．その北側一帯はマングローブ林帯であるが，土地開発が行われ，住宅や各種施設が立地し，ゴルフ場もある．南のスヴァ岬一帯には各種の学校が集まっている．

しかし，半島部は狭隘なため，都市域はクイーンズロードに沿って西方のラミ Lami 方面や，キングスロードやプリンセスロードに沿って新興の町ススペや空港のあるナウソリ方面へと広がりをみせており，ラミとススペを含めた都市域人口は19.5万(2007)に達する．郊外のスヴァヴォウやタマヴアといった旧村落地区には多くのフィジアンが集住するが，衛生面をはじめとする生活環境整備は遅れている．レワ三角州の広い低地もフィジアンの居住地で，農業地域となっている．西郊のラミ地区は，波静かな入江をもつ漁港で，漁業基地として重要な役割を果たしており，日本のマグロ・カツオ漁船の寄港地でもある．

上記以外にも，観光スポットは多い．都心では，ヌンブカロウクリークに沿って美しいコロニアル様式のアーケードがみられる．ここは，スヴァに最初にやってきたヨーロッパ人たちの野営地であったところである．都心中央部にあるトライアングル公園は，街歩きで疲れたときなどに一休みするのにちょうどよい．公園の一角には，1835年に2人の伝道師が初めてフィジーに到着したことなどを記したオベリスクがある．そこからプラット Pratt 通りに沿って少し南東へ進むと，1902年に建設されたローマ・カトリック教会の砂岩でできた壮麗な建物をみることができる．ちなみに，プラット通りの名称は，1875年にこの都心地区の都市プランを作成したF・E・プラット大佐に由来する．ヴィクトリアパレードの南端，海岸沿いのアルバート公園は，広い芝生に，クリケットグラウンドやテニスコートもあって，休日や夕方にはスポーツを楽しむ人たちや家族連れで賑わう．道路をはさんだ南隣のサーストン庭園は1913年の創設で，そう大きくはないが，さまざまな熱帯の樹木やカンナ，ルリマツリなどの花が自然なかたちで植栽されていて，静かな雰囲気を楽しめる．隣接するフィジー博物館は1904年に設立された古い博物館で，

804　スウア

〈世界地名大事典：アジア・オセアニア・極Ⅰ〉

かつては旧公会堂にあったが，54年に現在の場所に移ってきた．ラピタ土器をはじめとする考古遺物，戦闘用こん棒，大型の双胴カヌー，軍艦バウンティ号の舵，植民・移民関係の歴史史料などが展示されている．さらに，博物館の南側には，大統領官邸（かつてのイギリス総督の邸宅）があり，衛兵の交替儀式をみることができる．

都心の北約11kmには，園内に自然歩道を巡らせたゾロイスヴァ Colo-i-Suva 森林公園があり，小鳥やチョウなどと自由に接したり，3つある自然プールで水遊びをするなど，野外活動が楽しめる．　　[橋本征治]

スヴァイリエン州　Svay Rieng Province

カンボジア

人口：48.3万（2008）　面積：2966 km²
降水量：1400-2000 mm/年

[11°05′N　105°50′E]

カンボジア南部の州．州都はスヴァイリエン．首都プノンペンから国道1号沿いに東南東約124 km離れた地点に位置する．東から南にかけてベトナムと長い国境線を接し，西および北はプレイヴェン州に接する．地勢は，北部のロメアスハエック郡に小規模な灌木地があるほかは，ほとんどが低地の水田からなる．総じて森林はないが，僻地にはクレーターがある．これは，1970年のアメリカ軍と南ベトナム軍による大規模な地上攻撃の爪痕である．州は，メコン川の氾濫原を介してメコン水圏生態系とつながっている．気候は温暖湿潤で，乾季は4カ月未満である．国内の州で面積が下から4番目で，かつ最も貧しい州の1つであるが，国内で最も交通の激しい国道の1つ，プノンペンとベトナムのホーチミンを結ぶ国道1号が横断している．

[ソリエン・マーク，加本　実]

スヴァードラップ海峡　Sverdrup Channel

カナダ

長さ：120 km　幅：30 km　深さ：690 m

[80°00′N　97°45′W]

カナダ，ヌナヴト準州北部，クィキクタアルク地域の北極海の海峡．クイーンエリザベス諸島中の北側にあるスヴァードラップ諸島に位置する．東側のアクセルハイバーグ島と西側のメーガン島およびアマンドリングネス Amund Ringnes 島北端の間を約30 kmの幅で南北に約120 km走る．海峡中には4つの小島を中心としたファイ Fay 諸島がある．海底はやや遠浅になっており，パックアイス

に閉ざされることもある．　　[竹村一男]

スヴァールバル諸島　Svalbard

ノルウェー

人口：0.2万（2013）　面積：61022 km²

[78°45′N　16°00′E]

ノルウェー，北極海上の群島．北緯74～81度，東経10～35度の間に散らばっている．最大の島スピッツベルゲン島は3万9000 km²で，そのほかにノールアウストランネ，エッジ，バレンツなどの島が諸島を形成している．全体が山地であり，最高のニュートントッペンは1713 mに達し，全体の61％は氷河に覆われるが，メキシコ湾流の影響で，諸島西側のフィヨルドに刻まれた複雑な海岸線はほぼ通年凍結することはない．

スピッツベルゲン島の北東部，西部では褶曲が激しく，氷食された高山がみられる．原生代から第三紀までの地層がみられ，そのうち最も新しい層はスピッツベルゲン島の中央から南部にかけて多く，石炭層を含むものが多い．ロングイヤービューエン，スヴェアグルーヴァ，バレンツブルグの鉱山集落を生んでいる．

ツンドラ気候帯に属して雲霧が多いが，西岸では冬も不凍，東岸ではときに凍結する．最寒月は−15～−7℃，最暖月は3～6℃で緯度のわりに温暖である．スピッツベルゲン島の上記の集落以外に南方のビェルン島，東方のホーペン島に炭鉱があり定住者がある．行政的にこれら全体をスヴァールバル諸島とよぶ．アイスランドの年代記は1194年にスヴァールバル諸島について記述しており，ロシア人もこの群島の存在を知っていたと考えられるが，1596年にオランダ人ウィレム・バレンツが再発見し，スピッツベルゲンと命名した．その直後から諸島周辺で捕鯨が約200年間行われ，主権問題が発生したが，漁獲減少によって沈静化した．

1920年の条約はノルウェーの主権を確認したが，国籍を問わず，居住と経済活動の自由が認められたために，欧米の多くの国が関心をもった．最初に近代的な鉱山経営を試みたのはアメリカ人で，ロングイヤービューエンはその企業家ジョン・M・ロングイヤーのキャンプがあった場所であるが，鉱山はまもなく売却された．最終的に鉱山経営を続けたのはノルウェー人とロシア人に限られた．2004年の人口は2756で，ロシア人はバレンツブルグとピラミーデンに1200人が住んでいたが，ピラミーデンの炭鉱は2000年に放棄された．ノルウェー人はロングイヤービ

ューエン，スヴェアグルーヴァの鉱山集落と近年は極地研究所の施設に計約1300人が定住する．バレンツブルグにはロシア領事が駐在する．

ノルウェー政府に任命された知事が多くの権限をもつ，国際的にも国内的にも特殊な地域である．ノルウェー国有の石炭会社が政府の仕事を代行してサービスを提供している．

スヴァールバル諸島は，石炭採掘を主とし，かつては捕鯨，漁業，狩猟のほかに北極探検の基地としての意味もあった．近年は研究，衛星基地などの機能が加わっている．1975年にロングイヤービューエンに空港が開設され，本土との間に毎日定期便が就航している．最近はツーリズムが始まり，極北の自然を観光資源とするほかに，世界最北のマラソンと称してスピッツベルゲンでマラソンレースが開催されている．シロクマ，トナカイ，ホッキョクキツネや各種の鳥類などの動物や極気候下の植生が豊かで，3カ所の国立公園のほか，自然保護区が数多く設定されている．

[塚田秀雄]

スウェイツ氷河　Thwaites Glacier

南極

[75°30′S　106°45′W]

南極，西南極の氷河．マリーバードランドのワルグリーン海岸近くに位置する．アムンゼン海の一部であるパインアイランド湾に注ぐ，幅が広く南極ではスピードが速い部類に入る氷河である．氷河表面の移動速度は年間2 kmに達する．ウィスコンシン大学マジソン校の名誉教授フレデリック・スウェイツによって命名された．地球温暖化による海面上昇に寄与する可能性が高い氷河として注目されている．　　[前杢英明]

スウェインズ環礁 ☞ スウェーンズ島 Swains Island

スウェーンズ島　Swains Island

アメリカ合衆国

オロセンガ島　Olosenga Island（別称）／キロス島　Quiros Island（旧称）／ジェニングス島 Jennings Island（別称）／スウェインズ環礁（別記）

人口：17（2010）　面積：2.4 km²　長さ：2.4 km
幅：1.9 km　　　　　[11°03′S　171°05′W]

南太平洋東部，ポリネシア，アメリカ領サ

モアの島．サモアの最北西端にある環礁で，中心都市パンゴパンゴ（パゴパゴ）のある主島トゥトゥイラ島から350 kmほど離れており，トケラウ火山列に連なる．リング型の陸地で囲まれた礁湖は海とは遮断されたかたちになっているが，弱い汽水域である．島の西側にタウランガ集落があり，住民の多くはトケラウ人である．島名は，1840年にこの環礁に上陸した最初のアメリカ人ウィリアム・C・スウェーンズに由来するとされる．それ以外にもキロス，ジェニングス，オロセンガといった名称が冠されることもある．キロスは1606年にこの島を発見したとされるポルトガル人ペドロ・フェルナンデス・キロスにちなむ．ジェニングスは，1856年からこの島に住みつき，その所有権を主張してきたジェニングス家の主張に沿う名称である．一方，オロセンガはトケラウ人による現地呼称である．

1925年に正式にアメリカ領サモアに編入され，それまでこの島の実質的な統治にかかわってきたジェニングス家の後継者は所有権をもつ管理人とされた．ニュージーランドに属するトケラウ諸島の人たちの間には，文化的にも言語的にも関係の深い同島の帰属を求める動きがある．この統治権請求の動きはニュージーランド・アメリカ両政府にとって外交的な懸案となっているが，いまのところ両政府とも領有権に関するなんらかの変更には与していない．

［橋本征治］

スウォン　水原　Suwon

韓国

人口：119.4万（2015）　面積：121 km²

[37°16′N　127°02′E]

韓国北西部，キョンギ（京畿）道南部，道庁所在の都市．首都ソウルから南約40 kmに位置する．京畿道庁は1967年にソウルから移転した．朝鮮時代後期には留守府の1つとして首都漢城の外郭を固める位置にあった．1931年，邑に昇格，49年に市制を施行した．1970年代以降，ソウル首都圏の拡大によって住宅地として人口が急増した．また，京畿道庁や若干の政府機関もあり，行政中心としての役割ももち，首都圏内の中核都市の地位を占めている．水原の1960年代以降の人口の推移をみる．1961年，70年，80年，90年の人口は順に，8.7万，17.1万，31.1万，64.5万であった．この間，10年間で倍増をくり返して増加を続けた．その結果，1990から2010年の間はやや増加が鈍化したものの100万人を超えた．この間，南西部のファソン（華城）郡（現華城市）から数回の小規模な編入が行われたものの市域に大きな変化はなかった．広域市指定の基準は100万人であるので，それを超えている．

1960年代に始まる韓国の工業化の進展は，ソウルのみにとどまらずソウル郊外部への急速な人口集中を引き起こした．ソウルへの人口集中が郊外へ拡大したのであるが，とりわけソウルから南の方面で著しかった．ソウルと水原の間には，クァンミョン（光明），シフン（始興），アニャン（安養），ウィワン（義王），クンポ（軍浦）と，次々と市が誕生して市街地が連続するようになった．1973年，ソウル地下鉄1号線が開通し，キョンブ（京釜）線，キョンイン（京仁）線と直通して，電車によるフリークエントサービスを開始した．このこともソウル南郊の都市化を促進した要因に数えられている．ソウル都心部と水原の間は約1時間であり，水原はソウルへの通勤圏に組み込まれた．さらに，水原は京畿道内陸部ではプチョン（富川），安養，ソンナム（城南）と並ぶ工業集積地でもある．大規模な電子機器工場を始め内陸型工業が集積している．

水原の旧市街は18世紀末に築造された城壁で囲まれている．水原城（華城）である．洋式の築城法も取り入れたものと評価されている．現在，完全に修復，保存されていて，八達門，長安門，華紅門，行宮などが観光スポットであり，城壁の上を散策することも可能である．1997年，「華城」としてユネスコの世界遺産（文化遺産）に登録された．交通の面では，京釜高速道路とヨンドン（嶺東）高速道路が市域を通過する．鉄道は京釜線が通過し，城南市プンダン（盆唐）からの地下鉄線の延長工事も終了した．

［山田正浩］

スウォンジー　Swansea

オーストラリア

人口：0.1万（2011）　面積：6.5 km²

[42°11′S　148°04′E]

オーストラリア南東部，タスマニア州東部の町．州都ホバートの北北東約140 kmに位置する，グレートオイスター湾岸の観光地である．1820年代から徐々に入植が始まった．この地域一帯は国内最古の非都市部自治体を形成する．古い建物が多く残る町には宿泊施設やレストランがあり，フレシネ半島やホバートへ向かう人びとで静かな賑わいをみせる．

［安井康二］

スウォンジー　Swansea

オーストラリア

スワンシー（別表記）／ペリカンフラット　Pelican Flat（古称）

人口：0.5万（2011）　面積：2.8 km²

[33°05′S　151°38′E]

オーストラリア南東部，ニューサウスウェールズ州中央東部，レークマクウォーリー行政区の町．州都シドニーの北北東約130 km，ニューカッスル行政区の南25 kmに位置する．町は，スウォンジー水路とエントランス湖を介して，タスマン海に連絡するマクウォーリー湖の出口付近にある．南から延びる砂州の上に市街地は形成されている．マクウォーリー湖は長さ約24 km，幅約8 kmの大きさを有する国内最大の汽水湖である．湖はもともと湾口の大きい入江を呈していたと考えられるが，南と北から延びる砂州の発達

スウォン（水原，韓国），水原城（華城）の華西門付近《世界遺産》[JIPEN/Shutterstock.com]

806 スエン 〈世界地名大事典：アジア・オセアニア・極Ⅰ〉

により狭い水路のみを残す汽水湖となった．この水路は最も狭いところで，幅200mもない．スウォンジー水路の北東角は，レイドの誤りReid's Mistakeとよばれた．それは，1800年にウィリアム・レイド船長が最初のヨーロッパ人として訪れたことにちなんでいる．彼は，ハンター川の河口から石炭を集めるためにシドニーを出港したものの，この水路をハンター川の河口と勘違いしてしまったのである．

マクウォーリー湖の周辺には採炭地が多く存在した．一方，湖の平均水深は現在でも約8mと浅く，スウォンジー水路の西側ではしばしば堆積が進み干潟が広く発達した．このため，炭鉱から石炭を船で運び出すためには，とくにスウォンジー水路の浚渫を行う必要があった．1860年までに，水路周辺のペリカンフラットには，30〜40人の中国人が住み始めていたとされるが，浚渫を行うためこの地区の人口は1877年までにおよそ120となった．そして1887年になると，地名は，これまで使われていたペリカンフラットの名称が，現在の名に変更された．最終的に町は，石炭の積出港として定着することをもくろんでいたが，1889年にシドニー〜ニューカッスル間の鉄道が湖西部に沿って開通すると，その計画は打ち砕かれてしまった．現在スウォンジーは，リゾート地として，あるいは釣りやサーフィンのスポットとしても人気がある．タスマン海に面するケーヴスビーチは，とくにサーファーで賑わう．

[藁谷哲也]

スエンモック　Xuyen Moc
ベトナム

人口：16.2万（2011）　面積：642km²
[10°32′N　107°24′E]

ベトナム東南部，バーリアヴンタウ省東部の県．県都はフォックビュー町で他に12の村からなる．南シナ海に面したビンチャウ海岸やコック湖，チャム湖などが観光地となっている．海岸線沿いに国道55号が通る．

[筒井一伸]

スガイコーロック　Sungai Kolok
タイ

人口：2.9万（2010）　面積：139km²
[6°01′N　101°57′E]

タイ南部，ナラーティワート県スガイコーロック郡の町で郡都．県都ナラーティワートの南南西約50km，コーロック川の西岸に位置し，東岸はマレーシアのクランタン州ラ

ンタウパンチャン．コーロック川を鉄道と道路が越えており，南部東海岸で最も往来の多い国境ゲートである．町は1921年に鉄道が開通して駅が設置された後に形成されたものであり，地名は，マレー語でコーロック川の意味となる．東海岸のパーダンベーサールの国境共同駅がマレーシア側に設置されたのに対し，この町ではタイ側に駅が設置されたが，現在は列車の直通は行われていない．マレーシアからの客を相手にする繁華街もあるが，2000年代以降治安が悪化しており，爆発事件がときどき起こる．

[柿崎一郎]

スカイトレイン氷丘　Skytrain Ice Rise
南極

長さ：90km　幅：90km
[79°40′S　78°30′W]

南極，西南極の氷丘．エルスワース山地南端部の東方にあって，ロンネ棚氷の南西部に大陸氷床から半島のように突き出た直径約90km，標高約500mのドーム状の氷丘（氷膨）で，露岩はない．地名は，1946〜47年のハイジャンプ作戦以降60年代後半まで，アメリカの南極探検で人員輸送や物資輸送に広く使われた輸送機スカイトレインを記念して命名された．

[森脇喜一]

スカダナ　Sukadana
インドネシア

タンジュンプラ Tanjompura, Tanjungpura（古称）

人口：2.1万（2010）　面積：949km²
[1°15′S　109°57′E]

インドネシア西部，カリマンタン（ボルネオ）島，西カリマンタン州カヨンウタラ県の郡および県都．県にはスカダナを含め，5つの郡がある．州都ポンティアナックから直線距離にして南南東150kmの沿岸部の岬付近に位置する．地名は，サンスクリット起源の名称で，スカは歓喜，ダナは贈与の意味をもつ．県都の東約25kmの内陸にパルンPalung山（標高1116m）とパンティPanti山（1050m）がそびえ，西にスカダナ湾をいだく．現在はクタパン，トゥルックメラノなどの町と並び，グヌンパルン国立公園にアクセスする地としてよく知られている．グヌンパルン国立公園は，生物とその生息環境が多様であり，観光客だけでなく研究者にとっても魅力的な国立公園である．1985年には，アメリカの生態学者マーク・レイトンによって，生物多様性の研究のため，スカダナの北東約15kmにチャバン・パンティ研究連絡

センターが設立された．

かつてボルネオ島は，ブルネイ，スカダナ，バンジャルマシンの3つの王国に分かれていたとされる．スカダナは，15世紀の統治者によってタンジュンプラとよばれていた．また，1622年には，マタラム王国のスルタン・アグンによって征服される．この頃のスカダナは，ダイヤモンド採掘場へつながる河川航路があるとされ，オランダ東インド会社はスカダナをダイヤモンドの取引の拠点と見なし，交易所を置いた．18世紀に入り，サイド・アリがシアック王国（現在のスマトラ中部）の王位についた際に，身を追われた王族の一部がスカダナを統治したとされる．19世紀には，金やスズの採掘の拠点として盛んになるが，21世紀はヤシ，ゴム，木材などの森林資源による産業が主要となっている．

[稲垣和也]

スカダナ湾　Sukadana, Teluk
インドネシア

面積：2500km²
[1°24′S　109°50′E]

インドネシア西部，カリマンタン（ボルネオ）島，西カリマンタン州南部の湾．湾口70km，奥行45km，海岸線は160kmに及ぶ．北端のマヤMaya島南西部の岬と，南端のパワンPawan川河口の岬を結ぶ線の北東側の海域をさす．この線の南西側には南シナ海の一部が広がる．湾内には，海岸から10km以内の距離に，ジュアンタ島，カルン島，サンパデ島，チュンプダック島などの1km²に満たない島が点在し，また，パワン川，シンパンSimpang川などが流入する．海岸部にはいくつか町があり，クタパン，スカダナ，トゥルックメラノ，北部の入江にトゥルックバタン，マヤ島のタンジュンサタイなどがみられる．湾口南端にあるクタパン港とスカダナ，および北部の入江のトゥルックバタンにおもな港が置かれている．

[稲垣和也]

スカナック湾　Sekanak, Teluk
インドネシア

ベナワング湾 Benawang, Teluk（現名称）
[1°52′S　104°30′E]

インドネシア西部，スマトラ島南東岸，南スマトラ州北部の湾．アランガンタンAlanggantang島との間に位置する．最近の新しい地図では，ベナワング湾と表記されて

いる. 　　　　　　　　　　[水嶋一雄]

スカヌガラ　Sukanagara

インドネシア

Sukanegara（別表記）

人口：4.9万（2010）　面積：164 km²
標高：1000 m　　　　　[7°07′S　107°01′E]

インドネシア西部，ジャワ島，西ジャワ州チアンジュール県中部の郡．冷涼な気候を生かした農業が盛んで，とくに野菜や観葉植物の産地として知られている．農産物の集散地として，毎日10数 t の野菜がジャカルタ周辺の都市圏に運ばれている．また，茶の生産量で世界のトップ5に入っているインドネシアの中でも，この地域は有名で年間を通して茶を生産している．茶園の経営主体は国営，民間，企業とさまざまだが，見わたす限りに茶園が広がる光景は圧巻である．[山口玲子]

スカブミ　Sukabumi

インドネシア

人口：29.9万（2010）　面積：48 km²　標高：584 m
　　　　　　　　　　　[6°55′S　106°56′E]

インドネシア西部，ジャワ島，西ジャワ州の市（コタ）．首都ジャカルタの南120 km，州都バンドンの西96 km に位置する．2つの山のふもと，標高584 m に立地しているため，気温は年間を通して15〜29℃で，国内では比較的涼しい気候の都市である．また，都市化の影響で人口密度が6190人／km²となり，州全体の平均値1217人／km² よりも高い数値を示している．地名は，定住するのに心地よいという意味の現地語に由来している．オランダ植民地時代，スカブミ近隣で農園を営んでいたオランダ人をはじめとするヨーロッパ人らが，冷涼な気候を求めてスカブミに定住し始めた．のちに，オランダ植民地政府はスカブミに鉄道駅，宗教施設，発電所など，彼らの都市生活を後押しするような設備を建設した．

都市部では商業施設や住宅地として土地が活用されているため，農業はそれほど盛んではないが，米と葉物野菜（コマツナの一種）が栽培されている．一方，市内には100人以上の社員を抱える企業が6社，20〜99人の社員を抱える企業が16社ある．これらの企業は，おもにテキスタイル，皮革，食品，タバコ，木材や金属加工を扱っている．テキスタイルおよび皮関連企業では，女性が働いている割合が高くなっている．2010年に訪れた観光客のうち，海外からの観光客は2.6%にすぎない．宿泊施設が40ほどあり，その

中の1つは国際レベルのホテルである．
　　　　　　　　　　[山口玲子]

スガマ川　Segama, Sungai

マレーシア

面積：5150 km²　長さ：350 km
　　　　　　　　　[5°30′N　118°48′E]

マレーシア，カリマンタン（ボルネオ）島北部，サバ州の川．州の主要河川の1つで，州中央部の高山地帯に源を発し，ブラセイ山脈の南側を蛇行しながら北東方向に流れる．リタン集落を経て，スル海に注ぐ．河口はサンダカンの南西97 km の地点にあたる．この河口部から上流に向けて121 km の地点までは，小型船の航行が可能となっており，交通路としても重要である．　　[生田真人]

スガマット　Segamat

マレーシア

人口：10.3万（2010）　　　[2°30′N　102°49′E]

マレーシア，マレー半島マレーシア領南部，ジョホール州北部スガマット郡の都市．ムアー川上流部のスガマット川沿いに位置し，半島東海岸のパハン州の州都クアンタンから西海のマラッカ，ジョホール州の主要都市へ向かう陸上交通路の結節点となっている．首都クアラルンプールからシンガポールへいたるマレー鉄道も通過する．主要な産業は農業で，かつてはゴム栽培が盛んであったが，近年はほとんどがアブラヤシ栽培に転換している．　　　　　　　　　[田和正孝]

スカマンダー　Scamander

オーストラリア

人口：466（2011）　面積：2.4 km²　標高：13 m
　　　　　　　　　　[41°27′S　148°16′E]

オーストラリア南東部，タスマニア州北東部の村．東海岸の中間地点にある海岸線沿い，州都ホバートの北北東約150 km に位置する．スカマンダー川がタスマン海に注ぐ．1825年に測量技師のジョン・ヘルダーウェッジが周辺を探検し測量をした．1896年より東海岸のリゾート地として開発が進んだ．湾岸はスカマンダー保護地区になっており，おもな産業は農業と観光業である．森林浴や海釣りのアウトドアが人気である．

　　　　　　　　　　[武井優子]

スカラメイ　Sukaramai

インドネシア

スカラマイ（別表記）

人口：4.0万（2010）　面積：200 km²
　　　　　　　　　　[2°42′S　111°11′E]

インドネシア西部，カリマンタン（ボルネオ）島南西部，西カリマンタン州クタパン県マニスマタ郡の村．同名の村が西カリマンタン州クタパン県スンガイラウール Sungai Laur 郡にもある．郡に11ある村の1つである．郡都マニスマタの南南東55 km，中カリマンタン州スカマラ Sukamara 県との県境に位置し，ジュライ Jelai 川で隔てられている．村では乾季になると森林火災がしばしば起こるが，マニスマタ郡の中心部より離れており，むしろスカマラ県の県都スカマラのほうが近いこともあって，消火活動がなされないことが多い．森林火災は，大規模プランテーション開発に伴う伐採や商業上の違法伐採，焼畑を起因とする場合がほとんどである．1980年代頃まではこの地域ではオランウータンやサルなどの野生動物が散見できたが，最近はほとんどみられず，牧草が生い茂るだけの状態となっている．[浦野崇央]

スカールドゥー　Skardu

パキスタン

標高：2500 m　　　[35°18′N　75°37′E]

パキスタン北東部，ギルギットバルティスタン州スカールドゥー県の町で県都．ギルギットの東南東150 km，インドのスリナガルの北北東約150 km，シガール川のインダス川への合流点付近，幅10 km，長さ40 km のスカールドゥー渓谷の入口に位置する．カラコルム山脈に近く，標高8000 m 級の山峰を含む灰褐色の山々に囲まれ，カラコルム登山の玄関口となっている．渓谷では小麦や雑穀，豆類が栽培される．住民はバローチ人が主であるが，バザールの通りではパシュトゥーン人やさらには中国のシンチヤン（新疆）ウイグル自治区との国境に近いのでウイグル族までみかけられる．

町はラワルピンディに通じる主要街路に沿って形成され，通りの両側には数百の店が並ぶバザールがあり，そこではほとんどあらゆるものが供給される．町の中心近くに旧藩王の宮殿があり，北側には10世紀にさかのぼるといわれる古い城砦のカラポチョ（スカールドゥー）城塞があり，町を一望でき，観光ポイントとなっている．4〜10月が観光シーズンで，10月の平均最高気温は20.4℃，平均最低気温が4.3℃である．しかし，12月

と1月は最低気温が−10℃以下になり，スカールドゥー渓谷は冬季には雪に閉ざされ，しばしばカラコルムハイウェイの道路障害によってギルギットやフンザのような地域との道路の結び付きが切断される．スカールドゥー空港を利用した空路もまた町の天気によって不安定で，天候により飛行便が数日遅れることもある．スカールドゥー地域には3つの湖，すなわちアッパー・ロワーカチュラ湖とサトゥパラ湖がある．ロワーカチュラ湖にはシャングリラリゾートとして知られるリゾートがあり，近くでクラッシュした飛行機の胴体を使ったユニークなレストランがある．サトゥパラ(サドゥパラ)湖は，パキスタンにおける最も美しい湖の1つであり，町に水を供給する主たる湖である．2002年に政府はサトゥパラ湖にダムを建設することを決定し，04年度に1000万ドルをこのダム建設プロジェクトにあてるとしたが，計画の進行は遅れ2013年12月に完成した．　　　[出田和久]

スカルノ峰 Sukarno, Pucak ☞ ジャヤ峰 Jaya, Puncak

スカルノプラ Sukarnopura ☞ ジャヤプラ Jayapura

スカルブスネス　Skarvsnes　　南極

面積：65 km²　標高：400 m
[69°28′S　39°39′E]

南極，東南極の露岩．昭和基地の南方45 km，リュツォホルム湾の東岸をなす宗谷海岸のほぼ中央に突出する半島状の，この地域最大の露岩である．1937年2月のノルウェーのラルス・クリステンセンによる探検飛行で撮影された航空写真から地図がつくられ，命名された．「鵜岬」の意味は形状によるのであろうか．比高200～300 m級の巨大羊背岩と大小の氷河湖が散在し，起伏に富む．北東端に位置し標高400.4 mの最高点がある巨大羊背岩シェッゲ Skjegget(あごひげの意)は山体の半分が氷食されて，南西面が高さ400 m，長さ3 kmの垂直の崖をなす．1995年にいくつかの淡水湖で発見された直径30～50 cm，高さ80 cmほどの水中の特異なコケ植物の群落は，南極の他地域からの報告例がなく，コケ坊主と名づけられた．かつては海とつながっていた2つの塩湖，すりばち池 Suribachi Ike と舟底池 Funazoko Ike はともに海面より低い湖面をもち，貝殻など完新世の海棲化石を豊富に含む砂礫層が池のまわりに存在する．出入りの多い海岸の小湾の奥にも同じ海棲化石を含む隆起海浜があって，きざはし浜 Kizahashi Hama と命名された典型的な隆起海浜には旧汀線を示すいくつものステップが残されている．また，リュツォホルム湾沿岸のほかの露岩ではみられない厚さ5 mを超す厚い氷河底堆積物の露頭もある．　　　[森脇喜一]

スキッパーズ山地　Skippers Range　　ニュージーランド

標高：1698 m　[44°27′S　168°07′E]

ニュージーランド南島西岸，サウスランド地方の山地．ウェストコースト地方との境界付近に位置し，マッケロー湖とパイク Pyke 川の間をほぼ南北に走る．最高峰の標高は1698 mである．玄武岩などの古期岩石からなる．　　　[太田陽子]

スキプトン　Skipton　　オーストラリア

人口：0.1万 (2011)　面積：878 km²
[37°41′S　143°20′E]

オーストラリア南東部，ヴィクトリア州南西部の都市．バララトの西南西約50 km，州都メルボルンの西約165 km，グレネルグハイウェイ沿いに位置する．1850年代は羊毛販売の中心地であった．現在も農村地帯である．　　　[堤　純]

スキャンカンリ山　Skyang Kangri　　パキスタン/中国

斯坎格里峰(漢字表記)/ステアケースピーク Staircase Peak (英語・別称)
標高：7545 m　[35°55′N　76°34′E]

パキスタンと中国にまたがる山．大カラコルム山脈，バルトロ山群の高峰である．パキスタンと中国シンチャン(新疆)ウイグル(維吾爾)自治区との国境稜線上にあり，主峰(標高7545 m)の南西600 mに南西峰(約7500 m)がそびえる．バルトロ氷河に北側から合流するゴッドウィンオースティン氷河の最源頭部にあたり，ゴッドウィンオースティン山(K2)の北東約7 kmに位置する．山名は，現地語でスキャンが野生のロバ，カンリが雪の山を意味し，野生のロバのいる雪の山の意．英語名はステアケースピークで，これは東稜が5つの巨大な階段(Staircase)のようにみえる形からつけられた．1976年に日本の学習院大学隊が初登頂した．　　　[松本穂高]

スクチョン　粛川　Sukchon　　北朝鮮

面積：413 km²　標高：15 m　気温：9.0℃
降水量：1000 mm/年　[39°25′N　125°38′E]

北朝鮮，ピョンアンナム(平安南)道西部の町．アンジュ(安州)平野(十二・三千里が原)の中心部で，東部と南東部は山地である．海岸には干拓地 164 km² が広がる．農耕地の77%が稲作の穀倉地帯．海岸にリンゴ，ナシ，モモの果樹園が広がる．果樹加工ではおもにジュース類を，製塩所では塩，化学製品を生産する．漁獲はマス，コノシロ，イカナゴなどが多い．水素炭酸鉱泉，塩素・水素炭酸ナトリウム鉱泉がある．平義線が通る．　　　[司空　俊]

スグット川　Sugut, Sungai　　マレーシア

[6°26′N　117°43′E]

マレーシア，カリマンタン(ボルネオ)島北部，サバ州北東部の川．キナバル山東部の上流部では降水量の年間変動があるため，河川の水量には年変化がある．中流域にいたると平坦地となって標高は低く，流域に低湿地が広がる．このため，中流域にまで潮の干満の影響がある．川は中流域で蛇行し，その周辺には15あまりの湖沼が点在する．流域の森林は，かつては大量に伐採されたが，森林保護区が設定された．　　　[生田真人]

スグット岬　Sugut, Tanjung　　マレーシア

降水量：3000 mm/年　[6°25′N　117°45′E]

マレーシア，カリマンタン(ボルネオ)島北部，サバ州北東部のスグット川河口の岬．地域の年平均降水量は3000 mmに達するため豊かな森林地帯となっているが，岬からスグット川下流域にかけては，森林伐採と森林火災の影響を受けた．一帯にはオランウータンなどの動物の生息を助ける多様な樹種からなる森林が広がる．スグット川下流域から岬にかけての地域の開発と保全をめぐり，州政府が検討している．　　　[生田真人]

スーグーニャン山　四姑娘山
Siguniang Shan
中国

しこじょうさん（音読み表記）

| 標高：6250 m | [31°06′N　102°54′E] |

中国，スーチュワン（四川）省，アーバー（阿壩）自治州の山．チオンライ（邛崍）山脈の最高峰で，省都チョントゥー（成都）市の西北西約122 kmに位置する．四川省内ではダーシュエ（大雪）山脈の最高峰ミニヤコンカ山（標高7556 m）に次ぐ第2の高峰である．主峰はヤオメイ（幺妹）山（Yaomei Feng, 6250 m）で，末娘を意味する．その南方にⅢ峰（三姑娘峰 Sanguniang Feng, 5664 m），Ⅱ峰（二姑娘峰 Erguniang Feng, 5276 m），大峰（大姑娘峰 Daguniang Feng, 5025 m）が並ぶ．幺妹山は四川の女王ともよばれる．1981年に日本の同志社大学隊が主峰に初登頂した．Ⅲ峰やⅡ峰はやさしいクライミングで登頂可能，また大峰はさらに一般向きで，年間を通してハイカーが訪れる．一帯は風光明媚な景勝地として知られ，2006年，「四川ジャイアントパンダ保護区群」（四姑娘山自然保護区）としてユネスコの世界遺産（自然遺産）にも登録された．7カ所の自然保護区と，9カ所の風景名勝区から構成される．

［松本穂高］

スクムウィット　Sukhumwit
タイ

| [13°45′N　100°33′E] |

タイ中部，首都バンコクの地区．バンコクの南東部を貫通する幹線道路とその周辺の総称である．スクムウィット通り自体は，バンコクを抜けた後，南東に隣接するサムットプラーカーン県に入り，さらに，チョンブリー，ラヨーン，チャンタブリーの各県を経て，カンボジアと国境を接するトラート県にいたる（全長399 km）．しかし，一般的には，都内南東部の一部で，百貨店，高級ショッピングセンター，ハイパーマーケットなどの商業施設，高級ホテル，おもに外国人が住む高層コンドミニアムなどが連続して立ち並ぶ，スクムウィット通りの周辺地区をさす．バンコクに在住する日本人が集中して居住しているのもこの地区である．通りの両側には多数の小路（ソーイ）が発達し，北側のソーイには奇数番号，南側のソーイには偶数番号がついている．バンコク都心部から離れるほど大きな番号になり，ソーイの103番および68番を過ぎるとバンコク都域を出ることになる．ソーイ40番と42番の間には，タイ東部方面行きのエーカマイバスターミナルがある．また1999年12月，バンコク高架鉄道（BTS）スクムウィット線が通りの上をオーンヌット付近（ソーイ77番）まで開通し，その後，サムットプラーカーン県まで延伸した．なお，国道3号であるこの通りの名称は，第5代道路局長の名前をとってつけられた．

［遠藤　元］

スケルトン氷河　Skelton Glacier
南極

| [78°35′S　161°30′E] |

南極，東南極の氷河．ヴィクトリアランド南部，ヒラリー海岸のスケルトン湾を臨み，南極台地からロス棚氷に注ぐ大規模な氷河である．氷河名は，1956〜58年のイギリス連邦南極横断探検隊（ニュージーランド隊）がスケルトン湾にちなんで命名した．イギリスのヴィヴィアン・フックスが率いたニュージーランド隊は，1914〜16年にイギリスのアーネスト・シャクルトンが果たせなかった世界初の大陸横断を成功させ，その際ロス棚氷から南極台地へいたるルートとしてスケルトン氷河が選ばれた．西側にそびえるロイアルソサエティ山脈からはアリソン氷河が流下し，合流する．1959〜60年に行われた4カ月間2400 kmに及ぶヴィクトリアランド横断調査の際にも，ロス棚氷からこの氷河を登ってヴィクトリアランドにいたるルートがとられた．

［前杢英明］

スコシア海　Scotia Sea
南極

| 面積：900000 km² | [57°30′S　40°00′W] |

南極，西南極の海．南緯60度線を境界として，南極海の北端と南大西洋にまたがっている．その西側はドレーク海峡によって限られ，北側，東側，および南側はスコシア弧がその境界になっている．南アメリカ南端部のフエゴ島，南極半島，サウスジョージア島，サウスサンドウィッチ諸島などに囲まれている．荒天が多く，海域内の島は一部または全部が通年雪または氷に覆われている．スコシア弧は南極半島の延長上にある島弧状の海嶺であり，海域はスコシアプレートの先端部分にあたる．海域の約半分は大陸棚上にある．1932年に，ウィリアム・スピアーズ・ブルース率いるスコットランド南極探検隊（1902〜04）で使われた船の名前にちなみ命名された．

この海域では，20世紀初頭以降，捕鯨が行われていた．スコシア海は航海上の難所として知られるが，漁業基地，捕鯨基地の存在によって一命をとりとめた例も見受けられる．アルゼンチンにおいては，スコシア海はアルゼンチン海の一部として知られており，自国の領海として主張している係争地の1つであるが，サウスジョージア諸島やフォークランド諸島のように，現在アルゼンチンによって実効支配はされていない．

2006年8月20日に，本海域の南緯61度01分，西経34度23分を震源とする，マグニチュード7.0の地震が発生した．震源の深さは10 kmであった．また2013年11月17日には，同海域でマグニチュード7.7の大地震が発生したが，人的被害はなかった．スコシア海を形づくっている島々は，岩がごつごつした，また部分的には年中雪に覆われており，大変厳しい自然環境であるにもかかわらず，スコシア海ツンドラ地域として記載されるほど，植生に覆われている．たとえば，サウスジョージア島，火山島であるサウスサンドウィッチ島，サウスオークニー島などがあげられる．もちろん周辺域の南極半島に近いサウスシェトランド島，小さな孤立した火山島であるブーヴェ島なども含まれている．これらの島々はすべて，南極収束帯下にある冷たい海の中に分布しているが，コケ，地衣類，藻類などのツンドラ植生を維持しており，それらを捕食する海鳥，ペンギン，アザラシなどの海獣類も周辺海域で生息している．

これらの島々は人びとが定住するにはきわめて厳しい環境であるが，一時的に漁業や捕鯨の基地として使用され，サウスジョージア島などにはトナカイがもち込まれたりして，自然環境の破壊が行われた．このため，現在本地域は本来の動植物の保護を目的とした国際条約が取り決められ，科学的調査目的以外の動植物の採取は厳しく規制されている．

［前杢英明］

スコシア海嶺　Scotia Ridge
南大西洋南部

| 長さ：4000 km | 幅：120 km |

南アメリカプレートと南極プレートの境界に生じたスコシアプレートの境界をなす海底の高まり．南スコシア海嶺は，スコシアプレートの南縁，南極プレートとの境界をなし，北スコシア海嶺は，スコシアプレート北縁，南米プレートとの境界をなす．どちらも横ず

れのトランスフォーム断層である．一方，スコシアプレート東縁の東スコシア海嶺は，南サンドイッチ・マイクロプレートとの境界となり，ここはマントル物質の湧き上がる(背弧側)海嶺となっている． ［小野有五］

スコータイ Sukhothai
タイ

人口：4.9万 (2010)　面積：581 km²
[17°02′N　99°51′E]

タイ北部下部，スコータイ県の都市で県都．首都バンコクの北 427 km，チャオプラヤー川の 4 大支流の 1 つヨム川の左岸に位置する．スコータイ王朝の遺跡は現在の市街地の西約 8 km の近郊に位置し，約 70 km² の地域が史跡公園として保存されている．濠で囲まれた城壁の中には，王宮跡，寺院跡，貯水池などが残されているほか，ラームカムヘーン大王の像が王の功績を讃えて安置されている．この城跡は周辺の遺跡と合わせて，「古代都市スコータイと周辺の古代都市群」として 1991 年にユネスコの世界遺産(文化遺産)に登録されている．現在の市街地は面積が小さく人口も少ないが，この遺跡観光の拠点となっている． ［遠藤　元］

スコータイ県 Sukhothai, Changwat
タイ

人口：63.0万 (2010)　面積：6596 km²
[17°02′N　99°51′E]

タイ北部下部の県．県都はスコータイ．北はラムパーン，プレー，東はウッタラディット，ピッサヌローク，南はカムペーンペット，西はタークの各県と接する．県の大部分は低湿な平野であるが，県の北部と西部には高原も広がる．平野部を北から南に貫流するヨム川は，ナコーンサワン県でナーン川，さらにピン川と合流してチャオプラヤー川となる．13 世紀中頃，タイの歴史上最初のタイ人国家であるスコータイ王朝が興ったのが，この地である．1279 年に即位したラームカムヘーン王の制作とされる碑文には「水に魚あり，田に稲あり」と謳われており，この地域が豊穣な土地であったことをいまに伝えている．平野部を中心に農業が盛んであり，稲作をはじめ，タバコ，サトウキビ，大豆などの畑作やミカンなどの果樹栽培が行われている．また高原部では，大理石，石灰岩，アンチモン，白陶土，マンガン，ホタル石，および宝石類の鉱物資源に恵まれ，鉱業も盛んである． ［遠藤　元］

スコッツデール Scottsdale
オーストラリア

人口：0.2万 (2011)　面積：3.0 km²　標高：202 m
[41°10′S　147°31′E]

オーストラリア南東部，タスマニア州北東部の町．北部のロンセストンからタスマンハイウェイ経由で北東 63 km に位置する．バス海峡に面するブリッドポートは北約 20 km にある．四方を低山に囲まれている盆地で，山からの豊かな水に恵まれている地である．東 15 km にあるラベンダー農園のブライデストゥーエステートは世界的に有名である．産業は開拓時代から針葉樹の植林と酪農が盛んであったが，近年はジャガイモ，ケシ，ホップがおもな農産物に加わった．

1830 年から 31 年にかけてタスマニア総督のジョージ・オーガスタス・ロビンソンが周辺を調査した．1855 年に測量士ジェーム

スコータイ(タイ)，王朝跡を保存するスコータイ史跡公園《世界遺産》〔Shutterstock〕

ス・スコットが訪れた際には，島内で最も肥沃な土地と判断されている．1862年には最初の製材所が始動し，林業がおもな産業になった．町名は1893年に周辺地区と合併する際に名づけられた．ロンセストンからの鉄道が届いたのはこの頃である．入植者はスコットランド人とイングランド人が中心であった．1890年代に建てられた古民家宿アナベルズの外観はヴィクトリア様式の旧邸宅のままで，現在はナショナルトラストに認定されている．宿内のレストランは都市部のファインダイニングレストラン同様に観光旅行者に人気で，地元の新鮮な農作物を素材とした料理が楽しめる．　　　　　　　　［武井優子］

スコット海岸　Scott Coast

南極

[76°30′S　162°30′E]

　南極，東南極の海岸．ロス海西岸のほぼ南半部，テラノヴァ湾北端のワシントンWashington岬（南緯74度39分，東経165度25分）からマクマード入江南方のミナ断崖にかけて南北500kmにわたる海岸地域．地名は，この地域の南部を最初に探険し，極点旅行など20世紀初頭のイギリスの南極探検を指揮したロバート・スコットを記念して，ニュージーランド南極地名委員会が命名した．海岸線の大部分をドリガルスキー氷舌やウィルソン山麓 Wilson Piedmont 氷河（南緯77度15分，東経163度10分）などの氷雪が占める中，数多くの露岩が散在し，南部でドライヴァレーの1つテーラーヴァレーが露出している．スコット海岸の背後がプリンスアルバート山地で，両者をあわせて南ヴィクトリアランドとよばれることが多い．
　　　　　　　　　　　　　　　［森脇喜一］

スコット基地　Scott Base

南極

標高：10m　　　　　　[77°51′S　166°45′E]

　南極，東南極の観測基地．イギリスの軍人・探検家ロバート・スコット（1868-1912）にちなんで命名されたニュージーランドの基地で，南極点からおよそ1300kmのロス島に所在する．1956年から基地建設が開始され，57年1月20日に完成した．当初は，イギリスが主導するイギリス連邦横断南極調査を支援する目的で設立されたが，1957～58年の国際地球観測年（IGY）にも参画し，アメリカのマクマード基地と共同でヴィクトリアランド，ハレット岬の調査を行った．ニュー

ジーランド政府は科学研究調査を目的に基地の存続を決定し，1976年には基地建造物の更新を行った．2005年にはエベレスト初登頂で知られるニュージーランドの登山家，サー・エドモンド・ヒラリー（1919-2008）にちなんで命名されたヒラリーフィールドセンターが完成し，基地面積が1800m²に大幅拡張された．　　　　　　　　［前杢英明］

スコット山地　Scott Mountains

南極

スコット山脈　Scott Range（旧称）

標高：1720m　　　　　　[67°30′S　50°30′E]

　南極，東南極の山地．エンダビーランド，アムンセン湾の南，南緯67度10分～45分，東経49度50分～51度20分の範囲に広がる多数の孤立したピークからなる山群である．この北東に広がるトゥーラ Tula 山地（南緯66度55分，東経51度30分）とともに，1930年1月，ダグラス・モーソン率いるイギリス・オーストラリア・ニュージーランド南極探検隊（BANZARE）によって発見され，南極点到達者ロバート・スコットを記念して命名された．両者ともに当初は山脈Rangeとされたが，後に孤立した山体の集合であることから山地に改められた．最高峰は南西端に位置する標高1720mのシンプソンピーク Simpson Peak である．　［森脇喜一］

スコット島　Scott Island

南極

標高：39m　　　　　　[67°24′S　179°55′W]

　南極，東南極の島．ヴィクトリアランド北東端，アデア岬の北東570kmに位置する南北（わずか）500m，東西250mの孤島である．イギリスのロバート・スコット率いる最初の探険隊の救援船モーニングによって1902年12月に発見され，船長ウィリアム・コルベックによりスコットを記念して命名された．　　　　　　　　　　　　　　［森脇喜一］

スコット氷河　Scott Glacier

南極

ロバートスコット氷河　Robert Scott Glacier（別称）

長さ：190km　　　　　　[85°45′S　153°00′W]

　南極，東南極の氷河．南極点から280kmの南緯87度30分，西経150度付近に端を発し，南極横断山地を横切って南緯85度30分，西経153度付近でロス棚氷の最奥部に

流入する，全長約190kmの長大な溢流氷河である．この距離は南極横断山地と平行的に流れるレニック氷河を除けば，南極横断山地を横切る氷河としては最大である．ローレンス・M・グールド率いるアメリカの地質調査隊によって1929年12月に発見され，イギリスの南極点到達者ロバート・スコットを記念して命名された．ロシアではロバートスコット氷河とよんでいる．　　　［森脇喜一］

スコット氷河　Scott Glacier

南極

[66°01′S　100°09′E]

　南極，東南極の氷河．クイーンメアリーランド，バンガーヒルズの西を通ってシャクルトン棚氷に流入する氷流で，氷床や棚氷の中を流れるため境界は必ずしも明瞭ではない．長さは38km以上，幅は約13kmである．フランク・ワイルド率いるオーストラリア南極探検隊西班（1911～14）によって発見され，1912年，帰路に遭難死したイギリスの南極点到達者ロバート・スコットを記念してダグラス・モーソンによって命名された．東南極横断山地を横切る同名の氷河はこれより後の1929年に命名されている．　［森脇喜一］

スコフィールドバラックス
Schofield Barracks

アメリカ合衆国

人口：1.6万（2010）　面積：7.2km²

[21°30′N　158°04′W]

　北太平洋東部，ポリネシア，アメリカ合衆国ハワイ州，オアフ島中央部の軍事基地および国勢調査指定地区（CDP）．州都ホノルルの北西31km，島の中央高原にあり，ウィラー空軍基地とワヒアワが隣接している．パールハーバーやヒッカム空軍基地など他のいくつかの駐屯地とともに，合衆国の主要な防衛施設である．1941年12月7日の日本軍による真珠湾攻撃の1つの目標であった．軍事基地は1909年に建設され，陸軍中将ジョン・マカリスター・スコフィールド（1831-1906）にちなんで名づけられた．
　　　　　　　　　　　　　　［飯田耕二郎］

スコベレフ☞ フェルガナ Fergana

スコーン　Scone

オーストラリア

人口：0.5万（2011）　面積：63km²

[32°03′S　150°52′E]

812　スサヤ

〈世界地名大事典：アジア・オセアニア・極Ⅰ〉

オーストラリア南東部，ニューサウスウェールズ州中央東部，アッパーハンター行政区の町．州都シドニーの北271km，ニューイングランドハイウェイで約325kmの場所に位置する．農村地域だが，サラブレッド競走馬が生まれる町としても注目されており，オーストラリアの馬首都としても知られている．地名は，スコットランド王の即位の場所にちなんで，1831年に命名され，37年に正式に決定した．ベルツリーズ Belltrees やセジェンホー Segenhoe の農場をはじめ，大規模な田園地帯として早くから有名だった．アッパーハンター行政区は，2004年にスコーン行政区を統合して成立した．文化的な行事として，毎年5月に馬の祭りが開催される．ワインツアーやパレードなどさまざまな行事が行われる中，最も有名なのが競馬カーニバルのスコーンカップである．そのほか，ヘビーメタル系の野外音楽祭メタルストックが毎年開催されていたが，近年は買収されてシドニーで開催されている．　　　　　　［牛垣雄矢］

スサヤップ　Sesayap　インドネシア

[3°31′N　116°50′E]

インドネシア中部，カリマンタン(ボルネオ)島東部，北カリマンタン州タナティドゥン県の町．スサヤップ川の沖積地に立地する．スサヤップ川の河口は三角江になっており，ブンユ島とタラカン島に隣接する．両島は原油を産する島で，石油産業がある．

　　　　　　　　　　　　　　　［水嶋一雄］

スーシ岬　Soucis, Cape

ニュージーランド

ラエティヒ　Raetihi　(マオリ語)

標高：281m　　[41°03′S　173°35′E]

ニュージーランド南島，タスマン地方の岬．タスマン湾東側のクロワジル Croisilles 湾の入口西側にある．中・古生代の岩石からなる．フランスの航海者ジュール・デュモン・デュルヴィルの海図で名づけられている．フランス語の souci は不安を意味する．1827年の航海の折に，彼は「どこも急な海岸で海に引きずり込まれるかもわからない」という記載を残している．マオリ語ではラエティヒとよばれ，顕著な山頂を意味する．

　　　　　　　　　　　　　　　［太田陽子］

スーシェン　泗県　Si Xian　中国

虹県 (古称)／しけん (音読み表記)

人口：94.4万 (2013)　面積：1787km²
[33°28′N　117°54′E]

中国東部，アンホイ(安徽)省北東部，スーチョウ(宿州)地級市の県．スイ(濉)河の下流域に位置し，チャンスー(江蘇)省に隣接する．県政府は泗城鎮に置かれる．漢代に夏邱県が置かれたが，唐代に虹県に改められ泗州に属した．1680年に洪沢湖が泗州城を飲み込んだため，州城を旧虹県城に遷した．1912年に泗州は泗県に改められた．地形は標高20m以下の平原が主体であるが，小規模な丘陵が全域に散在する．農業は小麦，トウモロコシの生産が盛んである．泗許と明徐の2本の高速道路が県内で交差する．

　　　　　　　　　　　　　　　［林　和生］

スーシェン　宿県　Suxian　中国

降水量：800mm/年　　[33°39′N　116°58′E]

中国東部，アンホイ(安徽)省北東部に位置し，スーチョウ(宿州)地級市に1970〜97年にあった地区．チャンスー(江蘇)，シャントン(山東)，ホーナン(河南)3省に隣接する．唐代に宿州が置かれ，中華民国のときに宿県に改められた．1949年に宿県専区が設けられ，70年に宿県地区に改められ，宿県，タンシャン(碭山)，シャオシェン(蕭県)リンピー(霊璧)，スーシェン(泗県)，五河，固鎮，懐遠，濉渓の9県を管轄した．1983年に懐遠，五河，固鎮3県を蚌埠市に移管した．1997年の宿県地区は面積9795km²，人口532.8万だった．1998年に地区と宿州県県級市を合併して宿州地級市が設置された．地勢は平坦で，わずかに北東辺境に低い丘陵が分布している．地域内をホワイ(淮)河と渦河，澮河，沱河，スイ(濉)河などが貫流する．

中華人民共和国の建国前は洪水による災害に毎年苦しめられていたが，堤防の強化，河道の整備，新汴河や茨淮新河などの開削などにより，災害は軽減された．また灌漑設備の整備が進んだことで，地区内の農産物の増収がはかられた．気候は寒暖の差がかなり大きく，四季は明瞭である．中国の畑作地帯と稲作地帯の境界線にほぼ位置している．

　　　　　　　　　　　　　　　［林　和生］

スーシュイ県　泗水県　Sishui　中国

卞県 (古称)／しすいけん (音読み表記)

人口：63.3万 (2015)　面積：1118km²
[35°39′N　117°15′E]

中国東部，シャントン(山東)省南西部，チーニン(済寧)地級市の県．泰沂山地の南麓に位置する．前漢代に卞県を設置，隋代開皇11年(591)に泗水に改称した．地名は域内を源流とするスー(泗)河に由来する．南部，北部は低山丘陵で，中部は低地，北部の鳳仙山(標高608m)が最高峰である．地下水が豊富で，21カ所から湧き水が出る．石灰岩，白雲岩，花崗岩などの埋蔵量が多い．おもな農作物は小麦，落花生，野菜で，施設園芸も発達している．食品加工機械の製造で有名である．兗石鉄道や国道327号が県内を横断している．泉林，卞橋(別称双月橋)などの名勝がある．

　　　　　　　　　　　　　　　［張　貴民］

ススペ　Susupe　アメリカ合衆国

ススピ　Susupi　(別称)

人口：0.2万 (2010)　[15°09′N　145°42′E]

北太平洋西部，ミクロネシア，アメリカ合衆国領北マリアナ諸島の中心都市．同諸島の南に位置するサイパン島の南部西岸にあって，サイパン国際空港にも近い．町の中心部にあるシビックセンターとその周辺には自治領行政府ビル，裁判所，警察本部，消防署などの政府関係諸機関が集まっており，また北マリアナ諸島最大規模のショッピングセンターや多くのリゾートホテルも立地している．その他に，食品加工や繊維関係の企業も立地している．

南接するチャランカノア地区にはサイパン最大のカトリック教会であるマウントカーメル教会がある．スペイン統治時代に建立されたこの教会は第2次世界大戦で破壊されたが，1949年に再建された．同教会から東に町の後背地を少し進むとススペ湖にいたる．この湖は淡水湖で，周辺には多くの小池や湿地があって豊富な自然が残されており，マリアナ諸島固有種の鳥も数種みられる．なお，日本統治時代には農産物の集散地や貿易港として栄えたが，いまはわずかに旧南興神社跡地に設けられたマウントカーメル教会墓地に鳥居や灯ろうが残されているのみである．

　　　　　　　　　　　　　　　［橋本征治］

スーソン県　宿松県　Susong

中国

人口：約84万（2013）　面積：2394 km²
[30°09′N　116°07′E]

中国東部，アンホイ（安徽）省南西部，アンチン（安慶）地級市の県．大別山地の南麓で，チャン（長）江の北岸に位置し，フーペイ（湖北）省とチャンシー（江西）省に隣接する．県政府は孚玉鎮に置かれる．北西部は皖西山地南麓にあたり，南部は長江中下流平原の湖沼地帯で，竜感湖，大官湖，ホワン（黄）湖，泊湖などがあり，水域は県域の約4割を占める．漢代の松茲侯国の地で，後に松滋県が置かれ，隋代に宿松県に改められた．おもな農産物は綿花，柑橘類で，水産養殖業が盛んで水産物も豊富である．山岳地帯では木材，竹材を産する．　　　　　　　　　[林　和生]

スタッドホーム　Studholme

ニュージーランド

スタッドホームジャンクション　Studholme Junction（旧称）/ワイノナ　Wainona（マオリ語）
[44°44′S　171°08′E]

ニュージーランド南島，カンタベリー地方の村．ワイタキ川北方，ワイマテ地区，フック川とワイハオ川の間の海岸平野に位置する農耕集落である．ワイマテの東8 kmにある．以前はスタッドホームジャンクションといわれた．地名はテワイマテ Te Waimate に最初に住んだマイケル・スタッドホームにもとづく．マオリ語ではワイノナとよばれる．ハンターズヒルズ山地の南端にある同名のスタッドホーム山（標高1084 m）は古生代の岩石からなる．　　　　　　　　[太田陽子]

スタート川　Sturt River

オーストラリア

長さ：30.5 km　[34°58′S　138°31′E]

オーストラリア南部，サウスオーストラリア州南東部の川．州都アデレードの都市圏を流れる．アデレード丘陵西側のクラファーズ Crafers 付近に源を発し，ベレア国立公園の南側からコロマンデルイースト Coromandel East，ダーリントン Darlington，ミッチェルパーク Mitchell Park，マリオン Marion，モフェットヴィル Morphettville などといったアデレード南～南西部の都市を流れ，グレネルグ付近でセントヴィンセント湾に注ぐ．中流部のダーリントンには，スタート渓谷レクリエーションパークがあり，アデレード都

市圏の人びとに憩いの場を提供している．ここには3.5 kmのトレッキングコースが整備されており，とくに上級者に人気が高い．また公園には，かつてこの付近を覆っていた氷河の痕跡を示す堆積物がみられる．
[片平博文]

スタート国立公園　Sturt National Park

オーストラリア

面積：3106 km²　標高：300 m　長さ：125 km
幅：30 km　降水量：200 mm/年
[29°13′S　141°58′E]

オーストラリア南東部，ニューサウスウェールズ州北西の国立公園．北をクイーンズランド州，西をサウスオーストラリア州で限られる．州都シドニーの西北西1060 km，アデレードの北北東900 km離れたアウトバック（オーストラリアの人口希薄な内陸部）にあり，管理は公園の南15 kmにあるティブラのオフィスで行われている．3つの州が出会う公園の北西端は，キャメロンコーナーとよばれる．また，州境には羊を野犬から守るためにつくられたディンゴフェンスが張られている．公園はかつて5軒の牧羊家が所有していたが，1972年に公園整備されるようになった．園内には，ギバープレーン（礫砂漠），干上がった湖，赤茶けた砂丘やメサなどの乾燥地域特有の地形が広がる．またカンガルー，トカゲ，エミュー，オナガワシなどが生息する．乾燥地帯にあるため，植生はおもに灌木からなるが，降雨後にはワイルドフラワーが絨毯のように咲き誇る．[藁谷哲也]

スタートストーニー砂漠　Sturt Stony Desert

オーストラリア

[26°39′S　140°06′E]

オーストラリア南部，サウスオーストラリア州北東部の砂漠．西側にはシンプソン砂漠，また東側にはストツレッキ砂漠が広がる．北部には，大量の水が流れてきたときだけに水がたまるゴイダーラグーンがあり，そこにはクイーンズランド州からディアマンティーナ川が注ぐ．またゴイダーラグーンからはウォーバートン川が流れ出ており，エア湖の北湖に注ぐ．またこの砂漠の中央部には，クイーンズランド州南西部のバーズヴィルとマレーとを結ぶ道バーズヴィルトラックが縦断しており，かつては重要な家畜輸送ルートとなっていた．この沿線には，現在も沸騰した水が自噴するミラミタボア Mirra Mitta

Bore がある．またこの砂漠の南部には，バーズヴィルトラック沿線唯一の宿泊地であるマンジェラニー Mungerannie のロードハウスがある．ここには，砂漠の中の貴重なオアシスがあり，水鳥も多くみられる．地名は，探検家のチャールズ・スタート（1795-1869）にちなむ．　　　　　　　　[片平博文]

スターバラ　Starborough　☞ セドン Seddon

スダラム　Sudharam　☞ ノアカリ Noakhali

スターリナバード　Stalinabad　☞ ドゥシャンベ　Dushanbe

スターリング　Stirling

ニュージーランド

人口：303（2013）　[46°15′S　169°47′E]

ニュージーランド南島南東部，オタゴ地方の町．クルーサ地区，クルーサ川の支流，マタウ Matau 川下流北岸に位置する．ダニーディンの南西80 kmにある．郵便局，小学校がある．おもな産業は農業および酪農である．地名は，地主のアーチバルド・アンダーソンがその生地，スコットランドのスターリングにもとづいて命名した．　　　[太田陽子]

スタンズバリー　Stansbury

オーストラリア

オイスターベイ　Oyster Bay（旧称）
人口：0.1万（2011）　面積：1.9 km²
[34°55′S　137°48′E]

オーストラリア南部，サウスオーストラリア州南東部の町．ヨーク Yorke 半島東部に位置する保養・観光地で，セントヴィンセント湾に臨む．州都アデレードからポートウェークフィールド経由で西213 kmに位置する．ちょうど湾をはさんで，アデレードの対岸に位置している．町はセントヴィンセント湾に向かって三角に突き出ており，先端の岬はオイスターポイント Oyster Point とよばれる．そこから町に沿って北西に延びるオイスター湾沿いは美しい砂浜海岸が続く．車でアデレードから約2時間半で行くことができるため，とくに家族連れに人気が高い．その

他，釣り客も多い．町の成立は1875年で，カキがよく育つため，当初はオイスターベイとよばれていた．地名は，当時のサウスオーストラリア植民地総督だったアンソニー・マスグレーヴ（在任1873〜77）によって名づけられたが，スタンズバリーというのは彼の友人の名といわれている．　　　[片平博文]

スタンソープ　Stanthorpe

オーストラリア

人口：0.5万（2011）　面積：34 km²　標高：1000 m
[28°40′S　151°56′E]

オーストラリア北東部，クイーンズランド州南東部，サザンダウンズ地域の町．州都ブリズベンの南西約220 kmに位置する．高原地帯に立地しており，州では最も涼しい気候である．1870年代にスズ鉱山の町として建設された．地名は，ラテン語でスズを意味するstannumと，中部イングランドで村を表すthopeを組み合わせたものである．現在は，ワインの生産および果樹，野菜の栽培が盛んである．また，付近にギラウィーン国立公園などがあり，観光の拠点ともなっている．　　　[秋本弘章]

スタンリー　Stanley

オーストラリア

人口：481（2011）　面積：1.9 km²
[40°47′S　145°19′E]

オーストラリア南東部，タスマニア州北西部の町．バス海峡に面しており，デヴォンポートの西127 kmに位置する．町を見下ろすかのようにそびえ立つ，標高145 mの巨大な円筒状の岩頸ザナットがスタンリーの象徴となっている．ザナットの頂上部まではチェアリフトもしくは徒歩で登ることができ，平坦な頂上部にはバス海峡を眺望できる展望台や，2 kmほどの遊歩道が整備されており，ワラビーなどの野生動物も多く生息している．バス海峡に突き出したこのザナットは，1789年，イギリス人航海者マシュー・フリンダーズとジョージ・バスによって発見された．ザナットの形状からクリスマスケーキを連想した彼らは，この地域をサーキュラーヘッドと名づけた．ヨーロッパ人による入植が本格的に始まる以前から，この地域には複数のアボリジニの部族が暮らしていた．1800年代にはオットセイ猟の基地となり，猟師たちはオットセイの群生地にて猟を行い，皮革を売って生計を立てていた．これら猟師たちの多くは脱獄囚であり，海賊行為を行ったり，アボリジニの女性を奴隷にするなど，悪

行の限りを尽くす者も少なくなかった．現在でも町の周辺にはオットセイの群生地があり，クルーズ船から観察することができる．

1825年，タスマニアの土地を管理する目的で設立されたヴァン・ディーメンズ・ランド会社の責任者エドワード・カーがスタンリーに移り住み，羊毛の生産のため大規模な牧羊を開始した．カーは町の整備のために囚人労働力を確保した．1830年代，町を見下ろす丘に囚人によって建てられたカーの家は，ハイフィールドハウスとよばれ，ヴァン・ディーメンズ・ランド会社の本部としても利用され，敷地内には付随施設や従業員の宿舎なども建設された．州北西部の入植の歴史の象徴的な建造物であるこのハイフィールドハウスは，現在では補修の上保存されており，遠くにバス海峡を望む田園風景も相まって，多くの観光客が訪れる．港は水深が深く，ザナットのおかげで風の影響を受けにくいため，小規模ながらも漁船が多く行き交う州北西部有数の漁港となっている．タスマニアオオガニやイセエビ，ホタテ貝，イカなど数多くの魚介類が水揚げされる．沿岸部にはコガタペンギンやハシボソミズナギドリの群生地もある．自然と調和しつつも，新鮮な魚介類が楽しめるレストラン，小さなカフェやアートギャラリーなどが充実しており，州内外から多くの観光客が訪れる，タスマニア北西部を代表する観光地である．　　　[安井康二]

スタンリー湖　Stanley Reservoir

インド

スタンレー湖（別表記）／メットゥールダム
Mettur Dam（別称）

堤長：1700 m　堤高：37 m　貯水量：2550百万 m³
[11°54′N　77°50′E]

インド南部，タミルナドゥ州サレム県のダム湖．カーヴェリ川上流のデカン高原に位置する．州都チェンナイ（マドラス）から直線距離で南西約300 kmに位置する．湖水の供給源であるカーヴェリ川上流には，パラール川，チェナール川，トッパール川の3本の支流が流入し，豊かな水量を保っている．ダムの工事にあたっては，2つの集落を水没させ，住民はメットゥール市に移住させられた．ダムの完成は，植民地時代の1937年で，イギリスの援助で完成した．ダム湖として南インドでは最大規模で，内水面漁場としても活用されている．ダムサイトのメットゥール水力発電所と緑豊かな湖畔公園，加えて周辺の丘陵の美しい風景などが，多くの観光客をよび込んでいる．　　　[中山修一]

スーチェン市　宿遷市　Suqian

中国

人口：513.0万（2002）　面積：8555 km²
[33°51′N　118°17′E]

中国東部，チャンスー（江蘇）省北部の地級市．北はリエンユンカン（連雲港）市，西はシューチョウ（徐州）市，南東はホワイアン（淮安）市に接する．先秦時代に鍾吾とよばれ，秦代に下相県が置かれ，この地が楚王項羽の故郷であった．西晋のときに下相を改めて宿豫とし，唐代に宿遷と改めた．その後，上位の行政区には変遷があったが1949年の新中国成立後，87年，県を廃止して県級の宿遷市を置いた．1996年には地級市に昇格し，シューヤン（沭陽），スーヤン（泗陽），スーホン（泗洪），スーィェ（宿豫）の4県と宿城区を管轄した．2014年には沭陽，泗陽，泗洪の3県と宿豫，宿城の2区に加え，湖浜新区，洋河鎮区，宿遷経済技術開発区などの開発区を管轄する．市政府は宿城区にある．

地勢は平坦で北に駱馬湖，南にホンツォ（洪沢）湖に臨む．市域をダー（大）運河，ホワン（黄）河旧河道が縦貫する．食品，醸造，紡績，建材，電子，化学，機械など地方の特産品を生かした工業が発達している．そのうち洋河大曲，双溝大曲という酒は明清代にすでに名声を博している．宿遷には大規模な製糸工場があり，全国から繭を集め生糸や絹製品をつくっている．最近の開発区の設置に伴いIT産業も盛んになっている．洪沢湖と駱馬湖では，シラウオ，ウナギ，スッポン，カニ，シバエビなど50種類の水産物を豊富に産出する．おもな観光スポットには，三台山（嶂山）国立森林公園，洪沢湖湿地自然保護区，駱馬湖レジャーセンター，乾隆離宮（宿遷竜王廟），楚王項羽の記念館，下草湾文化遺跡などがある．乾隆離宮は規模も大きく保存も良好なためユネスコの世界遺産（文化遺産）「中国大運河」の一部（宿遷段運河に含まれる宿城区，駱馬湖段運河，宿遷竜王廟）として登録されている．　　[谷　人旭・秋山元秀]

スチュアート山地　Stuart Mountains

ニュージーランド

標高：1728 m　[45°00′S　167°38′E]

ニュージーランド南島南西部，サウスランド地方の山地．フィヨルドランドに位置し，テアナウ湖を北部と中部に分けるように北西−南東方向に走る．古生代の岩石からなる．最高峰はマクドカレ山（標高1728 m）である．

西の延長部の海岸付近では北のブライ湾と南のジョージ湾を分けている． ［太田陽子］

スチュアート諸島　Stewart Islands

ソロモン

シカイアナ　Sikaiana（別称）

人口：249（2009）　面積：2 km²

[8°23′S　162°44′E]

南太平洋西部，メラネシア，ソロモン諸島中部，マライタ州の諸島．マライタ島の北東212 kmにある．一般にシカイアナとよばれる．ラグーン（礁湖）内には主島のシカイアナ島のほかに5つの島がある．住民はポリネシア系で，言語の特徴からツバル，トンガ系と考えられる．口頭伝承によると，最初にこの環礁を発見したポリネシア人のテフイアタフがみずからの集団を引き連れ移住，その後3つの親族集団に分節し，そのうちの2集団から交互に統治者を出すシステムをつくったという．現在もその2集団が環礁内の土地所有権を保有する．また，北西に約500 km離れたオントンジャヴァ環礁の人びととは言語の類似性から同族意識を共有する． ［関根久雄］

スチュアート島　Stewart Island

ニュージーランド

ラキウラ　Rakiura（マオリ語）

人口：381（2013）　面積：1680 km²

[47°02′S　167°51′E]

ニュージーランド南島，サウスランド地方の島．フォーヴォー海峡の南にあり，おもに花崗岩からなる．国内で3番目の大きさの島でほぼ三角形（頂点は南）をなす．海岸線は出入りに富み，東には大きな湾入，パターソン入江があり，おもな河川はそこに西から流入する．北の湾入の延長部には北西から南東に走る断層があり，そこに第四紀層からなる低地がある．北部のアングレム山は標高980 m，南部にはアレン山がある．山地は密な森林に覆われている．おもな湾入は東部のパターソン入江，その南のポートアドヴェンチャー Port Adventure，最南部に近いポートペガサス Port Pegusus，西岸では北にメーソン湾，その南にドーボーイ湾がある．主島のほかに大小の島々があり，そのおもなものはハーフムーンベイ北方のマトンバード諸島である．

島民の多くはハーフムーンベイ，バターフィールド Butterfield ビーチ，ゴールデン湾，ホースシュー Horseshoe 湾，リースク Leasks 湾などの沿岸の集落に住んでいる．

本島は風景が美しく，自然愛好者，芸術家，写真家，植物愛好家などにとってのパラダイスといわれる．とくに夏のリゾートとしての評判が高い．ここには南島南端のブラフからフェリーが，インヴァーカーギルからは定期的な航空便がある．

島は1770年にイギリスのジェームズ・クックにより見出されたが，当時彼はこれを南島の一部と見なした．ここに初めてきたヨーロッパ人が誰かは確定的でないが，おそらくエンデヴァー号の船長で，アザラシの捕獲者であったオリファント船長で，1803年のことである．しかし，白人とマオリとの混血のジェームズ・カデルは自分がこの島にきた最初の白人であると主張した．1806年にアメリカのアザラシ捕獲者スミスが島の地図を描き，現在フォーヴォー海峡とよばれる海峡を1804年に発見したと述べた．1809年，J・グロノはガバナーブライ号による航海の際に海峡を初めて記載した．ペガサス号の航海でウィリアム・スチュアートは1809年にポートペガサスの詳細図および島全体の地図を描いた．地名は，このスチュアートによっている．その理由は海峡を発見したということではなく，詳しい調査をしたためである．その後アザラシを捕獲する人びとや捕鯨者が増えてきた．本来ここにはマオリが住んでいたが，1840年にイギリス領とされた．マオリ語名はラキウラで，美しい日没を意味する．2002年には島の約85％がラキウラ国立公園に指定され，自然が手厚く保護されている．

［太田陽子］

スチュアートタウン　Stuart Town

オーストラリア

人口：487（2011）　[32°47′S　149°04′E]

オーストラリア南東部，ニューサウスウェールズ州中央東部，ウェリントン行政区の町．州都シドニーの北西317 kmに位置する．周辺は豊かな耕作地や果樹園が広がり，町はこれらの農産物を周辺地域へ供給するためのセンターとしての役割を担っている．町の設立は，この町で金が発掘された後，シドニーからの鉄道が開通した1879年である．

［牛垣雄矢］

スーチュワン省　四川省　Sichuan Sheng

中国

イーチョウ　益州　Yizhou（別称）／しせんしょう（音読み表記）

人口：8262万（2016）　面積：490000 km²

[30°40′N　104°01′E]

中国中西部の省．国内最大の人口を有する．省の略称は川および蜀である．1980年の調査では，その長い歴史の中で55万を超える地名が確認されており，その中には各民族の言語を反映したものも多い．面積は国内第5位の広さをもち，省内をチャン（長）江が横断していることが特徴である．省内には漢族，ツァン（チベット）族，チャン（羌）族，イ（彝）族などの民族が居住している．2012年度の省GNPは2兆3849億元で全国第8位である．行政区画は，省会で副省級市のチョントゥー（成都），地級市であるツーゴン（自貢），パンチーホワ（攀枝花），ルーチョウ（瀘州），ドゥヤン（徳陽），ミエンヤン（綿陽），コワンユワン（広元），スイニン（遂寧），ネイチャン（内江），ローシャン（楽山），ナンチョン（南充），イーピン（宜賓），メイシャン（眉山），コワンアン（広安），ダーチョウ（達州），ヤーアン（雅安），バーチョン（巴中），ツーヤン（資陽）の17市，また，アーバー（阿壩）自治州，ガルツェ（甘孜）自治州，リャンシャン（涼山）自治州の3自治州，17県級市，52市直轄区，114県（自治県を含む）を統括している．

その歴史は殷周代までさかのぼり，当時は巴と蜀という2つの奴隷制国家が，前者は現在の重慶一帯，後者は成都一帯にそれぞれ建国されていた．この巴，蜀という地名の記載は殷代の甲骨文字において確認できる．戦国時代に秦の恵文王が両国を合わせ巴蜀とし，当地に巴郡，蜀郡を配置した．なお，当時の銅器にはすでに成都の文字がみられる．前漢代には両郡とは別に広漢郡を配置し，武帝の時代にはほかに沈黎，越嶲，犍為，汶山などの郡を加えた．同時に益州刺史部（地方官）を配置した．このことから，四川を益州とよぶこともある．後漢代には巴西，巴東，涪陵などの郡が新たに置かれ，県はすでに70を超えていた．三国時代には蜀漢政権が中心となり，15の郡を統括した．晋代には四川東部に漢原郡が置かれ，また漢嘉郡が分割され沈黎郡と新たに安州が配置された．南北朝時代には南朝の宋や斉，梁，北朝の西魏や北周に領有された．唐代には益州が剣南道，古梁州は山南道を支配し，後期には剣南道が西川道と東川道，山南道に分割された．この分割以

スーチュワン(四川)省

0　　100km

降，四川は剣南三川と呼称され，四川の川の字はこの名称に由来する．

五代十国代には前蜀と後蜀に領有された．北宋代の乾徳3年(965)に剣南東道と剣南西道を統合し，西川路を配置した．続いて開宝6年(973)に山南道，山西道の2つの道を統合し，狭西路が配置され，太平興国6年(981)に西川路と狭西路を川狭路とし，咸平4年(1001)には川狭路を益州路(のちの成都府路)，梓州路(のちの潼川府路)，利州路，夔州路の4つの路に分割し，総称として四川路とよばれた．地名の四川はこの4つの路をさすものといわれる．

元代の元至23年(1286)に，四川東部に四川等処行中書省が置かれ，略称で四川行省とよばれた．明代には承宣布政使司が置かれ，

管轄の範囲は四川，重慶の一帯のほかに，貴州省の遵義と雲南省の一部，そして川西高原や涼山地区にまで及んだ．清代順治3年(1646)に四川省が配置され，この頃に西部の省界線をチンシャー(金沙)江と規定した．1932年以降の中国工農紅軍による進行以降は，革命軍の主要な拠点となった．1939年に西康省と分割された．1950年には四川省は撤廃され，川西，川東，川北，川南の4行署区と重慶市が配置された．1952年には四川省とふたたび呼称され，55年に西康省が撤廃され，以降，金沙江以東は四川省に画定されている．

地形は，高原や山地，盆地，丘陵，平原，湿地などのさまざまな地形からなり，省全体は東部を四川盆地，西部を川西高原山地に二

分できる．四川盆地の周辺は高峻な山地に囲まれており，北部に米倉山やダーバー(大巴)山脈，西部にロンメン(竜門)山やチオンライ(邛崃)山脈，大祖嶺，南西部に大涼山，南部に大類山，東部にはウー(巫)山などを望む．省の大部分が標高1000mに立地しており，盆地の西部には標高3099mを誇るオーメイ(峨眉)山がみられる．省内最高峰であるミニヤコンカ山は標高7556mを誇る．なお，新期造山帯に属するため，2008年にウェンチュワン(汶川)県を震源地として発生した四川大地震をはじめとする地震多発帯でもある．

河川は，流域面積が100km²を超えるものが1417本流れており，とくに長江は省内において2470kmの長さをもち，流域面積も500km²と非常に広大である．また，長

江へはヤーロン(雅礱)江やダートゥー(大渡)河，ミン(岷)江，チャリン(嘉陵)江，ウー(烏)江などおよそ340本の大きな支流が流れ込んでいる．また，盆地内には中国西南部最大の平原である面積6000 km²の成都平原が広がる．また，川西高原は平均標高が3000 m以上であり，地面の起伏がゆるやかで，草原や沼沢が広がる．とくに紅原とツォイゲ(若爾蓋)一帯の若爾蓋沼沢は中国第2位の大湿地帯として有名である．湖は少なく，主要なものは川西高原に分布している．

気候は，東部の盆地と西部の高原で明確に区別できる．東部は四季があり，年平均降水量は500〜1200 mmと比較的多い．そのうちの40〜60%は夏の，それも夜に多く降ることが特徴である．年平均気温は16〜18℃であり，最高気温は38〜40℃に及ぶ．一方，西部は高山気候に属し，全体的に標高が高く，低温であり，かつ乾燥している．さらに北部の高原地帯と南部の峡谷地帯では環境が大きく異なり，北部は高地寒冷気候で，年平均気温は0〜7℃，冬季が非常に長く，一年を通して霜や雪がみられる．南部はホントゥワン(横断)山脈が走り，気候は標高に沿って，亜熱帯から寒帯気候まで多様である．

四川の自然環境は多種多様であり，まず植物では，維管束植物の種類は全国の1/3を占め，裸子植物では全国の省のうち第1位，被子植物は第2位と非常に豊富である．また，樹木ではモミ，トウヒ，ウンナンマツ，アブラマツ，バビショウ，カシワなどが自生し，メタセコイアやカタヤ(マツ科)，紅豆杉など貴重な種類の樹木も多数確認されている．薬材資源でも，トウチュウカソウ(冬虫夏草)やバイモ(貝母)，センキュウ(川芎)，オウレン(黄連)などが採取できる．動物では，脊椎動物だけで約1100種が生息しており，これは中国全土の40%を占める．中でも，パンダやキンシコウ，ターキン，ヒョウ，クチジロジカなどの希少種も数多く確認されている．2000年の時点で，15カ所の自然保護区が指定されており，総面積は5200万km²にも及ぶ．ジャイアントパンダの30%以上がこの地域に生息しており，2006年には「四川ジャイアントパンダ保護区群」としてユネスコの世界遺産(自然遺産)に登録されている．

農業では四川盆地において，水稲，小麦，ナタネ，綿花，麻，タバコ，クワ，柑橘類などが栽培されており，牧畜業では豚，牛，家禽，魚，ハチなどが飼育される．また，盆地周辺の山区ではトウモロコシ，サツマイモ，ジャガイモ，ウルシ，茶，モモなどが栽培さ

れ，家畜はコウギュウや山羊などが飼育される．川西高地の峡谷地帯では，トウモロコシやジャガイモの栽培が，川西北高原ではヤクや馬，綿羊の飼育といった牧畜業のほかに，寒冷な気候に強いハダカ麦が栽培される．また，工業では1960年代の西部大開発以降，中国西部地域で最大の経済発展をみた．2007年には全国文明都市の称号が贈られている．観光資源が非常に豊富で，ユネスコの世界遺産では3つの自然遺産(チウチャイゴウ(九寨溝)，ホワンロン(黄竜)風景区，ジャイアントパンダ保護区)，1つの文化遺産(青城山とトゥーチャンイエン(都江堰))，1つの複合遺産(峨眉山と楽山文化)がある．また，灌漑施設遺産として東風堰がある．成都や重慶，自貢，ランチョン(閬中)，宜賓などの歴史的都市も多い．また，中国工農紅軍の本拠地であったこともあり，数多くの記念館がある．　　　　　　　　　　　[石田　曜]

スーチュワン盆地　四川盆地
Sichuan Pendi
中国

面積：約200000 km²　長さ：380-480 km
幅：310-330 km　降水量：1000-1300 mm/年

中国中西部，スーチュワン(四川)省東部の盆地．東西の長さは約380〜480 km，南北の幅は約310〜330 kmに及ぶ大盆地である．ダーバー(大巴)山脈とウー(巫)山の南西，ダーロウ(大婁)山脈の北西，ロンメン(竜門)山とチオンライ(邛崍)山脈の南東，大涼山と小涼山の北東に位置する．西部はチベット高原とホントゥワン(横断)山脈に，北部はチンリン(秦嶺)山脈，東部は湘鄂山地に接する．盆地の地表面には，紫がかった濃赤色の砂岩が露出していることから，紅層盆地や紅色盆地と呼称されることもある．白亜紀において，この一帯は非常に大きな湖盆地帯であった．のちに造山活動によって周囲の山の標高が上昇する中，東部の巫山は比較的標高が低く，そこから湖水があふれたとされる．そして，湖水が流れ出た後に，湖底は時間を経て盆地となった．盆地の地勢は北西から南東へと傾斜しており，標高も300〜700 mと幅がある．

この広大な盆地において，地形は大きく3地域に区分できる．まず，東部では燕山運動によって隆起した山地や谷が平行に，北東から南西に向かって連なっている．その多くが，山地は標高600〜1000 m，谷は200〜300 mを有している．つぎに，中部は丘陵地帯である．華鎣山と竜泉山の間に位置し，標高は250〜400 m程度である．丘陵間には渓

密布が流れている．最後に，竜泉山より西の地域はチョントゥー(成都)平原，または川西平原ともよばれる．地勢は低く平らで，沖積平野と洪積台地が混交している．数多くの河川が盆地を流れる．ここでは，巫山を含む三峡地帯が有名である．ほかにも，チャリン(嘉陵)江やフー(涪)江，トゥオ(沱)江，ミン(岷)江，ウー(烏)江などの支流が流れている．気候は亜熱帯気候に属し，夏は暑く，冬は温暖である．霧が濃く，湿度が高い．また，国内でも曇天が多く，日照時間が少ない地域でもある．年平均気温は16〜18℃で，1月の平均気温は4〜8℃，7月は27〜29℃である．一年を通して非常に湿潤であり，降水の特徴として，夜間の降雨が60〜70%を占めている．このような気候の中で，多様な植生が育まれており，マツやカシワ，クスといった常緑広葉樹などがみられる．また，メタセコイアやダビディア，トチュウ(杜仲)などの独特な植物も多く自生している．

人びとは河川を古くから活用しており，とくに2000年前に行われた水利事業である都江堰が著名である．また，国内でも最も農業が盛んな地域の1つであり，米やアブラナ，綿花をはじめ，果物や茶など多くの作物が収穫される．このことから天府の国とも称される．このように，周囲を山脈に囲まれている地形条件から，独特な景観がみてとれる．　　　　　　　　　　　　[石田　曜]

スーチョウ市　宿州市　Suzhou
中国

人口：649.5万 (2015)　面積：9787 km²
[33°38′N　116°58′E]

中国東部，アンホイ(安徽)省北端の地級市．チャンスー(江蘇)省，シャントン(山東)省，ホーナン(河南)省に隣接する．市政府は埇橋区(面積2868 km²，人口約180万，2009)に置かれる．埇橋区とタンシャン(碭山)県，シャオシェン(蕭県)，リンピー(霊璧)県，スーシェン(泗県)の4県を管轄する．戸籍人口は649.5万，常住人口は554.1万(2015)．ホワン(黄)河とホワイ(淮)河が形成した黄淮平原の南端に位置し，黄河氾濫区に臨む．平原が9割以上を占め，残りは丘陵と台地からなる．古来より中国の沿海部と内陸部，ホワペイ(華北)とホワナン(華南)とを結ぶ交流の要衝にあたり，「舟車會聚，九州通衢之地」(舟や車が集まり，九州各地へ通じる地)とよばれた．新汴河，奎河，スイ(濉)河など黄河水系と淮河水系に属する70あまりの河川が流れる．

春秋戦国時代は宿国，徐国，蕭国など小諸侯国が分立していた．秦代には四川郡が置かれ，漢代は沛郡に改名した．唐代に宿州が置かれ，宋代は淮南東路に，元代は帰徳府に，明代は臨濠府に，清代は鳳陽府に属した．1912年に宿県に改められ，49年に宿県専区が置かれ，70年に宿県地区となり，79年に中心部とその周辺を合わせて宿州市が置かれ，98年に地級の宿州市が設置された．

おもな農産物は小麦，トウモロコシ，コーリャン，綿花，タバコ，搾油作物などで，またさまざまな漢方薬材を豊富に産出する．石炭や天然ガスなどのエネルギー資源に恵まれ，石炭埋蔵量は淮河北部では省内第1位である．鉄，金，銅などの金属資源，石灰石，白雲石，磁土などの非金属資源も豊富である．京滬高速鉄道，京滬鉄道，隴海鉄道，符夾鉄道，宿淮鉄道が市域を通過し，連霍，泗許，京台，徐明の4本の高速道路も通る．名勝古跡に扶疎亭，老海寺，聖泉寺，天明寺，白居易故居，永堌古鎮，朱陳村などがある．

［林　和生］

スーチョウ市　蘇州市　Suzhou

中国

呉，姑蘇，平江（古称）

人口：1061.6万（2015）　面積：8488 km²
[31°18′N　120°35′E]

中国南東部，チャンスー（江蘇）省の地級市．チャン（長）江三角州中央部に位置する広域中心都市．西はタイ（太）湖に面し，北から東は長江に臨む．北西はウーシー（無錫）市に，南はシャンハイ（上海）市に接する．長江に近い東部は自然堤防からなる砂丘性の微高地であり，その西，太湖の湖岸の丘陵が散在する平地との間は昆承湖，陽澄湖，淀山湖など大小の湖が多数分布する低湿地である．そのため水郷沢国，魚米之郷などとよばれてきた．昔から呉，姑蘇，平江などと称された．

現在の市域から多くの新石器時代の遺跡が発見され，とくに良渚文化の代表的遺跡である草鞋山遺跡からはすぐれた技術による玉器が多数出て，この地域の先史文化の先進性を示している．そのため古くから中原と密接な関係があったという伝承も多い．呉国の初代の王太伯は周の王族でありながら，チャンナン（江南）に移住し，勾呉の国を建てたというのもその1つである．先秦時代には長江三角州一帯は，楚，呉，越といった国が占有し，勾呉の地はその中でも最も重要な都市として，呉国や越国の国都となった．呉王夫差と越王勾践の間の呉越の争いはとくに有名である．また楚国の相として呉に任ぜられた春申君もかかわりが深い．

秦が全国を統一すると，長江三角州の地は会稽郡となり，郡治は呉国の故都，すなわちいまの蘇州に置かれ呉県が設けられた．漢代には有力な王族が封ぜられて，呉国は豊富な資源や産業で知られていた．隋になって上級の行政領域であった呉州を城西の姑蘇山にちなんで蘇州とよぶようになった．宋代には蘇州を昇格させて平江府としたため，蘇州を平江と称することもあった．元代に行省ができると蘇州は江淮省，次いで江逝省に属し，平江路の中心都市となった．明代には平江路を蘇州府に改め，府城の中に長州，元和，呉県の3県を置いた．清代に江南省は安徽と江蘇の2省に分かれ，蘇州は江蘇に属し，省の治所が蘇州に置かれた．民国になって蘇州府は廃され，行政的には呉県と称した．1949年，呉県は都市部を蘇州市，郊外の農村を呉県と二分した．市には東，西，南，北，中の5区を設け，1953年に現在の形の江蘇省が成立するとともに蘇州市を省直轄市とした．呉県は蘇州市の所属県となっていたが，1995年呉県市とし，2001年にウーチョン（呉中）区と相城区に分けた．現在蘇州市は姑蘇，相城，呉中，虎丘，ウーチャン（呉江）の5区とチャンシュー（常熟），崑山，チャンチャガン（張家港），タイツァン（太倉）の4県級市を管轄している．市政府は姑蘇区にある．

第1次産業としては，全国でも有数の米作地帯であり，経済作物としては綿，養蚕，茶などが盛んで，エビやカニの養殖も盛んである．商工業では前近代においては，江南のみならず全国からみても中国を代表する商工業の発達した都市であった．ダー（大）運河が開通した隋唐以後，江南の米や工業製品の集散地であり，南宋から元にかけては「上に天堂あり，下に蘇杭あり」といわれるほど繁栄した．とくに絹織物ではハンチョウ（杭州）と並んで最大の生産地で，木綿が普及するようになってからは綿織物やその加工品の生産地としても発達し，明から清にかけては，繊維産業やそれに伴う商業，金融業なども発達し，全国一の経済都市であった．しかし太平天国の乱で荒廃したあとは，全国の経済中心は上海に移り，蘇州は地方都市として伝統産業を維持してきた．

1949年以後は庭園を中心とした歴史文化遺産を資源とした江南の代表的観光都市であったが，長江三角州の経済圏の成長とともに，シンガポールとの合弁による蘇州工業園区（1994），ハイテク・ソフトウェア開発を目的とする蘇州高新技術産業開発区（2002）などの国家級開発区が多数設置され，東部沿海地区の発展プロジェクトの中心となっている．

本市においては城郭そのものが，貴重な歴史文化資源となっている．蘇州城内では縦横に走る街路や水路と橋梁が周囲の民家と調和して美しい水郷景観を呈しており，その間に豪壮な邸宅や庭園が分布する．とくに拙政園，留園，滄浪亭，網師園などの9園は1997年に「蘇州古典園林」としてユネスコの世界遺産（文化遺産）に登録されている．外周には城壁の一部や城門・水門跡も残っており，大運河が外堀を兼ねている．市域にある

スーチョウ（蘇州）市（中国），蘇州古典園林の1つ，拙政園《世界遺産》〔amadeustx/Shutterstock.com〕

中小都市も歴史文化遺産として重要で，常熟旧県城は国指定の歴史文化都市に指定され，崑山周庄，呉江同里，呉中角直など9鎮は中国歴史文化名鎮に登録されている．伝統的歌劇である崑劇と蘇劇は，世界無形文化遺産として認められている．　　［谷　人旭・秋山元秀］

スックル　Sukkur　　パキスタン

ダリャディノ　Darya Dino　（別称）

人口：33.6万 (1998)　　　［27°42′N　68°52′E］

パキスタン南東部，シンド州北東部スックル県の都市で県都．サッカルともいう．インダス川西岸の，非常に古くからの重要な戦略的要衝であり，ハイデラバードからボラン峠を経て，クエッタからアフガニスタン方面へ向かう交易ルート上に位置する．インダス川下流で最も川幅が狭くなったところにあり，対岸のローリー Rohri と対向集落をなしている．1932年にスックル堰堤が完成し，インダス川下流の約3万 km² を灌漑する．人口は州第3位の都市で，商業中心地である．綿紡績，染色，皮革，セメント，製薬，農業機具製造などの工業がある．地名はアラビア語で「激しい」を意味するサカール saqar に由来する．インダス川がなければナイル川を奪われたエジプトと同様であるので，「川の贈り物」を意味するダリャディノ Darya Dino と称されることもある．

現在の新市街は1843年にシンドを征服し，総督となったイギリス陸軍の将軍チャールズ・ネイピアによって40年代に建設された．パキスタン独立後，数千人のムスリムの移民者がスックルに到着する一方で，インドに向けて移動したヒンドゥー教徒はそれよりはるかに多かったという．対岸のローリーの南約8kmには，アレクサンドロス大王がインドに侵入してきた紀元前326年頃に，ムシカノスの統治下に王国の首都であったアローの遺跡がある．　　　　　　［出田和久］

スックル県　Sukkur District　　パキスタン

人口：93.2万 (1998)　面積：5165 km²

降水量：90 mm/年　　　［27°42′N　68°52′E］

パキスタン南東部，シンド州北東部の県．県都スックルにちなむ名称で，1901年にシカルプル県を割いて設置され，その残りがラルカナ県となった．大半はインダス川東岸に位置し，都市人口率は50.9% (1998) である．北東はゴトキ県，北西はシカルプル県，南東

はインドのラージャスターン州，南はハイルプル県に接する．気候は，冬の乾燥と寒冷に対して夏の暑さと霾が特色であり，1月の気温はおよそ9〜23℃，モンスーンの前の夏の6月の気温はしばしば42℃に達する．一般に夏のシーズンは3〜4月に始まり9月に終わる．年平均降水量は少なく乾燥が著しい．スックル堰堤からの灌漑耕地では，おもにカリーフ期には米，バージラ，綿花，トマトなど，ラーヴィ期には小麦，大麦，ヒヨコ豆，ウリ類が作付けされている．また，当地のナツメヤシは美味で知られる．

森林の多くは河岸の熱帯林で，1997〜98年には面積 510 km² に達し，1600 m³ の木材と 760 m³ の薪を供給した．近年は耕地の拡大と洪水からの防御のために堤防を構築したために内陸林に変わる部分もある．1977年におもにインダス川右岸の西部がシカルプル県として，93年に北部がゴトキ県として分離された．モヘンジョダロ遺跡観光の拠点ともなっている．　　　　　　　［出田和久］

スティアリンノース　Stirling North　　オーストラリア

人口：0.2万 (2011)　　　［32°31′S　137°50′E］

オーストラリア南部，サウスオーストラリア州北東部の町．スペンサー湾最奥部にあり，州都アデレードからプリンセスハイウェイに沿って北北西 302 km，エア半島北東部の中心地ポートオーガスタの南東わずか5kmに位置する．町からフリンダーズ山脈方面に沿った北部に向かう道 (B 83 号) が分岐しており，同山脈への玄関口となっている．　　　　　　　　　　　　　　［片平博文］

スティーヴンズ山　Stevens, Mount　　ニュージーランド

標高：1213 m　　　　［40°48′S　172°27′E］

ニュージーランド南島北西部，タスマン地方の山．海岸に沿って北東-南西に走るワカマラマ Wakamarama 山地の最高峰である．山地は古生代の硬砂岩からなる．1931年にガーディナー夫人がスティーヴン・グラハムにもとづいて命名した．　　［太田陽子］

スティーヴンズ島　Stephens Island　　ニュージーランド

タカポレア　Takaporea　（マオリ語）

　　　　　　　　　　　［40°40′S　174°00′E］

ニュージーランド南島北東部，マールバラ地方の島．クック海峡の北の入口に面するダーヴィル島の北端，スティーヴンズ岬の沖合3kmにあり起伏に富む．古生代の岩石からなり，最高点の標高は 283 m．野生動物保護区であり，トゥアタラ(ムカシトカゲ)，カエルの祖先にあたる独特なカエルなどがいる．建設当時は国内で最も強力であった灯台が建つ．地名は，イギリスのジェームズ・クックにより，フィリップ・スティーヴンズにもとづき命名された．マオリ語でタカポレアとよばれる．　　　　　　　　［太田陽子］

スティーヴンズ岬　Stephens, Cape　　ニュージーランド

標高：186 m　　　　　［40°42′S　173°57′E］

ニュージーランド南島北東部，マールバラ地方の岬．ダーヴィル島の北端にあり，古生代の砂岩，石灰岩などからなる．岬には標高186 m のスティーヴンズ Stephens 山がある．沖合3kmにはスティーヴンズ島がある．地名は，1770年3月31日ジェームズ・クックがニュージーランドを去る日に，航海に大きな貢献をしたフィリップ・スティーヴンズの名をとって命名した．　　　　［太田陽子］

スティックス　Styx　　ニュージーランド

人口：0.2万 (2013)　　　［43°28′S　172°37′E］

ニュージーランド南島，カンタベリー地方の町．クライストチャーチ市域にあり，ワイマカリリ川の南の支流，スティックス川沿いの河成低地に位置する．中心市街地の北7kmにある．地名は本来，川を渡るときに木の枝を置いたことに由来して川の名前がつけられ，置いた場所を The Styx とよんだことに由来する．しかし，ギリシャ神話にもとづくという説もある．　　　　　［太田陽子］

スティングレー港 Stingray Harbour ☞ ボタニー湾 Botany Bay

ステープ山　Suthep, Doi
タイ

ドーイステープ　Doi Suthep（別称）

標高：1601 m　　　　　[18°40′N　98°50′E]

　タイ北部，チエンマイ西方近郊の山．その先すぐにあるドーイプイ山（標高 1685 m）とともにドーイ国立公園として指定されている．チエンマイ盆地を見渡せる景勝地で，ラーンナー・タイ様式の金色の仏舎利塔（1420頃建立）を誇るドーイステープ寺や，現王室が避暑に利用するプーピン宮殿（1961）などがある．「ステープ山に登らなければ，チエンマイに来たことにはならない」と地元ではいわれるほどチエンマイの象徴的存在であり，国内外から多くの観光客が訪れる．1935 年，名僧（クルーバー）シーウィチャイが山頂の寺院まで 14 km の参道の建設を唱導すると，北タイの民衆が喜んで奉仕し，わずか 4 カ月あまりで完成させた話は有名である．
[遠藤　元]

ストーウェル　Stawell
オーストラリア

人口：0.6 万 (2011)　面積：93 km²

[37°04′S　142°48′E]

　オーストラリア南東部，ヴィクトリア州西部の都市．グランピアンズ Grampians 国立公園の中心都市ホールズギャップの北東に位置し，バララトから通じるウェスタンハイウェイ沿いに位置する．1853 年の 5 月に，沖積層で最初の金鉱が発見されたがすぐに枯渇した．しかし，近隣の丘陵地で発見された有望な鉱脈では，1920 年代まで大規模な採掘が行われた．現在でも金採掘は行われている．2000 年の採掘量は 11 万オンス（7000 万豪ドル相当）であった．近年では観光業の成長が顕著である．市からはグランピアンズ国立公園を訪れる各種ツアーが充実している．
[堤　純]

ストゥントレン州　Stung Treng Province
カンボジア

シエンテン　Xieng Teng（古称）

人口：11.2 万 (2008)　面積：11092 km²

[13°31′N　105°58′E]

　カンボジア北部部の州．州都はストゥントレン．首都プノンペンの北北東約 400 km，ラオス国境の南約 50 km の国道 7 号沿いに位置する．北はラオス，東はラタナキリ州，西はプレアヴィヒア州，南をコンポントム州，クラチェ州およびモンドルキリ州と接する．ストゥントレン市街は，セコン川との合流地点においてメコン川を見下ろす，砂地の高台になった河岸に立地する．セコン橋が町と対岸をつないでいる．人口は，クメール人，ラオ人および少数民族の混成である．地名は，アシの川を意味し，かつてはシエンテンとよばれ，広大なクメール王朝の領土に属していた．その後ラオ人のラーンサーン王国に，続いて同じくラオ人のチャンパサック王国の領土となったものの，フランス領インドシナの時代に割譲されてふたたびカンボジア領となった．

　地勢はおおむね高地森林地域であり，メコン川とその支流によって東西に二分されている．中央部は広く落葉樹林で覆われ，その東西（ヴィラチャイ国立公園は東部に属する）は常緑樹林である．この州を特徴づけるものとしては，巨大なメコン川とそれにつながるストゥントレン・ラムサール条約湿地，数々の支流，淡水イルカが生息する淵，魅力的な早瀬，沿岸砂州や川面にみえ隠れする何百もの小さな中州などがあげられる．カンボジアとラオスの国境付近には，コーン滝またはソピアミット滝とよばれる壮大な滝があり，メコンの水が 26 m の高さから何層にも重なった岩肌を駆け落ちるのをみることができる．気候は，カンボジア全土と同様温暖湿潤で，適度な年平均降水量（西部がやや少なく 1400～2000 mm，東部がやや多い 2000～2600 mm）があり，乾季は 4 カ月を超える．
[ソリエン・マーク，加本　実]

ストックトン　Stockton
オーストラリア

人口：0.4 万 (2011)　面積：3.7 km²

[32°55′S　151°47′E]

　オーストラリア南東部，ニューサウスウェールズ州中央東部，ニューカッスル行政区の町．ニューカッスルの中心業務地区の北約 600 m に位置し，フェリーで結ばれる．ヨーロッパ人の入植は 1797 年に始まり，町の南端は海賊の隠れ家として知られていた．その後 19 世紀には造船業や炭鉱の基地として栄えた．町は，ハンター川河口に位置する半島状の砂州の上に立地し，タスマン海に面している．このため東のビーチは，アンナベイ Annna Bay まで続く長さ 32 km の砂浜海岸の一部を構成し，サーフィンが盛んである．
[藁谷哲也]

ストーム湾　Storm Bay
オーストラリア

長さ：26 km　幅：24 km

[43°10′S　147°32′E]

　オーストラリア南東部，タスマニア州南東部の湾．州都ホバートを流れるダーウェント川が流入する湾であり，東西をタスマン半島とブルーニー島に囲まれ，南方はタスマン海に開けている．タスマニア有数の漁場として知られ，ミナミセミクジラなどのクジラが観察されることもある．
[安井康二]

ストラウド　Stroud
オーストラリア

人口：0.1 万 (2011)　面積：210 km²

[32°23′S　152°00′E]

　オーストラリア南東部，ニューサウスウェールズ州中央東部，ミッドコースト行政区の町．州都シドニーの北北東 213 km，ニューカッスルの北 74 km に位置する小さな田舎町である．主要道路として，バケッツ Bucketts ウェイが通っている．町の設立は，1820 年代，オーストラリア農業会社の拠点が置かれたことに始まる．1824 年にこの会社は，スティーヴンズ港とマニング川の間の土地 4000 km² を受け取り，これらの土地を農業用地として使用した．町は 1832 年までは自給的であったが，36 年には多くの労働力がここに集められ，50 年には本社が置かれるまでに農業地域として成長した．これらの土地は，1849 年，イングランドから到着した移民によって私的に区画され，翌年，無償で払い下げられることとなった．この地には，多くのすばらしい歴史的な建物が存在し，ストラウドハウス（1827～32）やセントジョンの教会（1833），クアンビ学校の校舎（1830 代後半）など一部は今日も使用されている．また穀物を貯蔵するための地下貯蔵庫がオーストラリア農業会社によってつくられた．

　スポーツの分野では，男子ラグビー連盟に加入するストラウドレイダーズが，2007 年に組織改造を行い，年間を通して強豪チームとなった．2007 年にはメジャーリーグとマイナーリーグにおいて首位を獲得した．そのほか，スーパーキャッツとよばれる女子サッカーチームやクリケットのチームも存在し，これらのチームは競技場を共同で使用している．また，ストラウドテニスクラブがもつテニスコート 4 面と，10 月から 4 月にかけてつねに開いている 25 m プールがある．

　イベントは，ストラウドショーが通常では

復活祭の後の最初の週末に開催される. ストラウドインターナショナルブリックとピンスローイングコンテストは, 通常7月の土曜日に開催される. 同時期に, アメリカのオクラホマ州, イギリスのグロスターシャー州, カナダのオンタリオ州の3カ所のストラウドにおいても, 同じイベントが開催される. ストラウドロデオは, 通常, 9月の3週目に開催される. 協議会は聖処女マリアの像があるフランシスコ会の修道院で開催される.

ノースコースト鉄道線のストラウドへの貢献度は低い. かつて鉄道駅はストラウド通りに置かれたが, 現在は閉鎖しており, 最寄駅はダンゴクとなっている. そのほか, 教育分野では1884年に設立された小学校がある. グロスターシャー州のストラウドと姉妹都市の提携を結んでいる. また, ブーティブーティ Booti Booti, Ghin-Doo-Ee, マイオール湖, ウォーリンガットの各国立公園にも近い. [牛垣雄矢]

ストラサルビン　Strathalbyn

オーストラリア

人口：0.6万 (2011)　面積：100 km²
[35°15′S　138°54′E]

オーストラリア南部, サウスオーストラリア州南東部の町. マウントロフティ山脈の東麓, 州都アデレードの南東57 kmに位置する. 開拓時代の雰囲気をいまなお残し, 付近に広がる農業地域の中心地ともなっている. 町の中央部をアンガス Angas 川が流れる. この地に最初にやってきたヨーロッパ人は, ジョン・ランキンであった. 彼は1837年, スコットランドのエアーシャーから, 105人のスコットランド人移民とともにサウスオーストラリア植民地へ移り住んだ. 2年後の1839年には兄弟のウィリアムもやってきて, いまの町が位置するところの土地を買い上げた. しかし, 正式に町として成立したのは, 約30年後の1868年になってからのことである. 翌年の1869年には, マレー川最下流部の港町グールワとの間に路面電車が建設された. 1884年にはアデレードとの間にも鉄道が開通し, マウントロフティ山脈東側における交通の要衝となり, またフリュリュー Fleurieu 半島南部への玄関口ともなった. 一方, この付近の農業は穀物栽培や羊飼育のほか, 牛の飼育も盛んになり, 町には早くも1880年代にチーズ工場が建設されていた.

現在, 町中には30棟を超す歴史的な建造物が残されている. 1858年に建設された旧警察署と67年建設の旧裁判所は, ナショナルトラスト博物館となっている. その他, 1800年代半ばに建てられたタウンホール, ホテルなどがみられる. また, この地域では現在, ブドウ栽培が盛んとなってきており, 1980～90年代にかけて成立した多くのワイナリーがある. 地名は, ゲール語の2つの言葉に由来している. すなわち, Strath は幅の広い谷, また Albion は丘になった土地をそれぞれ意味している. 実際, ストラサルビンの付近の道は坂の上り下りが非常に多く, まさに地名の語源どおりの地形がみられる. [片平博文]

ストラスゴードン　Strathgordon

オーストラリア
[42°46′S　146°03′E]

オーストラリア南東部, タスマニア州南西部の町. 州都ホバートの西約150 kmに位置する. ゴードン川流域の水力発電所建設のため, 1960年代後半, 巨大な人口湖であるペダー湖のほとりに建設された. 当時の人口は2000にものぼり, 町には温水プールや学校, ショッピングセンターなどさまざまな施設があった. 現在は発電所の管理施設や観光客向けの宿泊施設が数軒残るのみとなっている. [安井康二]

ストラッドブローク諸島　Stradbroke Islands

オーストラリア
ミンジュリバー　Minjerribah (別称)
[27°30′S　153°24′E]

オーストラリア北東部, クイーンズランド州南東部の諸島. ミンジュリバーともよばれる. 州都ブリズベンの東側に面するモートン湾の南部に位置しており, ノースストラッドブローク島とサウスストラッドブローク島の2つの島からなる. ノースストラッドブローク島はレッドランド市, サウスストラッドブローク島はゴールドコースト市に属している. 島はおもに砂で形成されており, 特徴的な植物や鳥類がみられる. 地名は, 海軍士官ヘンリー・ラウスによって, その父親ストラッドブローク伯爵にちなんでつけられた. 1894年北部と南部をつないでいた地峡がくずれ, 南北2つの島に分かれた. ノースストラッドブローク島はフレーザー島に次いで世界第2位の広さの砂島である. [秋本弘章]

ストラトフォード　Stratford

ニュージーランド
ストラトフォードアポンパテア
Stratford-upon-Patea (古称)／ファカアフランギ
Whakaahurangi (マオリ語)
人口：0.5万 (2013)　[39°20′S　174°17′E]

ニュージーランド北島, タラナキ地方の町. ストラトフォード地区の唯一の町である. タラナキ (エグモント山) の東麓に位置する. ニュープリマスの南東40 km, ファンガヌイの北西120 kmにある. タラナキ地方では行政中心地ニュープリマス, ハウェラ, ワイタラに次ぐ第4の都市である. 南北に走る国道3号に, 東から延びる国道43号が町の中心部で合流する. 町からペンブロークロードを西に進むと, タラナキ山の中腹, 標高1172 mにある展望台, 駐車場に通じる. この駐車場からはマンガヌイ Manganui 渓谷を横切り, 徒歩でマンガヌイスキー場に入ることができる. タラナキ山のつくる火山斜面に位置し, 肥沃な火山性土壌と降水のために, 酪農, 畜産業の中心で, 農業, 林業にも恵まれている. ストラトフォード地区では5万7300頭の乳牛, 4万2000頭の食肉牛, 28万1300頭の羊が飼われている.

タラナキ山からは大小の川が流れているが, そのうちの1つ, パテア川が町の北を流れている. 国立公園にも近く, 西にエグモント国立公園, 東にファンガヌイ国立公園がある. 町の中心部にも公園が多々あり, キングエドワード King Edward 公園, ヴィクトリア公園, ウィンザー Windsor 公園といった緑地公園が小川沿いにつくられている. ストラトフォードのマオリ名はマオリの神話よりファカアフランギと称し, 空を仰ぐ顔という意味をもつ. この地は開かれた平野であり, 視界をさえぎるものがほとんどない. 地名は, 1877年にストラトフォードアポンパテアと定められたことによる. 当時はウィリアム・シェークスピアにちなむ地名が好まれたため, この地もシェークスピアの作品にちなむ名称が多く名づけられた. [植村善博・太谷亜由美]

ストリーキーベイ　Streaky Bay

オーストラリア
人口：0.2万 (2011)　[32°48′S　134°13′E]

オーストラリア南部, サウスオーストラリア州南西部の町. エア半島北西岸, ストリーキー湾に臨む. 湾最南部の小湾であるブラン

822　ストリ

〈世界地名大事典：アジア・オセアニア・極Ⅰ〉

チポート Blanche Port に面する町は，州都アデレードからプリンセスハイウェイ，エアハイウェイを経て北西 727 km に位置し，エア半島北東部の中心地ポートオーガスタでも西南西に 303 km 離れている．この付近にやってきた最初のヨーロッパ人は，オランダ人のピーター・ノイツである．彼は 1627 年，ストリーキー湾の北西約 50 km に位置するノイツ群島付近に到達した．その後，エア半島の海岸部を詳細に探検したのはマシュー・フリンダーズ（1774-1814）であり，彼はこのときの航海で，エア半島沿岸の湾や岬の多くに地名をつけた．この地名も，1802 年に彼によって名づけられた．彼の航海日誌には，湾の中が縞状に変色していたゆえに名づけたとある．さらに 1839 年には，同じく探検家エドワード・ジョン・エア（1815-1901）もこの地域にやってきた．その後，ストリーキー湾周辺の開発はすぐにはなされなかったものの，1854 年までには牧畜業者が近くに住むようになり，50 年代後半には沿岸部でクジラ漁も頻繁に行われるようになっていた．そして，遅くとも 1866 年までには集落が成立していた．ストリーキーベイの集落が正式に公布されたのは，それからまもなくの 1872 年のことであった．

町の周囲では，おもに羊の放牧や，20 世紀の半ばからは羊飼育と小麦などの穀物栽培とを合わせた農業が行われてきたが，穀物輸送の鉄道ルートとはならなかったため，農業の中心地としては発展しなかった．町を特色づける産業は，むしろ漁業であり，カキの養殖も 19 世紀の後半から行われてきた．現在も湾内では，クレイフィッシュとよばれる伊勢エビに似た大型のエビや，カニ，アワビ，ホタテ貝などの漁が盛んである．また，ホワイティングとよばれるキスに似た白身魚の漁も多い．近年では，釣り客のほか，海水浴やサーフィン，スキューバダイビングを目的とした観光客も増えてきている．町中には，市街地を二分するかのようにゴルフ場，テニスコートなどが東西の帯状に延びているのも珍しい．一方，同名のストリーキー湾は，エア半島の海岸部に沿って北西-南東に細長い楕円形の湾で，その北側のブラウン Brown 岬と南側のバウアー Bauer 岬とによって囲まれている．南北の距離（長径）は約 40 km，また東西（短径）は約 26 km である．湾の北部には，アクラマンクリーク Acraman Creek 保護公園がある．エア半島の西岸には，ストリーキー湾のほかにも小さな湾が多い．　　　　　　　　　　　　　　［片平博文］

ストリックランド川　Strickland River
パプアニューギニア

[7°33′S　141°22′E]

南太平洋西部，メラネシア，パプアニューギニア，ニューギニア島西部，ウェスタン州を流れる川．フライ川最大の支流で，セントラル山脈に端を発し，海岸から 240 km のカヴィアナンガ付近でフライ川に注ぐ．名称はオーストラリア連邦科学振興協会の副会長を務めたエドワード・ストリックランド（1821-89）にちなむ．山系から平地へと下るストリックランド峡谷は，雄大な景観で知られる．近年，上流のポゲラ金山からのシアン化合物や水銀を含んだ屑鉱による水質の汚染が問題となっている．　　　　　　　　［熊谷圭知］

ストロムロ山　Stromlo, Mount
オーストラリア

標高：770 m　　　　　　[35°19′S　149°01′E]

オーストラリア南東部，首都特別地域にある山．首都キャンベラ市中心市街地から南西 18 km に位置する．市の水処理工場が近くにある．1911 年に山頂に天体望遠鏡が設置され，そのために建設された建物が，オーストラリア連邦政府成立後最初の建造物である．1924 年にコモンウェルス太陽天文台となり，57 年からはオーストラリア国立大学天文学研究所の所有となっていた．2003 年 1 月にキャンベラ西部を襲った山火事によって，望遠鏡を含むほとんどの設備と建物が焼失したが，現在は再建されている．
　　　　　　　　　　　　　　　［葉　倩瑋］

ストローン　Strahan
オーストラリア

人口：0.1 万（2011）　面積：4.5 km²　標高：26 m
[42°09′S　145°19′E]

オーストラリア南東部，タスマニア州西部の村．西海岸中心にあるマクウォーリー湾に面した漁村であり，州都ホバートの北西 302 km に位置し，ライエルハイウェイで向かう．水産業が盛んで，おもな産物はアワビ，ロブスター，サーモン，トラウトである．マクウォーリー湾に浮かぶサーモンとトラウトの養殖池は 2012 年では総面積 5.5 km² だったが，9 km² に拡張する州の事業が進み，年間水揚量は 2 万 1500 t となった．タスマニアの 3 大水産加工業者のタッサル社，ペチューナ社，ヒューオン・アクアカルチャー社が遂行している．

1815 年にジェームズ・ケリー船長がマクウォーリー湾周辺を捜索した．1822 年から 33 年までマクウォーリー湾に浮かぶサラ島刑務所が運営され，内地への入植開始は 77 年であった．その後，ヒューオンパインの製材と造船が開始し，小さな積出港ができた．1883 年には鉱山業が盛んになり，90 年に村を経由するジーハン～クイーンズタウン間の鉱物運搬用の鉄道建設が開始して繁栄し，国内で第 2 位の規模である人口 2000 の町になった時期がある．地名は，1892 年にヴァンディーメンズランド総督ジョージ・ストローンに由来して名づけられ，町として宣言された．

ヨーロッパ人が入植したときには，先住民のタスマニアン・アボリジニは移動した後で残されていた集落はすでに遺跡状態であったが，少なくとも 3 万 5000 年前にはアボリジニがこの地に生活していたと考古学では分析されている．ユネスコの世界遺産（複合遺産）に登録されたタスマニア原生地域に隣接しており，クルーズやセスナを利用してヒューオンパインが生長する奥地を気楽に観光できる．西海岸地区の観光拠点として認知されている．　　　　　　　　　　　［武井優子］

スナッグ　Snug
オーストラリア

人口：0.1 万（2011）　面積：1.3 km²　標高：21 m
[43°04′S　147°05′E]

オーストラリア南東部，タスマニア州南部の村．州都ホバートの南約 24 km，ダーウェント川の入江にある．1792 年にフランス人探検家アントワーヌ・レイモンド・ジョセフ・ドゥ・ブリュニー・ダントルカストー提督がホバート周辺を航海中に発見した．林業はホバートの入植に大きく貢献をした．1967 年 2 月 7 日，死者 62 名を数えたブラック・チューズデーとよばれるタスマニア史上最悪の山火事が発生した中心地帯である．現在はリンゴ，ベリーなどの果樹栽培が盛んな農業地帯となっている．　　　　　［武井優子］

スナッパー岬　Snapper Point
オーストラリア

[35°16′S　138°27′E]

オーストラリア南部，サウスオーストラリア州南東部の岬．州都アデレードの南約 40 km にある有名な保養地アルディンガビーチのすぐ北側，フリュリュー Fleurieu 半島付け根の西側に位置し，セントヴィンセント湾

スーナン県　思南県　Sinan　中国

人口：67.7万（2011）　面積：2231 km²

[27°56′N　108°15′E]

中国中南部，グイチョウ（貴州）省北東部，トンレン（銅仁）地級市の県．県政府は思唐鎮に置かれている．総人口の3割をトゥチャ（土家）族が占め，コーラオ（仡佬）族などその他少数民族を含めると総人口の5割強に達するが，民族自治地方になっていない．ウー（烏）江が県域を南から北へと流れる．工業は水力発電と食品加工を行うくらいで，農業が中心．米の生産以外に，茶葉，タバコの栽培と家畜の飼育が盛んである．　［松村嘉久］

スーナン自治県　粛南自治県　Sunan　中国

スーナンユーグ族自治県　粛南裕固族自治県（正称）

人口：3.6万（2002）　面積：22000 km²

[38°50′N　99°37′E]

中国北西部，ガンスー（甘粛）省北西部，チャンイエ（張掖）地級市の自治県．ホーシー（河西）回廊の中南部にある．南部はチンハイ（青海）省に接する．1954年に粛南ユーグ（裕固）族自治区が設立され，55年に自治県と改められた．9世紀頃にカンチョウウイグル（甘州回鶻）王国があった地である．ユーグ（黄ウイグル）族は甘州ウイグルの後裔にあたる．ロクジョウ（鹿茸），ジャコウ（麝香），ダイオウ（大黄）などの薬材を産する．観光地には馬蹄寺石窟，文殊山石窟などがある．　［ニザム・ビラルディン］

スニウル　Senyiur　インドネシア

[0°18′N　116°34′E]

インドネシア中部，カリマンタン（ボルネオ）島東部，東カリマンタン州クタイティムール県の町．州都サマリンダの北西，ケリヤン川の沖積地に立地する．町は農業，漁業を生業としているが，サマリンダの南部にあるバリクパパンと同様，近年，石油開発も行われている．　［水嶋一雄］

スニト右旗　蘇尼特右旗　Sunid Baruun　中国

Sünit Baruun（別表記）／ソニド右旗　蘇尼特右旗　Sonid You（別称）

人口：6.8万（2015）　面積：22300 km²

気温：4.3℃　降水量：180 mm/年

[42°45′N　112°36′E]

中国北部，内モンゴル自治区シリンゴル（錫林郭勒）盟西部の旗．旗政府所在地はサイハンタラ（賽漢塔拉）鎮．北はモンゴル国と，東はスニト左旗，フブートシャラ（鑲黄）旗と接する．イン（陰）山山脈の北麓に位置し，旗の南部は山地で，中部は平原であり，北部にはエレン（二連）盆地がある．大陸性乾燥気候地域に属し，水資源に乏しい．3鎮，3ソムを管轄する．漢族とモンゴル族の人口はそれぞれ4.4万と2.2万であり，総人口に占める割合はそれぞれ64.7％，32.4％．スニト旗は，モンゴル諸部の中で古い歴史をもつ部族の1つであるスニト部に由来する．スニト部は北元時代にチャハール万戸に属した1つのオトグ（モンゴル族の下部社会組織）である．1642年，ダヤン・ハーンの末裔，スニト部の長であるソサィーは清朝に帰順し，スニト右旗の初代のザサク（旗長）になった．末代ザサクは徳王（本名：デムチクドンロブ）という有名な人物であり，1930〜40年代の内モンゴル自治運動の指導者である．

同旗の経済は牧畜業を中心としてきたが，石油，金鉱，鉄鉱などの埋蔵量が豊富であるため，近年，工業は重要度を増し，化学工業や冶金，畜製品加工がおもな産業として成長している．一方，干ばつの被害と地下資源の乱開発によって草原の環境は破壊され，砂漠化が加速している．ジュルヘ（朱日和）鎮より東5 kmにスニト王府がある．1868年に徳王の祖父によって建造され，役所，邸宅，ドゴン（読経の場所）からなったといわれる．王府は文化大革命で大きな損壊を受けた．

［バヨート・モンゴルフー］

スニト左旗　蘇尼特左旗　Sunid Juun　中国

Sünit Jüün（別表記）／ソニド左旗　蘇尼特左旗　Sonid Zuo（別称）

人口：3.4万（2010）　面積：34251 km²

気温：3.1℃　降水量：175 mm/年

[43°50′N　113°39′E]

中国北部，内モンゴル自治区中部，シリンゴル（鍚林郭勒）盟北西部の旗．旗政府所在地はマンドルト（満都拉図）鎮．北はモンゴル国，南はショローンフブートチャガン（正鑲白）旗と接する．総面積の96.7％は草原で，残りは丘陵と砂漠である．風資源が豊富で，水資源は乏しい．ノグス河が唯一の川である．3鎮，4ソムを管轄する．漢族の人口は1.4万で総人口の41％を占め，モンゴル族の人口は2万で総人口の58％を占める．同旗は1641年に成立し，シリンゴル盟に属した．ダヤン・ハーンの末裔であるテンギスが初代のザサク（旗長）に任じられた．1914年以降，前後してチャハール（察哈爾）特別行政区，チャハール省，蒙疆政権，内モンゴル自治区などの管轄下にあった．2013年の第1，2，3次産業生産額の割合は12.4％，68.1％，19.5％．従来から旗の経済の中で牧畜業が中心となってきたが，近年，多くの鉱山採掘企業や冶金企業が同旗に進出し，石炭や石油などの地下資源を乱開発している．そのうえに，人口急増や環境破壊，生態移民政策に伴って，深刻な環境・社会問題が生じている．

［バヨート・モンゴルフー］

スーニン県　粛寧県　Suning　中国

人口：34.4万（2010）　面積：525 km²

標高：10-15 m　気温：12.3℃

降水量：527 mm/年　[38°25′N　115°50′E]

中国北部，ホーペイ（河北）省，ツァンチョウ（滄州）地級市の県．県政府は粛寧鎮に置かれている．冀中平野中部に位置し，1月の平均気温は−4.6℃，7月は26.6℃．農作物は小麦，トウモロコシ，アワ，綿花を主としており，とくに綿花，麦の生産地として全国的にも著名である．機械，絨毯，電気器具部品などの工場がある．京九鉄道，朔黄鉄道，大広高速が通る．武垣城遺跡がある．

［柴　彦威］

スネアーズ諸島　Snares Islands　ニュージーランド

ティニヘケ　Tini Heke（マオリ語）

人口：0（2013）　面積：3.4 km²

[48°16′S　166°34′E]

ニュージーランド南島南方，スチュアート島の南約100 km付近に点在する無人の諸島．1998年ユネスコの世界遺産（自然遺産）に登録された「ニュージーランド亜南極諸島」の一部を構成する．ノースイースト島，ブロートン島，ウェスタンチェーン諸島の順に面積が大きい．ノースイースト島はその名のとおり，諸島の北東に位置し，中心部から北，南東，南西に延びる3つの半島によって

824　スノウ 〈世界地名大事典：アジア・オセアニア・極Ⅰ〉

三角の形状をしている. 最も高い位置で標高130 m である. 南と北側は断崖と岩礁が多く, 東側は対照的に比較的平坦でなだらかな傾斜を形成している. 最北端と最南端を北岬, 南岬とよんでいる. 北岬周辺はごく小さな島, ダプション諸岩が点在し, これが最北端となる. このノースイースト島の南東にブロートン島が位置する. この島は周囲を断崖に囲まれており, 北面のみ接岸が可能となっている. ノースイースト島の西の半島に位置する離れ岩群のさらに約 4 km 西にウェスタンチェーン諸島が点在する. これらの島はマオリ語で 1 から 5 を表すタヒ, ルア, トル, ファ, リマと名づけられている.

地質はスチュアート島と同質の粗粒花崗岩から構成される. スネアーズ諸島は固有種のスネアーズペンギン, スネアーズシギ, スネアーズヒタキの生息地である. ノースイースト島の森林部は, 世界でも有数なハイイロミズナギドリの生息地となっており, 繁殖期には約 300 万羽が集まる. また, ユリ科の植物で黄色い房状の花を咲かせるブルビネラの一種が群生する. ブルビネラはニュージーランドと南アフリカにのみ分布する. セリ科のキャンベルアイランドキャロット, キク科のキャンベルアイランドデイジーなどの希少な植物がみられる. すべての植物の採取は禁じられており, 保全のためにインヴァーカーギル植物園でのみ栽培されている. 自然保護省によって, 外来種の排除が 1993 年に完了している.

[植村善博・太谷亜由美]

スノーウィー川　Snowy River

オーストラリア

長さ：447 km　　　[37°47′S　148°31′E]

オーストラリア南東部, ヴィクトリア州東部の川. 上流部は大峡谷が織りなす壮観なスノーウィーリヴァー国立公園となっている. 公園の面積は 950 km² に及び, 上流から下流にかけてはオーストラリアアルプスの高山植物から半乾燥の灌木まで, 多種多様な植生に覆われている. スノーウィー川はギップスランド東部に位置するオーボストの近くでバス海峡に注ぐ. この川の上流部(ニューサウスウェールズ州)では, オーストラリア版のTVAといわれるスノーウィーマウンテンズ水資源開発計画が実施され, ダムと発電を組み合わせた大規模な開発が行われた.

[堤　純]

スノーウィー山脈　Snowy Mountains

オーストラリア

マンヤング (アボリジニ語・古称) /ムニオング (アボリジニ語・古称)

標高：2230 m　長さ：96 km

[36°27′S　148°16′E]

オーストラリア南東部, ニューサウスウェールズ州南東部に広がる山脈. アボリジニの言葉でムニオング(あるいはマンヤング)とよばれたこの山脈は, 1820 年代には, イギリス人探検家のマーク・カリーや, オーストラリア人探検家のハミルトン・ヒュームによって「スノーウィー(雪深い)」と描写された. その後, 1851～52 年にこの地で地質調査を行ったイギリス生まれの地質学者ウィリアム・B・クラークによりスノーウィーマウンテンズと命名された. この山脈はオーストラリアアルプスの主要部を構成し, グレートディヴァイディング山脈の一部にもなっている. オーストラリア大陸最高峰のコジアスコ山を含み, カールなどの氷河地形もみられる山脈地域全体は, 1967 年にコジアスコ国立公園に指定された. 山脈地域にはペリシャブルーやスレドボといった国内有数のスキーリゾート地も発達しているため, 冬季には各地から訪れるスキーヤーで賑わう. 年平均降水量の豊富さは国内有数であり, 雪解け水を集水し水資源として活用するため, 水力発電と灌漑施設の整備を含むスノーウィーマウンテンズ水資源開発計画が第 2 次世界大戦後に進められた. このオーストラリア史上最大の土木工事では, 発電所建設(1955)や, ユーカンビーンダム建設(1956～58)が含まれ, 一連の事業は 1970 年代初めに完了し, マレー川やマランビジー川の流域灌漑が実現するとともに, 流域の農牧業の発展が決定づけられた.

[菊地俊夫]

スノーヒル島　Snow Hill Island

南極

面積：400 km²　長さ：33 km　幅：12 km

[64°28′S　57°12′W]

南極, 西南極の島. 南極半島東岸に位置し, ほぼ完全に雪に覆われ, 長さ 33 km, 幅は 12 km の規模である. 南極大陸で南アメリカ大陸に最も近いグレアムランドとよばれる南極半島の先端部分のまわりにある 10 数個の島の 1 つである. アドミラルティAdmiralty 湾により, 北東部でジェームズロス島と分離されている. 1843 年 1 月 6 日にジェームズ・クラーク・ロス率いるイギリ

スの探検隊により発見された. 当時, 大陸とつながっているかどうかは確認できなかったが, 近隣の露岩帯が目立つシーモア島に比べて雪に覆われた部分が広かったため, スノーヒル島と名づけられた. 1902 年に, オットー・ノルデンショルドに率いられたスウェーデンの探検隊が, 大陸と地続きではなく島であることを確認した. スウェーデン隊は, 近隣の島やノルデンショルド湾を探検するため観測基地を建設した. ノルデンショルド湾に隣接する島の南西端には, 2.63 km² の広さをもった約 4000 つがいのコウテイペンギンのコロニーがあるため, バードライフ・インターナショナルにより重要野鳥生息地に指定されている. 南極半島付近の島には, このようなコロニーがディオン諸島にも存在する.

[前杢英明]

スパイスアイランズ　Spice Islands ☞ マルク諸島　Maluku, Kepulauan

スハウテン諸島　Schouten, Kepulauan ☞ ビアク諸島　Biak, Kepulauan

スバティク島　Sebatik, Pulau

マレーシア/インドネシア

面積：248 km²　標高：397 m

[4°09′N　117°47′E]

マレーシアのサバ州とインドネシアの北カリマンタン州にまたがる島. カリマンタン(ボルネオ)島北東部, マレーシアのサバ州南東部に位置する. 地域の中心都市タワウに面しており, タワウ湾を構成する. 島の中央部を東西にマレーシアとインドネシアの国境が走り, 南側はインドネシアの北カリマンタン州に属する. 島内の最高地点は, マレーシア領内にある北西部のスバティク山(標高 397 m)である. マレーシアとインドネシアとの対立が激しかった 1965 年には, この島で両軍間の激しい戦闘が行われた. マレーシア側では 1980 年代に森林伐採が進んだ.

[生田真人]

スバヤン山　Sebayan, Bukit

インドネシア

標高：1368 m　　　[1°06′S　110°59′E]

インドネシア西部, カリマンタン(ボルネオ)島南西部, 西カリマンタン州の山. 州都

ポンティアナックの南東約220 km, シュワネル山脈の西側に位置する. 山頂からの展望がよく, 西方を流れるパワン Pawan 川を見渡せる. ［青山 亨］

スバルナレカ川　Subarnarekha River
インド

スワルナレカ川　Swarnarekha River（別称）

面積: 18951 km²　長さ: 395 km

［21°33′N　87°23′E］

インド東部の川. デカン高原北東部に位置するチョタナグプル高原に発し, 南東に流下して, ベンガル湾に注ぐ. スワルナレカ Swarnarekha 川ともよばれる. 河川名は河床に現れたという金の帯に由来する. 主たる流域はジャルカンド州内にあり, 源流は同州の首都であるラーンチ西方の標高620 m付近にある. 流域の範囲には, それぞれウェストベンガル州, オディシャ（オリッサ）州の一部が含まれる. 途中, 差別侵食によって生じた滝が各所にあり, それぞれ観光名所となっている. 流域の大部分は先カンブリア時代から古生代にかけての片麻岩や堆積岩からなり, 銅, 石炭, ウランなどの有用鉱物を産する. 各地に中小の都市が散在するが, 中流部のジャムシェドプルには, 大規模なタタ鉄鋼会社の製鉄所やタタモーターズ社の工場がある. 銅鉱石やウラン鉱石の精製過程で廃棄される土砂が河水を汚染し, 漁撈, 採集に従事する先住民の生活を脅かしている. ベンガル湾に近い下流部一帯の沖積平野は洪水常襲地域となっている. ［貞方 昇］

スバン　Subang
インドネシア

Soebang（旧表記）

人口: 146.5万（2010）　面積: 2051 km²

［6°31′S　107°46′E］

インドネシア西部, ジャワ島, 西ジャワ州北部の県. 西ジャワ州の面積の6.3%を占めている. 県都はスバン（人口12.0万）. 中国製の陶磁器片がスバン県から出土していることから, 7世紀から15世紀にかけてすでに中国と交流があったことがうかがえる. また, ジャワ海に面し, バタヴィア Batavia（現ジャカルタ）へ行きやすいという地の利のよさや農園を開くのに適した土地でもあったことから, 古くからインドネシア国内に興っていた諸王国をはじめ, オランダ東インド会社やイギリスがこの地の利権を求めて争ってきた.

現在, 県の面積の20%を占める標高500〜1500 mの南部は茶畑が広がっている. また, 35%を占める標高50〜500 mの中部は稲作やランブータン栽培が行われている. 一方, 45%を占める標高0〜50 mの北部のうち, ジャワ海に面している地域は漁業が盛んである. 稲作（水稲と陸稲）は県全体の41%で行われており, 稲が収穫された後は, トウモロコシ, キャッサバ, サツマイモ, ラッカセイ, 大豆が植えられている. インドネシア独立以前から大規模農園が展開され, 現在でもゴム, 茶, サトウキビが栽培されている. 漁業においては, サワラ, マグロ, フエダイなどが水揚げされている. また, コイの養殖が盛んである. タイ, ハタ, ブラックタイガーなど海水魚の養殖は, 今後力を入れていく分野である. 天然資源では, 石油と天然ガスを産出している. その産出量は, 石油が330.8 m³/日, 天然ガスは70.8億l/日である.

観光地としては, 県南部に位置する活火山のタンクバンプラフ Tangkuban Perahu 山（標高2084 m）がある. タンクバンプラフとは, 現地語でひっくり返された舟を意味し, 文字どおりこの火山は舟をうつ伏せにしたような形をしている. 最近では2006年に噴火をしている. また, 山のふもとにはチアトル温泉（約0.3 km²）という大きな温泉公園がある. 住民の大多数がイスラーム教を信仰しており, 県内の宗教施設としてモスクの数2251に対し, キリスト教の教会の数は42である. ［山口玲子］

スバン岬　Suban Point
フィリピン

［13°00′N　122°00′E］

フィリピン中部, マリンドゥケ島南端, マリンドゥケ州の岬. 前面はビサヤ海で, タブラス島と対峙する. マリンドゥケ島南部の中心地ブエナビスタ Buenavista 近くにある. 岬の背後は森林が繁る丘陵地が展開しており, そこにはタガログ語を話すタガログ族が居住している. ［田畑久夫］

スバンガン湾　Sebangan, Teluk
インドネシア

［3°18′S　113°30′E］

インドネシア西部, カリマンタン（ボルネオ）島南部, 中カリマンタン州の湾. ジャワ海に臨む. 湾内にはスバンガウ川が注ぐ. 河口の東側はカプアス県, 西側は東コタワリン

ギン県に属する. ［青山 亨］

スパンジャン島　Sepanjang, Pulau
インドネシア

［7°11′S　115°50′E］

インドネシア西部, カンゲアン群島, 東ジャワ州の小島. ジャワ島東部, ジャワ海の最も東に位置する. ジャワ島やバリ島に近いにもかかわらず, 船だけの交通に限定されているため, 開発が進んでいない. ［水嶋一雄］

スパンティーク山　Spantik
パキスタン

ゲニッシュチッシュ　Ghenish Chhish（別称）/ゴールデンパリ　Golden Parri（別称）/ゴールデンピーク　Golden Peak（別称）/ピラミッドピーク　Pyramid Peak（別称）

標高: 7029 m　［36°03′N　74°58′E］

パキスタン北東部, ギルギットバルティスタン州の山. 小カラコルム山脈西端にあるラカポシハラモシュ山群の高峰である. 西部カラコルムの登山基地となる州都ギルギットの東北東約60 kmに位置する. ゴールデンピーク, ゴールデンパリ（黄金の岩壁）, ピラミッドピーク, ゲニッシュチッシュなどともよばれる. ラカポシ山（標高7788 m）やディラン山（7257 m）から続く東西の主稜から北側にはずれ, マルビティン山（7453 m）とはチョゴルンマ氷河をはさんで約10 kmで対峙する. 山名は, バルティスタン語で高い草原に羊がいる山を意味する. 1955年に西ドイツ隊が初登頂した. 北西面の岩壁はゴールデンピラーとよばれ, 高難度の登攀ルートとして知られる. ［松本穂高］

スパンブリー　Suphan Buri
タイ

人口: 6.0万（2010）　面積: 541 km²

［14°14′N　100°07′E］

タイ中部, スパンブリー県の都市で県都. 首都バンコクの北西100 kmに位置する. アユタヤー王朝時代にターチーン川沿いに建設され, ビルマ（現ミャンマー）からの攻撃に備える重要な拠点の1つとしての役割をもっていた. 現在の市の中心はターチーン川の左岸であるが, 城壁や堀などの遺跡と国鉄のスパンブリー駅は右岸にある. 現ラッタナコーシン王朝ラーマ2世の時代（在位1809〜24）に書かれたタイ文学最高傑作の1つ,『クンチャーン・クンペーン』の舞台としても有名で

ある. [遠藤 元]

スパンブリー県　Suphan Buri, Changwat
タイ

人口：84.6万 (2010)　面積：5358 km²
[14°14′N　100°07′E]

タイ中部の県. 県都はスパンブリー. アユタヤー県の西に位置する. 県の北西部は山がちで, スズやタングステンの鉱山もある. 県央を北から南へターチーン川が貫流し, 流域に広がる沖積平野では水田稲作が盛ん. また, 近年は溜池でのエビや魚の養殖業が発達しているが, 環境への悪影響が懸念されている. 新石器時代に人類が生活していた痕跡がある. 古代ドヴァーラーヴァティ王国の遺跡が多い. ウートーンの町は古くから栄え, アユタヤー王朝の成立以前はタイ中部における政治の中心であったとされる. 県内のドーンチェディー郡は, 1592 年にアユタヤー王朝第 20 代目のナレースワン王がビルマ軍を撃退した地として知られ, 記念に建立された大仏塔が残されている. [遠藤 元]

スビ島　Subi, Pulau
インドネシア

スビブサール島　Subi Besar, Pulau （別称）

[2°55′N　108°50′E]

インドネシア西部, リアウ諸島, リアウ諸島州ナトゥナ県スビ郡の島. スビブサール島ともよばれる. スビブサール Subi Besar とスビティムール Subi Timur の 2 つの村をもつ. 島の北にはスビクチル島がある. 周辺では天然ガスが産出される. また, 周囲はウミガメの一種であるタイマイの繁殖地として知られる. [浦野崇央]

スビクチル島　Subi Kecil, Pulau
インドネシア

[3°01′N　108°54′E]

インドネシア西部, リアウ諸島, リアウ諸島州ナトゥナ県スビ郡の島. 8 つあるスビ郡の村のうち, 島にはテラヤック Terayak 村とムリアスラタン Meriah Selatan 村の 2 つがある. 島の西はナトゥナ海, 北と東は東シナ海に囲まれ, サンゴ礁を擁する. 南は幅約 150 m の小さな堆積海岸となっており, ナシ Nasi 海峡とよばれる. 島の南方に位置するスビ島とはコンクリート製の橋で結ばれており, オートバイで行き来することができる.

主要交通機関としては, オートバイ以外に数台の自動車およびトッサとよばれるピックアップ型の三輪自動車がある.

住民の生業は漁業と農業である. 漁業では, カツオ, ハタ, ロブスター, カニ, エイなどがとれる. また, ベラ科の最大種であるメガネモチノウオ(ナポレオンフィッシュ)もとれ, 香港やシンガポール, マレーシアへ輸出されている. ただし, 9～12 月頃にかけては, 3 m を超える高い波が押し寄せるため, 漁はできず, その間は農業に従事することになる. 農業については, 水田はなく, ヤシの木をはじめクローブやパイナップル, バナナ, パパイヤなどが栽培されている. 住民のほとんどはムラユ人である. この島にはインドネシア大学の実習場がある. [浦野崇央]

スービック　Subic
フィリピン

人口：10.5万 (2015)　面積：287 km²
[14°54′N　120°14′E]

フィリピン北部, ルソン島中西部, サンバレス州南部の地区. スービック湾北岸の湾奥に位置している. バターン半島の付け根にあり, 南シナ海に臨み, 良港をもつ. 米, 砂糖などを海外に輸出している. 行政上はオロンガポ市の一地域である. 1903 年のアメリカ・スペイン戦争終了時に燃料補給や船舶修理の基地として建設. 1945 年 1 月ここにアメリカ軍が上陸したことなどから, 極東最大のアメリカ海軍基地となった. しかし, 1991 年ピナトゥボ山の噴火などを契機に, 92 年フィリピン政府に返却された. 跡地はスービック自由貿易経済特区に指定された. 現在でも, アメリカ軍施設として使われたオフィスビルや倉庫をはじめ, 軍が残していった宿泊施設やビーチなどが残っており, これらの施設を利用した観光開発もみられる. 1995 年に特別区内にスービックベイ国際空港が開港したことなどから, 台湾企業を中心に約 700 社に及ぶ企業が進出しており, 国内最大の工業地区となりつつある.

[田畑久夫]

スピッツベルゲン島　Spitsbergen
ノルウェー

面積：39000 km²　長さ：400 km　幅：220 km
[78°45′N　16°00′E]

ノルウェー, 北極海上, スヴァールバル諸島中最大の島. 南に尖った矢尻の形をし, 南北約 400 km, 東西の最大幅は 220 km を超える. 西側はイースフィヨルドが島を南北に

分けるほか, 多くのフィヨルドで複雑な海岸線を示す. 最高点のニュートントッペン (1713 m) などの残丘がそびえるが全体が高原をなし, これを多くの氷食谷が刻んでいる. 北部には氷床が発達し, 南部にも 1400 m を超える山地がある.

かつて捕鯨基地, その後石炭鉱山によって各国の利害が交錯したが, 1920 年の条約でノルウェーの主権と各国の自由な経済活動が認められ, 炭鉱を開発したロシア人が現在もバレンツブルグに多く居住する. ロングイヤービューエンが主邑である. 以前はヴェストスピッツベルゲンとよばれていた. 島内に自動車道路はなく, ロングイヤービューエン, バレンツブルグ, スヴェアグルーヴァの 3 カ所の集落間移動は航空機や船舶による.

[塚田秀雄]

スピティ谷　Spiti Valley
インド

標高：3657 m　[32°14′N　78°04′E]

インド北部, ヒマーチャルプラデシュ州の峡谷. チャンディガルの北東 240 km 付近に位置するヒマラヤ山脈内の高地河谷である. 地名は, チベットとインドの間の地の意. スピティ川が北西から南東に下る. 河系としてはインダス川の主要支流であるサトレジ川最上流の河川網に属する. 標高 7000 m を超える山列にはさまれ, 植生に乏しい寒冷砂漠的な環境下にある. ヒマラヤトレッキングの場ともなっているが, 谷自体が標高 3600 m 付近にあり, 来訪者はときとして高山病に悩まされる. 少数のチベット族が, 夏季に山羊放牧をしながら暮らし, 伝統的な仏教文化を保持している. カザ Kaza が中心集落である. スピティ川を下って, 州都シムラにいたる道のほか, 標高 4000 m を超す峠を越えて, 西約 80 km のマナリなどと連絡するが, 冬季はほとんど雪氷に閉ざされる. [貞方 昇]

スーピン市　四平市　Siping
中国

人口：336万 (2012)　面積：14323 km²
降水量：662 mm/年　[43°10′N　124°21′E]

中国北東部, チーリン(吉林)省南西部の地級市. リャオニン(遼寧)省, 内モンゴル自治区と境を接する. 鉄西, 鉄東の 2 区, ゴンチューリン(公主嶺), ショワンリャオ(双遼)の 2 市, リーシュー(梨樹)県とイートン(伊通)自治県を管轄する. 四平は満州語できりの意味で, 細く直線的な河川をさしている. ロシアが東清鉄道の四平街駅を置いた 19 世紀末

以来，城区は鉄道と結びついて発達してきた．哈大鉄道の西の鉄西区には市政府をはじめとした政府機関や商業地区が立地し，東の鉄東区は機械工業などの工場地区となっている．年平均気温は4～6℃であるが，厳冬の1月の平均気温は−15℃であるのに対し，温暖な7月には23℃まで上がり，気温の年較差が大きい．東部は山地と丘陵に森林が広がり，西部のソンリャオ(松遼)平原はトウモロコシ，大豆，水稲がつくられる穀倉地帯となっている．地下資源としては石炭，石油や非鉄金属が産出される．　　　　［小島泰雄］

スフバータル　Sükhbaatar

モンゴル

スヘバートル　Sukhbator（別称）／ツァガーンエレグ　Tsagaan Ereg（古称）

人口：2.2万（2015）　面積：45 km²　標高：626 m
気温：−0.2℃　降水量：305 mm/年
[50°14′N　106°12′E]

モンゴル北部，セレンゲ県の都市で県都．同名の県，スフバータル県は南東部の中国国境に位置する．またスフバータル県内にも，別のスフバータル郡があるので注意が必要である．本項目のセレンゲ県スフバータル郡(市)は，モンゴルの県都で最も標高が低い町である．7月の平均気温は19.1℃，1月は−23.3℃であるが，夏の最高気温は40℃，冬の最低気温は−43℃に達する．年間降水量は少ないが，国内では最も降水量の多い県の1つである．首都ウランバートルの北北東311 kmに位置する．この町でオルホン川とセレンゲ川が合流し，北上して，ロシア国境を越えてセレンガ川となる．

スフバータル市は，交通の要衝であり，ウランバートルからロシアのブリヤート(ブリャート)共和国のウランウデを経てイルクーツクへ向かうシベリア鉄道の支線が通っている．また南シベリアのロシア側の町と結ぶ舗装道路は社会主義時代にすでに建設されていた．すなわち本市は，ウランバートルと地方を結ぶ舗装道路や鉄道がほとんどなかった当時のモンゴルでは，異例ともいえるインフラ整備が行われた町であった．その理由は，この町が1920年代に軍事基地として建設されたことによる．市を流れるセレンゲ川にはロシアと結ぶ港があるが，セレンゲ川は11月末から4月の初めまで凍結するので，その間，港は使用できない．当初，ツァガーンエレグ(白い岸)とよばれていたが，人民革命の英雄，スフバータル将軍にちなんでスフバータル市と名称を改めた．現在でも国境警備軍

第101部隊の本部が置かれている．また，第2次世界大戦後，旧ソ連軍によって強制連行された旧日本兵の一部がここに抑留され，強制労働をさせられたことで知られる．現在，人口は上昇傾向にある．　　　［島村一平］

スフバータル県　Sükhbaatar Aimag

モンゴル

ジャヴフラントシャルガ県　Javkhlant-Sharga Aimag（旧称）

人口：5.9万（2015）　面積：82000 km²
[46°41′N　113°17′E]

モンゴル南東部の県．県都はバローンオルト．南は中国の内モンゴル自治区と国境を接し，西はドルノゴビ県，北西はヘンティ県，北はドルノド県と接する．14の郡から構成される．また県西部が東部モンゴル平原国立公園の領域内であることから推察されるように，実際，大平原の県である．

モンゴル北部のセレンゲ県の県都はスフバータルというが，スフバータル県にもスフバータル郡が存在する．これらの名前は，人民革命の英雄であるD・スフバータル将軍の出身地が現在の本県のスフバータル郡であることに由来する．そもそもスフバータル県は，1941年12月，ドルノド県から10郡，ヘンティ県から4郡が集まって発足し，当初はジャヴフラントシャルガ県とよばれていた．しかし，その後の1943年2月，国家小ホラルにおいてスフバータル将軍の生誕50周年を記念して，ジャヴフラントシャルガ県をスフバータル県と名称変更し，同じく生誕地であるジャヴフラントシャルガ郡をスフバータル郡とする決定がなされたのである．景勝地としては，県南部のダリオヴォー山(国立公園)や，ガンガ湖などが有名である．また，2004年には南部のオンゴン郡にて，D・ナワーン博士を隊長とするモンゴル・韓国発掘調査隊がモンゴル帝国時代の王侯の墳墓だとされるタワントルゴイ墳墓を発見した．また，本県のダリガンガ郡からは13～14世紀のモンゴル帝国時代のものだとされる石人が多く発見されている．　［島村一平］

スブラット山　Seblat, Gunung

インドネシア

標高：2383 m　　　　　[2°53′S　102°09′E]

インドネシア西部，スマトラ島南西部の山．西側のブンクル州ルジャンルボン県と東側の南スマトラ州ムシラワス県の州境および

県境をなす．島の脊梁山脈であるバリサン山脈の一部として分水嶺となっており，西斜面に発するスブラット川はインド洋に，東斜面に発するラワス川はムシ川を経て南シナ海に注ぐ．スブラット川の河口付近にスブラット集落がある．北のクリンチ山とともに島最大の国立公園であるクリンチスブラット国立公園の一部である．　　　　［青山 亨］

スプラトリー諸島　Spratly Islands

南シナ海

チュオンサ諸島　Truong Sa, Quan dao; Trường Sa, Quần đảo（ベトナム語）／ナンシャー群島　南沙群島　Nansha Qundao（漢語）／ラグス諸島　Lagus（フィリピン語）／ラゴス諸島　Lagos（フィリピン語）

面積：3.0 km²
[4°00′-11°00′N　109°00′-117°00′E]

北太平洋西部，南シナ海南部に位置する諸島．中国ハイナン(海南)省サンヤー(三亜)市から南東約930 km離れ，約230の小島と岩礁からなる常夏気候の群島である．中国語名はナンシャー(南沙)群島である．島嶼部は総面積で3 km²に満たないものの，北緯4～11度と東経109～117度の間の南北約930 kmと東西約740 kmの約30万 km²の広い海域を擁し，世界貿易の25%を担うインド洋と太平洋間の海上航路の要衝となっている．また，マグロやカツオなどに代表される大型回遊魚が集中するアジア有数の漁場でもある．近年，海底には石油や天然ガスなどの天然資源が豊富に埋蔵されていることがわかり，周辺各国はスプラトリー(南沙)諸島の領有と開発に強い関心を示すようになり，中でも中国，台湾，ベトナムは諸島全体の領有権を，またフィリピン，マレーシア，ブルネイ，インドネシアはその一部の領有権を主張し，アジアの新たな対立の火種と懸念されるほどの緊張関係になっている．

スプラトリー諸島は中国の史書に断片的な記載はあるものの，歴史上明確な領有を示す資料がなく，周辺地域による漁業や海運の共同利用が伝統的に行われてきたが，1933年にフランスが一部の島嶼，39年に日本が全域を相次いで占領し，実効支配するようになってから，事態が一変した．第2次世界大戦終結後の1946年に，中華民国政府は日本の領有権放棄を受けて，カイロ宣言とポツダム宣言に盛り込まれた中国の領土主張を正当な国際法の依拠として，全域の領有と一部の実効占有を開始した．1949年に政権を奪取した共産党政府が，さらに92年制定の領海法

に領有を明記し，実効支配下の島嶼部の軍事要塞化と周辺海域の資源調査に着手し始めた．一方，ベトナムはフランス植民地時代と南ベトナム政権時代の領有事実を根拠として中国と対立，また，マレーシア，インドネシア，フィリピンとブルネイも相次いで大陸棚原則を定めた国連海洋公約と無人島の先行占有権の主張で対抗するなど，スプラトリー諸島の国際問題化が一気に顕在化した．

こうした中，2002 年 11 月，ASEAN と中国の首脳会議が行われ，武力行使の放棄と現状維持を合意したことで，領有権問題の平和的解決へ向けた「南シナ海における関係国の行動宣言」が署名された．さらに 2004 年 12 月にラオスの首都ヴィエンチャンで行われた首脳会議で「行動宣言」を発展させた「平和と繁栄のための戦略的パートナーシップ拡大行動計画」が制定された．しかし関係する当事国どうしの対応を求める中国と，世界的な海洋管理や特定国による海域の軍事利用を問題にするアメリカなどの方針とは矛盾をはらんでおり，紛争の火種は消えてはいない．現在，スプラトリー諸島のうち，各国による実効支配の島は，中国 7，台湾（中華民国）1，ベトナム 29，マレーシア 5，フィリピン 8 となっており，最大の島は台湾領のイツアバ（太平）島（0.49 km²）である．石油採掘と探査は 1000 カ所以上にのぼっている． 　　　　　　　　　　　　［許　衛東・秋山元秀］

スプラトリー島　Spratly Island

南シナ海

チュオンサ島　長沙島　Truong Sa, dao; Trường Sa, đảo（ベトナム語）／ナンウェイ島　南威島　Nanwei Dao（漢語）／ラグス島　Lagus（フィリピン語）／ラゴス島　Lagos（フィリピン語，マレー語）

面積：0.2 km²　　　　　　　[8°38′N　111°55′E]

北太平洋西部，南シナ海南部にある島．スプラトリー（南沙）諸島南西部の最も重要な島である．西端の最長は 750 m，幅は 350 m．面積は諸島の中で第 4 位で約 0.15 km²．平均標高は 2 m．中国語名はナンウェイ（南威）島，ベトナム語名はチュオンサ（長沙）島で，現在はベトナムの実効支配下にある．1946 年に中華民国が艦隊を派遣し周辺諸島を接収した．当時のコワントン（広東）省政府主席の羅卓英を讃える意味で 1947 年に南威島と命名した．1973 年，南ベトナム軍が占領し，75 年のベトナム統一で現政権の領有となった．島の南東部に水深 14 m もある天然の水路が分布し，600 m の滑走路とヘリポートも建設されている．約 550 名のベトナムの兵士が守備にあたっている．　　　［許　衛東］

スプリングクリーク　Spring Creek

ニュージーランド

マールバラタウン　Marlboroughtown（旧称）

人口：0.1 万（2013）　　　[41°28′S　173°58′E]

ニュージーランド南島，マールバラ地方の町．ワイラウ川の下流南岸の河成低地上にある．ブレナムの北 5 km に位置する．地名は，地下水に涵養される川であるスプリングクリークに由来する．はじめにこの場所がマールバラ地方の中心となることを期待したヘンリー・レッドウッドにより，マールバラタウンと命名されていた．おもな産業は，農業と亜麻の精製である．　　　　［太田陽子］

スプリンググローヴ　Spring Grove　☞ ミルソープ　Millthorpe

スプリングシュア　Springsure

オーストラリア

人口：0.1 万（2011）　面積：4.0 km²
　　　　　　　　　　　　[24°07′S　148°05′E]

オーストラリア北東部，クイーンズランド州中央東部，セントラルハイランド地域の町．州都ブリズベンの北西約 760 km，グレートディヴァイディング山脈中に位置する．町では木材産業および牧牛業が盛んである．ミネルヴァヒルズ国立公園がある．
　　　　　　　　　　　　［秋本弘章］

スプリングズジャンクション
Springs Junction

ニュージーランド

　　　　　　　　　　　　[42°20′S　172°11′E]

ニュージーランド南島，ウェストコースト地方の村．ブラー地区，マルイア川とその支流ラフ Rahu 川との合流点，河成低地にある．国道の分岐点であり，郵便局，モーテルなどがある．美しい風景をもち，大部分の建物はアルプスの山小屋風である．地名は，東 16 km にある温泉リゾートのマルイアスプリングズ方向からの道路と，北のマルイア方向からの道路の交点に位置することに由来する．　　　　　　　　　　　　［太田陽子］

スプリングストン　Springston

ニュージーランド

人口：0.3 万（2013）　　　[43°38′S　172°25′E]

ニュージーランド南島，カンタベリー地方中部の町．エルズミア地区に属し，セルウィン川下流のカンタベリー北部平原上に位置する．クライストチャーチの南西 26 km にあり，このあたり一帯は温泉が湧き出ることから，それを目当てにクライストチャーチから多くの観光客が訪れる．町の中心部には温泉宿泊用のホテルが立地している．［泉　貴久］

スプリングフィールド　Springfield

ニュージーランド

標高：381 m　　　　　　　[43°20′S　171°56′E]

ニュージーランド南島，カンタベリー地方中部の町．マルヴァーン地区に属し，コワイ Kowai 川の南岸近くに位置する．クライストチャーチの北西 68 km，アーサーズ峠の南東 69 km に位置し，両者，さらには西海岸とを結ぶ鉄道（クライストチャーチ～グレーマス間）の中継点になっている．そのため，この町はウェストコースト（西海岸）へ向かう際の中継地点として古くから栄え，町の中心部には小学校のほか，複数の宿泊施設が立地している．おもな産業は，農業と牧羊業である．　　　　　　　　　　　　［泉　貴久］

スプリントン　Springton

オーストラリア

人口：0.1 万（2011）　面積：51 km²　標高：394 m
　　　　　　　　　　　　[34°42′S　139°05′E]

オーストラリア南部，サウスオーストラリア州南東部の町．マウントロフティ山脈の中にあり，バロッサヴァレーの南東端に位置する．州都アデレードの北東 63 km に位置する．ここに最初に住んだヨーロッパ人は，ドイツからの移民だったフリードリヒ・ハービッグ一家であるが，あまりに貧しかったので推定樹齢数百年となる大きな空洞をもったユーカリ（レッドガム）の中に住んでいた．そしてその木はいまも，町中に残っている．現在，町には 2 軒のワイナリーがある．
　　　　　　　　　　　　［片平博文］

スブルスサラム　Subulussalam

インドネシア

バンダルバル　Bandar Baru（旧称）

人口：6.7万（2010）　面積：1391 km²

[2°43′N　97°55′E]

　インドネシア西部，スマトラ島北部，アチェ州南部の市（コタ）．2007年にアチェシンキル県から分離し，市政が施行された．北スマトラ州との境界に位置し，北でアチェトゥンガラ県，西はアチェスラタン県，南はアチェシンキル県と接し，東部は北スマトラ州のダイリ県，パクパクバラット県と接する．市の西部をソラヤ Soraya 川が北から南へ流れる．東部，北部は山地である．アチェ州東岸を通り北スマトラ州へ抜ける道路が市域を東西に横切る．

　スブルスサラムは，Subulus Salam の2語からなるアラビア語で平和への道を意味する．Subulus Salam は，イスラーム法学の教科書として使用されることが多い有名なアラビア語の法学書の題名でもある．地名は，イスラーム指導者でもあったアチェ特別州（当時）知事のアリ・ハシミが1962年に当地を訪問し，当時アチェスラタン県に属する郡役場のあったバンダルバルの町名を改名した．その後，この町名が受け継がれて今日の市の名前となったといわれている．

[柏村彰夫]

スプン湖　水豊湖　Supung-ho

中国/北朝鮮

面積：298 km²　堤長：138 m　堤高：106 m

貯水量：12800百万 m³

[40°25′N　124°56′E]

　北朝鮮，ピョンアンブク（平安北）道北部，アムロク（ヤールー（鴨緑））江河口から上流105 km に建設された多目的ダム．最初は出力64万 kW で建設された発電所はアメリカ軍の爆撃で破壊され，1958年新たに建設された北朝鮮最大の人工河川湖である．周辺1075 km，落差100 m，発電能力は70万kW．北朝鮮北西部の工業の基礎になっている．ダムのあるサクジュ（朔州）郡は鴨緑江水源地域の木材の集散地である．ダムの建設により，鴨緑江上流の木材を筏流しで河口まで運ぶことができなくなり，満浦線（スンチョン（順川）～マンポ（満浦））などの鉄道を利用するようになった．水豊湖では水豊，ピョットン（碧潼），チョサン（楚山）との間に定期船が運航する．湖岸のチョンス（青水）には朝鮮戦争時に操業を始めたカーバイド，合成ゴム

などの工場があり，戦後急速に発展した．

[司空　俊]

スーペイ自治県　粛北自治県　Subei

中国

スーペイモンゴル族自治県　粛北蒙古族自治県（正称）

人口：1.2万（2002）　面積：58000 km²

[39°31′N　94°53′E]

　中国北西部，ガンスー（甘粛）省北西部，チウチュワン（酒泉）地級市の自治県．ホーシー（河西）回廊の西部，タン（党）河上流にある．県域はユィーメン（玉門）市とグワチョウ（瓜州）県をはさんでチーリエンシャン（祁連山）区とマーツォンシャン（馬鬃山）区からなる．祁連山区はチンハイ（青海）省に，馬鬃山区はシンチャン（新疆）ウイグル（維吾爾）自治区，モンゴル，内モンゴル自治区に接する．1953年に粛北モンゴル族自治区が成立し，56年に自治県に改められた．草原が広大で，牧畜業が盛んである．

[ニザム・ビラルディン]

スーペイ灌漑総渠　蘇北灌漑総渠　Subei Guangai Zongqu

中国

長さ：158 km

　中国東部，チャンスー（江蘇）省の北部に位置する水路．西はホンツォ（洪沢）湖高良澗鎮から，洪沢，ホワイイン（淮陰），ホワイアン（淮安），フーニン（阜寧），ピンハイ（浜海）などの市県を経て，扁担港にいたって黄海に入る．長さ158 km，幅170〜260 m．1951年から建設を開始し翌52年に完成した．水路の源は高良澗進水水門であり，水力発電所がある．淮安で京杭運河と交わる．淮安には運東分水水門，揚水ステーション，水力発電所がある．阜寧県東江港には阜寧腰閘がある．黄海への出口には六垛南北2つの水門がある．ホワイ（淮）河下流の排水，灌漑，水運における重要な水路である．

[谷　人旭・小野寺　淳]

スヘバートル　Sukhbator ☞ スフバータル　Sükhbaatar

スペンサー山脈　Spenser Mountains

ニュージーランド

[42°13′S　172°34′E]

　ニュージーランド南島，タスマン地方とカンタベリー地方の境界をなす山脈．南島の中央部の北側における諸山脈の一端を担い，北東方向にルイス峠が，北西方向にベルヴェデレ Belvedere 山（標高2108 m）が存在し，南側はトラヴァース山地とセントアーノー山地との分岐点となっている．地名は，ネルソン居住の法律家，政治家，自然科学者であるウィリアム・トーマス・ロック・トラヴァースが，彼の尊敬するイギリスの詩人であるエドマンド・スペンサーにちなんで名づけた．

[泉　貴久]

スペンサー湾　Spencer Gulf

オーストラリア

長さ：約320 km　幅：145 km

[34°00′S　137°00′E]

　オーストラリア南部，サウスオーストラリア州南東部の湾．西部のエア半島と東部のヨーク半島とに囲まれ三角形をなしている．湾口部は，エア半島最南端のウェストポイント West Point と，ヨーク半島最西端のウェストケープ West Cape とにはさまれており，両者の距離は84 km である．その間には，湾口部に沿うように，ティッスル Thistle 島，ガンビア Gambier 諸島が散在する．一方，湾の最奥部には，エア半島北東部の中心地であるポートオーガスタがあり，そこから湾口部までの距離は約320 km に及ぶ．また湾内には，両半島に沿って小湾も多くみられる．すなわちエア半島側では，南部からボストン Boston 湾，ピーク Peake 湾，マッセナ Massena 湾，タンビー湾，ダットン Dutton 湾，アーノ湾，フォールス False 湾，フィッツジェラルド Fitzgerald 湾など，またヨーク半島側では同じく南からフォームビー Formby 湾，ベリー湾，ハードウイック Hardwicke 湾，ティペラ Tiparra 湾，ウォラルー湾，ティッケラ Tickera 湾，フィッシャーマン Fisherman 湾，ジャーメイン Germain 湾などである．これらのいくつかは，そのまま町名となっているものもある．

　湾内の水深は全体的に浅く，最深部でさえ100 m に満たない．とくに湾の北部は浅く，干潮時には大規模な干潟が連続的にみられる．中でも，最奥部のポートオーガスタ付近では，湾奥からおよそ20 km にわたってまったく干上がることも珍しくない．湾内では

漁業が盛んで，とくに湾北部におけるエビの漁獲が多い．エア半島東岸のコーウェル，かつて銅鉱の産出や精錬でその名を知られたヨーク半島西岸のウォラルーなどがそのおもな根拠地となっている．沿岸部には，エア半島北東部の玄関口であるポートオーガスタのほか，同半島最大の人口をかかえ，鉄鋼業を中心とした工業都市であるワイアラ，また同半島南部には穀物輸送港のポートリンカーンなどがある．ポートリンカーンは，いまではマグロ漁の根拠地ともなっており，日本との関係も深い．一方，ヨーク半島側には，金属の精錬などで有名な工業都市ポートピリーがある．湾の名は，1802年にこの付近を探検したマシュー・フリンダーズ(1774-1814)によって，イギリス海軍本部長官だったジョージ・ジョン・スペンサー(1758-1834)にちなんでつけられた．　　　　　　　[片平博文]

スーホイ市　四会市　Sihui　中国

人口：48.8万(2015)　面積：1166 km²
気温：22.3℃　降水量：1804 mm/年
[23°20′N　112°44′E]

中国南部，コワントン(広東)省北西部，チャオチン(肇慶)地級市の県級市．シー(西)江の下流域に位置しチュー(珠)江デルタ経済圏に含まれる．秦の始皇帝33年(紀元前221)に四会県として設置された．地名は，西江，ペイ(北)江，スイ(綏)江，ロン(竜)江など4つの川がここに合流することにちなむといわれる．1993年に市となった．市政府所在地は東城街道(鎮)．魚米の郷として知られ，とくにミカン栽培の伝統が古く，全国でも有名な産地である．市に昇格後，工業も私営企業を中心に発展，オートバイ，電子ギター，玉器加工，家具などの分野で高い市場シェアを有する．鉱物資源の開発も進められ，石膏の貯蔵量と産出量は省内随一である．交通では三茂鉄道(サンシュイ(三水)〜マオミン(茂名))と国道321号が通り，西江の水運航路も活用されている．　　　　　　[許 衛東]

スーホン県　泗洪県　Sihong　中国

しこうけん(音読み表記)

人口：102.1万(2002)　面積：2810 km²
[33°27′N　118°13′E]

中国東部，チャンスー(江蘇)省，スーチェン(宿遷)地級市の県．スー(泗)水とホンツォ(洪沢)湖の間に位置するため泗洪という名がついた．1955年にアンホイ(安徽)省から江蘇省に所属が移り，96年に宿遷市に編入された．化学，紡績，電力，機械，建材，食品，醸造などの工業がある．農作物には小麦，水稲，落花生，大豆，ナタネ，綿花などがあり，養豚，養蚕，漁業，アシ織りも行われている．特産物には双溝大曲の酒，芙蓉国，中空麺，緑豆がある．観光スポットは掛剣台，下草湾である．　　　　　[谷 人旭]

スーマオ区　思茅区　Simao　中国

しぼうく(音読み表記)/ツイユン区　翠雲区
Cuiyun(旧称)

人口：30.6万(2012)　面積：3928 km²
[22°38′N　101°13′E]

中国南西部，ユンナン(雲南)省南西部，プーアル(普洱)地級市の直轄区で，市政府所在地である．かつては思茅県で思茅地区の中心地であり，1993年に県級市になった．2003年の行政再編で地級市の思茅市が直轄する翠雲区となるが，07年に地級市の思茅市が普洱市へ名称変更したのに伴い思茅区となる．市街地近くに普洱思茅空港があり，域内西部を流れるランツァン(瀾滄)江に開かれた思茅港は国際貿易港である．サトウキビと茶葉の生産が盛んで，小規模の水力発電所が多い．
[松村嘉久]

スマトラ島　Sumatera, Pulau　インドネシア

人口：約4800万(2010)　面積：448855 km²
長さ：1706 km　幅：399 km
[3°35′N　98°40′E]

インドネシア西部の島．島としては世界で第6位の面積をもつ．北西から南東に長い．行政区画として，アチェ州，北スマトラ州，西スマトラ州，リアウ州，ジャンビ州，南スマトラ州，ブンクル州，ランプン州の8州が設置されている．8州の2010年の人口を合計すると約4800万．地名は，13世紀から16世紀にかけて島の北東部に存在したサムドラ・パサイ王国に由来する．このサムドラがスマトラとなって伝わり16世紀のヨーロッパで定着したとされる．

島の東側は北からマラッカ海峡，カリマタ海峡，ジャワ海に面する．南端部はスンダ海峡をはさんでジャワ島に面する．マラッカ海峡側にはスマトラ島に接するようにルパット，ブンカリス，パダン，ランタウ，ランサンなどの島がある．カリマタ海峡にはリアウ諸島，バンカブリトゥン諸島があり，スンダ海峡には1883年の大噴火で有名なクラカタウなどの島々がある．島の西側はインド洋に面する．インド洋側には100 km前後の沖合に，北からシムル島などのバニャック諸島，ニアス諸島，バトゥ諸島，シブルット島などを含むムンタワイ諸島，エンガノ島などがある．これらの島々のインド洋側に平行するようにスンダ海溝が延びている．スンダ海溝はジャワ海溝，インドネシア海溝ともよばれるインド・オーストラリアプレートがユーラシアプレート(スンダプレート)の下に潜り込む海溝である．アンダマン諸島沖に始まり，スマトラ島沖合部分からジャワ島の南，さらに東にある小スンダ列島の沖合に延びている．2004年12月26日に発生したスマトラ島沖地震もスンダ海溝を震源とするものである．この地震以後，連動型地震がしばしば発生している．2009年9月30日に発生したパダン沖地震では，西スマトラ州で1000人を超える死者が，また10年10月25日のムンタワイ諸島沖地震では津波が発生し，ムンタワイ諸島を中心に400人以上の犠牲者が出た．

アンダマン諸島から続くスマトラ断層に沿って，島の西寄りにバリサン山脈が縦断している．山脈の西側の平野は狭く，西岸部の町の多くは扇状地や河口部にある．トバ湖から西スマトラ州を経て南スマトラ州にいたる山脈内の峡谷や盆地に町が多い．山脈を越えた東側は，平野部が広がる．とくにリアウ州，ジャンビ州，南スマトラ州は沖積平野で沿岸部を中心に低湿地が広がる．

標高の高い山は，バリサン山脈にある．最高峰は西スマトラ州とジャンビ州の境にある標高3805 mのクリンチ山である．火山であり，2009年から火山活動が活発化し，断続的に警戒態勢がとられている．最も活発な火山活動があるのが，北スマトラ州にある2460 mのシナブン山で，2010年8月に噴火し，その後断続的に噴火活動がみられ周辺は避難地域に指定された．2014年2月には火砕流発生のため犠牲者が出た．このほか，アチェ州のスラワアガム Seulawah Agam 山，西スマトラ州のマラピ山(標高2891 m)，タラン山(2597 m)，南スマトラ州のデンポ山(3159 m)なども火山活動の活発化のため断続的に警戒態勢がとられている．これらの火山のほかに，標高2500 m以上の山にはアチェ州のバンダハラ山(3030 m)，グルドン Geureudong 山(2885 m)，ルセル山(3119 m)，プルキソン Perkison 山(2828 m)，西スマトラ州のシンガラン Singgalang 山(2877 m)，オプヒール(別称タラマウ)山(2913 m)などがある．

最長の川は，西スマトラ州中部に源流を発し，南に流れ，ジャンビ州に入って東へ流れ

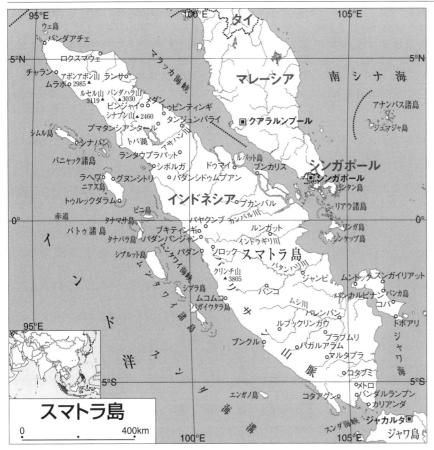

を変え，ジャンビを通りマラッカ海峡に注ぐ全長およそ800 kmのバタンハリ川である．これに次ぐのが，南スマトラ州西部から州内を蛇行しパレンバンを通りバンカ海峡に注ぐ全長約750 kmのムシ川である．南スマトラ州内には，このほかにオガン川，ルマタン Lematan 川，コムリン Komering 川などいずれも西部に水源をもち州内を北流しながら海に注ぐ大きな河川が多い．リアウ州のシアック Siak 川，カンパル川，インドラギリ川，ロカン川なども同じように西に発し，東のマラッカ海峡に注ぐ．北スマトラ州ではバルムン Barumun 川，アサハン川などがある．アサハン川はトバ湖を源流とする．インド洋に注ぐ川には西スマトラ州南部のバタンタルサン Batang Tarusan 川がある．最大の湖は，世界最大のカルデラ湖として有名な北スマトラ州のトバ湖である．湖の中央には630 km²の面積をもつサモシール島がある．このほか，比較的大きな湖にはアチェ州のラウトタワール湖，西スマトラ州のシンカラック湖，マニンジャウ湖，ディアタス Diatas 湖，ディバワ Dibawah 湖，タラン Talang 湖，ジャンビ州のクリンチ湖，南スマトラ州のラナウ湖などがある．

2004年ユネスコの世界遺産(自然遺産)に登録された「スマトラの熱帯雨林遺産」は，グヌンルセル国立公園，クリンチスブラット Kerinci Seblat 国立公園，ブキットバリサンスラタン Bukit Barisan Selatan 国立公園の3つで構成されている．このほかスマトラ島内の国立公園には，北スマトラ州にバタンガディス Batang Gadis 国立公園，ジャンビ州にブルバック Berbak 国立公園，ブキットドゥアブラス Bukit Duabelas 国立公園，ジャンビ州とリアウ州にまたがるブキットティガプル Bukit Tigapuluh 国立公園，リアウ州にテッソニロ Tesso Nilo 国立公園，南スマトラ州にスンビラン Sembilang 国立公園，ランプン州にワイカンバス Way Kambas 国立公園がある．

主要都市には，メダン，パダン，プカンバル，パレンバン，バンダルランプンなどがある．主要な民族構成は，アチェ，ムラユ，バタック，ミナンカバウ，コムリン，ルジャン，スラウィ，クリンチ，プミンギールなどのスマトラ島を本拠とする民族が居住する．このほか，ジャワ，スンダなどの人びとも多い．とくに，植民地時代から国内移民によりランプン州ではジャワ人が多数を占める．華人も各都市に居住する．

天然資源は，アチェ州，北スマトラ州，南スマトラ州の天然ガス，リアウ州，南スマトラ州の石油，西スマトラ州，ジャンビ州，南スマトラ州の石炭などが知られている．農業では，アブラヤシ，ゴム，タバコなどの農園作物の栽培が盛んである．アブラヤシ農園の拡張，またとくにリアウ州における製紙業の材料確保の植林を目的とする森林破壊が問題視されている．また野焼きによる森林火災による煙害は国際問題ともなっている．

主要な港湾としては，マラッカ海峡側には北スマトラ州ブラワン，リアウ州ドゥマイにあるスンガイパクニン Sungai Paknin，南スマトラ州パレンバンにある河港ボオムバルなどがある．インド洋側は北スマトラ州シボルガ，西スマトラ州のトゥルックバユールなどがある．ランプン州の主要港はバンダルランプンのパンジャン Panjang 港があるが，州南東端にあるバカウフニ Bakauheni 港もジャワ島とのフェリー発着場として重要である．国有鉄道の路線が，メダン，パダン，パレンバンを中心に運営されているが，この3都市間は接続していない．各都市を中心とした州内の路線であり，唯一パレンバンからは隣接するランプン州バンダルランプンまでの路線がある．いずれも石炭やヤシ油輸送などの貨物輸送が主である．

各州に空港があるが，その中で国際空港は，アチェ州バンダアチェのスルタンイスカンダルムダ Sultan Iskandar Muda 空港，北スマトラ州のクアラナム Kualanam 空港，西スマトラ州のミナンカバウ Minangkabau 空港，リアウ州プカンバルのスルタンシャリフカシム2世 Sultan Syarif Kasim II 空港，南スマトラ州パレンバンのスルタンマームドバダルッディン2世 Sultan Mahmud Badaruddin II 空港の5カ所である．ジャワ島からのフェリー発着港であるランプン州バカウフニから，北端バンダアチェまでスマトラ縦断道路があるが，道路状態や主要都市間の連絡という点で問題が多いとされる．そのため，現在，バカウフニ，パレンバン，プカンバル，メダン，バンダアチェをスマトラ島東部で直線的に結ぶ全長2800 kmの縦断高速道路と，パレンバン〜ブンクル，プカンバル〜パダン，メダン〜シボルガをそれぞれ結ぶ東西支線の建設が計画されている．

［柏村彰夫］

スマトラウタラ州 ☞ 北スマトラ州
Sumatera Utara, Provinsi

スマトラスラタン州 ☞ **南スマトラ州**
Sumatera Selatan, Provinsi

スマトラバラット州 ☞ **西スマトラ州**
Sumatera Barat, Provinsi

ス

スマヤン湖　Semayang, Danau

インドネシア

[0°14′S　116°27′E]

インドネシア中部, カリマンタン(ボルネオ)島東部, 東カリマンタン州内陸部, クタイカルタヌガラ県の湖. マハカム川のいくつかの支流から水が流れ込む. 湖の北岸にはスマヤンの町が立地している. ［水嶋一雄］

スマラタ　Sumalata

インドネシア

人口: 1.6万 (2010)　面積: 1230 km²

[0°59′N　122°30′E]

インドネシア中部, スラウェシ島, ゴロンタロ州北部北ゴロンタロ県ほぼ中央の郡および都市. 州都ゴロンタロの北西約80 km, クラマット Keramat 岬東方の海岸にある. 沖合にはディヨヌモ Diyonumo 島, モトゥオ Motuo 島がある. 後背地は 2000 m 級の山地がある. ［山口真佐夫］

スマラプラ　Semarapura

インドネシア

ウルンクン　Klungkung (別称)

人口: 15.4万 (2000)　面積: 315 km²

[8°32′S　115°24′E]

インドネシア中部, 小スンダ列島, バリ島東部, バリ州クルンクン県の都市で県都. かつてゲルゲル王朝の都が置かれ, 16世紀から19世紀頃まで, バリ島全体に影響力をもっていたといわれる. 現在, 市内にあるスマラプラ王宮跡(クルタ・ゴザ)で, 王朝時代の文化を垣間みることができる. ［水嶋一雄］

スマラン　Semarang

インドネシア

人口: 155.6万 (2010)　面積: 374 km²

気温: 28℃　降水量: 2800 mm/年

[6°58′S　110°25′E]

インドネシア西部, ジャワ島中部, 中ジャワ州の市(コタ)で州都. ジャワ海に面する. 中ジャワ州で最大, インドネシアでは首都ジャカルタ, スラバヤ, バンドゥン, メダンに次ぐ5番目の都市である. また, スマラン都市圏は2市と26郡が含まれ, 318万人 (2010)が居住している. 人口の多くはジャワ人であるが, スマランの発展の歴史から多くの中国系住民も暮らしており, 町にはいくつかの中国寺院も存在する. 海岸平野に立地し, 熱帯雨林気候と熱帯モンスーン気候との境界に位置する. 特徴としては乾季と雨季がある. 乾季は6〜8月で, この間の平均降水量は 60 mm 以下である.

1678年にオランダ東インド会社の支配で植民地化が進展することになったが, とくにスマランではタバコプランテーションの導入を契機に道路や鉄道が設置されたため, 交易センターとして発展してきた. 当時は中国人地区, 信心深いムスリムが暮らすカウマンとよばれる小さな居住地, そして広いオランダ人居住地もあった. 最も重要な施設は, オランダ人を反乱行動から隔離するオランダ人要塞である. これはオランダ人居住地に住むオランダ人を保護するためのものであり, 5つの監視塔を五角形に配置し, 南側に門が置かれた. 町は中央部の教会, 美しい邸宅の縁に広がる通りや, 広い並木通りなど, ブルルトとよばれる古典的なヨーロッパ様式を取り入れ, オランダの都市の基本的デザインを模倣していた. 都市の活動は河川に沿って集中していたが, この場所は異なる民族グループと交易する市場であり, スマランの経済成長を促す原動力となった. 1847年のグレートメールロードプロジェクト(GMRP)によって, 東ジャワ北岸のすべての都市と連絡したため, 農産物の交易センターとなった. 19世紀の終わり頃になると道路が整備され, さらにオランダインド鉄道の敷設によって, 都市機能はそれまでの河川側から道路側に移動した.

改善された交通機関により 1870年以降に経済発展がもたらされ, 町には病院, 教会, ホテルができ, そして新しい幹線道路沿いには大きな家が建設された. また, 1 ha あたりに 1000 人が居住し, 公衆トイレ, 下水施設, 公共住宅など, 生活環境も整備された. 1917年には健康居住プロジェクトによって, スマラン南部のカンディバルとよばれる地区が改善された. また経済階層を基礎とするコンセプトが導入され, オランダ人, 中国人, その他の民族などから構成される従来の3つの居住区は, さらに3つの経済的階層に分けられた. 1916〜19年の間に人口は 55% も増加し, そのうちジャワ人は 4.5万, 中国人は 8500, ヨーロッパ人は 7000 であった. 経済成長と空間的な都市計画によって町の規模は2倍になり, 1920年代になると町はさらに南側に拡大した. 太平洋戦争時の 1942年に日本軍によって侵略されるまでは, 州都として交易, 工業が発展していた.

スマランには2本の川が流れ, 市域を3分割している. 多くの雨水を受けて町を流れるクレオ川では, 2011年にジャテンバラダムの建設が始まり, 13年に竣工した. 洪水調整を主とするこのダムは毎秒 230 m³ を貯水し, 1.5 MW の発電と, 飲料水や観光にも利用されている. 現在はアフマト・ヤニ空港とタンジュンエマス港をもち, 鉄道の起点でもあるため, タバコ, 砂糖, 天然ゴム, チーク材などの集散地となっている. また近年では西部に多くの工業団地や工場が, 北部の海岸には貿易港が立地している. さらに織物, 家具, 加工食品などの小さな産業も多く, クボタやコカコーラといった大企業も操業するなど, 中ジャワ州の経済活動の中心として発展している. ビジネス旅行者や観光客の増加から, 比較的規模の大きなホテルが立地し, 最近ではグマヤホテルが開業している. インドネシアの4つの主力銀行の支店があり, さらにフランス資本の商業施設カルフールが中ジャワ州で最初に進出した. ［水嶋一雄］

スマンカ湾　Semangka, Teluk

インドネシア

[5°39′S　104°44′E]

インドネシア西部, スマトラ島南東部, ランプン州南西部の湾. スマトラ島とジャワ島にはさまれたスンダ海峡の一部を形成する. タンガマス県の南側の海岸に位置する. ［水嶋一雄］

スマンガット岬　Sumangat, Tanjung

マレーシア

[6°37′N　117°31′E]

マレーシア, カリマンタン(ボルネオ)島北部, サバ州北東部の岬. 西はジャンボンガン島に面しており, 岬の南東約 30 km の地点にはスグット岬がある. スマンガット岬とジャンボンガン島の間にはションバーグ湾があり, 岬の南西側にはスマンガット村がある. 岬の付近は多くの小河川があり, スル海に注いでいる. ［生田真人］

スミス海峡　Smith Sound

デンマーク/カナダ

トーマススミス卿湾　Sir Thomas Smith's
Sound（旧称）

長さ：80 km　幅：56 km

[78°25′N　74°00′W]

グリーンランドおよびカナダ最北の島エル
ズミア島との間の海峡．南東側の延長にはバ
フィン湾がある．この海峡を最初に航行した
ヨーロッパ人は，1616年，イギリスのディ
スカヴァリー号のロバート・バイロット船
長，およびウィリアム・バフィン航海士らで
ある．この海域はイギリスの外交官であった
トーマス・スミス卿の名前から，トーマスス
ミス卿湾とよばれており，19世紀初期まで
は，旧名称が使用されていた．ジョン・ロス
の北極探検以降，スミス海峡と海図に記され
るようになった． [前杢英明]

スミス島　Smith Island

インド

人口：0.1万（2001）　面積：0.4 km²

[13°21′N　93°04′E]

インドの東方，アンダマンニコバル諸島連
邦直轄地北部，アンダマン諸島の島．北アン
ダマン島北東部に位置する．北隣のエクセル
シオル Excelsior 島と対をなす．全島熱帯雨
林に覆われ，広い波食台からなるきれいな海
岸が取り巻く．観光シーズンになると，外国
人観光客が，対岸のディグリプール近くにあ
るカリプール水域スポーツセンターからボー
トでやってくる．政府森林局の事務所が置か
れ，生態系の保護にあたっている．2004年
12月26日のインドネシア・スマトラ島沖地
震での人的被害はなかった． [貞方 昇]

スミスタウン　Smithtown

オーストラリア

人口：0.1万（2011）　面積：1.6 km²

[31°01′S　152°57′E]

オーストラリア南東部，ニューサウスウェ
ールズ州北東部，ケンプシー行政区の町．マ
クリー川河畔の小さな町で，州都シドニーの
北西約350 km に位置する．地名は，州の立
法議会議員であったバーデット・ロバートス
ミスにちなんで，1877年に命名された．町
のネスレ社の工場は90年以上の歴史があ
る．ミッドノースコースト地方で最大規模の
民間企業で，看板商品の1つであるミロを生
産している． [牛垣雄矢]

スミストン　Smithton

オーストラリア

人口：0.4万（2011）　面積：91 km²

[40°50′S　145°07′E]

オーストラリア南東部，タスマニア州北西
部の町．バス海峡に面し，デヴォンポートの
西約130 km，バスハイウェイ沿いに位置す
る．1793年に探検家ジョージ・バスとマシ
ュー・フリンダーズにより発見され，98年
に入植が開始された．林業や鉱業を中心に発
展し，1895年に都市名がスミストンと名づ
けられ，1905年に町制が施行された．現在
のおもな産業は酪農業であり，とくに高品質
牛肉の生産地として知られている．また漁業
も盛んであり，カキやアワビの養殖が行われ
ている．州最大の風力発電所であるウールノ
ース，広大な冷温帯雨林の広がるターカイン
の森からも近く，周辺観光にも力を入れてい
る． [安井康二]

スミスフィールド　Smithfield

オーストラリア

人口：0.2万（2011）　面積：2 km²

[34°41′S　138°41′E]

オーストラリア南部，サウスオーストラリ
ア州南東部の町．州都アデレードの北北東
32 km，アデレードとゴーラーとの間に位置
する．典型的なアデレード都市圏の住宅地
で，都心に通勤する人が多い．町の南側に接
して，アデレード近郊の都市，エリザベス
Elizabeth がある．スミスフィールドの北側
はまだ開発が進んでおらず，小麦畑など，の
どかな田園風景が広がる． [片平博文]

スムダン　Sumedang

インドネシア

Soemedang（旧表記）

人口：109.4万（2010）　面積：1522 km²

[6°54′S　107°56′E]

インドネシア西部，ジャワ島，西ジャワ州
の県．州都バンドゥンの東約50 km にある．
標高25～1667 m の間に位置し，そのほとん
どが丘陵，山岳地帯に属している．県都はス
ムダン（人口16.2万）．豊富な天然資源を生
かした畜産業，林業，農業が知られているほ
かに，観光資源としての特産品にサツマイモ
と豆腐がある．サツマイモはオーブンで焼き
上げ，甘さともちもちとした食感が人気で，
シンガポールや台湾などの海外へも輸出もして
いる．シンガポールへは1週間に6 t ものサ
ツマイモが首都ジャカルタから船で運ばれて
いる．豆腐は，一口大の揚げ豆腐で，約100

年前中国からの移民がつくったものが始まり
とされている．また，工芸品として空気銃や
木材や竹を用いた加工品も知られている．と
くに伝統人形劇ワヤン・ゴレックで用いられ
る木彫りの人形は，外国人観光客が土産に購
入することが多い．ピラブ・グサン・ウルン
博物館では，1333年に建国されたパジャジ
ャラン王国の遺物などを見学することができ
る． [山口玲子]

スムヌップ　Sumenep

インドネシア

人口：104.2万（2010）　面積：2093 km²

[7°01′S　113°52′E]

インドネシア西部，マドゥラ島東部，東ジ
ャワ州の県および県都．県は27の郡，4つ
の町，328の村をもち，面積のうち，陸地は
1147 km²，島嶼部が946 km² である．県都
の人口は7.1万（2010）．県の南はマドゥラ
海峡，北はジャワ海，西はパムカサン県，東
はジャワ海とフロレス海に囲まれている．県
のシンボルマークは，下地が緑色の五角形の
盾の中に，翼をつけた馬の絵が金色で描かれ
たものである．インドネシアを支配したオラ
ンダは，1705年，この地を王侯領として存
続させたが，1883年に廃止した．宮廷は残
っており，スルタンの墓はいまもマドゥラ人
の信仰の対象となっている．日本軍政期の
1943年12月には普通船員養成所が設置され
た．マドゥラ島は石灰岩性土壌のやせた土地
であり，水利は少なく，おもに製塩とタバコ
栽培が行われている．芸術文化の面では，仮
面を使った劇ワヤン・トペンやバティック
（ジャワ更紗）が有名である．また，この地域
ではカラパン・サピとよばれる伝統的な雄牛
のレースが毎年開催され，多くの観光客が訪
れる． [浦野崇央]

スメル山　Semeru, Gunung

インドネシア

標高：3676 m　　　　[8°06′S　112°55′E]

インドネシア西部，ジャワ島東部，東ジャ
ワ州内陸部の火山．ジャワ島の最高峰であ
り，1818年以来，死者が出た10回の噴火を
含む55回の噴火が記録されているなど，活
発に噴火を繰り返す火山である．2000年4
月の噴火では，火砕流が1.5 km も流下し，
7月の噴火では調査していた2人の火山研究
者が犠牲になった．この火山を含めマラン高
原には多くの火山があり，有名な観光地でも
あるため，多くの観光客がこの地域を訪れ

スメル山(インドネシア),ジャワ島の最高峰(奥)とブロモ山(手前)〔Shutterstock〕

る.また,山腹のパリシアンにはプロ寺院の遺跡があり,信仰のため多くの信者がこの火山を訪問する. 〔水嶋一雄〕

スモーキー岬　Smoky Cape
オーストラリア

| 標高:100 m | [30°55′S　153°06′E] |

オーストラリア南東部,ニューサウスウェールズ州北東部,ケンプシー行政区の岬.州都シドニーの北北東約370 kmに位置し,東側のタスマン海に接している.この地域は,岬の北西約1.5 kmにある標高約300 mのビッグスモーキー山を中心とした残丘状の小規模な丘陵地で,岬は尾根上にある.岬を含むこれらの丘陵地および海岸線は,ハットヘッド国立公園に指定されている.岬の先端には,1891年に建設されたスモーキー岬灯台がある.また岬周辺の海岸線は,小規模な岩石海岸と砂浜海岸が交互に入り組む複雑な地形となっており,シロワニ(サメ)の生息地として知られている. 〔梶山貴弘〕

スモレンスク島 Smolensk ☞ リヴィングストン島 Livingston Island

スーヤン県　泗陽県　Siyang
中国

しようけん(音読み表記)

| 人口:83.7万 (2015)　面積:1726 km² |
| [33°43′N　118°40′E] |

中国東部,チャンスー(江蘇)省,スーチェン(宿遷)地級市の県.江蘇省北部の平原,ホンツォ(洪沢)湖の北岸に位置する.穀物,綿花,落花生などを生産するほか,養蚕や畜産・養鶏が盛んであり,羊や鶏がよく知られる.洪沢湖の水産業も盛んであり,魚,エビ,スッポン,カニなどが豊富にとれる.林業としてはポプラを産出する.名所旧跡には中国楊樹博物館や三庄の漢墓がある.ホワイアン(淮安)~シューチョウ(徐州)間を結ぶ淮徐高速道路が県内を通る. 〔谷　人旭・小野寺　淳〕

スーユィー区　宿豫区　Suyu
中国

| 人口:64.1万 (2010)　面積:1585 km² |
| [33°57′N　118°20′E] |

中国東部,チャンスー(江蘇)省,スーチェン(宿遷)地級市の区.秦代に下相県として設けられ,東晋代に宿豫州に,唐代に宿遷県と改称された.1996年に新設された宿遷市に所属する県になり,2004年に区になった.ホワン(黄),ホワイ(淮),イー(沂),シュー(沭)河によって形成された平原に位置する.おもな農作物には麦,水稲,綿花,トウモロコシ,大豆,麻類がある.特産物には駱馬湖のシラウオ,薬種のホンカンゾウ,料理の五香大頭菜,菓子の乾隆貢酥や水晶山サンザシケーキなどがある.鉱物資源には石英砂などがある.新型材料,機械,食品などの工業がある.観光地には竜王廟や駱馬湖がある. 〔谷　人旭・小野寺　淳〕

スヨン　水営　Suyeong
韓国

| [35°09′N　129°07′E] |

韓国南東部,プサン(釜山)市域東部の町.行政上は釜山広域市水営区.水営湾に面し,水営川の東は,ヘウンデ(海雲台)のリゾート地に続く.海岸線の広安海水浴場の開発が進み,海雲台海水浴場に劣らないほどの観光客が訪れるようになった.海岸の南西端の一部を埋め立てて,アパート団地も開発されている.かつて釜山の空港はここにあった. 〔山田正浩〕

スラ諸島　Sula, Kepulauan
インドネシア

| 人口:13.3万 (2010)　面積:9632 km² |
| [1°52′S　125°22′E] |

インドネシア東部,マルク(モルッカ)諸島南西部,北マルク州の諸島.サナナ島,タリアブ島,マンゴレ島の3つの主島と,リフマトラ島,セホ島など小さな島々からなる.スラ諸島をはさんで,北側はマルク海,南側はバンダ海がある.西には中スラウェシ州,東にはセラム海が位置している.スラ諸島県を構成し,県は12の郡で構成されている.県は州の最も南に位置している.県都はサナナ島のサナナであり,州都ソフィフィの南西約360 kmにある.2003年にハルマヘラバラット県から分離して成立した.

人口の集中した東南スラウェシ州からの移民が,マンゴレ島,タリアブ島に多く暮らしている.住民の多くは農業と漁業で生計を立てている.ココヤシ,カカオ,クローブ,ナツメグ,カシューナッツ,コーヒー,シナモンなどが栽培され,ほかに林業も重要な産業である.鉱物資源も注目されており,石油,天然ガス,金,石炭,鉄鉱石,マンガン,スズなどを産する.1862年には,A・R・ラッセルがスラ諸島を訪れ,鳥類の調査を行った.希少種が生息することで知られているが,近年では森林の農地転換による環境変化や乱獲のために減少している.たとえばタリアブ島のゴソンスラ(和名モルッカツカツクリ)は,絶滅危惧種に指定されている. 〔森田良成〕

スライマーン山脈　Sulaiman Mountains
パキスタン

| 標高:3443 m　長さ:400 km |
| [31°41′N　69°56′E] |

パキスタン南西部,バローチスタン州の山脈.州東部をほぼ南北にインダス河谷に沿うように走るヒンドゥークシュ山脈の南東支脈である.イラン高原とインド亜大陸の境界を

なす．おおむね 2000 m 前後の標高があり，北端部にあるタフティスライマーン山の標高 3443 m と 3379 m の双子峰が最高峰で，南端はブグティ丘陵となる．おもに白亜紀〜鮮新世の石灰岩，砂岩からなり，山脈の東側は急斜面をなし，西はゾーブ川の谷を隔ててトバカカール山脈に接する．山脈の間には褶曲軸に沿ってゾーブ，ベジなどの盆地がある．半乾燥地帯で，マツなどが生育し，住民の多くは牧畜を営む． ［出田和久］

スラウェシ海 Sulawesi Sea ☞ セレベス海 Celebes Sea

スラウェシ島　Sulawesi, Pulau

インドネシア

セレベス島　Celebes, Pulau（旧称）

人口：14881.5 万（2008）　面積：188522 km²

[1°50′S　120°32′E]

インドネシアのほぼ中央にある島．本島の面積は 17 万 4600 km² であるが，周辺の行政上含まれる島を含めると 18 万 8522 km² になる．島は 4 つの半島状の地域があり，アルファベットの K のような形をしている．ただし，半島名が付されているのは，中央から北へ延び，その後東に延びるミナハサ半島，および中央から北東に延びるティムール Timur 半島のみである．

北はセレベス（スラウェシ）海，東はモルッカ海，バンダ海，南はフロレス海，西はマカッサル海峡に囲まれている．島の形状から多くの湾が存在し，その中で大きなものはトミニ湾，トロ湾，ボネ湾である．周辺には多くの島があり，その中で大きいものには中スラウェシ州のペレン島，東南スラウェシ州のブトン島，ムナ島，南スラウェシ州のスラヤル島などがある．スラウェシ本島の北端は，北スラウェシ州ミナハサウタラ Minahasa Utara 県にあり北緯 1 度 45 分，南端は南スラウェシ州ジェネポント Jeneponto 県にあり南緯 5 度 42 分，東端は北スラウェシ州ビトゥン市にあり東経 125 度 14 分，西端は西スラウェシ州マムジュ県にあり東経 118 度 46 分である．また，赤道が中スラウェシ州のマカッサル海峡側のドンガラ県バラエサン Balaesang 郡北部から，トミニ湾側のパリギモウトン Parigi Moutong 県ティノンポ Tinompo 郡南部を通っている．

地勢はおおむね山がちであり，広い平野部は南スラウェシ州中央部に存在する．山地は中央部に多いが，全島各地に 2000 m 以上の

山が存在する．最高峰は南スラウェシ州ルウ県のラティモジョン Latimojong 山塊のランテマリオ山，あるいはその南のラティモジョン山塊のランテコンボラ Rantekombola 山である．高さに関しては資料による差異があり，どちらが最高峰かははっきりしないが，3500 m 級の山である．海流は，マカッサル海峡でほぼ周年南流である．海峡南部で東流し，小スンダ列島北側を東に進む．一部の分流は南進しロンボク海峡に向かっている．北スラウェシ地方では，ミンダナオ島から南下した海流が東流している．海底の形状は，島の北のセレベス海，東南スラウェシ州の東に 5000 m 級の海溝がある．島の西，南西方向では比較的浅く 2000 m 以内である．南は小スンダ列島に近づくと 5000 m 級の海溝がある．島内には大きい湖が点在している．南スラウェシ州のルウティムール Luwu Timur 県のトウティ湖（598.4 km²）は北スマトラ州のトバ湖に続いて国内第 2 位で，ほかに中スラウェシ州のパモナウタラ Pamona Utara 県のポソ湖（342.8 km²，同 4 位），南スラウェシ州ルウティムール県のマタノ湖（166.4 km²，同 5 位）などがある．

降雨に関しては島内でも差異は大きい．一般に南スラウェシ州，東南スラウェシ州で降水量が多く，2500〜4000 mm の地域がある．一方，中スラウェシ州の州都パル周辺では 500〜1000 mm 程度である．また，降水量の多い南部・西部地域のほうが，雨季と乾季がはっきりしている．たとえば南部のマカッサル市の場合，最も降雨が多いのが 1 月で 700 mm 以上，最も少ないのが 8 月でほとんど降雨がない．パル市では，年間を通して毎月 50〜80 mm である．

南スラウェシ州および西スラウェシ州南部の開発が進み，それ以外の地域では海岸部を除いて森林が広がっている．湿地帯はおもに

836　スラウ

ボネ湾奥部，西スラウェシ州北部海岸，ティウォロ海峡周辺にあり，マングローブ帯になっている．イギリスの博物学者アルフレッド・ラッセル・ウォレスがさまざまな発見をした島であり，珍しい動物が生息している．ほ乳類では偶蹄目のアノア，バビルサ，マカカ属のサル，有袋類のクスクス，ポッサムなどが生息している．鳥類でもセレベスツカツクリなどが生息している．北スラウェシ州のブナケン Bunaken，ボガニナニワルタボネ Bogani Nani Wartabone，中スラウェシ州のロレリンドゥ Lore Lindu，トゲアン諸島，東南スラウェシ州のラワアオパワトゥオハイ Rawa Aopa Watumohai，ワカトビ Wakatobi，そして南スラウェシ州のタカボネラテ，バンティムルンバルサラウン Bantimurung-Balusaraung の 8 国立公園がある．

おもな都市としては北スラウェシ州のビトゥン市，コタモバグ市，マナド市（州都），トモホン市，ゴロンタロ州のゴロンタロ市（州都），中スラウェシ州のパル市，東南スラウェシ州のバウバウ市，クンダリ市，南スラウェシ州のマカッサル市，パロポ市，パレパレ市がある．中でもマカッサル市は，かつて東インドネシアで交易により栄えたゴワ（Gowa）王国の首都ソンバオプ Sombaopu の北方のウジュンパンダン砦をオランダ東インド会社が占領後発展させた町で，重要な港市である．インドネシア共和国独立以前から東インドネシアの要衝で，現在でも東インドネシア最大の都市である．

鉄道がないこの島では，昔から海が重要であった．現在でも海上交通は重要な移動手段である．しかし，陸路は比較的貧弱で，スラウェシ縦貫道が島西側のマカッサルから西スラウェシ州，中スラウェシ州，ゴロンタロ州，北スラウェシ州を結んでいる．しかし中スラウェシ州のポソ以東，東南スラウェシ州東部ではまだ陸路の整備が遅れている．空路としては，マナド市のサムラトゥランギ Sam Ratulangi 空港，マカッサル市のハサヌッディン Hasanuddin 空港などの国際空港以外にも多くの空港が存在する．

スラウェシ島およびその周辺の島は，1945 年 8 月 17 日のインドネシア独立宣言とともにスラウェシ州となった．その後は独立戦争および混乱期を迎える．1948 年の段階では南スラウェシ，中スラウェシ，北スラウェシ（ゴロンタロ，ボラアンモンゴンドウ Bolaang-Mongondow），ミナハサ（マナド周辺），サンギルタラウド Sangir-Talaud の 5 地方議会をもっていた．1960 年には北・中スラウェシ州と南・東南スラウェシ州となった．1964 年，北スラウェシ，中スラウェシ，南スラウェシ州，東南スラウェシ州が成立した．その後，北スラウェシ州は 2001 年にゴロンタロ州と分離，南スラウェシ州は 2004 年に西スラウェシ州と分離し，現在の 6 州体制になった．主産業は，漁業，農業，林業，鉱業である．また，マカッサル市，ビトゥン市周辺には工業団地もつくられている．　　　　　　　　　　［山口真佐夫］

スラウェシウタラ州 ☞ 北スラウェシ州
Sulawesi Utara, Provinsi

スラウェシスラタン州 ☞ 南スラウェシ州
Sulawesi Selatan, Provinsi

スラウェシトゥンガ州 ☞ 中スラウェシ州
Sulawesi Tengah, Provinsi

スラウェシトゥンガラ州 ☞ 東南スラウェシ州
Sulawesi Tenggara, Provinsi

スラウェシバラット州 ☞ 西スラウェシ州
Sulawesi Barat, Provinsi

スラウォン　Surawong　　　タイ
[13°44′N　100°31′E]

タイ中部，首都バンコクの地区．バンコクのスラウォン通りとその周辺の総称である．通りは，1893 年にチャルーンクルン通りとトロン通り（現ラーマ 4 世通り）を結ぶ道路としてシーロム通りの北に並行して建設され，シーロム通りを中心とする街区の開発を促した．道路名は，建設者である貴族のチャオプラヤー・スラウォンワッタナサックの名前にちなんでつけられた．現在は，モンティエンホテルをはじめとするホテルや，タイシルクの有名ブランドであるジムトンプソンの本店などがあり，日本人にも馴染み深い地区になっている．　　　　　　　　　　　　　［遠藤　元］

スラカルタ　Surakarta　　　インドネシア
ソロ　Solo（別称）
人口：49.9 万（2010）　面積：44 km²
[7°32′S　110°50′E]

インドネシア西部，ジャワ島中部，中ジャワ州の市（コタ）．ソロ川中流にある歴史的都市で，日本の奈良にたとえられる．川の名にちなんでソロともよばれる．ジョクジャカルタの北東 57 km に位置し，鉄道で約 1 時間，バスで約 1 時間半で結ばれている．中心部から西約 14 km のところにアディスマルモ Adismarmo 国際空港があり，首都ジャカルタをはじめ，マレーシアの首都クアラルンプールやシンガポールとの路線便が就航している．

1745 年にマタラム王家パク・ブウォノ 2 世が王位継承戦争の戦乱で荒廃したカルタスラ Kartasura より都をソロに移し，スラカルタと命名したのが始まりで，王都として繁栄した．ジョクジャカルタと並んで，ジャワ宮廷文化の中心地とされる．バティック（ジャワ更紗）やガムラン音楽，ジャワ舞踊といった伝統文化の中心でもある．独立前後から 1965 年頃まではインドネシア共産党の最強の拠点でもあった．地名は，英雄の町を意味する．観光名所としては，開放されているカスナナン王宮とマンクヌガラン王宮がある．カスナナン王宮は典型的なジャワ様式の建築である．庭園は白砂が敷き詰められ，建物は大理石で建てられており，内部の博物館にはガムランやワヤン人形などの王室ゆかりの品々が展示されている．また，マンクヌガラン王宮は，大理石の豪華な大広間が特徴的である．宮廷内ではガムランの演奏や宮廷舞踊の練習風景を眺めることができる．

スラカルタのスローガンは，bersih（清潔な），sehat（健康な），rapi（整然と），indah（美しい）の頭文字をとって，Berseri（光輝く）とされる．また，観光スローガンとして "Solo, the Spirit of Java" が謳われている．町の東約 36 km，ラウ山の西側山腹にあるヒンドゥー教寺院であるスク一寺院や，北約 20 km にありユネスコの世界遺産（文化遺産）にも登録されている初期人類遺跡サンギランなどの観光地への拠点とされる．ジョクジャカルタほどには観光客が多くなく，のんびりとした風情が感じられる．　　［浦野崇央］

スラゲン　Sragen　　　インドネシア
人口：85.8 万（2010）　面積：941 km²
標高：100 m　　　　　[7°22′S　111°01′E]

スラカルタ（インドネシア），マジャパヒト王朝時代のスクー寺院〔Shutterstock〕

インドネシア西部，ジャワ島，中ジャワ州の県．東ジャワ州との境界に位置する．県都はスラゲン（人口6.7万）．標高約100 mの平地で，1日の気温は19～31°Cである．県の面積のうち約42%が水田として利用されている．県を二分するように流れているソロ川（ブンガワンソロ）を境として南部と北部に分けることができる．南部のほうがより肥沃である．県の西側に位置するサンギラン遺跡は，南北9 km，東西7 kmに広がっており，これまでの地質学調査から，かつてこの地は海だったことがわかっている．約200万年前からのさまざまな化石が発見され，発見された化石はサンギラン博物館に展示されている．発見された化石数は，世界中で発掘された化石の50%に相当する．中でも，顔面部が残っているサンギラン17号とよばれるホモエレクトス（*Homo erectus*）の頭蓋骨の化石は，世界的にみても重要な化石の1つにあげられる．なお，同遺跡は「サンギラン初期人類遺跡」として1996年にユネスコの世界遺産（文化遺産）に登録された．　〔山口玲子〕

スラサン海峡　Serasan, Selat
インドネシア/マレーシア
[2°14′N　109°17′E]

インドネシア西部，カリマンタン（ボルネオ）島北西部沖，西カリマンタン州北西端の海峡．リアウ諸島州ナトゥナ諸島南部のスラサン島とカリマンタン島の間にある．この海峡をはさんで，東側にはマレーシアのサラワク州が位置している．　〔水嶋一雄〕

スラサン島　Serasan, Pulau
インドネシア
面積：235 km²　[2°31′N　109°02′E]

インドネシア西部，ナトゥナ諸島，リアウ諸島州ナトゥナ県の島．スラサン海峡をはさんでカリマンタン（ボルネオ）島，西カリマンタン州に面する．人口はスラサン島とスビ島を合わせて8451．島民の多くは漁業に従事して自給自足の生活を維持している．
〔水嶋一雄〕

スラーターニー　Surat Thani
タイ
バーンドーン　Bandon（通称）
人口：15.4万（2010）　面積：338 km²
[9°08′N　99°18′E]

タイ南部，スラーターニー県の都市で県都．通称ではバーンドーンとよばれ，古くはシュリーヴィジャヤの都市であったという説を唱える学者もいる．現在の町はマレー半島の東岸，首都バンコクから国道4号，41号を南南西へ644 km下った，タイ南部で最大の河川であるターピー川の河口に位置し，バンドン湾に面している．また，サムイ島へのフェリーが発着する．市内の西約30 kmにスラーターニー国際空港がある．〔山本博史〕

スラーターニー県　Surat Thani, Changwat
タイ
人口：100.9万（2010）　面積：12891 km²
[9°08′N　99°18′E]

タイ南部の県．県都はスラーターニー．東はナコーンシータマラート県とタイ湾，西はパンガー県とラノーン県，南はナコーンシータマラート県とクラビー県，北はチュムポーン県とラノーン県に接している．県の地形は北部と西部ではターチャナ郡から南部のチャイブリー郡までプーケット山脈が南北に走って山岳地が多く，東部のドーンサック郡とカーンチャナディット郡もナコーンシータマラート山脈が南北に走り山岳地帯となっているため，約40%が山地となっており，中部のスラーターニーとプンピン郡の大部分が平野となっている．

タイ湾洋上には，サムイ島，パガン島，タオ島，アーントーン諸島などの美しい島が点在し，国内有数のリゾート観光地となっている．県別で，面積はタイ南部では最大，国内でも6番目である．タイ南部はイスラーム教徒が多いといわれるが，この県はマレーシア国境からは離れており，住民の97%が仏教徒でイスラーム教徒は2%にすぎない．行政上は18のアムプー（郡）と1つのキンアムプー（準郡）に区分され，プラセーン郡が面積最大，スラーターニー郡が人口最大の郡である．おもな産業は，農業が県内総生産（2012）の29.4%と一番多く，次いで工業15.2%，卸小売業14.0%，ホテル・レストラン業7.1%，金融業6.2%となっており，第1次産業の占める割合が高い．重要な農産物として天然ゴム，パーム油，ココヤシ，ランブータン，ドリアン，コーヒーなどをあげることができる．

チャイヤー郡にはプラボロマタートチャイヤー寺やウィエン寺などシュリーヴィジャヤ王朝期のものとみられる貴重な寺院が残っており，この地域はシュリーヴィジャヤ王国の重要な拠点の1つであったようである．また，チャイヤーは仏法社会主義で名高く，タイで最も尊敬を集めた僧侶の1人，プッタタート・ピク（1906-93）がスワンモークという修行所を開いた地であり，現在でもプッタタートの教えが実践されている．　〔山本博史〕

スラタン岬　Selatan, Tanjung
インドネシア
[4°10′S　114°37′E]

インドネシア中部, カリマンタン(ボルネオ)島, 南カリマンタン州最南端の岬. スラタン半島の突端に位置する. 岬の北部の土地はかつて低湿地となっていたが, 天然ゴムのプランテーションや牛の牧草地のために改良された. 岬および半島北部のムラトゥス山脈には有望な鉱物資源が確認されており, 今後の開発が期待されている. 一方, 半島には動物保護のためのグヌングタンガル国立公園があり, また半島の西海岸には2つの観光リゾートの町バタカンとタキサングが立地している.　　　　　　　　　　　　　　[水嶋一雄]

スラットパンジャン　Selatpanjang

インドネシア

[1°01′N　102°42′E]

インドネシア西部, デビングテンギ島, リアウ州の村. スマトラ島とシンガポールの間のマラッカ海峡に位置するテビングテンギ島にある小さな漁村である. 村は, 州都ブカンバルからも, シンガポールの影響を受けて新興リゾート地として発達しているビンタン島からも, 交通アクセスが悪いため開発が遅れている.　　　　　　　　　　　　　[水嶋一雄]

スラト島　Sulat, Pulau

インドネシア

ギリスラト　Gili Sulat（別称）

人口: 0 (2008)　面積: 約7 km²

[8°20′S　116°43′E]

インドネシア中部, 小スンダ列島, 西ヌサトゥンガラ州ロンボクティムール県サンバリア郡の島. ロンボク島の北東1.5 kmに近接している. 島の長さは最大で5.2 km. 島の名はギリスラトともよばれる. ギリとはササク語で小島を意味する. 島の北500 mには, ラワン島(ギリラワン Gili Lawang)がある. 2つの島はいずれも無人島で, マングローブ林で覆われており, おだやかな海と美しいサンゴ群で知られている. ダイビングやシュノーケリングのほか, エコツーリズムの格好の舞台となっている. ロンボク島北東に位置するこの2つの島に対して, ロンボク島北西には, アイル Air島, メノ Meno島, トラワンガン Trawangan島の3つの島が位置している. この3島は, ギリ諸島として観光客からの人気が高く, 観光開発が進んでいる. 一方, スラト島とラワン島では, 観光開発がほとんど進んでいない.　　　　　　[森田良成]

スーラト　Surat

インド

スルヤプール　Suryapur（古称）

人口: 446.2万 (2011)　降水量: 2500 mm/年

[21°10′N　72°54′E]

インド西部, グジャラート州スーラト県の都市で県都. タービ川の左岸, 州都ガンディナガルの南284 km, インド最大の都市ムンバイ(ボンベイ)の北289 kmにある港湾都市. 熱帯モンスーン気候下にあり, モンスーン降雨によってたびたび洪水に見舞われ, 人や家畜が疫病などで亡くなるなど被害額は大きい. 人口規模は国内で第8位, 都市圏の規模では第9位の大都市である. 南30 kmにあるナヴサーリとの双子都市でもある. ゾロアスター(パールシー)教徒コミュニティの中心地で, 近年では北の計画都市チャンディガルに次ぐ清潔な都市である. 15世紀末, 1人のブラーマン(司祭階級)により, 太陽の町(スルヤプール)として建設され誕生したとされる. この地に勢力を保持しようとしたポルトガル帝国により, 1512年と30年の2度にわたり焼き払われ破壊された. また, 1513年ポルトガルの旅行者バルボサは, マラバルや世界各地から多くの船で賑わう重要な港であると記している. 1520年までに, 町の名前はスルヤプールからスーラトになっていた. ムガル帝国の皇帝アクバル, ジャハンギールそしてシャー・ジャハーンの時代には主要な商業都市となり, また帝国造幣局がこの地に設立された. しかし, イギリス植民地時代にはその地位をボンベイ(現ムンバイ)に奪われ, 80万もの人口が, 19世紀半ばには8万あまりまで低下した. 造船業のようないくつかの産業は消滅したが, 20世紀までに人口は11.9万と緩慢な増加傾向を示し, 貿易と製造業の中心地であった.

近年ではダイヤモンド飾りの金製装身具製造業が発展してきた. 東アフリカから移住したダイヤモンド彫刻師たちが1901年に産業を興し, 70年代にはアメリカへの最初の輸出が始まった. 2015年現在, 世界のダイヤモンドの90%がインドでカット・研磨され, そのうちの75%はスーラトで行われる. ダイヤモンドのほかには織物産業が盛んで, インドでも最も経済成長率の高い(11.5%, 2008)都市の1つである. ムンバイ都市圏同様に成長し続け, 2020年までにグジャラート州最大の都市に成長するといわれる. 海上交通ではムンバイやゴアなど国内の都市への航路のほかにアラブ首長国連邦のドバイにも運行している. 都市化に対応した高架道路網を中心に, 都市内外の交通システムの整備に

力を注ぐとともに, 用水管理システム, 排水路と街路灯の整備なども整っている. また移住者の多いすぐれた都市である. 都市圏の人口は500万を超えている(2009)と推定され, ビハール, ウッタルプラデシュ両州出身者が多く, 11%を占める. 1992年に, ヒンドゥー教徒とムスリム間の激しい衝突があったが, この種の事件は多くの移住者を抱えたこともその一因で, 市内で最初で最悪のものであった. また, 1994年にはモンスーンによる豪雨と大量の排水とにより, 市内は大洪水となり, 多くの家畜の死体とゴミなどの廃棄物が取り除かれず, 疫病が広がった. このため, 1990年代を通じての市民あげての衛生向上運動により, 市内は国内でもまれにみる清潔な都市に生まれ変わり, 現首相ナレンドラ・モディにより提唱されたハイテク情報技術を駆使したスマートシティー構想にも名乗りをあげている.　　　　　　　[中里亜夫]

スラバヤ　Surabaya

インドネシア

人口: 276.5万 (2010)　面積: 327 km²

気温: 27℃　　　　　　[7°10′S　112°40′E]

インドネシア西部, ジャワ島北東端, 東ジャワ州の市(コタ)で州都. スラバヤ海峡の西口に位置し, 首都ジャカルタに次ぐ国内第2位の都市である. 熱帯モンスーン気候下にあり, 5～10月が乾季, 11～4月が雨季で, 多湿の地域である. 市内の宗教別人口構成比率は, イスラーム教88%, プロテスタント6%, カトリック4%, ヒンドゥー教, 仏教, その他が2%となっている. 河口の町として知られ, 市内をブランタス川の支流マスMas川が流れ, 多くの橋がかけられている. 中でも有名な橋として, 市の北部の旧市街にジュンバタン・メラ(赤い橋の意)がある. このジュンバタン・メラは, 独立戦争期に激しい戦闘が行われた場所でもあり, 映画や音楽のタイトルにも数多く用いられている. 現在は欄干が赤色に彩色され, 観光スポットの1つとなっている. 周囲は植民地時代の面影が残る倉庫街となっている.

13世紀末マジャパヒト王国の港町として建設され, オランダ植民地時代には貿易の中心として栄えた. また, インドネシアの民族主義運動の拠点の1つともされ, サレカット・イスラーム(イスラーム同盟)の指導者チョクロアミノトが活躍, 1935年にはストモ医師らが中心となってパリンドラ党を発足させ, この地を中心に活動した. 独立戦争の初期1945年11月10日にはインドネシア側と連合軍との間で激しい市街戦が行われ, イン

ドネシア側は抵抗し続けた．この11月10日はいまでも「英雄の日」として全国的に祝われている．

市内にあるタンジュンペラック Tanjung Perak 港(別称スラバヤ港)は，コンテナターミナルを擁し，ジャカルタのタンジュンプリオク港に次いで国内第2位の港であり，外国船，国内船の入出港比率がほぼ一対一となっており国際貿易港の役割を果たしている．同港はまた，インドネシア海軍の拠点とされる．鉄道は，1875年にプランテーションの物資輸送のため内陸部へ延びる路線が敷かれたのが最初とされる．オランダ植民地期の政治の中心はバタヴィア(現在のジャカルタ)，経済の中心はスラバヤとして栄え，戦前は日本の商社の拠点が多く設けられていた．植民地期にはコメディ・スタンブルという大衆演劇が結成され，人気を博した．16世紀以後，中心部のクラトンを中心に南北，東西の軸によって市域が分けられ，オランダ植民地期には北部に中国人やアラブ人などの外国人，南部にジャワ人，東部に官僚や専門職といった特別階層，西部に一般のジャワ人が住み，棲み分けがなされていた．また，低地平野部，丘陵地，山地部の3つに分けられるが，市域のほとんどは平野部である．

市の北部および東部には湿地帯が広がっており，魚の養殖や製塩が行われていたが，現在では埋め立てられ，工業団地となっている．また南西部は現在，大規模な宅地開発が行われている．南部に位置するルンクット Rungkut 工業団地は，国内最大の重工業団地であり，市，州，中央政府の三者の共同で管理，運営されている．現在の中心はトゥンジュンガン Tunjungan であり，大きなモールやホテルがそびえ立っているが，南部のウォノクロモ Wonokromo が徐々に発展しつつある．市の北部には，15世紀にジャワ島でイスラーム教の布教活動を行ったスナン・アンペルを祀った聖地アンペル・モスクがあり，多くのイスラーム教徒が訪れる．この周辺地域はアラブ人が多く暮らし，カンポンアラブ(アラブ人集落)ともよばれる．スラバヤを拠点とした観光として，ブロモ山，避暑地トレテス Tretes，スラバヤ動物園，マドゥラ島などがあげられる．

地名は，スラ sura (スロ suro)は海の王としてのサメを意味し，バヤ baya (ボヨ boyo)は陸の王としてのワニを意味する．市のシンボルマークはサメとワニを組み合わせて，スラバヤの頭文字Sで表現される．インドネシア建国の父スカルノの生地である．1997年に高知市と姉妹都市提携を結んだ．

2009年6月，対岸のマドゥラ島のバンカラントとを結ぶ国内最長(全長5.4 km)のスラマドゥ Suramadu 橋が開通した． ［浦野崇央］

スラバヤ海峡　Surabaya, Selat

インドネシア

長さ：56 km　幅：2.5 km

[7°17′S　112°40′E]

インドネシア西部，ジャワ島北東岸とマドゥラ島西岸の間の海峡．マドゥラ海峡の一部をなす．2009年6月，この海峡において03年8月より建設中だった国内最長のスラマドゥ橋(全長5438 m，幅30 m，高さ146 m)が供用開始し，マドゥラ島の経済的発展が期待されている． ［浦野崇央］

スラバヤ油田　Surabaya, Ladang Minyak

インドネシア

[7°10′S　112°40′E]

インドネシア西部，ジャワ島東端，東ジャワ州の州都スラバヤ周辺の油田．1894年に噴油井が出現し，この地域には多くの油田やガス田が認められる．東ジャワ州シドアルジョ県では，2006年天然ガスの試掘により60℃の泥が噴出し，地盤沈下が進んでおり住民が避難を強いられている．泥の噴出直後から3年間の噴出量は東京ドーム23個分，流出面積は6000 haに達し，2014年現在，泥噴出は続いている．また，同年にはインドネシア国営石油会社プルタミナと中国石油(ペトロチャイナ)が運営するボジョヌゴロ地域の油田で爆発が起き，数千人が避難する事態となった． ［浦野崇央］

スーラーブ　Surab

パキスタン

人口：1.1万 (1998)　標高：1770 m

[28°29′N　66°16′E]

パキスタン南西部，バローチスタン州中央部カラート県南部の町．ヒンゴル川の最上流部に位置し，主要道路の分岐点である．谷を北上し，峠越えのルートで，県都カラートへは北北東約70 kmで，南南東約80 kmでフズダールにいたる．そのほか西のハーラーンへの道路も分岐する．乾燥気候であり，植生は乏しい．管井戸による灌漑でリンゴやモモが一部で栽培されるほかは，山羊などの放牧が中心となっている． ［出田和久］

スラフン　Slahung

インドネシア

人口：4.9万 (2010)　面積：90 km²

[7°59′S　111°24′E]

インドネシア西部，ジャワ島東部，東ジャワ州ポノロゴ県の郡．12の村をもつ．1988年まではマディウンとポノロゴ，スラフンを結ぶ鉄道が敷設されていたが，現在は運行していない．郡内のガラック Galak 村におけるレオグ舞踊は，15世紀から続く民族舞踊で，鮮やかな色彩の衣装をまとって舞う．

［浦野崇央］

スラメット山　Slamet, Gunung

インドネシア

トゥガル山　Tegal, Gunung (別称)

標高：3432 m　　　[7°14′S　109°12′E]

インドネシア西部，ジャワ島中部，中ジャワ州西端，トゥガル県の火山．巨大噴火口が魅力となっている．ジャワ島では東ジャワ州のスメル山(標高3676 m)に次いで高い．現地ではスラムット山とよばれる．トゥガル県にあることから，トゥガル山ともよばれる．霧が濃く，天候がとても変わりやすいため，登山者泣かせの山と称される．登山口から山頂までの所要時間は12時間以上に及ぶ．登山口はプルバリンガ Purbalingga 県カラングレジャ Karangreja 郡クタバワ Kutabawa 村のバンバガン Bambangan (1500 m)にあり，標高2800 m地点にはPOS 5とよばれるテント場がある．山の中腹には避暑地バトゥラデン Batu Raden とグチ Guci 温泉がある．1988年に小噴火を起こした．また2014年にも噴火を起こし，しばらくは入山禁止令が出されていたが，2015年に規制は解除され，多くの登山者で賑わっている．

［浦野崇央］

スラヤル島　Selayar, Pulau

インドネシア

サラヤル島　Salayar, Pulau (別称)

人口：7.9万 (2009)　面積：694 km²　長さ：80 km

幅：12 km　　　　　[6°07′S　120°27′E]

インドネシア中部，南スラウェシ州スラヤル県の島．スラウェシ島南西部沖，フロレス海北部にある．幅約16 kmのスラヤル海峡を隔ててスラウェシ島南部と対する．南北に細長く，東西12 kmに対し南北は80 kmに及ぶ．住民はイスラーム教徒のマカッサル人，ブギス人，マンダル人からなる．中心は

県都ベンテン．主要産業は漁業，ココヤシ，トウモロコシ栽培である．島南部のベンテンに空港があり州都マカッサルと空路で結ばれている．北部にはパマタタ港があり，スラウェシ島南部のブルクンバおよびビラとの間にはフェリーが運航する．伝統的にフロレス島とスラウェシ島を結ぶ航路の中継点であり，ピニシとよばれる伝統的木造帆船の寄港地でもある．スラヤル島とその南および南東に散在するボネラテ諸島，タカボネラテ諸島などの約50の島々はスラヤル諸島とよばれ，全域でスラヤル県を構成している．とくにタカボネラテ環礁は国立公園に指定されており，ダイビングスポットとして知られる．同名のスラヤル島がリアウ諸島州のリンガ諸島にある．　　　　　　　　　　　　　　　［青山　亨］

スラヤル島　Selayar, Pulau

インドネシア

プヌバ島　Penuba, Pulau（別称）

[0°18′N　104°26′E]

インドネシア西部，リンガ諸島，リアウ諸島州リンガ県の島．北はリマ海峡を隔ててリンガ島に対し，南はプヌバ海峡を隔ててシンケップ島に対する．いずれの島とも定期航路で結ばれている．南部のプヌバが中心集落である．同名のスラヤル島が南スラウェシ州にある．　　　　　　　　　　　　　　　［青山　亨］

スランゴール州　Selangor, Negeri

マレーシア

人口：546.2万（2010）　面積：7930 km²

[3°04′N　101°31′E]

マレーシア，マレー半島マレーシア領中西部の州．西はマラッカ海峡に面し，北部はペラ州，東部はパハン州，南部はヌグリスンビラン州に接する．州都はシャーアラム．かつての州都はクアラルンプールであったが，1974年に連邦直轄区として分離し，シャーアラムが州都となった．都市人口比率が90%（2010）を超え非常に高い．中央部をクラン川が流れる．州東部には首都であり連邦直轄区であるクアラルンプールが位置し，また，州南部には同じく連邦直轄区である行政都市プトラジャヤが位置する．州内民族構成（2010）は，マレー人51.5%，華人26.4%，インド人12.4%であり，インド人の比率が相対的に高くなっている．

州の下には，9つの郡（Daerah）と7つの市（Majlis Perbandaran）がある．郡は，ゴンバック Gombak，クラン，クアラランガット Kuala Langat，クアラスランゴール，ペタリン Petaling，サバブルナン Sabak Bernam，スパン Sepang，ウルランガット Ulu Langat，ウルスランゴール Ulu Selangor から構成される．市は，シャーアラム（人口54.1万，2010），スラヤン Selayang（54.2万），クラン（74.4万），プタリンジャヤ（61.4万），スバンジャヤ Subang Jaya（70.8万），カジャン（79.6万），アンパンジャヤ Ampang Jaya（46.9万）である．ゴンバック，プタリン，クラン，ウルランガットの4郡と，クアラルンプールを合わせてクランヴァレー Klang Valley とよばれている．

スランゴールの歴史は古く，14世紀以降，史料に州西部のマラッカ海峡沿いの都市クアラスランゴールやクランがたびたび登場する．15世紀にはマラッカ王国の支配下にあり，1511年にマラッカがポルトガルに敗れて以降はジョホールの勢力下に入る．17世紀になると沿岸部でのブギス人の居住が始まり，1766年にはブギス人であるサレフディンがスルタンに即位し，現在のスランゴールのスルタン制が成立した．その後，19世紀に入るとスズ需要の増加に伴い，中国人坑夫が流入し，また，スズをめぐる内戦により，イギリスの介入を許すことになる．1874年にスランゴールのスルタンはイギリス駐在官の配置を認め，96年にはマレー連合州に加わる．1940年代の日本による占領前後は，マラヤ連合の一部となり，57年にマラヤ連邦として独立を果たす．

20世紀初頭には，海峡植民地であるペナン，マラッカ，シンガポールに加えて，スズ鉱山を中心に発展してきたペラ州のイポーなどの都市がマレー半島西岸には存在しており，同州は，マレーシアの中では経済発展の面では後発である．スランゴール州の発展は，マレーシアの歴史においては比較的新しく，おもにクラン川近くにスズ鉱山が開発されて以降，とくに19世紀後半からである．鉱山開発の拠点であったクアラルンプールに，1882年にはスウェッテナムが新しい駐在官として着任してから，クアラルンプールの開発は進められる．

1886年にクアラルンプールとクランとを結ぶ鉄道が開通し，また，1904年にはポートスウェッテナム Port Swettenham（現在のポートクラン）が開港すると，道路，河川とともにスズ輸出のための輸送システムが完成した．さらに，マラヤ連合州の形成に伴って，首都がクアラルンプールに設置された．

この時期に現在のクランとクアラルンプールを結ぶクランヴァレーの原型ができ上がった．スランゴール州の人口規模も，1891年には8万であったが，30年後の1921年には40万に達し，マラヤ連合州ではペラ州（60万）に次いで2番目であった．

1957年の独立後は，同州は工業化の牽引役を一貫して担ってきた．マレーシア工業の地域構造は，他の東南アジアの大都市にみられるような首都一極集中型ではなく，北部のペナン州や南部のジョホール州と並んで，分散型の構造を有している．しかし，その中にあって同州は中心といえる．プタリンジャヤ，シャーアラム，バンギ Bangi などの主要工業地区をはじめ，30を超える工業団地が同州にはあり，電機・電子産業や自動車産業など日系企業をはじめ多くの工場が立地している．近年は首都クアラルンプールを取り囲む形で高速道路網の整備が進み，各地域間の移動が便利になった．

1990年代には，マルチメディア・スーパーコリドープロジェクトが開始し，新国際空港 KLIA の開港，新行政都市プトラジャヤ・情報都市サイバージャヤの建設などが進められ，産業の高度化に向けた取組みが行われている．　　　　　　　　　　　　　　　［石筒　覚］

スリア　Seria

ブルネイ

セリア（別表記）

人口：1.3万（2010）　面積：169 km²

[4°37′N　114°20′E]

東南アジア，カリマンタン（ボルネオ）島北部，ブルネイ西端，ブライト地区の町．セリアとも表記されることが多い．南シナ海に面し，首都バンダルスリブガワンの南西に位置し，車で100 kmの距離にある．隣国マレーシアのサラワク州ミリからは北東に，ブルネイ側の国境の町クアラブライト Kuala Belait までバスの便があり，そこからスリア行きのバス（約10 km）が出ている．ブルネイ経済において石油，天然ガスはきわめて重要であり，町はその生産の中心地域として発展してきた．1929年にスリアで油田が発見され，ブルネイは石油産出により裕福な地域となった．政府とロイヤル・ダッチ・シェル社との合弁によるブルネイ・シェル石油（ブルネイ政府50%，シェル社50%の出資）が，国の石油採掘を一手に行っている．町には，ブルネイ・シェル石油会社の関係の飛行場，製油所，天然ガスの処理プラントなどがある．同社関係の上級スタッフは，大きな芝生に囲まれた住宅に住み，付近には彼ら専用の

スランゴール州(マレーシア), ヒンドゥー教の聖地, バトゥ洞窟 〔gracethang2/Shutterstock.com〕

スタッフクラブやゴルフコースが設けられている. 住民のほとんどは同社の関係者であり, シェルの町, シェル租界, ボルネオのヨーロッパなどともよばれる. 町内には, ブルネイ・シェル石油会社が運営する石油・天然ガスの博物館がある.

1936年に海底油田が発見され, 今日, 石油・天然ガスの採掘は海底の油田・ガス田が中心となっている. スリア油田の発見より以前の1910年には, ブルネイの西隣, ミリで石油が発見された. スリア付近には十分な水深をもつ港がなかったため, 1932年にミリに近いルトン Lutong まで, スリアからパイプラインが敷設され, ルトンはスリア油田で採掘される原油のおもな積出し基地となってきた. 第2次世界大戦中には, 石油燃料を確保するために日本軍がスリアに上陸し占領した. 天然ガスに関しては, 1969年に, ブルネイ政府, シェル石油, 日本の三菱商事の共同出資により, ブルネイLNG(液化天然ガス)会社が設立された. 1972年から, 当時, 世界最大級の液化天然ガスのプラントが, 町の東隣ルムト Lumut で稼働を始め, 液化天然ガスの全量が日本へ(のちに韓国にも)輸出

されるようになった. 〔山下清海〕

スリアマン Sri Aman マレーシア

シマンガン Simanggang (旧称)

人口:6.5万 (2010) 〔1°14′N 111°28′E〕

マレーシア, カリマンタン(ボルネオ)島北部, サラワク州西部の町. 町名がシマンガンからスリアマンへと変更され, サラワク州特有の行政区であるディビジョンの名称も, スリアマンとなった. 行政区スリアマンの面積は5470 km² で, 約7万の人口を抱える. 行政区内には, 6つの中心集落があるが, 中心は行政区の名称と同じスリアマンである. 州都クチンの東南東約130 km のルパール川沿いに立地し, ゴム栽培, 木材交易の拠点である. 住民構成はイバン人が最も多く, 総人口の半数以上を占める. それに続くのがマレー人であり, 中国人はマレー人の半数程度居住している. 〔生田真人〕

スリヴィッリプットゥール Srivilliputtur インド

Srivilliputhur (別表記)

人口:7.5万 (2011) 〔9°31′N 77°41′E〕

インド南部, タミルナドゥ州南部郊外の町. ヴィッリとプットールという2人のハンターによって町が興されたという伝説に基づき, この名がつけられた. 南インドの12聖人の1人ペリヤルワルとその養女アンダルの生誕地といわれる. スリアンダル寺院が有名で, その中のヴァタパトラサイ寺院は60 mの山門があり, 南インドで最も高いものの1つである. また, ポークリという, 信者が火の上を歩く祭りが有名である. 町では織物の小売りが多い. 周辺の丘陵地域からのプランテーション作物のコーヒー, カルダモン, 雑穀を扱う市場がある. 〔由井義通〕

スリガオ Surigao フィリピン

人口:15.4万 (2015) 面積:245 km²
〔9°45′N 125°30′E〕

フィリピン南東部, ミンダナオ島北東端,

北スリガオ州の都市で州都．レイテ島とディナガット島の間にあるスリガオ海峡に臨む．首都マニラの南東 640 km，ミンダナオ島の中心都市ダバオの北 250 km に位置する．レイテ島からミンダナオ島への定期船の出入り口であるとともに，マニラからの長距離バスもここを中継地点としてミンダナオ島の各主要都市に通じている．また，市内から南 5 km のルナ Luna 村には整備されたスリガオ空港があり，マニラとの間の定期便が運行されているほか，ブトゥアン，カガヤンデオロ，コタバト，ジェネラルサントス，サンボアンガをはじめ，ミンダナオ島の主要都市間を結んでいる．フィリピンにおける最古のスペイン植民地の 1 つで，州都になったのは 1751 年である．また 16～18 世紀にはイスラーム教徒であるモロ族の侵略をたびたび受けた．1970 年には政府から都市として公認された．なお一帯は台風の来襲がとくに目立ち，近年では 1984 年にかなりの被害を出した．

　住民はビサヤ諸島周辺に多数居住しているセブアノ語を話すビサヤ族が中心である．陸海空の交通上の要衝であり，今後ミンダナオ島が開発されるに従って大いに発展することが期待される．こじんまりした非常に活気のある町で，オートバイにサイドカーを取り付けたトライシクルが日常的な乗り物となっている．またミンダナオ大学などの教育機関が多数あり，島第 1 の文教都市でもある．さらに，東海上に浮かぶシアルガオ島のジェネラルルナ General Luna は国内有数のサーフスポットで，オーストラリア人を筆頭に外国人観光客も増加の傾向にある．　　　[田畑久夫]

スリガオ海峡　Surigao Strait

フィリピン

長さ：144 km　幅：16-32 km

[10°14′N　125°26′E]

　フィリピン中部，レイテ島南部とディナガット島間の海峡．ミンダナオ島の北沖合にあり，南北に細長い．太平洋とミンダナオ海とを結んでいるので，フィリピン南部を横断する主要航路となっている．第 2 次世界大戦（1944 年 10 月）では日米間の激戦が行われた海域である．　　　　　　　　　　[田畑久夫]

スリガオデルスル州 ☞ 南スリガオ州
Surigao Del Sur, Province of

スリガオデルノルテ州 ☞ 北スリガオ州
Surigao Del Norte, Province of

スリカクラム　Srikakulam　インド

チカコール　Chicacole（旧称）

人口：12.6 万（2011）　面積：21 km²

[18°19′N　84°00′E]

　インド南部，アンドラプラデシュ州北部スリカクラム県の都市で県都．ベンガル湾岸にある港湾都市である．夏のモンスーンの影響が 10 月まで続く．カリンガ王朝の建物の一部が，古典的な観光地である．サン神が崇拝される唯一のサン寺院であるアラサバリ寺院や，ヴィシュヌ神がカメの形で存在するスリカクラム寺院などがある．かつてノーザンサーカーズの中心だった．テルグ語とオリヤー語が話されている．以前はチカコールとよばれていた．　　　　　　　　　　　[由井義通]

スリーキングズ　Three Kings
ニュージーランド

人口：0.5 万（2013）　[36°55′S　174°45′E]

　ニュージーランド北島，オークランド地方の町．オークランドの南 8 km の小高い郊外に位置する．2 万 8500 年前に噴火したテタトゥアアリウキウタ Te Tātua-a-Riukiuta 火山のまわりにつくられた．この火山の溶岩は 3 km 離れたウェスタンスプリングズ Western Springs 渓谷に流れ込み，溶岩トンネルを形成した．住宅地，商業地を形成しており，商業施設が多く建っている．地名は，町に 3 つの小山があることから名づけられた．そのうちの最も標高が高いビッグキング Big King はオークランド火山帯でも最も複雑な火山だったとされ，現在では保護区となっている．北にマウントイーデン，東にワントゥリーヒル，ロイヤルオークの町がある．　　　　　　　　　[植村善博・太谷亜由美]

スリーキングズ諸島　Three Kings Islands
ニュージーランド

マナワタフィ　Manawatawhi（マオリ語）

人口：0（2013）　面積：4.9 km²

[34°10′S　172°09′E]

　ニュージーランド北島最北端，ノースランド地方の諸島．レインガ岬の北西 55 km，南太平洋とタスマン海にまたがる海域にあり，大小 13 の無人島からなる．マオリ名は

マナワタフィ．海底高原の上にあり，本島とは幅 8 km，深さ 200～300 m の海底谷によって隔てられている．オランダ人探検家アベル・タスマンが 1643 年 1 月 6 日にこれらの島に停泊し，1 月 6 日はキリスト生誕から 12 日目の「東方の三賢者」来訪の日にあたるため，現名称がつけられた．1945 年には，G・T・S・ベイリスが世界的に絶滅が危惧される最も希少なニュージーランド固有種の樹木，セリ目ペナンティア科のカイコマコを発見した．現在，カイコマコは保護されているが，依然として注意深い観察が必要とされる．

　1995 年に自然保護区に指定された．諸島はキンググループと南西グループの 2 つに分類される．キンググループでは，諸島で最大のグレート（キング）島は面積が 4.04 km²，北東に高さ 80 m 以上，西部で最大 184 m に及び，幅 200 m の断崖をもつ半島があり，ノースウェスト湾とサウスイースト湾に面している．グレート島の北東 1 km にあるノースイースト島は総面積が 0.10 km²，標高 111 m となっている．ファーマーズロックスはグレート島の東 0.8 km に位置し，総面積 100 m²，標高 5 m となっている．南西グループのサウスウェスト島は総面積 0.38 km² で諸島全体では第 2 位の大きさを有し，標高は 207 m である．プリンセス諸島は大小の岩礁を伴った小島群で総面積 0.2 km²．北東の島で標高が 106 m．最も小さな島はローズマリー島である．ウェスト島は南西グループで第 3 位の大きな島で総面積 0.16 km²，標高は 500 m でプリンセス諸島の最西端より南西 500 m の位置に浮かぶ．

[植村善博・太谷亜由美]

スリジャヤワルダナプラコッテ　Sri Jayewardenepura Kotte
スリランカ

Sri Jayawardenepura Kotte（別表記）/コッテ Kotte（古称，通称）

人口：10.8 万（2012）　面積：17 km²　標高：9 m

[6°54′N　79°54′E]

　スリランカの首都．西部州コロンボ県に属する．スリランカ政府は 1977 年に新首都の建設を計画し，コロンボの南東約 10 km 離れたディヤワナ川とその周辺の沼沢地を整地して，82 年 4 月に国会議事堂を完成させ，首都の移転を発表した．しかし，その後も一部の行政機関を除き，経済機能をはじめ，政治，文化などの実質上の都市機能は依然コロンボにある．地名は，計画時の政治家ジュニウス・リチャード・ジャヤワルダナ（1977～

78 首相, 1978〜89 大統領)にちなんで命名された. ジャヤワルダナは「勝利をもたらす」, プラは都市を意味する語である. なおコッテは, この地の在来名で, 首都になる以前は1930年代から町であった. 町はタミル語で要塞を意味する. シンハラ人のコッテ王国(1412〜1597)の首都として, 1415年に建設され, 1508年まで続いた. この地は周囲を川や湖に囲まれていて, 防御に適した位置にあった. 現在の国会議事堂も湖上の島に建設されている. 湖の東部に官庁などの建物が立地するほか, 公私立の学校も多い. 1989年にはグラモダヤ民族芸術センターが建設された. レース編み, 宝石加工, 金属加工などの伝統芸術の維持・継承を目的としている. また日本の援助で建設された病院がある.

[山野正彦]

スリナガル　Srinagar　インド

人口: 119.3万 (2011)　面積: 238 km²
標高: 1585 m　降水量: 723 mm/年
[34°05′N　74°50′E]

インド北部, ジャンムカシミール州スリナガル県の都市で県都および夏季の州都. 首都デリーの北北西638 kmに位置する. ヒマラヤ山脈西部の豊かな自然の美しさに恵まれた山岳盆地に位置し, 古くから夏の避暑地として知られる. また, 冬はスキーリゾートとして, イギリス植民地時代から観光産業が発達する有名な観光都市でもある. 首都デリーの北北西876 km, 鉄道は, ヒマラヤ山麓の都市パターンコートまで利用でき, そこからは山岳地を国道がスリナガルまで結ぶ. また, デリーとは空の便で約1時間で結ばれる. スリナガルを中心とするカシミール渓谷は, 標高1700 mにあり高山気候帯に属している. 4〜6月は夏季で, 快適な気候である. 冬季は11月から2月までである. 12月から2月は, 雪が降り寒さが厳しい. 観光シーズンは4〜6月である.

1947年にイギリスからインドとパキスタンが分離独立を果たした際, 国境の確定がうまく進まないままに, この地域の大半がインド領に編入された. 大きな課題は, 住民の過半数がパキスタンに多いイスラーム教徒であるのにヒンドゥー教徒が多数を占めるインドに属することになったことである. インド・パキスタン分離独立の基本原理は, パキスタンはイスラーム教徒中心に, インドはヒンドゥー教徒中心に建国するというものであった. この原理に沿わなかった同州は, 独立以来, パキスタン側からイスラーム教徒の進出

が相次ぎ, 国境線をめぐって戦火の絶えることのない緊張続きの地域となった. パキスタンとの領土紛争は長引き, 2000年以降, 市内でもテロ事件が多発するようになり, 観光業進展の障害となり, 地元の政財界関係者はもちろん一般庶民の悩みの種となっている.

歴史を振り返ると, 紀元前3世紀には, 北インドで栄えたモーリア王朝の支配下にあったとされる. 1世紀にはクシャーン朝の支配地となり, 仏教の重要な中心地として栄えたと伝えられる. 6世紀には, 北インドのウジャインを支配していたヴィクラマディトヤ王朝の支配地となった. そして14世紀まで, ヒンドゥー教徒の領主が治めていた. その後, インドで攻防をくり返すイスラーム教徒王朝の影響下に入り, 16世紀には, インド亜大陸に一大支配地を立てたムガル朝の支配を受ける. やがて, すぐ南のパンジャブ平原に, イスラーム教徒に反抗した独立シク教王国が興る. 1814年には, シク教王国のランジット・シン王が, スリナガルを支配していたイスラーム教徒のパシュトゥーン(パターン)人の支配を撃ち破り, 一帯は, シク教王国に編入された. やがて, イギリス植民地軍の侵略を受けたランジット・シン王は敗北した. 勝利したイギリス植民地軍は, 1846年にラホール協定を結び, グラーブ・シンをカシミール地方の支配者に指名した. その後, 彼の子孫はイギリスの保護を受けながら, 1947年のインド独立まで, スリナガルを中心にカシミール渓谷一帯を支配した. グラーブ・シン王の孫にあたるハリ・シンは, この頃パキスタン側のパシュトゥーン人が政府転覆の企みがあることを察し, 1948年に新生インド共和国への編入を決意した.

町の見どころは, 市内の東部に位置する大きなダール湖とそこに浮かぶ多くのホテル船である. 船上ホテルに泊まり, シカラという小舟で湖上を回れば, パラダイスに遊ぶ気分が味わえる. 16世紀のムガル王朝支配時代の避暑地に造園された湖畔の3つの庭園も人気の観光地である. 3つの庭園とは, シャー・ジャハーン帝時代の築造といわれる泉水のあるチャシュマ・シャヒー, 歓びの園との別名をもつニシャート・バーグ, 3 km離れて, ジャハーンギル帝が, 王妃のために築造した広いシャリマール・バーグの庭園である. ダール湖畔の側にあるシャンカラーチャールヤ Shankaracharya 丘からは, 町とダール湖が一望できる. また, 古くからの市街地が, 市内を流れるジェールム川の西側に広がる. そこに点在する石造りのモスクも人目をひきつける. 町の特産品として, カシミア

ショール, カシミール絨毯, 手彫りの木工品, 真鍮細工などが, 観光客相手の土産品店に並ぶ.

[中山修一]

スリーパゴダ峠　Three Pagodas Pass　タイ/ミャンマー

パヤトンズ峠　Payathonzu Pass (ビルマ語)
標高: 282 m　[15°15′N　98°25′E]

ミャンマー南東部, カイン州の峠. タイとミャンマーの国境をなすドーナ山脈にあり, 峠名は3つの仏塔を意味するタイ側の地名, プラチェーディーサームオンに由来する. ミャンマー側の地名はパヤトンズで, 漢字では三塔山口と表記する. ミャンマーとタイを結ぶ主要ルートで, 歴史的にも古くから利用されてきた. タイ側チャオプラヤー川の支流ケオノイ Khwae Noi 川の河谷と, ミャンマー側アタラン川の上流ザミ Zami 川の分水嶺となっている.

第2次世界大戦中, 日本軍が建設した泰緬鉄道(タイ側ノーンプラードゥクとミャンマー側タンビューザヤッ間, 全長415 km)が通過していた. 峠のミャンマー側には線路の一部が残されている. この鉄道は1942年12月1日公式着工, 43年10月25日完成という短期間に, 建設工事に徴用された連合国捕虜(イギリス, オーストラリア, ニュージーランド, オランダなど)や, アジア人労働者に過酷な条件の下で労働を強制し, 多大な犠牲者を出して完成した. 戦後捕虜の立場から描かれた映画『戦場にかける橋』(1957公開)で有名になった. 現在タイ側の起点から130 kmが残され, いまもタイ国鉄のナムトク線として運行されている. 沿線は内外の観光客を集めている.

[西岡尚也]

スリパーダ　Sri Pada　スリランカ

アダムスピーク　Adam's Peak (英語) /サマナラカンダ　Samanala Kanda (シンハラ語)
標高: 2243 m　[6°49′N　80°30′E]

スリランカ南西部, サバラガムワ州ラトナプラ県の山. 山名はサンスクリット語で聖なる足跡を意味する. 英語名でアダムスピーク, シンハラ語ではサマナラカンダ(チョウの山の意)ともよばれる. 中部高地の南部にあり, 三角形にとがった形態の頂上をもつ. 頂上近くにブッダの足跡と伝えられる岩盤を祀る寺院があり, 古来より, 島内随一の聖地として巡礼の対象となる. ヒンドゥー教徒はこの足跡をシヴァ神のものと信じ, イスラー

ム教徒やキリスト教徒はアダムが地上に降り
立ったときつけたものという．またシンハラ
人の仏教徒の間では，先住民ウェッダの信仰
に由来する土着の山の神サマンの棲む山とも
信じられている．マルコ・ポーロの『東方見
聞録』やタイの古絵図にもその名がみえる.

　巡礼シーズンは雨の少ない12〜5月で，
とくに満月の日は賑わう．夜中に登山を開始
し，照明設備のある階段を上り，頂上でご来
光を拝むのが一般的である．登山路として
は，南西40kmの県都ラトナプラから，も
しくは北方の中部州ヌワラエリヤ県ハットン
Hatton からふもとの村ナラタニヤを経由す
るルートが利用されるが，後者のほうが歩く
距離が短いので今日，一般に利用されてい
る．登山路の途中に日本山妙法寺の仏塔があ
る．2010年には中部高地のホートンプレー
ンズなど他地域とともに，「スリランカ中央
高原」としてユネスコの世界遺産（自然遺産）
に登録された.　　　　　　　　[山野正彦]

スリュクタ　Sulukutu　　　クルグズ

Sulyukta（別表記）

人口：1.4万（1999）　　[39°56′N　69°33′E]

　クルグズ（キルギス），バトケン州西部の都
市．パミールアライ山脈の北山麓にあり，タ
ジキスタンのホジェントの南南西34km，
州都バトケンの西南西110kmに位置する．
褐炭採鉱の中心地で，動力基地である．チュ
ーリップの咲く自然保護区がある.

　　　　　　　　　　　　　　[木村英亮]

スリランカ民主社会主義共和国
Sri Lanka, Democratic Socialist Republic of

Ilangai Jananayaka Socialisa Kudiarasu（タミル
語・正称）／ Sri Lankā Prajathanthrika
Samajavadi Janarajaya（シンハラ語・正称）／セイ
ロン　Ceylon（英語・旧称）／タプロベーン
Taprobane（パーリ語・古称）

人口：2035.9万（2012）　面積：65607km²
　　　　　　　　　　　　[6°54′N　79°54′E]

　南アジアの共和国．インド亜大陸の南方に
位置する熱帯の島国．北緯5度55分〜9度
50分，東経79度42分〜81度52分に位置
する．首都はスリジャヤワルダナプラコッテ
であるが，議会を除く実際上の首都機能は西
に隣接する旧首都のコロンボにある．公用語
はシンハラ語とタミル語で，英語も使用され
る．通貨単位はスリランカ・ルピー（Rs.）で

ある．国名はシンハラ語で光り輝く島という
意味をもち，インドの古代叙事詩『ラーマー
ヤナ』に登場する古い歴史がある．古代ギリ
シャ人はこの島をタプロベーン（パーリ語で
赤いハスで満たされた池の意）とよび，プト
レマイオスやミュンスターの世界図でもこの
表記がみられる.

　国土は日本の北海道と九州の中間くらいの
面積であるが，季節風の影響と標高の変化に
より，気候や植生の地域的差異の大きいのが

特徴である．島全体は湿潤地帯と乾燥地帯に
大別でき，さらに季節風の吹き出す方位が一
年のうちで反転することにより，南西から吹
くマハ期（5〜9月）と北東から吹くヤーラ期
（11〜3月）の2つの雨季が識別される．乾燥
地帯におけるヤーラ期の雨量は微小なため，
溜池灌漑に依存しても収穫の困難な地域が多
い．西部の海岸地帯にあるコロンボでは年平
均気温が27℃，中部のキャンディは高地に
あって年平均気温は24℃，また標高1890

mの高地にあるヌワラエリヤは年平均気温が16℃と，標高によって気温が大きく異なる．

中央部のヒルカントリー(Hill Country)とよばれる山地地域には，2000m以上の峰が13存在し，最高峰はピドゥルタラガラ山の2524mである．島の大部分は緑に覆われ，野生の動植物も豊かで，ヤーラ，ウダワラウェ，ウィルパットゥなどの国立公園や，世界遺産に登録されているシンハラージャ森林保護区やナックルズ森林保護区など，良好な自然環境が保持されている．

スリランカの先住民はウェッダという狩猟・採取民であるが，この国の歴史は，紀元前6～5世紀頃までにインドから移住してきたシンハラ人やタミル人が，乾燥地帯に定着して貯水池灌漑を伴った稲作を開始し，王朝を開いたことに始まる．伝承によると紀元前4世紀にパンドゥカーバヤ王がアヌラーダプラを首都に定め，前3世紀にはアショーカ王の王子マヒンダの一行がミヒンタレにやってきて仏教を伝え，さらにインドからブッダガヤの菩提樹の分け木や仏歯がアヌラーダプラに送られたとされる．以降，アヌラーダプラは仏教信仰と政治の拠点として，1400年近くにわたって都であり続けたが，10世紀になると南インドからのヒンドゥー勢力の侵入が激化し，1017年ヴィジャヤバフ1世の治世時に，都は南東のポロンナルワに移された．しかし1255年ポロンナルワの都も放棄され，首都は中央部のダンバデニヤ，ヤパフワ，ガンポラ，クルネガラ，コッテなど転々と移り，1474年にコッテ王国から分離・成立したシンハラ人のキャンディ王国が，キャンディを首都として，内陸部を支配するようになった．キャンディはスリランカ上座部仏教の聖地として巡礼者を集め，今日にいたっているが，それはヴィマラ・ダルマ・スーリヤ1世治世の1590年に，王権の象徴である仏歯を祀る寺，ダラダ・マリガワが建立されたことによる．そのキャンディ王国も1815年，海岸部を支配下に治め，進撃を強化したイギリス軍によって陥落した．

スリランカでは古くから，アラブ商人たちによりシナモンをはじめとする香料貿易が行われていたが，16世紀に入ってポルトガル人が来島し，コロンボやネゴンボに要塞を築き，これを拠点にアラブ人にかわってシナモン貿易を支配した．17世紀に入るとオランダ勢力がポルトガルを駆逐し，海岸部を中心に支配を強め，シナモン，コーヒー，コショウなどの商品作物栽培を進めた．南部の町ゴールは古くからアラブ商人の貿易港として栄えていたが，1505年にポルトガル人が到着し，89年に要塞を築いた．その後オランダが1640年にこの要塞を占拠し，オランダ東インド会社(VOC)の拠点とした．現在要塞内に残る城壁，城門，改革派教会や司令部の建物の多くは1660～80年代に建設されたもので世界遺産(文化遺産)に登録されている．

その後，オランダにとってかわりスリランカを支配するようになったイギリスは1815年，キャンディ王国を制圧し，スリランカ全島は大英帝国の植民地支配下に入った．イギリスは鉄道，道路，電話などの整備を着々と進め，低地ではココナッツ，中部高地にはコーヒー(19世紀末に病虫害によって全滅し，まもなく茶にかわる)やゴムの大規模農園での栽培を発展させた．またこれらのエステート(大農園)で働く労働者として，インド南部のタミル人を多数移住させた．スリランカに元来から居住するタミル(スリランカ・タミル人)と区別され，インド・タミルとよばれる人たちがそれで，劣悪な居住環境の下，無国籍者状態で厳しい労働に従事させられた．

上述のような歴史を反映して，スリランカには種々の民族集団が存在する．全体の74.9%を占めるシンハラ人は，居住地，方言，宗教，その他の違いから低地シンハラ人と高地シンハラ人とに分かれる．タミル人は15.3%(スリランカ・タミル11.2，インド・タミル4.1)，スリランカ・ムーア人9.3%，その他0.5%などとなっている(2012)．宗教の上では仏教徒(70.0%)，ヒンドゥー教徒(10.0%)，イスラーム教徒(8.5%)，ローマ・カトリック教徒(11.3%)という構成になっている．

1948年，スリランカはイギリス連邦内の自治領セイロンとして独立した．1956年には親英的なセナナヤカ政権にかわって，民族主義的なS.W.R.D.バンダラナヤカ政権が成立し，いわゆるシンハラ唯一政策にもとづき，仏教改革やシンハラ語を公用語と決定するなど，民族間やシンハラ人内部の対立を激化させる種を播いた．暗殺された夫の後を受けて政権を担当したシリマ・バンダラナヤカ夫人は，1972年イギリス連邦から完全独立し，国名を改め，スリランカ社会主義共和国が誕生した(1977年に民主社会主義共和国に改称)．しかしその後も政治は安定せず，1983年に始まるタミル人とシンハラ人の衝突，北部・東部の分離独立運動，反政府武装ゲリラの攻勢や爆弾テロの激化など，内乱状態が続いた．1986年にはLTTE(タミル・イーラム解放のトラ)がジャフナ半島などを支配し，さらに人民解放戦線JVPの活動によるシンハラ人の間の争いも激化して，混乱状態が続いた．2002年に政府とLTTEとの間で，和平がいったん成立するも，武力闘争が再燃し，最終的に第6代のラージャパクサ大統領は西ヨーロッパからの和平案を拒否するかたちで，軍隊によるタミル分離独立主義者の掃討を強行した．2009年5月武力鎮圧によって内乱状態が終止するにいたった．

スリランカ最大の都市は島の西部，インド洋に面した人口約65万人のコロンボであり，名実ともに首位都市である．その他，中央高地に位置する古都キャンディ，南部の港湾都市ゴール，ベンガル湾に面した東部のバッティカロア，インドに近い北部のジャフナなどの主要都市がある．地方行政区分について略述する．シンハラ王朝時代，地方行政は，koraleやrataという封建時代の郷村を単位としていた．イギリス植民地時代になってしだいに村落自治制度の基礎が築かれ，1948年の独立以降から80年代に始まる内戦期にかけて，地方自治と行政単位の制度整備が徐々に進められた．とくに1987年の憲法改正によって，全国の7つの州政府に中央政府の行政権限の一部を委譲し，州の自治権拡大が図られたことは大きな変化であったが，基本的には県と村が，重要な単位といえる．独立以前に市制を施行していたのは，コロンボ，キャンディ，ゴールの3都市に過ぎなかったが，その後の都市化の進展により，市制，准市制を施行する都市が増加(最近の改正は2011年1月に実施された)し，現在にいたっている．

2012年現在，スリランカ全体は9つの州(Province)に分かれ，その下には335の地方自治体がある．これらは人口規模や権限の大きさにしたがって，市(MC；Municipal Council，およびそれに準ずるUC；Urban Council．以上の2者は都市部に相当し，2012年現在，前者が全国で23，後者は41ある)，村(Divisional Council．現地語でPradeshiya Sabha，PSと略称．村落部を指し，全国で271ある)の3種類に区分され，それぞれの単位の議会を有する．一方，これとは別に1955年以来，中央政府の内務省管理下に，行政単位として25の県(District Secretariat)が全国に設置されているが，この境界区分はおおむね1885年以来のものであり，伝統的に地方行政の基本単位となってきた．そして県行政の下部単位として，郡(ないしは行政区．DS；Divisional Secretariat)が全国に330設置されている．DSの下には，村行政官(GN；Grama Niladhari)区が全国で約1万4000ある．上

記のそれぞれは地方自治や行政のための単位や区分であって、その名称と領域の境界は定められていて、公式の地形図などにも表示されているが、一般に町やムラの名前として呼称が普及し、地図にも表記されている実際の集落地名の範域とは必ずしも同一ではない。またPSとDSの区域は、制度設計の上では相応するものとして想定されているが、現実には必ずしも一致していない。なおMCやUCの面積は概してDSより小さい場合が多いが、その逆の場合も存在する。

産業は、米、茶、ココナッツ、ゴム、シナモン、コショウなどの1次産品の生産が中心であり、おもな輸出産品は繊維製品、衣料品、農産加工品、宝石など。名目GDPは823億USドル(2014)、1人あたりGDP 3924USドル(2015)、経済成長率4.8%(2015)である。稲作のやり方は、天水田と溜池灌漑に依存する乾燥地帯と、小規模な谷あいの水利を基本とする湿潤地帯の二期作地帯とで異なる。いわゆる乾燥した平原のインド型に似た稲作と、河谷、盆地の移植栽培の両方がみられる。牛蹄脱穀や踏耕も存在するが、最近では機械の使用が普及している。一方、マータレからヌワラエリヤ、ウヴァ地方にかけての中央高地では、イギリス植民地時代に開発された茶の大規模農園が広く分布する。キャンディ地方では稲作農村は河谷や盆地に分布し、耕地とコショウ、丁子(グローブ)やナツメグなどの有用植物を植えた樹園地が、家屋や集落のまわりに立地する。

集落の上部の山腹や山頂部には、かつてはヘーナ(Hena)という焼畑が存在したが、今日ではほとんどみられず、一般には茶園が広がり、エステートのバンガローとタミル人労働者の住む長屋が立地する。海岸地方の低地には水田のほか、ココヤシやバナナの大規模なエステートが開かれている。乾燥地帯の農村では、マハ期における稲の貯水池灌漑耕作が中心である。北部のジャフナ半島では、パルミラヤシの栽培と井戸灌漑による伝統的な集約的園芸農業がみられる。

古くからの歴史的背景をもつスリランカの国土は、各時代に形成された変化に富んだ文化景観を有する。まず、稲作とエステート栽培を中心とする農業と農村景観、次に、仏教(文化三角地帯における古代遺跡を含む)を中心とする、ヒンドゥー教、イスラーム教、キリスト教などを含む宗教景観である。さらに、ポルトガル、オランダ、イギリスなどが建造した植民地景観、とくに要塞の建築やヒルステーション(高原避暑地)などが注目される。

これらの文化景観はスリランカにおけるツーリズムの資源となっている。観光客の行き先は、ユネスコの世界遺産に登録された、いわゆる文化三角地帯の仏教遺跡や古都と、ネゴンボ、コロンボから南へ海岸沿いにウナワトゥナまでにいたる、インド洋に面した海浜リゾート地に大別できる。アヌラーダプラやポロンナルワではユネスコの援助により考古学的遺跡の発掘と修復が進められている。シーギリヤとダンブッラは壁画で有名である。南西部の海岸地帯には、ベルワラ、ベントタ、アルトガマ Aluthgama、ヒンカドゥワ、ウナワトゥナなどの海浜リゾートに加えて、世界遺産(文化遺産)であるゴールの要塞地区が含まれる。

一方、ヒルステーションとしてイギリスの手によって開発されたヌワラエリヤやバンダラウェラなどの高原リゾートも観光客の訪問地となっている。最近では伝統医療アーユルヴェーダによる健康回復と美容を目的としたリゾート地が誕生している。国内外を通じて観光客が多いのは、頂上に仏足石が祀られた山スリパーダ(アダムスピーク)や仏歯寺のあるキャンディ、ヒンドゥー教徒と仏教徒の共通の聖地カタラガマなど巡礼対象地である。また縁辺地域に、広大な面積をもつ自然公園、野生動物保護区が存在する。

植民地支配の象徴ともいうべき要塞(フォート)の建設は1517年、ポルトガルのインド総督であったロポ・ソアレス・デ・アルバリガリアが、コッテ王国の許しを得てコロンボに築いたのが始まりである。続いてネゴンボ、ゴールなどにも建設されたが、オランダは、1637年に東部のバッティカロア、39年にトリンコマリー、40年にネゴンボとゴール、56年にコロンボ、58年にはジャフナを占領して、ポルトガルの勢力を駆逐し、これらの都市に要塞を新たに建設もしくは改築、増強した。しかし最終的に1796年イギリスは大きな戦闘を経ずしてオランダを退けたので、オランダ時代の星形の城郭プランをいまに伝える要塞の遺構(城壁、城門、濠、軍事施設などの建造物を含む)が今日でもなお全土に残存している。

2015年度にスリランカを訪れた観光客は179.8万人と5年前の2.7倍であり、とくに中国からの観光客の増加が著しい。今後のツーリズム振興のためには、豊かな観光資源に見合った、空港、道路や鉄道、通信、宿泊設備などをはじめとするさらなる資本投資が必要である。スリランカは他の南アジア諸国と比べて相対的に高所得の国であり、識字率が高く、社会福祉制度も整備され、人口増加率

も低い。海外からの援助も、日本、ドイツ、中国などを上位として手厚い。内戦終結とともに政治の安定が維持され、観光業を中心とした経済発展が期待できる。　　　　[山野正彦]

スリランカ島 Sri Lanka ☞ セイロン島 Ceylon

スリランガパトナ　Srirangapatna

インド

スリランガパトナム Srirangapatnam (別称) / セリンガパタム Seringapatam (古称)

人口：2.5万 (2011)　面積：12 km²
[12°25′N　76°42′E]

インド南部、カルナータカ州マンディヤ県の町。マイソールの北北東約16 km、州都ベンガルール(バンガロール)の南西140 kmのカーヴェリ川の中州(川中島)に位置する。17世紀ヒンドゥー王家のマイソールの首都となり、18世紀、異例な強大さを誇って有名なイスラーム王家ハイダル・アリ、その子ティプー・スルターンの時代に大きく栄えた。根拠地となった城塞は中州の西部に位置し、一帯は現在も町の中心地域となっている。18世紀末イギリス支配との抗争に破れて内域の多くが破壊されたが、城門、銃眼付きの胸壁、イギリス兵の捕虜を収容した牢獄、大砲などはいまも残っている。ハイダル・アリもその完成を援助したといわれるシュリ・ランガナータ寺院、ティプー・スルターンの建造したジャマ・マスジッド寺院などもこの頃の寺院で、重要な歴史的建造物である。城塞の1 km東にはティプー・スルターンの夏の宮殿ダリア・ダウラートがある。現在は博物館として利用されているが、18～19世紀の数々の陳列品、絵画をみることができる。町の南西4 kmのカーヴェリ川の中州にあるランガナーチツ野生生物保護区は、各種の渡り鳥の保護区として知られる。

[中山晴美]

スリン　Surin

タイ

人口：4.9万 (2010)　面積：915 km²
[14°52′N　103°32′E]

タイ東北部、スリン県の都市で県都。首都バンコクの東北東約460 kmに位置する。スリンの歴史は古く、現在の市街地にドヴァーラーヴァティ時代の三重の環濠の一部が残されている。1759年にアユタヤーから白象が逃げ出した際に、その捕獲に協力したこの地

スリン(タイ),毎年11月に開催するゾウ祭り〔puwanai/Shutterstock.com〕

のクイ族の有力者がスリンの領主に任ぜられた.当初は現市街地より東約10kmの同じく環濠集落の跡に町を築き,後に現在地に移動した.その後,20世紀初頭に同時期に設立された現ラッタナブリー郡,サンカブリー(現サンカ郡)を統合してスリン県が設立された.1926年に鉄道が到達し,東隣のブリーラムや西隣のシーサケートと同じく米の発送地となり,精米所が建設された.駅は環濠の北端に建設されたことから,市街地は駅の南側に拡大していき,やがて三重の環濠を越えて拡大していった.

現在,中層のホテルが多数林立するが,これはいまや国内外で有名となったゾウ祭りのためである.上述のクイ族は野生のゾウを訓練して家畜として使用する技術にすぐれており,とくに県北部のタートゥーム郡に多く居住していた.このため,彼らが訓練したさまざまな芸を披露するゾウ祭りが,1960年にタートゥームで初めて開催された.翌年から政府の観光庁が主催して市内の運動競技場で開催され,国内外に知れ渡ることとなった.ゾウ祭りの開催期間は11月の第3土日曜日であり,国内外から多数の観光客が訪問する.また,タートゥームのゾウを訓練する村を訪れる観光客も多くなっており,まさに「ゾウの町」となっている.しかし,他方ではゾウ祭り期間外のゾウの使用機会が減り,バンコクの繁華街で観光客による餌付けを目的としたゾウの「出稼ぎ」も発生しており,たびたび退去命令が出ている. 〔柿崎一郎〕

スリン県　Surin, Changwat
タイ

人口:112.3万(2010)　面積:8124 km²

[14°52′N　103°32′E]

タイ東北部の県.県都はスリン.最南端のパノムドンラック山脈がカンボジアとの国境線であり,県北部はムーン川が流れ,トゥンクラーローンハイ(クラーも泣く平原)とよばれる平原となっている.稲作が盛んで,2013年の米生産量(雨季作)は107万tと全国第4位となっている.西のブリーラム県や東のシーサケート県と同じくクメール系住人が多く,シーコーラプーム遺跡など数多くのクメール遺跡が存在する. 〔柿崎一郎〕

スールー州　Sulu, Province of
フィリピン

人口:82.5万(2015)　面積:3437 km²

[6°02′N　121°01′E]

フィリピン南西端,カリマンタン(ボルネオ)島近くのセントラルスールー Central Sulu 群島,ムスリム・ミンダナオ自治区に位置する州.ホロ島のホロが州都.東西をセレベス海とスールー海にはさまれている.南にはタウィタウィ州がある.これら両州はともにムスリム・ミンダナオ自治区である.ホロ,タプル,パングタラン,サマレスの4つの島より形成される.都市部には州人口の17%が居住し,都市部の44%と農村部の12%には電気が通じている(1991).1641年および1897年に大噴火したホロ島のホロ山に代表されるように火山島も多いが,周囲をサンゴ礁で囲まれた島が目立つ.これらの島々では台風の通り道からはずれているため,豊かな土壌を利用したココナッツ,コーヒーなどの栽培も多い.主要な経済活動は水産業および水産加工業であるが,とくに真珠や真珠母貝を採取する潜水漁業が中心となっている.

当州の住民は当初フィリピンの支配下にあったが,14世紀になるとイスラーム教徒モロ族の支配を受けることになった.その後スペイン植民地時代に入ると,さらにイスラーム教徒の影響が強まった.そして20世紀に入るとアメリカの統治下に置かれた.そのこともあり第2次世界大戦中はアメリカ軍の協力者となった.

現在の住民の大半はイスラーム教徒のモロ族で,アラビア文字を使用するフィリピンにおけるイスラーム文化圏を形成している.以前は小型帆船に乗って遠くルソン島やビサヤ諸島を襲う海賊の根拠地として有名であった.今日帆船ビンタをあやつって,ボルネオ海岸からシンガポールまで出かけて産業活動に従事する者も多い.ホロ島のホロが主要な港湾であり,国内定期便が発着できるホロ空港も設備されている.なお同市のマーケットには世界中の密輸品が集められている.州の東部沖合には水深4000mを超え,面積が4万6000 km²もあるスールー海盆が北東から南西方向に延びている. 〔田畑久夫〕

スールー海　Sulu Sea
フィリピン南西付近

長さ:685 km　幅:565 km　深さ:5580 m

[8°31′N　120°54′E]

西太平洋上の大規模な海.フィリピン諸島とカリマンタン(ボルネオ)島との間にある地中海.北をクーヨ諸島,北東をパナイ島,東をネグロスおよびミンダナオの両島,南東をスールー諸島,南西をカリマンタン島,西をパラワン島にそれぞれ境されている.その中にはカガヤンスールー諸島やカガヤン諸島などを含む7つの諸島がある.スールー海は9～10月には大変好天気の日が続く.11月が過ぎると北東季節風の季節となるが強風ではない.逆に5月末からは南西季節風が吹く.台風は北部をかすめることもあるが多くなく,大規模なものが少ない.海域ではこのため周囲の主要都市をめぐる汽船や人びとの移動などの動きが活発で,非常に活気をおびている.海域内には最深が5580 m,水深4000 mより深い地域が4万6000 km²にも達する北東から南西方向に細長いスールー海

盆がある.

この海域に居住する住民は，キリスト教徒の多いフィリピンの他の地域とは異なり，イスラーム教徒のモロ族が中心である．モロ族は14，15世紀，イスラーム教徒がマラヤとボルネオから分離したとき，マレー系住民が改宗した集団であるといわれている．

海域では真珠，真珠母貝，ナマコ，ウミガメなどの海産物の資源が豊富であることから，世界有数の好漁場と称されている．漁獲物はモロ族の貴重なタンパク源になるとともに，中国をはじめ海外にも輸出されている．なおモロ族は勇敢な民族で，古くから南洋貿易に従事し，北ボルネオからシンガポールまでの広範囲の地域に交易に出かけていた．東南アジアの海域には，海賊の拠点が3カ所あった．マラッカ海峡南端，インドネシアのマカッサル，スールーである．これらが拠点となったのはいずれも重要な海道沿いにあることや，家船で暮らす漂海民が中心であったことによる．スールー海賊の特色は待ち伏せを得意とするのではなく，いくつもの船隊に分かれて，東南アジア全域はおろか遠くインド洋にまで航海し，数年間にも及ぶこともあった．現在ではスールー海賊も激減した．カツオ，マグロをはじめとする高級魚からサンゴ礁の底魚にいたるまでの漁業が中心になっている．　　　　　　　　　　　　[田畑久夫]

スールー群島　Sulu Archipelago

フィリピン

人口：167.5万（2015）　面積：2813 km²
[5°57′N　121°10′E]

フィリピン南西端にある群島．現在，バシラン，スールー，タウィタウィの3州に分かれている．ミンダナオ島の南西に位置し，セレベス海とスールー海との間にある．958の火山性の島やサンゴ礁の島から形成されるが，そのうち658の島には名前がついている．先端はカリマンタン（ボルネオ）島の沖合まで延びている．バシラン島が最大で，ホロ島が中心的な機能をもち，漁業が主要な生業である．主要漁場は西に位置するスールー海で，この海域では，真珠母貝，ウミガメ，ナマコなどの漁獲が多い．島々は森林に深く覆われている．住民は，14～15世紀にイスラーム教徒がマラヤとボルネオから分離したときに改宗したマレー系のモロ族である．その後スペインに反抗し，モロ族のスルタンが統治した．19世紀後半にスペイン保護国となり，1940年にスルタンの支配が終わった．
　　　　　　　　　　　　　　　　[田畑久夫]

スールー諸島　Sulu Islands

フィリピン

人口：82.5万（2015）　面積：3437 km²
[6°02′N　121°01′E]

フィリピン南西端，スールー群島中部のスールー州を構成する主要な諸島．バシラン島南部からスールー群島最南端のトゥミンダオ Tumindao 島までをその範囲とする．東にはスールー海，西にはセレベス海を望む．主要な島はホロ島．火山島が多いが，その周囲はサンゴ礁で縁取られている．主要な産業は真珠および真珠母貝の採取を中心とする水産業．また海岸部では米，ココヤシ，内陸部ではキャッサバの栽培が目立つ．住民はモロ族で，14世紀末にイスラーム教徒に改宗した．その後スペインにたびたび反抗し，イスラーム教徒のスルタンが統治していた．さらにスペイン保護領となったこともあった．現在ではスールー州と南部のタウィタウィ州とに分かれている．住民はカリマンタン（ボルネオ）島との交流が盛んで，そこに移住する者も増加している．ボルネオ近海では高価に売れるナマコが多く採取できるからである．
　　　　　　　　　　　　　　　　[田畑久夫]

スールヴァン諸島　Sous-le-Vent, Îles

フランス

リーワード諸島　Leeward Islands（英語）

人口：3.5万（2012）　面積：474 km²
[16°44′S　151°26′W]

南太平洋東部，ポリネシア，フランス領ポリネシアの諸島．ソシエテ諸島の北西部にあたる．地名は風下という意味で，ソシエテ諸島のうち，貿易風（東風）に対して風下に位置するため，この名がつけられた．最大の面積をもつのはライアテア島で，ほかにフアヒネ島，タハア島，ボラボラ島，マウピティ島などがある．行政中心地はライアテア島のウトゥロア Uturoa である．住民はポリネシア系で，母語はタヒチ語である．　　[手塚　章]

スルタンクダラット　Sultan Kudarat

フィリピン

ヌリン　Nuling（旧称）

人口：7.4万（2015）　面積：612 km²
[7°14′N　124°15′E]

フィリピン南西部，ミンダナオ島南部，マギンダナオ州の町で立法上の首都．行政上の首都はブルアンである．南部はミンダナオ川を境としてコタバトに，西部はイリャーナ湾

に，北部はスルタンマストゥラ Sultan Mastura に，東部はコタバト州に隣接する39の村で構成される町である．マヌエルロハス大統領署名により，1947年8月にヌリンの名で設立された．1975年，新しく誕生したマギンダナオ州の州都として現在の名称となった．主要農産物は，コプラ，米，トウモロコシ，マンゴー，バナナである．漁業も盛んで，マギンダナオ，マタンパイの両河川，イリャーナ湾，湖のほか約14 km²の養殖池を有し，同市内や近隣の町へ魚を供給している．　　　　　　　　　　[石代吉史]

スルタンクダラット州　Sultan Kudarat, Province of

フィリピン

人口：81.2万（2015）　面積：5298 km²
[6°38′N　124°36′E]

フィリピン南東部，ミンダナオ島南西，ソクサージェン地方に位置する州．モロ湾の東海岸にあたる．州都はイスラン．州の人口の31％が都市部に居住．内陸部は大部分が未開発の山地，西側は海岸平野，東側は土地が肥沃なアラ Alah 河谷を形成している．台風の通り道からはずれる．主要な産業は農業で，主食としての米，トウモロコシの生産，商品作物としてのココナッツ，サトウキビ，コーヒー，天然ゴム，綿花の生産が多い．さらに畜産，水産業も盛んである．住民の大半はイスラーム教徒であるが，一部にはキリスト教徒も居住する．州の成立は1973年，地名はミンダナオ史上最も影響をもったスルタンにちなむ．　　　　　　　　[田畑久夫]

スルタンプル　Sultanpur

インド

人口：10.8万（2011）　[26°15′N　82°04′E]

インド北部，ウッタルプラデシュ州中東部の都市．グムティ川が都市の中心部を流れている．南部は広い乾燥平原や湿原，中央部は土地の84％が耕作地で，掘り抜き井戸と運河による灌漑により，稲，小麦，大麦，サトウキビなどの作物が栽培される．気温の年較差が大きく7～9月はモンスーンの影響が続く．ラクナウとヴァラナシ（ベナレス）のほぼ中間に位置し，2本の鉄道が接続する交通の要衝である．古代からイスラーム教徒による破壊と再建がくり返されてきたが，1857年イギリス軍によりイスラーム教の町は破壊された．イギリスの影響力が強い地域である．航空機，化学肥料の大工場のほか，カーペット，木製家具などの小工場がある．スルタン

プル公園には野鳥が多数集まり，訪れる人も多い． ［由井義通］

スルハンダリア州　Surkhandarya Region
ウズベキスタン

Surxondaryo Viloyati (別表記)

人口：192.5万 (2005)　面積：20100 km²
[37°13′N　67°17′E]

ウズベキスタン南部の州．州都はテルメズ．国の最南部の州で，西部にバイスンタウ山脈がありトルクメニスタンとの国境，カシカダリア州との境界となっている．南部にアムダリア川がアフガニスタンとの国境をなし，東部はスルハンダリア川がタジキスタンとの国境となっている．灌漑地には綿花，非灌漑地と山岳地では小麦が栽培され，非灌漑平地ではカラクル羊や山羊が飼養される．工業では綿花精製が行われ，ハイダグ，ウチクズイルに油田がある．カガン・ドゥシャンベ (タジキスタン) 線の鉄道が南北に走る．住民はウズベク人とタジク人である．1941年に形成された．同名の州が1924～26年に存在した． ［木村英亮］

スルベク湖　Surubec, Lagoa ☞ イララライオ湖　Ira Lalao

スルホプ川　Surkhob River
タジキスタン

スルハブ川　Surkhab River (別称)

長さ：129 km　[38°52′N　70°02′E]

タジキスタン中央部を流れる川．タジク語で赤い川を意味する．ハイトの東北東45 kmでムクスー川とクズイルスー川が合流して形成される．西南西に流れ，タジカバド，ガルムを経て，ダルバンド付近でオビヒンゴウ川に合流してヴァフシ川となる． ［木村英亮］

スルマタ島　Sermata, Pulau
インドネシア

[8°13′S　128°55′E]

インドネシア東部，ババル群島 (マルク (モルッカ) 諸島南部)，マルク州マルクバラットダヤ県の島．バンダ海南部，ババル島の西南西に位置する．丘陵地は森林に覆われており，低地ではココナッツの栽培や漁業も営まれている．東ティモールとタンニバル諸島のほぼ中間に位置する島の南側には，オーストラリアとの国境線がある． ［水嶋一雄］

スルマン湾　Suleman, Teluk
インドネシア

面積：5.0 km²　長さ：6 km　幅：1.3 km
[1°10′N　118°46′E]

インドネシア中部，カリマンタン (ボルネオ) 島，東カリマンタン州東部にある湾．マンカリアット Mangkalihat 半島の北側，マンカリアット岬の北西約30 kmに位置し，海岸線は16 kmに及ぶ入江である．ブラウ県の県都タンジュンレデブから，海岸線に沿って南東へ向かう道路 (約250 km) の終着点である．南東にマンカリアット岬が，湾口の北側にも，ギリンギリン Giring-giring 岬とよばれる小さな岬がある．東西に延びるこの湾の北約500 mにスルマン川とよばれる小さな川が流れ，そこに位置するギリンギリン村は，湾に最も近い村である．湾口から東側にはセレベス海の一部が広がり，湾の付近にはサンゴ礁がみられる．東南東約9 kmにカニウンガンブサール Kaniungan besar 島，南東約10 kmにスンバン Sumbang 湾がある． ［稲垣和也］

スルワン島　Suluan Island
フィリピン

人口：0.1万 (2015)　[10°45′N　125°58′E]

フィリピン中部，東サマール州の小規模な島．ビサヤ諸島の南東にある．フィリピン海の内湾であるレイテ島の東部，ホモンホン島の東海上に浮かぶ．東沖合にはフィリピン海溝がある．水産業が盛んで，住民はサマレノ語を話すビサヤ族である． ［田畑久夫］

スレッサー氷河　Slessor Glacier
南極

長さ：200 km　[79°50′S　26°00′W]

南極，東南極の氷河．セロン山地の南，シャクルトン山脈のすぐ北，南緯80度，西経30度付近でフィルヒナー棚氷に流入する．東南極氷床の標高約1000 mから150 mの棚氷にいたる間，長さ200 km，最も狭まった部分でも幅約30 kmの大きな氷流をなす．1956年，国際地球観測年 (IGY) の事業として実施されたイギリス連邦南極大陸横断探険隊の航空偵察で発見され，同隊の組織委員会委員長でイギリス空軍元帥ジョン・スレッサーを記念して命名された． ［森脇喜一］

スレドボ　Thredbo
オーストラリア

人口：471 (2011)　面積：1.1 km²　標高：1365 m
[36°30′S　148°18′E]

オーストラリア南東部，ニューサウスウェールズ州南東部，スノーウィリヴァー行政区の町．スノーウィー山脈に位置するスキーリゾート地であり，標高の高いあたりに中心市街地が広がる．町はスノーウィーマウンテンズ水資源開発計画をきっかけに，スレドボ川のつくる深さ約700 mの谷底に建設された．人口は少ないが，冬季には約70万人が訪れてスキーなどのウィンタースポーツを楽しむ．また夏季はハイキング，岩登り，マウンテンバイクなどを目的に30万人が訪れる． ［藁谷哲也］

スレポック川　Srepok, Tonle
ベトナム/カンボジア

面積：29800 km²　長さ：450 km
[13°30′N　106°04′E]

ベトナム中央高原からカンボジア北東部にかけて流れる川．メコン川最大の支流の1つであり，スレポック水系の全流域面積のうち，カンボジア領内の流域面積は1万3171 km²である．源流は標高1000～1500 mのベトナム中央高原で，全長は450 km，カンボジア内では250 kmを流れた後に，セサン，セコン川の合流地点よりも30 km上流でセサン川に合流する．上流の水力発電用のダム開発により，カンボジア内での川の流れは自然のままのものではない．年平均流水量は3000万 m³を超え，一年の後半に水量のピークを迎え，乾季に入っても涸れることはないため，雨季後半のメコン川の豊富な流量維持に重要な役割を果たしている．洪水のリスクは高く，とくに雨季の終わりに起こりやすい．

セサン川，セコン川と同様，スレポック水系の水圏生態系は河川が支配的である．流域住民の調査によれば，カンボジア内のスレポック水系には全部で11の大きな淵があり，固有の魚類 (204種)，鳥類および植物の生息地となっている．しかしながら，これらの淵も減少しつつある．セコン，セサン両水系と同じく，年平均降水量は2000～2600 mmの間で，乾季は4カ月以上続く．

　　　　　　　　　［ソリエン・マーク，加本　実］

850　スレン　　　　　　　　　　　　　　　　　　　　　　　　　　　〈世界地名大事典：アジア・オセアニア・極Ⅰ〉

スレンバン　Seremban　　　マレーシア

人口：31.5万（2010）　　　[2°43′N　101°56′E]

マレーシア，マレー半島マレーシア領中南部，ヌグリスンビラン州スレンバン郡の都市で州都．州西部，首都クアラルンプールの南東約50kmに位置し，中心部をリンギ川が流れる．クアラルンプール中心部からは鉄道で1時間20分の距離にある．スレンバン市を含むスレンバン郡は，同市とその周辺地域を含むニライ Nilai 市の2つの市から構成されている．スレンバン郡の人口は51.5万（2010），面積は951km²である．19世紀後半にスズ鉱山の開発に伴って都市が形成された．イギリスの植民地時代，1896年にマレー連合州の成立時，ヌグリスンビランはその1つに含まれていたが，その際に州都となった．首都近郊であることから，工業団地開発も進められ，スナワン Senawang 工業団地などに企業が多く立地している．郊外には，新たな都市開発であるスレンバン2プロジェクトが進められている．　　　　　　　[石筒　覚]

スワーイ　Svay　☞　セレイソポアン　Serey Sophorn

スワーイシソポン　Svay Sisophon　☞　セレイソポアン　Serey Sophorn

スワート県　Swat District

パキスタン

ウッディヤーナ　Uddyana（古称）

人口：125.8万（1998）　面積：5337km²
標高：1000m　　　　　　　[35°30′N　72°31′E]

パキスタン北西部，カイバルパクトゥンクワ州北部の県．県都はサイドゥシャリーフ Saidu Sharif，中心都市ミンゴーラの南郊，州都ペシャーワルの北東約160kmに位置するカーブル川の支流スワート川の流域にあたる地域である．北部はコーヒスターンの山岳地帯でアッパースワート，南部はスワート川の河谷平野でロワースワートといわれ，上流部は国内の数少ない林業地である．下流の河谷平野には水田が広がり，米（短粒種のスワート米がある），小麦を産するほか，野菜や果樹の生産も多い．古くから内陸アジアにいたる交通路が通過し重要な地域である．住民はパシュトゥーン人のユスフザイ人が中心であるが，北部山岳地帯には東に隣接するコーヒスターニ人が住む．標高は高く緑豊かな風光明媚な地域で，パキスタンのスイスともいわれ，避暑地としても多くの観光客が訪れる．

当地域には紀元前2世紀に仏教が伝わり，多くの寺院が営まれた．中国ではウッディヤーナとして知られ，403年に中国から訪れた法顕は500ほどの伽藍があったとしたが，630年に訪れた玄奘によれば約1400の僧院のほとんどが廃墟となっていたという．ロワースワートにはブトカラの仏教寺院をはじめシャンカルダールの大ストゥーパ（仏塔）やガレガイの磨崖仏など多くの仏教関連遺跡があり，多くの観光客が訪れる．また，ミンゴーラの下流5kmほどにあるウデグラムの村の背後の尾根上には11世紀にアフガニスタンから侵入してきたイスラーム教徒のガズナ朝に攻略されたラジャ・ギーラ城塞の址が残る．ミンゴーラとサイドゥシャリーフの間にあるスワート博物館にはスワート一帯から出土した仏像や仏伝図などのガンダーラ仏教美術の展示品が多い．1919年にシャザーダ・アブドゥル・ウァドゥードがスワート渓谷を統一し，藩王国が成立した．パキスタン独立後も続いたが，1969年藩王国は廃止され，県が置かれた．このあたりは木工・木彫で知られる．なお，ミンゴーラと首都イスラマバード，ペシャーワルとの間は，バスと定期航空便により結ばれている．　　　[出田和久]

スワート川　Swat River　　　パキスタン

長さ：320km　　　　　　　[34°37′N　71°48′E]

パキスタン北西部，カイバルパクトゥンクワ州北部の川．カーブル川の支流．ヒンドゥークシュ山脈の南東部に源を発し，カラームを経て冷たく澄んだ渓流が針葉樹の森の中をほぼ南に流れ，マラカンド山地の北側を西流した後南東に流れを変え，平野部に出てチャールサッダ付近でカーブル川に合流する．スワート渓谷はパキスタンでは緑濃い渓谷として知られ，国内では数少ない林業地（ヒマラヤ杉が多い）であるが，商業化により急速に森林破壊が進行している．下流部の河谷平野には水田が広がり，米（短粒種のスワート米がある），小麦のほか野菜が栽培され，果樹も多い．また下流部ではイギリス領時代にマラカンドの山地に用水トンネルが掘られ，マルダーン県の平野を潤すアッパースワート水路などに用水が供給されている．　　　[出田和久]

スワトウ市　Swatow　☞　シャントウ市　Shantou

スワートコヒスタン山地　Swat Kohistan Mountains　　　パキスタン

標高：5871m　長さ：46km　幅：42km
　　　　　　　　　　　　　[35°49′N　72°25′E]

パキスタン北西部，カイバルパクトゥンクワ州の山地．スワート県の山地帯．同県を南流するスワート川は，カラーム Kalam で東西の2大流路が出合う．このうち西のガブラル Gabral 川の流域から東のウシュ Ushu 川の流路がスワートコヒスタン山地で，ハラハリ Kharakhali 山（標高5871m）などの5000m峰がある．山名のスワートは旧藩王国の名称，コヒスタンは山国の意である．スワート県と北隣のチトラール県を結ぶ4000m前後の峠，マナリーアンやカチカニアンは，カラコルム山脈内部の諸集落とインダス平原を結ぶ要路であった．スワート県の中心都市はミンゴーラで，その上流約80kmにあるカラームはスワートコヒスタン山地の山々の登山基地となる．スワート川流域では谷底平野で農耕のほか，山羊，羊の放牧・移牧も営まれている．　　　　　　　　　　　　[松本穂高]

スワラン山　Suwaran, Gunung

インドネシア

標高：1230m　　　　　　[1°45′N　117°36′E]

インドネシア中部，カリマンタン（ボルネオ）島，東カリマンタン州東部の山．ブラウ県の県都タンジュンレデブの南南東約50kmに位置する．山頂は標高1230mだが，標高約500mのカルスト台地が山頂北側約15kmにわたって広がる．山頂北側から，スワラン川に合流するいくつかの支流と，イナラン Inaran 川に合流するいくつかの支流が流れる．イナラン川をはさんで西側にニャパ Njapa 山脈があり，タバラル Tabalar 川をはさんで南東側に広大なカルスト山地がある．　　　　　　　　　　　　[稲垣和也]

スワロー島　Suvorov Island

クック諸島

アンカレジ島　Anchorege（別称）/スヴォロフ島 Suvorov Island（別称）

人口：0（2011）　面積：0.4km²　長さ：19km
幅：13km　　　　　　　　[13°16′S　163°07′W]

南太平洋東部，ポリネシア，クック諸島の島．北部諸島に属し，主島ラロトンガ島の北北西約950 kmに位置する．南北約13 km，東西約19 kmの環状に細長い陸地がつながる環礁島である．1814年にロシアのスヴォロフ号の乗組員に発見されるまで，人間が常住した記録が伝わっていないこともあって，ポリネシアらしい島名がついていない．海洋冒険小説『宝島』(1883)の作者ロバート・ルイス・スティーヴンソンの夫人が後年この島について書き残していることから，一時宝島のモデルと目されたことがある．

[井田仁康]

スワン川　Swan River　オーストラリア

長さ：100 km　　　　　[32°03′S　115°44′E]

オーストラリア西部，ウェスタンオーストラリア州南西部を流れる川．コリギンの南の丘陵にエイヴォン川として端を発し，北西に流れ，さらに南西に向きを転じ，ノーサムと州都パースを経てフリーマントルでインド洋に注ぐ．全長360 kmのうち，スワン川とよばれるのは下流域の約100 kmにすぎない．パースから少し上流にさかのぼった地域はワインの生産地として知られている．

[大石太郎]

スワンシー ☞ スウォンジー　Swansea

スワンソン　Swanson
ニュージーランド

人口：0.1万 (2013)　　　[36°52′S　174°35′E]

ニュージーランド北島，オークランド地方の町．オークランド中心部の西16 kmの郊外に位置する．町の中心をスワンソンロードが走り，その横を鉄道が通っている．道路沿いは住宅が並んでいるが，全体としては農地が広がり，ワイナリーなどもある．

[植村善博・太谷亜由美]

スワンヒル　Swan Hill　オーストラリア

人口：1.0万 (2011)　面積：127 km²
[35°23′S　143°33′E]

オーストラリア南東部，ヴィクトリア州北西部の都市．州都メルボルンの北西335 kmに位置する．19世紀にはマレー川沿いの河港として栄えたが，現在は川沿いの保養地として，また，灌漑施設を利用したブドウをはじめとする各種果樹の栽培地として有名である．内陸性の気候のため温暖な晴天が多く，釣りやボートなどのウォータースポーツの中心地である．地名は，1836年に探検家のトマス・ミッチェルが，一晩中眠らないコクチョウの姿から命名した．

[堤　純]

スンアン　順安　Sunan　北朝鮮
[39°12′N　125°42′E]

北朝鮮，ピョンヤン(平壌)直轄市の区域．平壌市の衛星都市で，普通江沿岸の平野に位置する．古くからの砂金産地．社会主義の新しい型のモデル農村地域で，機械，各種秤，食料，日用品，服などの工場と果樹園がある．平壌の玄関口の順安国際空港がある．平義線，高速道路が通る．

[司空 俊]

スンウー県　孫呉県　Sunwu　中国

人口：10.0万 (2012)　面積：4454 km²
[49°25′N　127°19′E]

中国北東部，ヘイロンチャン(黒竜江)省北部，ヘイホー(黒河)地級市の県．県政府は孫呉鎮に置かれる．県域はシャオシンアンリン(小興安嶺)山脈の東麓に広がり，その6割ほどが森林に覆われている．北東は黒竜江(アムール川)をはさんでロシアと国境を接している．交通の要衝であることに加えて，防衛的な観点から1937年に県が置かれた．林産資源が豊富であり，林業が盛んである．農業では大豆の生産が知られる．

[小島泰雄]

スンウィ島　巡威島　Sunwi-do　北朝鮮

長さ：14 km　幅：3 km
[37°45′N　125°10′E]

北朝鮮，オンジン(甕津)半島先端に位置する島．朝鮮戦争後に，ファンヘナム(黄海南)道甕津郡と康翎郡に編入された．南部は珪砂の産地である．東に水道をはさみ康翎半島がある．地形は北東-南西方向に12 km (最長部)，北西-南東方向に3.5 km (最短部)の細長い形をしており平野部が多く畑作が主であるが，近年は稲作も行われている．元来イシモチの漁場であったが最近ではニベ，スズキ，タチウオ，アジ，エビなどの漁撈が盛んに行われている．

[司空 俊]

スンガイアピット　Sungai Apit
インドネシア

人口：2.5万 (2010)　面積：1346 km²
[1°07′N　102°09′E]

インドネシア西部，スマトラ島，リアウ州シアック県の郡および郡都．1地区12行政村で構成される．郡都スンガイアピットには郡人口のおよそ1/4が居住する．マラッカ海峡に注ぐシアック川沿いに位置する．郡内のタンジュンブトン Tanjung Buton 地区に，工業団地と港湾設備の建設計画がある．

[柏村彰夫]

スンガイカカップ　Sungai Kakap
インドネシア

人口：10.1万 (2010)　面積：453 km²
[0°04′S　109°11′E]

インドネシア西部，カリマンタン(ボルネオ)島，西カリマンタン州西部クブラヤ Kubu Raya 県の郡および町．郡は12村48集落からなり，人口は10万を超え，クブラヤ県の中では最も人口密度が高い郡である (2010)．町はカプアス川河口域の，小カプアス川と大プングル Punggur 川の2本の支流による三角州の北西部に位置する．州都ポンティアナックの郊外，西南西約15 kmの海岸側にあり，西には南シナ海の一部が広がる．ポンティアナックに流入した華人らの手による寺などの建造物がみられる．

[稲垣和也]

スンガイソロ　Sungei Solo ☞ ソロ川 Solo, Sungai

スンガイプタニ　Sungai Petani
マレーシア

スンゲイパタニ (別表記)
人口：17.2万 (2010)　[5°38′N　100°29′E]

マレーシア，マレー半島マレーシア領北西部，ケダ州スンガイプタニ郡の都市．州の北部には州都アロールスターが立地するが，この都市は同州南部地域の中心的都市である．行政上は一般市で，メルボク川下流部に位置する．1991年人口は1.2万であり，この10年間の都市人口の増加が目立っている．スンガイプタニは，マレーシアのマレー半島部北部の工業開発拠点であるペナン州のバターワースから北約30 kmの地点にある．このた

852　スンカ 〈世界地名大事典：アジア・オセアニア・極Ⅰ〉

め，高速道路の整備とともに工場などの進出がなされ，都市化が進展した．2010年人口を民族別にみると，マレー人が45%を超える比率をもつ．中国人は30%，インド人が18%で比較的多い．ケダ州でもペナン州に続いて工業開発を進めている．工業化の進捗度はペナン州ほどではないが，ケダ州内ではスンガイプタニやあるいは国家の工業化政策に従って基盤整備の進展する州南部のクリムで工場進出がみられる． ［生田真人］

スンガイプヌ　Sungai Penuh

インドネシア

人口：8.2万（2010）　面積：392 km²

[2°04′S　101°24′E]

インドネシア西部，スマトラ島，ジャンビ州西端の市（コタ）．市域の西で西スマトラ州プシシルスラタン県と接する．ほかの三方はジャンビ州クリンチ県と接する．以前はクリンチ県の県都だったが，2008年7月21日に成立した2008年第25号法律によってクリンチ県から分離し市となる．市政の正式開始日は2009年10月8日．市域の大部分はバリサン山脈の山麓にあり，面積の59.2%がクリンチセブラット国立公園であり，国立公園を訪問する観光客などの拠点となっている． ［柏村彰夫］

スンガイブンガワンソロ　Sungei Bengawan Solo ☞ ソロ川　Solo, Sungai

スンガイリアット　Sungailiat

インドネシア

人口：8.3万（2010）　面積：148 km²

[1°51′S　106°08′E]

インドネシア西部，バンカ島北部東岸，バンカブリトゥン諸島州バンカ県の都市で県都．州都パンカルピナンの北30 kmに位置する．東部は南シナ海に面し砂浜が広がり，観光開発を目ざしている．また，国立バンカブリトゥン工業高等専門学校やシャイク・アブドゥルラフマン・シディック国立イスラーム大学などがあり，バンカ島における教育の中心地の1つとなっている．植民地時代よりバンカ島はスズの産地であり，現在も国営のスズ株式会社によって生産が行われている．現在も町にはスズ株式会社の事務所があり，2008年で1750 tのスズが生産された． ［柏村彰夫］

スンギギ　Senggigi

インドネシア

[8°29′S　116°03′E]

インドネシア中部，小スンダ列島，ロンボク島西部，西ヌサトゥンガラ州ロンボクバラット県バトゥラヤ郡の村．バトゥラヤ郡の面積は34.1 km²，人口は3.3万（2000）である．海岸のリゾート開発によって新しい観光地になっている．とくに，バリ島とはロンボク海峡をはさんで近接しているため，バリ島を意識した観光開発は活発で，有名なホテルなどが立地している．また，近くにあるプラバツボロング（穴のある岩の意）は，海岸の岩の上に14の祭壇をもつヒンドゥー教の寺院で，多くの礼拝者が訪れる．村の南には，バトレイヤーという有名なムスリム聖者の墓があり，訪問する価値がある．ナムバング海岸の端にある海水の落ちる滝には，伝統的なボートに乗り，岩や砂の海岸を歩いて行くことができる．ちなみに，有名なウォーレス線が通るロンボク海峡を越えたロンボク島は，諸生物種ではアジア種からオセアニア種へと変化する最初の島である． ［水嶋一雄］

ズンクアット湾　Dung Quat, Vinh

ベトナム

[15°24′N　108°49′E]

ベトナム南中部，クアンガイ省の湾．ビンソン県およびクアンガイ省ヌイタイン県の沿岸，チャーボン川河口に広がる．サーカン湾ともよばれる．湾沿岸ではとりわけ石油コンビナートを中心とした開発が進められている．かつてはベトナムは原油生産国であるにもかかわらず，石油精製設備を有しなかったため原油の全量を輸出していた．そのため，1日あたりの原油処理能力が約14万バレルを有する国内初の大規模製油所が建設され，2009年から操業を開始している．またズンクアット工業団地も開発がなされ，湾内には10万～30万tクラスの船舶が入港できる港湾建設も進められている．なお2005年からは外資の誘致を促進するため，国内最高レベルの優遇措置が適用されるようになり，これとともに工業団地からズンクアット経済区と名称を変更して，現在では国内有数の総合工業地域となっている． ［筒井一伸］

スンゲイパタニ ☞ スンガイプタニ Sungai Petani

スンコシ川　Sun Kosi

ネパール

面積：18800 km²　長さ：270 km

[26°55′N　87°09′E]

ネパール中央東部を東西に流れる川．ガンダキ川水系，カルナリ川水系とともにネパール3大河川の1つで最大の流域面積をもつコシ（アルン）水系に属する．スンコシ川の本来の最上流部は，中国のシーツァン（チベット・西蔵）自治区から流れ来るボテコシBhote Kosi川である．ボテコシ川は，シンドゥパルチョーク郡バラビセ Barabise下流側で，同郡カリンチョーク・ガーガワティ山地（最高点標高3801 m）から流れ来る小河川のスンコシコーラ Sunkosi Khola川と合流し，スンコシとよばれるようになる．インドラワティ川と首都カトマンドゥ北東40 kmのカブレパランチョク郡ドラルガート Dolalghatで合流する．カトマンドゥ南東50 kmのネパールトク付近で流路を東に振り，マハバーラト山脈北麓を約270 km東流する．途中タマコシ，キムティコーラ，リクコーラ，ドゥドゥコシなどの支流と合流する．それらの流域は，ランタンヒマール東面からエヴェレスト（サガルマータ）山域を含むネパール中東部全域に及ぶ．流域はネパール側だけにとどまらずボテコシ川源流はチベット側ゴサインターン（シシャパンマ）山の北面にある．

カトマンドゥ盆地東外縁もスンコシ川流域に含まれることから，ボテコシ川に沿って古代よりインドと中国を結ぶ交易路が開かれ，現在でもチベットとを結ぶ唯一の幹線道路，アーニコハイウェイが建設されている．スンコシのスンはネパール語で黄金を意味し，金色に輝く川の意味がある．ネパール東部のパグナム Pagnam付近でエヴェレスト北面に源流をもつアルンコーラ Arun Khola川と，カンチェンジュンガ山に源を発するタモール川と合流する．合流点から南に流路を振りマハバーラト山脈に横谷を刻んだ後，タライ平原に出てサプタコシ Sapta Kosi川とよばれる． ［八木浩司］

スンジュ　昇州　Seungju

韓国

[35°01′N　127°22′E]

韓国南西部，チョルラナム（全羅南）道東部の町．行政上は順天市昇州邑．1949年，スンチョン（順天）市の市制施行に伴って，旧順天郡の順天市域を除いた区域で昇州郡が成立し，その中心地であった．1995年，ふたた

び順天市に編入された．昇州邑と西の松広面の境界に曹渓山があり，西麓に松広寺，東麓に仙岩寺がある．松広寺は曹渓宗(禅宗)発生の寺院であり，韓国三大寺刹の1つである．曹渓山は道立公園に指定されている．ナメ(南海)高速道路が通過している． ［山田正浩］

スンダ海峡　Sunda, Selat

インドネシア

長さ：150 km　幅：24-100 km　深さ：80 m
[5°55′S　105°53′E]

インドネシア西部，スマトラ島ランプン州とジャワ島バンテン州の間の海峡．北に広がるジャワ海と南に広がるインド洋をつないでいる．古くからマラッカ海峡同様，海上交通の要衝として知られている．1600年代に入るとオランダ東インド会社がマルク(モルッカ)諸島のコショウ，クローブ，ナツメグなどの香料を独占するためにスンダ海峡を重要航路としていた．海峡は浅く潮流が悪い上に，航路が複雑で喫水制限もあるため，国際的な航路としての使用頻度は現在では低い．しかし，ケープオブグッドホープ(喜望峰)まわりで北東アジアに向かう船舶にとって最短距離の航路である．

海峡の南西約100 kmには，ランプン州に属するクラカタウ火山島という火山がある．1883年に大噴火を起こしたことで広く知られている．その際の爆発音は遠くオーストラリアまで届き，火山灰は成層圏までの高さに達し，その後の世界の気候に影響を与えた．また，この火山の噴火とそれにより発生した津波で，3.6万人もの人が亡くなったとされている．1930年には海面下の火山噴火によってアナククラカタウ Anak Krakatau 火山島が出現した．現在も活発な火山活動がみられ，2011年にも噴火している．ジャワ島西端のウジュンクロン半島一帯と付近の島々は，ウジュンクロン国立公園として，国内初の国立公園に指定された．1991年にウジュンクロン国立公園とクラカタウ火山島周辺を含めた地域および海域が，「ウジュン・クロン国立公園」としてユネスコの世界遺産(自然遺産)に登録された． ［山口玲子］

スンダ海溝　Sunda Trench

インドネシア

インドネシア海溝　Indonesia Trench (別称) /ジャワ海溝　Java Trench (別称)

長さ：2600 km　幅：80 km　深さ：7100 m
[9°19′S　108°54′E]

インド洋北東部，インドネシアのスンダ列島の西側から南側に位置する海溝．ジャワ海溝，インドネシア海溝とよばれることもある．スマトラ島の北西，ニコバル諸島の南西部付近から，スマトラ島，ジャワ島の南部を経て，スンバ島の南まで達する長大な海溝で，南西に向かって張り出した弧状をなす．北側のユーラシアプレートに向かって，南側のインド・オーストラリアプレートが衝突，沈み込む境界となっており，巨大地震やそれに伴う津波を多く発生させている．2004年のスマトラ大地震は，海溝の北端部で発生し，大津波によって，インドネシアだけでなく周辺各国の海岸に大きな被害を与えた．最も深いところはジャワ島の南側にあり，水深は約7100 mである． ［小野有五］

スンダ陸棚　Sunda Shelf

インドネシア

スンダランド　Sundaland (別称) /タタランスンダ　Tataran Sunda (別称) /パパランスンダ　Paparan Sunda (別称)

面積：1850000 km²

マレー半島とインドネシア西部のスマトラ島，ジャワ島，マドゥラ島および周辺の島々に囲まれた水深の浅い内海．氷河期時代には現在よりも海面が低い位置にあり，この陸棚は陸地で広大な平野だった．一方，狭い海峡を隔てた東側にはオーストラリア，ニューギニア島，ティモール島に囲まれたサフル Sahul 陸棚があった．海底測定の結果，スンダ陸棚は温暖な地域でさまざまな動植物が生息していたと考えられ，また河川の痕跡も認められている．その後の海面上昇で現在のような島々に分かれた． ［山口玲子］

スンダ列島　Sunda, Kepulauan

マレーシア～東ティモール

面積：1418000 km²　[2°00′S　110°00′E]

東南アジア，マレー諸島のうち，インドネシアの主要部をなす列島．大スンダ列島と小スンダ列島に分かれる．大スンダ列島は，スマトラ島，ジャワ島，カリマンタン島，スラウェシ島からなり，インドネシア，ブルネイ，マレーシアに属する．小スンダ列島は，バリ島からティモール島にかけての鎖状列島からなる．こちらのおもな島は，西からバリ島，ロンボク島，スンバワ島，コモド島，スンバ島，フロレス島，アドナラ島，アロール島，ティモール島であり，インドネシアと東

ティモールに属する．インドネシアでは，小スンダ列島はヌサトゥンガラ(東南諸島の意味)とよばれ，バリ州，西ヌサトゥンガラ州，東ヌサトゥンガラ州からなる．

16世紀にポルトガル人が，その後18世紀後半には他のヨーロッパ諸国でも，スマトラ島，ジャワ島，カリマンタン島をスンダ諸島とよぶようになった．その後，この3島とスラウェシ島をあわせて大スンダ列島とよぶようになり，19世紀前半にはこれとの類比から小スンダ列島という表現が生まれた．小スンダ列島のバリ島とロンボク島の間にあるロンボク海峡からスラウェシ島の西側にかけて，生物分布境界線であるウォレス線が通っている．同じくウェーバー線が，スンダ列島の東端であるティモール島の東から，マルク(モルッカ)諸島のブル島とハルマヘラ島の西にかけて通っている．ウォレス線より西の生物相は，進化の起源をアジアにもち，ウェーバー線より東の生物相は起源をオーストラリアにもつ．2つの境界線の間はウォレシアとよばれ，両方の生物相の特徴がみられる．

［森田良成］

スンダルガル　Sundargarh

インド

人口：4.5万 (2011)　[22°04′N　84°08′E]

インド東部，オディシャ(オリッサ)州北西端，スンダルガル県の都市で県都．南にはオディシャ丘，北にはチョタナグプル高原があり，南北に勾配のある，波打った台地になっている．1948年に県都になった．オリヤー語，オラオン語，ムンダ語が話されている．土地の72%が耕作されるが，わずかしか灌漑されていない．稲，トウモロコシ，豆類，サトウキビ，ラッカセイ，ジャガイモが栽培され，絹織物の生産が盛んである．

［由井義通］

スンダルバンズ　Sundarbans

インド/バングラデシュ

シュンドルボン　Sundarbans (ベンガル語)

面積：10000 km²　標高：0-15 m　幅：220 km
[21°57′N　89°11′E]

インド東部からバングラデシュにかけて広がる，ガンジスデルタ南部沿岸一帯の，おもにマングローブ林に覆われた広大な潮間低地．地名はマングローブの一種で，優美な樹相をもつサンダリ(sundari)に由来するといわれる．ベンガル湾に面して，インド側のフーグリー川河口からバングラデシュのメグナ

川河口付近にいたる東西幅220 km，海岸から内陸に向け50～60 kmの地帯をさす．海に向けて口を開く数多くのエスチュアリー（入江），入り組んだ無数の水路網，そして密に覆うマングローブ林などによって特徴づけられる．海域，陸域を合わせた面積のうち6割がバングラデシュ領内に，残りがインド領内にある．その生態学的な重要性と環境保全の必要性から，インド領内の1330 km²が「スンダルバンス国立公園」として1987年に，バングラデシュ領の1395 km²が「シュンドルボン」として97年にユネスコによって世界遺産（自然遺産）に登録され，厳重な環境管理の下に置かれることとなった．

一帯は干満のたびに内陸奥深くへの海水の進入と後退がくり返され，その出入りの幹線となっているのが南北方向に走るエスチュアリーである．西から東にフーグリー川，ミトラMtra川，ライマンガルRaimangal川，マンガManga川，ハリガートHaringhat川そしてメグナ川などの河口に大きなエスチュアリーがあり，それぞれ10～20 kmの幅がある．デルタ全体が東に下がる傾動運動を継続しているため，東ほど各河川の感潮域はより上流に広がっている．エスチュアリーの位置は，最終氷期海面低下期の谷に支配され，水深は河口部で20 mを超える場合がある．エスチュアリー間の干潟や海岸湿地は，砂質，泥質堆積物で構成され，タイダルインレット（感潮水路）が毛細血管のように張り巡らされている．マングローブ林を含め，それらがつくり出す特有の幾何学模様は衛星写真上でも目を引く．メグナ川の広い河口域では，年々既存の土地が侵食で失われるとともに，別の場所にチャーとよばれる新しい洲や島がつくられている．エスチュアリーは感潮河川によって断ち切られ，島になっている部分も多い．いずれの地もサイクロンがくるたびに高潮に見舞われる．サーガル島での気象観測データによると，南西モンスーンの時期を中心として，平年値で約2000 mmの年平均降水量がある．5月と9～10月にしばしばベンガル湾を北上してやってくるサイクロンに襲われる．

スンダルバンズは，野生動物の宝庫でもあり，ガンジスデルタの各種希少動物が生息する地となっている．陸上動物としては，湿地シカ，ムントジャック（小型シカ），ガーリアル（ワニ），コガシラスッポンなどがその例であるが，最もよく知られるのがベンガルトラで，その生息数は1983年時点で約264頭と推定されている．1970年代後半まで年に45人も襲われて死亡したという記録があるが，その後は減少している．水域ではガンジスイルカ，イラワジイルカ，スナメリなどが確認されている．ただし，世界遺産登録後も，密猟や違法な森林伐採は絶えず，すでにジャワサイ，アクシスジカ，ガウア（インド野生牛）などは絶滅したともみられている．

この地のマングローブ林は，襲来するサイクロンから内陸部を守るとともに，東部インド沿岸域の魚類，甲殻類の産卵地，揺籃地として重要な役割を果たしている．現在，域内居住者はいないが，周辺の集落におよそ250万人の人びとが生活する．およそ3.5万人が域内の森林で働き，年々燃料用にかなりのマングローブ林が伐採されつつある．このほか約4000人が漁業で出入りし，蜂蜜などの採集も行われている．――→シュンドルボン

[貞方 昇]

スンチャン 淳昌 Sunchang 韓国

人口：2.7万（2015） 面積：496 km²
[35°22′N 127°08′E]

韓国南西部，チョルラブク（全羅北）道南端の郡および郡の中心地．行政上は淳昌郡淳昌邑．2010年の淳昌郡の人口は2.5万である．1975年の人口は約9万であったので，この間に約3割に減少した．郡域を88オリンピック高速道路が通過している．

[山田正浩]

スンチョン 順天 Suncheon 韓国

人口：26.5万（2015） 面積：907 km²
[34°57′N 127°29′E]

韓国南西部，チョルラナム（全羅南）道南西部の都市．順天湾の湾奥からさらに内陸に入ったところに位置する．この地方の小売，卸売の商業中心地として発達してきた．1949年に市制施行．2010年の人口は約26万である．市域を拡大した1995年の人口は，約25万であったので，この間の人口は大きな増減がなく推移している．順天湾の湾奥には干潟が広がり，干拓が進められた．比較的温暖な気候を利用して，穀作だけではなく，施設園芸も盛んであり，キュウリ，トウガラシなどが生産されている．漁業は，沿岸漁業に加えて，カキ，アサリ，サザエなどの養殖が行われている．

[山田正浩]

スンチョン 順川 Sunchon 北朝鮮

面積：768 km² 標高：50 m 気温：8.9℃
降水量：1000 mm/年 [39°26′N 125°56′E]

北朝鮮，ピョンアンナム（平安南）道中部の都市．1983年市制．首都ピョンヤン（平壌）の北50 km，大同山北部に位置する工業都市で，農産物の集散地でもある．また，石灰岩地帯に位置し，年産300万tの順川セメント工場，石灰窒素工場，順川ビナロン，製薬などの工場が立地する．砂金がとれる．平羅線の主要駅．テドン（大同）江の船便もある．

[司空 俊]

スンバ海峡 Sumba, Selat インドネシア

白檀海峡（旧称，別称）

長さ：30 km [9°05′S 120°00′E]

インドネシア中部，小スンダ列島，東ヌサトゥンガラ州の海峡．スンバ島の北に位置

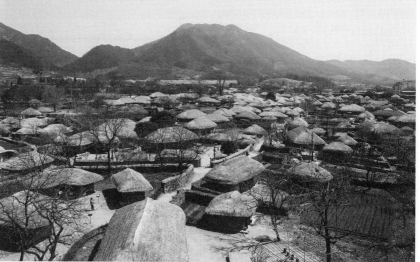

スンチョン（順天，韓国），朝鮮時代の町並みを保存する民俗村，順天楽安邑城〔Shutterstock〕

し，南側のスンバ島と，北側のフロレス島，コモド島，リンチャ島とを隔てる．インドネシア独立以前，ヨーロッパ諸国には，白檀島として知られていたスンバ島とともに，白檀海峡の名で知られていた．　　　［森田良成］

スンバ島　Sumba, Pulau

インドネシア

白檀島（旧称，別称）

人口：68.6万（2010）　面積：11100 km²
［10°00′S　120°00′E］

インドネシア中部，小スンダ列島，東ヌサトゥンガラ州の島．首都ジャカルタの東約1400 km，バリ島とティモール島のほぼ中間に位置する．北には，スンバ海峡を隔ててフロレス島がある．東はサウ海，西と南はインド洋が広がる．東ヌサトゥンガラ州に属し，スンババラット県，スンババラットダヤ県，スンバトゥンガ県，スンバティムール県の4つに分かれている．スンバティムール県の県都ワインガプは，島の北岸に位置しており，スンバ海峡に臨み，島で最大の都市である．ワインガプにあるウンブ・メハン・クンダ空港（2009年までの名称はマウ・ハウ空港）によって，ティモール島のクパンやバリ島などと結ばれている．地形は，比較的平坦な丘陵地帯からなる．平地は少ないが高山もなく，最高峰はワンガメティ山（標高1225 m）である．気候はサバナ気候で，国内の中では乾燥している．南東貿易風の影響を受け，雨季（12〜4月）と乾季（5〜11月）がある．土壌は石灰岩質で，農業には適さない草原が広がる．島の西部は比較的緑が多く，水田耕作も広く行われている．東部は，オーストラリアから吹く乾いた季節風の影響を強く受けるために，乾燥がより厳しい．水田も一部でみられるだけで，おもにトウモロコシ，芋類，豆類，陸稲などが栽培されている．

スンバの名前は，マジャパヒト王国の時代に書かれた「ナーガラクルターガマ」（1365成立）において，属領の1つとして東インドネシアの他の島々とともに登場する．しかし，王国の影響圏，交易圏に入っていたということであり，直接的な支配を受けていたわけではない．

スンバは白檀の特産地として，白檀島の名でヨーロッパに知られていた．17世紀中期のオランダ東インド会社の日誌では，スンバワ島ビマのスルタンが，スンバ産の白檀の交易を行っていたと記録されている．白檀は，成長したもので10 mほどの高さになる半寄生の常緑小高木である．心材に含まれる精油

分が香りの主成分であり，彫刻や細工の材料とされ，また粉末や薄片が香として使われるなど，インドと中国では古くから高い需要があった．オランダ人は，17世紀にスンバ周辺の海域に登場して以来，おもにティモール島を舞台として，ポルトガルと勢力争いを続けた．18世紀中頃にオランダ東インド会社がスンバ島の首長たちと協約を結び，交易が始まった．東インド会社はスンバに対し，奴隷供給地として関心をもつようになった．奴隷交易には，南スラウェシからフロレス島中部のエンデに移住して現地の人びとと混ざったマカッサル人が携わった．18世紀後半には，東インド会社による取締りにもかかわらず，彼らによる奴隷狩りが頻繁に行われた．奴隷狩りは，オランダ領東インドで奴隷売買が公式に禁止され，この海域におけるオランダの支配が確立することで，19世紀末になって終息した．奴隷にかわって交易品の中心となったのは馬だった．名馬として島外に知られたスンバ馬は，おもに馬車用としてジャワ島にもたらされ，一部ははるかモーリシャスまで輸出された．現在でもスンバ島の山地部において，馬は重要な輸送手段として用いられている．

住民のほとんどはスンバ人と総称される人びとである．外来系の民族集団は，近くのサブ島から移住してきたサブ人，フロレス島のエンデからきたエンデ人のほか，ジャワ人，華人などで，数は少ない．

スンバの人びとの間では，現在ではキリスト教（プロテスタント）化が進んでいるが，同時にその生活や世界観は土着の信仰や儀礼と分かちがたく結びついている．イスラーム教徒は人口の1割以下であり，ほとんどはフロレス島，ジャワ島，スラウェシ島などからの島外出身者かその子孫である．スンバの人びとの信仰において最も重要なのは，マラプとよばれる存在である．スンバにおいて，あらゆる儀礼はマラプに捧げられる．スンバ人は，スンバ独自の信仰をマラプ教とよぶ．ただし，これは政府が公的に認める表現ではないので，キリスト教やイスラーム教などの政府公認の宗教に改宗していないスンバ人は，統計上は単にその他の信仰というカテゴリーに入れられている．マラプは多義的な言葉だが，一般的には祖先，祖霊の意味で用いられている．特定の氏族またはその下位カテゴリーの「家」の始祖としてのマラプは，マラプの家とよばれる家屋で祀られている．マラプの家は，屋根の中央部が高く突き出た独特の建築様式をもつ．突き出た屋根の棟の高さは10 m以上に及ぶことがあり，この屋根の内

部，すなわち屋根裏の空間は，マラプのための祭壇となっている．屋根裏は，家屋における最も神聖な空間とされ，マラプが宿るという神器が安置されている．ここにのぼることは，特別な儀礼の機会を除いて許されない．

マラプへの信仰が基底にあるスンバ島独特の文化は，コモド島のコモドオオトカゲ，フロレス島のケリムトゥ山の三色湖などと並んで，東ヌサトゥンガラ州観光における重要な資源の1つに数えられている．スンバ島は巨石文化の島としても知られている．彫刻を施した巨石を用いて築かれた墳墓が各地にあり，現在も新しいものがつくられている．また，州は絣織物（イカット）で有名だが，スンバのものはとくに人気が高い．ウマ，水牛，ワニ，カメなどの動物や，馬にまたがる人間，人間の姿をしたマラプといったモチーフが独特の表現で描かれた布は，外国人にも好まれている．スンバ独特の儀礼としてとりわけ有名で，国内のメディアにもたびたび取り上げられるのが，マラプ信仰の代表的な行事である騎馬戦パソーラである．2月下旬から3月の間にスンババラットダヤ県で行われるこの儀礼のために，多くの人びとが島の内外から集まる．大勢の観客が見守る中で，名馬として知られるスンバ馬にまたがった騎馬団が，乗馬と槍の高度な技術を駆使して，負傷者が出るほどの激しい戦闘を繰り広げることで豊作を祈念する．

群島国家インドネシアにおいて，僻地の農村でインフラを整備することは，技術的にも予算的にも負担が大きく，これまでスンバのほとんどの地域では電力が供給されていなかった．しかし現在，開発の遅れを逆手にとるかたちで，「2025年までに島の全住民に対して，100％再生可能エネルギーによる電力供給を実現する」ことを掲げた野心的なプロジェクトが展開している．オランダの非政府組織が中心となったこのスンバ・アイコニック・アイランドというプロジェクトは，太陽光，風力，水力などを利用した小型の電力システムの設置と活用を進めている．僻地のインフラを整備するとともに，エネルギー不足の解消を課題としているインドネシア政府も，これをモデルケースと位置づけて後押ししている．　　　　　　　［森田良成］

ズーンバヤン油田　Züünbayan Gazryn Tosyn Ord

モンゴル

［44°30′N　110°02′E］

モンゴル南東部，ドルノゴビ県中部の油

田. 県都サインシャンドのズーンバヤン区. 油田は市中心部から南約50 km離れている. 1950年代にソ連によって油田の掘削施設がつくられ, サインシャンド駅へいたる鉄道が敷設されたが, 69年に操業が停止した. しかし2000年代以降, 中国資本の参入で再開発が行われ, 原油の生産量は増加している.

［島村一平］

スンバワ島　Sumbawa, Pulau

インドネシア

人口：118.9万（2010）　面積：15415 km²
　　　　　　　　　　　　［8°26′S　118°46′E］

インドネシア中部, 小スンダ列島中央部, 西ヌサトゥンガラ州の島. ロンボク島の東, コモド島およびフロレス島の西に位置する. 海岸線の出入りが複雑で, 海沿いに切り立った崖の立つ箇所が多い. スマトラ島からフロレス島にいたる火山帯の一部をなし, 1815年には島の北東部にあるタンボラ山の大噴火の直接, 間接の影響で5万人程度の人口が失われたといわれている. 現在も近隣の小島サゲアン島で噴火活動が起こっている. 民族的には, 西部に居住するスンバワ人と, 東部に居住するビマ人に分かれており, 言語も西部のスンバワ語, 東部のビマ語に分かれている. 前者は西部インドネシア諸語的な, 比較的マレー語に近い性質をもち, 後者は東部インドネシア諸語に近い性質をもつ.

この島は, ジャワのヒンドゥー文化の東方諸島への伝達の終点, すなわち, 西インドネシアの東端として位置づけられることが多い. ビマでは7世紀頃のものとみられるインド系文字による碑文が発見されており, 15世紀頃まで, ジャワのヒンドゥー王朝, マジャパヒト王国のゆるやかな支配を受けていた. 17世紀には, スラウェシ南部のマカッサル勢力の支配を受けイスラーム化されたとみられ, 西部のスンバワ, 中央部のドンプーDompu, 北東部のサンガールSanggar, ペカットPekat, 東部のビマのスルタン王朝が並び立っていた. このうち西部のスンバワ, 東部のビマがとくに優勢で, 現在でも, スンバワの中心地スンバワブサールSumbawa Besarとビマの中心地ラバに王宮跡が残る. スンバワはロンボク島の東部に, ビマはフロレス島, スンバ島など東方の諸島にそれぞれ一時的に政治的影響力をもっていたという記録が残っている.

現在, 住民のほとんどがイスラーム教徒で, インドネシアの中でもとくに信仰が厚いことで知られる. とくに東部の町タリワンは, イスラーム教徒以外を排除した宗教的に閉鎖的なコミュニティである. 一方, 結婚や雨乞いの儀式, および日常生活に土着のアニミズム的な信仰, 呪術も残る.

行政的には, スンバワバラット県, スンバワ県, ドンプ県, ビマ県に分かれている. 近隣諸島に比べ人口密度が希薄なため, 政府主導の移民が進み, 東部地域にバリ島, ロンボク島などからの移民集落が点在する. また, かつてのマカッサルによる支配の名残として, 北部沿岸部には南スラウェシ州からのブギス人, マカッサル人移民の集落が点在する. 都市部には中国人, ジャワ人, バリ人の人口も多く, 商業を支配している. また, ビマにはイエメン系アラブ人のコミュニティも存在する. おもな産業は農業（稲作, トウモロコシ, 綿花, タバコなどの畑作）および馬の飼育である. また, 近年西部沿岸のマルックMalukで大規模な金の採掘が行われている. 西隣のロンボク島, 東隣のコモド島, フロレス島に比べると観光資源に乏しく, 外部者の訪れは少ないが, 北西部のモヨ島は高級リゾートとして, 南東部沿岸のフウHu'uはサーフィンの名所として知られている.

交通に関しては, 西部のポタノPoto Tano港からロンボク島への海路が, 東部のラペLape港から東部諸島への海路が結ばれている. また, スンバワブサールとビマに空港があり, 前者はバリ, ロンボクと, 後者はそれに加えてフロレス, ティモール, スンバの各島と空路で結ばれている.　［塩原朝子］

スンビン山　Sumbing, Gunung

インドネシア

標高：2507 m　　　　　［2°26′S　101°47′E］

インドネシア西部, スマトラ島, ジャンビ州の火山. クリンチスブラットKerinci Seblat国立公園内にある6つの火山のうちの1つである. 公園は島最大の国立公園で面積1万3680 km², 2004年に「スマトラの熱帯雨林遺産」としてユネスコの世界遺産（自然遺産）に登録された. スマトラゾウ, スマトラサイ, スマトラトラ, シカ, サルなどの野生動物や4000種を数える植物が生息している. かつてクリンチスブラット国立公園の広範囲に生息していたスマトラゾウは, 近年ではそのほとんどがこの山付近に生息している. なお, 同国立公園は, 違法な密猟や違法伐採および農地開拓, 公園内を横切る道路の建設計画があったため, 2011年には危機遺産リスト入りをした.　　　［山口玲子］

スンビン山　Sumbing, Gunung

インドネシア

標高：3340 m　　　　　［7°23′S　110°04′E］

インドネシア西部, ジャワ島中央, 中ジャワ州の火山. ディエン高原（標高2000 m）を取り囲むようにいくつかある火山のうちの1つである. また, 北北西12 kmにあるシンドロSindoro山（3155 m）とほぼ同じ標高と山容をもつことから, ともに双子の山として地元民に親しまれている. それぞれの山の周辺は肥沃な土地が広がり, 山の中腹にはタバコ, バニラ, コーヒー, 野菜が栽培されている. 天候に恵まれれば, 約5時間で登頂できる. なお, 標高に関しては, 山が所属するトゥマングンTemanggung県のデータによると3340 mだが, 3371 mという説もある.

［山口玲子］

せあんし　西安市 ☞ シーアン市 Xi'an

せいかいしょう　青海省 ☞ チンハイ省 Qinghai Sheng

せいけいけん　井陘県 ☞ チンシン県 Jingxing

せいぜん　旌善 ☞ チョンソン Jeongseon

セイッピュー　Seikphyu　ミャンマー
人口：10.3万（2014）　　［21°00′N　94°50′E］

ミャンマー中西部，マグウェ地方（旧管区）パコック県の町．漢字では色漂と表記する．管区の中心都市マグウェの北約85km，エーヤワディ川の右岸に位置する．西方のチン丘陵から流入するヨー川とエーヤワディ川の合流点に発達した集落である．対岸のチャウッとの間には橋がかかり，チン丘陵の玄関口となる交通の要衝である．　　　［西岡尚也］

せいてい　西遞 ☞ シーディ Xidi

せいとし　成都市 ☞ チョントゥー市 Chengdu

せいねいし　西寧市 ☞ シーニン市 Xining

せいぶこうちしゅう　西部高地州 ☞ ウェスタンハイランド州 Western Highlands Province

せいぶしゅう　西部州　Western Province　スリランカ
人口：585.1万（2012）　面積：3709km²
　　　　　　　　　　　［6°56′N　79°52′E］

スリランカ南西部の州．1833年に成立，1987年に正式に法制化され，選挙による州議会をもつことになった．州都はコロンボ．コロンボ県（人口232.4万，2012），ガンパハ県（230.5万），カルタラ県（122.2万）の3県からなる．セイロン島西部のインド洋に面し，海岸の平地上に北から南にかけて市街地を形成している．州都コロンボを中心にネゴンボ，デヒワラマウントラヴィニア，モラトゥワ，カルタラなどの郊外都市が連なり，国内随一の人口稠密地帯をなして，国内総生産（GDP）の半分近くを産み出し，国の政治，経済の中心地となっている．近年はコロンボ中心部から北東方向への市街地拡大がみられる．首都のスリジャヤワルダナプラコッテは1982年にコロンボの南東約15kmに建設された．最大都市コロンボとその周辺は陸・海・空の交通中心で，スリランカ国鉄のフォート駅，コロンボ国際貿易港，バンダラナヤカ国際空港が立地している．

夏季には季節風の影響を受けて高温多雨である．コロンボの年平均気温は約27℃，年平均降水量は約2400mmである．植民地時代以前はコッテ王国の領土であったが，その後，16世紀以降にポルトガルやオランダがコロンボやネゴンボに要塞都市と港を建設し，島全体の支配と香料貿易の拠点として利用した．　　　　　　　　　　　［山野正彦］

せいぶしゅう　西部州 ☞ ウェスタン州 Western Province

セイモー　Seymour　オーストラリア
人口：0.6万（2011）　面積：79km²
　　　　　　　　　　　［37°01′S　145°12′E］

オーストラリア南東部，ヴィクトリア州中央部の都市．州都メルボルンの北約100km，ゴールバーン川沿いにある．州北部へ通じるゴールバーンハイウェイと首都キャンベラ，シドニー方面へ向かうヒュームハイウェイの分岐点に位置する交通の要衝である．1900年代初頭から陸軍の訓練基地としても有名である．　　　　　　　　　　［堤　純］

ゼイラン　Zeilan ☞ セイロン島 Ceylon

セイロン　Ceylon ☞ スリランカ民主社会主義共和国 Sri Lanka, Democratic Socialist Republic of

セイロン島　Ceylon　スリランカ
シンハディーパ　Sinhal-dvipa（古称）/スリランカ島　Sri Lanka（別称）/ゼイラン　Zeilan（蘭語・古称）/セリアオ　Celiao（ポルトガル語・古称）/セレンディープ　Serendip（古称）/タプロバネ　Taprobane（古称）

人口：2035.9万（2012）　面積：65607km²
　　　　　　　　　　　［6°54′N　79°54′E］

インド亜大陸の南東，インド洋に浮かぶ島．ポーク海峡を隔てて，南インドのタミルナドゥ州に近接する．面積は日本の北海道と九州の中間くらいの広さで，全島がスリランカ民主社会主義共和国の領土である．海岸線の総延長は1340km，島の最北端から最南端までは直線距離で約450kmある．近年では，国名と同じく，スリランカ島と称されることもある．

セイロンという名称は，紀元前5世紀の建国期に，インドから移住したアーリア系のシンハラ人の国王が，シンハラ人はライオン（獅子）と人間の間に生まれたとする神話に従って，島の名をサンスクリット語でシンハ（獅子）ディーパ（島）とよんだことに由来するという．古くから海上交易に従っていたアラ

ビア商人たちはこの島をセレンディープと訛ってよび，その後，16世紀に海岸地域を植民地としたポルトガル人はセリアオ，オランダ人はゼイラン，1815年に全島を植民地化したイギリス人はセイロンと呼称・表記し，これが世界的に定着するようになった．1948年の独立後も国名はセイロンのままであったが，72年，スリランカ共和国に改められた．なおセイロン島は，古代ギリシャ・ローマではタプロバネとよばれていて，西洋の古地図などにその名称での記載がみられる．

セイロン島はインド半島とともに，インドプレート上の安定陸塊の一部であり，第三紀に形成されたデカン高原の火成岩台地の東側が分離して生じたと考えられる．地質はその90％が5億年以前の先カンブリア紀の結晶質岩(花崗岩，片麻岩類)であり，チャーノカイトが代表的岩石である．このほか，ジャフナ半島と北西海岸部の一部などでは帯状の石灰岩層が分布する．この島では火山爆発も，地震も発生しないが，一般的に土壌は肥沃でなく，農業生産力は高くない．中部から南部にかけての山地域において，風化した花崗岩系の表層土壌をもつ斜面の崩壊による土砂災害が頻繁に発生している．

島の中央部から南部にかけて，山地が広がっていて，中央高地には標高2000mを超える13の峰があり，最高地点はピドゥルタラガラ山(2524m)である．山地域の北側からジャフナ半島にかけて，および北東側からベンガル湾にかけての地域は，サバナ気候の平原地帯が広がり，乾燥地帯(ドライゾーン)と呼称される．年間降水量のほとんどが11～3月にかけての北東モンスーン季に集中し，稲の栽培もこの時期に限られ，古代以来，溜池と用水路による灌漑設備の発達がみられる．一方，中央高地を中心とした山地域の南西斜面とそれに続く海岸低地には，北東モンスーン季の降水のほかに，5～9月の南西方向からのモンスーンによる多量の降水がみられ，熱帯雨林ないしは熱帯モンスーン気候の湿潤地帯(ウェットゾーン)となっている．ウェットゾーンにある最大都市コロンボの年平均降水量は約2500mm，ドライゾーンにある北部の都市ジャフナでは，約1200mmである．気温は年間を通して高く，西海岸に位置するコロンボでは，年平均気温27.4℃，ジャフナでは27.9℃である．一方，中央山地上のヌワラエリヤは，平均気温16℃と冷涼である．湿潤地帯は島の約25％の面積を占め，総人口の約70％が居住している．乾燥地帯と湿潤地帯という気候の相違による地域区分は，植生や農業の大きな違いをもたらしている．

河川は中央部の山地域から放射状に流れ，長さ335kmと最も長大で，流量の多いマハウェリ川は，中央高地の西側から，キャンディ付近を経て，北東海岸のトリンコマリーでベンガル湾に流入する．島の海岸沿いの低地には一般にラグーン(潟湖)が多くみられ，マングローブ林が発達しているところも多い．またコロンボから南部州にかけての海岸では，砂浜となっているところが多く，海岸リゾート地として知られている．乾燥地帯の海岸低地にあるマンナール県，バッティカロア県，ハンバントタ県などでは，背の低い疎開林が，その他の平原部では乾燥季節風林が卓越する．一方，1500～2000m級の峰々が連なる中央高地では，フタバガキなどの広がる熱帯雨林や熱帯雲霧林がみられる．18世紀末には島の約80％を占めていた森林地帯の面積は，その後のイギリス植民地時代における紅茶のエステート開発，ヘーナ(Hena)とよばれる焼畑農業，巨大な灌漑事業，燃料用を含む，用材のための過剰な伐採などの結果，約20％にまで減少し，一部の森林保護区を除き，原生林をほとんど消滅させ，深刻な環境破壊をもたらしている．

島には86種のほ乳類，427種の鳥類，その他は虫類，昆虫など，野生動物が豊富であり，観光資源の1つの柱となっている．今日でも，数多い国立公園や，自然保護区において，野生のスリランカゾウ，ナマケグマ，インド水牛，スリランカレオパードなどをみることができる．そのほか沿岸部で，クジラを観察することのできる地域がある．

島の先住民はオーストロアジア語族の狩猟民ウェッダ(Vedda)であるが，古く，紀元前5～6世紀頃に，インドから移動してきたシンハラ人，タミル人が，インドに似た乾燥した気候をもつ中部の平原地帯に定住し，溜池と灌漑用水路を構築し，水田稲作を行い始めた．乾燥地帯のアヌラーダプラやポロンナルワに宮都を置いたこの古代文明は，13世紀頃急速に衰退し，シンハラ人は，島の南西部や中央部の湿潤地帯に移動した．その後建国したコッテ王国やキャンディ王国の民は盆地や谷間で灌漑稲作を行い，家屋の周囲にはコショウ，バナナ，ジャックフルーツ，マンゴー，パパイヤなどの有用植物を植え，生活していた．16世紀のポルトガル人の来島，その後のオランダ人，次いでイギリス人による海岸地方を中心とした植民地化の結果，香料，ゴム，ココナッツ，コーヒー，紅茶の栽培のためのエステート(大農園)が，西部の港湾都市とその後背地を中心に形成され，島の景観に大きな変化をもたらした．イギリス統治時代には，紅茶などのエステートの労働力として，インドから多数のタミル人労働者が，中部州とその周辺に移入された．この人びとは北部や東部を中心に，スリランカに従来から居住するスリランカ・タミルと識別され，インド・タミルとよばれている．少数民族としては，その他，イスラーム教徒でおもに商業などに従事するスリランカ・ムーア人，オランダ人などヨーロッパ人との混血の子孫であるバーガーなどがいる．

セイロン島の人びとの生業は，基本的に農業であり，独立以前は一部(コロンボ，キャンディ，ゴール)を除いて農業集落がほとんどで，最近までその傾向は変化しなかった．しかしグローバル化に伴う政治，経済の中心地としてのコロンボの重要性が急速に高まり，その都市規模と人口増加が続いた．現在では国の総人口の約12％にあたる約250万の人びとがコロンボとその衛星都市に居住している．

[山野正彦]

セヴァグラム　Sevagram　インド

シェガオン(旧称)

[20°45′N　78°30′E]

インド西部，マハーラーシュトラ州東部，バルダ県の村．インドの中心部に位置するナーグプルに近いワルダの東8kmに位置する．地名はヒンドゥー語で，奉仕のための村という意味があり，1936年マハトマ・ガンディーによって創設されたモデルコミュニティである．以前は，シェガオンとよばれていたこの村を，ガンディーはセヴァグラムと改名した．ガンディーの修行の場所でもあり，インド独立運動の拠点でもあった当村において，ガンディーは村経済復興のために2つの主要な施設をつくった．全インド紡績工協会と全インド村落工業協会の設立である．ガンディーの仕事を受け継いでいる他の施設として，手工業者育成教育，インドの国家的言語としてのヒンドゥー語の普及，指定カーストの社会的境遇の改善，非暴力運動法の学習の各協会がある．セヴァグラムにはまた，国内初の農村にある医科大学として有名なマハトマ・ガンディー医学研究院および工科大学がある．この両大学は全国から学生を集めている．

[前田俊二]

セヴェナード　Thevenard

オーストラリア

人口：0.1万（2011）　面積：1.7 km²
[32°09′S　133°39′E]

オーストラリア南部，サウスオーストラリア州南西部の町．エア半島北西部にある港町で，隣町のセデューナから南西5 km，州都アデレードからプリンセスハイウェイ，エアハイウェイを経て北西786 kmに位置する．合計16万8500 tの容量をもつ巨大なサイロが町のシンボルで，隣町のセデューナからもよくみえる．いまでは，エア半島北西部最大の穀物積出港として発展している．セデューナから移り住んでくる人びとも少なくない．多いときには，エア半島全域で生産された小麦のおよそ1/3がこの港から積み出されていく．また，町の西約60 kmにあるマクドネル MacDonnell 湖とその付近から産出される塩および石膏の積出港でもよく知られている．地名は，この付近を探検したフランス人の海軍提督で，のちに海軍大臣ともなったアントワーヌ・ジャン・マリー・セヴェナードにちなんでつけられた．　　　　［片平博文］

セヴェルナヤゼムリャ群島
Severnaya Zemlya, Arkhipelag

ロシア

ゼムリャニコライフトロイ　Zemlya Nikolaya II（旧称）

人口：0（2010）　面積：37600 km²
降水量：150-300 mm/年
[79°30′N　97°45′E]

ロシア東部，北極海に浮かぶ極北の群島．無人島で，行政上はクラスノヤルスク地方（シベリア連邦管区）に属する．北極海縁海のラプテフ海とカラ海に東西をはさまれ，本土とはヴィリキツキー海峡で隔てられる．4つの大島（オクチャブリスカヤレヴォリュツィヤ島，ボリシェヴィク島，コムソモレツ島，ピオネール島）と多数の小島から構成される．沿岸部は切り立った岩壁と峡湾に囲まれる．砂岩，頁岩，苦灰石ないし白雲石，泥灰岩などで形成され，変成岩と火成岩も一部でみられる（花崗岩など）．

楯状地とドーム状の地形で，全島の過半は氷河に覆われる（約1.8万 km²）．高地のオクチャブリスカヤレヴォリュツィヤ島，低地のコムソモレツ島，台地・丘陵状のボリシェヴィク島とピオネール島など，起伏は島々で大きく異なる．厳しい極地性気候で，冬季と夏季の平均気温は，それぞれ−33〜−28℃と−0.5〜1.6℃．降水量は年間150〜300 mm程度で夏季に集中し，しばしば霧が発生する．周辺は年間を通して氷塊と氷丘に囲まれ，温暖な夏季にのみヴィリキツキー海峡の氷が溶け，船舶航行が可能になる．海峡付近は北極海航路の最難関航区である．植生は貧弱で，氷原の中にコケ・地衣類がところどころにみられる．海獣（アザラシ，セイウチ，シロイルカなど）や海鳥の群生地もしくは営巣地として知られる．

群島の存在は16〜17世紀から噂されていたが，セミョン・イワノヴィチ・チェリュスキン，アドルフ・エリク・ノルデンショルド，フリチョフ・ナンセン，エドゥアルド・ヴァシリエヴィチ・トリら内外の著名な学者・探検家は発見できなかった．20世紀に入ってからロシア人極地研究者ボリス・アンドレーヴィチ・ヴィリキツキーが発見し（1913），「ニコライ2世の土地」を意味するゼムリャニコライフトロイ島と名づけた（当時は1つの島と考えられていた）．その後，1926年に「北方の土地」を意味する現在の島名に改称した．1930〜32年に地質学者ゲオルギー・アレクセーヴィチ・ウシャコフとニコライ・ニコラエヴィチ・ウルヴァンツェフが詳細な調査を実施し，ロシア革命にちなんだ名称を各島につけた（オクチャブリスカヤレヴォリュツィヤ島，ボリシェヴィク島，コムソモレツ島，ピオネール島は，それぞれ「十月革命島」，「ボリシェビキ（社会民主労働党内の多数派）島」，「共産青年同盟員島」，「共産少年団員島」を意味する）．これらは地球上で最も遅く発見された島々として知られる．群島の一部は，希少な動植物相の保護を目的として1994年に設立されたセヴェルナヤゼムリャ連邦禁猟区（ザカズニク）に含まれる．近年，当初の名称に戻す声が専門家の間で上がり，旧タイムイルドルガンネツ自治管区の議会で承認された（2006）．しかし，同管区とクラスノヤルスク地方の合併後に誕生した新区議会は名称変更を支持せず，実現にはいたっていない．　　　　［徳永昌弘］

セヴンヒル　Sevenhill

オーストラリア

人口：383（2011）　面積：86 km²　標高：453 m
[33°53′S　138°38′E]

オーストラリア南部，サウスオーストラリア州南東部の村．マウントロフティ山脈北部山中にあり，ブドウ栽培で有名なクレア渓谷の中心地であるクレアの南6 km，州都アデレードの北129 kmに位置する．村の起源は，1848年，アロイシアス・クラーネヴィッター神父に率いられたオーストリア人のイエズス会士が，ウィーンからサウスオーストラリアに到着し，1850年代初期になってセヴンヒルに移り住んだことに始まる．地名は，彼らにとって神聖な都市であったローマの7つの丘にちなんでつけられた．入植直後，彼らはバターを生産し，それを北東約50 kmに位置するバラまで運び，そこの鉱山労働者たちに売っていた．しかしその後，クレア渓谷の土地がブドウ栽培に適していることがわかると，ワイン生産に取り組むようになった．また1875年には，ここにセントアロイシアスカレッジが建設された．現在，村の周囲はブドウ畑一色で，秋には畑が金色に変化する．クレア渓谷は，リースリングの上質ワインを生産することで有名である．クレアからオーバーンにかけてのかつての鉄道線路跡を利用した道は，現在，リースリングトレイルとして観光客の人気を集めている．週末などには，アデレード方面からの観光客も多い．　　　　［片平博文］

セオニ　Seoni

インド

人口：10.2万（2011）　[22°06′N　79°36′E]

インド中部，マッディヤプラデシュ州セオニ県の都市で県都．ナーグプルとジャバルプルとの中間に位置する．近郊には，うっそうとした森林と丘が展開し，トラの保護区が設定されている．とりわけ主人公モーグリーの活躍が描かれた物語『ジャングル・ブック』の舞台となったことで有名である．地名は，セオニはセオナという木の品種名に由来し，この木材はインドの太鼓の原料として広く用いられている．また，チーク材が豊富に産出されている．市の経済はこのように第1に木材資源に依拠している．また各種野生動物の観光拠点としても重要となっている．　　　　［前田俊二］

せきしさんし　石嘴山市 ☞ シーツイシャン市 Shizuishan

せきどうかいきょう　赤道海峡
Equatorial Channel

モルディヴ

アドゥカンドゥ　Addoo Kandu（ディベヒ語）

幅：85 km　深さ：1962 m
[0°00′N　73°15′E]

インド洋中央部の赤道上に位置し，モルディヴ諸島南部を東西方向に横切る海峡．幅約

860　セクレ

〈世界地名大事典：アジア・オセアニア・極I〉

85 km でフアドゥ環礁南端とアドゥ環礁の間に位置する．通常，時速1.5ノット程度の海流が流れているといわれ，季節によって海況が変化する．インドの南端を1周する帆船にとって非常に重要な航路であった．公用語のディベヒ語名はアドゥカンドゥである．島列を横切る最深部は海図上 1962 m で，フォームラ島北西の南緯0度15分，東経73度15分付近にあたる．　　　　　［菅　浩伸］

セクレタリー島　Secretary Island

ニュージーランド

[45°14′S　166°56′E]

　ニュージーランド南島西岸，サウスランド地方の島．フィヨルドランドの海岸部，ダウトフル海峡とトンプソン Thompson 海峡との間に位置し，大きな楔形をしている．島の最高地点はグロノ Grono 山の標高 1196 m である．フィヨルドランド国立公園の一角にあり，特別区域の指定を受けているため，生態系保護の観点から人の出入りは厳しく制限されている．地名は，1848〜51年にかけてこの地を探検したジョン・ロート・ストークスが，当時のオーストラリアのニューサウスウェールズにあったイギリス植民地政府の行政官(Secretary)に敬意をもっていたことから名づけたといわれている．　　［泉　貴久］

セコン県　Xekong Province

ラオス

Sekong, Khoueng（別表記）

人口：11.3万 (2015)　面積：7665 km²

[15°21′N　106°43′E]

　ラオス南部の県．県都はラマーム．県名であるセコンを県都として記していることも多い．1975年に誕生した新政権が新たに設置した県で，国内で最も人口が少なく，かつ最も人口密度が低い県である．かつてはアタプー県に含まれていた．ラオスで多数派となっているタイ系語族の人口よりも，モンクメール系語族の人口のほうが圧倒的に多く，南部でも民族の多様性が高い県である．
　県のほぼ南北を横切って流れるセコン川によって県中央部には沖積平野が形成されている．そして，セコン川の西側はボロヴェン高原，東側はアンナン(チュオンソン)山脈といった多様な地形を呈している．国内でもインフラ整備が最も遅れている県で，年間を通して通行可能な道路は，西部のタテン郡を起点とし，ラマーム郡を通って南部アタプー県にいたる国道16号のみである．その国道でさ

え，舗装されたのは2000年に入ってからであり，東部のセコン川からベトナム国境までの間は，道路が敷かれていないか，敷かれていたとしても舗装されていない．そのため，雨季になると県東側のほとんどの地域が陸の孤島となる．そうした東部の山岳地域では，カトゥ人，タリアン人，アラック人などのモンクメール系語族の人びとが多く居住している．セコン川の沖積低地では，水田水稲作が行われているが，灌漑されている水田は総水田面積の1割にも満たない．東部のアンナン山脈側は焼畑耕作が主体で，陸稲のほか，ヤム，タロなどのイモ類の栽培面積が大きい．そして，西部のボロヴェン高原ではコーヒー園が多くみられる．　　　　　［横山　智］

セコン川　Se Kong, Tonle

ラオス/カンボジア

コン川　Kong, Tonle（クメール語）

面積：32200 km²　長さ：499 km

[13°53′N　105°56′E]

　ラオス南部からカンボジア北東部にかけて流れる川．メコン川最大の支流の1つである．標高 1000〜1500 m のアンナン(チュオンソン)山脈が源流で，ラオス南部のチャムパーサック県パクセーの東にあるボロヴェン高原東部を流れる．ラオス内 344 km，カンボジア内 155 km の距離を流れ，セコン水系の面積のうち，カンボジア内は 5390 km² である．カンボジアのストゥントレン州の州都ストゥントレン近くでセサン川と合流して，セコン，セサン，スレポックの3河川の合流地点でメコン川に注ぎ込む．上流に水力発電用のダムが建設されているため，川の流れはもはや自然のままではない．セコン川の年平均流水量は 3000 万 m³ を超える．水量は，メコンの他の支流よりも遅く一年の後半に多くなり，乾季に入っても水が涸れることはない．セコン水系の洪水の危険は，2009 年9月に発生した台風ケッツァーナ(台風 16 号)のように，とくに悪天候と重なる雨季の後半に高くなる．
　この川の水圏生態系は，大小の河川が支配的である(79%)．流域住民の調査によれば，セコン川には 25 の大きな淵があり，多様な淡水魚(214 種)，は虫類，鳥類および水生植物の重要な生息地および避難地となっている．トラサック(Trasak)，リエイッ(Reaj)，クルリエン(Kulreang)，そして有名なパサイ(Pasaii)など絶滅危険種に指定された魚のいくつかをこの川でみることができる．この水系の年平均降水量は 2000〜2600 mm の間

で，乾季は4カ月以上続く．

［ソリエン・マーク，加本　実］

セコン川　Xe Kong

ベトナム〜カンボジア

Se Kong（別表記）/コン川　Kong, Xe（別称）

面積：28414 km²　長さ：320 km

[13°33′N　106°01′E]

　ベトナム，ラオス，カンボジアの3カ国を流れる国際河川．水源はアンナン山脈のベトナムのトゥアティエンフエ省で，ラオス国内では 320 km の長さを占め，流域の約77%を占める．カンボジアを流れるスレポック川とストゥントレンで合流する．そのセサン川はセコン川と合流したのちメコン川に流れ込む．2000 年までラオスのセコン県ラマームとアタプー県サマキーサイの間で，旅客ボートが運航していたが，国道 16 号が改修され，定期船は姿を消した．また，かつては，カワイルカが生息していたといわれている．

［横山　智］

セサン川　Se San, Tonle

ベトナム/カンボジア

サン川　San, Tonle（クメール語）

面積：17300 km²　長さ：478 km

[13°55′N　106°02′E]

　ベトナム中央高原からカンボジア北東部にかけて流れる川．メコン川最大の支流の1つである．セサン水系の面積のうち，カンボジア内におけるセサン水系の面積は 7960 km² である．源流は標高 1000〜1500 m のベトナム中央高原で，カンボジアに達するまでに 200 km 以上を流れる．さらにカンボジアにおいては，ストゥントレンでセコン川と合流するまで 278 km の距離を流れる．上流の水力発電用のダム開発のため，カンボジアでのセサン川の流れは自然のままのものではなく，最近では概して川の流れを予測することがむずかしくなっている．年平均流水量は 2000 万 m³ 近くで，セコン川と同様，一年の後半に水量のピークを迎え，乾季に入っても涸れることはない．洪水のリスクは高く，とくに雨季の終わりに起こりやすい．
　セサン水系の水圏生態系は，大小の河川が支配的である(66%)．流域住民の調査によれば，セサン川のカンボジア国内部分には 69 の大きな淵があり，さまざまな水生生物(133 種の魚類，鳥類および植物)が生息しているが，ほとんどの淵は，ダム建設などで川の流れが変わったことや河岸の侵食および土

砂の堆積により，浅くなりつつある．セコン水系と同様，年平均降水量は 2000〜2600 mm の間で，乾季は 4 カ月を超える．

［ソリエン・マーク，加本　実］

セジョン　世宗　Sejong
オーストラリア

人口：20.4 万（2015）　面積：465 km²
[36°35′N　127°16′E]

韓国中部の特別自治市．ソウル特別市や 6 広域市と同様に，行政組織上，道には属さない．ソウルへの都市機能の過集積を緩和するための対策として，中央行政機能の移転を計画して新しい都市の建設を進め，2012 年に発足した．市域は，チュンチョンナム（忠清南）道の旧燕岐郡全域とコンジュ（公州）市の一部，チュンチョンブク（忠清北）道旧清原郡の一部を合わせて成立した．市名は名君として評価が高い朝鮮王朝第 4 代王世宗にちなむ．市域の南部をクム（錦）江が西流し，それに北から美湖川が合流する．新市街地は錦江の両岸にわたって建設され，そこに国務総理室，国土海洋部，環境部，教育部，法制処など中央行政機関 9 部 2 処が集中する．市域の東端に旧燕岐郡の中心地であったチョチウオン（鳥致院）があり，京釜線と忠北線の分岐点にあたっている．その東，市域をわずかにはずれたチョンジュ（清州）市域に新幹線 KTX の五松駅がある．　　　　　　［山田正浩］

セシルプレーンズ　Cecil Plains
オーストラリア

人口：0.1 万（2011）　面積：1021 km²
[27°31′S　151°10′E]

オーストラリア北東部，クイーンズランド州南東部，トゥーンバ地域の町．州都ブリズベンの西約 220 km，ダーリングダウンズ地域に位置する．農業および木材産業が盛んである．大規模な綿花農場がある．［秋本弘章］

セスノック　Cessnock
オーストラリア

人口：1.4 万（2011）　面積：54 km²　標高：80 m
[32°50′S　151°21′E]

オーストラリア南東部，ニューサウスウェールズ州中央東部，セスノック行政区の都市で行政中心地．ニューカッスルの西約 40 km に位置する．行政区は 1957 年に成立したが，84 年にはカリーカリー，ウェストン，ポコルビンなど 20 以上の周辺町村を含めて大セスノック Greater Cessnock 都市圏が誕生した．このため，行政区は人口 5.1 万 (2011)，面積 1966 km² を有するハンターヴァレー南部の中核的都市となった．中心市街地のセスノックはハンター川下流部の平野部に立地する．このあたりにはもともと先住民 Darkinjung が居住していたが，ヨーロッパ人の入植とともに激減した．しかし市内には先住民が呼称したコンジェワイ Congewai，カリカリー，ラグーナ Laguna，ヌカバ Nulkaba，ウォーロンビー Wollombi などの地名が多く残されている．

入植は 1820 年代に行われ，地名は，1826 年にスコットランドの移民ジョン・キャンベルが，故郷エアシア Ayrshire にある城にちなんで名づけた．町は 1853 年に区画され，その後シドニーからグレートノースロードを通じてシングルトンやメートランドへ向かう分岐点として発達した．とくに町の発展に貢献したのは，1886 年のエッジワース・デイヴィドによるグレタ Greta 石炭層の発見である．その後 1891 年にリッチモンド・ベイル炭鉱が開かれ，この地域（サウスメートランド炭田）の採炭は 1903〜23 年に大きく拡大した．今日の都市景観や道路網などは，おもにこのときにつくられたものである．しかし，炭鉱での労働条件は劣悪で，ベルバード炭鉱では 1923 年に事故が起き 27 人が死亡した．また，1929 年のロスベリー暴動では 1 人が死亡した．その後，1954〜61 年の炭鉱業停滞とともに町の経済も下火となった．

ハンターヴァレーは，国内で最も古く，有名なワイン生産地域である．この地域のブドウ園は，1860 年代に開かれたとされ，現在 100 以上ものワイナリーを数える．とくにポコルビン，マウントヴュー Mount View，アランデール Allandale などのブドウ園は，火山岩起源の地味豊かな土壌を背景に拡大した．有名なティレルズのワイナリーが，ポコルビンにつくられたのは 1863 年であった．いまではシラーズ，シャルドネ，ピノノワールをはじめ年間 50 万本を生産し，28 カ国に輸出されている．ワイン生産が伸びた背景には，国内では州都シドニー〜ニューカッスル間のハイウェイの完成や 1990 年代の観光ブームがある．シドニーから北北東へ約 150 km しか離れていないため，最近ではゴルフ，熱気球，スカイダイビングなどの日帰りレジャーも人気となっている．　［藁谷哲也］

せっかそうし　石家荘市 ☞ シーチャチョワン市　Shijiazhuang

せっこうしょう　浙江省 ☞ チョーチャン省
Zhejiang Sheng

セティガンダキ川　Seti Gandaki
ネパール

面積：600 km²　長さ：113 km
[27°49′N　84°27′E]

ネパール中部を東西に流れる川．ガンダキ（ナラヤニ）水系の支流で西にカリガンダキ川流域と接する．マチャプチャレヒマールに源を発し，ポカラ盆地を流れ，トリユガ（ガイガート）でトリスリ川と合流する．ポカラ市街では 20 m 以上の深い峡谷を発達させる一方で，川幅はわずか 2 m に狭まる場所もある．上流域での水量からみてポカラ市街下では地下水系として流れているという説もあり，ポカラの町はセティガンダキ川に浮いているという伝説もある．上流域ではわずか 700〜1000 年前に巨大山体崩壊が発生し，河谷に沿って流れ下った山津波堆積物（岩屑流）がポカラ盆地を埋め尽くした．この堆積物はテーチス海由来の石灰質の岩屑を含み溶脱したカルシウム分の再結晶化によって固化している．すなわち石灰岩地域でのカルスト・トンネルが川の地下水系として機能していると思われる．2012 年 5 月には，アンナプルナ IV 峰西面で発生した岩盤崩落が，氷河を巻き込むことで土石流となり，川に沿って 50 km 下流のポカラまで流下した．この土石流によって 70 名以上の犠牲者が出た．

［八木浩司］

セデューナ　Ceduna
オーストラリア

人口：0.2 万（2011）　[32°08′S　133°41′E]

オーストラリア南部，サウスオーストラリア州南西部の町．エア半島北西部にある港町で半島西部の中心地である．ナラボー平原を経てウェスタンオーストラリア州に向かう玄関口でもあり，平原を横断してウェスタンオーストラリア州に向かう旅行者のほとんどは，この町で宿泊し，給油をしてから出発をする．州都アデレードからプリンセスハイウェイ，エアハイウェイを経て北西 781 km，ウェスタンオーストラリア州の州都パースから東 1964 km に位置する．シドニーとパースとを結ぶ大陸横断ルートのほぼ中間点にあたる．

セデューナの近くにやってきた最初のヨーロッパ人はオランダ人のピーター・ノイツで

あり，1627年，大陸南部のグレートオーストラリア湾を東に横切って，現在ノイツ群島とよばれているセデューナ沖合の島に到達した．彼に次いでこの付近にやってきたのは，1802年のマシュー・フリンダーズ(1774-1814)である．彼はこのときの航海で，エア半島沿岸の湾や岬の多くに地名をつけた．町が面するミュラ Murat 湾沿岸で最初に集落が建設されたのは，セデューナの対岸に位置するデニアルベイ Denial Bay の集落で，早くも1840年代のことであった．一方，セデューナの建設は1901年のことである．その後まもなく，セデューナのほうがポートリンカーンと鉄道で結ばれたことがきっかけとなって，デニアルベイは衰退していった．現在，デニアルベイの集落には，数十軒の家が建っているにすぎない．セデューナの地名は当初，湾の名称と同じであったが，1921年になって最寄りにあった鉄道待避線の名前をとってセデューナに変えた．先住民アボリジニの言語で chedoona，すなわち座って休む場所を意味すると考えられている．以降，港の整備とともに，エア半島北西部における最大の穀物の積出港に成長していった．しかし，デニアル湾を囲む岬のさらに先端側にセヴェナードの港が整備されてからは，穀物の主要積出港としての機能を譲る形となった．近年は，漁業の基地としての機能を強めている．とはいえセデューナは，いまもなおエア半島北西部の中心であることに変わりはない．

また，この付近には，オーストラリア固有の動植物や自然地形(海岸砂丘など)を守る目的で指定された保護区が多く存在する．たとえば，町の南東部に位置するウィトルビー Wittlebee 保護区，ローラベイ Laura Bay 保護区，沖合に浮かぶノイツ群島保護区，そのまた沖合にあるセントフランシス諸島保護区などがある．　　　　　[片平博文]

セドン　Seddon

スターバラ Starborough (旧称)　　ニュージーランド

人口：0.1万(2013)　　　　[41°40′S　174°04′E]

ニュージーランド南島，マールバラ地方中部の町．ブレナムの南東24km，スターバラ Starborough 川の堤防上に位置する．南東の東海岸を走る幹線鉄道の沿線にもなっており，クライストチャーチやピクトンなど南東の主要都市へは鉄道でいくことができる．町の中心部には駅舎のほか，小学校，ホテル，警察署が立地している．おもな産業とし

て，農業，製塩業，製材業などをあげることができる．周辺にはキャンプ場があり，この地を訪れる行楽客も多い．この町は以前はスターバラとよばれていた．しかし，当時のニュージーランド首相リチャード・ジョン・セドン(在任 1893～1906，1845-1906)が貧困層を救うために土地の再配分を積極的に提唱したこともあり，彼への敬意から，この町の市民たちはセドンという地名をつけたのである．　　　　　　　　　　　[泉　貴久]

セドンヴィル　Seddonville

ニュージーランド

[41°33′S　171°59′E]

ニュージーランド南島，ウェストコースト地方の町．ブラー地区に属し，ウェストポートの北東50km，モキヒヌイ川の南岸近くの平野上に位置する．中心部には小学校，ホテルが立地している．おもな産業として，農業，石炭採掘，製材業，河川でのマス釣りなどをあげることができる．中心部より5km離れた海岸線では，魚の磯釣りやクレイフィッシュ(ロブスター)釣りが盛んである．地名は，ニュージーランドの元首相リチャード・ジョン・セドン(1845-1906)にちなんで名づけられた．　　　　　　　　　　　　[泉　貴久]

セナナヤカ貯水池　Senanayake Samudra

スリランカ

インギニヤガラダム　Inginiyagala Dam (別称)/ガルオヤダム　Gal Oya Dam (別称)

面積：91km²　堤長：1100m　貯水量：983百万m³

[7°12′N　81°32′E]

スリランカ，ウヴァ州モナラガラ県(一部は東部州アンパラ県)の貯水池．国内最大の灌漑用貯水池で，1949年に始まるガル川開発計画にしたがって，築堤式の堰高43mのガルオヤダムが建設され，53年に誕生した．ダムは発電にも活用され，インギニヤガラ水力発電所が設けられる．開発事業全体は1966年に完成し，約3万8600haが灌漑の受益を得るにいたった．貯水池にはセイロン独立後の初代首相，ドン・ステファン・セナナヤカにちなんでこの名がつけられた．周囲一帯はガルオヤ国立公園に指定され，野生の動植物が保護されている．　　[山野正彦]

セーヌ　Seenu　☞ アドゥ環礁　Addu Atoll

セパレーション岬　Separation Point

ニュージーランド

[40°47′S　173°00′E]

ニュージーランド南島，タスマン地方の岬．タスマン湾とゴールデン湾とを分ける．エーベルタスマン国立公園の区域内にあり，トゥタラヌイからは日帰りで歩ける距離の散策コースが設置されている．地名は，1827年にフランス人の探検家ジュール・デュモン・デュルヴィルによって命名されたものである．　　　　　　　　　　　[泉　貴久]

セピック川　Sepik River

パプアニューギニア

面積：78000km²　長さ：1127km

[3°53′S　144°33′E]

南太平洋西部，メラネシア，パプアニューギニア北西部の川．パプアニューギニア中央山系に発し，ニューギニア島北部を流れ，ビズマーク海に注ぐ．島南部のフライ川に次ぎ第2の河川だが，集水域は7万8000km²で国内最大である．源流はインドネシアとの国境に近いヴィクトルエマニュエル Victor Emmanuel 山脈で，まず北流してサンダウン州(一部インドネシア領西パプア)を流れ，ヤプシ Yapsiei (オーガスト August)川との合流点付近から東に向きを変え，イーストセピック州をほぼ東西に貫く形で流れる．蛇行をくり返しながら，広大な氾濫原，後背湿地，三日月湖を形成し，州都ウェワクの東80km付近ムリック・レイクの東で海に達する．三角州は存在しない．水位は降水量によって大きく変動する．船での航行は河口から500kmほど(小さなボートであれば，さらに国境に近い支流のメイ May 川まで)遡上が可能である．

源流近くのテレフォミン Telefomin から，南部支流であるメイ川との合流点にいたるまでのセピック川上流域は，パプアニューギニア高地周縁部にあたり，地形が険しく，民族集団の規模も小さく散在している．中流域は，ワリオ Wario (レオナルドシュルツ Leonard Schultze)川，ウォゴムシュ Wogamush 川，エイプリル April 川などの支流が流れ込み，中心の町であるアンブンティ Ambunti を経て，チャンブリ湖にいたる．さらにコロサメリ Korosameri 川，カラワリ Karawari 川などが合流する．中・下流域の集落の多くは，自然堤防上に立地する．この地域は，ピジン語でハウスタンバランとよばれる大きな精霊堂の存在や，さまざまな

動物や精霊をかたどった木彫や仮面の制作など，セピック芸術の中心地である．民族集団はより多様で相互の交流も活発となる．

ユアット Yuat 川との合流点を経て，下流域の中心地であるアンゴラムにいたる頃には，川幅も大きくなる．セピック本流では淡水魚，カワエビなどの漁業も行われているが，もっぱら自給用でその規模は小さい．おもに支流や氾濫原，後背湿地で狩猟されるワニは，皮が現金収入源となるだけでなく，セピック川の象徴的存在であり，氏族のシンボルやワニの模様を身体に刻印する瘢痕文身の成人儀礼などに登場する．セピック川観光としては，パプアニューギニアの旅行会社トランスニューギニアツアーが運営する客船（セピックスピリット号）に乗船してのツアーが知られているが高価なものである．宿はまだ十分に整備されていないが，近年地元の人びとによるゲストハウスやモーターカヌーなどを利用したツアーも現れてきている．

〔熊谷圭知〕

セブ　Cebu　フィリピン

人口：92.3万 (2015)　面積：315 km²
[10°17′N　123°54′E]

フィリピン中部，セブ島，セブ州の都市で州都．ビサヤ諸島の産業，商業，交通，行政，教育，観光の中心地である．古くから，交易の中心地として栄え，16世紀，ポルトガルのフェルディナンド・マゼラン一行の上陸を含め，スペインによる植民地化の拠点となった．アメリカ統治下の1934年，コモンウェルス法第58号により市に指定され，市制は1937年に施行された．市街は高級ホテルや高級住宅地ビヴァリーヒルズがあるアップタウン，カルボン市場やサン・オーガスティン（サント・ニーニョ）教会が集まるダウンタウンに分かれる．人口の流入も著しく，1990年代には市当局が交通渋滞緩和，工業再開発を目的に，南部湾岸地域で大規模な埋立てを実施し，湾岸道路も建設された．資金として日本の政府開発援助が用いられたが，水質汚染や住民退去の問題も起きた．市内やマクタン島観光に訪れる国内外の観光客は増加の一途をたどる．1月第3日曜にはサント・ニーニョ（幼きイエス）を崇拝するシヌログ (sinulog，ダンシングの意) 祭りが開かれ，町は盛り上がりの頂点に達する．〔佐竹眞明〕

セブ州　Cebu, Province of　フィリピン

シブ Zebu (古称) / スグブ Sugbu (古称) / スブ Zubu (古称)

人口：463.2万 (2015)　面積：5342 km²
[10°17′N　123°54′E]

フィリピン中部，中部ビサヤ地方に位置する州．ビサヤ諸島の中心部に位置するセブ島，および周辺のマクタン島，カモテス諸島，バンタヤン島などを含む．州都はセブ．ビサヤ地方における商業，産業，教育，行政，交通，観光の中心地である．ほかに市としては，マンダウエ，ラプラプ，ダナオ，トレド，タリサイがある．

歴史を振り返ると，3万年前，ネグリトがアジア大陸から，地峡伝いにこの地に移り住んできた．その後，島が形成された．その後，紀元前500年頃マレー半島から広がるマライ帝国の一部となった．交易範囲はタイ，中国，マレー地域に及んでいた．古称として，スブ，シブ，スグブ，中国語で宿務，朔務ともよばれていた．

さて，香料を求め，スペイン王の命を受けたポルトガル人フェルディナンド・マゼランの一行は1521年4月セブ島に到着した．マゼランは島の首長フマボンと住民をキリスト教徒に改宗させ，スペイン王の支配を認めさせた．さらに，対岸のマクタン島の首長ラプラプに服従を迫ったが拒否された．激怒したマゼラン一行は戦闘を仕掛けるが，同4月27日，マゼランは足に毒矢を受けて死亡，マゼラン一行は敗退した．その後，生存者がモルッカ諸島に到達して，1522年9月にスペインに戻った．こうして，その後のスペイン支配を考えると，ラプラプはフィリピンで最初に外国人侵略者を撃退した英雄であった．その栄誉をたたえて，マクタンの中心地オポンは後にラプラプと改名された．現在，島を守るかのように，ラプラプ像が海をにらんで建っている．

その後，スペイン王朝はフィリピン遠征をくり返し，第4次遠征隊のミゲル・デ・ロペス・レガスピが1565年，サマール島，ボホール島を経由してセブに到着した．セブの首長トゥパスを攻撃し，周辺各地の首長にスペインの主権と居留を認めさせた．このように，セブがスペインによる植民地化の拠点となり，1571年，スペインの城壁都市ができあがった．マニラにスペインの拠点が築かれたのも同年である．なお，1521年マゼラン一行が布教に用いたといわれる十字架（マゼラン・クロス）はセブ市内のサント・ニーニョ教会前にある．

その後，1898年ルソン島で対スペイン独立戦争が勃発すると，セブでも独立軍はレオン・キラット将軍の下，サンペドロ要塞にスペイン軍を追い込んだ．だが，20世紀にはアメリカ統治に移る．1935年，フィリピン独立準備政府（コモンウェルス）が発足すると，大統領にはタヤバス州（現ケソン州）出身のマニュエル・ケソン，副大統領にはセブの名門出身セルジオ・オスメーニャが就任した．そして，太平洋戦争が起こると，日本軍は1942年4月，セブを占領し戦略拠点とした．トレドにあるアトラス銅山の採掘も住民を動員して行った．

主要な作物はトウモロコシである．年降水量が少ないため，米と比べ，降水量が少なくても生育しやすいからである．ただし，メデリン Medelin，トゥブラン Tuburan などの町を含め，北部は砂糖農園が多い．地主の抵抗により，フィリピン政府が進める農地改革も遅れ気味である．西岸中部のトレド周辺では野菜やトウモロコシの生産が盛んである．セブ市にも盛んに出荷されている．この地域では比較的農地改革が進み，小作人が自作農に変わりつつあり，生産意欲も高まっている．

1980年代，フィリピン政府はマクタン島に外国企業向け工場団地（輸出加工区）を造成した．アメリカや日本の製造企業が多数進出し，一大工業地域となった．また，西岸のトレドの北にあるバランバンにも日本の造船企業が進出し，船舶造船に従事している．他方，1990年代後半，セブ市南部は日本から政府開発援助（ODA）を受け，工業開発を目ざして湾岸地区を埋め立てた．同様にセブ市からタリサイにかけても，日本のODAにより，湾岸道路が建設された．だが，埋立てや湾岸道路建設では，水質汚濁や住民立ち退きといった問題も発生しており，援助の実施や受入れ機関セブ市に対する批判も出た．また，セブ市やビーチリゾートがひしめくマクタン島には海外からの観光客も数多く訪れる．国際空港はマクタン島にあり，日本からもマニラ経由で訪れることができる．セブ市内やマクタンには多数のホテル，ペンションがある．セブ市から南へ下り，東岸のアルガオや，西岸のモアルボアル Moalboal のビーチまで，足を伸ばす旅行者もいる．

このように，全体として，農業地域を残しつつ，セブ，マンダウエ，ラプラプ，タリサイを中心に商業，工業，観光などが盛んであり，人口も増加している．なお，セブ州の人びとが日常使う言葉はセブアノ語である．セ

ブアノ語は東ネグロス州やボホール島，レイテ島，ミンダナオ島でも広く使われ，タガログ語と並ぶ代表的な言語である．オスメーニャ家をはじめガルシア家やクウェンコ家など中央や地方の著名政治家を輩出している．オスメーニャ家やガルシア家は歴代セブ市の市長やセブ州の知事を送り出し，政治王朝の中心である．2004年の大統領選挙ではグロリア・マカパガル・アロヨ（中部ルソン地方のパンパンガ州出身）を当選に導いた原動力となったのもセブ州の票だった．そのため，当選したアロヨ大統領はわざわざ就任演説をセブ市で行ったほどだった． ［佐竹眞明］

セブ島　Cebu Island　フィリピン

シブ島　Zebu（古称）／スグブ島　Sugbu（古称）／スブ島　Zubu（古称）

人口：293万（2015）　面積：4422 km²
長さ：224 km　幅：32 km　気温：23-33℃
[10°17′N　123°54′E]

フィリピン中部，ビサヤ諸島の中心に位置するセブ州の島．首都マニラの南東約600 kmに位置し，フィリピン諸島の中心でもある．周辺には小島を含め160を超える島があり，マクタン島，カモテス諸島，バンタヤン島などとともに，セブ州を構成する．北のマスバテ島とはビサヤ海，西のネグロス島とはタニョン海峡，東のレイテ島とはカモテス海，ボホール島とはセブ海峡によって仕切られている．中心的都市は州都のセブ市．他の市はマンダウエ，ラプラプ，タリサイ，ダナオ，トレドである．町は47ある．とくにセブ市は中部ビサヤ地方の行政，産業，観光，教育，交通の中心である．

地形をみると，島は東西最大45 kmの幅で，南北に250 km延びている．北部や，東岸タリサイ，ナガあたりまで広がる平野部を除き，島は山に覆われる．カバラサン山（標高1013 m），ラニブガ山（692 m），ウリン山（659 m）などがある．よって，北部を除き，東岸から西岸へ向かうには600〜1000 mに達する山地を越えなければならない．車で東岸のセブから西岸のトレドに向かう際も，タリサイを経て山間部を登り，ウリン山沿いを進む．また，セブ市郊外の高級住宅地も丘の上にあり，ビヴァリーヒルズとよばれる．同じく郊外には市で最も高い山の上に展望台トップスがあり，市街からマクタン島にいたる眺望を楽しめる．

気候は温暖であり，平均気温は23〜33℃程度である．3〜5月が乾季で，5月がいちばん暑い．その他の月は雨がほぼ均等に降る．11月の降雨が多く，1月が比較的涼しく，しのぎやすい．ただし，年間の降雨量は少なく，また，石灰岩が多く地味に乏しいので，米よりも，トウモロコシの作付けが中心である．周辺のマクタン島のみならず，東岸のアルガオ，西岸のモアルボアル Moalboalには美しい砂浜が広がる．観光客も多く，宿泊できるビーチリゾートが整っている．サンゴの環礁地帯も多く，ビサヤ海，カモテス海，セブ海峡，タニョン海峡，いずれも漁業資源が豊富である．高級魚ラプラプも美味である．また，マンダウエと橋でつながっているマクタン島からさらに東に小船で渡ると，オランゴ島がある．オランゴ島は渡り鳥の生息地であり，ロシアからオーストラリアに向かう鳥もここで羽を休める．

また，島は資源にも恵まれる．石灰岩，マクタン石ともよばれる大理石，黒曜石，グアノ（糞化石．海鳥の糞が多年にわたって堆積，硬化したもので肥料として利用）などがある．また，銅は東南アジア最大の埋蔵量がある．トレドにアトラス銅山があり，一時，争議で閉山したが，2008年に操業を再開した．なお，近年，セブ，タリサイにおける湾岸埋立てのため，セブ中部の山間地で土砂採掘が盛んである．山の切り崩しも進み，裸地と化した山肌が痛々しい．他方，地場産業として貝細工が有名である．パナイ島のカピス貝を用いたランプシェードは高級感がある．小さな貝をつないだ首飾り，ブレスレットも美しい．また，マンダウエから橋でつながっているマクタン島にはギター工場が多くあり，良質なギターやウクレレを製造直売で手に入れられる．また，古くからセブ島は商業活動の中心地だったが，近年，セブ，マンダウエ，ラプラプ，タリサイには巨大なショッピングモールが増えた．ガイサノ，ロビンソン，シューマート，アヤラといったモールにはスーパーマーケット，デパート，みやげ品店，レストラン，ファストフード，インターネットカフェ，映画館，ゲームセンター，何でも揃う．モール内の広場では日曜にカトリックのミサまで行われる．巨大資本が集客力をもつ大空間をつくり上げた．

なお，島の人びとは日常セブアノ語を使う．英語やタガログ語（フィリピン語）も通じる．セブアノ語で二言，「マアヨン・ハポン」（こんにちは）と「ダグハン・サラマッ」（どうもありがとう）は覚えておきたい．

［佐竹眞明］

セブク島　Sebuku, Pulau

インドネシア

人口：0.7万（2010）　面積：275 km²　長さ：35 km
幅：10 km　[3°45′S　116°39′E]

インドネシア中部，南カリマンタン州コタバル県の島．カリマンタン（ボルネオ）島南東部，マカッサル海峡に位置し，西側は幅5 kmのセブク海峡をはさんでラウト島に対する．1925年にオランダによって石炭の埋蔵が確認されたが，97年になって本格的な採掘が開始された．同名のセブク島がスマトラ島沿岸にある． ［青山　亨］

セブ島（フィリピン），コロン地区のカルボンマーケット

セブク島　Sebuku, Pulau

インドネシア

面積：18 km²　　　　　　　［5°52′S　105°31′E］

インドネシア西部，ランプン州ランプンスラタン県の島．スマトラ島南部，ランプン湾口にある．南南西30 kmにクラカタウ火山があり，1883年の噴火で被害を受けた．同名のセブク島がカリマンタン（ボルネオ）島沿岸にある．　　　　　　　　　［青山 亨］

セブク湾　Sebuku, Teluk

インドネシア

シブコ湾　Sibuko, Teluk（別称）

［4°03′N　118°05′E］

インドネシア中部，カリマンタン（ボルネオ）島北東部，北カリマンタン州ヌヌカン県の湾．セブク川が注ぎ込む．湾内にヌヌカン島，北部にはセバティック島がある．

［青山 亨］

セフトン　Sefton

ニュージーランド

人口：0.1万（2013）　　　［43°15′S　172°40′E］

ニュージーランド南島，カンタベリー地方の町．フルヌイ地区に属し，コワイ川とアシュリー川の河口付近の海岸平野上に位置する．南36 kmのクライストチャーチとは国の東岸を走る幹線鉄道を通じてつながっている．町の中心部には小学校，ホテルが立地している．地名は，カンタベリー地方イギリス植民地政府行政官ウィリアム・セフトン・ムアハウス（1825-81）にちなんで名づけられた．　　　　　　　　　　［泉 貴久］

セペルツフィールド　Seppeltsfield

オーストラリア

人口：356（2006）　面積：61 km²

［34°29′S　138°55′E］

オーストラリア南部，サウスオーストラリア州南東部の町．バロッサヴァレー西部，州都アデレードの北東79 kmに位置する．ブドウとワインの産地である．地名は，ドイツ人の移民であったジョセフ・ゼペルトにちなむ．彼は1851年に市民権を与えられ，翌52年になってバロッサヴァレーのこの地に土地を購入し，最初はタバコ，トウモロコシ，小麦とブドウの栽培をしていた．1867年にはワイナリーをつくり，その後急速にワインづくりが有名になった．彼の息子であるオスカー・ベンノ・ペドロ・ゼペルトが事業を拡大し，国内最大のワイン生産者となった．現在，ワイナリーには直接販売所があり，試飲ができるほか，ワイン製造工程の見学もできる．生産規模が大きいため，あたかも製造工場のような印象を受ける．町の周辺にはのどかなブドウ畑が広がり，週末になるとアデレード方面からの観光客で賑わう．［片平博文］

セホーレ　Sehore

インド

人口：10.9万（2011）　標高：500 m

［23°12′N　77°05′E］

インド中部，マッディヤプラデシュ州セホーレ県の都市で県都．州都ボパール～インドール間の高速道沿い，ボパールの西37 kmに位置する．ヴィンディヤ山脈の北の支脈であるヴィンディヤチャル山脈ふもとの丘陵地にある．古来よりヒンドゥー教，ジャイナ教，仏教の信徒たちは，彼らの重要な瞑想地として当地を崇めてきた．したがって，非常に多くの寺院や神殿をもち，さらにイギリス統治時代の教会をも有している．［前田俊二］

セポン　Xepon

ラオス

Sepon（別表記）

人口：5.6万（2015）　面積：2296 km²

［16°42′N　106°12′E］

ラオス中南部，サワンナケート県東部の郡．カイソンポムウィハン郡市街地から東182 kmの国道9号沿いに位置する．ベトナムと国境を接しており，郡内を通る国道9号の終点ラオバオには，ラオスとベトナムの出入国事務所が置かれている．ラオバオ出入国地点は，外国人の出入国も可能な国境で，ラオスでは最も出入国者数の多いベトナム国境である．国道9号は，インドシナ戦争時に北ベトナム軍が南ベトナムに潜入するために使用されたホーチミントレイルの1つであった．セポン一帯は，ホーチミントレイルを切断しようとする南ベトナム解放民族戦線（南ベトナム軍，ベトナム共和国軍）とアメリカ軍が展開したラムソン719作戦の舞台となり，ラオスで最大の戦場となった．1993～99年，市街地の北40 kmの地域で地質調査が実施された結果，金と銅の鉱脈が確認された．オーストラリアの鉱山会社とラオスとの間に設立された合弁企業によって，2003年から金の採掘が始まった．また，2005年からは銅の採掘およびLME（ロンドン金属取引所）グレードAの銅カソードの生産を開始 した．2009年には中国企業がオーストラリアの鉱山会社を買収したため，中国資本によって操業が行われている．
　　　　　　　　　　　　　　　［横山 智］

セマウ島　Semau, Pulau

インドネシア

人口：0.7万（2010）　面積：249 km²

［10°14′S　123°23′E］

インドネシア中部，小スンダ列島，ティモール島西部沖，東ヌサトゥンガラ州クパン県の小島．サウ海南部に位置し，スンバ島，ティモール島にはさまれている．島の住民はトウモロコシ，スイカ，マンゴーなどを栽培し，料理のための薪や炭なども供給していた．しかし，近年は料理には灯油や電気ストーブを使うようになった．ティモール島のクパンからボートで30分のところにあるため，静かな島で美しい浜辺をもち，観光開発が期待されている．　　　　［水嶋一雄］

セミウム島　Semium, Pulau

インドネシア

人口：0.9万（2000）　面積：249 km²

［4°31′N　107°44′E］

インドネシア西部，ナトゥナ諸島，リアウ諸島州の島．カリマンタン（ボルネオ）島北西部，大ナトゥナ島の北西約60 kmに位置する．インドネシアで最も北にある島の1つである．　　　　　　　　　［水嶋一雄］

セミパラチンスク　Semipalatinsk ☞ セメイ　Semey

セミララ諸島　Semirara Islands

フィリピン

人口：7.2万（2015）　面積：129 km²

［11°57′N　121°27′E］

フィリピン中部，アンティケ州の諸島．多島海ビサヤ諸島北西部にある．ミンドロ島南部とパナイ島北西部との間，ほぼ北緯12度の緯線上に位置している．北西をカラミアン諸島とミンドロ島との間にあるミンドロ海峡，北東をミンドロ島とタブラス島との間にあるタブラス海峡，南東をクーヨ諸島とパナイ島との間にあるクーヨイースト Cuyo East 水路によって，それぞれ囲まれている．最大の面積をもつセミララ島（約57 km²），シバイ Sibay 島（約41 km²）およびカルヤ島（約23.3 km²）の3島を中心に，これらの3島を

取り囲む多数の島々より構成される.

諸島内の島の地形はほとんど起伏がない平坦地が大部分を占め，丘陵地や山地に乏しい．そのためココヤシの栽培を筆頭とする農業が盛んである．また近海のビサヤ海を中心とした漁場にも恵まれ，水産業も活発に行われている．しかし，栽培された農作物や，近海での漁獲物の処理や加工を行う大規模な設備がないため，これらの産物の多くは諸島外に出荷されたり，水揚げされている．なお，セミララ島には石炭などの鉱物資源の埋蔵量が多く，近年その開発も進められている．しかし，港湾や道路などの基盤設備がまだ完備していない．

諸島の中心地は最大の島セミララ島ではなく，カルヤ島のカルヤがその機能を担っている．そこでは主として周辺の島々で栽培された農作物の集散地となっているが，そこで処理されるのではなく，他島に送り出されている．島々の住民の大半は，タガログ語を話すタガログ族である．しかし，国内の中でも比較的人口が集中するビサヤ諸島の中では，人口の希薄地帯となっている．さらにこの諸島一帯は台風の通り道としても知られている．諸島内には大きな港湾や飛行場が存在しない．　　　　　　　　　　　　　　　　　[田畑久夫]

セミララ島　Semirara Island

フィリピン

人口：1.2万（2015）　面積：57 km²　長さ：14.5 km
幅：4.8 km　　　　　　　　　　[11°57′N　121°27′E]

フィリピン中部，アンティケ州の島．多島海ビサヤ諸島北部にあるセミララ諸島の中で最大である．パナイ島の北西沖に浮かび，細長い．北方に位置するミンドロ島の間には狭いイリン Ilin 海峡が存在する．主要な産業はココヤシの栽培と水産業であるが，大規模な集散地をもたない．石炭をはじめとする鉱物資源の埋蔵量が多く，一部はその開発が進められているが，港湾設備などの基盤事業が完備していない．　　　　　　　　　[田畑久夫]

セミレチエ平原 Semirech'e ☞ ジェトスー平原 Zhety Su

ゼム氷河　Zemu Glacier

インド

長さ：26 km　幅：1.5 km
　　　　　　　　　　　　　　　[27°46′N　88°23′E]

インド北東部，シッキム州北西部の氷河．ヒマラヤ山脈第3位の高峰であるカンチェン

ジュンガ山塊（標高 8598 m）東部斜面の谷を流れ下る．山脈内でも有数の 26 km の長さをもつ．典型的な U 字谷をなし，周辺の 7000 m を超える山岳から中小の氷河が合流する．ガンジス河系のティースタ Teesta 川に流入する．雪男の足跡がしばしば話題になる．最近は氷河末端まで，州都ガントークから往復約 15 日行程でのトレッキング観光も行われている．　　　　　　　　　　[貞方　昇]

ゼムリャフランツァイオシファ群島 Zemlya Frantsa Iosifa, Arkhipelag

ロシア

面積：16100 km²　　　　　　[80°35′N　60°39′E]

ロシア西部，アルハンゲリスク州（北西連邦管区）に属し，バレンツ海に浮かぶ群島．東半球では最北部にある陸地で，およそ 190 の島からなる．島はオーストリア海峡とブリタニア運河海峡によって大きく3つのグループに分けられる．第1は，ヴィリチェク島やグレエムベル島などを含む東部諸島，第2は，ルドルフ島やグケル島を含む中部諸島，そしてアレクサンドラ島やゲオルグ島など大きな島々を含む西部諸島である．島の多くは砂岩，シルト岩，石灰岩によって形成され，大部分は氷河に覆われている（面積 1 万 3700 km²）．最高点は 620 m（ヴィネルノイシュタット島）．1000 以上の湖が散在する．植生は乏しく，わずかにコケ類が生育する．

群島の存在については，ロシアの学者 N・G・シリングが 1865 年に指摘し，73 年にオーストリア・ハンガリー帝国の探検隊が発見した．島の名は，時の皇帝フランツ・ヨーゼフ 1 世にちなんで名づけられた．1926 年にソ連が領有を宣言した．　　[山下丈夫]

セメイ　Semey

カザフスタン

セミパラチンスク　Semipalatinsk（露語）

人口：31.4 万（2009）　面積：210 km²
　　　　　　　　　　　　　[50°26′N　80°16′E]

カザフスタン東部，東カザフスタン州北部の都市．州都オスケメンの西北西 175 km に位置する．1939～97 年は旧セメイ州の州都であった．1997 年に州の合併によって東カザフスタン州となり州都はオスケメンとなった．ロシア語でセミパラチンスクとよばれる．イルトゥイシ河畔にあり，ここを起点として南に延びるトルキスタン・シベリア（トルクシブ）鉄道の駅がある．河港都市で，商業の中心地である．河川・鉄道運輸の大貨物

集散地でもある．食品加工，金細工，建設資材工業，羊毛加工などの産業がある．ロシア語名は，7つの建物をもつ寺院が付近にあることに由来する．都市の歴史は 1718 年建設の要塞に始まる．要塞はイルトゥイシ川の氾濫によってしばしば移動したが，1778 年に現在の場所に移された．19 世紀を通じて，セメイはロシアとクルグズ（キルギス）人，ブハラ人，中国人の通商中心地であった．またモンゴルからヨーロッパへのキャラバンルート（隊商路）にあった．小説家のフョードル・ドストエフスキーは，シベリアでの流刑後 1854～59 年にこの地で兵役に服した．カザフ人の民族詩人アバイ・クナンバエフはここに住み，学んだ．現名称は，1991 年のカザフスタンの独立後に採択された．なお，1949～89 年にセメイの西 150 km に設けられていた 1.8 万 km² の核実験場で 456 回の実験が行われた．周辺地域が放射性降下物によって汚染され，2006 年セメイで中央アジア 5 カ国によって非核条約（セミパラチンスク条約）が調印された．　　　　　[木村英亮]

ゼラフシャン川　Zeravshan River

タジキスタン/ウズベキスタン

Zarafshon（別表記）

面積：17700 km²　長さ：740 km
　　　　　　　　　　　　　[39°26′N　63°44′E]

タジキスタンからウズベキスタンにかけて流れる川．タジキスタン西部，パミールアライ山系のトルキスタン山脈のイグラ峰付近の氷河に水源をもち，西に流れる．上流約 300 km はトルキスタン，ゼラフシャン両山脈の間の渓谷を流れ，ファンダリア，マギアン，クシュトゥットなどの支流をもつ．ウズベキスタンの南部に入ってからは平野を流れ，支流もなく，灌漑に利用される．サマルカンド付近で北のアクダリア川と南のカラダリア川に分かれるが，ハトゥルチで合流し，さらに西流する．ブハラ付近で南西方向に転じ，クズイルクム砂漠に消える．

カッタクルガン貯水池，クユマザル貯水池で灌漑される盆地は，中央アジア第1のオアシスで，古代からトランスオクシアナあるいはソグディアナとして知られる．中央アジアの文化の先進地帯で，現在も人口密度が高く，ブハラ，サマルカンドなどの都市がある．下流はアムブハラ運河でアムダリア川とつながり，水を補う．全流域にわたる数多くの鉱山開発と農業活動によって引き起こされる環境破壊が懸念されている．　[木村英亮]

ゼラフシャン山脈　Zeravshanskiy Khrebet
ウズベキスタン/タジキスタン

Zerafshon, Qatorkŭhi（タジク語・別称）

標高：5489 m　長さ：370 km

[39°20′N　69°40′E]

　タジキスタン北西部からウズベキスタンにかけて広がる山脈．西タジキスタン，ティエンシャン（天山）山脈の支脈，ゼラフシャン川に沿ってアライ山脈西部から延びる．ファンダリア川までの東部では幅が狭く，中央部は幅が広く，標高 5489 m のチムタルガ峰があり，氷河は面積 307 km² に及ぶ．マギアン川から西はしだいに低くなり，いくつかの地溝や横谷がある．結晶片岩と石灰岩，一部は花崗岩からなる．深さ 950 m のカルスト溝キエフは，石炭，アンチモン，タングステンを埋蔵する．渓谷は，夏は乾燥し，冬は降雨，降雪が多い．　　　　　　　［木村英亮］

セラフス　Serakhs
トルクメニスタン

サラクト　Saraqt（旧称）

人口：1.0 万（1991）　[36°32′N　61°13′E]

　トルクメニスタン中央南部，アハル州南東部の町．首都アシガバトの東南東 290 km，テジェンの南南東 118 km，テジェン川河畔に位置し，イランと国境を接する．1997 年完成の，対岸のイランのサラフスとの国境鉄道の接合地点である．1996 年完成のテジェン経由での中央アジア鉄道との結合点でもある．小麦，ピスタチオを産する．11〜12 世紀にはメルヴとイランのニーシャーブールとの中継商業都市として栄えた．11 世紀のアブル・ファズラ，ヤ・ティ・グムベズの墓の遺跡がある．旧称はサラクト．　　　［木村英亮］

セラム海　Seram, Laut
インドネシア

長さ：400 km　幅：150 km　深さ：2000-5000 m

[2°37′S　130°18′E]

　インドネシア東部，マルク（モルッカ）諸島のセラム島とオビ群島の間にある海域．マルク諸島の島々にはさまれた中央部にある．東西 400 km，南北 150 km の広さをもち，インドネシアのほかの海と同様に地殻変動の多い海域である．また，国際水路機関（IHO）の定義では東インド諸島海域の一部をなす．水深は深く海面は比較的おだやかで，マグロなどの好漁場となっている．　　［水嶋一雄］

セラム島　Seram, Pulau
インドネシア

人口：43.4 万（2010）　面積：18510 km²

[3°07′S　129°22′E]

　インドネシア東部，マルク（モルッカ）諸島南部，マルク州マルクトゥンガ県の島．県都はアンボン．島の中央部には東西に標高 3000 m を超える山々が連なり，最高峰はビナイヤ山（標高 3019 m）である．島の多くは密林で覆われているが，米，サトウキビ，ココヤシの栽培が盛んである．近年，島ではボーキサイトをはじめとして多くの鉱物資源を産出し，北東部のブラ Bula において油田開発が行われるなど，注目が集まっている．1998 年には，イスラーム教徒とキリスト教徒の対立があり，互いの家々を焼き払うなどの混乱が起きている．　　　　［水嶋一雄］

セラヤ島　Seraya, Pulau
シンガポール

面積：1.9 km²　[1°16′N　103°43′E]

　シンガポール，シンガポール島南西端に位置する旧島．この島も含めて 10 ほどの島間が埋め立てられ，現在はジュロン島（面積 32 km²）の一部になった．ジュロン島のほぼ東部に位置しており，数多くの石油化学工業施設やセラヤ火力発電所が立地している．さらに，この島の南には廃棄物最終処分地としても利用されているセマカウ島などの島々がある．　　　　　　　　　　　　　［髙山正樹］

セラン　Serang
インドネシア

人口：57.8 万（2010）　面積：35 km²

[6°07′S　106°09′E]

　インドネシア西部，ジャワ島西部，バンテン州西部の市（コタ）で州都．ジャワ海に面する．かつてはセラン県の県都であったが，2007 年にセラン県から独立した．クルグ Curug，ワランタカ Walantaka，チポコックジャヤ Cipocok Jaya，セラン，カセメン Kasemen，タクタカン Taktakan の 6 つの郡から構成される．州内ではタングラン，タングランスラタンに次ぐ第 3 位の人口をもっている．また，近年人口の増加が著しく，2010〜14 年の 5 年間に約 6.6 万増加した．ジャカルタ首都圏（ジャボデタベック Jabodetabek）との境界から西約 15 km の距離にあり，鉄道や道路で首都圏と連絡している．首都圏の一部と見なされることもある．

乾季のない熱帯雨林気候に属し，農業が中心である．周囲は水稲作，茶や果樹などを栽培する農村地域であったが，ジャカルタと近接しているため，近年，第 2 次産業を中心に多くの企業が立地しており，経済活動は活発である．　　　　　　　　　　　　　［水嶋一雄］

セラングーン港　Serangoon Harber
シンガポール

[1°23′N　103°57′E]

　シンガポール，シンガポール島北東部の港．ジョホール水道の東の入口の海域にあたり，北のウビン島，ケタム島と，南のセラングーン川から南東のリス海岸，さらにチャンギ空港海岸にいたる地域に囲まれた水域をさす．北のウビン島，ケタム島はレジャーの島，エビ養殖の島として知られているし，シンガポール島北東部のリス海岸は海浜レジャー施設や公園が整備されている．少し内陸部は地下鉄（MRT）東西線パシールリス駅を中心に住宅地として開発されている．

　　　　　　　　　　　　　　［髙山正樹］

セラングーン島　Serangoon, Pulau
シンガポール

コニー島　Coney Island（別称）

人口：0（2010）　面積：0.4 km²

[1°24′N　103°55′E]

　シンガポール，シンガポール島北東部の島．プンゴルの海岸沖 100 m ほどのところに位置し，コニー島（コニーはウサギ（の毛皮）の意）ともよばれる．この島を橋で結ぶ計画があるが，現状は無人島といってよい．島へ渡る公共交通はないが，水上スキーやキャンプをする場所として訪れる人がいる．そのため海岸が汚れるなどの問題も生じている．

　セラングーンの語源は不明である．1 つの見解として，今日のセラングーン川の湿地に生息する burong ranggong という鳥に由来するという．この島は，シンガポールの初期の地図中では，Saranggong と綴られている．別の見解として，マレー語の di serang dengan gong（どらや太鼓を打つ）という意味であるとしている．この地にはかつて野獣がおり，それらを追い払うためのどらや太鼓であるという．1828 年の地図には Rangung とあり，そこから Serangoon になったのではないかともいわれる．

　なお，セラングーンという地名は，シンガポール都心から北東方向に走るセラングーン

通りにもあり，その周辺は，インド人が多く住むことで知られる．とくにこの通りにある地下鉄(MRT)東北線リトルインディア駅周辺はインド文化がみられる観光地ともなっている． ［髙山正樹］

セランポール　Serampore　インド

人口：18.3万（2011）　面積：18 km²
降水量：1683 mm/年　　［22°50′N　88°20′E］

インド東部，ウェストベンガル州フーグリー県の町．州都コルカタ(カルカッタ)からフーグリー川(ガンジス川の分流)をさかのぼること約20 kmに位置する．コルカタを中心とするフーグリー川沿岸大都市圏にあり，住宅，工場が分布する．低平な湿地帯には水田，ヤシ林もみられる．19世紀前半インド支配に乗り出したデンマークが支配根拠地とした地であり，デンマーク人の共同墓地が残るなど，1845年のイギリス譲渡までのわずかの期間ではあったが，デンマーク支配の歴史を残すめずらしい町でもある．キリスト教宣教の重要な根拠地ともなり，古い見事なキリスト教会も残している．セランポールカレッジはキリスト教神学や芸術，科学の分野ですぐれた教育・研究施設として知られる． ［中山晴美］

セリア ☞ スリア Seria

セリアオ Celiao ☞ セイロン島 Ceylon

セリウ島　Seliu, Pulau　インドネシア

　　　　　　　　　　［3°13′S　107°32′E］

インドネシア西部，バンカブリトゥン諸島州の島．スマトラ島南東部のジャワ海，ブリトゥン島の南西沖にある．バンカ島にはスズ鉱山が立地しているため，経済開発は顕著であるが，狭い海峡をはさんだセリウ島にはこの開発が及ばず，農業と漁業を中心とする自給自足の生活が継続している． ［水嶋一雄］

セリックスビーチ　Sellicks Beach
オーストラリア

人口：0.2万（2011）　面積：6.3 km²
標高：100-150 m　　［35°20′S　138°27′E］

オーストラリア南部，サウスオーストラリア州南東部の町．セントヴィンセント湾の小湾であるアルディンガ湾奥にある新興の保養地・住宅地であり，フリュリュー Fleurieu半島付け根の西側に位置している．住宅は，湾を望む高台にあり，非常に見晴らしがよい．アデレード大都市圏の最南端にあたる．また，セリックスビーチの東2 kmには，セリックスヒル Sellicks Hill の町がある．
 ［片平博文］

セリムン　Seulimeum　インドネシア

人口：2.2万（2010）　　［5°28′N　95°37′E］

インドネシア西部，スマトラ島北西部，アチェ州アチェブサール県の町．州都バンダアチェの南東約40 kmに位置する．バンダアチェと北スマトラ州のメダンを結ぶ道路が通っている． ［水嶋一雄］

セール　Sale　オーストラリア

人口：1.3万（2011）　面積：34 km²
　　　　　　　　　　［38°06′S　147°06′E］

オーストラリア南東部，ヴィクトリア州南東部の都市．州都メルボルンの東約200 kmに位置し，ギップスランド地域の行政上の中心地である．沖合ではバス海峡の油田開発が進んでいる．1844年にトムソン川沿いに町が開かれ，かつてはフラッディングクリーク Flooding Creek（洪水の多い川）とよばれていた．東方には多くの湖が広がり，湖畔のビーチでの観光や，北部のグレートディヴァイディング山脈への観光などの拠点となっている． ［堤　純］

セルシュ県　石渠県　Sêrxü　中国

シーチュー県　石渠県　Shiqu（漢語）
人口：10.0万（2015）　面積：24944 km²
　　　　　　　　　　［32°58′N　98°06′E］

中国中西部，スーチュワン(四川)省北西部，ガルツェ(甘孜)自治州北西部の県．省内で最も標高が高く，面積は最大の県である．また，1990年には，総人口のうち78%以上が農業人口であった．唐代に吐蕃，元代に朶甘思宣慰司，明代に朶甘衛行都指揮司に属した．清宣統期に石渠県が設置され，1950年にはシーカン(西康)省チベット自治区に包括された．県内には2つの鎮，20の郷が設けられ，ツァン(チベット)族やミャオ(苗)族をはじめ，さまざまな民族が分布する．地名は黄帽派の寺院であるスーシューゴンバ(色須貢巴)のスーシュー(色須)の音訳といわれている． ［石田　曜］

セルタル県　色達県　Sertar　中国

ソーダー県　色達県　Seda（漢語）
人口：6.1万（2015）　面積：9332 km²
　　　　　　　　　　［32°16′N　100°19′E］

中国中西部，スーチュワン(四川)省北西部，ガルツェ(甘孜)自治州北西部の県．チベット高原の東縁に位置し，県内のほとんどが標高4000 m以上の地域に立地する．2002年時点で，ツァン(チベット)族が95%を占めていた．チベット仏教の寺廟が集中し，世界最大の五明仏学院がある．地名はチベット語で金馬を意味し，この地域で馬型の金が発見されたことに由来する．このことからもわかるように，鉱業面では金の採掘がみられる．また，政府が定める，牧畜業県の拠点の1つである． ［石田　曜］

セルダル　Serdar　トルクメニスタン

クズルアルヴァト　Kyzyl Arvat（旧称）／グズルアルヴァト　Gyzyl Arvat（旧称）
人口：5.0万（2009）　　［38°59′N　56°17′E］

トルクメニスタン西部，バルカン州南東部の都市．コペトダク山脈の西山麓にあり，首都アシガバトの西北西209 kmに位置する．人口は1956年の1.5万から91年には3.5万に増加している．ザカスピ鉄道のトルクメンバシとアシガバトの中間に駅がある．食肉，小麦粉製品，石灰乾燥，敷物製造が盛ん．古代はフェラヴァ，8〜9世紀にはアラブに支配された．現在の町並みは，1881年にロシア人によって建設された．1948年に現名称となった．以前はグズルアルヴァトと表記されていた． ［木村英亮］

セルヘタバト　Serhetabat
トルクメニスタン

クシカ　Kushka（露語・別称）／グシュグ Gushgy（トルクメン語・別称）
人口：0.5万（1991）　　［35°28′N　62°34′E］

トルクメニスタン南東部，マルイ州南端の町．アフガニスタンとの国境近く，州都マルイの南263 km，ムルガブ川左岸の支流クシカ川河畔に位置する．ザカスピ鉄道アシガバト〜タシケント線のマルイからの支線で南257 km．この鉄道は1898年に開通した．小麦，ピスタチオを産する．町は19世紀に建設されたロシアの要塞に始まる．近くのバドフイズに751 km²の自然保護区がある．

ロシア語ではクシカ，トルクメン語ではグシュグともいう．クシカ川は全長277 kmでうち上流の150 kmはアフガニスタンを流れ，夏季には干上がる．　　　　　　　［木村英亮］

セルペレ　Selpele　　インドネシア
[0°12′S　130°13′E]

インドネシア東部，ラジャアンパット諸島最西端，ワイゲオ島西端，西パプア州ラジャアンパット県の村．ワイゲオ島の西端，ハルマヘラ海に面しており，森林に囲まれた小さな村である．　　　　　　　　［水嶋一雄］

セールロンダネ山地
Sør-Rondane　　南極

セールロンダネ山地　Sør-Rondane Mountains
(英語)
標高：2996 m　長さ：220 km　幅：100 km
[72°00′S　24°00′E]

南極，東南極の山地．ドロンニングモードランド東部，プリンセッセラグンヒル海岸の内陸約200 kmにそびえ，東経20～28度，南緯71度30分～72度30分の間に位置する．主要部はおよそ東西220 km，南北100 kmの広がりをもち，南からの氷床の流れをせき止めている．東方のベルジカ山地とは100 km，やまと山脈とは270 km，西方のヴォールタート山地とは300 km離れている．1937年2月ノルウェーのラルス・クリステンセン探検隊の偵察飛行で発見され，同国のロンダネ山地にちなんでセール(南の)ロンダネと命名された．ノルウェーは国際地球観測年(IGY)を機に，アメリカの南極探検(ハイジャンプ作戦：1946～47)で撮影された斜め空中写真から25万分の1地形図を作成し(1957)，多くの山や氷流にノルウェー語の地名をつけた．ベルギーは1957年，プリンセッセラグンヒル海岸にロアボードワン基地を設置し，そこを拠点にして1967年まで山地で地学や雪氷学の調査を行った．日本は1984年に山地北部の雪原にあすか基地(南緯71度31分，東経24度08分，標高980 m)を開設し，1991年まで主として夏季に山地の地学，生物学，雪氷学の調査を実施した．あすか基地では1986年から越冬観測も実施されたが1991年12月に閉鎖された．その後，ベルギーは山地西北部の小露岩ウートスタイネン Utsteinen (外岩の意　南緯71度58分，東経23度20分)にエネルギーを太陽光熱と風力で自給するプリンセスエリザベス基地を数年をかけて建設し，2009年に夏季観測を開始した．日本の観測隊もこの基地を野外調査の拠点として利用している．

1957年につくられた25万分の1地形図では標高が3000 mを超す山峰がいくつかあるとされたが，ベルギー隊と日本隊の調査によって，最高峰は山地西部のビーデレー山 Widerøefjellet の一峰で標高2996 mであることが明らかになった．正確な地形図として，ベルギー隊の測量結果に基づいて1988年にノルウェーがつくった25万分の1図と，1989年から1992年にかけて日本が作成した5万分の1図がある．日本は10万分の1と25万分の1地質図も作成刊行している．

山地にせき止められた氷床は，南方の標高3000 mのナンセン氷原 Nansenisen から山地北側の標高1400 m以下の氷原へと急激に高度を下げている．この間の山地は，ナンセン氷原から流れ下るバード氷河 Byrdbreen やグンネスタ氷河 Gunnnestadbreen など大小の溢流氷河によって多数の山塊に分断されている．バード氷河の東のバルヒェン山 Balchenfjella は，多くの巨大羊背岩と氷食凹地とからなり氷床表面より低いところもあるなだらかな山塊であるのに対し，山地の主体をなすバード氷河以西の多くの山塊は氷床から高さ100 m以上の氷食崖をなして屹立する急峻な地形をなす．氷食崖より高位には，岩石の風化が進んだ古い氷河地形がみられる．

この山地における民間人の活動として，1996～97年の夏季に，スポンサーの資金援助を受けたノルウェーの登山チームが航空機を利用して山地にいたり，バード氷河に面するベルゲルセン山 Bergersenfjella の，花崗岩からなる針峰群ホルナ Horna の最高峰(2427 m)をロッククライミングで登頂した例がある．さらに1997～98年の夏季には，同じく航空機で2人のベルギー人がロアボードワン基地跡に着陸し，グンネスタ氷河をさかのぼってナンセン氷原にいたり，以後南極点を経由してロス島のマクマード基地までの南極大陸横断徒歩旅行に成功した．

［森脇喜一］

セレ　Sele　　インドネシア
[1°20′S　131°01′E]

インドネシア東部，パプアニューギニア島最西端，西パプア州ソロン県の村．セレ半島の南西部に位置し，セレ海峡に面している．地域の中心都市ソロンの南西約90 kmにある．　　　　　　　　　　　　［水嶋一雄］

セレ海峡　Sele, Selat　　インドネシア
[1°17′S　131°01′E]

インドネシア東部，ニューギニア島最西端とサラワティ島の間にある海峡．幅が狭く水深も浅いため，大型船舶の航行には不便である．ニューギニア島にあるソロンはこの地域の中心都市で，近年，一帯では石油開発が行われている．　　　　　　　　　　　　［水嶋一雄］

セールロンダネ山地(南極)，山地中央部のブラットニーパネ山塊
〔佐野雅史撮影，公益財団法人日本極地研究振興会提供〕

セレイソポアン　Serey Sophorn

カンボジア

Serei Saophorn（別表記）/シソポン　Sisophon（通称）/スワーイ　Svay（通称）/スワーイシソポン　Svay Sisophon（別称）

人口：9.0万（2008）　面積：296 km²
気温：30-33℃　降水量：800-1400 mm/年
[13°35′N　102°58′E]

カンボジア北西部，バンテアイミエンチェイ州の都市で州都．1986年以前はバッタンバン州の郡の1つであった．クメール語での正式名称は理想の女性を意味するセレイソポアンであるが，人びとにはスワーイシソポンのほうが一般的であるほか，地元民はしばしば単にスワーイまたはシソポンとよぶ．市街は首都プノンペンから国道5号沿いに北西359 kmの位置にあり，北はスワーイチェイク，南はモンコルボレイ，東はプレアメットプレア Preah Met Preah，西はオーチュラウ O Chreuv 諸郡と接する．また，国道5号と6号の分岐点でもある．

　地勢は，東部の中程度から高い生産性の土壌を有する水田に覆われた広大な低地と，西部にわずかに存在する灌木地ばかりの高地からなる．2つの主要な川，すなわちモンコルボレイ川とシソポン川が市街を流れている．気候は州全土と同様に温暖湿潤で，降水量は少なく，乾季は4カ月を超え，その間の気温は27〜34℃である．

[ソリエン・マーク，加本　実]

セレター　Seletar

シンガポール

面積：11 km²　[1°24′N　103°52′E]

シンガポール，シンガポール島北東部の地区．プンゴル川の西，ロワーセレター貯水池（セレター川をせき止めた湖）の北部のカティブボンス川より南，センバワンより東，タムピンエクスプレスウェイ北の一帯をさす．1828年の地図にはサレタ Saleta 川とある．また，1868年の地図にはノースセレター，ウェストセレター，イーストセレター，セントラルセレターとの記載がみられる．1927年当時，マングローブの湿地とゴム園であった場所である．貯水池の南岸には，1928〜71年までイギリス空軍基地となっていたセレター空港がある．現在は民間空港として旅客・貨物輸送や航空学校などにわずかながら利用されている．空港周辺には多くのゴルフ場があり，レジャー地域ともなっている．また，この一帯は住宅地域としても開発されて

いる．セレターの地名はマレー語で，ここに住んでいた海洋先住民オランラウトを orang seletar とよぶところからきている．彼らは，ジョホール水道のマングローブのクリーク，とくにセレター川の河口に住んでいた．ジョホールのスルタンは，彼らをプライ Pulai 川（ジョホールの南西）に移住させたといわれる．

[髙山正樹]

セレベス海　Celebes Sea

フィリピン〜インドネシア付近

スラウェシ海　Sulawesi Sea（別称）

面積：280000 km²　長さ：700 km　幅：800 km
深さ：6200 m　[3°00′N　122°00′E]

フィリピンからマレーシア，インドネシアにかけて広がる海．フィリピンのミンダナオ島，スル諸島，インドネシアのカリマンタン（ボルネオ）島，スラウェシ（セレベス）島に囲まれた南北およそ700 km，東西およそ800 kmの海域である．最深部は6200 mである．4200万年前に形成された海盆を起源とし，2000万年前には火山岩が堆積，その後1000万年前には大陸起源の堆積物が堆積を開始した．世界で最も魚種が豊富な海域といわれている．また，表面水温は2月も8月もおよそ28℃と暖かく，透明な海であることからサンゴの生育にも適し，580種の造礁サンゴが生息する．このためダイバーにも人気で，また，クルーズも盛んである．さらに，海上物資輸送において南シナ海の代替ルートやインドネシアからフィリピンへの石炭輸送ルートとして重要である．一方，海賊の海として古くから知られ，現在でも最新兵器を備えたテロリストや海賊が，小型船からタンカー，コンテナ船までを襲う．

[島津　弘]

セレベス島 Celebes, Pulau ☞ スラウェシ島 Sulawesi, Pulau

セーレム ☞ サレム Salem

セレンガ川　Selenga, Reka

モンゴル/ロシア

セレネ川　Selene（古称）/セレンゲ川　Selenge Mörön（モンゴル語）

面積：447060 km²　長さ：1024 km
[52°17′N　106°45′E]

ロシア東部，モンゴル領内のイデル川とムレン川が合流し，ロシアへの越境後にブリャ

ート共和国（シベリア連邦管区）を縦断してバイカル湖に流入する川．バイカル湖への最大の流入河川．モンゴルではセレンゲ川とよばれる．地名はエヴェンキ語の「鉄」（セレ）に由来し，6〜8世紀頃はセレネ川とよばれた．ロシア領内の全長は409 km，流域面積は14.8万 km²．流域は平地・丘陵状で，川幅は広狭が連続する（1〜25 km）．数千に上る湖沼が河岸域に存在する．平均流量はモンゴルとロシアの国境付近で毎秒310 m³，河口から127 km地点で935 m³．夏季から秋季にかけて増水し，春先の雪解けによる氾濫は少ない．11月に結氷し，4月に融氷する．モンゴルのスフバータルまで航行可能．おもな支流は，ドジダ川，テムニク川，オルホン川，チコイ川，ヒロク川，ウダ川．沿岸の主要都市はウランウデである．

　河口のデルタ地帯は多くの水鳥の生息地として知られ，1974年設立のカバンスキー禁猟区（ザカズニク）に入れられたが，現在はバイカリスキー自然保護区（ザポヴェドニク）に含まれる．1994年にラムサール条約（水鳥の生息地として国際的に重要な湿地に関する条約）登録湿地に指定された．河岸域に多数の市町村と工業地帯があるため，環境汚染の進行が懸念されている．

[德永昌弘]

セレンゲ県　Selenge Aimag

モンゴル

人口：10.5万（2015）　面積：41157 km²
[50°14′N　106°12′E]

モンゴル北部の県．北と西はロシアと国境を接し，南はトゥヴ県，西はボルガン県と接する．県都はスフバータル．年間降水量も比較的多く，黒土層もあることから，国内では農耕に適した県であるとされる．18世紀頃から漢人たちの手によってオルホン川の支流ハラー川，ヨロー川流域で大麦などが栽培されていた．モンゴルが清朝から独立し人民政府が成立すると，1922年にハラー川で漢人の土地を没収してハラー国営農地がつくられた．その後社会主義政権の下，1959〜61年の未開墾地開拓計画が実施され，セレンゲ県の多くの地域で開拓が進められた．また1976〜82年および82〜88年の第2次開墾計画では，ノムゴン，ナイラムダル，バヤンハラートといった国営農場が県内に新設された．ポスト社会主義時代になると，同県内の国営農場は民営化され，複数の民間企業によって運営されるようになった．近年，多くの耕作放棄地が生まれ，家畜が食さないヨモギによる土地の荒廃が問題となっている．

1994年，ダルハン市周辺域がセレンゲ県と分離してダルハンオール県となった．

同県バローンブレン郡には，18世紀初めに建立されたアマルバヤスガラント寺院がある．社会主義時代も活動が許可されていた数少ない寺院であったが，2014年「アマルバヤスガラント寺院とその周辺の聖なる文化的景観」として世界遺産の暫定リスト（文化遺産）に記載された． ［島村一平］

セロン山地　Theron Mountains
南極

標高：1175 m　長さ：65 km
[79°05′S　28°15′E]

南極，東南極の山地．南極横断山地のウェッデル海側北端部をなし，フィルヒナー棚氷の東岸にあって北東‐南西方向に断続的に連なる．山地の露岩のほとんどはフィルヒナー棚氷に面する崖をなす．最高点は南端部のファラウェイ Faraway 山（標高1175 m，南緯79度12分，西経28度49分）である．1956年，国際地球観測年（IGY）の事業として実施されたイギリス連邦南極大陸横断探険隊の航空偵察で発見され，その乗船セロンを記念して命名された． ［森脇喜一］

セン川　Sen, Stung
カンボジア

面積：16465 km²　長さ：520 km
[12°34′N　104°29′E]

カンボジア北部から中部にかけて，プレアヴィヒア州とコンポントム州を流れる川．ドンレック山脈西部の高地，標高約790 mに源流を発し，初めは南および南東の方向に，やがて全長の中間あたりで南および南南西に方向を変え，チュヌックトゥルー Chhnok Trou の対岸でトンレサップ湖に注ぎ込む．トンレサップ湖に注ぐ河川では最長のものである．サンダン郡の郡都サンダンより下流域は，しばしば洪水の被害に襲われる．セン水系は，開発に向けての高い潜在力を有している．農業生態系はおもに天水に依存し，環状道路内は雨季には1〜6カ月の間，1〜8 mの洪水に覆われる．トンレサップ生物圏保護区の中核地域の1つである保護林はセン水系の重要な保護区であり，中核地域の環境面での調和が必要とされている．
［ソリエン・マーク，加本　実］

センギレン山脈　Sengilen, Khrebet
ロシア/モンゴル

サンギレン山脈 Sangilen, Khrebet（別称）

標高：3276 m　長さ：230 km　幅：120 km
[50°04′N　97°13′E]

ロシア東部，トイヴァ共和国（シベリア連邦管区）南東部，モンゴルとの国境沿いに広がる山脈．サンギレン山脈とも表記される．2000 m級以上の山々が連なる．マールイエニセイ川（カヘム川）とテスヘム川の分水嶺をなす．おもに片麻岩，結晶化した頁岩，大理石，石灰岩で形成される．鉄石英（赤玉石），霞石，黒鉛，金の産地として知られる．トイヴァ共和国南部とモンゴル北西部にまたがるウプスヌル（オヴス湖）盆地の保全を目的としたウプスヌル盆地自然保護区（ザポヴェドニク）の境界をなす．1996年にモンゴルからロシアへ友好親善の証として贈られたモンゴルマーモット（タルバガン）の生息地の1つ．北斜面にはシベリアマツ，カラマツが繁り，南斜面は1800〜2000 mを超えると草原もしくは山岳ツンドラになる． ［德永昌弘］

前ゴルロス自治県　前郭爾羅斯自治県　Qian Gorlos
中国

前ゴルロスモンゴル族自治県　前郭爾羅斯蒙古族自治県（正称）

人口：59万（2012）　面積：5085 km²
[45°07′N　124°48′E]

中国北東部，チーリン（吉林）省中北部，ソンユワン（松原）地級市の自治県．人口の10%をモンゴル族が占める．自治県政府は前郭鎮に置かれる．郭爾羅斯はモンゴル語で河川の意．ソンネン（松嫩）平原に位置し，北部には吉林省最大のチャガン（査幹）湖などの湖沼が多く分布する．西部から南部にかけては，草原では羊と牛が放牧され，開墾地ではトウモロコシや米などが生産される．石油と天然ガスが多く埋蔵される． ［小島泰雄］

せんせいしょう　陝西省 ☞ シャンシー省　Shaanxi Sheng

セーンセープ運河　Saensaep, Khlong
タイ

長さ：30 km　[13°52′N　101°08′E]

タイ中部，首都バンコクを流れる運河．パドゥンクルンカセーム運河に端を発し，ペッ

ブリー通りの南を東進した後，ラームカムヘーン通りに沿って北東方向へ延びる．道路網が発達する以前，この運河はバンコクと東部郊外，さらに周辺県を結ぶ幹線交通路として利用された．その後，同運河の水運は衰退するとともに生活廃水による水質汚染も進んだが，近年，道路混雑を緩和させるために運河の一部で水上バスが復活した． ［遠藤　元］

センター島　Centre Island
ニュージーランド

人口：0（2013）　[46°27′S　167°51′E]

ニュージーランド南島南西岸，サウスランド地方の島．ワレス地区の南岸の沖合8 kmにあり，フォーヴォー海峡に浮かぶ．島内には灯台と通信施設が設置されている．地名の由来は，かつてこの島が南島の捕鯨の中継点として位置づけられていたことによる．
［泉　貴久］

センティネル山脈　Sentinel Range
南極

標高：4892 m　長さ：185 km　幅：24-48 km
[78°10′S　85°30′W]

南極，西南極の山脈．ミネソタ氷河北方に位置し，エルスワース山脈の北半分を構成する．山脈の主要な方向は北北西から南南東であり，長さ約185 km，幅は24〜48 kmである．多くの山頂は標高4000 mを超える高山であり，南部のヴンソンマシフ山（4892 m）は南極大陸最高峰である．山脈は1935年11月23日に，アメリカの探検家リンカーン・エルスワースによって航空機から初めて撮影された．南極大陸の広大な雪原の中で，ひときわ目立つランドマークとして認識され，その名前は発見者にちなんで山脈全体を表す地名として残されている．1958年1月に，アメリカのチャールス・ベントレー率いるマリーバードランド横断調査隊によって最初に踏査された．山脈全体の様子は1958年にアメリカ海軍によって航空写真撮影が行われ，それをもとにアメリカ地質調査所が地図を作成した． ［前杢英明］

セントアーノー　Saint Arnaud
オーストラリア

人口：0.3万（2011）　面積：680 km²
[36°39′S　143°16′E]

オーストラリア南東部，ヴィクトリア州中

央西部の都市．ベンディゴの西約100 km，バララトの北西約110 kmに位置し，かつては金鉱で栄えた．周囲を森林と丘陵に覆われた閑静な都市である．市内に残存する鉄製のレース細工が施された古い建物は，ナショナルトラスト運動により，国内の歴史的なストリート景観として広く認識されている．

[堤　純]

セントアーノー山地　Saint Arnaud Range
ニュージーランド

[41°56′S　172°49′E]

ニュージーランド南島，タスマン地方とカンタベリー地方との境界線上の山地．スペンサー山脈の北端にそびえるマッカイ山と連続しており，東側はワイラウ川の渓谷，西側はトラヴァース川とロトイティ湖の渓谷を控えている．地名は，クリミア戦争(1853～56)で活躍したフランス軍の将校セントアーノー(1801-54)にちなんで名づけられたという．

[泉　貴久]

セントアンドリューズ　Saint Andrews
ニュージーランド

人口：180 (2013)　[44°32′S　171°11′E]

ニュージーランド南島，カンタベリー地方南部の町．ワイマテ地区に属し，ワイマテの北東約30 km，クライストチャーチの南西約180 km，ティマルからは国道1号で南西17 kmにある．太平洋に面し，ハンターズヒルズ山地から流れてくるオタイオ川と，パレオラ川の両河口部の低平地に位置する．南島の東岸の幹線鉄道駅が立地し，町の中心部には小学校，ホテル，警察署がある．周囲には農場が広がっている．

[泉　貴久・植村善博]

セントヴィンセント湾　Saint Vincent, Gulf
オーストラリア

長さ：161 km　幅：72 km

[34°58′S　138°08′E]

オーストラリア南部，サウスオーストラリア州南東部の湾．西部のヨーク半島と東部のアデレード平野，フリュリュー Fleurieu 半島などによって囲まれており，南北に長い．湾口部は，ヨーク半島南東端のトラウブリッジ Troubridge 岬とフリュリュー半島西端のジャーヴィス岬によってはさまれており，両

者の距離は56 kmである．また湾口部のすぐ南側には，カンガルー島が位置している．ヨーク半島とカンガルー島との間にはインヴェスティゲーター Investigator 海峡，またフリュリュー半島とカンガルー島との間にはバックステアーズ Backstairs 水道がある．湾の最奥部付近には，古くからの港町として知られるポートウェークフィールドが位置する．湾口部から最奥部までの距離は南北約150 kmで，湾を囲む海岸線の総延長は約350 kmに及ぶ．

湾の東部，フリュリュー半島付近では山地が海に迫り，ところどころ高い断崖を形成するが，アデレード平野から北側は広い沖積地が広がり，アデレード都市圏を中心に多くの人口を抱えている．この地域は州の中で最も人口密度の高いところで，州の人口の70%あまりが集中している．一方，ヨーク半島の沿岸部には沖積地やなだらかな丘陵が連なり，小規模な集落が海岸線に沿って点在している．現在，その多くは観光地や釣りのスポットとなっており，夏休みや週末などには州都アデレード方面からの観光客で賑わいをみせる．また，退職者が好んで居住地を構える集落も少なくない．湾は，とくに北部を中心に非常に浅く，干潮時には広い範囲が干上がる．またポートウェークフィールド付近の海岸部には塩分に強いソルトブッシュが成育している．さらに，ヨーク半島北部のプライス Price 付近には塩田がみられる．　[片平博文]

セントキルダ　Saint Kilda
ニュージーランド

人口：0.6万 (2013)　[45°54′S　170°30′E]

ニュージーランド南島，オタゴ地方の町．ダニーディン郊外に位置する．中心部オクタゴンの南3 km，バンクス半島の付け根に位置している．セントキルダと近隣のセントクレアはビーチを控えており，海水浴やサーフボード目的で訪れる人びとも多い．それ以外にも多くの公園や子どものための娯楽施設，屋内スポーツ施設などが立地している．地名は，オーストラリアのメルボルン郊外の町であるセントキルダの土地調査を行ったジョージ・スコットが関係している．1862年に，彼自身が投資を目的にメルボルンからこの地を直接訪れており，そのときにこの地名が命名された．

[泉　貴久]

セントクレア湖　Saint Clair, Lake
オーストラリア

長さ：17.5 km　幅：2-3 km　深さ：167 m

[42°03′S　146°10′E]

オーストラリア南東部，タスマニア州中央部の湖．クレイドルマウンテンレークセントクレア国立公園の南端に位置する．ロンセストンの南西約160 km，州都ホバートの北西約180 kmにある．ユネスコの世界遺産(複合遺産)に登録された「タスマニア原生地域」の一部でもある．氷河によって削られてできた氷河湖であり，国内で最も深い湖である．ホバートを流れるダーウェント川はこの湖を源流としている．ヌナタクとよばれる氷河地形である，ルーファス山，オリンパス山，アイダ山などが湖を囲んでおり，景観は豪壮である．

先住民アボリジニの人びとはこの湖を眠れる水とよんでいたことが知られており，湖畔の森にはアボリジニが数千年にわたり行っていた野焼きの痕跡が残っている．クレイドルマウンテンレークセントクレア国立公園を縦断する，世界的にも有名なトレッキングコース，オーバーランドトラックの終点でもある．湖畔にはビジターセンターがあり，周囲には数多くのウォーキングコースが整備されている．そのためとくに夏季はアウトドアを楽しむ客で賑わう．

[安井康二]

セントサ島　Sentosa Island
シンガポール

パンジャン島　Panjang, Pulau (古称) ／ベラカンマチ島　Belakang Mati, Pulau (古称)

面積：3.5 km²　長さ：4 km　幅：1.5 km

[1°14′N　103°50′E]

シンガポール，シンガポール島の中心市街地の南に浮かぶ島．対岸のシンガポール島まで800 mの距離にある．長いところで東西4 km，南北1.5 kmの島である．1828年の地図にはパンジャン島，つまり長い島と記されていた．また，その後の地図にはベラカンマチ島(マレー語で死後の島の意)と縁起のよい名前ではなかった．19世紀にはこの島にシロソ砦，マウントインビア砦，セラポン砦，コンノート砦の4カ所にイギリス軍の砲台が置かれていた．また，北隣のブラニ島にも砲台が置かれていた．シンガポールを守る砦の島であった．

シンガポール政府はこの島をリゾートアイランドとして開発することを企図した．1972年シンガポール政府観光局は島名を募

集し，セントサと決まった．マレー語で平和と平静を意味している．その後，セントサ開発公社を創設し本格的に島の開発が進められた．かつて，この島へ渡るには対岸のワールドトレードセンターからの船かフェーバー山からのロープウェイによっていた．島内の西半分の各所に水族館，チョウ園やシンガポール歴史館などの観光施設を配置し，それらを結ぶ小型のトラムが運行されていた．しかしながら，それらの老朽化と魅力の低下に伴い2002年から再生工事が進められ，10年にはアジア最大級のリゾート施設リゾートワールドセントサがオープンした．

現在，島の東半分はゴルフ場と入江をつくりリゾートビーチの開発をしている．西半分は外国観光客のみでなく地元民のレクリエーションの場として整備されている．島との間には橋がかけられ，徒歩でも渡ることができるが，地下鉄(MRT)東北線・環状線のハーバーフロント駅の上の建物内から出ている電車(セントサ・エクスプレス)かバスで渡ることができる．また，フェーバー山からロープウェイによっても行くことができる．

島内施設のすべてが完成しているわけではないが，既存の施設のリニューアルに加えて，ユニバーサル・スタジオ・シンガポールをはじめ，タイガースカイタワー(円盤状のキャビンが回転しながら上昇し遠くを展望する施設)，アンダーウォーターワールド(海洋生物の展示とともにスキューバ体験などできる施設)，セントサ4Dマジックス(映像内にいるような体験ができる施設)，ソングスオブザシー(光と音楽と噴水が織りなすショー)などがある．

また，かつての砦跡の復元や南岸にはいくつかのビーチが整備されるとともに，多くのリゾートホテルが建設されている．さらに，セントサ島の南にあるサキジャンベンデラ(セントジョンズ)島，クス島，サキジャンペレパ(ラザルス)島，レンゲット島はレクリエーションなどの島々として開発されている．また，対岸の地下鉄ハーバーフロント駅の上にはヴィヴォシティとよばれるショッピングセンターがある．この隣接地にはシンガポールで最初につくられたセントジェームズ発電所(1927)の跡を利用し，ライブハウスを中心にラウンジ，バー，レストランなどの施設がつくられている． ［髙山正樹］

セントジョージ　Saint George

オーストラリア

人口：0.3万 (2011)　　　［28°03′S 148°35′E］

オーストラリア北東部，クイーンズランド州南東部，バロン郡区の町で行政中心地．州都ブリズベンの西約510 kmに位置する．農牧業地域の中心であり，おもな農畜産物は綿花，穀物，羊毛，牛肉，ブドウ栽培をはじめとする果樹園芸品である．バロン川沿いに立地しており，川釣りの町として知られている．地名は，1846年に探検家トーマス・ミッチェルがセントジョージデイ(4月23日)に川を渡ったことにちなんでつけられた．
　　　　　　　　　　　　　　　　　［秋本弘章］

セントジョージ海峡　Saint George's Channel

インド

幅：10 km　　　［7°15′N 93°44′E］

インド東方沖の海峡．ニコバル諸島の小ニコバル島とその南側の大ニコバル島の間に位置する．海峡内にはいくつかの小島がある．大ニコバル島は642 m，小ニコバル島は435 mの標高があり，この海峡をはさんで互いの島々がみえる．大ニコバル島の集落は島の南部にあり，小ニコバル島の港も島の北側にあるため，この海峡に面しては大きな港がない．　　　　　　　　　　　　　　　　　［由井義通］

セントバザンズ　Saint Bathans

ニュージーランド

［44°52′S 169°48′E］

ニュージーランド南島，オタゴ地方中部の村．マニオトト地区に属し，ダスタンDunstan山地とセントバザンズ山地との接点となる谷間，ダスタン川の東岸近くに位置する農業集落である．周辺には長さ800 m，深さ50 m以上のクレーターに水をたたえるブルー湖が存在している．このクレーターは1860年代から20世紀初頭にかけて金鉱の採掘のために掘られたもので，冬季になると凍結し，アイススケートやカーリングを行うためにこの湖を訪れる人も多い．この集落はかつてゴールドラッシュで賑わっていたこともあり，往時を偲ぶいくつかの代表的な建築物が存在する．たとえば，1869年建造のバルカンホテル，83年建造のセントアルバン・ザ・マルティア・アングリアン教会，92年建造のセントパトリック・ローマカトリック教会などをあげることができる．それ以外の建物は修復されずに朽ち果てているものも多い．地名は，セントバザンズ山地で最も標高の高いセントバザンズ山(標高2087 m)が由来となっている．　　　　　　　　　　　［泉　貴久］

セントバザンズ山　Saint Bathans, Mount

ニュージーランド

標高：2087 m　　　［44°44′S 169°46′E］

ニュージーランド南島，オタゴ地方中部の山．マニオトト地区からワイタキ地区にかけてそびえているセントバザンズ山地の最高峰である．地名は，かつてこの地を訪れた探検家ジョン・タンブル・トンプソンが少年時代を過ごしたイギリス，スコットランド南東部のセントバザンズ修道院からとったものである．　　　　　　　　　　　　　　　　　　［泉　貴久］

セントヘリアズ　Saint Heliers

ニュージーランド

人口：0.5万 (2013)　　　［36°51′S 174°51′E］

ニュージーランド北島，オークランド地方の町．オークランド中心部の東10 kmの郊外に位置する．ワイテマタ湾への入口にあたり，北4.7 kmにランギトト島があり，セントヘリアズ湾からすぐにみえる．海沿いにタマキドライブ道が走っており，レディーズ湾沿いを経て東に進むと，アキレスポイントAchilles Pointという小さな岬に出る．岬からはワイテマタ湾や周囲のガルフ諸島を一望することができる．町の南，中心部にあるディングルデル Dingle Dell 保護区にはニュージーランド固有の樹木であるコヘコへとタネカハが自生している．
　　　　　　　　　　［植村善博・太谷亜由美］

セントヘレンズ　Saint Helens

オーストラリア

人口：0.2万 (2011)　面積：325 km²
［41°19′S 148°14′E］

オーストラリア南東部，タスマニア州東海岸の町．ジョージズ湾に面している．1773年頃イギリス人航海者トバイアス・フルノーによって発見された．もともと捕鯨やオットセイ猟の基地だったこの地への本格的な入植が開始されたのは1830年頃である．1870年代に近郊でスズ鉱が発見され，坑夫として働く移民が流入したため人口が増え，町は繁栄した．一時期は1000人もの中国系移民が住んでいた．海流の影響で気候が温暖であり，別荘が立ち並び，退職した人びとが多く住んでいる．現在のおもな産業は漁業，林

業，そして観光業である． ［安井康二］

セントメアリーズ　Saint Marys
オーストラリア

人口：0.1万（2011）　面積：2.4 km²
[41°34′S　148°11′E]

　オーストラリア南東部，タスマニア州東部の村．東海岸の中間地点近く，ロンセストンの東約130 kmに位置し，フィンガル渓谷にある．1821年に流刑囚の監獄がつくられ，64年に町として宣言された．山間の狭い地区であるが，開拓時代は鉱業，林業，酪農業が栄えた．しかし，20世紀後半の酪農業や製材所の閉鎖，炭鉱雇用の低迷期と重なり静かな村となった．地名は，近くのメアリーズ山（標高999 m）に由来する． ［武井優子］

セントラル　Central
チョンホワン　中環　Zhonghuan　中国

[22°17′N　114°10′E]

　中国南部，ホンコン（香港）特別行政区，香港島中西区の街区であり，広東語ではジョンワンとよばれる．中心業務地区（CBD）であり，香港島の北岸に位置して，カオルーン（九龍）のチムシャーツイ（尖沙咀）とはヴィクトリアハーバー（維多利亜港）をはさんで向かい合う．超高層のオフィスビルが林立する景観は香港を象徴するものとしてよく知られている．多国籍企業のみならず香港の地元企業も競ってここにオフィスを設け，とくに銀行などの金融機関が集積している．歴史的にはイギリスによる植民地経営の中枢であり，植民地時代の香港総督の官邸（現在は行政長官が執務するガバメントハウス（香港礼賓府））や立法院（現在は特区終審法院（最高裁判所））などの建物がある．また，東側に続く街区のアドミラルティ（金鐘，広東語ではガムジョン）には，現在の香港特別行政区政府の本部や立法会，それに中国人民解放軍駐香港部隊の本部が置かれている．オフィスビルの下層には高級ブランドをテナントとするショッピングモールが多くあり，観光客をひきつけている．山側に登った街区にはバーやレストランが集まっている．海側の埋立地には超高層ビルの建設が進み，エアポートエクスプレス，フェリー，バスなどのターミナルが整備された．地下鉄，トラム，バスが頻繁に往来し，ピークトラムの起点でもある．香港動植物公園がある． ［小野寺淳］

セントラル州　Central
パプアニューギニア

中央州（日本語）

人口：27.0万（2011）　面積：23000 km²
[9°30′S　147°07′E]

　南太平洋西部，メラネシア，パプアニューギニア南部，ニューギニア島南東岸部の州．中央州ともよばれる．ポートモレスビー（首都特別区）を取り囲む形をしている．中心地は，首都ポートモレスビーのコネドブKonedobであったが，ポートモレスビーに近いバウタマBautamaに州都を建設する計画がある．州内にはアバウAbau，リゴRigo，カイルクヒリKairuku-Hiri，ゴイララGoilalaの4郡がある．言語は32ある．ポートモレスビー周辺に住むモツの人びとは，カヌーを用い，素焼きの壺を交易品として，周辺の広範な地域の人びとからサゴヤシを得る交易（ヒリ）を行っていた．その言語をもとにしたヒリモツ語は，地域一帯の共通語となっている．海岸部の村落は首都と道路で結ばれ，魚や野菜，果実，ビンロウジ（ビンロウヤシの実でニューギニアの人びとに欠かせない嗜好品）などを首都に供給する後背地となっている．北部には，標高4000 m級の山々をいだくオーエンスタンリー山脈が走り，山間部のゴイララ郡からは，ポートモレスビーへの移住者が多い． ［熊谷圭知］

セントラル山系　Central Range
インドネシア/パプアニューギニア

中央山脈（日本語）/ニューギニア高地　New Guinea Highlands（別称）

標高：5030 m　[4°04′S　137°10′E]

　南太平洋西部，メラネシア，インドネシアの西パプアから，パプアニューギニアにわたるニューギニア島の背骨をなす山系．ニューギニア高地ともよばれる．山系は西北西から東南東に連なり，西からスディルマン山脈（最高峰はジャヤ峰．4884 m），ビズマーク山脈（最高峰はウィルヘルム山．4509 m），オーエンスタンリー山脈（最高峰はヴィクトリア山．4038 m）へといたる．3000～5000 m級の高峰を含む多数の山々とその間を流れる川が織りなす渓谷，盆地からなる．熱帯としては肥沃な火山性の土壌をもち，ニューギニア島の中では，人口が稠密な地域でもある．人間の居住は5万年前にさかのぼり，ワギ渓谷では1万年前に農耕が開始されていた． ［熊谷圭知］

セントラルプロヴィンセス　Central Provinces ☞ マッディヤプラデシュ州 Madhya Pradesh, State of

セントレオナルズ　Saint Leonards ☞ ノースシドニー　North Sydney

セントラル（香港，中国），オフィスビルが林立する中心業務地区

センバワン　Sembawang

シンガポール

人口：7.3万（2010）　面積：11km²
[1°26′N　103°49′E]

　シンガポール，シンガポール島北部一帯の地区．アッパーセレター貯水池より北部，西はウッドランズ，東はセレターに隣接する地域である．20世紀初め以来，イギリス海軍の基地として整備されてきた．そのため今日でもイギリス海軍に由縁のある地名が残る．ジョホール水道に面して造船所，海軍博物館やヨットクラブなど海事施設がある．ここには1989年までニュージーランド軍が駐留していた．また，地下鉄（MRT）南北線のセンバワン駅とアドミラリティ駅を中心に住宅開発庁（HDB）が建設したセンバワンニュータウン（2010年人口6.7万）がある．センバワン通りとガムバスアベニューの交差点の南に20世紀初めに発見されたセンバワン温泉は，今日では一般に公開利用されている．地名は1868年の地図にもみられるが，同名の木に由来する．bawangはタマネギを意味し，semは接頭語である．20世紀初頭まで華僑のリム・ニー・スーン（林義順）が経営するゴム園であった．　　　　　　　　［髙山正樹］

センバワン川　Sembawang, Sungei

シンガポール

長さ：6km　　　　　　[1°28′N　103°48′E]

　シンガポール，シンガポール島北部を流れる川．マンダイ高地北東部を流域として北流し，ジョホール水道に注ぐ．マンダイ高地の南はアッパーセレター貯水池で，周辺は自然保護地域である．その一角にはシンガポール動物園もある．1868年の地図にもセンバワン川と記されている．中流域は住宅開発庁（HDB）によってウッドランズニュータウン（2010年人口23.0万）がつくられている．河川はこのニュータウン地域では暗渠となっている．河口近くはセノコ火力発電所をはじめとする工場地域や，イギリス海軍の拠点となっていたこともあり，造船所や海事博物館，海軍の施設が点在している．　　［髙山正樹］

せんほくこうげん　陝北高原 ☞ シャンペイ高原　Shanbei Gaoyuan

センモノロム　Senmonorom

カンボジア

人口：1.2万（2008）　面積：541km²
標高：300-900m　降水量：2000-2600mm/年
[12°26′N　107°12′E]

　カンボジア東部，モンドルキリ州の町で州都．地名は，「非常に美しい」を意味するが，文字どおり景観が非常に美しい町である．町の中心部にカンボジアの他地域から移住してきた人びとが住んでいるのを除けば，住民のほとんどが先住民のプノン人である．国内で最も辺境の地にあるが，非政府組織（NGO）の従事者，材木切出し人，国内外の観光客で賑わう．地勢はゆるやかな高地で，豊かな土壌の常緑樹林および落葉樹林で覆われている．チュバー Chbar 川とテー川が，それぞれ町の南北，東西を横切って流れる．気候は温暖湿潤であるが，低地よりも涼しく，気温が16℃を下回ることもある．乾季は4カ月に満たない．11〜1月の風景と気候は，ニュージーランドのそれによく似ており，地面は緑の草と野生の花に覆われ，気温は一年で最も低く，冷涼な北からの風が吹く．多様な種類の動植物が生息する自然のままの深いジャングルでよく知られており，先住民とその文化，壮大な自然の山林，樹海のうねり，市街地近郊にある美しい滝などが魅力的である．したがって，この地域は，開発のための投資先として大きな潜在力を有する．

［ソリエン・マーク，加本　実］

ソ

ソー　Saw　　ミャンマー

人口:3.6万 (2014)　　[21°15′N　94°05′E]

　ミャンマー中西部，マグウェ地方(旧管区)ガンゴー県の町．漢字では索鎮と表記する．地方の中心都市マグウェの北西約150 km，地方とチン州の境界に位置する．西北西約11.5 kmにあるチン州の村カンペッレッ Kampetlet とともに，ナッマタン国立公園に指定されているチン丘陵の入口で，公園内にそびえる国内第3位の高峰ヴィクトリア山(標高3053 m)への登山の起点となっている．
[西岡尚也]

ソアン群島　所安群島　Soangundo　　韓国

人口:1.0万 (2015)　　面積:93 km²
[34°10′N　126°39′E]

　韓国南西部，チョルラナム(全羅南)道の南端の群島．ヘナム(海南)半島の南海上に位置する．蘆花島，所安島，甫吉島などからなる．行政上はワンド(莞島)郡所安面蘆花邑，甫吉面．農業より漁業に生産活動の中心があり，イワシ，イカの漁獲，ノリ，ワカメの養殖が盛んである．群島のうち所安島と甫吉島周辺はタドヘ(多島海)海上国立公園(所安・チョンサン(青山)地区)に指定されている．
[山田正浩]

ソイチョウ市 ☞ スイチョウ市 Suizhou

ソイニン市 ☞ スイニン市 Suining

ソイホア市 ☞ スイホワ市 Suihua

ソウイチョウ市 ☞ スイチョウ市 Suizhou

そうかんが 桑乾河 ☞ サンガン河 Sanggan He

そうやかいがん　宗谷海岸　Soya Kaigan　　南極

ソウヤキステン Sôyakysten (ノルウェー語)
[69°25′S　39°45′E]

　南極，東南極の海岸．リュツォホルム湾の東岸，南緯68度50分から70度00分にわたる．ラングホブデやスカルブスネス，スカーレン Skallen，ルンドボークスヘッタ Rundvågshetta など日本南極観測隊が調査している多くの露岩があり，南端は白瀬氷河の河口にあたる．北端部は昭和基地があるオングル諸島の対岸にあたり，間に幅4 kmのオングル海峡 Ongulsundet がある．リュツォホルム湾の海岸は1937年にノルウェーの探検隊によって空中写真撮影され，全体がプリンスハラルランド(後にプリンスハラル海岸に改名)と命名された．1957年以後，その東岸地域を調査してきた日本は，1964年，そこを初代の砕氷船「宗谷」を記念して宗谷海岸と命名した．命名事由に，リュツォホルム湾の海岸は湾奥にある白瀬氷河で二分され東西で地形の特徴が異なることがあげられた．領土権主張国であるノルウェーもこれを受け入れ，プリンスハラル海岸と東隣するクロンプリンスオラフ海岸の境界を東経40度から白瀬氷河に改め，クロンプリンスオラフ海岸の一部として宗谷海岸を認めた．
[森脇喜一]

ソウヤキステン Sôyakysten ☞ そうやかいがん Soya Kaigan

ソウル　Seoul　　韓国

京城(旧称) / Soul (別表記) / ハニャン　漢陽 Hanyang (旧称) / ハンソン　漢城　Hanseong (旧称)

人口:990.4万 (2015)　　面積:606 km²
[37°34′N　126°59′E]

　韓国北西部，大韓民国の首都．国内総人口の20%強が集中する巨大都市である．人口以外の，商業取引額，金融取扱額，企業の本社数などを指標にすると都市機能の集中度はさらに著しく，ソウルへの一極集中が非常に進んでいる．植民地時代は京城府，1945年にソウル市に，49年にソウル特別市に改称した．1963年にはハン(漢)江以南のクァンジュ(広州)郡，シフン(始興)郡などの郡部を大きく編入して市域を拡大した．現在江南とよばれる地区である．
　ソウルの都市としての直接的起源は朝鮮時代の漢城に始まる．朝鮮王朝が成立して新しい都の建設が着手されたが，風水上の吉地として選ばれたのが漢城であった．プガク(北岳)山(標高342 m)を主山として，周囲の山の山稜を結んで城壁が築かれ，城壁内に王宮，官衙が立ち並んだ．城壁の一周は19 km弱である．現在のソウル都心部にあたる．朝鮮時代中，後期の人口は約20万，植民地時代末期は約110万であった．
　ソウルは朝鮮戦争以降の復興期とそれに続く経済成長期を通して急激に人口を増加させた．1960年，70年，80年，90年の人口は，順に244.5万，525.5万，836.4万，1062.8万であった．1960〜70年代前半の増加がとくに著しく，90年の韓国総人口に対する比率は24.4%で，韓国人口の実に1/4を占めるにいたった．しかし1992年の1097.0万をピークに，それ以降ゆるやかな減少過程に入った．2010年の総人口に対する比率は20.2%にまで低下している．
　急増する人口と市街地の拡大に対応して，計画的な都市開発は1960年代末〜70年代初頭に始まった．初めに開発の対象になった

ソウル 877

のは漢江の中州，ヨイ(汝矣)島であった．島中央の大通り(広場)から下流部は国会議事堂や一部政府機関，報道機関，金融機関など都心機能の一部を移した．上流部は高層アパート形式による住宅開発にあてられた．韓国の伝統的な住居は平屋構造であったので，高層アパートはまったく新しい住宅様式であった．高層アパートによる住宅開発は以後の，ソウルにとどまらず全国に共通した住宅開発方式として定着した．

江南地区の開発は1970年代初めに開始された．当初は河川敷などを利用する高層アパートによる住宅開発であったが，しだいに商業，管理機能などの集積が進み，副都心が形成されるにいたった．さらに広いスペースを必要とする大学キャンパス，各種競技施設，郊外バス・高速バスのターミナルなどの集積も進み，新しいソウルの広大な空間をつくり出した．1990年には漢江以南地域の人口は514.4万に達し，ソウル市総人口の48.4%を占めるにいたった．その後人口増加は鈍化し，停滞的に推移しているが，ソウル市人口の約5割を占めることには変わりない．

2010年，上記地区の人口は502.4万で，ソウル市総人口の51.3%を占めている．都市機能の集積は依然として進行している．

一方で，ソウル市域に集中していた人口，都市機能は郊外，首都圏内へ拡散する傾向にある．1990年代以降ソウル市域での人口は停滞傾向にある．また，ソウルへの人口，都市機能の過度の集中に対して都市機能の郊外への移転が図られ，1980年代後半には，政府機能の大部分がソウル市域の南に接するクアチョン(果川)へ移転した．2000年代に入って，首都機能を首都圏外に移転させるプランが現れ，12年，セジョン(世宗)特別自治市の誕生によって，その構想の一部が実現しつつある．

都心部，朝鮮時代の漢城であった地区には王宮をはじめ歴史的史跡が多く分布している．景福宮，昌徳宮，昌慶宮，徳寿宮，慶熙宮址(慶熙宮公園)などの王宮や城壁と城門，宗廟，サジクダン(社稷堂)(社稷公園)などである．景福宮は植民地時代，多くが破壊されて総督府が置かれたが，1995年に撤去され，その後復元が進んだ．昌慶宮も動植物園，蔵書閣が置かれていたが撤去されて，1980年代中ごろに復元が終了した．宗廟は1995年に「宗廟」として，昌徳宮は97年に「昌徳宮」として，ユネスコの世界遺産(文化遺産)として登録された．

城壁はその北半がよく修復，保存されている．東大門は1869年に再建されたもので，南大門は国宝1号であったが，2008年に焼失し13年に修復工事が完了した．中央を流れるチョンゲ(清渓)川は1970年代初めに覆蓋されて道路に変わっていたが，2005年に復原された．都市公園の性格ももって市民に親しまれているほか，観光資源として多くの観光客が訪れている．2009年，世界遺産(文化遺産)に登録された「朝鮮王朝の王墓群」は朝鮮王朝の歴代王陵，王妃陵など40基が含まれるが，ソウル市域内で東九陵，西五陵など集中的に分布するもののほか，首都圏各地に分布している．2015年に登録された「百済歴史地域」はチュンチョンナム(忠清南)道に分布する文化財，遺跡が中心であるが，ソウル市域では百済の歴史の最も初期の遺跡である夢村土城，風納洞土城などが含ま

ソウル(韓国), 緑豊かな水辺に再生されたチョンゲ(清渓)川

れている.　　　　　　　　　　　[山田正浩]

ゾガン県　左貢県　Zogang　中国

人口：5万(2012)　面積：11700 km²
[29°42′N　97°57′E]

　中国西部, シーツァン(チベット, 西蔵)自治区, チャムド(昌都)地級市の県. ランツァン(瀾滄)江とヌー(怒)江の上流部に位置する. 地名はチベット語でヤクの丘を意味する. 過去には作岡, 座公, 若公, 菁公, 匝座, 里岡, 察娃作貢, 左貢宗, 察瓦絨, 察瓦崗などと呼称された. 1912年に左貢宗が置かれ, チベット地方政府に属した. 1960年には宗が撤廃され, 左貢県が置かれ, 昌都専区に属し, 70年に昌都地区に属している.

[石田 曜]

ソギポ　西帰浦　Seoguipo　韓国

人口：15.4万(2015)　面積：871 km²
[33°15′N　126°34′E]

　韓国南西端, チェジュ(済州)特別自治道南端の都市. 済州島南海岸に位置する. 1981年に市制施行. 2006年, 南済州郡全域を編入して市域を拡大した. 現在の行政上の市域は済州島の南半分を占める. 2010年の人口は13万強. 旧西帰浦市の範囲で人口の変化をみると, 市制を施行した1981年の人口約8万に対して, 2005年のそれは7.8万で, この間の変化はほとんどない. 済州島の南斜面は, 韓国で最も温暖, 多雨地域である. この自然条件を利用して, 農業では柑橘類の生産に大きな特徴をもっている. 中文地区は1971年に国際観光団地の指定を受けて, リゾート地区開発のための投資が進んだ. ハルラ(漢拏)山の山岳資源を背景に, 海岸の風光, 温暖な気候を利用した大規模な国際リゾート地域が成立している. ユネスコの世界遺産(自然遺産)に登録されている「済州火山島と溶岩洞窟群」のうち, 漢拏山自然保護区の南半と城山日出峰が市域に含まれる.

[山田正浩]

ソクチョ　束草　Sokcho　韓国

人口：8万(2015)　面積：105 km²
[38°12′N　128°36′E]

　韓国北東部, カンウォン(江原)道北部の都市. 日本海に面する港湾都市である. 港湾としては, 韓国最北の位置にある. 1963年に市制施行. 2010年の人口は約8万である. 市制施行時の人口は約6万であったので, その後現在にいたるまで, 微増を続けている. 中央に青草湖があり, それを取り囲んで市街地が形成され, 観光施設も青草湖を中心に分布している. 青草湖は周囲約3 kmの潟湖である. 水路で外洋につながっていて, 格好の港湾としての機能を果たしている. 荒天時の漁船の避難港としての役割も重要である. 市街地の北にはもう1つの潟湖, 永郞湖もある. 市域の西端にソラク(雪岳)山が位置し, 周辺は雪岳山国立公園に指定されている.

[山田正浩]

ソグド州　Sogd Province

タジキスタン

レニナバド　Leninabad (旧称)／レニノボド　Leninobod (旧称)

人口：206.1万(2006)　面積：25400 km²
[40°17′N　69°38′E]

タジキスタン北西部の州. 州都はホジェント. 南部のゼラフシャン川から北東へトルキスタン山脈を越え, シルダリア川とクラマ山脈を経てフェルガナ盆地西部にいたる. 南をギッサル山脈に, 北をウズベキスタンに, 中央南部をクルグズ(キルギス)に囲まれている. 1939 年に形成された. 旧称はレニノボド, レニナバド. 2000 年に現名称となった. 州都はホジェント. 農業は, 主としてフェルガナ盆地と諸河川畔で小麦, 綿花, ブドウが栽培される. そのほか, 養蚕, 果物栽培, 山羊飼養や, クラマ山脈南斜面ではテンサイが栽培される. 工業は, 綿花・絹加工, 果物缶詰, 綿実油搾油, ワイン醸造が行われる. また鉱物資源が豊富であり, カラマザーで鉛, 亜鉛が, トボシャルで放射性鉱石とバナジウムが, アドラスマンでビスマスが, タケリでヒ素が, チョルフダイロン, シュラブで石炭が, キム, ネフチェバドで石油が採取される.

フェルガナ盆地の鉄道はシルダリア川に沿い, ナウ, プロレタルスク, ホジェント, カニバダムなど州のおもな都市を通る. 住民はタジク人, ウズベク人である. ホジェントの東にはカイラクム貯水池がある.　　［木村英亮］

ソゴ湖　索果諾爾　Sogo Nur　中国
東居延海 (別称)

面積：30 km² 降水量：40 mm/年
[42°12′N 101°02′E]

中国北部, 内モンゴル自治区西部, アラシャー(阿拉善)盟エジナ(額済納)旗の湖. 別名は東居延海. モンゴル語でノール(諾爾)は湖をさし, ソゴ(索果)は牝鹿を意味する. もともとの居延海は, 東居延海のソゴ湖と西居延海のガシュン湖(嘎順諾爾)と白鳥湖(天鵝湖)から構成される. 周辺の降水量はわずか 40 mm, 流入河川はエジナ河で, テングリ砂漠(騰格里沙漠)の拡大を防いでいたが, 近年は人口増加や農業開拓による影響で水資源の枯渇が懸念され, 砂嵐の発生も増加している.

［オーノス・サラントナラ, 杜　国慶］

ソゴド　Sogod　フィリピン
ソゴッド (別表記)

人口：4.5 万 (2015) 面積：193 km²
[10°25′N 124°59′E]

フィリピン中部, レイテ島南部, 南レイテ州の町. ミンダナオ海の支湾であるソゴド湾のちょうど湾頭にある. レイテ州の州都タクロバンの南 97 km に位置する. 主要な産業

は米, トウモロコシなどの栽培を中心とした農業であり, その集散地となっている. また南西にあるソゴド湾西海岸のマリトボッグ周辺で栽培されるアバカ(マニラ麻)の集散地でもある. 港湾設備があるが, 水産業はあまり活発ではない. ソゴド湾沿いの交通網の要衝となっている. とくにここからソゴド湾の東海岸に延びる道路が整備され, 鉄橋でパナオン島と結ばれている. 深く入り込んだ湾頭に位置するため, 19 世紀から第 2 次世界大戦まで他民族の侵略を受けることなく繁栄が続いた. 教会を筆頭に古い建築物が多数残っている. 住民はミンダナオ海周辺に住むセブアノ語を話すセブアノ族が大半を占める.

［田畑久夫］

ソゴド湾　Sogod Bay　フィリピン
ソゴッド湾 (別表記)

長さ：40 km [10°11′N 125°04′E]

フィリピン中部, レイテ島南端にある南レイテ州の湾. 南に展開するミンダナオ海の内湾で鋭く湾曲している. 湾頭には地方中心都市ソゴドがある. 湾の南東沖にはパナオン島が横たわり, あたかも湾の防波堤のような役目を果たしている. レイテ島とパナオン島北部の町リロアン Liloan との間には車が通行できる橋がかかっている.　［田畑久夫］

ソサン　瑞山　Seosan　韓国
人口：16.9 万 (2015) 面積：741 km²
[36°47′N 126°27′E]

韓国西部, チュンチョンナム(忠清南)道西部の都市. 本土とアンミョン(安眠)島にはさまれた浅水湾の湾奥に位置する. 1989 年に市制施行. 2010 年の人口は 16 万弱である. 市域を拡大した 1995 年の人口は約 14 万であったので, この間人口は若干の増加傾向にあった. 浅水湾の湾奥部は, くり返し干拓が進められたところで穀倉地帯である. 瑞山は, 農産物の集散地であり, 商業中心として発達した.　　［山田正浩］

ソシエテ諸島　Société, Archipel de la　フランス
ソサイエティ諸島　Society Islands (英語)

人口：23.6 万 (2012) 面積：1650 km²
[17°32′S 149°34′W]

南太平洋東部, ポリネシア, フランス領ポリネシアの諸島. フランス領ポリネシアの人

口の 9 割近くが, ソシエテ諸島に集中している. ソシエテは英語のソサイエティであり, イギリス人航海者のジェームズ・クックが, スールヴァン諸島をソサイエティ諸島と名づけたことに由来する. 貿易風との関係で, 南東側のヴァン諸島(風上諸島)と北西側のスールヴァン諸島(風下諸島)に分けられる. ヴァン諸島にあるタヒチ島が, 人口と面積の両面で, 飛びぬけて大きな割合を占めている. フランス領ポリネシアの中心に位置し, 交通の便や社会的基盤が整っていることから, 観光産業の大部分もソシエテ諸島に集中している. 住民の多くはポリネシア系で, タヒチ語を母語にしている.

［手塚　章］

ソタイハイルハン山　Sutai Khairkhan Uul　モンゴル
ムンフツァストボグド山　Mönkh Tsast Bogd Uul (別称)

標高：4090 m [46°37′N 93°35′E]

モンゴル西部, モンゴルアルタイ山脈の高山. バータルハイルハン山の東に連なり, ゴビアルタイ県とホヴド県の県境に位置する. 標高は国内で第 4 位の高さを誇る. ソタイ山は万年雪に覆われており, アルタイ山脈 13 の万年雪山の 1 つであるとされる. 別名, ムンフ・ツァスト・ボグド山(万年雪聖山の意). ロシアの探検家 P・コズロフの 1899 年の記録には, こちらの名前で記されている. 地名の由来には諸説がある. たとえば, ミルク入りのという意味のスーテイが音便化してソタイとなったという説がある. 現地の歴史学者 O・スフバータルによると, 中世チュルク語でソーとは水を意味し, タイとは山を意味するのだという. したがってソタイとは水のある山という意味である. ソタイ山は 2007 年 7 月 26 日, 大統領令 183 号により, 10 番目の国家祭祀聖山に指定された.

［島村一平］

ソーチョ県 Shache ☞ ヤルカンド県 Yarkant

ソチョソン湾 Sochoson-man ☞ にしちょうせんわん West Korea Bay

ソチョン　舒川　Seocheon　韓国

じょせん（音読み表記）

人口：5.5万（2015）　面積：358 km²
[36°05′N　126°42′E]

韓国西部，チュンチョンナム（忠清南）道南端の郡および郡の中心地．行政上は舒川郡舒川邑．2010年の舒川郡の人口は5.4万である．1975年の人口は約14万であったので，この間に約4割弱に減少した．郡域にはチャリョン（車嶺）山脈の末端が準平原化した地形が広がっている．西はファンヘ（黄海）に面している．チャンハン（長項）線とソヘアン（西海岸）高速道路が通過している．　［山田正浩］

ソックチャン　Soc Trang　ベトナム

人口：136.0万（2009）　面積：77 km²
[9°36′N　105°58′E]

ベトナム南部，メコンデルタ，ソックチャン省の都市で省都．省のほぼ中央に位置する省直属市である．10の行政区によって構成され，面積が狭小であるため市域内に農村部をほとんど含まず村が存在しない数少ない省直属市である．かつてはカンボジアの多数民族であるクメール族の支配地域であったため，現在でも人口構成の23.4%がクメール族である．1991年にハウザン省がカントー省とソックチャン省に分割された際に省都となり，2007年には市から省直属市に昇格した．国道1号やティエンザン省から沿岸を通る国道60号などが集まる結節点である．2005年の域内総生産の割合では第2次産業が42.25%，第3次産業が52.72%であるのに対して第1次産業は5.03%に過ぎない．　［筒井一伸］

ソックチャン省　Soc Trang, Tinh　ベトナム

Sóc Trăng, Tỉnh（ベトナム語）

人口：129.3万（2009）　面積：3223 km²
[9°36′N　105°58′E]

ベトナム南部，メコンデルタの省．ホーチミン中央直属市から陸路で南南西約230 km，ハウザン川下流の西岸に位置する．省都はソックチャン（省直属市）で他に2つの町と8つの県からなる．少数民族のクメール族が人口の約3割を占める．米とサトウキビ，トウモロコシ，大豆などを主産物とする第1次産業が中心である．1991年にハウザン省が分割され，カントー省（現，中央直属市）とソックチャン省が設置された．省都ソックチ

ャンは人口13.6万（2009），面積76.5 km²である．国道1号やティエンザン省から沿岸を通る国道60号などが集まる結節点である．　［筒井一伸］

ソッシェン　索県　Sog Xian　中国

人口：5万（2012）　面積：5800 km²　標高：3752 m
[31°58′N　93°45′E]

中国西部，シーツァン（チベット，西蔵）自治区，ナッチュ（那曲）地区の県．地名はチベット語で蒙古を意味する．蔵北高原と蔵東高山峡谷地域の結合部に位置する．元代はこの一帯を索格とよび，三十九族とよばれる連盟が統治した．1916年に索巴，軍巴，栄布の3つの集落を合併して索宗を形成し，60年に索県として那曲専区に属した．　［石田　曜］

ソドゥス川　西頭水　Sodusu　北朝鮮

面積：2392 km²　長さ：173 km
[42°05′N　129°00′E]

北朝鮮北東部を流れる川．トマン（豆満）江の支流で，リャンガン（両江）道白岩郡南部に源を発し，玄武岩地帯のペンマ（白茂）高原を北流してハムギョンブク（咸鏡北）道と両江道の境界をなす．流域は針葉樹林の宝庫．水資源は発電と筏流しに利用される．1977年，流域変更式の西頭水発電所（51万 kW）が建設された．ニジマス，ヤマメが生息する．
　［司空　俊］

ソーナールガーオン ☞ ショナルガオン Sonargaon

ソネペット　Sonepet　インド

ソニパット　Sonipat（別称）

人口：27.7万（2011）　[28°59′N　77°01′E]

インド北部，ハリヤーナ州ソネペット県の都市で県都．ソニパットともよばれる．国道1号とデリー〜アムリットサル間の鉄道幹線沿いにある．キビ，小麦，砂糖，マンゴー，綿花などの集散地として賑わう．また，伝統的に綿繰り業，織物業，精糖業などの工業が盛んである．首都デリーの中心部から約40 kmという立地上の有利さもあり，ミルクや植物油，果物などの農産物はもとより，自転車や金属製品，電気製品，再生ゴム，ガラス板，パイプ，化学薬品，紙などを製造する工場の集まった工業団地がある．　［前田俊二］

ソハン湾　Seohanman ☞ にしちょうせんわん West Korea Bay

ソピ岬　Sopi, Tanjung　インドネシア

[1°37′S　119°18′E]

インドネシア中部，スラウェシ島，西スラウェシ州マムジュウタラ県の岬．マカッサル海峡に面する．県都パサンカユの南約50 kmに位置する．州都マムジュから中スラウェシ州の州都パルをつなぐスラウェシ縦貫道が近くを通っている．　［山口真佐夫］

ゾーブ　Zhob　パキスタン

アポザイ　Appozai（旧称）

人口：3.8万（1998）　[31°21′N　69°32′E]

パキスタン南西部，バローチスタン州北東部ゾーブ県の町で県都．町はクエッタの東北東約260 km，ゾーブ川の東岸の開けた平野に位置する．本来の名はアポザイで，1890年に行政区として成立し，近くを流れる川にちなんでゾーブとよばれた．町の北は平野面から約45 mの崖となっており，そこにはイギリス領時代からサンデマン城塞が設けられていた．　［出田和久］

ゾーブ県　Zhob District　パキスタン

人口：27.5万（1998）　面積：20297 km²
[31°21′N　69°32′E]

パキスタン南西部，バローチスタン州北東部の県．県都はゾーブ．アフガニスタンとの国境にほど近いゾーブ川左岸に位置する．冬は氷点下になることもあり，寒く，雪も珍しくない．一方，夏は暑くて，6月の平均最高気温は37℃を超えるが，湿気は少ない．植生は総じて乏しいが，野生のオリーブやヤナギ類，タマリスクが多い．4月には野草の花が咲き乱れ，8〜10月は果物が豊富で，気候は快適である．野生動物は，オオカミ，ジャッカル，ハイエナ，キツネ，シカ，ヤマアラシなどがみられる．地名は，水が流れ出る様を意味し，日照りでなければどこでも出てくるカレーズの水と関係がある．ゾーブ川は広く県域の農地の灌漑に利用されている．おもな作物は小麦，リンゴ，アプリコット，アーモンドで，中でもリンゴは国内有数の産地となっている．また，羊や山羊の飼養が多いが，みるべき工業はない．住民の大部分はパ

シュトゥーン人で，中には遊牧生活を送る者もいる．彼らは 10 月に平野部へと移動し，遠く東南東約 220 km のムルターンや南約 670 km のハイデラバードにまでいたることもあり，3 月か 4 月初めには戻ってくる．

[出田和久]

ゾーブ川　Zhob River
パキスタン

長さ：370 km　　　　[32°04′N　69°51′E]

パキスタン南西部，バローチスタン州北東部の川．トバカカール山地に源を発してしばらく東流し，その後北東に向きを変え，ゾーブの町の北東を流れ，ゾーブ県を貫流した後，ゴーマル川に合流する．県の主要な排水河川はゾーブ川とクンダール川で，ほぼ南西から北東に流れ，ともにゴーマル川に合流する．ゾーブ川の形成する広大な平野は洪水堆積物によって構成されている．ゾーブ川の渓谷は手つかずの自然がよく残るとともに，モモ，リンゴ，ブドウ，アプリコット，ザクロなどの果物の栽培が盛んである．渓谷は古代以来，アフガニスタンへの重要な隊商路であった．

[出田和久]

ソファーラ　Sofala
オーストラリア

人口：208（2006）　標高：600 m

[33°05′S　149°42′E]

オーストラリア南東部，ニューサウスウェールズ州中央東部，バサースト行政区の町．州都シドニーの西北西約 160 km に位置し，グレートディヴァイディング山脈の西麓にある．国内におけるゴールドラッシュを機につくられた最古の村の 1 つで，1851 年に金が発見されたことをきっかけとして形成された．近年は，観光目的の砂金とりが行われている．

[梶山貴弘]

ソフィフィ　Sofifi
インドネシア

[0°44′N　127°34′E]

インドネシア東部，マルク（モルッカ）諸島，ハルマヘラ島北西部，北マルク州ティドレクプラウアン市オバウタラ郡の町で州都．テルナテの対岸に位置し，スピードボートで 40 分の距離である．またティドレ島からも至近である．ハルマヘラ島内においては，ハルマヘラウタラ県の県都トベロから続く幹線道路ジャラン・トランス・ハルマヘラの終点に位置している．

本来はティドレ諸島州オバウタラ Oba Utara 郡に属する小村であったが，1999 年に北マルク州がマルク州から分離した際，新州都と定められた．その背景には，地域の中心都市であるテルナテが小島に位置しており，都市としてのさらなる拡大が見込めないこと，北マルクにおいて比較的開発の進んでいない北ハルマヘラの開発を進めるため，新たに中心となる都市を建設するという意図があった．当初計画では，ソフィフィを含むオバウタラ郡とその周辺のオバ郡，オバスラタン郡，オバトゥンガ郡を含む地域を将来的に自治市として拡大する予定である．1999 年の州都決定後，実際の移転には州都にふさわしいインフラストラクチャーの整備が必要だったため，分離後当面はテルナテが暫定的州都とされ，実際の行政府の移転は分離してから 11 年後の 2010 年にようやく行われた．

移転時にいたってもソフィフィは漁業をおもな産業とする小村にすぎず，州都に見合う町の開発は行われていなかった．住宅などの不足から，2017 年現在も，公務員の多くは対岸のテルナテから通勤している．その時間，費用の負担が行政効率を悪くしているため，無計画な州都の移転政策を非難する声も多い．中央政府の強い後押しがあるにもかかわらず，依然として州都としての整備が遅れている背景には，本来この地を含んでいた主要な勢力であるティドレクプラウアン市の反対もある．ティドレクプラウアン市にとって北マルク州全体の州都としてこの村を含む地域を手放すことは，その影響力を及ぼす範囲の減少につながるためである．海岸は未開発で美しいマングローブ林が広がっている．

[塩原朝子]

ソフクサン島　Soheuksando ☞ カゴ島　Gageodo

ソフン　瑞興　Soheung
北朝鮮

面積：614 km²　標高：105 m　気温：9.3℃

降水量：1201 mm/年　　[38°25′N　126°14′E]

北朝鮮，ファンヘブク（黄海北）道中部の町．大部分が丘陵，低山性山地である．日用品工場，製薬工場では 300 種の薬品を生産する．1975 年建設された泉谷貯水池は灌漑と魚の養殖に利用される．花谷平野は穀物とサツマイモが栽培され，畜産の中心地．古くからの伝統である繭は有名．平釜線，ピョンヤン（平壌）〜ケソン（開城）間に高速道路が通る．古城跡，支石墓がある．

[司空俊]

ソへ閘門　西海閘門　Sohae-gabmun
北朝鮮

長さ：8 km　貯水量：2900 百万 m³

[38°41′N　125°11′E]

北朝鮮南西部，朝鮮西海（ホワン（黄）海）に注ぐテドン（大同）江河口の閘門．長さ 8 km の外海をせき止めてつくられた．1986 年完成．3 つの閘室と水門 36 をもつダムは貯水量 29 億 m³．この貯水はピョンアンナム（平安南）道とファンヘナム（黄海南）道の干拓地 1000 km² を灌漑し，大同江下流の都市や農村の飲料水に利用される．またナムポ（南浦）やテアン（大安）などの工業地帯の工業用水に使用される．西海閘門が建設された結果，南浦からスンチョン（順川），トクチョン（徳川），ウンリュル（殷栗），チェリョン（載寧）の工業地帯と農村地帯を結ぶ 1 つの大運河が形成された．また堰堤は鉄道，自動車道路に利用され，以前は平安南道と対岸の黄海南道は迂回路で 8 時間であったが，数十分で結ばれた．

[司空俊]

ソベク山　小白山　Sobaeksan
韓国

標高：1440 m　　　　[36°59′N　128°31′E]

韓国中部，小白山脈中の山．チュンチョンブク（忠清北）道タニャン（丹陽）郡とキョンサンブク（慶尚北）道ヨンジュ（栄州）市の境界線上にある．テベク（太白）山から西約 40 km の位置にあり，古くから太白山と並んで信仰の対象であり，韓国仏教の聖地でもあった．周辺の国望峰，兄弟峰，蓮花峰などとともに，1987 年，国立公園に指定された．公園の面積は約 320 km²．天然記念物の樹木群落，1000 年を経たいくつもの古刹などがある．

[山田正浩]

ソベク山脈　小白山脈　Sobaeksanmaek
韓国

標高：1915 m　長さ：350 km

[35°20′N　127°44′E]

韓国中部から南部にかけて走行する山脈．テベク（太白）山脈の南部，太白山付近から西方に分岐する．ソンニ（俗離）山付近から走行方向を南方に変える．標高 1000 m を超える山が続き，韓国の南東部，キョンサン（慶尚）道地方（ヨンナム（嶺南）地方）を，北中部のキョンギ（京畿）道，チュンチョン（忠清）道地方，西部のチョルラ（全羅）道地方から限る大

882　ソムシ

〈世界地名大事典：アジア・オセアニア・極Ｉ〉

山脈である. 小白山(標高 1440 m), 俗離山 (1058 m), ファンハク(黄鶴)山(1111 m), テドク(大徳)山(1290 m), トギュ(徳裕)山 (1614 m), ペグン(白雲)山(1279 m), チリ (智異)山(1915 m)などがある. 智異山は, 軍事境界線以南では, チェジュ(済州)島のハルラ(漢拏)山(1950 m)に次ぐ標高を示す. 智異山から南に向かって高度を下げる. 南端のヨス(麗水)半島を経て海に入る. 山脈を構成する地質は, 北半部は花崗岩, 西半部は花崗片麻岩である. 山脈の東側には, 浸食作用によって形成された盆地がみられ, 線状に並んでいる. キョンサンブク(慶尚北)道のヨンジュ(栄州)付近, サンジュ(尚州)付近, キムチョン(金泉)付近, 慶尚北道のコチャン(居昌)付近が, それである.

慶尚道地方から北中部地方, 西部地方に進むときは, 必ず小白山脈を越えなくてはならない. 逆もまた同様である. そのため, 峠を越える交通路が発達し, それが時代によって変化した. 古代, 最も重要視された峠は, チュンニョン(竹嶺)であった. チュガン(中央)線, 中央高速道路が越える峠である. 新羅, その都であったキョンジュ(慶州)から中部地方に連絡するコースとしては, これが最短であった. ただし, 竹嶺の標高は 689 m である. 朝鮮時代には, 竹嶺より西方のチョリョン(鳥嶺)(362 m)が最も重要な峠であった. また, その南方の梨花嶺(548 m)も利用された. 近代に入って, 鳥嶺を越えるコースが鉄道の路線に利用されることはなく, 近代的な交通機関によるルートからははずれていたが, いまは中部内陸高速道路がこのルートを利用している. 近代の鉄道交通のルートに利用されたのは, 標高が最も低いチュプンニョン(秋風嶺)(200 m)を越えるルートであった. キョンブ(京釜)線, 新幹線, 京釜高速道路は, いずれもこのルートを利用したのである.

小白山脈は, 修行の場, 信仰の対象でもあった. 山脈中にはいくつもの古刹が残っている. 小白山東方の浮石寺, 俗離山の法住寺, 黄鶴山東麓の直指寺などであり, 智異山はその周辺一帯が, 信仰の対象であり, 修行の場であった. 華厳寺をはじめ, 古刹が多い. また, 小白山脈は, その優れた自然環境から, いくつもの場所が国立公園, 道立公園に指定されている. 東から列挙すると, 小白山国立公園, ウォラク(月岳)山国立公園, ムンギョン(聞慶)セジェ道立公園, 俗離山国立公園, 徳裕山国立公園, 智異山国立公園である.

[山田正浩]

ソムジン江　蟾津江
Seomjingang
韓国

せんしんこう (音読み表記)

面積：4900 km²　長さ：212 km

[34°58′N　127°46′E]

韓国南部, チョルラブク(全羅北)道からチョルラナム(全羅南)道を流れる川. 全羅北道チナン(鎮安)郡とチャンス(長水)郡の境界付近に発し, ソベク(小白)山脈とノリョン(蘆嶺)山脈の間を南下する. 南海岸のクァンヤン(光陽)湾で海に入る. 下流部は全羅南道とキョンサンナム(慶尚南)道の境界となっている. 途中で, カルダム(葛潭)川, ポソン(宝城)江, 向田川などの支流が合流する. また, イムシル(任実), ナムウォン(南原), コクソン(谷城), クレ(求礼)などの盆地を形成する. 比較的水量が豊富で, 上流部の任実郡とチョンウプ(井邑)市の境界付近に, ソムジン(蟾津)江ダムがあり, 水力発電を行っている. 支流の宝城江にも住岩ダムが建設されている.

[山田正浩]

ソムナート　Somnath
インド

人口：11.2 万 (2001)　　　[20°50′N　70°31′E]

インド西部, グジャラート州ギルソムナート県の町. アラビア海に面する港町で, ベラバルの東南東 2.4 km に位置する. 手工芸(綿布, 金属製品)が盛んであり, また, 漁港としても知られる. とくにヒンドゥー神話の中で, クリシュナ神が殺害されたとされる場所がここにあることで有名である. また, 7世紀に建立され, シヴァ神を祀り, 波乱に富んだ歴史をもつソムナート寺院が存在することでも有名である. この寺院は, 最初月の神ソームラージが金を使って建て, そしてラーバナ神が銀で, 続いてクリシュナ神が木で, そしてビムデワ神が石で建て替えたという伝説をもつ. 寺院は, 金の偶像がつくられたり, 各所に宝石がちりばめられるなどきわめて裕福であったが, 1024 年イスラーム教徒のガズナ朝マフムードによってその莫大な財宝が略奪され, 一時荒廃した. しかし, 近代的な寺院が再建され, 今日にいたっている.

[前田俊二]

ソヤン湖　昭陽湖　Soyangho
韓国

[37°57′N　127°49′E]

韓国北東部, カンウォン(江原)道の湖. チュンチョン(春川)の北東に位置する人造湖. 1973 年, プッカン(北漢)江の支流, 昭陽江に韓国最大のロックフィル式ダム, 昭陽江ダムが完成し, 出現した人造湖が昭陽湖である. 春川市から, ヤング(楊口)郡, インジェ(麟蹄)郡に及び, 湖水面積, 貯水量ともに韓国最大である. 湖水面は水上交通にも活用され, 楊口まで 27 km を 30 分, 麟蹄まで 64 km を 2 時間で連絡している. 観光ルートとして利用されることも多い.

[山田正浩]

ソーラ Sohra ☞ チェラプンジ
Cherrapunji

ソラク山　雪岳山　Seoraksan
韓国

大青峰 (別称)

標高：1708 m　　　[38°07′N　128°26′E]

韓国北東部, カンウォン(江原)道北部の山. 主峰の大青峰(標高 1708 m)を雪岳山とよぶが, それを中心として, ソクチョ(束草)市から, ヤンヤン(襄陽)郡, インジェ(麟蹄)郡, コソン(高城)郡に及ぶ 700 あまりの峰々を総称としてさす場合も多い. テベク(太白)山脈に属し, 花崗岩からなる山塊で節理が発達し, 奇岩, 渓谷, 滝などの名勝が多く, 人びとに親しまれている山である. 軍事境界線以南では, 3 番目の標高をもつ. 韓国の 100 名山の中で, 第 2 位の人気がある. 1970 年に国立公園に指定された. 雪岳洞が外雪岳への入り口で, ホテル, 旅館, ショッピングセンター, 娯楽施設などがある.

弥矢嶺と寒渓嶺を結ぶ線で, 外雪岳と内雪岳に分ける. 海岸線に近いほうが, 外雪岳, 内陸側が内雪岳で, 外雪岳のほうが訪れる観光客は多い. 外雪岳には, 主峰の大青峰を始め, 冠帽山, 華彩峰, 飛仙台, ウルサン(蔚山)岩, 飛竜滝, クムガン(金剛)窟, 新興寺などがある. 内雪岳には, ソヤン(昭陽)江, プッカン(北漢)江に流入する河川の源流部に渓谷, 滝が発達している. 大勝滝, 臥竜滝, 水簾洞渓谷, カヤ(伽倻)洞渓谷などであり, 百潭寺, 鳳頂庵などの古刹もある.

[山田正浩]

ソラケ　Sorake
インドネシア

ラグンドリ　Lagundri (別称)

[0°34′N　97°43′E]

インドネシア西部，ニアス島南部，北スマトラ州南ニアス県トゥルックダラム郡ボトヒリタノ Botohilitano 村の海岸．トゥルックダラム県の県都トゥルックダラムの西 14 km に位置する．このビーチは高さ 15 m に達する大波が押し寄せることから，サーフィンのスポットとして知られ，世界的に有名なサーファーが多く訪れる．1995〜2000 年にはニアス・オープンと称されるサーフィンの国際大会が行われた． ［浦野崇央］

ソラノ　Solano　　フィリピン

人口：6.0万（2015）　面積：140 km²
[16°31′N　121°10′E]

フィリピン北部，ルソン島中北部，ヌエバビスカヤ州の都市．首都マニラの北 250 km，バヨンボンの北西 15 km に位置する．周辺で栽培されているトウモロコシ，タバコなどの農作物の集散地である．マニラからより北方に位置するイサベラ，カガヤン両州への中継地点としても重要である．40 km ぐらい東に離れた場所に，国内第 2 位の規模を誇るアラカン洞窟があることなどから，近年観光開発にも力を入れている． ［田畑久夫］

ソラープル　Solapur　　インド

ショラープル　Sholapur（別称）
人口：95.1万（2011）　面積：181 km²
[17°41′N　75°55′E]

インド西部，マハーラーシュトラ州南端部，ソラープル県の都市で県都．州都ムンバイ（ボンベイ）の南東約 355 km，デカン高原上にあり，南隣のカルナータカ州および東のハイデラバードの近くに位置する．プネ〜ハイデラバード間の国道 9 号およびムンバイとチェンナイ（マドラス）を結ぶデカン高原横断鉄道の鉄道幹線沿いの交通の要衝である．ソラープル空港も存在する．12 世紀以来ヒンドゥー教の聖地，巡礼地として栄え，また周辺は肥沃な黒色土壌帯の平原で，1840 年代以降綿花栽培が拡大するとともに，その集散地として，また，数多くの綿糸，綿織物の中小工場が集まり，紡績・綿布工業の拠点として成長した．今日，インドールとともにデカン高原の大規模な綿織物工業都市の 1 つとなっている．イスラーム教徒の女性が着るチャドルやタオルなどの繊維工業製品がとくに有名である．綿花のほか，ブドウ，ザクロ，ラッカセイ，小麦，モロコシなどの交易，機械，ガラス，皮革，化学などの諸工業がみられる． ［前田俊二］

ソランダー諸島　Solander Islands

ニュージーランド
[46°35′S　166°54′E]

ニュージーランド南島，サウスランド地方の諸島．フィヨルドランド，フィヨルド地区南部海岸線の南 40 km，フォーヴォー海峡西側入口に位置している．この諸島に属する島々は，むき出しの岩礁となっているのが特徴といえる．ソランダー諸島最大のソランダー島の全貌は，北 110 km のブラフの丘からはっきりとみることができる．この大きな島は長さ 2 km，面積 1.3 km²，最高標高 351 m である．島々は海岸特有の植生が分布しているのみならず，アザラシやユニークな形をしたカタツムリの生息地となっているため，フィヨルドランド国立公園の中でも特別区域の指定を受けている．それゆえ，生態系維持のために人々の島々への立入りは厳しく制限されており，上陸する場合はあらかじめ政府からの許可が必要となる．地名は，この地を探検したジェームズ・クックが，1770 年にスウェーデンの植物学者であるダニエル・ソランダー（1736–82）にちなんで名づけた． ［泉　貴久］

ソリ島　所里島　Sorido　　韓国

鳶島（別称）
面積：8 km²　　[34°26′N　127°48′E]

韓国南西部，チョルラナム（全羅南）道南方の島．ヨス（麗水）半島の南方海上に位置する．島の形から鳶島ともよぶ．行政上は麗水市南面に属する．生産活動は，イワシなどの漁獲と，ノリの養殖が中心である．島の東方をクァンヤン（光陽）湾に出入りする船舶のために，1910 年に建設された灯台が，現在も原形を残しているとして有名である．タドヘ（多島海）海上国立公園（クモ（金鰲）島地区）に指定されている． ［山田正浩］

ゾルクリ湖　Zorkul' Lake

タジキスタン/アフガニスタン
ヴィクトリア湖　Victoria Ozero（別称）
面積：39 km²　標高：4130 m　長さ：25 km
[37°27′N　73°42′E]

タジキスタンとアフガニスタン国境の湖．ホログの東 177 km，東西の長さ 25 km，標高 4130 m，パミール川の水源，パンジ川の源流である．パミール山地ヒンドゥークシュにあり，南側 15 km にコンコルド峰（5469 m）がある．ヴィクトリア湖ともよばれる． ［木村英亮］

ソルソゴン　Sorsogon　　フィリピン

人口：79.3万（2015）　面積：2119 km²
[12°58′N　124°00′E]

フィリピン北部，ルソン島最南端，ソルソゴン州の都市で州都．ベーコン Bacon とソルソゴンの合併により 2000 年に成立した．面積はビコール地方で最大を誇り，人口は 3 位を占める．北東はアルバイ湾，南西はソルソゴン湾にはさまれている．市域は 3 地区に分けられ，西および東の両地区は中心的な地区で商業地となっている．ベーコン地区は下町で住宅地が密集している．地名は，スペイン人が地名を尋ねたところ，スペイン語がわからず方向（行き先）を教えた「河川を遡上する」というソソゴン（sosogon）に由来するとされる．地形はたいへん複雑であり，山地（北西部），ゆるやかな傾斜をもつ台地（中央部），平野（南西部および中央部北），デルタ（南部）となっている．パンフィリピンハイウェイが市域を北西から南東にかけて走っており，交通の要衝となっている．主要な産業は農業で，ビコール料理に用いられるココナッツがとくに有名である．その他目立った産業はみられない．市民の 95％がカトリック教徒である． ［田畑久夫］

ソルソゴン州　Sorsogon, Province of　　フィリピン

人口：79.3万（2015）　面積：2119 km²
[12°58′N　124°00′E]

フィリピン北部，ルソン島南東端，ビコール地方に位置する州．州都ソルソゴンはソルソゴン湾の北東海岸頭にある港市．西はシブヤン海東端に位置するティカオ島との間のティカオ水路に，北東はフィリピン海に面するアルバイ湾に，南東は太平洋から南シナ海への主要航路であるサマール島との間にあるサンベルナルディノ海峡によってそれぞれ囲まれている．

海岸線は大変不規則で，とくに西海岸はソルソゴン湾が深く湾入するなど屈曲に富む．内陸部は山地中心で，そこでは良質の木材資源が豊富である．一方，海岸地帯は火山性の肥沃な土壌が広がり，アバカ（マニラ麻），ココヤシ，トウモロコシ，サトウキビ，木の実（pili nuts）をはじめとする多種類の農作物が栽培されている．その中でもアバカが栽培の中心で，北で接しているアルバイ州とともに

生産が多い．その他フィリピン海，ビサヤ海など周辺の海域は国内有数の好漁場で，これらの海域で漁獲された魚はソルソゴンなどで水揚げされている．

スペイン植民地時代はアルバイ州の一部であった．当時マニラとメキシコのアカプルコ間のガレオン船による貿易では主要な基地の1つであった．各所にはイロシン Irosin を筆頭に温泉が湧出している．また美しい円錐形活火山であるブルサン山（標高 1560 m）や，ブルサン湖を中心とした地域はブルサン国立公園に指定されている．そのため，州では近年とくに観光客の誘致に力を入れている．その中心地はブルサン山の東 8 km に位置するブルサンである．州内の主要都市としてはソルソゴン，ブルサンのほかに，ティカオ水路に面したブラン，サンベルナルディノ海峡に面したマトゥノグ Matnog およびアルバイ湾沿いのグバット Gubato があげられる．ブランは近海でとれる魚種の水揚げ港であるとともに，ビサヤ海北部の中心的なマスバテ島との間に航路が開かれている．マトゥノグは州の最南端近くに位置し，サマール島の北部の中心地アレン Allen およびサンイシドロとの間に毎日フェリーが運航している．グバットには約 8 km に及ぶ白浜の美しいリサールビーチがあり，ホテルなど観光設備も完備しているので，近年では海外の観光客にも人気の高い観光スポットになっている．

主要な住民はビコール語を話すビコール族であるが，ビコール地区の南端に位置することもあり，隣接するアルバイ州の住民とはかなり異なった言葉を話すといわれている．
　　　　　　　　　　　　　　　　［田畑久夫］

ソルト山脈　Salt Range
パキスタン

標高：1522 m　長さ：320 km　幅：20 km
[32°33′N　71°56′E]

パキスタン東部，パンジャブ州北西部の山脈．最高峰はサカセル Sakaser 山（標高 1522 m）．ジェルム県の南部ジェルム川北岸を西走し，クシャーブ県北西端部で北西に向きを変えインダス川岸にいたり，さらに南に方向を変えスライマン山脈の北東部支脈に合する．北はポトワル高原，南にはタール砂漠が広がる．地名は，山脈内に広範に岩塩層があることに由来する．岩塩は南斜面に多く堆積し，層の厚さは平均 20 数 m，ところにより 90 m に達するという．また，石炭が埋蔵され，西部のマカルワールは国内第 1 位の産出量がある．　　　　　　　　　　［出田和久］

ソルトクリーク　Salt Creek
オーストラリア

[36°08′S　139°39′E]

オーストラリア南部，サウスオーストラリア州南東部の村．北西-南東方向に長く延びるヤングハズバンド Younghusband 半島と，それに沿って内側に平行する塩湖のクーロン湖のそばにある．プリンセスハイウェイ沿い，州都アデレードの南東 213 km，キングストンの北 83 km に位置する．ヤングハズバンド半島に 145 km にわたって細く連なるクーロン国立公園への入口の1つである．ここには開拓以前からの自然が豊富に残されており，水辺にはオーストラリアペリカンをはじめとする水鳥や，砂丘にはグレーカンガルー，ポッサム，ウォンバット，ハリモグラなど，オーストラリア固有の動物が多く生息する．　　　　　　　　　　　［片平博文］

ソレアン　Soreang
インドネシア

人口：10.3 万（2010）　面積：50 km²
[7°01′S　107°32′E]

インドネシア西部，ジャワ島，西ジャワ州バンドン県の郡．州都バンドゥンの南 18 km に位置し，バンドゥンとチウィデイ Ciwidey とを結ぶ．郡都はソレアン．オランダ植民地時代，チウィデイでは茶の生産が盛んで，収穫された茶はソレアンを横切る鉄道を使って運ばれていたが，この鉄道は現在使われていない．2005 年に 4 万人を収容することができるスタジアム，スタディオン・シ・ジャラック・ハルパットが建設された．シ・ジャラック・ハルパットは，バンドン出身の国民的英雄の愛称である．　［山口玲子］

ソレル　Sorell
オーストラリア

ピットウォーター　Pitt Water（古称）
人口：0.2 万（2011）　面積：23 km²
[42°47′S　147°34′E]

オーストラリア南東部，タスマニア州南部の町．タスマンハイウェイ沿い，州都ホバートの東約 25 km に位置する．ソレルの面する入江はピットウォーターとよばれ，ヴァンディーメンズランド副総督デビッド・コリンズが当時のイギリス財務大臣ウィリアム・ピットの名にちなんで名づけたものである．1808 年，数人の農家が移り住み，肥沃な土地を利用して農業を開始した．やがて小麦の栽培が盛んとなり，オーストラリアの穀物倉とよばれるほどの一大生産地となった．製粉

所が建設され，ソレルで生産された小麦はシドニーまで運ばれていたほどである．小麦栽培は入植が始まったばかりの町の発展に大きく貢献し，1860 年代頃までは町のおもな産業であった．

入植開始当初，この地域はピットウォーターとよばれていたが，1821 年，ニューサウスウェールズ総督ラクラン・マクウォーリーがこの地を訪れた際，ヴァンディーメンズランド副総督ウィリアム・ソレルの名にちなんでソレルと名づけ，町制が施行された．ホバート方面から東海岸のフレシネ半島方面やポートアーサーのあるタスマン半島方面へ行くためにはソレルを経由する必要があるが，そのためにはピットウォーターをフェリーで渡るか，もしくは北東のリッチモンド経由でピットウォーターを迂回する必要があった．そのため 1854 年にはピットウォーターに土手道を建設する構想が持ち上がり，ホバート国際空港のあるケンブリッジ，そしてミッドウェイポイントとよばれる半島をつなぐ土手道が，6 年の歳月をかけて 1872 年に完成した．このおかげでホバートから東部への交通の便が飛躍的に向上し，町はますます発展していった．1892 年にはダーウェント川をはさんでホバートの対岸にあるベルリーヴとを結ぶ鉄道も開通したが，1926 年には閉鎖されている．町周辺では現在でも農業や酪農が盛んであり，ラズベリーやイチゴ摘みができる果樹園などは観光客にも人気である．またホバートへの通勤圏内にあり，東海岸のフレシネ半島やタスマン半島への通り道ということもあり人通りも多く，中小企業や大型スーパーマーケット，商店が充実した住宅地となっている．　　　　　　　　　　　　　　　［安井康二］

ソレル湖　Sorell, Lake
オーストラリア

標高：800 m　　　　　　[42°06′S　147°10′E]

オーストラリア南東部，タスマニア州中央部の湖．ロンセストンの南約 120 km，グレートウェスタン山脈の南に位置する．アーサーズ湖，グレート湖と並んでタスマニアを代表するマスの漁場である．またタスマニア固有種のガラクシアス科の魚が生息するなど貴重な生態系を有するが，1995 年から外来種であるコイが異常繁殖し，湖の生態系に悪影響を及ぼしている．そのため州政府主導によりコイの駆除活動が現在でも続けられている．　　　　　　　　　　　　［安井康二］

ソレント　Sorrento　オーストラリア

人口：0.1万（2011）　面積：7 km²
[38°21′S　144°44′E]

　オーストラリア南東部，ヴィクトリア州中央南部の町．バス海峡からポートフィリップ湾を隔てる細長いモーニントン半島上に位置する．州都メルボルンへいたる湾の入口にあり，1803年にはヨーロッパ人が初めて入植した州最古の集落である．1870年代以降，百数十年を通して町は海辺のリゾート地としても存在している．現在ではイルカ観賞ツアーなども人気である．　　　　　　　[堤　純]

ソロ　Solo ☞ スラカルタ　Surakarta

ソロ川　Solo, Sungai　インドネシア

スンガイソロ　Sungei Solo（別称）／スンガイブンガワンソロ　Sungei Bengawan Solo（別称）／ブンガワンソロ　Bengawan Solo（別称）
面積：16000 km²　長さ：550 km
[6°54′S　112°32′E]

　インドネシア西部，ジャワ島，中ジャワ州と東ジャワ州を流れる川．ジャワ島最長である．中ジャワ州と東ジャワ州の州境にあるラウ山に発すると記述されている資料もあるが，インドネシアの資料では，ラウ山よりもさらに南側に位置するキドゥル Kidul 山脈にある石灰岩の丘を水源としているものが多い．行政的には17県と3市（コタ）にまたがっている．スラカルタの南30 kmに位置するソロ川の上流地域であるウォノギリ県に，1981年に治水を目的としたガジャムンクル Gajah Mungkur 多目的ダムが完成した．このダムは付近のラナン Lanan 川，アラン Alang 川，クドゥワン Keduwan 川などから水供給を受けている．ダムの水は生活用水，工業用水，農業用水，また発電にも利用されている．ソロ川上流域のスカハルジョ Sukaharjo，スラカルタ，カランアニャル Karanganyar，スラゲンにかけて約2万3600 ha の水田が広がっている．これらの地域では浸食や堆積が進んでいる．

　中流域のマグタン Magetan，ポノロゴ，マディウン，ガウィ周辺にある沖積土は石灰石と火山性の物質からなり，非常に肥沃な土壌をつくり上げている．そのため，約200万年前から人間がこの地域に居住していたことが出土した化石からわかっている．とくに，ガウィ県にあるトリニル遺跡は有名である．現在は人口密集地が多く，ソロ川流域は農地以外にも工業地帯として利用されている．その結果，生活排水や産業廃棄物がソロ川に流れ込み，水質汚染が深刻である．クンドゥン Kendeng 山脈を過ぎたソロ川は，北北東へ向かい，ボジョヌゴロ，ラモンガン，グレシックを通り最終的にジャワ海へと注いでいる．この間の流域は標高100 m以下の平地で，ほとんど傾斜がなく，ソロ川は大きく蛇行している．また，土壌肥沃度が高くない上に灌漑施設が整っていないため，天水農業が行われているにすぎず，農業生産はあまり高くない．現在でも，雨季には大雨によるソロ川の氾濫で洪水の被害が出ており，最近では2012年1月に大規模な洪水が起きている．グレシック付近のデルタ地帯では養殖業が盛んではあるが，東ジャワ州の州都スラバヤからの距離が近いこともあり，工業も盛んである．

　川の色は茶色で水深は浅く，また水量は雨季と乾季で大きく違う．いくつもの支流の中でとくに大きいものがマディウン川である．なお，別称ブンガワンとは，現地語で大きい川を意味するとされている．「ブンガワンソロ」はインドネシアの名曲として知られ，日本でも1940年代から歌い継がれている．

[山口玲子]

ソロック　Solok　インドネシア

人口：6.4万（2013）　面積：58 km²
[0°47′S　100°40′E]

　インドネシア西部，スマトラ島，西スマトラ州中央部の市（コタ）．西で州都パダンに接するほかは，ソロック県に囲まれている．市域は東西に長く，西部はバリサン山脈であり，市の中心は東部の峡谷部にある．市域内にはバタンルンバン Batang Lembang 川，バタンガワン Batang Gawan 川，バタンアイルビングアン Batang Air Binguan 川の3つの河川が流れているが，いずれも大きな川ではない．土地利用をみると，23.6%が森林で，水田が21.3%でこれに次ぐ．畑やほかの農業用地が10.9%，農園が2.4%となっており，農業，とくに稲作が盛んである．2013年の米の生産量は1万5255 tであった．スマトラ縦断道路が通り，またパダンから州東部サワルントやリアウ州へ向かう道路もここを通る．2013年の域内総生産では，運輸部門の寄与率が最も高く22.8%であり，16.0%が陸上輸送となっている．　[柏村彰夫]

ソロモン諸島　Solomon Islands

人口：51.6万（2009）　面積：28369 km²
[9°27′S　159°58′E]

　南太平洋西部，メラネシアの国．南緯5～13度，東経155度30分～170度30分の海域にある島々の総称であり，その範囲を固有領域とする独立国の名称である．首都はホニアラ．国内は，チョイスル州，ウェスタン州，イザベル州，セントラル州，レンネルベロナ州，ガダルカナル州，マライタ州，マキラウラワ州，テモトゥ州の9つの州からなる．通貨はソロモン諸島ドル（SBD）である．北西端に位置するショートランド諸島から南東端のサンタクルーズ諸島まで直線距離で約1400 kmある．ソロモン諸島は，比較的面積の広い6つの島（チョイスル島，ニュージョージア島，サンタイザベル島，ガダルカナル島，マライタ島，サンクリストバル島）を中心に，陸島，火山島，および無数のサンゴ礁島で構成される．気候は高温多湿であり，日中の平均気温は年間を通して30℃．季節は4月終わりから11月までの乾季と12～4月までの雨季に分かれる．ガダルカナル島北岸における年平均降水量は2250 mmである．雨季には毎年サイクロン（台風）がソロモン諸島付近を通過し，同国に甚大な被害を与えることもある．とくに，1986年5月にマライタ島に上陸したサイクロンは，周辺の島々も含めて100人以上の死者を出し，約9万人の家屋を倒壊させた．また，ソロモン周辺では20世紀以降，大地震が頻発しており，2007年（M 8.1），2013年（M 8.0）に大きな被害を受けている．

　ソロモン諸島住民は，メラネシア系93%，ポリネシア系4%，ミクロネシア系（キリバス系）1.5%，残り1.5%が中国系とヨーロッパ系である．国内には約70の言語があり，その大多数はオーストロネシア語族である．他にパプア諸語，ポリネシア諸語に含まれる言語を母語にする地域がある．1950年代にイギリス植民地政府の政策で移住してきたキリバス系の人びとはキリバス語を母語にする．ソロモン諸島の公用語は英語であるが，村落などではおもにこれらの言語を日常会話に用い，母語を異にする者との会話には共通語としてのソロモン・ピジンイングリッシュを用いる．人口の約90%はおもに陸島や火山島の農村地域で暮らし，自給自足的な焼畑耕作や漁撈を生業とする．残り約10%は，ガダルカナル島にあるホニアラや各州の州都などで賃金労働に従事する．人口の約96%

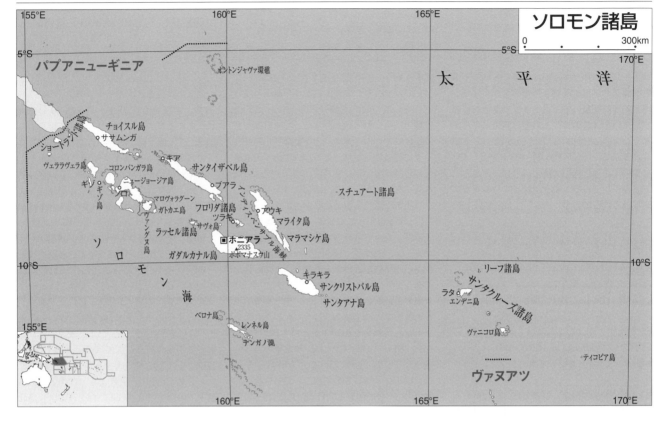

がキリスト教徒で，メラネシア教会(イギリス国教会系)や南洋福音派教会などプロテスタント系が主流である．

ソロモン諸島がヨーロッパ人に知られるようになったのは，1568年にスペイン人の探検家アルバロ・デ・メンダーニャの一行がサンタイザベル島北東岸に到達してからである．当時，南米に住むスペイン人の間で，西太平洋のどこかに旧約聖書に登場するソロモン王の失われた地が存在するという風説が流れており，メンダーニャはみずからが到達したその西の果ての島々にスペイン人の関心をひきつけるため，ソロモン王の黄金の地にちなみソロモン諸島と命名した．しかしその後約300年間，ソロモン諸島とヨーロッパ人との接触は途絶える．19世紀後半期に，キリスト教諸派の布教活動や捕鯨船の立ち寄り，ココヤシやシンジュガイ，べっ甲，ナマコなどを扱う白人交易人の来島，ブラックバーディングとよばれるオーストラリアやフィジーなどのサトウキビ農園における労働などが起こり，ソロモン諸島民は徐々に「近代世界」に組み込まれていった．1893年にイギリスがソロモン諸島中部および東部の島々や，西部のニュージョージア島の植民地化を宣言し，その後1899年には当時ドイツ領であったソロモン諸島北西部がイギリスに割譲され，現在のソロモン諸島の全領域がイギリス領に編入された．

イギリス領ソロモン諸島保護領は，1978年7月7日に，イギリス女王を元首とする立憲君主制国家，ソロモン諸島国として独立した．当時ソロモン諸島民の間で独立を求める動きは乏しく，独立はむしろ植民地経営のコスト負担に苦しむイギリス政府の側からもちかけたものであった．独立後のソロモン諸島における最大の政治的課題は，経済開発に関する問題である．とくに，ソロモン諸島民の約85％は焼畑耕作や漁撈による自給自足的生業活動を日々の経済活動の柱にしており，彼らをいかにして貨幣経済部門に参加させるかが，同国の大きな課題であり続けている．実際に経済開発プロジェクトに携わる人びとはごくわずかであり，開発以外の現金収入源としての賃金労働に従事する者の割合も全国人口の約8％である．しかも，賃金労働者の多くは公務員であり，近代的経済活動に日常的に従事する者の絶対数の少なさが，ソロモン諸島の経済状況を根本的に規定してきた．

このような状況に対して，1994年11月に誕生した第3次ソロモン・ママロニ政権は，95～98年の国家開発5カ年計画において，真の経済成長の達成，ソロモン諸島国民のための賃金労働機会の創出，開発利益のより公平な分配の達成，財政的安定，国民レベルの結束と共通のアイデンティティの創出を目標として掲げた．この内容は，基本的に独立以後の各政権が発表してきた開発計画にも共通する内容である．今日までソロモン諸島は，オーストラリア，日本，ニュージーランド，台湾などからの無償援助や直接投資，EU(欧州連合)やアジア開発銀行，欧州開発基金などからの融資に依存する体質を脱しておらず，上記の目標を達成できていない．

ソロモン諸島は，歴史的にその中心的輸出産業をコプラから水産加工品，そして林業へ移してきた．そして，1990年代にソロモン諸島の産業の柱となった林業が，同国の貿易収支を黒字に導いた．しかし，それらはつねに海外市場の価格動向に大きく左右される一次産品であり，それに依存する体質自体に変化はない．そこで，1990年代以降ソロモン諸島政府は，一次産品以外の産業として，観光，とくに村落社会をとりまく自然を観光資源として利用し，一般の人びと自身が村落周辺で調達できる資機材を使って宿泊施設を用意するエコツーリズムに注目している．しかしこれらの産業も，1998年末に始まる民族紛争の煽りを受けて著しく停滞した．とくに2000年6月のクーデター発生時には外国企業や援助機関の撤退や外国人の渡航自粛があ

り，社会的，経済的に深刻な状況に陥った．この民族紛争は，ホニアラがあるガダルカナル島の一部の人びとと（とくに島の南部地域）と，太平洋戦争後に近隣のマライタ島からおもに労働者としてガダルカナル島へ移ってきた人びとおよびその子孫との間にみられる土地問題や雇用機会の格差をめぐって発生したものである．2000年10月に近隣諸国の仲介で一応の収束をみたものの，ガダルカナル島において銃の不法所持や社会不安が2003年まで続いた．　　　　　　　　　　［関根久雄］

ソロモン海　Solomon Sea

パプアニューギニア，ソロモン諸島付近

面積：720000 km²　長さ：1600 km　幅：700 km
深さ：4000 m　　　　　　［8°43′S　154°19′E］

南太平洋西部の海域．西はパプアニューギニア，北はニューブリテン島，東はソロモン諸島に囲まれた範囲をさす．南はコーラル（珊瑚）海につながる．海底地形は北側のニューブリテン海盆と南側のソロモン海盆に分かれる．平均水深は4000 m以上で，ニューブリテン島とブーゲンヴィル島側には最深9000 mを超えるニューブリテン海溝が東西に湾曲して延びる．この海域では第2次世界大戦中の1942年，ガダルカナル島の領有を巡って日米間で3次にわたる海戦が勃発し，最終的にアメリカ軍の優勢に終わった．
　　　　　　　　　　　　　　　［前杢英明］

ソロル環礁　Sorol Atoll

ミクロネシア連邦

人口：0（2010）　面積：0.9 km²
　　　　　　　　　［8°08′N　140°25′E］

北太平洋西部，ミクロネシア，ミクロネシア連邦，ヤップ州の環礁．離島群の西端にある環礁で，州都コロニアのあるヤップ本島の南東約295 kmに位置する．男性の漁撈と女性の農耕による自給自足経済と，世襲制首長によって指導される社会を特徴とする．ヤップ州の離島はヤップ本島のガギル地区と伝統的な交易関係にあり，今日でもこの関係は継続している．ソロル環礁はウリシー環礁，ファイス島とともに，交易にもとづく階層の中では中位の地位にあった．現在では出身者のほとんどがヤップ島，ウリシー環礁など他島に移住している．　　　　　　　［柄木田康之］

ソロール諸島　Solor, Kepulauan

インドネシア

面積：1946 km²　　　　［8°23′S　123°24′E］

インドネシア中部，小スンダ列島東部，東ヌサトゥンガラ州の諸島．狭い海峡によって互いに隔てられた主要3島ソロール島，アドナラ島，レンバタ島といくつかの小島からなる．西に位置するフロレス島と古くから密接なつながりがあった．現在もソロールとアドナラの2島は行政的にフロレスティムール県に属している．レンバタ島は1999年にレンバタ県として独立した．アドナラ島，レンバタ島には古くにスラウェシ島から移民してきたバジャウ人の集落もある．諸島内の中心はレンバタ島のレウォレバで，この町はフロレス島のララントゥカおよびティモール島の州都クパンと空路で結ばれている．また，一帯の海上交通の拠点ともなっており，定期市には広く近隣の島から人びとが集まる．

この地域は，歴史的には16世紀以来，ソロール島を中心にポルトガル勢力によるカトリック布教の拠点であった．17世紀に一帯の支配がオランダ勢力に移った後も，その影響力はアドナラ島のウレック Wurek やソロール島のパマカジョ Pamakajo などに19世紀半ばまで残っていた．

一帯では，この地域の共通語であるラマホロット語，およびその変種が用いられている．住民の多くはカトリック信者であるが，都市を中心にイスラーム教徒も居住する．また，上記の「公式な」宗教のほかに，伝統的なアニミズムが全島にわたり浸透している．とくにレンバタ島の火山イレアペ Ile Ape（イリアピ Ili Api）を擁する半島には，アニミズム的な儀礼である豆の祭礼，ペスタ・カチャンが残る．おもな産業は漁業およびトウモロコシ，キャッサバ，ココナッツ，バナナ，野菜などの自給自足的な農業で，伝統的な焼畑農業が行われている．また，イカット（絣織）生産でも知られ，上質のものは婚資として象牙と交換される．また，レンバタ島南部のラマレラ Lamarera とソロール島のラマケラを中心に伝統的なクジラ漁が行われている．いずれも伝統的なアニミズム的儀礼を伴うことで知られるが，カトリックおよびイスラーム教の普及によってその種の儀礼は徐々に衰退しつつある．　　［塩原朝子］

ソロール島　Solor, Pulau

インドネシア

面積：226 km²　　　　　［8°32′S　122°54′E］

インドネシア中部，小スンダ列島東部，東ヌサトゥンガラ州フロレスティムール県の島．フロレス島の東，ティモール島の北西に位置する．島の北部および東部に位置するアドナラ島，レンバタ島などとともにソロール諸島を形成する．近隣諸島と比べ標高は比較的低く，最高地点でも915 mにすぎない．気候は乾燥している．西隣のフロレス島との間を隔てるのが非常に狭いフロレス海峡であるため，この島とは古くから密接な関係をもっていた．フロレス島東部を含むこの地域一帯の中心で，地域の共通語であるラマホロット語の一変種であるソロール語を話すソロール族が居住する．

歴史的には，16世紀にポルトガルが香辛料を求めてマルク諸島に向かう際の足場であり，1561年にはドミニカ派の宣教師がマレー半島から来訪し入植地を構えた．当時ジャワ人のイスラーム教徒からの攻撃に際してつくられた要塞の跡が，現在もメナガ村の西数kmにあるロハヨン Lohayong に残っている．17世紀に入ってからはこの地をめぐってポルトガルとオランダの抗争が長期間続き，最終的には1636年にオランダの支配が確立した．

行政的にはソロールバラット郡とソロールティムール郡，ソロールスラタン郡の3つに分かれている．最大の町は島の西部に位置するリタエバン Rita Ebang で，そこから東部に位置する第2の町メナガ Menanga に幹線道路が延びている．リタエバンは上質のイカット（絣織）の産地として知られる．また，島の北東端の集落ラマケラは伝統的な儀式を伴うクジラ漁で知られる．住民はカトリックが中心だが，イスラーム教徒も多い．島内に空港はなく，フロレス島東端のララントゥカと海路によって結ばれている．　［塩原朝子］

ソロン　Sorong

インドネシア

人口：19.1万（2010）　面積：1105 km²
気温：23-33℃　降水量：2900 mm/年
　　　　　　　　　　［0°52′S　131°15′E］

インドネシア東部，ニューギニア島西部，西パプア州の市（コタ）．ドベライ半島西端にある．ドベライ半島は，オランダ領時代にはその形状にちなんでフォーヘルコップ Vogelkop（鳥の頭）半島の名でよばれていた．もとはソロン県の県都であったが，

2000年に県から分離し、独立したソロン市へと昇格した。ソロン市は行政の上で、ソロン、ソロンバラット、クプラウアンソロン、ソロンティムールなどの10の区に分かれている。パプアの他の都市に比べてかなり開けている。ガルーダ航空、ナムエアーなどによって、首都ジャカルタ、スラウェシ島のマカッサルやマナドと結ばれている。地形は山や丘が多く、町の南東には熱帯雨林が広がる。一年を通して降雨がある。近海は、マグロをはじめとする豊富な水産資源を誇る漁場となっている。

古くから石油産業の町として知られてきた。東インドネシアにおける石油とガス輸送の基点となっており、石油や天然ガスが現在も産出されている。石油開発の歴史は、オランダ植民地時代までさかのぼる。1908年に初めての調査が行われ、35年にはオランダ領ニューギニア石油会社(NNGPM)が産出を開始した。町には現在、石油会社が遺した数多くの産業遺産(輸出用の港、石油タンク、会社所有の住宅など)が残っている。第2次世界大戦においては日本軍が駐屯し、アメリカ軍による激しい空爆を受けた。町を見下ろす丘の上には、戦史を伝えるモニュメントであるアルファク塔が建てられている。

町は、ラジャアンパット諸島へと渡る玄関口にもなっている。ラジャアンパット諸島一帯の海域は、太平洋とインド洋に生息する種が交差する場所であり、1000種もの魚が生息し、450種以上の造礁サンゴが確認されている。近年、生物多様性にきわめて富んだ世界的にもまれな海として知られるようになった。　　　　　　　　　　　　　　[森田良成]

ソン川　Son River　インド

面積：67000 km² 長さ：764 km
[25°39′N　84°52′E]

インド中部から北部を流れる川。マッディヤプラデシュ州のバゲルカンド高原に発し、北流したあと、ヴィンディヤ山脈とバゲルカンド高原の間の峡谷を東北東方向に約300 km流れる。その途中、バゲルカンド高原を流れるバナス川、ゴパド川、リハンド川など、いずれも北流する支流を合わせてウッタルプラデシュ州を流れる。ビハール州に入るとチョタナグプル高原から北流するノースコエル川を合わせて北東方向に直線的に260 km流下し、この間、川幅が4.8 kmにもなる。やがてヒンドスタン平原に入り、パトナでガンジス(ガンガ)川と合流する。

上流域の年平均降水量は1300～1600 mmであり、雨季の夏は河川が氾濫し、乾季には水が枯渇するなど暴れ川である。下流ではしばしば河道が変わり、パトナの近くではソン川の旧河道がいくつか残っている。コルカタ(カルカッタ)と首都デリーを結ぶ国道2号が通る地点に頭首工が築かれ、ここから川の両岸に広がる平原にパトナ用水路などのソン用水路網を通じて灌漑用水が導かれ、豊かな農業地帯を形成している。　　　[成瀬敏郎]

ソン山　嵩山　Song Shan　中国

標高：1512 m
[34°28′N　112°57′E]

中国中央東部、ホーナン(河南)省北中部の山岳群。チョンチョウ(鄭州)市、トンフォン(登封)市に位置し、五岳の1つ(中岳)に数えられる36の峰からなる。主峰は標高1512 mの玉寨山である。古代から山岳信仰の場であり、北魏時代からは道教、仏教の寺院や道場が建立されるようになった。少林寺や中岳廟、会善寺などが知られる。唐代には、潘師正、普寂、慧安などの道士、僧侶らがここを本拠地とした。20世紀以降、少林寺武術(少林拳)を教える武術学校が設置されるようになり、嵩山少林寺には、今日では国内のみならず世界各地から武術を学ぶ学生が集まる。また、廟、宮、塔、道場、書院などの重要な史跡群が残されていることから、2010年には「河南登封の文化財"天地之中"」としてユネスコの世界遺産(文化遺産)に登録された。2004年にユネスコの世界ジオパークにも認定されるなど、国際的な観光地となっている。　　　　　　　　　　　　　[中川秀一]

ソンインボン　聖人峰　Seonginbong　韓国

弥勒山(別称)

標高：984 m
[37°30′N　130°52′E]

韓国東部、キョンサンブク(慶尚北)道の山。日本海上、ウルルン(鬱陵)島の主峰で、島の中央部を占める。新生代第三紀から第四紀にかけての火山活動の結果形成された火山島の頂上部である。玄武岩など、アルカリ性の火山岩からなる。頂上部の北側のカルデラの部分を、羅里盆地とよんでいる。登山道は四方からついているが、島の中心地、鬱陵(道洞)からの登山道が一般的である。

[山田正浩]

ソンカウ　Song Cau　ベトナム

人口：9.8万 (2009)　面積：487 km²
[13°27′N　109°13′E]

ベトナム南中部、フーイェン省北部の都市。4つの行政区と10の村からなる。カインホア省とフーイェン省の前身であるフーカイン省に、1985年に設置された県であり、2009年に市に昇格した。国道1号が縦断する。代表的な産物としてはパイナップルがある。

[筒井一伸]

ソン(嵩)山(中国), 法王寺の十五重仏塔と嵩山《世界遺産》[beibaoke/Shutterstock.com]

ソンクラー　Songkhla　　タイ

シンゴラ　Singora　(マレー語)

人口：18.4万 (2010)　面積：189 km²
[7°10′N　100°37′E]

　タイ南部，ソンクラー県の都市で県都．もともとはスルタンが治めた城壁都市であり，イスラームの影響が強かった．市街はソンクラー湖の南端，湖が海に開けたところに位置する．陸路で首都バンコクの南南西約950 km，歴史の古い都市である．漁業の町であるとともに，重要な港町でもある．トンブリー朝の時代から20世紀初頭までこの地の領主であったナ・ソンクラー家(呉姓)は，もとは中国系のツバメの巣の徴税請負人であった．この事実からもわかるように，この地域は古くから中国との盛んな交易やスズの採掘の関係から，中国からの人の流入が多かった．
[山本博史]

ソンクラー県　Songkhla, Changwat　　タイ

人口：148.1万 (2010)　面積：7394 km²
[7°10′N　100°37′E]

　タイ南部の県．県都はソンクラー．マレー半島の東岸にあり，南西部はマレーシアとも国境を接している．北部は平地が多く，南部は標高が高く山岳地帯であり，東はタイ湾に面している．16あるアムプー(郡)のうち，ハートヤイ郡が40万を超え最も人口が多く，次に人口が多いのは県都ソンクラーのある郡となっている．タイ南部最大の人口をもつ都市ハートヤイもあり，ナコーンシータマラート県とともにタイ南部の中核的な県となっている．おもな産業は，工業が県内総生産(2011)の26.0%と一番多く，次いで農業20.2%，卸小売業12.7%となっている．全県の土地利用をみると67.0%(2011)が農業に使われ，その約68%は天然ゴムの栽培地であり，大きな産業となっている．

　南西でマレーシアと接しているが，タイではこの県以南ではイスラームの人口が次第に増大していく．県人口の74.5%が仏教徒であるのに対し，イスラーム教徒は25.3%とかなりの比率になっているが，分離独立運動やテロ活動は活発ではなく，政治的には比較的安定している．観光資源としては，サミラービーチに代表される海岸リゾートや涅槃仏で有名なハートヤイナイ寺などが有名である．県の象徴ともいえるソンクラー湖は，最も幅の広いところで約20 km，全長約78 km，面積約1100 km²(面積は年や季節で変化．琵琶湖のほぼ1.6倍)とタイで最も大きな湖である．湖域はタレールアンとよばれる内湖とタレーサップソンクラーとよばれる海に連なる外湖に大きく2つに分けることができ，1980年代に長く首相を務め，ラーマ9世の死後摂政となったプレーム・ティンスーラーノンの名前をとった橋がかかっている．この湖は水深が浅く汽水で，生息するイルカの数が激減するなど，昨今はその環境の悪化に対し保護を求める声が高まってきている．
[山本博史]

ソンクラー湖　Songkhla, Thale Sap　　タイ

ルアン湖　Luang, Thale (別称)

面積：1046 km²　長さ：80 km　幅：20 km
[7°13′N　100°28′E]

　タイ南部，ソンクラー県とパッタルン県にまたがる湖．マレー半島東海岸にある国内最大の湖である．最南端のソンクラーで海に通じる．南から北に向かってタレーサープソンクラー(ソンクラー湖)，タレーサープ(湖)，タレールアン(大海)，タレーノーイ(小海)の4つの部分に分かれ，北端のタレーノーイは堆積によってタレールアンとは切り離されている．湖の北部から中部にかけては淡水であるが，南部は汽水となる．海水魚，淡水魚ともに重要な水産資源となっており，沿岸の住民に生業を提供しているほか，北端のタレーノーイは水鳥の生息地として有名である．
[柿崎一郎]

ソンコイ川　Song Coi ☞ ホン川　Hong, Song

ソンサン　城山　Seongsan　　韓国

[33°28′N　126°56′E]

　韓国南西端，チェジュ(済州)特別自治道の町．行政上は2005年まで南済州郡城山邑であったが，現在はソギポ(西帰浦)市城山邑．済州島東端に位置する．城山港は済州島の重要な漁業基地の1つである．また，西帰浦〜プサン(釜山)間の定期船も寄港する．日出峰(標高180 m)は，数多いハルラ(漢拏)山の寄生火山の1つで，城山港を外洋から守っている．
[山田正浩]

ソンサン　善山　Seonsan　　韓国

[36°15′N　128°18′E]

　韓国東部，キョンサンブク(慶尚北)道西部の町．ナクトン(洛東)江本流の中流域，洛東江と支流の甘川に沿った沖積平野に位置している．もともとは善山郡の中心地であり，郡庁が置かれていた．1995年，善山郡が工業団地の発展で人口増加の著しいクミ(亀尾)市に編入されたため，現在，行政上は亀尾市善山邑．付近をチュンブネリョク(中部内陸)高速道路が通過している．
[山田正浩]

ソンシー県　松渓県　Songxi　　中国

東平県 (古称)

人口：11.9万 (2015)　面積：1043 km²
気温：18.1℃　降水量：1662 mm/年
[27°32′N　118°48′E]

　中国南東部，フーチェン(福建)省北部，ナンピン(南平)地級市の県．ウーイー(武夷)山麓の南東側に位置する山間地にある．県政府所在地は松源街道．三国時代の260年に東呉国の東平県として設置され，宋の開宝8年(975)に松渓県に改名された．湿潤な気候と豊富な地下水に恵まれ，林業や，竹，シイタケ，茶，タバコ，高地野菜などの栽培が盛ん．湛廬山には道教ゆかりの名所がある．住民の大半は客家(ハッカ)系で，ミンペイ(閩北)方言を使用する．交通では衢寧鉄道(チョーチャン(浙江)省チューチョウ(衢州)市〜福建省ニンドゥ(寧徳)市)が通じる．
[許　衛東]

ソンシェン　嵩県　Song Xian　　中国

人口：約58万 (2012)　面積：3009 km²
[34°09′N　112°06′E]

　中国中央東部，ホーナン(河南)省西部，ルオヤン(洛陽)地級市の県．洛陽市街地の南西部，フーニウ(伏牛)山脈の北麓に位置する．県内を源とする伊河，汝河，白河はそれぞれホワン(黄)河，ホワイ(淮)河，ヤンツー(揚子)江に流れ出る．16郷鎮を擁する．白雲山国立森林公園など，保全された自然生態系が観光資源となっている．
[中川秀一]

ソンシャン区　松山区　Songshan　　中国

人口：57.4万 (2010)　面積：5955 km²
[42°16′N　118°56′E]

　中国北部，内モンゴル自治区東部，ウラン

890　ソンシ

〈世界地名大事典：アジア・オセアニア・極Ⅰ〉

ハダ(チーフォン，赤峰)地級市の市轄区．清朝時代はオンニュード(翁牛特)右翼旗の領地であり，18世紀末頃から入植を受けて1907年には赤峰県となった．満洲国時代には赤峰県を廃止してオンニュード右翼旗に編入したが，第2次世界大戦後には右翼旗を廃止して赤峰県とした．1983年にジョーオド盟全体が地級市の赤峰市となった際には一時期，赤峰市の郊外区域とされていたが，93年に市内の1区として成立し現在にいたっている．
　　　　　　　　[ボルジギン・ブレンサイン]

ソンジュ　星州　Seongju
韓国

人口：4.1万 (2015)　面積：616 km²
[35°55′N　128°17′E]

　韓国東部，キョンサンブク(慶尚北)道南西部の郡および郡の中心地．行政上は星州郡星州邑．テグ(大邱)広域市の西に位置する．郡域の東の境界線はナクトン(洛東)江である．2010年の星州郡の人口は3.7万である．1975年の人口は約10万であったので，この間に人口は約4割弱に減少した．平野に恵まれ，穀作のほか，野菜，果物の生産も盛んである．郡域の南西端は，カヤ(伽倻)山国立公園に含まれている．　　　　　　[山田正浩]

ソンジョン湾　松田湾
Songjon-man
北朝鮮

幅：5 km　　　　　[39°23′N　127°30′E]

　北朝鮮，カンウォン(江原)道北部にある湾．ウォンサン(元山)湾に属する．海岸線は109 km．トンチョソン(東朝鮮)湾からさらに奥まった位置で，南東にホド(虎島)半島が延び，半島と陸地との間に松田湾がある．湾口にある22の島々で風波から守られる．また，南岸から明沙十里で知られる葛麻半島が突き出ている天然の良港である．カキの養殖と保護地域である．近海ではメンタイ，カタクチイワシ，カレイ，イカナゴ，イガイ，コンブの漁獲が多い．　　　　　　　[司空 俊]

ソンダー川　Song Da ☞ ダー川　Da, Song

ソンタイ　Son Tay
ベトナム

人口：18.1万 (2008)　面積：114 km²
[21°06′N　105°30′E]

　ベトナム北部，ホン川(紅河)デルタ，ハノイ中央直属市北部の市．9つの行政区と6つの村によって構成されている．ホン川沿いに位置し，ホン川では規模の大きい港湾の1つであるソンタイ港を有する．デルタ地帯であるためドンモー湖(約3 km²)など比較的大きな湖がある．フート省などを経て，中国国境に向かう国道32号が通り，首都ハノイ中心部から西北約40 kmの距離に位置する．かつてはソンタイ省として1つの省であったが1963年にハドン省と合併しハータイ省となった．さらに1975年にはホアビン省と合併してハソンビン省となったが，1991年に分割が行われ，ふたたびハータイ省ソンタイ市となった．その後，2008年に現在はハノイ中心直属市に吸収された，その際に省直属市から市へと格下げがなされた．　[筒井一伸]

ソンタオ自治県　松桃自治県
Songtao
中国

ソンタオミャオ族自治県　松桃苗族自治県 (正称)

人口：75.0万 (2013)　面積：2861 km²
[28°09′N　109°12′E]

　中国中南部，グイチョウ(貴州)省北東部，トンレン(銅仁)地級市の自治県．県政府は蓼皋街道に置かれている．チョンチン(重慶)市とフーナン(湖南)省に隣接する．総人口の4割強をミャオ(苗)族が占め，1956年に松桃ミャオ族自治県となった．湖南省ホワイホワ(懐化)市から重慶市に抜ける渝懐鉄道が開通し，県域南東部に銅仁ターシン(大興)空港ができ，1990年代以降に交通網が急速に整備されてきた．マンガンの埋蔵量は中国屈指を誇り，採掘も始まった．エスニックツーリズムの地としての魅力はチェントンナン(黔東南)自治州よりも劣る．　　　[松村嘉久]

ソーンダーズ海岸　Saunders
Coast
南極

[77°45′S　150°00′W]

　南極，西南極の海岸．コルベック岬とブレナンポイントの間の沿岸部の名称で，マリーバードランドの一部である．または西側に白瀬海岸，東側にルパート海岸があり，その間の海岸をさす．1929年に，バード南極調査隊の一員として参加し，本海岸を最初に航空機から撮影して地図作成に貢献した，ハロルド・ユージン・ソーンダーズ(1890–1961)にちなんで命名された．　　　　　[前杢英明]

ソンチャン区　松江区　Songjiang
中国

人口：173.7万 (2013)　面積：606 km²
[30°59′N　121°15′E]

　中国南東部，シャンハイ(上海)市南西部の区．北西はチンプー(青浦)区，南西はチンシャン(金山)区，東はミンハン(閔行)区，南東はフォンシェン(奉賢)区に接する内陸の区．唐天宝10年(751)この地に華亭県が置かれ上海の歴史の画期となった．華亭は三国時代に由挙県(現チャシン(嘉興)市)の東部にある亭であったが，南北朝時代に開発が進んだ結果，立県にいたったものである．元代に華亭県は華亭府となり，後に松江府と改名した．松江の名は域内を流れる呉松江(ウーソン江，のち呉淞江と書くようになる)の名による．元始元29年(1292)華亭県の北東部から上海県が独立し松江府に属した．明嘉靖21年(1542)華亭県と上海県から青浦県をつくり，治所は青竜鎮に置いた．明清にかけて現在の上海西部には続々と県や鎮が設けられた．民国になって華亭県は松江県となり，江蘇省に直属していた．新中国になってから松江専区が設けられたりしたが，1958年，松江県は上海市に所属することになり，98年松江区となった．区には6街道と11鎮があり，区政府は園中路にある．2013年の戸籍人口は59.5万，常住人口は173.7万である．

　区域は太湖盆地につながる低湿地で，中小の湖沼や水路が網状に走っている．北西方にある淀山湖に源をもつ沜河とその下流の斜塘がホワンプー(黄浦)江の源流の1つである．区の北西部には低平な丘陵群があり，全体で佘山森林公園となっている．西佘山，東佘山，天馬山，小崑山などとよばれ，その中の天馬山が陸地の上海市域では標高がいちばん高い(標高98.2 m)．各山頂にはそれぞれ天主教会，道教廟宇，天文博物館などがある．山麓にはゴルフ場やキャンプ場もあり郊外のレジャーランドとなっている．そのほか豊富な土地資源を活用して大規模な商業施設，大学城，住宅団地などをつくり，良好な環境をもった郊外型生態都市の建設を目ざしている．2001年に着工した松江大学城は，東華大学，上海外国語大学，華東法政大学，上海工程技術大学などが，企業と一体となって産学協同の教育研究を実現している．旧県城区には唐代の陀羅尼経を彫った幢(石柱)，宋代の興聖教寺塔(方塔)をはじめとする上海では珍しい貴重な文化財が残っている．

　　　　　　　　[谷 人旭・秋山元秀]

ソンネ　891

ソンチョン　宣川　Sonchon
北朝鮮

面積：451 km²　標高：45 m　気温：8.5℃
降水量：1190 mm/年　　[39°43′N　124°55′E]

　北朝鮮，ピョンアンブク(平安北)道の町で郡庁所在地．西海岸中部，大睦山や丘陵地で囲まれた盆地にあり，付近の農産物の集散地として発達した．気候は大陸性，1月の気温は−10℃．早くからキリスト教が普及し，宣教師の居住地域があった．植民地時代，日本は宣川駅での寺内総督事件を口実にして，キリスト教徒，民族主義者に対する大弾圧を加えた．宣川はその後も独立運動の拠点の1つであった．米，大豆，小麦が栽培され，養蚕，牧畜も盛ん．金鉱山がある．玉湖浦薬水など4カ所に鉱泉がある．平義鉄道が通る．

[司空　俊]

ソンチョン　成川　Songchon
北朝鮮

面積：723 km²　標高：56 m　気温：9.2℃
降水量：1224 mm/年　　[39°15′N　126°13′E]

　北朝鮮，ピョンアンナム(平安南)道中部の町で郡庁所在地．東部と西部は山地，北部は成川江とその支流が流れる．盆地地形で沸流江が流れ，流れに沿って十二峰とよばれる12の峰がある．非金属鉱山，林産機械，建材工業，製紙などの工場がある．テドン(大同)江には成川閘門がある．温泉と鉱泉があり，特産物は障子紙(門窓紙)，成川栗，香気豊かな成川タバコ葉．町(邑)から20 km離れて朝鮮戦争時の君子地下工場跡がある．高麗時代の遺跡が残る．平徳線と平羅線が通る．

[司空　俊]

ソンツー市　松滋市　Songzi
中国

人口：77.5 万 (2015)　面積：2235 km²
　　　　　　　　　　[30°11′N　111°47′E]

　中国中部，フーペイ(湖北)省，チンチョウ(荊州)地級市の県級市．市政府はシンチャンコウ(新江口)鎮に所在する．チャン(長)江南岸に位置する．東部はチャンハン(江漢)平原に属して標高50 m以下，南西部はウーリン(武陵)山脈に属して250〜600 mの丘陵地である．北に長江，東に松滋河，南にウェイ(洈)水が流れる．主要な鉱産物には石油，石炭，岩塩，鉄，重晶石，珪石などがある．農作物は水稲，小麦，綿花，ナタネがあり，水産物が豊富．工業は紡織，機械，化学などがある．焦柳鉄道(チャオツオ(焦作)〜リウチョウ(柳州))や岳宜高速道路(ユエヤン(岳陽)

〜イーチャン(宜昌))が通る．洈水国立森林公園がある．

[小野寺　淳]

ソンドウォン　松涛園
Songdowon
北朝鮮

[39°07′N　127°26′E]

　北朝鮮，カンウォン(江原)道，ウォンサン(元山)市北東部の村．葛麻半島で朝鮮東海(日本海)の風波から守られている．地名は花崗岩が風化した白砂の海岸が続き，背後には松林(松涛)が広がることに由来する．海岸はハマナスの群生地．白砂青松の風致は北朝鮮でも有名．海水浴場集落であり，避暑地，保養所，ホテル，国際青少年キャンプ場，東方式海岸公園，植物園などがある．ウォンサン(元山)港と新潟(日本)を結ぶ航路があった．

[司空　俊]

ソンナム　城南　Seongnam
韓国

人口：94.9 万 (2015)　面積：142 km²
　　　　　　　　　　[37°27′N　127°08′E]

　韓国北西部，キョンギ(京畿)道中部の都市．首都ソウルの南東郊外に位置する．1971 年，京畿道城南出張所を設置し，クァンジュ(広州)郡大旺面，楽生面，突馬面および中部面の一部を管轄した．1973 年，城南出張所を市に昇格．人口増加に伴って面から邑，市へと昇格する通常の過程を経ない特異な例である．1960 年代まで広州郡の農村部であったが，広州大団地とよばれる住宅地が開発され，それが都市化の契機となった．広州大団地はソウル市内で水害に被災した不良住宅地区の撤去と再開発のために住民を移住させる目的でつくったものである．1969 年までこの地域の人口は 3 万前後でほとんど変化していなかったが，1970 年には 10 万弱に急増している．1969 年の調査では総人口3.5 万のうち，もとからの居住者 0.6 万，被災地からの転入者 1.4 万，一般の転入者 1.5 万であった．

　市制を施行した 1973 年の人口は約 19 万であったが，80 年には約 38 万，90 年には約 54 万人に達し，ソウル首都圏内の代表的なベッドタウンの 1 つとなった．また京畿道の内陸部ではプチョン(富川)，スウォン(水原)と並ぶ工業集積地でもある．さらに城南市の人口増加に拍車をかけたのがプンダン(盆唐)ニュータウンの開発である．1980 年代後半から急増を続けるソウル首都圏での住宅供給のために大規模なニュータウンの建設

が推進された．盆唐ニュータウンはコヤン(高陽)市のイルサン(一山)ニュータウンと並んでその代表である．城南市域の南部一帯を開発したもので計画規模は 50 万人であった．城南市の 1995 年の人口が約 89 万へと急増しているのはそのためで，同年の盆唐区の人口は 32.1 万であった．2010 年のそれは 46.3 万で，城南市総人口の約 49% を占めているのである．2000 年代に入って増加が鈍化しているのは，すでにニュータウンが飽和状態に達しているためと考えられる．現在最も激しい人口増加を示しているのは，盆唐の南に隣接するヨンイン(竜仁)市である．

　城南市とハナム(河南)市，広州市が境を接するところにナマン(南漢)山城がある．古代以来の山城で，ソウル近郊ではプッカン(北漢)山城と並ぶ存在である．百済の始祖と伝えられる温祖王を祭祀する廟がある．朝鮮時代の広州府はこの山城の中に位置していた．南漢山城道立公園に指定されている．2014 年，「南漢山城」としてユネスコの世界遺産(文化遺産)に登録された．

[山田正浩]

ソンニ山　俗離山　Songnisan
韓国

標高：1058 m　　[36°31′N　127°49′E]

　韓国中部，ソベク(小白)山脈中の山．チュンチョンブク(忠清北)道ボウン(報恩)郡と，キョンサンブク(慶尚北)道ムンギョン(聞慶)市の境界線上に位置する．主峰の天皇峰を始め，毘盧峰など9つの峰々からなる．古くから朝鮮八景の1つに数えられるほど，明媚な風光の山である．文蔵台は標高1033 mの地点にあるが，ここから俗離山の全景が展望できる．山中には，法住寺，正二品松などの文化財がある．法住寺には，大雄宝殿のほかに，捌相殿，双獅子石塔，さらに韓国では唯一の木造五重塔などがある．1970 年，天皇峰を中心に 105 km² の範囲が，俗離山国立公園に指定された．

[山田正浩]

ソンネン平原　松嫩平原
Songnen Pingyuan
中国

しょうどんへいげん (音読み表記)

面積：100000 km²　長さ：500 km　幅：300 km
降水量：400−600 mm/年
　　　　　　　　　　[46°30′N　125°00′E]

　中国北東部，ソンホワ(松花)江とネン(嫩)江の流域に広がる平野．北のサンチャン(三江)平原，南のリャオホー(遼河)平原とともに

に，中国最大の平野であるトンペイ（東北）平原を構成している．北西はダーシンアンリン（大興安嶺）山脈，北東はシャオシンアンリン（小興安嶺）山脈，南東はチャンパイ（長白）山脈に囲まれた盆地であり，南西はチャンチュン（長春）付近から西に延びる松遼分水界によって遼河平原と分けられる．東西は300km，南北は500kmの広大な平野で，大部分はヘイロンチャン（黒竜江）省とチーリン（吉林）省に属する．2つの河川沿いの中央部は標高120～200mと低平であり，沼沢や湿地が発達している．その周辺を標高250～300mの丘陵地帯が取り巻いている．

　冬は長く寒冷で，1月の平均気温は−20℃ほどであるのに対して，夏は温暖で7月の平均気温は20℃を超える．降水量は少なくやや乾燥している．こうした気候からかつては大草原で，黒土などの肥沃な土壌が分布している．清朝では封禁の地とされていたが，18世紀になると開墾が始まり，20世紀には本格的に農地と放牧地の開発が進んだ．いまは国内の穀倉地帯となり，トウモロコシ，水稲，大豆などの生産が盛んであり，長春やハルピン（哈爾浜）などの大都市が形成されている．また石油や天然ガスなどの地下資源が豊富である． ［小島泰雄］

ソンパン県　松潘県　Songpan

中国

人口：7.5万（2015）　面積：9339 km²
[32°38′N　103°35′E]

　中国中西部，スーチュワン（四川）省中北部，アーバー（阿壩）自治州北東部の県．古代から軍事上の重要拠点とされ，貿易においても四川，ガンスー（甘粛），チンハイ（青海）の3省の集散地であった．地名は，かつてこの地域に存在した潘州と松州の頭文字を組み合わせて名づけられた．唐の太和3年（829）につくられた柔遠城が現存している．2003年に開港した四川チウチャイゴウ（九寨溝）ホワンロン（黄竜）空港により，ユネスコの世界遺産（自然遺産）に登録されている九寨溝，黄竜の2つの風景区への利便性が増した．おもな産業は観光業である． ［石田　曜］

ソンファン　成歓　Seonghwan

韓国

[36°55′N　127°08′E]

　韓国西部，チュンチョンナム（忠清南）道の最北端の町．行政上はチョナン（天安）市西北区成歓邑．北はキョンギ（京畿）道ピョンテク（平沢）市に接する．ソウル首都圏の拡大によって，その南限はチュンチョンナム（忠清南）道に及びはじめ，成歓も首都圏に組みこまれつつある．2005年，首都圏電鉄線1号線が天安まで延長され，ソウルへの通勤圏に入った．日清戦争時，ここは戦争勃発時の激戦地であった． ［山田正浩］

ソンブレロ海峡　Sombrero Channel

インド

幅：16 km　　　　　[7°39′N　93°34′E]

　インドの東方，アンダマンニコバル諸島連邦直轄地南部，ニコバル諸島の中ほどにある海峡．北のカッチャル島と南の小ニコバル島の間に位置する．海峡には直径19 kmあまりの大きな環礁やメロエ島などの小さな島々が点在するので，東のアンダマン海と西のベンガル湾とを結ぶ海峡の幅はせまい．またチェンナイ（マドラス）とシンガポールを結ぶ海底ケーブルが横断している． ［成瀬敏郎］

ソンベー川　Song Be ☞ ベー川　Be, Song

ソーンベリー　Thornbury

ニュージーランド

[46°17′S　168°06′E]

　ニュージーランド南島，サウスランド地方の町．ワレス地区，インヴァーカーギルの北西31 km，アパリマ川東岸の低地帯に位置する．小学校，ホテル，農産物・乳製品の加工工場が町の中心部に立地している．地名は，1859年にニュージーランドを訪れた開拓者ロバート・フォスターの妻の生まれ故郷であるイギリスのソーンベリーからとったものである．ソーンベリーはブリストルの北16 km，イングランド南西部の旧エーヴォン県に位置する市場町である． ［泉　貴久］

ソンホワ湖　松花湖　Songhua Hu

中国

フォンマンダム　豊満水庫　Fengman Shuiku（別称）

面積：554 km²　標高：243 m　長さ：100 km
幅：2 km　深さ：22 m　堤長：1080 m　堤高：91 m
貯水量：11000百万 m³
[43°39′N　126°48′E]

中国北東部，チーリン（吉林）省中部，吉林地級市にある省最大の人工湖．湖名は松花江中流にあることによる．大型の多目的ダムであるフォンマン（豊満）ダムは，1937年に建設が始められ，50年代に完成した．豊満水力発電所は東北地方の主力発電所となってきた．森林の繁茂した湖畔は風景名勝区に指定され，観光開発が進み，スキー場も整備されている． ［小島泰雄］

ソンホワ江　松花江　Songhua Jiang

中国

面積：546000 km²　長さ：1897 km
[47°43′N　132°31′E]

　中国北東部を流れる川．チャンパイ（長白）山脈の主峰であるペクト（白頭）山の天池に源を発し，ソンネン（松嫩）平原，サンチャン（三江）平原を貫流し，ヘイロンチャン（黒竜江）省トンチャン（同江）県の北東で黒竜江（アムール川）に合流する．流域は国内でチャン（長）江とホワン（黄）河に次ぐ広さである．支流にはネン（嫩）江，ラーリン（拉林）河，ムータン（牡丹）江などがあり，このうちダーシンアンリン（大興安嶺）山脈を源とする嫩江が，全長1379 km，流域面積28万3000 km²で最大の支流である．また嫩江が合流する地点より上流を，かつては第2松花江とよんでいた．なお松花江の名が使われるようになったのは明代からである．

　流域の冬は長く寒冷であり，11月中旬から4月上旬にかけて河水は結氷し，氷の厚さは1 mに達する．年平均降水量は南東部の長白山脈では700～800 mmで，北西に向かってしだいに低下していき，嫩江流域では400～500 mmとなる．流量が増加するのは，春の融雪期と降水が集中する夏であり，水位は渇水期に比べ4～5 m上昇する．川幅はチーリン（吉林）市付近で300～500 m，ハルピン（哈爾浜）付近で400～800 m，三江平原では1.5～3 kmである．水質は含砂量も少なく，かつては良質であったが，工業開発などによる水質の悪化が問題となっている．2006年には，吉林市の化学工場の事故により大規模な汚染が発生した．

　松花江の上流部では水力発電の開発が進められてきた．吉林市にあるフォンマン（豊満）発電所は満州国期に建設が始まったもので，このほかホワディエン（樺甸）市にあるパイシャン（白山）発電所など，多くの発電所が立地している．一方，中下流部は河川交通に利用されてきた．松花江の吉林市，嫩江のチチハル（斉斉哈爾）市までは汽船が遡航することが

でき，ハルビン市までは1000 t 級の船舶が航行可能である． 　　　　　　　　　[小島泰雄]

ソンホン川　Song Hong　☞ ホン川 Hong, Song

ソンボン　先鋒　Sonbong　　北朝鮮
ウンギ　雄基 (旧称)

面積：533 km²　標高：10 m　気温：6.3℃
降水量：700 mm/年　　[42°20′N　130°24′E]

　北朝鮮，ハムギョンブク (咸鏡北) 道北東部，ラソン (羅先) 市の郡．朝鮮東海 (日本海) の最北端に位置する港町で，トマン (豆満) 江を隔ててロシアと接する．1945年8月以前は慶興郡の一部，52年改編で雄基郡，一時ラジン (羅津) 市に編入，67年改編でふたたび雄基郡，81年先鋒に改称，93年羅津先鋒市の先鋒郡になる．羅津先鋒市は2000年に羅先市に改称した．
　低山からなり，西部は山地で高く，東部は豆満江と海岸で低くなりながら平地が開ける．自然湖が多い．南東は小湾，ほかの周辺は山と丘陵地に囲まれる．溺れ谷の先鋒湾は水深の深い良港，湾口には10の島がある．1921年に開港された．当初は木材や薪炭の集散地であったが，33年に咸鏡鉄道から支線が開通，豆満江流域を後背地とし，北朝鮮北部，日本，中国，ロシアを結ぶ商港になった．現在は一帯の石炭や木材をチョンジン (清津)，キムチェク (金策) をはじめ朝鮮東海に供給する拠点になっている．
　近海は漁業が盛んである．中でもメンタイ，イワシ，カレイ，ホッケの水揚げが多く，カキの養殖を行っている．火力発電所が建設され，鮒浦には非鉄金属鉱山が開発されている．農業の基本は丘陵地などの牛の放牧である．加工品のチーズ，バターは全国的に有名．塩化ビニル，薬剤は良質で全国に出荷販売される．竜水湖畔で剥製石器や櫛目土器など大規模遺跡が発見され，1960年代には旧石器時代の屈浦里遺跡が発見された． 　　　　　　　　　[司空 俊]

ソンミアニ　Sonmiani　　パキスタン
ミアニ　Miani (別称)

[25°24′N　66°40′E]

　パキスタン南西部，バローチスタン州南東部ラスベラ県の町．カラチの北東約72 km，ソンミアニ湾沿岸のほぼ中央部，アラビア海から約8 km 内陸に位置する．ミアニとよばれることもある．小さな港があり，漁業や製塩が行われている．観測用ロケット衛星の飛行試験場が1962年に設けられ，90年代に拡大，近代化され，ロケットの打ち上げをはじめロケット組立場，高速同調レーダー，管制室，遠隔計測所や飛行通信機器，光学カメラなどの保守作業場を有するようになった．また，核弾頭搭載可能な大陸間弾道ミサイル「シャヒーン」の発射実験に使用されることもある． 　　　　　　　　　[出田和久]

ソンミアニ湾　Sonmiani Bay
パキスタン

[25°10′N　66°30′E]

　パキスタン南西部，バローチスタン州南東部ラスベラ県の湾．県東南部，カラチの北西に位置し，アラビア海に臨む．東南端のモンツェ岬から約130 km の海岸線を有する．湾内のソンミアニビーチはカラチから車で約2時間と比較的近く，観光客に人気がある． 　　　　　　　　　[出田和久]

ソンミン県　嵩明県　Songming
中国

人口：34.0万 (2006)　面積：1357 km²
[25°21′N　103°03′E]

　中国南西部，ユンナン (雲南) 省中央部，クンミン (昆明) 地級市の県．県政府は嵩陽鎮に置かれている．昆明市街地の南東に隣接する．道路網の整備拡充も進み，省会昆明の衛星都市化が急速に進展しつつある．養豚とタバコや花卉の生産が盛んな農業県であるが，嵩明楊林工業開発区が建設され，飲食品を生産する工場なども誘致されている．民間芸術の嵩明灯籠が有名である． 　　　[松村嘉久]

ソンモ島　席毛島　Seongmodo
韓国

人口：0.2万 (2016)　面積：39 km²
[37°42′N　126°20′E]

　韓国北西部，インチョン (仁川) 広域市北西部の島．カンファ (江華) 島の西に位置する．行政上は仁川広域市江華郡三山面．最高地点は海明山 (標高309 m) である．江華島の外浦里と席毛里との間をフェリーが頻繁に連絡し，大型車の乗り入れが可能である．生産活動は農業と漁業が中心である．近海ではエビ，マナガツオ，ボラの漁獲があり，干潟を利用したカキの養殖も行われている．島のほぼ中央にある普門寺は新羅時代に創建された古刹である．背後の山腹には高さ10 m の磨崖仏があり，訪れる観光客が多い． 　　　　　　　　　[山田正浩]

ゾーンモド　Zuunmod　　モンゴル
人口：1.6万 (2015)　面積：19 km²
[47°42′N　106°56′E]

　モンゴル中央部，トゥヴ県の都市で県都．首都ウランバートルの南西43 km に位置する．1931年のトゥヴ県の設立以来，ウランバートルが同県の県都を兼ねていたが，42年に首都と県都の分離が決定した．その結果，首都周辺からボグドハン山南麓のゾーンモド谷に100戸300人が1800台の牛車とともに移動し，町がつくられた．ボグドハン山の南麓の斜面には1733年創建のマンジュシュリー寺院がある．かつて，この寺院は活仏ジェプツンダンバの直轄寺で盛時は350人のラマがおり，多くの堂宇と僧坊が築かれていたが，1930年代の宗教弾圧によって破壊され，廃墟と化した．現在，伽藍の修復が行われている． 　　　　　　　　　[島村一平]

ソンヤン県　松陽県　Songyang
中国

人口：23.1万 (2002)　面積：1406 km²
[28°27′N　119°29′E]

　中国南東部，チョーチャン (浙江) 省南西部，リーシュイ (麗水) 地級市の県．1982年から松陽県になった．県域の南西部に高い山が多い．製紙，農機修理，製薬，シルク，電磁器，パイプたばこ加工などの工業が営まれている．鉱業と林業の資源が豊富で，カオリンの品質は省内第1位である．おもな観光スポットには双童積雪，延慶寺塔，石筍仙踪などがある． 　　　　　　　　　[谷 人旭]

ソンユワン市　松原市　Songyuan
中国

フーユィー市　扶余市　Fuyu (旧称)

人口：289万 (2012)　面積：20159 km²
気温：4.5℃　降水量：424 mm/年
[45°09′N　124°50′E]

　中国北東部，チーリン (吉林) 省中北部の地級市．チャンリン (長嶺)，チェンアン (乾安) の2県と，フーユィー (扶余) 市，前ゴルロス (郭爾羅斯) 自治県とニンチャン (寧江) 区を管轄する．市政府は寧江区に置かれる．1992

ゾーンモド(モンゴル),ボグドハン山南麓のマンジュシュリー寺院跡〔島村一平提供〕

年に扶余市から改められた市名は，ソンホワ(松花)江中流の平原に位置することにちなむ．市域の北で松花江とネン(嫩)江が交わる．冬1月の平均気温は−17℃ときわめて寒いが，夏7月の平均気温は23℃と暖かい．吉林省最大の淡水湖であるチャガン(査幹)湖は漁業と観光で有名である．内モンゴル自治区のホルチン(科爾沁)草原に連なる草原地域では羊や牛が放牧されており，20世紀に進められた開墾でつくられた農地ではトウモロコシの生産が盛んである．石油と天然ガスの開発が進む．扶余市にある大金得勝陀頌碑は12世紀につくられた石碑で，漢字と女真文字を用いて，金を建国した完顔阿骨打を顕彰している．　　　　　〔小島泰雄〕

ソンラー　Son La　ベトナム

Sơn La（ベトナム語）

人口：9.2万（2009）　面積：325 km²　標高：700 m
[21°19′N　103°54′E]

ベトナム北西部，ソンラー省の都市で省都．漢字では山蘿と表記する．フランス植民地時代の1908年にはソンラー監獄が置かれ，初代ベトナム共産党中央委員会書記長のレ・ズアンなどが収容された．ラオス国境に位置するこの一帯は，旧北ベトナム時代の1956年から75年の間は西北自治区(1962年まではターイメオ自治区)という民族自治区であった．1961年，この民族自治区の中にソンラー市が置かれ，翌62年にソンラー省が設置されて省都となった．2008年には市から省直属市に昇格し，現在は7の行政区と5つの村によって構成されている．標高約700 mに位置する．12の民族が居住しているが，少数民族のターイ族が人口構成の53.41%を占め，多数民族のキン族(ベト族)の43%を上回る．省のほぼ中央に位置し，国道6号とラオス国境に向かう国道4G号などが集まる結節点である．　〔筒井一伸〕

ソンラー省　Son La, Tinh　ベトナム

Sơn La, Tinh（ベトナム語）

人口：107.6万（2009）　面積：14055 km²
[21°19′N　103°54′E]

ベトナム西北部の省．首都ハノイから陸路で西約330 kmの山岳地域に位置し，南部はラオスと国境を接する．省都はソンラー(省直属市)で，他に10県からなる．12民族が居住し，人口の約55%をターイ族が占め，そのほかにモン族やムオン族などの少数民族が多数居住する．ベトナムの多数民族であるキン族(ベト族)は人口の20%にも満たない．下流のフート省でホン川(紅河)に合流するダー川流域の省である．省の南東から北東方向へはハノイからライチャウ省に通ずる国道6号が通る．

省内の標高は600〜700 mほどであり，また2000 mを超える山々も有する．約100もの水力発電所が現在運用されているのをはじめ，2012年末にはムオンラー県に発電能力2400 MWにも及ぶ国内最大のソンラー水力発電所も建設された．経済的には第1次産業が中心であり，産業別省内総生産の約40%を超える．とりわけ林野率が25%を超え，全国的にみても有数の林業地帯である．また養豚を中心とした畜産なども盛んで，南部に位置する標高約1000 mのモックチャウ県では酪農も行われている．1908年に建設されたフランス統治時代の遺構，ソンラー刑務所がある．省都ソンラーは人口9.2万(2009)，面積は324.9 km²．省のほぼ中央に位置し，国道6号を中心に省道が集まる，交通の要衝である．　〔筒井一伸〕

ソンリム　松林　Songrim　北朝鮮

面積：65 km²　標高：5 m　気温：10.4℃
降水量：918 mm/年　[38°45′N　125°38′E]

北朝鮮，ファンヘブク(黄海北)道北西部の都市．1945年8月以前はファンジュ(黄州)郡松林里地域であった．1947年に市制が施行された．ピョンヤン(平壌)準平原の中部，テドン(大同)江下流域左岸に位置する河港，工業都市である．全般的に沖積地で平坦な平野であるが，東部は低山性山地や丘陵地である．

松林港は1973年に現代的な設備が完備して新たな国際貿易港になった．もともとこの付近の大同江は水深が深く，大型船が進入できたが，ソヘ(西海)閘門が完成した結果，5万t級の船舶が停泊できるようになった．付近一帯に豊富な地下資源を埋蔵し，製鉄所が建設され，工業都市として急速に発展した．朝鮮戦争で市街や工場は完全に破壊された．戦後，復旧し，北朝鮮の主要な総合的な鉄鋼工場の1つである黄海製鉄連合企業所に拡大された．原料の鉄鉱石はチェリョン(載寧)から船舶で搬入し，原料炭は国内炭を使用する技術が開発され，銑鉄，各種圧延鋼材，副産物からは化学肥料，化学製品も生産する総合的な一貫工場になった．市内の地方工場では100余種の一般機械，鉄製日用品を生産，鉄製日用品は黄海製鉄連合企業所の副産物を利用している．ほかに耐火レンガを生産する．

野菜畑の噴水式散水は全国のモデルとなっている．3.8養鶏，牛，アヒルが飼育されるほか果樹園がある．市の中心から3 kmの棠山里には大規模な野菜農場がある．松林〜ファンジュ(黄州)間に鉄道が通っている．

〔司空　俊〕

ソンリャオ平原　Songliao Pingyuan ☞
トンペイ平原　Dongbei Pingyuan

ター　Thaa ☞ コルマドゥル環礁
Kolhumadulu Atoll

ダー運河　大運河　Da Yunhe

中国

京杭大運河（別称）
長さ：1794 km

　中国東部，ホワペイ（華北）平原とホワトン（華東）平原をつないで南北に縦断する運河．隋唐期に完成し，当時の都，洛陽ともつないだものを隋唐大運河とよび，元代以降，ペキン（北京）とハンチョウ（杭州）を直接つなぐように東寄りにつくられたものを京杭大運河といい，これが 1794 km の長さをもつ．杭州からさらに東のニンポー（寧波）まで延長された浙東大運河も含め，総称として大運河とよばれる．北は北京から，南は杭州まで，ティエンチン（天津）市，ホーペイ（河北），シャントン（山東），チャンスー（江蘇），チョーチャン（浙江）の 4 省をまたぎ，ハイ（海）河，ホワン（黄）河，ホワイ（淮）河，チャン（長）江，チェンタン（銭塘）江の 5 つの大河を横断して南北に結んでいる．

　中国では歴史時代，物資の輸送に水路を用いるのが一般的であった．現在でも南方の河川は重要な交通路である．しかし中国の河川は東西方向の流れが多く，南北方向の交通には不便であった．そのため古くから東西方向の河川の支流を相互に結んだり，自然の湖沼をつないで，運河がつくられてきた．早くも春秋時代に長江と淮河をつなぐ邗溝や，淮水と黄河をつなぐ鴻溝が開かれ，その一部はのちに大運河に使われている．秦漢の統一国家が生まれてからは，国家の中心である関中に向かって運河が整備されるようになった．南北朝の分裂期を経て隋唐の統一期には，チャンナン（江南）の経済力を北方にもたらすために，それまで断片的に存在した水路をつないで一貫した運河とした．すでに隋初に邗溝を改修して山陽瀆とし，淮河から北西に向けて洛陽にいたる通済渠を開き，長江から南にも江南河を設けて杭州まで通じるようにし，さらに黄河より北部は高句麗遠征のために永済渠をつくって，のちの北京方面と洛陽をつなぎ，これで大運河の原型ができあがった．これにより江南の豊富な糧食をチョンユワン（中原）・関中に漕運することができるようになった．大運河の中心となる通済渠の水は北から南に流れるのであるが，黄河の季節的な変動や泥土の沈積などによって通航がはばまれることもあった．山陽瀆や江南河には要所に閘門や堰堤が設けられ水位を調整しながら漕運の便宜を図った．

　大運河の建設にあたっては，隋の煬帝が主導し，そのため隋は財政的に困窮し，政権の唐への移行を早めたというが，経済的にも文化的にも異質な江南と中原を結びつけた効果は大きかった．唐から宋にかけては漕運の拠点として，重要な地点が都市として発達するようになり，とくに黄河と大運河の交点である汴州が華北の交通要衝として重視されるようになり，宋はここに都を置いた（汴京・開封）．しかし北方に遼や金が興り，元が全国を統一して北京に都を置くにいたって従来の大運河の役割は低下し，漕運の主力を海運に移そうとした．しかし海運には多くの海難事故が発生し，倭冠による妨害もあり，十分な輸送が確保できなかった．明に永楽帝が北京に都を定めるとふたたび河川と運河による漕運を考えるようになり，元代に試みられていた大運河より東寄りの，山東半島のつけ根を南北に走る短捷路である会通河を整備し，江南と北京の間を新しい大運河で結んだ．これが現在の京杭大運河である．清代にも大運河を利用する漕運の体制は変わらなかったが，黄河の氾濫や漕運の制度の疲弊から，海上輸送を整備するようになり，清末になると海運が発達し，かつ南方の糧米を北に漕運して経済を運営するという体制も崩壊し，大運河による漕運という輸送システムも失われた．その後は地方的な交通のために利用されることはあっても，南北を貫通して輸送に使われることはなかった．1949 年の新中国成立以後，内陸水運の整備の一貫として大運河も一部の設備の補修を行ったが，水運の機能より，沿岸の灌漑や洪水の排水など，水利全般の機能が重視された．南水北調計画のもとでは東線として大運河およびそれに平行する河川が選ばれ，2002 年に工事が始まり，13 年には第 1 期工事が完了し，江蘇省から山東省の部分で通水が行われている．2014 年には大運河およびそれに関連する施設や遺跡が「中国大運河」としてユネスコの世界遺産（文化遺産）に登録された．　　　　　［谷　人旭・秋山元秀］

ダー川　Da, Song

中国／ベトナム

ソンダー川　Song Da（別称）
面積：52900 km² 長さ：910 km
[21°15′N　105°21′E]

　ベトナム北部の山岳地域を流れる川．タオ川，ロー川とともにホン川（紅河）の 3 大支流とされるが，その中でも最も流量が多く 5 割以上を占めるとされる．中国ユンナン（雲南）省に源流をもち，ライチャウ省ムオンテー県からベトナムに入り，ソンラー省，ホアビン省を北西から南東方向へ流れる．ホアビン湖を境に北流に転じ，フート省ラムタオ県とハノイ中央直属市バーヴィ県の境，チュンハーでホン川と合流する．流路延長のうちベトナム国内の流路延長は約 380 km である．内陸盆地に居住する少数民族とホン川デルタに居住する多数民族のキン族（ベト族）とを政治経済的に結ぶ大動脈で，フランス植民地時代も交通と交易において大きな役割を果たした．

　ホアビン湖には旧ソ連の援助により開発されたホアビンダムがある．1975 年 2 月から建設が始まったホアビンダムは 1920 MW の発電能力を有するほか 9.45 km³ の貯水能力をもち，ホン川デルタの水害制御や流水量の調節，さらには河川交通の改善も目的としている．1994 年にはホアビン発電所における全発電機の稼働が開始され，さらに 1992 年

896　タアル　〈世界地名大事典：アジア・オセアニア・極Ⅰ〉

に建設が始まった．ホアビン発電所からホーチミン市にいたる南北 500 kV 高圧送電線も竣工した．これら 2 つの国家的プロジェクトの完成は，首都ハノイを含むベトナム北部の諸都市に安定的な電力供給をもたらしたばかりでなく，ベトナム全土における配電能力の平均化に大きく寄与した．さらに 2012 年末，ホアビンダムの約 200 km 上流に，2400 MW の発電能力をもち東南アジア最大の水力発電所となるソンラーダムが完成した．計画事業費は 25 億ドル，2002 年 12 月に国会によって建設が許可され，2005 年に着工した．2003 年からは建設予定地に居住する住民の強制移住が始まり，最終的には約 9 万人が移住した．このようにダー川は，中部のセナン川，南部のドンナイ川と並んで，ベトナムにおける電源開発の中心であるが，それに伴い自然環境への影響も大きい．ソンラーダムの貯水池建設では約 30 km² の森林が水没したとされているが，影響はそれだけにとどまらず，ダム建設に必要な大量の樹木が伐採されたと考えられている．先に建設されたホアビンダムにおいては，ダー川流域の木材生産量の実に 70％ がダム建設にあてられたといわれている．なおソンダー川と称することもある．　　　　　　　　　　［筒井一伸］

タアル　Taal　　　フィリピン

タール（別表記）

人口：5.6 万（2015）　面積：30 km²
　　　　　　　　　　[13°54′N　120°56′E]

フィリピン北部，ルソン島南西部，バタンガス州北部にある地方中心地．タアル湖から流出するパンシピット川が南流し，バラヤン Balayan 湾の北東岸に注ぐ河口近くにあり，州都バタンガスの北東約 15 km に位置する．地方都市レメリー Lemery の南東近くにある．町は 1572 年にスペイン人によって建設された．そのため植民地当時の遺物が残っている．しかし 1754 年のタアル山の大爆発により，町の大半が被害を受けた．町が重要な位置を占めたのは 19 世紀後半で，コーヒーの産地として有名であった．現在では刺しゅうなどの軽工業が盛んである．タアル湖およびタアル山の観光中心地として近年観光客が増加している．　　　　　　　　　　［田畑久夫］

タアル州　Taal, Province of　☞ バタンガス州　Batangas, Province of

タアル湖　Taal, Lake　　　フィリピン

タール湖（別表記）／ボムボン湖　Bombon, Lake（旧称）

面積：243 km²　長さ：27 km　幅：19 km
　　　　　　　　　　[13°55′N　121°00′E]

フィリピン北部，ルソン島南西，バタンガス州北部の火口湖．かつてはボムボン湖とよばれた．首都マニラの南に位置する．湖の中央に活火山タアル山（標高 311 m）をもつ．国内で最も美しい場所と称され，観光地となっており，北西岸近くのタガイタイがその中心地である．南西端からはパンシピット Pansipit 川が流れ出し，南流してバラヤン Balayan 湾に注ぐ．　　　　　　　　　　［田畑久夫］

タアル山　Taal Volcano　　　フィリピン

タール山（別表記）

標高：311 m　　　[14°00′N　121°00′E]

フィリピン北部，ルソン島南西部，バタンガス州の活火山．州のほぼ中央部にあり，首都マニラの南方約 70 km に位置する．カルデラ湖のタアル湖（約 243 km²）の中央にできた火山島の中心にそびえる．火山島は周囲約 22 km，面積 23 km² である．島中央の噴火口跡には水が入り，タアル湖を形成している．タアル山は二重式火山で火口は直径 2 km 以上である．噴火は記録が残っている 1907 年以来 10 回記録されている．1911 年は大噴火であり，死者が 1400 人を数えたといわれている．現在では 47 以上もの噴火口と，35 の火山円錐体からなる．世界で最小級でありながら最も恐ろしい火山と称されている．近年では 1977 年の噴火が大規模で，多量の溶岩流が地表に流出した．またその後数年間噴火口内部から地鳴りがあったので，タアル湖の近くにあるタリサイでは 24 時間の監視体制がとられていた．

山は巨大な噴火口をもつが，上記のように湖の中にできた火山島である．湖畔近くに位置するタガイタイからの遠望は非常に美しく，国内有数の観光地となっている．噴火口の内部は明るい緑がかった黄色をした湖となっている．なお尾根からみられる最も美しい火山円錐丘はビニティアンマラキ Binitiang Malaki といい，1915 年の噴火により形成された．現在活動中の噴火口は島の西部にあるタバロ Tabaro 山で 1960 年代末から 70 年代中頃まで噴火していた．現在では外輪山の多くが削られ，火口原の一部では水田やサトウキビ畑となっている．　　　　　　　　　　［田畑久夫］

ダーアン市　大安市　Da'an　　　中国

人口：41 万（2012）　面積：4879 km²
　　　　　　　　　　[45°31′N　124°15′E]

中国北東部，チーリン（吉林）省北西部，バイチョン（白城）地級市の県級市．ネン（嫩）江の右岸に市域が広がる．市政府は錦華街道に置かれる．1958 年にダーライ（大賚）とアンコワン（安広）の 2 県が合併して成立したことにより命名された．低平なソンネン（松嫩）平原に位置し，多くの湖沼が分布しており，淡水魚の養殖やアシの生産が盛んに行われる．市域の 1/3 は草原で，牧畜業も盛んである．農業ではトウモロコシと水稲が生産される．　　　　　　　　　　［小島泰雄］

ダアンバンタヤン　Daanbantayan　　　フィリピン

人口：8.4 万（2015）　面積：92 km²
　　　　　　　　　　[11°15′N　124°00′E]

フィリピン中部，セブ島，セブ州北端の町．ビサヤ海に面し，西側にバンタヤ島，北にマスバテ島を望む．地名はスペイン統治期，イスラーム教徒の襲撃を見張る場所という意味で，バンタヤン Bantayan とよばれたことに由来する．見張り台はタピロン Tapilon 地区にある．町の設立は 1834 年，おもな産物はトウモロコシ，ブリヤシ，竹，炭などである．ビーチリゾートも数軒ある．沖合に天然ガス埋蔵の可能性があり，近年町役場がセブ州に対して，アメリカ企業による探査を認めるように求めている．　［佐竹眞明］

タイ王国　Thailand, Kingdom of

泰（漢字表記）／ Thai, Prathet（タイ語・通称）／ Thai, Ratcha Anachak（タイ語・正称）／サヤーム Sayam（旧称）／シャム　Siam（旧称）

人口：6598 万（2010）　面積：514000 km²
　　　　　　　　　　[13°45′N　100°31′E]

東南アジアの国．南東から東はカンボジア，東から北はラオス，北から西，南西はミャンマー，南はマレーシアとそれぞれ国境を接する．1 人あたり国内総生産（GDP）5445 ドル（2014）．通貨はバーツ（2014 年平均，1 ドル＝約 32.5 バーツ）．首都はバンコク（タイ語の正式名称はクルンテープマハーナコーン）．

国内の行政区画は首都バンコクと 76 の県（チャンワット）からなり，バンコクを含む中部，東北部，北部，南部の 4 地方に大別され

タイ 897

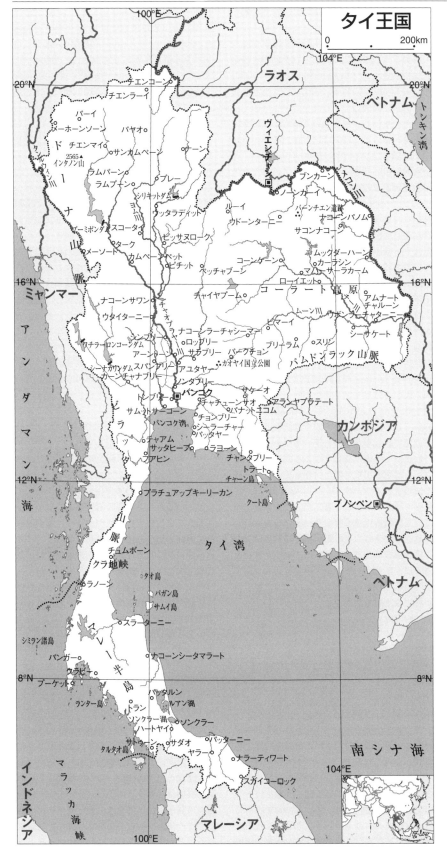

る．このうち北部は，歴史的にも地形的にも上部（北半分）と下部（南半分）とに細分してとらえられることが多い．各県はいくつかの郡（アムプー）に，郡はいくつかのタムボン（行政区）に，タムボンはいくつかのムーバーン（村）に細分される．バンコクを除けば，タイの都市の定義は地方自治体が管轄する範囲に限定され，面積も人口も小さい．県都であってもその面積は県庁が設置されている郡の中で自治体が管轄する範囲に限られ，バンコク以外に100万都市は存在しない．そのため，全人口の12％強，全都市人口の3割がバンコクに一極集中するということになる．ただし，本書では便宜上，県都の面積を県庁が所在する郡の面積とする．

気候はおおむね熱帯モンスーン気候．夏の南西季節風と冬の北東季節風の影響が強く，この季節風の入れ替えにより，マレー半島部の一部を除き雨季（5～10月）と乾季（11～4月）に分かれる．国土は北部山地，中央平原，半島部，東北高原の4つに大別できる．このうち中央平原はチャオプラヤー川が形成する沖積平野で水田が広がり，とりわけ下流のデルタは世界的な米の穀倉地帯となっている．バンコクと古都アユタヤーはいずれもこの中央平原のチャオプラヤー川沿いに立地する．北部は山岳地帯で，チャオプラヤー川支流沿いなどに盆地が点在する．東北高原は平均高度が標高150mほどで，ラオスとの国境を流れるメコン川に向かってゆるやかに傾斜している．半島部は雨量が多く，稲作よりもゴムやココヤシの栽培が卓越する．2011年後半～2012年初めにかけて，チャオプラヤー川が氾濫して洪水が長期化したことにより，犠牲者813人，被害総額400億ドルの大災害となった．

国民の大部分はタイ系民族，主要言語はタイ語．国民の95％が仏教を信仰．ただし，仏教は法律上の国教ではないことに注意が必要である．国旗の3色のうち中央の紺色は国王を，その両側の白色は宗教（仏教に限定していない）を，外側の赤色は民族をそれぞれ象徴している．もっとも，憲法には「タイ国王は仏教徒でなければならない」という規定があり，事実上は仏教が国教と同等の地位にあるといえる．そのほかに言語的・文化的系統の異なるさまざまな少数民族がいる．そのうち，華僑・華人とよばれる中国系の人びとは総人口の1割強を占め，おもに都市部に住む．彼らは経済の中心的地位にあるが，タイ社会に融合・同化しており，東南アジアの他国でみられるような先住民族との間のあつれきはほとんどない．同じく都市部にはイン

系の人びとも珍しくなく，ヒンドゥー教やシク教の寺廟が散在する．しかし，北部の山岳部に住むさまざまな少数民族の中にはタイ国籍が認められないなどの不利な扱いを受ける人たちがいるほか，マレーシアとの国境に近い南部数県（タイ深南部）にはマレー系イスラーム教徒が多く，いまなおタイ政府への反抗がみられるなど，民族問題，分離独立問題は未解決である．

タイの歴代王朝はすべて，チャオプラヤー川およびその支流がもたらす農業生産力や交通の便を基盤に成立してきた．タイ最初の王朝と考えられているスコータイ王朝は，13世紀初めチャオプラヤー川4大支流の1つ，ヨム川の流域に興った．15世紀半ばにスコータイを吸収したアユタヤー王朝は，14世紀半ばから1767年までの約400年間，チャオプラヤー川下流のアユタヤーを中心に繁栄した．ビルマ軍の攻撃を受けてアユタヤーが陥落した後，ふたたびタイを統一したのはアユタヤー時代に地方国主であったタークシンである．タークシンは廃墟と化したアユタヤーを捨て，チャオプラヤー川をさらに南下したトンブリーを首都に定めた．しかしその後まもなく，旧アユタヤー王族・貴族の不満が高まってクーデターが起こり，タークシン王は処刑された．かわって，旧王族・貴族層に推されて即位したのが，現ラッタナコーシン王朝の始祖チャクリーである．チャクリー（ラーマ1世）は1782年にトンブリーの対岸，すなわちチャオプラヤー川左岸に遷都し，そこをクルンテープ（神の都）と名づけた．現在にまでいたる首都バンコクの誕生である．ただし，本格的な新デルタ開発は1855年にイギリスとの間で通商条約（バウリング条約）を結んだ後のことである．この条約によりタイは従来の王室独占貿易を廃止して米輸出を自由化する一方，近隣の被植民地諸国の需要に応えるために新田開発を推進した．こうしてチャオプラヤーデルタは，19世紀後半から20世紀前半にかけての開拓によってアジア有数の穀倉地帯に姿を変えた．

しかし，1960年代以降に本格化した工業化政策によって製造業の比重がしだいに高まり，それと反比例して米作を中心とする農業の重要性が低下していった．とくに，1980年代末から90年代半ばにかけてみられた未曾有の外国人直接投資ラッシュに伴い，農業中心から工業中心へと移行しつつあった産業構造の変化が決定的となった．1997年に通貨危機が発生して外資依存の輸出志向工業化が一時期停滞したが，まもなく回復し，21世紀に入ると自動車産業をはじめいくつかの戦略的重点産業を中心にふたたび新興工業国への道を邁進している．また，この間に輸出品目も大幅に変化し，1960年当時は天然ゴム，米，非鉄金属（スズなど）で輸出総額の70％近くを占めていたのが，70年には40％強，80年には30％強，90年には10％未満へと急速に低下していった．

それに対して，工業製品の輸出は1970年代までは微々たるものだったのが，80年に輸出総額の20％，90年には40％と急増し，伝統的輸出商品を完全に凌駕している．近年の主要輸出品は電子・電気機械類（部品を含む）の割合が圧倒的に高く，貿易品目をみるかぎりでタイはすでに工業国となっている．もっとも，伝統的輸出品の代表格である米は現在でも輸出額で世界トップの地位を堅持しているだけでなく，全就業人口に占める農業の割合は40％前後の水準にあり，依然として重要な雇用部門である．水産物加工を含め農業関連産業も盛ん．また，2014年度ではタイを訪れた外国観光客数は2478万人で世界第14位の観光大国でもある．

政体は立憲君主制．2016年6月に在位70年を迎えたラーマ9世は，同年10月に崩御．現国王はラーマ10世．ラーマ7世時代の1932年に立憲革命が起こり，絶対王制から移行した．それ以降，国王は直接政治権力を行使する立場から離れているが，王制は今日においても国民統合を支える基本的制度である．憲法の上でも国王は元首であり，宗教の擁護者であり，かつ，国軍の総帥である．法律の制定には国王の署名が必要である．一方，立憲革命以降頻繁にクーデターを起こして政治に介入してきたのが軍であり，軍人が首相を務めることも多かった．経済発展とともにビジネス界や都市中間層の発言力が高まって軍の相対的地位は低下し，1980年代末からは政党政治が定着しつつあったが，近年は国内の対立が深刻化して政治が不安定化している．　　　　　　　　　　　　　　［遠藤　元］

タイ湖　太湖　Tai Hu　　　　　　　中国

具区，震沢（古称）

面積：2338 km²	長さ：68.5 km	幅：55.9 km
深さ：4 m		[31°12′N　120°11′E]

中国東部，チャン（長）江三角州の南部にある湖．沿岸はチャンスー（江蘇）省ウーシー（無錫）市，チャンチョウ（常州）市，スーチョウ（蘇州）市，チョーチャン（浙江）省フーチョウ（湖州）市に面している．湖岸線は393 km，西から南にかけては単調なほぼ円形に近い湖岸をなすが，北から東は半島がつき出し，大小の島が分布している．水深は浅く，平均2 m，最も深いところでも4 mに達しない．貯水量は44億m³（面積は日本の琵琶湖の3.5倍あるが貯水量は1/6）．面積ではポーヤン（鄱陽）湖，トンティン（洞庭）湖に次いで第3位の淡水湖．太湖の水源は西部の山地にあり，大渓河，新潰河，分洪河などとなって湖に流入する．東の沿岸には流出する河川が並び，太湖と長江の間にある無数の中小の湖沼を経て長江に流れ込む．中でもシュー（胥）江は蘇州旧域を経てウーソン（呉淞）江としてシャンハイ（上海）の外白渡橋（ガーデンブリッジ）の下でホワンプー（黄浦）江に流れ込む．黄浦江も太湖の水を集める淀川湖を源とする．湖中には50余の島があり，そのうちの18の島には人が居住しており，観光名所になっているものもある．現在は半島になっているが，東洞庭山のように清末までは島であったものが，砂泥の堆積によって岸とつながったものもある．古くは震沢，具区，五湖などとよばれてきた．

太湖水系は長江三角州の南部，長江の右岸堤防とチェンチャン（鎮江）市の茅山からアンホイ（安徽）・江蘇・浙江省界のティエンムー（天目）山地にいたる分水嶺との間の平地を占める．東部の長江右岸から南部のチェンタン（銭塘）江左岸にかけての部分は自然堤防と海浜堤防による微高地をなしており，中間の後背湿地が最も低窪で，その中央が太湖となっている．太湖の成因については諸説あるが，海面変動や河川の沖積作用により三角州の中に積水の著しい部分ができて湖水になったとするのが一般的である．周囲には，太湖と同様の成因をもつ湖沼群があり，南の菱湖，北東の陽澄湖，東の淀泖湖，西の洮滆湖などが比較的大きなものである．

太湖水系は東部沿海地区の中でもとりわけ経済が発達し，大都市が集中していて人口密度も高く（1625人/km²，2015），GDPも全国の9.9％（2015）に達している．農業においても水稲だけではなく，養蚕，茶，アブラナ，キノコ類などの栽培も盛んである．また魚米の郷の名にふさわしく，太湖および周辺の湖沼における淡水魚介類の採取・養殖も盛んである．シラウオ（白魚），カワヒラ（銀魚），白エビを太湖三白といい，珍重されている．そのほかにエツ，コイ，アオウオ，草魚，ウナギ，カニなどが名産品である．

太湖とその周辺には，美しい風景と多くの文化財史跡が残っている．とくに東岸の無錫市から蘇州市にかけては山水と歴史文化が調和して，江南を代表する美しい景観を呈している．とくに無錫の黿頭渚，霊山風景区，蠡

湖, 蘇州の東西洞庭山, 光福景区などを含む太湖風景区は最も人気のある観光スポットである. 周辺の都市化・工業化が進むとともに, 太湖の水質汚染が始まり, 富栄養化が進行している. 水中の窒素の含有量が1960年から80年にかけて3.7倍になり, 87年には6.2倍になっている. リンの含有量についても1981年から87年にかけて2.3倍となっている. 現在では太湖の面積の90%が富栄養化におかされており, 夏になるとアオコや水の華が発生している. これは周辺住民の飲用水や漁業にも深刻な影響を与えており, 地元の市や省が対策を講じている.

［谷　人旭・秋山元秀］

タイ山　泰山　Tai Shan　中国
岱山, 岱宗（古称）
面積：426 km²　標高：1545 m
［36°15′N　117°06′E］

中国東部, シャントン（山東）省中部, タイアン（泰安）地級市の山. 省会チーナン（済南）の南60 km, 曲阜の北70 kmに位置する. 道教の聖地であり, シャンシー（山西）省のホン（恒）山, シャンシー（陝西）省の華山, ホーナン（河南）省の嵩山, フーナン（湖南）省の衡山と並んで中国五岳の1つである. 古くは岱宗や岱山といい, 春秋時代から泰山と称するようになった. 主峰は泰山区にある玉皇頂（標高1545 m）で, 省の最高峰である. 1987年に「泰山」としてユネスコの世界遺産（複合遺産）に登録された. 鉄道, 高速道路, 国道などが整備され, 内外からの大勢の観光客で賑わう. 始生代に南西と北東からの力を受けて褶曲隆起し, 中国最古の地層である泰山群（地層）を形成した. 以降, 地殻変動によりいくつかの山体に分割され, 隆起し続け, 急峻な地形となった. 暖温帯大陸性季節風気候に属し, 気候の垂直変化が顕著である. 山頂は半高山型湿潤気候で年平均気温は5.3℃, 山麓より7.5℃低い. 年降水量は1124 mmでふもとの1.5倍である. その美しい景観は季節や天気によって異なる. また, 森林は山地面積の90%を占め, ふもとから山頂まで広葉樹林, 針広混交林, 針葉樹林, 灌木林のように標高によって変化している.

名所旧跡は主峰玉皇頂を中心に放射状に分布している. 峰156, 渓谷130, 瀑布64, 泉72, 寺院56, 遺跡128, 石碑1239, 石刻1277がある. おもな観光スポットは王母池, 柏洞, 中天門, 歩雲橋, 望人松, 対松山, 十八盤, 南天門, 後石塢, 黒竜潭飛瀑, 扇子崖, 虎山, 天燭峰, 桃花峪などである. 古代から中国人は山を崇拝する慣習があり, 泰山は古代皇帝が封禅の儀を行い天地を祀る聖地であった. 秦代以前に72人の皇帝が泰山に登り, 封禅の儀を行った. 始皇帝も中国統一の功績を天帝に報告したという. それ以来, 歴代の皇帝が泰山に登るようになった. ふもとにある岱廟は泰山の神である泰山府君を祀る大きな寺で, 歴代の皇帝は登山の際には必ず岱廟で参拝した. 岱廟の正殿はペキン（北京）故宮の太和殿, チューフー（曲阜）孔廟の大成殿と並んで, 中国三大木造建築の1つである. 岱廟境内に樹齢2000年を超える漢柏（コノテガシワ）が5本残っている. また, 国立森林公園があり, 中国の鳥類の約10%を占める渡り鳥が飛来, 繁殖している. 山中には約400種類の漢方薬材があり, そのうち植物は333種類, 動物は26種類, 鉱物は3種類に及ぶ. また, 南麓では麦飯石が盛んに産出されている.

［張　貴民］

タイ（泰）山（中国）, 五岳独尊と称される道教の聖地《世界遺産》〔Shutterstock〕

タイ湾　Thailand, Gulf of

マレーシア～ベトナム

Thai, Ao (タイ語) /シャム湾　Siam, Gulf of (旧称, 別称) /タイランド湾　Thailand, Gulf of (別称)

面積：320000 km²　長さ：770 km　幅：380 km
深さ：80 m

　タイ中南部とカンボジア南部, ベトナム南部にまたがる湾. 太平洋南シナ海にある湾の1つで, メコンデルタ南端とタイ～マレーシア国境を結ぶ線より北辺りの水域をさす. シャム湾ともいう. タイのチャオプラヤー川河口が最北地点である. 氷河期にはタイ湾は存在せず, その後の海面上昇に伴って湾が形成されたと考えられている. 湾内の水深は非常に浅く平均45 mで, 最深部でも80 mにすぎない. この浅さは湾内の水流を緩和し, またチャオプラヤー川やメコン川をはじめとする大河川からの淡水の流入によって, 塩分濃度がかなり低くなっているのが特徴である. 湾内の水温は高く, サンゴ礁が発達しやすい. 南部のサムイ島周辺の美しいサンゴ礁はタイの主要な観光スポットとなっている. また, 遠浅が続く沿岸部ではかつてマングローブが発達していたが, 近年, 養魚池やエビ養殖池としての開発が進み, 生態系が大きく変貌している. タイの首都バンコクの南東方向にあるチョンブリー, ラヨーン両県を中心に臨海工業地帯が広がる. 海底の油田や天然ガス田の開発も進められている. 　　　［遠藤　元］

ダーイー県　大邑県　Dayi　中国

人口：50.8万 (2015)　面積：1327 km²
[30°34′N　103°31′E]

　中国中西部, スーチュワン(四川)省, チョントゥー(成都)副省級市の県. 県政府は晋原街道に所在する. 県の西部はチオンライ(邛峡)山脈の南端にあたって高山が連なり, 最高地点は苗基嶺の標高5364 mである. 中部は低山から丘陵が分布し, 東部は成都平原になり, 斜江河が東へ向かって流れている. 成名高速道路(成都～ミンシャン(名山))が通る. 水稲や小麦を生産し, 畜産が盛んで, 工業化も進められている. 西嶺雪山, 劉氏荘園, 建川博物館, 新場古鎮, 薬師山石窟, 高堂寺, 霧中山, 鶴鳴山, 花水湾温泉などの名所旧跡がある. 　　　［小野寺 淳］

ダイアマンティーナ川
Diamantina River　オーストラリア

長さ：900 km　　　　　　[26°55′S　139°11′E]

　オーストラリア北東部, クイーンズランド州中央西部の川. クロンカリー台地から流れ出, 最初は北東に向かうがすぐに南西に流れを変えて, バーズヴィル付近でサウスオーストラリア州に入る. 通常は涸れ川で, 豪雨のときのみ流水がある. 　　　［秋本弘章］

タイアラブ半島　Taiarapu, Presqu'île de　フランス

タヒチイティ　Tahiti Iti (別称)

[17°46′S　149°13′W]

　南太平洋東部, ポリネシア, フランス領ポリネシア, タヒチ島南東部の半島. タヒチ島はヒョウタンの形をしており, 大タヒチ(タヒチヌイ)と小タヒチ(タヒチイティ)をタラヴァオ地峡がつないでいる. そのため, 面積では全体の約3割を占めるにすぎない小タヒチを, タイアラブ半島とよぶ場合がある. 大タヒチと同じように, 小タヒチの内陸部も険しい山岳地形からなり, 最高地点はロヌイRonui山の標高1332 mである. 周囲をサンゴ礁が取り巻いている. タヒチ島の中心都市パペーテから遠く離れているため, 経済的な開発は進んでおらず, 観光に依存している. 集落は海岸沿いに点在しており, ループ状の海岸道路がこれらを結んでいる. 行政的には, 東タイアラブと西タイアラブの2つの自治体からなる. 　　　［手塚 章］

タイアン県　台安県　Tai'an　中国

人口：38.0万 (2013)　面積：1393 km²
[41°23′N　122°26′E]

　中国北東部, リャオニン(遼寧)省中南部, アンシャン(鞍山)地級市の県. 県政府所在地は八角台街道. 1914年に遼中県および鎮安県の一部をあわせて新設された. 東境はリャオ(遼)河, 南東境はフン(渾)河, 最南端で渾河とタイツー(太子)河が合流し, ターリャオ(大遼)河となる. 瀋瀋旅客専用線(高速鉄道), 京瀋高速が南西から北東に県域を貫く. トウモロコシ, コーリャン, 水稲, 大豆などが生産される. リャオホー(遼河)油田の重要な採掘地の1つである. 軍人, 政治家である張学良(1901-2001)の出生地であり, 1990年に記念館が建てられた. 　　　［柴田陽一］

タイアン市　泰安市　Tai'an　中国

人口：565.7万 (2015)　面積：7762 km²
降水量：693 mm/年　　　[36°10′N　117°07′E]

　中国東部, シャントン(山東)省中部の地級市. 地名はタイ(泰)山に由来する. 新石器時代に汶河流域で大汶口文化が栄えた. 1985年にもとの泰安地区を地級市とし, タイシャン(泰山), タイユエ(岱岳)の2区, シンタイ(新泰), フェイチョン(肥城)の2市, ニンヤン(寧陽), トンピン(東平)の2県を管轄している. 市政府所在地は泰安区. 地形は北東部は高く南西部は低い. 市内にある泰山の主峰である玉皇頂(標高1545 m)は, 省の最高峰である. 山地18%, 丘陵41%, 平野30%, 低地11%など多様な地形で構成され, 暖温帯大陸性半湿潤季節風気候は農業に適している. 地形の影響で降水量は西部より東部, 平野より山地のほうが多い. 東平県西部にある東平湖は, ウェイシャン(微山)湖に次いで省で2番目に大きな淡水湖である. 天然資源が豊富で, とくに地下資源は52種類にのぼる. 埋蔵量の多いものは石炭(約23億t), 鉄鉱石(約4億t), 銅鉱石(9億t)などである. また, 新石器時代の大汶口文化遺跡, 堡頭遺跡などがある. 鉄道, 高速道路, 国道などが整備され, 交通は発達している. 　　　［張　貴民］

タイイー山　Taiyi Shan ☞ タイバイ山 Taibai Shan

大インド砂漠　Great Indian Desert ☞ タール砂漠　Thar Desert

ダーイエ市　大冶市　Daye　中国

人口：90.5万 (2015)　面積：1566 km²
[30°06′N　114°59′E]

　中国中部, フーペイ(湖北)省南東部, ホワンシー(黄石)地級市の県級市. 市政府はトンユエルー(東岳路)街道に所在する. チャン(長)江の南岸に位置する. 西部と南部は低山・丘陵であるのに対し, 北部と東部は平原と湖沼になっており, 保安, 三山, 大冶などの湖がある. 農作物は水稲, 小麦, ナタネなどがある. 鉱産資源が豊富で, おもに金, 銀, 鉄, 銅, 石灰石などがある. 建材, 化学, 冶金, 電力, 飼料, 食品などの工業がある. 鉄道は武九線(ウーハン(武漢)～チウチャン(九江))および鉄霊線(ティエシャン(鉄

山)～リントゥオ(霊多))，銅大(トンシャンコウ(銅山口)～大冶)の2支線，さらに多くの鉱山専用線がある．さらに武石都市間線(武漢～ホワンシー(黄石))が通じている．大広高速道路(ダーチン(大慶)～コワンチョウ(広州))も通る．水運は北東に長江河口埠頭があり，大冶湖も航行可能である．

紀元前の青銅器文化を反映する銅緑山鉱山冶金遺跡，鄂王城遺跡がある．かつての革命根拠地であり1929年の大冶兵暴はここで起きた．
[小野寺 淳]

タイエッミョー　Thayetmyo
ミャンマー

タイエッ　Thayet（別称）

人口：10.4万（2014）　面積：11 km²
[19°20′N　95°10′E]

ミャンマー中西部，マグウェ地方(旧管区)タイエッ県の都市で県都．漢字では徳耶謬と表記する．地方の中心都市マグウェの南南東約95 km，エーヤワディ川右岸に位置し，河港をもつ．対岸のアランミョー Allanmyoとはフェリーによって結ばれ，川が交通の動脈となっている．南のピー，北のイェーナンジャウンに道路で通ずる．このあたりは，年平均降水量が1000 mm前後の寡雨地域であるが，エーヤワディ川本流に沿う灌漑農地では，稲のほかゴマ，綿花，タバコの産地である．またラカイン(アラカン)山脈東麓のチーク森林(国有林)を背後に控えて，製材工業が盛んである．綿紡績工場と南の石灰岩地帯に原料を得るセメント工場がある．伝統的な金銀細工の町としても知られている．
[西岡尚也]

タイエリ川　Taieri River
ニュージーランド

[46°00′S　170°09′E]

ニュージーランド南島，オタゴ地方の川．ラマーラウ Lammerlaw 山地に源を発する．ダニーディンの南西約40 kmの地点で国道1号と交わる．ワイポリ湖の東，ヘンリー付近でワイポリ川に合流する．川の周辺には，タイエリ湖，タイエリビーチ，タイエリ島といったようにタイエリを冠する地名がいくつかみられる．タイエリの語源は明確ではないが，タイアリから転じたものと考えられる．タイアリは，マオリ語で月の光に反射して輝く川を意味し，引潮になる際の月齢11日の夜の状況を示す言葉とされている．マオリが

初めてこの川に到着した夜の様子にちなんで名づけられたと考えられている．
[井田仁康]

大カリムン島　☞ カリムンブサール島
Karimun Besar, Pulau

タイカン県　太康県　Taikang
中国

人口：約141万（2012）　面積：1759 km²
[34°04′N　114°50′E]

中国中央東部，ホーナン(河南)省東部，チョウコウ(周口)地級市の県．周口市街地の北に位置する．11鎮，12郷を管轄する．県政府所在地は城関回族鎮．小麦や綿花生産が盛んである．
[中川秀一]

だいかんみんこく　大韓民国
Korea, Republic of

韓国（日本語・通称）/ South Korea（英語・通称）/ テハンミングク　Daehanminguk（韓国語・正称）/ ハングック　Han Gug（韓国語・通称）

人口：5106.9万（2015）　面積：100033 km²
[37°34′N　126°59′E]

東アジアの共和国．大統領制による共和国として1948年8月に樹立，初代大統領は李承晩である．現在は第六共和制で大統領の任期は5年．再選は禁じられている．首都はソウル特別市．ソウル以外の地方は8道，1特別自治道，6広域市，1特別自治市に分けられる．行政組織上道の下に市と郡があり，さらにその下部単位として洞，邑，面がある．末端の村落は里である．

国土はハン(韓)半島(朝鮮半島)の南半を占め，北朝鮮とは軍事境界線で分断されている．面積は約10万 km²で，日本の関東地方と東北地方を合わせた面積にほぼ等しい．侵食の進んだ穏やかな地貌をなしている．花崗岩，花崗片麻岩が広く分布していることも特徴である．傾動運動の結果，脊梁山脈のテベク(太白)山脈は著しく東偏している．そのため東の日本海岸側は急崖で大きな河川，平野はない．また隆起性の海岸で海岸線は単調である．逆に西海岸にはキョンギ(京畿)平野，ノンサン(論山)平野，ホナム(湖南)平野などの平野が展開している．南海岸は沈降性のリアス式海岸で，屈曲に富んだ海岸線をもち，多くの島嶼がある．気候は温帯気候に属するが，日本と比べると年間降水量がやや少ないこと，降水が日本以上に夏季に集中すること，冬季の気温が寒冷であることなどの特徴

があげられる．

7世紀後半，新羅，百済，高句麗の三国時代から統一新羅の時代に移り，その後高麗時代，朝鮮時代と長らく政治的には統一国家が続いた．しかし20世紀に入って日本の植民地支配を受け，第2次世界大戦後，主権回復後は上記のように分断国家の状態が続いている．民族は韓民族(朝鮮民族)，言語は韓国語，アルタイ語の系統に属する言語である．通貨はウォン．宗教上の大きな特徴はアジアでフィリピンと並んでキリスト教徒が多いことである．都市の中はもちろん，地方の農村の隅々にいたるまでキリスト教会をみることができる．仏教は新羅，高麗時代には国家の思想的バックボーンとして繁栄した．朝鮮王朝は朱子学を国家統治の基本に置いたので，一転して仏教は排斥の対象になり，破壊された寺院もあった．しかし各地の山麓部，山間部には数多くの寺院が残り，今も人びとの信仰の対象となって生き残っている．釈迦の誕生日の行事は日本より盛んである．儒教(朱子学)を宗教と考える韓国人は多くない．むしろ，思想，学問として，また人びとの生活，行動を律する社会規範として位置づけられている．

1950年6月から53年7月までの朝鮮戦争で甚大な被害があった．1961年5月の軍事クーデタを経て，62年3月に朴正熙が大統領代行に就任した(第3共和制)．同年から第1次経済開発5カ年計画が開始され，完成年度までに経済開発の目標が輸出志向型の工業開発に修正された．

これから後，継続して経済開発5カ年計画が実施され，権限が集中した大統領の下で，政府主導の，計画的な経済開発が進められた．1970～80年代に高度成長を続け，アジアNIESの一角を占めるにいたった．この間に軽工業中心から，重機械工業，情報技術産業，先端産業へと工業の生産構造を急速に変化させている．1996年にはOECD(経済協力開発機構)に加盟した．2008年のGDP(国内総生産)は世界第15位，2015年にはさらに11倍に上昇した．

工業化が進むとともに，産業構造は大きく変化した．1980年と2003年の産業別生産額の対GNI比をみると，農林漁業は16.5%から3.6%に著しく比率を下げ，逆にサービス業は21.7%から42.3%にまで比率を上げた．産業別就業者の比率をみても同様で，農林漁業は32.7%から8.8%に比率を下げ，サービス業は10.0%から31.5%に比率を上げている．1986年の1人あたりGDPは2803 USドルであったが，1999年には1万USド

ルを超え，2015年には2万7200USドルにまで増加した．しかし，このような経済成長の一方で，開発の過程で第1次産業と他産業との生産性の格差，階層間，地域間における経済開発の格差などの解決すべき問題も生じた．2000年代に入ると経済成長は鈍化しはじめ，2010年代の経済成長率は3%前後で，低成長期に移行しつつある．

同時に，都市への人口集中が著しく進み，都市の過密，農村の過疎の現象が広範にみられるようになった．ソウル首都圏（ソウル，インチョン（仁川），京畿道）に韓国の総人口の約5割が集中する一方で，それ以外の地方の農村部における人口減少が著しい．2010年，100万以上の人口を擁する都市は，ソウル，プサン（釜山），仁川，テグ（大邱），テジョン（大田），クァンジュ（光州），ウルサン（蔚山），スウォン（水原），チャンウォン（昌原）の9市である．昌原は2010年，それまでの昌原，マサン（馬山），鎮海の3市が合併して新たに発足したものである．また，京畿道内のソンナム（城南），コヤン（高陽），ヨンイン（竜仁），プチョン（富川）の4市も人口増加の結果100万に近づいている．

[山田正浩]

タイグー県　太谷県　Taigu　中国

陽邑（古称）

人口：30.4万（2013）　面積：1048 km²
気温：10°C　降水量：450 mm/年
[37°25′N　112°32′E]

中国中北部，シャンシー（山西）省中東部，チンチョン（晋中）地級市の県．タイユエ（太岳）山北麓，晋中盆地北東部に位置する．春秋時代には陽邑と称し，前漢代に陽邑県が設置され，隋代に太谷と改称された．北西部はタイユワン（太原）盆地，南東部はタイハン（太行）山脈の延長部で，跑驢坪（標高1940 m）が最高峰である．気候は高原型気候で，無霜期間は160日間．小麦，トウモロコシ，コーリャン，アワなどを栽培する．同蒲鉄道，太焦鉄道，国道108号が県内を通っている．太原〜チャンチー（長治）間を結ぶ高速道路も開通する予定．西晋時代の無辺寺（俗称白塔寺）などがある．漢方薬の亀齢集や定坤丹が有名である．

[張　貴民]

ターイグエン　Thai Nguyen　ベトナム

Thái Nguyên（ベトナム語）

人口：27.8万（2009）　面積：171 km²
[21°35′N　105°50′E]

ベトナム東北部，ターイグエン省の都市で省都．漢字では太原と表記する．1945年の8月革命の後にターイグエン市は，ターイグエン省の省都と位置づけられた．1956年には市から省直属市に昇格し，65年にターイグエン省がバッカン省と合併してバックターイ省となった際も，96年にターイグエン省が再置されてからも省都としての地位を保ち続けている．現在は19の行政区と8つの村によって構成されている．省の南部に位置し，国道3号が南北に貫く．長らく豊富な鉱産資源を背景に工業化が進められてきたが，近年では首都ハノイの衛星都市として発展が著しい．また，市域の西に接する人工湖ヌイコック Nui Coc 湖では2011年より国立ヌイコック湖観光区建設計画が進められており，ターイグエンにおいても観光開発が期待されている．

[筒井一伸]

ターイグエン省　Thai Nguyen, Tinh　ベトナム

Thái Nguyên, Tỉnh（ベトナム語）

人口：112.3万（2009）　面積：3541 km²
[21°35′N　105°50′E]

ベトナム東北部の省．首都ハノイから陸路で北約80 kmの山岳地域に位置する．北部はバックカン省，東部はランソン省とバックザン省，南部はハノイ中央直轄市，西部はヴィンフック省とトゥエンクアン省と接する．省都はターイグエン（省直轄市）で，他にソンコン（省直轄市）と1つの市，6つの県からなる．省内には46民族が居住し，省全体では約75%を多数民族のキン族（ベト族）が占めるほか，北部の各県を中心にタイ族が居住し，省全体では約10%を占める．省は1965年にバックカン省と合併し，バックターイ省となったが，1996年に分割が行われ，バックカン省とターイグエン省が再置された．

ベトナム全体における地域区分では東北部の山岳地帯に位置するターイグエン省であるが，省内を地形的にみると大きく3つに区分ができる．第1は北東部であり，ガンソン山脈やバックソン山脈が位置する標高500〜1000 m，平均傾度25度にも及ぶ高山地帯である．第2は省中央部の標高100〜300 mの低山地帯である．第3は南部であり，標高30〜50 mほどの丘陵地帯である．省内にはカウ川水系（流域面積3480 km²）とコン川水系（951 km²）という2つの水系がある．コン川水系には約80もの小島が浮かぶヌイコック湖があり，風光明媚なハノイ近郊の休養地となっている．またヌイコック湖に1993〜99年にかけてダムが建設され，農業用の水利としても使用されている．

鉄鉱石や石炭，亜鉛などの鉱物資源に恵まれ，フランス植民地時代から開発が行われた．さらに1963年には中国の支援により，当時の北ベトナム最大の鉄鋼コンビナートがつくられた．もともとは鋳鉄の生産が中心であったが，ドイモイ（刷新）政策以後は鋼鉄が中心となっており，年間約25万tを生産する．また近年では農業生産の拡大が目覚しい．主要産物は茶やコーヒーであり，90年代に耕地面積も生産額も倍増，これが影響して産業別省内総生産においても第1次産業に増加傾向がみられた．2011年の産業別省内総生産から経済構造をみると第1次産業が約21.3%，第2次産業は約41.8%，第3次産業は約36.9%である．省内にはハノイを基点にバックカン省，カオバン省を経由して中国にいたる国道3号が南北に縦断し，南東から北西方向には国道37号，ランソン省方面へは国道1B号が通る．省都ターイグエン（省直轄市）は人口27.8万（2009），面積170.7 km²．カウ川の西岸に開けた都市で，3本の国道が集まる結節点でもある．

[筒井一伸]

ダイクリンガ　Daik Lingga　インドネシア

ダイク　Daik（通称）

[0°12′S　104°37′E]

インドネシア西部，リアウ諸島リンガ島，リアウ諸島州リンガ県の都市で県都．1812〜1911年の約100年間にわたり，リアウ・リンガ王国の王都であった．市内の主要な交通手段は海運であるが，町の中心にあるダイク川は，満ち潮のときモーターボートや小船が賑やかに行き交うが，引き潮のときには川は干上がり，船の航行は不可能となってしまう．観光スポットとしてダイク山（標高1165 m）の登山がある．

[浦野崇央]

たいげんし　太原市 ☞ タイユワン市　Taiyuan

大ココ島 Great Coco Island

ミャンマー

グレートココ島 (別表記)

長さ：9 km　　　　　　　　　[14°07′N　93°22′E]

ミャンマー西部, ヤンゴン地方(旧管区)ヤンゴン南部県の島. ヤンゴンの南西約430 km, 西のベンガル湾と東のアンダマン海との境界上に位置する. アンダマン諸島に属し, 小ココ島とともにココ諸島を構成する. プレパリスサウス海峡をはさんで北側にはプレパリス島がある. アレクサンドラ海峡をはさんだ南側には小ココ島, さらに南のココ海峡の向かいにはインド領アンダマンニコバル諸島連邦直轄地のランドフォール島がある. 1958年の軍事クーデターののち政治犯の流刑地として名をはせたが, 60年代末期に流刑は廃止された. 現在は海軍の前哨と行政の最末端機関, ココナッツ産業関係の仕事に携わる数家族が居住する. ペルシア湾からマラッカ海峡にいたる石油輸送ルートの重要なシーレーン上にあるが, 1994年, 中国がミャンマーとの間でココ諸島の租借契約を締結し, 両島にレーダー基地や軍港を建設している.　　　　　　　　　[辰己眞知子]

だいさんせいぼんち　大鑽井盆地 ☞ グレートアーテジアン盆地 Great Artesian Basin

タイシェン　代県　Dai Xian
中国

雁門 (古称)

人口：21.8万 (2013)　面積：1732 km²

気温：8.4℃　降水量：450 mm/年

[39°03′N　112°56′E]

中国中北部, シャンシー(山西)省北部, シンチョウ(忻州)地級市の県. 古くは代国, 春秋時代には晋, 戦国時代には趙の地であった. 前漢から金代までの各時代に雁門県と称し, 元代に代州に編入, 民国元年に代県と改称した. 北部はホンシャン(恒山)山系, 南部はウータイ(五台)山があり, 中部は平地である. フートゥオ(滹沱)河沿岸は主要な農業地域であり, 名産はトウガラシ. 温帯大陸性気候に属する. 内長城と雁門関があり, 昔から重要な軍事都市である.　　　　　[張　貴民]

タイシャン県　岱山県　Daishan
中国

たいさんけん (音読み表記)

人口：18.6万 (2015)　面積：326 km²

[30°14′N　122°11′E]

中国南東部, チョーチャン(浙江)省東部, チョウシャン(舟山)地級市の県. 1949年に翁洲県として置かれ, 53年に岱山県となり, 58年舟山県に合併され, 62年に再び岱山県になった. 舟山群島の中部にあり, 複数の島嶼からなる. 機械, 造船・修理, 建築材料, 電力, 化学, 水産加工, プラスチック, 醸造などの工業が行われ, 製塩も盛んである. 農業では稲, サツマイモ, 大麦, 落花生, スイカなどが栽培され, 蓬莱仙茶の茶葉が特産である. 漁業が発達し, 水産物は, タチウオ, フウセイ, キグチ, イカ, 昆布, ムラサキノリ, カニなどが獲れる. 群島内の岱山島に磨心山などの観光スポットが点在する.

[谷　人旭・小野寺　淳]

タイシャン市　台山市　Taishan
中国

人口：95.1万 (2015)　面積：3286 km²

気温：21.8℃　降水量：1950 mm/年

[22°15′N　112°48′E]

中国南部, コワントン(広東)省南西部, チャンメン(江門)地級市の県級市. チュー(珠)江デルタ西側の, 標高300 m以下の沖積平野と丘陵地からなる海岸部に位置する. 地名は, 1914年にシンホイ(新会)県から分離した一部が台山県として設置されたことに由来する. 1992年, 江門市が管轄する県級市となった. 中国第一の僑郷の別名もあり, 近代の華僑送り出し地域の代表地域である. 現在アメリカで42万, カナダで18万, 東南アジアとあわせて計160万人の台山原籍華僑がいると推計されている. 温暖な気候条件に恵まれ, 水稲二毛作, 落花生, サトウキビ, 果物, 野菜, 花卉栽培が卓越する豊かな農業地帯であり, 近海養殖も盛ん. 近年, 2000社以上の華僑系企業と私営企業の投資立地により, ホンコン(香港)向け加工貿易形態の機械, 電子部品, アルミ材, アパレル産業が急拡大し, 県政府所在地の台城鎮も新興工業都市として成長している.　　　[許　衛東]

タイシュン県　泰順県　Taishun
中国

人口：34.7万 (2002)　面積：1762 km²

[27°33′N　119°43′E]

中国南東部, チョーチャン(浙江)省南東部, ウェンチョウ(温州)地級市の県. 明代に泰順県として置かれた. 北西から南東部へ向けて標高が低くなっていく. 電機, 農機, 化学工業, 電力, ベアリング, 製紙, 建築材料, 醸造, 茶加工, 自動車修理などの工業がある. 手工業には竹編みの工芸品, そろばん, 紙傘などがあり, とくに木製のおもちゃは国際市場で人気を集めている. 農作物には稲, サツマイモ, 麦, 豆類, ナタネ, 落花生などがある. ウサギ飼育業が発達していて, ウサギの毛皮が国外でよく売れている. 名産品として茶, クリ, キウイなどがあり, 観光スポットには承天温泉, 文祥塔, 白雲尖などがある.　　　　　　　　　[谷　人旭]

タイジョン市　台中市　Taizhong
台湾｜中国

Taichung (別表記)

人口：277.0万 (2017)　　[24°09′N　120°40′E]

台湾北西部の直轄市. タイペイ(台北)寄り, カオシオン(高雄)との間に位置し, 地域一帯の中枢となっている. 2010年12月25日, 近隣の台中県と合併を果たし, 現在は政府直轄市となった. 台湾第3の都市として発展している. 市内には29の区があり, 市政府所在地は西屯区である. 湿度の高い平野にあるため, 古くは疫病の多い土地であった. その影響もあって, 台北やタイナン(台南)などに比べると, 都市開発の歴史は浅い. 清国統治時代末期の19世紀後半になってようやく都市としての骨格が整い始め, 現在は旧市街となっている鉄道駅周辺の家並みは日本統治時代に入ってから, 都市計画に従って整備された. 計画的な町づくりが行われたため, 街路灯や緑地, 公園の整備が行き届き, 1930年代以降は台湾で最も美しい町と称されてきた.

現在, 市街地は台中駅を中心とした旧市街と, 第2次世界大戦後になって発展を遂げた新市街に分けられる. 旧市街は町の玄関口でもある台中駅を中心としている. この旧駅舎は日本統治時代に造営され, イギリス風の瀟洒なデザインで知られている. 文字どおり, 台中のシンボルとなっている. 第2次世界大戦後, 正面を中心に改修を受けていたが, 歴

タイジョン(台中)市(台湾)、赤レンガ造りの台中駅(旧駅舎)〔Richie Chan/Shutterstock.com〕

史建築の保存運動を受けて，竣工時の様子に戻す工事が行われて話題となった．道路はこの駅舎を起点に放射状に延びている．なお，旧市街の北のはずれには，開園当時，都市公園の白眉と評された台中公園がある．これに対して新市街となるのは台中港路を中心としたエリアで，旧市街を取り囲むように広がっているのが特色である．ここは1980年代から急速に発展し，片側3車線の道路には亜熱帯らしい街路樹が植えられ，公園も随所に設けられている．ここには高級ホテルや大型ショッピングデパートが立ち並んでおり，高層ビルが少なくない．ビル群に緑が溶け込んだ景観は，台北や高雄にも少なく，台中の自慢となっている．また，地価が比較的安いことから，住宅環境は全島随一といわれている．さらに，公共施設の敷地面積が大きいことも特色である．

旧台中市は市街地そのものの面積が大きく，合併前から自家用車やオートバイの保有率が高かった．そのため公共交通機関はこれまであまり発達していなかったが，2002年より市内バス路線が整備され，交通事情は一変した．長らく台中駅が町の玄関となってきたが，現在は市街地の北西に位置する朝馬地区に高速道路のジャンクションが設けられ，高速バスが24時間体制で台北や高雄との間を結んでいる．また，チャンホワ(彰化)市との間に位置する烏日区には台湾高速鉄路の台中駅が設けられ，徐々に開発が始まっている．　　　　　　　　　　　　　　〔片倉佳史〕

タイシン市　泰興市　Taixing

中国

人口：107.7万 (2015)　面積：1254 km²
[32°30′N　120°00′E]

中国東部，チャンスー(江蘇)省，タイチョウ(泰州)地級市の県級市．チャン(長)江下流の北岸，長江三角州平原にある．地勢は北東が高く，南西が低い．もともとは海陵県に属したが，南唐代に海陵県南部の済川鎮が県とされ，泰州が管轄する泰興県になった．宋代は泰州に属したが，元，明代に揚州に属し，清代には通州に属するが，1992年に市になって揚州市に管轄された．1996年に泰州市が管轄することになった．隣接する高港区の港湾と連携し，新長鉄道(シンイー(新沂)～チャンシン(長興))が通り，高速道路の滬陝線(シャンハイ(上海)～シーアン(西安))と塩靖線(イエンチョン(塩城)～チンチャン(靖江))が交わっている．地下資源には炭酸ガス，ヘリウムガス，地熱，天然ガス，ミネラルウォーター，石英砂，粘土がある．機械，化学，医薬などの工業がある．農業は穀物を生産するほか，畜産が盛んである．水産物にはタチウオ，ヒラコノシロ，フグ，ウナギなどがある．名物にギンナン，ワンタン，焼餅や桂香糖などの菓子がある．

〔谷 人旭・小野寺 淳〕

大シンアンリン山脈 ☞ ダーシンアンリン山脈 Da Xing'an Ling

大スンダ列島　Sunda Besar, Kepulauan

インドネシア～ブルネイ

Greater Sunda Islands（英語）

面積：473607 km²

インドネシアを中心に広がり，ブルネイ，マレーシアを含む列島．南シナ海とオーストラリアの間に展開するマレー諸島に属するスンダ列島のうち，ボルネオ(カリマンタン)島，スマトラ島，ジャワ島，スラウェシ島など世界有数の大島とその周囲の島嶼からなる．ジャワ島東のバリ海峡以東には小スンダ列島が続く．大スンダ列島主要4島のうちボルネオ島以外の3島は全体がインドネシア領である．

ボルネオ島(面積約75万km²)はマレーシア，ブルネイ・ダルサラーム，インドネシアの領土に分かれ，総面積の73％はインドネシア領でカリマンタンとよばれる．中央部北寄りが山岳部で，マレーシア領のキナバル山(標高4101 m)が最高峰である．東部から南部，西部にかけては広大な熱帯林，多数の河川と低湿地帯が展開する．3国分をあわせた人口はほぼ2000万(2010)である．おもな都市の立地は河川の下流域から河口部に限られる．

スマトラ島(約45万km²)はマレー半島に並行して位置する．マラッカ海峡側には平地が広がり，中部から南部にかけて広大な低湿地帯が形成されているが，インド洋側は脊梁山脈が海岸部に迫り平地に乏しい．脊梁山脈中では複数の火山が活動し，世界最大のカルデラ湖，トバ湖(標高約900 m，面積約1950 km²)にサモシール島(面積約630 km²，人口9.5万，2010)が浮かぶ．

ジャワ島(約13万km²)は世界有数の火山活動が活発な地域で，南部海岸沿いに約30の標高3000m級火山が東西に連なる．スマトラ島とともに地震多発地帯でもある．中部では1891年に，170～180万年前に生息した二足歩行をするジャワ原人(ホモ・エレクトゥス・エレクトゥス)の骨が発見された．北部平地や盆地を中心に2000年以上前から水田農耕が営まれたとされ，高度な文明が発達した．インドネシアの総面積の7％に満たないジャワ島には総人口の約56％(2010)が居住し，世界で最も人口稠密な地域の1つである．

独特の形状をしたスラウェシ島(約19万km²)は，オランダ植民地期にはセレベス島とよばれた．全体に山がちで鋭く切り込んだ深い谷と短いが流れの急な河川が顕著で，平地に乏しい．北東部と南部に10程度の火山

906 タイセ 〈世界地名大事典：アジア・オセアニア・極Ⅰ〉

をみる．このような地形が陸上交通の障害となり，島内各地域の文化言語的な独自性が強い．人口はおもに南端部と北端部に集中し，主要な都市は海岸部に立地する．多種類の固有動物が生息し，多くは希少種や絶滅危惧種である．

[瀬川真平]

たいせいよう 大西洋 Atlantic Ocean

面積：82400000 km²　深さ：8605 m

世界の3大洋の1つで，南北アメリカ大陸と，ヨーロッパ・アフリカ大陸の間に広がる．面積（縁海を入れると1億640万 km²，縁海を除くと8240万 km²）は太平洋に次いで広い．赤道から北を北大西洋，南を南大西洋といい，北は北極海，南は南極海に連なる．水深4000〜6000 mの大洋底にあたる部分が最も広いが，中央には，南北に連なる長大な海底山脈（大西洋中央海嶺）があり，海嶺の頂部は水深2500 m程度であるため，大西洋の平均水深は3大洋の中では最も浅く，3926 mである．

大西洋をはさんで対峙する南米とアフリカ大陸の海岸線がよく一致することなどから，ウェーゲナーは1915年に大陸移動説を唱え，60年代にプレートテクトニクスとして確立されるきっかけとなった．これによれば，大西洋は，約2億4000万年前，それまでにあったパンゲアとよばれる巨大な大陸の分裂によって生じた．大西洋の中央にできた大きな断裂に向かってマントル物質がわき上がり，大西洋中央海嶺の高まりをつくるとともに，中央海嶺から東西に分かれるマントルの流動によって南北アメリカ大陸とヨーロッパ・アフリカ大陸は東西に移動し，その間を埋めて拡大した海洋地殻によって大西洋が形成された．現在も，プレートの運動によって大西洋は拡大している．

太平洋からインド洋を経てアフリカ南端から大西洋に流入する海流は大西洋を北上し，沿海であるカリブ海・メキシコ湾に入って暖められ，巨大な暖流となってヨーロッパ大陸の西岸に向かう．これはメキシコ湾流（ガルフストリーム，Gulf Stream）ともよばれ，西ヨーロッパに温和な西岸海洋性気候をもたらしている．この海流はグリーンランド沖で冷やされると沈み込み，大西洋深層流となって大西洋を南下し，インド洋を経て太平洋に向かう地球規模の海洋大循環系をつくっており，地球の気候変動に大きな役割を演じている．

大西洋は英語では Atlantic Ocean とよばれ，これはギリシャ神話で，世界の西端で天空を支えているというアトラースに由来している．ヨーロッパ人にとって，長く大西洋は世界の果てであった．1492年，大西洋を越えて「新世界」を発見したコロンブスの航海，97年，大西洋を南下してアフリカの喜望峰をまわりインド洋に達したヴァスコ・ダ・ガマの航海以後，大西洋は世界を結ぶ最も重要な交通路，文化の移動ルートとなった．15〜19世紀における奴隷貿易や，アメリカ合衆国と西ヨーロッパを結ぶNATO（北大西洋条約機構）の存在など，大西洋は人類の歴史や文化に大きな影響を与え続けている．

[小野有五]

たいせいようちゅうおうかいれい 大西洋中央海嶺 Mid-Atlantic Ridge

長さ：40000 km　幅：800 km　深さ：2500 m

大西洋の中央部に連なる海底の大山脈．スヴァールバル諸島の西側の北極海から，アイスランド，アゾレス諸島付近を経て，アフリカの南で南西インド洋海嶺に連なり，総延長は4万 kmにも達する．大西洋中央海嶺は，岩盤からなるリソスフェア（プレート）の下にある流動性をもったアセノスフェアの物質が，マントル対流とよばれる対流によってわき上がり，マグマとなって海底に噴出して新たな海底地殻をつくっているところであり，大西洋中央ライズとよばれる高まりの中央に位置する．山麓の水深は約5000 m，海嶺の頂部の水深は約2500 mであり，大西洋の比較的平坦な大洋底から2500 mほどの高さでそびえていることになる．

1872年に，大西洋の海底ケーブルを敷設していたチャレンジャー号によって発見され，1950年代に海底地形図が整備されたことによってその全貌が明らかになった．大西洋中央海嶺を境として，東西に対照的に正逆の地磁気帯が配列することから，大西洋中央海嶺でわき上がるマントル対流により，海底をつくるプレートが東西に分けられ，それが反対方向に移動することで海洋底が広がっていくという海洋底拡大説や，プレートの移動によって，その上にのる大陸地殻が移動するというプレートテクトニクス説が検証される重要な根拠となった．

中央海嶺の頂部には，両側の断層によって落ち込んだ地溝帯があり，リフトヴァレー（谷）とよばれる．大西洋中央海嶺が陸上に現

れたのがアイスランドであり，海嶺をはさんで両側の陸地が反対方向に移動するため，海嶺に沿って割れ目ができ，活発な噴火活動（割れ目噴火）が続いている．また大西洋中央海嶺を横切る断層も数多く発見されており，とくに，赤道付近の海底にあるロマンシュ断裂帯とよばれる断裂帯は，深さ7758 m，長さ300 kmもの深い海溝をつくり，南北に連なる大西洋中央海嶺を，東西に約300 kmもずらしている．このような断層は，トランスフォーム断層とよばれる．

[小野有五]

タイタイ Taytay　　フィリピン

人口：7.5万（2015）　面積：1258 km²
[10°49′N 119°36′E]

フィリピン南西部，パラワン島北東部，パラワン州の都市．スールー海の大きな内湾であるタイタイ湾の南西海岸にある．州の中心地ロシャス Roxas の北東約40 kmに位置する．1667年にスペイン人が建設したサンタイサベル砦を中心に発達し，かつては州都でもあった．そのため，現在でも当時の礼拝堂や美しい庭園が残っており，市内には当時のスペイン風の建築物も多い．さらに背後の墓地には1667年にスペイン人によって植えられた樹木が繁っている．主要な産業は米，トウモロコシ，サトウキビ，ココヤシなどを栽培する農業と，タイタイ湾で漁獲される漁業であるが，ともに周辺地域から運ばれてくるものも多く，集散地の機能ももっている．住民の大半は周辺のビサヤ諸島に多数分布・居住しているビサヤ族である．

近年パラワン島の北方沖合に浮かぶカラミアン諸島は，ジュゴンを筆頭に美しいサンゴ礁などがみられることから，欧米の観光客やダイバーの観光スポットとして脚光をあびることになった．同市は近くにタイタイ空港もあるため，観光地への中継地としての性格をもつことになり，観光客の増加が著しい．市内から車で30分の場所にダナオ Danao 湖もあり，さらなる観光客の誘致を目ざしている．

[田畑久夫]

タイタイ Taytay　　フィリピン

人口：31.9万（2015）　面積：39 km²
[14°33′N 121°09′E]

フィリピン北部，ルソン島南，リサール州の都市．マニラ首都圏（メトロマニラ）を構成する18の行政地域の1つ．首都マニラの東南東16 km．マニラ首都圏の鉄道のターミナルとなっている．米，サトウキビ，果物な

どマニラ首都圏で消費される農産物の集散地でもある．住民はマニラへの通勤者が増加している．　　　　　　　　　　　　　　［田畑久夫］

タイタイ岬　Taytay Point

フィリピン

[10°42′N　125°07′E]

フィリピン中部，レイテ島南東にあるレイテ州の岬．レイテ湾に面し，州都タクロバンの南約70kmに位置する．前面のレイテ湾はフィリピンでも有数の好漁場である．岬の背後にはレイテ島の主要民族であるビサヤ族が主として居住し，米，ココナッツ，トウモロコシ，サトウキビなどの農作物を栽培する農業に従事している．　　　　　　［田畑久夫］

タイチェン県　台前県　Taiqian

中国

人口：37.6万（2014）　面積：454 km²

[36°00′N　115°51′E]

中国中央東部，ホーナン（河南）省北東部，プーヤン（濮陽）地級市の県．濮陽市街地の南西に位置する．9郷鎮を擁する．県政府所在地は城関鎮．国民党軍への反攻の契機となった，1947年の劉鄧による黄河渡航が行われた孫口などは将軍渡とよばれ，劉鄧大軍渡黄河記念地として省指定の文物保護単位に指定されている．　　　　　　　　　［中川秀一］

タイチャン県　台江県　Taijiang

中国

人口：16.7万（2014）　面積：1107 km²

[26°40′N　108°19′E]

中国中南部，グイチョウ（貴州）省南東部，チェントンナン（黔東南）自治州の県．県政府所在地は台拱街道である．ミャオ（苗）族人口が9割を超え，ミャオ族の故郷と称される．貴州省におけるエスニックツーリズムの草分け的存在な地域．主要な集落で開かれる定期市は，旧暦の十二支にもとづき6日ごとに開催され，多彩な少数民族が集う．清水江沿いの施洞鎮は，姉妹節や竜船比賽などミャオ族の祭りが開かれることで有名である．山間地のミャオ族の生活や文化は，河川流域に住むミャオ族とは異なるが，台江県ではそのどちらもみられる．歌と踊りに秀でたミャオ族が住む山間地の反排村は訪れる観光客も多く，この村独特の木鼓舞は東方のディスコと評された．おもな産業は農林業と観光業で，ミャ

オ族の服飾や銀細工の装飾品が特産品である．　　　　　　　　　　　　　［松村嘉久］

タイチョウ市　泰州市　Taizhou

中国

人口：463.9万（2014）　面積：5791 km²

[32°29′N　119°54′E]

中国東部，チャンスー（江蘇）省中部の地級市．南はチャン（長）江に臨み，南東はナントン（南通）市，北東はイエンチョン（塩城）市，西はヤンチョウ（揚州）市に接する．漢代に海陵県が設けられ，唐代に呉陵県と改称し，県に呉州を置いた．のちに呉州を廃し県も海陵県に戻した．五代南唐時代に県に泰州が設けられ，それからこの地を泰州とよぶようになった．明代に海陵県は廃され，清代には県をもたない泰州となった．民国時代になってから泰県となっていたが，1949年泰州市が設けられ，以後は泰州専区がつくられて泰州市や揚州市のほかに泰県，チャントゥー（江都）など9県もこれに属していた．その後，泰州市と泰県を合併し，1962年に泰州市とし，揚州地区に属していたが，96年に揚州から分離し，地級市の泰州市となった．2012年にはチャンイエン（姜堰）市を姜堰区とし，海陵区，高港区とあわせて3区とチンチャン（靖江），タイシン（泰興），シンホワ（興化）の3県級市を管轄することになりいまにいたっている．このほかに泰州医薬高新区を設けている．市政府は海陵区にある．

市域は全体に低平な沖積平野であるが，北部はホワイ（淮）河の水系で，南部は長江の水系に属する．農作物には稲，小麦，綿花，アブラナ，野菜がある．とくに無公害野菜や乾燥ネギでは全国でも有数の生産量を誇る．特産物には魚網，麻糕，ギンナン，敷物，刺繍，絹製の造花がある．工業には紡績，電気，薬品，造船，機械，化学，建材，電子，食品加工などがある．2012年には高港区とチェンチャン（鎮江）市ヤンチョン（揚中）市との間に泰州長江大橋（長さ9.7 km）がかけられ長江下流の南北を結ぶ幹線となっている．泰州は中国歴史文化都市に指定されており，観光スポットとしては旧城内の明代庭園，日渉園，望海楼，南山寺，北山寺，泰山公園，梅蘭芳公園などがあげられる．

　　　　　　　　　［谷　人旭・秋山元秀］

タイチョウ市　台州市　Taizhou

中国

回浦，臨海（古称）

人口：550.5万（2002）　面積：9411 km²

[28°39′N　121°25′E]

中国南東部，チョーチャン（浙江）省南東部の地級市．北はシャオシン（紹興）市，ニンポー（寧波）市，西はチンホワ（金華）市，リーシュイ（麗水）市，南はウェンチョウ（温州）市と接し，東は東シナ海に面する．近海に台州列島，東磯列島をはじめ島嶼が並び，大小合わせて691の島を数える．前漢代に回浦県があった．その後，県名や境域は変化したが，三国時代に臨海郡が置かれ独立した行政域となった．唐代にティエンタイ（天台）山にちなんで台州を置いた．1949年台州専区が設けられ，94年に台州地区が廃止され，省直轄の地級市となった．2017年，椒江，黄岩，路橋の3区，臨海，ウェンリン（温嶺），ユィーホワン（玉環）の3つの県級市，天台，シェンチュー（仙居），サンメン（三門）の3県を管轄している．市政府所在地は椒江区．台州空港が市内にあり，航空路線で国内各地の都市とつながっている．沿海部には多くの港があり，三門湾，浦壩港，台州湾，隘頑湾，漩門湾，楽清湾の6大港がある．鉄道も2009年に甬台温線が開通，南北の中心都市との連絡が容易になった．

医薬，機械電子，工芸美術，プラスチック製品，軽紡織，食品加工，建築材料などの工業があり，また精密化学工業，人造水晶，工業ミシン，医薬品などの工業生産基地として国内外で名が知られている．一線三彫といわれる刺繍，木彫，石彫刻，ガラス彫刻などの伝統工業が盛んである．管轄区域の海洋面積と水産物産量は省内でトップを占めていて，大陳，猫頭，披山の3大漁場がある．フウセイ，キグチ，タチウオ，ナメクジウオ，ヒラ，サワラ，ハモ，ハタ，イカ，クルマエビ，ワタリガニなどをとっている．全国で有名な果物産地で，とくに黄岩ミカンの生産は歴史が古い．臨海涌泉ミカン，温嶺高橙，三門臍橙，仙居ヤマモモなども生産量が多く品質がよい．天台山雲霧茶，臨海蟠毫，仙居雲峰茶，黄岩竜乾春の四大銘茶がある．観光スポットには古城牆，東湖，巾子山，国華珠算博物館，天台山，下湯遺跡，大鹿山島，石塘漁村などがある．　　［谷　人旭・秋山元秀］

タイツー河　太子河　Taizi He

中国

タイツー河　太資河　Taizi He（別称）

面積：1.6 km²　長さ：413 km

[41°01′N　122°26′E]

中国北東部，リャオニン（遼寧）省南東部を流れる川．フン（渾）河の支流．別名は太資河．古くは時代ごとに衍河，大梁河，東梁河などと呼称された．シンピン（新賓）満族自治県紅石硌子山を源泉とする．南西へ向けて流れ，ベンシー（本渓）市，リャオヤン（遼陽）市を通り，ハイチョン（海城）市の三岔河付近で渾河に合流する．
　　　　　　　　　　　　　　　　　[石田　曜]

タイツァン県　太倉県　Taicang

中国

人口：71.0万（2015）　面積：620 km²

[31°33′N　120°58′E]

中国東部，チャンスー（江蘇）省南東部，スーチョウ（蘇州）地級市の県．チャン（長）江の河口近くの南岸に位置する．北宋代にすでに名前がみられ，元代に崑山の州の役所を太倉へ移したことがある．明代に正式に州になり，省南東部の大都市になった．清代には直隷州になり，江蘇省を管理した．稲，麦，綿花，豆類，搾油作物を多く産し，羊や家禽の飼養が盛んである．カニなどの水産物もある．工業は紡績を主体として，冶金，機械，電子，化学，建材，食品，皮革，製紙，酒造，印刷などがある．特産品には工芸品としての靴や彫刻，蒸留酒，調味料の糟油，肉のでんぶなどがある．景勝史跡には梅花草堂，天妃宮，鄭和記念館などがある．高速道路の瀋海線（シェンヤン（瀋陽）〜ハイコウ（海口）と蘇崑太線（スーチョウ（蘇州）〜クンシャン（崑山）〜太倉）が交わる．
　　　　　　　　　　　　[谷　人旭・小野寺　淳]

タイッチー　Taikkyi

ミャンマー

人口：27.7万（2014）　[17°20′N　95°55′E]

ミャンマー南部，ヤンゴン地方（旧管区）ヤンゴン北部県の町．漢字では峇枝と表記する．ヤンゴン〜ピー（プローム）間を結ぶ鉄道沿い，地方の中心都市ヤンゴンの北北西64 kmに位置する．エーヤワディ川デルタの左岸北部のこの一帯は，ミャンマーの穀倉地帯で米作の中心地である．　　　　　[西岡尚也]

大デワカン島　Dewakang Besar, Pulau

インドネシア

デワカンブサール島（別表記）/デワカンロンポ Dewakang Lompo（マカッサル語）

人口：0.1万（2000）　面積：11 km²

[5°23′S　118°26′E]

インドネシア中部，南スラウェシ州パンカジェネダンクプラウアン県の島．州都マカッサルの西南西約120 km沖合に位置する．周辺には，小デワカン島，バンカウルアン Bangkauluang島がある．また，スラウェシ島との間には，タナケケ島を中心とする諸島がある．この地域は，カリマンタン（ボルネオ）島とスラウェシ島の間にあるマカッサル海峡の南端にあたる．この地域の住民はマカッサル人で，この島の周辺は彼らの漁場になっている．　　　　　[山口真佐夫]

大ドアンドアンガン島
Doangdoangan Besar, Pulau

インドネシア

ドアンドアンガンブサール島（別表記）/ドアンドアンガンロンポ　Doangdoangan Lompo（マカッサル語）

人口：0.1万（1997）　面積：11 km²

[5°24′S　117°57′E]

インドネシア中部，南スラウェシ州パンカジェネダンクプラウアン県の島．州都マカッサルの西南西約170 km沖合に位置する．周辺には，小ドアンドアンガン島，バンコバンコアン Bangkobangkoang島，マラセンデ Marasende島，ブトンブトンガン Butongbutongang島，マルカルクアン Malukalukuang島などがある．この地域は，カリマンタン（ボルネオ）島とスラウェシ島間にあるマカッサル海峡の南端にあたる．南スラウェシ州南部は，海洋民族のマカッサル人の居住地域で，この島の周辺は彼らの漁場になっている．南カリマンタン州南部のラウトクチル諸島までは西北西約240 kmの距離である．　　　　　[山口真佐夫]

タイトン市　台東市　Taitung

台湾｜中国

人口：22.0万（2017）　面積：3515 km²

[22°45′N　121°09′E]

台湾南東部，台東県の都市で県政府所在地．付近には匹敵する規模の都市がなく，県全域の中心となっていることから，中心部は賑やかである．台東県は人口の約半数を原住民とよばれる先住民族の人びとが占めている．市内にもアミ族やプユマ（ピュマ）族，パイワン族，ルカイ族，ブヌン族の人びとが多く住み，人口の2.2万を先住民族の人びとが占める．中心部にはプユマ族の人びとが集まって暮らすキタマチ（日本統治時代に北町とよばれていたのが由来）という地区があるほか，郊外の馬蘭にはアミ族の大集落がある．

市の玄関口は台東駅だが，繁華街は台東旧駅一帯にある．現在の台東駅はかつて台東新站（新駅）とよばれていたが，旧駅の廃止によって，こちらが台東駅を名乗るようになった．旧駅の周辺にはホテルや旅行代理店，市場，バスターミナルなどが集まっている．旧駅舎は鉄道芸術村とよばれる公共空間となっており，創作空間として地元の芸術家たちに開放されている．

市街地は日本統治時代に都市計画に従って整備されており，碁盤の目のようになっていてわかりやすい．整然とした雰囲気はタイジョン（台中）と並び，日本統治下，最も都市計画の成果を感じる都市として評価されていた．市街地周辺はペイナン（卑南）渓によって形成された沖積平野が広がっており，日本統治時代はサトウキビの栽培地となっていた．これらは第2次世界大戦後，水田地帯となったが，換金性の高い商品作物の栽培が奨励されたこともあり，果樹園なども多くみられる．中でも釈迦頭（バンレイシ）はこの地の特産品となっている．　　　　　[片倉佳史]

大ナトゥナ島　Natuna Besar, Pulau

インドネシア

ナトゥナブサール島（別表記）/ブングラン島 Bunguran, Pulau（別称）

面積：1720 km²　　[4°00′N　108°15′E]

インドネシア西部，ナトゥナ諸島北部，リアウ諸島州の島．ブサール（besar）はインドネシア語で大きなを意味し，ナトゥナブサール島ともよばれる．ナトゥナ諸島内で最大の島である．島内にはラナイ Ranai山（標高1035 m）がそびえる．島の周辺海底には天然ガスが埋蔵されている．　　　　　[浦野崇央]

タイナン市　台南市　Tainan

台湾｜中国

人口：188.6万（2017）　面積：219 km²

気温：23.8℃　降水量：1500 mm/年

[23°00′N　120°11′E]

台湾南西部に位置する直轄市．南部においてはカオシオン（高雄）市とともに二大都市圏

を形成する．当初は台南市とその周辺地域の台南県に分かれていたが，2010年12月25日に両者は合併を果たし，政府直轄市（政令指定都市）となった．現在の人口は約187万で，台湾5大都市の1つに数えられる．市内には37の区があり，市政府所在地は安平区および新営区である．

年平均気温は23.8℃で，北回帰線よりも南に位置しており，亜熱帯性気候である．しかし，冬場には中国大陸からの寒気団が南下する関係で10℃以下になることもあり，カキや淡水魚の養殖に大きな被害が出る．降水量は夏季に集中しており，5〜9月の雨量は年間の8割を占める．

ジャーナン（嘉南）平原とよばれる広大な平野に位置しており，最高地点でも標高40mと，起伏がほとんどみられない．そのため，第2次世界大戦前はサトウキビの栽培が盛んに行われていた．製糖産業は17世紀初頭にオランダ人によってもたらされたが，本格的に栽培されるのは日本統治時代に入ってからで，栽培法の研究と品種改良が熱心に進められた．1910年代には鉄道をはじめとするインフラ整備も進み，飛躍的な発展を遂げる．こういった発展を指揮したのは民政長官後藤新平に請われて台湾に赴いた新渡戸稲造だった．製糖産業は日本統治時代，台湾経済を支える一大産業だったが，その興隆は第2次世界大戦後にも受け継がれた．しかし，国際価格の暴落と競争力の低下から，1960年代を境に衰退し，往時の隆盛はみる影もなくなっている．各地の製糖工場は廃止が相次いだが，台南市仁徳区には台湾糖業公司仁徳糖廠が残っている．1990年代からはハイテク産業を中心とした産業都市としても地位を確立している．郊外には工業団地が並んでおり，順調な成長をみせている．2007年1月に開業した台湾高速鉄道の台南駅はその中央に位置している．歴史的には台湾で最も早く都市を形成していたが，その端緒となったのは1624年にオランダが行政府ゼーランジャ城を置いたことだった．その後，鄭成功一族による政権の首府となり，清国時代に入ってからも，長らく台湾の中心となってきた．1885年に首府はタイペイ（台北）に移されたが，その文化都市としての機能は現在にも受け継がれている．日本統治時代は，1920年代に高雄が産業都市として台頭するまで，南部の中枢として繁栄をみた．市内には日本統治時代に建てられた建築物が数多く残っており，こういった歴史建築探訪の旅は外国人にも好評で，台南の魅力に数えられる．

台湾で最初に行政府が置かれた場所という

こともあり，史跡が多い．観光客誘致にも熱心で，案内板の整備が進んでいるほか，パンフレットや資料も数多く発行されている．観光スポットをまわる巡回バスなども運行されている．文化財指定を受けている物件も多く，国立台湾文学館（旧台南州庁舎），忠義国民小学礼堂（旧台南武徳殿）など，日本統治時代の建造物も保存対象となっている．

［片倉佳史］

大ニコバル島　Great Nicobar Island
インド

人口：0.8万（2011）　面積：1045 km²
長さ：53 km　幅：26 km
[7°00′N　93°48′E]

インドの東方，アンダマンニコバル諸島連邦直轄地南部，ニコバル諸島最南端の島．諸島中で最大の面積を有する．島の南端はインドの最南端地点で，インディラ（ピグマリオン，パーソンズ Parsons）岬とよばれている．スマトラ島西端からは，グレート海峡をはさんで，おおよそ北西180 kmにある．北には小ニコバル島，カッチャル島，カモルタ島，カールニコバル島などのニコバル諸島を構成する島々が連なっており，さらにテンディグリー海峡をはさんでアンダマン諸島に連なる．島は第三系下部の砂岩・珪岩よりなり，標高642 mが最高点となっている．人口は希薄で，熱帯雨林によって覆われ，多様な野生生物の生息地として知られる．島の多くは大ニコバル生物保護区に指定されている．

1869年，イギリス領となり，受刑者たちの集落が形成された．第2次世界大戦中は一時日本に占領された．その後，インドの独立に伴ってインド領となり，かなりの数の難民がバングラデシュ（旧東パキスタン）からやってきて定住した．銀行，オフィス，学校，ホテルなどが設けられ，経済が発展した．人口の半分以上が，島の東部で港のあるカムプベル Campbell 湾付近に集中している．隣の小ニコバル島とともに魚類や森林資源が輸出品として注目されている．しかし，生活必需品の多くは本土からの輸送に頼っている．2004年12月26日のスマトラ島沖地震（インド洋地震）の津波によって外部との通信が1日以上途絶し，多くの死者を出す被害を受けた．この地震の余震域の北端はアンダマン・ニコバル諸島にまで及んでいた．　［大竹義則］

タイニン　Tay Ninh
ベトナム

Tây Ninh（ベトナム語）

人口：12.6万（2009）　面積：137 km²
[11°19′N　106°05′E]

ベトナム東南部，タイニン省の都市で省都．漢字では西寧と表記する．省のほぼ中央に位置する省直属市であり，ホーチミン中央直属市から約100 km，カンボジア国境から約40 kmのところに位置する．現在のタイニンは1954年に発足し，2013年には市から省直属市に昇格した．現在は，7つの行政区と3つの村によって構成されている．市内には新興宗教カオダイ（高台）教の本山がある．南ベトナム解放民族戦線（ベトコン），民族民主平和勢力連合，人民革命党が主体となって1969年に地下政府として樹立された南ベトナム共和国臨時革命政府は，75年のサイゴン陥落までタイニンを本拠地としていた．　［筒井一伸］

タイニン県　泰寧県　Taining
中国

帰化県（古称）／シャンチョン　杉城　Shancheng（別称）

人口：11.2万（2015）　面積：1534 km²
気温：18.2℃　降水量：1775 mm/年
[26°54′N　117°10′E]

中国南東部，フーチェン（福建）省中西部，サンミン（三明）地級市の県．ウーイー（武夷）山脈南麓のチンシー（金渓）上流域に位置する．県政府所在地は杉城鎮．チャンシー（江西）省のリーチュワン（黎川）県と接する．別称は杉城．南唐の中興元年（958）に帰化県として設置され，宋の元祐元年（1086）に泰寧に改名した．住民の大半は客家（ハッカ）系で，省内西部のシャオウー（邵武）方言を使用する．亜熱帯モンスーン気候に属するが，高地垂直帯分布も明瞭．林業や，竹，クリ，タバコ，淡水養殖の代表的な産地である．2005年，丹霞地形からなる泰寧地質公園はユネスコの世界遺産（自然遺産）「中国丹霞」の一部として登録された．ほかに国指定の泰寧金湖風景名勝区もある．　［許　衛東］

タイニン省　Tay Ninh, Tinh
ベトナム

Tây Ninh, Tinh（ベトナム語）

人口：106.7万（2009）　面積：4028 km²
[11°19′N　106°05′E]

ベトナム東南部の省．北部および西部では

タイニン（ベトナム），カオダイ（高台）教総本山の礼拝堂〔Akarat Phasura/Shutterstock.com〕

カンボジアと国境を接し，南東部ではホーチミン中央直属市と接する．ホーチミン市から陸路で南東約90kmに位置する．省都はタイニン（省直属市）で，他に8県からなる．省内には29民族が居住するが，約97％を多数民族のキン族（ベト族）が占める．地形的には標高5〜50m程度の平坦地であり，省内の約71％が農地である．省内の最高峰は，信仰の対象ともなっているバーデン Ba Den 山（標高986m）であり，ベトナム南部の最高峰でもある．省内にはカンボジアを源流とするヴァムコードン川水系と，ビンフォック省を源流とするサイゴン川水系がある．サイゴン川水系には2万7000m²もの面積を有するザウティエン湖があり，タイニン省およびその周辺に対する灌漑機能とともに，風光明媚な観光地としての機能も有している．

経済構造をみると農業が中心で，サトウキビや米，キャッサバが主要産物であり，いずれも1990年代の10年間に生産量が急増している．ホーチミン市から省内を通り，カンボジアとを結ぶ国道22号の一部は，90年代半ばに発足した新アジアハイウェイ計画の一部に組み込まれたことから整備がなされてきた．また，ベンカウ県モックベイはカンボジアへの国境が開かれており，ホーチミン市とプノンペンとを結ぶ主要ルートとなっているため沿線での開発が盛んに行われ，とりわけホーチミン市と接したチャンバン県は，ホーチミンの北約5kmのタンソンニャット国際空港やサイゴン港まで40km前後と比較的アクセスがよいこともあり，大規模な工業団地の造成が行われている．

1960年に南ベトナム解放民族戦線（ベトコン）が樹立されたのは，西部のカンボジア国境に近いチャウタイン県である．そのためベトナム戦争中，南ベトナム軍やアメリカ軍による掃討作戦が盛んに行われた場所でもある．省都タイニンは人口12.6万（2009），面積137.3km²．カンボジアにいたる国道22B号が通り，新興宗教カオダイ（高台）教の本山がある．カオダイ教の創始は1920年頃（諸説ある）であり，儒教，道教，仏教，キリスト教などを土台としたことからカオダイの名がついたといわれる．「眼」がカオダイ教のシンボルマークであり，寺院にも描かれている．タイニン省人口の約7割がカオダイ教の信者といわれている．　　　　〔筒井一伸〕

タイパ　Taipa　　　　インドネシア

標高：0m　　　　〔1°54′S　120°32′E〕

インドネシア中部，スラウェシ島中央部，中スラウェシ州ポソ県の村．赤道のやや南に位置し，熱帯雨林気候に属する．中スラウェシ州有数の景勝地であるポソ湖の西岸に位置する小村で，陸路では到達しにくいところにあるが，ポソ湖はこの村からの眺めがとくに美しいため，観光客は幹線道路沿いにあるポソ湖北岸の町テンテナ Tentena あるいは空港を有する南岸の町ペンドロ Pendolo を基点にボートでこの小村にきて周辺を散策することが多い．近隣にはバンチェア Bancea ラン保護区があり，季節によっては種々のランが観察される．　　　　〔塩原朝子〕

タイバイ県　太白県　Taibai

中国

人口：5.1万 (2010)　面積：2716 km²
標高：740-3767 m　気温：2.7℃
降水量：800 mm/年　　[34°03′N　107°19′E]

　中国中部、シャンシー(陝西)省南西部、パオチー(宝鶏)地級市の県。チャン(長)江とホワン(黄)河の両流域にまたがる。県政府所在地は嘴頭鎮。県名は県内に位置するチン(秦)嶺山脈の主峰太白山(標高3767 m)にちなむ。1961年に区から県になった。気候は温暖湿潤で、冬が長く夏がほぼない。無霜期間は158日で、大陸性季節風気候と高山気候の特徴を兼ねる。山地が多く、標高差が激しい。最高地点は太白山である。金、銅、鉛などの地下資源、および水力、生物、観光資源に富む。　　　　　　　　　　　　　　[杜　国慶]

タイバイ山　太白山　Taibai Shan

中国

タイイー山　太一山, 太乙山　Taiyi Shan　(別称)
標高：3767 m　　　　　　[33°55′N　107°40′E]

　中国中部の山。ホワン(黄)河の支流であるウェイ(渭)河の流域とチャン(長)江支流のハン(漢)水流域との分水嶺をなすチン(秦)嶺山脈の主峰で、頂上を抜仙台という。主峰から尾根は三方に分かれ、北西麓はシャンシー(陝西)省パオチー(宝鶏)市太白県に、北東麓はシーアン(西安)市チョウチー(周至)県に、南麓はハンチョン(漢中)市フォーピン(仏坪)県、ヤンシェン(洋県)に属する。頂上付近には大爺海、二爺海などの池水がある。山地全体に傾動地塊をなし、山の北側は急斜面をなし、南は比較的ゆるやかな斜面をなす。3000 m以上には氷河地形が明瞭に残り、頂上付近の池水はカール湖であり、その下部にはU字谷が形成されている。山体の地質は花崗岩からなり、頂上近くの植生の乏しい部分は侵食が激しく、奇形に満ちた峻嶺をつくりだしている。急峻な斜面に展開する植生は南北で大きく異なる。またパンダ、キンシコウ、太白虎、ターキン(羚牛)などの保護対象の稀少動物がいる。　　　　　[秋山元秀]

タイパベイマンゴヌイ　Taipa Bay-Mangonui

ニュージーランド

人口：0.2万 (2013)　　[35°00′S　173°31′E]

　ニュージーランド北島、ノースランド地方の地域。ファーノース地区、アウポウリ半島の南限の東、カリカリ Karikari 半島の東に位置する。ダウトレス湾に面するタイパ湾、ケーブル湾、クーパーズビーチ Coopers Beach、マンゴヌイを含む。マオリの神話が多く残る土地であり、マオリの旧居住地跡も多く残る。一帯は亜熱帯気候に属し、湾内であるため波はおだやかである。マンゴヌイは最も東に位置し、ダウトレス湾より延びる入江状のマンゴヌイ湾に面する。かつて捕鯨基地があった。この地域では最も人口が多く、小売商店なども多い。マンゴヌイ中心部の北、ランギカピティ Rangikapiti は標高100 mほどの丘となっており、ダウトレス湾、マンゴヌイ湾を一望できる。ここにはランギカピティ歴史保存区があり、この地にゆかりの深いマオリのナティ・カフ族の居住区跡が保存されている。クーパーズビーチとケーブル湾間のタウマルマル Taumarumaru 保存区は岩山の上に設けられた保存区であり、ここにもマオリの旧居住区パ(砦)が3つ残されている。タイパは東にタイパ川が南からダウトレス湾に流れ込む河口の町で、マリンレジャーに富み、またイルカやシャチなどをみることもできる。　　[植村善博・太谷亜由美]

タイハン山脈　太行山脈　Taihang Shanmai

中国

五行山, 五形山, 太形山　(別称)
標高：2882 m　長さ：400 km
　　　　　　　　　　[39°56′N　115°03′E]

　中国北部、ホワペイ(華北)で南北に走る山脈。華北平原の西の障壁をなし、北はペキン(北京)の西山から始まり、南南西に走って南はホワン(黄)河の北岸にいたる。山脈の東は北京市、ホーペイ(河北)省、ホーナン(河南)省、西はシャンシー(山西)省である。太行山脈はヒマラヤ造山運動の時に隆起したもので、東の華北平原に対しては断層崖をなし、高度差は1500～2000 mに及ぶ。山麓には扇状地が発達し、それが河北省から河南省にかけて南北に連なる山麓都市群が展開する場となっている。西の山西側はホワントゥー(黄土)高原で、高所で3000 m、低い部分で1000～1500 mの台地丘陵になっている。山脈は北部に高く南部に低く、大部分は標高1200 m以上、2000 m以上の高峰に小五台山、東霊山、白石山、太白魏山、南索山、陽曲山などがあり、中でも北部では小五台山が最高峰で2882 m、南部では仏子山や板山でおのおの1745 m、1791 mである。北部の地質は石灰岩、中部は片麻岩からなり、古い地殻運動の影響で地層の中に多様な鉱物や石炭を含んでいる。河北の峰峰(ハンタン(邯鄲))、邢台、臨城、井陘(シーチャチョワン(石家荘))、六河溝(ツーシェン(磁県))などに埋蔵量の多い炭鉱がある。気候からみて太行山脈は海洋に対して南北に走る障壁となっているため、夏季には海洋からの季節風が衝突して降水となり、ときに豪雨をもたらす。山西は半乾燥と半湿潤の過渡地帯である。

　山西省東部に源流をもつチン(沁)河、漳河、滹沱河、唐河、拒馬河、ヨンディン(永定)河などは太行山脈を横断して華北平野に流れ出るが、そこは同時に東西の交通路となっており、中でも軍都陘、蒲陰陘、飛狐陘、井陘、滏口陘、白陘、太行陘、軹關陘を昔から太行八陘(陘とは山地を横断する道)とよんでいる。また井陘を山西に越えたところにあるニャンツークワン(娘子関)、拒馬河が易県(パオディン(保定))に出る蒲陰陘にある紫荊関、太行陘に設けられた天井関などの関塞も歴史上有名である。現代の鉄道も北京～ダートン(大同)間の北同蒲鉄道、北京～ユワンピン(原平)間の京原鉄道、石家荘～タイユワン(太原)間の石太鉄道、邯鄲～チャンチー(長治)間の邯長鉄道など、いずれもこの陘路を通る。

　このような渓谷や山岳の風景美を資源にした観光地も多く、通天峡(山西長治)、蒼岩山(河北石家荘)、京娘湖(河北邯鄲)、古武当山(同)などの風景区がある。山脈の南端にある雲台山(河南焦作)は世界ジオパークに指定されている風景区である。　　　　[秋山元秀]

大ヒマラヤ国立公園　Great Himalayan National Park

インド

面積：754 km²　標高：1700-5000 m
長さ：約40 km　幅：約50 km
　　　　　　　　　　[31°50′N　77°35′E]

　インド北部、ヒマーチャルプラデシュ州クル地方の国立公園。ヒマラヤ山脈の西部に位置する。1972年に制定されたインドの野生生物保護法にもとづいて、84年に設立された。国立公園西側には緩衝帯としてエコディブロプメント地区(面積266 km²)が設定されており、またサインジ Sainj 自然保護区(90 km²)およびティラタン Tirthan 自然保護区(61 km²)と接する。2014年には「大ヒマラヤ国立公園」としてユネスコの世界遺産(自然遺産)にも登録された。

　標高の低い国立公園西部でも1700 mほどもあり、東に向かうに従ってさらに標高が増し、東部には5000 m以上の山々が連なり寒冷な気候となる。一帯は、インダス川へと合

流するジワナラ川やサインジ川など多くの河川の源流となっており，万年雪や氷河が分布する．標高に応じて特徴ある生態系がみられ，広葉樹林から針葉樹林まで25種の森林のタイプが分布する．ウシ科のヒマラヤタール，ユキヒョウなどの希少種も含め多様な動物が生息し，また薬草などの希少な植物種も分布する．こうした自然環境を有することから，保護と同時に観光開発も試みられており，公園内にはトレッキングコースや宿泊施設なども整備されている．モンスーン季には多量の降雨があり，崖崩れなどが頻発する．

[鍬塚賢太郎]

ターイビン　Thai Binh　ベトナム

Thái Bình（ベトナム語）

人口：18.3万（2009）　面積：68 km²
[20°27′N　106°20′E]

ベトナム北部，ホン川（紅河）デルタ，ターイビン省の都市で省都．漢字では太平と表記する．首都ハノイの南東へ約110 km．地名は1890年にナムディン省から分離して生まれた．1894年にターイビン市の設置計画がつくられて以来，徐々にその市域を広げていった．2004年には市から省直属市に昇格し，現在は10の行政区と9つの村によって構成されている．省の中央よりやや南に位置し，国道10号が西から入り北進し，チャーリー川がＵの字の形に市域を流れる．フーカイン工業団地やソンチャー工業団地など2 km²を上まわる大規模なものをはじめ多くの工業団地が立地し，2014年の域内総生産の割合では第2次産業が69.56％を占める工業都市である．一方，第3次産業は26.83％，第1次産業は3.61％にすぎない．　[筒井一伸]

ターイビン省　Thai Binh, Tinh　ベトナム

Thái Bình, Tinh（ベトナム語）

人口：178.2万（2009）　面積：1542 km²
[20°27′N　106°20′E]

ベトナム北部，ホン川（紅河）デルタの省．首都ハノイから陸路で南東約110 kmに位置する．省都はターイビン（省直属市）で，他に7県からなる．省内に居住する民族はほぼ100％が多数民族のキン族（ベト族）である．人口密度は約1200人/km²と，ハノイおよびホーチミンの両中央直属市を除くと最も稠密な省の1つである．東はトンキン湾（北部湾）に面し，海岸線が約50 kmに及ぶ．標高は1 m程度で傾斜も1％未満という，きわめ

て平坦な地形である．ホン川が省の西部から南西部，ハーナム省とナムディン省との境界を流れ，北部のハイフォン中央直属市との境界にはホア川が，北西部のハイズオン省との境界にはルオック川が流れる．そして省のほぼ中央部にはチャーリー川が流れる．

これらの自然的条件から古くから水稲栽培が行われてきたが，封建時代，フランス植民地時代には貧困にあえぐ地域でもあった．たとえば1945年の大飢饉では約2.8万人に及ぶ犠牲者が出たといわれている．今日では栽培技術の向上から，自然条件と合致したベトナム北部における農業生産の上での重要な省となっている．また近年では沿岸部を中心に水田からエビの養殖場への転換も進んでいる．なおハノイのホアンキエム湖のほとりで観光客向けに演じられている水上人形劇の原型は，このターイビン省の農民たちが収穫祭などで行っていたものであるとされている．さらに古くから手工芸産業が発達した地域であり，とくに銀製品や絹織物，マッチなどが有名である．南東端のティエンハイ県では天然ガスを産出し，これを利用したセラミック工場などの立地が進んでいるが，2007年の産業別省内総生産から経済構造をみると約38％とホン川デルタ各省の中で最も第1次産業の比率が高い．

南部のブートゥ県にあるケオ寺は国内最大寺院であり，ベトナムの仏教の発展と密接に結びついた歴史建造物遺跡である．広大な敷地の中に，李朝時代（11世紀）に建立された大小12の建造物があり，芸術的価値を保っているためベトナムの重要文化財に指定されている．クアンニン省のハロン湾付近から海岸沿いにタインホア省にいたる国道10号が通る．この国道10号は日本の開発援助を受け，急速に改良されつつある．　[筒井一伸]

タイピン　Taiping　マレーシア

クリアンパウ　Klian Pauh（旧称）

人口：24.5万（2010）　面積：167 km²
[4°51′N　100°44′E]

マレーシア，マレー半島マレーシア領北西部，ペラ州北部ラルートダンマタン郡の都市．1937年までペラ州の州都であった．近郊でスズ鉱山が開発されるまでは小さな農村であったが，19世紀に入り，鉱山開発が進む中で，鉱山労働者の流入が急増した．その後，ラルート戦争とよばれる華人間の抗争がイギリスの介入を受けて終結した1874年，地名もクリアンパウから中国語の太平を意味するタイピンに変更された．1885年にはマ

レー半島の鉄道がタイピンから海沿いのポートウェルド（現クアラスプタン）間で開始された．近郊には19世紀後半に開発されたラルートの丘とよばれる高原リゾートがある．

[石筒　覚]

タイフー県　太湖県　Taihu　中国

人口：57.2万（2015）　面積：2031 km²
[30°24′N　116°15′E]

中国東部，アンホイ（安徽）省南西部，アンチン（安慶）地級市の県．ダービエ（大別）山脈の南麓，ワン（皖）河の上流域に位置し，フーペイ（湖北）省に隣接する．県政府は晋熙鎮に置かれる．北西部は大別山脈から続く山地で，南東は丘陵が広がる．南朝の宋のときに太湖左県が設けられ，隋代に晋熙県に改められたが，斉のときに太湖県に復された．合九鉄道と滬渝高速道路が通る．おもな農産物は米，小麦，搾油作物，茶葉，雑穀などがあり，牛の飼育が盛んである．景勝地には国指定の花亭湖重点風景区があり，名勝旧跡として獅子山二祖禅堂，海会寺，仏図寺，西風禅寺がある．　[林　和生]

大フェルガナ運河　Bol'shoy Fergana Kanal　ウズベキスタン/タジキスタン

長さ：270 km　深さ：3-4 m
[40°12′N　69°54′E]

ウズベキスタン，タジキスタンのフェルガナ盆地の大幹線運河．ナルイン川に発し西南西に向かい，シャフリハン，コカンドを経てタジキスタンのカニバダムにいたる．幅25～30 mで，フェルガナ盆地南部の小河川を横断し，灌漑用水を再配分している．1939年に16万人以上のコルホーズ員のハシャル（自発的労働）と1000人の技師，技術者によって45日で建設された．1930年代の大建設計画を締めくくり，ソ連の綿花自給が達成された．　[木村英亮]

タイブス旗　太僕寺旗　Taibus　中国

人口：21万（2012）　面積：3415 km²　気温：1.5℃
降水量：350 mm/年　[41°48′N　115°20′E]

中国北部，内モンゴル自治区中部，シリンゴル（錫林郭勒）盟南端の旗．旗政府所在地は宝昌鎮．北はショローンフフ（正藍）旗，ショローンフブートチャガン（正鑲白）旗と，南，西，東はホーペイ（河北）省と接する．地形的

には北東部の標高が高く，南西へ向かって徐々に低くなる．5鎮，1郷，1ソムを管轄する．首都ペキン(北京)とシリンホト(錫林浩特)市を結ぶ交通の要衝にある．漢族の人口が圧倒的に多い．モンゴル族の人口は1.2万で，グンブラグ(貢宝拉格)ソムに集まって暮らしている．太僕寺とは，古代から馬政をつかさどる中央官庁であった．清朝はチャハール地域に太僕寺左翼，右翼の牧廠を設けた．1917年，民国政府は太僕寺左翼牧廠と鑲白旗の一部に宝昌設治局を設置した．1936年に太僕寺左翼牧廠は太僕寺左旗と改称し，チャハール盟に属した．1956年，太僕寺左旗は宝昌県(1925年に県になった)と合併して現在のタイブス旗になった．

2012年の第1，2，3次産業生産額の割合は26.6%，41.3%，31.9%．ジャガイモ，搾油用の作物，野菜などを大規模に栽培するほか，豚，乳牛，羊の飼育が盛んに行われている．工業については，炭鉱採掘，発電，金属製錬，建築資材，農畜製品の加工，醸造などが盛んに行われている．近年，グンブラグソムで競馬，馬術，馬博物館などの馬文化と，レスリング，モンゴル料理，舞踊などのモンゴル伝統文化をアピールして観光開発を進めている．　　　　　[バヨート・モンゴルフー]

だいぶんすいれいさんみゃく　大分水嶺山脈 ☞ グレートディヴァイディング山脈 Great Dividing Range

タイペイ県 Taibei ☞ シンペイ市 Xinbei

タイペイ市　台北市　Taipei

台湾｜中国

Taibei (別表記) / たいほくし (音読み表記)

人口：269.0万(2017)　面積：272 km²

[25°02′N　121°34′E]

台湾北部の直轄市で台湾の行政中心地．台湾の政治経済の中枢となっている．周囲を山に囲まれた盆地に位置し，北辺に基隆河，西辺にタンシュイ(淡水)河，南辺にシンディエン(新店)渓が流れている．四方をシンペイ(新北)市に囲まれている．台北盆地の北側にはダートゥン(大屯)山や七星山を中心とした山々が連なり，東側と南側には丘陵地帯が広がる．長らく台湾で最大の人口を誇ってきたが，2010年12月の都市合併で新北市(旧台北県)に首位の座を明け渡した．現在，新北市やキールン(基隆)市とともに一大都市圏を

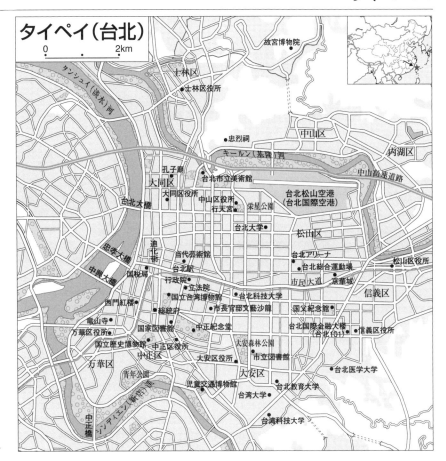

形成し，その人口は約705万という規模である．これは台湾の人口のおよそ1/3を占めている．

歴史は400年ほど前にさかのぼり，台湾南部から北上してきた漢人住民によって開拓が進められた．もともと台北盆地はケタガラン族とよばれる人びとが居住していたが，16世紀に始まった漢人住民の移住で混血が進み，そのアイデンティティは消滅した．漢人住民が最初に住みついたのは万華一帯で，淡水河の水運を利用した交易が盛んになった．万華は山岳部と沿岸部の中継地点にあり，物資の交易で栄えたが，のちに土砂の堆積で水運が利用できなくなり，その繁栄はより河口に近い大稲埕地区に移った．19世紀までは樟脳，そして日本統治時代に入る頃には茶葉が盛んに輸出された．現在も迪化街周辺には当時の商館などが残っている．

1895(明治28)年，下関条約締結により台湾が日本に割譲されると，台湾の島都として，各種機関が置かれた．これらはいずれも威厳を強調するため，西洋様式を踏襲した建物だった．旧台湾総督府の総統府をはじめ，現在もそういった建物は残されており，市では文化財としてこれらを保存している．修復保存や再利用も盛んで，1990年代からは歴史建築探訪がブームとなった．中にはカフェやレストラン，文芸サロンなどとして利用されているものもある．日本統治下の台北は都市計画によって整備された．中でも1932(昭和7)年3月に発表された大台北市区計画は大がかりなもので，将来の人口を60万と想定し，日本本土でもみられない居住環境を実現させるというものだった．結局，これは第2次世界大戦によって中断を強いられたが，計画そのものはその後も受け継がれた．なお，1940(昭和15)年2月15日には，台北市の人口は34万を突破し，日本で11番目の規模を誇る都市になっていた．

第2次世界大戦後は日本に代わって蒋介石率いる国民党政権が台湾の統治者となった．1949年には中華民国の臨時首都とされ，引き続き中枢として機能した．1967年7月からは政府の直轄市として政令指定都市となった．現在は中正区，万華区，大同区，中山区，松山区，大安区，信義区，内湖区，南港区，士林区，北投区，文山区に分かれ，市政府は信義区にある．1990年代からは都市インフラの整備に力が注がれるようになり，96年には都市交通システム(MRT)木柵線が

タイペイ(台北)市(台湾), 入口の八角堂が印象的な赤レンガ造りの西門紅楼

開通した. 現在はMRTの路線網拡充とともに, バス専用レーンの敷設や都市公園の整備, 体育館や多目的ホールなどの建設などが進められている. 2017年4月現在, MRTの路線長は131.1 kmに達しており, 1日あたりの平均輸送量は約202万人(2016)となっている. 2005年には高さ509.2 mと当時世界一を誇った台北国際金融大楼(通称・台北101)も完成した. これは文字どおり, 台北のランドマークとなっている. 2008年には, 台湾タオユエン(桃園)国際空港の開港以来, 国内線用となっていた台北松山空港(台北国際空港)にも国際線が発着するようになり, 2010年10月からは日本方面への路線も就航した.

台北市は内外からの観光客誘致にも熱心で, 多言語による案内板の設置やパンフレットの作成など, さまざまな取組みが行われている. 故宮博物院をはじめ, 蒋介石を記念した中正紀念堂や孫文を祀る国父紀念館など, 定番とされる観光スポットのほか, ここ数年は歴史建築を利用した芸術サロンや劇場, カフェなどが人気を集めている. これらの多くは日本統治時代に造営されたもので, かつての市場建築をリニューアルさせた西門紅楼や和洋折衷様式の旧台北州知事官邸を芸術サロンとした市長官邸文藝沙龍などがある. 郊外には温泉もあり, 古くから名湯の誉れ高い北投温泉や大自然に囲まれた陽明山温泉(旧草山温泉), レストランと温泉を組み合わせた紗帽谷温泉のほか, 南郊にはタイヤル族の文化にもふれられる烏来温泉がある.

[片倉佳史]

たいへいよう 太平洋 Pacific Ocean

面積:179700000 km² 長さ:15500 km
幅:19800 km 深さ:10924 m

地球上最大の海洋であり, 地球表面の約1/3を占める. 面積は約1億7970万 km², 容積は7億2370万 km³ である. 西はユーラシア大陸の東縁からインドネシア, ニューギニア, オーストラリア大陸東縁まで, 東は南北アメリカ大陸の西岸まで広がる. 東西の幅は, 北緯5度付近で最も広く約1万9800 kmに及ぶ. 南北にはベーリング海から南極海の北端まで広がり, その長さは約1万5500 kmである. 付属海は北のベーリング海から, オホーツク海, 日本海, 黄海, 東シナ海, 南シナ海, セレベス海, バンダ海と, 西縁に沿って数多く連なり, カリフォルニア湾を除くと付属海のない東縁とは対照的である. 付属海には深度200 mより浅い大陸棚が広がり, 海面が現在より100 m程度低下していた氷河期には, 黄海, 南シナ海などは広く陸化していた.

太平洋の特徴は, 全体が地球上最大の海洋プレートである太平洋プレートからなっており, 地形的には, 平均深度4000 mほど(4028~4188 m)の平坦で広大な大洋底からなること, 周縁部が深い海溝によってとりまかれていること, また海溝の外側は変動帯となっており, 活発な火山・地震活動がみられることである. また, 太平洋には約2万5000にも及ぶ多くの島のほか, 海面には達しない海山などの高まりがあり, それらの多くが一定の方向に配列していることも, ほかの2大洋である大西洋, インド洋にはみられない特徴といえる.

太平洋の起源については諸説があってまだはっきりしていない. 現在の太平洋は, 約1億8000万年前以降, 北はカリフォルニア湾から南はニュージーランド南方の南極海に延びる東太平洋海膨(海嶺)でわき上がったマントル物質が太平洋の基盤(プレート)を形成し, それがマントル対流に乗って東西に移動, 拡大することにより形成されたと考えられている. 西には太平洋プレートが拡大し, 東には北からココスプレート, ナスカプレート, 南極プレートが拡大した. これらの海洋プレートは玄武岩質からなり, 花崗岩質の岩石からなる大陸プレートより密度が高いため, 太平洋の周縁部にあるプレート境界では, 太平洋をつくる海洋プレートが, 大陸側のプレートの下に沈み込む. この沈み込みによって海底が引きずりこまれ深くなったのが海溝である.

太平洋プレートの沈み込みにより, 北からアリューシャン海溝, クリル・カムチャツカ海溝, 日本海溝, 伊豆・小笠原海溝, マリアナ海溝, トンガ・ケルマデック海溝が弧状に連なり, それに沿ってアリューシャン列島, クリル列島, 日本列島の東北日本, 伊豆・小笠原諸島, マリアナ諸島, ケルマデック諸島など, 太平洋側に凸面を向けた弓なりの島々が分布し, 弧状列島とよばれる. また太平洋プレート西縁部の一部からできたフィリピン海プレートの沈み込みでできたのが, 南海トラフ, 琉球海溝, フィリピン海溝と, その外側に連なる日本列島の西南日本, 琉球列島, フィリピン諸島の弧状列島である.

一方, 東縁では, カリフォルニア海溝, チリ海溝, ペルー海溝がみられるが, ここでは弧状列島はみられず, コルディレラ山脈, アンデス山脈が海岸から急激にそびえたち, 弧状に連なっている. 太平洋を取り巻くこれらの弧状列島や山脈は古くから「環太平洋造山帯」とよばれ, 活火山も多いことから「環太平洋火山帯」とよばれてきたが, いずれも, 海洋プレートの沈み込みによる変動帯に起因するものである. 沈み込みによってしばしば発生する巨大地震は, 巨大津波を引き起こすことが多い. チリ地震で生じた津波は太平洋を横断して日本の太平洋岸に被害を与え, 東北地方太平洋沖地震による津波の影響はアメリカ大陸の太平洋岸に及んでいる.

太平洋プレートは, チリ海溝や日本海溝では低角度で沈み込むため, 大洋底の堆積物はそのまま海溝を越えて大陸プレートの上に付

加され，大陸側を成長させる．しかし高角度で沈み込むマリアナ海溝などでは，大洋底の堆積物はそのまま沈み込んでしまう．広大な大洋底には，陸地から砂や泥は運ばれず，海中で生育する珪藻や放散虫などのプランクトンの遺骸が降り積もった珪質軟泥や石灰質プランクトンに由来する石灰質軟泥，およびそれらの残渣と海底火山の噴出物由来の堆積物が混じった褐色粘土などが分布している．このほか，ニッケルやコバルトなど有用金属を多く含むマンガン団塊がとくに北太平洋の海嶺上に多く分布する．これらは海底で10万年に1mmの速度で被覆成長すると考えられている．現在でもマントル物質がわき上がっている東太平洋海膨の軸上では，レアアースを含む大量の金属硫化物が生成されている．太平洋プレートの拡大によってそれらが移動した結果，南鳥島近海などでも，最近，有望な資源が発見されている．

太平洋に分布する島は，太平洋以外のすべての海洋の島の総計よりも多く，これらは大陸プレートの一部が分裂してできた大陸島のほか，火山島，サンゴ礁からなる．世界第2位の面積をもつニューギニア島や日本列島は大陸島であるが，日本海溝で太平洋プレートが沈み込む日本列島では，沈み込みによって大陸プレートの岩石が部分的に溶融し，マグマが形成されるため，それが噴出して多くの火山がとくに太平洋側に分布している．一方，ハワイ諸島など，太平洋プレートの中心部にある火山島は，ホットスポットとよばれるプレートの内部でマントル物質が局部的にわき上がる特異な場所にある．ハワイ諸島と，その北西に連なる天皇海山列は，プレートの拡大に伴うホットスポットの移動によって形成されている．

熱帯，亜熱帯にあたる南北30度より低緯度側では海水温が高く，冬でも表面海水温が18℃以上の海域にサンゴ礁が分布する．海岸線にほぼ接して発達する裾礁（フリンジングリーフ）のほか，水温の高い低緯度海域では，火山島の沈降した分だけサンゴが上方に成長し，沈水した島の周囲をサンゴ礁がとりまく環礁（アトール）が多い．また，陸地からやや離れてサンゴ礁ができると堡礁（バリアリーフ）となるが，オーストラリア大陸東縁の太平洋岸には，世界最大のグレートバリアリーフがある．

太平洋の名は，1520〜21年の世界一周航海でマゼランが南アメリカ大陸南端のマゼラン海峡を抜けて大西洋からこの大洋に入ったとき，大西洋と比べて海が穏やかだったことから，"El Mare Pacificum"（平和な海）と名づけたことに由来する．太平洋の海流は，時計まわりの北赤道海流と，反時計まわりの南赤道海流からなる．北赤道海流は，その後，黒潮となって日本列島の南を北上する．南赤道海流は南下して南極環流にぶつかり，南極環流は西から東に流れたのち，南アメリカの太平洋岸を北上する寒流のフンボルト海流となる．マゼラン艦隊はこれらの海流を利用しながらマリアナ諸島に到着し，次いでフィリピン諸島にたどり着いたが，南太平洋の東半部には島が少ないため，それまで一度も寄港できず飢餓に苦しめられた．

太平洋の島々は，海域によって3つに分けられ，ハワイ諸島，ニュージーランド，イースター島を頂点とする三角形に含まれる島々をポリネシア，その西に分布するカロリン諸島，マーシャル諸島を中心とする島々をミクロネシア，赤道以南で東経180度以西に分布するニューギニア，ソロモン諸島，フィジー諸島などの島々をメラネシアとよぶ．ポリネシアの最西部にあるトンガ諸島やサモア諸島までは，紀元前1200年前頃までにすでに人類が渡っていたが，そこから東は，島と島の距離が遠いために，人類が拡散できたのはほぼ紀元後になってからであった．天体の動き，風，海流などの知識を使い，外海での長距離航海を可能にするアウトリガーカヌーを用いた独自の航海術によって，人類は広大なポリネシアの島々へと最終的に拡散したのである．太平洋のこれらの島々とオーストラリア大陸を含む地域はオセアニア（大洋州）ともよばれ，独自の歴史と文化をもっている．

太平洋はまた，その広大さによってアジアと南北アメリカとを分かってきたが，19世紀には，とくに捕鯨がアメリカ人の太平洋への進出をもたらした．それに続く帝国主義の時代には，アジアへの侵略を図ろうとする列強にとって，太平洋の西縁地域が重要な地政学的意味をもつようになり，その帰結として1941年に日本と，アメリカ合衆国など連合国との間で始まった戦争は，西太平洋を主要な戦場として戦われ，太平洋戦争とよばれた．航空機の発達した現在でも，太平洋はその広がりと，豊かな海洋資源，自然的価値，そして独特なオセアニアの文化によって，人類に大きな影響を与えている． ［小野有五］

タイホー県　太和県　Taihe 中国

人口：約173万（2015）　面積：1822km²
[33°10′N　115°36′E]

中国東部，アンホイ（安徽）省北西部，フーヤン（阜陽）地級市の県．ホーナン（河南）省に隣接し，潁河が県の南部を斜めに流れる．県政府は城関鎮に置かれる．秦代に新陽県が置かれ，その後，細陽，潁陽，万寿，陳留，泰和と何度も県名と県域が改められ，元代に太和県が設置された．黄淮平原が広がり，地勢は平坦である．京九鉄道が東端を南北に，漯阜鉄道と寧洛高速道路が東西に走る．農業は小麦，大豆，トウモロコシなどが主だが，とくにチャンチン，サクランボ，キキョウ，ハッカの生産が盛んで，ハッカ油は全国の生産量の1/3以上を占める．名勝古跡には，楚都巨陽古城址，陳留古城址，万寿山がある．

［林　和生］

タイホー県　泰和県　Taihe 中国

人口：53.0万（2007）　面積：2667km²
[26°47′N　114°53′E]

中国南東部，チャンシー（江西）省中部南寄り，チーアン（吉安）地級市の県．ガン（贛）江が県内を貫流する．京九鉄道と大広高速道路が通過する．県政府は澄江鎮に置かれる．東部と西部は山地丘陵が多く，中部は吉泰盆地南部あたりに河谷平原が発達する．後漢に西昌県が置かれ，隋代に泰和県に改められた．農業県で米，サトウキビ，野菜，大豆，茶，柑橘類が主たる農産物で，烏骨鶏が特産品である．武山石洞，紫瑶山風景区などがある．

［林　和生］

タイホー山　Taihe Shan ☞ ウータン山 Wudang Shan

たいほくし　台北市 ☞ タイペイ市 Taipei

タイマーリー　太麻里　Taimali 台湾｜中国

タヴァリ（パイワン語）/チャバリイ（パイワン語・旧称）

人口：1.1万（2017）　面積：97km²
[22°36′N　120°59′E]

台湾南部，タイトン（台東）県南部の村（郷）．太麻里川河口に位置し，太平洋に臨む．もともとは住民の大半をパイワン族の人びとが占め，元来はチャバリイとよばれていたが，現在はタヴァリと発音されることが多い．日本統治時代に太麻里と漢字で表記されるようになり，現在にいたる．タヴァリの原意は日の出ずる土地である．現在は漢人住民が年々増えており，鉄道駅周辺や市街地では

すでにパイワン族は少数派となっている．

[片倉佳史]

ダイヤモンドハーバー　Diamond Harbour
インド

ヒジプール　Hjipur（旧称）

人口：4.2万（2011）　　［22°11′N　88°12′E］

インド東部，ウェストベンガル州南東部の町．州都コルカタ（カルカッタ）の南西約50kmにある．フーグリー川が南に曲がってベンガル湾に注ぐ河口に近く，川幅が広いので大型船でも入港することができ，コルカタの外港として機能してきた．そのために，ベンガル地域における東インド会社の重要な港湾であった．また，コルカタに近いので，コルカタからの日帰り行楽地となっている．フーグリー川の遊覧や海浜などの美しい自然景観があるほか，ポルトガルによる砦などの遺跡がある．地名はかつてヒジプールであったが，イギリスによって付け替えられた．喫水の深い外洋船は河港であるコルカタを利用できないことから，現在でもコルカタの外港として利用されている．インド政府の特別経済地区の1つに指定され，コンテナヤードの整備など湾港機能の強化が図られている．

[土居晴洋]

ダイヤモンドヘッド　Diamond Head
アメリカ合衆国

カイマナヒラ　Kaimana Hila（ハワイ語）

標高：228 m　　［21°15′N　157°42′W］

北太平洋東部，ポリネシア，アメリカ合衆国ハワイ州，オアフ島南東部の火山および岬．州都ホノルル市内ワイキキの東にある休火山で噴火口があり，ハワイ語ではカイマナヒラとよばれる．イギリス人水兵が頂上にある方解石の結晶をダイヤモンドと見誤って名づけられた．平らな部分は，1909年にアメリカ軍がルーガー要塞を建設し，第2次世界大戦からベトナム戦争を通じて軍隊の駐屯する地域であったが，現在は州記念物となっており，頂上まで歩けばすばらしい景色を一望できる．岬の東側にホノルルで最も高級な住宅地であるカハラ地区が所在する．また，すぐ海側にはダイヤモンドヘッドビーチパークと灯台がある．

[飯田耕二郎]

タイユワン市　太原市　Taiyuan
中国

晋陽（古称）/たいげんし（音読み表記）/ピンチョウ　並州　Bingzhou（別称）

人口：427.8万（2013）　面積：6988 km²

気温：9.6℃　降水量：474 mm/年

［37°53′N　112°32′E］

中国中北部，シャンシー（山西）省中部の地級市で省会．政治，文化，経済の中心地であり，ホワン（黄）河支流フェン（汾）河の中流，太原盆地の北部に位置する．区部の面積は1460 km²．古称は晋陽，別称は並州，略称は並である．春秋時代紀元前497年に晋陽邑として設置され，戦国時代には趙の国都であった．秦代に太原郡は全国36郡の1つであった．前漢代に並州と称し，全国13州の1つで，別称の並州の由来である．南北朝以前の前趙，後燕，前燕，前秦と北斉のいずれも都は太原であった．隋代の晋陽は，当時の長安と洛陽に次ぐ中国第3の大都市であった．唐王朝は，晋陽を北都（北京）に封じ，京都（西京）の長安，東都の洛陽とあわせて三都と称した．また，五代時期の後唐，後晋，後漢と北漢のいずれも太原を国都とした．唐宋代は手工業と商業の町，元代以降は武器の生産地として栄えた．清代には，すでに北方の重要な商業と手工業の都市であった．

1927年に市制が施行された．2000年以上の歴史の中，太原は中国北方の最も重要な軍事都市の1つであった．現在も国内の大都市の1つで，杏花嶺，小店，迎沢，尖草坪，万柏林，晋源の6区，グーチャオ（古交）市，チンシュー（清徐），ヤンチュー（陽曲），ロウファン（婁煩）の3県を管轄する．市政府所在地は杏花嶺区．人口のうち常住人口322万，人口密度461人/km²．また，人口は区部に集中している（246万）．46の民族があるが，99%以上は漢民族である．地形は北部，東部と西部が高く，南部が低い．中部と南部は汾河の沖積平野である．西部の山地は平均標高1500 m，東部の丘陵は平均1000 m，太原盆地の北部は平均800 mである．山地，丘陵と平地はそれぞれ総面積の50%，30%，20%を占めている．汾河は北から南へ盆地を縦貫し，豊かな盆地を形成している．平坦な地形と水条件で昔から重要な農業地域である．都市の発展にも有利な自然環境を提供している．温帯大陸性気候に属し，年間降水量の60%が夏季に集中している．無霜期間は140～190日間．1月の平均気温は-6.4℃，7月の平均気温は23.4℃．標高が高いため，同じ緯度の華北平野の都市より夏は涼しく過ごしやすい．

地下資源が豊富で，おもな金属資源は鉄，マンガン，銅，鉛，アルミニウムなどである．おもな非金属資源は石炭，石膏，硫黄，バナジウム，硝石，粘土，石英，石灰石などである．最も多いのは石炭（埋蔵量175億t）で，鉄鉱石（6億6000万t），石膏（6238万t）と続く．工業は地域の地下資源を生かしたものである．現在は石炭の採掘，電力，製鉄，機械，化学原料，化学肥料などの重化学工業が発達する総合工業都市となっている．全国規模の大企業として，山西粘結炭グループ，太原鋼鉄グループ，太原ガスグループ，太原第一電力会社などがあげられる．また，1991年にハイテク産業開発区が設置され，92年に沿海開放都市と同様の政策が適用され，外資系企業の進出が著しく増加している．地形条件は多様で，農業条件も大きく異なる．山地や丘陵に比べ，平地では農業が発達している．食糧作物と飼料作物栽培がおもな農業部門だが，野菜栽培や酪農などの近郊農業も盛んである．また，農村工業（郷鎮企業）も発達している．

太原は華北地域の交通結節点の1つである．太原駅は同蒲鉄道，石太鉄道，京原鉄道などが交差する中枢駅で，石炭など貨物の集散地である．また，太原から首都ペキン（北京），シーチャチョワン（石家荘），チョンチョウ（鄭州），シーアン（西安），チャンチャコウ（張家口）など諸都市への高速道路が，さらに省内各都市への道路網も整備されている．おもな物流は石炭，工業製品，農産物などである．太原武宿空港から北京，シャンハイ（上海）などの国内各都市および香港へ50あまりの航空路線があり，利用者は年間168万人に達している．また，太原武宿空港は北京国際空港などの代替空港でもある．

太原には名勝，遺跡が多数あり，国家級の重要文化財は5カ所，省の重要文化財は17カ所，太原市の重要文化財は67カ所にのぼる．市街地から南西約25 kmの懸甕山麓にある晋国の始祖を祀る晋祠，道教遺跡の竜山石窟，明代に建てられた太原のシンボルでもある永祚寺（俗称双塔寺），天竜山仏教石窟，隋唐時代の仏教名刹崇善寺，呂洞賓の道教寺院純陽宮などがとくに有名である．毎年国外から100万人近く，国内各地から1000万人以上の観光客で賑わう．特産品の黒酢，麺食を特色とする食文化は内外で有名である．また，太原は山西省の科学研究と教育，文化の中心地でもある．研究活動に従事している研究者は23万人で，研究組織は107カ所ある．エネルギーと重化学などの領域でとくに

すぐれた成果をあげている．また，12の大学，49の中等専門学校，244の高校などがある．　　　　　　　　　　　［張　貴民］

タイユン山　戴雲山　Daiyun Shan
中国

標高：1856 m　長さ：300 km　幅：100 km
　　　　　　　　　［25°43′N　118°06′E］

中国南東部の山脈．フーチェン（福建）省中部を横断し，ウーイー（武夷）山脈に次いで省内で2番目に大きな山脈である．閩中の屋根ともよばれ，ドゥホワ（徳化），ダーティエン（大田），チャンタイ（長泰），ヨンタイ（永泰），シェンヨウ（仙游），アンシー（安渓），ヨンチュン（永春）などの県が分布する．最高峰の戴雲山（標高 1856 m）は迎春山の別名をもつ．亜熱帯モンスーン気候と温帯気候の遷移帯に属し，複雑な地形の影響にもより年間の霧日数は300日を数える．標高 1600 m の山腹部に省最大の花蓮池高層湿原が広がり，絶滅危惧種を含む 600 種類以上の動植物が確認されている．2005年に国立自然保護区に指定された．徳化県内の山麓に10世紀初期に建造された戴雲寺は仏教の名刹である．
　　　　　　　　　　　　［許　衛東］

たいようしゅう　大洋州 ☞ オセアニア Oceania

ダイラー　Dai La ☞ ハノイ Hanoi

タイライ県　泰来県　Tailai
中国

人口：30万（2012）　面積：4061 km²
降水量：400 mm/年　　［46°23′N　123°24′E］

中国北東部，ヘイロンチャン（黒竜江）省西部，チチハル（斉斉哈爾）地級市の県．西は内モンゴル自治区，南はチーリン（吉林）省に接する．ソンネン（松嫩）平原に位置し，ネン（嫩）江が東境を南流する．県名はモンゴル語で種痘をした者を意味する．県の北西に遼，金時代の都市遺跡である塔子城城址が残るが，県が置かれたのは1917年と新しい．半農半牧で，農地ではトウモロコシと水稲などの穀物が生産され，草原では羊と牛の放牧が行われる．　　　　　　［小島泰雄］

タイランド湾　Thailand, Gulf of ☞ タイ湾 Thailand, Gulf of

だいれんし　大連市 ☞ ダーリエン市 Dalian

タイワン　台湾　Taiwan
台湾｜中国

フォルモサ　Formosa（別称）

人口：2329.6万（2017）　面積：35980 km²
長さ：394 km　幅：144 km
降水量：2500〜2600 mm/年
　　　　　　　　　［25°02′N　121°34′E］

東アジアの島嶼．東シナ海と南シナ海をつなぐ台湾海峡の東側に位置し，海峡をはさんで中国大陸に面する．東経120〜122度，北緯約22〜25度に位置する．本島のほか，付近にランユィー（蘭嶼）やリュイ（緑）島といった付属島嶼がある．面積は3万5980 km² で，日本の国土の約1/10，九州よりもやや小さい．フォルモサとよばれることもある．環太平洋造山帯に属し，フィリピン海プレートとユーラシアプレートが接する場所にあり，世界有数の地震多発地帯である．温泉も随所に湧き出ており，現在，確認されているだけでも100カ所に達する．島の北東部は日本列島の西に連なり，最も近い与那国島とホワリエン（花蓮）市の距離は約 112 km（最短距離は約 107 km）である．また，南端となる岬オールワンピー（鵝鑾鼻）はバシー海峡を隔てて，フィリピンに面している．

島の南北は最長で約 394 km，東西が約 144 km となっている．島の中央部には高峻な山岳が連なり，ジョンヤン（中央）山脈，シュエ（雪）山山脈，ユィーシャン（玉山）山脈，アーリー（阿里）山山脈がある．また，東部にはハイアン（海岸）山脈があり，以上を5大山脈とよぶ．これらの山岳地帯は島の総面積の半分を占めており，耕作可能な平地は30%程度である．最高峰は玉山（標高 3952 m）で，1945年までは新高（にいたか）山とよばれていた．中央山脈の平均高度は 3000 m を超え，標高 3500 m を超える山峰が20座ある．

平野は西部に大きく偏っており，温暖湿潤な気候を生かした農業が行われている．とくに中南部には田園地帯が広がっており，北東部のランヤン（蘭陽）平原や，東部に細長く延びる花東縦谷平野も稲作が盛んである．いずれも，日本統治時代に整えられた灌漑施設によって，大農業地帯となっている．また，扇状地も発達している．台湾の河川は山岳地帯を出ると，急激に傾斜度がゆるやかになるため，扇状地ができやすい．こういった土地では水はけのよさを利用し，果実や花卉の栽培が行われている．名産のバナナやパイナップル，マンゴーなども，こういった土地で栽培される．河川は129本あるが，いずれも短く，全長100 kmを超えるのはジュオシュイ（濁水）渓（渓は河川の意），カオピン（高屏）渓，タンシュイ（淡水）河，ダージャ（大甲）渓，ツェンウェン（曽文）渓，ダートゥー（大肚）渓の6本のみとなっている．多くの河川は流れが速く，淡水河やキールン（基隆）河のように水量が安定していても，川底が浅いために水運機能は低い．また，少雨期には涸れ川となる河川も多い．

また，台湾は世界でも有数の多雨地帯として知られている．台湾中部のやや南寄りを北回帰線が通過しており，高温多雨の気候となっている．年平均降水量は 2500〜2600 mmだが，地域差は大きい．台風と冬季のモンスーンの影響で，西部よりも東部のほうが降水量は多い．また，台風の襲来が多く，少なくとも毎年3回程度はその猛威にさらされる．各地で大きな被害が出るが，この時期の降雨は給水の観点から重要なものとなっている．ほぼ全域が海洋性モンスーン気候で，6月から10月までは南西季節風が全土に降雨をもたらす．また，北東部においては10月下旬から3月下旬まで，湿った北東季節風が吹きつける．しかし，中央の山岳地帯がその風を遮るため，同時期の南西部は晴天が続く．なお，標高の高い山岳地帯は高山性気候となっている．朝夕は冷え込みが厳しく，冬季には積雪をみることもある．タイペイ（台北）は4月頃から平均気温が20℃を超える．そして，高温多湿な夏を迎え，10月頃まで南国らしい陽気が続く．7月と8月は平均気温が30℃を超えることが普通で，湿度も高い．しかし，12月から2月は寒波の襲来もあって，気温が急激に下がることもあり，ときにはコートが必要なこともある．

台湾には族群（エスニックグループ）とよばれる特殊な集団分けが存在している．これは文化や習慣が共通した集団を意味しており，民族というよりもアイデンティティをともにする集団と表現される．台湾の住民を大きく分けると，中国大陸から渡ってきた漢人系移民の子孫と，それ以前からこの島に住んでいた先住民族の2つのグループに分かれる．大部分を占める漢人系の住民はいずれも中国大陸から渡ってきた移民の子孫だが，移住時期によって本省人と外省人に分かれる．日本統治時代以前に台湾へ渡っていた人びとを本省

タイワン(台湾)

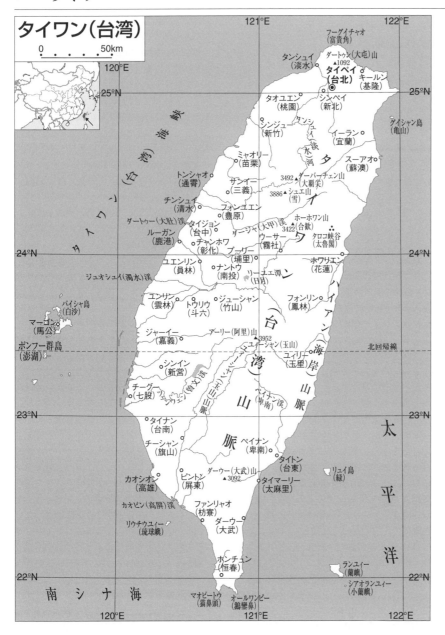

人，第2次世界大戦後に渡ってきた人びととを外省人というが，文化的な差違だけでなく，意識上の違いも大きい．

本省人は総人口の約84％を占め，17世紀を中心にフーチェン(福建)地方から渡台したホーロー(河洛)人と，これに続いて渡ってきた客家(ハッカ)人に分かれる．いずれも台湾南部に暮らしていた先住民族との混血を経て土着化しており，独自の文化を形成してきた．これに対し，外省人は蔣介石率いる国民党政府とともにやってきた人びとで，出身地は中国大陸各地に分散している．台湾へ渡ってきた外省人の総数は具体的な数字が公開されていないが，国民党政権時代，政府中枢を独占し，大きな影響力を誇った．現在は約14％程度を占めるといわれている．最近は異なった族群間の通婚が増え，相互の交流は緊密になっている．分類は明確ではなくなり，若い世代は帰属意識そのものが低下している．しかし，選挙などの際には，この族群意識を利用し，いかに自陣に取り込むかが大きなポイントとなっている．族群に関する諸問題は，台湾を理解する上で避けて通れないものとなっている．

言語についても族群と同様，複雑を極めている．現在，台湾政府が公用語としているのは「国語」とよばれる言語で，中華人民共和国で用いられる普通話と定義上は同じものである．これは国民党政権時代の教育制度下，人びとが教え込まれてきた言葉である．しかし，現地語の言いまわしが入り込んでいたり，台湾特有の発音形態や表現の混在，新語や造語，流行語のほか，日本語や英語などからの借用語の多さなど，個性は際立っている．そのため，「台湾華語」という呼称が用いられることもある．また，文字については正字とよばれる繁体字が使用されている．台湾土着の言語としては，福建語系統のホーロー語(台湾語)や独自の言語形態をもつ客家語のほか，オーストロネシア語族に属する先住民族は部族ごとに独自の言語をもっている．さらに，老年世代に限られるが，日本統治時代の教育を受けた影響で，いまも日本語を常用する人びとがいる．

宗教事情についても独自の発達をみている．仏教や儒教，道教に民間信仰が混在しており，それらが絡み合っている．基本的には道教と仏教が主軸となり，これに儒教的な道徳観がかかわっている．人びとに最も厚い信仰を受けているのは媽祖(まそ)とよばれる女神である．媽祖は福建に実在した人物で，航海の守り神として神格化された．台湾では媽祖廟のない町はないといわれるほどに定着している．現在，台湾には約2400の媽祖廟があるといわれる．旧暦の3月23日に行われる媽祖の生誕祭には約30万人の参拝客が集まる．また，キリスト教も影響力をもっている．17世紀に台湾北部に入植したスペイン人はカトリックを持ち込み，南部に入ったオランダ人はプロテスタントを持ち込んだ．その後，19世紀中葉からふたたび布教が盛んになり，日本統治時代には私立学校を開いて教育面から社会に影響力をもつようになり，現在にいたっている．

台湾島は長らく歴史の舞台に登場することはなかったが，古くは『後漢書』や『三国志』に「夷洲」という名で台湾と思われる地名が出てくるほか，『隋書』には「流求」の名が確認できる．さらに，元朝時代にはクビライ(フビライ)が日本侵攻の際に連動してポンフー(澎湖)を統治する．明朝時代には鄭和が南海遠征に際して台湾に立ち寄ったという記録が残る．1544年頃にはポルトガル船が台湾近海を航行し，「イラー・フォルモサ(麗しの島)」という言葉を残し，「フォルモサ」の呼称が欧米人の間に定着する．その後は倭寇の往来が盛んになり，オランダ勢力が澎湖に進出．明朝との交渉によって台湾島をも勢力下に置く．しかし，1662年，鄭成功によってオランダは駆逐され，台湾南部を拠点とする鄭氏政権を樹立．しかし，これも1683

年には清朝によって滅ぼされ、その後、1895年まで清朝による統治時代が続く。日清戦争後に締結された下関条約によって台湾は日本に割譲され、その後、1945年まで日本統治時代。敗戦によって日本が台湾および澎湖地区の領有権を放棄すると、蒋介石率いる中華民国政府が台湾を統治下に置く。国共内戦に敗れた国民党は中華民国の国体そのものを台湾に移し、統治体制を固めた。戦後は長らく言論統制の時代が続いたが、1990年代の李登輝総統による民主化が進められた。2000年には野党だった民主進歩党が政権を奪ったが、08年には中国国民党が奪還。2016年にはふたたび民主進歩党が与党となった。

現在は政府直轄市が台北市、シンペイ(新北)市、タオユエン(桃園)市、タイジョン(台中)市、タイナン(台南)市、カオシオン(高雄)市となっており、台湾省に属する基隆市、シンジュー(新竹)市、ジャーイー(嘉義)市がある(台湾省はその機能が凍結されている)。行政中心地は台北市。また、新竹県、ミャオリー(苗栗)県、チャンホワ(彰化)県、ナントウ(南投)県、ユンリン(雲林)県、嘉義県、ピントン(屏東)県、イーラン(宜蘭)県、花蓮県、タイトン(台東)県、澎湖県、チンメン(金門)県、リエンチャン(連江)県がある。なお、金門県と連江県は中華民国福建省に属している。また、領土問題で揺れる南海諸島については、東沙(プラタス)島は台湾政府が実効統治しており、国立公園を置いているほか、南沙(スプラトリー)諸島については太平島を中華民国軍が統治している。 [片倉佳史]

タイワン海峡 台湾海峡 Taiwan Haixia
台湾|中国

長さ:400 km 幅:131 km
[24°39′N 119°42′E]

中国大陸とタイワン(台湾)島の間に広がる海域。東シナ海と南シナ海をつなぐ重要な海域で、多くのタンカーが行き来する。チンメン(金門)、マーツー(馬祖)などフーチェン(福建)側(大陸寄り)に点在する島々のほか、ポンフー(澎湖)群島とリウチウィー(琉球嶼、小琉球)を擁する。平均深度は約50 mとされ、ほぼ全域が大陸棚で占められている。最も狭いところは幅約131 kmとなっている。台湾では黒水溝という呼称もあり、悪魔の海域という意味である。これはかつて大陸側から台湾へ渡る際に海難事故が多発したためにつけられたものである。水産資源は豊富だが、この海域で漁業が本格的に始まるの

は1895年台湾が日本領となってから。それまでは中国大陸沿岸部で零細的漁撈が行われるのみで、台湾側ではほとんど漁撈そのものが行われていなかった。 [片倉佳史]

タイワン山脈 台湾山脈 Taiwan Shanmai
台湾|中国

標高:3952 m
[23°28′N 120°57′E]

台湾中央部に連なる山脈の総称。ジョンヤン(中央)山脈を中心に、ユィーシャン(玉山)山脈、シュエ(雪)山山脈、アーリー(阿里)山山脈などがある。最高峰は玉山で、文字どおりの台湾の脊梁となっている。台湾には標高3000 mを超える山峰が260座あるが、そのすべてがこの台湾山脈とよばれる地域にある。実際には中央山脈と同一視されることが多い。 [片倉佳史]

ダーイン県 大英県 Daying
中国

人口:48.5万(2015) 面積:703 km²
[30°36′N 105°14′E]

中国中西部、スーチュワン(四川)省、スイニン(遂寧)地級市の県。県政府は蓬莱鎮に所在する。地勢は北部や南西部がやや高く、中部から東部がやや低い。郪江が東へ流れて県の境界でフー(涪)江に合流する。達成鉄道(ダーチョウ(達州)〜チョントゥー(成都))や滬蓉高速道路(シャンハイ(上海)〜成都)が東西に横断する。農業は穀物、搾油作物、野菜などを生産し、畜産が盛んである。柑橘類などの果物が特産である。石油、天然ガス、にがりなどの地下資源があり、化学工業が集積している。中東の死海に似た塩湖の中国死海があり、観光地になっている。 [小野寺淳]

タインシャ Taiynsha
カザフスタン

クラスノアルメイスク Krasnoarmeisk (旧称)
人口:2.8万(1989) [53°51′N 69°45′E]

カザフスタン中央北部、北カザフスタン州南部の都市。州都ペトロパウル(ペトロパブロフスク)の南南東121 km、アクモラ州の州都コクシェタウの北北東64 kmに位置し、鉄道駅がある。炭鉱がある。1997年まではクラスノアルメイスクとよばれた。

[木村英亮]

タインチー Thanh Tri
ベトナム

人口:8.6万(2010) 面積:518 km²
[9°26′N 105°44′E]

ベトナム南部、メコンデルタ、ソックチャン省西部の県。県都はフーロック町で他に1つの町と8つの村からなる。少数民族のクメール族が人口の約35%を占める。県単位の全国順位で上位5位以内に入るほどの生産量を誇る米作地帯である。フーロックには国道1号が通る。 [筒井一伸]

タイントゥイ Thanh Thuy
ベトナム

人口:0.1万(1994) 面積:52 km²
[22°54′N 104°51′E]

ベトナム東北部、ハーザン省ヴィスイェン県の村。中国国境沿いの山岳地域にあり、人口の多くをタイ族やヌン族が占める少数民族地帯である。ロ川に沿って国道2号が国境を越えている。2010年にタイントゥイ国境経済区建設計画の策定目標が示され、タイントゥイ村を含むヴィスイェン県やハーザン市にまたがる28781 haが2030年までに開発される計画がある。 [筒井一伸]

タインホア Thanh Hoa
ベトナム

Thanh Hoá (ベトナム語)
人口:20.8万(2009) 面積:147 km²
気温:17-25℃ 降水量:1600-2300 mm/年
[19°48′N 105°46′E]

ベトナム北中部、タインホア省の都市で省都。首都ハノイの南約163 km、国道1号沿いに位置する。マー川沿いにあり、北部ではホン川(紅河)デルタに次ぐ広大な面積をもつマー川デルタの中心地で、北中部地方の主要都市の1つである。省都としては1804年、グエン(阮)朝のザーロン帝が周囲2.6 km、高さ4 mの城壁をもつタインホアの町を建設したことに始まる。1994年には省直属市に昇格し、その後は市町村の分割、合併をくり返した。現在の行政区域は2013年以降のものである。ベトナム史上、タインホアの町およびタインホア省出身者の役割はきわめて重要であり、ドンソンドラムのような考古学上の重要な遺跡から、1000年以上にわたる建国、救国の英雄の出身地および活動の場であったことを示す歴史遺跡が多数存在する。また、風光明媚な洞窟や山河など、自然も豊富で、年間240万人(2016)もの観光客が国内外から訪れる。 [柳澤雅之]

タインホア省　Thanh Hoa, Tinh

ベトナム

Thanh Hoá, Tinh（ベトナム語）

人口：340.1万（2009）　面積：11000 km²
気温：17-25℃　降水量：1600-2300 mm/年
　　　　　　　　　　　　[19°48′N　105°46′E]

　ベトナム北中部の省．北をホアビン省とニンビン省の石灰岩地帯，西をチュオンソン山脈，東をトンキン湾に接する．省都はタインホア（省直属市）．首都ハノイと南部のホーチミン中央直属市を結ぶ国道1A号上にあり，ハノイの南110 km，ホーチミンの北1560 kmに位置する．省内を西進すればラオスのフアパン県サムヌアに抜けることができる交通の要衝でもある．地形的には，マー川とチュー川によって形成されるデルタ部と，ラオスに接する山地部とに区分できる．デルタ部はチュー川沿いにあるバイトゥオンに1915年に建設された巨大な水門によって河川流域の灌漑排水操作が行われるようになり，水稲作付面積が増大した．この水利施設は現在も使用され，約500 km²の農地を灌漑している．山地部は標高1000 m級の山並みが連続し，多数の少数民族が居住する．人口構成をみると，ベトナムの最多数民族であるキン族が省全体の85%を占めるが，山地部に限れば，ターイ族やムオン族が半数以上を占めている．

　季節は，5〜11月の雨季と，それ以外の乾季とに明瞭に分かれる．平均気温は17〜25℃，乾季の3〜4月頃は，ラオス方向からフェーン現象によって吹き降ろされるラオス風とよばれる熱風が吹き，とくに気温が上昇する．また，多くの台風が通過することでも有名である．

　省のGDPに占める主要な経済活動の割合は，農林水産業が37%，工業30%，サービス業33%である（2002）．ただし，1990年代後半から工業生産の伸びが著しい．農林水産業の中では作物生産の占める割合が79%と最も高く，米やサツマイモなどの食用作物の他に，トウモロコシ，大豆，サトウキビ，ラッカセイなどの商品作物が多数栽培されている．工業では，セメント，レンガ，化学肥料，農産物加工業などが盛んである．海産物の発展も90年代以降著しい．

　歴史的にみると，タインホアは北に中国やベトナム（大越），南にチャンパやクメールが存在し大国間の抗争の舞台であったことを反映して多くの考古・歴史遺跡が存在する．また，ベトナム国家建国に深くかかわった人物を輩出していることでも知られる．省内に存在する石器文化は，東南アジア大陸部の石器文化を考える上でも重要である．ソンヴィー文化からホアビン文化を経てバックソン文化への変遷がコンモン洞穴の遺物から観察される．貝塚遺跡であるダブット遺跡からは，バックソン文化の遺物と同時に石器が出土し，中国から土器の製作技術が南下したことを示している．1924年フランス極東学院の調査団がマー川沿いドンソンで特徴的な桶型の銅鼓や多数の青銅器を発掘しドンソン文化と名づけた．発見当時は東南アジアの青銅器時代＝ドンソン文化期と考えられていたが，東南アジア各地での発掘が進むにつれて，ドンソン文化命名のもととなったヘーゲル第I型式の銅鼓やその他の特徴ある遺物が広く中国南部からインドシナ全域で発掘されるに及び，現在では，ベトナムの青銅器時代をフングエン，ドンダウ，ゴームン，ドンソンの4期に分け，ドンソン文化はその1つであると考えられている．

　胡朝城（西都）はタインホア出身のホー・クイ・リーがチャン（陳）朝の実権を握り，1397年西都に遷都したときの建造物である．タインホアから直線で北西に40 km，マー川の左岸にある．ホー（胡）朝の特徴は，チャン朝期におけるホン川（紅河）デルタの農業的な拡大によって形成された農民層を背景とし，それまでの王族による官僚制を破壊し，税制の確立，刑律の公布，科挙制度の確立などを通じて中国的な政治体制に転換させ，ベトナムの近世のもととなる多くの制度を整えたことである．ラムキン歴史遺跡はタインホアから西に40 km，トスアン県にある歴史遺跡で，レ（黎）朝に関連する遺構がみられる．中でもビンラン墓碑はレ朝の創設者であるレ・ロイの功績を記している．レ・ロイはタインホア省ラムソン県，現在のトスアン県で生まれた土豪で，1418年中国の明による支配に対する抵抗運動の中で頭角を表した．1428年明軍を駆逐し，ハノイでレ朝を立てた．ラムキン祭りは旧暦8月21〜23日に行われる．

　広大な省の中には自然資源も豊富で，多数の自然公園がある．ベンエム国立森林公園はタインホアから南西36 kmにある森林公園で，敷地面積は160 km²，ゾウやトラのほかに多数の希少な動物が生息し，植物資源も豊富である．サムソンビーチはベトナム北部で最も有名なビーチの1つで，トンキン湾に面する南北に長大な白砂青松の海岸である．

[柳澤雅之]

タウ島　Ta'u Island

アメリカ合衆国

人口：0.1万（2010）　面積：45 km²
　　　　　　　　　　[14°14′S　169°26′W]

　南太平洋東部，ポリネシア，アメリカ領サモアの島．中心都市パンゴパンゴ（パゴパゴ）のある主島トゥトゥイラ島の東約100 kmにあり，マヌア諸島に属する．火山島で，南面は海側に大きく崩落しているが，旧火口の面影をとどめている．最高峰は中央部にある標高931 mのラタ山である．島の中央部から南部，東部にかけての一帯はアメリカ領サモア国立公園に組み込まれている．その一角には，ポリネシア人発祥の地ともいわれるサウア Sauaの聖地がある．主たる集落は北西側のルマ Lumaにあり，飛行場は北東端のフィチウタの近くにある．この東西間は道路で結ばれており，その間にもいくつかの集落がある．港は北西端のファレアサオにある．住民はポリネシア系のサモア人で，公用語としてはサモア語と英語が用いられている．

[橋本征治]

ダーウー　大武　Dawu

台湾｜中国

パロエ（旧称）

人口：0.6万（2017）　面積：69 km²
　　　　　　　　　　[22°21′N　120°52′E]

　台湾南部，タイトン（台東）県南部の村（郷）．大武渓の河口に集落がある．旧名はパロエ．住民の大半が先住民族で占められ，中でもパイワン族の人びとが圧倒的多数となっている．ほかにアミ族も少数ながら暮らしている．農業従事者が多い．大武の地名表記は日本統治時代の1920年に定められたものである．1992年，集落のはずれに鉄道駅が設けられたが利用客は少ない．　[片倉佳史]

ダーウー県　大悟県　Dawu

中国

人口：62.1万（2015）　面積：1979 km²
　　　　　　　　　　[31°34′N　114°08′E]

　中国中部，フーペイ（湖北）省北東部，シャオガン（孝感）地級市の県．県政府はチョンクワン（城関）鎮に所在する．ダービエ（大別）山脈の西部にあり，丘陵が広がる．北東部の竹竿河はホワイ（淮）河水系に；南東部のショー（灄）水と西部のホワン（澴）水はチャン（長）江水系に属する．金，銅，マンガン，クロム，リン，大理石，蛍石などの鉱産物がある．森林はマツやスギが多い．桐油やタバコのほか，キキョウ（桔梗），トチュウ（杜仲），タンジン（丹参）などの薬材を産する．農産物には

水稲，小麦，落花生などがある．工業は化学や木材加工などがある．京港澳高速道路（ペキン（北京）〜ホンコン（香港）・マカオ（澳門））が南北に走っている．　　　　［小野寺淳］

ダーウー山　大武山　Dawu Shan

台湾｜中国

標高：3092 m　　　［22°38′N　120°46′E］

台湾南部に位置する山峰．ジョンヤン（中央）山脈に属する．北大武山と南大武山（標高2841 m）があるが，通常は北を大武山とよぶ．タイトン（台東）県とピントン（屏東）県の境界にある．台湾南部の最高峰であるとともに，南部で唯一3000 mを超える山である．ユィーシャン（玉山），シュエ（雪）山，ナンフーダー（南湖大）山，シウグールワン（秀姑巒）山と合わせ，台湾5岳にあげられる．山頂には日本統治時代に設けられた神社の遺構と三角点が残っている．　　　　［片倉佳史］

ダヴァンゲール　Davangere

インド

Davanagere（別表記）

人口：43.5万（2011）　面積：77 km²
　　　　　　　　　　　　［14°30′N　75°52′E］

インド南部，カルナータカ州ダヴァンゲール県の都市で県都．旧チトゥラドゥルガ県の北西部に位置する．州都ベンガルール（バンガロール）とプネ（マハーラーシュトラ州）を結ぶ鉄道および国道4号沿いにある．穀物と綿花の市場であり，一帯の綿織物工業の主要な本拠地である．郊外には工作機械工場がある．また，マイソール大学ダヴァンゲール校がある．18世紀の終わり頃，カルナータカ（マイソール）の支配者であったハイダール・アリは，ダヴァンゲールをマラーターの指導者アポジ・ラムに与えた．アポジ・ラムは，商人を積極的にこの地に住まわせ，都市の発展に尽した．　　　　［前田俊二］

タウィタウィ州　Tawitawi, Province of

フィリピン

人口：39.1万（2015）　面積：3627 km²
　　　　　　　　　　　　［5°06′N　119°49′E］

フィリピン南西端，タウィタウィ諸島，ムスリム・ミンダナオ自治区に位置する州．州都はボンガオ．スールー海とセレベス海およびミンダナオ島にはさまれたスールー諸島の南部を占める．州最大の島はタウィタウィ島である．その他，西に隣接して空港が置かれ

ているサンガサンガ島，南東にはボンガオがあるボンガオ島がある．これらの島の合計は307に達する．州域はとくに美しいことなどからフィリピンの真珠とよばれている．州全域は熱帯性気候で乾季，雨季が明瞭であるが，海上にあるため気候は温暖である．熱帯特有の風土病である熱帯マラリアの発生地域であり，現在でも感染に悩んでいる．

州名の語源に関しては，マレー語でバヤンの木を意味するジウィジウィの中国風の読み方であるとする説が有力である．スペイン人はタアィタアィとよんでいた．州の住民はサマ（Sama）文化圏に属している．この文化圏は，サマシブツ（Sama Sibutu）文化，サマシムヌル（Sama Simunul）文化というように，所属している島々によって異なる文化圏に分かれている．伝統的に言語は先住民が話すバハサマ語を共通語としてきた．しかしこの語は島ごとに話される方言も多いことなどから，現在ではバジャウサマ語が英語やタガログ語と並んで話されている．住民の99%はイスラーム（スンニ派）教徒である．産業としては，農業，漁業，海藻を材料とする寒天製造も実施されている．しかし，交通上の立地の優位性を利用した交易などは不振である．

州固有の動植物が多くみられるが，焼畑などの森林破壊が進み，これらの固有種が絶滅の危機にさらされている．今後の保護が問題となろう．　　　　［田畑久夫］

タウィタウィ諸島　Tawitawi Islands

フィリピン

人口：36.7万（2010）　面積：1087 km²
　　　　　　　　　　　　［5°10′N　120°15′E］

フィリピン南西端，タウィタウィ州の諸島．スールー群島の一部を形成する．東西をセレベス海とスールー海にはさまれる．北はスグハイ Sughai 海峡によりタプル諸島に，南はシブトゥ Sibutu 水路によりシブトゥ諸島に面している．主要な島はタウィタウィ，サンガサンガ，シムヌル Simunul で，その他多くの小島群から構成される．　　　［田畑久夫］

タウィタウィ島　Tawitawi Island

フィリピン

人口：39.0万（2015）　面積：593 km²
長さ：55 km　幅：10-23 km
　　　　　　　　　　　　［5°12′N　120°00′E］

フィリピン南東部，タウィタウィ州の島．ミンダナオ島西部，サンボアンガ半島から南西に細長く広がるスールー群島の先端近くに

あるタウィタウィ島群の中心を占める．Tawi-Tawi とも綴られる．スールー群島は500以上の島々から構成され，北のバシラン島から南のカリマンタン（ボルネオ）島まで約300 kmの長さをもつ．タウィタウィ島は，シブトゥ Sibutu 海峡をはさんで，カリマンタン島の北西サバ地区（マレーシア領）と対峙する．スールー群島は北のホロを州都とするスールー州と，南のボンガオを州都とするタウィタウィ州に二分される．しかしボンガオは本島ではなく，南に隣接する小島サンガサンガ島にある．州内唯一のタウィタウィ空港も同様にボンガオに置かれている．

人口は少ないが，南東にあるバリンビン Balimbing が中心的な町といえる．全域は火山で覆われるが，最高点でも標高は534 mと高くはない．土壌は肥沃で，ココナッツ，米，コーヒー，バナナやパイナップルなどの果物が多く栽培されている．しかし大消費地に遠く離れていることなどから，ほとんどが島内および周辺の島々での消費に向けられる．真珠母貝，ナマコの採取や水産業も大変盛んである．理由は，島周辺は年間を通して安定した操業が期待できるからである．このほかマンガンをはじめとする鉱産資源も豊富である．

住民の大半はイスラーム教徒のモロ族である．彼らは非常に勇敢な海上民族で，南蛮貿易に古くから従事してきた．その範囲は広く東南アジアの全海域にまで及んだ．とくに元代には中国で「蘇禄」の名前で知られ，ルソン島やビサヤ諸島を襲う海賊として恐れられていた．モロ族は14世紀末頃にイスラーム教化され，スペインに反抗し，15世紀半ばカリマンタン島北部までを版図とするモロ族のスルタンが周辺地域の統治を行った（スールー王国とよばれた）．スペインとの反抗・抗争はモロ戦争と称され，1876年ホロが占領されるまでスールー王国の独立が保たれた．その後も当地域を領有したアメリカとの間で，分離独立運動が続けられるなど，紛争が続いた．現在でもモロ民族解放戦線（MNLF）の過激派分派組織アブサヤフによる無差別テロや外国人誘拐事件などが連続して行われている．

このように島を中心とする地域は政治的に不安定であるが，周辺の海域では漁業や交易を主要な生業とするバショウとよばれるサマス（サマル族とも称す）が活躍している．この集団は，船体と平行に舷外に張り出された浮材で，船の平衡を保つアウトリガーを船体の両側に1本ずつ付けたダブルアウトリガーの小型帆船に乗り，海上で操業を行っている．

多くはないが，この集団が居住する水上家屋が南部海岸にみられる．なお本島を含むスールー群島南部全域は，あまりにも危険なので，外国人の旅行者は出かける前に首都マニラで自国の大使館に出向き相談するようにという警告が出されている．　　　［田畑久夫］

ダーヴィル島　D'Urville Island

ニュージーランド

ランギトト　Rangitoto（マオリ語）

[40°50′S　173°51′E]

ニュージーランド南島，マールバラ地方の島．マールバラサウンズとよばれる入り組んだ海岸線の北に位置する．地名は，1827年にこの島に近い南島のフレンチパス周辺を探索したフランスの航海者ジュール・デュモン・デュルヴィルに由来する．デュルヴィルにとって，アストロラーベ号の船長として初めての航海であった．マオリ名はランギトトで，島に人びとが集団で定住する以前に，長きにわたって島を訪れていたマオリ部族の首長によって名づけられたといわれている．

［井田仁康］

タウィーワッタナー　Thawi Watthana

タイ

人口：9.0万（2010）　面積：50 km²　標高：1.4 m

[13°46′N　100°22′E]

タイ中部，首都バンコクの特別区（ケート）．チャオプラヤー川右岸，トンブリー側の北西端に位置し，北はノンタブリー県バーンクルアイ郡，西はナコーンパトム県プッタモントン郡に隣接する．区内には多数の運河が流れて水利がよく，果樹園が広がる．近年は分譲住宅地やゴルフ場としての開発も進んでいる．　　　［遠藤　元］

ダーウィン　Darwin

オーストラリア

パーマストン　Palmerston（古称）／ポートダーウィン　Port Darwin（別称）

人口：12.1万（2011）　面積：3164 km²

標高：31 m　気温：27.6℃　降水量：1827 mm／年

[12°25′S　130°51′E]

オーストラリア北部，ノーザンテリトリー北西部の都市で州都．国内最北部にある港湾都市であり，ビーグル湾に面した港湾ダーウィン港の北東の入口，首都キャンベラの北西3130 kmに位置する．熱帯に属するため平均最高気温は30℃前後，最低気温は20℃前後と1年を通じてつねに温暖な気候である．サウスオーストラリア州ポートオーガスタからビーグル湾までの2834 kmを縦断するスチュアートハイウェイの最北終着地である．また，大陸中央を縦断しアデレードとを結ぶザガン（大陸縦断）鉄道のターミナル駅でもある．もともとは先住民ララキーアの居住地であったが，1839年にこの地を訪れたイギリス海軍艦船ビーグル号に発見された．地名は，イギリスの博物学者チャールズ・ダーウィンの名前にちなんで命名された．しかし1869年に入植地が建設されるまでは定住化にいたらず，1911年に再命名されるまでの間は，入植地建設当時のイギリスの首相にちなみ，パーマストンとよばれていた．

1880年代，ゴールドラッシュで富を求めてやってきた中国人の鉱山労働者が，移民として外国からダーウィンへ殺到した最初の人びとであった．中国人はいまも非ヨーロッパ系の民族の中で最大の勢力であり，コミュニティの中心には1887年に建てられた中国寺院が再建されている．そのほか，海域に真珠貝が発見され1884年以降に成立した真珠産業に従事した日本人，第2次世界大戦後のヨーロッパ系移民，東南アジアからの難民などがダーウィンに定住することになった．こうした歴史的背景もあり，ダーウィンは国内でも有数の，多民族化が進んだ都市となっている．そのようすは市内最大のマーケットが開かれるミンディルビーチで垣間みることができ，とくに夜の市場ではアジアやギリシャやイタリアなどさまざまな国の料理を食べられる屋台，インドやインドネシアのバリ島の衣料品や先住民の民芸品を売る店などが並び，賑わいをみせている．

ダーウィンはいまでこそ国内で最も近代的な都市の1つとしての景観をみせているが，過去に二度の大きな壊滅的損害を被ってきた．1つは第2次世界大戦のときの被爆，もう1つは1974年12月のサイクロントレーシーの直撃であった．戦前より空輸業務の発展していた市内の民間飛行場に第2次世界大戦中，空軍の飛行隊が配備されるなど，ダーウィンは太平洋岸において重要な地位を占める都市となった．日本軍に対抗する連合国軍の基地であったために，当時東南アジアに勢力を広げていた日本軍によってたび重なる攻撃を受けた．最初の爆撃を受けた1942年2月以降，激しい攻撃を受けつづけ，大多数の住民が市内から避難していたにもかかわらず，戦争中の死傷者は数百人にのぼった．当時の激しい爆撃のようすを収めた映像は，イーストポイント戦争博物館でみることができる．一方，サイクロンは過去にもたびたび上陸し大きな被害をもたらしていたが，1974年のサイクロンによる被害は国内でも過去最悪のものであった．これにより1950〜60年代に復興が進んでいた市内の建物の9割以上が大きく破壊され，直撃を避けて住民の多くは市内から避難していたものの，71人の死者を出すこととなった．これらの2つの深刻な被害により，かつての市街地は一部の古い建物を除きほとんど跡形もなくなってしまった．そのため，市内の歴史的な建築物はマイリーポイント史跡区域にあるバーネットハウス（1938完成）など，わずかしか残っていない．

そのほか，市の南部では第2次世界大戦の名残として，高速道路と並行して走る滑走路や，壊れた飛行機が森林に残るようすをいまも目にすることができる．また1886年設立のジョージブラウン植物園（41 ha）も二度の災害を生き延びた施設の1つである．当初は大陸最北の小さな入植地において，食用となった植物を紹介する，もしくは評価するという目的で設立された．熱帯植物，とくに約400種類に及ぶヤシ科植物やアボリジニの使う民族植物のコレクションは国内でも比類ない内容を誇る．広大な敷地は海岸から台地まで広がっており，とくに海洋植物や河口植物については，それら本来の生息地に存在するようすをみることができる世界でも希有な植物園となっている．現在では市民農園として活用されている区画が存在するなど市民の憩いの場でもあるほか，身近で自然科学を目にすることができる場所として大きな役割を果たしている．

ダーウィンは，その最寄りの大きな町キャサリンまで南東約270 km，ハイウェイを南下して走っても3時間はかかるほど離れて存在する都市である．しかし，かつての孤立した入植地という面影はなく，壊滅的な二度の被害も乗り越え，州最大の人口を抱えながら地域の経済的な中心地としての発展が進んできた都市である．1985年にはダーウィン国際空港に隣接する形で，工業団地・貿易開発地区（TDZ）が国内初，かつ唯一の輸出加工区として設置されることになった．製造業の促進と近隣諸国への輸出を拡大するため，原料などの輸入にかかる税金の優遇措置（関税・消費税などの免除）などを通じて周辺諸国だけでなく，広くアジアや太平洋湾岸諸国の関心をも引き起こすことになった．また，2008年には液化天然ガス（LNG）プラント建設予定地にも選ばれ，2017年第3四半期の生産開始が予定されている．また，現在は世

として，多くの外国の航空会社が中心部から13 km郊外にあるダーウィン国際空港に就航している．日本との直行便はない．

市内には数多くの美術館などがあり，とくにノーザンテリトリー美術博物館およびアートギャラリーには貴重な先住民の芸術や工芸が数多く展示されている．チャールズ・ダーウィン大学は州内唯一の大学であり，8つのキャンパスおよび教育センターがあるが，そのメインキャンパスはダーウィン郊外のカジュアリーナにあり，先住民や東南アジアの言語・文化の研究，熱帯の環境・植物に関する研究が行われている．ダーウィンの観光業は近年最も急速に成長を遂げた産業であり，鉱業，農業と並び地域のおもな産業の1つとなっている．とくに周辺の豊かな自然環境は人びとをひきつけ，市内から日帰り圏内にあるリッチフィールド国立公園やマリーリヴァー国立公園は市民が気軽に訪れることができる場所となっている．また世界遺産でもあるカカドゥ国立公園までは東へ約170 km（車で3時間）の距離にある．そのほか，干満の大きい河川，内陸の水溜まり，マングローブの生育する入江，そして入り組んだ沿岸など，さまざまな水環境が多種類の魚類を生息させており，釣り人にとって魅力的な環境となっている．

［鷹取泰子］

ダーウィン氷河　Darwin Glacier

南極

［79°53′S　159°00′E］

南極，東南極の氷河．南極高地からダーウィン山脈とクック山脈の間を抜けて，東に向けてロス棚氷に流れ出している大規模な氷河である．下流部は1901～04年のイギリス国立南極探検隊によって地図に記載され，チャールズ・ダーウィンの息子で王立地理学協会の会長を務めたレオナルド・ダーウィン（1850–1943）にちなんで命名された．氷河全体の踏査は，56～58年に行われた，イギリス連邦南極横断調査隊に参加したニュージーランドの調査隊によって行われた．

［前杢英明］

ダウェイ　Dawei

ミャンマー

タヴォイ　Tavoy（古称）

人口：12.5万（2014）　［14°05′N　98°15′E］

ミャンマー南部，タニンダリー地方（旧管区）ダウェイ県の都市で，地方の中心都市および県都．かつてはタヴォイとよばれた．漢字では土瓦と表記する．ヤンゴンの南東約375 km，ダウェイ川がダウェイ湾に注ぐ河口の左岸に位置する．タイの首都バンコクからは西250 kmの距離にあり，18世紀末には一時タイ領になったことがある．国道8号により北のイェーやモーラミャイン，南のメイッ（ベイッ）と結ばれ，陸路でタイのカンチャナブリー県へ越境できる．市街の東約4 kmにはミャンマー国鉄南部線のダウェイ駅，南約4 kmに同じくダウェイポート駅があり，さらに南に線路が延びているが，ダウェイポート駅が折り返し地点となっており，現在はヤンゴン行きが1日1本運行される．また，市内北東部のダウェイ空港によってヤンゴン，モーラミャインとは空路も通じている．

アンダマン海沿岸地域の中心地で，塩干し魚，チーク材を使った木製品などの集散地となっており，果物や絹織物を生産する．2008年以降，ミャンマーとタイの2国間によりダウェイ経済特別区（SEZ）が設定され，市街の北約20 kmの農村地帯に工業団地の建設が進んでいる．市街中心部にはパヤージー博物館を併設するシュウェタウンザー・パヤー（仏塔），北西約13 kmには長さ10 kmに及ぶ遠浅のマウンマガンビーチがあり，多くの観光客が訪れる．県域はタイ国境のビラウ山脈と西のアンダマン海にはさまれる南北に細長い範囲で，南流するタニンダリー川とダウェイ川の流域に低地帯が延びる．年平均降水量2500 mm以上のほとんど大部分は夏の南西季節風がもたらす．沿岸平野が一部水田化されているが，常緑広葉樹林が広大な面積を占める．スズとタングステンの小規模の鉱山が点在し，ダウェイ近郊では鉄鉱石も産出する．海岸では製塩が行われている．ダウェイ港を中心として，アンダマン海沿岸と島々を結ぶ航路が発達している．住民の大多数はミャンマー人であるが，カレン人やタイ系の人びとも住む．

［西岡尚也］

ダウェイ川　Dawei River

ミャンマー

長さ：140 km　［13°42′N　98°12′E］

ミャンマー南端部，タニンダリー地方（旧管区）の川．漢字では土瓦河と表記する．ダウェイ県北部に源を発し，東西の2列の山脈間を海岸線と並行に南へ流れ，ダウェイ湾に注ぐ．源流の一部を除き，河道の大半は低平な沖積平野を蛇行して流れる．下流平野は水田化され，人口は比較的稠密である．河口の左岸に港市ダウェイがある．

［西岡尚也］

タヴェウニ島　Taveuni Island

フィジー

タベウニ島（別表記）

人口：1.2万（推）　面積：435 km²

［16°50′S　179°57′E］

南太平洋西部，メラネシア，フィジー北部，ザカウンドロヴ州の島．ヴァヌアレヴ島の東南東に位置し，国内で第3位の大きな火山性の島である．熱帯雨林気候で，1～2月が最多雨期である．日付変更線が通過していて，世界の1日の終わりと始まりを同時に体験できる．島の中央にある小さな湖のほとりでは，希少種のタンギマウジアの真っ赤な花びらが10～12月にかけてみられる．島の北側にあるソモソモ Somosomoはこの島随一の大村で，フィジーのチーフ制において重要な地歩を占めてきた．1986年にはフィジー全体の大酋長会議が催され，その際に建てられた大ホールが今も残る．また，国で最も高名な宣教師ウィリアム・クロスの記念教会がある．

［橋本征治］

ダーウェント川　Derwent River

オーストラリア

長さ：240 km　［42°46′S　147°17′E］

オーストラリア南東部，タスマニア州南部を流れる川．セントクレア湖を源流とし，南西180 kmほど下流のニューノーフォークにおいて入江状に川幅が広がり，州都ホバートからストーム湾へ流れ出ている．総流域面積はタスマニア全島の1/5にものぼる．1793年，イギリス人探検家ジョン・ヘイズがダーウェント川下流に到着した際，ケルト語でカシを意味する現名称を名づけた．1803年，川の東岸に位置するリスドンコーヴにおいて，西洋人によるタスマニア島への最初の入植が始まったが，それ以前6000年にわたり，この一帯は先住民アボリジニが暮らしていた．

1917年にはリスドンにおいて亜鉛の製錬所が建設され，その後41年にはボイヤーの地において製紙工場が稼働し，20世紀には流域は一気に工業化が進んだ．流域は肥沃な土地を利用した農地も多く，ニューノーフォークを中心にホップ，ラズベリー，サクランボ，イチゴ，リンゴなどの栽培が盛んである．川の水はこれら農地の貴重な水源として

も利用されている．またホバートの生活用水の大部分はこの下流から汲み上げられている．1930年代には，ダーウェント水力発電計画が実施され，68年までに11の水力発電所と20を超えるダムや人工湖が流域に建設された．流域には環境保全区域が17区域もあり，美しい水辺と森のつくり出すタスマニア特有の生態系が形成されている．手のような形をしたヒレで海底を歩く魚ハンドフィッシュなど，タスマニア固有の生物も多く生息する．

[安井康二]

ダヴェンポート山脈　Davenport Range
オーストラリア

長さ：500 km　　　[20°47′S　135°15′E]

オーストラリア北部，ノーザンテリトリー中央東部の山脈．標高は低いが岩だらけで険しい丘を形成しており，アカシアの灌木地やユーカリ林を高木層とする草原が広がっている．多数のクリーク（小川）や川が山脈を流れており，渓谷が，多数の泉の存在を支えている．乾燥した内陸にあって，枯れることのない泉はまた在来種を含む魚類，水鳥，そして陸地の動物相を守っている．おもな土地利用は牧畜であり，残りはダヴェンポートレンジ国立公園(1120 km²)などの保護地域，土地信託法人による先住民の所有地域，および彼らに返還されなかった空き地となっている．1859年に金が発見され，銅，スズなども採掘されていたが，鉱業は1960年代には下り坂になった．その跡地の1つが国立公園内でタングステン鉱があった場所に現存する．

[鷹取泰子]

タウツェ山　Tawetse
ネパール

タボチェ山　Taboche（ネパール語・別称）／トブチェ山　Tobuche（ネパール語・別称）

標高：6501 m　　　[27°54′N　86°47′E]

ネパール東部，サガルマータ県ソルクンブ郡の山．ヒマラヤ山脈，クーンブ山群の高峰で，エヴェレスト山（標高8848 m）の南西約17 kmにある．エヴェレスト山南面に端を発するクーンブ氷河から下流に続くイムジャコーラ川に面する．クーンブ地方最大の集落であり，シェルパ族の拠点であるナムチェバザールから北東約12 kmの位置にある．山名は，シェルパ語で大きな馬を意味する．1974年にフランス隊が初登頂したものの，無許可登山だったため，罰金と5年間の入国禁止処分を受けた．通称エヴェレスト街道と

よばれるイムジャコーラ川に沿う道からさえぎるものなく標高差2500 mのスケールでそびえ立つため，谷を隔てたアマダブラム山（6812 m）とともにエヴェレスト山の門番とたとえられる．

[松本穂高]

ダウトフルサウンド　Doubtful Sound
ニュージーランド

グロノウ湾　Gronow's（古称）／ダウトフル湾（別表記）

[45°18′S　166°59′E]

ニュージーランド南島の南西部，サウスランド地方の湾．フィヨルドランド国立公園内に位置する．入江が複雑に入り組んだ海岸線となっている．この海岸は，氷河が削った跡に海水が流れ込んだフィヨルドであり，急峻な谷をもつ．地名は1770年にイギリスのジェームズ・クックによって名づけられた．彼の日記にダウトフルサウンドという名称は出てこないが，海図には「すこぶる快適な湾」として書き残している．しかし，湾に船を入れると，出るための適当な風が吹くまで長い時間待たなければならないという不安があった．その風が吹くかどうか「疑わしい」ことから名づけられた．クックは1773年にふたたび当地を訪れた．1840年頃には，この湾をアザラシ狩りの拠点としていたジョン・グロノ船長にちなみ，グロノウの湾として知られていたこともあった．

マナポウリ湖の地下に発電所があり，使われた水は，トンネルを通って，ダウトフル湾に排出されている．ダウトフル湾の奥，ディープコーヴ Deep Cove から船でダウトフル湾を航行し，船のエンジンを止めると，「うそみたいに」静かな湾を実感できる．ディープコーヴから湾の入口まで約40 kmであるが，航行中にイルカ，オットセイ，フィヨルドランドペンギンなどの動物を船上からみることができる．なお，ダウトフルサウンドには，ブラウン Browne 湖から流れ落ちるブラウン滝があり，高さは619 mとも836 mともいわれ，国内一とされる．なお，湖と滝の名は航空（空中）写真家のパイオニアであるヴィクター・キャリー・ブラウンに由来する．

[井田仁康]

ダウトレス湾　Doubtless Bay
ニュージーランド

[34°56′S　173°26′E]

ニュージーランド北島，ノースランド地方

の湾．北部太平洋側にあり，入口が広い．1769年にこの入江に到達したジェームズ・クックは風向きが悪かったため，湾内を探検することができなかったが，弧を描き，隅々まで一望できるような形状から湾であることは間違いない（疑いなし＝ダウトレス）としてこの名をつけた．その後，探検家のジャン・フランソワ・マリー・ド・シュルヴィルが湾の西端にたどり着き，フランス領インド総督の名前からローリストン湾と命名したが，現在の名称が定着した．湾の南側にあるケーブル Cable 湾は，ニュージーランドとオーストラリアを結ぶ海底ケーブルの東ターミナルが設置された場所である．

[林　琢也]

タウポ湖　Taupo, Lake
ニュージーランド

面積：616 km²　標高：356 m　長さ：46 km
幅：33 km　深さ：186 m

[38°49′S　175°55′E]

ニュージーランド北島中央部，ワイカト地方の湖．タウポ火山帯中部に位置する．オセアニア最大の淡水湖であり，周囲長は193 kmに及ぶ．200年頃の大噴火によってできたカルデラ湖で，湖の中にはモトゥタイコ Motutaiko 島がある．北岸は断層地溝である．マオリの伝説によれば，14世紀の初め，探検家のナトロイランギがロトルア地域のアラワ（Arawa）族とトゥファレトア（Ngati Tuwharetoa）族をタウポ湖に導いたとされる．不毛の地であったことを嘆いたナトロイランギは，森林が育つようにとタウポのタウハラ Tauhara にあるトタラの木を引き抜き，不毛の地に投げ込んだ．風によって木が逆さまに着地すると，枝が大地に穴をあけ，そこから水が湧き出し，タウポ湖ができたといわれる．湖の名前は，タウポ湖を最初に発見したとされるアラワ族のティア Tia のマントが，東岸のハレッツベイ Hallett's Bay の崖に似ていたことから，「ティアの見事なマント」（Taupo-nui-a-tia）に由来する．

湖岸の大部分は急崖に限られ，美しい湖岸景観を有する．湖南のトンガリロ国立公園内の3火山，トンガリロ山，ナウルホエ山，ルアペフ山を望む景勝も人気が高い．湖はトラウトフィッシング（ニジマス釣り）の名所としても知られ，船による湖上の遊覧やクルーズ，ウォータースポーツを楽しむこともできる．北東岸の町タウポは観光の中心地であり，1987年に日本を代表する温泉地で湖と山に囲まれた観光地としても共通点の多い神奈川県箱根町と，姉妹都市の提携を結んでい

タウポ湖(ニュージーランド),周辺に小さな単体火山がみられる大カルデラ湖(奥)〔小野有五提供〕

る.タウポ湖に流入し,さらに北北西へと流れるワイカト川は,国内で最長河川である.湖岸および周辺では,現在も火山活動が活発なため,湖の南側と北側に温泉が噴き出している地点が多数みられる.北郊のワイラケイWairakei には世界有数の地熱発電所がある.

[林 琢也]

タウマルヌイ　Taumarunui

ニュージーランド

人口:0.5万 (2013)　　　[38°53′S　175°15′E]

ニュージーランド北島中央部,マナワツワンガヌイ地方の町.タウポ湖の西方に位置し,北島幹線鉄道および国道4号が通過している.北東部には手つかずの原生林が広がるプレオラ森林公園がある.ファンガヌイ川とオンガルエ川の合流地点でもあり,ファンガヌイ川は水上交通の重要拠点であった.地名の由来は,マオリ首長ペヒタロアが,死の直前に,自分を太陽からさえぎるために幕を求めた「大きな幕を!」による.ヨーロッパ人の入植は1890年代に始まった.農林業のほかに,近年では,観光業が盛んである.ファンガヌイ川を生かしたレクリエーションは人気があり,中でも,タウマルヌイからピピリキまで全長145 km に及ぶ川下りは,国を代表するグレートウォーク(great walks)の1つファンガヌイ・ジャーニーに数えられている.これは,カヌーを使い平均5日間かけて川を下るものである.また,タウマルヌイの市街地より北に延びる道はゴルフロードとよ

ばれ,多くのゴルフコースが立地している.2000年に兵庫県日高町(現豊岡市)と姉妹都市の提携を結んだ.

[林 琢也]

ダウラギリ山　Dhaulagiri

ネパール

標高:8167 m　　　[28°40′N　83°28′E]

ネパール西部,ミャグディ郡(ダウラギリ県)の山群.ダウラギリⅠ峰を主峰とし標高7000 m峰8座が連なるダウラギリヒマールの通称である.カリガンダキ川左岸の低ヒマラヤ帯稜線から西を眺めると,ダウラギリⅠ峰は白く輝きながら屛風状にそそり立っている.サンスクリット語で白い山という名の由来はこのヒマールの山容にある.Ⅰ～Ⅵ峰は,カリガンダキ川の支流ミャグディコーラ川最上流部を囲むように連なる.さらにその西側にグルジャヒマール,チューレンヒマールが東西70 km にわたって連続している.その南面は比高 2000 m 近い大岩壁がほぼ一線に並び,南側の低ヒマラヤ帯から抜きんでた山並みとなっている.1900年,ひそかにチベットに潜入した黄檗宗の僧侶の河口慧海は,ダウラギリヒマールの北面を仰ぎ見ながら北ドルポを経由するルートをとった.

ダウラギリヒマールは19世紀からイギリス測量隊から注目され,1873年になってイギリスが放ったインド人密偵によってその位置が地図上に記された.しかしその地形の詳細は,スイスが1949年に実施した航空測量まで明らかになっていなかった.ダウラギリⅠ峰への登山活動は,1950年モーリス・エ

ルゾーグらのフランス隊によって始められた.そのフランス隊は途中でダウラギリを断念してアンナプルナ山に転進した.Ⅰ峰初登頂はそれから10年後の1960年5月,8番目の挑戦であるスイス隊によるものであった.この登山隊は,短距離離着陸機で氷河上に離着陸して物資輸送を試みたりしたが,それが登頂成功に直接貢献したものではなかった.第2登はそれからさらに10年後の1970年の同志社大学隊によるものであった.

ダウラギリヒマール南西山麓部には地形学的に最終氷期以降ヒマラヤが沈下していることを示す活断層地形が認められる.すなわちグルジャヒマール山麓から西部のジャングラ Jang La 峠を経てドゥナイ Dunai にいたる標高3500～4000 m の山地斜面には,北のヒマラヤ側への落ち込みを示す小断層崖が連続的に発達し,カール底やモレーン(堆石)などの氷河地形や河谷沿いの崖錐地形を変形させている.それらは一連の連続した正断層で山体の自重で発生したものと考えられている.いい換えればすでにグレート・ヒマラヤはみずからの重みに耐えかねて沈み出していることになる.

[八木浩司]

タウランガ　Tauranga

ニュージーランド

人口:11.5万 (2013)　　　[37°41′S　176°10′E]

ニュージーランド北島北部,ベイオブプレンティ地方西部の都市で行政中心地.地方最大の都市で,オークランド南東約200 km にある.1834年に伝道所が設立され,1963年に市制が施行された.地名は,マオリ語で風待ち港や安全なカヌー停泊地といった意味をもつ.マオリ人が最初にニュージーランドにカヌーを接岸した場所とされ,古くはカヌーによる海上交通の中継地として発展した.タウランガ港はマウントマウンガヌイの砂州の奥に広がる深く入り組んだ地形から天然の良港となっており,国内でも有数の貿易港として,酪製品,食肉,羊毛,木材などの輸出で知られる.中でも輸出額は国内最大である.商業港であるが,温暖な気候と美しい自然からリゾート地,保養地としても知られ,マリンスポーツやフライフィッシングの拠点としてもニュージーランド人に人気の保養地となっている.

隣町のマウントマウンガヌイとは全長約2kmのハーバーブリッジで結ばれており,1988年の港橋の完成は,両地域の発展を促した.1976年には約4.8万の人口にすぎな

926 タウラ 〈世界地名大事典：アジア・オセアニア・極Ｉ〉

かったが，その後，タラウンガ都市圏の人口は91年の7.1万，96年の8.2万，2001年の9.1万，その後は10万を超え，現在にいたるまで増加傾向を示している．国内でも最も人口増加の著しい地域である．町は日照時間が長い場所としても有名で，年平均で2200時間以上に達する．これは南島北部のブレナムに次いで国内第2位の長さである．周辺は園芸農業地帯で，国内消費および輸出用の生鮮食品を広範囲にわたって栽培している．とくに果樹の一大産地で，キウイフルーツやグレープフルーツ，タマリロ，レモン，アボカドなどが栽培される．当地の南東28kmに位置するテプケは，キウイフルーツの一大栽培地域である．1988年に茨城県日立市と姉妹都市の提携を，97年には高知県須崎市とも姉妹都市の提携を結んでいる．

[林　琢也]

タウランガ湾　Tauranga Bay

ニュージーランド

[37°37′S　176°03′E]

ニュージーランド北島，ベイオブプレンティ地方北部の湾．長さ約25kmの砂嘴が発達し，太平洋からマタカナ島によって隔てられた湾で，外界との通路は南北2カ所にある．湾内は安全な停泊地であり，湾南部にある港は有数の貿易港としてタウランガはコンテナ港，マウントマウンガヌイは木材，新聞紙，パルプ，農産物などの輸出港となっている．

[林　琢也]

タウロア岬　Tauroa Point

ニュージーランド

[35°11′S　173°05′E]

ニュージーランド北島，ノースランド地方の岬．タスマン海に突き出た半島にあり，ナインティマイル海岸の南端に位置する．半島の付け根には，アヒパラガムフィールズAhipara Gumfields歴史保護区がある．この周辺はかつてカウリの原生林が広がり，移民がカウリガム(樹脂)を採取していた．カウリガムはシップレックShipwrec湾まで牛車を使って運ばれ，船に積み込まれていた．シップレック湾は，名前のとおり多くの船が難破し，沈没した場所である．干潮時には，その残骸を確認することもでき，観光名所としても人気が高い．

タウングー　Toungoo

ミャンマー

人口：26.2万 (2014)　面積：16700 km²

[18°56′N　96°25′E]

ミャンマー南部，バゴー地方(旧管区)タウングー県の都市で県都．漢字では東吁と表記する．シッタウン川中流の右岸に位置し，稲とサトウキビを中心とする農産物の取引と加工，木材工業が盛んである．ヤンゴン～マンダレー間を結ぶ鉄道，道路交通の要衝であり，東のカヤー州モーチー方面に向かう道路が分岐する．13世紀末，パガン朝王国崩壊後その一派はここに要塞をつくり，シャン人やモン人に抵抗した．16世紀にはタウングー王国の首都が置かれ，歴史をもつ古都である．タウングー県(面積1万6700 km²)はシッタン川中流の平野を占め，東はシャン高原，西はバゴー(ペグー)山脈の山地に限られている．北部はやや乾燥するが，米，サトウキビ，コーヒーを主作物とする．東西両山地のふもとの丘陵にはチーク森林が広がる．13世紀以来，ミャンマー人の中核的居住地の1つになっている．

[西岡尚也]

タウングップ　Taungup

ミャンマー

タウンゴッ　Taunggok (別称)

人口：11.4万 (2014)　[18°50′N　94°15′E]

ミャンマー西部，ラカイン州タンドウェ県の町．漢字では洞鴿と表記する．首都ネーピードーの南西約220 km，県都タンドウェの北43 kmに位置し，町内をタウングップ川が流れる．ベンガル湾岸からラカイン(アラカン)山脈を横切り，エーヤワディ川流域のピー(プローム)へ向かう，タウングップ峠(標高1035 m)越えルートの起点である．

[西岡尚也]

タウンジー　Taunggyi

ミャンマー

人口：38.1万 (2014)　標高：1436 m

[20°50′N　97°00′E]

ミャンマー東部，シャン州タウンジー県の都市で州都および県都．首都ネーピードーの北北東約150 km，シャン高原西部のインレー湖北北東30 kmに位置する．地名は大きな山を意味する．漢字では東枝と表記する．標高900 m近いインレー湖周辺よりも標高が高い山の頂上付近を占め，真夏でも涼しいことから，19世紀末のイギリス統治時代，湖近くにあった司令部が移されたことを契機に発展し，州の政治・経済の中心都市となっ

た．タージーを起点とする鉄道の終点シュウェニャウンからシャン高原を東へ横断する道路沿いに市街が発達している．長距離バスの発着点があり，西約40 kmのヘーホーにはヘーホー空港がある．住民はミャンマー人が多いが，先住民のシャン人をはじめ周辺の山地民族が交易のために集まる大きなマーケットがある．商店や食堂の経営者には中国系も多い．近年インレー湖など周辺の観光地の人気が高まり，市の中心地にはホテルが建っている．植民地時代には，州を治める封建領主である藩王ソーブワーたちがここに集まり，統治政策について話し合った．　[西岡尚也]

タウンズヴィル　Townsville

オーストラリア

人口：17.4万 (2011)　面積：3727 km²

気温：22℃　降水量：1000 mm/年

[19°14′S　146°51′E]

オーストラリア北東部，クイーンズランド州北東部の都市．産業，教育の中心都市であり，タウンズヴィル空港がある．州都ブリズベンの北西約1100 km，クリーヴランド湾に流れ込むロス川の河口部に位置しており，エビ漁をはじめとする水産業が盛んである．周囲の農産物，たとえば牛肉，砂糖，羊毛の集散地でもあり，それらの加工業も立地している．また，内陸部のマウントアイザと鉄道で結ばれ，鉱石の主要な輸出港となっている．ジェームズ・クック大学のキャンパスもある．年平均降水量は多いが，一年のうち300日以上が晴天に恵まれている．こうした気候とグレートバリアリーフの玄関口という位置から，観光業も盛んである．行政的には西に隣接するサウリンガワ市と分離しているが，市街地は連続しており，経済活動は一体化している．

もともとは，ワーガカマイというアボリジニの一部族の領域であった．1819年にフィリップ・パーカー・キングが，39年にはジョン・ウィカムがこの地域の海岸線を探検した．1860年代にシドニーの企業家であったロバート・タウンズがこの地域の開発に関心を示し，資金的な援助を行った．地名は彼にちなんで名づけられた．牧畜業や砂糖産業の拠点として成立したが，1860年代末から70年代にかけて付近で金が発見されたことで急速に発展した．1870年代に人工堤が建設され，港湾としての機能が充実し，ニューギニアや太平洋諸島との貿易の拠点となった．タウンズヴィル港は現在，州有数の取扱量を誇る港湾で，日本をはじめとするアジア諸国と

の貿易が重要になっている. 1990 年に山口県徳山市(現周南市), および 91 年に福島県いわき市と姉妹都市協定を結んでいる.

[秋本弘章]

タウンター　Taungtha　　ミャンマー

人口:21.7 万 (2014)　　[21°20′N　95°20′E]

　ミャンマー中央部, マンダレー地方(旧管区)ミンジャン県の村. 漢字では東沙あるいは当達と表記する. エーヤワディ川の左岸の支流シンデワ Sindewa 川右岸沿いにあり, 地方の中心都市マンダレーの南西約 100 km, 県都ミンジャンの南南東 19 km に位置する. パーム糖(ヤシ糖)の工場がある.

[西岡尚也]

タウンドウィンジー
Taungdwingyi　　ミャンマー

人口:26.0 万 (2014)　　[20°00′N　95°35′E]

　ミャンマー中西部, マグウェ地方(旧管区)マグウェ県の町. 漢字では東敦枝と表記する. 地方の中心都市マグウェの西南西 64 km に位置する. ヤンゴン~マンダレー間を結ぶ幹線鉄道の中間点のピンマナから分岐しバガンに向かう鉄道が通る. 周辺は乾燥地帯であるが, 掘り抜き井戸, 用水路などの灌漑設備が整い, 肥沃な米作地帯になっている. 市街地の周囲を城壁に囲まれた歴史的な城壁都市である.

[西岡尚也]

ダエット　Daet　　フィリピン

人口:10.5 万 (2015)　面積:46 km²
　　　　　　　　　　[14°06′N　122°57′E]

　フィリピン北部, ルソン島南西部, 北カマリネス州の町で州都. 同州は首都マニラからマハルリカハイウェイ(通称, 日比友好道路)を南に下ると, ビコール地方で最初に到着するため, ビコールへの玄関口とよばれる. マニラから 351 km, バスで 7 時間かかる. おもな言語はビコラーノ語である. 州の商業, 産業の中心で, 産物として有名なのはパイナップルである. 北カマリネス州はパイナップルの植付け面積が全国の州のうち第 4 位で, クイーン種が州の気候, 土壌に適し, ココナッツの木の間に植え付けられている. 他の種と比べ, 芯が小さく, しゃきしゃきとしている. ココナッツ栽培も盛んである. 漁業は隣町メルセデスの中心産業で, サンミゲル湾の豊富な水産資源が取引きされる.

　古代最初の移住者はマスバテ島のカラナイ洞窟かルソン島アルバイ州のカグララライ洞窟出身のタボン洞窟居住民だといわれる. イスラーム王ラジャーの過酷な統治を逃れて, ダエットに住みついた. その後, マレー商人がビコール地方に移り住んできた. さらに, 1571 年, スペイン人フアン・デ・サルセドとその一行が金を求めて, ビコールを来訪した際, ダエットはすでに繁栄していた. スペイン人によると, 安全, 防衛のため, 家は集落を形成していたという. つまり, ビコラーノ語のダティーダティアン(お互いに近いの意)からダエットという地名が生まれたといわれる. また, 地元の伝説によると, メキシコのアカプルコからマニラをつなぐガレオン貿易を通じて, 麻がビコールに伝わったという. スペイン王が追放したスペイン貴族マルキス・カマリネスが, アカプルコからビコールにもち込んで植え付けた. 麻はその後, 同地方を代表する植物となった. マルキス・カマリネスはフィリピン女性と結婚し, 今日でもその家系はダエットに残っている. その 1 つデラ・エストラーダ家はダエットのカトリック教会, 橋, 排水路の建設に貢献したといわれる. その後, 1818 年まで, しばしば町はイスラーム教徒の襲撃を受けた.

　さらに対スペイン独立戦争では圧制からの解放を求める住民はスペイン軍を撃退し, 1898 年スペイン軍は町の東, メルセデス港から, 船で退却していった. しかし, 1900 年 3 月, アメリカ軍はダエットへ進軍, 革命軍のアントニオ・サンツは降伏した. なお, アメリカ植民地時代, メルセデスはダエットから切り離され, 独立した町となった. 旧町役場前には 1989 年, フィリピンで最初に建立された革命家ホセ・リサール像がある. 彫像の土台は破壊されたスペインの牢獄の漆喰と玉石を再利用したといわれる. 牢獄では数多くのフィリピン人愛国者が処刑されており, その意味で, このリサール像は文化, 歴史的に重要である.

[佐竹眞明]

タオ河　洮河　Tao He　　中国

とうが (音読み表記)

面積:25500 km²　長さ:673 km
　　　　　　　　　[35°51′N　103°14′E]

　中国西部の川. ホワン(黄)河上流の支流. 源流はチンハイ(青海)省ホーナン(河南)自治県のガンスー(甘粛)省ガンナン(甘南)自治州との境となる東部山地に発して甘粛省に入り, 甘南自治州からディンシー(定西)市, リンシャ(臨夏)自治州を経て, ヨンチン(永靖)県でリウチャ(劉家)峡ダム湖に合流する. 年間流出量は 53 億 m³ であるが, 輸砂量は 0.29 億 m³ と中下流の支流に比べれば少ない. 水量は黄河支流の中でウェイ(渭)河に次いで多い. 河源の標高は 4000 m を超えるが, 黄河に合流する劉家峡では 1600 m あまりになり, 落差は 2600 m あまりになるので, 潜在的発電能力は大きい. 西部大開発の政策によって 2003 年から洮河電力開発を計画し, 海甸峡をはじめ発電所を設置し, 下流の定西市リンタオ(臨洮)県では黄土高原開発のために灌漑用水路を整備している.

[秋山元秀]

タオ島　Tao, Ko　　タイ

人口:0.1 万 (2015)　面積:19 km²
　　　　　　　　　　[10°06′N　99°50′E]

　タイ南部, スラーターニー県コパガン郡の島. タイ湾にあり, パガン島の北西 33 km に位置するが, チュムポーンから南東約 70 km の距離ということもあり, 首都バンコクからの観光客はチュムポーンから高速船で向かうのが一般的である. 本土や他の島から離れて孤立しているために, 1933 年のボーウォーラーデート親王の反乱後, この島に刑務所がつくられ, 反乱に参加した政治犯が隔離された. 1944 年にピブーン首相が退陣後に彼らは釈放されたが, その間に亡くなった人も多い. その後は島に移り住む人も増え, 現在は海浜リゾートとしてダイビングやシュノーケリングスポットとして有名となり, 外国人観光客も多い.

[柿崎一郎]

ダオ　Dao　　フィリピン

人口:3.2 万 (2015)　面積:89 km²
　　　　　　　　　　[11°24′N　122°41′E]

　フィリピン中部, パナイ島, カピス州の町. 州都ロハスの南部, 州の内陸平野部の中心に位置する. ロハスから, イロイロ州の州都イロイロをつなぐ幹線道路, およびパナイ川に沿う. おもな産物は米, ココナッツ, サトウキビである. 住民はヒリガイノン語を話す. 1994 年, 町役場が新装され, 州に 2 つしかない高齢者向けの町立施設もある. 歴史の古い町であり, 1896 年ドゥマラグ山から採掘したレンガ石を用いて, 壮大なビリャノヴァ教会が建設された. 1909 年建設された橋は, 幹線道路ができるまで隣町シグマ Sigma と町をつないでいた. 名門オーティス家の邸宅には太平洋戦争中, 日本軍が駐屯

928　タオウ

〈世界地名大事典：アジア・オセアニア・極I〉

した. 　　　　　　　　　　　　　［佐竹眞明］

タオウー県　道孚県　Dawu　中国

タオフー県　道孚県　Daofu（漢語）

人口：5.8万（2015）　面積：7053 km²

[30°59′N　101°07′E]

　中国中西部，スーチュワン（四川）省北西部，ガルツェ（甘孜）自治州北西部の県．かつては道塢と呼称された．唐は吐蕃に属し，清の宣統3年（1911）に道塢設治局が設置され，民国元年（1912）には道塢県，翌年には道孚と改名した．地名はチベット語の発音を漢字表記したものであり，駒を意味する．箱型建築の道孚住居が有名である． 　　　［石田　曜］

タオシェン　道県　Dao Xian　中国

タオチョウ　道州　Daozhou（別称）

人口：62.5万（2015）　面積：2448 km²

[25°32′N　111°36′E]

　中国中南部，フーナン（湖南）省，ヨンチョウ（永州）地級市の県．県政府はリエンシー（濂渓）街道に所在する．別称で道州ともいう．ナン（南）嶺山脈の北側，シャン（湘）江支流の瀟水の流域にある．西部に連なるトゥーパンリン（都龐嶺）山脈の主峰のチウツァイ（韭菜）嶺は標高2009 mである．用材になるスギが多い．鉱産物はスズ，マンガン，タングステン，リチウム，ルビジウム，石灰石などがある．農作物は水稲，サトウキビ，搾油作物があり，柑橘類が特産である．工業は電子や建材の工場がある．洛湛鉄道（ルオヤン（洛陽）～チャンチャン（湛江））や廈蓉高速道路（アモイ（廈門）～チョントゥー（成都））が通り，瀟水の航行が可能である．国指定の都龐嶺自然保護地区や月岩国立森林公園がある．

［小野寺淳］

タオチェン自治県　道真自治県 Daozhen　中国

タオチェンコーラオ族ミャオ族自治県　道真仡佬族苗族自治県（正称）

人口：24.4万（2014）　面積：2156 km²

[28°52′N　107°37′E]

　中国中南部，グイチョウ（貴州）省北部，ツンイー（遵義）地級市の自治県．県政府は玉渓鎮に置かれている．省最北端に位置し，北はチョンチン（重慶）市に隣接する．総人口の5割弱をコーラオ（仡佬）族，3割弱をミャオ（苗）族が占め，トゥチャ（土家）族なども住む．1986年に道真コーラオ族ミャオ族自治

県となった．ウー（烏）江の支流である芙蓉江が県域南東部を北東方向へ流れる．牧畜業のほか，タバコ，コンニャクイモの栽培も盛んである．経済林面積も多く，桐油，生漆，ギンナン，クリなども産する． 　　　［松村嘉久］

タオチャン県　桃江県　Taojiang　中国

人口：79.2万（2015）　面積：2068 km²

[28°31′N　112°09′E]

　中国中南部，フーナン（湖南）省，イーヤン（益陽）地級市の県．県政府はタオホワチャン（桃花江）鎮に所在する．ツー（資）水の下流に位置する．地勢は低山や丘陵が主で，資水が西から東へ貫流し，主要な支流に桃花江やチャン（沾）渓がある．林産資源はマツ，スギ，アブラツバキのほか，孟宗竹が知られる．鉱産物はアンチモン，マンガン，花崗岩，石灰石などがある．農業は水稲，サツマイモ，小麦，搾油作物を産し，茶葉が特産である．工業は機械，冶金，建材などがある．鉄道の石長線（シーメン（石門）～チャンシャー（長沙））が通り，洛湛線（ルオヤン（洛陽）～チャンチャン（湛江））も南東部を通る．資水は通年の航行が可能．名所旧跡に天間閣遺跡碑亭や躍竜塔がある． 　　［小野寺淳］

タオチョン　桃冲　Taochong　中国

人口：0.3万（推）　面積：15 km²

[31°07′N　118°01′E]

　中国東部，アンホイ（安徽）省南東部，ウーフー（蕪湖）地級市ファンチャン（繁昌）県荻港鎮の村．荻港鎮の東部に位置する．人口は約2800（815戸）で，ミャオ（苗）族，ヤオ（瑶）族など5つの少数民族が居住し，人口の約4割を占める．山地丘陵が9割以上で，耕地に乏しい．そのため農業は不振であったが，馬鋼集団の鉄鉱山などさまざまな鉱工業を村民委員会が振興させて，農民生活の向上に成功したことで政府に注目され，農村発展のモデルの1つとされている． 　　　［林　和生］

タオチョン県　稲城県　Daocheng　中国

人口：3.3万（2015）　面積：7323 km²

[29°02′N　100°17′E]

　中国中西部，スーチュワン（四川）省北西部，ガルツェ（甘孜）自治州南東部の県．唐代に吐蕃，元代に吐蕃等路宣慰司，明代に朵甘都司，清の光緒33年（1907）に稲城県とされ

た．その後，民国期を経て，1950年にシーカン（西康）省チベット自治区に編入され，55年に甘孜チベット族自治州に編入される．地名はチベット語で，谷間の開けた土地を意味する．川西北高原に位置し，東部にはミニヤコンカ山薩内日峰（標高6032 m）を望む．現在，人口の96%以上がツァン（チベット）族であり，おもに半農半牧の生活を営んでいる．県内には，明代に創建された雄登寺や亜丁風景区といった名勝古跡がある．

［石田　曜］

タオナン市　洮南市　Taonan　中国

タオアン県　洮安県　Tao'an（旧称）／とうなんし（音読み表記）

人口：43万（2012）　面積：5108 km²

[45°32′N　122°38′E]

　中国北東部，チーリン（吉林）省北西部，バイチョン（白城）地級市の県級市．タオアル（洮児）河の南岸にあることから命名された．市政府は光明街道に置かれる．良質の草原が広がり，綿羊の飼育が盛んで，紡織業が発達している．乳牛の飼育も増加している．トウモロコシを軸とした穀物生産に加えて，緑豆やトウガラシの生産で有名である．近年は製薬工場が進出している． 　　　［小島泰雄］

タオユエン市　桃園市　Taoyuan　台湾｜中国

桃仔園（旧称）

人口：216.0万（2017）　　[25°00′N　121°18′E]

　台湾北西部の直轄市．市政府所在地は桃園区．桃園区の人口の大半はホーロー（河洛）系の漢人が占めており，客家（ハッカ）住民の多いジョンリー（中壢）区とは性格を異としている．地名は，清国時代にさかのぼり，南部から始まった漢人住民による開拓の手が入った際，薛啓隆という人物が桃樹を移植し，集落の周囲に配したことにちなみ，桃仔園という地名が誕生し，これが1905年に実施された地名改正で現名称となった．タイペイ（台北）から鉄道を利用して西に30分あまりという距離にあり，1980年代から大型工場の進出が著しくなった．中でも製造業が盛んで，タイやインドネシア出身の外国籍労働者が多い．また，日系企業の進出も多く，日本人ビジネスマンを相手とした日本食レストランなども多い．市街地の外れにある虎頭山には日本統治時代の神社が残されている．旧桃園神

タオユエン(桃園)市(台湾)，蒋介石が眠る慈湖陵寝〔Narit Jindajamorn/Shutterstock.com〕

社は第2次世界大戦後，国民党政府によって廃社処分に遭い，中華民国軍人の英霊を祀る忠烈祠となっていたが，現在は郷土の歩みを伝える史跡として保存対象となっている．鳥居や社務所，手水舎のほか，拝殿や本殿も残されている．

桃園市は桃園区と中壢区を中心とし，人口は約216万となっている．台湾の空の玄関となる台湾桃園国際空港を有し，市域は高速道路やバイパスが多く通り，交通の便はよい．台湾高速鉄路の桃園駅は中壢区に設けられている．市内には高燥な台地が広がっており，第2次世界大戦終結時までは茶の栽培が盛んだった．それ以前はクスノキの純林が広がっていたとされるが，19世紀に樟脳の生産が始まると一気に刈り取られてしまい，絶滅した．その跡地に換金性の高い茶樹を植えたのが始まりだったと伝えられる．第2次世界大戦後，茶栽培は衰えたが，日本統治時代に設けられた溜池や用水路を用いた稲作が盛んになった．現在は工場の進出が増えており，産業構造の変化が著しい． 〔片倉佳史〕

タオユワン県　桃源県　Taoyuan
中国

人口：86.1万(2015)　面積：4442 km²
[28°54′N　111°29′E]

中国中南部，フーナン(湖南)省，チャンドゥ(常徳)地級市の県．県政府はチャンチャン(漳江)鎮に所在する．ユワン(沅)江の下流にある．西部は低山・丘陵地帯であり，東部はトンティン(洞庭)湖平原に属する．桃花石や大理石などの石材が豊富である．農作物は水稲，搾油作物，綿花，カラムシなどがあり，茶葉や柑橘類をはじめとした果物が特産である．畜産も盛んに行われている．工業は機械，化学，紡織，建材，食品などがある．高速道路の杭瑞線(ハンチョウ(杭州)～ルイリー(瑞麗))や長張線(チャンシャー(長沙)～チャンチャチエ(張家界))が横断し，石長鉄道(シーメン(石門)～長沙)が北東部を通る．沅江の水運は県内の貨物輸送の動脈である．名所の桃花源は俗世間の外の神仙が住む地とされ，ここから県名がつけられた．風景名勝地区の指定を国から受けている．武陵渓は瀟湘八景の「漁村夕照」で有名．国指定の烏雲界自然保護地区もある． 〔小野寺淳〕

タガイタイ　Tagaytay
フィリピン

人口：7.1万(2015)　面積：65 km²
標高：600～650 m　[14°06′N　120°56′E]

フィリピン，ルソン島南西部，カビテ州最南部の都市．バタンガス州との州境にある高原都市である．タアル湖の外輪山北西部尾根上(標高600～650 m)にあって，湖を望む絶景の眺望と冷涼な気候に恵まれる上に，マニラ首都圏からの近接性，国道17号などマニラ，カビテ方面からと，南ルソン高速道路からのサンタロサ・タガイタイ道路など道路網が充実していて，カラバルソン地区で最も人気のある観光地の1つとなっている．19世紀末にこの地域および外輪山北西斜面一帯は広く森林に覆われていて，フィリピン革命軍の絶好の隠れ家であった．1903年センサスによると人口はわずか500，30年代になっても1500にも満たない状態であった．しかし，1938年に観光地としての重要性に鑑みて特別市となる．市内ではパイナップル，コーヒー豆，バナナなどのほか，高原野菜，切り花栽培が行われている．採れたての新鮮な果物や野菜が主要道路沿いで販売されていて，車利用者の人気を博している． 〔梅原弘光〕

ダーガヴィル　Dargaville
ニュージーランド

人口：0.4万(2013)　[35°56′S　173°52′E]

ニュージーランド北島，ノースランド地方の町．ファンガレイの西南西58 kmにあり，ワイロア川の東岸に位置する．1872年，アイルランドの銀行家ジョセフ・マクマラン・ダーガヴィルが，マオリの族長からトゥナタヒ Tunatahi 周辺の土地を購入し町を開拓した．地名は，彼の名前に由来する．19世紀後半，北ワイロア地方はカウリの伐採とカウリガムの採掘で栄えた．ダーガヴィルは，カウリ材とカウリガムをワイロア川経由で，カイパラ港に運搬する積出港として発展した．多くの労働者が町に集まり，中でも最大であったダルマティア人移民は定住し，人口を伸ばした．現在でも，ダルマティア人の人口に占める割合は大きい．

1920年代以降はカウリ林が減少し，カウリにかかわる産業は衰退する．1930年代，肥沃なルアワイ Ruawai 地区では圃場整備を行い，酪農やサツマイモの生産を行うようになった．とくにサツマイモは国内生産量の2/3を占める．西海岸の国道12号沿いは，かつてカウリが繁茂していたことから，カウリコーストとよばれる地域であり，ダーガヴィルはカウリコースト観光の拠点となる町である．町の北40 kmにはトラウンソンカウリ Trounson Kauri 公園，さらに北20 kmにはワイポウア Waipoua 保護林がある．ワイポウア保護林には，マオリ語で森の神を意味するタネ・マフタというカウリの巨木が残っている．ダーガヴィル周辺のベイリーズビーチ Baylys Beach やカイイウィ湖では，ボート，釣り，乗馬などを楽しむことができる． 〔林　琢也〕

たかおし　高雄市 ☞ カオシオン市　Kaohsiung

タカカ　Takaka
ニュージーランド

人口：0.1万(2013)　[40°51′S　172°48′E]

930 タカキ 〈世界地名大事典：アジア・オセアニア・極Ⅰ〉

ニュージーランド南島北部，タスマン地方の町．ゴールデン湾に面している．地名の文字どおりの意味は，ワラビのようなシダ類である．ネルソン地方，タスマン地方で多くみられるような，ソシエテ諸島からもたらされた地名と考えられている．ほかにも，ニュージーランド固有のオウムであるカカを撲殺する棒にちなむという見解もある．町はゴールデン湾の観光拠点となっている．南7kmには国内最大の淡水泉として知られるププ泉がある．湧水は澄んでおり，泉の透明度はすこぶる高い．水面が光に反射し，水底の砂や草によって泉はさまざまな色合いを示す．モトゥエカとタカカの間には石灰岩質の丘があり，地下に形成されているナルア洞窟では，絶滅した巨大な鳥モアの骨をみることができる． ［井田仁康］

タカキ岬　Takaki Promontory

南極

[65°33′S 64°14′W]

南極，西南極の岬．南極半島，グレアムランドのグレアム海岸，パリソン半島西端，ルルー Leroux 湾の北東岸に位置する．日本海軍軍医総監であった高木兼寛(1849-1920)にちなんで名前がつけられた．ジャン・バティスト・シャルコー率いるフランスの南極探検隊(1903〜05)によって発見され，おおよその位置が地図に記載された．岬名は，1952年にイギリス南極地名委員会によってつけられた．アメリカ地質調査所の地名情報システムによれば，命名は1959年とある．イギリス南極地名委員会は，同時期に南極半島の各所に対して，オランダのクリスティアーン・エイクマンにちなむエイクマン岬，イギリスのフレデリック・ホプキンズにちなむホプキンズ岬など，ビタミン学者の業績を記念する命名を行っており，タカキ岬の命名も，世界で初めて脚気を疫学的に防いだ高木の業績が評価されたことによる． ［前杢英明］

タカニニ　Takanini

ニュージーランド

人口：1.3万 (2013) [37°02′S 174°55′E]

ニュージーランド北島，オークランド地方の町．オークランド中心部の南東28kmに位置する．国道1号と北島幹線鉄道が通過する交通の要衝で，オークランドへの通勤者や通学者が多い．国内最大手の乳業会社フォンテラ社の本拠地でもあり，競走馬の繁殖用施設も多い． ［林　琢也］

タカハカ　Takahaka ☞ チェヴィオット Cheviot

タカボネラテ諸島　Taka Bone Rate, Kepulauan

インドネシア

[7°00′S 121°00′E]

インドネシア中部，南スラウェシ州の諸島．スラウェシ島の南に位置するスラヤル島の南，フロレス島の北に広がるフロレス海中に浮かぶ．世界で3番目に大きい2220km²の環礁，タカボネラテ環礁と，それを取り囲む20あまりの島によって構成されている．種々のサンゴ類，魚介類，ウミガメ類が観察され，インドネシア有数のダイビングスポットとして知られているが，定期航路がないこと，周辺に近代的な宿泊設備がないことからアクセスは容易ではない．1992年に周辺地域がタカボネラテ国立公園として認定されたが，周辺では外部資本による乱獲や，周辺の漁民によるダイナマイト漁法が行われており，その環境は脅威にさらされている． ［塩原朝子］

タガラノン　Tuggeranong

オーストラリア

人口：8.7万 (2014)　面積：151km²

[35°42′S 149°09′E]

オーストラリア南東部，首都特別地域，首都キャンベラ市の地区．シティ（シティセンター）の南約20kmに位置する住宅地区である．地名は，この地域に住むアボリジニの言語で，冷たい平原を意味する．1973年にキャンベラで第3番目の衛星都市として建設された．マランビジー川の南側に，人工湖のタガラノン湖を中心として19の地区（サバーブ）で構成されている．当初は人口18〜22万規模に計画されたが，現在の人口は9万弱にとどまっている．中心部にはショッピングモールや学校，連邦政府や首都特別地域，キャンベラ市の行政機関のほか，軽工業の工場が立地している． ［葉　倩瑋］

タキシラ　Taxila

パキスタン

タクシャシラ Taksasila（サンスクリット語）

人口：4.9万 (1998) [33°44′N 72°49′E]

パキスタン東部，パンジャブ州北端部ラワルピンディ県北西端部の町．県都ラワルピンディの北西約30km，首都イスラマバードの西約25kmに位置する．何よりも古代都城遺跡や仏教寺院関連の遺跡群で知られ，1980年に「タキシラ」としてユネスコの世界遺産（文化遺産）に登録された．サンスクリット語ではタクシャシラという．19世紀後半にイギリスのアレクサンダー・カニンガムによって調査が始まり，1912年以後，イギリスのジョン・マーシャル(1876-1958)の指揮によりインド考古局が発掘調査を行い，都城址，仏教寺院跡などが発掘され，マウリヤ朝からクシャン朝に及ぶ西北インドの文化の解明に大きく貢献した．都城遺跡はそれぞれ時代の異なるビールマウンド Bhir Mound，シルカップ Sirkap，シルスフ Sirsukh の3つがあり，これら都城遺跡の内外に多くの仏教遺跡が分布している．

ビールマウンドは，タキシラの都城遺跡の中で最も古く，南北約1100m，東西約670mの不整形な壁で囲まれ，この壁は日乾しレンガや泥や木材を使用していた．アケメネス朝ペルシアの属州であった紀元前6世紀から5世紀頃の都市，アレクサンドロス大王に降伏した紀元前4世紀頃の都市，マウリア王朝に属した紀元前3世紀の頃の都市，紀元前2世紀以降のギリシャ人諸王の頃の都市の4つの時期の都市遺構が検出された．比較的明らかになった第2層の紀元前3世紀頃の都市についてみると，街路や路地のレイアウトは不規則で，平均して幅約6.7mのほぼ南北に走る街路と湾曲して走る幅2.7〜5.1mの道が接続している．紀元前2世紀の初め頃にバクトリアのギリシャ人がパンジャブ地方に進出し，シルカップに新しい都市を建設した．タムラーナーラー川の右岸，北にはその支流のルンディナーラー川が流れる，ハティアール丘陵の尾根の西端から北に向けて広がる平地であった．周囲約5.5km，厚さ約4.6〜6.6mの，西側は凹凸があるが北側と東側は真っ直ぐな，高さ6〜9mの石壁が巡る．南部にはハティアール丘陵西端の丘があり，あたかも古代ギリシャのアクロポリスの丘のようで，北部の市街地部分との間には石壁が設けられていた．市街地部分には幅約7.5mの大通りが南北に走り，幅約3mの道路が大体30数m間隔でこれに直交して東西に走る．紀元後25〜30年頃に起こった地震後に特有のダイアパー式の石積みで修理されたり，再建されたりしており，現在地表に残っている市街地の遺構はおおむね1世紀のパルティア時代のものと考えてよい．また，発

掘された市街地の南端に近いところに大通りに面して王宮がある．間口約105 m，奥行120 mほどの規模で，中庭を中心にまわりに部屋が並んでおり，一般住居と同じく粗割りした石を積んでつくられ，多くの後世の補修や増広がみられる．大通り沿いにある双頭のワシのストゥーパ（仏塔）は，およそ5.8 m×6.7 mの基壇の正面右側にコリント式の柱型（ピラー）の間にギリシャ風の三角形破風やオジーアーチ，トーラナ（塔門）などの彫刻があり，このオジーアーチの上には双頭のワシが載っている．このようなギリシャや西アジア起源の意匠とインドの意匠がこのシルカップでみられることは，ここが東西文化の結節点でもあったことをよく示している．このような状況はおおむね紀元前1世紀半ばから紀元後2世紀後半頃のサカ・パルティアの頃のこととみられている．

シルスフは，シルカップの北東約1.6 kmのルンディナーラー川の北岸に位置している．東西約1.4 km，南北約1 kmのほぼ長方形で，厚さ約5.5 mの石壁で囲まれている．この周壁には約27 m間隔で半円形の稜堡があり，矢狭間が設けられている．マーシャルはクシャーン人のヴィマ・カドフィセス王の時代（1世紀後半）に創建されたとみているが，稜堡が矩形ではなく半円形であることなどから，シルカップを継いで2世紀後半から3世紀初めに創建されたとみられる．5世紀末のエフタル人の侵入で破壊され，タキシラにおける都市の歴史に幕が下ろされた．

タキシラ周辺の仏教遺跡についてみると，シルカップからハティアール丘陵を南に越えた，タムラーナーラー川の右岸段丘上に，ガンダーラ地方最大の仏教寺院ダルマラージカ寺院がある．紀元前3世紀，アショカ王により創建されたといわれ，基壇の直径約45 mの大ストゥーパで知られる．シルスフの南東のハティアール丘陵の小さな谷の斜面中腹にモーラー・モラードゥ寺院，その東～東北東にピッパラとジョーリヤーンの寺院がある．ピッパラがやや古く1世紀に，他はクシャン朝の2世紀頃に創建されたとされる．このほか，シルカップの北に紀元前2世紀にバクトリアのギリシャ人により建設され，ゾロアスター教の神殿ともいわれるジャンディアールなどの遺跡が分布する．　　　　　［出田和久］

タギッグ　Taguig　　　　　フィリピン

人口：80.5万（2015）　［14°31′N　121°03′E］

フィリピン北部，ルソン島，国家首都地区（NCR：マニラ首都圏）を構成する16市1町の中の1市．首都地区南東部に位置し，市域はパイ湖岸西部の低平地とその西側のグアダルーペ丘陵からなる．北西部をマカティ，北部をパシッグ，パテロス Pateros，カインタ，南をムンティンルパ，南西部をパラニャケ，西をパサイと接する住宅，商業，工業地区である．

かつてのタギッグでは，西部の丘陵地は山林のまま残り，パイ湖岸低平地で水田開発が進んだ．市名はタガログ語で「脱穀作業を行う人」をさすタガギイック tagagiik に由来するとされ，人びとの生活は稲作中心で，パイ湖での漁業がそれを補完した．町の誕生は1587年と古く，当時はマニラ州に属した．19世紀末のフィリピン革命とそれに続く反米闘争では，多くの住民がそれらに加わった．1901年，新設のリサール州に編入され，18年に町北部の一角がパテロス町としてタギッグから分離され独立した．アメリカ政府は植民統治下で北西部の丘陵地帯を約26 km²にわたって接収，軍事基地を建設してフォート・ウィリアム・マッキンレーと命名した．独立後の1949年，同基地は共和国政府に返還され，57年にフィリピン国軍司令部を置いてフォート・ボニファシオとなった．1960年代の輸入代替型工業化に続き70年代以降は輸出指向型工業化政策，90年代になるとカラバルソン工業化計画の展開となって，市域内への工場進出が着実に進み，市の人口は60～80年代にかけて10年ごとに倍増，それ以後も10年間で20万人以上の増加を続けている．

最近の人口増加を支えているのが，ボニファシオ国軍司令部跡地でのグローバルシティ建設である．1995年に始まったボニファシオグローバルシティ構想はその後道路，ビル建設が始まって，2003年頃から次第に全体の骨格が目にみえるようになった．現在では高層マンション，高層オフィスビル，ハイテクオフィス，高級ホテル，ショッピングモール，高級医療施設，国際会議場，金融機関，マニラ証券取引所などが立ち並ぶ超近代的都市が出現した．マニラ首都地区の中心業務地区（CBD）が，戦後，パシッグ川下流域一帯からマカティ地区，オルティガスセンターに移ったが，両者のちょうど中間にボニファシオグローバルシティが割り込んだ形になる．
［梅原弘光］

タ－ク　Tak　　　　　タイ

ラーヘン　Rahaeng（別称）

人口：3.0万（2010）　面積：1599 km²
［16°51′N　99°08′E］

タイ北部下部，タ－ク県の都市で県都．首都バンコクの北北西426 km，チャオプラヤー川の4大支流のうちの2つピン川とワン川の合流地点付近に立地し，古くから交通の要衝としても発達した．ビルマ（現ミャンマー）との間で戦争がくり返されたアユタヤー時代には，軍事上の要衝として重要な位置にあった．トンブリー王朝を開いたタークシンがアユタヤー時代末期にタ－クの国主の地位にあったことでも知られる．19世紀末以降は北タイで産出されるチーク材の集散地となる．しかし，1922年に鉄道北本線がチエンマイまで開通したことに伴い，鉄道路線から外れたタ－クは交通の要衝としての地位を次第に失うことになった．
［遠藤　元］

タ－ク県　Tak, Changwat　　　　　タイ

人口：52.6万（2010）　面積：16406 km²
［16°51′N　99°08′E］

タイ北部下部の県．県都はタ－ク．北はメーホーンソーン，チエンマイ，ラムパーン，東はスコータイ，カムペーンペット，南はウタイターニー，カーンチャナブリーなどの各県と隣接するほか，西はミャンマーと国境を接する．山岳地帯が73%を占め，森林被覆率が高い．ウタイターニー県との県境付近に広がるフアイカーケーン野生生物保護区は，隣接するトゥンヤイナレースワン野生生物保護区とともに，1991年にユネスコの世界遺産（自然遺産）に登録された．限られた耕地で稲作をはじめトウモロコシや大豆などの畑作が行われているほか，花崗岩，亜鉛，石灰岩などの鉱物採掘もみられる．県北部，ピン川をせき止めて建設されたプーミポンダムは国内初の大規模な多目的ダムとして有名である．山岳部にはカレン，メオ，リス，アカ，ヤオなどの少数民族が居住している．ムーイ川を隔ててミャンマーと国境を接するメーソートでは国境貿易が盛んで，ミャンマーからの滞留者も多い．
［遠藤　元］

タクシャシラ Taksasila ☞ タキシラ Taxila

タクツェ県　達孜県　Dagzê
中国

Dazi（別表記）

人口：3万（2012）　面積：1400 km²
[29°43′N　91°26′E]

中国西部，シーツァン（チベット，西蔵）自治区，ラサ（拉薩）地級市の県．ヤルンツァンポ（雅魯蔵布）江の中流，拉薩峡谷平野に位置している．地名はチベット語でトラの峰を意味する．これはある山が，まるでトラが伏せたような形状をしており，当時の宗政府がそのトラの前足の爪にあたる場所に立地したという伝承による．元代に達孜宗が置かれ，万戸長に属した．1960年に達孜宗と徳慶宗，蚌堆嶺渓が廃され，達孜県が置かれた．県内には黄教6大寺の1つである甘丹寺や，7世紀に創建された葉巴寺などの名勝古跡がある．　　　　　　　　　　　　　　　　［石田　曜］

タグディン　Tagudin
フィリピン

人口：3.9万（2015）　面積：151 km²
[16°56′N　120°28′E]

フィリピン北部，ルソン島北部西海岸に位置する町．1818年北イロコス州と分離・独立した南イロコス州に所属する．州都ビガンの南約63 kmに位置し，南シナ海に面している．農業は土地がやせているので不振である．前面の南シナ海で漁獲される魚類を中心とする水産業が盛ん．また交通の要衝でもある．住民はイロカノ族が大部分を占める．彼らはスペインの征服以前からイロコスとして交易を通じて日本にもよく知られていた．
［田畑久夫］

ダークハートグ島　Dirk Hartog Island
オーストラリア

面積：620 km²　長さ：77 km　幅：11 km
[25°48′S　113°00′E]

オーストラリア西部，ウェスタンオーストラリア州西部，インド洋に浮かぶ島．エデルランド半島のすぐ北に位置し，東岸はシャーク湾に面している．ウェスタンオーストラリア州最大の島であり，南北77 km，東西は最も広いところで11 kmにわたり，大きな牧羊場が立地する．地名は1616年に探検したオランダ人にちなんで命名された．島の西端がオーストラリア最西端である．1991年にユネスコの世界遺産（自然遺産）に登録された「西オーストラリアのシャーク湾」の一部である．　　　　　　　　　　　　　　　　［大石太郎］

ダグパン　Dagupan
フィリピン

ナンダラグパン　Nandaragupan（旧称）

人口：17.1万（2015）　面積：37 km²
[16°03′N　120°20′E]

フィリピン北部，ルソン島中西部，パンガシナン州の都市．リンガエン湾に面し，州都リンガエン町の東に位置する．州の産業，交通，教育の中心である．言語はおもにパンガシナン語，パンガラト語が用いられ，人口の86.4％がカトリック教徒である．2002年，商業・製造業の登録事業体は4721に及ぶ．学校も多く，2003年には単科大学13，総合大学3，職業技術訓練校18校を数えた．

市街は湾沿いの平野部にあり，土地は平坦である．湿地面積が州で2番目に大きく，全面積のうち25.3 km²が湿地である．そして，市の面積の26.2％にあたる9.76 km²を養殖池が占め，リンガエン湾沿いに広がる池ではミルクフィッシュ（フィリピン名バグス），ティラピア，エビ，カニ，ムラサキ貝が育てられている．このうち，バグスに関してはパンガシナン州がフィリピン最大の産地である．同州出身のフィデル・ラモス元大統領も在職中（1992～98），マラカニアン宮殿の朝食でこの地のバグスを欠かさなかった．そして，同州産の1/6はダグパン産である．輸出もされ，市は「世界に誇るバグスの都」と宣伝している．さらに，4月末にはバグス祭りも開かれる．2003年の祭りでは1 kmにわたり，バグスを焼くグリルが1000台並び，世界一のバーベキューとして，ギネスブックに登録された．そのほか，魚の塩辛バゴオン，菓子のボカヨを製造する伝統産業もある．稲作も盛んだが，1990年の北部ルソン地震のため，作付け地は1/3に減った．

パンガシナン州には1572年，フアン・デ・サルセド率いるスペイン人遠征隊が到着，82年にリンガエン州が設けられ，リンガエンが州都と定められた．1583年，リンガエンにエンコミエンダ（囲い込み地）が築かれ，ダグパン地域はその集落（シティオ）とされた．1590年，アウグスティニアン派が宣教を始め，住民を強制労働させて，教会や道路をつくった．このため，1660年，住民が反乱を起こした．反乱の鎮圧後，町は復興し，人びとが出会うという意味でナンダラグパンと命名された．後に省略され，1720年ダグパンになった．また，太平洋戦争ゆかりの地でもある．1941年12月，北東の隣町，サンファビアンに日本軍が上陸し，フィリピン侵略を始めた．戦争末期の1945年1月，アメリカ軍は同じ場所に上陸し，フィリピン人を日本の支配から解放した．そして戦後，1947年6月20日にダグパンは市に指定された．

なお，湾沿いにはボヌアンブルービーチという美しい海岸がある．毎年5月1日に海祭りのピスタイ・ダヤット（Pista'y Dayat）が開かれる．ビーチはトンダリガンピープルズパークにあり，マッカーサー公園，日比友好庭園，無名兵士の墓も訪れることができる．
［佐竹眞明］

タグビララン　Tagbilaran
フィリピン

人口：10.5万（2015）　面積：37 km²
[9°40′N　123°52′E]

フィリピン中部，ボホール島南西端，ボホール州の都市で州都．首都マニラの南南東約628 kmに位置する．南約1 kmの沖合にはボホール海峡をはさんでパングラオ Panglao 島が浮かんでいる．その間には2本の橋がかけられており，自由に往来できる．セブ島のセブ市やネグロス島のドゥマゲテ市などビサヤ諸島南部の中心都市とフェリーで結ばれており，海上交通の要衝となっている．国内便が離発着できるタグビララン空港もある．経済の中心は米，ココナッツなど農作物を栽培する農業で，市はその集散地である．とくに米は良質で美味であるとの評判が高い．またココナッツから採取されるコプラの輸出港でもある．島の中央には，高さ30～40 mの円錐形の小丘が約1000カ所連続するという独特の景観をもつチョコレートヒルズがある．市はその玄関口にあたっていることから，近年観光客が増加している．　　　［田畑久夫］

タグム　Tagum
フィリピン

人口：25.9万（2015）　面積：196 km²
[7°28′N　125°49′E]

フィリピン南東部，ミンダナオ島南部，ダバオ州の都市で州都．ダバオ湾の湾奥に位置する．ミンダナオ島で最大の人口を有する．島南部地域において，3つの幹線道路が通じていることから，多くの都市と連絡がよいという交通上の要衝となっている．島の中心ダバオ市内から車で30分程度で行ける．同市は，フィリピンにおける最も住みやすい都市の1つとされ，ヤシの都，音楽の都，小シンガポールなどともよばれている．気候は年間を通して過ごしやすく，台風の道からはずれている．産業としては農業が主体で，ココヤシ，米，バナナ，ドリアンなどが栽培され，

ダバオなどに出荷されている．その他，豊富な森林資源を利用して，チップ，ベニヤなどの製材業も発展している．近年旅行者の訪問も増加する傾向がみられることから，市では観光開発に力を入れている．　　［田畑久夫］

タグヤプ県　察雅県　Zhag'yab

中国

Chagyab（別表記）／ダクヤプ県，チャグヤブ県（別表記）／チャヤー県　察雅県　Chaya（漢語）

人口：6 万（2012）　面積：8400 km²
[30°40′N　97°32′E]

　中国西部，シーツァン（チベット，西蔵）自治区，チャムド（昌都）地級市の県．ランツァン（瀾滄）江の中流，タネンタシ（他念他翁）山とマルカム（芒康）山の間に位置する．地名はチベット語で岩のくぼみを意味する．17 世紀中葉にゲルク派の高僧ガチュ・ザバジャンツォ（嘎曲扎巴江措）が克貢村付近の岩山で修業を行い，後世の人がこう呼称したことに由来する．向康大殿や遍如大殿といった宗教施設が有名である．　　［石田　曜］

タクーラ　Tarcoola

オーストラリア

人口：38（2006）　[30°43′S　134°34′E]

　オーストラリア南部，サウスオーストラリア州中南部の村．エア半島北西部の中心地セデューナの北東 166 km に位置する．パースとシドニーとを結ぶインディアンパシフィック（大陸横断）鉄道沿線にある．ノーザンテリトリーのアリススプリングズにいたるザガン（大陸縦断）鉄道もここで分岐する．1901年に集落が成立した．地名は，1893 年に行われた競馬のメルボルンカップの優勝馬の名にちなんで，A・W・コックスとヘンリー・ヨーク・ライエル・ブラウンによって名づけられた．この優勝馬はダーリング川の流域で育てられたが，馬の名前はその土地の先住民アボリジニの言語に由来し，川の屈曲部を意味する．コックスとブラウンは同じ 1893 年にこの地で金鉱を発見した．その金鉱の名はグレンロス Glenloth と名づけられたが，その名前もまた 1887 年のメルボルンカップで優勝した馬の名前であった．
　　［片平博文］

ダクラ山　Dakura　☞　ピーク 29　Peak 29

タクラマカン砂漠　塔克拉瑪干沙漠　Taklimakan Shamo

中国

Takla Makan Shamo（別表記）

面積：340000 km²　長さ：1000 km　幅：400 km
[38°52′N　82°15′E]

　中国北西部，シンチャン（新疆）ウイグル（維吾爾）自治区南西部の砂漠．タリム（塔里木）盆地に広がる．北はタリム河に，西はパミール山麓，南はクンルン（崑崙）山麓のオアシス群，東はロプ湖（羅布泊）によって囲まれている．地名はウイグル語でかつての故郷，宝が埋まっている里を意味する．東西の長さは約 1000 km，南北の幅は約 400 km である．砂層はきわめて厚く，砂丘の高さは一般に 70〜80 m で，最高は 250 m に達する．砂丘の 8 割以上が流動砂丘である．西部では北西風の影響を受けて南東へ移動し，東部では北東風に影響されて南西に移動する．砂丘の形態は複雑で，細長く延びた複合型の砂丘，魚鱗型砂丘，ピラミッド型砂丘，ドーム状砂丘などがみられる．砂漠内部の河谷地帯や，周辺部の河川の両岸ならびに扇状地の扇端部などには大面積のトグラク（胡楊）の林やタマリクス（紅柳）の茂みがあって，砂漠の中の天然のオアシスを形成している．ここには野生のラクダ，タリムアカシカ，コウジョウセンガゼル，クロクビツルなどの野生動物が生息する．
　タクラマカンは文字どおりウイグル人のかつての故郷である．ここには紀元前に繁栄した古代オアシス都市ニヤ Niya（尼雅），キロラン Kroran（楼蘭）などの遺跡が数多くある．また，これまでにタクラマカンから数百体以上のミイラが発見されており，その人種的特徴や遺物などからは現代ウイグル人の祖先であることが明らかになった．1980 年 4月，キロラン遺跡から 1 体の女性のミイラが発見された．褐色を帯びたブロンドの長い髪に縁取られた顔には，いまもなお美しさが漂っていた．のちにキロランの美女と名づけられたこのミイラは，約 3800 年前のものであることがわかった．別のミイラも近くの墓からみつかった．放射性炭素による年代測定法で，そのミイラは約 6000 年前に埋蔵されたものであることがわかった．また，1983 年，チャルチャン（且末）県内のザグンルク（扎滾魯克）古墳群から多数のミイラが発掘された．ミイラの一部は紀元前 2000 年頃のもので，さらに古い時代のものと思われるミイラもあった．埋められていた当時の食べ物は，現在のウイグル人の日常食のナンとよばれる平らなパンや，カバブ（羊肉の串焼き）に似てい

た．さらに，ミイラが着ていた毛織のコートはウイグル人が着るチャパンに酷似していた．ザグンルクでは，幼い男児のミイラも発見された．毛布に包まれ，白いフェルトを張った小さな墓穴に埋蔵されていたこの赤ん坊の両目には，光沢のある石がはめ込まれていた．これは，「砂漠では目は石のように強くあれ」というウイグル人に伝わる諺と関連があると考えられている．
　タクラマカンは宝が埋まっている里でもある．1988 年以降，この砂漠から石油・ガス田が相次いで発見され，その開発が急速に進められている．石油・天然ガス開発のため，1995 年にタクラマカン砂漠縦断道路がつくられた．この道路は，北はブグル（輪台）県，南部はタクラマカン砂漠南部のニヤ（民豊）県までで，全長 566 km である．また，最近タクラマカン南部のホータン（和田）市と北部のアラル Aral（阿拉爾）市や，アクス（阿克蘇）市を結ぶ第 2 のタクラマカン砂漠縦断道路の建設が計画されている．
　　［ニザム・ビラルディン］

タクロバン　Tacloban

フィリピン

人口：24.2 万（2015）　面積：202 km²
[11°15′N　125°00′E]

　フィリピン中部，レイテ島北東，レイテ州の都市で州都．レイテ島北東部とサマール島とを隔てる狭いサンファニーコ San Juanico 海峡の南端にある．フィリピン海，レイテ湾の支湾サンペドロ湾に臨む．19 世紀には一時スペイン人が首都としたこともある．港は当時スペイン人がつくった良港．ダニエル・Z・ロマオルデス空港は首都マニラとミンダナオ島東部とを結ぶ航路の中継地点として重要で，東部ビサヤ諸島の中心都市でもある．周辺で産するコプラ，アバカ（マニラ麻），さらには水産物や鉱産資源などをマニラに運ぶ定期船が毎日出航している．第 2 次世界大戦中，アメリカの軍人ダグラス・マッカーサーがフィリピン奪回のために上陸した地点として有名である．市内にはそれにちなんだ記念公園などがある．周辺を含めた地域は人口が過剰ぎみである．そのためマニラや国外に出稼ぎに出るものも多い．　　［田畑久夫］

ダークワン県　大関県　Daguan

中国

人口：27.0 万（2006）　面積：1802 km²
[27°41′N　103°51′E]

　中国南西部，ユンナン（雲南）省北東部，チ

ャオトン(昭通)地級市の県. 県政府は翠華鎮
に置かれている. 中国内陸部やスーチュワン
(四川)省から雲南省へ入る陸路の要衝として
古くから栄えた. 秦代に整備されたとされる
旧街道の五尺道が県内を通る. ミャオ(苗)
族, イ(彝)族, 回族などの少数民族人口は1
割に満たない. 品質のよいタバコと漢方生薬
のトチュウ(杜仲)を生産する. タケノコと生
漆が特産品である.　　　　　　　[松村嘉久]

タケオ州　Takeo Province

カンボジア

人口 : 84.4 万 (2008)　面積 : 3563 km²
降水量 : 1200-1400 mm/年
　　　　　　　　　　　[10°59′N　104°47′E]

カンボジア南部の州. 州都はタケオ. 首都
プノンペンの南約 65 km に位置する. 北は
コンポンスプー州, 東はカンダール州, 南は
ベトナム, 西はカンポット州と接する. 国内
の州で人口が第7位の州である. 州内には前
アンコール期の古代寺院が 34 あり, カンボ
ジア人の歴史的遺産かつ魂のよりどころとな
っている. さらには自然資源, とくに生活に
適した水圏生態系に恵まれていることから,
古代王国がこの地に一番早く設営されたと思
われる. 地勢は, バサック川の氾濫原が雨水
に頼る低地水田として東に広がるほか, 西部
と南部の州境沿いには小規模な低地と高地の
モザイク地域も存在する. 気候は他の地域と
同様, 温暖湿潤なモンスーン気候に属し, 乾
季はおおむね4カ月未満である. 今日タケオ
の町および州は絹織物で有名であり, 全国で
1.5 万人いる織物職人のうち約 1 万人がここ
を本拠としている. ほとんどの織物職人は,
町に向かう国道近くの村で織物に従事してお
り, その絹織の技術は, おそらく2世紀頃の
扶南王国時代のクメール, そしてインドと中
国からもたらされたものである.

[ソリエン・マーク, 加本　実]

ターケーク　Thakek

ラオス

Thakhaek (別表記)
人口 : 9.1 万 (2015)　面積 : 990 km²
　　　　　　　　　　　[17°24′N　104°50′E]

ラオス中南部, カムアン県の郡で県都. 首
都ヴィエンチャンの北東 335 km, 市街地は
メコン川に沿って立地する. フランス領イン
ドシナ時代はフランスによる植民地支配の中
心地としての機能を担っていた. 植民地政府
はインドシナ統治にベトナム独立同盟(ベト
ミン)の役人を登用していたため, 当時の市

街地にはベトナム人が多かった. 現在でもベ
トナム人の人口比率は国内の他の都市と比較
すると非常に高い. 市街地のメコン川対岸
は, タイ東北地方の中都市ナコーンパノムで
あり, タイとの交易拠点として機能してい
る. 2011 年にはナコーンパノムとつながる
第3タイ・ラオス友好橋が開通し, ターケー
ク経済特区も設置された. 市街地の南 8 km
に, 9~10 世紀にナンタセン王により建立さ
れた, パタートシコータボンとよばれる重要
な歴史的遺産の仏塔がある.　　　[横山　智]

ダーサンクワン　大散関　Dasan Guan

中国

散関 (別称)
　　　　　　　　　　　[34°17′N　107°28′E]

中国の歴史的地名. 東の函谷関, 南の武
関, 北の粛関とともに関中四関の西の要衝と
される. 渭河盆地から南, チン(秦)嶺山脈を
越えてスーチュワン(四川)にいたる道に設け
られた. 現在のシャンシー(陝西)省パオチー
(宝鶏)市渭浜区からウェイ(渭)河の支流清姜
河をさかのぼり, 長江の支流であるチャリン
(嘉陵)江流域にいたる川陝公路や宝成鉄道が
峠を越える手前, 大散関村に遺跡がある. ま
た付近の山頂を大散嶺とよんでいる. ホワン
(黄)河とチャン(長)江の南北分水嶺であり,
歴史的にも北方の勢力と南方の勢力が争った
境界であった. 秦嶺山地を越えるには桟道
(崖に杭を打ち並べてつくる架け橋のような
道)を通らねばならず, 意表を突いた急襲作
戦によく用いられた. 楚漢の争いの際, 劉邦
の武将韓信がここから関中を攻略したのは有
名である.　　　　　　　　　　　[秋山元秀]

タージー　Thazi

ミャンマー

人口 : 20.3 万 (2014)　　　[20°50′N　96°05′E]

ミャンマー中央部, マンダレー地方(旧管
区)メイッティーラ県の町. 漢字では達西と
表記する. ヤンゴン~マンダレー間を結ぶ南
北の幹線鉄道と東西方向の鉄道交点に発達し
た. ここから東へシャン高原に向かう路線が
延びている. また, 西へは県都メイッティー
ラを経由し, ミンジャンや, パガン遺跡の北
の玄関であるニャウンウーにつながってい
る. 周辺ではキビ, アワなどの雑穀やゴマが
栽培されている.　　　　　　　　[西岡尚也]

ダーシー区　大渓区　Daxi

台湾 | 中国

ターシー　Tahsi (別称)
人口 : 9.4 万 (2017)　面積 : 105 km²
　　　　　　　　　　　[24°53′N　121°17′E]

台湾北部, タオユエン(桃園)市の区. ター
シーとも表記される. 大漢渓が形成した河岸
段丘上に集落が発達している. 古くは漢人住
民と原住民族の物資交換の場として機能し,
19 世紀後半は樟脳の交易で栄えた. 日本統
治時代以降は木材搬出の基地となっていた.
いまもなお, 昔ながらの雰囲気を保ってお
り, 行楽客が数多く訪れる. 町並みは 1920
年に施行された都市計画によって整備されて
いる. 伝統工芸の類も多く, 中でも木彫りは
全土的に知られている.　　　　　[片倉佳史]

タシガン　Trashigang

ブータン

人口 : 5.1 万 (2005)　面積 : 3067 km²
標高 : 1120 m　　　　　[27°20′N　91°33′E]

ブータン東部の県およびその中心的な町
(人口約 0.2 万, 2005). 町は首都ティンプ
ーの東約 190 km に位置し, ブータン東部の
中心地的役割を担っている. モンガル
Mongar, チャムカル Chamkar, トンサ
Trongsa, ウォンデュポダンなどを経てティ
ンプーに通じる自動車道が西に, タシヤンツ
ェ Trashiyangtse に向かう自動車道が北へ,
サムドゥップジョンカルを経てインドに通じる
自動車道が南に延びる. 2011 年に, 町の中
心から南南西に約 40 km 離れた場所に, ヨ
ンプラ Yongphulla 空港が開港したが,
2016 年 11 月現在, 閉鎖中である. ブータン
中部, 西部とは異なるシャルチョップカ(ツ
ァランカ)語を話し, 東南アジアの照葉樹林
文化的な要素を残すブータン先住民ともいえ
るチャショッパとよばれる人びとが居住して
いる. タシガンの町には, ブータン東縁部の
メラ Merak やサクテン Sakteng などの村に
住み, 遊牧を生業とする少数民族が利用する
市場があるので, 多くのブータン人が着用す
る男性用民族衣装のゴや女性用民族衣装のキ
ラなどとは異なる独特の民族服装を着用した
人たちを目にすることがある.　　[髙田将志]

タジキスタン共和国　Tajikistan, Republic of

Jumhurii Tojikiston (タジク語・正称) / Tadzhikistan, Respublika (露語・正称)

人口：835.2万 (2015)　面積：143100 km²
降水量：700 mm/年　[38°32′N 68°47′E]

　中央アジア最南部の共和国．独立国家共同体 (CIS) の加盟国の1つ．面積は北海道の1.7倍，人口は1.6倍である．日本の中央部とほぼ同じ緯度にあるが，気候は大陸性である．首都はドゥシャンベ．ドゥシャンベを行政中心地とする共和国直轄地とソグド州（州都ホジェント），ハトロン州（州都クルゴンテパ），ゴルノバダフシャン自治州（州都ホログ）の4つの行政単位に分かれている．北はクルグズ（キルギス），東は中国，南はアフガニスタン，西はウズベキスタンとそれぞれ国境を接している．

　タジク語で世界の屋根を意味するパミールは，氷で覆われた荒地の大山塊で，国内東部ゴルノバダフシャン自治州の大部分を占める．ここには，CIS最高峰のイスマイリサマニ峰（標高 7495 m）をはじめとしてレヴォリューツィア山，レーニン峰，カールマルクス峰など6000〜7000 m級の高峰がある．北部にはクルグズからタジキスタンを横切ってウズベキスタンへとトルキスタン山脈が走り，東にフェルガナ盆地がある．南西部では多くの河川が南へ流れ，アフガニスタンとの国境となっているアムダリア川やパンジ川に注ぐ．1月の平均気温は-2℃前後，7月は27〜30℃である．

　農業は綿花生産が盛んで，ウズベキスタン，トルクメニスタンに次ぐ．その他ジャガイモ，野菜，ブドウ栽培が中心で，畜産では羊，山羊，ヤクが飼育される．工業は，農業原料を加工する軽工業が中心で，綿花精製工業，紡績・綿織物・絹織物工業，ワイン醸造，缶詰・バター製造などのほか，化学工業，農業機械工業もある．鉛など非鉄金属の採掘も行われている．アルミニウムは2003年に輸出の7割を占めたが，原料のボーキサイトは輸入している．灌漑と発電のために豊富な水力資源の開発も行われ，大フェルガナ運河が有名である．1人あたりのGNPは2019ドル (2008) と少なく，CIS諸国の中では最も貧しい．1993年にIMFに加盟，独自通貨として95年にタジキスタンルーブリ，2000年にソモニを導入した．2004年現在，民間セクターがGDPの55%，総就業者の2/3を雇用している．失業率は35〜40%に達しており，50万人以上がロシアをはじめとするCIS諸国に出稼ぎに出ている．

　タジク人は，中央アジア諸国の名称民族の中でただ1つのイラン系の民族である．唐でイスラーム帝国を大食（タージー）とよんだが，もとはペルシア語でアラブ人を意味したともいわれる．1989年の人口調査では，ソ連全体のタジク人421.5万のうち317万がタジキスタンに住んでいた．ソ連のタジク人は，1926年には97.9万であったので，63年間で4.3倍になったことになる．同じ期間のロシア人は1.87倍である．中央アジアの民族はいずれも，人口の自然増加率が高く，1000人あたり32.6という数字を，ウクライナ人の1.7と比べると，その高さがわかる．1家族の平均人数は6.1人であった．ソ連解体後は，内戦などによる出生率の低下と死亡

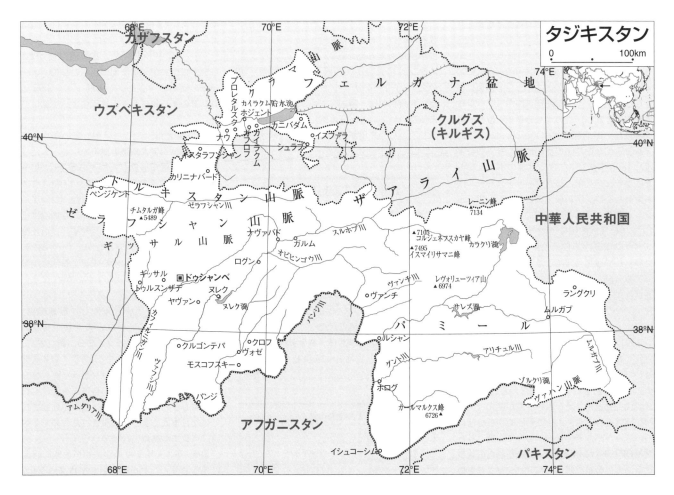

率増大のため，1994年には19.9へ減っている．タジク人のもう1つの特徴は，周辺国に多数居住していることで，とくにアフガニスタンにはタジキスタンより多い370万が住み，この隣国の内戦にさまざまなかたちでかかわらざるをえなくなっている．タジキスタンの人口は1989年509万で，うちタジク人は62.3%，ウズベク人は23.5%，ロシア人7.6%である．ただし首都ドゥシャンベではロシア人が32.4%を占めた．山岳地帯に住むタジク人にはイスラーム教スンニ派が多い．公用語はイラン語派の方言の1つであるタジク語で，チュルク語，アラビア語，ロシア語の影響を受けている．1930年にラテン文字を使用するようになったが，40年にロシア文字に変えられた．

水力資源の開発によって発電量は1940年の6000kWhから89年の153億kWhへ増大した．ヌレク水力発電所(270万kWh)のダムによって，ヴァフシ川の氾濫はなくなった．大フェルガナ運河などの灌漑建設も行われ，綿花生産は旧ソ連で第3位となった．とくに綿花栽培の盛んな北西部のソグド州や南西部のハトロン州は，共産党の地盤となっている．ロシア革命前，大学や病院はなかったが，ソ連時代の文化や福祉面での発展は大きかった．

タジク人は，紀元前2000年から前1000年紀初め，中央アジアとユーラシア草原に居住したインド・イラン語群種族からイラン語群種族が分離し，この地域の種族と混血し形成された．16世紀以後ウズベク人が侵入し，ブハラ・エミール国の支配に服した．ロシア軍は1866年タジキスタン北部のホジェントとウラチュベを落とし，ブハラ・エミール国もまもなくロシアの保護国となった．ホジェントの住民は1916年蜂起の口火を切った．1924年の民族的国家的境界区分によってウズベク共和国内の自治共和国となり，29年に昇格して連邦共和国となった．ここではロシア革命後，バスマチとよばれる反ソヴィエト反乱が1920年代まで続いたが，31年のソ連・アフガニスタン中立不可侵条約以後，終息した．

1991年の8月政変後，9月9日に独立を宣言した後も共産党勢力が攻勢をとり，11月24日の大統領選挙で共産党のラフモン・ナビエフを当選させた．1992年に急進改革派の民主党とイスラーム再生党が結んで大統領に連立を呑ませ，9月にナビエフを辞任に追い込んだが，その後内戦の中で南部クリャプ州(現ハトロン州東部)で結成された旧共産党系の人民戦線部隊が首都ドゥシャンベを取り戻し，12月にソフホーズ議長の経歴をもつエモマリ・ラフモノフ最高会議議長の政府を樹立した．イスラーム勢力はこれに対し，アフガニスタンゲリラの支援を得て攻撃したため，全人口の1割にも達する50万人以上の難民が発生し，人民戦線議長サファロフ(のちラフモンと改名)も1993年3月末に殺害された．ラフモノフは1994年11月6日の大統領選挙で，私的所有を訴え企業家の支持を得たアブドラジャノフを破って当選し，同時に行われた国民投票で新憲法を採択した．

内戦に対応するため，タジキスタンはロシア，アルメニア，ウズベキスタン，カザフスタン，クルグズと1992年5月15日に集団安全保障条約に調印したが，8月7日にはこの中央アジア4カ国とロシアが首脳会議を開き，集団安全保障条約にもとづいて，タジキスタンの国境をCIS共通の国境と見なし共同防衛することを声明した．ロシア軍は2～3万人のCIS合同平和維持軍を国境に配置している．また1994年3月には中央アジア4カ国外相会議がドゥシャンベで開かれ，このCIS合同軍に国連平和維持軍の地位を与えるよう求めることを声明した．1997年6月，政府はロシアなどの仲介でイスラーム勢力と和平協定を結んだ．2002年春には，タジキスタンは北大西洋条約機構(NATO)の平和のためのパートナーシップ(PfP)に参加した．政治状況は，隣国アフガニスタンの情勢と結びついている．基本的には経済発展による貧困からの脱出が求められる．　［木村英亮］

タシクムイル　Tash-Komur

クルグズ

人口：2.3万 (1999)　　　[41°20′N　72°13′E]

クルグズ(キルギス)，ジャラルアバド州の都市．ナルイン川河畔，州都ジャラルアバドの北西80kmに位置する．炭鉱の町として建設された．紡績，タバコ，パンの工場がある．1935年以後ウズベキスタンのウチクルガンからの鉄道の終点となっている．半導体工場，水力発電所があり，第2次世界大戦後に発展した．近郊に9～10世紀サカ時代の岩絵がある．　［木村英亮］

タシケント　Tashkent　ウズベキスタン

Toshkent (別表記)

人口：229.7万 (2011)　　面積：335km²
標高：440-480m　　　　[41°18′N　69°16′E]

ウズベキスタンの首都およびタシケント州の州都．人口は独立国家共同体(CIS)ではロシアの首都モスクワ，サンクトペテルブルク，ウクライナの首都キーイフに次ぐ第4位，中央アジアの中心都市である．空路でモスクワなどCIS諸国ばかりでなくインドの首都デリー，チェコの首都プラハなど世界各地とも結ばれており，ユーラシア大陸の国際都市でもある．1940年建設の大ウズベク公路がサマルカンドなどの都市とを結んでいる．住民は，1989年ウズベク人44.2%，ロシア人34.0%，タタール人6.3%などと多民族的であるが，現在ロシア人は減っている．

天ティエン(山)山脈山麓，チルチク川沿いのオアシスにある．考古学上の資料では，創設は紀元前4000～3000年，文献資料では4～5世紀にさかのぼることができる．シルダリア右岸の東西交易ルートの政治的，経済的な要に位置する．11世紀に石の町を意味する現在の名でよばれるようになったが，これは石の砦に由来する．突厥，サーマン朝，カラハン朝などを経て，13世紀にチャガタイ・ハン国，15世紀にティムール朝，16世紀にウズベク人，カザフ人に支配されるようになった．19世紀後半コカンド・ハン国に属していたが，1865年にロシア軍に占領され，67年にトルキスタン総督府が置かれ，ロシアの中央アジア支配の拠点として，また商業，交易の中心として発展した．1906年ロシアのオレンブルクと鉄道によって結ばれた．

1917年には，ここに駐留していたロシア軍兵士やロシア人鉄道労働者を中心としたソヴィエト政権が成立した．その後1924年トルキスタン自治共和国の，30年以降はウズベキスタン共和国の首都となった．ロシア革命前，ウズベキスタンには高等教育機関はまったくなく，初等教育も普及せず住民の圧倒的多数は読み書きができなかったが，1920年タシケントに総合大学を設置する法令が採択され，のちに多くの大学が分かれ独立した．1926年に32.3万であった人口は，68年には129万と大幅に増加し，農業機械，織物，食品，建築資材などの工業が発展した．1943年には科学アカデミーが創立され，多数の大学，劇場，博物館がある．第2次世界大戦で直接の被害は受けなかったが，数万の市民が兵士として戦い，避難民を受け入れた．中心部のナヴォイ劇場は戦後，抑留されていた日本人によって建設されたものでオペラ，バレエの拠点となっている．

1966年の大地震後の建造物が改修の時期にきており，これを転機としてウズベク化，

タシケント(ウズベキスタン),アミール・ティムール広場のティムール像〔eFesenko/Shutterstock.com〕

欧米化が進められている.たとえば地下鉄の駅名も十月革命駅はアミール・ティムール・ヒエヴォニへ,レーニン広場駅はムスタキリク・マイドニなどと変わった.通りの名も大幅に変わり,中心広場から,シャロフ・ラシドフ大通りへと変わったレーニン大通りにいたる歩行者天国には喫茶店やスーパーが並んでいる.スーパーにはトルコ製品が多いが,国産のパックジュースもあり,チョルスーなどのバザール(市場)には中国製品も多い.イスラームの学校であるメドレセなども修復され,中央公園にはマルクス像のかわりにティムールの騎馬像が建てられ,近くにティムール博物館も開設された.中央アジアで最も高い375mのタシケントタワーが立つ.ソヴィエト時代のレーニン博物館は歴史博物館となり,ロシア語の説明はすべてウズベク語に変えられている. 〔木村英亮〕

タシケント州　Tashkent Region
ウズベキスタン
Toshkent Viloyati (別表記)
人口:445.0万(2005)　面積:15300 km²
[41°18′N　69°16′E]

ウズベキスタン東部の州.州都は首都タシケント.北東部にチャトカル山脈,東部に羊,山羊が山麓で放牧されるクラマ山脈があり,シルダリア川とその支流であるチルチク川,アハンガラン川などによって灌漑される.典型的な大陸性気候である.ゴロドナヤステップの一部を含む低地の灌漑が発達している.綿花,繊維植物,稲,果物が栽培され,非灌漑地では小麦が栽培される.タシケント,ベカバードでは,綿花精製,繊維加工,食品加工が盛んで,アングレンでは石炭採掘,アルマルイクでは銅の採掘が行われる.ザカスピ鉄道が南北に走る.住民はウズベク人,ロシア人,カザフ人.州は1938年に形成された.旧タシケント州は24～26年に存在した. 〔木村英亮〕

ダーシーチャオ市　大石橋市
Dashiqiao
中国
人口:72.0万(2013)　面積:1379 km²
[40°39′N　122°31′E]

中国北東部,リャオニン(遼寧)省中南部,インコウ(営口)地級市の県級市.リャオトン(遼東)半島の北西部に位置する.もともと営口県だったが,1992年に大石橋市に改編された.市政府所在地は青花街道.地名は唐代につくられた石橋に由来する.マグネシウムの一大産地であることから,鎂都とよばれる.水稲,コーリャン,トウモロコシ,大豆などの穀物を生産し,省の水稲重点産区の1つである.2つの省級経済開発区がある.瀋大高速,長大鉄道が市域を南北に貫く.
〔柴田陽一〕

タシチョゾン　Tashi Chho Dzong ☞ ティンプー Thimphu

タシックマラヤ　Tasikmalaya
インドネシア
人口:63.5万(2010)　面積:3.5 km²
[7°21′S　108°13′E]

インドネシア西部,ジャワ島,西ジャワ州の市(コタ).プリアンガン高地に位置し,その地域の経済圏の中心となっている.竹細工,バティック(ジャワ更紗)などの手工芸品生産地として名高い.0.47 km²に及ぶシトゥグデ Situ Gede 湖があり,釣り客で賑わっている.町の近郊にスンダ人の伝統を伝える村カンプンナガ Kampung Naga (竜の村の意)がある. 〔浦野崇央〕

タシックマラヤ　Tasikmalaya
インドネシア
Tasik Malaja (別表記)
人口:167.6万(2010)　面積:2680 km²
[7°21′S　108°08′E]

インドネシア西部,ジャワ島,西ジャワ州の東部の県.この県には県都であるシガパルナを含む39の町が含まれる.州都バンドゥンの東80 kmに位置し,ジャワ島の東西を結ぶ幹線道路および鉄道沿いに位置する.県北部にガルングン Galunggung 火山(1982年に噴火)など2000 m内外の山々を4つ有し,南はインド洋に面する.住民の多くはスンダ語を話すスンダ人でイスラーム教徒である.寄宿制イスラーム学校が多いことで知られる.おもな産業は農業と漁業である.土地は概して肥沃で,水稲,陸稲,トウモロコシ,キャッサバ,サツマイモ,ラッカセイ,大豆およびサラックやランブータンなどの果実を産出する.また,手工芸品の産地として有名で,バティック(ジャワ更紗)の主要な産地であるとともに,県都の北に位置する村ラジャポラ Rajapolah を中心に各地で籐製品,バナナの葉,ヤシの葉などの敷物,紙傘などが生産されている.県都の西に位置するスクナガ Suku Naga はスンダ人の伝統的生活様式を保っている集落として有名である.1944年2月,農民大衆が日本軍政に対し蜂起したシンガパルナ事件がシンガパルナ村で起きた. 〔塩原朝子〕

ダシバルバル　Dashbalbar
モンゴル
人口:0.3万(2015)　面積:8713 km²
[49°32′N　114°24′E]

モンゴル北東部,ドルノド県の郡.ロシア・モンゴル・中国3カ国の国境に近い平原に位置する.人口の95%が,少数エスニック集団ブリヤート(ブリャート)で占められる.ブリヤート人の多くはロシア連邦ブリヤート共和国やザバイカリエ地方,イルクーツク州に住み,モンゴル語系のブリヤート語を話す.ブリヤート人は,遊牧を生業とするが,この地の人びととは冬営地に野菜を植える

ことで知られる．モンゴルに居住するブリヤート人は，20世紀の初頭にロシア人植民者による土地の収奪とロシア革命の混乱を避けて集団で移住してきた者たちの子孫である．彼らの一部が関東軍支配地域であった内モンゴルのバルガ（現フルンボイル市の陣バルガ（チェンバラク）旗，新バルガ（シンバラク）右旗，新バルガ（シンバラク）左旗）地方にも移住したことから，1930年代「日本のスパイ」という汚名が着せられた．その結果，数万人ともいわれる罪のないブリヤート人がときの内務大臣チョイバルサン（のちに首相，元帥）の命によって処刑された．

県には，ブリヤート人が居住する郡が4つあるが，本郡が中でも最もブリヤート人占有率が高いといわれている．2000年にブリヤートの民族の祭典アルタルガナ・ナーダムが，ダシバルバル郡で開催された．この祭典にロシア，モンゴル，中国の3カ国に引き裂かれて居住するブリヤート人が国境を越えて再会する予定であったが，首都ウランバートルはもちろん，ロシアからも多くのブリヤート人が参加したものの，家畜の伝染病を理由に中国からの参加者はなかった．ちなみに1989年に始まるモンゴル民主化運動の立役者で98年に暗殺されたS・ゾリッグは同郡出身のブリヤート人である． 〔島村一平〕

タージマハル　Taj Mahal　インド
[27°10′N　78°00′E]

インド北部，ウッタルプラデシュ州アグラ県にある遺跡．首都デリーの南約200kmにある県都アグラのヤムナ河畔にそびえ立つ荘厳な大理石造りのイスラーム様式の墳墓である．ムガル朝3代目のシャー・ジャハーン皇帝が，1631年に死去した2番目の妻ムムターズの死を悼み，22年の歳月をかけて1653年に完成させた．中央の高さ58mの大ドームとそれを乗せた56m四方の台座，その四方に高さ52mの4本の尖塔（ミナール）を配した．1983年には，「タージ・マハル」としてユネスコの世界遺産（文化遺産）に登録され，インドを代表する観光地として，国内はもちろん世界中から観光客がひっきりなしに訪れる．

正門（南門）を入ると長方形の池がまっすぐ連なり，両側の芝生と植え込みの手入れが行き届いた広々としたペルシャ庭園がある．その奥にタージマハルが荘厳な姿をみせている．夕日や日の出はもちろんであるが，満月の夜，月明かりに鈍く輝く大理石造りのドームと4本の尖塔は，この世の建築物とは思えないほど感動的な美しい姿をみせる．また，ドーム内部の天井や壁，入り口の壁面全面を飾る貴石のはめ込み細工もみる人に驚きと感動を与えてくれる．妻ムムターズとシャー・ジャハーン皇帝の石棺は，ドーム中央の大広間の地下室に仲むつまじく2つ並んで安置されている．庭園内には，墳墓の両側数十mをおいてモスクがある．西側のモスクは，いまも市民の礼拝所として人気があり，毎日参拝客が絶えない．東側のそれは，礼拝の壁が東向きのため利用されていない．これは西側のモスクと景観上のバランスをとるために築造されたといわれる．また，園内の西側には小さな博物館もあり，タージマハルをめぐる歴史的資料が多く展示されている．タージマハルのすぐ裏には，悠久のヤムナ川が昔もいまも変わらぬ姿で流れている． 〔中山修一〕

ダージャ区　大甲区　Dajia
台湾｜中国
人口：7.8万（2017）　面積：59km²
[24°21′N　120°37′E]

台湾北西部，タイジョン（台中）市の区．

タージマハル（インド），シャー・ジャハーン皇帝がムムターズ妃のために建設した総大理石造りの霊廟《世界遺産》〔travelview/Shutterstock.com〕

タシヨ　939

2012年12月までは台中県の大甲鎮であったが，台中県が台中市と合併したことで，台中市大甲区となった．大甲渓の下流に位置し，日本統治時代はサトウキビの栽培が盛んだったが，現在は稲作が中心となっている．もともとはタオカス族の居住地だったが，17世紀中葉から漢人の移住が始まり，同化が進んだ．市街地に名利・鎮瀾宮があり，航海の女神と称される媽祖が祭祀されている．毎年春にこの媽祖の神体を信者が担ぎ，ジャーイー（嘉義）県新港の奉天宮を目ざすという祭典がある．これは媽祖進香とよばれ，全行程7泊8日に及び，約30万人に達する信者が徒歩で随行する．総延長300kmの行程で，台湾最大の宗教行事ともいわれている．

[片倉佳史]

ダージャ渓　大甲渓　Dajia Xi

台湾｜中国

面積：1236 km²　長さ：124 km
[24°20′N　120°33′E]

　台湾中部を流れる川．ジョンヤン（中央）山脈のナンフーダー（南湖大）山（標高3742 m）付近を源とし，フーホワン（合歓）渓や七家湾渓と合流しながら，大河川を形成していく．河岸段丘や扇状地が発達しており，いずれも果実の栽培が盛んである．台湾にしては冷涼な気候を生かし，リンゴやナシ，モモなどの生産で知られている．また，中流に徳基ダムを擁し，水力発電所も設けられている．上流流域に暮らす人びとはタイヤル（アタヤル）族の人びとで，中流地域には客家（ハッカ）住民，下流地域にはホーロー（河洛）系漢人が暮らす．なお，徳基ダムは1939年に日本人によって大規模な計画が立てられ（当初の名は達見ダム），第2次世界大戦後に国民党政府がこれを受け継いだ．台湾最高所にあるダムで，蓄水量は台湾第4の規模を誇るが，生態系に大きな影響を与えていると批判が強まっている．中流域には谷関温泉（旧名明治温泉）がある．　　　　　　　[片倉佳史]

タシャウズ　Tashauz ☞ ダショグズ Dashoguz

ダジャーラ　Dajarra

オーストラリア

人口：429（2011）　[21°45′S　139°31′E]

　オーストラリア北東部，クイーンズランド州北西部，クロンカリー郡区の町．マウント

アイザの南約150kmに位置する．アウトバック（内陸部の広大な乾燥地帯）にあり，ノーザンテリトリーとの境界に近い．　[秋本弘章]

ダジャンガス　Dadiangas ☞ ジェネラルサントス　General Santos

ダーシュエ山　大雪山　Daxue Shan

中国

標高：7556 m　長さ：450 km　幅：30-50 km
[39°29′N　96°30′E]

　中国中西部，スーチュワン（四川）省北西部，ガルツェ（甘孜）自治州東部の山脈．シャールーリー（沙魯里）山脈に属し，ヤーロン（雅礱）江とダートゥー（大渡）河の分水嶺である．東部は険しく，西部はゆるやかである．平均標高は5000 m前後で，6000 m級の山峰は45座に及ぶ．雪線の標高は5500〜6000 mで，それ以上は氷河地形などがみられる．主峰のミニヤコンカ山（標高7556 m）はホントゥワン（横断）山脈と省内における最高峰であり，蜀山の王とも呼称される．重要な地理的分界線であり，尾根より西部の気候は，南西より吹くインド洋からのモンスーンの影響を，東部は南東より吹く太平洋からのモンスーンの影響を受ける．このため，西部の斜面は草原地帯であり，農業と牧畜業が盛んである．一方，東部は高山帯であり，高低差1000〜3000 mの峡谷地帯がみられる．

[石田　曜]

タシュクルガン自治県　塔什庫爾干自治県　Taxkorgan

中国

タシュクルガンタジク自治県　塔什庫爾干塔吉克自治県（正称）
人口：3.3万（2002）　面積：52000 km²
標高：4000 m　[37°47′N　75°14′E]

　中国北西部，シンチャン（新疆）ウイグル（維吾爾）自治区南西部，カシュガル（喀什）地区の自治県．パミール山地の東部，クンルン（崑崙）山脈とカラコルム山脈の接触地帯に位置し，南西はタジキスタン，アフガニスタンおよびパキスタン統治下のカシミールに隣接する．7世紀頃カワンタ（掲盤陀）国があった地である．9世紀頃カラハンウイグル王朝に属した．16世紀以降，カシュガル・ハン国領となった．19世紀末頃に清朝の版図に入り，1913年に蒲犂県が置かれた．1954年にタシュクルガンタジク自治県が設立された．県名は北部にある古城に由来し，ウイグル語

で石砦を意味する．人口の81％がタジク族である．

　南部のカシミールとの境界には世界第2の高峰チョゴリ Chogori 山（K2，ゴッドウィンオースティン山，標高8611 m）がある．北部のアクト（阿克陶）県との境界にはムスターグアタ（慕士塔格）山（7546 m）がある．牧畜業が中心で，羊，ヤクを飼養する．野生のラクダ，ユキヒョウ，バーラル，アルガリ，クマなどの野生動物が生息する．金，銅，鉄，石綿，水晶などの鉱物資源に富む．古代シルクロードはここを経てペルシアなどに通じていた．国道314号は県内を南北に通り，国境にいたる．カシミールとの国境にはクンジェラブ Khunjerab 峠がある．名所にはタシュクルガン遺跡，キズクルガン遺跡，イシクブラク（温泉）などがある．

[ニザム・ビラルディン]

ダシュト川　Dasht River

パキスタン

長さ：426 km　[25°16′N　61°41′E]

　パキスタン南西部，バローチスタン州南西部の川．州最大の河川で，中央マクラーン山脈に発し，ゴクプロシュ山地の北側ケッチ渓谷を西流し，東流してきたニヒン川を合わせ，ゴクプロシュ山地を南西に横断し，イランとの国境のグワタール Gwatar 湾に注ぐ．河口のデルタ地帯には面積4600 haに及ぶマングローブ林があり，そのジワニ海岸湿地は，2001年5月，ラムサール条約に登録されてた．流域は年平均降水量が250 mm以下と乾燥しており，水不足により開発が進まなかった．しかし，2006年にトゥルバットの近くにメラニダムが完成し，流域の数万haを灌漑することになり，グワダール地域をはじめ隣接地域の農業および経済的な発展に大きく貢献するものと期待されている．

[出田和久]

ダショグズ　Dashoguz

トルクメニスタン

タシャウズ　Tashauz（旧称）
人口：21.0万（2004）　[41°50′N　59°58′E]

　トルクメニスタン中央北部，ダショグズ州の都市で州都．アムダリア川下流左岸に位置し，灌漑用のシャヴァト運河の両岸にまたがる．運河の北側は旧市街，南は新市街である．ヒヴァオアシスに位置する．19世紀初めにロシアによって要塞が築かれた．綿花精

製,綿実油搾油,絹,敷物の生産が主である.1992年まではタシャウズとよばれていた. 　　　　　　　　　　　　　　　［木村英亮］

ダショグズ州　Dashoguz Velayat
トルクメニスタン

Dashoguzskaya Oblast'（露語）

人口：139.1万（2006）　面積：73430 km²

[41°50′N　59°58′E]

　トルクメニスタン中央北部の州.州都はダショグズ.アムダリア川の多くの支流があり,北はヒヴァオアシス西部,南はカラクム砂漠である.灌漑地で綿花栽培,牛・羊を飼養,砂漠で山羊,ラクダ,カラクル羊を飼養する.鉄道トルクメナバト・クングラード線が北東部を通る.住民はトルクメン人とウズベク人.州は1939年に形成された.
　　　　　　　　　　　　　　　［木村英亮］

ダージリン　Darjeeling
インド

Darjiling（別表記）

人口：12.0万（2011）　面積：11 km²

標高：2100 m　　[27°02′N　88°20′E]

　インド東部,ウェストベンガル州北部,ダージリン県の都市で県都.ヒマラヤ山脈に抱かれ,北はシッキム州を隔てて中国に,南はバングラデシュ,西はネパール,東はブータンと接して位置する.県内をテスタ Teesta 川,バルソン Balson 川,ランギート Rangit 川,セボーク Sevoke 川などが流れ,標高2000 m を超える県域は熱帯性と高山性の気候によって特徴づけられる.年平均降水量が多いだけでなく,頻繁に霧が発生することで,品質の高いダージリン紅茶の生産に寄与している.市街は2100 m を超える標高に位置し,1840年,イギリス人によって紅茶のプランテーションが開かれたことに端を発し,国内でも有数の避暑保養地に発展した.ヒマラヤの高峰を望む眺望があるだけでなく,トレッキングの起点でもある.雨季の降水と冬の寒さを避けて,4～6月あるいは9～11月の時期には,多くの観光客が訪れる.県域で産出される穀物,香辛料,野菜の市場も立地しているが,紅茶と観光が地域を支える重要な収入源となっている.住民はネパール人,レプチャ人,ボーティア族をはじめ,1959年以降,中国から逃れてきたチベット人などからなる.
　市内には多くの観光ポイントが存在する.自然史博物館では高山性の動物相がみられ,ロイド銀行の寄付によるロイド植物園は高山植物の種類が豊富である.ヒマラヤ登山学院は登山家訓練の学校で,博物館を併設している.チベット難民センターにはさまざまな工芸品の工房があり,展示販売もしている.また多くの茶園では,茶葉の摘み取りや製茶工程の見学が可能である.一例として,市街の北西約3 km,ダージリンで最も標高の高い2200 m の位置にある開発者の名にちなんでウィルソン・エステートとして1860年に開発された.ハッピー・バリー茶園はその面積は111 haに及ぶ.
　市街中心部の広場チョウラスターにほど近い展望台はダージリンで最も早く開発された観光ポイントである.その頂上にはシヴァの寺院が置かれ,ヒンドゥー教徒からも仏教徒からも尊崇されている.市街地の南約10 km 離れたゴーム Ghoom にあるタイガーヒル Tiger Hill（標高2590 m）からは,エベレスト,カンチェンジュンガなどの山嶺を眺めることができる.そのほか,ヒマラヤ動物園,ディルダム寺院,ドゥームゴンパ,センチャル Senchal 湖など,見どころは多い.ウェストベンガル州で最も大きな祭りであるガンガサーガル・メラーは毎年1月に開催され,周辺各地から工芸品,絹織物,宝石,仏具,彫像,彫刻などの産物が集まる.
　坂道の多いダージリンには,インドで最初に設置されたロープウェイがある.市街地の北にあるノースポイント North Point から,ランギート Rangit 渓谷を経てシングラ Singla にいたるこの路線は,眼下にタクワル茶園が広がり,延長8 km,標高差は2000 m に達する.ランギート渓谷は美しい蝶の存在でも知られる.最寄りのバグドグラ Bagdogra 空港との距離は約100 km,北東辺境鉄道の管理局が置かれているニュージャルパイグリ駅との距離も約90 km 離れているが,シリグリ Siliguri を経てダージリン駅に到達するダージリンヒマラヤ鉄道が,商業と観光振興のため2年がかりの工事を経て1881年に開通した.シリグリ～ダージリン間80 km は,トイトレインの起点である.レール幅はわずか610 mm の狭軌鉄道ではあるが,おもちゃのような列車が7～10時間かけて急坂を登る旅は,多くの観光客を引きつける.1999年にはユネスコにより世界遺産（文化遺産）にも登録され,2005年にニルギリ山岳鉄道が追加登録されて「インドの山岳鉄道群」の一部となった.2008年にはカームカーシムラー鉄道が拡大登録された.市街中心部には鉄道駅とともにバスステーションがあり,シリグリをはじめ,カリンポンやサンダクプーなど,各地との間を結んでいる. 　　　　　　　　　　　　　　　［酒川茂］

ダーシン区　大興区　Daxing
中国

人口：156.0万（2015）　面積：1030 km²

標高：15-45 m　気温：11.5°C

降水量：560 mm/年　　[39°43′N　116°19′E]

　中国北部,ペキン（北京）市南部の区.区政府所在地は黄村地区である.北京平野の南にあり,地形は北西から南東へゆるやかに傾いている.1月の平均気温は−5°C,7月は26°C である.農作物は小麦,水稲,トウモロコシ,綿花,落花生を主としており,とく

ダージリン（インド）,町中を走るダージリンヒマラヤ鉄道《世界遺産》〔panoglobe/Shutterstock.com〕

に水稲の主要産地である．スイカの生産でも知られている．農業の機械化が進んでいる．工業は紡績，プラスチック製品，電気機械，建材，食品などの工場がある．黄村地区は北京の重要な衛星都市である．1994年に亦荘地区には北京経済技術開発区が指定され，現在では有名なニュータウンである．国道106，107号，京開高速，京津塘高速道路が通る． ［柴　彦威］

ダーシン県　大新県　Daxin　中国

人口：30.4万（2015）　面積：2755 km²
気温：21.4℃　降水量：1350 mm/年
[22°50′N　107°12′E]

中国南部，コワンシー（広西）チワン（壮）族自治区南西部，チョンツオ（崇左）地級市の県．ベトナムのカオバン（高平）省に隣接し，カルスト地形からなる山地の県．県政府所在地は桃城鎮．総人口の97％はチワン族（2010）．1951年に養利，万承，雷平の3県合併によって新設された．温暖多雨の南アジアモンスーン気候帯に属し，水稲，トウモロコシ，豆類，サツマイモなどの主穀のほか，リュウガン（竜眼）の大規模な産地として発展した．40 kmに及ぶベトナムとの国境線に碩竜，徳天，岩応など3つの国境交易市場が開設され，毎日2000人を超える訪問客で賑わう．国内最大のマンガン鉱山が分布するほか，高さ50 m，幅120 mの壮大な徳天滝が名勝地として知られる．年間約450万人の観光客が訪れ，GDPの33.5％を観光業で稼ぎ出している（2015）． ［許　衛東］

ダーシンアンリン地区　大興安嶺地区　Da Xing'an Ling　中国

Da Hinggan Ling（別表記）
人口：51万（2012）　面積：46755 km²
降水量：500 mm/年　[52°25′N　124°07′E]

中国北東部，ヘイロンチャン（黒竜江）省最北端の地区．中国の最も北に位置し，地名が由来する大興安嶺山脈の北麓に広がる．黒竜江（アムール川）をはさんでロシアと国境を接し，南西側は内モンゴル自治区に接する．モーホー（漠河），ターホー（塔河），フーマー（呼瑪）の3県からなるが，行政管理上は，黒竜江省と内モンゴル自治区にまたがる，チアグダチ（加格達奇），ソンリン（松嶺），シンリン（新林），フーチョン（呼中）の4区として設定された国家林業局の大興安嶺林業集団と一体化されており，地区政府は内モンゴル自治区の加格達奇に置かれている．

気候は寒冷で，年平均気温は−4〜−1℃，冬季（1月）の平均気温は−30〜−26℃ときわめて低い．河川は一年の半分は凍結し，山地の北斜面には凍土が点在している．一方，夏は比較的温暖湿潤で，7月の平均気温は18〜20℃となる．地区の面積の8割あまりが森林に覆われ，カラマツやアカマツなどの資源が豊富で，林業が盛んである．木材加工業のほか，石炭などの鉱産資源の開発が進められている． ［小島泰雄］

ダーシンアンリン山脈　大興安嶺　Da Xing'an Ling　中国

Da Hinggan Ling（別表記）／大シンアンリン山脈（別表記）
面積：84000 km²　標高：2029 m　長さ：1200 km
幅：200-300 km　[43°30′N　117°28′E]

中国北東部の山脈．トンペイ（東北）平原の西を限り，西はモンゴル高原に連続する．南北およそ1200 kmにわたり，標高は1100〜1400 mほどが多く，最高峰は山脈南端のホワンガン（黄崗）梁（標高2029 m）．東斜面は急で，西斜面はゆるやかである．北は北緯53度でヘイロン（黒竜）江（アムール川）に臨み，南は北緯43度でシラムレン（西拉木倫）河にいたる．東西の幅はおおよそ200〜300 km．北部がヘイロンチャン（黒竜江）省にかかるほかは，内モンゴル自治区に含まれる．黒竜江省には，ネン（嫩）江をはさんで東にシャオシンアンリン（小興安嶺）山脈がある．

気候や植生は，嫩江支流のタオアル（洮児）河を境として，南部と北部に大きく分けられる．北部はきわめて寒冷で，最北部には凍土も点在している．年平均降水量は400〜500 mmほどで，多くが森林に覆われている．おもな樹種は落葉針葉樹のカラマツのほか，常緑針葉樹のモンゴルアカマツ，落葉広葉樹のシラカバ，ポプラなどであり，国内では有数の木材供給地域となっている．大興安嶺山脈の南部は，年平均降水量が400 mm以下でやや乾燥しており，草原が広がり，森林は山稜沿いに塊状に分布している．大興安嶺山脈にはトナカイやヘラジカなどの動物が生息し，オロチョン（鄂倫春）族やモンゴル族などが狩猟や遊牧をして暮らしてきた．開発されたのは遅く，20世紀前半になって林業が始められた． ［小島泰雄］

ダスキーサウンド　Dusky Sound　ニュージーランド

タマテア　Tamatea（マオリ語）
[45°45′S　166°47′E]

ニュージーランド南島，サウスランド地方の湾．南島南西部の複雑な多くの入江の1つで，フィヨルドランド国立公園内にある．1770年にイギリスのジェームズ・クックが付近を航海したが，湾には入らなかった．それは，クックがここに着いたとき，湾があまりに内陸深くまで入り込んでいるので，暗くなる前に戻ってくるのは無理であり，また夜を湾の中で過ごすのは，風向きからみてもあまりにも危険であると判断したからである．それゆえ，うす暗いという意味の地名をこの湾につけたとされる．マオリ名はタマテアであり，頻繁に旅をしてこの湾にも訪れたマオリの首長の名前にちなんでいる．湾にはタスマン海から船で入ることはできるが，内陸からの自動車道はない．しかし，歩道のダスキートラックがあり，徒歩で湾の最奥部に到達することができる． ［井田仁康］

タスマニア州　Tasmania　オーストラリア

ヴァンディーメンズランド　Van Diemen's Land（旧称）
人口：49.5万（2011）　面積：68018 km²
長さ：315 km　幅：286 km
[42°53′S　147°20′E]

オーストラリア南東部の州．オーストラリアの州として唯一の島であり，ヴィクトリア州からバス海峡をはさんだオーストラリア大陸の南東に位置する．バス海峡にあるホーガン諸島付近，南緯39度12分がヴィクトリア州との境界でそこを北端とし，亜南極のマクウォーリー島よりさらに南約30 km，南緯55度3分に位置するビショップアンドクラーク島を最南端とする．タスマニア北東部にある，フリンダーズ島を含むファーノー諸島やキング島はタスマニア州に含まれる．南部に位置する州都ホバートが第1位の都市であり，州の都市の規模ではロンセストン，デヴォンポートが続く．

タスマニアの位置する海上沖南緯40度付近上空ではロアリング・フォーティーズとよばれる強い偏西風が吹いている．この偏西風によって運ばれてきたインド洋の湿った空気がタスマニアの西側の山間で雨や雪となるため，西側の広範囲で冷温帯雨林が発達している．逆に東部は比較的乾燥しており，夏場に

942 タスマ

気温が上昇すると山火事が発生することもある．山火事の影響を受けずに成長した冷温帯雨林ではゴンドワナ大陸時代を起源とする植生，たとえばナンキョクブナ，木性シダ，タスマニア固有のヒューオンパインや，ヒース科では最大の植物であるパンダニなどが生息する．クレイドルマウンテンレークセントクレア国立公園を含む6つの国立公園を含むタスマニア西部の広大なエリアは，「タスマニア原生地域」とよばれ，1982年にユネスコの世界遺産（複合遺産）に登録されている．このタスマニア原生地域は州面積の実に20%を占める．州にはその他にも合計19の国立公園と800にも及ぶ自然保護区があり，タスマニア原生地域と合わせると総面積の実に40%が人の住むことが許されない保護地域ということになる．

もともとタスマニアは約1万年前までオーストラリア本土と陸続きであった．その頃本土からファーノー諸島を経由してタスマニアに移り住んだ先住民アボリジニは，タスマニア各地において生活していた．しかしながら1800年代初頭に入植を開始したイギリス人によって迫害が始まり，現在ではファーノー諸島などの一部地域においてアボリジニの血を引く人びとが若干名暮らしているのみとなっている．アボリジニの人びとが残した壁画や生活の痕跡の残る洞窟などはタスマニア原生地域や国立公園など各地でみることができる．

約1万年前に最後の氷河期が終わるとともにバス海峡の海面が上昇，タスマニアは孤島となり，有袋類を中心に多くの動物が孤立することになった．オーストラリア本土ではディンゴなどの外来の肉食動物の影響で多くの動物が絶滅したが，天敵のいないタスマニアでは絶滅することなく繁殖を続けたタスマニアデビルやタスマニアタイガーなどは，やがてタスマニア固有種となった．ちなみにタスマニアタイガーは，毛皮目当てや家畜を守るという名目の下，人間の手によって駆除され続け，1980年代に絶滅が宣言された．またタスマニアデビルは現在接触によって伝染する癌に侵されており，絶滅の危機に瀕している．現在でもワラビーやウォンバット，単孔目のカモノハシやハリモグラなどの野生動物を身近に観察することができるのもタスマニアならではである．体重が10kgを超えるほどに成長するタスマニアオオガニや，タスマニア北部の川にのみ生息するタスマニアオオザリガニ，南西部の湾ポートデイビーのみで生息が確認されているポートデイビー・ガンギエイなど，貴重かつ珍しい生物も多く確認されており，タスマニアは生物の楽園ともいえよう．

またタスマニアは先カンブリア時代の白雲石からオルドビス紀のカルスト，そしてジュラ紀の粗粒玄武岩まで，あらゆる年代の地質が観察できる，地質学的にも興味深い土地であることが知られている．とくにタスマニアの地表面積の40%を覆う粗粒玄武岩の層は，南極や南アフリカに類似した地質的特徴である．粗粒玄武岩のつくり出す美しい柱状節理は，州にある1000以上の山々の多く，たとえばタスマニアの最高峰，標高1617mのオッサ山，タスマニア随一の観光名所クレイドル山（1545m）や，東海岸のピラー岬に代表される切り立った断崖などにおいてみることができる．また氷河の影響で形成された湖が無数にあることなども本土にはないタスマニアの特徴としてあげられる．

タスマニアはもともと，1642年にオランダ人探検家アベル・タスマンが発見し，東インド会社の総督アンソニー・ヴァン・ディーメンの名からヴァンディーメンズランドと名づけられた．1700年代後半にはイギリス人航海者のマシュー・フリンダーズやジョージ・バス，フランス人探検家のブリュニー・ダントルカストーらが植民地開拓の目的でタスマニア島付近を航海し，フリンダーズ島やブルーニー島などの地を次々に発見していった．1803年9月にはイギリス海軍大尉ジョン・ボーウェン率いるアルビオン号とレディー・ネルソン号が，囚人や兵士，自由入植者たちなど約50人を引き連れ，ホバート近郊のリスドンコーヴに上陸した．フランスがヴァンディーメンズランドを植民地としてしまうことを恐れたニューサウスウェールズ総督のフィリップ・ギドリー・キングは領有宣言を行い，ヴァンディーメンズランドはイギリス領となった．翌年リスドンコーヴを訪れたイギリス海軍大佐デビッド・コリンズは，当地は水の確保などが困難なことから植民地として不適合と判断，現在のホバートであるサリバンズコーヴに植民地を移設した．1806年にはタスマニア北部のロンセストンの地において入植が開始され，流刑植民地としてのタスマニアの歴史が本格的に始まった．

1822年にはタスマニア西部のマクウォーリー湾内にあるサラ島，33年にはタスマニア東部のタスマン半島ポートアーサーにおいて重犯罪者用の監獄が設立された．とくにポートアーサーは囚人の職業訓練所としての役

割もあり，監獄内において造船業や鍛冶などの産業が成り立っていた．また素行の悪い囚人に対して肉体的な懲罰を与えるのではなく，隔離することで精神的な苦痛を与え更正させる隔離刑務所や，精神病院，老いた囚人が共同で食事のできる集合食堂など，現代の社会福祉制度の基礎となる施設を有しており，画期的な監獄として注目を集めた．オーストラリアへの入植が開始されてから1853年にイギリスからの囚人の輸送が終わるまで，全土に輸送された囚人の合計数は16.2万人程度である．実にその40％以上の約7.5万人の囚人がタスマニアに送り込まれた．1800年代のタスマニアでは囚人労働力を活用し，道路の整備や建物の建設が進められ，豊富な森林資源は林業や造船業に，牧場や農場に適した土壌は果樹園や牧畜に利用された．また入植当初はワラビーなどの野生動物が貴重な食料源であり，毛皮も多く利用された．

タスマニアの経済成長を推し進めた産業としては鉱業があげられる．入植直後1800年代初頭にはホバート近郊のリッチモンドやブルーニー島などで石炭が発見された．これらは持続性のある炭田には発展しなかったものの，1871年に北西部のビショフ山においてスズ鉱床が発見されたのを皮切りに，タスマニア全島において鉱山開発が進み，探鉱者や鉱山労働者が一山当てようと島へ押し寄せた．そして北東部ビーコンズフィールドにおいて金，またブランクスホルム，ダービーといった北東部の地域においてスズの採掘が始まり，20世紀中頃まで100年程度にわたり北部の経済発展や雇用を支えた．19世紀後半には西部の町ジーアンにおいて銀と鉛，クイーンズタウンのライエル山にて銅，そしてローズベリーでは亜鉛と鉛の生産が盛んとなった．これら鉱山は世界でも有数の生産量を誇った．多くの鉱山が20世紀後半までに閉山したものの，一部は現在でも稼働中である．鉄鉱石，亜鉛，石炭，そしてセメント用の石灰石などがおもに現在のタスマニア鉱業の主要資源である．

入植時代から林業，農業，牧畜，鉱業が産業として根づいており，これらは現在でもおもな産業として州経済を支えている．農業や牧畜は比較的雨の多い北部地域で盛んである．おもな農産物としてはジャガイモ，ニンジンなどの根菜，タマネギ，ブロッコリーなどがあげられる．また国内では唯一タスマニアにおいて商業栽培が認められているケシや，ジョチュウギクなどの工芸作物の栽培もタスマニア北部の農業の特徴である．近年ではソバやワサビなど日本に馴染みの深い作物や，トリュフやサフランなどの高級食材を生産する農家も増えている．ロンセストンを流れるテーマー川やリッチモンド周辺のコール川沿いは比較的乾燥しており，ワインの生産が盛んである．その他の産業としては漁業，観光業，土木・建設業などが盛んで，漁業ではサケ，アワビ，イセエビ，カキなどの漁獲量が多く，国内外に向け出荷している．

国内のほかの州に比較して面積の小さいタスマニアは，大自然と人間生活が背中合わせとなっている．国立公園や保護地域では多くのトレッキングコース，ハイキングコースが整備されており，粗粒玄武岩があらわになった山々や鬱蒼とした雨林，平原に広がるボタングラス，そのボタングラスから染み出すタンニンにより茶色に染まった川，野生動物など，素朴かつ雄大で，手つかずの大自然は人びとに人気がある． ［安井康二］

タスマニア原生地域　Tasmanian Wilderness
オーストラリア

面積：14000 km² ［42°55′S　146°06′E］

オーストラリア南東部，タスマニア州中央部から南西部にかけて広がる地域．クレイドルマウンテンレークセントクレア湖国立公園，ウォールズオブエルサレム国立公園，フランクリンゴードンワイルドリヴァーズ国立公園，ハーツマウンテンズ国立公園，マウントフィールド国立公園，サウスウェスト国立公園の6つの国立公園とセントラルプラトー保護地域を含む複数の保護区により構成される．1982年にユネスコにより世界遺産（複合遺産）に「タスマニア原生地域」として登録され，89年，2010年，12年，そして13年と領域が追加された．総面積は州の面積の実に20％を占める．粗粒玄武岩がむき出しの山々，冷温帯雨林，ボタングラスの草原，タンニンの茶色に染まった川，氷河によってつくり出された渓谷，そして険しくも美しい海岸線と，タスマニアを特徴づける地理がすべて含まれ，タスマニア固有種を含む動植物が多様な生態系を構成している．また4万年以上も前にタスマニアへ渡ってきた先住民アボリジニの残した壁画や石器などが発見されており，氷河期を含む過酷かつ原始的な環境と人類のかかわりをうかがい知ることができる，世界でもまれにみる地域である．

［安井康二］

ダスマリニャス　Dasmariñas
フィリピン

タンプス　Tampus（古称）／ペレスダスマリニャス　Pérez Dasmariñas（旧称）

人口：65.9万（2015）　面積：90 km²

［14°18′N　120°57′E］

フィリピン，ルソン島南西部，カビテ州中東部の都市．タアル湖外輪山の北西斜面中腹に位置する．北をイムス，南をシラン，東をカルモナ，西をジェネラルトリアスと接し，海にも湖にも面していない内陸都市である．市域面積は州内最大，最南部の標高200〜250 mから最北部の50〜60 mへと大きく傾斜する．

かつては森林地帯の端を意味するタンプスとよばれる山間集落であったが，1867年にいくつかの周辺集落と統合されてペレスダスマリニャス町が誕生した．町名は第7代フィリピン総督の名に由来するが，その関係性ははっきりしない．1898年に始まるフィリピン革命では，住民が武器を取って真っ先に立ち上がったといわれる．1899年にアメリカ軍と戦って敗れ，その支配下に入った．1905〜16年の間イムス町に編入されるが，17年にはふたたび独立，このとき町名からペレスがとれてダスマリニャスとなった．第2次世界大戦中は日本軍が進駐してきてゲリラ闘争が激烈化し，多くの住民が日本軍の残虐な仕打ちの犠牲となった．

広く山林に覆われたままで開発が遅れ，町の人口は1960年に1.2万にすぎなかった．ところが，1975年に町内東部（中心街から約8 kmのバグンバヤン地区）で入植事業が開始，マニラから低所得層が移住してきて，人口が増加に転じた．1990年代に入るとカラバルソン工業化計画が推進され，主要道路沿いに工業団地建設，住宅開発が進んだ．最大の工業団地はファーストカビテインダストリアルエステートで，現在81企業，2万人の労働者を雇用するといわれる．この他ダスマリニャステクノパーク，GMA-NHAインダストリアルパークなどが市内に点在していて，多数の工場進出の受け皿となっている．工業化に伴い労働者のための住宅開発も進んだ．また，現在「ユニバーシティタウン」とよばれるように，デラサール大学医学部，医療センター，社会科学部をはじめ多くの学術研究関係機関がこの都市に進出，学生数1.5万人ともいわれる．こうした工場，大学，学術関連機関の進出に伴い，不動産開発投資，金融機関出店，商業施設建設などが進み，2007年には構成市に昇格した．こうして

944　タスマ
〈世界地名大事典：アジア・オセアニア・極Ⅰ〉

2015年の人口は約66万に達し，州内一の大都市に成長した．　　　　　　　　　［梅原弘光］

タスマン地方　Tasman Region
ニュージーランド

人口：4.7万（2013）　　　［41°20′S　173°11′E］

　ニュージーランド南島北西部の地方．タスマン海とタスマン湾にはさまれている．行政中心地はリッチモンド．地名は，ニュージーランドに1642年，ヨーロッパ人として初めて訪れたオランダ人探検家アベル・タスマン（1603-59）にちなむ．タスマンは，インドネシア（オランダ領東インド諸島）から貴重なものを求めてやってきた．南島北端のゴールデン湾に錨をおろしたが，マオリとの接触に失敗し，その後はニュージーランドにはこなかった．しかし，オランダ人によって「ニューゼーランド」という名称は残された．このタスマンのついた地名，山，海などがニュージーランドにはある．タスマン海，タスマン湾，タスマン氷河，タスマン山，アベルタスマン国立公園などである．地名としてのタスマンは，南島北部のタスマン湾に面した，モトゥエカの南東約20kmに位置する．地名は，タスマンの名誉を称えたものというよりも，地域開発計画の名称によったものとするほうが正確だと考えられている．この地域は，タスマン湾沿岸をさすタスマン・リンゴ地帯という名称の下で，果樹園に最適の地として売り出すために開発された．ちなみに，現在ではその計画どおりこの地域はリンゴやブドウなどの果樹の生産地となっている．郵政省が新しく開設する郵便局名はマオリ名をつけるという方針を示したので，マオリ名をつける原則の下で，この地に開設された郵便局にはアポロ（リンゴの意味）と名づけられたが，のちにタスマンと改名された．
　　　　　　　　　　　　　　　［井田仁康］

タスマン海　Tasman Sea
オーストラリア，ニュージーランド付近

ザディッチ　The Ditch（別称）

面積：2300000km²　長さ：1500-2000km
幅：1500-2000km　深さ：5257m
　　　　　　　　　［39°42′S　160°42′E］

　南太平洋西部の海域．オーストラリア大陸南東部およびタスマニア島と，ニュージーランドの間の範囲をさす．西側はおおむねオーストラリア大陸とタスマニア島を結ぶ線，北側はオーストラリア大陸から東経159度付近まで南緯30度線に沿い，そこからニュージーランド北島のノース岬まで，東側はニュージーランド北島および南島の西海岸に沿う線，南側はオークランド島の南端とタスマニア島の南端を結ぶ線により区分されている．地名は1820年代，オーストラリア科学促進協会の提唱により，17世紀後半に初めてこの地域を航海したオランダの探検家アベル・タスマン（1603-59）にちなんで命名された．第1次世界大戦の終わりには，アンザック（ANZAC）軍として知られるオーストラリア・ニュージーランド連合軍にちなんでアンザック海に改称しようとする動きもあったが，受け入れられなかった．オーストラリアやニュージーランドなどでは，ザディッチ（溝）とよばれることもある．
　　　　　　　　　　　［井田仁康・前杢英明］

タスマン国立公園　Tasman National Park
オーストラリア

面積：109km²　　　［43°11′S　147°56′E］

　オーストラリア南東部，タスマニア州南東部の国立公園．フォレスティア半島東部と，タスマン半島東部から南部の海岸沿いに広がり，1999年に国立公園に指定された．公園の中央部，イーグルホークネックは州都ホバートの東約80kmに位置する．粗粒玄武岩の柱状節理がむき出しの断崖がつくり出す，タスマニア随一の美しい海岸線がみられることで有名である．その他にも，海水の侵食によって碁盤の目状になった海岸，タッセレイテッドペイヴメントや，同じく海水の侵食に由来するブローホール，タスマンアーチ，デヴィルズキッチンなど，公園周辺には地質学的にも興味深い場所が多い．またウォーキングコースも充実している．とくに，ホイ岬，ピラー岬，ラウル岬の3つの岬を結ぶスリーケープス・トラックとよばれる，総距離46kmの海岸線トレッキングコースが2015年にオープンした．タスマニア中央部のトレッキングコース，オーヴァーランドトラックに並ぶ世界的なコースとしてハイキング愛好家たちの注目を集めている．　　　［安井康二］

タスマン山　Tasman, Mount
ニュージーランド

ホロカウ　Horokoau（マオリ語）

標高：3497m　　　［43°34′S　170°09′E］

　ニュージーランド南島中西部，ウェストコースト地方の山．アオラキ（クック山）の北に位置する国内第2の高峰である．地名は，オランダ人の探検家アベル・タスマン（1603-59）の栄誉をたたえ，ユリウス・フォン・ハーストによって命名された．マオリ名はホロカウといい，ホロは飲み込む，カウは鵜を意味する．魚を飲み込むときの鵜の首の形状と山容が似ていることから名づけられたといわれる．さらに，南太平洋からきたマオリのカヌーの名に由来しているという説もあり，もともとの名称はホロコハトゥ Horokohatu，つまり地すべりした岩であったともいわれる．　　　　　　　　　　　　　　［井田仁康］

タスマン湾　Tasman Bay
ニュージーランド

［41°00′S　173°15′E］

　ニュージーランド南島北部，タスマン地方とネルソン地方にまたがる湾．ネルソン，モトゥエカが面している．オランダのアベル・タスマンは，彼の船団の1つの船名にちなんで，タスマンとは異なるゼーハンズボッチZeehaen's Bocht湾という名称をこの湾に与えていた．時は下って1770年，イギリスのジェームズ・クックは，海図にブラインドBlind湾という名で知られる湾があるが，これこそが「タスマンの殺人者の湾」だと信じていると書き残している．タスマンは，初めてここを訪れた際に，マオリの伝統的な敵と味方を見分ける方法を知らなかったために，自分の船員を小舟に乗せ上陸させようとした際にマオリに4人の船員を殺害された．これはタスマンとマオリとの間の誤解によって生じた事件であるが，この事件のあった湾であると，クック船長は信じたのである．しかし，実際に事件が起きたのはアベルタスマン国立公園のある岬をはさんで北西のゴールデン湾であった．ブラインド湾という名称は，その後も長い間使われた．
　地名は，ジェームズ・クックが二度目にこの地へ航海した際に名づけられた．しかし，ブラインド湾は，ゴールデン湾とタスマン湾の両者をさしていたとみられるが，その使用にも混乱がみられる．1827年の地図にはブラインド湾と記され，37年にはタスマン湾，41年のニュージーランド会社の海図にはタスマンもしくはブラインド湾，94年の海図にはブラインド湾を含むタスマン湾，96年の地図にはタスマン湾と記されている．こうして1890年代までには，タスマン湾は正式名称として定着した．　　　　　［井田仁康］

タースラ　Tathra　オーストラリア

人口：0.2万（2011）　面積：6.4 km²
［36°44′S　149°59′E］

　オーストラリア南東部，ニューサウスウェールズ州南東部，ビーガヴァレー行政区の町．州都シドニーの南南西約350 km，首都キャンベラの南東約180 kmに位置する．タスマン海に面しており，北側にはベガ川の河口，ラグーンおよび約3 kmの砂浜海岸が，南側には標高約100 mの海岸段丘および岩石海岸がそれぞれ広がり，市街地はそれらの中間部に形成されている．19世紀初めに入植が開始され，その時期に建設された埠頭が有名である．また，ダイビング，サーフィンおよび釣りなどのマリンスポーツが盛んである．南側一帯は，バウンダ国立公園に指定されている．

［梶山貴弘］

ダダル　Dadal　モンゴル

人口：0.3万（2015）　面積：4929 km²
［49°01′N　111°38′E］

　モンゴル中東部，ヘンティ県北部の郡．チンギス・ハーンの生誕地とされる．北部でロシアと国境を接する．また，オノン川とバルジ川の合流点がある．シベリアのタイガに連なる森林地帯である．現在は20世紀初頭にロシアから移住してきたモンゴル系のブリヤート（ブリヤート）人やツングース系のハムニガン人が居住する．ダダルは，モンゴルではモンゴル秘史（元朝秘史）に記されたチンギス・ハーンの生地デリウンボルドグ Deliun boldog（脾臓が丘）のある場所であると考えられている．比定したのは現地人考古学者ペルレーであるが，モンゴル国外の研究者の間では根拠は希薄だとしている．ちなみにチンギスの生誕地に関しては，ロシアのザバイカリエ地方説，ヘンティ県ビンデル郡説など諸説があるが，モンゴル人にとって重要なのは，それがロシア領内ではなくモンゴル国領内にあるということであるようだ．

　モンゴルがソ連第16番目の共和国だと揶揄されていた1962年，モンゴル人民革命党によってチンギス・ハーン生誕800周年祝賀記念式典（チンギスの生年には諸説あり）が企画され，ダダルに巨大なチンギス・ハーン記念碑がつくられた．しかし，モンゴル民族主義的傾向を警戒した旧ソ連によって，生誕800年祭は強く批判された．また式典を企画したモンゴル人民革命党・党中央委員会政治局員D・トゥムルオチルは民族主義者，親中派と批判され，政界から追放された．ソ連による政治介入のなくなった現在，チンギスの生誕地ダダルに国外からの観光客が少なからず訪れている．

［島村一平］

ダダル（モンゴル），チンギス・ハーン生誕800周年記念碑〔島村一平提供〕

ダーチャイ　大寨　Dazhai　中国

人口：0.1万（2001）　面積：1.9 km²
標高：900–1162 m　気温：9.3°C
降水量：500–600 mm/年
［37°34′N　113°42′E］

　中国中北部，シャンシー（山西）省中東部，チンチョン（晋中）地級市，シーヤン（昔陽）県中部大寨鎮に属する村．タイハン（太行）山脈の虎頭山麓にあり，鎮役場の所在地である．資源が乏しく，40数 ha の農地が石だらけの傾斜面に点在している．人民公社の集団労働で段々畑と灌漑水路などが整備され，食糧増産に成功したため，毛沢東の「農業は大寨に学べ」で，社会主義のモデル村として有名になった．村の指導者であった陳永貴は国務員副総理までのぼりつめた．人民公社解体後，その知名度を生かして，外資導入により農村工業を興し，めざましい変貌を遂げている．

［張　貴民］

ダーチャン自治県　大廠自治県　Dachang　中国

だいしょうじちけん（音読み表記）/ダーチャン回族自治県　大廠回族自治県（正称）

人口：12.3万（2012）　面積：176 km²
標高：10.5–24.5 m　気温：11.2°C
降水量：607 mm/年　［39°53′N　116°59′E］

　中国北部，ホーペイ（河北）省中部，ランファン（廊坊）地級市の自治県．県政府は大廠鎮に置かれている．イエン（燕）山山脈のふもとの平野に位置し，潮白河が南西部を流れる．1月の平均気温は−5.3°C，7月は25.8°C．農作物は小麦，トウモロコシ，コーリャン，大豆，綿花，ゴマを主としている．漢方薬に使われる植物の栽培が盛んである．機械，化学工業，建材，印刷，食品などの工場がある．鉄道の京秦線，国道102号が通る．人口の2割が回族で，民族観光（エスニックツーリズム）は有名である．

［柴　彦威］

ダーチュー県　大竹県　Dazhu　中国

人口：88.9万（2015）　面積：2077 km²
［30°44′N　107°12′E］

　中国中西部，スーチュワン（四川）省，ダーチョウ（達州）地級市の県．県政府は竹陽街道に所在する．ホワイン（華鎣），トンルオ（銅鑼），ミンユエ（明月）の3本の山地が並行して南北に走り，それらの間には平地が分布している．おもな河川にはトンリウ（東柳）河や

946　タチユ　　　　　　　　　　　　　　　　　　　　　　　　　　　　　　　〈世界地名大事典：アジア・オセアニア・極Ⅰ〉

ホワンタン(黄灘)河があり，烏木灘ダムや同心橋ダムなどがある．高速道路の包茂線(ボグト(パオトウ，包頭)〜マオミン(茂名))や南大梁線(ナンチョン(南充)〜大竹〜リャンピン(梁平))が通る．マツ，スギ，竹などの森林資源があり，農業は穀物，搾油作物，野菜，カラムシなどを生産する．食用・薬用になる香椿が特産である．石炭や天然ガスを産し，繊維，食品，化学，電気機械，建材などの工業がある．名勝に五峰山国立森林公園がある．　　　　　　　　　　　　　　　[小野寺 淳]

ダーチュワン区　達川区
Dachuan
中国

ダーシェン　達県　Da Xian (旧称)

人口：102.0万 (2015)　面積：2245 km²
[31°12′N　107°31′E]

　中国中西部，スーチュワン(四川)省，ダーチョウ(達州)地級市の区．区政府は三里坪街道に所在する．2013年にそれまでのダーシェン(達県)が達川区になった．山脈が北東から南西に向かって並行に並び，丘陵や平地が分布し，カルスト地形がみられる．チョウ(州)河，バー(巴)河，ミンユエ(明月)河がおもな河川である．鉄道は襄渝線(シャンヤン(襄陽)〜チョンチン(重慶))，達成線(達州〜チョントゥー(成都))，広達線(コワンユワン(広元)〜達州)，達万線(達州〜ワンチョウ(万州))が通る．さらに包茂高速道路(ボグト(パオトウ，包頭)〜マオミン(茂名))が通り，達州河市空港は国内の主要都市との間に便がある．農業は水稲，小麦，トウモロコシ，ナタネ，カラムシなどを生産し，養豚も行われる．特産に桐油や柑橘類がある．石炭，鉄，石油，天然ガスなどの鉱産資源があり，機械，建材，化学，食品などの工業がある．名勝に真仏山がある．　　　[小野寺 淳]

ダーチョウ市　達州市　Dazhou
中国

人口：556.8万 (2015)　面積：16605 km²
気温：14.7-17.6℃　降水量：1076-1270 mm/年
[31°13′N　107°28′E]

　中国中西部，スーチュワン(四川)省の地級市．トンチュワン(通川)，ダーチュワン(達川)の2区，県級のワンユワン(万源)市，およびダーシェン(達県)，シュワンハン(宣漢)，カイチャン(開江)，ダーチュー(大竹)，チューシェン(渠県)の5県を管轄する．市政府は通川区に所在する．地勢は北東から南西へ傾斜している．ダーバー(大巴)山脈が北部

の万源市から宣漢県にかけて横たわり，中部から南部にかけては四川省東部の並行する山地，すなわちホワイン(華鎣)山地，トンルオ(銅鑼)山地，ミンユエ(明月)山地とそれらの間の長い河谷が北東から南西の方向に延びている．河川はおもにチャン(長)江支流のチャリン(嘉陵)江水系に属し，いずれも大巴山脈に水源を発している．チェン(前)河，チョン(中)河，后河が合わさって州河になり，さらに渠県の三滙鎮でバー(巴)河と合流して渠江となる．気候は，地形によって地域間の差異が大きい．南部の丘陵や河谷の気候は温和であるのに対して，北部の山間部は日照が十分ではなく寒冷な期間がやや長い．

　四川，チョンチン(重慶)，ホーペイ(湖北)，シャンシー(陝西)を結ぶ交通の要衝である．鉄道は襄渝線(シャンヤン(襄陽)〜重慶)，達成線(達州〜チョントゥー(成都))，広達線(コワンユワン(広元)〜達州)，達万線(達州〜ワンチョウ(万州))が交わる．高速道路は包茂線(ボグト(パオトウ，包頭)〜マオミン(茂名))で重慶と結ばれているほか，広万線(広元〜万州)がそれと交わり，南部を張南高速道路(チャンチャチエ(張家界)〜ナンチョン(南充))の一部分である南大梁線(南充〜大竹〜リャンピン(梁平))が横切る．達州河市空港は国内の主要都市との間に便がある．重慶への水運も利用されている．中心市街地は州河沿いに位置し，農産物や工業製品の四川省北東部最大の集散地になっている．農業は穀物や搾油作物のほか，カラムシ，茶葉，漢方薬材などを産し，豚や牛の牧畜が盛んである．石炭や天然ガスなどの鉱産資源が豊富で，エネルギー，金属，建築材料，機械，電力設備，食品，医薬，紡織などの工業が行われている．おもな名所旧跡に，国指定の花萼山自然保護地区，五峰山国立森林公園，鉄山国立森林公園，真仏山，張愛萍旧居などがある．　　　　　　　[小野寺 淳]

ターチョン市　Tacheng ☞ チョチエク市　Qöqek

ダーチョン県　大城県　Dacheng
中国

人口：44.6万 (2010)　面積：910 km²
標高：3.5-9.5 m　気温：11.7℃
降水量：596 mm/年　[38°41′N　116°38′E]

　中国北部，ホーペイ(河北)省中部，ランファン(廊坊)地級市の県．県政府は平舒鎮に置かれている．冀中平原，ツーヤー(子牙)河の

下流部，ウェンアン(文安)県の南に位置し，地勢は低く平坦である．1月の平均気温は−5℃，7月は26℃．農作物は小麦，トウモロコシ，綿花，落花生を主としている．ナシやクコの実が豊富にとれる．農業機械，絨毯，化学肥料，食品，保温建材，古典家具などの工場がある．　　　　　　　　　[柴 彦威]

タチレク　Tachileik
ミャンマー

タチレイ (別表記)

人口：14.8万 (2014)　　[20°27′N　99°54′E]

　ミャンマー東部，シャン州東部タチレク県の町で県都．チャイントン(ケントゥン)の南南東約100 km，メコン川支流のルアックRuak (メーサーイ)川左岸に位置する．タチレイともよばれ，漢字では大其力と表記する．川に沿ってタイとの国境が画され，タイ最北部の町チエンラーイ県メーサーイとは橋で結ばれている．また，町の約20 km東方を南流するメコン川はラオスとの国境線となっており，地元ではタチレクを黄金の三角地帯の市と称している．タイ・ミャンマー間の国境貿易が盛んで，イミグレーション(検問所)付近に大規模な市場がある．タチレクの物価が安く，パスポート確認と手数料のみで一時入国が可能なことから，毎日数万人が国境を往来する．ただし，流通する通貨は安定したバーツが中心である．物価の差を利用して，メーサーイで働くタチレクの住民も多い．住民はシャン族が9割を占め，その他にラフ族などが住む．中国系イスラーム教徒もおり，町内にはミャンマータチレク華僑モスクが建つ．中心部にはシュウェダゴン・パヤー(仏塔)，マハンヤートムニ寺院などの観光名所があり，町の北西部にはタチレク空港がある．　　　　　　　[辰己眞知子]

ターチーン　Tha Chin ☞ サムットサーコーン Samut Sakhon

ターチーン川　Tha Chin, Mae Nam
タイ

スパンブリー川　Suphanburi, Mae Nam (別称)／ナコーンチャイシー川　Nakhon Chai Si, Mae Nam (別称)／マカームタオ川　Makham Thao, Mae Nam (別称)

面積：13681 km²　長さ：315 km
[15°14′N　100°05′E]

　タイ中部の河川．チャイナート県でチャオ

プラヤー川から分岐し、チャオプラヤー川と並行してデルタの西部を南へ貫流する。スパンブリー県、ナコーンパトム県を経てサムットサーコーン県でタイ湾に注ぐ。通過する県ごとに名称が異なり、上流から順に、マカームタオ川、スパンブリー川、ナコーンチャイシー川、ターチーン川とそれぞれよばれる。かつては流域に広がる水田や砂糖産地からの生産物を運搬する河川航路が栄えたが、現在ではトラック輸送に取ってかわられて舟運は廃れている。 　　　　　　　　　　　［遠藤　元］

ダーチン市　大慶市　Daqing 中国

アンダー市　安達市　Anda（旧称）

人口：282万（2012）　面積：22161 km²
降水量：450 mm/年　　　［46°35′N　125°06′E］

中国北東部、ヘイロンチャン（黒竜江）省南西部の地級市。原油生産で知られる。サルト（薩爾図）、ロンフォン（竜鳳）、ランフル（譲胡路）、ダートン（大同）、ホンガン（紅崗）の5区、チャオチョウ（肇州）、チャオユワン（肇源）、リンディエン（林甸）の3県、ドルボド（杜爾伯特）自治県を管轄する。市政府はサルト区に置かれている。市名は中国最大の油田である大慶油田からとられたもので、1960年に設置されたアンダー（安達）市が、79年に改名されたものである。

ソンネン（松嫩）平原の中央に位置しており、地勢は平坦で、多くの湖沼が分布している。冬は長く寒冷で、1月の平均気温は−20℃前後である。一方、夏は温暖湿潤で、7月の平均気温は20℃を超える。耕地ではトウモロコシや水稲、コーリャン、大豆などがつくられ、広大な草原を背景に牧畜業も盛ん。経済は原油の生産と石油精製、エチレン生産などの石油化学工業が中心となっている。大慶油田は1959年に採掘に成功したもので、国内最大の原油生産量を維持してきた。年生産量は4000万tにのぼる。サルト区は政治、経済、文化の中心であるとともに、油田の主力でもある。竜鳳区は石油化学工業地区である。譲胡路区は鉄道の要衝であり、石油関連の研究施設が集まる文化地区でもある。紅崗区は原油の生産が盛んである。大同区は農業が発達し、原油も生産される。 　　　　　　　　　　　［小島泰雄］

ダーチン山　大青山　Daqing Shan 中国

ダランハラ山　Dalan Khar（モンゴル語・別称）

面積：389 km²　標高：2338 m　長さ：260 km
幅：50 km　　　　　　　［40°37′N　110°42′E］

中国北部、内モンゴル自治区の山地。イン（陰）山山脈の中部、大黒河上流の山地からボグト（パオトウ、包頭）市のフンデレン（昆都倫）河までの山地。別名はダランハラ山で、七十座の青山を意味する。最高峰は包頭市トメト（土黙特）右旗にある東九峰山（標高2338 m）である。地質としては花崗岩、片麻岩、片岩、頁岩、砂岩および風化残留物、洪積層から構成される。南斜面は険しい断層崖であり、河川の侵食によって多くの谷が形成され、谷は大青山の南側と北側を結ぶ通路でもある。北側はモンゴル高原とつながるゆるやかな傾動地塊である。こうした地形によって、北側の気温は南側より低く、年間降水量も76 mmの差がある。植生については、南側は草地に覆われており、北側の標高1200 m以上の部分にはマツやシラカバなどの木が生い茂っている。2008年、大青山は国立自然保護区に指定された。

　　　　　　　　　　　［バヨート・モンゴルフー］

ダーチン油田　大慶油田　Daqing Youtian 中国

面積：25000 km²　　　　［46°19′N　124°56′E］

中国北東部、ヘイロンチャン（黒竜江）省の油田。1959年に発見された。石油関連の企業を中心に成立した大慶市を中心に広く油田が分布する。深度900〜1200 m、背斜構造をもつ白亜紀の砂岩に豊富な油層があり、喇嘛甸、薩爾図、杏樹鎮など52余の油井がある。国営企業である中国石油が全面的に運営する。1970年代から年産5000万tの産油量を維持してきたが、2000年代から4000万t、15年には3800万tの石油と35万tの天然ガスを産出している。現在は天然ガス生産にシフトしようとしているといわれる。近代になって中国でも石油の需要が高まったが、国内で生産する石油はユィーメン（玉門）油田などから産出される限られた量で、必要な石油は大部分が外国資本の企業によって輸入されていた。新中国になってから石油の自給が経済発展の課題であったが、大慶油田の発見により大きく前進した。全国から技術者、労働者を動員し、開発に努めた結果、1963年には国内需要を満たす生産量が確保できたと

いわれる。大慶油田は社会主義中国が目ざす自力更生の実践モデルになった。開発を主導した技術者王進喜は鉄人とよばれて模範労働者となった。文化大革命に際しては、「農業は大寨に学び、工業は大慶に学ぶ」が政治運動のスローガンとなった。 　　　［秋山元秀］

ダーツー区　大足区　Dazu 中国

人口：105.4万（2015）　面積：1436 km²
　　　　　　　　　　　［29°42′N　105°43′E］

中国中部、チョンチン（重慶）市西部の区。スーチュワン（四川）省と隣接する。2011年に双橋区と大足県が合併し設立された。四川盆地の丘陵部に位置する。1999年にユネスコの世界遺産（文化遺産）に登録された「大足石刻」では、70以上の石窟に、晩唐から宋代にかけてつくられた5万体以上の仏像類が並ぶ。これらの石像製作に使用した彫刻刀類が起源ともいわれるが、ハサミや調理用品などの金物製品の製造が盛んで、大規模な卸売センターがある。 　　　［高橋健太郎］

ダッカ　Dhaka バングラデシュ

Dacca（旧称）/ジャハーンギルナガル　Jahangir Nagar（古称）

人口：1454.3万（2016）　面積：306 km²
標高：4 m　降水量：2000 mm/年
　　　　　　　　　　　［23°48′N　90°25′E］

バングラデシュ中部、ダッカ管区ダッカ県の都市で、首都および管区都、県都。国内の政治、商業、文化、教育の中心地である。工業生産はチッタゴンと並んで国内全体の3割を占める。「大都市」（City Corporation）の人口（2016）は約1454万で、郊外を含む大都市圏人口では1890万（2016）と世界有数のメガシティである。2011年からこの大都市が南北に二分された。この2つの大都市人口を合算したダッカの人口密度は4万7468人/km²となり、現在はインドのムンバイ（ボンベイ）を大きく引き離して世界一の超人口過密都市である。5年ごとの人口増加率では、独立直前の1970年の137万から90年の662万まで40%以上の増加率を示し、その後も20%前後の増加率を維持している。人口の農村部からの流入と死亡率の減少が大きく寄与している。しかし、人口のみが増加して工業化が追いつかなかったかつての状況は、1990年代以降大きく変わりつつある。現在のダッカは輸出用の縫製品、ニット製品の急成長によって輸出の7割以上を占め、外貨獲得や経済成長に大いに貢献している。その中心はダッ

ダッカ(バングラデシュ),車やタクシーで混雑する市街 〔Dmitry Chulov/Shutterstock.com〕

カとその周辺である．しかし，市内各地にはスラムや不法占拠住宅が多数点在し，40万人が就業するといわれるリキシャ(人力車)や三輪タクシーの運転手，日雇い建設労働者など，非正規労働者がきわめて多い．失業率も23％(2013)となお高い水準にある．

ダッカは国土の中央部に位置し，ガンジス(パドマ)川，ブラマプトラ(ジャムナ)川，メグナ川の3大河川が集まるベンガル低地の氾濫原の微高地上に市街地が密集する．その周辺の低窪地は毎年湛水し，雨季にダッカ上空を飛行機から眺めると，広大な湖水に島が浮かぶような光景が展開する．その裏返しが肥沃な土壌の，インドの西ベンガル州を含むベンガルデルタの中でも農業生産の最も盛んな穀倉地帯である．パドマ川から分流したブリガンガ Buriganga 川左岸の自然堤防上にオールドダッカ(旧市街)があり，河港ショドルガート Sadar Ghat は現在も国内河川航路の発着点として賑わっている．気候は年降水量が 2000 mm，雨季は多湿高温で，11～3 月は乾季となる熱帯サバナ気候である．

ダッカの歴史は 9 世紀以前にさかのぼるが，都市として繁栄したのは 1608 年にベンガルの太守イスラーム・ハーンがショナルガオンからこの地に遷都して，第 4 代ムガル帝国の皇帝ジャハーンギルをたたえてジャハーンギルナガルと命名したことに始まる．15～18 世紀のムガル帝国統治下でのダッカ地域はベンガルの穀倉地帯であり，周辺で産する綿(ダッカモスリンとよばれる高級織物)や絹を求めて，ベンガル人のみならず，マルワリ(ラージャスターン出身でコルカタ(カルカッタ)を中心に活躍する商人集団)，グジャラティ(グジャラート出身の商人集団)，アルメニア，アラブやペルシア，ポルトガル，ギリシャの商人などが訪れる国際的な交易都市であった．17 世紀の一時期ラージマハル Rajmahal に遷都した以外，イギリス式の都市名 Dacca に改称したダッカは，イギリス商館(1666)，ラールバーグ城塞(1678)の建設と，市域の北への拡張によって栄えた．1765 年のイギリス東インド会社の徴税権獲得による支配確立から，72 年に州都がカルカッタに移るまではベンガル州の州都であった．しかしカルカッタのような居留地は建設されず，その後の発展はカルカッタの後塵を拝し，人口は伸び悩んだ．1905 年，インド総督ジョージ・カーゾンによるベンガル分割によってムスリムの多いベンガル州の東側は東ベンガルアッサム州となり，ダッカは一時期ふたたびその州都になったが，この政策自体が 1911 年に廃止された．

1947 年にインドとパキスタンが分離独立後，ダッカは再度東パキスタンの首都となった．1971 年にバングラデシュとして独立以後も引き続き首都として現在にいたる．この 70 年間，政体が激変した 2 つの画期を中心に，多くのヒンドゥー教徒がウェストベンガル州やビハール州に移動し，かわってインド側からムスリムが多数流入し，元来，旧市街を中心にヒンドゥー人口の相対的に卓越する都市は，ムスリムが優勢な都市に変化した．このムスリムの大量流入によって，不良住宅およびスラム(バスティ)の拡大が助長された．

ダッカにおける都市インフラは国内では卓越するが，市内に計画道路が少なく，高速道路や都市高速交通(地下鉄，モノレール)の未整備と相まって，世界でも最悪といわれる交通渋滞を毎日引き起こしている．そのほか，騒音，大気汚染，上下水道の未整備など課題は山積する．ただし大気汚染はガソリンやディーゼル燃料から，国内供給が可能な圧縮天然ガス(LPG)燃料への転換がすみやかに進み，かなり改善された．日本の援助で道路整備や都市高速交通の建設が進められている．都市給水網は 1874 年に，電力供給も 78 年に導入され，イギリス軍の駐屯地カントンメンが当時の市内北端部に設けられた．

現在の市内は 21 の区(タナ，警察区)に分かれる．その名称と特色はほぼ南から北へ，①ラールバーグ(ラールバーグ城塞のある旧市街，住宅・商業地)，②コトワリ(旧市街の商業地)，③ストラプル(旧市街の商業・住宅地)，④シャームプル(河港，商業住宅地，ヒンドゥー人口が多い)，⑤カムランギルチョール(もと川中島，下層住宅地)，⑥ハジャリバーグ(西部の中下層住宅地)，⑦ダンモンディ(パキスタン時代に建設された計画住宅地区，現在は大型ショッピングセンターなどのある高級住宅地)，⑧ラムナ(新市街の文教・官庁街，緑地公園地区)，⑨モテジール(中心商業地区で外資系多国籍企業のオフィスが立地)，⑩デムラ(中下層住宅，ジュート，縫製などの工場地区，ビハリなどベンガル人以外の居住が多い)，⑪サブジバーグ(東部の氾濫原の新開地で，住宅・工場・商業混在)，⑫キルガオン(東部の新開地，住宅，文教・文化・商業施設立地，郊外のレクリエーション地)，⑬テジガオン(内陸工業・住宅地区，もと駐屯地)，⑭モハマドプル(パキスタン時代の中上層住宅・ショッピングセンター)，⑮ミルプル(1960 年代の計画的高級住宅地，植物園・動物園・グラミンバンクオフィスなどがある文教地区)，⑯カフルール(バングラデシュ空軍，旧空港があった住宅地区)，⑰グルシャン(北部の 1960 年代以降に開発された郊外高級住宅地，外資系ビジネス地区，高度技術産業，ショッピング・レストラン街，大使館集中地区)，⑱バッダ(もとは低湿な氾濫原の下層住宅・スラム地区，現在は住宅・工場・商業混在地区)，⑲カントンメン(駐屯地，軍人家族の住宅地)，⑳バルビ(東北部の新興住宅地)，㉑ウッタラ(最北部の 1990 年代開発の計画的新興住宅地，先進工業団地，空港，ショッピングセンター，文教施設)である．

政府機関はラムナ地区に集中し，最高裁判

所，ダッカ高等裁判所，大統領宮殿，国会議事堂（アメリカの建築家ルイス・カーンの設計），各種官庁，国立図書館などが立地する．高等教育施設としては最古の総合大学であるダッカ大学（1921 創立）やバングラデシュ工科大学（1911 創立），バングラデシュシェイクムジブール医科大学などが著名である．中心商業地はモテジールやカルワン・バザールで，多くの国内有力企業や外資系・多国籍企業のビルが林立し，ここまで空港からモノレールの計画がある．庶民の市場はニューマーケット，グルシャン，ファームゲートが古いが，近年は郊外に大型ショッピングセンターが次々と誕生し，中間層の購買意欲も高い．

おもな伝統的工業は，パキスタン時代に発達したジュート加工，機械，食品，皮革，化学，薬品，電気，繊維などである．1990 年代以降，繊維産業の川下部門である縫製品，ニット製品が安価な労働力と女性従業員の高い技術に支えられて急成長している．2008 年の世界金融危機でもその基盤は揺るがず，現在では輸出の 8 割を稼ぎ出している．その中心がダッカとその郊外であり，欧米をはじめ，日本，韓国，中国も進出しており，女性の社会進出にも大きく貢献している．市内交通はリキシャ（人力車），オートリキシャ（三輪タクシー）や乗合バスに依存するが，渋滞・環境対策も兼ねて都市高速鉄道が計画されている．バングラデシュ国鉄のターミナル駅は南部のコムラプル駅で，国内各地への都市間列車を運行しているが，電化されておらず，チッタゴンへの主要幹線を除いては，保線の悪さと屋根まで乗客が乗る無秩序と混雑などで課題は多い．2008 年からはジャムナ橋経由でコルカタ（カルカッタ）への国際列車も運行されている．空港は北部に近代的なハズラット・シャージャラル国際空港がある．なおダッカに関して日本人にとっては，ダッカ空港での日本赤軍によるハイジャック事件（1977）と，グルシャンの高級レストランでの無差別テロ（2016）の記憶が生々しい．

市内の施設としては，旧市街のラールバーク城塞，ヒンドゥー教のダケシュワリー寺院，スターモスク，リジンバイトゥル・ムカッラム（国立モスク）バラ・カトラ宮殿，アルメニア寺院，国立博物館，各地にある 1950年代ベンガル言語運動の碑（シャヒッドミナール），グルシャン湖水公園，郊外のシャバールにあるジャティヨ・シュリティ・ショウド（独立戦争の犠牲者の記念碑）などがある．
[野間晴雄]

ダックノン省　Dak Nong, Tinh

ベトナム

Đắk Nông, Tinh（ベトナム語）

人口：48.9 万（2009）　面積：6514 km²
[12°00′N　107°41′E]

ベトナム中部高原に位置する省．西はカンボジアと接する．省都はザーギア．2004 年にダックラック省の南部 6 県を分離して設置された．ホーチミン中央直属市から通じる国道 14 号が南北に貫き，ホーチミン市からは陸路で約 230 km である．また，ファンティエットから通じる国道 28 号は本省内で国道 14 号に合流する．省都ザーギアのほか，7つの県で構成されている．カンボジア国境に位置するチュオンソン（アンナン）山脈（平均標高 1000～1200 m）を中心とする山岳，高原地帯であり，平均標高は 600～700 m で，タードゥング山の 1982 m が最も標高が高い．農用地が 47％ を占め，また林地も 42.9％ を占めるなど土地利用としては農林業が卓越する．1959 年にベトナム共和国（南ベトナム）がクアンドゥック省を発足させたが，これが今日のダックノン省とほぼ同じ範囲である．クアンドゥック省は南ベトナム崩壊後の 1975 年にダックラック省に統合され，2004 年に分離してダックノン省となった．

民族構成は多数民族のキン族（ベト族）が 67.9％ を占め，また原住民族のエデ族やムノン族，ヌン族など 40 の民族が居住している．また土地利用の状況を反映して 85.1％ もの農村人口があることも特徴である．経済指標にもその傾向はみられ，2012 年の産業別省内総生産の構成比では第 1 次産業が約 57.2％，第 2 次産業が約 22.1％，第 3 次産業が約 20.7％ であり，第 1 次産業ではコーヒーなどの生産が盛んである．第 2 次産業ではとりわけ鉱業が盛んであり，178 の鉱山でボーキサイトやタングステンなど 16 の主要な鉱物を産出する．

また年平均降水量は 2513 mm，多い年では 3000 mm にも及ぶ降水量があるため，水資源が豊富である．代表的な河川としてはセレポック Sêrêpôk 川であり，このほかドンナイ川の支流の水源も本省内にある．このような豊富な水資源から電源開発が行われており，1500 MW の発電能力をもつブオンクオップ水力発電所を筆頭に，340 MW のドンナイ第 4 水力発電所，280 MW のドゥックスエン水力発電所など多くの水力発電所が開発されている．

山岳，高原地帯であるため森林資源は豊富であり，面積の 42.9％ にあたる 27 万 9510

ha が森林である．そのうち 21 万 2752 ha が林業などを行う経済林である．またヨクドン国立公園が本省北部に位置するとともに，ナムヌン自然保護区やタードゥング自然保護区などがあり生態系保護などにも力を入れている．これらの自然環境がおもな観光資源であり，自然保護区でのエコツーリズムの展開に力を入れるとともに，ドレイサップ滝やチンヌー滝，ザーロン滝などの水資源景観を売り出している．
[筒井一伸]

ダックラック省　Dak Lak, Tinh

ベトナム

Đắk Lắk, Tinh（ベトナム語）

人口：173.4 万（2009）　面積：13125 km²
[12°41′N　108°03′E]

ベトナム，中部高原地域の省．西はカンボジアと国境を接する．地名は，少数民族のエデ族の言葉に由来し，ダックは水，ラックは湖を意味する．省都はブオンメトート（バンメトート，省直属市）で，他に 1 つの町と 13県で構成されている．ダックラック省は 1976 年の南北統一以降，長らく合併や分割などの行政域の再編を経験していなかったが，2003 年にダックノン省が分離独立し，それまで中央直属市を含めた全省で最大であった面積（19600 km²）が減少した．現在はザーライ省が最大の面積をもつ．ベトナム戦争中はアメリカによる枯葉剤の攻撃を受け，現在でもその影響は残っている．地形的には，最高峰がチューヤンシン山（標高 2442 m）であり，このほか 1500～2000 m 前後の山々が連なる．ダックラック高原（500～600 m）やカンボジア国境に位置するチュオンソン（アンナン）山脈（1000～1200 m）をはじめ平均標高 400～800 m の山岳，高原地帯である．

このような土地条件から森林資源は豊富であり，また多くの国立公園がある．とりわけダックノン省にまたがるヨクドン国立公園は約 1155.5 km² にも及ぶ面積を，チューヤンシン国立公園は約 589.5 km² の面積を有する．また金や銅，スズ，チタンなどの鉱山資源も豊富である．経済的には農林業が中心であり，1990 年代前半までは産業別省内総生産の約 8 割を第 1 次産業が占めていた．2012 年の産業別省内総生産の構成比では第 1 次産業が約 53％，第 2 次産業が約 22％，第 3 次産業が約 25％ である．農業ではコーヒーやゴム，コショウなど，フランス植民地時代からの商品作物栽培が盛んであり，とりわけコーヒーの生産量は全国の生産量の 40％ を占める．そのほか製材業やセメント

製造なども行われている．民族構成は多数民族のキン族（ベト族）が約63%を占め，また先住民のエデ族が約16%，そのほかにザーライ族やヌン族，マー族など，47の民族が居住している．北接するザーライ省とともにダックラック省ではたびたび少数民族による暴動事件が発生している．省内を国道14号が縦断し，また国道26号，27号などがブオンメトートから沿岸各省へ伸びている．これらの道路の改良が進んだ結果，南部主要都市との所要時間短縮が図られた．　［筒井一伸］

タッタ　Thatta

パキスタン

Tatta（別表記）

人口：3.8万（1998）　　　［24°45′N　67°55′E］

パキスタン南東部，シンド州南部タッタ県の町で県都．州都カラチの東約90km，インダス川右岸に位置する．米，サトウキビなどの農産物の集散地で，織物の手工業もみられる．インダス川の交易都市として14〜17世紀に栄え，郊外のマクリーの丘には，面積15km²，100万基以上というイスラーム世界最大級の墓地があり，墓碑や墓廟が王朝別に並び，往時の繁栄を物語っている．16世紀末から18世紀前半まではムガル朝の支配下にあり，14世紀以降いわばシンドの首都の地位にあった．町には17世紀半ばの1647〜49年にシャー・ジャハーンにより建立されたシャー・ジャハーンモスクが青を基調にした美しいタイルで装飾されている．アレクサンドロス大王のインド遠征の際には，この付近からイラン方面に向けて帰途に着いたという．1981年にイスラーム関係の建築群などが「タッターの文化財」としてユネスコの世界遺産（文化遺産）に登録された．　［出田和久］

タッタ県　Thatta District

パキスタン

Tatta District（別表記）

人口：111.3万（1998）　面積：17355km²

［24°45′N　67°55′E］

パキスタン南東部，シンド州南部の県．県都はタッタ．シンディー語でタットともいう．インダス川下流のデルタ地帯に位置し，大部分の土地は低平で，南西部はアラビア海に臨み，西はカラチ特別行政区，北はジャムシャロ Jamshoro，ハイデラバード，北東はタンドムハンマドハーン，東はバディーンの各県に接し，南東はインドのグジャラート州

との境となっている．　　　　　［出田和久］

ダティア　Datia

インド

人口：10.0万（2011）　面積：4.1km²

［25°41′N　78°28′E］

インド中部，マッディヤプラデシュ州北部，ダティア県の都市で県都．ウッタルプラデシュ州のジャーンシの北西34kmに位置する．デリー〜チェンナイ（マドラス）間を結ぶ幹線鉄道の駅があり，交通は至便．穀物と綿製品の中心市場が立地し，手織り織布の生産が重要産業である．巡礼の拠点でもあるこの都市は，叙事詩『マハーバーラタ』にもうたわれた古都で，1614年に建設された7層の宮殿が有名である．中庭が大理石で覆われたブグラムキ・デヴィ寺院には，シュリ・ピータンブラ・デヴィほか，さまざまな女神像やバガワーティ像がある．町の北西15kmにある町ソナギリ Sonagiri はジャイナ教徒巡礼の一拠点であり，解脱を求める人びとで賑わう．8番目のティールタンカル（聖人），バグワ・チャンドラプラウの時代以降，多くの聖人が神の救いを得たと信じられている．年に1回の祭礼には多くの信者で賑わう．

　　　　　　　　　　　　　　［酒川　茂］

ダーティエン県　大田県　Datian

中国

イエンチョン　岩城　Yancheng（別称）

人口：31.3万（2015）　面積：2294km²

気温：18.9℃　降水量：1574mm/年

［25°42′N　117°50′E］

中国南東部，フーチェン（福建）省中西部，サンミン（三明）地級市の県．タイユン（戴雲）山脈の西側に位置する山間地の県で県域の79.4%は山地である．別名はイエンチョン（岩城）．県政府所在地は均渓鎮．明の嘉靖14年（1535）に大田県として設置された．漢民族が主体で，ミンナン（閩南）語圏に属する．標高500m以上，傾斜度15度以上の棚田が高地の7割を占め，林業や，茶とタバコの栽培がおもな収入源である．低地の文江渓河岸段丘では稲作が卓越する．石炭と鉄鉱石の埋蔵量がそれぞれ3億tと1.5億tにのぼり，明代以降，ホイチョウ（徽州）商人が経営する鍛冶屋中心の地場産業も一時発展したが現在は衰退し，新たに家具や食品加工業が勃興した．常住人口は戸籍人口より約5万少ない31.3万（2015）で，出稼ぎ現象は顕著である．　　　　　　　　　　　　　　［許　衛東］

ダトゥ岬　Datu, Tanjung

インドネシア

［4°13′N　108°15′E］

インドネシア西部，ナトゥナ諸島大ナトゥナ島北端，リアウ諸島州の岬．周辺の海域には，膨大な天然ガスが埋蔵されているといわれており，海底資源の領有権問題をめぐって緊張が高まっている．また，海賊行為や密輸が行われている地域でもある．　［浦野崇央］

ダートゥー河　大渡河　Dadu He

中国

沫水，瀘水，沬水（古称）

面積：77700km²　長さ：1062km

［29°34′N　103°43′E］

中国西部を流れる川．チャン（長）江水系ミン（岷）江の支流である．チンハイ（青海）省南西部のバヤンハル（巴顔喀拉）山脈とアムネマチン（阿尼瑪卿）山脈を源流とし，スーチュワン（四川）省西部においてダーシュエ（大雪）山脈とチオンライ（邛崍）山脈の間の峡谷を南流し，シーミエン（石棉）県で東に向きを変え，四川盆地に入ってローシャン（楽山）市で岷江に合流する．河岸は大部分が険しい峡谷が続き，とくに金口大峡谷（楽山市）には標高差2500mの峡谷が20km以上にわたって連なる．峡谷の幅が狭く水量が豊富であることから，ダムが多数建設され水力発電が行われている．清康熙年間（18世紀初）に，四川省ルーディン（瀘定）県の峡谷に，この河川を渡る初めての吊り橋（全長約100m）がかかり，四川省とチベットを結ぶ交通の要衝であった．1935年，長征途上の紅軍はこの橋を奪い河を渡った．　　　　　　　　　　　　　　［高橋健太郎］

ダートゥー渓　大肚渓　Datu Xi

台湾｜中国

面積：2026km²　長さ：119km

［24°12′N　120°27′E］

台湾中部を流れる川．正式名称は烏渓だが，通常は大肚渓とよばれる．全長119kmで，台湾では6番目に長い川である．水源はジョンヤン（中央）山脈の更孟山の南側にあり，上流部はペイガン（北港）渓とよばれる．5月から9月までが降水季となり，この期間だけで年間流水量の70%近くが流れる．下流域ではタイジョン（台中）市とチャンホワ（彰化）県の境となっており，この河川で形成された沖積平野は台湾でも指折りの水田地帯となっている．台中市竜井区と彰化県伸港郷

の間で台湾海峡に流れる. ［片倉佳史］

ダートゥーコウ区　大渡口区
Dadukou 中国

人口：25.6万（2015）　面積：103 km²
[29°29′N　106°29′E]

中国中部，チョンチン（重慶）市中西部の区．スーチュワン（四川）盆地南東部に位置し，山地や丘陵が続く地形である．区の南部と東部をチャン（長）江が流れる．1930年代，日中戦争の戦火を避けてウーハン（武漢）よりここに製鉄所が移り，のちに重慶鋼鉄となる．兵器や鉄道用レール，建築用鋼材，船舶用鋼板などを生産し，一時は中国有数の鉄鋼企業となった．1965年にこの区が設置された理由も，この企業を支援するためであった．しかし，市街地の拡大に伴い住宅開発が進んだことや，老朽化した工業施設による環境汚染が顕在化したことから，2010年代に鉄鋼生産部門は郊外に転出した．
［高橋健太郎］

ダトゥック岬　Datuk, Tanjung
インドネシア

[2°05′N　109°39′E]

インドネシア西部，カリマンタン（ボルネオ）島北西沿岸部，西カリマンタン州の岬．インドネシアとマレーシアの国境地帯の基点にあたる．州最北西部，サンバス県にあるマレー人村落テマジュック Temajuk と，マレーシアのサラワク州最南東部にあるマレー人村落トゥルックメラノの境にあたり，ルンドゥ Lundu 地区とよばれている．この地区の人口密度は13.5人/km²（1991）．この場所は，マレーシアのサラワクが王国から植民地に変容していく過程において大変重要な意味をもっている．1974年，インドネシア，マレーシア両国政府により分水嶺に従った国境の確定がなされた．この地域は，植民地期以前，ルンドゥ・ダヤクとよばれる非イスラーム系の焼畑地の土地であった．そして，現在のブルネイならびにマレー半島からの移民と当時のオランダ領西ボルネオ（現在の西カリマンタン）の金鉱地域から移住してきた華人がダヤク首長の下で農業と漁撈を中心とした生業に従事していた．1880年代にオランダ領ボルネオのサンバス地方から移住したマレー系農民とダヤクのイスラーム改宗者および少数のナトゥナ諸島からの移民の子孫などがトゥルックメラノを形成した．その後，約

100年後の1980年代前半に，サンバス地方沿岸部から移住したマレー人によってテマジュックが開拓された． ［浦野崇央］

ダトゥピアン　Datu Piang
フィリピン

ドゥラワン　Dulawan（古称）
人口：2.6万（2015）　面積：303 km²
[7°02′N　124°29′E]

フィリピン南東部，ミンダナオ島中部，マギンダナオ州の町．コタバトの南東82 km，コタバト平野のプランギ（ミンダナオ）川沿いに位置する．平野が広がり，農業が中心．米，トウモロコシ，コプラ，マンゴーなどを産出する．町制施行はアメリカ統治期1936年11月25日，当時のコタバト州に含まれた．1973年，同州から分離独立したマギンダナオ州に含まれることになった．町名は，アメリカがモロランドといわれた土地を支配するようになった頃のマギンダナオ民族の指導者ピアン（1846-1933）にちなむ．ダトゥ（イスラームの尊称）ピアンとよばれ，コタバトの偉大な老人とよばれた． ［佐竹眞明］

タトゥーラ　Tatura
オーストラリア

人口：0.4万（2011）　面積：153 km²
[36°26′S　145°15′E]

オーストラリア南東部，ヴィクトリア州中央北部の都市．シェパートンの南西20 km，ミッドランドハイウェイから数 km 離れたところに位置する．第2次世界大戦中，ウォランガ Waranga 盆地を取り囲むように，タトゥーラ，ラッシュワース，マーチンソンなどに多くの強制収容所がつくられた．当時の様子を展示した小さな博物館があることで有名である． ［堤　純］

ダートゥン山　大屯山　Datun Shan
台湾｜中国

標高：1092 m　[25°10′N　121°31′E]

台湾北部の山峰．タイペイ（台北）市北部の北投区にあり，陽明山国立公園内にある．高さはそれほどではないが，冬季には寒波の影響を受け，まれに積雪をみることがある．一帯は日本統治時代に草山（そうざん）とよばれ，名勝をまとめた台湾12勝の1つにもなり，複数の温泉が湧出していることから台湾の箱根ともいわれていた．山腹にはハイキングロードが整備されており，休日を中心に家

族連れや行楽客で賑わいをみせる．
［片倉佳史］

タドモー　Tadmor
ニュージーランド

[41°26′S　172°45′E]

ニュージーランド南島，タスマン地方の町．ネルソンの南西約45 km に位置する．地名は初期の入植者によってつけられた．聖書の中に記されている，ソロモン王によって荒野に築かれたシリアの古代都市名に由来し，近隣の町と遠く離れて孤立していたことによる．また，金鉱を探して歩き回っていた人が丘の上からこの谷をみたときに「荒野の中のタドモー」と叫んだことから，この地名がついたともいわれている． ［井田仁康］

ダードラナガルハヴェリ連邦直轄地
Dadra and Nagar Haveli, Union Territory of
インド

人口：34.4万（2011）　面積：491 km²
降水量：2000-2500 mm/年
[20°17′N　73°00′E]

インド西部の連邦直轄地．アラビア海にごく近い内陸部にあり，北のグジャラート州，南のマハーラーシュトラ州にはさまれた2つの旧ポルトガル領の飛び地からなる．16世紀中頃ポルトガルはこれらの2つの内陸飛び地を植民地としたが，インドは1954年にそれらを回復し，61年に1つの連邦領土として吸収した．ダードラは3つの村からなり，ナガルハヴェリは68の村と行政中心地シルヴァッサからなる．ここではグジャラート語とヒンディー語が話される．

自然地理学的に，領域は，西に向かってアラビア海まで流れ出るダマンガンガ川とその支流によって形成された，標高200 m のサヤドゥリ山麓の段丘に横たわる．土は赤色のローム質である．モンスーン気候で，領域の43％を占める熱帯準常緑の樹林および湿気の多い落葉樹林を形成している．領域の約半分が耕作されており，このうちの3割が灌漑されている．ダマンガンガ灌漑計画によりいくつかの村が水没したが，米，キビ，豆類，サトウキビ，ナタネ，野菜，マンゴーおよびバナナが栽培されている．豚と家禽の飼育も行われている．4つの工業団地があり，ワイヤ，電気スイッチ，パイプ，プラスチック，砂糖などの軽工業がみられ，また化学薬品，絹の織り込みや染色および模様づけの工業も発達する．シカの公園と美しい庭園のあるカ

ンベールの観光施設は，多くの旅行者やキャンパーをひきつけている． ［前田俊二］

タトル Tator ☞ **タナトラジャ Tana Toraja**

タトン　Thaton　ミャンマー

人口：23.8万（2014）　　［16°50′N　97°20′E］

　ミャンマー南東部，モン州タトン県の都市で県都．漢字では直通と表記する．州都モーラミャインの北北西56kmに位置し，バゴー（ペグー）と並ぶモン人の古都である．初期のモン王国の首都で，紀元前534年に建てられた，ブッダの4本の歯が収められたと伝えられるシュウェザヤン・パヤー（仏塔）がある．バゴーに政治の中心が移った後も，ミャンマー（ビルマ）人が侵入する11世紀までは，仏教の中心宗教都市として繁栄した．1539年ビルマ人のタウングー朝に敗れ，モン人のバゴー朝は一時衰退するが，1752年モン人は再起しバゴーを奪い返す．しかし5年後にビルマ人のコンバウン朝に敗れ，モン人の王朝は滅亡した．第2次世界大戦中，モン人はアウンサン将軍らの民族主義運動に協力し，独立後もモン人文化復興運動などを通して，モン州設立にいたった．周辺のタンルウィン川右岸の支流が流れる平野では，米，タバコの栽培が盛んである． ［西岡尚也］

タートン Turtons ☞ **アシュバートン Ashburton**

ダートン県　大同県　Datong　中国

雲中，雲内（古称）

人口：18.9万（2013）　面積：1467km²
降水量：391mm/年　　　［40°01′N　113°34′E］

　中国中北部，シャンシー（山西）省北部，ダートン（大同）地級市の県．大同は戦国時代に趙国，秦代に雁門郡，漢代にピンチョン（平城）県の一部であった．隋代にユンネイ（雲内）と改称，唐代以降はユンチョン（雲中）と称し，遼代に大同県が設置され，現在にいたる．県庁は1971年に大同市より現在の西坪鎮に移転した．
　地形は北部と南部が高く，中部は相対的に低く細長い盆地になっている．南部はホンシャン（恒山）の延長部で，北東−南西方向に大頭頂（標高1650m）や馬頭山（1866m）などの

高山が連なる．北部には采涼山と馬鋪山などがある．北東部は火山円錐丘10数カ所があり，その標高は1330〜1430mで，浮石山，黒山などが比較的高い．一方，中部は大同盆地の一部で，盆地の中は起伏があり，標高970〜1190mの丘がいくつか点在している．サンガン（桑干）河およびその支流は盆地の中を流れている．冊田ダムがある．
　温帯大陸性季節風気候に属し，年間降水量の60%以上は6〜8月に集中している．年平均気温は5〜6.8°C，最低気温は−30.3°C，最高気温は36.1°C．無霜期間は120〜150日間．作物はトウモロコシ，アワ，豆などの雑穀類である．地下資源には石灰岩，長石，沸石，赤鉄鉱などがある．京包鉄道と京大高速道路が中部を横断している．馬鋪山（古称白登），碧霞宮，漢代墓群などの古跡がある． ［張　貴民］

ダートン市　大同市　Datong　中国

西京（古称）

人口：337.5万（2013）　面積：14127km²
標高：1056m　　　　　　［40°05′N　113°17′E］

　中国中北部，シャンシー（山西）省北部の地級市．ホワントゥー（黄土）高原の最北端，万里の長城を境に内モンゴル自治区と接し，巨大な炭田と壮大なユンガン（雲崗）石窟や古寺などの文化遺跡が同居する都市として知られる．春秋時代には林胡，楼煩などの遊牧民の居住地で，戦国時代に趙国に編入，雁門郡と称した．北魏天興元年（398）に鮮卑族が魏王朝を樹立し，ここを平城と称した．494年までの96年間，平城は北魏の都として栄え，中国北方における政治，軍事，経済と文化の拠点であった．その後，大同の地名は何度も変更されたが，遼代の960年に大同県が初めて設置され，別称西京，第2の都であった．この時期，大同は歴史上で人口が最も多く，経済が最も繁栄した時期であった．著名な雲崗石窟もこの時期につくられたものである．明代には北方の軍事拠点として，北にある万里の長城も二重につくられた．1949年に市制施行．現在，大同市は地級市であり，城，鉱，南郊，新栄の4区とヤンガオ（陽高），ティエンチェン（天鎮），コワンリン（広霊），リンチウ（霊丘），フンユワン（渾源），大同，ツオユン（左雲）の7県を管轄している．市政府所在地は城区．
　地形は北西から南東へと傾斜している．山地と丘陵はおもに西部，北部と北東部に分布し，インシャン（陰山）山地の延長部である．平地は南東部に分布し，大同盆地の一部であ

る．北東部にある采涼山（標高2144m）は市内の最高峰である．山地，丘陵と平地はそれぞれ総面積の13%，57%，30%を占めている．また，大同火山は中国東部では著名な火山群である．石炭，石灰岩，石墨など地下資源が多い．とくに良質の石炭を産出する国内有数の大同炭田が有名．85km×30kmの範囲の地下に埋蔵量718億tの石炭があると判明している．そのうち大同市域には，分布範囲で632km²，埋蔵量で376億tの大同炭田がある．ジュラ紀と石炭紀，ペルム紀の地層に合計で26mの石炭層がある．炭層が浅いところにあり採掘しやすい．石炭を原料とする火力発電や化学工業と，鉱山機械，機関車，セメントなどの重化学工業が発達している．
　気候は温帯大陸性季節風気候で四季がはっきりしている．春は平均気温が6.5〜9.1°C，風の日が多く降水量が少ない（56mm）．夏は平均気温が19〜21.8°C，降水量が246mmで，年間降水量の64.3%を占めている．秋は気温が急に5.8〜8.4°Cに低下し，降水量も少ない（73mm）．冬は約4カ月で最も長く，気温が−12.8〜−6.3°Cと低く乾燥している．
　古くから北方の遊牧民に備える戦略的な要地で，古戦場としても名高い．また，53の洞窟に5万1000体を超える仏像が刻まれている世界遺産（文化遺産）の雲崗石窟や，中国最大規模の九竜壁など多くの文化財がある．遼金時代の華厳寺と唐代の善化寺も国宝級の文化財である．ほかに万里の長城，屯兵堡，烽火台，平城遺跡などの名勝遺跡が多数ある．同蒲鉄道，京包鉄道，大秦鉄道は大同で交差し，ペキン（北京），チンホワンタオ（秦皇島），タイユワン（太原）などへ石炭を輸送する大動脈である．また，省北部の道路交通の要衝でもあり，周辺主要都市との間に高速道路網も整備されている． ［張　貴民］

ダートン自治県　大通自治県　Datong　中国

ダートン回族トゥ族自治県　大通回族土族自治県（正称）

人口：46.3万（2015）　面積：3090km²
　　　　　　　　　　　　［36°55′N　101°41′E］

　中国西部，チンハイ（青海）省東北部，シーニン（西寧）地級市の自治県．チベット高原とホワントゥー（黄土）高原の境にあり，チーリエン（祁連）山脈系ダーバン（達坂）山脈の標高4000m級の山々が連なる．歴史的には中原政権と遊牧集団が勢力を争った地域で，モン

ゴル軍の侵入を阻むために築かれた明代(14世紀)の長城が残る. トゥ(土)族などの民間歌謡(歌垣)である花児が伝承され, 年に一度, 老爺山で歌唱力を競う祭りが催される.

[高橋健太郎]

ダートン河　大通河　Datong He

中国

面積:15130 km²　長さ:560.7 km
[36°04′N　103°15′E]

中国西部, チンハイ(青海)省北東部とガンスー(甘粛)省中西部を北西から南東方向に流れる河川. ホワン(黄)河水系ホワン(湟)水の支流である. 源流はチーリエン(祁連)山脈東部, 青海省ティエンチュン(天峻)県と祁連県の境界付近にある. 上流部は黙勒河や浩門河ともよばれ, メンユワン(門源)自治県などを通って甘粛省に入り, ミンホー(民和)自治県でふたたび青海省との境界部分にいたり湟水に合流する. 水量が豊富なため, 水力発電が行われたり, 灌漑用水として利用されている. 幹線水路207 km(うちトンネル部分110 km)の灌漑用水路が建設され, 甘粛省ランチョウ(蘭州)市北方の秦王川地区へも水が供給されている. [高橋健太郎]

ターナー　Turner

オーストラリア

人口:0.4万 (2014)　面積:1.5 km²
[35°16′S　149°07′E]

オーストラリア南東部, 首都特別地域, 首都キャンベラ市の住宅区(サバーブ). シティ(シティセンター)北側に位置する. オーストラリア国立大学に隣接する. ウォルター・バーリー・グリフィンによるキャンベラ都市計画の田園都市的理想を実現した地区といわれ, 1940~50年代に開発された. 実際, 区の面積は狭いが, 広大な公園や緑地帯を擁する. 開発当初, 住宅1区画の面積が広大だったことから, 近年は再開発の対象となり, 大規模なアパートメントやタウンハウスが増加している. [葉 倩瑋]

ダナオ　Danao

フィリピン

人口:13.6万 (2015)　面積:107 km²
[10°31′N　124°01′E]

フィリピン中部, セブ島北部東岸, セブ州の都市. 州都セブの北東約33 km, カモテス海に面し, カモテス諸島を望む. 16世紀, セブ島北部に居住地を設けようとしたスペイン人が住民に土地の名前を聞いた. 農耕用の

水牛を水浴びさせていた住民は湖について聞かれたと思い, セブアノ語で小さな湖をさすダナワン(Danawan)と答えた. そこから, 地名が生まれたといわれる. 市はカモテス諸島への玄関口であり, 港には諸島に向かう船が発着する. 農産物では, トウモロコシ, サトウキビ, ココナッツ, バナナ, マンゴーなどを産出する. セメント工場, 製糖工場, 銃製造業, エレクトロニクス産業(日系企業セブ・ミツミ社)もある. 家内工業でつくられる銃はパルティック(自家製)とよばれる. 外国の銃の違法コピーもあるが, 協同組合を設立し, 政府から正式に製造許可を受けた生産者・職人らもいる.

18世紀半ばに建築されたサント・トーマス・ビリャヌエバ教区教会は, いまも9月に開かれる市の守護聖人サント・トーマス祭りの中心となる. また, 毎年12月24日にはセブ州全体から選手が参加するマラソン大会, ハラッド・カン・マノ・アモンが開催される. [佐竹眞明]

タナーオシー山脈　Tanao Si, Thiu Khao

タイ/ミャンマー

タニンダリー山脈　Tanintharyi Range (ビルマ語)/テナッセリム山脈　Tenasserim Hills (英語)

標高:1513 m　長さ:800 km
[12°53′N　99°11′E]

タイとミャンマーの国境付近を南北に延びる山脈. 北はタノントンチャイ山脈に接し, カーンチャナブリー県のチェーディーサームオン峠付近から分水界となり, 山脈を境に東側がタイ, 西側がミャンマーとなり, 南はクラ地峡付近でプーケット山脈に接続している. 総延長は約800 kmあまりで, 標高は500~1000 mが多く, 最高峰はガカンニックユアクトーン Nag-Ngan Nik Yauk Tong 山の1513 mであり, 全体的に北は高く, 南は低くなる. 英語名はテナッセリム, ミャンマー名はタニンダリーで, ミャンマー側にタニンダリー川とその流域にタニンダリーという町が存在する. チェーディーサームオン峠で, 第2次世界大戦中に日本軍が建設した泰緬鉄道はこの山脈を横断していた.

[柿崎一郎]

タナケケ島　Tanakeke, Pulau

インドネシア

[5°30′S　119°17′E]

インドネシア中部, 南スラウェシ州タカラ

ル県の島. スラウェシ島南西岸沖合, 州都マカッサルの南約40 kmに位置する. マカッサルから高速ボートで40分の距離である. マリンスポーツにふさわしい海の美しさで知られ, 地元政府はこの地に外部資金を誘致しリゾート開発を行うことを目ざしている.

[塩原朝子]

ターナゲン岬　Turnagain, Cape

ニュージーランド

[40°29′S　176°37′E]

ニュージーランド北島, マナワツワンガヌイ地方の岬. ポランガハウ川河口とアキティオ川の間, 東海岸の突端に位置する. 地名は, 1769年にジェームズ・クックによって名づけられたものである. [林 琢也]

タナッピン　Thanatpin

ミャンマー

人口:14.5万 (2014)　[17°17′N　96°35′E]

ミャンマー南部, バゴー地方(旧管区)バゴー県の町. 漢字では達納賓と表記する. 地方の中心都市バゴー(ペグー)の東南東10 km, バゴーの南にあるトングワへ向かう鉄道沿いに位置する. シッタウン川とバゴー川を結ぶバゴー・シッタウン運河が通る. シッタウン川は国内第3位の大河であるが, 河口のデルタ地帯で水深が浅いため, 大きな船はモッタマ(マルタバン)湾まで直接出られない. この対策として南西のバゴー川へ運河が掘られている. したがってシッタウン川を行き来する船舶は, 水深の浅いデルタ地帯を避けてこの運河を通ることになり, 水運の発達がバゴーを物資の集散地として繁栄させている.

[西岡尚也]

タナトラジャ　Tana Toraja

インドネシア

タトル　Tator (略称)

人口:44.7万 (2013)　面積:3205 km²
[3°05′S　119°45′E]

インドネシア中部, スラウェシ島, 南スラウェシ州の地域. マカレを県都とする1つの県であったが, 2008年に北部が分離し, ランテパオを県都とするトラジャウタラ県となった. タナトラジャ県は19の郡から, トラジャウタラ県は21の郡からなっている. 南スラウェシ州最北の県である. 元来トラジャという名称は, 中スラウェシ州から南スラウ

タナトラジャ(インドネシア), 岩壁をくりぬいてつくられたトラジャ人の共同墓地 〔Shutterstock〕

ェシ州の山岳地域の住民の総称として使われていたが, 地名(トラジャの地)は南スラウェシ州北部の山岳地域の県名として使われてきた.

内陸の山岳地帯で, 独自の伝統文化をもった地域である. 国内外から多くの観光客が訪れており, おもな観光地としては, タナトラジャ県のサランブアッシン Sarambu Assing 滝, 岩壁に横穴を穿ち, 入口に埋葬者の人形を置いた村レモ Lemo などがある. トラジャウタラ県には, 舟型の屋根をもったトンコナンとよばれる伝統的な家並みがあるケテケス Kete Kesu, パッラワ Pallawa 洞窟を利用した墓地のあるロンダ Londa, メンヒル状墓石がある墓地のボリパリンディン Bori Parinding, 乳児を木の幹に穴をあけ葬った跡や棚田をみることができるバトゥトゥモンガ Batu Tumongga などがある. またパランギ Palangi には, 葬式を行うための儀式用の家をみることができるネッガンデン博物館がある. 宗教はプロテスタントを信じる人が多数派であるが, カトリック, イスラーム教, ヒンドゥー教の一派と扱われるアニミズムを信じる人たちもいる. タナトラジャへは州都マカッサルから北へバスで約8時間である. 観光以外の産業としてはコーヒー, クローブ, 稲などがある. 　　　　　　　〔山口真佐夫〕

タナバラ島　Tanahbala, Pulau

インドネシア

面積: 40 km² 　　　　　[0°27′S　98°25′E]

インドネシア西部, バトゥ諸島, 北スマトラ州ニアス県の島. スマトラ島西岸沖合のインド洋上, ニアス島の南東, 赤道直下に位置する. タナマサ島, ピニ島その他小島群とともにバトゥ諸島を形成する. 地形はほとんど平地で最高地点も標高270mにすぎない. ニアス人が住み, 原始的宗教が残る. インド洋からの南西モンスーンの影響が激しく, 開発はあまり進んでいない. ニアス島からの定期航路はなく, 外部からのアクセスは容易ではない. 島南東部のルアハシブカの町が中心地である. 　　　　　　　〔塩原朝子〕

ダナプル　Danapur

インド

Dinapur (別表記)

人口: 18.2万 (2011)　面積: 12 km²

[25°38′N　85°03′E]

インド北部, ビハール州北部, パトナ県の町. 州都パトナの西北西9.7km, ガンジス川沿いに位置し, パトナの衛星都市でもある. 周囲で収穫される米, 豆類, 大麦, トウモロコシ, 小麦, キビなど穀類の交易が行われる中心地である. また, ナタネの精油業, 家具工業, 金属工業がみられる. Dinapur とも綴られる. 　　　　　　〔前田俊二〕

タナマサ島　Tanahmasa, Pulau

インドネシア

面積: 32 km² 　　　　　[0°12′S　98°27′E]

インドネシア西部, バトゥ諸島, 北スマトラ州ニアス県の島. スマトラ島西海岸沖合のインド洋上に位置する. 北のピニ島, 南のタナバラ島その他の小島とともにバトゥ諸島を形成し, これら諸島の中心は, この島の北西

部に位置する小島テロ Telo 島である．島の北部は赤道上にあり南北に細長く横たわる．地形はほとんど低平であるが開発は遅れ，人口も希薄．ニアス島からの定期航路はなく，アクセスは容易ではない． ［塩原朝子］

タナミ砂漠　Tanami Desert

オーストラリア

面積：185000 km² ［19°59′S　129°43′E］

オーストラリア北部，ノーザンテリトリー中央西部の砂漠．テナントクリークの西からウェスタンオーストラリア州との州境を越えて広がる広大な乾燥地域である．東はバークリー台地とダヴェンポート山脈，南はマクドネル山脈，西はグレートサンディ砂漠に接している．典型的な砂漠の草原地域であり，多種多様な砂漠の植物相を支えているほか，乾燥している土地にあっても，さまざまな動物種が生息している．タナミデザート野生生物保護区は 1978 年以降，国の自然遺産として登録されているが，その所有権は 80 年代初めにアボリジニへ返還された．1930 年代，金にひきつけられた頑強な人びとがこの地へやってきた．現在もなお小規模な金鉱が操業中である． ［鷹取泰子］

タナメラ　Tanahmerah

インドネシア

［3°41′N　117°31′E］

インドネシア中部，カリマンタン(ボルネオ)島北東岸，北カリマンタン州タナティドゥン県の町．スサヤップ川河口に位置し，マレーシアとの国境に近い．地名は赤い土地を意味する．マレーシアのサバ州やサラワク州から北および東カリマンタン州にかけての内陸住民であるムルット族の一派，ティドン族が住む． ［塩原朝子］

タナメラ　Tanahmerah

インドネシア

［6°05′S　140°17′E］

インドネシア東部，ニューギニア島中央部，パプア州メラウケ県北部の町．ディグル川の上流に位置する．オランダ植民地時代，1926〜27 年の共産党蜂起の逮捕者を送るために密林を開墾した 100 km² に及ぶ土地で，インドネシア語で赤い土地，つまり共産主義者の土地を意味する．この地の収容者数は 1927 年に約 1300 人，30 年には 3000 人に達し，共産党指導者アリアルハリム，マス・ハルコら多くの政治犯がこの地で病死した．のちにインドネシア副大統領となる民族主義者モハマッド・ハッタも一時拘留されたことがある．このような経緯から，日本軍の侵攻まで，タナメラの名は植民地抵抗運動のシンボルであった． ［塩原朝子］

ダナリー　Dunalley

オーストラリア

人口：274 (2011)　面積：2.6 km² ［42°53′S　147°48′E］

オーストラリア南東部，タスマニア州南東部の町．州都ホバートの東約 60 km，アーサーハイウェイ沿いに位置する．ダナリーにある細い地峡はイーストベイネックとよばれ，タスマニア本島とフォレスティア半島をつないでいる．イーストベイネックにあるデニソン運河は，地峡をはさむ東西の湾，ダナリーベイとブラックマンベイ間の船の往来を可能にするために，1900 年代初頭に建設されたものである．旋回橋が設置されており，現在でも東海岸からホバート方面への近道として利用されている．2013 年 1 月に大規模な山火事が発生し，65 棟以上の民家や警察署，小学校などが焼失した． ［安井康二］

タナワン　Tanauan

フィリピン

人口：5.5 万 (2015)　面積：78 km² ［11°07′N　125°00′E］

フィリピン中部，レイテ島東岸，レイテ州の都市．レイテ湾西部にあるレイテ島と北部に浮かぶサマール島とを分ける細長いサンファニーコ San Juanico 海峡の南にあるサンペドロ湾の西岸に位置する．州都タクロバンの南約 14.5 km に位置する．おもな産業は米，アバカ(マニラ麻)の栽培を中心とする農業で，その集散地である．しかしアバカの消費が伸びないこともあり，近年アバカ畑はコプラを採取するココヤシ畑に変わりつつある．サンペドロ湾を含むレイテ湾は，ビサヤ諸島でも北のサマール海と並ぶ好漁場である．しかし水産業はあまり活発ではない．市街地を中心とした地域はとくに人口が多い．そのため首都マニラや国外へ出稼ぎに出かける者も多数みられる．近くに鍾乳洞や豊かな森林に恵まれたレイテ国立公園が背後に控えており，観光開発も盛んになってきた．

［田畑久夫］

ダナン　Da Nang

ベトナム

Đà Nẵng (ベトナム語)

人口：102.9 万 (2015)　面積：1283 km² ［16°04′N　108°13′E］

ベトナム南中部の都市．国内に 5 つある中央直属市(ハノイ，ホーチミン，ダナン，ハイフォン，カントー)の 1 つで，省と同等の行政機能をもつ．北部の首都ハノイ，南部のホーチミン市に対して，中部の中心地として位置づけられる．陸路でハノイから南南東約 760 km，ホーチミン市から北北東約 960 km の沿海部に位置する．30 の民族が居住しているが，約 99％ は多数民族のキン族(ベト族)が占める．2011 年の土地利用からみると，農地と林地が約 59.8％ を占める．ダナン湾に面したリエンチエウ，タインケー，ハイチャウ，内陸部のカムレー半島部のソンチャー，南シナ海に面したグーハンソンの 6 つの都市区と内陸のホアヴァン県，南シナ海に浮かぶホアンサ諸島県の 2 つの県からなる．

北部および北西部はトゥアティエンフエ省と，南部および南西部はクアンナム省と接する．北部のトゥアティエンフエ省との間には標高 500 m ほどのハイヴァン峠がある．ハイヴァン峠はベトナムを気候的に南北に分けるといわれ，以北は亜熱帯，以南は熱帯の気候である．西部は標高 700〜1500 m の山地でありフランス植民地時代のリゾート地であるバーナ Ba Na 高原がある．東部には，ソンチャー半島が南シナ海に突き出ており，そこから南へと海岸線が約 30 km 続く．また南シナ海，約 390 km の沖合にはホアンサ諸島がある．南部には聖山，グーハンソン山があり，陰陽五行説にちなむ名がつけられた 5 つの山からなるため，日本語では五行山と訳される．また大理石で構成されていることから英語ではマーブルマウンテンともよばれ，ふもとの集落には大理石の像やレリーフの工房が数多くある．河川は最も中心的なハン川をはじめ，クーデー川，トゥイロアン川，カムレー川などが流れ，ダナン湾に注いでいる．

ソンチャー半島に囲まれた湾に面したこの地は，古くから東西交易の中継点，国際貿易港として栄え，10 世紀まではチャンパ王国の中心地でもあった．ダナンの名が地図上に登場するのは 17 世紀といわれている．クアンナム省のホイアンとともに，中国やフランス，オランダ，ポルトガルおよびスペインとの貿易港として栄えた．日本との朱印船貿易も行われ，17 世紀には五行山を日本人が参拝したことが知られている．1793 年に訪れたイギリスの使節団が「最大で最も安全な

港」と絶賛したといわれるとおりダナンは良港であり，それがゆえに戦略的な要衝でもあった．

1847〜58年にかけて行われたフランスによるベトナム侵攻でも最初の標的とされた．1862年の第1次サイゴン条約（ボナール条約）によって自由通商港として開港，1865年にはフランスの軍事基地がつくられ，ベトナムのフランスによる植民地化の出発点となった．ベトナム戦争中，1964年のトンキン湾事件をきっかけとした北爆のために，沖縄駐留アメリカ軍の海兵隊約3500人が上陸したのもダナンであり，アメリカの大軍事基地となっていた．南北統一後の1976年にクアンナム省およびクアンダー省と合併，クアンナムダナン省となった．1996年にクアンナムダナン省がクアンナム省とダナン中央直轄市に分割，再置された．

ダナンの経済は近年，急激に変化しつつある．ドイモイ（刷新）政策以降のベトナム経済はホーチミン市を中心とする南部が先導し，北部のハノイが追随する傾向が続き，ダナンを中心とする中部は経済成長に取り残された感があった．しかし90年代後半に入り，中央政府による誘導もあって開発が進められてきた．市街地に近いダナン工業団地（0.63 km²）のほか，郊外のホアカイン工業団地（4.2 km²），リエンチエウ工業団地（3.7 km²）などが開発され，海外からの投資も進んでいる．

経済構造を2010年の産業別省内総生産からみると，第1次産業が約4%，第2次産業が約42%，第3次産業が約54%となっている．第1次産業の中心は漁業であり，1990年代後半の5年間に水揚額が倍増するなど，成長傾向がみられた．第2次産業についてみてみると，主要産物は食料品や繊維製品であり，1990年代後半の5年間で工業生産額は倍増している．第3次産業については，とりわけ観光振興に力が注がれている．近年ではミーケービーチ，ノンヌオックビーチ（チャイナビーチ）を中心とする海洋リゾートや，西部のバーナー山（標高1487 m）周辺のバーナ高原のリゾートなどの観光開発が進められている．またダナンの市街地にはチャンパ王国時代の遺跡から出土した石造などが展示されているチャム彫刻博物館や，ベトナム戦争などの資料が展示されているダナン博物館などがあり，ベトナム中部の歴史を学ぶことができる．ダナンにはハン川のソンハン港をはじめ，ダナン湾に面してソンチャー都市区のティエンサ港，リエンチエウ都市区のリエンチエウ港があり，国際貿易港の役割を担って

いる．沿岸部をベトナム南北縦貫鉄道（統一鉄道）と国道1号が通り，またクアンナム省の内陸方面へ向かう国道14B号の起点となっている．またダナン国際空港も市街地近くにあり，日本をはじめアジア各国への国際線も就航している．　　　　　　［筒井一伸］

ダナン湾　Da Nang, Vinh　　ベトナム

面積：12 km²　深さ：17 m
[16°07′N　108°11′E]

ベトナム南中部，ダナン中央直轄市の湾．ソンチャー半島に囲まれている．古くから海外との貿易の窓口として栄えた歴史とともに，植民地時代のフランス，ベトナム戦争中のアメリカはともに軍事的重要拠点として位置づけてきた．ドイモイ（刷新）政策以後はふたたび貿易港湾としての重要性が増してきている．ダナン湾にはリエンチエウ港とダナン港がある．ダナン港はダナン湾に面したティエンサ港区とハン川河口左岸のハン川港区からなる中央政府直轄港で，運営管理はダナン港湾局が行っている国際貿易港である．貨物取扱量は南部のサイゴン港，北部のハイフォン港に次ぐ．同港では約650万t（2015）の貨物を取り扱い，そのうち68%は輸出入貨物であった．岸壁施設としてはティエンサ港区に水深12 mの計965 mの埠頭が，ハン川港区はハン川沿いに水深6 mほどの埠頭計528 mが稼働している．ベトナム中部のみならず，後背地のラオス，カンボジア間の基幹交通網整備によって貨物取扱量の増加が見込まれており，日本の政府開発援助（ODA）によるダナン港改良事業も行われた．

［筒井一伸］

タナンダ　Tanunda　　オーストラリア

ラングマイル　Langmeil（旧称）
人口：0.5万（2011）　面積：68 km²
[34°31′S　138°57′E]

オーストラリア南部，サウスオーストラリア州南東部の町．ブドウ畑に囲まれ，バロッサヴァレーの中心に位置し，州都アデレードの北東70 kmにある．町の中央を，この地域の中心道であるバロッサヴァレーウェイが通過する．東のアンガストン，北のヌリウートゥパと並んで，バロッサヴァレーの中心地の1つを形成している．この付近に初めてやってきたヨーロッパ人はドイツ人である．初期のドイツ人移民であったパスター・オーガスタス・カーフェルは，1839年にここの土地を請け負い，その後42年になって多くの

ドイツ人が入植した．当初，タナンダはラングマイルとよばれていた．初期に入植したドイツ人の多くはルター派の信者で，その関係から現在でも町中には3つのルター派教会が存在する．また，ルター派の人々にとっての精神的な憩いの施設もみられる．

彼らはまもなく町の周辺でブドウを栽培し，ワインづくりを始めた．タナンダ駅をはさんで町の反対側にあるシャトータナンダのワイナリーは，1889年に設立されたもので，いまでは町を代表する有名ブランドとなっている．その他，町中には10を超えるワイナリーが分布している．タナンダには，ワイン醸造のほかにソーセージ店，ベーカリー，レストランなどにドイツ風の店が多く，いまだにドイツの雰囲気を強く残している．そうした雰囲気を求めて，週末や夏休みなどには観光客で賑わいをみせる．町の中心部には博物館があるが，この建物はもとは，1866年に建てられた郵便局であった．この中には，町の歴史を振り返ることのできる資料が多く残されている．地名は，先住民アボリジニの言語で，水のたまった穴または川に羽ばたく鳥などの意味であるとされている．［片平博文］

ダニーディン　Dunedin

ニュージーランド
人口：12.0万（2013）　[45°52′S　170°32′E]

ニュージーランド南島，オタゴ地方の都市で行政中心地．南島ではクライストチャーチに次ぐ第2位の人口をもつ．クライストチャーチがイングランドの移民によってつくられた都市であるのに対して，ダニーディンは1840年代にスコットランドの移民が入ってきて発展した都市である．この地は当初，オタゴの中心都市として期待されたことから，スコットランドの行政中心地エディンバラにちなみ，ニューエディンバラとなる予定だった．しかし，エディンバラ市長ウィリアム・チェンバーの提案で，エディンバラの古代ケルト語名である現名称が採用された．

1860年のダニーディンは小さな町で，通りはどこも泥でぬかるんでいた．人口は数百人程度で，オタゴ地方全体でも1.2万であった．しかし，ゴールドラッシュにより飛躍的に発展する．もともとアメリカのカリフォルニアで1849年にゴールドラッシュが始まり，50年代にはオーストラリアへとその波が押し寄せ，さらに60年代にニュージーランドへ飛び火した．1861年にオタゴ半島で金が発見され，オタゴ地方の人口は63年に

は6万に達し，3年で5倍に増加した．こうして，国内でも最も活力をもった町となったのである．これにより多くの富豪が現れた．銀行家ウィリアム・ジェームズ・ムディ・ラーナックは，1871年から3年の歳月をかけ，世界各地から贅沢な材料を集め，大金をかけて豪邸，ラーナック城を建てた．この豪邸はオタゴ半島にあり，公開されている．なお，彼は，ニュージーランドの牧羊業を飛躍的に伸ばすのに貢献し，1882年に就航した冷蔵（冷凍）船を所有するニュージーランド冷蔵会社の初代社長であり，その船もダニーディンから出港した．当時のニュージーランドの首都は北島のオークランドであったが，経済力のあるダニーディンが南島のしかも南に位置するために，首都の移転が検討された．その結果，首都は1865年にオークランドとダニーディンとの中間地点にあたる北島南端のウェリントンに移された．

市内には丘が多く，そのため住宅地も丘陵面にあり，展望のきく家が多いが急な坂も多い．市街地としては「世界一急な通り」としてギネスブックにも載った，最大勾配35%，全長350mのボールドウィンストリートが知られている．町並みもスコットランド風の木造出窓の家が多くみられる．また，1869年に開学した国内で最も古い大学，オタゴ大学があり，学園都市としても有名である．1878年に建てられた校舎はいまでも使われている．市街地の中心は八角形に区画整備されたオクタゴンといわれる広場で，市街地の中にチョコレート製造などの大工場があることが，町の構造の特徴となっている．1980年に北海道小樽市と姉妹都市提携を結んだ．

[井田仁康]

ダニードゥー　Dunedoo

オーストラリア

人口：0.1万（2011）　　[32°01′S　149°24′E]

オーストラリア南東部，ニューサウスウェールズ州北東部，ウォランバングル行政区の町．州都シドニーの北西約260kmに位置し，グレートディヴァイディング山脈の西麓にある．1840年代に村が建設され，1910年には鉄道が開通し，ダニードゥー駅が開業した．現在のおもな産業は農業で，林業や畜産業なども行われている．また，ラグビーやクリケットなどのスポーツが盛んで，各種のスポーツ施設が整備されている．　[梶山貴弘]

ダニム川　Da Nhim, Song

ベトナム

[11°42′N　108°15′E]

ベトナム中部高原，ラムドン省の川．ドンナイ川水系の支流で，省の北東部にあるホンザオ山を水源とする．南流してドンズオン県にあるドンズオン湖を経て，同じくドンナイ川の支流であるダックズン川に注ぐ．ドンズオン湖から東方へ導水管が引かれ，東接するニントゥアン省には，約1000mの落差を利用して16万KWの電力を発電するダニム水力発電所がある．このダニム発電所は，日本から南ベトナムへ支払われた戦後賠償資金のうち，約90%が用いられて建設されたもので，1964年に完成した．

[筒井一伸]

タニャン　丹陽　Danyang

韓国

人口：2.9万（2015）　　面積：781km²
[37°00′N　128°21′E]

韓国中部，チュンチョンブク（忠清北）道の東端の郡および郡の中心地．行政上は丹陽郡丹陽邑．邑の市街地は1985年，チュンジュ（忠州）ダムの建設によって，それまでの市街地が水没の影響を受けるため，現在の地点に移動した．2010年の丹陽郡の人口は2.8万である．1975年の人口は約9万であったから，この間に約3割強にまで，人口は減少した．付近のナマン（南漢）江とその支流に展開する名勝地を，丹陽八景と称している．

[山田正浩]

ダーニン県　大寧県　Daning

中国

人口：6.6万（2013）　　面積：966km²
[36°27′N　110°44′E]

中国中北部，シャンシー（山西）省南西部，リンフェン（臨汾）地級市の県．リュイリャン（呂梁）山脈南部，ホワン（黄）河を隔ててシャンシー（陝西）省と対峙する．県制の始まりは北周代であった．以来，周辺各県との合併，分離をくり返し，1961年から現在の県域となった．地形は北部と南部が高く中部が低い．全体は東から西へ傾き，昕水河が県中部を横断して東から西へ，やがて黄河に注ぐ．河川両岸は平坦で主要な農業地域である．資源は乏しく，農業が主要産業である．

[張　貴民]

タニンダリー　Tanintharyi

ミャンマー

テナッセリム　Tenasserim（旧称）

人口：10.7万（2014）　　[12°05′N　98°50′E]

ミャンマー南端部，タニンダリー地方（旧管区）メイッ県の都市．漢字では徳林達依，あるいは丹那沙林と表記する．マレー半島付け根を南流するタニンダリー川沖積平野（盆地）の中心都市として発展した．河口近く，メイッ空港のあるメイッ（ベイッ）の南東56kmに位置する．　[西岡尚也]

タニンダリー地方　Tanintharyi Region

ミャンマー

テナッセリム管区　Tenasserim（旧称）

人口：140.8万（2014）　　面積：43345km²
[14°04′N　98°15′E]

ミャンマー南端部の地方（旧管区）．タニンダリーは，漢字では徳林達依，あるいは丹那沙林と表記する．アンダマン海に沿って南北に細長く延びる．中心都市はダウェイ．域内にはコータウン，ダウェイ，メイッ（ベイッ）の3県がある．東のタイ国境にある，ビラウ山脈をはじめ数列の山脈が南北方向に連なり，北のタンルウィン川，ジャイン川，アタラン川の3つの平野，南のタニンダリー川下流平野を除き，平坦地は少ない．海岸線は出入りが複雑である．南半分のアンダマン海にはメルグイ（ベイッ）諸島の島々がある．夏の南西季節風がもたらす雨は，年平均5000mmを超え降水量が多い．河谷と沿岸平地は水田が広がる．緩傾斜の丘陵地帯ではゴム，ココナッツが栽培されている．地下資源は豊富でスズ，タングステン，アンチモン，鉛の鉱床が点在している．メイッ（ベイッ）を中心に製材業も盛んである．バゴー（ペグー）から南下する幹線道路は海岸沿いにモーラミャイン，ダウェイを経由して，メイッまで通じている．海沿いでは漁業と製塩が盛んである．

歴史的にタニンダリー地域は，タイ，ビルマ（ミャンマー），マレーの影響を受けてきた．18世紀の末，タイとビルマの争いが終わりビルマ領になった．住民はミャンマー人が主である．タイ国境山地には，カレン人，アンダマン海沿岸，メイッ諸島には，海洋漁撈民で船上生活者のモーケン人など少数民族がみられる．

[西岡尚也]

タニンダリー川　Tanintharyi River

ミャンマー

テナッセリム川　Tenasserim River（旧称）

[12°21′N　98°41′E]

　ミャンマー南端部，タニンダリー地方（旧管区）の川．漢字では徳林達依河，あるいは丹那沙林河と表記する．マレー半島の北部ミャンマー川を南流し，アンダマン海に注ぐ．ミャンマーとタイの国境にあるタニンダリー（タナーオシー）山脈の西斜面を流域とし，降水量が多く肥沃な水田地帯となっている．河口にはエスチュアリー（三角江）が形成されている．中流域の沖積平野（盆地）の中心はタニンダリー，河口の右岸にメイツ（ベイツ）があり港と空港がある．ここからアンダマン海のメルグイ（ベイツ）諸島への航路が結ばれている．
[西岡尚也]

タニンバル諸島　Tanimbar, Kepulauan

インドネシア

ティモールラウト諸島　Timorlaut Islands（別称）

人口：10.5万（2010）　面積：5440 km²

[7°30′S　131°30′E]

　インドネシア東部，マルク州の諸島．小スンダ列島のさらに東，バンダ海とアラフラ海の境界に位置し，66の島々からなる．この諸島のみからマルクトゥンガラバラット Maluku Tenggara Barat 県が構成されている．県名として，頭文字をとって MTB の略称が用いられている．観光地としてはほとんど知られていないが，鳥類学においてはよく知られた島であり，シロビタイムジオウムなどの貴重な種が多く生息している．大きな産業はないが，ナマコ，べっ甲，コプラなどを産する．

　最大の島はヤンデナ島である．ヤンデナ島の南端にあるサウムラキは，1999年にマルクトゥンガラ県からマルクトゥンガラバラット県が分離した際に県都となった．マルク州の州都アンボンとは1時間半のフライトで結ばれている．2008年にはさらに，マルクトゥンガラバラット県からマルクバラットダヤ県が分離した．島の地形は起伏が激しいが，東側でとくに険しく，西側でややなだらかになっている．産業は自給のための農業，漁業を主とする．ヤンデナ島の北にはララット Larat 島，南にはセラル Selaru 島が位置している．住民の多くはクリスチャンである．オランダは1629年に上陸しているが，実質的な支配が行われるようになったのは20世紀に入ってからである．第2次世界大戦においては日本軍が駐屯し，連合国と対峙するための最前線として重要視された．
[森田良成]

ダヌシュコディ　Dhanushkodi

インド

[9°10′N　79°26′E]

　インド南部，タミルナドゥ州，ラマナサプラム県の町．インド亜大陸ではなく，亜大陸とスリランカを隔てるポーク海峡の中央に浮かぶラメシュヴァラム Rameswaram 島の南東部，アダムスブリッジの西端にある．鉄道のターミナルであり，スリランカのタライマンナールへのフェリーサービスはインド〜スリランカ間の主要旅客ルートであった．1964年に大型台風の被害を受け，大陸とをつなぐ鉄道橋が旅客列車とともに流された．アダムスブリッジはヒンドゥー教の神話に登場する橋で，満潮時には海面下1.2 mに沈む．町には遺跡が残され，台風被害を免れた寺院が観光客をひきつけている．また，サーフィンなどのマリンスポーツにも適した場所である．
[土居晴洋]

ダヌービュー　Danubyu

ミャンマー

人口：17.9万（2014）　[17°15′N　95°35′E]

　ミャンマー南部，エーヤワディ地方（旧管区）マウビン県の町．漢字では徳努漂と表記する．ヤンゴンの北西約80 km，エーヤワディデルタ北部のエーヤワディ川右岸に位置する．モン人の建造した要塞があったが，第1次イギリス・ビルマ戦争中の1825年にイギリス軍に占領された．この敗戦を契機にビルマは1826年に降伏し，ヤンダボ条約を結んだ．周辺ではタバコ栽培，葉巻生産が盛んである．水郷地帯で河川交通の中心地となっている．
[西岡尚也]

ターネ　Thane

インド

人口：181.9万（2011）　面積：123 km²

降水量：2478 mm/年　[19°12′N　72°58′E]

　インド西部，マハーラーシュトラ州ターネ県の都市で県都．州都ムンバイ（ボンベイ）の北東32 kmに位置する．ムンバイ港の北に続くターネ川北部の沿岸にあり，港町として恵まれた地理的位置にある．16〜17世紀，ポルトガルのインド貿易の際に発展した．米，綿花，サトウキビなど農産物の積出港であったが，1960年代以降工業化の進展がめざましく，繊維，輸送用機械，薬品，肥料，化学，石油精製など各種工業が行われるようになった．近年ムンバイからターネにかけての一帯はムンバイ・ターネ工業地域といわれ，インドの工業地域別の鉱工業労働力を比較すると首位の座を占める．人口も急増し，ムンバイの衛星都市としてめざましい発展をみせている．
[中山晴美]

タネアトゥア　Taneatua

ニュージーランド

タニーチュア（別表記）

人口：0.1万（2013）　[38°04′S　177°01′E]

　ニュージーランド北島，ベイオブプレンティ地方の町．ファカタネの南14 kmに位置する．中心部を国道2号が通過しており，南西部ではワカテイン川にワイマナ川が合流し，さらに北流している．南部には国内で最も広範囲に手つかずの原生林が残されているウレウェラ国立公園がある．タニーチュアと表記されることもある．
[林　琢也]

ダノリー　Dunolly

オーストラリア

人口：0.1万（2011）　面積：206 km²

[36°51′S　143°44′E]

　オーストラリア南東部，ヴィクトリア州中央部の村．ベンディゴの西南西約45 kmに位置する．かつてのゴールドラッシュの中心地域の一角にあたる．村の北西約15 kmにある．モリアーグルでは，史上最大の塊状の金鉱脈が発見された．ここでは他の金鉱よりも金の産出が多く，ピーク時には126カ所の採掘場が存在した．
[堤　純]

タノントンチャイ山脈　Thanon Thongchai, Thiu Khao

ミャンマー/タイ

標高：2580 m　長さ：880 km

[18°35′N　98°29′E]

　タイ中部の山脈．カーンチャナブリー県のクェーノーイ川の東方からミャンマー国境を北上し，ターク県，チエンマイ県を経てメーホーンソーン県にいたる．北タノントンチャイ山脈をはじめ，東，中央，西の4つの部分からなる．山脈中にはタイ最高峰のインタノン山（標高2565 m）をはじめ，標高2000 m級の山が多数含まれる．
[遠藤　元]

タハオ　959

タパー　Tapah
マレーシア

人口：7.5万 (2010)　　[4°12′N　101°16′E]

　マレーシア，マレー半島マレーシア領北西部，ペラ州南部パタンパタン郡の町．州都イポーの南南東約48 kmに位置する．その人口規模に比べると行政権限の弱い町であるが，マレーシアでは，町よりも大きな行政権と財源とをもつ市は少数しか認められていない．住民構成(2010)は，マレー人42%(人口3.2万)，中国人34%(人口2.0万)，インド人17%(人口1.3万)と，マレーシアの民族構成と比べれば中国人が多い．こうした中国人の多さは，地域開発の歴史的経緯によるところが大きい．タパーは，大規模なスズ鉱山が多数分布したキンタ渓谷を中心とするスズ鉱山地域にあたる．この地域には19世紀から20世紀前半にかけて，鉱山開発のために鉱山師や鉱山労働者が多数流入した．流入した労働者の多くは中国人であった．またタパーは，首都クアラルンプールより，イギリス植民地時代に開発されたマレーシアの代表的高原リゾートであるキャメロン高原にいたる道の途中にあたる．今日，タパー近郊には，マレー半島を南北に縦断する幹線高速道路が走っている． 　　　　　　　　　　　[生田真人]

ダーバー山　大巴山　Daba Shan
中国

標高：3105 m　長さ：210 km　幅：70～75 km
[31°20′-33°40′N　107°30′-110°00′E]

　中国中部，スーチュワン(四川)省，シャンシー(陝西)省，フーペイ(湖北)省にまたがる山脈．西は大通江上流から南東部のウー(巫)山まで貫く．古くはグーバー(古巴)族の居住地であったとされ，その穀物庫が大巴山といわれる．主峰の神農頂は標高3105 mである．山はチャリン(嘉陵)江とハン(漢)水水系の分水嶺である．また，北部の漢中盆地と南部の四川盆地の気候区の境界線でもある．石灰岩が広い地域に分布し，カルスト地形を形成している．山は切り立っており，山と谷は高低差800～1200 mにも及ぶ．2003年に国立自然保護区に指定された．とくに植物は多様で，281科1454属4906種が自生している．植生に関しては，常緑広葉樹と落葉樹が混生しており，カシワやウルシ，モミなどの樹木などが多くみられ，薬草ではブシ(附子)やゴオウ(牛黄)，トチュウ(杜仲)などが自生している．また，全国四大マンガン鉱山の1つである．その他に生漆の生産や塩，大理石などの採掘も行われている． 　[石田　曜]

タハア島　Tahaa
フランス

人口：0.5万 (2012)　面積：88 km²
[16°37′S　151°30′W]

　南太平洋東部，ポリネシア，フランス領ポリネシアの島．ソシエテ諸島北西部のスールヴァン諸島に属する．ライアテア島の北5 kmにあり，両島を一続きのサンゴ礁が取り巻いているため，ラグーン(礁湖)を共有している．火山性の島で，最高地点はオヒリOhiri山(標高590 m)である．観光化の波が及んでおらず，ポリネシア系住民は，おもに農業，漁業，真珠養殖業などに従事している． 　　　　　　　　　　　[手塚　章]

タパアン水路　Tapaan Passage
フィリピン

[5°21′N　120°28′E]

　フィリピン最南端，スールー群島中部にあるタプル諸島と，その南に浮かぶタウィタウィ諸島との間にある東西に細長い水道．東のセレベス海と西のスールー海とを結んでいる．水路には，タプル諸島の中心シアシ島のシアシと，タウィタウィ諸島の中心であるボンガオ島のボンガオとを結ぶ定期船が運行されている． 　　　　　　　　　　[田畑久夫]

ダバオ　Davao
フィリピン

ダバウ　Dabaw (古称)
人口：163.3万 (2015)　面積：2444 km²
気温：20-32°C　降水量：2000 mm/年
[7°04′N　125°36′E]

　フィリピン南東部，ミンダナオ島南東部の都市．1937年，市に指定された．地理上，統計上は南ダバオ州に含まれるが，行政的には独立している．市域面積としては世界でも最大級で，東京23区(619 km²)の3.9倍に達する．ミンダナオ島最大の都市であり，行政，産業，商業，交通，観光，教育の要で，ダバオ地方の中心地である．首都マニラ，セブからは空路でそれぞれ1時間40分，40分で到着できる．サンボアンガ経由で船便もある．シンガポールやインドネシアのマナド(スラウェシ島)に向かう空路もあり，現在，東アセアン成長地域(EAGA)の一環として，交通の便も整備されている．
　市街地が広がる平野部の東はダバオ湾，対岸にはサマール Samal 島，タリクッド Talikud 島がある．北はシナコ Sinako 山を含む山岳地帯，西から南部も国内最高峰，標高2954 mのアポ山の裾野が広がる．面積の50%近くが森林，木材伐採地であり，他は農耕地43%である．ドリアン，バナナ，パイナップルといった熱帯の果物も豊富に産出する．気候条件が果物の生産に適しているからである．つまり，市は台風に見舞われない．気候も温暖で，気温は20～32°Cである．なお，雨季と乾季ははっきりと分かれていない．
　歴史を振り返ると，もともと，おもにバゴボ族の居住地だった．地名のダバオもバゴボの言葉で，炎という意味である．活火山だったアポ山から噴き出る炎をさしていた．ほかにアタ族，マンダヤ族，タガカオロ族，イスラームのカラガ族などもいた．アメリカ統治期，1914年，ミンダナオ南東部はダバオ州に指定される．現在の南ダバオ州，東ダバオ州，ダバオ州，コンプステラヴァレー州に及ぶ広大な面積だった．中心地がダバオ川河口に広がるダバオの町だった．町の歴史は日本人移民と切り離せない．1907年，日本人の太田恭三郎が大田興業を設立し，麻農園の経営を開始した．1914年には古川義三が古川拓殖会社を設立，18年には日本人経営の農園は71社，日本人の数も7000人を超えた．そして，1924年以降，麻の国際価格が上がり，農園もいっそう拡大し，29年ダバオの日本人は1万人を突破した．道路もそれまでダバオ州全体で100 kmしかなかったが，日本人はさらに300 kmも敷設した．
　日本人がダバオ経済を支配するようになり，大田興業，古川拓殖といった日本企業，日本領事館，日本人小学校，柏原ホテル，日比新聞社，西本願寺，東本願寺，開南禅寺もそろった．移民の半数以上は沖縄出身者であり，日本人会も結成された．だが，日本人の農園が拡張する中で，先住民バゴボの土地は喪失の一途をたどり，バゴボの反発を買い，1918年から4年間に日本人が100人以上殺された．こうして，1930年代，日本人の領土拡張を心配するフィリピン人はダバオ国とよぶようになった．日本が1932年，中国東北部に樹立した傀儡国家，満州国にちなむ表現である．麻の生産，木材伐採を含め，活気を呈したダバオにはビサヤ地方やルソン地方からキリスト教徒も流入し，人口も増加した．それが1937年のダバオ市制の施行につながった．実際，1903年8000余りだった町の人口は18年2.1万，39年9万と増加した．なお，1939年，日本人はダバオ市やその周辺に1.8万人おり，その存在は大きかった．
　次いで太平洋戦争により，日本軍は1941

年12月20日，ダバオ市を占領，多くの在留日本人は戦争協力を強いられた．戦死，病死者は8000～1万人といわれる．戦後，日本人のほとんどが「敵国人」として，日本へ強制退去させられたが，山中や小島に数年潜み，残り続けた人もいた．また，父親が日本に戻ったため，日系人2世も多数残された．やがて，1956年日比賠償協定，60年日比友好通商航海条約が調印され，60年代には日本人のフィリピン渡航，日系企業の進出が認められるようになった．ダバオに初めて日本から戦没者慰霊団が訪れたのも1968年のことだった．日系人が多いことから，1969年ダバオ2世会，80年にはフィリピン日系人会も結成された．他方，1967年にダバオ州は南ダバオ州，東ダバオ州，ダバオ州そして，ダバオ市に分けられた．

現在，市民の宗教構成をみると，83％がカトリック，15％がプロテスタントやイグレシア・キリストなど他のキリスト教である．ビサヤ地方やルソン地方からの移住者が多数を占めている．1.2％がイスラーム，仏教（華人系フィリピン人）などである．よって，言葉もセブアノ語が中心である．ついで，フィリピン語（タガログ語），イロンゴ語なども使われる．学校やビジネスでは英語が広く使われる．ただし，ダバオ湾沿いにはイスラーム教徒の水上部落もあり，文化的多様性を感じさせる．産業面では，ダバオ港が特筆される．バナナ，パイナップル，ドリアン，柑橘類（ポメロなど），マンゴスチンなどを輸出している．とくに，バナナ輸出港として世界のトップ3といわれる．大部分が日本向けに出荷される．また，マティーナにはドリアンキャンディの工場もある．

なお，戦前日本人移民が切り開いた麻農園を訪れるのも興味深い．トリル Toril には古川拓殖の農園が残っている．カリナン CaLinan には日本博物館があり，戦前，戦中の日本人社会に関する資料が展示されている．麻農園で使われていた道具，紙幣，出版物なども見ものである．ミンタル Mintal には日本人平和記念碑があり，8月，日本のお盆の時期，日本から慰霊団が訪れる．他方，市内のヘネロソ橋には日本占領中，橋を日本軍から守ろうとして戦死した，アルマンド・ヘネロソの勇気をたたえる記念碑もある．また，アポ山に向かうカリナンにはフィリピン・イーグル・ネイチャー・センターがある．フィリピンワシ，フクロウ，ミミズク，オウム，ムササビ，ワニの保護，保育がなされている．もともとアポ山周辺にはサルクイワシとよばれる大型のワシが生息していた

が，数が激減しており，センターが保護，保育に努めている．

現大統領のロドリゴ・ドゥテルテは1988～98年，2001～10年，2013～16年までダバオ市長職を7期務めた．その執政下，ダバオ市の治安が改善されたといわれる．その背景として，自警団組織が犯罪者を超法規的に殺害したといわれ，その活動を容認したドゥテルテの存在がある．彼はこうした殺人に関しては自身の関与を否定している．

［佐竹眞明］

ダバオ州　Davao, Province of

フィリピン

北ダバオ州　North Davao, Province of（旧称）／ヌエヴギポスコア　Nuevd Guipozcoa（古称）

人口：101.6万（2015）　面積：3427 km²

[7°04′N　125°36′E]

フィリピン南東部，ミンダナオ島南東部，ダバオ地方に位置する州．旧名は北ダバオ州．州都はタグム．ダバオ湾に浮かぶサマール島も同州に属する．スペイン統治期の19世紀，ミンダナオ南東部にはおもに7つの民族が住んでいた．とくに数が多かったのがマノボ族とバゴボ族で，マノボは北ダバオ各地に住み，バゴボは南ダバオの北部に居住した．アメリカ統治期を迎え，ダバオ州は1914年に発足したが，構成する町が確定したのは36年だった．1937年には日本人移民が切り開いたダバオ川河口の町がダバオ市となった．

当時，ダバオ州はミンダナオ南東部一帯に及ぶ広大な州であり，セブ島，パナイ島，ルソン島などからキリスト教徒の流入が増えた．また1910年代以降，日本人移民の流入も増え，ダバオ川西岸（現在ダバオ特別市）に麻の農園を拡大した．1939年，在留邦人約2.5万人のうち，1.8万人がダバオに住んだ．首都マニラには5000人，バギオには1900人だった．日本人移民の数が多いため，日本が中国東北部に築いた傀儡国家の満洲国をなぞらえて，ダバオ国という異名さえ生まれた．太平洋戦争による日本占領を経て，戦後もビサヤ地方やルソン地方から，キリスト教徒の流入が続き，多数派となった．よって，住民のおもな言葉はセブアノ語とパナイ・ヒニガラン語である．また，1967年5月8日，広大なダバオ州は北ダバオ（州都タグム），南ダバオ，東ダバオの3州に分けられた．そして，1972年6月17日，北ダバオ州はダバオ州と改名した．さらに，州の東部は1998年ナブントゥランを州都として独立し，コンポ

ステラヴァレー州となった．

地形をみると，州の中心部はダバオ扇状平野であり，タグム川など山間部からダバオ湾に向かって，多数の川が流れ込む．西側の中央ミンダナオ高原を含め，周囲は標高1000mを超える高地が広がる．気候は温暖であり，雨季，乾季がはっきりと分かれていない．台風が通過することもなく，気温の高い4月でも干ばつになることもない．こうした自然状況に恵まれ，トウモロコシ，バナナ，米，ココナッツ，麻，果物などが豊富に産出する．このうち，日本向けに大量に輸出されるバナナは1960年代後半，アメリカの農業関連企業が生産を始めたものである．ドール，デルモンテ，ユナイテッド・ブランズ（その後のユナイテッド・フルーツ）の3社である．その後，日本の住友商事も生産を始めた．大農園における栽培では農薬使用により，労働者の疾患や精子障害も伝えられ，労働者が会社に対して集団訴訟を起こしている．

その他の産業としては，木材伐採，漁業，エビやミルクフィッシュの養殖，家畜，養鶏も盛んである．主要な資源として，銅，金，銀，石灰岩，大理石が採掘されている．なお，観光地としては，マダウム海岸，マイーニット温泉，カムノド洞窟が知られる．サマール島にはビーチリゾートや真珠の養殖場もある．

［佐竹眞明］

ダバオ湾　Davao Gulf

フィリピン

長さ：129 km　幅：72 km

[6°43′N　125°46′E]

フィリピン南東部，ミンダナオ島南東部の湾．東，北，西を東ダバオ州，コンポステラヴァレー州，ダバオ州，ダバオ市，南ダバオ州，西ダバオ州に囲まれ，南はフィリピン海に注ぐ．ダバオ州に属するサマール島，タリクッド Talikud 島がダバオ市東側に浮かぶ．航路の要で，ダバオから東ダバオ州を経て，ミンダナオ島東岸をスリガオに向かう便，西のサンボアンガに向かう便が出ている．また漁業も盛んである．サマール島にはビーチリゾートも整う．湾に注ぐおもな川は，スムログ川，タグム川，ダバオ川，ペダダ川である．そうした河口を含め，湾にはマングローブ林も残り，渡り鳥の生息地となっている．

［佐竹眞明］

ダバオオクシデンタル州 ☞ **西ダバオ州**
Davao Occidental, Province of

ダバオオリエンタル州 ☞ **東ダバオ州**
Davao Oriental, Province of

ダバオデルスル州 ☞ **南ダバオ州 Davao
Del Sur, Province of**

タバコ　Tabaco　　　　フィリピン

人口：13.4 万 (2015)　　面積：117 km²
[13°20′N　123°43′E]

　フィリピン北部，ルソン島南部，アルバイ州の都市．フィリピン海の内湾ラゴノイ湾の小さな入江タバコ湾に面し，州都レガスピの北 24 km に位置する．沖合に浮かぶ小島サンミゲル島も市域内に含まれる．サーフスポットとして国内各地から訪問する人も多い，プラランビーチをもつカタンドゥアネス島への中継地点としての役割をもつ．経済の中心は農業で，周辺地域の小農民や小作人によって栽培されるアバカ(マニラ麻)の積出港として有名である．近くには国内で最も美しい成層火山の 1 つマヨン山(標高 2462 m)が位置する．その名前は現地のビコラノ語で美しいを意味するマガヨン Magayon にちなんでいる．また最近でも 1993, 2000, 01, 06, 09 年というようにしばしば噴火をくり返している火山でもある．　　　　　[田畑久夫]

ダーバーチェン山　大覇尖山
Dabajian Shan　　　　台湾│中国

標高：3492 m　　　　[24°27′N　121°15′E]

　台湾北部，シンジュー(新竹)県の山．台湾山脈中のシュエ(雪)山山脈にある高峰で，タイジョン(台中)市の北東約 67 km に位置する．台湾の中央部を南北に走る台湾山脈の脊梁山稜上にあり，山頂から南南西方向に稜線をたどると，約 9 km で台湾第 2 の高峰の雪山(標高 3884 m)に到達する．山頂部は硬い砂岩が侵食から取り残されてできた岩峰となっていて，奇岩の峰として知られる．登山道はこの岩峰の基部を巻いており，頂上に登るためには，ほぼ垂直の岩壁を登らなくてはならない．大覇尖山から雪山にかけての一帯は雪覇国家公園の中核をなし，稜線は人気のある夏山縦走コースとなっている．しかし冬に

は雪深く，ハイキングには向かない．
　　　　　[松本穂高]

タパヌリ　Tapanuli　　　インドネシア

[1°41′N　98°51′E]

　インドネシア西部，スマトラ島北部の地方．北スマトラ州のトバ湖周辺からスマトラ島西海岸にいたる地域で，北部はアチェ州，南部は西スマトラ州に接する．バリサン山脈北西部にあたり全体に山がちで 2000 m 内外の高峰も多い．北東部にはスマトラ島最大のトバ湖が横たわる．行政的にはタパヌリウタラ県(人口 27.9 万，面積 3793 km²，県都タルトゥン)，タパヌリトゥンガ県(35.0 万，2195 km²，パンダン)，タパヌリスラタン県(26.4 万，4367 km²，シピロック)の 3 県に分かれている．
　この地方はバタク族の故郷として知られ，トバ湖東岸の保養都市プラパット Prapat から西方の高原には，鞍型屋根の切妻の部分が前傾し庇上に突き出したこの民族特有の家屋がみられる．バタク族は父系制の大家族主義をとり，かつては首狩りや食人の風習をもち，スマトラで最も好戦的種族といわれ，長い間外界から孤立してきたが，19 世紀後半ドイツ人宣教師によりキリスト教の布教が成功して以来，外部からの影響も徐々に浸透，現在の州都メダンからの自動車道路開通とも相まって，彼らの生活，教育程度も向上した．中心地はタパヌリトゥンガ県の県都でスマトラ島西岸に位置するパンダンである．
　　　　　[塩原朝子]

タパラン　Tapalang　　　インドネシア

人口：1.8 万 (2010)　　[2°51′S　118°51′E]

　インドネシア中部，スラウェシ島中央部西岸，西スラウェシ州マムジュ県の町．西スラウェシ州西部を南北に貫く幹線道路(マジェネ・マムジュ線)沿いに市街地が広がっている．ガロ Ngalo 岬の付け根にあるレバニ Lebani 湾に面している．マンダル族の居住区域で，スラウェシ南部の 2 大地方語，ブギス語，マカッサル語と同系統(南スラウェシ語群)のマンダル語が話されている．
　　　　　[塩原朝子]

タハン山　Tahan, Gunung

マレーシア

標高：2187 m　　　　[4°38′N　102°14′E]

　マレーシア，マレー半島マレーシア領北部，クランタン州とパハン州にまたがる山．マレー半島の最高峰で，パハン州北部の中心都市クアラリピスの北北東 55 km にあり，山頂が州界となっている．近傍にはゲドン山(標高 2066 m)，ウルケチャウ山(1945 m)などがあり，タハン山から東方にかけては 1000〜1400 m の山岳が続く．この一帯を中心にタマンヌガラ国立公園が設定されているが，タハン山は，パハン州やクランタン州などにわたって設置されている国立公園の中心的な山岳である．タハン山から南にかけて続く山岳地域は，タハン山脈とよばれる．
　　　　　[生田真人]

タバン川　Tabang, Sungai

インドネシア

長さ：40 km　　　　[1°02′N　115°41′E]

　インドネシア中部，カリマンタン(ボルネオ)島，東カリマンタン州クタイカルタヌガラ県北部の川．水源は県都テンガロン Tenggarong から直線距離で北北西約 240 km に位置する．ブラヤン Belayan 山やムニャパ Menyapa 山からなる山地から流れ出て，南西に下っておもにレン Len 川，ブラヤン川に合流する．　　　　　[稲垣和也]

ダーバン山　達坂山　Daban Shan

中国

チンシー嶺　青石嶺　Qingshi Ling　(別称)

標高：約 4000 m　　　　[37°00′N　102°10′E]

　中国西部，チンハイ(青海)省北東部の山脈．チンシー(青石)嶺ともいう．チーリエン(祁連)山脈に属し，ホワン(湟)水とダートン(大通)河との分水嶺である．シーニン(西寧)とメンユワン(門源)の間の自動車道路が山間を縫って通っている．
　　　　　[ニザム・ビラルディン]

ターピ川　Tapi River　　　インド

タプティ川　Tapti　(旧称)

長さ：724 km　　　　[21°13′N　72°58′E]

　インド中部から西部を流れる川．マッディ

ヤプラデシュ州の南部を流れ，西海岸に注ぐ．デカン高原に発し，西海岸に注ぐ川の中ではナルマダ川に次いで大きい．サトプーラ山脈のベトゥールの東にあるムルタイ付近から発し，年平均降水量 1000〜1600 mm の山地を流れた後，マハーラーシュトラ州のブサーワルでプルナ川を合わせて西流し，グジャラート州のスーラトでカンバート湾に注ぐ．流域にはデカン溶岩が分布している．浅い谷底平野には肥沃なレグール土が分布し，流域一帯は綿花栽培をはじめとした豊かな農業地域である．以前はタプティ川とよんでいた．

[成瀬敏郎]

ダービー　Derby

オーストラリア

人口：0.5万 (2011)　面積：16706 km²

[17°18′S　123°38′E]

オーストラリア西部，ウェスタンオーストラリア州北部の町．州都パースの北東約 2400 km，フィッツロイ川の河口近く，インド洋から深く切れ込んだキング湾に面している．地名は 1883 年に教区として建設された当時の植民地大臣だった第 15 代ダービー伯エドワード・ヘンリー・スタンレーにちなみ，85 年のキンバリー地方のゴールドラッシュにより急速に発展した．ダービーはかつては牛肉の積出港であった．フィッツロイ川流域やキングレオポルド山脈で飼育された肉牛が，ダービーの食肉処理場に運ばれてきたのである．全長 550 m の桟橋は，11 m に及ぶ干満の差に耐えうるものであった．港は一時期閉鎖されていたが，近年では亜鉛の積出港としてふたたび機能している．ダービーには，隔絶地域に居住するために一般の学校に通学できない子どもたちを対象とする通信制の学校が立地するとともに，地域のフライングドクターサービスの拠点としても機能している．

[大石太郎]

ダービー　Derby

オーストラリア

ブラザーズホーム　Brother's Home (古称)

人口：208 (2011)　面積：78 km²

[41°09′S　147°50′E]

オーストラリア南東部，タスマニア州北東部の町．ロンセストンの北東約 100 km，タスマンハイウェイ沿いに位置する．1876 年にクラシュカ兄弟がスズ鉱床を発見，噂を聞きつけた多くのヨーロッパ人や中国人がスズの採掘目的で移り住み，鉱山の町として知られるようになった．地名は，当時はクラシュカ兄弟に由来しブラザーズホームとよばれて

いたが，1887 年，当時のイギリス首相ダービー伯爵に敬意を表し現名称に改名された．ブラザーズ鉱山からブリサイス・スズ鉱山と名を変えたダービーの鉱山では 1956 年までスズの産出が続けられ，州随一のスズの生産地として町の発展に大きく寄与した．1929 年 4 月 4 日に大規模な洪水が発生し，多数の民家が押し流され，22 人の命が失われる大惨事となった．

[安井康二]

タヒアタシ　Takhiatash

ウズベキスタン

Taxiatosh (別表記)

人口：4.5万 (1989)　[42°22′N　59°35′E]

ウズベキスタン北西部，カラカルパクスタン共和国南部の都市．アムダリア左岸，ヌクスの南 16 km に位置する．ウルゲンチからの鉄道駅がある．人口は 1953 年の 6000 から 89 年には 4.5 万に増加した．水力発電所，ダムがあり，アムダリアデルタ灌漑運河への分水点にあたる．おもな産業は，建設材料，船舶修理である．1952 年に建設され，53 年に市制を施行した．

[木村英亮]

ダピアック山　Dapiak, Mount

フィリピン

標高：2560 m　[8°13′N　123°25′E]

フィリピン南東部，ミンダナオ島西部，サンボアンガ半島の付け根，南サンボアンガ州北西端の山．東側には標高 2425 m のマリンダン山もあり，一帯は険しい山間部が広がる．先住民スバネン族が居住する．かつてはサルクイワシやミミズク，カワセミといった希少な鳥が生息する豊かな森林地帯だった．だが，現在，木材伐採のため森林の喪失が著しいと伝えられる．

[佐竹眞明]

ダービエ山　大別山　Dabie Shan

中国

標高：1729 m　[31°15′N　115°00′E]

中国中央東部の山脈．チャン(長)江水系とホワイ(淮)河水系の分水嶺となる標高 1000 m 前後の山脈．主峰はティエンタンチャイ(天堂寨)で 1729 m．チン(秦)嶺山脈の支脈で北西から南東に走向し，フーペイ(湖北)省，ホーナン(河南)省，アンホイ(安徽)省の交界となっている．北西の支脈には歴史ある

景勝地，鶏公山がある．中国中部で有数の貧困地帯で，わずかに茶やレイシ(霊芝)，漢方薬材などの資源が地域経済の基盤となってきたが，近年は中国共産党が推進する紅色観光計画の地域拠点のシンボルともなっている．

[中川秀一]

タピス山　Tapis, Gunung

マレーシア

標高：1511 m　[4°01′N　102°54′E]

マレーシア，マレー半島マレーシア領中部，パハン州東部の山．州都クアンタンを囲む山々の 1 つである．登山は，クアンタンから内陸へ 45 km の地点にあるスンガイレンビン Sungai Lembing から向かう．タピス山を含む一帯は，今日では自然公園に指定され，山岳トレッキングなどの観光開発も行われるようになった．山頂からはマレー半島における最高峰のタハン山(標高 2187 m)も望むことができる．

[生田真人]

ダピタン　Dapitan

フィリピン

人口：8.2万 (2015)　面積：391 km²

[8°38′N　123°25′E]

フィリピン南東部，ミンダナオ島南西部，北サンボアンガ州の都市．サンボアンガ半島の付け根に位置する．州都ディポログの北東 14 km にあり，西ミサミス州が東側に迫る．来訪するには首都マニラから空路，セブや東ネグロス州ドゥマゲティから航路で，ディポログへまず向かい，そこから陸路である．コプラ，米，トウモロコシ，マンゴー，ランソネス，バナナなどがおもな産物で，農業と漁業が中心である．そして，19 世紀の民族的英雄ホセ・リサールが 4 年間幽閉されていた場所として有名である．

最古の住民はプロトマレー系民族のスバノン族で，川を意味するスバ沿いに居住したという．その後，海岸沿いにマレー系民族のイスラーム教徒が入植したため，スバノンは内陸へ居住地を移していった．スバノンは現在もサンボアンガ半島内陸部に広範に居住，総数 16 万人といわれる．だが，現在の住民の多数はボホール島パンラオからのイスラーム移民を先祖にもつ．スペイン人の植民に先立ち，16 世紀にパンラオの人びととはミンダナオ北岸に移り，波おだやかな港に着いた．気に入って，招かれた(ギダピット)ように感じたという．それが地名の語源となった．

1565 年，スペイン人ミゲル・ロペス・

デ・レガスピはイスラーム住民をキリスト教に改宗させた．1631年，イエズス会が教区を設立した．また，町は1655年までセブ州に帰属していたが，以降イリガン州に帰属した．さらに1850年，ミサミス州に準州として帰属し，ダピタンが準州の州都になった．この時代，独立運動への関与を疑われ，1892年スペイン政庁に拘束されたホセ・リサールはマニラから，ダピタンに流刑，追放された．リサールは7月17日，当時の準州知事リカルド・カルニセロの公宅で生活を始めた．4年後の1896年7月31日，リサールはマニラへ戻された．同年12月30日，リサールはマニラのバゴムバヤン(現リサール公園)で処刑された．独立を求める革命軍はリサールの死に憤激し，独立戦争を継続した．しかし，その後，1900年にアメリカ軍はダピタンを占領，03年にモロ州が創設されると，ダピタンはミサミス準州からサンボアンガ地区の準州に含まれるようになった．ダピタン町長もモロ州の軍民知事によって，任命されることになった．1913年，モロ州は廃止され，ミンダナオスールー省が成立，ダピタンはサンボアンガ州の町となった．

太平洋戦争を経て，戦後1952年，サンボアンガ州は南北2州に分けられ，ダピタンは北サンボアンガ州に含まれた．そして，1963年6月22日，北サンボアンガ州最初の市となった．なお，1973年1月24日，フェルディナンド・マルコス大統領は町のリサール国立公園を国営廟と指定，以降，同公園はリサール廟とよばれる．そして現在，7月には19世紀のリサールの来訪と出発を記念したキナバヨ祭りが開かれる．　　　［佐竹眞明］

タヒチ島　Tahiti　　　　　　　　　フランス

人口：18.4万(2012)　面積：1042 km²
[17°32′S　149°34′W]

　南太平洋東部，ポリネシア，フランス領ポリネシアの島．ソシエテ諸島南東部のヴァン諸島に属する．南米チリの西約7900 km，オーストラリアの東約5700 km，ハワイの南約4400 kmに位置する．118の島々からなるフランス領ポリネシアで最大の面積をもち，行政中心地のパペーテもある．また，島の人口は，フランス領ポリネシア全体の約2/3を占める．島はヒョウタンの形状をしており，2つの火山島(タヒチヌイ Tahiti Nuiとタヒチイティ Tahiti Iti)がタラヴァオ地峡でつながっている．タヒチヌイ(大タヒチ)とタヒチイティ(小タヒチ，タイアラプ半島)の内陸部は，どちらも険しい山岳地形で，住民の生活領域は全面積の2割にも満たない沿岸部分に集中している．とくにタヒチヌイの内陸部には，標高2241 mのオロヘナ山がそびえており，フランス領ポリネシアの最高峰をなす．湿潤熱帯気候に属し，行政中心地パペーテの月平均気温は一年を通して25℃を下回ることがない．また，南半球に位置するため，11～4月が高温多雨の夏にあたり，5～10月が比較的低温な冬となる．降水量は，貿易風の風上側にあたる東岸で多く，パペーテが位置する北西岸では相対的に少雨となる．

　住民はポリネシア系が大半を占めるが，そのほかにフランス系，中国系，さらにポリネシア人とフランス系・中国系の混血が，パペーテを中心に数多くみられる．中国系の住民は，19世紀半ば以降，プランテーション農場の労働力として移住してきた人びとであり，現在では，おもに商業・サービス業部門や実業界などで活躍している．タヒチ島の場合，中国人移民の多い世界の他地域に比較して，明確なチャイナタウン(中国人街)がみられないという特徴がある．また，フランス系住民の多くは，軍人や教員，医療関係者，観光産業関係者などとして，一時的に居住している人びとである．これに対して，ドゥミとよばれる混血住民の多くは，19世紀末からのヨーロッパ系滞在者とポリネシア系女性の婚姻関係に由来している．これらの人びとは相対的に教育水準が高く，ポリネシア文化と西欧文化の双方に通じているため，タヒチやフランス領ポリネシアの行政や経済で大きな勢力を占めている．

　タヒチ島とヨーロッパ世界の接触は，時期的には遅れたが，双方に大きな影響を及ぼした．まず，1767～69年にかけて，イギリスのサミュエル・ウォリス，フランスのルイ・アントワーヌ・ブーガンヴィル，イギリスのジェームズ・クックなどの探検隊が相次いでタヒチ島を訪れた．これらのうち，ブーガンヴィルの滞在(1768)は短期間にすぎなかったが，帰国後の報告で「タヒチ：地上の楽園」のイメージを振りまき，ジャン・ジャック・ルソーなどの啓蒙思想家に影響を与えた．また，1769年以降，数度にわたって来島したクックの探検隊は，タヒチの自然や民族に関するすぐれた記録をヨーロッパにもたらした．さらに，1788～91年には，「バウンティ号の反乱」事件がタヒチ島とその近海を舞台に発生している．反乱者たちの多くはタヒチ島に残留し，イギリス軍に捕らえられるまで，傭兵として地元首長たちの抗争に加わり，所持していた火器の威力で全島統一に大きな役割を果たした．

　19世紀前半は，全島を統一したポマレ家の支配が続いたが，ポマレ4世(女王)時代の1842年にフランスの保護下に置かれ，抵抗運動(1844～46)に対する血なまぐさい弾圧を経て，80年からはフランスの直轄植民地へと移行した．20世紀に入ってからは，南太平洋に散在する他の島々(マルキーズ諸島，トゥアモトゥ諸島，オーストラル諸島など)とともに，フランス領オセアニア(1957年からはフランス領ポリネシア)の一部を構成している．

　タヒチ島は，行政的にも経済的にも，フランス領ポリネシアの中核をなす．島の経済は，行政・教育・医療などの第3次産業によって特徴づけられており，行政中心地のパペーテにそれらの機能が集中している．また，交通面でもフランス領ポリネシアの中心で，唯一の国際空港(タヒチ・ファアー国際空港)と国際港(パペーテ港)が立地している．フランス領ポリネシアの主要な産業は観光業と真珠養殖業であるが，海外観光客の受け入れという点でも，タヒチ島が唯一の玄関口になっている．ちなみに，これらの空港や港湾が整備されたのは，フランスの核実験場がフランス領ポリネシアに設けられたことを契機にしており，観光産業の発達と相まって，1960年代以降，住民の所得水準が飛躍的に向上した．

　タヒチ島はまた，フランスの画家ポール・ゴーギャン(1848-1903)が晩年を過ごした地としても知られている．初めてタヒチ島に渡った1891年からマルキーズ諸島のヒヴァオア島に移った1901年にかけて，途中の一時帰国はあるものの，「タヒチの女」をはじめ数多くの代表作をタヒチ島で描いた．

　　　　　　　　　　　　　　　　［手塚　章］

タビテウエア環礁　Tabiteuea Atoll　　　キリバス

人口：0.5万(2010)　面積：38 km²
[1°08′S　174°40′E]

　中部太平洋西部，ミクロネシア，キリバスの環礁．キリバス西部，南部ギルバート諸島の環礁で，首都のあるタラワ島の南西296 kmに位置する．熱帯性気候で降雨量に乏しい．環礁の東側が北西から南東に72 kmにわたる細長い島を形成していて，地域社会は北部と南部に二分される．タビテウエアは現地語で「首長に禁じられる」を意味し，マネアバとよばれる集会場を中心とした平等社会を形成する．

　　　　　　　　　　　　　　　　［柄木田康之］

964　タヒナ

〈世界地名大事典：アジア・オセアニア・極Ⅰ〉

ターピーナ　Tarpeena　オーストラリア

人口：354 (2011)　面積：2.4 km²
[37°38′S　140°48′E]

オーストラリア南部，サウスオーストラリア州南東部の町．ヴィクトリア州境から西わずか 14 km，州都アデレードの南東 416 km に位置する．1860 年代半ばに集落が成立した．ヴィクトリアとの境界付近に位置していたため，成立初期の頃は馬車や郵便物の中継地として賑わった．しかし，主要道からはずれていたために，まもなくその機能はなくなった．現在では，製材の町として知られている．集落の付近には軟材のラジアタ松が植えられている．また乳牛，肉牛の放牧も盛んである．地名は，先住民アボリジニの言語で tart pena，すなわちレッドガム(リヴァーレッドガム)の木を意味する．レッドガムはユーカリの高木林であり，現在もこの付近に多く自生する．　　　　　[片平博文]

ダーブー県　大埔県　Dabu　中国

義招県（古称）/だいほけん（音読み表記）

人口：38.0 万 (2014)　面積：2467 km²
気温：21.2°C　降水量：1526 mm/年
[24°21′N　116°42′E]

中国南部，コワントン(広東)省北東部，メイチョウ(梅州)地級市の県．ハン(韓)江中上流域の丘陵地帯に位置する．客家(ハッカ)の伝統的な居住地．海外に約 50 万人の大埔出身の華僑がいる．東晋の義熙 9 年(413)に義招県として設置され，明の嘉靖 5 年(1526)に現地名の大埔に改称した．県政府所在地は湖寮鎮．水利と気候に恵まれ，米，トウモロコシ，果物の栽培，林業が卓越する．広東有数の陶磁器と竹製品の産地でもある．客家民族文化村と客家花萼土楼が観光名所．出稼ぎ現象が著しく，戸籍人口より常住人口は 17 万(2014)も少ない．　　　　[許　衛東]

タブアエラン環礁　Tabuaeran Atoll　キリバス

ファニング環礁　Fanning Atoll (英語)

人口：0.2 万 (2010)　面積：34 km²
降水量：2070 mm/年　[3°51′N　159°22′W]

中部太平洋東部，ポリネシア，キリバスの環礁．キリバス東部，ライン諸島に属する環礁で，首都のあるタラワ島の東約 3020 km に位置する．英語ではファニング Fanning とよぶ．海洋性熱帯気候が発達する．1798 年に島を訪れたエドムンド・ファニング船長の名前から命名された．1888 年にイギリスに併合され，現在は利用されていないが，1902 年にフィジーとカナダのバンクーバーを結ぶ海底ケーブルの中継点が設置された．イングリッシュハーバー English Harbour が主村である．　　　　[柄木田康之]

タファヒ島　Tafahi Island　トンガ

ココス島　Cocos (古称)

人口：43 (2011)　面積：3.4 km²
[15°51′S　173°45′W]

南太平洋中部，ポリネシア，トンガ北端部，ニウアス諸島の島．ニウアトプタプ島の北 11 km に位置する．1616 年にヨーロッパ人として初めて訪れたオランダ人探検家ウィレム・スホーテンとヤコブ・ル・メールによってココス島とよばれたが，これはココナッツを豊富に産したことに由来する．海岸部はほとんど急峻な崖となっており，ボートの接岸も困難である．小島だが最高地点の標高は 500 m を超える．南太平洋地域で愛飲されるカヴァやバニラの生産地として知られている．　　　　[大谷裕文]

ダーファン県　大方県　Dafang　中国

人口：103.9 万 (2012)　面積：3505 km²
[27°08′N　105°37′E]

中国中南部，グイチョウ(貴州)省北西部，ビーチエ(畢節)地級市の県．イ(彝)族，ミャオ(苗)族に加え，2000 年センサス時で 6 万人の未識別民族が住み，非漢族人口は 3 割強に達する．県政府所在地は紅旗街道である．県域内で国道 326 号と 321 号が分岐して，ツンイー(遵義)市と省会グイヤン(貴陽)市へと延びる．交通の要衝であり地下資源も豊富であるが，起伏の激しい地勢で省を代表する貧困県の 1 つである．天麻，キヌガサダケ，生漆や漆工芸品が特産品である．城関鎮は省が歴史文化都市に指定した．　　　　[松村嘉久]

ダーフィールド　Darfield　ニュージーランド

ホーンドンジャンクション　Horndon Junction (旧称)

人口：0.2 万 (2013)　[43°29′S　172°07′E]

ニュージーランド南島，カンタベリー地方の町．クライストチャーチの西約 45 km に位置する．地名は，イギリス，イングランドのヨークシャーの地名に由来しており，ジョン・ジェブソンによって名づけられた．シカがよくみられる場所という意味である．かつては，白い崖の交差点(ジャンクション)として知られ，ホーンドンジャンクションとよばれていた．しかし，1879 年に，ホーンビージャンクションとの混同をさけるため現名称に改名された．周辺地区の商業やサービス業の中心となっている．クライストチャーチから西海岸のグレーマスへ抜けるトランスアルペン鉄道が通る．また，鉄道に沿ってアーサーズ峠やグレーマスへ通じる道と，カンタベリー平野と丘陵の境を走りハット山やアオラキ(クック山)へいたる道との分岐点となっている．近くのカーウィーには，コワイ川から引かれた道路に沿った灌漑用水路に，カンタベリー地方の水の供給施設をつくった人びとの労をねぎらうための記念碑が建てられている．　　　　[井田仁康]

ターフォン区　大豊区　Dafeng　中国

人口：70.2 万 (2013)　面積：2367 km²
[33°12′N　120°27′E]

中国東部，チャンスー(江蘇)省中部，イエンチョン(塩城)地級市の区．ホワン(黄)海沿岸にある．1942 年に台北県が設立され，51 年に大豊県と改名された．1996 年に市になり，2015 年に区となった．おもな農作物には小麦，水稲，トウモロコシ，ナタネ，ジュート，ハッカなどがあり，工業は機械，化学肥料，紡績，酒造，食品，皮革，服装，工芸美術などがある．観光スポットには，施耐庵記念館や国指定の江蘇大豊シフゾウ自然保護区がある．新長鉄道(シンイー(新沂)～チャンシン(長興))や瀋海高速道路(シェンヤン(瀋陽)～ハイコウ(海口))が通る．

[谷　人旭・小野寺 淳]

タブク　Tabuk　フィリピン

人口：11.1 万 (2015)　面積：642 km²
[17°28′N　121°28′E]

フィリピン北部，ルソン島北部，カリンガ州の都市で州都．市域は州の東部を中心に州の 1/3 の面積を占める．東南部はイサベラ州やマウンテン州に接しているが，道路網は発達していない．かつては自治地区であったが，1950 年に正式の自治都市になった．市内には聖公会の立派な教会があり，キリスト教徒も多い．州が海に接していないこともあり，伝統的に漁業に従事する住民もいたが，あまり発達がみられない．サトウキビ栽培な

タフラ　965

ターフォン(大豊)区(中国)，江蘇大豊シフゾウ自然保護区のシフゾウ〔Shutterstock〕

どの農業が主体であるが，目ぼしい産業がない．　　　　　　　　　　　　　〔田畑久夫〕

タプコル公園　Tapgolgongwon

韓国

パゴダ公園　Pagoda Congwon（旧称）
[37°34′N　126°59′E]

　韓国北西部，ソウル特別市の公園．ソウルの中心部，鍾路二街，鍾路の大通りの北側に位置する．以前はパゴダ公園と称していた．朝鮮時代末期に，朝鮮時代にあった寺院，円覚寺の跡を公園にしたもので，現在でも市民の休息の場所になっている．植民地時代の1919年，ここで独立宣言文が読み上げられ，またたく間に全国に運動が拡大した（三・一運動）．公園内には，それにちなんだ像やレリーフがある．　　　　　　　　　〔山田正浩〕

タフティバヒー　Takht-i-Bahi

パキスタン

タフトバーイ　Takht Bhai（別称）
人口：4.9万 (1998)　　[34°16′N　71°57′E]

　パキスタン北西部，カイバルパクトゥンクワ州中部マルダーン県の町．仏教寺院遺跡の名称としても名高い．町が属するタフティバヒー郡は県の東半部を占め，土地は肥沃であり，タバコやサトウキビが商品作物として多く栽培されている．町は州都ペシャーワルの北東約45 km，県都マルダーンからはマラカンド，スワートへ通じる幹線路に沿って北西約15 kmに位置する．遺跡は町の市街地の東約2.5 kmの岩山の尾根上にある．19世紀半ばに発見され，1907〜09年にペシャーワル博物館のデヴィッド・ブレナード・スプーナー，10〜11年に同じくハロルド・ハーグリーヴスによって調査が行われ，ペシャーワル博物館に現在展示されている数多くの石彫やストゥッコ塑像は，そのときに出土したもので，かつてのガンダーラ地方における仏教寺院の中では最もよく知られている．
　遺跡は主塔院，奉献小塔院，僧院などとそれらを結ぶ通路から構成され，いくつかの尾根や斜面に3.9 haにわたって遺構が広がる．祠堂の屋根には笠形に円筒形を載せた特色あるもので，この地域やスワートでみられる．このほか数多くの平屋建あるいは2階建で，片持ち梁によって支えられた階段をもつ世俗の建物がある．建物はガンダーラ風の地文様積み（ダイアパー式）とよばれる石積みでつくられ，この地域の石材をブロック状に加工し，平たい石で高さをそろえる方法で，壁面は当初は石灰やモルタルで被覆されていた．遺跡はおおむね2〜5世紀を中心とする時期である．尾根に広がるこれらの建築物の構成美は，歴史や考古学の専門家・学生をはじめ，広く国内外からの多くの旅行者を集めている．遺跡は1980年，「タフティ-バヒーの仏教遺跡群とサライ-バロールの近隣都市遺跡群」としてユネスコの世界遺産（文化遺産）に登録された．タフティバヒーとは丘の泉／井戸の意味で，実際，山の頂上に2つの井戸の遺構があり，町名もこれにちなむ．なお，山麓に小流があり，現在小さな泉がある．　　　　　　　　　　　　　〔出田和久〕

タフトバーイ　Takht Bhai ☞ タフティバヒー　Takht-i-Bahi

タブラス海峡　Tablas Strait

フィリピン

幅：48 km　　　　　　[12°38′N　121°43′E]

　フィリピン中部，ミンドロ島東岸とタブラス島西岸の間の海峡．北のシブヤン海と南のスールー海とを結ぶ．南端にセミララ諸島がある．海峡に面した主要都市としてはミンドロ島のロシャス Roxasとタブラス島のオディオニンガン Odioñganがあげられる．両市間にはフェリーの便があり，コプラなどの農作物が積み出される．なおタブラス海峡周辺の島々は，17〜18世紀にかけてたびたびイスラーム教徒のモロ族の略奪を受けた．
〔田畑久夫〕

タブラス島　Tablas Island

フィリピン

人口：16.4万 (2015)　面積：686 km²
長さ：64 km　　　　　[12°23′N　120°02′E]

　フィリピン中部，ロンブロン州の島．ビサヤ諸島西端にある南北に細長い比較的小さな島である．パナイ島のちょうど北，ミンドロ島の東海上51 kmにある．州を構成する主要な3島（ほかにシブヤン島，ロンブロン島）の1つで，最も面積が大きい．西にあるミンドロ島とはタブラス海峡によって，東に位置するロンブロン島とはロンブロン水路（長さ64 km，幅18 km）によって隔たっている．内部は高原状を呈し，牧場となっている．ここで産する牛はケソンシティ，バタンガス，首都マニラなどの大消費地に送られる．海岸地帯の土地は肥沃で，米，ココナッツ（コプラ）など農作物の生産も多い．しかし，島全体として水産業があまり活発ではなく，港湾ではコプラの積出しが盛んである．
　中心都市は西海岸の中央に位置するオディオニンガン Odioñganである．南西にはロオック Looc，南端にはサンタフェ，北東にはサンアウガスティンなどがあり，これらの各都市には近くの島からのフェリーの便がある．なおタブラス島を含む州の島々は，17世紀から18世紀にかけてたびたびイスラーム教徒のモロ族の略奪を受けた．　〔田畑久夫〕

タプル　Tapul
フィリピン

人口：1.8万（2015）　面積：89 km²
[5°40′N　120°50′E]

　フィリピン最南端，スールー諸島，スールー州の都市．カリマンタン（ボルネオ）島の北部サバ地区（マレーシア）と接するスールー諸島のほぼ中央にあるタプル島の中心都市である．タプル島はシアシ島，ラパック島，ルグス Lugus 島などのほか約70の小島から形成されるタプル諸島に所属している．タプル諸島は北のホロ諸島と南のタウィタウィ諸島とにはさまれている．スールー州に属する．州都ホロの南西約20 kmに位置する．タプル諸島ではシアシ島が最大の面積を有する．しかし行政の中心はシアシ島の中心シアシにあるのではなく，タプルに置かれている．経済の中心は，真珠，真珠母貝などの採取を含む水産業である．住民はイスラーム教徒のモロ族である．彼らはアラビア文字を使用し，フィリピンにおけるイスラーム文化圏を形成し，南洋貿易に古くから従事している．今日でも小型帆船ビンタを操り，ボルネオ，シンガポールにまで交易に出かける．　　［田畑久夫］

タベイッチン　Thabeikkyin
ミャンマー

人口：12.8万（2014）　[23°00′N　96°00′E]

　ミャンマー中央部，マンダレー地方（旧管区）ピンウーリン県の町．漢字では徳見金と表記する．地方の中心都市マンダレーの北約105 km，エーヤワディ川左岸に位置する．河港の町で，対岸のサガイン地方へフェリーで結ばれる．町の東約60 kmの山間部にあるモーゴウッのルビー鉱山から採掘される鉱石の積出港として賑わってきた．　　［西岡尚也］

ターホー県　塔河県　Tahe
中国

人口：9万（2012）　面積：14103 km²
[52°20′N　124°42′E]

　中国北東部，ヘイロンチャン（黒竜江）省北部，ダーシンアンリン（大興安嶺）地区の県．中国の最北に位置する．黒竜江（アムール川）の南に位置し，ロシアと国境を接する．県の成立は1982年と新しく，県名は河川名に由来する．県政府は塔河鎮に置かれる．県域のほとんどは森林に覆われた低山と丘陵であることから，林業と木材加工業が経済の中心となっている．オロチョン（鄂倫春）族が省内で最も多く暮らしている．　　［小島泰雄］

ダボ　Dubbo
オーストラリア

人口：3.2万（2011）　面積：97 km²
降水量：580 mm/年　[32°15′S　148°36′E]

　オーストラリア南東部，ニューサウスウェールズ州中央東部，ダボ行政区（人口3.9万（2011），面積3400 km²）の都市で行政中心地．州都シドニーの北西約300 kmに位置する．1872年に自治体を宣言した．1980年にTalbragar 行政区と合併して，ダボ行政区が形成された．町はミッチェル，ニューウェル，ゴールデンハイウェイの交差部に位置し，州内のほかの町を結ぶハブとなっている．地名は，先住民ウィラージュリー（Wiradjuri）の言葉で帽子または head cover を意味する Thubbo の誤った発音に由来するとされる．この帽子は赤色粘土でつくられ，喪中の先住民の女性が身につけるものである．

　町は東のグレートディヴァイディング山脈と，西に広がるダーリング川流域の平野の間に位置する．また，南北に流れるマクウォーリー川によって東西に分けられ，標高は河川沿いで約260 m，市街地の端で約300 mとなっている．このような立地環境から，年平均降水量は少ない．また，夏の気温は45℃に達したこともある一方，冬季には−6.7℃の記録もあり年較差が大きい．

　この地域には約4万年前から先住民が居住していたとされる．しかし，1818年に初めてヨーロッパ人による調査が行われ，その後，ロバート・V・ダルハンティが初めてこの地域に居住した．ダルハンティは1830年代から土地を占有し，彼の所有地に先住民の名前の使用を奨励した．1840年頃には，ダンダリマル邸宅が建てられ，周辺は約110 km²の羊の牧場となった．この建物は，州東部で最も古い家屋の1つとして残り，ナショナルトラストに登録されている．1860年代に入ると町の人口は急増したが，当時はヴィクトリアゴールドラッシュ（1851〜60年代）とよばれ，オーストラリアの人口が約10年で約2倍に達した時期と重なる．また1860年代は，南北間での貿易量の増加も人口増加の一因とされる．1881年，町の南東約45 kmに位置するウェリントンとダボ間の鉄道が正式に開通した．

　町は州の中央部における商業中心地である．町の東側に大オラナモール，中央部にマクウォーリーストリート，南側にはリヴァーデールなど多くの商店街が立地する．また，観光業は町の重要な産業の1つであり，タロンガウェスタンプレーンズ動物園（約3 km²）

はとくに有名である．この動物園ではシロサイ，クロサイ，インドサイなどの多くの絶滅危惧動物が飼育され，それらの繁殖プログラムも実行されている．マクウォーリーストリートにある旧ダボ刑務所は，1859〜1966年の間に利用された刑務所で，現在は観光名所となっている．　　［比企祐介・藁谷哲也］

ダボイ　Dabhoi
インド

人口：5.1万（2011）　[22°08′N　73°28′E]

　インド西部，グジャラート州ヴァドダラ県ダボイ郡の町で郡都．県都ヴァドダラの南東26 kmおよびラージピプラの北約40 kmに位置する．鉄道交通の結節点にあり，綿，米，キビの交易が行われる．また，綿繰り業，織物や木製品の工業，蒸留酒や規格部品組立て金属工業などがみられる．ヒンドゥー教寺院やその門などのすばらしい遺跡が多くみられ，考古学的に重要な場所である．とくに，12〜13世紀につくられた，西インドで代表的な要塞で，4つの巨大な門をもったソランキ・ラージプート砦は有名である．ヴィシュヌ神の肉体を表現した見事な彫刻が施されたヒラ門は，当時のすぐれた軍事的建築様式の典型例である．それらの印象深い多くのヒンドゥー教およびジャイナ教の寺院の存在ゆえに，重要な巡礼中心地となっている．中でも，カディおよびアディナータ寺院は最も見事なものである．　　［前田俊二］

ダーホワ自治県　大化自治県
Dahua
中国

ダーホワヤオ族自治県　大化瑶族自治県（正称）

人口：37.1万（2015）　面積：2716 km²
気温：19.2℃　降水量：1461 mm/年
[23°44′N　108°00′E]

　中国南部，コワンシー（広西）チワン（壮）族自治区北西部，ホーチー（河池）地級市の自治県．県政府所在地は大化鎮．ホンシュイ（紅水）河中流域のカルスト地形からなる．1988年に，国家プロジェクトの大化水力発電所（60万 kW）と岩灘水力発電所（120万 kW）の建設・竣工によるダム移民と施工労働者の入植に供するために，バーマー（巴馬）自治県とトゥーアン（都安）自治県とマーシャン（馬山）県の各県の一部を併合して1988年10月に新設された．ヤオ族が最多で全人口の20.4％を占めている（2010）．稲作農業とダム湖巡りの観光業がおもな産業である．

［許　衛東］

タマアブ山脈　Tama Abu, Banjaran
マレーシア

標高：2113 m　長さ：100 km

[3°31′N　115°19′E]

マレーシア，カリマンタン(ボルネオ)島北部，サラワク州東部の山脈．ブルネイの南東部に位置し，イラン山脈へとつながるペナボ山脈と平行する．タマアブ山脈とペナボ山脈の間の谷間には，バラム川が流れている．最高峰はタマアブ山(標高2113 m)である．山脈は，州の行政区マルディに属する．この行政区は，2010年には，サラワク州内でマレー人，イバン人，ビダユ人，メラナウ人を除くその他のブミプトラが最も多く居住する地域となっている．行政区内の総人口は6.3万(2010)で，約半数は他のブミプトラに区分される人びとである．これらに次いで多いのはイバン人で，総人口の約32％を占める．

[生田真人]

ダマウン　Damão　☞　ダマン　Daman

タマナ島　Tamana Island
キリバス

人口：0.1万(2010)　面積：4.7 km²

[2°30′S　175°58′E]

中部太平洋西部，ミクロネシア，キリバスの島．キリバス西部，南ギルバート諸島の南端から2番目に位置する．サンゴ礁島で，中央のラグーン(礁湖)を欠き，ギルバート諸島最小の島である．熱帯性気候で降雨量に乏しい．スワンプタロ栽培と漁撈にもとづく自給自足経済を営み，マネアバとよばれる集会場を中心とする平等社会を形成する．

[柄木田康之]

ダマル島　Damar, Pulau
インドネシア

[1°01′S　128°21′E]

インドネシア東部，北マルク州，ハルマヘラスラタン県の島．ハルマヘラ島のリボボLibobo岬の南方に位置し，セラム海にある．周辺海域は200 m以内である．クローブなどを産出する．

[山口真佐夫]

ダマル島　Damar, Pulau
インドネシア

Damer, Pulau (別表記)

人口：0.6万(2010)　面積：198 km²

[6°59′S　128°41′E]

インドネシア東部，ダマル諸島，マルク州マルクバラットダヤ県の島．バンダ海にあるダマル諸島の主島である．島の東部に高地(標高868 m)がある．おもな町としては南東部にウルル，北部にメルクア Melukuaがある．島の南方には南北トゥルパン島，東北東にはテウン島などの小島がある．なお，周辺の海には北方に5266 m，西方に5400 mの深さの地点がある．ダマル島はかつて，ナツメグの産地として知られていた．

[山口真佐夫]

ダマン　Daman
インド

ダマウン　Damão (ポルトガル語)

人口：4.4万(2011)　面積：6.7 km²

降水量：1909 mm/年　[20°25′N　72°51′E]

インド西部，ダマンディウ連邦直轄地，ダマン県の都市で県都．ダマン県はマハーラーシュトラ州の州都ムンバイ(ボンベイ)の北約160 km，グジャラート州の南端に接し，アラビア海と西ガーツ山脈にはさまれている．1531年ポルトガルの侵略を受け，58年にはポルトガル領とされ，それ以降ゴアと並んでポルトガルのインドにおける交易の根拠地となった．1961年インドに返還され，87年ゴアとともにインド政府の直轄地となった．主要産業は，米，小麦，タバコ，チークなどの農林産物の生産であるが，造船業，織物，ヤシマット，籠などの製造業や漁業もみられる．ポルトガル支配時代の名残は，市内の各地にみられる．町は西流してアラビア海に注ぐダマンガンガ川によって南北2つに分けられる．南側は大ダマン(モティダマン Moti Daman)，北側は小ダマン(ナニダマン Nani Daman)とよばれる．大ダマンはポルトガル支配時代の中心地区で，東西約700 m，南北約500 mの壁に囲まれている．その内域には当時の城塞，総督府，キリスト教会，灯台などが残されており，歴史的な観光地として興味深い．

総督府は現在も県庁として利用されている．セ・カテドラルは17世紀に建造された教会で，金箔をはった美しい祭壇が見事である．その南に近いロザリー教会でも手の込んだ彫刻の祭壇や，床に組み込まれたポルトガル人の墓石をみることができる．町のあちこちにベランダ，木製のシャッターをもつ古いポルトガル風の邸宅がある．小ダマンにも大ダマン城塞の対岸にあたる位置に城塞があり，古いキリスト教会もある．しかし周囲を取り巻く城壁は小規模である．城塞の北約300 mにはジャイナ教寺院があり，開祖マハヴィーラの生涯を描いた壁画もあるが，歴史的な魅力はなんといっても大ダマンにある．

[中山晴美]

ダマンスキー島　Damanskiy, Ostrov　☞　チェンパオ島　Zhenbao Island

ダマンディウ連邦直轄地　Daman and Diu, Union Territory of
インド

人口：24.3万(2011)　面積：112 km²

[20°25′N　72°51′E]

インド西部，グジャラート州の南端にある2つの飛び地からなる連邦直轄地．ダマンとディウの2つの県からなり，ともにアラビア海に面し，陸地部分はグジャラート州と境を接する．1961年にゴアとともにポルトガル領から返還され，ゴア・ダマン・ディウとしてインド政府の直轄地となったが，87年にゴアが分離して州として独立したため，現在のダマンディウとなった．面積はダマンが72 km²，ディウが40 km²，合わせて112 km²と小さく，同じく連邦直轄地であるチャンディガル(114 km²)とほぼ等しい．ダマンは，半島部インドの西岸に位置し，北はコラーク川，南はカライ川により画されている．中央部をダマンガンガ川が西流し，その河口部にダマンの町がある．低平で肥沃な平野で標高は最高でも12 mにすぎない．ディウはダマンの北西方向に海を隔てて位置し，グジャラート州がアラビア海に南面するカチャワール半島の最南端にある．主たる部分は島であるが，領域の一部は本土にもあり，両者は橋で結ばれている．

熱帯気候で海岸に位置するため，最低気温は20℃を下らない．また南西モンスーンの影響を受け，年平均降水量はともに1500 mmを超えるが，ダマンのほうがディウより降水が多く約2000 mm近くに達する．

2011年の人口のうち，その78.6％はダマン県，残りの21.4％はディウ県に居住する．人口の増加が顕著で，ポルトガルからの返還時の1961年にはわずか3.7万であったが，91年には10.2万となり，その後も増勢が続いている．識字率は78％と高く，グジャラ

ート州の 69％ と比べても 10％ 近い差があ
る. 文化面では, 隣接するグジャラート州と
共通する面が多く, 住民の 91％ はグジャラ
ート語を話し, また 90％ はヒンドゥー教徒
である. しかし, ポルトガル語や英語も話さ
れ, イスラーム教徒やキリスト教徒もみられ
るといった点に, かつてのポルトガル支配の
名残が認められる.

歴史的には, 16 世紀に入りポルトガルは
ヨーロッパとインドの間の貿易を支配下に置
くため, インド西岸の主要な港に要塞を築い
た. ディウは, 当時グジャラート王国の領土
であったが, 1535 年, グジャラート国王は
ポルトガルに対しディウに要塞を築くことを
認めた. 他方, ダマンはディウよりもやや遅
れてポルトガルの支配下に入る. 1559 年に
イスラーム教徒の太守からポルトガルに移譲
され植民地となった. ディウに続いてダマン
を占領することで, ガンベイ湾の封鎖線がで
きあがり, グジャラートに出入りする船から
通行税をとることができるようになった. し
かし, 17 世紀に入るとオランダやイギリス
の進出で, ポルトガルの海上支配は崩れ,
19 世紀にイギリスのインド支配が確立する
と, ダマンやディウの貿易港としての歴史も
失われた. ダマンとディウは現在, 港湾とし
ての重要性はもたない.

主たる産業は漁業で, 農林漁業の総産出額
のうち 90％ 近くを漁業が占める. 農地は約
1100 ha あり, その 3/4 はダマンに属する.
米やその他の穀物のほか, ココナッツ, サト
ウキビ, 野菜, 果実を産する. 工業の発展は
限られているが, 公営企業の OIDC により
工場の誘致や工業地域開発が行われている.
近年は徐々に観光業が高い地位を有するよう
になっている. その理由は, 1 つにはポルト
ガル時代の遺産を求める観光客の来訪である
が, もう 1 つは, 飲酒が禁止されているグジ
ャラート州からの飲食を目的とした訪問であ
る. レストランやバーが数多くあるのはその
ためといわれる.   ［岡橋秀典］

タマンヌガラ国立公園 Taman Negara National Park
マレーシア

ジョージ 5 世国立公園 King George V National Park （旧称）

面積：4343 km²	[4°38′N 102°24′E]

マレーシア, マレー半島マレーシア領北
部, パハン州, クランタン州, トレンガヌ州
にまたがる国立公園. タマンはマレー語で公
園, ヌガラは国を意味し, 国内を代表する最
大の国立公園として名称が固有名詞化してい

る. イギリス植民地時代の 1938 年にジョー
ジ 5 世国立公園として設立され, 独立後に現
名称に改称した. 1 億 3000 万年前に起源を
もつといわれる原生林地帯にゾウやトラ, 水
牛などの大型動物, 250 種以上の鳥類が生息
する. 管理事務所, 宿泊施設, レストランや
売店などがあるトゥンブリン Tembeling 川
沿いのクアラタハン Kuala Tahan が探索拠
点となる. 公園内には半島最高峰のタハン山
（標高 2187 m）をはじめ滝, 洞窟, 動物観察
小屋, 水浴場, 吊り橋などの観光スポットが
あり, 多数のトレッキングコースが設定され
ている. 首都クアラルンプールからはシャト
ルバスで, ジュラントゥット Jerantut 経由
でクアラタハンへ向かうのが一般的である.
［石筒 覚］

タミャン 潭陽 Damyang
韓国

たんよう （音読み表記）

人口：4.4 万 (2015)	面積：455 km²
	[35°19′N 126°59′E]

韓国南西部, チョルラナム（全羅南）道北端
の郡および郡の中心地. 行政上は潭陽郡潭陽
邑. 2010 年の潭陽郡の人口は 4.1 万である.
1975 年の人口は約 11 万であったので, この
間に約 4 割弱に減少した. 郡域はヨンサン
（栄山）江の上流域を占め, 潭陽ダムと潭陽湖
がある. また, 88 オリンピック高速道路が
通過している.   ［山田正浩］

タミーラ島 Thamihla Island
ミャンマー

ダイヤモンド島 Diamond Island （別称）

面積：0.9 km²	標高：30 m
	[15°52′N 94°17′E]

ミャンマー南部, エーヤワディ地方（旧管
区）パテイン県の島. ヤンゴンの東南東約
235 km, エーヤワディ川河口の突端, アン
ダマン海とベンガル湾の境界地点に位置す
る. 周囲 5 km の低平な小島で, 島名は美し
い娘を意味し, ダイヤモンド島ともよばれ
る. 数百頭のアオウミガメと若干のヒメウミ
ガメの生息が確認されており, 1970 年にタ
ミーラ島野生生物保護区に指定されている.
［西岡尚也］

タミルナドゥ州 Tamil Nadu, State of
インド

マドラス州 Madras, State of （旧称）

人口：7214.7 万 (2011)	面積：130060 km²
	[13°05′N 80°18′E]

インド南部に位置する州. 南インドの中心
的存在となっている州で, かつてはマドラス
州とよばれたが, タミール人の地という意味
の現在の名称となった. 面積 13 万 km², 人
口はインドの州としては 7 番目に多い. おも
な都市としては, 州都のチェンナイ（マドラ
ス）, コインバトール, マドゥライ, ティル
チラパッリ, サレムなどがある. インド半島
の南東側にあり, ベンガル湾, インド洋に
面している. 北はアンドラプラデシュ, 北西
はカルナータカ, 西はケーララの各州に接し
ている. 南東はアダムスブリッジを経てスリ
ランカに対している. 住民はドラヴィダ系の
タミール人で, 北インドに比べて背が低く,
色も黒い. 言葉はタミール語である. チェン
ナイはコルカタ（カルカッタ）, ムンバイ（ボ
ンベイ）とともに, インドの 3 大港の 1 つで
ある.

州の地形は東側の沿岸諸平野とその背後西
側の東ガーツ山脈, さらにそれにデカン高原
が続く. デカン高原は南端ほど高くなり, 西
に高く東に低い. したがって河川は西から東
に流れ, 下流にデルタやラグーン（潟湖）をつ
くっている. デカン高原の西端は西ガーツ山
脈で, ニルギリ, カルダモンの 2 丘陵とな
り, ともに 2000 m を超える高地で, 避暑地
（ヒルステーション）となっている. 西ガーツ
山脈からはカーヴェリ川が流れ出て, 多くの
急流や滝を経てベンガル湾, コロマンデル海
岸にいたっている.

気候は熱帯気候で, 沿岸部は熱帯モンスー
ン, 内陸部はやや乾季の長い熱帯サバナ気候
となっている. 季節はほぼ 3 つに分けられる
が, 10～3 月までは, 北東のモンスーンが支
配的である. このため, インドの他地域は乾
季となるが, この州ではベンガル湾から陸地
へ吹き込むことになるため雨が多い. 冬のモ
ンスーンによる雨は州の北部ほど多く, 南ほ
どしだいに少なくなる. またスリランカの山
地が障壁となって, 南部では雨が少ない. こ
の冬の雨は全年の 40～60％ に達し, 冬作を
可能にしている. 気温は沿岸部で 22℃ 前
後, 内陸部ではやや低く 19～20℃ である.
3 月から気温は上昇し, 4, 5 月は酷暑期と
なる. 気温は 40℃ 近くなり, コルカタより
暑い. 6～10 月は南西のモンスーンが吹き出
し, 雨季となる. この雨は南に多く北に少な

タミル

い．また西ガーツ山脈に近い西部が多く，北は少ない．10月を過ぎると，モンスーンも終わりに近づくが，この時期，ベンガル湾上に発生したサイクロンが襲来して被害をもたらすことがある．

産業は農業が60％以上を占め，生産活動の中心である．耕地は全インドの平均より少なく，全土の5％近くである．また灌漑が行われているのは全耕地の40％近くで，60％は自然の雨に頼っている．カーヴェリ川やその他の河川でダムをつくり，灌漑も行っているが，まだ少ない．作物の多くは米作であり，裏作としてまた雨の少ない地域ではトウモロコシ，ジョワール（モロコシ），バジェラ（キビ），ラギなどのキビ類をつくっている．米作の中心はカーヴェリデルタが主でこのほか北部のパラール Palar 川，南部のタミラバラニ Thamirabarani 川流域が多い．

米の裏作はサトウキビ，油脂作物，タバコ，コーヒー，茶，ゴム，コショウなどが多い．綿花はカーヴェリデルタの上流部や，内陸のコインバトール周辺に多く，品質のよい綿花を産する．油脂作物はナタネ，落花生，ココヤシが多く，沿岸部はココヤシが多い．コーヒーや茶，ゴムなどはプランテーション，農園栽培の形で行われている．コーヒーは南インドに多く，生産量は最も多い．漁業は沿岸漁業が主体で零細的である．沿岸には多くの漁村がある．林業も西ガーツ山脈を中心に若干の木材や竹材を産出している．家具用のローズウッド（紅材）は日本にも輸出されている．鉱業もあまりみるべきものはなく，石炭，マグネシウム，雲母，石英，ボーキサイト，褐炭などを産出している．

工業はチェンナイを中心に，南インドの中心的地区となっている．伝統的な家内工業として綿工業や皮革工業があるが，近代的な工業はチェンナイの西部から北アルコト，州内のサレム，コインバトール，ティルチラパッリなどに分布している．中部沿岸地方のニヴェリには褐炭を原料とした石炭化学コンビナートがあり，火力発電所もつくられている．ティルチラパッリには高圧ボイラー工場，チェンナイ南郊にはフィルム工業，医薬品化学工業がある．このほかチェンナイの周辺には石油化学，化学工業，肥料工業，自動車工業などが立地し，サレムには製鉄，鉄鋼業がある．商業面ではチェンナイが南インドの一大中心地で，旧ジョージタウンを中心に商業・金融センターが形成され，南のマウントロードもその延長である．チェンナイの港も，南インドで最も大きく，タミルナドゥ州以外にカルナータカ，アンドラプラデシュ，ケーララ州などの諸州も港の後背地である．

交通面でもチェンナイを起点としてコルカタ，首都デリー，ムンバイなどインド各地の主要都市を結ぶ鉄道や道路，空路が発達し，南インド各地のハイデラバード，ベンガルール（バンガロール），マイソール，ケーララのティルヴァナンタプラム，コチ（コーチン）などとも結ばれている．チェンナイ空港は国際空港で，スリランカ，東南アジア，中近東，アフリカ，オセアニアなどと結ばれている．

おもな観光地としては，チェンナイではイギリスの植民地支配の砦となったセントジョージ城，その近くの南インド様式の建物である高等裁判所，バザールなどがある．南のマウントロード付近は南インドを代表する州立博物館，国立美術館などがあり，ベンガル湾沿いにはマリーナビーチがあり，チェンナイ大学も立地している．さらに市の南部には2つの大きなヒンドゥー教寺院，カパーレシュワラ寺院とパルタサラティ寺院がある．チェンナイの南西77kmにはパッラヴァ王朝の都で千の寺があるカーンチープラムがある．巨大なゴープラムという塔門があるカイラーサナータ寺院がとくに有名である．チェンナイから南へ60kmのところにはマハバリプラムがあり，ベンガル湾沿いの海の寺院である．7世紀につくられ，1984年にユネスコの世界遺産（文化遺産）に登録された．さらに南へ470km行くとマドゥライがあり，パンディヤ王朝やチョーラ王朝の都でもあった．この町には巨大なゴープラムをもつミナクシ寺院があり，16世紀に完成した．

この地の歴史は非常に古く，旧石器時代から居住をみた．また南インドのドラヴィダ系の人はかつて全インドに居住したが，北からアーリア系の侵入によって，南に追われたともいわれている．このため，現在も北部に対して反発することが多い．とくにこのタミル

ナドゥ州は，南インドの盟主をもって任じ，南インド文化の中心となっている．4世紀の頃にはパッラヴァ王朝，南にはパンディヤ王朝があった．7世紀パッラヴァ王朝は全盛となったが，やがて衰退し，9世紀にはチョーラ王朝が強大となり，10～11世紀には東南アジアまで勢力を伸ばした．16世紀にはイスラームの勢力が浸透し，さらにヨーロッパ列強の侵入するところとなり，18世紀にはイギリスが覇権を握り，マドラスに拠点を置いた．戦後の1947年にインドが独立してタミルナドゥ州となった． 〔北川建次〕

ダーミン県　大名県　Daming　中国

人口：86.0万（2012）　面積：1056 km²
気温：13.3℃　降水量：600 mm/年
[36°16′N　115°08′E]

　中国北部，ホーペイ（河北）省南部，ハンタン（邯鄲）地級市の県．県政府は大名鎮に置かれている．河北平野の南東部にあり，南西が高く北東は低い．地勢は平坦である．漳河，ウェイ（衛）河，馬頬河などの河川が流れる．1月の平均気温は0.7℃，7月は27℃．農作物は小麦，トウモロコシ，綿花，落花生を主としている．機械製造，醸造，化学肥料，製紙などの工場がある．青蘭高速，国道309号が通る． 〔柴　彦威〕

タムー　Tamu　ミャンマー

人口：5.9万（2014）　[24°15′N　94°20′E]

　ミャンマー北西部，サガイン地方（旧管区）タムー県の町で県都．漢字では徳穆と表記する．地方の中心都市サガインの北北西約307 km，カレーワの北113 kmに位置する．インドとの国境に接したカボー谷の中心地である．ミャンマー側チンドウィン川流域からラカイン（アラカン）山脈を越える峠ルートで，インドのマニプール州への入口にある．第2次世界大戦では，日本軍のインパール作戦（1944年3～7月）の失敗で悲惨な退却行の舞台となり，多くの犠牲者が出た． 〔西岡尚也〕

タムガリ　Tamgaly　カザフスタン

[43°48′N　75°32′E]

　カザフスタン南東，アルマトゥ州の峡谷．国内最大都市アルマトゥの北西約180 kmに位置する9 km²の地域に，およそ5000点の紀元前14世紀にさかのぼる岩絵群がある．岩絵は，おもに5つのエリアに集中している．2004年に，「タムガリの考古的景観にある岩絵群」としてユネスコの世界遺産（文化遺産）への登録が認められた．この岩絵は洞窟内の壁画ではなく，露天の岩に金属や石で岩の表面を削って描かれたペトログリフ（線刻画）で，この地域の遊牧民が長期にわたりそれぞれの特徴をもつ岩絵を残しており，規模と多様性，芸術性で際立っている．画題はシカやイノシシ，馬などの動物から，信仰の対象となった神や人間などにわたり，鮮明なシルエットは中央アジア遊牧民の生活の変遷を知るためにも貴重である． 〔木村英亮〕

タムガリ（カザフスタン），紀元前14世紀頃から描かれていた岩絵群《世界遺産》〔Shutterstock〕

タムキー　Tam Ky　ベトナム

Tam Kỳ（ベトナム語）

人口：10.9万（2011）　面積：100 km²

[15°34′N　108°29′E]

　ベトナム南中部，クアンナム省の都市で省都．陸路で首都ハノイから南南東約 820 km，ホーチミン中央直属市から約北東 900 km に位置する．9つの行政区と 4 つの村によって構成されている．1983 年にタムキー県が分割され，現在のヌイタイン県とタムキー市が設置された．2005 年にフーニン Phu Nink 県として一部が分割された．2006 年に省直属市に昇格した．ベトナム南北縦貫鉄道（統一鉄道）と国道 1 号が通る．

［筒井一伸］

タムサグボラグ　Tamsagbulag

モンゴル

[47°15′N　117°19′E]

　モンゴル東部，ドルノド県ハルハゴル郡の湧水地．中国国境近くの草原に位置する．1939 年，日本の関東軍とソ連・モンゴル連合軍が激突したハルハ川戦争（ノモンハン事件）におけるソ連・モンゴル側の前線司令部が置かれた場所である．1939 年 6 月，日本軍はタムサグボラグのモンゴル軍拠点に爆撃を行った．戦後，日本の中学・高校用の地図帳にその名前が記され続ける一方で，この無人の地はモンゴル側の学習用の地図帳には長く記されてこなかった．しかし 2000 年代になってから，同地に油田があることがわかり，16 年現在中国の資本によって開発が進められている．

［島村一平］

タムスン県　当雄県　Damxung

中国

達木八旗（旧称）

人口：5 万（2012）　面積：12000 km²

[30°32′N　91°02′E]

　中国西部，シーツァン（チベット，西蔵）自治区，ラサ（拉薩）地級市の県．地名はチベット語で選ばれた湿原を意味する．ナム湖（納木錯）の東部，ニェンチェンタンラ（念青唐古拉）山（標高 7111 m）を北部に望む．清代雍正年間（1723〜35）に駐蔵大臣に統轄され，達木八旗と呼称された．1960 年に当雄県が置かれ，拉薩市に属している．牧畜業が盛んであり，ヤクや綿羊，山羊，馬を放牧している．

［石田　曜］

タムセルク山　Thamserku　ネパール

標高：6623 m　　　　[27°47′N　86°47′E]

　ネパール東部，サガルマータ県ソルクンブ郡の山．ヒマラヤ山脈，クーンブ山群の高峰で，エヴェレスト山（標高 8848 m）の南西約 26 km にある．シェルパ族の拠点であり，インドからチベットへの交易路の中継点として栄えたナムチェバザールから東約 7 km の位置にある．カンテガ山（6779 m）から西に約 2.6 km 続く尾根が断ち切られるところにピークがある．侵食の進んだ西壁はいわゆるヒマラヤ襞が見事に発達し，ナムチェバザール北方のタンボチェ飛行場からそれを間近に望める．イムジャコーラ川の河岸から 3000 m 以上の標高差があり，エヴェレスト街道の中でひときわ峻険な山容をみせる．1964 年にニュージーランド隊が初登頂，第 2 登は 79 年の日本隊である．

［松本穂高］

タムドゥブラク　Tamdybulak

ウズベキスタン

[41°46′N　64°36′E]

　ウズベキスタン中央南部，ブハラ州北東部の町．州都ブハラの北 217 km，クズイルクム砂漠に位置する．おもな産業は，カラクル羊の飼養である．付近のムルンタウに国内最大の金鉱がある．1943 年までカラカルパクスタンに属した．

［木村英亮］

タムルク　Tamluk　インド

タムラリプタ　Tamralipta（古称）／タムラリプティ　Tamralipti（古称）／タモルク　Tamoluk（古称）

人口：6.5 万（2011）　面積：18 km²

[22°17′N　87°55′E]

　インド東部，ウェストベンガル州南部，プルバミディニプル県の都市で県都．市街地は，ガンジス川の支流の 1 つルプナラヤン川の右岸に広がる．県都の特性からバス路線が県内主要都市を結び，鉄道の便もよい．北東約 55 km にある州都コルカタ（カルカッタ）とは，電車やバスを利用すれば 2 時間ほどで往来でき，通勤者も多く州都の衛星都市の性格も合わせもつ．町の起源は古代にさかのぼり，古くはタムラリプタ，タムラリプティ，タモルクなどとよばれた．当時の市街地は，ルプナラヤン川がベンガル湾に注ぐ河口に位置し，南側はベンガル湾に面していた．古都名のタムラリプティは，古代神話『マハーバーラタ』にも記述がある．また，仏教と同時期に生まれたジャイナ教の聖典には，ヴェンガ国の首都で港町だったとの記述もあるという．

　市内の紀元前 3 世紀の集落遺跡からは，古代ギリシャ時代の貨幣や銅製彫像も発掘されており，古代からインド亜大陸と地中海，さらに東南アジア地域との交易の拠点港湾都市として栄えていたとされる．当時の貴重な出土品は，市内のタムラリプタ考古学博物館でみることができる．ちなみに古地名のタムラリプティのタムラは銅を意味し，銅の集散地であったことがうかがえる．現在は，かつての拠点港の面影はなく，ルプナラヤン川の沖積作用によってすっかり陸化し，港の機能は 35 km ほど南のハルディアに移っている．また歴史の古さから，市内にはブラーマン街区，花商人街区，金商人街区，木材商人街区といったカースト別の街区名がいまに残る．

　おもな産業は農業で，米，バナナ，ジャガイモ，ココナッツ，ベテル葉（噛みタバコの葉），各種の花，野菜などの生産が盛んである．とくにベテル葉は，この地方の特産品としてインド東部でも有名である．また，バス，トラックの車体製造も盛んである．技術的には，古く海上交易時代の造船技術が転化して発展したものと考えられる．ほかにルプナラヤン川での内水面漁業も盛んである．

［中山修一］

タムワース　Tamworth

オーストラリア

人口：2.2 万（2010）　面積：45 km²　標高：400 m

降水量：673 mm/年　　[31°05′S　150°56′E]

　オーストラリア南東部，ニューサウスウェールズ州北東部，タムワース行政区の都市で行政中心地．行政区は面積 9892 km²，人口 5.9 万（2010）を擁し，州都シドニーの北北西約 400 km，グレートディヴァイディング山脈西側に位置する．中心市街地はピール川の両岸に立地し，その東には標高約 800 m のウェントワースマウンドが立つ．気候環境として，毎月 40〜85 mm の降水量があり，最暖月の平均最高気温は 31.9 °C，最寒月の平均最低気温は 2.9 °C を示す．最低気温の記録では 5〜9 月に氷点下を記録するが，おおむね湿潤温暖な気候環境である．

　もともとこの地域は先住民カミラロイ（Kamilaroi）の居住地であったが，ヨーロッパ人としては 1818 年にジョン・オクスリーがピール川の調査で初めて訪れた．町では 1831 年から放牧が始まり，その後オースト

972　タモ

〈世界地名大事典：アジア・オセアニア・極I〉

ラリア農業会社と市街地の南にあるガナガヌー Goonoo Goonoo で 1270 km² の賃貸契約が結ばれた. この結果, 町は農業会社の牧場の発展とともに, ピール川南岸で成長した. しかし, 町として公示されたのはピール川の北岸で, 1850 年に町となった. 当時の町では企業化された牧羊経営が進められていたため, 1851 年の人口は 254 と少なかった. しかし, その後 1878 年には, ニューカッスルからの鉄道が開通し, 90 年に土地の賃貸契約が切れたことからしだいに人口は増加した. とくに第1次世界大戦後は退役軍人が多く入植し, 第2次世界大戦後, 航空学校が設立され, 1946 年に市となった. 現在, 町は農業に特化し, 約 30 万 ha の土地で食肉, 羊毛, 穀物, 酪農生産が行われている. また養鶏も盛んで, 州内最大の鶏卵生産地の1つとなった.

タムワースは, 「最初の電灯の町」として知られている. これは 1888 年に南半球で初めて通りに電灯が灯されたことによる. また, 国内における競走馬の中心地としても有名であり, 町には主要な競走馬協会の本部が置かれ, 国際, 国内を問わず定期的に競技会が開催されている. 競技は 2008 年建築のオーストラリア馬・家畜イベントセンターで行われるが, ここは家畜も売買される複合施設となっている. さらに, タムワースカントリーミュージックフェスティバルが毎年1月に10 日間開催される. これは世界で第2位の規模を誇り, 毎年, 推定で 10 万人が訪れるという. 40 年の歴史をもつ大イベントは, 町の持続的発展にも貢献する. また, ニューイングランド地域における中心都市としての性格が強い. このため, ニューイングランドハイウェイ, オクスリーハイウェイなどの主要道路が集まり, 鉄道や航空路も乗り入れている. 鉄道では, シドニーとアーミデールを結ぶカントリーリンク鉄道のエキスプローラー列車を利用すると, シドニーからおよそ6時間である. また, 航空機ではシドニーから市街地の西につくられたタムワース空港まで約1時間と近い.　　　　　　　　　　［藁谷哲也］

ダモー　Damoh　　　　　　　　　インド

人口：12.5 万 (2011)　　　[23°50′N　79°27′E]

インド中部, マッディヤプラデシュ州北東部, ダモー県の都市で県都. 歴史的には, サーガル地方の行政中心地であった. 州都ボパールの東北東約 215 km に位置する. 現在は, 県都として行政機関が集中するととも

に, 経済的には農産物の取引や家畜市場が活況を呈する. 町の周辺で栽培される噛みタバコ葉は特産品となっている. また, 製造業は小規模ながら, ナタネ油製造, 機織り, 製陶, 釣鐘製造などが発達する.　［中山修一］

ダモダル川　Damodar River

インド

面積：22000 km²　長さ：595 km

[22°13′N　88°05′E]

インド東部, デカン高原北東部を流れる川. ジャルカンド州の高原部に水源をもち, ウェストベンガル州を南東に流れ, 州都コルカタ (カルカッタ) の北部でフーグリー川 (ガンジス川の分流) と合流して流路を南に変え, ベンガル湾に注ぐ. もともと流域に洪水をもたらす危険な河川とのイメージが強い河川であり, 森林破壊, 土壌侵食に伴って, その被害は増大する一方であった. 1948 年, 流域付近が良質な石炭, 鉄鉱石に恵まれることが考慮され, 合わせてさまざまな角度からの検討の結果, 総合開発が行われることとなった. 1947 年の独立後インド政府による最初の総合開発計画で, DVC と略称されて世界的にも有名な開発計画となった. 計画の基本的な柱は4つのダムの建設で, それにより洪水防止, 灌漑, 発電, 植林, 土壌侵食防止, 公衆衛生, 農業, 工業の進展が図られた. アサンソル, ドゥルガプルなど複数の近代的な工業都市も誕生し, 流域は大きく変貌した. ダモダル河谷工業地域としてインドの重要な工業地域を形成している. 工業地域別の鉱工業労働力を比較すると国内で第3位の座にある.　　　　　　　　　　　　　　　　［中山晴美］

タモール川　Tamor Nadhi　　　ネパール

面積：5800 km²　長さ：200 km

[26°58′N　87°10′E]

ネパール東部, メチ県およびコシ県を流れる川. ガンダキ川水系, カルナリ川水系とともにネパール3大河川の1つであるコシ (アルン) 水系に属し, 国内最東部を流域とする. 流域には, 世界第3位の高峰カンチェンジュンガ山やウムバキヒマールなどの高ヒマラヤとその南側の低ヒマラヤ帯および, マハバーラト山脈の北面が含まれる. 流域の主要な町としてタプレジュン Taplejung がある. タプレジュンからおおよそ 25 km の低ヒマラヤ帯を流下した後, 川はマハバーラト山脈の北麓を約 50 km 西流する. 流路長 200 km のうち 130 カ所に早瀬があるといわれる.

パグナム Pagnam 付近でアルン川, スンコシ川と合流する.　　　　　　　　［八木浩司］

ダーヤオ県　大姚県　Dayao　　　中国

だいようけん（音読み表記）

人口：29.0 万 (2010)　面積：4146 km²

[25°44′N　101°20′E]

中国南西部, ユンナン (雲南) 省中央部, チューシオン (楚雄) 自治州の県. 県政府は金碧鎮に置かれている. イ (彝) 族人口が3割弱を占める. 農林業がおもな産業であるが, 食品加工業や鉱業も行われている. クルミ, クリ, 桐油などが名産品で, 雲南省屈指の銅の産地でもある. かつて製塩業で栄えた北西部の石羊鎮は, 孔廟などの文化財も多く残っており, 1995 年に省の歴史文化都市に指定された.　　　　　　　　　　　　［松村嘉久］

ダヤッククチル川　Dayak Kecil, Sungai
☞ カプアス川　Kapuas, Sungai

タヤバス州　Tayabas Province ☞ ケソン州　Quezon, Province of

タユ　Tayu　　　　　　　　インドネシア

人口：6.4 万 (2010)　面積：47 km²

[6°32′S　111°02′E]

インドネシア西部, ジャワ島中部北岸, 中ジャワ州パティ県の町. ムリア山の北東, ジャワ海に突き出すブゲル岬の東部, ルンバン岬の西に位置する. 県都パティの北約 27 km にある. 住民のほとんどがイスラーム教徒のジャワ人で, 漁業が盛んである.

［塩原朝子］

ダーユィー県　大余県　Dayu　　中国

ダーユィー県　大庾県　Dayu（旧称）

人口：30.0 万 (2010)　面積：1367 km²

[25°23′N　114°21′E]

中国南東部, チャンシー (江西) 省南部, ガンチョウ (贛州) 地級市の県. ガン (贛) 江の西の源流であるチャン (章) 水の上流域, ダーユィー (大庾) 嶺の北麓に位置し, 西部と南部はコワントン (広東) 省に隣接する. 県政府はナンアン (南安) 鎮に置かれる. 地勢は, ナン (南) 嶺山脈の大庾嶺に属す低山丘陵が大部分を占め, その間を数多くの河流が流れ狭小な平原が発達する. 秦代に置かれた南野県を割

いて南北朝時代に安遠郡が置かれ，唐代に大庾県に改められ，明，清代には南安府の治所となり，1957年に大余県に改称された．南部を康大高速道路が東西に通る．森林資源が豊富で，竹木加工業も発達する．農業は米，ナタネ，柑橘類がおもな農産品である．名勝古跡に古駅道，梅関，牡丹亭などがある．

[林　和生]

ダーユィー嶺　大庾嶺　Dayu Ling

中国

寒嶺，塞上，瘦嶺，台嶺，東嶠（古称）/だいゆれい（音読み表記）/メイ嶺　梅嶺　Mei Ling（別称）

標高：1560 m　長さ：約200 km

[25°20′N　114°19′E]

中国南東部，チャンシー（江西）省とコワントン（広東）省の省境に位置する山．ナンリン（南嶺）山地の一部分で，北東から南西に続く．中国の5嶺の1つ．古称は庾嶺，塞上，台嶺，寒嶺，東嶠．漢の武帝時に庾将軍がここに築城し駐屯したことから大庾の名がついたと伝えられる．花崗岩からなる断層山脈で，北東から南西に走り，標高は1100 m前後で最高点は1560 m．チュー（珠）江水系の湞水とガン（贛）江水系の章水の分水嶺にあたる．唐代に宰相の張九齢が監督して新道を開削し，かたわらに梅を多数植樹したことでメイ（梅）嶺ともよばれる．古来より嶺南と嶺北を結ぶ交通の要衝であった．タングステンの産地として知られ，中国国内生産の半分以上を産出する．

[林　和生]

ダーユィーリン　大禹嶺　Dayuling

台湾｜中国

標高：2565 m　[24°11′N　121°19′E]

台湾北中部，ホワリエン（花蓮）県秀林郷の集落．ナントウ（南投）県との県境に位置し，ホーホワン（合歓）山（標高3416 m）への登山口となっている．花蓮とタイジョン（台中）を結ぶ東西横貫公路の最高地点でもあり，東西横貫公路とウーサー（霧社）方面に向かう道路が交わる交通の要衝でもある．合歓山までは約9 kmの道のり．集落は標高2600 mの高地にあり，冬季には積雪がみられる．付近一帯はタロコ族とタイヤル（アタヤル）族の人びとが住んでいるが，外省籍の退役軍人も多い．近年茶の栽培が盛んである．[片倉佳史]

ダーヨン　Dayong　☞チャンチャチエ市　Zhangjiajie

タラ　Tara

オーストラリア

人口：0.2万（2011）　面積：1292 km²

[27°04′S　150°31′E]

オーストラリア北東部，クイーンズランド州南東部，ウェスタンダウン地域の町．州都ブリズベンの西約280 kmに位置する．地名はアイルランドの村の名前にちなむ．おもな産業は農業および牧畜業である．[秋本弘章]

タライマンナール　Talaimannar

スリランカ

標高：9 m　[9°05′N　79°44′E]

スリランカ，北部州マンナール県の村．マンナール島の北西端に位置する．マンナール市街地から約25 kmに位置する．元来は，ココナッツやパルミラヤシの林が砂州上に散在し，灯台とカトリック教会のある，人口300人ほどの漁民の集落であった．1914年にジャフナ半島へ向かうスリランカ国鉄北部線のメダワチャチャから分岐する延長106 kmの支線が，タライマンナール桟橋駅まで開通した．インドのダヌシュコディ（ラメシュワラーム）への連絡船（所要3時間半）に接続するこの路線は，イギリス植民地時代には，スリランカ中央高地のエステート（大農園）で働くインド・タミル人の労働者の移動ルートとしての役割を有し，コロンボ発着の連絡寝台列車も運行されて賑わった．しかし1983年に始まるスリランカ内戦で集落や鉄道施設は破壊され，84年秋からフェリーの運航も停止された．2015年になって鉄道線路は復旧され，列車の運行が再開されたが，インドへの連絡船は休止されたままである．

[山野正彦]

タラヴァオ地峡　Taravao, Isthme de

フランス

幅：2 km　[17°44′S　149°18′W]

南太平洋東部，ポリネシア，フランス領ポリネシア，タヒチ島の地峡．タヒチ島はヒョウタンの形をしており，大タヒチ（タヒチヌイ）と小タヒチ（タヒチイティ，タイアラプ半島）を幅2 kmほどの地峡がつないでいる．地峡にはタラヴァオの町があり，病院や高校，警察署などが立地している．タヒチ島の内陸部は険しい山岳地形で，集落や道路交通網は海岸線に沿って発達している．そのため，タラヴァオの町は，大タヒチの海岸道路と小タヒチの海岸道路を連接する役割を果たしており，交通上の要衝をなす．タヒチ島の中心都市パペーテから，北まわりで60 km，南まわりで55 kmの地点に位置する．

[手塚　章]

タラウェラ湖　Tarawera, Lake

ニュージーランド

面積：39 km²　[38°12′S　176°27′E]

ニュージーランド北島，ベイオブプレンティ地方の湖．ロトルア地区にある11の湖の中でロトルア湖に次ぐ第2位の面積を有し，タラウェラ山を囲む湖の中では最大の湖である．周辺はタウポとロトルア間の地熱地帯（タウポ火山帯）で，環太平洋造山帯に位置する．2つの地殻変動プレートの境界線上にあり，周辺の地熱谷や温泉はこれらの火山帯の産物である．1886年のタラウェラ火山の噴火によって湖面水位が12 m上昇した．近接するティキタプ Tikitapu 湖とロトカカヒ Rotokakahi 湖を水源とし，湖を発するタラウェラ川は北東に流れ，ベイオブプレンティ地方内に流入している．ウナギとニジマスの生息地でもあり，釣り人やウォータースポーツ，キャンプをするために訪れる人も多い．

[林　琢也]

タラウェラ山　Tarawera, Mount

ニュージーランド

標高：1111 m　[38°13′S　176°31′E]

ニュージーランド北島中部，ベイオブプレンティ地方の火山．ロトルアの東南24 kmに位置し，楯状火山上に複数の流紋岩質の溶岩円頂丘が群集している．19世紀にはすでに珪華段丘群（ピンクテラス・ホワイトテラス）をながめるための訪問客も多く，有数の観光地となっていた．これは，間欠泉が数千年の時間の中で珪素を山の斜面に堆積させ，それが階段状に扇形を形成したものであった．1886年6月10日の大噴火は，ニュージーランド版ポンペイとも称され，山頂を横断する長さ14 km，平均幅200 m，深さ100～400 mの巨大な裂け目が形成された．それとともに発生した火山泥流はふもとの村を襲い，153人の死者を出し，ピンクテラスやホ

ワイトテラスを破壊した. 1 m を超える降灰域は 200 km² 以上に及んだ. 南西に隣接するロトマハナ湖は, この噴火により誕生したものである. タラウェラはマオリ語で熱い頂(峰)をさし, 西麓には同名の湖がある. 湖付近には温泉や噴気孔も多い. 　　　[林 琢也]

タラウォー　Tharrawaw
ミャンマー

人口: 0.7 万 (2014)　　　[17°40′N　95°25′E]

　ミャンマー南部, バゴー地方(旧管区)タラワディ県の町. エーヤワディ川左岸に位置する. 広大なエーヤワディ川右岸デルタ地域への渡河点にあり, 対岸のエーヤワディ地方ヒンタダへのフェリー発着港として発展してきた. 近年, 橋が完成し交通量が増えている.
　　　[西岡尚也]

タラウド諸島　Talaud, Kepulauan
インドネシア

タラウト諸島　Talaut, Kepulauan (別称) /タラウル諸島　Talaur, Kepulauan (別称)

人口: 8.3 万 (2010)　面積: 1300 km²
[4°14′N　126°48′E]

　インドネシア中部最北端, 北スラウェシ州タラウド県の諸島. ハルマヘラ島とフィリピンのミンダナオ島間にある. 北スラウェシ州の州都マナドの北東約 200 km, マルク(モルッカ)海峡北側に位置し, 主島で火山島のカラケロン島のほか, サレバブ Salebabu 島, カブルアン Kaburuang 島, ヌヌサ Nunusa 島などの小島よりなる. 総島数 77, うち 56 が無人島である. 南に位置するサンギヘ諸島とともにサンギヘタラウド諸島とよばれることもあり, 歴史的にはサンギル勢力がこの地を支配していたといわれる. 中心都市はカラケロン島西岸のベオ Beo. そのほかトアバトゥ Toabatu, エサン Esang, ルッソォ Roso などの集落も島内を一巡する道路に沿って位置する.
　地形はおおむね山地で, 中央部で最高標高 660 m に達する. コプラが輸出されるほか, 木材, 皮革などを産するが, 主島カラケロン以外は開発があまり進んでいない. マナドから飛行機が, ビトゥンからペルニ社の船が運行している. 住民はキリスト教徒であるミナハサ系が多く, 言語的にはサンギル語群の言語の 1 つ, タラウド語が話されている.
　　　[塩原朝子]

タラウル諸島　Talaur, Kepulauan ☞ タラウド諸島　Talaud, Kepulauan

タラカン　Tarakan
インドネシア

人口: 21.9 万 (2010)　　　[3°20′N　117°35′E]

　インドネシア中部, タラカン島, 北カリマンタン州の市(コタ). かつてはブルンガン王国の本拠地だったが, 1870 年代にオランダ支配下に入り, 19 世紀初頭にはバターフ石油会社が当地で油田を発見した.　[澤 滋久]

タラカン島　Tarakan, Pulau
インドネシア

人口: 7.0 万 (1990)　面積: 300 km²
[3°20′N　117°35′E]

　インドネシア中部, カリマンタン(ボルネオ)島北東沿岸, 北カリマンタン州の島. 島全体でタラカン市(コタ)を形成する. マレーシアとインドネシアの国境付近にある. 小島であるが, 近辺に油田, ガス田が存在することから近年人や資本の往来が盛んで, マレーシアのコタキナバルやインドネシアの主要都市からの航路がある. 島の南西に広がるタラカンの町は天然の良港をもっており, 日本に向けてのエビの輸出港となっている.
　　　[塩原朝子]

ダラク　Da Lach ☞ ダラット　Da Lat

タラス　Talas
クルグズ

ドミトリエフスコエ (旧称)

人口: 3.3 万 (2009)　標高: 1300 m
[42°32′N　72°14′E]

　クルグズ(キルギス)北西部, タラス州の都市で州都. タラス川河畔, 首都ビシケクの西南西 193 km, カザフスタンのジャンブル州に向かう道路沿いに位置する. 小麦地帯にあり製粉, バターなど農産物加工が行われる. 1937 年までドミトリエフスコエとよばれた. 751 年にタラス河畔の戦いとよばれるアラブ軍と唐軍の会戦が行われたのは, 西約 90 km の現カザフスタンのジャンブル付近である. 今日の町は 1877 年に東スラヴ人によってつくられた. クルグズの叙事詩の英雄マナスはこの町の近くで生まれたとされる.
　　　[木村英亮]

タラス州　Talasskaya Oblast'
クルグズ

人口: 20.0 万 (2009)　面積: 11400 km²
[42°32′N　72°14′E]

　クルグズ(キルギス)北西部の州. 1939 年に形成された. 州都はタラス. タラスアラタウ山脈とクルグズ山脈の間にあり, タラス川渓谷では小麦, タバコが栽培され, 斜面では牧牛, 牧羊が行われる. ヒ素が採掘される. 住民はクルグズ人, ウクライナ人, ロシア人. クルグズの民族的英雄マナスの出身地である.
　　　[木村英亮]

タラス川　Talas River
クルグズ/カザフスタン

面積: 52700 km²　長さ: 661 km
[43°55′N　70°30′E]

　クルグズ(キルギス)とカザフスタンを流れる川. クルグズのタラスアラタウ山脈を水源とし, 西に流れ, タラス渓谷, ブデンヌイ, タラス, キロフスコエを通り北流, カザフスタンに入り, タラズを経てムユンクム砂漠に消える. 灌漑に利用される. 一帯は古くから東西交易の要衝で, 匈奴が支配していた. 751 年唐の安西四鎮節度使高仙芝が石国(シャーシュ)を攻略, アッパース朝ズィヤード・イブン=サーリフ軍と両軍数万の兵力で戦い, 唐軍が大敗した. このタラス川の戦い以後, 西域から唐が後退, 捕虜となった中国人が紙の製法を西方に伝えた.　[木村英亮]

タラズ　Taraz
カザフスタン

アウリエアタ Aulie-Ata (古称) /ジャンブル Dzhambul (旧称) /ミルゾヤン Mirzoyan (古称)

人口: 40.6 万 (2009)　　　[42°54′N　71°22′E]

　カザフスタン南東部, ジャンブル州の都市で州都. クルグズ(キルギス)との国境近く, シムケントの東北東 210 km, タラス河畔に位置する. トルキスタン・シベリア(トルクシブ)鉄道の駅がある. 市街は放射状, 環状に計画され, タラス川の水による水路が整備されており樹木が多い. 最近人口が国内で最も急増している. おもな産業は, 食品加工, 家具, 機械部品, 過リン酸塩など化学製品, 製靴, 皮革製品製造などである.
　町は 7 世紀に建設され, タラズまたはタラスとよばれ, シルクロードの商業中心地であった. 8, 9 世紀にはアラブに支配され, 10～12 世紀にはカラハン王朝の首都となり, 13 世紀にチンギス・ハンに破壊された. 18

世紀末コカンド・ハン国はここに城塞アウリエアタを建設したが，1864年ロシア軍が占領した．十月革命前，家畜，羊毛，獣脂などの売買が行われた．1936年にアウリエアタからミルゾヤンに改称，38年カザフ人の詩人ジャンブル・ジャバエフ(1846-1945)にちなんでジャンブルと名づけられ，97年にまたタラズに改称された．付近には11世紀のババジャ・ハトゥイム廟，12世紀のアイシャ・ビビの霊廟など中央アジア封建時代建築が残されている．　　　　　　　　［木村英亮］

タラタコ島　Talatakoh, Pulau

インドネシア

[0°22′N　122°06′E]

インドネシア中部，トギアン諸島中央部，中スラウェシ州の島．トギアン諸島はスラウェシ島中北部にある．ほぼ赤道直下に位置する．中スラウェシ州の主要都市ポソ，北スラウェシ州のゴロンタロとの間に定期航路はあるが，アクセスは容易ではない．近年観光者が増えている西隣のバトゥダカ島に比べても開発が進んでおらず，宿泊設備などは整っていないが，その分手つかずの自然が残っており，インドネシアの中でもとくにサンゴ礁が美しい地域として知られる．また，熱帯の珍しい魚介類が観察され，クプラウアントギアン海洋公園として保護の対象となっている．さらに，スラウェシ島とその近辺の島々だけに分布する珍獣バビルサの生息地としても知られている．バビルサは直訳するとシカのような豚という意味で，その名のとおり，豚に角が生えたような形状をしている．とくにトギアンバビルサはこの島を含む3つの島でしか確認されていない．　　　　　［塩原朝子］

タラッセリー　Thalassery

インド

テリチェリー　Tellicherry（別称）

人口：9.3万（2011）　面積：24 km²

[11°44′N　75°29′E]

インド南部，ケーララ州北部，カンヌール県の都市．マラバル海岸に面した天然の良港につくられた，商業が発達した港湾都市である．コショウとカルダモンの貿易の支配権を握るためにつくられた城砦（1708建設）があり，ハイダル・アリー藩王の命令によって1780～82年に町が包囲されたが陥落しなかった．旧フランス領のプドゥシェリー（ポンディシェリー）連邦直轄地の飛び地であるマーヘが，南東6.4 kmにある．正式には，以前はTellicherryと称されていたが，Thalasseryが用いられることも多い．ココナッツの果肉の加工品であるコプラ，コーヒー，コショウ，サンダルウッド（白檀），茶，ショウガ，カルダモンなどの生産が盛んで，コプラは輸出される．そのほかにコーヒーの熟成，イワシ油の抽出，ココナッツ繊維の加工（ロープやマット）などの工業がある．ケーララ大学と提携した大学がある．［由井義通］

ダラット　Da Lat

ベトナム

Đà Lạt（ベトナム語）/ダラク　Da Lach（旧称）

人口：20.5万（2009）　面積：391 km²

標高：1500 m　気温：15-24℃

降水量：1900 mm/年　[11°55′N　108°25′E]

ベトナム中部高原，ラムドン省の都市で省都．ホーチミン中央直属市の北東300 km，ファンランの西108 kmに位置し，標高2000 m級の急峻な山に囲まれ緩やかな起伏のある高原に立地する．もともと多数の川がありラク族（ラト lat 族）が居住していたことから，ラク族の川，ダラク（ダラット）とよばれていた．この地が有名になったのはスイス生まれのフランス人医師アレキサンダー・イエシン博士の功績に負うところが大きい．博士は1891年に初めてベトナムに上陸して以来，1943年にニャチャンで亡くなるまで3回の大規模な探検行をベトナム国内で組織したが，1983年の第2回目の探検行で現在のランヴィエン高原にあるダラットを「発見」した．それ以降，ダラットはベトナム南部の有名な避暑地として知られるようになった．当時この地は，ラテン語のいいまわしから，Dat Allis Laetitum Allis Temperriem（幸せを求める者には幸せを，快適さを求める者には快適さを）といわれ，この頭文字をとるとDa Latになる．1900年代の前半，ベトナム南部に居住するヨーロッパ人，中でもフランス植民地政府の官僚を対象として，ホテルや教会などの建設が開始された．インドシナ総督の邸宅やグエン（阮）朝最後の皇帝バオダイの別荘が建設され，それらは現在も残っており一部を除き見学可能である．

気候は5～11月の雨季と12～4月の乾季とに分かれる．熱帯に属するが気候が温暖なため，町周辺の緩やかな起伏のある畑でレタス，コールラビ（カブカンラン），ニンジン，アーティチョーク，リーキ（西洋ネギ），ジャガイモなどの温帯産の野菜や，カキなどの果樹，その他さまざまな花卉類が盛んに栽培され，ホーチミンを中心に全国に出荷されている．これらの温帯野菜はフランス植民地期に導入されたものが多い．

農業生産と並んで観光も主要産業の1つであり，毎年200万人以上（2009年）の観光客が内外から訪れ，うち1割程度はフランス人を筆頭とする外国人である．主要な観光地としてフランス植民地時代に建設された別荘や教会のほかに，自然を楽しむツアーも増えた．スアンフォン Xuan Huong 湖はダラットの中心部に位置する人造湖である．フランス人が初めてこの地に来たときにはいくつかの川が合流していたにすぎなかったが，20世紀の前半，フランス人が川をせき止め，グラン湖（大湖）と名づけた．しかし，1953年，

ダラット（ベトナム），中心部の市場前広場〔withGod/Shutterstock.com〕

当時のベトナム共和国(南ベトナム)の政策によって国内の外国語名称がベトナム語化されたとき,湖の名称もベトナム式にスアンフオン(春香)湖と改められた.愛の谷はダラットの北5kmにあり,フランス植民地時代はヴァレダムールとよばれていたが,1953年にベトナム語でトゥンルンティンイェウThung lung tinh yeu(愛の谷)と変更された.さらに,1972年,農業用にダーティエンダムが建設された.ダム湖の周囲はピクニックする人で賑わう.カムリー滝はダラットの中心から西2kmにあり,女性の長い髪の毛のような流れの滝で,歌に歌われる.ダタンラ滝はダラットから南西5kmにある.かつて少数民族が「葉の下を流れる川,石の下を流れる川」とよんだことからダタンラ滝とよばれるようになった.ゴウガ滝はダラットから南西38kmにあり,かつてチャンパの王が,ベトナム人の王妃ナフ・ビリットの病気療養のためにこの地に宮殿を建設したものの,介護の甲斐むなしく王妃が亡くなった後,王妃の財宝とともに火葬したという伝説がある.　　　　　　　　　　　[柳澤雅之]

ダラット　Dalat　マレーシア

人口:1.9万(2010)　[2°44′N　111°56′E]

マレーシア,カリマンタン(ボルネオ)島北部,サラワク州ダラトダンムカ行政区の町.マレー系のメラナウ人が多く,人口の約60%を占める.町は,海岸部からは16km内陸にあり,州都クチンの北東約217kmに位置する.州政府は,ダラット近郊でサゴのプランテーションを行っており,ダラットはサゴ加工産業の中心である.2002年には,ダラットを含む新しい行政区ダラトダンムカDalat dan Mukahが創設された.
　　　　　　　　　　　[生田真人]

タラデール　Taradale
ニュージーランド

人口:1.7万(2013)　[39°32′S　176°51′E]

ニュージーランド北島,ホークスベイ地方の町.ネーピアの南西10kmに位置する.住民の多くは,ネーピアまたはヘースティングズへ通勤する.入植が本格化したのは1850年半ばのことである.ホークスベイ地方における高品質のブドウ園の拠点となっており,伝統的にワイン生産の盛んな地域でもある.とくに知られているのがミッション・

エステート・ワイナリーとチャーチ・ロード・ワイナリーで,観光名所となっている.
　　　　　　　　　　　[林　琢也]

ダラト旗　達拉特旗　Dalad　中国

人口:32.2万(2010)　面積:8192km²
気温:6.1-7.1℃　降水量:240-360mm/年
[40°28′N　109°58′E]

中国北部,内モンゴル自治区オルドス(鄂爾多斯)地級市の旗.7鎮1ソムを管轄する.オルドス高原北部,ホワン(黄)河南岸に位置し,クジュークチ砂漠(庫布斉沙漠)地帯が旗内面積の49%を占める.地勢は南高北低である.南部は標高1300～1500mの低山地帯で,中部は1100～1300mのクジュークチ砂漠,北部は1000～1100mの黄河洪積平原である.地名はモンゴル語で肩甲骨を意味する.チンギス・ハーンの三男オゴダイ・ハーンの肩甲骨を祀ってきたことに由来する.かつては遊牧地域であったが,黄河が通るため,豊かな農業生産地区となった.石炭,天然ガスなどの資源も豊富で,周辺に炭田,発電所が多い.東はジュンガル炭田に隣接する.長年にわたる移民で漢族が主要民族となっている.国家級の観光地であるブリイェ・マンハ(響沙湾),砂漠とオアシスで知られている恩格貝,昭君城などがある.
　　　　　　　[オーノス・サラントナラ,杜　国慶]

タラナキ　Taranaki　ニュージーランド
エグモント山　Egmont, Mount(別称)

標高:2518m　[39°18′S　174°04′E]

ニュージーランド北島,タラナキ地方の火山.タラナキ半島,エグモント国立公園内にあり標高は北島で第2位である.マオリ名のタラナキ山が現在では広く使われている.火山の体積としては国内で最大となっている.火山灰と溶岩が層になってできる円錐形の成層火山で,山頂のクレーターは氷や雪で覆われ,中心に溶岩ドームをもつ.カイタヘ山地,ポウアカイ山地やシュガーローフ島,パリトゥトゥロックなどは,かつては大きな火山であったものが侵食され,残りのみとなっている.

タラナキ山はおよそ13万5000年前に活動を始め,最後の大噴火は1655年頃,中程度の噴火は1755年頃,小さな噴火や溶岩ドームの形成は1850～60年代にあったものとされる.最近の研究では,この9000年間において,小噴火はおよそ90年に一度,大噴

火は500年に一度起こっているとされる.沖積世には頻繁に噴火したものと考えられている.少なくとも5回は山体崩壊が起こり,これによりふもとには環状平原が形成され,広範囲に泥流(ラハール)が発生,小丘が並ぶ泥流丘の景観がつくられた.溶岩流は山頂から7kmに及び,火砕流は最大15kmにまで達する.火山灰は風化し,土壌と混合され,山のふもとに肥沃な農地を生み出してきた.しかし,豪雨や積雪により,山の急斜面の不安定な層が崩壊する危険性がある.こうした農地の利用は土石流の危険にさらされている.南側にファンタムズピークとよばれる標高1966mの側火山がある.

タラナキ山はマオリ族によって名づけられた名称だが,エグモント山はジェームズ・クックによって名づけられ,現在では2つの名称が正式名称として併記されている.タラナキのタラは山頂,ナキは「輝く」や冬の降雪を意味するものとされる.マオリの神話によると,もともとは北島の中心部にあった男性火山のタラナキ山は,女性火山である美しいピハンガ山をめぐって,男性火山であるトンガリロ山との火山どうしの戦いに敗れ,現在の地に移ったものとされる.日本の富士山に似ていることから,映画「ラスト・サムライ」のロケ地に利用された.

50以上の河川の水源となっており,植生はカイタネ山地の亜熱帯準海岸性森林から1800m付近の亜高山性植物まで非常に独特な分布をみせる.中腹のゴブリンフォレストでは,奇妙な形をした大木が多く繁っている.野鳥の種類も多く,山頂から半径およそ9.6kmの範囲は1900年に国立公園として登録された.タラナキ山の登山はニュージーランドでも大変人気があるが,天候が非常に変わりやすく不安定なため,装備は厳重にするよう注意が喚起されている.また冬季スキー場が東斜面にあり,6～8月に営業している.
　　　　　　　　　[植村善博・太谷亜由美]

タラナキ地方　Taranaki Region
ニュージーランド

人口:11.0万(2013)　[39°04′S　174°04′E]

ニュージーランド北島南西部の地方.ワンガヌイ川の西側で,タスマン海に突き出たタラナキ半島とその周辺を含む地域をさす.北島中央部を走る火山帯の西端で,半島の中西部には円錐形の成層火山(タラナキ)がある.マオリの伝説では,もともとタラナキは北島中央部の火山(トンガリロ,ルアペフ,ナウ

ルホエなど）と同じ地域にあったが，タラナキがトンガリロの妻であるピハンガという小さな火山に恋してしまったため，そこから現在の場所まで逃げてきたといわれている．休火山で最後の噴火は 1755 年である．標高 2518 m は，北島で 2 番目に高い．

当地方の名称にタラナキが用いられているのは，周辺を象徴するこのタラナキにちなんだものである．一帯はエグモント国立公園に指定され，335 km² に及ぶ広大な面積を有し，原生林の保護地区となっている．タラナキはかつてはエグモント山ともよばれていたが，これは，先住民のマオリの間でタラナキとよばれていたのに対して，イギリスの探検家ジェームズ・クックがエグモントと名づけたことによる．エグモントとはクックの探検を奨励した海軍大臣のエグモント伯爵に敬意を表したものである．ニュープリマス南部のマンガマホエ Mangamahoe 湖は，タラナキの撮影場所としてよく知られている．また，日本の富士山と形状が類似していることから，2003 年公開の映画「ラストサムライ」のロケに使用された．山の裾野は豊富な雨量と肥沃な火山灰土壌によって 19 世紀末頃にはすでに酪農に特化した農業経営が行われてきた．南部のハウェラは酪農の町で，南半球最大の酪農加工工場がある．

中心都市は人工港を有するニュープリマスで，タラナキ地方全体の人口の 60% 以上を占める．ニュープリマスのほかに主要な町としては，イングルウッド，ワイタラ，ハウェラ，ストラトフォード，エルサムなどがある．ニュープリマスは，イギリスの植民地となる前より捕鯨基地として発展した歴史を有する．ヨーロッパ人による本格的な開発，入植は 1841 年のことで，ニュージーランド会社によって開始された．19 世紀半ばのマオリと白人による土地戦争においてはマオリの砦が建てられた地でもある．1952 年のカプニ Kapuni ガス田（天然ガス）および 69 年のマウイ Maui 油田の発見によって石油化学工場が建設され，以来，ニュープリマスの発展を支えている．目抜き通りの 1 つであるデヴォン通りには古い時計塔がそびえ，近傍には国内最古の石造りの教会であるセント・メアリー教会がある．

タラナキ地方には一般開放された庭園が多くあり，庭園めぐりを楽しむことができる．たとえば，ニュープリマスの中心部にあるプケクラ公園はツツジの美しさで知られ，52 ha の敷地内には多種数の樹木やシダが生い茂っている．一般公開されているプライベートガーデンとしては，ニュープリマス南郊に位置するトゥパレ Tupare ガーデンが有名である．また，タラナキ地方では，原生林の中を散策するハイキングやトレッキングのほか，夏場のサーフィンやウィンタースポーツにいたるまで，四季を通じてさまざまなアウトドアが楽しめる． ［林　琢也］

タラナキ岬　Taranaki, Cape ☞ エグモント岬 Egmont, Cape

ダラフアン湾　Dalahuan Bay

フィリピン

[7°53′N　117°05′E]

フィリピン南西部，パラワン島，パラワン州最南端の湾．バラバク町近辺，東にスールー海につながり，南はバラバク海峡を経て，マレーシアのサバ州にいたる．バラバク海峡はフィリピンとシンガポールをつなぐ航路である． ［佐竹眞明］

タラプル　Tarapur

インド

人口：0.7 万 (2011)　面積：7.2 km²

[19°50′N　72°40′E]

インド西部，マハーラーシュトラ州西部の町．州都ムンバイ（ボンベイ）の北約 80 km のアラビア海に面する．1969 年，アメリカのゼネラル・エレクトリック社の協力で，インド初の原子力発電所が建設され，稼働を開始した．これにより静かな町は一変し，ムンバイを中心とする最大の工業地域に大きな影響を与える町となった．またインドの核開発にとっても重要な存在である． ［中山晴美］

タラボリヴァット　Thala Barivat

カンボジア

人口：3.0 万 (2008)　面積：2606 km²
降水量：1400-2600 mm/年

[13°40′N　105°52′E]

カンボジア北東部，ストゥントレン州の郡．1905 年に設立された．首都プノンペンの北北東約 250 km，メコン川右岸に位置する．メコン川とセコン川の合流地点にあたり，川をはさんで南東わずか 4 km の距離に州都ストゥントレン市街がある．セコン川およびメコン川を越えてプレアヴィヒアに続く州道を通ってアクセスが可能である．南はシェムボック郡，東はメコン川およびストゥントレン市，北はチャエップ郡（プレアヴィヒア州）およびラオス，西はチャエップ郡およびチャイサエン郡（プレアヴィヒア州）と接する．ジャヤヴァルマン 1 世によって 6～7 世紀にかけて建立された歴史的寺院であるプレアコー寺院も郡に属する．地勢は，北部および西部の常緑樹林の高地と，落葉樹林と耕地に覆われた高地と低地のモザイクからなる．メコン川とその水圏生態系，とりわけラムサール条約登録湿地，深い窪地，漁業資源などが，この郡の主要な特徴である．気候はモンスーン温暖湿潤気候で，乾季は 4 カ月を超える． ［ソリエン・マーク，加本　実］

タラマカウ川　Taramakau River

ニュージーランド

[42°34′S　171°08′E]

ニュージーランド南島，ウェストコースト地方の川．アーサーズパス国立公園の北の境界から西海岸へと達し，タスマン海へ流れ出る．名前の由来には 2 つの説がある．1 つは，入植初期に記録されていたテレマカウ Teremakau，つまり曲がって流れるという意味からきているという説，もう 1 つは石に変わってしまった妻を捜している男を意味しているという説である． ［井田仁康］

ダラム島　Daram Island

フィリピン

ダラムシャオ　Daramsiyao（旧称）
人口：4.2 万 (2015)　面積：140 km²

[11°37′N　124°47′E]

フィリピン中東部，サマール島西，サマール州西側，サマール海に浮かぶ島．島全体が島の中心地ダラム町に属する．州都カトバロガンより船で渡る．地名はダランシャオという鳥の名に由来する．16 世紀，スペイン人が地元漁民に地名を尋ねた．漁民は空を飛んでいた鳥について聞かれたと思い，ダランシャオと答えた．スペイン人は地名だと考え，ダラムシャオと命名した．その後，略されダラムとなった．かつてダラム町は隣の島にあるスマラガの一部だったが，1949 年 9 月 1 日独立した．島は比較的平野が多く，丘はなだらかである．おもな生計手段は農業と漁業で，58 の村（バランガイ集落）がある． ［佐竹眞明］

ダラムシャーラー　Dharamsala

インド

人口：2.3万 (2011)　標高：2100 m
[32°14′N　76°24′E]

　インド北部，ヒマーチャルプラデシュ州カングラ県の町で県都．美しい高原リゾート地である．地名はサンスクリット語に由来し，神聖な居住地あるいは聖地という意味である．古くからヒンドゥー教や仏教と結びつき，多くの僧院が設立されていた．ダライ・ラマ14世がチベットを離れた後，ここに亡命政権を樹立した．町は大きく2つの地域から構成されている．ロアーダラムシャーラーは標高およそ1250 mで，バザールなどの商業施設や行政機関がある．アッパーダラムシャーラー（マクロード・ガンジ）はおよそ2000 mにあり，景勝地である．2つの地域はわずか10 kmほどしか離れていないが，環境は大きく異なる．ダライ・ラマが居住している地域は，仏教徒や著名人が世界各地から集う国際的な町であり，リトルラサともよばれる．年平均降水量は州内で最も多く，3000 mmを超え，周辺地域は茶の栽培地域である．1905年の地震で大きな被害を受けた．1970年にダライ・ラマが8万点を超える書籍を収めた図書館を開設し，チベット学の世界的な拠点となっている．　　　［土居晴洋］

タラモー　Tullamore

オーストラリア

人口：373 (2011)　標高：200 m
[32°38′S　147°34′E]

　オーストラリア南東部，ニューサウスウェールズ州中央部，パークス行政区の町．州都シドニーの西北西約370 kmの内陸部に位置する．おもな産業は農業と畜産業で，とくに小麦の生産が盛んである．町の形成は1870年代に始まり，移民の多くはアイルランドから移住してきた人たちであった．このため，毎年イースターの時期にはアイリッシュフェスティバルが催され，多くの観光客で賑わう．　　　［梶山貴弘］

タラルア山地　Tararua Range

ニュージーランド

面積：3168 km²　標高：1571 m
[40°48′S　175°27′E]

　ニュージーランド北島南部，マナワツワンガヌイ地方とウェリントン地方をまたぐ山地．北はパーマストンノース，南はハット谷にいたる．すなわち，タラルア山地の北はマナワツ峡谷によってルアヒニ山地と隔てられ，また南はハット谷によってリムタカ山地と隔てられている．断層により形成された地塁山地である．アカタラワ川の流れるアカタラワ峡谷によって北部と南部に分けられる．山地の約75％以上をタラルア森林公園が占める．この山地の北部の最高峰はマイター山で1571 m，またアルテピークが1516 mと続く．南部は1529 mのヘクター山が最も標高が高い．それぞれの山の標高は1300～1500 mであり，平頂山稜をなす．山地の西部は，クック海峡に向かう湿度の高い風の影響で年平均降水量は多く，植生も針葉樹，シダ類，灌木，つる性の植物が混在する．一方，反対側の東部は乾燥し，ブナの森林が広がっている．全体としては高山性イネ科植物のタソックの草原や，亜高山性灌木林，亜山地帯のマキ科ミロの森，ブナやマキ，またクノニア科のカマヒの広葉樹林がみられる．

　タラルア森林公園は自然保護法の下，自然保護省によって運営されており，固有の動植物を保護するため，ネズミやイタチ，オポッサムの数を減らす計画「プロジェクト・カタ」が2010年から開始されている．厳しい山地であるが，古くからトランピング（山歩き）のルートがつくられ，1919年には国内では初めてのトランピングクラブであるタラルアトランピングクラブが設立されている．統計によると，毎年，タラルア森林公園には12～15万の人が訪れているとされる．南部の山地で最も人気のあるコースはサザンクロッシングといわれ，3日の行程を要する．北部はノーザンクロッシングがあるが，このコースは1400 m級の山から最高峰マイター山を含む高山コースとなっており，サザンクロッシングが川や渓谷に沿ったルートであるのに対し，山岳を縦走する3～5日のコースとなっている．

　道路はこの山地の西側，首都ウェリントンから国道1号で北に向かい，国道57号に分岐しパーマストンノースにいたるルート，また東側はウェリントンから国道2号で北に向かい，マスタートンを経由しネーピアにいたるルートがある．西部から東部へは，北部のパーマストンノースとパヒアトゥアを結ぶパヒアトゥアトラックがあるが，マナワツ渓谷道路が閉鎖されている場合にはこちらが利用される．また南部はアッパーハットからカピティ海岸へ，アカタラワ川沿いに抜ける細い道路が敷かれている．この地域は，絶滅したホオダレムクドリ（フィア）の最後の生息地であったといわれる．　　　［植村善博・太谷亜由美］

タラルガ　Taralga

オーストラリア

人口：285 (2011)　面積：1.6 km²　標高：800 m
[34°24′S　149°49′E]

　オーストラリア南東部，ニューサウスウェールズ州南東部，アッパーラクラン行政区の町．州都シドニーの南南西約150 kmに位置する．グレートディヴァイディング山脈東部の標高の高いところにあるため，年間を通して比較的低温で，冬季には積雪がある．19世紀初頭に入植が開始され，ゴールドラッシュ時に人口が増加したが，1950年以降は減少傾向が続いている．　　　［梶山貴弘］

タラワ　Tarawa

キリバス

人口：0.6万 (2015)　面積：31 km²　長さ：29 km
幅：21 km　　[1°15′N　173°00′E]

　中部太平洋西部，ミクロネシア，キリバスの首都および首都を擁する環礁．タラワ環礁は，キリバス西部，ギルバート諸島の中心的島嶼で，赤道の北130 kmに位置する．北タラワ島，南タラワ島，ベティオ島からなり，南タラワ島には首都タラワがある．タラワ環礁は，ちょうど左辺が水面下にある三角形をした大きな環礁であり，三角形の底辺にあたる島の南部のラグーン（礁湖）側に居住地区が発達している．主たる政府機関は底辺の西に位置するバイリキ Bairiki 地区にあるが，最西端の小島にあるベティオ Betio 地区が最も密集した中心地区である．ベティオ地区は商業地区であり，第2次世界大戦の戦跡があり，港町でもある．ベティオ地区から南タラワ島へは日本の援助によって建設された幹線道路が走るが，この道路によって潮流がせき止められ周辺の汚染が進んでいる．

　イギリスは1892年にギルバート諸島とエリス諸島を保護領とし，タラワ環礁が行政の中心となった．しかし，1908年にバナバ島でリン鉱石が発見されると，バナバ島が保護領統治の中心となり，第2次世界大戦終了時までタラワは行政の中心ではなかった．しかし，タラワ環礁は大規模な戦闘が行われた場所で，後にふたたび行政の拠点となった．

　1941年末から42年にかけて日本軍はタラワ環礁，ブタリタリ環礁，アベママ環礁とバナバ島を占領した．1942年にアメリカ海兵隊にブタリタリ環礁が攻撃されると，日本軍は飛行場をつくるなど，ベティオ島を要塞化した．1943年11月20日，アメリカ海兵隊がベティオ島に上陸し，タラワの戦いがなされ，アメリカ軍がタラワ環礁を奪還した．この戦いで4600人の日本兵と朝鮮人労働者

が，また3314人のアメリカ兵が戦死，負傷，消息不明となった．タラワの戦いは連合軍の日本軍に対する最初の決定的上陸作戦であったが，アメリカ軍側の損害も大きく，連合軍に直接の戦闘を避けるような影響を与えた．

ギルバート・エリス諸島直轄植民地は，1953年までフィジー，それ以降はソロモン諸島経由で統治されたが，72年にタラワ環礁にイギリスの高等弁務官事務所が置かれ，直接統治されるようになった．1963年に独立への道のりが始まり，67年には選挙による議会が制定され，74年には首相の地位が置かれた．この年，ポリネシア系のエリス諸島がミクロネシア系であるギルバート諸島からの分離独立を求め，1975年にツバルとして独立した．ギルバート諸島は1977年に自治権が与えられ，79年にキリバス共和国としてイギリスから独立した．同年，フェニックス諸島とライン諸島への権益を，キリバスに譲渡した．

キリバスの政府機関は南タラワ島にある．議会は4年任期の選挙による44人の議員からなり，議長は議会によって選出されるが議員ではない．大統領は議会によって指名される候補者から一般の選挙によって選出され，大統領は議会から8人の閣僚を選出する．政党は宗教を基盤にしており，プロテスタント系の国民進歩党とカトリック系のキリスト教民主党がある．

南タラワ島はキリバスの人口の1/3が集住する地域である．人びとは主として，ベティオ地区，バイリキビケネベウ地区に居住する．しかし，現金収入の機会は政府機関の職以外は乏しく，韓国の援助によって建設されたベティオ地区の繊維工場，イギリスの援助によって建設された製靴，紡績を行う産業センターなど非常に限定されている．このため，多くの離島出身者が職を求めてタラワ島に移住してくるが，集住と環境汚染が進んだ南タラワ島では生活の質を落とさざるをえない．キリバス政府はキリティマティ島への移民政策をとっているが，南タラワ島の人口増には焼け石に水の状態である．　［柄木田康之］

タラワカラ　Talawakele
スリランカ

人口：0.5万 (2012)　標高：1198 m　気温：18℃
[6°56′N　80°40′E]

スリランカ，中部州ヌワラエリヤ県の都市(UC)．中央高地地域にあり，コロンボから鉄道で約5〜6時間を要する．コトマレ川の谷沿いに発達し，駅を中心に小商業中心集落

を形成する．南東に隣接するリンドゥラLindulaとともに町制を施行した．冷涼な気候を利用した国内最大のディンブラ種の紅茶の栽培地であり，周辺は茶の栽培に従事するインド・タミル人労働者の居住地となっている．町の西側の国道沿いにデヴォン，セントクレアの2つの滝があり，観光スポットとなっている．また最近，上コトマレダムの建設工事が行われている．　［山野正彦］

タラワディ　Tharrawaddy
ミャンマー

タヤワディ　Thayawady（別称）

人口：15.1万 (2014)　[17°40′N　95°45′E]

ミャンマー南部，バゴー地方(旧管区)タラワディ県の都市で県都．漢字では沙耶瓦底と表記する．ヤンゴンの北北西105 km，ヤンゴン〜ピー(プローム)間の鉄道に沿って位置する．ここからエーヤワディ川の渡河点タラウォーに向かう鉄道が分岐する．周辺の肥沃な沖積平野で生産された米が，この町にある精米センターに集められる．県東部のバゴー(ペグー)山脈の西斜面には大規模なチークの国有林が広がり，政府によって保護されている．　［西岡尚也］

タラン山　Talang, Gunung
インドネシア

標高：2597 m　[0°59′S　100°41′E]

インドネシア西部，スマトラ島中部西海岸，西スマトラ州ソロック県南部の火山．州都パダンの東約40 km，ほぼ赤道直下に位置する．山の南東にはディバル Dibaruh 湖やディアタス Diatas 湖が連なり，タパン Tapang 川もこの南方に発源している．山麓には回遊道路が通じており，周辺ではコーヒー栽培が行われている．また，食虫植物ネペンテスの生息地として知られ，この地の名をとったネペンテス・タランゲンシスという種が存在する．火山活動が盛んで，19世紀に少なくとも4回，20世紀に3回の噴火が記録されており，2005年4月12日にも大規模の噴火があった．　［塩原朝子］

ダーラン　Dharan
ネパール

人口：11.6万 (2011)　面積：103 km²
標高：365 m　[26°52′N　87°19′E]

ネパール東部，スンサリ郡(コシ県)の都

市．首都カトマンドゥの東300 km，サプタコシ川の左岸に立地し，マハバーラト山脈南麓の谷口集落として発達した．コシハイウェイ(H8)でイタハリと結ばれる．東部ではビラトナガルに次ぐ人口規模があり，特別市に指定されている．かつてイギリス陸軍の備兵部隊グルカ連隊の募集・訓練センターが置かれていたこともその発展の理由である．グルカ兵の訓練センターは1953年に設置された．ここでは，ライ族やリンブー族を中心とした国内東部のキランティ諸族のほか，グルン，タマンなどのモンゴロイド系ネパール人を中心としたグルカ兵を養成した．ここで訓練を受けたグルカ兵は，香港やシンガポール，果てはバッキンガム宮殿の警備兵として派遣されたほか，フォークランド紛争(1982)や，湾岸戦争(1991)にも出兵した．グルカ兵訓練センターは閉鎖されたが，広大な敷地に建設されたイギリス様式の旧イギリス軍施設は，1993年からビシュウェシュワル・プラサド・コイララ医科学研究所として活用され，医学研究所や医科大学が置かれている．　［八木浩司］

タランガッタ　Tallangatta
オーストラリア

人口：0.1万 (2011)　面積：1.6 km²
[36°14′S　147°17′E]

オーストラリア南東部，ヴィクトリア州北東部の町．かつての旧村は，ヒュームダムの建設に伴い1956年に水没した．多くの建物は西8 kmに建設された新タランガッタに移築された．新タランガッタは，州北東部における行政，経済などの中心地ウォドンガの北東42 kmに位置する．マレーヴァレーハイウェイ沿いの保養地となり，ヒューム湖畔の町として，またオーストラリアアルプスの北麓の町として観光客の人気が高い．
［堤　純］

ダランガネム諸島　Dalanganem Islands
フィリピン

[10°39′N　120°15′E]

フィリピン南西部，パラワン州北部の諸島．スールー海のドゥマラン島東側に浮かび，ダランガネム島，カランダガン島，マドゥカン島で構成される．さらに東側に渡るとクーヨ諸島にいたる．行政上はパラワン州ドゥマランに属する．　［佐竹眞明］

ダランザドガド　Dalanzadgad

モンゴル

人口：2.3 万（2015）　面積：476 km²
標高：1465 m　気温：4℃　降水量：130 mm/年
[43°34′N　104°26′E]

モンゴル最南端，ウムヌゴビ県の都市で県都．首都ウランバートルの南西 563 km に位置する．ゴビアルタイ山脈の景勝地ゴルヴァンサイハン山（3 つのすばらしき山の意）の1つ，ズーンサイハン山の東の裾野，広大な礫漠に立地する．7 月の平均気温は 20℃，1月は−16℃であるが，モンゴルの県都の中で最も温暖な町の1つである．湿度が 10%と非常に乾燥している．おもな産業は，牧畜と観光であるが，裁縫工場，建築資材工場などもある．ダランザドガドはゴビ砂漠観光のベースキャンプとしても機能しており，町の郊外には，遊牧民の移動式住居ゲルを使ったツーリストキャンプが点在する．[島村一平]

タランバトゥ　Talangbatu

インドネシア

[4°06′S　105°29′E]

インドネシア西部，スマトラ島南部，ランプン州北東部の村．南スマトラ州との州境付近に位置する．村の西端にランプン州とパレンバン州を結ぶ幹線道路（スマトラ線）が走っており整然と区画されたパイナップルやサトウキビの畑が広がる．この一帯ではランプン語群の一言語であるコメリン語が話されている．[塩原朝子]

タリ　Tari

パプアニューギニア

人口：0.3 万（2011）　[5°51′S　142°57′E]

南太平洋西部，メラネシア，パプアニューギニア中部，ヘラ州の町で州都．ヘラ州は，2012 年にサザンハイランド州から分離独立した新しい州である．ニューギニア中央高地の中でも最も人口稠密な地域の1つであるタリ盆地の中心に位置する．町には，空港のほか，郵便局，病院，銀行，何軒かの商店がある．この地の住民であるフリの人びとには，ウィッグマンとよばれる，顔を赤と黄色に塗り分け，自らの髪の毛でつくった鬘をかぶる独特の風習がある．フリの人びとは団結心が強く，都市移住者がつくるワントク（同一言語集団，同一地域出身者）の中でも，タリは結びつきが強い集団として知られる．車で

45 分ほどの場所に，タリ盆地を見下ろすロッジがあり，自然に囲まれた環境を楽しむ外国人観光客に人気が高い．[熊谷圭知]

タリー　Tully

オーストラリア

人口：0.2 万（2011）　面積：13 km²
[17°56′S　145°56′E]

オーストラリア北東部，クイーンズランド州中央北部，カサウェイコースト地域の町．ケアンズとタウンズヴィルの間に位置する．1920 年代に精糖工場が開設されて発展した．砂糖産業とバナナなどの熱帯果樹の栽培，漁業などがおもな産業である．グレートバリアリーフと湿潤熱帯雨林という2つのユネスコの世界遺産に隣接しており，観光業も盛んである．[秋本弘章]

ターリー　Taree

オーストラリア

人口：1.6 万（2011）　面積：48 km²
[31°55′S　152°27′E]

オーストラリア南東部，ニューサウスウェールズ州北東部，ミッドコースト行政区，マニング地域の都市で行政中心地．行政区は 2016 年5月にグローセスター，グレートレークス，グレーターターリーの3行政区が合併して誕生したもので人口 9.0 万（2016），面積 10053 km² を有する．地名は先住民の言葉で野生のイチジクを意味する tareebin に由来するという．河口から約 15 km さかのぼったマニング川沿いに発達し，1831 年ウィリアム・ウィンターによって入植が始まった．当時は，マニング川上流で伐採されたセンダン科の高木で有用材のオーストラリアチャンチンをシドニーまで運搬するための積出港であった．マニング川沿いの商業中心としては，町の上流に位置するウィンガムが有望視されていた．しかし，1913 年のノースコースト鉄道の敷設，フェリーにかわるマーティン Martin 橋の架橋（1940）などが契機となって成長し，81 年にグレーターターリー行政区となった．今日では酪農業，製材業などを中心に発展する．また，マニング川では年間3億 t ものカキが水揚げされることから，カキをモチーフにしたデザインの建物「ビッグオイスター」も有名である．

[藁谷哲也]

ダーリー県　大荔県　Dali

中国

だいりけん（音読み表記）

人口：69.3 万（2010）　面積：1696 km²
気温：14.4℃　降水量：514 mm/年
[34°48′N　109°56′E]

中国中部，シャンシー（陝西）省中東部，ウェイナン（渭南）地級市の県．県政府所在地は城関鎮．温帯半湿潤半乾燥季節風気候に属し，無霜期間は 214 日．地形は黄土台地とホワン（黄）河沿岸の砂地に分かれるが，地勢は平坦である．鉱泉が多く，その数は国内第1位といわれる．大荔原人遺跡など 20 数カ所の遺跡がある．同州梆子など著名な民間芸能がある．農業，果樹栽培，牛の飼育がおもな産業である．[杜　国慶]

ダーリー市　大理市　Dali

中国

人口：61.0 万（2010）　面積：1468 km²
[25°44′N　100°06′E]

中国南西部，ユンナン（雲南）省北西部，大理パイ（白）族自治州の県級市で，州政府所在地である．市政府は下関鎮に置かれている．地名は大理石を産出することに由来する．かつては大理県とシャクワン（下関）市であったが，1983 年に合併して大理市が設置された．市域はアル（洱）海を取り囲むように展開する．洱海の南の下関鎮は政治的中心地であり，鉄道駅，長距離バスターミナル，工場，商業施設などが分布する経済的中心地でもある．洱海の西岸からツァン（蒼）山にかけて，わずか数 km のなだらかな傾斜地が広がり，観光客の大半は下関を足早に離れそちらへ向かう．洱海西岸には，1982 年に国の歴史文化都市に指定された大理城，パイ族の伝統的な民家が立ち並ぶ喜州や周城といった集落が立地する．崇聖寺三塔，蝴蝶泉，杜文秀の墓や師府などの観光名所も洱海西岸に分布する．洱海東岸にもパイ族の集落が点在するが，こちらへ向かう観光客は少ない．

1984 年2月に大理が外国人観光客を受け入れた当初，クンミン（昆明）から大理へ向かう唯一の手段であった道路交通は劣悪で，8時間以上もかかった．当時の外国人観光客が雲南で往来を許されたのは，昆明，シーリン（石林），大理の3地域だけで，リーチャン（麗江）が対外開放されたのは 1985 年6月であった．長時間のバス旅行が強いられ周遊コースが組めない状況の下，大理を訪れるのは外国人バックパッカーくらいであった．風光明媚な景色の中，安い値段でゆったりとした時間を過ごせ，洱海周辺の散策コースが充実

ダーリー(大理)市(中国),観光地化が進む旧市街 〔beibaoke/Shutterstock.com〕

していたこともあり,長く滞在する外国人バックパッカーが多くなり,大理の魅力は口コミで広がった.外国人バックパッカーがとどまった大理城内の一角は,のちに洋人街と名づけられ,その地域自体が中国人観光客向けの観光スポットとなった.交通の便がよくなり,国内観光客が急増する1990年代半ばから,大理城内の景観や空間編成が急激に再編され,パイ族を中心とする人びとの生活空間から,非日常が常態化した商業空間,観光空間へと変容していった. 〔松村嘉久〕

ダーリー自治州 大理自治州 Dali

中国

ダーリーパイ族自治州 大理白族自治州（正称）

人口:329.7万 (2000) 面積:29459 km²

[25°33′N 100°13′E]

中国南西部,ユンナン(雲南)省北西部の自治州.地区クラスの民族自治地方.ユネスコ世界遺産のリーチャン(麗江)旧市街地(文化遺産)や雲南三江併流(自然遺産)に近い.かつて南詔や大理国の都が置かれたこの地域は,チベットと東南アジア,インドを陸路で結ぶ茶馬古道の要衝として栄えた.1956年に大理パイ(白)族自治州となり,現在,1県級市(大理),シャンユン(祥雲),ピンチュワン(賓川),ミートゥー(弥渡),ヨンピン(永平),ユンロン(雲竜),アルユワン(洱源),チェンチュワン(剣川),ホーチン(鶴慶)の8県,ヤンピー(漾濞)自治県,ナンチェン(南澗)自治県,ウェイシャン(巍山)自治県の3自治県を管轄する.大理市と鶴慶県以外はすべて,国による第8次5カ年計画で貧困県に選ばれた.総人口の3割強をパイ族が占め,少数ながらイ(彝)族,回族,ミャオ(苗)族も住む.

域内のほぼ中央に,ディエン(滇)池に次ぐ雲南省第2の淡水湖のアル(洱)海がある.東部の行政境界はチンシャー(金沙)江,西部にはランツァン(瀾滄)江が南へ流れる.ホントゥワン(横断)山脈とユンイ(雲貴)高原が交わる地域にあたり,地形は複雑であるが,総じて北西の標高が高く南東が低い.州内最高標高は4000mを超えるが,大部分は約1000〜2500mの間である.標高の影響を受けるが,基本的には亜熱帯湿潤気候に属し,四季で寒暖の差があまりなく,5月から10月にかけて年間降水量の大半が降る.地震の多い地域であり,温泉も多い.

洱海の西側に位置する大理市は1982年にクンミン(昆明)とともに国の歴史文化都市に指定された.風光明媚な洱海と湖畔に点在するパイ族の集落と文化,城壁で囲まれた歴史の古い大理旧市街地,大理はおだやかな空間にエキゾチックな魅力があふれる地域である.1982年に対外開放都市となった昆明,シーリン(石林)に次ぎ,大理は84年2月に対外開放された.1995年に大理空港が建設され,昆明と大理を結ぶ鉄道が完成した.1997年に大理の北に位置する麗江旧市街地が世界遺産に登録される中,大理パイ族自治州は雲南省北西部の観光拠点として成長する.昆明からの鉄道は,大理から麗江まで開通し,そこからシャングリラ(香格里拉)を経由してチベット(西蔵)高原へ抜ける壮大な計画が立てられている.大メコン圏(GMS)構想の一環で計画された昆明からミャンマーへ抜ける高速道路も,大理まではすでに完成し,さらに西の瑞麗までのびた.

洱海周辺のおもな産業は観光関連産業であるが,それ以外の地域では農業である.盆地

982　タリア　〈世界地名大事典：アジア・オセアニア・極Ⅰ〉

では水稲，小麦の生産のほか，野菜，落花生，麻などの商品作物，標高の高い山間地では，トウモロコシ，ジャガイモ，雑穀の栽培が主で，乳牛などの牧畜業も行われている．アイラオ(哀牢)山系では茶葉の栽培が，チューシオン(楚雄)イ族自治州に近い南東部ではタバコの栽培も盛んである．洱海での淡水漁業も貴重な収入源の1つである．かつては小規模の化学肥料工場や製紙工場などが洱海の周辺に立地したが，観光業が勃興して洱海の水質汚染が深刻化する中，工場の多くが閉鎖された．
[松村嘉久]

タリアブ島　Taliabu, Pulau
インドネシア

タリアボエ島　Taliaboe, Poelau (旧表記)

人口：4.8万 (1990)　面積：2752 km²
[1°48′S　124°48′E]

インドネシア東部，マルク(モルッカ)諸島西部，スラ諸島，北マルク州プラウタリアブ県の島．スラウェシ島東方に位置し，東接するマンゴル Mangole 島，スラベシ Sulabesi 島その他の小島とでスラ諸島を形成する．島の地形は山が多く中央部の最高地点は1320 m，東側にわずかの平地が開ける．空港のあるドファ Dofa，トドゥリ Todeli などを含む33の村がいずれも海岸に沿って立地している．鳥類を中心とする種々の固有種の生息地として知られており，たとえばスラメンフクロウはこの島でしか確認されていない．スラウェシ島近辺に分布の限られている珍獣バビルサ(鹿豚の意)の生息地でもあり，日本ではとくにクワガタの貴重種の産地として知られている．島の南西に位置する小島セホ島はプラウセホ自然保護区に指定されている．
[塩原朝子]

タリアボエ島 Taliaboe, Poelau ☞ タリアブ島 Taliabu, Pulau

ダーリエン市　大連市　Dalian
中国

だいれんし (音読み表記) /ダーリニー Dal'niy (露語) /リュイシュン 旅順 Lüshun (旧称) /リュイダー 旅大 Lüda (旧称)

人口：591.0万 (2013)　面積：13238 km²
[38°55′N　121°37′E]

中国北東部，リャオニン(遼寧)省南部の副省級市．1950〜81年はリュイダー(旅大)市とよばれていた．ロシア語名は遠方を意味す

るダーリニー．ポー(渤)海とホワン(黄)海にはさまれた中国の代表的な貿易港であり，軽工業，重工業，化学工業，流通業が盛んである．1984年に設立された経済技術開発区には，約3500社の外資企業が進出している．そのうち日本企業は，企業数，投資金額ともに1/3を占める．大連周水子国際空港，大連港，瀋海高速，鶴大高速などの高速道路，高速鉄道，瀋大線などの鉄道に加えて，市中心部には路面電車やライトレールが走る．遼寧省では省会のシェンヤン(瀋陽)市に次ぐ大都市である．

現在の大連市はかなり広域(日本の長野県とほぼ同等)であり，西崗，中山，沙河口，甘井子，リュイシュンコウ(旅順口)，チンチョウ(金州)，プーランディエン(普蘭店)の7市轄区，ワーファンディエン(瓦房店)，チョワンホー(荘河)の2県級市，チャンハイ(長海)県を管轄している．市政府所在地は西崗区．旧来の大連は西崗，中山，沙河口，甘井子の4市轄区の範囲，旅順は旅順口区の範囲，関東州は7市轄区(普蘭店は南部のみ)と1県の範囲であった．都市としての大連の起源は，1898年にロシアがリャオトン(遼東)半島南部を清国から租借したことにある．シベリア鉄道の起点であるウラジオストクは完全な不凍港とはいえず，ロシアは新たな不凍港として大連と旅順の港湾整備，都市建設を進めた．当時は寒村にすぎなかった大連には，フランスの首都パリをモデルとして，複数の円形広場(現在の中山広場が最大)から街路が放射線上に延びる町並みがつくられた．また，ハルピン(哈爾浜)から分岐した東清鉄道南部支線を港まで引き込んで埠頭に直結させたり，造船所(ドック)を建設したりするなど，商業港としての発展が図られた．一方，旅順は18世紀から清国の水師営(海軍基地)が置かれた要衝であり，1880年以降は李鴻章により北洋海軍の軍港として要塞化されたはずだった．ところが，日清戦争ではわずか数日で日本軍に攻略されたため，租借後にロシアは要塞に大規模な補強を施した．その結果，日露戦争で日本軍は6万人に近い戦死者を出すこととなり，日本統治後の旅順は戦跡観光の代表的な目的地となった．

日露戦争後の1905年，ポーツマス条約により関東州の租借権を獲得した日本は，ロシアの都市と港湾の基本計画を引き継ぎ，さらなる発展を企図した．大連には，東清鉄道を手本として設立した南満州鉄道(満鉄)の本社が置かれた．満鉄は単なる鉄道会社ではなく，鉄道附属地，港湾，鉱山の経営などを政府から委託されていた．大連には満鉄が建設

した駅，埠頭，住宅，病院，ヤマトホテル，図書館，星ヶ浦などのリゾート地が数多く残されている．大連港の貿易は，満州各地から鉄道で運ばれてくる大豆3品(大豆，豆粕，豆油)と撫順炭の輸出で賑わった．大連の港湾と都市の行政を担っていたのは，関東都督府の下部組織である大連民政署であった．行政をつかさどるとともに，直属の守備隊(のちの関東軍)を有する関東都督府が置かれた旅順は，当初は関東州の行政，軍事の中心都市であった．市街地は竜河河岸の旅順駅をはさんで，東の旧市街と西の新市街に分かれていた．旧市街の南にあった東港が，清，ロシアから引き継いだ軍港である．ただ，日露戦争直後は鎮守府が置かれたものの，のちに要港部に降格，さらにそれも廃止され商業港へと変化した．また，関東都督府の改組，関東州局の大連移転に伴い，行政上の地位もしだいに低下した．

第2次世界大戦後の大連はしばらくソ連の統治下に置かれていたが，1950年の中ソ友好同盟相互援助条約により中国に返還された．中国人民解放軍の海軍基地が置かれた旅順は，長らく閉鎖都市であったが，軍港周辺など一部を除き，2009年に対外開放された．40年間にわたって日本統治時代が続いた大連では，日本との交流が盛んである．中国国内で唯一の中日文化交流協会があることに加えて，大連外国語大学や大連理工大学をはじめとして，日本語を学んだり，日本に留学したりする学生が多い．初等・中等教育でも日本語の授業が設けられている学校が多い．その背景には，かつて多くの日本人が住んでいたという歴史的要因と，とくに日系企業進出後は，日本語を話せることが就職の武器になるという経済的要因があるといえる．
[柴田陽一]

ダリガンガ　Dar'ganga
モンゴル

人口：0.3万 (2015)　面積：4814 km²
[45°18′N　113°51′E]

モンゴル東南部，スフバータル県南部の郡．南東は中国の内モンゴル自治区と国境を接する．県都バローンオルトの南180 km，首都ウランバートルの東南東780 kmに位置する．かつて清朝皇帝の牧場であったことから，名馬を産することと肉質のよい羊を産することで有名．また，銀細工でも有名である．ダリガンガの人びとは，清朝皇帝直属の民で独特の文化を形成したことから，社会主義時代より多数派のハルハモンゴル人とは異なる別のエスニック集団，ダリガンガ人とし

て扱われてきた．清朝皇帝の牧場は1696年，ジューンガル帝国に対抗して軍馬を養うために，ハルハ部やチャハル部の人びとを集めてつくられた．牧場は，現在のスフバータル県のハルザン郡，アスガト郡，バヤンデルゲル郡，オンゴン郡，ナラン郡の領域に設定され，ダリガンガ五翼の畜群（Dari Ganga Tavan Gar Süreg）とよばれた．また，ダリガンガ五翼は，外モンゴルのセツェンハン部には属さず，当時内モンゴルのチャンチャコウ（張家口）に駐在していたチャハル（察哈爾）都統によって統括されていた飛び地であった．こうした飛び地の直轄地であったゆえに，のちにモンゴル・中国間にダリガンガの地をめぐって領土・帰属問題が生じた．

　当地域のダリ山にはダリオヴォー（Dari Ovoo；別称アルタンオヴォー）とよばれる祭祀用の積石塚があり，清朝時代からダリガンガ五翼群の家畜の成育を祈願する祭祀が行われてきた．また，白鳥の集うことで有名なガンガ湖も本郡にある．多くの火山が集中していることでも知られる．ダリ山とガンガ湖周辺域629 km²は，ダリガンガ国立公園（自然複合保護区）に指定されている．

［島村一平］

タリキ　Tariki　ニュージーランド

[39°14′S　174°15′E]

　ニュージーランド北島，タラナキ地方の町．タラナキ（エグモント山）のすぐ北東に位置する．国道3号が南北に通り，鉄道はハウェラからニュープリマスに抜ける路線が通っている．マンガヌイ川が町の境界の東側を南北に蛇行している．周辺はほとんど牧草地によって囲まれている．この地は1880年代にエドウィン・ブルックスによって調査され，マオリの小さな村の記録とタラナキ山のリトグラフが残されている．

［植村善博・太谷亜由美］

タリコタ　Talikota　インド

人口：3.2万（2011）　[16°31′N　76°20′E]

　インド南部，カルナータカ州北部，ヴィジャヤプル県の都市．県都ヴィジャヤプルの南東約80 kmに位置し，マハーラーシュトラ州と接した内陸部にある．かつて軍事同盟を結んでいたデカン・スルタンがヴィジャヤナガル軍をタリコタで打ち負かしたことで有名である．綿花・キビの栽培が盛んで，手工芸

品のカーペットが生産されている．

［由井義通］

タリサイ　Talisay　フィリピン

人口：10.2万（2015）　面積：201 km²
[10°42′N　123°05′E]

　フィリピン中部，ネグロス島西海岸，西ネグロス州の都市．西に浮かぶパナイ島との間にあるギマラス海峡に面し，州都バコロドの北北東6.4 kmに位置する．背後にマンダラガン Mandalaganm 山（標高1880 m）がそびえる．また近くには美しい滝などで有名なパタグ Patag 国立公園もある．経済の中心は農業で，マンダラガン山の西斜面一帯にはサトウキビ畑が展開している．当市はすぐ北に位置するシライと並んでその集散地であり，製糖工場もみられる．そのほか蒸留酒の製造も盛んである．しかし，海岸に面しているが良港に恵まれず，水産業はあまり活発ではない．周辺は鉄道および道路が発達しており，交通の便が良好である．近年製糖業が衰退傾向であるため，首都マニラや国外に出稼ぎに出る住民が増加している．

［田畑久夫］

ダーリニー　Dal'niy　☞　ダーリエン市 Dalian

タリボン　Talibon　フィリピン

人口：6.7万（2015）　面積：140 km²
[16°31′N　121°10′E]

　フィリピン中部，ボホール島北端，ボホール州の地方中心都市．州都タグビララン北東約80 km．タグビラランとは島の海岸線を走る周回道路で結ばれている．島の商業中心地で，とくに市場は多種類の農作物や海産物で賑わっている．前面はカモテス海が展開しており，好漁場となっている．住民はセブアノ語を話すセブアノ族が占める．

［田畑久夫］

タリム河　塔里木河　Tarim He　中国

面積：194000 km²　長さ：2179 km
[40°32′N　87°28′E]

　中国北西部，シンチャン（新疆）ウイグル（維吾爾）自治区のタリム（塔里木）盆地を流れる川．タリムはウイグル語で耕作するという意味である．自治区最大の川で，中央アジアの大河でもある．タクラマカン（塔克拉瑪干）

砂漠の北辺をつくるように，カシュガル（喀什噶爾）河，ヤルカンド（葉爾羌）河，ホータン（和田）河およびアクス（阿克蘇）河（サルイジャズ川）の4つの川を集めて流れる．カシュガル河は全長約830 kmで，上流はパミール山地の東部に発するキズルス（克孜勒）河である．ヤルカンド河はカラコルム山脈とパミール山地に源を発し，タリム河の最も長い支流で，全長約1080 kmである．ホータン河はクンルン（崑崙）山脈の西側を水源地とし，全長約806 kmで，ユルンカシ河とカラカシ河の2つの支流からなる．ホータン河の水量は豊富であるが，タクラマカン砂漠を横断するとき，途中で灌漑や蒸発，浸透などで水量が失われるため，タリム河に流れ込む水はほとんどない．アクス河はティエンシャン（天山）山脈に源を発し，タリム河の各支流の中で水量が最も多い川である．

　これらの川はアーバード（阿瓦堤）県の南東部で合流してからタリム河とよばれる．東流しロプノール（尉犂）県南東部のティカンリク Tikanlik（鉄干克）にいたるまでが中流で，下流は南東に折れカラボラン Karaboran（タイトマ Taitoma（台特馬）ともいう）湖に注ぎ込む．タリム河はヤルカンド河の源からは全長2179 kmである．タリム河両岸にはトグラク（胡楊）林が分布しており，タリムアカシカや，野生のラクダなどの動物が生息する．ブグル（輪台）とロプノールの両県内のタリム河両岸は1983年にトグラク保護区に指定された．トグラクはウイグル語でいちばん美しい木を意味する．

　以前，タリム河はロプノール県内でしばしばコンチ Konchi（孔雀）河と合流してロプ湖（羅布泊）に注ぎ込んだ．1950年代初め頃ロプノール県に堤防を築くことによってコンチ河とタリム河との分離が図られ，もとのようにティカンリクを通ってカラボラン湖に流入するようにした．しかし，1972年にティカンリク付近に大西海子ダムが建設されて以来，タリム河下流が干上がってしまったため，カラボラン湖に流れ込む水がほとんどない．

［ニザム・ビラルディン］

タリム盆地　塔里木盆地　Tarim Pendi　中国

面積：560000 km²　長さ：1400 km　幅：600 km
[41°00′N　84°00′E]

　中国北西部，シンチャン（新疆）ウイグル（維吾爾）自治区南部の盆地．地名はウイグル語で耕作するという意味である．ティエンシャン（天山）山脈とクンルン（崑崙）山脈，アル

984　タリヤ

〈世界地名大事典：アジア・オセアニア・極Ⅰ〉

チン(阿爾金)山脈の間にある．西はパミール山地から東は新疆ウイグル自治区とガンスー(甘粛)省の境界にまで広がる．東西の長さは約1400 km，南北の幅は最も広いところで600 kmに及ぶ．世界でも有数の内陸盆地である．周囲の高山は標高4000〜6000 m，盆地中央部は800〜1000 mで，南西から北東に向かってしだいに低くなる．

タリム盆地の自然景観は同心円状をなしている．盆地の最も外縁は高山地帯で，北縁は天山山脈，西縁はパミール山地，南縁はクンルン山脈，南東はアルチン山脈からなる．高山地帯の内側には山麓ゴビ(礫石)帯があり，その内側にはカラシャル(焉耆)，アクス(阿克蘇)，カシュガル(喀什)，ヤルカンド(莎車)，ホータン(和田)，チャルチャン(且末)などの大小オアシスが環状に点在している．これらのオアシスは国道314，315号および218号によって結ばれている．盆地の中央部には世界第2の流動砂漠のタクラマカン(塔克拉瑪干)砂漠があり，東西約1000 km，南北約400 km，面積は約34万km²に及ぶ．

タリム盆地の年平均降水量は砂漠辺縁では20〜40 mmであるが，中心部では10 mmにも満たない．年によっては雨がまったく降らないことさえある．盆地内では昼と夜との気温差が大きい．天山山脈やクンルン山脈よりタリム盆地に流れ込む河川は多いが，いずれも内陸河川で砂漠の中に消滅している．中でもカシュガル(喀什噶爾)河，ヤルカンド(葉爾羌)河，ホータン(和田)河，アクス河(サルイジャズ川)，そしてそれらの下流のタリム河は水量が豊富である．

タリム盆地は石油，天然ガス，石炭，鉛，亜鉛，ウランなどの鉱物資源に富む．とくに，石油と天然ガス資源が豊富である．石油の推定埋蔵量は100億バレル以上で，未開発の油田としては世界最大級といわれる．また，天然ガスの埋蔵量は8兆4000億m³で，中国の全埋蔵量の22%を占めると推測されている．1988年以降，石油，天然ガスの開発が急速に進められている．2002年，タリム盆地の天然ガスをシャンハイ(上海)に運ぶためのパイプライン工事(西気東輸)が始まり，05年に開通した．

古来，現代ウイグル人の祖先が居住し，オアシス国家を築き，西は西アジアやヨーロッパ，東は中国と通商または文化交流を行ってきた地である．古代シルクロードの要地として栄えてきたタリム盆地の諸オアシスはウイグル文化の発祥の地でもある．この地は古くから砂漠化が進んでクロライナ Kroraina (楼蘭)，ニヤ Niya (尼雅)などのオアシス都市は放棄され，砂に埋もれてしまった．これらの古代都市は，19世紀以来相次いで発見され，考古学者や探検家らの注目を浴びている．

[ニザム・ビラルディン]

ダリャディノ Darya Dino ☞ **スックル Sukkur**

タリワン　Taliwang　インドネシア

人口：4.4万 (2010)　　　　[8°44′S　116°52′E]

インドネシア中部，小スンダ列島中央部，スンバワ島西端，西ヌサトゥンガラ州スンバワバラット県の町で県都．住民はすべてイスラーム教徒で，異教徒を排除した，宗教的に閉鎖的なコミュニティで，かつてヒンドゥー教徒であるバリ人の虐殺が起こったことでも知られている．独自の方言をもち，イスラーム教信仰が強いスンバワ島の中でも特殊な地域である．スンバワ島の中では比較的湿潤な気候と平坦で肥沃な土地を生かし，稲作，トウモロコシ，豆類などの畑作，ココナッツ栽培が盛んである．また，山羊，水牛などの飼育も行われている．また，ラタン(籐)家具の製作も行われている．

[塩原朝子]

ダーリン河　大凌河　Daling He

中国

面積：2.4 km²　長さ：397 km
[40°48′N　121°40′E]

中国北東部，リャオニン(遼寧)省西部を流れる川．古くは時代ごとに渝水や白狼水，霊河，凌河などと呼称された．南部はチェンチャン(建昌)県ヘイシャン(黒山)，北部はホーペイ(河北)省平泉県の東部を水源とし，ハラチン(喀喇沁)左翼自治県の大城子において合流し，北東へ向けて流路を変える．その後，チャオヤン(朝陽)市，パンチン(盤錦)市を通過してポー(渤)海へ流れ込む．降水量の多い7，8月にたびたび洪水を引き起こしており，このため土砂の流出量が多いことも問題となっている．

[石田 曜]

ダーリング川　Darling River

オーストラリア

面積：609000 km²　長さ：1472 km
[29°57′S　146°19′E]

オーストラリア南東部，クイーンズランド州からニューサウスウェールズ州にかけて流れる川．国内で第3位の長い河川である．1829年にチャールズ・スタートが，ニューサウスウェールズ総督のラルフ・ダーリングにちなんで命名した．源流はクイーンズランド州南部，グレートディヴァイディング山脈中西部のウォリゴー，チェスタートン Chesterton 山地に発源する．バークの北東約40 kmの標高119 m付近でカルゴーア川とバーウォン川が合流してダーリング川となり，そこから蛇行しながらウォリゴー川やパルー川などを集めて南西に約1000 km流下しウェントワース(標高約35 m)でマレー川に合流する．カルゴーア川などの支流を合わせた流路長では2740 kmに達し，国内で最も長いマレー川(2508 km)を上回る．

流路沿いの主要な町はバーク，ラウス，ティルパ Tilpa，ウィルカニア，メニンディー，プンカリー Pooncarie などである．メニンディー付近にはメニンディー湖，タンドゥー Tandou 湖など数多くの湖が存在し，短い水路でダーリング川と結ばれている．平均河川勾配は5 cm/km以下とかなりゆるやかである．このため，ダーリング川は19世紀後半から河川交通の要であった．当時はニューサウスウェールズ西部で生産された羊毛をバークやウィルカニアからサウスオーストラリアのモーガンやマレーブリッジまで外輪船で運んだ．最近では，干ばつや用水による流量低下，農薬汚染などから塩分濃度が高くなり水質が低下している．

[藁谷哲也]

ダーリング山地　Darling Range

オーストラリア

標高：582 m　長さ：320 km
[32°25′S　116°19′E]

オーストラリア西部，ウェスタンオーストラリア州南西部の山地．州都パースの東方，南北約320 kmにわたり平均標高250〜300 mの山がつらなる．最高峰はクーク山(標高582 m)である．名称は，ニューサウスウェールズ総督ラルフ・ダーリング卿(在任1825〜31)に由来する．ジョンフォレスト国立公園を含むこの地域では，ユーカリでつくる木炭生産に加え，銑鉄やボーキサイトが産出される．

[大石太郎]

ダーリングダウンズ　Darling Downs

オーストラリア

人口：23.3万 (2011)　面積：77263 km²
標高：300 m　　　　[27°49′S　151°38′E]

オーストラリア北東部，クイーンズランド

州南東部の地域．南はニューサウスウェールズ州境，北および北西はコンダマイン川，西はバロン川，北東はグレートディヴァイディング山脈で区切られる．グレートディヴァイディング山脈西側の高原地帯で肥沃な土壌に覆われている．重要な農業地域で，穀物栽培や牧羊が盛んである．原油や天然ガスも産出する．この地域には，トゥウンバ，ウォリック，ギャトンなどの町がある．地名は，1827年にアレン・カミングハムによって，ニューサウスウェールズ総督であったラルフ・ダーリングにちなんでつけられた．

［秋本弘章］

タリンチャン　Taling Chan　タイ

人口：13.7万（2010）　面積：29 km²
　　　　［13°47′N　100°27′E］

タイ中部，首都バンコクの特別区（ケート）．チャオプラヤー川の右岸，トンブリー側の北端，バーンコークノーイ特別区の西隣に位置し，ノンタブリー県と県境を接する．区内は道路網が未発達のため，農地や空き地が広く残っている．また，区内を流れる数本の運河沿いに多数の寺院が立ち並ぶ．なお，1997～98年の都内新区分の際に，カーンチャナーピセーク通りより西側がタウィーワッタナー特別区として分離した．［遠藤　元］

ダーリントンポイント　Darlington Point　オーストラリア

人口：0.1万（2011）　［34°34′S　146°00′E］

オーストラリア南東部，ニューサウスウェールズ州中央南部，マランビジー行政区の町．メルボルンの北約370km，州都シドニーの西約500kmの内陸部に位置し，マランビジー川の左岸にある．おもな産業は農業で，町の南側にある標高約120mの台地上で広く展開されている．町の北端を流れるマランビジー川の両岸には河畔林が広く形成されており，そこでは釣り，カヌーおよびキャンプなどのアウトドアが行われている．

［梶山貴弘］

タール　Thal　パキスタン

長さ：300 km　幅：130 km
　　　　［33°24′N　70°37′E］

パキスタン東部，パンジャブ州西部の地方．西はインダス川，東はジェルム川，北はソルト山脈に限られた，シンドサーガルドアーブ（河間地）にあり，砂丘と砂土からなる平原である．イギリス領時代には起伏のある砂丘地帯は灌漑には適さないとされ，永らく灌漑水路の開発が行われず，タール砂漠とも称された．1942年，インダス川が峡谷部を抜け出たミアーンワーリ県北部のカーラーバーグにジンナー堰堤が建設され，パキスタン独立後にタールプロジェクトが実施されたことにより，タール地方に用水が供給されるようになり，大規模な農地が開かれた．なお，インド西部からパキスタン南東部にかけて広がるタール Thar（大インド）砂漠とは異なる．

［出田和久］

タール湖 ☞ タアル湖 Taal, Lake

タール砂漠　Thar Desert　パキスタン／インド

グレートインディアン砂漠，大インド砂漠 Great Indian Desert（別称）／ラージャスターン砂漠 Rājasthān Desert（別称）

面積：453250 km²　長さ：650 km　幅：360 km
　　　　［27°00′N　71°00′E］

インド西部の大砂漠地帯．大インド砂漠ともいう．東はアラヴァリ山脈，西はパキスタン領のインダス川氾濫原に限られる．全体の85％はインドに，15％がパキスタンに位置する．北に接するパンジャブ平原とは北緯29度，年平均降水量300～400mmの線で区切られ，南はカッチ湿地で終わる．砂漠の大部分はラージャスターン州に属し，北部はパンジャブ州に，南部はグジャラート州にかかる．砂漠の年平均気温は北部で24℃，南部で27℃である．年平均降水量は少なく，砂漠の中心部は100mmに満たない．砂漠に降る雨の90％は南西モンスーンがもたらす夏雨である．アラヴァリ山脈から西に広がる幅60～120kmの地域はバガールとよばれ，先カンブリア紀岩が分布する標高300～600mの起伏の小さな準平原である．バガールの北半分は半乾燥地であり，南半分はアラヴァリ山脈のアジメール近くから流れ出すルニ川流域に属し，灌漑の発達する地域である．バガールの西からインダス川氾濫原までの間は標高150～300mの準平原が広がり，砂丘が砂漠面積の60％を覆う砂砂漠である．

砂漠は，年平均降水量250mmを境に乾燥地と半乾燥地に分けられる．半乾燥地には植生に覆われた固定砂丘が分布し，一方，乾燥地には風によって砂が動く移動砂丘が分布する．最終氷期には夏季モンスーンが弱く乾燥したために，砂漠全域に大砂丘が広がった．約1.4万年前頃から夏季モンスーンが強くなり，砂丘上に植生が復活して古土壌が発達するようになった．この古土壌を耕してインダス文明の最盛期に農耕地が広がった．しかし，3500年前にふたたび乾燥化したために大きな砂丘が発達し，多くの耕地は砂の下に埋もれてしまった．いまでも砂丘の下から当時の耕地が発見されることがある．その後，半乾燥地域の砂丘は植生に覆われ固定化した．砂漠の北西端にあるガンガナガル県は1927年に建設が始まったサトレジ川からのガング用水路が引かれ，サトウキビ，アブラナ，綿花などの商品作物が栽培され，砂漠における「緑の革命」の地として知られる．第

タール砂漠（パキスタン／インド），ジャイサルメール近郊の砂漠ツアー
〔Alexander Mazurkevich/Shutterstock.com〕

2次世界大戦後に大規模な砂漠開発が進むようになり，ヒマラヤから流れるサトレジ川のハリケ堰堤から引かれた長さ525 kmの幹線水路と9つの支水路をもつラージャスターン用水路が建設された．この用水路は砂漠の中央部にあるジャイサルメールまでの広大な砂漠地域を灌漑するものである．しかし，砂漠の開発によっていままで固定されていた砂が風で動くようになり，人為的な砂漠化が深刻化している．

北部には長さ400 km，幅数kmの長大な旧河道が残されており，旧河道に沿ってインダス文明期の遺跡が無数に分布している．この旧河道は，かつてのサトレジ川の河道であり，インダス文明期にここをサトレジ川が流れていたことがわかっている．この旧河道がインダス文明の主舞台の1つであり，4500～3800年前に栄えた地域であることを1942年に報告したのは，有名な探険家オーレル・スタインであった．この旧河道の南360 kmにあるジャイサルメールにも大きな川の跡と思われるミタ湿地，カリア湿地，カーノドワーラ湿地などが連なっており，インダス川やサトレジ川との関係が想定される．砂漠にはジョドプル，ジャイサルメール，バルメル，ビーカーネルなどの都市があり，鉄道や放射状の道路網がこれらの都市や集落（ダニ）を結んでいる．また，サンバール湖などの塩湖があり，塩の生産が行われる．さらに，鉛，亜鉛などの非鉄金属や，大理石，石膏，粘土，凍石などの地下資源が豊富である．　　　　　　　　　　　　［成瀬敏郎］

タール山 ☞ タアル山 Taal Volcano

ダル　Daru　　　　　　パプアニューギニア

人口：1.5万（2011）　　　　［9°05′S　143°12′E］

南太平洋西部，メラネシア，パプアニューギニア西部，ウェスタン州の都市で州都．ニューギニア島南部のすぐ対岸にあるダル島に位置する．漁港であり，イギリス植民地時代から真珠貝やナマコの取引が行われた．南のオーストラリアとの国境が近いため，近年では，マリファナや銃などを含む密輸貿易の拠点ともなっているといわれる．　　［熊谷圭知］

ダール　Dhar　　　　　　　　　インド

人口：9.4万（2011）　　　［22°32′N　75°24′E］

インド中部，マッディヤプラデシュ州北西部，ダール県の町で県都．インドールの南西約80 kmに位置する．古代，中世，現代にいたるまで，歴史的，文化的に重要な位置を占め，現在でも多くの寺院，モスク，砦などが残されている．かつてのマルワ王国の首都であり，9～14世紀のヒンドゥー教の宗教教育の中心地でもあった．1305年にデリースルタンの支配下となった．1401年にマルワ王国の独立が認められ，ダールはその首都となった．その後，首都はマンドゥに移された．また，1857年の第1次インド独立戦争（セポイの乱）においては反乱の重要な拠点であった．自由を求めて戦う人たちは1857年7～10月にかけて，ダール砦を占拠し，反乱軍兵士は州の機能を麻痺させ，イギリスに抵抗した．結果的に，大軍がダールに押し寄せ，イギリスとの間で数回の戦闘が行われ，1857年10月末まで持ちこたえた．反乱直後，ダール州はイギリス領に併合されたが，イギリスはインド政策を変更し，1860年に返還された．ダール県の人口の大半は指定部族（ST）である．　　　　　　　［土居晴洋］

ダール湖　Dal Lake　　　　　　インド

面積：18 km²　標高：1583 m　長さ：7.4 km
幅：3.5 km　　　　　　　　　［34°06′N　74°52′E］

インド北部，ジャンムカシミール州の夏の州都スリナガルの市内にある大きな湖．成因は，氷河湖説と沖積作用による堰止め湖説の2つがある．カシミール王冠の宝石，スリナガルの宝石という俗称をもつ．インドの中間層以上の誰もが，一度は訪れてみたいと思う夏の代表的な観光避暑地である．豪華な浮き船ホテル，遊覧や釣り，スイレンの花咲く浮島，浮島でのトマト，キュウリ，メロンなどの野菜栽培の観察などで人気がある．市街地の北から東側にかけて帯状に広がり，水深2.5～6 m，湖畔の周囲約16 km，湖面標高1583 mである．

岸辺には，内外装の豪華な大小さまざまなハウスボートが，櫛の歯状にぎっしりと係留され，夏季には国内各地や欧米からも多くの避暑客をよび込んでいる．ハウスボートは，イギリスの運河などで居住やレジャーに活用されるボートを原型とし，観光客向けに豪華さを加えたもので，豪華なハウスボートは，浮かぶ宮殿ともよばれる．また，シカラとよばれる小型の遊覧ボートが湖面を行き交う．湖のまわりには，中世ムガル朝時代のジャハンギール王が，避暑のために築造したシャリマール公園やニシャート公園などがあり，観光客を和ませる．　　　　　　　　［中山修一］

ダルヴァザ山脈　Darvaza Range

タジキスタン

標高：6083 m　　　　　　　［38°34′N　71°32′E］

タジキスタン中央部の山脈．ゴルノバダフシャン自治州，イスマイリサマニ峰（標高7495 m）の南西177 km，オビヒンゴウ川とパンジ川の間に位置する．パミールアライ山系の支脈である．最高峰はアルナヴァド峰（6083 m）であり，多くの氷河がある．パンジ川に沿いダルヴァザ渓谷を通ってドゥシャンベ・ホログ道路が走る．　　　［木村英亮］

ダルガイ　Dargai　　　　　　パキスタン

[34°28′N　71°54′E]

パキスタン北西部，カイバルパクトゥンクワ州中北部マラカンド県の町．州都ペシャワルの北北東約60 km，マルダーンの北約35 km，スワートに通じる街道がマラカンド峠へ向かう登り口近くの，アッパースワート用水路沿いに位置する．ノウシェラからマラカンド峠へ向かう鉄道の終点であった．近くにスワート川の水を引いたダルガイ水力発電所がある．　　　　　　　［出田和久］

タルガル　Talgar　　　　　　カザフスタン

人口：5.0万（2009）　面積：19 km²
標高：1000-1500 m　　　　　［43°20′N　77°15′E］

カザフスタン南東部，アルマトゥ州南部の都市．ザイリースキアラタウ山脈の最高峰タルガル峰（標高4973 m）の山麓にあり，州都タルドゥコルガンの南南西210 km，アルマトゥの東16 kmに位置する．灌漑によって，小麦，タバコ，野菜が栽培される．蒸留酒も産する．　　　　　　　　　　　［木村英亮］

ダルゲティ　Dalgety　　　　オーストラリア

人口：214（2011）　標高：800 m
[36°30′S　148°50′E]

オーストラリア南東部，ニューサウスウェールズ州南東部，スノーウィーモナロ行政区の町．州都シドニーとメルボルンの中間部，首都キャンベラの南約130 kmに位置し，グレートディヴァイディング山脈南東部にある．1832年に入植が始まり，1903年には首都の候補地の1つとなったが，その後候

補から外れ, 首都はキャンベラに決定した.

[梶山貴弘]

ダルシ　Darsi　　　　インド

人口：3.3万 (2011)　　　[15°47′N　79°43′E]

インド南部, アンドラプラデシュ州東部, プラカサム Prakasam 県の町. オンゴルの北西 50 km に位置する. キビ類や綿花の産地. 町に鉄道は通っていないが, 北西 20 km にある中南部鉄道のクリチェドゥ Kurichedu 駅を経由してグンタカルと結ばれる.

[酒川　茂]

タルタオ島　Tarutao, Ko　　　タイ

面積：148 km²　　　[6°35′N　99°39′E]

タイ南部, サトゥーン県サトゥーン郡の島. アンダマン海にあり, タイ南部西海岸ではプーケット島に次いで第 2 位, タイ全体でも第 4 位の面積をもつ. 玄関口はラグー郡パークバーラー港となり, ここから南西約 20 km に位置する. 島はかつてマラッカ海峡の海賊の隠れ家として利用されていたらしいが, 1938 年に刑務所が設置されてボーウォーラデート親王の反乱で捕まった政治犯が連れてこられた. 戦争中は物資が不足して看守が盗賊となって往来する船を襲い, 戦後征伐されて刑務所も廃止となった. その後 1974 年にタルタオ諸島国立公園が設置され, 大小計 51 の島々が含まれた. 現在島自体には国立公園局の宿舎しか存在しないが, 西のリーペ島を中心に観光開発も進んでいる.

[柿崎一郎]

タルックスレイマン　Taluk Sulaiman　　　インドネシア

[1°03′N　118°48′E]

インドネシア中部, カリマンタン(ボルネオ)島東端, 東カリマンタン州ブラウ県ビドゥクビドゥク郡の村. マンカリアット Mangkalihat 岬上, スルマン湾近くに位置する. 地名のうちタルック Taluk は湾を意味するマレー語に由来する. 住民はマレー語の一種ボルネオ沿岸マレー語を話す. 対岸の小島カンジュガンブサル島は, 埠頭よりボートで 30〜45 分の距離にあり, そこではシュノーケリングなどのマリンスポーツを楽しむことができる.

[塩原朝子]

タルディティ　Taluditi　　　インドネシア

人口：0.7万 (2010)　　　[0°38′N　121°48′E]

インドネシア中部, スラウェシ島北部, ゴロンタロ州ポフワト県の町. ミナハサ半島のほぼ中央にある. 県都マリサ Marisa の北西に位置する. カリマス, ティルトアスリ, パンチャカルサ I, パンチャカルサ II, マカルティジャヤ, マラゴ, マリサからなる. 住民は地域一帯の土着語であるゴロンタロ語を話す.

[塩原朝子]

タルドゥコルガン　Taldykorgan　　　カザフスタン

Taldy-Kurgan (旧表記)

人口：9.8万 (1999)　　　[45°01′N　78°23′E]

カザフスタン南東部, アルマトゥ州の都市で州都. アルマトゥ市の東北東 217 km, ジュンガルアラタウ山脈の山麓に位置する. 灌漑農業地帯の中心で, 稲, テンサイが栽培される. 砂糖精製, 金属加工が盛んである. トルキスタン・シベリア(トルクシブ)鉄道の駅が西 32 km にあり, 市内より 13 km にアスタナやアルマトゥと結ぶタルドゥコルガン空港がある. かつては Taldy-Kurgan の表記であったが, 現名称が 1991 年に採用された. 1997 年までタルドゥコルガン州の州都であった.

[木村英亮]

ダルハウジー　Dalhousie　　　インド

人口：0.7万 (2011)　面積：7.6 km²　標高：2350 m

[32°32′N　75°59′E]

インド北部, ヒマーチャルプラデシュ州チャンバ県にある町. 県都チャンバの南南西約 25 km の州境近くに位置する. 19 世紀半ばイギリスの植民地時代に開かれた避暑地で, 地名は 1848 年インド総督となったイギリス人ダルハウジーにちなんでつけられたものである. パンジャブヒマラヤ山麓丘陵部の標高約 2020 m の一帯に広がる. 5 つの丘陵を取り込んだ森林に包まれている保養地である. 現在も主として夏期の避暑地として利用されるが, 外国人の利用は少なくパンジャブ地方の人びとに利用されている. 町は寒い道路, 暑い道路と名づけられた 2 本の主要道付近が中心で, 店舗, レストラン, ホテルなどが集中している. この主要道は遊歩道のような趣きとなっており, 大型の交通機関の通行は禁止されている. チベット製手工業製品を売るマーケットや見事な滝, 美しい森や山々の眺

望など自然がこの町の誇りである. 中心から 8 km 離れたカラトープ野生動物保護区では自然保護のシカ, クマ, 各種の鳥をみることができるばかりでなく, 眺めのよさも抜群である.

[中山晴美]

タルバガタイ市　Tarbagatay　☞　チョチェク市　Qöqek

タルバガタイ山脈　Tarbagatay, Khrebet　　　カザフスタン/中国

標高：2992 m　長さ：300 km

[47°11′N　82°28′E]

カザフスタン東部と中国にまたがる山脈. ティエンシャン(天山)山系北側の支脈で, アヤグスの東方のザイサン湖と南東のアラコリ湖の間を東西に走り, 一部が中国とカザフスタンの国境をなす. 最高峰はタスタウ峰(標高 2992 m)である.

[木村英亮]

ダルハド盆地　Darkhadyn Khotgor　　　モンゴル

Darkhad Valley (別表記)

面積：4270 km²　長さ：150 km　幅：40 km

モンゴル北西部, フブスグル県の盆地. フブスグル湖西岸に位置する. 東はホリドルサリダグ山脈に, 北部から西部にかけてはロシアのトゥヴァ(トイヴァ)共和国につながるタグナソヨン山脈に囲まれている. つまり, シベリア・タイガに囲まれた草原の盆地である. 県のリンチェンルフンベ郡, ツァガーンノール郡, オラーンオール郡の 3 つの郡の領域にまたがり, 長方形の形状である. 盆地内には約 150 の大小の湖や沼があり, また降水量が多い 7 月や 9 月は草原が湿地化する. また鉄道も通っておらず, 盆地内の道路は舗装されていないので, 外部からのアクセスは困難なモンゴル有数の秘境である.

地名は, ダルハドという少数エスニック集団の暮らす盆地であることによる. ダルハド(単数形はダルハン)とは, そもそも, (税などを)免れし者という意味をもつ. 中世モンゴルでは功績などにより大ハーンから納税を免れることになった者をさしたが, のちに特殊技能をもつがゆえに納税免除者となった鍛冶職人そのものもさすようになった. フブスグルに居住するダルハドは, 18 世紀後半, オリアンハイと総称された本来出自が雑多な南シベリアの狩猟民やホトゴイト郡王の支配

ダルハド盆地（モンゴル）．フヴスグル湖西岸の白馬の産地〔島村一平提供〕

下にいた牧畜民が外モンゴル最高位の転生活仏ジェプツンダンバの直轄民とされたことに発する．彼らは，毛皮などを貢納するかわりに兵役を免除されたダルハドとなったのである．しかし，ダルハドの人びとの文化は，草原の遊牧民とは異なる狩猟文化が色濃く残っており，自らをモンゴル人と認識していない者も少なくない．事実，ダルハドの人びとは，ダルハド盆地の外へ行くことを，モンゴルへ行くといいならわす．

宗教においても，モンゴルの多くの人びとがチベット仏教系のモンゴル仏教を信仰するのに対して，ダルハドの人びとは仏教と対立関係にあるシャーマニズムを信仰してきたことで知られている．またダルハドのシャーマニズムはモンゴルの人口の80％以上を占める多数派のエスニック集団から呪いの強い宗教として非常に恐れられている．ダルハド盆地は，雪に強く駿馬としても知られるダルハドの白馬の産地として有名である．ダルハドの白馬は，1990年頃まで冬のフヴスグル湖の氷上交通を担う馬そりの牽引馬として活躍してきた．2009年，ダルハド盆地を流れるフグ川流域で金の鉱床が発見されると，当該地域はゴールドラッシュにわいたが，その採掘権をめぐって地元のダルハドの人びとと，試掘をした会社，首都ウランバートルなど外部からやってきたニンジャとよばれる盗掘者たちの間で争われている．　　　　　　　〔島村一平〕

ダルハン　Darkhan　モンゴル

人口：8.1万（2015）　面積：103 km²　標高：850 m
気温：−0.6℃　降水量：306 mm/年
[49°28′N　105°56′E]

モンゴル北部，ダルハンオール県の都市で県都．モンゴル第3位の都市である．ヘンティ山脈西端の丘陵地，首都ウランバートルの北北西223 kmに位置する．7月の平均気温は18℃，1月は−23.8℃である．ロシアのイルクーツクへ向かう鉄道の駅および鉄道車両の整備工場がある．また，ウランバートルとロシア国境を結ぶ舗装道路の中継地である．その歴史は浅く，1961年に旧ソ連やチェコスロヴァキアなどの援助を受けて建設された新興の都市である．地名は，モンゴル語で鍛冶屋を意味し，同じようにロシア語で鍛冶屋の意味をもつ旧ソ連の工業都市クズネツクにちなんでつけられた．この町には，鉄鋼工場やセメントなどの建築資材や毛皮，精肉，製粉，乳製品などの工場などがある．また，近年ではノルウェーの援助によりつくられたフェルト製品の工場もある．最初はセレンゲ県に属していたが，1994年にダルハン市周辺域は，ダルハンオール県となった．人口は，盛時には11万に達したが，ウランバートルへの人口の流出が続いている．
〔島村一平〕

ダルハン旗 ☞ ホルチン左翼中旗 Horchin Juun Garun Domdat

ダルハンオール県　Darkhan-Uul Aimag　モンゴル

人口：9.8万（2015）　面積：3275 km²
[49°28′N　105°56′E]

モンゴル中北部の県．県都はダルハン．1994年，セレンゲ県の工業都市ダルハンとその周辺の3つの郡がセレンゲ県から分離して成立した．周囲をセレンゲ県に囲まれている．県面積はモンゴルではオルホン県に次いで2番目に小さい．人口密度は，首都ウランバートル，オルホン県に次いで第3位（26.72人/km²）．総人口のうち，8.1万がダルハン市に住む．　　　　　〔島村一平〕

ダルバンガ　Darbhanga　インド

人口：29.4万（2011）　降水量：1166 mm/年
[26°10′N　85°54′E]

インド北部，ビハール州ダルバンガ県の都市で県都．農産物の集散地である．州都パトナの北約60 kmに位置する．古くはミティラ・ブラーマン王国の首都であった．14世紀にムガル帝国の支配するところとなり，1765年にはイギリス東インド会社の支配地に編入された．住民は，イスラーム教徒とヒンドゥー教徒が混住している．ガンジス（ガンガ）川の古くからの氾濫によりもたらされた肥沃な農地で，サトウキビ，タバコなどが栽培され，それらの特産地となっている．ダルバンガ県は，ビハール州に38ある県の1つ．人口328.5万（2001），面積2502 km²．ヒンドスタン平原のガンジス川の左岸に広がる．ネパールとの国境に近い．一帯はガンジス川に近く灌漑施設が整う豊かな農業地帯で，米，トウモロコシ，サトウキビ，小麦，大麦，ナタネ，綿花，ジュートなどを産する．
〔中山修一〕

ダルハンモーミャンガン連合旗　達爾罕茂明安連合旗　Darkhan Muuminggan Kholboot　中国

Darhan Muminggan Lianhe（別表記）/ダルハンムミンガン連合旗（別表記）

人口：12万（2012）　面積：18177 km²
気温：4.2℃　降水量：256 mm/年
[41°42′N　110°25′E]

中国北部，内モンゴル自治区中部，ボグト（パオトウ，包頭）地級市の旗．旗政府所在地はバイリンミャオ（百霊廟）鎮．東はウランチャブ（烏蘭察布）市と，南はフフホト（呼和浩特）市，包頭市グーヤン（固陽）県と，北はモンゴル国と接する．イン（陰）山山脈の北麓に位置し，旗の南部と中部は丘陵と低い山から構成され，北部は平原地帯である．冬は寒く夏は涼しく，春は乾燥して風が多い．降雨は7～8月に集中している．湖と川はおもに同旗の南部にあり，アイブガイ（艾不蓋）が最も長い河であり，テンゲリ（騰格爾）湖に注ぐ．

同旗の前身は清代のハルハ右翼旗とモーミャンガン旗である．ハルハ右翼旗は1653年にハルハの台吉（モンゴル貴族）ブンタルがトシェト・ハンと不和になり，清朝に帰順した

ことによって発足した．ブンタルが清朝からダルハン親王という称号を授けられたので，ハルハ右翼旗はダルハン旗ともよばれた．一方，モーミャンガン旗は，チンギス・ハーンの弟ハサルの子孫がザサク（旗長）として領有する旗であった．モーミャンガン部の長たるチェゲン・ハンは，1633 年に後金国（後の清朝）に帰順し，64 年にシラムレン河付近（現在のウランハダ（チーフォン，赤峰）市）からアイブガイ河付近に移住し，モーミャンガン旗を成立させた．1952 年，両旗は合併し，ダルハンモーミャンガン連合旗となり，96 年にウランチャブ盟から包頭市の管下に移った．

現在，7 鎮と 1 ソムがある．人口のうち漢族が最も多く，モンゴル族は 1.7 万である．おもな農産物はトウモロコシ．牧業産業化団地をつくって羊と牛を飼育している．埋蔵量の多い地下資源は石炭，銅，鉄などである．おもな工業には，鉱石採掘，金属製錬，建築資材，畜製品加工，レアアース工業などがある．また，百霊廟鎮より北東へ 30 km にオロンスム（敖倫蘇木）城遺跡がある．モンゴル帝国の成立に功績があり，元朝の王室と婚姻関係を結ぶ有力なオングト族の本拠地である．オングト族はキリスト教徒であったことが知られている．オロンスムは，元朝の崩壊とともに都城としてはいったん途絶えたが，16 世紀になって仏教寺院などが建てられた．江上波夫を中心とする日本隊が 1935, 39, 41 年の 3 回にわたってオロンスム遺跡を発掘し，キリスト教徒の十字墓石，建築物の礎石や瓦，陶磁器の破片，モンゴル語の文書断片などが発見された．現在，これらの出土品は東京大学東洋文化研究所と横浜ユーラシア文化館に保管されている．

［バヨート・モンゴルフー］

ダールプル　Dhaulpur　インド

Dholpur（別表記）

人口：12.6 万 (2011)　［26°43′N　77°54′E］

インド西部，ラージャスターン州東部，ダールプル県の町で県都．ウッタルプラデシュ州およびマッディヤプラデシュ州との州境に位置する．現在の町は 16 世紀にさかのぼるが，町名の由来である Dholdera あるいは Dhawalpuri は 11 世紀にヒンドゥー教徒が建設した町で，現在よりも南に位置していた．ダールプル藩王国の首都であった．1803 年にイギリスと条約を結び，1949 年にラージャスターン州に統合された．キビ類，綿花，小麦，砂岩などの交易中心であり，手織り絨毯の生産地である．町の南 5 km のチャンバル川近くに古代の砦の遺跡がある．

［土居晴洋］

ダルマヴァラム　Dharmavaram　インド

人口：12.2 万 (2011)　面積：41 km²

［14°27′N　77°44′E］

インド南部，アンドラプラデシュ州南西部，アナンタプル県の都市．カルナータカ州に近く，県都アナンタプルの南約 30 km にある．綿と絹の手織物工業が盛んで，ダルマヴァラムサリーとよばれるほどサリーが有名である．地名は，シュリ・クリヤサクティの母であるダルマンバに由来する．最も近い空港はベンガルールケンペゴウダ国際空港であるが，およそ 150 km 離れている．

［土居晴洋］

タルーム　Taroom　オーストラリア

人口：0.1 万 (2011)　［25°38′S　149°48′E］

オーストラリア北東部，クイーンズランド州南東部，バナナ郡区の町．ダーリングダウンズ地域，州都ブリズベンの北西約 380 km，ドーソン川沿いに位置する．高品質の牛肉生産の中心であり，また小麦などの穀物栽培が盛んである．

［秋本弘章］

ダルラ県　達日県　Darlag　中国

人口：4.2 万 (2015)　面積：15385 km²

［33°44′N　99°39′E］

中国西部，チンハイ（青海）省南東部，ゴロ（果洛）自治州の県．スーチュワン（四川）省と隣接する．チベット高原東部に位置し，県中央部をバヤンハル（巴顔喀拉）山脈の標高 4000〜5000 m 級の山々が横断する．この山脈はホワン（黄）河水系とチャン（長）江水系の分水嶺で，山脈北麓は黄河が東流し，南麓は長江水系の中小河川が谷を刻む．草原が広がり，野生ヤクやユキヒョウ，ヒグマなどが生息する．トウチュウカソウ（冬虫夏草）やセツレンカ（雪蓮花）などの漢方薬材を産する．人口の大部分はツァン（チベット）族である．

［高橋健太郎］

タルラク　Tarlac　フィリピン

人口：34.2 万 (2015)　面積：275 km²

［15°29′N　120°35′E］

フィリピン北部，ルソン島中部の内陸部，タルラク州の中心都市で州都．北流しリンガエン湾に流れ込むアグノ川の支流タルラク川右岸，首都マニラの北北西 105 km に位置する．1688 年にスペイン人により建設される．マニラとリンガエン湾に面した中心都市ダグパン間を結ぶ鉄道の幹線と西方サンホセに通じる支線との分岐点にあたり，交通の要衝である．西にハイピーク High Peak 山（標高 2036 m）を最高峰とするサンバレス山脈，東にアナクアオ Anacuao 山（1852 m）を中心とするシエラマドレ山脈にはさまれた，国内第 1 位の平野である中央平野のほぼ中心に位置している．

経済の中心は農業で，ココヤシ，米，サトウキビなどの農作物の栽培が行われている．市はこれらの農作物の交易センターである．中央平野は年間を通じて降水量が乏しい．そのため農作物を栽培するには河川から水をひく灌漑設備を必要とする．灌漑事業は 19 世紀になってカトリック教会領より開始された．市周辺のサトウキビ栽培も灌漑設備の完成とともに開始された．サトウキビの作付けは大農園に独占され，この大農園と手を結んだセントラルと称されている近代的な設備をもった工場で製糖に加工される．大農園は一部の大土地所有者の手に集中している．そのため小作制度が発達し，農民の階層分化が著しい．この小作制度はカサマ方式と称される制度である．小作人は種子や肥料などの経費としてその 1/2 が引かれ，さらに収穫の 1/2 を納めるという折半小作制度で，実際には小作人の取り分は 3 割程度となる．米作に関しても用水不足が主原因で 2 期作を実施することができず，1 期作のみとなっている．

住民はタガログ族，イロカノ族などマレー系の集団が中心である．鉄道，道路がともにマニラに通じていることから，近年農業を放棄してマニラに移住するものや，出稼ぎにいく住民が増加し，人口増加は比較的ゆるやかである．そのためにも，小作人制度に代表される土地制度の改革が急がれよう．

［田畑久夫］

タルラク州　Tarlac, Province of　フィリピン

人口：136.6 万 (2015)　面積：3054 km²

［15°29′N　120°35′E］

フィリピン北部，ルソン島の心臓部とでも称すべき中部ルソン地方に位置する州．州都はタルラク．西半分はサンバレス山脈の山地，東半分は中央平原の低地と明確に大きく地形が分けられるが，そのうち 2/3 は低地が占めている．低地にはアグノ川の支流が流れ，豊かな土地となっている．州は典型的な内陸に位置する．北はパンガシナン州，東はヌエバエシハ州，西はサンバレス州，南はパンパンガ州にそれぞれ囲まれている．マニラ首都圏から 125 km と比較的近い．

州域はかつては深い森林に覆われていた．森林の中にはフィリピンを代表する先住民であるアエタ族も居住していた．そこは，ルソン島の中央部に残存する奥地だったからである．州には現在 4 つの異なる先住民，パンパンガ，パンガシネンス，イロカノ，タガログの諸集団が居住している．そのため，中部ルソン地方における最も多種な文化がみられることで知られる．以前は，地域的にパンパンガ族が中心の南部と，パンガシネンス族が卓越する北部に二分されていた．1874 年にスペインの植民地支配の下に編成された中部ルソン地方の最後の州でもあった．第 2 次世界大戦中は激戦地帯であり，多数の死傷者が出て，日本軍に占領された．

農業が基幹産業で，中央平原を流れるアグノ川の支流を利用した灌漑農業が実施されている．主要作物は米，トウモロコシ，サトウキビである．当州で収穫されているサトウキビを原料とした大規模な製糖工場もみられる．鉱産資源の埋蔵量も多く，石炭，鉄鉱石などが採掘されている．近年これらの原料などを利用した工業団地も形成された．

[田畑久夫]

ダールワド　Dharwad　インド

人口：20.5 万 (2001)　面積：200 km²
[15°30′N　75°04′E]

インド南部，カルナータカ州北西部，ダールワド県の都市で県都．南に約 20 km 離れたフブリと双子都市であり，州都ベンガルール（バンガロール）の北西約 430 km に位置する．1961 年にフブリと合併した．この双子都市の歴史はホーサラ期にまでさかのぼる．ダールワドはダールワド県の行政中心で，フブリは商業中心である．ダールワドは綿織物などの工業都市であるとともに，ムンバイ（ボンベイ）とベンガルールを結ぶ主要鉄道と国道 4 号の沿線にあり，カルナータカ州北部において成長の著しい都市である．また，教育機関が発達した文化都市としても知られ，

カルナータカ大学などがある．　[土居晴洋]

タロ　Taro　ソロモン

人口：0.1 万 (2009)　面積：1.5 km²
[6°42′S　156°24′E]

南太平洋西部，メラネシア，ソロモン諸島北西部，チョイスル州の村で州都．首都ホニアラがあるガダルカナル島の西約 500 km，隣国のパプアニューギニア領ブーゲンヴィル島の南東約 50 km に位置するタロ島にある．チョイスル島北部のチョイスル湾にある小島で，1991 年にチョイスル州がウェスタン州から分離して誕生するまでは，ソロモン航空が発着するチョイスルベイ飛行場があるだけで，定住者はほとんどみられなかった．チョイスル州が成立してからは，州の行政機関や，病院，学校，電話会社事務所，郵便局，小規模商店などが建てられた．タロ島の居住者はこれらのいずれかに直接的，間接的に関与する者である．

[関根久雄]

ダーロウ山　大婁山　Dalou Shan　中国

だいろうさん（音読み表記）
標高：2251 m　長さ：300 km　幅：150 km
[29°04′N　107°18′E]

中国中南部，グイチョウ（貴州）省北西部の山脈．最高峰は金仏山である．ピーチエ（畢節）地級市から北東方向へ延び省境をまたいでスーチュワン（四川）省に達する．ユングイ（雲貴）高原上の山脈なので，山間盆地からの相対高度は 500 m 程度である．大婁山脈はウー（烏）江水系と赤水河水系の分水嶺となっている．

[松村嘉久]

タロコ峡谷　太魯閣峡谷　Taroko　台湾｜中国

[24°10′N　121°20′E]

台湾北東部，ホワリエン（花蓮）県北部の大峡谷．中国語ではタイルーゴーと発音される．台湾を代表する景勝地で，硬質の岩盤を立霧渓の流れが侵食することで，一大峡谷が形成された．ちなみに，海岸線からわずか西 40 km の地点にあるナンフーダー（南湖大）山の標高は 3742 m となっており，その高低差が特筆される．現在，谷底に近い部分を東西横貫公路とよばれる道路が走っており，島の東西を結ぶ連絡道路となっている（2010 年現在，この道路の西側は長期不通となってい

る）．この道路は観光ルートにもなっており，多くの行楽客が訪れている．両側には切り立った断崖が迫り，巨大な一枚岩に圧倒される．この道路の歴史は日本統治時代にさかのぼり，古くは日本の統治に抵抗する人びとを攻略する際に用いられた．当時は理蕃道路とよばれ，日本側が現地の人びとを制圧するために設けたものだった．自動車道路としての開通は 1960 年 5 月で，これはおもに中華民国軍の退役軍人によって建設された．

現在は国立公園に指定されており，トンネルの整備と道路の拡張工事が進んでいる．車内から雄大な眺めを楽しむことはできなくなってしまったが，旧道は遊歩道として開放されており，好評を博している．太魯閣観光の拠点となるのは天祥で，渓流の合流地点に開けており，険しい太魯閣峡谷の中で唯一の平地となっている．もともとは先住民族のタロコ（トゥルク）族が暮らす集落があり，タビトとよばれていたが，第 2 次世界大戦後に地名が改められた．付近には日本統治時代に整備された山岳道路の一部が遊歩道となっており，散策が楽しめる．

[片倉佳史]

タワ　Tawa　ニュージーランド

人口：1.4 万 (2013)　[41°11′S　174°49′E]

ニュージーランド北島，ウェリントン地方の町．首都ウェリントンの最北端の郊外に位置する．ウェリントンからは国道 1 号で北およそ 16 km にある．地名は，クスノキ科の樹木タワからとったものである．この地で最も有名な樹は，樹齢 100 年以上と推定されるヒノキ科のマクロカーパによってつくり上げられた，バケツを伏せた形のトピアリー「バケツツリー」である．また，タワはキリスト教のさまざまな宗派の教会が建てられていることで有名である．郊外はタワ盆地の大部分を占める．ポリルア川沿いにトランツメトロ鉄道のカピティ線が通っている．町は 19 世紀半ば，ニュージーランド会社のエドワード・ギボン・ウェークフィールドの指示によって開発され，最初のヨーロッパ系白人の入植が始まった．現在は鉄道と道路の建設によりウェリントンの通勤圏として発展し，人口増加が見込まれる．

[植村善博・太谷亜由美]

ダーワー県　大窪県　Dawa　中国

だいわけん（音読み表記）

人口：38.0万（2013）　面積：1268 km²

[41°00′N　122°05′E]

中国北東部，リャオニン（遼寧）省中部，パンチン（盤錦）地級市南東部の県．県政府所在地は大窪鎮．リャオ（遼）河の東と西の河口にはさまれている．西の河口である双台子河口は，国立自然保護区に指定されている．主要農産物は水稲とアシ，漁業は上海ガニの養殖が盛ん．リャオホー（遼河）油田の主要な採掘地でもある．溝海線と丹錫高速が県域を東西に貫く．

[柴田陽一]

タワウ　Tawau　マレーシア

人口：39.8万（2010）　面積：6125 km²

[4°15′N　117°53′E]

マレーシア，カリマンタン（ボルネオ）島北部，サバ州南東部タワウ行政区の都市．州南東部の中心都市，一般市，都市人口のおよそ半数（人口18.6万）はマレー系住民であるが，そのうちでマレー人は1.2万であり，残りはバジャウ人など多様なマレー系民族が居住する．マレー国籍以外の居住者（人口16.5万）も多く，国境に近接する国際都市の特徴をもつ．

サンダカンの南177 kmに位置する．インドネシアとの国境に近く，東カリマンタン州のバリクパパン，北カリマンタン州のタラカンなどインドネシア諸都市との間にはインドネシアの航空会社による定期航空路が開設されており，インドネシアの諸都市との連結がよい．人口は州で第3位で，州南東部の産業経済の中心都市である．産業の中心は農業で，ことにオイルパーム，ココアが主要産業となっている．そしてゴム，コプラ，ココア，パーム油，木材などの取引拠点でもある．

郊外には，タワウヒルズ公園などのすぐれた自然環境が広がる．またタワウ沖にはウミガメの保護区に指定されているシパダン島やマブール島がある．これらの島は多様な海洋生態系を保存しており，観光開発が徐々に進展しつつある．

[生田真人]

タワウ湾　Tawau, Teluk　マレーシア

[4°17′N　117°46′E]

マレーシア，カリマンタン（ボルネオ）島北部，サバ州南東部の湾．スパティク島とサバ本土とによって形成されており，大きくて深い湾となっている．州北東部から南東のこの地域にかけてはリアス式海岸となっており，タワウ湾もその1つであり，良好な港がある．湾の入口部には，この地域の中心都市タワウがある．この地域には15世紀以降にイスラーム教が徐々に広がった．そして18世紀後半から19世紀にかけてはスル海にスル王国が成立した．タワウ湾一帯にもスル王国の影響があった．インドネシアとの国境にも近く，沖合では両国の領海問題をめぐる紛争が起きている．

[生田真人]

タワン　Tawang　インド

人口：1.1万（2011）　面積：15 km²　標高：3048 m

[27°35′N　91°52′E]

インド北東部，アルナーチャルプラデシュ州西部，タワン県の都市で県都．標高2500 m付近のヒマラヤ山脈の中に位置する．州都イタナガルの西北西約200 kmにある．地名は，チベット語で神に選ばれた馬を意味する．歴史的にはチベットに属していたが，1914年にイギリスとチベットが国境線をめぐって合意したシムラ条約で，イギリス領インドの領土とされた．その後も実質的には，チベットの行政下にあったが，インドが1937年に軍隊を送り実効支配下に置いた．

ダライ・ラマ6世ツァンヤン・ギャツォ（1683-1706）の生誕地として有名である．1681年にメラク・ラマ・ロドレ・ギャツォが建立した巨大なタワン寺院が，小高い丘の上に威光を放っている．タワン寺院は，中国のチベット自治区の行政中心地ラサの仏教寺院に次ぐ世界第2位の規模，インドで最大のチベット仏教寺院である．第14代（現世）ダライ・ラマは，1959年に中国によるチベット侵攻で追われた際，最初にタワンに避難した．1962年に勃発した中印国境紛争では，いったんは中国に占領されたが，停戦後にインドに返還された．イタナガルとはバス路線で結ばれる．12～翌1月は雪が積もり，インド北東部のスキーリゾートとしても知られる．なお，この地を訪れるには，インド政府の入域許可証を事前に取得する必要がある．

[中山修一]

タワントルゴイ鉱山　Tavan Tolgoi Uurkhai　モンゴル

タヴァントルゴイ鉱山，タバントルゴイ鉱山（別表記）

面積：140 km²　標高：1500-1830 m

[43°35′N　105°33′E]

モンゴル南東部，ウムヌゴビ県ツォグトツェツィ郡の炭鉱．1945年に発見され，推定埋蔵量64億tで世界最大級．ゴビ砂漠の南部，ダランザドガドの東約100 kmに位置する．広大な範囲にわたって2～90 mの厚さのペルム紀の石炭層が形成されている．総埋蔵量のうち，17億8000万tが瀝青，46億4000万tが褐炭であると推定されている．タワントルゴイ鉱山の埋蔵量は，日本の1年間の輸入量の30倍以上に達しており，炭鉱開発に日本の大手商社も国際入札に参加し，2016年に丸紅が権利を獲得した．また，同じくウムヌゴビ県にある金鉱山のオユートルゴイと鉄道や道路が結ばれ，中国国境へつなげられる予定となっている．

[島村一平]

タワンボグド山　Tavan Bogd Uul　ロシア～中国

Taban Bogdo（別表記）/タバンボグド山（別表記）

標高：4374 m　[49°10′N　87°50′E]

アジア中部，モンゴル・中国・ロシア国境に位置する山．アルタイ山脈の最高峰の山々の総称である．タワンボグドとは，モンゴル語で5つの聖なる山という意味であり，5つの頂点にはそれぞれ名前がある．最高峰は標高4374 mのフイテン峰（フイテンボグド）で，頂点はモンゴル側にあるが山は国境にまたがっていることから，モンゴル語で友好を意味するナイラムダル峰（中国語では友誼峰）ともよばれる．フイテン峰の次に高いのが，標高4068 mのブルゲッド峰（ブルゲッドボグド）であり，その次に4051 mのマルチン峰（マルチンボグド），3986 mのウルギー峰（ウルギーボグド），最後に3884 mのナラン峰（ナランボグド）となる．この5つの山を総称してタワンボグドと称する．ちなみにこの周辺地域に住むカザフ人たちはベスボグダ（カザフ語で5つの聖なる山）とよぶ．万年雪山であり，ポターニン氷河に代表される氷河が発達している．

[島村一平，ニザム・ビラルディン]

タンアン　Tan An　ベトナム

Tân An（ベトナム語）

人口：13.3 万（2009）　　[10°31′N　106°25′E]

　ベトナム南部，メコンデルタ，ロンアン省の都市で省都．国道 1 Ａ号が西ヴァムコー川と交差する交通の要衝．市の中心部は西ヴァムコー川の西岸にあり，ホーチミン中央直属市の南西に 45 km に位置する．地形的には，北西の広大な湿地帯であるドンタップ平原と，南東の海岸複合地形に挟まれるデルタ地帯とからなる．塩水の浸入が比較的少なく，河川の水位差を利用した灌漑排水操作が可能で，水稲の二～三期作が可能である．ホーチミンまで車で 1 時間という立地条件により，国道沿いには多数の工場が建設されている．

　歴史的には，1779 年の行政区画にタンアンの名前がみられることから，この時期までに，タンアン周辺がベトナム（キン）人の行政システム下に組み込まれたと考えられる．またこの頃より，タンアンとミートーをつなぐ運河が建設されるなど，開拓事業が盛んに開始された．市内の遺跡には，市中心部から南西 4 km，1802 年のザロン帝即位に武功のあったグエン（阮）・フイン・ドゥックの廟がある．市南西部にあるカインハウ村は，1950 年代後半から 60 年代にかけてアメリカ人人類学者ジェラルド・ヒッキーによる人類学的な調査が行われ，90 年代からは東京大学を中心とした日本人研究者による村落調査が行われたことで知られる．　　　　[柳澤雅之]

タンイン県　湯陰県　Tangyin　中国

人口：約 50 万（2015）　面積：639 km²

[35°55′N　114°20′E]

　中国中央東部，ホーナン（河南）省北東部，アンヤン（安陽）地級市の県．安陽市街地の南に位置する．県政府所在地は城席鎮．9 鎮，1 郷を管轄する．南宋の英雄岳飛はこの地の出身であり，岳飛を祀る岳飛廟や周文王にちなむ羑里城がある．　　　　　　[中川秀一]

タンウィエン　Than Uyen　ベトナム

人口：5.7 万（2009）　面積：1700 km²

[22°00′N　103°54′E]

　ベトナム東北部，ライチャウ省南部の県．省都ライチャウの南東に直線距離で 60 km，ホアンリエンソン山脈の標高 3000 m 級の急峻な山に囲まれた山間盆地にあり，水稲生産が生業活動の中心をなす．18 世紀の歴史書に，ベトナム西北部山地の中でとくに生産力の高い大きな 4 つの盆地（ディエンビエン盆地，ギアロ盆地，タンウィエン盆地，フーイェン盆地）の 1 つとして記載される．現在，居住する主要な民族はターイ族で人口の 6 割を占める（1996）．　　　[柳澤雅之]

ダンウィッチ　Dunwich　オーストラリア

人口：0.1 万（2011）　面積：2.2 km²

[27°30′S　153°24′E]

　オーストラリア北東部，クイーンズランド州南東部，レッドランド市の町．モートン湾の南部，ノースストラッドブローク島の北西部に位置する．州都ブリズベンの日帰り行楽地の 1 つ．島はほぼ砂で形成されており，一部はモートンベイ海浜公園に指定されている．また，島の中央部にはブルーレーク国立公園がある．ブリズベンに隣接し，なおかつ海によって隔てられているという位置関係から，かつては隔離病棟をもつ医療施設が立地した．　　　　　　[秋本弘章]

タンガイル　Tangail　バングラデシュ

人口：16.7 万（2011）　面積：35 km²　標高：17 m

[24°15′N　89°55′E]

　バングラデシュ中部，ダッカ管区，タンガイル県の都市で県都．首都ダッカの北西約 70 km に位置する．ジャムナ川（ブラマプトラ川）左岸の地方都市で，1887 年に都市自治体となり，現在は市である．住民の主たる利用交通はバスである．ジャムナ川の氾濫原に位置し，市内にはその支流であるロハジャン Louhajang 川が流れる．毎年のように洪水に見舞われ，湛水によって周辺農村との交通が遮断されることも多い．

　1998 年 6 月に完成供用を開始したジャムナ多目的橋（橋長約 4.8 km）への東側の入口にあたり，国内東部からインドのコルカタ（カルカッタ）につながるアジアハイウェイの重要な中間地点となり，交通量が増えた．この多目的橋は鉄道併用橋のため，ダッカからマイメンシンに向う路線の途中駅であるガジプルから連絡路線（広軌とメートル軌道の併用）が対岸のシラジガンジまで敷設され，タンガイルはその重要な中間駅となった．ラングプル，ジェッソル，クルナなどジャムナ川右岸の重要都市を結ぶのみならず，コルカタへも週 2 便国際列車が発着する．主要産業は周辺農村や都市部でムスリムが従事する綿織物業で，米やジュート，サトウキビ，豆類，油脂作物，野菜などの農産物集散地となっている．　　　　　　　　[野間晴雄]

タンガッラ　Tangalla　スリランカ

人口：0.8 万（2012）　標高：28 m

[6°02′N　80°47′E]

　スリランカ，南部州ハンバントタ県の都市（UC）．コロンボから国道 A 1 号で南東約 199 km，マータラと県都ハンバントタの中間付近に位置する．南部海岸のリゾート地の 1 つで，地方交通の要衝でもある．キラマ川河口のラグーン（潟湖）南西岸の，時計塔，バスターミナル，市場，銀行，郵便局などの集まる国道沿いの中心部と，北東のメダケティヤ浜沿いにあるホテルやゲストハウスなどの多い地域に分かれる．ラグーンの入口には漁港がある．オランダ植民地時代に築かれた要塞の遺構（刑務所として使用されている）や，現在はレストハウスとして利用されている 1774 年建造の邸宅が残存する．市の北方，マルキリガラ Mulkirigala の岩山には石窟寺院がある．2 km ほど離れたレカワ浜では夏にウミガメの産卵がみられる．　[山野正彦]

ダンガディ　Dhangadhi　ネパール

トリナガル　Trinagar（別称）

人口：10.2 万（2011）　面積：104 km²

標高：180 m　　　　[28°41′N　80°38′E]

　ネパール西部，カイラリ郡（セティ県）の都市．首都カトマンドゥの西 480 km，東西ハイウェイ（H 1）の南約 10 km のタライ平原に位置するインドとの国境の町である．別名トリナガルともよばれる．インド人とネパール人以外に対して指定された出入国地点でもある．カイラリ郡はもとより近隣のドティ Doti 郡，ダデルデュラ Dadeldhura 郡さらにはアチャム Achham 郡の商業的中心地となっている．2015 年 9 月に周辺町村を合併し，13 万人余の人口を擁することでネパール西部初の特別市に指定された．市の中心から北東 8 km には 1500 m の滑走路を備えたダンガディ空港が整備され，カトマンドゥとも直行便で結ばれている．　　[八木浩司]

タンカリー　Tuncurry　オーストラリア

人口：0.6 万（2011）　面積：16 km²

[32°10′S　152°30′E]

　オーストラリア南東部，ニューサウスウェールズ州中央東部，ミッドコースト行政区の

町．州都シドニーの北東約 220 km に位置する．町は砂州上に発達し，東側はタスマン海に，南側はラグーンであるウォリス湖にそれぞれ接している．町の形成は 1875 年に始まり，93 年に町として成立した．以前は林業の町として知られており，周辺の低地林の伐採やその木材の製材，加工などが行われていた．現在は夏季の休暇地や冬季の避寒地として有名で，サーフィンや釣りなどのマリンスポーツが盛んである．　　　　　　［梶山貴弘］

タンガン列島　担杆列島
Dangan Liedao
中国

たんかんれっとう（音読み表記）

人口：0.1 万（推）　面積：13 km²
[22°00′N　114°12′E]

中国南部，コワントン（広東）省中南部，チューハイ（珠海）地級市の列島．チュー（珠）江デルタ河口の南に分布するワンシャン（万山）群島の東部にあたり，担杆頭，担杆中，担杆尾の 3 島から構成される．島民はわずか 200 戸程度で，ほとんど漁業に従事する．島は 1000 頭以上を超える野生アカゲザルの繁殖地で，保護地区の指定を受け，観光地化が進んでいる．　　　　　　　　　　［許　衛東］

ダンカン海峡　Duncan Pass
インド

幅：50 km　　　　　　[11°02′N　92°35′E]

インドの東方，アンダマンニコバル諸島連邦直轄地北部，アンダマン諸島にある海峡．グレートアンダマン最端のルトランド島とその南に位置する小アンダマン島との間にある．北・南チンク島や北・南ブラザーズ島など，いくつかの小島が南北方向に並んで浮かんでいる．北チンク島とルトランド島間の小海峡は，マナーズ Manners 海峡とよばれている．　　　　　　　　　　［大竹義則］

タングー　塘沽　Tanggu
中国

人口：31.0 万（2015）　面積：22 km²
標高：1.3–3.8 m　　　　[39°01′N　117°40′E]

中国北部，ティエンチン（天津）市東部，ピンハイ（浜海）新区の街道．近代史上重要な地点であったポーハイ（渤海）湾に面し，天津市中心部の東 45 km に位置する．ハイ（海）河を境に南北に分かれており，地形は北西から南東へとゆるやかに傾いていく．海岸線はダーグーコウ（大沽口）を境に，南部は直線，北

部は湾曲している．天津新港はホワペイ（華北）最大の人工港である．大沽口とペイタン（北塘）はかつての海防の要塞である．2009 年に漢沽区，大港区と合併して浜海新区となり，13 年に街道となった．　　［柴　彦威］

ダンクータ　Dhankuta
ネパール

人口：2.6 万（2011）　面積：48 km²　標高：1524 m
[26°59′N　87°20′E]

ネパール東部，ダンクータ郡（コシ県）の都市で郡都．サプタコシ川 Sapta Kosi 左岸の要衝ダーランの北約 75 km，低ヒマラヤ帯稜線部に位置する．ダーランからダンクータを経由して北約 13 km のヒレ Hille まで，イギリスが建設した自動車道路（メチハイウェイ，H 8）によって結ばれている．その行程はダーラン（標高 365 m）から標高 2000 m 以上のマハバーラト山脈を越えタモール川谷底まで下った後，さらに 1000 m 以上登り直してようやく達することができるものである．町はネパール東部コシ（アルン）川以東の低ヒマラヤ帯の中心地として位置づけられてきた．市街の位置する山稜からは，エヴェレスト（サガルマータ）山からマカルー山，カンチェンジュンガ山にいたる東部ネパール・ヒマラヤが一望できる．このため東にカンチェンジュンガ山域，北にマカルー山域，アルン河谷へのトレッキングルートの出発点ともなっている．

市街は，南はシュリワン Shriwan から北はデブリバス Debrebass まで低ヒマラヤの山地稜線沿いに約 4 km 続く．現在では稜線の自動車道路沿いに茶園や茶加工工場が開かれ，最東部のイラム地方と並ぶ茶の生産地となりつつある．　　　　　　［八木浩司］

タングブ　Tangub
フィリピン

人口：6.3 万（2015）　面積：163 km²
[8°03′N　123°44′E]

フィリピン南東部，ミンダナオ島西，西ミサミス州の地方中心都市．イリガン湾の南部にあるパンキル Panquil 湾北岸奥，州都オロキエタの南約 40 km に位置する．イリガン湾の対岸にはトゥボッド，ミンダナオ島の重工業の中心地の 1 つであるイリガンがある．背後には南北に長いだ円形（約 60 km）の裾野をもつ大型の成層火山であるマリンダン山（標高 2425 m）がそびえる．主要な産業はアバカ（マニラ麻），ココヤシなどを中心に栽培する農業で，市はその集散地である．しかし海に面しているが良港に恵まれないので

水産業はふるわない．住民は，ミンダナオ海周辺を主たる居住地区とするビサヤ族である．彼らはかつてイスラーム教徒のモロ族との間でたびたび抗争をくり返してきた．現在では抗争が終結している．

イリガン湾西岸には，市のほか西ミサミス州の州都オロキエタを筆頭に，ブルゴス Brugos，ジミネズ Jiminez，オサミスなど小都市が連続しており，サンボアンガ半島では最も人口が稠密化している地域である．そのため近くの豊富な鉱山資源を利用する重工業地帯に発展する可能性をもっている．　　　　　　　　　　［田畑久夫］

タングラ山 Tanggula Shan ☞ タンラ山
Dangla Shan

タングラン　Tangerang
インドネシア

人口：179.9 万（2010）　面積：165 km²
標高：10–30 m　気温：25–33°C
[6°13′S　106°36′E]

インドネシア西部，ジャワ島，バンテン州最大の市（コタ）．首都ジャカルタの西約 20 km に位置する．市の標高は北部が低く南部が高く，気温は高く蒸し暑い．他の地域に比べて中国系の住民が多い．タングランは，ジャカルタ首都圏を意味するジャボデタベック（ジャカルタ，ボゴール，デポック，タングラン，ブカシという各都市名から 2，3 文字で構成）に含められ，多くの海外企業が製造業関連の工場を開いている．また，この地域の通勤列車には，日本からの譲渡車両が走っている．また，インドネシアの空の玄関口であるスカルノ・ハッタ国際空港があり，その面積は市の約 10% を占める．　　［山口玲子］

タングランスラタン　Tangerang
Selatan
インドネシア

南タングラン（別表記）

人口：129.0 万（2010）　面積：147 km²
気温：23.4–34.2°C　降水量：1549 mm/年
[6°17′S　106°43′E]

インドネシア西部，ジャワ島西部，バンテン州東部の市（コタ）．首都ジャカルタ，ボゴール，デポック，タングラン，ブカシとともにジャカルタ首都圏（ジャボデタベック）を構成する．2008 年 10 月，タングラン県より分離した．7 つの郡と 54 の村をもつ．アンケ Angke 川，プサングラハン Pesanggrahan

川，チサダネ Cisadane 川が市内を流れている．年平均湿度は 80% に達し，最も雨の降る 1 月の平均降水量は 264.4 mm である．首都ジャカルタに隣接しているため，ベッドタウンとして急速に発展しており，人口増加率が高い．2015 年には日本の大型ショッピングモールが進出し，賑わっている．

[浦野崇央]

タングリン　Tanglin　　シンガポール

人口：1.7 万 (2010)　面積：7.6 km²
[1°18′N　103°49′E]

シンガポール，シンガポール島中央南部の地区．シンガポール川をさかのぼったオーチャード通りの西の丘陵地域をさす．1868 年の地図ではシンガポール市街地の西一帯にタングリンという地名が記されている．タングリンの地名は丘にあったウィリアム・ネーピアの屋敷から名づけられたという．1854 年に建てられた彼の屋敷は Tang Leng とよばれていた．これは中国語の twa tang leng（東の大きな峰の意）が由来といわれる．1822 年にイギリス東インド会社のトーマス・スタンフォード・ラッフルズが民族別に土地を割り当てたことによって，華人，おもに潮州人はチャイナタウンを出て，この地に植民し，コショウ，ナツメグやガンビール（生薬の原料）を栽培した．華人の後にヨーロッパ人，とくにスコットランド人がやってきて丘に邸宅や別荘をつくった．

タングリンの地名の特徴は，多くのスコットランドの人名や地名に由来するものが残っていることである．この地のランドマークは戦前のタングリン郵便局であったが，移設後，新たな郵便局が置かれている．今日，オーチャード通りに続くタングリン通り，ネーピア通り沿いには高級ホテルや各国大使館などが立地している．

[髙山正樹]

ダンゴク　Dungog　　オーストラリア

人口：0.2 万 (2011)　面積：6.5 km²
[32°24′S　151°45′E]

オーストラリア南東部，ニューサウスウェールズ州北東部，ダンゴク行政区の町．州都シドニーの北北東約 170 km に位置し，グレートディヴァイディング山脈の東麓にある．1830 年代の初めに入植が開始され，その頃のおもな産業は酪農や林業であった．町の開発と発展は 1890 年以降に進み，1911 年のノースコースト線のダンゴク駅の開業によって急速に進んだ．現在は酪農や林業が衰退

し，畜産業，とくに肉牛の生産がおもに行われている．また，2007 年からは毎年ダンゴク映画祭が開催されており，その収益の一部は，町の中心部にある 1912 年開業のジェームス映画館の運営に充てられている．

[梶山貴弘]

タンゴワヒニ　Tangowahine　　ニュージーランド

[35°52′S　173°56′E]

ニュージーランド北島，ノースランド地方の町．ファンガレイから国道 14 号で西南西 60 km，西海岸のダーガヴィルの北東 12 km に位置する．町の北部，トゥトゥモエ Tutumoe 山地から流れ出る比較的小さな川のタンゴワヒニ川が北東から蛇行して流れ，この地でワイロア川に合流する．周辺は牧草地に囲まれている．

[植村善博・太谷亜由美]

ダンサラン Dansalan ☞ マラウィ Marawi

ダンサンデル　Dunsandel　　ニュージーランド

人口：471 (2013)　[43°40′S　172°12′E]

ニュージーランド南島，カンタベリー地方の町．クライストチャーチから国道 1 号で南西約 40 km に位置する．かつては，ロバート・デーリーが所有する羊牧場だった．しかし彼は，不在地主で，ニュージーランドには一度たりともきたことはなかった．現在では灌漑が整備された，カンタベリー平野の穀倉地帯の町である．

[井田仁康]

タンジ半島　Tange Promontory　　南極

標高：526 m　長さ：50 km　幅：45 km
[67°27′S　46°45′E]

南極，東南極の半島．エンダビーランド西部にあって，東のケーシー湾と西のアラシェエフ Alasheyev 湾を分かつ半島である．南の大陸氷床からは東西に流れる 2 つの氷流（モレ Molle 氷河，アッセンダー Assender 氷河）で隔てられて，独立した氷帽をなす．海岸部に多数の小さな露岩が点在する．1956 年，オーストラリア南極探検隊の航空機から写真撮影され，当時の外務部オースト

ラリア局の長官アーサー・タンジ卿を記念して命名された．

[森脇喜一]

タンシェン　唐県　Tang Xian　　中国

人口：52.9 万 (2010)　面積：1402 km²
標高：18.8-50 m　気温：12.2℃
降水量：579 mm/年　[38°44′N　114°58′E]

中国北部，ホーペイ（河北）省中西部，パオディン（保定）地級市の県．県政府は仁厚鎮に置かれている．タイハン（太行）山脈北の丘陵地帯に位置し，北西から南西にかけて山地，丘陵，平野と変わっていく．西大洋ダムが建設されている．1 月の平均気温は −4.4℃，7 月は 26.6℃．農作物は小麦，トウモロコシ，アワ，水稲，綿花を主としている．鉱産物は金，鉄，大理石がとれる．

[柴　彦威]

タンシャ山　丹霞山　Danxia Shan　　中国

標高：618 m　[25°01′N　113°44′E]

中国南部，コワントン（広東）省シャオクワン（韶関）市レンホワ（仁化）県にある山．この山にある地形を丹霞地形とよぶことで有名になった．丹霞地形とはジュラ紀～白亜紀に形成された砂岩や礫岩層が，ヒマラヤ造山運動で隆起する中で褶曲や断裂を起こし，高温多湿な気候の下で強烈な風化作用を受け生まれた地形である．地層に含まれている酸化鉄が赤色を呈し，また石灰分が溶解してカルスト地形と同じような溶食地形を生み出す．赤色の切り立った断崖や石峰，石柱，石橋が林立し，幻想的な風景となっている．同様の地形は世界的に分布するが，中国では西北地区から西南地区にみられ，グイチョウ（貴州）省チーシュイ（赤水）省，フーチェン（福建）省タイニン（泰寧），フーナン（湖南）省ラン（崀）山，広東省丹霞山，チャンシー（江西）省ロンフー（竜虎）山，チョーチャン（浙江）省チャンラン（江郎）山の 6 カ所が，2010 年，中国丹霞としてユネスコの世界遺産（自然遺産）に登録された．広東の丹霞山は中でも壮年期にあたり，丹霞地形としても最も典型的な姿をみることができる．チュー（珠）江の支流であるペイ（北）江の源流チン（錦）江沿いにある．全体としては標高が 400～500 m の山地で，主峰は 618 m，風景区としての面積が 292 km²．2004 年，世界ジオパークに指定されている．

[秋山元秀]

タンジャーヴル　Thanjavur　インド
タンジョール　Tanjore（別称）

人口：22.3万（2011）　面積：36 km²
降水量：939 mm/年　　　[10°46′N　79°09′E]

インド南部，タミルナドゥ州タンジャーヴル県の都市で県都．マザーカーヴェリとよばれるカーヴェリ川の三角州にあり，米作が盛んで南インドの穀倉地帯といわれる．農耕はカーヴェリ川デルタ計画，井戸，溜池によって支えられている．精米業のほか絹織物，銅製品の製造でも知られる．タンジャーヴルの土は金に等しいといわれるほど，ポン（米粒状の金）を産出する．タミル語，ウルドゥ語，テルグ語が話されている．

古くは，846年にバイジャラヤ・チョーラ王が建国したチョーラ朝の首都であった．チョーラ王朝は10，11世紀を全盛期としてインド半島で広範囲にわたる勢力を誇った．その首都として栄えた歴史的に重要な都市である．1003年には中興の王ラージャラージャ1世によって，南インドで最高の本堂をもつブリハディーシュワラ寺院が造営された．この寺院は花崗岩のブロックやレンガでつくられ，シヴァ神の彫像や天井，壁に描かれたフレスコ画などが魅力であるが，なんといっても人びとの注目を集めるのは祭壇の上にそびえる南インドでは最高とされるピラミッド形の13階（61 m）もの大塔であろう．多くの巡礼者たちがその寺院を訪れている．1987年には，タンジャーヴルのブリハディーシュワラ寺院とガンガイコンダチョーラプラム Gangaikonda Cholapuram のブリハディーシュワラ寺院とあわせて「大チョーラ朝寺院群」としてユネスコの世界遺産（文化遺産）に登録された．2004年にはダーラスラム Dharasuram にある寺院も含めて拡大登録された．

また，近くにポイント・カリメレ自然保護区があり，フラミンゴなどのさまざまな水鳥が保護されている．市内は花崗岩や木彫，ガラスや真鍮，ブロンズの手工業が盛んである．チョーラ王朝の首都であったことからタミル文化の研究拠点として，1981年創立の州立タミル大学が郊外にある．南インドを代表する音楽，ダンスの中心地でもある．

〔由井義通・中山晴美〕

タンシャン県　碭山県　Dangshan　中国

とうさんけん（音読み表記）

人口：100.4万（2013）　面積：1193 km²
　　　　　　　　　　　[34°25′N　116°21′E]

中国東部，アンホイ（安徽）省最北端，スーチョウ（宿州）地級市の県．チャンスー（江蘇），シャントン（山東），ホーナン（河南）3省に隣接する県で，隴海鉄道が県内を横切る．県政府は碭城鎮に置かれる．地勢は平坦である．秦代に碭県が置かれ，北魏のときに安陽県に改名され，隋代に碭山県が設置された．1955年に江蘇省から安徽省に移管された．農業県で小麦，果物，野菜の生産が盛んで，特産品に碭山酥梨（柔らかい実のナシ）がある．ホワン（黄）河のかつての氾濫原にあたり，旧黄河の河道と両岸の大堤跡が残る．名勝古跡には燕喜台，邵普宅，錫安堂，碭山酥梨自然保護区，突山風景区などがある．

〔林　和生〕

タンジャーヴル（インド），チョーラ王朝時代のブリハディーシュワラ寺院《世界遺産》〔Radiokafka/Shutterstock.com〕

タンシャン市　唐山市　Tangshan

中国

人口：757.7万（2010）　面積：13000 km²
気温：10.1-11.2℃　降水量：613-780 mm/年
［39°38′N　118°11′E］

　中国北部，ホーペイ(河北)省北東部の地級市．市政府は路北区に置かれている．路南，路北，古冶，開平，豊南，豊潤，ツァオフェイディエン(曹妃甸)の7市轄区，ツンホワ(遵化)，チェンアン(遷安)の2市，灤県，灤南，楽亭，チェンシー(遷西)，ユィーティエン(玉田)の5県を管轄する．南はポーハイ(渤海)湾に面している．100年以上の歴史をもつ紅工業都市，港湾都市である．北部はイエン(燕)山山脈丘陵で，市の最高点は遷西県の八面峰(標高842 m)である．中部は燕山山脈のふもとの平野で，標高は50 m以下，南部は灤河の三角州地帯で，標高は1.5〜10 mである．1月の平均気温は-7.8〜-5.6℃，7月は24.8〜25.8℃．
　石炭，鉄，金，銅，石灰石，アルミニウムなどの鉱産物がある．沿海部には石油，天然ガスなどのコンビナートがある．農作物は小麦，トウモロコシ，水稲，落花生，サツマイモ，コーリャン，綿花を主としている．郊外には野菜，果物，鶏などの生産地がある．石炭，鉄鋼，電力，機械，建材，日用陶磁器が主要な工業である．また，化学，製紙，食品の工場があるなど省最大の重工業都市であり，中国近代工業発祥地の1つである．鉄道の京哈線，京秦線，国道102，112，205号が通る．1976年に唐山，フォンナン(豊南)などでM7.5の大地震があり，20世紀最大の被害を受け，79年以降に新しい唐山地区が建設された．また同年に山形県酒田市で起きた酒田大火から復興した縁で，1990年に姉妹都市提携を結んだ．首都圏における重要な工業地帯と副中心都市である．京哈鉄道，大秦鉄道，京哈高速，長深高速などが通る．唐山港の貨物輸送は世界第10位を示す．清東陵，大城山竜山文化遺跡，冀東烈士陵園，抗震記念碑，唐山地震遺跡など観光資源は豊富である．

［柴　彦威］

タンシュイ区　淡水区　Tamsui

台湾｜中国

こび　滬尾（旧称）／ダンスェイ　Danshui（別称）

人口：16.7万（2017）　面積：71 km²
［25°11′N　121°27′E］

　台湾北部，シンペイ(新北)市の区．淡水河の河口に位置し，台湾海峡に面する．少子化

タンシュイ(淡水)区(台湾)，スペイン人が建設した紅毛城(サンドミンゴ要塞)〔Shutterstock〕

の著しい台湾では珍しく，1990年代初頭からつねに人口が増加傾向にある．台北との間を結ぶ都市交通システム(MRT)淡水線の利用客の多くは通勤通学客で占められ，典型的な台北のベッドタウンとなっている．夏季は晴天が続き，暑さが厳しい．しかし，冬季には北西から吹きつける季節風の影響を受け，気温の低下が著しくなる．ときには6℃程度まで落ちることがあり，台湾の平地で最も冷え込む町として知られている．
　旧名は滬尾．元来，淡水という名は都市名ではなく，広範囲な地域を示す地名だった．古くから中国大陸との交易で栄え，倭寇の寄港地になった時期もあった．1629年にはフィリピンから襲来したスペイン人がここに拠点を置き，サンドミンゴ要塞(現紅毛城)を造営した．以降，北部台湾の拠点となったが，まもなく台湾南部から勢力を拡大してきたオランダ人に駆逐され，その管轄下に入った．さらにのち，オランダも鄭成功によって台湾を追われた．鄭氏政権を滅ぼした清国はここを交易の拠点とし，港町として順調な発展を遂げた．河港都市としての地位はこの時期に確立している．その理由は，台北の水運基地となっていた万華や大稲埕の港湾機能が土砂の堆積で低下したためで，台北の外港として機能するようになった．
　19世紀には無数のジャンク船が出入りし，最盛期を迎える．当時，台湾から積み出される主要物資は茶，樟脳，硫黄などであった．なお，天津条約によって開港が決まり，1862年6月22日に正式に国際交易港となった．日本統治時代に入り，交易規模はさらに拡大したが，大型船の入港ができなかったため徐々に廃れていった．そして，新たに築港されたキールン(基隆)港にその地位を譲った．昭和時代に入る頃には，淡水の名が港湾都市として記されることはなく，観光都市として知られるようになった．淡水河の流れと欧風建築の目立つ町並みが東洋のヴェニスと称されたこともあった．その後，1960年代からは台北のベッドタウンとなった．既存の鉄道を改良したMRT淡水線の開業で，さらに発達を遂げ，淡水河に面して高層マンションが林立している．文教都市でもあり，4つの大学，3つの高校，4つの中学校，15の小学校を擁し，学生の総数は3.5万に達する．そのため，昼間人口は常時20万規模といわれており，町並みには活気がある．

［片倉佳史］

タンシュイ河　淡水河　Tamsui He

台湾｜中国

面積：2726 km²　長さ：159 km
［25°10′N　121°24′E］

　台湾北部を流れる川．台湾で最も水量の安定した河川とされている．台湾中部のジュオシュイ(濁水)渓，台湾南部のカオピン(高屏)渓と並び，台湾3大河川にあげられている．上流部はシンディエン(新店)渓，大漢渓，キールン(基隆)河に分かれ，いずれも台北盆地で合流している．淡水河の本流は大漢渓である．水量が豊かで，上流部には水力発電所が設けられ，新店渓にはダムもある．河口部は自然の宝庫で，とくにバードウォッチングで

有名である．現在，下流域には3つの自然保護区が設けられており，中でも淡水河紅樹林自然保留区は台湾最大のマングローブ原生林がある．面積は76.1 haだが，満潮時にはその2/3が水没する．　　　　［片倉佳史］

タンジュン　Tanjung　インドネシア

人口：3.2万（2010）　面積：323 km²
[2°10′S　115°23′E]

インドネシア中部，カリマンタン（ボルネオ）島南東部，南カリマンタン州タバロン県の町で県都．中カリマンタン州との州境にある．州都バンジャルマシンから東カリマンタン州へ続く幹線道路沿いに位置し，空港ももつ．地名はインドネシア語で岬を意味する．人口の約99％がイスラーム教徒のバンジャル人で，系統的にマレー語に近いバンジャル語が話されている．主産物にはゴム，ドリアンなどの果実，蜂蜜がある．雨季には町の中央を流れるタバロン Tabalong 川の氾濫がしばしば起こり，交通が寸断されることが多い．　　　　　　　　　　　　　　　［塩原朝子］

タンジュン　Tanjung　☞ ポートディクソン Port Dickson

タンジュンアル　Tanjung Aru　インドネシア

人口：1.5万（2001）　面積：2221 km²
[2°10′S　116°34′E]

インドネシア中部，カリマンタン（ボルネオ）島南東部，東カリマンタン州パセル県の村．県都タナパセル Tana Paser の南東約50 km，南カリマンタン州との州境付近に位置する．小さな漁村で宿泊設備などは整っていない．村と同名のアル岬がある．マレーシア，コタキナバルの有名リゾート地と同名である．かつてのタンジュンアル郡は，2003年に海沿いのタンジュンハラパン Tanjung Harapan と内陸のバトゥエガウ Batu Engau の2つの郡に分かれた．［塩原朝子］

タンジュンエニム　Tanjung Enim　インドネシア

[3°45′S　103°48′E]

インドネシア西部，スマトラ島南部，南スマトラ州ムアラエニム県ラワンキドゥル郡の村で郡都．州都パレンバンの南西約200 kmに位置する．スマトラ島内陸部，ルマタン Lematang 川流域の小さな村だが，地表近くに迫った豊かな石炭層上にあり，近年，日本資本を含む外資を導入した大プロジェクトによって最新鋭の採掘設備，および産出された石炭を運搬するための道路や鉄道が整備された．　　　　　　　　　　　　　　　［塩原朝子］

タンジュンサタイ　Tanjung Satai　インドネシア

[1°13′S　109°41′E]

インドネシア西部，マヤ島南東部，西カリマンタン州クタパン県プラウマヤカリマタ町の村．マヤ島はカリマンタン（ボルネオ）島南西部に位置する．スカダナ湾に面し，村と同名のサタイ岬がある．西部沿岸マレー語とよばれるマレー語の一変種が周辺では広く話されている．　　　　　　　　　　　　　　　［塩原朝子］

タンジュンサレ島　Tanjung Saleh, Pulau　インドネシア

[0°09′S　109°10′E]

インドネシア西部，西カリマンタン州クブラヤ県スゲイカカップ町の島．カリマンタン（ボルネオ）島西岸，ほぼ赤道直下に位置する．州都ポンティアナックの南西約20 kmにある．大小7つの部分からなり，そのうち有人なのは3区域である．カプアス川河口のデルタによって形成された．住民はマレー語の一変種である西部沿岸マレー語を話す．　　　　　　　　　　　　　　　　　　　［塩原朝子］

タンジュンシンパン　Tanjung Simpang　インドネシア

シンパン　Simpang（旧称）
[0°14′N　103°09′E]

インドネシア西部，スマトラ島東部，リアウ州南部，インドラギリヒリール県の町．カンパル川の河口に近い南岸の湿地帯に位置する．かつてはシンパンとよばれていた．　　　　　　　　　　　　　　　［水嶋一雄］

タンジュンセロル　Tanjung Selor　インドネシア

人口：2.4万（2004）　[2°46′N　117°26′E]

インドネシア中部，カリマンタン（ボルネオ）島北東部，北カリマンタン州ブルガン県の町で県都．2012年に北カリマンタン州が設置された際その州都となった．東流してきたカヤン川河口近くのデルタ上に位置する．後背地には1000 m前後の山地が迫り，その山麓の林産資源やツバメの巣の集散が行われている．地方商業の一中心地で東カリマンタン州の州都サマリンダからほぼ毎日航空便がある．華僑やアラビア商人の活躍が目立ち，この地方の商権を掌握している．かつてはスルタンを戴くブルガン王朝の中心地で，現在でも宮廷跡が近隣の町タンジュンパラス Tanjung Palas に残っている．　［塩原朝子］

タンジュンタナ　Tanjung Tanah　インドネシア

[2°07′S　101°29′E]

インドネシア西部，スマトラ島中西部，ジャンビ州クリンチ県の村．クリンチ湖の北，クリンチの玄関口であるデパティ・パルボ空港の南4 kmに位置する．イスラーム教徒がおもに住み，稲作をおもな産業とする小さな村であるが，最古のマレー語文書であるタンジュンタナ文書の発見地および現在にわたる所蔵地として知られている．この文書は1941年にオランダ人文政官ペトルス・ブーホーブによって発見された後，所有者によって保管されていたが，2003年にウリ・コゾクの本格的調査によりその内容が明らかになった．放射性炭素年代測定およびそこでの記述により，14世紀後半の文書であることが判明している．内容はマレー文字とよばれるインド系文字で書かれたダルマスラヤ王朝時代の法典である．　　　　　　　［塩原朝子］

タンジュンバトゥ　Tanjung Batu　インドネシア

[2°18′N　118°06′E]

インドネシア中部，カリマンタン（ボルネオ）島北東部，東カリマンタン州ブラウ県ブラウデラワン町の中心地．地名はマレー語で石の岬を意味し，同名のバトゥ岬がある．ブラウ Berau 川の河口北岸，州都サマリンダの北北東約335 km，ブラウ Berau とタラカン Tarakan の間に位置する．フィリピン系バジャウ族の居住地で，漁業が盛んである．沖合にはサガラキ島自然保護公園やリゾートとして開発されているマラトゥア島があり，

998　タンシ 〈世界地名大事典：アジア・オセアニア・極Ⅰ〉

観光客の経由地として機能している.

[塩原朝子]

タンジュンバトゥ　Tanjung Batu

インドネシア

[0°40′N　103°27′E]

　インドネシア西部，リアウ諸島クンドゥール島南岸，リアウ諸島州カリムン県クンドゥール郡の町で郡都．地名はマレー語で石の岬を意味する．近年，島の北に位置するカリムン Karimun 島と並んで，リゾート地としての開発が著しい．首都ジャカルタからのフェリー便がある．

[塩原朝子]

タンジュンバライ　Tanjung Balai

インドネシア

人口：15.4 万（2010）　面積：58 km²

[2°58′N　99°48′E]

　インドネシア西部，スマトラ島北部東海岸，北スマトラ州の市（コタ）．トバ湖から流出するアサハン川の河口から 10 km ほど上流のシラウ Silau 川との合流点にあり，マラッカ海峡に近い．町の東方には湿原が，西方には沃野が広がる．東海岸北部を走る鉄道の終点近くでもあり，国道も走る交通の要衝である．古くは地域権力者であるスルタンの居住地であり，19 世紀末以来付近のココヤシとゴムのプランテーションの発達によりその集散地として発展してきた．住民は大多数がイスラーム教徒のマレー人で，その 60％がココヤシを原料とする油脂の製造や製材などの産業に従事している．

[塩原朝子]

タンジュンバライ　Tanjung Balai

インドネシア

[1°00′N　103°26′E]

　インドネシア西部，リアウ諸島カリムンブサール島，リアウ諸島州カリムン県の町で県都．島の中心的な町である．バライはマレー語で，公共の建物，家を意味する．周辺は近年シンガポール人向けの安価なリゾート地としてシンガポールからの投資による開発が著しく，シンガポール，マレーシアと頻繁にフェリー便で結ばれている．人口の多くがイスラーム教徒のマレー人で，マレー語の一変種スマトラ・マレー語を話すが，一方で華人も多く居住し，経済の実権を握っている．

[塩原朝子]

タンジュンパンダン　Tanjung Pandan

インドネシア

人口：8.6 万（2010）　[2°45′S　107°39′E]

　インドネシア西部，ブリトゥン島，バンカブリトゥン諸島州ブリトゥン県の町で県都．スマトラ島とカリマンタン（ボルネオ）島の間のカリマタ海峡に浮かぶブリトゥン島の北西岸，西流するチェルチョク Celutiok 川河口に位置し，ガスパル海峡に臨む港町である．ブリトゥン島は，ガスパル海峡をはさんで向かい合うバンカ島とともに世界有数のスズの採掘地である．町はスズ鉱集散の中心地として機能しており，島内を網目状に通じる道路の基点であるとともに空港を擁している．この地域は本来マレー人の居住地であるが，18 世紀以来華僑が鉱山労働者として流入してきたことから，現在でも華人の割合が高い．

[塩原朝子]

タンジュンピナン　Tanjung Pinang

インドネシア

人口：18.7 万（2010）　面積：239 km²

[0°55′N　104°27′E]

　インドネシア西部，リアウ諸島ビンタン島南西部，リアウ諸島州の市（コタ）で州都．この地域の中心的港町である．17 世紀後半以降，ジョホール王国，リアウ・リンガ王国，オランダ東インド会社にとって，リアウ島嶼部での覇権を握る上で戦略的に重要な役割を担った．現在にいたるまで，この地域の海上交通の要である．シンガポールの南東 45 km 沖，フェリーでわずか 45 分の距離で，観光地として開発が進んでいる．本来マレー人の居住地でマレー語の発祥の地といわれているが，華人の割合も高い．

[塩原朝子]

タンジュンブアヤ島　Tanjungbuaya, Pulau

インドネシア

[1°25′N　118°29′E]

　インドネシア中部，東カリマンタン州バトゥップティ町の島．カリマンタン（ボルネオ）島東端，サンバリウン山脈の北東に位置する．地名はワニの岬を意味する．住民の多くはフィリピンのスールー諸島を本拠地とするバジャウ人である．

[塩原朝子]

タンジュンプティン国立公園　Tanjung Puting, Taman Nasional

インドネシア

面積：4150 km²　[3°09′S　111°57′E]

　インドネシア西部，カリマンタン（ボルネオ）島南部，中カリマンタン州の国立公園．クマイ湾の東岸に広がる．インドネシア独立以前の 1935 年から自然保護区としての長い歴史をもち，1982 年に国立公園となった．熱帯雨林，マングローブ林，湿地からなる．多種多様の珍しい動植物，たとえば，ワニ，サル，サイチョウ（熱帯産の大型鳥），野生の豚，レッサーパンダ，猿類，オランウータン，ニシキヘビ，イルカ類，トビハゼなどの魚類が生息している．非常な高値で取引されるアカアロワナの生息地でもある．とくにオランウータンの観察拠点として重要で，自然破壊によって生息地を奪われたオランウータンを集め，自然に帰す試みも行われている．スハルト体制崩壊後，自然破壊が顕著で，ラタン材の過度の伐採など貴重な動植物の乱獲が問題になっている．

　公園の西に位置する町パンカランブン Pangkalanbun がカリマンタン島の中心都市バリクパパンなどと空路で結ばれておりアクセスは比較的容易であるが，公園内での森林伐採や希少種の乱獲を防ぐため，現在外部からの訪問者に開かれているのはシクニル Sikunir 川沿いのリーキー Leakey キャンプなど数地点に限定されている．　　　[塩原朝子]

タンジュンプトゥリ Tanjung Puteri ☞ ジョホールバール Johor Bahru

タンジュンプラ　Tanjung Pura

インドネシア

人口：6.4 万（2010）　面積：166 km²

[3°54′N　98°26′E]

　インドネシア西部，スマトラ島北部東岸，北スマトラ州ランカット県の郡．州都メダンの北西約 60 km，メダンとアチェを結ぶ幹線道路，鉄道沿いに位置する．地名は都の岬を意味する．ワンプ Wampu 川，バホロク川の流域にあり，雨季にはしばしば洪水の被害がみられる．その名のとおりかつてのランカット地方のスルタンの都であり，現在でもアジジ Azizi モスクやスルタン一族の墓地がその名残としてみられる．

[塩原朝子]

タンジュンプリオク　Tanjung Priok

インドネシア

[6°06′S　106°53′E]

インドネシア西部，ジャワ島北海岸，ジャカルタ首都特別区ジャカルタウタラ地域の人工港．国内最大の港で，ジャワ海に面する．市中心部の北東約10km に位置する．水域部分の面積は59.12 km²，陸地部分は約6.04 km² である．1877年に近代的港湾としての工事が開始され，86年から87年にかけて港の内外の整備が完了した．港の近くにはコンテナ基地や工場が林立しており，インドネシアの輸出入港として大変重要な役割を果たしている．1984年，港周辺でイスラーム教徒虐殺事件が起こり，インドネシア第2代大統領スハルトに対する批判をめぐる暴動に発展した．この出来事は，タンジュンプリオク事件として知られる．　　　　　[浦野崇央]

タンジュンラジャ　Tanjung Raja

インドネシア

人口：9.8万 (1990)　面積：245 km²

[3°20′S　104°46′E]

インドネシア西部，スマトラ島南東部，南スマトラ州オガンイリル県の町．県の中心である．オガン川流域，州都パレンバンの南約40km に位置する．地名は王の岬を意味する．同名の町がランプン州ランプンウタラ県にも存在する．天然ゴム，柑橘類，トウモロコシの栽培が盛んである．またオガン川からの砂利の採取も重要な産業の1つである．　　　　　　　　　　　　　[塩原朝子]

タンジュンレデブ　Tanjung Redeb

インドネシア

ブラウ　Berau　(別称)

人口：6.3万 (2010)　面積：35 km²

[2°09′N　117°27′E]

インドネシア中部，カリマンタン(ボルネオ)島東部，東カリマンタン州ブラウ県の町．州都サマリンダの北355 km，サンバリウン山脈の北に位置し，セガン Segan 川とクライ Kelai 川に囲まれた地域である．県の中心部に位置するため，県名ブラウの名でよばれることもある．この地域にはかつてグヌン・タブル，サンバリウンの2つの小王朝が並び立っていた．現在も近郊に王宮跡が，町内に旧王族の墓所がある．豊富な鉱山資源でも知られており，近隣に炭鉱，金鉱，銅鉱が，町内に水晶や石灰の産出地がある．町中心部の

南西約9kmの地点に空港があり，州内の主要都市サマリンダ，バリクパパンと空路で結ばれている．この地を含むカリマンタン島南東沿岸部はマレー人の居住区で，ボルネオ沿岸マレーとよばれるマレー語の一変種が話されている．　　　　　　　　　　　　　[塩原朝子]

タンジン　唐津　Dangjin

韓国

人口：16.4万 (2015)　面積：695 km²

[36°54′N　126°38′E]

韓国西部，チュンチョンナム(忠清南)道北西部の都市．2012年にそれまでの唐津郡域によって新たに市制を施行した．唐津湾に注ぐ唐津川に沿う平野部に位置する．2010年の人口(当時は唐津郡)は14万弱である．1975年の人口は約17万であったので，この間に約2割弱の減少をみた．ただし，最近は増加傾向に転じている．穀倉地帯であり，干拓の進捗とサブキョ(挿橋)川防潮堤の完成が，さらに有利な条件をつくり出している．北のアサン(牙山)湾に西海大橋が架橋され，ソヘアン(西海岸)高速道路が通過している．　　　　　　　　　　　　　[山田正浩]

ダンスタン Dunstan ☞ クライド Clyde

ダンスタン山地　Dunstan Mountains

ニュージーランド

[44°57′S　169°32′E]

ニュージーランド南島，オタゴ地方中央部の山地．北東から南西方向に連なり，南西端にはクロムウェルが位置する．山頂の傾いた岩は，金鉱発掘者たちによってオールドウーマンロックとよばれ，その山並みもオールドウーマン山地とよばれていた．地名は，金属細工職人を庇護していた聖ダンスタンとかかわりがあるとみられている．イギリス，イングランドのダンスタンバーグ城にちなんでいるという説もある．　　　　　[井田仁康]

タンセン　Tansen

ネパール

人口：2.9万 (2011)　面積：22 km²　標高：1372 m

[27°54′N　83°35′E]

ネパール西部，パルパ郡(ルンビニ県)の都市で郡都．タライ平原北縁のブトワルからシッダルタハイウェイを北へ44 km 進み，マハバーラト山脈を越えんとする南向き斜面に位置する．市街北のシュリナガルヒル

Shreenagar Hill からは，マナスル山，アンナプルナ山，ダウラギリ山，グルジャヒマール山などの大ヒマラヤが一望できる．シッダルタハイウェイ(H 10)を北に下ればカリガンダキ川の水面に達し，さらに北に進めばポカラにいたる．

地名は，15世紀にパルパ地域を支配したセン王朝のタムラセン Tamra Sen の名に由来するとも，マガール族の語で北の開拓地を意味するタンシン Tansing に由来するともいわれている．住民は，先住民としてのマガール族と19世紀以降移住してきたネワール族が多い．市街には離宮やバグワティ寺院，アマルナラヤン寺院が残されている．それらはいずれもグルカ朝，ラナ専政時代につくられたものである．19世紀半ばのラナ専政時代になって，当初タンセンは，遠くカトマンドゥから政治犯を受け入れる流刑地とされてきた．その後，ラナ家はこの地をヒルステーション(高原避暑地)として開発し，市街の中心に離宮を建設した．現在タンセンに住むネワール族は，それら寺院や離宮建設の際に彫刻工芸職人として移り住んだ人びとの末裔とされている．

町は，ネパールの伝統的織物であるダカの生産地でもある．ダカは，ネパール男性の正装に欠かせない帽子(トピー)や女性用ショールの生地として使われる．坂道に沿ってダカを売るバザールやホテルが軒を連ね，バザール脇では北にポカラ，南にブトワル，バイラワ，西にリリバザール Riri Bazar，タムガス Tamghas に向かうバスが警笛を鳴らし乗客をよび集めている．　　　　　[八木浩司]

タンダ　Tanda

インド

人口：19.6万 (2011)　[26°33′N　82°39′E]

インド北部，ウッタルプラデシュ州東部，アムベドカルナガール県の都市で県都．ラームプルの北北西19 km に位置する．鉄道の終着駅がある．繊維産業が盛んで綿織物センターがある．付近では米，小麦，インド豆，ナタネ，大麦を生産している．なお，ウッタルプラデシュ州南部のラームプル県にも同名の小都市タンダ(人口4.0万，2001)がある．　　　　　　　　　　　　　[由井義通]

タンダグ　Tandag

フィリピン

人口：5.6万 (2015)　面積：292 km²

[9°05′N　126°05′E]

フィリピン南東部，ミンダナオ島北東海

岸, 南スリガオ州の都市で州都. 1960年にスリガオ州が南北に分離されたが, その南スリガオ州に位置し, フィリピン海に面した港湾都市としての機能をもつ. スリガオの南東97kmに位置する. かつては周辺で伐採される木材の集散地であったが, 現在では森林破壊防止のため伐採が禁止されている. 金, 石炭, 石灰岩など近くの鉱山で採掘された鉱山資源の集散地, 積出港である. またココヤシ栽培を中心とする農業も盛んである. 住民はミンダナオ海周辺を主要な居住地域としているセブアノ族が多い. 小型機が離発着可能なタンダグ空港がある. 　　　　　[田畑久夫]

タンタヌーラ　Tantanoola

オーストラリア

ルシートン　Lucieton （旧称）

人口:0.1万 (2011)　　　[37°42′S　140°27′E]

　オーストラリア南部, サウスオーストラリア州南東部の町. 州都アデレードの南南東425kmに位置する. 付近に大規模なパルプ・製紙工場がある. 町は1879年に建設された. 同年には, 鉄道が集落の真ん中を貫いて開通した. 当初, 町はサウスオーストラリア植民地総督だったウィリアム・F・D・ジャーヴォスの娘の名ルーシー・ジャーヴォスにちなんでルシートンとよばれていた. タンタヌーラと変えられたのは1888年のことである. 地名の由来には不明確な点があるが, 先住民アボリジニの言語で, 女の隠れ家の意とする説などがある. 町の東側一帯には, ラジアタ松などが植林されている. また, 町の南東6kmのプリンセスハイウェイ沿いにはタンタヌーラ洞窟があり, タンタヌーラケイヴズ保護公園に指定されている. 　　　　　[片平博文]

タンチャイ県　丹寨県　Danzhai

中国

人口:17.2万 (2013)　　面積:938 km²

[26°12′N　107°47′E]

　中国中南部, グイチョウ(貴州)省南東部, チェントンナン(黔東南)自治州の県. ミャオ(苗)族人口が全体の8割強を占め, 人口は少ないがスイ(水)族, プイ(布依)族なども住む. 国道321号が県政府所在地のロンチュワン(竜泉)鎮を通る. 県域の大部分は標高600～1200mである. おもな産業は農業で, 米, 肉牛, 茶葉, タバコを生産, また農閑期は水田跡を利用して養魚などが行われている. ミャオ族の民族楽器である蘆笙や刺繍, ロウケツ染めなどが特産品であり, エスニックツーリズムの発展に期待が寄せられている. 　　　　　[松村嘉久]

タンチャン県　宕昌県　Danchang

中国

西固 (旧称) /とうしょうけん (音読み表記)

人口:29.0万 (2002)　　面積:1119 km²

[34°03′N　104°24′E]

　中国北西部, ガンスー(甘粛)省南東部, ロンナン(隴南)地級市の県. バイロン(白竜)江の支流であるミン(岷)江流域にある. 1912年に西固県が置かれ, 54年に宕昌県と改められた. 県名は古代チャン(羌)族部落長の名前に由来する. 農業が中心で, 小麦, トウモロコシ, ソラ豆, ソバ, ナタネなどを産する. 薬材が豊富で, トウキ(当帰, 岷当ともいわれる)の産地として有名である. 　　　　　[ニザム・ビラルディン]

タンチャンコウ市　丹江口市　Danjiangkou

中国

人口:44.4万 (2015)　　面積:3121 km²

[32°32′N　111°31′E]

　中国中部, フーペイ(湖北)省, シーイエン(十堰)地級市の県級市. 市政府はチュンチョウルー(均州路)街道に所在する. ハン(漢)水の中・上流に位置する. 南にウータン(武当)山脈, 北にチン(秦)嶺山脈の支脈, 中部は標高250～500mの丘陵からなり, 漢水をせき止める丹江ロダムの水域が総面積の15%を占める. 鉱産物には鉄, 銅, 金, バナジウム, 石膏, アスベスト, ドロマイト, 石灰石などがある. 森林はマツ, カシワ, スギが多く, 多様な漢方薬材を産する. 農作物は水稲や小麦のほか, 柑橘類, キノコ類, タバコが特産である. 工業は水力発電を主力とし, 機械, 印刷, 化学肥料, 織布, 食品などがある.

　市街地は丹江が漢水に流入する地点にあり, 市名にもなった. 丹江口水利基幹施設は1958年に建設された. 丹江ロダムから取水する南水北調プロジェクトの中央線は2014年に通水した. 漢水の重要な港であり, 丹江ロダムでは1,000tの船舶が年中航行可能である. 鉄道の漢丹線(ウーハン(武漢)～丹江口)の終点であり, 襄渝線(シャンヤン(襄陽)～チョンチン(重慶))は市域の南部を横切る. 福銀(フーチョウ(福州)～インチュワン(銀川))高速道路もそれにほぼ並行する. 武当山

は国指定の風景名勝地区であり, 1994年に「武当山の古代建築物群」としてユネスコの世界遺産(文化遺産)に登録された. 　　　　　[小野寺淳]

タンチョウ市　儋州市　Danzhou

中国

たんしゅうし (音読み表記)

人口:97.0万 (2014)　　面積:3394 km²

気温:23°C　降水量:1823 mm/年

[19°31′N　109°34′E]

　中国南部, ハイナン(海南)省北西部の地級市. 沿海部はトンキン湾に面し, 奥地は中央山地と接する. 前漢の武帝元封元年(紀元前110)に儋耳郡の軍政中心地として設置され, 唐高祖の武徳5年(662)に儋州に改称, 通称となった. 1993年に市制に変更され, 2015年に地級市になった. 市内に17の鎮が分布し, 市政府所在地は那大鎮. 7割以上の住民はコワントン(広東)とフーチェン(福建)一帯の客家(ハッカ)語系とされる儋州方言を使用している. モンスーン気候帯に属するが, 台風の影響が少ないことから, 1950年代以降, 国営農場による天然ゴムのプランテーションとサトウキビの主産地であった. しかし30万t級のタンカーが停泊でき, トンキン湾有数の良港とされる洋浦港が1992年に国家保税開発区に指定されてから, 海底石油と天然ガスの大規模な石油化学コンビナートが建設された. 西部高速と縦断鉄道の要衝である. 市内に1958年に開校された華南熱帯農業大学(現海南大学)は中国唯一の熱帯農業専門の大学である. 　　　　　[許衛東]

タンチョン　端川　Tanchon

北朝鮮

Dancheon （別称）

面積:2172 km²　標高:8m　気温:8.6°C

降水量:677 mm/年　　[40°28′N　128°54′E]

　北朝鮮, ハムギョンナム(咸鏡南)道北東部の都市. トンチョソン(東朝鮮)湾の北岸にある新興鉱工業都市である. 1974年広泉郡を統合, 1982年市制. 東部は北大川, ペクトゥ(白頭)山脈, 西部に検徳山脈があり, 南大川にはさまれて沖積平野(端川平野)を形成する. 海洋の影響で緯度に比して気候は温暖である. 北部の北大川渓谷沿いの竜陽のマグネサイトは推定埋蔵量65億t, コムドク(検徳)に鉛, 亜鉛の大規模鉱山があり, ほかに滑石, 石綿とリン灰石の鉱山がある. 北西部にはホチョン(虚川)江の水力発電所がある. 精錬所, マグネサイト工場, 鉱山機械工場な

どが建設され，工業都市として発展した．テチョウン(端川)邑の耐火レンガは有名．端川平野は米作中心の穀倉地帯である．牧草地が広がり畜産が盛ん．沿岸はメンタイ，ハタハタ，イワシなどの回遊魚が多い．水産事業所，漁民竜興休養所がある．古くから端川大豆の栽培地で知られる．平羅線，端豊線などの主要な駅がある． ［司空 俊］

タンチョン県　鄲城県　Dancheng

中国

たんじょうけん (音読み表記)

人口：約140万 (2013)　面積：1490 km²
[33°38′N 115°11′E]

中国中央東部，ホーナン(河南)省東部，チョウコウ(周口)地級市の県．周口市街地の東に位置し，東部はアンホイ(安徽)省に接する．3街道，19郷鎮を擁する．県政府所在地は城関鎮．地名は単という城堡とも，老子の故事に由来するともいわれている．200年以上の歴史のある張集薫雞(スモークチキン)が名物料理である． ［中川秀一］

タンチョン県　郯城県　Tancheng

中国

たんじょうけん (音読み表記)

人口：97.8万 (2015)　面積：1195 km²
標高：38 m　　　　[34°34′N 118°08′E]

中国東部，シャントン(山東)省南東部，リンイー(臨沂)地級市の県．チャンスー(江蘇)省と接する．歴史は郯国までさかのぼる．唐代貞観6年(632)に下邳に編入，のちに臨沂県に合併され，元代末期に郯城県に戻った．淮北平野の北部に位置する．東部には馬陵山が南北に走り，主峰の標高は184 m足らずである．ダイヤモンドの埋蔵量が豊富である．1937年に発見された金鶏ダイヤモンドは281.25カラットで，中国では最も大きい．郯国故城などの遺跡がある． ［張 貴民］

ダンデノン丘陵　Dandenong Ranges

オーストラリア

標高：633 m　　　　[37°59′S 145°13′E]

オーストラリア南東部，ヴィクトリア州中央南部の丘陵．州都メルボルンの東約35 km，車で約1時間程度の距離に位置し，好天時にはメルボルンからその山並みをみることができる．メルボルン周辺の開拓の初期から開発の対象となり，メルボルンの拡大に伴

い，平地林減少，郊外化，アーバンスプロール現象など都市化に伴う諸問題を一貫して受け入れてきた．ヨーロッパ系の入植者たちは，この地にいち早くヨーロッパの模倣をつくり出すべく，カシ，ニレ，ポプラなどの落葉樹を植樹した．それらの植生はその後の年月の中で原植生と併存し，現在の豊富な樹種の森を形成している．今日では森林や景観の保護に配慮がなされ，落ち着いた雰囲気の美術館や教会が散在し，郊外の散策地として観光客の人気が高い． ［堤 純］

タントゥー区　丹徒区　Dantu

中国

人口：29.0万 (2015)　　[31°13′N 119°27′E]

中国東部，チャンスー(江蘇)省，チェンチャン(鎮江)地級市の区．チャン(長)江の南岸にある．秦代に初めて県が置かれ，唐，宋，元，明，清代は丹徒県であり，1970年に鎮江地区に，83年に鎮江市に編入され，2002年に県から区になった．地勢は南西が高く，北東が低く，丘陵が多い．主要な農作物に稲，麦，サツマイモ，コマツナ，綿花がある．また，松，桑，茶葉，果実などがとれる．工業に採鉱，機械，建材，製靴などがある．地下資源に石灰石，鉄，石炭，ドロマイトなどがある．名所旧跡に圌山，紹隆寺，報恩塔，断山墩遺跡などがある．京杭大運河が縦貫している．滬寧鉄道(シャンハイ(上海)～ナンキン(南京))が通り，高速道路の滬蓉線(上海～チョントゥー(成都))と揚溧線(ヤンチョウ(揚州)～リーヤン(溧陽))が交わっている． ［谷 人旭・小野寺 淳］

タントゥー県　当塗県　Dangtu

中国

丹陽県 (古称)

人口：約65万 (2009)　面積：1002 km²
[31°33′N 118°29′E]

中国東部，アンホイ(安徽)省東部，マーアンシャン(馬鞍山)地級市の県．チャンスー(江蘇)省に隣接する県で，西はチャン(長)江に臨む．県政府は姑孰鎮に置かれる．秦代に丹陽県が置かれ，晋代に丹陽と于湖の2県に分割されたが，隋代に両県を合併して当塗県を置いた．2012年に北東の3鎮を県から割き，馬鞍山地級市博望区を設置した．寧安都市間高速鉄道と寧蕪鉄道，寧蕪高速道路が南北に通る．土地は平坦で，米，麦を主とする農業が盛んであるが，東のシーチウ(石臼)湖では漁業や養殖業が発達している．青山の西

麓に唐代の詩人李白の墓と謝公祠がある．
［林 和生］

タンドウェ　Thandwe

ミャンマー

サンドウェー　Sandoway (別称)

人口：13.3万 (2014)　　[18°25′N 94°20′E]

ミャンマー西部，ラカイン州タンドウェ県の都市で県都．漢字では丹兌あるいは山多威とも表記する．ラカイン(アラカン)山脈に発して北西へ流れるタンドウェ川の河口に位置する港町で，西北西にあるラムリー島のチャウピュー，北西240 kmのシットウェ(アキャブ)との間に海運が通じる．背後に標高1000 m級のラカイン山脈が迫り，前方にベンガル湾が広がる．タンドウェ川をはじめ多くの急流が海に注ぎ，沿岸に狭小な平野を形成する．年平均降水量が5000 mmに近い豪雨地帯で，山地は常緑広葉樹林によって覆われ，水田を散在させている．茶のプランテーションがある．エーヤワディ川中流平野のピー(プローム)からタウングップ峠(標高1168 m)を越えて北方のタウングップまで道路が通じるとはいえ，ラカイン山脈は交通上の大障害である．北のシットウェ，南のパテインとの間の沿岸部には船運が発達している． ［西岡尚也］

タンドムハンマドハーン　Tando Muhammad Khan

パキスタン

Tand Mohammad Khan (別表記)

人口：6.5万 (1998)　　[25°07′N 68°31′E]

パキスタン南東部，シンド州南部ハイデラバード県の町．県都ハイデラバードの南南東約35 km，インダス川のグラーム・ムハンマド堰堤で取水したフレーリー用水路の右岸に位置する．ハイデラバードから南のバディンに向かう鉄道支線沿線にあり，穀物の集散地でもある．おもな作物は，サトウキビ，小麦，米，綿花で，マンゴーや野菜栽培も比較的多い． ［出田和久］

ダントルカストー諸島　D'Entrecasteaux Islands

パプアニューギニア

人口：4.1万 (推)　面積：3108 km²
[9°41′S 150°41′E]

南太平洋西部，メラネシア，パプアニューギニア南東部，ミルンベイ州の諸島．ニュー

ギニア島東端にある州都アロタウの北に位置する．ファーガソン Fergusson，グッドイナフ Goodenough，ノーマンビー Normanby の3つの主要な島（火山島）からなる．ファーガソンには温泉，間欠泉がある．おもな産物はココヤシである．諸島名はフランスの航海者アントワーヌ・ブリュニー・ダントルカストー（1737-93）に由来する．北隣のトロブリアンド諸島と同様，クラとよばれる貝製の装身具の儀礼的交換を行う地域の1つである．

[熊谷圭知]

ダントルーン　Duntroon

ニュージーランド

人口：87（2013）　　[44°51′S　170°41′E]

ニュージーランド南島，カンタベリー地方南部の町．オーマルからワイタキ川をさかのぼり，北西約50 kmに位置する．地名は，イギリス，スコットランドのアーガイルの一地方にちなんで，牧場を経営するキャンベル一族によって名づけられた．キャンベル一族はオーストラリアの首都キャンベラにある陸軍学校も所有し，当地の名を冠してダントルーン陸軍学校と名づけた．

[井田仁康]

タントン市　丹東市　Dandong

中国

アントン　安東　Andong　（旧称）

人口：242.0万（2013）　面積：15030 km²

[40°08′N　124°23′E]

中国北東部，リャオニン（遼寧）省南東部の地級市．旧称はアントン（安東）．1965年に赤い東方を意味する現名称へ変更された．ヤールー（鴨緑）江を隔てて北朝鮮と接する国境の町である．シンイーチョウ（新義州）との間には中朝友誼橋がかかり，中朝貿易の拠点となっている．市政府所在地は振興区．振興，元宝，振安の3市轄区，トンガン（東港），フォンチョン（鳳城）の2県級市，クワンディエン（寛甸）満族自治県を管轄する．

1903年に対外開港され，その後，鴨緑江水運による物資集散地として発展した．森林被覆率が6割を超える林業が盛んな町である．工業では丹東黄海汽車が製造するバスなどの自動車産業，自動車部品産業に特色がある．現在の瀋丹線は，もともと日露戦争後に日本が建設した安奉線である．また丹大高速，瀋丹高速が，ダーリエン（大連）およびシェンヤン（瀋陽）との間を結んでいる．東港市にある丹東浪頭空港には，首都ペキン（北京），シャンハイ（上海）などの国内諸都市との航空便が発着する．鳳城市に位置するフォンホワン（鳳凰）山（標高836 m）は，遼寧省四大名山の1つ．振安区の郊外にある五竜背温泉は，かつて熊岳城温泉，湯崗子温泉とともに満洲三大温泉地の1つに数えられた名湯である．

[柴田陽一]

タンナ島　Tanna Island

ヴァヌアツ

人口：2.9万（2009）　面積：555 km²
標高：1084 m　長さ：40 km　幅：26 km

[19°31′S　169°21′E]

南太平洋西部，メラネシア，ヴァヌアツ南部，タフェア州の島．東西26 km，南北40 km，島は概して山がちで，南部には標高1000 mを超す山々が連なり，東側のヤスール山（361 m）は現在でも活発な火山活動を行っている．

歴史的には，1774年にイギリスのジェームズ・クックがヤスール山近くの港（彼の船の名にちなんで，現在，ポートリゾリューションとよばれる）から上陸する．また，1825年にはアイルランド人商人ピーター・ディロンが白檀を求めて来島し，47年には貿易基地を建設する．1839年に最初のキリスト教宣教師（ロンドン伝道協会）が来島するが，それほど宣教に成功したわけではなかった．島民たちの本格的な改宗は，1842年から始まる長老派教会のものによるところが大きい．また第2次世界大戦前後にはジョン・フルム運動とよばれる宗教的・社会的運動（いわゆるカーゴカルト運動）が起こる．大量の物資や富がアメリカから運ばれてくると信じた者が，伝統的な財を遺棄したり，飛行場を建設したりした．

現在でも島に暮らす大部分の人びとは焼畑農耕民であり，ヤムイモ，タロイモ，マニオクなどを栽培している．島には5つの言語集団が存在するが，どの集団も父系的な紐帯が強く，伝統的政治体制として世襲的な首長制を有している．また発展しつつある地方都市として，ヴァヌアツ南部の中心地でもあるレナケル Lenakel が島の西部にある．

[福井栄二郎]

タンヌオラ山脈　Tannu-Ola, Khrebet

ロシア/モンゴル

標高：3056 m　長さ：300 km

[51°06′N　92°26′E]

ロシア東部，トイヴァ共和国（シベリア連邦管区）南部，モンゴルとの国境沿いに東西に広がる山脈．モンゴル語のタガンウルもしくはトゥヴァ語のタンデイウウラに由来し，山をさすさまざまな言語が組み合わさって1つの地名になった．東タンヌオラ山脈と西タンヌオラ山脈に分かれる．2500 m級以上の山々が連なり，最高峰は西タンヌオラ山脈西部にある．ヴェルフニーエニセイ川流域とモンゴル最大の淡水湖のフブスグル湖との分水嶺をなす．おもに砂岩，頁岩，礫岩，噴出岩（火山岩），花崗岩で形成される．

2000～2200 mまでの北斜面にはシベリアマツ，カラマツが繁り，南斜面は森林ステップである．山頂付近は山岳ツンドラと岩石片が広がる．絶滅危惧種として保護されているアルガリ（野生羊の最大種）の生息地として知られる．タンヌオラ山脈を北限としてロシアとモンゴルにまたがるフブスグル湖流域は，国連環境計画（UNEP）の自然保護プログラムの対象となっている．

[徳永昌弘]

タンバー県　丹巴県　Danba

中国

人口：7.0万（2015）　面積：4656 km²

[30°52′N　101°52′E]

中国中西部，スーチュワン（四川）省北西部，ガルツェ（甘孜）自治州東部の県．県政府所在地は標高1800 m地点であるが，県内でも最低点1700 m，最高点5820 mと大きな落差がある．おもにツァン（チベット）族と漢族が居住する．民国2年（1913）に丹東，巴旺，巴底の3つの地域と康定県が管轄する24の村を統括して，丹巴県とした．丹巴は丹東，巴底，巴旺の3つの土司からとった地名とされる．ギャロン（嘉絨）チベット族が多く居住し，独自の春節や舞踊などの芸能をもつ．また，碉楼といわれる高さ10～30 m前後の，軍事や防衛をおもな目的とした建築物が著名である．

[石田　曜]

タンハイ　Tanjay

フィリピン

人口：8.1万（2015）　面積：276 km²

[9°32′N　123°03′E]

フィリピン中部，ネグロス島南東，東ネグロス州の都市．ネグロス島とセブ島との間のタニョン Tañon 海峡の南端に近い．ネグロス島は1890年以来東西の2州に分離されたが，市は東ネグロス州に属し，州都ドゥマゲテの北西約25 kmに位置する．海岸に面しているが良港に恵まれず，水産業は活発ではない．経済の中心は農業で，サトウキビ，トウモロコシ，ココナッツ，タバコなどの生産が多く，それらの作物の集散地となってい

タンヒ　1003

る．当市周辺地域ではとくにサトウキビ栽培が盛んである．しかし製糖用の遠心分離機能をもつ製糖工場がない．そのため収穫されたサトウキビは，北に位置するバイスに運ばれ，そこで製糖加工される．住民の大半はミンダナオ海周辺諸島を主要な分布・居住地としているセブアノ族である．近くにテウィン Twin 湖国立公園があることから観光開発にも力を入れている．　　　　　　［田畑久夫］

ダーンバード　Dhanbad　　インド

人口：116.2万（2011）　　［23°47′N　86°32′E］

インド東部，ジャルカンド州東部，ダーンバード県の都市で県都．ダモダル川沿いにあり，ウェストベンガル州に隣接する．ジャムシェドプルの北約170kmにあり，チョタナグプル高原の工業，商業の中心地である．周辺地域につながる道路は舗装され，鉄道も整備されるなど，交通条件は恵まれている．県都として新たにつくられた町であるとともに，インドを代表する炭田地域にある工業都市でもある．インド鉱業・応用地質学研究所があり，近くには中央燃料研究施設がある．化学肥料や化学薬品工業も行われている．郊外には炭坑センターと商業集積がある．また，周辺地域には肥料などの工場や森林に囲まれ，休養地となっている人造湖がある．米や小麦が主要な作物で，サトウキビやアブラナも作付けされている．町の工業化とともに耕作地が転換されている．　　　　　［土居晴洋］

タンバランバ　Tumbarumba　　オーストラリア

人口：0.2万（2011）　標高：700m
降水量：1000mm/年　　［35°46′S　148°00′E］

オーストラリア南東部，ニューサウスウェールズ州南東部，スノーウィーヴァレーズ行政区の町．州都シドニーとメルボルンの中間部，首都キャンベラの南西約120kmに位置し，オーストラリアアルプスのスノーウィー山脈西部にある．地名は，アボリジニの言葉で，空洞の音がする大地という意味である．町域のほとんどは，標高800〜1200mの山地で，針葉樹林が広く分布する．市街地は，マレー川支流のタンバランバ川が開析した標高700mの谷底低地に立地する．夏季は30℃近くまで気温が上昇するが，冬季は氷点下となり積雪がある．

1850年代にこの地域で金脈が発見され，集落が形成された．金鉱山が開発されると，

多くの中国人が労働者として流入した．また，金鉱業とともに林業が発達し，これらによって町が大きく発展して人口も増加した．さらに，1921年には鉄道が開通し，金や木材などの生産量および輸送量が増大したが，金の産出量は30年代に頭打ちとなった．その後は，道路網が発達したことにより，鉄道は1978年に旅客業務が廃止され，87年に廃線となった．現在のおもな産業は林業，農業および観光業などである．とくに林業は主要産業であり，町の東部において木材が生産されるとともに，その木材の加工業も発達している．また農業では果樹栽培が盛んで，ブドウ，ブルーベリーおよびリンゴなどが栽培されている．これらの果樹の一部は，ワインに加工され，販売されている．果樹栽培以外には，タバコの栽培や羊および牛などの酪農も行われている．

観光業は，スノーウィー山脈におけるトレッキング，登山および冬季におけるスキーの拠点として多くの観光客が訪れている．中心部にはホテル，モーテルおよびレストランなどが観光客向けに整備されるとともに，1880年代につくられた裁判所や警察署などの歴史的な建造物が多く残され，観光スポットとなっている．またラグビーが盛んで，2つのラグビーチームの本拠地である．さらに毎年2月には，カントリーミュージックの演奏会や，地元の食材およびワインなどがふるまわれるフェスティバルが催される．

　　　　　　［梶山貴弘］

タンパン　Tampang　　インドネシア

　　　　　　［5°54′S　104°43′E］

インドネシア西部，スマトラ島南端，ランプン州タンガムス県の町．チナ岬の東，スマンカ湾の西に位置する．北東沿岸部の一部の地区を除いてはラフレシアなどの希少植物や，スマトラトラ，アジアゾウなど絶滅危惧種の生息地であるタンブリン野生動物保護区に含まれており，手つかずの原生林が残っている．　　　　　　［塩原朝子］

ダンピア　Dampier　　オーストラリア

人口：0.1万（2011）　面積：3.6km²
　　　　　　［20°45′S　116°46′E］

オーストラリア西部，ウェスタンオーストラリア州北西部の町．州都パースの北北東約1500kmに位置し，インド洋から切り込んだキング湾に面した港町である．1965年以

降，南290kmに位置するトムプライス山などで産出される鉄鉱石を加工する拠点として，ハマズリー製鉄社によって整備が進んだ．塩や鉄鉱石，液化天然ガスの積出港として国内有数の地位を誇る．地名は沖合に浮かぶ島々の呼称にちなんで命名されており，17世紀末にオーストラリア北海岸および西海岸を探検したイギリス人冒険家ウィリアム・ダンピアに由来する．　　　　［大石太郎］

ダンピア海峡　Dampier Strait　　パプアニューギニア

ダンピール海峡（別表記）
幅：24km　　［5°36′S　148°12′E］

南太平洋西部，メラネシア，パプアニューギニア東部，ウンボイ島とニューブリテン島の間にある海峡．ダンピール海峡ともよばれる．地名は，この海峡を最初に航海したイギリス人探検家ウィリアム・ダンピア（1651-1715）にちなむ．世界周航を3回なし遂げ，博物学的な周航記を残したことでも知られるダンピアは，1699〜1700年にかけて，オーストラリアからニューギニア島東岸を航海し，この海峡を発見した．1943年，ラバウルからニューギニア島に向かった日本軍の輸送船団が，ビズマーク海からダンピア海峡にかけての海域で連合軍の航空機の攻撃により，壊滅した（ダンピールの悲劇）．現在も同海峡は，北のビズマーク海と南のソロモン海をつなぎ，パプアニューギニアから日本への貨物輸送の重要航路である．　　［熊谷圭知］

ダンピット　Dampit　　インドネシア

人口：11.8万（2010）　面積：136km²
　　　　　　［8°06′S　112°44′E］

インドネシア西部，ジャワ島東部，東ジャワ州マラン県の町．12の村をもつ．住民の8割がキリスト教徒である．おもな農産物は，キャッサバ，トウガラシ，トウモロコシ，トマトであり，畜産物は，豚肉，鶏肉，鶏卵があげられる．おもな産業は，タピオカデンプン加工，エビの冷凍加工，コーヒー焙煎加工である．インドネシアにおける対オランダ独立戦争協力者である市来龍夫（インドネシア名：アブドゥル・ラフマン）が戦死した地としても知られる．市来は第2次世界大戦前，新聞記者としてオランダ領東インド（現在のインドネシア）へ渡り，開戦とともに日本兵として活躍したが，日本の敗戦後，軍を離脱し，インドネシア部隊を率いて対オラ

ンダ独立戦争に参加した. 　　　［浦野崇央］

タンピネス　Tampines　シンガポール

Tampanis（古称）

人口：26.2万（2010）　面積：21km²
[1°21′N　103°56′E]

シンガポール，シンガポール島東部の地区．チャンギ空港の西の丘陵地域をさす．この地は20世紀初頭にはゴム園が広がっていた．現在，地下鉄（MRT）東西線の東端パシールリス駅の1つ前のタンピネス駅を中心に，シンガポール最大のタンピネスニュータウンが広がっている．ニュータウン人口は約23.6万（2010）である．1868年の地図にはTampanisとある．地名はこの地に生育していた木を鉄のような硬木（tempinis）とよんだことに由来する．今日，タンピネスの名称は多くの道路名として使用されている.

　　　［高山正樹］

タンビーベイ　Tumby Bay　オーストラリア

タンビー　Tumby（旧称）

人口：0.2万（2011）　[34°23′S　136°06′E]

オーストラリア南部，サウスオーストラリア州南東部の町．エア半島南部の保養地，観光地であり，スペンサー湾に臨む．同名のタンビー湾がある．州都アデレードからプリンセスハイウェイ，リンカーンハイウェイ経由で西301kmに位置する．この付近には，すでに1800年代の半ばにはヨーロッパ人が住んで農業が行われていたが，その後約50年間にわたってほとんど成長しなかった．ここが集落として登録されたのは，1900年のことである．しかし実際は，小麦を輸送するための桟橋がつくられていたにすぎなかった．

ゆるやかな弧を描くタンビー湾は8.5kmにわたって白い砂浜が続き，また波もおだやかなことから，近年観光地として注目を浴びてきている．透明度の高い海で海水浴のほか，スキンダイビング，釣りなどを楽しむ観光客が多い．また，海岸沿いにはホテル，モーテル，ホリデーアパートメント，キャラバンパークなどの宿泊施設が充実している．海沿いは，砂浜に沿って歩けるようになっているので，朝夕にはウォーキングを楽しむこともできる．地名は，1802年にエア半島を探検したマシュー・フリンダーズ（1774-1814）によって名づけられ，イギリス，イングランドのリンカーンシャーにあるタンビー村に由

来する．当初はただタンビーとよばれていたが，1984年になって現名称に改められた.

　　　［片平博文］

タンビューザヤッ　Thanbyuzayat　ミャンマー

人口：17.1万（2014）　[15°55′N　97°45′E]

ミャンマー南東部，モン州モーラミャイン県の町．漢字では丹彪扎と表記する．州都モーラミャインの南約65kmに位置し，マレー半島方面のイェーに延びる鉄道が通る．かつてここから分岐しタイと結ばれていた鉄道は，第2次世界大戦中に日本軍が建設した泰緬鉄道（タイ側のノーンプラードゥックまで全長415km）で，この町はミャンマー側の起点になっていた．この鉄道はミャンマー側アタラン川の上流ザミ Zami 川の河谷をさかのぼり，ドーナ山脈のスリーパゴダ峠（標高282m）を越え，タイ側チャオプラヤ川の支流クウェーノーイ川の河谷を下っていた．峠のミャンマー側には線路の一部が残されている．この鉄道は1942年12月1日公式着工，43年10月25日完成という短期間に，建設工事に徴用された連合国捕虜（イギリス，オーストラリア，ニュージーランド，オランダなど）や，アジア人労働者に過酷な条件の下で労働を強制し，多大な犠牲者を出して完成した．戦後，捕虜の立場から描かれた映画『戦場にかける橋』（1957公開）で有名になった．町中には，建設当時の様子が展示されている「死の鉄道博物館」や，犠牲者の合同墓地，日本軍がミャンマー人犠牲者を祀って建てたジャパン・パヤー（仏塔）などがある.

　　　［西岡尚也］

タンピン　Tampin　マレーシア

人口：5.8万（2010）　面積：129km²
[2°28′N　102°14′E]

マレーシア，マレー半島マレーシア領南西部，ヌグリスンビラン州南西部タンピン郡の都市．行政上の区分は町で，町人口のうちのマレー人の比率は約46％（人口2.6万）であり，中国人31％（人口1.8万），インド人18％（人口1.0万）で国平均の民族分布に比べると，マレー人の比率は少ない．タンピン町を含むタンピン郡の人口は，8.2万（2010）となっている.

歴史上，タンピンを含む地域の動向に大きな影響を与えたのは，15世紀にマラッカ海峡の沿岸域をおもな支配領域として成立した

マラッカ王国である．この王国が成立すると，その後背地にあたる今日のヌグリスンビラン州各地に，インドネシアのスマトラ中部のミナンカバウ地域から移住してきた人々が居住するようになった．タンピンは，そうした元インドネシア系住民の居住地の1つである．この地域では，マラッカ王国との農産物交易などが拡大した．しかし，マラッカがポルトガルの支配下に入った後は，ジョホールのスルタンの保護を求めることになった．やがて今日のヌグリスンビラン州もイギリスの植民地となり，1957年に独立することとなった．今日のタンピンは植民地時代からの伝統を引き継ぐゴムの栽培拠点の1つとなっている．郊外には，マレー半島を縦断する高速道路が走る.

　　　［生田真人］

タンブ湾　Tambu, Teluk　インドネシア

[0°03′S　120°00′E]

インドネシア中部，スラウェシ島北西岸，中スラウェシ州ドンガラ県の湾．ミナハサ半島の付け根付近，マカッサル海峡に面し，ほぼ赤道直下に位置する．ダンペラス岬の南，マニンバヤ岬の東にある．湾に面して同名の町タンブがある.

　　　［塩原朝子］

タンフォン県　丹鳳県　Danfeng　中国

人口：29.5万（2010）　面積：2407km²
気温：13.8℃　降水量：687mm/年
[33°42′N　110°20′E]

中国中部，シャンシー（陝西）省南東部，シャンルオ（商洛）地級市の県．県政府所在地は竜駒寨鎮．チン（秦）嶺山脈の東端に位置し，地名は北部の鳳冠山と南部の丹江にちなむ．地勢は北西から南東へ傾斜し，地形は土石山地を主とする．亜熱帯半湿潤気候と東部の季節風温暖帯気候が交錯し，無霜期間は217日．近年，遺跡と自然資源を利用した観光業が開発されている.

　　　［杜　国慶］

ダンブッラ　Dambulla　スリランカ

人口：2.4万（2012）　面積：54km²　標高：185m
[7°54′N　80°41′E]

スリランカ，中部州マータレ県の都市（MC）．コロンボ方面から東部州の州都トリンコマリーに通ずる国道A6号と，州都キャンディから北中部州の州都アヌラーダプラ

ダンブッラ(スリランカ),天井壁画で知られる洞窟寺院の第2窟《世界遺産》〔Valerii Iavtushenko/Shutterstock.com〕

へと北上する国道A9号の交差する位置にあり,いわゆる文化三角地帯の観光の要衝の町である.コロンボから148km,キャンディから72km,バスで2時間を要する.市制施行は2011年である.南にそびえる高さ約150mの岩山の上にある洞窟寺院で知られる.岩山のふもとに高さ30mの金色の大仏を安置した堂と寺務所があり,観光客はここで洞窟寺院への入場券を買って階段を上り,20分ほどで石窟群の入口に達する.公開されている重要な洞窟は全部で5窟あり,最も古いのは第1窟で約14mの涅槃像が横たわる.仏教壁画が有名な第2窟は最も大きく,アヌラーダプラ王朝のワッタ・ガーマニー・アバヤ王(在位紀元前89～前77)時代にさかのぼる.第3～5窟内にもブッダ坐像,仏塔,それに天井に描かれた彩色壁画などが存在するが,その多くは18世紀後半から19世紀初頭のキャンディ王朝末期時代に製作あるいは修復されたものである.寺院一帯は1991年に「ダンブッラの黄金寺院」としてユネスコの世界遺産(文化遺産)に登録された.

市街地は国道A9号沿いに南北に連なっている.洞窟寺院は南部の旧市街にあり,バス乗り場や市場,銀行などがある商業中心地は,国道A6号との交差点に立つ時計塔のある新市街である.最近,スリランカ政府はダンブッラ地域を国家的な開発プロジェクトの対象地と位置づけ,海外からの資金援助を得て,官庁,バスターミナル,農産物流通センター,排水設備,住宅などの建設計画を進めている.　　　　　　　　　　　〔山野正彦〕

タンブナン山　Tambunan, Gunung
マレーシア

標高:916m　　　　〔4°44′N　116°38′E〕

マレーシア,カリマンタン(ボルネオ)島北部,サバ州南部のウィティ山脈南東の山.山麓は熱帯雨林が広がり,オランウータンが生息する.平野部にはおもにカザダン人からなるタンブナン集落がある.カザダン人は,タンブナン平野,ラナウ平野に多く居住する.
〔生田真人〕

タンブリッジ　Tunbridge
オーストラリア

人口:192 (2006)　面積:354km²
〔42°09′S　147°25′E〕

オーストラリア南東部,タスマニア州北東部の町.ミッドランドハイウェイ沿い,州都ホバートの北86km,ロンセストンの南78kmに位置する.1809年に開拓され,ホバートとロンセストンを結ぶ駅馬車の中継地として町が創設された.1810年代には囚人労働力を利用したミッドランドハイウェイの建設とともに発展した.町には土産物店やホテルなどはなく観光地の賑わいとは無縁であるが,歴史的建造物や,オーストラリア最古の木橋ともいわれる橋が静かにたたずむ,歴史を感じさせる町である.　　　　　〔安井康二〕

タンブルガム　Tumbulgum
オーストラリア

人口:383 (2011)　面積:0.3km²
〔28°17′S　153°28′E〕

オーストラリア南東部,ニューサウスウェ

1006　タンフ

〈世界地名大事典：アジア・オセアニア・極Ⅰ〉

ールズ州北東部，トゥイード行政区の町．ブリズベーンの南南東約 100 km，州都シドニーの北北東約 650 km に位置する．地名は，アボリジニの言葉で，イチジクの木という意味である．町の大部分は，トゥイード川右岸の標高 5 m 以下の低地にあり，市街地は川に面して形成されている．町の始まりは 1860 年代で，おもな産業は林業であったが，現在は畑作が行われている．また，川釣りのポイントとして人気がある．　　　［梶山貴弘］

ダンブルユグ　Dumbleyung
オーストラリア

人口：198 (2011)　面積：1.7 km²
[33°19′S　117°42′E]

オーストラリア西部，ウェスタンオーストラリア州南西部の小さな町．州都パースの南東約 280 km に位置する．牧羊や小麦生産が盛んである．1964 年にイギリスのレーサー，ドナルド・キャンベルが，付近のダンブルユグ湖で水上モーターボートのスピード世界記録，時速 648.73 km を出した．　［大石太郎］

ダンペラス岬　Dampelas, Tanjung
インドネシア

降水量：1750-2000 mm/年
[0°11′N　119°52′E]

インドネシア中部，スラウェシ島，中スラウェシ州ドンガラ県の岬．南北に長いドンガラ県のほぼ中央に位置し，マカッサル海峡に面している．ダンペラス岬がある半島の付け根には，サバンの町がある．周辺地域では，クローブ栽培が盛んである．　［山口真佐夫］

タンベラン諸島　Tambelan, Kepulauan
インドネシア

[1°00′N　107°33′E]

インドネシア西部，リアウ諸島州の諸島．カリマンタン(ボルネオ)島の西の沖合約 140 km に位置する．カリマンタン島南西部とスマトラ島の間に位置するカリマタ海峡の北，マレー半島とカリマンタン島北部との間に広がるナトゥナ海の南にあり，カリマンタン島のポンティアナック，リアウ諸島のビンタン島からボートでそれぞれ約 6 時間，16 時間の距離にある．主島タンベランブサール Tambelan Besar 島のほかにウウィ Uwi 島，ブヌア Benua 島，バダスイシス Badas Isis 島，ドゥンドゥム Dumdum 島，メンダリッ

ク Mendarik 島，プジャンタン Pejantan 島などからなるが，いずれもごく小さい島であるため，ナトゥナ海北部に位置するナトゥナ諸島の一部として扱われることもある．第 2 次世界大戦時，日本軍が最初に侵攻した場所の 1 つとして知られている．現在は外部者が訪れることのまれな場所であるが，周辺で世界有数の天然ガス田が発見されており，将来の開発が見込まれる．　　　［塩原朝子］

タンホー県　唐河県　Tanghe
中国

人口：約 143 万 (2014)　面積：2512 km²
[32°41′N　112°49′E]

中国中央東部，ホーナン(河南)省南部，ナンヤン(南陽)地級市の県．南をフーペイ(湖北)省に接し，南陽市街地の南東に位置する．2 街道，12 鎮，7 郷，1 産業集聚区を管轄する．県政府所在地は城関鎮．南陽画像石が多数発掘されている．20 世紀に活躍した詩人李季，哲学者馮友蘭の出身地である．豊富な埋蔵資源の開発が進められている．
［中川秀一］

タンボ　Tambo
オーストラリア

人口：0.1 万 (2011)　[24°53′S　146°15′E]

オーストラリア北東部，クイーンズランド州中央西部，ブラックオールタンボ地域の町．州都ブリズベーンの北西約 860 km に位置する．1863 年に建設された，この地域では最も古い町の 1 つである．おもな産業は牧羊である．　　　　　　　　［秋本弘章］

タンボチェ　Thyangboche
ネパール

テンボチェ　Tengboche (別称)
標高：3860 m　[27°52′N　86°46′E]

ネパール，ソルクーンブ郡(サガルマータ県)の地区．クムジュン Khumjung 村(人口0.2 万，2011)を構成する地区の 1 つである．エヴェレスト(サガルマータ)山南面のクーンブ氷河から流れ出るイムジャ Imja 川左岸，標高 3860 m 付近の尾根状に残る緩斜面に位置し，通称エヴェレスト街道とよばれるトレッキングルート上にある．森林限界付近に建てられた大きなチベット仏教の僧院(ゴンバ)があることで有名である．ゴンバ付近からイムジャ川上流方向を望めば，南側にアマダブラム山，中央奥にローツェ山，エヴェレスト山がスカイラインをなしている．　［八木浩司］

タンボラ山　Tambora, Gunung
インドネシア

標高：2821 m　[8°15′S　117°59′E]

インドネシア中部，小スンダ列島，スンバワ島の成層火山．山自体がサンガル半島を形成し，西ヌサトゥンガラ州のドンプ Dompu 県とビマ県の 2 つの県の間にある．また，スンダ弧海溝系の山の一部でもある．噴火前には標高は 4200 m あったとされる．深さ 1250 m のカルデラがある．1815 年 4 月の噴火で有名であるが，当時の噴火の大きさは，火山爆発指数の 7～8 はあったといわれている．また，この噴火による死者は 7.1 万～9.1 万人にのぼり，その多くは飢餓や疫病で亡くなったといわれている．タンボラ山の噴火によって地球の大気が灰で覆われたことが原因で，遠く離れたヨーロッパやアメリカは「夏のない年」といわれるほどの異常気象に見舞われ，農作物が壊滅的な打撃を受けた．

アメリカのロードアイランド大学の火山学者ハラルデューア・シグルドソンは，インドネシアの火山地質災害軽減センターと 2004 年に発掘調査を行い，火砕流堆積物，軽石，灰，粘土などから文明が埋もれている形跡を発見した．この発掘調査でみつかったのは，灰になった家屋の丸太，陶器，生活用具，焼けて黒くなった籾やコーヒー，銅製の装飾品のほか，2 体の人骨である．タンボラ山は，スンバワ島の 3 つの王宮，すなわちタンボラ王宮，プカット王宮，サンガル王宮を灰で覆い，このうちタンボラ王宮とプカット王宮は噴火によって滅びてしまったが，山から離れた位置にあったサンガル王宮は，火山灰の集積物やすさまじい火砕流の被害を受けなかった．このサンガル王宮の子孫は今日もなお残っている．

タンボラ山のハザードマップは 3 段階に分かれている．住民の人口は東部，南西部，西部に集中しており，北西部，北部，北東部，南部，南東部は密度が比較的高くない．住民の多くは農耕民であり，山の斜面や丘の土地を有効利用して生計を立てている．2015 年 4 月には，ドンプ県ドロプティ Doro Peti 村でタンボラ山の噴火から 200 周年を記念する式典が行われ，ジョコ・ウィドド大統領はタンボラ山を国立公園に指定することを宣言した．観光の目玉は，山頂付近にあるカルデラである．山の周辺には美しい自然景観が広がっているが，観光名所としては，ドロタベッ Doro Tabe の南西部にある海岸，ドロンボハ Doro Mboha とドロプティでみられる地層，そしてタンボラ山の北西にあるサトン

ダ島などがある.　　　　　　[塩原朝子]

タンボリ　Tamboli
インドネシア
[3°56′S　121°19′E]

インドネシア中部, スラウェシ島南東部, 東南スラウェシ州コラカ県ウォロ郡の村. バトゥウィラ Batuwila 山(標高 2000 m)の西に位置し, パオパオ Paopao 湾に面する. 県都コラカと北コラカ県のランテアンギンを結ぶ幹線道路が村の東側を通っている. 沿岸部に居住するブギス人を除けば住民は土着のメコンカ(mekongka)語を話す.　　[塩原朝子]

タンボリン山　Tamborine Mountain
オーストラリア
[27°55′S　153°10′E]

オーストラリア北東部, クイーンズランド州南東部の山. ゴールドコーストの西, ニューサウスウェールズ州との州境をなすマックファーソン Mc Pherson 山脈の北側にある. 一帯は 2300 万年前の火山活動によって形成された玄武岩質の地質からなり, 貴重な亜熱帯林に覆われている. この山脈にあるウィッチ滝周辺は州初の国立公園に指定された. 現在のタンボリン国立公園の範囲は山脈一帯に広がっている. 山からゴールドコースト市街が一望できるため, 観光地としての人気も高い.　　　　　　　　　　　[秋本弘章]

タンポロック山　Tamporok, Gunung ☞ クラバット山　Klabat, Gunung

ダンマークフィヨルド　Danmark Fjord
デンマーク
デンマークフィヨルド　Denmark Fjord (別称)
長さ: 200 km　[81°00′N　21°00′W]

デンマーク領, グリーンランド北東端に近い狭長なフィヨルド. 全長 200 km 近い. グリーンランド北端近くにありながら, 氷河の被覆をみないピアリーランドと南のクロンプリンスクリスチャンランドの間の湾入(湾口の幅は 150 km に達する)の奥に, インディペンデンスフィヨルド, ハーゲンフィヨルドとともに, 狭長なフィヨルド群を形成している. 湾口にはプリンセッセチューラ島などの島嶼がみられる. 周辺には先史時代の人類の遺跡が多く発見されており, インディペンデンス文化とよばれる.　　　[塚田秀雄]

タンミー　Tan My
ベトナム
降水量: 800 mm/年　[11°43′N　108°49′E]

ベトナム南中部, ニントゥアン省ニンソン県の村. ファンランとダラットを結ぶ国道 20 号沿いにあり, ファンランの中心部から西北西 25 km, ダラットの南南東 83 km に位置する. このあたりは乾燥地であるが, 同村を東西に流れるカイ川はチャンパ王国の時代から, ファンランの重要な灌漑水源であったと考えられる.　　　　　　[柳澤雅之]

タンヤン市　当陽市　Dangyang
中国
人口: 46.9 万 (2015)　面積: 2159 km²
[30°49′N　111°47′E]

中国中部, フーペイ(湖北)省, イーチャン(宜昌)地級市の県級市. 市政府はユィーヤン(玉陽)街道に所在する. チャン(長)江に北から注ぐチュイチャン(沮漳)河の中流および下流に位置する. 西部は標高 400〜700 m の山地, 北西と南西はゆるやかな丘陵地, 中部と東部は沮河と漳河(沮漳河支流)の沖積平原で, 40〜60 m 程度である.

石炭, 石膏, 石灰石などの鉱産物があり, 建材, 食品, 紡織, 化学などの工業がある. 農産物は水稲, 小麦, 綿花, 搾油作物などがあり, 茶葉や柑橘が特産である. 優良品種の豚や鶏の生産で知られる. 市街地は沮河の両岸にまたがっている. 鉄道の焦柳線(チャオツオ(焦作)〜リウチョウ(柳州))や高速道路の滬蓉線(シャンハイ(上海)〜チョントゥー(成都))が横断して, チンメン(荊門)とイーチャン(宜昌)を結んでいる.

楚の文化の発祥地の 1 つであり, 三国志の舞台にもなっている. 玉泉山国立森林公園があり, 玉泉寺と玉泉鉄塔, 三国時代の古戦場である長坂坡, 関陵(関羽の陵墓), 麦城遺跡, 糜城遺跡, 趙家湖古墓群, 季家湖城址などの名所旧跡がある.　　　　[小野寺淳]

タンヤン市　丹陽市　Danyang
中国
雲陽, 曲阿 (古称)
人口: 98.0 万 (2015)　面積: 1047 km²
[31°59′N　119°34′E]

中国東部, チャンスー(江蘇)省南西部, チェンチャン(鎮江)地級市の県級市. 上海と南京の影響力が重なり合い, 長江と京杭大運河の合流点に近く, 楚の文化と呉の文化が交わる場所にある. 戦国時代には雲陽邑とよばれ, 秦代には雲陽県が置かれ, のちに曲阿県に改名された. 後漢代に雲陽県に戻り, 晋代に再び曲阿県になった. 唐代に潤州は丹陽郡, 曲阿県が丹陽県と改名され, 丹陽県が丹陽郡に属した. のちに丹陽は全域が鎮江に属する. 1983 年に丹陽県が鎮江市に属し, 87 年に市になった. 工業は自動車部品, 紡績, 絹織物, 化学, 機械, 冶金, 建材を主体とする. 眼鏡の生産で知られる. 滬寧鉄道(シャンハイ(上海)〜ナンキン(南京))や滬蓉高速道路(上海〜チョントゥー(成都))が通る. 常州奔牛国際空港がある.

[谷　人旭・小野寺淳]

タンユワン県　湯原県　Tangyuan
中国
人口: 26 万 (2012)　面積: 3230 km²
[46°43′N　129°53′E]

中国北東部, ヘイロンチャン(黒竜江)省北東部, チャムースー(佳木斯)地級市の県. ソンホワ(松花)江の北に位置する. 地勢としては, 西のシャオシンアンリン(小興安嶺)山脈から東のサンチャン(三江)平原へと移行する地帯に位置する. 20 世紀の初めになって県が設置された. 県名は県政府所在地である湯原鎮の近くを流れるタンワン(湯旺)河に由来する. 水稲およびトウモロコシ, 大豆など穀物の生産が盛んな農業県であり, 乳牛や豚などの牧畜業も伸びている.　　[小島泰雄]

タンラ山　唐古拉山　Dangla Shan
中国
当拉山 (別表記)／タングラ山　唐古拉山 Tanggula Shan (漢語)
標高: 6621 m　長さ: 700 km　幅: 150 km
[33°13′N　91°08′E]

中国西部, チンハイ(青海)省とシーツァン(チベット, 西蔵)自治区の境界をなす山脈. 地名はチベット語で高原の上の山を意味する. 別名は当拉山であり, モンゴル語で雄々しいタカでも越えられない高山を意味する. チベット高原中央部を東西に走っており, 青海省南西部から西蔵自治区東部にかけて位置する褶曲山脈である. 山脈の平均標高は 5500〜6000 m であり, 最高峰のゲラダンドン(各拉丹東あるいは各拉丹冬)山はチベット語で非常に尖った山を意味し, 標高 6621 m

1008　タンリ　　　〈世界地名大事典：アジア・オセアニア・極Ⅰ〉

を誇る．チベットへの公道の要衝であり，タンラ峠（5220 m）の傾斜は比較的ゆるやかで，通過には大きな困難は伴わないとされる．このため，古くはチベットの人びとから「平坦な峠」と呼称されていた．なお，モンゴルのチンギス・ハンが大軍を率いて，南アジアの侵略へと赴いた際に，唐古拉山脈が立ちはだかり，その荒い気象と，寒冷な気候，酸素の薄さなどの条件から踵を返したという伝説が残っている．

　唐古拉山はアルプス・ヒマラヤ造山帯に属する．中生代のヒマラヤ造山運動によって隆起した．新期造山帯であることから現在もその高度は上昇している．現在の雪線高度は標高 5400 m であり，山岳氷河もわずかながら確認できる．とくに，ゲラダンドンにおけるジャングディル（姜古迪如）氷河は標高 6500 m に位置し，全長 10 km にわたる氷河を形成している．また，この氷河はチャン（長）江の源流であるトト（沱沱）河が流れ出る源泉でもある．なお，氷河が発見された 1970 年代後半から 2007 年までに 600 m もの距離に及ぶ氷河が溶けているとされる．ほかにも，アムールカンリ（阿木爾崗日，6128 m）などの山頂において氷河がみられる．北チベットの内陸部への水系と，太平洋やインド洋などの外部への水系の分水嶺でもある．とくに山脈東部は，太平洋へと流れる長江やヌー（怒）江，ランツァン（瀾滄）江などの中国中部域を流れる大河川の水源である．

　標高 5000 m を超えると地上に比べ空気中の酸素量も半分近くとなるが，当地ではツァン（チベット）族の人びとが牧畜業を営んでいる．彼らは牛革製のテントに住み，羊毛で編んだ蔵袍とよばれる長衣に身を包む．彼らは一般に標高 5300 m の位置にテントを張り，牛や羊の遊牧を生業としている．近年は人口と家畜の増加により，新たな牧草地を求めてより高地での放牧が行われている．また，2006 年以降はナッチュ（那曲）地区アムド（安多）県内において，チベット鉄道の通過に伴い，鉄道駅が設けられた．タンラ駅と名づけられた駅舎は標高 5069 m に位置し，世界で最高所に位置する駅となっている．

［石田　曜］

ダーンリー岬　Darnley, Cape　南極

[67°43′S　69°30′E]

　南極，東南極の岬．アメリー棚氷があるマッケンジー湾西側入口に突き出した半島先端に位置する．1929 年 12 月 26 日に，オーストラリアの探検家ダグラス・モーソンによって，ディスカバリー号のマスト上から，南西側の水平線上に浮かぶ蜃気楼として初めて視認された．モーソンは 1931 年 2 月 10 日にふたたびディスカバリー号で岬が直接視認できる場所まで接近した．岬名は，当時ロンドンにあった植民地事務所のディスカバリー号運営委員会委員長であったアーネスト・ローランド・ダーンリー（1875-1944）にちなんで命名された．

［前杢英明］

タンリン　Thanlyin　ミャンマー

シリアム　Syriam（英語・旧称）

人口：26.8 万（2014）　　　[16°45′N　96°15′E]

　ミャンマー南部，ヤンゴン地方（旧管区），ヤンゴン南部県の都市．ヤンゴン市街の南，バゴー川をはさんだ対岸に位置し，ヤンゴンとは第 1，第 2 タンリン橋で結ばれる．貿易港としての歴史が古く，16〜17 世紀にポルトガルによって町が建設された．イギリス植民地時代にはシリアムとよばれたが，1988 年に現名称に改称した．南部にはティラワ経済特区（約 24 km²）が立地し，その西にヤンゴン川に面したティラワ港がある．経済特区はミャンマーと日本が共同開発し，2015 年に第 1 期（約 19 km²）の操業を開始した．大規模な工業団地が順次建設され，日系企業も多数進出している．ティラワ港は喫水の低いヤンゴン港を補完する役割を担い，経済特区と連動している．市内ではポルトガルゆかりの建物が残る町並みやチャイッコー・パヤー（仏塔）がおもな見どころで，タンリンを経由して南隣のチャウタン Kyauktan にある水上寺院を訪れる観光客も多い．［辰己眞知子］

タンリン県　丹棱県　Danling　中国

人口：14.3 万（2015）　面積：449 km²

[30°00′N　103°30′E]

　中国中西部，スーチュワン（四川）省中部，メイシャン（眉山）地級市の県．ミン（岷）江とその支流チンイー（青衣）江の間にあり，県政府は丹棱鎮に置かれる．四川盆地西縁の低山丘陵地帯に位置し，北部から西部にかけて山地が横たわるが，県域の 6 割を丘陵が占めている．気候は四季が明瞭で，夏の酷暑や冬の厳寒がなく温和である．秦代の蜀郡南安県の地で，南朝の斉は斉楽県を置いたが後に洪雅県に改名した．隋代に丹棱県が置かれた．遂資眉高速道路が通る．おもな農産物は米，小麦，トウモロコシ，ナタネなどで，柑橘類，タバコ，茶の生産で知られ，養蚕業も盛んである．おもな工業は食品加工業である．名勝古跡に大雅堂，竹林寺，摩崖造像などがある．

［林　和生］

タンルウィン川　Thanlwin River　中国〜ミャンマー

サルウィン川　Salween River（別称）／ヌー江怒江　Nu Jiang（漢語）／ノグチュー川　Ngulchu River（チベット語）

面積：271914 km²　長さ：2816 km

[16°11′N　97°36′E]

　中国からタイ，ミャンマーにかけて流れる川．アジア有数の大河で，中国シーツァン（西蔵，チベット）自治区内，チベット高原東部のタンラ（唐古拉）山脈南西部に源を発し，南東へ流れ，ユンナン（雲南）省西部を南に流れてからミャンマー領に入り，シャン高原を北から南に縦断してモッタマ（マルタバン）湾に注ぐ．別名はサルウィン川で，チベットでノグチュー，雲南でヌー（怒）江とよばれ，漢字では薩爾温江とも表記する．流路のほとんどが山岳地帯にあって深い峡谷を刻み，最下流部を除いて平野を形成することはない．とくに中国のスーチュワン（四川）省と雲南省においては，東方を南流するメコン川，長江（揚子江）とともに世界的にもこの場所にのみみられる大峡谷をつくっている．2003 年に，この上流地域は「雲南三江併流の保護地域群」としてユネスコの世界遺産（自然遺産）に登録された．谷底から両側の分水嶺の稜線まで比高差 2000〜5000 m にもなる険しい起伏である．これらは歴史的にも，東西の交通にとって大きな障害になってきた．シャン高原に入ってから両岸から多数の支流を集めるが，急流のため船運には適さず，木材の筏流しに利用されてきた．しかし最下流約 100 km は小汽船を用いた河川船運が盛んとなる．河口には東のドーナ山脈から流れるジャイン川，アタラン川の河口とともに沖積平野を形成し，モン人の米作地帯となっている．河口には国内第 3 の貿易港モーラミャインがある．→ヌー江

［西岡尚也］

タンロン　Thang Long ☞ ハノイ Hanoi

チー川　Chi, Mae Nam　タイ

面積：49477 km²　長さ：765 km
[15°12′N　104°45′E]

　タイのコーラート高原中部を東流する河川．ラムチーとも称する．メコン川の支流ムーン川最大の支流である．水源はペッチャブーン第1山脈のカオサリアンタータート山（1242 m）で，東北部のチャイヤプーム，ナコーンラーチャシーマー，コーンケーン，マハーサーラカーム，カーラシン，ローイエット，ヤソートーン，シーサケート，ウボンラーチャターニーの各県を蛇行し，ウボンラーチャターニーの西約15 kmの地点でムーン川に合流する．おもな支流にはポーン川，ラムパーオ川が存在し，本流にはダムは存在しないが，支流にはウボンラットダム，ラムパーオダムなどが存在する．コーラート高原内ではムーン川に次ぐ規模をもつ重要な河川であるが，蛇行がはなはだしく河跡湖も多数みられる．このため，雨季には毎年のように洪水が発生し，流域の住民や水田への被害を及ぼしている．
[柿崎一郎]

チアイー市　Chiayi ☞ ジャーイー市　Jiayi

チアク山　雉岳山　Chiaksan　韓国

ちがくさん（音読み表記）
標高：1288 m　[37°23′N　128°03′E]

　韓国北東部，カンウォン（江原）道の山．ウォンジュ（原州）市，フェンソン（横城）郡，ヨンウォル（寧越）郡の境界付近に位置する．チャリョン（車嶺）山脈に属する．山貌や周辺の景観にすぐれていて，1973年，約175 km²の範囲が道立公園に指定され，88年に国立公園に指定された．主峰の飛蘆峯のほか，南台峰（標高1182 m），天地峰（1130 m）や九竜瀑布などから構成されている．山麓には上院寺，九竜寺などがある．
[山田正浩]

チアナン平原　Chianan Pingyuan ☞ ジャーナン平原　Jianan Pingyuan

チアミス　Ciamis　インドネシア

Chiamis, Tjamis（別表記）
人口：153.3万（2010）　面積：2557 km²
[7°20′S　108°21′E]

　インドネシア西部，ジャワ島，西ジャワ州東部の県および県都．州都バンドゥンの東南東121 kmに位置する．北はマジャレンカ県，西はタシックマラヤ県，南はインド洋，東は中ジャワ州チラチャップ県およびバニュマス県と接する．チアミス県の2/3は，サワル Sawal 山（標高1764 m）の高地となっている．おもな産品は，米，ココナッツ，コプラ，クローブ，ゴムであり，南部ではチークの森が存在する．
[浦野崇央]

チーアン県　吉安県　Ji'an　中国

廬陵県（古称）
人口：51.5万（2015）　面積：2117 km²
標高：190-220 m　[27°02′N　114°54′E]

　中国南東部，チャンシー（江西）省中部，チーアン（吉安）地級市の県．ガン（贛）江中流域に位置する．県政府は敦厚鎮に置かれる．吉泰盆地の中央部を占め標高は190～220 mであるが，周囲は高く南東部の大烏山の標高は1502 mである．秦代に廬陵県が置かれ九江郡に属した．漢代には豫章郡に属したが，後漢のときに石陽県を分置し，高昌県に改称した．さらに県域を分割して永新，西昌，東昌，遂興，陽城，興平などの県を置いた．三国時代の呉のときに北東の境に吉陽県を分置した．南朝の梁は石陽県に編入したが，隋は石陽県を廬陵県に改め，吉州の州治を置き，さらに吉陽，陽豊，興平3県を編入した．五代の南唐は吉水県を分置した．元代は吉安路の，明，清時代は吉安府の治所であった．
　1949年に吉安県の市街区を中心に吉安市が設けられた．贛江中流域における水上・陸上交通および物資集散の中心地である．主要作物は水稲，大豆，落花生，ゴマ，綿花，タバコなどで，南東部の山地では材木，竹材，油茶，オオアブラギリ，ショウガ，茶，キクラゲ，シイタケを産する．工業は機械，化学肥料，セメント，製陶，麻紡績，製糖，酒造，竹木加工などが発達する．付近に青原山，白鷺洲，文天祥墓と記念館，吉州窯遺跡，本覚寺塔などの名勝古跡がある．
[林 和生]

チーアン市　吉安市　Ji'an　中国

廬陵（古称）
人口：530.4万（2010）　面積：25341 km²
降水量：1400-1600 mm/年
[28°50′N　115°32′E]

　中国南東部，チャンシー（江西）省中部の地級市．ガン（贛）江中流部でその支流である禾水が合流するところに位置し，フーナン（湖南）省に隣接する．市政府はチーチョウ（吉州）区（面積425 km²，人口33.6万，2010）に置かれ，吉州，青原の2区とチンガンシャン（井岡山）市，吉安，ヨンフォン（永豊），シャチャン（峡江），アンフー（安福），ワンアン（万安），スイチュワン（遂川），ヨンシン（永新），タイホー（泰和），チーシュイ（吉水），シンガン（新干）の10県を管轄する．ルオシャオ（羅霄）山脈の中腹にあり，山地が全市の75%を占め，河川沿いには平原が開け，吉泰盆地など多くの盆地が分布する．西部にはウーゴン（武功）山，ワンヤン（万洋）山などが続き，東部にはユィーホワ（玉華）山などがそびえる．気候は温暖で，年平均降水量は1400～1600 mm前後である．
　秦代に廬陵県が置かれ，漢代には豫章郡に属し，さらに廬陵郡に属した．隋代に吉州に改められ後に廬陵郡に復したが，唐代にふたたび吉州になった．元代には吉州路，さらに吉安路の治所になり，明，清代は吉安府の治所だった．1914年に吉安県に改められ，49

1010　チアン 〈世界地名大事典：アジア・オセアニア・極Ⅰ〉

年に市街地をもとに市が置かれた.

農産物は米, ナタネ, 落花生, ゴマ, 茶, タバコ, サトウキビなどが主産物で, マツ, スギ, クスノキ, タブノキ, 孟宗竹など林産資源に恵まれている. 鉄鉱, 泥炭, 石灰石など地下資源も豊富で, 金属精錬, 化学, セメント, 薬品, 紡績などの工業が発達している. 市政府がある吉州区は贛江中流域における陸上・水上交通の要衝で, 物資集散の中心地である. 南西部の井岡山一帯は, 第2次国共内戦時に全国初の農村革命根拠地が樹立されたところで, 革命に関係した建物や記念碑が多い. 名勝古跡に浄居寺, 西陽宮, 安福孔廟, 古南塔, 本覚寺塔, 南塔, 楊万里墓, 文天祥墓などがある.　　　　　　［林　和生］

チーアン市　集安市　Ji'an　中国

人口：22万（2012）　面積：3408 km²
[41°22′N　126°07′E]

中国北東部, チーリン（吉林）省南部, トンホワ（通化）地級市の県級市. 市政府は黎明街道に置かれる. 東はヤールー（鴨緑）江をはさんで北朝鮮と接する. 1世紀から5世紀まで高句麗の都城が置かれた. 集安の市街地とその周辺には国内城, 丸都山城, 広開土王碑, 古墳群などの高句麗遺跡が分布しており, 2004年に「古代高句麗王国の首都と古墳群」としてユネスコの世界遺産（文化遺産）に登録され, 観光開発が進められている. 市域をラオリン（老嶺）山地が貫いており, その南の鴨緑江流域は比較的温暖である. 農業は米などの穀物のほか, ヤマブドウやゴミシ（五味子）などの特産品が生産されている. 中国と北朝鮮を結ぶ鉄道が通っている.　　［小島泰雄］

チアンジュール　Cianjur　インドネシア

Chianjur, Tjiandjoer, Tjiandjur（別表記）

人口：217.1万（2010）　面積：3433 km²
降水量：1000~4000 mm/年
[6°54′S　107°27′E]

インドネシア西部, ジャワ島, 西ジャワ州内陸部の県および県都. 県都の人口は15.8万. ボゴールの南東60 kmに位置する. 西はスカブミ県, 南はインド洋, 東はガルット県およびバンドゥン県, 北はボゴール県およびカラワン県, プルワカルタ県と接する. チアンジュール県は, 30の郡, 338の村を擁する. 人口の63.0%が農業に従事しており, 次いで14.6%が商業に従事する. 米どころとして, 国内全土に知れ渡り, 特産品である

チアンジュール米は香りのよい品種として有名である. 首都ジャカルタと州都バンドゥンを結ぶ国道が通っており, 交通の要衝となっている. チアンジュール県は, 周囲を標高1500~3000 m級の山々に囲まれた高地である. 年間を通じて雨が降り, 一年のうち約150日が雨天である. おもな産品は, 米以外には茶, コーヒー, バナナ, キャッサバ, サツマイモ, ジャガイモなどである. スンダ民謡チアンジューランの発祥の地でもある.　　　　　　　　　　　　　　　［浦野崇央］

チウシェン　邱県　Qiu Xian　中国

きゅうけん（音読み表記）

人口：25.1万（2013）　面積：448 km²
気温：13.1℃　降水量：547 mm/年
[36°40′N　115°10′E]

中国北部, ホーペイ（河北）省南部, ハンタン（邯鄲）地級市の県. 県政府は県南部の新馬頭鎮に置かれている. 河北平原の南部に位置し, 地勢は南東から北西に傾き, 低く平坦である. 農作物は綿花, 小麦を主として, トウモロコシ, アワ, 落花生も生産される. 全国でも有数の良質綿の主要生産地である. 工業は化学肥料, 紡績, 機械, 製薬の工場があり, 炭鉱もある. 国道106号が通る.
　　　　　　　　　　　　　　　　［柴　彦威］

チウタイ区　九台区　Jiutai　中国

人口：70万（2012）　面積：3375 km²
[44°09′N　125°49′E]

中国北東部, チーリン（吉林）省中北部, チャンチュン（長春）副省級市の区. 2014年に市から区に改編された. 区名は, 清朝が満洲族の故地防衛のために築いた土塁である柳条辺の, 9番目の拠点に形成された集落にちなむ. 区域は丘陵や台地が広がり, 米やトウモロコシの生産が盛んである. 地下資源としては石炭の採掘が行われている.　［小島泰雄］

チウチャイゴウ　九寨溝　Jiuzhaigou　中国

何薬九寨, 翠海, 羊峝（古称）/きゅうさいこう（音読み表記）

面積：651 km²　　　[33°15′N　104°14′E]

中国中西部, スーチュワン（四川）省中北部, アーバー（阿壩）自治州北部, 九寨溝県の景勝地および自然保護区. 童話世界や人間仙境ともよばれ, 独特の景観を有する. 九寨溝県を含み, 古くは羊峝や何薬九寨, 翠海とも

呼称された. 地名は周囲の荷葉, 樹正, 則査窪など, 9つの集落に由来しているとされる. 風景区は1984年に正式に開放された. 1992年にユネスコの世界遺産（自然遺産）に「九寨溝の渓谷の景観と歴史地域」として登録されており, さらに生物圏保護区にも登録されている. また, 同時期に「黄竜の景観と歴史地域」として世界遺産（文化遺産）に登録された黄竜風景区は, ここから南128 kmに位置し, 両風景区をまとめて観光する旅行者も多い. 九寨溝はとくに透明度の高い湖群や河川が有名である. 周囲の山脈では地下水が豊富な炭酸カルシウムを含んでおり, そこから流れ出た石灰質の成分が流木などに付着した状態で沈殿している. これらの物質は堤防を形成し, それが棚田状に連なることによって, 透き通った湖群が形成される. それぞれの区域では, たとえば樹正溝では犀牛海や樹正瀑布, 双竜海などが, 日則溝では剣岩泉や熊猫海, 五花海, 諾日朗瀑布などが, そして則査窪溝では長海や五彩池などが観光スポットとして多くの人をひきつけている.

チャン（長）江水系のチャリン（嘉陵）江の上流河川である白水江の水源である谷間に位置しており, 周囲は12座の山脈に囲まれている. 風景区は全長6 kmであり, 樹正溝, 日則溝, 則査窪溝とよばれる3つの河川部から構成される. これらは大小114の湖群, 17の瀑布群, 5つのカルスト地形の早瀬, 47の泉, 11カ所の急流から構成され, 上空からはY字型の流路として確認できる. 標高は2000~3000 mの間に位置し, 四季は明瞭である. そのため, 夏は緑豊かであり, 冬は雪化粧がみられる. 気温は, 夏は20℃を超え, 冬は0℃程度であり, 比較的過ごしやすい気候である.

風景区には数多くの動植物がみられ, 中にはジャイアントパンダやキンシコウ, ターキンなどの絶滅危惧種も含まれる. また, モミなどの針葉樹, シラカバやカエデなどの広葉樹など多種多様な樹木が, およそ1000種に達する植物がみられる. 近年では, 観光業が盛んとなっており, 九寨溝県においては, その規模はすでに四川大地震（2008）以前を上回る利益を得たとされる. 2012年に九寨溝風景区を訪れた人数は364万人であり, 前年より28.9%上昇するなど, 旅行客は絶えない. それに伴う環境汚染も問題になっており, 区内は電気自動車を使用するなどの対策もとられている. 2017年8月8日にM7.0の地震が発生し, 火花海が決壊するなど深刻な被害を受けた.　　　　　　　［石田　曜］

チウチャイゴウ(九寨溝,中国).カルスト地形の透明度の高い湖水地帯《世界遺産》〔Shutterstock〕

チウチャン県　九江県　Jiujiang
中国

柴桑,汝南(古称)/徳化県(旧称)

人口:34.6万(2013)　面積:911 km²

[29°37′N　115°53′E]

中国南東部,チャンシー(江西)省北部,九江地級市の県.チャン(長)江の南岸に位置し,フーペイ(湖北),アンホイ(安徽)両省に隣接する.県政府は沙河街鎮に置かれる.北は長江に面し,北部は標高15 m前後の低平な平原で,南部は低い丘陵山地である.赤湖,官湖など大小の湖沼が多い.東にルー(廬)山がそびえる.

前漢時に柴桑県が置かれ豫章郡に属した.三国時代の呉のときには武昌郡に,晋代に尋陽郡に属し,307年に九江県が増置されたが,まもなく尋陽県に編入され,尋陽県はさらに柴桑県に編入された.梁は柴桑県から汝南県を分置したが,隋は柴桑,汝南両県を廃して尋陽県を置いた.五代のときに南唐によって徳化県に改められ,宋代には瑞昌県と星子県が分置された.元代は江州路の,明・清時代には九江府の治所であった.1914年に福建省の徳化県と区別するため九江県に改称された.1949年に市街地とその近郊をもって九江市が置かれ,59年に市に編入されたが,61年に県は復活した.1983年に九江市の管轄下に入った.

農業と水産業が盛んで,主要作物に水稲,小麦,大麦,落花生,タバコなどがある.赤湖と賽城湖を中心に水産養殖業が盛んで,養殖用の稚魚の生産で有名である.機械,化学工業,レンガ,紡績,製紙,製茶,食品,羽毛製品などの工業がある.昌九城際高速鉄道と京九鉄道が東部を南北に縦貫し,武九鉄道が東西に横断する.昌九,九端の高速道路も通る.名勝古跡に獅子洞,涌泉洞,呉氏民居,陶靖節祠,曹窪溝摩崖石刻,張家河遺跡群,尋陽城遺跡などがある.　〔林　和生〕

チウチャン県　Jiujiang　☞　ウーフー県　Wuhu

チウチャン市　九江市　Jiujiang
中国

江州,柴桑,潯陽(古称)

人口:482.6万(2015)　面積:18823 km²

降水量:1400 mm/年　[29°41′N　116°03′E]

中国南東部,チャンシー(江西)省北部の地級市.チャン(長)江の南岸に位置し,フーペイ(湖北)省に隣接する.市政府は尋陽区(人口27.8万,面積26 km²,2015)に置かれ,尋陽区,ルーシャン(廬山)区の2区と,ルイチャン(瑞昌)市,共青城市,廬山市の3市,九江,フーコウ(湖口),トゥーチャン(都昌),ウーニン(武寧),シウシュイ(修水),ヨンシウ(永修),ポンツォ(彭沢),ドゥアン(徳安)の8県を管轄する.地勢は西部と南部が高く,中部が低く,北に向かって傾斜している.市域の多くは丘陵,山地で構成され,ムーフー(幕阜)山脈が北西に,またチウリン(九嶺)山脈が南西に延び,ポーヤン(鄱陽)湖の北西に世界自然遺産のルー(廬)山がそびえる.シウ(修)水が市の中部を貫流し,その下流とポーヤン(鄱陽)湖に注ぐあたりに肥沃な平野が広がる.修河,博陽河など主要河川は西に流れる.鄱陽湖,賽城湖,赤湖,新妙湖,太泊湖など大小の湖沼が分布する.気候はおだやかで四季の区別が明瞭であるが,夏がやや長い.年平均降水量は1300～1600 mm前後.1998年には長江の洪水により大水害に見舞われた.

市名は『書経』禹貢に「九江孔殷」とあることに由来し,長江がこの付近で諸川を集め水勢を強めることをいう.湖北,アンホイ(安徽),江西3省の境界が交わり,兵家必争の地でもあった.春秋時代は呉楚の地であり,戦国時代には楚国に属した.秦代に九江郡が設置され,前漢初めには一時,淮南国が置かれたが,間もなく九江郡に復し,さらに豫章郡に改称され柴桑,彭澤などが置かれた.三国時代の呉のときには武昌郡に属し,晋代には尋陽郡が置かれ,隋代には郡が廃され江州が置かれたが,九江郡に改められた.唐代には江州に復したが,尋陽郡に改められ,さらに江州に戻った.五代十国時代には徳化に改められたが,宋代に江州に復した.元代は江州路と南康路に属し,明清代には九江府と南康府に属した.

清末の1858年の天津条約で長江沿岸の対外通商港(条約港)に指定され,61年にはイギリス租界も形成されたが,1927年に返還された.1912年に尋陽道が置かれ,17年に九江市が成立したが,36年に九江県に戻された.1949年に九江専区となり,同時に九江県の市街区と近郊をもとに,改めて九江市が置かれた.1970年に九江地区に改称されたが,83年に廃され,九江市の管轄となった.

古くから贛北(江西省北部)における物資集散と水路,陸路の交通の中心地であった.また長江中流における重要な港湾の1つであり,近代以前は商業が主であったが,中華人民共和国建国後に工業が急速に発達した.主要農産物に米,小麦,サツマイモ,落花生,ゴマなどがあり,綿花,ナタネ,養蚕,茶葉,ラミーの重点生産地区である.綿花の生産量は全省の70%を占める.水産業では銀魚,糠魚,カニが特産で,養殖業では稚魚の生産が有名で各地に出荷される.主要な工業は造船,石油化学,機械,化学,電子機器,紡績などである.市内を昌九城際高速鉄道のほか,京九,武九,合九,銅九,九景衢の5本の鉄道が通り,高速道路も縦横に走る.名勝古跡に石鐘山,竜宮洞,秀峰,観音橋,南湖,白鹿洞書院,東林寺,真如寺,陶淵明

墓, 周敦頤墓, 黄庭堅墓などがある.

[林 和生]

チウチュワン市　酒泉市　Jiuquan

中国

粛州 (古称) ／しゅせんし (音読み表記)

人口：96.2万 (2002)　面積：148000 km²
[39°45′N　98°31′E]

　中国北西部, ガンスー (甘粛) 省北西部の地
級市. ホーシー (河西) 回廊の西部にあり, 北
はモンゴルと内モンゴル自治区, 西はシンチ
ャン (新疆) ウイグル (維吾爾) 自治区, 南はチ
ンハイ (青海) 省に接する. 紀元前121年,
漢の武帝が河西 (ホワン (黄) 河の西) から匈奴
を駆逐し, この地を占領し, 河西4郡の1つ
として酒泉郡を設けた. 8世紀の安史の乱以
降はチベット (吐蕃) に属していた. 9〜11世
紀はカンチョウウイグル (甘州回鶻) 王国の地
であった. 清代に粛州とよばれ, 1949年に
酒泉専区が置かれたが, 70年に酒泉地区と
改称された. 2002年に酒泉地区が廃止され,
酒泉市となり, 旧地区公署の所在地であった
酒泉市はスーチョウ (粛州) 区と改称された.
粛州区とュィーメン (玉門), トゥンホワン
(敦煌) の2市およびチンター (金塔), グワチ
ョウ (瓜州) の2県, スーペイ (粛北), アクサ
イ (阿克塞) の2自治県を管轄する. 市政府所
在地は粛州区である.

　オアシス灌漑農業が発達しており, 小麦,
トウモロコシ, 綿花などを産する. 白蘭瓜の
産地として有名である. 石炭, 電力などのエ
ネルギー産業のほか, 石油精製, 石油化学,
機械などの工業が発展している. 市の北東に
ある砂漠の中に酒泉衛星発射センターがあ
る. 古代シルクロード交通の要衝であり, 新
疆ウイグル自治区の首府ウルムチ (烏魯木斉)
とランチョウ (蘭州) を結ぶ蘭新鉄道および国
道215, 312, 313号が市内を通る. 史跡に
は敦煌莫高窟, 瓜州楡林窟, 陽関遺跡などが
ある.　　　　　　[ニザム・ビラルディン]

チウペイ県　丘北県　Qiubei

中国

人口：45.9万 (2007)　面積：4997 km²
[24°01′N　104°10′E]

　中国南西部, ユンナン (雲南) 省南東部, ウ
ェンシャン (文山) 自治州の県. 県政府は錦屏
鎮に置かれている. コワンシー (広西) チワン
(壮) 族自治区に隣接する. 少数民族人口は6
割を超えるが, チワン族が3割弱, イ (彝) 族
とミャオ (苗) 族がともに2割弱を占め, 民族
構成が複雑である. カルスト地形が発達した

普者黒湖周辺は景色がよい. 特産品は丘北ト
ウガラシと漢方生薬のサンシチ (三七) で, コ
イやソウギョの養殖も盛んである.

[松村嘉久]

チウホワ山　九華山　Jiuhua Shan

中国

九子山, 陵陽山 (古称)

標高：1342 m　　　[30°25′N　117°50′E]

　中国東部, アンホイ (安徽) 省南部, チーチ
ョウ (池州) 地級市チンヤン (青陽) 県の南西に
位置する山. 多くの峰, 渓流, 瀑布, 奇木,
奇石からなる景勝地として古くより有名であ
る. ユネスコの世界遺産に登録されたホワン
(黄) 山にも近接している. 中国仏教の聖地
で, シャンシー (山西) 省のウータイ (五台)
山, チョーチャン (浙江) 省のプートゥオ (普
陀) 山, スーチョワン (四川) 省のオーメイ (峨
眉) 山と並ぶ中国四大仏教名山の1つである.
地蔵菩薩の霊場とされる. 山は北東から南西
方向に延び, 南部が険しく北部はおだやかで
ある. 標高1000 mを超える峰が20あまり
あり, 主峰の十王峰は標高1342 mである.
漢代には陵陽山とよばれ, 南北朝時代の南朝
梁と陳の時代には九子山とよばれた. 唐代の
詩人李白は「望九華贈青陽韋仲堪」の詩で
「昔在九江上, 遥望九華峰. 天河挂緑水, 綉
出九芙蓉 (私はかつて長江の船上から, はる
かに九華山の峰を望んだ. 瀑布は天上の水を
傾けたように豪快で, 山峰は芙蓉 (蓮の花) の
ように美しく秀でている.)」と詠ったことか
ら九華山に改称されたという.

　この地で99歳で入滅したとされる新羅の
僧金喬覚 (僧名は地蔵) と地蔵菩薩を同一視す
る信仰が生まれ, 地蔵王菩薩の聖地になっ
た. 明, 清時代には繁栄し300以上の寺院
に数千人の僧侶がいたとされる. 多くの参拝
客が訪れるが, 九華街とよばれる中腹の盆地
部分に唐代に建立された化城寺や, 肉身宝
殿, 祇園寺, 梅檀林, 太白書堂, 通慧庵, 明
浄寺などがあって参拝の中心である. 頂上に
は天台峰, 十王峰などがあり, 天台峰に天台
寺がある. 山頂にいたるまでの地にも百歳宮
や東崖禅寺など多くの寺院が立地している.
2006年, 初の国指定の風景名勝区となった.

[林 和生]

チウリエン山　九連山　Jiulian Shan

中国

チウロン山　九竜山　Jiulong Shan (別称)

標高：1430 m　　　[24°30′N　114°27′E]

　中国南部の山脈. コワントン (広東) 省とチ
ャンシー (江西) 省をまたがるナン (南) 嶺山脈
の東端中心部に位置し, 北東〜南西方向に延
び, 広東省内ではペイ (北) 江流域のチンユワ
ン (清遠) フェイライ (飛来) 峡まで続く. 花崗
岩が砂質岩に入り込むかたちでできた山脈で
ある. 標高280 mの丘陵地から最高峰の黄
牛石 (1430 m) までの植生垂直帯分布は著し
く多様で, 生物資源の宝庫といわれる. 地形
も峡谷が多くみられ, 比較的複雑である. 第
四氷河期の影響がなく全般的に亜熱帯森林気
候に属する. 高等植物2500種, 鳥類150
種, 昆虫800種, コケ類250種, 脊椎動物
380種が発見されている. かつて華南虎の生
息地であったが, すでに絶滅した. 江西省最
大のガン (贛) 江の水源地でもある.

[許 衛東]

チウリン山　九嶺山　Jiuling Shan

中国

標高：1794 m　長さ：250 km
[28°56′N　114°58′E]

　中国南東部の山地. チャンシー (江西) 省北
西部からフーナン (湖南) 省北東部辺境にまた
がる. 修水とチン (錦) 江の間に延び, 北東か
ら南西方向に走る. ルオシャオ (羅霄) 山脈に
属する褶曲断層山脈で, 北はムーフー (幕阜)
山に連なり, 南はウーゴン (武功) 山に接して
いる. 長さは約250 kmで, 主として花崗岩
と変成岩から構成される. 平均の標高は
800〜1000 m, 主峰は標高1794 mの九嶺尖
である. また五梅山 (標高1517 m) はフォン
シン (奉新), シウシュイ (修水) 両県の境界に
位置する分水嶺になっている. 江西省のウー
ニン (武寧) 県には九嶺山森林公園が1993年
に設けられ, 珍しい野生の動植物の宝庫であ
る.　　　　　　　　　　　　　[林 和生]

チウロン県　九竜県　Jiulong

中国

人口：6.6万 (2015)　面積：6766 km²
[29°00′N　101°30′E]

　中国中西部, スーチョワン (四川) 省北西
部, ガルツェ (甘孜) 自治州南東部の県. 県の
北部はダーシュエ (大雪) 山脈など, 標高
4000〜5000 m級の山脈が連なる. ツァン
(チベット) 族, 漢族, イ (彝) 族が多く居住し

ている．民国 15 年(1926)に九竜県が置かれ，西康政務委員会に属した．第 2 次世界大戦後，1955 年から四川省に属している．銅や鉛などの天然資源が採掘される．また，特産品として九竜ヤクが有名である．地名は，清代の九竜設治局が設置された際，麦地竜村など竜の字を村名に含む 9 つの村が合併したことに由来する．　　　　　　　　［石田　曜］

チウロン江　九竜江　Jiulong Jiang
中国

柳営江 (別称)

面積：14741 km²　長さ：258 km

[24°25′N　117°53′E]

中国南東部，フーチェン(福建)省の川．ミン(閩)江に次ぐ省内第 2 位の大河川で，南部では最大である．別称は柳営江．ナンアン(南安)市の玳瑁(たいまい)山，ロンイエン(竜岩)市の適方山，ピンホー(平和)県の太極峰をそれぞれ発祥地とする北渓，西渓，南渓などの支流からなり，チャンチョウ(漳州)を経てアモイ(廈門)港，チンメン(金門)一帯からタイワン(台湾)海峡に注ぐ．平均流量は毎秒 446 m³．下流の漳州平野は省内の四大平野の 1 つで，伝統的な穀倉地帯として知られる．近年，中上流域の民営炭鉱の過度な開発により，毎年約 24 万 t にのぼる表土が流出している．水質汚染も酷く，そのため河川機能が低下した．現在，上流に梅花山国立自然保護区，入江に九竜江口マングローブ保護区がそれぞれ設置されている．　［許　衛東］

チウロンポー区　九竜坡区　Jiulongpo
中国

人口：90.0 万 (2015)　面積：432 km²

[29°30′N　106°30′E]

中国中部，チョンチン(重慶)市中西部の区．スーチュワン(四川)盆地南東部に位置し，区西部に縉雲山脈，中央に中梁山脈が南北方向に連なる．南部と東部をチャン(長)江が流れ，水運が盛んである．大規模な貨物列車の操車場を備える重慶西駅があり，高速道路も整備されていることから，物資の集散地になっている．国家レベルの高新技術(ハイテク)産業開発区があり，コンピューターや製薬，アルミニウム加工などの工業が集積する．都市近郊農業も盛んで，ブドウやミカン，イチゴなどの果物，葉もの野菜，花卉などが栽培される．しかし，市街地の拡大に伴い，旧来の農業・工業用地から商業用地や住宅地への転換もみられる．　［高橋健太郎］

チェヴィオット　Cheviot
ニュージーランド

タカハカ　Takahaka (マオリ語)

人口：372 (2013)　　　　[42°49′S　173°16′E]

ニュージーランド南島東岸，カンタベリー地方の町．フルヌイ地区にあり，ワイアウ川とフルヌイ川との間のゆるやかな丘陵地にある．クライストチャーチの北東 115 km，カイコウラの南南西 70 km に位置する．郵便局，高等学校，警察署，さまざまな宿泊施設がある．おもな産業は，農業，石灰の加工である．ゴルフ場，テニスコートなど，さまざまなレクリエーション施設もある．河川でのマス・サケ釣りや，東 8 km の海岸では海水浴が楽しめる．付近には古いロビンソン Robinson 港があり，また古い墓地も残っている．この地域は 1900 年代初期および 51 年に大きな地震に見舞われた．地名は，付近の丘陵の名にもとづく．マオリ語ではタカハカとよばれる．　　　　［太田陽子］

チェグミ Chengmi ☞ カグラチャリ Khagrachhari

チエシー県　掲西県　Jiexi
中国

人口：83.6 万 (2012)　面積：1352 km²

気温：21.5℃　降水量：2097 mm/年

[23°26′N　115°51′E]

中国南部，コワントン(広東)省南東部チエヤン(掲陽)地級市の県．リエンホワ(蓮花)山の南麓，ロン(榕)江上流域の潮汕平野の東端に位置する．1965 年にルーフォン(陸豊)県の一部とチエヤン(掲陽)県(現在は市)の一部を併合して，掲西県として新設された．県政府所在地は河婆街道．山地が全域の 84.9%．漢族が全体の 9 割を占め，客家(ハッカ)語と潮汕語を使用する．海外に 61 万人の掲西出身の華僑がいる．野菜，オリーブ，ウメの主産地として発展し，小麦主産地としては省内では唯一である．1997 年に国指定の食糧生産基地となる．金属加工や電子部品を中心に郷鎮企業も発展し，また，委託加工型のホンコン(香港)系や外資系企業も 240 社ほど進出している．　　　　　　　［許　衛東］

チエシー山　碣石山　Jieshi Shan
中国

けっせきざん (音読み表記)

標高：695 m　長さ：24 km　幅：20 km

[39°45′N　119°09′E]

中国北部，ホーペイ(河北)省北東部，イエン(燕)山山脈の山．チャンリー(昌黎)，ルーロン(盧竜)，フーニン(撫寧)の 3 県にまたがる．2 つの主峰は並立しており，柱のような山の形で碣石山と名づけられた．主峰の仙台頂は昌黎にあり，ポーハイ(渤海)湾沿岸の最高峰である．植物に覆われて，マツやアカシアなどの木がある．斜面にはリンゴ，ブドウ，ナシ，クリなどの果樹園がある．名勝が多く，とくに碣石観海などの景色は有名である．韓文公祠には李大釗の彫刻像がある．　　　　　　　　　　　　［柴　彦威］

チエシウ市　介休市　Jiexiu
中国

人口：41.3 万 (2013)　面積：746 km²

降水量：550 mm/年　　[37°01′N　111°54′E]

中国中北部，シャンシー(山西)省中東部，チンチョン(晋中)地級市の県級市．晋中盆地南西部に位置する．地名は，晋国の介子推が市南部の綿山(標高 2487 m)に隠居したことに由来する．1992 年に県から市となった．南部は山地，中部は丘陵，北部は平原で，おもな農業地域である．無霜期間は 176 日．石炭，鉄鉱石などが豊富で，冶金，電力などの産業が発達している．トンプー(同蒲)鉄道が市域を通っている．　　　　［張　貴民］

チェジュ　済州　Jeju
韓国

人口：45.2 万 (2015)　面積：978 km²

[33°29′N　126°30′E]

韓国南西端，済州特別自治道の道庁所在の都市．済州島の北海岸に位置する．済州島の中心地であり，韓国本土とは済州海峡を隔てて対している．本土との距離は，ワンド(莞島)と約 80 km，モッポ(木浦)と約 150 km，プサン(釜山)と約 300 km である．済州港は済州島最大の港であり，済州空港は済州島唯一の空港である．島内の道路は，済州市街地を起点に楕円状，または放射状に走っている．1955 年に市制施行．2006 年，北済州郡を合わせて，市域は済州島の北半分を占めるようになった．市域拡大前の範囲で人口を比べてみる．2005 年の人口は 31.1 万であった．これに対して 1975 年の人口は約 14 万，95 年は約 26 万であった．これらを比べる

1014　チエシ

〈世界地名大事典：アジア・オセアニア・極Ⅰ〉

と，2005年の人口は，75年の約2倍に，95年からは約20％増加させていることがわかる．観光客にとって島内観光の基点も済州市である．中心市街地に観光客のためのホテルが並んでいる．市内に限っても，三姓穴，民俗自然史博物館，紗羅峰，済州牧官衙，いくつかの市場など，観光スポットに事欠かない．市域の南端は2007年「済州火山島と溶岩洞窟群」として，ユネスコの世界遺産（自然遺産）に登録された．　　　　　［山田正浩］

チェジュ特別自治道　済州特別自治道　Jeju-teukbeoljachido
韓国

人口：60.6万（2015）　面積：1848 km²
[33°29′N　126°30′E]

韓国南西端の道．道庁所在地は済州市．済州島と付属島嶼から構成される．済州海峡を挟んで本土に対している．面積は1848.4 km²，人口は53.2万（2010）である．1975年の人口は41.2万であったので，この間に約3割増加した．朝鮮時代から植民地時代までチョルラ（全羅）道，チョルラナム（全羅南）道に属し，1915年以降はウルルン（鬱陵）島とともに島制が施行されていた．1946年，道として独立した．また2006年，法改正によって特別自治道と改称した．特別自治道制施行に合わせて北済州郡は済州市に，南済州郡はソギポ（西帰浦）市に編入されたので，行政上は済州，西帰浦2市のみで構成されている．特別自治道制は一般の道よりいくつかの行政分野，たとえば学校制度，観光産業を含む経済活動や医療制度などの分野での自治権が認められている．外国の制度，資本の導入，観光開発による観光客の誘致などよってこの地域の経済活性化を促進する目的からである．

済州島は第三紀末から第四紀にかけて5回の火山活動によって形成された島である．主峰のハルラ（漢拏）山（標高1950 m）を中心にして400あまりの多くの寄生火山が分布している．海抜500 mまでは傾斜が比較的小さい盾状火山を，それ以上の高地は傾斜が急な円錐火山の形状をなしている．その特徴ある火山地形のため2007年，「済州火山島と溶岩洞窟群」としてユネスコの世界遺産（自然遺産）に登録された．自然遺産としては韓国唯一のものである．山頂周辺部は国立公園，天然保護区域に指定されている．

島内の集落の大部分は海抜200 m以下の低地に分布する．海岸線に沿って，済州，西帰浦の中心都市のほか，涯月，翰林，テジョン（大静），ナモン（南元），ピョソン（表善），ソンサン（城山）などの小中心地が分布している．火山灰が堆積した土壌は保水力が弱いため水田耕作には適さず，農業は古くから畑作，家畜飼育を中心に行われてきた．現在でも水田面積の比率はきわめて低い．1960年代から温暖，多雨という気候の特徴を利用して柑橘類の生産が急激に増加した．この地域が韓国における柑橘生産をほぼ独占し，道の農業生産の中で圧倒的な比重を占めている．

温和な気候やハルラ（漢拏）山とその寄生火山など以外に，火山活動が生み出した大規模な溶岩洞窟や瀑布など，さらに済州島で古くから形成されてきた特徴ある伝統文化などが組み合わさって大きな観光資源となっている．これを活用した観光産業が道の重要な産業の1つであり，国内に留まらず外国からも多くの観光客が訪れている．済州市が済州島観光の拠点であるが，もともとの済州市街地の西約4 kmに位置する新済州は観光客受け入れのために新しく開発されたホテル街である．旧済州には民俗自然博物館，済州牧官衙，東門市場，三姓穴などの観光スポットが整備されている．南海岸の西帰浦の西約12 km，中文川右岸に中文観光団地が開発されている．また東約25 kmの表善には済州民俗村がある．

空の玄関口である済州国際空港は1958年，政府の認可を受けた空港となり，68年大阪便が就航して国際空港となった．敷地，ターミナルの拡張，整備を続け，2010年現在，国内線の利用者数で韓国第1位である．済州港も1970年代から施設の拡大が実施され，海の玄関口である．インチョン（仁川），プサン（釜山），モッポ（木浦），ワンド（莞島）など本土の主要港との間の航路がある．
　　　　　［山田正浩］

チェジュ海峡　済州海峡　Jejuhaehyeop
韓国

幅：90 km　深さ：100-144 m
[33°52′N　126°34′E]

韓国南西部，チョルラナム（全羅南）道と済州島との間の海峡．全羅南道の南海岸，タドヘ（多島海）の多くの島々からやや離れてチュジャ（楸子）群島とコムン（巨文）島が位置する．行政上，楸子群島は済州市に，巨文島はヨス（麗水）市に属する．楸子群島と済州島，約50 kmの間に島は分布しない．対馬海流から分岐した暖流が流れ，温暖である．暖流系の魚種に恵まれて，よい漁場となっている．　　　　　［山田正浩］

チェジュ港　済州港　Jejuhang
韓国

[33°31′N　126°32′E]

韓国南西端，済州特別自治道の港．済州の北海岸，済州市に位置する．済州観光総合開発計画によって国際観光港とする開発が進み，1974年に近代的旅客ターミナルが完成した．これによって，快速大型カーフェリーや各種貨客船，漁船の寄港地として成長した．接岸施設としての岸壁は827 m，荷上げ用地が479 mである．ほかに，1445 mの防波堤と，190 mの波除堤を備えている．プサン（釜山），モッポ（木浦），ヨス（麗水），マサン（馬山）との間に定期旅客船が就航している．　　　　　［山田正浩］

チェジュ島　済州島　Jejudo
韓国

人口：53.2万（2010）　面積：1849 km²
[33°29′N　126°30′E]

韓国本土の南部，海南半島の南端から南約90 kmに位置する島．島全体が約200万年前の火山活動によって形成された陸地である．約53万人が生活し，さらに多くの観光客が訪れる．済州島を形成した火山活動は，基盤の形成，溶岩台地の形成，楯状火山の形成，寄生火山の形成，隆起と2次地形の形成の順で説明されている．中央のハルラ（漢拏）山は標高1950 mで，軍事境界線以南では最高峰である．その山麓には数多くの寄生火山が分布している．島の東端にあるソンサン（城山）日出峰は，そのような噴火口の跡である．玄武岩，安山岩，粗面岩が広く分布している．さらに多くの溶岩洞窟があり，これも観光資源となっている．

耕地の多くは海岸に近い低地部に分布する．一般的な穀作以外に，気候，土壌との関係で，サツマイモ，菜種，柑橘類などの生産に特徴がある．とくに柑橘類は，温暖な島の南部で集中的に栽培されている．標高200～600 mの地帯には古くから牧場がつくられ，馬の飼育が盛んであった．これが肉牛，乳牛，豚，鶏などの飼育，生産に引き継がれている．漁業は，沿岸の恵まれた漁場で行われ，海女のような特殊な漁撈形式も残っている．2007年，「済州火山島と溶岩洞窟群」としてユネスコの世界遺産（自然遺産）に登録された．なお，在日韓国人・朝鮮人には済州島出身者が多い．また，1948年に民衆蜂起が弾圧された済州島四・三事件では多くの島民が犠牲になった．　　　　　［山田正浩］

楼などがある． ［林 和生］

チェジュ(済州)島

チェジュ(済州)島(韓国)．海底火山の噴火によって形成されたソンサンイルチュルボン(城山日出峰)《世界遺産》[Em7/Shutterstock.com]

チェスターフィールド諸島 Chesterfield, Îles
フランス

人口：0（推） 面積：10 km²

[19°21′S 158°40′E]

南太平洋西部，メラネシア，フランス領ニューカレドニアの諸島．グランドテール島の西北西 500～600 km に分布する 11 の島々からなる．いずれもサンゴ礁の無人島で，森に覆われている．全島を合わせても，面積は約 10 km² にすぎない．フランス領ニューカレドニアの一部として，とくに排他的経済水域の拡大に貢献している． ［手塚 章］

チェチョン 堤川 Jecheon
韓国

人口：13.6万（2015） 面積：883 km²

[37°08′N 128°11′E]

韓国中部，チュンチョンブク(忠清北)道東部の都市．1980 年に市制施行．2010 年の人口は 13.5 万である．市域を拡大した 1995 年の人口は約 15 万であったので，この間に人口はやや減少傾向をみせている．この地域の商業中心として発展してきたが，現在も第 2 次産業の基盤は強くない．市域内の産業団地を，道の方針でもあるバイオ産業に特化させようとしたが，十分な成果を上げていない．農業面では，気候の特性に合う，リンゴの栽培農家が増加している．ほかに，モモ，薬用ニンジンの栽培もみられる．チュガン(中央)線，テベク(太白)線，忠北線がクロスする鉄道の町である．現在は中央高速道路も通過している． ［山田正浩］

チェトウォード諸島 Chetwode Islands
ニュージーランド

[40°54′S 174°05′E]

ニュージーランド南島，マールバラ地方の諸島．クック海峡のペロルス Pelorus 湾入口にある小さな島々で，古生代の岩石からなる．最高標高は 241 m．地名は，1838 年にこの海峡の調査をしたハーディング船長が病気になり，その代行をしたリューテナント・P・チェトウォードに由来する．おもな島は 2 つあり，大きいほうはヌクワイタで南島のポートライガー半島の北東沖合 2.5 km，小さいほうはテカカホで，さらにその東約 500 m に位置する．これらの島は野生動物の保護区になっており，上陸は特別の許可がない

チエショウ市 界首市 Jieshou
中国

人口：80.2万（2015） 面積：667 km²

[33°16′N 115°22′E]

中国東部，アンホイ(安徽)省北西部，フーヤン(阜陽)地級市の県級市．ホーナン(河南)省に隣接する．市政府はトンチョン(東城)街道に置かれる．ホワペイ(華北)平原に位置し，地勢は平坦で，標高 35 m 前後である．イン(穎)河が縦貫している．この地に穎州と陳州の境となる溝が走っていたことから，宋代に界溝鎮が置かれ，元代に界溝站に，明代

に界溝関に改称され，明代末に小集落の界首集が置かれた．1948 年に界首，劉興，皂廟の 3 鎮が合併して界首市が設置されたが，53 年に廃止され，タイホー(太和)，リンチュワン(臨泉)両県の一部と合併してショウタイ(首太)県が設けられた．1989 年に県が廃され，界首市が設置された．漯阜鉄道と寧洛高速道路が東西に通る．経済は農業が主で小麦，綿花，ジャガイモ，大豆などが主作物である．皮の黄色いジャガイモが有名である．酒造，食品，製紙，皮革，製靴，医薬，機械などの工業もある．名勝古跡に楚の巨陽古城跡，陳留古城跡，万寿山，大黄廟，油坊街古

限り禁止されている. [太田陽子]

チェドゥバ島　Cheduba Island

ミャンマー

マヌング　Munaung Island（正称）/マンアウン
Manaung Island（ビルマ語）

面積：570 km²　　　　　　[18°48′N　93°38′E]

　ミャンマー中西部，ラカイン州チャウピュ
ー県の島．ベンガル湾，ラカイン海岸の沖合
にあり，首都ネーピードーの西南西約275
kmに位置する．ミャンマー語ではマンアウ
ン島とよび，漢字では切杜巴島あるいは曼昂
島とも表記する．チェドゥバ海峡を隔てて北
のラムリー島に対する．北西から南東へ約
30 km，最大幅20 kmあり，面積でラムリ
ー島に次ぐ国内第2位である．海岸ではウシ
が飼育される．島の内陸部には原油を埋蔵
し，泥火山がみられる．島の北東隅に空港と
港町チェドゥバがある．ここから近隣の島々
へのフェリーの定期便が発着する.

[西岡尚也]

チェトラト島　Chetlat Island

インド

人口：0.2万（2011）　面積：1.2 km²
　　　　　　　　　　　　[11°46′N　72°50′E]

　インドの南西，ラクシャドウィープ連邦直
轄地の島．ラクシャドウィープ諸島の3つの
群島の1つであるアミンディヴィー諸島の最
も北にあり，サンゴで構成されている．島の
西部にはラグーンが形成されている.

[南埜　猛]

チエトン区　掲東区　Jiedong

中国

人口：58.4万（2014）　面積：684 km²
気温：21.5℃　降水量：1723 mm/年
　　　　　　　　　　　　[23°34′N　116°24′E]

　中国南部，コワントン（広東）省南東部，チ
エヤン（掲陽）地級市の区．リエンホワ（蓮花）
山の南麓，ロン（榕）江中流域の潮汕平野の中
部に位置する．1991年12月，掲陽県が地級
市になった際，その一部を分離させ，掲東県
として設置された．2012年12月に掲陽地級
市の区となり，区政府所在地は曲渓街道に置
かれる．亜熱帯モンスーン気候に属する．省
内有数の穀倉地帯である．ステンレス製品加
工の地場産業も全国的に有名．フーチェン
（福建）省からの入植者（鶴佬）が主体となって
おり，チャオチョウ（潮州）語と客家（ハッカ）
語を使用する．海外に約30万人の掲東区出

身の華僑がいる. [許　衛東]

チェナブ川　Chenab River

インド/パキスタン

アケシネス川　Acesines（ギリシャ語・古称）/アシ
ュキニ川　Ashkini（古称）/イシュクマティ川
Iskmati（古称）/チャンドラバーガ川
Chandrabhaga（別称）

面積：66650 km²　長さ：1086 km
　　　　　　　　　　　　[29°24′N　71°06′E]

　インド北西部のカシミールからパキスタン
を南流する川．インダス川5大支流の1つで
ある．インドのパンジャブヒマラヤ山脈のう
ちのザンスカール山脈中のバララッチャ峠付
近に源を発し，ヒマーチャルプラデシュ州の
ラハウル・アンド・スピティ県のタンディ
Tandiで，チャンドラ川とバーガ川が合流
してチャンドラバーガ川となり，チェナブ川
とも称される．ヒマーチャルプラデシュ州北
部を深い峡谷を刻んで北西流し，キシュトワ
ール Kishtwar付近から南に流路を変え，ピ
ールパンジャル山脈を壮大な峡谷を穿ちなが
ら横断し，ジャンム北西のアクヌール
Akhnoorからパンジャブ平原へ出て，パキ
スタンを南西に約300 km流れ，アターラハ
ザリ Athara Hazariの東でジェルム川と合
流し，さらに70 kmほどでラーヴィ川をあ
わせた後，約150 km流下しサトレジ川に合
流しパンジナッド川となる．Chenは月，ab
は水で川を意味するので，月の川とでもよべ
る.

　この川はヴェーダ時代のインドの人びとに
はアシュキニまたはイシュクマティとして，
また古代ギリシャ人にはアケシネスとして知
られていた．アレクサンドロス大王は東方遠
征の際，紀元前325年にインダス川とパン
ジナッド川が合流したインダス川のほとりに
アレクサンドリアの町を築いたという．現在
のウッチ Uch（ウッチシャリフ Uch Sharif）
またはミタンコット Mithankot，あるいは
チャチャラン Chacharanのいずれかの町で
あろうといわれる．1960年にインドとパキ
スタンの間で結ばれたインダス水利協定によ
り，チェナブ川の水はパキスタンに割り当て
られた．チェナブ川の年間流量は約300億t
前後に達し，5大支流では最大であり，イン
ダス川水系の流水量のうちパキスタンが利用
できる3河川（インダス川，ジェルム川，チ
ェナブ川）の総流量約1750億tのうち約
18%を占め，パンジャブ平原の灌漑に大き
な役割を果たしている．チェナブ川がパンジ
ャブの平原に出てきた位置にあるマラーラ

Marala の頭首工からはアッパーチェナブ用
水路が，約55 km下流のハーンキ Khanki
からはロワーチェナブ用水路が，さらに下流
のトゥリーム Trimmuからはトゥリームシ
ドナーイ連結用水路が派出するなど灌漑水路
が整備されている.

　河水の流量は融雪水の流入が増える5月後
半から増大し始めて，モンスーンによる降水
が加わり6月下旬には毎秒4000 m³を超え
るようになり，流量は7，8月にピークに達
する．しかし，その後はモンスーンによる降
水の減少とともに急速に水量が減少する．年
間流量の約6割が雨季の3カ月間に集中す
る．そのためラーヴィ期（10～3月）の作付け
とカリーフ期（4～9月）の作付けの時期は低
水位期にあたり，水の有効利用のためには十
分な貯水機能を確保することが必要となる．
マラーラ堰堤はチェナブ川の水量観測所であ
り，ハーンキの頭首工は1892年に建設され
たチェナブ川で最も古い堰堤で，両者は流水
量を管理するのに重要な役割を果たしてい
る.

　灌漑水路の建設が進展したことにより流域
における通年灌漑の農地は増大したが，一方
では灌漑農地の塩害の問題が顕在化し，工業
化や都市化の影響もあって一部に農地面積の
減少がみられる．そのため，早くも1959年
にチェナブ川とラーヴィ川の間のレチナード
アーブ（河間地）で土地改良計画である
SCARP（塩分化防止・土地改良事業）Iが着
工され，続いて1962年にはチャージドアー
ブ（チェナブ川とジェルム川の河間地）で
SCARP IIが着工されるなど，管井戸の掘削
と地表排水路の設置などによる土地改良事業
が進められた.

　またチェナブ川に沿った氾濫原は，活発な
モンスーンによってもたらされる上流域の豪
雨のために，独立後もたびたび洪水に見舞わ
れ，多くの人命や財産が失われ，主要な交通
通信手段にも大きな被害が出た．そのため連
邦洪水対策委員会（FFC）が1977年1月に設
立され，78年に連邦洪水防止計画が策定さ
れた．その主要な内容は，①洪水による損失
の低減，②経済的リスクが最大になる地域を
優先して洪水防止措置を講じる．③氾濫原の
外側の地域，すなわち都市や重要なインフラ
に保護策を講じる．④現存する洪水防止策，
洪水抑制設備の改善などであった．さらに，
シアールコート県とグジュラート県では独自
の洪水対策をたて，洪水防止用の堤防，洪水
流を制御する堤防，洪水流を転換させるバイ
パス導水路の建設を行った. [出田和久]

チェプ　Cepu
インドネシア

Tjepu（別表記）

人口：7.2万（2010）　面積：52 km²　標高：31 m
[7°09′S　111°35′E]

インドネシア西部，ジャワ島，中ジャワ州ブロラ県の町．東ジャワ州との境界にある．油田の町として知られ，製油所がある．中ジャワ州内に2カ所，東ジャワ州内に4カ所の油田がある．可採埋蔵量は，5億バレルと見込まれている．また，汽車の工場や飛行場がある．人口密度は1492人/km²で，県内において最も高い．　　　　　　　　［浦野崇央］

チエムホア　Chiem Hoa
ベトナム

カインティエン州　Khanh Thien（旧称）

人口：13.6万（2009）　面積：1456 km²
[22°08′N　105°16′E]

ベトナム東北部，トゥエンクアン省北部の県．省都トゥエンクアンの北66 kmの山間盆地に県の中心があり，ロー Lo 川の支流であるガム川の多数の支流が合流している．1945年の8月革命以前は，県出身の革命戦士，ルオン・カイン・ティエンの名前をとり，カインティエン州とよばれていた．盆地では水稲生産，山地ではミカンをはじめ柑橘類を中心とした果樹栽培が盛ん．　［柳澤雅之］

チエモー県 Qiemo ☞ チャルチャン県 Qarqan

チエヤン市　揭陽市　Jieyang
中国

人口：605.9万（2015）　面積：5241 km²
気温：21.4℃　降水量：1942 mm/年
[23°32′N　116°22′E]

中国南部，コワントン（広東）省南東部の地級市．峨眉嶂山に発祥するロン（榕）江流域に位置する．南シナ海に面し，チャオチョウ（潮州）市，シャントウ（汕頭）市，メイチョウ（梅州）市などと接する．亜熱帯モンスーン気候に属する．潮州系と客家（ハッカ）系住民が大部分を占める．市区部の人口は113（2014）万．揭東区，プーニン（普寧）県級市，チエシー（揭西），ホイライ（恵来）の2県を管轄する．市政府所在地は榕城区．
地名は漢の武帝元鼎6年（紀元前111）の揭陽県設置に由来し，県は1991年に市となった．海外在住の揭陽出身の華僑は320万人を数え，著名な華僑の故郷である．市の中部

と南部は榕江沖積平野と海岸の堆積台地からなり，もともと魚米の郷として知られる省東部の主穀産地である．しかし，工業が立ち遅れ，1人あたりGDPも5021 USドル（2015）と低いため，戸籍人口701.7万のうち，出稼ぎに伴う人口流出は約100万にのぼる．近年，華僑資本や外資を誘致するため揭陽ハイテク開発区，工業団地，保税区が設置され，アパレル，雑貨，金属加工，プラスチックなどの輸出型工業が成長し始めた．恵来県の9.7 kmに及ぶ沿海部は，2007年から省指定の四大大型石油精製コンビナート建設地として開発され，おもにベネズエラ輸入の原油加工を行っている．
交通では広梅汕鉄道（コワンチョウ（広州）～梅州～汕頭），深汕高速（シェンチェン（深圳）～汕頭），国道206号が通じ，総長369 kmにわたる榕江の水運航路も，満水時には最大5000 t級の貨物船が航行可能である．有名な観光地は，榕江流域の揭陽古城と黄岐山風景地で，年平均約1200万人の観光客が訪れる．　　　　　　　　　　　［許　衛東］

チェーラ Chera ☞ ケーララ州 Kerala, State of

チェラプンジ　Cherrapunji
インド

ソーラ Sohra（別称）

人口：1.0万（2001）　標高：1400 m
降水量：11430 mm/年　[25°16′N　91°42′E]

インド北東部，メガラヤ州南部，イーストカーシヒルズ県の町．州都シロンの南南西56 kmに位置する．東西に延びるカーシー丘陵の南斜面高地にあり，5～9月にかけては南西モンスーンが吹き寄せ，大量の雨がもたらされる．世界的な多雨地帯として知られる．1861年に記録した2万6461 mmの年間降水量はギネスブックにも記載された．現在はチェラプンジの西15 kmにあるマウシンラムが世界最多の年平均降水量の記録を有する．町の周辺には多くの滝があり，ノーカリカイ滝，ノーンギティアン滝が有名である．また石筍や鍾乳石がみられるマウスマイ洞窟がある．チェラプンジは1864年に現在の州都であるシロンに移されるまで，カーシ国の都があった地であり，王の葬儀に用いられる広場がある．主要産業は農業であり，おもに芋と米が作付けされている．付近には石灰，石炭，銅の産出があり，セメント工場が立地している．またウランや金の埋蔵も推定されているが本格的な産出にはいたって

いない．周辺で生産される米，綿花，ゴマの集散地である．ソーラ大学がある．
［南埜　猛］

チェリボン Cheribon ☞ チレボン Cirebon

チェリョン　載寧　Chaeryong
北朝鮮

面積：328 km²　標高：13 m　気温：10.5℃
降水量：1000 mm/年　[38°24′N　125°37′E]

北朝鮮，ファンヘナム（黄海南）道の北東部の郡および郡庁所在地．1415年に載寧郡になり，1519年に現在の領域になった．テドン（大同）江支流，載寧江左岸の沖積地に広がる標高20 mの載寧平野の中心部に位置する．一帯は降水量は少ないがオジドン灌漑などが完備され，穀倉地帯である．米と綿花，果樹，畜産が中心である．載寧米は味のよいことで古くから知られていた．鉄鉱石，水晶，雲母を産する．品位60%前後の載寧鉱山は露天掘りで褐鉄鉱，赤鉄鉱を採掘し，ソンリム（松林）市の黄海製鉄連合企業所に供給される．南方2 kmに黄海金剛と称される長寿山（標高745 m）がある．ウンリュル（殷栗）線（銀波～鉄鉱），長淵線（サリウォン（沙里院）～長淵）がある．　　　［司空　俊］

チェリョン平野　載寧平野　Chaeryong-pyongya
北朝鮮

面積：1300 km²　標高：20 m　気温：10.5℃
降水量：900-1000 mm/年　[38°24′N　125°37′E]

北朝鮮，ファンヘナム（黄海南）道北東部，テドン（大同）江の支流である載寧江左岸の沖積地に広がる平野．北朝鮮第2の大平野で，海成および河成の沖積地からなる．標高は一部5～6 m．気温10℃以上の積算気温は3500℃．降霜は4月下旬．載寧江と西江が流れ，水田土壌，沖積土壌は肥沃で厚い．銀波湖，ソフン（瑞興）湖がつくられ，灌漑施設が完備されている．気候条件が農業に適しており，古くから有名な穀倉地帯で，主要作物は稲である．平野は4区分され，中心は載寧ナムリ平野，載寧江の支流である西江の右側に広がる平野である．ナムリとは「食べて，なお残る」という意味である．　［司空　俊］

1018　チエル 〈世界地名大事典：アジア・オセアニア・極Ⅰ〉

チェルカル Chelkar ☞ シャルカル Shalkar

チェルチェン Cherchen ☞ チャルチャン県 Qarqan

チェレケン半島　Cheleken, Poluostrov

トルクメニスタン

面積：500 km²　標高：100 m
[39°28′N　53°21′E]

トルクメニスタン西部，バルカン州の半島．カスピ海東岸に立地する．以前は島であったが，カスピ海の水位低下のため，1937年以後陸地に接続し半島となった．大部分は砂漠と塩沢である．石油，地蠟採取，漁撈が行われる．
[木村英亮]

チェン江　鑑江　Jian Jiang

中国

Chien Ching（別称）
面積：9400 km²　長さ：231 km
[21°15′N　110°39′E]

中国南部，コワントン（広東）省の川．チュー（珠）江，ハン（韓）江に次ぐ省内第3位の規模の水系である．省南西部のシンイー（信宜）県五大山に源流をもち，南西方向に流れて南シナ海に合流する．上流域の水源涵養林の乱伐が原因で表土流出が著しい．年間最大流量と最小流量の差が500倍以上もあることと，河床の過剰堆積と下流の河幅の狭さから，河川航路の使用には不向きである．現在，支流の曹江上流のガオチョウ（高州）に年間貯水量14.7億 m³のダムが建設され，農業灌漑用水と中国南部最大の石油工業都市であるマオミン（茂名）の工業用水として利用されている．
[許　衛東]

チェン江　黔江　Qian Jiang

中国

潭水（古称）/けんこう（音読み表記）
面積：2561 km²　長さ：122 km
[23°38′N　110°07′E]

中国南部，コワンシー（広西）チワン（壮）族自治区の川．チュー（珠）江3大支流の1つであるシー（西）江の上流部，シャンチョウ（象州）県サンチャン（三江）口からグイピン（桂平）市ユィー（郁）江口までの流路をさす．唐代まで潭水とよばれていたが，宋代以降，黔江，黔水の名称に変更され，定着した．源流の三江口から県政府所在地のウーシュワン

（武宣）付近の武宣平野までの約50 kmの流路は比較的おだやかだが，平野に接続する馬嶺山地を過ぎて，長さ44 kmの大藤峡谷に入ってから急峻な流れに豹変する．峡谷内では渇水期でも最深85 mの水深があり，西江流域では最も深い場所である．菱角灘，師古灘，弩灘をはじめ29カ所の険しい曲がり角が待ち伏せる．比較的大きい支流はリウ（柳）江で，1000 km²の流域面積を有する．黔江にはナマズやウナギなどの回遊魚が多く生息し，レンギョ（鰱魚），ソウギョ（草魚），キンギョ（鯽魚）の養殖もしやすく，現在広西チワン族自治区における重要な淡水漁場となっている．
[許　衛東]

チェン山　千山　Qian Shan

中国

標高：1130 m　　　　[41°01′N　123°07′E]

中国北東部の山脈．北朝鮮の国境のチャンバイ（長白）山を擁する長白山脈の支脈である千山山脈全体をさす場合と，その一部でもあるリャオニン（遼寧）省アンシャン（鞍山）市の南東部に位置する千山のみをさす場合がある．千山山脈はチーリン（吉林）省東部からリャオニン（遼寧）省東部に入り，リャオトン（遼東）半島の背骨をなしながらダーリエン（大連）市まで南西に延びている．長期にわたる侵食の結果，比較的低い丘陵となっている箇所が多く，平均標高400 m，東部は1000 m程度，西部は500 m以下となっている．最高峰は歩雲山（標高1130 m）．チョウセンマツやクヌギなど針葉樹と広葉樹の混合林で覆われ，省の林業の拠点となっている．千山は省の四大名山の1つで仏教と道教の霊山．別称は千頂山，千華山，千朶蓮花山で，いずれも峰の数の多さに由来する．古称は積翠山．708 mの主峰である仙人台（別称は観音峰）を中心に千山風景区を形成している．名勝古跡は200カ所以上あり，東北明珠（東北のきらめく珠玉）とよばれている．中国の仏教五大聖地の1つで多くの寺院が立ち並ぶことに加え，中国三大巨仏の千山弥勒大仏（高さ70 m）がある．道教寺院も数多い．
[柴田陽一]

チェンアン区　建安区　Jian'an

中国

シューチャン県　許昌県　Xuchang（旧称）
人口：約80万（2015）　面積：1002 km²
[34°00′N　113°49′E]

中国中央東部，ホーナン（河南）省中部，シ

ューチャン（許昌）地級市の区．2街道，16郷鎮を擁する．2016年に許昌県から建安区となった．食糧生産の重点県となっており，かつら，腐竹（ゆば）は全国的に知られている．漢の献帝が豊作を祝って祭りを行ったとされる毓秀台，漢魏古城などの三国志関連の旧跡のほか，道教宮殿の建築群のある天宝宮などが知られる．
[中川秀一]

チェンアン県　乾安県　Qian'an

中国

けんあんけん（音読み表記）
人口：31万（2012）　面積：3522 km²
[45°01′N　124°01′E]

中国北東部，チーリン（吉林）省中北部，ソンユワン（松原）地級市の県．県政府は乾安鎮に置かれる．県名は1920年代に開拓が始まる際に，省会であるチャンチュン（長春）の北西（乾）の平安を祈念して命名された．かつての草原はトウモロコシと雑穀が生産される穀倉地帯となった．集落名は1000字の異なる漢字からなる四言古詩『千字文』と井字の組合せとなっている．ソンネン（松嫩）平原の中部に位置しており，塩湖の大布蘇湖をはじめとして多くの湖沼が分布する．石油，天然ガスの開発が進められている．
[小島泰雄]

チェンアン県　鎮安県　Zhen'an

中国

人口：27.6万（2010）　面積：3488 km²
[33°25′N　109°10′E]

中国中部，シャンシー（陝西）省南東部，シャンルオ（商洛）地級市の県．チン（秦）嶺山脈の中部に位置し，山地が多い．県政府所在地は永楽鎮．金，銀，銅などの地下資源が豊富である．クリ，クルミなどが名産物で，中国国家林業局にクリの郷と命名された．農業人口が総人口の約9割を占め，農業，およびクリ，クルミ，キノコの栽培，養蚕が主要な産業である．近年，観光業の開発も盛んである．
[杜　国慶]

チェンアン市　遷安市　Qian'an

中国

人口：72.7万（2010）　面積：1208 km²
気温：12℃　降水量：700 mm/年
[40°00′N　118°41′E]

中国北部，ホーペイ（河北）省北東部，タンシャン（唐山）地級市の副地級市．市政府は遷安鎮に置かれている．地勢は西が高く東が低

い．最高地点は大嘴子山で標高696m．1月の平均気温は−7℃，7月は25℃．農作物は小麦，トウモロコシ，落花生，サツマイモ，アワを主としている．養蚕は伝統的な産業である．製鉄のほか，製紙，化学肥料，紡績，絨毯，セメントなどの工場がある．京瀋高速，国道102号が通る．　　　［柴　彦威］

チェンウェイ県　犍為県　Qianwei

中国

けんいけん（音読み表記）

人口：42.3万（2015）　面積：1375km²
　　　　　　　　［29°12′N　103°56′E］

中国中西部，スーチュワン（四川）省南部，ローシャン（楽山）地級市の県．ミン（岷）江と馬辺河が県内で合流する．県政府は玉津鎮に置かれている．四川盆地南西部の低山丘陵地帯に位置し，西部は低い山地が占め，南東部は丘陵が2/3を占めている．漢代の南安県の地で，北周代に武陽県が置かれ，隋代に犍為県に改められた．おもな農産物は米，小麦，トウモロコシ，芋類，豆類，ショウガ，落花生，ナタネなどであり，サトウキビの生産が盛んで省内の主要産地の1つである．石炭と岩塩の埋蔵量が多く，石灰石，石英なども産する．工業は製塩，製紙，セメント，食品，建材，医療品などの製造が比較的盛んである．成渝環線高速道路が県内を通る．人口の大部分を漢族が占めるが，イ（彝），チャン（羌），ミャオ（苗），回，ナシ（納西），プイ（布依）など16の民族が居住する．名勝古跡に羅城古鎮，千仏岩，文廟，巴蜀の土坑墓などがある．　　　　　　　　　　［林　和生］

チェンオウ市　建甌市　Jian'ou

中国

けんおうし（音読み表記）

人口：45.1万（2015）　面積：4233km²
標高：453m　気温：19.3℃　降水量：1663mm/年
　　　　　　　　［27°01′N　118°18′E］

中国南東部，フーチェン（福建）省北部，ナンピン（南平）地級市の県級市．ウーイー（武夷）山脈南東側のミン（閩）江上流に位置する．市政府所在地は甌寧街道．後漢の建安元年（196）に設置された建安県と，宋の元祐4年（1089）に設置された甌寧県が1913年に合併して建甌県となり，92年10月に県級市となった．ミンペイ（閩北）方言圏に属する．平均標高は453m．温暖多雨の丘陵地帯はとくに林業に適し，タケノコの都という別称もある．柑橘類，クリの生産量も全国随一で，欧

米や日本向けの輸出も多い．また工業も，合板，竹製品，酒造，食品加工，機械，化学などの農業関連が特徴で，竹関連の加工業だけで工業出荷額の42.2%を占めている（2014）．交通では横南鉄道（ホンフォン（横峰）～南平），国道205号が通じる．市内に建甌孔廟，鼓楼，光孝禅寺などの名所旧跡がある．　　　　　　　　　　　　　　　　［許　衛東］

チエンカム　Chiang Kham

タイ

人口：6.6万（2010）　面積：784km²
　　　　　　　　［19°33′N　100°20′E］

タイ北部，パヤオ県の郡．北東部でラオスと国境を接する．タイルーをはじめ少数民族の割合が高い．郡内のタイルー文化センターでは，同民族の伝統芸術が展示されているほか，職業訓練なども行われている．
　　　　　　　　　　　　　　　　［遠藤　元］

チェンガルパットゥ　Chengalpattu

インド

Chingleput（別称）

人口：6.3万（2011）　［12°41′N　79°59′E］

インド南部，タミルナドゥ州北東部，カーンチープラム県の都市．コロマンデル海岸北部，州都チェンナイ（マドラス）の南西約50kmに位置し，経済的にチェンナイ大都市圏との結びつきが強い．市街地の北東には湖があり，また西側をパーラー Palar 川が南進し，市の水源ともなっている．国道32号や鉄道が通り，北部コロマンデル海岸一帯の商業中心であり，医科大学など複数の高等教育機関も所在する．もともと同名のチェンガルパットゥ県があったが，1997年にカーンチープラム県とティルヴァルール Tiruvallur 県とに分かれた．周辺の平野部では，溜池，井戸，パーラー川の水を灌漑用水とした農業が行われており，米やサトウキビなどが栽培されている．海岸部には多くの漁村があり，水産業も盛んである．　　　［鍬塚賢太郎］

チェンカン県　鎮康県　Zhenkang

中国

人口：17.6万（2010）　面積：2642km²
　　　　　　　　［23°45′N　98°51′E］

中国南西部，ユンナン（雲南）省西部，リンツァン（臨滄）地級市の県．ミャンマーと96kmにわたり国境を接する．少数民族人口が2割強を占め，山間部に分布する．トゥアン

（徳昂）族など珍しい少数民族も住む．工業は水力発電と地下資源採掘が中心，農業は天然樹脂，クルミ，薬用植物の生産が特徴的である．2005年に県政府所在地となった南傘鎮は，ミャンマーとの交易拠点であり，ミャンマー側からも出市できる定期市が国境地帯に数カ所存在する．　　　　　　［松村嘉久］

チェンゴー県　剣閣県　Jiange

中国

人口：48.2万（2015）　面積：3204km²
　　　　　　　　［32°17′N　105°31′E］

中国中西部，スーチュワン（四川）省，コワンユワン（広元）地級市の県．県政府は下寺鎮に所在する．地勢は北西から南東へ傾斜し，標高の平均は540mである．シー（西）河などの河川はいずれもチャリン（嘉陵）江に注いでいる．宝成鉄道（パオチー（宝鶏）～チョントゥー（成都））や京昆高速道路（ペキン（北京）～クンミン（昆明））が県の北端を通り，県政府は中部の普安鎮から北部の下寺鎮へ2003年に正式に移転した．森林資源が豊富で，木材のほか，クルミ，キクラゲ，漢方薬材などを産する．チェンメン（剣門）関は軍事的な要衝としてたびたび歴史に登場した地であり，風景名勝地区の指定を国から受け，周辺は国立森林公園になっている．翠雲廊は剣門蜀道の一部を構成し，カシワの古木に覆われて古代の道路の様子が保存されている．
　　　　　　　　　　　　　　　　［小野寺淳］

チエンコーン　Chiang Khong

タイ

人口：2.6万（2010）　面積：837km²
　　　　　　　　［20°13′N　100°25′E］

タイ北部，チエンラーイ県チエンコーン郡の町で郡都．県都チエンラーイの北東70km，メコン川河畔に位置し，対岸はラオスのフエイサイとなる．かつてはナーンに属する町（ムアン）であり，古くから交易ルートの中継点として栄えていた．1920年代に北東のチエンセーンに道路が到達すると，ルアンパバーン方面へはチエンセーンから船で向かうようになり，チエンコーンの重要性は減ったが，60年代に町にも道路が到達すると，国境交易面での重要性は高まった．1975年のラオス共産化によっていったんは国境交易も途絶えたが，89年に再開されてからはタイ北部とラオスの間の主要な国境ゲートとして，ルアンパバーン方面との人やモノの往来が盛んとなった．大メコン圏（GMS）の南北回廊のルート上に位置し，2008年に接続す

るラオス国内の道路整備が完了すると，ラオス経由でのタイ～中国間の往来が活発となり，2013年末にフエイサイとの間にメコン川をまたぐ全長480 mの第4タイ・ラオス友好橋が開通すると，その傾向はさらに加速した．現在は陸路でタイを目指す中国人観光客が多数訪れるが，従来渡船利用者で賑わっていた中心街は，橋の完成に伴って観光客が訪れなくなり寂れつつある．　　　［柿崎一郎］

チェンシー　尖石　Jianshih

台湾｜中国

Jianshi（別表記）

人口：0.9万（2017）　面積：528 km²
[24°42′N　121°12′E]

台湾北部，シンジュー（新竹）県の村（郷）．頭前渓の支流である油羅渓と那羅渓の合流地点に位置し，住民の大半はタイヤル族で占められる．平地に乏しく，産業らしいものはないが，近年，タイヤル族文化の復興に合わせ，観光開発が急速に進められている．新竹からは内湾線の終着駅内湾で下車し，バスでアクセスする．タイペイ（台北）からも気軽に訪れられる行楽スポットとして脚光を浴びている．　　　　　　　　　　　　［片倉佳史］

チェンシー県　辰渓県　Chenxi

中国

人口：46.1万（2015）　面積：1987 km²
[28°00′N　110°11′E]

中国中南部，フーナン（湖南）省，ホワイホワ（懐化）地級市の県．県政府はチェンヤン（辰陽）鎮に所在する．ユワン（沅）江中流にあり，沅江の東はシュエフォン（雪峰）山脈に，西はウーリン（武陵）山脈に属する．沅江は南東部から中部，北西部境を流れ，辰水が中部で合流する．鉱産物は石炭，石灰石，リン，銅，アンチモン，ボーキサイトなどがある．林産物にはマツ，スギ，サッサフラス，アブラツバキがあり，とくに辰スギが有名．農産物は水稲，ナタネ，落花生などがあり，柑橘類が特産である．アヒルやガチョウなど家禽の生産も知られている．滬昆鉄道（シャンハイ（上海）～クンミン（昆明））が通り，沅江や辰水は通年の航行が可能である．
［小野寺淳］

チェンシー県　建始県　Jianshi

中国

人口：41.6万（2015）　面積：2569 km²
[30°36′N　109°44′E]

中国中部，フーペイ（湖北）省，エンシー（恩施）自治州の県．県政府はイエチョウ（業州）鎮に所在する．トゥチャ（土家）族が人口の約3割を占める．北部はウー（巫）山山脈に，南部はウーリン（武陵）山脈の北縁に属し，カルスト地形が発達している．清江が中部を東流し，河川沿いに盆地が開けている．石炭，硫黄，鉄，セレン，石灰石などが採掘される．森林はマツ，スギ，カシワが主であり，カラマツの生産が知られている．桐油，茶油，生漆，茶葉，タバコ，コンニャクイモ，漢方薬材などが特産である．天水でトウモロコシ，小麦，イモ類，豆類が栽培され，養豚が盛ん．工業は一次産品の加工が多い．宜万鉄道（イーチャン（宜昌）～ワンチョウ（万州））が通り，滬漢蓉高速鉄道（シャンハイ（上海）～ウーハン（武漢）～チョントゥー（成都））の一部分になっている．滬渝高速道路（上海～チョンチン（重慶））が通っている．
［小野寺淳］

チェンシー県　黔西県　Qianxi

中国

けんせいけん（音読み表記）

人口：82.9万（2007）　面積：2554 km²
[27°01′N　106°02′E]

中国中南部，グイチョウ（貴州）省北西部，ピーチエ（畢節）地級市の県．県政府は蓮城街道に置かれている．総人口の2割強を少数民族が占め，イ（彝）族，ミャオ（苗）族，コーラオ（仡佬）族，プイ（布依）族が多い．国道321号，畢節と省会グイヤン（貴陽）を結ぶ高速道路が県域を横断する．西部大開発の下，東風ダム，洪家渡ダム，索風営ダム，黔西火力発電所などが建設され，炭鉱開発とエネルギー産業の育成に力が注がれている．おもな産業は農業であり，トウモロコシ，米，タバコなどが生産されている．　　　　［松村嘉久］

チェンシー県　遷西県　Qianxi

中国

人口：39.0万（2014）　面積：1439 km²
気温：10.1℃　降水量：804 mm/年
[40°08′N　118°18′E]

中国北部，ホーペイ（河北）省北東部，タンシャン（唐山）地級市の県．県政府は興城鎮に置かれている．イエン（燕）山山脈の丘陵にあり，中部は盆地，谷である．北東のクワンチョン（寛城）県との県境にある八面峰の標高は842 mで，県の最高地点である．1月の平均気温は－7.8℃，7月は25℃．鉱物は金，鉄，大理石を産出する．農作物は小麦，トウモロコシ，サツマイモ，アワを主としている．板栗の主要産地である．機械加工，化学肥料，セメント，印刷などの工場がある．古跡は明の長城などがある．　　　　［柴　彦威］

チェンシェン　乾県　Qian Xian

中国

けんけん（音読み表記）

人口：52.7万（2010）　面積：1000 km²
気温：12.7℃　降水量：537 mm/年
[34°32′N　108°15′E]

中国中部，シャンシー（陝西）省中部，シェンヤン（咸陽）地級市西部の県．地名は県内の梁山にある唐の高宗と則天武后の陵墓である乾陵に由来する．15の鎮と1つの街道を管轄する．県政府は城関街道にある．地形は北部が丘陵地帯で南部は黄土高原である．主要な河川は漆水河，漠西河，泔河であり，いずれも水流が少なく，降水に左右される．暖温帯大陸性季節風気候に属し，無霜期間は224日である．夏季に雷雨が多い．地下資源は埋蔵量が3001億 m³の良質な石灰石がある．農作物は小麦を主とし，ほかにトウモロコシ，コーリャン，アワ，綿花，ナタネがある．漠西河一帯は名産の果物である広杏の産地である．秦川牛の産地でもある．北部の梁山に位置する乾陵は国指定の重要文化財として保護対象となっている．　　　　［杜　国慶］

チェンシオン県　鎮雄県　Zhenxiong

中国

人口：152.7万（2010）　面積：3696 km²
[27°25′N　104°51′E]

中国南西部，ユンナン（雲南）省北東部，チャオトン（昭通）地級市の県．県政府は烏峰鎮に置かれている．スーチュワン（四川）省とグイチョウ（貴州）省に隣接する．イ（彝）族，ミャオ（苗）族などの少数民族が人口の1割を占め，山間地に住む．石炭や硫化鉄など鉱産資源の埋蔵量が豊富で，硫黄も産出する．養蚕の歴史が古く，漆，天麻，キヌガサダケ，サクランボ，キクラゲなどが特産品である．標高が高いところでは，トウモロコシ，ジャガイモ，小麦が生産されている．　　　［松村嘉久］

チェンシーナン自治州　黔西南自治州　Qianxinan

中国

けんせいなんじちしゅう（音読み表記）／チェンシーナンプイ族ミャオ族自治州　黔西南布依族苗族自治州（正称）

人口：348.0万（2012）　面積：16804 km²
[25°05′N　104°54′E]

中国中南部，グイチョウ（貴州）省南西部の自治州．西はユンナン（雲南）省，南はコワンシー（広西）チワン（壮）族自治区に隣接する．中国の自治州の中では最も歴史が浅く，1982年にシンイー（興義）地区が撤廃され，チェンシーナン（黔西南）プイ（布依）族ミャオ（苗）族自治州が設立された．興義県級市と，シンレン（興仁），プーアン（普安），チンロン（晴隆），チェンフォン（貞豊），ワンモー（望謨），ツォホン（冊亨），アンロン（安竜）の7県を管轄し，州政府は興義市に置かれている．このうち興義市を除くすべてが，第8次5カ年計画で国により貧困県に指定された．少数民族人口が4割強を占めるが，人口規模は漢族，プイ族，ミャオ族の順に大きい．

自治州になる以前，貞豊，望謨，冊亨，安竜の4県はプイ族やミャオ族の自治県であったが，自治州が設立されて自治県ではなくなった．少数民族はおもに州東部に分布する．地勢は北西の標高が高く，ペイパン（北盤）江や馬別江などの河川が南東方向へ流れる．水力資源に恵まれ規模の大きなダム発電所も多く，西部大開発の西電東送で注目される地域である．各地に規模の小さな金鉱があり，北部は石炭の埋蔵量も多い．国道320，324号および興義万峰林空港の整備に加え，1997年末に開通した南昆鉄道が域内を通るため，雲南，貴州，広西からの物資が集散する流通の中心地として発展した．おもな産業は農業であり，農業人口が多い．　　　　　［松村嘉久］

チェンシャン県　潜山県　Qianshan

中国

人口：59.2万（2015）　面積：1686 km²
[30°38′N　116°34′E]

中国東部，アンホイ（安徽）省南西部，アンチン（安慶）地級市の県．ダービエ（大別）山地の南麓，ワン（皖）河の上流域に位置する．県政府所在地は梅城鎮．戸籍人口は59.2万，常住人口は50.7万（2015）．漢代に皖県が置かれ，晋代に懐寧県に改められ，元代に潜山県が分離して設置された．地勢は山がちで北西は高く，南西は低い．西部の山岳地帯では林産資源が豊富で竹材，マツ，スギ，オオア

ブラギリ，茶，ウルシ，カラムシ（苧麻，チョマ）などを産し，東部の平野部ではおもに米，小麦，豆類，ナタネ，サツマイモなどが栽培される．また竹で編んだ敷物やござ，ブクリョウ（茯苓），ハンゲ（半夏），ビャクジュツ（白朮），セッコク（石斛），キキョウ（桔梗），五倍子などの薬材を産する．景勝地に天柱山風景区，三祖寺，二喬故里，金紫山，薛家崗遺跡などがある．合九鉄道と済広高速道路，滬渝高速道路が通過する．　［林　和生］

チェンシュイ県　建水県　Jianshui

中国

人口：53.2万（2010）　面積：3789 km²
[23°38′N　102°50′E]

中国南西部，ユンナン（雲南）省南東部，ホンホー（紅河）自治州の県．県政府所在地である臨安鎮は，交通の要衝として繁栄した．1994年に国の歴史文化都市に選ばれた観光都市で，朝陽楼や文廟などの文化財，清代の庭園や民家などが旧市街地に点在する．建水の旧市街地の観光開発においては，伝統的な町並みを再現する中で，古い民家を多数破壊したことから，文化財保護の観点から議論が巻き起こった．1950年代頃まで纏足の風習が残っていたため，21世紀に入っても纏足女性が健在であった．人口の約1/3が少数民族で，イ（彝）族と回族が多い．旧市街地は漢族の街である．　　　　　［松村嘉久］

チエンセーン　Chiang Saen

タイ

人口：4.9万（2010）　面積：554 km²
[20°17′N　100°09′E]

タイ北部，チエンラーイ県の郡．チエンラーイの北東60 km，メコン川沿いにある古都である．11世紀頃から栄えたチエンセーン王国の都であったが，13世紀に出たマンラーイ王が南下政策をとり，やがてチエンマイを建設したことなどを契機として，しだいにその地位を低下させた．現在は，古い城壁に囲まれた旧市街に，廃墟と化した寺院や仏塔が散在する小さな町にすぎない．城壁内には1957年建設の国立博物館がある．町の東側を流れるメコン川の10 km上流には，タイ，ミャンマー，ラオスの3国の国境が接するゴールデントライアングル（黄金の三角地帯）がある．ここは，かつてケシ栽培の世界的中心で，麻薬取引が黄金を媒介に行われたことからその名がついたとされる．タイ政府は1970年代にケシ栽培の駆逐を推し進め，いまではその名が残るばかりの観光地となっ

ている．また，町と中国ユンナン（雲南）省のチエンルン（チンホン（景洪））の間を河川航路が結び，両国間で貿易や観光が行われている．　　　　　　　　　　　　［遠藤　元］

チェンタオ　間島　Jiandao

中国

イエンビエン　延辺　Yanbian（別称）
[42°52′N　129°29′E]

中国北東部，チーリン（吉林）省東部の地域．北朝鮮との国境地帯の歴史的な呼称で，ほぼイエンビエン（延辺）自治州にあたる．この地域には，清朝末期に朝鮮族の入植が進んだ．韓国併合を前にした日本が，1909年に清国と協約を結び，トゥーメン（図們）江以北を清国領土として認めることと引き替えに，この地域に入植した朝鮮人の所有権を認めさせた．その後，朝鮮族の独立運動の拠点ともなった．なお中国では間島という地名呼称は用いられてこなかった．　　　［小島泰雄］

チェンタン　Qiantang ☞ ハンチョウ市 Hangzhou

チェンタン江　銭塘江　Qiantang Jiang

中国

之江（別称）／チョー江　浙江　Zhe Jiang（旧称）

面積：55058 km²　長さ：589 km
[30°23′N　121°02′E]

中国南東部，チョーチャン（浙江）省の川．省で最も大きい川で，西から東へハンチョウ（杭州）湾，東シナ海へ流れ込む．浙江，アンホイ（安徽），チャンシー（江西）3省の境界の山地に源流がある．もともとはこの川を浙江といい，省名もここからきている．銭塘という地名は，秦代にいまの杭州市に置かれた銭唐県による．このそばを通過するため下流部を銭塘江とよんでいたが，それが全体の呼称になったものである．

源流は南源，北源の2説がある．北源は安徽省シウニン（休寧）県尖本坂にあり，シンアン（新安）江を形成し，南源は安徽省休寧県青芝塊の尖北坂にあり，多数の渓流を受け入れて蘭江を形成する．蘭江と新安江がチェンドゥ（建徳）梅城で合流し，フーチュン（富春）江とよばれ，プーヤン（浦陽）江口の東江口にいたり，そこから銭池江と称される．シャオシャン（蕭山）閘堰鎮の南側の小砥山から杭州九渓（水門）までは，河道は「之」の字を逆にした形を呈し，したがって之江とも称される．

1022　チエン

蜿蜒と江干区，杭州湾(河口湾)を東に流れて東シナ海に入る．銭塘江のもたらす砂泥はホワン(黄)河やチャン(長)江に比べて少なく，河口部に大きなデルタを形成することはなくラッパ状の河口となっている．

　銭塘江流域は気候もおだやかで資源が豊富で，流通や観光にも良好な環境を提供している．浙江省の母なる川と見なされている．建徳寿昌でみつかった柳江人の上犬歯化石は，約10万年前のものと推定され，更新世末期にはすでに人類が居住していたことがわかる．銭塘江の流域は独特の水文化を形成し，美しい自然と歴史が調和した景観をもち，重要な観光路線となっている．銭塘江の河口はラッパ状で，満潮時に海潮が遡上するときに海面が3〜5m も盛り上がり，内陸のかなり奥まで高潮が到達する．毎年旧暦の8月15〜18日に最も大規模な高潮が発生するため，観光に訪れる人も多い．これを銭塘江潮と称する． ［谷　人旭・秋山元秀］

チェンチャー県　尖扎県　Jianzha

中国

せんさつけん（音読み表記）

人口：6.1万 (2015)　面積：1712 km²
　　　　　　　　　　　[35°56′N　102°02′E]

　中国西部，チンハイ(青海)省ホワンナン(黄南)自治州の県．山がちな地形で県西部に標高4000 m 級の山々が連なる．県東部をホワン(黄)河が流れ，黄河によって形成された谷部の標高は約2000 m で，集落が立地する．人口の大半がツァン(チベット)族で，ほかに漢族，回族，サラ(撒拉)族などが居住する．黄河につくられた李家峡ダムのダム湖，および断崖の連なる地形がみられるカンブラー風景区などの景勝地がある．主産業は農業で，小麦やハダカ麦，リンゴなどが栽培されている． ［高橋健太郎］

チェンチャン区　黔江区
Qianjiang

中国

けんこうく（音読み表記）

人口：55.1万 (2015)　面積：2402 km²
　　　　　　　　　　　[29°32′N　108°46′E]

　中国中部，チョンチン(重慶)市南東部の区．フーペイ(湖北)省と境を接する．スーチュワン(四川)盆地の南東縁辺部に位置し，北東・南西方向に6列の褶曲山脈が走り，山地が広い面積を占める．石灰岩が多く，鍾乳洞などのカルスト地形が発達する．区中央部を南流する阿蓬江(チャン(長)江水系)には急峻

な峡谷が続く．清代(19世紀)の地震によって形成された堰止め湖の小南海(面積約3 km²)には断崖絶壁が連なり，観光地になっている．よく霧が発生する気候で，土壌のミネラル分が豊富なため，良質の緑茶を産す る．包茂高速道路(内モンゴル自治区〜コワントン(広東)省)や国道319号(四川省〜フーチェン(福建)省)が通る．2010年，黔江ウーリン(武陵)山飛行場が開設され，中国の主要都市と空路で結ばれる．人口の大半はトゥチャ(土家)族やミャオ(苗)族などの少数民族である． ［高橋健太郎］

チェンチャン県　建昌県
Jianchang

中国

人口：63万 (2012)　面積：3177 km²
　　　　　　　　　　　[40°48′N　119°48′E]

　中国北東部，リャオニン(遼寧)省フールータオ(葫蘆島)地級市の県．ダーリン(大凌)河の上流，山間に位置する．県政府は建昌鎮に置かれる．県名は18世紀に置県された際，古代の建徳，昌黎の2郡から1字ずつとって命名された．農業はトウモロコシやコーリャンといった穀物のほか，綿花の生産が盛んである．特産としてナシや杏仁がある．
　　　　　　　　　　　　　　　［小島泰雄］

チェンチャン市　潜江市
Qianjiang

中国

人口：95.8万 (2015)　面積：2010 km²
　　　　　　　　　　　[30°24′N　112°54′E]

　中国中部，フーペイ(湖北)省中部の省直轄県級市．市政府はユワンリン(園林)街道に所在する．ハン(漢)水の南岸に位置する．チャンハン(江漢)平原にあり，河川と湖沼が交錯し，水路が縦横に走り，水郷の景観を呈している．おもな河川は漢水とトンチン(東荆)河であり，返湾湖，白露湖，借糧湖，馮家湖などの湖沼がある．農作物には水稲，小麦，綿花などがあり，水産物が豊富で，畜産も盛ん．

　鉱産資源としては石油，天然ガス，岩塩などがあり，にがりの中の微量元素は，電子や冶金などの分野で利用されている．石油，機械，化学，医薬，紡織，食品などの工業がある．内水面交通が便利であり，高速道路の滬渝線(シャンハイ(上海)〜チョンチン(重慶))や随岳線(スイチョウ(随州)〜ユエヤン(岳陽))が通るなど道路網も整備されている．また，滬漢蓉高速鉄道(上海〜ウーハン(武漢)〜チョントゥー(成都))が通じている．

市街地はおもに園林，ツォコウ(沢口)，コワンホワ(広華)の3つの地区からなる．園林は全市の政治，文化，経済の中心であり，軽工業地区である．沢口には埠頭があり，化学などの工業が集まる．広華は江漢油田の所在地である． ［小野寺　淳］

チェンチャン市　鎮江市
Zhenjiang

中国

人口：317.1万 (2014)　面積：3847 km²
　　　　　　　　　　　[32°12′N　119°27′E]

　中国東部，チャンスー(江蘇)省南西部の地級市．チャン(長)江三角州の頂点から長江右岸に市域が展開し，西はナンキン(南京)市，東から南にかけてチャンチョウ(常州)市と接する．長江とダー(大)運河の交差点に位置し，対岸のヤンチョウ(揚州)とともに，長江下流域で南北交通と東西交通を結ぶ最も重要な都市であった．秦代にすでにタントゥー(丹徒)県が置かれ，後漢末には呉の孫権がここに拠点を築き，京城，京鎮，京口などとよんだ．長江の下流と中流の両方をおさえるのに適した地と考えられたからである．隋唐には潤州が丹徒県に置かれ，大運河の開通によって漕運の重要な港湾都市として商業や手工業も発達した．軍事上の拠点としても重視され，唐宋代に鎮海軍節度使，鎮江軍節度使が置かれた．やがて節度使が廃されて潤州を昇格させて鎮江府とし，ここに鎮江という名の都市が生まれた．明清もこれを引き継ぎ，1912年いったん丹徒県となるが，28年，江蘇省の政府がここに置かれ鎮江市となった．1949年に江蘇省が蘇北，蘇南の2公署区と南京市に三分されたときは蘇南公署に属した．1953年に江蘇省が復活すると鎮江専区が置かれ，それに鎮江市と丹徒ほか10県が属した．1983年に鎮江市は地級市となり，市区に城区と郊区を設け，4県を管轄した．その後区・県の変遷があったが，現在京口，潤州，丹徒の3区とタンヤン(丹陽)，ヤンチョン(揚中)，句客の3県級市を管轄する．このほかに鎮江新区と鎮江高新区がある．市政府は潤州区に位置する．

　鎮江は歴史的に長江と大運河の水運にかかわる港湾都市として発達してきたが，近代になって大運河の水運が衰退し，また長江のもたらす砂泥のために港湾の機能は低下していた．それにかわって新しい交通として登場したのが鉄道で，1906年に南京とシャンハイ(上海)を結ぶ滬寧鉄道が開通し，鎮江は鉄道と水運を結ぶ要衝としてふたたび重要性を増した．滬寧鉄道は1968年に南京長江大橋が

完成してからは京滬鉄道として全国と結ぶ鉄道となり、現在は高速鉄道も開通し、東部沿海地区における鎮江の地位を高めている。さらに長江水運を国内航運ばかりか、国際航運にも大きな役割を果たすようにと、京口区大港鎮に新たな港湾を建設する計画が、同区の鎮江新区の建設とともに進められている。揚中市にある秦州長江大橋（長さ 9.7 km）と、潤州と揚州を結ぶ潤揚長江大橋（長さ 35.7 km）は、長江下流の南北を結ぶ幹線となっている。現在この 2 つの大橋の間にもう 1 本橋をつくることを計画している。1988 年に長江三角州の一角として沿海経済開放区と認定された。1998 年と 99 年には中国科教興市新鋭都市の称号を得た。

観光名所としては、南北朝以来の歴史をもつ金山寺、焦山定慧寺、宝華山隆昌寺の仏教寺院や道教の名跡である茅山道院などが自然と歴史を生かした風景区となっている。

[谷 人旭・秋山元秀]

チェンチャン鎮　遷江鎮
Qianjiang　　　　　　　　　　　中国

人口：7.6 万（2013）　面積：464 km²　気温：20.8℃
降水量：1500 mm/年　　　　　[23°37′N　108°58′E]

中国南部、コワンシー（広西）チワン（壮）族自治区中部、ライピン（来賓）地級市シンピン（興賓）区の鎮。宋代の天禧 4 年（1020）に遷江県として開設されたが、1952 年に来賓県に併合され遷江鎮となった。鎮人口の 75% はチワン族である（2010）。ホンシュイ（紅水）河とチン（清）河がここで合流し、来合鉄道（来賓～ホーシャン（合山））も通過することから交通要衝の 1 つとして栄え、来賓南西部最大の商業中心地となっている。製糖業は最大の産業である。

[許 衛東]

チェンチュワン県　剣川県
Jianchuan　　　　　　　　　　　中国

人口：17.0 万（2010）　面積：2318 km²
　　　　　　　　　　　　　[26°34′N　99°55′E]

中国南西部、ユンナン（雲南）省北西部、ダーリー（大理）自治州の県。大理とリーチャン（麗江）を結びチベットへと抜ける滇蔵道路（国道 214 号）沿いに位置する。県政府所在地のチンホワ（金華）鎮は 2003 年に省の歴史文化都市に、その南の沙溪鎮も 2002 年に同じく歴史文化都市に指定されている。総人口の 9 割以上をパイ（白）族が占め、風景名勝区の石宝山もあり、観光資源は豊富である。立地条件もよく、観光地として飛躍する可能性

を秘めている。材木、乳製品、食品などの加工が特徴的な産業で、木彫りの家具やパイ族の民族衣装が特産品である。大理馬などの飼育ほか農業も盛んである。

[松村嘉久]

チェンチョウ市　郴州市
Chenzhou　　　　　　　　　　　中国

ちんしゅうし（音読み表記）

人口：473.0 万（2015）　面積：19342 km²
　　　　　　　　　　　　[25°46′N　113°01′E]

中国中南部、フーナン（湖南）省南東部の地級市。ペイフー（北湖）、スーシェン（蘇仙）の 2 区、ツーシン（資興）県級市、グイヤン（桂陽）、イーチャン（宜章）、ヨンシン（永興）、チャホー（嘉禾）、リンウー（臨武）、ルーチョン（汝城）、グイトン（桂東）、アンレン（安仁）の 8 県を管轄する。市政府は北湖区に所在する。地勢は南東から北西へ傾斜して、山地や丘陵が主である。東部は羅霄山脈の南部にあたり、南部はナン（南）嶺山脈にあたる。山間部は標高が 1600～1900 m ほどであり、チャンシー（江西）省南部やコワントン（広東）省北部の山脈と連続して、亜熱帯の自然景観の中部と南部を分ける境界になっている。河川は北部のチャン（長）江水系と南部のチュー（珠）江水系に分かれ、北部はシャン（湘）江の支流の春陵水、レイ（耒）水、永楽江があり、南部はペイ（北）江の支流の武水がある。河川の両岸は峡谷になっていることが多く、水流は急であり、発電が盛んに行われている。

動植物資源が豊富である。主要な樹種はマツ、スギ、クスノキ、孟宗竹、アブラツバキなどであり、希少種もみられる。八面山やマン（莽）山に自然保護地区が指定されており、華南トラのような野生動物が生息する。鉱産物の種類が多く埋蔵量も豊富である。おもに石炭、タングステン、亜鉛、石墨、ビスマス、モリブデン、スズなどを産する。農業は水稲、落花生、茶、タバコなどを栽培し、豚、牛、羊、家禽の畜産も行われている。工業は冶金、機械、化学、建材、食品、タバコなどがある。禾花魚、竜須むしろ、トウガラシ、茶油などの特産品が知られている。

鉄道は京広線や京広高速鉄道（ペキン（北京）～コワンチョウ（広州））が南北に縦貫し、資許支線（資興～シュイチャトン（許家洞））や、狭軌の郴嘉鉄道（郴州～嘉禾）が通じている。高速道路は京港澳線（北京～ホンコン（香港）・マカオ（澳門））も南北に縦貫し、廈蓉線（アモイ（廈門）～チョントゥー（成都））が東西に横断し、岳汝線（ユエヤン（岳陽）～汝城）も通じている。郴州は歴史的に湖南省南部の重

要な鎮であった。現在、市街地の大部分は郴江の西岸にあり、西部と北部は工業地区である。東部と南部は行政機関や文教施設が多く、中心部は商業地区になっている。蘇仙嶺、万華岩、東江湖などの名所があり、天鵞山や莽山の国立森林公園がある。多様な少数民族が居住し、独特な文化芸術や習慣風俗がみられる。

[小野寺 淳]

チェンドゥ市　建徳市　Jiande　中国

人口：50.9 万（2015）　面積：2364 km²
　　　　　　　　　　　　[29°28′N　119°16′E]

中国南東部、チョーチャン（浙江）省北西部、ハンチョウ（杭州）副省級市の県級市。新安江、蘭江、富春江が合流するところにある。三国時代に建徳県が置かれ、明清代には厳州府の管轄だったが、1958 年に寿昌県を合併して、92 年に市となった。ティエンムー（天目）山脈から延びた山地や丘陵が多く、北東部と北西部が高く、南部と南西部がやや低い。工業は、機械、電力、冶金、セメント、化学、炭鉱、計器、電気器具、紡織、製紙、ゴム、建材、農機部品、醸造、手工業などがある。新安江水力発電所は、中国がみずから設計し製造した最初の発電所である。農作物には稲、麦、豆、トウモロコシなどがある。林業はマツ、スギ、タケを主とし、オオアブラギリ、ウルシ、油茶なども産する。豚、牛、羊、ウサギなどの畜産も盛んである。名産に茶葉、ハスの実、厳州関五加皮酒がある。おもな観光スポットには大慈岩、烏亀洞、新安江、霊栖洞天などがある。高速道路の杭千線（杭州～チェンダオフー（千島湖））や建竜支線（建徳～ロンヨウ（竜遊））、鉄道の金千線（チンホワ（金華）～千島湖）が通る。

[谷 人旭・小野寺 淳]

チェントンナン自治州　黔東南自治州　Qiandongnan　中国

けんとうなんじちしゅう（音読み表記）/チェントンナンミャオ族トン族自治州　黔東南苗族侗族自治州（正称）

人口：473.5 万（2015）　面積：30337 km²
標高：137-2178 m　　　　[26°35′N　107°59′E]

中国中南部、グイチョウ（貴州）省南東部の自治州。東はフーナン（湖南）省、南はコワンシー（広西）チワン（壮）族自治区に隣接する。1956 年に黔東南ミャオ（苗）族トン（侗）族自治州が設立されて以来、カイリー（凱里）市に州政府が置かれている。貴州省の地区級の行政単位の中ではツンイー（遵義）市に次ぐ面積

を占め，1県級市(凱里)，ホワンピン(黄平)，シーピン(施秉)，サンスイ(三穂)，チェンユワン(鎮遠)，ツェンゴン(岑鞏)，ティエンチュー(天柱)，チンピン(錦屏)，チェンホー(剣河)，タイチャン(台江)，リーピン(黎平)，ロンチャン(榕江)，ツォンチャン(従江)，レイシャン(雷山)，マーチャン(麻江)，タンチャイ(丹寨)の15県を管轄する．管轄する県クラスの行政単位数は省でいちばん多い．凱里，鎮遠，錦屏以外はすべて第8次5カ年計画で国が貧困県に指定した．ミャオ族人口が4割強，トン族人口が3割強を占め，少数民族人口比率は8割を超え，プイ(布依)族，ヤオ(瑶)族，チワン族なども住む．

地勢は一般に西高東低で，西側はユングイ(雲貴)高原上にあり，山がちで盆地や平地の面積は全体の1割もなく，耕地も少ない．清水江，舞陽河，都柳江などが西から東へ流れる．年平均気温は15°Cを超え，南東部では二期作ができる．湘黔鉄道が域内を通過し黔桂鉄道も西部をかすめ，国道320号と321号が流通の大動脈となっている．320号の省会グイヤン(貴陽)～凱里間は高速道路化され，1980年代では6時間を超えた時間距離は，2時間程度にまで短縮された．土地条件が悪く農業や工業が発達する余地が少ないため，ミャオ族やトン族を対象とするエスニックツーリズムが育成されてきた．州内の黄平と黎平に空港が整備され，中国の大都市と結ぶ路線ができ，観光客が増えた．　　〔松村嘉久〕

チェンナイ　Chennai　　インド

ジョージタウン　George Town (古称) /マドラス　Madras (旧称)

人口: 464.7万 (2011)　面積: 175 km²

[13°05′N　80°18′E]

インド南部，タミルナドゥ州チェンナイ県の都市で州都および県都．かつてはマドラスとよばれた．ベンガル湾のコロマンデル海岸にある．市街地は隆起海岸平野の砂州上にあり，背後はバックマーシュ(後背湿地)になって，低湿地が多い．そのため，砂州に沿って市街地は南北に長く延びていたが，近年は背後の後背湿地から山地へ向かって西方に延びている．そのため，都心を中心に西のほうへ扇形に展開している．市内には大きな川はなく，多数の溜池や沼地がある．コーウムCouvum，アドヤールAdyarという小河川が中部，東部を貫流して，ベンガル湾に注いでいる．

マドラスの起源は1639年当時，この地の土侯であったチャンドラギリがマドラスパタム Madraspatum というわびしい一寒村をイギリス人に移譲した．ここにイギリス人はセントジョージ砦を築き，町もつくったので，ジョージタウンといわれた．その後1770年代この地の覇権をめぐって幾多の争いがくり広げられた．最終的には1780年イギリスの後援によるマイソールの藩王(マハラジャ)が勝利した．

産業からみると，南インドの商工業の中心であり，国際貿易港となっているが，近代工業面では，北インドの発展には及ばない．それでも綿工業や自動車工業，鉄道車両工業，石油精製工業，ガラス，マッチなど中小規模の都市型工業が興っている．また南インド最大の映画産業も発達している．商業面では南インド最大の商業都市である．旧ジョージタウンや南のマウントロードを中心に小売業や卸売業が集積し，古い商業形態のバザールも各所に存在する．港の機能も南インド最大で，商業港としてはムンバイ(ボンベイ)，コルカタ(カルカッタ)に次いで国内第3位の規模である．チェンナイ国際空港が市の南部にあり，インド国内各地に通じるほか，国際空港として，東南アジア，中近東，アフリカ，オセアニアなどに通じている．

おもな観光地は，町の発祥の地となったセントジョージ砦，その近くのイスラーム風の豪華な建物の高等裁判所，さらにその近くの喧騒を極めるバザールがある．ベンガル湾に沿ったコロマンデル海岸には美しいマリーナビーチがあり，チェンナイ大学や水族館，クイーンメアリーズ大学，サン・トメ聖堂などがある．やや西寄りのパンテオン道路沿いには，南インドの歴史や文化を一堂に集めた州立博物館，国立美術館などがある．市の南部には南インド特有の巨大なゴープラム(塔門)をもつヒンドゥー教の寺院カパーレーシュワラ寺院と，バルタサラティ寺院がある．また南インドを代表する古典舞踊バラタナーティヤムも必見である．　　〔北川建次〕

チェンナン自治州　黔南自治州　Qiannan　　中国

けんなんじちしゅう (音読み表記) /チェンナンプイ族ミャオ族自治州　黔南布依族苗族自治州 (正称)

人口: 397.0万 (2008)　面積: 26197 km²
気温: 16°C　　[26°15′N　107°31′E]

中国中南部，グイチョウ(貴州)省南部の自治州．南はコワンシー(広西)チワン(壮)族自治区に隣接する．1956年に黔南プイ(布依)族ミャオ(苗)族自治州が設立され，トゥーユン(都匀)市に州政府が置かれてきた．都匀，フーチュワン(福泉)の2県級市，リーポー(荔波)，グイディン(貴定)，ウェンアン(甕安)，トゥーシャン(独山)，ピンタン(平塘)，ルオディエン(羅甸)，チャンシュン(長順)，ロンリー(竜里)，ホイスイ(恵水)の9県，サントゥー(三都)自治県を管轄している．少数民族人口が6割弱を占めるが，最多数民族は漢族で，プイ族が全体の3割強，ミャオ族が1割強，スイ(水)族が1割弱を占め，トン(侗)族，ヤオ(瑶)族なども住む．管轄する12行政単位の半分が，第8次5カ年計画で国により貧困県に指定された．ユングイ(雲貴)高原から広西チワン族自治区の丘陵地帯へと移行する地域であり，北西の標高が高く，南東へ向かって標高が下がっていく．カルスト地形が随所で発達していて，山と丘陵の間をホンスイ(紅水)水系とリウ(柳)江水系の河川が流れ，風光明媚な景観が広がる．年平均気温は16°C前後で，降水量も例年1500 mmを超え，温暖で湿潤な気候に恵まれる．

産業分野ではリン鉱石の埋蔵量が多く採掘も盛んであり，それを原料にしたリン酸肥料の巨大な生産工場が域内にある．1960年代の三線建設期に沿海から移転してきた企業や工場の多くは，閉鎖されたか破産した．域内で漢方生薬が採取されるため，医薬品製造業が誘致された．おもな産業は農業であり，桐油，生漆，クルミ，キノコ類など森林資源の利用，タバコ，茶葉の栽培が行われている．観光開発への期待も大きいが，エスニックツーリズムでは隣接するチェントンナン(黔東南)自治州の方が人気を集めている．　　〔松村嘉久〕

チェンニン県　建寧県　Jianning　　中国

人口: 12.2万 (2015)　面積: 1705 km²
気温: 16.8°C　降水量: 1822 mm/年
[26°50′N　116°50′E]

中国南東部，フーチェン(福建)省中西部，サンミン(三明)地級市の県．ウーイー(武夷)山脈の中段に位置する山間地の県．県政府所在地は濉渓鎮．省最大の川であるミン(閩)江の源流地がある．宋の建隆元年(960)に建寧県として設置された．贛(チャンシー(江西))語圏に属する．ハスの実の産地として知られ，竹，米，キノコ，タバコ，キウイやナシなどの果実の産出量も豊富．工業では，全国有数の包装紙の輸出産地として知られる．ユネスコの世界ジオパークに登録され

チェンナイ(インド),インド各地を結ぶ鉄道ターミナル,チェンナイ中央駅〔Madrugada Verde/Shutterstock.com〕

たニンドゥ(寧徳)地質公園に含まれる県内最高峰の金鐃山(標高1858 m),1000年以上の歴史を有する仏教古刹の報国寺,閩江源国立自然保護区などの名所がある. 　[許　衛東]

チェンニン自治県　鎮寧自治県　Zhenning

中国

チェンニンプイ族ミャオ族自治県　鎮寧布依族苗族自治県（正称）

人口：38.6万（2013）　面積：1713 km²
[26°03′N　105°46′E]

中国中南部,グイチョウ(貴州)省中部,アンシュン(安順)地級市の自治県. 県政府は環翠街道に置かれている. 総人口の4割強をプイ(布依)族,1割強をミャオ(苗)族が占める. 1963年に鎮寧プイ族ミャオ族自治県となった. 県域全体でカルスト地形が発達していて,鍾乳洞,地下河川,瀑布が多い. 県域には,かつて中国紙幣のデザインにも採用された黄果樹瀑布,大規模な鍾乳洞の竜宮など著名な観光名所があり,安順や省会グイヤン(貴陽)から日帰りツアーで訪れる観光客が多い. 農業中心の貧困県で観光に大きな期待を寄せるが,日帰り客が多いので地域経済への波及効果は限られている. 　[松村嘉久]

チェンバー県　鎮巴県　Zhenba

中国

人口：24.7万（2010）　面積：3407 km²
標高：425-2534 m　気温：13.8°C
[32°32′N　107°54′E]

中国中部,シャンシー(陝西)省南西部,ハンチョン(漢中)地級市の県. 県政府所在地は城関鎮. ターバー(大巴)山脈が東西に横断し,チャリン(嘉陵)江とハン(漢)水が南北を走る. 山地が多い. 北亜熱帯湿潤季節風気候に属し,無霜期間は236日. 森林資源と漢方薬草資源に富み,茶とシイタケ,キクラゲが特産物である. 竹林が有名で,トウモロコシ,ジャガイモ,稲,ナタネが主要な作物である. 　[杜　国慶]

チェンハイ区　鎮海区　Zhenhai

中国

人口：23.5万（2015）　面積：218 km²
[29°58′N　121°40′E]

中国南東部,チョーチャン(浙江)省,ニンポー(寧波)副省級市の区. 1985年に県から寧波市の区となった. 寧波東部の海岸にあり,海岸線は21.3 kmに達する. 変電所設備,プラスチック,機械,精密機器,自動車部品,通信設備,紡織,服装などの工業が行われ,外資系企業の工場が多く立地している. 製塩業は歴史がある. 寧波環状高速道路と甬船高速道路(寧波～チョウシャン(舟山))が交わる. 　[谷　人旭・小野寺　淳]

チェンパオ島　Zhenbao Island

中国

ダマンスキー島　Damanskiy, Ostrov（露語）/チェンパオ島　珍宝島　Zhenbao Dao（漢語）
面積：0.7 km²　[46°29′N　133°50′E]

中国北東部,ヘイロンチャン(黒竜江)省チーシー(鶏西)地級市に所在する島. ロシアと中国の国境を流れるウスリー川の中流域に位置する. ロシア語名はダマンスキー島. ロシア・ハバロフスクの南230 km,沿海地方ルチェゴルスクの西35 kmに位置する. 1860年には北京条約を結び,ロシアはウスリー川東岸を清国から獲得,現在の沿海地方がロシア領となったが,中州の帰属については両国の見解が分かれた. 1960年代の中ソ対立の下,69年3月には島の領有権をめぐって武力衝突が起き,国境紛争に発展した. 両国はそれぞれ領有権を主張し長年対立してきたが,1991年の中ソ国境画定協定で中国領とされた. 現在は黒竜江省鶏西地級市フーリン(虎林)県級市に属する. ロシア語名のダマンスキーという名前は,当地のシベリア横断鉄

道の建設に貢献した鉄道技師スタニスラフ・ダマンスキーの名からきている.　　[齋藤大輔]

チェンピ湾　Cempi, Teluk

インドネシア

面積：520 km²　　　[8°44′S　118°25′E]

インドネシア中部，小スンダ列島西部，スンバワ島，西ヌサトゥンガラ州ドンプ県の湾．湾の周囲では水稲や，大豆，トウモロコシ，ラッカセイ，ヤシなどが栽培されている．サーフスポットとして知られる．

[浦野崇央]

チェンピン県　建平県　Jianping

中国

人口：58万（2012）　面積：3191 km²
[41°23′N　119°41′E]

中国北東部，リャオニン（遼寧）省チャオヤン（朝陽）地級市の県．ヌルアルフー（努魯児虎）山脈に位置する．県政府はイエバイショウ（葉柏寿）鎮に置かれる．リャオ（遼）河の流域である北半は，東，北，西の3方を内モンゴル自治区と接する．県名は清朝末期にチェンチャン（建昌）とピンチュワン（平泉）の2県から分離置県された際に，それぞれの県名から1字をとって命名された．ヒマワリの種，ジャガイモの生産が盛んである．　[小島泰雄]

チェンピン県　鎮坪県　Zhenping

中国

人口：5.1万（2010）　面積：1502 km²
標高：540-2917 m　気温：12℃
降水量：1029 mm/年　　[31°53′N　109°31′E]

中国中部，シャンシー（陝西）省南部，アンカン（安康）地級市の県．陝西省の最南端に位置し，フーペイ（湖北）省とチョンチン（重慶）市に接する．県政府所在地は城関鎮．南江河が県を縦断し，山地が多い．標高は起伏に富み，植生の垂直分布が顕著である．北亜熱帯山地湿潤気候に属し，四季が明瞭である．無霜期間は243日，湿度は75%である．シイタケと漢方薬材の生産がおもな産業で，主要な作物はトウモロコシとジャガイモである．

[杜国慶]

チェンピン県　鎮平県　Zhenping

中国

人口：約105万（2015）　面積：1560 km²
[33°01′N　112°12′E]

中国中央東部，ホーナン（河南）省南西部，ナンヤン（南陽）地級市の県．南陽市街地の西に位置する．3街道，15鎮，4郷を管轄し，県政府は涅陽街道にある．日本の一村一品運動に相当する特産之郷の活動で玉彫刻の郷に認定されており，玉彫刻の生産，加工，販売で有名である．玉文化の歴史を展示している玉文化博物館がある．医学者の張仲景はこの地の出身である．　　　　　　　[中川秀一]

チェンフー県　建湖県　Jianhu

中国

人口：79.3万（2002）　面積：1140 km²
[33°28′N　119°49′E]

中国東部，チャンスー（江蘇）省中部，イエンチョン（塩城）地級市の県．里下河平原に位置し，通楡河，北塘河などが流れる．もともと管轄していた建陽，湖垛の2つの鎮の頭文字から名づけられた．1983年に塩城市に属することになった．3街道，11鎮を管轄し，県政府は塘河街道にある．農作物には小麦，稲，綿花，ナタネなどがあり，重要な食糧と綿の生産地である．養蚕と淡水漁業が発達している．特産物は花火と爆竹である．機械，化学肥料，紡績，農薬，印刷などの工業がある．観光スポットは朦朧古塔，漢墓群，陸秀夫記念館などである．　　　　[谷人旭]

チェンフォン県　貞豊県　Zhenfeng

中国

人口：41.0万（2012）　面積：1512 km²
[25°23′N　105°39′E]

中国中南部，グイチョウ（貴州）省南西部，チェンシーナン（黔西南）自治州の県．県政府所在地は珉谷鎮である．プイ（布依）族が総人口の4割，ミャオ（苗）族が1割弱を占め，コーラオ（仡佬）族，回族，ヤオ（瑶）族なども住む．同自治州が新設される1981年までは，プイ族ミャオ族自治県であった．交通網の整備が遅れた山岳地帯の貧困県である．カルスト地形が発達する中，県域東部をペイパン（北盤）江が南東へと流れる．金の採掘もされているが，農業中心の県である．サツマイモ，カショウ（花椒），ナシ，トウガラシなどが特産品である．　　　　　　[松村嘉久]

チェンホー県　剣河県　Jianhe

中国

人口：18.1万（2013）　面積：2176 km²
[26°44′N　108°26′E]

中国中南部，グイチョウ（貴州）省南東部，チェントンナン（黔東南）自治州の県．総人口の6割をミャオ（苗）族，3割強をトン（侗）族が占める．西部大開発の一環で，県域を流れる清水江に三板渓ダム発電所が建設されたため，総人口の1割に近い1.6万人が立ち退きにあった．県政府は2005年まで柳川鎮に置かれていたが，同発電所の建設に伴い，革東鎮へ移転された．農業と林業が中心の貧困県で，生産される電力は，ほとんどが他地域へと送られている．剣河のミャオ族とトン族の民族衣装は集落によって微妙に異なり多彩で，伝統的な祭りも魅力的なため，カイリー（凱里）やタイチャン（台江）から足を延ばす観光客が増えている．　　　[松村嘉久]

チエンマイ　Chiang Mai

タイ

人口：33.6万（2010）　面積：152 km²
[18°47′N　98°59′E]

タイ北部上部，チエンマイ県の都市で県都．首都バンコクの北東696 kmに位置する．町の中心は，チャオプラヤー川の4大支流の1つピン川の右岸（西岸）に広がる．都市機能の点で国内第2位の都市であるが，市街地面積が40 km²と狭いこともあり，人口はバンコクの1/25程度と少ない．

チエンマイ（新しい城壁都市の意）の歴史はバンコクよりもずっと古く，1296年にマンラーイ王が建設したことに始まる．メコン川沿いの都市国家（ムアン）チエンセーンの王であった彼が南下し，先住民族モン人国家のハリプンチャイ（現ラムプーン）などを征服した末，ピン川のほとりのこの地に新都を建設した．その後，マンラーイ王はさらに版図を広げてラーンナー（100万の水田）・タイ王国とよばれるようになり，チエンマイはその首都として繁栄した．14世紀から16世紀前半にかけて，ワットプラシン，ワットスワンドーク，ワットドーイステープ，ワットチェディールワンなど現在にまで残る有名寺院が多数建立された．しかし，16世紀半ばにラーンナー・タイ王国はビルマ（現ミャンマー）に敗北し，以後200年余りの間，おもにビルマ勢力の支配下に置かれた．その後，18世紀終わりにトンブリー王朝のタークシン王によるビルマ軍撃退に伴ってその属国となり，次いでトンブリー王朝に取って代わった現ラッタ

チエンマイ(タイ), 14世紀末の仏教寺院ワットドーイステープのチェーディー(仏塔)
〔Phuttiphong/Shutterstock.com〕

ナコーシン王朝の下でも属国としての地位に甘んじた. もっとも, その時代まではチエンマイは自律的な統治形態が認められていたが, 同王朝ラーマ5世の治世下で地方行政改革が進められ, 政治的には1894年に完全に現王朝に統合されるにいたる. 立憲革命後の1933年にチエンマイ県となった. チエンマイ市は同県県都の郡(ムアン郡)の一部である.

19世紀末頃までチエンマイを中心とするタイ北部には2つの主要交易路があった. 1つは中国の雲南やビルマのモーラミャインにつながる陸路で, 交易の担い手はタイヤイ族商人や一部のタイ人農民であった. それに対して, もう1つはバンコクとの間の河川航路で, 交易の担い手はチエンマイなどの地方都市に移住してきた華僑・華人商人であった. しかし, バンコクを起点とする鉄道北部線が1922年1月にチエンマイまで開通すると, タイ北部とバンコクとの経済的結びつきは決定的に強まり, バンコクの華僑・華人商人との間の取引関係や人的ネットワークを梃子にチエンマイでも華僑・華人商人が経済の主導権を握るようになった. さらに, サリット政権(1959〜63)以降の地域経済開発の下で, 幹線道路網とチエンマイ国際空港の建設・整備, タイ最初の地方国立大学であるチエンマイ大学の設立(1964), 中央行政機構の出先機関の集中的設置などの結果, チエンマイは経済的機能と政治・行政的機能の両面で北部における中心性をいっそう高めることになった.

1980年代終わりから90年代半ばにかけてバンコク首都圏を中心に起こった投資ブームは地方都市にも波及し, とりわけチエンマイ市では高層コンドミニアム, 高級ホテル, 近代的百貨店, 大型ディスカウントストアなどが乱立した. また, 1985年にチエンマイ市郊外(隣接するラムプーン県内)に工業団地が建設されたのをはじめ, おもに幹線道路沿いにエレクトロニクス産業や食品加工業などの工場が設立されるようになった. このように近年, 北部ではチエンマイ市にますます都市機能が集積し, それに伴ってチエンマイ市およびその周辺では, 交通渋滞, 水質汚濁・ゴミ問題, 地価高騰, 歴史・文化遺産や景観の破壊などさまざまな都市問題も発生している. また, チエンマイは観光資源が豊富で観光関連産業が発達していることも特筆すべき点である. 上記のように, チエンマイはバンコクを中心とする現王朝とは別系統の歴史をもち, 芸術, 寺院・仏塔, 料理, 服飾などの面において, タイとビルマの要素が融合した独自の文化をつくり上げてきた. この地方の言葉カム・ムアンも標準タイ語とは語彙や発音の点でかなり異なる. 木彫り, 銀細工, 絵傘, 絹織物, 山地少数民族の織物などの工芸品も豊富. 市内のチャーンクラーン通りで開かれるナイトバザールには毎晩多くの観光客がくり出す. 　　　　　　　　　　　　　〔遠藤 元〕

チエンマイ県　Chiang Mai, Changwat　　　　　　タイ

人口: 173.7万 (2010)　面積: 20107 km²
[18°47′N　99°00′E]

タイ北部上部の県. 県都はチエンマイ. 人口, 面積とも北部最大で, 県北端はミャンマーと国境を接する. 気候は首都バンコクに比べて冷涼で, とくに寒季(11〜2月初め)には市内でも1日の最低気温が10℃前後まで下がることがある. 県都チエンマイを除くと, 大半は田園地帯と山岳地帯とが広がる. 灌漑施設が発達しているチエンマイ盆地ではおもに稲作が行われ, 自給用のモチ米と換金用のウルチ米の栽培がみられる. 大豆, タマネギ, ニンニクなどの畑作, ラムヤイ(竜眼)をはじめとする果樹栽培なども盛ん. 山岳地帯にはさまざまな少数民族が居住し, 焼き畑耕作など粗放的な農業が行われている.

県内には古都チエンマイ以外にも観光地が多く, 東方郊外のサンカムペーン郡には工芸品の製造・販売店が集積し, 北方郊外のメーリム郡にはメーサー滝やゾウのキャンプ場, ラン園などが点在する. 西方郊外のステープ山(ドーイステープ)からはチエンマイ市内を一望できる. 県南部にはタイ最高峰のインタノン山(ドーイインタノン, 標高2565 m)がそびえる. 山岳地帯の少数民族の村には, 欧米人を中心に多くのトレッキングツアー客が訪れる. 　　　　　　　　　　　　　〔遠藤 元〕

チエンヤン区　建陽区　Jianyang
中国

建平 (古称) /タンチョン　潭城　Tancheng (別称)

人口: 30.8万 (2015)　面積: 3383 km²
気温: 18.1℃　降水量: 1742 mm/年
[27°22′N　118°02′E]

中国南東部, フーチェン(福建)省北部, ナンピン(南平)地級市の区. ウーイー(武夷)山南麓の建渓上流域に位置する. 区域の90%以上は丘陵と山地である. 別称はタンチョン(潭城). 区政府所在地は潭城街道. 後漢の建安10年(205)にチェンピン(建平)県として設置され, 西晋の太康3年(282)に建陽に改名した. 1994年に県級市となり, 2014年に区となった. ミンペイ(閩北)語圏に属する. 歴史上, とくに宋と元の時期に曜変天目茶碗に代表される高級陶器の産地として栄えていたが, 現在では林業や, タバコやキノコ栽培などが盛ん. 工業地帯を内陸に移した1960年代の三線建設期に, 開発促進地域に指定され, 国営企業を中心に食品, 化学, 機械工業も一時拡大した. また石墨, 硫化鉄, 金銀, 蛍石などの埋蔵量が豊富で, 鉱業もかなり発達している. 交通では横南鉄道(ホンフォン(横峰)〜南平), 浦南高速(プーチョン

1028 チエン 〈世界地名大事典：アジア・オセアニア・極Ⅰ〉

（浦城）～南平），国道205号が通じる．建陽は，閩窯（びんよう）ないし建窯（けんよう）の名で陶器を焼成した伝説的な産地として，また南宋の朱子学を創設した朱熹が晩年講堂を開き，儒学の復興を唱えて生涯を閉じた地としても知られる．建窯遺跡と講堂の遺跡である建陽考亭書院と朱熹の墓が名所である．

[許　衛東]

チェンヤン県　千陽県　Qianyang

中国

人口：12.4万（2010）　面積：999 km²
標高：710-1415 m　気温：10.9℃
降水量：677 mm/年　　[34°28′N 107°08′E]

中国中部，シャンシー（陝西）省南西部，パオチー（宝鶏）地級市北部の県．北はガンスー（甘粛）省と接する．県政府所在地は城関鎮．ウェイ（渭）河北部の乾燥した黄土丘陵に位置する．渭河の支流である千河によって，地形は山地，台地，沖積平野の3つの部分に分けられる．地勢は南西が高く，北東へ傾斜している．暖温帯半湿潤大陸性季節風気候に属し，無霜期間は197日．リンゴとクルミ，ナツメの栽培とともに，養蚕が盛んである．豊富な石灰石にもとづく建築材産業も発展している．

[杜　国慶]

チェンヤン市　簡陽市　Jianyang

中国

人口：105.2万（2015）　面積：2214 km²
　　　　　　　　　　　　[30°23′N 104°31′E]

中国中西部，スーチュワン（四川）省中部，チョントゥー（成都）副省級市の県級市．市政府所在地は射洪壩街道である．四川盆地西部の丘陵地帯に位置し，ロンチュワン（竜泉）山脈の東麓，トゥオ（沱）江の中流域にある．丘陵が市域の約90％を占める．気候は温帯夏雨気候で，冬の厳寒はないが，夏は高温多湿で過ごしにくい．秦代は蜀郡に属し，前漢代に牛鞞県が置かれ，555年，西魏は陽安県に改称，603年に簡州が設置され陽安県，平泉県，資陽県の3県を管轄したが，606年に簡州は廃された．唐の620年に簡州は再置された．明の1373年に簡州は簡県となったが，1513年にふたたび簡州となり，資陽県（清の1727年に資州となった）を管轄した．中華民国の1913年，州制廃止に伴い簡陽県が設置され，94年に県級市に改編されネイチャン（内江）市に属した．1998年，内江市よりツーヤン（資陽）地区に移管され，2016年5月にさらに成都市に移管された．

おもな農産物は米，小麦，綿花，ナタネ，サツマイモなどである．おもな工業は機械，紡績，化学，建材，食品加工であり，成都市に隣接することから工業などへの投資が活発である．成渝高速鉄道，成渝鉄道，成渝高速道路，成安渝高速道路，成都第二環城高速道路が市域を通過する．成都市と結ぶ地下鉄の建設が進む．人口の大部分を漢族が占めるが，回，満，ツァン（チベット），ミャオ（苗），イ（彝），プイ（布依）など18の民族が居住する．遊覧地に簡州白塔，三岔湖風景区などがある．

[林　和生]

チェンユワン県　鎮原県
Zhenyuan

中国

人口：50.9万（2002）　面積：3500 km²
　　　　　　　　　　　　[35°40′N 107°12′E]

中国北西部，ガンスー（甘粛）省東部，チンヤン（慶陽）地級市の県．チン（涇）河の支流である蒲河流域に位置する．西はニンシャ（寧夏）回族自治区に接する．元代に鎮原州が置かれ，明代に県となった．農業が主で，冬小麦，トウモロコシ，コーリャン，豆類，ゴマ，タバコなどを産する．特産物には黄花菜，山椒，キョウニン（杏仁）がある．レンガ，製紙，印刷，酒造，穀物加工などの工業が発展している．国道309号が県内を通る．

[ニザム・ビラルディン]

チェンユワン県　鎮遠県
Zhenyuan

中国

人口：26.9万（2013）　面積：1878 km²
　　　　　　　　　　　　[27°03′N 108°26′E]

中国中南部，グイチョウ（貴州）省南東部，チェントンナン（黔東南）自治州の県．1956年から58年まで州政府が置かれ，古来よりフーナン（湖南）省から貴州省へ入る水陸の交通の要衝として栄えた．県政府は舞陽鎮に置かれており，その旧市街地である鎮遠城は国家級の歴史文化名城である．地名は「辺境の遠い少数民族地帯を鎮圧する」からきている．漢族人口が最多であるが，総人口の5割弱を少数民族が占め，トン（侗）族，ミャオ（苗）族，トゥチャ（土家）族の順に多い．県城は1986年に国家級の歴史文化都市に指定され，おもに国内観光客からの人気を集めている．

[松村嘉久]

チェンユワン自治県　鎮沅自治県
Zhenyuan

中国

チェンユワンイ族ハニ族ラフ族自治県　鎮沅彝族哈尼族拉祜族自治県（正称）/ちんげんじちけん（音読み表記）

人口：20.9万（2010）　面積：4137 km²
　　　　　　　　　　　　[23°53′N 100°53′E]

中国南西部，ユンナン（雲南）省南西部，プーアル（普洱）地級市の自治県．1990年に鎮沅イ（彝）族ハニ（哈尼）族ラフ（拉祜）族自治県となった．県政府は恩楽鎮に置かれている．少数民族人口が5割強を占め，イ族，ハニ族，ラフ族や未識別民族などが住むが，漢族が多数派を占める地域である．山間地が総面積の9割を超え，標高の高低差の影響を受けるが，亜熱帯湿潤気候に属する．森林資源や金の埋蔵量が豊富であるが，絶対貧困人口の多い貧困県である．タバコ，サトウキビの生産が盛んである．

[松村嘉久]

チェンライ県　鎮賚県　Zhenlai

中国

ちんらいけん（音読み表記）
人口：約29万（2012）　面積：4695 km²
　　　　　　　　　　　　[45°51′N 123°11′E]

中国北東部，チーリン（吉林）省北西部，バイチョン（白城）地級市の県．県政府は鎮賚鎮に置かれる．県名は1947年にチェントン（鎮東）とライベイ（賚北）の2県の合併により命名された．ソンネン（松嫩）平原の西部，ネン（嫩）江の右岸に広がり，低平で湖沼が多く，湿地の保全を目ざしてモモグ（莫莫格）自然保護区に指定されている．一方で水田の開発が進められ，県域の1/3を占める草原では牧畜が行われる．

[小島泰雄]

チエンラーイ　Chiang Rai

タイ

人口：13.1万（2010）　面積：1216 km²
　　　　　　　　　　　　[19°55′N 99°50′E]

タイ北部上部，チエンラーイ県の都市で県都．首都バンコクの北785 km，メコン川の支流であるコック川沿いに立地する．県内の主要観光地であるメーサーイやチエンセーンへの玄関口である．歴史をさかのぼると，チエンセーンを拠点としていたマンラーイ王が1262年にコック川河畔に建設した新都であった．チエンラーイはタイ語でマンラーイ王の都を意味する．間もなくマンラーイ王の勢力は南下してラムプーンのハリプンチャイ王国を攻略し，1296年にはピン川河畔にチエ

ンマイ(新しい都の意)を建設して遷都した. マンラーイ王の王国はさらに版図を広げ, やがてラーンナー・タイ王国とよばれるようになる. 遷都後もチエンラーイは王の一族が統治していたが, ラーンナー・タイ王国が1558 年にビルマの支配下に入ってからはモン族の貴族による統治が 18 世紀終わりまで続いた.

タイ北部ラムパーンの支配一族出身のカーウィラ王は, 1774 年にトンブリー王朝タークシン王がビルマ軍との間でチエンマイを争った際に, チエンラーイを含むタイ北部の諸都市国家(ムアン)を束ねてタイ軍に加勢した. このときはビルマ軍撃退に成功しなかったが, つぎにラッタナコーシン王朝(現王朝)ラーマ 1 世の支援を受けてビルマ軍と戦った際には勝利し, 1781 年ラーマ 1 世よりチエンマイ王に任ぜられる. 1804 年カーウィラ王はビルマ軍の拠点となっていたチエンセーンを攻略し, チエンラーイをはじめ周辺の都市国家から捕虜として人民をチエンマイに連れ帰った. 廃墟と化したチエンラーイが復興したのは, 1843 年にラッタナコーシン王朝(現王朝)ラーマ 3 世によってチエンマイの属国とされてからである. その後, ラーマ 5 世時代の地方統治制度(テーサーピバーン)により 1894 年パーヤップ州が設置されたのに伴い, その一部として政治的に完全に統合された. チエンラーイ県となったのは 1910 年である. 市内にはランナー建築の仏教寺院が多数あり, 多くの観光客が訪れる. [遠藤 元]

チエンラーイ県　Chiang Rai, Changwat
タイ

人口：117.3万 (2010)　面積：11678 km²
[19°56′N　99°51′E]

タイ北部上部の県. 県都はチエンラーイ. 国内最北端に位置し, ピーパンナーム山脈を境にミャンマーと, メコン川などを境にラオスとそれぞれ国境を接する. おもな産業は農業で, 水田稲作が中心. その他, トウモロコシ, ショウガ, ニンニク, 大豆などの畑作, リンチー(ライチ)やラムヤイ(リュウガン)など北タイ特産の果樹栽培, 養豚・養鶏, 淡水魚養殖なども盛ん. また, 観光資源も豊富で関連産業も発達している. ミャンマーとの国境の町メーサーイは, 国境貿易の商人や観光客で賑わう. 古都チエンセーンには多くの遺跡があり, 郊外にはタイ, ミャンマー, ラオスの国境が接するゴールデントライアングル(黄金の三角地帯)がある. 県の 9 割が山岳地帯で名勝地も多く, ドーイルアン国立公園,

クンチェー国立公園などがある. また, 山岳地帯を中心に少数民族の比重が比較的高く, とくにアカ族, ヤオ族, フモン(メオ)族, ラフ族などが多い.

近年, 周辺諸国との間でメコン川流域地域開発が構想され, チエンラーイをはじめチエンマイ, ミャンマーのチエントゥン, 中国ユンナン(雲南)省のチエンルン(チンホン(景洪)), ラオスのチエントーン(ルアンプラバーン)の 5 つのチエン(城壁都市)が中核都市として位置づけられている. 構想の内容は二転三転しているが, すでにチエンセーンと景洪の間を河川航路が結び, 両国間で貿易や観光が行われている. 北西のチエンコーンとラオスのフエイサイとを結ぶメコン川における第 4 タイ・ラオス友好橋が 2013 年 12 月に開通し, 中国のクンミン(昆明)から陸路による移動・輸送が可能となった. [遠藤 元]

チエンリー県　監利県　Jianli
中国

人口：107.0万 (2015)　面積：3118 km²
[29°49′N　112°54′E]

中国中部, フーペイ(湖北)省, チンチョウ(荊州)地級市の県. 県政府はロンチョン(容城)鎮に所在する. チャン(長)江中流の北岸, チャンハン(江漢)平原にある. 河川と湖沼が密に分布し, 南に長江, 中央にネイチン(内荊)河(四湖総幹渠), 北の省境にトンチン(東荊)河が流れ, 河川と湖沼が密に分布している. 鉱産物は石油, 石膏, 岩塩などがある. 農作物は水稲, 綿花, ナタネ, 麻類などがあり, 水産物や豚, 家禽も多い. 豊富な天然資源や農産物が建材, 紡織, 食品などの工業の原材料として供給される. 監利長江港などの港があって水運が発達している. 随岳高速道路(スイチョウ(随州)～ユエヤン(岳陽))が通る. [小野寺 淳]

チオンシャン区　瓊山区 Qiongshan
中国

けいさんく (音読み表記)／チュンチョウ　府城 Qiongzhou (別称)

人口：49.0万 (2014)　面積：940 km²
気温：23.8℃　降水量：1815 mm/年
[19°48′N　110°24′E]

中国南部, ハイナン(海南)省北東部, ハイコウ(海口)地級市の区. 別称は府城である. 前漢武帝の元封五年(紀元前 110)に譚都県の一部として県制が開始された. 唐代の貞観元年(627)に築城を契機に瓊山県に改称された. 以降, チオンチョウ(瓊州)府(海南島)の

政治と文化の中心地として栄えた. 1994 年に市となり, 2002 年 10 月に瓊山区として海口市に併合された. 南北方向に流れる島内最大のナントゥー(南渡)江両岸の沖積平野は耕作に適し, 稲作, サツマイモや落花生やサトウキビなどの畑作が盛んである. 区政府所在地である府城には, 唐と宋の左遷大臣による海南島への大陸文化伝授の功績を称えてつくられた五公祠や, 清代に開設された当時の最高学府である瓊台書院など有名な文化遺跡があり, 現在では観光地としても賑わう.
 [許 衛東]

チオンチョウ海峡　瓊州海峡 Qiongzhou Haixia
中国

雷瓊海峡 (別称)／けいしゅうかいきょう (音読み表記)

長さ：80 km　幅：30 km　深さ：114 m
[20°10′N　110°15′E]

中国南部の海峡. ポーハイ(渤海)海峡, タイワン(台湾)海峡と並ぶ中国三大海峡の 1 つである. コワントン(広東)省レイチョウ(雷州)半島とハイナン(海南)島の間の水路で, 海南島の別称の瓊州にちなんで命名された. 東西約 80 km, 南北約 30 km, 最短距離は 18 km で, 最長は 33.5 km, 平均水深は 44 m である. 晩第三紀以降の地質断裂帯の陥没と沈降により, かつての地表面が沈下し海峡となった. 2015 年, 瓊州海峡をつなぐ計画の 3 案(橋案, トンネル案, 人工島による橋とトンネルの併用案)は審議の結果, トンネル案が採択された. 計画では全長 30 km, 総工費 1400 億人民元にのぼる貫通トンネルが 2018 年に着工, 23 年に完成する見通しである. 開設されれば, 旅客では 5600 万人, 貨物では 9400 万 t の年間需要が見込まれる.
 [許 衛東]

チオンチョン自治県　瓊中自治県 Qiongzhong
中国

けいちゅうじちけん (音読み表記)／チオンチョンリー族ミャオ族自治県　瓊中黎族苗族自治県 (正称)

人口：17.6万 (2014)　面積：2706 km²
気温：22.5℃　降水量：2445 mm/年
[19°03′N　109°50′E]

中国南部, ハイナン(海南)省中部の自治県. 中央山地に位置し, 県の政府所在地は営根鎮である. 先住民のリー(黎)族が人口の48.4%, ミャオ(苗)族が 6.4% (2014), 残りは国営農場で働く移住漢族が大部分である. ウーチー(五指)山(標高 1867 m)をはじめ,

1030　チオン

〈世界地名大事典：アジア・オセアニア・極Ⅰ〉

鵞歌嶺(1811 m), 黎母山(1412 m), 吊羅山(1290 m)など 1000 m 級の山が 52 もあり, 昼夜の気温差が 10℃を超える熱帯性山地気候が特徴である. 海南島三大河川のナントゥー(南渡)江, チャンホワ(昌化)江, ワンチュワン(万泉)河の源流もここにある. 穀物, 高原野菜, 天然ゴムと林業からなる第 1 次産業が経済の 6 割を占めている.　　　　　［許　衛東］

チオンハイ市　瓊海市　Qionghai

中国

琼琲県 (古称)／けいかいし (音読み表記)

人口：50.9 万 (2015)　面積：1692 km²
気温：24.0℃　降水量：2043 mm/年
　　　　　　　　　　　　　［19°12′N　110°28′E］

中国南部, ハイナン(海南)省東部の県級市. 市政府所在地は嘉積鎮である. 北端の省会ハイコウ(海口)市の南東 86 km, 南端のサンヤー(三亜)市の北東 163 km に位置する. 前漢時代に珠崖郡琼琲県として設置されてから 2000 年以上の歴史をもつ. 1958 年に瓊海県に名称変更, 92 年に市になった. 最大の河川は清流が多いワンチュワン(万泉)河(157 km). 年平均降水量が 2000 mm を超え, 典型的な湿潤熱帯気候に属する. 水利施設も整えられており, 1960 年代から集約的な二期作の水稲栽培が普及している. 1990年代以降, 観光業と港湾流通の勃興により, 新興都市に成長した. 中央部の竜湾港は南シナ海の主航路から約 100 km と近く, 大型船の停泊も可能なので, 国際海運中継地として有望視され, 港湾事業関連の開発資本の流入が著しい. 竜湾港の隣に, アジアの政治・経済首脳と文化人代表の定期会合の場として 2001 年に設置されたボーアオ(博鰲)アジア国際フォーラムの国際会議場がある. 会場へのアクセスとして, 2600 m の滑走路を有し A 320 や B 737 などの中型機が離着陸できる瓊海高雄国際空港が 2016 年 3 月に開港した. また, 海南島の中でも有数の華僑を送り出してきた地域で, 現在では海外に 55 万人が居住し, 華僑の投資も多い.　　［許　衛東］

チオンライ市　邛崃市　Qionglai

中国

きょうらいし (音読み表記)／チュンライ市 (別表記)

人口：61.8 万 (2015)　面積：1384 km²
　　　　　　　　　　　　　［30°25′N　103°28′E］

中国中西部, スーチュワン(四川)省, チョントゥー(成都)副省級市の県級市. 市政府は文君街道に所在する. 成都平原の南西部に位置し, 地勢は西高東低である. 市の西部は邛崃山脈の南部にあたり, 中部は丘陵地, 東部は成都平原へ続く. 南河(上流は西河)が紺江河を合わせて市域を東流し, 斜江河とともに岷江水系の蒲江に注ぐ. 高速道路の成名線(成都〜ミンシャン(名山))が中央部を縦貫し, 京昆線(ペキン(北京)〜クンミン(昆明))が東端を通過する. 古代から四川西部の工商業都市としてその名が知られていた. 農業は穀物, 搾油作物, 野菜などを生産し, 工業は食品や化学などが多い. 天然ガス, 石油, にがりの埋蔵がある. ジャイアントパンダが生息する天台山は, 国指定の風景名勝地区であり国立森林公園である.　　　［小野寺 淳］

チオンライ山　邛崃山　Qionglai Shan

中国

きょうらいざん (音読み表記)／チュンライ山 (別表記)

標高：6250 m　長さ：300 km　幅：150 km
　　　　　　　　　　　　　［31°06′N　102°54′E］

中国中西部, スーチュワン(四川)省中北部, アーバー(阿壩)自治州とヤーアン(雅安)市の一帯をまたぐように立地する山脈. 主峰のスーグーニャン(四姑娘)山は標高 6250 m である. ホントゥワン(横断)山脈の東部に立地し, 広義ではダートゥー(大渡)河とミン(岷)江の間における一帯を示す. 一方で狭義では, トゥーチャンイエン(都江堰)市からティエンチュワン(天全)市の地域より以西の, そして大渡河以東の山地を示す. 平均標高は約 4000 m であり, 5000 m を超えると氷河が確認できる. その標高は急峻な東部から西部に向かってゆるやかに下がっていく. また, 邛崃山は四川盆地と川西北高原の地理的境界線であり, 山の東部は農業が可能であるのに対し, 西部は半農半牧の農業がみられる. その他にも, 天然資源が豊富であり, ツガやトウヒなどの樹木や, 雲母, 石炭, 鉄などの採掘が行われている.　　　［石田　曜］

チーグー区　七股区　Cigu

台湾│中国

人口：2.3 万 (2017)　面積：110 km²
　　　　　　　　　　　　　［23°08′N　120°08′E］

台湾南西部, タイナン(台南)市の区. 台湾海峡沿岸部に位置する. 台南県に属していたが, 2010 年 12 月に台南市と合併し, 台南市七股区となった. 日本統治時代は製塩が盛んに行われていたが, 現在は衰退しており, 養魚池が多くみられるようになっている. 日本統治時代に設けられた製塩所は, 現在, 観光施設に転用されており, 各施設とも産業遺産として扱われている. ツェンウェン(曽文)渓の河口付近には生態保護区域が設けられており, 絶滅の危機にさらされているクロツラヘラサギなどの珍鳥が保育されている.　　　　　　　　　　　　　［片倉佳史］

チクマガルール　Chikmagalur

インド

人口：11.8 万 (2011)　　［13°20′N　75°46′E］

インド南部, カルナータカ州南部, チクマガルール県の都市で県都. 県の人口は 113.8 万, 面積は 7202 km² (2011). マイソールの北西 145 km に位置する. 県中央部には, カルナータカ州最高点(標高 1829 m)を含むババブダン山脈が連なる. コーヒー, 紅茶, カルダモンやコショウなどの香辛料の農園がババブダン山脈の西側のふもとに広がっている. チクマガルールには, これら農園で使用される肥料の生産工場が立地している. また, 米, 穀類, サトウキビ, ロープ, マットなどのココヤシ繊維製品の集散地でもある. 市内には堀を有する城跡, ドラヴィダ様式の建築物があるコダンダラマ寺院やカトリックのジョーセフ大聖堂がある.　　［南埜　猛］

チコ川　Chico River

フィリピン

面積：4550 km²　長さ：190 km
　　　　　　　　　　　　　［17°58′N　121°36′E］

フィリピン北部, ルソン島を流れる川. コルディリェラ山脈を水源とする. カガヤン川の支流の 1 つである. マウンテン州南部の標高 2000 m 地点が起点となり, 同州中央部, カリンガ州南部の山岳地帯を経て, カガヤン州にいたり, カガヤン川に合流する. 1970 年代には, マルコス政権が川に水力発電用のダム 4 基を建設するという計画を発表した. 山岳少数民族のうち, マウンテン州のボントック, カリンガ州のカリンガの合わせて 10 万人の集落が水没となる可能性があった(1995年, カリンガアパヤオ州はカリンガ州とアパヤオ州に分離した). ボントック, カリンガは計画に激しく抵抗し, 1986 年に発足したアキノ政権は計画を凍結した. 近年は生活用水や廃油などによる汚染もみられ, ボントック町役場, バギオやマウンテン州の非政府組織(NGO)が共同して, 川や土手の清掃に努めている. 川にはガチューという美味な魚もよく獲れる. ユネスコの世界遺産(文化遺産)

の棚田（ライステラス）が広がる山岳地帯をチコ川の急流が流れている. 　　　　［佐竹眞明］

チーシー県　績渓県　Jixi　中国

徽菜之郷, 徽厨之郷（別称）

人口：17.7万（2014）　面積：1126 km²
　　　　　　　　　　　　　　［30°04′N　118°35′E］

中国東部, アンホイ（安徽）省南東部, シュワンチョン（宣城）地級市の県. 東はチョーチャン（浙江）省に隣接する. 県政府はホワヤン（華陽）鎮に置かれる. 地形はおもに低山と丘陵からなり, 西部をホワン（黄）山の支脈が, 東部を天目山脈が走る. チャン（長）江水系とチェンタン（銭塘）江水系の分水嶺にあたり, 宣徽の脊椎とよばれる. 県内の最高地点は清涼峰で標高1787.4 m, 最低は南部のチーシー（績渓）盆地で臨渓鎮江村環村は125 mである. 亜熱帯季節風気候に属し, 四季が明瞭である. 漢代のショー（歙）県の地で華陽鎮と称し, 南朝時に梁は良安県を置いた. 唐代に歙県を分け績渓県が設置された. 宋代はホイチョウ（徽州）に, 元代は徽州路に, 明, 清時代は徽州府に属した.

県域の40％が森林で, マツヤニ, 漢方薬材（ロクジョウ（鹿茸）, ゼンコ（前胡）, ビャクジュツ（白朮）, トチュウ（杜仲）, シャジン（沙参）, ブクリョウ（茯苓）), 竹材, マツ, スギ, アベマキ, 茶油, 桐油, 漆, シュロ, 南京ハゼなどを産する. おもな農産物は米, 小麦, トウモロコシ, 大豆などで, 養蚕業が盛んである. 工業は絹織物, 化学肥料, 印刷, セメントなどが発達する. 皖贛鉄道が県内を縦貫し, 宣寧高速道路が通じる. 徽州文化発祥の地の1つで, とりわけ徽墨が有名である. 清朝初～中期の名墨匠の汪近聖, また乾隆年間から活躍した墨匠の胡開文も, 績渓県の出身である. 名所旧跡に竜川胡氏宗祠, 旺川太平天国壁画, 上庄胡適旧居などがある. 　　　　　　　　　　　　　　［林　和生］

チーシー市　鶏西市　Jixi　中国

人口：184万（2012）　面積：23040 km²
気温：3.5℃　降水量：500 mm/年
　　　　　　　　　　　　　　［45°18′N　130°58′E］

中国北東部, ヘイロンチャン（黒竜江）省東部の地級市. 石炭生産で知られる. 東と南はロシアと国境を接する. チェンパオ（珍宝）島では1969年に中ソ国境紛争が発生した. チーコワン（鶏冠）, ホンシャン（恒山）, ディタオ（滴道）, リーシュー（梨樹）, チョンツーホー（城子河）, マーシャン（麻山）の6区, フー

リン（虎林）, ミーシャン（密山）の2県級市, チートン（鶏東）県を管轄する. 市政府は鶏冠区に置かれている. 市名は鶏冠山の西に位置することにちなむ.

四季が明確で, 冬は長く寒冷で, 1月の平均気温は−20℃まで下がるが, 夏季7月の平均気温は20℃まで上がる. ワンダー（完達）山脈, タイピン（太平）嶺などの山地, ウスリー（烏蘇里）川支流のムーリン（穆棱）河とハンカ（シンカイ（興凱）湖の周辺の平野からなる. 農業は水稲, トウモロコシ, 大豆が生産される. 鶏西炭田は黒竜江省最大の炭田で, 良質の石炭を産する. 恒山区, 城子河区, 滴道区が主要な鉱区となっている. 関連するコークスの生産や石炭火力発電所, 採炭機械工業が発達している. またグラファイト（石墨）が多く産出され, アジア有数の産地となっている. 　　　　　　　　　　［小島泰雄］

チーシェン　吉県　Ji Xian　中国

吉郷, 吉昌, 北屈, 定陽（古称）

人口：10.8万（2013）　面積：178 km²　気温：10℃
降水量：580 mm/年　　　　［36°05′N　110°39′E］

中国中北部, シャンシー（山西）省南西部, リンフェン（臨汾）地級市の県. リュイリャン（呂梁）山脈南端, ホワン（黄）河に面している. 県名は北屈県, ディンヤン（定陽）県, チーチャン（吉昌）県, チーシャン（吉郷）県, 吉県と変わってきた. 3鎮, 5郷を管轄し, 県政府は吉昌鎮にある. 地形は北東部が高く南西部が低く, 複雑で起伏が多い. ガオティエン（高天）山は標高1820 mで最高峰. 無霜期間は175日. 小麦, アワ, トウモロコシ, コーリャン, 豆類が主要な農作物である. 黄河の滝である壺口瀑布は, 最大落差が34 mで有名な観光地である. 　　　　［張　貴民］

チーシェン　祁県　Qi Xian　中国

きけん（音読み表記）

人口：27.0万（2013）　面積：850 km²
降水量：440 mm/年　　　　［37°21′N　112°18′E］

中国中北部, シャンシー（山西）省中東部, チンチョン（晋中）地級市の県. タイユワン（太原）盆地南部, フェン（汾）河左岸に位置する. 6鎮, 2郷を管轄し, 県政府は昭余鎮にある. 南東部は山地で, 最高峰は標高2023 mである. 中部はホワントゥー（黄土）丘陵, 北西部は平野で, おもな食糧産地である. 無霜期間は170日. 小麦, アワ, トウモロコシ, 綿花のほかに, リンゴ, ナシ, モモ, カキも栽培されている. 省会太原市までも近

く, 同蒲鉄道が縦貫している. 　［張　貴民］

チーシェン　杞県　Qi Xian　中国

人口：約120万（2013）　面積：1243 km²
　　　　　　　　　　　　　　［34°31′N　114°46′E］

中国中央東部, ホーナン（河南）省北東部, カイフォン（開封）地級市東部の県. 8鎮, 13郷を管轄し, 県政府は城関鎮にある. 取り越し苦労をするという意味の杞憂は, 周代のこの地の人にちなんだ故事であり, 出典は『列子』である. また, 画題「文姫帰漢図」に描かれる, 数奇な人生を歩んだ後漢末の詩人, 蔡文姫はこの地の出身である. 「文姫帰漢図」はペキン（北京）市の頤和園長廊に描かれたものが知られる. 　　　　　　　　　［中川秀一］

チーシェン　淇県　Qi Xian　中国

きけん（音読み表記）

人口：26.9万（2012）　面積：567 km²
　　　　　　　　　　　　　　［35°37′N　114°12′E］

中国中央東部, ホーナン（河南）省北東部, ホーピー（鶴壁）地級市南部の県. 4街道, 4鎮, 1郷を管轄し, 県政府は朝歌鎮にある. 殷代に紂王が離宮をつくらせ, また, 紂王が最期を迎えた場所として知られ, のちに周公の弟が封ぜられ, 都を置いた. 鹿台遺跡, 酒池肉林遺跡など関連する史跡が多くみられる. 　　　　　　　　　　　　　　［中川秀一］

チーシェン県　集賢県　Jixian　中国

人口：32.0万（2012）　面積：2860 km²
　　　　　　　　　　　　　　［46°29′N　131°39′E］

中国北東部, ヘイロンチャン（黒竜江）省東部, ショワンヤーシャン（双鴨山）地級市の県. 南西部が丘陵であるほかは, サンチャン（三江）平原の平野が広がる. 県名は, 中華民国初年（1912）に県知事と有力者が命名した街路名にちなむ. 農業が主要な産業であり, 大豆の生産とその加工が盛んで, ほかにトウモロコシや米, テンサイの生産が行われている. 県政府のある福利鎮には農産物の大規模な卸売市場がある. 石炭も産出する.

　　　　　　　　　　［小島泰雄］

チーシーシャン自治県　積石山自治県　Jishishan
中国

チーシーシャンボウナン族トンシャン族サラ族自治県　積石山保安族東郷族撒拉族自治県（正称）

人口：22.9万（2002）　面積：910 km²

[35°43′N　102°50′E]

中国北西部, ガンスー（甘粛）省中部, リンシャ（臨夏）自治州北西部の自治県. ホワン（黄）河の南にある. 人口の約5割がボウナン（保安）族, トンシャン（東郷）族, サラ（撒拉）族, 回族に占められる. 1980年に臨夏県の一部を分離し積石山ボウナン族トンシャン族サラ族自治県が設立された. 県名は小積石山に由来する. 農業が主で, 小麦, トウモロコシ, ジャガイモ, ナタネなどを産する.

[ニザム・ビラルディン]

ちしまかいこう　千島海溝 ☞ クリル・カムチャツカ海溝 Kuril-Kamchatka Trench

ちしまれっとう　千島列島 ☞ クリル列島 Kuril Islands

チーシャ市　棲霞市　Qixia
中国

人口：61.3万（2015）　面積：2016 km²

[37°17′N　120°50′E]

中国東部, シャントン（山東）省東部, イエンタイ（煙台）地級市の県級市. 山東半島の中央部に位置する. 県の設置は金代阜昌2年（1131）にまでさかのぼる. 1995年に県級市となった. 市街地面積は8.7 km². 3街道, 12鎮を管轄し, 市政府は庄園街道にある. 地形の骨格は東部の牙山（標高805 m）と北西部の艾山（814 m）によって構成され, 低山, 丘陵, 平野はそれぞれ総面積の37%, 48%, 15%を占めている. 大理石, 滑石, 石灰岩, 花崗岩などの地下資源が豊富であり, 大理石の埋蔵量は4000万 m³で国内第3位, 省内第1位を誇る. 煙台林檎と落花生が特産物である. 高速道路, 国道204号および鉄道で周辺の主要都市にアクセスできる.

[張　貴民]

チーシャン区　旗山区　Cishan
台湾｜中国

Qishan（別表記）/ばんしょりょう　蕃薯寮（旧称）

人口：3.7万（2017）　面積：95 km²

[22°53′N　120°29′E]

台湾南西部, カオシオン（高雄）市の区. 高雄とピントン（屏東）の間を流れるカオピン（高屏）渓の上流に位置する. かつては蕃薯寮とよばれ, 河岸段丘の上にできた集落であった. バナナとサトウキビの栽培で知られていたが, いずれも第2次世界大戦後の高度成長期に衰退してしまい, 往時の様子はみるべくもない. しかし, 一面に広がるサトウキビ畑を目にすることは今もできる. 隣接して鼓山とよばれる小高い山があり, 公園となっている.

[片倉佳史]

チーシャン県　稷山県　Jishan
中国

高涼（古称）/しょくさんけん（音読み表記）

人口：35.4万（2013）　面積：684 km²

降水量：483 mm/年　[35°36′N　110°58′E]

中国中北部, シャンシー（山西）省南西部, ユンチョン（運城）地級市の県. リュイリャン（呂梁）山脈南端に位置する. 后稷が県南部の稷王山（標高1279 m）で農業を教えていた伝説がある. 隋の開皇18年（598）に県名を高涼県から稷山県に改めた. 無霜期間は220日. 小麦, アワ, トウモロコシ, 綿花, イタナツメなどを栽培している. 鉄鉱石などの地下資源が豊富である. 稷王廟や青竜寺などの観光地である.

[張　貴民]

チーシャン県　岐山県　Qishan
中国

人口：45.9万（2010）　面積：855 km²

標高：677 m　気温：11.9℃　降水量：628 mm/年

[34°22′N　107°39′E]

中国中部, シャンシー（陝西）省西部, パオチー（宝鶏）地級市北東部の県. 関中平原の西部, ホワントゥー（黄土）高原へ移行する地域に位置する. 北には岐山, 南にはチン（秦）嶺山脈がありウェイ（渭）河が流れる. 周王朝の発祥の地である. 9鎮を管轄し, 県政府は鳳鳴鎮にある. 地勢は南北が高く中央が低い. 渭河, 石頭河, 麦莉河, 漳水河など8つの河川が流れる. 暖温帯大陸性半湿潤季節風気候に属し, 無霜期間は214日である. おもな農産物は小麦, トウモロコシ, 水稲, 綿花, ナタネ, タバコ, トウガラシである. とくにトウガラシとニンニクが名産物である. 林地はおもに渭河以南に分布する. 祝家庄鎮塔児溝の石灰石は質がよく, 高級セメントの原料となっている. 工業は機械と自動車製造などを主とする. 青銅器が数多く発掘され, 青銅器の郷と称される. 周原, 五丈原, 周公廟などの遺跡がある.

[杜　国慶]

チーシュイ県　吉水県　Jishui
中国

人口：約51万（2010）　面積：2510 km²

[27°13′N　115°03′E]

中国南東部, チャンシー（江西）省中部, チーアン（吉安）地級市の県. ガン（贛）江が県内を縦貫する. 県政府は文峰鎮に置かれる. 京九鉄道と樟吉高速道路が県内をほぼ南北に, また撫吉高速道路が東西に通過する. 吉泰盆地に位置し, 丘陵が多いが, 贛江に沿って平原が広がる. 五代の南唐のときに廬陵県の一部を割いて吉水県が置かれた. 米の主産地の1つで, ショウガやジュート, 亜熱帯果物なども産する. 大東山, 石蓮洞, 桃花島など景勝地がある.

[林　和生]

チーシュイ市　赤水市　Chishui
中国

人口：31.0万（2013）　面積：1801 km²

[28°35′N　105°42′E]

中国中南部, グイチョウ（貴州）省北部, ツンイー（遵義）地級市の県級市. 市政府所在地は市中樞道である. スーチュワン（四川）省に隣接する漢族地帯である. 1990年に市制移行した. 域内を赤水河が流れ, 四川省のホーチャン（合江）でチャン（長）江と合流する. 市域はユングイ（雲貴）高原と四川盆地の境目にあたる. 長江の水運が利用できるため, 鉄道・道路交通網が発達する以前は, 中国全土と貴州省を結ぶ結節点として栄えた. 赤水河沿いに水力発電, 製紙, 造船などの産業が展開する. 竹林面積が7万 ha近くあり, 竹材やタケノコを産出するとともに, 竹材を使った家具や工芸品が特産品である. 近年は温暖な気候を生かして, 大都市向けの花卉や野菜を栽培する近郊農業も盛んになりつつある.

赤水河沿いの交易拠点であった丙安鎮は, 省が歴史文化名鎮に指定した. 2010年, 赤い堆積岩の断崖が特徴的な丹霞地形がユネスコの世界遺産（自然遺産）に登録されたが, 赤水市西部の赤水風景名勝区と赤水市東部の自然保護区がその登録対象となった. 中国南部で9件登録された中国丹霞の中でも, 赤水の景観美が随一であるとの評価もあり, 訪れる観光客が増えた.

[松村嘉久]

チシュティアーンマンディ
Chishtian Mandi

パキスタン

チシュティアンシャリーフ Chishtian Shareef
(別称)

人口：10.2万 (1998)　　　[29°48′N　72°52′E]

　パキスタン東部，パンジャブ州東南部の都市．バハーワルナガル県西部，県都バハーワルナガルの南南西43km，バハーワルプルの東北東120km，ムルターンの南南東140km，サトレジ川左岸に位置する．チシュティアンシャリーフともいう．地名はイスラーム教スーフィズムのチシュティ教団の名に由来し，反イスラーム教の部族との戦闘により殉教したチシュティ教団のシャイキ・タジュディーン・チシュティの聖廟ローザ・タージ・サーワールがあり，多くの巡礼者が訪れる．　　　　　　　　　　　　　　[出田和久]

チーショウ市　吉首市　Jishou
中国

ガンチョン県　乾城県　Gangcheng (旧称) /チーシュウ (別表記)

人口：31.3万 (2015)　面積：1078km²
　　　　　　　　　　　[28°16′N　109°42′E]

　中国中南部，フーナン(湖南)省，シャンシー(湘西)自治州の県級市で州都．市政府はガンチョン(乾州)街道に所在する．ミャオ(苗)族がおよそ4割，トゥチャ(土家)族が3割を占める．1952年にミャオ語に従って乾城から吉首に改名した．地形は低山および丘陵が主で，各支流が西，南，北より東流してユワン(沅)江の支流である武水に注ぐ．鍾乳洞が広く分布する．北西山地にはマツやスギなどの用材林が多く，南部丘陵には柑橘やアブラツバキなどの経済林が多い．桐油や漢方薬材の重要な産地でもある．農産物は水稲，トウモロコシ，ショウガ，サトウキビ，カラムシ，綿花，タバコなどがある．鉱産物には石灰石，リン，バナジウムなどがあり，工業は冶金，食品，医薬，建材などがある．焦柳鉄道(チャオツオ(焦作)～リウチョウ(柳州))が縦貫し，4省市(湖南，フーペイ(湖北)，グイチョウ(貴州)，チョンチン(重慶))の境界に近い立地から，卸売市場が多く物資集散地になっている．高速道路の杭瑞線(ハンチョウ(杭州)～ルイリー(瑞麗))や包茂線(ボグト(包頭)～マオミン(茂名))が交わる．名勝に堂楽洞や国指定の徳夯風景名勝地区がある．　　　　　　　　　　[小野寺淳]

チソンペット　Cisompet
インドネシア

人口：5.0万 (2010)　面積：172km²
　　　　　　　　　　　[7°33′S　107°47′E]

　インドネシア西部，ジャワ島西部，西ジャワ州ガルット県の郡．州都バンドゥンの南120kmに位置する．郡は11の村をもつ．北にチカジャン Cikajang 郡およびパケンジェン Pakenjeng 郡，東にチフリップ Cihurip 郡およびペウンデウイ Peundeuy 郡，西にチケレット Cikelet 郡およびパムンプック郡が立地する．人口密度は276人/km²．マンゴスチン，バナナ，クローブ，カカオ，ココヤシ，コーヒーなどの生産が盛んである．　　　　　　　　　　　　　　[浦野崇央]

チータイホー市　七台河市
Qitaihe
中国

人口：92万 (2012)　面積：6223km²
降水量：500mm/年　　[45°46′N　131°00′E]

　中国北東部，ヘイロンチャン(黒竜江)省東部の地級市．石炭生産で知られる．タオシャン(桃山)，シンシン(新興)，チエツーホー(茄子河)の3区と，ポーリー(勃利)県を管轄する．市政府は桃山区に置かれている．ワンダー(完達)山脈の末端に位置する低山丘陵地区であり，地勢は南東が高く，北西が低くなっている．冬は寒冷で1月の平均気温は−17℃であるが，夏は温暖で7月の平均気温は21℃である．市域の土地利用は農地と林地がそれぞれ4割となっており，農業はトウモロコシと大豆，水稲の生産が行われている．石炭生産は20世紀後半に開発が進み，市域に200あまりの炭鉱が分布しており，北東地域で最大のコークス用の粘結炭の生産地となっている．またコークス生産や石炭火力発電などの関連工業が発達している．新興区は人口22万(2012)，炭鉱と商業地区が並存する旧城地区であり，桃山区は人口同20万の新たにつくられた市街地である．茄子河区は人口同15万の新開の炭鉱都市である．　　　　　　　　　　　　[小島泰雄]

チータン県　志丹県　Zhidan
中国

保安 (旧称)

人口：14.0万 (2010)　面積：3790km²
気温：7.8℃　降水量：524mm/年
　　　　　　　　　　　[36°50′N　108°46′E]

　中国中部，シャンシー(陝西)省北部，イエンアン(延安)地級市の県．ホワントゥー(黄土)高原に位置する．県政府所在地は保安鎮．もとの地名は保安であったが，1936年に民族英雄にちなんで現名称に変更された．丘陵地形が特徴である．温帯大陸性気候に属し，無霜期間は142日．ソバ，アワ，アンズが特産品である．石油などの地下資源に富む．　　　　　　　　　　　　　[杜国慶]

チダンバラム　Chidambaram
インド

人口：6.2万 (2011)　　[11°25′N　79°42′E]

　インド南部，タミルナドゥ州東部，カッダロール県の都市．州都チェンナイ(マドラス)の南南西約200km，プドゥシェリー(ポンディシェリー)の南約60kmに位置し，両都市とは鉄道とバスで結ばれている．907～1310年の間，チョーラ朝の都が置かれ，タンジャーヴルやクンバコナムと繁栄を競うほどに栄えた．この時代に建設されたタミルナドゥ州を代表する大寺院群がある．その中でも，サバーナーヤカ・ナタラージャ寺院は13ha もの広大な敷地を有し，4層からなる方形の境内をもつ．寺院の主神であるナタラージャ(舞踏家の王の意)はヒンドゥー教の主神シヴァの別称であり，そのポーズは歓喜の踊りとよばれ，ドラヴィダ芸術の代表的作品である．4～5月と12～1月のそれぞれ10日間にわたる山車祭りがあり，また2月には全国の舞踏家が集まるナーティヤンジャーリ舞踏祭が催される．周辺は，肥沃なカーヴェリデルタであり，米の産地である．チダンバラムでは精米，搾油工業が発達している．博士課程を有する総合大学のアンナマライ大学がある．　　　　　　　　　　　　[南埜猛]

チーチー　集集　Jiji
台湾 | 中国

人口：1.1万 (2017)　面積：50km²
　　　　　　　　　　　[23°50′N　120°47′E]

　台湾中部，ナントウ(南投)県の町(鎮)．ジュオシュイ(濁水)渓の北岸にある．1999年9月21日に発生，2415人の犠牲者を出した台湾中部大震災(台湾では921大地震とよぶ)の震源地となった場所で，壊滅的な甚大な被害を被ったが，現在はすでに復興している．近隣には全壊した廟や倒れかかった送電塔などが震災の被害を伝えるモニュメントとして残されている．付近一帯はかつてはバナナの一大産地でもあった．気候や地質がバナナの栽培に適しており，香りのよさで知られる台湾バナナが日本や香港などに輸出されていた．現在は価格競争の結果，生産量を減ら

1034　チチハ 〈世界地名大事典：アジア・オセアニア・極Ⅰ〉

している．濁水渓沿岸地域ではグアバやドラゴンフルーツなどが栽培され，一面のフルーツ畑が眺められる．　　　　　　［片倉佳史］

チチハル市　斉斉哈爾市　Qiqihar

中国

人口：558万（2012）　面積：43000 km²
降水量：415 mm/年　　　［47°21′N　123°55′E］

中国北東部，ヘイロンチャン（黒竜江）省西部の地級市．西は内モンゴル自治区，南はチーリン（吉林）省に接する．チェンホワ（建華），ロンシャー（竜沙），ティエフォン（鉄鋒），アンアンシー（昂昂渓），フラルキ（富拉爾基），ニエンツーシャン（碾子山）の6区と，メイリス（梅里斯）ダフール（達斡爾）族区，ノーホー（訥河）市，そしてロンチャン（竜江），イーアン（依安），タイライ（泰来），ガンナン（甘南），フーユー（富裕），コーシャン（克山），コートン（克東），バイチュワン（拝泉）の8県を管轄する．市政府は建華区に置かれている．市名はダフール語で辺境の町を意味する．清朝前期にネン（嫩）江の東岸に城郭が築かれてから，北方の重要都市となってきた．20世紀前半には黒竜江省の省会であった．人口はほとんどが漢族で，少数民族は4%にとどまるが，満族，ダフール族，モンゴル族，回族，朝鮮族，エヴェンキ（鄂温克）族，キルギス（柯爾克孜）族の7民族などが暮らしてきた多民族地域でもある．ダフール語で氷を意味する梅里斯には民族区が設定されている．

市域の北西部はダーシンアンリン（大興安嶺）山脈の東麓，北東部はシャオシンアンリン（小興安嶺）山脈の西麓であり，丘陵と平地が交錯する．中部と南部はソンネン（松嫩）平原に属し，低平で沼沢が多い．北東から南西に向かって嫩江が貫流する．冬は長く寒冷で，1月の平均気温は−20℃に下がるが，夏は温暖で7月の平均気温は20℃を超える．おもに夏に雨が降るが，中南部は比較的乾燥している．工業は，1950年代の第1次5カ年計画に始まる古い工業都市として国有の機械金属工業が発達しており，大型機械を製造する中国第一重型機械など，民間と軍事の両用の企業が集まっている．また豊かな農牧業に支えられた食品工業も発達している．市域には松嫩平原の黒土地帯が広がり，穀物栽培と草原を利用した牧畜業が盛んである．作物でみるとトウモロコシが中心であり，水稲と大豆がそれに続き，テンサイも栽培されてきた．牧畜としては豚，羊，乳牛と肉牛が飼育されている．市街地の南東にあるジャロ

ン自然保護区は，ラムサール条約に登録された湿地で，タンチョウの生息地として知られる．このことからチチハルは鶴城ともよばれ，自然環境を生かした観光開発も進められている．

鉄鋒，建華，竜沙の3区が市街地を構成し，竜沙が政治経済の中心，建華は文教・工業地区，鉄鋒は工業地区となっている．昂昂渓は，ロシアの中東鉄道の駅を中心に発達したもので，区名はモンゴル語で狩猟場を意味する．市街地から離れたフラルキと碾子山の2区はいずれも工業都市として開発された．　　　　　　［小島泰雄］

チーチャン区　綦江区　Qijiang

中国

きこうく　（音読み表記）

人口：120.7万（2015）　面積：2748 km²
　　　　　　　　　　　［29°01′N　106°39′E］

中国中部，チョンチン（重慶）市南部の区．グイチョウ（貴州）省と境を接する．2011年にワンション（万盛）区と綦江県が合併して設立された．スーチュワン（四川）盆地とユングイ（雲貴）高原の接合部にあり，山地，丘陵地が広い面積を占める．峡谷に原生林が密生する黒山谷地区や，カルスト地形が発達し柱状石灰岩が林立する万盛石林地区などの自然環境を生かした観光地がある．農村生活をあざやかな色彩で描いた農民版画が有名である．川黔鉄道（重慶市〜貴州省）や蘭海高速道路（ガンスー（甘粛）省〜ハイナン（海南）省）が通る．　　　　　　　　　　　　［高橋健太郎］

チーチャン市　枝江市　Jijiang

中国

人口：50.2万（2015）　面積：1310 km²
標高：40−150 m　　　　［30°26′N　111°46′E］

中国中部，フーペイ（湖北）省，イーチャン（宜昌）地級市の県級市．市政府はマーチャディエン（馬家店）街道に所在する．1996年に県から市となった．チャン（長）江中流の北岸に位置する．チャンハン（江漢）平原にあって地勢は平坦で標高は40〜50 mだが，北西部の一部に100〜150 mの丘陵地がある．長江が南部を，チュイチャン（沮漳）河が東部の境界を流れ，域内の河川はすべて南流して長江に注ぐ．農作物は，水稲，小麦，綿花，ナタネなどがあり，柑橘やナシなどの果物や水産物も多い．工業は化学，紡績，建材，機械，食品を主とする．滬渝高速道路（シャンハイ（上海）〜チョンチン（重慶））が通じ，三峡空

港が近い．鉄道は焦柳線（チャオツオ（焦作）〜リウチョウ（柳州））が西部を縦貫し，滬漢蓉高速鉄道（上海〜ウーハン（武漢）〜チョントゥー（成都））が通じている．水運は長江を主とする．新石器時代の関廟山遺跡がある．　　　　　　　　　　　　　　　　［小野寺 淳］

チーチャン自治県　芷江自治県　Zhijiang

中国

しこうじちけん（音読み表記）/チーチャントン族自治県　芷江侗族自治県（正称）

人口：34.7万（2015）　面積：2095 km²
　　　　　　　　　　　［27°27′N　109°41′E］

中国中南部，フーナン（湖南）省，ホワイホワ（懐化）地級市の自治県．県政府は芷江鎮に所在する．人口の半数をトン（侗）族が占める．地勢はウーリン（武陵）山脈に属して周囲が高く，中央が盆地状であり，ユワン（沅）江の支流である㵲水が西から東へ貫流する．鉱産物には石炭，鉄，石灰石，耐火粘土，陶土などがある．林産物はスギ，マツ，クスノキ，孟宗竹，アブラツバキ，オオアブラギリがあり，白ロウや漢方薬材も産する．農産物は水稲，ナタネ，タバコなどがあり，柑橘類が特産である．工業は建材や食品などがある．滬昆鉄道，滬昆高速鉄道，滬昆高速道路（いずれもシャンハイ（上海）〜クンミン（昆明））が通る．㵲水は通年の航行が可能である．懐化芷江空港があり国内主要都市への便がある．　　　　　　　　　　　［小野寺 淳］

チーチュン県　蘄春県　Qichun

中国

蘄州，蘄陽，斉昌（古称）/きしゅんけん（音読み表記）

人口：77.7万（2015）　面積：2398 km²
　　　　　　　　　　　［30°14′N　115°26′E］

中国中部，フーペイ（湖北）省，ホワンガン（黄岡）地級市の県．市政府はツァオホー（漕河）鎮に所在する．歴史的にチーヤン（蘄陽），斉昌，チーチョウ（蘄州）ともよばれた．ダービエ（大別）山脈の丘陵部に属し，南部のチャン（長）江と中部の蘄水の沿岸は平野である．良質な石英石や大理石，花崗岩を産する．農作物には，水稲，小麦，綿花，ナタネなどがあり，特産に蘄春四宝と称される竹，ヨモギ，ヘビ，カメや，トチュウ（杜仲），コウボク（厚朴）など多種類の漢方薬材がある．工業は機械，化学，建材，紡織，食品などを主とする．鉄道の京九線（ペキン（北京）〜カオルーン（九竜））や滬渝（シャンハイ（上海）〜チョ

ンチン(重慶))高速道路が通り，長江の水運がある．『本草綱目』を著した李時珍の墓や横崗山森林公園がある． ［小野寺 淳］

チーチョウ区　薊州区　Jizhou　中国

けいしゅうく（音読み表記）/チーシェン　薊県 Ji Xian（旧称）

人口：86 万（2015）　面積：1593 km²
気温：11.4℃　降水量：600〜700 mm/年
[40°02′N 117°24′E]

中国北部，ティエンチン(天津)市の区．北部へ広がる天津市の最北部の区である．市域のほとんどが低湿な沖積平野である天津で，この区のみが唯一山地にかかり，イエン(燕)山山地の南麓，最高地点は九山頂で標高1078 m．北と東はホーペイ(河北)省，西は首都ペキン(北京)市と河北省，南はパオディ(宝坻)区に接する．薊州の薊は北京の古名でもあり，先秦時代に燕国は薊城を都にしていたというように北方では由緒のある地名である．唐代に薊州が置かれ，民国時代に薊県に改められ河北省に属した．1973 年，薊県として天津市に所属することになり，2016 年，薊州区と改称した．これで天津の行政区はすべて区になった．1 街道，25 鎮，1 民族郷(満族)を管轄する．人口のうち 81％が農業人口である．薊州の北の山地からは州河が流れ下り，薊運河に入って薊州から天津東部を潤す．この州河が山地から出るところに1960 年，于橋ダムが建設され，下流域の灌漑用水に用いられている．平野地帯の農作物はトウモロコシ，小麦，コーリャン，稲で，山間地帯ではクリ，クルミ，リンゴ，カキ，サンザシなどがとれ，天津市の果物の産地となっている．工業では紡績，セメント，化学肥料，醸造，印刷，服飾などの工場がある．天津市最大の盤山火力発電所は 2002 年に完成した．北部には八仙山国立自然保護区，古長城，黄崖関，北西には盤山風景区，独楽寺といった古跡がある． ［秋山元秀・柴 彦威］

チーチョウ区　冀州区　Jizhou　中国

きしゅうく（音読み表記）

人口：36.2 万（2010）　面積：918 km²
標高：21.5〜26.5 m　気温：12.7℃
降水量：510 mm/年　[37°34′N 115°33′E]

中国北部，ホーペイ(河北)省南部，ホンシュイ(衡水)地級市の区．古代以来の広域地名にちなむ．区政府は冀州鎮に置かれている．チーナン(冀南)平野北部のヘイロンカン(黒竜港)河流域にあり，地勢は平坦である．農

作物は小麦，アワ，トウモロコシ，綿花を主としており，国内有数の良質綿の生産地である．化学肥料，鋳造，機械加工，建材，ゴム製品，食品加工，紡績，化学工業などの工場がある．国道 106 号が通る． ［柴 彦威］

チーチョウ市　池州市　Chizhou　中国

人口：約 162 万（2013）　面積：8272 km²
[30°39′N 117°29′E]

中国東部，アンホイ(安徽)省南部の地級市．チャン(長)江南岸に位置する．市政府は貴池区（面積 2516 km²，人口約 65 万，2012）で，貴池区とトンチー(東至)，シータイ(石台)，チンヤン(青陽)の 3 県，1 開発区1 風景区を管轄する．市域は皖南山地北西部と長江中下流平原にまたがり，南部は山地，中部は丘陵，北部は平原と地形区分が明瞭である．唐代の武徳 4 年(621)に池州が置かれ，2000 年に池州地区と貴池市を合併して池州市が設置された．

平原では米，小麦，綿花などを主とする農業と水産養殖業が盛んで，また山地では木材，タケ材が豊富で養蚕業も盛んである．豊富な地下資源を原料とした冶金・金属加工業，建材業のほか，食品加工業，紡績業などが発達している．池州港は長江本流の重要な河港の 1 つで，3000〜5000 t 級の船舶が着岸可能な埠頭が 28 ある．寧安城際(都市間)高速鉄道と銅九鉄道，滬渝高速道路が通る．景勝地に九華山風景区，牯牛降自然保護区，升金湖自然保護区，九子岩風景区，秋浦河，杏花村などがある． ［林 和生］

チーチョン県　赤城県　Chicheng　中国

人口：29.0 万（2010）　面積：5286 km²
標高：500〜2300 m　気温：5.7℃
降水量：500 mm/年　[40°54′N 115°49′E]

中国北部，ホーペイ(河北)省北西部，チャンチャコウ(張家口)地級市の県．県政府は赤城鎮に置かれている．冀北山地の丘陵にあり，谷が縦横に延び，東猿頂，海陀山などの険しい山が連なる．北西が高く，南東は低い．白河，黒河，紅河が流れる．1 月の平均気温は −11.7℃，7 月は 20.9℃．農作物はトウモロコシ，アワ，ジャガイモ，エン麦を主としている．森林面積が 30.2％を占めており，カバ，マツ，ヤナギ，ダン，イスなどが生育する県の主要な林業地帯となっている．鉱物は鉄，蛍石，金，石炭，石灰石，大

理石などがある．セメント，鉄，金，セメント建材などの工場がある．国道 112 号が通る．古跡には赤城温泉，明代の長城がある． ［柴 彦威］

チーチン県　織金県　Zhijin　中国

人口：113.3 万（2012）　面積：2868 km²
[26°40′N 105°46′E]

中国中南部，グイチョウ(貴州)省北西部，ピーチエ(畢節)地級市の県．県政府は文騰街道に置かれている．ミャオ(苗)族，イ(彝)族，プイ(布依)族などが住むが，未識別民族が 2000 年センサスで 24 万人もいる少数民族地帯である．県域各地でカルスト地形が発達していて，鍾乳洞が多く織金洞などは観光客を集めている．西部大開発の下，水力発電所が建設され，石炭の採掘場も多い．キヌガサダケの産地としても有名．文昌閣，財神廟などの文化財が残る旧市街地は，省が歴史文化都市に選んだ． ［松村嘉久］

チーツォ県　鶏沢県　Jize　中国

人口：27.2 万（2010）　面積：337 km²
気温：13.1℃　降水量：542 mm/年
[36°44′N 114°43′E]

中国北部，ホーペイ(河北)省南部，ハンタン(邯鄲)地級市の県．県政府は県南の鶏沢鎮に置かれている．河北平野のヘイロンカン(黒竜港)河の流域にある．地勢は平坦で，南西が少し高い．東部は滏陽河，青総干水路，中部は留壘河，西部は洺河が流れる．地名は沼沢が多く，鶏と鴨が飼育しやすいことからつけられた．農作物は小麦，トウモロコシ，綿花を主としている．特産品はトウガラシである．機械，紡績，建材，醸造，食品，トウガラシ加工の工場がある． ［柴 彦威］

チッタゴン　Chittagong　バングラデシュ

イスラマバード　Islamabad（古称）/ポルトグランデ　Porto Grande（古称）

人口：258.2 万（2011）　面積：168 km²
降水量：2000 mm/年　[22°20′N 91°50′E]

バングラデシュ南東部，チッタゴン管区，チッタゴン県の都市で県都．首都ダッカに次ぐ国内第 2 位の人口をもつ国内最大の港湾都市である．ダッカの南東約 217 km，西にベンガル湾を臨み，東約 80 km でミャンマーとの国境にいたる．都市圏人口は 400 万人(2011)である．チッタゴン丘陵に源を発す

1036　チツタ

〈世界地名大事典：アジア・オセアニア・極Ⅰ〉

るカルナフリ川河口から12km遡った右岸，シタンクンド丘陵の末端に主要市街地は位置し，市内の最高地点は85mである．カルナフリ川の河口はエスチュアリー（三角江）になっており，十分な水深があるため，港では大型船舶，タンカーが埠頭に直接接岸できる．高温湿潤で弱い乾季がある熱帯モンスーン気候が卓越する．

　古くからの南インドにおける国際港湾都市であり，9世紀以降，アラブやインドの商人がたびたびこの地に訪れて交易を行い，アッバース朝の首都バグダッドとの間に航路が形成されていた．多くのスーフィ（イスラーム神秘主義者）がこの地を訪れ，宗教文化にも強い影響を与え，国内のイスラーム文化の一大中心地となっている．13世紀にはショナルガオンのスルタンがこの地を征服し，中国，スマトラ，モルディヴ，スリランカ，中東・アフリカを結ぶ国際海洋交易ネットワークが完成する．1528年，ポルトガルの探検家ヴァスコ・ダ・ガマがインドのカリカット（現コジコーデ）に到着して以後，ベンガルのスルタンはポルトガル人の居留地を認めた．彼らはポルトグランデとよび，ゴアとマラッカの中間地点の貿易港として栄える．ポルトガル人は武力を背景に，隣接するアラカン王国と結託して，貿易の覇権を奪い，カトリックの布教や，治安の悪化を利用して略奪行為を行った．現在もフィリンギーとよばれるポルトガル人の子孫がチッタゴンに居住し，カトリックの信仰を守っている．ムガル帝国期には，イスラマバードと改称された．その後，イギリス東インド会社が勢力を伸ばすと，チッタゴンはベンガルの重要港となった．

　国内における最大の工業地域であり，国内の工業生産額の約4割，国際貿易の8割を占める．証券取引所は国内最大のもので，700以上の大会社が集まり経済の中心となっている．市内のアグラバード地域が中心商業地区で，多くの大企業のビルが集まる．チッタゴン輸出加工区，カルナフリ輸出加工区の2つが沿岸部に位置している．かつてはジュート工業が中心で，インドのアッサム地方の一部であったシレット地方の茶の輸出港であったが，現在は石油精製・備蓄，鉄鋼，造船および船の解体修理，化学，薬品，ガラス，繊維，皮革，製油，製紙（地元の竹を原料とする）などの工業が盛んで，その多くは海岸部に立地する．

　現在のチッタゴン港は機械や鉄鋼，石油などを輸入する国内最大の貿易港で，インド北東部やミャンマー，ネパール，中国南部への

物資の積替地でもある．軍にとっても重要基地となっている．古くからの国際交流の影響で，チッタゴンのベンガル語はアラビア語やペルシア語，ポルトガル語，英語が混ざった特異な方言となっている．

　市内にはムガル帝国時代のアンデルメカ・ジャーメモスク，チャンダンモスク，シャーヒ・ジャーメモスクなどがある．ベンガル最古のカトリック教会や，大規模な仏教寺院，ヒンドゥー教寺院も多い．高等教育機関としては，チッタゴン大学（1966設立），チッタゴン工科大学（1968）がある．とりわけ，チッタゴン生まれで，チッタゴン大学の経済学教授であったムハマッド・ユヌス（1940-）は担保なしのマイクロ融資を女性や土地なし農民に行うグラミン銀行を設立し，貧困緩和に貢献した．その業績により2008年にはノーベル平和賞を受賞している．

　カルナフリ川河口にはシャーアマーナト国際空港があり，ダッカをはじめ国内各地や東南アジア・インドの主要都市を結んでいる．国道は国内最重要幹線のアジアハイウェイでもある1号がチッタゴンとダッカを結んでいる．鉄道はイギリス植民地時代の1865年に早くもクミッラとダッカを結び，さらに茶の輸送のためベンガル・アッサム鉄道も92年に開通している．現在もダッカ・チッタゴン線は国内の最重要幹線である．　　［野間晴雄］

チッタゴン丘陵　Chittagong Hill Tracts

バングラデシュ～ミャンマー

面積：13000 km²　　　［22°39′N　92°12′E］

　バングラデシュ南東部，チッタゴン管区の丘陵．面積は国土の約1/10を占め，標高は1000m前後である．カルナフリ川の水源域でもあり，発電用ダムが建設され，その周辺は行楽地になっている．1984年までには1つの県を形成していたが，現在ではランガマティ，バンダルバン，カグラチャリの3丘陵県に分割された．もとはマホガニーなど有用樹種も生育する森林が多かったが，タバコ栽培や過度の焼畑耕作によって深刻な土壌侵食，植生破壊が進行している．インドおよびミャンマーとの国境地帯であり，ヒマラヤ山系の延長部にあたる．住民は焼畑耕作（ジュム）を営む先住民（ジュマ）が多数を占め，ベンガル人が少ない．チッタゴン丘陵人民連帯連合協会（PCJSS）が，1973年以来バングラデシュ陸軍との戦闘状態に入ったが，休戦協定が結ばれた．しかし，ISLEやタリバンなどイスラーム原理主義勢力が潜伏していると

いわれる．　　　　　　　　　［野間晴雄］

チッタランジャン　Chittaranjan

インド

ミヒジャム　Mihijam（旧称）

人口：3.9万（2011）　面積：20 km²
［23°52′N　86°52′E］

　インド東部，ウェストベンガル州バルダマン県の都市．ダモダル川流域に発達するインド東部最大のアサンソル・ドゥルガプル工業地帯に位置する．製鉄・機械工業が盛んなアサンソルの北西32kmにある．かつてミヒジャムとよばれた田舎町にすぎなかったが，独立後に国営機関車製造工場が立地したことで，工業都市として発達した．

　独立後の1948年3月に，国営機関車製造会社の工場建設工事が1.4億ルピーの経費を投入して始まった．当時の工場，従業員宿舎など関連施設の建設のために開発された面積は7km²と小さかった．しかし，計画道路と湖を配したすばらしい都市計画は，独立後の初期のモデル工業都市と評判になった．町には従業員宿舎が9131世帯分，ベッド数200の病院，7つの保健センター，市場が7カ所ある．第1号の蒸気機関車は，独立記念日の1950年1月26日に完成した．地名は，ベンガル地方出身で独立運動の闘志の1人，デシュバンドウ・チッタランジャン・ダスの名前からとられた．町の駅の名前も，工業都市の発展に伴い，旧名ミヒジャムからチッタランジャンにかえられた．蒸気機関車（5タイプ）は，製造開始以来2351台を生産し，1973年度で終了した．また，ディーゼル機関車（7タイプ）は，1968年から842両を生産し，93年度で生産を停止した．1961年に製造を開始した電気機関車は，いまも製造を続けている．1999年には，営業速度160km，最大時速200kmの高速電車の開発にも成功した．いまや，国を代表する電気機関車と電車を製造する重要な工業都市に成長している．　　　　　　　　　　［中山修一］

チットール　Chittoor

インド

人口：15.4万（2011）　　［13°13′N　79°06′E］

　インド南部，アンドラプラデシュ州南部，チットール県の都市で県都．チットール県の人口は417.4万，面積は1万5152 km²（2011）．デカン高原にあり，県の北西部には東ガーツ山脈の南支脈が横切っている．チェンナイ（マドラス）の西154kmでベンガル

ール (バンガロール) の東 165 km と両都市の
ほぼ中間地点にある. また県内は国道 4 号や
鉄道など交通網が発達している. 1884 年ま
でイギリス軍の駐屯地が置かれていた. 米,
ミレット, サトウキビ, 綿花の生産が行われ
ている. また染料植物や香木の栽培も行われ
ている. 市内には, 穀類, サトウキビ, 豆類
の市場が立地している. 工業は農産物加工業
が中心であり, 搾油工場ならびに精米工場が
立地し, シルクの製糸業も盛んである.

[南埜 猛]

チットールガル　Chittaurgarh

インド

チットール　Chittor (別称)

人口:11.6 万 (2011)　面積:28 km²
[24°54′N　74°42′E]

インド西部, ラージャスターン州南部, チ
ットールガル県の都市で県都. チットールガ
ル県の人口は 154.4 万, 面積は 7822 km²
(2011). ウダイプルの北東 105 km に位置
する. 8 世紀から 16 世紀の間, メワール王
国の都が置かれていた. 高さ約 180 m の丘
の上に小豆色の城壁に囲まれたチットールガ
ル城塞がある. 城内には, 博物館として利用
されているラーナー・クンバ宮殿, ファティ
ー・プラカーシュ宮殿のほか, 見事な彫刻が
施されている高さ 37 m, 9 階建ての「勝利
の塔」やジャイナ教徒によって建てられた高
さ 22 m, 7 階建ての「名誉の塔」がある.
城塞の西に市街地が広がっている. チットー
ルガルでは, 石灰岩, 鉛, 銅が産出する. 主
要農産物はトウモロコシ, 小麦, ミレット
類, 豆類, サトウキビ, 綿花である. またア
ジメール, ウダイプルと鉄道で結ばれる交通
の要衝であり, 綿花, ミレット, トウモロコ
シの集散地である. チャンバル川での水力発
電所からの電力を利用し, 大規模なセメント
工場や製糖工場などが立地している.

[南埜 猛]

チートイ県　治多県　Zhidoi

中国

人口:3.4 万 (2015)　面積:80200 km²
[33°52′N　95°36′E]

中国西部, チンハイ (青海) 省ユィーシュー
(玉樹) 自治州の県. チベット高原東部に位置
し, クンルン (崑崙) 山脈とホフシル (可可西
里) 山脈の標高 5000〜6000 m 級の山々が県
北部に連なる. シンチャン (新疆) ウイグル
(維吾爾) 自治区とシーツァン (チベット, 西
蔵) 自治区と境を接する. チャン (長) 江源流

の 1 つであるチュマル河, および長江上流部
のトンティエン (通天) 河が流れる. 県北部に
山脈越えの要衝である崑崙山口 (標高 4767
m) があり, 青海省と西蔵自治区を結ぶ青蔵
公路と青蔵鉄道が通る.

[高橋健太郎]

チトラドゥルガ　Chitradurga

インド

チトラドゥルグ　Chitradurg (旧称)

人口:14.0 万 (2011)　面積:22 km²
降水量:586 mm/年　[14°14′N　76°24′E]

インド南部, カルナータカ州中部, チトラ
ドゥルガ県の都市で県都. 州都ベンガルール
(バンガロール) の北西 193 km に位置する.
北西から南東に走る国道に沿い, 主要鉄道か
らの引込み線も利用できる交通の要衝にあ
る. 周辺はトゥンガバドラ川の支流域で, 標
高 300〜900 m の丘陵地域である. サトウキ
ビ, 綿花, ラッカセイ, ココナッツ, タバ
コ, バナナなどが生産され, マンガン, 銅も
産出し, それら農・鉱産物の取引中心地であ
る. 工業生産は軽工業品に限られ, 綿繰り,
金細工, 革製の履物製造などがある. 歴史的
に重要な遺跡にも恵まれており, 町の西部に
は仏教勢力下の 2 世紀頃の貨幣が発見された
古代都市チャンドラバリが, また南部には
1770 年代強大な権力を誇ったマイソール王
国の支配者ハイダル・アリ・カーンのつくっ
た城塞がある.

[中山晴美]

チトラル　Chitral

パキスタン

人口:3.1 万 (1998)　標高:1520 m
[35°50′N　71°46′E]

パキスタン北西部, カイバルパクトゥンク
ワ州北端チトラル県の町で県都. 北はアフガ
ニスタンと国境を接する. ヒンドゥークシュ
山脈の最高峰ティリチミール山 (標高 7706
m) のふもと, チトラル川の西岸に位置し,
古代以来アフガニスタン北部 (古代バクトリ
ア) やタリム盆地からガンダーラ盆地への,
そしてアフガニスタン東部のジェララバード
からの交易ルート上の要衝であった.

雑穀や果実, 繊維製品の集散地で, 市場町
である. 1969 年までは藩王国があり, その
首都でもあった. 東はギルギットで, 河谷を
南西に下るとアフガニスタンのジェララバー
ドへと通じる. 河谷を北東に約 120 km 上る
とマスツージに通じ, さらにそこから東はギ
ルギットへ通じる. 南西にはチトラル (クナ
ール) 渓谷を下ってアフガニスタンのジェラ
ラバードへと通じ, 年中利用できるルートが

あり, カーブルをはじめ南や西の要地へと通
じる. しかし, パキスタンとアフガニスタン
の国境が閉鎖されているため, ほとんど利用
できない. 標高 3200 m のロワライ峠を越え
て, 南約 365 km で州都ペシャーワルに通じ
るルートが国内中心部へ通じる唯一の自動車
道路であるが, 積雪時は通行止めになる. ペ
シャーワルから空路が通じている. また, 標
高約 3720 m のシャンドゥール峠を越えて約
400 km でギルギットにいたるルートもあ
る. なお, このシャンドゥール峠付近は毎年 7
月にチトラルとギルギットの間でポロの対抗
試合が行われることで知られる. [出田和久]

チトラル県　Chitral District

パキスタン

人口:31.9 万 (1998)　面積:14850 km²
[35°50′N　71°46′E]

パキスタン北西部, カイバルパクトゥンク
ワ州北端の県. 県都はチトラル. 北はアフガ
ニスタンと国境を接する. 東はギルギットバ
ルティスタン州, 南はアッパーディール県と
スワート県に接する. ヒンドゥークシュ山脈
と渓谷の地方で, 主谷のチトラル・マスツー
ジ渓谷は長さ約 320 km に達する. 標高
6000 m 級の高峰に囲まれ, 最高峰は 7706
m のティリチミール山である. チトラル (ク
ナール) 川は南西流しアフガニスタンに出る
ので, 南の国内各地へは峠を越えなければな
らない. 気候は, チトラルの町では, 夏は最
高気温が 36℃ に達することもあるが, 夜は
20℃ くらいまで下がり, 冬は最低気温が氷
点下になる. 春は月平均降水量が 100 mm
前後と多いのに対して, 秋は 20 mm 前後と
少なく快適である. 河岸段丘や扇状地では小
麦やトウモロコシ, 大麦, 米などが栽培さ
れ, 人口の約 9 割は農業に従事しているが,
大部分は経営規模が 2 ha 未満と小規模であ
る.

旧マラカンド管区に属し, かつての藩王国
でもある. コーワル語 (チトラル語) が, ヤシ
ーンやギルギットやスワートの各地で話され
る. 2 世紀にクシャン朝の支配下に入り, さ
らに 11 世紀にはイスラーム化し, アガハー
ンに率いられたイスマーイーリー派も多い.
かつてチトラルはダルディック (ダルド語群)
の自治体の中で最大かつ最も裕福であり, 独
立した王国とみなされた. チトラルを支配し
たカツール朝は, ティムールの末裔と主張す
るシャー・カツール (1585-1630) によって創
始され, イギリス統治期を通じて, 1969 年
7 月 28 日にパキスタンに併合編入されるま

で自治国として存続した．チトラルの町の下流15 kmほどにあるアユーンの西(つまりチトラルの南西)に位置する3つの隔絶された河谷には，非イスラーム教徒で，アレクサンドロス大王の遠征軍兵士の末裔というカラシュ人が居住することでも知られ，カフィリスターン(異教徒の国)ともいわれている．

［出田和久］

チトワン国立公園　Chitwan National Park　ネパール

ロイヤルチトワン国立公園　Royal Chitwan National Park (別称)

面積：932 km^2　標高：110–850 m

［27°29′N　84°18′E］

ネパール中部，ナラヤニ県(チトワン郡，マカワンプル郡，パルサ郡)とルンビニ県(ナワルパラシ郡)に広がる国立公園．首都カトマンドゥの南西約165 kmにあるラプティRapti盆地南部に位置する．同盆地を東西に流れるラプティ川周辺の河畔低地は，古くから王室およびラナ家の狩猟場として利用されてきた．1959年に当時のマヘンドラ国王によってラプティ川からマハバーラト山脈山麓までの175 km^{2}がマヘンドラ公園と指定され，63年にラプティ川南側がサイ保護区として画定された．1973年に，ラプティ川とその南側のチュリア山地にはさまれた932 km^{2}にわたる低地・丘陵地域が，ネパール初の国立公園に指定された．国立公園指定の際には域内の住民が集団移転させられた．

この国立公園の特徴は，歴史上の経緯から亜ヒマラヤシワリク帯の亜熱帯生態系がよく保存されている点にある．全面積の70%は，ティカウリとよばれるサラソウジュ(沙羅双樹)林によって占められるが，ラプティ川沿いの河畔林・湿地周辺の草原など多様な亜熱帯植生が残されている．ここには絶滅が危惧される一角サイ(インドサイ)やベンガルトラをはじめとする43種のほ乳類やベンガルショウノガン，オオサイチョウなど450種以上の鳥類，ガンジスワニなど45種以上のは虫類が生息する．公園周辺にはそれらの豊かな亜熱帯の自然生態系を堪能することを目玉としたホテルなどの観光施設が多く立地し，タイガートップあるいはジャングルサファリと称せられるゾウの背に乗って河畔草原を巡り，サイや，ベンガルトラ，ヒョウなどの猛獣を垣間見るエコツアーも盛んである．ヒマラヤを巡るトレッキングと並ぶネパール観光の目玉となっている．

1984年には，公園の周辺750 km^{2}を緩衝地帯として，加えてユネスコの世界遺産(自然遺産)に「チトワン国立公園」として登録された．緩衝地帯には入会林や私有地も含まれている．このため，政府は公園入園料の30～50%を地域社会開発のために再投資し，緩衝地帯における家畜の飼料採取などの活動について，周辺地域住民の意向を反映させながら過剰な利用を防ぐための管理を行っている．しかし，貴重種の密猟や違法な草刈りの報告例は後を絶たない．

［八木浩司］

チートン　Tri Ton　ベトナム

人口：13.3万(2009)　面積：598 km^2

［10°25′N　105°00′E］

ベトナム南部，メコンデルタ，アンザン省の県．西部にあり，北をカンボジア，西をキエンザン省に接する．省都ロンスエンの西45 kmに位置する．メコンデルタの低平地の中では特異的に標高500～700 m級の山が連なり，チャウドックの西5 kmにあるサム山を代表として山岳信仰の対象となっている．チートン水路はハウザン川と，キエンザン省ホンダット県を結ぶ．

［柳澤雅之］

チートン県　鶏東県　Jidong　中国

人口：29万(2012)　面積：3753 km^2

［44°51′N　130°41′E］

中国北東部，ヘイロンチャン(黒竜江)省東部，チーシー(鶏西)地級市の県．南東部はロシアと国境を接する．1964年に鶏西市とミーシャン(密山)県，ポーリー(勃利)県から分離して設けられた際に，鶏冠山の東に位置することから県名がつけられた．県政府は鶏東鎮に置かれる．県域は南と北が山地で，農業はムーリン(穆棱)河が東流する中部で行われ，水稲，大豆，トウモロコシがつくられている．鶏西炭田の一部である炭鉱で石炭が産出され，あわせてコークスの生産が行われている．

［小島泰雄］

チートン県　祁東県　Qidong　中国

きとうけん(音読み表記)

人口：100.3万(2015)　面積：1871 km^2

［26°48′N　112°05′E］

中国中南部，フーナン(湖南)省，ホンヤン(衡陽)地級市の県．県政府はホンチャオ(洪橋)鎮に所在する．地勢は北西が高く南東が低い．シャン(湘)江が南東の県境に沿って流れ，そこに支流の白河や祁水が注ぐ．鉱産資源は鉄，鉛，亜鉛などがある．農業は水稲のほか，ナタネ，サトイモ，ショウガ，トウガラシ，タマネギ，黄花菜，茶葉，ハスの実，柑橘類などを産する．養魚や養豚も盛んである．工業は冶金，機械，化学などがあり，伝統工芸品のござ・むしろが有名．湘桂鉄道(衡陽～ピンシャン(憑祥))が横断し，泉南高速道路(チュワンチョウ(泉州)～ナンニン(南寧))が南部を通る．帰陽港は湘江中流の重要港の1つである．

［小野寺淳］

チートン市　啓東市　Qidong　中国

人口：95.4万(2015)　面積：1208 km^2

［31°48′N　121°39′E］

中国東部，チャンスー(江蘇)省，ナントン

チトワン国立公園(ネパール)，リゾート観光客に人気のゾウ乗り体験ツアー《世界遺産》
〔Alessandro Zappalorto/Shutterstock.com〕

(南通)地級市の県級市. チャン(長)江がホワン(黄)海に流れ出る地点に位置する. 地勢は低平で, 水路が碁盤の目状に流れている. 漢代以前にはまだ海域であった. 清代中葉以前に長江河口のチョンミン(崇明)北側に小さい砂州が形成され, 清末にはつながった. 陸地形成の時代が異なったため, 3つの県に分かれて属したことがある. 北部の呂四地区は, 宋, 元, 明, 清の時代に海門に属し, 1912～42年は南通県に属した. 中部は海門県に属し, 南部は崇明に属して崇明外砂と称された. 1928年3月に北部, 中部, 南部を合併し, 新たに啓東県とした. 長江の北側における大陸の最東端にあるのみならず, 砂州は東に向かって標高が高くなるので, 吾が東疆を啓するという意味で名づけられた. 1989年11月に啓東市になった. 紡績, 服装, 電子, 機械, 医薬, 化学などの工業のほか, 漁業が盛んである. 滬陝高速道路(シャンハイ(上海)～シーアン(西安))の起点になっている.

[谷 人旭・小野寺 淳]

チナ岬 China, Tanjong

シンガポール

[1°14′N 103°49′E]

シンガポール, シンガポール南部, セントサ島南端の岬. 現在は海岸の埋立てにより海から少し隔たったあたりに位置している. セントサ島はシンガポール島沖800mの距離にあり, 以前にはベラカンマチ島 Pulau Belakang Mati (マレー語で死後の島の意)とよばれた. 長いところで東西4km, 南北1.5kmの島である. [高山正樹]

チナ岬 Cina, Tanjung インドネシア

[5°54′S 104°33′E]

インドネシア西部, ランプン州, スマトラ島最南端の岬. スンダ海峡に面し, スマンカ湾の湾口に位置する. 3650km²の広さをもつキットバリサンスラタン国立公園の最南端部にあたる. [浦野崇央]

チナズ Chinaz ウズベキスタン

人口:2.8万 (2012) 標高:275m

[40°56′N 68°45′E]

ウズベキスタン東部, タシケント州中央部の都市. ザカスピ鉄道沿い, シルダリア河畔, チルチク川との合流点にあり, 首都タシ

ケントの南西63kmに位置する. 1972年に設立された. 綿花, 繊維工業が盛んで, セメント・コンクリートなど建築資材の工場もある. 漁業も盛んである. [木村英亮]

チナン 鎮安 Jinan 韓国

人口:2.3万 (2015) 面積:789km²

[35°48′N 127°25′E]

韓国南西部, チョルラプク(全羅北)道北東部の郡および郡の中心地. 行政上は鎮安郡鎮安邑. ソベク(小白)山脈とノリョン(蘆嶺)山脈の間の高原部に位置する. 郡域は, 北流するクム(錦)江と南流するソムジン(蟾津)江の分水嶺にあたる. 2010年の鎮安郡の人口は2.0万である. 1975年の人口は約10万であったので, この間に約1/5に減少した. マイ(馬耳)山(標高686m)があり, 道立公園に指定されている. 郡域をイクサン(益山)チャンス(長水)高速道路が通過している.

[山田正浩]

チーナン市 済南市 Jinan 中国

せいなんし (音読み表記)

人口:625.7万 (2015) 面積:8075km²

気温:14.3℃ 降水量:660mm/年

[36°39′N 116°57′E]

中国東部, シャントン(山東)省中部の副省級市で省会. タイ(泰)山山地の北部に位置し, ホワン(黄)河に面している. 地名はチー(済)水の南に位置することに由来する. 商周時代は古譚国に, 春秋戦国時代は斉国に属した. 前漢に初めて済南郡を設置, 文帝16年(紀元前164)に済南国を設置した. 以降, 幾度かの変遷を経て, 北宋代の政和6年(1116)に済南府, 元代の初めに済南路, 明代初期にふたたび済南府, 明代の洪武9年(1376)に山東省の省会になった. 1927年に済南市になり, 現在にいたるまで市街地はしだいに拡大してきた. 1998年の総面積は2119km²で, 市街地面積は114km²になった. 現在, 市中, 歴下, 槐蔭, 天橋, 歴城, チャンチン(長清), チャンチウ(章丘)の7区, ピンイン(平陰), チーヤン(済陽), シャンホー(商河)の3県を管轄している. 市政府所在地は歴下区.

ルーチョン(魯中)山地とルーペイ(魯北)平野の間に位置し, 地形は南が高く北が低い. 山地は泰山山脈の一部であり, 泰山の北西部に扇状に展開している. 域内の最高峰は長清区にある長城嶺(標高988m)で, 最低地点は商河県韓廟郷大屯村(8.7m)である. 南から

北へ地形は, 南部の低山丘陵, 中部の山麓平野, 北部の黄河沖積平野に区分できる. 南部の低山丘陵には歴城, 長清, 章丘などの市街が分布している. 地質構造上, 南部山地に炭酸塩岩が広く分布し, 降水が間隙に貯まり, 伏流水となり, 低い北部に流れる. 済南で斑れい岩層に当たって湧水となるため市中には泉も多い. 泉城との別称もある.

黄河, シャオチン(小清)河, 徒駿河の3大水系がある. 市内での長さはそれぞれ黄河185km, 小清河76km, 徒駿河56km. また白雲湖, 芽庄湖, 大明湖などがあり, うち大明湖は湧き水によってできた湖である. 温帯半湿潤大陸性季節風気候に属し, 冬は寒く夏は暑い. 降水量も夏季に集中している. 最も暑い7月の平均気温は27.4℃, 最も寒い1月は-1.2℃, 無霜期間は218日間である.

地下資源は豊富である. 石炭の埋蔵量は7億tで, おもに済東炭田と済西炭田に分布している. 石油の埋蔵量は4000万t, 天然ガスは10億m³で, おもに商河県に分布している. また, 近郊や章丘区に鉄鉱石が分布し, 埋蔵量は約6000万tである. 石灰岩, 耐火粘土, 花崗岩などの資源も豊富である. 農業は小麦, トウモロコシ, サツマイモ, 綿花, 野菜などを栽培している. 地形や土地利用から, 農業地域は南部の果物・畜産区, 中部の野菜近郊農業区, 北部の食糧綿花区に区分される. 経済の発展レベルからみると, 都市近郊の農業地域は周辺地域より発展レベルが高い. また, 土地条件によって栽培作物の地域性がみられる. リンゴ, ナシ, アンズ, モモ, クルミ, クリ, カキ, ブドウ, ナツメなどの栽培も盛んである. 一方, 養豚や養鶏などの畜産業や, 魚の養殖も発達している. 工業では, 石炭, 鉄鋼, 食品加工, タバコ加工, 紡績, 服装加工, 石油加工, 化学, 医薬製造, 機械加工などが盛んである. 1998年時点で, 年間売上げが500万元以上の企業は1000社にのぼる. 18の企業グループがあり, 納税額上位5社は, 山東省将軍煙草集団, 中国石化済南煉油集団, 済南鋼鉄集団, 中国軽騎集団, 山東小鴨集団である.

また, 中国東部の交通の要衝である. 京滬鉄道が縦貫し, 膠済鉄道は東西に走る. 市内に152の駅があり, 済南駅は中国最大の駅の1つである. また, 高速道路のほかに国道104, 220, 308, 309号が市内を通っている. 北東部にある済南遥墻国際空港からは34の国内主要都市間およびタイペイ(台北), 韓国のソウルや, 日本の東京, 大阪への航空便がある. 歴史文化都市であり, 趵突泉, 大明湖, 千仏山, 殷周文化遺跡, 四門塔などの

観光名所があり，観光業が重要な産業となっている．　　　　　　　　　　　　　　［張　貴民］

チーナンチョン　紀南城
Jinancheng　　　　　　　　　　　　　　中国

長さ：4.5 km　幅：3.5 km
[30°31′N　112°09′E]

中国中部，フーペイ(湖北)省，チンチョウ(荊州)地級市にある遺跡．楚国の故都郢の遺跡であり，国家の重要文化財である．紀山の南にあることから紀南城とよばれる．春秋戦国時代，楚国はここに都を建設して400年あまりの間に20代の楚王を迎え，当時中国の南方で最も繁栄した大都会になり，楚文化の発展に重要な役割を果たした．現存する楚紀南古城の総面積は約1.6万 m²，正方形に近く，東西4.5 km，南北3.5 km．城壁はつき固めた土をつないで築かれ，当時の威風を示している．全体で8つの城門があり，城東と城西がそれぞれ宮殿地区と坊間地区だった．周囲には楚の王侯貴族の墓700基あまりがあり，小型のものは数千ある．大量の国家級の文物が発掘されている．　　［小野寺　淳］

チニオート　Chiniot
　　　　　　　　　　　　　　　　パキスタン

Chaniot (別表記)

人口：17.3万 (1998)　　[31°43′N　72°58′E]

パキスタン東部，パンジャブ州中央部チニオート県北部の都市で県都．県は2009年にジャング県から分離して成立した．ファイサラバードの北約35 km，チェナブ川左岸のサンダル砂州に位置する．町の歴史は古く，アレクサンドロス大王の遠征以前から存在するといわれ，この地方の伝説によれば，残存する城壁の一部はヘレニズムの時期に建設されたというが真偽は不明である．ムガル朝時代には多くの知識人や芸術家を輩出した．ムガル帝国の第5代皇帝シャー・ジャハーン治世の宰相ナワブ・サッダラー・ハーンの命により，17世紀半ばに建立されたシャーヒモスクや，スーフィーの聖人ハズラート・シャー・バーハンを祀るムガル様式のシャー・バーハン霊廟などがある．タージマハルやアムリットサルのゴールデン・テンプル(黄金寺院)の建設にはこの町の石工が従事したといわれている．また，この町の木工従事者の技はとくに巧みで，貝や象牙，真鍮などを見事な文様にはめこんだ豪華な家具製作などの家具工業で知られ，輸出も行っている．町には木彫りの手すり，透かし彫りの出窓，タイル細工などの伝統的な装飾を施した古い町並みが残っている．　　　　　　　　　［出田和久］

チーニン区　集寧区　Jining
　　　　　　　　　　　　　　　　中国

人口：40万 (2016)　面積：527 km²　標高：1417 m
[41°02′N　113°07′E]

中国北部，内モンゴル自治区中部，ウランチャブ(烏蘭察布)地級市中部の区．東西はチャハール(察哈爾)右翼前期とチャハール右翼後旗に接する．漢族の人口は30.1万で総人口の93%を占める．1921年，豊鎮，涼城2県の北部と陶林，興和2県の一部から平地泉設治局を設け，22年に集寧県と改称した．それ以降，チャハール特別行政区，綏遠省，蒙疆政権のバヤンタラ(巴彦塔拉)盟の管轄を経て，1951年に平地泉鎮と改称し，54年に内モンゴル自治区の平地泉行政区に属した．1956年に集寧市と改称し，58年にウランチャブ盟の盟都となった．2003年，ウランチャブ盟が地級市になり，集寧は区になった．蛍石，銅などの地下資源が豊富で，風力発電も盛んに行われている．おもな農産品に小麦やエン麦，ジャガイモなどがある．革製品は有名である．京包(ペキン(北京)～ボグト(パオトウ，包頭))鉄道線上の重要な駅であり，集寧とチャンチャコウ(張家口)，トンリャオ(通遼)，エレンホト(二連浩特)などの町を結ぶ鉄道もある．　　［バヨート・モンゴルフー］

チーニン市　済寧市　Jining
　　　　　　　　　　　　　　　　中国

任城 (古称)

人口：867.4万 (2015)　面積：11195 km²
気温：13.6℃　降水量：707 mm/年
[35°24′N　116°34′E]

中国東部，シャントン(山東)省南西部の地級市．紀元前2000年頃には任国であった．秦代に任城県として設置された．952年に済州が設置され，任城県は済州に属した．1150年に済州の役所が任城に置かれ，一時，巨野に置かれたときもあったが，任城は標高が高く，水害が少ないことから，1348年にふたたび役所を任城に定めた．これが済寧の地名の由来である．1368年に済寧路から済寧府に改称，以後済寧州となり，1724年に直隷州，1913年に済寧県，46年に中心部と郊外をあわせて済寧市となり，83年に地級市となった．現在，イエンチョウ(兗州)，任城の2区，チューフー(曲阜)，ツォウチョン(鄒城)の2県級市，ウェイシャン(微山)，ユィータイ(魚台)，チンシャン(金郷)，チャシャン(嘉祥)，ウェンシャン(汶上)，スーシュイ(泗水)，リャンシャン(梁山)の7県を管轄している．総人口のうち，農業人口は77%，非農業人口は23%．漢族のほかに回族，満族，チワン(壮)族，朝鮮族，モンゴル族など38の少数民族がいる．市政府は任城区に置かれている．

省中南部の山地丘陵と南西部のホワン(黄)河の氾濫原の間に位置する．平野と低地は総面積の約65%，山地は14%，丘陵地は8%，湖などの水域は13%に及ぶ．東部は山地が多く，標高は80～649 m．鄒城東鳳凰山(標高648 m)は市内の最高峰である．山麓の沖積平野は西に傾斜している．西部は低い丘陵と平野で，標高は40～258 m．黄河の氾濫原は東にやや傾斜している．中南部は最も低く，微山湖がその中央に位置し，湖底の標高はわずか31 mである．市域内の河川はほとんどホワイ(淮)河流域に属し，一部は黄河流域に属する．流域面積が50 km²以上の河川は91本ある．おもな河川は黄河，梁斉運河，スー(泗)河，府河，白馬河，東魚河，新万福河，洙趙新河，復(復興)河などである．

暖温帯大陸性季節風気候に属し，年間降水量の62%は夏に降る．無霜期間は199日間．また，暖温帯落葉広葉樹林帯に位置するが，長年の開発によって自然植生はほとんどみられない．土地資源も水資源も豊富で，農業が発達している．1年1作ないし2年3作であり，東部の低山丘陵林では林業，牧畜業，穀物栽培，中部の沖積平野では穀物，野菜，林業，牧畜業，西部の黄河平野では綿花，穀物，牧畜業，林業，南部の微山湖周辺の低地では漁業，牧畜業，穀物，林業がそれぞれ行われている．おもな農作物は穀物のほかに，落花生，綿花，野菜類がある．金郷県のニンニク栽培は全国最大規模の生産量で，輸出基地でもある．森林の被覆率は市域の23%を占め，丘陵山地に果樹園が多く分布し，リンゴ，ナシ，ナツメ，クリ，モモなどを栽培している．また，豚，牛，ウサギ，鶏などの飼育や，広範な河川水域を利用したカニ，カムルチー，スッポンの養殖も盛んである．地下資源が豊富で，石炭，石灰岩，石膏など70種類以上にのぼる．石炭の埋蔵量(254億 t)が最も多く，省全体の1/3を占める．分布面積(3400 km²)も広く，市総面積の35%にのぼる．また，石炭の生産量も省全体の半分以上を占める．主要な工業は石炭，電力，機械，化学工業，紡績，医薬，電子，建築などである．そのうち，兗州鉱業集団は全国八大炭鉱の1つであり，鄒県発電所は全国最大規模の発電所である．

鉄道網が発達しており，東西に兗済鉄道，

新兗鉄道, 兗石鉄道, 南北に京滬鉄道, 京九鉄道が通り, 市域内の総距離は396 kmに及ぶ. また, 国道104, 105, 220, 327号を中心に, 道路網も整備されている. ダー(大)運河や微山湖での水運も重要な地位を占めている. 済寧曲阜空港から国内主要都市との間に便が運行されている. 孔子と孟子のゆかりの地としても有名で, 済寧市区部, 曲阜市, 鄒城市は中国の歴史文化都市に指定されている. 国指定の重要文化財は7カ所にのぼる. ユネスコの世界遺産(文化遺産)にも登録されている孔府, 孔廟, 孔林や, 孟府, 孟廟, 孟林のほかに, 魯国古城遺跡, 周公廟, 少昊陵, 漢碑, 梁山泊遺跡など多くの名所旧跡がある. 〔張 貴民〕

チーピー市　赤壁市　Chibi
中国

プーチー　蒲圻　Puqi (旧称)

人口: 48.6万 (2015)　面積: 1723 km²
[29°43′N　113°54′E]

中国中部, フーペイ(湖北)省南東部, シェンニン(咸寧)地級市の県級市. 市政府はチーマーガン(赤馬港)街道に所在する. チャン(長)江南岸に位置する. 湖北の南大門とよばれ, 南北交通の要衝である. 長く蒲圻と称していたが, 1998年に赤壁に名称を変更した. 南部はムーフー(幕阜)山脈に続いており, 中部は丘陵地, 北部が長江沖積平原である. 北西の境界を長江が流れ, 南東から北西へ陸水が流れる. 西部に黄蓋湖, 北東部に西梁湖がある. 石炭, 石灰石, 大理石, 河砂などの鉱産資源がある. 森林はマツやスギが主で, 孟宗竹を多く産する. 農作物は水稲, 小麦, 搾油作物があり, キウイフルーツ, カラムシ, 茶葉などが特産である. 水産物も豊富である. 工業は機械, 電器, 化学, 建材, 紡織, 食品などがあり, 竹細工などの工芸も知られている. 鉄道の在来線と高速鉄道の京広線(ペキン(北京)～コワンチョウ(広州))や京港澳高速道路(北京～ホンコン(香港)・マカオ(澳門))が中部を横断し, 陸水と長江が主要な航路になっている. 市街地は陸水の両岸にあり橋で結ばれている. 中心市街地から北西へ40 kmの長江のほとりには, 後漢時代に起きた有名な赤壁の戦いの古戦場跡がある. 陸水ダム周辺には国指定の陸水風景名勝地区がある. 〔小野寺 淳〕

チピナン川　Cipinang, Sungai
インドネシア

[6°08′S　106°54′E]

インドネシア西部, ジャワ島西部, ジャカルタ首都特別区ジャカルタティムール地区とジャティヌガラ Jatinegara 地区を流れる川. 水質の悪化が懸念されており, また, 大雨の際にはしばしば氾濫を招き, 対策が検討されている. なお, 川の名称になっているジャティヌガラ地区のチピナンには, オランダ植民地期より政治犯や重罪犯が収容されるチピナン刑務所がある. 〔浦野崇央〕

チーピン県　荏平県　Chiping
中国

しへいけん (音読み表記)

人口: 55.1万 (2015)　面積: 1003 km²
標高: 33 m　[36°34′N　116°14′E]

中国東部, シャントン(山東)省西部, リャオチョン(聊城)地級市の県. 秦代に荏平県が設置され, 現在は3街道, 10鎮, 1郷を管轄し, 県政府は振興街道にある. ホワン(黄)河の沖積平野に位置し, 地形は南西から北東へ傾いている. 河川は海河水系に属し, 水資源は豊富である. 小麦, トウモロコシのほかに, リンゴ, ナシ, ブドウを栽培する. 特産物としてナツメが知られている. 〔張 貴民〕

チーフォン市 Chifeng ☞ ウランハダ市 Ulanhad

チベット自治区 ☞ シーツァン自治区 Xizang Zizhiqu

チベット高原　Tibetan Plateau
ユーラシア大陸南中部

チンツァン高原　青蔵高原　Qingzang Gaoyuan (別称)

面積: 2300000 km²　標高: 4000-5000 m
長さ: 2500 km　幅: 1200 km
[33°00′N　88°00′E]

ユーラシア大陸の中央部に広がる高原. 世界で最も標高の高い高原で, インドやブータン, ネパール, パキスタン, アフガニスタン, タジキスタン, クルグズ(キルギス)などの国々にもまたがり, 北部はクンルン(崑崙)山脈, アルチン(阿爾金)山脈とチーリエン(祁連)山脈から, 南部はヒマラヤ山脈, 西部はパミール, 東部はホントゥワン(横断)山脈までをさしている. 平均標高は4000～5000 mであり, 南北1200 km, 東西2500 kmの広さをもつ. チベット高原上にそびえる山々の多くは標高5500 m以上であり, 7000 mを超える山は, ヒマラヤやカラコルム(カラクンルン喀喇崑崙), 崑崙, ガンディセ(岡底斯, トランスヒマラヤ), ニェンチェンタンラ(念青唐古拉), 横断山脈にある. そこには世界第1位の高峰チョモランマ(珠穆朗瑪, エヴェレスト山; 標高8848 m)や, 第2位

チーピー(赤壁)市(中国), チャン(長)江に面した赤壁古戦場跡〔Shutterstock〕

1042　チホ

の高峰チャオゲーリ(チョゴリ，喬戈里，K2峰，ゴッドウィンオースティン山；8611 m)のほか，シシャパンマ(希夏邦馬峰，ゴサインターン山；8027 m)などの8000 m峰を14座も含んでいる．

　高原上にそびえるヒマラヤ山脈，ニェンチェンタンラ山脈，横断山脈，崑崙山脈などには氷河が発達し，とくに，モンスーンによる降雪を受けやすい南東部の横断山脈やニェンチェンタンラ山脈で発達がよい．チベット高原の氷河面積は約4.7 km²で，中国国内の氷河面積の80%に相当する．雪線高度は4500〜6000 mであり，現在は高原上にまで達している氷河は少ないが，第四紀のいくつかの氷河期には，周辺の山脈から拡大した氷河が山麓上に押し出され，高原上にも氷河が広がったことが確認されている．しかし高原全体がすっぽり厚い氷河に覆われたとする「チベット氷床説」は否定されている．

　チベット高原は標高が高く，またインド・モンスーンなど，水蒸気を運んでくる風がヒマラヤ山脈によって遮られるために，夏のモンスーン季にも乾燥するが，冬も乾燥しており，積雪はきわめて少ない．このため，土壌凍結が深く及び，夏でも表面近くしか融解しない広大な山岳永久凍土を形成している．その凍土面積は150万 km²に達する．冬は，高原全体が冷やされるために，冷気がたまって寒冷な高気圧が高原上につくられ，そこから，相対的に暖かいインド洋や周辺の海洋に向かって寒冷で乾燥した季節風が吹き下ろす．これは冬季モンスーンである．反対に夏は，森林限界を超えているために植生に乏しく，土壌や岩石がむき出しになっている高原は強く熱せられて低圧部となり，そこにインド洋からの季節風が吹き込む．これが夏のモンスーンである．したがって，高い標高をもち，かつ広大なチベット高原の存在そのものが，アジアのモンスーンをつくりあげているともいえる．このため，第四紀を通じてのヒマラヤ山脈やチベット高原の隆起が，アジアの気候を大きく変え，それが人類の移動や，文化の発生，伝播に深い影響を与えたことが明らかになってきている．

　チベット高原の隆起は，南から北上したインド・オーストラリアプレートが，ユーラシアプレートと衝突し，ユーラシアプレートの下に潜り込もうとしている運動が継続しているためと考えられており，この運動は現在も続き，プレート境界にあたるヒマラヤ山脈の南麓からチベット高原との境界にかけては，大地震が多発している．また，一年間に約1 cmという速さで北上を続けるインド・オー

ストラリアプレートの運動によってユーラシアプレートの内部にも大きな亀裂が生じ，横ずれ断層や逆断層となって地塊をずらしているため，高原の周縁部でも，地震や地殻変動が活発に生じている．2008年の四川大地震(M 7.9)は，チベット高原の南東の境界部で生じたものであり，このほか01年のチベット北部での地震(M 8.1)，08年のシンチャン(新疆)ウイグル(維吾爾)自治区の地震(M 7.2)，15年のネパール地震(M 7.8)など，近年の地震活動の活発化が危惧されている．

　チベット高原は，このような第四紀に継続する新しい地殻変動の影響を強く受けつつ，全体としては，高原状の平坦な地形を保ちながら隆起してきた．降水量に乏しいこともあって，高原上では河川に乏しいが，周辺とは大きな高度差があるため，多くの河川が，下流側から高原に向かって侵食を続け，とくに高原の周縁部では深い峡谷をつくっている．最も顕著なのは，ヒマラヤ山脈とチベット高原を境する重要な地質構造線であるインダス・ヤルンツァンポ(雅魯薩布)帯に沿う直線状の谷で，西部ではインダス川とその支流が高原を刻み，東部ではヤルンツァンポ江が，チベット高原南縁のガンディセ山脈との間に明瞭な縦谷をつくって東流している．ヤルンツァンポ江はチベット高原の南東部で大きく流路を南に転じ，ヒマラヤ山脈東端を横谷となって横切り，ブラマプトラ川と名を変え，深い峡谷となってインド側の平原に流下している．

　チベット高原の中部は平坦であるが，東側には高原を南北に分かつようにタンラ(唐古拉)山脈がそびえ，ヤルンツァンポ江との間には，さらにニェンチェンタンラ山脈がそびえる．タンラ山脈とニェンチェンタンラ山脈との間も，狭い縦谷となり，タンルウィン川の源流であるヌー(怒)江が南東に流下している．タンラ山脈の北側の高原は，メコン川の最上流部であるランツァン(瀾滄)江によって刻まれ，さらにチベット高原の北東部に連なるバヤンハル(巴顔喀拉)山脈との間には，チャン(長)江の上流部にあたるチンシャー(金沙)江の源流，トンティエン(通天)河が高原を刻んで東流している．タンルウィン川，メコン川，長江の3大河川は，中・下流ではまったく違った国に流れていくが，チベット高原の南東部，とくに横断山脈の部分では，3つの大河川の上流部が，ほぼ平行して峡谷をつくりながら流下するという特異な地形を示す．これはインド・オーストラリアプレートの北上によって，ユーラシアプレート側の地塊が大きくねじ曲げられた結果といえる．

バヤンハル山脈の北側には，北東からホワン(黄)河が入り込み，その源流部となっている．平坦な高原には湖も多く，総面積約3.2 km²の国内最大の塩湖であるチンハイ(青海)湖やナム湖(納木錯)，シーリン湖(色林錯)などの塩湖と淡水湖が入り混じった特殊な地帯を形成している．この広大な高原はチベット仏教の本拠地でもあり，南のインド(ヒンドスタン)平原のヒンドゥー文化圏とはまったく異なる文化，民族を育んできた．また東側の漢文化と，西側のスラヴ，さらにはギリシャ・ローマ文化とを隔てる大きな障壁でもあった．チベット高原は，中国シーツァン(チベット，西蔵)自治区の主要部を構成する高原であることから西蔵高原ともよばれるが，中国では，チベット高原の北東部が青海省にまで及ぶことから，両者の字をとってチンツァン(青蔵)高原とよぶのが普通である．
──→チンツァン高原　　　[小野有五・石田　曜]

チーホー県　斉河県　Qihe　　中国

人口：63.7万(2015)　面積：1411 km²
標高：19-35 m　　[36°47′N　116°44′E]

　中国東部，シャントン(山東)省北西部，ドゥチョウ(徳州)地級市の県．チーナン(済南)市の西，ホワン(黄)河左岸に位置する．斉河県の設置は金代の天会8年(1130)であった．現在2街道，11鎮，2郷を管轄し，県政府は晏城街道にある．黄河下流の沖積平野に位置し，黄河の氾濫によって微地形は複雑になっている．おもな地下資源は石炭で，埋蔵量は45億tにのぼる．おもな農作物は，小麦，トウモロコシと野菜であり，淡水養殖も盛んである．省会の済南市に近いので，近郊農業が発達している．京福高速道路，国道308，309号および鉄道が県内を通っている．尹屯竜山文化遺跡がある．　　[張　貴民]

チマヒ　Cimahi　　インドネシア

Chimahi, Tjimahi (別表記)

人口：54.1万(2010)　面積：41 km²
標高：700-1075 m　気温：18-29℃
　　　　　　　[6°49′S　107°48′E]

　インドネシア西部，ジャワ島西部，西ジャワ州の市(コタ)．首都ジャカルタの南東180 km，ジャカルタと州都バンドゥンを結ぶ国道の間，バンドゥン中心部の北約10 kmの郊外に位置する．北はボゴール県チサルアCisarua郡，東はバンドゥン市，南はバンドゥン県バトゥジャジャール Batujajar郡，西はバンドゥン県パダララン Padalarang郡と

接する．住民の9割強がイスラーム教徒である．おもな産業は，農業と衣料品や革製品の製造であり，南部に工場が多く存在している．日本軍政期には貨物廠があり，軍需物資や兵器を各地へ補給する重要な役割を担っていた． ［浦野崇央］

チムケント Chimkent ☞ シムケント
Shymkent

チムシャーツイ 尖沙咀 Tsim Sha Tsui
中国
チェンシャーツイ 尖沙咀 Jianshazui（漢語）
[22°18′N 114°10′E]

中国南部，ホンコン（香港）特別行政区，油尖旺区の街区であり，広東語ではチムサーツォイとよばれる．カオルーン（九竜）半島の最南端に位置し，かつては中国大陸からの鉄道が埠頭まで延びていた（現在は東鉄線としてホンハム（紅磡）駅が起点になっている）．その埠頭から対岸の香港島セントラル（中環）へはいまでもスターフェリーが通じている．メインストリートのネイザンロード（彌敦道）が北へ向かって延び，その東側は雑居ビルが密集する商業地域になっている．さらに東側の海に面した尖東とよばれる街区には大型のホテルが立ち並び，ショッピングセンターや高級レストランなども多い．一方，西側の海沿いには旅客用の埠頭が並んでおり，ここにも高級ホテルやショッピングモールが連なっている．その結果，世界中からの観光客をひきつけて，国際的な雰囲気にあふれる繁華街となっている．また，香港文化センターや香港歴史博物館などの文化施設が数多くあり，九竜公園や海岸沿いの遊歩道などの公共空間がよく整備されている． ［小野寺 淳］

チムタルガ峰 Chimtarga Peak
タジキスタン
標高：5489 m [39°10′N 68°15′E]

タジキスタン北西部，ソグド州の山．ウズベキスタンから延び，ゼラフシャン山脈を含むファン山群の最高峰である．主として結晶質の頁岩と石灰岩からなり，斜面は疎林とステップ，高地は高山草原，岩壁地帯である．付近にアラウディン湖をはじめ多くの湖がある． ［木村英亮］

チーメン県 祁門県 Qimen
中国
きもんけん（音読み表記）
人口：18.6万（2012） 面積：2257 km²
気温：15.6℃ 降水量：1718 mm/年
[29°51′N 117°43′E]

中国東部，アンホイ（安徽）省南部，ホワンシャン（黄山）地級市の県．閶江の上流域に位置し，チャンシー（江西）省に隣接する．県政府は祁山鎮に置かれる．皖南山地の南西部で，地勢は北部が高く南部が低く，北部に黄山が横たわり，低山丘陵と河谷盆地が交錯している．漢代は黟県の地で，唐永泰代2年（766）に祁門県が置かれた．宋代はホイチョウ（徽州）に，元代は徽州路に，明，清代は徽州府に属した．1850年代には曽国藩が湘軍の司令部を置いた．熱帯モンスーン気候に属し，気候は温和で，四季がはっきりしている．マツ，スギなど木材や茶葉，陶土の生産が盛んである．県内で生産される紅茶は世界三大紅茶の1つに数えられ，祁門紅茶，祁門功夫茶，祁門烏龍，祁紅などの名で知られる．生産量はわずかで，ときには異常な高値がつくことがある．皖贛鉄道と祁黄高速道路を東西に通る． ［林 和生］

チーモー市 即墨市 Jimo
中国
人口：114.9万（2015） 面積：1921 km²
[36°22′N 120°27′E]

中国東部，シャントン（山東）省東部，チンタオ（青島）副省級市の県級市．山東半島南西部，ホワンハイ（黄海）湾に面する．秦代に即墨県が設置され，1989年に県級市となった．8街道，7鎮を管轄し，市政府は通済街道にある．南東部は丘陵，北西部は平野で，四舎山（標高326m）が市内最高峰である．入江や小島が多数あり，浅瀬も広い．魚介類の養殖が盛んなほか，リンゴの生産も有名である．膠済鉄道，国道204，308号が市内を縦貫し，海上交通も発達している．馬山石林，長門岩，雄崖所城などの名勝や，温泉鎮の温泉も知られている． ［張 貴民］

チャアム Cha-am
タイ
人口：5.4万（2010） 面積：661 km²
[12°48′N 99°58′E]

タイ中部，ペッチャブリー県チャアム郡の町で郡都．県都ペッチャブリーの南約35kmに位置する県内最南端の郡で，タイ湾に臨み，南はプラチュアップキーリーカン県フアヒン郡に接する．もとは北約15kmのノ

ーンチョークに郡が置かれていたが，1944年にチャアムに郡が移され，チャアム郡が設置された．チャアムには1911年に首都バンコクからの鉄道が開通してから南のフアヒンと同様に王族が別荘を建て始め，ラーマ6世も1924年にマルッカターイワン宮殿を設けた．その後，フアヒンの観光開発の波が波及して1980年代に大型ホテルが建てられたのを皮切りに，現在は海浜リゾートとして観光業を中心に繁栄し，人口規模も県部のペッチャブリーより多くなっている．町の北には石灰岩の山が南北に連なり，セメント工場も立地する． ［柿崎一郎］

チャイカミ Kyaikkami
ミャンマー
アマースト Amherst（旧称）
[16°05′N 97°35′E]

ミャンマー南東部，モン州モーラミャイン県の町．漢字では吉坎眉と表記する．州都モーラミャインの南60 kmの海岸，モッタマ（マルタバン）湾に臨むアマースト半島の岬に位置する．1826年，イギリスのテナッセリム地方併合に際し，当時のインド総督アマーストの名をとって建設され，沿岸貿易の拠点およびリゾート地，海水浴場として発展した．ミャンマー独立後にチャイカミと改名された．現在はさびれて小漁村となっている．歴史的にはブッダの髪の毛を祀ったとされるエルピア・パヤー（仏塔）があり，仏教徒の信仰を集めている． ［西岡尚也］

チャイトー Kyaikto
ミャンマー
人口：18.5万（2014） [17°18′N 96°55′E]

ミャンマー南東部，モン州北西部タトン県の町．漢字では斎托あるいは吉桃と表記する．州都モーラミャインの北西約113 km，シッタウン川の河口三角江（エスチュアリー）の東岸に位置する．バゴー〜モッタマ（マルタバン）間を結ぶ鉄道が通り，周辺は豊かな米作地帯である．町の北北東約21 kmには国内有数の仏教の巡礼地として知られる仏塔チャイティーヨー・パヤーがある．小高い山の上にずり落ちそうな格好の金色の大岩に仏塔が乗った姿からゴールデンロックの名で親しまれ，チャイトーから山麓のキンプン Kin Punを経由して多くの人びとが訪れる． ［西岡尚也］

チャイトー(ミャンマー),ゴールデンロックともよばれるチャイティーヨー・パヤー(仏塔) [hecke61/Shutterstock.com]

チャイナート Chainat　タイ

人口:4.7万(2010)　面積:255 km²
[15°10′N　100°10′E]

　タイ中部,チャイナート県の都市で県都.首都バンコクの北194 km,チャオプラヤー川の左岸(東側)に沿って形成された細長い町である.北部のナコーンサワン県から西進してきたパホンヨーティン通り(国道1号)がチャイナート市付近で直角に曲がり,北進する.歴史は古く,スコータイ王朝の下で14世紀に建設されたとされる.その後,アユタヤー王朝時代には北方の拠点として発展した.1766年,タークシン王がこの地に遠征し,ビルマ軍を敗走させた.現ラッタナコーシン王朝のラーマ5世時代(在位1868～1910)に,西方からのビルマ軍の侵攻に備えて町の中心を現在の場所に移した.市内では,毎年2月初めには稲のワラを材料にしてつくった鳥を飾る祭りが,8月末から9月初めにかけては特産物である柑橘(ソムオー)の収穫祭がそれぞれ行われる.　　[遠藤　元]

チャイナート県 Chainat, Changwat　タイ

人口:30.6万(2010)　面積:2469 km²
[15°10′N　100°10′E]

　タイ中部の県.県都はチャイナート.チャオプラヤー川が形成するデルタの扇頂に位置する.県北部でチャオプラヤー川からターチーン川が分岐し,並行して南下する.1952年に世界銀行の援助によって灌漑用ダムの建設に着工,56年に完成した.おもな産業は,水田稲作を中心とした農業で,米のほか,特産物としてザボンに似た柑橘類ソムオーがある.近年では非農業との兼業化が進展している.　　[遠藤　元]

チャーイバサ Chaibasa　インド

人口:7.0万(2011)　[22°31′N　85°50′E]

　インド東部,ジャルカンド州南部,西シンブム県の都市で県都.西シンブム県の人口は150.2万,面積は7224 km²(2011).チョタナグプル高原を流れるスバルナレカ川の支流沿岸にあり,州都ラーンチの南東102 km,ジャムシェドプルの西南西48 kmに位置する.人口の54.7%が指定部族(ST)である.おもな農産物は米,トウモロコシ,小麦であり,このほか生糸の生産も行われている.米,ジョワール,トウモロコシの集散地でもある.周辺の丘陵部ではクロム鉄鉱が産し,ニスやセメント工業が発達している.近くのテボ,バミアブルーには,トラ,ゾウなどが生息する野生動物保護区がある.　[南埜　猛]

チャイバーダーン Chai Badan　タイ

ラムナーラーイ(別称)

人口:1.6万(2010)　面積:1207 km²
[15°12′N　101°08′E]

　タイ中部,ロップリー県チャイバーダーン郡の町で郡都.県都ロップリーの北東約70 km,パーサック川河畔に位置する.ラムナーラーイともよばれ,近隣にはブアチュムという古くからの集落も存在する.この場所はドンパヤーイェン山脈とペッチャブーン山脈の接続点となるサムラーン峠の西麓にあた

り，チャオプラヤー川流域とメコン川流域のコーラート高原との間を結ぶ重要な交通ルートとなっており，現在も国道205号と鉄道がこの峠を越えている．古くからの町（ムアン）であり，かつてはペッチャブーン県に属していたが，交通の便が悪く1941年にロッブリー県に移管された． ［柿崎一郎］

チャイヤプーム　Chaiyaphum　タイ

人口：6.2万（2010）　面積：1305 km²
［15°43′N　101°57′E］

タイ東北部，チャイヤプーム県の都市で県都．首都バンコクの北北東約340 kmに位置する．チャイヤプームはアユタヤー時代には南のナコーンラーチャシーマーに属していたが，その後19世紀初めには住民が流出して廃墟となっていた．そこにラオスのヴィエンチャンから移住者が入り，しだいに人口が増加していった．移住者の1人であるレーが金の鉱脈を発見しヴィエンチャンのアヌ王に献上したところ，彼はこの町の領主として任ぜられた．その後バンコクのラーマ3世にも領主と認められて，20世紀に入って現在のチャイヤプーム県が成立した．

町は鉄道のルートからも外れ，第2次世界大戦前は交通の不便な状況であったが，コーラート高原の西端に位置し地理的にはバンコクなど中部に近いこともあり，戦後は道路が整備されて交通の便がよくなり開発が進んだ．とくに県内は丘陵地や山地が多いことから，メイズ（トウモロコシ），キャッサバなどの畑作物の栽培が急増した．1967年にはドンパヤーイェン山脈越えの隘路を解消するための鉄道が開通し，県の南部を通過することになった．しかし，当初市街地近くを通過する予定のルートは迂回路となるとして変更されたことから，鉄道はこの町を経由せず，列車で訪れる人は少ない． ［柿崎一郎］

チャイヤプーム県　Chaiyaphum, Changwat　タイ

人口：96.4万（2010）　面積：12778 km²
［15°43′N　101°57′E］

タイ東北部の県．県都はチャイヤプーム．ペッチャブーン第1山脈の東麓に位置し，プーパーン山脈の支脈も存在することから，東北部ではルーイ県に次いで山地が多い．このため，稲作よりも畑作物の栽培が盛んであり，南のナコーンラーチャシーマー県と並ぶキャッサバの産地である．2013年度のキャッサバ生産量は140万tと，全国第3位であ

った．山地が多いことから洞窟，滝などの観光資源に恵まれており，国立公園に指定されている地域も多いものの，国内での知名度は高くない． ［柿崎一郎］

チャイン県　嘉蔭県　Jiayin　中国

人口：7万（2012）　面積：7273 km²
気温：−1.3℃　［48°53′N　130°23′E］

中国北東部，ヘイロンチャン（黒竜江）省中北部，イーチュン（伊春）地級市の県．黒竜江（アムール川）をはさんでロシアと国境を接する．県政府は朝陽鎮に置かれる．県名は県の南部を流れる嘉蔭河にちなみ，満州語で樺皮船を意味する．シャオシンアンリン（小興安嶺）山脈の北麓に位置し，寒冷である．19世紀の後半から金鉱山が開発され，20世紀初めには中国で初めて恐竜の化石が発掘された． ［小島泰雄］

チャインデー河口　Tranh De, Cua Bien　ベトナム

チャンデー河口（別表記）
［9°31′N　106°14′E］

ベトナム南部，メコンデルタ，ソックチャン省の河口．デルタを形成するハウザン川は省内に入って巨大な中州であるチョン島により大きく2つに分流する．北側の川がディンアン河口，南側がチャンデー河口につながり南シナ海に注ぐ．メコンデルタの他の河口と同様，多量の土砂の堆積により大型船の運航は不可能である． ［柳澤雅之］

チャイントン　Kyaingtong　ミャンマー

ケントゥン　Kengtung（別称）
人口：17.2万（2014）　［21°18′N　99°38′E］

ミャンマー東部，シャン州北東部，チャイントン県の都市で県都．州都タウンジーの東北東約272 km，タイ国境からは160 kmと近く，国境のタチレク経由で，陸路からビザなしで訪問が可能なため，観光客が増えてきた．ただしタイからの訪問者はビザの関係で，南方にあるタチレク以外への自由な移動は禁止されている．さらにミャンマー国内からは，外国人は空路でしか訪れることはできない．市街はノントゥン湖を中心にその周辺に城壁に囲まれて発達し，シャン族を中心にアカ族，パラウン族，クン族，ワ族，ルエ

族，ラフ族，エン族，リショー族など40に近い少数民族が居住していて，多民族国家ミャンマーの縮図となっている．中央市場には周辺の集落からの民族衣装を着た少数民族の店が並ぶ．周辺をまわるトレッキングコースではそれぞれ異なる生活様式や文化にふれられる．同時に民族学，文化人類学的にも貴重なフィールドになっている． ［西岡尚也］

チャーヴィン　Tra Vinh　ベトナム

Trà Vinh（ベトナム語）/フヴィン　Phu Vinh（別称）
人口：9.9万（2009）　面積：68 km²
［9°56′N　106°20′E］

ベトナム南部，メコンデルタ，チャーヴィン省の都市で省都．ホーチミン中央直属市の南南西約100 km，南シナ海の近くに位置する．1900年の省成立時からの省都であるが，1975～91年にチャーヴィン省とヴィンビン省が合併して一時クーロン省となった期間は，省東南部の中心地であった．1991年に再びチャーヴィン省が分離独立した際に省都へ返り咲いた．2010年に省直属市に昇格し，9区1村を擁する．メコンデルタを形成するティエン川支流のコーチエン川右岸にあり，海岸線と並行する砂丘列の高みに市街地が形成された．主要民族はキン（ベト）族であるが，少数民族としてクメール人が20％，華人が6％を占め，とくにクメール人の占める割合が高いことが特徴である．クメール寺院のアン寺が有名である．省全体の主産業は農林水産業で4割を占め，うち農業が7割近くを占める．省内に大きな町はなく，省都チャーヴィンが政治経済の中心地である． ［柳澤雅之］

チャーヴィン省　Tra Vinh, Tinh　ベトナム

Trà Vinh, Tỉnh（ベトナム語）
人口：100.3万（2009）　面積：2215 km²
［9°56′N　106°20′E］

ベトナム南部，メコンデルタ東部の省．デルタを形成するハウザン川とティエンザン川とに挟まれ，東を南シナ海に接し，デルタ最低位部に位置する．省都チャーヴィン（省直属市，人口9.9万（2009），面積66 km²）はホーチミン中央直属市の南南西203 km，ヴィンロンの南東68 kmに位置する．省内の地形はデルタ沿岸部の特徴をよく示しており，標高が1 m未満の低平な土地が66％を占めるが，海岸線と平行して標高4 mにも達す

1046　チヤウ

る砂丘列が何列にも形成されている. 砂丘列上は洪水被害を受けることがないため, 人びとの居住地として昔から利用されている. 人口構成の特徴はクメール人や中国人が多く居住することである. 2009 年の資料によれば省全体で 31.6% をクメール人が占め, 中でも省中西部のチャーク一県では半数以上がクメール人である.

おもな産業は, 農業および水産業である. メコンデルタの中では最も雨が少なく年平均降水量は 1600 mm 程度であるが, 河川沿いに設けた水門を潮の満ち引きを利用して操作する潮汐灌漑が行われ, 内陸の低平地では水稲が栽培される. 海岸沿いの汽水域では, かつてマングローブが旺盛に繁茂していたが, ベトナム戦争時の枯葉剤散布や, 1980 年代後半以降のエビ養殖池への転換などにより激減した. しかし 1990 年代以降, さまざまな植林活動が行われ, 現在では, マングローブ植林とエビをはじめとした水産物養殖の共存を考えた土地利用方法の模索が続いている. 省内にクメール様式の寺院が多数ある. アン寺院と, そのすぐ近くにありバライ(貯水池)であると考えられる正方形の池バーオムなどはチャーヴィンの中心部から 7 km にあり, ベトナム人観光客で賑わう. 　　[柳澤雅之]

チャウカムバ山　Chaukhamba
インド
標高: 7138 m　　　　[30°44′N　79°16′E]

インド北部, ウッタラカンド州北の山. 中国(シーツァン(チベット)自治区)との国境に近いヒマラヤ山系の中軸, クマオンヒマラヤ Kumaon Himalaya 山系の西部にある. クマオンヒマラヤ山系の西部の山塊は, 東から西へバドリナート山, ケダルナート山(標高 6940 m), ガンゴトリ山(6614 m), スリカンター山(6135 m)が続いている. 東には, アラクナンダ Alaknanda 川を隔てて, カメート山(7756 m)がある. 何本かの谷氷河がかかり, ガンジス川の源流の 1 つとなっている. チャウカムバ山の東方約 25 km, アラクナンダ川に面したふもとの町バドリナート(標高 3133 m)には, 8 世紀に建てられたといわれるシヴァ神の僧院や寺院があり, 重要な巡礼地であり, 神聖な町の 1 つとされている. 　　[大竹義則]

チャウカン峠　Chaukan Pass
インド/ミャンマー
標高: 2432 m　　　　[27°10′N　97°10′E]

インドとミャンマーの国境沿いの峠. インド北東部アルナーチャルプラデシュ州とミャンマー北部カチン州を結ぶ. プータオの南西 32 km, パートカイ丘陵東端に位置し, インドのアッサム州東部のブラマプトラ川流域からカチン州にいたるルートにある. 付近には集落が少なく, 現在, 峠の交通路は地方的に利用されるにすぎない. 　　[西岡尚也]

チャウセー　Kyaukse
ミャンマー
人口: 25.8 万 (2014)　降水量: 760 mm/年
[21°35′N　96°15′E]

ミャンマー中央部, マンダレー地方(旧管区)チャウセー県の都市で県都. 漢字では皎施と表記する. 地方の中心都市マンダレーの南 32 km に位置する. シャン高原の西端に位置する乾燥地帯(ドライゾーン)であるが, 灌漑農業が盛んで, 米の二期作, ゴマ, 大豆などの農業地帯となっている. ヤンゴン～マンダレー間の幹線鉄道が通過し, 市の人口の 90% はミャンマー人である. シャン高原との交易で栄えた古い町で, 1028 年に建立されたパヤー(仏塔)がある. また, 市の南西部には政府の研究所を前身とする科学技術大学(2007 創立)が立地する. 　　[西岡尚也]

チャウッ　Chauk
ミャンマー
人口: 18.5 万 (2014)　　[20°54′N　94°50′E]

ミャンマー中西部, マグウェ地方(旧管区)マグウェ県の町. 漢字では稍埠と表記する. 首都ネーピードーの北西約 182 km, エーヤワディ川左岸のバガン遺跡の南約 30 km に位置する. 国内でも早い時期の 1902 年に油田が発見され, 現在はシング Singu 油田の中心で石油精製所がある. 　　[西岡尚也]

チャウッパダウン　Kyaukpadaung
ミャンマー
人口: 26.2 万 (2014)　　[20°45′N　95°10′E]

ミャンマー中央部, マンダレー地方(旧管区)ミンジャン県の町. 漢字では皎勃東と表記する. 首都ネーピードーの北西約 155 km, バガンの南東約 50 km に位置し, ポッパ山の南西にある巡礼の町である. ポッパ山は標高 1518 m の火山で, 精霊信仰の山である. このふもとにあるタウンカラッ Taung Kalat 山(737 m)は, 特異な外観の孤立した岩山であり, バガン王朝時代より土着宗教であるナッ信仰の聖地・巡礼地になっている. タウンカラッの頂上には, まるで天空の城郭のような寺院が建っている. 頂上からはポッパ山や広大なスケールの大地が眼下にみえる. チャウッパダウンは, この聖地への入口にある町として発展した. 美しい自然に恵まれ動植物の豊富な周辺は, 近年ポッパ山国立公園に指定され, 高原リゾート地として観光客を集めている. 周辺はゴマ, パーム糖(ヤシ糖)の生産が盛んである. 　　[西岡尚也]

チャウドック　Chau Doc
ベトナム
人口: 11.2 万 (2009)　面積: 101 km²
[10°42′N　105°07′E]

ベトナム南部, メコンデルタ, アンザン省の県. 北をカンボジアに接し, 県都チャウドックはハウザン川沿いに位置する国境の町で, 省都ロンスエンの北西 57 km に位置する. 省内ではロンスエンに次ぐ第 2 の町である. 地形的には, 県の中心はハウザン川自然堤防上にあり標高は 4 m に達するが, 後背地は最も低いところで 1 m 未満しかない. メコン川から氾濫した水が雨季には 2 m 以上も湛水し, しかも数カ月連続するためメコンデルタで最も湛水深と湛水期間が長い洪水常襲地帯の 1 つである.

カンボジア国境沿いにあるという立地条件から, チャウドックは歴史的にメコン川の重要な港であった. ハーティエンに向かうヴィンテー運河は 1817 年, それまでの河川を改修して建設された. これによりカンボジアは, 大規模な交易を行う場合, 南シナ海, タイ湾のいずれからも必ずベトナム領チャウドックを経なくてはならなくなった. ベトナムによるカンボジアの属国化がこの時期進んだことの 1 つの現れである. チャウドックの南西約 6 km に, 低平なメコンデルタでは珍しく, サム Sam 山という標高 230 m の小山がある. サム山から南西に連なる山系は山岳信仰の対象で, 多数の寺院が山中に点在する. これらの山々は抗仏・抗米戦の根拠地でもあった. 　　[柳澤雅之]

チャウピュー　Kyaukpyu
ミャンマー
人口: 16.5 万 (2014)　　[19°25′N　93°35′E]

ミャンマー西部, ラカイン州チャウピュー

県の都市で県都. 漢字では皎漂と表記する. 首都ネーピードーの西約 270 km, ベンガル湾のラムリー島の北端に位置する. ラカイン州を代表する自然の良港で, チャウピュー空港もあり島の中心都市である. 県にはラムリー島, チェドゥバ島の 2 つの島も含まれる. ラカイン(アラカン)山脈が迫り海岸平野は狭く, 沿岸部にはマングローブ林が多い. 一部の島では石油を産出する. 沿岸と島々はフェリーで結ばれ, 背後のラカイン山脈にあるアン An 峠(標高 1708 m)を越えて, エーヤワディ川の平原に道路が通っている.

[西岡尚也]

チャウメー　Kyaukme
ミャンマー

人口: 12.8 万 (2014)　　　[22°35′N　97°05′E]

ミャンマー東部, シャン州中北部チャウメー県の町で県都. 漢字では皎梅と表記する. マンダレー~ラーショー間を結ぶ鉄道, 道路が通る. 古くからミャンマーと中国ユンナン(雲南)省を結ぶ重要なルートである. 同県はナムサンをはじめとして国内でも茶業が盛んな土地で, 町でも生産されている.

[西岡尚也]

チャウラ島　Chaura Island
インド

Chowra (別表記)

人口: 0.1 万 (2011)　面積: 8.2 km²

[8°28′N　93°01′E]

インドの東方, アンダマンニコバル諸島連邦直轄地南部, ニコバル諸島の島. ニコバル県に属する. カールニコバル島の南南東 80 km, テレッサ島の北北東 15 km に位置する. 壺などの生産が行われるほか, 諸島内の島間交易の拠点でもある. [南埜　猛]

チャウン島　慈恩島　Jaeundo
韓国

人口: 0.2 万 (2014)　面積: 53 km²

[34°53′N　126°03′E]

韓国南西部, チョルラナム(全羅南)道西部の島. モッポ(木浦)市の西方約 40 km に位置する. 行政上はシナン(新安)郡慈恩面. 島の中央に斗峰山(標高 364 m)がある. 南西部の海岸には砂浜が続き, 海水浴場, 避暑地としての開発が行われている. 島内には 10 基以上の支石墓が分布している. [山田正浩]

チャウンゾン　Chaungzon
ミャンマー

チャウンゾーン　Chaung zoon (別称)

人口: 12.2 万 (2014)　　　[16°20′N　97°35′E]

ミャンマー南東部, モン州中央部モーラミャイン県の町. 漢字では羌宋と表記する. 州都モーラミャインの南南西 16 km, モッタマ(マルタバン)湾に面したビイギュン Bilugyun 島に位置し, タンルウィン川河口近くにある. モーラミャインに近接して人口密度が高いが, 都市化率が低い農村地帯となっている. おもな産業は農業と漁業で, 米やゴムが多く生産され, 地元の木材を利用した手工芸品もつくられる. 本土との行き来はフェリーに限られ, 近年は他州やタイへの人口流出が進んでいる. [西岡尚也]

チャオ湖　巣湖　Chao Hu
中国

チャオ湖　焦湖　Jiao Hu (別称) /チューチャオ湖　居巣湖　Juchao Hu (別称)

面積: 560–825 km²　標高: 12.6 m

長さ: 54.5 km　幅: 15.1 km　深さ: 約 8 m

[31°32′N　117°32′E]

中国東部, アンホイ(安徽)省中部, 省会であるホーフェイ(合肥)地級市の湖. 居巣湖, 焦湖ともよばれる. 名前は戦国時代に楚国との国境に巣国があったことにちなむ. 第 4 紀中期に構造盆地が沈降して形成された湖で, 形状が鳥の巣に似ていることから巣湖と名づけられたという説もある. 東西 54.5 km, 南北 15.1 km で, 周囲約 181 km, 湖面の標高は 12.6 m. 面積は 560~825 km² の間で変動する. 南東部に南西から北東方向へ延びる丘陵地帯があり, チャン(長)江沿いの平原との境になっている. 北西側から柘皋河, 南肥河, 豊楽河, 杭埠河が注ぎ, 南側には兆河があって白湖と通じている. 湖水は東端でュィーシー(裕渓)河(運遭河)から流出し, 南東に丘陵を流れて長江に流れ込むが, 雨季には長江の水が湖に逆流する. 1960 年代に逆流を防ぐ水門がいくつも建設され, 洪水を防いでいる.

湖の北部一帯は水路が網の目のように発達した巣湖平原(皖中平原)で, 国内有数の穀倉地帯で, 合肥市などもここに位置する. 湖の周囲には数百万人が住み, 湖水を灌漑, 飲用, 漁業, 水運などに利用している. シラウオ, エビ, カニは巣湖の三珍として珍重される. 1980 年代以後の経済発展により富栄養化が進んで藻類が大量発生するようになり, 排水による水質汚染, 上流からの土砂の堆積

などで環境破壊が進み, 深刻な問題になっている. そのため日本企業も参加して環境対策事業が進められている. 湖中の姥山島, 鞋山島, 湖浜の亀山, 卧牛山などがすぐれた景勝地で, ほかに忠廟, 半湯温泉, 仙人洞, 笑泉などがある.

[林　和生]

チャオアン　Chao'an ☞ チャオチョウ市 Chaozhou

チャオアン区　潮安区　Chao'an
中国

チャオチョウ　潮州　Chaozhou (別称)

人口: 102.9 万 (2015)　面積: 1064 km²

気温: 21.5℃　降水量: 1688 mm/年

[23°28′N　116°41′E]

中国南部, コワントン(広東)省南東部, チャオチョウ(潮州)地級市の区. ハン(韓)江中流域に位置する. 海外に潮安出身の華僑が 105 万人もいる僑郷の 1 つ. 東晋の咸和 6 年 (331)に潮安県として設置され, 2015 年に区となった. 区政府所在地は庵埠鎮. 韓江とロン(榕)江の 2 大水系の豊富な水量に恵まれ, 省内有数の穀倉地帯として発展した. シャントウ(汕頭)港と汕頭空港までともに 10 km の近さにある. 広梅汕鉄道(コワンチョウ(広州)~メイチョウ(梅州)~汕頭)と汕汾高速(汕頭~フェンシュイ(汾水)関)が通じる. [許　衛東]

チャオアン県　詔安県　Zhao'an
中国

人口: 60.7 万 (2015)　面積: 1291 km²

気温: 21.3℃　降水量: 1448 mm/年

[23°43′N　117°11′E]

中国南東部, フーチェン(福建)省南部, チャンチョウ(漳州)地級市の県. 沿海地に位置し, 西はコワントン(広東)省と接する. 亜熱帯モンスーン気候に属し, 福建省の南の玄関口, ミンナン(閩南)の天然温室ともよばれ, 省内有数のウメとライチの主産地である. 南北朝に綏安城として築城され, 明の嘉靖 9 年 (1530)に詔安県となり, 現在にいたる. 県政府所在地は南詔鎮. 清朝の画家である瀋錦州が詔安画派を創設した発祥地として知られる. 交通では, 漳詔高速道路(漳州~詔安), 国道 324 号が通じる. 詔安土楼と烏山国立森林公園が名所である. [許　衛東]

1048　チヤオ　　　　　　　　　　　　　　　　　〈世界地名大事典：アジア・オセアニア・極Ⅰ〉

チャオコウ県　交口県　Jiaokou

中国

人口：12.2万（2013）　面積：1262 km²　気温：7℃
降水量：450 mm/年　　　　　[36°57′N　111°13′E]

　中国中北部，シャンシー（山西）省中西部，リュイリャン（呂梁）地級市の県．県政府は水頭鎮にある．呂梁山脈中部に位置する．1971年に当時のシャオイー（孝義）県，リンシー（霊石）県とシーシェン（隰県）の一部で設置された新しい県である．山地面積が広く，地形は複雑である．最高峰は北部に位置する上頂山（標高2100 m）である．無霜期間は140日．小麦，トウモロコシ，アワ，芋類がおもな農作物である．石炭や鉄鉱石の埋蔵量が多い．　　　　　　　　　　　　[張　貴民]

チャオシェン　趙県　Zhao Xian

中国

人口：58.3万（2010）　面積：714 km²
気温：12.3℃　降水量：502 mm/年
　　　　　　　　　　　　[37°45′N　114°46′E]

　中国北部，ホーペイ（河北）省南西部，シーチャチョワン（石家荘）地級市の県．県政府は趙州鎮に置かれている．タイハン（太行）山脈のふもとの平野にある．1月の平均気温は−4.2℃，7月は26.4℃，無霜期間は187日．農作物は小麦，トウモロコシ，綿花，アワを主としている．特産品は雪花梨である．紡績，化学機械，化学工業，建材，機械などの工場がある．国道308号が走っている．古跡が多く，趙州橋，柏林禅寺，陀羅尼経幢などが有名である．　　　　　　[柴　彦威]

チャオチャ県　巧家県　Qiaojia

中国

人口：54.0万（2014）　面積：3245 km²
　　　　　　　　　　　　[26°57′N　102°56′E]

　中国南西部，ユンナン（雲南）省北東部，チャオトン（昭通）地級市の県．県政府は白鶴灘鎮に置かれている．スーチュワン（四川）省に隣接する．イ（彝）族，ミャオ（苗）族なども住むが，漢族が主体の地域である．北東部の山間地は寒冷で濃霧が多く，ジャガイモ，ソバ，エン麦などを生産し，牧畜が盛んである．南西部は温暖で米，トウモロコシ，タバコを，チンシャー（金沙）江沿いの低地はさらに暖かく，主食類以外にサトウキビ，花椒，クルミを生産する．薬山自然保護区のある県北部では，漢方生薬の採取も貴重な現金収入源である．　　　　　　　　　　[松村嘉久]

チャオチュエ県　昭覚県　Zhaojue

中国

人口：25.6万（2015）　面積：2699 km²
　　　　　　　　　　　　[28°01′N　102°51′E]

　中国中西部，スーチュワン（四川）省南西部，リャンシャン（涼山）自治州中部の県．県政府はシンチョン（新城）鎮に置かれる．チュワンシーナン（川西南）山地のダーリエン（大涼）山南麓に位置し，山地が県域の約90％を占めている．中部に四開，昭覚，竹核の3つの断層盆地があり農業が営まれている．元代に北社県が置かれ，明代に碧舎県に改められ，1910年に昭覚県が設置された．1960年に瓦崗県の一部を編入した．銅鉱，鉄鉱，鉛，石炭，石灰石，水晶，石膏など地下資源に恵まれる．おもな農産物はトウモロコシ，ジャガイモ，豆類などであり，リンゴ，カショウ（花椒），薬材の生産が盛んである．工業は皮革，毛織物，製材，食品加工が主である．観光地に竹核温泉，春秋戦国時代の墳墓，昭覚古城，博石瓦黒支提岩画などがある．　　　　　　　　　　[林　和生]

チャオチョウ県　肇州県
Zhaozhou

中国

ちょうしゅうけん（音読み表記）
人口：47.0万（2012）　面積：2445 km²
　　　　　　　　　　　　[45°38′N　125°15′E]

　中国北東部，ヘイロンチャン（黒竜江）省南西部，ダーチン（大慶）地級市の県．県名は，金朝が遼朝に勝利して建国の基礎を築いた地に命名したものを継いでいる．県政府は肇州鎮に置かれる．ソンネン（松嫩）平原の内奥に位置しており，耕地と草原が卓越している．トウモロコシ，テンサイの生産と，豚，乳牛，肉牛の飼育が盛ん．近年は石油と天然ガスの産出が増加している．　　　[小島泰雄]

チャオチョウ市　潮州市
Chaozhou

中国

チャオアン　潮安　Chao'an（別称）
人口：264.1万（2015）　面積：3679 km²
気温：21.4℃　降水量：1686 mm/年
　　　　　　　　　　　　[23°39′N　116°37′E]

　中国南部，コワントン（広東）省南東部の地級市．ハン（韓）江中下流域に位置し，北はフーチェン（福建）省と接する．南部は韓江下流の集積平野．北部と中部は福建発祥のウーイー（武夷）山系の嶂宏山脈とリエンホワ（蓮花）山系のフォンホワン（鳳凰）山脈（標高1498

m）からなる山地と丘陵地で，全域の65％を占める．東晋の咸和6年（331）に海陽県として設置された．隋の開皇11年（591）に潮州が築城され，以後広東東部の政治，経済，文化の中心都市として発展してきた．唐代に潮州郡，元には潮州路，明には潮州府へ変更され，民国期以降，新興のシャントウ（汕頭）市が管轄する県級市となった．海外に200万人を超える潮州出身の華僑が居住し，潮州帮（パン）とよばれる一大方言集団を形成している．とくにタイ王国では華僑の2/3は潮州帮によって占められ，最大のコングロマリット企業のCP（チャロン・ポカパン）社も潮州系華人企業の1つである．

　潮州の概念は，エスニックグループの潮州人ないし潮州文化に象徴される広義の（歴史としての）潮州と，現在の行政領域として実在する潮州の2つに分けられる．住民の大多数は南宋末期，戦乱の最中に福建省蒲田から数十万人の規模で流入した避難民の末裔である．もともと広東東部の政治都市であったが，明と清の時期に管轄領域をハイヤン（海陽），チャオヤン（潮陽），チエヤン（掲陽），ラオピン（饒平），ホイライ（恵来），チョンハイ（澄海），プーニン（普寧），ピンユワン（平遠），程郷，ダーブー（大埔），チェンピン（鎮平）の12県および汕頭港とナンアオ（南澳）島に広げ，中枢機能がさらに拡大した．閩南語系の潮州語，潮州地方劇，潮州音楽，潮州料理，潮州茶道，潮州民家，潮州工芸といった独特な地方文化を形成し，これが潮州人の名称が認知されるようになった所以である．1858年，米中天津条約に基づき潮州はいったん開港場に指定されたが，民衆の反発により開港にいたらず，結局潮州管下の汕頭港を新たに開港した．以後汕頭は通商のセンターとなって成長した．1906年に潮州府から汕頭港に通じる潮汕鉄道が開通した．また1921年に汕頭市が設立され，経済・政治機能はしだいに汕頭に傾斜するようになり，潮汕地区の名称が浸透すると，潮州と潮汕の使い分けが一般的使用法となった．しかし，19世紀以降拡大した海外の華僑社会は，依然として潮州人の出自を意識している．潮州会館の名称は現在も一般的に使用されている．

　現在の市は，1991年12月に副地級市から地級市に昇格して生まれた．湘橋区（楓渓区を含む），潮安区，饒平県を管轄する．市街地人口は176万（2015）．市政府所在地は湘橋区．総じて温暖な自然条件に恵まれ，南部の沖積平野は伝統的な穀倉地帯として開発され，広東における米，果物，茶，花卉，水

産，畜産などの主産地となっている．1984年に沿海開放都市に指定され，地場産業の潮州刺繍や工芸陶磁器のほか，旺盛な華僑投資を契機にアパレル，食品加工，電子部品，印刷，履物などの工業分野が発展している．とくにブライダル礼服の産地として，全国市場シェアの5割以上を占める．市全体の1人あたりGDPは5451 USドル(2015)で全国平均の7割程度．

陸上交通では広梅汕線(コワンチョウ(広州)〜メイチョウ(梅州)〜汕頭)や廈深線(アモイ(厦門)〜シェンチェン(深圳))などの鉄道，汕汾線(汕頭〜フェンシュイ(汾水)関)や潮掲線(潮州〜チエヤン(揭陽))や大港線(大埔〜潮州港)などの高速道路，国道324号が通じる．海上交通では潮州港は広東の東大門といわれるほどの要衝で，唐と宋以来，三百門港の名称で伝統的な通商港として発展してきた．1994年に国指定の重要港となり，潮州港に改名された．台湾海峡に面し，汕頭港の北北東約65 km，福建省のアモイ港の西南西約180 km，台湾のカオシオン(高雄)港の西北西約340 km，ホンコン(香港)の北東約350 kmに位置する．39 kmにのぼる港湾地域の海岸線に，最大水深9 mの入港航路が3つもあり，5万t級のタンカー専用バースをはじめ7カ所のバースが建設され，台湾向けを含む数多くの航路が開設されている．市内に観光名所が多く，中でも宋代に築城された潮州城壁は国内で最も保存状態のよい城壁として知られる．年間約920万人の観光客が訪れる．　　　　　　　［許　衛東］

チャオチョウ市　膠州市　Jiaozhou

中国

板橋鎮(古称)/こうしゅうし(音読み表記)/チャオ県　膠県　Jiao (旧称)

人口：82.8万 (2015)　面積：1324 km²

[36°16′N　120°00′E]

中国東部，シャントン(山東)省東部，チンタオ(青島)副省級市の県級市．山東半島南西部，膠州湾に面している．宋代にすでに北方の対外港で，当時は板橋鎮といった．1987年に膠県が廃止され，膠州市になった．膠莱平野南部に位置し，最低地点は標高3〜5 mである．おもな作物は小麦，トウモロコシ，ジャガイモ，落花生である．機械工業が盛んである．山東半島から内陸部への交通の要衝であり，膠済鉄道，膠黄鉄道，済青高速道路，国道204号が市内を通っている．新石器時代の三里河文化遺跡，前漢代の祓国の牧馬城などがある．　　　　　　　［張　貴民］

チャオチョウ湾　膠州湾　Jiaozhou Wan

中国

こうしゅうわん(音読み表記)

面積：367 km²　深さ：64 m

[36°06′N　120°14′E]

中国東部のシャントン(山東)半島の南側に位置し，ホワン(黄)海に面した湾．古くは膠澳と称し，膠州の管轄下にあったことから膠州湾とよばれる．湾全域が山東省チンタオ(青島)市にある．膠州湾は幅約3 kmの狭い入り口で黄海につなぐ．湾の大きさは南北32 km，東西28 kmである．平均水深は7 m，最大水深は64 mである．埋め立てにより，膠州湾の面積は1928年の560 km²(『膠澳誌』)から2012年の367 km²に縮小した．青島市の旧市街地は湾の入り口の東側にあったが，都市化の結果，市街地は膠州湾沿岸に広がっている．湾岸の市区は，湾の東側から反時計回りに，市南区，市北区，李滄区，城陽区，膠州市，チャオナン(膠南)市，黄島区となっている．膠州湾周辺のおもな山地には，道教に関わりの深い名山である崂山や小珠山などがある．2016年に青島膠州湾国家海洋公園が設立された．　［張　貴民］

チャオチョン県　交城県　Jiaocheng

中国

人口：23.5万 (2013)　面積：1508 km²

[39°56′N　113°05′E]

中国中北部，シャンシー(山西)省中西部，リュイリャン(呂梁)地級市の県．呂梁山脈の東麓，タイユワン(太原)盆地の西に位置する．県名は，隋代に県治(現在の太原市グーチャオ(古交))が，フェン(汾)河と孔河の合流地点にあったことに由来する．県治は唐代に現在の場所に移った．北西部は山地で，南東部は平地である．関帝山(標高2830 m)が最高峰．小麦やアワ，コーリャンがおもな農作物である．石炭や鉄鉱石の埋蔵量は多い．北魏に建てられた玄中寺は有名である．

［張　貴民］

チャオチン市　肇慶市　Zhaoqing

中国

端州(古称)/ちょうけいし(音読み表記)

人口：406.0万 (2015)　面積：14891 km²

降水量：1647 mm/年　[23°03′N　112°27′E]

中国南部，コワントン(広東)省北西部の地級市．シー(西)江の中流域に位置し，チュー(珠)江デルタに属する．ホワナン(華南)とチャン(長)江流域をつなぐ交通路の要衝として，しばしば歴史上重要な役割を果たした．有名な観光都市でもある．西側はコワンシー(広西)チワン(壮)族自治区と接する．市街地の端州，高要，鼎湖の3区，スーホイ(四会)市，コワンニン(広寧)，ホワイチー(懐集)，フォンカイ(封開)，ドゥチン(徳慶)の4県，肇慶ハイテク産業技術区を管轄する．市政府所在地は端州区．市街地人口は130万(2015)．基本的には広東語圏に属するが，約30万の客家(ハッカ)系住民もいる．隋の時代に端州として設置された．書道で著名な端硯の発祥地である．宋の重和元年(1118)に徽宗趙佶が皇位につき，諸侯の王として領有していた端州を肇慶に改称した．七星岩，慶雲寺，国恩寺，牌坊，鼎湖からなる名勝地は1982年に省初の国指定の風景名勝区である．以後，ゴルフ場を含む総合リゾート地として開発された．1984年にホンコン(香港)とマカオ(澳門)にいたる水上航路が開通した．翌年には珠江デルタ経済開放区に入った．1994年には国指定の歴史文化都市として認定された．年間約1200万人(2015)の観光客が訪れる．

工業は食品，ビール，建材，電子，化学，計測制御機器，アパレルなどが発達する．三茂鉄道(サンシュイ(三水)〜マオミン(茂名))，321，324号，広肇高速(コワンチョウ(広州)〜肇慶)が通じ，西江，ソイ(綏)江，ホー(賀)江からなる水運は東の香港，西の広西チワン族自治区，北のシャオクワン(韶関)，南のマカオまですべてが航行可能で黄金水路の別称もある．市全体の1人あたりGDPは7814 USドル(2015)で全国平均とほぼ同水準である．

唐代，肇慶(高要)出身の仏教学者の石頭和尚が著した『参同契』が日本にも伝わり曹洞宗の開山経典になった経緯もあり，日本とのつながりも深く，その石頭和尚の舎利が神奈川県横浜市の總持寺で供養されている．また鑑真とともに5回の日本渡航を試み，病に倒れて肇慶の竜興寺で没した日本の留学僧，侶栄叡を記念して1963年に建てられた記念館が鼎湖山にある．　　　　　　　［許　衛東］

チャオツオ市　焦作市　Jiaozuo

中国

覃懐地(古称)/しょうさくし(音読み表記)

人口：352.3万 (2014)　面積：4071 km²

[35°13′N　113°14′E]

中国中央東部，ホーナン(河南)省北部の地級市．解放，山陽，中点，馬村の4区，チン

1050　チヤオ

〈世界地名大事典：アジア・オセアニア・極 I〉

ヤン（沁陽），モンチョウ（孟州）の 2 県級市，ポーアイ（博愛），ウーチー（武陟），シウウー（修武），ウェンシェン（温県）の 4 県を管轄し，市政府所在地は解放区．約 8000 年前には人類の居住がみられたと考えられ，夏（紀元前 21 ～前 16 世紀）の頃は冀州に属し，覃懐の地（ホワン（黄）河とタイハン（太行）山脈の間の肥沃な土地）と称した．1945 年に焦作市が建立され，県となったのち，49 年には焦作鉱区に改められた．1956 年からはふたたび焦作市となっている．石炭，石灰石，ボーキサイト，耐火粘土，硫鉄鉱などの鉱産資源に恵まれ，国内最大級の良質の無煙炭炭鉱がある．鉱産資源は枯渇傾向にあったが，新たな鉱脈の発見も報じられている．省北地区の重要な物資集散地で，他地域との物流基盤も整備されており，地下水を含む水資源も豊富である．雲台山，青竜峡，青天河，神農山，峰林峡は，ユネスコの世界ジオパークに指定された景勝地であり，中央電視台焦作影視城，竜源湖楽園などは現代的なレジャー施設である．太極拳の発祥地としても知られ，『三国志』で諸葛亮孔明と争った司馬懿はこの地の人である．　　　　　　　　　［中川秀一］

チャオトン市　肇東市　Zhaodong

中国

人口：94 万（2012）　面積：4330 km²
[46°05′N　125°58′E]

中国北東部，ヘイロンチャン（黒竜江）省中南部，スイホワ（綏化）地級市の県級市．ハルピン（哈爾浜）とダーチン（大慶）の間に位置し，南はソンホワ（松花）江に限られる．市名はチャオチョウ（肇州）の東にあることによる．市政府は肇東鎮に置かれる．ソンネン（松嫩）平原にあり，農地と草原が広がっており，農業と農畜産物の加工が盛ん．農作物としては，トウモロコシが多く，米も生産される．酪農と養豚が発達している．原油と天然ガスが豊富に埋蔵され，原油の採掘量が増加している．　　　　　　　　　　　［小島泰雄］

チャオトン市　昭通市　Zhaotong

中国

人口：521.3 万（2010）　面積：23021 km²
[27°22′N　103°41′E]

中国南西部，ユンナン（雲南）省北東部の地級市．北はスーチュワン（四川）省と，東はグイチョウ（貴州）省に隣接する．2001 年の行政再編で昭通地区と県級市の昭通市が撤廃され，地級市の昭通市が設立された．かつての

県級市の昭通市はチャオヤン（昭陽）市轄区となった．昭陽市轄区のほか，ルーディエン（魯甸），チャオチャ（巧家），イエンチン（塩津），ダークワン（大関），ヨンシャン（永善），スイチャン（綏江），チェンシオン（鎮雄），イーリャン（彝良），ウェイシン（威信），シュイフー（水富）の 10 県を管轄する．水富県を除くすべての県が，国の第 8 次 5 カ年計画で貧困県に選ばれた．少数民族人口は 1 割弱で山間地にミャオ（苗）族，イ（彝）族などが住むが，盆地部は漢族が主体の地域である．唐・宋代の頃，昭通一帯は烏蒙とよばれ，少数民族が権力を握る土司制度が形成された．その後，継続的に屯田や墾田などで漢族の移民が流入し，清代に入った 18 世紀初頭に土司制度が廃止された．

ユングイ（雲貴）高原に属する南西部の標高が高く，四川盆地につながる北東部は低い．市内の最高標高は南西部の薬山（4040 m）で，最低は四川省との省境に近い北東部（267 m）である．亜熱帯湿潤気候に属するが，標高の影響を強く受ける．貴州省北西部から昭通にかけては，地下資源の埋蔵量が多いことで知られる．昭通の石炭と硫化鉄鉱の埋蔵量は雲南省で最も多いといわれている．リンゴ，漢方薬のテンマ（天麻）やトチュウ（杜仲），コンニャク，花椒などが特産品として有名である．　　　　　　　　　　　　　　　［松村嘉久］

チャオトン半島　Jiaotong Bandao　☞ シャントン半島　Shandong Bandao

チャオナン市　膠南市　Jiaonan

中国

こうなんし（音読み表記）
人口：83.7 万（2002）　面積：1894 km²
[35°52′N　119°57′E]

中国東部，シャントン（山東）省東部，チンタオ（青島）副省級市の旧県級市．チャオチョウ（膠州）湾とホワンハイ（黄海）湾に面している．秦代に琅邪県が設置され，唐代に廃止された．1946 年に膠南県が設置され，91 年に市となった．2012 年，旧黄島区と合併し，黄島区となった．面積の 70% 以上は低山丘陵である．北東部に位置する小珠山（標高 725 m）が最高峰である．鉄鉱石や石墨を産する．おもな作物は小麦，トウモロコシ，落花生，葉タバコなどであるが，水産，牧畜，果樹，野菜だけで農業総生産の 80% 以上を占めている．工業は自動車，造船から食品まで多岐にわたり，8000 以上の企業を有して

いる．琅邪台，大珠山，霊山島など 6 大観光地がある．竜山文化遺跡などが多数発掘されている．また，徐福伝説で知られる秦代の方士，徐福の郷里でもある．　　　［張　貴民］

チャオピン県　昭平県　Zhaoping

中国

招平県（古称）
人口：34.0 万（2010）　面積：3273 km²
気温：19.8℃　降水量：2046 mm/年
[24°10′N　110°48′E]

中国南部，コワンシー（広西）チワン（壮）族自治区東部，ホーチョウ（賀州）地級市の県．県政府所在地は昭平鎮．ナン（南）嶺山地の縁辺，グイ（桂）江の中流に位置する．県域の 9 割以上は山地で，カルスト地形も北東の一部にみられる．宋の宣和 6 年（1124）に反乱する少数民族を懐柔するため，招撫平定の意をとって招平と名づけて県制を設置したが，明るい未来を強調して昭平に改称した．自治区有数の茶の産地で，ウメの産地であり，林業地でもあり，森林率は 80.7%．住民は客家（ハッカ）系漢族とチワン族が多い．

　　　　　　　　　　　　　　　［許　衛東］

チャオフー市　巣湖市　Chaohu

中国

居巣，南巣（古称）
人口：88.0 万（2013）　面積：2063 km²
[31°36′N　117°51′E]

中国東部，アンホイ（安徽）省中部，ホーフェイ（合肥）地級市の県級市．市域はチャオ（巣）湖東岸をめぐる．市政府は臥牛山街道に置かれる．北部は巣湖周囲の平原で，南部は低山，丘陵が湖浜まで迫っている．南東部には南西から北東方向へ延びる丘陵地帯があり，チャン（長）江に沿う中下流平原との境になっている．巣湖の東端からユィーシー（裕渓）河が南東に流れ出て，丘陵地帯を越えて長江に流入する．周のときは巣伯国の地で，春秋時代は楚の巣邑で，秦代に居巣県が置かれ，隋代に襄安県に，また唐代に巣県に改名された．宋代は無為軍に，元代に無為州に，中華民国のときは安慶道に属した．1965 年に巣湖専区が置かれ，71 年に巣湖地区に改名され，83 年に巣県を改め県級の巣湖市にした．1999 年には巣湖地区を編入して地級市を設立し，1 区 4 県を管轄した．2011 年に県級の巣湖市が新設され，省の直轄とされるが合肥市が管轄を代行する．

　農業は米，ナタネ，小麦，綿花などを主と

し，養蚕業も盛んである．巣湖とその周囲では漁業と養殖業が発達している．鉄，銅，石炭，石灰石などの地下資源にも恵まれる．工業はセメント，紡績，食品加工，農業機械，酒造などが行われている．京福高速鉄道と滬漢蓉高速鉄道，淮南鉄道，蕪合と滬蓉の2本の高速道路が通る．名勝古跡に相隠寺，姥山島，半場温泉，紫薇洞，銀屏山，中廟などがある．　　　　　　　　　　　［林 和生］

チャオプラヤー川　Chao Phraya, Mae Nam　タイ

メナム川　Mae Nam（別称）

面積：160400 km²　長さ：372 km

[13°40′N　100°36′E]

タイの国土を縦断する国内第1の川．タイの国土は地形的にみて，首都バンコクが位置する中部をはじめ，北部，東北部，南部の4つに大別できる．このうち，中部と北部の大部分がチャオプラヤー川水系の流域に含まれ，流域面積は国土の約25％を占める．外国人には一般にメナム川という名で知られるが，メナム（メーナーム）はタイ語で川を意味する．

源流は北部の山地で，ナーン川，ヨム川，ワン川，ピン川などの支流が最終的には中部のナコーンサワンで合流してチャオプラヤー川となり，その下流にチャイナートを頂点とする大デルタを形成．タイの歴代王朝はすべてこの河川がもたらす農業生産力や交通の便を基盤に成立してきた．タイ最初の王朝と考えられているスコータイ王朝は，ヨム川流域のスコータイを中心に13世紀初期から15世紀中期にかけて栄えた．3代目のラームカムヘーン王が残したとされる碑文に，「水に魚あり，田に稲あり」と書かれてあるのは，同王国が水に恵まれて豊穣な土地であったことを物語る．また，アユタヤー王朝は，14世紀中期から1767年までの約400年間，チャオプラヤー川下流のアユタヤーを中心に繁栄した．古都アユタヤーは古デルタと新デルタの接合点に位置する．下流の新デルタは雨季に全域が水没する未開の地であったため，現在の河口から約100 kmさかのぼったアユタヤーは外海との舟運に恵まれた港としても発展した．

1767年にアユタヤー王朝がビルマ軍の侵攻により陥落した後，ふたたびタイを統一したタークシンは廃墟となったアユタヤーを捨て，チャオプラヤー川をさらに南下したトンブリーを都に定めた．しかし，その後まもなくクーデターが起こり，タークシンは処刑される．かわって，旧王族・貴族層に推されて1782年に即位したのが，現ラッタナコーシン王朝の始祖チャクリーである．チャクリー（ラーマ1世）はトンブリーの対岸，すなわちチャオプラヤー川東岸に遷都し，そこをクルンテープ（神の都）と名づけた．

新デルタの大半は標高1～2 m程度で水はけが悪く，雨季の全面湛水と乾季の全面乾燥をくり返す未開の地であり，現王朝がバンコクに遷都してからもしばらくはその状態が続いた．もちろん，王宮を中心として周囲に運河を掘り排水することで居留区が形成されたが，未開の新デルタが本格的に開発されるのは，1855年にイギリスとの間で通商条約（バウリング条約）を結んだ後のことである．この条約によりタイは従来の王室独占貿易を廃止して米輸出を自由化した一方，近隣の被植民地諸国ではタイ米に対する需要が高まっていた．それに応えて運河網建設と新田開発が急速に進められた結果，未開の地チャオプラヤーデルタはアジア有数の穀倉地帯に変貌した．

現在でも国際米市場の主役であるタイ米はインディカ種のウルチ米であるが，これはおもに中部地方のチャオプラヤーデルタで栽培されている．ここでは毎年雨季になると，上流部での降雨がかき集められて本流に流れ込み，最後には下流部で洪水となる．2011年には記録的な大洪水となったが，通常は洪水とはいっても，流路の傾斜がきわめて緩慢なため雨季の終わりにかけて徐々に水位が増し長期にわたって滞留するといったものであり，通常はその地域の農家にとっては稲作に必要な水と養分を運んできてくれる恵みの水である．こうした環境下では灌漑は必ずしも必要ではなく，栽培方法は粗放的で直播きが一般的．とくに，水深が3～4 mにも達するところでは，水位の上昇とともに茎が伸び，水面上に穂先を出して揺らいでいる浮き稲種の栽培がみられる．

ただ，タイは現在でも依然として世界の主要な米輸出国であるものの，国民経済における米の生産と輸出の地位は工業化の進展とともに低下の一途をたどっている．それと同時に，生産力の源泉としてきわめて重要な役割を果たしてきたチャオプラヤー川も，近年その役割を大きく低下あるいは変化させることになった．水運としての利用もそうである．1922年1月に鉄道北部線がチエンマイまで開通すると，首都バンコクとタイ北部の間の主要交通路が河川から鉄道へと移った．その後，道路網の整備が進み，チャオプラヤー川の水運の衰退は決定的となる．バンコクでもかつては縦横に水路網が張り巡らされ，チャオプラヤー川と結びつく重要な交通路であったが，工業化・近代化の過程で水路は次々に埋め立てられて道路となり，西洋人がバンコクを「東洋のヴェニス」とよんだ風景は急速に失われつつある．また，1950年代から60年代にかけてチャオプラヤーダム，プーミポンダム，シリキットダムが相次いで建設されたことにより灌漑整備と水力発電が進展したが，それとともに，デルタの水文環境はすっかり変化した．　　　　　　　　　［遠藤 元］

チャオプラヤー川（タイ），バンコク市内のワットアルン（暁の寺）からの眺め

チャオホー市　蛟河市　Jiaohe

中国

こうがし（音読み表記）

人口：45万（2012）　面積：6235 km²

[43°42′N　127°06′E]

中国北東部，チーリン（吉林）省中北部，吉林地級市の県級市．市政府は民主街道に置かれる．市名は満州語でノロジカを意味する．ラオイエ（老爺）嶺とウェイフー（威虎）嶺に囲まれた盆地に位置し，南西部に豊満ダムのソンホワ（松花）湖が広がる．森林が市域の過半を占め，農業ではトウモロコシや米が生産され，タバコも有名である．地下資源としては花崗岩，ニッケル，泥炭が産出される．

[小島泰雄]

チャオヤン区　潮陽区　Chaoyang

中国

人口：167.5万（2015）　面積：648 km²

気温：21.5℃　降水量：1721 mm/年

[23°16′N　116°36′E]

中国南部，コワントン（広東）省南東部，シャントウ（汕頭）地級市の区．南シナ海に面し，潮汕平野に位置する．東晋の隆安元年（397）に潮陽県として設置され，1993年に県級市となった．2003年に汕頭市に吸収され区となった．海外在住の潮陽出身の華僑は120万人にのぼり，全国でも有名な華僑の出身地域である．区政府所在地は文光街道．主要部の平野は集約型農業経営のモデル地域として開発されている．米，落花生，大豆，柑橘類，バナナ，オリーブ，ヤマモモの栽培，および近海養殖などが主力である．海岸線84.6 kmのうち，湾内は63.3 kmもあり，真珠やアワビの養殖に適している．年間養殖の水揚げ量は3万7000 tに達する．工業では華僑系の資本投資とローカルな私営企業が主力で，紡績，音響製品，文具，電気機器，室内内装材などの製造が発達している．区内の谷饒鎮はメリヤスの下着類，平和鎮はCD-R，貴嶼鎮は廃棄された電気機器の分解と再利用などの循環経済の生産地として全国的に有名である．廈深鉄道（アモイ（廈門）～シェンチェン（深圳）），深汕線（深圳～汕頭），汕普線（汕頭～プーニン（普寧）），掲恵線（チエヤン（掲陽）～ホイチョウ（恵州））や掲潮線（掲陽～チャオチョウ（潮州））などの高速道路，国道324号などが通じ，潮陽港も5000 t級のコンテナ船が入港でき，ほかの交通の便もよい．

[許　衛東]

チャオヤン区　朝陽区　Chaoyang

中国

人口：354.5万（2010）　面積：471 km²

標高：20-46 m

[39°43′N　116°19′E]

中国北部，ペキン（北京）市中南部の区．区政府所在地は神路街である．地形は北西が高く南東が低い．北京の野菜，副食品の生産地であり，同時に重要な工業基地でもある．京承，京包，大秦の各鉄道路線，国道102，103号が走っている．京津塘高速道路は区の南西部から，首都空港高速は区の北東部から始まる．北東に隣接するシュンイー（順義）区内の飛び地である首都機陽街道には，北京首都国際空港がある．外国大使館，国連機関など国際機関の集積地であり，有名ホテルが並んでいる．農業展覧館，炎黄芸術館，2008年の北京オリンピックでメイン会場となった国家体育場などがある．

[柴　彦威]

チャオヤン区　昭陽区　Zhaoyang

中国

チャオトン県　昭通県　Zhaotong（旧称）

人口：85.3万（2012）　面積：2156 km²

[27°19′N　103°42′E]

中国南西部，ユンナン（雲南）省北東部，チャオトン（昭通）地級市の区．区政府は鳳凰街道に置かれている．区の東部はグイチョウ（貴州）省と，西部はスーチュワン（四川）省に隣接する．2001年に昭通地区が地級市の昭通市となった際，昭通県が昭陽区となった．石炭，黄鉄鉱などの埋蔵量が多い．市街地の近くに軍民共用の昭通空港がある．

[松村嘉久]

チャオヤン県　朝陽県　Chaoyang

中国

人口：56.0万（2013）　面積：3751 km²

[41°35′N　120°27′E]

中国北東部，リャオニン（遼寧）省北西部，チャオヤン（朝陽）地級市の県．朝陽市中心部を取り囲むような形をしている．県政府所在地は県内ではなく，朝陽市双塔区にある．農業が主産業で，中でも綿花生産が盛んである．ほかにもトウモロコシ，コーリャン，小麦などを栽培する．特産品にナツメや杏仁がある．錦承線，丹錫高速，長深高速が県域を通る．

[柴田陽一]

チャオヤン市　朝陽市　Chaoyang

中国

竜城（旧称）

人口：340.0万（2013）　面積：19736 km²

[41°36′N　120°27′E]

中国北東部，リャオニン（遼寧）省北西部の地級市．内モンゴル（蒙古）自治区およびホーペイ（河北）省と接する．双塔，竜城の2区，ペイピャオ（北票），リンユワン（凌源）の2県級市，朝陽，チェンピン（建平）の2県，ハラチン（喀喇沁）左翼自治県を管轄する．市政府所在地は双塔区．市名は中心市街地東側のフォンホワン（鳳凰）山上にある朝陽洞に由来する（ほかにも諸説あり）．旧称は竜城．ターリン（大凌）河が市域の南西から北東へ流れ，その谷のまわりに低山丘陵が並んでいる．トウモロコシ，コーリャン，小麦，大豆，綿花の生産を主産業とする．工業では，冶金業，自動車・自動車部品産業などが盛ん．東西に錦承線と丹錫高速，南北に長深高速が市域を貫いている．1924年に開通した錦承線はチンチョウ（錦州）と河北省チョンドゥ（承徳）を結び，チェンピン（建平）県葉柏寿鎮で内モンゴル自治区ウランハダ（チーフォン，赤峰）との間を結ぶ葉赤線（1935開通）と分岐している．そのほか，市中心部には首都ペキン（北京），ダーリエン（大連），イエンタイ（煙台）とを結ぶ朝陽空港がある．

[柴田陽一]

チャオユワン県　肇源県

Zhaoyuan

中国

ちょうげんけん（音読み表記）

人口：48.0万（2012）　面積：4198 km²

[45°31′N　125°05′E]

中国北東部，ヘイロンチャン（黒竜江）省南西部，ダーチン（大慶）地級市の県．ソンホワ（松花）江をはさんでチーリン（吉林）省と接する．清朝初期にモンゴル族のゴルロス後旗とされたが，清末にチャオチョウ（肇州）が置かれ，1956年に肇州の源を意味する肇源県に改名された．県政府は肇源鎮に置かれる．ソンネン（松嫩）平原に位置しており，低平で湖沼が多い．トウモロコシと水稲の生産が行われるほか，畜産や水産養殖も盛んである．

[小島泰雄]

チャオユワン市　招遠市

Zhaoyuan

中国

人口：56.7万（2015）　面積：1432 km²

[37°21′N　120°24′E]

中国東部，シャントン(山東)省東部，イエンタイ(煙台)地級市の県級市．山東半島北西部，ポーハイ(渤海)湾に面している．招遠県が設置されたのは金代の天会9年(1131)であった．1991年に招遠市となった．4街道，9鎮を管轄し，市政府は羅峰街道にある．低山丘陵地域に位置し，山地，丘陵，平野，低地はそれぞれ総面積の33%，38%，23%，6%を占めている．北東部のルオ(羅)山(標高759m)が最高峰である．160本あまりの河川があり，北西部のものは渤海水系，南東部のものはホワン(黄)海水系に属する．金鉱石の埋蔵量が多く，分布範囲も広い．おもに東部，北部，北西部と南西部の低山に集中し，金の年間生産量は9375kgを超えている．また，温泉は全国的に有名で，湯の温度が95℃に達している．殷周時代の曲城遺跡などがある． ［張　貴民］

チャオリン県　蕉嶺県　Jiaoling

中国

人口：21.0万(2015)　面積：960km²
気温：21.4℃　降水量：1537mm/年
　　　　　　　　　　[24°40′N　116°10′E]

中国南部，コワントン(広東)省北東部，メイチョウ(梅州)地級市の県．ハン(韓)江上流域に位置する．北はフーチェン(福建)省のウーピン(武平)県とシャンハン(上杭)県，南東はメイシェン(梅県)と接する．明の崇禎6年(1633)にチェンピン(鎮平)県として設置されたが，ホーナン(河南)省の鎮平県と同名だったため，1914年に蕉嶺と改称された．県政府所在地は蕉嶺鎮．四面は金山筆(標高1170m)，鉄山嶂(1164m)，皇祐筆(1150m)，大峰嶂(1092m)，小峰嶂(1057m)，樟坑崬(1020m)などの山地に囲まれ，中心部は韓江支流の石窟河流域に属する盆地と河岸段丘である．歴史的には客家(ハッカ)の伝統的な居住地である．台湾にも蕉嶺出身の客家が46万人にのぼるなど海外に約56万の華僑がいる．亜熱帯モンスーン気候が特徴で，稲作，野菜，淡水養殖，林業などが卓越する．石灰岩，石炭，マンガン鉱などの地下資源を利用した建材業と鉱山開発も盛ん．交通では国道205号と天汕高速(ティエンチン(天津)～シャンウェイ(汕尾))が通じる．
　　　　　　　　　　　　　　　［許　衛東］

チャーオン　Tra On

ベトナム

人口：13.5万(2009)　面積：294km²
　　　　　　　　　　　[9°58′N　105°56′E]

ベトナム南部，メコンデルタ，ヴィンロン省南部の県．省都ヴィンロンの東南東50km，カントー中央直属市からは川沿い東南東20kmに位置する．地形的にはハウザン川東岸の自然堤防上に県の中心は位置するが，その背後は後背湿地となる．自然堤防に近い高みは河川の水位変動を利用した灌漑排水操作が容易で，昔から水稲だけでなく，果樹や野菜の栽培，水産業も含めた複合経営が行われてきた．雨季の灌漑排水操作はデルタ低位部に比べて相対的に容易で，後背湿地でも水稲三期作が可能である．　［柳澤雅之］

チャカ塩湖　茶卡塩湖　Chaka Yanhu

中国

面積：154km²　標高：3059m　長さ：9.2km
幅：15.8km　深さ：15m
　　　　　　　　　　[36°42′N　99°07′E]

中国西部，チンハイ(青海)省ツァイダム(柴達木)盆地東部にある塩湖．北側にチーリエン(祁連)山脈支脈の青海南山脈，南側にクンルン(崑崙)山脈支脈のエラ山脈が連なる．チャカはチベット語で塩湖を意味する．乾燥気候のため，周囲の河川からの水の流入量よりも蒸発量の方が極端に多く，湖の塩分濃度が高く，大量の塩が堆積している．塩の埋蔵量は4.5億tと推計され，堆積層は約5mの厚さがあり，湖面に露出している．シルクロードの1つ青海道が湖の近くを通り，古来，塩が採掘され，交易品となった．
　　　　　　　　　　　　　［高橋健太郎］

チャーガイ　Chagai

パキスタン

　　　　　　　　　　[29°18′N　64°42′E]

パキスタン南西部，バローチスタン州北西部チャーガイ県の町で県都．県のほぼ中央部，アフガニスタン国境へ北約30km，ヌシュキの西130km，標高約850mのチャーガイ丘陵のふもとに位置する．アフガニスタンおよびイランへの交易ルートにあり，絨毯や岩塩の交易やオリエンタルアラバスター(縞大理石)で知られる．　［出田和久］

チャーガイ県　Chagai District

パキスタン

人口：10.5万(1998)　面積：44748km²
　　　　　　　　　　[29°18′N　64°42′E]

パキスタン南西部，バローチスタン州北西部の県．県都はチャーガイ．1896年に設置

され，北はアフガニスタン，西はイランとの国境に位置する．乾燥が強く，不毛の丘陵および山地が大部分を占める．灌漑の中心は管井戸で，ほかにカレーズ(地下水路)により行われ，おもな農作物は，小麦，タマネギ，メロンのほか飼料作物が多い．また，バローチ人とブラーフィ人がおもに山羊や羊，ラクダの牧畜に従事するほか，絨毯の製織や染色が行われている．石膏，ミョウバン，硫化物の産地として知られ，西端部のサインダクSaindakでは銅鉱を産する．古代にはゾロアスター教徒が居住していたようであるが，県下各地でみられる砦跡やカレーズはアラブ人によるものとされている．北部のアフガニスタンとの国境にあるチャーガイ丘陵では1998年にパキスタン最初の地下核実験が行われた．県人口のうち99%以上がイスラーム教徒である．都市人口率は17.7%(1998年)と低い．　［出田和久］

チャーガイ丘陵　Chagai Hills

アフガニスタン/パキスタン

チャーガイ山地（別表記）

標高：2457m　長さ：180km　幅：100km
降水量：100mm/年　　　[29°20′N　63°27′E]

パキスタン，バローチスタン州北部，チャーガイ県の北端に位置し，北はアフガニスタンのヘルマンド州とニームルーズ州に接する砂漠地帯にある丘陵ないし山地．幅100km弱，長さ180kmほどで，標高はおおむね1000～2300mで，最高峰は西峰の2457m．コーヒスルタンKoh-i-Sultanの火山峰群の東方はやや高度が低くなり，塩水性湿地のハムニローラHamun-i-Loraの窪地に続く．おもに花崗岩などの火成岩からなり，降雨の後だけ流れる水流による侵食が進んでいる．モンスーン帯の外の乾燥地域に位置し，1月の最低気温の平均は2.4℃，7月の最高気温の平均は42.5℃で，冬は寒く，夏は大変暑い．1998年にパキスタンがこの丘陵で原爆実験を行い，世界の注目を集めた．
　　　　　　　　　　　　　［出田和久］

チャガン道　慈江道　Chagang-do

北朝鮮

人口：131万(推)　面積：16765km²　標高：803m
降水量：900-1000mm/年
　　　　　　　　　　[40°58′N　126°35′E]

北朝鮮北西部にある行政区．道庁所在地はカンゲ(江界)市．長い間，平安道に属し，1896年平安道が南北に二分されたときには

1054　チヤカ

〈世界地名大事典：アジア・オセアニア・極Ⅰ〉

ピョンアンブク（平安北）道に属した．1949年平安北道の北部とハムギョンナム（咸鏡南）道の西部を分割して新設された．1954年北東部がリャンガン（両江）道となって分離した．道名は中心地の慈江と江界の頭文字からつけられた．アムロク（ヤールー（鴨緑））江をはさんで中国と接する内陸の行政区で，両江道に次ぐ内陸高山地帯である．大部分の地域が西部山地帯の慈江山地に属する．東部はランリム（狼林）山脈．地勢は東部から北西の鴨緑江に向かってしだいに標高が低くなっていき，江界，チョサン（楚山）など盆地を除き，山地が98％を占める．南方はチョグリョン（狄踰嶺）山脈に囲まれ孤立している．最も低い地帯はフィチョン（熙川）市で127 m．江界の年平均気温6.4℃，年平均降水量830～1382 mm．大陸性気候で江界の1月気温は−13.6℃，年較差が40℃になる．チョンチョン（清川）江など水力資源が豊富で，鴨緑江にはウンボン（雲峰）発電所（40万kW），その支流の長子江（旧称禿魯江）には長子江発電所（8.1万kW），江界青年発電所（22.5万kW），ほかに中小発電所が520あまりある．

道新設後，工業が興り，熙川市には工作機械，精密機械が，江界市には製材，紡績，機械などの工業が配置された．テレビ，日用品などの工場も建設された．中でも江界市，熙川市は北朝鮮屈指の機械工業の中心地で，また紡績，繊維，被服，陶器などの軽工業が急速に発達した．楚山郡に黒鉛，厚昌郡には銅，銀，鉛，亜鉛，石灰岩，無煙炭がある．農耕地は少ないが，米，トウモロコシ，大豆を中心に麦，小麦，ジャガイモ，アワ，亜麻，香りの強いタバコが栽培される．チャソン（慈城）郡の大豆は有名で，付近は大豆の原産地．特産物は慈城の天然高麗人参，和坪の蜂蜜でとくに蜂蜜生産は全国一である．満浦鉄道と3支線が通る．内陸部の開発のためマンポ（満浦），ヘサン（恵山），サムジョン（三池淵）まで北部鉄道が新設された．

［司空　俊］

チャガントカイ県　裕民県　Qagantokay

中国

Chagantokay（別表記）／ユーミン県　裕民県　Yumin（漢語）

人口：5.3万（2002）　面積：4907 km²

[46°12′N　82°58′E]

中国北西部，シンチャン（新疆）ウイグル（維吾爾）自治区北西部，イリ（伊犂）自治州タルバガタイ地区の県．西と南西部はカザフスタンに隣接する．1942年にチョチェク（塔

城）県から一部を分離して県が置かれた．地名はモンゴル語で白い密林の意である．草原が広く，牧畜業が盛んである．羊，牛，馬，ラクダを飼養する．ユキヒョウ，シカ，ターキンなどの野生動物が生息する．バイモ（貝母）の産地として知られる．

［ニザム・ビラルディン］

チャークー　Tra Cu

ベトナム

人口：17.6万（2009）　面積：37 km²

[9°41′N　106°16′E]

ベトナム南部，メコンデルタ，チャーヴィン省の県．省都チャーヴィンの南西32 km，海岸から県の中心までは30 kmである．ハウザン川の最下流部に位置する．集落は海岸と平行して形成される砂丘列上につくられ，海岸近くにもかかわらずその標高は4 mにもなる．クメール人の割合が56％（1995）と省内で最も高い．

［柳澤雅之］

チャークック川　Tra Khuc, Song

ベトナム

長さ：120 km　　　[15°09′N　108°54′E]

ベトナム南中部，クアンガイ省の川．省西部に隣接するコントゥム省の山地部を水源とし，多数の河川がゴーザイン Go Ranh で集まって1本の川となり，ダイ河口で南シナ海に注ぐ．省西部のソンハー県に設置された堰堤により流域の灌漑操作を行い，受益面積は約500 km²となっている．灌漑水の一部はベー川流域南部の農地で利用される．

［柳澤雅之］

チャクワール　Chakwal

パキスタン

人口：8.1万（1998）　　　[32°56′N　72°51′E]

パキスタン東部，パンジャブ州北部チャクワール県の都市で県都．ソルト山脈の北麓，首都イスラマバードの南約90 km，ラワルピンディの南約80 kmに位置する．小麦，雑穀，羊毛，手織りの織物，皮革製品など地方交易の中心地である．

［出田和久］

チャクワール県　Chakwal District

パキスタン

人口：108.4万（1998）　面積：6525 km²

降水量：800 mm／年　　　[32°56′N　72°51′E]

パキスタン東部，パンジャブ州北部の県．

県都はチャクワール．ラワルピンディ管区のジェルム県チャクワール地区とアトック県タラガング地区などを統合して，1985年に設けられた．ソルト山脈が南部を横断し，県域は，北はラワルピンディ県とアトック県に，東はジェルム県に，西はミアーンワーリ県に，南はジェルム川をはさんでクシャーブ県に接する．県の大部分が農村地域であり，農村人口が9割近くを占め，小規模な工業セクターとともに農業経済に依存している．おもな農作物は，小麦，ピーナッツ，リョクトウである．ポトワル高原とソルト山脈が始まる位置にあり，地勢は南西部はおもに雑木に覆われた丘陵で，北部と北東部は間に乾燥した岩だらけの区域があるが，おおむね平坦な平野である．夏の平均最高気温は35℃以上になり，ときには50℃にも達するが，7～8月の月平均降水量は200 mmを超え，冬季の平均最低気温は5℃くらいで，月平均降水量も30 mm以上ある．パキスタンの陸軍と空軍の兵士の主要リクルート地域となっている．

［出田和久］

チャゴス諸島　Chagos Archipelago

イギリス

人口：0.4万（2012）　面積：63 km²

[6°00′S　71°30′E]

インド洋中央部，イギリス領インド洋地域の諸島．モルディブ諸島の南約500 kmに位置し，行政的には，イギリス領インド洋地域（BIOT）として，イギリスの海外領土を構成する．大小さまざまなサンゴ礁の島（環礁）からなる．陸地面積が最も大きいのはディエゴガルシア島で，全体の約5割近くを占める．環礁としての規模が最も大きいのはグレートチャゴスバンクで，ラグーン（礁湖）の面積を含めると1.3万km²に及び，世界でも最大級の環礁である．チャゴス諸島の領有を最初に主張したのはフランスであるが，ナポレオンの敗北後，1814年の条約でイギリスの領土となった．フランスやイギリスの支配の下で，環礁の島々にはココヤシのプランテーションが開発され，マダガスカル島をはじめ，島外から農業労働力が移入された．第2次世界大戦後，ディエゴガルシア島にアメリカ軍基地が建設されると，諸島全域でプランテーションが閉鎖され，農場労働者たちの域外への立ち退きが実施された．その後，ディエゴガルシア島にアメリカ軍関係者がいるだけで，他の島々は無人島になっている．

［手塚　章］

チャシェン　佳県　Jia Xian
中国

葭県 (旧表記)

人口：20.5万 (2010)　面積：2029 km²
標高：638-1022 m　気温：10℃
降水量：395 mm/年　　[38°01′N　110°29′E]

　中国中部，シャンシー(陝西)省北部，ユィーリン(楡林)地級市南東部の県．1街道，12鎮を管轄し，県政府は佳州街道にある．北にムウス(毛烏素)砂漠がある．主要な河川はホワン(黄)河，佳芦河，五女河などである．地名は西部の河岸にアシ(葭草)が多いことに由来する．1964年，県名を葭と同じ発音の佳に改められた．地勢は北西から東へやや傾斜している．北部の丘陵，砂地が県域の30.4%，南西部の丘陵が52.3%，南東部の黄河沿岸部が17.3%を占める．大陸性半乾燥季節風気候に属し，干ばつなどの自然災害が多い．無霜期間は157日．中部と南部では，有名な家畜である佳米ロバが飼育される．　　　　　　　　　　　　[杜　国慶]

チャシェン　郟県　Jia Xian
中国

こうけん (音読み表記)

人口：59.0万 (2011)　面積：737 km²
　　　　　　　　　　　[33°57′N　113°12′E]

　中国中央東部，ホーナン(河南)省中部，ピンディンシャン(平頂山)地級市北東部の県．2街道，6鎮，7郷を管轄し，県政府は竜山街道にある．1955年に毛沢東が「農村は1つの広大な天地(広闊的天地)であり，そこには大いにやりがいがある」と，この県にある現在の広闊天地郷で述べたことが中国共産主義青年団の開墾運動を生み出し，のちの知青運動に発展していくことになった．農業県であり，全国八大良種牛の1つである紅牛が有名である．　　　　　　　　　　[中川秀一]

チャシャン県　嘉善県　Jiashan
中国

人口：38.8万 (2015)　面積：507 km²
　　　　　　　　　　　[30°50′N　120°55′E]

　中国南東部，チョーチャン(浙江)省北東部，チャシン(嘉興)地級市の県．明代に嘉善県が置かれ，1958年に嘉興県に合併されて，61年に嘉善県に戻った．3街道，6鎮を管轄し，県政府は羅星街道にある．地勢は低平で湖沼や河川が密に分布している．食品，化学，農薬，建築材料，絹，製紙，醸造，通信機器，印刷などの工業が行われる．レンガや瓦の製造は歴史が長く，煉瓦の古里とよばれ

ている．農作物には稲，麦類，スイカ，ナタネなどがある．また淡水魚の養殖や養豚が盛んである．名産品に漢方処方の八珍ケーキがある．観光スポットには梅花庵や汾湖がある．滬杭鉄道(シャンハイ(上海)〜ハンチョウ(杭州))や滬杭高速鉄道(上海〜杭州)，高速道路の滬昆線(上海〜クンミン(昆明))や申嘉湖杭線(上海〜嘉興〜フーチョウ(湖州)・杭州)が通る．　　　　　[谷　人旭・小野寺淳]

チャシャン県　嘉祥県　Jiaxiang
中国

人口：91.3万 (2015)　面積：975 km²
標高：35-40 m　　　[35°23′N　116°19′E]

　中国東部，シャントン(山東)省南西部，チーニン(済寧)地級市の県．2街道，11鎮，2郷を管轄し，県政府は嘉祥街道にある．ホワン(黄)河沖積平野の周辺に位置し，地形は平坦である．孟良山(標高243 m)が最高峰である．ホワイ(淮)河水系の河川が35本流れている．石炭や石灰岩などの資源が豊富であり，建築材料，食品加工，紡績などの工業が発達している．また，石彫刻の郷として有名である．新石鉄道と国道307号が県内を貫通し，済寧曲阜空港も県内にある．武氏墓群の石彫刻は国の重要文化財である．

[張　貴民]

チャーシュイ県　柞水県　Zhashui
中国

さくすいけん (音読み表記)

人口：15.3万 (2010)　面積：2363 km²
標高：541-2802 m　　[33°41′N　109°07′E]

　中国中部，シャンシー(陝西)省南東部，シャンルオ(商洛)地級市の県．古来よりシーアン(西安)からアンカン(安康)へ行く交通の要衝である．県政府所在地は乾佑鎮．地勢は北西から南東へ傾斜し，標高差が激しい．山地面積が全体の90%を占め，耕地面積はわずか5%である．大陸性湿潤気候に属する．金，銀，銅，鉄などの地下資源に富み，とくに大西溝鉱の菱鉄鉱は良質で，産出量は省内第1位である．カルスト地形が発達し，省の十大風景名勝区に選ばれている．　　[杜　国慶]

チャシン市　嘉興市　Jiaxing
中国

禾興，秀州，由拳 (古称)

人口：455.8万 (2013)　面積：3915 km²
　　　　　　　　　　　[30°45′N　120°46′E]

　中国南東部，チョーチャン(浙江)省の地級

市．ハンチョウ(杭州)湾の北岸，チャン(長)江三角州の最南部に位置する．西は杭州市，フーチョウ(湖州)市，北はチャンスー(江蘇)省スーチョウ(蘇州)市，東はシャンハイ(上海)市に接し，南は杭州湾に面する．北部は太湖平原の低湿な湖沼地帯，南部は海浜の砂丘性の微高地をなす．江蘇と浙江の境にあって，杭州と蘇州，ナンキン(南京)を結ぶ交通路の要衝であった．ダー(大)運河もここを通過する．

　秦代に由拳県と海塩県が設けられ，三国時代に由拳が禾興に改められ，塩宮県が増置された．農業と製塩業が盛んであった．呉の赤烏5年(242)に嘉興県となり，唐代には屯田が広く開かれた．五代に秀州，宋代に嘉興府とされた．明清代には綿布や絹織物を中心に手工業が発達した．民国になり嘉興府が廃止され，管下の県も統廃合が行われたが，1949年に市区を嘉興市，郊区を嘉興県とした．なお，1921年に上海で共産党第1回代表大会が開かれたとき，警察の取締りにより中断され，代表は嘉興の南湖に逃れて船上で会議を続けたという．1983年，嘉興地区(専区)が撤廃され，嘉興市と湖州市に分かれたが，嘉興の都市部と郊外に分け，前者が秀城区，後者が秀州区になった．2015年現在，南湖，秀洲の2区，ピンフー(平湖)，ハイニン(海寧)，トンシャン(桐郷)の3県級市，チャシャン(嘉善)，ハイイエン(海塩)の2県を管轄している．市政府所在地は南湖区である．

　陸上交通では高速道路，鉄道が完備され，空路・水路でも上海虹橋，プートン(浦東)，杭州の3つの国際空港，および上海港までは，1時間半以内の道程である．浙北の経済要地であり，上海の衛星都市でもある．工業では軽工業，紡織業をはじめ，製紙，化学工業，機械などがある．近年，電子，光エネルギー，機械，電力などの産業が発展している．そのほか皮革，服飾，材木，化学繊維，メリヤスセーター，絹織物，縦糸編みなどの業種も国内外で著名である．食糧，油，繭，魚の重要産地である．名産品として繭，杭白菊，小湖羊皮，晒紅煙，ザーサイなどがある．おもな観光スポットには海寧(チェンタン(銭塘))潮，海塩南北湖，平湖九竜山海浜，水郷古鎮，嘉善西塘，桐郷烏鎮などがある．

[谷　人旭・秋山元秀]

チャシン(嘉興)市(中国),西塘古鎮,明清時代のアーケード,煙雨長廊
〔claudio zaccherini/Shutterstock.com〕

チャスランズミステーク岬 Chaslands Mistake
ニュージーランド

マキティ Maki-ti (マオリ語)

[46°38′S 169°21′E]

ニュージーランド南島南部,オタゴ地方の岬.クルーサ地区,ワイパティ Waipate ビーチの南端にあり,岩がちである.マオリ語ではマキティとよばれ,キャベジツリー(ニオイシュロラン)の枝を意味する.ペンギンが生息している.地名は,マタウラ川河口付近におけるアメリカの捕鯨基地の管理者であったトーマス・チャスランドにちなむ.彼が霧の中で船を先導したときに河口をオタゴ湾と見誤ったという説がある.一方,彼がある晩に上陸し,たくさんのアザラシを見出したが,次の日まで捕獲しなかった.アザラシはその晩のうちにいなくなったという説明もある.　　　　　　　　　　　　　〔太田陽子〕

チャソン 慈城 Chasong
北朝鮮

人口:2.5万 (1962)　面積:623 km²

[41°34′N 126°37′E]

北朝鮮,チャガン(慈江)道北部の町.アムロク(ヤールー(鴨緑))江とその支流の慈城江沿岸に位置する.1949年1月に慈江道が新設され,この道に属した.慈江道という名称は,このあたりの中心地である慈城とカンゲ(江界)の頭文字をとって名づけられた.ウンポン(雲峰)湖が建設されて,行政区域が幾度か変遷した.かっては焼畑地帯であったが,現在は動力工業と林業の中心地に変わった.雲峰発電所(40万 kW)がある.木材だけでなく,楽器用材を生産する.近年は,地方の特産品を利用したブドウ酒,絹織物,また,蜂蜜,雲峰湖では養魚が盛んである.
〔司空 俊〕

チャーターズタワーズ Charters Towers
オーストラリア

人口:1.2万 (2011)　面積:68374 km²
標高:300 m　　[20°05′S 146°16′E]

オーストラリア北東部,クイーンズランド州北東部の都市.タウンズヴィルの南西約135 km,高原に立地する.1871年に初めて金鉱が発見され,ゴールドラッシュを引き起こした.1870年代後半に急成長し,一時は州都ブリズベンに次ぐ人口規模を誇った.地名は,この地域の鉱山監督官の名前のチャールズに南イングランドの言葉で岩山を示す tors を組み合わせたものである.1890年代オーストラリア最大の金鉱地域であったが,第1次世界大戦期には衰退し,人口は落ち込んだ.しかし,周辺地域のサービス拠点としての地位は維持した.今日のこの地域のおもな産業は,牧畜業,鉱業および観光業である.1887年に建設された証券取引所(当時),91年建設のシティホール(当時はクイーンズランドナショナル銀行),98年の郵便局時計塔をはじめ多くの歴史的建造物が残っている.これらは修復保存されており,かつての金鉱山とともに重要な観光資源となっている.　　　　　　　　　　〔秋本弘章〕

チャタム諸島 Chatham Islands
ニュージーランド

人口:0.1万 (2013)　面積:963 km²

[44°00′S 176°30′W]

南太平洋西部,ニュージーランドの諸島.首都ウェリントンの南東740 kmに位置する.チャタム諸島地区を形成する.3つのおもな島と,多くの小さい島々からなる.最大の島チャタム島(マオリ語名レコフ Rekohu)は最も北に位置し,次いでピット Pitt 島(ランギアウリア Rangiauria),それに付属するような小さいサウスイースト Southeast 島があり,さらにいくつかの小島がある.チャタム島は,火山岩からなる最高286 mの起伏のある南部と,幅が広くおもに第四紀層からなる低い北部に分かれる.両者の間は最も幅が狭く,西にはピーター Petre 湾が大きく湾入し,東には浅いワンガ Wanga ラグーンが広がり,それを砂州が縁取る.ピット島は最高点296 m,北部の一部を除いて火山岩からなり山がちである.サウスイースト島も火山岩からなり,最高点は182 mである.島の一部は森林,シダ類や,牧草で覆われている.最大のチャタム島は空からみると骸骨のような形状を示す.

おもな産業は,周辺の海からのクレイフィッシュの採取とその加工,冷凍である.おもな集落はワイタンギ Waitangi で,チャタム諸島地区の行政中心地である.チャタム島の古いマオリ語名はワレカウリ Wharekauri,本来の住民はモリオリであったが,19世紀の初期にマオリによって絶滅した.諸島を最初に見出したヨーロッパ人はチャタム号の指揮官ウィリアム・R・ブロートンで,1791年のことである.地名は,この船名に由来するといわれる.チャタム諸島の周辺海域は航海上危険で,多くの船が難破した.
〔太田陽子〕

チャチャン県 夾江県 Jiajiang
中国

きょうこうけん (音読み表記)

人口:33.3万 (2015)　面積:749 km²

[29°44′N 103°34′E]

中国中西部,スーチュワン(四川)省南部,ローシャン(楽山)地級市の県.チンイー(青衣)江の下流域にあり,成昆鉄道と成渝環線高速道路,楽雅高速道路が県内を通っている.県政府は漓城鎮に置かれる.四川盆地の西縁,オーメイ(峨眉)山の北東麓に位置し,地勢は北西部が高く南東部に向かって低くな

る．山地と丘陵と平地がそれぞれ1/3ずつを占めている．漢代に南安県が，北周代に平羌県が置かれた．隋代に平羌県と竜游県の地に夾江県が設置された．おもな農産物は米，トウモロコシ，茶，タバコなどがあり，特産品に柑橘類，ユズ，キク，白蠟などがある．夾江宣紙と豆腐乳は有名である．石炭，石灰石を豊富に産出し，工業は機械，食品加工が盛んである．観光地に手漉き製紙博物館，前漢双楊府君闕，千仏岩，沈奇宗墓，金像寺などがある． ［林 和生］

チャーチュロ　Chachro　パキスタン

[25°07′N　70°15′E]

パキスタン南東部，シンド州南東部タルパールカル県の町．チャーチュロ郡の郡都でもある．州都ハイデラバードの東約190 km，県都ミシィの北東約60 kmに位置し，タール砂漠南部の交通上の要衝となっている． ［出田和久］

チャチューンサオ　Chachoengsao　タイ

ペートリウ　Paetriu（通称）

人口：4.5万（2010）　面積：375 km²
[13°39′N　101°03′E]

タイ中部，チャチューンサオ県の都市で県都．バーンパコン川西岸に位置し，首都バンコクの東約60 kmに位置する．通称はペートリウ（北柳）．16世紀のアユタヤー朝チャックラパット王の時代に町（ムアン）が創設されたのが始まりで，周辺国との戦争の際に住民を徴用するためにつくられたといわれている．その後，19世紀にラーマ3世がバンコクの東方の守りとして市街地の南のバーンパコン川西岸に砦を築き，現在その跡は刑務所となっている．また，同じくラーマ3世の時代にバンコクとバーンパコン川を結ぶセーンセープ運河が掘られ，バンコクとの間の短絡ルートとなった．これらの施策はいずれもカンボジアの宗主権をめぐりベトナムと戦争を行ったためであった．セーンセープ運河はチャチューンサオよりも上流でバーンパコン川に接続していたが，その後1877年にはセーンセープ運河から分岐してチャチューンサオにいたるナコーンヌアンケート・ターカイ運河も掘削され，所要距離はさらに短縮された．チャチューンサオはバーンパコン川流域から集まってくる米の集散地としても栄え，精米所も設置されて直接国外へと輸出されていった．

1908年にはバンコクからの鉄道が到達し，市街地に接してペートリウ駅が設置された．その後，1920年代に入って鉄道はさらにカンボジア国境へ向けて延伸されることになったが，ペートリウ駅から直接延伸することがむずかしかったため，駅の位置を西約2 kmに移動した．これが現在のチャチューンサオ駅であるが，中心街とは距離が離れてしまい不便となった．1960年代に入り，チャチューンサオ～旧ペートリウ駅間を復活させ，バンコクからのディーゼルカー運行を行ったが，チョンブリー県南端のサッタヒープへの新線建設にその用地を用いることになり，現在は旧駅のやや西側にペートリウという停留所が設置されている．

現在この町はバンコクの近郊都市として都市規模が拡大しており，南のバーンパコン郡への国道314号沿いを中心に大規模なショッピングモールが増えている．また，工業化の進む東部臨海地域の外延部にあたることから，幹線道路沿いを中心に工場も増えてきている．他方でバーンパコン川河畔に延びる旧市街には古いコロニアルスタイルの長屋が残り，近年は町並みの色をクリーム色に統一して景観の向上を図っている．同様に古い木造の建造物が残るターカイ運河口のバーンマイの市場でも，100年の歴史を売り物に観光客のよび込みを図っている．一番有名な観光資源は，町の南に位置する仏教寺院ワット・ソートーンワラーラームである．この寺はアユタヤー時代末期に建立され，本尊のソートーン仏が有名である．この仏像はバーンパコン川を流れてきたものをこの寺に祀ったとされており，当時は青銅製の美しい仏像であったが，盗難を恐れた住職が漆喰を塗って覆い，その後，信者が金箔を貼り現在の姿になったとされている．チャチューンサオといえばソートーン仏を思い浮かべる人も多く，年中参詣者が絶えない． ［柿崎一郎］

チャチューンサオ県　Chachoengsao, Changwat　タイ

人口：71.6万（2010）　面積：5351 km²
[13°39′N　101°03′E]

タイ中部の県．県都はチャチューンサオ．東西に長い県で，西隣は首都バンコクであり，県南西部で若干ではあるがタイ湾に面する．県西部を北から南へバーンパコン川が蛇行しながら流れ，バーンパコン郡でタイ湾に注ぐ．バーンパコン川流域まではチャオプラヤーデルタの東縁にあたり，平坦な地形で水田が広がっているが，県東部は山地となり，畑作が中心となる．南西部にはバンコクと東部臨海地域を結ぶ国道3号や高速道路（モーターウェイ）が通り，工業化が進んでいる．このため，バーンパコンのほうがチャチューンサオよりも都市人口規模は多い． ［柿崎一郎］

チャーチル山地　Churchill Mountains　南極

標高：3240 m　長さ：220 km　幅：100 km
[81°30′S　158°30′E]

南極，東南極の山地．南極横断山地の一部で，山地を横断してロス棚氷に流下するバード氷河とニムロド Nimrod 氷河（南緯82度21分，東経163度）にはさまれた部分をさす．南北220 km，東西100 km以上の広がりをもつ．1902年，ロバート・スコット率いるイギリス南極探検隊によって発見され，アルバートマーカム山（標高3205 m，南緯81度23分，東経158度14分）などいくつかの顕著な山が命名された．アメリカは1960～62年に空中写真撮影と測量を実施して25万分の1地形図を作成し，イギリスのウィンストン・チャーチル卿を記念して山地名とした．最高峰は山地南部のホリオーク Holyoake 山脈にあるハント Hunt 山（標高3240 m，南緯82度05分，東経159度16分）である． ［森脇喜一］

チャッタルプル　Chhatarpur　インド

人口：13.3万（2011）　[24°54′N　79°35′E]

インド中部，マッディヤプラデシュ州北部，チャッタルプル県の都市で県都．チャッタルプル県の人口は176.2万，面積は8687 km²（2011）．カジュラホの西北西35 kmに位置する．県内には1986年にユネスコの世界遺産（文化遺産）に登録された「カジュラーホの建造物群」がある．インド独立以前はチャッタルプル藩王国の都であった．1948年にヴィンディヤプラデシュ州に統合され，56年からマッディヤプラデシュ州に属する．おもな農産物は，小麦，米，ミレット類である．交通の結節地であり，小麦，ミレット類，豆類，布地取引の中心地となっている．手織物の生産のほか，近年では化学工場が進出している． ［南埜 猛］

チャッティスガル州　Chattisgarh, State of

インド

Chhattisgarh, State of（別表記）

人口：2554.5万（2011）　面積：135192 km²
[21°16′N　81°42′E]

インド中部の州．州都はライプル．西はマッディヤプラデシュ州とマハーラーシュトラ州，南はテランガーナ州，東はオディシャ（オリッサ）州，北はジャルカンド州とウッタルプラデシュ州に接する．2000年11月1日，チャッティスガリー語が話される16の県がマッディヤプラデシュ州から分離して州となった．地名は，数字の36に由来する．古来より36の王国があったからである．現在は27の県がある．公用語は，ヒンディー語とチャッティスガリー語である．

［前田俊二］

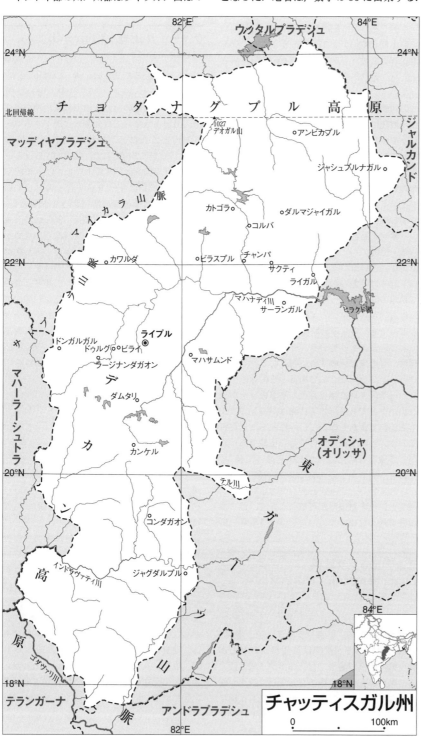

チャディン区　嘉定区　Jiading

中国

人口：156.8万（2015）　面積：459 km²
[31°23′N　121°24′E]

中国南東部，シャンハイ（上海）市の区．南宋嘉定10年（1218）に成立し，年号から名づけられ，初めは練祁市（現在の嘉定鎮）に県を設けた．1992年に県から区となった．3街道7鎮に1新区1市級工業区を管轄し，区政府は嘉定鎮街道にある．地勢は平坦で北部がやや高い．稲，麦，綿花が主要な農産物であり，上海市にとって重要な産地である．自動車の部品生産，販売，整備，リースなど，自動車関係の産業が集まっており，区内には上海フォルクスワーゲンをはじめとした企業や上海国際サーキットなどがある．また，上海科学技術大学，上海珪酸塩研究所などの大学や研究機関が多く立地している．鉄道の京滬線（ペキン（北京）～上海）や滬杭線（上海～ハンチョウ（杭州）），高速道路の京滬線（北京～上海），滬蓉線（上海～チョントゥー（成都）），滬嘉線（上海～嘉定），瀋海線（シェンヤン（瀋陽）～ハイコウ（海口））などが交わる．孔子廟，秋霞園，法華塔，匯竜潭公園，古猗園などの名所旧跡がある．　［谷　人旭・小野寺　淳］

チャトゥチャック　Chatuchak

タイ

人口：33.3万（2010）　面積：33 km²
[13°50′N　100°34′E]

タイ中部，首都バンコクの特別区（ケート）．都心部の北，ドーンムアン国際空港との中間に位置する．タイ北部・東北部方面の長距離バスターミナル（新モーチット）や，バンコク高架鉄道（BTS）スクムウィット線と地下鉄（バンコクメトロ）の発着駅（2015年末現在）がそれぞれあるなど，交通の要衝である．用途別にみると居住地区の割合が高いが，カセーサート大学をはじめとする高等教育機関や投資委員会（BOI）をはじめとする政府機関・公共施設も多い．毎週週末にはチャトゥチャック公園南の広場で雑貨，衣料，動植物などの定期市が開かれ，多くの人びとおよび外国人が買い物に訪れる．また，ウィパーワディーランシット通りとパホンヨーティン通りの交差点付近に建っているセントラルプラザ・ラートプラーオ（1983年開設）は，

郊外立地型大規模複合商業施設の始まりとされる.　　　　　　　　　　　　　　　　［遠藤　元］

チャトゥルケル　Chatyr-Köl

クルグズ

チャトリイクル　Chatry-Kul （別称）

面積：160 km²　標高：3530 m　長さ：23 km
幅：11 km　深さ：20 m
　　　　　　　　　　　　　［40°37′N　75°18′E］

　クルグズ（キルギス），ナルイン州の塩湖. ティエンシャン（天山）山脈中にあり，流出口はない．州都ナルインの南南西 89 km に位置する．別称はチャトリイクル．測候所，動物保護区がある．湖南部の中国との国境にトゥルガルト峠（標高 3752 m）がある.
　　　　　　　　　　　　　　　［木村英亮］

チャトカル川　Chatkal River

クルグズ／ウズベキスタン

面積：7110 km²　長さ：223 km
　　　　　　　　　　　　　［41°35′N　70°06′E］

　クルグズ（キルギス）からウズベキスタンにかけて流れる川．クルグズ北西部ジャラルアバド州，チャトカル山脈東部に源流をもつ．南西に流れ，ジャンギバザルを通り，ウズベキスタン東部タシケント州のガザルケントの東でプスケム川と合流して，チルチク川となる．平均流量は合流点で毎秒 122 m³，最大は 920 m³ に及ぶ．チャトカル渓谷を灌漑し，果物や堅果をつける野生樹木を育てる.
　　　　　　　　　　　　　　　［木村英亮］

チャーナン県　扎嚢県　Zhanang

中国

さつのうけん（音読み表記）／ダナン県（別表記）

人口：4 万（2012）　面積：2100 km²
　　　　　　　　　　　　　［29°14′N　91°19′E］

　中国西部，シーツァン（チベット，西蔵）自治区，シャンナン（山南）地級市の県．ヤルンツァンポ（雅魯蔵布）江中流の峡谷地帯に位置し，北はガンディセ（岡底斯）山脈を望み，南はヒマラヤ山脈に面している．地名はチベット語で扎氏の家を意味する．これは扎氏の家族が最初に定住し始めたことに由来する．またほかにも，棘のある樹木のある谷間の中を意味する．13 世紀にパズ（帕竹）万戸府に統轄され，清代にはサンズポザン（桑珠頗章）の領地となった．1976 年に扎嚢県として山南地区に属している.　　　　　　　［石田　曜］

チャパ県　Chapa　☞　サパ Sa Pa

チャパトン山　Chapa Tong Mountain

インド

標高：1478 m　　　　　　［22°25′N　92°53′E］

　インド北東部，ミゾラム州南部の山．ミャンマーからインドに流入するカラダン川は，チャパトン山付近を南流しふたたびミャンマーに入り，ベンガル湾に注いでいる.
　　　　　　　　　　　　　　　［南埜　猛］

チャハール右翼後旗　察哈爾右翼後旗　Chahar Baruun Garun Khoit

中国

Qahar Youyi Hou （別表記）

人口：21.8 万（2012）　面積：3910 km²
気温：3.4°C　降水量：292 mm/年
　　　　　　　　　　　　　［41°21′N　113°06′E］

　中国北部，内モンゴル自治区中部，ウランチャブ（烏蘭察布）地級市中部の旗．旗政府所在地はバヤンチャガン（白音察干）鎮．北はスニト（蘇尼特）右旗，東はシャントゥー（商都）県，南はチーニン（集寧）区と接する．イン（陰）山山脈の北麓に位置する．モンゴル族の人口は 1.3 万で総人口の 6% を占める．チャハール右翼後旗の前身は清代のチャハール正紅旗である．中華民国期にチャハール特別行政区，チャハール省，蒙疆政権および綏遠省の管轄を経て，1954 年にチャハール正紅旗を基にした綏東四旗中心旗に陶林県，集寧県，正黄旗の一部を加え，チャハール右翼後旗を形成し，内モンゴル自治区の平地泉行政区の管轄下に入った．1958 年にウランチャブ盟に編入し，現在，5 鎮，1 郷，2 ソムから構成される．ジャガイモがおもな農産物で，皮革，肉類加工，建築資材，化学工業などの企業がある．ウランハダ（烏蘭哈達）ソムに位置する火山ジオパークは観光客をひきつけている．バヤンチャガン鎮の南東 10 km にサインボヤント（善福寺）というチベット仏教の寺院がある．1669 年に建立され，アゴイ（阿貴）山の上に位置するので，通称でアゴイ廟ともよばれた.
　　　　　　　［バヨート・モンゴルフー］

チャハール右翼前旗　察哈爾右翼前旗　Chahar Baruun Garun Umunet

中国

Chakhar Baruun Ömnöd, Qahar Youyi Qian （別表記）

人口：16 万（2010）　面積：2734 km²　気温：4.5°C
降水量：376 mm/年　　　［40°47′N　113°13′E］

　中国北部，内モンゴル自治区中部，ウランチャブ（烏蘭察布）地級市中部の旗．旗政府所在地はトグイオール（土貴烏拉）鎮．東はシンホー（興和）県，西はチュオツー（卓資）県と境を接し，山と丘陵に囲まれた盆地に位置する．約 5300 人のモンゴル族が暮らしており，総人口の 3.3% を占める．チャハール右翼前旗の前身は清代のチャハール正黄旗である．清朝の崩壊から 1954 まで前後してチャハール特別行政区，チャハール省，蒙疆政権および綏遠省の管轄となった．1954 年にチャハール右翼前旗と改め，内モンゴル自治区の平地泉行政区に属した．1958 年にウランチャブ盟に編入された．現在は 4 鎮，3 郷から構成される．おもな農作物は小麦，莜麦（エン麦の一種），ジャガイモなどである．農畜製品加工，鉱山開発，化学工業などの企業がある．旗の南部にあるギール湖（黄旗海）は内モンゴルの 8 大湖の 1 つであり，漁業も行われている．同旗のバヤンタラ（巴音塔拉）鎮には金代に建造された集寧路古城の遺跡がある．そこから大量の金・元時代の陶磁器が発見された．また，玫瑰営鎮には 1899 年にベルギーの宣教師により建てられた天主堂があり，集寧教区の中心であった.
　　　　　　　［バヨート・モンゴルフー］

チャハール右翼中旗　察哈爾右翼中旗　Chahar Baruun Garun Domdat

中国

Chakhar Baruun Dund, Qahar Youyi Zhong （別表記）

人口：21.3 万（2005）　面積：4190 km²
気温：1.3°C　降水量：300 mm/年
　　　　　　　　　　　　　［41°27′N　112°24′E］

　中国北部，内モンゴル自治区中部，ウランチャブ（烏蘭察布）地級市中部の旗．旗政府所在地はケブレ（科布爾）鎮．北西はドルベト（四子王）旗，東はチャハール右翼後旗と接する．イン（陰）山山脈の北麓にあり，平原と丘陵から構成される．モンゴル族の人口は 0.4 万で総人口の 1.8% を占める．チャハール右翼中旗は清代のチャハール鑲紅旗，鑲藍旗に由来する．清代において，この 2 旗の地にはいくつかの庁が設置された．その 1 つは陶林

1060　チヤハ

〈世界地名大事典：アジア・オセアニア・極Ⅰ〉

庁であり，1912 年に県となった．それ以降，チャハール特別行政区，チャハール省，蒙疆政権，綏遠省などの管轄下にあった．1950 年，チャハール鑲紅旗と鑲藍旗は合併し，さらに 54 年に陶林県と合併してチャハール右翼中旗を形成し，内モンゴル自治区の平地泉行政区に属した．1958 年にウランチャブ盟に編入された．現在は 5 鎮，4 郷，2 ソムを管轄している．2013 年の統計によると，第 1，2，3 次産業の生産額の割合は 28.5%，40.3%，31.2%．ニンジンが有名であり，多くの省へ販売されている．農作物としてジャガイモが中心となっている．金，正長石，石灰石，石英などの地下資源が豊富で，鉱業，化学工業，冶金，風力発電などは同旗の第 2 次産業を支えている．同旗にはフェテンシリ（輝騰錫勒）草原があり，現在モンゴル文化をアピールする観光地として開発されている．　　　　［バヨート・モンゴルフー］

チャパルル海峡　Capalulu, Selat

インドネシア

[1°50′S　125°20′E]

インドネシア東部，スラ諸島，北マルク州南西部の海峡．プラウタリアブ Pulau Taliabu 県のタリアブ島とスラ県のマンゴレ Mangole 島の間に位置する．海峡の深さは 200 m 以内である．この付近は古来，マルク（モルッカ）諸島として知られた地域の一部であり，現在でもコショウ，クローブなどが植えられている．　　　　　　　［山口真佐夫］

チャープー鎮　乍浦鎮　Zhapu

中国

さほちん（音読み表記）

人口：5.4 万（2002）　面積：54 km²

[30°36′N　121°06′E]

中国南東部，チョーチャン（浙江）省，チャシン（嘉興）地級市，ピンフー（平湖）県級市の鎮．嘉興市の南東部を占める平湖市の南西隅の海岸に位置する．そばにはチャン（長）江デルタとニンポー（寧波）を結ぶ杭州湾跨海大橋がある．ここにはハンチョウ（杭州）湾岸では珍しく，海岸に低平な丘陵，九竜山があり，そのそばには天然の良港があって，古くから江浙の門戸と称された．唐代には海運をつかさどる役所が置かれ，南宋には司舶司，明には税課司，清には海関といった施設が置かれてチャンナン（江南）の対外交易の拠点であったが，アヘン戦争のときに破壊され，その後

はシャンハイ（上海）にその地位を奪われた．

改革解放後，再度この港が注目されるようになり，嘉興港として再生されることになった．1987 年から外海に 1 万 t 級の船舶が停泊できるような施設を設け，石油化学工業や石炭運輸のための埠頭が建設されている．また付近に乍浦経済開発区，嘉興発電所などが立地している．また水産品の養殖業，とくに杭州湾でのカニやウナギの稚魚養殖が盛んである．歴史的遺跡も多数あり，南湾砲台，湯山公園，九竜山の森林公園や海辺浴場，金海洋リゾート，小普陀禅寺などがある．

［谷　人旭・秋山元秀］

チャプチャル自治県　察布査爾自治県　Qapqal

中国

チャプチャルシボ族自治県　察布査爾錫伯族自治県（正称）

人口：16.2 万（2002）　面積：4430 km²

[43°50′N　81°09′E]

中国北西部，シンチャン（新疆）ウイグル（維吾爾）自治区北西部，イリ（伊犁）自治州の直轄自治県．イリ川上流の南岸にあり，西はカザフスタンに隣接する．1954 年にチャプチャルシボ族自治県が設置された．2 鎮，11 郷を管轄し，県政府はチャプチャル鎮にある．チャプチャルはシボ語で穀倉を意味する．シボ族は 1764 年に中国東北部から移住してきた満州族の子孫にあたる．農業が主体で，小麦，水稲，ゴマ，ホップなどを生産する．古跡にはカイヌク古城，カイヌク廟などがある．　　　　　　　［ニザム・ビラルディン］

チャープラ　Chapra

インド

人口：20.2 万（2011）　[25°47′N　84°45′E]

インド北部，ビハール州西部，サラーン県の都市で県都．サラーン県は，東はウッタルプラデシュ州，南は州都パトナを擁するパトナ県に接する．市はサラーン県の南端に位置し，ガンジス川に面する．パトナとはガンジス川をはさんで北西 85 km の位置にあり，ガンジス川に沿ってウッタルプラデシュ州とを結ぶ国道 19 号や鉄道路線によって結ばれているほか，シワンやバナラシなど州内の主要都市とを結ぶ幹線道路や鉄道路線が分岐し，交通の要衝でもある．その交通利便性によって，周辺地域で産出される農産物の集散地であるとともに，中小規模工業の集積地域でもある．具体的には，真鍮製食器や石けんの製造，食用油やビスケットなどの食品加

工，タバコや家庭用品の製造，陶器生産の工場が立地し，これらの生産物が州内各地に移出されている．また，市内には中等教育学校や大学，公立や私立の病院が多数立地するなど，サラーン県や周辺地域における教育や医療など社会サービスの供給地としての役割を担っている．　　　　　　　　　　［中條暁仁］

チャーペイ区　閘北区　Zhabei

中国

こうほくく（音読み表記）

人口：70.8 万（2002）　面積：29 km²

[31°14′N　121°29′E]

中国南東部，シャンハイ（上海）市の旧区．2015 年，チンアン（静安）区と合併したが，通称として閘北の名は現在でも使われている．閘とは蘇州河（ウーソン（呉淞）江）に設けられた新旧 2 基の閘門（水門）のことで，その北岸にあたるところから閘北とよばれた．閘門付近が船舶の停泊地で商業中心となり，もともとは田地であったが，一部は租界に編入され，東部は租界に隣接する土地であり，徐々に市街地化が進んだ．1898 年には淞滬鉄道（呉淞口～上海），1908 年には滬寧鉄道（ナンキン（南京）～上海）が閘北を通って開通した．民国になった 1912 年には閘北市が置かれ，28 年には閘北区となった．国民政府の計画の下に，文教地区として上海大学が開設されるとともに，当時の最大の出版社商務印書館が立地していた．蘇州河から北は，早い時期からチャンスー（江蘇）省北部からの移民が居住する地区であったが，とくに日中戦争が勃発すると大量の難民が流入し，その住宅として棚戸（バラック住宅）が建てられスラム化する地区もあった．新中国になってからは旧市街の改造が行われ，とくに 1990 年代以降，急速に再開発が進んだ．

［谷　人旭・秋山元秀］

チャホー県　嘉禾県　Jiahe

中国

かかけん（音読み表記）

人口：31.7 万（2015）　面積：699 km²

[25°35′N　112°22′E]

中国中南部，フーナン（湖南）省，チェンチョウ（郴州）地級市の県．県政府はチューチュワン（珠泉）鎮に所在する．地勢は南西から北東へ傾斜し，山地や丘陵の中に狭小な盆地があり，カルスト地形がみられる．シャン（湘）江水系上流のチョン（鐘）水が北流する．鉱産資源は石炭を主とし，鉄，マンガン，石灰岩，ドロマイトなどがある．林産資源にはマ

ツ, スギ, 孟宗竹, アブラツバキなどがある. 農作物は水稲のほか, 落花生, トウガラシ, カラムシ, タバコなどがあり, 養豚が盛ん. 工業は鋳造やタバコで知られる. 狭軌の郴嘉鉄道(郴州〜嘉禾)が通じ, 鐘水は航行が可能である. 厦蓉高速道路(アモイ(厦門)〜チョントゥー(成都))が通る.　　　　［小野寺 淳］

チャポン列島　佳蓬列島　Jiapeng Liedao
中国

チーポン群島　鶏澎群島　Jipeng Qundao（別称）

人口：約100（推）　面積：5.0 km²

[21°52′N　114°00′E]

中国南部, コワントン(広東)省中南部, チューハイ(珠海)地級市の列島. チュー(珠)江の河口, ホンコン(香港)のカオルーン(九竜)の南西約40 kmに位置し, 外洋(南シナ海)に散在する20数個の離島からなる島嶼群である. タンガン(担杆), サンメン(三門), 高蘭などの諸列島と合わせてワンシャン(万山)群島を構成している. 北尖, 廟湾, 牙鷹洲, 白排, 湾洲, 鉗虫尾などの島が比較的大きく, 総面積は5.0 km². 花崗岩からなる中心島の北尖島(3.17 km², 海抜301 m)の周辺水域は水深30 m以上で, その南西域に香港と珠江向け商船の主航路がある. 唯一漁村のある廟湾島(1.44 km²)一帯の浅瀬には, 珠江河口最大規模のサンゴ礁群が分布している. 無認可の乱開発が問題となり, 2006年から保護区に指定された. なお地名は『香山県誌』に記載された鶏澎列島の擬音表現に由来する.　　　　　　　　　　　［許　衛東］

チャマー山　Chamah, Gunung
マレーシア

標高：2170 m　[5°14′N　101°34′E]

マレーシア, マレー半島マレーシア領北部, クランタン州の山. マレー半島の骨格を形成している春梁山脈の北端部に位置しており, 北部山岳地域を代表する山となっている. 山頂は, ペラ州クアラカンサーから北東方向へ約90 kmの地点にある. マレー半島最高峰のタハン山(標高2187 m)には及ばないが, それに近い高度がある. チャマー山から南方のキャメロン高原にかけては2000 m級の山々が続く. また, タハン山の北東方にも高さ1800 mの3つのピークがあり, タイ国境にいたっている.　　　　　［生田真人］

チャマン　Chaman
パキスタン

Chamman（別表記）

人口：5.7万（1998）　[30°56′N　66°27′E]

パキスタン南西部, バローチスタン州北部キラアブダラー県の町で県都. ピシン県の西, トバカカール山地西端のふもとに位置する. 州都クエッタの北西約100 kmにあり, クエッタから鉄道が通じている. アフガニスタンとの国境に接し, 国境検問所がある. 国境を越えると, アフガニスタンのスピンボルダック Spin Buldak を経てカンダハルへと通じる. 周辺地域は, カーペットやアヘンなど多くの密輸品の主要な輸送ルートとなっている. 1979年のソ連の進攻やアフガン内戦から逃れた難民の主要な避難地の1つで, そのために人口増加が著しい.　［出田和久］

チャム島　Cham, Dao
ベトナム

クーラオチャム　Cu Lao Cham（別称）

面積：16 km²　標高：517 m

[15°57′N　108°31′E]

ベトナム南中部, クアンナム省ホイアン市タンヒエップの島. クーラオチャムともよばれる. ホイアンの沖合20 kmにある. 島は南東部の最高峰が標高517 m, 北西部で326 mの急峻な山からなり, ウミツバメの巣の採取地として知られる. ホイアンとともに, 中世から近世にかけて中国と東南アジアとを結ぶ南シナ海交易の重要な拠点であった. 現在では帆掛け船の祭りなどがあり, ホイアンからツアーが出ている.　　　［柳澤雅之］

チャムースー市　佳木斯市　Jiamusi
中国

東興鎮（古称）/ジャムス市（別表記）

人口：248万（2012）　面積：31492 km²

標高：150 m　降水量：527 mm/年

[46°48′N　130°23′E]

中国北東部, ヘイロンチャン(黒竜江)省北東部の地級市. ジャムスとも表記される. サンチャン(三江)平原が広がる. 中国の東端で, 東方第一城と称される. 市名は満州語で宿駅の官を意味する. 黒竜江(アムール川)とウスリー(烏蘇里)川をはさんでロシアと国境を接する. チェンチン(前進), シャンヤン(向陽), トンフォン(東風), ジャオチー(郊区)の4区, トンチャン(同江), フーチン(富錦), フーユワン(撫遠)の3県級市, ホワナン(樺南), ホワチュワン(樺川), タンユワン(湯原)の3県を管轄する. 市政府は郊区に置かれる. 19世紀末に東興鎮がつくられ, ソンホワ(松花)江下流の経済と交通の中心として発展し, 1930年には佳木斯鎮と名づけられた. 満洲国期に三江省の省会となり, 市となった. 1945年に合江省の省会, 49年に松江省に属し, 54年に黒竜江省の合江地区の政府所在地となった. 民族の構成は, ほとんどが漢族からなるが, 満族, 朝鮮族のほか, 回族, モンゴル族, 三江地域の先住民であるホジェン(赫哲)族が暮らす.

市の東端で松花江, 黒竜江, ウスリー川の3つの大河川が合流する. 市域は3河川が形成する沖積平原である三江平原に広がり, 沼沢地や湿地が多く, かつては北大荒とよばれた. 平均標高は150 mほど. 黒竜江とウスリー川の合流点, ロシアのハバロフスクの対岸に位置する撫遠三角州(大ウスリー島)は標高40 mほどで, 黒竜江省の最低所である. 気候は冬が長く夏は短い. 年平均気温は1.5〜3.5℃で寒冷である. 年平均降水量は530〜550 mm. 1月の平均気温は−20℃ほどに下がるが, 7月の平均気温は20℃ほどになることから, 農業が行われる. 黒土地帯である三江平原は, 20世紀後半に開墾が進み, いまは米, 小麦, 大豆, トウモロコシなどの栽培が盛んである. 工業は, 第1次5カ年計画で建設された製紙工場と, テンサイを用いた製糖業が有名で, ほかに機械工業などがある. 交通としては, 鉄道の要衝であるほか, 松花江下流の重要港となっている.

［小島泰雄］

チャムド県　Qamdo　☞ カルプ区　Karub

チャムド市　昌都市　Qamdo
中国

人口：73万（2012）　面積：110000 km²

[31°08′N　97°10′E]

中国西部, シーツァン(チベット, 西蔵)自治区東部の地級市. チベット高原の東部, ホントゥワン(横断)山脈の北部に位置する. チャン(長)江の上流部であるチンシャー(金沙)江を境にスーチュワン(四川)省と接する. カルプ(卡若)区と, リウォチュ(類烏斉), バーショイ(八宿), ロルン(洛隆), ゾガン(左貢), バンバル(辺壩), タグヤプ(察雅), ジャムダー(江達), デンチェン(丁青), マルカム(芒康), コンジョ(貢覚)の10県から構成される. 市政府所在地はカルプ区. 地名はチベット語で水の合流点を意味する. 古くはカン(康), ツァムド(恰木多, 察木多)と呼称された.

1977年にカルォ(卡諾)遺跡が発掘されたことにより，4500年以上前から人の居住が認められた．唐代は吐蕃王国，元代に朵甘思宣慰司都元師府，明代に甘都指揮司に属した．1950年に昌都地区が成立し，四川省に属した．1955年に昌都弁事処として，西蔵自治区籌委会に属した．1960年に昌都専区，70年に昌都地区が配置された．2014年に昌都地区は撤廃され，地級市が置かれた．もとの昌都県の行政区画は，新たに卡若区が担うこととなった．市内を金沙江，ヌー(怒)江，ランツァン(瀾滄)江が流れる．自然資源では鉱物資源として，石炭，鉄，鉛などを産出し，森林資源はスギやマツなどがある．薬材はとくにトウチュウカソウ(冬虫夏草)やバイモ(貝母)，チモ(知母)などが多くとれる．主要な農作物はハダカ麦や小麦，ナタネなどであり，牧畜業ではヤクや山羊，綿羊などを放牧している．　　　　　　　　　　〔石田 曜〕

チャムパーサック　Champasak

ラオス

[14°54′N　105°52′E]

ラオス南部，チャムパーサック県チャムパーサック郡の遺跡．2001年に「チャムパーサック県の文化的景観にあるワット・プーと関連古代遺産群」としてユネスコの世界遺産(文化遺産)に登録された．メコン川西岸のチャムパーサック郡市街地の南約8kmに位置する，先アンコール時代のヒンドゥー様式寺院ワットプーを中心とした遺跡群である．一般的に，チャムパーサックの遺跡群は，チェンラ王国(6～8世紀)時代からアンコール王朝(9～13世紀)時代にかけてつくられたとされている．しかし，チェンラ王国よりも早いフーナン王国(1～6世紀)の時代との見方もある．どちらの説にしろ，チャムパーサックの遺跡群は，10～14世紀にかけて東南アジアを支配したクメール王朝の文化を証明する手がかりであり，先アンコール時代の貴重な遺跡と認識される．また，この地がクメール人の揺籃の地であることもほぼ確実視されている．

メコン川とワットプーの背後に位置するカオ(プーカオ)山にはさまれた狭い沖積平野に遺跡群は立地している．カオ山の山頂から1本の軸をメコン川河岸へと延ばした形状で，およそ10km以上にわたって，寺院，池(バライ)(Baray，クメール語で池の意)，そして市街地跡などが配置されている．幾何学状の配置は，明らかに建物や市街地が計画的に建設されたことを物語っている．カオ山頂上には，自然の巨大岩石が直立しており，先アンコール時代の人びとは，この岩石をヒンドゥー信仰における男性の象徴であるリンガととらえて神聖視し，古名でリンガパルバタとよんでいた．現在でもラオス人はカオ山を聖山として崇めている．また，メコン川沿いに位置していた市街地跡は，現地で確認するのは困難であるが，空中写真からその存在を判読できる．その跡は，東西2.3km，南北1.8kmのほぼ長方形の形状を呈しており，東側がメコン川に面し，他の3方向は土が盛られた城壁のようなもので囲まれていたと考えられる．また，市街地内部には，いくつかの小さな池，そして灌漑システムと思われる形跡も認められる．この市街地跡からみつかった5世紀頃の石碑に刻まれたサンスクリット碑文を調査したフランス人東洋学者のジョルジュ・セデスは，デヴァニカDevanika王によって築かれたクルクセトラKuruksetraと称されていた町であると説明している．

世界遺産に指定された遺跡群の中心となる建築物は，ヒンドゥー様式寺院ワットプーである．現在は仏教寺院となっているワットプーは，クメール人によって宮殿あるいは城として建設されたと考えられており，『随書』に書かれた記述からは，人間を生け贄に捧げる場所として機能していたことが推測される．ここが仏教寺院となったのは，ランサーン王国時代にラオ族がラオス南部に勢力を伸ばし，上座部仏教徒のラオ人によってもワットプーが神聖視されたからである．ちなみにラオス語でワットは寺院，プーは山を意味し，ワットプーとは山寺をさす言葉である．

ワットプーの宮殿群は，平野部から75m(標高607m)の丘にかけて直線上約1kmにわたってさまざまに立ち並んでいる．入口の平地部には大きな池があり，その池を抜けるとセメントの宮殿が建っている．この池では，太陰暦3月の満月の日(太陽暦の2月)にワットプー祭りとあわせてボートレースが開催されている．この宮殿は，そのボートレースを王族が見学するために20世紀になってから建設された建物である．新しい宮殿を抜けると，地境石が立ち並ぶ参道が山に向かってまっすぐに延びている．現在は水が蓄えられていない池がその参道の両脇に位置している．そして，参道と池が切れる中段広場に砂岩で建造された2つの宮殿が現れる．およそ11世紀のアンコール王朝時代後期に建てられたとされているが，一部の建物は6世紀のチェンラ王国時代のものである．これら2つの宮殿では，男女が別々に分かれて宗教的な儀式を行った場所とされている．また，この2つの宮殿の左奥には，ナンディン宮殿とよばれる11世紀の建物の土台が残っている．石段を登りきった丘の中央に聖殿が建っている．現在は上座部仏教の仏像が安置されているが，シヴァ，ビシュヌ，ブラマ，クリシュナなどのヒンドゥー信仰の対象となる神々の彫刻が随所にみられる．この聖殿の背面には洞窟があり，清水が湧き出ている．かつてはこの水が樋で引かれてシヴァ神の象徴であるリンガを絶えず洗い清め，その清水は池へと流れていた．

このように，ワットプーと関連古代遺産群

チャムパーサック(ラオス)，クメール王朝が築いたヒンドゥー教寺院，ワットプーの全景《世界遺産》
〔横山 智提供〕

は，宗教的な意義をもつ周辺の象徴的自然環境とヒンドゥー信仰に基づいた精神世界の融合が見事に図られており，当時の宗教観および宇宙観を表すきわめて貴重な景観を呈している．しかし，1987年に国連開発計画が調査を実施するまで，保存のための調査がまったく行われておらず崩壊が激しい状態であった．本格的な保存調査は，日本政府とイタリア政府からの財政援助を受けてユネスコが1996～97年に実施したのが始まりである．その後，1998年にラオス政府の正式な国家計画として，修復と管理運営が明示され，ユネスコおよび海外の援助機関が修復に携わった．なお，2003年には日本政府の援助によって，遺跡展示ホールが建設され，発掘された遺跡と遺物の管理と展示が実施されている．　　　　　　　　　　　　　［横山　智］

チャムパーサック県　Champasak Province
ラオス

Champasak, Khoueng（別表記）/チャンパサック県（別表記）

人口：69.4万（2015）　面積：15415 km²
[15°07′N　105°49′E]

　ラオス南部の県．県都はパクセー．かつてのチャムパーサック王国の中心地であった．ラオス王国時代は，安全保障上の問題からサワナケート県の一部であったチャムポン，サラワン県の一部であったコーンセドーン，チャムパーサック県の一部であったシータンドーンを独立した県として統治していたが，人民民主共和国樹立直前に，これらの3県をチャムパーサック県に編入し，現在にいたっている．西はタイ，南はカンボジアと国境を接している．人口規模は国内第3位，人口密度は首都ヴィエンチャンに次いで第2位の県である．地形はメコン川およびその支流によって形成された平野が面積の大部分を占めるが，東部にはボロヴェン高原と称される火山性台地が広がっている．平野部は国内有数の稲作地帯となっているが，灌漑普及率は低く，水田の多くは天水に頼っている．一方，ボロヴェン高原では冷涼な気候を活かしたコーヒー，野菜，およびカルダモンなどの商品作物の栽培が盛んである．さらに，2001年にユネスコの世界遺産（文化遺産）に登録された，クメール人によって築かれたヒンドゥー教寺院のワットプー関連の古代遺跡をはじめ，メコン川のコーンパペーン滝などの観光資源も多い．　　　　　　　　　［横山　智］

チャムラン山　Chamlang
ネパール

標高：7317 m　　　　　　[27°48′N　86°59′E]

　ネパール東部，サンクワサバ郡（コシ県）の山．エヴェレスト（サガルマータ）山の南西約25 km，クンブヒマールとマカルーヒマールを分ける大きな稜線上に位置する高峰である．ホングー川の谷を隔ててその北西側にアマダブラム山がそびえている．ホングー川河谷とイスワ氷河にはさまれた稜線は，南北にほぼ同じ高さで約6 kmも続くことから，山名そのままに「羽ばたく大きな鳥」の山容を呈している．その印象で目立つ山並みから，第1次世界大戦前から，エヴェレストやマカルー山とともにその存在が知られてきた．1962年5月に北海道大学隊によって初登頂された．　　　　　　　　［八木浩司］

チャユィー県　嘉魚県　Jiayu
中国

シャーヤン　沙陽　Shayang（旧称）

人口：31.4万（2015）　面積：1017 km²
[29°58′N　113°56′E]

　中国中部，フーペイ（湖北）省，シェンニン（咸寧）地級市の県．県政府はウィーユエ（魚岳）鎮に所在する．旧名は沙陽．チャン（長）江沖積平原にあって，土壌が肥沃である．河川や湖沼が稠密に分布し水面が総面積の2割以上を占める．長江には砂州が多く，有名な簿洲曲流が形成されている．石炭，マンガン，金などの鉱物資源がある．農業は水稲，綿花，ゴマ，茶葉，レンコン，アシなどを生産し，魚，豚，家禽も多い．食品，紡織，化学などの工業がある．　　　　［小野寺　淳］

チャユィークワン市　嘉峪関市　Jiayuguan
中国

かよくかんし（音読み表記）

人口：16.1万（2002）　面積：1298 km²
[39°48′N　98°12′E]

　中国北西部，ガンスー（甘粛）省北西部の地級市．ホーシー（河西）回廊の中部にある．嘉峪関区のみを管轄し，市政府所在地は体育大道である．地勢は南部と北部が高く，中部が低い．中部の平地は西高東低で，標高1500～1800 mである．西部はゴビ（礫石帯）や砂漠，東部はオアシスである．市名は市内にある明代の万里の長城の最西端の関所である嘉峪関に由来する．この関所は嘉峪山麓に位置するため嘉峪関と名づけられた．14世紀後半の馮勝の河西征服以降，軍事基地として関が設けられた．山の近くに築かれ，高所

険要の地にあり，古くから東西交通の要衝であった．城関は国の重要文化財に指定され，観光名所になっている．
　チーリエン（祁連）山脈とマーツォン（馬鬃）山の諸峰の間にあり，歴史上東西交通の要路および軍事的要塞として重要な役割を果たしていた．現在，ランチョウ（蘭州）とシンチャン（新疆）ウイグル（維吾爾）自治区の首府ウルムチ（烏魯木斉）を結ぶ蘭新鉄道および国道312号が市内を横切り，東では蘭州，西ではウルムチ，南はシーニン（西寧）とつながる．嘉峪関駅は蘭新鉄道上の重要な旅客および貨物輸送駅である．嘉峪関とペキン（北京）の間では特急列車の嘉峪関号，嘉峪関と蘭州の間では観光列車の酒鋼号が運行されている．また，北では馬鬃山を経てモンゴルとの国境にいたる自動車道路がある．市内には嘉峪関空港があり，嘉峪関～蘭州～シーアン（西安）および嘉峪関～トゥンホワン（敦煌）～ウルムチなどの航路が開通している．
　1955年にスーナン（粛南）のチンティエシャン（鏡鉄山）で鉄鉱が発見され，58年にチウチュワン（酒泉）製鉄所の設立がきっかけで，徐々に発展してきた鉄鋼の町である．また，1971年に国務院の批准によって酒泉市および粛南ユーグ（裕固）族自治県から一部を分離して設立された新興都市でもある．現在は中国西北部最大の鉄鋼生産地として成長し，冶金工業を中心とした化学，電力，建材，機械，紡織，食品加工などの工業が発展している．ゴビ（礫石帯）や砂漠の中の鉄鋼町（戈壁鋼城）として知られ，就業者人口の約3割以上が鉄鋼関連企業に勤務する．観光名勝が多く，嘉峪関城楼のほかに万里長城博物館，黒山岩画，魏晋墓地下画廊などがある．また，世界3大グライダー基地の1つといわれる嘉峪関国際グライダー基地や砂漠，氷河探検が体験できるスポーツ・観光スポットが多い．　　　　　　［ニザム・ビラルディン］

チャラン　Calang
インドネシア

人口：9.8万（2003）　　　[4°38′N　95°34′E]

　インドネシア西部，スマトラ島北部，アチェ州アチェジャヤ県の町で県都．インド洋に面した西海岸，州都バンダアチェの南約120 kmに位置する．2004年12月に起きたスマトラ島沖大地震のインド洋大津波による被害は甚大で，人口の1/3近くが行方不明ないしは死亡，町は壊滅状態となり，別の町とを結ぶ道路や橋が寸断され，陸の孤島状態となった．インドネシアの反政府武装組織「自由

チャユィークワン(嘉峪関)市(中国)，万里の長城の要衝，嘉峪関〔beibaoke/Shutterstock.com〕

アチェ運動(GAM)」の活動拠点の1つであり，武器密輸の拠点とされる． [浦野崇央]

チャリス　Challis　ニュージーランド
[45°53′S　170°33′E]

ニュージーランド南島，オタゴ地方，ダニーディン郊外の住宅地．オタゴ湾頭の南岸に位置する．丘の上には1914～18年の戦争で戦った兵士の記念碑が立っている．

[太田陽子]

チャリョン山脈　車嶺山脈　Charyeongsanmaek　韓国
標高：1282 m　[37°22′N　128°03′E]

韓国中部の山脈．テベク(太白)山脈のオデ(五台)山付近から分岐して，南西方向に走る．チュンチョンブク(忠清北)道の北部からチュンチョンナム(忠清南)道の中央を通り，テアン(泰安)半島にいたる．花崗岩または花崗片麻岩からなる．東部では1000 m以上の高度をもつが，西に向かって高度を下げ，丘陵性の山地となる．最高峰のチアク(雉岳)Chiak山(標高1282 m)，ペグン(白雲)山(1087 m)，ケリョン(鶏竜)山(828 m)などがある．車嶺は，チョナン(天安)からコンジュ(公州)に抜ける峠(254 m)の名である．峠の名が山脈名に転化する例が，韓国には多い．車嶺山脈は文化的にも北中部地方と南部地方を区切る重要な山脈である． [山田正浩]

チャリン江　嘉陵江　Jialing Jiang　中国
ユィー水　渝水　Yu Shui (別称) /ラン水　閬水　Lang Shui (別称)
面積：160000 km²　長さ：1345 km
[29°36′N　106°32′E]

中国中部の川．チャン(長)江の支流．シャンシー(陝西)省西部，チン(秦)嶺山脈の西端にあたる玉皇山(標高2819 m)の西麓嘉陵谷に源流をもち，南流してハンチョン(漢中)盆地の西部を過ぎ，スーチュワン(四川)盆地に入ってからは東部のコワンユワン(広元)市，ナンチョン(南充)市を通り，チョンチン(重慶)市の朝天門前で長江に合流する．かつては嘉陵江の水源について諸説あったが，現在は秦嶺山脈の源流を本流としている．流域面積では長江で最大の支流である(次点は15万9000 km²のハン(漢)水)．上流部の漢中盆地の西部では，河川争奪があったことが知られている．四川盆地では西部を流れるミン(岷)江と流域を二分する．上流が黄土地帯を通るため，下流に含まれる砂泥の量は多い．嘉陵江流域の85％は四川盆地に属し，流量の大きな支流をもつ．中でも重慶のホーチュワン(合川)で西から合流するチュー(渠)江と東から合流する涪江(長さ679 km，流域面積3万6000 km²)は，本流とともに四川盆地の東半を集水域としている．

嘉陵江は水運において歴史時代から重要な役割を果たしており，四川盆地での内水運輸の1/4を担ってきた．広元，ランチョン(閬中)，南充，合川などは河港都市として繁栄した．また上流から下流にいたる落差が大きく，発電の潜在力が大きいため，本支流の各地に発電施設が設けられている．とくに上流部の支流であるパイロン(白竜)江に設けられた宝珠寺発電所，紫蘭壩発電所，碧口発電所は規模が大きい．流域の古い歴史をもった地域には，広元の千仏洞のような仏教遺跡や閬中の絹織物，醸造などの伝統産業が発達しているところも多い．下流の重慶に近い癟濃，温塘，観音の三渓谷は嘉陵江小三峡とよばれて観光名所になっている． [秋山元秀]

チャーリン県　茶陵県　Chaling　中国
人口：58.8万(2015)　面積：2496 km²
[26°47′N　113°32′E]

中国中南部，フーナン(湖南)省，チューチョウ(株洲)地級市の県．県政府はユンヤン(雲陽)街道に所在する．ルオシャオ(羅霄)山脈から派生して，北にウーゴン(武功)，東にワンヤン(万洋)，西に雲陽の山地がある．ミー(洣)水が南東から北西へ丘陵地帯を貫流する．林産資源はマツ，スギ，孟宗竹，アブラツバキがあり，鉱産資源は石炭，鉄，タンタル，ニオブなどがある．農産物は水稲，ナタネ，ショウガ，綿花，カラムシ，茶葉，タバコ，柑橘類などがあり，畜産が盛んである．工業は冶金，機械，建材があり，鋳造で知られる．鉄道の衡茶吉線(ホンヤン(衡陽)～茶陵～チーアン(吉安))や醴茶支線(リーリン(醴陵)～茶陵)，高速道路の衡炎線(衡陽～イエンリン(炎陵))や岳汝線(ユエヤン(岳陽)～ルーチョン(汝城))が交わっている．名所旧跡に南浦鉄犀や秦人古洞がある．

[小野寺 淳]

チャルー河　買魯河　Jialu He　中国
長さ：256 km　[33°37′N　114°40′E]

中国中央東部，ホーナン(河南)省の川．シンミー(新密)市を水源とするホワイ(淮)河の支流であり，チョウコウ(周口)市で沙潁河に流入する．長さ，流域面積ともに省内ではホワン(黄)河に次ぎ，金水河，索須河，熊児河，七곤河，東風渠など多数の支流がある．戦国時代に開かれた鴻溝がその前身ともいわれている．かつては頻繁に氾濫し，小黄河ともよばれたが，1351年に元の漢人官僚，賈魯が民衆15万，軍人2万を動員して3カ月で治水改修工事を行い，その名を河川

名にとどめた. [中川秀一]

チャルヴァク湖　Charvak Lake

ウズベキスタン

Chorvoq Suv Ombori（別表記）

面積：40 km²　標高：575 m　貯水量：200 百万 m³
[41°37′N　69°56′E]

　ウズベキスタン北東部, タシケント州の人造湖. 北からプスケム川, コクス川, 南東からチャトカル川がチルチク川へ合流する地点に建設された水力発電所の高さ 168 m のダムによって生まれた. 夏にはウォータースポーツ, 冬には周辺でスキーを楽しむことができる観光地である. 西側にリゾートの町チャルヴァクがある. [木村英亮]

チャールヴィル　Charleville

オーストラリア

人口：0.4 万（2011）　面積：16945 km²
[26°24′S　146°14′E]

　オーストラリア北東部, クイーンズランド州中央南部, マーウェイ郡区の町で行政中心地. ダーリング川の支流, ワレゴー川河畔に立地する. 地名は, 1868 年にこの地域の調査を行ったアルクック・タリーによって, 彼が育ったアイルランドの町の名にちなんで命名された. 州南西部の交通の要衝で, 1922 年にはカンタス航空が, 初めての旅客航空路をチャールヴィル～クロンカリー間に開設した. 現在, フライングドクターおよび遠隔教育の基地が立地している. 周辺地域のおもな産業は牧畜で, 羊毛や肉牛を生産する. [秋本弘章]

チャルカリ　Charkhari

インド

マハラージャナガル　Maharajnagar（別称）
人口：2.8 万（2011）　[25°24′N　79°55′E]

　インド北部, ウッタルプラデシュ州南部, マホバ県の都市. 県都マホバの北西約 20 km, ハミルプルの南南西 72 km に位置する. 独立以前はチャルカリ藩王国の都が置かれていた. 独立後, 1948 年にヴィンディヤプラデシュ州, 50 年にウッタルプラデシュ州に統合され現在にいたっている. マハラージャナガルともよばれる. 布地や手織物の生産が行われるほか, 穀類, 綿, マスタード, 牛脂の集散地である. [南埜　猛]

チャルキルク県　若羌県　Qarklik

中国

卡克里克県（旧表記）/ Charkilik（別表記）/ルオチャン県　若羌県　Ruoqiang（漢語）

人口：3.0 万（2002）　面積：208000 km²
降水量：17 mm/年　[39°01′N　88°10′E]

　中国北西部, シンチャン（新疆）ウイグル（維吾爾）自治区南東部, バヤンゴル（巴音郭楞）自治州の県. タリム（塔里木）盆地の東部, アルチン（阿爾金）山脈の北麓に位置する. 東はガンスー（甘粛）省, チンハイ（青海）省およびシーツァン（チベット, 西蔵）自治区に隣接する. 紀元前 3 世紀頃にはロプ湖（羅布泊）が存在し, その湖畔には桜蘭（クロライナ・キロラン）国があった地である. 楼蘭遺跡の一部は 1900 年にスウェーデンの探検家スヴェン・ヘディンによって発見された. その後, スウェーデン, イギリス, アメリカおよび日本などの国々の探検家らによって発掘調査が行われ, 大量の古文物が発見されたが国外に持ち出された. 現在も発掘は続いている.
　1902 年にチャルキルク（卡克里克）県が設置された. 地名はウイグル語で樹木が茂るという意味である. 漢字表記はのちに若羌と改められた. 県域のほとんどがゴビ（礫石帯）で, オアシス面積はわずか 0.03％にすぎない. タリム盆地のオアシスの中で最も乾燥した地域となっている. 農業が主体で, 小麦, トウモロコシ, 水稲, 綿花, ブドウ, アンズ, モモなどを産する. 羊, 山羊, 牛, ラクダなどが放牧される. 石綿, 石炭, 金, 玉石などの採掘が盛んで, 東トルキスタン最大の石綿鉱がある. 県内には野生のヤク, キアン（野生ロバ）, ユキヒョウ, アルガリ, バーラル, ターキン, ジャコウジカ, クロクビツルなどの野生動物が生息する. 国道 218・315 号が県内を通る. 名所にはキロラン（楼蘭）遺跡, ミーラン（米蘭）古城, ワッシャハル（瓦石峡）古城, アルチン Altuntag 山自然保護区などがある. [ニザム・ビラルディン]

チャールサッダ　Charsadda

パキスタン

プシュカラヴァティ　Pushkalavati（古称）
人口：8.7 万（1998）　[34°09′N　71°46′E]

　パキスタン北西部, カイバルパクトゥンクワ州中部チャールサッダ県の町で県都. 州都ペシャーワルの東北約 20 km, スワート川左岸のカーブル川との合流点近くに位置する. ペシャーワル, ノウシェラ, マルダー

ン, スワートへの交通路の要衝で, 農産物（小麦, トウモロコシ, 大麦, サトウキビ）の地方交易中心である. 地名は, ヒンドゥー教徒の叙事詩物語『ラーマーヤナ』にも, 古代にはプシュカラヴァティ（ハスの町）の名でみえる. 紀元前 6 世紀の終わり頃にはアケメネス朝の属州となり, その主都となって以降, クシャン朝のカニシカ王がプルシャプラ（現在のペシャーワル）を首都とするまではガンダーラ地域の中心であった. 町の北には高さ 20 m 前後のテペ（遺丘）であるバーラー・ヒサール遺跡があり, イギリスの考古学者ジョン・マーシャル卿によって 1902 年に二度発掘され, 58 年に同じくイギリスの考古学者モーティマー・ウィーラー卿によって発掘され, 紀元前 6 世紀に創建された町であることが明らかとなった. [出田和久]

チャールサッダ県　Charsadda District

パキスタン

人口：102.2 万（1998）　面積：996 km²
[34°09′N　71°46′E]

　パキスタン北西部, カイバルパクトゥンクワ州中部の県. 県都はチャールサッダ. 灌漑水路が整備され, 肥沃なペシャーワル平野中央部にあり, おもな農作物は, サトウキビ, 小麦, トウモロコシ, タバコ, 野菜類で, 商品作物の栽培が盛んである. 熱帯のサトウキビと寒冷な気候を好むテンサイが並んで栽培される独特の農業景観を目にすることができる. 工業にはみるべきものはないが, フェルトの敷物, 皮革製品などの手工芸, 製糖, 家禽飼育が比較的盛んである. [出田和久]

チャルジェフ Charjew ☞ トルクメナバト Turkmenabat

チャルジュイ Charjui ☞ トルクメナバト Turkmenabat

チャルジョウ Chardzhou ☞ トルクメナバト Turkmenabat

チャールストン　Charleston

ニュージーランド

人口：342（2013）　[41°54′S　171°27′E]

　ニュージーランド南島西岸, ウェストコー

1066　チヤル

〈世界地名大事典：アジア・オセアニア・極Ⅰ〉

スト地方の町．ブラー地区にあり，ウェストポートの南西 27 km の海成段丘上に位置する．1886 年に金が発見されてから金の採取の中心地として発展し，シェトランド諸島からの大勢の移住者が住んでいた．金採取の最盛期には 80 のパブがあった．しかし，金の採取量は減り，人口も減少した．現在は石灰の加工，製材などが行われている．この地域の植生はシダや広葉樹などで亜熱帯的な景観を呈し，海岸美で知られる．　　　［太田陽子］

チャルタク　Chartak　ウズベキスタン

Chortoq（別表記）

人口：5.4 万（2012）　　[41°04′N　71°49′E]

ウズベキスタン東部，ナマンガン州北東部の都市．フェルガナ盆地，州都ナマンガンの北東 16 km に位置する．1976 年に設立された．チャルタクサイ川が流れる．コカンドからウチクルガンを経てアンジジャンにいたる，ウズベキスタン鉄道の駅がある．綿花精製工場やミネラルウォーター工場があり，付近には温泉療養地がある．　　　［木村英亮］

チャルチャン県　且末県　Qarqan
中国

Charchan（別表記）/チエモー県　且末県　Qiemo（漢語）/チェルチェン　Cherchen（別称）

人口：5.6 万（2002）　面積：13800 km²
　　　　　　　　　　　　[38°08′N　85°32′E]

中国北西部，シンチャン（新疆）ウイグル（維吾爾）自治区南東部，バヤンゴル（巴音郭楞）自治州南西部の県．タリム（塔里木）盆地の南東部に位置する．アルチン（阿爾金）山脈の北麓，チャルチャン河流域にあり，南はシーツァン（チベット，西蔵）自治区に隣接する．人口の 74% がウイグル族である．紀元前にチャルマダナ（且末）国があった地で，古代シルクロード南道の重要な宿駅である．19 世紀末頃に清朝の版図に組み入れられた．1914 年にチャルキルク（若羌）県から分離して県が設置された．

南部はクンルン（崑崙）山脈，北部はタクラマカン（塔克拉瑪干）砂漠からなる．中部のチャルチャン河流域にはオアシスが点在している．ゴビ（礫石帯）が多く，オアシス面積は県全体のわずか 0.1% にすぎない．野生のヤク，キアン（野生ロバ），ユキヒョウ，ターキンなどの野生動物が生息する．農業が主体で，おもな農作物は小麦，トウモロコシ，綿花，油糧などである．羊，ラクダなどの家畜

が放牧される．工業は採鉱業が中心で，玉石，石綿，金などの採掘および加工が盛んである．国道 315 号が県内を通る．県内には空港があり，ウルムチ（烏魯木斉）と空路で結ばれている．1983 年，県内のザグンルク（扎滾魯克）古墳群から多数のミイラが発掘された．ミイラの一部は紀元前 2000 年頃のもので，さらに古い時代のものと思われるミイラもあった．同時に発掘されたナン（ウイグル人がよく食べるパン）や，カバブ（羊肉の串焼き）およびミイラの人種的特徴などからは，これらのミイラは現代ウイグル人の祖先にあたる人びとであることが明らかにされた．県内には，チャルチャン（車爾臣）古城，チャルマダナ（恰勒瑪旦）古城などの遺跡がある．
　　　　　　　　　　　［ニザム・ビラルディン］

チャールトン　Charlton
オーストラリア

人口：0.1 万（2011）　面積：831 km²
　　　　　　　　　　　[36°18′S　143°24′E]

オーストラリア南東部，ヴィクトリア州中央北部の都市．ベンディゴの北西約 100 km，州北西部を貫くカルダーハイウェイ沿いに位置する．アヴォーカ河畔の渡津集落として開かれ，現在では周辺の小麦生産地の中心となっている．　　　［堤　純］

チャルーンクルン通り　Charoen Krung, Thanon　タイ

長さ：8.5 km　　　　[13°45′N　100°30′E]

タイ中部，首都バンコクの道路．ラーマ 4 世時代に建設された国内初の舗装道路で，馬車が走れる道路がほしいという外国人の要請を受けて 1862 年に着工，64 年に完成した．道路名はタイ語で首都繁栄を意味し，かつては国内最大の商品・米穀の取引の場であった．西洋人はニューロードとよび，外国人商社が店を構えた．道路はバンコクの旧市街を起点に南東方向へチャオプラヤー川沿いに走る．途中，ヤオワラート通りと並行して走り，チャイナタウンを形成している．また，シーロム通りと交差するあたりにはオリエンタルホテルをはじめ高級ホテルが立ち並ぶ．骨董品，銀製品を扱う店が多い．［遠藤　元］

チャレンジャー海淵　Challenger Deep
北太平洋西部

長さ：35 km　幅：4 km　深さ：10911 m
　　　　　　　　　　[11°19′N　142°15′E]

北太平洋西部の海淵．マリアナ諸島の東縁に沿って南北に延びるマリアナ海溝中の海淵で，世界最深の深海凹地である．最初にマリアナ海溝の本格的な深度調査を行ったイギリス海軍の測量船チャレンジャー 8 世号にちなんで名づけられた．このときの音響測深機によって得られた最深部が北緯 11 度 19 分，東経 142 度 15 分で 10900 m を計測した．深さについてはいくつかの観測値があるが，現在日本の無人探査機かいこうが 1995 年に到達した 10911 m が実測値としては最も深い．
　　　　　　　　　　　　　　［前杢英明］

チーヤン区　吉陽区　Jiyang　中国

ティエントゥー鎮　田独鎮　Tiandu（旧称）

人口：24.0 万（2014）　面積：372 km²
気温：25.4℃　降水量：1344 mm/年
　　　　　　　　　　[18°17′N　109°35′E]

中国南部，ハイナン（海南）省南部，サンヤー（三亜）地級市の区．旧称は田独鎮で，2011 年 1 月に吉陽鎮に改称され，さらに 15 年 1 月に河東区と併合して吉陽区となった．区政府所在地は月川社区である．中央横断道路と東海岸高速道路の交差点にあることから，三亜東大門の別称もある．20 世紀初頭に発見され，日本占領時代の 1939 年に本格的に開発された有名な田独鉱山がある．当時，田独から積出港の安由までの超狭軌鉄道（610 mm）も敷設された．鉱山は 1960 年に廃鉱となった．　　　［許　衛東］

チーヤン県　済陽県　Jiyang　中国

人口：57.6 万（2015）　面積：1099 km²
標高：19 m　　　　[36°58′N　117°10′E]

中国東部，シャントン（山東）省中部，チーナン（済南）副省級市の県．ホワン（黄）河下流の沖積平野に位置する．周代には斉国の地であった．金代の太宗天会 7 年（1129）に章丘と臨邑の両県から一部ずつ分割して済陽県を設置した．6 街道，4 鎮を管轄し，県政府は済北街道にある．地名は済水の北に位置することに由来する．おもな農作物は小麦，大豆，米，綿花，落花生などで，穀類と綿花の栽培基地である．黄河主流と平行して国道 220 号が走る．新石器時代の大汶口文化遺跡の玉皇寺がある．　　　［張　貴民］

チーヤン県　祁陽県　Qiyang　中国

きようけん（音読み表記）

人口：88.0万（2015）　面積：2538 km²
[26°35′N　111°50′E]

中国中南部，フーナン（湖南）省，ヨンチョウ（永州）地級市の県．県政府はチャンホン（長虹）街道に所在する．南部はヤンミン（陽明）山地の一部で，最高地点のチュワンフォン（串風）坳は標高1431 mである．シャン（湘）江は県中部を東流し，白水と祁水がそれぞれ南と北から合わさって祁陽盆地を形成する．林産資源はマツ，スギ，クスノキ，孟宗竹，オオアブラギリ，アブラツバキ，多様な漢方薬材がある．鉱産資源には石炭，石灰石，鉄，マンガン，アンチモン，亜鉛などがある．水稲，搾油作物，柑橘類の産地であり，養豚も行われる．湘桂鉄道（ホンヤン（衡陽）～ピンシャン（憑祥））や泉南高速道路（チュワンチョウ（泉州）～ナンニン（南寧））が通る．湘江の水運は上流は永州へ，下流は衡陽やチャンシャー（長沙）へ通じる．名所旧跡には浯溪碑林や文昌塔などがある．祁劇発祥の地．　［小野寺 淳］

チャン江　長江　Chang Jiang　中国

チャン江　Jiang（別称）／ちょうこう　長江（音読み表記）／ヤンツー江　揚子　Yangzi Jiang（別称）／ようすこう　揚子江（日本語・別称）

面積：1750000 km²　長さ：6380 km
[31°24′N　121°59′E]

中国中部を東西に還流する中国第1の規模をもつ川．漢字の江の原義は広大な規模をもつ河川という意味で，長江をさす固有名詞であった．一般に河川の意味で使われる場合も，南方の大河に対して用いられる．中国以外ではヤンツー（揚子）江という呼称が使われるが，これは西洋から来た宣教師が長江をさかのぼったとき，案内人に川の名を尋ねた場所がヤンチョウ（揚州）の付近で，そこには古くから揚子鎮という町があり，その渡津を揚子津とよんでおり，そこにちなんで揚子江というよび方を教え，それが西洋発行の地図に記載されて西洋では揚子江になったという説が伝えられている．一方，洋子江と表記している地図もあり，これだと海のような大河という意味になる．発音は同じヤンツーチャンであるから，いろいろな表記があったようである．中国の古地図の表記は単に江ないしは大江，長江などであり，現在は長江という名が定着している．

長江の流長は中国で第1位であり，黄河より800 kmほど長い．世界でも流長でナイル川，アマゾン川に次いで第3位である．流域面積は中国の陸地の20％を占める．水量も豊富で，流水量（径流総量）は9616億 m³，中国全体の河川径流量の36％を占める．長江の中下流域は気候的には温帯から亜熱帯にまたがり，温暖で降水量に恵まれている．長江流域の平均的な降水量は1100 mmに達し，地域によっては2000 mmを超える．四季を通じて降水があるが，4～10月が雨季で6月には梅雨になる．

長江の源流は最上流の通天河から分流してチンハイ（青海）省とシーツァン（チベット，西蔵）自治区の境界にあるタンラ（唐古拉）山脈の主峰ゴラタントン（各拉丹冬）峰（標高6621 m）に源頭をもつトト（沱沱）河（またウラン・ムレン河）の氷河にあるとされる．ただし源流から分かれる支流として，沱沱河よりも流長が長いとされるダムチュ（当曲）が南に延び，チュマル（楚瑪爾）河が北に延び，クンルン（崑崙）山とタンラ山との間の高原全体を長江源流地帯（長江源）ととらえることができる．ホワン（黄）河の源流とはバヤンハル（巴顔喀拉）山脈をはさんで表裏の関係にある．これらの源頭の水が合わさってトンティエン（通天）河となり，南東流してスーチュワン（四川）省の境域に入る．四川省の西部をチンシャー（金沙）江となって南流し，パンチーホワ（攀枝花）で上流最大の支流であるヤーロン（雅礱）江を合流し，ユンナン（雲南）省との省境では反転して北流し，イーピン（宜賓）で四川盆地に入るが，通常はここまでを長江上流とする．

四川盆地では南端を東流し，宜賓・チョンチン（重慶）で北からミン（岷）江・チャリン（嘉陵）江をフーリン（涪陵）で南からウー（烏）江を合し，サンシャ（三峡）の渓谷を抜けてイーチャン（宜昌）からホワチョン（華中）の湖沼地帯に入り，屈曲をくり返しながら東に向かい，チャンシー（江西）省チウチャン（九江）市のフーコウ（湖口）県にいたる間を長江中流とする．その間，フーナン（湖南）省を流域とするシャン（湘）江を合わせて合流点にトンティン（洞庭）湖をつくり，フーペイ（湖北）省からはハン（漢）水を合し，江西省からはガン（贛）江を合わせてポーヤン（鄱陽）湖を形成する．この本流と支流が形成する湖沼と平原は，長江沿岸で最も肥沃な地で魚米の郷と称され

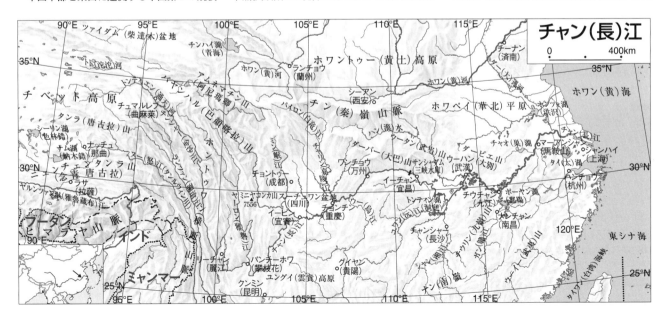

た．近代になってウーハン（武漢）をはじめとする工業都市が生まれたのも，長江の水運を利用する江湾が発達していたためである．

しかしこの地帯は上流部の豪雨による洪水が発生しやすく，そのために洞庭湖や鄱陽湖という自然の遊水池が形成されて流量を調整しているのだが，湖沼が干拓されたり沿岸が開発されたりすることにより自然の調整作用が弱まり，洪水が起こりやすくなっている．重慶から下る峡谷の名勝であった三峡（瞿塘峡・巫峡・西陵峡）には，2009年三峡ダムが完成し，水利・電力・航運の各方面での水資源の有効利用を図っている．

江西の湖口県から河口までの間を長江下流とするが，アンホイ（安徽）省域に入っても，両岸には大小の湖沼が連なり，本流も蛇行をくり返す．途中には中流のように大きな支流の流入はなく，わずかに北のチャオ（巣）湖や南のホワン（黄）山山系の水が長江に入る．安徽省を南北に分けて東北流していた長江は，マーアン（馬鞍）山を過ぎて江蘇省に入り，南京を過ぎたあたりで方向を東から南東に変える．その付近を頂点としてラッパ状に広がるのが長江三角州である．長江は黄河のような大量の砂泥は含まないが（長江の含砂量は九江で1 m³あたり0.2 kg程度），それでも水量が多いので沙泥の量も多い．そのため北はタイチョウ（泰州）・ナントン（南通），南はチェンチャン（鎮江）・ウーシー（無錫）・スーチョウ（蘇州）・シャンハイ（上海）の境域は三角州の沖積作用でできた土地である．先端部は時代とともに伸展してきたものであり，現在の上海の中心市街地が陸化し集落ができたのは唐になってからである．三角州の一角にあるタイ（太）湖も，堆積作用から取り残された内湖であるといわれている．

また長江三角州（長三角という）は自然地形としてだけではなく，チャンスー（江蘇）・チョーチャン（浙江）・上海の2省1市地区は稠密な都市のネットワークを基礎にした高度な経済圏として重視されている．この地区のGDPは全国の21%を占めている．この長三角の基軸になるのは長江と海の結びつきで，上海がその結節点として機能しているが，それをネットワークとして補強するのが江蘇・浙江の都市群である．さらに海岸には黄海に向けて南北をつなぐ港湾群があり，最近，南通市の如東に羊口港も建設された．

長江は年間を通じて豊富な水量があるので，かなり大きな船舶の遡上が可能で，現在は三峡ダムの建設で1万tクラスの船が重慶まで上れるという．東西方向の交通が不便な南方において，この輸送力は大きな役割を果たす．

一方で長江では耕地や人命に被害の出る洪水が頻発する．20世紀になり1931年の中下流域での大洪水で農地380万haが被害を受け，14万人の死者が出た．1935年の洪水では中流の漢江だけで8万人の死者が出ている．1949年の新中国成立後，被害は少なくなったが，それでも54年の洪水は上流から下流まで全域に及び3万人の死者が出ている．最近では1998年の洪水でも大きな被害が出た．

長江流域は，黄河流域に比べて文明の発達が遅れているといわれてきたが，長江流域で黄河流域に匹敵する重要な遺跡が発見されて，長江流域に早くから進んだ文明が発達していたことが明らかになり，それを長江文明とよぶ．中でも浙江省ユィーヤオ（余姚）市の河姆渡遺跡には大規模な稲作遺構が残っており，長江流域の基本的性格を知るために重要な遺跡である．また四川の三星堆遺跡は四川独特の文化を示す文物が出土しており，これも長江文明の代表的遺跡である． ［秋山元秀］

チャン江中下流平原　長江中下流平原　Chang Jiang Zhongxialiu Pingyuan
中国

中国東部の平原．チャン（長）江の中流・下流の平原を合わせた平原で，トンペイ（東北）平原・ホワペイ（華北）平原とならんで中国3大平原の1つとされる．長江自身の中流はスーチュワン（四川）盆地のイーピン（宜賓）からチャンシー（江西）省チウチャン（九江）のフーコウ（湖口）県まで，下流は湖口県から河口までをいうが，長江中下流平原という場合は，四川の部分を含まない．長江がチョンチン（重慶）とフーペイ（湖北）の境界にあるサンシャ（三峡）の峡谷を抜けて平野部に出たイーチャン（宜昌）付近から河口部までをいう．

長江を中軸に，東西に連続した平原であるが，いくつかの地形単位に分かれる．湖北とフーナン（湖南）は長江をはさんで南北につながるが，その北部ハン（漢）水の流域を中心に広がる平原をチャンハン（江漢）平原という．その南，トンティン（洞庭）湖を含んでシャン（湘）江を主流として資江・澧江・ユワン（沅）江の支流がつくる平原を洞庭湖平原という．こちらの平原はとくに稠密な河川網をもち，長江の自然遊水池として生まれた湖水洞庭湖を中心に広がる．この江漢平原と洞庭湖平原をあわせてリャンフー（両湖）平原という場合もあるが，これが歴史的にはフーコワン（湖広）といわれたある時期最も豊かな米の生産

地であった．洞庭湖はかつて中国で最大の淡水湖であったが，周辺の埋積が進み，湖水の面積が縮小し，面積第1位はポーヤン（鄱陽）湖になった．

両湖から下って鄱陽湖を中心に江西のガン（贛）江流域を鄱陽湖平原という．鄱陽湖も周辺の埋積と長江の水流の減少から面積が縮小しており，自然保護区域に指定して環境保護に努めようとしている．江西からアンホイ（安徽）に入り，大きな支流の流入はなくなったが，長江本流の周囲には多くの湖沼が分布し，小規模な平原をあわせた部分を蘇皖沿江平原という（蘇は江蘇，皖は安徽）．ウー（蕪）湖やチャオ（巣）湖の周辺の平野を含む．

これより下流は長江三角州（デルタ）平原の部分と，長江の北に広がる低湿な海岸平原とに分ける．前者はチャン（鎮）江付近を頂点に下流にラッパ状に広がる平野で，現在の本流の南ではタイ（太）湖の周辺のチャンチョウ（常州）・ウーシー（無錫）・スーチョウ（蘇州）とシャンハイ（上海），さらにチョーチャン（浙江）省のハンチョウ（杭州）湾の北岸を含み，本流の北ではヤンチョウ（揚州）・タイチョウ（泰州）・ナントン（南通）の南部が含まれる．長江のもたらす砂泥によって歴史時代に東に陸地を伸長していった地区である．

本流の北，江蘇省中部の海岸平原は里下河平原とよばれ，ホワイ（淮）河と長江の間の低湿で河川や運河網が発達しており，長江下流平原でも最も低湿なところである．イエンチョン（塩城）・南通・泰州・揚州の大部分が含まれる．

長江中下流平原は，いずれも河川と湖沼の卓越した低湿な平原で，土地利用としては水田が卓越しており，歴史的にも中国の経済の中心となる農業生産力をもってきた．中流平原が湖広といわれていたのに対して下流平原はチャンナン（江南）あるいはチャンチョー（江浙）といわれて，いずれもその地区が豊作ならば天下が満たされるといわれてきた．水田では二毛作ないし二年三毛作が普通で，米以外に棉花，麻，絹などの繊維，茶や油料作物などが豊富に採れていた．淡水湖と河川の水産資源も豊富で，文字どおり魚米の郷であった．

したがって人口も稠密で前近代から都市も発達していた．近代になると中下流平原の中心都市では工業化が進み，とりわけ下流平原の中心都市である上海が，江蘇浙江の豊かさを集めて中国第1の経済都市となった．現在もチュー（珠）江デルタとならんで，長江デルタが経済成長を牽引している． ［秋山元秀］

チャーン島　Chang, Ko

タイ

人口：1.2万（2010）　面積：208 km²
[12°05′N　102°20′E]

タイ中部，トラート県コチャーン郡の島．タイ湾東岸に位置し，国内第3位，タイ湾東海岸では最も大きな島であり，沖合8 kmに位置する．全体的に山がちであるが，島の南部や北部には若干の平地もある．名前のチャーン（ゾウ）は，島の形がゾウがひざまずいた形に似ていることに由来するといわれている．周辺の小島を合わせて計52の島がチャーン諸島国立公園に指定されており，2000年代以降，観光開発が急速に進んでいる．
[柿崎一郎]

チャンアン　Chang'an ☞ シーアン市 Xi'an

チャンアン街　長安街　Chang'an Jie

中国

[22°27′N　113°10′E]

中国北部，ペキン（北京）市の通り．市街を東西に走るメインストリートで，西長安街と東長安街からなる．西長安街は北京市シーチョン（西城）区南東部にあり，東は中山公園の南門から西は西単北大街にいたる．東長安街はトンチョン（東城）区南部にあり，東は東単北大街から西は労働人民文化宮の南門にいたる．1959年天安門広場の拡張に伴い，西長安街と東長安街は1つの大通りとなった．通りの南側には天安門広場，人民英雄記念碑，人民大会堂，中国歴史博物館，公安部，商務部などがある．北側はチョンナンハイ（中南海），中山公園，天安門，紫禁城，労働人民文化宮，郵電部，北京ホテル，貴賓楼ホテルなどがある．バスの路線が多く，地下鉄1号線があり，交通は便利である．
[柴　彦威]

チャンアン県　江安県　Jiang'an

中国

人口：41.7万（2015）　面積：894 km²
[28°44′N　105°05′E]

中国中西部，スーチュワン（四川）省南部，イーピン（宜賓）地級市の県．チャン（長）江沿岸に位置する．県政府は江安鎮に置かれる．四川盆地南縁の低山丘陵地帯に位置し，地勢は南部が高く北部に向かって低くなり，県の中央を西から東へ流れる長江沿岸の標高は

230 m前後にすぎず，河道に沿って平野が長く延びる．前漢時代の江陽県の地で，晋代に江陽県を割いて漢安県と綿水県が置かれ，隋代に江陽県と漢安県を合併し，それぞれ1字ずつとって江安県が設置された．北宋代には綿水県を編入した．成渝環線高速道路が東西に横断する．おもな農産物は米，小麦，サトウキビ，ベニイモなどである．工業は化学，紡績，醸造業が比較的盛んである．蜀南竹海は全国的に有名な風景区であり，紅佛寺，夕佳山古民居など名勝古跡も多い．[林　和生]

チャンイー区　沾益区　Zhanyi

中国

せんえきく（音読み表記）

人口：43.1万（2010）　面積：2910 km²
[25°35′N　103°47′E]

中国南西部，ユンナン（雲南）省東北部，チューチン（曲靖）地級市の区．地級市の曲靖市が新設された1997年の行政再編に伴い，県級市の曲靖市がチーリン（麒麟）区と沾益県に2分割されたが，2016年に沾益県は市轄区になった．区内の馬雄山森林公園にチュー（珠）江の源流がある．1966年に開通した貴昆鉄道の沾益駅を起点として，グイチョウ（貴州）省西部の炭鉱地帯を結ぶ盤西支線が1970年に建設された．そのため，沿海部から内陸部へと工場の疎開を試みた三線建設期（1960年代）に，紡績，機械，化学肥料，製紙工場などが移転してきた．[松村嘉久]

チャンイー市　昌邑市　Changyi

中国

ツァンイー（別表記）

人口：58.5万（2015）　面積：1628 km²
[36°51′N　119°23′E]

中国東部，シャントン（山東）省中部，ウェイファン（濰坊）地級市の県級市．山東半島北西部，ライチョウ（莱州）湾沿岸に位置する．秦代に県として設置された．1956年に昌邑と昌南が合併し，新しく昌邑県になった．1994年に県級市となった．3街道，6鎮，1経済発展区を管轄し，市政府は奎聚街道にある．市域は南北が長く東西が狭い．標高は南部が高く北部が低い．大部分の地域は3～33 mの範囲にあり，南部の峡山（標高171 m）が最も高い．中央を流れるウェイ（濰）河をはじめ，30の河川があり，莱州湾沿岸には広い浅瀬がある．石油，天然ガス，鉄鉱石などの地下資源が豊富であり，また絹の郷として有名である．穀類，綿花，野菜，果樹などの

産地でもある．竜山文化遺跡など10数カ所に遺跡がある．[張　貴民]

チャンイエ市　張掖市　Zhangye

中国

甘州（古称）／ちょうえきし（音読み表記）／チンチャンイエ　金張掖　Jin Zhangye（別称）

人口：150.5万（2002）　面積：41000 km²
[38°56′N　100°27′E]

中国北西部，ガンスー（甘粛）省北西部の地級市．ホーシー（河西）回廊の中部にあり，北は内モンゴル自治区，南はチンハイ（青海）省に接する．紀元前2世紀，前漢に占領され，河西4郡の1つとして張掖郡が置かれた．隋代に甘州とよばれ，8世紀の安史の乱以降チベット（吐蕃）に属していた．9世紀にウイグル人がカンチョウウイグル（甘州回鶻）王国を築いた地である．1949年に張掖専区が設置され，70年に張掖地区と改称された．2002年に張掖地区が廃止され張掖市となり，旧地区公署の所在地であった張掖市は甘州区と改められた．甘州区とシャンタン（山丹），ミンロー（民楽），リンツォ（臨沢），ガオタイ（高台）の4県およびスーナン（粛南）自治県を管轄する．市政府所在地は甘州区．河西（ホワン（黄）河の西）のおもな穀倉地帯であるためチンチャンイエ（金張掖）とよばれる．金，鉄，石炭，石灰石などの鉱物資源に富む．機械，化学，電力，製薬，食品加工などの工業が発展している．シンチャン（新疆）ウイグル（維吾爾）自治区の首府ウルムチ（烏魯木斉）とランチョウ（蘭州）を結ぶ蘭新鉄道および国道312号が通る．[ニザム・ビラルディン]

チャンイエン区　姜堰区　Jiangyan

中国

きょうえんく（音読み表記）

人口：73.0万（2015）　面積：1051 km²
標高：5-6 m　[32°30′N　120°08′E]

中国東部，チャンスー（江蘇）省中部，タイチョウ（泰州）地級市の区．漢代に海陵県が置かれ，明代初めには揚州府に属した．1958年に泰州市と合併して泰州県と改称した．1970年に改めて揚州地区に属し，94年に市となり名も姜堰となった．1996年に新しく地級市となった泰州市に属し，2012年に区となった．2街道，14鎮を管轄し，区政府は三水街道にある．地形は平原で南部がやや高い．チャン（長）江水系に属し，新通揚運河と通揚運河が東西に横切る．農作物は稲，麦，綿花，ナタネを主とし，特産物にはギン

1070　チヤン

ナンや漆湖のカニなどがある. 鉱物資源には石油, 天然ガスなどがある. 工業は機械, 金属, 建材, 電子, 計器, 電機, 化学, 紡績, 印刷, 服装などがある. 建築の故郷とよばれる. 名所旧跡には単塘河新石器文化遺跡, 殷周代の天日山遺跡, 古海陵倉遺跡, 漆湖風景区, 曲江楼などがある. 寧啓鉄道(ナンキン(南京)～チートン(啓東))が横断し, 高速道路の塩靖線(イエンチョン(塩城)～チンチャン(靖江))と江海線(ヤンチョウ(揚州)～ハイアン(海安))が交わっている.

[谷　人旭・小野寺　淳]

チャンイン市　江陰市　Jiangyin

中国

人口：163.7万 (2015)　面積：988 km²
[31°55′N　120°17′E]

中国東部, チャンスー(江蘇)省南東部, ウーシー(無錫)地級市の県級市. チャン(長)江の南岸に位置する. 春秋戦国期には延陵に属した. 晋代に暨陽県が設けられ, 南梁代には県が撤廃されて江陰郡となった. 1983年に無錫市に属し, 87年に県から市になった. 5街道, 10鎮と高新区, 臨港区を擁し, 市政府は澄江街道にある. 農業は水稲, 小麦, ナタネなどを生産し, 工業は造船, 冶金, 石油化学などがある. 工業製品, 石炭などの燃料, 食糧などの商品を荷揚げする港湾が整備された. 観光スポットとしては, 天下第一の村とよばれる華西村, 徐霞客の旧居, 鵞鼻嘴公園などがある. 新長鉄道(シンイー(新沂)～チャンシン(長興))が通り, 高速道路の京滬線(ペキン(北京)～シャンハイ(上海))や沿江線(ナンキン(南京)～上海)が交わる.

[谷　人旭・小野寺　淳]

チャンウー県　長武県　Changwu

中国

人口：16.8万 (2010)　面積：570 km²
標高：847-1274 m　気温：9.1℃
降水量：587 mm/年　[35°12′N　107°48′E]

中国中部, シャンシー(陝西)省中部, シェンヤン(咸陽)地級市の県. ホワントゥー(黄土)高原の丘陵地帯に位置する. 県政府所在地は昭仁鎮. 歴史が長く, 1983年から咸陽市に帰属する. 内陸暖温帯半湿潤大陸性季風気候に属し, 無霜期間は171日. 石炭と石油, 天然ガスの資源が豊富である. 省第2位の規模をもつ彬長炭鉱が, 隣接するピンシェン(彬県)にかけて位置し, 県内の部分が60%を占める.

[杜　国慶]

チャンウー県　彰武県　Zhangwu

中国

人口：41.0万 (2013)　面積：3635 km²
[42°23′N　122°32′E]

中国北東部, リャオニン(遼寧)省北部, フーシン(阜新)地級市東部の県. 県政府所在地は彰武鎮. 県域の中部は南北にリャオ(遼)河の支流のリウ(柳)河が流れ, ソンリャオ(松遼)平原の辺縁をなしている. 東部, 西部は山地, 北部はハラチン砂漠の南縁である. 農業, 牧畜業が主産業で, トウモロコシ, 大豆などを生産する. 北部の章古台鎮には, 省の砂防林研究所が置かれている. 大鄭線と新魯高速が南北に, 長深高速が東西に県域を貫く.

[柴田陽一]

チャンウォン　昌原　Changwon

韓国

マサン　馬山　Masan (旧称)
人口：105.9万 (2015)　面積：744 km²
[35°15′N　128°41′E]

韓国南東部, キョムサンナム(慶尚南)道道庁所在地の都市. チネ(鎮海)湾, マサン(馬山)湾に臨む. 道庁は1983年, プサン(釜山)から移転した. 2010年, それまでの昌原市, 馬山市, 鎮海市が合併して新昌原市が成立した. 2010年の旧3市を合わせた人口は105.8万である. 釜山広域市, ウルサン(蔚山)広域市と並んで, この地方の中心都市に成長しつつある. 市域をナメ(南海)高速道路, 邱馬高速道路, キョンジョン(慶全)線が通過する. 2010年には新幹線(KTX)が馬山まで乗り入れるようになった.

旧昌原市は, 1914年の区画改正では昌原郡昌原面, 73年には馬山市に編入された. 1974年, 産業基地開発促進地域に指定され工業開発が始まった. 工業開発のみでなく, 新しい市街地全体を, 計画的に建設したものである. 市街地中央を北西～南東に走る中心道路を基準にして, その南側, 南川に沿う低地部を工場地区に, 北側の微高地を住宅地区と行政地区に当てている. 計画的につくられた市街地であることは現在でもよく観察できる. 1983年に道庁が移転して地域中心都市としての性格を強め, 人口も増加した. ここに集積する工業は, 産業機械, 輸送機械, 各種機械部品などが中心で, 総合的な大型機械工業団地を形成している.

市街地の建設が進むとともに1980年, 馬山市から分離独立して市制を施行した. 市制施行時の人口は約11万. 1990年, 2000年,

10年の人口はそれぞれ, 32.2万, 51.9万, 50.8万である. 2000年までの人口増加がいちじるしく, その後は停滞的である.

旧馬山市は, 1914年の区画改正では馬山府, 49年に馬山市に改称した. 馬山湾に臨む港をもち, この地域の商業中心であったが, 1973年, 馬山湾の湾奥部に輸出自由地域が設定され, 工業集積が進み人口が増加した. 輸出自由地域には日本, アメリカなどの中小資本が入り, 労働集約型の業種が集積した. 工場の稼働とともに人口は増加し始め, とくに若年の女子労働者の増加が著しかった. 1970年の人口は約19万であったが, 80年と90年の人口は38.7万, 49.7万と急増した. しかし, 1990年をピークにして, その後は減少, 停滞傾向にあり, 2000年, 10年の人口は, それぞれ43.4万, 39.5万である. 韓国の工業生産構造の変化(重・機械工業, 先端産業へのシフト), 1980年代後半以降の賃金上昇などの影響を受けて輸出自由地域での工業生産が曲がり角を迎えたためである. 閉鎖, 撤退する工場が現れている.

旧鎮海市は, 鎮海湾に臨み, 南のコジェ(巨済)島と向かい合う位置にある. 市域の東部, 熊川には16世紀初めまで, 日本人の恒住が認められていた三浦のうちの1つ, 薺浦(乃而浦)があった. 植民地時代以降, 軍港を中心に発達した都市である. 1931年に邑に昇格, 55年に市制を施行した. 2005年の人口は15.0万. 日露戦争時, 日本海海戦のために日本連合艦隊がここに結集し, 1950年に始まる朝鮮戦争時には韓国軍, 国連軍の海軍基地に利用され, それ以降, 韓国海軍の中枢部が置かれている.

[山田正浩]

チャンギ　Changi

シンガポール

ルサ岬　Rusa, Tanjong (古称)
人口：0.2万 (2010)　面積：23 km²
[1°21′N　103°59′E]

シンガポール, シンガポール島東端一帯の地区. チャンギは今日では空港の代名詞のように思われるほど, この地域において空港のもつ意味が大きい. シンガポール空港はパヤレバー空港(現在は空軍基地)を利用してきたが, 空港拡張に伴う騒音問題などを考慮し, チャンギ沿岸を埋め立てて1981年に新たなシンガポール空港としてチャンギ国際空港が完成した. その後空港は拡張され, 現在第3ターミナルまで完成し, 東南アジアのハブ空港となっている. 空港は都心から伸びる地下鉄(MRT)東西線のタナメラ駅から分岐してチャンギ空港駅と結んでいる. もともとのチ

ャンギは，空港の西側一帯から北のセラングーン港にいたるまでの地域であった．

この地域には，空港のほかに北の海岸地域は海浜レクリエーション施設，ゴルフ場やエキスポ施設なども立地している．また，チャンギ北端のチャンギポイントからはウビン島とケトン島行きの船が出ている．さらにチャンギは戦前につくられた刑務所のあった場所として知られる．日本軍占領期にはイギリス人やオーストラリア人捕虜の収容場所でもあった．現在も刑務所は空港の西側にある．また，空港の南側はゴルフ場や工場などともなっている．

チャンギに対する初期のマレー語の地名は，1604 年の地図ではルサ岬であった．1828 年の地図には島の東端をチャンギ岬 Tanjong Changi と書いている．ジョホール水道を利用する船にとって，チャンギは通過点としての岬であった．20 世紀初期にはトラがまだこの付近にも出没していた．チャンギの語源に関しては，この地に生育していた灌木に上るという意味だという．また，この地に生育していた高木名，あるいは地元で chengai とよばれる木に由来するともいわれる． ［高山正樹］

チャンギン　Kyangin　ミャンマー

人口：9.6 万（2014）　　［18°20′N　95°10′E］

ミャンマー南部，エーヤワディ地方（旧管区）ヒンタダ県の町．漢字では堅景と表記する．県都ヒンタダの北北西約 80 km，エーヤワディ川右岸に位置する．ヒンタダを起点としてエーヤワディ川右岸を北上するエーヤワディ地域鉄道が通る．周辺は米の産地が広がり，とくに国内最大のセメント生産地として知られる．近郊にある国営のチャンギンセメント工場では，1979〜84 年に日本の円借款によりセメント生産設備の拡張工事が行われた．またそれに伴って，採石場から工場を経由して河岸の積出港にいたる輸送力を強化する工場用鉄道の電化も行われ，1986 年に完成している． ［西岡尚也］

チャンクアン岬　Cangkuang, Tanjung　インドネシア

［6°51′S　105°16′E］

インドネシア西部，ジャワ島西端の岬．1991 年にユネスコの世界遺産に登録されたウジュンクロン国立公園内にある．公園の面積は 1220 km² ほどで，そのうち 780 km² が陸地，440 km² は海域にあり，バンテン（絶滅危惧種の野牛），シカ，テナガザル，サイなど希少な動物や 700 種にも及ぶ植物が保護されている．この地の動植物の多様性は，オランダ植民地時代にオランダ人とイギリス人の植物学者によって発見された．

［山口玲子］

チャンゴー市　長葛市　Zhangge　中国

人口：77.7 万（2015）　面積：650 km²
［34°13′N　113°45′E］

中国中央東部，ホーナン（河南）省中部，シューチャン（許昌）地級市の県級市．許昌市街地の北に位置する．4 街道，10 鎮，2 郷を擁する．市政府所在地は和尚橋鎮．地名は先秦時代からあり，葛天氏が居住した時期の長久を後の人が望んだことにちなむとされる．葛天氏については，定説はない．現在は，金剛石加工業や陶器建材製造業，機械工業，金属加工業が盛んである． ［中川秀一］

チャンコウ県　江口県　Jiangkou　中国

人口：23.7 万（2012）　面積：1869 km²
［27°42′N　108°50′E］

中国中南部，グイチョウ（貴州）省北東部，トンレン（銅仁）地級市の県．県政府所在地は双江街道である．トゥチャ（土家）族が総人口の 4 割，ミャオ（苗）族が 1 割強，トン（侗）族が 1 割弱，少数民族は総人口の 6 割強を占めるが，民族自治地方になっていない．温暖な気候に恵まれた農業県で，家禽類や家畜の飼育も盛んである．仏教の名山である梵浄山が県内にあり，観光開発が進む． ［松村嘉久］

チャンサン岬　長山串　Changsan-got　北朝鮮

標高：8 m　　［38°03′N　124°53′E］

北朝鮮，ファンヘナム（黄海南）道竜淵郡の最西端にある岬．珪石からなり，10〜30 m の絶壁が続く．北側は潮流が速く，ここが朝鮮古典で有名な『沈青伝』の伝説地である．沿岸はイカナゴ，ナマコ，イセエビが多い．北東 13 km にモンクムポ（夢金浦），東 32 km に九美浦の名勝地がある． ［司空俊］

チャンシー省　江西省　Jiangxi Sheng　中国

こうせいしょう（音読み表記）
人口：4592.3 万（2016）　面積：166900 km²
降水量：1300-1900 mm/年
［28°38′N　115°56′E］

中国南東部の省．内陸部にあり，チャン（長）江の中下流域の南岸に位置する．北はフーペイ（湖北）省，アンホイ（安徽）省，東はチョーチャン（浙江）省，フーチェン（福建）省，南はコワントン（広東）省，西はフーナン（湖南）省と接する．省内には 38 の民族が居住するが，漢族が 99% 以上を占める．唐代に江南西道が置かれたことが江西の名の由来となった．また長江最大の支流のガン（贛）江が省内を南北に貫流することから略称を贛とよぶ．省会はナンチャン（南昌）市に置かれ，チンドゥチェン（景徳鎮），チウチャン（九江），チーアン（吉安）など 11 の省轄地級市と 23 の市轄区，ルイチン（瑞金），チンガンシャン（井岡山），ナンカン（南康）など 11 の県級市，および 66 県を管轄する．

北部には中国最大の淡水湖であるポーヤン（鄱陽）湖が広がり，その北を長江が流れるが，東部，西部，南部の省境は山岳地帯で，中部の丘陵地帯を経て北へ向けて開けた巨大な盆地状の地勢である．地形は山地と丘陵が卓越し，山地が全省の面積の 36% を，丘陵は 42% を占める．北東部にはホワイユィー（懐玉）山があり周辺は銅の産地で，東部にはウーイー（武夷）山脈が，南部にはダーユィー（大庾）嶺とチウリエン（九連）山が，西部にはルオシャオ（羅霄）山脈が，北西部にはムーフー（幕阜）山とチウリン（九嶺）山が連なる．

気候は亜熱帯性モンスーン気候に属し，気温の季節変化が大きい．夏は高温多雨だが，冬は晴天が続くも寒さが厳しく降水は少ない．省の年平均気温は 16.3〜19.5℃ であるが，北東部と北西部および長江沿いはやや低く，南部盆地は高い．雨量は豊富で，省の年平均降水量は 1300〜1900 mm である．降雨は南部と東部が多く，また山間部に多いが盆地部は少ない．4 月頃に南部から梅雨に入り，5〜6 月の降水が最も多いが，7 月には梅雨前線は北に去り気温が急上昇し晴天が続く．夏から秋にかけては干ばつの危険が高まるが，徐々に気温は下がり降水量が増加する．ときには台風の襲来で豪雨となり洪水が発生する．

省内には大小 2400 の河川が流れ，総延長は約 1 万 8400 km である．うち贛江，フー（撫）河，シン（信）江，シウ（修）河，ポー

チャンシー(江西)省

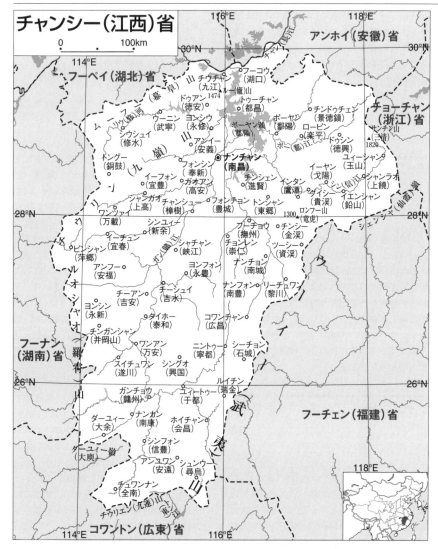

(鄱)江(ラオ(饒)河)が五大河川で,多くの河川は鄱陽湖に流入する.鄱陽湖の面積は,季節により流入する水量が大きく増減するため146 km²から3210 km²まで変化し,長江の水流を調節する機能を果たしている.

春秋時代は呉と楚が互いに領有を争ったが,戦国時代には楚に属した.秦のときに番陽,廬陵2県が置かれ九江郡に属した.漢代の紀元前202年に九江郡から豫章郡が分置され,南昌に郡治が置かれたが,その管轄範囲は現在の江西省の省域にほぼ相当する.晋末より中原の戦乱を避けて避難民が江西に押し寄せ,江西も開拓が進んだ.南朝の梁は豫章郡を豫章王国に改め,江州を割いて3州を置き,荊州所属の4郡を高州属にした.隋は江西の地に豫章,鄱陽など7郡24県を置いた.唐は郡を廃して州を復活し,8州37県に増加した.貞観元年(627)に全国は10の道監察区に区分され江西は江南道に属した

が,開元21年(733)に江南道は東道と西道に分割され,江西は江南西道に属した.安史の乱を機に再度避難民が華北より大挙移住し,彼らが現在の江西の人びとの直接の祖先になったという.五代十国時,当初は呉に属したが,のちに南唐に属した.

宋代には江南西路に属し,洪州に治所が置かれ7州4軍を管轄した.科挙制度の整備により各地に書院が建てられ,数多くの政治家や文人を輩出した.農業が発展して九江は四大米市,三大茶市の1つに数えられ繁栄した.元は江西中行書省を置き,竜興路に治所を定め,南康軍を編入し,瑞州,袁州,撫州など11路と南豊州を管轄したが,ここに現在の江西省の範囲がほぼ確定した.明は元の制度を踏襲したが路を府に改め,江西布政使には13府78県が属した.清は布政使を省に改めたが,行政区画は明の制度をそのまま踏襲した.清末の太平天国の乱で省内各地は

荒廃した.九江では清国軍と太平天国軍の間で激戦が展開した.辛亥革命後,全権を掌握した袁世凱に対して革命派は九江で武装蜂起し第2革命を起こすも直ちに弾圧された.民国時期,府,州,庁は一律に県に改められ江西省には81県が置かれた.

1927年に上海クーデターを決行し共産党と決別した蒋介石に対し,共産党勢力は8月1日に南昌で武装蜂起するも敗退した.10月には毛沢東が湖南省と江西省との境界で秋収蜂起したが,官憲に追われ井岡山に逃げ込み革命根拠地の建設を行った.省内には井岡山のほかに湘贛,贛東北,湘鄂贛などにも革命根拠地が建設され,瑞金には中央革命根拠地が建設された.1931年にはこの地で中華ソビエト共和国の建国が宣言されたが,国民党軍100万の包囲攻撃により,この地を放棄して34年より長征を開始した.第2次世界大戦後,国共内戦に敗れた蒋介石は息子・蒋経国の勢力下にあった江西省南部に一時逃れたが,1949年5月に南昌に共産党軍が入城した.

江西省内は鉱産資源に恵まれ,マンガン,チタン,バナジウム,銅,亜鉛,金,銀,レアメタルなど33種の埋蔵量は全国の上位5位以内を占める.おもな鉱山には徳興銅山,大余ウラン鉱,萍郷炭鉱,会昌塩鉱などがある.また森林被覆率は約63.1%で,木材と孟宗竹の蓄積量は全国第1位である.森林の多くは針葉樹林でマツ,シナアカマツが主要な樹種である.

北部の鄱陽湖平原を中心に,主要河川沿いの平野は古来より農業が盛んで,米を中心に芋類,豆類,麦類,ナタネ,落花生,ゴマ,綿花,麻類,茶などが栽培される.全国第2位の生産量である米や,生産量が全国の上位を占める農産物が多く,重要な農業地帯である.特産品には,万年貢米,奉新紅米,瑞昌カラムシ,万載ユリ,広昌白蓮,信豊紅瓜子などがあり,泰和烏骨鶏,南安板鴨,安福ハム,大余麻鴨,宜春麻鴨,玉山ガチョウ,楽平豚,浜湖・玉山黒豚などの畜産物があり,ブランド化している.茶の栽培も盛んで,婺源緑茶,廬山雲霧茶,修水寧紅茶,浮梁浮紅茶,遂川狗牯脳茶など銘茶が多い.柑橘類の栽培も全省で盛んで,ナンフォン(南豊),シュンウー(尋烏)のミカン,シンフォン(信豊),シングオ(興国)のダイダイ,南康のブンタン,スイチュワン(遂川)のキンカンなどが有名で,またフォンシン(奉新),ウーニン(武寧)の中華キウイ,アンユワン(安遠),ニントゥー(寧都)のスイカなどさまざまな果物を産する.江西省の水域面積は1万6600

km²で，養殖業は2910 km²で行われる．魚種は多いが，コイ，フナ，ハクレン，アオウオなど約30種の生産が多い．特産に鄱陽湖シラウオ，贛江フナなどがある．近年はカニやスッポン，ケツギョ，淡水真珠などの養殖が盛んである．

沿海部に比べて工業は遅れているが，近年はさまざまなインフラの整備が進んだことで工業への投資が増加している．冶金，化学，機械，電子，建材，食品，木材加工，食品，紡績，製紙，皮革など業種は多いが，とくに有色金属の冶金と加工業が発達している．工業の中心は省の北部で，南昌と九江を結ぶ地帯が基軸である．また古来より景徳鎮の陶磁器は有名で，婺源竜尾と星子金星の硯，ユィーチャン(余江)の木彫，鄱陽とイーチュン(宜春)の脱胎漆器などの伝統工芸，および羽毛製品，樟脳，酒などの特産品も多い．

鉄道網は省都の南昌市を中心に省内外を結んでいる．京九，浙贛，皖贛，鷹廈，銅九，武九の幹線6路線のほか，横南，向東，分文，弋樟，張塘，張建，新泰などの支線網も発達する．京九，京台，昆台，滬昆の高速鉄道が通過する．道路網は高速道路の建設が進み，総延長は国内第4位に達する．昌九，贛粤，滬昆，梨温，九景，景鷹，武吉など十数本の路線が省内外を貫く．また一般道路網も6本の国道を基軸に省内各地を結ぶ．水上交通は鄱陽湖を中心に発達し，贛江と信江を縦軸に，長江と昌江を横軸に，主要河川を通して省内各地を結ぶ．九江は1996年開通の京九鉄道と長江水運の結節点として発展がめざましい．航空路線網は南昌を中心に発達し，贛州，景徳鎮，九江，井岡山，宜春などにも民用空港があり，新空港の建設も進行する．南昌，九江，贛州では地下鉄など都市交通網の整備が進む．

風光明媚な江西省には景勝地が非常に多く，また名所旧跡も各地に分布している．九江のルー(廬)山，シャンラオ(上饒)のサンチン(三清)山と亀峰，インタン(鷹潭)のロンフー(竜虎)山はそれぞれ世界遺産に登録され，上饒婺源の理坑，上饒のワンコウクー(汪口古)村は暫定リストに登録されている．国指定の風景名勝区は14カ所，森林公園は46カ所，湿地公園は7カ所ある．世界ジオパークにも3カ所が登録される．省級の風景名勝区は2400カ所あまりある．井岡山，八一蜂起記念館，瑞金は特色ある革命旧跡である．廬山は省を代表する観光地，避暑地で，奇峰怪石がそびえる断崖絶壁と数多くの瀑布群は古来より「匡廬奇秀甲天下(匡廬の奇秀は天下一である)」と讃えられてきた(匡廬は廬山の別名)．道教発祥の地とされる竜虎山と上清古鎮，婺源の明清古建築群と彩虹橋，道教の聖地である三清山，宋代の町並みを残す贛州，客家(ハッカ)の郷であるロンナン(竜南)など多彩な観光地があり，国内外から多数の旅行客を集めている．　　　　［林　和生］

チャンシェン　絳県　Jiang Xian
中国

絳邑，南絳（古称）／こうけん（音読み表記）

人口：28.6万（2013）　面積：982 km²　気温：12°C
降水量：630 mm/年　　　［35°37′N　111°14′E］

中国中北部，シャンシー(山西)省南西部，ユンチョン(運城)地級市の県．春秋時代，晋国の都であった．県名は秦に絳県(現在のチューウオ(曲沃))，後漢に絳邑県(現在の曲沃)，北魏に南絳県，西魏にふたたび絳県となった．8鎮，2郷を管轄し，県政府は古絳鎮にある．ほとんどは山地と丘陵である．無霜期間は190日．小麦，綿花，アワ，カキ，クルミなどを栽培し，ヤマモモやヤマアンズなどの野生果実もとれる．石炭，蛭石，石英の埋蔵量が多い．ヤンシャオ(仰韶)文化遺跡などがある．　　　　　　　　　　［張　貴民］

チャンシェン　漳県　Zhang Xian
中国

鄣県（古称）／しょうけん（音読み表記）

人口：19.2万（2002）　面積：2163 km²
　　　　　　　　　　　［34°51′N　103°28′E］

中国北西部，ガンスー(甘粛)省南東部，ディンシー(定西)地級市の県．ホワン(黄)河の支流であるウェイ(渭)河上流に位置する．漢代に鄣県が置かれ，元代に漳県と改称された．県名はチャン(漳)河に由来する．10鎮，3郷を管轄し，県政府は武陽鎮にある．農業が主で，小麦，ソラ豆，ハダカ麦，ジャガイモ，ゴマ，ナタネなどが栽培される．鉱物資源には大理石，地下からくみ上げた塩水を精製してつくる井塩，蛍石がある．国道212号が県内を通る．観光地には元，明汪家墓地群などがある．　［ニザム・ビラルディン］

チャンシャー県　長沙県
Changsha
中国

人口：91.6万（2015）　面積：1997 km²
　　　　　　　　　　　［28°15′N　113°05′E］

中国中南部，フーナン(湖南)省，チャンシャー(長沙)地級市の県．県政府はシンシャー(星沙)街道に所在する．長沙市区部東側の近郊，シャン(湘)江下流の東岸に位置する．ラオタオ(撈刀)河やリウヤン(瀏陽)河が西流して湘江に注ぐ．農作物は水稲，トウモロコシ，茶，野菜，花卉などがあり，豚の生産も盛ん．工業は自動車，電子，新材料，バイオなどの集積がみられる．開発区にはハイテク企業が誘致され，ゴルフ場や高級別荘地が建設されている．長沙黄花国際空港が県内に位置する．高速道路は京港澳線(ペキン(北京)〜ホンコン(香港)・マカオ(澳門))のほか，長瀏線(長沙〜瀏陽)や空港線も通る．京広鉄道(北京〜コワンチョウ(広州))は南端を通過する．記念地に左宗棠の墓，黄興の旧居，楊開慧の旧居や陵墓，徐特立の旧居がある．朱鎔基や李鉄映の故郷でもある．　［小野寺　淳］

チャンシャー市　長沙市
Changsha

中国

潭州（古称）／ちょうさし（音読み表記）

人口：743.2万（2015）　面積：11816 km²
　　　　　　　　　　　［28°14′N　112°56′E］

中国中南部，フーナン(湖南)省の地級市で省会．全省の政治，経済，文化，教育，通信，交通，金融，商業，情報の中心である．ユエルー(岳麓)，フーロン(芙蓉)，ティエンシン(天心)，カイフー(開福)，ユィーホワ(雨花)，ワンチョン(望城)の6区，リウヤン(瀏陽)県級市，および長沙，ニンシャン(寧郷)の2県を管轄する．市政府は岳麓区に所在する．

長沙は悠久の歴史を有する文化都市である．考古学の発掘によると，早くも7000年前には人類がここに居住していたことが判明している．また，中華文明の始祖として数えられる炎帝や舜帝がいずれも古の長沙に葬られている．長沙の名は3000年以上さかのぼる周代に始まり，春秋戦国時代には，楚国南方の重要な鎮であり，かつ食料の主要な供給地になっていた．秦が中国を統一してからは長沙郡が設けられて全国36郡の1つとなり，郡の役所は湘県，すなわち現在の長沙に所在した．これにより初めて長沙が正式に全国の行政区画に列せられたことになる．紀元前202年に漢の高祖が功臣の呉芮を長沙王に封じ，長沙国を建てた．三国時代には長沙は呉に属する．隋・唐代には潭洲と称されたこともあった．宋代に長沙は荊湖南路に属し，明代には長沙府に改められた．そして清代からは湖南省の省会となった．1933年(民国22)に長沙市が成立．1949年8月5日に長沙は平和的に解放された．その後，とりわけ改革開放以降に経済力を強化し，現代的な

都市として発展した．国指定の歴史文化都市である．

シャン（湘）江の下流，湖南省中部の丘陵に囲まれた盆地の北東部に位置する．瀏陽河，ラオタオ（撈刀）河，チン（靳）江，ウェイ（潙）水が東西から湘江に流入し，これらの河川の両岸に平野が形成されている．北東部はムーフー（幕阜）山脈からルオシャオ（羅霄）山脈への一部分にあたり，連雲山地，大囲山地があり，チーシン（七星）嶺は標高 1607 m で全市の最高点である．北西部はシュエフォン（雪峰）山脈の支脈の東縁にあたり，ワーツーチャイ（瓦子寨）は標高 1071 m である．山地面積が全体の約 30% を占める．南部は丘陵状の起伏があり，北部はトンティン（洞庭）湖平原につながって標高は一般に 50 m 程度であり，最低は標高 23 m である．

主要な樹木にはマツ，スギ，竹，アブラツバキがある．ウンピョウなどの希少動物がいる．農作物は水稲を主とし，小麦，野菜，果物，花卉，キノコ類，茶葉，タバコ，ハスの実などがある．畜産物や水産物の出荷も多い．鉄，銅，マンガン，バナジウム，鉛，亜鉛，石炭，リン，海泡石，菊花石，重晶石などの鉱産物がある．瀏陽市ヨンホー（永和）鎮のリン，海泡石，菊花石の鉱山が重要である．機械，自動車，電子，新材料，化学，医薬，食品，タバコ，製紙，建材，紡織など，さまざまな部門がそろう総合的な工業都市である．望城区の銅官鎮は著名な陶磁器の産地であり，下絵付けをした磁器が早くも唐代には海外にまでその名声が届いていた．刺繍製品，菊花石の彫刻，爆竹や花火なども内外によく知られている．長沙ハイテク産業開発区と長沙経済技術開発区の 2 つの国家級開発区がある．商業も盛んであり，清代末には全国 4 大米市場の 1 つに数えられていた．集散する商品の量においても金額においても，全省のみならず全国において重要な地位を占めている．飲食，文化，観光，不動産などに特色があり，銀行，保険，証券，外国為替取引などの金融業も活発である．

水陸交通がいずれも発達している．鉄道は京広線（ペキン（北京）～コワンチョウ（広州）），滬昆線（シャンハイ（上海）～クンミン（昆明）），石長線（シーメン（石門）～長沙），さらに西部を洛湛線（ルオヤン（洛陽）～チャンチャン（湛江）），東部を狭軌の醴瀏線（リーリン（醴陵）～瀏陽市永和）が通る．また，京広高速鉄道（北京～広州）や滬昆高速鉄道（上海～昆明），長株潭都市間鉄道（長沙～チューチョウ（株洲）・シャンタン（湘潭））が通じ，長沙市内では地下鉄線網や空港へつながる長

沙リニア快速線が整備されている．高速道路は京港澳線（北京～ホンコン（香港）・マカオ（澳門））が南北に縦貫するほか，長張線（長沙～チャンチャチエ（張家界）），長韶婁線（長沙～シャオシャン（韶山）～ロウディ（婁底）），長瀏線（長沙～瀏陽），岳汝線（ユエヤン（岳陽）～ルーチョン（汝城）），都市環状線などが走っている．湘江の水運は洞庭湖，さらにはチャン（長）江へ通じている．長沙黄花国際空港からは東アジアの主要都市や国内の数多くの都市へ就航している．

長沙市は科学研究と高等教育の拠点になっている．中南大学，湖南大学，湖南師範大学など 57 の高等教育機関に 60 万人を上回る学生が在籍し，97 の研究機関が置かれている（2016 年）．記念地には瀏陽秋季収穫蜂起文家市会師記念館，維新変法烈士譚嗣同旧居，雷鋒記念館，劉少奇旧居，胡耀邦旧居，朱鎔基旧居，何叔衡旧居，楊開慧旧居，徐特立公園，黄興旧居，郭亮記念園などがある．旧跡には岳麓書院，天心閣，馬王堆漢墓，賈誼記念館，麓山寺，開福寺，白沙井，愛晩亭，灰湯温泉などがある．橘子洲は瀟湘八景の「江天暮雪」で有名である．岳麓山は風景名勝地区に国から指定されている．日本の鹿児島市やアメリカのセントポール市などと友好都市の協定を結んでいる．　［小野寺 淳］

チャンジャ江　将子江
Changja-gang
北朝鮮

トクロ江　禿魯江 （別称）

面積：5156 km² 長さ：254 km

[40°58′N　126°04′E]

北朝鮮，チャガン（慈江）道竜林郡の広城嶺に源を発し，渭原郡でアムロク（ヤールー（鴨緑））江に注ぐ川．鴨緑江の第 1 支流で 150 ほどの第 2 支流を集めて流れる．上流域は水力発電に有利である．流域の年平均降水量 900～1000 mm．カンゲ（江界）青年発電所（1～4 号，24.6 万 kW），将子江発電所（8.1 万 kW）がある．流域は平地は少ないが，山麓斜面や盆地はよく利用されている．

［司空 俊］

チャンシャン市　江山市
Jiangshan
中国

須江 （古称）

人口：61.1 万 (2015)　面積：2018 km²

[28°44′N　118°37′E]

中国南東部，チョーチャン（浙江）省南西部，チューチョウ（衢州）地級市の県級市．チ

ェンタン（銭塘）江の上流にある．唐の五徳年間に須江県が設置され，長興 2 年 (931) に江山県とされた．1987 年に江山市となった．南東部と北西部には高い峰が連なり，中部が低い河谷になっている．肥料，電器，建材，化学，機械，電力，冶金，採炭，陶磁器，製紙，醸造，皮革，繊維，服装，印刷，食品などの工業がある．農産物には稲，麦類，豆類，サツマイモ，ナタネ，茶葉，キノコ類，綿花，果物などがあり，養鶏も盛んである．江郎山や仙霞関などの名勝がある．浙贛鉄道（浙江～チャンシー（江西））や京台高速道路（ペキン（北京）～タイペイ（台北））が通っている．　［谷 人旭・小野寺 淳］

チャンシャン群島　長山群島
Changshan Qundao
中国

人口：8 万 (2013)　面積：170 km²

[39°13′N　122°42′E]

中国北東部，ホワン（黄）海北部，リャオニン（遼寧）省の群島．リャオトン（遼東）半島の東に位置する．以前は長山列島ともよばれた．大小約 150 の島々からなる．そのうち人が居住するのは，最も大きい大長山島をはじめ，小長山島，広鹿島など 22 の島である．群島周辺は黄海有数の好漁場の 1 つで，魚類，ナマコ，アワビ，カキ，ホタテ貝などを産し，製塩も盛ん．農産物としてはトウモロコシ，落花生などがある．日露戦争後，関東州の一部として日本が支配した．現在はダーリエン（大連）市にあるチャンハイ（長海）県とチョワンホー（荘河）市（県級市）に属する．2009 年に対外開放された．冬は暖かく夏は涼しい気候を生かし，避暑リゾート地としての開発が進められている．　［柴田陽一］

チャンシュー市　常熟市
Changshu
中国

人口：151.0 万 (2015)　面積：1094 km²

[31°39′N　120°45′E]

中国東部，チャンスー（江蘇）省，スーチョウ（蘇州）地級市の県級市．チャン（長）江下流の南岸にある．東にシャンハイ（上海）市，西にウーシー（無錫）市と境を接する．唐代に初めて行政区画が設置され，宋代には常熟に 9 つの郷が設けられた．清代中期には郷から場へ変更された．民国元年 (1912) に市郷制が実行され，常熟には 4 つの市と 31 の郷が画された．現在の市域は 1999 年に調整された．2 街道，9 鎮を管轄し，市政府は虞山鎮にある．地勢は平坦で，農作物は水稲，小

麦，綿花，搾油作物，野菜，果物，薬種などが主である．特産物には餅米，ヤマモモ，緑茶，スイカ，カボチャ，モモ，クリなどがある．水産物はハエ，シギョ，テナガエビ，フナ，レンギョ，シバエビなどがとれる．名所旧跡には，宋代の九層方塔，元代の言子専の祠，明代の翁氏の彩衣堂，曽園，趙園，燕園などの庭園，および虞山国立森林公園などがある．高速道路の滬海線（シェンヤン（瀋陽）〜ハイコウ（海口））と沿江線（ナンキン（南京）〜上海）が交わっている．

［谷　人旭・小野寺　淳］

チャンシュー市　樟樹市
Zhangshu
中国

チンチャン県　清江県　Qingjiang　(旧称)

人口：約63万（2012）　面積：1291 km²
[28°04′N　115°32′E]

中国南東部，チャンシー（江西）省中部，イーチュン（宜春）地級市の県級市．ポーヤン（鄱陽）湖平原の南縁，ガン（贛）江の中流域に位置し，市政府が置かれる淦陽街道は，贛江とその支流である袁水の合流点に位置する．地勢は南東から北西に向かってゆるやかに傾斜し，南東部と北西部に山地丘陵が広がるが，全体的に平原が卓越する平坦な地形である．1988年に市となる前はチンチャン（清江）県で，五代南唐時に周囲の県の土地を割いて県が設けられた．南北を京九鉄道が，東西を浙贛鉄道が通過し，また市内に滬昆，贛粤，滬瑞の3本の高速道路が分岐する．ナンチャン（南昌），チウチャン（九江）に次ぐ省内第3の河港で，水陸ともに交通が便利で，贛江中・下流域における物資集散の中心地として発展している．古来より薬材の集散と漢方薬の調製の中心地の1つで，「薬不過樟樹不霊」（樟樹からこない薬は効かない）といわれ，薬都とも称された．

市政府があった旧樟樹鎮は，チントー（景徳）鎮，呉城鎮，河口鎮とともに江西四大名鎮とよばれたこともあり，酒造業も盛んである．道教の聖地である閣皂山や商代の呉城遺跡などがある．

［林　和生］

チャンシュン県　長順県
Changshun
中国

人口：25.7万（2007）　面積：1543 km²
[26°01′N　106°27′E]

中国中南部，グイチョウ（貴州）省南部，チェンナン（黔南）自治州の県．県政府は長寨鎮に置かれている．少数民族人口が5割強を占め，プイ（布依）族，ミャオ（苗）族が多い．域内にある白雲山は貴州仏教の生誕地ともいわれる．水力発電と地下資源採掘くらいしか工業は発達しておらず，農業が中心．米以外にタバコ，ショウガ，リンゴなどが生産されている．県政府所在地の長寨鎮は，国道320号，210号などの主要道路沿いではなく交通が不便である．

［松村嘉久］

チャンショウ区　長寿区
Changshou
中国

楽温県　(古称)

人口：90.2万（2015）　面積：1424 km²
[29°49′N　107°04′E]

中国中部，チョンチン（重慶）市中部の区．スーチュワン（四川）省と境を接する．四川盆地東部にあり，3列の褶曲山脈が連なり，山地，丘陵地が続く．区南部をチャン（長）江が東流する．1950年代に支流へのダム建設に伴いつくられた長寿湖は，観光利用される．シャンハイ（上海）市と重慶市をつなぐ滬渝高速道路が通る．隣接するディエンチャン（墊江）県との間にある臥竜河ガス田で天然ガスを産し，水運と陸運が発達していることから，化学工業が盛んである．

［高橋健太郎］

チャンシン県　長興県
Changxing
中国

長城県　(古称)

人口：62.9万（2015）　面積：1428 km²
[31°00′N　119°54′E]

中国南東部，チョーチャン（浙江）省北部，フーチョウ（湖州）地級市の県．東はタイ（太）湖に面している．晋代に長城県が置かれ，梁代に長興に改められた．明代の洪武年間に長興県がふたたび設立され，それ以来，現名称がそのまま用いられている．北西部は丘陵，中部と東部は平原地帯である．セメント，建築材料，陶磁器，電力，農業機械，絹，製茶，醸造，プラスチックなどの工業がある．鉄，マンガン，石炭などの鉱産物が豊富である．農作物には稲，豆類，麦類，イモ類，ナタネなどがあり，名産品には茶葉，梅，クリなどある．揚子江ワニ保護区や国指定の自然保護区である長興地質遺跡などがある．鉄道の杭長線（ハンチョウ（杭州）〜長興）や宣杭線（シュワンチョン（宣城）〜杭州），高速道路の滬渝線（シャンハイ（上海）〜チョントゥー（成都））や長深線（チャンチュン（長春）〜シェンチェン（深圳））が交わる．

［谷　人旭・小野寺　淳］

チャンジン　長津　Changjin
北朝鮮

面積：1887 km²　標高：1078 m　気温：1.6℃
降水量：856 mm/年　[40°23′N　127°15′E]

北朝鮮，ハムギョンナム（咸鏡南）道北西部の町で郡庁所在地．三方を山脈に囲まれた高原地帯にあり，長津高原には長津江の最上流が流れる．中部には長津江をせき止めてつくられた長津湖がある．貯水された水は東海岸に導かれ，長津江発電所（34.7万 kW）で利用される．湖にはカワメンタイが多い．長津江沿岸には泥炭層が分布する．長津湖がつくられた後，霧の発生が増加した．タングステン，金，銀，鉛の埋蔵地である．北朝鮮でも山林資源が豊富な地方である．クマ，イノシシ，ジャコウジカ，キジ，ヤマバトの多いところとして知られる．製材，木材加工，製紙，木材建材，製薬などの工場がある．ジャガイモの産地であるほか，畜産が盛んである．またコウライイトの産卵地である．長津〜ヨングァン（栄光）〜咸鏡間を結ぶ鉄道が通る．

［司空　俊］

チャンジン湖　長津湖
Changjin-ho
北朝鮮

面積：46 km²　長さ：24.6 km　幅：1.2 km
降水量：900 mm/年　[40°30′N　127°10′E]

北朝鮮，ハムギョンナム（咸鏡南）道長津郡中部にある人造湖．アムロク（ヤールー（鴨緑））江の支流の1つ長津江上流をせき止めた発電用と農業用の貯水池である．ケマ（蓋馬）高原南西部の標高1900 m前後の長津高原に位置する．周囲124 km，湖の下段には渇水期に利用する第2貯水池がある．60あまりの河川が注ぐ．湖水を南側の城川江に導水して34.7万 kWを発電，ハムフン（咸興）市一帯の工業地帯に送電している．コウライイト，熱目魚，コイなどが豊富で，ニジマス養殖は有名である．旅客船が運航している．長津湖の南谷地に位置している長津は鉄道でハムフン（咸興）と結ばれている．

［司空　俊］

チャンジン江　長津江
Changjin-gang
北朝鮮

面積：6920 km²　長さ：266 km
[41°42′N　126°59′E]

北朝鮮北部の川．ランリム（狼林）山脈の小馬台山（標高1934 m）に源を発するアムロク（ヤールー（鴨緑））江支流の1つ．ケマ（蓋馬）高原を北流し，金正淑郡（旧称新坡）で鴨緑江

に注ぐ．上流域の長津高原南端にはダムによって長津湖が，中流には狼林湖がつくられている．長津湖の湖水は標高1900mの長津高原から城川江に落下させる流域変更式水力発電(34.7万kW)に利用されて，ハムフン(咸興)市などの工業発展を支えている．また，狼林湖の湖水はトンネルでカンゲ(江界)青年発電所(24.6万kW)に送られる．

[司空 俊]

チャンス　長水　Jangsu　　韓国

人口：2.2万 (2015)　面積：534 km²
[35°39′N 127°31′E]

韓国南西部，チョルラブク(全羅北)道東端の郡および郡の中心地．行政上は長水郡長水邑．ソベク(小白)山脈をはさんでキョンサンナム(慶尚南)道ハミャン(咸陽)郡に接する．西はノリョン(蘆嶺)山脈である．2010年の長水郡の人口は1.9万である．1975年の人口は約7万であったので，この間に約3割弱に減少した．郡域をトンヨン(統営)・テジョン(大田)高速道路とイクサン(益山)・ポハン(浦項)高速道路が通過し，長水にジャンクションがある． [山田正浩]

チャンスー省　江蘇省　Jiangsu Sheng　　中国

こうそしょう (音読み表記)

人口：7976.3万 (2015)　面積：102600 km²
[32°04′N 118°48′E]

中国東部の省．ホワトン(華東)地区の沿海に位置し，東はホワン(黄)海に面し，北はシャントン(山東)省，西はアンホイ(安徽)省，南はチョーチャン(浙江)省とシャンハイ(上海)市に接する．略称は蘇，省会はナンキン(南京)．

現在の江蘇省の領域が1つの行政領域の一部となったのは，明初に国都南京を含んで直隷(中央政府が直接管轄)，のちに北京に国都が移ってからは南直隷という範囲が設定されたことに始まる．これが清朝になって江南省(承宣布政使司)となり，役所は江寧府(南京)に置かれた．江南省には左右の布政使が設けられ，左布政使は江南省の西部を管轄し，康熙6年(1667)に安徽省となり，右布政使は江南省の東部を管轄し，同時に江蘇省となった．江蘇の名は，管轄する江寧府と蘇州府から1字ずつとったものである．

清末のアヘン戦争(1840～42)で上海県が開港地に選ばれると，そこには租界が設けられ，民国時代になってからは上海特別市とし

て江蘇省から分離し，中央政府行政院直轄の院轄市とした．1928年に省会は鎮江に移動し，49年までそこにあった．1949年，いったん蘇北・蘇南という2行署区(省級行政区)と南京直轄市に分かれたが，53年にふたたび江蘇省としてまとまり，南京を省会とした．現在，省下には副省級市の南京と12の地級市，21の県級市，20の県がある．

省域の大部分はチャン(長)江，ホワイ(淮)河の下流デルタの沖積地で，海抜45m以下が平地の85%を占め，その大半が5m以下である．省北部の山東省との境界には低平な山地丘陵が分布し，最東端のリエンユンガン(連雲港)市の雲台山主峰，玉女峰は625mで省内最高所である．省の北西部から淮河にかけては，ホワンホワイ(黄淮)平原の一部で，黄河の氾濫による沖積黄土が覆っている．土地利用では主として畑であり，麦や綿花がつくられている．淮河から南，長江三角州までは省域で最も低湿な部分で，西部の安徽省との境界地帯は，ホンツォ(洪沢)湖，ガオヨウ(高郵)湖など大小の湖沼が分布しており，東部の海岸干潟地帯との間は東西流する無数の中小河川と南北流する里運河(ダー(大)運河の一部分)や串場河，射陽河などが交差して網状の水系を形成しており，省域でも最も低窪な部分である．土地利用としては，中央の低湿地帯はほとんど水田で，海岸の砂地では綿花や小麦もつくられている．このように省域の南北では淮河を境にして土地条件が異なり，気候的にも半乾燥と湿潤の違いがあるのだが，江蘇省はそれをあわせて省域としているのである．省域の南部は長江三角州で，その南西部の安徽省との境界地区は低平な山地が続き，南京郊外のツーチン(紫金)山や長江南岸の寧鎮山，チェンチャン(鎮江)の茅山などはその一部である．

内陸水運としては，長江，淮河などの河川と，大運河(里運河)，通揚運河，通楡運河，通呂運河などの運河が縦横に走り，内陸水路の航行可能距離は省内で延べ2万4000kmに及ぶ．長江に沿ってはナントン(南通)，チャンチャガン(張家港)，鎮江，南京などの港湾があり，長江を通じての内陸水運と海運とを結んでいる．とくに南京港はプーコウ(浦口)石炭埠頭や南京石油埠頭などからなり，国内最大の内水港である．海運では省内で唯一の天然の良港である連雲港が隴海鉄道とも結んで，新ユーラシアランドブリッジの東の橋頭堡とよばれている．

鉄道では従来，北部のシューチョウ(徐州)が隴海鉄道と京滬鉄道との交差点にあたり，南部では京滬鉄道が南京から長江三角州を縦

断するほかは，蘇北には鉄道が引かれなかったが，2010年の滬寧高速鉄道の開通にみられるように従来の幹線の高速化が進められ，蘇北においてもイエンチョン(塩城)，ホワイアン(淮安)，南通などを拠点に高速鉄道が敷設されている．

省域がほとんど平地であるため，道路交通も充実している．一般国道は延長2万5000kmに達し，すべての県・郷の農村地区に通じている．高速道路も延長4600km (2015)に及んでおり，全国で最も充実している．省内では南京・徐州は高速道路網の重要な結節点となっている．機能的な南北交通を阻む要因であった長江も，1968年に開通した南京長江大橋に続いて，南京長江第二大橋(2001)，第三大橋(2005)，第四大橋(2014)が開通し，地下トンネル道も2本(2010，2016)つくられて，南京地区だけでも6本の長江をまたぐ道路が建設され，第五大橋も計画中である．さらに南京から下流にも鎮江～ヤンチョウ(揚州)間に潤揚大橋(2014)，ヤンチョン(揚中)(鎮江)～タイチョウ(泰州)間に泰州大橋(2012)，チャンイン(江陰)(ウーシー(無錫))～チンチャン(靖江)間の江陰大橋(1999)，スーチョウ(蘇州)～南通間に蘇通大橋(2008)，上海からチョンミン(崇明)島にいたる上海長江大橋(2000)が架橋され，省域の南北をつないでいる．空路では南京禄口国際空港より日本をはじめとする国外への定期便があり，徐州，揚州，南通，塩城，連雲港には空港があり，国内各地に通じている．

蘇南の長江三角州では，早くから灌漑や排水のため水利設備が整備され，生産性の高い耕地がつくられてきたが，解放後は蘇北の低湿地においても，蘇北灌漑総渠(1952)のように水利建設が進められ，安定した農業が行われるようになった．淮河以北の畑では小麦・雑穀，淮河以南の水田では水稲が主要な作物で，全国有数の生産量を誇っているが，綿花・油料作物・養蚕・茶・ジュートなどの経済作物においても全国で上位の生産量がある．このほか南通のハッカ，タイ(太)湖沿岸の柑橘類，ビワ，ヤマモモ，タイシン(泰興)のギンナン，黄河古道のリンゴ，ナシ，クリなどの名産もある．太湖，洪沢湖，駱馬湖など湖水と長大な河川水域を利用した淡水魚の養殖業も盛んで，漁獲高は全国第2位である．海洋漁業でも長い海岸線と，長江河口沖にある長江口・呂四・大沙，連雲港の海州湾を漁場として全国でも高い漁獲高があったが，海洋汚染と海洋資源減少の影響を受けて伸び悩んでいる．

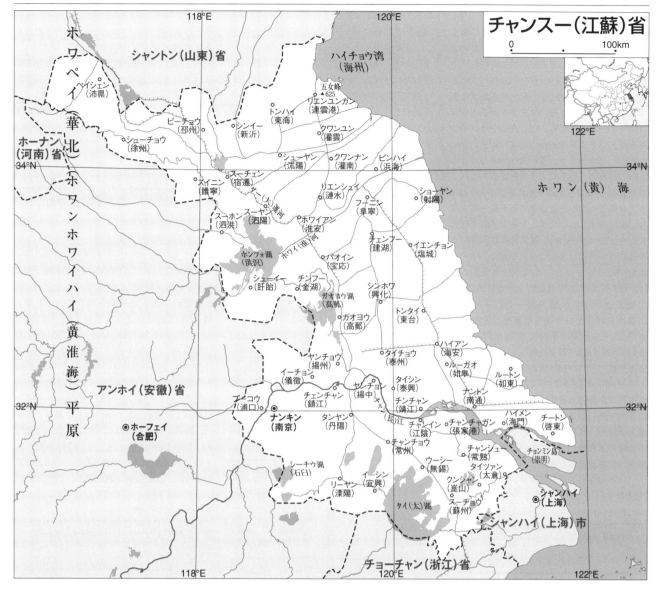

鉱産資源では，北部と南部の丘陵山地において多種類の鉱物の埋蔵が確認されている．北部ではとくにリン，ルチル（金紅石）の大量の鉱床があり，徐州付近では石炭が広く分布している．南部では鉄，銅，モリブデン，鉛，亜鉛，マンガンなどの鉱物が分布し，陶土や建築用材も産出している．沿海部のホワイペイ（淮北）では海塩が生産されている．

解放以前の工業は軽工業が主体で，重工業はほとんど発達していなかった．軽工業の主体は紡績工業で，立地は長江沿岸と滬寧鉄道に沿った都市に限られ，蘇北では徐州以外には工業の基盤はなかった．解放後，蘇北にも工業が立地するようになり，徐州以外にも連雲港，ホワイン（淮陰），塩城，揚州，泰州，南通などが重工業も立地するようになった．とくに改革開放以後，連雲港・南通(1984)，クンシャン（崑山）(1992)，南京(2002)，淮安・徐州・チャンシュー（常熟）(2010)などが相次いで経済技術開放区に指定され，外資を導入して工業開発を行う都市が激増した．蘇北においても交通の発達とともに，地域全体の工業化が進んでいる．最も生産額の高い工業は機械工業で，精密機械，自動車，トラクター，冶金設備，発電設備などが，南京，無錫，チャンチョウ（常州），蘇州，徐州，南通などで生産されている．これに次いで紡績工業も伝統工業として重要で，蘇州，無錫，南通，常熟は紡績業の4大基地である．その他，食品，皮革，製紙，文房具などの軽工業がこれに次ぐ．化学工業の生産額は，全国の10％以上を占め，とくに南京の化学工業は歴史も古く，化学肥料などを生産している．南京には石油化学工業も発達している．連雲港には海塩を利用した海洋科学工業が立地する．セメントを主とする建築材料工業，南京，徐州の製鉄工業なども比較的規模の大きな工業である．

伝統的手工業も歴史が古く，とくに蘇州の刺繡，檀香扇，揚州の漆器，玉彫，無錫の泥人形，常熟のレース，イーシン（宜興）の紫砂茶器，南京の雲錦など，江南の裕福な市民文化から発達してきたものが現在も高い技術水準をもって続いている．

省内では多様な風土に基づいた地方文化が発達している．まず北部の徐州を中心とした，北方の中原文化や山東文化の影響圏がある．古くは新石器時代の青蓮崗文化の遺跡も

1078　チヤン

〈世界地名大事典：アジア・オセアニア・極Ⅰ〉

あり，南北に分裂したときには北に属した．淮河以北はおおむねこれに属する．長江沿岸では揚州を中心にした淮河以南を含む文化圏がある．揚州は大運河の開通と同時に都に次ぐ大都市として成長し，そこには南北文化の融合が実現した．早くから海外との交流の拠点でもあり，縦横に発達した水路を通じてつながっている地域でもある．蘇南では，西の南京を中心とする文化圏と，東の蘇州を中心とする文化圏がある．南京は六朝の古都といわれるように古い王朝文化の伝統があり，それに明清時代から民国時代にかけての南方の政治中心としての正統性もあるため，北京に次ぐ国家の中心という性格をもつ．蘇州はそれに対して，政治よりも経済文化を重視する市民社会が発達しており，4文化圏の中で近代化が最も早かった．それぞれの文化圏には，特有の料理も発達し，それぞれ徐海菜，淮揚菜，金陵菜，蘇錫菜とよばれている．

　それぞれの土地に豊富な観光資源があるが，とくに蘇州の庭園群，南京の明孝陵，京杭大運河の3カ所はユネスコの世界遺産（文化遺産）に，崑曲（崑劇），高郵民歌，南京雲錦織造，中国剪紙，端午節句などは世界無形文化遺産に登録されている．国指定の観光地は22カ所あるが，大部分は自然の山水と歴史文化景観を組み合わせた景勝地である．歴史文化都市に指定されている都市も，南京，蘇州，揚州，徐州，淮安市淮安区，南通，鎮江，常熟，無錫，宜興，泰州，常州，高郵の13を数える．

　省内には中国でも代表的な大学である南京大学・東南大学・南京航空航天大学・南京理工大学などをはじめ130あまりの高等教育機関があり，全国の省別では最も多い．中でも21世紀に向けての重点大学が11カ所，全国の1/10を占める．

［谷　人旭・秋山元秀］

チャンソン　昌城　Changsong

北朝鮮

標高：205 m　気温：7.3℃　降水量：1000 mm/年
[40°27′N　125°13′E]

　北朝鮮，ピョンアンブク（平安北）道北部の郡および郡庁所在地．スプン（水豊）湖の南岸に接し，郡域の95%が標高200～1000 mの山地である．5月末まで残雪がみられる．耕地は5%ほどでトウモロコシが90%．1962年金日成主席の現地指導以後，山地の総合的利用と山間地帯農業の模範地となった．山林造成，開発が付近のサクジュ（朔州）やピョットン（碧潼）とともに行われ，黄金の山とよば

れる．中でも薬水里が有名である．ここは紡織，製紙，日用品，牧場，蚕業，養蜂，果樹酒，味噌醸造，工芸などを総合的に行い地方工業の中心地になっている．原料は山地から得たものを利用する．特産は山果実ジュース，黄金酒，サルナシ酒など．この地方は小説や映画にも取り上げられている．昌城邑は北方防備の拠点であったが，水豊ダムの建設で水没し，現在地に移転した．　［司空　俊］

チャンソン　長城　Jangseong

韓国

人口：4.2万 (2015)　面積：519 km²
[35°18′N　126°47′E]

　韓国南西部，チョルラナム（全羅南）道北端の郡および郡の中心地．行政上は長城郡長城邑．ノリョン（蘆嶺）山脈とその支脈にはさまれた位置にある．2010年の長城郡の人口は4万弱である．1975年の人口は約12万であったので，この間に約1/3弱に減少した．南はクァンジュ（光州）に接し，光州都市圏に属している．郡域をホナム（湖南）線，湖南高速道路，コチャン（高敞）・タミャン（潭陽）高速道路が通過している．ヨンサン（栄山）江の最上流部に長城ダムと長城湖がある．

［山田正浩］

チャンソン島　昌善島　Changseondo

韓国

人口：0.6万 (2012)　面積：54 km²
[34°52′N　128°00′E]

　韓国南東部，キョンサンナム（慶尚南）道南部の島．サチョン（泗川）市サムチョンポ（三千浦）と向かい合う位置にある．行政上はナメ（南海）郡昌善面に属する．韓国で10番目の面積をもつ島である．島内の最高峰は，台芳山（標高468 m）である．就業人口の多くは農業に従事している．対岸の三千浦とは，2003年に完成した昌善・三千浦大橋（3.4 km）で連絡されるようになった．　［山田正浩］

チャンタイ県　長泰県　Changtai

中国

人口：21.9万 (2015)　面積：897 km²
気温：21.0℃　降水量：1460 mm/年
[24°37′N　117°45′E]

　中国南東部，フーチェン（福建）省南部，チャンチョウ（漳州）地級市の県．温暖な丘陵地に位置し，野菜，柑橘類の蘆柑，漢方薬草のシャニン（砂仁）の代表的な産地として有名で

ある．地名は，後周の顕徳2年(955)に長泰県として設置されたことに由来する．県政府所在地は武安鎮．漳州市内の北東45 km，アモイ（廈門）市内の西北西65 kmに位置する．ミンナン（閩南）語圏に属する．交通では，鷹廈（ようか）鉄道（インタン（鷹潭）～アモイ），福詔高速（フーチョウ（福州）～チャオアン（詔安）），国道319，324号が通じる．天柱山国立森林公園と九九渓閩南大峡谷が名所である．　［許　衛東］

チャンタオ県　長島県　Changdao

中国

人口：4.2万 (2015)　面積：59 km²
[37°55′N　120°43′E]

　中国東部，シャントン（山東）省東部，イエンタイ（煙台）地級市の県．ポーハイ（渤海）海峡に浮かぶ大小32の島からなる．ミャオタオ（廟島）海峡をはさんでポンライ（蓬莱）市と対峙している．唐代の神竜3年(707)から蓬莱県に属し，以降長山島特区などを経て1963年に長島県になる．1街道，2鎮，6郷を管轄し，県政府は南長山街道にある．侵食山地と海岸地形で構成され，魚類が回遊する通り道に位置するため海洋資源は非常に豊かで，漁業が主産業となっている．おもな農作物は果物と野菜である．7つの港があり，海上輸送がおもな交通手段である．国指定の風景名勝区，国立森林公園がある．［張　貴民］

チャンタブリー　Chanthaburi

タイ

チャンタブン　Chantabun（別称）

人口：8.4万 (2010)　[12°37′N　102°09′E]

　タイ中部，チャンタブリー県の都市で県都．首都バンコクの南東約250 kmに位置する．タイ湾の海岸から15 kmほどチャンタブリー川をさかのぼった川の西岸に中心街があり，チャンタブリー川河口付近のターチャレープが海の玄関口となる．この町の歴史は1000年以上さかのぼるといわれており，古くから交易で栄えていたと思われる．18世紀末にアユタヤーにビルマ勢が攻め込んで滅びると，タークの領主であり，のちにトンブリー朝を興すタークシンがこの町に退却し，町の中国人らの支援を得て軍勢を立て直し，アユタヤーに戻ってビルマ勢を駆逐した．このため，チャンタブリーはタークシン王ゆかりの町となっており，町の南にはタークシン王の名を冠した大きな公園もある．

　このように，タイの歴史上重要な町となっ

たが，1893年にタイがフランスとの争いに敗れてメコン川左岸，現在のラオスの大半をフランスに割譲することになったため，フランスは賠償金の支払いなどタイ側に協定の履行を行わせるための担保としてチャンタブリーを占領した．こうして，この後11年間この町はフランスの支配下に置かれ，フランスが軍勢を置いて駐屯した．タイはチャンタブリーを取り戻すためにフランスが食指を伸ばしていた現ラオス領のルアンパバーン対岸とチャムパサックの2カ所のメコン川右岸を割譲することで，1904年にフランスからチャンタブリーの返還を受けた．現在も当時のフランス軍の施設跡がチャンタブリー川河口のレームシン郡に残っている．　　　［柿崎一郎］

チャンタブリー県　Chanthaburi, Changwat

タイ

人口：48.6万 (2010)　面積：6338 km²
降水量：2850 mm/年　　［12°37′N　102°09′E］

タイ中部の県．県都はチャンタブリー．北にチャンタブリー山脈が連なり，南はタイ湾に面する．県北東部はカンボジアに接し，国際ゲートも存在する．西隣のトラートとともに国内でも最も降水量の多い地域である．果物栽培で有名であり，ドリアン，マンゴスチン，ランブータンなど国内最大の果物の産地である．このため，農地の7割が果樹園となっており，おもに県中央部を中心に広がっている．また，かつては宝石の産地としても有名であり，現在，原料はカンボジアのパイリンから入ってくるが，宝石加工業は依然として重要な産業となっている．　　［柿崎一郎］

チャンタン高原　羌塘高原 Qiangtang Gaoyuan

中国

きょうとうこうげん (音読み表記)／ツァンペイ高原
蔵北高原　Zangbei Gaoyuan (別称)

面積：600000 km²　標高：4000–5000 m
長さ：1200 km　幅：700 km
降水量：100–200 mm/年

［33°40′N　85°00′E］

中国西部，シーツァン(チベット，西蔵)自治区北部の高原．別名はツァンペイ(蔵北)高原である．地名はチベット語で，北部の広い土地を意味する．高原はチンツァン(青蔵)高原の北部をさし，カラコルム(喀喇崑崙)山脈，ガンディセ(岡底斯)山脈，ニェンチェンタンラ(念青唐古拉)山脈以北，クンルン(崑崙)山脈以南に位置する．東西約1200 km，南北約700 kmの長さをもつ．地勢は北西から南東に向かって傾斜しており，亜寒帯気候の標高4000～5000 mでは，丘陵が多くみられる高原を形成している．この丘陵帯ではナム湖(納木錯)をはじめとして約220の湖が存在する．寒帯気候である6000 m以上の高山地帯では氷河地形を形成している．自然環境が非常に厳しく，とくに高原の北部は人煙がみられない．気候も寒冷で乾燥している．最も温暖な7月で，標高4000～5000 mの地区では6～10℃にしか到達しない．このような中でも，人びとはおもに牧畜業を営んでおり，牛や羊のほかにヤク，綿羊を飼育している．農作物はハダカ麦が栽培されている．また，石炭や金，塩などの鉱物資源が産出される．1993年に自治区の自然保護区に指定され，2000年には総面積が約30万km²にもなる国立自然保護区となった．　［石田　曜］

チャンチー県　長治県　Changzhi

中国

人口：34.6万 (2013)　面積：484 km²　気温：9℃
降水量：411 mm/年　　［35°59′N　112°53′E］

中国中北部，シャンシー(山西)省南東部，チャンチー(長治)地級市の県．長治盆地の南部に位置する．殷周時代には黎侯国に属し，隋代以降は長く上党県の一部で，明代に長治県制となった．1973年に県庁を長治市から本県内の韓店鎮に移転した．長治は昔から上党地域における商品の集散地であり，各地の商人で賑わった．南東部は標高1200 mの山地と高原で総面積の2/3を占め，老雄山(標高1419 m)が最高峰である．北西部は平地で，農業地域である．無霜期間は160日間．おもな農作物は小麦，アワ，トウモロコシ，芋類などである．石炭，鉄鉱石，銅，硫黄，石英などの地下資源があり，中でも石炭は最も多く，埋蔵量は54億tで，県域に広く分布している．立地条件もよく，石炭採掘や冶金工業が発達している．太焦鉄道や省会タイユワン(太原)市への幹線道路もある．名勝遺跡が多く，玉皇観，正覚寺，竜泉寺，法雲寺，洪福寺，東泰山廟などが有名である．

［張　貴民］

チャンチー市　長治市　Changzhi

中国

上党 (古称)

人口：338.8万 (2013)　面積：13896 km²
降水量：550–650 mm/年
　　　　　　　　　　　　　　［36°11′N　113°06′E］

中国中北部，シャンシー(山西)省南東部の地級市．タイハン(太行)山脈西麓にある．区部の面積は334 km²．古称は上党である．山に囲まれ，古くから軍事の要地として重視され，歴史上多くの激戦がくり広げられた．殷代や周代には黎国の地で，戦国時代は韓国の別都であった．秦が6カ国を併合した後，ここは上党郡に属した．隋代に上党県を設置，明代に長治県に改称した．1945年に市制が施行され，83年に長治県とルーチョン(潞城)県を組み入れ，85年に現在の範囲までに拡大した．現在，市城，市郊の2区，ルーチョン(潞城)市，チンシェン(沁県)，リーチョン(黎城)，チンユワン(沁源)，ピンシュン(平順)，ウーシャン(武郷)，チャンツー(長子)，長治，フークワン(壺関)，シャンユワン(襄垣)，トゥンリウ(屯留)の10県を管轄する．市政府所在地は城区．

地形は複雑で山地が多い．西部のタイユエ(太岳)山脈は，市内での長さが約100 km，最高地点は標高2453 m．東部の太行山脈は，南北約110 kmに及び，樺樹凹(標高2012 m)が最高峰である．南部は山地と高原で，ファン(方)山，老雄山，ウーロン(五竜)山など1400 m級の山が貫く．中部は山地と盆地が交互に並び，そのうちの長治盆地と黎城盆地が最も広く主要な農業地域になっている．気候は暖温帯半湿潤大陸性季節風気候で，四季がはっきり分かれている．年平均気温7.5～12℃．降水は夏と秋に集中し，南から北へ逓減している．無霜期間は150～200日間．濁漳河はハイ(海)河水系の市最大の河川で，平順県からホーペイ(河北)省に入る．流域内の漳沢ダム，後湾ダムと関河ダムは長治市の主要水源である．

地下資源に石炭，鉄鉱石，マンガン鉱石，ボーキサイト，硫黄，石灰岩，石膏，石英，大理石など40数種類があり，そのうち石炭の埋蔵量は906億tと推測され，最も多い．石炭の採掘と錬鉄が工業の中心で，化学肥料，薬品，プラスチックなどの生産も行われている．銅楽器，漢方薬の大風丸などの特産品は有名．食糧作物はおもにアワ，トウモロコシ，小麦，ジャガイモなどである．周辺山地では薬用ニンジン，リンゴ，ナシ，カキ，クルミ，中部盆地では麻，ゴマなどを栽培する．

鉄道や高速道路で周辺各都市と結ばれている．太焦鉄道で北へ省会タイユワン(太原)を経由して省内の鉄道網につなぎ，南へはホーナン(河南)省チャオツオ(焦作)市を経由して，中国東部の各大都市へアクセスできる．また，長治空港と首都ペキン(北京)，ウーハン(武漢)，チョンチョウ(鄭州)，太原など大

1080　チヤン　　　〈世界地名大事典：アジア・オセアニア・極Ⅰ〉

都市とを結ぶ空路がある. 山西省南東部の商業・貿易中心地として栄えている. 市内には上党郡府の上党門が残り, 市のシンボルとなっている. 七宝塔(平順県), 法興寺(長子県), 仙堂寺(襄垣県), 聖寿寺(沁源県), 壁頭遺跡(市城区), 黄崖洞(黎城県)などの名勝遺跡がある.　　　　　　　　　［張　貴民］

チャンチー自治州 Changji ☞ サンジ自治州 Sanji

チャンチウ区　章丘区　Zhangqiu
中国

ツァンチウ区 (別表記)

人口：102.6 万 (2015)　面積：1719 km²
　　　　　　　　　　　［36°42′N　117°31′E］

　中国東部, シャントン(山東)省中部, チーナン(済南)副省級市の市轄区. 戦国時代は斉国の地であった. 地名の歴史は隋代の開皇16 年(596)までさかのぼることができる. 1992 年, 章丘市(県級市)となり, 2016 年, 済南市の市轄区となった. 11 街道, 9 鎮を管轄し, 区政府は双山街道にある. 泰沂山脈北麓とホワン(黄)河との間に位置し, 地形は南東から北西へ傾斜している. 最高峰は南部の鶏爪頂(標高 924 m)である. 北西部に白雲湖(17.4 km²)がある. 石炭, 粘土, 石灰岩, 鉄鉱石などの地下資源がある. ネギ栽培の歴史が長く主要作物となっている. ロンシャン(竜山)鎮で発見された竜山文化遺跡, 詩人李清照の故居, 西河遺跡, 平陵城遺跡, 斉長城, 明水泉などの名勝旧跡がある.
　　　　　　　　　　　　　　　　　［張　貴民］

チャンチャガン市　張家港市
Zhangjiagang
中国

人口：85.3 万 (2002)　面積：772 km²
　　　　　　　　　　　［31°52′N　120°32′E］

　中国東部, チャンスー(江蘇)省南東部, スーチョウ(蘇州)地級市の県級市. チャン(長)江下流南岸に位置して, 中国の長江経済帯と沿海経済帯が重なる地点にある. 8 鎮を管轄し, 市政府は楊舎鎮にある. 農産物は乳製品, シカ, 食用ハト, 長江のカニ, 羽雪山鳥, アヒル, きのこを主とする. 工業は冶金, 紡績, 化学, 機械, 電力設備, 自動車部品, 食用油, 建材などを主とする. 中国でのコンテナ, 材木, 食糧, 植物油, 鋼材と化学工業製品の重要な集散港および貨物積替港となっている.　　　　　　　　［谷　人旭］

チャンチャコウ市　張家口市
Zhangjiakou
中国

人口：434.5 万 (2010)　面積：36909 km²
標高：1300-1600 m　　　［40°46′N　114°53′E］

　中国北部, ホーペイ(河北)省北西部の地級市. 橋東, 橋西, シュワンホワ(宣化), 下花園, 万全, 崇礼の 6 区, チャンペイ(張北), カンパオ(康保), グーユワン(沽源), シャンイー(尚義), ユィーシェン(蔚県), ヤンユワン(陽原), ホワイアン(懐安), ホワイライ(懐来), チュオルー(涿鹿), チーチョン(赤城)の 10 県を管轄している. 市政府は橋東区に置かれている. 地勢は北西から南東へ傾く. 漢族, 回族, 満族, モンゴル族などが住む. 内モンゴル高原の南側にあるので起伏は小さく, 湖や草原, 坂が多い. 内モンゴル高原からホワペイ(華北)平原へ変わる地帯は起伏が大きく, 山地, 丘陵, 盆地が交錯している. 標高は平均して 2200 m 以上, 省の最高峰は小五台山の主峰で 2882 m である. 盆地は懐安, 宣化, 懐来を主とする. 洋河, サンガン(桑乾)河, 壺流河が流れる. 高原の上の年平均気温は 2℃, 1 月は −17℃, 7 月は 19℃, 年平均降水量は 400 mm. 高原の下の年平均気温は 7.6℃, 1 月は −11℃, 7 月は 23℃, 年平均降水量は 400〜500 mm である.

　丘陵は林地が多く森林が 14% を占める. 農作物はトウモロコシ, コーリャン, アワ, 小麦, ジャガイモ, 豆類などがとれる. 高原の上は省の牧畜業の中心地で, 馬や羊を飼育する. 特産品は宣化牛乳, ブドウ, キノコなどである. 石炭, 鉄, 金, 真珠石, 蛍石などの鉱産物が 20 種類ある. 工業も発達しており, 冶金, 機械, 石炭, 毛皮, 製薬, 化学工業, 紡績, 鉄鋼業, エレクトロニクス, タバコ産業が盛んである. 観光地には晋察冀軍区司令部の旧居, 察哈爾烈士の墓がある. 鉄道の京包線, 大秦線, 豊沙線, 京新高速, 京蔵高速, 張石高速, 京大高速, 国道 109, 110, 112, 207 号が通る. 名勝旧跡は大境門, 宣化城, 清遠楼などがある. ペキン(北京)市と連携して 2022 年の冬季オリンピックを主催する.　　　　　　　　　　　　　［柴　彦威］

チャンチャチエ市　張家界市
Zhangjiajie
中国

ダーヨン　大庸　Dayong (旧称)

人口：152.4 万 (2015)　面積：9534 km²
　　　　　　　　　　　［29°07′N　110°29′E］

　中国中南部, フーナン(湖南)省の地級市.

ヨンディン(永定), ウーリンユワン(武陵源)の 2 区, ツーリー(慈利), サンチー(桑植)の 2 県を管轄する. 市政府は永定区に所在する. 1994 年にダーヨン(大庸)市から張家界市に名称が変更された. トゥチャ(土家)族を主体とする少数民族が総人口の約 75% を占める(2010 年). 省の北西部, リー(澧)水の中流に位置する. ウーリン(武陵)山脈に属し, 地勢は山地が主である. 桑植県北西部の斗篷山は標高 1890 m. 石灰岩が広く分布し, カルスト地形が発達して, 鍾乳洞や伏流がみられる. 武陵源一帯の石英砂岩の峰林は世界でもまれにみる地形である. 河川の沿岸には狭い平野があり, 慈利県の南東部では比較的広くなっている. 澧水は北西から東へ屈曲して山々の間を流れ, 大庸渓(マオシー(茅渓)河), シェンレン(仙人)渓, ロウ(漊)水などの支流を合わせる.

　森林資源が豊富で, おもな樹種はマツやスギである. 武陵源区の張家界, スオシーィー(索渓峪), 天子山や, 桑植県の八大公山などの自然保護地区にはまとまった原始次生森林があり, メタセコイアなどの希少樹種や華南トラのような珍しい野生動物が保存されている. 経済林はアブラツバキ, オオアブラギリ, 柑橘類, ウルシの樹などがあり, レイシ(霊芝)などの貴重な漢方薬材を産する. 農業は水稲, トウモロコシ, 搾油作物, 綿花, カラムシなどの栽培が一般的である. 一部の斜面の草地は放牧に利用されている. 主要な鉱産物には石炭, ニッケル, モリブデン, 大理石がある. 工業は農業機械, セメント, 窒素肥料, 紡織などの工場がある.

　焦柳鉄道(チャオツオ(焦作)〜リウチョウ(柳州))が横断し, 高速道路の長張線(チャンシャー(長沙)〜張家界)と張花線(張家界〜ホワユワン(花垣))が通じる. 澧水の一部は航行が可能である. 張家界荷花空港があり, 国内の主要都市と結ばれている. 市街地は永定区の中部, 仙人渓が澧水に注ぐ地点に位置する. 国が指定する武陵源風景名勝地区は, 張家界国立森林公園と, 索渓峪, 天子山, ヤンチャチエ(楊家界)などの自然保護地区や風景地区からなり, 1992 年に「武陵源の自然景観と歴史地域」として世界遺産(自然遺産)に登録された. そのほかにも, 天門山, 茅岩河, 九天洞, 八大公山, 普光禅寺, 五雷山, 湖南湖北四川貴州革命根拠地省委員会旧跡, 中国工農赤軍第 2・6 方面軍長征出発記念地, 賀竜旧居などがある.　　［小野寺　淳］

チャンチャチュワン自治県　張家川自治県　Zhangjiachuan

中国

チャンチャチュワン回族自治県　張家川回族自治県（正称）

人口：31.0 万（2002）　面積：1293 km²
[35°00′N　106°12′E]

中国北西部，ガンスー（甘粛）省南東部，ティエンシュイ（天水）地級市の自治県．ロン（隴）山西麓にあり，東はシャンシー（陝西）省に接する．1953 年に甘粛省のチンシュイ（清水），チンアン（秦安），チョワンラン（庄浪）3 県と陝西省のロンシェン（隴県）から一部を分離し張家川回族自治区が設立された．1955 年に自治県となり，85 年に天水市に編入された．9 鎮，6 郷を管轄し，県政府は張家川鎮にある．農業が主で，冬小麦，トウモロコシ，ジャガイモなどを産する．大部分は山地で，北東部には森林が多く分布する．

［ニザム・ビラルディン］

チャンチャン市　湛江市　Zhanjiang

中国

広州湾（旧称）

人口：724.1 万（2014）　面積：12490 km²
気温：23.4°C　降水量：1464 mm/年
[21°16′N　110°22′E]

中国南部，コワントン（広東）省西部の地級市．沿海地域の最重要港湾都市である．旧称は明代以降に記載された広州湾．レイチョウ（雷州）半島北東部に位置し，海抜 100 m 以下の海岸平野と堆積台地からなる．赤坎，霞山，坡頭，麻章の 4 区，雷州市，リエンチャン（廉江），ウーチュワン（呉川）の 2 市，シューウェン（徐聞），スイシー（遂渓）の 2 県および湾内の諸島を管轄する．市区人口は 164.4 万（2013），市政府所在地は赤坎区に置かれる．地域言語は広東語，客家（ハッカ）語，ミンナン（閩南）語系の雷州語の住み分けからなる．

かつては漁村であったが，1535 年明の鄭若曾が著した『籌海図編』に広州湾村坊として初めて記載され，当時は呉川県の管轄であった．1897 年フランスの軍艦バヤール号が台風を避けるため広州湾に寄港した際に，良港であることを知り，フランス政府に租借を進言した．結局，1899 年 11 月 16 日，圧力に屈した清朝が広州湾租借条約を批准し，フランスに 99 年間貸すこととなった．広州湾一帯に勢力圏を広げたフランスは湾岸都市を建設し，軍艦バヤール号の功績を記念して，町をフォートバヤール Fort Bayard と命名

した．1943 年に広州湾は一時日本の南シナ派遣軍に占領されたが，敗戦により 45 年 8 月 22 日に中国政府に返還された．新たに湛江と命名され，現在にいたる．新中国建国後，南シナ海艦隊の大本営となった．

湛江港は世界的にもまれにみる良港の 1 つである．海岸線が 460 km もあり，内航航路の水深は 13〜23 m．30 万 t 級の貨物船と 50 万 t 級のタンカーが接岸できる．現に 1 万 t 級のバースが 26 もあり，2015 年の年間積卸し量は 2 億 2036 万 t，うちコンテナは 60 万 TEU（標準箱）を超え，省会コワンチョウ（広州）とシェンチェン（深圳）に次ぎ省内第 3 位である．1984 年，沿海開放都市に指定され，経済技術開発区を中心に，製糖，家電，自動車，化学，紡績，食品加工，建材，医薬などの工業が発展した．南シナ海の海底石油探査・輸送・精製の基地でもある．農業面ではサイザル麻，肉牛の国内最大産地で，エビと真珠の養殖，ユーカリの植林も国内で最も盛んである．市全体の 1 人あたり GDP は 5282 US ドル（2015）で全国平均の 66% 程度にすぎない．交通面では黎湛線（リータン（黎塘）〜湛江），三茂（サンシュイ（三水）〜マオミン（茂名））線，粤海（湛江〜ハイナン（海南）島）線，洛湛（ルオヤン（洛陽）〜湛江）線などの鉄道が通じ，国道 207，325 号，茂湛（茂名〜湛江），広湛（広州〜湛江），渝湛（チョンチン（重慶）〜湛江）の高速道路なども交差する．湛江空港もある．

［許　衛東］

チャンチャン自治県　昌江自治県　Changjiang

中国

昌化県（旧称）/チャンチャンリー族自治県　昌江黎族自治県（正称）

人口：22.7 万（2014）　面積：1617 km²
気温：24.3°C　降水量：1676 mm/年
[19°15′N　109°02′E]

中国南部，ハイナン（海南）省中西部の自治県．隋の大業 3 年（607）に昌化県として設置された．チョーチャン（浙江）省の昌化県と同名のため，民国 3 年（1914）に昌江に改称した．先住民のリー（黎）族が人口の 3 割を占める．チャンホワ（昌化）江の沖積平野を中心に，マンゴー，バナナ，パイナップルなどのプランテーション栽培が営まれている．県中心部のシールー（石碌）鎮には，埋蔵量 4 億 t と推測される中国南部最大の鉄鉱山（鉄含有量平均 51%，最高 69%）があり，日本占領時代の 1941 年から本格的に開発され，九州の八幡製鉄所に運搬するために積出港の八所まで狭軌の鉄道（610 mm）が敷設された．当

時の日本製 GW 97380 型機関車や K 3 型運搬車両などを含めて，1980 年代まで使われていた鉄道車両は八所鎮にある海南鉄道博物館で常時展示されている．

［許　衛東］

チャンチュワン区　江川区　Jiangchuan

中国

人口：28.5 万（2014）　面積：850 km²
[24°17′N　102°45′E]

中国南西部，ユンナン（雲南）省中央部，ユィーシー（玉渓）地級市の区．2015 年に江川県から市轄区になった．区政府は大街街道に置かれている．少数民族は総人口の 1 割を切る．県域の 1 割強を撫仙湖と星雲湖が占め，その周辺に肥沃な盆地が広がり，それを山が囲んでいる．2 つの湖では淡水魚の養殖が盛んで，おもに玉渓市やクンミン（昆明）市へ出荷される．タバコやナタネ，化学肥料の生産も行われている．

［松村嘉久］

チャンチュン市　長春市　Changchun

中国

新京（旧称）/ちょうしゅんし（音読み表記）

人口：756 万（2012）　面積：20565 km²
気温：5.1°C　降水量：592 mm/年
[43°48′N　125°18′E]

中国北東部，チーリン（吉林）省中北部の副省級市で省会．東は吉林市，西はソンユワン（松原）市，南はスーピン（四平）市，北はヘイロンチャン（黒竜江）省に接する．ナンクワン（南関），クワンチョン（寛城），チャオヤン（朝陽），アルタオ（二道），リュイユエン（緑園），シュワンヤン（双陽），チウタイ（九台）の 7 区と，ユィーシュー（楡樹），ドゥホイ（徳恵）の 2 市，ノンアン（農安）県を管轄する．チャンバイ（長白）山脈からトンペイ（東北）平原への過渡地帯に位置し，南東部は低山と丘陵，北西部は平原が広がる．長春の市街地はソンホワ（松花）江の支流であるイートン（伊通）河の河畔に立地する．冬は長く寒さが続き，1 月の平均気温は −16°C となるが，短い夏は暖かで雨が多い．

中世には渤海国に属し，のち遼朝の要地ともなった．清朝中期から開発が進み，嘉慶 5 年（1800）に長春庁が置かれたのが都市としての始まりとされ，19 世紀末には長春府に昇格した．さらに東清鉄道の建設により，東北地域の南と北の境界，結節点としての発展が始まった．鉄道駅を中心に鉄道附属地が，さらに旧市街地との間に商埠地が設定された．1931 年の満州事変の後に満洲国の首都

チャンチュン(長春)市(中国),偽満皇宮博物館,西便殿にある溥儀の執務室〔Windyboy/Shutterstock.com〕

が置かれ,新京と命名された.鉄道駅から南に延びる幅の広い街路を軸線として,大規模な首都建設が進められた.軸線上に配された広場を中心とした放射状の道路網から構成されている.日中戦争後にふたたび長春に改称された.人民共和国期には,工業を中心とした生産都市への転換が進められ,多くの国営企業が設立された.1980年代以降には,国有企業改革が進められる一方,中国経済の高度成長に伴い都市は新たな発展を遂げ,中国有数の大都市となっている.

長春を代表する工業企業である中国第一汽車は,1953年に始まった第1次5カ年計画においてソ連の援助を受けて創設されたもので,紅旗などの乗用車とトラックの生産が行われてきた.近年はドイツや日本の企業との合弁による生産も進み,中国の3大自動車メーカーの一角を占めている.このほか長春の工業企業としては,長春客車廠が鉄道,地下鉄の客車製造で著名であり,農村部で大規模に行われる穀物生産と畜産を軸とした農業生産を生かした食品加工業も発達している.長春は映画の町としても知られ,中国における映画の揺籃の地とされる.満洲国の国策映画会社であった満映を基礎として,1955年に成立した長春電影制片廠は,中国最大規模の撮影基地となってきた.

長春の中心部は7つの市区からなる.南関区は中南部に位置し,長春庁から続く旧市街地を含み,商業と人口が集中した地区であり,人口は66万(2012).寛城区は北西部に位置し,長春駅を中心として広がり,人口は66万(2012).朝陽区は南西部に位置し,満洲国の首都建設が行われた地区で,いまは吉林大学などが集まる文教地区となっている.市政府所在地でもあり,人口は73万(2012).二道区は東部,伊通河の東岸に位置し,住宅地区となっており,人口は55万(2012).長春竜嘉国際空港が立地する.緑園区は西部,哈大鉄道の西側に位置し,第一汽車などの工場が集まり,人口は64万(2012).双陽区は南東部に広がり,農村が大部分を占める地区で,人口は38万(2012).九台区は東部に位置し,農業が盛んで,人口は70万(2012). 〔小島泰雄〕

チャンチョウ市　常州市
Changzhou
中国

延陵,晋陵,蘭陵,隣陵(古称)

人口:470.1万(2015)　面積:4375 km²
[31°49′N　119°58′E]

中国東部,チャンスー(江蘇)省南西部の地級市.チャン(長)江とタイ(太)湖の間に位置し,北から西にかけてチェンチャン(鎮江)市・ナンキン(南京)市,東から南にかけてウーシー(無錫)市とアンホイ(安徽)省シュワンチョン(宣城)市に接し,北東の一角で長江に面する.市域の北東部は長江三角州の西部に位置し,長江の右岸後背湿地で,太湖につながる長蕩湖,滆湖などの湖沼をもつ.南西部は安徽省との境界をなす低平な山地の山麓地帯であり,北西部は南京市,鎮江市との間で茅山が境界になる.この地が歴史に登場するのは古く,春秋時代に有名な延陵は常州と無錫の境界の長江右岸のあたりとされている.その後,毗陵と改められ,その名の県や郡が置かれた.隋になって常熟県(現在の無錫市チャンシュー(常熟)市)に常州が置かれたが,常熟県は蘇州に編入され,常州は毗陵(そのときは晋陵)に移されたため,この地を常州とよぶようになった.明清には常州府が置かれ,広域の行政中心であった.解放後1953年,常州市は省直轄市になり,常州専区が設けられたが,83年に3県5区を管轄する地級市になった.現在は金壇,天寧,鐘楼,新北,武進の5区と毗陽1県級市を管轄している.市政府は新北区にある.

常州は,スーチョウ(蘇州)・無錫・鎮江とともに蘇南におけるダー(大)運河の重要な集積港で,明清時代に商業や手工業の発達する都市となっていた.1908年に滬寧鉄道(上海〜南京)が開通してからは,綿紡績や染色工業が興り,近代的な機械・車両整備・発電所などが立地した.解放後は主として紡績,機械,電子,化学の分野で工業が発達した.工業製品の特産品としてはさまざまな模様をもつ綿布,小型トラクターなどがあり,手工業製品としては宮梳名篦(櫛)とよばれる竹製品がある.観光地では,歴史遺産としては市街の中心部にある唐代創建の天寧寺,紅梅園,文筆塔などがあり,自然を生かした風景区としては天目湖観光リゾート区,茅山風景名勝区,新しいものでは中華恐竜園を中心にしたテーマパークがある. 〔谷　人旭・秋山元秀〕

チャンチョウ市　漳州市
Zhangzhou
中国

しょうしゅうし(音読み表記)

人口:500.0万(2015)　面積:12607 km²
[24°30′N　117°39′E]

中国南東部,フーチェン(福建)省南部の地級市.タイワン(台湾)海峡西岸,チウロン(九竜)江の下流に位置する.地名は唐の垂拱2年(686)の漳州設置に由来する.1985年,沿海経済開放区に指定されるミンナン(閩南)三角地帯(アモイ(厦門),チュワンチョウ(泉州),漳州)の中心都市として地級市に改編された.管轄区域は市区部の薌城区と竜文区のほか,県級市のロンハイ(竜海)市,ピンホー(平和),ナンチン(南靖),チャオアン(詔安),チャンプー(漳浦),ホワアン(華安),トンシャン(東山),チャンタイ(長泰),ユンシャオ(雲霄)の8県を管轄する.市区部の人口は77万(2015)で,市政府所在地は薌城区.

古くから九竜江流域の物流集散地として栄えた.宋代以降,とくに1567年に明朝が海

禁政策に転じるまで対外貿易港として繁栄した．しかしアヘン戦争後の南京条約締結の結果，アモイが開港して急速に発展したため，通商中心地の地位をアモイに奪われた．この地は華僑の主要な出身地の1つで，2015年現在も約70万人の漳州出身の華僑が海外に居住している．また約1/3の台湾人の原籍地でもある．九竜江下流両岸の漳州平野は，省内最大規模の566 km²の広さを有し，古くから米，サトウキビ，果実，経済作物を生産する肥沃な穀倉地帯として知られる．総延長680 kmの海岸線に数多くの漁港と商港が分布し，詔安湾，東山湾，旧鎮湾などの名漁場を擁する．1993年には，天然の良港を有する東山島に経済技術開発区が設置された．缶詰，製糖などの食品工業のほか，機械，電子，紡績，化学なども発達．漢方製剤の片仔廣で有名な漳州片仔廣集団公司などの有力企業がある．

1986年に国指定の歴史文化都市に指定されてから観光業も急速に発展し，年間約2190万人(2015)の観光客が訪れている．陸上交通では鷹厦鉄道(インタン(鷹潭)～アモイ)，国道319，324号が通じる．名所は南山寺，五恩宮，東山島などである．2015年の常住人口1人あたりのGDPは8922 USドルで，全国平均より高い．1991年には長崎県諫早市と友好都市提携を結んでいる．

〔許　衛東〕

チャンチョン　長城　Changcheng

中国

辺塞（別称）/万里の長城（日本語・別称）/The Great Wall（英語）/ワンリーチャンチョン Wanli Changcheng　万里長城（別称）
長さ：2400 km

チャンチョン(長城，中国)．秦代から明代にかけて建設された城壁の遺跡《世界遺産》〔Shutterstock〕

中国の歴史遺跡．1987年に「万里の長城」としてユネスコの世界遺産（文化遺産）に登録された．その規模や残存する遺跡の広範囲にわたる点などから，中国のみならず世界的にも稀有な歴史的建造物であるといえる．建設された目的は北方の遊牧民族の南方への侵入を防ぐことにあるが，建設の年代は長期にわたり，それぞれの時代の状況によって設置された場所や構造，規模も異なる．長城は農耕民族と遊牧民族の生活圏の境界でもあり，乾燥地域と半乾燥地域の境界として，中国の地域構造上の重要なランドマークである．歴史的に長城のことは塞と称し，辺塞，塞外，塞上などの用語が使われている．

現在，残存しているのは明代に修築されたものが多いが，部分的には戦国から秦漢にさかのぼるものもある．長城の起源については春秋戦国時代，秦，燕，趙，斉，楚などの国が自国の境界上に防衛のために城壁を築いたことに始まるといわれる．北方に向けての長城は，趙がホワン(黄)河の北，イン(陰)山山脈に沿って東西に，燕がその東に現在のホーペイ(河北)省北部からリャオニン(遼寧)省のリャオヤン(遼陽)まで築いていた．秦も西はガンスー(甘粛)省南部からニンシャ(寧夏)回族自治区南部，シャンシー(陝西)省北部を通って，内モンゴル自治区トグトフ(托克托)付近に黄河にいたる城壁をつくっていた．

秦始皇帝は全国を統一すると，既存の長城を修復したり，さらに西に延ばしたりして整備を加えた．西端は甘粛省南西部の臨洮（現在の岷県）付近に始まり，黄河の北を走って，東端は遼東(遼寧省南東部)から朝鮮半島にいたった．その長さは万里に及ぶということから，万里長城の名が起こった．漢代初期には匈奴の勢力が強く，秦代の長城は維持できなくなって部分的に崩壊していた．しかし武帝の時代になると，長城を拠点としてしばしば遠征が行われ，秦代の長城も修復された．西域が認知され，シルクロードを通る交易も行われるようになると，ホーシー(河西)回廊に沿って長城もユィーメンクワン(玉門関)(現在の甘粛省トゥンホワン(敦煌)市)まで延長され，西域の防衛にもあたった．その支線としてチウチュワン(酒泉)からルオ(弱)水(エジナ(額済納)河)に沿って屯田が行われていた居延までの延長線も築かれた．また陰山より北方のゴビ砂漠に向けて外長城を2本築き，1本は西に向かい居延までいたって河西回廊の長城と結んだ．このような長城にかかわる積極的な建設は，中原王朝の外部に対する威力が強固であった時代の性格を示している．

しかし武帝以後は外征も中断し，長城も補修されないまま一部は荒廃した．南北朝時代には北方民族の南下により，長城の意義も失われていたが，鮮卑族の北魏が華北を支配すると，さらに北方に位置する柔然との争いの中で，長城を防衛線として再建する．その位置は秦漢の長城よりはかなり南寄りになり，次の北斉の時代にもシャンシー(山西)，河北においてほぼ現在の位置に近いところに長城を築いている．その後，隋代にはオルドス砂漠南縁の，現在のものに近い位置に設けた．

現在みられる長城の大部分は，明永楽帝以降の時代に構築されたもので，いったん北方に去ったモンゴル勢力の南下を防ぐのが目的であった．それまでの長城は版築を施した土塁状のもので，高さも2～3 m程度であったが，明では外壁をレンガで固め，高さも平均して7～8 m，騎馬兵も容易に越えられないようにした．ところどころに関門や望楼を設け，防備を厳重にしたが，関門は内外を結ぶ交易ルートでもあり，そこには都市が発達した．明代の長城の西端は嘉峪関，東端はヤールー(鴨緑)江畔の丹東虎山で，その間8851.8 kmとされている．シャンハイクワン(山海関)から虎山までの部分(遼東長城)は，明末，東北から満洲族が侵入するにあたって破却され，現在は一部を除いて残っていないため，清朝以後は長城の東端は山海関であると見なされるようになった．清朝を通じ

て長城の軍事的な機能は失われていた.

長城が観光地として整備されているところは全国に多くあるが，よく知られているのは，ペキン(北京)のチューヨンクワン(居庸関)，バーダー(八達)嶺，慕田峪，河北の山海関，大境門，角山，青山関，古北口，陝西の鎮北台，山西の雁門関，甘粛のチャユイークワン(嘉峪関)などである. 遼東部分でも，遼寧の九門口長城は水門からなる長城遺跡として観光地となっている.

[秋山元秀]

チャンチョン自治県　江城自治県
Jiangcheng

中国

チャンチョンハニ族イ族自治県　江城哈尼族彝族自治県 (正称)

人口：11.4万 (2012)　面積：3544 km²
[22°35′N　101°52′E]

中国南西部，ユンナン(雲南)省南西部，プーアル(普洱)地級市の自治県. 中国，ラオス，ベトナムの国境地帯に位置し，183 kmにわたり国境線を有する. 2国と国境を接する県は雲南省でも唯一である. 1954年に江城ハニ(哈尼)族イ(彝)族自治県となる. 県政府所在地は勐烈大街. 人口の8割を少数民族が占め，ハニ族，イ族，タイ(傣)族，ヤオ(瑶)族，ラフ(拉祜)族が多い. 県域の西側はタイ族地帯で山間地にヤオ族，ラフ族が，東側はホン(紅)河水系でハニ族とイ族が住む. 水力発電，林業，牧畜，ゴムや茶葉の栽培などが盛んであるが，3国が接する国境の景観とエスニックツーリズムで観光産業の育成を目ざしている.

[松村嘉久]

チャンチン区　長清区
Changqing

中国

人口：56.0万 (2015)　面積：1178 km²
[36°33′N　116°44′E]

中国東部，シャントン(山東)省中部，チーナン(済南)副省級市の区. 隋代の開皇14年(594)に長清県が設置された. 2001年に区となった. 7街道，3鎮を管轄し，区政府は文昌街道にある. 地名は域内の斉長城と清水溝に由来する. 地形は南東部のタイ(泰)山山脈から北西部のホワン(黄)河低地方向に傾いている. 山地と丘陵は総面積の76%を占めている. 地下資源が豊富で，とくに花崗岩の埋蔵量は200億m³にのぼる. おもな農作物は小麦，トウモロコシ，綿花などで，近郊農業も発達している. 霊岩山，孝堂山，五峰山，蓮台山，斉長城遺跡などの景勝地がある.

[張　貴民]

チャンチン区　江津区　Jiangjin

中国

人口：149.5万 (2015)　面積：3219 km²
[29°17′N　106°15′E]

中国中部，チョンチン(重慶)市南西部の区. スーチュワン(四川)省，グイチョウ(貴州)省と境を接する. 重慶大都市圏で衛星都市の役割を担い，工業地区や住宅地が開発される. 区北部をチャン(長)江が東流し，水運の拠点となっている. 大規模な火力発電所もあり，機械，金属，自動車，オートバイなどの工業が発達している. 重慶市と貴州省を結ぶ川黔鉄道や，チョントゥー(成都)・重慶環状高速道路などを通る. 区南部にあるダーレイ(大類)山脈支脈のスーミエン(四面)山(標高1709 m)には，赤い堆積岩の断崖が続く丹霞地形や，多くの大規模な滝がみられる.

[高橋健太郎]

チャンツー県　長子県　Zhangzi

中国

人口：35.7万 (2013)　面積：1029 km²
降水量：616 mm/年　[36°06′N　112°52′E]

中国中北部，シャンシー(山西)省南東部，チャンチー(長治)地級市の県. 上党盆地西部に位置する. 尭王の長男・丹朱の封地とのいい伝えがあり，県名はこれに由来する. 長子は秦漢代の約400年間は上党郡の郡治で，西燕国の国都でもあった. 1985年に長治市管轄下の県となった. 7鎮，5郷を擁し，県政府は丹朱鎮にある. 地形は西高東低で，山地，丘陵，平野はそれぞれ25%，30%と45%を占める. 温帯半湿潤大陸性気候に属する. 農業が発達している. 石炭，鉄鉱石などの資源がある. 法興寺と崇慶寺や，約2万5000年前の樹木化石群などがある.

[張　貴民]

チャンツェ山　章子峰　Changtse

中国

標高：7550 m　[28°01′N　86°55′E]

中国西部，シーツァン(チベット，西蔵)自治区の山. ヒマラヤ山脈中部，クーンブ山群の高峰である. ネパールと中国の国境稜線より北側，エヴェレスト山のすぐ北に位置し，エヴェレスト山から北稜上約4.1 kmの距離にある. 山名のチャンはチベット語で北を表すことから，エヴェレストの北峰を意味する. この地域で登山隊はエヴェレストに集中

したため，初登頂はエヴェレスト登頂から遅れること29年，1982年になって西ドイツ隊により達成された. 1986年には日中合同隊が登頂に成功した. 南東約1.5 kmにあるノースコルまでは標高差500 m以上で落ち込む一方，山頂から北東には東ロンブク氷河の源流部を2つに分ける長大な尾根が延びている. 標高は中国，ネパール，アメリカなどの地図により異なり，定まっていない.

[松本穂高]

チャンディガル連邦直轄地
Chandigarh, Union Territory of

インド

人口：105.5万 (2011)　面積：114 km²
降水量：1111 mm/年　[30°43′N　76°47′E]

インド北部の連邦直轄地で行政中心地. パンジャブ州，ハリヤーナ州の州都でもある. 地名はヒンドゥー教寺院で祀られていたチャンディ女神に由来し，チャンディの砦を意味する. ヒマラヤ山脈を構成するシワリク丘陵地南麓の複合扇状地上にあり，湿潤亜熱帯気候で寒暖の差は大きい. 1947年のインド・パキスタン分離独立の際に，パンジャブ州は西のパキスタンと東のインドに分割された. もともとパンジャブの州都であったラホールはパキスタン領となり，インドのパンジャブ州は新たな州都が必要となった. インド独立後の新都市計画のうち，初代首相ジャワハルラル・ネルー(1889-1964)の個人的な主張もあり，また戦略上からも，新たな州都の位置選定は最重要視され，優先して都市がつくられた.

パンジャブ州政府は，アメリカ人の建築家アルバート・マイヤー(1897-81)とロシア生まれのポーランドの建築家マシュー・ノヴィッキ(1910-50)とに都市計画を依頼したが，ノヴィッキの飛行機事故による死亡(1950)を契機に，スイス生まれのフランスの建築家ル・コルビュジエ(1887-1965)が事業を引き継いだ. コルビュジエはこれら2人の曲線的な街路計画を見直し，直線的で幾何学的な街路網として世界の新しい潮流であるモダニズムの都市を計画した.

ル・コルビュジエはマイヤーとノヴィッキの当初のアイデアの一部は残したが，都市を800×1200 mのセクターごとに分割し，打ち放しコンクリートで幾何学構造の建物を多数つくった. これがチャンディガルの特徴になっている. オリジナルの計画案では，不運の数13を除き1～47番のセクターがあり，それぞれのセクターの中だけで住む，働く，

レジャーが完結できるように設計されている. パンジャブ大学はセクター14に, 学生の宿舎などはセクター25にある. 各セクターは7種類に分類された道路(7 Vs)でつながっている. 道路は, V1は他の都市とを結ぶ高速道路で, V7sは上位の道路から個々の住居への道路というように分類されている. 後に, V8が自転車用として追加された. また, スプロール現象を防ぐために都市のまわりに緑地帯が置かれたが, 現在では一部が他の目的に転用されている.

ル・コルビュジエによるチャンディガルの都市計画は, 都市計画史上重要であり, 今日でも世界中の多くの建築家, 都市計画家, 地理学者, 歴史学者, 社会学者らをひきつけている. モダニズムへの反動が起こった1980年代には, ヨーロッパやアメリカ, 日本においてチャンディガルは近代都市計画の失敗例としてたびたび名ざしされたが, 現在のインド人は, チャンディガルをインドで最も美しい都市と讃えている. 2016年にはユネスコの世界遺産(文化遺産)「ル・コルビュジエの建築作品—近代建築運動への顕著な貢献」の構成資産, 7カ国17作品の1つに登録された. 日本の東京・上野の国立西洋美術館がその構成資産の1つであったこともあり, あらためてチャンディガルのキャピトル・コンプレックス(コルビュジエ作品群)が注目されている.

1966年11月, ヒンディー語の卓越する東半分がハリヤーナ州となり, パンジャービー語の卓越する西半分がパンジャブ州となった. チャンディガルはこの2州の間で連邦直轄地となり, また, 2つの州の州都となった. この連邦直轄地の人口90万(2001)のうち, ヒンドゥー教徒が78.6%に, 次いでシク教徒が16.1%を占め, イスラーム教徒はわずか3.9%にすぎない. ヒンディー語とパンジャービー語のほかに英語が広く普及している. チャンディガルには東にパンチクラ(ハリヤーナ州, 人口20万)と西に隣接するサヒーブザダアジトシンナガル(パンジャブ州, 人口12万)という2つの衛星都市があり, これら3都市を結んだ地域をチャンディガル都市圏と称することがある. 周辺地域との交通関連でいえば, サヒーブザダアジトシンナガルにあるチャンディガル国際空港は首都デリーと結ばれ, また鉄道では市内から8km郊外にある駅から, シャタブディ急行(インド版新幹線)が毎日走る. そのほかにはセクター17に州間・市内を走るバスステーションがある. また, 若者にはジーンズやTシャツ姿が目立つ. 2007年5月, インド

で初めてたばこの規制が実施されたが, 現実には喫煙が行われており, また近年麻薬が広がるなど北部インドの代表的な退廃地となっている. 汚職と麻薬からの解放が望まれる.

経済・産業では, ショッピングモールがあり政府雇用の職員やその退職者が多くいることから, 年金生活者のパラダイスとも称される. 主要な産業には, 製紙, 金属・冶金および機械類の製造業, 食品加工業や公衆衛生製品, 自動車のパーツ類など多様な工業が発展するなど, 都市住民1人あたりの収入額は国内で最も高く, 豊かで清潔な都市といえる. ラジブ・ガンディー首相就任中の1986年にパンジャブ州に移管されるはずであったが, ヒンドゥー教徒が多数を占める近隣諸州へのインド政府による懐柔策としてその移管は遅れている. 市内交通は, 公共交通では市営のグリーンバスが市内をくまなく走るが, 自家用車利用者も多く, 市内にはよく整備された舗装道路や駐車場が設けられ, 交通ルールの導入など, 多くの自家用車族に快適な交通環境を提供している.　　　　　[中里亜夫]

チャンディダサ　Candidasa

インドネシア

[8°30′S　115°34′E]

インドネシア中部, バリ島東部, バリ州のリゾートエリア. 1980年代以後, 観光開発が進み, ホテルやレストランが増えたが, 以前は漁村であった. メインストリートは, 海岸線に沿った1kmの部分である. 海側にホテル, 山側にレストランやスーパーマーケット, 土産屋などが立ち並ぶ. 町の中心には, 地名の由来ともなっているチャンディダサ寺院がある. 沖合には, ギリ・ミンパンとよばれる3つの小島とやや大きめのテペコン島が浮かんでいる. 町の北3kmにあるトゥガナン Tenganan 村は, バリ先住民が暮らしており, 外部と分断された閉鎖的なコミュニティを形成している. シダ科の植物アタを使ってかごなどを編む伝統工芸であるアタ製品が有名である.　　　　　　　　　　[浦野崇央]

チャンティン県　長汀県
Changting

中国

人口: 40.0万 (2015)　面積: 3099 km²
気温: 18.3℃　降水量: 1732 mm/年

[25°50′N　116°20′E]

中国南東部, フーチェン(福建)省南西部, ロンイエン(竜岩)地級市の県. ウーイー(武

夷)山脈南麓の丘陵地帯を流れて南下する汀江の上流域に位置する. 南はコワントン(広東)省, 西はチャンシー(江西)省と接し, 古来の交通要衝として栄えた. 13鎮, 5郷を管轄し, 県政府所在地は汀州鎮. 唐代の736年に長汀県として設置された. 省内における新石器文化発祥の地といわれ, 後漢時代以降にチョンユワン(中原)からの移住者が増え, 代表的な客家(ハッカ)の地域社会を形成した. 林業のほかにタバコ, 果実の栽培, 養鶏, 養豚などが盛ん. 唐代に建造された城壁と, 宋代起源の庭園建築である雲驤(うんじょう)閣が代表的な名所である. 20世紀初頭の国共内戦期に, 毛沢東が展開した農民運動の中心地として知られる. 交通では竜贛鉄道(竜岩～ガンチョウ(贛州)), 竜長高速(竜岩～長汀), 国道319号などが通じる. 雇用機会は少なく, 約13万人の労働力が出稼ぎのため転出している. 唐代につくられた城壁が残るなど, 1994年1月に歴史文化名城に指定され, 年間約150万人(2012)の観光客が訪れている.　　　　　　　　　　[許　衛東]

チャンデルナゴール
Chandernagore

インド

Chandannagore (別表記) /シャンデルナゴル
Chandernagor (別称) /チャンダナガール
Chandannagar (別称)

人口: 16.7万 (2011)　面積: 22 km²

[22°52′N　88°21′E]

インド東部, ウェストベンガル州中部, フーグリー県の都市. 州都コルカタ(カルカッタ)の北約30kmに位置し, 町の中心は南進するフーグリー川の西岸に面する. 1670年代にフランスが交易の拠点としたことをきっかけに都市としての成長が始まった. コルカタが大きく発展を遂げるまで, ベンガル地方のジュートや木材, 絹などを取り扱う重要な商業都市の1つであった. 1952年にインド政府へ行政権が移管され54年にインドに編入されるまで, 南インドのプドゥシェリー(ポンディシェリー)とともにフランス領であり, チャンデルナゴールの税収が行政都市であったプドゥシェリーの財政を支えていたとされる. 編入後は, 連邦直轄地となったプドゥシェリーとは異なり, ウェストベンガル州の一部となっている.　　　　　　[鍬塚賢太郎]

チャントゥー区　江都区　Jiangdu

中国

人口：100.6万 (2010)　面積：1330 km²
[32°25′N　119°32′E]

　中国東部，チャンスー(江蘇)省，ヤンチョウ(揚州)地級市の区．漢代に封じられた呉王がここに都を定めて呉国と称し，のちに江都国と改名した．江都の名は，そのとき初めて歴史上にみられた．1994年に県から市になり，2011年に区になった．13鎮を管轄するが，中でも仙女鎮が中心都市として規模も大きく，区政府所在地である．

　地勢は平坦で，川と湖が織り成し，通揚運河が東西に横断し，京杭大運河が南北を縦断している．水利や発電のセンターであり，ホワトン(華東)地区の交通の要衝でもある．寧啓鉄道(ナンキン(南京)～チートン(啓東))，高速道路の京滬線(ペキン(北京)～シャンハイ(上海))，滬陝線(上海～シーアン(西安))，江海線(揚州～ハイアン(海安))が通る．また，石油や天然ガスが豊富である．穀物の生産が多いほか，綿花，ギンナン，イチジク，各種の植木などを産し，養蚕や畜産も行われている．水産品にはナマズ，スッポン，カニ，エビなどがある．自動車部品，造船，医薬，化学，紡績，服装，機械などの工業があり，環境保護や電力に関わる器材を生産している．観光スポットに開元寺遺跡，真武廟，邵伯湖，淥洋湖などがある．

[谷　人旭・小野寺　淳]

チャントゥー県　昌図県　Changtu

中国

人口：103.0万 (2013)　面積：4322 km²
[42°47′N　124°07′E]

　中国北部，リャオニン(遼寧)省東北部，ティエリン(鉄嶺)地級市の県．市の北西部に位置し，北はチーリン(吉林)省，西は内モンゴル自治区を接する．県政府所在地は昌図鎮．地名は，緑色の草原を意味するモンゴル語の常突額爾克の前2字の発音からつけられた．ソンリャオ(松遼)平原上に位置し，農業が主産業で，東北部最大の落花生の集散地であるほか，トウモロコシ，大豆などの穀物生産が盛んである．長大線，平斉線，長深高速，京哈高速が県域を通る．　[柴田陽一]

チャンドゥ市　常徳市　Changde

中国

人口：584.4万 (2015)　面積：18176 km²
[29°02′N　111°42′E]

鼎州，武陵 (古称)

　中国中南部，フーナン(湖南)省の地級市．ウーリン(武陵)，ディンチョン(鼎城)の2区，チンシー(津市)県級市，アンシャン(安郷)，ハンショウ(漢寿)，リーシェン(澧県)，リンリー(臨澧)，タオユワン(桃源)，シーメン(石門)の6県を管轄する．市政府は武陵区に所在する．古称は武陵，またの名を鼎州．ユワン(沅)江下流およびリー(澧)水中下流にあたり，北東は西洞庭湖に臨む．北西部は武陵山脈の北部に属して地勢は険しく，最高峰の壺瓶山は標高2099mである．南西部はシュエフォン(雪峰)山脈の支脈が延びている．中部は低山・丘陵，東部はトンティン(洞庭)湖平原である．澧水は北部を北西から南東へ流れ，沅江は南部を西から東へ流れる．河川が分かれ湖沼が多く東部は水郷の景観を呈している．

　森林はマツ，スギ，孟宗竹が主で，オオアブラギリやウルシなどもある．鉱産物はダイヤモンド，鉄，硫黄，リン，石膏などを産し，装飾品や工芸品に加工される桃源石がある．農作物は水稲，小麦，綿花，ナタネ，ゴマ，落花生，カラムシ，タバコ，茶葉，柑橘などがある．カニやスッポンなど高級な水産物の養殖や，牛，羊，豚，家禽の畜産も行われている．工業は機械，電子，化学，建材，冶金，医薬，紡績，食品，製紙，タバコなどがある．

　鉄道は，焦柳線(チャオツオ(焦作)～リウチョウ(柳州))，石長線(シーメン(石門)～チャンシャー(長沙))，高速道路は，二広線(エレンホト(二連浩特)～コワンチョウ(広州))，杭瑞線(ハンチョウ(杭州)～ルイリー(瑞麗))，長張線(長沙～チャンチャチエ(張家界))が通じている．常徳桃源空港からは国内主要都市への航空路線がある．水運は沅江および澧水からチャン(長)江を経てチョンチン(重慶)やシャンハイ(上海)へ通じる．常徳の市街地は，沅江下流の両岸にまたがり，水陸交通の要衝となっている．沅江北岸は，商業地区であり政府機関も集中している．沅江南岸は，新興工業地区と貨物船舶埠頭地区である．花岩渓国立森林公園，国指定の壺瓶山自然保護地区や桃花源風景名勝地区，夾山寺，城頭山遺跡などの名所旧跡がある．

[小野寺　淳]

チャンドプル　Chandpur

バングラデシュ

人口：15.9万 (2011)　面積：309 km²　標高：4 m
[23°12′N　90°38′E]

　バングラデシュ南東部，チッタゴン管区，チャンドプル県の都市で県都．首都ダッカの南南東約77 kmに位置する．もとはトリプラ王国の版図で，1984年まではコミラ県のサブディビジョン(副管区)であった．メグナ川とパドマ川の合流点の左岸に位置する古くからの内陸水運の重要な河港である．ダッカとチッタゴンを結ぶ鉄道の支線がラクサムLaksamから延びており，その終点でもある．米，ジュート(黄麻)，サトウキビ，ジャガイモ，豆類，ビンロウジュなどの集散地である．市内をダコティア川が分断する．漁業も盛んで，淡水・海水に棲むニシン科の国魚ヒルサ(イリシュ)やエビなどの漁獲が多い．肥沃なメグナ川氾濫原に位置し，ここを拠点に東パキスタン水力開発局によって実施されたチャンドプル流域灌漑計画(1960～70)は，洪水防御のための堤防建設や灌漑によって粗放的な稲作の単作を1年に2～3作とすることを可能にした．工業ではマッチ，化学，合板，菜種製油などが行われている．オールドダッカ(ダッカ旧市街)からの船による便がある．

[野間晴雄]

チャンドマン　Chandman'

モンゴル

人口：0.3万 (2015)　面積：6017 km²
[47°40′N　92°49′E]

　モンゴル西部，ホヴド県東部の郡．ハルオス湖の南東に位置する．ホーミー(喉歌)で有名である．ホーミーは，1人で通奏低音とメロディを同時に奏でる歌唱法で，そもそも国境にまたがる少数民族オリアンハイ人やトゥヴァ(トイヴァ)人，アルタイ人といったオイラド系やチュルク系の諸民族の民俗芸能であった．ところがモンゴルでは社会主義時代，ホーミーは国策によってモンゴルの民族音楽として創造されていった．その過程で選ばれたのが「ホーミーの故郷」としてのチャンドマン郡であった．ホーミーの学校がつくられ，多くのホーミー歌手を輩出すると同時に，ホーミーの新しい歌唱法も創造されていった．

　中国は2009年，ホーミーをユネスコの世界無形文化遺産(モンゴル族の歌唱技能：ホーミー)に登録することに成功した．しかし本来，中国のモンゴル系の人びとの間にホーミー文化は存在せず，内モンゴルのホーミー

歌手たちは1990年代以降，モンゴル国へ留学して習得したといわれている．したがってモンゴルでは，多くの市民が中国による登録に憤慨している．一方，現地研究者の中には，国家単位で文化遺産を登録するというユネスコのあり方に批判的な者もいる．

[島村一平]

チャンドラディップ Chandradip ☞ ボリシャル Barisal

チャンドラバーガ川 Chandrabhaga ☞ チェナブ川 Chenab River

チャンドラプル　Chandrapur

インド

チャンダ　Chanda（古称，別称）

人口：32.0万（2011）　　[19°58′N　79°21′E]

インド西部，マハーラーシュトラ州東部，チャンドラプル県の都市で県都．イギリス統治時代にはチャンダともよばれた．古いヒンドゥー教寺院のある鉄道交通の要衝である．鉄や石灰岩とともにエネルギー源の石炭などの鉱産資源に恵まれるほか，多数のセメント工場が立地する黒い黄金の町として知られるが，一方ではとくに石炭資源を利用した重工業や火力発電の著しい発展で，現在では世界有数の公害都市としても知られている．生産された電力は，マハーラーシュトラ州の電力消費の25％を賄う．チャンドラプル県内には，ベンガルトラのいる自然保護区など原生の森林生態系を見学できる保護区がある．

[中里亜夫]

チャンナパトナ　Channapatna

インド

人口：7.2万（2011）　　標高：739 m

[12°43′N　77°14′E]

インド南部，カルナータカ州ラマナガラ県チャンナパトナ郡の都市で郡都．夏の平均気温が38℃，冬は19℃である．デカン高原にある州都ベンガルール（バンガロール）の南西60 kmにある．ベンガルール～マイソール間の州幹線道路が通る．イギリス統治時代からの伝統を生かした，小規模工業による木製おもちゃと漆器生産が有名で，おもちゃのまちの別称を得ている．その歴史をさかのぼると，ティプー・スルタンによりペルシアか

ら職人を連れてきたことから始まる．町は，ベンガルール観光の見どころの1つでもある．また，生糸生産とその織物業およびココナッツ生産が郡内の主要な産業となっている．

[中里亜夫]

チャンナン　江南　Jiangnan

中国

中国中部，チャン（長）江三角州を中心とした広域をさす地名．行政領域ではチャンスー（江蘇）省南部，シャンハイ（上海）市，アンホイ（安徽）省南部，チャンシー（江西）省北部，チョーチャン（浙江）省北部を含む．歴史地名としては，唐に江南道（浙江，フーチェン（福建），江西，フーナン（湖南）などに及び，のちに東西両道に分割），北宋に江南路（江西，江蘇，フーペイ（湖北）などに及び，のちにやはり東西両路に分割），清初に江南省（のちに江蘇，安徽に分割）という広域を管轄する行政区画があった．当初は広く長江中下流域より南方全体を示していたが，しだいに長江下流域に集中して使われるようになっている．長江中下流の低湿な平野は，水利事業の進展で開発が進むとともに，温暖湿潤な気候と相まって，水稲のみならず綿花，養蚕，茶などの収益性の高い作物の栽培が可能で，そこから生まれた卓越した経済力は，商業手工業の発達する多くの都市群をつくりだし，江南を中国全体の経済中心とした．県城レベルだけではなく，地方の市鎮も水運を利用して経済文化の中心として発展した．

北方の寒冷な乾燥地帯に住む者にとって，温暖で緑のあふれる水郷沢国である江南は，豊かな富とともにあこがれの対象であった．北方で庭園を設ける際には，豊かな水環境を再現すべく，タイ（太）湖やシー（西）湖の風景がモデルにされた．太湖特産の太湖石（奇怪な形をした石灰岩）は北方でも庭園に必置の素材であった．文芸，絵画，学術の分野でも江南には独自の文化が発達し，いずれにおいても有力な流派となった．またシャンシー（陝西）省イエンアン（延安）の南寧湾を陝北の江南，ホワン（黄）河上流の黄河三峡を隴上の江南，シンチャン（新疆）ウイグル（維吾爾）自治区のアクス（阿克蘇）やグルジャ（伊寧）を塞外の江南とよぶように，江南という呼称は，乾燥地域や辺境で豊かな風土をもつ地域の美称として用いられる．

[秋山元秀]

チャンニョン　昌寧　Changnyeong

韓国

人口：6.2万（2015）　　面積：533 km²

[35°33′N　128°30′E]

韓国南東部，キョンサンナム（慶尚南）道北部の郡および郡の中心地．行政上は昌寧郡昌寧邑．2010年の昌寧郡の人口は5.5万である．1975年の人口は約14万であったので，この間に約4割に減少した．郡域の西から南はナクトン（洛東）江に沿う平野で，穀作のほか野菜生産も行われている．郡域の東端に釜谷温泉がある．クマ（邱馬）高速道路が通過している．

[山田正浩]

チャンニン区　長寧区　Changning

中国

人口：69.1万（2015）　　面積：38 km²

[31°13′N　121°25′E]

中国南東部，シャンハイ（上海）市の区．上海の中心市街の西側に位置する．1945年に法華区の東部を長寧区とし，地名は長寧路にちなんでいる．1984年以後に上海県の一部が編入して，現在の範囲となった．虹橋国際空港や虹橋経済技術開発区とその周辺は，外国企業向けオフィスビルが多く，虹橋対外貿易センター，中山公園ビジネスセンター，虹橋臨空経済園区などが形成された．教育文化が発達しており，上海交通大学に所属する管理学院，および東華大学，華東政法学院，中国科学院に所属する研究所などがある．複数の軌道交通が区内で交わり，空港へ通じる高速道路や高架道路も整備されている．宋慶齢の墓地や上海動物園がある．

[谷　人旭・小野寺　淳]

チャンニン区　江寧区　Jiangning

中国

人口：74.7万（2002）　　面積：1567 km²

[31°51′N　118°50′E]

中国東部，チャンスー（江蘇）省，ナンキン（南京）副省級市の市轄区．江寧とは南京の古名で江寧府として伝統的な地名である．現在の江寧区は南京市の中央部の広い範囲をさす．10街道を管轄し，区政府は上元街道にある．水田養殖，淡水エビ，苗木草花，漢方薬材，茶などを生産する．光明乳業，康力鳩業，湯山板鶏，霊竜牛羊肉などが有名である．工業は日用軽工業，食品加工，新型建材，自動車電子部品などを主とする．景勝史跡には湯山温泉，往古鐘乳洞，陽山碑材，牛

首山, 南唐二陵, 明代の武将, 鄭和の墓, 弘覚寺塔, 定林古塔, 柳古建築群がある.

[谷 人旭]

チャンニン県　長寧県
Changning
中国

人口：34.5万 (2015)　面積：996 km²
[28°34′N　104°55′E]

中国中西部, スーチュワン(四川)省南部, イーピン(宜賓)地級市の県. チャン(長)江の南岸にある. 県政府は長寧鎮に置かれる. 漢族のほか, イ(彝), ツァン(チベット), チャン(羌), ナシ(納西), トゥチャ(土家)など8の民族が居住する. 四川盆地南縁の低山丘陵地帯に位置し, 丘陵が2/3を占める. 地勢は南部が高く, 北部に向かって低くなり, 長江沿岸の標高は250mほどである. 県域を南北にチャンニン(長寧)河が流れ, 長江に流入する. 前漢代は犍為郡江陽県の地で, 後漢は江陽郡に属し, 南朝の斉のときに綿水県が, 唐代に羈縻淯州と羈縻長寧州が置かれた. 宋代に長寧軍が置かれ, 元代に長寧州に改められ, 明代に長寧県と安寧県が置かれたが, 後に安寧県は長寧県に編入された. 農業は米が主で, 薬材, ゴバイシ(五倍子), タケノコなどの産出も多い. 工業は塩加工, 食品, 建材, 紡績, 醸造など地元の資源を加工する業種が多い. 国指定の風景区である蜀南竹海がある.　　　　　　　　　[林 和生]

チャンニン県　昌寧県
Changning
中国

人口：34.7万 (2010)　面積：3888 km²
[24°47′N　99°35′E]

中国南西部, ユンナン(雲南)省西部, パオシャン(保山)地級市の県. 県政府は田園鎮に置かれている. 県東部をランツァン(瀾滄)江が南東方向へ流れる. 少数民族が人口の1割を占め, イ(彝)族, タイ(傣)族, ミャオ(苗)族, ワ(佤)族などが山間地に住むが, 基本的に漢族が主体の地域である. クルミと茶葉の生産地として有名である. 漢方生薬やキノコ類も収穫される. 地熱資源が豊富で温泉も多い.　　　　　　　　　　　[松村嘉久]

チャンニン市　常寧市
Changning
中国

人口：83.4万 (2015)　面積：2048 km²
[26°25′N　112°24′E]

中国中南部, フーナン(湖南)省, ホンヤン(衡陽)地級市の県級市. 市政府はイーヤン(宜陽)街道に所在する. 衡陽盆地の南縁とナン(南)嶺山脈の北方の支脈が交わるところに位置する. 地勢は南西から北東へ傾斜し, 域内は丘陵が広く分布する. シャン(湘)江が北部の市境を東流し, チョンリン(春陵)水などの支流が域内を北流して湘江に注ぐ. 森林資源としてスギ, 孟宗竹, 漢方薬材があり, 茶油を採るアブラツバキの林は世界有数の規模である. おもな鉱産物は石炭, 鉛, 亜鉛, マンガン, 金, ホウ素などであり, シュイコウシャン(水口山)鉱山の鉛・亜鉛採掘の歴史は長い. 農業は水稲, 野菜, 搾油作物に加え, 茶葉, タバコ, 果物を産し, 養豚や養魚も盛んである. 工業は冶金, 化学, 建材などがある. 湘江は通年航行できる.

[小野寺淳]

チャンバ　Chamba
インド

人口：2.0万 (2011)　標高：600–5000 m
[32°33′N　76°10′E]

インド北部, ヒマーチャルプラデシュ州北西部, チャンバ県の都市で県都. チャンバ県の人口は51.9万, 面積は6522 km² (2011). ラーヴィー川沿岸にあり, 州都シムラの北西185 kmに位置する. 北と西の県境はジャンムカシミール州に接している. 1948年まで, パンジャブ諸藩王国の一国であった. 標高600～5000mの山岳地帯にあり, 数世紀にわたってムガル, シーク, そしてイギリスの影響を受けたものの, 藩王国として独立を維持してきた. チャンバの名は, この地に都を移したサーヒル・ヴァーマン藩主の娘チャンパヴァーティに由来する. 周辺では羊や牛の移動牧畜が行われ, 伝統工業として毛織物やルマルとよばれる手織物がある. 果実栽培が盛んであり, それら果物の缶詰工場が立地している. またマラリアなどの医薬品の製造工場も立地する. 市内にはバソーリ派とカーングラー派の細密画を多く展示するブーリー・シン博物館がある. また藩王国時代に建立されたシカラ様式の6つの寺院からなるラクシュミー・ナーラーヤン寺院群がある.

[南埜 猛]

チャンパ　Champa
インド

人口：4.5万 (2011)　[22°02′N　82°42′E]

インド中部, チャッティスガル州中部, ジャンジギルチャンパ県の都市. ジャンジギルチャンパ県は, 2000年にチャッティスガル州が設置されたのに伴って, 新たに設置された県であり, 人口は131.7万, 面積は3852 km² (2001). コルカタ(カルカッタ)とムンバイ(ボンベイ)とを結ぶ幹線鉄道沿線にある. チャンパから北に分岐している支線鉄道は石炭の産地コルバ(北32 km)につながっている. コルバで採掘された石炭は鉄道でムンバイに運ばれ, 火力発電に利用されている. チャンパには窯業や化学工業が立地している.

[南埜 猛]

チャンハイ県　長海県　Changhai
中国

チャンシャン県　長山県　Changshan (旧称)

人口：7.0万 (2013)　面積：119 km²
[39°16′N　122°35′E]

中国北東部, リャオニン(遼寧)省南部, ダーリエン(大連)副省級市の県. リャオトン(遼東)半島東部のホワン(黄)海上に浮かぶチャンシャン(長山)列島が県域である. 2鎮, 3郷を管轄し, 県政府は大長山島鎮にある. 地名は, 1949年に長山県が設置されるも, シャントン(山東)省に同名県があったため52年に長海県と改称した. 水産業が盛んで, ナマコ, アワビ, ホタテ, エビなどが有名である. 大連港およびプーランディエン(普蘭店)区の皮口港との間に船便, 大連周水子国際空港との間に航空便がある.　　[柴田陽一]

チャンバイ自治県　長白自治県
Changbai
中国

チャンバイ朝鮮族自治県　長白朝鮮族自治県 (正称)

人口：9万 (2012)　面積：2496 km²
[42°05′N　127°47′E]

中国北東部, チーリン(吉林)省南東部, バイシャン(白山)地級市の自治県. ヤールー(鴨緑)江をはさんで北朝鮮と接する. 県名の由来である長白山の南麓に県域は広がり, その多くが森林となっている. 県政府は長白鎮に置かれる. 林業が盛んで, 森林公園や自然保護区が設定されている. 朝鮮族が人口のおよそ2割を占める.　　　　　[小島泰雄]

チャンバイ山　長白山　Changbai
Shan
中国/北朝鮮

ペクトゥ山　白頭山　Paekdu-san (朝鮮語・別称)

標高：2750 m　[42°00′N　128°04′E]

中国と北朝鮮の国境にある火山. 朝鮮では

チャンバイ(長白)山(中国/北朝鮮)，山頂のカルデラ湖ティエンチー(天池)〔Shutterstock〕

ペクト(白頭)山とよばれる．更新世に噴出した玄武岩の溶岩台地である山体は，楕円形に30kmあまりにわたって広がる．溶岩台地の上に，60万年前以降に形成された成層火山が載る複式火山となっている．溶岩台地が針葉樹の樹海となっているのに対して，山頂部は灰白色の軽石によって覆われており，雪が消える夏季でも白くみえることから，バイシャン(白山)とよばれ，一帯に暮らしてきた満族と朝鮮族の崇敬の対象となってきた．

山頂にはカルデラ湖のティエンチー(天池)がある．湖面の標高は2189m，湖面は楕円形で，周囲はおよそ13km，面積は9.8 km²で中国最大のカルデラ湖である．平均水深は204mで，最深部は373mになる．カルデラ湖を囲んで標高2500mを超える外輪山が並ぶ．最高峰は北朝鮮領にある2750mの将軍峰である．長白山から西に流れるヤールー(鴨緑)江と東に流れるトゥーメン(図們)江は，中国と北朝鮮の国境となっている．またトンペイ(東北)平原を流れ，ヘイロン(黒竜)江(アムール川)に合流するソンホワ(松花)江の源流も長白山にあることから，長白山は三江之源と称される．

記録に残る火山活動は，18世紀初めの小規模な噴火が最も新しいものであるが，およそ1000年前に起こった大規模な噴火では，噴出した火山灰が，日本海を越えて北海道など北日本を広く覆い，白頭山-苫小牧火山灰(B-Tm)とよばれている．長白林海とよばれる長白山の樹林は標高により植生が異なる．北麓では標高1200mまでが針広混交林，1800mまでが針葉樹林，森林限界となる2100mまでダケカンバが続き，それを超えると草やコケが覆う．多様な自然を残す長白山では，自然保護区としての保護と，風景区としての観光開発とが並行して進められている．→ペクトゥ山　　　　　　　　〔小島泰雄〕

チャンバイ山脈　長白山脈
Changbai Shanmai
中国/北朝鮮

ペクトゥ山脈　白頭山脈　Paekdu-sanmaek (朝鮮語・別称)

面積：280000 km²　標高：2750 m
長さ：1300 km　幅：300 km
[41°57′N　128°08′E]

中国と北朝鮮にまたがる山脈．中国東北地方東部，朝鮮半島の北に広がる．朝鮮語ではペクトゥ(白頭)山脈とよばれる．北東から南西に延びる2つの山脈列から構成される山地は紡錘形を呈しており，幅は広いところで300kmになる．南側の山脈は，東からサンチャン(三江)平原の東を限るワンター(完達)山，ヘイロンチャン(黒竜江)省からチーリン(吉林)省に及ぶラオイエ(老爺)嶺，主峰である長白山，リャオトン(遼東)半島に続くチェン(千)山山脈からなる．北側の山脈は，黒竜江省のチャンコワンツァイ(張広才)嶺，吉林省とリャオニン(遼寧)省に広がるチーリンハーター(吉林哈達)嶺からなる．主峰の長白山の標高は2000mを超えるが，大部分の山地は500〜1500mにとどまる．ソンホワ(松花)江やトゥーメン(図們)江，ヤールー(鴨緑)江とその支流には谷底平野や盆地が発達しており，人口密度は比較的高い．長白山をはじめとして火山活動により形成された山地がみられ，玄武岩や花崗岩に覆われた地域が多い．寒冷であるが，年平均降水量は500mmを超え，針葉樹林あるいは混交林に覆われている．→ペクトゥ山脈　　　　〔小島泰雄〕

チャンパサック県　Champasak Khoueng
☞ チャムパーサック県　Champasak Province

チャンバル川　Chambal River
インド

面積：139468 km²　長さ：885 km
[26°33′N　79°04′E]

インド中央部，ヴィンディヤ山脈を源流とするヤムナ川の支流の1つ．マッディヤプラデシュ州のインドール県マフーの南西12.9km，標高854mの地点から北流し，ラージャスターン州に入ってからは北東に流れる．その後マッディヤプラデシュ州とラージャスターン州の州境ならびにマッディヤプラデシュ州とウッタルプラデシュ州の州境を流れ，イターワーでヤムナ川に合流する．おもな支流にシプラ川，カーリー川，シンド川，パールワティ(以上右岸)，バナス川(左岸)がある．チャンバル川流域の年間降水量は600〜1200mmと流域内で大きな差がみられるが，この地域は南西モンスーンの影響下にあり，その降水の大部分は6〜9月にもたらされる．

モンスーンの雨は年により変動が大きいため，それに依存した農業は長らく不安定な状況に置かれていた．また中流域付近はガリ侵食が著しく，迷路のように複雑な延長谷が発達し，ダコイトとよばれる盗賊集団の拠点となってきたことも，この地域の発展の妨げとなっていた．独立後，インド政府は第1次5カ年計画の主要事業としてチャンバル計画を実施した．チャンバル計画により，チャンバル川上流にガンディーサーガルダム(1960)，マハラナプラタプサーガルダム(1967)，ジャワハルサーガルダム(1973)の3つのダムとコタ大堰(1960)を建設した．貯水施設としての3つのダム総有効貯水量は約90億m³に達する．

貯水された水は，分水施設であるコタ大堰よりラージャスターン州ならびにマッディヤ

1090 チヤン

プラデシュ州の農地の灌漑に利用されている. その灌漑面積は両州あわせて 56 万 7000 ha である. この灌漑の導入により, 不安定なモンスーンの雨に依存する自給的な農業から脱却し, 小麦やマスタードなどの商品作物を中心とする商業的農業へと移行している. さらに, 3 つのダムでは 137 MW の水力発電が行われ, 地域の経済発展に貢献している.　　　　　　　　　　　　　　　[南埜 猛]

チャンハン　長項　Janghang
韓国
[36°01′N　126°41′E]

韓国西部, チュンチョンナム(忠清南)道南西端の町. 行政上はソチョン(舒川)郡長項邑. クム(錦)江の河口部右岸に位置する. ソウルからの鉄道, 長項線は長らく, 長項が終点で, 対岸のクンサン(群山)とは船によって連絡していた. 2007 年鉄道橋が完成し, ソウルから長項, 群山, イクサン(益山)を経由して, 西大田まで直通列車が走るようになった. これまでの群山線は, 長項線に呼称が統一された.　　　　　　　　　　　[山田正浩]

チャンハン平原　江漢平原
Jianhan Pingyuan
中国
面積：約 46000 km²

中国, フーペイ(湖北)省中部に位置する平原. チャン(長)江とハン(漢)水の沖積地であることからこのように称される. また, フーナン(湖南)省北部のトンティン(洞庭)湖平原とともに, リャンフー(両湖)平原を構成する. 西はチーチャン(枝江)市, 東はウーハン(武漢)市, 北はチョンシャン(鐘祥)市まで広がり, 南は洞庭湖に面する. 面積は約 4 万 6000 km² であり, 標高は平均 27 m 前後で, 河川が縦横に流れ, 湖沼が多い. 自然条件に恵まれて物産が豊富であり, 魚米の郷ともよばれる.　　　　　　　　　　　[小野寺 淳]

チャンピン区　昌平区
Changping
中国
人口：166.1 万 (2010)　面積：1352 km²
気温：11.8℃　降水量：584 mm/年
[40°13′N　115°10′E]

中国北部, ペキン(北京)市北部の区. 区政府所在地は城北街道に置かれる. 西はタイハン(太行)山脈北部にあたり, 北部はイエン(燕)山山脈の支脈の山地である. 山地は総面積の 69% を占めている. 最高峰である高楼の標高は 1439 m. 南東部は平野で, 標高は 24〜75 m である. 西部はトンシャー(東沙), ペイシャー(北沙), ナンシャー(南沙)河が北から南へ流れ, シャーホー(沙河)鎮で合流後はウェンユィー(温楡)河とよばれる. シーサンリン(十三陵)ダムなど 7 つの中小型ダムが立地する. 1 月の平均気温は −5℃, 7 月は 26℃. 農作物は小麦, 水稲, トウモロコシを主としているほか, クリ, クルミ, カキなどの山の幸がとれる. 工業は時計, 紡績, 農業機械, セメント, 醸造などの工場がある. 天然油石などの鉱石を産出する. 鉄道の京包線, 京通線, 国道 110 号が通る. 万里の長城, 明の十三陵, 雲台など名勝や史跡が多い.　　　　　　　　　　　[柴 彦威]

チャンピン市　漳平市
Zhangping
中国
しょうへいし (音読み表記) /チンチョン　菁城
Qingcheng (別称)

人口：24.1 万 (2015)　面積：2975 km²
気温：20.3℃　降水量：1486 mm/年
[25°18′N　117°24′E]

中国南東部, フーチェン(福建)省南西部, ロンイエン(竜岩)地級市の県級市. ミン(閩)江に次いで省内で第 2 位の大きさをもつチウロン(九竜)江(チャンチョウ(漳州)河)の上流域に広がる丘陵地帯にある. アモイ(廈門), チュワンチョウ(泉州), 漳州からなるミンナン(閩南)ゴールデントライアングルの北ゲートに位置し, 内陸型新興工業都市として知られる. 明の成化 7 年(1471)に漳平県として設置され, 1990 年に県級市となった. 別称はチンチョン(菁城). 市政府所在地は菁城街道. 住民の大半は閩南系のホーロー(河洛)人で, 閩南方言を使用する. 客家(ハッカ)は全体の 1.8% 程度である. 湿潤な山地気候に適する林業, 花卉, 茶栽培などが卓越している. 近年, 外資導入と私営企業の拡大により電力, 食品加工, 建材, 紡績などの資源近在型工業も勃興し始め, 内陸型発展モデルとして注目されている. 交通では鉄道の鷹廈(ようか)線(インタン(鷹潭)〜アモイ), 漳竜線(漳平〜竜岩), 漳泉線(漳平〜泉州)が通じ, うち漳平駅は省内の鉄道の中枢駅の 1 つである. 観光名所は寧洋明代古城遺跡や天台山国立森林公園などがある.　　　　[許 衛東]

チャンプー県　漳浦県　Zhangpu
中国
しょうほけん (音読み表記)
人口：81.9 万 (2015)　面積：2135 km²
気温：21.1℃　降水量：1553 mm/年
[24°07′N　117°37′E]

中国南東部, フーチェン(福建)省南部, チャンチョウ(漳州)地級市の県. タイワン(台湾)海峡に面し, アモイ(廈門)とシャントウ(汕頭)の両経済特区にも接する. 県は唐の垂拱(すいきょう)2 年(686)の漳浦県設置以来, 1300 年以上の歴史を有する. 県政府所在地は綏安鎮. ミンナン(閩南)語圏に属する. 海外に居住する漳浦出身の華僑は約 8 万人で, 台湾住民(約 2300 万人)のうち, 漳浦原籍の者も約 200 万を数える (2012). 漁業, 花卉, 果実, 茶栽培などが盛んで, 工業も台湾資本主体の綏安工業団地を中心に拡大している. 交通では瀋海高速(シェンヤン(瀋陽)〜ハイコウ(海口))と国道 324 号が通じ, 216 km の海岸線に漁港も多く分布する. 中でも最大水深が 38 m もある古雷港は 30 万 t 船舶用級のバース(接岸施設)が建造できる天然良港として, 大規模な港湾開発地域に指定されている.　　　　　　　　　　[許 衛東]

チャンフォン県　長豊県
Changfeng
中国
人口：約 77 万 (2014)　面積：1835 km²
[32°29′N　117°09′E]

中国東部, アンホイ(安徽)省中部, ホーフェイ(合肥)地級市の県. 県政府は水湖鎮に置かれる. 県の南部には丘陵と台地が, 中部と北部には平原が広がる. 1964 年にショウシェン(寿県), アンユワン(安遠), フェイトン(肥東), フェイシー(肥西)の各県から一部を割いて合併させて設置した. 合蚌高速鉄道と淮南鉄道, 合淮, 合肥の 2 本の高速鉄道が通る. 農業県で米, 小麦, ナタネ, 綿花などの生産と漁業, 水産養殖業が盛んである. 名勝古跡には武王堆, 袁術古堆があり, 景勝地には臥竜山森林公園, 豊楽生態園などがある.

　　　　　　　　　　　[林 和生]

チャンブリ湖　Chambri, Lale
パプアニューギニア
面積：216 km²　[4°15′S　143°07′E]

南太平洋西部, メラネシア, パプアニューギニア北部, イーストセピック州の湖. セピ

ック川中流域の南に位置する．美しい風景で知られ，水深は浅く，雨量によって水域は変化する．湖には3つの村があるが，平地が少ないため，住民は漁撈と，壺やフライパンなどの土器製作をおもな生業とし，周辺の人びとと交易を行って，主食であるサゴヤシ澱粉などを得ている．1930年代前半にアメリカの文化人類学者マーガレッド・ミードがこの地で調査を行い，女性優位の社会として描いて議論をよんだことでも知られる．

[熊谷圭知]

チャンプロン　Camplong

インドネシア

人口：0.1万（推）　　　　[10°02′S　123°55′E]

インドネシア中部，小スンダ列島，ティモール島西部，東ヌサトゥンガラ州クパン県ファトゥレウ郡の区および村．ティモール島西端の州都クパンを出て，ティモールトゥンガスラタン県の県都ソエへといたる道のりのほぼ中間に位置する．クパンからは自動車で1時間半ほど，東北東約50kmの地点にある．ファトゥレウ山（標高1115m）の山麓に豊かな森林が広がっており，チャンプロン自然観光公園（約7km²）が整備されている．ワニ，シカ，ヘビが保護されており，ハゴロモインコモドキ，セグロシロバトなどの鳥類が生息している．ロンタルヤシなどが生い茂るほか，ティモール島の特産である白檀も生えている．公園内には11の泉が湧出しているほか，地元の人びとが洗濯や料理など生活用水として利用できる水場にも恵まれている．道路のそばにはプールが設けられており，休日にはクパンなどからの家族連れで賑わう．第2次世界大戦時に日本軍によってつくられた壕も残っている．

クパンから向かう場合，公園より少し手前の地点で，左手に広場がある．ここでは毎週土曜日に市場が開かれている．農作物や家畜などの売買が行われ，大勢の人びとで賑わい，西ティモールにおける流通の基点の1つとなっている．

[森田良成]

チャンフン　長興　Jangheung

韓国

人口：3.7万（2015）　面積：618km²
　　　　　　　　　　　[34°41′N　126°54′E]

韓国南西部，チョルラナム（全羅南）道南部の郡および郡の中心地．行政的には長興郡長興邑．2010年の長興郡の人口は3.6万であ

る．1975年の人口は約12万であったので，この間に人口は約3割に減少した．郡域の中央部には耽津江が形成した沖積平野が広がり穀作以外にも特用作物が栽培されている．ナメ（南海）高速道路が通過する．　[山田正浩]

チャンフン半島　長興半島
Jangheungbando

韓国

長さ：30km　　　　　[34°34′N　126°53′E]

韓国南西部，チョルラナム（全羅南）道南部の半島．東はポソン（宝城）湾，西はカンジン（康津）湾にはさまれた位置にある．半島の東半分は長興郡に，西半分は康津郡に属する．半島の南には，コグム（古今）島，チョヤク（助薬）島，シンジ（薪智）島が位置している．半島の南東，天冠山（標高723m）の北麓に天冠寺がある．三層石塔が有名である．生産活動は漁業への依存率が高い．タチウオ，タコ，サワラなど，暖流性の魚種に恵まれている．干潟を利用した養殖も行われている．

[山田正浩]

チャンペイ区　江北区　Jiangbei

中国

人口：60.2万（2015）　面積：221km²
　　　　　　　　　　　[29°36′N　106°34′E]

中国中部，チョンチン（重慶）市中西部の区．チャリン（嘉陵）江とチャン（長）江の北岸に位置し，東西に長く，丘陵や谷が続く地形である．自動車や造船，化学などの工業が集積しているが，2010年，国家レベルの開発開放新区である両江新区の一部となり，再開発が進んでいる．長江の水運を利用した中国初の内陸型保税港区や中国最大級の内陸型コンテナターミナル，および金融業を主とするオフィス街，ショッピングモール，テーマパーク，シアターなどが建設された．丘陵地に複数の森林公園があり，市民のレクリエーションに利用されている．滬渝高速道路（シャンハイ（上海）市～重慶市）が通る．

[高橋健太郎]

チャンペイ県　張北県　Zhangbei

中国

人口：37.2万（2010）　面積：4190km²
標高：1300～2130m　気温：2.6℃
降水量：397mm/年　　　[41°09′N　114°43′E]

中国北部，ホーペイ（河北）省北西部，チャンチャコウ（張家口）地級市の県．県政府は張

北鎮に置かれている．内モンゴル高原の南側に位置し，地勢は南から北へ傾く．川は短く浅い．湖や泉が多い．1月の平均気温は−15.6℃，7月は18.4℃である．風力資源が豊富である．森林面積は20.8%に及ぶ．馬や羊が飼育され，県の牧畜業の中心地である．農作物はソバ，小麦，ジャガイモ，麻が栽培されている．鉱産物は金，石炭がある．建材，食品，毛皮などの工場がある．国道207号が走っている．　[柴　彦威]

チャンホウォン　長湖院
Janghowon

韓国

　　　　　　　　　　　[37°07′N　128°37′E]

韓国北西部，キョンギ（京畿）道東端の町．かつてはイーチョン（利川）郡長湖院邑であったが，1996年，郡全体で市制を施行し，現在は利川市長湖院邑である．朝鮮時代，漢城からチュンジュ（忠州），トンネ（東莱）に向かう幹線交通路，ヨンナム（嶺南）路と，ピョンテク（平沢）から東，チェチョン（堤川），ヨンウォル（寧越）に向かう交通路が交叉する地点に位置し交通の要衝，商業中心として発達した．付近一帯は，ハン（漢）江の支流，清美川に沿う平野で穀倉地帯である．[山田正浩]

チャンホワ区　沾化区　Zhanhua

中国

招安（古称）/せんかく（音読み表記）
人口：39.6万（2015）　面積：2218km²
　　　　　　　　　　　[37°41′N　118°07′E]

中国東部，シャントン（山東）省北東部，ピンチョウ（浜州）地級市の区．ポーハイ（渤海）湾に面している．宋代の慶歴2年（1042）に招安県が設置され，金代の明昌6年（1195）に沾化県に改称した．2014年に区となった．省北西部の沖積平野に位置し，標高は10m以下である．地熱資源や石油資源が豊富である．おもな作物は小麦，トウモロコシ，綿花，大豆，野菜である．渤海沿岸地域で魚，カニ，エビ，貝類がとれる．国道205号が南西部を通っている．　[張　貴民]

チャンホワ市　彰化市　Changhua

台湾｜中国

人口：23.4万（2017）　面積：66km²
　　　　　　　　　　　[24°04′N　120°32′E]

台湾中西部，彰化県の都市で県政府所在地．タイジョン（台中）市の南西18kmに位

置する．台湾中部では台中に次ぐ第2の都市である．豊かな穀倉地帯に位置し，彰化県は農業県として知られる．大陸に近いということもあって，古くから交易で栄えた．もともとは平埔（へいほ）族に分類されるパゼッヘ族が住んでいたが，鄭成功政権時代に漢人住民との混血が進んだ．1723年には県制が敷かれ，このとき，清国政府から授けられた顕彰皇化の言葉にちなんで彰化と改められた．日本統治時代には，しだいに繁栄を台中に奪われたが，物資の集散地としての機能は残り，1921年には物資輸送の拡充と列車の高速化を狙った海岸線（ジューナン（竹南）～彰化）が全通し，交通上の要衝となった．古刹が多いことでも知られる． ［片倉佳史］

チャンホワ自治県　江華自治県
Jianghua
中国

チャンホワヤオ族自治県　江華瑶族自治県 （正称）

人口：42.9万（2015）　面積：3234 km²

[25°11′N　111°35′E]

中国中南部，フーナン（湖南）省，ヨンチョウ（永州）地級市の自治県．県政府はトゥオチャン（沱江）鎮に所在する．ヤオ（瑶）族が総人口の7割近くを占める．モンチューリン（萌渚嶺）山脈が南部に連なり，北東部も同様に高く，北西部は丘陵地である．シャン（湘）江水系のシャオ（瀟）水の上流部にあたる．鉱産物はスズ，鉛，亜鉛，銅，タングステン，それにレアアースなどがある．林産物はスギ，マツ，クスノキ，孟宗竹などの用材のほか，茶油や漢方薬材を産する．農作物は水稲，トウモロコシ，搾油作物，タバコなどがあり，畜産も行われる．機械，木材加工，食品などの工場がある．名所旧跡に陽華岩や豸山寺がある．洛湛鉄道（ルオヤン（洛陽）～チャンチャン（湛江））が通る． ［小野寺 淳］

チャンホワ江　昌化江　Changhua
Jiang
中国

チャン江　昌江　Chang Jiang （略称）

面積：5150 km²　長さ：232 km

[19°18′N　108°40′E]

中国南部，ハイナン（海南）省の川．海南島の中西部を横断する．ナントゥー（南渡）江に次いで島内で2番目に大きな川である．チオンチョン（瓊中）自治県のリームー（黎母）嶺（標高1412 m）に源を発し，ウーチー（五指）山麓を半周してからロートン（楽東）自治県，トンファン（東方）市，チャンチャン（昌江）自治県を経て昌化港の西からトンキン湾に注ぎ

込む．隋代の607年，河口の城壁要塞として昌化県が設置され，川も昌化江とよばれた．略称は昌江である．源流と河口の落差は1270 m．流域人口は130万以上にのぼる．中下流に島内最大の大広壩ダム（貯水量17.1億 m³）とシールー（石碌）ダム（同1.41億 m³）が造成され，発電とともに西部乾燥地帯の灌漑に供している．下流沿いに石碌鉱山，海南製鉄廠など20数社の精錬企業が立地．河口にホワナン（華南）4大漁港の1つとよばれる昌化港がある．近年，森林伐採，過度の砂利採集，工場排水などの影響により，汚染が激しく，昌化港も土砂の堆積により廃港の危機に追い込まれている． ［許 衛東］

チャンホン鎮　江洪鎮
Jianghong
中国

人口：2.7万（2010）　面積：50 km²

[21°00′N　109°43′E]

中国南部，コワントン（広東）省西部，チャンチャン（湛江）地級市スイシー（遂渓）県の都市（鎮）．トンキン湾に面し，漁港から発展した．明の正統9年（1444），近くに圩（市場）が開設され，1934年に鎮として設置された．江洪漁港は水深2.5～4.5 mで，1000隻以上の小型漁船が停泊する．一帯は江洪仙群島風景地として知られる． ［許 衛東］

チャンメン市　江門市　Jiangmen
中国

ウーイー　五邑　Wuyi （別称）

人口：452.0万（2015）　面積：9505 km²

[22°35′N　113°05′E]

中国南部，コワントン（広東）省南西部の地級市．チュー（珠）江デルタの沖積平野の西側に位置し，ポンチャン（蓬江），チャンハイ（江海），シンホイ（新会）の3市区とタイシャン（台山），カイピン（開平），ホーシャン（鶴山），エンピン（恩平）の4県級市を管轄する．市政府所在地は蓬江区．別称は五邑．都市部にあたる3市区の人口は180万（2015）．都市形成は元末・明初の1368～88年の間に定期市として開設され，水運の便に助けられてシー（西）江下流域の集散地に拡大したことによる．地名は，西江とポン（蓬）江の合流地点にあり，南岸の煙墩山と北岸の蓬莱山が向かい合って門の形をなしていることから名づけられた．1904年，開港場に指定され，陶磁器や生糸など後背地の輸出商品の豊富さにより開港場を管轄する江門北街税関は広東を代表する8大税関の1つに成長した．開港と同

時に，国外に生計を求める人びとも増え，華僑の送り出し地域としても中国第一とよばれるほどである．現在江門出身の華僑は約400万人，世界107カ国に分布し，うちアジアが20％，北・南米が70％を占める．

最近は，華僑の投資による加工貿易を筆頭に対外経済がふたたび活発化し，輸出額が153億ドル（2015）の規模に達し，豪爵ブランドスズキ社との合弁会社のバイクや，金羚（チンリン）ブランドの洗濯機を量産するローカル企業も輩出している．工業が市の経済の57.6％を占める．市全体の1人あたりGDPは7965 USドル（2015）で，ほぼ全国平均と同じである．市内に2007年に「開平の望楼群と村落」としてユネスコの世界遺産（文化遺産）に登録されたカイピン（開平）碉楼（ディアオロウ）と，国指定の地熱型地質公園恩平温泉などの名所もあり，年間約1500万人の観光客が訪問している．また，1985年に市の投資で創設された五邑大学は学生数2万4000人（2016）を擁する省内有数の公立大学である． ［許 衛東］

チャンヤン自治県　長陽自治県
Changyang
中国

チャンヤントゥチャ族自治県　長陽土家族自治県 （正称）

人口：38.6万（2015）　面積：3430 km²

標高：1000 m　　[30°28′N　112°12′E]

中国中部，フーペイ（湖北）省，イーチャン（宜昌）地級市の自治県．県政府はロンチョウピン（竜舟坪）鎮に所在する．トゥチャ（土家）族が総人口の約半数を占め，1984年に自治県になった．ウー（巫）山山脈とウーリン（武陵）山脈が接する一帯に位置し，東流する清江の河谷にのみ平坦地が分布する．隔河岩水力発電所がある．鉱産物には石炭，鉄，水銀マンガンなどがある．森林はマツ，スギ，カシワ，クヌギが主である．農産物にはトウモロコシ，水稲，小麦，ナタネなどがあり，柑橘，茶葉，桐油などが特産で，豚や山羊の畜産も盛ん．工業は建材や製紙などがある．北部を鉄道の宜万線（イーチャン（宜昌）～ワンチョウ（万州））が通り，滬漢蓉（シャンハイ（上海）～ウーハン（武漢）～チョントゥー（成都））高速鉄道の一部分になっている．道路はやはり北部を滬渝（上海～チョンチン（重慶））高速道路が横断している．清江の水運がある．清江画廊風景地区は国の指定を受けた景勝地であり，国立森林公園である．長陽人遺跡や塩池温泉がある． ［小野寺 淳］

チャンユワン県　長垣県　Changyuan

中国

人口：約93万（2016）　面積：1051 km²

[35°11′N　114°42′E]

　中国中央東部，ホーナン（河南）省北東部，シンシャン（新郷）地級市の県．新郷市街地の南に位置する．5街道，13郷鎮を擁する．農業が盛んであり，緑色食品（有機栽培農産物）が知られるほか，中国料理人（厨師）の郷ともよばれる．製紙業，腐食防止産業や，起重機械，医療機械および衛生器具製造が知られる．　　　　　　　　　　　　［中川秀一］

チャンヨウ市　江油市　Jiangyou

中国

人口：79.3万（2015）　面積：2721 km²

[31°47′N　104°43′E]

　中国中西部，スーチュワン（四川）省，ミエンヤン（綿陽）地級市の県級市．市政府は中壩鎮に所在する．四川盆地北西部の縁辺，ロンメン（竜門）山脈の南東側に位置する．地勢は北西が高く南東が低く，西部ではフー（涪）江が南流し，東部ではトン（潼）江がやはり南流している．宝成鉄道（パオチー（宝鶏）〜チョントゥー（成都））が通り，成綿楽高速鉄道（綿陽〜成都〜ローシャン（楽山））の北の起点になっている．京昆高速道路（ペキン（北京）〜クンミン（昆明）)も北東から南西へ通る．農業は水稲，小麦，トウモロコシ，ナタネ，野菜などを産し，養豚も行われる．天然ガス，黄鉄鉱，石灰石などの地下資源があり，化学，冶金，機械，建材，エネルギーなどの工業が盛んである．唐代の詩人李白の故郷であり，李白記念館，国立地質公園の竇圌山，仏爺洞，白竜宮などの名所がある．　［小野寺 淳］

チャンヨン県　江永県　Jiangyong

中国

人口：24.1万（2015）　面積：1629 km²

[25°16′N　111°21′E]

　中国中南部，フーナン（湖南）省，ヨンチョウ（永州）地級市の県．県政府はシャオプー（瀟浦）鎮に所在する．トゥーパン（都龐）嶺山脈の南東側に位置し，シャン（湘）江水系のシャオ（瀟）水の支流沿いに細く狭い平野がある．ヤオ（瑶）族が総人口の6割あまりを占め，すべての少数民族を合わせた割合は9割に近い．鉱産物は金，銀，銅，鉛，亜鉛，鉄，マンガン，タングステン，スズ，レアアース，花崗岩などがある．林産物はスギやイチョウが多い．ザボン，サトイモ，ショウガ，シイタケ，米が江永の特産として知られる．工業は冶金，建材，食品などがある．洛湛鉄道（ルオヤン（洛陽）〜チャンチャン（湛江））が通る．名勝として千家峒国立森林公園がある．女性のみが用いた文字，江永女書がかつてこの一帯に広まっていた．

［小野寺 淳］

チャンラ山　Changla

中国／ネパール

標高：6563 m

[30°18′N　82°08′E]

　中国とネパールにまたがる山．ヒマラヤ山脈北西端，アピ・サイパル山群の高峰である．中国とネパールの国境稜線上にあり，西約100 kmでインドとの国境となる．中国シーツァン（チベット，西蔵）自治区のプラン（普蘭）から東約91 km，最も近い飛行場のあるシミコット Simikot から北東約47 kmの位置にある．北西約6 kmにチャンラ峠（標高5293 m）がある．チャン（グ）はチベット語で北，ラは峠を意味し，チャンラ山はこの峠に近いことが山名の由来である．チャンラ峠はチベット仏教やヒンドゥー教の聖山であるカイラス山（カンリンポチェ（岡仁波斉）峰，6656 m）への巡礼の道となっている．1983年に日本・ネパールの合同隊が標高6300 m地点まで到達したものの登頂は達せず，未踏峰である．　　　　　　　［松本穂高］

チャンラン山　江郎山　Jianglang Shan

中国

標高：824 m

[28°32′N　118°34′E]

　中国中部，チョーチャン（浙江）省チャンシャン（江山）市の山．浙江南西部からチャンシー（江西），フーチェン（福建）の境に延びるシェンシャ（仙霞）嶺山脈の南麓，チューチョウ（衢州）市の南西にある．チェンタン（銭塘）江の上流，衢江の源流に近く，チャン（長）江の支流，ガン（贛）江との分水嶺に近い．浙贛鉄道がそばを通る．主峰の標高は824 m．典型的な丹霞地形がみられるため，2010年「中国丹霞」の1つとしてユネスコの世界遺産（自然遺産）に登録された．山の中央に360 mあまりの高さをもつ3本の巨岩（三爿石）が寄り添うように屹立しており，江という姓をもつ兄弟が化身したものだという伝承から江郎山という名がついた．江南の都会に近く，古くから白居易，陸游，朱熹，徐霞客，郁達夫などの文人墨客が訪問し，風景を楽しんだうえで文学作品や墨跡を残している．とくに徐霞客は自然地理学的な観点からの記述を『徐霞客遊記』の中に残している．付近には隣接する地域文化の多様性を示すように，方言王国とか百姓古鎮とよばれる廿八都，南西に抜ける古道に置かれた仙霞関などがある．

［秋山元秀］

チャンリー県　昌黎県　Changli

中国

人口：56.4万（2015）　面積：1212 km²

気温：11℃　降水量：712 mm/年

[39°42′N　119°09′E]

　中国北部，ホーペイ（河北）省北東部，チンホワンタオ（秦皇島）地級市の県．県政府は昌黎鎮に置かれている．イエン（燕）山山脈，丘陵地帯の南にある．地勢は北西が高く，南東は低い．県の最高地点は碣石山の主峰仙台頂（標高695 m）である．1月の平均気温は−5.2℃，7月は25.1℃．農作物は小麦，トウモロコシ，水稲，サツマイモを主とし，リンゴ，ナシ，ブドウも生産する．鉱物や砂などの資源が豊富である．工業は機械，化学工業，醸造，紡績などがある．鉄道の京哈線，国道205号が通る．国際滑沙センターがある．碣石山や黄金海岸などの観光地は有名である．　　　　　　　　　　　［柴　彦威］

チャンリン県　長嶺県　Changling

中国

人口：64万（2012）　面積：5787 km²

[44°18′N　123°58′E]

　中国北東部，チーリン（吉林）省中北部，ソンユワン（松原）地級市の県．ソンホワ（松花）江とリャオ（遼）河の平地分水界に位置し，東部は丘陵が卓越し，西部は低平で湖沼が多く分布する．県政府は長嶺鎮に置かれる．トウモロコシなどの穀物の生産基地となっている．良質の草原が広がることから牧畜も盛んである．天然ガスの採掘や風力発電などエネルギー資源の開発が進められている．

［小島泰雄］

チャンリン県　江陵県　Jiangling

中国

人口：33.2万（2015）　面積：1032 km²

[30°03′N　112°25′E]

　中国中部，フーペイ（湖北）省，チンチョウ（荊州）地級市の県．県政府はハオシュエ（郝

チャンラン(江郎)山(中国),3つの峰が屹立する代表的丹霞地形《世界遺産》[Shutterstock]

穴)鎮に所在する.1998年に江陵区を廃して江陵県が設立された.チャン(長)江の東岸,チャンハン(江漢)平原にある.地勢は平坦で,河川と湖沼が密に分布し,水路が縦横に走っている.水稲,麦類,豆類,綿花,搾油作物が代表的な作物であり,水産物も多く産する.紡織,製紙,医薬,建材,食品,自動車部品などの工業がある.洪水との戦いを象徴する鎮安寺鉄牛などの名所がある.

[小野寺 淳]

チャンルー塩場　長蘆塩場
Changlu Yanchang 　中国

面積:6.0 km² 　　[38°35′N　116°47′E]

中国北部,ホーペイ(河北)省北東部,タンシャン(唐山)地級市ローティン(楽亭)県南西部の塩田.1939年に建設された.中国では生産量最大の塩田である.食用塩と工業用塩が生産される.ほかに塩化カリウム,塩化マグネシウムもつくられている. [柴 彦威]

チャンロー区　長楽区　Changle
中国

新寧県(古称)

人口:71.5万(2015)　面積:658 km²
気温:19.5°C　降水量:1382 mm/年
[25°57′N　119°30′E]

中国南東部,フーチェン(福建)省中東部,フーチョウ(福州)地級市の区.沿海地域,ミン(閩)江入江の南岸に位置する.区政府所在地は呉航街道.福州語圏に属する.歴史的に明代の鄭和大航海の出発地として知られ,唐の武徳6年(623)に新寧県として設置され,すぐに長楽県に改名された.2017年2月に福州市の区となった.温暖な気候に恵まれジャスミン,リュウガン(竜眼),柑橘類,サトウキビの主産地として発展した.工業も製糖,製紙,機械,製塩,造船,建材,アパレル,水産加工などを中心に拡大し,福州市からの工業分散の受け皿としての機能も有する.国外に約40万にのぼる長楽出身の華僑が居住している.交通では福泉高速(福州～チュワンチョウ(泉州))が通じ,100 km以上にのぼる河川航路沿いに営前,潭頭,松下,梅花,篝東などの中枢港が分布する.区内の沙京村の蓮花山麓にある竜泉禅寺は南朝の梁承聖3年(554)に創建され,鼓山の湧泉寺やフーチン(福清)の黄檗寺と並ぶ省内中部の3大名刹の1つで,日本の3大禅宗の1つである黄檗宗との深いつながりがよく知られる. [許 衛東]

チャンロー県　将楽県　Jiangle
中国

人口:15.0万(2015)　面積:2246 km²
気温:18.7°C　降水量:1676 mm/年
[26°44′N　117°28′E]

中国南東部,フーチェン(福建)省中西部,サンミン(三明)地級市の県.ウーイー(武夷)山脈の南東麓を流れるミン(閩)江支流のチンシー(金渓)中下流域に位置する.閩贛方言圏に属する.県政府所在地は古鏞鎮.三国時代の260年に東呉国領地の将楽県として設置された,省内で最も古い県の1つである.渓流が多く,植物の生育に適する.森林率は83%.林業や,タバコ,キノコの代表的な産地として発展した.年間1060万本のモウソウチク(孟宗竹),10万tのタケノコを産出し(2015),日本向けの輸出も多い.カルスト地形の玉華洞風致区は国指定の風景名勝地であり,竜栖山国立自然保護区,天階山国立森林公園などが観光名所となっている.向莆鉄道(ナンチャン(南昌)～プーティエン(莆田))と福銀高速(フーチョウ(福州)～インチュワン(銀川))が通じ,三明沙県空港まで車なら60分の道程である. [許 衛東]

チュー Chu ☞ シュー Shu

チュー川　Chu, Song　ラオス/ベトナム

サム川(ラオス語)

長さ:325 km　　[19°53′N　105°45′E]

ベトナム北中部,タインホア省の川.タインホアデルタを形成する2大河川の1つで,マー川の支流である.ラオス北部のフアパン県にあるパン山(標高2079 m)付近を源流とし,ベトナムのゲアン省を通過してタインホアに入ってマー川に合流する.傾斜転換点であるバイトゥオン Bai Thuong あたりを頂点とし,タインホアデルタを形成する.ラオス側ではサム(ナムサム)川とよばれる.

[柳澤雅之]

チュー江　渠江　Qu Jiang
中国

タンチュー水　宕渠水　Dangqu Shui (別称) 潜水 (古称)

面積:39200 km²　長さ:667 km
[30°01′N　106°18′E]

中国中西部,スーチュワン(四川)省東部を流れる川.チャリン(嘉陵)江の支流.古くは潜水とよばれた.また,流路が漢代における宕渠県を通過するため,宕渠水ともよばれる.いずれもダーバー(大巴)山脈を水源とするチェン(前)河,チョン(中)河,後河があわさってできた州河が,ダーチョウ(達州)市渠県の三匯鎮でバー(巴)河と合流して渠江となる.チョンチン(重慶)市ホーチュワン(合川)区の北東8kmに位置する三匯鎮で嘉陵江と合流する.水量が豊富で,4基の水力発電所が稼働している. [石田 曜]

チュー江　珠江　Zhu Jiang

ベトナム/中国

Pearl River (英語) /チューチャン河　珠江河
Zhujiang He (別称) /ユエ江　粤江　Yue Jiang
(別称)

面積：453700 km²　長さ：2400 km
降水量：1200–2200 mm/年

[22°32′N　113°44′E]

中国南部の川．珠江河，粤江ともよばれ，全長 2400 km にのぼるホワナン（華南）の大河である．全長 6380 km のチャン（長）江，5464 km のホワン（黄）河に次ぐ国内第 3 位の長さを誇る．年平均流量は 3360 億 m³ と多く，黄河の 580 億 m³ をはるかに凌駕し，長江の 9600 億 m³ に次ぐ規模である．英語名は Pearl River．流域はコワントン（広東）省，コワンシー（広西）チワン（壮）族自治区，フーナン（湖南）省，チャンシー（江西）省，グイチョウ（貴州）省，ユンナン（雲南）省とベトナムの北部にわたる．もともとコワンチョウ（広州）から南シナ海に合流する入江までの流路を指し，地名は，かつて広州市内を流れる部分に海珠とよばれる砂州があったことから名づけられた．また天然の真珠が数多くとれたことからという説もある．現在は主流のシー（西）江，支流のペイ（北）江とトン（東）江および珠江デルタに合流するすべての河川を表す総称として用いられる．

西江は雲南省チューチン（曲靖）市の馬雄山に源を発し，上流部ではナンパン（南盤）江とよばれる．貴州省，広西チワン族自治区を流れるペイパン（北盤）江，ホンシュイ（紅水）河，リウ（柳）江，チェン（黔）江，ユィー（鬱）江，シュン（潯）江，グイ（桂）江の流路を経て，最後の西江をつくり広州市にいたる．全長は 2214 km，集水面積は 35 万 3100 km²，河川流量は珠江全体の 68.5％を占める．北江は湖南と江西の両省の南部に源を発し，広州市の西方で西江と合流する．全長は 468 km，集水面積は 4 万 6700 km²，年間流量は珠江の 15.2％を占める．東江は江西省南部に源を発し，広州市の南東部で西江の支流と合流する．全長は 520 km，集水面積は 27 万 400 km²，年間流量は珠江の 7.6％を占める．歴史的に水利が発達し，流域耕地の灌漑率は 75％と高い．なお，広東北部に源を発するルオディン（羅定）江（201 km）は古くからナン（南）江とよばれ，1949 年以降に現名称の羅定江に改称されたが，流域住民は依然として南江の名称でよび続けている．

珠江流域の総面積のうち 1 万 1600 km² はベトナム北部に分布する．流域の周囲はナン（南）嶺山脈（標高 2142 m），アイロー（哀牢）山脈（3166 m），ミャオ（苗）嶺山脈（2179 m），ウーモウ（烏蒙）山脈（2866 m）などの山脈に囲まれ，流域の地形は西高東低，北高南低の特徴をなしている．流域の中国部分の水資源量は 3360 億 m³ で全国の 12％を占める．西江，北江，東江など 3 つの川が合流する広州南部には，1 万 1300 km² の広大な珠江デルタが形成され，華南地域の最も重要な農業地帯，工業地帯で，ホンコン（香港）やマカオ（澳門），広州，シェンチェン（深圳）などに代表される都市群が位置し，交通の中枢となっている．流れはここで幾筋にも分かれて，大小 100 本あまりの河道が総延長 1600 km の網状クリークをつくり，最後はフーメン（虎門），蕉門，洪奇瀝，横門，磨刀門，鶏啼門，虎跳門，崖門の 8 つの河口から南シナ海に注ぐ．

珠江流域はアジアモンスーン亜熱帯気候に属し，年平均降水量が多く水量は豊富であるが，含砂量は 0.249 kg/m³（年換算 8872 万 t）と少ない．水深も深いため水運には適する．動力牽引船の通年航行可能水路の総長は約 5000 km，広西チワン族自治区のウーチョウ（梧州）から上中流域まで小型船が，梧州から広州まで 1000 t 級の貨物船が，広州から万 t 級の大型船舶が通行できる．航路の重要度と水運量はともに長江に次ぐ全国第 2 位である．包蔵水力も豊富で，西津，楓樹壩，新豊江，昭平などの発電所をはじめ，全流域では約 1 万 4000 個の発電所併設ダムないし水利中枢施設が建設され，発電能力も合計で 2000 万 kW の規模に達する．他方，こうした広範囲の工事は水路の変更，遮断，河床の生態変化などの環境悪化をもたらし，とくに回遊魚の産卵や繁殖に大きなダメージを与えている．その対策として 2011 年から漁業禁止期間が設けられた．　　[許　衛東]

チュー江口　珠江口　Zhujiang Kou

中国

[22°32′N　113°44′E]

中国南部，コワントン（広東）省中部，チュー（珠）江の河口．デルタを形成する河川の入江と残留河口が併存する．流量は毎秒 1 万 m³ と大きく，土砂含有量は 0.136〜0.306 kg/m³ と比較的少ない．潮流差も小さい．珠江の支流であるシー（西）江，ペイ（北）江，トン（東）江，増江，流渓河と潭江が 8 本の流路をつくり，放射状をなして南シナ海に合流する．代表的な出口はフーメン（虎門），蕉

門，洪奇瀝，横門，磨刀門，鶏啼門，虎跳門，崖門など．ほかに黄茅海や伶仃洋などの河口湾がある．1809 年，珠江河口の海図がはじめて作成され，53 年にホンコン（香港）と河口に水文観測所と気象観測所が設置された．　　[許　衛東]

チュイ州　Chuyskaya Oblast'

クルグズ

人口：85.4 万 (2014)　面積：20200 km²

[42°52′N　74°36′E]

クルグズ（キルギス）中央北部の州．州都は首都でもあるビシケク．南にアラタウ山脈，東にキュンゲイアラトー山脈の山々がある．テンサイ，小麦，果物などが栽培され，牛，豚，馬が飼養される．テンサイ精製，繊維加工，搾油などの工業がある．トルケスタン・シベリア（トルクシブ）鉄道の支線が通る．ビシケク，トクマク，カントが主要都市である．クルグズ人，ロシア人が居住する．州内の遺跡が 2014 年にユネスコの世界遺産（文化遺産）「シルクロード：長安–天山回廊の交易路網」の一部として登録された．1939 年にフルンゼ州として形成され，91 年のクルグズ独立の際に改称された．　　[木村英亮]

チュイ川　Chuy River

クルグズ/カザフスタン

シュー川 (カザフ語)

面積：67500 km²　長さ：1067 km

[44°49′N　69°51′E]

クルグズ（キルギス）からカザフスタンにかけて流れる川．クルグズのイシククル湖西部から北西に流れ，首都ビシケク北方のチュイ州北側と，カザフスタンとの国境を 100 km にわたって流れ，北に向きを転じてカザフスタンに入り，ステップに消える．カザフ語ではシュー川，ロシア語ではチュー川とよぶ．流域にはイラン系のソグド人が住む．　　[木村英亮]

チューイエ県　巨野県　Juye

中国

人口：107.4 万 (2015)　面積：1308 km²

[35°23′N　116°05′E]

中国東部，シャントン（山東）省南西部，ホーツォ（菏沢）地級市の県．前漢代に巨野県が設置されてから，巨野古城は県，郡や州の中心地であった．ホワン（黄）河沖積平野に位置し，地形は東から西へやや傾いている．南東部にある金山（標高 133 m）が最高峰である．

1096　チユイ

石炭の埋蔵量は48億tである．農業では穀類，綿花，野菜の栽培と養蚕が行われる．昌邑古城や前漢代の古墳などの観光地もある．国道327号や石新鉄道が東西を走っている．
　　　　　　　　　　　　　　　　　［張　貴民］

チューイエン　居延　Juyan　中国

　中国北部，内モンゴル自治区とガンスー（甘粛）省にまたがる遺跡．内モンゴル自治区エジナ（額済納）旗金斯諾爾から甘粛省チンター（金塔）県毛目まで長さ約350kmの範囲に分布する．漢代の張掖郡居延都の遺跡である．前漢武帝の時代に匈奴の侵入を防止するため，弱水（現エジナ（額済納）河）に沿って両岸に城壁を建設した．1930年，スイスと中国の北西科学考察団による調査で，漢簡（木簡）1万余枚が発見され，居延漢簡と称された．1972〜76年には，考古隊がさらに遺跡3カ所，漢簡2万余枚を発掘した．1988年，国の重要文化財に指定された．現在保存されている城壁，烽火台は160余カ所ある．弓，矢，刀，剣などの武器と，積薪，五銖，半両などの貨幣，鉄工具，農具，竹木器，織物，穀物，印章，硯などが2300余件発掘されている．
　　　　　　　　　　　　　　　　　［杜　国慶］

チュイチン市 ☞ チューチン市 Qujing

チュイフー市 ☞ チューフー市 Qufu

チューウオ県　曲沃県　Quwo　中国
絳，絳邑（古称）

人口：24.1万（2013）　面積：438 km²
　　　　　　　　　　　［35°43′N　111°28′E］

　中国中北部，シャンシー（山西）省南西部，リンフェン（臨汾）地級市の県．地名は周西初期までさかのぼることができる．春秋時代，晋国はここを都とした．秦に絳県，後漢に絳邑県と改称され，北魏より曲沃県となった．1958年に曲沃県，シンチャン（新絳）県とフェンチョン（汾城）県が合併し，ホウマー（侯馬）市が設置されたが，62年に曲沃県に戻った．同蒲鉄道が西部を縦貫している．食糧，綿花と葉タバコを生産している．曲沃古城遺跡や曲村古遺跡などがある．　［張　貴民］

中央アジア　Central Asia

　地理区分としての広義の中央アジアは，ユーラシア大陸の中央部に広がる地域をさし，世界で最も標高が高い山脈と高原からなる広大な山岳地域である．これはユネスコの定義でもある．一方，旧ソ連は，現在，ウズベキスタン，クルグズ（キルギス），トルクメニスタン，タジキスタンの4カ国となっている地域を一括して，「中央アジア」とよんでいた．ソ連崩壊後は，これにカザフスタンを加えた5カ国の地域を「中央アジア」とよんでいる．これは狭義の「中央アジア」であり，18〜19世紀に，チュルク（トルコ）系民族の住む地域という意味でトルキスタンという地域名があったとき，「中央アジア」5カ国が西トルキスタン，現在の中国シンチャン（新疆）ウイグル（維吾爾）自治区が東トルキスタンとよばれていたという歴史的背景にもとづいている．

　広義の中央アジアは，海から遠く離れた大陸中心部にあるため気候は乾燥し，砂漠も広がり，人口が最も希薄な地域でもある．中央アジアの自然の特徴は，ヒマラヤ，クンルン（崑崙）山脈，ティエンシャン（天山）山脈などの長大な山脈がほぼ東西方向に延び，それらの高い山脈の間に，チベット高原やタリム（塔里木）盆地など著しく高さの異なる高原や盆地が広がっていることである．これらの東西性の大地形の配列は，中生代から新生代にかけてインド・プレートが北上してユーラシア・プレートに衝突し，ヒマラヤ山脈・チベット高原が隆起したことに由来している．2つのプレートの衝突は現在も続いており，ヒマラヤ山麓や，チベット高原の境界部では，大地震が頻発して大きな被害を与えている．8000m峰が連なるヒマラヤ山脈に対して，タクラマカン（塔克拉瑪干）砂漠が広がるタリム盆地では海面下−130mの凹地があるなど，中央アジアの南北方向の地形は，起伏に富んでいるが，これらもすべて，インド・プレートの衝突によるユーラシア・プレート内での断裂帯の形成によって説明されている．

　東西方向にみると，中央アジアの北端アルタイ山脈の東方への延長はゴビアルタイ山脈であり，その山麓からはゴビ砂漠が広がる．ツァイダム（柴達木）盆地の北東にはアルチン（阿爾金）山脈，チーリエン（祁連）山脈が延び，チベット高原の北東部への広がりを境する．この高原は，中国のシーツァン（チベット，西蔵）自治区とチンハイ（青海）省のほぼすべてを含む世界最高，最大の高原であり，2つを合わせてチンツァン（青蔵）高原とよぶ．この広大な地域の大部分は中国に含まれるが，カラコルム，ヒンドゥークシュ山脈は

パキスタン，アフガニスタン，インドにまたがり，ヒマラヤ山脈はインド，ネパール，ブータン，ミャンマーにまたがっている．またパミール，天山山脈は，アフガニスタン，タジキスタン，ウズベキスタン，クルグズ，カザフスタンにまたがっている．アルタイ山脈も北部はカザフスタンとロシアのアルタイ共和国にまたがり，中南部はモンゴルである．

　中央アジアの砂漠や高原地域では，農業はオアシス周辺でしかできないため，ここでは遊牧などの移動牧畜が発達した．羊，山羊，馬，ラクダなどを大規模に飼養する伝統的な牧畜は，モンゴル語でゲル（中国語ではパオ）とよばれる移動式住居を伴い，牧草を求めての季節的な長距離移動を可能にした．遊牧を通じての集団の統率能力の向上に加えて，豊富な金属資源を利用可能にした技術的発展は，中央アジアの諸地域で，大規模な騎馬軍団による周辺民族への侵略と，軍事・経済力を背景にした交易ネットワークの確立を可能にした．匈奴，スキタイ，パルティア，突厥，モンゴル帝国などに代表されるこうした遊牧民国家は，中央アジアからさらに西アジア，東アジアに広がる広大な地域を支配する強大な帝国をさまざまな時代につくり上げた．とくにモンゴル帝国は，ヨーロッパから中国全土までを支配下に置く世界帝国をつくり，東西の文化交流にも決定的な影響を与えた．

　一方，これらの遊牧民国家の侵略に脅かされたのは，農業を基盤とする定住民のつくる周辺の国家であった．東アジアの農業国家であった秦，漢，唐などは万里の長城を築くとともに，遊牧民国家との外交，融和に力を注ぎ，また，中央アジア，西アジアを経て，ローマ帝国などヨーロッパとの交易を可能にするために，中央アジアの高原と砂漠を越えて東西を結ぶ交易路を発達させた．これがシルクロードであり，天山山脈の北と南を通る東西方向の2つの道（天山北路，南路）のほか，ヒマラヤ，カラコルム，ヒンドゥークシュなどの山脈を南北に越える峠道が開拓され，インドへの道が開かれた．これはインドなど南アジアで生まれた仏教が，中央アジアを経て東アジアに伝来する道でもあった．

　こうして中央アジアでは，ヒマラヤを越えた仏教や，シルクロードを経てギリシャ，ローマから，また反対に漢や唐から伝わった文化が独自なかたちで融合，発展し，特異な文化が生み出された．長いこと地図の空白域であったことや，帝国主義的な領土拡大への野心，滅し去った国や文化への考古学的関心などから，中央アジアは，19世紀から20世紀

前半にかけて重要な探検の場となった．中でもスヴェン・ヘディンによる探検は，1899〜1902年にかけてのタクラマカン砂漠横断で九死に一生を得た体験や，さまよえる湖ロプノール，楼蘭の遺跡発見などによって世界的な関心をよび，中央アジアへの夢をかきたて，多くの影響を与えた．1880年に作曲されたロシアの作曲家ボロディンの交響詩「中央アジア（の草原）にて」も，狭義の中央アジアを舞台にしているが，やはり，異文化世界である中央アジアへ憧れや，ロマンチシズムをかきたてた．　　　　　　　　［小野有五］

狭義の中央アジアは，旧ソ連の中央アジア（ウズベキスタン，クルグズ（キルギス），トルクメニスタン，タジキスタン）とカザフスタンの5カ国の地域を一括する地域的範囲として説明されることが多い．その民族名を国名とする民族（名称民族）のうち，タジク人のみがイラン系で，ほかはチュルク系である．ロシア人，ウクライナ人，カラカルパク人をはじめ，タタール人，ドイツ人，ウイグル人，ユダヤ人，朝鮮人など他の民族も住む．旧ソ連中央アジアは，南と南東部の標高7000m級のイスマイルサマニ峰（旧称コムニズム峰），ポベーダ山，ハンテングリ山などの諸峰を連ねるティエンシャン（天山）山脈，パミール山地などがアムダリア，シルダリア両河川の水源となり，フェルガナ，タシケントなどのオアシスを抱く．両河川の地域はギリシャ人にトランスオクシアナとよばれたのをはじめ，マーワランナフル，ソグディアナなどとも称され，豊かな水にあふれたオアシスや河川は日本の水田を思いおこさせる．そこでは綿，稲，果物が栽培され，山麓では羊，山羊，ラクダが飼養される．都市のバザールの活気は日本の市場と変わりない．第2次世界大戦後一時この地域にも多数のシベリア抑留者が働いていた．戦前，シルクロードという言葉は日本人に憧れをもって語られたが，現実においても特別の縁をもったことのある地域である．

北のカザフスタン西部カスピ海沿岸の低地とその東の半砂漠のステップは，大陸性気候で，冬は気温が低く夏は暑く降水量が少ないため農耕はできない．ソ連からの独立前のカザフスタンはロシア人が37.8％とカザフ人39.7％に迫っており，中央アジア Middle Asiaと称された南の4カ国と区別されていたが，その後中央アジア Central Asiaとして一括された．独立後は，カザフ語重視の教育政策もあって2009年にロシア人23.7％に対しカザフ人は63.1％に増えた．中央部の

高地には石炭，銅などの地下資源があるが，南側にはクズイルクム砂漠とトルクメニスタンのカラクム砂漠がある．この地域のおもな民族はムスリムであったが，ロシア革命後70年にわたって反宗教政策や民族的境界区分が行われ，今日あるような国家が形成された．

ソヴィエト期，とくに大祖国戦争後は工業化が行われたが，ソ連全体の分業体制の下に綿や石油の供給地とされていたため，ロシアのイニシアチブによる1991年の突然のソ連解体は経済的に大きな打撃を与えた．それはまた，新たな可能性を開いた．ウズベキスタンはアジア，中東への輸出を急増させ，とくに韓国は最大の貿易相手国となっている．カザフスタンは旧ソ連地域への輸出を急減させたが，アジア，中東への輸出は増加している．クルグズは金輸出，タジキスタンはアルミニウム，天然ガス輸出という特徴がある．

この地域とロシア，中国との関係は大きく変動し，それまで大部分が砂漠や山地を大回りして海路で行われていた物資の流通が，陸路パイプラインなどで直接行われるようになり，たとえばカザフスタンから中国への輸出は石油を中心に2006〜12年に4.5倍となり，トルクメニスタンの対中輸出も急増している．これは2006年にアメリカが中央アジア5カ国を管轄していた欧亜局を南アジア・中央アジア局に改組し，中央アジアにおけるロシア，中国の影響に対抗しようとする戦略をとったことにもよる．これによって中央アジアとインドとの交流を進めてアフガニスタン情勢を安定させようともしたのである．ソ連崩壊後インドはただちに中央アジア各国に大使館を置き，経済関係強化に備えた．中央アジアの石油，天然ガスは，インド，パキスタンにとって重要であったからである．タジキスタンとアフガニスタンを結ぶ橋梁の建設など南北ルートを支えるインフラも整備され始めている．中国からも中央アジア経由でパキスタンを通って直接中東，アフリカにも物資が移動されるようになり，周辺各国の経済発展が刺激され，ユーラシア大陸に新たな大経済圏，新しい中央アジアが形成されつつある．

5カ国はイスラームの地域であったが，70年間徹底的な無神論の社会主義体制がとられてきており，近隣のイスラーム諸国を含め，今後宗教がどのような役割を果たしていくことになるのか，類似の条件をもつ中国のシンチャン（新疆）ウイグル（維吾爾）自治区の動向もからみ興味深い．

旧ソ連中央アジアは，日本と比べて面積は

106倍もあるが人口は全体で6000万強と半分程度で経済的な規模も大きいとはいえないが，21世紀の新しい条件の下で，経済，政治，文化の結び目として，中国，ロシアを中心としたユーラシア圏全体の発展に果たす役割が格段に大きくなることが期待される．旧ソ連の地域についてもアゼルバイジャン，アルメニア，ジョージア（グルジア）のザカフカジエ3カ国を加え，東のジュンガル（準噶爾）盆地，チベット，モンゴル，アフガニスタンを含めて考えることが適切となってきている．ユーラシア大陸は大変化の中で周辺の東アジア，南アジアなどの地域も含め再編成の過程にあり，従来の地理学の概念を超えた中央ユーラシアというとらえ方も広まりつつある．動きつつある世界の中で，極東の日本も新たな構想を迫られることになるであろう．
　　　　　　　　　　　　　　　［木村英亮］

ちゅうおうしゅう　中央州 ☞ セントラル州
Central

ちゅうおうとう　中央島 Middle Island ☞
みなみじま South Island

中央ブラーフィ山脈　Central Brahui Range
　　　　　　　　　　　　　　　パキスタン
標高：3578m　長さ：380km　幅：95km
　　　　　　　　　　　　[30°31′N　68°49′E]

パキスタン南西部，バローチスタン州北部の山脈．ピシンの東方から南へ州都クエッタさらにカラートの東方を経て南に延び，標高はおおむね1800〜3500mで南にいくにつれて低下する．最高峰はクエッタ近郊のザルグン Zargun 山（標高3578m）である．北部のボラン峠を介して，クエッタとインダス平原への出口である要衝シビーとが鉄道，道路で結ばれる．　　　　　　　　　［出田和久］

中央マクラーン山脈　Central Makran Range
　　　　　　　　　　　　　　　パキスタン
長さ：400km　幅：65km
　　　　　　　　　　　　[26°40′N　64°30′E]

パキスタン南西部，バローチスタン州南部の山脈．西はイラン国境から東北東へ，シアハン山脈の東端へと連なる．西から東にいくに従い高度を増し，西部は標高1000m以下が大部分を占め，脊梁部が1000mを超える程度であるが，東部は1500mを超えるとこ

ろもみられる． ［出田和久］

ちゅうかじんみんきょうわこく　中華人民共和国　China, People's Republic of

中国（日本語・通称）／ China（英語・通称）／ Zhonghua Renmin Gongheguo（漢語・正称）／チョングオ Zhongguo（漢語・別称）

人口：133970万（2010）　面積：9596961 km²
［39°55′N　116°26′E］

アジア東部の共和国．通称中国．東部と南東部はホワン（黄）海，東シナ海，南シナ海に面し，14ヵ国と国境を接する．国土の面積，人口など，国の規模において世界で最も大きな国の1つである．国土の面積は960万km²，ロシア，カナダ，アメリカ合衆国に次ぐが，カナダ，アメリカ合衆国とはほとんど差がない．人口は最新のセンサスデータ（2016）で約14億の世界第1位，第2位のインドが約13億で後を追っている．第3位のアメリカ合衆国は3億少しであるから，中国とインドというアジアの両国が，世界の人口の36％を占めていることになる．広大な国土と膨大な人口という最も基本的な資源において卓越した国である．

首都はペキン（北京）に置かれているが，経済の中心はシャンハイ（上海）にあるといわれ，株式市場の中心は上海にあり，ほかにはシェンチェン（深圳）に置かれている（ホンコン（香港）には別の市場がある）．そのほかにコワンチョウ（広州），ティエンチン（天津），チョンチン（重慶），ダーリエン（大連）など，全国レベルで大きな位置を占める都市がある．この中で天津と重慶は北京・上海と並んで4つの直轄市という一級行政区になっている．一級行政区として一般的なものは22の省である．このほかに少数民族による自治区が5つある（内モンゴル・ニンシャ（寧夏）回族・シンチャン（新疆）ウイグル（維吾爾）・シーツァン（チベット，西蔵）・コワンシー（広西）チワン（壮）族）．その下の行政区には2つのレベルがあり，上級のものを地級（地級市・地区・州・盟），下位のものを県級（県級市・県・旗など）とよんでいる．したがって中国では，市といっても4直轄市と，地級市と県級市があり，それぞれ行政的な地位が異なる．これ以外に，香港とマカオ（澳門）という特別行政区がある．通貨は元（元の下には角・分という単位がある）で，正式には人民幣（レンミンピー RMB）といわれる．

中国という名称は，歴史的には世界の中央の土地という意味からきており，言葉としては特定の範囲を示す固有名詞ではなく普通名詞であった．中華，中夏，華夏などの呼称も，中央にある華やかな進んだ文明という意味で使われた．ホワン（黄）河中流域をさす中原という用語も，中国と同じ意味である．前近代の王朝時代には，それぞれの王朝をよぶ名称はあっても，時代を越えてよぶ共通の呼称はなかった．時代にかかわらず，日本では漢や唐（唐土や唐国とも．読み方は「からくに」や「もろこし」とよぶのが一般的であった．明治になって清国と国交を結ぶと，日本でも清国というよび方を使うようになったが，一方で仏教伝来に伴ってインドから伝わったとされる支那（チーナ），というよび方も用いられた．中華民国が成立してからは，中国自身が中華や中国という呼称を採用するようになった．現在でも欧米では秦に由来するChinaの呼称を用い，中国でも中華人民共和国をPeople's Republic of Chinaとしている．欧米では中国をそのままMiddle Kingdomと訳する場合もあるが，あまり一般的ではない．なお中華人民共和国を中共と略してよぶのは誤りで，中共は中国共産党の略称である．

広大な国土には多様な自然が認められる．地形でみると，国土の南西部には世界の最高所であるヒマラヤ山脈の北に，平均して標高4000 m前後の高度をもつチベット高原が広がり，そこから一段下がると高度2000 m前後のユンクイ（雲貴）高原があり，さらにその下には高いところでも1000 m前後の起伏の多い山地が並び，東南海岸につながっていく．中国の南方ではこのような階段状の地形が発達し，それぞれの地形に応じた土地利用や生活様式が展開している．

チベット高原の北部にはチンハイ（青海）湖をもつツァイダム（柴達木）盆地があり，その北に横たわるクンルン（崑崙）山脈・アルチン（阿爾金）山脈・チーリエン（祁連）山脈を越えると，急斜面を下ってタリム（塔里木）盆地となる．その中央にタクラマカン（塔克拉瑪干）砂漠があり，周囲の山麓にはかつてはシルクロードが通っていたオアシスが点在する．オアシスには交易にたずさわる商人とオアシス農業に従事する農民が生活し，山麓から高原にかけては遊牧民が放牧を行っている．タリム盆地の北東にある小盆地，トルファン（吐魯番）盆地にあるアイチン（艾丁）湖は海抜マイナス150 mと，海面よりはるか下にある．したがってタリム盆地やその北のジュンガル（準噶爾）盆地に流入する河川はすべて内陸河川である．ヒマラヤ山脈からタリム盆地までの高度差は9000 mを越えることになる．タリム盆地の北にはティエンシャン（天山）山脈があってその北のジュンガル盆地との境界をなしている．その東はアルタイ山脈が横たわり，それを越えればモンゴル高原である．これらの盆地や高原は，伝統的には遊牧民の生活圏であった．

モンゴルの東はダーシンアンリン（大興安嶺）山脈で区切られ，その東麓からはトンペイ（東北）平原が広がる．東北平原の北界はシャオシンアンリン（小興安嶺）山脈，南界はチャンパイ（長白）山脈で区切られている．それぞれ山脈を越えればロシアと北朝鮮である．東北平原の北部はヘイロン（黒竜）江（アムール川）の支流，ウスリー川（烏蘇里河）・ソンホワ（松花）江の流域となり，南部はリャオ（遼）河の流域となる．東北平原は中国でも有数の穀倉として農業生産の中心になってきたが，近年は灌漑の進展によって水田が拡大している．

中国の東部から南部にかけての沿海地帯は，北部ではハイ（海）河・黄河，中部ではホワイ（淮）河・チャン（長）江・チェンタン（銭塘）江，南部ではミン（閩）江，チュー（珠）江などの河川の沖積平野からなり，古くから豊かな農業生産の場であるとともに，人口が最も稠密で都市も発達し，近年の経済発展の中心となっている．

中国では古くから南船北馬というように，さまざまな事象において南方と北方の自然環境や文化の違いがあることが指摘されてきたが，農業や土地利用では，淮河を隔てた南方は水田での米，北方では畑での麦が主要な作物で，それに従って食文化や生活様式が異なっていた．近年は灌漑による水田の展開で，米の栽培地が拡大し，食生活でも米の消費が増えている．中国の主要な農産物は米，小麦，トウモロコシの3種類であるが，米と小麦は世界第1位の生産量があり，それぞれ世界の28％，16％を生産している．トウモロコシは世界第2位であるが，それでも世界の20％を生産している（2008）．その他の農産物・肉製品・漁獲品でも十分な生産量があり，農業生産に関してはほぼ自給ができており，近年は野菜や果樹など付加価値の高いものを栽培することが進んでおり，一部は輸出されている．

中国大陸には早くから人類が居住していたことが，北京原人などの化石人類の発見で明らかになっているが，紀元前2000年頃には黄河中流域に夏王朝が成立し，組織的な国家の体制が生まれていたことが歴史に記録されている．黄河流域から長江流域にかけて大小の国家が分立していた時代を経て，紀元前3

1100　チユウ
〈世界地名大事典：アジア・オセアニア・極Ⅰ〉

世紀には秦が統一王朝をつくり，今日の中国の原型をつくった．秦を継いだ漢の時代には，北方の遊牧民族であった匈奴との抗争を経て，北西の河西回廊（現在のガンスー（甘粛）省）まで領域を拡大し，北は朝鮮半島，南はベトナム北部にまで勢力圏を広げた．領土を超えて通商交易の範囲は中央アジアから北アジア，さらに南アジアまで及んだと考えられる．この広大な領土を基盤にした体制をつくり上げた民族を漢民族とよぶ．漢民族というのは自然人類学的な特徴による類型というより，政治的文化的に形成された社会集団というのが妥当である．

漢以後，20世紀の初頭にいたるまで，長いものでは数百年，短いものでは数十年のサイクルで王朝が交代し，その王朝の力量や周辺の国家民族との関係に応じて領域は変動した．漢代に基礎がつくられた領域が統一されたままではなく，南北に二分されたり三分されたりした時代もあった．また分裂した際に，一方の王朝は漢民族ではなく，異民族によって建てられた場合も少なくない．とくに北アジアの遊牧民族が万里の長城を越えて南下し，黄河流域を支配下におさめた南北分裂の時代には，漢民族の王朝は南方の長江流域に拠点を移して難を避け，異なる体制の王朝が併存した．さらに北方民族の勢力が強大になると，全土がその支配下に入るいわゆる征服王朝の時代が訪れた．モンゴル族による元と満洲族による清がその典型であるが，契丹族による遼，女真族による金も征服王朝とよばれる．しかし征服王朝の時代においても，漢民族は圧倒的に多数の人口をもち，農耕社会を基盤にする社会構造は維持された．むしろ異民族の社会や文化との交流は，それまでの漢民族がもたなかった特徴を生み出し，中国文化の多様化に貢献したといえる．

このような歴史時代の中で，中国が最大の版図を実現したのは清朝の時代で，康熙・乾隆という傑出した皇帝の権勢によって，北はモンゴル・シベリア南部・沿海州まで，西北はタリム盆地からジュンガルまで，西南はチンハイ（青海）・チベットを，理藩院という組織で管轄する藩部として王朝の版図に組み入れた．これに対して東から南の外縁に位置する朝鮮・琉球・ベトナムは，独立した国家として認められてはいたが，清朝が宗主権をもち，経済関係も朝貢を通じて行うというかたちで，ゆるやかな従属関係に置かれたといえる．このような清朝がつくり上げた国家の構造は，東アジアのみならず，北アジア・中央アジア・東南アジア・南アジアにまで及んでおり，近代にいたるまで基礎的な枠組みとして機能していた．

しかし1840年のアヘン戦争とその後の西欧列強の攻勢に，清朝の国家体制は対応できず，1911年に辛亥革命により長い王朝時代は終わりを告げ，中華民国という共和制が実現する．しかし西欧列強のみならず，東アジアで唯一富国強兵に成功し，日清日露の戦争に勝利した日本が朝鮮を併合し，さらに満洲国を樹立するに及んで，それまでの中国が維持してきた東アジアの秩序は破壊されてしまった．中国内部でも国民党や共産党，それに各地の軍閥が暗躍するなど，国家としてまとまりを欠いた状態が続き，結局1945年に日本が第2次世界大戦に敗れた後，国共内戦を制した共産党の代表，毛沢東が49年10月に中華人民共和国の成立を北京の天安門で宣言するのである．

1949年の新中国の成立（解放）当初は長年の戦乱と内戦で疲弊した国土を復興させ，社会主義的計画経済にもとづいた建設を進める努力が行われたが，間もなく朝鮮戦争が発生したり，冷戦の中で国際的に緊張を強いられたりで，多くの困難に直面していた．そのような情勢の中で行われた急進的な社会主義路線による大躍進（1958〜61）や人民公社の展開はかえって国民経済を破壊し，その矛盾をめぐって政治の混乱が起こり，毛沢東が発動した文化大革命の大衆運動（1966〜76）によって，中国は通常の国家運営ができない状態となった．

1976年の毛沢東の死後，この状態を正常化するために鄧小平が主導したのが，1978年に始まる改革開放政策で，政治運動で疲弊した社会をまず経済発展で立て直そうとするものであった．それまでただの農村であったコワントン（広東）省の深圳を経済特区にしたり，上海や天津の古い工業都市に経済技術開発区を設置したりして外資を積極的に導入し，社会主義を標榜しながらも，実質的には資本主義的な市場経済体制を導入して経済発展を図った．この政策によって中国の経済は活性化し，海外の資本が続々と中国に進出し，広東省の珠江デルタを代表とする東部沿海地区は世界の工場といわれるような生産基地となり，全国から労働人口も集中して国民の生活水準も大いに向上した．その結果，90年代から中国は毎年高い経済成長を遂げ，2010年にはGDPで日本を抜いて世界第2位になった．

もともと中国において工業は，近代になっても東部沿海の古くからの工業都市である上海・天津・チンタオ（青島）などの軽工業と，アンシャン（鞍山）・フーシュン（撫順）・シェ

ンヤン（瀋陽）など東北南部の豊富な天然資源を利用する重工業などに限られ，全体として第2次産業は遅れていた．新中国成立後は，第1次五カ年計画（1953〜57）にもとづいて工業配置が進められ，沿岸ではなく内陸のポグト（パオトウ，包頭）やウーハン（武漢）に製鉄所を建設して重工業の発展を図った．しかし内陸での工業開発は不合理な問題も多く，改革開放が始まると上海の宝山製鉄所が建設され，その後もホーペイ（河北）省のタンシャン（唐山）や北京に大規模な製鉄所がつくられ，全国の工業発展の基礎をつくっている．現代工業の中心となる自動車産業でも，外国との合弁も含めて多くの企業が生まれ，世界でも有数の生産台数を誇るようになっている．

資源としては，中国では現在でも世界一の生産量を誇る豊富な石炭が使われてきたが，解放前には甘粛のユィーメン（玉門）油田に限られていた石油が，1960年代にはヘイロンチャン（黒竜江）省のダーチン（大慶）油田が発見されて大量に供給できるようになり，輸入に頼っていた石油を国内でも生産できるようになった．その後シャントン（山東）省のションリー（勝利）油田，甘粛省のチャンチン（長慶）油田，新疆ウイグル自治区のカラマイ（克拉瑪依）油田などが開発され，国内需要に対応していたが，油田の老朽化と，一方で国内の工業発達と生活水準の向上から石油の需要が急増し，国内の生産では大幅に不足し，現在では中国はアメリカ合衆国に次いで世界第2位の石油輸入国となっている．

産業の発展とともに，都市の成長も進み，都市人口が急増している．しかしこれらの高度経済成長の恩恵を受ける地域や社会階層は限られており，東部沿岸地区と中西部の農村地区との格差は大きく，一部の富裕層に富が集中しているという批判もある．そのために大都市だけを発展させるのではなく，地方の中小都市を中心に，安定した生活圏をつくろうとする都市化政策が推進されているが，経済成長に減速がみられる中で困難が予想されている．

現在の中国の人口は13億8270万（2016推計）といわれる．最近のセンサスでは13億3970万（2010）であるが，新中国成立直後のセンサスでは5億8260万であった．しかしその後人口は急増し，1980年には10億を突破している．当初は人口増によって国力が高まるという考え方で，政府も人口増を容認していたが，食糧生産が追いつかないことが明らかになり，社会経済の安定的な発展を図るためには，人口増を制限しなければならな

いと考えるようになって導入されたのが，1979年に始まる一人っ子政策である．しかしその結果，少子化による家族構造の偏向や高齢化の進行による人口構造の異常な状態が問題になり，2015年から第2子の出産を認めるように一人っ子政策の転換が図られているが，計画出産を推進するという基本姿勢は変わっていない．

歴史をみてもわかるように，中国には漢族以外にもさまざまな民族が存在する．国家が認定した民族に限っても漢族以外に55種の民族が，少数民族として存在している．現在は全国の人口のうち1億人余，約8％が少数民族である．大別すると北方のモンゴル系，チュルク系，ツングース系と，南方のチベット系，ビルマ系，チワン・タイ系，ヤオ（瑶）・ミャオ（苗）系などが広範に分布している．回族以外は，独自の言語をもち，漢字とは異なる文字を使う民族もある．最も人口の多い民族はチワン族で1800万人を超える．少数民族は多くが中国の周辺部に居住しており，中でも人口の多いモンゴル族，ウイグル族，ツァン（チベット）族，チワン族と回族は民族自治区というかたちで一級レベルの行政区を形成している．一級行政レベル以下でも自治州（モンゴル族では自治盟），自治県（自治旗）というかたちで，少数民族の自治が行われている．

少数民族の文化としては，宗教にも触れる必要がある．中国には仏教，キリスト教，イスラーム教など，外来の世界宗教が伝わり，一定の信者が存在するが，大部分の漢族が信仰する固有の宗教というものはなく，幅広く民衆に信仰される道教や仏教が混在したような寺院や道観が信心の対象になっていることが多い．仏教でもチベット仏教はモンゴル族も信仰しており，寺院のありかたも他の仏教とは様相を異にする．ウイグル族や回族などイスラーム教を信仰する少数民族の居住区では，イスラーム寺院（清真寺・モスク）があり生活の中心になっている．正確な統計はないが，全国で人口の6％程度が仏教徒，2％程度がイスラーム教徒という．キリスト教は特定の民族と結びついていないが，最近都市部では漢族も含めて信者が増加しているという．

中国では憲法で少数民族の自治や独自の文化の尊重がうたわれており，初等教育レベルでは民族言語による教育も行われているが，高等教育では民族教育は行われていない．民族自治区においても，漢族の人口が増加しており，とくに都市部においては漢族の方が少数民族の人口を上回っている．そのような状況の中で，民族の特性や文化をどのように維持していくかが課題となっている．

中国では公用語という概念はないが，圧倒的に多数を占める漢族の言語である漢語が最も一般的に用いられる言語である．ただし漢語には多くの方言があり，とくに南方方言は，日本でいう標準語である普通話（一般的には北京語あるいは北京官話ともいう）とは音韻も語法も大きく異なり，通常の会話は困難なほどである．南方でも呉方言（上海語・蘇州語・浙江語），閩方言（福建語），粤方言（広東語），客家方言などに分かれ，それぞれの間でも通じにくいといわれる．各地のテレビなどでは，標準語の放送と現地方言の放送があり，地域での日常の会話は方言で行われる．しかし最近は，標準語によるメディアの発達や，教育における標準語の普及によって，若年層では標準語の使用が進んでいる．

このように多様な民族文化と，地域の特性が相まって中国では多様な個性をもった地域文化が発達している．悠久の歴史に基づく豊富な歴史遺産，多様な環境の中に存在する貴重な自然，それに加えて豊かな民族文化と地域文化は，中国を世界でも有数の観光大国にしている．経済成長によって国内でも観光がブームになっているが，国際交流の面からも今後の発展が期待される．

このような中国をどのように地域区分するかについては，さまざまな考え方があり，地理学だけではなく，多様な分野から区分されてきた．大別すると農業のところでも述べたように，チン（秦）嶺山脈から淮河にかけての東西線で南北に分けられ，北方はさらに万里の長城から北の乾燥の著しい地区を分け，南方では長江流域と，ナン（南）嶺山脈より南の珠江流域を分けるような区分が，おおむね農業や文化の違いに対応するが，東北や西北，西南などの地域や辺境地域の特色をとらえきれない問題がある．中国の地理的大区分としては，1949年の建国当初から53年まで行われた行政的にも機能していた大区分があり，①華北（北京，天津，河北，シャンシー（山西）），②トンペイ（東北）（リャオニン（遼寧），チーリン（吉林），黒竜江，内モンゴル），③ホワトン（華東）（上海，チャンスー（江蘇），チョーチャン（浙江），アンホイ（安徽），フーチェン（福建），チェンシー（江西），山東），④チョンナン（中南）（ホーナン（河南），フーペイ（湖北），フーナン（湖南），広東，広西），⑤シーナン（西南）（スーチュワン（四川），グイチョウ（貴州），ユンナン（雲南），チベット（西蔵）），⑥シーペイ（西北）（シャンシー（陝西），甘粛，青海，寧夏，シンチャン（新疆）の6大行政区を設けていた．当初は，華北は中央の直轄，東北には人民政府を設け，そのほかの大区は軍政委員会があって下部の省を管轄していた．その後，このような行政区としての大区は撤廃され，地域計画や統計上の区分などで地理的大区分を用いるようになっている．現在は①華東（上海，江蘇，浙江，安徽，江西，山東，福建），②華北（北京，天津，山西，河北，内モンゴル中部），③華中（河南，湖北，湖南），④華南（広東，広西，ハイナン（海南），香港，マカオ），⑤西南（四川，貴州，雲南，重慶，西蔵），⑥西北（陝西，甘粛，青海，寧夏，新疆，内モンゴル西部），⑦東北（黒竜江，吉林，遼寧，内モンゴル東部）の7大区分が使われる．両者を比べてみれば，6大区分の中南が華中と華南に分けられている違いがある．一級行政区を単位とした区分であるから，実際の自然条件や文化圏とは異なる面もあるが，国家レベルでの発展計画や地域政策はこの区分に基づいて行われている．

［秋山元秀］

ちゅうごく　中国 ☞ ちゅうかじんみんきょうわこく China, People's Republic of

ちゅうぶしゅう　中部州　Central Province

スリランカ

人口：257.2万（2012）　面積：5674 km²

[7°17′N　80°38′E]

スリランカ中部の州．1883年に成立，1987年正式に法制化され，選挙による州議会が置かれるようになった．キャンディ県（人口137.5万，2012），マータレ県（48.5万），ヌワラエリヤ県（71.2万）の3県からなる．州都はキャンディ．標高およそ400～1500 mの丘陵地から山地へと広がり，最高地点はピドゥルタラガラ山の2524 mである．気候はスリランカの中では冷涼で，年平均気温が約15～25℃と過ごしやすく，イギリス植民地時代にはヌワラエリヤのヒルステーション（高原避暑地）が建設された．シンハラ人の最後の王朝であるキャンディ王国の領域であったので，高地シンハラ人の文化が色濃く残る地帯である．シンハラ人居住者の割合は66％であるが，北部の都市を中心にイスラーム教徒のムーア人も約10％居住する．

おもな産業は農業で，山地を深く切り込んだ谷の斜面を中心に水田稲作が行われ，その上部の標高の高い地帯には，イギリス植民地時代以来の茶畑が広がり，紅茶の生産が盛ん

である. 茶園の労働者のほとんどは植民地時代にインドから移住したタミル人が担う. キャンディの東部には, 国内第1の河川マハウェリ川の開発計画により建設された, ヴィクトリア, ランデニガラ貯水池があり, 支流のコトマレ川のコトマレ貯水池ともども水力発電所が設置され, 電源地帯となっている.

[山野正彦]

ちゅうぶたいへいようかいざんぐん
中部太平洋海山群 Mid-Pacific Seamounts
北太平洋西部～東部

長さ:4500 km
[20°00′N 168°00′W-172°00′E]

北太平洋の海山群. ハワイ海嶺東部, アメリカ合衆国ハワイ州のカウアイ島付近から, 北緯20度線付近に沿って, 太平洋プレート上を西方に連なる. 西端はマリアナ海溝北部まで続く. 中間付近にアメリカ領の環礁であるウェーク島がある. 海山の連続性がそれほど顕著ではないため, 海山群とされる.

[前杢英明]

チュエシャン県 確山県 Queshan
中国

朗陵 (古称)

人口:約53万 (2016) 面積:1667 km²
[32°47′N 114°03′E]

中国中央東部, ホーナン(河南)省南東部, チューマーディエン(駐馬店)地級市の県. 12郷鎮を擁する. 古くから「中原の腹, 河南省の辺境の口(中原之腹地, 豫鄂之咽喉)」といわれる. 前漢の時代に朗陵県が置かれ, 北宋の時代(1012)に確山県となる. 革命の拠点の1つであり, 中国共産党中原局が置かれて劉少奇, 李先念などが活動したことから小延安ともよばれている. 現在は貧困県の1つであり, 農牧業を中心に, セメント工業などを興し, 貧困削減対策が行われている.

[中川秀一]

チュオチョウ市 涿州市 Zhuozhou
中国

たくしゅうし (音読み表記)

人口:64.5万 (2010) 面積:742 km²
気温:11.6℃ 降水量:617 mm/年
[39°21′N 115°45′E]

中国北部, ホーペイ(河北)省中西部, パオディン(保定)地級市の県級市. 市政府は涿州に置かれている. タイハン(太行)山脈のふも

との平野にあり, 地勢は北西から南東へやや傾いている. 拒馬河, 胡良河, 瑠璃河, 白馬河, ヨンディン(永定)河が流れる. 1月の平均気温は-5.4℃, 7月は26.1℃. 農作物は小麦, トウモロコシ, サツマイモ, 水稲, 綿花を主としている. 稲作の歴史が長い. 工業は建材, プラスチック製品, 化学工業, 機械, 家具などの工場がある. 鉄道の京広線, 京深高速, 国道107号が通る. 三国志の劉備や張飛の故郷でもある.

[柴 彦威]

チュオツー県 卓資県 Zhuozi
中国

人口:21.8万 (2013) 面積:3119 km²
[40°53′N 112°35′E]

中国北部, 内モンゴル自治区中部, ウランチャブ(烏蘭察布)地級市南西部の県. 県政府所在地は卓資山鎮. 西はフフホト(呼和浩特)市と, 東はチャハール(察哈爾)右翼前旗と接する. モンゴル族の人口は0.3万で総人口の1.3%を占める. 1945年, 中国共産党の下で発足した綏蒙政府は豊鎮, 涼城, 集寧3県の一部から竜勝県を設置した. 1952年に竜勝県は卓資県と改称され, 58年にウランチャブ盟に属した. 同県は5鎮と3郷から構成される. モリブデン, 鉄, 石炭などの地下資源が豊富である. おもにジャガイモと野菜を栽培し, 豚, 鶏の飼養を行っている. 鶏の燻製が同県の名物である. 工業では発電や化学工業などが中心である. 京包鉄道(ペキン(北京)～ボグト(パオトウ, 包頭))が東西に貫いている.

[バヨート・モンゴルフー]

チュオルー県 涿鹿県 Zhuolu
中国

たくろくけん (音読み表記)

人口:35.2万 (2012) 面積:2795 km²
標高:500-2882 m 気温:8.8℃
降水量:385 mm/年 [40°22′N 115°12′E]

中国北部, ホーペイ(河北)省北西部, チャンチャコウ(張家口)地級市の県. 県政府は涿鹿鎮に置かれている. 冀西北山地にあり, 丘陵や谷が交錯している. 主要な山は小五台山, 東霊山, 西霊山である. 1月の平均気温は-8.3℃, 7月は23.7℃. 農業はトウモロコシ, アワ, 水稲の栽培を主としている. 鉱業ではリン, 石炭, 硫黄, マンガンが産出する. リンの埋蔵量は省内第1位である. 醸造, 化学肥料, 製紙, 服飾などの工場がある. 鉄道の大秦線, 京蔵高速, 京新高速, 国道109号が県内を通る. 黄帝泉, 黄帝城の

古跡がある.

[柴 彦威]

チュオンサ諸島 Truong Sa, Quan dao; Trường Sa, Quần đảo ☞ スプラトリー諸島 Spratly Islands

チュオンソン山脈 Truong Son Range
ラオス～カンボジア

Chuongson Cordillera (別称) /アンナン山脈 Annamite Range (別称)

標高:2598 m 長さ:1200 km
[15°04′N 107°58′E]

中国ユンクイ(雲貴)山地の支脈からベトナム中南部のダラット高原にいたる山脈. ベトナム, ラオス, カンボジアの国境となっている. アンナン山脈ともよばれる. 最高峰は中部のニョックリン Ngoc Linh 山で標高2598mである. 山脈は3つの地域に分けられることが多い. ゲアン省のカー川からケサン峠までの北部では, 標高は低く, ほとんどが1300 m 以下である. 約40億年前に形成された古い海盆が隆起した地質が広く分布し, 激しく侵食されている. クアンビン省付近では古期石灰岩帯が山脈を横断してラオスまでを貫き, インドシナ最大のカルスト地形を形成している. ケサンから南の山脈中部ではハイヴァン峠に向かって支脈が延びる. さらに南のコントゥム高原は花崗岩層からなり, 先カンブリア紀の結晶質岩が露出している. バーダラン川から南の山脈南部は花崗岩と玄武岩が混在するダックラック高原と, カンボジア国境から東に広がるダラット高原がある.

山脈はモンスーンの大きな障壁であり, 地域的な降水パターンを形成する重要な要素である. 夏には南西から吹くモンスーンを受けてラオス中南部やカンボジアに降雨をもたらし, ベトナム中南部の海岸を乾燥させる. 冬には太平洋から北東モンスーンを受けてベトナム中部に雨を降らせ, ラオスやカンボジアには明瞭な乾季をつくる. 高地は冷涼・湿潤で, 標高1000 m 以上の東斜面の年降水量は約2000 mm, ダラット高原の東端では3850 mm, バクマ山頂では約8000 mm の記録がある. こうした気候に応じて植生も熱帯常緑樹から温帯性の針葉樹林まで多様な群落が分布する. 中部では標高約800 mまでは熱帯常緑樹, それより高くなるとブナ類やモクレン類など温帯種が分布する. 1000 mより高い山地では高山植生もみられ, ビドゥップヌイバー Bi Dup Nui Ba 自然保護区ではツツジ群落もみられる. 1200 m 以上では針葉樹

と広葉樹の混交林もあり，年平均気温が12℃で乾季がないニョクリン山ではイチイ類も分布する．南部はより乾燥した半落葉樹が優占するモンスーン林が広がり，かつてはカンボジア，ミャンマー，インドまで続く森林帯を形成していたが，各地で農地開発が行われ分断された．

また，山脈は多くの固有種を含む多様な動物の生息地である．1990年代以降，この地域ではいくつかの大型ほ乳類が新種として記載されている．チュオンソン山脈に固有なほ乳類として，サオラ(別名ベトナムレイヨウ)，アンナンシマウサギ，ドゥクラングールなどが知られている．野鳥，は虫類，両生類，魚類にも固有種が多く含まれ，東南アジア大陸部における種多様性のホットスポットとして注目を浴びている． ［池口明子］

チュカリョン地溝帯　楸哥嶺地溝帯 Chugaryong-jigudae

北朝鮮/韓国

しゅうかれいちこうたい (音読み表記)

長さ：110 km　幅：4-6 km

[38°42′N　127°27′E]

北朝鮮，ハムギョンナム(咸鏡南)道新興郡から韓国チュンチョンナム(忠清南)道無限川までの地溝帯の中で，ウォンサン(元山)からチョロン(鉄原)の地溝帯をさす．幅は4〜6 km，コサン(高山)から洗浦まではせまくなり150 mである．地溝帯の両側は阿虎飛嶺山脈で，標高600〜1200 m，地溝帯底の海抜高度は4〜184 m，中部が高く北と南は低い．地溝帯の傾斜は，高山からクアンミョン(光明)までが25〜30度，三防峡では30〜35度，アンビョン(安辺)では8〜10度．高山から光明までは玄武岩に覆われている．高山と光明間の20 kmでは急斜面から流れ出した河川によって形成された扇状地が一列に並んでおり，扇端が2 km以上のものが4カ所ある．扇状地の傾斜はゆるやかで，厚さは15〜50 mである．京元線はここに敷かれている．付近は水利の便がよく，シカの放牧場になっている．この一帯は河川争奪の激しい地域である． ［司空 俊］

チューク州　Chuuk State

ミクロネシア連邦

人口：4.9万 (2010)　面積：127 km²

[7°26′N　151°51′E]

北太平洋西部，ミクロネシア，ミクロネシア連邦の州．赤道の北側に東西に広がるミクロネシア連邦の島々のほぼ中央を占め，比較

的大きな11の島を含む290近い小島で構成され，約40の島々に人びとが生活している．州の人口は国内人口の1/2を占める．チューク州は州都ウェノ島があるチューク(トラック)諸島，北部のホール諸島，南部のモートロック諸島，西部の西部諸島からなる．州都ウェノ島以外の島々は漁撈と農耕に依存する伝統的な生活を営むが，ホール諸島とモートロック諸島の人びとがチューク諸島の人びとと共通の言語と文化をもつのに対して，西部諸島の人びとはより西方に位置するヤップ州の東方離島の言語と文化をもつ．

チューク州はドイツ領，日本の委任統治領，アメリカの信託統治領を経て1986年にミクロネシア連邦の1つの州として独立した．ミクロネシア連邦の初代大統領トシオ・ナカヤマ(1931-2007)はチューク州出身であった．政治的な独立を果たしたにもかかわらず，チューク州政府の運営は自由連合協定にもとづくアメリカからの財政援助に依存しているが，政府予算の放漫な運用のために州政府の財政は破綻状態にある． ［柄木田康之］

チューク諸島　Chuuk Islands

ミクロネシア連邦

トラック諸島　Truk Islands (旧称)

人口：4.1万 (1999)　面積：95 km²　気温：27℃

降水量：4000-5000 mm/年

[7°26′N　151°51′E]

北太平洋西部，ミクロネシア，ミクロネシア連邦，チューク州の諸島．サンゴ環礁と火山島からなる複合島で，首都パリキールのあるポーンペイ島の西約700 kmに位置する．カロリン諸島中部に位置する直径65 kmの環礁が約50の火山島を囲んでいる．従来はトラック諸島とよばれ，州都を擁するウェノ島(旧称モエン)が主島である．そのほかにトノアス(旧称デュブロン)，フェファン，ウマン，エテン，パーラム，ウドット，パタ，ポレ，トルが主要な島である．年間を通して湿度が高い．人びとは中核ミクロネシア語系のチューク語を話すが，英語も公用語として用いられる．都市部の貨幣経済は海外援助にもとづく公務員の給与と輸入品の消費を特徴とする．村の自給自足経済では，急傾斜で山がちの地形から，人びとはパンノキの実を主要作物とし，タロイモ，サツマイモなどの根栽類を栽培する．

チュークの伝統的社会基盤は村であり，村の草分けの母系親族集団の長が村の首長の役割を担う．これらの村は相互に対立し，対立はときに戦争に発展した．このような場合，

村は他の村と連合したが，このような連合は一時的なものであった．19世紀前半の欧米との接触期には，チューク諸島は勇猛な戦士の島として商人や捕鯨船員から恐れられた．ドイツ統治時代からはトラック諸島とよばれ，スペイン，ドイツの植民地を経て，第1次世界大戦後に日本の委任統治領となった．広大なサンゴ礁に囲まれる地形から，日本海軍の一大拠点が建設された．第2次世界大戦後はアメリカの信託統治領となったが，1986年に独立したミクロネシア連邦チューク州となった．各地に旧日本軍基地の跡が残り，空襲で沈んだ艦船はダイビングスポットになっている． ［柄木田康之］

チュクチ海　Chukchi Sea

アラスカ西方沖

面積：595000 km²　[69°24′N　171°35′W]

北極海の一部で，ロシアのシベリア東部チュコト(チュクチ)自治管区とアメリカ・アラスカ州北西部にかけての海域をさす．南はベーリング海峡を経てベーリング海に連なる．北西部には，ウランゲリ島を経て東シベリア海に続いている．水深50 mより浅い大陸棚からなるため，海底には永久凍土が広がっている． ［小野有五］

チューシー県　竹渓県　Zhuxi

中国

人口：31.2万 (2015)　面積：3279 km²

[32°19′N　109°43′E]

中国中部，フーペイ(湖北)省，シーイエン(十堰)地級市の県．県政府はチョングワン(城関)鎮に所在する．シャンシー(陝西)省やチョンチン(重慶)市と接する．ダーバー(大巴)山脈の東にあって標高1000 m以上のところが多く，県南西部の最高地点である葱坪は2740 mである．北部の竹渓河とホイワン(匯湾)河の沿岸に若干の平坦地が分布する．石炭，銅，鉄，花崗岩，アスベスト，リンなどの鉱産物がある．森林はおもにマツ，スギ，クヌギで，オウレン(黄連)などの漢方薬材や生漆が多く採れる．特産に茶葉，クルミ，コンニャクイモ，タバコなどがある．黄牛や黒豚は優良品種として知られる．紡織や食品などの工業がある．十八里長峡自然保護地区などの観光名所がある． ［小野寺 淳］

チューシェン　渠県　Qu Xian
中国

人口：113.0万（2015）　面積：2013 km²
[30°50′N　106°58′E]

　中国中西部，スーチュワン（四川）省，ダーチョウ（達州）地級市の県．県政府は渠江鎮に所在する．ホワイン（華蓥）山地の西側の山腹に位置し，北，東，西の3面は隆起した山で囲まれ，地形はおもに丘陵であり，平地はチュー（渠）江とその支流の両岸に分布している．鉄道の襄渝線（シャンヤン（襄陽）～チョンチン（重慶））と達成線（達州～チョントゥー（成都））が合流する．渠江は通年通航できる．農業は水稲，小麦，トウモロコシ，ジャガイモなどを産し，畜産が盛んである．黄花（キク），柑橘類，竹細工が特産である．石灰石や岩塩などの地下資源があり，建材，化学，食品などの工業がある．賨人谷風景地区などの名所がある．　　　　　　　　［小野寺淳］

チューシェン鎮　朱仙鎮　Zhuxian
中国

人口：5.3万（2013）　面積：92 km²
[34°38′N　114°16′E]

　中国中央東部，ホーナン（河南）省北東部，カイフォン（開封）地級市南西部の鎮．コワントン（広東）省のフォーシャン（仏山）鎮，チャンシー（江西）省のチンドゥ（景徳）鎮，フーペイ（湖北）省のハンコウ（漢口）鎮と並ぶ四大名鎮といわれる．明末期から清初期にかけて最も栄え，人口20万以上，商店が4万軒にのぼったとされる．中国の木版年賀の発祥の地といわれている．また，南宋の軍人で書家としても知られる岳飛がここまで兵を進めたことから廟に祀られている．戦国時代，魏の公子信陵君に従い忠義を尽した朱亥（朱仙）はこの地の人といい伝えられていることが，地名の由来である．　　　　　　　　［中川秀一］

チューシオン市　楚雄市
Chuxiong
中国

チューシュン市（別表記）

人口：51.7万（2013）　面積：4433 km²
[25°02′N　101°32′E]

　中国南西部，ユンナン（雲南）省中央部，楚雄自治州の県級市で州政府所在地．1983年に市となった．イ（彝）族人口は全体の約2割を占めるにすぎないが，市南西部のアイロー（哀牢）山系はイ族が多く居住し，哀牢山自然保護区が設けられている．イ族の銀製の装飾品や服飾を加工する工場が市内に立地し，市街地で観光土産としても販売されている．養蚕が盛んで，クルミの産地としても有名である．旧暦6月24日には楚雄市街地で火把節（たいまつ祭り）が盛大に開催され観光客を集める．市街地の各所にイ族文化をモチーフにした建造物が多く，イ族十月太陽暦文化園などのテーマパークも建設されている．
　　　　　　　　［松村嘉久］

チューシオン自治州　楚雄自治州
Chuxiong
中国

チューシオンイ族自治州　楚雄彝族自治州（正称）／チューシュン自治州（別表記）

人口：271.9万（2012）　面積：29258 km²
標高：556-3657 m　[25°02′N　101°32′E]

　中国南西部，ユンナン（雲南）省中部の自治州．地区クラスの民族自治地方で，スーチュワン（四川）省や省会クンミン（昆明）に隣接する．1958年に楚雄イ（彝）族自治州となり，現在，1県級市（楚雄），ショワンバイ（双柏），モウディン（牟定），ナンホワ（南華），ヤオアン（姚安），ダーヤオ（大姚），ヨンレン（永仁），ユワンモウ（元謀），ウーディン（武定），ルーフォン（禄豊）の9県を管轄する．自治州政府は楚雄市に置かれている．楚雄市，元謀県，禄豊県以外はすべて，国の第8次5カ年計画で貧困県に指定された．本来ならば楚雄市が地級市となっても不思議でない状況にあるが，民族区域自治制度に市制が存在しないので，実現していない．少数民族人口が3割強を占め，その大半がイ族であり，少数ながらミャオ（苗）族，タイ（傣）族も住む．
　地勢は北西部が高く，南東に行くほど低くなる．領域の大部分は標高約1000～2000 mである．山間地が9割を占め，面積の小さな盆地が多数点在する．明代に大勢の漢族が流入した．盆地部の市街地には漢族が住み，イ族は周辺の山間地に住む．北西に隣接するリーチャン（麗江）市との行政境界はチンシャー（金沙）江であり，南西部はユワン（元）江上流域にあたりアイロー（哀牢）山脈が走る．亜熱帯湿潤気候に属し，標高の影響は受けるものの温暖で日射量にも恵まれている．
　銅，鉄，石炭を産する小規模の採掘場が多数点在し，冶金や精錬の工場もある．農業は米作が中心であるが，タバコ，サトウキビ，野菜，茶葉などの栽培も盛んである．大手タバコ会社の紅塔集団の傘下に入った楚雄煙草工場が生産する蝴蝶泉や国賓などのブランドは，中国各地でも知られている．山がちな楚雄イ族自治州ではキノコ類の採取も盛んであり，最近では楚雄産の松茸が日本市場にも輸出されている．温暖な気候を生かして冬場に生産される野菜は，中国各地の大都市へ高値で供給されている．旧暦6月24日に開催されるイ族の火把節（たいまつ祭り）が有名で，国内外からの観光客を集めるイベントとなっている．武定獅子山，恐竜化石博物館，元謀土林などの観光資源もある．　　［松村嘉久］

チュジャ群島　楸子群島
Chujagundo
韓国

しゅうしぐんとう（音読み表記）

人口：0.2万（2016）　面積：7.0 km²
[35°57′N　126°18′E]

　韓国南部，チェジュ（済州）海峡上の群島．行政上は済州特別自治道済州市楸子面．近代に入る前は，チョルラ（全羅）道霊巌郡に属していた．下楸子島，上楸子島，楸浦島，横干島など40あまりの島嶼からなる．下楸子島と上楸子島は，楸子大橋で連絡されている．漁業が盛んである．　　　　［山田正浩］

チューシャン県　竹山県　Zhushan
中国

人口：41.4万（2015）　面積：3586 km²
[32°14′N　110°14′E]

　中国中部，フーペイ（湖北）省，シーイエン（十堰）地級市の県．県政府はチョングワン（城関）鎮に所在する．ハン（漢）水の支流である堵河の中・上流に位置する．北はウータン（武当）山脈，南はダーバー（大巴）山脈に属する．南部の山地は険しく，中部の河谷にのみ狭小な平野がある．堵河は南西から北東へ流れる．鉱産物には石炭，鉄，金，銀，銅，トルコ石，重晶石などがある．森林はマツ，スギ，クヌギが主で，オオアブラギリやウルシなどの経済林があり，ゴバイシ（五倍子）などの漢方薬材に富む．茶葉やタバコを産する．水力発電が行われ，医薬，食品，金銀宝飾品・石材加工などの工業がある．驢頭峡などの名勝がある．　　　　　［小野寺淳］

チュシュル県　曲水県　Qüxü
中国

人口：3万（2012）　面積：1600 km²
[29°25′N　90°40′E]

　中国西部，シーツァン（チベット，西蔵）自治区，ラサ（拉薩）地級市の県．ヤルンツァンポ（雅魯蔵布）江とラサ河の合流地点に位置する．地名はチベット語で，水の流れる谷間を意味する．1955年に西蔵自治区籌委会拉薩

弁事処に統轄された．1960年に曲水県となり，拉薩市に属した．ラサ河にかかる鋼索斜拉吊橋とヤルンツァンポ江の曲水橋で有名である．　　　　　　　　　　　　　［石田　曜］

チューシュン市 ☞ チューシオン市
Chuxiong

チューシュン自治州 ☞ チューシオン自治州
Chuxiong

チュスト　Chust
ウズベキスタン

人口：6.5万（2006）　　［41°00′N　71°14′E］

ウズベキスタン北東部，ナマンガン州の都市．州都ナマンガンの西38km，鉄道駅チュストから12kmに位置する．綿花精製，工芸品製作（チュベイカの刺繍）が盛んである．詩人，啓蒙家のムハマドシャリフ・スフィザデ博物館がある．近郊には青銅期の村落跡もある．　　　　　　　　　　　［木村英亮］

チュスム県　曲松県　Qusum
中国

ラジャリ宗　拉加里宗（旧称）

人口：2万（2012）　面積：1900km²

[29°03′N　92°13′E]

中国西部，シーツァン（チベット，西蔵）自治区，シャンナン（山南）地級市の県．地名はチベット語で3本の川を意味する．ヤルンツァンポ（雅魯蔵布）江の中流に位置し，四方を山に囲まれている．7世紀以前は達布地区に属し，ダブアイ（達布埃）と呼称された．10世紀末にアイズンツェンポ（埃尊賛布）によってヤロンジェウィ（雅隆覚卧）地方政権が樹立され，政教一致の政治が行われた．清順治3年（1646）に旧チベット地方政府によってラジャリ（拉加里）宗が置かれ，1960年に曲松県に改名し山南専区に属した．1970年代には山南地区に属している．　　　　［石田　曜］

チューチー市　諸曁市　Zhuji
中国

曁陽（古称）／しょきし（音読み表記）

人口：107.9万（2015）　面積：2311km²

[29°43′N　120°14′E]

中国南東部，チョーチャン（浙江）省中北部，シャオシン（紹興）地級市の県級市．秦代に初めて諸曁県が置かれ，唐代に曁陽に改められ，後梁代にまた諸曁県に戻り，元代に州に昇格し，明代にまた県に戻った．1989年に市となった．丘陵に囲まれ，中部と北部が低い盆地状の地形である．おもに採掘，機械，建材，紡織などの工業があり，絹製品は海外でも人気がある．鉱産資源は金，鉛，亜鉛，銅，石灰石などがある．稲，麦類，サツマイモなどの作物が栽培されるほか，茶葉，落花生，カヤの実，干しタケノコ，ギンナンなども産する．名所として，国指定の浣江・五泄風景名勝地区や西施の故郷をテーマにした地区などがある．浙贛鉄道（浙江～チャンシー（江西）），高速道路の滬昆線（シャンハイ（上海）～クンミン（昆明））や諸永線（諸曁～ウェンチョウ（温州）市ヨンチャ（永嘉））が通る．
　　　　　　　　　［谷　人旭・小野寺　淳］

チューチャオ湖 Juchao Hu ☞ チャオ湖
Chao Hu

チューチャン区　曲江区　Qujiang
中国

人口：31.4万（2015）　面積：1666km²

気温：20.1℃　降水量：1640mm/年

[24°42′N　113°37′E]

中国南部，コワントン（広東）省北部，シャオクワン（韶関）地級市の区．ナンリン（南嶺）山脈の南麓，ペイ（北）江支流の湞江流域に位置する．漢の元鼎6年（紀元前111）に曲江県として設置され，2004年5月に韶関市に吸収され区となった．区政府所在地は馬壩鎮．山地と丘陵地が全域の80％を占める．林業，水稲，野菜，油茶，オオアブラギリ，竹などが伝統的な収入源．埋蔵量が2億t以上にのぼる炭田があり，国有企業が本格的な採掘を行っている．交通では京広鉄道（ペキン（北京）～コワンチョウ（広州））が通じる．水運も曲江港から広州まで300tの貨物船が航行可能．北部の羅坑自然保護区（湿地帯）と小坑国立森林公園は観光名所である．　　［許　衛東］

チューチャン区　衢江区　Qujiang
中国

くこうく（音読み表記）

人口：41.1万（2015）　面積：1748km²

[28°57′N　118°52′E]

中国南東部，チョーチャン（浙江）省南西部，チューチョウ（衢州）地級市の区．1981年に衢県が衢州市に合併されたが，85年に衢州県が置かれ，2001年に県から区となり，衢州市の衢江区となった．地勢は南部の標高が高く，中央が低い．化学，電力，木材加工，機械，木炭，鉄鋼，紡織，陶磁器，建築材料，製紙，服飾，皮革，製茶，醸造，食品などの工業が行われる．農作物には稲，麦，トウモロコシ，豆類，綿花，ナタネがある．畜産が盛んであり，蜜柑やクリなどが名産である．名勝に紫微山国立森林公園がある．浙贛鉄道（浙江～チャンシー（江西））や滬昆高速道路（シャンハイ（上海）～クンミン（昆明））が通る．　　　［谷　人旭・小野寺　淳］

チューチャン河 Zhujiang He ☞ チュー江
Zhu Jiang

チューチョウ県　曲周県　Quzhou
中国

人口：45.9万（2011）　面積：77km²　気温：13.1℃
降水量：556mm/年　　[36°46′N　114°57′E]

中国北部，ホーペイ（河北）省南部，ハンタン（邯鄲）地級市の県．県政府は曲周鎮に置かれている．タイハン（太行）山脈東麓の平野にある．地勢は平坦で，南西より北東が少し低い．滏陽河，老漳河，老沙河が流れる．裕庄，槐橋の北方はアルカリ性の土壌であることから，国指定の土壌実験場の1つとなっている．農作物は小麦，トウモロコシ，綿花，落花生を主とする．特産品はナツメ，トウガラシ，クコである．機械，化学工業，石炭，食品の工場がある．　　　　　　［柴　彦威］

チューチョウ県　株洲県　Zhuzhou
中国

人口：29.5万（2015）　面積：1054km²

[27°42′N　113°09′E]

中国中南部，フーナン（湖南）省，チューチョウ（株洲）地級市の県．県政府はルーコウ（淥口）鎮に所在する．丘陵と平野が錯綜し，北流するシャン（湘）江へルー（淥）水が東から注ぐ．鉱産資源は金，鉄，鉛，亜鉛，タングステン，ウラン，石炭，石灰石，耐火粘土，カオリンなどがある．森林資源としては用材林，アブラツバキ，柑橘類が多い．農業は水稲，野菜，搾油作物などがあり，養魚や養豚が行われる．工業は建材，化学，製紙，陶磁器などがある．京広鉄道（ペキン（北京）～コワンチョウ（広州））が通り，高速道路の京港澳線（北京～ホンコン（香港）・マカオ（澳門））や滬昆線（シャンハイ（上海）～クンミン（昆明））が通る．湘江と淥水は通年の航行が可能である．伏波嶺や空霊岸などの名所旧跡が

ある.
[小野寺 淳]

チューチョウ市　滁州市　Chuzhou
中国

じょしゅうし（音読み表記）

人口：393.8万（2010）　面積：13398 km²
[32°18′N　118°17′E]

中国東部，アンホイ（安徽）省東部の地級市．チャンスー（江蘇）省に隣接する．市政府は南譙区（面積1187 km²，人口25.9万人，2014）に置かれている．南譙，瑯琊の2区とティエンチャン（天長），ミンコワン（明光）の2市，ライアン（来安），チュワンチャオ（全椒），定遠，フォンヤン（鳳陽）の4県を管轄する．省東部の丘陵地帯に位置し，中部の張八嶺，皇甫山，老嘉山はチャン（長）江とホワイ（淮）河の分水嶺である．北将軍嶺（標高399 m）が最高嶺である．老嘉山東部は江淮丘陵とホワペイ（華北）平原との過渡地帯である．

秦代はチウチャン（九江）郡の地で，前漢では九江郡と臨淮郡に属し，西晋は淮南郡，東晋は鐘離郡を置いた．南朝の宋は来安県域に頓丘県を新設し，新昌郡を置いたが，梁は永陽郡に改め，南譙郡を置いた．隋の589年に滁州が設置され，清末まで沿襲され，清流県，全椒県，来安県を管轄した．1912年に滁県が設置された．1949年に市街地に滁県専区が設置され，9県を管轄した．1982年に滁県を廃し滁州市が設置された．1992年に滁県地区を撤廃し，滁州市を地級市に改変した．1993年にティエンチャン（天長）県が県級市に，翌年嘉山県が県級市のミンコワン（明光）市に改められた．

おもな農作物に水稲，小麦，綿花，トウモロコシ，豆類，落花生，麻類などがあり，タバコ栽培がとくに盛んである．工業では冶金，化学，紡績，建材，機械，食品などの業種がある．京滬，滬漢蓉の高速鉄道，水蚌，京滬，寧西鉄道，寧洛，京台，馬滁揚，淮滁の高速道路が通る．滁州琅玡山風景名勝区と皇甫山自然保護区がある．名勝古跡には鳳陽明中都城遺跡，明皇陵，全椒呉敬梓記念館，臨淮鐘離古城址，天長東陽城漢墓群などがある．
[林　和生]

チューチョウ市　衢州市　Quzhou
中国

新安（古称）／くしゅうし（音読み表記）

人口：254.2万（2012）　面積：8845 km²
[28°58′N　118°52′E]

中国南東部，チョーチャン（浙江）省南西部の地級市．チェンタン（銭塘）江の上流に位置し，北はハンチョウ（杭州）市，東はチンホワ（金華）市，リーシュイ（麗水）市，西はチャンシー（江西）省シャンラオ（上饒）市，アンホイ（安徽）省ホワンシャン（黄山）市と接する．浙江，フーチェン（福建），江西，安徽の4省の境界が接近し，内陸交通の要衝となっている．そのため歴代政権が南方進出する際の争奪の対象となった．後漢代に置かれた新安（のちに信安）県が立県の始まりである．唐代に衢州が設立された．1949年，衢州に専区を置き，中心市街地を衢州市とした．1985年に衢州を省直轄市とし，柯城，衢江の2区，チャンシャン（江山）県級市，常山，カイホワ（開化），ロンヨウ（竜游）の3県を管轄している．市政府所在地は柯城区である．

市域の中部は浙江省最大の内陸盆地である金衢盆地の西半分にあたり，西から東へ少しずつ広くなる．北部は千里岡山脈，西部は懐玉山脈で，南部はシェンシャ（仙霞）嶺山脈である．市内の最高点は江山市の大竜岡で，標高は1500 mである．

金属製品や，機械，交通運輸設備，電気機械，エネルギーなどが主要な工業である．衢州の特徴を5つにまとめると，まずは悠久の歴史があることがあげられる．衢州は国指定の歴史文化都市で，山東曲阜と並ぶ孔氏家廟，南宗孔氏家廟がある．つぎは周囲の省との交通のよさである．3つ目は豊富な資源で，水資源，鉱産資源，労働力，観光資源が豊富である．4つ目は良好な生態環境，最後は各分野での発展の可能性の大きさである．観光名所も多く，竜游石窟，チャンラン（江郎）山，爛柯山，銭江源などが代表的である．
[谷　人旭・秋山元秀]

チューチョウ市　株洲市　Zhuzhou
中国

建寧（古称）

人口：400.1万（2015）　面積：11248 km²
[27°50′N　113°08′E]

中国中南部，フーナン（湖南）省の地級市．ティエンユワン（天元），ホータン（荷塘），ルーソン（蘆松），シーフォン（石峰）の4区，リーリン（醴陵）県級市，株洲，ヨウシェン（攸県），チャーリン（茶陵），イエンリン（炎陵）の4県を管轄する．市政府は天元区に所在する．古称は建寧という．シャン（湘）江の中下流に位置する．湖南省の経済を牽引する地域であるゴールデントライアングル（チャンシャー（長沙），シャンタン（湘潭），株洲）の一角を占める．地勢は南東から北西へ傾斜し，ルオシャオ（羅霄）山脈とウーゴン（武功）山脈が東部に，ワンヤン（万洋）山脈が南東部に延びている．渌水と洣水が東から西へ流れて湘江へ注ぐ．

山林はマツ，スギ，孟宗竹，アブラツバキ，オオアブラギリが多い．鉱産物は石炭，金，銅，鉄，鉛，亜鉛，スズ，ウラン，タングステン，蛍石，石膏などを産する．農作物は水稲，サツマイモ，搾油作物，綿花のほか，柑橘類，トウガラシ，茶葉，ショウガ，タバコなどが名産であり，畜産もよく行われている．人民共和国になってからは重工業都市として知られるようになり，冶金，機械，化学，新材料，建材，紡織，医薬，食品，製紙などの業種を擁する．醴陵の磁器や花火がよく知られる．アパレルの専門卸売市場があり，チャン（長）江の南で最大のアパレル集散地の1つになっている．

鉄道は京広線（ペキン（北京）～コワンチョウ（広州）），滬昆線（シャンハイ（上海）～クンミン（昆明）），東部を醴瀏線（醴陵～リウヤン（瀏陽）市永和），醴茶線（醴陵～茶陵），衡茶吉線（ホンヤン（衡陽）～茶陵～チーアン（吉安））が通る．また，京広高速鉄道（北京～広州）や長株潭都市間鉄道（長沙～株洲・湘潭）が通じ，滬昆高速鉄道（上海～昆明）は醴陵に停車する．中国南部における鉄道交通のターミナルの一つである．高速道路は京港澳線（北京～ホンコン（香港）・マカオ（澳門））や滬昆線（上海～昆明）が北部を通り，泉南線（チュワンチョウ（泉州）～ナンニン（南寧））が南部を通る．南北には岳汝線（ユエヤン（岳陽）～ルーチョン（汝城））が走っている．記念地としては，毛沢東が農民運動を視察した旧跡である先農壇，李立三旧居，毛沢東が主宰した中国工農赤軍連隊建党の旧跡がある．名所旧跡としては，鉄犀亭，炎帝陵，秦人古洞などがある．石器時代から竜山文化の時期にかけての遺跡が多く発掘されている．神農谷国立森林公園や酒埠江国立地質公園がある．
[小野寺 淳]

チューチョン市　諸城市　Zhucheng
中国

人口：110.2万（2015）　面積：2151 km²
[35°59′N　119°23′E]

中国東部，シャントン（山東）省中部，ウェイファン（濰坊）地級市の県級市．前漢代に県として設置され，隋代の開皇18年（598）に諸城に改称，1987年に県級市となった．北部は丘陵，平野と低地，南部は低山と丘陵か

ら構成される．標高は南部の馬耳山(679 m)から北部の低地(19 m)まで変化している．濰河は市内で最も長く，北へ流れ峡山ダムに注ぐ．石英，重晶石などを産出し，おもな作物は穀類，綿花，葉タバコ，野菜である．国道206号が市内を通っている．恐竜化石を展示する恐竜博物館，斉長城遺跡，公冶長祠などの名所がある． ［張　貴民］

チューチン市　曲靖市　Qujing

中国

チュイチン市（別表記）

人口：641.9万 (2015)　面積：28904 km²
[25°28′N　103°48′E]

中国南西部，ユンナン(雲南)省北東部の地級市．グイチョウ(貴州)省，コワンシー(広西)チワン(壮)族自治区と隣接する．1997年に曲靖地区が撤廃され，県級市の曲靖市が地級市となった．管轄する行政領域は，チーリン(麒麟)，チャンイー(沾益)の2市轄区，シュワンウェイ(宣威)の1県級市，マーロン(馬竜)，ルーリャン(陸良)，シーツォン(師宗)，ルオピン(羅平)，フーユワン(富源)，ホイツォ(会沢)の7県で，市政府は麒麟区に置かれている．少数民族人口が1割にも満たない漢族主体の地域である．曲靖市から貴州省北西部にかけての地域は，清代までイ(彝)族などの少数民族勢力が強かったが，継続的な武力鎮圧と漢族の入植により，現在その面影は残っていない．

かつての雲南省の交易ルートとしては，チベット高原から少数民族地帯を通り抜ける茶馬古道が有名であるが，中国内陸部の漢族とのかかわりにおいては，クンミン(昆明)から曲靖を経由してスーチュワン(四川)省や貴州省へ抜ける交易ルートのほうが重要であった．現在の曲靖には貴昆鉄道が通り，貴州省や広西チワン族自治区に抜ける道路交通網も発達している．曲靖は雲南省に出入りする玄関口として栄えてきた．石炭，鉛，亜鉛，石灰岩などの鉱産資源が豊富で，ゲルマニウムなどの希少金属の埋蔵量も多い．域内にチュー(珠)江の源流があり，ペイパン(北盤)江やナンパン(南盤)江などの河川も流れるため，水力発電が盛んである．第2次産業の比重はおおよそ5割を占める．ユングイ(雲貴)高原では比較的規模の大きな盆地が点在する中，温暖な気候を生かした農業も盛んである．タバコの生産量は中国全土の1割前後を占め，養蚕や牧畜なども有名である． ［松村嘉久］

チュックザン　Truc Giang ☞ ベンチェー Ben Tre

チューハイ市　珠海市　Zhuhai

中国

人口：163.4万 (2015)　面積：1732 km²
降水量：2081 mm/年　[22°17′N　113°35′E]

中国南部，コワントン(広東)省中南部の地級市．チュー(珠)江デルタ南端の中核都市で，シェンチェン(深圳)，シャントウ(汕頭)，アモイ(廈門)，ハイナン(海南)島とともに中国経済特区の1つである．珠江河口の南西部に位置し，マカオ(澳門)と接し海を隔ててホンコン(香港)を望む．海岸線は604 kmもあり，大小146の島嶼を有し，百島の市ともよばれる．大部分の島嶼はワンシャン(万山)群島に属する．島嶼部の住民は，清の乾隆帝時期に海禁策が緩和された後内陸県から移住してきた者たちの子孫である．市域の大部分は海岸台地と沖積平野である．最高峰は鳳凰山(標高437 m)．もともと辺境の漁村と農村地帯であったが，1980年に経済特区に指定されて以来，輸出主導型工業の集積地として発展した．国内における外資系企業の投資拠点でもある．

宋代以降，塩田経営と銀鉱開発のため香山県(現チョンシャン(中山)市)が設置されると同時に，その沿海部に軍事要塞と，マカオ経由の外国通商管理役所として前山寨が築城され，ここが今日の市の中心部となった．1953年4月に国境警備を強化するため中山市，トンクワン(東莞)県，宝安県などの各一部を統合して珠海県として新設された．地名は管轄海域を現地の住民が習慣的に珠海とよび続けてきた歴史的経緯に由来する．1979年3月に省の直轄市となった．1980年8月に経済特区となった．当初の面積は6.8 km²だったが，1983年に15.2 km²，88年にはさらに121 km²までに拡大された．現在行政的には香洲，トウメン(闘門)，金湾の3区を管轄し，市域の横琴新区などを含む全域が経済特区に指定されている．市政府所在地は香洲区．

経済特区設置後の1979年から2015年までで，計234億ドルにのぼる外資投資額を誘致し，外資系企業登録数は6412社にのぼった．輸出入規模は475億ドル(2015)に達し，広東省の4.7％を占める．ダイムラー・クライスラー，シーメンス，フィリップス，シェル石油などの欧米系をはじめ，パナソニック，東芝，キヤノン，日通，伊藤忠，三菱商事，三井物産など日本も含め外国企業が多数進出している．工業では，家電，医薬，精密機械，電力，石油化学，情報通信などが主要分野．総人口の149.1万中，約47万は長期滞在の農民工(出稼ぎ労働者)である．

交通では京珠高速(ペキン(北京)〜珠海)，広東西部沿海高速，江珠高速(チャンメン(江門)〜珠海)，国道105号が通じる．珠海金湾空港は市中心部から35 kmと近く，1995年6月に開港され大型旅客機の着陸可能で，年間利用者は約470万人にのぼる．また港珠澳大橋(香港〜珠海〜マカオ)は2009年12月に着工し，17年末の開通を目ざす．フェリーターミナルとなっている九洲港と香洲港は旅客輸送の，南水鎮に位置し万t級クラスのバースを有する珠海港は貨物輸送の中枢港である．珠海は新たな観光都市であり，国際会議場もある．2015年の観光客数が約2000万人にのぼり，とくに隔(偶数)年で開催される中国国際航空航天博覧会と珠海映画祭は国際的にも注目されるイベントとなっている．2015年の1人あたりGDPは2万USドルに達している． ［許　衛東］

チューフー市　曲阜市　Qufu

チュイフー市（別表記）

人口：64.4万 (2015)　面積：815 km²
[35°35′N　116°58′E]

中国東部，シャントン(山東)省南西部，チーニン(済寧)地級市の県級市．870年間にわたって魯国の都であった．魯は周王朝建国の功臣，周公旦によって建てられ，長く文化の中心地として栄えた．1986年に曲阜県から曲阜市になる．北，東，南部は山地，西部は沖積平野から構成される．北部の鳳凰城山(標高548 m)が最高峰である．石炭や石灰岩などの埋蔵量が多い．おもな農作物は小麦とトウモロコシであり，野菜などの近郊農業も盛んである．

哲人を輩出する地として有名である．中国の歴史に影響を与え続けてきた孔子や孟子の故郷であり，儒学発祥の地である．市内には国および省の重要文化財が110カ所もある．至聖廟(孔子廟)，孔府と至聖林(孔林)は1994年に「曲阜の孔廟，孔林，孔府」としてユネスコの世界遺産(文化遺産)に登録された．魯都古城遺跡は国の重要文化財である．また，旧市街地には古風な古代建築が立ち並び，孔子の生誕日(旧暦8月27日)にちなんで，毎年国際孔子文化祭が開催されている．京滬鉄道や省会チーナン(済南)市までの高速道路が市内を通っている．国道104，327号

チューハイ(珠海)市(中国)，シャンルー(香炉)湾の珠海漁女像〔NARONGRIT LOKOOLPRAKIT/Shutterstock.com〕

が市中心部で交差している．交通が便利で，観光業が発達している．　　　　　〔張　貴民〕

チュプロン　Chu Prong　ベトナム

チュペン（別称）

人口：9.8万（2009）　面積：1696 km²

[13°45′N 107°53′E]

ベトナム中部高原，ザーライ省の県．チュペンともよばれる．地名は少数民族ザライ族の言葉で高い山を意味し，県内最高峰のチュプロン山(標高751 m)に由来する．県の西部でカンボジアと国境を接する．ヤードラン川沿いに位置する県都チュプロン町のほか，19村からなる．ベトナムの少数民族であるザーライ族が人口の半数を占める．おもな産業は，農業で，米，トウモロコシ，コーヒー，茶，ゴムなどを産する．ほかに酒，レンガ，衣類も生産される．県の西側を国道14C号が縦断，県北部を国道19号が横断する．国道19号はクイニョン港（ビンディン省）を起点とし，レタイン国境（カンボジア）を終点とする235 kmの主要道である．

〔筒井由起乃〕

チュプンニョン　秋風嶺

Chupungnyeong　韓国

標高：200 m　　　　　[36°13′N 127°54′E]

韓国中部の峠．クム(錦)江流域のチュンチョンブク(忠清北)道ヨンドン(永同)郡と，ナクトン(洛東)江流域のキョンサンブク(慶尚北)道キムチョン(金泉)市の間の，ソベク(小白)山脈を越える峠である．近代に入って鉄道がおもな交通手段になると，それまでのチュンニョン(竹嶺)(標高689 m)，チョリョン(鳥嶺)(368 m)にかわって，最も標高の低い秋風嶺(200 m)が小白山脈を越えるメインルートとして利用されるようになった．京釜線，京釜高速道路，一般国道は，いずれもここを通過している．新幹線(KTX)は，やや南を通過している．この峠を境にして，気象，言語，風俗が異なる．　　〔山田正浩〕

チューマット　Tumut　オーストラリア

人口：0.6万（2011）　面積：27 km²

標高：300-800 m　降水量：650 mm/年

[35°18′S 148°13′E]

オーストラリア南東部，ニューサウスウェールズ州南東部，スノーウィーヴァレーズ行政区の町で行政中心地．首都キャンベラの西約80 km，州都シドニーの西南西約320 kmに位置する．オーストラリアアルプスのスノーウィー山脈の北麓にあり，林業および木材工業の拠点である．地名は，アボリジニの言葉で，川岸の休憩所という意味である．この地域には丘陵地が広がり，それを北に流れるマランビジー川支流のチューマット川が侵食した，標高約300 mの谷底低地が南北に分布する．町の中心部は北東部の谷底低地に位置し，チューマット川の左岸に形成されている．気候は，年較差が大きく，夏季の最高気温は30℃を超えるが，冬季の最低気温は約0℃である．降水量は，冬季から春季にかけてはやや多く，夏季から秋季にかけてはやや少ない．町域のほとんどは草本に覆われているが，西部の丘陵地は樹林地となっている．

この地域には古くからアボリジニが居住していたが，1824年にヨーロッパ人の探検家がチューマット谷に訪れて，初めてこの地域が発見された．1828年にアイルランド人が入植を開始したが，徒歩でしか訪れることのできない地域であった．その後は徐々に入植者が増え始め，1848年に測量が行われて，中心部が格子状の区画に整理された．1860年代には金脈が発見されてゴールドラッシュが訪れ，教会，ホテルおよび酒場などが建設されて急速に発展した．そして，1887年には自治体として認可され，町域も拡大した．この頃のおもな産業は，チューマット川の谷底低地で行われていた酪農と近隣での金鉱業であったが，金の産出量はしだいに減少した．また，チューマット川にはボートサービスがあったが，1903年に鉄道が開通し，交通の中心は鉄道へと移った．これによって，周辺地域に生鮮食料品が輸送されるようになり，乳牛や肉牛などが放牧されて生乳や肉製品の生産量が増加するとともに，バターなどの乳製品の食品加工業が発達した．

また，1908年にはオーストラリアにおける首都の候補地の1つとなったが，最終的にキャンベラに決定した．1950年代からは，チューマットの南にあるスノーウィー山脈の開発が始まり，チューマット川上流域ではブ

ローリングダム，タルビンゴダムおよびタルビンゴ水力発電所などが相次いで建設され，それらに従事する労働者が多く流入した．また，この頃には林業と木材工業が発達した．

現在のおもな産業は，林業，木材工業，観光業，農業および畜産業で，とくに林業および木材工業は，人口の約20％が従事する産業である．1920年代頃からマツの植林が始まり，50年代から木材生産が本格化した．これと同時に製材工場がつくられ，木材加工業が発展し，さらに製紙工場もつくられてパルプ工業が起こった．観光業ではスノーウィー山脈観光の拠点として，トレッキング，登山，マウンテンバイク，釣り，ウォータースポーツおよびスキーなどを目的とした観光客が多く訪れる．町内においても，トレッキング，キャンプおよび釣りなどが盛んである．これらの観光客に対して，中心部にはホテル，モーテルおよびレストランなどの施設が完備されている．また，町の中には歴史的な建造物も多く残っており，1870年代に建設されたイギリス国教会，裁判所，警察署およびホテルや，90年代に建設された銀行などがある．さらに，1860年代に植えられたポプラ並木や博物館などもあり，観光スポットとなっている． ［梶山貴弘］

チューマーディエン市　駐馬店市 Zhumadean
中国

人口：905.2万（2015）　面積：15083 km²
[32°57′N　114°02′E]

中国中央東部，ホーナン（河南）省南東部の地級市．駅城区と，チュエシャン（確山），スイピン（遂平），シーピン（西平），シャンツァイ（上蔡），ピンユィー（平輿），シンツァイ（新蔡），チョンヤン（正陽），ピーヤン（泌陽），ルーナン（汝南）の9県を擁する．市政府所在地は駅城区．中原の穀倉，油庫あるいはゴマ王国とよばれるように，農業が盛んである．とくにゴマの産出高は国内第1位である．特産品には，確山県の板クリ，汝南県の薬材である汝半夏，確山の豚，槐山羊，泌陽県のロバがある．鉱産資源に恵まれ，石炭，石油が産出されるほか，カリウム鉱の埋蔵量は16.87億tに及び，国内で最も多く，泌陽県一帯では，世界有数のルチル（金紅石）鉱が発見されている．製造業では，華中医薬集団，天方薬業など全国有数の企業が立地する製薬業が盛んである．

名勝，古跡には，汝南県の国指定の文物保護単位である天中山や，無影塔，上蔡県には西周蔡国都城，秦の丞相李斯の墓，伏羲亭が

ある．また，新蔡県の子路問津処，正陽県の後漢の石闕，平輿県の前漢の古槐，西平県の宝厳寺塔，戦国時代の冶鉄遺址などがある．嵖岈山をはじめ中国最大の人工平原ダムである宿鴨湖，国立森林公園の薄山風景区などの自然景勝地，小延安とも称される革命聖地確山竹溝，抗日英雄の楊靖宇将軍の故居，伝奇物語の舞台である梁祝故里，確山李斯および台湾の高僧明乗法師の寄進によって復興され，アジア最大の仏教寺院といわれる1545年創建の南海禅寺などが観光資源となっている． ［中川秀一］

チューマル　Chumar
インド

Chumur（別表記）
[32°40′N　78°35′E]

インド北部，ジャンムカシミール州南東部の村．シムラの北東約200 km，中国との国境近くに位置する．サトラジ川の上流にあり，標高は4000 mを超える．インド軍の駐屯地である． ［南埜　猛］

チュマルレブ県　曲麻莱県 Qumarlêb
中国

チューマーライ県　曲麻莱県　Qumalai（漢語）

人口：3.3万（2015）　面積：52500 km²
[34°07′N　95°48′E]

中国西部，チンハイ（青海）省ユィーシュー（玉樹）自治州の県．チベット高原東部に位置し，クンルン（崑崙）山脈とバヤンハル（巴顔喀拉）山脈の標高5000 m前後の山々が東西方向に連なる．山脈北側はホワン（黄）河源流部で，シンシウハイ（星宿海）という池沼群がある．山脈南側はチャン（長）江水系で，源流の1つであるチュマル河がトンティエン（通天）河に合流する．県西部の崑崙山口（標高4767 m）は山脈越えの要衝で，青海省とシーツァン（チベット，西蔵）自治区を結ぶ青蔵公路と青蔵鉄道が通る． ［高橋健太郎］

チュムポーン　Chumphon
タイ

人口：8.8万（2010）　面積：748 km²
[10°29′N　99°11′E]

タイ南部，チュムポーン県の都市で県都．首都バンコクから国道4号を南南西約460 km下ったところに位置する．マレー半島のタイ領を東海岸と西海岸両方に通じる交通の要衝にあたり，タイ南部へ向かう道路は，ほぼこの町を基点に東海岸を南下する国道41

号と，トランまで西海岸を走る4号に分岐している．市街はマレー半島の東海岸沿いのタパオ川の河口から10 kmほど上流，この川の東側に広がっており，タイ南部への玄関口と称される．南東のリー海岸には，タイ海軍の生みの親とされ，県と同名のチュムポーン親王（正式にはチュムポーン・ケートウドムサック親王，ラーマ5世の第28子で英国海軍へ留学，アーパーコーン家の始祖）の祠があり，国内の人びとの間では崇拝する人が多く，観光地となっている． ［山本博史］

チュムポーン県　Chumphon, Changwat
タイ

人口：46.8万（2010）　面積：6010 km²
[10°29′N　99°11′E]

タイ南部の県．県都はチュムポーン．東はタイ湾，西はラノーン県，南はスラーターニー県，北はプラチュアップキーリーカン県に接している．おもな産業は農漁業で，2011年の統計では県内総生産の52.8％を占めており，ほかに製造業が7.6％，卸小売業が5.5％となっている．県内総生産（2011）の農業部門の約97％を占める農産物の構成比では，天然ゴム41.3％，パーム油39.0％，コーヒー4.5％，ココヤシ4.4％，ドリアン3.5％となっており，天然ゴム，パーム油の比率が高いことはタイ南部の諸県と同様であるが，コーヒー，ココヤシ，ドリアンの生産が多いことがこの県の特徴である．また，タイ南部とはいえ，ほとんどの住民が仏教徒であり，イスラーム教徒の比率は0.8％と低い． ［山本博史］

チュムンジン　注文津　Jumunjin
韓国

[37°54′N　128°49′E]

韓国北東部，カンウォン（江原）道の日本海海岸のほぼ中央部に位置する町．行政上はカンヌン（江陵）市注文津邑．海岸に沿って分布する漁港の1つ．日本海で漁獲された魚が水揚げされる．この付近の海岸は，西のテベク（太白）山脈からの急崖を流れ下る河川によって多量の土砂が供給され，海岸に浜堤と潟湖，白砂の海岸を形成する．白砂の海岸を利用した海水浴場が多いが，注文津の海水浴場も多くの観光客を集めている． ［山田正浩］

チューヤン県　曲陽県　Quyang

中国

人口：60.0万（2012）　面積：1068 km²
気温：12.6℃　降水量：507 mm/年
[38°37′N　114°41′E]

　中国北部，ホーペイ（河北）省中西部，パオディン（保定）地級市の県．県政府は恒州鎮に置かれている．タイハン（太行）山脈の北の山地，丘陵の東にある．北部は山が多く，最高点の三尖梁の標高は728 m．中部は丘陵，南東部は平野である．孟良河は市街地の北を水源とし，唐河は西を流れる．沙河の上流にはダムがあり灌漑に便利である．農作物は麦，トウモロコシ，アワを主としている．工業は大理石の採掘や加工，石炭の採掘，陶磁器製造を主とする．石の彫刻は巧みで，彫刻の里といわれる．定窯という伝統工芸は陶磁器の竜鳳皿で著名である．古跡には北岳祠，定窯遺址，釣魚台仰韶文化遺跡，八会寺石仏厨子などがある．　　　　　　　　　　[柴　彦威]

チューヨンクワン　居庸関　Juyong Guan

中国

標高：275 m　長さ：20 km
[40°18′N　114°05′E]

　中国北部，ペキン（北京）市北西部の史跡．万里の長城の重要な関所の1つである．戦国時代，燕が居庸塞とよばれる関所を置いたのが始まりとされている．居庸は，万里の長城を築くために囚人や兵士，農民が徴用され，この地に住まわされたことを示す徒居庸徒という言葉に由来するといわれている．秦代に現名称でよばれるようになった．元代に南北2つの関を置き，その間の距離（約20 km）にちなんで四十里関とよばれた．関の両側は険しい山であるため，この関が交通の要衝となっている．元代に建設された仏塔の台座である雲台には，精巧な彫刻が施され，ランジャナ，チベット，漢，西夏，ウイグル，パスパの6種類の文字で造塔功徳記が刻まれており，貴重な文化財となっている．[柴　彦威]

チューリア丘陵　Churia ☞ シワリク丘陵 Siwalik Range

チュルー　Churu

インド

人口：12.0万（2011）　降水量：300 mm/年
[28°18′N　75°00′E]

　インド西部，ラージャスターン州北部，チュルー県の都市で県都．チュルー県の人口は204.0万，面積は1万3835 km²（2011）．ビーカーネルの東北東169 km，タール砂漠に位置する．首都デリーとビーカーネルを結ぶ鉄道沿いにあり，交通の要衝であり，砂漠観光の拠点でもある．県内を流れるカントリ川は季節河川である．1620年頃にジャート族によって町が築かれた．羊毛，雑穀，塩の取引が行われるほか，手織物，壺，皮革製品の生産がみられる．　　　　　　　　[南埜　猛]

チュールー県　巨鹿県　Julu

中国

人口：37.5万（2010）　面積：631 km²
標高：26-31 m　気温：12.9℃
降水量：517 mm/年　[37°13′N　115°10′E]

　中国北部，ホーペイ（河北）省南部，シンタイ（邢台）地級市の県．県政府は巨鹿鎮に置かれている．タイハン（太行）山脈のふもとの平野で，地勢は南が北より高い．農作物は小麦，トウモロコシ，アワ，綿花，落花生を主とする．特産品は巨鹿梨である．機械，化学工業，紡績，建材，醸造の工場がある．
　　　　　　　　　　　　　　　　[柴　彦威]

チュルップ　Curup

インドネシア

人口：2.8万（2010）　[3°28′S　102°31′E]

　インドネシア西部，スマトラ島南西部，ブンクル州ルジャンルボン県の町．バリサン山脈沿いの山間の地形のため涼しい．町から7 kmのスバンには温泉がある．また近くにはウマス Emas（Mas）湖がある．米，トウモロコシ，コーヒー，クローブ，ゴム，ヤシなどを生産する．ここに暮らすルジャン人は，固有の文字を有し，独自の民族としてのアイデンティティが強い．　　　　　[浦野崇央]

チューレンヒマール山　Churen Himal

ネパール

標高：7385 m　[28°43′N　83°13′E]

　ネパール中西部，ミャグディ郡（ダウラギリ県）とドルパ郡（カルナリ県）にまたがる山．ダウラギリヒマールから西に続く白くたおやかな稜線の西端を限る山塊である．最高峰チューレンヒマール中央峰（標高7385 m）と同東峰，西峰（7371 m）からなる．西面は大岩壁となりカフェ Kaphe 川最上流部をはさんでプタヒウンチュリ山（7246 m）と相対している．チューレンヒマール西峰は，1970年に静岡大学隊によって初登頂された．
　　　　　　　　　　　　　　　　[八木浩司]

チュローン川　Chhlong, Prek

ベトナム/カンボジア

面積：5609 km²　長さ：301 km
[12°16′N　105°51′E]

　ベトナム南部からカンボジア東部にかけて流れる川．カンボジアおよびベトナム中央高原の国境近くの山間部，標高約1700 mの地点を源流とする．東から西に向かって，カンボジアのモンドルキリ，クラチェ，コンポンチャムの各州を約300 km流れたのち，メコン川左岸チュローン付近でメコン川に合流する．上流部は最近になって国家経済開発の対象に入ったばかりであり，開発はいまだ限定的である．天水に頼った食用作物および産業用作物の栽培がおもに行われている．産業開発には特筆すべきものはないが，エコツーリズムが発展中である．
　　　　　　　　[ソリエン・マーク，加本　実]

チューロン川　Turon River

オーストラリア

ターアン川（別表記）
長さ：110 km　[33°07′S　149°48′E]

　オーストラリア南東部，ニューサウスウェールズ州中央東部の川．グレートディヴァイディング山脈西斜面を流れ，ベンバレンを通り，およそ北西流してマクウォーリー川へ合流する．マレー・ダーリング川流域に含まれるマクウォーリー川の支流であり，標高差は372 mある．地名は，アボリジニ・カミラロイの言葉で無名を意味する choorun または yooran に由来する．国内で最初に砂金がみつかった場所の1つとして知られている．
　　　　　　　　　　　　　　　　[比企祐介]

チーユワン市　済源市　Jiyuan

中国

人口：72.4万（2014）　面積：1931 km²
[35°05′N　112°37′E]

　中国中央東部，ホーナン（河南）省北西部の省直轄県級市．5街道，11鎮を擁する．常住人口は72.4万（2014）．夏の時代に都が置かれ，隋の開皇16年（596）には県が設置された．1988年に市となり，97年から省直轄市となった．地名は済水の水源にあることによる．済水はチャン（長）江，ホワン（黄）河，

ホワイ(淮)河とともに四瀆に数えられる. 水源の済瀆廟は, 隋の開皇2年(582)に建立され, 隋代以来清代までの歴代皇帝が盛大な祭祀式典を執り行わせた場所である. 現在でも宋, 元, 明, 清の建物22軒と, 歴代の石碑40基が残されており,「中原の古代建築博物館」ともよばれ, 国指定の重点文物保護単位に指定されている. また, 中国古代九名山の1つであり, 神や仙人が住んだといわれる道教の「天下第一洞天」でもある王屋山は, 『列氏湯問』の寓話「愚公移山」の生まれた場所であり, 黄帝が天下統一を祈ったと伝えられる中華民族統一の聖地でもある. ほかに, 鯀山禹斧の伝説もある万里黄河第一峡と称される八里胡同や, 五竜口, 小浪底などの渓谷の景勝地にも恵まれ, 観光産業が盛んである. 天壇硯(盤古硯)は全国四大名硯の1つとして知られる. 唐代詩人で, 茶聖陸羽と並ぶ茶仙と称される盧仝はこの地の人である.

[中川秀一]

チュワン山　周王山　Juwangsan

韓国

標高: 721 m　　　　　　　　　[36°24′N　129°09′E]

韓国東部, キョンサンブク(慶尚北)道の山. チョンソン(青松)郡の東端, テベク(太白)山脈の支脈に位置する. 大典寺から第三瀑布まで周房川に沿う約4 kmの間が中心部である. 奇岩と渓谷のすぐれた景観をもち, 1976年, 青松郡からヨンドク(盈徳)郡にかけて, 約105 km²の区域が周王山国立公園に指定された.

[山田正浩]

チュワンチャオ県　全椒県

Quanjiao

中国

人口: 48.0万 (2014)　面積: 1568 km²

[32°06′N　118°16′E]

中国東部, アンホイ(安徽)省東部, チューチョウ(滁州)地級市の県. 滁河の上流域に位置する. 県政府はシャンホー(襄河)鎮に置かれる. 漢代に県が置かれたが, その後廃止と再置をくり返し, 明の洪武14年(1381)に全椒県に復した. 地形は丘陵と平原からなり, 北西から南東へ傾斜する. 経済の柱は農業で米, 小麦を産するほか, 林業や漁業も盛んである. 滬漢蓉高速鉄道と滬蓉, 滁馬の高速道路が通る. 景勝地には神山国立森林公園, 碧雲湖, 竜山寺, 三塔寺がある.

[林　和生]

チュワンチョウ県　全州県

Quanzhou

中国

人口: 65.5万 (2015)　面積: 4021 km²

気温: 18.1℃　降水量: 1566 mm/年

[25°56′N　111°04′E]

中国南部, コワンシー(広西)チワン(壮)族自治区北東部, グイリン(桂林)地級市の県. 県政府所在地は全政新区. 地名は後晋の天福4年(939)の全州設置に由来する. 桂林市区の北東125 kmに位置する. 県の北部がフーナン(湖南)省と接し, チャン(長)江水系のシャン(湘)江流域に属する. 古くから広西の北大門とよばれてきた. 自治区北部の代表的な穀倉地帯であり, 食糧と湧水が豊富で, 湘山のブランドを冠した白酒(蒸留酒)の生産量は自治区随一の規模を誇る. また県内のダム式天湖水力発電所はアジア最高の1074 mという落差(高低差=水圧)を有する. 総人口のうち漢族が95.7%を占めている(2013).

[許　衛東]

チュワンチョウ市　泉州市

Quanzhou

中国

ウェンリン　温陵　Wenling (別称)/ツートンチョン　刺桐城　Citongcheng (別称)/リーチョン　鯉城　Licheng (別称)

人口: 851.0万 (2015)　面積: 11015 km²

[24°53′N　118°36′E]

中国南東部, フーチェン(福建)省南東部の地級市. 北東は省会フーチョウ(福州)市, 南はアモイ(厦門)市と接し, 東シナ海を隔ててタイワン(台湾)を望む港湾都市である. 省内3大都市の1つ. 別名はリーチョン(鯉城), ツートンチョン(刺桐城), ウェンリン(温陵). 市の南西部をタイユン(戴雲)山脈が走り, 中部をチン(晋)江が貫流する. かつては南宋から元朝にかけて, 東南アジアやアラビア半島にまで及ぶ海上交易の中心地として繁栄し, とくに陶磁の道(海のシルクロード)の拠点として漢人のほかにもアラブ人などが居住する国際都市にまで発展した. 『アラビアンナイト』にも船乗りシンドバットの住む舞台として登場することから, 中世イスラーム世界にも知られた都市であった. また, マルコ・ポーロの『東方見聞録』には, ザイトン(「刺桐」のミンナン(閩南)音)の名称で町の繁栄の記録とともに紹介されている.

泉州に最初の行政が敷かれたのは, 三国時代の260年における東呉国の東安県(現ナンアン(南安)市)であった. 地名は唐の景雲2年(711)の泉州設置に由来する. 新中国成立後, いったんチンチャン(晋江)地区と改編されたが, 1986年5月に地級市として復活した. 鯉城, 豊沢, 洛江, 泉港の4市区部, 晋江, シーシー(石獅), 南安の3県級市, ホイアン(恵安), アンシー(安渓), ヨンチュン(永春), ドゥホワ(徳化), チンメン(金門)の5県, 泉州経済技術開発区, 泉州台商投資区などを管轄する. 閩南語圏に属し, うち市区部の人口は153万である. 市政府所在地は豊沢区. 経済発展が著しく, 労働市場の吸収力が高いため, 戸籍人口の722万に対して常住人口は129万も多い(2015).

泉州は全国有数の華僑送り出し地域として知られ, 2015年現在, ホンコン(香港), マカオ(澳門)の約70万人をはじめ, 東南アジアを中心に福建省出身の華僑の6割に相当する約750万の泉州出身者が国外に居住している. また, 台湾住民のうち約900万人は泉州原籍といわれる. 華僑の出現は, 明の末期に泉州一帯の海岸線の後退に伴い港湾都市としての機能が失われたため, 市舶司(通商監督府)が福州に移設されたことと, 清朝にアモイが海上交易の中心地として勃興し始めたことなどが背景にあるが, この頃より, 当時南洋とよばれた東南アジアのフィリピン, インドネシア, マレーシアへ鉱山とプランテーションの労働者として赴き, そのまま永住した人も多く出た. 現地では, 南安, 恵安, 永春, 晋江など, 出身地ごとに同郷コミュニティをつくり, 集会所であり祭祀も行う場として会館を建てて経済的・人的サポートを行った. 中には, ゴムのプランテーション, 食品加工, 新聞発行などで財をなした者もいた. 市内には国立華僑大学と華僑出資の私立仰恩大学が開設され, 華僑と故郷の強い絆の象徴となっている.

1万1360 km²の管轄海域, 207の島嶼部があり, 541 kmの海岸線にメイチョウ(湄洲)湾, 泉州湾, 深滬湾, 囲頭湾などの天然良港が分布し, 万t級のバースなら123カ所も建設可能である. 1985年, 閩南三角地区(アモイ, チャンチョウ(漳州), 泉州)が沿海経済開放区に指定された後, 華僑・台湾資本を積極的に誘致した. 以来, 郷鎮企業と外資系企業が主体となって, 食品, 紡績, アパレル, 建材, 工芸品, 機械, 電子工業を中心に地域経済の発展を押し上げてきた. 2015年のGDP規模は6138億人民元に達し, 福州市の5618億人民元を凌駕している.

市内には20カ所の国指定の保護文化財があり, 1982年3月に国務院により歴史文化都市として指定された. 千年古刹の開元寺, イスラーム教の清浄寺, 鄭成功の墓, 石造り

1112　チユワ　　　　　　　　　　　　　　　　　　　　　　　　　　　〈世界地名大事典：アジア・オセアニア・極Ⅰ〉

の安平橋など省を代表する名所旧跡が多く，閩南語を用いた伝統芸能も盛んで，中でも国の無形文化遺産に指定されている南音，梨園戯，高甲戯(柯派)，晋江布袋(ほてい)木偶劇(指人形劇)，恵安の石彫り，泉州花燈，徳化磁器の焼き物技術，恵安の女服飾，打城戯，五祖拳などが有名．主な交通は，鉄道の福廈線(福州～アモイ)と漳泉線(漳州～泉州)，高速道路の福廈線(福州～アモイ)と泉三線(泉州～サンミン(三明))，港湾の石湖港，後渚港，石井港，香港とマニラ間の航路を擁する泉州晋江国際空港などがある．空港の年間利用者は 380 万人にのぼり(2016)，港湾では台湾のチンメン(金門)島との定期客船航路も開通されている．2015 年に約 1 億9295 万人の観光客が訪れ，2258 億人民元以上の観光収入を得ている．そのうち，海外からの観光客は約 930 万人にのぼっている．常住人口 1 人あたりの GDP も 1 万 1628 USドル(2015)と高い．1988 年 9 月に沖縄県浦添市と友好都市提携を結んでいる．

[許　衛東]

チュワンチョン県　鄄城県　Juancheng

中国

けんじょうけん (音読み表記)

人口：90.9 万 (2015)　面積：1032 km²
[35°34′N　115°29′E]

中国東部，シャントン(山東)省南西部，ホーツォ(菏沢)地級市の県．ホーナン(河南)省と接する．県の設置は前漢初期までさかのぼる．6 つの鎮と 19 の郷を管轄している．ホワン(黄)河の沖積平野に位置し，地形は南西部が低く北東部が高い．石炭，石油，天然ガス，地熱などの資源が豊富である．主要な農作物は小麦，トウモロコシ，大豆，綿花，落花生などである．観光資源が多く，谷林寺堯陵，舜耕歴山遺跡，春秋庄子釣魚台，孫臏古里などがある．

[張　貴民]

チュワンナン県　全南県　Quannan

中国

チェンナン県　虔南県　Qiannan (旧称)

人口：20 万 (2010)　面積：1521 km²
[24°45′N　114°31′E]

中国南東部，チャンシー(江西)省南端，ガンチョウ(贛州)地級市の県．貢水の支流である桃江の上流域にあり，コワントン(広東)省に隣接する．県政府は城廂鎮に置かれる．山地が 77％を占め，河川に沿って平原が広がる．地勢は南西部が高く北東部が低い．桃江

など河川網が発達している．清代末の 1903年に信豊，竜南 2 県の一部を割いて虔南庁が設置され，13 年に虔南県に改められ，57 年に全南県に改称した．農業県で主要農産物は米，生糸，柑橘類，野菜が中心で，特産品にシイタケ，キクラゲ，タケノコ，茶がある．天竜山は地勢が険しく風光明媚である．

[林　和生]

チュンアン県　淳安県　Chun'an

中国

人口：45.9 万 (2015)　面積：4452 km²
[29°36′N　119°01′E]

中国南東部，チョーチャン(浙江)省北西部，ハンチョウ(杭州)副省級市の県．南宋代に淳安県と名づけられてから変更されていない．山に囲まれており，北西部が高く，南東部が低い．中央にチェンダオフー(千島湖)が位置している．おもに水力発電所，鉄鋼，化学肥料，製紙，化学，電子，機械，製茶，絹，農業機械，セメント，醸造，食品，木材加工などの工業が行われる．農産物には稲，麦，トウモロコシ，サツマイモ，大豆などがあり，林産資源としてオオアブラギリやナンキンハゼなどがある．名産としてオニグルミ，カリン，ビャクジュツ(白朮)，キノコ類などがあり，伝統工芸品として竜眼石硯がある．千島湖は国立森林公園であり，国指定の富春江-新安江風景名勝地区の一部でもある．杭千高速道路(杭州～千島湖)が通じている．

[谷　人旭・小野寺 淳]

チュンカイン　Trung Khanh

ベトナム

人口：4.9 万 (2009)　面積：469 km²
[22°50′N　106°31′E]

ベトナム東北部，カオバン省の県．東と北を中国のコワンシー(広西)壮族自治区に接し，省都カオバンから直線で北東 24 km に位置する．石灰岩地帯特有のタワーカルストやドリーネが多数みられる．2009 年の資料によればカオバン省は少数民族の割合が高く，タイー族 41％，ヌン族が 31％であった．とくにチュンカイン県ではその割合が高く，タイー族 67％，ヌン族 31％，合計 98％を両民族が占める．

[柳澤雅之]

チュンガン　中江　Chunggang

北朝鮮

面積：669 km²　標高：332 m　気温：4.5℃
降水量：833 mm/年　[41°47′N　126°52′E]

北朝鮮，チャガン(慈江)道北端の町で郡庁所在地．中国との国境線をなすアムロク(ヤールー(鴨緑))江に臨む．北部は大部分が標高 500 m 以上の山地，南部には 1000 m 以上の山がそびえる．北東部には平坦な玄武岩台地が分布．1 月の平均気温 −18℃，7 月平均気温 22.3℃，1933 年 1 月 12 日，朝鮮半島の最低気温(−43.6℃)を記録した．古くは中江鎮とよばれた．国防の要衝で，役牛や大豆の交易も行われた．カラマツ，モミなどの筏流しの係留地で，木材の集散が盛ん．溶岩台地の烏水徳(標高 800 m)では鴨緑江の水を汲み上げて生活用水に使用する．木材加工，食料加工品，日用品などの工場がある．牛市場，関延城の古跡が残る．

[司空　俊]

チュンシャン島　君山島　Junshan Dao

中国

面積：1.0 km²　標高：77 m
[29°35′N　113°01′E]

中国中南部，フーナン(湖南)省，ユエヤン(岳陽)地級市，君山区にある島．市の中心部からは南西 15 km，東洞庭湖に浮かぶ巻貝の形をした小島である．古代の皇帝である舜の二人の妃がここに住んでいたという伝説から，君山とよばれるようになった．島内にはさまざまな伝説と結びつけられた廟やあずまやなどの旧跡が点在している．竹が生い茂り，茶園があり，君山銀針茶が特産として知られる．国に指定された重点風景名勝地区である．

[小野寺 淳]

チュンジュ　忠州　Chungju

韓国

人口：21.1 万 (2015)　面積：984 km²
[36°39′N　127°29′E]

韓国中部，チュンチョンブク(忠清北)道中部の都市．1956 年に市制施行．2010 年の人口は 20 万強である．市域を拡大した 1995年の人口は約 21 万であったので，この間の人口の増減は少ない．朝鮮時代の忠州は，チョンジュ(清州)とともに忠清道地方の行政の中心地であった．また，首都ハンソン(漢城)からトンネ(東莱)に向かう幹線交通路，ヨンナム(嶺南)路の要衝であり，同時にナマン(南漢)江の水運の拠点でもあった．漢城から陸路，水路によって忠州に達し，ここからソ

ベク(小白)山脈のチョリョン(鳥嶺)を越えて、嶺南地方に向かったのである。近代以降は、交通の要衝の位置からはずれ、発展は停滞した。鉄道は忠北線が通過するが、幹線交通手段の役割はもっていない。市街地の西方をチュンブネリュク(中部内陸)高速道路が通過している。

1985年、南漢江に忠州ダムが建設され、人造湖である忠州湖ができた。ダムの堰堤は464mで、水面面積約68万km²、貯水量約27億tである。水没地域は忠州市域より東のチェチョン(堤川)市域に多く、一部、タニャン(丹陽)郡域にも及んだ。下流域への水の供給、発電といった本来の役割のほかに、古くからあるスアンポ(水安堡)温泉とともにこの地域の重要な観光資源になっている。1979年、市街地の北方、可金面で発見された中原高句麗碑は、古代の金石文史料として、きわめて重要なものである。〔山田正浩〕

チュンチョン(春川、韓国)、ドラマ「冬のソナタ」のロケ地になったナミソム(南怡島)のメタセコイア並木
〔Pigprox/Shutterstock.com〕

チュンジュ湖　忠州湖
Chungjuho　　　　　　　　　　　　　韓国

面積：66 km²　　　　　　〔37°00′N　128°00′E〕

韓国中部、チュンチョンブク(忠清北)道の湖。忠州市のナマン(南漢)江中流に建設された忠州ダムによって形成された人造湖。ダムは1978年に工事開始、85年に完成した。コンクリートダムで、貯水量ではソヤン(昭陽)湖に次いで、国内第2位である。首都圏へ用水を提供し、洪水調節の機能ももっている。釣り、ハイキングなど、レクリエーションの対象地としても親しまれ、ウォラク(月岳)山国立公園、スアンポ(水安堡)温泉とセットになった観光地を形成している。〔山田正浩〕

チュンチョン　春川　Chuncheon
韓国

人口：28.2万（2015）　面積：1117 km²
〔37°53′N　127°44′E〕

韓国北東部、カンウォン(江原)道北西部、道庁所在地の都市。西はキョンギ(京畿)道カピョン(加平)郡、ヤンピョン(楊平)郡に接する。1949年に市制が施行された。江原道の行政、文化、産業の中心地である。朝鮮戦争時は前線に近く、大きな被害を受けた。

花崗岩の丘陵が、プッカン(北漢)江、ソヤン(昭陽)江、コンジ(孔之)川、フーピョン(後坪)川などの諸河川によって侵食を受けて形成された春川盆地に位置する。市街地の北に、風水上の主山である鳳儀山(標高302 m)

がある。周辺には、昭陽江の昭陽湖、北漢江の衣岩湖、春川湖と、多くのダムと人造湖がある。北方には、ファチョン(華川)ダムとパロ(破虜)湖もある。内陸に位置するため、とくに冬の気候は寒冷である。

農業では一般的な穀作以外に、高級野菜、果物の生産がみられる。付近のダムから電力が供給されるが、工業は十分には発達していない。春川工業団地、倉村農工業団地などで、食品、繊維、金属機械、電子製品などが生産されている。市内には大規模な市場があるが、取引される商品の大部分は、ソウルから流入する。ソウルとの間の京春線は、2010年に電化が完成し、利用客が増加している。チュガン(中央)高速道路がここまで達している。〔山田正浩〕

チュンチョンナム道　忠清南道
Chungcheong-namdo　　　　　　　　韓国

人口：210.8万（2015）　面積：8630 km²
〔36°39′N　126°40′E〕

韓国西部の道。テジョン(大田)を中心とする地域であるが、大田は大田広域市として行政上独立している。道庁所在地はホンソン(洪城)郡ホンブク(洪北)面。道庁は1932年までクァンジュ(公州)にあったが、都市化の著しい大田に移転した。2012年12月にさらに、大田から洪北面に移転したものである。面積は8630 km²、人口は202.8万(2010、面積、人口ともに大田広域市を除く)である。1975年の人口は約244万であったので、この間に2割弱の減少をみた。朝鮮時代には忠清道であったが、1895年の甲午改革時に、南道と北道に分割された。

大田以外の市制施行都市は、チョナン(天安)、公州、ポリョン(保寧)、アサン(牙山)、ソサン(瑞山)、ノンサン(論山)、ケリョン(鶏竜)の7市である。保寧、牙山の2市は、1995年、周辺地域を編入して市域を拡大した際、それまでの大川、温陽から市名を改めた。鶏竜市は2005年、論山市の北東端、豆磨面を分割して新しく成立した市である。道域最南端のクムサン(錦山)郡は朝鮮時代には全羅道に属していたが、1963年忠清南道に編入されたものである。

道域の中央を北東から南西方向にチャリョン(車嶺)山脈の末端部が走る。道域内では高度を下げて500 m前後の丘陵地を形成している。支脈の末端に鶏竜山がある。古くから信仰の対象であり、また、風水上重要視された山である。朝鮮時代に入って新しい都を建設するとき、ここが候補地の1つになって、一時工事が行われたことがあった。周辺は国立公園に指定されている。山麓には甲寺、東鶴寺などがある。

車嶺山脈と、チョルラブク(全羅北)道との境界をなすノリョン(蘆嶺)山脈の間をクム(錦)江が複雑な流路をとってファンヘ(黄海)に注ぐ。錦江は全羅北道島北東部のチナン(鎮安)高原に発し、中流域はチュンチョンブク(忠清北)道との境界部をなしている。テチョン(大清)ダム(大清湖)が建設されて大田、チョンジュ(清州)をはじめ忠清道地方に用水を供給している。下流域には韓国西海岸の穀倉地帯の1つ、論山平野が展開している。海

岸部が遠浅で潮位差が大きいという自然条件を利用して，朝鮮時代から繰り返し干拓，埋め立てが行われて農地が拡大されてきた．干拓地は各種養殖にも利用されている．車嶺山脈の北斜面にはサプキョ(挿橋)川，曲橋川などが形成した礼唐平野が広がり，西端はテアン(泰安)半島が黄海に突出している．泰安半島の海岸部は屈曲が著しく，加露林湾や浅水湾などの湾入部と大小の突出した半島部が入り組んだ複雑な海岸線をなしている．

アンミョン(安眠)島は本来は半島であったものが，1638年に人工的に水路が開削されて島になったものである．遠浅であること，干満の差が大きいことなどから朝鮮時代から埋め立て，干拓が進められていたが，現在も各所で防潮堤がつくられ，その背後は干拓された．そのため海岸線の形状は大きく変化している．西海岸一帯は瑞山海岸国立公園に指定され，レジャー客を集めている．論山平野，礼唐平野は米の大産地であり，論山，カンギョン(江景)などがその集散地として発達してきた．ほかにタバコ，リンゴ，ナシ，ブドウなどが生産されている．道域南端の錦山は韓国最大の薬用ニンジンの生産地である．

道域の東端天安と大田を結んでキョンブ(京釜)線，新幹線(KTX)，京釜高速道路が通過し，ソウルとプサン(釜山)を結ぶ交通の大動脈となっている．天安でチャンハン(長項)線を，チョチウォン(鳥致院)で忠北線を，大田でホナム(湖南)線が分岐する．長項線は長項～クンサン(群山)間の錦江を越える鉄道橋が2007年に完成し，直通運転されるようになった．天安論山高速道路が完成し，これまでの大田経由の湖南高速道路より，ソウルから全羅道方面へ向かう短絡ルートとなった．海岸線に沿ってソヘアン(西海岸)高速道路が走り，道域の北端では西海大橋で牙山湾を通過している．　　　　　［山田正浩］

チュンチョンブク道　忠清北道
Chungcheong-bukdo
韓国

人口：158.9万(2015)　面積：7433 km²
[36°38′N　127°44′E]

韓国中部の道．道庁所在地はチョンジュ(清州)．内陸に位置する．朝鮮時代には忠清道であったが，1895年の甲午改革時に，北道と南道に分割された．市制施行都市は，道庁所在都市である清州と，チュンジュ(忠州)，チェチョン(堤川)の3市である．

道域は東のテベク(太白)山脈から西に続く傾動地塊をなし，山地，丘陵が多く，平野は少ない．南東端にはキョンサンブク(慶尚北)

道との境界をなすソベク(小白)山脈が走っている．小白山，ウォラク(月岳)山，ソンニ(俗離)山など標高1000 mを越す山地が続き，その間に，チュンニョン(竹嶺)，チョリョン(鳥嶺)，梨花嶺，チュプンニョン(秋風嶺)を越える交通路が古くから発達していた．小白山，月岳山，俗離山の周辺はそれぞれ国立公園に指定されている．鳥嶺付近は道立公園に指定されている．北西部にはキョンギ(京畿)道との境界をなすチャリョン(車嶺)山脈が走っている．標高500 m前後の丘陵性の山地である．

道域の東部はナマン(南漢)江の中流域で，忠州の盆地を形成している．1985年，忠州ダムが建設され，忠州湖の水は首都圏に供給される水源となっている．また忠州湖は小白山脈の国立公園やスアンポ(水安堡)温泉とセットになって観光地としても開発されている．韓国ではカンウォン(江原)道のソヤン(昭陽)湖に次ぐ貯水量をもち，貯水面は堤川市，タニャン(丹陽)郡にまで及んでいる．道域の西部，チュンチョンナム(忠清南)道との境界付近はクム(錦)江の中流部に当たる．錦江本流や支流の美湖川に沿って小盆地が形成されている．1981年テチョン(大清)ダムが建設され，大清湖の水は清州，テジョン(大田)の水源となっている．昭陽湖，忠州湖に次いで第3位の貯水量をもつ．

東部の丹陽郡を中心に石灰岩が広く分布し，鍾乳洞，ドリーネなどの石灰岩地形が随所に形成されている．資源としても大量に利用され，セメント工業が発達している．米は美湖，チンチョン(鎮川)，チュンピョン(曽坪)，忠州などの盆地部で生産されている．肥沃な土壌と晴天日数に恵まれて良質の米産地として評価されている．山間部ではトウモロコシ，落花生，大豆，ソバ，ニンニク，トウガラシ，タバコなどの畑作物が生産されている．清州，大田の都市部を控えて，果物や野菜の生産も行われている．果物では，リンゴ，ナシの生産が多い．

道域の西端と南部をキョンブ(京釜)線，新幹線(KTX)，京釜高速道路が通過し，ソウルとプサン(釜山)を結ぶ交通の大動脈となっている．またチュンブ(中部)高速道路，チュンブネリュク(中部内陸)高速道路が首都ソウルに向かっている．道域の東端ではチュガン(中央)線と中央高速道路が通過し，また，チュンチョンナム(忠清南)道チョチウォン(鳥致院)と堤川を結ぶ忠北線が道域を横断している．　　　　　　　　　　　［山田正浩］

チュントゥー山　軍都山　Jundu Shan
中国

面積：7000 km²　標高：2882 m　長さ：100 km
[40°24′N　115°59′E]

中国北部，ペキン(北京)市北部の山．イエン(燕)山山脈の一部，タイハン(太行)山脈と接しており，市内北部の主要な山である．バーダー(八達)嶺，慕田峪，古北口など北京市内の万里の長城はチュントゥー(軍都)山脈の中に広がっていく．山脈の間には断層で陥没した小盆地が多く，植生もよい．国立森林公園とスキー場がある．　　　　　［柴　彦威］

チュンドラワシ半島
Cenderawasih, Semenanjung
インドネシア

クパラブルン半島　Kepala Burung, Semenanjung (別称)／ドベライ半島　Doberai, Semenanjung (別称)
[2°40′S　134°35′E]

インドネシア東部，ニューギニア島西部，西パプア州トゥルックウォンダマ県とパプア州ナビレ県にまたがる半島．1990年代後半，南部で巨大な天然ガスの埋蔵量が確認され，注目を浴びている．地名は，インドネシア語で風鳥，いわゆるゴクラクチョウの別名で，金色の美しい飾り羽を尾の部分にもつこの鳥に半島の形が似ているところから命名された．ゴクラクチョウは，国内東部，とくにマルク州からニューギニア島にかけて生息し，つがいで暮らしている．　　　［浦野崇央］

チュンドラワシ湾　Cenderawasih, Teluk
インドネシア

イリアン湾　Irian, Teluk (別称)／サレラ湾　Sarera, Teluk (別称)／チェンドラワシ湾 (別表記)／ヘールフィンク湾　Geelvinkbaai (旧称)

面積：4010 km²　長さ：420 km　幅：300 km
[1°43′-3°22′S　134°06′-135°10′E]

インドネシア東部，ニューギニア島北西部，西パプア州からパプア州にかけて広がる湾．西側はドベライ半島に連なり，北に広がる湾口は太平洋に面している．イリアン湾ないしはサレラ湾ともよばれることがある．湾口にヤーペン島およびビアク諸島があるほか，湾内にルンベルボン島，ミオスワール島，ローン島などがある．西端のマノクワリと東端のマンベラモ河口を結んだ地域最大の湾である．西のワンダメン半島までが西パプ

ア州，その東はパプア州に属する．マノクワリとナビレには港と空港がある．地名は，1705年に訪れたオランダ船の名にちなんでヘールフィンク湾と名づけられたが，インドネシア独立後はゴクラクチョウを意味する現名称に改名された．湾の南西部の海域は国内最大の海洋公園であるトゥルックチュンドラワシ国立公園に指定されている．この周辺地域では，メラネシア諸島の文化の1つである，カーゴ・カルト（貨物崇拝）とよばれる固有の神秘主義の存在が確認されている．湾の東岸にはオーストロネシア語族ワロペン語を話す人たちが暮らし，漁撈とサゴヤシ栽培をおもな生業としている．また，西岸にはオーストロネシア語族ワンダメン語を話す人たちが住み，おもにサゴヤシ栽培を行っている．

[青山　亨・浦野崇央]

チュンニョン　竹嶺　Jungnyeong

韓国

標高：689 m　　　　[36°54′N　128°27′E]

韓国東部の峠．ソベク（小白）山脈を越えるおもな峠のうち，最も東に位置する．チュンチョンブク（忠清北）道タニャン（丹陽）郡とキョンサンブク（慶尚北）道ヨンジュ（栄州）市の境界にあたる．小白山脈の峠として，最も早くから利用されたと考えられている．新羅の都，キョンジュ（慶州）から，中部，北部地方への最短ルートであったためである．現在は，チュガン（中央）線と中央高速道路が通過している．　　　　　　　　[山田正浩]

チュンピョン　曽坪　Jeungpyeong

韓国

そうへい（音読み表記）

人口：3.6万（2015）　面積：82 km²
　　　　　　　　　　　　[36°48′N　127°35′E]

韓国中部，チュンチョンブク（忠清北）道中部の郡および郡の中心地．行政上は曽坪郡曽坪邑．チョンジュ（清州）の北方に位置する．2010年の曽坪郡の人口は3.1万である．2003年にクエサン（槐山）郡から分離，独立し，曽坪邑と道安面からなる．クム（錦）江の支流，宝光川に沿う平野に位置し，穀倉地帯である．忠北線が通過している．　　[山田正浩]

チュンホワ県　淳化県　Chunhua

中国

人口：19.3万（2010）　面積：983 km²　気温：9.8℃
降水量：610 mm／年　　　[34°48′N　108°35′E]

中国中部，シャンシー（陝西）省中部，シェンヤン（咸陽）地級市北部の県．ホワントゥー（黄土）高原の南端に位置する．県政府所在地は城関鎮．宋代の淳化4年（993）に中国で最初に置かれた県の1つであり，県名は当時の年号にちなむ．台地と丘陵が主要な地形である．温帯大陸性季節風気候に属し，無霜期間は183日．おもな農作物は小麦，コーリャン，トウモロコシである．石炭，石灰などの地下資源に富む．秦の林光宮と漢の甘泉宮など，遺跡が多い．　　　[杜　国慶]

チュンリエン県　筠連県　Junlian

中国

いんれんけん（音読み表記）

人口：33.2万（2015）　面積：1256 km²
標高：800-1500 m　　　[28°10′N　104°30′E]

中国中西部，スーチュワン（四川）省南部，イーピン（宜賓）地級市の県．県政府は筠連鎮に置かれる．四川盆地とユングイ（雲貴）高原の間にあり，地勢は南が高く北が低い．工業は無煙炭，生糸，機械，鉄，製紙などがあり，おもな農産物はトウモロコシ，水稲，小麦のほか，茶，ナタネ，落花生である．テンマ（天麻），サンシチ（三七），レイシ（霊芝），トチュウ（杜仲），紅茶，タバコ，竹製品も生産される．筠連岩溶などの観光名所がある．

[奥野志偉]

チュンワン　荃湾　Tseun Wan

中国

せんわん（音読み表記）／チュワンワン　荃湾
Quanwan（漢語）
　　　　　　　　　　　　[22°22′N　114°07′E]

中国南部，ホンコン（香港）特別行政区，ニューテリトリーズ（新界）南西部の街区．早くに開発された典型的なニュータウンであり，高層住宅が山側に並ぶ一方，商業地区をはさんで海側には工業ビルが密集する．地下鉄荃湾線の終点であり，ニューテリトリーズ西部各地への交通のターミナルになっている．南方のクワイチュン（葵涌）へは世界有数の荷役量を誇るコンテナ埠頭があり，対岸のチンイ（青衣）島の南部は石油貯蔵タンクが並ぶ重工業地域になっている．北方の大帽山は標高957 mで香港の最高峰である．仏教の竹林禅

院や，客家の家屋と祠堂を復元した三棟屋博物館がある．　　　　　　　　　　[小野寺淳]

チョ島　椒島　Chyodo

北朝鮮

Cho Do（別表記）／しょうとう（音読み表記）
面積：31 km²　　　　[38°32′N　124°51′E]

北朝鮮，ファンヘナム（黄海南）道ケァイル（果実）郡北部の島．周囲55 km，最高地点は標高350 mで，黄海南道最大の島である．入り込んだ湾口は船の避難所．イカナゴ，コノシロ，イシモチ，タチウオ，アサリ，カキの漁場である．　　　　　　　[司空　俊]

チョー江 Zhe Jiang ☞ チェンタン江
Qiantang Jiang

チョアチューカン　Choa Chu Kang

シンガポール

人口：17.3万（2010）　面積：6.3 km²
　　　　　　　　　　　　[1°23′N　103°44′E]

シンガポール，シンガポール島北西部の地区．クランジ川の支流であるペンシアン川の上流部に位置する．1868年の地図にもみられ，道路などにこの地名が使われている．現在，地下鉄（MRT）南北線駅を中心にチョアチューカンニュータウンが建設されており，その人口は15.6万（2010）である．また，チョアチューカン駅からの軽便鉄道（LRT）によってブキットパンジャンニュータウン（2010年人口11.3万）と結んでいる．周辺は軍関係施設や公共墓地が置かれるほか，西側隣接地には農業公園が広がっている．1840年代頃まで，中国人は川（kang）沿いに，それぞれの氏族が住んでいた．それらの名前の名残としてチョアチューカン，リムチューカン，イオチューカンなどが知られる．チョアチューカンは農園として開拓され，初期にはおもに潮州人によって，コショウやガンビール（生薬の原料）が栽培された．のちには福建人によってパイナップル，ゴム，ココナッツが栽培され，豚や家禽が飼育された．地名は初期の植民者のChuaの家（chu）にちなむとの説もある．　　　　　　　[髙山正樹]

チョイスル島　Choiseul Island

ソロモン

人口：1.8万（1999）　面積：2971 km²
標高：1067 m　　　　[7°03′S　156°57′E]

1116　チョイ

〈世界地名大事典：アジア・オセアニア・極Ⅰ〉

南太平洋西部，メラネシア，ソロモン諸島北西部，チョイスル州の島．火山島で，近隣の小島をあわせてチョイスル州を形成する．州都タロは，島北部のチョイスル湾内のタロ島にある．島民の99%がクリスチャンで，中でもユナイテッド（メソジスト派）教会に属する者が多い．島内には8つの言語があるが，1905年にキリスト教宣教師が訪れて以来，南部ササムンガ地区を中心とするババタナ語が島内の共通語的な機能をもつ．シャコガイを薄く円筒状に加工した貝貨ケサは，改宗以前の時代に紛争解決や婚資として用いられていた財として知られる．　　　　［関根久雄］

チョイバルサン　Choibalsan

モンゴル

サンベイセ　San Beise（旧称）/チョイバルサン記念バヤントゥメン　Choibalsan Neremjit Bayan Tümen（旧称）/バヤントゥメン　Bayantümen（旧称）

人口：4.3万（2015）　面積：281 km²　標高：747 m
気温：0.5℃　降水量：250 mm/年
　　　　　　　　　　　　　[48°04′N　114°30′E]

モンゴル東端，ドルノド県の都市で県都．首都ウランバートルの東655 km，モンゴルを代表する大河の1つヘルレン川の河岸に位置する．人口は国内第4位の都市．7月の平均気温は21℃，1月は−21℃である．行政上はドルノド県ヘルレン Kherlen 郡に属し，ヘルレン郡の都市部が一般的にチョイバルサン市とよばれている．紛らわしいことに県内には，チョイバルサン市から北55 kmにチョイバルサン郡という別組織の郡がある．市には，チョイバルサン空港，火力発電所があり，印刷所，製粉工場，絨毯工場，精肉工場，建築資材工場などを備えた工業都市である．市域内には埋蔵量3000万 t のアドーンチョロー Aduun chuluu 炭鉱がある．

1931年，サンベイス旗の寺院のあった場所に築かれ，当初，バヤントゥメンと名づけられた．1941年，当時の独裁者であったホルローギーン・チョイバルサン元帥（ドルノド県出身）の名から市名をチョイバルサン記念バヤントゥメン市としたが，しだいにチョイバルサン市とよばれるようになっていった．1939年のハルハ川戦争（ノモンハン事件）では，旧ソ連軍の総司令官ジューコフ元帥の総司令部がこの町に置かれた．冷戦時代にはソ連軍の大規模な基地が築かれ，多くのロシア人が居住していた．ソ連軍によって鉄道も敷設されたが，ウランバートルではなく東シベリアの都市チタと結ばれていた．チョ

イバルサンに駐留したソ連軍は，1990年のソ連崩壊と同時に撤退し，ソ連の基地や軍人の官舎は現在，廃墟となっている．

1994年6月，同市の行政単位としての名称はヘルレン郡となり，チョイバルサン市は通称名とされた．しかし，一般的にチョイバルサンの名のほうが人口に膾炙している．チョイバルサンから中国国境（内モンゴル自治区新バルガ右旗アルタン・エメール鎮）まで130 km ほどと近く，年に4回ハビルガ国境検問所で国境が開かれていたが，中国との輸出入の増加に伴い，2015年3月より，国境はつねに開かれることとなった．したがってチョイバルサンは中国に毛皮製品や絨毯などを輸出し，工業製品を輸入する拠点となっている．また，ロシアのシベリアとの貿易も行われており，市内の店舗ではウランバートルにはみられないロシア，チタ市の製品や中国，内モンゴル自治区フルンボイル市の製品が出回っている．　　　　　　　　　［島村一平］

チョイル　Choir

モンゴル

人口：1.2万（2015）　面積：3768 km²
　　　　　　　　　　　　　[46°21′N　108°23′E]

モンゴル中部，ゴビスンベル県の都市で県都．行政上はスンベル Sümber 郡に属する．そもそも清朝時代，セツェンハン部のボルジギンツェツェンワン旗の中心地であった．ズーン・チョイル寺院を中心に町が形成されたが，社会主義時代，炭鉱の町へと変貌を遂げた．その生業はシヴェートオヴォー鉱山にもっぱら依存している．またシベリア鉄道の支線であるイルクーツク～ウランバートル～北京線の駅がある．社会主義時代には旧ソ連軍の大規模な基地があった．また国内最大級の刑務所があることでも知られる．　［島村一平］

ちょうけいし　肇慶市　☞ チャオチン市

Zhaoqing

ちょうこう　長江　☞ チャン江 Chang Jiang

チョウコウ市　周口市　Zhoukou

中国

人口：880.5万（2014）　面積：12 km²
　　　　　　　　　　　　　[33°36′N　114°38′E]

中国中央東部，ホーナン（河南）省東部の地級市．ホワイ（淮）河支流のイン（潁）河，チャルー（買魯）河，沙河の合流地点に位置する．

フーコウ（扶溝），シーホワ（西華），シャンシュイ（商水），タイカン（太康），ルーイー（鹿邑），タンチョン（鄲城），ホワイヤン（淮陽），シェンチウ（沈丘）の8県，シャンチョン（項城）市，川匯区を管轄する．市政府所在地は川匯区．常住人口は880.5万（2014）．太昊伏羲，炎帝神農の伝説由来の地であり，中華民族の聖地ともされる．秦末に大規模な農民蜂起を起こした陳勝と呉広は，陳城（淮陽県）を首都に張楚を建国した．農林業が盛んであり，穀物と綿花，牧畜業の生産量は省第1位である．平原緑化の先進地として知られ，平原林海と称される．ココノエギリ（泡桐）も，植栽量，蓄積量，産出量ともに省第1位である．また，中国を代表する山羊の皮の産地でもある．食品加工業，酒造業，皮革加工業の企業が立地し，国内外に製品を移出している．省最大の総合卸売市場を含む8つの市場があり，盛んに交易が行われている．

老子は鹿邑県の出身と伝えられ，南北朝期の有名な詩人謝霊運も大康県の出身である．中華民国初期の政治家である袁世凱（項城市），1930年代に中国共産党員として抗日軍を率いた吉鴻昌（扶溝県）もこの地の人である．太昊伏羲陵，孔子弦歌台，老子故里太清宮，袁世凱行宮などの史跡も多く，2006年には淮陽県から，4500年前の古代八卦符号が発掘され，話題となった．　　　［中川秀一］

チョウコウディエン　周口店
Zhoukoudian

中国

　　　　　　　　　　　　　[39°54′N　116°25′E]

中国北部，ペキン（北京）市ファンシャン（房山）区の地区．地区内の竜骨山には周口店遺跡があり，北京原人の遺跡として世界的に有名である．1929年，古生物学者の裴文中が50万年前の北京原人の頭蓋化石を発見した．それから，遺骨や文化遺物が次々に発見され，人類の発展史や中国原始社会史の研究における貴重な資料となった．1933年，竜骨山の頂上の洞窟で2万年前の頂上洞窟人の化石が発見された．1973年，10万年前の新洞人の歯化石，ほかの動物化石が発見された．1987年に「周口店の北京原人遺跡」としてユネスコの世界遺産（文化遺産）に登録された．北京猿人展覧館がある．　　［柴　彦威］

ちょうさし　長沙市　☞ チャンシャー市
Changsha

チョウシャン市　舟山市
Zhoushan
中国

翁山, 昌国, 定海 (古称)

人口：115.2万 (2015)　面積：1440 km²

[29°59′N　122°12′E]

中国南東部, チョーチャン(浙江)省北東部の地級市. 典型的な群島からなる地級市で, 中国では舟山市とハイナン(海南)省の三沙市がその事例である. 唐代に翁山県が設置され, いったん廃されたが, 北宋代に昌国県が置かれた. 明代に浙江の商人やポルトガル人が移住して港湾を建設した. しかし倭寇の活動や海防政策の変化でその地位は不安定で, 清朝になって安定した治政を願う意味で, 動きやすい舟の字を避けて定海県と改めた. 日中戦争時には日本軍に占領されたこともあった.

1949年以後も国民党が占拠し, 50年になって解放され, 定海県を設け寧波専区に属した. 1953年にディンハイ(定海), 普陀, タイシャン(岱山), ションスー(嵊泗)の4県で舟山専区を設け, 広域としての舟山が生まれた. 1987年舟山地区(専区)を撤廃して舟山市を置いて現在にいたる. 定海, 普陀の2区と岱山, 嵊泗の2県を管轄している. 市政府は定海区の舟山島に置かれている.

2013年舟山群島新区が設けられ, 浙江海洋区域の経済発展を図っている. また2017年に浙江自由貿易試験区が認められ, 舟山の離島群を陸域と結びつけて自由貿易を推進しようとしている.

水産食品加工, 造船, 機械, 電力, 紡織, 鉄鋼, 皮革, プラスチック, 家電, 船舶解体, 建築材料, 醸造などの工業がある. 漁業が発達し, 魚類やエビの水揚量が中国で最も多い漁場であり, 東シナ海漁業の宝庫とよばれている. フウセイやキグチ, イカ, タチウオ, ハタ, フグ, ワタリガニ, クラゲ, クルマエビなどの貴重な水産品は海外に多く輸出されている. 水産物の缶詰は50以上の国や地域に輸出されている. 農作物には稲, サツマイモ, 麦, 綿花, ナタネ, 茶, 油茶などがある. 牧畜業はおもに乳牛, 肉牛, 羊, ミンク, シチメンチョウ, カワウソなどを飼育している. 名産品は, 海産物のほかに黄楊尖芽茶, 普陀仏茶がある. プートゥオシャン(普陀山)風景名勝区, 嵊泗列島風景名勝区など各島に美しい景観を生かした観光スポットがある. 舟山島の定海は全国で唯一の島にある歴史文化都市とされている.

[谷　人旭・秋山元秀]

チョウシャン群島　舟山群島
Zhoushan Qundao
中国

[29°59′N　122°12′E]

中国南東部, チョーチャン(浙江)省北東部の群島. ハンチョウ(杭州)湾外の東シナ海にある大小1340の島からなる群島である. 南西-北東方向に広がる. 舟山, タイシャン(岱山), 衢山, 六横, 桃花, 洒礁山などが主要な島で, 1 km²以上の面積をもつものが58ある. 群島で舟山地級市を構成する. 中心の舟山島は面積468.7 km²で, 中国で4番目に大きい島である. 中央部は丘陵地帯で海岸に沖積平野がわずかにある. 亜熱帯モンスーン気候で, 霧の発生が多い. 毎年7～9月は台風が多い. 周辺海域は東シナ海大陸棚の一部で, 中国最大の漁場として, フウセイ, キグチ, タチウオなどがとれ, 昆布, ムラサキノリ, イガイなどを養殖している. 20カ所以上の漁港があり, 中でも沈家門港は中国最大級の漁港の1つである. 舟山島にはニンポー(寧波)から舟山跨海大橋がかけられている. 岱山島は浙江省の製塩業の中心地である. 舟山島の東に浮かぶプートゥオシャン(普陀山)は中国の四大仏教名山の1つで風景名勝区になっている.　[谷　人旭・秋山元秀]

ちょうしゅんし　長春市 ☞ チャンチュン市
Changchun

ちょうせんはんとう　朝鮮半島 ☞ チョソン半島 Choson-bando

ちょうせんみんしゅしゅぎじんみんきょうわこく　朝鮮民主主義人民共和国　Korea, Democratic People's Republic of

北朝鮮 (日本語・通称) / North Korea (英語・通称) / チョソンミンジュジュウインミンコンファグク Joson Minjujuui Inmin Gonghwagug (朝鮮語・正称) / ブックチョソン　Bugjoson (朝鮮語・通称)

人口：2300万 (推)　面積：122762 km²

[39°01′N　125°45′E]

アジア大陸東部の中央にあるチョソン(朝鮮)半島の北半部を占める社会主義国. 慣用略称は北朝鮮. 首都はピョンヤン(平壌). 古くは古朝鮮(檀君朝鮮), 高句麗の中心領域であった. 第2次世界大戦終了に伴う日本の植民地支配からの解放後, 統一民族国家の樹立をめざすが, 1948年8月15日の南半部での大韓民国(韓国)成立を機に, 同年9月9日に創建した(初代最高指導者は金日成首相, 後に国家主席). 国家最高機関は国務委員会(2016設置), 国務委員会委員長は最高指導者の金正恩朝鮮労働党委員長である. 単一民族で朝鮮語が使用される. 最近は漢字教育も行われている. 宗教は仏教, 天主教, 民族宗教の天道教などが信仰される. 通貨は北朝鮮ウォン.

建国後, 金日成主席の主体(チュチェ)思想にもとづき自力更生, 自力自強を柱とする独自の社会主義国家建設を行っている. 主体思想にもとづく国家建設とは, 政治における自主, 経済における自立, 国防における自衛をさす. 金日成主席の時代には国防と経済建設の併進路線, 2代金正日国防委員長の時代は先軍政治, そして現金正恩国務委員長の時代になり核武力と経済建設の併進路線をとるなど, 変化する国際情勢に則した国家戦略を推し進めている. 国家による計画経済を推進する傍ら, 各企業への独立採算制の導入, 企業間での商品開発競争の奨励, 余剰利益の従業員への分配などを認め, 近年経済は上向いてきている. 行政区は平壌特別市, ラソン(羅先)市, ケソン(開城)工業地区, シンウィジュ(新義州)特区と9つの道, ハムギョンブク(咸鏡北), ハムギョンナム(咸鏡南), リャンガン(両江), チャガン(慈江), ピョンアンブク(平安北), ピョンアンナム(平安南), カンウォン(江原), ファンヘブク(黄海北), ファンヘナム(黄海南)に分かれる.

北はアムロク(ヤールー(鴨緑)江, トマン(豆満)(トゥーメン(図們)江を境にして中国, ロシアと接する. 地形は北東部が高く, ペクトゥ(白頭)(チャンバイ(長白))山脈, ハムギョン(咸鏡)山脈, ケマ(蓋馬)高原がある. これらは東海岸まで広がる. 蓋馬高原の西縁にはランリム(狼林)山脈が南方に走り, テベク(太白)山脈につながる. この山脈から南西方向にいくつもの支脈が分かれて朝鮮西海(西朝鮮湾)まで延びる. これらの山脈の間に河川が流れるため, 西海斜面には大河川が多い. 鴨緑江, チョンチョン(清川)江, テドン(大同)江が流れ, 流域には準平原や沖積平野が広がる. 気候は大陸性で年較差が大きく, 新義州では1月の平均気温−11.7℃, 8月の平均気温28.5℃. 慈江道のカンゲ(江界)では−19.7℃, 28.1℃. 年平均降水量は600～1500 mmで, 6～7月に70%が集中する.

農作物は水稲, トウモロコシ, ジャガイモ, 大豆, 野菜が主である. 近年, 大規模な灌漑造成と土地整理が行われ, 水田耕地面積

1118　チヨウ

朝鮮民主主義人民共和国

が拡大，農産物の収穫量が増大した．気候条件を考慮した果樹園が各地に造成され，リンゴ，ブドウ，ナシ，アンズ，クリの収穫が増大した．養鶏，山羊と羊の放牧，牛放牧，養豚，アヒル飼育，養蚕が盛ん．沿岸漁業が盛んだが，シンポ(新浦)，キムチェク(金策)などには遠洋漁業基地がある．両江道一帯には山林資源が豊富で，ヘサン(恵山)などにパルプ，製紙工場が立地する．地下資源は種類，埋蔵量ともに多く，鉄，銅，鉛，亜鉛，モリブデン，タングステン，マグネサイト，金銀，黒鉛，レアメタル，石炭，石灰石，大理石などを産する．鴨緑江，大同江，チャンジン(長津)江，ホチョン(虚川)江などには大規模ダムが建設され，発電，工業用水，農業用水など総合的に利用される．

朝鮮戦争(1950〜53)で工業施設は完全に破壊されたが，千里馬運動などで復旧，重化学工業が発展した．ソンリム(松林)，カンソン(降仙)，金策，チョンジン(清津)，ハムフン(咸興)などは大工業地帯である．平壌，新義州，フィチョン(熙川)，クソン(亀城)，清津，ウォンサン(元山)などには工作機械，精密機械，炭鉱機械，車両，冶金，造船，トラクターなどの工場がある．工業の規模が大きくなるにつれ，総合企業，総合工場形態が出現している．鉄道は平壌と元山を基点として全国と結ばれる．また各都市は道路で結ばれ，高速道路も3本ある．

[司空　俊・司空　晨]

チョウチー県　周至県　Zhouzhi

中国

人口：56.3万 (2010)　面積：2946 km²
気温：13.2℃　降水量：674 mm/年
[34°10′N　108°13′E]

中国中部，シャンシー(陝西)省中南部，シーアン(西安)副省級市の県．県政府所在地は二曲鎮．南にはチン(秦)嶺山脈，北にはウェイ(渭)水があり，地名はこの2つの山水の湾曲に由来する．秦嶺山脈の最高峰タイバイ(太白)山(標高 3767 m)が県内にそびえ，太白山自然保護区は国立自然保護区に指定された．温帯大陸性季節風気候に属し，無霜期間は 225 日．おもな農作物は小麦，トウモロコシ，水稲であり，キウイの栽培面積は国内第 1 位を誇る．金などの地下資源に富み，生産量は年間 1 t 以上である．県内には遺跡が多い．仙都楼観台は道教の発祥地といわれ，2700 年の歴史をもつ．法王塔は中国唯一現存する隋代のレンガ造りの塔である．

[杜　国慶]

チョウニン県　周寧県　Zhouning

中国

人口：11.8万 (2015)　面積：1046 km²
標高：800 m　気温：14.6℃　降水量：2069 mm/年
[27°06′N　119°20′E]

中国南東部，フーチェン(福建)省北東部，ニンドゥ(寧徳)地級市の県．鷲峰山脈の東麓に位置する山間地の県である．東部は沿海のサンシャー(三沙)湾と接し，西部はウーイー(武夷)山脈とつながる．明の嘉靖 35 年(1556)に寧徳県内の周墩城新開地として開発され，1945 年に周寧県として新設された．県政府所在地は獅城鎮．冷涼な気候と豊富な水資源に恵まれているため，茶栽培，高地野菜栽培などの山地農業が盛んである．しかし，雇用機会に恵まれないため，若年労働力の流出が止まらず，9 万人にのぼる出稼ぎ者のうち，シャンハイ(上海)に約 5 万人が集中する．鋼材卸しのビジネスに携わる中小業者も多く，上海一帯では周寧ギルドとして知られる．住民は客家(ハッカ)系で，フーアン(福安)語を使用する．省道 302 号，2012 年に開通した寧武高速(寧徳〜武夷山)が通じる．

[許　衛東]

チョオユー山　Cho Oyu

ネパール/中国

ジョボデュヤク　Jobodhuyag (チベット語)
標高：8201 m　[28°07′N　86°41′E]

ネパール東部のソルクーンブ郡(サガルマータ県)と中国のチベット自治区にまたがる山．クーンブヒマラヤのエヴェレスト(サガルマータ)山の西 30 km，ゴジュンバ氷河の最奥部に位置する世界第 6 位の高峰である．地名は，トルコ石の女神を意味し，チベット側ではジョボデュヤクの名で親しまれている．エヴェレストやローツェ山などとともにクーンブヒマラヤの山並みからひときわ抜きん出るタワー状に突出した山容は，登山者やトレッカーにとってランドマークとなっている．

山の真西に位置する標高 5400 m のナンパラ Nangpa La (La はチベット語で峠の意)は，古くからシェルパ族によって営まれたクーンブヒマラヤとチベット間貿易の主要交易ルートとなっていた．また，ナンパラはチョオユーを目ざす登山者にとても重要な通過ルートである．1954 年にオーストリア隊のヘルベルト・ティシーらによって北西面ルートを経た初登頂がなされた．この登頂は，大規模登山隊による登山スタイルが主流であった当時のヒマラヤ登山隊とは異なる初めての小規模登山隊によるもので，しかも史上初の無酸素登頂であった．これは現在からみてもきわめて画期的なもので，さらに，初登頂の行われた時期もポストモンスーンの 10 月であったことも歴史的快挙とされる．なお，ナンパラ経由の登頂ルートはチベット側を越境して辿ることから非合法ルートともよばれ，中国側が警官を派遣して登頂許可料を徴収したこともある．

[八木浩司]

チョーキー湾　Chalky Inlet

ニュージーランド

テカタフオタマテア　Te Katahuotamatea (マオリ語)
[46°03′S　167°30′E]

ニュージーランド南島南西端，サウスランド地方のフィヨルド．湾は北西方向に走り，内陸で Y 字状に分岐し，北西側はエドワードソン Edwardson 湾，南東側はカナリス Cunaris 湾である．地名は，湾の西側は花崗岩からなり，その色が白色を呈することに由来する．マオリ語ではテカタフオタマテアとよばれる．

[太田陽子]

チョギュリョン山脈　狄踰嶺山脈　Choguryong-sanmaek

北朝鮮

てきゆれいさんみゃく (音読み表記)
標高：2019 m　長さ：140 km
[40°10′N　125°36′E]

北朝鮮，チャガン(慈江)道からピョンアンブク(平安北)道にかけて走る山脈．ミョヒャン(妙香)山脈の主峰の 1 つ鷹御水山(標高 2019 m)から東西方向に牛峴嶺(622 m)まで延びる．平均標高 1160 m．花崗岩，花崗片麻岩からなる．銅，鉛の埋蔵量が多い．アムロク(ヤールー(鴨緑))江とチョンチョン(清川)江支流の分水嶺である．山林が広がり，山果実を利用した工業が発達する．

[司空　俊]

チョゴリ Chogori ☞ ゴッドウィンオースティン山 Godwin Austen

チョゴリザ山　Chogolisa Mountain

パキスタン

ブライドピーク　Bride Peak (別称)
標高：7665 m　[35°37′N　76°35′E]

パキスタン北東部，カラコルム山脈中央部の高山．インドとパキスタンの国境係争地に位置するが，現在はパキスタンの実効支配下にある．周辺に8000 mを超える峰々が並ぶ中で，双耳峰をもつ白銀の優美な姿が多くの登山家をひきつけてきた．ブライドピーク（花嫁の峰）ともよばれる．1958年に京都大学士山岳会により北西稜（標高7654 m）への初登頂が達成され，「花嫁の峰チョゴリザ」（1959）という映画にもなって，日本人にはなじみが深い．若干高い南西峰（標高7665 m）は，1975年にイタリア隊により登頂された．この山を含め，諸高峰を見上げる北側のバルトロ氷河までトレッキングコースが設けられ，観光客が訪れている．　　　〔貞方　昇〕

チョコレートヒルズ　Chocolate Hills　フィリピン

標高：30-50 m　　〔9°48′N　124°10′E〕

フィリピン中部，ボホール島，ボホール州にある円錐形の一群の丘．1268〜1776個あるとされ，小高い丸い丘はほとんど同形で，高さは30〜50 mである．草で覆われており，乾季の終わりの4〜6月に薄茶色になる．その色から命名された．他の時期に丘は緑色であり，命名とは異なる色彩となる．伝説によると，巨人2人が石と砂を投げあい，数日，戦った．2人は疲れ果て，仲よくなり，島を去った．しかし，石と砂が残り，丘をつくったという．もっとロマンチックな話もある．若くて，たくましい巨人アロゴが普通の少女アロヤに恋をした．アロヤは死んでしまい，アロゴは嘆き，泣き続けた．その涙が固まり，丘をつくったという．地形学的には，隆起したサンゴ礁石灰岩が溶食や侵食を受け，円錐形に削られてできた熱帯カルスト地形と考えられている．訪ねていくには州都タグビラランから，島の内陸部カルメン町へ向かう．町の手前4 kmでバスを降り，歩いて10分くらいで到着できる．214段の階段を上がると，展望台にたどり着ける．宿泊施設チョコレートヒルズコンプレックスもある．　〔佐竹眞明〕

チョザー　Cho Ra　ベトナム

〔22°27′N　105°42′E〕

ベトナム東北部，バックカン省バーベー県の町で県都．省都バックカンの北北西62 km，ナン川の支流ハーヒェウ川が形成する山間盆地に位置する．1996年，旧バックタイ省がバックカン省とターイグエン省に分かれたとき，北に接するカオバン省からバーベー県とガンソン県がバックカン省に組み込まれた．低地では水稲作が，山地斜面ではトウモロコシや柑橘類が盛んに栽培され，ミカンはとくに有名である．南のトゥエンクアン省ナーハン県との境にはベトナムの自然の湖としては最大規模のバーベー湖（国立公園）がある．1996年の資料によれば主要民族はタイー族56％，ザオ19％，モン族10％であり，少数民族の割合が高い．　〔柳澤雅之〕

チョサン　楚山　Chosan　北朝鮮

面積：590 km²　標高：140 m　気温：6.5°C
降水量：1023 mm/年　〔40°50′N　125°48′E〕

北朝鮮，チャガン（慈江）道西部の郡および郡庁所在地．アムロク（ヤールー（鴨緑））江沿岸に位置する．1949年に慈江道が新設され，編入された．ほとんどが低山性山地で，河川の侵食作用が大きく，地形が複雑である．楚山川流域にわずかな沖積地がある．郡内には50あまりの河川が流れる．地方工業の織物と編物が有名である．特産は山果実発酵酒である．　〔司空　俊〕

チョサン湾　造山湾　Chosan-man　北朝鮮

長さ：10 km　幅：18 km　深さ：47 m
〔42°16′N　130°30′E〕

北朝鮮，ハムギョンブク（咸鏡北）道ラソン（羅先）市の海岸に形成された湾．海岸線69.3 km，湾口幅18.2 km，湾口から沿岸までは10.3 km，深さは47 m．湾内はさらに5つの小湾に分かれ，島が2つある．湾口には祖国の灯台島と称される卵島がある．雄尚港，リンボン（先鋒）港がある．水産基地で，海上運輸の役割が大きい．湾沿岸には北朝鮮最大の自然湖である西藩湖，晩浦，東藩湖などの海跡湖がある．　〔司空　俊〕

チョソン半島　朝鮮半島　Choson-bando　北朝鮮/韓国

Korean Peninsula（英語）/ちょうせんはんとう（音読み表記）/ハン半島　韓半島　Hanbando（韓国語）

人口：7100万（推）　面積：222209 km²
長さ：840 km　幅：350 km
〔33°07′-43°01′N　124°00′-131°53′E〕

アジア大陸東縁部から南南東に延びる半島．東は朝鮮東海（日本海），西は朝鮮西海（ホワン（黄）海），南は朝鮮南海（東シナ海）に囲まれ，南東は朝鮮海峡（テハン（大韓）海峡）によって日本列島に面する．北はアムロク（ヤールー（鴨緑））江とトマン（豆満）（トゥーメン（図們））江によって中国，ロシアと接する．朝鮮半島はチェジュ（済州）島，ウルルン（鬱陵）島など4198の島とともに旧石器時代から朝鮮民族が居住した．結晶片岩，花崗片麻岩類の岩石が多く，安定地塊で，堆積岩の分布が少ない．これらは激しい侵食作用を受けており，鉱脈は露出しやすくなっている．これまで400余種の鉱石が発見されている．最高峰のペクトゥ（白頭）山（標高2750 m）からは白頭山脈，ハムギョン（咸鏡）山脈は半島第2の高峰のクァンモ（冠帽）峰（2540 m）を通り延びる．北部からはランリム（狼林）山脈が南下し，朝鮮半島の中部以南は東海岸寄りにテベク（太白）山脈と続き，これが脊梁山脈になる．脊梁山脈はソベク（小白）山に延び，チリ（智異）山方向に延びる．白頭山脈，太白山脈，小白山脈などをつなぐ山脈を白頭大幹という．脊梁山脈から南西にミョヒャン（妙香）山脈，阿虎飛嶺山脈，車嶺山脈など多数の山脈が延びている．西海岸地方にはミョラク

チョコレートヒルズ（フィリピン），円錐形の丘が並ぶカルスト地形〔Shutterstock〕

(滅悪)山脈，クオル(九月)山脈が横たわる．南海岸は沈降した山地で多島海の景勝地を形成する．脊梁山脈の西は準平原，沖積平野が発達している．

このように朝鮮半島は東高西低向西開面の地形になっている．このため朝鮮西海(黄海)斜面に流れる大河はゆるやかに流れ，チョンチョン(清川)江，テドン(大同)江，ハン(漢)江，クム(錦)江，ヨンサン(栄山)江などの流域には平野が広がる．リョンチョン(竜川)平野，アンジュ(安州)平野，ピョンヤン(平壌)準平原，チェリョン(載寧)平野，ファンジュ(黄州)平野，ホナム(湖南)平野，チョルラ(全羅)平野などである．朝鮮西海に注ぐ河川によって運搬される土砂は，海流にもち去られるため，デルタは発達しにくい．反面，潮汐差が大きく，広大な干潟地が形成される．朝鮮東海斜面に流れる河川は急流で短い．そのため土砂流出が多く，砂州，潟湖などがあちこちでみられる．朝鮮南海斜面の大河はナクトン(洛東)江で，河口にキメ(金海)平野が広がる．これらの平野は朝鮮半島の穀倉地帯である．南海岸はリアス式海岸で，多島海をなしている．

北部は亜寒帯，中部以南が温帯，済州島南部は亜熱帯に属するが，全体的には大陸性の強い季節風気候である．北部のカンゲ(江界)の年平均気温は6.2℃，1月は−15.8℃，8月は23.2℃，南部のプサン(釜山)の気温は年平均13.6℃，1月平均−1.9℃，8月平均29.4℃である．年較差は北部で39℃，南部で31.3℃である．年平均降水量は500～1500 mm，6～8月が雨季で，稲作に最適である．植生の大部分は温帯落葉樹，北部山岳地帯は亜寒帯山林で山林資源の宝庫，南部沿海は山林資源が豊富である．

朝鮮という名称は古朝鮮時期からあったが，西洋表記のKOREAは高麗代(935～1392)の国号である高麗：コリョに由来する．雅号は三千里錦繡江山．旧石器時代から朝鮮民族が居住し，朝鮮語などをはじめ朝鮮民族特有の文化を形成した．文化は日本にも伝えられた．宗教は仏教，キリスト教，天道教である．

平野は国土の20%であるが，温帯季節風気候で農業が発展，水稲，トウモロコシ，麦類，ジャガイモ，大豆，サツマイモ，野菜類などが栽培される．近年は灌漑施設，品種改良，科学的育種などによって北部山間地帯まで耕地を拡大している．山羊や牛の放牧，養鶏，養魚が盛ん．近海は水産資源が多い．メンタイ，イワシ，ハタハタ，イカ，カレイなど漁獲が多く，カキ，ハマグリ，アサリ，ノリ，ワカメ，コンブがよくとれる．地下資源は400種ほどで埋蔵量が豊富．金，タングステン，マグネサイト，黒鉛，モリブデン，蛍石，重昌石，雲母の8種は埋蔵量，生産量ともに世界10指に入る．ほかに石炭，鉄鉱石，大理石，石灰石などが豊富である．山地が国土の80%で水力資源が多く，大型発電施設の建設に適した地が多い．工業化が進み，電子工学の発展は経済活動に変化を与えている．→ハン半島　　　　　　　［司空　俊］

チョタウデプル　Chhota Udepur
インド

Chhota Udaipur, Chota-Udepur（別表記）

人口：2.6万（2011）　　［22°19′N　74°03′E］

インド西部，グジャラート州東部，ヴァローダラー県の都市．アーメダーバードから南東166 kmに位置し，マッディヤプラデシュ州に接する．インド独立前はチョタウデプル藩王国の都が置かれていた．ヴァローダラーから延びる鉄道の終着駅があり，綿花，米，材木の市場があるほか，製糸工場や製油工場が立地している．　　　　　　　［南埜　猛］

チョタナグプル高原　Chota Nagpur Plateau
インド

標高：600-1000 m　降水量：1300-1500 mm/年

［23°00′N　85°00′E］

インド中西部の高原．ジャルカンド州とその周辺に広がる．北と東はガンジス平原，西はバゲールカンド高原，南はオディシャ(オリッサ)丘陵に接する．高原を源とするコエル川，ダモダル川，スバルナレカ川の諸河川により開析が進んでいる．高原の1/3は竹やサラノキの森林に覆われている．ムンダ，サンタルやホーなどの先住民の居住地である．鉱山資源に恵まれ，鉄鉱石，石炭，雲母，銅，石灰岩，ボーキサイト，アスベストを産し，ダモダル川流域のダモダル炭田はインド最大の炭田である．19世紀末よりこれら鉱物を輸送する鉄道が整備され，1948年よりアメリカのTVAを見本としたダモダル河谷総合開発が実施された．ダモダル河谷総合開発では，4つのダム(ティライヤ，コナル，マイトン，パンチェットヒル)を建設し，その貯水は灌漑と発電に利用され，この地域に農業と工業の発展をもたらした．ジャムシェドプル，ダーンバードなどの工業都市が成立し，インドを代表する鉱工業地帯を形成している．　　　　　　　　　　　　［南埜　猛］

チョチウォン　鳥致院　Jochiwon
韓国

［36°36′N　127°18′E］

韓国西部，セジョン(世宗)特別自治市東端の町．行政上は世宗特別自治市鳥致院邑．東はチュンチョンブク(忠清北)道チョンジュ(清州)市に接する．もともと燕岐郡の中心地であったが，2012年，世宗特別自治市の発足に伴い，燕岐郡は廃止された．クム(錦)江の支流，美湖川に沿う平野部にある．キョンブ(京釜)線と忠北線の分岐点にあたり，鉄道の町として発達した．清州市に近く，清州の生活圏に属している．　　　　［山田正浩］

チョチェク市　塔城市　Qöqek
中国

ターチョン市　塔城市　Tacheng（漢語）／タルバガタイ市　塔爾巴哈台市　Tarbagatay（別称）

人口：15.4万（2002）　面積：3732 km²

［46°45′N　82°58′E］

中国北西部，シンチャン(新疆)ウイグル(維吾爾)自治区北西部，イリ(伊犁)自治州タルバガタイ地区の県級市．チョチェク(塔城)盆地の北部，タルバガタイ山の南麓に位置する．西と北はカザフスタンに隣接する．別称はタルバガタイ(塔爾巴哈台)で，漢字表記の塔城は塔爾巴哈台の略称である．タルバガタイ地区政府所在地であり，タルバガタイ地区はチョチェク，ウス(烏蘇)の2市，シャーワン(沙湾)，チャガントカイ(裕民)，トリ(托里)，ドルビルジン(額敏)の4県とホボクサル(和布克賽爾)自治県を管轄する．紀元前後に匈奴の地であったが，のちにチュルク(突厥)，そしてウイグル(回鶻)帝国の勢力下にあった．9世紀半ば頃にカラハンウイグル王朝領となった．14世紀以降，東チャガタイ・ハン国に属したが，のちにジュンガル・ハン国の支配下にあった．19世紀末頃に清朝の支配下に入り，1888年にチョチェク(塔爾巴哈台)庁が置かれ，1913年にチョチェク(塔城)県と改称された．1944年頃に東トルキスタン共和国のチョチェク地区に属した．1949年以降，中国に組み入れられ，84年市となった．草原が広く，牧畜業が盛んで，綿羊，牛，馬，ラクダを飼養する．農作物は小麦，トウモロコシ，油糧，テンサイなどが栽培される．特産物にはバダンアンズ，チョチェクガチョウがある．製革，毛紡績，食品，建材などの工業が発達している．カザフスタンとの国境にはバホティBakhty峠がある．市内には空港があり，ウルムチ(烏魯木斉)と空路で結ばれている．名所にはチョ

チェクモスクなどがある．

　　　　　　　　　　　　　　　［ニザム・ビラルディン］

チョーチャン省　浙江省　Zhejiang Sheng

中国

せっこうしょう（音読み表記）

人口：5590万（2016）　面積：105500 km²

[30°16′N　120°09′E]

　中国南東部の省．チャン（長）江デルタの南に位置する．省会はハンチョウ（杭州）副省級市．省内で最も長い川であるチェンタン（銭塘）江をもともと浙江とよんでいたところから名づけられた．中国で最も面積が小さい省である．北はチャンスー（江蘇）省とシャンハイ（上海）市，西はアンホイ（安徽）省とチャンシー（江西）省，南はフーチェン（福建）省と接し，東は東シナ海に面する．省域は山地と丘陵が70.4％，平野と盆地が23.2％を占め，川と湖が6.4％を占めている．面積500 m²以上の島が3061もあり，全国で最も島の多い省である．そのうち，面積468.7 km²のチョウシャン（舟山）島は中国で4番目に大きい島である．海岸線が長く，港湾建設に適した地形となっている．現在，浙江省には1万t級以上の船舶が停泊できる港湾が55あり，ニンポー（寧波），舟山，ウェンチョウ（温州），海門，チャープー（乍浦）などを中心とする港湾群が形成されている．そのうち，寧波の北侖港は中国4大国際深水港の1つであり，年間の貨物取扱量は全国第2位である．浙江省は魚米の郷，絹と茶の産地，観光の名所とよばれている．山にも海にも面しているため，1次産業の資源が豊富である．亜熱帯気候で四季の区別がはっきりしており，温暖で，降水量が豊富である．農業，漁業が盛んで，茶，ミカン，竹製品，水産品などの生産は中国で重要な地位を占めている．また養蚕も盛んで，絹織物が有名であるほか，杭州市シー（西）湖付近の竜井茶，シャオシン（紹興）市の紹興酒なども名産品として知られている．

　浙江省は中国古代文明の発祥地の1つといわれる．5万年前の旧石器時代の原人である建徳人の化石が発掘されている．また，7000年前の河姆渡文化，6000年前の馬家浜文化，5000年前の良渚文化など，各年代の新石器時代の遺跡が発見されている．とくに河姆渡遺跡は中国で最も古い稲作文明が発達していたことで知られる．紹興市のクワイチー（会稽）山周辺には禹王の事績を示す伝承が残っている．北方のチョンユワン（中原）とは異なる文明が発達していたことを示している．春秋時代には越国が浙江北部の平野を拠点に勢力をもち，江南の呉国と戦いを続けた．越国は都を会稽に置き，杭州湾南北の低湿地から山麓地帯の開発，紡織や製陶，冶金などの手工業においてもかなり進んだ段階にあった．秦代から北部は会稽郡，鄣郡の領域，南部は閩中郡の領域となっていた．しかし本格的に郡県が置かれるようになったのは三国時代，呉が華南を領有し開発を進めた結果である．さらに南北朝になって南方にも北方と並ぶ政権が生まれて文化を発達させてからは，浙江は南方文化の中心の1つとなった．隋代のダー（大）運河の開設はいっそう南方への重心の移動を促進したが，その終点の杭州の地位も高まった．五代十国の時期には，杭州に呉越国を設立し，南宋時代には杭州に都（臨安）を置いた．元の時代に江浙行省として江蘇南部，浙江を1つの領域とし，明代に浙江省が成立し，清もこれを受け継いだ．現在，寧波，杭州の2つの副省級市，温州，紹興，タイチョウ（台州），チャシン（嘉興），チューチョウ（衢州），舟山，チンホワ（金華），フーチョウ（湖州），リーシュイ（麗水）の9つの地級市，22の県級市，36の県を管轄する．浙江省は近代以前から経済的に豊かな地域であったが，近代以降もそれを基盤に産業資本，金融資本が成長し，近代中国を経済的に支える有力な勢力であった．これが上海の発展をつくり出した．1949年に新中国になってからはこの構造は失われたが，改革開放以後は長江三角州の成長とともにそれと一体となって東部沿海地区発展の核の1つとなっている．

　浙江省は美しい山河を有し，中国有数の景勝地である．省内には，西湖，プートゥオシャン（普陀山），九竜山，銅鈴山などの風景名勝区，森林公園，西渓湿地公園がある．また，杭州，紹興，寧波，衢州，リンハイ（臨海）などの歴史文化都市にはみるべき歴史遺産が多い．杭州の西湖，衢州のチャンラン（江郎）山（丹霞地形），大運河はユネスコの世界遺産にも登録されているほか，大運河沿いの烏鎮や西塘鎮など水郷の古鎮の町並み，仏教聖地である普陀山，ティエンタイ（天台）

山，天童寺，阿育王寺，温州の山地に行けば奇岩や滝で有名な雁蕩山，美しい渓谷の楠渓江なども観光地として名高い．また，銭塘江でみられる銭塘江潮も有名で，潮の干満差がとくに大きい旧暦8月の中秋節の頃には，大逆流祭りも開かれている．

豊かな経済と高度な伝統文化を背景に，浙江からは多才な文化人，経済人，科学者が輩出している．学者では明の宋濂，王陽明，清初の黄宗羲，清末の蔡元培，王国維，近代の竺可楨，陳独秀らがおり，文学者では詩人の陸游，賀知章，書家の王羲之，虞世南，近代文学の魯迅，徐志摩らがいる．経済人ではかつては浙商とよばれて中国の商人の代表であった，寧波商人，温州商人も有名である．

［谷　人旭・秋山元秀］

チョチュー　Cho Chu　ベトナム

[21°54′N　105°39′E]

ベトナム東北部，ターイグエン省ディンホア県の町で県都．省都ターイグエンからは国道3号を35km北上し，さらに省道254号を北西に15km，地理的には，北部の急峻な山地部と南部の丘陵地帯との接点にある．北をチョドン県，西をチョモイ県と接し，いずれの「チョ」もベトナム語で市(市場)を表す．主要民族はターイ族で人口の46%を占める(2002)．盆地では水稲，傾斜地では茶栽培のほか，林業生産も盛んである．

［柳澤雅之］

チョーチョン　車城　Checheng　台湾｜中国

人口：0.9万 (2017)　面積：50 km²
[22°04′N　120°43′E]

台湾南部，ピントン(屏東)県の村(郷)．ホンチュン(恒春)半島の西側に位置し，台湾海峡に面している．台湾の4大温泉の1つである四重渓温泉の入口となっており，市街地は小さいものの，外国人旅行者の姿をみかけることがある．かつては，パイワン族と西郷従道率いる日本軍が戦火を交えた場所で，四重渓の上流には石門古戦場がある．なお，恒春と並んで台湾最大のタマネギの産地となっている．

［片倉佳史］

チョーチョン県　柘城県　Zhecheng　中国

柘県，柘溝 (古称)

人口：69.5万 (2014)　面積：1048 km²
[34°03′N　115°18′E]

中国中央東部，ホーナン(河南)省東部，シャンチウ(商丘)地級市の県．商丘市街地の南西に位置する．2街道，17郷鎮を擁する．県政府所在地は城関鎮．山桑(柘)が広範に自生していたことから柘溝とよばれており，秦代に柘県，隋のときに柘城県となった．商人，商業の発祥地といわれている．農業県であるが，漢方薬材である三膠(鹿膠，亀膠，阿膠)，王貢酒，絹糸(柘絲)，酥制培乳(豆乳)などの特産品がある．　［中川秀一］

チョナン　天安　Cheonan　韓国

人口：62.9万 (2015)　面積：636 km²
[36°49′N　127°07′E]

韓国西部，チュンチョンナム(忠清南)道北端の都市．北はキョンギ(京畿)道ピョンテク(平沢)市，アンソン(安城)市に接している．市域の東と南はチャリョン(車嶺)山脈に属す500 m前後の山地と丘陵地，北にはアサン(牙山)湾に流入する河川が形成した沖積平野が広がっている．1963年に市制施行．2010年の人口は57.5万である．市域を拡大した1995年の人口は約33万であったので，この間の人口は75%近い増加を示している．2005年に，首都圏電鉄線がチョナン(天安)まで延伸された．首都ソウルまで直線距離で70〜80 kmあるが，首都圏の南への拡大は，京畿道を越えて，忠清南道にまで達し，天安もソウルへの通勤圏に入りつつあることを示している．新幹線(KTX)は市街地の東方を通過し，天安牙山駅が設置されている．また，チャンハン(長項)線も天安でキョンブ(京釜)線から分岐している．高速道路は，京釜高速道路が市域内を通過し，天安からコンジュ(公州)，ノンサン(論山)にいたる，論山天安高速道路が分岐している．鉄道網からも，高速道路網からも天安がその要衝にあたっていることがわかる．　［山田正浩］

チョームトーン　Chom Thong　タイ

人口：7.1万 (2010)　面積：712 km²
[18°23′N　98°41′E]

タイ北部，チエンマイ県の郡．県都チエンマイの南西約58 kmに位置する．国内最高峰のインタノン山(ドーイインタノン，標高

2565 m)が近くにそびえるほか，メークラーン，メーヤ，シリプームなどの滝がある．一部で畑作が行われているが，それ以外はおおむね山岳地帯にあり，少数民族も多い．

［遠藤　元］

チョームトーン　Chom Thong　タイ

人口：19.7万 (2010)　面積：26 km²
[13°41′N　100°29′E]

タイ中部，首都バンコクの特別区(ケート)．チャオプラヤー川の右岸側，すなわちトンブリー側，トンブリー特別区の南西隣に位置する．ダーオカノーン運河をはじめ多くの運河が縦横に走り，それに沿って多くの寺院が立地している．郊外の住宅地域であるが，農地や未開発地も広く残る．　［遠藤　元］

チョモイ　Cho Moi　ベトナム

人口：34.5万 (2009)　面積：356 km²
[10°33′N　105°24′E]

ベトナム南部，メコンデルタ，アンザン省南東部の県．省都ロンスエンから北東へ直線で20 kmに位置する．ティエンザン川とハウザン川に挟まれている．地形的には，両河川が形成する自然堤防以外は，雨季に2 m以上の冠水が数カ月続く洪水常襲地帯である．フランス植民期はロンスエン省の行政機関があったが，1940年頃には抗仏の拠点の1つになった．　［柳澤雅之］

チョモイ　Cho Moi　ベトナム

フールオン　Phu luong (旧称)

人口：3.7万 (2009)　面積：606 km²
[21°53′N　105°47′E]

ベトナム東北部，バックカン省南部の県．首都ハノイからカオバンを経て中国に抜ける国道3号沿いにあり，省都バックカンの南10 km，ターイグエンの北48 kmに位置する．地名は，ベトナム語で新しい市場を意味する．1998年に北に接するバックトン県から新たに分かれた．　［柳澤雅之］

チョモラリ山　Jomolhari　中国/ブータン

Chomolhari (別表記)

標高：7326 m　[27°50′N　89°16′E]

ブータン西部のティンプー県と中国のシーツァン(チベット，西蔵)自治区にまたがる

山. 山名はチベット語で女神の聖山を意味する. ガンカルプンスム山(標高 7570 m)に次ぐ国内第 2 の高峰で, ヒマラヤ山脈東部の中でも最も美しい山の 1 つといわれる. パロ谷をさかのぼるチョモラリトレックは, ブータンを訪れる外国人観光客に人気のトレッキングルートとなっており, 標高 4000 m をわずかに超えたジャンゴタン Jangothang がベースキャンプ地として利用される. ブータン西部の首都ティンプーやパロなどの住民にもその名がよく知られている. 1937 年にフレディ・スペンサー・チャップマンとパサン・ダワ・ラマが初登頂した. [髙田将志]

チョモランマ山 Chomolungma ☞ エヴェレスト山 Everest, Mount

チョモロンゾ山　珠穆隆索峰 Chomo Lonzo

中国

標高: 7816 m　　　　　　[27°56′N　87°06′E]

中国西部, シーツァン(チベット, 西蔵)自治区の山. ヒマラヤ山脈中部, クーンブ山群の高峰である. ネパールと中国の国境稜線より北側にあり, クンバカルナ山塊ではマカルー主峰に次ぐ第 2 位の標高をもつ. ネパールのナムチェバザールから東北東約 42 km, マカルー II 峰から東に派生する尾根上にあり, マカルー主峰から北東約 4.8 km に位置する. 主峰は南峰(標高 7804 m)で, そこから北稜上 1.4 km に中央峰, さらに 1.3 km に北峰がある. 西壁側は比高 1500 m を超える急峻な絶壁でカンシュン氷河の支流チョモロンゾ氷河の源頭に切れ落ちる. 北東壁および南東壁もサケタン氷河の各支流まで比高 3000 m を超える岩壁で, 鳥の女神に由来する山名のとおり, 東のカルマ川沿いからは羽を広げた巨大な鳥の形にみえる. 1954 年, フランス隊が主峰に初登頂し, 第 2 登は 93 年, 日本隊が達した. [松本穂高]

チョヤク島　助薬島　Joyakdo

韓国

人口: 0.2 万 (2015)　面積: 24 km²
　　　　　　　　　　　[34°23′N　126°55′E]

韓国南西部, チョルラナム(全羅南)道南部の島. チャンフン(長興)半島の南の海上に位置する. 西にコグム(古今)島, 南にシンジ(薪智)島がある. 行政上はワンサン(莞山)郡薬山面で, 1 島で 1 面をなしている. 助薬面

と称していたが, 1949 年に改称した. 島の中央に三門山(標高 356 m)がある. 島の北西部に平坦地があり, 耕地が開かれている. 古今島とは薬山橋で結ばれている. [山田正浩]

チョリョン　鳥嶺　Joryeong

韓国

セジェ (別称)

標高: 643 m　　　　　　[36°44′N　128°04′E]

韓国中部の峠. ソベク(小白)山脈を越える峠の 1 つである. チュンチョンブク(忠清北)道クエサン(槐山)郡とキョンサンブク(慶尚北)道ムンギョン(聞慶)市の境界に位置する. 韓国語の固有語で, セジェともよばれる. 朝鮮時代, 小白山脈の峠の中で最も重要な峠であった. 漢城とトンネ(東萊)を結ぶ幹線交通路, ヨンナム(嶺南)路はここを通過した. 近代以降は主要な交通系からはずれて荒廃したが, 鳥嶺関や一部の宿泊施設などが復原されている. 1981 年, 開慶セジェ道立公園に指定された. [山田正浩]

チョルウォン ☞ チョロン Cheorwon

チョルサン半島　鉄山半島 Cholsan-bando

北朝鮮

長さ: 20 km　　　　　　[39°40′N　124°41′E]

北朝鮮, ピョンアンブク(平安北)道西部の半島. 朝鮮西海(ホワン(黄)海)の西朝鮮湾に向かって延びている. ほとんどが丘陵地帯で標高 300 m を超えない. 海岸線が複雑で, 中央部にはマツやクヌギが多い. 海洋性気候で平安北道では最も暖かい. 南方の沖合にはカド(椵島)の島々がある. これらの地域ではハマグリ, イガイ, カキなどの貝類が豊富に水揚げされる. 塩田が多い. 名勝地として, 椵島にある石灰岩洞窟の馬仙窟が有名である. 鉄山郡の島々は海鳥保護区域に指定されている. また, 李氏朝鮮の時代の継子いじめ譚であり, 勧善懲悪を主題とする文学作品『薔花紅蓮伝』の舞台である. [司空 俊]

チョルボンアタ　Cholpon-Ata

クルグズ

人口: 1.6 万 (2012)　　　[42°39′N　77°05′E]

クルグズ(キルギス)東部, イシククル州の観光保養地. 標高 1600 m 以上の高地にある

が, 唐の時代に玄奘が訪れ, 熱海と表記したように凍結しない湖であるイシククル湖北岸の湖畔にあり, 冬は暖かで夏は涼しく, ソ連期からサナトリウムや別荘, ホテル, コーヒー店も多く建設され, 野外博物館もある. 夏季, 近くの砂浜は水浴の人で溢れる. 西のバルクチュと東のカラコルを結ぶ湖の北岸の道路の中ほどで交通も便利である. [木村英亮]

チョルモンデュレイ川 Cholmondeley ☞ ラカイア川 Rakaia River

チョルラナム道　全羅南道 Jeolla-namdo

韓国

人口: 179.9 万 (2015)　面積: 12247 km²
　　　　　　　　　　　[34°49′N　126°28′E]

韓国南西部の道. クァンジュ(光州)を中心とする地域であるが, 光州は光州広域市として行政上独立している. 道庁所在地は光州であったが, 2005 年, モッポ(木浦)市東郊, ムアン(務安)郡の南端, 三郷面に移転した. 面積は 1 万 2247 km², 人口は 171.4 万 (2010, 面積, 人口ともに光州広域市を除く). 1975 年の人口は約 340 万弱であったので, この間大幅な減少を続けている. 朝鮮時代は全羅道であったが, 1895 年の甲午改革時に, 南道, 北道に分割された. チェジュ(済州)島は全羅南道に属していたが, 1946 年, 済州道として独立した(現在は済州特別自治道). 光州以外の市制施行都市は, 木浦, ヨス(麗水), スンチョン(順天), ナジュ(羅州), クァンヤン(光陽)の 5 市である. 麗水市は, 1998 年, それまでの麗水市, ヨチョン(麗川)市, 麗川郡が合併して, 新麗水市となったものである.

道域北西部のノリョン(蘆嶺)山脈と南東部のソベク(小白)山脈との間にヨンサン(栄山)江流域のナジュ(羅州)平野が広がる. 東端ではソムジン(蟾津)江が小白山脈を縦断して南に流れクァンヤン(光陽)湾に注ぎ, キョンサンナム(慶尚南)道との境界をなしている. 栄山江流域がこの地方の中心地域で, 光州, 羅州, 木浦などの中心都市が発達した. 同時に農業の中心地域である. 道域の東半分は小白山脈の末端部が占めている. 道域の東端, チョルラブク(全羅北)道, 慶尚南道との境界部に主峰チリ(智異)山が位置している. 標高 1915 m で, 軍事境界線以南では 2 番目の高山である. 主峰天王峰を中心に 3 道にまたがる範囲が国立公園に指定されている. 古くから修行, 信仰の対象地であり, 山麓には, 華

厳寺，泉隠寺などがある．

西海岸，南海岸は典型的な沈降海岸である．屈曲に富み，多くの半島，島嶼が入り組んで分布している．半島は，麗水半島，コフン（高興）半島，ヘナム（海南）半島，務安半島，ヘジェ（海際）半島など．島嶼は，チン（珍）島をはじめ，羅州群島，コチャ（巨次）群島，ソアン（所安）群島，クモ（金鰲）列島など数多くが分布している．これらの数多くの島嶼は蘆嶺山脈，小白山脈の最末端部に当たる．シナン（新安）郡は智島，慈恩島，岩泰島，ピグム（飛禽）島，長山島など郡域すべてが島嶼で構成されている．ただ，各所で海岸部の干拓が進められた結果，本来島であった智島は海際半島と陸続きになった．また，珍島，ワン（莞）島，ネナロ（内羅老）島，ウェナロ（外羅老）島，トルサン（突山）島は本土との間が橋で直接連絡されている．これらの多くは風光に恵まれ，タドヘ（多島海）海上国立公園に指定されている．

栄山江に沿う羅州平野が農業生産の中心地である．温暖な気候を利用して古くから米の大生産地を形成してきた．半島と島に囲まれた浅い海域では魚が豊富に生息し，恵まれた漁場になっている．イシモチ，タチウオ，イワシ，サワラなど豊富な魚種の漁獲がある．また湾入部には古くから港が発達していた．現在，木浦，麗水，コムン（巨文）島，テフクサン（大黒山）島，チョンサン（青山）島などがこの地域の漁業基地である．また，遠浅で干満の差が大きい条件を利用してノリ，ワカメ，カキなどの養殖も盛んである．

大規模な工業開発は遅れていたが，光陽湾の南岸部には干拓地を利用して麗川工業団地が造成され，発電所，化学工業，精油工業などが集積している（旧麗川市）．1980年代後半から光陽湾北岸の大規模な開発が進んだ．ここではPOSCO光陽製鉄所がすでに稼働しているが，さらに付近の海岸を整備してコンテナ埠頭などの港湾施設を拡大し，さらに工場用地を造成して国際ターミナルとする計画がある．

高速道路網は光州を中心として整備されている．首都ソウルに向かうホナム（湖南）高速道路，プサン（釜山）に向かうナメ（南海）高速道路，テグ（大邱）に向かう88オリンピック高速道路である．また木浦から西海岸に沿って北上するソヘアン（西海岸）高速道路があり，2010年には光陽，順天から蟾津江に沿って北上するチョンジュ（全州）光陽高速道路が開通した．鉄道は湖南線，全羅線，慶全線が道域を通る．新幹線（KTX）は湖南線を光州，木浦まで乗り入れている．　［山田正浩］

チョルラブク道　全羅北道
Jeolla-bukdo
韓国

人口：183.4万（2015）　面積：8067 km²
[35°49′N　127°08′E]

韓国南西部の道．道庁所在地はチョンジュ（全州）．面積は8067 km²，人口は177.7万（2010）．1975年の人口は約245万であったので，この間，大幅な減少を続けている．朝鮮時代は全羅道であったが，1895年の甲午改革時，北道，南道に分割された．北に接するチュンチョンナム（忠清南）道クムサン（錦山）郡は，朝鮮時代には全羅道に属していた．市制施行都市は，道庁所在地である全州のほか，クンサン（群山），イクサン（益山），チョンウプ（井邑），ナモン（南原），キムジェ（金堤）の6市である．益山，井邑の2市は，1995年，周辺地域を編入して市域を拡大した際，それまでの，イリ（裡里），チョンジュ（井州）から市名を改めた．

道域のほぼ中央北東から南西にノリョン（蘆嶺）山脈が走っている．蘆嶺山脈の西斜面には，マンギョン（万頃）江，トンジン（東津）江に沿うホナム（湖南）平野が広がる．東のキョンサンナム（慶尚南）道との境界をなすソベク（小白）山脈と蘆嶺山脈との間をソムジン（蟾津）江が南下する．最上流部はチナン（鎮安）高原で，標高500 m前後の山間高原であり，北に流れるクム（錦）江水系との分水嶺に当たる．蟾津江は途中でイムシル（任実），ナモン（南原），スンチャン（淳昌）などの盆地を形成しながら南下する．慶尚南道との境界をなす小白山脈には，チリ（智異）山，トギュ（徳裕）山など標高1500 mを越す高山がある．智異山，徳裕山の周辺はそれぞれ国立公園に指定されている．また，蘆嶺山脈の全羅南道との境界部は内蔵山国立公園に，西海岸のピョンサン（辺山）半島一帯は辺山半島国立公園に指定されている．コチャン（高敞）郡の支石墓群はチョルラナム（全羅南）道ファスン（和順）郡のもの，インチョン（仁川）広域市カンファ（江華）郡のものと合わせて2000年，「高敞，和順，江華の支石墓群跡」としてユネスコの世界遺産（文化遺産）に登録された．

湖南平野は韓国における代表的な穀作地帯の1つになっている．生産された米の流通拠点として金堤が，積出港として群山が発達した．主作物の米以外にサツマイモ，トウガラシ，タバコなどが生産されている．東部の山間部では高冷地野菜が，鎮安，チャンス（長水）では薬用ニンジンが栽培されている．漁業はコグンサン（古群山）群島を中心に盛んである．イシモチ，タチウオ，サバ，エビなど

の漁獲があり，貝類の養殖も行われている．

道内には全州，群山，益山などに工業団地が造成され，食品，繊維，製紙，貴金属，電子などの工場が集積している．群山から辺山半島にかけての海上に延長約33 kmの大規模な防潮堤（セマングム防潮堤）が完成し，その内側の干拓工事が進行中である（セマングム干拓地）．干拓地内では2020年までに，新しい大規模な工業地帯を完成させる計画である．沖合の古群山群島の島嶼のうち，夜味島，新侍島は完成した防潮堤によって直接本土と結ばれるようになった．

湖南高速道路，88オリンピック高速道路，ソヘアン（西海岸）高速道路，トンヨン（統営）・テジョン（大田）高速道路，スンチョン（順天）・ワンジュ（完州）高速道路と多くの高速道路が整備されている．鉄道は湖南線，全羅線，チャンハン（長項）線があり，益山がこれらの分岐点であり，要衝である．長項線の錦江河口部には鉄道橋が2007年に完成し，直通運転されるようになった．　［山田正浩］

チョルリョン　鉄嶺　Cholryong
北朝鮮

標高：685 m　　　　[38°50′N　127°20′E]

北朝鮮，カンウォン（江原）道南部のコサン（高山）郡と淮陽郡の境界にある峠．長寿峰（標高971 m）と風流山（1024 m）の鞍部で，鉄道京元線が開通する以前は，京元街道の主要な通路であった．古くから鉄嶺以北地方を嶺北地方（ハムギョンナム（咸鏡南），ハムギョンブク（咸鏡北）道），以西地方を嶺西地方（ピョンアンナム（平安南），ピョンアンブク（平安北）道）とよんでいた．現在も軍事上の重要通路である．なお，関北地方，関西地方は，それぞれ嶺北地方と嶺西地方の別称である．　［司空　俊］

チョロン　鉄原　Cheorwon
韓国

チョルウォン（別表記）

人口：4.6万（2015）　面積：767 km²
[38°11′N　127°15′E]

韓国北東部，カンウォン（江原）道北西端の郡および郡の中心地．軍事境界線に直接向き合う位置にある．イムジン（臨津）江の支流，漢灘江の上流部にあたる．朝鮮戦争当時，鉄原，キマ（金化）と軍事境界線以北のピョンガン（平康）を結ぶ三角形の部分は鉄の三角地帯とよばれ，激戦がくり返された．郡域の西方に位置していたもともとの鉄原の町（鉄原郡

鉄原邑)はこの激戦の過程で，完全に破壊された．休戦後，東方の葛末面に都庁を移転し，以後，ここを新鉄原とよんで，現在にいたっている．葛末面は1979年，邑に昇格した．現在は，鉄原は新鉄原をさすことが多い．また，軍事境界線以南の金化郡域は1963年に鉄原郡に編入された．2010年の鉄原郡の人口は4.3万である．1975年の人口は6.6万であったので，この間に約65％に減少した．ソウルとウォンサン(元山)を結んでいた京元線は分断されたままであり，列車の運行は，キョンギ(京畿)道の北端，新灘里までである． 〔山田正浩〕

チョロン　Cho Lon　ベトナム
[10°46′N　106°40′E]

ベトナム南部，メコンデルタ，ホーチミン中央直轄市の地区．華人街を中心にした地区の総称で，地名は，大きな市場を意味する．現在のホーチミン市内の第5・6・10・11区にまたがる地域をさす．明末清初の17世紀末，明朝の遺臣らがサイゴン(現ホーチミン)に入植したのがチョロンの始まりとされる．とくに18世紀後半以降，フランス植民地政府によるメコンデルタの開発に伴って，華僑(中国国籍でベトナム在住者を含む)がコメ流通をほぼ独占し，ベトナム南部のコメ集散地としてチョロンは飛躍的にその規模を拡大した．1867年の資料によればチョロン地区だけで1万人以上の華僑が居住し，その出身地も，フーチェン(福建)，コワントン(広東)，チョーチャン(浙江)省など多数であったという．このときに「大きな市場」の名が生まれたとされる．サイゴン～チョロン間には鉄道も開設されたが，現在は残っていない．

1975年の南北ベトナムの統一前後，急速な社会主義化によって既得権益や財産を奪われることをおそれ，多数の華僑がベトナムから出国した．さらに，ほぼ同時期，中国・ベトナム間関係が悪化し，ベトナム政府は，華僑がベトナム国籍を取得し華人となるよう同化政策を強化した．このような政策を嫌った華僑が，南北ベトナムあわせて約40万人も国外に脱出したと推定されている．

しかし，1980年代の後半以降，対中国関係の改善とともに，ベトナム政府は経済再建のために華僑や華人のネットワークを利用するようになり，これまでのさまざまな規制が緩和されるようになった．現在では，チョロン地区には多数の華人のための学校や診療所，寺，モスク，教会，同郷者のための会館などがある．ビンタイ市場はホーチミンでベンタイン市場に次いで2番目の規模をもつ大きな市場として賑わっている． 〔柳澤雅之〕

チョーロン県　柘栄県　Zherong
中国
人口：9.0万(2015)　面積：553 km²　気温：18.9℃
降水量：1977 mm/年　[27°14′N　119°54′E]

中国南東部，フーチェン(福建)省北東部，ニンドゥ(寧徳)地級市の県．太姥山脈(標高1479 m)の中腹部に位置する山間地の県である．北はチョーチャン(浙江)省のタイシュン(泰順)県と接する．省内では最も小さい県．県政府所在地は双城鎮．県域の9割は標高600 m以上の高地で，年平均降水量は多く，林業，高地野菜や茶の栽培などに適している．薬草の一種である柘栄太子参は全国的に有名．宋代以降，フーニン(福寧)州の一部であったが，1945年に柘栄県として新設された．20世紀中葉，内戦期の重要な革命根拠地となったことから，解放闘争にかかわる旧址が多い．清朝発祥の柘栄切り紙は国指定の文化財として登録され，貴重な工芸品となっている．住民はフーアン(福安)語を使用する． 〔許　衛東〕

チョワンホー市　荘河市　Zhuanghe
中国
人口：91.0万(2013)　面積：3900 km²
[39°41′N　122°58′E]

中国北東部，リャオニン(遼寧)省南部，ダーリエン(大連)副省級市の県級市．リャオトン(遼東)半島の東部に位置し，ホワン(黄)海に面する．市政府所在地は新華街道．大連市の水源である巨大ダムが数多く立地する．トウモロコシや水稲などの農業も行われているが，とくに漁業が盛んである．フグの養殖規模，貝類の漁獲量ともに世界第1位を誇る．ほかにもエビやカニなどを漁獲する．沿岸部では養殖池が延々と広がる景観がみられる．東西に丹大高速，南北に荘蓋高速が通る． 〔柴田陽一〕

チョワンラン県　庄浪県　Zhuanglang
中国
人口：42.5万(2002)　面積：1526 km²
[35°12′N　106°02′E]

中国北西部，ガンスー(甘粛)省東部，ピンリャン(平涼)地級市の県．ウェイ(渭)河の支流である葫蘆河上流に位置する．北東部はニンシャ(寧夏)回族自治区に接する．明代に県が置かれた．リウパン(六盤)山脈西麓にあり，大半の地域はホワントゥー(黄土)高原に含まれ，土壌侵食が深刻である．冬小麦，トウモロコシ，キビ，ゴマ，ジャガイモなどを産する．観光地には元代皇帝の避暑地であった涼殿峡がある． 〔ニザム・ビラルディン〕

チョンアン県　成安県　Cheng'an
中国
人口：41.7万(2010)　面積：485 km²
気温：13.2℃　降水量：500 mm/年
[36°26′N　114°41′E]

中国北部，ホーペイ(河北)省南部，ハンタン(邯鄲)地級市の県．県政府は成安鎮に置かれている．河北平野の南部にあり，南西のほ

チョロン(ベトナム)，生鮮食品を中心に取り扱うサータイ市場〔TonyNg/Shutterstock.com〕

うがやや高く，北東は低い．西部にはホワン(黄)河の旧流路がある．中・東部にはチャン(漳)河砂丘帯がある．1月の平均気温は-2.8℃，7月は26.4℃．農作物は小麦，トウモロコシ，綿花を主としている．国内では綿花の主要生産地である．紡績，電子，化学工業の工場がある．元代の仏寺二祖塔，鳳凰台がある． ［柴 彦威］

チョンアン県　正安県　Zheng'an
中国

人口：64.0万 (2013)　面積：2595 km²
[28°33′N　107°27′E]

中国中南部，グイチョウ(貴州)省北部，ツンイー(遵義)地級市の県．県政府は鳳儀街道に置かれている．北はチョンチン(重慶)市に隣接する漢族地帯である．県域東部に3万人あまりのコーラオ(仡佬)族が住む．ダーロウ(大婁)山脈の東側に位置し，主要な鉄道や道路から外れた貧困県である．おもな産業は農業で，野木瓜とよばれるパパイヤに似た果物が特産品．茶葉，タバコ，桐油，キウイなども生産されている．カルスト地形が発達している． ［松村嘉久］

チョンイー県　崇義県　Chongyi
中国

人口：20.9万 (2011)　面積：2206 km²
[25°41′N　114°18′E]

中国南東部，チャンシー(江西)省南西部，ガンチョウ(贛州)地級市の県．章水の支流であるシャンヨウ(上猶)江の上流域に位置し，フーナン(湖南)，コワントン(広東)両省に隣接する．県政府はホンショイ(横水)鎮に置かれる．県内は山々が連綿と連なり，山地が97%を占める．明代に周囲3県の一部を割いて崇義県が設けられた．厦蓉高速道路が東西に通る．全国重点林業県の1つで，マツ，スギ，タケ材などを多く産し，シイタケ，茶，タケノコ，果物の生産も多い．景勝地に陽嶺森林公園，ニェントゥー(聶都)鍾乳洞群，上堡棚田などがある． ［林 和生］

チョンウー県　成武県　Chengwu
中国

人口：72.0万 (2015)　面積：998 km²
標高：38-46 m　[34°57′N　115°52′E]

中国東部，シャントン(山東)省南西部，ホーツォ(菏沢)地級市の県．県としての歴史は秦代までさかのぼる．ホワン(黄)河の氾濫原に位置し，地形は南西部が高く北東部は低い．河川はホワイ(淮)河水系に属し，流域面積が30 km²以上の河川は16本ある．石炭，石油，天然ガスなどの地下資源がある．国内の小麦主産地の1つである．近年，施設園芸の発展が著しい．済寧曲阜空港や隴海鉄道に近く，県内の道路網も発達している．孔子廟堂碑や文亭山などの観光地がある． ［張 貴民］

チョンウェイ市　中衛市　Zhongwei
中国

応理州 (古称)

人口：108.1万 (2010)　面積：17448 km²
[37°31′N　105°10′E]

中国中北部，ニンシャ(寧夏)回族自治区西部の地級市．沙坡頭区，チョンニン(中寧)県，ハイユワン(海原)県を管轄する．市政府所在地は沙坡頭区．西はガンスー(甘粛)省，北は内モンゴル自治区と境を接する．テングリ(騰格里)砂漠と寧夏南部山地にはさまれた平野部をホワン(黄)河が東流する．古来，交通の要衝で，1950年代まで続いたチンハイ(青海)省や甘粛省から内モンゴル自治区ボグト(パオトウ，包頭)までの黄河水運の重要な中継地であった．現在では，包蘭，宝中，太中銀の3本の鉄道，および京蔵，定武，福銀の3本の高速道路が通り，2008年には中衛香山空港(現中衛沙坡頭空港)が開設された．黄河の水を利用した灌漑農業により，米や小麦，野菜が生産される．乾燥した気候に適応して，高品質のスイカ，および漢方薬材のクコ(枸杞)の生産も盛んである．沙坡頭とよばれる面積約13 km²の砂丘地帯があり，黄河沿岸に広がる高さ約200 mの砂の傾斜地が奇観として知られる． ［高橋健太郎］

チョンウプ　井邑　Jeongeup
韓国

チョンジュ　井州 (旧称)

人口：11万 (2015)　面積：693 km²
[35°33′N　126°52′E]

韓国南西部，チョルラプク(全羅北)道南西部の都市．ホナム(湖南)平野からノリョン(蘆嶺)山脈の山地に移行する地域にあたっている．1981年，チョンジュ(井州)市として市制施行．1995年，井邑郡を編入して市域を拡大したときに，井邑市に改称した．2010年の人口は11万である．市域を拡大した1995年の人口は約15万であったので，この間，人口は減少傾向にある．市域の南端部は，ネジャン(内蔵)山国立公園の一部に指定されている． ［山田正浩］

チョンギャイ県　瓊結県　Qonggyai
中国

人口：2万 (2012)　面積：1000 km²
[29°03′N　91°44′E]

中国西部，シーツァン(チベット，西蔵)自治区，シャンナン(山南)地級市の県．ヤルンツァンポ(雅魯蔵布)江中流の瓊結峡谷地帯に位置する．周囲を標高3000〜6000 m級の山々に囲まれている．14世紀中葉，パクモドゥパ政権によって瓊結達孜宗が置かれた．1960年に瓊結宗は窮結県に置かれ，70年に山南地区に属している．そして，1986年に現在の瓊結県に改名した．県内には吐蕃王朝時代の第29〜40代の王の眠る蔵王墓群があり，1991年に国の重要文化財に指定されている． ［石田 曜］

チョングー県　城固県　Chenggu
中国

人口：46.5万 (2010)　面積：2217 km²
気温：14.3℃　降水量：783 mm/年
[33°09′N　107°20′E]

中国中部，シャンシー(陝西)省南西部，ハンチョン(漢中)地級市の県．漢中盆地の中心地帯に位置し，北はチン(秦)嶺山脈，中部は漢水平原，南はダーバー(大巴)山脈の低山地帯である．県政府所在地は博望鎮．シルクロードの開拓者張騫の故郷である．気候は亜熱帯または暖温帯に属し，無霜期間は245日．森林が総面積の64%も占め，ミカン，キウイ，茶，キノコ，タバコおよび漢方薬草の栽培が盛んである．省指定の歴史文化都市であり，遺跡と風景名勝が多い． ［杜 国慶］

チョンクワンツン　中関村　Zhongguancun
中国

[39°59′N　116°19′E]

中国北部，ペキン(北京)市ハイディエン(海淀)区中南部の街区．海淀路の東から中関村の両側を含めた広い範囲をさす．もともとは農地であった．1949年に中国科学院の研究基地となり，そこに属する数学，物理，化学，計算技術，力学，声学，微生物，動物，空間科学などの研究所，実験センターが20以上あることから，科学城といわれている．北京市の新技術産業開発の中心地でもある．1980年代以降，白石橋路，海淀路，中関村

路一帯は電子・コンピューター関係のメーカーや販売店が集中し，電子一条街とよばれるようになった．北京大学や清華大学など有名大学が集中するところでもある．1988 年に北京市高新技術産業開発実験区と指定され，99 年に北京中関村サイエンスパークと変わり，中国のシリコンヴァレーとよばれる．バスの路線が多く，地下鉄 4 号線が通り，交通は便利である． ［柴　彦威］

チョンゲ川　清渓川
Cheonggyecheon
韓国

[36°58′N　127°53′E]

　韓国北西部，ソウル特別市を流れる川．本来はソウル中心部を取り囲むプガク（北岳）山，ナム（南）山から流下して中心部を東に流れ，中浪川からハン（漢）江に流れ込む川で，漢城の風水上，重要な意味をもつ川であった．1930 年代から覆蓋の計画があり，70 年代初めにそれが実施されて清渓川路となり，その上に都市高速道路が建設された．その後，環境汚染と老朽化による安全性が問題になり，2003〜05 年，覆蓋と高速道路の撤去，川の復原工事が実施された．都心の光化門付近から城東区新踏まで，約 5.8 km の間に清渓川が蘇った．散策路，緑地に利用され，観光客にも注目されている．流水は蚕室大橋付近で取水した漢江の水と，地下鉄路線の湧水が利用されている． ［山田正浩］

チョンコウ県　城口県　Chengkou
中国

人口：25.1 万（2015）　面積：3239 km²

[31°57′N　108°40′E]

　中国中部，チョンチン（重慶）市北東端の県．スーチュワン（四川）省，シャンシー（陝西）省と隣接する．ダーバー（大巴）山脈南麓に位置し，標高 2000 m 級の山々が連なる．チャン（長）江水系の仁河や前河など多数の中小河川が流れる．中国の中央部に位置し，東西南北の植生が混合し多様性があることから，自然保護区が設置されている．ヒョウやイヌワシなど貴重な野生動物も生息する．クリ，クルミ，キノコ，蜂蜜などを産する． ［高橋健太郎］

チョンゴン区　呈貢区
Chenggong
中国

人口：31.1 万（2010）　面積：461 km²

[24°55′N　102°48′E]

　中国南西部，ユンナン（雲南）省中央部，クンミン（昆明）地級市の区．ディエン（滇）池の東岸に位置し，昆明市街地の南東に隣接する．昆明からわずか 10 数 km の距離にあり，交通網が発達しているため，衛星都市化が急速に進展し，2011 年に県制を廃して市轄区となった．花卉や切り花の栽培面積は雲南省で最大であり，中国でも有数の生産拠点である．呈貢は花卉の集荷流通拠点でもあり，斗南花卉市場や昆明国際花卉交易センター競売市場には，雲南各地から花卉が集まり国内はもとより海外にも出荷される． ［松村嘉久］

チョンサン島　青山島
Cheongsando
韓国

人口：0.2 万（2015）　面積：38 km²

[34°11′N　126°53′E]

　韓国南西部，チョルラナム（全羅南）道南部の島．行政上はワンド（莞島）郡青山面に属する．チャンフン（長興）半島の南に位置する．さらに南の麗瑞島などを合わせて，1 面を構成している．島の南東部に鷹峰山（標高 384 m）がある．近海はサワラの好漁場である．島全域がタドヘ（多島海）海上国立公園（ソアン（所安）・青山地区）に指定されている． ［山田正浩］

チョンサンリ　青山里
Chongsan-ri
北朝鮮

気温：9.7℃　降水量：900 mm/年

[39°06′N　125°22′E]

　北朝鮮，ピョンアンナム（平安南）道南西部，カンソ（江西）郡の村．2004 年ナムポ（南浦）特別市が南浦特級市に改編されたとき，江西区域は郡になり平安南道に編入された．首都ピョンヤン（平壌）の西北西 25 km，テドン（大同）江下流の江西平野に位置する農村．1960 年，金日成主席が農業協同組合を現地指導，そのときの指導経験から編み出されたのが青山里精神，青山里方法という農業協同組合管理の新路線である．これによって作業班優待制が打ち出され，集団的革新運動の作風が確立され，報償制も導入された．その後，青山里農場は社会主義農村問題，農業生産のモデルとなる．灌漑施設，トラクターなどを具備し，農村が穀物，野菜，食品工

場，果樹園を運営，また，学校など教育施設，文化会館を経営している．このように機械化，水利化，電化，文化施設と運営が完全である．青山薬水がある． ［司空　俊］

チョンジ　天池　Chonji
中国/北朝鮮

面積：9.2 km²　標高：2190 m　幅：3.6 km
深さ：384 m　降水量：1500 mm/年

[42°00′N　128°03′E]

　北朝鮮，リャンガン（両江）道サムジョン（三池淵）郡，ペクトゥ（白頭）山山頂にある自然湖．約 100 万年前の噴火によって形成されたカルデラ湖である．火口壁の高さは 400〜500 m，周囲 14.4 km，幅 3.6 km，最深 384 m，透明度 14 m．平均風速毎秒 20 m．湖畔には 35 科 126 種の植物が生育する．湖の周辺は 20 あまりの峰が取り囲み，最高峰は将軍峰（標高 2750 m）．表面水温は 7 月平均 9.4℃，深層は年中 4℃．10 月から翌年 6 月中旬まで氷結する．最高水温 44℃ の温泉が湧出する．もともと魚類は生息していなかったが，ニジマスが放流され 50 cm ぐらいに育っている．付近の湧水がアムロク（ヤールー（鴨緑））江，トマン（豆満）江の源になる．湖水は北側で 30 m の滝となってソンホワ（松花）江に流出している． ［司空　俊］

チョンシェン　成県　Cheng Xian
中国

同谷，白石（古称）

人口：25.8 万（2002）　面積：1690 km²

[33°45′N　105°42′E]

　中国北西部，ガンスー（甘粛）省南東部，ロンナン（隴南）地級市の県．チャリン（嘉陵）江の支流である青泥河流域にあり，南東部はシャンシー（陝西）省に接する．北魏に白石県が置かれ，西魏に同谷県と改称され，明に成県と改められた．農業が主で，小麦，トウモロコシ，水稲，大豆，ナタネなどが栽培される．クルミ，山椒，キクラゲを産する．鉄，金，銅，鉛，亜鉛，石炭などの鉱物資源に富む．錬鉄，採鉱などが盛んで，チャンバー（廠垻）鉛鉱が有名である．

［ニザム・ビラルディン］

チョンシェン　忠県　Zhong Xian
中国

人口：100.5 万（2015）　面積：2187 km²

[30°18′N　108°02′E]

　中国中部，チョンチン（重慶）市東部の県．

スーチュワン(四川)盆地東縁にあり，県北西部を精華山脈，南東部を方斗山脈が連なり，山地，丘陵地が広い面積を占める．県東部をチャン(長)江が北流する．1990 年代以降，サンシャ(三峡)ダム建設による長江の水位上昇に伴って，旧来の中心市街地は大半が水没し，新しい河岸沿いに新市街地が建設された．巨岩の上にそびえていた明代(16 世紀)創建の 12 階建ての木造建築である石宝寨も一部が水没した．柑橘類の栽培や養豚が盛んである．　　　　　　　　　　[高橋健太郎]

チョンシャン県　鐘山県
Zhongshan
中国

人口：35.7 万 (2013)　面積：1472 km²
気温：19.6℃　降水量：1550 mm/年
[24°32′N　111°18′E]

中国南部，コワンシー(広西)チワン(壮)族自治区東部，ホーチョウ(賀州)地級市の県．県政府所在地は鐘山鎮．フーナン(湖南)省，コワントン(広東)省との境界部にある山地県である．もとはフーチュワン(富川)県の鐘山鎮だったが，1917 年に分離して県制となった．古代から，チョンユワン(中原)勢力が南越に侵攻する際の行軍ルートにある要衝であった．漢族が住民の 83.8％を占めている (2013)．稲作，野菜類の栽培と林業が経済の中心で，1980 年代からタバコ製造，石材加工，スズとタングステンの鉱山開発も進められている．宋代に建設された城壁様式の燕塘鎮玉坡村が有名である．　　[許　衛東]

チョンシャン市　中山市
Zhongshan
中国

香山県 (旧称)

人口：321.0 万 (2015)　面積：1800 km²
気温：22.6℃　降水量：1791 mm/年
[22°31′N　113°24′E]

中国南部，コワントン(広東)省中南部の地級市．チュー(珠)江河口の西岸に位置する新興工業都市である．省会コワンチョウ(広州)市中心部の南約 86 km にある．もともと氾濫原に浮かぶ孤島の香山島だったが，南宋の紹興 22 年(1152)に香山県として設置された．地名は 1866 年に翠亨村で生まれた辛亥革命家の孫文(孫中山)を記念して，1925 年に命名された．1983 年に市制に変更，88 年に地級市となった．6 区，18 鎮を管轄する．市政府所在地は東区街道．代表的な華僑の送り出し地域で，ホンコン(香港)を含む国外在住の中山出身者は約 80 万人にのぼる．市域

の 84％は広東語を使用，一部地域では客家(ハッカ)語とミンナン(閩南)語系の方言を使用している．総人口の 51％(2009)に相当する 162 万(2015)は外からの農民工(出稼ぎ労働者)である．

清の中期以降，デルタ部の沖積層の拡大と移民により開発が本格化した．魚米の郷として様変わりし，生糸やサトウキビや米などの主産地および輸出地域として栄えた．沿海開放地域の指定と，国指定のハイテク産業パークの開設後，海外との貿易，投資関係が大幅に拡大した．とくに郷鎮企業を中心とする工業の発展が目覚ましく，ナンハイ(南海)，シュンドゥ(順徳)，トンクワン(東莞)とともに広東省のミニドラゴンと称されるほど注目を浴びている．電子・通信機械，家電，金属加工，文房具，履物，スポーツ用品などの集積度が高く，年間輸出額も 280 億 US ドル (2015)と多い．1 人あたり GDP は 1 万 5096 US ドル(2015)で，省内でも高所得地域の 1 つである．交通面では中山港は中枢港の 1 つで，年間コンテナ輸送量は 55 万 TEU (標準箱)．また広州～マカオ(澳門)間の国道，高速道路，鉄道がすべて通じる．翠亨村の孫中山旧宅，市中心部の中山記念堂が史跡巡りの名所．年間約 1300 万人の観光客が中山を訪れる(2015)．1988 年に大阪府守口市と姉妹都市提携を結んでいる．
　　　　　　　　　　[許　衛東]

チョンシャン市　鐘祥市
Zhongxiang
中国

人口：101.6 万 (2015)　面積：4488 km²
[31°10′N　112°35′E]

中国中部，フーペイ(湖北)省，チンメン(荊門)地級市の県級市．市政府はインチョン(郢中)街道に所在する．ハン(漢)水中流の両岸にわたる．北東部はターホン(大洪)山地に属して標高 200～600 m，西部はチンシャン(荊山)山脈に続く 150～350 m の丘陵地，中部は漢水沿岸の沖積平原で 30～50 m である．おもな河川に漢水，マン(蛮)河，チューポー(竹陂)河などがあり，湖沼は 35 を数える．鉱産物はリン，硫化鉄，累托石，ドロマイト，重晶石，ミネラルウォーターなどがある．リン鉱石の埋蔵量が多く，採掘量は国内で第 1 位である．農作物には水稲，綿花，搾油作物，キノコ類などがある．工業は化学，機械，紡織，食品，建材などがある．鉄道は長荊線(チャンチャンブー(長江埠)～荊門)が東西に横断し，焦柳線(チャオツオ(焦作)～リウチョウ(柳州))や高速道路の二広線(エレ

ンホト(二連浩特)～コワンチョウ(広州))が西部を縦貫してシャンヤン(襄陽)と荊門を結んでいる．滬蓉高速道路(シャンハイ(上海)～チョントゥー(成都))も通る．鐘祥空港がある．水運は漢水が主である．明代の皇帝陵である明顕陵は 2000 年にユネスコの世界遺産(文化遺産)に登録され，現在は「明・清朝の皇帝陵墓群」の一部となっている．大口国立森林公園や莫愁湖などの名勝がある．
　　　　　　　　　　[小野寺　淳]

チョンジュ　清州　Cheongju
韓国

人口：83.3 万 (2015)　　[36°39′N　127°29′E]

韓国中部，チュンチョンブク(忠清北)道中西部，道庁所在の都市．韓国のほぼ中央部の内陸に位置する．東はソベク(小白)山脈西斜面の標高 500 m 前後の丘陵地であり，西にも波浪状の丘陵地があり，その間を北に流れる無心川が形成した清州平野に市街地は位置している．清州平野はその大部分が沖積平野で，豊かな農業地帯を形成している．無心川は北流してクム(錦)江の支流，美湖川に合流する．

チュンチョンブク(忠清北)道を管轄する官庁が集積する．清州市域をとりまく郡域をもった旧清原郡は 2014 年，清州市に編入された．朝鮮時代は清州牧，チュンジュ(忠州)と並んで忠清道地方の中心地であった．植民地時代，1931 年に邑に昇格し，49 年に市制を施行した．

市街地の中心部は朝鮮時代の邑城城内に若干の周辺地域をあわせた範囲であり，いち早く市街地化が進んだ．1960 年代の都市計画で建設された南北方向の上党大路と東西方向の社稷路が交差する地点付近を中心にして道庁，市庁，清原郡庁をはじめとする官庁，オフィス，金融機関，百貨店などの商業施設，飲食店などが集中している．住宅地は都心部を取りまいてその周辺に分布するが，市街地の拡大とともに新しい市街地が無心川左岸一帯に形成された．社稷路を軸にして，福台洞，司倉洞，開新洞，慕忠洞などに新しい住宅地が形成された．工業団地は忠北線清州駅，キョンブ(京釜)高速道路に近い福台洞，鳳鳴洞，佳景洞などの林野，畑を開発して造成され，機械，繊維，電子，食品などの大規模工場が集積している．

国土の中央に位置して交通条件には恵まれている．市域を通過する忠北線はチョチウォン(鳥致院)で京釜線に接続する．また市域の西端を新幹線(KTX)が通過し，オソン(五

1130　チヨン　　　〈世界地名大事典：アジア・オセアニア・極Ⅰ〉

松)駅が設置されている. チュンブ(中部)高速道路は市域の南端で京釜高速道路に合流する. さらに清州空港が1997年に開港した.

[山田正浩]

チョンジュ　定州　Chongju　北朝鮮

面積：487 km²　標高：18 m　気温：9℃
降水量：1160 mm/年　　[39°42′N　125°13′E]

　北朝鮮, ピョンアンブク(平安北)道南部の都市. 1994年市制. 丘陵山地がほとんどで, 全般的に平地である. 撻川江流域には沖積地と海岸平野が連なった定州平野(160 km²)がある. 撻川江は鳳鳴貯水池(2 km²)の水源である. 前面の西海には30ばかりの島と干潟地がある. 郡面積の50%が農耕地で, 稲作の中心地である. 定州米は銘柄で有名. 特産は定州王栗. 近海には魚類が多く, 貝類とコンブ養殖が行われる. トラクター付属品, ミシン付属品, 醤油などの工場がある. 首都ピョンヤン(平壌)から北東の方向に抜ける古くからの交通要衝で, 軍事的にも重要視された. 日露戦争時のロシア軍と日本軍の最初の交戦地で, 1231年前後には高麗軍が契丹軍に大勝した地でもある. 教育の盛んな地で, 20世紀初め民間の五山学校が開校した. キリスト教が早く定着した地. 平義線, 平北線(平壌〜スプン(水豊))が通り, 沿海運輸が盛んである.

[司空　俊]

チョンジュ　全州　Jeonju　韓国

人口：65.8万 (2015)　面積：206 km²
　　　　　　　　　　　[35°50′N　127°09′E]

　韓国南西部, チョルラブク(全羅北)道中部, 道庁所在の都市. 東のノリョン(蘆嶺)山脈を背後に, 前面のホナム(湖南)平野に臨む位置にある. マンギョン(万頃)江上流の全州川が市街地を貫流している. 全羅北道を管轄区域とする教育庁, 地方警察庁, 逓信庁, 地方法院などの官庁が集積している. また全州市域をほぼ取りまく形でワンジュ(完州)郡が位置するが, 完州郡庁も全州市内に位置している.

　朝鮮時代は全州府. 全羅道全体の中心地であった. 朝鮮王朝王室一族の本貫地である. 植民地時代は1931年に邑に, 35年には府に昇格し, 49年に全州市と改称した.

　中心市街地は全州川右岸の朝鮮時代の邑城城内区域を中心にして形成されている. 市庁, 道庁をはじめとする官庁や公共機関, 百貨店などの商業施設, ホテル, 飲食店などが集中している. 現在の市街地はそこから北に向かって拡大した. 徳津区一帯の市街地である. バスターミナル, 動物園, 公園, 大学など新しい施設は徳津区に位置するものが多い. 全州駅は中心市街地の北東にやや離れて位置する. 駅前から西に百済路の大通りが造成され, 徳津区の市街地中心部に連絡している. 完州郡庁は百済路に沿って位置している. 工業団地は市街地からやや離れて北西方, 全州川左岸に位置する.

　旧市内には朝鮮時代の歴史的建造物, 豊南門, 全州客舎, 慶基殿などが保存され, 国の宝物, 文化財の指定を受けていて, 観光資源ともなっている. 市域周辺の名勝地として寒碧堂や南固山城, 山城の中に位置する南固寺などがあり, さらに市域の南に接して母岳山道立公園がある.

　市域を全羅線と湖南高速道路が通過する. また, 市域の北東端を新しく建設されたイクサン(益山)長水(チョンス)高速道路, 完州光陽(クァンヤン)高速道路が通過する.

[山田正浩]

チョンシン県　崇信県　Chongxin　中国

人口：9.6万 (2002)　面積：850 km²
　　　　　　　　　　　[35°18′N　107°01′E]

　中国北西部, ガンスー(甘粛)省東部, ピンリャン(平涼)地級市の県. チン(涇)河の支流である汭河下流に位置する. 南はシャンシー(陝西)省に接する. 唐代に軍の駐屯地が設けられ, 崇信軍と名づけられた. 宋代に崇信県が設置された. 農業が主で, 冬小麦, トウモロコシ, ゴマなどが栽培される. 黒キクラゲ, クルミ, 蜂蜜, 薬材などを産する. 石炭採掘, 陶器, 建材などの工業が発展している. 史跡には甘粛省の重要文化財に指定された梁坡唐武康郡王李元諒の墓がある.

[ニザム・ビラルディン]

チョンジン　清津　Cyongjin　北朝鮮

鏡城 (古称)

人口：75.4万 (推)　面積：1878 km²　標高：4 m
気温：7.6℃　降水量：600 mm/年
　　　　　　　　　　　[41°47′N　129°47′E]

　北朝鮮北東部, ハムギョンブク(咸鏡北)道中部海岸の都市で道庁所在地. ムサン(茂山)の南東105 km, フェリョン(会寧)の南88 km, ラソン(羅先)の南南西97 km, オンソン(穏城)の南221 km, キムチェク(金策)の北北東200 km, キルジュ(吉州)の北北東141 kmに位置する. 工業都市である. 李氏朝鮮時代はキョンソン(鏡城)郡, 1910年清津府, 46年市制, 55年直轄市, 60年7区制, 70年8区制になった. 市名の由来は清岩山の前にある津(港)からつけられた. 1977年拡大直轄市, 85年直轄市廃止, 咸鏡北道となる. 1993年羅津先鋒市が直轄市となり, 咸鏡北道から分離した. 道域のほとんどが山地からなり, 霧は年間45日発生する.

　旧清津市は鏡城湾の北の岸壁に発達し, 港は水深12 mの天然の良港. 1908年開港, 45年の独立後は工業基地として発達し, 貿易港になり, 76年港湾拡張工事で規模が2倍になった. 火力発電, 北部のトマン(豆満)江流域の石炭, 茂山の鉄鉱石, ウンドク(恩徳)(旧阿吾地)の石炭, 清岩の石灰石, 古茂山の石灰石とニッケル, プリョン(富寧)の電力とニッケル, これらを結ぶ鉄道などを後背地に控え, 鉄鋼, 冶金を中心に造船, 鉱山機械, セメント, 化学繊維, 製薬, 油脂, 合成ゴムなどの工場が集中する. 朝鮮戦争で大被害を受けたが復興, 中でも金策製鉄連合, 清津製鋼, 清津化学繊維, 富寧冶金などの大工場が立地し, 北朝鮮の製鉄工業の一大基地に変貌した. 茂山の鉄鉱石精鉱は98 kmのパイプで清津まで送られる.

　近海は水産資源が豊富, 水産加工が盛んで缶詰は有名である. 清津港は国際貿易港として, ロシア, 中国, 日本向けに鉄鉱石と石炭を積んだ大型船が往来. 現在は国際的開発の連携で, 羅先自由貿易地帯の建設が進んでいる. 平羅線, 咸北線, 清羅線, 康徳線が通る.

[司空　俊]

チョンス　青水　Chongsu　北朝鮮

気温：8.1℃　降水量：1096 mm/年
　　　　　　　　　　　[40°23′N　125°03′E]

　北朝鮮, ピョンアンブク(平安北)道北部, サクジュ(朔州)郡の労働者区. 朝鮮戦争後, スプン(水豊)湖沿岸に建設された内陸工業町である. 一帯は石灰石, リン灰石, 蛇紋石などの埋蔵量が多い. これらの鉱産資源とパクチョン(博川)の無煙炭, 水豊の電力を利用してカーバイド, 合成ゴム, 基礎化学製品, リン肥料などを生産する化学工業地帯を形成している.

[司空　俊]

チョンソクチョン　叢石亭
Chongsogjong
北朝鮮

そうせきてい（音読み表記）

[38°57′N　127°53′E]

　北朝鮮，カンウォン（江原）道東部，トンチョン（通川）北西部の町．海岸名勝地で，朝鮮半島東部の名所関東八景の1つ．八景とは朝鮮の関東地方（カンウォン（江原）道のテベク（太白）山脈東側）にある景勝地から8景を選び，それらを総称したものである．このうち，叢石亭，侍中湖，三日浦は北朝鮮にあり，残りは韓国にある．海や湖がおりなす白砂青松の景観や山の風景が人びとに愛された．とくに，叢石亭，三日浦，洛山寺は歌に詠われた．また，関東八景とクムガン（金剛）山一帯の山水の美しさを描写された詩歌には有名なものが多い．叢石亭は，万物相や万瀑洞や九竜淵に劣らない名所として，多くの人びとをひきつけた．叢石亭は東海沿いに，玄武岩の柱状節理がおりなすさまざまな奇勝が続く名所である．　　　　　[司空　俊]

チョンソン　青松　Cheongsong
韓国

人口：2.5万（2015）　面積：845 km²

[36°26′N　129°03′E]

　韓国東部，キョンサンブク（慶尚北）道東部の郡および郡の中心地．行政上は青松郡青松邑．ナクトン（洛東）江の支流，半辺川の最上流部にあたる．2010年の青松郡の人口は2.8万である．1975年の人口は約8万であったので，この間に約1/3強に減少した．郡の北部にチュワン（周王）山（標高721 m）があり，1976年に周王山国立公園に指定された．公園の面積は約105 km²．　　[山田正浩]

チョンソン　旌善　Jeongseon
韓国

せいぜん（音読み表記）

人口：3.7万（2015）　面積：1220 km²

[37°23′N　128°40′E]

　韓国北東部，カンウォン（江原）道南部の郡および郡の中心地．行政上は旌善郡旌善邑．テベク（太白）山脈中に位置する．2010年の旌善郡の人口は3.6万である．1975年の人口は約14万であったので，この間に約1/4に減少した．無煙炭を産出する旌善炭田，炭田があり，郡内の舎北邑，古汗邑などとともに石炭産業の中心であった．1980年代後半以降，石炭産業は整理，合理化の対象となり，その影響が激しい人口減少に直接反映し

ている．石炭輸送のために，太白線の支線，旌善線が建設されたが，現在，その一部は運行されていない．　　　　　　　[山田正浩]

チョンチャン県　澄江県
Chengjiang
中国

ちょうこうけん（音読み表記）

人口：16.9万（2010）　面積：773 km²

[24°42′N　102°55′E]

　中国南西部，ユンナン（雲南）省中央部，ユィーシー（玉渓）地級市の県．県政府は鳳麓鎮に置かれている．省会クンミン（昆明）に隣接する．発達した交通網のもと昆明向けの近郊農業が行われている．少数民族は少なく，漢族が主体の地域である．市街地は撫仙湖と陽宗海にはさまれた地域の高原盆地に展開する．水力資源とリン鉱石が豊富でダムや化学肥料工場も多い．淡水魚の漁撈と養殖，タバコや花卉などの経済作物の栽培も盛んである．県東端の帽天山周辺ではカンブリア紀の動物化石が多数みつかっており，2012年に「澄江の化石産地」としてユネスコの世界遺産（自然遺産）に登録されている．[松村嘉久]

チョンチャン県　中江県
Zhongjiang
中国

人口：108.1万（2015）　面積：2200 km²

[31°02′N　104°41′E]

　中国中西部，スーチュワン（四川）省，ドゥヤン（徳陽）地級市の県．県政府は凱江鎮に所在する．西部はロンチュワン（竜泉）山地に属し，東・南部は丘陵が分布し，中部はフー（涪）江水系のカイ（凱）江の沖積平野である．南部を達成鉄道（ダーチョウ（達州）～チョントゥー（成都））や滬蓉高速道路（シャンハイ（上海）～成都）が横切り，中部を成巴高速道路（成都～バーチョン（巴中））が通る．農業は小麦，トウモロコシ，水稲，綿花，搾油作物，キノコ類，漢方薬材などを生産し，養豚・養鶏・養蚕が盛んである．天然ガス，石油，塩，ミネラルウォーター，銅，頁岩などの地下資源を産し，食品，医薬，繊維，電子，機械などの工業がある．名勝に中国芍薬谷がある．　　　　　　[小野寺　淳]

チョンチョウ市　崇州市
Chongzhou
中国

蜀州（古称）

人口：66.4万（2015）　面積：1090 km²

[30°38′N　103°40′E]

中国中西部，スーチュワン（四川）省，チョントゥー（成都）副省級市の県級市．市政府は崇陽街道に所在する．古くは蜀州とよばれていた．成都平原の西部に位置し，地勢は北西から南東へ傾斜する．北西部はチオンライ（邛崍）山脈の一部をなし，標高2000 m以上の山が多い．中部は丘陵，南東部は平原である．おもな河川にシー（西）河，ヘイシー（黒石）河，チンマー（金馬）河がある．高速道路の成都第二環状線や成名線（成都～ミンシャン（名山））が交わる．おもな農作物は穀物，搾油作物，野菜であり，養豚が盛んである．地下資源は石炭や石灰石があり，おもな工業製品には鋼材，蓄電池，皮革製品，木材製品，飼料などがある．街子古鎮，罨画池，九竜溝，鶏冠山などの名所旧跡がある．

[小野寺　淳]

チョンチョウ市　鄭州市
Zhengzhou
中国

ていしゅうし（音読み表記）

人口：956.9万（2015）　面積：7446 km²

[34°45′N　113°38′E]

　中国中央東部，ホーナン（河南）省北部の地級市で省会．省の政治，経済，文化の中心地である．市街地の人口は666.9万（2015）．金水，中原，二七，恵済，管城回族，上街の6区，ゴンイー（鞏義），シンヤン（滎陽），シンミー（新密），シンチョン（新鄭），トンフォン（登封）の5市，そしてチョンモウ（中牟）県を管轄する．市政府所在地は中原区．上街区は，滎陽市内に位置する飛び地である．ホワン（黄）河の南岸に位置し，京広鉄道，隴海鉄道が南北・東西に走るなど交通の要衝である．古くから中原の中心地として発達し，裴李岡文化，大河村遺跡，仰韶文化と竜山文化遺跡はその歴史を物語る遺構である．また，漢族発祥の地とされ，黄帝が生まれたとされる軒轅は，現在は黄帝故里として整備されている．夏，殷の国都が置かれ，春秋戦国時代には管，鄭，韓の都であった．その後も滎陽郡，北予州，滎州などが置かれてきたが，隋開王3年（583）に滎州から鄭州と改められた．

　隋の煬帝が大運河，通済渠を建設した後，「商旅往還，船乗不絶」といわれるほど往来が盛んな交通要衝となったが，たびたび起こる黄河の氾濫が経済発展を妨げてきた．20世紀初頭には，さらに平漢鉄道と隴海鉄道が敷かれ，商工業が急速に発達した．また，全国の六大綿糸紡績基地の1つであり，紡績機械工業も盛んである．1948年には鄭州市と

なり，54 年からカイフォン（開封）市にかわり河南の省会となった．多くの史跡に恵まれ，景勝地であるソン（嵩）山，中国で最初の天文台といわれる周公測景台と元代観星台，道教建築寺院群の中岳廟のほか，股代遺跡や二七塔などが知られる．拳法で知られる嵩山少林寺には，世界中から人びとが集まる．

[中川秀一]

チョンチョン県　澄城県
Chengcheng
中国

ちょうじょうけん（音読み表記）

人口：38.6 万（2010）　面積：1123 km²

標高：406-1268 m　気温：12℃

降水量：680 mm/年　　　[35°10′N　109°56′E]

中国中部，シャンシー（陝西）省中東部，ウェイナン（渭南）地級市の県．県政府所在地は城関鎮．ホワン（黄）河流域の歴史の長い県である．黄土台地，丘陵，山地は，それぞれ総面積の 54.5%，34.8%，10.7% を占める．暖温帯半湿潤季節風気候に属し，無霜期間は 204 日，日較差が激しい．リンゴの栽培が有名で，石炭の埋蔵量も多い．主要な作物は小麦，トウモロコシ，大豆，タバコである．

[杜　国慶]

チョンチョン江　清川江
Chongchon-gang
北朝鮮

面積：9553 km²　長さ：217 km

降水量：1000-1400 mm/年

　　　　　　　　　　　[39°35′N　125°38′E]

北朝鮮北西部の川．チャガン（慈江）道東新郡と竜林郡の間にある甲峴嶺（標高 1003 m）に源を発し，ピョンアンナム（平安南）道文徳郡北部で北朝鮮西海（ホワン（黄）海）に注ぐ．下流域は平安南道とピョンアンブク（平安北）道の境界をなす．平均勾配 1.36．ミョヒャン（妙香）山脈とチョギュリョン（狄踰嶺）山脈の間を流れる．長さ 4 km 以上の支流はテリョン（大寧）江，九竜江，熙川江，白山江など 300 あまりある．流域は北朝鮮の多雨地帯で 1000〜1400 mm．中流域から上流域に，水害防止，工業用水の確保のため，10 個の階段式発電所が建設された（2015 年 11 月 17 日に完工）．上流部ほど雨量が多い．花崗岩地帯を流れるので水は清く，水量が多い．中流のクジャン（球場）郡にはカルスト地形が発達．アンジュ（安州）付近まで潮汐の影響を受け，可航距離 152 km．下流の安州平野は穀倉地帯である．人工湖の延豊湖（14.9 km²）の水は安州平野など 5 ha を灌漑する．

下流域のフィチョン（价川）からニョンビョン（寧辺）一帯には良質の石炭，鉄鉱石，黒鉛が埋蔵，河床では砂金を採集する．これを基礎にしてフィチョン（熙川）市の金属工業が発展した．アユ，ワカサギ，ヤマベ，ニジマス，ウナギが多い．下流域には 612 年高句麗の武将乙支文徳が随の 100 万大軍を破った薩水古戦場がある．河口から 15 km 上流左岸に安州城址がある．

[司空　俊]

チョンチン市　重慶市
Chongqing
中国

渝州（古称）/ウートゥー　霧都　Wudu（通称）/じゅうけいし（音読み表記）

人口：3371.8 万（2015）　面積：82403 km²

降水量：1100 mm/年　　　[29°34′N　106°33′E]

中国中部の直轄市．北西はスーチュワン（四川）省，北東はシャンシー（陝西）省，東はフーペイ（湖北）省とフーナン（湖南）省，南はグイチョウ（貴州）省と接する．南北約 440 km，東西約 470 km で，面積は北海道とほぼ同じである．市域は「人」の字形に似る．2016 年現在，24 区，10 県，4 自治県（トゥチャ（土家）族，ミャオ（苗）族）を管轄しており，市政府所在地はユィチョン（渝中）区である．

市西部は四川盆地にあり，丘陵や山地が続く．中部は，ミンユエ（明月）山脈やチンホワ（精華）山脈，ファントウ（方斗）山脈，チーヤオ（七曜）山脈など，平行して並ぶ褶曲山脈の 1000 m 級の山々が連なる．北東部はダーバー（大巴）山脈とウー（巫）山脈，南部はダーレイ（大婁）山脈の 2000 m 級の山々が連なる．カルスト地形が発達し，ウーロン（武隆）県の大規模な鍾乳洞・芙蓉洞や，凹地形と断崖絶壁が続く天生三橋，およびナンチュワン（南川）区の石灰岩質の卓状山地が広がる金仏山は，「中国南方カルスト」として 2007 年にユネスコの世界遺産（自然遺産）に登録された．ほかにも，フォンチエ（奉節）県小寨には世界最大級の直径 500 m 以上，高さ 600 m 以上のドリーネ（溶食による漏斗状の凹地形），チーチャン（綦江）区には約 4.6 億年前の柱状石灰岩が林立する万盛石林がある．チャン（長）江が市域を南西から北東方向に約 800 km 流れ，市東部の奉節県から湖北省イーチャン（宜昌）市にかけて，サンシャ（三峡）とよばれる 3 つの急峻な峡谷が続く．支流にも峡谷が多く，チャリン（嘉陵）江の小三峡，ウー（烏）江の百里画廊，ダーニン（大寧）河の小三峡などがある．他の主要河川として，嘉陵江支流のフー（涪）江とチュー（渠）江などが

ある．

古くは巴人とよばれた人びとが暮らし，西周時代（紀元前 11 世紀頃）から春秋戦国時代（紀元前 3 世紀）は巴国があった．隋代（6 世紀），嘉陵江の別称である渝水にもとづいて渝州となった．市の略称の渝はこれに由来する．南宋時代（12 世紀），この地の王に封ぜられた光宗が，1 カ月後に第 3 代皇帝になったことから，双重喜慶（二重の喜慶）を意味する重慶府に変更された．現在まで続く重慶の地名はこれに由来する．13 世紀，モンゴル帝国軍がこの地に進出したが，南宋軍は釣魚城（現ホーチュワン（合川）区）で 36 年間にわたって攻略に耐えた．その間の戦闘で，みずから軍を率いていたモンゴル帝国第 4 代皇帝モンケが没し，モンゴル帝国の勢力拡大が抑止されたといわれる．

日清講和条約（下関条約，1895）により他都市とともに重慶が日本に開放され，1901 年，現在のナンアン（南岸）区に日本租界が開設された．1937 年，日中戦争の激化に伴い，国民党政府が重慶に移り戦時臨時首都，のちに副首都となった．これにより重慶は，当時の中国における政治や外交の中心となり，各地から政府機関や企業，学校などが集まった．日本軍は重慶に激しい爆撃を行い，1 万人以上の犠牲者が出たといわれる．このように，近代以降の重慶は日本と深い関係にある．中華人民共和国期には，1954 年より四川省の一部となった．1960〜70 年代，内陸部への工業移転を進めた三線建設の重点都市となり，軍需工業などの集積が進んだ．1997 年には四川省から分離して，4 番目の中央直轄市となった．

1990 年代，宜昌市に大規模な三峡ダムの建設が始まり，長江の水位が上昇した．重慶市でも，多数の区や県の市街地が水没し，約 100 万人の移民が発生した．また，貴重な史跡や文化財が水没することになり，三国時代（3 世紀）の蜀漢の武将である張飛を祀った張飛廟は高台に移転され（ユンヤン（雲陽）県），河岸の岩に刻んだ魚の彫像を指標に 1200 年にわたって長江の水位を記録した白鶴梁は水中博物館となって公開されている（フーリン（涪陵）区）．三峡の起点とされる古城・パイティチョン（白帝城）は，かつては長江河岸と地続きであったが，水位上昇後は河岸が水没し河中の島に鎮座する．

気候は，夏は暑く冬は温暖で，都心部では，冬季は最低気温が氷点下になる日はほとんどなく，最低気温は 6℃，平均気温は 8℃前後である．夏季の最高気温は 35℃以上になる日が多く，43.9℃を記録したこともあ

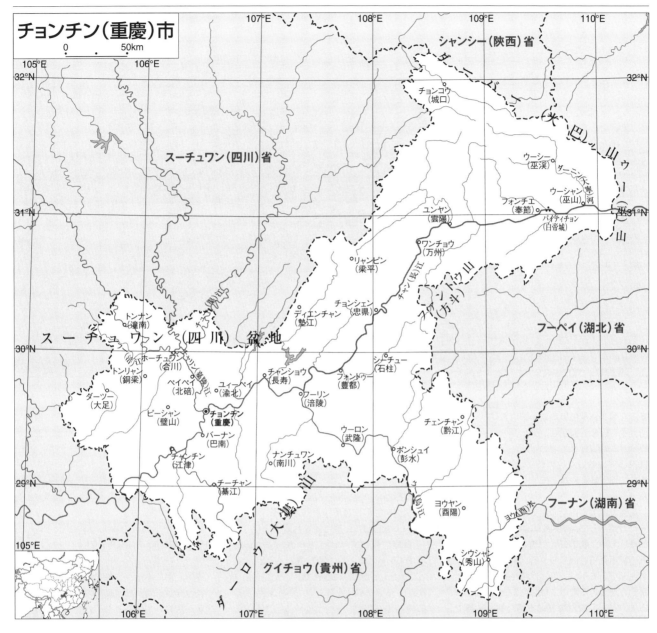

チョンチン(重慶)市

る(2016年,奉節県).ここから,重慶は長江流域の3大かまど(暑さの厳しい都市)の1つといわれる(ほか2つは,ウーハン(武漢)とナンキン(南京)をさすのが通例).降雨は4〜10月に多く,冬季は少ない.盆地にあることや河川に囲まれていることから,霧が発生しやすく,重慶には霧都の別称がある.

地下資源では,おもに市南部と西部で石炭を産するが,設備が不十分な炭鉱でしばしば事故が発生している.天然ガスの埋蔵量は国内で上位にあり,臥竜河ガス田などがある.また,ボーキサイト,マグネシウム,水銀,レアメタルのストロンチウムなどを産する.

農林業では,豊富な河川水や温暖な気候を利用して,米などの穀物,搾油用のナタネ,ブンタンやネーブルオレンジなどの柑橘類,塗料の原料となる桐油や生漆などが生産される.豚の飼育も盛んで,養蚕も行われている.

重慶市は,西南地区最大の工業集積地である.1980年代以降,軍需工業は民間工業への転換を図り,いすゞ自動車やヤマハ発動機,本田技研工業,スズキなどの日本企業も進出し,機械,自動車,オートバイ,冶金(アルミニウム精製ほか)などの分野が成長した.2000年からの西部大開発により高速道路などの交通網の整備が進み,また三峡ダム建設に伴う水位上昇によって,長江を航行できる船舶は,それまでの3000t級から1万t級へと大型化した.さらに2010年には,内陸型保税区や大規模工業用地などを備えた両江新区がつくられた.これらにより,コンピューターやディスプレイなどの電子機器,化学,医薬などの工業が集積している.

長江とその支流の水運に加えて,鉄道や高速道路も整備され,中国各地とつながる.2011年には,中央アジアやロシアなどを経由してドイツを終点とする貨物専用のユーシンオウ(渝新欧)鉄道が開通し,コンピューターなどの工業製品がヨーロッパに輸出されている.空港も整備され,国際便も発着する重

チョンチン(重慶)市(中国),チャン(長)江(左)とチャリン(嘉陵)江の合流地点〔Shutterstock〕

慶江北国際空港のほかに,国内線のみのワンチョウ(万州)五橋空港,チェンチャン(黔江)ウーリン(武陵)山空港がある.2000年代には都心部の軌道交通の整備が進み,2016年現在,地下鉄2路線とモノレール2路線が通る.

重慶市は大気汚染の深刻な都市の1つである.対策として,燃料を石炭から天然ガスへ転換したり,軌道公共交通の整備による自動車の利用低下を図っている.工場の郊外移転も進んでいるが,これには,汚染源を他所へ移動させているだけではないかという批判もある.また,河川などの水質汚濁も顕著で,化学工場などの工業や農業,生活の排水の適切な処理が求められている.おもな観光地として,旧市街地には,長江と嘉陵江の合流部にある朝天門や,繁華街に立つ解放碑などがある.ダーツー(大足)区にある晩唐から宋代にかけてつくられた5万体以上の仏像類が並ぶ大足石刻は1999年にユネスコの世界遺産(文化遺産)に登録され,また市内各地に明清代の町並みが保存されている.観光船での長江三峡下りも人気が高い. 〔高橋健太郎〕

チョンツオ市 崇左市 Chongzuo
中国

人口:205.5万(2015) 面積:17351 km²
[22°23′N 107°22′E]

中国南部,コワンシー(広西)チワン(壮)族自治区南西部の地級市.十万大山系の浦竜山とダーチン(大青)山脈に囲まれたツオ(左)江の上流域に位置する.ベトナム国境に隣接し,2003年に市として新設された.江州区のほかに,ピンシャン(憑祥)市とフースイ(扶綏),ダーシン(大新),ニンミン(寧明),ロンチョウ(竜州),ティエントン(天等)の5県を管轄し,市政府所在地は江州区で,うち市街地人口は33.9万(2011)である.総人口の88.3%はチワン族である(2010).県域の大部分はカルスト地形からなる丘陵地で,河川が多く,灌漑農業が発達し,中国を代表するサトウキビと熱帯果物の主産地となっている.苦丁茶の原産地としても知られる.2015年における市全体の1人あたりのGDPは5355 USドルで,全国平均の68%程度である.2016年,市のニンミン(寧明)県内の左江と支流の西岸の170 kmにわたって,90 m級の断崖絶壁の上に製作された花山岩画が「左江花山のロック・アートの文化的景観」としてユネスコの世界遺産(文化遺産)に登録された.岩画は春秋戦国から後漢のチワン族の祖先である駱越(らくえつ)人が残した遺跡で,おもに当時の祭祀の様子が記録されている. 〔許 衛東〕

チョンディン県 正定県 Zhengding
中国

人口:46.7万(2010) 面積:468 km²
標高:58-105 m 気温:12.7°C
降水量:541 mm/年 [38°08′N 114°34′E]

中国北部,ホーペイ(河北)省南部,シーチャチョワン(石家荘)地級市の県.県政府は正定鎮に置かれている.タイハン(太行)山脈のふもとの平原にある.地形は北西から南東へとやや低くなる.滹沱河,磁河,周漢河が流れ,川辺の砂が建築材として良好で,黄色砂が豊かである.1月の平均気温は−3.4°C,7月は26.5°C,無霜期間は207日.農作物は小麦,トウモロコシ,綿花を主としている.河北省の食糧と綿の主要生産地である.化学工業,紡績,機械,建材といった工場がある.京広鉄道,京深高速,国道107,307号が通る.石家荘正定国際空港がある.趙雲廟,隆興寺,開元寺,臨済寺,凌霄塔などの古跡がある. 〔柴 彦威〕

チョントゥー市　成都市　Chengdu

中国

西京（古称）/せいとし（音読み表記）

人口：1465.8万（2015）　面積：12098 km²
気温：16℃　降水量：1000 mm/年
[30°40′N　104°04′E]

　中国中西部，スーチュワン（四川）省中央部の副省級市で省会．経済管理面で省級行政区に相当する権限が与えられる計画単列都市であり，国家が認定する歴史文化都市でもある．四川省，そして中国西南地方における政治，経済，文化および教育の中心であり，交通と通信の中枢である．チンヤン（青羊），チンチャン（錦江），チンニウ（金牛），ウーホウ（武侯），チョンホワ（成華），ロンチュワンイー（竜泉駅），チンバイチャン（青白江），シントゥー（新都），ウェンチャン（温江），シュワンリウ（双流），ピートゥー（郫都）の11区，トゥーチャンイエン（都江堰），ポンチョウ（彭州），チオンライ（邛崍），チョンチョウ（崇州），チェンヤン（簡陽）の5市，チンタン（金堂），ダーイー（大邑），プーチャン（浦江），シンチン（新津）の4県を擁する．市政府は武侯区に所在する．

　四川盆地の北西部に位置し，地勢は北西から南東へ傾斜している．北西部にはホントゥワン（横断）山脈東縁の邛崍山脈が横たわり，標高4000 m以上の峰々が連なっている．最高峰は標高5364 mの西嶺雪山である．中央部にはミン（岷）江の沖積地である成都平原が広がっており，標高は450～720 m程度である．都江堰水利施設の灌漑水路網が扇形に展開しており，成都平原は水害や干ばつがコントロールされて飢饉のない天府の国とよばれている．東部にはロンチュワン（竜泉）山地が北東から南西へ走行し，標高は600～1000 m程度である．おもな河川に岷江，トゥオ（沱）江，斜江河，チンマー（金馬）河，渝江，チン（錦）江，おもな湖沼に石象湖，竜泉湖，長灘ダムなどがある．気候は，春は早く，夏は蒸し暑く，秋は涼しく，冬は暖かいといわれる．降水は7月と8月に集中し，冬と春は少なく乾燥する．雲や霧が多く日照時間が短いことも特徴である．

　地名は，紀元前5世紀中葉に古蜀国が都を現在の成都の地に移転した際に，かつて西周の太王が1年で人びとを集住させ，2年で町をなし，3年で都をなしたという故事にならってつけられたという．紀元前316年に秦が蜀や巴（チョンチン（重慶）付近）を併呑し，紀元前311年には秦によって成都の城壁が建築された．これまで成都の歴史はこの時を起点にして語られてきたが，近年出土した金沙遺跡により，その歴史が紀元前611年にまでさかのぼった．秦代の紀元前250年頃から都江堰の水利施設の利用は始まった．紀元前106年に前漢の武帝は全国に13の州を設け，成都には益州を置いた．漢代に錦織業が発達して管理をする役人錦官が置かれたことから，成都は錦官城あるいは錦城と称された．そのほかに，繊維，製塩，金属，兵器，漆器などの手工業も発達した．紀元前61年には臨邛（現在の邛崍）で天然ガスが採掘され，製塩や煮炊き，照明に用いられた．また，高い文化が育まれ，司馬相如，揚雄，王褒ら文学者が活躍し，茶文化が誕生した．

　隋・唐代になると，成都は全国でも有数の大都市になった．蜀繍（刺繍）や蜀錦（錦織物）が有名になり，製紙・木版印刷術の進歩が顕著であった．特定の産品を扱う各種の市場が発達し，近隣の農村部では定期市も開かれた．唐代の成都には文学者が雲集し，大詩人の李白や杜甫もここを訪れた．三国時代の蜀漢，五代十国時代の前後蜀，北宋の李順や明末の張献忠による農民蜂起軍は，いずれも成都を都に定めていた．五代十国の後蜀の皇帝が芙蓉の花を偏愛して城壁の上に芙蓉の樹を植えるよう民衆に命じたことから，成都には芙蓉城の別称があり，略称は蓉である．

　宋・元代には，成都の経済や文化がさらに発展した．絹織物業は規模が拡大し，品種やデザインが豊富になった．北宋のときに成都の商人たちは世界で最も早く交子という紙幣を発行し，交子務という銀行が設立された．その後，交子に関する業務を行う役所が設置され，政府が交子を印刷し発行した．明代には，四川の布政使司（役所）が成都に置かれた．明の太祖朱元璋は第11子の朱椿を蜀王として封じ，王府が成都に設けられて皇城と称された．1644年，張献忠が成都に攻め入り，みずから皇帝となって国号を大西とし，成都を西京と称した．その後満州八旗が四川に入り，1646年に成都全域が戦火で破壊され，しばらくは人煙が絶えてしまった．清朝は康熙年間（1662～1722）にフーペイ（湖北），フーナン（湖南），コワントン（広東），コワンシー（広西）などからの大移民を実施し，成都はしだいに活気を取り戻した．

　1911年の辛亥革命後，成都は軍閥の影響下にあって行政組織は変更を重ねたが，28年には成都市が置かれ，四川省の省都となった．この間，四川大学や華西聯合大学などが成都に設立された．1937年に抗日戦争が勃発すると，沿海部の鉱工業企業，高等教育機関，文化団体が次々と内陸の四川へ避難し，38年前後には成都の華西壩に多くの大学が移転した．1949年12月27日に成都は解放され，50年に川西行署区に属して行署区人民行政公署の所在地になった．1952年に行署区が廃止されて四川省が復活し，成都市はその後一貫して四川省の省都である．

　都江堰灌漑の主要な受益地である成都平原には，水路網が縦横に広がり，歴史的に穀物生産が盛んであった．おもな農作物には水稲，小麦，ナタネ，豆類があり，養豚，養蜂およびその加工品や柑橘類も知られている．野菜は四季を通して収穫される．600種あまりの漢方薬材を産する．鉱産物資源として

チョントゥー（成都）市（中国），明清時代の町並みを再現したジンリー（錦里）古街
〔Lmspencer/Shutterstock.com〕

は，石炭，天然ガス，石灰芒硝などがある．主な工業としては，電子情報，バイオ医薬，自動車，航空などがある．商業は，外資系の小売業も多く，春煕路，騾馬市，天府広場をはじめとした広い商圏をもつ繁華街が多く分布する．中国の内陸部の金融市場が対外的に開放されてから，成都には数多くの外資系金融機関が立地している．1991年には高新技術産業開発区が国の指定を受け，2014年には製造業やサービス業の先進的な企業を国の内外から誘致すべく設定された天府新区が国からの指定を受けた．また，観光業も重要である．成都には，アメリカ，ドイツ，韓国，フランスなど十数ヵ国が領事館を置いている．

中国西部の交通の要衝であり，幹線鉄道の成渝線(成都～重慶)，宝成線(パオチー(宝鶏)～成都)，成昆線(成都～クンミン(昆明))，達成線(ダーチョウ(達州)～成都)，高速鉄道の成灌線(成都～都江堰)，成綿楽線(ミエンヤン(綿陽)～成都～ローシャン(楽山))，成渝線(成都～重慶)，滬漢蓉線(シャンハイ(上海)～ウーハン(武漢)～成都)が成都において交わっている．高速道路は，京昆線(ペキン(北京)～昆明)，滬蓉線(上海～成都)，廈蓉線(アモイ(廈門)～成都)，成渝線(成都～重慶)，成都環状線，成都第二環状線などの国による幹線のほか，成綿複線(成都～綿陽)，成巴線(成都～バーチョン(巴中))，成遵線(成都～ツニイー(遵義))，成楽線(成都～楽山)，空港線，成名線(成都～ミンシャン(名山))，成灌線(成都～都江堰)などの省による高速道路も通じている．また，西方へはチベット自治区と結ぶ国道が延びている．成都双流国際空港は中国中西部でもっとも繁忙なハブ空港で，国内外の数多くの都市との間に直行便があり，チベット方面へ向かう便の起点にもなっている．市内では地下鉄網の整備が着々と進められている．

人口密度の高い市街地中心部を流れるフーナン(府南)河は汚染が深刻であったが，近隣のバラックの住民を移転させ，汚染型の企業を移転させ，水質の浄化を達成し，水防能力を向上させた府南河総合治水プロジェクトが世界的に高く評価された．高い水準の文化を誇り，川劇(地方劇の1つ)，茶芸，映画などの芸術が知られ，四川料理の本場でもある．高等教育機関として，四川大学，電子科技大学，西南交通大学，西南財経大学などがある．中国人民解放軍西部戦区の司令部が成都に置かれ，四川，甘粛，青海，寧夏，新疆，チベット，重慶を管轄する．観光資源にも恵まれて内外から多くの観光客をひきつけている．三国志演義に登場する劉備玄徳や諸葛亮孔明の主要な舞台であり，ジャイアントパンダの保護区が設定され，その繁殖育成研究基地もある．都江堰と青城山は2000年に「青城山と都江堰水利(灌漑)施設」としてユネスコの世界遺産(文化遺産)に登録されている．その他，西嶺雪山，竜門山，天台山，白水河，竜渓・虹口，杜甫草堂，武侯祠博物館，永陵博物館，さらに文殊院，青羊宮，昭覚寺，九竜溝，花果山，雲頂石城などの名所旧跡がある．

[小野寺 淳]

チョンドゥ市　承徳市　Chengde

中国

人口：347.3万 (2010)　面積：398000 km²
標高：1500-3000 m　気温：1.4-9.9°C
降水量：290-614 mm/年

[40°57′N　117°58′E]

中国北部，ホーペイ(河北)省北部の地級市．市政府は双橋区に置かれている．双橋，双灤，鷹手営子鉱区の3区，承徳，シンロン(興隆)，平泉，灤平，隆化の5県，豊寧，クワンチョン(寛城)，ウェイチャン(囲場)の3自治県を管轄する．地勢は北西が高く南東が低い．北から南へは内モンゴル高原，冀北山地，イエン(燕)山山脈がある．標高1000m以上の峰が30座ある．燕山山脈の主峰霧霊山の標高は2116 m，一帯は霧霊山自然保護区である．河川の大部分はルワン(灤)河水系に属する．南西部には潮白河の主幹流である潮河，北部と東部にはリャオ(遼)河水系の支流である陰河，老哈河が流れている．南北の気候の差が激しい．1月の平均気温は－21.9～－7.6°C，7月は17.5～24.6°C．

森林面積は広く，総面積の36.4%を占めている．マツ，カバ，エンジュなどのが生育する．山奥は天然林である．木材の蓄積量は省内最大で，サンザシが有名である．農作物はトウモロコシ，コーリャン，アワを主としている．ジャガイモの生産中心でもある．草原面積も広く，牛など牧畜業も盛んである．鉱物は蛍石，氷州石，石炭，銀，硫化鉄など40種類が産出する．氷州石の生産量は国内第1位を誇る．工業は食品，建材，機械，石炭，電力，冶金がある．鉄道の京承線，京通線，錦承線，承隆線，京承高速，承唐高速，国道101，111号が通る．有名な観光地に皇家園林避暑山荘があり，満族，漢族，モンゴル族の建築の粋を集めてつくった外八祠とともに，1994年に「承徳の避暑山荘と外八廟」としてユネスコの世界遺産(文化遺産)に登録された．

[柴　彦威]

チョンナンハイ　中南海　Zhongnanhai

中国

面積：1.0 km²
[39°56′N　116°20′E]

中国北部，ペキン(北京)市シーチョン(西城)区の街区．西長安街の北側，府右街の東に位置する．もともと皇家園林(皇帝所有の庭園)として有名である．地名は敷地内にある2つの人工池，チョンハイ(中海)，ナンハイ(南海)に由来する．もともとは文津街をはさんで北に位置するペイハイ(北海)と一体だった．敷地面積は100 ha，水域面積は46.7 haである．敷地は高い壁に囲まれており，中国政府(国務院)や中国共産党本部が所在するほか，要人の居住区となっている．主要な建築物には，南海の小島である瀛台がある．また南海北西岸の豊沢園にある菊香書屋は毛沢東の旧居として有名である．

[柴　彦威]

チョンニン県　正寧県　Zhengning

中国

真寧県，陽周 (古称)

人口：23.4万 (2002)　面積：1329 km²
[35°28′N　108°22′E]

中国北西部，ガンスー(甘粛)省東部，チンヤン(慶陽)地級市の県．東と南はシャンシー(陝西)省に接する．北魏に陽周県が置かれ，唐代に真寧県となり，清代に正寧県と改められた．甘粛省東部のおもな穀倉地帯で，冬小麦，トウモロコシ，コーリャン，キビ，豆類などを産する．特産物には唐台タバコ，宮河ネギなどがある．観光地には甘粛省の重要文化財に指定された明代の石坊などがある．

[ニザム・ビラルディン]

チョンニン県　中寧県　Zhongning

中国

鳴沙県 (古称)

人口：31.3万 (2010)　面積：4193 km²
[37°29′N　105°41′E]

中国中北部，ニンシャ(寧夏)回族自治区西部，チョンウェイ(中衛)地級市北東部の県．北部の平野部をホワン(黄)河が流れ，清水河が合流する．内モンゴル自治区と接する北部にはテングリ(騰格里)砂漠が広がる．交通の要衝で，京蔵，定武，福銀の3本の高速道路が県内で合流する．かつてシルクロードの一部で，唐代(7～9世紀)につくられた仏教石窟の石空寺石窟がある．乾燥気候や豊富な日射量，大きな日較差などにより，漢方薬材のクコ(枸杞)の栽培が盛んで，一大産地となっ

チヨン　1137

ている.　　　　　　　　　　[高橋健太郎]

チョンネ　川内　Chonnae
北朝鮮

面積：362 km²　標高：12 m　気温：10.9℃
降水量：1368 mm/年　　[39°22′N　127°13′E]

　北朝鮮,カンウォン(江原)道北部の郡およ
び郡庁所在地.ムンチョン(文川)市の北方に
ある工業町である.1945年8月以前はハム
ギョンナム(咸鏡南)道のムンチョン(文川)郡
の一部であった.1946年に江原道に編入,
52年川内郡が新設された.付近の10の炭
坑,石灰石坑を利用し,北朝鮮でも代表的な
セメント工業が発展した.農業と水産業も盛
んである.江原線,川内～竜潭間を結ぶ鉄道
がある.　　　　　　　　　　　[司空　俊]

チョンバ県　仲巴県　Zhongba
中国

人口：2万(2012)　面積：45000 km²
　　　　　　　　　　[29°52′N　83°59′E]

　中国西部,シーツァン(チベット,西蔵)自
治区,シガツェ(日喀則)地級市の県.地名は
チベット語で野牛の出没地という意味であ
る.1955年に西蔵自治区籌委会ガリ(阿里)
弁事処に属した.1960年に仲巴県に改名さ
れ阿里専区に属し,70年には日喀則地区に
属している.ヒマラヤ山脈北麓の高原湖群地
帯に位置する.おもな地下資源は地熱と湖塩
であり,とくに塩の埋蔵量は7000万tとい
われる.　　　　　　　　　　　[石田　曜]

チョンハイ区　澄海区　Chenghai
中国

済海(古称)/ちょうかいく(音読み表記)
人口：82.3万(2015)　面積：345 km²
降水量：1506 mm/年　　[23°28′N　116°45′E]

　中国南部,コワントン(広東)省粤東部,シ
ャントウ(汕頭)地級市の区.ハン(韓)江下流
域のデルタ地帯に位置する.南シナ海に面
し,汕頭経済特区と接する.明の嘉靖42年
(1563)に済海県として設置され,1994年に
県級市になった後,2003年に汕頭市に併合
され,区となった.区政府所在地は澄海街
道.亜熱帯モンスーン気候に属し,歴史的に
広東東部を代表する穀倉地帯であり,チャオ
チョウ(潮州)刺繍と織物の伝統産地でもあ
る.現在は輸出向けの玩具と商戦グッズの産
地として成長し,関連企業2800社,従業員
10万人以上を有する世界最大規模の生産拠
点となっている.また,国外に在住する澄海

出身の華僑は約75万人を数える.交通では
汕汾(汕頭～フーチェン(福建)フェンシュイ
(汾水)関)高速と国道324号が通じる.
　　　　　　　　　　　　　　[許　衛東]

チョンピョン　定平　Chongpyong
北朝鮮

面積：763 km²　標高：8 m　気温：9.6℃
降水量：1149 mm/年　　[39°47′N　127°24′E]

　北朝鮮,ハムギョンナム(咸鏡南)道南部の
町.西部にランリム(狼林)山脈,白雲山脈,
東部にハムフン(咸興)平野,新上平野が開け
る.稲,ナシの産地.とくに新徳梨は有名で
ある.繭,蜂蜜を産する.広浦アヒル飼養場
(50万羽)で生産される肉と卵は咸興市に送
られる.建材,中でも耐火物は全国に知られ
る.陶磁器と鉄が名産物.主要水産物はメン
タイ,カタクチイワシ,ハマグリ,カレイ,
イカである.クァンポ(広浦)沿岸では白連
魚,コイの養殖が行われている.天然記念物
には広浦種アヒルなどがある.平羅線が通
る.　　　　　　　　　　　　　[司空　俊]

チョンブー自治県　城歩自治県　Chengbu
中国

チョンブーミャオ族自治県　城歩苗族自治県(正
称)
人口：26.2万(2015)　面積：2588 km²
　　　　　　　　　　[26°23′N　110°19′E]

　中国中南部,フーナン(湖南)省,シャオヤ
ン(邵陽)地級市の自治県.県政府はルーリン
(儒林)鎮に所在する.ミャオ(苗)族が総人口
の59%を占め,漢族が38%である(2010
年).シュエフォン(雪峰)山脈やナン(南)嶺
山脈の支脈が延び,東部県境の二宝頂は標高
2021 mである.中部の谷はユワン(沅)江支
流のウー(巫)水が流れるが,北東部の谷はツ
ー(資)水が流れている.マツ,スギ,孟宗竹
を豊富に産し,銀杉などの希少樹種や貴重な
漢方薬材がある.クリ,クルミ,山菜なども
産する.鉱産物は硫化鉄や輝緑岩が多く,ほ
かに金,鉛,亜鉛,マンガン,タングステ
ン,カリ長石,滑石などがある.食品,建
材,冶金,製紙などの工場がある.洞新高速
道路(トンコウ(洞口)～シンニン(新寧))が通
じる.国指定重点風景名勝地区の南山牧場が
あり,酪農が盛ん.名所旧跡として白雲洞や
白水洞瀑布などがある.　　　[小野寺　淳]

チョンファン県　中方県　Zhongfang
中国

人口：24.3万(2015)　面積：1515 km²
　　　　　　　　　　[27°26′N　109°57′E]

　中国中南部,フーナン(湖南)省,ホワイホ
ワ(懐化)地級市の県.県政府は中方鎮に所在
する.1998年に設立された新しい県であり,
懐化市の市街地から近い.鉄道は滬昆線(シ
ャンハイ(上海)～クンミン(昆明))が北部を,
焦柳線(チャオツオ(焦作)～リウチョウ(柳
州))が南部を通り,高速道路は包茂線(ボグ
ト(パオトウ,包頭)～マオミン(茂名))や滬
昆線(上海～昆明)が南部を通る.南部を流れ
るウー(潕)水や東部を流れるユワン(沅)江は
通年の航行が可能であり,水力発電が行われ
ている.地下資源には金,石炭,リン,マン
ガン,花崗岩,陶土などがあり,工業は建
材,食品,印刷,機械などがある.森林資源
にはマツ,クスノキ,アブラツバキなどがあ
り,農業は水稲,野菜,搾油作物のほか,ブ
ドウが特産である.　　　　　[小野寺　淳]

チョンブリー　Chon Buri
タイ

バーンプラーソイ　Bang Pla Soi (旧称)
人口：32.1万(2010)　　[13°24′N　100°59′E]

　タイ中部,チョンブリー県の都市で県都.
タイ湾東岸に面し,首都バンコクの南東約
80 kmに位置する.バンコクと東部臨海地
域を結ぶ国道3号(スクムウィット通り),高
速道路(モーターウェイ),鉄道が市内を南北
に通過している.チョンブリーの歴史は古
く,その起源は現在の町の北のバーンパコン
川河口付近にあったシーパローという町であ
ったと考えられている.この町は12世紀頃
成立したと考えられており,バーンパコン川
と沿岸水運の結節点として交易で栄えていた
と推測されるが,おそらく河口付近の堆積に
より港としての機能を失い,住民は現在の市
の位置にあるバーンプラーソイに移転してき
た.その後,アユタヤー朝の時代にはチョン
ブリーという名の町の存在が確認されてお
り,ラッタナコーシン朝のラーマ5世王期の
地方統治改革で南のバーンラムンと東のパナ
ットニコムを併合し,現在のチョンブリー県
が成立した.町の名は長らくバーンプラーソ
イであり,1938年までは郡名にも使われて
いた.
　バンコクからの移動手段は長らく船であっ
たが,1930年代にチャチューンサオからパ
ナットニコム,チョンブリーを経由してサッ

タヒープにいたる道路がつくられ，バンコクから鉄道と自動車を乗り継いで到達できるようになった．その後，バンコクからチャチューンサオにいたる道路も整備され，途中のバーンパコンからチョンブリーへいたる道路もつくられたことから，バーンパコン川の渡し船が必要なものの，第2次世界大戦までには自動車で直接バンコクから到達できるようになり，チャチューンサオ，パナットニコムと迂回する必要もなくなった．これが現在の国道3号である．1951年にはバーンパコン川をまたぐ橋が完成して渡し船は不要となり，さらに69年にバイパスとなる国道34号の開通でバンコク～チョンブリー間の道路距離は現在の80kmに短縮された．その後は国道34号上に高速道路がつくられ，別ルートのモーターウェイも整備されたことから，現在バンコクとの間に2本の高速道路が利用できる状態となっている．鉄道は1989年に到達したが，事実上貨物専用と化している．

この町はチャオプラヤーデルタの東縁と山がちな東部臨海地域のちょうど接点にあたり，南東には標高約800mのキアオ山がそびえる．この山はバンコクから最も近い山であり，天気のよい日にはバンコク市内の高所から遠望できる．町自体は国道3号に沿って南北に延びており，近年は中心部の東を迂回するバイパス沿いや町から延びる幹線道路沿いに市街地が拡大してきている．また，国道3号からは海岸に向けていくつもの小路が延び，マングローブ林を切り開いて形成された市街地は海の上にまで延びている．近年海上にそれらの小路を結ぶ形で南北に道路がつくられたので，ここから海に突き出して形成されてきた町の様子がよくわかる．人口規模は東部臨海地域では一番大きいが，市街地は複数の自治区（テーサバーン）に分割されている．

長らく商業の町として発展してきたが，現在は工業都市としての機能が高まっている．市街地の北の国道3号から東に向かって総面積約30km²の広大なアマタナコーン工業団地が1989年から操業を開始し，徐々に規模を拡大して現在は約500の工場が操業している．ここにはトヨタをはじめとする日系企業の工場も多数進出しており，自動車関係の工場が全体の約3割を占める．この工業団地が多数の工場労働者の職を生み出し，工業団地周辺を中心に労働者向けのアパートが多数並んでいる．また，工業化に伴う人口増に伴ってサービス業も急速に拡大し，幹線道路沿いにはハイパーマーケットが林立するようになった．なお，南東部のバーンセーン海岸は庶民的な海浜リゾートとして有名である．

［柿崎一郎］

チョンブリー県　Chon Buri, Changwat

タイ

人口：115.9万（2010）　面積：4363km²

[13°24′N　100°59′E]

タイ中部の県．県都はチョンブリー．西側をタイ湾に接し，東部はチャンタブリー山地となる．全体的に平地は少なく，丘陵地帯が多い．古くから畑作が盛んであり，1960年代からキャッサバの生産が増え，主要な産地が東北部に移るまではタイにおけるキャッサバ生産の中心地であり，現在もキャッサバ加工工場が多い．1960年代にシーラーチャーに製油所がつくられてから本格的な工業化が始まり，91年のレームチャバン港の開港以後は県西部を中心に多数の工業団地がつくられ，国内でも有数の工業地帯となっている．また，国内最大の海浜リゾートであるパッタヤーより庶民的なバーンセーン海岸などの観光資源も多く，用務客，観光客を含め首都バンコクとの間の人の往来も活発である．

［柿崎一郎］

チョンホー県　政和県　Zhenghe

中国

関隷県（古称）

人口：16.7万（2016）　面積：1735km²
気温：17.3℃　降水量：1900mm/年

[27°22′N　118°53′E]

中国南東部，フーチェン（福建）省北部，ナンピン（南平）地級市の県．鷲峰山脈（標高1822m）の山腹部に位置する．北はチョーチャン（浙江）省のチンユワン（慶元）県と接する．地名は，北宋の咸平3年（1000）に関隷県として設置され，政和5年（1115）に宮廷に貢納する茶の産地として名声を博したことに由来する．県政府所在地は熊山鎮．比較的温暖な山地気候に適した茶，クリ，タバコの栽培が卓越している．とくに政和産の茶葉を加工した白茶と功夫茶が全国的に有名である．竹と茶の加工業は県工業総生産の69.3%を占めている（2016）．かつては全国有数の銀鉱山を有し，好景気に沸いていたが，枯渇し衰退した．新たに省指定の政和工業パークが開設されたが，入居企業は35社とまだ少ない．戸籍人口のうち，約7万人が出稼ぎのため転出している（2016）．洞宮山（1459m）と風月橋が観光名所である．

［許　衛東］

チョンマ山　天摩山　Cheonmasan

韓国

標高：812m　　[37°41′N　127°17′E]

韓国北東部，キョンギ（京畿）道の山．ナミャンジュ（南楊州）市に位置する．首都ソウルからチュンチョン（春川）に向かう京春線の金谷駅から北約6kmにある．ソウル周辺では比較的標高が高く，ハイキングに訪れる山として親しまれている．北麓に普光寺がある．1983年，自然生態保護のため，国立公園に指定された．

［山田正浩］

チョンマイ県　澄邁県　Chengmai

中国

ちょうまいけん（音読み表記）

人口：48.4万（2015）　面積：2068km²
気温：23.7℃　降水量：1750mm/年

[19°44′N　110°00′E]

中国南部，ハイナン（海南）省北部の県．東はハイコウ（海口）市，西はタンチョウ（儋州）市と接している．県政府所在地は金江鎮．歴史は隋の大業3年（607）からの県制施行にさかのぼる．ラテライトと砂質土壌のため，サトウキビ，野菜類などの畑作や畜産が卓越している．食品加工と建材の中小企業も多く，第1次産業と第2次産業がそれぞれGDPの4割を占めている．近年海口市に隣接する老城一帯で大規模な不動産開発が進められ，ベッドタウン現象もみられる．

［許　衛東］

チョンミン区　崇明区　Chongming

中国

人口：70.4万（2010）　面積：1411km²

[31°38′N　121°23′E]

中国南東部，シャンハイ（上海）市の区．チャン（長）江河口にある崇明島と長興島，横沙島からなる．長江三角州の陸地化が進むとともに，河口に形成される中州も成長し，唐初には東沙，西沙とよばれる砂州ができていた．やがて人が居住して農耕に従事するようになり，唐神竜元年（705）には西沙に鎮が置かれて崇明という名がつけられた．元至元14年（1277）鎮が州になり，次いで明洪武29年（1396）県に改められた．明代には倭寇が跳梁する場となり，海防の拠点であった．明清を通じて江蘇省に属していたが，民国28年（1939）になって上海特別市に属し，次いで崇明区となった．しかし1944年，崇明県が復活し江蘇省に戻された．新中国になり1958年から上海に属することになった．当

初，長興島と横沙島はパオシャン(宝山)区に属したが，2005年，崇明県に属することになった．2016年に上海市で最後の県であった崇明も区となった．区の下には16鎮と2郷がある．区政府は城橋鎮にある．伝統的な工業としては紡績業が発達していたが，1990年代からは工業園区，経済開発区も設けられ，機械，電子，造船などの工業も発展してきた．とくに2009年，プートン(浦東)新区から長興島を経て崇明島まで通じる上海長隧橋(崇明越江通道)が完成し，陸路でも上海中心部と一体化しながら発展を図っている． 〔谷 人旭・秋山元秀〕

チョンミン島　崇明島
Chongming Dao　　　　　中国

人口：64.0万(2002)　面積：1267 km²

[31°38′N　121°23′E]

中国南東部，シャンハイ(上海)市，チャン(長)江河口にある中州状の島．中国ではハイナン(海南)島に次いで大きな面積をもつが，沖積作用による砂泥からなる島で，丘陵はまったくなく，北西部から中部にかけてやや標高が高く，南東部は低い．平均して標高は3～4 mである．長江三角州の成長とともに河口に蓄積した砂泥が徐々に安定した陸地になっていったもので，唐代には東沙と西沙の2つの砂州が生まれ，宋代には2つの砂州が一体となり，農地の開拓により集落の展開も進んだ．それ以後，豊富な水利を利用して農業を基本とした経済が発展した．島内には縦横に水路が張りめぐらされている．観光資源としては，この特異な自然環境を生かした湿地公園，野生鳥類の保護区，生態レジャーセンター，人工林の森林公園などがある．都市住民のための生態農業を体験できる農園も盛んである． 〔谷 人旭・秋山元秀〕

チョンモウ県　中牟県　Zhongmou
中国

ちゅうぼうけん(音読み表記)

人口：71.1万(2012)　面積：1417 km²

[34°43′N　114°00′E]

中国中央東部，ホーナン(河南)省北東部，チョンチョウ(鄭州)地級市の県．鄭州市街地の東部，ホワン(黄)河の南岸に位置する．3街道，16郷鎮を擁する．県政府所在地は城館鎮．三国志の史跡，官渡古戦場がある．1938年には，侵攻した日本軍を孤立させるために蒋介石によって黄河堤防が決壊され，この県全域に被害が出た．現在はスイカの産

地として知られる． 〔中川秀一〕

チョンヤン　青陽　Cheongyang
韓国

人口：3.2万(2015)　面積：479 km²

標高：300-400 m　　　[36°38′N　126°48′E]

韓国西部，チュンチョンナム(忠清南)道西部の郡および郡の中心地．行政上は青陽郡青陽邑．標高300～400 m程度のチャリョン(車嶺)山脈の支脈に囲まれた小盆地に位置する．2010年の青陽郡の人口は3.0万である．1975年の人口は約8万であったので，この間に約4割弱に減少した．郡域の東端，七甲山一帯は七甲山道立公園に指定されている． 〔山田正浩〕

チョンヤン県　崇陽県
Chongyang　　　　　中国

人口：40.1万(2015)　面積：1968 km²

[29°33′N　114°02′E]

中国中部，フーペイ(湖北)省，シェンニン(咸寧)地級市の県．県政府はティエンチョン(天城)鎮に所在する．ムーフー(幕阜)低山丘陵に属し，周囲が高く中心が低い盆地状になっている．陸水上流のチュワン(儁)水が中部を北から南へ流れ，そこに域内の渓流が流入している．石炭，アンチモン，バナジウム，タングステン，金，石灰岩などの鉱産資源がある．森林はおもにマツ，スギ，カシワ，クヌギ，孟宗竹がある．農作物は水稲や搾油作物があり，茶葉，カイコ，漢方薬材，蜂蜜などが特産である．工業は機械，建材，紡織，製紙，食品などがある．杭瑞高速道路(ハンチョウ(杭州)～ルイリー(瑞麗))が通る． 〔小野寺 淳〕

チョンヤン県　正陽県
Zhengyang　　　　　中国

人口：約82万(2016)　面積：1904 km²

[32°36′N　114°22′E]

中国中央東部，ホーナン(河南)省南部，チューマーディエン(駐馬店)地級市の県．駐馬店市街地の南東に位置する．7鎮，12郷を管轄する．県政府所在地は真陽鎮．ショウガ，落花生の産地で，秦代に起源のある王勿橋の伏陳醋(酢)が知られる．殷周から春秋時代の江国故城遺跡がある． 〔中川秀一〕

チョンヤン県　中陽県
Zhongyang　　　　　中国

人口：14.4万(2013)　面積：1424 km²　気温：8°C

降水量：500 mm/年　　　[37°19′N　111°10′E]

中国中北部，シャンシー(山西)省中西部，リュイリャン(呂梁)地級市の県．呂梁山脈南部に位置する．戦国時代には中陽邑と称し，前漢に中陽県制となった．地形は南東が高く北西が低い．山地と丘陵が多く，南東部に集中し，ティエンティン(天頂)山(標高2100 m)が最高峰である．北西部は激しく侵食されたホワントゥー(黄土)丘陵である．温帯季節風気候に属し，無霜期間は160日間．小麦，アワ，コーリャンなどを栽培しており，石炭(16億9000万 t)などの資源がある．竜泉観，仙明洞などの名勝がある．特産の柏籽羊は有名である． 〔張 貴民〕

チョンヤンクワン鎮　正陽関鎮
Zhengyangguan　　　　　中国

潁尾，東正陽，羊市，羊石，陽石 (古称)

人口：6.5万(推)　面積：103 km²

[32°24′N　116°30′E]

中国東部，アンホイ(安徽)省中部，ホワイナン(淮南)地級市ショウシェン(寿県)西部の鎮．別名に東正陽，潁尾，陽石，羊市，羊石などがある．ホワイ(淮)河に潁河とピー(淠)河が合流する地点に位置する要衝．鎮の歴史は古く，「左氏伝」の魯昭公12年(紀元前530)の記事に「楚子狩于州来，次于潁尾(楚の靈王は狩猟のため州来に，次に潁尾(正陽関)に来た(軍を駐留させた))」とある．また明代の「寿州志」に，古くは羊市と称し，漢の昭烈が城を築き，兵を駐屯させたことが記される．三河川が合流するため，安徽，ホーナン(河南)，フーペイ(湖北)3省の物資の集散地として古くより繁栄し，大型の河港も建設された．省北西部の陸上交通の中心でもあった． 〔林 和生〕

チョンユワン　中原　Zhongyuan
中国

中国の歴史地名．「中原に鹿を追う」(『史記』)という表現に示されるように，中原とは群雄割拠して天下を争う場のことをいう．中華，中夏，華夏，中土，中州などという語も同じ意味をもつ．中国という語も同じである．具体的には周王朝の国都洛陽があり，版図の中心であった黄河中流域，現在のホーナ

1140　チヨン

〈世界地名大事典：アジア・オセアニア・極Ⅰ〉

ン(河南)省中北部をさす．その範囲は厳密に線引きされるものではないが，北はホワン(黄)河を北に渡って殷墟のあるアンヤン(安陽)から，後漢～南北朝にかけて都城の置かれた鄴都付近を境とし，西はルオヤン(洛陽)で区切り，チョンチョウ(鄭州)・カイフォン(開封)を中心として東はシャントン(山東)半島の西麓まで，南はシューチャン(許昌)，シャンチウ(商丘)，シューチョウ(徐州)などホワイ(淮)河支流の上流部で区切られる．

　自然地形からみればホワペイ(華北)平原の中部を占め，大部分が黄河中流の氾濫原になる．したがって見通しのよい平原で，まとまった領域を形成して統治することも容易であり，迅速で広範囲な軍事行動がとりやすい反面，外部からの侵入も容易である．中原に中心を置いた王朝が開放的な性格をもつものの，比較的短命であったのは，北方民族の侵入に伴う混乱が起こると国土を支えられなくなるためである．そのため安定と防御に容易な地勢を選ぶ際は，黄河の支流ウェイ(渭)河のつくる盆地である関中に国都を置いた．関中の中心が秦の咸陽であり，前漢や唐の長安(現在のシーアン(西安))である．ただし関中は閉鎖的な位置にあるため，唐の長安と洛陽の関係のように，中原と連携しながら国土全体を運営する両京体制もしばしば用いられた．しかし長江流域の江南が開発され，その経済力が比重を増すと，関中の位置は相対的に低くなり，中原を中軸にしてその南の江南と北の河北をつなぐ軸が重要になってくる．大運河の開通はそのような新しい体制の出現を示すものであった．

　北宋が大運河と黄河の交点に位置するカイフォン(開封)に都を置いたのは，新しい国家体制の実現であった．北宋は政治力・軍事力はそれほど強力ではなかったが，文化的にはすぐれた文物や思想を生み出し，都の東京開封(とうけいかいほう)は市民文化で繁盛した．しかしその後北方から侵入した女真族の金に国土の北半を奪われ，開封が金のナンキン(南京)になり，やがて国都とされたのを最後に，ふたたび中原に都が置かれることはなかった．元は河北の北京に都を置き，明が当初江南の南京に都を置くなど，中原をはさんで国都は南北に変遷した．

　中原の政治地理的意義はなくなったが，地域呼称としてはその後も使用され，たとえば1930年の蔣介石軍と北方軍閥の馮玉祥や閻錫山との戦闘は中原大戦(会戦)とよばれるし，41年の日本軍と国民党軍との戦闘も中原会戦とよばれる．また内戦時1948年，中国共産党はシャンシー(山西)・ホーペイ(河

北)・山東・河南方面の軍隊を中原野戦軍として編成し，その後，中共中央中原局と中原軍区を置き，これが建国後の中南行政区の基礎となった．

　現在，中西部開発の一環として，河南のチョンチョウ(鄭州)・開封・洛陽の都市軸を中心に，河南全域を対象にした中原経済区を設定して開発を進めようとしている．

[秋山元秀]

チョンリー区　崇礼区　Chongli

中国

人口：12.5万 (2012)　面積：2350 km²
標高：813-2174 m　気温：3.3℃
降水量：488 mm/年　[41°58′N 115°16′E]

　中国北部，ホーペイ(河北)省北西部，チャンチャコウ(張家口)地級市の市轄区．区政府は西湾子鎮に置かれている．冀西北山間の盆地にある．1月の平均気温は−15.2℃，7月は19℃．農作物は燕麦，ソラ豆，ジャガイモ，ゴマを主としている．カバの森林が広がり，ワラビ，シメジ，キノコを産する．鉱物は金，磁鉄鉱，チタン鉄鉱，マンガン，銅，大理石がある．金の生産県として有名である．建材，機械などの工場がある．2022年北京冬季オリンピックのスキー種目の主要会場である．

[柴 彦威]

チョンリマ　千里馬　Tyonrima

北朝鮮

[38°56′N 125°35′E]

　北朝鮮，ピョンアンナム(平安南)道南西部の郡．テドン(大同)江河口近くの西岸にある工業地帯である．首都ピョンヤン(平壌)の南西20 km，南浦港にいたる道路沿いに位置する．2004年1月，ナムポ(南浦)市千里馬区域に属していたが，10年に南浦直轄市が廃止され，ふたたび平安南道に編入された．千里馬製鋼連合企業所(旧称，降仙製鋼連合企業所)があり，北朝鮮有数の製鉄工業地帯になっている．1957年，北朝鮮の社会主義建設の総路線である千里馬運動はこの地の工場から始まった．旧称のカンソン(降仙)の地名は仙女が清泉に舞い降りたという伝説にちなむ．

[司空 俊]

チョンレン県　崇仁県　Chongren

中国

人口：約41万 (2017)　面積：1520 km²
[27°46′N 116°03′E]

　中国南東部，チャンシー(江西)省中部の東寄り，フーチョウ(撫州)地級市の県．フー(撫)河の支流である崇仁水の流域にあり，浙贛鉄道の支線が県内を，撫吉高速道路が東部と南部を通る．県政府は巴山鎮に置かれる．県の南部は山地で，中部の県政府の周囲に盆地が発達している．隋代に周囲の県域の一部を割いて崇仁県が設けられた．南部の山地では森林資源が豊富で木材，茶油を産する．農業は穀物と綿花の生産が柱で，省内のゴマの重要な産地である．殷周時代の遺跡が多く，湯渓温泉，湯渓塔，相山石塔，石経幢などがある．

[林 和生]

チラ県　策勒県　Qira

中国

Chira (別表記)／ツォロー県　策勒県　Cele (漢語)
人口：13.5万 (2002)　面積：33000 km²
[37°01′N 80°48′E]

　中国北西部，シンチャン(新疆)ウイグル(維吾爾)自治区南部，ホータン(和田)地区の県．タリム(塔里木)盆地の南部，クンルン(崑崙)山脈の北部に位置し，南はシーツァン(チベット，西蔵)自治区に隣接する．人口の98%がウイグル族である．1929年にホータン県から分離して県が設置された．農業が主体で，綿花，小麦などが栽培される．またクルミ，ザクロ，ナツメを生産する．絨毯，絹織物などの伝統工業が発達している．県内にはイマム・ジャパル・トグラン古墳，ダンダーン・ウイリク古城遺跡などがある．

[ニザム・ビラルディン]

チラウ　Chilaw

スリランカ

人口：2.1万 (2012)　標高：8 m
[7°34′N 79°48′E]

　スリランカ，北西部州プッタラム県の都市(UC)．コロンボから国道Ａ3号で北約75 km，スリランカ国鉄プッタラム線で約3時間を要する．もともと漁業，ココナッツ生産が盛んな海沿いの土地であり，地元で獲れるカニやエビなどが名物である．シンハラ人のキリスト教徒の漁民，タミル人のヒンドゥー教徒など異なる宗教を崇敬する人びとが居住している．市街地にはローマ・カトリック教会と聖メアリー・カレッジがある．町の東約5 kmに1000年以上の古い歴史をもつムネ

スワラム・ヒンドゥー寺院があり，中央の祠堂はシヴァ神を祀り，それを囲むような形でガネーシャやカーリ女神などの祠がある．国内有数の巡礼地として知られ，祭礼時には多くの参拝者がある．　　　　　　　　[山野正彦]

チラクチ　Chirakchi　　　ウズベキスタン

Chiroqchi (別表記)

人口：2.0万 (2011)　　[39°02′N　66°34′E]

ウズベキスタン中央南部，カシカダリア州北東部の都市．カシカダリア河畔，州都カルシの東北東 70 km，シャフリサブズの西 21 km に位置する．おもな産業は，金属細工，アスファルト，セメント生産であり，精肉業も盛んである．　　　　　　　　[木村英亮]

チラゴウ　Chillagoe　　　オーストラリア

人口：192 (2011)　面積：1.2 km²

[17°08′S　144°34′E]

オーストラリア北東部，クイーンズランド州中央北部，マレーバ郡区の町．ケアンズの西約 200 km に位置する．1890 年代から 1943 年まで銅，スズ，銀の産出と精錬の町として栄えた．現在これらは保存され，町の観光資源となっている．4 億年前のサンゴによって形成された石灰岩が溶食されてできた鍾乳洞が発達しており，チラゴウ・マンガナケーヴズ国立公園に指定されている．また，アボリジニの岩絵なども保存されている．　　　　　　　　[秋本弘章]

チラチャップ　Cilacap　　　インドネシア

Chilachop, Chilichap, Tjilatjap (別表記)

人口：164.2万 (2010)　面積：2467 km²

[7°44′S　109°01′E]

インドネシア西部，ジャワ島南部，中ジャワ州の県および県都．県都の人口は 23.3 万．ジャワ海に面する．西は西ジャワ州，南はインド洋，東は中ジャワ州ケブメン県，北は中ジャワ州バニュマス県と接する．南の対岸には，1920 年代より刑務所が設置され，監獄島として名高いヌサカンバンガン Nusa Kambangan 島を望む．また，上空からはプルタミナの石油精製工場が見渡せる．石油，紡績，機械産業が盛んであり，おもな産品は，石油の精製のほかに，米，トウモロコシ，ヤシ，ゴム，柑橘類，エビ，砂鉄，マンガンなどである．チラチャップ港はジャワ島のインド洋側唯一の港である．第 2 次世界大戦の際の日本のジャワ島侵攻に，オランダ植民地政府の高官がこの港からオーストラリアへ逃げたことで知られる．　　[浦野崇央]

チララ　Chirala　　　インド

人口：8.7万 (2011)　面積：13 km²

[15°52′N　80°26′E]

インド南部，アンドラプラデシュ州中部，プラカサム県の都市．クリシュナ川下流のデルタ地帯にあり，グントゥールの南 53 km，県都オンゴルの北東 50 km に位置する．コルカタ(カルカッタ)とチェンナイ(マドラス)を結ぶ幹線鉄道の沿線にある．米のほか，タバコの生産が盛んである．　　[南埜 猛]

チリ山　智異山　Jirisan　　　韓国

標高：1915 m　　[35°20′N　127°44′E]

韓国南部，キョンサンナム(慶尚南)道西端の山．ソベク(小白)山脈の南端，チョルラブク(全羅北)道，チョルラナム(全羅南)道，慶尚南道 3 道の境界付近に位置し，ナクトン(洛東)江水系とソムジン(蟾津)江水系の分水嶺となっている．軍事境界線以南ではチェジュ(済州)島のハルラ(漢拏)山に次ぐ高度である．主峰の天王峰のほかにも，般若峰，老姑壇など標高 1500 m を越す高峰が続いている．また，稷田渓谷，七仙峡谷，仏日滝，九竜滝などもあり，韓国で人気第 1 位の山である．晩壮年期の山地である．1967 年に，他に先駆けて国立公園(面積約 484 km²)に指定された．新羅時代には，五岳のうちの南岳とされ，信仰の対象地であった．南麓を中心に華厳寺をはじめ，泉隠寺，淵谷寺，双磎寺など多くの寺院があり，国宝を含めて多数の文化財が保存されている．　　[山田正浩]

チーリ　Chiili　　　カザフスタン

人口：2.8万 (1989)　[44°10′N　66°44′E]

カザフスタン中央南部，クズロルダ州南東部の町．州都クズロルダの南東 121 km，シルダリアチーリ支流沿岸に位置する．ザカスピ鉄道の駅がある．稲，精肉を産する．　　　　　　　　[木村英亮]

チリウン川　Ciliwung, Sungai　　　インドネシア

面積：330 km²　長さ：117 km

[6°07′S　106°50′E]

インドネシア西部，ジャワ島西部，西ジャワ州とジャカルタ首都特別区を流れる川．西ジャワ州ボゴールを水源とする．河口には首都ジャカルタが横たわる．ジャカルタ市内を流れる 13 の川のうちの 1 つ．オランダ東インド会社は，市内の都市計画においては，チリウン川に沿う形で都市づくりを行った．市内においては，マンガライ地区で首都中心部と西部の 2 方向へ分岐する．西部方向へ分岐した川(西放水路とよばれる)は，しばしば，大雨により警戒水位を超え，大きな洪水被害を起こす．また，汚濁が進んでおり，ジャカルタにおける環境問題の 1 つとされる．

[浦野崇央]

チーリエン山　祁連山　Qilian Shan　　　中国

きれんざん (音読み表記)／ナン山　南山　Nan Shan (別称)

標高：5808 m　長さ：1000-2000 km

幅：300-400 km　[38°30′N　97°43′E]

中国北西部，ガンスー(甘粛)省北西部からチンハイ(青海)省北部にかけて連なる山脈．北西-南東方向に平行する，標高 4000～5000 m 級のいくつかの山嶺と谷の総称である．中国の有名な山脈の 1 つであり，河西回廊の南にあることからナン(南)山ともよばれる．西はタンチンシャンコウ(当金山口)から東のチン(秦)嶺山脈，リウパン(六盤)山脈に連なり，東西 1000～1200 km にわたる．北は河西回廊，南はツァイダム(柴達木)盆地に面し，南東には青海湖がある．南北の幅は 300～400 km である．レンロンリン(冷竜嶺)，ツォウランナン(走廊南)山，トゥオライ(托来)山，シューローナン(疏勒南)山，タンホーナン(党河南)山など幾本もの平行山脈からなる．前漢はチウチュワン(酒泉)とチャンイエ(張掖)の間の部分が祁連山とよばれたが，一般には当金山口とウーシャオ(烏鞘)嶺の間の山脈をさす．チーリエンは匈奴語で天の意である．

地形は北高南低，東部と西部が低く，中部が高い．平均標高は 4000～4500 m であるが，谷の部分は 3000～4000 m である．雪線は 4400～4500 m で，4500 m 以上の高所では万年雪や氷河が発達している．各河川の水源となっている氷河の数は 2815，氷河面積

1142　チリク

〈世界地名大事典：アジア・オセアニア・極Ⅰ〉

は 1930 km² に達する．青海省北部のハル（哈拉）湖のまわりの山地が最も高く，最高峰はカンゼギャイ（崗則吾結峰，標高 5808 m）で，トアンチェ（団結）峰，宰吾結勒ともよばれる．第2の高峰は甘粛省と青海省の境界にある祁連山で，標高 5547 m である．北に向かってはタン（党）河，シューロー（疏勒）河，ペイター（北大）河，ヘイ（黒）河，石羊河などの内陸河川が流出し，東に向かってはホワン（黄）河水系のダートン（大通）河，ホワン（湟）水などの河川が深い谷を刻んで流れる．高山帯の年平均降水量は東部で 700 mm，西部で 400 mm，山麓部では東部で 300 mm，西部で 50 mm 程度である．

東部は広大な草原が形成されており，ヤク，馬，羊，牛などの家畜の放牧が盛んである．大通河および湟水の河谷では農業が発達しており，青海省の省会シーニン（西寧）市をはじめとする数多くの町が分布する．甘粛省のスーナン（粛南）自治県から青海省の祁連県にわたる走廊南山の北斜面，標高 3000 m 前後にはスギ，ヒノキなどの森林がみられるが，生態環境の悪化が懸念されている．3700 m 以上は高山性の植生である．中部は標高 2500 m まで半砂漠，それから 3600 m までがステップで，さらに 3900 m まではふたたび半砂漠，それ以上が高山地帯となっている．西部はすべて半砂漠と砂漠からなる．野生のヤク，馬，ロバおよび黄羊（レイヨウの仲間），クマ，シカ，ヒョウなどが生息する．

祁連山に居住している住民は，東部の農業地帯では漢族が中心である．東部の牧畜地帯や中部ではツァン（チベット）族が多く，回族，トゥ（土）族，ユーグ（裕固）族（黄ウイグル族ともいう）などもみられる．西部はすべて牧畜地帯で，モンゴル族，カザフ（哈薩克）族を主とする．鉱物資源に富み，鉄，銅，鉛，亜鉛，金，銀，石炭，蛍石，大理石などを産する．

［高橋健太郎，ニザム・ビラルディン］

チリク川　**Chilik River**　カザフスタン

シリク川　**Shilik River**（別称）

長さ：225 km　　　　　　　　[43°46′N　78°04′E]

カザフスタン南東部，アルマトゥ州の川．ザイリアラタウ山脈のタルガル峰に源流をもち，東に流れたのち北に向かい，イリ川に合流する．シリク川とも称する．沿岸にチリクの町がある．　　　　　　　　　　　　［木村英亮］

チーリン区　麒麟区　**Qilin**　中国

人口：75.8 万（2013）　面積：1553 km²
　　　　　　　　　　　　　[25°30′N　103°48′E]

中国南西部，ユンナン（雲南）省北東部，チューチン（曲靖）地級市の区．区政府は南寧街道に置かれている．1997 年に曲靖地区が地級市の曲靖市となる際，県級市の曲靖市が麒麟区とチャンイー（沾益）県へ分割された．貴昆鉄道と高速道路が通り，グイチョウ（貴州）省やクンミン（昆明）とつないでいる．

［松村嘉久］

チーリン市　吉林市　**Jilin**　中国

人口：430 万（2012）　面積：27120 km²
　　　　　　　　　　　　　[43°50′N　126°33′E]

中国北東部，チーリン（吉林）省中北部の地級市．省会チャンチュン（長春）の東に位置し，ソンホワ（松花）江中流にある．チャンイー（昌邑），ロンタン（竜潭），チュワンイン（船営），フォンマン（豊満）の4区，ホワディエン（樺甸），チャオホー（蛟河），シューラン（舒蘭），パンシー（磐石）の4市，ヨンチー（永吉）県を管轄する．市政府が置かれる吉林市轄区は人口 181 万の大都市で，江城ともよばれ，船営，昌邑，竜潭，豊満の4区からなる．吉林は満州語で川沿いの町を示す吉林烏拉の略称．地形的には，南東部はチャンバイ（長白）山脈に含まれるが，北西部に広がるトンペイ（東北）平原へと高度を下げていく場所に位置する．市域の過半は森林に覆われ，東北三宝とよばれる朝鮮人参，テンの毛皮（貂皮），ロクジョウ（鹿茸）の主産地となっている．農業は東北米として知られる良質の米が多くつくられるほか，トウモロコシの生産が盛んである．化学，自動車，金属，農産物加工などの工業が発達しており，中でも中国で最も早く石油化学コンビナートがつくられたことで，化学工業都市として知られる．松花江には豊満，白山，紅石に大型水力発電所がつくられ，新たに火力発電所も加わって，吉林市は東北地方における電力生産の中心となっている．1976 年に最大 1.7 t にもなる隕石が多数，落下したことは有名である．

［小島泰雄］

チーリン省　吉林省　**Jilin Sheng**　中国

きつりんしょう（音読み表記）

人口：2702 万（2012）　面積：187400 km²
　　　　　　　　　　　　　[43°48′N　125°18′E]

中国北東部の省．東はロシア，北朝鮮と国境を接し，北はヘイロンチャン（黒竜江）省，南はリャオニン（遼寧）省，西は内モンゴル自治区に接する．省会はチャンチュン（長春）．長春，吉林，スーピン（四平），リャオユワン（遼源），トンホワ（通化），バイシャン（白山），ソンユワン（松原），バイチョン（白城）の8市とイエンビエン（延辺）自治州を管轄する．住民の9割は漢族であり，満族と朝鮮族がそれぞれ 100 万人ほど暮らす．吉林という地名は，満州語で川沿いの都市という意味のチーリンウラ（吉林烏拉）にちなむ．現在の省域には，漢代に扶余や高句麗，唐代には渤海の国々が興った．省南端にあるチーアン（集安）には高句麗前期の都城遺跡が，省東端の延辺自治州には渤海の都城遺跡がある．清代には清朝を起こした満洲族の故地として封鎖されていたが，近代になると漢族の入植が進んだ．日本が関与して建てられた満洲国では，長春に首都が置かれ，新京とよばれた．

地形は，南東部のチャンバイ（長白）山脈から北西に向かってしだいに低くなっている．長白山脈は中国有数の山地で，最高峰は標高 2500 m を超える．西部にはソンホワ（松花）江とリャオ（遼）河の流域に平原が広がっており，トンペイ（東北）平原の一部をなしている．気候は，冬には寒冷な期間が長くなり，1月の平均気温は −16℃ ほどに下がる．一方，夏は暖かく湿潤で，7月の平均気温は 23℃ ほどに上がる．降雨は夏に集中しており，年平均降水量は 400〜800 mm で，西に行くほど少なくなる．西部には内モンゴル自治区に連なる草原が広がる．

長白山脈を中心に省面積の4割を森林が占め，木材生産のほかに，東北三宝と称される朝鮮人参，テンの毛皮（貂皮），ロクジョウ（鹿茸）の産地となっている．鉱産資源も豊かで，原油の生産量は中国でも上位に位置し，オイルシェールの埋蔵量も多い．ニッケル，モリブデン，金も多く産出される．中国の穀倉地帯の1つであり，経営規模が比較的大きいことから，商業化が進んでいる．また近年は食品工業が成長している．トウモロコシの生産が広く行われ，温暖湿潤な夏を生かして，水稲作も盛んである．このほか大豆やヒマワリの生産でも知られる．牧畜も盛んで，牛や豚の肉類生産が多く，西部の草原では羊の飼育が広く行われ，羊毛の生産も多い．近代には早くから工業開発が進み，国有企業を主体として，重工業を中心とした工業が発達している．とくに自動車や鉄道客車などの輸送機械の生産が盛んで，長春にある中国第

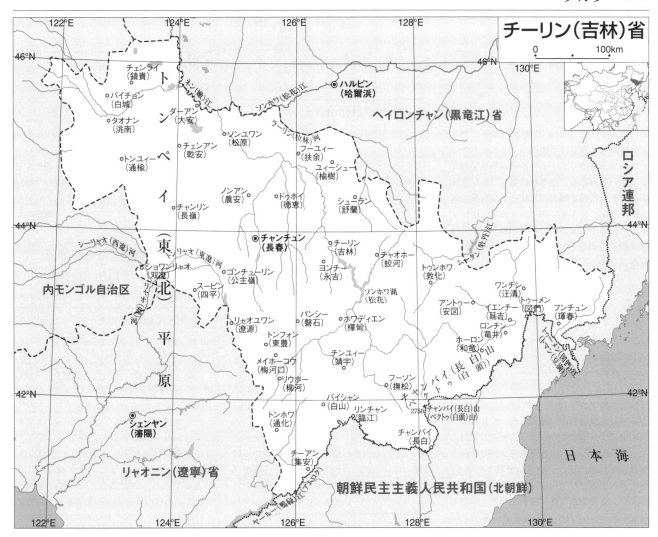

一汽車は中国の3大自動車メーカーの1つである．また吉林市には石油化学コンビナートがある． [小島泰雄]

チルカ湖　Chilika Lake　インド

面積：1100 km²　標高：0-2 m　長さ：64 km
幅：8-10 km　深さ：1.8 m
[19°43′N　85°19′E]

インド東部，オディシャ(オリッサ)州の湖．マハナディ川によって形成されたデルタの南西部にあり，インド最大の汽水湖である．ラージハンサとよばれる長さ60 kmの砂州によって，ベンガル湾と隔てられている．雨季には，マハナディ川からの流入量が大きくなり，湖面は約1144 km²に広がる．一方12月から6月にかけての乾季には湖の面積は，約780 km²に縮小し，海から海水が流入する．冬季にはシベリアやイランなど遠方から，ミサゴ，サギ，ツル，フラミンゴなど100万羽以上の渡り鳥が飛来する．またエビなどの海産物も豊富である．しかしエビの養殖が発展する一方で，その漁業が湿地の生態系に影響を及ぼし，環境問題となっている．毎年1月第2週に行われるヒンドゥー教の祭りマカール・メーラーの際には，多くのヒンドゥー教徒巡礼者が湖に浮かぶカリジャイ島の寺院に集まる． [南埜 猛]

チルダーズ　Childers　オーストラリア

人口：0.2万(2011)　面積：19 km²
[25°13′S　152°13′E]

オーストラリア北東部，クイーンズランド州南東部，バンダベルク地域の町．州都ブリズベンの北約310 km，海岸地域に位置する．砂糖およびアボカドの栽培が盛ん．クイーンズランド開拓期の建造物が残っている．また，この町の東，海岸部はバランコースト国立公園の一部となっており，観光の拠点でもある． [秋本弘章]

チルターン　Chiltern　オーストラリア

ブラックドッグクリーク　Black Dog Creek (古称)

人口：0.2万(2011)　面積：267 km²
[36°11′S　146°37′E]

オーストラリア南東部，ヴィクトリア州北東部の都市．州北東部の中心地ウォドンガと，ウォンガラッタとの中間地点にあたり，州北東部の幹線道ヒュームフリーウェイからは1 kmほど離れたところに市街地が広がる．当初はブラックドッグクリークとよばれたかつての集落は，1859年の金鉱発見以降に栄えた．市街の中心部であるコネスConness通りには，当時の古い建物の多くがナショナルトラスト運動により保全されている． [堤 純]

チルチク Chirchik
ウズベキスタン

Chirchiq (別表記) / キルギスクラク Kirgiz-Kulak (旧称)

人口：14.6万 (1999)　標高：582 m
[41°29′N　69°35′E]

ウズベキスタン東部，タシケント州の都市．首都タシケントの北東約32 km，チルチク河畔に位置し，鉄道駅がある．タシケント州の冬季レクリエーションの中心地で近くにスキー場もある．おもな産業は，化学肥料プラント，耐熱金属コンビナート，農業・電気機械工業，軽工業であり，チルチク川による水力発電所と灌漑用分水運河網がある．果物，野菜の栽培も行われる．1935年の発電所建設に際し，数村が合併して発足した．

[木村英亮]

チルチク川 Chirchik River
ウズベキスタン

Chirchiq Daryo (別表記)

面積：14900 km²　長さ：161 km
[40°54′N　68°43′E]

ウズベキスタン東部，タシケント州の川．シルダリア川の右岸支流である．ガザルケントの東でチャトカル，プスケム両川の合流によって形成される．カザフスタン国境を西に平行して流れ，チルチク水力発電所を経て，チナズでシルダリア川に合流する．流量はチャルヴァク貯水池で統制されており，平均で毎秒220 m³．チルチクから灌漑用運河が分かれる．

[木村英亮]

チルボ山 七宝山 Chilbo-san
北朝鮮

標高：659 m　降水量：900–1000 mm/年
[41°03′N　129°36′E]

北朝鮮，ハムギョンブク(咸鏡北)道東海岸，明川郡にある山．山水風致がよく咸北金剛山とよばれる．ペクトゥ(白頭)山からウルルン(鬱陵)島を結ぶ白頭火山帯の一部．第三紀末～第四紀初めの玄武岩，流紋岩，アルカリ粗面岩が侵食されて形成され，奇岩奇峰が連なる．東方の北朝鮮東海に連なり，内七宝，外七宝，海七宝と区分される．竹が育つ．山名は伝説で7つの宝物が埋まっていると伝えられることに由来する．2000年，本格的な登山路を開発整備，観光施設が多く建設され，外国人観光客の受け入れが始まった．カンウォン(江原)道のクムガン(金剛)山が山岳美なら，七宝山は岩石美である．北朝

鮮8景の1つ．古刹が残る．　　[司空　俊]

チルポン ☞ チレボン Cirebon

チレゴン Cilegon
インドネシア

人口：37.5万 (2010)　面積：175 km²
[6°00′S　106°02′E]

インドネシア西部，ジャワ島北西部，バンテン州の市(コタ)．ジャワ島の最北西端に位置し，スンダ海峡に面している．東に位置する首都ジャカルタとは全長98 kmの高速道路でつながっている．チレゴンの高速道路の終点メラク Merak にはメラク港がある．メラク港はスマトラ島の海の玄関口の1つ，北西へ27 km離れたバカウヘニ Bakauheni 港へ向かうフェリーの出発港である．工業都市として知られ，とくにインドネシア最大の国営鉄鋼会社クラカタウスチール社があること，この地域が東南アジア最多の鋼を生産していることから鋼の町ともよばれている．また，チレゴン・クラカタウ工業団地には日本企業も進出している．海岸線に沿って工業地帯が広がっているが，メラク港の北5 kmに位置するパンタイクラパトゥジュ Pantai Kelapa Tujuh という海岸は多くの観光客で賑わっている．この海岸は砂浜と岩場が多い海岸とに分かれているので，砂遊びと磯遊びの両方を楽しむことができる．　[山口玲子]

チレボン Cirebon
インドネシア

チェリボン Cheribon (旧称) / チルボン (別表記)

人口：29.6万 (2010)　面積：38 km²　気温：28℃
[6°46′S　108°33′E]

インドネシア西部，ジャワ島西部，西ジャワ州の市(コタ)．首都ジャカルタの東約260 km，州の最も東に位置し，中ジャワ州との州境にあたる．かつてはチェリボンとよばれていた．その地理的背景から，西ジャワの言語であるスンダ語と中ジャワの言語であるジャワ語が入り混じり，文化の混在が起きている．古来より中国との海産物の交易で栄え，いまでも中国系の住民が多い．チレボンのチは川，レボンは小エビを意味し，エビの町ともいわれるが，最近の収穫量はそれほど多くない．かつてのチレボン王国の都であり，宮廷内を中心に古くから良質なバティック(ジャワ更紗)の産地として有名である．そのバティックは中国の影響を受けている．また，ジャワ島北岸の主要港の町としても有名であり，オランダ植民地時代からの倉庫群が立ち

並ぶ．　　　　　　　　　　　　　[浦野崇央]

チレボン Cirebon
インドネシア

人口：206.7万 (2010)　面積：990 km²
[6°45′S　108°29′E]

インドネシア西部，ジャワ島西部，西ジャワ州の県．ジャワ海に臨む．北は西ジャワ州インドラマユ Indramayu 県およびジャワ海，南は西ジャワ州クニンガン県，西はマジャレンカ Majalengka 県，東は中ジャワ州ブルブス県に囲まれる．40の郡と242の村をもつ．

[浦野崇央]

チーロン市 Jilong ☞ キールン市
Keelung

チン州 Chin State
ミャンマー

人口：47.9万 (2014)　面積：36019 km²
標高：2000 m
[22°38′N　93°36′E]

ミャンマー西部の州．チンは漢字では欽と表記する．州西部はインドとバングラデシュの国境に接する．州都はハカ．ハカ，ファラム，ミンダッの3県からなる．州域の大部分は標高900～2000 mの山地からなるチン丘陵が占め，マニプル川，レムロ Lemro 川などの河谷に600 m以下の低地が樹枝状に入り込んでいる．住民はクミ，ハカ，チンボク，カムハウなどのチン諸族であり，棚田における米作や，焼畑でトウモロコシや陸稲を栽培し，平野に住むミャンマー人との間に交易を行ってきた．植民地時代，イギリスはこの地区の名目的統治者であった．チン諸族は平野のミャンマー人とは異なる歴史と生活様式をもち，民族自治を図るための特別な行政区として1974年に設置された．1948年のミャンマー独立後，この地域の中心都市はファラムであったが，州設立の際にハカが州都に定められた．

[西岡尚也]

チン河 涇河 Jing He
中国

けいが (音読み表記)

面積：45000 km²　長さ：455 km
[34°28′N　109°04′E]

中国中部を流れる川．ホワン(黄)河水系に属する．主流は六盤山東麓のニンシャ(寧夏)回族自治区チュンワン(涇源)県馬尾巴梁に源を発し，東流してガンスー(甘粛)省のピンリャン(平涼)市，チンチュワン(涇川)県と，シャンシー(陝西)省のピンシェン(彬県)，チン

ヤン(涇陽)県を経て，ガオリン(高陵)区蒋王村でウェイ(渭)河に注ぐ．年平均流量は21.4億 m³，年平均輸砂量は3.09億 t，流域の年平均気温は10℃，年平均降水量は550 mmである．流域には，寧夏回族自治区，甘粛省，陝西省の35県，市が含まれる．流域総人口は640万，耕地面積は135万 haである．地形は山地が4.3％，丘陵が48.8％，堆積平原が5.2％，高原が50％の割合である．

渭河との合流地点は，水源と砂の含有量が異なるため両河川の流れがはっきり分かれている．この特殊な景観は，区分が明確であることを意味する涇渭分明という熟語の語源となっている．平涼八里橋から彬県亭口までの178 kmは，河床が広く平坦で，流路は涇河上中流最大の平原となっている．おもな支流に馬蓮河，蒲河，黒河，馬欄河，泔河がある．流域は大陸性気候であり，降水量と気温は南東部から北西部へ逓減する傾向を示す．洪水と高い輸砂量に特徴があり，渭河と黄河の洪水および砂の主因となっている．

[杜　国慶]

チン河　沁河　Qin He　　中国

しんが (音読み表記)

面積：13532 km²　長さ：485 km

[34°58′N　113°27′E]

中国中部，シャンシー(山西)省南部からホーナン(河南)省にかけて流れる川．ホワン(黄)河の支流の1つである．タイユエ(太岳)山の東斜面，山西省チンユワン(沁源)県のフオ(霍)山に源を発し，アンツォ(安沢)，チンシュイ(沁水)，ヤンチョン(陽城)，チンチョン(晋城)などを流れ，河南省に入ってから東流してウーチー(武陟)県で黄河に注ぐ．沁河は上流で平均8‰の勾配で太岳山を下り，河床を侵食する．下流になると勾配はわずか0.5‰となり，運搬能力が低下する．河南省武陟県には堆積作用によって天井川ができている．この付近では河川氾濫の記録がある．上流の年平均降水量は約600 mm，下流は約700 mmである．流域では小麦，トウモロコシ，アワを栽培している．　　[張　貴民]

チン丘陵　Chin Hills　　ミャンマー

標高：3109 m　長さ：300 km　幅：100 km

[21°14′N　93°54′E]

ミャンマー西部，チン州の大部分を占める山岳地域．チンは漢字では欽と表記する．インドのアッサム州とミャンマー国境に北から南へ，弧状に続く褶曲山脈群のほぼ中央部にあたり，南北約300 km，東西は最大100 kmに達する．エーヤワディ川水系のマニプル川とミッター川，ベンガル湾に注ぐレムロ Lemro川，ボイヌ Boinu川などが複雑な格子状および樹枝状の河谷をきざみ，標高2000〜3000 m(最高峰はヴィクトリア山，3109 m)に達する山地は，主として落葉広葉樹からなる森林に覆われている．移動農業を行うチン諸族が集落を形成している．

[西岡尚也]

チン江　錦江　Jin Jiang　　中国

面積：7536 km²　長さ：289 km

[28°00′N　110°11′E]

中国中南部，グイチョウ(貴州)省東部を流れる川．チャン(長)江流域のユワン(沅)江上流，清水河水系に属する．ウーリン(武陵)山脈の梵浄山の南，省東部のトンレン(銅仁)市チャンコウ(江口)県に源流を発し，東に流れて銅仁市を横断してフーナン(湖南)省へ入り，マーヤン(麻陽)を経てチェンシー(辰渓)で沅江と合流する．流域は人口稠密地帯でありダムや工場も多い．　　[松村嘉久]

チン江　晋江　Jin Jiang　　中国

面積：5629 km²　長さ：182 km

[24°51′N　118°39′E]

中国南東部，フーチェン(福建)省の川．チウロン(九竜)江に次ぐ省南部の主要河川である．タイユン(戴雲)山脈に発祥する西渓が本流をなし，南安の双渓口で東渓と合流してナンアン(南安)県内で南安江，チンチャン(晋江)市内で晋江，チュワンチョウ(泉州)市内で笋江，浯江，溜江と名称を変え，泉州市前埔村でタイワン(台湾)海峡に注ぐ．河川航路の総延長は246 km．下流域に分布する泉州港と晋江平原はそれぞれ貿易港，穀倉地帯として知られる．年平均流量は毎秒163 m³．モンスーン気候と山地地形の影響により雨季(4〜8月)の最大流量は毎秒6610 m³もあるのに対して，乾期の最小流量はわずか毎秒0.188 m³にすぎない．増水時と渇水時の川幅の差も約18 mと大きい．明清時代以来，上流の森林濫伐と環境破壊のため，汚泥の堆積に伴う河床上昇が著しく，水運の機能も急激に低下した．なお，晋江の名称は西晋の永嘉年間(308〜13)，チョンユワン(中原)から大規模な集団が戦乱から逃避するため南下し遷移してきたという，永嘉南渡の故事に由来する．

[許　衛東]

チン江　荊江　Jing Jiang　　中国

長さ：404 km　　[29°27′N　113°09′E]

中国中部の川．チャン(長)江主流のフーペイ(湖北)省イートゥー(宜都)からフーナン(湖南)省城陵磯までの部分をさす．右岸は丘陵地，左岸は広大な沖積平野である．流路は蛇行し，流速はゆるやかで，土砂が堆積して河床が高くなり，比高数 mから10 mあまりの天井川になって，洪水が発生しやすい．1950年代に虎渡河口で荊江洪水分流工事が行われ，長江の洪水がトンティン(洞庭)湖へ分流されるようになった．1960年代には蛇行する流路をショートカットし浅瀬を除去する工事が進められた．

[小野寺　淳]

チン山　荊山　Jing Shan　　中国

面積：約3100 km²　標高：1946 m

長さ：約150 km　幅：約20-30 km

[31°42′N　111°06′E]

中国中部，フーペイ(湖北)省北西部の山脈．ハン(漢)水の西岸，ウータン(武当)山脈の南東にあり，ダーバー(大巴)山脈とは西の粉青河を隔てて隣りあっている．カルスト地形が発達し，主峰のチューロン(聚竜)山は標高1851 m，最高峰は望仏山で1946 mである．チャン(長)江に注ぐチュイ(沮)河やチャン(漳)河(沮漳河支流)，漢水に注ぐ蛮河や清渓河の源流はここにある．森林の樹種は，おもにマツ，スギ，クヌギ，カバノキ．キクラゲ，カイコ，茶葉や，テンマ(天麻)などの漢方薬材が特産．キバノロ，キョン，イノシシなどの野生動物がいる．リン，石炭，鉄などの鉱産物に富む．水力資源が豊富で，中小の水力発電所が建設されている．五道峡，抱玉岩，白竜洞，響水洞などの名勝がある．

[小野寺　淳]

チン島　珍島　Jindo　　韓国

人口：2.9万(2010)　面積：320 km²

[34°29′N　126°16′E]

韓国南西部，チョルラナム(全羅南)道南西部の島．韓国第3位の面積をもつ島である．ソベク(小白)山脈の支脈の末端が形成した島で，山地が約7割を占める．行政上は付属島嶼を合わせて全羅南道チン(珍)島郡に属す．珍島邑が中心地．東に尖察山(標高485 m)，徳神山(395 m)，西の智力山(325 m)，南の女貴山(457 m)などがある．地質は対岸のヘナム(海南)郡，シナン(新安)郡一帯と同様で，斑岩，凝灰岩で構成されている．海岸

線には入江が発達しているが, 干拓が進んでいる. 1984 年, 珍島大橋(全長 484 m)が開通して, 本土と直接結ばれるようになった. そのほか, モッポ(木浦), ワンド(莞島), チェジュ(済州)島などと定期船で結ばれている.

[山田正浩]

チン嶺 秦嶺 Qinling 中国

標高: 3767 m 長さ: 1600 km
[33°57′N 107°46′E]

中国中部, シャンシー(陝西)省南部の山脈. 広義の秦嶺山脈は, 西はガンスー(甘粛)省リンタン(臨潭)県北部の白石山から始まり, 麦積山を経て陝西省に入り, 陝西省とホーナン(河南)省の境で北部の崤山(通称邙山)と中部の熊耳山, 南部のフーニウ(伏牛)山脈の 3 つに分かれる. 狭義の秦嶺は, 陝西省中部に位置する一部をさし, 漢代から秦嶺とよばれた. 関中平原の南部に位置するため, 狭義の秦嶺は南山とも称される. 陝西省内では東西両翼に分かれ, 西翼に大散嶺(標高 2819 m)と鳳嶺(2000 m), 紫柏山(2538 m)があり, 東翼にはホワ(華)山(2153 m)と蟒嶺山, 流嶺, 新開嶺がある. 中部のおもな山には, メイシェン(眉県)南部に位置する最高峰のタイバイ(太白)山(3767 m)をはじめ, 鰲山(3476 m), 首陽山(2720 m), チョンナン(終南)山(2604 m), 草鏈嶺(2646 m)などの峰があり, 季節風の障害になる.

山勢は西高東低で, 西部のミン(岷)山山脈は標高 4000〜4500 m, 中部は 2000〜3000 m, 東部のダービエ(大別)山脈は 1000 m 級である. ウェイ(渭)河とハン(漢)水に南北からはさまれ, 2000〜3000 m 級の山々から構成される. 太白山は万年雪で覆われ, 山頂の美しい風景は古くから太白積雪として有名で, 唐の李白など多くの詩人に詠われた. 1965 年に太白山自然保護区に指定され, 主峰周辺の約 540 km² の土地を管理する. 原生植生と自然景観がよく保存されている. 植物 2000 余種, 野生動物 500 余種が分布している. うち, トキ, パンダ, キンシコウなど珍しい動物が生息している. 代表的な第四期氷河地形としても有名である. 太白山の頂上の抜仙台には, 数多くの寺院が建築されている. 1991 年には, 太白山国立森林公園に指定された. 公園面積は 29.49 km², 標高は 620〜3511 m に及び, 国内で最も標高が高い国立森林公園である. 園内には, 国家 1 級保護対象となるキンシコウとパンダ, ターキンの 3 種, 2 級保護対象の 7 種が生息している.

道教の聖地で名所であり, 旧跡も多い. 古来より信仰の山としても知られ, 山脈北東部には中国五岳の西岳と称される華山がある. 華山は多くの峰からなるものの, 北, 中, 東, 西, 南の 5 つの峰が群を抜き, 標高 1997 m の南峰が最高峰である. 秦嶺山脈は中国の自然・人文地理学においても重要で, ホワン(黄)河水系とチャン(長)江水系の分水嶺, そして亜熱帯と暖温帯の境界であるとともに, 気候風土を分ける境界線にもなっている. 山脈とその東につながるホワイ(淮)河を結んだ線を秦嶺-淮河線といい, 年平均降水量 800〜1000 mm の等値線とほぼ一致する. この境界線の北は比較的乾燥した温暖帯で, 南は雨の多い亜熱帯に分けられる. 栽培作物も異なり, 北は小麦などの畑作に対して, 南は稲作が中心となっている. 地理的にも, 中国の南部と北部の境界線である. [杜 国慶]

チンアン区 静安区 Jing'an 中国

人口: 110 万 (2015) 面積: 37 km²
[31°14′N 121°27′E]

中国南東部, シャンハイ(上海)市の区. もとのチャーペイ(閘北)区と静安区が 2015 年に合併して現在の静安区となった. 旧静安区は上海の旧市街地の中心部から西, 蘇州河(ウーソン(呉淞)江)の南にあった. 延安路から北は共同租界, 南はフランス租界に属した. 旧閘北区はその北, ホンコウ(虹口)区とプートゥオ(普陀)区にはさまれて延びる範囲を占めた. 租界時代には共同租界の一部であった. 地名の由来となった静安寺は, 創建が上海の立県よりもはるかに古い三国時代にさかのぼるという伝承をもつ古刹で, 北宋時代に静安寺という名がついた. 閘北とは清代蘇州河に設けられた新旧 2 つの閘門(水門)に由来する名で, 閘門周辺に船舶が集まり商業中心となっていたが, 上海の市街地が呉淞江以北に拡大するにつれ, 新興市街地として発達した区域である. 蘇州河から北は外部から流入した低所得の労働者が居住し, 棚戸とよばれる劣悪な条件の住宅が卓越する地区であった. 現在は再開発が進み, 主要街路沿いに高層集合住宅が建設され, 新しい都市景観が生まれている. 区には 13 街道と 1 鎮がある. 狭い面積に多くの人びとが居住し, 上海でも最も人口密度が高い区である(2000 年国勢調査のデータで 6.4 万人/km²). 旧閘北区と静安区が一体になったため, 蘇州河をはさんで南北をつなぐ軸を設定した都市計画が可能になっている. 東西軸では, 南京西路の繁華街は, 地下鉄の路線も走り, 国際化を目ざすビ

ジネス街として上海全体においても市街地西部の中心軸にしようとしている. また蘇州河の南北両岸は水辺空間を生かした市民の憩いの場にする計画がある. 産業は服装・服飾, 食品加工, 家電製品を主とする. 通信やバイオなど高度先端技術に関係する産業も多い. 法律, 金融, 観光, 情報などにかかわる現代的なサービス業も発展してきた. 観光資源としては, 静安寺以外に, セント・テレサカトリック聖堂, グレイス・チャーチ(新恩堂), 宋慶齢の父が牧師を務めた懐恩堂などキリスト教関連の教会, 第 2 回中国共産党全国代表大会の会議址, 中国労働組合書記部の革命遺跡があり, 蔡元培旧居, 胡公館など租界時代の名建築も多い.

[谷 人旭・秋山元秀・小野寺 淳]

チンアン県 靖安県 Jing'an 中国

人口: 14.1 万 (2012) 面積: 1378 km²
[28°51′N 115°21′E]

中国南東部, チャンシー(江西)省西部, イーチュン(宜春)地級市の県. チウリン(九嶺)山地の北東端, 修水の支流である潦水の上流域に位置する. 県政府は双渓鎮に置かれる. 北西部は山地が険しく, 中部の山地の間に丘陵が分布し, 南東部に河谷に沿って狭小な平原が延びる. 唐末に建昌県に靖安鎮が置かれ, 五代の南唐のときに靖安県が設けられた. 農産物は米が主で, 山岳地帯では木材, タケ, クリ, 柑橘類, 茶, 茶油を産し, 鉱物資源にも富む. [林 和生]

チンアン県 秦安県 Qin'an 中国

人口: 59.0 万 (2002) 面積: 1650 km²
[34°52′N 105°39′E]

中国北西部, ガンスー(甘粛)省南東部, ティエンシュイ(天水)地級市の県. ウェイ(渭)河の支流である葫蘆河下流にある. 金代に県が置かれた. 1949 年に天水専区に属し, 85 年に天水市に編入された. 農業が主で, おもな農作物は冬小麦, トウモロコシ, コーリャン, ジャガイモなどである. モモ, リンゴ, ナシも産する. 観光地には国の重要文化財に指定された大地湾遺跡, および省の重要文化財に指定された興国寺などがある.

[ニザム・ビラルディン]

チンアン県　慶安県　Qing'an

中国

慶城県 (旧称) /余慶県 (古称)

人口：40万 (2012)　面積：5607 km²

[46°53′N　127°30′E]

中国北東部，ヘイロンチャン(黒竜江)省中南部，スイホワ(綏化)地級市の県．シャオシンアンリン(小興安嶺)山脈の西麓，フーラン(呼蘭)河の上流に位置する．20世紀初めに県が設けられた際にはユィーチン(余慶)県と命名されたが，のちにチンチョン(慶城)県，慶安県に改名された．県政府は慶安鎮に置かれる．山地は森林に覆われており，河谷にある農地では生態を重視した農業が行われ，水稲，大豆，トウモロコシなどがつくられる．

[小島泰雄]

チンイー江　青弋江　Qingyi Jiang

中国

涇水，清水，冷水 (古称) /せいよくこう (音読み表記)

面積：8178 km²　長さ：275 km

[31°19′N　118°22′E]

中国東部，アンホイ(安徽)省南部を流れる川．ホワン(黄)山山地より北流し，ウーフー(蕪湖)市中心部でチャン(長)江に合流する．古くは清水や冷水，涇水などとよばれ，南宋より青弋江とよばれる．川はイーシェン(黟県)北西の黄山山脈方家嶺の北麓より発し，上流部は清渓河とよばれ，舒渓河と合流する．陳村ダムのダム湖である太平湖より下流から青弋江とよばれる．近年，大規模な治水工事が進められている．

[林　和生]

チンイエン県　井研県　Jingyan

中国

人口：29.6万 (2015)　面積：841 km²

[29°31′N　104°04′E]

中国中西部，スーチュワン(四川)省中部，ローシャン(楽山)地級市の県．ミン(岷)江とトゥオ(沱)江の間に位置する．県政府は研城鎮に置かれている．漢族をはじめ19の民族が居住する．四川盆地西部の低山丘陵地域に位置し，北部はロンチュワン(竜泉)山地の南西麓にあり，標高380～450mの丘陵が県域の85%を占めている．漢代の犍為郡武陽県の地で，西魏は蒲亭県を置き，隋代に井研県が設置された．県南部を蒲丹井高速道路が東西に横断する．岩塩の埋蔵量が豊富で，石膏，石灰石なども多い．おもな農産物は米，

小麦，トウモロコシ，綿花，ナタネ，芋類であり，柑橘類の生産が盛んである．工業は塩加工，紡績，食品加工，建材などがある．古跡に三江白塔があり，また県内各地で恐竜化石が発見された．

[林　和生]

チンガン県　青岡県　Qinggang

中国

人口：50万 (2012)　面積：2686 km²

[46°41′N　126°06′E]

中国北東部，ヘイロンチャン(黒竜江)省中南部，スイホワ(綏化)地級市の県．県名は，県内に生える低木であるクスドイゲの別名による．県政府は青岡鎮に置かれる．地勢は低平であるが，東から西に向かって低くなる．東部には黒土の良質な農地が広がり，トウモロコシの生産が盛ん．西部には草原が広がり，牧畜が行われる．豊かな農畜産物の生産にもとづいた食品工業も発達している．

[小島泰雄]

チンガンシャン市　井岡山市　Jinggangshan

中国

人口：16.0万 (2012)　面積：1298 km²

標高：1000 m　[26°35′N　114°10′E]

中国南東部，チャンシー(江西)省中部，チーアン(吉安)地級市の県級市．フーナン(湖南)省に隣接する．市政府は厦坪鎮に置かれる．ルオシャオ(羅霄)山脈ワンヤン(万洋)山の北の部分にあたる．平均の標高は1000m前後で，周囲は高山に囲まれて険阻だが，山間部には井戸状に多くの盆地が点在し，そのことから井岡山と名づけられたという．かつて井江山という寒村があったが，1950年に茨坪鎮に井岡山特別区が置かれ，81年に県に改められ，84年に県級市となった．2000年にはニンガン(寧岡)県を編入した．

1927年秋，湖南省で秋収蜂起に失敗した毛沢東が指揮する部隊が国民党軍に追われて，大小500を超える峰が連なる天然の要塞である井岡山に逃げ込んだ．のちに朱徳の南昌蜂起部隊，彭徳懐の平江蜂起部隊も合流し，中国革命史上初の農村革命根拠地をつくり上げた．中国工農紅軍第四軍に編成された紅軍は，紅軍医院や軍需工場などを建て闘争の準備を進めたが，1934年に国民党軍の猛攻により紅軍は井岡山から遠く北方のイエンアン(延安)へ長征を余儀なくされた．毛沢東は井岡山の経験から，農村から都市を包囲するという独自の革命戦略を打ち立てたことで，革命の揺籃の地として中国革命の聖地と

なった．井岡山鉄道と泰井高速道路が通る．毛沢東旧居や革命記念地が数多く，井岡山革命博物館，井岡山会師記念碑，革命烈士記念塔，烈士墓などがある．井岡山革命遺址は国指定の重要文化財保護単位でもある．

[林　和生]

チンギス　Chingis

モンゴル

ウンドゥルハーン　Öndörkhaan (旧称) /セツェンハンフレー　Setsenkhan Khree (古称)

人口：2.2万 (2015)　面積：3808 km²

標高：1027 m　気温：−0.9℃

[47°19′N　110°40′E]

モンゴル東部，ヘンティ県の都市で県都．町はヘルレン河岸の大平原地帯に位置する．行政上はヘルレン Kherlen 郡に属し，郡の都市部は通称ウンドゥルハーンとよばれていたが，チンギス・ハーンの生誕地が県内にあると推定されていることから，2013年に市名はチンギスに変更された．まぎらわしいことにドルノド県の県都チョイバルサンもヘルレン郡に属す．7月の平均気温は18℃，1月は−22℃である．首都ウランバートルからは東331kmの距離で，以前は未舗装であったが，近年ミレニアム道路(モンゴル国内の主要道路の舗装化計画)が貫通した．起源は，清朝時代の1826 (道光6)年，第13代セツェンハンのアルトセッドが，即位と同時に聖山ウンドゥルハーン山(チンギス市の中心から北28km)に近い現在の町のあたりに宿営地を張ったことに発する．ウンドゥルハーン山は，大平原の中にそそり立つ標高2664mの単独峰で，大地の主ウンドゥルハーン(高き皇帝の意)が住まう聖山として，遊牧民たちの信仰を集めてきた．この町は19世紀当時，セツェンハンフレーとよばれていたが，20世紀となりモンゴル人民共和国が成立すると，1931年にヘンティ県の県都となった．おもな産業は，牧畜と小麦粉の精製業．人口は上昇傾向にある．

[島村一平]

チンギル県　青河県　Qinggil

中国

Chinggil (別表記) /チンホー県　青河県　Qinghe (漢語)

人口：5.5万 (2002)　面積：16000 km²

[46°40′N　90°22′E]

中国北西部，シンチャン(新疆)ウイグル(維吾爾)自治区北西部，イリ(伊犁)自治州アルタイ地区の県．アルタイ(阿爾泰)山脈南麓，ウルングル(烏倫古)河上流にあたるチン

ギル(青格里)河流域にあり，東はモンゴルに隣接する．1932年にチンギル設治局が置かれ，41年県となった．県名はチンギル河に由来し，モンゴル語で澄明を意味する．漢字表記の青河は青格里河の略称である．牧畜業が主体で，アルタイ羊を飼養する．石炭採掘，製革，セメント生産が盛んである．

[ニザム・ビラルディン]

チンク島　Cinque Island　インド

人口：0 (2001)　面積：9.5 km²

[11°15′N　92°42′E]

インドの東方，アンダマンニコバル諸島連邦直轄地北部，アンダマン諸島の島．南アンダマン島と小アンダマン島の間にあり，行政中心地ポートブレアの南45 kmに位置する．島に人は住んでいない．アンダマン諸島の中でも最も美しい島の1つであり，野生動物保護区域(国立マハトマガンディー海洋公園)に指定されている．島には日帰りの滞在しか認められていないが，水泳，釣り，ダイビングなどの観光スポットとして開発されている．

[南埜 猛]

チングー自治県　景谷自治県　Jinggu　中国

チングータイ族イ族自治県　景谷傣族彝族自治県
(正称)

人口：29.2万 (2010)　面積：7550 km²

[23°28′N　100°41′E]

中国南西部，ユンナン(雲南)省南西部，プーアル(普洱)地級市の自治県．1985年に景谷タイ(傣)族イ(彝)族自治県となる．県政府は威遠鎮に置かれている．少数民族人口が5割弱を占め，自治を担当するタイ族，イ族のほか，ラフ(拉祜)族，ハニ(哈尼)族，回族，プーラン(布朗)族なども住む．県内を北回帰線が通過し温暖な気候と森林資源に恵まれる．工業基盤が弱く，材木加工業や食品加工業などの育成を試みている．　[松村嘉久]

チンシー県　金渓県　Jinxi　中国

人口：28.0万 (2008)　面積：1358 km²

[27°54′N　116°46′E]

中国南東部，チャンシー(江西)省東部，フーチョウ(撫州)地級市の県．フー(撫)河の中流域にある．県政府は秀谷鎮に置かれる．南東部は山地が多く，中部と西部に丘陵が広がり，南西部の撫河に沿って平原が延びる．五代に南唐により金渓場が置かれ，宋代に金渓

県に改められ，明代に県域の一部をトンシャン(東郷)県に割いた．武吉，鷹瑞の高速道路が通る．農業県で米，大豆，ゴマ，落花生，綿花が生産される．南唐のときに創建された疎山寺，南宋の陸象山の墓と記念館などがある．　[林 和生]

チンシー市　靖西市　Jingxi　中国

帰順 (旧称)

人口：49.9万 (2010)　面積：3322 km²
気温：19.1°C　降水量：1636 mm/年

[23°07′N　106°25′E]

中国南部，コワンシー(広西)チワン(壮)族自治区西部，バイソー(百色)地級市の県級市．市政府所在地は新靖鎮．ベトナムと接し，カルスト地形が特徴的な高原にある．チワン族が総人口の99.4%を占める(2012)．県名は，元の至正23年(1363)以降に設置された帰順府を，民国政府が1914年に県制に変更する際，靖西と名づけたことに由来する．2015年8月に市制に変更された．左江と右江の支流となる23の河川という豊富な水源を有し，水稲，タバコ，サトウキビ，茶，サンザシ(山楂)などの栽培が卓越する．国境線に竜邦税関，岳圩税関および4つの交易市場が開設され，物流の新拠点となりつつある．数多くの鐘乳洞からなる靖西通霊大峡谷と古竜山大峡谷が観光名所である．

[許 衛東]

チンシー市　津市市　Jinshi　中国

人口：26.0万 (2015)　面積：556 km²

[29°36′N　111°53′E]

中国中南部，フーナン(湖南)省，チャンドゥ(常徳)地級市の県級市．市政府はシャンヤンチエ(襄陽街)街道に所在する．リー(澧)水の下流，トンティン(洞庭)湖平原の北西部に位置する．ウーリン(武陵)山脈の支脈が南西部に及び，南東部は湖沼が密に分布している．農業は水稲が主で，野菜，搾油作物，綿花があり，製紙の原料となるアシが豊富．養豚，養魚，養蚕が発達している．工業は紡織，化学，製紙，食品，自動車部品などがある．津市港は澧水流域の重要な物資集散地であり，歴史的に商業港として栄えてきた．市街地は澧水で二分され，北岸は政治，文化および商業の中心地であり，南岸は工業地区である．

[小野寺 淳]

チンシー市　Jinxi　☞　フールータオ市　Huludao

チンシウ自治県　金秀自治県　Jinxiu　中国

ダーヤオシャンヤオ族自治県　大瑶山瑶族自治県　Dayaoshan (旧称) /チンシウヤオ族自治県　金秀瑶族自治県 (正称)

人口：12.8万 (2015)　面積：2518 km²
気温：17.0°C　降水量：1860 mm/年

[24°08′N　110°11′E]

中国南部，コワンシー(広西)チワン(壮)族自治区中部，ライピン(来賓)地級市の自治県．県政府所在地は金秀鎮．大瑶山山地(最高峰1879 m)にある．1952年5月に最初の自治県として設立された当初の名称は大瑶山ヤオ族自治県だったが，66年4月に金秀に改称された．漢，ヤオ，チワン，ミャオ(苗)，トン(侗)の各族が主体で，うちヤオ族が最多で全人口の34.8%(2015)を占めている．土地の87.3%が森林に覆われ林産物加工が盛ん．低地では稲，サトウキビ，茶，ショウガ，トウガラシの産出量も多い．

[許 衛東]

チンシェン　涇県　Jing Xian　中国

猷州 (古称) /けいけん (音読み表記)

人口：約35万 (2007)　面積：2059 km²

[30°41′N　118°24′E]

中国東部，アンホイ(安徽)省南東部，シュワンチョン(宣城)地級市の県．チンイー(青弋)江流域に位置する．県政府は涇川鎮に置かれる．秦代に涇県が設けられ現在にいたっている．県の南東はホワン(黄)山山地の続きで，北西部には丘陵が広がり，その間を青弋江が流れる．県内の雲嶺には新四軍軍部旧址記念館があり，茂林は1941年1月に皖南事変が発生した地である．古くより文房四宝の1つとして有名な宣紙の主産地である．おもな農産物は米，小麦，孟宗竹，茶葉などがある．キンシコウなどさまざまな希少生物が生息している．京福高速鉄道が南北に通る．

[林 和生]

チンシェン　景県　Jing Xian　中国

人口：52.8万 (2010)　面積：1183 km²
標高：15-24 m　気温：12.4°C
降水量：568 mm/年　[37°41′N　116°16′E]

中国北部，ホーペイ(河北)省南部，ホンシ

ュイ（衡水）地級市の県．県政府は景州鎮に置かれている．河北平原ヘイロンカン（黒竜港）江流域にある．農作物は麦，トウモロコシ，アワ，綿花を主としている．農業機械，化学肥料，ゴム，セメント，液圧部品，木材器具，服装，食品，食器類などの工場がある．封氏墓群，舎利塔，周亜夫墓，高氏墓群などは国や省指定の重要文化財として保護されている．　　　　　　　　　　　　　　［柴　彦威］

チンシェン　沁県　Qin Xian　中国

銅鞮県 (古称) ／シャンチン県　襄沁県　Xiangqin
(旧称) ／しんけん (音読み表記)

人口：17.4 万 (2013)　面積：1314 km²
標高：1000-1500 m　降水量：580 mm/年
[36°45′N　112°41′E]

　中国中北部，シャンシー（山西）省南東部，チャンチー（長治）地級市の県．春秋時代に銅鞮邑が設置された．秦代に銅鞮県が設置されたが，明代に廃止され沁州となり，民国元年（1912）に州制廃止に伴い沁県と改称された．1958 年にシャンユワン（襄垣）県と統合され，シャンチン（襄沁）県と改称されたが，同年に廃止となり，沁県が再設置されて現在にいたる．地形は北西から南西へ傾き，おもにホワントゥー（黄土）高原の丘陵で構成される．シーチャン（西漳）河とその支流がおもな河川である．寒冷な気候で，アワ，小麦，トウモロコシ，葉タバコなどを栽培する．省会タイユワン（太原）まで国道と鉄道がある．寺院が80 カ所あり，北魏時代の彫刻や特産のアワ「沁州黄」が著名である．　　　　［張　貴民］

チンシェン県　進賢県　Jinxian　中国

人口：90.0 万 (2010)　面積：1952 km²
[28°22′N　116°15′E]

　中国南東部，チャンシー（江西）省中部，ナンチャン（南昌）地級市の県．ポーヤン（鄱陽）湖の南岸，フー（撫）河の下流域に位置し，県内を滬昆高速鉄道と浙贛鉄道，梨温，福銀の2 本の高速道路が通る．県政府は民和鎮に置かれる．ポーヤン（鄱陽）湖平原にあり，南部に一部丘陵があるほかは沖積平野が広がり，軍山湖，青嵐湖，金渓湖など大小数多くの湖沼が分布する．晋代に南昌県の東部を割いて鍾陵県が置かれたが，隋代に豫章県に編入された．唐代に鍾陵県に復したが再度豫章県に編入され，宋代に進賢県が設置された．農業は稲作中心で水産業も非常に盛んである．　　　　　　　　　　　　　　［林　和生］

チンシェン県　青神県　Qingshen　中国

人口：16.8 万 (2015)　面積：387 km²
[29°50′N　103°50′E]

　中国中西部，スーチュワン（四川）省中部，メイシャン（眉山）地級市の県．ミン（岷）江の中流域にある．県政府は青城鎮に置かれる．チョントゥー（成都）平原と川西丘陵の移行地域に位置し，県域の約80％を丘陵が占めている．県内を岷江が南北に流れている．秦代の蜀郡南安県の地で，西魏は青衣県を置き，北周に青神県に改められた．農業県でおもな農産物は米，小麦，トウモロコシ，サツマイモ，タバコ，ナタネ，綿花，落花生，サトウキビであり，養蚕業が盛んで，タケを編んだ工芸品で知られる．おもな工業は機械，紡績，医薬品，絹織物，製紙である．県の北西端を成渝環線高速道路が通る．名勝古跡に中岩寺，玉泉碑林，青峡湖などがある．
［林　和生］

チンシャー県　金沙県　Jinsha　中国

人口：66.7 万 (2013)　面積：2528 km²
[27°28′N　106°13′E]

　中国中南部，グイチョウ（貴州）省北西部，ピーチエ（畢節）地級市の県．県政府は鼓場街道に置かれている．北は赤水河をはさんでスーチュワン（四川）省に隣接する．総人口の1割強を少数民族が占め，ミャオ（苗）族，イ（彝）族などが住む．域内を走るダーロウ（大婁）山脈は，ウー（烏）江水系と赤水河水系の分水嶺である．国道 326 号が横断するなど交通網が整備されているため，物資の集散拠点となっている．大規模な水力発電所があり，地下資源も豊富で農業も盛んである．
［松村嘉久］

チンシャー江　金沙江　Jinsha Jiang　中国

黒水，縄水 (古称)

面積：502000 km²　長さ：3481 km
[28°46′N　104°36′E]

　中国西部を流れる川．チャン（長）江の上流部にあたる．チンハイ（青海），シーツァン（チベット，西蔵）自治区，スーチュワン（四川），ユンナン（雲南）省を通過する．金沙江とよばれる範囲は青海省ユィーシュー（玉樹）自治州チーメンダー（直門達）村から四川省イーピン（宜賓）市までの流域をさす．漢代以前は『禹貢』では黒水，『山海経』では縄水と称されている．また，三国時代において，『説文解字』や『漢書・地理志』には，金沙江の支流であるヤーロン（雅礱）江の合流地点を基点に，北部を淹江，南部を瀘江あるいは瀘江水と称した．晋代には現在のレイポー（雷波）県より下流を馬湖江と称し，唐代は麿些江とよばれた．元代にいたって金沙江と呼称され，これはもともと，川のへりはことごとく金が出て砂をさらう，ということに由来する．明代の地理学者である徐弘祖（徐霞客）は，長江の上流部はミン（岷）江であるという定説を覆し，金沙江であることを証明した．
　水源はトト（沱沱）河で，青海省のタンラ（唐古拉）山脈主峰のゲラダンドン（各拉丹東）雪山より北東へ向けて流れ出ている．河川はナンジーバーロン（襄極巴隴）にいたり，名称をトンティエン（通天）河へと改名し，そこから流路を南東方向へ変え，直門達にいたったところで金沙江と称される．直門達を越えると，四川省，シーツァン自治区の境界を流れつつ雲南省リーチャン（麗江）市石鼓鎮まで南流する．ここまで，河川は標高 4000 m 前後，谷の深さは 1000～1500 m の急峻な山岳地帯を流れる．左岸のチュエアル（雀児）山やシャールーリ（沙魯里）山脈，ゾンシュン（中甸）雪山，右岸の達瑪拉山，ユージン（宇静）山，芒康山など，標高 4000～5000 m 級の山々を通過する．谷幅は 50～200 m と狭小である．
　石鼓鎮でいったん流路を南東へ向け，すぐさま北東へ U 字型に急転回する．石鼓鎮を越えると徐々に両岸の間隔が狭まり，虎跳峡へ流入する．虎跳峡は 16 km の距離の間に落差が約 220 m もある．左岸にハパ（哈巴）雪山（標高 5396 m），右岸にユィーロン（玉竜）雪山（5596 m）を望み，高低差約 3000 m の V 字峡谷を形成している．一帯は 2003 年にユネスコの世界遺産（自然遺産）に登録された「雲南三江併流の保護地域群」に含まれる．虎跳峡を越えると，流路を北東へ向けサンチャン（三江）口にいたる．つぎに金江街において東流し，パンチーホワ（攀枝花）市から雲南高原に入る．ダーヤオ（大姚）県ダーバイツァオ（大白草）嶺でふたたび北東へ流路を変更し，四川省，雲南省の境界線を流れながら，新市鎮において四川盆地南部を緩慢に流れる．ここにいたると，周囲の山は 500 m 以下となり，河流もおだやかとなる．その後，宜賓市において岷江と合流して長江となる．金沙江の支流としては，雅礱江やニウラン（牛欄）江，ヘン（横）江，プートゥー（普渡）河，スイグァン（水灌）江，ソンマイチュー

チンシャー(金沙)江(中国)，中虎跳峡の狭く深い谷《世界遺産》〔Shutterstock〕

(松麦曲)などがあげられる．　　　〔石田　曜〕

チンシャン区　金山区　Jinshan
中国

人口：79.8万（2015）　面積：586 km²
[30°05′N　121°05′E]

中国南東部，シャンハイ(上海)市の区．上海市南西部に位置し，南はハンチョウ(杭州)湾に面し，西はチョーチャン(浙江)省と境を接する．地勢は平坦で低く，南東部がやや高い．新石器時代に人類の活動があり，春秋時代にはすでに村と鎮ができあがり，明代には江南の水運と軍事について重要な都市となった．1726年に県を設立し，1997年に県を区に改めた．農業は水稲や小麦が生産され，畜産や漁業が盛んである．工業は機械と化学工業を主とし，上海石油化学が立地し，上海化学工業区(一部)が置かれている．鉄道は滬杭線(上海～ハンチョウ(杭州))や金山支線が通り，高速道路の滬昆線(上海～クンミン(昆明))，瀋海線(シェンヤン(瀋陽)～ハイコウ(海口))，莘奉金線(莘庄～フォンシェン(奉賢)～金山)が上海の環状高速道路に交わっている．金山三島は上海で唯一の自然保護区である．東林寺，華厳塔，春秋と前漢の遺跡などの名所旧跡がある．　〔谷　人旭・小野寺　淳〕

チンシャン県　京山県　Jingshan
中国

人口：62.7万（2015）　面積：3284 km²
[31°01′N　113°07′E]

中国中部，フーペイ(湖北)省，チンメン(荊門)地級市の県．県政府はシンシー(新市)鎮に所在する．北部と中部はターホン(大洪)山地にあって丘陵地が多くを占め，南西部の天門河沿岸のみがチャンハン(江漢)平原に属する．チャン(漳)河(沮漳河支流)や大富水などが北西から南東へ流れる．おもな地下資源には石灰石やドロマイトがある．農作物は水稲，大麦，トウモロコシ，豆類，綿花，搾油作物などがあり，キノコ類やクリなども産する．工業は機械，紡織，食品，建材など．長荊(チャンチャンプー(長江埠)～チンメン(荊門))鉄道が横断し，高速道路の随岳線(スイチョウ(随州)～ユエヤン(岳陽))や滬蓉線(シャンハイ(上海)～チョントゥー(成都))が交わる．太子山国立森林公園や新石器時代父系氏族社会の屈家嶺文化遺跡がある．
〔小野寺　淳〕

チンシャン県　金郷県　Jinxiang
中国

人口：65.6万（2015）　面積：888 km²　標高：38 m
[35°04′N　116°18′E]

中国東部，シャントン(山東)省南西部，チーニン(済寧)地級市の県．後漢代の建武元年(25)に金郷県が設置された．県名は県内の金山に由来する．ホワン(黄)河の沖積平野に位置し，地形は西が高く東が低い．石炭や石灰石などの地下資源がある．ニンニクの栽培面積が333 km²に達し，中国農業省に中国大蒜の里と命名された．国道105号が県内を縦貫している．唐代の貞観4年(630)に建てられた文峰(光善寺)塔がある．〔張　貴民〕

チンシュー県　清徐県　Qingxu
中国

梗陽（古称）
人口：34.8万（2013）　面積：606 km²　気温：10℃
降水量：398 mm/年　　[37°36′N　112°19′E]

中国中北部，シャンシー(山西)省，タイユワン(太原)地級市南部の県．古称は梗陽である．2500年の歴史がある．北西部は山地で南東部は低い平野である．無霜期間は180日間．農作物はコーリャン，アワ，トウモロコシ，綿花などである．野菜や果物の栽培が盛んで，近郊農業が発達している．道路がおもな交通手段である．清徐露酒や老陳酢が特産品．中心部から西3 kmに名勝の狐突廟がある．　　　　　　〔張　貴民〕

チンジュ　晋州　Jinju
韓国

人口：35万（2015）　面積：713 km²
[35°11′N　128°06′E]

韓国南東部，キョンサンナム(慶尚南)道南西部の都市．1949年に市制施行．2010年の人口は34万弱である．現在の市域になった1995年の人口は約33万であったので，この間，人口はほとんど変化していない．慶尚南道西部の中心都市であるが，同道東部の工業地帯から離れた位置にあることが反映している．ナクトン(洛東)江支流のナム(南)江が市街地付近で大きく蛇行している．市街地は，四囲を標高100～150 mの丘陵で囲まれた南江の氾濫原上に位置している．1925年まで慶尚南道の道庁所在地であったが，近代以降，発展の著しかったプサン(釜山)に道庁は移転した．植民地時代からいくつかの高等教育機関が置かれ，教育都市としての性格は現在に引き継がれている．南江の排水条件が悪くしばしば洪水の被害にあったが，市域の西方，南江にトクチョン(徳川)江が合流する地点に晋陽ダムが完成し，改善された．南の丘陵部にトンネルを通して，直接，チンジュ(晋州)湾に排水する設備を備えている．

市街地中心部の，南江が大きく蛇行する地点の北に接して，小丘上に晋州城がある．朝鮮時代の古地図には，城の北側に池が記載されていて，旧河道が池や湿地の状態で残っていた．城は南と北，両側を水路と池，湿地で守られた要害の場所にあったが，文禄の役のとき，ここで二度に及ぶ激戦があった．
〔山田正浩〕

チンシュイ区　清水区　Cingshuei

台湾｜中国

きよみず(日本語)／グウマタウ　牛罵頭　Gumatau (旧称)

人口：8.6万 (2017)　面積：64 km²

[24°16′N　120°34′E]

台湾北西部，タイジョン(台中)市の区．旧名は牛罵頭といった．これは平埔族の地名グウマタウに，漢人住民が漢字表記を与えたものである．清水という地名は1920年から使用されており，日本統治時代はきよみずとよばれた．かつては付近一帯で産する物資の集散地であったが，最近は巨大化する台中市のベッドタウンとなりつつある．また，隣接するウーチー(梧棲)には台中港があり，工業化も進んでいる．　　　　　　　　　[片倉佳史]

チンシュイ県　清水県　Qingshui

中国

人口：30.8万 (2002)　面積：1986 km²

[34°45′N　106°08′E]

中国北西部，ガンスー(甘粛)省南東部，ティエンシュイ(天水)地級市の県．ロンシー(隴西)ホワントゥー(黄土)高原の東部，ウェイ(渭)河の支流である牛頭河流域に位置する．東はシャンシー(陝西)省に接する．漢代に県が設置された．農業が主で，冬小麦，トウモロコシ，ジャガイモ，大麻(オオアサ)，亜麻，ナタネなどを産する．酒造，セメントおよび大理石，白雲石の採掘加工などの工業がある．県内に温泉療養所がある．
　　　　　　　　　　　　[ニザム・ビラルディン]

チンシュイ県　沁水県　Qinshui

中国

端氏県(古称)／しんすいけん(音読み表記)

人口：21.5万 (2013)　面積：2260 km²

気温：10°C　降水量：640 mm/年

[35°41′N　112°11′E]

中国中北部，シャンシー(山西)省南東部，チンチョン(晋城)地級市の県．戦国時代は趙国の端氏の管轄下にあり，漢代に端氏県が設置され，隋代から沁水県に改称されて現在にいたる．地形は北西部が高く南東部が低い．舜王坪(標高2322 m)は最高峰で，その周辺には貴重な原始林が分布している．沁河の谷底は平坦で，県は肥沃な農業地域である．小麦，アワ，綿花を栽培し，養蚕も盛ん．沁水炭田は世界最大級の炭田の1つである．下川遺跡，八里遺跡などがある．　　[張　貴民]

チンシュイホー県　清水河県　Qingshuihe

中国

人口：14.3万 (2012)　面積：2859 km²

気温：7.5°C　降水量：410 mm/年

[39°54′N　111°40′E]

中国北部，内モンゴル自治区中部，フフホト(呼和浩特)地級市の県．県政府所在地は城関鎮．東と南はシャンシー(山西)省，北はホリンゲル(和林格爾)県と接する．モンゴル高原とホワントゥー(黄土)高原の境界地帯にあり，1月と7月の平均気温は−11.5°Cと22.5°Cである．北部には渾河や清水河が流れているが，南部の山地は水源が乏しい．同県はかつて帰化城トメト旗の地であった．1736年に清朝は清水河庁を設け，漢人移民を管理させた．1912年に清水河県に昇格した．1958年にウランチャブ盟に属し，95年にフフホト市の管轄下に置かれた．3鎮と5郷から構成される．野菜栽培が農業の中心である．畜舎や飼養場をつくって乳牛，羊を飼育している．おもな地下資源は石灰石，石炭，白雲岩などである．炭鉱採掘，合金加工，発電などの産業がある．城関鎮より南西へ60 kmに黄河大峡谷があり，ここに2001年に万家寨ダムが建築された．県の南東部には，1555年に築かれた明代の長城の遺跡が残っている．外側の長城で，県域での長さは約20 kmである．　[バヨート・モンゴルフー]

ちんしゅうし　郴州市　☞　チェンチョウ市　Chenzhou

チンシン区　清新区　Qingxin

中国

人口：68.6万 (2015)　面積：2353 km²

気温：21°C　降水量：2139 mm/年

[23°44′N　113°01′E]

中国南部，コワントン(広東)省北部，チンユワン(清遠)地級市の区．チュー(珠)江デルタと北部山地の接続地帯に1992年から県として新設され，2012年に区となった．1988年に市制に移行した清遠県の郊外地域が母体である．区政府所在地は太平鎮．亜熱帯気候に属し，穀物，野菜，家禽類などからなる豊かな農業地域として開発されている．2004年開港のコワンチョウ(広州)白雲国際空港まで南東40 kmと近く，珠江デルタと北部を連結する物流センター，ナイキやアディダス社などの委託縫製工場も進出し，新工業地域のスポットとしても賑わう．　　[許　衛東]

チンシン県　井陘県　Jingxing

中国

せいけいけん(音読み表記)

人口：30.9万 (2010)　面積：1381 km²

標高：150−1273 m　気温：13.1°C

降水量：646 mm/年　　[38°02′N　114°08′E]

中国北部，ホーペイ(河北)省南西部，シーチャチョワン(石家荘)地級市の県．県政府は微水鎮に置かれている．タイハン(太行)山脈にあり，中部は井陘盆地である．古くから燕晋の交通要塞である．山に囲まれ，最高峰の玉皇垴は標高1273 mである．中部河谷盆地は最低標高150 mである．綿河，甘陶河，冶河が流れる．南部には張河湾ダムがある．1月の平均気温は−2.0°C，7月は25.5°Cである．農作物は小麦，トウモロコシ，アワを主としている．クルミ，カキ，黒いナツメが生産される．鉱物は鉄，石炭，ボーキサイト，大理石，石英，石灰石，耐火土，蛇紋石がある．陶器，化学工業，機械，建材などの工場がある．石太鉄道，石太高速，国道107，307号が通る．倉岩山などの名勝がある．　　　　　　　　　　[柴　彦威]

チンター県　金塔県　Jinta

中国

人口：14.0万 (2002)　　[35°59′N　98°54′E]

中国北西部，ガンスー(甘粛)省北西部，チウチュワン(酒泉)地級市の県．ホーシー(河西)回廊の西部，ルオ(弱)水流域にある．東部と北部は内モンゴル自治区に接する．1913年に酒泉県(現在のスーチョウ(粛州)区)の北部を分離して設置された．県名は県内にある金塔寺に由来する．ゴビ(礫石帯)や砂漠が多い．オアシスでは灌漑農業が発達しており，小麦，ゴマ，綿花，ウリ類などを産する．石炭，鉄，銅，鉛などの鉱物資源に富む．採鉱，農産物加工が盛んである．
　　　　　　　　　　　　[ニザム・ビラルディン]

チンタイ県　景泰県　Jingtai

中国

紅水 (旧称)

人口：23.2万 (2002)　面積：5420 km²

[37°09′N　104°04′E]

中国北西部，ガンスー(甘粛)省中部，バイイン(白銀)地級市の県．ホワン(黄)河の西岸にあり，北は内モンゴル自治区，北東はニンシャ(寧夏)回族自治区に接する．1913年に紅水県が置かれ，33年に景泰県と改められた．灌漑農業が盛んで，小麦，ジャガイモ，

水稲，テンサイなどを産する．内モンゴル自治区のボグト（パオトウ，包頭）とランチョウ（蘭州）を結ぶ包蘭鉄道が県内を横切る．観光地には沿寺石窟，明の長城，烽燧などがある．　　　　　　　　　［ニザム・ビラルディン］

チンタオ市　青島市　Qingdao

中国

膠澳（古称）

人口：783.1万（2015）　面積：11250 km²
標高：77 m　気温：12.7°C　降水量：662 mm/年
[36°05′N　120°20′E]

中国東部，シャントン（山東）省東部の副省級市．山東半島南西部，ホワンハイ（黄海）湾に面する．古称は膠澳，長くチーモー（即墨）とチャオチョウ（膠州）の管轄下にあった．悠久な歴史をもつ省内のほかの都市に比べて，青島市は最も若く近代的な町である．19世紀までは小さい漁村であった．清朝政府が光緒17年（1891）に膠澳に防衛兵を配置したことで青島は初めて行政区として設置された．青島の戦略的重要性を狙っていたドイツ軍は巨野教案（ドイツ宣教師の暗殺事件）を理由に，1897年に青島を占領した．また，1914年と38年に日本に二度も占領された．1930年に青島市に改称した．1945年の主権回復後は青島特別市となり，49年以降は行政区画の変動が多かった．現在は市北，市南，李滄，ラオシャン（崂山），城陽，黄島の6区と即墨，膠州，ピントゥー（平度），ライシー（莱西）の4市を管轄している．市政府所在地は市南区．総人口のうち区部は363.9万，市部は405.7万に及ぶ．

地形は東高西低，南北は高く中部は低い．山地，丘陵，平野，低地はそれぞれ総面積の15.5%，25.1%，37.7%，21.7%を占めている．3つの山系があり，北部は大沢山（標高736 m），南部は大珠山（486 m）や小珠山（724 m）などで構成される膠南山系，南東部は崂山山脈がある．長さ862 kmに及ぶ海岸線は複雑で入江が多く，省全体の1/4強を占める．14の港がある．0.5 km²以上の入江は32もあり，膠州湾と崂山湾は最も大きい．また，沖に大小69の島があり，その総面積は21 km²に及ぶ．これらの島はほとんど沖へ20 kmの範囲に分布するが，住民のいる島はわずか10である．青島観象山に中国の水準測量の基準点がある．この基準点は，青島海水面観測所が1950年から56年にかけて観測した黄海の中等潮位海水面より72.289 m高いところに設置されている．

温帯季節風気候に属し，海に面しているため，海洋性気候の特徴をもっている．湿度が高く，降雨量が多く，四季がはっきりしている．区部の資料によると，平均気温は8月は25.3°C，1月は−0.5°C，年平均降水量の57%が夏に集中している．降水量は，多い年は1272 mm（1911），少ない年は308 mm（1981）と年によって差がある．年平均相対湿度は73%で霧がよく発生する．大小224の河川があり，流域面積が100 km²以上のものは33本にのぼる．季節風の影響で河川の流量は季節的に変動している．大きな河川は大沽河（主流179 km），北膠莱河（100 km）などである．生物資源は多く，動物約400種，植物約1000種が生息する．地下資源も多いがおもに非金属で，石墨，花崗岩，大理石など44種類がある．また，地熱資源や風力エネルギーもある．

一方，沿海対外開放都市であり，中国に15ある副省級市の1つで，工業，対外貿易，海洋研究と観光業を特色とする大都市に成長してきた．工業の発展は著しく，178業種を含む総合的な工業体系を形成している．省の域内総生産における第2次産業の割合は半分以上を占めるようになった．海爾，青島啤酒（青島ビール），双星，澳柯瑪，海信などの有名ブランドをつくり出している．工業製品の1/3以上を海外へ輸出している．対外貿易では，輸出の対象地域は以前の香港から韓国，日本およびヨーロッパにシフトした．貿易額も国有貿易企業より外資系貿易企業のほうが多く2/3以上を占める．また，加工貿易は対外貿易の2/3を超えている．また，郷鎮企業（農村企業）は10万社以上あり，農村労働力の半分近くが郷鎮企業に所属している．郷鎮企業は農村の近代化にとってなくてはならない存在となった．

青島は著名な国際観光都市でもある．町並みにドイツ植民地時代の風格がよく残っている．ヨーロッパ風の都市景観，青い海と起伏に富んだ山々は青島の独特な観光資源である．温帯海洋性気候に恵まれているため，中国屈指の海浜保養地になっている．整った観光施設，多彩な観光イベント，有名な青島ビール，さまざまな海鮮美食と便利な交通にひかれ，毎年百数十万人の観光客が国内外から訪れている．崂頂石林，親吻石，神亀出洞，獅身人面などの名勝や，おもな人文景観としては桟橋小青島，前海太平路，魯迅公園海浜，八大関建築群，迎賓館，石頭楼，天主教堂，基督教堂などの旧跡がある．鉄道，高速道路，国道，港，空港などが整備され，隣接する都市や国内主要都市と結ばれている．国際航路は水路なら韓国のインチョン（仁川）港や日本の長崎港，空路なら青島流亭国際空港より韓国のソウルや日本の東京，名古屋，大阪などへの便があり，山東省の対外交流に重要な役割を果たしている．　　　　　［張　貴民］

チンタン区　金壇区　Jintan

中国

人口：55.8万（2014）　面積：976 km²
[31°34′N　119°18′E]

中国東部，チャンスー（江蘇）省南西部，チャンチョウ（常州）地級市の区．1993年に県から市になり，2015年に市から区になった．地勢は西が高く東が低い．主要な農作物には稲，小麦，綿花，ナタネ，麻などがあり，林業では松，杉，孟宗竹などを産する．金壇封缸酒，魚，カニなどが特産物である．工業は冶金，化学肥料，機械，電気，紡績，建材，製糖，食品などがある．観光スポットには太平天国の戴王府，顧竜山，望仙橋などがある．高速道路の沿江線（ナンキン（南京）～上海）と揚溧線（ヤンチョウ（揚州）～リーヤン（溧陽））が交わっている．

［谷　人旭・小野寺　淳］

チンタン県　金堂県　Jintang

中国

人口：72.6万（2015）　面積：1156 km²
[30°52′N　104°25′E]

中国中西部，スーチュワン（四川）省，チョントゥー（成都）副省級市の県．県政府は趙鎮街道に所在する．ロンチュワン（竜泉）山地が北東から南西へ中部に横たわり，東側には丘陵が分布し，西側が成都平原である．トゥオ（沱）江，清渓河，ピー（毘）河，ヤンホワ（陽化）河などの河川が流れる．鉄道の達成線（ダーチョウ（達州）～成都）が東西に走り，成渝線（成都～チョンチン（重慶））が南西部を通過する．高速道路は滬蓉線（シャンハイ（上海）～成都）や成巴線（成都～バーチョン（巴中））が通る．おもな農産物は穀物，搾油作物，野菜であり，柑橘類やキノコが特産である．畜産が盛んである．雲頂石城などの名所がある．　　　　　　　　　　［小野寺　淳］

チンチェン県　清澗県　Qingjian

中国

人口：12.9万（2010）　面積：1850 km²
標高：900–1200 m　気温：9°C
降水量：500 mm/年　[37°05′N　110°07′E]

中国中部，シャンシー（陝西）省北部，ユィーリン（楡林）地級市最南端の県．ホワン（黄）

河をはさんでシャンシー(山西)省と接する. 無定河の下流域に位置する. 県政府所在地は寛洲鎮. 黄土丘陵がおもな地形である. 暖温帯半乾燥気候に属し, 無霜期間は 160 日. おもな農作物は小麦, アワ, コーリャン, トウモロコシ, 大豆で, タバコなどの栽培も盛んである. ナツメの栽培は長い歴史をもち, ナツメの郷と指定されている. 石材加工も有名で, 清澗石板が名高い. [杜 国慶]

チンチェン市　清鎮市　Qingzhen

中国

人口 : 50.0 万 (2013)　面積 : 1492 km²
[26°33′N　106°28′E]

中国中南部, グイチョウ(貴州)省中央部, グイヤン(貴陽)地級市の県級市. 市政府は紅新社区に置かれている. 総人口の 2 割強を少数民族が占め, ミャオ(苗)族, プイ(布依)族, イ(彝)族が多い. 1992 年に市制移行した. かつてはアンシュン(安順)地区に属したが, 1996 年からシウウェン(修文), シーフォン(息烽), カイヤン(開陽)の 3 県とともに貴陽市管轄下に移った. 省会貴陽から車で 30 分程度の距離にあり, 交通の便が非常によく環境も貴陽より良好なため, モータリゼーションの進展とともに, 貴陽大都市圏の郊外住宅地化, 省会の衛星都市化が進む. 市域に紅楓湖, 百花湖といった巨大なダム湖があり, 河川もあわせた市域の水域面積は 100 km² を超える. ダム湖の周辺はカルスト地形の絶景が広がる風景名勝で, 酷暑と極寒とは無縁の温暖な気候から, 避暑別荘地としても注目されている.

1960 年代の三線建設期に沿海部からの工場疎開が進み, 省で屈指の工業都市に成長した. 水力発電などのエネルギー産業, ボーキサイトを産することから化学・冶金産業などが盛んであり, 化学肥料, 紡織捺染などの比較的規模の大きな工場も立地する. 都市域への野菜の供給源となっている農村も豊かである. 紅楓湖などは, 貴陽から黄果樹瀑布や竜宮へ行く日帰り観光の最適の寄り道スポットであり, 娯楽施設の建設や観光開発が進んだ. [松村嘉久]

チンチャイ県　金寨県　Jinzhai

中国

人口 : 約 66 万 (2007)　面積 : 3814 km²
[31°42′N　115°52′E]

中国東部, アンホイ(安徽)省西部, ルーアン(六安)地級市の県. ダービエ(大別)山地の山間に位置し, ホーナン(河南)省, フーペイ(湖北)省に隣接する. 県政府はメイシャン(梅山)鎮に置かれる. 安徽, 河南, 湖北 3 省にまたがる辺境地で, 漢代は六安県, 雩婁県, 安豊県の一部で, 宋代には六安県が置かれた. 中華民国のとき, 1932 年に各省から土地を割いて立煌県を設置し河南省に管轄させたが, 翌年安徽省管轄となった. 1947 年に金寨県に改められ, さらに金東, 金西の両県に分割されたが, 49 年に合併しふたたび金寨県となった. 史河, 淠河の源流が県内を流れ, 中華人民共和国建国後に梅山ダム, 響洪甸ダムが建設された. かつて劉伯承, 鄧小平, 董必武などが革命運動を展開した根拠地である. 滬漢蓉高速鉄道と滬蓉高速道路が通る. おもな農産物は米, 小麦で, 林産資源が豊富でマツ, スギなど木材や漢方薬材を産する. 名勝古跡に天堂寨, 梅山湖, 燕子河大峡谷などがある. [林 和生]

チンチャン　Qingjiang ☞ ホワイイン区 Huaiyin

チンチャン市　金昌市　Jinchang

中国

人口 : 45.6 万 (2002)　面積 : 9593 km²
[38°31′N　102°11′E]

中国北西部, ガンスー(甘粛)省北西部の地級市. ホーシー(河西)回廊の東部, シーター(西大)河とトンター(東大)河の流域にあり, 北西は内モンゴル自治区に接する. 1981 年に金昌市が設置された. チンチュワン(金川)区とヨンチャン(永昌)県を管轄する. 市政府所在地は金川区である. 南部はチーリエン(祁連)山脈にあたり, 標高約 3000 m 以上で, 牧畜業が盛んである. 中部は河西回廊にあたり, 標高約 1800 m である. 西大河と東大河の水を利用したオアシス灌漑農業が発達している. 北部はゴビ(礫石帯)ないし砂漠である.

鉱物資源にはニッケル, 銅, 金, 白金, 鉄, 石炭, 蛍石, 石灰石などがある. とくにニッケルの埋蔵量が豊富である. 国内最大のニッケル生産地であり, ニッケルの都という別称がある. また白金の精錬地でもある. そのほかに, 電力, 化学, 建材, 機械, 印刷, 絨毯生産などの工業も発達している. 農作物には小麦, 大麦, ゴマ, テンサイ, ヒマワリなどがある. ランチョウ(蘭州)とシンチャン(新疆)ウイグル自治区の首府ウルムチ(烏魯木斉)を結ぶ蘭新鉄道および国道 312 号が市内を通る. 市内のホーシーパオ(河西堡)鎮と金川工業団地を結ぶ鉄道が蘭新鉄道につながっている. 観光地には省の重要文化財に指定された聖容寺塔, 北海子塔, 明鐘鼓楼などがある. [ニザム・ビラルディン]

チンチャン市　靖江市　Jingjiang

中国

人口 : 68.7 万 (2015)　面積 : 665 km²
[32°00′N　120°16′E]

中国東部, チャンスー(江蘇)省, タイチョウ(泰州)地級市の県級市. チャン(長)江下流の沖積平原に位置する. 地勢は平坦で, 最高地点は中央にある孤山の標高 55 m である. 三国時代の呉の孫権が馬を放牧したことにちなみ, 靖江には古称として馬駄砂, 馬洲, 驥砂, 驥江, 驥渚, 牧城, 陰砂などの名があり, 延陵県暨陽郷に属した. 晋代には毘陵郡暨陽県に属した. 明代には江陰の管轄区になり靖江と改名された. 明, 清代には常州府に属した. 1949 年に靖江県が回復し, 1993 年に市になった. 1996 年より揚州市から新しい泰州市の管轄に移っている. 稲, 麦, 大豆, ナタネ, 野菜が主要な農作物である. ほかに花卉, 果物, ギンナン, トチュウ(杜仲)やトウサイカチなどの漢方薬材もある. 水産資源にはタチウオ, ヒラコノシロ, ナマズ, フグなどがある. 工業は機械, 電力設備, 自動車部品, 医薬, 化学, 服装・紡績, 造船などがある. 新長鉄道(シンイー(新沂)～チャンシン(長興)), 高速道路の京滬線(ペキン(北京)～シャンハイ(上海)), 滬陝線(上海～シーアン(西安))が通る.

[谷 人旭・小野寺 淳]

チンチャン市　晋江市　Jinjiang

中国

人口 : 207.8 万 (2015)　面積 : 649 km²
気温 : 21.4 ℃　降水量 : 1147 mm/年
[24°49′N　118°34′E]

中国南東部, フーチェン(福建)省南東部, チュワンチョウ(泉州)地級市の県級市. チン(晋)江下流の南岸に位置する新興工業都市である. 東はタイワン(台湾)海峡に面し, 南は海を隔ててチンメン(金門)島を望む. 戸籍住民の 97%(2015)は漢族で, ミンナン(閩南)語を使用する. 地名は唐の開元 8 年(720)の晋江県設置にさかのぼるが, 古くは東晋の時代にチョンユワン(中原)から泉州一帯に移住した人びとが, 故郷を懐しんで東渓と西渓が合流した後の河段を晋江, さらに入江の港街

1154　チンチ

〈世界地名大事典：アジア・オセアニア・極Ⅰ〉

を晋江鎮と名づけたことが嚆矢といわれる．肥沃な晋江平野と6345 km²の広大な海域を有し，魚米の郷として栄えた．市政府所在地は羅山街道．省を代表する華僑の故郷の1つで，現在も東南アジアを中心に約300万人にのぼる晋江原籍の華僑が海外に居住している(2015)．

　1980年代初期に経済開放地域に指定されてから，華僑投資や民営企業の創業ブームが続き，町もスポーツ用品，縫製，履物，傘，食品加工，陶磁器，包装紙などの工業集積地に一変した．常住人口207.8万のうち，約96万は出稼ぎの流入人口(2015)．1992年に県級市となった．泉州一帯の交通結節点として知られ，116 kmの海岸線に分布する数多くの漁港と商港のほかに，福厦高速鉄道（フーチョウ(福州)〜アモイ(厦門)），高速道路の泉厦線(泉州〜アモイ)と泉三線(泉州〜サンミン(三明))，国道324号などが通じ，1996年開通の泉州晋江国際空港は香港やマニラや那覇との国際線航路をはじめ，国内線45航路と国際線13航路を有する(2015)．宋の紹興8年(1138)に建造された全長2255 mの石造りの安平橋と，仏教名刹の安海竜山寺は代表的な観光名所である．　〔許　衛東〕

チンチュワン県　金川県
Jinchuan

中国

人口：7.4万 (2015)　面積：5550 km²
　　　　　　　　　　　[31°28′N　102°03′E]

　中国中西部，スーチュワン(四川)省中北部，アーバー(阿壩)自治州南東部の県．人口の75%をツァン(チベット)族やチャン(羌)族といった少数民族が占める．川西北高原に位置している．東部にチオンライ(邛崍)山脈，西部にダーシュエ(大雪)山脈を望む．唐代に羈縻金川州が配置され，明代に朶甘都指揮司，清代中期に金川安撫司が配置された．1952年に四川省チベット自治区に包括され，翌53年に金川県となった．おもな農産物は小麦やハダカ麦，リンゴ，サンショウなどである．中でも雪梨は輸出商品として有名である．　〔石田　曜〕

チンチュワン県　涇川県
Jingchuan

中国

安定，保定 (古称) ／けいせんけん (音読み表記)

人口：34.0万 (2002)　面積：1462 km²
　　　　　　　　　　　[35°20′N　107°21′E]

　中国北西部，ガンスー(甘粛)省東部，ピンリャン(平涼)地級市の県．ウェイ(渭)河の支

流であるチン(涇)河上流に位置する．南東部はシャンシー(陝西)省に接する．漢代に安定県が置かれ，唐代に保定県と改められ，金代に涇川県と改称された．涇河平野にあることから涇川と名づけられた．農業が中心で，涇川梨，黄花菜などの特産物がある．国の重要文化財に指定された南石窟寺などがある．

〔ニザム・ビラルディン〕

チンチュワン県　青川県
Qingchuan

中国

人口：21.2万 (2015)　面積：3216 km²
　　　　　　　　　　　[32°35′N　105°14′E]

　中国中西部，スーチュワン(四川)省，コワンユワン(広元)地級市の県．県政府は喬庄鎮に所在する．四川盆地北縁のモーティエン(摩天)嶺山脈とロンメン(竜門)山脈が交わる山間地帯にあり，北西から南東へ傾斜し，最高地点は大草坪の標高3826 m，最低地点は491 mである．バイロン(白竜)江やチンチュー(清竹)江などの河川はいずれもチャリン(嘉陵)江の水系である．宝成鉄道(パオチー(宝鶏)〜チョントゥー(成都))や京昆高速道路(ペキン(北京)〜クンミン(昆明))が南端を通過する．金，銀，銅，マンガン，鉄，花崗岩，大理石，石灰石などの地下資源が豊富にある．水力発電も行われている．林産資源も豊富であり，用材のほか，オリーブ，クルミ，クリ，キノコ類，山菜，桐油，漢方薬材などを産する．国指定の唐家河自然保護地区や同じく国指定の白竜湖風景名勝地区がある．　〔小野寺　淳〕

チンチョウ区　金州区　Jinzhou

中国

チンシェン　金県　Jin Xian (旧称)

人口：67.0万 (2013)　面積：1390 km²
　　　　　　　　　　　[39°06′N　121°43′E]

　中国北東部，リャオニン(遼寧)省南部，ダーリエン(大連)副省級市の市轄区．リャオトン(遼東)半島の南部に位置．東はホワン(黄)海，西はポー(渤)海に面する．1987年に成立した．以前はチン(金)県と称した．区政府所在地は馬橋子街道．近代に大連，リュイシュン(旅順)が成立するまでは地区の中心であった．区南部には，1984年に設置された大連経済技術開発区がある．丹大高速，瀋大高速，長大鉄道が市域を貫く．　〔柴田陽一〕

チンチョウ市　荊州市　Jingzhou

中国

江陵 (古称)

人口：570.6万 (2015)　面積：14104 km²
　　　　　　　　　　　[30°20′N　112°14′E]

　中国中部，フーペイ(湖北)省中南部の地級市．中国に24ある初代の歴史文化都市の1つである．シャーシー(沙市)，チンチョウ(荊州)の2区，シーショウ(石首)，ホンフー(洪湖)，ソンツー(松滋)の3県級市，ゴンアン(公安)，チェンリー(監利)，チャンリン(江陵)の3県を管轄する．市政府は沙市区に所在する．チャンハン(江漢)平原に位置し，平野がほぼ8割を占める．南にチャン(長)江，北にハン(漢)水が通り，交通の要衝でありかつ物資の集散地である．新中国建国後最大の水利工事である荊江分洪工程はここで進められた．河川や湖沼が多く，水路網の密度が高い．長江水系に属する松滋河，虎渡河，オウチー(藕池)河，調弦河などが流れ，長湖や湖北省最大の湖であるホン(洪)湖などがある．

　石油，石炭，岩塩，大理石などの鉱物資源を産する．農業は水稲を主体とし，綿花や搾油作物の産地にも認定されている．淡水漁業に力を入れている．工業では紡織，化学，冶金，機械，建材，肥料，農薬，医薬などの業種がある．特産の金襴緞子(荊緞)は戦国時代には皇帝への献上品になっていた．長江と漢水が水運に用いられ，沙市港は早くから対外開放された．また，荊沙(チンメン(荊門)〜沙市)鉄道により全国と貨物輸送が行われている．滬漢蓉(シャンハイ(上海)〜ウーハン(武漢)〜チョントゥー(成都))高速鉄道や，高速道路の滬渝線(上海〜チョンチン(重慶))や二広線(エレンホト(二連浩特)〜コワンチョウ(広州))が通じている．

　春秋戦国時代の楚国の都が置かれたところであり，古称は江陵である．楚の文化の発祥地であり，三国文化の中心である．中国歴史文化都市の1つに指定されている．市街地には荊州古城壁，荊州博物館，万寿宝塔などの名所旧跡がある．その他にも古戦場の遺跡などが多い．八嶺山国立森林公園，洮水国立森林公園，洪湖国立湿地自然保護地区などがある．　〔小野寺　淳〕

チンチョウ市　晋州市　Jinzhou

中国

人口：53.8万（2010）　面積：619 km²
標高：34-546 m　気温：13℃
降水量：456 mm/年　　［38°02′N　115°02′E］

　中国北部，ホーペイ(河北)省南西部，シーチャチョワン(石家荘)地級市の県級市．市政府は晋州鎮に置かれている．冀中平原の中央に位置する．滹沱河が北西を流れる．1月の平均気温は−4.6℃，7月は26.1℃，無霜期間は191日．農作物は小麦，トウモロコシ，アワ，綿花，落花生を主としており，ナシが有名である．化学工業，服飾，機械，建材，爆竹などの工場がある．鉄道の石徳線，石黄高速，国道307号が通る．　　［柴　彦威］

チンチョウ市　錦州市　Jinzhou

中国

人口：307.0万（2013）　面積：10046 km²
気温：8-9℃　降水量：513-620 mm/年
　　　　　　　　　　　　［41°06′N　121°08′E］

　中国北東部，リャオニン(遼寧)省中西部の地級市．リャオトン(遼東)湾に面する．古塔，凌河，太和の3(市轄)区と，リンハイ(凌海)，2006年にペイニン(北寧)から改称したペイチェン(北鎮)の2県級市，イーシェン(義県)，ヘイシャン(黒山)県の2県を管轄する．市政府所在地は太和区．地名は遼代に始まる．市域はソン(松)嶺とイーウーリュイ(医巫閭)山のある北西の標高が高く，南東はダーリン(大凌)河とリャオ(遼)河の沖積平野となっている．医巫閭山は東北三大名山の1つであり，主峰は標高867 mの望海山．現在は国立自然保護区になっている．約90 kmある海岸線のうち，東部の湿地帯ではエビ，カニ，ハマグリなどの漁獲，養殖が盛んである．一方，南西部には不凍港である錦州港が1990年に整備された．平野部では，トウモロコシ，大豆，コーリャン，水稲などを産する．山間部では，林業およびナシ，リンゴ，モモ，ナツメなどの果実栽培が盛んである．
　トンペイ(東北)地区とホワペイ(華北)地区を結ぶリャオシー(遼西)回廊に位置する交通の要衝である．高速道路では，東西方向の京哈高速と南北方向の錦阜高速，錦朝高速が市南部で交差する．また鉄道では，秦瀋旅客専用線(高速鉄道)と瀋山線が東西に走るほか，後者から6つの支線(南票，錦承，新義，大鄭，高新，溝海)が分岐する．市中心部の西約7 kmには，軍民共用空港の錦州小嶺子空港があり，ハルピン(哈爾浜)，首都ペキン(北京)，シェンヤン(瀋陽)，ダーリエン(大連)などへの便がある．　　［柴田陽一］

チンチョウ市　青州市　Qingzhou

中国

イートゥー県　益都県　Yidu（旧称）

人口：93.7万（2015）　面積：1569 km²
　　　　　　　　　　　　［36°40′N　118°28′E］

　中国東部，シャントン(山東)省中部，ウェイファン(濰坊)地級市の県級市．周代に斉国の地であった．魏代に県名を益都とし，1984年に益都県が青州市となった．地形は南西から北東にやや傾斜している．南西部は石灰岩の丘陵，南東部は玄武岩の丘陵，中部と北部は平野からなる．鉄鉱石，石灰岩，粘土，花崗岩などの資源が豊富である．野菜栽培面積が広く，とくに施設園芸に特化している．膠済鉄道，高速道路や国道など交通網が発達している．雲門山，駝山石窟，範公亭，真教寺などの名勝がある．　　［張　貴民］

チンチョウ市　欽州市　Qinzhou

中国

末寿郡（古称）／きんしゅうし（音読み表記）

人口：320.9万（2015）　面積：10843 km²
　　　　　　　　　　　　［21°57′N　108°37′E］

　中国南部，コワンシー(広西)チワン(壮)族自治区中南部の地級市．トンキン湾に面する港湾都市で，北東側は六万大山，北西側は十万大山の山地に囲まれ，中部は丘陵地帯，南部は沖積平野からなる欽州デルタにある．市区部の欽南区と欽北区のほか，リンシャン(霊山)県とプーペイ(浦北)県も管轄する．市区部の人口は約120万人(2015)．市政府所在地は欽南区．南朝時代に末寿郡として設置され，隋の開皇18年(598)に欽州に改称した．1994年6月に地級市として認定．漢族が人口の89.3％を占め(2010)，地域の方言も広東語圏に属する．
　ナンリウ(南流)江，チン(欽)江，茅嶺江，大風江などの流域を中心に米，キャッサバ，サトウキビ，茶，搾油作物などが広く栽培される，自治区有数の穀倉地帯である．水産業も発達．工業では資源加工型や食品加工型の郷鎮企業が主体で，3万1890社を数える．トンキン湾に面する欽州港は広西南西部の通商要衝地．3000 tから30万 t級のバースが約200カ所建設され，年間コンテナ94万TEUをはじめ6510万tの貨物積卸量を誇る(2015)．交通では南欽線(欽州〜ナンニン(南寧))，黎欽線(リータン(黎塘)〜欽州)，欽北線(欽州〜ペイハイ(北海))，欽防線(欽州〜ファンチョンガン(防城港))などの鉄道が通じ，市内から欽州港に直通する通勤鉄道も開通している．2015年における市全体の1人あたりGDPは4725 USドルで，全国平均の約6割程度．　　［許　衛東］

チンチョウ自治県　靖州自治県　Jingzhou

中国

チンチョウミャオ族トン族自治県　靖州苗族侗族自治県（正称）

人口：25.3万（2015）　面積：2208 km²
　　　　　　　　　　　　［26°35′N　109°42′E］

　中国中南部，フーナン(湖南)省，ホワイホワ(懐化)地級市の自治県．県政府はチュイヤン(渠陽)鎮に所在する．ミャオ(苗)族とトン(侗)族が総人口の74％を占める(2013年)．シュエフォン(雪峰)山脈に属し，ユワン(沅)江支流の渠水が南から北へ支流を合わせながら中部を貫流する．マツ，スギ，孟宗竹などの用材林や，アブラツバキやオオアブラギリなどの経済林がある．鉱産物は金，石炭，鉄などがある．農産物は水稲，搾油作物，サトウキビなどがあり，特産にブクリョウ(茯苓)などの漢方薬材，クルミ，ヤマモモなどがある．工業は冶金，化学，医薬，食品，竹木加工などがある．焦柳鉄道(チャオツオ(焦作)〜リウチョウ(柳州))や包茂高速道路(パオトウ(包頭)〜マオミン(茂名))が通る．名勝に飛山がある．　　［小野寺 淳］

チンチョン　鎮川　Jincheon

韓国

人口：7.1万（2015）　面積：407 km²
　　　　　　　　　　　　［36°51′N　127°26′E］

　韓国中部，チュンチョンブク(忠清北)道西端の郡および郡の中心地．行政上は鎮川郡鎮川邑．クム(錦)江の支流，美湖川に沿う盆地に位置する．郡域の北はキョンギ(京畿)道アンソン(安城)市に接し，西はチュンチョンナム(忠清南)道チョナン(天安)市に接する．2010年の鎮川郡の人口は6.2万である．1975年の人口は約7.5万であったので，この間に約2割弱の減少をみた．チュンブ(中部)高速道路とピョンテク(平沢)・チェチョン(堤川)高速道路が郡内を通過し，北鎮川で交差している．　　［山田正浩］

チンチョン県　慶城県
Qingcheng
中国

チンヤン　慶陽　Qingyang（旧称）

人口：32.9万（2002）　面積：2673 km²
[36°00′N　107°53′E]

中国北西部，ガンスー（甘粛）省東部，チンヤン（慶陽）地級市の県．ウェイ（渭）河の支流であるマーレン（馬蓮）河流域に位置する．1913年に慶陽県が置かれ，2002年に慶城県と改称された．農業が主で，冬小麦，トウモロコシ，コーリャン，豆類などを産し，特産物は黄花菜である．鉱物資源に石油がある．発電のほか，建材などの工業が盛んである．国道211，319号が県内を通る．

[ニザム・ビラルディン]

チンチョン市　晋城市　Jincheng
中国

高都（古称）

人口：230.1万（2013）　面積：7611 km²
気温：11.5℃　降水量：550 mm/年
[35°30′N　112°49′E]

中国中北部，シャンシー（山西）省南東部の地級市．秦漢代には高都県と称し，唐代貞観元年（627）から晋城と称する．1983年に県級市に，85年に地級市になり，城区とガオピン（高平）市，ヤンチョン（陽城），チンシュイ（沁水），リンチュワン（陵川），沢州の4県を管轄している．市政府所在地は城区．

地形は複雑で山地が多い．東部にはタイハン（太行）山脈，南西にはチョンティヤオ（中条）山，北西にはタイユエ（太岳）がある．中部は起伏のある丘陵地で，その間にいくつか盆地がある．晋城盆地やガオピン（高平）盆地は比較的広く，主要な農業地域である．チン（沁）河，タン（丹）河，ヤンチョン（陽城）河，端氏河などがある．気候は大陸性気候で四季ははっきりしている．無霜期間は180日間．アワ，トウモロコシ，小麦，コーリャンなどがおもな農作物である．山楂の沢州紅が300年以上前から栽培され，全国5大産地の1つ（年生産量約3000 t）である．

地下資源が豊富で，とくに石炭と鉄鉱石が多い．石炭の分布面積は1000 km²以上，石炭層の厚さは7 m，埋蔵量は750億 tに達し，沁水炭田の一部になっている．また，鉄鉱石は関山，朝陽，峰頭などを中心に域内に広く分布し，埋蔵量は5億 tにのぼる．おもな工業は石炭，冶金，化学工業，電力などである．太焦鉄道が市内を通り，全国鉄道網への大動脈になっている．また，省会タイユワ

ン（太原）への幹線道路や周辺地域への道路も整備されている．高平開化寺，晋城景徳橋，陽城海会寺などの名勝がある．また，特産品としてリンゴ，ナシ，ブドウなどがあるが，山楂の沢州紅を原料に製造された健康加工食品が最も有名である．

[張　貴民]

チンチョン市　晋中市　Jinzhong
中国

ユィーツー　楡次　Yuci（旧称）

人口：330.5万（2013）　面積：16408 km²
気温：9℃　降水量：540 mm/年
[37°40′N　112°44′E]

中国中北部，シャンシー（山西）省中東部の地級市．春秋時代には晋国に，戦国時代には趙国に属した．1949年に晋中地区が設置され，ユィーツー（楡次）専区，晋中専区，晋中地区と何度も改称され，99年に晋中地区が廃止されて晋中市が設置された．現在の晋中市はユィーツー（楡次）区，ユィーショー（楡社），ツオチュワン（左権），ホーシュン（和順），シーヤン（昔陽），ショウヤン（寿陽），タイグー（太谷），チーシェン（祁県），ピンヤオ（平遥），リンシー（霊石）の8県，チエシウ（介休）市を管轄する．市政府所在地は楡次区．

地形は東高西低で，東部のタイハン（太行）山脈から西のフェン（汾）河平野に傾いている．太行山脈の主峰（標高2180 m）は市内の左権県にある．西部のタイユワン（太原）盆地は標高が約800 m，汾河の沖積地で農業に適し，主要な農業地域になっている．無霜期間は140〜180日間．小麦，アワ，トウモロコシ，コーリャン，芋類のほかに，水稲も栽培している．石炭，鉄鉱石，石膏，硫黄など豊富な地下資源がある．石炭は最も広く分布し，埋蔵量も多い．山西省6大炭田のうち，チンシュイ（沁水）炭田とフオシー（霍西）炭田の2つは晋中市にある．石炭の採掘，鉄鋼業をはじめ工業も発達している．石太鉄道，同蒲鉄道と南焦鉄道のほかに，高速道も発達している．1997年に「古都平遥」としてユネスコの世界遺産（文化遺産）に登録された平遥古城，双林寺，鎮国寺，無辺寺，喬家大院など名勝旧跡が多い．

[張　貴民]

チンチョン山　青城山
Qingcheng Shan
中国

丈人山，赤城山（別称）

標高：1600 m　　[30°58′N　103°30′E]

中国中西部，スーチュワン（四川）省トゥーチャンイエン（都江堰）市の南西部の山地にある道教の聖地．チョントゥー（成都）市から西，ミン（岷）江扇状地の扇頂に位置する．2000年に都江堰の水利工程とともに「青城山と都江堰水利（灌漑）施設」としてユネスコの世界遺産（文化遺産）に登録された．主峰の老宵頂は標高1600 m．それほど奥地ではないが深山幽谷の趣きがあり，青城は天下の幽といわれる．年間を通じて常緑樹が深い森をなし，四周の連峰が城郭のようにみえるのでこの名がある．伝説では黄帝が寧封子という仙人を青城山に封じて五岳丈人と称したという．四川の山地には，もともと原始宗教的な伝統が残り，それをもとにして後漢の末，近くの鶴鳴山で修業し五斗米道という民間宗教の祖となった張道陵という人物が，青城山に移って道教の聖地として整備したと伝える．フーペイ（湖北）省ウータン（武当）山，チャンシー（江西）省ロンフー（竜虎）山，アンホイ（安徽）省斉雲山と並んで道教の4大聖地とされる．唐代には道教が国教とされたため，青城山の施設も充実した．現在は都江堰と合わせて成都郊外の重要な観光地となっている．前山景区と後山景区に分かれ，前山には天師洞を中心に建福宮，上清宮，円明宮，老君閣，玉清宮などの道教の宮観と天然図画とよばれる眺望台があり，後山には金壁天倉，泰安古鎮，水晶溶洞，竜隠峡桟道，百丈長橋，白雲群洞などの名所がある．

[秋山元秀]

チンチラ　Chinchilla
オーストラリア

人口：0.5万（2011）　面積：72 km²
[26°44′S　150°38′E]

オーストラリア北東部，クイーンズランド州南東部，ウェスタンダウンズ地域の町．州都ブリズベンの西北西約290 kmに位置する．園芸農業や畜産業をはじめとする第1次産業がおもな産業である．とくにスイカ，メロン類（マスクメロンなど）の生産が多く，国全体の約1/4がこの地域で生産される．1994年より開催されているチンチラメロン祭りは観光イベントとなっている．

[秋本弘章]

チンチョン(青城)山(中国), 道教寺院の上清宮《世界遺産》[Meiqianbao/Shutterstock.com]

チンツァン高原　青蔵高原
Qingzang Gaoyuan

ユーラシア大陸南中部

チベット高原　Tibetan Plateau (別称) /チンカンツァン高原　青康蔵高原 (古称)
面積：2300000 km² 標高：4000-5000 m
長さ：2500 km 幅：1200 km

[33°00′N　88°00′E]

中国西部の高原．チベット高原とまったく同じ意味であるが，中国では，シーツァン(チベット，西蔵)自治区だけでなく，チンハイ(青海)省，ガンスー(甘粛)省南西部，スーチュワン(四川)省北西部，ユンナン(雲南)省，シンチャン(新疆)ウイグル(維吾爾)自治区の南縁部までを広がる高原という意味で，このようによばれる．地名は青海省と西蔵自治区の2省を合わせたものである．また，かつてはチンカンツァン(青康蔵)高原とよばれていた．高原に居住する民族はおもにツァン(チベット)族で，そのほかにメンパ(門巴)族やロッパ(珞巴)族，回族，漢族，モンゴル族，イ(彝)族，ナシ(納西)族，ヌー(怒)族，チャン(羌)族，ペー(白)族，トゥルン(独竜)

族などの民族があげられる．中でもツァン族は，高原における伝統的な生活文化のほかに，歌舞や劇などを総合したアジラム(阿吉拉姆)とよばれる独自の伝統芸能を有している．

中国では，青蔵高原を，自然条件に合わせ，以下の10地域に区分している．
(1)ヒマラヤ山南翼の亜熱帯森林地区(インダス川の平原地域)，(2)東チベット(蔵東)川西山地の針葉樹林地区(ヤルンツァンポ(雅魯蔵布)江中部の下流〜ホントゥワン(横断)山脈中流までの地域)，(3)南チベット(蔵南)山地の草原地区(ヤルンツァンポ江中流，ペンチュ(朋曲)上流の地域)，(4)チーリエン(祁連)山脈の草原，針葉樹林地区(青海省東部から祁連山脈東部までの地域)，(5)ナッチュ(那曲)およびユィーシュー(玉樹)の高地寒冷湿原地区(ヌー(怒)江水源の東部から川西北のツォイゲ(若爾蓋)一帯の地域)，(6)青南の高地寒冷草原地区(タンラ(唐古拉)山脈とクンルン(崑崙)山脈の山間部を流れるチャン(長)江，ホワン(黄)河上流一帯を占める高原地域)，(7)チャンタン(羌塘)高地寒冷草原地区(ガンディセ(岡底斯)山脈からニェンチェ

ンタンラ(念青唐古拉)山脈以北の内流地域)，(8)ガリ(阿里)山地半荒漠・荒漠地区(ガンディセ山脈とカラクンルン(喀喇崑崙，日本ではカラコルム)山脈の山間部とその部分を流れるインダス川の上流部)，(9)崑崙高地寒冷半荒漠・荒漠地区(崑崙山脈中西部の南翼の地域)，(10)ツァイダム(柴達木)山地荒漠地区(ツァイダム盆地，アルチン(阿爾金)山脈と崑崙山脈北麓一帯の地域)．それぞれの標高は3000〜5000 mであるが，年平均降水量は200〜4000 mmと差が大きく，その気候と相まって，地域ごとに独自の景観がみられる．この自然環境の違いは，人びとの生活の営みにも大きく影響し，農業や牧畜業の手法も同様に地域性がみられる．

産業では，水力資源と地熱資源が豊富であり，数多くの温泉が点在する．主な鉱産資源は銅や食塩，鉄，ホウ砂，硫酸ナトリウムなどである．工業では紡績や化学肥料などがみられるが，とくに伝統手工業が有名である．そこでは絨毯やプル(ヤクの毛で織った衣服)，チベット帽，チベット靴，腰刀などを作成している．農業ではおもにハダカ麦やソラ豆，小麦，ナタネなどを生産している．

名勝古跡ではポタラ宮や大昭寺, タシルンポ寺, 薩迦寺, 蔵王寺などが有名である. 近年では, チンハイ(青海)省のシーニン(西寧)からのチベット横断鉄道(青蔵鉄道)が西蔵自治区の首府ラサ(拉薩)まで通じたことから, 観光にも力が入れられている. ──チベット高原

[石田 曜・小野有五]

チンティエシャン 鏡鉄山
Jingtieshan
中国

Chingtieshan (別表記)

長さ: 35 km 幅: 33 km

[39°13′N 97°55′E]

中国北西部, ガンスー(甘粛)省北西部の鉱山. チウチュワン(酒泉)市の南部, スーナン(粛南)自治県の西部にある. 西は吊達坂溝, 東は陶頼河にいたる. 北はホーシー(河西)回廊に接し, 南は柳溝泉溝にいたる. 東西の幅は約33 km で, 南北の長さは約35 km である. 地名は, 1955 年に鏡鉄鉱が発見されたことから名づけられた. 鉄鉱石の埋蔵量は約4億6000万t で, 山全体が鉄鉱石からなるといわれる. チャユィークワン(嘉峪関)市の酒泉製鉄所の原料供給地で, 専用鉄道がある. [ニザム・ビラルディン]

チンティエン県 青田県
Qingtian
中国

人口: 47.3 万 (2002) 面積: 2484 km²

[28°08′N 120°17′E]

中国南東部, チョーチャン(浙江)省東西部, リーシュイ(麗水)地級市の県. オウ(甌)江の中流に位置する. 唐代景雲年間に青田県が設置された. 帰国華僑の多い地区の1つである. 地勢は北西から南東へかけて標高が低くなっていく. おもに採掘, 電力, 冶金, 機械, 化学工業, 製紙, 電子, 計器, 製茶, 綿紡織, 食品加工などの工業がある. おもな特産物としてモリブデン酸アンモニウム, 青石彫刻や竹編みなどの工芸品がある. 農産物には稲, 麦, サツマイモ, 油茶, オオアブラギリ, 茶, エゾキスゲ, 繭などがあり, 名産品として茶とミカンがある. 観光スポットには太鶴山, 石門洞などがある. [谷 人旭]

チンド 珍島 Jindo
韓国

人口: 3 万 (2015) 面積: 440 km²

[34°29′N 126°16′E]

韓国南西部, チョルラナム(全羅南)道南西端の郡および郡の中心地. 行政上は珍島郡珍島邑. 2010 年の珍島郡の人口は 2.9 万である. 1975 年の人口は約 10 万であったので, この間に約 3 割弱に減少した. 郡域は珍島本島のほかに周辺の 200 以上の小島を含む. 本土との間は, 鳴梁海峡を越える珍島大橋(1984 完成, 484 m)で結ばれている. 島で産する珍島犬は韓国の天然記念物に指定されている. [山田正浩]

チンド県 称多県 Chindu
中国

チョンドゥオ県 称多県 Chengduo (漢語)

人口: 6.0 万 (2015) 面積: 14000 km²

[33°21′N 97°07′E]

中国西部, チンハイ(青海)省南部, ユィーシュー(玉樹)自治州の県. スーチュワン(四川)省と境を接する. チベット高原東部に位置し, 県北部にバヤンハル(巴顔喀拉)山脈の標高 4000〜5000 m の山々が連なり, 県南部をチャン(長)江上流部のトンティエン(通天)河が流れる. かつての唐蕃古道が通り, 山脈を越える峠であるバヤンハル山口と, ヤク皮の小舟で通天河を渡ったチーメンダー(直門達)がある. 住民は大部分がツァン(チベット)族である. [高橋健太郎]

チンドウィン川 Chindwin River
ミャンマー

面積: 110350 km² 長さ: 885 km

[21°29′N 95°17′E]

ミャンマー北部から中部にかけて流れる川. 漢字では欽敦江と表記する. 国内最大河川のエーヤワディ川の最大の支流である. カチン州西部, クモン山脈の西面に源を発し, インド国境にまたがるパートカイ丘陵とナガ山地から流れる多くの支流を集め, 南へ流れ, パコックの上流でエーヤワディ川に合流する. 上流部のフーコウン渓谷の一部を除き, 流域平野はその大部分が標高 200 m 以下で, 河道は蛇行が著しい. フーコウン渓谷には, 金, 琥珀, 翡翠を産し, 支流ミッター川の合流点カレーワには褐炭の炭坑がある. 増水期にはエーヤワディ川合流点から上流 600 km のホマリンまで, 減水期には 380 km のキンダッ Kindat まで船行可能であり, 重要な交通ルートとなっている. 下流域では灌漑農業により, 米, 綿花, 大豆の生産が盛んである. 上流域と周辺の丘陵地帯は, 熱帯多雨林の大森林地帯であり, アワなどの雑穀が栽培されている. 上流地方の一部には小規模な炭田と油田がみられる. [西岡尚也]

チンドゥチェン市 景徳鎮市
Jingdezhen
中国

昌南鎮, 新平県 (古称)

人口: 163.0 万 (2014) 面積: 5270 km²

[29°12′N 117°06′E]

中国南東部, チャンシー(江西)省北東部の地級市. チャン(昌)江の上流部と中流部, ローアン(楽安)河の中流部に位置し, 中国最大の製陶業の中心地である. 北部はアンホイ(安徽)省に隣接する. 市政府はチャンチャン(昌江)区(人口 17.2 万, 面積 432 km², 2012)に置かれ, 昌江, チューシャン(珠山)の2区, ローピン(楽平)市, フーリャン(浮梁)県を管轄する. 懐玉山地とポーヤン(鄱陽)湖平原の移行地帯に位置し, 地形は低山と丘陵が主体で, 黄山の続きの山地が北西に, 郡公山が北東に延び, 南部は河谷に沿う盆地である. 気候は亜熱帯性であるが, 温和で降雨に恵まれる. 漢代に鄱陽県が置かれ, 晋代には新平県に改称した. さらに昌江の南岸にあることから, 昌南鎮に改名された. 北宋の景徳年間に, 皇帝真宗の勅命により年号から景徳鎮と改名され, 浮梁県に属した. 1949 年に浮梁県から分離して市が設置され, 69 年には浮梁県を併入した. 磁器に適した土が豊富で, 磁器生産の中心として内外に名を馳せ磁都の称がある. 史料によると, 漢代に陶磁器の生産が始まり, 南朝陳のときにはすでに製陶業が興った. 宋の景徳年間に官吏を派遣して磁器を焼かせて宮廷に納めさせたことから, 景徳鎮の名は全国に広まった. 磁器の底部には景徳と紀款を入れた. 元代には青花(染め付け)の技法が開発され, 明, 清時代を通じて官窯(御器廠)で宮廷向けの名器の生産が行われる一方, 民窯ではさまざまな磁器が大量生産され, 国内だけでなく日本やヨーロッパ, イスラーム圏に盛んに輸出され, China の語源にもなった. 日本へは江戸時代に渡来し南京焼とよばれた.

コワントン(広東)省フォーシャン(仏山), フーペイ(湖北)省ハンコウ(漢口), ホーナン(河南)省チューシェン(朱仙)鎮とともに中国四大名鎮と称された. アヘン戦争以降は, 洋食器が国内で販路を広げたため, 磁器業は日ごとに衰退し, 国民党統治下では多くの工房が破産に瀕したが, 中華人民共和国建国後に復興した. 市内には 5000 以上の工房があるが, 国営の大工場が姿を消し, 数多くの個人経営の工房からなり立っている. 陶土は市の東郊外で採取されていたが, 枯渇したことで, 現在では安徽省チーメン(祁門)県から陶土を移入している. 陶磁器のほかに電力, 機

械，電子，化学工業なども発展していった．名勝古跡に諸仙洞，洪岩洞，竜珠閣，北宋紅塔，南市街古窯跡，三里廟古街，祥集弄明宅，明園・清園建築群などがある．

［林　和生］

チンドワラ　Chhindwara　インド

人口：13.8万（2011）　　［22°04′N　78°58′E］

インド中部，マッディヤプラデシュ州中部，チンドワラ県の都市で県都．チンドワラ県の人口は209.1万，面積は1万1815 km²（2011）．市の人口の約3割が指定部族（ST）に属する．ナーグプルの北105 kmに位置し，道路・鉄道の結節地であり，綿やサンヘンプ製品の市場がある．また北西27 kmにバルクヒ炭田があり，石炭の積出地となっている．鉱山学校，サトウキビを主とする実験農場や森林研究所など教育・研究機関が集まっている．また中世につくられたデワグラハ城，部族民博物館，温泉地がある．チンドワラ県の大部分は，サトプラ山脈の南に位置する標高750〜1150 mのチンドワラ高原が占める．農業は小麦，ミレット，米，種油，綿花の作付けがなされている．周辺の森林地帯ではサラの木，竹，ラックなどを産する．

［南埜　猛］

チントン自治県　景東自治県　Jingdong　中国

チントンイ族自治県　景東彝族自治県（正称）

人口：36.0万（2010）　面積：4466 km²
［24°26′N　100°51′E］

中国南西部，ユンナン（雲南）省南西部，プーアル（普洱）地級市の自治県．1985年末に景東イ（彝）族自治県となった．県政府所在地は錦屏鎮である．イ族が総人口の4割を占め，ハニ（哈尼）族，タイ（傣）族，ヤオ（瑶）族なども含めて，少数民族が5割弱を占める．ホントゥワン（横断）山脈の南端に位置し，県内の大部分が無量山系と哀牢山系の山間地で占められ，亜熱帯気候に属するが標高の影響を強く受け，地域差が大きい．農業と林業がおもな産業であり，米など主食類のほか茶葉，サトウキビ，クルミ，マンゴーなどが生産されている．県内を流れるランツァン（瀾滄）江に大規模な漫湾ダム発電所と大朝山ダム発電所が建設された．

［松村嘉久］

チントンシャ市　青銅峡市　Qingtongxia　中国

人口：26.5万（2010）　面積：2438 km²
［38°01′N　106°05′E］

中国中北部，ニンシャ（寧夏）回族自治区中部，ウーチョン（呉忠）地級市の県級市．明代（15世紀頃）に建造された長城（万里の長城）を境として，西は内モンゴル自治区と接する．市西部のホーラン（賀蘭）山脈と南部の牛首山の間に形成された青銅峡をホワン（黄）河が北上する．古来，黄河の水を利用した灌漑農業が営まれ，小麦や米を産する．1960年代に青銅峡に水力発電所が建設され，ダム湖が形成された．また1990年代に火力発電所も建設され，工業化が進んだ．おもな工業は，アルミニウム精錬やコンクリート，ポリ塩化ビニルパイプなどの建材製造である．西夏時代（11世紀）につくられたと伝えられる仏塔群の一百零八塔がある．

［高橋健太郎］

チンナン区　津南区　Jinnan　中国

人口：67万（2012）　面積：421 km²
［38°56′N　117°21′E］

中国，ティエンチン（天津）直轄市の区．中心市街地の南東郊外，浜海新区との間に位置する．ハイ（海）河下流の右岸（南岸）の氾濫原を占め，海岸に近いところには古海岸線を示す貝殻の堆積層でできた堤防列が残っている（BC 1400年頃のもの）．1949年の新中国成立前に津南県と津沽県という行政領域になっていたが，天津県に統合され，以降は天津市に属して津南郊区となり，1955年南郊区となった．一時期シーホー（西河）区に編入されたりしたが，1962年に再度分離し，92年に津南区に改称された．8鎮と1弁事処を管轄している．東でピンハイ（浜海）新区に接する葛古鎮は，浜海新区の開発計画の中に組み込まれている．常住人口は67万（2012），うち25万は外来人口である．北方では早くから水田が開発されて地区で，北方の魚米の郷といわれる．また清末に軍人官僚であった周盛伝がこの付近を開墾して水田を開き，そこで栽培した米は小沽稲とよばれ，品質のよさで全国に知られている．

［秋山元秀］

チンニン区　晋寧区　Jinning　中国

人口：30.0万（2015）　面積：1391 km²
［24°38′N　102°35′E］

中国南西部，ユンナン（雲南）省中央部，ク

ンミン（昆明）地級市の区．昆明市の衛星都市化が進み，2016年に県制を廃し市轄区となった．明代に七度の大航海を指揮したイスラーム教徒の鄭和の出身地だとされている．リン鉱石の埋蔵量が豊富で，区政府所在地のクンヤン（昆陽）街道は，リン鉱石の採掘と化学肥料の生産地として有名である．家畜の生産や淡水魚の養殖なども盛んである．滇池の周辺ではリゾート開発が進む．

［松村嘉久］

チンニン県　静寧県　Jingning　中国

隴干（旧称）

人口：47.2万（2002）　面積：2192 km²
［35°31′N　105°43′E］

中国北西部，ガンスー（甘粛）省東部，ピンリャン（平涼）地級市の県．ウェイ（渭）河の支流である葫蘆河上流に位置する．北はニンシャ（寧夏）回族自治区に接する．宋代に隴干県が置かれ，1913年に静寧県と改められた．農業が主で，小麦，キビ，トウモロコシ，ジャガイモ，コーリャンなどを産する．県内には中国労農赤軍（工農紅軍）第1，2方面軍が合流したところである慶勝楼がある．

［ニザム・ビラルディン］

チンニン自治県　景寧自治県　Jingning　中国

チンニンショオ族自治県　景寧畲族自治県（正称）

人口：17.2万（2015）　面積：1950 km²
［27°58′N　119°38′E］

中国南東部，チョーチャン（浙江）省西南部，リーシュイ（麗水）地級市の自治県．明代の景泰3年（1452）に初めて置かれた県で，1984年に景寧ショオ族自治県となった．南西部が高く，北東部へ行くに従って低くなる，山がちな地勢である．製紙，電力，採掘，醸造，紡績などの工業が行われる．農作物には稲，サツマイモ，麦，トウモロコシ，落花生などがある．おもな観光スポットには時思寺や恵明寺などがある．

［谷　人旭・小野寺　淳］

チンハイ区　静海区　Jinghai　中国

人口：57万（2012）　面積：1476 km²
［38°57′N　116°58′E］

中国，ティエンチン（天津）直轄市の区．市域の最も南西にあり，ホーペイ（河北）省のランファン（廊坊）市，ツァンチョウ（滄州）市と

接している．北はシーチン(西青)区，東はピンハイ(浜海)新区の大港区と接している．この地には金代から県が設置されているが，1973年に河北省から天津市に移されている．2015年に静海区に改称した．16鎮と2郷を管轄している．人口は57万(2012)．そのうち農業人口は80％を占める．しかし産業別の生産額でみると，1次産業は5％にすぎず，70％は第2次産業による．中心市街地や郊区と浜海新区との間にあり，低湿で湖沼や水路が縦横に走っている．区の西部には，南方へ向かう鉄道に並行して京杭運河や高速道路が走り，東はハイ(海)河の治水が不十分なときは，洪水常襲地帯であったが，現在は整備が行われ，低湿地にも住宅や工業用地の開発が及んでいる．
　　　　　　　　　　　　　　　[秋山元秀]

チンハイ省　青海省　Qinghai Sheng　中国

せいかいしょう（音読み表記）
人口：573.9万（2015）　面積：722300 km²
[36°37′N　101°46′E]

中国西部の省．シーニン(西寧)市，ハイトン(海東)市，ハイペイ(海北)自治州，ハイナン(海南)自治州，ハイシー(海西)自治州，ホワンナン(黄南)自治州，ゴロ(果洛)自治州，ユィーシュー(玉樹)自治州の2地級市と6自治州よりなる．省会は西寧市．シンチャン(新疆)ウイグル(維吾爾)自治区，シーツァン(チベット，西蔵)自治区，ガンスー(甘粛)省，スーチュワン(四川)省と境を接する．省北西部はツァイダム(柴達木)盆地，北東部はホワントゥー(黄土)高原，中部以南はチベット高原が広がる．山地，丘陵地が広い面積を占め，急峻な山脈がおおよそ東西方向に走る．北西部にはアルチン(阿爾金)山脈，北東部にチーリエン(祁連)山脈，中部にはクンルン(崑崙)山脈と支脈のブルハンブッダ山脈，アムネマチン(阿尼瑪卿)山脈，バヤンハル(巴顔喀拉)山脈，南部にはタンラ(唐古拉)山脈，いずれも標高4000〜6000 m級の山々が連なる．

チベット高原にはホワン(黄)河，チャン(長)江，ランツァン(瀾滄)江(メコン川)の3大河川の源流域があり，三江源地域とよばれる．山脈に堆積した氷河や万年雪の融解水は，まず湖沼や小河川を形成し，合流をくり返し，やがて本流となる．しかし，三江源地域では，長年の森林伐採や野生動物の密猟，トウチュウカソウ(冬虫夏草)など漢方薬材の乱採取，鉱山開発などによって生態環境が悪化している．そのため，2000年代より自然保護区が設置され，環境保全が進められている．また，省北東部，黄土高原とツァイダム盆地の境域には，中国最大の湖で内陸塩湖の青海湖がある．青海の省名はこの湖に由来する．省北部は内陸性乾燥気候で，年平均降水量は西寧市で380 mm，ツァイダム盆地西部では30 mm以下となる．そのため，ゴビとよばれる礫質の砂漠や荒地も広がる．チベット高原は寒帯・冷帯気候で，年平均気温が氷点下で高山草原が広がる．山頂部は氷河や万年雪に覆われる．

古来，遊牧民と中原政権が勢力を争った地である．チベット系の羌の生活地域であったが，前漢(紀元前2〜1世紀)に中原の版図に組み込まれるようになり，現在の西寧市やロートゥー(楽都)区に軍事拠点が築かれた．し

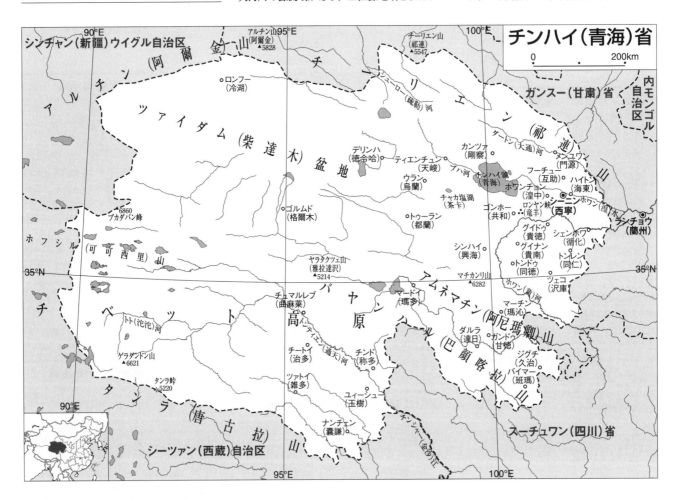

かし，4世紀には鮮卑系の吐谷渾が，唐代(7世紀)にはチベット系の吐蕃が，また元代(13世紀)にはモンゴル人がこの地を治めた．中華民国期には回民(ムスリム)軍閥の馬麒・馬歩芳父子が，西寧を含む省北部を掌握し，南部へも勢力を伸ばした．

古くからの交通の要衝で，シルクロードの南路が西寧を含むホワン(湟)水流域やツァイダム盆地を通る．また，唐蕃古道は古都長安(現シャンシー(陝西)省シーアン(西安)市)から西寧を経由し，チベット高原を抜けてチベットやネパールを結んだ．現在もこれらの道は幹線道路として使われており，高速道路の建設も進められている．また，2000年からの西部大開発政策による交通網整備の一環として，06年，中国各地から西寧市，ゴルムド(格爾木)市を経て西蔵自治区へつながる青蔵鉄道も開通した．西寧市には曹家堡空港があり，国内各地と航空路線で結ばれる．その他，小規模な空港がゴルムド市とユィーシュー(玉樹)市，デリンハ(徳令哈)市にある．

歴史的経緯もあり，多民族地域だが，漢族が過半数を占める(2015)．その他，ツァン(チベット)族や回族，トゥ(土)族，サラ(撒拉)族，モンゴル族などが暮らす．チベット文化の地域区分では，省の大部分はアムド地方で，省南部の玉樹自治州の一部はカム地方である．ゲルク派の開祖ツォンカパの生誕地であるクンブム寺(タール寺，ホワンチョン(湟中)県)など，チベット仏教の寺院が多数ある．回族やサラ族などが信仰するイスラーム教のモスクも多数あり，東関大モスク(西寧市)は中国有数の規模で4万人以上を収容する．漢族(とその祖先)の本省への移住は古くから確認され，西寧市を含む湟水流域に多いが，とくに移住者が増加したのは，中華人民共和国期1950年代以降である．おもに鉱工業の開発に伴う移住で，ツァイダム盆地のゴルムド市やデリンハ市などの開発が進んだ．地域開発や文化的差異などを原因として，民族間の摩擦や衝突，たとえばツァン族の抗議行動が起きることもある．

湟水流域では小麦や豆類，搾油用のナタネなどがよく栽培される．冷涼で水を得にくい山間部では，耐性のあるハダカ麦(青稞)が栽培される．牧畜業は省の主産業の1つで，寒冷な気候に適応したヤクやチベット羊が飼育され，肉や乳，毛皮が利用される．冬虫夏草やセツレンカ(雪蓮花)など高山性の漢方薬材の採取も盛んだが，過剰な開発による環境破壊が懸念される．地下資源が豊富であることから，鉱工業が発達している．ツァイダム盆地には，中国で最大，世界でも有数規模の塩(塩化ナトリウム)の埋蔵量があり，塩素との化合物の形でカリウムやマグネシウム，リチウムなどがあり，また石油と天然ガスも埋蔵され，それらが盛んに採掘されている．そのため，製塩や，カリウムを用いた化学肥料の製造，石油精製など，資源と結びついた工業が発達している．チベット高原では，銅や鉛，亜鉛，スズなどが採掘される．

中国沿海部との経済格差が拡大したこともあり，1990年代以降，出稼ぎなどの労働力移出が活発になっている．工場や建築現場などでの労働も多いが，回族やサラ族の中には，沿海部の都市にムスリムでも飲食可能な豚肉や酒を使用しない清真料理を提供する小規模なハラール・レストラン，とくに蘭州ラーメン店を開く人が多く，「ラーメン経済」による貧困脱出が注目されている．2000年代以降，観光業が活性化している．おもな観光資源は，青海湖や黄河流域の峡谷，アムネマチン山脈，バヤンハル山脈，三江源地域などの自然，およびチベット仏教寺院である．

［高橋健太郎］

チンハイ湖　青海湖　Qinghai

中国

面積：4403 km²　標高：3194 m　長さ：104 km
幅：62 km　深さ：33 m

[36°55′N　100°12′E]

中国西部，チンハイ(青海)省東部にある湖．ハイペイ(海北)自治州のカンツァ(剛察)県とハイイエン(海晏)県，およびハイナン(海南)自治州のゴンホー(共和)県にまたがる．中国最大の湖で，内陸塩湖である．モンゴル語ではフフノールまたはココノール，チベット語ではツォゴンボとよばれ，ともに青い海を意味し，省名の由来となった．漢語では西海や鮮水，鮮海，またこの一帯に暮らしていた遊牧民の名をとって卑禾羌海などとよばれていた．

大きさは最長部で南北約100 km，東西約60 km，一周は約360 km．水面標高は約3200 m．最大水深は28～33 m，面積は4200～4600 km²の範囲で複数の数値が存在する．この理由は，自然的，人為的原因により湖の水深や面積が変化しているためで，2000年代前半までは面積が減少していたが，2000年代後半からは増加の傾向にある．周囲を山脈に囲まれ，北はダートン(大通)山脈，東はリーユエ(日月)山脈，南と西は青海南山脈の標高4000 m級の山々が連なる．湖は，これら山脈を切る断層によって形成されたもので，陥没湖の一種である．この湖に流入する河川の数にも複数の説が存在する．以前は大小あわせて100以上の河川が流入していたが，その数は減少傾向にある．流域での開発に伴い河川水や地下水の使用量が増え，干上がってしまった河川もある．おもな流入河川は，ブハ河やシャーリュー河，ハルガイ河，ウハーラ河などである．いずれの河川も周囲の山脈に積もった万年雪や氷河の融解水をおもな水源にしているため流量に季節性があり，5～9月に流量が多い．

インドガンやチャガシラカモメ，オオズグロカモメ，カワウなど鳥類が多く生息する．シベリアのバイカル湖とインド北部，中国南部などの間を移動する渡り鳥も多い．湖の西岸，ブハ河の河口部に，鳥類繁殖のためのニャオダオ(鳥島)自然保護区があり，ラムサール条約の登録湿地にもなっている．湖には裸鯉(俗称，湟魚)が生息する．この魚は，成魚は塩湖であるこの湖にいるが，産卵時は河川を遡上し，稚魚は淡水で育つ．乱獲および稚魚が育つ河川の断水により，絶滅が危惧される．この魚は鳥類の貴重な食料でもあるため，個体数の減少は，鳥類の繁殖にも影響を与える．

モンゴル人やチベット人にとって，この湖は神聖な存在であり，湖を祀る儀礼が行われる．また，2002年から，夏季に湖周辺の道路を主会場とする自転車の国際大会が開催されている．避暑や野鳥観察などの観光が盛んである．湖の周囲は軍事利用もされており，湖の東側には，1960年代に中国初の原子爆弾と水素爆弾を研究開発したかつての軍事施設が原子城として公開されており，地下には核廃棄物の埋設坑もある．

［高橋健太郎］

チンバイ　Chimbai

ウズベキスタン

Chimboy (別表記)

人口：2.7万 (1989)　[42°57′N　59°47′E]

ウズベキスタン北西部，カラカルパクスタン共和国中央部の都市．アムダリアデルタにあり，共和国首都ヌクスの北56 kmに位置する．おもな産業は，綿繰り，アルファルファ，米生産である．教育大学がある．

［木村英亮］

チンビエン県　靖辺県　Jingbian

中国

人口：35.6万 (2010)　面積：4975 km²
気温：7.8℃　降水量：395 mm/年

[37°35′N　108°48′E]

中国中部，シャンシー(陝西)省北部，ユィーリン(楡林)地級市南西部の県．無定河上流域に位置し，北は内モンゴル自治区と接する．県政府所在地は張家畔鎮．万里の長城が県を東西に貫く．地勢は南高北低で，北部は風砂による砂地，中部は黄土丘陵，南部は白於山地で構成される．無霜期間は120日．気温の日較差が激しい．県を中心とする陝甘寧盆地中部のガス田は国内でも有数の産出量を誇る．石油の埋蔵量も豊富で，油田面積は県面積の1/3を占める．東晋の大夏国の国都遺跡は，国の重要文化財として保護対象に指定された．大秧歌，信天遊などの民間芸能が有名である． [杜　国慶]

チンピン県　錦屏県　Jinping

中国

人口：22.7万 (2012)　面積：1597 km²
[26°41′N　109°12′E]

中国中南部，グイチョウ(貴州)省南東部，チェントンナン(黔東南)自治州の県．県政府所在地は三江鎮である．西はフーナン(湖南)省に隣接する．総人口の5割をトン(侗)族，4割をミャオ(苗)族が占める．林業が盛んでスギやクスノキを産したが，1998年に天然林の伐採が禁止されて以降，地域経済は危機に瀕している．県域北部の茅坪鎮と南部の隆里村は，2006年に省が歴史文化名鎮に指定した．トン族の伝統建築である風雨橋があり，黔東南自治州のエスニックツーリズムの周遊コースに組み込まれている． [松村嘉久]

チンピン自治県　金平自治県　Jinping

中国

チンピンミャオ族ヤオ族タイ族自治県　金平苗族瑶族傣族自治県 (正称)

人口：35.6万 (2010)　面積：3677 km²
[22°48′N　103°13′E]

中国南西部，ユンナン(雲南)省南東部，ホンホー(紅河)自治州の自治県．県政府は金河鎮に置かれている．ベトナム国境沿いに位置する．総人口の8割強を少数民族が占め，1985年に金平ミャオ(苗)族ヤオ(瑶)族タイ(傣)族自治県となる．ベトナム国境の街，金水河は陸路の通商拠点として注目され，国境貿易が行われている．天然資源は豊富であるが開発は進んでいない．おもな産業は農業で，主食類以外ではバナナやゴムの栽培が盛んである．第8次5カ年計画で貧困県に指定された．エコツーリズム開発，ベトナムやシーショワンバンナー(西双版納)タイ族自治州へ抜ける観光ルートの開発が期待されている． [松村嘉久]

チンフー県　金湖県　Jinhu

中国

宝応 (古称)

人口：33.1万 (2015)　面積：1344 km²
[33°01′N　119°00′E]

中国東部，チャンスー(江蘇)省中部，ホワイアン(淮安)地級市の県．秦代に九江州東陽県に属し，隋代に安宜県に合併される．唐の初めには宝応県と称された．1959年に金湖県が設けられ，2001年に淮安市に属することになった．里下河の河川網地区に属する．農業は野菜，桑，ポプラを生産し，家禽を飼育し，水産業が盛んである．ガオヨウ(高郵)湖のシラウオ，イセエビ，金湖の上海ガニ，三河のシジミが特産である．工業は機械，化学，製紙，建材，紡績，食品を主とする．観光スポットとして，三河原，白馬湖，高郵湖，金湖大橋，荷花(ハス)蕩などがあげられる． [谷　人旭・小野寺　淳]

チンプー区　青浦区　Qingpu

中国

人口：120.9万 (2015)　面積：676 km²
[31°09′N　121°06′E]

中国南東部，シャンハイ(上海)市西部郊外の区．ホワンプー(黄浦)江の上流に位置する．地勢は平坦で，北部のウーソン(呉淞)江の沿岸と西部の淀山湖周辺がやや高い．唐代の天宝10年 (751) に半分が華亭県に属したが，1958年に上海市に編入され，98年に県から区に変更された．エビ，イチゴ，マコモダケなどの特産物がある．紡績，機械電力設備の製造などが基幹産業である．チャンスー(江蘇)省，チョーチャン(浙江)省，上海市を連結する重要な水上と陸上の通路である．区内には，大観園，曲水園，青竜塔，放生橋，水郷の古鎮である朱家角などの名勝と，崧沢，福泉山などの新石器時代の文化遺跡が保存されている． [谷　人旭・小野寺　淳]

チンフォン県　清豊県　Qingfeng

中国

人口：70.2万 (2014)　面積：834 km²
[35°54′N　115°06′E]

中国中央東部，ホーナン(河南)省北東部，プーヤン(濮陽)地級市の県．濮陽市街地の北に位置する．17郷鎮を擁する．県政府所在地は城関鎮．地名は，隋代の孝行息子，張清宝の故事に由来する． [中川秀一]

チンホー県　清河県　Qinghe

中国

人口：38.5万 (2010)　面積：501 km²
標高：28-31 m　気温：12.7℃
降水量：500 mm/年　[37°00′N　115°40′E]

中国北部，ホーペイ(河北)省南部，シンタイ(邢台)地級市の県．県政府は葛仙庄鎮に置かれている．冀南平原にある．標高は北が南

チンプー(青浦)区(中国)，朱家角鎮の水郷 〔Johnson76/Shutterstock.com〕

よりやや高い．東にペイ(北)運河，北に清涼江が流れる．1月の平均気温は−3.1℃，7月は26.7℃．農作物は小麦，トウモロコシ，アワ，綿花を主としている．化学工業，カシミア，紡績，食品，建材などの工場がある．京九鉄道，青銀高速，国道308号が通る．

[柴　彦威]

チンポー湖　鏡泊湖　Jingpo Hu

中国

面積：95 km²　標高：351 m　長さ：45 km
幅：6 km　深さ：40 m

[43°51′N　128°55′E]

中国北東部，ヘイロンチャン(黒竜江)省南端，ニンアン(寧安)県の湖．ソンホワ(松花)江の支流であるムータン(牡丹)江の上流に位置する．中国最大の溶岩堰止め湖として知られ，国指定の風景名勝区であり，世界ジオパークに指定され，観光開発が進む．湖をせき止めている玄武岩は第四紀に噴出した比較的新しいもので，湖水の流出口には落差20 mの吊水楼瀑布がある．20世紀前半につくられた水力発電所があり，フナなどの漁業資源も豊かである．

[小島泰雄]

チンホワ市　金華市　Jinhua

中国

婺州，東陽(古称)

人口：470.6万(2012)　面積：10942 km²

[29°05′N　119°39′E]

中国南東部，チョーチャン(浙江)省内陸中部の地級市．北はハンチョウ(杭州)市，シャオシン(紹興)市，東はタイチョウ(台州)市，南はウェンチョウ(温州)市，リーシュイ(麗水)市，西はチューチョウ(衢州)市と接する．チェンタン(銭塘)江の支流富春江や浦陽江が上流でつくり出す金衢盆地の東部を占める．秦代に会稽郡の下に烏傷県がいまのイーウー(義烏)市付近に置かれたという．三国時代に東陽郡が置かれ，その後，金華郡や婺州に改められたが，明清代に金華府となり，その管轄範囲は現在の金華市とほぼ同じである．民国になって府は廃止され，一時的に金華道が置かれたりしたが，1949年金華専区が設けられ，金華県は県級市となった．1985年に地区(専区)が廃止され，金華は地級市となった．その城区は婺城区，郊区は金華県となった．2000年には金華県が廃止，婺城区の所轄が調整されて金東区となった．現在，金華市の下に，婺城，金東の2区およびランシー(蘭渓)，義烏，トンヤン(東陽)，ヨンカン(永康)の4県級市およびウーイー(武義)，プーチャン(浦江)，パンアン(磐安)の3県が置かれている．市政府は婺城区にある．

金衢盆地の農業は，肥沃な土地で米がつくられるほか，油料作物や野菜が広く栽培されており，特殊なものとしては花卉，苗木，薬材などがつくられている．工業では金属，紡績，医薬，電気機械，自動車などが発展している．これらに加え金華ではとくに商業が発達しており，義烏国際貿易城(衣料，玩具などの小商品)のように世界的に著名な市場をはじめ，永康科枝五金城(金物)，磐安特産城(シイタケ，カヤの実，薬材など)，金華商城，東陽紅木家具市場，東陽中国木彫城など，各地に特産品を対象にした大規模な流通施設が建設されている．ほかに伝統的な名物としては，世界的に有名な金華ハムのほか，仏手柑(ブッシュカン)，南棗(ナツメの菓子)，密棗(インドナツメ)，茶，蓮の実，蓮粉，ツバキ，ラン，シイタケ，ブドウ，酒，菓子，蛍石などがある．

観光スポットとして，国指定の景勝地である双竜洞，省指定の景勝地である永康方岩，蘭渓六洞山地下河，浦江仙華山，武義郭洞，竜潭，磐安花渓，東陽民都，屏岩，湯渓九峰山などがあり，太平天国侍王府，宋代名利天寧寺，八詠楼，五峰書院，諸葛八卦村，俞源太極村，東陽盧宅などの旧跡がある．東のハリウッドとよばれる東陽横店映画村は映画やテレビ関係者，映画ファンにとって絶好のテーマパークになっている．中には明清宮苑や民居のセットが常設されている．闘牛，道情(歌謡劇)，竜灯(竜踊)，浦江抬閣(人形山車)，永康十八蝶々(少女舞踊)，磐安竜虎大旗などの民間芸能がある．

[谷　人旭・秋山元秀]

チンホワンタオ市　秦皇島市　Qinhuangdao

中国

人口：298.7万(2010)　面積：7567 km²
気温：8.9-11℃　降水量：670-750 mm/年

[39°56′N　119°35′E]

中国北部，ホーペイ(河北)省北東部の地級市．北はイエン(燕)山山脈，南はポー(渤)海に面する．市政府は海港区に置かれている．海港，シャンハイクワン(山海関)，ペイタイホー(北戴河)，撫寧の4区，チャンリー(昌黎)，盧竜の2県，チンロン(青竜)の1自治県を管轄する．燕山山脈丘陵から平野への遷移地帯にある．北部の都山は標高1846 m．中部丘陵の間には盆地が多く，南東部は沿岸平野になる．おもな川はルワン(灤)河であり，ほかに洋河，戴河，石河，湯河が渤海へ注ぐ．1月の平均気温は−10〜−6℃，7月の平均気温は24〜28.5℃．土壌は褐色土を主とする．農作物は小麦，トウモロコシ，水稲，サツマイモ，落花生を主としている．山地ではリンゴ，ナシ，ブドウ，アンズ，モモ，クリ，クルミを栽培している．沿海は水産資源が豊かで，魚，カニ，クルマエビなどがとれる．鉱物は金，石炭，アルミニウムを主とする．工業は建材，機械，紡績，食品などがあり，平板ガラスの生産量は国内で第1位を誇る．鉄道の大秦線，京哈高速，承秦高速，沿海高速，国道102，205号が通る．秦皇島港は国内においては最大の石炭輸出港であり，観光地としても著名である．ペイタイ(北戴)河は避暑地であり，療養地でもある．山海関は長城の東端の関門として有名である．

[柴　彦威]

チンホン市　景洪市　Jinghong

中国

允景洪(別称)

人口：52.0万(2010)　面積：6868 km²
標高：523 m　[22°00′N　100°46′E]

中国南西部，ユンナン(雲南)省南部，シーショワンバンナー(西双版納)自治州の県級市で州政府所在地．ミャンマーと隣接する．政治，経済，文化の中心地となっている．宋代は大理国から独立した景隴金殿国の中心地であったが，明清期に車里宣慰使が置かれ，中央政府から間接統治を受けた．車里宣慰使ほか土司勢力は中国共産党政権が確立するまで政治的影響力をもった．1953年の西双版納タイ(傣)族自治州が設立される際，現在の景洪の領域は版納景洪とされ，土司勢力の多くが共産党政権に取り込まれるが，のちの大躍進や文化大革命で悲惨な経験をする．1958年に景洪県，93年に県級市の景洪市となった．

中央部をランツァン(瀾滄)江が流れる．総人口の3割強が瀾滄江沿いの盆地に住むタイ族で占められ，瀾滄江から離れた山間地にハニ(哈尼)族，チノー(基諾)族，ラフ(拉祜)族，プーラン(布朗)族などが住む．チノー族は景洪市のみに分布する少数民族である．市域には国有農場があり，ゴム，茶葉，コーヒーなどの商品作物を栽培している．おもな産業は観光関連産業で，景洪市内には高級ホテルからタイ族が経営するゲストハウスまで，多様な宿泊施設が数多く立地する．景洪市を拠点にしてラオスやミャンマーに向かう中国人観光客も多い．市街地からわずかの距離にある西双版納国際空港は，東南アジア大都市

1164　チンメ

〈世界地名大事典：アジア・オセアニア・極I〉

からの国際直行便も発着する．　　［松村嘉久］

チンメン市　荊門市　Jingmen

中国

人口：289.6万（2015）　面積：12100 km²
[31°02′N　112°12′E]

中国中部，フーペイ（湖北）省中部の地級市．トンパオ（東宝），チュオタオ（掇刀）の2区，チョンシャン（鐘祥）県級市，チンシャン（京山），シャーヤン（沙洋）の2県を管轄する．市政府は天宝区に所在する．東がターホン（大洪）山地南麓，北がチンシャン（荊山）山脈の端にあたる．東・西・北部の三方が高く，中・南部が低い．中央部をハン（漢）水が北から南へ貫流している．

鉱産物については，累托石の埋蔵量が全国で1位であり，石炭，石膏，リン，ドロマイト，石灰岩，大理石，重晶石も豊富である．主要農産品には，水稲，綿花，ナタネ，果物などがある．養豚や淡水漁業も盛んであり，それらに関連して農産物加工業も発展している．新興工業都市としての一面ももち，化学，建材，機械設備・電力設備，食品，紡織といった部門が柱になっている．

漢水からチャン（長）江へ通じる水運が利用される．鉄道は焦柳線（チャオツオ（焦作）～リウチョウ（柳州）），長荊線（チャンチャンプー（長江埠）～チンメン（荊門）），荊沙線（荊門～シャーシー（沙市））が通じている．高速道路は滬渝線（シャンハイ（上海）～チョンチン（重慶））が東西に横断してウーハン（武漢）やイーチャン（宜昌）と結び，西部を二広線（エレンホト（二連浩特）～コワンチョウ（広州））が縦貫してシャンヤン（襄陽）やチンチョウ（荊州）と結んでいる．東部の京山県を随岳線（スイチョウ（随州）～ユエヤン（岳陽））が南北に走っている．

大洪山地には，希少な樹種が少なくない．大口，太子山，虎爪山の国立森林公園がある．新石器時代に長江流域に人類が集住していたことを示す屈家嶺文化遺跡，楚文化の発祥地であることを示す楚漢古墓群，2000年にユネスコの世界遺産（文化遺産）に登録された明顕陵などの旧跡もある．　　［小野寺淳］

チンメン島　金門島　Kinmen Dao

台湾｜中国

Jinmen Dao（別表記）

人口：13.5万（2017）　面積：152 km²
気温：20-22℃　降水量：1049 mm/年
[24°26′N　118°20′E]

北太平洋西部，南シナ海と東シナ海を結ぶタイワン（台湾）海峡に位置する島．中国大陸に大きく食い込んだように存在し，フーチェン（福建）省アモイ（厦門）市から数kmの洋上に点在する群島である．中華人民共和国と台湾が領有権を主張しており，現在は台湾が実効統治し，金門県を置いている．そのため訪れるには台湾の5つの空港から定期便を利用することになる．群島の総面積は150 km²で，最高地点は太武山の253 m．河川は存在せず，降水時にわずかな渓流ができる程度で，年平均降水量も1000 mmを超えることがない．そのため，島内には人工池や溜池が数多く設けられている．年間を通じて風が吹き，冬には季節風の影響を受けてかなり冷え込む．そして，湿度を保った風が気温の低い海域を通過するため，春先は毎日のように霧が立ちこめる．1月の月平均気温は12.8℃と涼しく，年平均気温は20～22℃である．高燥とした土地柄のために水田耕作はできず，もっぱらコーリャンの栽培が行われている．樹林は，戦禍と軍事上の作戦で，ほぼすべてが伐採されている．現在，当地を訪れると森林が多くみられるが，これはすべて後に植林されたものである．

1994年からは外国人にも開放され，現在は国立公園の指定も受けている．ここ数年はホテルや大型バスなどが整備され，航空券にホテルをセットした短期ツアーが数多く企画され，旅行客に人気のスポットとなっている．金門県政府のある金城をはじめ，島内にはいくつかの集落が点在する．金城には模範街という古い町並みが残っているほか，中国大陸から運び込まれた商品がずらりと並ぶ市場などが見どころとなっている．　　［片倉佳史］

チンヤン県　涇陽県　Jingyang

中国

けいようけん（音読み表記）

人口：48.8万（2010）　面積：777 km²
標高：361-1614 m　気温：13℃
降水量：549 mm/年　　[34°32′N　108°51′E]

中国中部，シャンシー（陝西）省中部，シェンヤン（咸陽）地級市中部の県．関中平原の中部，チン（涇）河の下流に位置する．戦国時代，秦霊公が臨時首都を建てた．1983年に咸陽市に帰属し，現在にいたる．地名は涇河の北岸に位置することに由来する．地勢は北西が高く，南東が低い．北部と北西部には嵯峨山，北仲山，西鳳山，黄土台地がある．山地面積は97 km²で，総面積の12.4%を占める．中部標高400 m前後の洪積台地は，面

積が503 km²，総面積の60%強を占める．南部の黄土台地は標高430～500 mで，面積は180 km²である．主要な河川は涇河，冶峪河，清峪河である．暖温帯大陸性季節風気候に属し，無霜期間は213日である．

地下資源は石灰石と大理石などの建築材を主とする．伝統産業は農業で，小麦，トウモロコシがおもな作物である．家畜の関中ロバ，秦川牛，関中山羊の主要な産地である．明代の崇文塔，恵梁寺などの遺跡があり，鄭国渠首遺跡は国指定の重要文化財として保護対象となっている．永楽鎮に中国の測地原点（東経108度55分，北緯34度32分）がある．　　［杜国慶］

チンヤン県　金陽県　Jinyang

中国

人口：17.0万（2015）　面積：1587 km²
[27°42′N　103°14′E]

中国中西部，スーチュワン（四川）省南西部，リャンシャン（涼山）自治州の県．西渓河の下流域にあり，チンシャー（金沙）江を隔ててユンナン（雲南）省に隣接する．県政府は天地壩鎮に置かれる．漢族をはじめ18の民族が居住するが，イ（彝）族が人口の約80%を占める．チュワンシーナン（川西南）山地の一部であるダーリエン（大涼）山地に位置し，県域のほとんどが山地である．北東部が高く南東部の河谷地帯に向かって傾斜している．1952年にチャオチュエ（昭覚）県の南東部を割いて金陽県が設置された．農業は畑作が主体でトウモロコシ，ソバ，ジャガイモ，豆類，米などが栽培される．特産品に生漆，桐油がある．工業は農業機械と食品加工に特色がある．景勝地に獅子山旅遊区や百草坡景区がある．　　［林和生］

チンヤン県　青陽県　Qingyang

中国

陵陽県，臨城県（古称）

人口：24.9万（2013）　面積：1181 km²
[30°38′N　117°52′E]

中国東部，アンホイ（安徽）省南部，チーチョウ（池州）地級市の県．ワンナン（皖南）山地の北部，チャン（長）江の南岸に位置する．県政府は蓉城鎮に置かれる．常住人口は24.9万（2013）．前漢に陵陽県が置かれ，三国時代の呉のときに臨城県に，唐代に青陽県に改められた．地勢は低山と丘陵が主体で，養蚕業と茶栽培が盛んである．京台高速道路が南北に縦貫する．中国四大仏教名山の1つであ

るチウホワ(九華)山は風光明媚な地で，観光地，避暑地として有名である． ［林 和生］

チンヤン市　慶陽市　Qingyang

中国

人口：254.7万（2002）　面積：27000 km²
[35°44′N　107°38′E]

中国北西部，ガンスー(甘粛)省東部の地級市．ロン(隴)山の北東，マーレン(馬蓮)河流域にある．2002年に慶陽地区が廃止され，慶陽市となり，旧地区公署の所在地であったシーフォン(西峰)市は西峰区と改められた．西峰区とチョンニン(正寧)，ホワチー(華池)，ホーシュイ(合水)，ニンシェン(寧県)，チンチョン(慶城)，チェンユワン(鎮原)，ホワンシェン(環県)の7県を管轄する．市政府所在地は西峰区である．北部にはチャンチン(長慶)油田がある．国道211，309号が市内を通る．慶陽空港があり，ランチョウ(蘭州)と定期便で結ばれている．

［ニザム・ビラルディン］

チンヤン市　沁陽市　Qinyang

中国

しんようし（音読み表記）

人口：44.6万（2000）　面積：624 km²
[35°05′N　112°55′E]

中国中央東部，ホーナン(河南)省北部，チャオツオ(焦作)地級市の県級市．焦作市街地の西に位置する．4街道，6鎮，3郷を管轄し，市政府所在地は城関鎮．太行山脈の南端に位置し，炎帝神農が古代農業と漢方医薬を始めたと伝えられる神農山は省指定の風景名勝区の1つに数えられ，観光地となっている．また，明清時代にこのあたりに懐慶府が置かれたことから，この地の地黄，山薬(ヤマイモ)，菊花，牛膝(イノコズチ)は四大懐薬とよばれ，700年以上の歴史をもつ．とくに懐山薬(准山)は有名である．晩唐を代表する詩人李商隠や明の王族で音楽や暦学，天文学の研究者として著名な朱載堉の出身地である． ［中川秀一］

チンユィー県　靖宇県　Jingyu

中国

人口：15万（2012）　面積：3094 km²
[42°31′N　126°55′E]

中国北東部，チーリン(吉林)省南東部，バイシャン(白山)地級市の県．県名は日中戦争の英雄である楊靖宇を記念して命名された．

県政府は靖宇鎮に置かれる．県域はチャンバイ(長白)山脈に含まれており，森林面積が7割を超え，林業が盛ん．ソンホワ(松花)江の最上流に位置し，ミネラルウォーターの生産地としても有名である．特産品として朝鮮人参などの漢方薬材がある． ［小島泰雄］

チンユワン区　清苑区　Qingyuan

中国

人口：65.0万（2013）　面積：952 km²
標高：8-32 m　気温：12.3℃　降水量：538 mm/年
[38°33′N　115°13′E]

中国北部，ホーペイ(河北)省中西部，パオディン(保定)地級市の区．区政府は清苑鎮に置かれている．タイハン(太行)山脈のふもとの平野にある．大青河上流の唐河，青水河が流れ，北東のパイヤンディエン(白洋淀)に流入する．1月の平均気温は−4.5℃，7月は26.5℃．農作物は小麦，トウモロコシ，サツマイモ，綿花，大豆，ゴマを主としている．機械，化学肥料，服飾，食品の工場がある．京広鉄道，京昆高速，国道107号が通る．樊輿故城，清涼城，壁陽城，陽城のほかに，日中戦争時の有名な冉庄地道戦の遺跡がある． ［柴 彦威］

チンユワン県　靖遠県　Jingyuan

中国

靖虜衛（古称）

人口：47.1万（2002）　面積：5677 km²
[36°33′N　104°40′E]

中国北西部，ガンスー(甘粛)省中部，バイイン(白銀)地級市の県．北はニンシャ(寧夏)回族自治区に接する．県域は白銀市ピンチュワン(平川)区によって南と北の2つに分かれている．明代に靖虜衛が置かれ，清代に靖遠県となった．農業が主で，小麦，トウモロコシ，水稲，ナタネ，テンサイなどが栽培される．鉄，銅，硫黄，石膏，石灰石などの鉱物資源に富む．国道109号が県内を横切る．観光地には寺児湾石窟などがある．

［ニザム・ビラルディン］

チンユワン県　涇源県　Jingyuan

中国

化平県（古称）/けいげんけん（音読み表記）

人口：10.1万（2010）　面積：1443 km²
[35°29′N　106°20′E]

中国中北部，ニンシャ(寧夏)回族自治区南部，グーユワン(固原)地級市の県．自治区南

端に位置し，ガンスー(甘粛)省と境を接する．地名は県内に涇河の源流があることが由来で，水資源が豊富である．リウパン(六盤)山脈が県内を南北に連なり，山がちな地形をなす．森林や草地の面積が広く，オウギ(黄耆)などの漢方薬材を産するとともに，肉牛飼育も盛んである．清代(19世紀)には蜂起に失敗した多くのイスラーム教徒が，寧夏各地やシャンシー(陝西)省，甘粛省からこの地に追われたため，現在でも回族が多く，県人口の約3/4(2010)を占める． ［高橋健太郎］

チンユワン県　慶元県　Qingyuan

中国

人口：20.6万（2015）　面積：1898 km²
[27°25′N　118°51′E]

中国南東部，チョーチャン(浙江)省南西部，リーシュイ(麗水)地級市の県．南側でフーチェン(福建)省と境を接している．南宋代に慶元県が設置され，1958年にロンチュワン(竜泉)市に合併され，73年にふたたび慶元県に戻った．地勢は北東部が高く，南西部へ行くに従って低くなる．化学肥料，電力，セメント，製紙，農業機械，化学，林産物加工，印刷，醸造，食品などの工業がある．農作物には稲，トウモロコシ，サツマイモ，ナタネ，シイタケなどのキノコ類，干しタケノコなどがある．林業ではシュロ，孟宗竹，オオアブラギリを生産する．観光名所には百山祖，蘭渓橋，巾子峰などがある．長深高速道路(チャンチュン(長春)～シェンチェン(深圳))が通る． ［谷 人旭・小野寺 淳］

チンユワン県　沁源県　Qinyuan

中国

谷遠県（古称）/しんげんけん（音読み表記）

人口：16.0万（2013）　面積：2554 km²
気温：8.7℃　降水量：600 mm/年
[36°30′N　112°20′E]

中国中北部，シャンシー(山西)省南東部，チャンチー(長治)地級市の県．前漢に設置された谷遠県までさかのぼる．地形は北西から南東へ傾き，最高峰の茶房沿(標高2523 m)をはじめ，28の山が点在する．山間部にアカマツ(油松)が広く分布している．チン(沁)河はホワン(黄)河の支流．トウモロコシ，アワなどの雑穀を栽培し，豊かな森林資源や漢方薬の生薬も生産する．牧畜業が発達し，牛肉を輸出している．地下資源が豊富で，石炭と鉄鉱石を生産している．唐代の聖寿寺がある． ［張 貴民］

チンユワン市　清遠市　Qingyuan

中国

人口：383.5万（2015）　面積：19000 km²
[23°40′N　113°03′E]

中国南部，コワントン（広東）省北部の地級市．チュー（珠）江デルタの外周部にあたる山地と丘陵地帯に位置する．南朝時代，梁の天監年間（502〜19）に清遠郡が設置され，隋の開皇10年（590）県となった．1988年1月地区クラスの清遠市として設置された．清城と清新の2区のほか，インドゥ（英徳），リエンチョウ（連州）の2県級市，フォーガン（仏岡），ヤンシャン（陽山）の2県，リエンナン（連南），リエンシャン（連山）の2自治県を管轄する．市政府所在地は清城区．市街地人口は約54万（2009）．少数民族はヤオ（瑶）族とチワン（壮）族が多く，それぞれ13.0万と7.1万と，省内では最大規模である．

農林業が伝統的に発達している．米，野菜，果物，茶園，養鶏業が突出し，輸出向けの加工食品も盛ん．工業は電力，電子，窯業，アパレル，生物医薬などが集中する．交通では京広鉄道（ペキン（北京）〜コワンチョウ（広州）），京珠高速（北京〜チューハイ（珠海）），広清高速（広州〜清遠），国道106，107，323号などが通じる．観光名所が多く2015年の訪問観光客数は3303万人に達する．同年の1人あたりGDPは5363 USドルで全国平均の7割未満である．[許　衛東]

チンユワン自治県　清原自治県　Qingyuan

中国

チンユワン満族自治県　清原満族自治県（正称）

人口：33.0万（2010）　面積：3921 km²
[42°06′N　124°55′E]

中国北東部，リャオニン（遼寧）省東部，フーシュン（撫順）地級市北東部の自治県．県政府所在地は清原鎮．全人口の約6割を満族が占める．リャオ（遼）河支流のフン（渾）河やソンホワ（松花）江支流のリウ（柳）河などの水源がある．多くあるダムでは水力発電が行われている．山がちで森林被覆率は約7割を占める．農林業が主産業で，とくにキノコ栽培や朝鮮ニンジン，五味子，ロクジョウ（鹿茸）など漢方薬の材料の生産が盛んである．瀋吉線，瀋吉高速が県域を東西に貫く．

[柴田陽一]

チンユン県　縉雲県　Jinyun

中国

しんうんけん（音読み表記）

人口：46.4万（2015）　面積：1482 km²
[28°39′N　120°03′E]

中国南東部，チョーチャン（浙江）省南西部，リーシュイ（麗水）地級市の県．唐代に縉雲県が置かれた．縉雲という名は県内の縉雲山から名づけられている．地勢は南東部が高く，北西部が低い．電力，林産加工，機械，印刷，計器，建築材料，紡織，食品などの工業がある．地下資源にはゼオライト，凝灰岩，花崗岩などがある．農業では稲，麦，トウモロコシ，サツマイモ，ナタネ，黄花菜，エンゴサク（延胡索）などが栽培されている．おもな観光スポットに，国指定の風景名勝地区である仙都がある．金温鉄道（チンホワ（金華）〜ウェンチョウ（温州））や高速道路の長深線（チャンチュン（長春）〜シェンチェン（深圳））および台縉線（台州〜チンユン（縉雲））が通る．[谷　人旭・小野寺　淳]

チンユン県　慶雲県　Qingyun

中国

人口：29.6万（2002）　面積：502 km²
[37°45′N　117°21′E]

中国東部，シャントン（山東）省北西部，ドゥチョウ（徳州）地級市北東部の県．明代の洪武6年（1373）に慶雲県が設置された．天津府やホーペイ（河北）省に所属する時期もあった．ホワン（黄）河沖積平野に位置し，地形は平坦で起伏が小さく，標高は10 m以下にすぎない．おもな農作物は小麦，アワ，コーリャンなどである．金絲小棗は有名である．ここは徳州ロバの繁殖地でもある．国道205号が県内を通っている．元代に建てられた石仏寺がある．[張　貴民]

チンリウ県　清流県　Qingliu

中国

人口：13.6万（2015）　面積：1806 km²
気温：18.1℃　降水量：1738 mm/年
[26°11′N　116°49′E]

中国南東部，フーチェン（福建）省中西部，サンミン（三明）地級市の県．ウーイー（武夷）山脈南側のチウロン（九竜）渓上流域に位置する．県政府所在地は竜津鎮．住民の大半は客家（ハッカ）系．地名は宋の元符元年（1098）の清流県設置に由来する．山地気候が特徴．林業や，米，大豆，タバコ，茶，搾油作物などの生産量が豊富で，国により香料用キンモクセイと羅漢マツの重要産地に指定

されている．県南部の長校鎮に位置する霊台山（標高1060 m）は，福建客家の先祖が切り開いた信仰の聖地といわれ，福源寺，翠峰寺，園通寺，酔峰寺などの寺院が分布し，現在は観光名所の1つとなっている．

[許　衛東]

チンリン鎮　金嶺鎮　Jinling

中国

Chinling Chen（別表記）

人口：4.2万（2002）　面積：82 km²
[37°24′N　120°18′E]

中国東部，シャントン（山東）省，イエンタイ（煙台）地級市チャオユワン（招遠）県級市西部の鎮．市中心部の西10 kmに位置する．工業の急速な発展によって山東省では著名な町になった．企業数は95で，そのうちの13企業は合資企業である．工業は金の採掘と加工，春雨の加工，建築資材，電子，機械，玩具，食品など多岐にわたり，工業総生産は17.2億元（2001）に達している．また，リンゴ，ナシなどの栽培も盛んである．

[張　貴民]

チンロー県　静楽県　Jingle

中国

汾陽（古称）

人口：15.9万（2013）　面積：2041 km²　気温：7℃
降水量：380〜500 mm/年
[38°21′N　111°55′E]

中国中北部，シャンシー（山西）省北部，シンチョウ（忻州）地級市の県．春秋時代には晋国の汾陽邑であった．隋の大業4年（608）に県名を静楽にした．北部，東部と南部は山地で，西部と中部はホワントゥー（黄土）丘陵である．無霜期間は120〜135日間．アワ，カラス麦，キビなどの雑穀，ジャガイモを栽培している．石炭や鉄鉱石などの地下資源が豊富．良質な石炭の埋蔵量が多く，大寧炭田の一部になっている．省会タイユワン（太原）市への幹線道路がある．[張　貴民]

チンロン県　晴隆県　Qinglong

中国

人口：24.7万（2010）　面積：1327 km²
[25°50′N　105°13′E]

中国中南部，グイチョウ（貴州）省南西部，チェンシーナン（黔西南）自治州の県．県政府は蓮城街道に置かれている．総人口の2割強をプイ（布依）族，2割をミャオ（苗）族，1割弱をイ（彝）族が占める．カルスト地形が発達した県域内を国道320号が横断する．アン

チモン，石炭，金の埋蔵が確認され採掘されている．東部県境のペイパン(北盤)江には水力発電所も建設されているが，農業が中心の県である． [松村嘉久]

チンロン自治県　青竜自治県
Qinglong 中国

チンロン満族自治県　青竜満族自治県 (正称)
人口：54.1万 (2010)　面積：3510 km²
気温：8.9°C　降水量：741 mm/年
[40°24′N　118°56′E]

中国北部，ホーペイ(河北)省北東部，チンホワンタオ(秦皇島)地級市の自治県．県政府は青竜鎮に置かれている．住民は満族が64％を占めており，朝鮮族もいる．イエン(燕)山山脈の丘陵地帯の東部にある．北西部の都山は標高1846 m，南部の老岭は1424 mである．県域は鞍の形になっている．青竜河，沙河，起河が流れる．1月の平均気温は−15.6°C，7月は24.2°C．おもな農作物はトウモロコシ，アワ，サツマイモである．森林面積が38％を占めている．リンゴ，ナシ，サンザシ，クリ，アンズ，ナツメが栽培される．鉱産物は金，石炭，鉄，石灰石，大理石などがある．工業としては金の生産が主で，機械，建材，食品加工などの工場もある．承秦高速が通る． [柴　彦威]

ツー水　資水　Zi Shui
中国

ツー江　資江　Zi Jiang（別称）

面積：28142 km²　長さ：713 km

[28°48′N　112°41′E]

　中国中南部，フーナン（湖南）省中部とコワンシー（広西）チワン（壮）族自治区北東部を流れる川．チャン（長）江の支流であり，またの名を資江という．水源は南と西にある．南は広西チワン族自治区ツーユワン（資源）県越城嶺の西麓に源を発し，夫夷水とよばれて北東へ流れ，湖南省シャオヤン（邵陽）県双江口で西の水源からの流れと合流する．西は湖南省チョンブー（城歩）自治県シュエフォン（雪峰）山脈の東麓に源を発して北東へ流れ資水と称する．南からの夫夷水と合わさり，邵陽県，ロンシュイチャン（冷水江）市，シンホワ（新化）県を経て，アンホワ（安化）県煙渓で北東へ向きを変え，タオチャン（桃江）県やイーヤン（益陽）市を経て，トンティン（洞庭）湖に注ぐ．流域の地勢は南西が高く北東が低く，流域は細く長く，支流は短い．柘渓大型水力発電所は最大出力が44.8万kWで湖南省最大である．双江口より下流は5t以上の船舶が通年航行可能である．
　　　　　　　　　　　　　　　　　　　　　　[小野寺 淳]

ツァイシーチー　采石磯　Caishiji
中国

牛渚磯（古称）

[31°44′N　118°30′E]

　中国東部，アンホイ（安徽）省東部の景勝地．マーアンシャン（馬鞍山）地級市の南西5km，翠螺山が急崖をなしてチャン（長）江南岸に没する地点にある．かつて長江東岸の波打ち際から金牛が現れたという伝説からこの地は牛渚磯とよばれたが，五彩の石が産出されることから宋代に采石磯に改められた．ナンキン（南京）の燕子磯，フーナン（湖南）省ユエヤン（岳陽）の城陵磯と並んで長江三磯と称される景勝地である．李白，沈括，陸遊，文天祥，王安石，蘇東坡らが訪れ詩賦などを数多く創作した．李白は晩年ここに暮らし，船中で水に映る月を捉えようとして溺死したと伝えられ，それにちなんだ太白楼，捉月台，李白衣冠塚などがある．断崖絶壁をなして長江にそびえ，古くより兵家必争の地であった．1161年，南宋の虞允文が海鰌船とよばれる巨艦を海陵王率いる金軍水軍の船に体当たりさせることで撃破した采石の戦いの古戦場である．
　　　　　　　　　　　　　　　　　　　　　　[林　和生]

ツァイダム盆地　柴達木盆地　Qaidam Pendi
中国

面積：140000 km²　標高：2000-3000 m
長さ：850 km　幅：250 km

[37°00′N　93°00′E]

　中国西部，チンハイ（青海）省北西部に位置する盆地．この盆地の範囲には複数の説があり，広くとらえるものは，周囲の山脈や盆地もこの盆地に含めて考える．その場合，この盆地の大きさは東西800 km，南北350 km，面積は約20万km²以上となる．とくに，東部にあるゴンホー（共和）盆地をこの盆地の一部分と考えると，東端はリーユエ（日月）山麓となり，中国最大の湖である青海湖もこの盆地に含まれる．他方，両盆地の間には青海南山脈やエラ山脈があることから，学術文献では両盆地を分けて考えることが多く，その場合，ツァイダム盆地の大きさは東西600 km，南北350 km，面積は約14万km²となる．ここでは，後者の考え方を採用する．
　この盆地は，チベット高原の北に位置し，北東にチーリエン（祁連）山脈，南東にブルハンブッダ山脈，南西にクンルン（崑崙）山脈，北西にアルチン（阿爾金）山脈があり，標高4000～5000 m級の山々に囲まれる．盆地の地形は，北西部で高く標高約3000 m，南東部で低く約2600 mである．この盆地の形成過程の細部については諸説あるが，おおよそ古生代初期（約5億年前）には標高が低く海の浅瀬であったが，古生代中期（4億年前）以降の造山運動により隆起して陸地化が始まった．第三紀（約5000万年前）には，インドプレートとユーラシアプレートの衝突がはじまり，ヒマラヤ山脈やチベット高原の隆起とともに，この盆地の周囲の山脈も隆起し，山脈に囲まれた盆地が形成されたと考えられている．
　ツァイダムとは，モンゴル語で塩の沼を意味する．盆地内には，小さいものまで含めると約5000の塩湖や沼沢があるといわれ，大きなものではチャルカン塩湖や東タジノール湖，西タジノール湖などがある．チャルカン塩湖は，ツァイダム盆地の南部に位置し，大きさは東西約160 km，南北20～40 km．セニエ湖，ダブス湖，北フォブス湖，南フォブス湖などの塩湖と沼沢地からなる．周囲の山脈にある氷河や万年雪の融解水をおもな水源として，ツァイダム河やゴルムド河，ナレンゴール河，タジノール河などの多くの内陸河川がこの盆地に流れ込んでいる．これらの河川の水は盆地内の湖にまで運ばれ，小河川の中には途中で水がなくなる末無川もある．
　盆地の地形や土地利用はおおよそ同心円状に分布し，周縁部は扇状地に礫質の砂漠や荒地が広がる．このような植物の少ない荒地は，モンゴル語でゴビとよばれる．その内側は，砂質土壌の平原である．さらに内側は，塩分濃度の高い粘土質土壌と塩湖，沼沢地である．地質時代には，湖の面積はもっと大きかったが，水の流入量よりも蒸発量の方が多くなり，湖面は縮小した．また，長年にわたって土壌や岩石から水に溶けたナトリウム分が湖まで運ばれ蓄積したため，湖の塩化が進むとともに，塩分濃度の高い土壌が地下に堆積している．
　大陸性の乾燥気候で，平均気温は夏季で約15℃，冬季で約−10℃である．最高気温と最低気温の差が大きく，日較差が30℃になる日もある．降水量は，東部で多く年平均で約250 mm，西部で少なく30 mm以下となる．降水量が多い時期は6～7月である．季節の変わり目の春季と秋季はとくに風が強

ツアオ　1169

く，砂嵐が発生する．一部地域では，砂漠の中で露出した岩盤が，長年の風食作用によって変形し小高い丘を形成している．このような独特の風景は，崖のように急峻な丘を意味するウイグル語から，ヤルダンとよばれる．砂漠や荒地，塩分濃度の高い土地が広い面積を占めることから，植生は乏しく，乾燥に耐性のある灌木や草本がまばらに生える．おもな植物は，マオウ（麻黄）やアカザ科の灌木サクソール，ギョリュウ科の灌木（タマリスクの一種），カヤツリグサ科の草本などである．

この盆地は，鉱物資源やエネルギー資源が豊富である．塩（塩化ナトリウム）は塩湖や沼沢地，それら周囲の土壌に堆積しており，チャルカン塩湖では，塩類の堆積は一般に30〜40 m で，最も厚い部分では 70 m といわれる．埋蔵量は 600 億 t と推計され，これは中国で最大，世界でも有数の埋蔵量である．また，塩素との化合物のかたちで，カリウムやマグネシウム，リチウムが，さらに鉛や亜鉛，天然ソーダなども埋蔵され，多数の鉱区で採掘されている．石油と天然ガスも埋蔵され，採掘が進んでいる．盆地内では，製塩や，カリウムを主原料とした化学肥料の製造，石油精製など，資源と結びついた工業が発達している．

この盆地は，古代にはチベット系の遊牧民である羌が栄えた．シルクロードの 1 つ青海道の一部で，交通の要衝であった．4 世紀に鮮卑系の部族が勢力を伸ばし，この地に吐谷渾を建国した．7 世紀にはチベット系の吐蕃と唐王朝との争いの中で，吐谷渾は吐蕃に滅ぼされた．明代には東モンゴル諸部が移住し，オイラト人がチベットにつくったグシ・ハン王朝の勢力下におかれた．中華民国期には，新疆からカザフ遊牧民が移住し放牧地とした．中華人民共和国期には，漢族が移住し，都市建設が進められている．

現在，行政区としては，盆地の大部分が青海省ハイシー（海西）自治州に含まれる．盆地内にある主要都市には，同自治州の政府所在地であるデリンハ市と，交通の要衝で工業都市でもあるゴルムド市がある．青海省とシーツァン（チベット，西蔵）自治区をつなぐ青蔵鉄道や青蔵公路，青海省とシンチャン（新疆）ウイグル（維吾爾）自治区をつなぐ青新公路がとおる．ゴルムド市には空港もある．青蔵鉄道と青蔵公路は，チャルカン塩湖において，固めた塩で土台がつくられている全長 32 kmの万丈塩橋を通る．　　　　［高橋健太郎］

ツアオシェン　曹県　Cao Xian

中国

人口：167.5 万 (2015)　面積：1974 km²
[34°49′N　115°31′E]

中国東部，シャントン（山東）省南西部，ホーツォ（菏沢）地級市の県．ホーナン（河南）省と接する．明代の洪武 4 年（1371）に曹州を県に降格，地名はこれに由来する．地形は南西が高く北東が低い．昔はホワン（黄）河流域にあり，南東と南西の県境あたりは古い黄河河床である．石炭や石油などの地下資源がある．施設野菜栽培の発展は著しい．省内では回族の多い県である．京九鉄道が南北を縦貫し，国道 105，220 号が県内を通っている．安陵遺跡などがある．　　　　［張　貴民］

ツアオチャン県　棗強県
Zaoqiang

中国

そうきょうけん（音読み表記）

人口：39.7 万 (2010)　面積：894 km²
標高：23-29 m　気温：12.9℃
降水量：510 mm/年　[37°30′N　115°42′E]

中国北部，ホーペイ（河北）省南部，ホンシュイ（衡水）地級市の県．県政府は棗強鎮に置かれている．河北平野の東部，古黄河，漳河の沖積平野に位置する．1 月の平均気温は－3.5℃，7 月は 27℃．農作物は小麦，トウモロコシ，綿花を主としている．工業は紡績，ゴム，ペンキ，電線，機械，皮革などがある．大営の毛皮加工は伝統的な手工業である．京九鉄道，大広高速が通る．　［柴　彦威］

ツアオチョワン市　棗荘市
Zaozhuang

中国

そうそうし（音読み表記）

人口：407.8 万 (2015)　面積：4562 km²
気温：13.6-14.2℃　降水量：750-950 mm/年
[34°52′N　117°33′E]

中国東部，シャントン（山東）省南部の地級市．唐代にすでに集落ができ，地名はナツメ（棗）の樹が多いことに由来する．現在，市中，薛城，山亭，嶧城，台児庄の 5 区とトンチョウ（滕州）市を管轄している．市政府所在地は薛城区．低山丘陵は総面積の 36%，平野は 54%，低地は 10% を占める．大陸性季節風気候に属し，無霜期間は 200 日間以上である．2 年 3 作ないし 1 年 2 作で，おもな作物は小麦，トウモロコシ，落花生である．クリ，クルミ，リンゴ，カキなどの果樹栽培や，淡水魚の養殖も盛んである．石炭，鉄鉱

石，銅など 36 種類の地下資源があり，石炭工業で栄えている．首都ペキン（北京）〜フーチョウ（福州）間を走る京福高速道路が縦貫するほか，国道，省道，県道の道路網が整備されている．　　　　［張　貴民］

ツアオトゥン鎮　草屯鎮　Caotun

台湾｜中国

草鞋（旧称）

人口：9.9 万 (2017)　面積：104 km²
[23°58′N　120°41′E]

台湾中部，ナントウ（南投）県の町（鎮）．南投盆地の東側に位置している．もともとは平埔族（平地原住民）が暮らしていた土地で，17 世紀頃から漢人の入植が始まった．おもに洪，李，林，簡という 4 つの姓の人びとによって開拓が行われたと伝えられ，現在もこの 4 姓の住民が多い．当初の地名は草鞋で，これは山岳部に入る際，ここで草履を履き替えたことにちなんでいる．その後，1920 年の地名改正で現在の地名に改称された．産業としてはタバコの栽培で知られている．また，北東部にある九九峰（標高 779.4 m）は激しい地殻変動によって形成された山である．無数の峰が連なる独特な景観で知られている．ここは 1999 年 9 月 21 日の大地震で 8.78 km² に及ぶ地崩れが起こり，月表面のような荒涼とした景観に一変した．もとの状態に戻るまでには 40 年はかかるといわれているが，現在は草屯を代表する景観とされている．　　　　［片倉佳史］

ツアオフェイディエン区　曹妃甸区
Caofeidian

中国

そうひてんく（音読み表記）/タンハイ県　唐海県
Tangha（旧称）

人口：26.8 万 (2012)　面積：1943 km²
気温：10.6℃　降水量：662 mm/年
[39°16′N　118°27′E]

中国北部，ホーペイ（河北）省北東部，タンシャン（唐山）地級市の区．区政府は唐海鎮に置かれている．ルワン（灤）河下流の海岸平野にあり，南は海沿いで低地になっている．1 月の平均気温は－5℃，7 月は 24℃．農作物は水稲を主としている．クルマエビを主とする水産養殖業が発達する．沿海地帯には石油が豊富で，冀東油田がある．首都圏における重要な工業地帯と港湾地区である．

［柴　彦威］

ツァオヤン市　棗陽市　Zaoyang

中国

そうようし（音読み表記）

人口：99.1万（2015）　面積：3277 km²

[32°08′N　112°46′E]

中国中部，フーペイ（湖北）省，シャンヤン（襄陽）地級市の県級市．市政府はペイチョン（北城）街道に所在する．北部は三北丘陵やトンバイ（桐柏）山脈に，南部は大洪山地に属し，中部はハン（漢）水の支流であるグン（滾）河の河谷平原になっている．紅金石の埋蔵量は全国でも有数であり，その他にもフェロチタンや輝緑岩などの多様な鉱産物がある．農産物には水稲，小麦，綿花，搾油作物があり，タバコや果物も多く産する．機械，自動車，化学，セメント，紡織，食品などの工業がある．市街地は沙河中流にあり，北岸の旧市街地は商業の中心であり，南岸には工場が多い．漢丹鉄道（ウーハン（武漢）～タンチャンコウ（丹江口））や福銀高速道路（フーチョウ（福州）～インチュワン（銀川））が中部を横切っている．名所旧跡には彫竜碑遺跡や白水寺などがある．

[小野寺 淳]

ツァトイ県　雑多県　Zadoi

中国

人口：6.1万（2015）　面積：30200 km²

[32°53′N　95°17′E]

中国西部，チンハイ（青海）省南部，ユィーシュー（玉樹）自治州の県．南側をシーツァン（チベット，西蔵）自治区と隣接する．チベット高原東部に位置し，タンラ（唐古拉）山脈の標高5000 m級の山々が県南部に連なる．ランツァン（瀾滄）江（メコン川）の源流部で，多数の小河川が合流しザーチュ川とよばれる河川となり，北西から南東方向に流れる．良質のトウチュウカソウ（冬虫夏草）を産するが，過剰な採取による生態環境の悪化が懸念される．人口の大部分はツァン（チベット）族である．

[高橋健太郎]

ツァムタン県　壌塘県　Zamtang

中国

ランタン県　壌塘県　Rangtang（漢語）

人口：4.2万（2015）　面積：6836 km²

[32°16′N　100°58′E]

中国中西部，スーチュワン（四川）省中北部，アーバー（阿壩）自治州の県．人口の85%をツァン（チベット）族が占める．北西より杜柯河が流れ，西部には標高5178 mの杜苟拉甲格則山がそびえる．古くはテイ（氐）族，チャン（羌）族が居住し，唐代には吐蕃に属した．1958年に壌塘県が配置された．地名はチベット語で福の神の堰堤を意味する．標高3500 m前後に広がる約40万haの牧草地では，ヤクや羊，馬を放牧している．景勝地として，夏炎寺や壌塘九層弥勒佛塔，壌塘香拉東吉聖山風景区などが著名である．

[石田 曜]

ツァン山　蒼山　Cang Shan

中国

標高：4122 m　　　[25°39′N　100°06′E]

中国南西部，ユンナン（雲南）省北西部，ダーリー（大理）自治州にある山脈．アル（洱）海の西側に沿って，蒼山十九峰が南北42 kmにわたり連なる．最高峰は標高4122 mの馬竜峰．山麓には，大理の旧市街地，崇聖寺三塔といった観光スポットがあり，洱海へと流れ込む蒼山十八渓へ行くトレッキングも人気を集めてきた．大理という地名が大理石の由来となり，蒼山一帯は古くから大理石の産地であったが，2014年に世界ジオパークに選定され，ふたたび注目が集まっている．

[松村嘉久]

ツァンウー県　蒼梧県　Cangwu

中国

広信県（古称）

人口：32.6万（2015）　面積：3506 km²

気温：21.2℃　降水量：1507 mm/年

[23°25′N　111°14′E]

中国南部，コワンシー（広西）チワン（壮）族自治区中東部，ウーチョウ（梧州）地級市の県．県政府所在地は石橋鎮．シュン（潯）江とグイ（桂）江の合流点に位置し，梧州市を取り囲む郊外県である．漢の元鼎6年（紀元前111）に広信県として設置され，隋の開皇3年（583）に蒼梧と改称した．総人口の9割は漢族である．水利に恵まれ，全国的な穀倉地帯として発展した．八角，古風のブランド名をかぶるライチやザボンなどの熱帯果物も多く栽培している．国道207号と321号，南梧高速（ナンニン（南寧）～梧州）と広梧高速（コワンチョウ（広州）～梧州）と桂梧高速（グイリン（桂林）～梧州）などが通じ，北の桂林から南のホンコン（香港）までの水路交通も便利である．そのため資源加工型の工業も集積しつつある．1714年に建設された自治区初の広東人会館，粤東会館が重要な歴史資料館である．

[許 衛東]

ツァンシー県　蒼渓県　Cangxi

中国

人口：60.6万（2015）　面積：2330 km²

[31°44′N　105°56′E]

中国中西部，スーチュワン（四川）省，コワンユワン（広元）地級市の県．県政府は陵江鎮に所在する．地勢は北東が高く南西が低く，丘陵や平地が分布する．チャリン（嘉陵）江が県の西部を流れ，その支流のトン（東）河や硬頭河も南へ向かって流れる．蘭渝鉄道（ランチョウ（蘭州）～チョンチン（重慶））や蘭海高速道路（蘭州～ハイコウ（海口））が通る．ユキナシ（雪梨），レッドキウイ，柑橘類などの果物や，トチュウ（杜仲）をはじめとした漢方薬材などが生産されている．鉱産資源には天然ガスや砂金がある．九竜山自然保護地区などの名勝がある．

[小野寺 淳]

ツァンシェン　滄県　Cang Xian

中国

人口：66.9万（2010）　面積：1527 km²

標高：5-12 m　気温：12.5℃　降水量：616 mm/年

[38°17′N　116°52′E]

中国北部，ホーペイ（河北）省中部，ツァンチョウ（滄州）地級市の県．県政府は滄州市新華区に置かれている．河北平野東部の海岸平野にあり，標高が低く平坦である．南運河，ヘイロンカン（黒竜港）河，南排水河，滹沱河が流れる．1月の平均気温は−3.8℃，7月は26.5℃．おもな鉱産物は石油，天然ガスである．農作物は小麦，トウモロコシ，アワ，大豆，綿花，落花生，ゴマを主としており，ナツメは特産品である．県の豚の生産中心地である．工業は建材，化学工業，機械，自動車修理，陶磁器，鉄鋼などがある．京滬鉄道，京福高速，国道104，307号が通る．鉄獅子と滄州古城がある．

[柴 彦威]

ツァンシャン山　Canshang Shan ☞ ウータン山　Wudang Shan

ツァンダ県　札達県　Zanda

中国

人口：1万（2012）　面積：24600 km²

[31°31′N　79°54′E]

中国西部，シーツァン（チベット，西蔵）自治区，ガリ（阿里）地区の県．ヒマラヤ山脈西部の東腹に位置する．地名はチベット語で草と矢を意味する．1956年以前は旧チベット地方政府によって札布譲宗と達巴宗に分割さ

れて統治されていた．1960年に合併し札達県となり，阿里専区に属した．1970年以降は阿里地区に属している．1000年以上の歴史をもつ舞踊であるグーゲシェン(古格旋)といった伝統芸能や，グーゲ(古格)王国遺跡が残っている． [石田 曜]

ツァンチョウ市　滄州市
Cangzhou
中国

人口：768.4万 (2013)　面積：13400 km²
標高：3-16 m　気温：12-13.4℃
降水量：536-562 mm/年
[38°19′N　116°51′E]

中国北部，ホーペイ(河北)省南東部の地級市．東はポーハイ(渤海)湾に面している．市政府は運河区に置かれている．運河，新華の2区，泊頭，レンチウ(任丘)，ホワンホワ(黄驊)，河間の4県級市，ツァンシェン(滄県)，青県，トンコワン(東光)，ハイシン(海興)，イエンシャン(塩山)，スーニン(粛寧)，ナンピー(南皮)，ウーチャオ(呉橋)，シェンシェン(献県)の9県，孟村の1回族自治県を管轄する．河北平野東部のヘイロンカン(黒竜港)河流域にあり，南西から北東へとしだいに低くなっていく．東部ボー(渤)海沿岸は海岸平野になっている．南運河は北から南へと流れ，ツーヤーシン(子牙新)河は献県から入って，南西から北東へ流れていく．1月の平均気温は-4.8～-3.9℃，7月は26～27℃．農作物は小麦，トウモロコシ，綿花などである．土産にはナツメ，ナシ，クルマエビ，テンの皮革製品などがある．工業は建材，化学工業，プラスチック，紡績などが市，区部に多く集まっている．石油の埋蔵量が豊富で，河北油田，大港油田がある．食塩の生産地でもある．石炭の輸出港として国内第1位となった黄驊港がある．国道104，205，307号が通る．大通りは滄州を中心にして，東西南北へとつながっていく．滄州鉄獅子など古跡も多い． [柴 彦威]

ツァンナン県　蒼南県　Cangnan
中国

横陽，始陽，平陽 (古称)

人口：122.4万 (2002)　面積：1272 km²
[27°30′N　120°23′E]

中国南東部，チョーチャン(浙江)省，ウェンチョウ(温州)地級市の県．省の南端に位置する．西晋代に始陽県として置かれ，唐代に横陽県，五代時代には平陽県，1981年に蒼南県となった．東は海に面している．標高は

南西部が高く北東部が低く，山や海に臨んでいる．おもに醸造，陶磁器，旧式紡織，プラスチックなどの工業を展開している．ミョウバンは世界総産出量の60％を占めていて，ミョウバンの都とよばれている．磁器製造業は長い歴史をもち，赤タイルは世界での人気商品である．稲，サツマイモ，砂糖，むしろわら，ナタネなどが栽培されている．浙江省の重要な茶産地の1つである．名産品として茶と四季文旦がある．観光スポットには金郷衛城などがある． [谷 人旭]

ツァンペイ高原　Zangbei Gaoyuan ☞ チャンタン高原　Qiangtang Gaoyuan

ツァンホワン県　賛皇県
Zanhuang
中国

人口：24.0万 (2010)　面積：1210 km²
標高：63-1733 m　気温：12.3℃
降水量：602 mm/年　[37°39′N　114°23′E]

中国北部，ホーペイ(河北)省南西部，シーチャチョワン(石家荘)地級市の県．県政府は賛皇鎮に置かれている．タイハン(太行)山脈の丘陵地帯にある．槐河，済河は西から北東へ流れる．ダムが2つある．1月の平均気温は-2.7℃，7月は26.6℃，無霜期間は170日．農作物は小麦，トウモロコシを主としている．赤ナツメ，黒ナツメ，クルミが有名である．鉱物は珪石，苦灰石，石灰石，鉄，石炭がある．化学工業，機械，建材の工場がある． [柴 彦威]

ツァンユワン自治県　滄源自治県
Cangyuan
中国

ツァンユワンワ族自治県　滄源佤族自治県 (正称)

人口：17.9万 (2010)　面積：2448 km²
[23°09′N　99°13′E]

中国南西部，ユンナン(雲南)省西部，リンツァン(臨滄)地級市の自治県．ミャンマーと147 kmに及ぶ国境を接する．1958年に設立された滄源カワ族自治県を経て，64年に滄源ワ(佤)族自治県となる．県政府は勐董鎮に置かれている．総人口の8割強をワ族が占め，タイ(傣)族，ラフ(拉祜)族，イ(彝)族などを含めて，少数民族の人口比率は9割強に達する．おもな産業は農業であるが，ミャンマーとの辺境貿易，ワ族の文化を生したエスニックツーリズムの開発に期待が寄せられている． [松村嘉久]

ツイードヴェール　Tweedvale ☞ ロバソル Lobethal

ツィマイ県　措美県　Comai
中国

哲古県 (古称)

人口：1万 (2012)　面積：4500 km²
[28°22′N　91°38′E]

中国西部，シーツァン(チベット，西蔵)自治区，シャンナン(山南)地級市の県．ヒマラヤ山脈の北麓に位置する．地名はチベット語で，湖の下を意味し，県政府所在地が北東に位置するオーミィ(熱米)湖より低い位置にあることに由来する．1354年に哲古宗が置かれ，1955年には山南弁事処に属した．1960年に達瑪渓と合併し哲古県となった．1965年に措美県に改名し，70年に山南地区に属している．県内にはモウジュエ(莫吾覚)寺や哲古湖などの景勝地がある． [石田 曜]

ツイユン区　Cuiyun ☞ スーマオ区　Simao

ツインズ島　The Twins
ニュージーランド
[41°08′S　174°20′E]

ニュージーランド南島北東部，マールバラ地方の島．クック海峡の西，クイーンシャーロット Queen Charlotte 湾入口にある．ロング Long 島の北端から東2 km，アラパオア Arapaoa 島の西岸のパパロア Paparoa 岬の沖合北西2 kmに位置する． [太田陽子]

ツヴァル　Tuvalu
Tuvalu (ツヴァル語・正称) ／エリス諸島　Ellice Islands (旧称)

人口：1.1万 (2012)　面積：26 km²
降水量：3000 mm/年　[8°25′S　179°15′E]

南太平洋西部，ポリネシアの国．ポリネシアの西端，ハワイ諸島とオーストラリア大陸の中間点に位置する，南緯5～10度，東経176～179度，南北720 kmの海域に分布する島嶼群からなる独立国である．イギリス植民地時代の旧称はエリス諸島である．首都はフナフチ．ツヴァル語でツヴァルとは「8つ並びたつ」と翻訳できるが，実際にツヴァルを構成する島々は，北から順にナヌメア環礁，ニウタオ環礁，ナヌマンガ環礁，ヌイ環礁，ヴァイツプ環礁，ヌクフェタウ環礁，フ

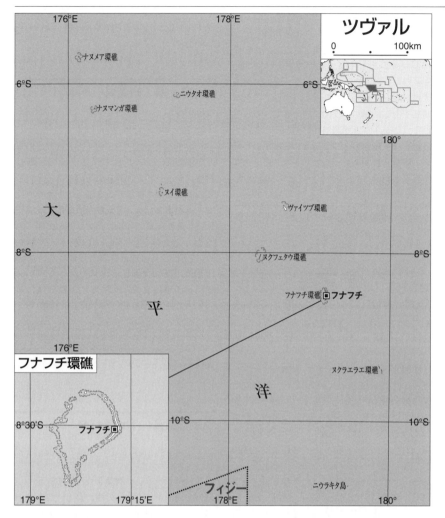

ナフチ環礁，ヌクラエラエ環礁，ニウラキタ島と9つの環礁からなる．ツヴァルが8つとみなされるのは，ニウラキタ島の住民はニウタオ環礁からの新しい移民であるからである．

ツヴァルの首都のあるフナフチ島は面積2.8 km²であるが，最大の面積をもつ島嶼は面積5.6 km²のヴァイツプ島である．ツヴァルの9つの島嶼はいずれも海抜5 m以下のサンゴ環礁であり，地球温暖化のための海面上昇が生じた場合，すべての国土が水没するおそれがあり，ニュージーランドへの移民が検討されている．気候は熱帯気候であり，3～11月は東からの貿易風の吹く乾季で，11月から3月は西からの強風の吹く雨季である．

ツヴァルの人口の57％にあたる約6200人が首都フナフチに集中している．ほとんどの人々がキリスト教徒である．ポリネシア系住民が94％を占めるが，ヌイ島の住民の多くはキリバス出身のミクロネシア系住民である．ツヴァル語，英語が公用語であるが，そのほかにサモア語，キリバス語を用いる住民がいる．

植民地時代の1877年，イギリスはフィジーに西太平洋担当高等弁務官を設置し，フィジー諸島からエリス諸島を統治した．1892年にエリス諸島をミクロネシア系のギルバート諸島とともに保護領ギルバート・エリス諸島とし，1915年にギルバート・エリス諸島直轄植民地とした．第2次世界大戦後，エリス諸島人の多くがギルバート・エリス諸島直轄植民地の首都であるギルバート諸島のタラワ島タラワに教育と雇用を求めて移住するが，ミクロネシア系とポリネシア系という民族の違いのため，さまざまな差別を経験した．1974年，エリス諸島のポリネシア人は国民投票を行い，ギルバート・エリス諸島直轄植民地からの分離を選択した．1978年，イギリス女王を国家元首とする立憲君主国ツヴァルとして独立した．ツヴァルはイギリス連邦の一員である．

ツヴァルの議会は任期4年，12議席からなる一院制議会である．国家元首はイギリス女王であるが，ツヴァル人の総督がこれを代行する．ツヴァルには政党は存在せず，出身島にもとづく人脈や，誰を首相として推すかにより派閥が形成される．1993年の総選挙以降，現在まで9つの政権の勢力は反対派と伯仲している．

国土は環礁からなり，土地，水資源，天然資源に恵まれず，経済活動は自給自足農耕・漁撈に限られる．通貨は豪ドルであるが，国内の現金収入は公務員の給与に限られる．外国船に雇用される船員からの仕送りは重要な現金収入源であり，海員学校を1978年に設置して特別教育を施している．現在ツヴァル政府の歳入で特徴的なのは記念切手の売上げで，イギリスの切手専門商の指導を受けている．また，経済水域内での外国漁船入漁料とインターネットのドットTVドメイン名の使用料も重要な歳入源である．ツヴァルは2000年に国識別アドレス・ドットTVの使用権を10年間にわたって合計5000万ドルでアメリカ，カリフォルニアの企業に売却し，この利益をもとに国連の年会費を支払い，国連加盟を果たした．

ツヴァル政府への援助には，通常の財政援助に加え，極小国の政府財政を基金運用の収益金によって安定させるために1987年に創設されたツヴァル信託基金とよばれる信託制度がある．ツヴァル信託基金は財政援助を目的とした財産の預金運用ではあるが，条約により国際機関として組織化されている．基金総額は約2万7000豪ドルで，出資国には協定国であるニュージーランド，オーストラリア，イギリス，ツヴァルに加え，日本，韓国が参加している．　　　　　　　[柄木田康之]

ツェコ県　沢庫県　Zekog　中国

人口：7.3万（2015）　面積：6494 km²
[35°02′N　101°28′E]

中国西部，チンハイ（青海）省ホワンナン（黄南）自治州の県．東部はガンスー（甘粛）省に隣接する．チベット高原の北東部，クンルン（崑崙）山脈の支脈である西傾山脈の北麓に位置し，山がちな地形で標高4000 m級の山々が連なる．人口の大部分はツァン（チベット）族である．チベット仏教ニンマ派のチュガル寺（和日寺）には，経典と仏像を刻んだ石板を幾重にも積み重ねてつくった大規模な壁がある．牧畜が盛んで，チベット羊やヤクなどが飼育されている．トウチュウカソウ（冬虫夏草）やセツレンカ（雪蓮花）などの漢方

薬材を産する. [高橋健太郎]

ツェツェルレグ　Tsetserleg

モンゴル

人口：2.1万（2015）　面積：536 km²
標高：1691 m　気温：0.1℃　降水量：344 mm/年
[47°28′N　101°27′E]

　モンゴル中部，アルハンガイ県の都市で県都．行政上はエルデネボルガン Erdene bulgan 郡に属する．町はハンガイ山脈南側斜面のボルガン山の南麓に立地，首都ウランバートルの西463 km に位置する．7月の平均気温は15℃，1月は−20℃である．起源は1586年にザイーンフレーという寺院が建設されたことによるという．ザイーンフレー寺院は20世紀初頭には，2500人あまりのラマを擁する大寺院となっていた．この寺院の門前町が人民革命後に設立されたツェツェルレグマンダル県の県都としてエルデネボルガンオール旗となった．1952年にアルハンガイ県の県都，ボルガン郡と名を変え，61年にはツェツェルレグ市となった．社会主義崩壊後の1992年，市は，行政単位としてはエルデネボルガン郡となり，ツェツェルレグはその都市部をさす通称名となった．紛らわしいことにアルハンガイ県には，ツェツェルレグ市（エルデネボルガン郡）とは別組織のツェツェルレグ郡が市の北220 km に存在する．
[島村一平]

ツェリノグラード Tselinograd ☞ アスタナ Astana

ツェリノグラード州 Tselinogradskaya Oblast, ☞ アクモラ州 Akmola Region

ツェンウェン渓　曽文渓　Zengwen Xi

台湾｜中国

面積：1177 km²　長さ：138 km
[23°03′N　120°04′E]

　台湾南部の川．ジャーイー（嘉義）県の山間部，東水山を源とし，タイナン（台南）市に入った後，西に向かって流れる．土砂の運搬が盛んで，その量は年間2818万 t に及ぶ．下流には広大な沖積平野が広がり，沿岸部は浅瀬でカキの養殖場や養魚池，塩田が多くみられる．また，湿地を形成するほか，潮の干満によって干潟や潟湖ができるため，渡り鳥が多い．現在，生態保護区域に指定され，野鳥観察などの人気が高い．また，中流部には台湾最大の曽文水庫（ダム）があり，1973年に竣工している．上流部には台湾特産の淡水魚であるセイタカクチマガリという珍魚も生息している．
[片倉佳史]

ツェンゴン県　岑鞏県　Cengong

中国

しんきょうけん（音読み表記）

人口：22.8万（2012）　面積：1487 km²
[27°10′N　108°49′E]

　中国中南部，グイチョウ（貴州）省南東部，チェントンナン（黔東南）自治州の県．県政府は新興街道に置かれている．少数民族人口が6割弱を占め，漢族，トン（侗）族，トゥチャ（土家）族，ミャオ（苗）族の順に人口が多い．農業県で思州緑茶，桐油，豚，落花生の生産が盛んである．精巧な浮き彫りを施した思州石硯が特産品である．
[松村嘉久]

ツェンシー市　岑渓市　Cenxi

中国

竜城県（古称）/しんけいし（音読み表記）

人口：93.0万（2015）　面積：2783 km²
気温：21.4℃　降水量：1450 mm/年
[22°56′N　111°59′E]

　中国南部，コワンシー（広西）チワン（壮）族自治区中東部，ウーチョウ（梧州）地級市の県級市．県政府所在地は岑城鎮．コワントン（広東）省にまたがる雲開大山北麓の黄華河流域に位置する．西電東送という沿海地域に送電するエネルギー産業の拠点．唐の武徳5年（622）に竜城県として設置され，至徳2年（757）に岑渓県と改称，1995年に市になった．漢族が人口の99％を占めており，自治区の伝統的な米産地である．石材，高級包装紙，竹の編み物，爆竹などの郷鎮企業も多い．交通では国道，高速道路，鉄道とも通じ，広東省からの工業分散の受皿として期待されている．
[許　衛東]

ツオ江　左江　Zuo Jiang

中国

斤員水，斤南水（古称）

面積：20489 km²　長さ：305 km
[22°49′N　108°05′E]

　中国南部，コワンシー（広西）チワン（壮）族自治区の川．東部を貫流する自治区の代表的な河川．古代中国で，東を左，そして西を右とよぶことから，西部のヨウ（右）江と一対をなす．チュー（珠）江のシー（西）江水系上流の支流の1つで，ベトナムのランソン（諒山）北嶺を水源地にもち，自治区の中を流れる長さは470 km．キークン川（漢字名は其窮河）として上流をつくり，国境のピンシャン（憑祥）市の平面を経て，ロンチョウ（竜州）県の竜州鎮で郁江の支流である水口河と合流してから南寧市の西郷塘区宋村まで貫流し，ここで右江と合流する．通常，水口河との合流点の竜州から右江との合流点の宋村までの流路（約305 km）を左江と称し，古代では斤南水または斤員水ともよぶ．流域に観光名所が多く，2016年7月に「左江花山のロック・アートの文化的景観」としてユネスコの世界遺産（文化遺産）に登録された春秋戦国時代の崖壁画と，明代に建てられた斜塔の1つである帰竜塔が代表的なものである．
[許　衛東]

ツォイゲ県　若爾蓋県　Zoigê

中国

ゾイゲ県（別表記）/ルオアルガイ県　若爾蓋県 Ruo'ergai（漢語）

人口：7.8万（2015）　面積：10620 km²
[33°34′N　102°57′E]

　中国中西部，スーチュワン（四川）省中北部，アーバー（阿壩）自治州の県．人口の91％をツァン（チベット）族が占める．古くはテイ（氐），チャン（羌）族の居住地であった．漢代に武都郡，隋代に汶川郡，唐代は吐蕃，明代に松潘衛，清代に松潘直隷庁に属した．1956年に現在の若爾蓋県が置かれた．川西北高原に位置している．中部，南西部は標高3000 m の地帯ながらも，高低差は50 m 以下とゆるやかな高原であり，牧畜業の中心地となっている．
[石田　曜]

ツォウチョン市　鄒城市　Zoucheng

中国

すうじょうし（音読み表記）

人口：118.5万（2015）　面積：1617 km²
標高：78 m　[35°23′N　116°56′E]

　中国東部，シャントン（山東）省南西部，チーニン（済寧）地級市の県級市．1992年に鄒城県から市となり，15の鎮と5つの郷を管轄している．低山丘陵が広く分布している．北西から南東方向に走る峄山断層を境にして，東部は低山丘陵，西部は平野と低地である．峄山は中国古代九大歴史文化名山の1つである．鄒城は春秋時代に邾国（紀元前614～前281）で，邾国古城は峄山南麓にある．また，鄒城は孟子の故郷でもあり，孟子を祀る孟廟，孟子一族の住居である孟府，孟子とその末裔が眠る孟林は貴重な文化遺産である．また，明魯荒王陵や先史文化遺跡である

野店遺跡なども有名である. 歴史文化都市の1つとして国の指定を受けている.

[張　貴民]

ツォウピン県　鄒平県　Zouping

中国

すうへいけん (音読み表記)

人口: 73.6万 (2015)　面積: 1250 km²
[36°52′N　117°41′E]

中国東部, シャントン(山東)省北東部, ピンチョウ(浜州)地級市の県. ホワン(黄)河沿岸に位置する. 前漢代に鄒平県が設置されたが, 現在の鄒平県は1950年代に鄒平県, 長山県と斉東県が合併したものである. 地形は南部のチャンバイ(長白)山(標高827 m)が最も高く, 北に傾いている. 県内を23.5 km流れる黄河のほかに23本の河川がある. 段丘や平野に農業が発達している. 長白山のふもとにある醴泉寺, 北宋の政治家範仲淹の祠堂である範公祠などの観光地がある.

[張　貴民]

ツオチェン県　措勤県　Coqên

中国

人口: 1万 (2012)　面積: 22900 km²
[31°01′N　85°09′E]

中国西部, シーツァン(チベット, 西蔵)自治区, ガリ(阿里)地区の県. 地名はチベット語で大湖を意味し, 県東部の塩湖であるザイーナンムツォ(扎日南木錯)に由来する. ガンディセ(岡底斯)山脈中部の北側, チャンタン(羌塘)高原の湖群地帯に位置し, 県内の平均標高は5000 m以上である. 1951年には8つの集落があったが, 71年に一部を措勤県と改めて配置した. 毎年体育祭を催しており, 競馬や綱引きなどの競技がある.

[石田　曜]

ツオチュワン県　左権県　Zuoquan

中国

人口: 16.4万 (2013)　面積: 2028 km²
標高: 1200 m　気温: 7.3℃　降水量: 550 mm/年
[37°06′N　113°17′E]

中国中北部, シャンシー(山西)省中東部, チンチョン(晋中)地級市の県. タイハン(太行)山脈最高峰の西側に位置する. 歴史は春秋時代の晋までさかのぼることができる. 県内の大岩十字嶺で戦死した八路軍の左権将軍を記念して, 1942年に県名を左権県に改称した. 地形はおもに山地で起伏が多い. 平均

標高は1200 m以上, 最高峰は2180 m. 気候は寒冷である. アワやトウモロコシなどの雑穀を栽培している. クルミ, カキ, サンショウなども栽培している. 地下資源も多く, 石炭の埋蔵量は約50億tに及ぶ.

[張　貴民]

ツォナ県　錯那県　Cona

中国

Cuona (別表記)

人口: 2万 (2012)　面積: 34900 km²
[28°00′N　91°59′E]

中国西部, シーツァン(チベット, 西蔵)自治区, シャンナン(山南)地級市の県. ヒマラヤ山脈中部, ガンディセ(岡底斯)山脈東部の南麓に位置する. 地名はチベット語で湖の鼻, つまり湖辺を意味する. 以前は錯拉, 錯納, 満撮納, 押錯那, 押錯拉(清代), 翠納宗, 押磴納宗, 崔納宗などと呼称された. 1955年に山南弁事処に属し, 60年に錯那宗と徳譲宗が合併し錯那県となり, 山南専区に属した. 1970年には山南地区に属している. 水資源が豊富で, 県内に大小20あまりの水力発電所がある.

[石田　曜]

ツォナ湖　錯那湖　Co Nag

中国

Cona, Cuona Hu (別表記) /ヘイハイ湖　黒海湖 Heihai Hu (漢語・別称)

面積: 174 km²　標高: 4596 m　長さ: 22.4 km
幅: 7.8 km
[27°59′N　91°59′E]

中国西部, シーツァン(チベット, 西蔵)自治区北部, アムド(安多)県の湖. 別名はヘイハイ(黒海)湖. タンラ(唐古拉)山脈南部を水源とする川がいったん流れ込み, ふたたびヌー(怒)江へ流出する. 世界で最も高い標高に位置する淡水湖である. 湖の美しさのみならず, オグロヅルやハクチョウなどの野生動物の宝庫としても有名である. また, 湖東岸を青蔵鉄道が通過している.

[石田　曜]

ツォホン県　冊亨県　Ceheng

中国

さつこうけん (音読み表記)

人口: 23.0万 (2008)　面積: 2597 km²
[24°59′N　105°49′E]

中国中南部, グイチョウ(貴州)省南西部, チェンシーナン(黔西南)自治州の県. 県政府所在地は者楼鎮である. 南はコワンシー(広西)チワン(壮)族自治区に隣接する. 総人口の7割強をプイ(布依)族が占め, ミャオ(苗)族も住む. 1981年に同自治州が設立される以前は, プイ族自治県であった. 県域中央部

を国道324号が縦断し, 県域南西部の南盤江沿いを南昆鉄道が走る. 工業は水力発電と金やアンチモンの採掘くらいで, 農業生産が中心の県である.

[松村嘉久]

ツオユン県　左雲県　Zuoyun

中国

人口: 15.9万 (2013)　面積: 1315 km²
[39°59′N　112°41′E]

中国中北部, シャンシー(山西)省北部, ダートン(大同)地級市の県. 内モンゴル自治区と隣接する. 3鎮11郷を管轄している. ジャガイモ, エン麦, ノエンドウ(カラスノエンドウ), ゴマなどを産出し, 羊16万頭を有し, 羊毛の主産地でもある. 県域内に有名な大寧炭田があり, 石炭の埋蔵量は約100億t. 石炭工業が発達し, 年間1350万tの石炭を生産している. 東西を走る国道109号で大同市と結ばれている.

[張　貴民]

ツォンチャン県　従江県 Congjiang

中国

人口: 32.0万 (2011)　面積: 3244 km²
[25°48′N　108°54′E]

中国中南部, グイチョウ(貴州)省南東部, チェントンナン(黔東南)自治州の県. 県政府は丙妹鎮に置かれている. 南はコワンシー(広西)チワン(壮)族自治区に隣接する. ミャオ(苗)族が総人口の4割強, トン(侗)族が4割を占める. 林業とミカン栽培が盛んな山岳地帯で, 産業は発達していない. 都柳江の水運を利用すれば広西チワン族自治区のリウチョウ(柳州)へ抜けることができ, 国道321号でグイリン(桂林)とつながる. 県域北部の増沖村にある鼓楼と風雨橋は, トン族木造建築の傑作として名高い. カイリー(凱里)から, あるいは桂林からロンシュイ(融水)を経由して, 従江を訪問するエスニックツーリズムの周遊ルートが確立している. [松村嘉久]

ツォンチョン区　増城区 Zengcheng

中国

人口: 113万 (2015)　面積: 1616 km²
気温: 21.7℃　降水量: 1869 mm/年
[23°18′N　113°49′E]

中国南部, コワントン(広東)省中南部, コワンチョウ(広州)副省級市の区. チュー(珠)江デルタ圏内に位置し, 川を隔ててトンクワン(東莞)市を望み, 省会広州と接する. 広州市内の北東60 km, ホンコン(香港)の北西130 kmに位置する. 後漢の建安6年(201)

ツシ　1175

に，築城とともに増城県が置かれた．1993年に広州市が管轄する県級市となり，2015年5月に区となった．戸籍人口87万のうち，6割が広東語，4割が客家(ハッカ)語を使用する．

伝統的な魚米の郷の1つで，増城掛緑という高級ライチの産地として全国的に有名である．現在は工業化が進み，市の南部はジーンズ，オートバイ，自動車工業の集積地として発展している．カジュアルジーンズの出荷枚数は全国市場の約5割を占める．広州で自動車とオートバイの生産を合弁で展開するホンダ社の第2工場(年産乗用車24万台，オートバイ180万台)があり，日系の部品メーカーも多く進出している．交通では広九鉄道(広州～カオルーン(九竜))，広深高速(広州～シェンチェン(深圳))，広汕高速(広州～シャントウ(汕頭))が通じる．総人口113万(2015)のうち，30万人は農民工(出稼ぎ労働者)である．　　　　　　　　　　[許　衛東]

ツォンホワ区　従化区　Conghua

中国

人口：61.5万 (2015)　面積：2009 km²
気温：21.2℃　降水量：1952 mm/年
[23°33′N　113°34′E]

中国南部，コワントン(広東)省中南部，コワンチョウ(広州)副省級市の区．チュー(珠)江の支流流渓河の中流域に位置する観光都市である．明の弘治2年(1489)，パンユィー(番禺)から分離され従化県として設置された．1994年3月に広州市が管轄する県級市となり，2014年2月に区となった．区政府所在地は街口街道．最高峰の天堂頂(標高1210 m)をはじめ，山地と丘陵地が区域の大部分を占める．平均水温70℃の源泉が13カ所あり，1日計1400 m³湧き出る温泉の密集地で，省内の有名な保養都市として発展している．ゴルフ場を含むリゾート地の開発も著しい．交通では国道105，106号が通じ，観光客が年間約2000万人(2015)が訪れる．農業の伝統も古く，米，落花生，ライチ，花卉の産地となっている．　　　[許　衛東]

ツォンヤン県　樅陽県　Zongyang

中国

しょうようけん (音読み表記)/フートン県　湖東県 Hudong (旧称)
人口：92.4万 (2010)　面積：1808 km²
[30°41′N　117°12′E]

中国東部，アンホイ(安徽)省南部，トンリン(銅陵)地級市の県．チャン(長)江の北岸に位置する．県政府は樅陽鎮に置かれる．江淮丘陵と長江中下流平原の接合部に位置し，北西部には低山と丘陵が分布する．県域には白蕩湖，菜子湖，楓沙湖，白兎湖，陳瑶湖，連城湖などの湖沼と長江の支流が多い．前漢に樅陽県が置かれ，隋代に同安県に，唐代に桐城県に改められた．1949年に桐廬県に，51年に湖東県に改められ，55年に樅陽県に復した．2016年に管轄がアンチン(安慶)地級市からトンリン(銅陵)地級市に移管された．魚米の郷と称され，米，綿花の生産が盛んで，また水産資源も豊富に産する．京台高速道路が通る．名勝古跡に浮山，渡江烈士墓などがある．
[林　和生]

ツーグイ県　秭帰県　Zigui

中国

しきけん (音読み表記)
人口：36.2万 (2015)　面積：2427 km²
標高：800 m　　[30°50′N　110°59′E]

中国中部，フーペイ(湖北)省，イーチャン(宜昌)地級市の県．県政府はマオピン(茅坪)鎮に所在する．ウー(巫)山山脈にあり，県南部の最高地点である雲台荒は標高2057 m．山間の河谷にわずかな平野が分布する．チャン(長)江が中部を横断し，西側は香渓河の谷に，東側は西陵峡に属する．森林はおもにマツ，スギ，カシワで，オオアブラギリ，ナンキンハゼ，ウルシなどの経済林がある．農作物にはトウモロコシ，小麦，水稲，搾油作物がある．柑橘類の重要な産地であり，クリ，茶葉，タバコも産する．西陵峡や屈原廟などの名所旧跡がある．県政府が1989年にグイチョウ(帰州)鎮から茅坪鎮へ移され，サンシャ(三峡)ダム建設に伴う1万人規模の移民・移転が行われた．滬蓉高速道路(シャンハイ(上海)～チョントゥー(成都))が通っている．
[小野寺　淳]

ツーゴン市　自貢市　Zigong

中国

人口：277.0万 (2015)　面積：4382 km²
標高：250-500 m　　[29°24′N　104°47′E]

中国中西部，スーチュワン(四川)省南部の地級市．トゥオ(沱)江流域に位置し，南はイーピン(宜賓)，安辺にいたり，北はネイチャン(内江)で成渝鉄道に接続する内昆鉄道が通っている．市政府は自流井区(面積152.9 km²，人口35万，2010)に置かれ，自流井区，貢井区，大安区，沿灘区，ロンシェン(栄県)，フーシュン(富順)県の4区2県を管轄する．四川盆地南部の低山丘陵地帯に位置

し，低山，丘陵，盆地，河谷が複雑に交錯する．地勢は北西部が高く，南西部に向かって低くなり，市域の標高は250～500 mの間にあり，市街地は280～400 mの地域に広がる．気候は温帯夏雨気候で，夏は気温が高く降水量が多いが，冬の厳寒はなく降水量は少ない．秋は雨天の日が多い．

漢代は犍為郡の富順県と南安県(後の栄県)の地だった．1939年，富順県の自流井と栄県の貢井を合併して市が設置された．地名は2つの塩水をくみ上げる井戸からそれぞれ1字をとってつけられたが，清代には自貢の名がすでにあったという．自貢では深い井戸を掘って濃い塩分を含んだ地下水をくみ上げ，乾燥させて塩を取り出す製塩業が後漢の頃から盛んだった．塩水をくむ井戸を塩井とよんだ．塩商人の活発な活動による繁栄は清末期および中華民国初期まで続き，千年塩都の名がある．近代に入り西洋の製塩技術が導入され，海塩や岩塩が輸入されると，1930年代を最後に製塩業は衰退した．塩井はいまも残り，四川の井塩は味のよさから最上級の塩として珍重されている．

四川省の重要な工業地域の1つでもあり，とくに1960年代の毛沢東による三線政策により，沿海部より内陸のこの地に化学工場が集積した．おもな農産物は米，トウモロコシ，小麦，ナタネである．内宜，楽自，成自，自隆などの高速道路が縦横に通る．歴史的な背景より国指定の歴史文化都市に指定され，また市内で大量に発掘された恐竜の化石から恐竜之郷の別名がある．主要な観光地には，自貢恐竜博物館，自貢市塩業博物館，栄県大仏，三多寨，富順文廟，燊海井，仙市古鎮，釜渓河夜景などがある．唐代から続く自貢の燈会(元宵節)には，国内外から多数の観光客が参集する．　　　　　　　[林　和生]

ツーシー県　資渓県　Zixi

中国

瀘渓県 (旧称)
人口：12.6万 (2012)　面積：1251 km²
[27°42′N　117°04′E]

中国南東部，チャンシー(江西)省中東部，フーチョウ(撫州)地級市の県．信江の支流である白塔河の上流域に位置し，フーチェン(福建)省に隣接する．鷹廈鉄道が県内を南北に，東西を邵光高速道路が，西端を鷹瑞高速道路が走る．県政府は鶴城鎮に置かれる．東部はウーイー(武夷)山地の西麓にあたり県域の8割以上を山地が占め，西部は丘陵で，小河川に沿って狭小な平野が延びる．明代にナンチョン(南城)県の一部を割いてルーシー

1176　ツシ

〈世界地名大事典：アジア・オセアニア・極Ⅰ〉

ツ

（瀘溪）県が置かれ，辛亥革命ののちにフーナン（湖南）省に同名の県があるため 1914 年に資溪県に改められた．農業の柱は米と野菜，ナタネで，シイタケ，タケノコが特産である．林産資源が豊富で，木材，孟宗竹，茶油などを産する．名勝古跡に馬頭山，大覚岩，法水温泉，高雲塔などがある．　　［林　和生］

ツーシー市　慈溪市　Cixi

中国

人口：104.7 万（2015）　面積：1154 km²
[30°10′N　121°14′E]

中国南東部，チョーチャン（浙江）省東部，ニンポー（寧波）副省級市にある県級市．寧紹平原の北部に位置する．北部は海岸沿いに沖積平原が広がり，南部に丘陵がある．唐代に慈溪県が初めて置かれ，いったん取り消されたが，1949 年にまた慈溪県に戻り，88 年に市となった．機械，化学，紡織，繊維，建材，食品などの工業があり，とくに輸送機械，家電，医薬などの発展が著しい．陶磁器の長い歴史を有する．農作物には稲，大豆，麦，ナタネ，野菜などがあり，ヤマモモなどの果物や漢方薬材も産する．水産，製塩，養蜂も盛んである．観光スポットには上林湖越窯遺跡や五磊寺などがある．チャシン（嘉興）市ハイイエン（海塩）県との間に杭州湾跨海大橋がかかり，瀋海高速道路（シェンヤン（瀋陽）～ハイコウ（海口））が通る．

［谷　人旭・小野寺　淳］

ツーシェン　磁県　Ci Xian

中国

人口：65.1 万（2013）　面積：1014 km²
気温：13.2°C　降水量：546 mm/年
[36°13′N　113°31′E]

中国北部，ホーペイ（河北）省南部，ハンタン（邯鄲）地級市の県．県政府は磁州鎮に置かれている．タイハン（太行）山脈東麓にあり，東部は平原である．1 月の平均気温は−2.4°C，7 月は 26.6°C．農作物は小麦，トウモロコシ，綿花を主としている．炭鉱や，耐火材料，機械，工芸美術などの工場がある．鉄道の京広線，国道 107 号が通る．古跡には蘭陵王墓，殷代の遺跡がある．

［柴　彦威］

つしまかいきょう　対馬海峡
Tsushima Strait

韓国/日本

日本の九州と朝鮮半島の間には，対馬と壱岐という島があるが，それらの間を日本海と東シナ海をつないで存在する海峡の名称．国際的には Korean Strait という．さらに区分して，対馬と朝鮮半島との間を Korean Strait Western Channel（日本では西水道），対馬と壱岐の間を Korean Strait Eastern Channel（同じく東水道）というが，後者を Tsushima Strait というのも認められている．日本では，一般に両者を合わせて対馬海峡といい，とくに西水道を朝鮮海峡という．韓国では両者をテハン（大韓）海峡と総称し，前者をプサン（釜山）海峡，後者をツシマ（対馬）海峡とよぶ．北朝鮮ではチョソン（朝鮮）海峡と称する．なお壱岐と九州の間は壱岐水道とよぶ．九州と朝鮮半島の間は約 200 km あるが，対馬の北端と釜山の間は 50 km しかなく，晴天のときは相互に望見できる．

海峡は平均水深が 90～100 m で浅く，黒潮の支流である対馬海流が流れ，暖流系の魚種に恵まれてよい漁場となっている．また氷河時代には海面低下で陸橋が存在したと考えられるが，中間に島が点在することもあって，歴史時代を通じて朝鮮半島と日本との交流の通路であったし，元寇に際しても渡海船団がここを通った．また東シナ海から日本海を経て東北アジアへいたるためには必ず通る海峡であった．1905 年，日露戦争時のバルチック艦隊と日本海軍との日本海海戦の主戦場は東水道であり，国際的には Battle of Tsushima と称される．現在，博多と釜山を結ぶ高速船は約 3 時間で両地点間を連絡している．　　　　　　　　　　　　　　［秋山元秀］

ツーシン市　資興市　Zixing

中国

人口：34.5 万（2015）　面積：2730 km²
[25°59′N　113°14′E]

中国中南部，フーナン（湖南）省，チェンチョウ（郴州）地級市の県級市．市政府はタントン（唐洞）街道に所在する．地勢は南東が高く北西が低く，山地や丘陵が多い．八面山脈が東部に延び，主峰は標高 2045 m である．トン（東）江が南東から北西へ流れ，その本支流沿いに盆地がある．東江水力発電所が建設されてダム地区ができた．森林資源が豊富で，マツ，スギ，孟宗竹が多く，銀杏の大群落などの希少樹種もみられる．鉱産資源は石炭，タングステン，鉛などがある．農作物は水稲，野菜，搾油作物，綿花を産するほか，茶葉や柑橘類が特産である．また，畜産や漁業も盛んである．工業は電力，機械，化学，建材などがある．東江ダムは航行が可能．京広鉄道に接続する資興支線（資興～シュイチャトン（許家洞））が通じる．天鵞山国立森林公園がある．　　　　　　　　　　　　［小野寺　淳］

ツーチャン県　子長県　Zichang

中国

人口：21.7 万（2010）　面積：2393 km²
標高：930-1562 m　気温：9.1°C
降水量：514 mm/年　[37°08′N　109°40′E]

中国中部，シャンシー（陝西）省北部，イエンアン（延安）地級市の県．ホワントゥー（黄土）高原に位置する．県政府所在地は瓦窯堡鎮．県名は民族英雄謝子長にちなむ．丘陵地形が特徴で，チンチェン（清澗）河，無定河，延河の 3 大水系がある．暖温帯半乾燥大陸性季節風気候に属し，無霜期間は 175 日．おもな農産物はジャガイモ，ナシ，タバコ，アンズであり，1995 年に中国ジャガイモの郷と命名された．石炭，石油資源に富む．黄帝陵，陽周故城などの文化財，古跡が多く分布し，第 2 の敦煌とよばれる安定鐘山石窟は国指定の重要文化財となっている．［杜　国慶］

ツーチョウ県　子洲県　Zizhou

中国

人口：17.4 万（2010）　面積：2027 km²
標高：1093-1741 m　気温：9.2°C
降水量：449 mm/年　[37°37′N　110°02′E]

中国中部，シャンシー（陝西）省北部，ユィーリン（楡林）地級市の県．ホワントゥー（黄土）高原に位置する．県政府所在地は双湖峪鎮．地形は丘陵，渓谷を主とする．大理河と淮寧河が県内を通り，肥沃な農業地域を形成する．森林が総面積の 29.9% を占める．気候は中温帯と暖温帯の間の亜乾燥区に属し，大陸性季節風の特徴が著しい．無霜期間は164 日．天然ガス，石油，石炭などの地下資源があり，1990 年代から石油採掘が始まった．産業は農業を主とし，アワ，緑豆，ジャガイモ，大豆，ヒマワリが特産品である．石の彫刻も有名である．　　　　［杜　国慶］

ツーチョン県　資中県　Zizhong

中国

人口：121.1 万（2015）　面積：1734 km²
[29°46′N　104°51′E]

中国中西部，スーチュワン（四川）省南部，ネイチャン（内江）地級市の県．トゥオ（沱）江の中流域にある．県内を成渝鉄道と成渝高速鉄道，廈蓉高速道路が通る．県政府は水南鎮に置かれる．四川盆地中部の丘陵地帯に位置し，北東部には低山があり，地勢は西部が高

く，東部に向かって低くなる．漢代の資中県の地で，南朝の梁は県を廃したが，北周は改めて盤石県を置いた．元代に資州管轄下になり，明代に資県に改称され，清代には資州となり，1914年に資中県に改称された．おもな農産物は米，小麦，サトウキビ，サツマイモ，落花生などであり，トウモロコシとビワの産地として知られる．石炭，岩塩など地下資源に恵まれ，おもな工業は化学肥料，製糖，製塩，食品加工，建材，機械，印刷などである．名勝古跡に文廟，武廟，寧国寺，羅泉古鎮，北岩摩崖造像など，景勝地に重竜山風景名勝区などがある．　　　　　〔林　和生〕

ツーチン県　紫金県　Zijin　中国

ヨンアン県　永安県　Yongan （旧称）

人口：66.4万（2014）　面積：3635 km²
気温：20.6°C　降水量：1760 mm/年
[23°39′N　115°11′E]

中国南部，コワントン（広東）省北東部，ホーユワン（河源）地級市の県．リエンホワ（蓮花）山麓，トン（東）江支流の秋香江流域に位置する．丘陵と山地が県域の83%を占める．最高峰の武頓山（標高1233 m）はハン（韓）江の水源地．明の隆慶3年（1569）に永安県として設置され，1915年に紫金県に改称した．県政府所在地は紫城鎮．省内の重要な林業地域で，リュウガン（竜眼），ライチ，ウメ，スモモなどの果物栽培や養豚業も省内で有数の規模で展開する．住民の大多数は客家（ハッカ）である．　　　　　　　〔許　衛東〕

ツーチン山　紫金山　Zijin Shan　中国

Tzechin Shan, Tzuchin Shan （別表記）

標高：449 m　長さ：8 km　幅：3 km
[32°03′N　118°50′E]

中国東部，チャンスー（江蘇）省ナンキン（南京）市の東郊に位置する山．山の形はゆるやかな弧状を呈する．3つの峰を有し，主峰の北峰が標高449 mで，東峰の小矛山が350 m，西峰の天砦山が250 mである．紫金山天文台がある．木々がうっそうとした景勝地である．明孝陵，孫文の陵墓である中山陵，廖仲愷・何香凝の墓，梅花山，霊谷寺などの記念地と遺跡がある．古くは金陵山と称され，漢代には鍾山，三国時代には蔣山に呼称が変わった．晋の元帝が長江を渡るとき，山を眺め，紫色の雲をみたので，紫金山と名づけた．実際には山肌に大量の頁岩があり，それが日光に照らされて紫紅色の光を反射するからである．　　　〔谷　人旭・小野寺　淳〕

ツーチンチョン　紫禁城　Zijincheng　中国

グーゴン　故宮　Gugong （別称）/こきゅう　故宮 （日本語・別称）/しきんじょう（音読み表記）

標高：1 m　[39°55′N　116°26′E]

中国北部，ペキン（北京）市の中心部にある歴史的建造物．故宮ともよばれ，明と清の皇居であった．元代に建てられた皇居跡が明代の永楽4～18年（1406～20）に改築され，明と清の両朝の皇帝24名がここで即位した．敷地面積は72万 m²，建築面積は15万 m²．城は南北960 m，東西750 m，高さ10 mに及び，部屋数は9000以上にもなる．敷地の四隅には角楼があり，城の外側を幅52 m，全長3800 mの濠が囲っている．四方には門がつくられ，真南は午門，東側は東華門，西側は西華門，真北は神武門とよばれる．神武門は清朝の康熙帝以前には玄武門とよばれた．午門を抜けてさらに南には端門と天安門，その間の右手に中山公園，左手には労働人民文化宮がある．城内の各部屋はレンガと木材でできている．朱塗りの城壁，黄色い瑠璃瓦の屋根，大理石の土台が鮮やかなコントラストを生み出している．

宮殿は外朝と内廷の2つに分かれている．外朝は朝議が行われる政治の場で，午門から乾清門までの間にあたる．白大理石の基台の上にそびえる太和殿，中和殿，保和殿の3つの大きな宮殿と，左右の文化殿，武英殿からなる．まわりは屋根がついている．太和殿は現存する国内最大の木造建築であり，金鑾殿ともいう．72本の柱に支えられ，そのうち玉座を囲む6本には竜の彫刻が施され金箔に覆われている．宮殿中には，クスノキ製で金箔に覆われ，9頭の竜が彫られた玉座が置かれている．天井には竜などの装飾がある．豪華な内廷は保和殿より北の乾清宮，交泰殿，坤寧宮と，御花園を含めて，それぞれ1つの庭園になっており，皇帝の政務処理の場であると同時に，皇妃や皇子，皇女との私的生活の場でもあった．

広大で豪華な故宮は，世界でも稀有な歴史的建築群で，中国だけでなく世界でも最大規模で保全されている宮殿は，建築史上きわめて貴重な文化財である．1925年に故宮博物院となり，100万点以上の宝物が展示されている．1987年，「北京と瀋陽の明・清朝の皇宮群」の1つとしてユネスコの世界遺産（文化遺産）に登録された．　〔柴　彦威〕

ツートン県　梓潼県　Zitong　中国

しとうけん（音読み表記）

人口：30.6万（2015）　面積：1444 km²
標高：500～700 m　[31°38′N　105°09′E]

中国中西部，スーチュワン（四川）省北東部，ミエンヤン（綿陽）地級市の県．県政府はウェンチャン（文昌）鎮に置かれる．前漢に梓潼郡が設置され，西魏に安寿県と改名，隋にふたたび梓潼となった．おもな河川は長さ100 kmのトン（潼）江である．おもな産業は稲，小麦，トウモロコシ，綿花，落花生などの農業であり，紡績，化学，建材，食品など

ツーチンチョン（紫禁城，中国），明清時代の旧王宮（現故宮博物院）《世界遺産》〔Shutterstock〕

の工業がこれに次ぐ．七曲山国家森林公園，七曲山大廟などの観光地がある． ［奥野志偉］

ツートンチョン Citongcheng ☞ **チュワンチョウ市 Quanzhou**

ツーポー市　淄博市　Zibo 中国

しはくし（音読み表記）

人口：429.6万（2015）　面積：5964 km²
気温：11.9–13.1°C　降水量：550–800 mm/年
[36°47′N　118°03′E]

　中国東部，シャントン（山東）省中部の地級市．淄川，張店，ポーシャン（博山），リンツー（臨淄），周村の5区と，ホワンタイ（桓台），ガオチン（高青），イーユワン（沂源）の3県を管轄している．市政府所在地は張店区．総面積のうち市街地面積は2961 km²．魯中山地とホワペイ（華北）平原の間に位置し，地形は南が高く北が低い．南部にある魯山（標高1108 m）は域内の最高峰で，北部の最も低いところはわずか5 mである．魯山より北はシャオチン（小清）河流域，南は沂河流域とホワイ（淮）河流域となる．暖温帯季節風湿潤気候に属し，四季がはっきりしている．無霜期間は180～220日間である．
　穀類と綿花の重要な産地で，小麦，トウモロコシ，アワ，コーリャン，綿花，葉タバコ，野菜などを栽培している．石油，天然ガス，石炭，鉄鉱石などの地下資源が多い．おもな工業は石炭，冶金，石油化学などである．また，省の交通の要衝に位置し，膠済鉄道が東西を横断し，辛泰鉄道から京滬鉄道に接続する．張店を中心として長さ558 kmの鉄道網が発達している．さらに高速道路と国道205，309号を幹線とする道路網も発達している．斉国文化観光，蒲松齢足跡観光，斉長城観光などにより観光業も重要な産業になった． ［張　貴民］

ツーヤー河　子牙河　Ziya He 中国

面積：78700 km²　長さ：730 km
[38°56′N　116°56′E]

　中国北部の川．ハイ（海）河の5大支流の1つで，シャンシー（山西）省とホーペイ（河北）省を流れてティエンチン（天津）市でポー（渤）海へ出る．南運河と合流してから海河になる．灌漑や洪水の防止などの機能を果たす．天津市内ではいくつかの大橋がつくられた．
 ［柴　彦威］

ツーヤン県　紫陽県　Ziyang 中国

人口：28.4万（2012）　面積：2244 km²
気温：15.1°C　降水量：1127 mm/年
[32°31′N　108°32′E]

　中国中部，シャンシー（陝西）省南東部，アンカン（安康）地級市の県．ハン（漢）水の上流，ダーバー（大巴）山脈の北麓に位置する．県政府所在地は城関鎮．地名は北宋末の道士，張伯端（紫陽真人）に由来し，中国唯一の道教にちなんだ名称をもつ県といわれる．北亜熱帯季節風気候に属し，無霜期間は268日．瓦板岩は中国輸出量の60％以上を占める．茶，ミカンの栽培と養蚕がおもな産業である．
 ［杜　国慶］

ツーヤン市　資陽市　Ziyang 中国

人口：356.9万（2015）　面積：7971 km²
[30°07′N　104°38′E]

　中国中西部，スーチュワン（四川）省東部の地級市．トゥオ（沱）江の中流域に位置し，成渝鉄道が市内を通っている．市政府は雁江区（面積1632 km²，人口109万，2012）に置かれ，雁江区，ローチー（楽至）県，アンユエ（安岳）県の1区2県を管轄する．四川盆地中部のチュワンチョン（川中）丘陵に位置し，丘陵が9割を占める．四川盆地を北東から南西に貫くロンチュワン（竜泉）山脈が市西部を走り，その最高地点は標高1059 mである．丘陵地のほとんどが農地だが，市域の1/3を森林が覆い，チャン（長）江上流部の重要な生態保護林に指定される．沱江本流が南東方向へ流れ，沱江と涪江の支流が丘陵地から多数流れ出す．気候は四季が明瞭で，夏の酷暑も冬の厳寒もないが，一年を通して曇天が多く日射量が少ない．
　前漢のときに資中県が置かれ，北周のときに資陽県に改められた．1950年にネイチャン（内江）地区，その後85年に内江市に属したが，95年に資陽県が県級市である資陽市に改編され，内江市から分離され四川省の直轄市になった．さらに1998年に国務院の批准により内江市の管轄範囲から資陽市，簡陽市，安岳県，楽至県の4県市が資陽地区となり，2000年に地区が廃止されて資陽市となり，旧資陽市は雁江区になった．2016年に簡陽市は資陽市からチョントゥー（成都）市に移管された．1951年，旧市街の西約500 mにある黄鱔渓で旧石器時代の人類の化石（資陽人）の頭骨が発見された．2005年には雁江区で前漢代の青銅の馬と馬車が出土した．
　農業，漁業，畜産業が盛んで，山羊や豚の飼育頭数および漁獲量は四川省でも有数である．おもな農産物は米，トウモロコシ，ベニイモ，小麦，ナタネ，野菜であり，落花生と柑橘類，スイカが特産物である．臨江寺豆弁，伍隍場乾酒，天府落花生，宝蓬大曲酒が有名である．成都とチョンチン（重慶）の間にある地の利を生かして盛んに工業投資が行われている．成都と重慶を結ぶ成渝高速鉄道と成渝鉄道と，成安渝，内遂，達資眉，成資潼広などの高速道路が市域を通り交通は非常に便利である．市内には安岳石刻や半月山など，断崖に彫られた巨大な仏像が多数残存する．
 ［林　和生］

ツーユワン県　資源県　Ziyuan 中国

人口：17.7万（2015）　面積：1941 km²
標高：913 m　気温：16.4°C　降水量：1761 mm/年
[26°03′N　110°39′E]

　中国南部，コワンシー（広西）チワン（壮）族自治区北東部，グイリン（桂林）地級市の県．越城嶺の山間地にあり，南の隣は桂林，北はフーナン（湖南）省と接する．チュー（珠）江の支流であるツー（資）江の源流地にあたることから，資源県と名づけられた．秦の時代から長沙郡の領地となったが，県制の始まりは民国22年（1935）．人口の22.2％はミャオ（苗），ヤオ（瑶）などの少数民族（2015）．平均標高は913 m，広西のチベットともよばれる．森林率は79.2％．赤い堆積岩でできた丹霞地形とよばれる地形は，ユネスコの世界遺産（自然遺産）となっているが，資源県にも150 km²以上あり，代表的な観光地となっている．年間約500万人の観光客が訪れている．
 ［許　衛東］

ツーユン自治県　紫雲自治県　Ziyun 中国

ツーユンミャオ族プイ族自治県　紫雲苗族布依族自治県（正称）

人口：37.3万（2013）　面積：2284 km²
[25°45′N　106°05′E]

　中国中南部，グイチョウ（貴州）省中部，アンシュン（安順）地級市の自治県．県政府所在地は松山街道である．ミャオ（苗）族が総人口の4割弱，プイ（布依）族が3割弱を占める．1965年に紫雲ミャオ族プイ族自治県となった．主要幹線道路が県域を通過していない農業中心の貧困県である．西部大開発の下，水力発電所の誘致建設で地域経済の活性化が推し進められている．中国南部に広く展開する

カルスト地形の中でも，紫雲県域のものはとくに美しい． ［松村嘉久］

ツラギ　Tulagi　ソロモン

人口：0.1万（2009）　　［9°06′S　160°09′E］

南太平洋西部，メラネシア，ソロモン諸島中部，セントラル州の村で州都．ゲラスレ（大ゲラ）島南隣のツラギ島に位置し，1897年にイギリス植民地政府がツラギに行政府を設置し，1942年に旧日本軍が侵攻するまでイギリス領ソロモン諸島の近代的な意味における中心地であった．1927年までにツラギの人口はイギリス人行政官（30人），ヨーロッパ系交易人・入植者，華僑を含め，1000に達していた．太平洋戦争後に植民地行政府が現在のガダルカナル島ホニアラへ移ってからは，1970年代から90年代初頭まで日系水産会社の漁業基地および加工工場が稼働し，ソロモン諸島の数少ない産業の中心地であった． ［関根久雄］

ツリー島　Tree Island　インド

［11°37′N　72°10′E］

インドの南西，インド洋に浮かぶラクシャドウィープ連邦直轄地の島．南北11 km，東西5 kmのビトラ環礁の北部分にサンゴ砂が堆積してできた低平な小島である．ビトラ環礁は南西モンスーンの影響を受けて楕円形をなす．島には白い砂浜と波静かなラグーン（礁湖）が広がり，島の中央部にはココナッツなどの林が広がる．樹木の間にはレストハウスやホテルが点在し，魚釣りやマリンスポーツが楽しめる有名な観光地である．島の南側に桟橋があり，船でこの島に渡ることができる． ［成瀬敏郎］

ツーリー県　慈利県　Cili　中国

人口：61.3万（2015）　面積：3492 km²
［29°26′N　110°08′E］

中国中南部，フーナン（湖南）省，チャンチャチエ（張家界）地級市の県．県政府はリンヤン（零陽）鎮に所在する．リー（澧）水の中流にある．ウーリン（武陵）山脈の支脈が西から延びて，地勢は北西から南東へしだいに低くなる．澧水は南西から北東へ貫流し，北西から溇水が流入する．大理石が豊富である．おもな農作物には水稲，綿花，ナタネがあり，タバコやトチュウ（杜仲）などの漢方薬材も産する．養豚や養魚もみられる．工業は機械，建材，化学，電力，食品，紡織がある．焦柳鉄道（チャオツオ（焦作）〜リウチョウ（柳州））や長張高速道路（チャンシャー（長沙）〜張家界）が横断し，澧水の航行が可能．唐代に建てられた興国寺梅花殿や江埡温泉がある． ［小野寺 淳］

ツンイー市　遵義市　Zunyi　中国

人口：800.5万（2015）　面積：30762 km²
［27°44′N　106°55′E］

中国中南部，グイチョウ（貴州）省北部の地級市．西から北へかけてスーチュワン（四川）省とチョンチン（重慶）市に隣接する．1997年に遵義地区と県級の遵義市が撤廃され，地区級の遵義市が設立された．貴州省の地区級の行政単位の中で最大の面積を誇る．紅花崗，匯川，播州の3市轄区，チーシュイ（赤水），レンホワイ（仁懐）の2県級市，トンツー（桐梓），スイヤン（綏陽），チョンアン（正安），フォンガン（鳳岡），メイタン（湄潭），ユィーチン（余慶），シーシュイ（習水）の7県，タオチェン（道真），ウーチュワン（務川）の2自治県を管轄し，市政府は匯川区に置かれている．なお，2016年の行政再編で，遵義県は撤廃され，その行政領域は3市轄区へ分割された．

少数民族人口が1割強を占め，コーラオ（仡佬）族，ミャオ（苗）族などが多いが，北東部の2自治県に集中する．省会グイヤン（貴陽）から重慶市につながる鉄道と国道210号が経済流通の大動脈となっている．かつて軍用空港であった遵義新舟空港は，2012年から軍民共用として中国主要都市との航路が結ばれた．西部大開発の西電東送構想の下で，水力ダム発電所だけでなく火力発電所の建設など，電源開発が推進された．白酒の生産が伝統的に盛んな地域であり，特産品の茅台酒は海外でも有名．董酒，習水大曲酒，鴨渓窖酒なども国内では有名なブランドである．貴州省の中では良質のタバコを産するため，紙巻きタバコの生産量も多い．中国共産党の命運を左右した遵義会議が開催されたところとしても名高い．市政府所在地の匯川区郊外に立地する宋明期土司遺跡の播州海竜屯は，フーナン（湖南）省の永順老司城遺跡やフーペイ（湖北）省の唐崖土司城遺跡とともに，2015年，「土司の遺跡群」としてユネスコの世界遺産（文化遺産）に登録され，観光客が増加した． ［松村嘉久］

ツンホワ市　遵化市　Zunhua　中国

人口：73.7万（2010）　面積：1509 km²
気温：10.4℃　降水量：804 mm/年
［40°11′N　117°57′E］

中国北部，ホーペイ（河北）省北東部，タンシャン（唐山）地級市の県級市．市政府は遵化鎮に置かれている．イエン（燕）山山脈の丘陵地帯に位置し，沙河，黎河，淋河が流れる．1月の平均気温は−7.5℃，7月は25.4℃．農作物は小麦，トウモロコシ，水稲，サツマイモ，アワを主としている．リンゴ，クリ，カキもある．化学肥料，セメント，機械，紡績，印刷，建材などの工場がある．鉄道の大秦線，承唐高速が通る．清東陵という古跡があり，易県の清西陵とともに，2000年に「明・清朝の皇帝陵墓群」の一部としてユネスコの世界遺産（文化遺産）に登録された． ［柴 彦威］

テ

テー川　Te, Prek　カンボジア
面積：4346 km² 長さ：226 km
[12°26′N　106°02′E]

　カンボジア東部の川．モンドルキリ州およびクラチェ州を東西に流れる．モンドルキリ高原の標高約740 mの地点を源流とする．クラチェ州の州都クラチェでメコン川に注ぐ．メコン川に隣接する地域は洪水がちで，雨季にはテー川下流はメコン川と一体化する．この川の特徴は，流域全体の標高が高いことと，過去10年の間に土地利用状況が大きく変化したことである．川の開発は最近始まったばかりであり，水資源分野における開発はいまだ限定的である．
[ソリエン・マーク，加本　実]

テアナウ　Te Anau　ニュージーランド
人口：0.2万（2013）　[45°25′S　167°43′E]

　ニュージーランド南島，サウスランド地方の町．テアナウ湖の東岸南端に位置し，氷河のモレーン（堆石）上にある．周辺では牧羊を行う．フィヨルドランド国立公園の一部をなし，サザンレークス地域の観光の中心地であり，とくに1940年以降に発展した．国内の主要な都市と接続する航空便が毎日あり，郵便局，小学校，警察署，ホテルなどの宿泊施設が整っている．周辺にはテアナウ湖，ダウトフル諸島，テアナウ洞窟，シルヴァー滝などの滝，固有種の鳥類保護区など多くの観光対象がある．レクリエーションのための諸設備が整っている．地名は，マオリ語で水が渦を巻いている洞窟を意味する．　[太田陽子]

テアナウ湖　Te Anau, Lake　ニュージーランド
面積：352 km²　標高：212 m　長さ：65 km
深さ：417 m　[45°14′S　167°46′E]

　ニュージーランド南島南部，サウスランド地方の湖．フィヨルドランド国立公園の一部をなす．南島で最大，国内ではタウポ湖に次いで第2位の大きさである．谷氷河による低地を占めている氷成湖で，ほぼ南北方向に延び，西の湖岸線は出入りに富み，2つの大きな湾入部がある．西には森林で覆われた険しい山地があり，東の一部には農耕地がある．北からはクリントン川で涵養され，南東では人為的に制御された水路によってワイアウ川に流入し，これはマナポウリ湖に注いでマナポウリ水力発電所の動力となる．湖中にはいくつかの島があり，おもなものはダウトレス島群およびドーム島群である．
　テアナウ湖を訪れた最初のヨーロッパ人は探検家チャールズ・J・ネアンとW・H・スティーヴンズで，1853年1月であった．最初の調査は1883年に有名なジェームス・マッケローによってなされた．1948年に，インヴァーカーギルの医者ゲオフェリー・B・オーベルは，それまで絶滅したと考えられていた飛べない鳥タカヘを見出した．タカヘは現在マチソン山地のいたるところに生息し，ここは野生動物保護区として入山が厳しく制限されている．湖南端の町テアナウからは定期的な遊覧船がある．地名の起源は不詳である．　[太田陽子]

テアラアキワ　Te Ara-a-Kiwa　☞ フォーヴォー海峡　Foveaux Strait

テアラキヒクランギ　Te Ara Ki Hikurangi　☞ ヒクランギ山　Hikurangi, Mount

テアラロア　Te Araroa　ニュージーランド
[37°38′S　178°22′E]

　ニュージーランド北島，ギズボーン地方の町．イースト岬からは海岸沿いを西10 km，ギズボーンの北175 kmに位置する．国道35号が町の西側を通る．太平洋に面し数列の砂堆が発達する低地にあり，海岸線は長い砂浜を形成している．町の東端にはアワテレ川が，西端にはカラカツフェロ川が太平洋に流れ込んでいる．カワカワ湾の東に位置する．町の中心はこのカラカツフェロ川のつくる扇状地の東にあり，マオリ人口が多い．イースト岬への入口に位置し，観光業の発展にも力を入れている．　[植村善博・太谷亜由美]

テアロハ　Te Aroha　ニュージーランド
人口：0.4万（2013）　[37°33′S　175°42′E]

　ニュージーランド北島，ワイカト地方の町．マタマタピアコ地区，パイロアから国道26号で南19 km，ハミルトンからは同じく国道26号で北東56 kmに位置する．町の北西から南東にワイホウ川が蛇行しており，東はカイマイ山地に面している．地名は，すぐ東にあるテアロハ山にちなんだもので，アロハ arohaはマオリ語で愛の意味．1882年にマオリの長テ・モケナ・ハウから保護区として国に移譲された．町の北部まで沼地の多いハウラキ平野の一部とされる．この地では温泉・鉱泉が町の中心部近くで発見され，地下70 mから吹き出すモケナ間欠泉は世界で唯一の炭酸温水間欠泉として知られ，およそ40分に一度吹き出している．町の東，テアロハ山のふもとには，テアロハホットスプリングドメインがあり，19世紀末からヨーロッパ人により開発され，現在もエドワード朝様式の建物が残る．温水プールなどが併設されている．温泉は浴用，飲用ともに用いられる．おもな産業は酪農であるが，観光資源に恵まれているため，観光業も重要な役割を担っている．
[植村善博・太谷亜由美]

テアロハ山　Te Aroha, Mount

ニュージーランド

標高: 952 m　　　　　　　[37°32′S　175°44′E]

ニュージーランド北島，ワイカト地方の山．カイマイ山地の最高峰である．ハミルトンから国道26号経由で北東64 kmに位置する．カイマイママク森林公園の西にあたり，さらに，この山の名をとった町テアロハが西のふもとにある．国道26号から延びるトゥイロードをたどると山頂にいたる．テアロハからは3時間のトレッキングとなる．テアロハ山の東側，ロンゴマイ谷では1881年に金鉱が発見されたが，鉱脈鉱層が非常に硬い岩盤であったため産出量が少なく，何度も採掘が試みられたが成功しなかった．金鉱目当てに一時は人口2000を超えたが，1900年には数百に減少した．現在でも坑道跡がみられる．　　　　　　　[植村善博・太谷亜由美]

テアワムトゥ　Te Awamutu

ニュージーランド

人口: 1.0万 (2013)　　　　[38°01′S　175°19′E]

ニュージーランド北島，ワイカト地方の町．ワイパ地区，ハミルトンの南30 kmに位置する．国道3号が南北に走っている．この地は最初にトィヌイ族のマオリが定住した地であり，また最初のマオリ王の誕生の地としても知られている．また1900年代に各地で起こったマオリと白人移住者との戦い（マオリ戦争）の間，テアワムトゥは要地となった．とくに1864年からは白人移住者の要塞の町として利用された．1863年から65年のワイカト戦の後，白人の移住が始まった．アワムトゥはアワが川，ムトゥが終わりを意味するマオリ語である．この名前のとおり，この町はワイカト川支流のワイパ川からさらに分岐したプニウ川の岸に，ゆるやかに起伏する土地の上にある．全体としてはワイカト平野にあり，ピロンギア山が西20 kmに位置し，町からも尾根を容易にみることができる．

町の中心部にはマンガピコ川とマンガオホエ川の2本のごく小さな川が流れており，マンガオホエ川の終わりに，テアワムトゥ戦争記念公園がある．カケクク山，ピロンギア山といった小さな火山も周辺に点在する．おもな産業は乳製品加工業で，大きな乳製品加工場がある．また，町の中心部，国道3号沿いには1969年につくられた大きなバラ園，テアワムトゥバラ公園があるため，ニュージーランドのバラの町ともよばれ，地元の事業では"Rose Town"をその商標に使うことが多い．公営のバラ公園であることから，毎年数千人もの人が訪れる．50種類以上，およそ2500株のバラが園内に植えられている．1935年につくられたテアワムトゥ博物館には，おもにこの地の歴史を中心とした展示が常設されている．マオリの彫刻として有名なテウエヌクが所蔵されている．

[植村善博・太谷亜由美]

テアン　泰安　Taean

韓国

人口: 6万 (2015)　面積: 505 km²
[36°45′N　126°18′E]

韓国西部，チュンチョンナム（忠清南）道の西端の郡および郡の中心地．行政上は泰安郡泰安邑．泰安半島に位置し，郡域の北方には加露林湾の湾入部が入り込み，南の浅水湾の海岸部には干拓地が展開している．泰安郡は1989年，ソサン（瑞山）郡を分割して設置された．2010年の泰安郡の人口は5.4万である．泰安郡が設置された1989年の人口は約8.5万であったので，この間に約6割に減少した．西の海岸線一帯は，泰安海岸国立公園に指定されている．　　　　　　[山田正浩]

テアン　大安　Taean

北朝鮮

気温: 10.1℃　降水量: 949 mm/年
[38°45′N　125°39′E]

北朝鮮，ピョンヤン（平壌）直轄市の郡．平壌中心市街の南西20 kmに位置する．1961年，金日成の指導で，独創的な企業管理体系である大安事業体系が創設されたところとして知られる．1978年カンソ（江西）郡とリョンガン（竜岡）郡の一部で大安市，79年ナムポ（南浦）市に編入されて大安区域になり，2003年南浦市はピョンアンナム（平安南）道に編入された．2004年1月から平安南道大安郡になった．千里馬製鋼連合企業所（旧降仙製鋼所）や大安電機工場があり，大型発電施設，変圧器，大型電機モーターをはじめ，各種電機を生産する．　　　　　　　[司空　俊]

テアン半島　泰安半島　Taeanbando

韓国

[36°50′N　126°32′E]

韓国西部，チュンチョンナム（忠清南）道西部の半島．行政上は，泰安郡，ソサン（瑞山）市，タンジン（唐津）市が含まれる．海岸線はきわめて屈曲に富み，岬の突出部と湾入部が複雑に入り組んでいて，大山半島，梨北半島，南半島，加露林湾，瑞山湾，浅水湾などが交互に位置している．北部の瑞山湾，南部の浅水湾の湾奥部は防潮堤で締め切られ，内水面化している．南のアンミョン（安眠）島はかつて半島であったが，17世紀中頃，人工的に水路を掘削して切り離したところである．水深の浅い湾入部は，朝鮮時代から現在まで，くり返し埋め立て，干拓が行われ，耕地に利用するほかに，塩田，養殖地にも利用されてきた．最近では工場用地にも利用されている．海岸には，夢山浦，恋浦，万里浦など海水浴場が多く，西海岸線一帯は泰安海岸国立公園に指定されている．また，韓国では数少ない散村形態の村落景観がみられる．

[山田正浩]

ディアオピンシャン市　調兵山市　Diaobingshan

中国

ティエファー県　鉄法県　Tiefa（旧称）

人口: 24.0万 (2013)　面積: 263 km²
[42°28′N　123°34′E]

中国北東部，リャオニン（遼寧）省北東部，ティエリン（鉄嶺）地級市南西部の県級市．地名は，もともとティエファー（鉄法）県，鉄法市と称したが，2002年に現名称へ改称した．市政府所在地は調兵山街道．1956年に発見された炭鉱は，遼寧省の石炭埋蔵量の1/3を占める．現在は鉄法煤業集団公司が経営している．鉄嶺市中心部で長大線から分岐する鉄法線が，市域を東西に貫く．　　　[柴田陽一]

ディアミール山　Dia Mir ☞ ナンガパルバット山　Nanga Parbat

ディウ　Diu

インド

人口: 2.4万 (2011)　面積: 40 km²
[20°41′N　71°03′E]

インド西部，ダマンディウ連邦直轄地の町で県都．カチャワール半島南端部にある面積約40 km²の島の東部に位置する．北はグジャラート州，南はアラビア海に面するこの小島は半島とは東西方向に延長13 km，幅3 kmの潮汐湿地によって隔てられている．島にはヤシやココナッツなどの樹木もあるが，乾燥して荒地が多く，古い採石場もある．島と半島は2つの橋で結ばれている．ダマン，ゴアとともに，1961年にポルトガルの居留地からインドに返還され，連邦直轄地となっ

た．ゴアが分離される 1987 年までは，ゴアダマンディウとして統治されていた．人びとの暮らしにはポルトガルの影響が残されているが，主要言語はグジャラート語であり，文化や宗教も隣接するグジャラート州と共通する．ディウ島とカチャワール半島のいくつかの小地域からなり，1535 年にポルトガルによって領有された．14〜16 世紀には戦略上重要な港であり，海軍基地があった．町には 18 世紀末に海外交易が衰退する前に建設された，アッシジの聖フランシスコや聖ポール，聖トーマスなどの華麗なカトリック教会がある．漁業が主要な就業先で，塩の生産が行われている．また，有名な海浜があり，観光も重要な産業である． ［土居晴洋］

ティウィ　Tiwi　フィリピン

人口：5.3 万 (2015)　面積：106 km²
[13°28′N　123°41′E]

フィリピン北部，ルソン島南東部，アルバイ州の都市．ラゴノイ湾に面している．沖合にはカタンドゥアネス島を望む．州都レガスピの北約 35 km に位置する．海岸に面しているが良港に恵まれないため水産業は活発ではなく，主要な産業は農業であり，アバカ（マニラ麻），米，ココナッツなど周辺地域で生産された農作物の集散地である．
［田畑久夫］

ティウォロ海峡　Tiworo, Selat　インドネシア

ティヨロ海峡　Tiyoro, Selat (別称)
[4°37′S　122°17′E]

インドネシア中部，スラウェシ島，東南スラウェシ州の海峡．東南スラウェシ州の本島部南端沖にある大トベア Tobea Besar 島からムナ島北西端にいたる．水深は 200 m 以内である．海峡はおおむね北東から南西に湾曲し，その後南方を向いている．東端は本島のポレワリ Polewali 岬とムナ島北東端が近接し，その間に大トベア島があり幅が狭まっている．中央部は広く，ティウォロ諸島の島々がある．西端から南はムナ島とカバエナ島間のムナ海峡，西はカバエナ島と本島間のカバエナ海峡につながる．周辺はマングローブが繁茂した低湿地および岩礁である．北側にはラワアオパワトゥモハイ Rawa Aopa Watumohai 国立公園がある．ティウォロ海峡は以前から地元の重要な商業ルートで，植民地政府により測量が行われている．その結果，大トベア島の北側が水深 16〜21 m，南側の海峡の出口付近が水深 36 m ほどであった． ［山口真佐夫］

ディエゴガルシア島　Diego Garcia　イギリス

人口：0.4 万 (2012)　面積：27 km²
[7°19′S　72°25′E]

インド洋中央部，イギリス領インド洋地域，チャゴス諸島の島（環礁）．モルディブ諸島の南約 800 km に位置し，チャゴス諸島中で最大の面積をもつ．イギリス領インド洋地域（BIOT）の一部で，1966 年の協定でアメリカ軍による使用が合意され，70 年代以降，海軍基地や軍用空港などが整備された．インド洋とその周辺地域における，アメリカ軍の中核的な軍事拠点になっている．軍事基地の建設に伴って，従来あったココヤシのプランテーションは閉鎖され，農場労働者たちはチャゴス諸島以外の土地に全員退去させられた． ［手塚　章］

ティエリー市　鉄力市　Tieli　中国

人口：37 万 (2012)　面積：6620 km²
[46°53′N　128°02′E]

中国北東部，ヘイロンチャン（黒竜江）省中北部，イーチュン（伊春）地級市の県級市．県名は山名に由来する．市政府は鉄力鎮に置かれる．シャオシンアンリン（小興安嶺）山脈の南西部に位置し，フーラン（呼蘭）河の上流部にあたる．市域の東部には低山と丘陵，西部には台地が広がっている．県域の 3/4 が森林に覆われていることから，林業と木材加工業が発達している．また朝鮮人参などの林産物の生産も盛んであり，観光開発も進められている． ［小島泰雄］

ティエリン県　鉄嶺県　Tieling　中国

人口：39.0 万 (2013)　面積：2231 km²
[42°13′N　123°44′E]

中国北東部，リャオニン（遼寧）省北東部，鉄嶺地級市の県．県域は鉄嶺市銀州区をドーナツ状に取り囲む．西部はリャオ（遼）河の流れるソンリャオ（松遼）平原上に位置し，一面の農業地帯である．トウモロコシ，水稲，大豆などの穀物生産が盛んで，特産品は鉄嶺ネギである．東部の山地では，クリや薬草がよくとれる．柴河ダムなど，川をせき止めたダムが多い．長大線，鉄法線，京哈高速が県域

を通る． ［柴田陽一］

ティエリン市　鉄嶺市　Tieling　中国

人口：302.0 万 (2013)　面積：12966 km²
[42°13′N　123°44′E]

中国北東部，リャオニン（遼寧）省北東部の地級市．北はチーリン（吉林）省，西は内モンゴル自治区と境を接する．銀州，清河区の 2 市轄区，カイユワン（開原），ディアオピンシャン（調兵山）の 2 県級市，鉄嶺，チャンツー（昌図），シーフォン（西豊）の 3 県を管轄する．市政府所在地は凡河新城区．地名は明代に置かれた鉄嶺衛に由来する．市中心部には，満州国時代の 1937 年に鉄嶺市が成立した．新中国成立後は，鉄嶺専区や鉄嶺地区として，南に接する省会シェンヤン（瀋陽）市に属したこともあったが，1979 年に鉄嶺市が誕生し，84 年に地級市となった．長大線，長深高速，京哈高速が市域を南北に貫いている．長大線からは鉄法線，開豊線，四梅線，平斉線が分岐している．

市の東部は，チャンバイ（長白）山脈の一部をなし，朝鮮ニンジン，サンザシなどの生産や養蚕が盛んに行われている．チンホー（清河）ダム，柴河ダムなど，川をせき止めた巨大ダムが数多く分布する．それに対し西部は，広大なソンリャオ（松遼）平原上にあり，リャオ（遼）河の水と肥沃な土壌に支えられ，一面の農業地帯が形成されている．トウモロコシ，コーリャン，大豆，水稲などの穀物生産が盛んである．中でもトウモロコシは，省内の生産量の 2/3 を占めるほどである．このトウモロコシの穂軸を原料とするのが，樹脂の原料や溶剤として利用されるフルフラールであり，国内最大の工場がある．牧畜業では，牛肉，豚肉，シカ肉，羊肉などを生産している．このように，周辺に位置する重化学工業都市である瀋陽，アンシャン（鞍山），フーシュン（撫順），ベンシー（本渓）などの主要な食料供給地の役割を担っている．

豊富な鉱産資源を生かした重工業も盛んである．中でも石炭の埋蔵量は，省内で 1/3 以上を誇る．鉄法煤炭集団は，国内の八大石炭生産基地の 1 つである．ほかにも電力，冶金，機械，化学などの重工業が行われている．観光名所としては，1658 年に建設された東北初の学校である銀岡書院が有名である．同校では，1910 年に当時 12 歳だった周恩来が学んでおり，周恩来少年記念館が建てられている．ほかにも，蓮花湖国立湿地公園，象牙山風景区など，風光明媚な観光地が

ある．開原市と西豊県には少数民族が多く居住する．満族と朝鮮族が中心で，それぞれ人口の4～5割を占めている．　　　　［柴田陽一］

ディエン高原　Dieng, Dataran Tinggi
インドネシア

標高：2000 m　　　　　　［7°13′S　109°54′E］

インドネシア西部，ジャワ島中部，中ジャワ州の高原．ジョクジャカルタ特別州の州都ジョクジャカルタの北西80 kmに位置するカルデラである．南東26 kmのウォノソボから登ることができる．7世紀半ばから1200年頃まで続いたヒンドゥー教（シヴァ教）の聖地である．7～8世紀に建てられた5棟の神殿などが残っているが，これはジャワでは最古の寺院遺跡となっている．遺跡群から離れたところにはシキダン地熱地帯がある．多くの噴気孔から熱湯が噴き出し，あたりに硫黄ガスの臭いがたち込めている．また高原には多くの湖が点在する．さらにかつてヒンドゥー教の僧侶らが修行に使用した火山性の洞窟が3つあり，その1つのスマル洞窟にはスハルト元大統領も二度ほど訪れている．　　　　　　　　　　　　　［冨尾武弘］

ディエン池　滇池　Dian Chi
中国

クンミン海　昆明海　Kunming Hai（別称）／クンミン湖　昆明湖　Kunming Hu（別称）／ディエン海　滇海　Dian Hai（別称）／てんち（音読み表記）

面積：300 km²　標高：1886 m　長さ：40 km
深さ：8 m　　　　　　　［25°00′N　102°40′E］

中国南西部，ユンナン（雲南）省中央部，クンミン（昆明）地級市にある湖．雲南省最大の淡水湖で，平均水深5 m，最大水深でも8 m程度で湖底は平坦で浅い．北岸に省会昆明のCBD（中心業務地区）が広がり，滇池の周囲は水田も残るものの市街地や工場が立ち並ぶ発展地域である．北岸一帯はとくに水深が浅く，水草が生い茂る空間と砂浜が広がっていたが，1950年代から埋立てが始まり農地になったところも多い．1990年代からは大規模リゾート開発が始まり，雲南民族村などの民族テーマパークや公園，別荘地などが建設された．昆明の生活用水の半分は滇池から取水しており，農業，工業生産でも滇池とその流入河川からの取水が欠かせない．漁業が盛んで，養殖のほか稚魚の放流なども行われている．最近では富栄養化が進み，水質汚染が深刻になりつつあると指摘されていて，持続可能な発展のためには総合的な環境対策が

不可欠となっている．　　　　　　［松村嘉久］

ティエンアンメン広場　天安門広場　Tian'anmen Guangchang
中国

面積：0.4 km²　　　　　　［39°55′N　116°25′E］

中国北部，ペキン（北京）市の中央にある広場．天安門は明清の皇城の最南部にある城門をさす．明代は承天門といった．ここから北に向かえば左右に中山公園（かつての社稷壇）と労働人民文化宮（太廟）があり，午門にいたって故宮（紫禁城）に入ることになるが，南に向かえば東西長安街，その前面に広がる空間が天安門広場である．南は内城の南端である城壁を撤去して道路とした前門東西大街で，そこに正陽門が建つ．前門大街をはさんで南には正陽門の箭楼（弓矢を放つための前面に設けられる楼式で本来は正陽門と城壁で結ばれている）があり，これを俗にチェンメン（前門）とよんでいる．午門，天安門，正陽門をつなぐ南北線が北京の中軸線である．広場の東西は側路で区切られ，東には中国国家博物館（もとは中国歴史博物館と中国革命博物館，2003年に合併），西には人民大会堂（1959建設）が建つ．広場の中央には人民英雄記念碑（1958）があり，南には毛主席紀念堂（1977）がある．南北880 m，東西500 m，面積は建物の部分も含めて44万 m²．100万人を収容することができるという．

天安門は明清時代，重要な法令が発布され，外征の出発や凱旋を皇帝が謁見する城門であり，宮城の地，北京のシンボルであった．近代になっても1928年，第二次北伐を成功させた蔣介石が祝賀会を開き，孫文の遺影を天安門に掲げた．そして1949年10月1日，毛沢東は天安門上で中華人民共和国の成立を宣言した．その後も国家の重要な祝典や儀式に際して，指導者たちや外国の賓客が立ち並ぶのが天安門である．

現在広場となっている部分は，明清時代には官庁街で，天安門から南には千歩廊という幅広い道があり，その南端には大清門（明代は大明門，民国には中華門）があった．大清門から南は棋盤街という商業街になっていた．民国時代になると東側は警察や郵便局となり，西側は地方法院，高等法院などが並んでいた．新中国が成立後の1954年から，中華門と長安左右門，さらに棋盤街にあった建物や中間の牆壁などすべてを撤去し，周辺の旧来の役所も撤去して，現在の広場の原形をつくりだした．1958年，建国10周年を迎えて首都の重要インフラの1つとして広場全体

の整備が進み，人民英雄記念碑が中心に建てられた．首都の中心にある広場であるために，政治的に大きな意味をもつ事件が発生している．1976年4月5日，周恩来首相を悼んで集まった群集と当局が衝突した事件を第一次天安門事件（四五天安門事件），89年6月4日，胡耀邦元総書記の逝去をきっかけに民主化を求めて広場に集まった学生や改革派の知識人たちを，解放軍が弾圧した事件を第二次天安門事件（六四天安門事件）という．単に天安門事件という場合は後者をさす．

［秋山元秀］

ティエンイェン　Tien Yen
ベトナム

人口：4.4万（2009）　面積：617 km²
　　　　　　　　　　　　［21°20′N　107°24′E］

ベトナム東北部，クアンニン省西部の県．ハイフォンと中国国境の町モンカイを結ぶ国道沿いにあり，カムファー Cam Pha の北58 km，モンカイの西南西89 kmに位置する．また，国道4B号によりランソンへ抜ける交差点近くに位置し，交通の要衝となっている．もともと中国人商人が多数居住する町であったが，1979年の中越国境紛争時，多くの中国系住民が離散した．海岸沿いは複雑な地形をなし，海産物の採取や養殖が盛んで，とくに1990年代以降，中国向けの輸出が増大した．　　　　　　　［柳澤雅之］

ティエンオー県　天峨県　Tian'e
中国

人口：16.0万（2015）　面積：3196 km²
気温：20.0℃　降水量：1370 mm/年
　　　　　　　　　　　　［25°01′N　107°10′E］

中国南部，コワンシー（広西）チワン（壮）族自治区北西部，ホーチー（河池）地級市の県．県政府所在地は文排鎮．地名は中華民国24年（1935）の天峨県設置に由来する．ホンシュイ（紅水）河上流域に位置する．鳳凰山脈と東鳳山脈の交錯地帯にあたるここでは，標高1000 m以上の高山が林立し，落差の大きな水系を形成している．川が大小合わせて58本あり，総延長は1186 kmに及ぶ．その豊富な水資源を開発するシンボルとして竜灘発電所（630万kW）が2001年に着工，09年に竣工した．サンシャ（三峡）ダムに次ぐ国内第2位の規模である．県域の8割以上が森に覆われ，国有数のオオアブラギリ，金花茶，地鶏の産地でもある．　　　　　　　［許　衛東］

ティエンアンメン(天安門)広場(中国),文化大革命や天安門事件の舞台となった中国の象徴〔TonyV3112/Shutterstock.com〕

ティエンザン省　Tien Giang, Tinh
ベトナム

Tiền Giang, Tinh（ベトナム語）

人口：172.9万（2015）　面積：2458 km²

[10°21′N　106°22′E]

　ベトナム南部，メコンデルタ地方の省．漢字では前江と表記する．省都はミートー．北東はホーチミン中央直属市，東は南シナ海，南はベンチェー省，南西はヴィンロン省，西はドンタップ省，北はロンアン省と接する．メコン川から分流するティエン川が省の南側を流れ，コーチエン川，ハムルオン川，ミートー川，ティエウ川などに分流しながら，南シナ海に流れ出る．省内には北からソアイザップ，ティエウ，ダイの3つの河口がある．省都ミートーはメコンデルタ地方の玄関口にあたり，国道1A号，国道50号，国道60号などの主要道が通る．

　かつては真臘国の支配下にあったが，17世紀から徐々にベトナム人の入植が進んだ．18世紀には，後にグエン(阮)朝の初代皇帝ザーロン(嘉隆)帝となる，クアンナム(広南)グエン氏出身のグエン・フック・アイン(阮福暎)が治め，ミーチャイン(現ミートー)(1887～1954)に拠点を置いた．フランス領インドシナ期には，ミートー省とゴーコン省が置かれていた(1913～24年はゴーコンがミートー省に編入された)．南北統一後の1976年に，ミートー省，ゴーコン省およびミートー市を合併して，ティエンザン省(1市1町5県)が設置された．現在は，ミートー市，2省直属町(ゴーコン，カイライ)，8県(カイベー，カイライ，チャウタイン，チョガオ，ゴーコンドン，ゴーコンタイ，タンフードン，タンフータイ)からなる．水産資源に恵まれ，経済活動の中心は農林水産業である．泥炭や粘土を産出し，近年では徐々に工業化も進んでいる．工業団地も複数造成されている．またメコン川クルーズや1～6世紀の扶南国の遺跡などを利用した観光も盛んである．

〔筒井由起乃〕

ティエンシャン山脈　天山　Tian Shan
クルグズ/中国

テンシャン山脈（別表記）

標高：7439 m　長さ：2500 km　幅：250-300 km

[40°02′N　80°07′E]

　アジア大陸のほぼ中央部に東西に延びる山脈．カザフスタン南東部，イリ川の流れる縦谷から中国シンチャン(新疆)ウイグル(維吾爾)自治区東部のトルファン(吐魯番)盆地に延びる直線的な断層によって，北側の山脈と南側の山脈に大きく二分される．東西の長さは約2500 km，南北の幅は250～300 kmである．新疆ウイグル自治区領内での長さは約1700 kmで，同自治区を北のジュンガル(準噶爾)盆地と南のタリム(塔里木)盆地に分割している．

　北側の山脈は，カザフスタンと新疆ウイグル自治区の国境付近にほぼ東西に連なっており，アラタウ Alatau 山，エリンハビルガ Erenhaberg 山などからなるアラタウ山脈を北西端とする．次いでナラト Narat 山などがそびえ，新疆ウイグル自治区内を西北西-東南東に走る主脈のボロホロ Borohoro (婆羅科努)山脈が連なる．ウルムチ(烏魯木斉)周辺では，北側のジュンガル盆地と南のトルファン盆地を分ける顕著な断層谷が北西-南東方向に走り，標高1400 m 程度の鞍部を形成し，天山山脈を南北に横断する交通の要路ともなっている．この鞍部によって，それより東に連なるボゴダ(博格達)峰(5445 m)を主峰とするボゴダ山脈が区分される．ボゴダ山脈にはほかにも，4000 mを超えるバルクル Barköl 山，カリルク Karlik 山などがそびえ，東に向かって高度を減じ，ゴビ砂漠の

西端を限っている.

南側の山脈は北側より高く, とくに中国, カザフスタン, クルグズ(キルギス)の国境が交わる周辺で最も高くなり, 最高峰のポベーダ山(トムール Tomur 山, 托木爾峰;7439 m)と第2高峰のハンテングリ山(ハンティンリ山, 汗騰格里峰)山(7010 m)は, いずれも中国とクルグズとの国境上にそびえている. 標高は3000〜5000 mで, 西部は高く東部は低い. 東端にはボステン(博斯騰)湖があり, その南側には, 標高1000〜2000 mにすぎないクルクタグ Kuruktag(クルクタゴ, 庫魯克塔格)山脈が東に延びて, ガンスー(甘粛)省に入り, 丘陵の起伏するペイ(北)山山脈に連なる.

天山山脈は, 古生代後期のヘルシニアン(ヴァリスカン)造山運動によって褶曲山脈が生じ, 準平原化作用を受けた後, 新生代に北上するインド・オーストラリアプレートがユーラシアプレートに衝突したことにより, 断層運動が活発化して, 現在のような高い山脈になったと考えられている. アジアの山岳でも, 海洋から最も遠く離れた場所に位置するため, 周辺はほとんど砂漠かステップになっており, とくに南面には広大なタクラマカン(塔克拉瑪干)砂漠が広がり, 北面のジュンガル盆地やトルファン盆地も著しく乾燥している. しかし, 地中海方面から侵入する低気圧が高い山脈に当たって雪を降らせるため, とくに西部天山山脈では, ハンテングリ山の南北に広がる長大な北・南イニルチェク氷河をはじめ, 大小の谷氷河が分布しており, 天山山脈全体の氷河面積は, 9548 km²に達する. 天山山脈の雪線高度は3600〜4400 mであり, 水蒸気の供給源に近い西は低く, 乾燥した東部に向かって高くなる.

天山山脈に源を発し, 南北に流れるイリ川, マナス(瑪納斯)河, ウルムチ河, アクス(阿克蘇)河(サルイジャズ川)などはいずれも氷河から流れ出ており, タリム盆地の縁にあたる南麓には, アクス, クチャ(庫車), コルラ(庫爾勒)などのオアシス都市を発達させてきた. これらは古来, 漢文化圏とギリシャ・ローマ文化圏を結んだシルクロードの中で, 天山北路とよばれた通商ルートを成立させてきた.

さらに, 新生代における断層運動によって, 隆起や陥没が活発に生じた天山山脈の山間にはフェルガナ盆地, イリ河谷, ユルトズ Yultuz 盆地, カラシャル Karashahr(焉耆)盆地, トルファン盆地などの大小盆地や河谷が数多くあり, これらの盆地や河谷も, 古来, 重要な通商路や, オアシス都市の発達を

助けたため, これらの盆地や河谷のオアシスには, 古くからウイグル人をはじめとするトルコ系民族が居住し, 灌漑農業や山地放牧を行って, 独自の文化を育んできた. フォガラとよばれる地下式灌漑水路が使われ, アンズ, メロン, ブドウなども栽培されている. 天山山脈の北斜面には針葉樹林が多く分布するほか, また, 金, 鉄, 石炭などの鉱物資源に富んでおり, それらの資源も天山山脈周辺の文化を支えるものであった.

アジアの最も内陸に位置し, そこから流出する河川はすべて周辺の砂漠で消え, 海にまで到達する河川は1つもないほどであるのにもかかわらず, 天山山脈の存在は古くから知られていたことは, こうした通商路が古くから成立していたためといえる. 天山は中国語であり, ロシア語ではチャニシアニとよばれ, ウイグル語ではテングリターグ(タンリタグ;精霊の山脈)とよばれている. 2013年に, 新疆ウイグル自治区に属する4つの自然保護区が「新疆天山」としてユネスコの世界遺産(自然遺産)に登録された. 2016年には, カザフスタン, クルグズ, ウズベキスタンにまたがる「西天山」が世界遺産(自然遺産)に登録された.

[ニザム・ビラルディン, 小野有五]

ティエンシュイ市　天水市　Tianshui

中国

秦州, 隴南(旧称)

人口:340.8万 (2002)　面積:14000 km²
[34°30′N　105°54′E]

中国北西部, ガンスー(甘粛)省南東部の地級市. ウェイ(渭)河流域にあり, 東部はシャンシー(陝西)省に接する. ロンシー(隴西)ホワントゥー(黄土)高原の南部, ペイチンリン(北秦嶺)山脈の北部に位置する. 前漢に天水郡が置かれた. 8世紀の安史の乱以降, チベット(吐蕃)に属していた. 清代に秦州が置かれ, 1913年に隴南道に改められた. 1949年に天水専区となり, 69年に天水地区と改称された. 1985年に天水地区が廃止され, 天水市となった. 秦州と麦積の2区, チンシュイ(清水), チンアン(秦安), ガングー(甘谷), ウーシャン(武山)の4県およびチャンチャチュワン(張家川)自治県を管轄する. 市政府所在地は秦州区である.

黄土高原の部分には植生が少なく, 土壌侵食が深刻である. 東部のカン(関)山および北秦嶺山脈はおもな林業地区である. おもな農作物は冬小麦, トウモロコシ, ジャガイモ, ナタネ, 大麻(オオアサ)などである. リン

ゴ, 山椒, クルミ, 木漆, トウジン(党参), トウキ(当帰), ダイオウ(大黄)などの生産も盛んである. 鉱物資源には鉄, 銅, 鉛, 金などがある. 電気・電子, 機械, 計器, 食品加工などの工業が発展している. ランチョウ(蘭州)とリエンユンガン(連雲港)を結ぶ隴海鉄道および国道316号が市内を通る. 史跡には国の重要文化財に指定されたマイチーシャン(麦積山)石窟, 大地湾遺跡などがある.

[ニザム・ビラルディン]

ティエンタイ県　天台県　Tiantai

中国

始平, 始豊, 唐興(古称)

人口:59.4万 (2015)　面積:1426 km²
[29°08′N　119°54′E]

中国南東部, チョーチャン(浙江)省南東部, タイチョウ(台州)地級市の県. 三国時代に始平県として置かれ, 西晋代に始豊県, 唐代に唐興県に改められたが, 宋代に天台となった. 周囲を山に囲まれて盆地状になっている. 機械, 紡織, 製紙, 印刷, プラスチック, ゴム, 醸造, 食品などの工業がある. 鉱産物には金, 銀, 鉛, 亜鉛, ゼオライトなどがあり, 水利資源にも恵まれている. 農作物には稲, 麦類, 大豆, 果物などがあり, 天台山の雲霧茶は銘茶に数えられる. おもな薬種にビャクジュツ(白朮), ゲンゴサク(元胡索), 天台烏薬などがある. 天台山が風景名勝地区として国から指定されている. 常台高速道路(チャンシュー(常熟)〜台州)が通る.

[谷　人旭・小野寺　淳]

ティエンタイ山　天台山　Tiantai Shan

中国

標高:1100 m　[29°18′N　121°06′E]

中国南東部, チョーチャン(浙江)省北東部の山. 中国仏教天台宗の発祥地であり, 道教の聖地でもある. 仙霞山脈からの分枝が南西から北東へ走向し, 北はスーミン(四明)山, 南は括蒼山とつながり, 東は東シナ海に臨んでいる. 甬江, 曹娥江, 霊江の分水嶺であり, 最高峰の華頂山は標高1098 mである. 岩石が侵食されて断崖絶壁になり, 奇岩, 瀑布, 雲海などの見どころがある. とくに石梁飛瀑(滝と天然の石橋)は有名である. 段々畑が広く分布していて, タケ, 木材, 茶葉, ミカン, 薬種を産する. 山中には寺廟, 道観が多く建ち, とくに隋代の古刹である国清寺が著名である.

[谷　人旭・小野寺　淳]

ティエンタン　天壇　Tiantan　中国

面積：2.7 km²　　　　[39°54′N　116°25′E]

中国北部，ペキン(北京)市トンチョン(東城)区の史跡．天橋南大街の東にあり，一帯は天壇公園となっている．明，清代の皇帝が祭祀を行う場所であり，1420年に建てられた．当初は天地壇とよばれ天地を祀ったが，1530年，北京市北郊に地壇が建てられたため，天のみを祀ることになり，天壇とよばれるようになった．敷地内には祈年殿，皇穹宇，圜丘壇などの建築物が配置されている．祈年殿は5900 m²の円形の大理石の台座(祈谷壇)の上に建てられている．高さは台座も含めて38 m，建物の直径は30 m．構造は精緻で，古典建築としても貴重であり，北京市を象徴する有名な観光地である．1961年以降，国指定の重要文化財として保護されている．1998年に「天壇：北京の皇帝の廟壇」としてユネスコの世界遺産(文化遺産)に登録された．　　　　　　　　　　[柴　彦威]

ティエンチェン県　天鎮県　Tianzhen　中国

延陵 (古称)

人口：21.0万 (2013)　面積：1636 km²
　　　　　　　　　[40°25′N　114°04′E]

中国中北部，シャンシー(山西)省北部，ダートン(大同)地級市の県．ホーペイ(河北)省と内モンゴル自治区に隣接する．周代には代国の領地，戦国時代には趙国の延陵邑であった．秦代に延陵県が設置され，以降改称があったが，雍正3年に天鎮になり現在にいたる．地形は東高西低で，南東部の溜氷台(標高2074 m)が最高峰．南西部の低地と東西を流れるナンヤン(南洋)河の両岸がおもな農業地域である．高冷地のため雑穀とテンサイがおもな作物である．唐代に建てられた慈雲寺(法華寺)があり，天鎮温泉も有名である．　　　　　　　　　　[張　貴民]

ティエンチャン市　天長市　Tianchang　中国

ビンホイ県　炳輝県　Binghui (旧称)

人口：63.2万 (2015)　面積：1770 km²
　　　　　　　　　[32°41′N　118°59′E]

中国東部，アンホイ(安徽)省北東部，チューチョウ(滁州)地級市の県級市．ガオヨウ(高郵)湖の西岸に位置し，チャンスー(江蘇)省に隣接する．市政府は天長街道に置かれる．江淮丘陵から蘇北平野への移行地帯にあ

って，地勢は南西部から北東に傾斜し，南西部は起伏に富んだ丘陵で，北東部は平原が主で高郵湖をはじめ湖沼が多い．かつての淮夷の地で，秦代に広陵，東陽両県の地となり，漢代には広陵，高郵県に属していた．唐代に千秋節にちなんで千秋県が置かれたがまもなく天長県に改名された．1949年に炳輝県に改められたが，59年にふたたび天長県に復し，93年に県級市になった．魚米の郷と称され，米，小麦の生産と養豚業，漁業・養殖業などが盛んである．工業では玩具，電子部品，計器類などの生産に特色がある．市内を寧連，寧准の2本の高速道路が縦貫している．名勝古跡に護国寺，釜山臥竜公園，胭脂山，瑠璃井，沃公墓などがある．　[林　和生]

ディエンチャン県　墊江県　Dianjiang　中国

てんこうけん (音読み表記)

人口：97.1万 (2015)　面積：1518 km²
　　　　　　　　　[30°20′N　107°21′E]

中国中部，チョンチン(重慶)市中北部の県．スーチュワン(四川)省と境を接する．四川盆地東部に位置し，ミンユエ(明月)山脈やチンホワ(精華)山脈の標高1000 m程度の山々が連なり，山地，丘陵地が広い面積を占める．天然ガスの産出量が国内上位の臥竜河ガス田がある．ボタンや菜の花，茶，白ブンタンなどを利用したグリーンツーリズムが行われている．滬渝(シャンハイ(上海)市〜重慶市)と滬蓉(上海市〜四川省)の2本の高速道路が通る．　　　[高橋健太郎]

ティエンチュー県　天柱県　Tianzhu　中国

人口：42.0万 (2013)　面積：2201 km²
　　　　　　　　　[26°55′N　109°12′E]

中国中南部，グイチョウ(貴州)省南東部，チェントンナン(黔東南)自治州の県．県政府は鳳城街道に置かれている．フーナン(湖南)省に隣接する．総人口の6割をトン(侗)族，3割強をミャオ(苗)族が占め，貴州省で最も少数民族比率が高い県である．森林資源が豊かで水力発電所が多い．重晶石の埋蔵量が多く，石炭，金，炭酸ナトリウムなども採掘されている．カルスト地形が発達し鍾乳洞も多い．エスニックツーリズムの育成にはあまり熱心でない．　　　　　　　　　　[松村嘉久]

ティエンチュー自治県　天祝自治県　Tianzhu　中国

ティエンチューツァン族自治県　天祝蔵族自治県 (正称)

人口：23.0万 (2002)　面積：7150 km²
　　　　　　　　　[36°59′N　103°09′E]

中国北西部，ガンスー(甘粛)省中部，ウーウェイ(武威)地級市の自治県．チーリエン(祁連)山脈の東部に位置する．西はチンハイ(青海)省に接する．1953年に天祝ツァン(蔵)族自治区が設立され，55年に自治県と改められた．県名は県内最大のチベット仏教寺院である天堂寺と祝貢寺の頭文字をとってつけられた．草原が広く，牧畜業が盛んである．シンチャン(新疆)ウイグル(維吾爾)自治区の首府ウルムチ(烏魯木斉)とランチョウ(蘭州)を結ぶ蘭新鉄道および国道312号が県内を貫通する．　[ニザム・ビラルディン]

ティエンチュワン県　天全県　Tianquan　中国

人口：13.9万 (2015)　面積：2491 km²
　　　　　　　　　[30°04′N　102°45′E]

中国中西部，スーチュワン(四川)省中部，ヤーアン(雅安)地級市の県．チンイー(青衣)江の上流域にある．県政府は城廂鎮に置かれる．チオンライ(邛峡)山脈の南麓に位置し，西部に二郎山，馬鞍山などがそびえる．東部は低山河谷地帯である．夏の酷暑や冬の厳寒がなく，一年を通して気候は温和であるが，雨天日が年間200日を超え，古くは天漏とよばれた．前漢代に徙県が置かれ，蜀郡に属した．後漢に漢嘉郡に属し，西晋には徙陽県に改称された．唐代に始陽，和川などの4兵鎮が置かれ，宋代には碉門寨になり，元代には天全招討司と六番招討司が置かれ，明代に天全六番招討司にまとめられた．清代に天全州が置かれ，1913年に天全県に改められた．森林資源が豊富で，鉱産資源は石炭，大理石などがある．おもな農作物はトウモロコシ，水稲，ナタネ，豆類である．工業は木材加工，セメント製造，製茶などがある．県域を東西に国道318号が通っている．
　　　　　　　　　　[林　和生]

ティエンチュン県　天峻県　Tianjun　中国

人口：2.3万 (2015)　面積：25700 km²
　　　　　　　　　[37°18′N　99°01′E]

中国西部，チンハイ(青海)省北部，ハイシ

ー(海西)モンゴル族自治州の県．北境はガンスー(甘粛)省と接する．ツァイダム(柴達木)盆地の北東部，チーリエン(祁連)山脈の南麓に位置し，支脈シューロー(疏勒)南山脈の標高5000m級の山々が連なる．人口の大半はツァン(チベット)族である．丘陵地に草原が広がり，牧畜が盛んで，ヤクやチベット羊，馬が飼育される．石炭の埋蔵量が多く，炭鉱がある．
[高橋健太郎]

ティエンチン市　天津市　Tianjin

中国

てんしんし(音読み表記)/テンチン市(別表記)
人口：1562.1万（2016）　面積：11946 km²
気温：11-12℃　降水量：590-690 mm/年
[39°05′N　117°12′E]

　中国北部の直轄市．ホワペイ(華北)平野の北東部に位置し，北西はペキン(北京)市，北東および南西はホーペイ(河北)省に接し，南東はポーハイ(渤海)湾に面している．略称は津．ホーピン(和平)，ホートン(河東)，ホーシー(河西)，ホーペイ(河北)，ナンカイ(南開)，ホンチャオ(紅橋)，トンリー(東麗)，シーチン(西青)，チンナン(津南)，ペイチェン(北辰)，ニンホー(寧河)，ウーチン(武清)，チンハイ(静海)，パオディ(宝坻)，チーチョウ(薊州)区と，ピンハイ(浜海)新区の全16区を管轄している．市政府所在地は河西区である．
　1404年に城郭が建築され，軍事拠点としての天津衛が設置された．1725年に天津州，31年に天津府になり，清末には直隷総督の駐在地となって，天津の全国的な地位が上昇した．曽国藩や李鴻章が就任している．1860年には英仏連合軍が占拠し，天津条約が結ばれ，その後列強が租界を開設した．1928年に天津特別市，49年に中央直轄市に昇格した．国家中心都市，渤海地域の経済中心，沿海開放都市，北方国際海運中心，北方製造業中心などとして有名である．1984年に天津経済技術開発区，2009年に浜海新区がそれぞれ成立し，現在では国家総合改革実験区，自由貿易実験区として注目される．
　地形は北と北西が高く，南東へ行くにつれて低くなる．最高峰の九山頂(標高約1079m)は薊州区と河北省シンロン(興隆)県の境界にある．最低地点は浜海新区タングー(塘沽)地区にあるダーグーコウ(大沽口)で，ハイ(海)河の河口にあたる．市の最北部はチーペイ(薊北)山地とよばれ，その南には平野が広がる．海岸線は150kmに及ぶ．大小300あまりの河川が流れる．海河の5大支流であるナン(南)運河，ツーヤー(子牙)河，ダーチン(大青)河，ヨンディン(永定)河，ペイ(北)運河が市内で合流する．市域と近海では石炭，石油，天然ガス，海塩が産出する．平野部は地熱資源が豊富で，資源として利用できる箇所が10カ所，総面積は3000 km²に及ぶ．
　華北最大の工業都市の1つであり，石油，化学工業，機械，冶金，軽工業，紡績，エレクトロニクス，造船，医薬，食品などの製造部門がある．天津港は国内最大の人工港で，2011年に天津南港が建設され，取扱量が世界で第4位の総合的港である．港を中心に各種の交通路が発達している．市街地から東13kmに天津浜海国際空港がある．商業文化が発達し，北方地域における商品の集約中心である．特産品や軽食は有名で，民間芸術も豊富である．天津は歴史文化都市として著名で，国で保護されている名所は15以上に及ぶ．黄崖関の古い万里の長城やパン(盤)山風景区，旧租界の近代建築群など観光資源が豊富で著名な観光地である．
[柴　彦威]

ティエントン県　天等県
Tiandeng

中国

チェントゥー県　鎮都県　Zhendu（旧称）

人口：33.0万（2015）　面積：2159 km²

気温：20.5℃　降水量：1429 mm/年

[23°05′N　107°08′E]

　中国南部，コワンシー（広西）チワン（壮）族自治区南西部，チョンツオ（崇左）地級市の県．ベトナム国境近くに位置する山間地の県である．1951年に鎮向，向都，竜茗の3県が合併し，鎮都県の名称で誕生したが，57年4月に天等県に改称した．総人口の98.7%はチワン族（2014）．県域の78.0%はカルスト地形のため，保水性は悪く，乾季の水不足が著しい．経済の8割は「白」と「黒」が占めており，白はサトウキビ栽培と製糖業，黒はマンガン鉱山の経営をさす．1956年に埋蔵量が1億tを超えるマンガン鉱が発見され，本格的な採掘地となった．国で貧困県に指定されている．　［許　衛東］

ティエントン県　田東県
Tiandong

中国

エンロン県　恩隆県　Enlong（旧称）

人口：35.7万（2010）　面積：2816 km²

気温：21.9℃　降水量：1172 mm/年

[23°36′N　107°07′E]

　中国南部，コワンシー（広西）チワン（壮）族自治区西部，パイソー（百色）地級市の県．県政府所在地は平馬鎮．シー（西）江支流のヨウ（右）江の河谷平野に位置する．光緒元年（1875）に恩隆県として設置され，1935年に田東県に改称された．チワン族が総人口の86.0%を占める（2011）．古来，茶と馬の交易市場として栄えた．現在も南昆鉄道（ナンニン（南寧）～クンミン（昆明）），南昆高速（南寧～昆明），国道324号，右江水路が通じ，シーナン（西南）とホワナン（華南）を連結する交通の要衝として機能を維持している．自治区最大のマンゴー産地であり，製紙原料のユーカリ植林帯でもある．　［許　衛東］

ディエンバイ区　電白区　Dianbai

中国

人口：166.4万（2015）　面積：2228 km²

気温：23.0℃　降水量：1991 mm/年

[21°31′N　111°01′E]

　中国南部，コワントン（広東）省西部，マオミン（茂名）地級市の区．沿海地域にあり，チェン（鑑）江支流の沙琅江流域に位置する．区

政府所在地は太平鎮．地名は隋の開皇9年（589）に電白県を設置したことに由来する．2014年4月に茂港区と併合して電白区となった．漢族が99.6%を占め，ミンナン（閩南）語系の黎（雷）語方言を使用している．地勢は北高南低を呈し，山地，平野部，海岸部はそれぞれ1/3を占める．国内最大のライチ産地と沈香の産地として発展した．海岸線は200 kmもあり，多数の漁港が分布する．中でも博賀港は年間15万tの水揚げ量を誇る省内最大の漁港である．水産加工中心の地場産業も発達する．華僑の投資で開始したタバコ用香料の生産は全国需要の7割を占める．ほかに電気釜を中心とした委託加工業も目立つ．交通では三茂鉄道（サンシュイ（三水）～茂名），広湛高速（コワンチョウ（広州）～チャンチャン（湛江）），国道325号が通じる．　［許　衛東］

ディエンビエン省　Dien Bien, Tinh

ベトナム

Điện Biên, Tỉnh（ベトナム語）

人口：49.0万（2009）　面積：9541 km²

[21°23′N　103°01′E]

　ベトナム北西部の省．省都はディエンビエンフー．西はラオスのポンサリー県，北は中国のユンナン（雲南）省に接する．省全体が山がちで標高200～1800 mの山地に覆われるが，ディエンビエンフーに省内最大規模の盆地が広がる．東はダー川を通じて首都ハノイ，マー川を通じてタインホアにつながると同時に，北のクンミン（昆明）市（中国）や北西のルアンパバーン（ラオス）にもつながる交通の要衝として古くから知られる．多数の少数民族が居住し，ベトナムの主要民族であるキン（ベト）族は人口割合で3位にある．主要民族はターイ族18.6万，モン族17.1万，キン族9.0万，コムー族1.6万で，その他に100人以上の民族が18存在する．

　省内では，古くから人の居住が認められ，約1万年前のホアビン文化の影響を受けた石器が出土している．東南アジア大陸部山地では，その後，中国南部の政治的変動に影響されながら，13世紀前後に，雲南から南下してきたタイ系諸民族によって各地の盆地に王国が建設された．黒ターイの伝承によれば，ベトナムのギアロ盆地に始祖が降臨した後，安住の地を見出したのがムオンタイン，すなわち現在のディエンビエン盆地だとされる．東南アジア大陸部山地において，盆地を中心とした政体が緩やかに連合する国家（ムアン）は，中国雲南省のシーショワンパンナー（西

双版納）やラオスのランサーン王国が有名であるが，ディエンビエン省を中心とする，ベトナムのシプソンチュウタイとよばれる地域にも同様に13世紀以降，ムアン国家が存在したのかどうかは不明である．シャム（タイ）とベトナムの中間に位置するディエンビエン省は，両国へ朝貢しており，シャムと，ベトナムを植民地化したフランスとの間で領土獲得競争が始まる19世紀後半になって初めて，シプソンチュウタイという概念がつくり出された可能性がある．なお省名は，ベトナムのグエン（阮）朝が辺境防衛と山地開発の拠点とした奠辺府（ディエンビエンフー）を1841年に建設したことに由来する．

　ディエンビエンフーの名をとくに有名にした契機は，1954年のディエンビエンフーの戦いであろう．それ以降，ディエンビエン盆地を中心に多数のキン（ベト）族が移住し，民族が共住するようになった．とくに，1975年の南北ベトナムの統一以降，農村開発が進み，ベトナム北部のデルタ地帯の農業技術が導入され生産性が向上すると，人口が増加するとともに，民族間の婚姻も進んだ．

　現在のディエンビエン省は2003年にライチャウ省から分かれた新しい省である．主要産業（2014）はサービス業45%，工業31%，農林水産業が24%である．サービス業では流通業や観光業が盛んで，ディエンビエンフーの戦い60周年記念の年（2014）には約44万の旅行客が訪れた．工業製品には鉱産資源や建築資材があり，農産物には米をはじめさまざまな加工品が含まれる．　［柳澤雅之］

ディエンビエンフー　Dien Bien Phu

ベトナム

Điện Biên Phủ（ベトナム語）/ムオンタイン Muong Thanh（ベトナム語・旧称）/ムオンテーン Muong Theng（タイ語・旧称）

人口：4.8万（2009）　面積：51 km²

[21°23′N　103°01′E]

　ベトナム西北部，ディエンビエン省南部の町で省都．ラオスのポンサリー県と西側を接する国境沿い，ライチャウの南90 km，首都ハノイからは陸路で西474 kmに位置し，飛行機便もある．かつては，ベトナム語でムオンタイン，ターイ語でムオンテーンとよばれていた．標高1000 m級の山岳地帯にあるが，県の中心は盆地にある．南北12 km，東西5 kmの盆地はベトナム北部山地で最も面積が広い盆地である．18世紀の歴史書にベトナム西北山地の中でとくに生産力の高い大きな4つの盆地（ディエンビエン盆地，ギ

アロ盆地，タンウィエン盆地，フーイェン盆地）の１つとして記載された．これらはシプソンチュタイとよばれた地域に属し，ターイ族の土候国の連合体であった．当時，これらの国々（ムアン）はベトナムに朝貢すると同時に，西方のラーンサーン王国にも朝貢を行っており，それぞれの国境線は不明瞭なままであった．

19世紀になりベトナム中部フエによるグエン（阮）朝が現在のベトナムの範囲を支配する統一王朝を建てる前後から，辺境の山岳少数民族と平地キン人との対立が鮮明になった．現在のノオンヘット村にあるパンフー城は，1751〜69年，キン人指導者ホアン・コン・チャットがターイ人とともにこの地により反乱を企てたときに建設されたものとされる．この頃，ベトナムがシャム（現タイ）に対抗する必要性から，1841年，ディエンビエンフーをベトナム側行政システムに組み込んだが，実際には黒ターイ人のデオ・ヴァン・チらが独立した勢力をディエンビエンフー盆地で維持していた．

1880年代になるとフランス植民地政府が北部ベトナム（トンキン）や中部ベトナム（アンナン）を支配下に置き，ベトナム北部山地からラオ地域への関与を開始した．同時期，シャムもメコン川を越えてラオス東北部からベトナム北部山地に軍を派遣した．この結果，それまではっきりとした境界線をもたなかったこの地域で，国境が画定のための衝突が多発した．フランス・シャム間の最初の軍事衝突がディエンビエンフーで発生し，さらにメコン流域でもしばしば衝突事件をくり返した後，1893年フランス・シャム条約が締結され，メコン川以東をフランスが支配するラオ地域，すなわち，現在のラオスが創出された．

第２次世界大戦終結後，ベトナムの独立戦争は東西冷戦に大きく影響された．アメリカの軍事援助を受けたフランス軍は空挺部隊を中心にして，東側が支援するベトナム民主共和国支配下のベトナム北部山地に対する攻撃を1951年頃からくり返した．その目的は，ベトナム人民軍のラオスへの侵入防止と，北部山地ゲリラ部隊主力の殲滅にあった．1953年フランス軍は戦局を一気に展開すべく，総兵力1.6万人からなる大要塞をディエンビエンフーに建設し，ベトナム軍と対峙した．ベトナム軍も人力によって多数の大砲をフランス軍陣地周辺に配置し，長大な塹壕を利用するなど，次々とフランス軍陣地を攻め落とした．その結果，1954年５月７日，フランス軍守備隊長ド・カストリ以下１万人近くが投降し戦闘は終結した．ただし，戦争そのものの行方はジュネーヴ会議での政治的な交渉にゆだねられることになった．アメリカの介入もあって，その後ベトナムは第２次インドシナ戦争，いわゆるベトナム戦争に突入する．

第１次インドシナ戦争後，ベトナム政府は辺境の防衛と開発，そしてホン川（紅河）デルタの過剰な人口を緩和するため，辺境への移住政策を推進した．その結果，1960年に２万弱であったディエンビエンフー盆地部人口は，2000年にはおよそ７万になり，この間の年平均人口増加率は4.5%に達した．紅河デルタのキン族が総人口に占める割合も1977年に27%，1999年には45%になり，現在ではターイ族の50%とほぼ同じレベルにまで増加した．

おもな産業は，農業であり，盆地部では水稲の二期作が行われ，西北山地部では最も生産性の高い地域となっている．これは，1974〜79年，移住政策を促進するためベトナム政府が盆地を貫流するナムゾム川の上流にパーコアンダムを建設し，灌漑排水路を整備した結果である． 　　　　［柳澤雅之］

ティエンムー山　天目山　Tianmu Shan
中国

フーユィー山　浮玉山　Fuyu Shan　（旧称）

標高：1506 m　長さ：200 km　幅：60 km
[30°23′N　119°24′E]

中国南東部，チョーチャン（浙江）省北西部の山．国指定の自然保護地区として知られる．旧名は浮玉．南西-北東方向に走向する．古代には江南大陸の南東端に位置していて，中国古代山地の１つであった．山体は標高1000 m 以上で，主峰の仙人頂は標高1506 m あり，チャン（長）江・タイ（太）湖水系とチェンタン（銭塘）江水系の分水嶺である．花崗岩や流紋岩で構成され，両翼は低山や丘陵となっている．森林，鉱物，水利などの資源に恵まれ，森林被覆率が50〜60%に達している．茶葉，干しタケノコ，山クルミ，茶油，桐油，薬種などがとれる．小川が多く流れが速いので，小型水力発電所に適している． 　　　　［谷 人旭・小野寺 淳］

ティエンメン市　天門市　Tianmen
中国

人口：129.2万（2015）　面積：2622 km²
[30°40′N　113°10′E]

中国中部，フーペイ（湖北）省中部の省直轄県級市．市政府はチンリン（竟陵）街道に所在する．ハン（漢）水の北岸に位置する．チャンハン（江漢）平原にあって川や湖が交錯し，標高は27〜32 mのところが多いが，北部には50〜100 mの丘陵が分布する．漢水，天門河，漢北河などの河川がある．市街地は天門河の両岸にまたがり，橋で連結されている．

鉱産資源は岩塩，無水硫酸ナトリウム，石油，硫黄，石灰石，石膏などがある．農産物は水稲，小麦，綿花，搾油作物が多く，とくに綿花の郷として有名．水産物も豊富である．紡織，機械，冶金，化学，食品などの工業がある．鉄道は滬漢蓉高速鉄道（シャンハイ（上海）〜ウーハン（武漢）〜チョントゥー（成都））が通っており，長荊線（チャンチャンブー（長江埠）〜チンメン（荊門））が北部を通過する．高速道路は滬蓉線（上海〜成都）や随岳線（スイチョウ（随州）〜ユエヤン（岳陽））が通じている．

5000年以上前の新石器時代に石家河文化がこの地に生まれた．名所旧跡としては，石家河遺跡のほか，白竜寺，陸羽故園，文学泉，東湖公園などがある．内陸部最大の海外華僑の故郷であり，海外からの投資も多い． 　　　　［小野寺 淳］

ティエンヤン県　田陽県　Tianyang
中国

人口：31.3万（2010）　面積：2394 km²
気温：22.0℃　降水量：1071 mm/年
[23°45′N　106°55′E]

中国南部，コワンシー（広西）チワン（壮）族自治区西部，バイソー（百色）地級市の県．県政府所在地は田州鎮．ヨウ（右）江の河谷平野の中部に位置する．1936年に奉議県と恩陽県の合併により誕生し，田陽県と名づけられた．チワン族発祥の地と称され，現在も総人口の89.7%はチワン族が占める（2013）．県南と県北の山地を除けばほとんど平野部で，灌漑条件に恵まれ，自治区を代表するマンゴーと国内北方向けの移出野菜の産地として発展している．ほかに１億tを超えるアルミニウム鉱と１億6900万tの褐炭の埋蔵量が確認され，本格的な開発の計画が進められている．交通では，南昆鉄道（ナンニン（南寧）〜クンミン（昆明）），国道323号と324号，南昆高速（南寧〜昆明）が通じ，右江水路も通年の運航が可能である． 　　　　［許 衛東］

ティエンリン県　田林県　Tianlin

中国

人口：22.5万（2010）　面積：5577 km²
気温：18.0℃　降水量：1166 mm/年
[24°18′N　106°14′E]

　中国南部，コワンシー（広西）チワン（壮）族自治区西部，バイソー（百色）地級市の県．県政府所在地は楽里鎮．ユンナン（雲南）省とグイチョウ（貴州）省の境に位置する，自治区で面積が最大の山地県である．チワン，漢，ヤオ（瑶），ミャオ（苗），イ（彝），ムーラオ（仏佬），トン（侗），回，満，プイ（布依）などの民族が混住している．少数民族が人口の73%を占めている（2013）．地名は，1951年にシーリン（西林）県を解散する際，その一部を田林県として新設したことに由来する．林業が主産業で，原木と製紙材のほか，タケノコ，オオアブラギリ，果物などの輸出品生産も盛ん．交通では南昆鉄道（ナンニン（南寧）～クンミン（昆明）），百隆高速（百色～ロンリン（隆林）），国道324号が通じ，雲南省と貴州省からの商品移出の集散地となっている．
[許　衛東]

ティオ　Thio

フランス

人口：0.3万（2014）　面積：998 km²
[21°37′S　166°13′E]

　南太平洋西部，メラネシア，フランス領ニューカレドニアの町．主島のグランドテール島東海岸の中南部，ティオ川の河口に位置する．ニッケルの鉱山町として有名で，19世紀末から20世紀初頭にかけて，ニューカレドニア随一の鉱山町として栄えた．この時期には，鉱山労働者として，中国人，インド人，ベトナム人，日本人などの外国人が流入している．現在でも，ニューカレドニアで採掘されるニッケル鉱の約1割がティオ産で，行政中心地ヌメアの精錬工場に運ばれたり，日本などに向けて輸出される．近年では，かつての施設や鉱山を活用して，産業遺産観光の発展に努めている．
[手塚　章]

ティオマン島　Tioman, Pulau

マレーシア

人口：0.3万（2010）　面積：134 km²　長さ：38 km
幅：12 km　　[2°47′N　104°10′E]

　マレーシア，マレー半島マレーシア領中東部，パハン州ロンピン郡の島．州南部の56 km沖合の南シナ海に浮かぶ．東西12 km，南北38 km．周囲の海岸線は245 kmで，砂浜（42%）と崖（58%）で囲まれているが，島の大半は森林で覆われ，中南部には最高峰のカジャン山（標高1038 m）がある．空港が位置し，人口が集中するテケッ Tekek のほか，サラン Salang，アイルバタン Air Batang，パヤ Paya，ゲンティン Genting，ランティン Lanting，ムクッ Mukut，ジュアラ Juara の集落がある．南西約56 kmのジョホール州メルシンからフェリーで2時間半，首都クアラルンプールから航空機で1時間の距離にあり，ダイビングリゾートとして人気が高く，年間20万人程度の観光客がこの島を訪れ，10万人は国内旅行者であるが，外国人旅行者も多い．その内訳は，近隣国であるシンガポールをはじめとする ASEAN から3万人，ヨーロッパから2万人，日本や中国などの東アジアからも1万人以上の観光客が訪れており，国際的な観光地となっている．
[石筒　覚]

テイカアマウイ　Te Ika-a-Maui　☞ きたじま North Island

ティカオ島　Ticao Island

フィリピン

人口：9.5万（2015）　面積：334 km²
[12°31′N　123°42′E]

　フィリピン中部，マスバテ州の島．ビサヤ諸島最北，マスバテ島のちょうど東にある．ティカオ水道によってビコール Bicol と称されるルソン島南部と，マスバテ水道によってマスバテ島にはさまれる．島内には飛行場がなく，ティカオ水道の最短距離であるルソン島のブランとサンハシント San Jacinto 間，マスバテ水道では州都マスバテとラグンディ Lagundi，コスタリカ Costa Rika がそれぞれフェリーで結ばれている．島の主要な産業は農業と水産業である．前者では米とココナッツの生産が多い．後者ではティカオ，マスバテ両水道を中心とした近海が漁場となっている．漁獲された魚類は島唯一の港町であるコスタリカに水揚げされる．周辺は美しい砂浜が続き，沖合にはイルカの大群もみられる．そのためルソン島に近いこともあり，近年国内からの観光客も増加している．しかし島内を1周する道路は開通していない．
[田畑久夫]

ティガプル山脈　Tigapuluh, Pegunungan

インドネシア

ティガプル丘陵　Tigapuluh, Bukit（別称）
[0°40′-1°30′S　102°13′-102°45′E]

　インドネシア西部，スマトラ島中部，リアウ州とジャンビ州両州にまたがる地域に位置する山地．リアウ州のインドラギリフル Indragiri Hulu 県，インドラギリヒリール Indragiri Hilir 県，ジャンビ州ブゴトゥボ Bungo Tebo 県，タンジュンジャブン Tanjung Jabung 県の境界部分に位置する．ティガプルは数字の30を意味する．ティガプル丘陵ともよぶ．北をインドラギリ川が，南にはバタンハリ川（batang は川を意味するのでハリ川とも称する）が流れる．一帯は，ブキットティガプル国立公園に指定されている．公園面積は約1432 km²，標高は60～734 mである．低地性熱帯林から高地性熱帯林までの植生がみられる．域内にはスマトラトラ，マレーバク，マレーグマを含む59種のほ乳類，6種の霊長類，151種の鳥類，18種のコウモリが生息するとされる．また，この地域にはアナックダラム人，タランママック人などの少数民族が居住している．
[柏村彰夫]

ティカムガル　Tikamgarh

インド

人口：7.9万（2011）　面積：21 km²
[24°58′N　78°50′E]

　インド中部，マッディヤプラデシュ州北部の都市．ウッタルプラデシュ州に楔形に食い込んだ州境に位置する．地名はクリシュナ王の称号から名づけられた．地域の大部分は耕作地で，25%は溜池を用いた灌漑農業である．小麦，大麦，トウモロコシ，キビ，米や豆類，油糧，果物，野菜，タバコなどが栽培される．ボンベイコクタンの葉は，布，タバコとともに特産品となっている．交通の便がきわめて悪く，鉄道や国道はない．北方のベートゥワー川沿いにあるオルチャは有名な要塞都市である．
[由井義通]

ティキティキ　Tikitiki

ニュージーランド

人口：207（2006）　[37°48′S　178°24′E]

　ニュージーランド北島，ギズボーン地方北部の町．ワイアプ川北側，河口の南西7 km，ワイアプ谷に位置する．ギズボーンからは国道35号で北東145 kmにある．もともとは

酪農で栄えた町だが，この地の経済不振とともに，都心へ人口が流出し，1950～60年代には6000ほどあった人口が激減した．また，ティキティキの宝石とよばれるセントメアリーズ教会は，ヨーロッパ形式の建築様式と，マオリの彫刻の内装が融合した非常に希少な建築物である．　[植村善博・太谷亜由美]

ディクウェッラ　Dikwella　スリランカ

Dickwella（別表記）
人口：5.4万（2012）　面積：50 km²　標高：6 m
[5°58′N　80°42′E]

スリランカ，南部州マータラ県の郡．Dickwella とも表記される．コロンボから国道A1号で南東180 km，県都マータラ市街の東22 kmに位置する．ローカルな市場町であったが，最近海岸リゾート地として知られ始めた．市街地の東6 kmの海岸にフーマニヤ Hoo-maniya とよばれる潮吹き岩がある．岩の穴から20 mほど海水が音を立てながら吹き出す奇勝である．近くのウェルカンナラ寺院には，1970年に完成した国内最大の高さ50 mを誇る大仏が建つ．　[山野正彦]

ディクソン　Dickson　オーストラリア

人口：0.2万（2014）　面積：1.6 km²
[35°15′S　149°08′E]

オーストラリア南東部，首都特別地域，首都キャンベラ市の住宅区（サバーブ）．シティ（シティセンター）に近いインナーノースに位置する．北キャンベラのメインストリートであるノースボーン通り沿いにある．ディクソンセンターとよばれる商業地域があり，大型スーパーのほか1970年代から中華料理店やエスニック系雑貨店が立地し，キャンベラのチャイナタウンとよばれる．1990年代以降はインド，エチオピア，韓国，東南アジア諸国のレストランが増え，キャンベラ随一のエスニックタウンとなっている．　[葉　倩瑋]

ディグボイ　Digboi　インド

人口：2.0万（2001）　[27°22′N　95°34′E]

インド北東部，アッサム州北東部，ディブルガル県の町．県都ディブルガルの東約70 kmに位置する．インドの主要な石油生産地域であり，石油精製の中心地となっており，化学工場もある．町は19世紀初期に発見された油田とともに発展した．地名は，ゾウの所有者がゾウの足下に石油がにじみ出ている

様子をみて，"Dig, boy, dig!"と叫んだことに由来するといわれる．1889年には商業的な採掘に成功し，1901年にアジアで最初の石油精製工場が建設された．　[土居晴洋]

ディグル川　Digul, Sungai　インドネシア

長さ：644 km　[7°07′S　138°42′E]

インドネシア東部，ニューギニア島，パプア州東部の川．マオケ山脈東部のジャヤウィジャヤ Jayawijaya 山脈の標高3000 m付近に源を発するが，大部分は300 m以下の地域を流れている．河口はアラフラ海にある．ディグル川周辺には湿地，サバナ，川沿いの密林などが広がるワスル Wasur 国立公園があり，鳥類，フクロモモンガ，クスクス，ワラビーなどの有袋類が分布している．巨大なアリ塚をみることもできる．川にはアロワナ（バラムンディ）も生息している．ディグル川周辺の鉱産資源としては金があげられる．また，農林水産業も重要である．代表的なものにアブラヤシ，ゴムなどがあげられる．この地域はオランダ植民地時代の1920年代から流刑地となっていて，インドネシア共和国の初代副大統領のモハマッド・ハッタや初代首相のスタン・シャフリルもこの地に流刑された．　[山口真佐夫]

ティコキノ　Tikokino　ニュージーランド

ハンプデン　Hampden（古称）
人口：0.3万（2013）　[39°50′S　176°27′E]

ニュージーランド北島，ホークスベイ地方の村．セントラルホークスベイ地区，ヘースティングズの南西55 km，ネーピアからは国道50号で南西65 kmに位置する．ルアヒニ山地の西のふもとにあたる．町周辺はほぼ平坦，土地は非常に肥沃で，農業や酪農に非常に適している．製材所も経営されている．従来はハンプデンとよばれ，最初の入植は1863年に行われた．町には北西から南東に，小河川のマンガオホ川とその支流が流れ込み，さらに南には，ワイパワ川が北西から南東に流れている．　[植村善博・太谷亜由美]

ディゴス　Digos　フィリピン

人口：16.9万（2015）　面積：287 km²
[6°44′N　125°21′E]

フィリピン南東部，ミンダナオ島南東部，南ダバオ州の都市で州都．パダダ川沿いのパダダ渓谷に広がる．ダバオの南西56 km，コタバト，ジェネラルサントスに向かうハイウェイ沿いに位置する．国内最高峰アポ山（標高2954 m）の裾野，南側にある．先住民は原始マレー族とよばれるバゴボなどである．地名の由来は16世紀，スペイン人が住民に地名を尋ね，行き先を聞かれたと思った住民は水浴するという意味で，パディゴス（Padigos）と答えた．そこから，ディゴスという地名が生まれたという．スペイン時代の1849年以降，ヌエバギプスコア州に属していた．この州名はアメリカ統治下の1914年，ダバオ州と改められた．当時，ディゴスでアメリカ人E・クラムが1024 haの土地を借り，麻の農園を開拓した．これにより町は活気を帯び，ビサヤやイロコス地方からの移民が増えた．戦後，1949年に町制を施行し，67年，南ダバオ州成立に伴い州都に指定された．2000年に市に昇格した．

おもな作物はココナッツ，トウモロコシ，米，サトウキビで，炭づくりも盛んである．観光名所はサルクイワシが生息するアポ国立公園，ナパン滝，ダウィス海岸，バージン滝である．　[佐竹眞明]

ティコピア島　Tikopia Island　ソロモン

人口：0.1万（2009）　面積：5 km²
[12°18′S　168°50′E]

南太平洋西部，メラネシア，ソロモン諸島東部，テモツ州の島．サンタクルーズ諸島に属する．火山島のほぼ中央部にテロト湖があり，漁網を使った漁場としても島民に利用されている．島民はすべてポリネシア系である．考古学資料から紀元前1000年頃に人の居住が始まったと考えられているが，現在の島民に連なるポリネシア人は16世紀初頭にティコピア島を支配したトンガ系住民である．その中心人物であったテ・アタフは同様にしてオントンジャヴァ環礁なども支配したため，現在でも両地域の人びとは民族的アイデンティティを共有している．　[関根久雄]

ティコレ Tikore ☞ ブラフ Bluff

ティザード群礁　Tizard Banks

南シナ海

チョンホー群礁　鄭和群礁　Zhenghe Qunjiao（漢語）/ティチャー灘　提闡灘　Tizhatan（別称）/ナムイェット堆　Nam Yet, cum dao; Nam Yết, cụm đảo（ベトナム語）

面積：0.6 km²　長さ：30 km　幅：8 km
[10°22′N　114°23′E]

北太平洋西部，南シナ海南部にある群礁．スプラトリー（南沙）諸島で最大の群礁である．中国語ではチョンホー（鄭和）群礁，鄭和環礁，提闡灘ともよばれる．スプラトリー諸島北部第4列の環礁．ロアイタ Loaita 群礁の南に位置し，イツアバ（太平）島，中洲島 Zhongzhou Reef，サンドケイ Sand Cay，ペトレー Petley 礁，エルダト Eldad 礁，ナムイット Namyit（鴻麻）島，サウスガヴェン礁 Gaven Reef South，ガヴェン礁からなり，東西の長さは 30 km，平均の幅は 8 km．環礁の総面積は約 615 km² もあるが，海面に露出している部分はわずか 0.557 km² しかない．最大のイツアバ島は約 0.49 km²．1935 年に中華民国政府はこの群礁をいったん鉄沙礁と命名したが，47 年に明の航海家鄭和を記念して鄭和群礁に改称した．現在，中国はガヴェン島，タイワン（台湾）はイツアバ島，ベトナムはナムイット島とサンドケイにそれぞれ軍隊を駐屯させ，領有を主張している．　　　　　　　　　　　　［許　衛東］

ディサポイントメント湖　Disappointment, Lake

オーストラリア

面積：160 km²　　　　[23°26′S　122°50′E]

オーストラリア西部，ウェスタンオーストラリア州中北部の湖．ニューマンの東に位置し，塩湖であるが通常は水がなく，湖底がむきだしになっている．地名は，1897 年にオーストラリア人探検家フランク・ハーンが，湖に水がないことに失望して命名した．　　　　　　　　　　　　　　　［大石太郎］

ていしゅうし　鄭州市 ☞ チョンチョウ市
Zhengzhou

ディステギールサール山　Disteghil Sar

パキスタン

ディスタギールサール山　Distaghil Sar（別称）/ピーク 20　Peak 20（別称）

標高：7885 m　　　　　[36°20′N　75°11′E]

パキスタン，大カラコルム山脈西部にあるヒスパー山群の最高峰．カシミール地方のパキスタン実効支配地域のフンザ地方にあり，ギルギットバルティスタン州の州都ギルギットの北東約 90 km に位置する．ピーク 20，ディスタギールサールの名もある．主峰は東西に延びる稜線の西端にあり，主峰から主稜上の東方約 1.2 km に中央峰（標高 7760 m），さらに約 1 km に東峰（7696 m），主峰から北西稜上の 5.7 km にマラングッティサール（7026 m）がある．山名はディステギールが牧場の上にある，サールが山を意味する．初登頂は 1960 年，オーストリア隊による．また東峰の初登頂は 1980 年，ポーランド隊による．南面はヒスパー氷河に北から合流するクンヤン氷河の源頭部をなし，北面はシムシャル Shimshal 渓谷に南から合流するマラングッティヤズ氷河の源流部をなす．いずれの谷もインダス川の本流に近く，そのため渓谷と山稜部の標高差は 4000 m 以上ある．　　　　　　　　　　　　　　　［松本穂高］

ディスプル　Dispur

インド

人口：1.0 万（2010）　標高：55 m
[26°08′N　91°47′E]

インド北東部，アッサム州カムラップメトロポリタン県の都市で州都．1973 年にアッサム州の南隣にメガラヤ州が誕生したことに伴い，かつての州都であったシロンをメガラヤ州の州都に譲り，新しい州都機能をもった都市をゴウハーティ市内のディスプル地区に建設し州都となった．州の中部，アッサム平野を東から西に流れるブラマプトラ川の左岸に位置する．市域は，アッサム州最大都市のゴウハーティ市の中にあり，州を統括する各種行政機関や議会議事堂を中心に形成された行政機能に特化した都市である．市内には，政府機関以外の有名な施設として，1970 年設立のゴウハーティ茶取引センターがある．国内最大の茶生産を誇るアッサム州と周辺州の紅茶の流通拠点として知られる．なお，同センターの年間の茶取引量は，スリランカのコロンボ茶取引センターに次いで世界第 2 位の規模を誇る．　　　　　　　　　［中山修一］

ディセプション島　Deception Island

南極

[62°57′S　60°38′W]

南極，西南極の島．南極北方，サウスシェトランド諸島に属し，南極半島の近海に連なる島の 1 つである．ほぼ円形をしており，直径は約 12 km である．最高地点はポンド山（標高 542 m）である．中央部には，噴火で陥没したカルデラとされる長さ約 9 km，幅約 6 km の深い湾があり，フォスター Foster 湾とよばれている．湾入口の海峡は狭く，幅は 230 m で，ネプチューンベローズとよばれる．ネプチューンベローズ内側のすぐ北東に円弧状のホエーラーズ Whalers 湾があり，湾奥は黒色の砂浜が特徴的である．火山があり，1970 年に噴火して観測基地が被害を受けた．海岸の各所に噴気孔や温泉がある．火山の影響で地熱が高く，熱のため雪が解け，南極付近では珍しく雪や氷に覆われていない．

1820 年 1 月にイギリスのアザラシ猟船によって視認され，同年 11 月にアメリカのアザラシ猟船を率いるナサニエル・パーマーによって上陸され踏査された．それ以来島は南極の嵐や氷山からの避難場所となっていた．最初はアザラシ狩猟者，1906 年にはノルウェーとチリの捕鯨会社がホエーラーズ湾を加工船の基地として使用し，14 年までにここを基地とする会社は 13 となった．1944 年にイギリスが観測基地を設け，その後アルゼンチンとチリも観測基地を設け，互いに領有権を主張したため，対立関係にあった．これらの基地は 1967 年 12 月 4 日に起こった噴火のため崩壊したが，隊員は補給船に収容された．現在はアルゼンチンとスペインが共同で運営する観測基地があり，科学調査と南極観光の島として有名である．過去のさまざまな国による領有権主張は，南極条約によって棚上げされている．

ホエーラーズ湾の奥には，現在でも錆びたボイラーやタンク，航空機格納庫やイギリスの観測基地（ビスコハウス）がそのまま放置されており，1969 年の泥流による半壊状態のままである．イギリス空軍所属のデハビラント・カナダ DHC-3 は，明るいオレンジ色の破壊された胴体が放置されていたが，2004 年に修復された．修復されたこの航空機をふたたびこの島に飛ばす計画もある．島は，南極の観光スポットの中でも非常に人気のある場所になってきている．それは，アゴヒモペンギンの営巣地がいくつかみられることや，砂浜を掘れば，暖かい温泉をつくるこ

とができるからである。南極付近で唯一の温泉であり、世界最南端の温泉でもある。カルデラ内部の海浜は、数箇所から湧き出る熱鉱泉で熱をもっているため、そのままではかなりの高温であり、海水と混ざった部分に寝転がって入浴することになる。また、場所によって気温や水温の変化が非常に激しいことでも有名である。ある場所では水温は70℃にもなっており、火山の近くでは気温が40℃近くに上がっている場所もある。

島内の約11カ所が、南極特別保護地域として指定されている。南極の他の地域にはみられない珍しい植物が非常にたくさん分布しているため、生態学的、および植物学的な価値が高いと判断されたためである。たびかさなる火山の噴火が、新しい植物の群落をつくり出す原動力となっている。 ［前杢英明］

ディセプション湾　Deception Bay
オーストラリア

[27°10′S　152°59′E]

オーストラリア北東部、クイーンズランド州南東部の湾。モートン湾の入江の1つであり、カボールトルウー川の河口部にある。海水浴や釣りなどの観光が盛んである。 ［秋本弘章］

ティチボーン　Tichborne
オーストラリア

人口：232（2006）　[33°14′S　148°05′E]

オーストラリア南東部、ニューサウスウェールズ州中央東部、パークス行政区の町。首都キャンベラの北北西約250 km、州都シドニーの西約300 kmに位置する。地形の変換点付近にあり、西のマレーダーリング盆地と東のグレートディヴァイディング山脈との境界部に該当する。この地域の西側には、大規模なケスタが形成されており、南北方向に連なる小規模な平坦面と崖が数本認められる。西にゆるやかに傾斜する標高約300 mの台地上では、小麦栽培が広く展開されている。 ［梶山貴弘］

ティッサマハラマ
Tissamaharama
スリランカ

人口：6.9万（2014）　面積：773 km²　標高：20 m
[6°17′N　81°17′E]

スリランカ、南部州ハンバントタ県の郡。

コロンボの南262 kmに位置し、バスで約7時間かかる。巡礼地カタラガマやウィラウィラ自然保護区、ヤーラ（ルフヌ）国立公園などへの入口にあたり、ホテルやレストハウスの多い観光拠点となっている。この地は紀元前3世紀頃に栄えたとされるシンハラ人の仏教を信奉するルフヌ王国の中心で、村の北部にある人造湖ティッサウェワは、灌漑用の貯水池として当時から存在したといわれる。そのほか村に点在するダガバ（仏塔）にも古代に建設されたものがあり、とくに周囲165 m、高さ55.8 mのティッサマハ・ラーマヤの仏塔は最古のものであるとされる。市街地は東の旧市街と西の新市街に分かれ、前者にはバスターミナル、市場、警察署、銀行など、後者には時計塔、銀行、郵便局などがある。 ［山野正彦］

ディディカス島　Didicas Island
フィリピン

標高：228 m　[19°04′N　122°12′E]

フィリピン北部、ルソン島北端、バブヤン諸島にあるカガヤン州の火山島。ディディカス火山がある島として知られる。底部の直径は1.2 kmに及ぶ。記録に残された噴火は1773年以降6回で、最近では1978年1月6〜9日に噴火している。 ［佐竹眞明］

ティティテア　Tititea　☞　アスパイアリング山　Aspiring, Mount

ティディム　Tiddim
ミャンマー

人口：8.8万（2014）　[21°30′N　93°35′E]

ミャンマー西部、チン州ファラム県の町。漢字では迢替と表記する。マンダレーの北西約295 km、エーヤワディ川支流チンドウィン川の最上流部、マニプル川が南流する盆地の中心に位置する。北方の峠を越えるとインドのマニプル州インパールへつながる。周辺は標高2500〜2700 mの山岳地帯で、第2次世界大戦ではインパール作戦（1944）で日本軍が敗走し、多くの犠牲者を出したルートである。 ［西岡尚也］

ティティランギ　Titirangi
ニュージーランド

人口：0.3万（2013）　標高：400 m
[36°56′S　174°39′E]

ニュージーランド北島、オークランド地方の町。オークランドの中心部から南西13 kmの郊外にある。ワイタケレ山地の南端にあたる。地名は、マオリ語で空の雲の長い線を意味する。ワイタケレ山地の原生林の中、土地を利用して住宅が多く建てられている。町はマヌカウ湾に面し、海に近いため、タスマン海より湿った空気が流れ込み、降水量が多い。このため、原生林が形成され、いまでもファンティル、トゥイ、ケレル（モリバト）、ニュージーランドアオバズク、メジロなど多くの野鳥が生息する。

［植村善博・太谷亜由美］

ティトゥ諸島　Thitu Islands
南シナ海

チョンイエ群島　中業群島　Zhongye Qundao
（漢語）

人口：300（2011）　面積：0.3 km²
[11°03′N　114°17′E]

北太平洋西部、南シナ海南部にある諸島。スプラトリー（南沙）諸島の一部である。中国語名はチョンイエ（中業）群島で、ハイナン（海南）島の漁民が古くから編纂していた航海指南書である『更路簿』の中で鉄峙とよんでいたことに由来する。1935年に中華民国政府が帝都群礁と命名、47年に中業群礁に改称した。ティトゥ環礁を中心に南西方面のスビ Subi礁、北東方面のリス Lys礁とトライデント Trident礁からなる。ティトゥ環礁は2つの環礁からなり、北東から南西に延びる東側の灘は長さ8.5 km、幅3.7 km、東西方向に延びる西側の灘は長さ13 km、幅6 km。最大のティトゥ Thị Tứ島は0.33 km²で、スプラトリー諸島の中で2番目に大きい。1971年にフィリピンがティトゥ島を占領して実行支配し、1500 m級の滑走路も建設されている。一方で、ベトナムも領有権を主張している。ティトゥ島はフィリピン語ではパグアサ Pag-asa島あるいはバランガイ Barangay島、中国語ではチョンイエ（中業）島とよばれている。 ［許　衛東］

ティドレ島　Tidore, Pulau

インドネシア

人口：4.9万（2004）　面積：116 km²
[0°41′N　127°24′E]

インドネシア東部，北マルク（モルッカ）諸島，北マルク州の島．ハルマヘラ島の西沖合10 kmにある．島の北には，幅約1 kmの海峡をはさんでテルナテ島（北マルク州）がある．2つの島は，大きさや地形がよく似ていることから，しばしば双子にたとえられる．ティドレ島とテルナテ島は，香料諸島の別名でも知られるマルク諸島の中でも，クローブ（インドネシア語ではチェンケ）の特産地として古くから有名である．クローブは医薬品，防腐剤，調味料として珍重され，漢代の中国宮廷では，口臭除去のために口に含んで用いられた．現在のインドネシアでは，タバコにまぜて使用されている．クレテックとよばれるクローブ入りタバコは，パチパチという音とともに火花が散り，独特の香りを放つのが特徴である．19世紀になるまで，クローブは世界でも北マルク諸島のこの地域だけで手に入る特産品であり，きわめて高価な商品だった．

島には古くから中国の貿易船が来航していた．ティドレ島とテルナテ島では，13世紀頃からマレー系の人びとの移住が始まったとされる．15世紀にはスルタンが支配するイスラーム王国が成立し，クローブの交易によって大いに栄えた．テルナテ王国は島の西側，つまりスラウェシ島へ，一方のティドレ王国は東側，つまりハルマヘラ島からニューギニア島へと交易圏を広げて繁栄した．1521年11月8日，マゼランの艦隊がティドレ島に来航した（マゼラン自身は，同年4月のマクタン島でのラプ・ラプ王との戦いで死去している）．スペインのほか，続いてポルトガル，オランダ，イギリスなどほかの国もティドレとテルナテにやってきて，クローブ交易の利権をめぐって争った．ティドレ王国はスペインと手を結び，テルナテ王国とオランダ東インド会社に対抗した．ティドレ王国時代，スルタンは村ごとに特定の産業を定めることによって，経済の安定化と交易の活発化をはかった．このため現在でも島では，香料，農作物，水産物といった各特産品を，それぞれの村で分業して生産する傾向が強いという．

島の南東部にある町ソアシオ Soasio を見下ろす高台には，16世紀後半にスペインによって築かれたトフラ Tohula 要塞の跡が残っている．現在はほとんどが崩れているが，一部は残り，観光史跡になっている．また島の南端には，キエマトゥブ Kiematubu 山が位置している．これは北マルク諸島の最高峰（標高1730 m）である．

[森田良成]

ティドレクプラウアン　Tidore Kepulauan

インドネシア

人口：9.0万（2010）　[0°40′N　127°26′E]

インドネシア東部，北マルク州の市（コタ）．ティドレ島を中心とし，その南に位置するマレ島，および北マルク州の州都ソフィフィが位置するハルマヘラ島の中西沿岸部，さらに，マイタラ島，ファイロンガ島，シブ島，ウォダ島，ラジャ島，グラトゥ島，タメ島，ジョジ島，およびタバ島が含まれる．2003年に分離するまではハルマヘラトゥンガ県の一部であった．2013年の段階で8つの郡，32の町，37の村を含む．住民のおもな生業は伝統的な農業と漁業であるが，外部の資本によるカシューナッツ，クローブなどのプランテーション農業，近代的なマグロ漁も行われている．

市の中心となるティドレは11世紀の古くからイスラーム王朝として栄えており，一時はパプアまで広がる海域に勢力をもっていた．16世紀に香辛料を目的にこの地を盛んに訪れるようになったヨーロッパ勢力の中で，対立するテルナテ王朝とともに存在感を示し，スペイン人との協定を利用するなどして18世紀後半まで独立した王国を維持した．インドネシア共和国独立の際も西パプア併合にも影響力を及ぼした．現在も北マルク州の行政に影響を及ぼす一大勢力である．

1999～2002年にはアンボンとともにマルク紛争の舞台となり，5000人ともいわれる犠牲者を生むとともに，数万人規模のキリスト教徒が難民としてハルマヘラや北スラウェシに逃れることになった．美しい自然で知られ，ティドレとテルナテの間にある小島マイタラ島は白い砂浜と多様な固有種の魚，よく保存されているサンゴ礁で観光客の人気を集めている．ほかの観光地としてはアケ・サフビーチ，マイタラ島海岸公園（タンジュントンゴワイ海岸公園），ソニーネ・マリゲティドレ王国博物館，チョボビーチがある．ほかに文化遺産としてはティドレ王宮，ティドレ王国モスクがある．

[塩原朝子]

ティナカ岬　Tinaca, Cape

フィリピン

[5°33′N　125°19′E]

フィリピン南東部，ミンダナオ島最南端，西ダバオ州の岬．ミンダナオ島の南セレベス海に浮かぶ，サランガニおよびバルート両島との間のサランガニ海峡に面している．サランガニ海峡の幅は広くないが，ダバオとサンボアンガとを結ぶミンダナオ島の主要航路の船舶が通過している．岬の背後は丘陵地．そこにはイスラーム教徒のモロ族の分派が居住している．

[田畑久夫]

ティナガ島　Tinaga Island

フィリピン

[14°28′N　122°56′E]

フィリピン北部，北カマリネス州の島．ルソン島南部，ビコール地方にあるフィリピン海に浮かぶ．カラグア Calagua 諸島の北にある最大の島である．州都ダエットの北40 kmに位置する．島内には中心的な都市が存在しない．ダエットとは定期便で結ばれている．主要な産業は海岸地帯で栽培される米，トウモロコシと，フィリピン海で漁獲される水産業である．近年首都マニラへの出稼ぎが目立つ．住民の大半はルソン島南部で多数派を占めるビコール語を話すマレー系の集団である．

[田畑久夫]

ディナガット島　Dinagat Island

フィリピン

人口：12.7万（2015）　面積：802 km²
[10°01′N　125°34′E]

フィリピン南東部，ミンダナオ島北東沖，ディナガットアイランズ州の島．2006年12月に北スリガオ州からディナガットアイランズ州が分離，独立したため，現在は後者に属している．北スリガオ州ではシアルガオ島に次ぐ規模をもっていた．北スリガオ州の州都スリガオからは船で2時間を要する．島には7つの町があるが，現在はサンホセが州都となっている．サンホセは宗教団体フィリピン・ベネボレント・ミッショナリーズ・アソシエーション（PBMA）の本拠地でもある．PBMAは1960年に心霊治療者ルーベン・エクレオ（シニア）が設立し，彼は町長にもなった．エクレオがみたり，触ったりするだけで病気が治ると信じる人は後を絶たず，信者は1980年代，フィリピン全土で40万人を

超えたといわれる．宗教的功徳を求めて，全国からサンホセに移り住む信者も多い．実際，フィリピンの孤島としては珍しく，サンホセの中心に向かってコンクリート舗装道路が整備され，電気もいき渡っている．また，島はニッケル，銅，クロムなどの資源が豊富であり，鉱業が盛んである．海もきれいである．

島の町役場，北スリガオ州政府，州選出の国会議員が島を独立させ，新しい州を創設しようとした際，州創設を定めた法案は北スリガオ第2地区選出の下院議員グレンダ・エクレオ（PBMA創始者の妻）によって起草された．PBMAの大きな影響力をうかがわせるエピソードである．　　　　　［佐竹眞明］

ディナガットアイランズ州
Dinagat Islands, Province of

フィリピン

人口：12.7万（2015）　面積：1036 km²
[10°01′N　125°34′E]

フィリピン中南部，カラガ地方に位置する州．州都はサンホセ San Jose．レイテ島東方に浮かぶディナガット島とその周辺諸島からなる．2006年にミンダナオ島北東部の北スリガオ州から分離され全国で80番目の州として独立した．ディナガット島は，東部を太平洋，北部から西部をスリガオ海峡に面し，南部をガボック水道により北スリガオ州のアワサン島，ノノック島と隔て，全長南北67 kmに及ぶ．周辺にウニッブ，シバナッグ，カパキアン，カビラン，マガクホック，コルコット，カニハアン，カヤバゴン，プヨなどの小島が浮かぶ．

スペイン到来前にはブトゥアン王権の支配下にあったといわれる．モルッカ諸島のテルナテ王は，ブトゥアン，セブ，ボホールのダピタン攻撃に際してディナガットを攻撃拠点とした．1855年に島全体が公式にディナガット町となる．その後1890年に北部のロレト Loreto が分離され独立の町となった．第2次世界大戦末期にはアメリカ軍がロレトからレイテ島の日本軍を侵攻したため，スリガオ海峡で大激戦が展開された．戦後1959年のカグディアナオ Cagdianao を皮切りに，60年のリブホ Libjo，67年のバシリサ Basilisa，69年のトゥバホン Tubajon，そして89年にサンホセが順次独立して町となった．現在，州を構成するのはディナガットを含むそれら7町である．州都には最後に独立したサンホセが指定された．州面積は1036 km²，人口は12.7万を擁するが，2010

年，最高裁は面積および人口の数値が州設立要件を満たさないとして設立をいったん無効としたが，翌年，その判断をくつがえした．
　　　　　　　　　　　　　　［梅原弘光］

ディナジプル　Dinajpur

バングラデシュ

人口：18.7万（2011）　標高：37 m
[25°37′N　88°39′E]

バングラデシュ北部，ラングプル管区，ディナジプル県の都市で県都．首都ダッカの北西約413 kmに位置する．西はインド西ベンガル州に接する．市街は，北ベンガル山麓平原の粗い石灰質砂質土壌で，流路変更前のティスタ川によって形成された扇状地に広がる．バングラデシュの平野部では人口密度が相対的に低い地域で，乾季の乾燥がはげしい．プルドゥラバルダナ川が市内を流れ，中心市街地は東岸に位置する．東インド会社がプラッシーの戦い（1757）後に確立した植民地支配により，1765年にディナジプル県が成立したが，現在のラングプル県と合同収税管区であった．1783年にディナジプルが独立の収税管区となり，86年に現在の県都が成立した．その後，1905年インド総督カーゾンによってベンガル分割が行われた際は，東ベンガルに属することになった．しかし1947年のインド・パキスタン分離独立によってインド側はウッタルディナジプル（北ディナジプル）県となった．周辺地域で主要な農産物は米，小麦，ジャガイモ，野菜類，マンゴー，ライチなどで，ディナジプルはその集散地となっている．もともとこの地域はヒンドゥー教徒が多く居住していた地域で，郊外には国内の旧藩侯の邸宅としては古く保存のよいラジバリがあり，観光スポットになっている．また，市の東方には国内唯一の有力なパラプクリア炭鉱が立地し，その開発拠点としても期待されている．　　［野間晴雄］

ティニアン島　Tinian Island

アメリカ合衆国

テニアン島（別表記）
人口：0.3万（2010）　面積：108 km²　長さ：16 km
幅：8 km　　　　　　　　[15°00′N　145°38′E]

北太平洋西部，ミクロネシア，アメリカ合衆国領の島．北マリアナ諸島コモンウェルス（未編入の自治領）を構成する主要な島の1つで，平坦な地形をしている．幅5 kmに満たない狭い海峡を隔てた北にはサイパン島が位置する．1668年から本格化したスペインの

統治に対して，先住民チャモロ（Chamoro）人の抵抗が72年から断続的に続いたが，95年の戦争で負けたチャモロ人はサイパン島へ，さらにグアム島へと強制移住させられた．そのため，ティニアン島は長らく無人に近い状態が続いた．ふたたび島が活気を取り戻したのは，それから百数十年も経った1815年以降にカロリン諸島から移住者を迎えてからのことであった．したがって，現在の住民はチャモロ人やカロリニアンからなる太平洋諸島民，アジア系移民，白人などから構成され，混血が進んでいる．

1914年から始まった日本による統治下では，まずココヤシ園や綿花の栽培が試みられたが失敗に終わった．かわって，1926年から南洋興発会社が開発に乗り出し，サトウキビをはじめコーヒーやパイナップルの栽培を盛んにするとともに，製糖工場を設けて製糖業を大いに発展させ，東洋第2の生産量を誇るまでになり，一時は1万数千の人びとが島で暮らしていたといわれる．第2次世界大戦中は，マリアナ諸島は日米両軍の戦場となったが，1944年には激戦の末にこの地域を奪取したアメリカ軍はティニアン島に本格的な飛行場を設け，日本への大規模空襲の拠点とした．そして，1945年8月6日と9日にはこの滑走路から飛び立ったB29爆撃機が広島と長崎に原爆投下を行った．いまも，島の北側にあるハゴイ空軍基地の滑走路北側に原爆搭載機発進を記念する銘板が設けられている．また，基地の奥には旧日本海軍の司令部跡が無惨な姿をとどめている．現在は，この基地はおもにアメリカ軍の演習用に使われている．なお，島の南端にあるカロリナス台地のスーサイドクリフ Suicide Cliff とよばれる急崖は，戦争末期に日本の将兵や民間人が投身自殺したところで，現在は日本人戦没者慰霊碑が建てられている．1947年に北マリアナ諸島の一員としてアメリカ合衆国の信託統治下に入り，86年からはコモンウェルス北マリアナ諸島の一員として同自治領となった．

島の南西岸沿いに位置するサンホセ San Jose はティニアンの中心地で，市庁舎，警察，病院，銀行などが集まっている．町の南，ティニアン港を望む公園にはラッテ（Latte）期の石柱列を残すタガ遺跡 Taga House が保存されている．この臼状の石を載せた古代チャモロ族の石柱列ラッテストーン（タガストーン）は北マリアナ諸島でも最大級のもので，全高約5 mとかなり大きい．周辺には日本統治期の刑務所跡や南洋興発会社跡などが残されている．なお，島の台地部

ティニアン島(アメリカ合衆国), タガ遺跡の巨大な石柱ラッテストーン〔Shutterstock〕

では野菜類が栽培され,大きな牧場もある.日本からの直行航空便はなく,グアムまたはサイパン経由の国内便あるいは船便ということになる.

〔橋本征治〕

ディハング川 Dihang ☞ ブラマプトラ川 Brahmaputra River

ティプトゥール Tiptur　インド

人口:5.9万(2011)　[13°15′N 76°26′E]

インド南部,カルナータカ州南部,トゥムクール県南西部の都市.州都ベンガルール(バンガロール)の北西約100 km,マンガロールの東北東約180 kmに位置する.

〔由井義通〕

ディプトン Dipton　ニュージーランド

[45°54′S 168°22′E]

ニュージーランド南島,サウスランド地方の村.オレティー川中流東岸にある農業集落である.石灰の加工などを行う.郵便局,ホテル,スポーツ施設などがある.2007年に北西約10 kmの地点に国営の風力発電所が建設された.地名は,洗羊液を満たす場所(sheep dip)があったことによる.

〔太田陽子〕

ティブーバラ Tibooburra　オーストラリア

人口:262(2011)　標高:100–200 m
降水量:250 mm/年　[29°26′S 142°00′E]

オーストラリア南東部,ニューサウスウェールズ州北西部,アンインコーポレーテッドファーウェスト行政区の町.アデレードの北北東約700 km,州都シドニーの西北西約1000 kmの内陸部に位置し,北のクイーンズランド州および西のサウスオーストラリア州と接する.広大な砂漠が広がり,植生は限られる.地名は,アボリジニの言葉で花崗岩の山を意味し,砂漠の中には花崗岩の残丘が点在する.砂漠気候で,年平均降水量は少なく,夏季の最高気温は40℃に達する.1880年代に金鉱がみつかり,村が形成されたが,現在はおもに羊が放牧されて羊毛の生産が行われている.

〔梶山貴弘〕

ディブルガル Dibrugarh　インド

人口:13.9万(2011)　[27°29′N 94°56′E]

インド北東部,アッサム州北東部,ディブルガル県の都市で県都.州都ゴウハーティなどとともに州の主要都市として知られる.アジア開発銀行の融資を受けて都市開発を進め,州東部の産業,情報の中心地である.ブラマプトラ川とビブル Bibru 川の合流点の丘陵に接する狭い平野部にあり,モンスーンによる洪水の脅威にしばしばさらされる.また,鉄道と河川交通のターミナルであり,空路でもコルカタ(カルカッタ)やデリー,ゴウハーティと直行便が開設されている.イギリスによるインド支配が1826年にアッサム地方に及んだ際,イギリスはこの町をアッパーアッサムの行政的・商業的中心地とすることにした.第2次世界大戦中にビルマ(現ミャンマー)からの避難者のキャンプが設置され,日本軍と戦うために,イギリス軍が利用していた小規模な飛行場があった.

ブラマプトラ川河谷に位置するこの町は,インドのスマートシティともよばれる.アッサム州の茶生産量の約半分を占めるディブルガルを含む3つの県はヒマラヤ山系の霧の発生も多く,インド有数の大規模な茶の栽培地域であり,この町はその入り口にあたる.アッサム地方は世界的な茶の産地であるが,植民地支配者のイギリスの役人であったロバート・ブルースが1823年に自生の茶樹を発見し,茶の製造を行ったのが最初といわれる.県内にはイギリス植民地期にさかのぼる歴史をもつ茶園がある.

アッサム地方では1860年代にジャングルの中で原油の探査活動が行われ,67年にアジア初の原油の商業的な機械掘削に成功した.ディブルガル県内にもいくつかの油田があり石油・ガス生産が行われている.

〔土居晴洋〕

ティーボー Thibaw　ミャンマー

シーボー Hsipaw (旧称)

人口:17.6万(2014)　[22°37′N 97°19′E]

ミャンマー東部,シャン州北部,チャウメー県の都市.マンダレーの北東約145 km,ラーショーの南西約60 kmに位置し,マンダレーとラーショーを結ぶ幹線道路沿いに発達した交通の要衝として栄える.人口ではシャン族の割合が多い.シャン州は第2次世界大戦後まで藩王(ソーブワー)が支配する小国に分裂していた.ティーボーはその中でも有力な藩王国の中心都市であった.しかし,1959年には34の藩王国が自治権を連邦国家に譲渡した.市内には藩王の邸宅(王宮)が一部に残っている.歴史的にも古いパヤー(仏塔)が多く,リトルバガンとよばれる.近年は周辺のシャン族の村々を巡るトレッキングや温泉に観光客の人気が高い.郊外にはシャン様式の仏塔のあるボージョー・パヤー寺院がある.周辺の高原地帯は茶の生産が盛んで,茶の集散地となっている.米,綿花,チ

ーク材，ショウガの生産も盛んである．シャン州は長く反政府勢力の影響下にあった．その中でもティーボーから北東部に位置する山岳地帯のラーショー周辺地方は，1990年代に入ってようやく有力な勢力と停戦が進んで外国人旅行者が訪れるようになってきた．ティーボーはこのような中国ユンナン(雲南)地方へのミャンマー側からの基点として発展した． ［西岡尚也］

ディポログ Dipolog
フィリピン

人口：13.1万 (2015)　面積：241 km²
[8°35′N 123°21′E]

フィリピン南東部，ミンダナオ島南西部，北サンボアンガ州の都市で州都．サンボアンガ半島の付け根，ディポログ川河口に位置する．先住民は原始マレー民族に属するスバノン族である．16世紀，スペインのレコレクト派の宣教師が住民に首長の所在を聞いた際，スバノンは「ディ・バグ」(川の向こうの意)と答えたという．これがなまって現在の地名になった．町はスペイン統治期の1834年，ミサミス州に帰属した．そしてアメリカ統治期，1903年，フィリピン統治を担当する第2次フィリピン委員会・委員長のウィリアム・タフトは同地を訪れ，ディポログを含めダピタン地区をカガヤンデオロ，ミサミス州から分離させると決定した．そして，モロ州(後のサンボアンガ州)に併合すると決めた．さらに，太平洋戦争後の1952年，サンボアンガ州は南北に分けられ，町は北サンボアンガ州の州都に定められた．1970年，市に制定された．

産業としては，農業と漁業が中心で，小型のイワシを油漬けし，トウガラシをまぶしたスパニッシュ・サーディンの製造も盛んである．リナボ山(標高460 m)からの眺望も美しい．おもな言語はセブアノ語である． ［佐竹眞明］

ディホワ Dihua ☞ **ウルムチ市 Ürümqi**

ディマプル Dimapur
インド

人口：12.4万 (2011)　[25°54′N 93°45′E]

インド北東部，ナガランド州，ディマプル県の都市．アッサム州に隣接する．ディマプル県は1997年にコヒマ県から分離して設立された．県内の人口は少数民族であるナガ族が主体である．ディマプルは米，綿花，オレ

ンジなどの交易を中心とする，県内だけでなく，ナガランド州の中でも経済的な中心都市である．また，重要な鉄道駅があるとともに，唯一の空港がある．国道39号が町を通過して，コヒマやインパール，ミャンマーを結んでいる．1536年までカチャリ Kachari 王国の首都であり，記念碑と寺院の遺跡がある． ［土居晴洋］

ティマル Timaru
ニュージーランド

人口：2.8万 (2013)　[44°24′S 171°15′E]

ニュージーランド南島東岸中部，カンタベリー地方の都市．カンタベリー湾南端のキャロライン湾岸に位置する．地名はマオリ語で避難場所を意味する．南カンタベリーの商工業の中心地．郵便局の本局，警察署，裁判所，ホテル，モーテルなどの多数の宿泊施設，各種の学校がある．日刊紙も発行されている．主要都市への交通網がそろっているほかにアオラキ(クック山)のハーミテージホテルへの交通も整備され，国内各地に連絡するための空港もある．周縁は豊かな農業地域で，ティマルから半径90 kmの範囲でニュージーランド全体の収穫物の50%以上を生産している．おもな産業は，農業，牧羊，牧牛，およびこれらに関連したもので，食肉の冷凍，酪製品の生産，製粉，羊毛の洗浄・加工，履物の製造などである．マヌカハニーはこの地域の特産品である．そのほかコンクリートの生産，工業機械・器具，農業機械の製造も行われている．ティマルは漁港としても知られており，漁業の中心地でもある．

キャロライン湾はきれいな砂浜をもち，市内にはたくさんの公園がある．ティマルボタニックガーデンズ，アシュベリー公園，エッグアンドタイ Aigantighe アートギャラリーなどはとくに有名である．スポーツ施設もよく整っている．この地域に最初に住んだマオリの人びとは Tamate，次いでワイタハ(Waitaha)で，オピヒ川およびオプハ Opuha 川沿岸峡谷の石灰岩地域の洞窟や岩陰に住んでいた．次いで Raupuwai，Ngati-Mamoe などが居住した．彼らによる絵画は洞窟中に残されている．17世紀に Ngaitahu が Ngati-Mamoe をフィヨルドランドの僻地に追いやったといわれる．1837年にジョゼフ・プライスがキャロライン湾に注ぐホエーラーズ Whalers クリークに捕鯨の基地を設けた．これはのちにバンクス半島の南岸に移った．1852年にローズ兄弟が大規模な牧羊場を設けたが，ティマルの場所

だけは将来の町の位置として残した．1859年には初めての移民が住みついた．1870年にはここがティマルとよばれるようになり，77年には港の建設が始まった．町ではクリスマスと正月の間にカーニヴァルが行われ，多数の観光客を集める． ［太田陽子］

ティモール海 Timor Sea
インドネシア〜オーストラリア付近

Tasi Mane (テトゥン語・別称) / Timor, Laut (インドネシア語) / Timor, Mar de (ポルトガル語) / Timor, Tasi (テトゥン語)

面積：610000 km²　深さ：200–3000
[10°30′S 126°00′E]

インド洋東部，小スンダ列島のティモール島とオーストラリア大陸の間の海域．ティモール島の南東，オーストラリア大陸の北西にあり，アラフラ海と接する．南東貿易風と季節風の影響を受ける．ティモール島近海のティモール海溝で最も深く3300 mに達するが，大部分は200 mよりも浅い大陸棚となっている．アジアとオーストラリアの生物相を分けるウェーバー線が通っている．

2017年3月現在において，ティモール海の領海と石油・ガス資源をめぐる問題が，東ティモールとオーストラリアの間で長く続いている．オーストラリアは，かつてインドネシアが行った東ティモールへの軍事侵攻(1975)を容認するとともに，ティモール海の資源をめぐる交渉をインドネシアと行った．このときに領海問題は棚上げとなり，1989年のティモールギャップ条約によって，資源の分配についての合意がなされた．2002年5月に東ティモールはインドネシアから独立したが，東ティモールとオーストラリアの間で，ティモール海における国境線画定の作業は膠着状態が続いている．国境線は，慣例に従うならば両国の中間に設定されるはずであるが，おもな油田を自国の管理下に置きたいオーストラリアはそれを認めなかった．2005年5月になって，両国は領海の決定を50年間棚上げとすることで合意し，翌年に資源開発を行うための暫定的な国境線を定めた CMATS (ティモール海における特定海事アレンジメント協定)を締結した．

しかしのちに，CMATS交渉期間中のオーストラリアによる諜報活動が明らかになると，東ティモール政府は2013年，CMATSの無効確認をハーグの常設仲裁裁判所に求めた．さらに，オーストラリア側が東ティモール側の弁護士からこの裁判に関する資料を押収したことに対して，東ティモールは国際司

1198　テイモ

〈世界地名大事典：アジア・オセアニア・極Ⅰ〉

法裁判所にオーストラリアを提訴するにいたり，両国関係は悪化した．2017年1月になって，両国はCMATSを無効とすることで合意したと発表した．これによって恒久的な領海画定の交渉がようやく再開し，資源をめぐる争いが解消へと向かうのかが注目されている．

東ティモールの財政は，ティモール海から産出される石油関連収入に過剰に依存している．東ティモールを代表する市民団体は，ティモール海の領海画定の交渉において，オーストラリア政府が大国にふさわしい態度を取るべきであると訴え，それとともに，東ティモール政府は国内で行っている大規模開発事業を見直し，将来の石油生産の減少に備えて石油基金を慎重に扱い，石油依存からの脱出に取り組まなければならないと警告している．　　　　　　　　　　　　　[森田良成]

ティモール島　Timor Island

インドネシア/東ティモール

Timor, Ilha de（ポルトガル語）/ Timor, Illa（テトゥン語）/ Timor, Pulau（インドネシア語）

人口：273.0万（2010）　面積：31000 km²
長さ：470 km　幅：110 km

[9°14′S　124°56′E]

南太平洋西部，小スンダ列島東端の島．島の西半分はインドネシア領，東半分と北西端の飛び地は東ティモール領である．オーストラリア大陸の北西640 kmに位置する．北東から南西に細長く延び，小スンダ列島のうち最大の島である．サバナ気候に属し，長く厳しい乾季が特徴で，インドネシアのほかの地域と比べて年平均降水量がかなり少ない．密林はほぼなく，疎林が広がり，ユーカリやアカシアの木々が生える．島の東半分，および北西端にある飛び地のオエクシ県は，東ティモール民主共和国（人口約107万，首都はディリ）を構成している．島の西半分すなわち西ティモールは，インドネシア領であり，まわりの島々とともに東ヌサトゥンガラ州（西ティモールのみの人口約166万，州都はクパン）を構成している．

島は，14世紀の中国とジャワの記録のそれぞれにおいて，良質な白檀の一大産地として記録されている．当時，交易品としてきわめて高い価値をもっていた白檀は，遠くインド，アラブ，中国から商人たちをひきつけた．16世紀にはポルトガルが，マルク（モルッカ）諸島への中間基地と白檀交易による利益を求めてティモール島に進出した．続いて17世紀には，オランダ東インド会社が進出

した．以降，ポルトガル，オランダ，黒いポルトガル人（フロレス島東端部のララントゥカを起源とする，ポルトガル人と混血した人びとでトーパスともよばれる）の3つの勢力が，ティモール島諸王国を巻き込みながら争いを続けた．島には全島を支配下に置く大きな国は存在しておらず，1756年にオランダ東インド会社が西ティモール諸王国と結んだ協定によると，当時少なくとも13の王国が存在していたらしい．1916年になって，ポルトガルとオランダの間で，ティモール島を東西のポルトガル領とオランダ領に分割する境界が定められた．これが現在のインドネシア領西ティモールと，東ティモール共和国の国境となる．

第2次世界大戦においては，3年半の間，日本軍が占領した．戦後，西ティモールはインドネシアの一部としてオランダから独立した．一方の東ティモールは，戦後にポルトガル領に戻ったが，1975年にインドネシアに侵攻された．翌年に東ティモールはインドネシアの一部として併合されて，1999年に独立の是非を問う住民投票が実施され，その結果を受けて2002年に正式に独立するまで，インドネシアによる支配を受けた．

西ティモールでは，総面積1万4000 km²に約170万人が暮らしている．インドネシアの独立後，西ティモールでは，人口の急速な増加と農地の休耕期間の短縮による土壌の悪化が指摘されるようになる．インドネシアの開発政策において，広大な国土の東西の経済格差を解消することは大きな課題となった．1980年代に入ると海外資金による開発プロジェクトが活発化し，西ティモールでもいくつかの試みがなされた．しかし，東ティモール独立の前後には，治安に対する懸念が増したことや，またインドネシアによる東ティモール独立派に対する弾圧への非難と制裁の意味もあって，海外からの開発援助のプロジェクトは中断することになった．東ティモールが2002年に正式に独立を果たし，インドネシアと東ティモールの2国間関係も改善され，西ティモールの治安についての国連による危険度評価が改められると，西ティモールにおける開発プロジェクトが再開，再始動した．以降，貧困，低開発についての調査も多く行われ，深刻かつ慢性的な食糧安全保障の危機についての詳細な報告などが作成されている．

西ティモールに広く居住する民族集団は，アトニメトである．西ティモールの地形は起伏に富んでおり，アトニメトの集落の多くは，外部からのアクセスが不便な丘陵地帯に

散らばっている．これは，集落がもともと外敵からの攻撃に対する防備を想定して形成されたためである．現在もなお多くの家々が傾斜地に点在していることは，行政にとっては不便で非効率なことであり，道路沿いへの集住化など改善がはかられている．ほとんどの村では，主食であるトウモロコシの栽培と小規模な牧畜を中心とした農業が営まれている．宗教は，アトニメトのほとんどが敬虔なキリスト教徒である．

ティモール島西端には，東ヌサトゥンガラ州の州都であるクパンが位置している．2010年の統計では，クパンの人口は34万となっている．1990年では17万なので，20年間で人口がほぼ2倍に増加したことになる．東ヌサトゥンガラ州は，西ティモール，およびティモール島周辺のフロレス島，スンバ島，アロール島，サウ島，ロティ島など大小566の島々で構成されている．クパンに暮らしているのは，ティモール島だけでなく，これら周りのさまざまな島を出自とするきわめて多様な文化的背景をもつ人びとである．そのために，クパンの民族構成は町の規模に比べてきわめて複雑である．クパンは，これまでも地域の政治，経済，文化の中心だったが，とりわけ近年では大型ホテルや商業施設の建設が相次ぎ，町の景観が刻々と変化しつつある．　　　　　　　　　　　　[森田良成]

ティモールラウト諸島　Timorlaut Islands
☞ タニンバル諸島　Tanimbar, Kepulauan

ディヤルマ滝　Diyaluma Falls

スリランカ

高さ：220 m　　　　　　[6°44′N　81°02′E]

スリランカ南東部，ウヴァ州バドゥッラ県の滝．バンバラカンダ滝（落差263 m）に次ぐ国内第2位の滝で，同県ハプタレの東南東約10 km，国道A4号沿いのディヤルマ付近にあり，国道上からもみることができる．垂直な岩盤から大きく2段に分かれて滑り落ちる水流は美麗で迫力があり，多くの観光客が訪れる．　　　　　　　　　　　　[山野正彦]

ティヨロ海峡　Tiyoro, Selat ☞ ティウォロ海峡　Tiwaro, Selat

ティライナ島　Teeraina Island

キリバス

ワシントン島　Washington Island（別称）

人口：0.2万（2010）　面積：9.6 km²

[4°41′N　160°22′W]

　中部太平洋東部，ポリネシア，キリバスの島．キリバス東部，ライン諸島最北の島で，ハワイ諸島の南約1500 kmに位置する．ワシントン島ともよばれる．直径約7 kmの楕円形で中央に淡水湖をもつ．キリバスのライン諸島では最も雨量が多く，タロイモ，パンノキの栽培に適している．　　　　[柄木田康之]

ティライヤー湖　Tilaiya Reservoir

インド

[24°19′N　85°30′E]

　インド東部，ジャルカンド州のダム湖．ダモダル川の支流バラカール川の最上流部に位置する．ダモダル川総合開発計画によって建設されたダムの1つで，水力発電とともに流域に工業用水を供給する．ダム周辺はハザーリバーグ国立公園であり，ダム湖にかけられた橋はコルカタ（カルカッタ）と首都デリーを結ぶ国道2号である．　　　　[成瀬敏郎]

ティラウ　Tirau

ニュージーランド

人口：0.1万（2013）　[37°59′S　175°45′E]

　ニュージーランド北島，ワイカト地方の町．サウスワイカト地区にある．ハミルトンの南東55 km，ロトルアの北西50 kmに位置し，国道が集中する地点にあたる．北西よりハミルトンを経由して国道1号が，北部より国道27号が，南東からロトルア経由で国道5号がこの町を通る．本来は農業地であったが，現在は集中する交通の要衝を利用し，アンティークや手工芸品の商店，カフェなど，さまざまな商店が並び，商業が盛んになっている．東にカイマイ山地が広がっているが，町は平坦で，小河川オラカ川と支流が南北に町を流れ，気候がよく肥沃な土地が広がっているため，酪農場が多い．そのほか，羊，シカ，馬の放牧や，トウモロコシの栽培，植林なども行われている．地名は，マオリ語でキャベッジツリー（ニオイシュロラン）の多い場所という意味であり，ケレル（モリバト）が多くこの木に集まったとされるが，現在ではほとんど伐採されてしまった．

[植村善博・太谷亜由美]

ティラドゥンマティ環礁　Thiladhunmathi Atoll

モルディヴ

人口：3.3万（2014）　面積：3789 km²
長さ：150 km　幅：30-40 km

[6°44′N　73°02′E]

　インド洋中央部，モルディヴ諸島北部の環礁．東西約30〜40 km，南北約150 kmの大環礁の中北部の約50 kmを構成する，モルディヴ共和国最北の環礁である．点在する多数のファロ（小環礁）からなっており，礁湖の中でもインド洋の風波の影響を受けやすい．モルディヴ諸島の中では大規模な洲島が多く，マングローブが群生する淡水・汽水湖をもつ島もみられる．古くから島どうしの交流も盛んであった．行政的には北ティラドゥンマティ環礁区（公用語のディベヒ語名はハーアリフ Haa Alifu，人口1.4万（2014），有人島数14，リゾート島3（2014），首島はディッドゥ Dhidhdhoo）と，南ティラドゥンマティ環礁区（ディベヒ語名ハーダール Haa Dhaalu，人口2.0万（2014），有人島数13，リゾート島0（2014），首島はクルドゥフシ Kulhudhuffushi）の2つの環礁区がある．北ティラドゥンマティ環礁区は北西部に北西-南東方向約25 km，北東-南西方向約14 kmのイハワンディッポル Ihavandhippolhu 環礁を，南ティラドゥンマティ環礁区は南西部に北東-南西方向約28 km，北西-南東方向約7 kmのマーマクンドゥ環礁を有する．

[菅　浩伸]

ディラン山　Diran

パキスタン

ミナピン山　Minapin Peak（別称）

標高：7266 m　[36°06′N　74°52′E]

　パキスタン北部，ギルギットバルティスタン州の山．カラコルム山脈の西端近く，州都ギルギットの北東約40 kmにある高峰である．ラカポシ山（標高7788 m）から続く尾根上の東約15 kmに位置し，山体はピラミッド状をしている．登頂は容易ではなく，1958年にイギリス隊が登頂を試みたのを嚆矢とするが，その後ドイツやオーストリアの遠征隊が失敗し，1965年に京都府山岳連盟隊が挑戦したが果たせなかった．1968年8月オーストリア隊が初登頂した．　[出田和久]

ティランチャン島　Tillanchang Dwip

インド

人口：38（2011）　面積：17 km²　長さ：17 km
幅：2.5 km　[8°30′N　93°38′E]

　インドの東方，アンダマンニコバル諸島連邦直轄地南部，ニコバル諸島中北部の島．アンダマン海側に位置する．細長い島の周囲は美しいサンゴ礁に囲まれ，島の北にはマウド Maud 岬，南にはウィニフレッド Winifred 岬がある．　　　　[成瀬敏郎]

ディランバンディ　Dirranbandi

オーストラリア

人口：0.1万（2011）　[28°35′S　148°14′E]

　オーストラリア北東部，クイーンズランド州南東部，バロン郡区の町．州都ブリズベンの西約610 km，ニューサウスウェールズ州との州境に位置する．農業地域のサービス拠点の1つで，綿花，穀物および果樹栽培が盛んである．　　　　[秋本弘章]

ディリ　Díli

東ティモール

Dili（英語）

人口：23.4万（2010）　面積：368 km²

[8°33′S　125°35′E]

　東ティモール民主共和国の首都で，ティモール島北東部の県．市街地は南北を山と海にはさまれて，海岸に沿って東西に広がっており，その対岸にはアタウロ島が位置している．熱帯サバナ気候で，6月から10月頃までが乾季，11月から5月頃までが雨季となる．東ティモールが公用語としている2つの言語（テトゥン語とポルトガル語）では Díli（1つめのiにアクセント記号がつく）と表記される．

　プレジデンテ・ニコラウ・ロバト国際空港があり，インドネシアのバリ島，オーストラリアのダーウィン，シンガポールと空路で結ばれている．名称は独立の英雄ニコラウ・ロバト（1946-78）に由来する．インドネシアからの独立前の名称はコモロ国際空港だった．空港から都市の中心部へは，コモロ川を渡って東へ向かう．インドネシア領である西ティモールへは，旅行会社がバスを運行しており，陸路での移動が可能だが，空路と海路は一般向けには開かれていない．都市における交通機関としてはミクロレット（乗合いのミニバス）やタクシーが利用されており，インドネシア側の西ティモールの町では一般的な

オジェック（バイクタクシー）はまずない.

ディリの町は，1520 年にポルトガル人によって築かれた. ポルトガルは，オエクシ県リファウをティモール島における植民地支配の拠点としていたが，1769 年にディリに移った. 以来，太平洋戦争期の日本軍占領期間（1942～45）を除いて，ディリは1970 年代までポルトガルの拠点であった. インドネシアが 1975 年に東ティモールに侵攻し，76 年 7 月 17 日に東ティモール州としての併合を宣言すると，ディリはその州都とされた. 市街地東の岬に立つ巨大なクリスト・レイ像は，1996 年に当時のインドネシア大統領スハルトによって，インドネシアの第 27 番目の州ということにちなみ 27 m の高さにつくられたものである.

1999 年の住民投票によって東ティモールの独立が決まると，ディリはインドネシア軍と民兵らの破壊によって大きな被害を受けた. 2002 年に東ティモール民主共和国が独立すると，ディリはその首都としての機能を果たすため，海外からの積極的な支援や投資を受けて，官公庁舎，ホテル，ショッピングセンターなどの建設や，道路や電力などのインフラの整備が進み，中心部の景観は大きく変わっていった.

市内にはインドネシア軍による群衆への無差別発砲事件（1991）の舞台となったサンタ・クルス墓地があり，このときの映像が世界に報道されたことが，国際的な独立支援の機運が高まる大きなきっかけとなった. ここから 1 km ほど西には，かつてインドネシア時代に政治犯が投獄されていた建物を用いた「チェガ！」博物館があり，占領時代の独立運動および独立後の住民間の和解に関する展示を行っている. チェガとはポルトガル語で「もうたくさん」といった意味である.

[森田良成]

ディリジェント海峡　Diligent Strait
インド

長さ：約 50 km　　　　[12°00′N　92°50′E]

インドの東方，アンダマンニコバル諸島連邦直轄地北部，アンダマン諸島南東部の海峡. バラタン島東岸とリッチーズ諸島を隔てる. リッチーズ諸島には北からアウトラム島，ヘンリーローレンス島，サーウィリアムピール島，ハヴロック島などがある. 海峡の幅は 10 km 程度であるが，海峡部には，ストレート島や無人島のノースパッセージ島などがある. ストレート島は森林で覆われ，希

少なシカが知られる. 2001 年国勢調査によれば，先住民と医療，警察関係者など 42 人が暮らす.

[土居晴洋]

ティリチミール山　Tirich Mir
パキスタン

標高：7706 m　長さ：30 km　幅：25 km
[36°15′N　71°49′E]

パキスタン北西部，カイバルパクトゥンクワ州北端チトラル県西部の山. アフガニスタン北東部からパキスタン北部，中国西端部にかけて走る，ヒンドゥークシュ山脈の最高峰で，標高 7000 m 級峰 6 座，6000 m 級峰約 30 座を擁するティリチミール山群の主峰である. チトラルの北約 45 km にそびえ，すぐ東には 7691 m の東峰があり，東西に並立する双耳峰となっている. 地質学的には第三紀に貫入した花崗岩類からなると推定されている. 古くから信仰の対象とされ，山頂は女神の座であり，近づく者は神の怒りにふれ災いを受けるとされてきた. チトラルの下流に住み多神教を信仰する非イスラーム教徒であるカフィール人は，春の大祭には山体をかたどったものを祠堂に奉納するという. 19 世紀末から多くのイギリス人がティリチミールを探検・測量したり，登頂を試みたりしたが，犠牲者も続出し，初登頂は 1950 年のノルウェー隊であった.

[出田和久]

ティール山地　Thiel Mountains
南極

標高：2812 m　長さ：80 km　幅：70 km
[85°15′S　91°00′W]

南極，東南極の山地. 南極横断山地の一部をなす. 特徴的な景観は北西－南東方向に 70 km にわたって連なる露岩と氷の崖で，その南西側の雪原の標高が 1800～2200 m であるのに対し北東側の雪原は 1500～1900 m と低い. 崖の上に雪に覆われたいくつかのピークがそびえる. 最高峰は北東部に位置するアンダーソンサミット Anderson Summit （標高 2810 m，南緯 85 度 03 分，西経 90 度 53 分）. 1958～59 年，アメリカ南極観測のホーリック山地横断隊によって視認された後，60～62 年の夏季にアメリカ地質調査所によって調査された. 山地名は，1961 年 11 月の航空機事故で墜死した地球物理学者エドワード・C・ティールを記念して命名された. 1961 年 12 月に山地南端部の裸氷上で 2 個の隕石が発見されたが，これは南極における隕石発見の最初期の出来事であった.

1982 年以降の隕石探査により，山地西部のモールトンエスカープメント Moulton Escarpment（南緯 85 度 10 分，西経 94 度 45 分）など周辺の裸氷域から数 10 個の隕石が発見されている.

[森脇喜一]

ディール　Dir
パキスタン

人口：129.4 万（1998）　面積：5281 km²
降水量：1400 mm/年　　[35°12′N　71°57′E]

パキスタン北西部，カイバルパクトゥンクワ州北部の地方. 行政的にはアッパーディール県とロワーディール県に分かれ，マーラーカンド管区に属する. 北のチトラルと南の州都ペシャーワルとの間に位置する. 北から北西はチトラル県，西はアフガニスタン，東はスワート県，南はマーラーカンド県，南西は連邦政府直轄部族地域のバージョル管区に接する. ディールの大部分はヒンドゥークシュ山脈中に発し，スワート川に合流するパンジコーラ川の流域にある.

気候は，夏は比較的過ごしやすいが，冬は氷点下になり寒さが厳しい. 年間を通じて降水があり，春季の降水量が最も多い. 谷底平野や丘陵斜面では農業が行われ，小麦やトウモロコシ，大麦のほか，リンゴやプラムなどの果物や野菜の栽培が比較的盛ん. 林業も盛んで良材を産し，マツやユーカリ，ポプラなどの植林も行われている. 南はマーラーカンドへ，北は標高 3000 m を超えるロワライ峠を越えチトラルへ通じる道が主要道である. この主要道路沿いに多くの小さな市場町がある. 1969 年 7 月 28 日にパキスタンに併合編入されるまで藩王国であった. チャクダーラ Chakdarra にはムガル朝の砦が残る. ディール県は 1996 年に公式にアッパーとロワーに分かれた.

[出田和久]

ティルヴァナンタプラム
Thiruvananthapuram
インド

トリヴァンドラム　Trivandrum（旧称）

人口：75.2 万（2011）　面積：142 km²
降水量：1754 mm/年　　[8°29′N　76°55′E]

インド南部，ケーララ州中部，州都でティルヴァナンタプラム県の県都. カルナータカ州の州都ベンガルール（バンガロール）の南南東約 500 km に位置する. アラビア海に面し，西海岸沿いに南北に延びるケーララ州の主要な港町である. 地名は，聖なる蛇の住む町を意味する. 全国の主要都市と鉄道，航空，国道で結ばれる交通の要衝である. また，インド最南端のカンニヤクマリ岬を訪れ

る観光客の中継地でもある．岬へは国道47号で90kmの距離にある．現在の州は，独立以前，南部にトラヴァンコール，中部にコーチン藩王国があり，北部にはイギリス領マラバルがあった．18世紀末以来，トラヴァンコール藩王国の首都でもあった．現在の市街地は，南北約2kmにわたるマハトマ・ガンディー(MG)通りを中心に発達する．

マハトマ・ガンディー通りの南の端には藩王国時代の中心であった王宮とパドマナーバスワーミ寺院を取り巻く旧城塞地区(一部城壁が現存)がある．北部には，大学，競技場，動物園，博物館，美術館がある．パドマナーバスワーミ寺院は，18世紀半ばに藩王のマルタンダ・ヴァルマ王が，王家の守護神としてパドマナー(ヴィシュヌ)神を祀り，王国の発展を祈願したものとされる．260年前に建立されたといわれる寺院の正面入り口の左手前には，古い王宮の一部が残っている．寺院のすぐ東にあるプテー・マリガ宮殿博物館は，約200年前に藩王が立てた宮殿で，古いケーララ建築様式をいまに残す貴重な文化財である．マハトマ・ガンディー通りの北の突き当たりの右手には，ネイピア博物館があり，木彫や古代のコインが展示されている．その東隣には，自然史博物館があり，ケーララの大家族制(タロワド)を再現した住居模型をみることができる．博物館の裏手には，シュリー・チトラ美術館があり，北部インドのラージプート族，ムガル帝国時代の絵画や名家タゴール一族による近代絵画も楽しむことができる．

町の南約15kmにあるコーヴァラム海岸は，白い砂浜と椰子林の美しさで観光名所として知られ，訪れる観光客が多い．なお，工業は，小規模ながら精糖，繊維，手工芸品工業などがみられる． ［中山修一］

ティルヴァンナマライ Tiruvannamalai インド

Thiruvannamalai (別表記)

人口：14.5万 (2011)　面積：16km²
[12°15′N　79°05′E]

インド南部，タミルナドゥ州北部，ティルヴァンナマライ県の都市で県都．プドゥシェリー(ポンディシェリー)の西北西約100km，ヴェロールの南80kmに位置する．プドゥシェリーとヴェロールを結ぶ鉄道の通過するこの都市は，農産物の重要な集散地である．ジャヴァディ丘陵の東部にあり，丘陵地およびその東部の農業地域の中心地である．とくに，南約3kmにサタヌル・ダムが設け

られて以来，周辺は灌漑の進んだ農業地域となった．米，ラッカセイ，キビ，およびジャヴァディ丘陵の各種産物，染料原料の紅木紫檀材，皮なめし用の樹皮であるタン皮，ストリキニーネ原料のマチン，麻酔剤用大麻などの交易が行われる．また，毎年牛市が開かれる．近くの孤立峰(北西方向，標高817m)には大きなシヴァ神の寺があり，付近には1950年頃の有名な宗教隠遁者であるスリ・ラマナ・マハルシの修行所があった．なお，18世紀には戦略的軍事拠点もあった．Thiruvannamalaiとも綴られる．
［前田俊二］

デイルズフォード Daylesford オーストラリア

人口：0.3万 (2011)　面積：16km²
[37°22′S　144°09′E]

オーストラリア南東部，ヴィクトリア州中央部の都市．バララトの北東約35km，州都メルボルンの北西約80kmに位置する．北4kmにあるヘップバーンスプリングズHepburn Springsとともに温泉都市群を形成している．近郊のウォンバットWombat丘陵の散策や丘陵上からの眺望が楽しめる．かつてゴールドラッシュ時は，イタリア系やスイス系の坑夫が多く暮らしていたことから，その名残が建設当時のまま歴史として建物に残されている． ［堤　純］

ティルスリ山 Tirsuli Mountain インド

標高：7074m [30°35′N　80°01′E]

インド北部，ウッタラカンド州東部の山．中国とインドの国境近くに位置する大ヒマラヤ山脈の高峰で，東峰，西峰，南峰の3つのピークをもつ．最も高い東峰の標高は7074m．その姿がシヴァ神の三叉の矛に似ているとされ，地名の由来となっている．氷雪に覆われた急峻な岩壁に囲まれ，南東に下るミラム Milam 氷河はじめ，いくつもの氷河がふもとから延びている．いずれもガンジス河系に属する．1939年にポーランド隊により登頂が試みられて以来，幾度も探検活動がなされた後，66年10月にインド隊により初登頂された． ［貞方　昇］

ティルチラパッリ Tiruchirappalli インド

トリチノポリ Trichinopoly (別称)

人口：84.7万 (2011)　面積：97km²
[10°50′N　78°46′E]

インド南部，タミルナドゥ州中央部，ティルチラパッリ県の都市で県都．この地域の行政の中心都市で，2世紀にはチョーラ朝の防御都市であった．略してティルチとよばれることが多く，イギリス統治下ではトリチノポリとよばれていた．ボイラー，鉄道貨車，軍需装備，セメント，化学薬品，砂糖，紙の生産が盛んで，数多くの小規模工場がある．手織り機，革製品，葉巻，人工ダイヤモンド，ヴァイオリンやヴィーナといった楽器製造などの手工業も盛んである．稲，キビ，豆類，マンゴー，柑橘類，パパイヤ，バナナなどさまざまな作物が栽培され，集散地となっている．内陸都市から州都チェンナイ(マドラス)へつながる国道45号や鉄道本線が通り，内陸交通の要衝である．また，インド南部の観光旅行の中心地で，ロックフォートといくつかの寺院には多くの人びとが訪れる．
［由井義通］

ティルップル Tiruppur インド

人口：44.4万 (2011) [11°06′N　77°18′E]

インド南部，タミルナドゥ州ティルップル県の都市で県都．州の5大都市圏の1つで，インドの輸出の2/3を占めるニットウエアの生産で有名である．綿花採集，綿繰り機センターがある．また，シヴァ寺院はラタヤトラ祭や二輪馬車祭りのために多くの巡礼者で賑わっている． ［由井義通］

ティルネルヴェリ Tirunelveli インド

人口：47.5万 (2011)　面積：170km²
[8°45′N　77°43′E]

インド南部，タミルナドゥ州南部，ティルネルヴェリ県の都市で県都．マドゥライの南南西137km，タムブラパルニ川の中流部に位置する．西のパラヤンコッタイと双子都市をなす．カンニヤクマリとカルナータカ州都ベンガルール(バンガロール)を結ぶ国道7号およびケーララ州のクイロンやマドゥライからの鉄道の通過地点で，空港もある．行政機能が高いが，綿織物や製糖，自動車，セメント，耐火レンガ，化学薬品，タバコなど大

1202　テイル

ティルチラパッリ(インド),ランガナータスワーミ寺院の塔門(ゴプラム) [Radiokafka/Shutterstock.com]

規模な工業もみられる．また，ヤシ製品，宝石，タバコ，隣接地域からの木材の交易などが行われる．南インドキリスト協会本部のある初期のキリスト教伝道拠点都市でもあり，フランシスコ・ザビエルが1545年頃にこの地域で伝道活動を行った．　　　　［前田俊二］

ティルパットゥール　Tiruppattur

インド

Tirupattur（別表記）

人口：6.4万（2011）　　［12°29′N　78°34′E］

インド南部，タミルナドゥ州アルコットアンベドゥカル県の都市．ヴェロールの南西80kmの鉄道およびコラールゴールドフィールズ経由ベンガルール（バンガロール）行きの鉄道結節部にある．また，クリシュナ・ギリ中心地への道路とこの鉄道の合流部でもあるという交通の要衝である．周囲の農業地域，とくにジャヴァディ丘陵産物（タン皮，タマリンド，マチン，麻酔剤用大麻）の交易中心地である．Tirupattur とも綴る．

［前田俊二］

ティルパティ　Tirupati

インド

人口：28.7万（2011）　面積：27 km²

　　　　　　　　　　　　［13°39′N　79°25′E］

インド南部，アンドラプラデシュ州チットール県の都市．県都チットールの北北東35kmに位置し，東ガーツ山脈の谷の中にある．鉄道と道路の結節地は9.7km東にある．著名な手工芸品（絹織物，木彫，真鍮商品）や精米と搾油の工場がみられる．北西方向のティルマラの神聖な丘の上に，インドで最も重要な巡礼地の1つである，有名な古代からのシヴァ神の神殿（ヴェンカテーシュワラ寺院）がある．そこには大巡礼団の光景がみられ，参拝者の数は世界で最も多いといわれている．　　　　　　　　　　［前田俊二］

ティロマル　Tilomar

東ティモール

人口：0.7万（2010）　面積：195 km²

　　　　　　　　　　　　［9°20′S　125°06′E］

東ティモール，ティモール島中部，コバリマ Covalima 県の郡．南はティモール海に面している．西はインドネシアとの国境に接しており，東ヌサトゥンガラ州のマラカ県と隣り合っている．首都ディリの南西98km，県都スアイの西18kmに位置する．テトゥン語がおもに用いられているほか，ブナ語も話されている．　　　　　　　　［森田良成］

ティワイポイント　Tiwai Point

ニュージーランド

人口：0（2013）　　　　［46°36′S　168°24′E］

ニュージーランド南島，サウスランド地方の町．インヴァーカーギル市域，ブラフ湾の入口，ティワイ岬の東側に位置する．ジョン・ホール・ジョーンズがこの位置について詳しく記載し，それ以来マオリの首長によって現名称がつけられた．1771年に，のちのニュージーランド首相キース・ホリオークによりニュージーランドアルミニウム精錬会社が公式に開設され，大規模な精錬を行ってきている．精錬所としてのこの地の利点は，ブラフ湾に位置するので，オーストラリアから原料を運ぶのに便利であり，かつ南島の豊富な電力が使えることにあった．町には多量の原料，製品の運搬に便利な長さ194mの突堤がある．精錬所開設の調査中に，マオリの遺物が発見され，この地にマオリの集落があったことがわかった．　　　　　　［太田陽子］

ディンアン県　定安県　Ding'an

中国

人口：29.0万（2014）　面積：1189 km²

気温：24.2℃　降水量：2015 mm/年

　　　　　　　　　　　　［19°42′N　110°19′E］

中国南部，ハイナン（海南）省北東部の県．年平均気温が高く，半湿潤気候に属する．内陸に位置し，北はハイコウ（海口）市と接し，県政府所在地の定城鎮は海口市中心部から南にわずか61kmの近距離に位置する．元代（1292）の県設置が地名の由来である．ナントゥー（南渡）江中流域に位置し，稲作農業と畜産が経済の中心であるが，1990年代に，海口と高速道路で連結する南麗湖リゾート（海南日月潭）の開発を契機に海口の観光圏に包含されるようになってから，サービス業の成長が著しい．　　　　　　　　［許　衛東］

ティンウォルド　Tinwald

ニュージーランド

人口：0.3万（2013）　標高：92 m

　　　　　　　　　　　　［43°55′S　171°43′E］

ニュージーランド南島，カンタベリー地方の町．アシュバートン地区，アシュバートン川西岸の河成平野に位置する．クライストチャーチの南西90km，アシュバートンの中心市街地から南西約3km郊外の住宅地である．警察署，小学校，モーテルなどがある．地名は，この地域の政治家であったロバート・ウィルキンがその生地，スコットランドのティンウォルドダウンズ Tinwald Downs の名をとって命名した．　　　　［太田陽子］

ティンガ　Tingha

オーストラリア

人口：0.1万（2011）　標高：800 m

　　　　　　　　　　　　［29°57′S　151°13′E］

オーストラリア南東部，ニューサウスウェールズ州北東部，アーミデールデュマレスク

行政区の町. ブリズベンの南南西約 330 km, 州都シドニーの北約 430 km に位置し, グレートディヴァイディング山脈西部にある. 1841 年に入植が始まり, 70 年代にスズが発見されてからスズ鉱山の町として発展したが, 1900 年代初頭に鉱山ブームが終わると, 著しく人口が減少した. 現在のおもな産業は, 農業とわずかに採掘されているスズ鉱業である. 　　　　　　　　　　[梶山貴弘]

ティンギ島　Tinggi, Pulau
マレーシア

人口: 164 (2010)　面積: 16 km²
[2°18′N　104°07′E]

マレーシア, マレー半島マレーシア領南部, ジョホール州東部の島. 南シナ海上にあり, ムルシンの南東約 30 km, タンジュンレマン Tanjung Leman の港から船で約 45 分のところに位置する. 南南西約 9 km にはシブ島がある. シブ島を含む東ジョホール群島の中で面積が最も大きい. 中心地は南部のタンジュンバラン Tanjung Barang で, 島名は島内の高地の名にちなむ. 標高約 600 m のスムンドゥ Semundu 山が最高地点である. サンゴ礁に囲まれ熱帯雨林が生い茂る観光リゾート地で, マリンスポーツやジャングルトレッキングなどが楽しめる. [田和正孝]

ティンキャンベイ　Tin Can Bay
オーストラリア

人口: 0.2 万 (2011)　面積: 4.3 km²
[25°55′S　153°00′E]

オーストラリア北東部, クイーンズランド州南東部, ギンピー地域の町. 州都ブリズベンの北約 220 km, フレーザー島南部の対岸に位置している. グレートサンディ国立公園クールーラ地区に隣接しており, 観光の拠点である. またオーストラリア陸軍ワイドベイ訓練地域が隣接している. [秋本弘章]

ディングラス　Dingras
フィリピン

人口: 3.9 万 (2015)　面積: 96 km²
[18°06′N　120°42′E]

フィリピン北部, ルソン島北西部, 北イロコス州の町. 州都ラワッグの東, 内陸平野部にある. 伝説上の勇敢な戦士ラスと美しい妻ディンの名前を取って地名が生まれたという. ラワッグ川やその支流が流れる平野部という環境に恵まれ, 米の産地である. また, ニンニク, タバコ栽培も盛んである. なお,

隣町サラットはフェルディナンド・マルコス大統領(在任 1965～86)の出身地である.
[佐竹眞明]

ティンケ県　定結県　Dinggyê
中国

人口: 2 万 (2012)　面積: 5300 km²
[28°22′N　87°40′E]

中国西部, シーツァン(チベット, 西蔵)自治区, シガツェ(日喀則)地級市の県. ヒマラヤ山脈北麓の湖群地帯に位置する. 地名はチベット語で地底から成長してくることを意味する. これは昔, 定結湖の湖底の丘から, 1 つの大きな石が出てきて, のちの宗政府がその場を中心に 5 階建の建物を建てたことに由来する. 以前は丁結, 丁潔, 丁吉, 丁吉牙, 丁鶏, 坦克伊宗, 定結宗と呼称された. 1960 年に定結県が置かれ, 日喀則専区に属した. [石田 曜]

ティンザー　Tinh Gia
ベトナム

人口: 21.5 万 (2009)　面積: 457 km²
[19°25′N　105°47′E]

ベトナム北中部, タインホア省最南部の県. 首都ハノイとホーチミン中央直轄市を結ぶ国道 1 A 号沿いにあり, 省都タインホアの南 44 km に位置する. ベトナム文字をローマ字表記で初めて体系的に整理し, 現在のベトナムの国語につながる文字体系を整えた功績で知られるフランス人宣教師アレキサンドル・デ・ロードが 1627 年ベトナムに上陸したバン港がある. [柳澤雅之]

ディンシー市　定西市　Dingxi
中国

人口: 296.1 万 (2002)　面積: 19000 km²
[35°35′N　104°35′E]

中国北西部, ガンスー(甘粛)省中部の地級市. ホワン(黄)河の支流であるソーリー(祖厲)河流域にあり, 東はニンシャ(寧夏)回族自治区に接する. 戦国時代, 秦の昭王が長城を築き, その南に隴西郡を設けた地である. 当時, この地は西の辺境地帯にあたり, 西部を安定させる意味で定西と名づけられた. 1949 年に定西専区が設置され, 70 年に定西地区と改められた. 2003 年に定西地区が廃止され, 定西市となり, 旧地区公署の所在地であった定西県はアンディン(安定)区と改称された. 安定区とトンウェイ(通渭), ロンシー(隴西), チャンシェン(漳県), ウェイユワ

ン(渭源), リンタオ(臨洮), ミンシェン(岷県)の 6 県を管轄する. 市政府所在地は安定区である.

地勢は南西が高く, 北東が低い. 北部は隴西黄土高原にあたり, 標高 1700～2200 m, 植生が少なく, 土壌侵食が深刻である. 南部は西秦嶺山脈で, 2000～3000 m である. タオ(洮)河と祖厲河が貫流し, 水力資源に富む. 農業が中心で, おもな農作物は小麦, トウモロコシ, ジャガイモ, キビ, エンドウ豆, ゴマなどである. 牧畜業も盛んで, 牛と羊を飼育する. 各種薬材を産出する. 電子, 農業機械, 建材, 製薬, 化学繊維, 絨毯などの工業が発達している. ランチョウ(蘭州)とリエンユンガン(連雲港)を結ぶ隴海鉄道および国道 212, 312, 316 号が市内を通る.

[ニザム・ビラルディン]

ディンシャン県　定襄県　Dingxiang
中国

平寇, 陽曲(古称)

人口: 22.1 万 (2013)　面積: 848 km²
[38°28′N　112°56′E]

中国中北部, シャンシー(山西)省北部, シンチョウ(忻州)地級市の県. 春秋時代には趙国の地であり, 前漢代にはヤンチュー(陽曲)県と称し, 定襄県になったのは後漢時代であった. 北斉代に平寇県と改称し, 宋代元祐初, ふたたび定襄県に改め現在にいたる. 北部, 東部と南部は山地, 中部と西部はシンディン(忻定)盆地である. 南東部の柳林尖山(標高 2101 m)が最高峰. 大陸性気候で寒冷乾燥. コーリャンなどの雑穀を栽培している. 忻州市へのローカル鉄道がある.

[張 貴民]

ディンシン県　定興県　Dingxing
中国

人口: 53.8 万 (2010)　面積: 707 km²
標高: 13-24 m　気温: 11.5°C
降水量: 586 mm/年　[39°16′N　115°46′E]

中国北部, ホーペイ(河北)省中西部, パオディン(保定)地級市の県. 県政府は定興鎮に置かれている. タイハン(太行)山脈のふもとの平野にあり, 地勢は北西から南東へやや傾き, 南東部は低地になっている. 拒馬河が流れる. 1 月の平均気温は -5°C, 7 月は 26.2°C. 農作物は小麦, トウモロコシ, 綿花を主としている. 電気機械製造, 化学肥料, セメント, 印刷などの工場がある. 鉄道の京広線, 京港高速, 京昆高速, 国道 107

号が走っている. [柴 彦威]

ディンタオ区　定陶区　Dingtao

中国

人口：69.3万（2015）　面積：846 km²
標高：44-54 m　　　　　[35°03′N　115°33′E]

中国東部，シャントン（山東）省南西部，ホーツォ（菏沢）地級市の区．秦代に定陶県が設置され，2016年に区となった．ホワン（黄）河氾濫原に位置し，地形は西が高く東が低い．粘土，石炭，鉱泉，天然ガスなどの地下資源がある．主要作物は小麦，トウモロコシ，大豆，リンゴ，ナシ，ナツメなどである．京九鉄道が県内を縦貫し，主要道路によって周辺都市と結ばれている．範蠡湖，左山寺（興華禅院），傲山，梁王台，戚姫寺などの観光地がある． [張 貴民]

ディーンダヤルナガル　Deendayal Nagar
☞ ムガールサライ　Mughalsarai

ティンチナーラ　Tintinara

オーストラリア

人口：276（2011）　面積：1.7 km²
　　　　　　　　　　　　[35°53′S　140°03′E]

オーストラリア南部，サウスオーストラリア州最南東部の町．デュークスハイウェイ沿いにある農村部の中心地である．州都アデレードから同ハイウェイ経由で南東191 kmに位置する．この付近には，早くも1840年代に牧羊業者が住みはじめた．集落が成立したのは，ヴィクトリアで採掘された金鉱をアデレードまで運ぶためのルートがつくられた1852年のことである．このルートが，デュークスハイウェイの前身である．集落には現在も1865年に建造されたレンガ造りの農家や羊毛の刈り取り場，納屋などが残されている．この地はヴィクトリア州から続くナインティマイル砂漠とよばれていた地域の西端にあたる．そのため，ティンチナーラの東部にはスコーピオンスプリングス Scorpion Springs 保護公園，ンガラット Ngarkat 保護公園，マウントレスキュー Mount Rescue 保護公園など，開発されていない多くの保護区がみられる．

地名は，先住民アボリジニの言語に由来するという説が有力である．1つは Tintinyara がオリオン座のベルトにあたるところの星をさし，「崇高な天界の平原でカンガルーやエミューを狩猟する若者のグループ」

を意味するという説である．もう1つは，この地にあった牧場の名前をつけるときに，雇われていた Tin Tin という響きのよい先住民の名前のあとに ara を付け足したものという説である． [片平博文]

ディンチョウ市　定州市　Dingzhou

中国

チンチョウ市（別表記）

人口：116.5万（2010）　面積：1274 km²
気温：12.4℃　降水量：523 mm/年
　　　　　　　　　　　　[38°30′N　114°59′E]

中国北部，ホーペイ（河北）省中西部の省直轄県級市．市政府は南城区に置かれている．タイハン（太行）山脈ふもとの平野の中北部にあり，地勢は北西から南東へやや傾く．唐河，沙河，孟良河が流れる．1月の平均気温は－3.8℃，7月は26.4℃．農産物は主として小麦，トウモロコシ，サツマイモ，アワ，綿花，落花生などがある．また，定県豚が特産品である．化学肥料，漢方薬，製紙，ガラス，建材などの工場がある．京広鉄道，京港高速，国道107号が走っている．古代の中山文化の発祥地で，貢院，文廟，中山漢墓がある． [柴 彦威]

ディンディグル　Dindigul

インド

人口：20.7万（2011）　標高：260 m
　　　　　　　　　　　　[10°23′N　78°00′E]

インド南部，タミルナドゥ州，ディンディグル県の町で県都．デカン高原最南端部にあり，マドゥライの北約50 kmに位置する．ディンディグル県は北方でエロードやコインバトールと境界を接する．町の歴史は古く，古代のパーンディヤ朝以降の南インドの王朝やイギリス植民地期を経験している．町の名前は町の近くにある岩山の丘陵の形に由来するといわれる．鉄道の分岐点であるとともに，鍵製造で長い歴史をもつ有名な町で，165の工場がある．また，町は植民期から交易の中心地で皮革，穀物，コーヒー，スパイス，タマネギ，ラッカセイなどが取引きされている．綿紡績や宝石などの手工芸品を含む工業がある．ディンディグルから10 kmほど離れたチンナラパッティ Chinnalapatti では，手織物工業が盛んで，芸術的な絹のサリーが有名である．農業では，園芸作物の栽培が盛んで，花卉やコーヒー豆，タバコのほかに，ユーカリの植林も行われている．タバコの生産は有名で，国内に2つある政府のタバコ研究所のうち1つがここに設けられてい

る．近代期には州内最大の噛みたばこの生産地であった． [土居晴洋]

ディンデーン　Din Daeng

タイ

人口：15.8万（2010）　面積：8.4 km²
　　　　　　　　　　　　[13°46′N　100°33′E]

タイ中部，首都バンコクの特別区（ケート）．都心に近接した住宅地域であるが，タイ商業会議所大学（UTCC）をはじめとする高等教育機関や，労働・社会福祉省，タイ日青少年センターなどの官公庁・公共施設もある．また，ラッチャダーピセーク通りとウィパーワディーランシット通りという2本の幹線道路にはさまれて交通の便がよく，百貨店，ハイパーマーケット，スーパーマーケットなどの近代的商業施設が集まっている． [遠藤 元]

ディンナン県　定南県　Dingnan

中国

人口：約20万（2010）　面積：1319 km²
　　　　　　　　　　　　[24°46′N　115°01′E]

中国南東部，チャンシー（江西）省南端，ガンチョウ（贛州）地級市の県．トン（東）江の支流である定南水の上流域に位置し，コワントン（広東）省に隣接する．大広高速道路が西部を南北に，また東西を別の高速道路が通る．県政府は歴市鎮に置かれる．低山と丘陵が広がり，南部の河谷沿いに平原が延びる．明代に竜南，信豊，安遠3県の一部を割いて定南県が置かれた．清代に定南庁に改称されたが，1913年に県に復した．農業は米，芋類，豆類，柑橘類などが主で，シイタケ，キクラゲ，タケノコ，松脂，紙などの特産品がある．名勝古跡に布湖，蓮塘古城，仙嶺仏背などがある． [林 和生]

ディンハイ区　定海区　Dinghai

中国

人口：38.8万（2015）　面積：569 km²
　　　　　　　　　　　　[30°04′N　122°07′E]

中国南東部，チョーチャン（浙江）省北東部，チョウシャン（舟山）地級市の区．チャン（長）江の河口の南方，ハンチョウ（杭州）湾の外縁にあたり，東シナ海に位置する港町である．舟山群島の中西部を占め，127の島嶼，120の暗礁がある．陸地面積は569 km²であるが，海域を合わせると総面積は1444 km²となり，海岸線は400 km以上に及ぶ．第四紀の早期に海面が上昇したのにつれて大

陸と離れ，盆地や河谷は海域や航路となり，山や峰は島になった．中国の海岸線の中央部に位置していて，南北方向の国内海運や極東の国際航路の要衝である．また，甬船高速道路（ニンポー（寧波）〜舟山）によって大陸と結ばれている． ［谷　人旭・小野寺　淳］

ディンビエン県　定辺県
Dingbian
中国

人口：31.9万（2010）　面積：6821 km²
標高：1303-1907 m　気温：7.9°C
降水量：316 mm/年　　　［37°35′N　107°36′E］

中国中部，シャンシー（陝西）省北部，ユィーリン（楡林）地級市の県．県政府所在地は定辺鎮．漢族のほかに，回族とモンゴル族，満族，ツァン（チベット）族が居住している．ホワントゥー（黄土）高原から内モンゴル自治区のオルドス（鄂爾多斯）高原へ移行する地帯である．東西に走る白於山が，県を南部の白於山丘陵地帯と北部のムウス（毛烏素）砂漠地帯に分ける．温帯半乾燥大陸性季節風気候に属し，無霜期間は141日である． ［杜　国慶］

ティンプー　Thimphu
ブータン

タシチョゾン　Tashi Chho Dzong（旧称）／ティンプー　Thimbu（別称）

人口：9.9万（2005）　面積：2067 km²
標高：2300 m　　　　　［27°28′N　89°38′E］

ブータンの首都（人口7.9万，2005：面積約26 km²）．首都を含む県も同名である．2005年のセンサスにもとづくと，ブータンの総人口の約12%が首都に居住しており，世帯数は約1600を数える．ワン Wang 川流域に発達したブータン中西部の山間盆地に位置し，本流の右岸（西側）沿いに南北に発達した市街地は，標高が高く，モンスーン季（雨季）と重なることもあって，夏でも気温はさほど上がらない．かつてブータンの政治と宗教の中心拠点は，冬季は標高約1200 mのプナカ，夏季は標高約2300 mのティンプーと，半年ごとに「引越し」をしていた．このため，かつての地図帳ではプナカが首都と記されているものがあった．1955年，ティンプーが恒久的な首都となり政府の主要機関は移動しなくなったが，ジェー・ケンポ大僧正をはじめとする中央僧院の僧侶たちは，いまでも夏と冬で居住地をかえる伝統を守っている．

首都としてのティンプーは，村々が散在するチャン Chang とカワン Kawang というゲオ（郡）を中心に発達し，市域を拡大してき

た．中心市街地の北部には，タシチョ・ゾン（県庁とチベット仏教の寺院を兼ねた城）があり，そこに政府の主要機関とチベット仏教の中央僧院が入っている．現存するゾンは，アッサムを中心として1897年に発生した大地震で損壊したかつてのゾンを1902年に再建したものである．9〜10月にタシチョ・ゾンで行われるツェチュ祭は重要な祭りで，4日間にわたりチャムとよばれる仮面舞踏が催される．市内には，ブータン最古のゾンであるシムトカ・ゾンをはじめ，1972年に亡くなった第3代国王のジグミ・ドルジ・ワンチュクを記念して建立された仏塔メモリアルチョルテンや，近年建設された世界最大を標榜する大仏 Buddha Dordenma など，ブータンの歴史やチベット仏教と関係する各種の歴史的建造物が散在している．

ブータンの GNP の45%は首都が生み出しているといわれており，政治・経済・文化などすべての面で，まさに国の中心として機能している．他の多くのアジアの国々とは異なり，ブータン各地の人口は，微増〜不変〜微減のところが多いと想像されるが，国内第2の都市プンツォリンとティンプーの町に限っては，人口増加に伴い都市問題が顕在化してきている．国際空港のあるパロまでは，車で片道約1時間ほどの距離がある．市内の道路には（電気的な）信号が1台も設置されておらず，代わりに，交通整理を行う警察官の立つ交差点が少数みられる程度であるが，国内の他地域とは異なり，自家用車の保有台数が急激に増えている． ［高田将志］

ディンブラ　Dimbulah
オーストラリア

人口：0.1万（2011）　　　［17°10′S　145°05′E］

オーストラリア北東部，クイーンズランド州北東部，マレーバ郡区の町．ケアンズの西約110 km，アサートン高原に位置する．金鉱山の町として成立した．町の周囲ではタバコ栽培が盛んであったが，政策の転換により現在では茶，マンゴーなど多くの農産物を産するようになった．農業地域のサービス拠点の1つである． ［秋本弘章］

ディンブーラ　Dimboola
オーストラリア

人口：0.2万（2011）　面積：442 km²
　　　　　　　　　　　　［36°26′S　142°06′E］

オーストラリア南東部，ヴィクトリア州西部の都市．交通の要衝であるホーシャムの北

西約30 km，美しい並木の続くウィメラ Wimmera 川沿いに位置する．周辺は自然豊かな環境に恵まれ，ウォーキング，ピクニック，キャンプなどを楽しむ人で賑わう．
 ［堤　　純］

ティンリ県　定日県　Tingri
中国

人口：5万（2012）　面積：14000 km²
　　　　　　　　　　　　［28°39′N　87°08′E］

中国西部，シーツァン（チベット，西蔵）自治区，シガツェ（日喀則）地級市の県．ヒマラヤ山脈北麓に位置する．チベット語で定は声の小さいことをさし，日は山を意味する．昔，ラマ僧が投げた石が，「ディン（定）」という音を立てて地面に落ち，そこに寺を創建して，定日寺と名づけたという伝承がある．以前は定日汗や第哩浪吉などと呼称された．1960年に定日渓と協嘎爾宗が合併して定日県となり，70年に日喀則地区に属している．南部の県境には，世界最高峰のエヴェレスト山（チョモランマ，標高8848 m）を望む．一方，北部のヤルンツァンポ（雅魯蔵布）江の標高は4000 m以下であり，地勢の高低差は4800 mで世界一を誇る． ［石田　曜］

テヴィオット　Teviot
ニュージーランド

人口：0.1万（2013）　標高：86 m
　　　　　　　　　　　　［45°37′S　169°23′E］

ニュージーランド南島，オタゴ地方の町．セントラルオタゴ地区，クルーサ川東岸の小盆地にある．農業および果樹の栽培地域である．1853年にクルーサ川の支流テヴィオット川で金が発見され，町が誕生した．金が発見された川と町の名は，金の採鉱者であったジョージ・ゴードンやアンドリュー・ヤングらによってスコットランドのテヴィオット川にもとづいて命名された．大きな石造りの遺跡は1860年代につくられたテヴィオット牧羊所の名残である． ［太田陽子］

テヴィオット Teviot ☞ ロクスバラ Roxburgh

デヴィコート　Devikot
インド

人口：0.2万（2011）　　　［26°38′N　71°09′E］

インド西部，ラージャスターン州西部ジャイサルメール県の村．パキスタンとの国境から北東約100 kmに位置し，タール砂漠の中

ティンプー(ブータン),国内の政治・宗教の中心,タシチョ・ゾン〔LifeInCaption/Shutterstock.com〕

にある.ラクダを利用した砂漠のツアーの出発・中継点である.砂漠気候で,年間平均気温は26.3°C,年間降水量は171 mmである.

[土居晴洋]

デーヴィス海　Davis Sea

南極

面積:21000 km²　深さ:1300 m
[66°00′S　92°00′E]

南極,東南極の海.南極海の海域の1つで,シャクルトン棚氷の西,ウェスト棚氷の東に位置する.沖合はインド洋に続いており,東経90度線が通過する.オーストラリアのダグラス・モーソン率いる探検隊(1911～14)が,この海域を探検したときの副長であったジョン・キング・デーヴィス(1884-1967)にちなんで命名された.

[前杢英明]

デーヴィス基地　Davis Station

南極

[68°35′S　77°58′E]

南極,東南極の観測基地.プリンセスエリザベスランドのイングリッドクリステンセン海岸,氷に覆われない地域(南極オアシス)の1つであるヴェストフォール丘陵のコーポレーション海沿岸に位置する.基地名は,オーストラリアのダグラス・モーソンが率いた南極探検隊(1911～14)の副長を努めたジョン・キング・デーヴィス(1884-1967)にちなむ.1957年の開設以来,オーストラリア南極局が恒常的に維持し,南極で最も忙しい科学調査基地として知られている. [前杢英明]

デーヴィッド氷河　David Glacier

南極

[75°19′S　162°00′E]

南極,東南極の氷河.東南極高原の20万km²を超える面積の氷床を排出する,ヴィクトリアランドの大規模な氷河である.高原からの氷床の排出速度は年間7.8 ± 0.7 km³と推定されている.主要な排出範囲は,高原内部のドームCから続く大小の支流群からなる氷河のネットワークによってカバーされており,デーヴィッドコウルドロン David Cauldron として知られる雄大な氷瀑もその中に含まれている. [前杢英明]

デヴォン島　Devon Island

カナダ

北デヴォン島　North Devon Island (別称)

人口:0 (2011)　面積:55247 km²　長さ:512 km
幅:128-160 km　[75°00′N　87°00′W]

カナダ,ヌナヴト準州東部,クィキクタアルク地域,クイーンエリザベス諸島の島.諸島の南東端部にあり,北のエルズミア島と南のバフィン島との間に位置する.島の長さは512 km,幅128～160 kmで,クイーンエリザベス諸島中で2番目に大きい島である.島全体はL字型に近い.東西に長く,北西部が大きく突出し,グリンネル Grinnell 半島となる.南岸はランカスター海峡に,東岸はバフィン湾に面する.

島全体に台地が卓越し,東部は氷に覆われ,海抜も高く最高点は約1900 mに達する.南東端にシェラード Sherard 岬があり,ランカスター海峡東口の北岬をなす.北西部のグリンネル半島は,以前は1つの島と考え

られていた．南西沿岸には小さなビーチェイ Beechey 島があり，北北西航路のランドマークになっていた．降水量が少なく，ツンドラに覆われ，動物の生息も少ない．

1845〜46 年にはジョン・フランクリン隊が越冬したが，隊員の数人はこの地に眠る．現在は定住者がいないが，1920 年代にはカナダ王室騎馬警察隊の基地が置かれていた．島の南西部には 3900 万年前に隕石の衝突でできた直径約 24 km のホートンクレーターがある．当地の気候と相まって，このクレーターを火星に最も近い環境として，NASA が諸分野の研究を続けている．　　［竹村一男］

テウォンティン　Tewantin

オーストラリア

人口：1.1 万（2011）　面積：26 km²
[26°23′S　153°02′E]

オーストラリア北東部，クイーンズランド州南東部，ヌーサ郡区の町で行政中心地．サンシャインコースト北部，州都ブリズベンの北約 120 km に位置する．観光業が盛んで，国内屈指のリゾート地域として知られる．ヌーサ郡区は 2001 年に大分県日出町と姉妹都市協定を結んだ．　　［秋本弘章］

デヴォンポート　Devonport

オーストラリア

人口：1.4 万（2011）　面積：10 km²
[41°11′S　146°21′E]

オーストラリア南東部，タスマニア州北部の都市．バスハイウェイ沿い，ロンセストンの西約 100 km に位置する．バス海峡に面した港町で，マージー川の河口に立地する．1800 年代前半にはデヴォンポート周辺地域への入植が検討されていたが，マージー川の河口の砂州や流木の影響で船が寄港できず，入植が進まなかった．しかしながら小型船舶であれば砂州などの影響を受けずにマージー川を運航可能であったため，1830 年代には上流に位置するラトローブへの入植が最初に開始された．1851 年にはマージー川流域で石炭の採鉱が開始されると，この地域の人口は飛躍的に増加，石炭の輸送を中心に本土ヴィクトリアとの海運も活発になった．この航路が流刑囚にとって格好の逃げ道となっていたとの逸話も残っている．マージー川流域の炭鉱は，大規模な炭田として開発されるまでにはいたらなかったものの，輸送のための港湾が整備されたり，その後の町の経済発展の礎となった．

1850 年代半ばにはマージー川の西岸にフォームビー，そして東岸にトーキーという 2 つの町が建設された．その頃にはマージー川上流における林業がおもな産業となり，トーキーには製材所，埠頭，そして造船所が建設され，地域の経済発展の確固たる基盤が完成することとなる．1880 年代に入ると，トーキー〜メルボルン間を定期的に往復する蒸気船の運航が開始された．トーキーには警察署があり，ホテルや店舗などが立ち並び，フォームビーよりも先進的な町であった．しかしながら東部デロレイン方面から延長された鉄道がフォームビーを通ることになったことで，倉庫や埠頭の建設が進み，トーキーを凌駕するまでの規模に発展した．そして 1890 年，地域住民による投票の結果，トーキーとフォームビーが合併し，デヴォンポートの町が誕生した．1901 年にはマージー川によって隔てられた旧トーキー地域と旧フォームビー地域を結ぶヴィクトリア橋が完成し，地理的な面でも 1 つの町として機能することとなった．1908 年にはマージー川流域とフォース川流域がデヴォンポートの行政区域として指定され，自治機能を開始した．この頃，町のやや内陸において石灰石鉱床が発見され，セメントの原料として切り出された石灰石を町の港へ運ぶために，すでに廃線となっていたドン鉄道が再建された．石灰石の採掘とセメントの製造は町の経済発展に大きく貢献，1926 年には 20 km ほど離れたレイルトンにおいてタスマニア北西部最大の工業施設であるセメント工場が建設された．その後 1950 年代から 70 年代にかけて，サービス業などを含むさまざまな産業が流入し，人口も増加していった．

1950 年初頭にはデヴォンポートとメルボルンを空路で結ぶ定期便が就航し，59 年にはフェリーターミナルが建設され，メルボルンへの往復フェリー，プリンセス・オブ・タスマニアが就航した．人口が増加を続けていたこの当時，国内で最も成長の速い自治体の 1 つであった．そして 1981 年 4 月，正式に市として認定された．認定式典ではウェールズ公チャールズが職務にあたった．現在のデヴォンポートは，港湾物流をはじめとして工業，農業などの産業を中心とした州内第 3 位の都市である．州で最も人気の観光地の 1 つであるクレイドルマウンテンレークセントクレア国立公園に比較的近く，またオーストラリア本土側のメルボルンとを約 10 時間半で結ぶ大型フェリー，スピリット・オブ・タスマニアのタスマニア側のターミナル港でもあることから，毎年多くの観光客が訪れる．

1996 年より熊本県水俣市と姉妹都市関係にある．　　［安井康二］

デヴォンポート　Devonport

ニュージーランド

[36°49′S　174°48′E]

ニュージーランド北島，オークランド地方の町．オークランド地区，オークランドの中心地から北東にワイテマタ湾を隔てたノースショアの南端にある．町の東にあるノース岬は標高 65 m の火山錐で，ワイテマタ港の東端となる．デヴォンポートは 4 万年前，3 つの火山，ノースヘッド，ヴィクトリア山（標高 81 m），カンブリア山（現在は採石され，カンブリア保護区となっている）からできた島で構成されていたとされる．マオリの定住は 14 世紀半ばにさかのぼる，白人の最初の定住は 1836 年となっている．

町から北部のノースショアにあるベルモントにいたるには，町北部のナローネック Narrow Neck の東にあるごく細長い浜辺を通るしかなく，隔絶された島のような存在であった．しかし，19 世紀後期，ナローネック付近に広がっていたマングローブの林が競馬場（現在はゴルフ場）建設のために埋め立てられ，現在の土地となった．1840 年代には，オークランド中心部からのフェリーの運航が開始され，現在，オークランド地方交通局の補助を受け，町と約 12 分で結ばれている．1959 年にはノースショアの西にオークランドハーバー橋が建設され，このとき，車両のフェリー運送は廃止された．町はヴィクトリア朝様式の邸宅やさまざまな商店，飲食店が立ち並び，美しい浜辺とともに観光の名所となっている．　　［植村善博・太谷亜由美］

テウレウェラ　Te Urewera

ニュージーランド

人口：0.2 万（2013）　[38°57′S　177°11′E]

ニュージーランド北島，ベイオブプレンティ地方の丘陵地帯．ファカタネ地区，タウポ湖の北東にある．南北に延びるカヒカテア Kahikatea 山地とイカフェヌア Ikawhenua 山地にはさまれ，起伏の激しい急峻な山地で占められている．この地域の大部分はテウレウェラ国立公園で占められ，美しい湖と森林でその名が知られている．国立公園を除く森林地帯でのおもな産業は林業となっている．
　　［植村善博・太谷亜由美］

テウレウェラ国立公園
Te Urewera National Park

ニュージーランド

面積：2127 km²　　[38°45′S　177°09′E]

ニュージーランド北島，ベイオブプレンティ地方，ホークスベイ地方とギズボーン地方にまたがる国立公園．ファカタネの南，ロトルアの南東に位置し，1954年に設立され，広大な敷地を有する．土地は約150〜100万年前の粘土とシルト石，砂岩で形成されている．この国立公園は森林が濃く，立ち入りがむずかしいため野鳥の保護が適切に行われ，北島固有の絶滅危惧種を含むキーウィ，コカコ，カカ，ハヤブサ，アオヤマガモなどの野鳥が生息する．とくに北部はコカコの最大の生息地となっている．また固有の植物も650種を超え，北部はアカマツやターワの木が多く，南部ではブナの森が形成されている．しかしながら植生は火山活動，山火事，嵐による被害や，ポッサムとシカの導入により変遷を続けている．旧国道38号がこの公園内を通っている．公園の南部にある広大なワイカレモアナ湖と小さなワイカレイティ湖は，トレッキングコースとして人気がある．

［植村善博・太谷亜由美］

テウン島　Teun, Pulau

インドネシア

幅：15 km　　[6°59′S　129°08′E]

インドネシア東部，マルク（モルッカ）諸島南部，マルク州マルクトゥンガ県の島．バンダの海の南東部，ダマル島の東北東約50 kmに位置する．火山活動によってできた島である．火山は標高655 mの成層火山で，その名はテウン山，テオン Teon 山のほか，活動中の噴火口から名前をとってセラウェルナ Serawerna 山ともよばれる．テウン山は1660年に大規模な噴火を起こしており，最も新しい噴火は1904年6月3日に記録されている．

［森田良成］

デウンダラ岬　Devundara Head

スリランカ

ドンドラ岬　Dondra Head（英語）

[5°55′N　80°35′E]

スリランカ最南端の岬．イギリス風にドンドラとも呼称される．南部州マータラ県の県都マータラ市街地から国道A2号で東約5 kmに位置する．地名は，シンハラ語のデヴィ・ヌワラ（神の町）に由来する．シンハラ人の土着信仰におけるヴィシュヌ（ウプルヴァンともいう）神を祀る古くからの聖地であるが，その後，シヴァ神を含むヒンドゥー教の聖地ともなった．国道沿いに建つデヴィヌワラマハデワラヤ（神祠）は，7世紀にダップラ1世王が建立したとされる．その後16世紀ポルトガル植民地時代に破壊されたが，18世紀のキャンディ王キルティスリ・ラジャシンハ王によってふたたび整備された．現在も巡礼の対象として多くの信者を集める．ヴィシュヌ神の色である青色に塗られた神殿と白い仏塔がある．毎年7月もしくは8月にペラヘラ祭りが催され，全国から信者が集まり，賑わう．国道から集落を通って約1.2 km南にある岬の先端には1889年にイギリスが建設したドンドラ岬灯台（高さ54 m）がある．集落の西側の小さな内湾になった入江は漁港になっている．なお，明時代の中国の武将鄭和は1410年にこの地を訪問し，漢文，タミル語，ペルシア語の3カ国語で書かれた石碑を建てたとされ，その現物はコロンボの国立博物館にある．

［山野正彦］

デオガル　Deoghar

インド

Deogarh（別表記）

人口：20.3万（2011）　面積：337 km²

降水量：1250 mm/年　　[24°31′N　86°42′E]

インド東部，ジャルカンド州デオガル県の都市で県都．かつてはビハール州に属していた．州北東部のこの県は面積2479 km²に及ぶ．東と南でアジェイ川とフーグリー川支流によって開析された150〜300 mの起伏に富んだ高地，チョタナグプル高原の一部分を占めるこの県の土壌は赤土である．年平均降水量1250 mmで，熱帯の乾燥落葉樹林を支えている．市の周囲の耕作は，ほとんど雨を利用するもので，米，トウモロコシ，小麦，大麦，キビ，豆類，ナタネ，カラシが栽培されている．近くに石炭採掘地がある．また，薬品と絹布がつくられており，北西6.4 kmのバイヤナダスダムの駅から鉄道によって運ばれる．1201年からイスラーム教の要都であり，また仏教関連の遺跡もあるが，多数のヒンドゥー教シヴァ神寺院の存在はより有名である．巡礼者はとくにバイドゥヤナース寺院を訪問する．その健康的な気候のために東のウェストベンガル州の州都コルカタ（カルカッタ）から多くの訪問者が訪れる．Deogarhとも綴られる．

［前田俊二］

デオティバ山　Deo Tibba Mountain

インド

標高：6001 m　　[32°12′N　77°23′E]

インド北部，ヒマーチャルプラデシュ州クル地方のヒマラヤ山脈にそびえる山．この山の南120 kmに州都シムラがあり，ここから雪をいただくデオティバ山を遠望することができる．1952年にイギリス隊（グラーフ隊長）が初登頂しているが，60年，日本人女性が初めてヒマラヤのこの1つの頂きに足を印したことで有名である．地名は神の峰を意味する．

［前田俊二］

デーオバンド　Deoband

インド

人口：9.7万（2011）　　[29°41′N　77°40′E]

インド北部，ウッタルプラデシュ州サハーランプル県の都市で郡都．県都サハーランプルの南南東34 kmの鉄道沿いにあり，小麦，米，西洋ナタネ，カラシなどの取引中心地である．また，綿織物工業が盛んである．デーオバンドとは，市内にある1866年創立の著名なイスラーム系の学院（マドラサ）ダールル・ウールムの略称で，アフガニスタン，ミャンマーなどの南アジアおよび周辺諸国にネットワークをもっている．イスラーム教徒の比率はインド全人口の約1割を占めているが，州別では，ウッタルプラデシュ州はカシミール，アッサム，ウェストベンガル州に続いて高く，約16％となっている．デリー藩王国時代以来，ムガル朝も含めて今日も，南アジアの大部分がスンニ派のハナフィー派に属するが，この派の内部にはさらに学院別の派閥があり，互いに勢力を争っている．現在最も有力な勢力はデーオバンド系で，バレーリ系がこれに次ぎ，さらにハディース系があり，おもにこの3派に分立している．インド独立以前から存在したこの構造は，パキスタンにおいてもほぼ同様の勢力分布がみられる．毎年宗教的な祭りが近くで開かれている．

［前田俊二］

デオリア　Deoria

インド

人口：13.0万（2011）　面積：610 km²

[26°29′N　83°47′E]

インド北部，ウッタルプラデシュ州東端，デオリア県の都市で県都．地名は聖人デオラハ・ババの名前にちなんだもので，州都ラクナウの東310 km，ゴラクプルの南東50 kmに位置する．デオリア県は古代の『ラーマー

ヤナ』の時代から存在していたが，行政上はゴラクプル県から1946年に分離した領域がデオリア県で，デオリアはその中心都市である．独立戦争時は，現在はウッタラカンド州内のルドラプルにあるデーラウリ Dehrauli 村のパンディット・ビブティ・マニ・トリパティの支配下で戦った．彼は，スバース・チャンドラ・ボースをこの地に招待して若者を鼓舞した．　　　　　　　　　　　［由井義通］

テカウファタ　Te Kauwhata
ニュージーランド
人口：0.1万（2013）　　　［37°25′S　175°08′E］

　ニュージーランド北島，ワイカト地方の町．ハミルトンの北40 kmに位置する．国道1号がすぐ西を通る．北島で3番目に大きいワイカレ湖の北西に面する．また町の西にはワイカト川とその支流が流れ，北部には南半球では最大のファンガマリノ湿地帯が広がる．町では酪農，肥育，また羊やシカ，馬，ダチョウ，エミューなどさまざまな牧場や，ウナギ養殖などが行われ，大規模な園芸も行われている．ブドウ栽培とワイン生産が盛んで，とくにカベルネソーヴィニヨン，シャルドネ，ソーヴィニヨン・ブランからつくられたワインが著名である．
　　　　　　　　　　　［植村善博・太谷亜由美］

テカオ　Te Kao
ニュージーランド
［34°39′S　172°59′E］

　ニュージーランド北島，ノースランド地方の村．ファーノース地区にあり，ニュージーランド北西端にあるレインガ岬の南東46 kmに位置する．町の西には南北にテカオ川が流れ，国道1号が町を南北に走る．アウポリ森林，ナインティマイル海岸が西に位置する．　　　　　　　　　　　　　［植村善博・太谷亜由美］

テカポ川　Tekapo River
ニュージーランド
長さ：25 km　　　　　　［44°00′S　170°29′E］

　ニュージーランド南島，カンタベリー地方南部の川．マッケンジー地区に属し，テカポ湖の南端から，マッケンジー平原を南西へ横切りながら流れている．この川は途中からプカキ川，オーハウ川と合流し，ワイタキ川の源流であるベンモア Benmore 川の北端へと注ぐ．しかしながら，テカポ川は一年を通じてほとんど水が流れない乾燥した状態にある．その理由は，テカポ湖の主要な入江のうちの1つが，プカキ湖とつながった25 km長の運河となっており，その運河からテカポ湖の水を引いて，水力発電に用いているからである．　　　　　　　　　　　［泉　貴久］

テカポ湖　Tekapo, Lake
ニュージーランド
面積：83 km²　標高：707 m　長さ：25 km
幅：5 km　　　　　　　　［43°53′S　170°32′E］

　ニュージーランド南島，カンタベリー地方南部の湖．マッケンジー地区に属し，サザンアルプスの東側，トゥーサム山地の西側に位置する．湖の北端ではゴッドリー川からの水が注がれ，西岸中央部ではキャス川からの水が注がれている．湖の南端からは長さ25 kmのテカポ運河がマッケンジー盆地を通り，プカキ湖東岸の水力発電所まで流れている．テカポ湖の中央部には，モトゥアリキ Motuariki 島という鬱蒼とした森に覆われた島が浮かんでいる．
　テカポ湖も南島南部のサザンアルプス地域の湖に共通してみられる，氷河によって侵食されて形成された氷床部分に水がたまったものであり，湖の南端部はモレーンとよばれる氷河によって削られた土砂による堆積が，ダムとしての役割を果たしている．テカポ湖の水は氷食作用によって生じた岩くずによってミルク状の青緑色となっており，湖はおろか流域河川の汚濁の原因となっている．湖の水温は平均約8℃，スイマーにとっては大変過酷な温度である．湖南端のレークテカポという集落には，レクリエーション滞在者のための宿泊施設が立地しており，この地は夏は登山，マス釣り，散策を，冬にはアイススケート，スキーを楽しむ観光客で賑わう．湖の西岸に沿った丘陵部分には，アレグザンドリナ湖とそれよりさらに狭小なマックグレゴー湖の2つの衛星湖が存在しているが，これらの湖はテカポ湖よりは水温が高いため，キャンプ，釣りのみならず，水浴にも利用されている．　　　　　　　　　　　［泉　貴久］

テカラカ　Te Karaka
ニュージーランド
人口：483（2013）　　　［38°28′S　177°52′E］

　ニュージーランド北島，ギズボーン地方内陸部の町．ワイパオア川が西から北上し，東へ，そして南下して囲むように蛇行しているため谷地となっている．また町のすぐ西は，ワイホラ川と合流する地点である．国道2号が町の西から南へギズボーンに向かって通っている．ギズボーンとプレンティ湾に面するオポティキの間では最も人口の多い町である．　　　　　　　　　　　［植村善博・太谷亜由美］

テガルリョン　大関嶺　Daegwallyeong
韓国
標高：832 m　　　　　　［37°42′N　128°46′E］

　韓国北東部の峠．カンウォン（江原）道東部，テベク（太白）山脈を越える峠で，カンヌン（江陵）市とピョンチャン（平昌）郡の境界をなす．オデ（五台）山（標高1539 m）と玉女峰

テカポ湖（ニュージーランド），湖畔に建つ善き羊飼いの教会〔Shutterstock〕

(1146 m)の間を，ソウルと東海岸の江陵市，トンヘ(東海)市を結ぶヨンドン(嶺東)高速道路が通り，峠の部分は多くのトンネルで通過している．付近は発旺山，玉女峰，黄柄山，仙子嶺などに囲まれた盆地状の地形で，高位平坦面に相当する．東斜面は江陵に向かって南大川が流れ，西斜面はナマン(南漢)江の支流である松川が流れる．局地的な多雨地域で，冬季には多くの積雪をみる．竜坪など，スキー場がある．西斜面の横渓を中心に，大規模な畑作農場や牧場がみられ，種ジャガイモや高冷地野菜の生産地として著名である．スケソウダラを寒さで乾燥させるトクの施設も有名である． ［山田正浩］

デカン高原　Deccan Plateau

インド

降水量：600～800 mm/年

インド半島に広がる逆三角形の高原．地名は，サンスクリット語のダクシナパータ(南の国の意)で，アーリア人の支配地よりも南に広がる土地に由来する．行政的には南からカルナータカ州，アンドラプラデシュ州，テランガーナ州，マハーラーシュトラ州と，マッディヤプラデシュ州・チャッティスガル州・オディシャ(オリッサ)州の各南半部に属する．地形的には，東西は東ガーツと西ガーツの両山脈，北はナルマダ川とマハナディ川に限られる．デカン高原の範囲は，北西はアラヴァリ山脈，北はヒンドスタン平原，北東はベンガルデルタまでのインド半島全体をさす場合と，北はナルマダ川以南を，北東部はゴダヴァリ川以南をさす場合がある．前者ではインド半島全体をデカン半島とよび，後者ではナルマダ川以北をマルワ高原，ゴダヴァリ川北東の山地を東部高原とよんでいる．デカン高原の東は東ガーツ山脈，西は西ガーツ山脈で限られ，南端はニルギリ丘陵で限られる．高原はゴンドワナ大陸の一部をなし，先カンブリア紀の岩石からなるデカンプレートは北に向かって移動を続け，アジアプレートの下にもぐり込んでヒマラヤ山脈の形成に寄与している．

デカン高原の北部は，白亜紀に堆積したデカン溶岩(デカントラップ)が先カンブリア紀岩を覆って標高500～800 mの溶岩台地を形成する．マハーラーシュトラ州にある有名な遺跡であるアジャンターやエローラの寺院は，この溶岩を穿ってつくられている．何回にもわたって流れ出した溶岩はそれぞれ硬さが異なり，侵食の程度が異なるために階段状

(トラップ)の地形が発達する．プネからムンバイ(ボンベイ)に下る西ガーツ山脈の急坂は階段状の地形が典型的に発達している．北部デカン高原の溶岩台地上では，溶岩が露出した高い部分はラテライトが，浅い谷底平野にはレグール土が分布する．南部デカン高原は，先カンブリア紀岩の片麻岩，花崗岩が分布し，標高500～1000 mの広大な準平原が発達する．準平原は高度の異なるベンガルール(バンガロール)面(標高900 m)，マイソール面(800 m)，マンディヤ面(700 m)，タミルナドゥ面(500 m以下)の4面からなり，ベンガルール面上にはラテライトが残っている．4面の地形境界はそれぞれ崖をなし，滝がかかっている．高原全体としては中央部が高く，海に向かって低下する楯状地をなしている．西海岸は断層によってアラビア海に落ち込んだ急斜面となり，これを西ガーツ(階段)とよぶ．

デカン高原は年平均降水量600～800 mmしかないステップ気候であり，ため池灌漑に依存する干ばつ常習地帯である．デカン高原の西端にある西ガーツ山脈は，南西モンスーンが吹きつけるために年平均降水量が5000 mmを超し，チーク，白檀，紫檀などの熱帯硬木が生える常緑原生林が残っており，野生動物保護区も点在する．デカン高原は東に傾いているので，西ガーツ山脈に発するクリシュナ川，ゴダヴァリ川，カーヴェリ川，ペンナ川などの河川はいずれも流量が多く，東に流れる．これらの河川の上流域に数多くの多目的ダムが建設され，河川流域は灌漑事業が進展している．このため，灌漑地域には米，サトウキビなどの商品作物が導入され，一方，灌漑水の得られない地域は，依然としてアワ，キビ，トウモロコシなどを栽培する伝統的農業に依存するために，所得の地域格差が拡大している．高原上の都市は古都ハイデラバードが最大で，工業化の著しいベンガルールがそれに次ぐ．このほか古都マイソールや，プネ，ナーグプルなどの都市がある．鉱産資源が豊富で，石炭，金，マンガンなどを産出する．建築石材なども多く産し，日本にも輸出される． ［成瀬敏郎］

テキサス　Texas

オーストラリア

人口：0.1万 (2011)　　　[28°51′S 151°10′E]

オーストラリア北東部，クイーンズランド州東南部，カンディウィンディ地域の町．州都ブリズベンの南西約320 km，ニューサウスウェールズ州との州境に位置する．おもな

産業は牧畜および農業である．地名は，1850年代に発生した土地に関する争いが，アメリカ，テキサスの事例に類似していることから名づけられた． ［秋本弘章］

テグ　大邱　Daegu

韓国

人口：246.6万 (2015)　面積：884 km²
[35°52′N 128°36′E]

韓国南東部の広域市．ナクトン(洛東)江の支流，琴湖江左岸に位置している．キョンサンブク(慶尚北)道の中心地であるが，行政上は大邱広域市として独立している．ソウル，プサン(釜山)，インチョン(仁川)に次ぐ人口をもつ．長らく人口第3位の都市であったが，2005年の人口は仁川がわずかに上回った．慶尚北道を管轄範囲とする政府機関が集積し，大企業，金融機関の地方拠点としての性格が強い．

朝鮮時代には大邱(丘)都護府，15世紀中頃以降，キョンジュ(慶州)にかわる慶尚道地方の1中心地として発達した．植民地時代は大邱府，1949年に大邱市と改称した．1981年に直轄市に昇格，95年に広域市と名称変更した．慶尚北道庁は2016年にアンドン(安東)市域の西端に移転した．

もともとの大邱の中心部は邑城城内とその周辺部，大邱駅の南，西門路から東仁洞にかけてであり，ここに官庁街，業務地区が形成されていた．市街地の拡大とともに官公庁や報道機関，金融機関の一部は北の山格洞や東の泛魚洞，孝睦洞などへ移動し，交通の中心は東の東大邱が新しい中心地として発達し，ここが鉄道，高速バス，地下鉄などの市内交通など，すべての交通機関の拠点になっている．商業地区は古くから西門市場が有名であるが，ここを中心にして大新洞，東山洞付近に卸売り，小売などの商業機能が集積し，また大邱駅から南に走る中央路一帯が都心部の商業地区，繁華街を構成している．

大邱の工業生産は植民地時代から繊維工業を中心に発達し，そのほかに機械金属加工や各種雑貨製造業などの比率が高い．市街地北部から西部にかけて工業地域が形成されている．北区の七星洞，砧山洞，魯院洞付近から西区の飛山洞，内唐洞付近にかけての地域が一連の工業地域である．また，やや離れて北方の琴湖江左岸には検丹工業団地がある．これらの多くが1960～70年代に造成された工業団地である．主要な住宅地区は市街地の東方と南方に形成されている．南区の鳳山洞，大鳳洞，南山洞一帯や，新川を越えた寿城区の寿城洞，東区の新川洞などの地域である．

市内のレジャーセンターとしては朝鮮時代の達城山城の地であった西部の達城公園や南部の寿城遊園地などが代表的なものである. 市街地の北方約20km, クニ(軍威)郡との境界に位置するパルゴン(八公)山は道立公園に指定されている. 南麓には東華寺, 把渓寺などの古刹があり, 登山客, 観光客が利用している. 地下鉄は市街地の北東部と南西部を結ぶ1号線と東西に貫通する2号線があり, 2号線は市域の南東に接するキョンサン(慶山)市域まで延伸された.　　[山田正浩]

テクイティ　Te Kuiti

ニュージーランド

テクイティタンガ　Te Kuititanga (マオリ語・旧称)

人口：0.4万 (2013)　降水量：1450 mm/年
[38°20′S　175°09′E]

ニュージーランド北島, ワイカト地方の町. ワイトモ地区, ハミルトンの南80kmに位置し, 国道3号と国道30号が交差する. 町周辺はキングカントリーとしてよく知られ, ラグビーのハートランド杯に参加するラグビーチームにその名がつけられている. 地名は, もともとマオリ語でテクイティタンガといい, 谷や押し入ること, 狭窄を意味する. その名のとおり, ワイパ川の支流, マンガオケア川のつくる谷に位置し, 町の周辺は標高200m程度の山に囲まれている. またこの町の地質は石灰岩層でできており, 北西には観光地として有名なワイトモ洞窟がある. 郊外は農地や石灰石採掘場が多い. 従来から酪農, 肥育が盛んで, とくに羊の放牧は非常に重要な産業である. 毎年, 羊の毛刈り大会が開催され, 世界的にも有名である. 町の気候は冬は湿度が高く, 夏は乾燥する.

[植村善博・太谷亜由美]

デグレー川　De Grey River

オーストラリア

長さ：190 km　　[19°59′S　119°10′E]

オーストラリア西部, ウェスタンオーストラリア州北西部を流れる川. マーブルバーの南東約240km, ロバートソン山地に端を発するオークオヴァー川が北流し, 北西に向きを転じてヌラジン川と合流し, デグレー川となる. その後, ショー川やコーガン川などが合流し, ポートヘドランドの北東約70km, ブレーカー入江でインド洋に注ぐ. オークオヴァー川とヌラジン川の合流点から河口まで, すなわちデグレー川としての全長は約190kmである. フランシス・グレゴリーが1861年に探検し, 第3代グレイ伯(のちの初代リポン侯)にちなんで命名した. 19世紀末のピルバラ金鉱の発見は多くの入植者をひきつけ, 沿岸にブームタウンが形成された.

[大石太郎]

デゲ県　徳格県　Dêgê

中国

徳化県 (旧称)/デルゲ県 (別表記)/ドゥゴー県　徳格県　Dege (漢語)

人口：8.6万 (2015)　面積：11025 km²
[31°48′N　98°34′E]

中国中西部, スーチュワン(四川)省北西部, ガルツェ(甘孜)自治州北西部の県. 漢族, イ(彝)族, トゥチャ(土家)族など, さまざまな民族が居住する. 人口の96%をツァン(チベット)族が占める. 県内のほぼ全域が沙魯里山地内に立地しており, その最高峰である雀児山(標高6168m)が屹立している. 県西部にチンシャー(金沙)江, 東部にヤーロン(雅礱)江が南流している. 唐代に吐蕃, 元代に朶甘思宣慰司都元帥府に統轄された. 清代宣統元(1909)年に改土帰流政策によって徳化県が置かれ, 1914年に徳格県と改名された. 八邦寺や竹慶寺などの名所古跡があるが, 中でも徳格印経院はチベット文化の中心地の1つで, 膨大な経典や文献などの蔵書が保管されている.

[石田　曜]

テケス県　特克斯県　Tekes

中国

人口：15.3万 (2002)　面積：8352 km²
[43°13′N　81°51′E]

中国北西部, シンチャン(新疆)ウイグル(維吾爾)自治区北西部, イリ(伊犁)自治州の県. イリ川の上流にあたるテケス(特克斯)河流域に位置する. 1937年にトクズタラ(鞏留)県から分離して県が設置された. 県名はテケス河に由来し, 突厥(チュルク)語で野生のヤギあるいは山の陰を意味するという. 山地草原が広大で, 牧畜業が盛んであり, イリ馬, 綿羊, 牛などを飼養する. リンゴの産地として知られる. 県内には黒蜂保護区がある. 名所には草原石人, コクスアルシャン(温泉)療養所などがある.

[ニザム・ビラルディン]

テゲド干拓地　大渓島干拓地　Taegyedo-gansokji

北朝鮮

北朝鮮, ピョンアンブク(平安北)道につくられた干拓地. 農業用地8800haを造成する目的でつくられた. 平安北道の塩州郡と鉄山郡を結ぶ海岸に浮かぶ島々の中で, 多獅島から大多獅島, 加次島, ソヨンドン島, 大渓島, 小渓島, チョルサン(鉄山)半島までに防潮堤を築いてつくられた. 最も大きな大渓島は最高点が標高129m, 海岸線7km, 面積は1.9km²である.　　[司空　俊]

テケリ　Tekeli

カザフスタン

人口：2.9万 (2012)　面積：100 km²
[44°52′N　78°46′E]

カザフスタン南東部, アルマトゥ州中部の都市. 州都タルドゥコルガンの東南東48kmに位置する. トルキスタン・シベリア(トルクシブ)鉄道支線の駅がある. 1927年に, 近くのジュンガルアラタウ山脈で鉛, 亜鉛, 銀, カドミウム, ゲルマニウムなどの鉱床が発見され, 1939年にテケリ鉛・亜鉛工場建設が開始された. 第2次世界大戦中に発展した.

[木村英亮]

テココアクペ　Te Kok-a-Kupe ☞ クラウディ湾 Cloudy Bay

テコハンガアルル　Te Kohanga a Ruru ☞ ホーマーサドル　Homer Saddle

テコプル　Te Kopuru

ニュージーランド

人口：465 (2013)　[36°02′S　173°55′E]

ニュージーランド北島, ノースランド地方の町. カイパラ地区のポウト半島では最も大きい町である. ダーガヴィルの南東12kmに位置する. 北西から南東に流れるワイロア川の西岸にあり, 町の南にはマカカ運河が東西に流れ, 土地は平坦である. 町はもともとはカウリ(カウリマツ)の製材がおもな産業であったが, カウリが枯渇し, 農場経営や園芸に大きく依存するようになった. また, 最近は半島の観光拠点として重要な役割を果たすようになっている.　[植村善博・太谷亜由美]

テーゴン　Thegon

ミャンマー

人口：13.1万 (2014)　[18°30′N　95°35′E]

ミャンマー南部，バゴー地方（旧管区）ピー県の町．漢字では徳貢と表記する．県都ピー（プローム）の南東 27 km に位置し，ヤンゴン～ピー間の鉄道が通る．一帯は雨季を除いて降水量に乏しく乾燥している．大土地所有制が今日でも根強く残っており，住民の大半が土地なし労働者のままで貧困層を形成している．

［西岡尚也］

テジェン　Tejen　　トルクメニスタン

Tedzhen（別表記）

人口：5.2 万（2011）　標高：161 m
　　　　　　　　　［37°23′N　60°30′E］

トルクメニスタン中央南部，アハル州南東部の都市．ザカスピ鉄道駅がある．首都アシガバトの南東 219 km，テジェン川左岸に位置する．小麦，綿，牛の産地であるテジェンオアシスの中心．綿花精製，羊毛，絨毯，金属加工，レンガ製造が盛んで，建設材料コンビナートがある．長さ 24 km，幅 4 km のテジェン貯水池が南 30 km にあり，その岸にテジェンストロイの町がある．ここから南東セラフスに鉄道が延び，イランのサラフス・マシュハド線に接続する．　　　　［木村英亮］

テジェン川　Tejen River
アフガニスタン～トルクメニスタン

Tedjhen（別表記）／アリウス川　Arius（ギリシャ語・古称）／ハリールード川　Hari Rūd（別称）

面積：70620 km²　長さ：1124 km
　　　　　　　　　［37°23′N　60°20′E］

アフガニスタン，イラン，トルクメニスタンを流れる河川．上・中流はアフガニスタンにあり，ハリールード川 Hari Rūd とよばれる．パロパミスス山脈を源として西流し，肥沃なヘラート渓谷を灌漑し，エスラームカル（イスラムカラ）付近で北に転じアフガニスタン・イランの国境を形成し，さらに北流してイラン・トルクメニスタンの国境となり，北西に曲がってトルクメニスタンのカラクムの南部ステップに入り 1960 年以後カラクム運河の水を加えてテジェンオアシスの小麦，綿，牛飼養地域を灌漑して消える．━━→ハリールード川　　　　　　　　　　［木村英亮］

テジョン　大田　Daejeon　　韓国

人口：153.8 万（2015）　面積：540 km²
　　　　　　　　　［36°21′N　127°23′E］

韓国中西部の広域市．チュンチョンナム（忠清南）道地方の中心地であるが，大田広域市として行政上は独立している．この地方の経済，行政，教育，文化の中枢的役割を担っている．忠清南道庁は大田に位置していたが，洪城郡洪北面に移転した．

古くは都市的な要素はまったくない農村であったが，近代に入って鉄道の敷設が進み，キョンブ（京釜）線とホナム（湖南）線の分岐点になり，交通の要衝として都市的発展が始まった．国土のほぼ中央に位置し，鉄道，道路網の結節点として成長した．1931 年に邑に，35 年には府に昇格した．この間の都市的発展は著しく，1932 年，忠清南道庁がコンジュ（公州）から大田に移転した．1949 年，大田市と改称し，89 年，直轄市に昇格，95 年に広域市に改称した．

国土の中央に位置し，国土全体の交通系の結節点という性格は現在に引き継がれている．現在も京釜線と湖南線の分岐点であることは変わりなく，クァンジュ（光州），モッポ（木浦）に向かう新幹線（KTX）列車は大田から在来線を利用して運行されている．ソウルからの高速道路は京釜高速道路とチュンブ（中部）高速道路が大田の北で一旦合流し，大田からは，また東，西，南に向かって，それぞれの方向に分岐する．京釜高速道路，湖南高速道路，大田トンヨン（統営）高速道路である．

中心市街地は大田駅前から西に向かう中央路に沿って銀杏洞，大興洞，宣化洞一帯に形成されている．警察庁，中区庁などの官公庁があり，百貨店，商店街，ホテルなどが集中している．市庁は旧道庁と並んで位置していたが，現在は北西方の西区屯山洞に移転した．工業地区は市域の北方，甲川に沿う低地部に形成されている．第 1～4 工団があり，金属，機械，石油化学，繊維などの各種工場が集中している．また 1997 年には，政府庁舎の建物が完成し，関税庁，特許庁，統計庁，文化財庁などの政府機関が移転してきた．西区屯山洞に位置している．

またそれに先だって 1989 年，南西郊外，当時のノンサン（論山）郡豆磨面には陸，海，空 3 軍の本部が移転している．現在のケリョン（鶏竜）市である．さらに高等法院，高等検察庁，地方国税庁など忠清道地方を管轄する官庁も多く置かれ，大企業もここに地方拠点を置く例が多い．このように管理機能の集積も著しい．また日本の研究学園都市に似た大徳研究開発特区が市域の北方に置かれ，自然科学系の研究機関が集中している．韓国科学技術院，韓国電子通信研究院，韓国航空宇宙研究院，韓国地質資源研究院，韓国生命工学研究院など政府系の研究機関の外に，大企業の研究機関やベンチャー企業も位置している．

市域の西部にユソン（儒城）温泉がある．近代になって開発された温泉であるが，釜山のトンネ（東萊）温泉と同様に都市型温泉であり，保養地として，またレジャーセンターとして多くの利用客がある．市域の西に接して鶏竜山国立公園がある．風水上重要視されている鶏竜山を中心として，山麓には東鶴寺，甲寺などの古刹があり，合わせて多くの観光客が訪れている．

地下鉄は 1 号線が開通し，市域の南西部から都心部，儒城温泉を経て市域北東部に連絡している．2 号線は建設中，3 号線は計画中である．　　　　　　　　　　　　　［山田正浩］

テジョン　大静　Daejeong　　韓国

［33°13′N　126°15′E］

韓国南西端，チェジュ（済州）特別自治道の町．済州島の南西端に位置する．行政上は，2005 年まで南済州郡大静邑であったが，現在はソギポ（西帰浦）市大静邑．邑域のほとんどが標高 200 m 以下の緩傾斜地で，農業が発達している．韓国最南端のマラ（馬羅）島も大静邑に属する．慕瑟浦港は済州島の重要な漁業基地の 1 つである．　　　［山田正浩］

テス　Tes　　モンゴル

人口：0.5 万（2015）　面積：3085 km²
　　　　　　　　　［50°27′N　93°40′E］

モンゴル北西部，オブス県の郡．ロシア，トゥヴァ（トイヴァ）共和国と国境を接する．テス川流域に広がる．テスの住民の多くはオイラト系のバヤド人やドゥルベド人である．バヤドは，ビールゲーもしくはビーとよばれる民族舞踊で有名である．また，名馬とその調教師（オヤーチ）を輩出してきたことでも知られる．近年，テス郡の住民とトゥヴァ共和国との間で，国境をはさんだ家畜の奪い合いが問題化している．不思議なことに，テスの住民はトゥヴァ人のことをオラーンカイ（オリアンハイ）とよび，親戚だと考える一方で，彼らから家畜を盗むことを誇りとする．

［島村一平］

テス川　Tesiin Gol　　モンゴル

面積：33458 km²　長さ：568 km
　　　　　　　　　［50°28′N　93°04′E］

モンゴル北西部を東西に流れる河川．ハン

ガイ山脈の支脈であるボルナイ山脈を水源とし, モンゴル最大の湖であるオヴス湖へと注ぐ. 最大川幅は約 120 m. 冬場は約 150 日間, 凍結する. テス川流域は名馬の産地としても有名である. 　　　　　　　　[島村一平]

テズー　Tezu　　　　　　インド

人口：1.8 万 (2011)　標高：158 m
降水量：3058 mm/年　　[27°56′N　96°09′E]

　インド北東部, アルナーチャルプラデシュ州ロヒト県の都市で県都. ブラマプトラ川の支流ロヒト川の河岸に位置する. 州都イタナガルの東北東 270 km に位置する. 長い間, 周辺都市とは道路でのみ結ばれていたが, 2014 年に 1300 m 滑走路の空港が完成し, 小型機の定期航路が初めて開かれた. この地域の先住民はミシニ族で, インド神話『マハーバーラタ』物語にも登場する古くからの民族である. 市内中心部から 6 km のティンドロン地区に, 1960 年以降の中国のチベット支配を逃れてきたチベット難民の定住地がある. 町では, その場所をラマキャンプとよぶ. ここに住む 1500 人ほどのチベット人は, いまでも衣食住を伝統的なチベット人様式で生活している. 　　　　　　[中山修一]

テスケー山脈 Teske ☞ **テルスケイアラトー山脈 Terskey Ala-Too Range**

テーズプル　Tezpur　　　　インド

人口：10.3 万 (2011)　面積：40 km²
　　　　　　　　　　　[26°38′N　92°49′E]

　インド北東部, アッサム州北中部, ソニトプール県の都市で県都. ブラマプトラ川沿いにあるブラマプトラ盆地の中にあり, 鉄道は空港を終点とする分岐点がある. 茶, 米, 菜種, サトウキビ, ジュートやカラシの集散地となっている. 茶の加工業が盛んである. 神学と古代王国の都パル王国として有名で, 10 世紀には彫刻や像を有した寺院があったが, その後荒廃した. 有名な寺院があり, 今日では多くの巡礼者・観光客を集めている. 　　　　　　　　[由井義通]

テソン湖　台城湖　Taesong-ho

北朝鮮

面積：7.8 km²　　　　[38°55′N　125°27′E]

　北朝鮮, ピョンアンナム(平安南)道カンソ(江西)郡とリョンガン(竜岡)郡の間にある貯水池. 首都ピョンヤン(平壌)の南西 30 km にある. 周囲は 32.5 km, 1959 年に完成した. 基本水源はテドン(大同)江, 2 段の揚水施設で汲み上げる. ナムポ(南浦)市の工業用水, 一帯 10 万 ha の灌漑用水, 発電, 魚の養殖に利用される. 湖の周辺にゴルフ場がある. 台城に分布する青銅器時代から高句麗時代までの古墳群, 支石墓が数十基, 三国時代の彩色壁画などが注目されている. 台城湖の原字は苔城湖. 　　　　　[司空 俊]

テソン山　大城山　Taesong-san

北朝鮮

九竜山 (古称)
標高：270 m　　　　[39°05′N　125°51′E]

　北朝鮮, ピョンヤン(平壌)直轄市大城区域と三石区域の間にある山. 平壌市中部の最高峰. もともと九竜山などとよばれていたが, 高句麗時代に総延長 9284 m の大きな城壁が構築された後, 大城山と称されるようになった. 6 個の峰が連なる. 平壌 8 景の 1 つ. 現在, 遊園地がつくられ, その面積は 20 km², 大観覧車, 16 km の遊歩路, 人工滝などがあり, 遊園地入口には国内, 海外の植物 2000 種を集めた植物園, 動物園がある. 山城が構築された当時の城址の基石, 長さ 80 m の倉庫跡, 当時の池跡(99 個の池のうち 50 個を発掘), 井戸跡など歴史遺跡が数多く発掘されている. 南斜面には革命烈士陵がある. 南山麓に高句麗王宮の安鶴宮跡がある. 　　　　　　[司空 俊]

テタイトケラウ Te Tai Tokerau ☞ **ノースランド地方 Northland Region**

テタン　苔灘　Taetan

北朝鮮

たいたん (音読み表記)
面積：338 km²　標高：15 m　気温：10.2℃
降水量：1100 mm/年　　[38°05′N　125°18′E]

　北朝鮮, ファンヘナム(黄海南)道西部の町で郡庁所在地. 1945 年 8 月以前は長淵と碧城の一部であった. 1952 年に新設された. 北部の仏陀山脈など周辺は山地, 中央は沖積平野, 海岸は干拓地である. 鉄, 金, 銀, 鉛, 亜鉛, マンガン, 水晶が埋蔵. 茹大貯水池など水利施設が完成した. 耕地面積のうち水田が 44 % の穀倉地帯である. 海岸地帯では柿の栽培が行われる. ナマコとハマグリが名産である. 　　　　　　　[司空 俊]

デチェン自治州　迪慶自治州　Deqen

中国

デチェンツァン族自治州　迪慶蔵族自治州 (正称)
人口：40.0 万 (2010)　面積：23870 km²
標高：1500-6740 m　　[28°26′N　98°50′E]

　中国南西部, ユンナン(雲南)省北西部の自治州. 地区級の民族自治地方で, シーツァン(チベット, 西蔵)自治区とスーチュワン(四川)省のツァン(チベット)族分布領域に隣接する. 1957 年に迪慶ツァン族自治州となった. 現在, シャングリラ(香格里拉)市, ドゥチン(徳欽)県, ウェイシー(維西)自治県を管轄し, 自治州政府は香格里拉市に置かれている. いずれの県も, 国の第 8 次 5 カ年計画で貧困県に選ばれた. 少数民族人口が 8 割強を占めるが, ツァン族人口は全体の 3 割強を占めるにすぎず, 残りはリス(傈僳)族, ナシ(納西)族, パイ(白)族, イ(彝)族が多い. 迪慶地域の香格里拉市や徳欽県の市街地は, チベットから雲南へ抜ける茶馬古道の宿場町, 物資の集散地として発展した.
　チベット高原の南端部分にあたり, ホントゥワン(横断)山脈と並行してランツァン(瀾滄)江とチンシャー(金沙)江が南へと流れる. 2003 年にユネスコの世界遺産(自然遺産)に登録された雲南三江併流の核心地域の一角を占める. 香格里拉は手軽に楽しめるチベット観光の地として国内で定着しており, 1990 年代後半から観光開発やホテル建設などが急速に進んできた. 1999 年に迪慶香格里拉空港が開業し, 観光客が増えた. 州内の最高標高は, 雲南省で最も高いメイリー(梅里)雪山のカワカルポ峰(6740 m)で, 夏ならば軽装で氷河も観察できる. 一方, 最低は 1500 m 前後なので, 州内の高低差は 5000 m を超える. 工業は皮革や絨毯の工場が立地するくらいで発達しておらず, 農業がおもな産業である. 標高 2500 m くらいまでは米やトウモロコシも栽培されているが, それを超えると小麦, 裸麦, ジャガイモ, エン麦などが栽培される. 域内で松茸がとれ, 貴重な現金収入源となっている. 牧畜も盛んでヤク, 羊, 山羊などが飼育されている. 　　[松村嘉久]

テチョン　泰川　Taechon

北朝鮮

面積：736 km²　標高：45 m　気温：8.5℃
降水量：1338 mm/年　　[39°55′N　125°30′E]

　北朝鮮, ピョンアンブク(平安北)道中部の町で郡庁所在地. 内陸地帯に位置する集落

で，地名はチョンチョン(清川)江北部の大きな集落，河川が多いことに由来する．地形は中央部が高く周辺部は低い．泰川邑を中心に広がる東西17km，南北15kmの泰川盆地は農業地帯である．テニョン(大寧)江をはじめ河川が多く，3カ所に貯水池がある．穀物と漆塗りで知られる．果樹園，牛の飼育が盛ん．黒鉛を産出する．特産は古くからの絨緞と漆塗りである．箱類，掛け軸工芸品は全国で販売されている．大寧江を利用した泰川発電所(1〜5号，86万kW)が建設された．古跡には高句麗山城や寺がある．　　　[司空 俊]

テチョン湖　大清湖
Daecheongho
韓国

堤長：495m　堤高：72m
[36°29′N　127°29′E]

韓国西部，チュンチョンブク(忠清北)道とテジョン(大田)広域市にまたがる湖．クム(錦)江中流，大田の北東16km，チョンジュ(清州)の南16kmの位置に建設された大清ダムによって形成された人造湖である．ダムは1975年に工事開始，81年に完成した．ダムの堰堤は，高さ72m，長さ495mである．大田，清州を始め下流域のクァンジュ(公州)，ノンサン(論山)方面に用水を供給するための導水路，発電量9万kWhの発電所をもつ．貯水量では，ソヤン(昭陽)湖，チュンジュ(忠州)湖に次いで韓国第3位である．
[山田正浩]

テチョン島　大青島
Daecheongdo
韓国

人口：0.2万(2010)　面積：1.3km²
[37°49′N　124°42′E]

韓国北西端，ファンヘ(黄海)上の島．北方限界線近くに位置する．行政上はインチョン(仁川)広域市オンジン(甕津)郡大青面に属する．三角山(標高343m)を中心に，片岩で構成される山地部が多い．住民の多くは漁業に従事している．漁獲物の貯蔵施設など，漁業関係の施設がある．南東に小青島がある．
[山田正浩]

テッカディ　Thekkady
インド

ペリヤル　Periyar (別称)
[9°36′N　77°10′E]

インド南部，ケーララ州南東部，イドゥッキ県の都市．タミルナドゥ州との州境付近にある．ペリヤルという別称もある．近くにトラ保護計画(1978)のあるペリヤル Periyar 国立公園がある．西ガーツ山脈にある自然豊かな広大な地域が，トラ，ヒョウ，ゾウなど多くの動物の保護地域になっている．
[由井義通]

テッカリ　Tekkali
インド

人口：2.9万(2011)　面積：16km²
[18°37′N　84°14′E]

インド南部，アンドラプラデシュ州スリカクラム県の町．ヴィジャナガラムの北東105kmに位置する．森林化が広がる丘の西に立地し，竹やタンニン樹皮に関係する産業が盛んである．製塩所がベンガル湾の6.4km南東にある．道路交通の要衝であり，ナウパダの鉄道の分岐点になる．
[由井義通]

てっていかいきょう　鉄底海峡 ☞ アイアンボトム海峡 Iron Bottom Sound

テティトゥータヒ　Te Tī Tūtahi ☞ ニューマーケット Newmarket

テテコ　Te Teko
ニュージーランド

人口：489(2013)　[38°03′S　176°47′E]

ニュージーランド北島，ベイオブプレンティ地方の町．ファカタネの南西23kmに位置する．マタヒナ湖から流れ出るランギタイキ川が南から北に蛇行しながら町を流れ，太平洋に流れ込む．2013年の国勢調査によると，町の人口の93.9%をマオリの人びとが占め，国内でも最もマオリ人口比率の高い地域の1つとなっている．国道30号と34号がこの町で交差する．
[植村善博・太谷亜由美]

テドン江　大同江　Taedong-gang
北朝鮮

面積：20247km²　長さ：450km
[38°41′N　125°11′E]

北朝鮮中部の川．ピョンアンナム(平安南)道大興郡とハムギョンナム(咸鏡南)道長津郡の境界にあるランリム(狼林)山の東斜面から発し，ファンヘナム(黄海南)道殷栗郡とナムポ(南浦)市の境界をなしながら，北朝鮮西海(ホワン(黄)海)に流れる．北朝鮮第5位の大河．15km以上の第1支流は37，第2以下の支流72，5km以上の支流は400．流域では下流から上流に行くにつれ，降水量が増加する(南浦839mm，メンサン(孟山)1480mm)．上流には盆地，中流では準平原を流れ，普通江との合流点に首都ピョンヤン(平壌)が立地する．流れはゆるやかで，ソヘ(西海)閘門が建設される前までは平壌市付近まで潮汐の影響を受け，可航距離が大きかった．河口海域には8kmに及ぶ堤防でせき止められた西海閘門が建設され，大同江は河川貯水池に変貌した．貯水量は27億m³．大型船舶が河口から平壌まで航行している．今後，美林など7つの閘門が建設されると上流域まで大型船舶がさかのぼることができるようになる．

平壌，ソンリム(松林)，南浦にはカンソン(降仙)製鋼所，南浦精錬所，南浦造船所，金星トラクター工場，テアン(大安)重機械工場，大安電機工場などがある．いずれも重要な工業都市で，それぞれ河港をもっている．とくに南浦は北朝鮮最大の国際貿易港である．下流にはキヤン(岐陽)灌漑，支流のオジドン灌漑がある．中流に美林閘門がつくられ，農業用水，都市給水，水運に利用されている．このように流域には平壌平野，チェリョン(載寧)平野，中流には炭田が分布し，平壌市をはじめ松林市，南浦市など大都市が発達し，大同江下流域工業地帯を形成している．流域は高句麗時代の大同江文化の遺跡が多い．名所旧跡が多く，河岸遊歩道など臨水公園は景観にすぐれる．大同江は1866年，アメリカのシャーマン号が平壌まで侵入して轟沈した河川でもある．
[司空 俊]

デナウ　Denau
ウズベキスタン

Denov (別表記)／ディナウ Dinau (旧称)
人口：10.3万(2012)　[38°16′N　67°54′E]

ウズベキスタン南部，スルハンダリア州東部の都市．スルハンダリア川沿い，州都テルメズの北北東129kmに位置する．1929年に鉄道が敷かれ，58年に市となった．かつてギッサル・ハン国の要塞で，ブハラのエミールのデナウ・ベクにちなんで命名された．旧称はディナウ．おもな産業は，綿花精製，サトウキビ栽培である．南約20kmに大月氏の都の遺跡があり，発掘調査が行われている．
[木村英亮]

テニリ　1215

テドン(大同)江(北朝鮮)，河口付近のソヘ(西海)閘門〔Shutterstock〕

テナッセリム　Tenasserim ☞ タニンダリー Tanintharyi

テナッセリム管区　Tenasserim ☞ タニンダリー地方 Tanintharyi Region

テナッセリム川　Tenasserim River ☞ タニンダリー川 Tanintharyi River

デナム　Denham　オーストラリア

人口:0.1万 (2011)　面積:1.7 km²
[25°55′S　113°32′E]

オーストラリア西部，ウェスタンオーストラリア州北西部の町．州都パースの北北西約830 km，ペロン半島に位置する．シャーク湾部の行政の中心であるとともに，世界遺産であるシャーク湾の観光拠点でもある．地名は1858年にこの地域を探検したデナム船長にちなんで命名された．　　〔大石太郎〕

テナーリ　Tenali　インド

人口:16.5万 (2011)　面積:17 km²
[16°13′N　80°36′E]

インド南部，アンドラプラデシュ州東部，グントゥール県の都市．テナーリマンダルとテナーリレヴェニュ区の中心都市．クリシュナ川のデルタ地帯にあり，稲作が盛んである．米の集散地で市場がある．ドラマや繊細画，文学で有名である．　　〔由井義通〕

テナントクリーク　Tennant Creek　オーストラリア

人口:0.3万 (2011)　面積:42 km²
[19°30′S　134°15′E]

オーストラリア北部，ノーザンテリトリー中央部の町．州都ダーウィンの南南東約870 km，アリススプリングズの北約450 kmに位置する．探検家ジョン・マクダウアル・スチュアートの1860年の探検により発見され，地名は，サウスオーストラリアの有名な畜産業者の名前にちなんで命名された．クリーク(小川)には1870年代に大陸縦断電信ラインのテナントクリーク中継局が設置されたが，町はその10 km南の平原に建設された．そのため町にはクリークの名がついているが，実際にはクリーク上に町はない．このような相違が起こった理由として地元に残るいい伝えもあるが，実際のところは大陸縦断電信ラインが政府の土地にあり，民間の建物の建設が許可されなかったためといわれている．1937年にテナントクリーク郵便局ができて以降，古い中継局の建物群は86年までさまざまな畜産会社へと貸し出された．中継局の初期に建てられた建物11棟のうち4棟が現存し，保護地区で守られている．

また1930年代初頭，国内最後のゴールドラッシュの地となり，10年にわたって賑わう町となった．最大の鉱山の1つはエルドラドで，約175 kgの金を産出した．また1945年から85年に採掘されたノーブルズノブは当初地下で採掘を開始したが，頂上の鉱柱が67年に倒壊してからは露天採掘へと転換し，国内最大の露天掘り鉱山になった．1955年の銅と銀の発見により，州有数の鉱業の中心地となり，大きな製錬所が70年代半ばに建てられたが，一部の産出物は，アリススプリングズまで，スチュアートハイウェイを経由してトラックで運び出された．スズ，雲母，タングステンの鉱床も周辺に存在する．肉牛が田園地域で放牧され，1980年に食肉処理場が開設された．　　〔鷹取泰子〕

テニアン島 ☞ ティニアン島 Tinian Island

デニストン　Denniston　ニュージーランド

標高:597 m　　[41°44′S　171°48′E]

ニュージーランド南島，ウェストコースト地方の村．ブラー地区に属し，中心都市ウェストポートの北東27 km，ウィリアム山地の西側，ロックフォート高原上に位置する炭鉱集落である．この地の見どころはキャスケード川へ向けて原生林を通る，ゆるやかな坂のドライブコースである．地名は，1871年当時のウェストポート石炭会社の管理人であったB・B・デニストンにちなんでいる．　　〔泉　貴久〕

デニリクイン　Deniliquin　オーストラリア

人口:0.7万 (2011)　標高:100 m
降水量:400 mm/年　[35°32′S　144°57′E]

オーストラリア南東部，ニューサウスウェールズ州南西部，エドワードリヴァー行政区の町で行政中心地．メルボルンの北約250 km，首都キャンベラの西約380 kmに位置する．マレーダーリング盆地南部にあり，農業，酪農および林業の拠点である．地名は，アボリジニの言葉で格闘する大地を意味し，またはこの地域に住んでいたアボリジニの部族長の名前を示すものである．この地域は，マレー川支流のエドワード川が侵食した準平原である．エドワード川は大きく蛇行しながら西に流れており，三日月湖，自然堤防および後背湿地などが流路に沿って広く分布する．このエドワード川は，中心部付近において南東から北西に向かって市街地を分断するように流下しており，市街地は中心部が位置する左岸の南西部と右岸の北東部とに分かれる．夏季の最高気温は30°Cを超えるが，冬季の最低気温は5°C以下にまで下がる．また，年平均降水量は少なく，ステップ気候に属する．このため，町域のほとんどは草本または低木の疎林地域で，樹林地はエドワード川およびその支流沿いの河畔林に限定されるが，多くの灌漑水路が整備されている．

この地域には古くからアボリジニが居住していたが，1843年にヨーロッパ人が入植し，牧場がつくられた．1848年には測量が行われ，町が形成された．1850年には郵便局が，56年には病院が，61年には裁判所がそれぞれつくられた．そして，1861年には自治体として認可された．また，ニューサウスウェールズ州とヴィクトリア州を結ぶ主要街道が整備され，町はその街道上の拠点の1つとなり，エドワード川には，1847年に渡し船が設置され，61年に橋が建設された．さらに1879年には鉄道が開通し，メルボルンと接続された．この頃のおもな産業は，羊の放牧と羊毛の生産であった．その後，小麦の栽培が産業の中心となったが，1925年に灌漑委員会の事務所が設置されると，大規模な灌漑設備が建設され，米や野菜なども栽培されるようになった．

町は，この地域における農業の中心地であり，また農業生産物の集積地である．羊毛の生産は，古くから行われているおもな産業の1つで，ペパン系メリノ種の発祥地として知られている．この種は，1860年代に開発されたもので，現在のオーストラリアにおける羊毛生産量の約70％を占めている．さらに，ニュージーランド，南アフリカおよび南アメリカにおいても主要な種とされている．一方，灌漑水路は1920年代から建設され始め，現在では国内最大の灌漑地域となっている．この灌漑設備によって，ステップ気候でありながら，米，小麦，大麦および野菜などが大規模に生産されるようになった．とくに稲作は，国内最大の規模を誇り，大量の米が国内外に出荷されている．また，国内における生産量のうち，ジャガイモは40％，生乳は20％，トマトの加工品は70％を占めている．エドワード川沿いでは，河畔林の伐採が行われており，林業もおもな産業の1つである．

毎年秋には平原フェスティバルが開催され，多くの小型トラックドライバーが集まり，小型トラックのレースなどが行われる．また，同時に音楽祭も催され，多くの観光客が世界中から訪れる．さらに，2006年からは，毎年春にブルース音楽フェスティバルが開催されている．また，エドワード川やその河畔林では，カヌー，ボート，水上スキー，釣り，サイクリングおよびキャンプなどが行われており，多くの観光客が訪れる．一方スポーツも盛んで，ラグビーやサッカーのクラブチームがある．　　　　　　　［梶山貴弘］

テノム　Tenom
マレーシア

人口：5.6万（2010）　　[5°08′N 115°56′E]

マレーシア，カリマンタン（ボルネオ）島北部，サバ州西部テノム行政区（面積2238 km²）の町．住民には，マレー系のムル人（人口2.9万，2010）が多い．その他のマレー系を合わせたマレー系住民が大半を占める．テノムとコタキナバルの間には植民地時代に開設された鉄道が通る．この鉄道（全長130 kmあまり）の一部区間には観光用の蒸気機関車も走る．内陸諸地域で生産される農産物の集散拠点でもある．　　　　　　　［生田真人］

テハン海峡　大韓海峡
Daehanhaehyeop
韓国/日本

対馬海峡西水道（日本語・別称）/チョソン海峡　朝鮮海峡　Choseonhaehyeop（別称）

韓国南東部の海峡．韓国と北九州の間の海域をさす．すなわち日本で対馬海峡（西水道，東水道合わせて）とよぶ海域を韓国では大韓海峡とよぶ．対馬北端と韓国南海岸の間は約50 kmである．対馬海流が流れ，その影響を受けて温暖であり，暖流系の魚種に恵まれた，よい漁場となっている．古代から対馬，壱岐を経由して，日本と韓国の間の経済的，文化的交流のルートであった．博多港とプサン（釜山）港を結ぶ高速船は約3時間で両地点間を連絡している．　　　　　　　［山田正浩］

デヒワラマウントラヴィニア
Dehiwala Mount Lavinia
スリランカ

人口：18.4万（2012）　面積：21 km²　標高：9 m
気温：28℃　降水量：2000-3000 mm/年
[6°50′N 79°53′E]

スリランカ，西部州コロンボ県の都市（MC）．面積，人口とも州都・県都のコロンボに次ぐ国内第2位の都市で，1959年に市制施行した．コロンボの南に隣接し，連続した都市域を形成する．デヒワラ，ガルキッサGalkissa，マウントラヴィニア，ラトゥマラナRathmalanaなど計29の区から構成される．人口の75％はシンハラ人が占める．市街地は，西はインド洋，東はベランウィラ，アンティディヤ湿地，ウェラス川，ボルゴダ湖などの水域，低湿地などにはさまれて，南北に細長く延びる．南西モンスーンの影響を受け，5～9月は高温多雨である．

古くはコッテ王国の支配領域であったが，現在のデヒワラ南部やラトゥマラナは湿地で，住民はほとんどいなかった．16世紀に

ポルトガル，17世紀にオランダの占領を受けた．1510年の文書にガルキッサ村の記載がみえるが，この地名はシンハラ語で岩の多い小山という意味で，現在のマウントラヴィニア周辺をさすと思われる．オランダ人たちはこの小山を「妊娠した娘っ子」とよんだ．マウントラヴィニアはインド洋に突き出た小高い岬で，1805年イギリス植民地時代に，総督トーマス・メイトランドがこの地に別荘を建て，その建物はバーンズ総督の時代に改築され，まもなくリゾートホテルとなって今日にいたっている．マウントラヴィニアの名は，メイトランド総督と地元の踊り子ロヴィナLovinaとの悲恋の伝説に由来するとの説もある．

デヒワラマウントラヴィニアはイギリス統治時代に地方行政体となり，1937年に6区，独立後の59年に19区となって市政府管轄区域（MC）となった．その後の都市化により1967年に現在の29区からなる市域が形成された．さらに20世紀末にかけて人口増加が激しく，2001年の人口密度はガルキッサ区で2万7500人/km²，ラトゥマラナ区は2万400人/km²と高くなった．市域の北部にあるデヒワラは住宅と商工業の混在地域で，デパートなどの商業施設や住宅の高層化が現れ始めた．また宿泊施設の増加もみられる．ここにはアジア最大といわれる総面積16万8000 m²の国立デヒワラ動物園があり，年間約120万人の訪問者がある．地区の中心部に立つカラガンピティヤ寺院は仏教壁画で知られる．

市域の南部にあるマウントラヴィニアは上記のリゾートホテルをはじめ，21のホテルが立地する海浜リゾートとして知られ，比較的良好な住宅環境を維持する閑静な地区である．郊外にある聖トーマス・カレッジは，スリランカ最高水準を誇る初中等教育学校であるとの評判である．南部のラトゥマラナと南東部のアッティディヤ地区には工場が多く立地する．織物，ミシン，履物，薬品，菓子，印刷，木材などの製造工業が存在する．ラトゥマラナには小型機用の空港があり，近年，東部州トリンコマリーやバッティカロア，北部州ジャフナに向かう航空路線が開設されている．南北に細長い市域内を貫く幹線道路は，コロンボから南部のゴール，マータラへと走る国道A2号のみに限られ，渋滞が頻発するなど交通量が限界に達している．東部の湿地帯は多様な生物がみられる環境保護地域であったが，開発に伴う環境汚染にさらされている．　　　　　　　［山野正彦］

テファイティ　Te Whaiti

ニュージーランド
[38°35′S　176°46′E]

ニュージーランド北島，ベイオブプレンティ地方の村．ファカタネの南100kmに位置する．内陸部のウレウェラ国立公園の西にあり，フィリナキ川のつくる谷合に立地する．町の南西にあるフィリナキ森林公園は面積550km²に及び，自然保護省が管理をしている．ロトルア方面から南東のワイカレモアナ湖方面に抜ける国道38号が町を通っている．フィリナキ川の流れる南西部以外は，標高650～800mの山地で囲まれている．

[植村善博・太谷亜由美]

テファカラエ　Te Whakarae

ニュージーランド
[38°56′S　175°12′E]

ニュージーランド北島，マナワツワンガヌイ地方の地区．ワンガヌイ川沿いの内陸部タウマルヌイから国道43号で南西12km，明確な境界線をもたない標高300m以下の丘陵地付近をさす．小河川のモツタラ川がワンガヌイ川に合流する地点でもある．牧草地となっているため，樹木はほとんど伐採されている．

[植村善博・太谷亜由美]

テファラウ　Te Wharau

ニュージーランド
人口：0.2万（2013）　[41°11′S　175°49′E]

ニュージーランド北島，ウェリントン地方の町．カータートン地区の南東に位置する．ウェリントン地方でも東部に位置し，太平洋側に近い．マスタートンの南東38km，カータートンの東南東42kmにあたる．まわりを標高300mの丘陵地に囲まれた盆地にあり，牧草地が広がる．イーストコーストロードを南東に進むと15kmほどで太平洋岸に出る．

[植村善博・太谷亜由美]

テプイアスプリングズ　Te Puia Springs

ニュージーランド
[38°03′S　178°18′E]

ニュージーランド北島，ギズボーン地方の町．ギズボーン地区，ギズボーンの北103kmに位置する．国道35号が町を南北に走

る．ワイピロ湾に注ぎ込むワイカワ川が南を流れている．町の大部分は未開発の土地で，北には池があり，低木が茂る自然豊かな場所である．ニュージーランドオウギビタキやニュージーランド固有種のケレル（ニュージーランドバト），トゥイなど野鳥が多くみられる．町の東には地熱による高温地帯が広がり，低エンタルピー地熱資源の地の1つとして50～70°Cの温泉が湧き出している．マオリの人びとによる温泉の使用も報告されている．

[植村善博・太谷亜由美]

テフクサン島　大黒山島　Daeheuksando

韓国
人口：0.4万（2016）　面積：18km²
[34°41′N　125°26′E]

韓国南西端，ファンヘ（黄海）上，チョルラナム（全羅南）道の島．モッポ（木浦）の南西約97kmに位置する．ホン（紅）島，永山島，カゴ（可居）島などを合わせて，黒山群島と称する．行政上はシナン（新安）郡黒山面に属する．標高300～400m程度の山地が多い．黄海上の漁業基地の1つで，イシモチ，マナガツオ，エイなどの漁獲が多く，ノリ，ワカメの養殖も行われている．黒山エイは有名である．タドヘ（多島海）海上国立公園に指定されている．

[山田正浩]

テプケ　Te Puke

ニュージーランド
人口：0.7万（2013）　[37°47′S　176°19′E]

ニュージーランド北島，ベイオブプレンティ地方の町．ウェスタンベイオブプレンティ地区，タウランガの南東28kmに位置し，国道2号が東西に通っている．とくにキウイフルーツの栽培で有名な町である．海岸に近く，低地となっている．町の北東部をカイトゥナ Kaituna 川が，中心をオヒネアンガアンガ Ohineangaanga 川など大小の川が流れている．温暖で肥沃な土壌であるため，農作物の栽培に非常に適しており，キウイフルーツのほか，アボカド，レモンやオレンジなどの柑橘類の栽培が盛んに行われている．キウイフルーツは1960年に中国産のスグリを栽培して成功し，最大の産地に成長した．酪農や畜産業も代表的な産業である．町の中心は商業地として栄え，キウイフルーツの収穫時期には住民や他地域の人びとも作業に追われる．北部にはラパラパホエ Raparapahoe 運河とその北にコプアロア Kopuaroa 運河が東西に引かれ，東のカイトゥナ川に接続して

いる．町の北西部を走る国道4号沿いには小さなラパラパホエ滝がある．

[植村善博・太谷亜由美]

テーブル岬　Table, Cape

オーストラリア
標高：190m　[40°56′S　145°43′E]

オーストラリア南東部，タスマニア州北西部の岬．ウィンヤードにあり，バス海峡に面している．高さ160mの断崖の上が平らなテーブルのような台地になっているのが特徴的で，州の保護区に指定されている．先端には高さ25mの灯台と展望台があり，澄みきった晴天にはバス海峡沿いのデヴォンポート，東100kmのロウヘッドなどの海岸線まで見渡せる．毎年9月下旬に岬でチューリップが開花し，観光客で賑わっている．地名は，1798年にマシュー・フリンダーズによって名づけられた．

[武井優子]

テーブルヒル　Table Hill

ニュージーランド
ツアタペレ Tuatapere（マオリ語）
[46°04′S　169°55′E]

ニュージーランド南島，オタゴ地方の村．クルーサ地区，トコマリロ Tokomariro 川の東および西の支流間の丘陵に位置し，ミルトンの北西12kmにある．農耕を営む．地名は，北西2kmにある平坦な頂の丘（標高412m）から名づけられた．マオリ語でツアタペレとよばれる．

[太田陽子]

テベク　太白　Taebaek

韓国
人口：4.7万（2015）　面積：304km²
[37°10′N　128°59′E]

韓国北東部，カンウォン（江原）道南端の都市．太白山脈中に位置する．南はキョンサンブク（慶尚北）道ポンファ（奉化）郡に接する．1981年，長省邑と黄池邑が合併して市制施行．2010年の人口は5万強である．市制施行時の人口は約11万であったので，この間に約1/2に減少した．1990年代以降の減少が著しい．太白山（標高1567m），蓮華峰（1053m），三芳山（1175m），咸白山（1573m）などに囲まれた盆地状の地形で，高位平坦面に相当する．北へはナマン（南漢）江の支流の骨只川が，南へはナクトン（洛東）江の支流である黄池川が流れる．長省，黄池，咸泰

など多くの炭鉱があり，1960 年代以降，石炭産業で発展してきた．1980 年代後半の石炭産業合理化政策によって炭鉱が整理され，それが急激な人口減少を招いた．カジノ，ゴルフ場，スキー場などを整備したレジャータウンとしての再建が模索されている．

[山田正浩]

テベク山　太白山　Taebaeksan

韓国

標高：1567 m　　　　　[37°05′N　128°55′E]

韓国東部，カンウォン(江原)道南端の山．太白山脈の南部，江原道とキョンサンブク(慶尚北)道の境界付近に位置する．ここから西方にソベク(小白)山脈が分岐する．古くから信仰の対象であり，新羅では五岳のうちのプガク(北岳)と称された．西方の古刹，浮石寺は，太白山浮石寺と称している．1989 年，道立公園に指定された．　　　　　　[山田正浩]

テベク山脈　太白山脈　Taebaeksanmaek

北朝鮮/韓国

標高：1708 m　　長さ：500 km

[38°07′N　128°26′E]

北朝鮮南東部から韓国東部にまたがる山脈．北朝鮮のランリム(狼林)山脈の南に続き，日本海に沿って走行する．ウォンサン(元山)の南，チュガ(楸哥)嶺構造谷から始まり，東海岸に沿って約 500 km，標高 800～1000 m の山並みが続く．朝鮮半島の山系は，その走行方向によって 3 つに区分されるが，狼林山脈，摩天嶺山脈とともに朝鮮方向(韓国方向)に属し，その走行方向は，北北西～南南東であり，朝鮮半島の脊梁山脈をなす．

山脈を構成する地質は花崗岩，片麻岩が最も広く分布しているが，南部，チュンチョンブク(忠清北)道タニャン(丹陽)付近には石灰岩も分布し，ドリーネ，鍾乳洞など石灰岩地域に特有の地形もみられる．傾動運動の結果が反映され，著しく東偏して位置する．東斜面は断層崖で，急傾斜であり，東海岸には大きな河川も平野も存在しない．支脈として，クァンジュ(広州)山脈，チャリョン(車嶺)山脈，ソベク(小白)山脈があり，北東～南西の走行方向をとる(中国方向)．支脈の間にイムジン(臨津)江，ハン(漢)江，クム(錦)江，ナクトン(洛東)江の大河川が発達している．山脈はヨンドン(嶺東)地方との交通の障害であったが，楸哥嶺(標高 645 m)，テガン(大間)

嶺(641 m)，テガルリョン(大関嶺)(866 m)などの峠を越える交通路が発達していた．大関嶺を越えるルートは現在，嶺東高速道路のルートに利用されている．

北朝鮮のクムガン(金剛)山(1638 m)，韓国のソラク(雪岳)山(1708 m)，オデ(五台)山(1563 m)，太白山(1567 m)などが代表的な山であり，いずれもが古くから信仰の対象となり，景勝の地としても親しまれてきた．金剛山は代表的な景勝地であり，かつ信仰の対象であった．雪岳山は軍事境界線以南で第 3 位の標高をもつ山であり，リゾート開発が進んでいる．五台山には月精寺，上院寺など，新羅時代に創建された寺院がある．太白山は新羅の五山のうち，プガク(北岳)であり，現在は登山の対象として親しまれている．いずれもが国立公園，道立公園に指定されている．太白山脈は地下資源にも恵まれている．最大の地下資源は石炭であり，ヨンウォル(寧越)炭田，チョンソン(旌善)炭田，サムチョク(三陟)炭田など，良質の無煙炭の炭田が多く分布していた．石灰岩地域ではセメントが生産されている．　　　　[山田正浩]

デポック　Depok

インドネシア

人口：173.9 万 (2010)　　面積：200 km²

気温：24–33℃　　降水量：2684 mm/年

[6°24′S　106°49′E]

インドネシア西部，ジャワ島西部，西ジャワ州の市(コタ)．首都ジャカルタの南 25 km に位置する．北はジャカルタ首都特別区およびタングラン，南はボジョングデ Bojong Gede 県およびボゴール県チビノン Cibinong 郡，西はグヌンシンドゥール Gunung Sindur 県およびボゴール県パルン Parung 郡，東はボゴール県グヌンプトゥリ Gunung Putri 郡およびポンドックグデブカシ Pondok Gede Bekasi 郡と接している．

オランダ植民地期の 1714 年，町の建設がなされ，学校，病院といった公共施設がつくられた．1987 年にジャカルタ市内より移転してきた国立インドネシア大学をはじめ，複数の私立大学が存在する学園都市として有名である．また，総面積 26 ha のデポック鉄道車両基地が 2008 年 1 月より使用開始され，ジャカルタ首都圏で運行する車両の整備，留置を行っている．ジャカルタとは大通りおよび列車で結ばれており，ジャカルタのベッドタウンとして発展している．年平均湿度は 82%．米，トウモロコシ，タロイモ，豆類，バナナ，パパイヤ，マンゴー，ドリアンなどの生産が盛んである．　　　　[浦野崇央]

テホンダン　大紅湍　Taehongdan

北朝鮮

天平 (古称)

標高：835 m　　気温：1.6℃　　降水量：574 mm/年

[42°00′N　128°51′E]

北朝鮮，リャンガン(両江)道北東の町で郡庁所在地．ペンム(白茂)高原のトマン(豆満)江寄りに位置する．1978 年に新設された．ペクトゥ(白頭)高原北東部にある．古くから天平とよばれ，天(高い土地)にある平野という意味である．テホンタン(大紅湍)平野(白頭十二・三千里が原)は郡の北部に位置する．原野が開拓され，大紅湍郡総合農場がつくられ，高地帯農業の模範になっている．農場は機械化され，ホップ，麦類，亜麻が栽培される．また，それらの加工工場がある．ジャガイモ栽培は全国的規模である．また，広大な綿羊・山羊牧場が造成されている．北朝鮮の代表的な原木生産地．チョウセントラ，クマ，クロテンなどの生息地．1939 年ムサン(茂山)地区戦闘の戦勝地である．　[司空　俊]

テーマー川　Tamar River

オーストラリア

ダーリンプル川　Dalrymple River (古称)

長さ：70 km　　　　　[41°04′S　146°47′E]

オーストラリア南東部，タスマニア州北部を流れる川．モーブレイ Mowbray 平原に発し，北に流れ，バス海峡に注ぐ．地理学上では三角江に該当し，川と湾の中間的な水域である．サウスエスク川，ノースエスク川，メアンダー川が合流している．おもな支流は 8 つあり，サプライ Supply 川，フォーティーンマイル Fourteen Mile 川，ストニー Stony 川，レディネルソン Lady Nelson 川などである．火山と氷河活動によって形成されたテーマー渓谷を流れる．上流一帯にはテーマー川自然保護地域がある．中州があり，テーマー島とよばれている．広さは東京ドームの約 1.5 倍(7 万 m²)，船で渡り，湿原の散策を楽しめる．中流域にはワイン用のブドウ農園や果樹園がある．開拓時代はリンゴ栽培が促進されていた．フランスのボルドーを流れるジロンド川周辺の地形と風土が非常に似ており，1970 年代から本格的にワイン醸造が試みられ成功を収めた．現在は陽が当たる西側で良質のワイン生産に成功している．河口にはコガタペンギンの繁殖地がある．テーマー渓谷産の料理とワインを楽しむクルージングが人気である．

1798年に探検家のジョージ・バスとマシュー・フリンダーズが発見した．地名は，1804年にウィリアム・コリンズが測量し，ウィリアム・パターソンがダーリンプル川と名づけたが，その後テーマー川と変更された．1870年代に下流のジョージタウンやベーコンズフィールドで金鉱や鉱山が発見されて繁栄した．1960年代までロンセストンからの工業汽船が数多く出入りしていた．

［武井優子］

テマヒアマイタフィティ　Te Mahia mai Tawhiti ☞ マヒア半島 Mahia Peninsula

テミアン島　Temiang, Pulau

インドネシア

人口：1.9万（2010）　面積：40 km²

[0°20′S　104°23′E]

インドネシア西部，リアウ諸島州南西部リンガ県スナヤン郡の島．トゥンビラハンの北東約150 kmに位置する．近隣にバタン島などの小さな島々が点在する．島西部に標高219 mの丘があり，島の東端にはトゥバンTeban村がある．　［稲垣和也］

テミルタウ　Temirtau

カザフスタン

人口：17.0万（2009）　[50°03′N　72°57′E]

カザフスタン中央部，カラガンダ州中部の都市．州都カラガンダの北西29 km，ヌラ川をせきとめてつくられたサマルカンド貯水池畔に位置する．1905年に最初の居住地が設けられた．大鉄鋼基地で，セメント工場，合成ゴム工場をもつ工業地帯である．またサマルカンド貯水池の水力発電所と埋蔵量豊富なカラガンダ炭田による大火力発電所がある．1960年代に人口が倍増した．

［木村英亮］

テムカ　Temuka

ニュージーランド

人口：0.4万（2013）　[44°15′S　171°17′E]

ニュージーランド南島，カンタベリー地方中部の町．ストラサラン地区に属し，テムカ川東岸の沖積平野上に位置する．南島の鉄道の主要幹線（クライストチャーチ〜インヴァーカーギル間）のルートにもなっており，クライストチャーチの南西143 km，ティマルの北18 kmにある．町の中心部には学校，ホテル，キャンプ場，警察署，地方裁判所が立地している．町の周辺は，牧羊，酪農，農業地帯が広がっており，とりわけ，肥沃な土壌も手伝って都市部への出荷を目的とした野菜，花卉などの園芸農業が盛んである．第1次産業以外のおもな産業としては，食品加工，農業機械，衣料といった農業関連工業をあげることができる．　［泉　貴久］

テムズ　Thames

ニュージーランド

人口：0.7万（2013）　[37°09′S　175°33′E]

ニュージーランド北島，ワイカト地方の都市．テムズコロマンデル地区コロマンデル半島南西部の付け根部分にあたり，テムズ湾の南東奥に面する．国道25号が南北に通る．ゴールドラッシュの時代，半島には人が押し寄せ，その後，廃坑とともに人口は減少したが，テムズのみは衰えることなく人口は多い．もとはショートランドShortlandとグラハムズタウンGrahamstownという2つの町であった．1867年，ショートランドが宣教師とマオリの間での協定によって設立された．この土地では金が産出したため，年5000ポンドでマオリから借り受けられた．グラハムズタウンは翌年に設立され，1874年に金鉱の中心がグラハムズタウンに移ったことにより統合された．テムズの金鉱を含む土地もマオリの所有であった．町の南部をカウアゲランガKauageranga川が流れ，さらに南部には大河川のワイホウ川が流れてともにテムズ湾に注ぐ．町の東はすぐコロマンデル山脈が迫り，森林公園がほど近い．また中心部の南3 kmにテムズ飛行場があり，グレートバリア航空がオークランドへの定期便を運航している．1998年まではトヨタの自動車工場があった．　［植村善博・太谷亜由美］

テメンゴール湖　Temenggor, Tasik

マレーシア

面積：152 km²　[5°33′N　101°37′E]

マレーシア，マレー半島マレーシア領北西部，ペラ州の湖．州最大の人造湖である．ペラ州のペラ川上流部は，チャマー山からキャメロン高原に続くマレー半島の脊梁山脈と，半島西岸のペナン島に近い山系とにはさまれているが，湖はこの上流部分につくられた．湖は水力発電所建設などのためにこのペラ川をせき止めて1975年にできたダム湖である．マレー半島の東岸と西岸とを結ぶ高速道路が湖を横断している．高速道路は，ダム湖に浮かぶバンディン島を経由する．湖の周辺地域には先住民オランアスリの住居が点在する．湖には魚が豊富で，魚釣りの場として州内でもよく知られる．　［生田真人］

テモアナアトイ　Te Moana-a-Toi ☞ プレンティ湾 Plenty, Bay of

テモーラ　Temora

オーストラリア

人口：0.4万（2011）　標高：300 m

降水量：600 mm/年　[34°27′S　147°32′E]

オーストラリア南東部，ニューサウスウェールズ州中央南部，テモーラ行政区の町．首都キャンベラの北西約170 km，州都シドニーの西約350 kmに位置し，マレーダーリング盆地東部にある．夏季は30℃を超えるが，冬季は0℃まで下がる．1847年に入植が始まり，60年代に金鉱が発見されると人口が急増し，80年代には2万に達した．その後は，金の産出量の減少とともに人口が減少したが，小麦の生産，集積地として展開している．現在のおもな産業は農業と牧畜業であり，小麦，植物油，蜂蜜および羊毛などが生産されている．とくに蜂蜜は，国内第2位の生産量を誇る．また，テモーラ地域農業研究所があり，小麦の品種改良が盛んに行われている．一方，町には1893年開通のテモーラ駅やテモーラ空港があるほか，幹線道路が集まっており，周辺地域の政治，経済および交通の中心地としての機能をもつ．また，町にある航空博物館および農業博物館は有名で，観光名所の1つとなっている．

［梶山貴弘］

テユドン　大楡洞　Taeyudong

北朝鮮

気温：7℃　降水量：1440 mm/年

[40°18′N　125°34′E]

北朝鮮，ピョンアンブク（平安北）道東倉郡の村．東倉郡の邑から3 kmに位置する鉱山集落で，一帯は古くからの金産地で，開発の歴史が長い．そのうちの1つが大楡洞金鉱山である．ウンサン（雲山）に次ぐ北朝鮮第2の金山である．李氏朝鮮代の末期，1896年頃からフランスが莫大な金を略奪，その後1916年にはアメリカと日本が金をもち去った．金鉱脈が少なくなったが，1945年8月以後新鉱脈を発見．一方，深部採掘が進められ，産出量が増大した．　［司空　俊］

テューナ　Tuena
オーストラリア

人口：187 (2011)　標高：500 m
[34°01′S　149°20′E]

　オーストラリア南東部，ニューサウスウェールズ州南東部，アッパーラクラン行政区の町．首都キャンベラの北約140 km，州都シドニーの西約170 kmに位置し，グレートディヴァイディング山脈西麓の台地上にある．1851年に，町の北端を流れるアバークロンビー川で金が発見されたのを機に入植者が増加し，郵便局，学校，警察署，教会，ホテルおよび商店などが相次いで建設された．現在はおもに酪農が行われている．また，砂金採りを目的とした観光客がしばしば訪れる．
[梶山貴弘]

デュフェク海岸　Dufek Coast
南極

[84°30′S　179°00′W]

　南極，東南極の海岸．南極横断山地を溢流するビアドモア氷河の河口東岸からリヴ Liv 氷河の河口東岸まで，ロス棚氷奥部南西縁のさしわたし250 kmの地域をさす．海岸と称するものの，前面にはロス棚氷が広がっており，実際の海までは600 kmもの距離がある．地名は，1939年のバード隊以降1959年までアメリカの南極探検支援に功績があったアメリカ海軍のジョージ・J・デュフェク提督を記念して，ニュージーランド南極地名委員会が1961年に命名した．
[森脇喜一]

デュモンデュルヴィル基地　Dumont d'Urville Base
南極

[66°40′S　140°00′E]

　南極，東南極の観測基地．アデリーランドのポイントジェオロジー諸島にあるフランスの基地である．フランスのデュモン・デュルヴィル(1790–1842)率いる探検隊が1840年1月21日に，ポイントジェオロジー諸島北東端にあるデュモリン島に上陸したことを記念して命名された．1956年1月12日に開所され，現在はフランス極地研究所によって維持・管理されている．
[前杢英明]

デュルヴィル岬　D'Urville, Tanjung
インドネシア

ナルワク岬　Narwaku, Tanjung (別称)
[1°28′S　137°55′E]

　インドネシア東部，ニューギニア島西部，パプア州中央部北側の岬．太平洋に面し，州中央部のヴァンレス山脈から北流するマンベラモ川(長さ約670 km)の中下流に広がる広大な低湿地帯の最先端部に位置する．フランスの海軍軍人・探検家ジュール・セバスチャン・セザール・デュモン・デュルヴィル(1790–1842)がアストロローブ号の第1次航海(1826～29)でこの岬を通過し，その名を冠した．近年では，ナルワク岬という名称がよく使われる．
[瀬川真平]

テヨンピョン島　大延坪島　Daeyeonpyeongdo
韓国

人口：0.2万 (2015)　面積：約6 km²
[37°40′N　125°42′E]

　韓国北西端，ファンヘ(黄海)の北方限界線近くの島．北朝鮮の甕津半島の南端から約12 kmに位置する．行政上は甕津郡延坪面．1997年に松林面から改称した．南方の小延坪島およびその他の付属島嶼が属する．北方限界線に近いため，軍事上重要な場所であるだけでなく，近海は好漁場で，漁業に従事する住民が多い．かつてはイシモチが中心で，海上に多くの漁船が集まって取引する波市が盛んであった．最近はワタリガニ漁が中心になっている．2010年秋，北朝鮮からの砲撃を受けた．
[山田正浩]

テーラー山　Taylor, Mount
ニュージーランド

標高：2330 m　[43°30′S　171°19′E]

　ニュージーランド南島，カンタベリー地方の山．アシュバートン地区，アシュバートン川の北側の支流と南側の支流の谷頭間をほぼ南北に走る複雑な山地の最高峰である．オールドマン Old Man 山地とテーラー山地とが合する点にある．
[太田陽子]

テライ平原 Terai Plain ☞ ヒンドスタン平原 Hindustan Plains

デライスマイルハン　Dera Ismail Khan
パキスタン

人口：8.7万 (1998)　[31°50′N　70°54′E]

　パキスタン北西部，カイバルパクトゥンクワ州最南部デライスマイルハン県の町で県都．インダス川中流右岸約1.6 kmに位置し，北へは高速道路でバンヌー，さらにコーハートを経て北北東約250 kmの州都ペシャーワルと結ばれる．ほかにはチャシュマ堰堤を経てパンジャブ州のミアーンワーリと，またインダス川東岸のバッカルと結ばれる．バッカルとは以前は舟橋で結ばれていたが，1980年代初めに架橋された．ゴーマル峠を経てアフガニスタンとも結ばれる．夏は暑く，6月の平均最高気温は41.5℃，平均最低気温は26.8℃である．小麦，サトウキビ，豆類，酪製品などの農畜産物の集散地であり，漆器，毛織物(絨毯や腰巻き)，ガラスや象牙の容器などの伝統的な手工業で知られる．近年石けんや織物の工場，砂糖工場，製粉工場などができた．
　もとの町は1469年にバローチの族長デライスマイルハンが開いたといわれ，地名は彼の名にちなみ，その子孫が町を300年間支配したという．デラとは人が集まるところを意味する．町はインダス川の洪水によって流され，新しい町が1823年につくられた．古い城壁が旧市のまわりに残るなど，他の都市では失われた古い町の雰囲気が残されている．バザールはチョウガラといわれる1カ所に集中しており，その意味は4本の道が出ている場所という．主要なバザールにはトパンワーラバザール，バーティヤバザール，アフガニバザールがある．お菓子のソーハンハルワは有名である．
　町には1974年に創設されたゴマル大学とともに，ペシャーワル大学の付属カレッジがある．ウルドゥー語を話す移住者もいるが，バローチとパシュトゥーンが主要な民族で，ウルドゥー語は国語であり皆が話すが，サライキー語が土着の人の言語で，パシュトゥー語を話すのはパシュトゥーンに限られる．町の中心から北約10 kmにデライスマイルハン空港がある．
[出田和久]

デライスマイルハン県　Dera Ismail Khan District
パキスタン

人口：85.3万 (1998)　面積：7326 km²
降水量：250 mm/年　[31°50′N　70°54′E]

　パキスタン北西部，カイバルパクトゥンクワ州最南部の県．県都はデライスマイルハ

ン．北はタンク県およびラッキマーワット県，東はインダス川を隔ててパンジャブ州バッカル県，北東はミアーンワーリ県，南はデラガージハン県，西は連邦政府直轄部族地域の南ワジリスタン管区，デライスマイルハン辺境地域に接する．スライマン山脈の東に広がるペディメント(山麓緩斜面)とその前面の扇状地とインダス川沿いの氾濫原(カッチャ)からなり，北西部と北東部の山地部分を除くとおおむね標高300 m以下で，東のインダス川に向かって低くなる．モンスーンによる降水量も50～60 mm程度で，年平均降水量は少なく乾燥が厳しく，降水量の年変動が大きい．夏は暑く，6月の平均最高気温は41℃以上になる．冬の平均最低気温は4～5℃くらいである．チャシュマ堰堤から取水した用水路や荒れ川の水による灌漑が行われ，おもな作物として，小麦，米，ヒヨコ豆がつくられ，重要な商品作物としてはサトウキビが栽培されている．　　　　　［出田和久］

テーラーヴァレー　Taylor Valley
南極

長さ：29 km　　　　　　　［77°37′S　163°00′E］

南極，東南極の峡谷．ヴィクトリアランドの南極横断山脈における三大ドライヴァレーのうち，最南端にあり，マクマード入江の西側に位置している．西側のテーラー氷河から，東側のニューハーバーの北東端にあたるエクスプローラーズコウブにあるマクマード入江まで29 kmにわたって続いている．峡谷はかつて，その名前の由来となったテーラー氷河によって埋め尽くされていた．谷中にはボニー Bonney 湖やフライクセル Fryxell 湖など多数の湖や池が存在する．北側でアスガード Asgard 山脈とライトヴァレーによって分断され，南側はククリ Kukri 丘陵とフェラール Ferrar 氷河によって隔てられている．1901～04 年に行われたイギリス南極探検隊によって発見され，さらにその後，同隊により完全踏査(1907～09 および 10～13)された．地名は，オーストラリアの地質学者であるトーマス・グリフィス・テーラー(1880-1963)にちなんで命名された．
　　　　　　　　　　　　　　［前杢英明］

テラウィー　Terowie
オーストラリア

人口：229 (2011)　標高：503 m
　　　　　　　　［33°09′S　138°55′E］

オーストラリア南部，サウスオーストラリア州南東部の町．ブラウンヒル Brown Hill 山脈の東にある．バリアーハイウェイ沿い，州都アデレードの北 221 km に位置する．開拓時代の雰囲気を残す歴史的な町で，かつては鉄道運行上の重要地点であった．町の周辺の農地は 1873 年に測量され，町自体は 4 年後の 77 年に登録された．3 年後の 1880 年にニューサウスウェールズとアデレードとを結ぶ鉄道が開通した．ゲージ(軌間)の異なる 2 つの鉄道が合流する町であったため，1880 年代から 1900 年代前半にかけて多くの鉄道関係者で賑わいをみせた．ピーク時の町の人口は 2000 に達したという．しかし 1969 年，広軌道の鉄道が延長されると人口は一気に減少した．現在，町には 35 の歴史的な建造物が残されている．中でも 1882～1993 年の 100 年以上にわたって現役を続けた郵便局，1874 年に建設されたテラウィーホテルなどが有名である．また，メインストリートには 1880 年代の店が保存されており，その 1 つは現在ティールームとして利用されている．地名の由来については不明であるが，語尾の owie は先住民アボリジニの言語で水を意味する．　　　　　　　　　　　　［片平博文］

デラガージハン　Dera Ghazi Khan
パキスタン

人口：19.1 万 (1998)　　［30°04′N　70°38′E］

パキスタン東部，パンジャブ州南西部デラガージハン県の都市で県都．ムルターンの西約 80 km，インダス川中流右岸に位置する．綿花や小麦，雑穀，ナツメヤシなどの集散地・加工地である．かつて町はインダス川に臨んでいたが，大水害を契機に定期的な氾濫を避け，20 世紀初頭に西 11 km の現在地に移転した．　　　　　　　　　　［出田和久］

デラガージハン県　Dera Ghazi Khan District
パキスタン

人口：164.3 万 (1998)　面積：11922 km²
降水量：200 mm/年　　　[30°04′N　70°38′E］

パキスタン東部，パンジャブ州南西部の県．県都デラガージハン．北はカイバルパクトゥンクワ州のデライスマイルハン県と政府直轄部族地域，西はバローチスタン州のムサケール県とバルハーン県，南はラージャンプル県，東はインダス川を隔ててムザッファルガル県とレイア県に接する．地形は，西部のスライマン山脈から延びる山地，丘陵地と東部の平野とに二分され，山地は北が高く標高

3000 m に達し，南に低下する．平野部は山麓のペディメント(山麓緩斜面)地域と河岸地域と両者の間の灌漑地域に分けられる．夏は暑く，年平均降水量は少なく乾燥が強い．ペディメントでは渓流，河岸地域はインダス川の溢流によるほか，インダス川にかかるタウンサ堰堤からの灌漑用水により耕作が行われ，小麦，綿花がおもな作物で，ほかに米，ヒヨコ豆，大麦などがつくられる．果物栽培も比較的盛んで，柑橘類をはじめマンゴー，ナツメヤシなどが多く栽培されている．
　　　　　　　　　　　　　　［出田和久］

デーラドゥーン　Dehradun
インド

Dehrā Dūn (別表記)

人口：57.8 万 (2011)　面積：300 km²
　　　　　　　　［30°19′N　78°03′E］

インド北部，ウッタラカンド州南西部，デーラドゥーン県の都市で州都および県都．シワリク丘陵とヒマラヤ山脈にはさまれた広大なドゥーン谷(構造性縦谷)の中にあり，ガンジス川とヤムナ川との間の中間に位置する．首都デリー北東 210 km に位置し，標高 670 m の丘陵避暑地であるムスーリやヒマラヤ山地各地へ向かっての鉄道終点かつバス交通の起点ともなっている．近くのムスーリには，毎年，夏になると，デリーの人びとが大挙して押し寄せるが，最近はインド人の若者がハネムーンで訪れることが多い．観光地としてだけではなく，ムスーリは教育の拠点としても知られ，山間には有名な私立学校が点在する．ウッドストック・スクールは，中でも世界中から学生や職員が集まっている．

また，インド軍の高等教育機関，陸地測量部，森林研究所，ヒマラヤ地質研究所，野生生物研究所など国立の研究機関が多く立地しており，インド地質調査局や石油天然ガス委員会の本部がある．このように，市はこの地域の政治，教育，文化，交通，商業の中心地となっている．製造業に関しては，紅茶加工がおもな産業であるが，砂糖，小麦粉，ロジン(樹脂からつくられる滑り止め剤)，テレピン油(針葉樹から得られ，塗料用ニスなどの原料)など地方産物に基づいた産業や，より技術を要する羊毛・綿糸・絹の織物，光学器械，医療機器などの工業がある．

市の起源ともなった，シク教ウダスィ派創設者であるグル・ラムライの寺院(1699)は，市内で最も注目に値する歴史的なムガル建築の流れをくむ建造物である．村から町へ，さらに都市へと発展した長い歴史があるが，イギリスが残したいくつかの施設の中で，とく

1222　テラノ

に市街地の北側にある森林研究所は最もよく知られている. 20世紀初めにイギリスが設立したこの森林研究所は, 壮大なヒマラヤ山脈を背景にした広い植物園の中に建てられており, 世界でも有数の森林科学の研究機関であるとされ, すばらしい博物館を併設している.　　　　　　　　　　　　　[前田俊二]

テラノヴァ湾　Terra Nova Bay

南極

面積:29 km²　長さ:64 km　幅:81 km
[74°50′S　164°30′E]

南極, 東南極の湾. ヴィクトリアランドのワシントン岬からドリガルスキー氷舌の間の海岸に位置する. 長さ64 kmの氷河に覆われない湾である. イギリスのロバート・スコットに率いられたディスカバリー探検隊として知られているイギリス南極探検隊(1901〜04)によって発見され, 探検隊の船団を構成する救助船の1つであったテラノヴァ号の名前から命名された. 湾の奥にはイタリアの夏期観測施設であるズッケリ基地が1986年より運用が開始され, またさらに最近では韓国のジャンボゴ基地が2014年から新たに開設され通年使用されている. 基地周辺は南極特別保護区(ASPA 161)に指定されており, 海底の底生生物の長年にわたる観測が行われ, さらに腔腸動物の豊かな群落とアデリーペンギンの営巣地もある.　　　　[前杢英明]

デラブクティ　Dera Bugti

パキスタン

人口:1.5万 (1998)　標高:900 m
降水量:150 mm/年　　[29°03′N　69°12′E]

パキスタン南西部, バローチスタン州東部デラブクティ県の町で県都. ピールコー山地とジンガール山地との間の谷底の標高約900 mに位置し, 東約1 kmにはマラーヴ湿地(湖)がある. 地名はこの地の有力部族名に由来する.　　　　　　　　　　　　　[出田和久]

デラブクティ県　Dera Bugti District

パキスタン

人口:18.1万 (1998)　面積:10160 km²
[29°03′N　69°12′E]

パキスタン南西部, バローチスタン州東部の県. 県都はデラブクティ. 1983年にシビー県から分離し成立した. 北はコーホルー県, 西はカッチ県, ナシラバード県, 南はシンド州のジャコババード県, 東はパンジャブ

州のデラガージハン県に接する. 県域は北部のピールコー山地などの不毛な山地と南部のペディメント(山麓緩斜面)と扇状地の平野部からなる. 年平均降水量はデラブクティで150 mmほどと乾燥が強く, 夏は暑く平均最高気温は45℃を超え, 冬の平均最低気温は5〜6℃である. 沖積地で農業が行われ, 可耕地面積は2万ha以上あるが, 恒常河川はなく乾燥し, 水は不足している. 灌漑面積は2割に満たず, 十分な灌漑施設を欠くので実際に耕作されるのは可耕地面積の4割に満たない. おもな作物は, 小麦, ヒヨコ豆, バージラのほか飼料作物がある. 山羊や羊の放牧のほか, 牛, ラクダの飼育も比較的盛んである.

1963年にパキスタン初の天然ガスが県内のスーイーSuiにおいて採掘され, その量は豊富で国内各地に供給している. 交通路の整備が遅れており, 工業は毛織物やレンガ製造の小規模なものがみられる程度である. 民族はバローチ人が95%を占め, 中でも地名の由来となったブクティが最有力部族である.
[出田和久]

テラムカンリ山　Teram Kangri

パキスタン〜中国

標高:7462 m　　　　[35°34′N　77°05′E]

中国, インド, パキスタンにまたがる山塊. インド北部, ジャンムカシミール州カラコルム山脈の支脈に位置し, 7400 m前後の3つの峰をもつ. それぞれの峰はテラムカンリI, テラムカンリII, テラムカンリIIIと名づけられているが, これらのうち1番高いテラムカンリIは標高7462 mで, 中国とインド・パキスタン係争地間の境界線上にある. このテラムカンリIは, 1975年日本隊によって初めて登頂され, 引き続きテラムカンリIIも同じ日本隊によって登頂され, さらにテラムカンリIIIも79年日本隊によって初めて登頂されている.　[前田俊二]

テラン　Terang

オーストラリア

人口:0.2万 (2011)　面積:150 km²
[38°16′S　142°57′E]

オーストラリア南東部, ヴィクトリア州南西部の都市. プリンセスハイウェイ沿いに位置し, ウォーナンブールの北北東約40 km, 酪農地域の中にある. 市街地は整然とした街区に加え, 1890年代に植えられたポプラやカシなどの並木が続く. また, ここで開催さ

れる競馬も有名である.　　　　　　　[堤 純]

テランガーナ州　Telangana, State of

インド

人口:約3500万 (2011)　面積:112077 km²
降水量:700-1500 mm/年
[17°22′N　78°26′E]

インド南部の州. 2014年6月にアンドラプラデシュ州から分離したインドで最も新しく生まれた全国29番目の州である. 州域は, デカン高原上に位置し, 北をマハーラーシュトラ州とチャッティスガル州に接し, 西をカルナータカ州, 南, 東をアンドラプラデシュ州に接する. 面積および人口ともに全国第12位の規模であり, 全10県で構成される. おもな都市には, ハイデラバード, ワランガル, ニザマバード, カリムナガル, カーマムなどがある. 地名は, ヒンドゥー教の神話に出てくるトゥリリンガ(シヴァ3神)に由来するといわれる. 古くは, この地方をトゥリリンガの国とよんだ. 州都はハイデラバードであるが, アンドラプラデシュ州再編法(2014成立)にもとづき, 同州が新州都アムラヴァティを, 沿岸部のグントゥール県に建設する2024年まで両州で共用することとなった.

州域は, デカン高原の中央部分を占め, ゴダヴァリ川とクリシュナ川の集水域を中心に広がる. 半乾燥地域の特性をもつ. 季節をみると, 夏季は3月に始まり, 5月がピークで平均42℃まで上昇する. やがて6月から雨季に入り, 9月まで雨の多い日が続く. この間の平均降水量は755 mmほどである. 気温は30℃台に下がる. 冬季は乾燥してさわやかな気候で, 11月中旬に始まり, 2月初旬まで続く. この間の平均気温は22〜23℃で過ごしやすい. 住民の言語別構成は, 76%がテルグー語, 12%がウルドゥー語, 12%がその他となっている. ウルドゥー語が2番目に多いのは, イギリス植民地時代の長きにわたり, この地域を支配していたイスラーム系藩王が, ウルドゥー語を公用語にしていたことによる.

州の経済を支える最も重要な産業は農業である. 稲作が中心で, その他の主要産品には, トウモロコシ, タバコ葉, 熱帯果物のマンゴー, 綿花, サトウキビがあげられる. また, 養鶏業の発達もみられる. 州域が半乾燥地帯であるにもかかわらず米やサトウキビ栽培が行われるのは, 州内を流れる主要河川のゴダヴァリ川やクリシュナ川から網の目状に延びる灌漑水路のおかげである. 最も有名な

られ，新しい州政府が発足し，公用語もウルドゥー語から英語に改められた．1952年には，初の民主的選挙が実施され，選挙で選ばれた新首相にブルグラ・ラーマクリシュナ・ラオが就任したが，まもなくマドラス州出身官僚は郷里へ帰れ運動が，地元住民により頻発することとなった．翌1953年の第1次州再編法（主要言語による州編成方式）により，マドラス州からテルグー語文化圏の北部がアンドラ州として分割された．さらに，1956年の第2次州再編法により，アンドラ州とハイデラバード州とが，テルグー語文化圏であることを理由に合併し，アンドラプラデシュ州が生まれた．この年をもって，象徴として残っていたイスラム教徒の旧藩王は完全に退位させられた．なお，1956年にアンドラプラデシュ州に統合されて以降も，旧ハイデラバード州（藩王国）地域では，アンドラプラデシュ州からの分離を求める大規模な政治運動が，地元主義者によって，1969年，72年，2009年と三度も起こされた．この分離運動を機に，政府は旧ハイデラバード州地域を，アンドラプラデシュ州から分離する手続きに入ることを承認した．その後，政府とアンドラプラデシュ州との間で分割に向けて協議が進められ，2014年6月にテランガーナ州は正式に成立した．

この州が，強い地域主義に基づいて成立したのは，長いイギリス領植民地時代に栄えた旧ハイデラバード州の先祖返りによるものであった．この地域では，古代に北インドの広い地域を支配したアショーカ王の支配が終わった紀元前3世紀以降に，初めて独立した王国が成立したとされる．7世紀にはチャールキヤ王朝の，また，10世紀にはチョーラ王朝の支配地となる．しかし，この地域は，14世紀頃からイスラーム勢力の支配地に組み入れられることになり，1687年にムガル帝国のアウラングゼーブ帝支配下の地方領となる．やがて1723年にアウラングゼーブ帝が没すると，領主は，ニザムの称号を名乗り，ムガル帝国から一定の距離を置く独立性の強い藩王国を立てて，宗主国イギリスの国策会社であるイギリス東インド会社との独自の結びつきを強めていった．この頃から，地域住民の地元主義，地域主義の強い固有の文化が醸成されていった．

旧アンドラプラデシュ州時代の政治は，1980年代まではインド国民会議派が主導したが，90年からは，地域政党のテルグー・ダシャン党（テルグー語話者の土地）が政治主導権を安定的に握ってきた．しかし，同党の政策理念をめぐり，2001年に旧ハイデラバ

水路網は，ゴダヴァリ川盆地灌漑事業で完成したものである．製造業はハイデラバードとその周辺に発達し，自動車，自動車部品，繊維，繊維製品，医薬品が有名である．また，州都やその周辺には，近年，業種別の工業団地が形成されている．たとえば，ハイデラバード市内にソフトウェア団地，郊外にソフトウェア地区が，グンドラポチャンパッリGundlapochampalliにアパレル団地，パシャミララムPashamyleramに輸出振興団地，ツルカパッリTurkapallyにバイオテクノロジー団地などが開発された．また，分離前のアンドラプラデシュ州政府は，インド情報工学研究所をハイデラバードに設立し，4年の学部教育と1年半の大学院プログラムも開設した．IBM，オラクル，モトローラといった世界に知られたIT企業が，技術者養成学校をハイデラバードに置いている．

2014年にアンドラプラデシュ州から分離したこの州の歴史は，大変ユニークである．それは州が，植民地時代の旧ハイデラバード藩王国領を再興したといえるからである．旧ハイデラバード藩王国は，インドがイギリスから独立した1947年に，イスラーム教徒の統治者の藩王（ニザム）オスマン・アリ・カーンが，新生インド共和国への編入に従わず自治権を主張したことで有名である．当時のニザムは，イスラーム教徒中心の私兵による独自の軍隊をもち，世界で最も裕福な財政を誇ったといわれる．しかし，インドの初代首相ジャワハルラル・ネルーが，1948年に軍隊を派遣（作戦名ポロ）し，5日間の武力攻撃で同州の自治権を奪取し，インドに強制的に編入させた．その結果，新しく生まれたインド共和国の中に，唯一イスラーム教徒が統治していた藩王国は消滅し，藩王は象徴とされ，政治の実権を失った．1949年11月には，インド共和国にハイデラバード州として編入された．

1950年1月には新しい州首相が任命され，旧イスラーム政権下の官僚を排除し，おもに南部のマドラス州（当時）から官僚が集め

ード州出身政治家が分党し，カルヴァクントラ・C・ラオが新党テランガーナ・ラシュトラ党(テランガーナ地域主義政党)を結成，旧アンドラプラデシュ州からの分離を目ざす運動を本格化させた．つまり，テランガーナ州成立の立役者となったのは，アンドラプラデシュ州で勢力を伸ばした地域政党のテルグー・ダシャン党から分派した旧ハイデラバード藩王国を基盤とする政治勢力，テランガーナ・ラシュトラ党(2001設立)の面々であった． [中山修一]

テリ Tehri インド

人口：2.4万 (2011) 面積：37 km²
[30°23′N 78°29′E]

インド北部，ウッタラカンド州北部，テリガリワール県の都市で県都．州都デーラドゥーンの東北東43 kmのガンジス川の上流，バギラティ川とビランナナ川の合流点の西側に位置する．周辺はクマオンヒマラヤ山系の山麓部にあたる．大部分が森林で占められ，林業や薬草採取が盛んである．また，市内周辺の丘陵地や山麓斜面で栽培される米，小麦，キビ類，アブラナ，ジャガイモなどの集散地でもある．イギリス植民地時代は，テリガリワール藩王国の首都として栄えた．旧市街は，1987年から建設が始まったインド最大級(堤長575 m，堤高260.5 m)の多目的重力式のテリダム(2006年竣工)の工事で湖底に沈んだ．ダム工事に伴い新市街地のニューテリ地区が，ダムの西，直線で約5 kmの山麓に開発整備され，中心市街地として発展している． [中山晴美]

デリ島 Deli, Pulau インドネシア

気温：23-31°C 降水量：1585 mm/年
[7°00′S 105°32′E]

インドネシア西部，バンテン州パンデグラン県チケウシック Cikeusik 郡の島．ジャワ島南西部，インド洋の最も外れに位置し，オーストラリア領のクリスマス島に近い．定住者はいないが，オナガザルの保護と管理が森林省によってなされている．また，時には数十人の漁師集団が島に立ち寄ることがあり，海岸には彼らの滞在用のテント小屋が設置されている．近くにはティンジル Tinjil 島がある．標高は0～5 mである． [浦野崇央]

デリー Delhi インド

デリー首都圏(別称)／デリー首都連邦直轄地
Delhi, National Capital Territory of (正称)

人口：1631万 (2011) 面積：1483 km²
降水量：790 mm/年 [28°37′N 77°13′E]

インド北部，ヤムナ(ジャムナ)川の西岸に広がる同国の首都．同名のデリー市を含む，首都連邦直轄地である．別に，1992年制定のデリー首都圏法にもとづく行政領域の呼称として，デリー首都圏とよぶ場合もある．まさに東京都と同じ地域概念である．一般の州が国から任命される行政のトップが知事であるのに対し，デリー首都連邦直轄地の場合は，1ランク下の准知事である．その下に，住民が選挙で選ぶ議会があり，最大政党の中から直轄地首相が選出され，諸大臣が任命される．他の連邦直轄地のうち，プドゥシェリー(ポンディシェリー)が同様の制度をもつ．デリー首都連邦直轄地の行政区は，農村部を含む9つに分かれる．それらはデリー市，ニューデリー市，デリー駐屯地の3自治体の管轄下にある．このうち，ニューデリー市のみ1市1区で，他の自治体は，複数の区を管轄する．管轄区の数としては，デリー市が最も多い．

1803年にイギリス東インド会社の支配下に編入された．独立後1956年の州再編により，連邦直轄地となる．オールドデリーとよばれるのは，首都になる前からの歴史的に古い市街地で，ニューデリーの中心商業街地区のコンノートプレイスの北3 kmに位置する．デリーは，東側のガンジス(ガンガ)川を中心に広がるヒンドスタン平原と西側のパンジャブ平原の境に位置するデリー丘陵上の地政学的な要衝の地にあり，古くからインド亜大陸の領土争奪の中心地であった．デリーを治める者が，インド亜大陸を支配できるとさえいわれてきた．

首都デリーには，古代から現代まで8つの首都の盛衰が刻まれている．最初の首都は，現在のニューデリー市内のインドラプラスタで，3000年以上前に北インドを征服したとされるマハーバーラタ時代の首都と伝えられる．2番目は，ヒンドゥー王のチャウハーン・ラージプートが1052年に築いた城塞都

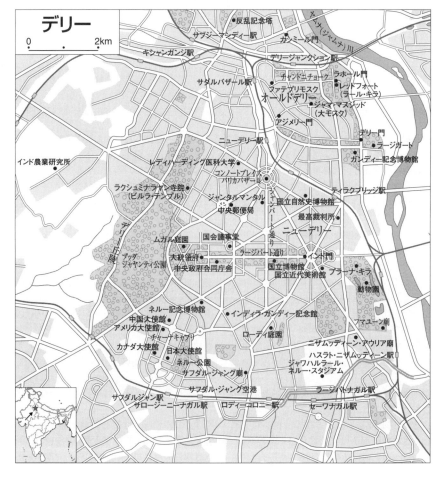

デリー(インド），ムガル帝国第2代皇帝の墓廟，フマユーン廟《世界遺産》〔LunaseeStudios/Shutterstock.com〕

市で，その中心は，現在のデリー市の西部に位置するクトゥブ・ミナール遺跡の南の地にあった．3番目の首都は，アフガニスタン地方で栄えていたゴール朝の武将クトゥブ・ウッディーン・アイバクが，インド遠征の末に1206年，イスラーム教徒で初めてインド亜大陸に都を築いたシーリー城である．その位置は，現大統領府から真南に8kmの位置にあるハウズカース Hauz Khas 付近である．以来5代のいわゆるデリー奴隷王朝が，この地を中心に栄えた．4番目は，デリー王朝の次のツグラカ王朝が，現在のクトゥブ・ミナールの東9kmの地に首都を定め，ツグラカバードとよんだ．5番目の首都は，ツグラカ王朝を倒したティムールが1398年にフィローザーバードに首都を置いた．現在のニューデリー市内のインド門のすぐ南東で，フィローズシャーコートラ付近であった．そこにはのちにティムール王が取り寄せたというアショーカ王の石柱やモスクが残っている．6番目の首都は，一時ムガル帝国のフマユーン王を破ったシエール・シャーが，現在のプラーナ・キラ（ニューデリーのインド門付近）に築いた首都である．7番目の首都は，1600年の初めシエール・シャーを破りムガル帝国の復興を成し遂げたシャー・ジャハーンが，首都を南200kmのアグラから遷都し，シャージャハナーバードに置いたものである．首都の守りの要として築造されたレッドフォート（ラール・キラ）は，1638年に建設が始まり，1648年に完成した．

その西側一帯がオールドデリーと呼ばれ，1856年の第1次インド独立戦争（セポイの乱）の勃発で，反乱軍に与したムガル王朝の首都であった．ところが，このムガル王朝が翌年戦いに敗れたため，イギリス政府の直接支配下に入り，首都機能を失うことになった．反乱に勝利したイギリス政府が，当時東インド会社の本社があったカルカッタ（現コルカタ）に，イギリス領植民地インドの首都を置いたからである．やがてイギリスは，インド亜大陸の完全支配を目ざし，歴代の王朝が選んだ戦略的要衝のデリー地域に向けて首都遷都を考えた．

こうして生まれた首都が8番目のニューデリーである．イギリスは，1911年に首都遷都の大工事に着手し，完成したのは31年であった．ただ，20年の歳月を費やして遷都したものの，わずか16年後の1947年には，インドの独立とともに新生インド共和国の首都に支配権を譲らなければならなかった．これほどまでに歴代の支配者がデリーにこだわった裏には，インド亜大陸全体の支配にとって，この地がいかに大事な地政学的位置を占めていたかということである．

現在の首都デリーは，その中心部にニューデリー市が，その北にデリー市の中心市街地（通称オールドデリー）が，そして，これらを取り囲むように新興の計画的開発による住宅地をもつ都市が発達する．ニューデリー市には，大統領府，中心商店街のコンノートプレイス，その地下には，パリカバザールとよぶ地下商店街がつくられ，いつも多くの人でごった返している．大統領府から延びるラージパート通りの両側に中央省庁の官庁街が広がる．その東の端に第1次世界大戦終戦記念のインド門がある．そのほか中心部近くには，1938年にビルラ財閥が建立した近代的なヒンドゥー教のラクシュミナラヤン寺院（通称ビルラ・テンプル）がある．

ラージパート通りの南東にあるフマユーン廟は，1993年に「デリーのフマユーン廟」

1226　テリウ

〈世界地名大事典：アジア・オセアニア・極Ⅰ〉

としてユネスコの世界遺産（文化遺産）に登録された．南の郊外にあるクトゥブ・ミナールは，1206年に，この地に初めてのイスラーム勢力の拠点を築いたクトゥブ・ウッディーン・アイバクが戦勝記念に建てた塔で，高さが72.5mもある．フマユーン廟と同じく1993年に「デリーのクトゥブ・ミナールとその建造物群」としてユネスコの世界遺産（文化遺産）に登録された．

デリー市の中心市街地であるオールドデリー地区の中世的な迷路状の市街地は，首都行政中心都市として開発された計画的道路と広い空間をもつニューデリー市街地とは対照的な都市景観を示す．レッド・フォートは「レッド・フォートの建造物群」として2007年にユネスコの世界遺産（文化遺産）に登録された．その南西側には，同時代に建設されたインドで最大といわれるジャマー・マスジッド（大モスク）があり，首都とその周辺に住むイスラーム教徒の心の拠りどころとなっている．　　　　　　　　　　　　［中山修一］

デーリーウォーターズ　Daly Waters

オーストラリア

[16°15′S　133°24′E]

オーストラリア北部，ノーザンテリトリー中央北部の町．国内最初の国際空港があった場所で，現在は復元された航空施設や歴史あるパブがある．州都ダーウィンの南東約500kmに位置する．地名は，1862年，探検家ジョン・マクドウアル・スチュアートが大陸を縦断した際に立ち寄り，当時新しく任命されたサウスオーストラリアの総督ドミニク・デーリー卿の名前にちなんで命名された．植民地はその後さらに北部の海岸へと広がり，泉の存在と緑豊かな場所であるというスチュアートの報告にもとづき，1872年，大陸縦断電信ラインの中継局の用地に選ばれた．南北方向150kmの保守管理のための職員も赴任し，年一度，乾季のときに郵便や生活必需品がこの地に運ばれるようになった．しかしその運搬は出発から到着までに4〜5カ月を要する大旅行で，食料は暑さで腐敗することも多く，小麦粉のような必需品の品不足も頻発した．

現在もあるデーリーウォーターズ・パブは1920年代の建物であるが，パブそのものは1890年代に登場し，クイーンズランドとキンバリー地域の間で家畜を移動する途中につくられた野営地として，この地を利用したカウボーイのために食料を提供していた．その後，人里から離れていたことを背景に，初期の国内航空における燃料補給地という非常に重要な役割を果たすようになった．たとえば1926年，ロンドン〜シドニー・エアレース（大陸間航空レース）の主要地点であった．また1930年代はカンタス航空の定期便の経由地となり，デーリーウォーターズ・パブはその際にも乗客に食べ物が提供される場所として機能していた．また国内航空郵便のネットワークの中継地として重要な役割を果たしていた．さらに第2次世界大戦中はダーウィンや当時の戦闘地帯（オランダ領東インド，現インドネシア）へ向かう戦闘機や爆撃機への燃料補給基地として機能した．そうした華やかな歴史をもちながらも，飛行場自体は1970年代初頭に閉鎖された．その後1992年にナショナルトラストによって州最古の飛行機格納庫（1930建築）が復元された．また町のクリーク（小川）にかかるフライングフォックス（吊り搬送装置の一種）は現在も使用可能であるが，1930年代後半から40年代初頭の雨季には飛行場に不可欠な装置であり，46年に橋がかかるまで，飛行場と商業地区を結ぶ輸送および通信機能を果たしていた．現在これらの航空関係の建物群は州の遺産に登録されている．　　　　　　　　　［鷹取泰子］

テリガル　Terrigal

オーストラリア

人口：1.1万（2011）　面積：8.6km²

[33°27′S　151°27′E]

オーストラリア南東部，ニューサウスウェールズ州中央東部，セントラルコースト行政区の町．州都シドニーの北北東約50kmに位置し，東はタスマン海と接する．市街地は，標高約20mの段丘上と段丘開析谷に立地する．1826年に入植が開始され，おもに木材加工業が行われていた．現在のおもな産業は，酪農と観光業である．海岸部の北側には約4kmの砂浜海岸が，南側にはスキリオンとよばれる海食崖がそれぞれ分布し，人気の観光スポットとなっている．また，ラグビーユニオンに加盟しているテリガルラグビークラブの本拠地である．　　　　　　［梶山貴弘］

テリチェリー　Tellicherry　☞　タラッセリー Thalassery

デリトゥア　Deli Tua

インドネシア

人口：6.1万（2010）　面積：0.1km²

[3°30′N　98°41′E]

インドネシア西部，スマトラ島北部，北スマトラ州デリスルダン県の町．メダン市郊外にある．6つの村をもつ．おもな産物は，ゴム，キャッサバ，コーヒー，カカオ，陶磁器，ラタン（籐）や木製の家具などである．17世紀以後，デリ王国が存在し，この周辺を支配していた．日本人墓地がある．

　　　　　　　　　　　　　　　　　［浦野崇央］

デリナラム　Derrinallum

オーストラリア

人口：0.1万（2011）　面積：537km²

[37°57′S　143°13′E]

オーストラリア南東部，ヴィクトリア州中央南部の村．ウォーナンブールの北東約70kmに位置する．ハミルトンハイウェイ沿いの火山地帯にあり，周辺地域のサービス中心地である．　　　　　　　　　　　［堤　純］

テリョン江　大寧江 Taeryong-gang

北朝鮮

長さ：169km

北朝鮮，ピョンアンブク（平安北）道中部の内陸を流れる川．北から南に貫流するチョンチョン（清川）江の支流であり，この大寧江をせき止めてテチョウン（泰川）貯水池（面積105km²）が設けられ，水力発電（1号25万kW，2号5万kW，3号）が行われている．また，流域には10カ所ほどの農業用貯水池がある．このあたりの行政の中心地であるパクチョン（博川）邑は大寧江東岸に位置する．

　　　　　　　　　　　　　　　　　　［司空　俊］

デリンハ市　徳令哈市　Delingha

中国

Delhi（別表記）／ドーリンバ市（別表記）

人口：7.3万（2015）　面積：27613km²

[37°19′N　97°23′E]

中国西部，チンハイ（青海）省ハイシー（海西）自治州の県級市で州政府所在地．北側をガンスー（甘粛）省と隣接する．ツァイダム（柴達木）盆地の北東部に位置する．市の中央から北部にかけては山地で，ジュンウール山脈や，チーリエン（祁連）山脈の一部であるシューロー（疏勒）南山脈の標高5000m級の山々が連なる．市南部の平野には，草原や，ゴビとよばれる礫質の砂漠や荒地が広がる．祁連山脈に水源があるバーイン河が市内を流れ，クルグ湖に注ぐ．この湖は淡水湖だが，

すぐ南に連なって塩湖のトソン湖がある. 1980年代以降に都市建設が進み, 行政機関と, 炭酸ソーダやセメント工業などの工場が集積する. 青蔵(青海〜チベット)鉄道と青新(青海〜シンチャン(新疆))公路が通る.

[高橋健太郎]

テールアデリー　Terre Adélie
南極

アデリー海岸　Adélie Coast (別称)

[67°00′S　139°00′E]

　南極, 東南極の地域. 海岸はプルクァパ Pourquoi Pas 岬(東経136度11分)とアルデン Alden 岬(東経142度02分)の間, 約300kmにわたる. 西はウィルクスランド東北端のウィルクス海岸(南緯66度30分, 東経133度00分)と, 東はジョージ5世ランドと接する. 1840年1月, フランスのジュール・デュモン・デュルヴィルによって発見され, 彼の妻の名がつけられた. 大陸から2km離れたペトレル Pétrel 島(南緯66度40分, 東経140度00分)にフランスのデュモン・デュルヴィル基地がある. テールアデリーはカタバ風(斜面下降風)が強い地域として知られ, 1978年に秒速96mの強風が観測された. フランスはこの地域の領土権を主張しており, アメリカはこの地域をアデリー海岸としている. なお, アデリーランドとして登録された地名はない.

[森脇喜一]

デルゲルハーン山　Delgerkhaan Uul
モンゴル

バローンボルハド山　Baruun Borkhad Uul (旧称)

標高: 3095m　[50°46′N　99°37′E]

　モンゴル北西部, フブスグル県の山. フブスグル湖西岸の南北に位置するホリドルサリダグ山脈における最高峰である. 氷食作用によって形成された鋭い岩峰. 本来はバローンボルハド山という名称であったが, 近年, 現在の名称が一般的になっている. 地名は, 広き開けし皇帝という意味である. ちなみにモンゴルには同名の地名が多く, 同じ名称の山もヘンティ県, スフバータル県を中心に13山存在する. ホリドルサリダグ山脈は, ヘラジカ, 野生の山羊であるヤンギルなど珍しい動物が生息し, 貴重な植物も多いことから, 1997年に国立公園(厳正自然保護区)に指定されている.

[島村一平]

テルスケイアラトー山脈　Terskey Ala-Too Range
カザフスタン〜中国

テスケー山脈　Teske (別称)/テルスケイアラタウ山脈　Terskei Alatau (カザフ語)

標高: 4807m　長さ: 402km

[42°00′N　77°30′E]

　カザフスタン, クルグズ(キルギス), 中国にまたがる山脈. 中央ティエンシャン(天山)山脈に属し, カザフスタンと中国の国境から西に延びる. 標高4000m級の多くの高峰がある. 北側の河川はイシククル湖に流入し, 南斜面にはナルイン水系, サルイジャズ水系がある. 別称はテスケー, カザフ語では Terskei Alatau とよばれる.

[木村英亮]

テルナテ　Ternate
インドネシア

人口: 18.6万 (2010)　面積: 251km²

[0°48′N　127°20′E]

　インドネシア東部, マルク(モルッカ)諸島北部, テルナテ島を中心として構成される北マルク州の市(コタ). 南シナ海, ハルマヘラ島の西海岸沖に位置する. 海を含む面積は5547km². テルナテ島の南には幅約1kmの海峡をはさんでティドレ島があり, 2つの島は大きさも地形もよく似ていて, しばしば双子にたとえられる. 北マルク州の主要都市であり, マルク諸島においてアンボンに次ぐ賑わいをみせる. 行政の上では, テルナテ島およびヒリ Hiri 島, モティ島, マヤウ Mayau 島, ティフレ Tifure 島という人が住む5島と, マカ Maka 島, マノ Mano 島, グリダ Gurida 島という3つの無人島で構成されている. テルナテ島の面積は112km²で, 市全体の半分ほどを占める. 気温は23〜32℃の間で推移する. 1999年にマルク州から北マルク州が分離独立すると, 州都機能を暫定的に担うことになった. その後2010年8月に, インフラ整備が終わったハルマヘラ島のソフィフィに州都は移転した.

　テルナテ島はティドレ島とともに, クローブ(インドネシア語ではチェンケ)およびナツメグ(インドネシア語ではパラ)の特産地として知られている. 2つの島には古くから中国の貿易船が来航し, 13世紀頃からマレー系の人びとの移住が始まったとされる. 15世紀にはテルナテ王が支配するイスラーム王国が成立し, クローブ生産の中心地の1つとして栄えた. テルナテ王国は西側, つまりスラウェシ島へ, ティドレ王国は東側, つまりハルマヘラ島からニューギニア島へと交易圏を広げて繁栄した. テルナテはテルナテ王国の主都であった. 15世紀までのヨーロッパ諸国は, 香料をインドやアラビアの商人を介して手に入れていた. しかし16世紀に入ると, 直接獲得するルートの開拓に乗り出すようになり, スペイン, ポルトガル, オランダ, イギリスが相次いでマルク諸島にやってきた. テルナテ王国とティドレ王国は敵対関係にあり, 両者はこうした国々との関係を利用することで権力の強化をはかった.

　現在, 市中心部の高台にはスルタンの王宮が建っている. 現在の建物は19世紀に建てられたものであり, 建物の中心部は博物館となっていて, 王冠などが収蔵されている. 王宮の背後には, ガマラマ山(標高1715m)がそびえている. ガマラマ山の火山活動は活発であり, 1983年, 90年と大噴火を起こしている. 最近では2011年12月4日夜に噴火し, 約2000人の住民が避難を余儀なくされ, 空港も一時閉鎖された.

　王宮のすぐ北, 市のほぼ中央には, オランジェ Oranje 要塞の遺構が残っている. 1607年頃に建てられ, オランダ東インド会社の拠点となった建物である. また市の北の丘には, ポルトガルが築いたトロコ Toloko 要塞が残る. こちらは現在まで建物がよく維持されており, この場所からはテルナテ島と, 海をはさんでティドレ島を一望できる. また, やはりポルトガルが築いたカユメラ Kayu Merah 要塞は, 海岸部に現在まで残っている唯一の要塞で, 堅牢な厚い壁が特徴である. 近年ではニッケルの採掘地としても知られる.

[森田良成]

デルフト島　Delft Island
スリランカ

ネドゥンティーヴ島　Neduntheevu (タミル語)

人口: 0.5万 (2013)　面積: 45km²　標高: 2m

[9°31′N　79°41′E]

　スリランカ, 北部州ジャフナ県の島. 県都ジャフナ市街地の西部および南西部からポーク海峡にかけての浅い海に点在する大小33の低平な島の1つで, 卵形の形状をなす. タミル語名はネドゥンティーヴだが, 付近の他の島とは違って, 現在もオランダ統治時代の名で, デルフトと呼称され, 海図にも記載されている. ジャフナ半島から南西約42kmと最も遠隔の地にあり, 独立した郡をなす. 住民の80%がカトリック教徒である. ジャフナと陸路でつながるプンクドゥティヴ島の西の小港クリカッドワンから, デルフトのマヴェリトゥライ桟橋までフェリーが通う. サンゴ礁と砂浜で囲まれた島内にはパルミラヤシが生育するほか, バオバブの大木もある.

また溜池を利用した農業も行われ, パパイ
ヤ, バナナなどを産する. 野生化したポニー
が生息することでも知られる. 西海岸には約
1000 年前の南インドで勢力を誇ったチョー
ラ朝時代の寺院遺跡があるほか, オランダ植
民地時代の要塞の遺構や裁判所跡が残存す
る.　　　　　　　　　　　　　　　[山野正彦]

テルメズ　Termez　　　ウズベキスタン

Termiz（別表記）

人口：14.0 万 (2005)　　　[37°13′N　67°17′E]

ウズベキスタン南部, スルハンダリア州の
都市で州都. アフガニスタン国境, 中央アジ
ア唯一のアムダリア河港であり, アフガニス
タン側の港ハイラトンをつなぐロシア・アフ
ガニスタン幹線道路沿いに位置する. 綿作地
帯の中心地で, 綿花精製, 食品加工, レン
ガ・タイル製造が盛んである. 西部では岩塩
が採掘される. 地名はギリシャ語で暑い場所
を意味し, 最高気温 50°C の中央アジアで最
も暑い都市の1つである. 紀元前1世紀には
バクトリア王国の一部であり, のちに河港,
封建的通商中心地として発展した. 19 世紀
末, パタギサル村にロシア軍哨所が設けられ
たのが始まりで, 1910 年にテルメズと改称
された. 1979～89 年にはソヴィエトからア
フガニスタンへのおもな通り道であった. 付
近に古代テルメズの城砦がある. 仏教の最盛
期であったクシャナ朝期, 1～3 世紀の洞
窟・地上の仏教建築遺跡カラ・テペがある.
7 世紀にアラブが進入しイスラーム教の中心
地となる. 9～12 世紀の封建都市の遺跡,
11～15 世紀のハキム・アト・テルメズの墓,
11～17 世紀のスルタン・サアダトの墓地群
もある.　　　　　　　　　　　　[木村英亮]

テレッサ島　Teressa Island　　　インド

ルーロー島　Luroo Island（別称）

人口：0.2 万 (2001)　　面積：101 km²
　　　　　　　　　　　　[8°14′N　93°07′E]

インドの東方, アンダマンニコバル諸島連
邦直轄地, ニコバル県の島. ベンガル湾の南
東部, アンダマン海に南北に列島状に散在す
るニコバル諸島の中部島嶼群を構成する. 周
囲は 51.8 km. インド亜大陸東部のウェスト
ベンガル州の州都コルカタ（カルカッタ）から
南へ南部のタミルナドゥ州の州都チェンナイ
（マドラス）から東南東へ, それぞれ 1200
km ほど離れた大海の中に浮かぶ. 周辺に
は, 11 km 東にポンポカ島, そのさらに東 3

km にやや大きなカモルタ島, 南 32 km に
カッチャル島, 北 26 km にチョーラ島が位
置する. 島の北部が最も高く標高 87 m であ
る. 2004 年に発生したスマトラ島沖地震に
よるインド洋大津波により, 島の景観は大き
な被害を受けた. オーストリアとデンマーク
両国は, テレッサ島がかつて自国の植民地で
あったと主張している. 前者は 1778～84 年
の間, 後者は 1754～1868 年の間, 東南アジ
アとの交易の中継基地を置いていたとの主張
である. ちなみに, 島名は, 18 世紀に領有
していたと主張するオーストリアの当時の大
公妃の名前に由来し, 今日でも使われてい
る.　　　　　　　　　　　　　　[中山修一]

テーレムベンド　Tailem Bend

　　　　　　　　　　　　　オーストラリア

人口：0.2 万 (2011)　　[35°15′S　139°27′E]

オーストラリア南部, サウスオーストラリ
ア州南東部の町. 州都アデレードの東南東
99 km, マレー川最下流部の沿岸に位置す
る. 対岸との間に橋はないが, かわりに車を
載せたフェリーが往復する. 町の成立以来,
交通の要衝となってきた. 交通上の重要性は
現在でも変わらない. 1886 年, ヴィクトリ
アとアデレードとを結ぶ鉄道がこの地を通っ
たことがきっかけとなって, 翌 87 年に町が
成立した. その後, マレー川東岸のマレーマ
リー地域からの鉄道もここに集中した. モー
タリゼーションが進んだ現在でも, 町にはヴ
ィクトリア州とサウスオーストラリア州の南
東部およびアデレードとを結ぶ重要な道路が
3 本も集中している. すなわち, ヴィクトリ
ア州の北部からのマリーハイウェイ, また同
州中部からのデュークスハイウェイ, さらに
同州南部からのプリンセスハイウェイであ
る. これら 3 つのハイウェイはテーレムベン
ドで 1 本にまとまり, アデレードに向かう.
地名は, 先住民アボリジニの言語 thelim と,
その英語訳の bend, すなわち屈曲部を合わ
せたものとする説などがある. 実際, 町はマ
レー川左岸の屈曲部に立地している.
　　　　　　　　　　　　　　　　[片平博文]

テレルジ　Terelj　　　モンゴル

面積：2932 km²　　[47°59′N　107°28′E]

モンゴル中北部, 首都ウランバートル市の
保養地. 市中心部の東北東約 50 km に位置
する. 四方を山に囲まれた森林地帯. 亀石と

よばれる花崗岩の巨大岩がある. ツーリスト
キャンプが林立し, バーベキューや乗馬など
が楽しめる. 一帯はテレルジ国立公園に指定
されている. モンゴルを訪れると, まずは美
しい自然のあるテレルジに案内されることが
多いが, 概して日本人の評判はよくない. こ
の感覚のずれは日本人とモンゴル人の自然観
の違いに起因する. 日本人がモンゴルに期待
する自然とは, 果てしなく広がる大草原なの
であるのに対し, モンゴル人にとって大草原
は自然ではなく, 人や家畜の住む放牧地にす
ぎない. 野生動物の棲む山や森こそが, モン
ゴル人にとって本物の自然のある場所なので
ある. そういうわけで, モンゴル人向けのウ
ランバートル周辺の保養地や別荘地は, ほと
んど山麓の森林地帯にある.　　　[島村一平]

テレレンガワイルア　Te Rerenga Wairua
☞ レインガ岬　Reinga, Cape

テレンガヌ州　Terengganu, Negeri ☞
トレンガヌ州　Trengganu, Negeri

デロレーン　Deloraine

　　　　　　　　　　　　　オーストラリア

人口：0.3 万 (2011)　面積：90 km²
　　　　　　　　　　　[41°30′S　146°41′E]

オーストラリア南東部, タスマニア州北部
の町. ロンセストンの西約 50 km, デヴォ
ンポートの南東 52 km に位置する. 当時の
ヴァンディーメンズランド副総督ウィリア
ム・ソレルの命を受けロンセストンより西部
の調査にあたっていたジョン・ローランドに
より 1823 年に発見された. グレートウェス
タン山脈を望む町周辺には, ゆるやかに波打
つ丘陵地帯や生け垣に囲まれた農場や牧場な
ど, イギリスの田舎町を彷彿とさせる風景が
広がる. また町をおだやかに流れるミアンダ
ー川とそのほとりは絵画のような光景をつく
り出しており, 春先には日本人により寄贈,
植樹されたソメイヨシノが咲き乱れる. 毎年
11 月初旬には芸術と工芸の展示会タスマニ
アン・クラフトフェアが 4 日間にわたり開催
される. 美術・工芸品の展示会としては国内
最大規模であり, 国中から集まった芸術家や
工芸家, 手芸家が自らの作品を展示販売す
る. 会期中の町は非常に多くの訪問客で賑わ
う.　　　　　　　　　　　　　　[安井康二]

テレルジ(モンゴル), 花崗岩の巨大岩, 亀石〔島村一平提供〕

テワイポウナム Te Wai Pounamu ☞ みなみじま South Island

テワイホラ Teu Waihora ☞ エルズミア湖 Ellesmere, Lake

テワイワイ湾　Te Waewae Bay

ニュージーランド

[46°13′S　167°30′E]

　ニュージーランド南島, サウスランド地方の湾. ワレス地区の南岸に位置し, サンドヒル Sand Hill 岬とパヒア岬との間に大きく広がる. フォーヴォー海峡に面し, ワイアウ川から水が注がれている. 地名は, マオリ語で足跡という意味である. なお, この名称は, ワイアウ川低地のテワイワイ湾岸沿いの集落名にも用いられており, その集落は農業や製材業がおもな産業となっている.　［泉　貴久］

テワカアマウイ Te Waka-a-Maui ☞ みなみじま South Island

デワギリ Devagiri ☞ ドーラターバード Daulatabad

デーワース　Dewas

インド

人口: 28.9万 (2011)　面積: 32 km²

[22°59′N　76°03′E]

　インド中部, マッディヤプラデシュ州中央部, デーワース県の都市で県都. マルワ台地上の西, インドールの北北東約30 kmにある. かつては双子都市であり, デーワースジュニアとデーワースシニアの2つの明瞭に異なる地区で統治されていた. ジュニアとシニアの双子州は教育や医療などを除いて独立しており, 固有の通貨をもっていたが, 1895年以降はイギリスルピーを使用するようになった. 小麦, キビ類, 綿花, 織物の交易中心地で, 綿織物, 小麦製粉, 石けん製造, 手織物, 土木工場がある. 町は標高約330 mのチャームンダヒル Chamunda Hill という円錐形丘陵のふもとにある. 丘の頂には, チャームンダ寺院がある. 地名は, この丘陵の岩壁に彫られた, 神の住まいを意味するデヴィヴァシニ Devi Vashini という言葉に由来すると考えられる. また, デワサ・バニア Dewasa Bania という村の創設者の名前に由来するという説もある.　［土居晴洋］

テワヒポウナム　Te Wahipounamu

ニュージーランド

面積: 26000 km²　標高: 3754 m　長さ: 450 km
幅: 90 km　　　　　[45°08′S　170°12′E]

　ニュージーランド南島南西部, サウスランド地方を中心に, オタゴ地方西部, ウェストコースト地方南部の3地方にまたがる世界遺産. アオラキ／マウントクック国立公園, フィヨルドランド国立公園, マウントアスパイアリング国立公園, ウェストランド国立公園を含む. 南島の南西端よりミルフォードサウンドなどを含む南西海岸のおよそ450 kmに及び, 最高峰はアオラキ(クック山, 標高3754 m)である.

　植物相は多様性に富み, 原始のままの状態である. 山岳部では低木, 草木, 野草などがみられる. 南部の温暖な熱帯雨林地区では樹高の高いマキが多くみられる. ウェストランドの海岸線の平野部には生物が多く生息する沼と, 生息数が少ない湿地がみられる. 動物相としては, 現在では希少となった固有種であるサザンブラウンキーウィ, グレートスポティッドキーウィ, イエロークラウンインコ, フィヨルドランドペンギン, ニュージーランドファルコン, パテケ(フィヨルドランドチャイロコガモ)などの鳥類がみられる. また哺乳類では固有種のニュージーランドオットセイやヨーロッパから導入されたアカシカが生息する.

　人の居住は国内でも最も少ない地域で, おもな産業は, 観光業, 漁業, 許可制の家畜の放牧, 小規模の鉱業があげられる. フォックス氷河, フランツジョゼフ氷河, フッカー Hooker 氷河, ミューラー Mueller 氷河, マーチソン氷河, タスマン氷河, ヴォルタ Volta 氷河が点在する. このように希少な自然環境, 動植物が存在する「テ・ワヒポウナム－南西ニュージーランド」として1990年にユネスコの世界遺産(自然遺産)に登録された.　［植村善博・太谷亜由美］

テンカシ　Tenkasi

インド

人口: 7.1万 (2011)　　　[8°58′N　77°22′E]

　インド南部, タミルナドゥ州南部, ティルネルヴェリ県の第2の都市. 内陸部にあり, マドゥライの南西137 kmに位置する. 周辺地域は肥沃な農地が広がり, 農業が盛んである. 生産されたゴマ油の抽出などの食品工業もある. また山麓の丘陵地帯ではコーヒーが育てられている. 交通の要衝にあり, 連絡駅がある. 交易, 綿織物センターがある. クッタラム(Kuttalam)の保養地は北西4.8 kmにある.　［由井義通］

デンカナル　Dhenkanal

インド

人口: 6.7万 (2011)　面積: 31 km²

[20°40′N　85°36′E]

　インド東部, オディシャ(オリッサ)州中央東部, デンカナル県の町で県都. カタックの北西約35 kmにある. かつてのデンカナル藩王国の首都であり, インド独立後の1947年にインド連邦に組み込まれ, 49年に新たに創設されたデンカナル県に統合された. 町

1230　テンカ　〈世界地名大事典：アジア・オセアニア・極Ⅰ〉

には中世以降の歴史的遺構が残されている. 米, アブラナ, 材木の市場があり, 手織物工業もある. デンカナル県には森林が多く, ゾウとトラの家とよばれる. また, 森林から材木や竹, 薬草がとれるとともに, 薪炭林としても利用されている.　　　　　［土居晴洋］

テンガノ湖　Te Nggano, Lake

ソロモン

面積：155 km²　長さ：30 km　幅：10 km
[11°47′S　160°31′E]

南太平洋西部, メラネシア, ソロモン諸島南部, レンネルベロナ州レンネル島東部の塩水湖. 面積は太平洋島嶼部最大である. かつては環礁のラグーン(礁湖)であったが, 鮮新世後期に環礁部分の隆起が始まり, 海と隔絶されたと考えられている. 湖面と海面は同レベルである. 湖内には石灰岩質の岩でできた小島が多くある. 湖の植物として456種が確認されている. 珪藻類のうちテンガノ湖固有種は8種である. 藻類の固有種はなく, 5汎存種が確認されている. 動物相では78種があり, そのうち56種については同定可能であり, 残り12種がテンガノ湖固有種である. これらには, ウミヘビ, マキガイ, 魚類, 甲殻類, 昆虫類, ミミズやヒルなどの環形動物, センチュウ類などが含まれる.

レンネル島東部地域の住民は, 日常的にティラピア漁の漁場としてテンガノ湖を利用する. また湖を中心とする同島東部地域は, 西部太平洋地域における生物種の進化と移動を示す貴重な証拠の残る場として, 1998年にユネスコの世界遺産(自然遺産)に「東レンネル」として登録された. その動きはエコツーリズムを中心とする観光開発と連動しており, ソロモン諸島政府および島民はともに湖を地域住民の現金収入源として捉え直すようにもなった. しかし, 2013年には, 森林伐採などによって危機にさらされ, 世界遺産(危機遺産)のリストに載せられた.

　　　　　［関根久雄］

テンギス湖　Tengiz, Ozero

カザフスタン

面積：1382 km²　深さ：7 m
[50°23′N　68°54′E]

カザフスタン中央部, アクモラ州南西部の塩湖. 首都アスタナの南西145 kmに位置し, 低いステップ岸が特徴で, ヌラ川が流入する. ラムサール条約登録湿地テンギス・コルガルジン系の一部で, 318種の渡り鳥をはじめとする鳥類が記録されている. 広大な草原と淡水湖, 塩湖のあるコルガルジン国立自然保護区の一部であり, コスタナイ州のナウルズム国立自然保護区とともに, 2008年にユネスコの世界遺産(自然遺産)に「サルヤルカ―カザフスタン北部のステップと湖沼群」として登録された.　　　［木村英亮］

テングリ砂漠　騰格里沙漠
Tengger Shamo

中国

面積：43000 km²　標高：1200 m　長さ：240 km
幅：180 km　降水量：60-200 mm/年
[37°57′N　103°26′E]

中国北部, ガンスー(甘粛)省, ニンシャ(寧夏)回族自治区, 内モンゴル自治区にまたがる砂漠. おもな部分は内モンゴル自治区アラシャー(阿拉善)盟にあり, 西部は甘粛省のミンチン(民勤)県とウーウェイ(武威)市, 東部は寧夏回族自治区のチョンウェイ(中衛)市に位置する. 東はホーラン(賀蘭)山から始まり, 西は雅布頼山まで, 南は万里の長城を越える. 地名は, モンゴル語で空ほど広いという意味である. 北部の南吉嶺と南部のテングリに分かれるが, 通常, テングリ砂漠と総称される.

中国第4位の面積をもつ砂漠である. 面積の70%以上が砂漠で, 湖と山地が散在する. 砂地, 湖, 山地がそれぞれ総面積の71%, 7%, 22%を占める. 400あまりの湖のうち, 多くが淡水湖で, その周辺地域は牧場となっている場合が多い. 多くの山地は砂に覆われる. 砂漠内の平地はおもに南東部の査拉湖と通湖の間に分布している. 湖周辺地帯には人工的に開墾されたところもあるが, 集落はおもに砂漠周辺の通湖と頭道湖, 温都爾図, 孟根などに分布している. 1949年以来, 植林が行われている. しかし, 砂漠の拡大問題がますます深刻になりつつある. 近年, 砂漠を体験する観光が盛んである.　　［杜国慶］

デンジャー島 Danger Island ☞ プカプカ島 Pukapuka Island

テンシャン山脈 ☞ ティエンシャン山脈 Tian Shan

てんしんし　天津市 ☞ ティエンチン市 Tianjin

テンターフィールド　Tenterfield

オーストラリア

人口：0.4万 (2011)　面積：814 km²　標高：850 m
降水量：852 mm/年　[29°03′S　152°01′E]

オーストラリア南東部, ニューサウスウェールズ州北東部, テンターフィールド行政区の都市で行政中心地. 行政区は面積7332 km², 人口6811 (2011)を擁し, 北縁はクイーンズランド州境に接している. このため, 町は州都シドニーから北北東約770 kmと離れているが, ブリズベンからは南西約270 kmの距離である. 1851年に町として公示された. 町は, グレートディヴァイディング山脈の西斜面に位置し, 中央部をテンターフィールド川が貫いている. 最寒月の平均最低気温は1.0℃であるが, 高地に立地するため冬季は頻繁に氷点下となる. 氷点下の日数は, 年間でおよそ50日近くに達する. 一方, 夏季は最暖月の平均最高気温が27.1℃でありしのぎやすい. 降水量は多くはないが, 降雨はしばしば雷雨としてもたらされる. 1876年7月16日には, 日雨量229 mmを記録した.

この地域の先住民はJukembalとよばれ, 南のグレンイネスからクイーンズランドにかけて移動しながら暮らしていた. 1830年代になるとヨーロッパ人の入植が始まり, 44年からはロバート・マッケンジーによる牧羊も始まった. 地名は, マッケンジーの知人で, 初代ニューサウスウェールズ首相のスチュアート・ドナルドソンが, スコットランドの故郷にちなんで名づけたものである. 1858年になると, 町東部のドライク Drakeで金が発見され, その後周辺のティンバラ Timbarraとブーヌーブーヌー Boonoo Boonooでも発見された. このため, 町はゴールドラッシュにわき, 銀行や教会が設立され繁栄した. 1860年代には町の人口は900程度まで増加し, 裁判所, 病院, 学校なども設立された. 近年の町のおもな産業は, 肉牛生産とメリノ種の羊毛生産である. 一方, 町の周辺には国立公園が多くあり, オーストラリア連邦の発祥地とされることから, 観光にも積極的である. 国立公園として注目されるのは, 町の北部に位置するボールドロック国立公園である. 行政区内には花崗岩からなる島状丘や山地が広がるが, この公園には長さ約750 m, 幅約500 m, 比高200 mに達する国内最大の花崗岩の一枚岩, ボールドロックがある. ボールドロックの表面は, 植生のほとんどない裸岩で, 表面と平行するシーティング節理が発達する. 花崗岩の貫入はおよ

そ2億2000万年前とされ，節理はその後の侵食による応力解放の痕跡として興味深い．一方，町が連邦の発祥地とされるのは，1889年10月24日，第7代ニューサウスウェールズ首相のヘンリー・パークスの演説が行われたことによる．彼は，防衛上の観点から植民地を1つにまとめて連邦制をつくることを主張した．この演説が功を奏して，1890年には，オーストラリア憲法の草案をつくる会議の招集が決定した． ［藁谷哲也］

デンダン　Dendang　　インドネシア

人口：0.9万（2010）　　[3°04′S　107°54′E]

インドネシア西部，ブリトゥン島，バンカブリトゥン諸島州ブリトゥンティムール県の郡および郡都．ブリトゥン島はスマトラ島南東部，カリマタ海峡上に浮かぶ．県内に4つある郡のうちの1つである． ［浦野崇央］

てんち　滇池 ☞ ディエン池　Dian Chi

デンチェン県　丁青県　Dêngqên　　中国

人口：8万（2012）　面積：12900 km²　[31°30′N　95°40′E]

中国西部，シーツァン（チベット，西蔵）自治区，チャムド（昌都）地級市の県．地名はチベット語で大きな台地を意味する．タネンタシ（他念他翁）山の北部に位置する．以前は三十九族地区の領地であり，丁青宗が置かれた．1960年に丁青，色扎，尺牘の3宗を合併し，丁青県が置かれ，昌都専区に属した．1970年には昌都地区に属している．トウチュウカソウ（冬虫夏草）やチモ（知母），バイモ（貝母）などの漢方薬材がとれ，とくに冬虫夏草の生産量が多い． ［石田 曜］

デンチャイ　Den Chai　　タイ

人口：3.0万（2010）　面積：266 km²　[17°59′N　100°03′E]

タイ北部，プレー県の郡．県都プレーの南西24 kmに位置する．デンチャイ駅は国鉄北部線で首都バンコクの北534 kmに位置する．鉄道と国道11号および101号とが交差する要衝である．北に隣接するスーンメン郡から分かれて1963年に郡に昇格した．
［遠藤 元］

テンチン市 ☞ ティエンチン市　Tianjin

テンディグリー海峡　Ten Degree Channel　　インド

幅：145 km　　[10°00′N　92°29′E]

インドの東方，アンダマンニコバル諸島連邦直轄地，アンダマン諸島とニコバル諸島の間に位置する海峡．アンダマン諸島南端の小アンダマン島とニコバル諸島北端のカールニコバル島の間にある．海峡の東に広がるアンダマン海と西に広がるベンガル湾を結ぶ重要な航路になっており，マラッカ海峡を通る多くの船がこの海峡を利用する．海峡にはチェンナイ（マドラス）とマレーシアを結ぶ海底ケーブルが敷設されている． ［成瀬敏郎］

デンテテラダス　Dente Teladas　　インドネシア

ディンティテラダス　Dintiteladas（別称）

人口：6.1万（2015）　面積：686 km²　[4°20′S　105°48′E]

インドネシア西部，スマトラ島東側，ランプン州トゥランバワン県の町．12の村を擁する．北はジャワ海，南はランプントゥンガ（中ランプン）県，東はジャワ海，西はグドゥンメネン県に囲まれている．おもな産業は，農業で，水稲，トウモロコシ，キャッサバ，ラッカセイを生産している．また，ゴムやヤシも生産している． ［浦野崇央］

てんのうかいざんれつ　天皇海山列　Emperor Seamount Chain　　北太平洋西部

長さ：3000 km　深さ：1300-2300 m

北太平洋の西部にある海山群（海底山脈）であり，ハワイ諸島の北西からカムチャツカ半島に向けて北西方向に連なる明瞭な1列の海山列からなる．1954年，アメリカの海洋学者ロバート・ディーツによって，海山の1つ1つに，神武など，古代の天皇の名がつけられたことに由来する．南端はハワイ海山列に連なるが，ハワイ海山列は，火山島としてその多くは海面上に高くそびえているのに対し，天皇海山列は，すべて海面下の海山である．これは，つねにハワイ諸島の位置に存在するホットスポットから噴出する玄武岩質のマントル物質によって海山がつくられたの

ち，太平洋プレートの移動によってそれらが北西に移動し，しだいに沈降したためと考えられている．かつては太平洋プレートが北に移動していたため，南北の海山列ができていたが，約4000万年前に移動方向が西に変わったため，東西の海山列が生じた．天皇海山列は，4000万年前以前の移動に対応して北北西-南南東に連なり，ハワイ海山列はそれ以後の移動に対応して西北西-東南東に連なっている． ［小野有五］

デンパサール　Denpasar　　インドネシア

人口：78.9万（2010）　面積：128 km²　標高：20 m　[8°40′S　115°14′E]

インドネシア中部，バリ島中央部，バリ州の市（コタ）で州都．かつてこの一帯を支配したバドゥン王国の王宮が置かれたところで，交易の拠点となっていた．インドネシアの独立後，バリ州の発足と同時に州都となり，急速に発展した．いまでは，バリ島の経済発展の要衝とされ，観光リゾート地が隣接し，中心的業務機能を集中，集積させている．さらに商業的機能を付加させている．また，北東約15 kmには，ングラライ Ngurah Rai 国際空港があり，東インドネシアの玄関口となっている．地名は，デンが北を，パサールが市場を意味し，市場の北という意味をもつ．

1970年代後半頃まで都市域は狭く，郊外の大部分は排水条件のよくない水田の立地する農業・農村地域で，市街地と観光リゾート地の1つであるサヌール海岸との間には，まだ広い農業・農村空間を残していた．1980年代になると島の本格的な観光開発は，島の人口と都市人口を増加させたが，郊外の都市化は市街地の周囲に向けて急速に進展し，90年代になると，市街地は島の大動脈で著名な観光地をアクセスするバイパス付近まで，主要道路に沿って連続するようになった．現在，デンパサールと観光地を結ぶ主要道路やバイパス沿いには，車のディーラー，ガソリンスタンド，スーパーマーケット，個人商店，レストラン，伝統工芸品の販売店など，多様なサービス業が立地し，これまでの水田は商業地や住宅地へと変わりつつある．町の中心には，東西約150 m，南北約200 mのププタン広場があり，市民の憩いの場とされている．一角には，オランダの侵攻に対してデンパサールの人びとが自決覚悟で進行したことをたたえる記念碑が建てられている．広場の東側には1910年に建てられた，バリの伝統美術を展示するバリ博物館やバリ・ヒ

デンパサール（インドネシア），ヒンドゥー寺院での儀礼〔中谷文美提供〕

ンドゥーの最高神を祀るジャガッナタ（Jagatnata）寺院，西側には生活用品を扱う店が軒を連ねている． 〔浦野崇央〕

テンプルトン　Templeton
ニュージーランド

人口：0.2万（2013）　［43°34′S　172°28′E］

ニュージーランド南島，カンタベリー地方の町．クライストチャーチの一部を構成する．クライストチャーチの西南西13 kmに位置する．カンタベリー平野にあり，牧草地が広がっている．馬の後部にハーネスで車を取り付けた競馬，ハーネスレーシングの中心地として知られる．国道1号が東西に走る．町の北部にはクライストチャーチ男性刑務所があり，その南にカーレースが行われるマイクペロ Mike Pero モータースポーツパーク（旧名ルアプナパーク）があり国際自動車連盟（FIA）のGrade 3を得ている．
〔植村善博・太谷亜由美〕

テンペ湖　Tempe, Danau
インドネシア

面積：478 km²　深さ：5-7 m
［4°07′S　119°57′E］

インドネシア中部，スラウェシ島，南スラウェシ州ワジョ県の湖．県都センカンSengkangの西7 kmにある．北からビラBila川，東からチュンラナ Cenrana 川，南からワラナエ Walanae 川が注ぎ込んでいる．ただし，西のマカッサル海峡側のピンラン市，湖の北東にあるシデンレン湖，センカン市を経て東方のボネ湾にかけては低地が続くため，雨季には広く，乾季には90～142 km²と狭くなる．かつて最深部は9.5 mであったが，近年環境悪化のためしだいに浅くなり，5～7 mになっている．また湖自体も縮小し，さらにホテイアオイ，ヨウサイ（エンサイ，空心菜）が水面の60％以上を覆うにいたっている．湖にはウナギ，タイワンドジョウ，ナマズ，エビなどが生息し，漁業の対象になっている．また近年は稚魚の放流も行われている． 〔山口真佐夫〕

デンポ山　Dempo, Gunung
インドネシア

標高：3173 m　［4°03′S　103°13′E］

インドネシア西部，南スマトラ州ラハット県とパガルアラム市にまたがる成層火山．スマトラ島ではクリンチ山（標高3805 m）に次いで2番目に高い．バリサン山脈およびそれに並行するスマトラ（スマンカ）地溝帯に位置する．マラッカ王国の歴史書『スジャラ・ムラユ』（マレー年代記）によると，南インドから渡ってきたマレー人の祖先がこの山のふもとに最初に住みついたとされる．山の周囲には茶園が広がり，近くには山に源を発するムシ川が流れる．第2次世界大戦後，スマトラ島に残ったインドネシア残留日本兵は，日本の富士山に似た形のこの山をスマトラ富士と名づけ，望郷の念を抱いた．山麓には標高約1000 mのパスマ Pasemah 高原が広がっている．パスマ高原は巨石記念物が多くみられることで知られる． 〔浦野崇央〕

テンボチェ　Tengboche ☞ タンボチェ Thyangboche

デンマン　Denman
オーストラリア

人口：0.2万（2011）　［32°23′S　150°41′E］

オーストラリア南東部，ニューサウスウェールズ州中央東部，マスウェルブルック行政区の町．州都シドニーの北北西約170 kmに位置する．グレートディヴァイディング山脈を開析したハンター川の上流域にあり，標高約100 mの谷底低地と約200～300 mの残丘が分布する．谷底低地および緩斜面上では，ブドウの栽培や馬の飼育が行われており，毎年5月にはワイン祭りが開催されている．また，ハンター川流域の丘陵地には炭鉱が広く分布しており，町の中にも閉山した炭鉱跡がある． 〔梶山貴弘〕

デンマン氷河　Denman Glacier
南極

長さ：110 km　幅：11-16 km
［66°45′S　99°30′E］

南極，東南極の氷河．クイーンメアリーランド，デーヴッド島東部のシャクルトン棚氷に向かって北流する，幅11～16 km，長さ約110 kmの氷河である．ダグラス・モーソン率いるオーストラリア南極探検隊によって1912年11月に発見された．地名は当時のオーストラリア総督であり，探検隊の資金提供者でもあったトーマス・デンマン卿（1874-1954）にちなんで命名された． 〔前杢英明〕

デーンラーオ山脈　Daen Lao, Thiu Khao
ミャンマー／タイ

標高：2440 m　長さ：355 km　幅：50 km
［21°18′N　100°19′E］

タイとミャンマーの間の国境を走る山脈．その一部はタイ北部のチエンマイ県北部パーホムポック山付近で東方へ分岐し，チエンラーイ県北部へと延びている．パーホムポック山（標高2285 m）はタイで最も標高の高いキャンプ場があることでも知られる．最高峰はミャンマー（ビルマ）領域内のパンナオ山（2440 m）．その他の主要な山に，アーンカーン山（1918 m），トゥアイ山（1823 m），ポックカラー山（1881 m）などがある．
〔遠藤　元〕

総編集者略歴

竹内啓一
たけ うち けい いち

1932年　神奈川県に生まれる
1962年　東京大学大学院数物系研究科
　　　　博士課程退学
1974年　一橋大学教授
1994年　駒澤大学教授
2005年　逝去
　　　　一橋大学名誉教授

編集幹事・編集者略歴

熊谷圭知
くま がい けい ち

1954年　東京都に生まれる
1982年　一橋大学大学院社会学研究科
　　　　博士後期課程中退
現　在　お茶の水女子大学大学院人間
　　　　文化創成科学研究科教授
　　　　文学博士

編集幹事略歴

山本健兒
やま もと けん じ

1952年　新潟県に生まれる
1980年　東京大学大学院理学系研究科
　　　　博士課程単位取得退学
現　在　帝京大学経済学部教授
　　　　九州大学名誉教授
　　　　博士（理学）

編集者略歴

秋山元秀
あき やま もと ひで

1949年　京都府に生まれる
1973年　京都大学大学院文学研究科博
　　　　士前期課程修了
現　在　滋賀大学名誉教授
　　　　文学修士

小野有五
お の ゆう ご

1948年　東京都に生まれる
1975年　東京教育大学大学院理学研究
　　　　科博士課程修了
現　在　北星学園大学経済学部教授
　　　　北海道大学名誉教授
　　　　理学博士

中村泰三
なか むら たい ぞう

1933年　大阪府に生まれる
1957年　大阪市立大学大学院文学研究
　　　　科修士課程修了
1981年　大阪市立大学文学部教授
1996年　大阪経済法科大学教授
1999年　京都女子大学文学部教授
2016年　逝去
　　　　大阪市立大学名誉教授
　　　　文学博士

中山修一
なか やま しゅう いち

1940年　大分県に生まれる
1967年　バナラスヒンドゥー大学大学
　　　　院博士課程修了
1970年　広島大学大学院博士課程中退
現　在　広島大学名誉教授
　　　　広島経済大学名誉教授
　　　　文学博士
　　　　Ph.D.（地理学）

世界地名大事典 1
アジア・オセアニア・極 I
定価は外函に表示

2017 年 11 月 20 日　初版第 1 刷

総編集者	竹	内	啓 一
編集幹事	熊	谷	圭 知
	山	本	健 兒
編 集 者	秋	山	元 秀 五
	小	野	有 五 知
	熊	谷	圭 知
	中	村	泰 三
	中	山	修 一
発 行 者	朝	倉	誠 造
発 行 所	株式会社	朝 倉	書 店

東京都新宿区新小川町 6-29
郵 便 番 号　162-8707
電 話　03(3260)0141
FAX　03(3260)0180
http://www.asakura.co.jp

〈検印省略〉

Ⓒ2017〈無断複写・転載を禁ず〉　　　印刷・製本　凸版印刷

ISBN 978-4-254-16891-4　C 3325　　Printed in Japan

JCOPY ＜(社)出版者著作権管理機構 委託出版物＞

本書の無断複写は著作権法上での例外を除き禁じられています．複写される場合は，
そのつど事前に，(社)出版者著作権管理機構（電話 03-3513-6969，FAX 03-3513-
6979，e-mail: info@jcopy.or.jp）の許諾を得てください．

ウェブ時代の世界を迅速に読み解く

世界地名大事典

全9巻

総 編 集	竹内啓一		
編集幹事	熊谷圭知	山本健兒	
編集委員	秋山元秀	小野有五	
	加藤 博	菅野峰明	島田周平
	手塚 章	中川文雄	中村泰三
	中山修一	久武哲也	正井泰夫
	松本栄次	山田睦男	

各巻 A4 変型判

約 1000〜1400 頁

上製函入カバー装

◉世界の地名約48,000を厳選して5大地域別50音順に収録
◉現地事情に詳しい400名を超える研究者・専門家が署名執筆
◉別名, 人口, 面積, 経緯度などのデータ類や地図・写真も充実

				ISBN 978-4-254-
1. アジア・オセアニア・極Ⅰ	第8回配本		1248 頁	16891-4
2. アジア・オセアニア・極Ⅱ	第9回配本		1208 頁	16892-1
3. 中東・アフリカ	第1回配本	本体 32000 円	1188 頁	16893-8
4. ヨーロッパ・ロシアⅠ	第5回配本	本体 43000 円	1232 頁	16894-5
5. ヨーロッパ・ロシアⅡ	第6回配本	本体 43000 円	1184 頁	16895-2
6. ヨーロッパ・ロシアⅢ	第7回配本	本体 43000 円	1264 頁	16896-9
7. 北アメリカⅠ	第2回配本	本体 32000 円	988 頁	16897-6
8. 北アメリカⅡ	第3回配本	本体 32000 円	952 頁	16898-3
9. 中南アメリカ	第4回配本	本体 48000 円	1408 頁	16899-0

上記価格（税別）は2017年10月現在